SCHAUB
ARBEITSRECHTS-HANDBUCH

Arbeitsrechts-Handbuch

Systematische Darstellung und Nachschlagewerk für die Praxis

von

Dr. h. c. Günter Schaub
Vorsitzender Richter am Bundesarbeitsgericht a. D.

Dr. Ulrich Koch
Richter am Bundesarbeitsgericht

Dr. Rüdiger Linck
Richter am Bundesarbeitsgericht

Hinrich Vogelsang
Vizepräsident des
Landesarbeitsgerichts Niedersachsen

13., neu bearbeitete Auflage

Verlag C. H. Beck München 2009

Zitiervorschlag:
Schaub ArbR-Hdb. § 57 RN 11
Schaub/Bearbeiter ArbR-Hdb. § 47 RN 12

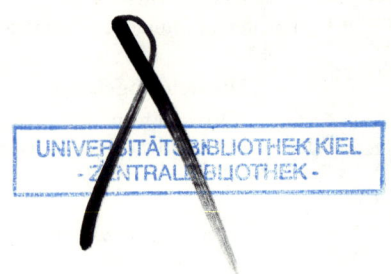

Verlag C. H. Beck im Internet:
beck.de

ISBN 978 3 406 58777 1

Wilhelmstraße 9, 80801 München
Satz und Druck: Druckerei C. H. Beck Nördlingen
(Adresse wie Verlag)

Gedruckt auf säurefreiem, alterungsbeständigem Papier
(hergestellt aus chlorfrei gebleichtem Zellstoff)

Vorwort zur dreizehnten Auflage

Die 13. Auflage des Arbeitsrechts-Handbuchs berücksichtigt zahlreiche gesetzliche Neuregelungen, insbesondere das Pflegezeitgesetz, die Änderungen im Recht der Mindestarbeitsbedingungen und der Arbeitnehmerentsendung sowie bei den arbeitsrechtlich relevanten sozialversicherungsrechtlichen Vorschriften. Im Hinblick auf die Fortentwicklung der Rechtsprechung wurden weite Teile des Handbuchs gründlich überarbeitet. Herr Dr. Koch, Herr Dr. Linck und Herr Vogelsang haben von Herrn Dr. Schaub weitere Bearbeitungsabschnitte übernommen. Das bewährte Konzept eines systematischen Nachschlagewerks für die Praxis ist auch bei der Neuauflage beibehalten worden.

Das Individualarbeitsrecht und das Betriebsverfassungsrecht stehen im Vordergrund der Darstellung. Daneben sind aber auch das Tarif- und Schlichtungsrecht sowie das Arbeitskampfrecht in der gebotenen Ausführlichkeit erläutert. Die Verfasser haben sich bei der Bearbeitung in erster Linie an der für die Praxis maßgeblichen Rechtsprechung des BAG orientiert. Europarechtliche Bezüge und die immer tiefer in das nationale Recht eindringende Rechtsprechung des EuGH sind eingehend berücksichtigt. Zur Vertiefung einzelner Fragen werden Hinweise auf weiterführendes Schrifttum gegeben. Jedem Abschnitt ist ein ausführliches Schrifttumsverzeichnis vorangestellt. Aus Platzgründen ist wegen des vor 2000 erschienenen Schrifttums auf die Angaben in der 11. Auflage zu verweisen.

Um das Verständnis zu verbessern, sind die notwendigen Zusammenhänge zu öffentlichrechtlichen und prozessualen Bestimmungen dargestellt. Die für das Arbeitsverhältnis maßgeblichen steuer- und sozialversicherungsrechtlichen Bestimmungen sind berücksichtigt. In der 13. Auflage sind insbesondere die Darstellungen des Allgemeinen Gleichbehandlungsgesetzes, des Rechts der Allgemeinen Geschäftsbedingungen, des Insolvenzrechts, des Berufsbildungsrechts sowie des Kündigungs- und Befristungsrechts vertieft worden. Rechtsprechung und Schrifttum sind auf dem Stand vom 1. Januar 2009; soweit technisch möglich, sind spätere Entscheidungen noch eingearbeitet worden.

Die Verfasser danken den Lesern für Hinweise auf neue Rechtsentwicklungen. Dank gilt aber auch den Mitarbeitern des Verlags C. H. Beck, insbesondere Frau Claudia Schöberl, für die stets zuverlässige redaktionelle Betreuung des Manuskripts. Daneben danken wir Frau Jetti Schaub für ihre unermüdliche Hilfe bei der redaktionellen Manuskriptbetreuung und den Korrekturarbeiten.

Für Anregungen und Verbesserungsvorschläge werden wir auch weiterhin verbunden sein.

Schauenburg-Hoof/Erfurt/Hannover im April 2009 *Die Verfasser*

Inhaltsübersicht

		Seite
Inhaltsverzeichnis		IX
Abkürzungsverzeichnis		XLI
Literaturverzeichnis		LXI
Internetadressen		LXVII
I. Buch. Grundbegriffe des Arbeitsrechts	§§ 1–18	1
II. Buch. Arbeitsförderungsrecht (Überblick)	§§ 19–24	107
III. Buch. Die Begründung des Arbeitsverhältnisses	§§ 25-28	167
IV. Buch. Arbeitsvertrag und Arbeitsverhältnis	§§ 29–44	193
V. Buch. Die Pflichten des Arbeitnehmers aus dem Arbeitsvertrag	§§ 45–61	411
VI. Buch. Die Pflichten des Arbeitgebers aus dem Arbeitsvertrag	§§ 62–112	539
1. Abschnitt. Arbeitswissenschaftliche Grundlagen der Arbeitsvergütung	§§ 62–65	539
2. Abschnitt. Die Arbeitsvergütung	§§ 66–74	552
3. Abschnitt. Sonderformen der Vergütung	§§ 75–80	626
4. Abschnitt. Altersteilzeit und Altersversorgung	§§ 81–84	681
5. Abschnitt. Werkwohnung	§ 85	847
6. Abschnitt. Aufwendungsersatz	§ 86	854
7. Abschnitt. Die Sicherung der Arbeitsvergütung	§§ 87–94	861
8. Abschnitt. Arbeitsvergütung ohne Arbeitsleistung	§§ 95–105	934
9. Abschnitt. Sonstige Pflichten des Arbeitgebers	§§ 106–112	1074
VII. Buch. Das Recht am Arbeitsergebnis und an den Arbeitsgerätschaften	§§ 113–115	1161
VIII. Buch. Betriebsübergang und Arbeitnehmerüberlassung	§§ 116–120	1181
IX. Buch. Die Beendigung des Arbeitsverhältnisses	§§ 121–151	1261
X. Buch. Arbeitsschutz	§§ 152–164	1591
XI. Buch. Schutz besonderer Personengruppen	§§ 165–186	1673
1. Abschnitt. Gleichbehandlung männlicher und weiblicher Arbeitnehmer	§ 165	1673
2. Abschnitt. Schwangerschaft	§§ 166–171	1679
3. Abschnitt. Elternzeit	§ 172	1709
4. Abschnitt. Berufsbildung	§§ 173–176	1725
5. Abschnitt. Wehrdienst	§ 177	1771
6. Abschnitt. Schwerbehinderte Menschen und Bergmannsversorgungsschein-Inhaber	§§ 178–180	1776
7. Abschnitt. Gruppenarbeitsverhältnis und mittelbares Arbeitsverhältnis	§§ 181–183	1812
8. Abschnitt. Tariflich oder gesetzlich besonders gestaltete Arbeitsverhältnisse	§§ 184–186	1820
XII. Buch. Das Recht der Koalitionen	§§ 187–191	1881
XIII. Buch. Übersicht über das Recht des Arbeitskampfs	§§ 192–194	1905
XIV. Buch. Grundzüge des Schlichtungsrechts	§§ 195–197	1933
XV. Buch. Das Tarifrecht	§§ 198–209	1939

		Seite
XVI. Buch. Betriebsverfassung	§§ 210–244	2061
1. Abschnitt. Allgemeines	§§ 210–216	2061
2. Abschnitt. Betriebsratswahlen	§§ 217, 218	2098
3. Abschnitt. Betriebsverfassungsorgane	§§ 219–229	2122
4. Abschnitt. Beteiligung des Betriebsrats	§§ 230–233	2206
5. Abschnitt. Betriebsverfassungsrechtliche Grundrechte	§ 234	2259
6. Abschnitt. Mitbestimmung in sozialen Angelegenheiten	§§ 235, 236	2265
7. Abschnitt. Gestaltung von Arbeitsplatz, Arbeitsablauf und Arbeitsumgebung	§ 237	2310
8. Abschnitt. Beteiligung des Betriebsrats in personellen Angelegenheiten	§§ 238–242	2316
9. Abschnitt. Beteiligung des Betriebsrats in wirtschaftlichen Angelegenheiten	§§ 243, 244	2359
XVII. Buch. Die Sprecherausschussverfassung	§§ 245–254	2407
1. Abschnitt. Organisationsrecht	§§ 245–248	2407
2. Abschnitt. Mitwirkungsrechte des Sprecherausschusses	§§ 249–254	2415
XVIII. Buch. Die europäische Betriebsverfassung	§§ 255, 256	2425
XIX. Buch. Die Unternehmensverfassung	§§ 257–261	2431
XX. Buch. Personalvertretungsrecht	§§ 262–271	2447
1. Abschnitt. Organisationsrecht	§§ 262–266	2447
2. Abschnitt. Beteiligung des Personalrats	§§ 267–271	2497
Stichwortverzeichnis		2575

Inhaltsverzeichnis

	Seite	RN
Abkürzungsverzeichnis	XLI	
Literaturverzeichnis	LXI	
Internetadressen	LXVII	
I. Buch. Grundbegriffe des Arbeitsrechts		
§ 1. Begriff des Arbeitsrechts	1	
§ 2. Grundgedanken des Arbeitsrechts	1	
I. Allgemeines	2	1
II. Schutzrecht	2	4
III. Tarifvertragsrecht	3	10
IV. Mitbestimmung	4	12
V. Arbeitsgerichtsverfahren	4	15
VI. Arbeitsrecht in der ehemaligen DDR	4	16
VII. Internationalisierung des Arbeitsrechts	5	18
§ 3. Rechtsquellen des Arbeitsrechts	5	
I. Nationale Rechtsquellen	6	1
II. Internationale Rechtsquellen	16	42
III. Rechtsetzungskompetenz der EU in arbeits- und sozialrechtlichen Vorschriften	19	52
IV. Der Gerichtshof der Europäischen Gemeinschaften (EuGH)	26	70
V. Arbeitsrechtliche Rechtsetzung der EU	28	82
VI. Auswirkungen des EG- und EU-Rechts auf das Sozialrecht	29	86
VII. Gesetzesübersicht	33	103
§ 4. Übersichten zu ausländischen Arbeitsrechtsordnungen	33	
§ 5. System des Arbeitsrechts	35	
I. Gliederung der Rechtsordnung und Stellung des Arbeitsrechts	35	1
II. Gliederung des Arbeitsrechts	35	4
§ 6. Internationales Arbeitsrecht	35	
I. Allgemeines	36	1
II. Bestimmung des Arbeitsstatuts	36	4
III. Internationale Zuständigkeit	39	14
IV. Entsendung deutscher Arbeitnehmer ins Ausland	39	15
§ 7. Arbeitsrechtliche Behörden in der BRD	41	
I. Staatliche Arbeitsbehörden	41	1
II. Gewerkschaften und Arbeitgeberverbände	43	9
III. Arbeitnehmerkammern	43	10
§ 8. Arbeitnehmer	43	
I. Allgemeines	45	1
II. Voraussetzungen des Arbeitnehmerbegriffs	47	12
III. Einzelfälle	57	53
§ 9. Abgrenzung des Arbeitsvertrages von verwandten Verträgen	60	
I. Arbeitsvertrag und Dienstvertrag	61	1
II. Werkvertrag	62	16

	Seite	RN
III. Auftrag	63	21
IV. Gesellschaftsvertrag	63	23
V. Franchise-Vertrag	65	28
VI. Dienstverschaffungsvertrag	65	30
VII. Familienrechtliche Mitarbeit	66	32
VIII. Sonstige Verträge	68	39
IX. Gemischte Verträge	69	48
§ 10. Arbeitnehmerähnliche Personen	70	
I. Begriff	70	1
II. Rechtsfolgen	72	5
§ 11. Heimarbeiter, Hausgewerbetreibende und Zwischenmeister	74	
I. Begriffe	74	1
II. Rechtsbeziehungen der Heimarbeiter	75	7
III. Sozialrechtliche Behandlung	76	10
IV. Steuerrechtliche Behandlung	77	16
§ 12. Handelsvertreter	78	
I. Begriff	78	1
II. Anwendung des Arbeitsrechts	78	4
III. Steuer und Sozialversicherung	79	7
§ 13. Berufliche Gliederung der Arbeitnehmer	79	
I. Überblick	79	1
II. Gewerbliche Arbeitnehmer	80	3
III. Kaufmännische Arbeitnehmer	81	6
IV. Schiffsbesatzungen usw.	81	8
V. Bergbau	81	9
VI. Land- und Forstwirtschaft	82	11
VII. Hausangestellte	82	12
VIII. Arbeitnehmer der internationalen Organisationen	82	13
IX. Sonstige Arbeitnehmer	82	14
§ 14. Arbeiter und Angestellte	82	
§ 15. Leitende Angestellte/Organmitglieder	83	
I. Soziologische Betrachtung	83	1
II. Rechtsstellung der Organmitglieder	84	5
III. Arbeitsrechtliche Behandlung sonstiger leitender Angestellter	93	30
IV. Außertarifliche Angestellte	94	39
§ 16. Sonstige Arbeitnehmergruppen, insbesondere die zu ihrer Berufsausbildung beschäftigten Personen	95	
I. Allgemeines	95	1
II. Auszubildender	96	4
III. Volontär	96	7
IV. Praktikant	97	9
V. Werkstudenten, Schüler	98	12
VI. Umschüler	99	15
§ 17. Arbeitgeber	99	
§ 18. Betrieb und Unternehmen	102	
I. Betrieb	102	1
II. Betriebsmehrheit, Nebenbetriebe, Betriebsabteilungen	103	3
III. Bedeutung des Betriebsbegriffs	104	8
IV. Unternehmen	104	10

	Seite	RN

II. Buch. Arbeitsförderungsrecht (Überblick)

	Seite	RN
§ 19. Grundbegriffe und Versicherungspflicht	107	
I. Allgemeines	107	1
II. Besondere Verantwortung von Arbeitgebern und Arbeitnehmern	108	4
III. Versicherungspflichtige in der Arbeitslosenversicherung	110	13
IV. Beschäftigungsverhältnis	111	21
§ 20. Überblick über die Leistungen der Arbeitsverwaltung	115	
§ 21. Berufsberatung, Arbeitsvermittlung und arbeitsmarktpolitische Förderinstrumente	117	
I. Berufsberatung	117	1
II. Arbeitsvermittlung	118	6
III. Arbeitsmarktpolitische Förderinstrumente für Arbeitnehmer	119	15
IV. Arbeitsmarktpolitische Förderinstrumente für Arbeitgeber und Träger	121	25
V. Arbeitsmarktpolitische Förderinstrumente für ältere Arbeitnehmer	125	46
§ 22. Berufsaus- und -weiterbildung und sonstige öffentlich-rechtliche Förderung	127	
I. Förderung der Berufsausbildung	127	1
II. Förderung der beruflichen Weiterbildung	131	16
III. Förderung der Berufsausbildung und beruflichen Weiterbildung von behinderten Menschen	133	28
§ 23. Arbeitslosengeld I	134	
I. Entgeltersatzleistungen	134	1
II. Voraussetzungen für die Bewilligung von Arbeitslosengeld	135	2
III. Höhe des Arbeitslosengelds	142	37
IV. Ruhen des Arbeitslosengelds aufgrund einer Sperrzeit	145	49
V. Ruhen des Arbeitslosengelds bei Anrechnung einer Entlassungsentschädigung	152	67
VI. Sonstige Ruhenstatbestände des Anspruchs auf Arbeitslosengeld	157	84
VII. Sozialversicherungsschutz beim Bezug von Arbeitslosengeld	158	89
VIII. Gleichwohlgewährung von Arbeitslosengeld	159	97
§ 24. Arbeitslosengeld II	160	

III. Buch. Die Begründung des Arbeitsverhältnisses

	Seite	RN
§ 25. Stellenausschreibung und Stellensuche	167	
I. Allgemeines	167	1
II. Stellenausschreibung	168	3
III. Freizeit zur Stellensuche	170	14
IV. Ersatz der Vorstellungskosten	171	25
§ 26. Vertragsanbahnung und Fragerecht des Arbeitgebers	173	
I. Vorvertragliches Schuldverhältnis	174	1
II. Eignungsuntersuchungen	176	11
III. Fragerecht des Arbeitgebers	178	16
§ 27. Die Beschäftigung ausländischer Arbeitnehmer in der Bundesrepublik Deutschland	181	
I. Anwerbung und Arbeitsvermittlung mit Auslandsbezug	181	1
II. Öffentlich-rechtliche Voraussetzungen für die Arbeitsaufnahme von Ausländern in der BRD	182	4
III. Besonderheiten im Arbeitsvertragsrecht ausländischer Arbeitnehmer	191	36
IV. Steuerliche und sozialversicherungsrechtliche Behandlung	191	39
§ 28. Kollektivrechtliche Einflüsse auf die Begründung des Arbeitsvertrags	192	

Seite RN

IV. Buch. Arbeitsvertrag und Arbeitsverhältnis

	Seite	RN
§ 29. Arbeitsvertrag und Arbeitsverhältnis	193	
I. Arbeitsvertrag	193	1
II. Arbeitsverhältnis	194	8
III. Leistung von Arbeit auf anderer rechtlicher Grundlage	195	10
§ 30. Arten des Arbeitsvertrags	196	
I. Allgemeines	196	1
II. Einteilung nach der Entgeltberechnung	196	2
III. Berufliche Gliederung	196	7
IV. Arbeiter- und Angestelltenverträge	196	8
V. Besondere Formen	196	9
§ 31. Die rechtlichen Grundlagen der Arbeitsbedingungen	196	
I. Vorbemerkung	197	1
II. Arbeitsvertrag	197	2
III. Gesetz	198	7
IV. Kollektivrechtliche Vereinbarung	200	19
V. Betriebliche Übung	200	21
VI. Einseitige Leistungsbestimmung (Direktionsrecht)	200	22
§ 32. Kontrolle Allgemeiner Geschäftsbedingungen	201	
I. Allgemeines	202	1
II. Zeitlicher Geltungsbereich	202	2
III. Allgemeine Geschäftsbedingungen	203	5
IV. Kollektivvereinbarungen	206	19
V. Überraschende Klauseln	208	22
VI. Auslegung	210	27
VII. Inhaltskontrolle	211	35
VIII. Rechtsfolgen der Unwirksamkeit	216	49
IX. Kirchliche Arbeitsverhältnisse	217	53
X. Einzelfälle	218	54
§ 33. Allgemeines Gleichbehandlungsgesetz	227	
I. Allgemeines	229	1
II. Gegenstände des Benachteiligungsverbots	229	4
III. Anwendungsbereich	233	16
IV. Benachteiligung	236	29
V. Mobbing	239	43 a
VI. Rechtfertigungsgründe	242	44
VII. Benachteiligungsverbot	249	70
VIII. Schadensersatzansprüche	250	77
IX. Sonstige Rechte der Beschäftigten	257	109
X. Organisationspflichten des Arbeitgebers	258	118
XI. Besonderheiten für Religionsgemeinschaften	260	127
XII. Beweislast	261	131
§ 34. Abschluss und Form des Arbeitsvertrags	264	
I. Abschluss des Arbeitsvertrags	264	1
II. Vertretung bei Abschluss des Arbeitsvertrags	270	28
III. Form des Arbeitsvertrags	273	44
IV. Abschluss- und Beschäftigungsverbote	279	71
V. Abschlussgebote	280	78
VI. Gesetzliche Beendigungstatbestände des Arbeitsverhältnisses	280	82
VII. Anrechnung von Vordienstzeiten	280	83
VIII. Ruhen des Arbeitsverhältnisses	281	86
§ 35. Arbeitspapiere und Meldepflichten des Arbeitgebers	282	
I. Arbeitspapiere	282	1
II. Meldepflichten	284	16

	Seite	RN
§ 36. Rechtsmängel des Arbeitsvertrags	286	
I. Nichtigkeit des Arbeitsvertrags	286	1
II. Anfechtbarkeit des Arbeitsvertrags	291	23
III. Rechtsfolgen der Nichtigkeit oder Anfechtung	295	47
§ 37. Arbeitsverhältnis auf unbestimmte Dauer und auf Lebenszeit	297	
I. Einführung	297	1
II. Arbeitsverhältnis von unbestimmter Dauer	297	5
III. Arbeitsverhältnis auf Lebenszeit oder Dauer	298	9
§ 38. Allgemeine Grundsätze des Befristungsrechts	300	
I. Allgemeines	300	1
II. Benachteiligungsverbot von befristet beschäftigten Arbeitnehmern	304	18
III. Kalendermäßige Befristung, Zweckbefristung und auflösende Bedingung	306	28
IV. Beendigung des zeitbestimmten Arbeitsverhältnisses	309	41
V. Schriftform	311	50
VI. Beteiligung der Arbeitnehmervertretung	314	58
VII. Gerichtliches Verfahren	315	61
VIII. Die Befristung einzelner Arbeitsbedingungen	319	78
§ 39. Die sachgrundlose Befristung nach dem TzBfG und dem WissZeitVG	320	
I. Allgemeines	320	1
II. Die sachgrundlose Befristung nach dem TzBfG	321	2
III. Die sachgrundlose Befristung nach dem WissZeitVG	326	25
§ 40. Die Befristung mit Sachgrund	330	
I. Allgemeines	331	1
II. Gesetzlich geregelte Sachgründe	333	8
III. Von der Rechtsprechung anerkannte Sachgründe	345	44
§ 41. Probe- und Aushilfsarbeitsverhältnis	351	
I. Probearbeitsverhältnis	351	1
II. Aushilfsarbeitsverhältnis	354	17
§ 42. Nebenbeschäftigung	356	
I. Begriff und Allgemeines	357	1
II. Arbeitsrechtliche Behandlung	357	3
III. Auswirkungen auf den Rentenbezug	359	18
IV. Schwarzarbeit	360	22
§ 43. Teilzeitarbeit	363	
I. Grundlagen der Teilzeitarbeit	364	1
II. Erscheinungsformen der Teilzeitarbeit	366	7
III. Verbot der Schlechterstellung	369	28
IV. Sachlicher Grund	374	53
V. Anspruch auf anteiliges Arbeitsentgelt	376	62
VI. Rechtsfolgen nicht gerechtfertigter unterschiedlicher Behandlung	377	66
VII. Verhältnis der Benachteiligungsverbote zueinander	378	69
VIII. Stellenausschreibung	379	75
IX. Anspruch auf Teilzeit	380	80
X. Reaktionsmöglichkeiten des Arbeitgebers	386	112
XI. Ablehnung des Wunsches nach Verringerung der Arbeitszeit	392	144
XII. Rechtsschutz des Arbeitnehmers bei Ablehnung des Antrags	393	148
XIII. Neuer Antrag des Arbeitnehmers	395	154
XIV. Mitbestimmung des Betriebsrats	395	155
XV. Abweichende Tarifregelungen	395	157
XVI. Verlängerung der Arbeitszeit	395	158
XVII. Maßregelungs- und Kündigungsverbot	397	164

	Seite	RN
§ 44. Geringfügige Beschäftigung	398	
I. Allgemeines	398	1
II. Sozialversicherungsrechtliche Besonderheiten	398	3
III. Geringfügig entlohnte Beschäftigung (§ 8 I Nr. 1 SGB IV)	399	5
IV. Kurzfristige Beschäftigung (§ 8 I Nr. 2 SGB IV)	401	19
V. Geringfügige Beschäftigung in Privathaushalten (§ 8 a SGB IV)	403	31
VI. Unterschiedliche Behandlung der Entgeltgeringfügigkeit und der Zeitgeringfügigkeit	404	35
VII. Mehrere geringfügige Beschäftigungen (§ 8 II SGB IV)	404	36
VIII. Mitteilungs- und Meldepflichten	404	40
IX. Krankenversicherung	405	42
X. Rentenversicherung	406	48
XI. Weitere Zweige der Sozialversicherung	407	56
XII. Steuerrechtliche Fragen	407	59

V. Buch. Die Pflichten des Arbeitnehmers aus dem Arbeitsvertrag

	Seite	RN
§ 45. Die Arbeitspflicht	411	
I. Persönliche Arbeitsleistung	412	1
II. Person des Arbeitgebers	413	7
III. Ort der Arbeitsleistung	414	14
IV. Art der zu leistenden Arbeit	416	23
V. Zeitlicher Umfang der Arbeitspflicht	424	46
VI. Arten der Arbeitszeit	425	49
VII. Erfüllungszwang der Arbeitsleistung	432	71
§ 46. Befreiung von der Arbeitspflicht	433	
§ 47. Vereinbarte Arbeitsaussetzung	433	
I. Voraussetzung von Kurzarbeit und Feierschichten	434	1
II. Beendigung der Kurzarbeit	436	11
III. Öffentlich-rechtliche Verpflichtung des Arbeitgebers	436	13
§ 48. Kurzarbeitergeld und Saison-Kurzarbeitergeld	437	
I. Kurzarbeitergeld	437	1
II. Saison-Kurzarbeitergeld	440	17
§ 49. Unmöglichkeit der Arbeitsleistung	442	
§ 50. Zurückbehaltungsrecht	445	
§ 51. Verletzung der Arbeitspflicht	447	
I. Allgemeines	448	1
II. Nichtleistung der Arbeit	448	2
III. Rechte des Arbeitgebers bei Nichtleistung	449	7
IV. Abwerbung durch Dritte („Headhunting“)	451	23
§ 52. Schlechtleistung	454	
I. Begriff	454	1
II. Entgeltminderung	455	5
III. Kündigung	455	9
§ 53. Arbeitnehmerhaftung	456	
I. Überblick	457	1
II. Einschränkung der Arbeitnehmerhaftung durch das BAG	462	32
III. Schädigung eines betriebsfremden Dritten durch den Arbeitnehmer	470	71
IV. Schädigung eines Arbeitskollegen durch den Arbeitnehmer	471	76
V. Mankohaftung	471	79
§ 54. Haftung des Arbeitgebers	474	
I. Personenschäden	474	1
II. Sach- und Vermögensschäden	475	2

	Seite	RN
§ 55. Nebenpflichten des Arbeitnehmers	476	
I. Begriff und Inhalt	477	1
II. Einzelne Nebenpflichten	478	11
§ 56. Verpflichtung zur Unterlassung von Wettbewerb	491	
§ 57. Verpflichtung zur Unterlassung von Wettbewerb während des Arbeitsverhältnisses	492	
I. Kaufmännische Angestellte	492	1
II. Inhalt des Verbotes für Handlungsgehilfen	493	5
III. Einwilligung des Arbeitgebers	495	11
IV. Rechtsfolgen eines Wettbewerbsverstoßes	495	14
V. Beschäftigungs- und Konkurrenzverbot sonstiger Arbeitnehmer	497	24
§ 58. Wettbewerbsbeschränkungen nach Beendigung des Arbeitsverhältnisses	498	
I. Allgemeines	500	1
II. Abschluss und Rechtsnatur des Wettbewerbsverbotes	505	22
III. Rechtsmängel der Wettbewerbsvereinbarung	511	51
IV. Verpflichtung des Arbeitnehmers zur Wettbewerbsenthaltung	514	64
V. Verpflichtung des Arbeitgebers zur Zahlung der Karenzentschädigung	516	73
VI. Ausnahme von dem Gebot der Entschädigungspflicht	522	93
VII. Wegfall des Wettbewerbsverbotes oder der Verpflichtung zur Zahlung einer Karenzentschädigung	522	95
VIII. Vertragsstrafe zur Sicherung des Wettbewerbsverbotes	525	105
IX. Ansprüche gegen Dritte	526	109
X. Geheime Wettbewerbsklauseln	526	110
§ 59. Strafabreden	527	
§ 60. Vertragsstrafe	527	
I. Überblick	528	1
II. Selbstständiges Strafversprechen	528	4
III. Unselbstständiges Strafversprechen	529	6
IV. Pauschalierungsabrede	533	26
§ 61. Betriebsbußen	534	
I. Allgemeines	534	1
II. Rechtsgrundlagen	536	15
III. Verhängung und Verteidigungsmöglichkeiten des Arbeitnehmers	536	21

VI. Buch. Die Pflichten des Arbeitgebers aus dem Arbeitsvertrag

1. Abschnitt. Arbeitswissenschaftliche Grundlagen der Arbeitsvergütung	539	
§ 62. Prinzipien der Lohnfindung	539	
I. Lohnfindungssysteme	539	1
II. Quantifizierung menschlicher Leistung	539	7
III. Durchschnittsverdienst	540	10
IV. Besondere Entlohnungsformen	542	12
§ 63. Arbeitswissenschaftliche Prinzipien des Zeitlohnes	542	
I. Reiner Zeitlohn	542	1
II. Zulagen	542	2
§ 64. Arbeitswissenschaftliche Prinzipien des Akkordlohnes	543	
I. Allgemeines	544	1
II. Bezugsgrößen der Leistungsentlohnung	544	2
III. Erscheinungsformen der Akkordvergütung	544	8
IV. Methoden der Akkordvorgabebestimmung	545	13

	Seite	RN
V. Berechnungsprinzipien der Akkordvergütung	548	33
VI. Akkordrevision	548	38
§ 65. Arbeitswissenschaftliche Prinzipien des Prämienlohnes	549	
I. Allgemeines	549	1
II. Gliederung der Prämien nach der Bezugsgröße der Arbeitsleistung	550	4
III. Gliederung der Prämien nach der Leistungsseite des Arbeitgebers	550	12
IV. Festlegung der Prämienleistungsnorm	551	17
V. Berechnung des Prämienlohnes	551	21
2. Abschnitt. Die Arbeitsvergütung	552	
§ 66. Arbeitsvergütung	552	
I. Allgemeines	552	1
II. Vergütungsvereinbarung	553	8
§ 67. Bemessung der Arbeitsvergütung	557	
I. Allgemeines	557	1
II. Bemessung der Zeitvergütung	558	4
III. Bemessung der Akkordvergütung	562	15
IV. Bemessung der Prämienlohnvergütung	564	31
V. Tronc	565	37
VI. Bemessung des Gedingelohnes	565	38
VII. Bemessung der Vergütung bei fehlender Vereinbarung über die Höhe	566	46
§ 68. Sachbezüge	567	
I. Arbeitsrechtliche Grundsätze	567	1
II. Steuerliche und sozialversicherungsrechtliche Behandlung von Sachbezügen	572	12
§ 69. Vergütungszuschläge und -zulagen	574	
I. Allgemeines	575	1
II. Mehrarbeitsvergütung	575	5
III. Überstunden	576	10
IV. Leistungszuschläge und Sozialzuwendungen	579	24
V. Zuschläge für ungünstige Arbeitszeit	581	31
VI. Erschwerniszulagen	583	33
VII. Sozialzulagen	584	39
VIII. Sonstige Zulagen	585	41
§ 70. Auszahlung der Arbeitsvergütung	586	
I. Empfangsberechtigter	586	1
II. Zahlungsart und Zahlungsort	587	5
III. Zahlungsfrist	587	9
IV. Währung	590	25
§ 71. Lohnabzüge	590	
I. Allgemeines	590	1
II. Sozialversicherung	593	10
III. Arbeitslosenversicherung	602	46
IV. Lohnsteuer	602	47
V. Nettolohnvereinbarung	609	108
§ 72. Lohnabrechnung, Quittung und Ausgleichsquittung	610	
I. Lohnabrechnungen	610	1
II. Quittung und Ausgleichsquittung	612	6
§ 73. Einreden und Einwendungen gegen den Anspruch auf Arbeitsvergütung	615	
I. Verjährung	615	1

	Seite	RN
II. Verzicht und Ausgleichsquittung	618	15
III. Verwirkung	619	17
§ 74. Rückzahlung von Arbeitsvergütung	620	
I. Überzahlung	620	1
II. Rückwirkende Lohnminderung	625	15
3. Abschnitt. Sonderformen der Vergütung	626	
§ 75. Provision	626	
I. Allgemeines	626	1
II. Entstehung des Provisionsanspruchs	629	12
III. Unbedingte Entstehung des Provisionsanspruchs	633	34
IV. Fälligkeit des Provisionsanspruchs	636	44
V. Abtretung, Pfändung, Insolvenz	636	45
VI. Verjährung, Ausschlussfristen	636	46
VII. Höhe des Provisionsanspruchs	636	47
VIII. Abrechnung der Provisionsforderung	638	52
§ 76. Gewinnbeteiligung	640	
§ 77. Zielvereinbarungen	643	
I. Allgemeines	643	1
II. Vereinbarung der Ziele	644	7
III. Störfälle	645	13
IV. Mitbestimmung des Betriebsrats	647	25
§ 78. Sondervergütungen (Gratifikationen)	648	
I. Begriff	649	1
II. Rechtsgrundlage	651	10
III. Höhe der Gratifikation	657	38
IV. Ausschlusstatbestände	658	39
V. Rückzahlungsklauseln	664	60
VI. Mitbestimmung	667	75
VII. Sonstiges	668	82
§ 79. Anwesenheitsprämie	668	
I. Überblick	668	1
II. Rechtsgrundlagen	669	3
§ 80. Miteigentum und Vermögensbildung	671	
I. Überblick	672	1
II. Schuldrechtliche Formen der Mitarbeiterbeteiligung	672	2
III. Recht der Vermögensbildung	674	8
IV. Bergmannsprämiengesetz (BergPG)	674	10
V. Wohnungsbau-Prämiengesetz (WoPG)	675	14
VI. Voraussetzung der Förderung nach dem 5. VermBG	675	21
VII. Vereinbarungen vermögenswirksamer Leistungen aus dem Vermögen des Arbeitgebers	677	38
VIII. Vermögenswirksame Anlage von Teilen des Arbeitslohns	678	44
IX. Mitarbeiterbeteiligung	679	50
X. Arbeitnehmer-Sparzulage	679	52
4. Abschnitt. Altersteilzeit und Altersversorgung	681	
§ 81. Altersteilzeit	681	
I. Begriff und Zweck	682	1
II. Förderungsvoraussetzungen	682	2
III. Verpflichtung des Arbeitgebers	684	6
IV. Verringerung und Verteilung der Arbeitszeit	684	7

	Seite	RN
V. Erstattungsbetrag	686	14
VI. Beendigung des Erstattungsanspruchs	686	15
VII. Altersteilzeitarbeitsverhältnis	687	22
§ 82. Grundlagen der Altersversorgung	691	
I. Quellen	692	1
II. Entwicklung der gesetzlichen Rentenversicherung	692	2
III. Versicherungspflicht	694	13
IV. Rentenarten in der gesetzlichen Rentenversicherung	695	24
V. Kapitalgedeckte Altersversorgung	704	71
VI. Formen der betrieblichen Altersversorgung	706	80
VII. Besteuerung der Alterseinkünfte	709	93
§ 83. Der Betriebsrentenanspruch	710	
I. Begriff und Rechtsnatur	713	1
II. Begründung der Ruhegeldverpflichtung	720	30
III. Allgemeine inhaltliche Grenzen der Ruhegeldregelungen	727	54
IV. Voraussetzungen des Ruhegeldanspruchs	732	77
V. Ruhegeldanwartschaft	744	126
VI. Ruhegeldberechtigte, Ruhegeldverpflichtete und der Versorgungsausgleich	760	190
VII. Einzelne Pflichten des Arbeitgebers, insbesondere die Ruhegeldanpassung	772	248
VIII. Pflichten des Arbeitnehmers aus dem Ruhestandsverhältnis	790	317
IX. Ruhegeldforderung	791	322
X. Beendigung des Ruhestandsverhältnisses	793	330
XI. Besonderheiten einer Ruhegeldzusage mit Widerrufsvorbehalt	797	346
XII. Jeweiligkeitsklausel	798	356
XIII. Mitbestimmung des Betriebsrats	799	359
§ 84. Besondere Durchführungswege und Insolvenzschutz	801	
I. Besonderheiten bei Ruhegeldern durch Unterstützungskassen	802	1
II. Besonderheiten bei Ruhegeldgewährung durch Pensionskassen	807	27
III. Direktversicherung	809	36
IV. Entgeltumwandlungszusage	815	59
V. Beitragsorientierte Versorgungszusage	820	80
VI. Pensionsfonds	822	91
VII. Insolvenzschutz	824	104
VIII. Grundzüge der Altersversorgung im öffentlichen Dienst	836	164
5. Abschnitt. Werkwohnung	847	
§ 85. Werkwohnung	847	
I. Allgemeines	847	1
II. Rechtsgrundlagen	848	5
III. Werkmietwohnung	848	6
IV. Werkdienstwohnung	852	20
V. Beteiligungsrechte der Arbeitnehmervertretungen	853	25
VI. Rechtsstreitigkeiten	853	26
VII. Abzugsverfahren	853	28
6. Abschnitt. Aufwendungsersatz	854	
§ 86. Ersatz von Auslagen	854	
7. Abschnitt. Die Sicherung der Arbeitsvergütung	861	
§ 87. Schutz der Arbeitsvergütung	861	
§ 88. Die wichtigsten Lohnsicherungen	861	
I. Verfügungsverbote	861	1

	Seite	RN
II. Aufrechnung	864	8
III. Zurückbehaltungsrecht	866	18
IV. Sonstige Lohnsicherungen	867	21
V. Truckverbot	868	29
§ 89. Das Lohnpfändungsverfahren	870	
I. Vorbemerkung	870	1
II. Pfändungsantrag	871	2
III. Pfändungs- und Überweisungsbeschluss	875	19
IV. Vorpfändung	877	29
V. Auskunftspflichten des Drittschuldners	878	37
VI. Drittschuldnerklage	881	49
VII. Lohnschiebungsverträge	882	59
§ 90. Die Behandlung des Pfändungs- und Überweisungsbeschlusses durch den Arbeitgeber	886	
I. Rechtsstellung des Arbeitgebers	887	1
II. Mehrfache Pfändung	889	11
III. Schutz des guten Glaubens	890	19
IV. Einwendungen und Einreden des Arbeitgebers	892	25
V. Aufrechnung des Drittschuldners	893	28
§ 91. Die Stellung des Schuldners in der Lohnpfändung	895	
§ 92. Der Lohnpfändungsschutz	897	
I. Pfändbares Arbeitseinkommen	898	1
II. Pfändbarkeit einzelner Arbeitseinkommen	899	8
III. Berechnung des pfändbaren Einkommens	906	45
§ 93. Arbeitsrecht in der Insolvenz	909	
I. Rechtsgrundlagen	910	1
II. Eröffnungsverfahren	911	3
III. Das eröffnete Insolvenzverfahren	913	16
IV. Arbeitnehmerforderungen in der Insolvenz	915	28
V. Sonderkündigungsrecht	920	48
VI. Interessenausgleich und Kündigungsschutz	921	56
VII. Beschlussverfahren zum Kündigungsschutz	922	59
VIII. Betriebsübergang	923	65
IX. Interessenausgleich und Sozialplan	924	66
X. Altersteilzeit	924	67
§ 94. Insolvenzgeld	924	
I. Rechtsgrundlagen	924	1
II. Anspruchsvoraussetzungen	925	2
III. Pflichten des Insolvenzverwalters, Arbeitgebers und Arbeitnehmers	931	22
IV. Umfang der Leistung	931	26
8. Abschnitt. Arbeitsvergütung ohne Arbeitsleistung	934	
§ 95. Annahmeverzug des Arbeitgebers	934	
I. Allgemeines	935	1
II. Abdingbarkeit	936	5
III. Abgrenzung zum Schuldnerverzug	937	10
IV. Freistellung von der Arbeitspflicht	938	13
V. Allgemeine Voraussetzungen des Annahmeverzugs	940	19
VI. Annahmeverzug bei der Beendigung des Arbeitsverhältnisses	941	28
VII. Leistungsfähigkeit und Leistungswilligkeit	944	40
VIII. Ablehnung der Arbeitsleistung	948	56
IX. Beendigung des Annahmeverzugs	949	59
X. Vergütungsfortzahlung	950	66

	Seite	RN
XI. Anrechnungsfragen	953	84
XII. Prozessuale Fragen	961	122
§ 96. Unmöglichkeit der Arbeitsleistung	962	
§ 97. Arbeitsverhinderung des Arbeitnehmers aus persönlichen Gründen	962	
I. Allgemeines	963	1
II. Anspruchsvoraussetzungen	963	6
III. Rechtsfolgen	968	28
§ 98. Entgeltfortzahlung im Krankheitsfall	969	
I. Geltungsbereich des Entgeltfortzahlungsgesetzes	971	1
II. Anspruchsvoraussetzungen der Entgeltfortzahlung im Krankheitsfall	972	9
III. Beginn und Ende des Entgeltfortzahlungsanspruchs	982	54
IV. Höhe des fortzuzahlenden Arbeitsentgelts	988	83
V. Kurzarbeit	992	107
VI. Tariföffnungsklauseln	992	108
VII. Anzeige- und Nachweispflichten	994	113
VIII. Rechtsbeziehungen zum Kassenarzt	999	136
IX. Medizinischer Dienst	1003	140
X. Anzeige- und Nachweispflicht bei Arbeitsunfähigkeit im Ausland	1004	145
XI. Forderungsübergang bei Dritthaftung	1005	150
XII. Leistungsverweigerungsrechte des Arbeitgebers	1008	164
XIII. Unabdingbarkeit	1009	175
Anhang: Krankengeld	1011	184
§ 99. Fortzahlung der Arbeitsvergütung bei Kur- und Heilverfahren	1013	
I. Arten der Heilverfahren	1013	1
II. Anspruchsvoraussetzungen bei Versicherten und Nichtpflichtversicherten	1014	4
III. Entsprechende Anwendung der Vorschriften über die Entgeltfortzahlung	1015	18
IV. Anzeige- und Nachweispflicht	1016	25
V. Schonungszeit	1017	29
§ 100. Ausgleich der Arbeitgeberaufwendungen für Entgeltfortzahlung und Leistungen nach dem MuSchG	1017	
I. Rechtsgrundlagen	1017	1
II. Ausgleichsverfahren bei der Entgeltfortfortzahlung (U1-Umlage)	1018	3
III. Ausgleichsverfahren bei Mutterschaft (U2-Umlage)	1019	11
IV. Erstattungsverfahren	1019	13
V. Berechnung der Umlage	1020	16
VI. Verjährung und Aufrechnung	1020	17
VII. Freiwilliges Ausgleichsverfahren	1020	18
§ 101. Betriebsrisiko	1020	
I. Begriff und Geschichte der Betriebsrisikolehre	1020	1
II. Betriebsrisiko	1022	10
III. Wirtschaftsrisiko	1022	13
§ 102. Der Urlaub	1023	
I. Allgemeines	1025	1
II. Voraussetzungen des Urlaubsanspruchs	1027	8
III. Arbeitsplatzwechsel	1034	37
IV. Urlaubsdauer	1035	44
V. Krankheit während des Urlaubs	1037	53
VI. Urlaubszweckwidrige Erwerbstätigkeit	1039	62
VII. Teilurlaub	1039	66
VIII. Urlaubserteilung	1042	82
IX. Übertragung ins nächste Kalenderjahr	1046	103
X. Urlaubsvergütung	1048	115

		Seite	RN
XI.	Urlaubsabgeltung	1055	143
XII.	Unabdingbarkeit des Urlaubsanspruchs	1058	160
XIII.	Sonderregelungen einzelner Wirtschaftszweige	1058	162
XIV.	Besondere Arbeitnehmergruppen	1059	168
XV.	Arbeitnehmerähnliche Personen	1060	174
§ 103.	Bildungs- und Sonderurlaub	1061	
I.	Bildungsurlaub	1061	1
II.	Sonderurlaub	1065	12
§ 104.	Feiertagsrecht	1066	
I.	Allgemeines	1066	1
II.	Gesetzessystematik	1067	3
III.	Bestimmung der Feiertage	1067	6
IV.	Arbeitsbefreiung an Feiertagen	1067	7
§ 105.	Entgeltzahlung an Feiertagen	1068	
I.	Anspruchsvoraussetzungen	1068	1
II.	Ausschluss der Feiertagsvergütung	1070	11
III.	Berechnung der Vergütung	1070	13
IV.	Unabdingbarkeit	1072	24
V.	Sonn- und Feiertagszuschläge	1072	25
9. Abschnitt.	**Sonstige Pflichten des Arbeitgebers**	1074	
§ 106.	Fürsorgepflicht	1074	
I.	Allgemeines	1074	1
II.	Arten der Fürsorgepflichten	1075	6
III.	Schutzpflicht für Leben und Gesundheit	1076	12
IV.	Sonstige verselbstständigte Arbeitgeberfürsorgepflichten	1079	26
V.	Allgemeine Fürsorgepflicht	1081	36
§ 107.	Pflegezeit	1088	
I.	Allgemeines	1089	1
II.	Anspruchsberechtigte Personen	1089	4
III.	Arbeitgeber	1091	15
IV.	Pflegebedürftigkeit naher Angehöriger	1091	18
V.	Akutpflege	1092	23
VI.	Pflegezeit	1096	40
VII.	Sonderkündigungsschutz	1100	64
VIII.	Befristete Verträge	1102	72
IX.	Berechnung von Schwellenwerten	1103	75
X.	Sozialversicherungsrechtliche Absicherung	1103	76
§ 108.	Maßregelungsverbot	1104	
I.	Allgemeines	1104	1
II.	Persönlicher Geltungsbereich	1104	3
III.	Sachlicher Geltungsbereich	1105	5
IV.	Rechtsfolgen	1110	30
§ 109.	Arbeitsunfall	1111	
I.	Allgemeines	1112	1
II.	Versicherte Personen	1114	8
III.	Arbeitsunfall, Berufskrankheit und Wegeunfall	1115	14
IV.	Haftungsausschluss des Unternehmers (§§ 104 ff. SGB VII)	1129	55
V.	Ausnahmen vom Haftungsausschluss	1132	63
VI.	Haftung der Betriebsangehörigen untereinander bei Arbeitsunfällen	1133	70
VII.	Prozessfragen	1134	74
VIII.	Regressansprüche der Sozialversicherungsträger	1134	77

	Seite	RN
§ 110. Beschäftigungspflicht	1136	
I. Allgemeines	1136	1
II. Beschäftigungsanspruch	1137	5
III. Suspendierung	1138	8
§ 111. Betriebliche Übung und Gesamtzusage	1140	
I. Rechtliche Begründung der Bindungswirkung einer betrieblichen Übung	1141	1
II. Bedeutung und Inhalt der betrieblichen Übung	1142	9
III. Beseitigung einer Betriebsübung	1149	23
IV. Die Gesamtzusage	1151	35
§ 112. Gleichbehandlungsgrundsatz	1153	
I. Allgemeines	1153	1
II. Voraussetzungen	1154	5
III. Sachliche Rechtfertigung	1157	21
IV. Darlegungs- und Beweislast	1159	30
V. Rechtsfolgen	1160	31
VII. Buch. Das Recht am Arbeitsergebnis und an den Arbeitsgerätschaften		
§ 113. Die Zuordnung des Arbeitsergebnisses und der Arbeitsgerätschaften, Besitz, Spezifikation und Fund	1161	
I. Überblick	1161	1
II. Miteigentum	1161	4
III. Besitz	1161	5
IV. Erwerb von Sacheigentum durch Verarbeitung; sog. Spezifikation (§ 950 BGB)	1162	9
V. Fund	1163	12
§ 114. Arbeitnehmererfindung	1163	
I. Grundgedanken	1164	1
II. Anwendungsbereich und Grundbegriffe des ArbNErfG	1165	5
III. Diensterfindung	1167	17
IV. Freie Erfindung	1172	37
V. Technische Verbesserungsvorschläge	1173	41
VI. Sonstige Verpflichtungen	1174	46
VII. Streitigkeiten aus dem ArbNErfG	1175	48
VIII. Besteuerung	1175	55
§ 115. Urheberrecht	1176	
I. Rechtsgrundlagen	1176	1
II. Nutzungsrechte	1177	5
III. Schranken des Urheberrechts	1178	8
IV. Schlichtungsstelle	1178	9
V. Urheberrechtlicher Schutz von Computerprogrammen	1178	10
VIII. Buch. Betriebsübergang und Arbeitnehmerüberlassung		
§ 116. Gesamtrechtsnachfolge und Umwandlung	1181	
I. Betriebsnachfolge und Gesamtrechtsnachfolge	1181	1
II. Umwandlung	1181	3
III. Betriebsübergang im Rahmen der Gesamtrechtsnachfolge nach dem UmwG	1182	6
IV. Das Haftungssystem nach dem UmwG	1183	14
V. Kündigung in der Umwandlung	1186	23
VI. Mitbestimmungsrechtliche Fragen bei der Gesamtrechtsnachfolge durch Umwandlung	1188	31
VII. Unternehmensmitbestimmung	1189	38

	Seite	RN
§ 117. Voraussetzungen des Betriebsübergangs	1190	
I. Allgemeines	1190	1
II. Tatbestand des Betriebsübergangs	1192	8
III. Übergang auf den Betriebserwerber	1199	26
IV. Rechtsgeschäftlicher Übergang	1200	29
§ 118. Rechtsfolgen des Betriebsübergangs	1203	
I. Übergang der Arbeitsverhältnisse	1203	1
II. Rechtsstellung des Betriebserwerbers und des Betriebsveräußerers	1205	5
III. Das Verhältnis von § 613a BGB zu anderen Haftungsnormen	1210	23
IV. Mitwirkung des Betriebsrats und des Sprecherausschusses	1210	26
V. Unterrichtung und Widerspruchsrecht der Arbeitnehmer	1211	30
VI. Prozessuales	1218	48
§ 119. Weitergeltung von Kollektivvereinbarungen bei Gesamtrechtsnachfolge und Betriebsübergang	1220	
I. Überblick	1220	1
II. Tarifverträge und Betriebsvereinbarungen beim Betriebsübergang	1221	2
III. Tarifverträge und Betriebsvereinbarungen bei Umwandlungsfällen	1230	35
IV. Arbeitsrechtliche Auswirkungen bei einer Privatisierung	1232	47
V. Arbeitsrechtliche Folgen eines Outsourcing	1236	74
§ 120. Arbeitnehmerüberlassung (Leiharbeitsverhältnis)	1237	
I. Arbeitnehmerüberlassung und verwandte Verträge	1239	1
II. Gewerberechtliche Besonderheiten für Leiharbeitgeber (Zeitarbeitgeber)	1246	29
III. Rechtsbeziehungen zwischen Verleiher und Leiharbeitnehmer	1249	43
IV. Rechtsbeziehungen zwischen Entleiher und Leiharbeitnehmer	1253	65
V. Rechtsbeziehungen zwischen Verleiher und Entleiher	1256	81
VI. Kollektivrechtliche Besonderheiten des Leiharbeitsverhältnisses	1257	87
VII. Internationales und Gemeinschaftsrecht	1259	98

IX. Buch. Die Beendigung des Arbeitsverhältnisses

	Seite	RN
§ 121. Beendigungsgründe des Arbeitsverhältnisses	1261	
I. Allgemeines	1261	1
II. Beendigungsgründe	1261	3
III. Keine Beendigungsgründe	1262	15
§ 122. Aufhebungs- und Abwicklungsvertrag	1262	
I. Allgemeines	1264	1
II. Aufhebungsvertrag	1264	2
III. Anfechnung und Rücktritt	1271	25
IV. Rechtsfolgen des Aufhebungsvertrags	1275	38
V. Abwicklungsvertrag	1276	46
§ 123. Kündigungserklärung	1278	
I. Begriff und beteiligte Personen	1278	1
II. Vertretung	1280	13
III. Zurückweisung wegen fehlender Vollmacht	1282	19
IV. Zugang der Kündigung	1285	34
V. Rücknahme der Kündigung	1290	54
VI. Schriftform	1290	56
VII. Mitteilung des Kündigungsgrundes	1293	66
VIII. Kündigung vor Dienstantritt	1294	70
IX. Umdeutung	1295	73
§ 124. Unterrichtung der Arbeitnehmervertretung	1297	
I. Anhörung des Betriebsrats	1298	1
II. Widerspruch des Betriebsrats	1310	51

	Seite	RN
III. Anhörung des Personalrats	1312	65
IV. Anhörung des Sprecherausschusses	1315	76
§ 125. Weiterbeschäftigungsanspruch	1316	
I. Weiterbeschäftigungsanspruch nach § 102 V BetrVG	1316	1
II. Entbindung von der Weiterbeschäftigungspflicht	1318	10
III. Allgemeiner Weiterbeschäftigungsanspruch	1319	16
§ 126. Kündigungsfristen	1321	
I. Rechtsentwicklung	1321	1
II. Geltungsbereich	1322	10
III. Gesetzliche Grundregelung	1323	15
IV. Einzelvertragliche Regelung der Kündigungsfrist	1325	27
V. Tarifvertragliche Regelungen	1329	45
§ 127. Außerordentliche Kündigung	1330	
I. Überblick	1331	1
II. Allgemeine Grundsätze	1331	3
III. Abdingbarkeit	1332	10
IV. Angabe des Kündigungsgrundes	1333	15
V. Beurteilungszeitpunkt	1333	18
VI. Ausschlussfrist	1334	20
VII. Wichtiger Grund	1339	40
VIII. Prozessuale Fragen	1342	50
IX. Haftung bei Auflösungsverschulden	1342	53
X. Beispiele der außerordentlichen Kündigung durch den Arbeitgeber	1344	60
XI. Einzelne außerordentliche Kündigungsgründe für den Arbeitnehmer	1368	149
§ 128. Kündigung „unkündbarer" Arbeitnehmer	1370	
I. Vereinbarte Kündigungsbeschränkungen	1371	1
II. Beginn der Unkündbarkeit	1373	7
III. Rechtsfolgen	1374	14
§ 129. Kündigungsschutz außerhalb des Kündigungsschutzgesetzes und tariflicher Kündigungsschutz	1381	
I. Sonderkündigungsschutz einzelner Personengruppen	1381	1
II. Kündigungsschutz durch zivilrechtliche Generalklauseln	1382	4
III. Tarifvertraglicher Kündigungsschutz	1387	24
§ 130. Voraussetzungen des Kündigungsschutzes nach dem KSchG	1388	
I. Voraussetzungen des Kündigungsschutzes	1389	1
II. Allgemeine Grundsätze zur Beurteilung der sozialen Rechtfertigung	1396	28
III. Widerspruch des Betriebsrats gegen die Kündigung	1398	39
§ 131. Personenbedingte Kündigung	1399	
I. Allgemeines	1400	1
II. Einzelne personenbedingte Kündigungsgründe	1403	16
§ 132. Abmahnung	1415	
I. Allgemeines	1416	1
II. Wirksamkeitsvoraussetzungen	1417	8
III. Abmahnung und Kündigung	1419	19
IV. Mitwirkung des Betriebsrats	1423	32
V. System des Rechtsschutzes	1424	37
§ 133. Verhaltensbedingte Kündigung	1426	
I. Allgemeine Grundsätze	1427	1
II. Übersicht über einzelne Kündigungsgründe	1430	11
§ 134. Betriebsbedingte Kündigung	1438	
I. Voraussetzungen der betriebsbedingten Kündigung	1440	1

		Seite	RN
	II. Einzelfälle	1450	33
	III. Abfindungsanspruch	1458	62
§ 135.	Soziale Auswahl bei betriebsbedingter Kündigung	1461	
	I. Überblick	1462	1
	II. Vergleichbare Arbeitnehmer	1462	3
	III. Sonderfälle	1466	14
	IV. Auswahlgesichtspunkte	1469	25
	V. Entgegenstehende betriebliche Belange	1473	42
	VI. Auswahlrichtlinien	1475	52
	VII. Darlegungs- und Beweislast	1477	59
	VIII. Folgen einer fehlerhaften Sozialauswahl	1477	63
§ 136.	Interessenausgleich mit Namensliste	1478	
§ 137.	Änderungskündigung	1481	
	I. Überblick	1482	1
	II. Annahme unter Vorbehalt	1488	25
	III. Annahme ohne Vorbehalt	1489	32
	IV. Ablehnung des Angebots	1490	34
	V. Soziale Rechtfertigung	1490	35
	VI. Prozessuale Fragen	1496	54
§ 138.	Kündigungsschutzklage	1496	
	I. Überblick	1497	1
	II. Feststellungsklage	1498	7
§ 139.	Nachträgliche Zulassung der Kündigungsschutzklage	1508	
§ 140.	Wahlrecht des Arbeitnehmers bei Fortbestand des Arbeitsverhältnisses	1514	
	I. Wahlrecht	1514	1
	II. Fortsetzung des alten Arbeitsverhältnisses	1514	2
	III. Fortsetzung des neuen Arbeitsverhältnisses	1515	4
§ 141.	Auflösung des Arbeitsverhältnisses gegen Zahlung einer Abfindung	1516	
	I. Grundgedanken und Zweck	1517	1
	II. Voraussetzungen	1517	5
	III. Antrag	1520	17
	IV. Auflösungsgründe	1523	25
	V. Auflösungszeitpunkt	1527	38
	VI. Auflösungsurteil	1527	39
	VII. Auflösungsvergleich	1528	43
	VIII. Abfindung	1528	44
§ 142.	Anzeigepflichtige Massenentlassungen	1530	
	I. Allgemeines	1531	1
	II. Anwendungsbereich	1531	3
	III. Voraussetzungen der Massenentlassung	1534	16
	IV. Unterrichtungs- und Anzeigepflichten	1535	19
	V. Rechtsfolgen einer unterlassenen oder fehlerhaften Anzeige	1537	28
	VI. Wirkungen der Anzeige	1538	30
	VII. Wirkungen des Ablaufs der Sperrfrist	1539	36
	VIII. Entscheidungen der Agentur für Arbeit und ihre Anfechtung	1539	38
§ 143.	Kündigungsschutz von Mitgliedern oder Wahlbewerbern der Betriebsverfassungsorgane	1540	
	I. Allgemeines	1540	1
	II. Persönlicher Geltungsbereich	1541	5
	III. Beginn und Ende des Kündigungsschutzes	1542	7
	IV. Materieller Kündigungsschutz	1543	10
	V. Zustimmung des Betriebsrats	1546	21

	Seite	RN
VI. Betriebsstilllegung	1550	39
VII. Vergütungsfortzahlung und Ablehnung der Weiterbeschäftigung	1552	47
§ 144. Kündigungsschutz bei Einberufung zum Wehrdienst	1553	
I. Allgemeines	1553	1
II. Kündigung während des Wehrdienstes	1553	2
III. Kündigung vor und nach dem Wehrdienst	1553	5
IV. Zivildienst	1554	8
§ 145. Sonderfälle des Kündigungsschutzes	1554	
I. Kündigungsschutz der am Luftschutzdienst oder Katastrophenschutz Beteiligten	1554	1
II. Kündigungsschutz für Abgeordnete	1554	2
III. Kündigungsschutz von Immissionsschutzbeauftragten	1555	7
IV. Kündigungsschutz von Datenschutzbeauftragten	1555	10
§ 146. Zeugnis	1556	
I. Voraussetzungen des Zeugnisanspruchs	1556	1
II. Form des Zeugnisses	1559	16
III. Inhalt des Zeugnisses	1560	18
IV. Berichtigung des Zeugnisses	1564	30
V. Widerruf des Zeugnisses	1565	36
VI. Rechtsfolgen bei Verletzung der Zeugnispflicht	1566	38
VII. Haftung gegenüber Dritten bei unrichtiger Zeugniserteilung	1566	40
§ 147. Auskunft	1567	
§ 148. Personalakten	1568	
I. Allgemeines	1568	1
II. Einsichtsrecht des Arbeitnehmers	1570	8
III. Dienstliche Beurteilungen	1571	13
IV. Berichtigungsansprüche	1572	15
V. Personalinformationssysteme	1573	20
VI. Mitbestimmung des Betriebsrats bei Personalinformationssystemen	1578	45
VII. Aufsichtsbehörden	1580	52
§ 149. Herausgabe und Aufbewahrung von Arbeitspapieren	1580	
I. Herausgabepflicht	1580	1
II. Ausfüllung der Lohnsteuerkarte	1581	8
III. Meldeverfahren in der Sozialversicherung	1583	17
IV. Ausfüllung der Arbeitsbescheinigung nach § 312 SGB III	1583	19
V. Aufbewahrung von Personalunterlagen	1584	23
§ 150. Herausgabepflichten des Arbeitnehmers nach Beendigung des Arbeitsverhältnisses	1584	
§ 151. Wiedereinstellungsanspruch	1585	
I. Allgemeines	1585	1
II. Einzelfälle	1587	6
III. Durchsetzung des Wiedereinstellungsanspruchs	1589	15

X. Buch. Arbeitsschutz

§ 152. Begriff, Funktion und Gliederung des Arbeitsschutzes	1591	
I. Begriff und Zweck	1591	1
II. Einteilung des Arbeitsschutzrechts	1592	6
III. Einfluss des Europäischen Rechts	1592	10
IV. Bundesanstalt für Arbeitsschutz und Arbeitsmedizin	1592	12
§ 153. Durchführung des Arbeitsschutzrechts	1593	
I. Betriebliche Durchführung des Arbeitsschutzrechts	1593	1

	Seite	RN
II. Staatliche Aufsichtsorgane	1596	20
III. Berufsgenossenschaftliche Aufsicht	1597	32
IV. Aushang	1598	34
§ 154. Betriebs- oder Gefahrenschutz	1598	
I. Grundlagen des Arbeitsschutzrechts	1598	1
II. Arbeitsschutzgesetz	1599	3
III. Ausführungsverordnungen – Übersicht	1601	21
IV. Durchführung des Arbeitsschutzes nach dem ArbSchG	1602	31
V. Gesundheits- und Gefahrenschutz	1603	36
VI. Gesetz über Betriebsärzte, Sicherheitsingenieure und Fachkräfte für Arbeitssicherheit	1604	40
VII. Allgemeiner Gefahrenschutz für gewerbliche Arbeiter nach der GewO	1606	55
VIII. Datenschutz	1606	56
IX. Bildschirmarbeit	1606	57
§ 155. Arbeitszeitschutz	1606	
I. Allgemeines	1606	1
II. Grundbegriffe	1607	7
III. Rechtsgrundlagen	1607	8
§ 156. Höchstdauer der Arbeitszeit	1608	
I. Zweck des ArbZG	1608	1
II. Geltungsbereich des ArbZG	1609	4
III. Begriffsbestimmungen des Gesetzes	1610	13
IV. Dauer der gesetzlich zulässigen Höchstarbeitszeit	1613	22
V. Tarifliche Regelung	1615	33
VI. Ausnahmen in besonderen Fällen	1615	38
§ 157. Zeitliche Lage der Arbeitszeit	1616	
I. Allgemeine Rechtslage	1616	1
II. Nacht- und Schichtarbeit	1616	4
III. Ladenschluss	1619	14
§ 158. Pausen und Ruhezeiten	1621	
I. Zweck und Rechtsgrundlagen	1621	1
II. Ruhezeiten	1622	3
III. Pausen	1623	13
§ 159. Sonn- und Feiertagsruhe	1624	
I. Einleitung	1624	1
II. Sonn- und Feiertagsruhe	1625	3
III. Ausgleich für die Ausnahme vom Beschäftigungsverbot	1628	37
IV. Rechtsfolgen der Überschreitung des Beschäftigungsverbotes	1629	44
V. Kirchliche Feiertage	1629	46
§ 160. Besondere Arbeitszeitgestaltungen	1629	
I. Gleitende Arbeitszeit	1629	1
II. Vier-Tage-Woche	1631	16
III. Flexibilisierung der Arbeitszeit	1632	21
IV. Arbeitszeitkonten	1635	44
V. Jahresarbeitszeitvertrag mit Zeitkorridor	1637	56
VI. Sozial- und insolvenzrechtliche Absicherung von Arbeitszeitkonten	1637	59
§ 161. Jugendarbeitsschutzrecht	1640	
I. Allgemeines	1641	1
II. Kinderarbeit	1644	11
III. Beschäftigung Jugendlicher	1645	18
IV. Beschäftigungsverbote und Beschränkungen für Jugendliche	1649	34
V. Besondere Fürsorgepflichten für Jugendliche	1651	43

	Seite	RN
VI. Gesundheitliche Betreuung der Jugendlichen (§§ 32–46 JArbSchG)	1652	44
VII. Durchführung des Jugendarbeitsschutzes	1654	54
§ 162. Mindestarbeitsbedingungen	1654	
§ 163. Grundzüge des Heimarbeitsrechts	1657	
I. Allgemeines	1657	1
II. Arbeitszeitschutz	1659	14
III. Gefahrenschutz	1659	16
IV. Arbeitsvergütung	1660	21
V. Kündigungsschutz	1663	38
VI. Durchführung des Gesetzes	1666	51
§ 164. Grundzüge des Arbeitsrechts der Telearbeit	1666	
I. Allgemeines	1667	1
II. Arbeitsrechtliche Rahmenbedingungen	1668	13
III. Rechtliche Behandlung	1669	26
IV. Mitwirkung und Mitbestimmung	1671	37
V. Tarifvertrag	1672	42
VI. Internationalisierung	1672	43
VII. Sozialversicherung	1672	44
XI. Buch. Schutz besonderer Personengruppen		
1. Abschnitt. Gleichbehandlung männlicher und weiblicher Arbeitnehmer	1673	
§ 165. Entgeltgleichbehandlung von Männern und Frauen	1673	
I. Rechtsgrundlagen	1673	1
II. Gemeinschaftsrechtlicher Grundsatz des gleichen Entgelts	1673	3
2. Abschnitt. Schwangerschaft	1679	
§ 166. Mutterschutzrecht	1679	
I. Allgemeines	1679	1
II. Geltungsbereich des MuSchG	1680	5
§ 167. Mitteilungspflichten der Schwangeren	1681	
§ 168. Gefahrenschutz werdender und stillender Mütter sowie Mutterschaftsurlaub	1683	
I. Allgemeines	1684	1
II. Anpassung des Arbeitsplatzes	1684	3
III. Beschäftigungsverbote	1684	5
IV. Verbot bestimmter Vergütungsformen	1688	23
V. Beschäftigungsverbote und Urlaub	1689	24
§ 169. Arbeitsplatzschutz werdender Mütter und Wöchnerinnen	1690	
I. Zweck und Geltungsbereich	1690	1
II. Voraussetzungen des Kündigungsschutzes	1691	5
III. Wirkungen des Kündigungsverbots	1694	15
IV. Ausnahmen vom Kündigungsschutz	1695	18
V. Auflösung des Arbeitsverhältnisses aus anderen Gründen als durch Kündigung des Arbeitgebers	1697	27
VI. Sonderkündigung der Frau	1697	31
VII. Mitteilungspflichten des Arbeitgebers bei Auflösung des Arbeitsverhältnisses	1698	34
§ 170. Mutterschutzlohn	1699	
I. Voraussetzungen für den Anspruch auf Mutterschutzlohn	1699	1
II. Berechnung des Mutterschutzlohns	1702	15
§ 171. Anspruch auf Mutterschaftsgeld und Zuschuss zum Mutterschaftsgeld	1706	
I. Mutterschaftsgeld	1706	1

	Seite	RN
II. Sonstige Leistungen nach der RVO	1708	10
III. Berechnung des Zuschusses zum Mutterschaftsgeld	1708	11
3. Abschnitt. Elternzeit	1709	
§ 172. Elternzeit	1709	
I. Allgemeines	1709	1
II. Voraussetzungen des Anspruchs auf Elternzeit	1710	3
III. Auswirkungen der Elternzeit auf das Arbeitsverhältnis	1713	19
IV. Erwerbstätigkeit während der Elternzeit	1717	37
V. Sonderkündigungsschutz während der Elternzeit	1721	50
VI. Sonderkündigungsrecht des Elternzeitberechtigten	1723	61
VII. Befristetes Arbeitsverhältnis einer Ersatzkraft	1724	64
4. Abschnitt. Berufsbildung	1725	
§ 173. Recht der Berufsbildung	1725	
I. Allgemeines	1725	1
II. Geltungsbereich des Berufsbildungsgesetzes	1726	7
III. Zuständige Stellen	1731	16
§ 174. Berufsausbildungsverhältnis	1732	
I. Allgemeines	1732	1
II. Begründung des Berufsausbildungsvertrages	1733	4
III. Unzulässige Berufsausbildungsverträge und Vereinbarungen	1738	32
IV. Pflichten des Ausbildenden	1740	40
V. Ausbildungsvergütung	1744	60
VI. Pflichten des Auszubildenden	1749	78
VII. Beendigung des Berufsausbildungsverhältnisses	1750	85
VIII. Schadensersatz bei vorzeitiger Beendigung	1758	113
IX. Betriebsverfassung	1759	119
X. Übergang in ein Arbeitsverhältnis	1760	123
§ 175. Sonstige Berufsausbildung	1762	
I. Abgrenzung	1762	1
II. Arbeitsvertrag	1762	2
III. Besonderer Ausbildungsvertrag	1763	3
§ 176. Fortbildungsvertrag	1763	
I. Allgemeines	1764	1
II. Pflichten des Arbeitgebers aus dem Fortbildungsvertrag	1764	8
III. Pflichten des Fortzubildenden	1765	13
IV. Beendigung des Fortbildungsvertrages	1765	14
V. Rückzahlungsklausel	1766	18
5. Abschnitt. Wehrdienst	1771	
§ 177. Auswirkungen des Wehrdienstes auf das Arbeitsverhältnis	1771	
I. Räumlicher und persönlicher Geltungsbereich des Arbeitsplatzschutzgesetzes	1771	1
II. Musterung	1772	2
III. Rechte und Pflichten aus dem Arbeitsverhältnis	1772	3
IV. Kündigungsschutz	1773	7
V. Schutzvorschriften nach Entlassung aus dem Wehrdienst	1773	8
VI. Eignungsübung	1775	15
6. Abschnitt. Schwerbehinderte Menschen und Bergmannsversorgungsschein-Inhaber	1776	
§ 178. Das Arbeitsverhältnis der behinderten und von Behinderung bedrohten Menschen	1776	
I. Allgemeines	1776	1

	Seite	RN
II. Geschützter Personenkreis	1778	6
III. Beginn und Ende des Schwerbehindertenschutzes und der Gleichstellung	1782	27
IV. Beschäftigungspflicht und Ausgleichsabgabe	1783	32
V. Sonstige Pflichten des Arbeitgebers nach dem SGB IX	1786	42
VI. Schwerbehindertenvertretung	1792	70
VII. Durchführung des Gesetzes	1795	89
§ 179. Der Bestandsschutz der Arbeitsverhältnisse schwerbehinderter Menschen	1797	
I. Voraussetzungen des Sonderkündigungsschutzes nach dem SGB IX	1798	1
II. Zustimmungsverfahren bei der ordentlichen Kündigung	1803	19
III. Zustimmungsverfahren bei der außerordentlichen Kündigung	1806	31
IV. Ausnahmen vom besonderen Kündigungsschutz	1808	38
V. Rechtsschutzsystem	1809	44
§ 180. Sonderrecht der Bergmannsversorgungsschein-Inhaber	1811	
7. Abschnitt. Gruppenarbeitsverhältnis und mittelbares Arbeitsverhältnis	1812	
§ 181. Übersicht über das Recht der Gruppenarbeitsverhältnisse	1812	
§ 182. Betriebsgruppe und Eigengruppe	1813	
I. Betriebsgruppe	1813	1
II. Eigengruppe	1815	12
§ 183. Mittelbares Arbeitsverhältnis und Gehilfenverhältnis	1818	
8. Abschnitt. Tariflich oder gesetzlich besonders gestaltete Arbeitsverhältnisse	1820	
§ 184. Arbeitsverhältnis im öffentlichen Dienst	1820	
I. Überblick	1820	1
II. Bundesangestellten-Tarifvertrag (BAT)	1821	3
III. Eingruppierung	1823	11
IV. Tarifvertrag öffentlicher Dienst (TVöD)	1837	65
§ 185. Arbeitsverhältnis von Kirchenbediensteten	1842	
I. Allgemeines	1843	1
II. Dritter Weg	1845	6
III. Kündigungsschutz	1846	10
IV. Arbeitsrecht in der evangelischen Kirche	1846	11
V. Arbeitsrecht in der katholischen Kirche	1850	28
§ 186. Besondere Arbeitsverhältnisse	1853	
I. Baugewerbe	1854	1
II. Bergbau	1860	18
III. Rechtsverhältnissse im Fußballsport	1861	21
IV. Seearbeitsrecht	1866	39
V. Entwicklungshelfer	1872	61
VI. Werkstattverhältnis	1873	69
VII. Bühnenkünstler	1875	80
VIII. Musiker	1877	92
IX. Artisten und Schauspieler	1879	98

XII. Buch. Das Recht der Koalitionen

	Seite	RN
§ 187. Koalition	1881	
I. Begriff	1881	1
II. Freie, auf Dauer angelegte Vereinigungen	1882	6
III. Unabhängige und gegnerfreie Vereinigung	1883	11
IV. Qualifizierte Wahrnehmung und Förderung der Arbeits- und Wirtschaftsbedingungen	1884	17

	Seite	RN
§ 188. Koalitionsfreiheit	1885	
I. Allgemeines	1886	1
II. Träger des Koalitionsrechts	1886	2
III. Individuelle Koalitionsfreiheit	1887	4
IV. Individuelle Betätigungsfreiheit	1889	12
V. Bestandsgarantie der Verbände	1889	13
VI. Betätigungsschutz der Verbände	1890	18
§ 189. Aufbau und Organisation der Koalitionen	1892	
I. Aufbau der Gewerkschaften	1892	1
II. Der DGB und die angeschlossenen Gewerkschaften	1894	11
III. Die vormalige DAG	1896	22
IV. Christlicher Gewerkschaftsbund Deutschland (CGB)	1896	28
V. Gemeinschaft von Gewerkschaften: dbb tarifunion	1897	38
VI. Beamtengewerkschaften	1897	41
VII. Arbeitgeberverbände	1897	42
VIII. Internationale Organisationen	1898	48
§ 190. Aufgaben der Koalitionen	1898	
I. Allgemeines	1898	1
II. Aufgaben der Koalitionen außerhalb staatlicher Verwaltung	1899	4
III. Anhörungs- und Antragsrecht gegenüber Gesetzgebung, Verwaltung und Rechtsprechung	1899	6
IV. Benennungs- und Entsendungsrechte	1899	8
§ 191. Mitgliedschaft in den Koalitionen	1900	
I. Erwerb der Mitgliedschaft	1900	1
II. Pflichten der Mitglieder	1900	3
III. Rechte der Mitglieder	1901	6
IV. Beendigung der Mitgliedschaft	1901	11
V. Gewerkschaftliche Vertrauensleute	1902	14

XIII. Buch. Übersicht über das Recht des Arbeitskampfs

	Seite	RN
§ 192. Einführung	1905	
§ 193. Bewertung des Arbeitskampfs in der Rechtsordnung	1908	
I. Rechtsgrundlagen des Arbeitskampfs	1908	1
II. Rechtmäßiger Arbeitskampf	1910	7
III. Durchführung des Arbeitskampfs	1916	25
IV. Rechtswidrige Arbeitskämpfe	1917	31
§ 194. Einfluss des Arbeitskampfs auf das Arbeitsverhältnis	1921	
I. Allgemeines	1921	1
II. Auswirkungen des Arbeitskampfs auf das Arbeitsverhältnis	1921	2
III. Besonderheiten bei der Aussperrung	1927	19
IV. Arbeitskampf und sozialrechtliche Leistungen	1928	23
V. Not- und Erhaltungsarbeiten während des Arbeitskampfs	1930	34
VI. Folgen des Arbeitskampfs für Dritte	1931	38

XIV. Buch. Grundzüge des Schlichtungsrechts

	Seite	RN
§ 195. Schlichtung	1933	
I. Begriff und Wesen	1933	1
II. Allgemeine Grundsätze des Schlichtungsrechts	1933	4
§ 196. Staatliche Schlichtung	1935	
I. Allgemeines	1935	1
II. Ausgleichs- oder Vermittlungsverfahren	1935	3
III. Schlichtungsverfahren	1935	6

	Seite	RN
§ 197. Vereinbarte Schlichtung	1937	
I. Allgemeines	1937	1
II. Verfahrensgrundsätze	1938	4

XV. Buch. Das Tarifrecht

	Seite	RN
§ 198. Begriff, Bedeutung und Rechtsnatur des Tarifvertrages	1939	
I. Entstehung und Zweck des Tarifvertrages	1941	1
II. Begriff des Tarifvertrages	1942	10
III. Rechtsnatur	1943	16
IV. Verfassungsrechtliche Gewährleistung	1951	49
V. Internationales Tarifvertragsrecht	1952	54
§ 199. Abschluss, Beginn und Ende des Tarifvertrages	1955	
I. Tariffähigkeit und Tarifzuständigkeit	1955	1
II. Abschluss von Tarifverträgen	1961	18
III. Beginn des Tarifvertrages	1965	31
IV. Ende des Tarifvertrages	1966	36
§ 200. Inhalt des Tarifvertrages	1969	
I. Regelungszuständigkeit	1969	1
II. Grenzen der Regelungszuständigkeit	1971	12
§ 201. Obligatorische Bestimmungen des Tarifvertrages	1974	
I. Rechtsnatur	1974	1
II. Schuldner und Gläubiger der obligatorischen Verpflichtungen des Tarifvertrages	1975	5
III. Die wichtigsten obligatorischen Pflichten	1976	8
IV. Rechtsfolgen bei Verletzung der obligatorischen Bestimmungen	1979	19
§ 202. Normative Bestimmungen des Tarifrechts	1982	
I. Begriff	1982	1
II. Inhaltsnormen	1982	2
III. Abschlussnormen	1984	8
IV. Beendigungsnormen	1985	14
V. Betriebsnormen	1986	17
VI. Normen über betriebsverfassungsrechtliche Fragen	1986	20
VII. Normen über gemeinsame Einrichtungen	1987	23
§ 203. Geltungsbereich der normativen Bestimmungen	1988	
I. Allgemeines	1988	1
II. Zeitlicher Geltungsbereich	1989	2
III. Räumlicher Geltungsbereich	1991	21
IV. Betrieblicher Geltungsbereich	1994	33
V. Fachlicher Geltungsbereich	1996	41
VI. Persönlicher Geltungsbereich	1997	47
VII. Tarifkonkurrenz und Tarifpluralität	1998	51
VIII. Ausscheiden aus dem tariflichen Geltungsbereich	2001	68
IX. Prozessfragen	2002	71
§ 204. Wirkungsweise der normativen Bestimmungen des Tarifvertrages	2003	
I. Voraussetzungen der Tarifwirkung	2003	1
II. Unabdingbarkeit	2003	2
III. Unmittelbare Wirkung der Tarifnormen	2004	5
IV. Zwingende Wirkungen	2005	15
V. Soll- und Bestimmungsvorschriften	2006	21
VI. Öffnungsklauseln	2007	24
VII. Günstigkeitsprinzip	2008	33
VIII. Ordnungsprinzip	2015	60
IX. Verzicht, Verwirkung und Verjährung tariflicher Rechte	2015	63

	Seite	RN
§ 205. Ausschluss- oder Verfallfristen	2017	
I. Allgemeines	2017	1
II. Umfang der Verfallklauseln	2019	7
III. Beginn der Verfallfrist	2022	17
IV. Kenntnis der Verfallfrist und des Anspruchs	2025	26
V. Geltendmachung des Anspruchs	2026	28
VI. Rückwirkung tariflicher Ausschlussfristen	2029	37
VII. Anerkennung, Vergleich und Einrede der Arglist	2029	38
VIII. Verfallfrist und Aufrechnung	2030	42
§ 206. Tarifbindung	2030	
I. Allgemeines	2030	1
II. Kreis der tarifgebundenen Personen	2031	4
III. Tarifbindung, Betriebsnachfolge und Umwandlung	2037	30
IV. Inbezugnahme eines Tarifvertrages	2039	40
§ 207. Allgemeinverbindlicherklärung	2039	
I. Allgemeines	2040	1
II. Voraussetzungen der Allgemeinverbindlicherklärung	2041	6
III. Verfahren der Allgemeinverbindlicherklärung	2042	12
IV. Rechtsnatur der Allgemeinverbindlicherklärung	2043	17
V. Rechtswirkungen der Allgemeinverbindlicherklärung	2044	21
VI. Beendigung der Allgemeinverbindlicherklärung und ihre Rechtsfolgen	2045	24
VII. Arbeitnehmer-Entsendegesetz	2045	28
VIII. Vergabegesetz und Tariftreueerklärung	2048	36
§ 208. Individualrechtliche Bezugnahme des Tarifrechts	2050	
I. Allgemeines	2051	1
II. Wiederholung der Tarifnormen	2056	7
III. Verweisung auf Tarifrecht	2056	8
§ 209. Bekanntgabe des Tarifvertrages	2058	
I. Allgemeines	2058	1
II. Übersendungs- und Mitteilungspflichten	2059	2
III. Tarifregister	2059	4
IV. Auslegung der Tarifverträge im Betrieb	2059	9

XVI. Buch. Betriebsverfassung

	Seite	RN
1. Abschnitt. Allgemeines	2061	
§ 210. Zweck der Betriebsverfassung	2061	
§ 211. Betriebs- und Unternehmensverfassung	2062	
§ 212. Geltungsbereich des Betriebsverfassungsgesetzes	2063	
I. Arbeitgeber	2063	1
II. Arbeitnehmer	2064	5
III. Einschränkung des Arbeitnehmerbegriffs	2066	10
IV. Leitende Angestellte	2068	15
§ 213. Geltungsbereich des Betriebsverfassungsgesetzes bei Auslandsbezug	2072	
§ 214. Sachlicher Geltungsbereich des Betriebsverfassungsgesetzes	2073	
I. Allgemeine Voraussetzungen für die Errichtung eines Betriebsrats	2074	1
II. Nebenbetrieb und Betriebsteile	2077	10
III. Ausnahmen und Einschränkungen von der Anwendung des Betriebsverfassungsgesetzes	2079	16
IV. Streitigkeiten	2086	35

	Seite	RN
§ 215. Allgemeine Grundsätze der Betriebsverfassung	2086	
I. Stellung der Gewerkschaften in der Betriebsverfassung	2087	1
II. Das Verhältnis Arbeitgeber und Betriebsrat	2089	11
§ 216. Abweichung von den Organisationsvorschriften des Betriebsverfassungsgesetzes	2093	
I. Allgemeines	2093	1
II. Andere Zuordnung der Arbeitnehmervertretungen	2094	2
III. Zusätzliche Arbeitnehmervertretungen	2095	9
IV. Unternehmenseinheitlicher Betriebsrat	2096	14
V. Streitigkeiten	2097	16
2. Abschnitt. Betriebsratswahlen	2098	
§ 217. Grundzüge der Betriebsratswahl	2098	
I. Wahlvorstand	2098	1
II. Aktives und passives Wahlrecht	2102	11
III. Betriebsratsmitglieder	2106	24
IV. Regelmäßige und außerordentliche Betriebsratswahlen	2108	27
V. Wahlgrundsätze	2108	30
VI. Wahlverfahren	2108	31
§ 218. Wahlschutz und Wahlanfechtung	2113	
I. Wahlschutz	2113	1
II. Wahlkosten	2114	7
III. Wahlanfechtung	2115	11
3. Abschnitt. Betriebsverfassungsorgane	2122	
§ 219. Amtszeit des Betriebsrats	2122	
I. Beginn der Amtszeit	2122	1
II. Dauer der Amtszeit	2122	3
III. Regelmäßiges Ende der Amtszeit	2123	5
IV. Erlöschen des Betriebsratsamts	2123	9
V. Amtsenthebung und Auflösung des Betriebsrats	2127	19
VI. Ersatzmitglieder	2129	26
VII. Verletzungen der Betriebsverfassung durch den Arbeitgeber	2131	31
§ 220. Geschäftsführung des Betriebsrats	2137	
I. Allgemeines	2137	1
II. Der Betriebsratsvorsitzende	2138	5
III. Betriebsausschüsse	2140	11
IV. Betriebsratssitzungen	2142	17
V. Beschlüsse des Betriebsrats	2144	23
VI. Sprechstunden	2147	30
§ 221. Rechtsstellung der Betriebsratsmitglieder	2147	
I. Ehrenamtliche Tätigkeit (§ 37 I BetrVG)	2148	1
II. Vorübergehende Arbeitsfreistellung (§ 37 II BetrVG)	2149	7
III. Freizeitausgleich (§ 37 III BetrVG)	2152	18
IV. Vollständige Arbeitsfreistellung (§ 38 BetrVG)	2154	23
V. Schulungsveranstaltungen (§ 37 VI BetrVG)	2157	32
VI. Bildungsveranstaltungen (§ 37 VII BetrVG)	2162	48
VII. Arbeitsentgelt- und Tätigkeitsschutz	2163	55
§ 222. Kosten des Betriebsrats	2165	
I. Personelle Kosten der Betriebsverfassung	2165	1
II. Aufwendungen des Betriebsrats	2165	3
III. Überlassung von Räumen und sachlichen Hilfsmitteln an den Betriebsrat	2171	15

	Seite	RN
IV. Durchsetzung der Betriebsratskosten	2175	24
V. Umlageverbot	2177	27
§ 223. Betriebsversammlung	2177	
I. Arten und Einberufung der Betriebsversammlung	2177	1
II. Aufgaben und Themen der Betriebsversammlung	2180	14
III. Zutrittsrecht der Gewerkschaftsvertreter	2181	19
IV. Vergütungsanspruch der Versammlungsteilnehmer	2181	21
§ 224. Gesamtbetriebsrat	2182	
I. Errichtung des Gesamtbetriebsrats	2183	1
II. Stimmenverteilung im Gesamtbetriebsrat	2185	12
III. Geschäftsführung des Gesamtbetriebsrats	2186	14
IV. Zuständigkeit des Gesamtbetriebsrats	2186	19
V. Rechte und Pflichten des Gesamtbetriebsrats und seiner Mitglieder	2190	34
VI. Auflösung und Erlöschen des Gesamtbetriebsrats bzw. der Mitgliedschaft	2190	35
VII. Streitigkeiten	2191	37
§ 225. Betriebsräteversammlung	2191	
§ 226. Konzernbetriebsrat	2192	
§ 227. Jugend- und Auszubildendenvertretung	2194	
I. Wahl der Jugend- und Auszubildendenvertretung	2195	1
II. Geschäftsführung der Jugend- und Auszubildendenvertretung	2196	8
III. Aufgaben der Jugend- und Auszubildendenvertretung	2197	9
IV. Rechte der Jugend- und Auszubildendenvertreter	2198	13
§ 228. Gesamt- und Konzern-Jugend- und Auszubildendenvertretung	2204	
§ 229. Jugend- und Auszubildendenversammlung	2205	
4. Abschnitt. Beteiligung des Betriebsrats	2206	
§ 230. Allgemeine Grundsätze des Beteiligungsrechts	2206	
I. Beteiligungsrechte des Betriebsrats	2206	1
II. Mitbestimmung in formellen und materiellen Arbeitsbedingungen	2208	8
III. Allgemeine Vorschriften über die Beteiligungsrechte des Betriebsrats	2208	10
IV. Störungs- und Benachteiligungsverbot (§ 78 BetrVG)	2213	22
V. Verschwiegenheitspflicht (§ 79 BetrVG)	2214	27
§ 231. Betriebsvereinbarung und Regelungsabrede	2215	
I. Allgemeines	2216	1
II. Betriebsvereinbarung	2217	4
III. Sonstige betriebliche Absprachen (Regelungsabreden)	2234	65
§ 232. Einigungsstelle	2235	
I. Allgemeines	2235	1
II. Zuständigkeit der Einigungsstelle	2236	4
III. Zusammensetzung und Bildung einer Einigungsstelle	2237	9
IV. Verfahren vor der Einigungsstelle	2241	18
V. Beschlussfassung der Einigungsstelle	2242	20
VI. Besonderheiten des verbindlichen Einigungsstellenverfahrens	2244	28
VII. Besonderheiten des freiwilligen Einigungsstellenverfahrens	2247	38
VIII. Umsetzung der Beschlüsse der Einigungsstelle	2247	39
IX. Kosten der Einigungsstelle (§ 76 a BetrVG)	2247	40
X. Rechtsstellung der Mitglieder der Einigungsstelle	2249	49
§ 233. Allgemeine Aufgaben des Betriebsrats	2250	
I. Überwachungs- und Beratungsaufgaben	2250	1
II. Informationsrechte gegenüber dem Arbeitgeber	2253	16

	Seite	RN
III. Hinzuziehung von Sachverständigen und sachkundigen Arbeitnehmern	2257	21
5. Abschnitt. Betriebsverfassungsrechtliche Grundrechte	2259	
§ 234. Rechte des einzelnen Arbeitnehmers in der Betriebsverfassung	2259	
I. Persönlicher Geltungsbereich	2259	1
II. Unterrichtungsrechte des Arbeitnehmers	2259	2
III. Anhörungsrecht	2261	9
IV. Erörterungsrechte im Hinblick auf das Dienstverhältnis	2261	11
V. Beschwerderecht des Arbeitnehmers an den Arbeitgeber	2262	15
VI. Beschwerde an den Betriebsrat	2263	23
VII. Informationsrechte des Arbeitnehmers im Rahmen der Betriebsgemeinschaft	2264	26
VIII. Verfahren	2264	28
6. Abschnitt. Mitbestimmung in sozialen Angelegenheiten	2265	
§ 235. Die erzwingbare soziale Mitbestimmung	2265	
A. Die Grundsätze des Mitbestimmungsrechts und des Beteiligungsverfahrens	2266	1
I. Allgemeines	2266	1
II. Vorrang von Gesetz oder Tarifvertrag	2267	4
III. Durchführung der Mitbestimmung	2269	11
IV. Rechtsfolgen mangelnder Beteiligung des Betriebsrats	2271	18
B. Die Gegenstände der obligatorischen Mitbestimmung (§ 87 I BetrVG)	2273	27
I. Ordnung des Betriebs und Verhalten der Arbeitnehmer im Betrieb (Nr. 1)	2273	27
II. Beginn und Ende der täglichen Arbeitszeit (Nr. 2)	2278	37
III. Vorübergehende Verkürzung oder Verlängerung der betriebsüblichen Arbeitszeit (Nr. 3)	2282	46
IV. Zeit, Ort und Art der Auszahlung des Arbeitsentgelts (Nr. 4)	2285	55
V. Aufstellung allgemeiner Urlaubsgrundsätze und des Urlaubsplans (Nr. 5)	2286	59
VI. Verhaltens- und Leistungskontrollen (Nr. 6)	2287	63
VII. Arbeitsunfallschutz (Nr. 7)	2289	69
VIII. Sozialeinrichtungen (Nr. 8)	2291	75
IX. Werkwohnungen (Nr. 9)	2294	82
X. Betriebliche Lohngestaltung (Nr. 10)	2296	89
XI. Mitbestimmungsrecht bei Leistungsentgelten (Nr. 11)	2303	109
XII. Vorschlagswesen (Nr. 12)	2304	118
XIII. Gruppenarbeit (Nr. 13)	2304	119
§ 236. Freiwillige Mitbestimmung in sozialen Angelegenheiten; Beteiligung beim Arbeits- und betrieblichen Umweltschutz	2305	
I. Freiwillige Mitbestimmung in sozialen Angelegenheiten (§ 88 BetrVG)	2306	1
II. Arbeitsschutz	2308	10
III. Betrieblicher Umweltschutz	2308	13
7. Abschnitt. Gestaltung von Arbeitsplatz, Arbeitsablauf und Arbeitsumgebung	2310	
§ 237. Beteiligungsrechte bei der Gestaltung von Arbeitsplatz, Arbeitsablauf und Arbeitsumgebung	2310	
I. Allgemeines	2310	1
II. Unterrichtungs- und Beratungsrechte des Betriebsrats	2310	3
III. Mitbestimmungsrechte des Betriebsrats	2312	15
IV. Einführung von Bildschirmarbeitsplätzen, neuen Technologien und Qualitätsmanagementsystemen	2313	19

	Seite	RN
8. Abschnitt. Beteiligung des Betriebsrats in personellen Angelegenheiten	2316	
§ 238. Beteiligung in allgemeinen personellen Angelegenheiten	2316	
I. Allgemeines	2316	1
II. Personalplanung (§ 92 BetrVG)	2316	2
III. Beschäftigungssicherung (§ 92a BetrVG)	2318	11
IV. Stellenausschreibung (§ 93 BetrVG)	2319	13
V. Personalfragebogen, Formularverträge und Beurteilungsgrundsätze (§ 94 BetrVG)	2320	18
VI. Auswahlrichtlinien (§ 95 BetrVG)	2322	28
§ 239. Berufsbildung	2324	
I. Förderung der Berufsbildung (§ 96 BetrVG)	2324	1
II. Einrichtung von Bildungsmaßnahmen (§ 97 BetrVG)	2325	2
III. Durchführung betrieblicher Bildungsmaßnahmen (§ 98 BetrVG)	2327	4
IV. Sonstige Bildungsmaßnahmen	2328	9
§ 240. Beteiligungsrechte bei personellen Einzelmaßnahmen	2329	
§ 241. Beteiligung des Betriebsrats bei Einstellung, Eingruppierung, Umgruppierung und Versetzung	2329	
I. Allgemeines	2330	1
II. Begriff der personellen Einzelmaßnahmen	2333	11
III. Unterrichtungspflicht	2340	25
IV. Widerspruchsrecht des Betriebsrats	2342	34
V. Die einzelnen Widerspruchsgründe	2345	42
VI. Rechtsfolgen des Widerspruchs	2349	52
VII. Die vorläufige personelle Maßnahme	2351	60
VIII. Aufhebungsanspruch des Betriebsrats	2353	69
IX. Leitende Angestellte	2355	74
§ 242. Entfernung betriebsstörender Arbeitnehmer	2356	
I. Voraussetzungen des Anspruchs auf Entfernung oder Versetzung	2356	1
II. Ersuchen auf Entlassung oder Versetzung gegenüber dem Arbeitgeber	2357	7
III. Entscheidung des Arbeitsgerichts	2358	11
IV. Zwangsvollstreckung	2358	14
9. Abschnitt. Beteiligung des Betriebsrats in wirtschaftlichen Angelegenheiten	2359	
§ 243. Unterrichtung in wirtschaftlichen Angelegenheiten	2359	
I. Errichtung des Wirtschaftsausschusses	2360	1
II. Zuständigkeit des Wirtschaftsausschusses	2362	12
III. Geschäftsführung des Wirtschaftsausschusses	2365	27
IV. Rechtsstellung der Ausschussmitglieder	2366	35
V. Streitigkeiten zwischen Wirtschaftsausschuss und Unternehmer (§ 109 BetrVG)	2366	36
VI. Unterrichtung der Arbeitnehmer über wirtschaftliche Angelegenheiten (§ 110 BetrVG)	2367	39
§ 244. Beteiligungsrecht des Betriebsrats bei Betriebsänderungen	2367	
I. Allgemeines	2368	1
II. Betriebsänderung (§ 111 BetrVG)	2368	3
III. Unterrichtungs- und Beratungsrechte	2377	26
IV. Mitbestimmung über die unternehmerische Entscheidung der Betriebsänderung (Interessenausgleich)	2379	30
V. Mitbestimmung über die sozialen Folgen einer Betriebsänderung (Sozialplan)	2382	44
VI. Ausgleichsanspruch der Arbeitnehmer (§ 113 BetrVG)	2395	78

	Seite	RN
VII. Sozialplanansprüche im Insolvenzverfahren	2399	95
VIII. Förderung von Transfermaßnahmen und Transferkurzarbeitergeld	2401	105

XVII. Buch. Die Sprecherausschussverfassung

	Seite	RN
1. Abschnitt. Organisationsrecht	2407	
§ 245. Rechtsgrundlagen und Geltungsbereich	2407	
I. Grundlagen	2407	1
II. Vertrauensvolle Zusammenarbeit	2408	5
III. Allgemeine Grundsätze für die Zusammenarbeit und die Amtsführung	2409	13
§ 246. Sprecherausschuss	2410	
§ 247. Versammlung der leitenden Angestellten	2412	
§ 248. Gesamt- und Konzernsprecherausschuss	2413	
I. Gesamtsprecherausschuss	2413	1
II. Konzernsprecherausschuss	2414	11
2. Abschnitt. Mitwirkungsrechte des Sprecherausschusses	2415	
§ 249. Allgemeine Mitwirkungsrechte	2415	
§ 250. Vereinbarungen und Richtlinien	2416	
I. Gegenstand und Vereinbarungsbefugnis	2416	1
II. Wirkung der Richtlinien	2417	8
III. Abschluss und Beendigung von Richtlinien	2417	13
§ 251. Beratung der leitenden Angestellten	2418	
§ 252. Grundsätze für die Behandlung der leitenden Angestellten	2419	
§ 253. Personelle Maßnahmen	2420	
I. Allgemeines	2420	1
II. Einstellung und personelle Veränderung	2420	2
III. Beteiligungsverfahren	2421	7
§ 254. Wirtschaftliche Angelegenheiten	2421	
I. Unterrichtung in wirtschaftlichen Angelegenheiten	2421	1
II. Mitwirkung bei Betriebsänderungen	2422	7
III. Streitigkeiten	2423	15

XVIII. Buch. Die europäische Betriebsverfassung

	Seite	RN
§ 255. Richtlinie über den Europäischen Betriebsrat	2425	
§ 256. Das Europäische Betriebsräte-Gesetz	2425	
I. Regelungsziel	2426	1
II. Geltungsbereich	2426	3
III. Bildung des EBR	2427	9
IV. Zusammensetzung des EBR	2429	17
V. Zuständigkeit und Mitwirkung	2429	20
VI. Grundsätze der Zusammenarbeit und Schutzbestimmungen, Prozessuales	2430	25

XIX. Buch. Die Unternehmensverfassung

	Seite	RN
§ 257. Übersicht	2431	
§ 258. Regelung nach dem Drittelbeteiligungsgesetz (Übersicht)	2433	

	Seite	RN
§ 259. Regelung in der Montanindustrie (Übersicht)	2435	
§ 260. Mitbestimmungsgesetz	2436	
§ 261. Unternehmensmitbestimmung bei Auslandsbezug	2440	

XX. Buch. Personalvertretungsrecht

	Seite	RN
1. Abschnitt. Organisationsrecht	2447	
§ 262. Einführung in das Personalvertretungsrecht	2447	
I. Zweck des Personalvertretungsrechts	2447	1
II. Entwicklung des Personalvertretungsrechts	2447	2
III. Verfassungsrechtliche Grenzen für die Ausgestaltung des Personalvertretungsrechts	2449	6
IV. Gesetzgebungskompetenzen des Bundes für das Personalvertretungsrecht	2450	9
V. Stellung der Gewerkschaften und Arbeitgebervereinigungen in der Personalvertretung	2452	13
§ 263. Geltungsbereich des Bundespersonalvertretungsgesetzes und Einteilung der Beschäftigten	2453	
I. Geltungsbereich des BPersVG	2453	1
II. Einteilung der Beschäftigten	2457	15
§ 264. Organisationsaufbau der Verwaltung und Zuordnung der Personalvertretungen	2459	
I. Organisationsaufbau der Verwaltung	2459	1
II. Sondervertretungen für einzelne Beschäftigtengruppen	2465	24
§ 265. Die Organisation der Personalverfassung	2466	
I. Bildung des Personalrats	2466	1
II. Personelle Zusammensetzung des Personalrats	2471	24
III. Geschäftsführung des Personalrats	2475	44
IV. Kosten der Personalratstätigkeit	2481	69
§ 266. Die persönliche Rechtsstellung der Mitglieder der Personalvertretung	2485	
I. Anspruch auf Freistellung von den Dienstpflichten	2485	1
II. Sonstige Rechte und Pflichten der Personalratsmitglieder	2492	23
2. Abschnitt. Beteiligung des Personalrats	2497	
§ 267. Beteiligungspflichtige Angelegenheiten – Einführung	2497	
I. Allgemeine Vorschriften über die Beteiligungsrechte des Personalrats	2497	1
II. Einteilung der Themen der Beteiligungsrechte	2499	7
III. Einschränkungen beim Geltungsbereich der Beteiligungsrechte	2500	9
IV. Auslegung der Beteiligungstatbestände	2503	18
V. Vorrang von Gesetz und Tarifvertrag	2503	19
VI. Die „Maßnahme" als Grundbegriff des Beteiligungsrechts	2504	20
VII. Konkurrenz von Beteiligungsrechten	2505	24
§ 268. Das Beteiligungsverfahren	2506	
I. Grundsätze des Beteiligungsverfahrens	2507	1
II. Ablauf des Beteiligungsverfahrens	2510	15
III. Das Stufenverfahren	2517	41
IV. Das Verfahren vor der Einigungsstelle	2518	46
V. Einseitige Regelungsbefugnis in Eilfällen	2522	58
VI. Durchführung der Maßnahme nach Abschluss des Beteiligungsverfahrens	2523	60
VII. Besonderheiten des Mitwirkungsverfahrens (§ 72 BPersVG)	2523	61

	Seite	RN
VIII. Das mängelbehaftete Beteiligungsverfahren	2525	69
IX. Initiativrecht (§ 70 BPersVG)	2528	75
§ 269. Personelle Maßnahmen	2531	
I. Allgemeine personelle Maßnahmen	2531	1
II. Personelle Einzelmaßnahmen	2537	19
§ 270. Soziale Maßnahmen	2549	
I. Verteilung der Arbeitszeit	2549	1
II. Zeit, Ort und Art der Auszahlung der Dienstbezüge und Arbeitsentgelte	2553	14
III. Aufstellung allgemeiner Urlaubsgrundsätze und des Urlaubsplans	2553	15
IV. Lohngestaltung	2554	18
V. Sozialeinrichtungen	2555	23
VI. Unfallverhütung und Arbeitsschutz	2557	26
VII. Umschulungs- und Sozialpläne	2559	33
VIII. Ordnung in der Dienststelle und Verhalten der Beschäftigten	2561	38
IX. Gestaltung der Arbeitsplätze	2562	42
X. Betriebliches Vorschlagswesen	2564	46
XI. Technische Leistungs- und Verhaltenskontrolle	2564	47
XII. Maßnahmen zur Durchsetzung der Gleichberechtigung	2565	49
§ 271. Organisatorische und sonstige Maßnahmen	2565	
I. Allgemeines	2566	1
II. Maßnahmen zur Hebung der Arbeitsleistung oder zur Erleichterung des Arbeitsablaufs	2566	2
III. Einführung grundlegend neuer Arbeitsmethoden	2568	7
IV. Organisatorische Veränderungen der Dienststelle	2568	9
V. Neu-, Um- und Erweiterungsbauten	2569	12
VI. Sonstige nach Landesrecht beteiligungspflichtige organisatorische Maßnahmen	2570	13
VII. Sonstige Beteiligungsrechte	2572	19
Stichwortverzeichnis	2575	

Abkürzungsverzeichnis

a. A.	anderer Ansicht
a. a. O.	am angegebenen Ort
AA	Agentur für Arbeit (früher Arbeitsamt)
AAG	Gesetz über den Ausgleich der Arbeitgeberaufwendungen für Entgeltfortzahlung (Aufwendungsausgleichsgesetz)
ABA	Arbeitsgemeinschaft für betriebliche Altersversorgung
AbfallbeseitigungsG	Gesetz über die Beseitigung von Abfällen
ABG	Allgemeines Berggesetz für die Preuß. Staaten
abgedr.	abgedruckt
AbgG	Gesetz über die Rechtsverhältnisse der Mitglieder des Deutschen Bundestages (Abgeordnetengesetz)
abl.	ablehnend(er)
ABl.	Amtsblatt
ABl. EG	Amtsblatt der Europäischen Gemeinschaften
ABlMR	Amtsblatt der Militärregierung
Abs.	Absatz
Abschn.	Abschnitt
Abt.	Abteilung
abw.	abweichend
AcetylenVO	Verordnung über Acetylenanlagen und Calciumcarbidlager
AcP	Archiv für civilistische Praxis
AE	Arbeitsrechtliche Entscheidungen, Zeitschrift
ÄAppO	Approbationsordnung für Ärzte
ÄArbVtrG	Gesetz über befristete Arbeitsverträge mit Ärzten in der Weiterbildung
Änd.	Änderung
ÄndG	Gesetz zur Änderung
AEntG	Gesetz über zwingende Arbeitsbedingungen für grenzüberschreitend entsandte und für regelmäßig im Inland beschäftigte Arbeitnehmer und Arbeitnehmerinnen (Arbeitnehmer-Entsendegesetz)
AErlV	Arbeitserlaubnisverordnung
AETR	Europäisches Übereinkommen über die Arbeit des im internationalen Straßenverkehr beschäftigten Fahrpersonals
a. F.	alte Fassung
AfA	Agentur für Arbeit
AFG	Arbeitsförderungsgesetz (aufgehoben, s. SGB III)
AfP	Archiv für Presserecht
AfS	Archiv für Sozialgeschichte
AG	Arbeitgeber, Aktiengesellschaft
AG	Die Aktiengesellschaft, Zeitschrift
AGB	Allgemeine Geschäftsbedingungen
AGB-DDR	Arbeitsgesetzbuch der ehemaligen DDR
AGB-Gesetz	Gesetz über die Allgemeinen Geschäftsbedingungen
AG EuGÜbk	Ausführungsgesetz zum Übereinkommen der Europäischen Wirtschaftsgemeinschaft über die gerichtliche Zuständigkeit und die Vollstreckung gerichtlicher Entscheidungen in Zivil- und Handelssachen
AGG	Allgemeines Gleichbehandlungsgesetz
AiB	Arbeitsrecht im Betrieb, Zeitschrift
AiP	Arzt im Praktikum
AKB	Allgemeine Bedingungen für die Kraftfahrtversicherung
AktG	Aktiengesetz
Alg.	Arbeitslosengeld
Alhi.	Arbeitslosenhilfe

AMG .... Gesetz über den Verkehr mit Arzneimitteln (Arzneimittelgesetz)
Amtl. Begr. .... Amtliche Begründung
Amtl. Mitt. .... Amtliche Mitteilungen
AN .... Arbeitnehmer
ANBA .... Amtliche Nachrichten der Bundesagentur für Arbeit
AnfG .... Gesetz betreffend die Anfechtung von Rechtshandlungen eines Schuldners außerhalb des Konkursverfahrens (Anfechtungsgesetz)
AngKSchG .... Gesetz über die Fristen für die Kündigung von Angestellten
Anh. .... Anhang
Anl. .... Anlage
Anm. .... Anmerkung
ANS .... Amt für nationale Sicherheit der DDR
AnVG .... Angestelltenversicherungsgesetz
AnVNG .... Gesetz zur Neuregelung des Rechts der Rentenversicherung der Angestellten
AnwBl. .... Anwaltsblatt
AO .... Abgabenordnung, alternativ: Anordnung
ao. .... außerordentlich
AöR .... Archiv für öffentliches Recht
AOG .... Gesetz zur Ordnung der nationalen Arbeit (Arbeitsordnungsgesetz)
AOGÖ .... Gesetz zur Ordnung der Arbeit in öffentlichen Verwaltungen und Betrieben
AOK .... Allgemeine Ortskrankenkasse
AP .... *Bauer/Dörner/Hauck/Matthes/Oetker* (Hrsg.), Arbeitsrechtliche Praxis, Nachschlagewerk des Bundesarbeitsgerichts (Sammlung der Entscheidungen des Bundesarbeitsgerichts, der Landesarbeitsgerichte und Arbeitsgerichte), Loseblatt
APFG .... Gesetz zur Förderung des Angebots an Ausbildungsplätzen in der Berufsausbildung
AR .... Aktueller Rentenwert
AR der Gegenwart .... Arbeitsrecht der Gegenwart, Jahrbuch
Arbeitgeber .... Der Arbeitgeber, Zeitschrift
ArbG .... Arbeitsgericht
ArbGG .... Arbeitsgerichtsgesetz
ArbKrankhG .... Gesetz zur Verbesserung der wirtschaftlichen Sicherung der Arbeiter im Krankheitsfall
AR-Blattei .... Arbeitsrecht-Blattei, Loseblattausgabe
ArbN .... Arbeitnehmer
ArbNErfG .... Gesetz über Arbeitnehmererfindungen
ArbnKG .... Gesetz über die Arbeitnehmerkammern im Lande Bremen vom 3. 7. 1956 (GBl. S. 79)
ArbPlSchG .... Gesetz über den Schutz des Arbeitsplatzes bei Einberufung zum Wehrdienst (Arbeitsplatzschutzgesetz)
ArbRB .... Arbeits-Rechts-Berater, Zeitschrift
ArbRBerG .... Arbeitsrechtsbereinigungsgesetz, Gesetz zur Änderung des Kündigungsrechts und anderer arbeitsrechtlicher Vorschriften
ArbSchG .... Arbeitsschutzgesetz
ArbSG .... Gesetz zur Sicherstellung von Arbeitsleistungen für Zwecke der Verteidigung einschließlich des Schutzes der Zivilbevölkerung (Arbeitssicherstellungsgesetz)
ArbStättR .... Arbeitsstättenrichtlinien
ArbStättV .... Verordnung über Arbeitsstätten (Arbeitsstättenverordnung)
ArbStoffV .... Verordnung über gefährliche Arbeitsstoffe
ArbuR .... Arbeit und Recht, Zeitschrift
ArbuSozPol. .... Arbeit und Sozialpolitik, Zeitschrift
ArbuSozR .... Arbeits- und Sozialrecht, Mitteilungsblatt des Arbeitsministeriums Baden-Württemberg
ArbZG .... Arbeitszeitgesetz
ArbZRG .... Gesetz zur Vereinheitlichung und Flexibilisierung des Arbeitszeitrechtes (Arbeitszeitrechtsgesetz)

ArchBürgR	Archiv für Bürgerliches Recht, Zeitschrift
arg.	argumentum
Arge	Arbeitsgemeinschaft
ARRG	Arbeitsrechtsregelungsgesetz
ARS	Arbeitsrechtssammlung mit Entscheidungen des Reichsarbeitsgerichts, der Landesarbeitsgerichte und Arbeitsgerichte
ARSt.	Arbeitsrecht in Stichworten, Arbeitsrechtliche Entscheidungssammlung
Art.	Artikel
ArVNG	Gesetz zur Neuregelung des Rechts der Rentenversicherung der Arbeiter
ArztR	Arztrecht, Zeitschrift
ASiG	Gesetz über Betriebsärzte, Sicherheitsingenieure und andere Fachkräfte für Arbeitssicherheit
ASJ	Arbeitsgemeinschaft Sozialdemokratischer Juristen
ASP	Arbeit und Sozialpolitik, Zeitschrift
ATG	Altersteilzeitgesetz
ATO	Allgemeine Tarifordnung für Arbeitnehmer im öffentlichen Dienst
AtSMV	Atomrechtliche Sicherheitsbeauftragten- und Meldeverordnung
ATV	Tarifvertrag über die betriebliche Altersversorgung der Beschäftigten des öffentlichen Dienstes (Tarifvertrag Altersversorgung – ATV) vom 1. 3. 2002
AuA	Arbeit und Arbeitsrecht, Zeitschrift
AuB	Arbeit und Beruf, Zeitschrift
AÜG	Gesetz zur Regelung der gewerbsmäßigen Arbeitnehmerüberlassung (Arbeitnehmerüberlassungsgesetz)
AufenthG	Gesetz über den Aufenthalt, die Erwerbstätigkeit und die Integration von Ausländern im Bundesgebiet
Aufl.	Auflage
AufzugsVO	Verordnung über Aufzugsanlagen
AuR	Arbeit und Recht, Zeitschrift für arbeitsrechtliche Praxis
AusbPlFG	Ausbildungsplatzförderungsgesetz. Gesetz zur Förderung des Angebots an Ausbildungsplätzen in der Berufsausbildung
AusfVO	Ausführungsverordnung
Ausl.	Ausländer
AuslandsrentenVO	Verordnung über die Zahlung von Renten ins Ausland
AuslG	Ausländergesetz
AuslInvestmG	Gesetz über den Vertrieb ausländischer Investmentanteile und über die Besteuerung der Erträge aus ausländischen Investmentanteilen (Auslandinvestmentgesetz)
AVB	Allgemeine Versicherungsbedingungen
AVE	Allgemeinverbindlicherklärung
AVG	Angestelltenversicherungsgesetz
AVmG	Altersvermögensgesetz
AVO	Ausführungsverordnung
AVR	Allgemeine Vertragsrichtlinien
AVV	Allgemeine Verwaltungsvorschrift
AWbG	Arbeitnehmerweiterbildungsgesetz
AWD	Außenwirtschaftsdienst des Betriebsberaters, Zeitschrift
AZ	Arbeitszeit
AZO	Arbeitszeitordnung

BA	Bundesagentur für Arbeit
BABl.	Bundesarbeitsblatt
Bad.-Württb.	Baden-Württemberg
BÄO	Bundesärzteordnung
BAföG	Bundesausbildungsförderungsgesetz
BAG	Bundesarbeitsgericht
BAGE	Entscheidungen des Bundesarbeitsgerichtes, Amtliche Sammlung
BAnz.	Bundesanzeiger

BArbBl.	Bundesarbeitsblatt
BarwertVO	Verordnung zur Ermittlung des Barwerts einer auszugleichenden Versorgung
BAT	Bundesangestelltentarifvertrag
BAV	Betriebliche Altersversorgung
BAV	Bundesaufsichtsamt für das Versicherungswesen
BAVAZ	Bedarfsabhängige variable Arbeitszeit
Bay.	Bayern
Bay BS	Bereinigte Sammlung des Bayerischen Landesrechts
BayObLG	Bayerisches Oberstes Landesgericht
Bay VBl.	Bayerisches Verwaltungsblatt
BayVGH	Bayerischer Verwaltungsgerichtshof
BB	Betriebs-Berater, Zeitschrift
BBergG	Bundesberggesetz
BBesG	Bundesbesoldungsgesetz
BBG	Bundesbeamtengesetz
BBiG	Berufsbildungsgesetz
Bd.	Band
BDA	Bundesverband Deutscher Arbeitgeberverbände
BdF	Bundesminister der Finanzen
BDI	Bundesverband der Deutschen Industrie
BDO	Bundesdisziplinarordnung
BDSG	Gesetz zum Schutz vor Missbrauch personenbezogener Daten bei der Datenverarbeitung (Bundesdatenschutzgesetz)
BeamtVG	Gesetz über die Versorgung der Beamten in Bund und Ländern (Beamtenversorgungsgesetz)
beE	betriebsorganisatorisch eingeständige Einheit
BEEG	Gesetz zum Elterngeld und zur Elternzeit (Bundeselterngeld- und Elternzeitgesetz)
BEG	Bundesentschädigungsgesetz
Begr.	Begründung
BehindR	Behindertenrecht
Beil.	Beilage
Bek.	Bekanntmachung
ber.	bereinigt
BerBiFG	Gesetz zur Förderung der Berufsbildung durch Planung und Forschung (Berufsbildungsförderungsgesetz)
BergPDV	Verordnung zur Durchführung des Gesetzes über Bergmannsprämien
BergPG	Gesetz über Bergmannsprämien
Berl.	Berlin
BErzGG	Gesetz zum Erziehungsgeld und zur Elternzeit (Bundeserziehungsgeldgesetz; aufgehoben, siehe jetzt: BEEG)
BeschFG 1985	Gesetz über arbeitsrechtliche Vorschriften zur Beschäftigungsförderung (Beschäftigungsförderungsgesetz; aufgehoben)
BeschSchG	Gesetz zum Schutz der Beschäftigten vor sexueller Belästigung am Arbeitsplatz (Beschäftigtenschutzgesetz; aufgehoben, siehe jetzt: AGG)
betr.	betreffend
BetrAV	Betriebliche Altersversorgung, Zeitschrift
BetrAVG	Gesetz zur Verbesserung der betrieblichen Altersversorgung (Betriebsrentengesetz)
BetrR	Der Betriebsrat, Zeitschrift der IG Chemie
BetrVG	Betriebsverfassungsgesetz
BetrVG-ReformG	Gesetz zur Reform des BetrVG vom 28. 7. 2001
BeUrkG	Beurkundungsgesetz
BEV	Bundeseisenbahnvermögen
BfA	Bundesversicherungsanstalt für Angestellte
BfG	Bank für Gemeinwirtschaft
BFH	Bundesfinanzhof

BFHE	Sammlung d. Entscheidungen des Bundesfinanzhofs
BFQG	Bildungsfreistellungs- und Qualifizierungsgesetz für das Land Schleswig-Holstein
BG	Berufsgenossenschaft, Zeitschrift
BGB	Bürgerliches Gesetzbuch
BGBl.	Bundesgesetzblatt
BGG	Gesetz zur Gleichstellung behinderter Menschen (Behindertengleichstellungsgesetz)
BGH	Bundesgerichtshof
BGH GS	Bundesgerichtshof Großer Senat
BGHSt	Entscheidungen des Bundesgerichtshofs in Strafsachen
BGHZ	Entscheidungen des Bundesgerichtshofs in Zivilsachen
BGleiG	Gesetz zur Gleichstellung von Frauen und Männern in der Bundesverwaltung und in den Gerichten des Bundes (Bundesgleichstellungsgesetz)
BGremBG	Gesetz über die Berufung und Entsendung von Frauen und Männern in Gremien im Einflussbereich des Bundes (Bundesgremienbesetzungsgesetz)
BHO	Bundeshaushaltsordnung
BI	Bundesinstitut
BImSchG	Gesetz zum Schutz vor schädlichen Umwelteinwirkungen durch Luftverunreinigungen, Geräusche, Erschütterungen und ähnliche Vorgänge (Bundesimmissionsschutzgesetz)
BinSchAufgG	Binnenschifffahrtsaufgabengesetz
BKGG	Bundeskindergeldgesetz
BKVO	Berufskrankheitenverordnung
BlStSozArbR	Blätter für Steuerrecht, Sozialversicherung und Arbeitsrecht, Zeitschrift
BM	Bundesministerium
BMA	Bundesministerium für Arbeit und Sozialordnung (siehe jetzt: BMAS)
BMAS	Bundesministerium für Arbeit und Soziales
BMBF	Bundesministerium für Bildung und Forschung
BMELV	Bundesministerium für Ernährung, Landwirtschaft und Verbraucherschutz
BMF	Bundesministerium der Finanzen
BMFSFJ	Bundesministerium für Familie, Senioren, Frauen und Jugend
BMG	Bundesmietengesetz
BMG	Bundesministerium für Gesundheit
BMGS	Bundesministerium für Gesundheit und Soziale Sicherung (siehe jetzt: BMAS bzw. BMG)
BMI	Bundesministerium des Inneren
BMJ	Bundesministerium der Justiz
BML	Bundesministerium für Verbraucherschutz, Ernährung und Landwirtschaft (siehe jetzt: BMELV)
BMT-Arb.	Bundesmanteltarifvertrag Arbeiter
BMT-G	Bundesmanteltarifvertrag für Arbeiter gemeindlicher Verwaltung und Betriebe
BMTV	Bundesmanteltarifvertrag
BMVg	Bundesministerium der Verteidigung
BMWA	Bundesministerium für Wirtschaft und Arbeit (siehe jetzt: BMAS bzw. BMWi)
BMWi	Bundesministerium für Wirtschaft und Technologie
BND	Bundesnachrichtendienst
BNV	Verordnung über die Nebentätigkeit der Bundesbeamten, Berufssoldaten und Soldaten auf Zeit (Bundesnebentätigkeitsverordnung)
b + p	Betrieb und Personal, Zeitschrift
BPatG	Bundespatentgericht
BPersVG	Bundespersonalvertretungsgesetz
BR	Betriebsrat

BRAO	Bundesrechtsanwaltsordnung
BRAGO	Bundesrechtsanwaltsgebührenordnung (jetzt RVG)
BRAK	Bundesrechtsanwaltskammer
BRat	Bundesrat
BR-Drucks.	Bundesrats-Drucksache
BRD	Bundesrepublik Deutschland
BReg.	Bundesregierung
Breithaupt	Sammlung von Entscheidungen aus dem Gebiet der Sozialversicherung, Versorgung und Arbeitslosenversicherung
Brem.	Bremen
BRG	Betriebsrätegesetz von 1920
BRKG	Gesetz über die Reisekostenvergütung für die Bundesbeamten, Richter im Bundesdienst und Soldaten (Bundesreisekostengesetz)
BRRG	Beamtenrechtsrahmengesetz
BRT	Bundesrahmentarif
BRTV	Bundesrahmentarifvertrag
BrZ	Britische Zone
BSchiffG	Gesetz betreffend die privatrechtlichen Verhältnisse der Binnenschifffahrt (Binnenschifffahrtsgesetz)
BSeuchG	Gesetz zur Verhütung und Bekämpfung übertragbarer Krankheiten beim Menschen (Bundes-Seuchengesetz; aufgehoben, siehe jetzt: IfSG)
BSG	Bundessozialgericht
BSGE	Entscheidungen des Bundessozialgerichts
BSHG	Bundessozialhilfegesetz (aufgehoben, siehe jetzt: SGB XII)
BStBl.	Bundessteuerblatt
BT	Deutscher Bundestag
BT-Drucks.	Bundestagsdrucksache
BT-Sten. Ber.	Stenografische Berichte des Deutschen Bundestags
BUKG	Bundesumzugskostengesetz
Bul.	Bulletin
BUrlG	Mindesturlaubsgesetz für Arbeitnehmer (Bundesurlaubsgesetz)
BuW	Betrieb und Wirtschaft, Zeitschrift für Rechnungswesen, Steuern, Wirtschafts-, Arbeits- und Sozialrecht im Betrieb
BVerfG	Bundesverfassungsgericht
BVerfGE	Entscheidungen des Bundesverfassungsgerichts (amtliche Sammlung)
BVerwG	Bundesverwaltungsgericht
BVerwGE	Entscheidungen des Bundesverwaltungsgerichts (amtliche Sammlung)
BVG	Gesetz über die Versorgung der Opfer des Krieges (Bundesversorgungsgesetz)
BVS	Bergmannsversorgungsschein
BVSG	Gesetz über einen Bergmannsversorgungsschein
BwKoopG	Kooperationsgesetz der Bundeswehr
BWV	Bundeswehrverwaltung, Zeitschrift
bzw.	beziehungsweise
BZR(G)	Bundeszentralregister(gesetz)
CEEP	Centre Européen des Entreprises à participation publique et des entreprises d'intérêt économique général (Europäischer Zentralverband der öffentlichen Wirtschaft)
CGB	Christlicher Gewerkschaftsbund Deutschlands
CGD	Gesamtverband der Christlichen Gewerkschaften Deutschlands
ChemG	Gesetz zum Schutz vor gefährlichen Stoffen (Chemikaliengesetz)
c. i. c.	culpa in contrahendo (Verschulden bei Vertragsschluss)
CIPR	CIPReport – Der Newsletter des Zentrums für Gewerblichen Rechtsschutz
Co-Pers.	Computer und Personal, Zeitschrift
CuR	Computer und Recht, Zeitschrift

DA	Dienstanweisung, Durchführungsanordnung
DAG	Deutsche Angestellten-Gewerkschaft
DampfkesselVO	Verordnung über Dampfkesselanlagen
DAngVers.	Die Angestellten-Versicherung
DAR	Deutsches Autorecht, Zeitschrift
DAWAG	Deutsche Angestellten WohnungsbauAG
DB	Der Betrieb, Zeitschrift
DBGrG	Deutsche Bahn AG Gründungsgesetz
DDR	Deutsche Demokratische Republik
ders.	derselbe
DEÜV	Verordnung über die Erfassung und Übermittlung von Daten für die Träger der Sozialversicherung (Datenerfassungs- und -übermittlungsverordnung)
DEVO	Verordnung über die Erfassung von Daten für die Träger der Sozialversicherung und für die Bundesanstalt für Arbeit (Datenerfassungs-Verordnung)
DFB	Deutscher Fußballbund
DGB	Deutscher Gewerkschaftsbund
dgl.	dergleichen, desgleichen
d.h.	das heißt
dies.	dieselbe(n)
Diss.	Dissertation
DIHK	Deutsche Industrie- und Handelskammer
DJ	Deutsche Justiz
DJT	Deutscher Juristentag
DOK	Die Ortskrankenkasse, Zeitschrift
DÖD	Der öffentliche Dienst, Zeitschrift
DöV	Die öffentliche Verwaltung, Zeitschrift
DRdA	Das Recht der Arbeit, Zeitschrift in Österreich
DRiG	Deutsches Richtergesetz
DrittelbG	Gesetz über die Drittelbeteiligung der Arbeitnehmer im Aufsichtsrat
DRiZ	Deutsche Richterzeitung
DruckgasVO	Druckgasverordnung
DruckluftVO	Verordnung über Arbeiten in Druckluft
DStR	Das Steuerrecht, Zeitschrift
DStZ	Deutsche Steuer-Zeitung
DSuDS	Datenschutz und Datensicherung, Zeitschrift
DtZ	Deutsch-Deutsche Rechtszeitschrift
DuD	Datenschutz und Datensicherung, Zeitschrift
DÜVO	Verordnung über die Datenübermittlung auf maschinell verwertbaren Datenträgern im Bereich der Sozialversicherung und der Bundesanstalt für Arbeit (Datenübermittlungs-Verordnung)
DuR	Demokratie und Recht, Zeitschrift
Durchf. Best.	Durchführungsbestimmung
DVO	Durchführungsverordnung
DVAuslG	Durchführungsverordnung zum Ausländergesetz
DVBl.	Deutsches Verwaltungsblatt, Zeitschrift
DVersZ	Deutsche Versicherungszeitschrift
DV-EG	Verordnung zur Durchführung der Verordnung (EG)
DWV	Dienstwohnungsvorschriften
DZWIR	Deutsche Zeitschrift für Wirtschaftsrecht
E	Entwurf, Entscheidung, amtliche Sammlung
EA	Vertrag zur Gründung der Europäischen Atomgemeinschaft (neue Zitierweise)
EBR	Europäischer Betriebsrat
EBRG	Europäische Betriebsräte-Gesetz
EEA	Einheitliche Europäische Akte

EEK .... *Sabel* (Hrsg.), Entscheidungsammlung zur Entgeltfortzahlung an Arbeiter und Angestellte bei Krankheit, Kur und anderen Arbeitsverhinderungen, Asgard-Verlag
EFG .... Entscheidung(en) der Finanzgerichte
EFZG .... Gesetz über die Zahlung des Arbeitsentgelts an Feiertagen und im Krankheitsfall (Entgeltfortzahlungsgesetz; siehe auch EntgeltFG)
EG .... Europäische Gemeinschaft(en), Vertrag über die Europäische Union (neue Zitierweise)
EG AktG .... Einführungsgesetz zum Aktiengesetz
EGB .... Europäischer Gewerkschaftsbund
EGBGB .... Einführungsgesetz zum Bürgerlichen Gesetzbuch
EGGVG .... Einführungsgesetz zum Gerichtsverfassungsgesetz
EGInsO .... Einführungsgesetz zur Insolvenzordnung
EGKS .... Vertrag über die Gründung der Europäischen Gemeinschaft für Kohle und Stahl
EGMR .... Europäischer Gerichtshof für Menschenrechte
EGZPO .... Gesetz betreffend die Einführung der Zivilprozessordnung
EheG .... Ehegesetz
EheRG .... Erstes Gesetz zur Reform des Ehe- und Familienrechts
EhfG .... Entwicklungshelfer-Gesetz
EigÜbG .... Gesetz über den Einfluss von Eignungsübungen der Streitkräfte auf Vertragsverhältnisse der Arbeitnehmer und Handelsvertreter sowie auf Beamtenverhältnisse (Eignungsübungsgesetz)
Einf. .... Einführung
Einl. .... Einleitung
Einzelh. .... Einzelheiten
EKD .... Evangelische Kirche in Deutschland
EKMR .... Europäische Kommission für Menschenrechte
endg. .... endgültig
engl. .... englisch(en)
ENeuOG .... Eisenbahnneuordnungsgesetz
EntgeltFG .... Entgeltfortzahlungsgesetz (siehe auch EFZG)
entspr. .... entsprechen(d)
Entw. .... Entwurf
EPA .... Europäisches Patentamt
ErfBenVO .... Erfinderbenennungsverordnung
Erg. .... Ergänzung
ErgVO .... Ergänzungsverordnung
Erl. .... Erlass, Erläuterungen
Ersk. .... Die Ersatzkasse, Zeitschrift
ES C .... Europäische Sozialcharta
EStG .... Einkommensteuergesetz
EStR .... Einkommensteuer-Richtlinien
EU .... Europäische Union; Vertrag über die Europäische Union (Amsterdamer Fassung)
EuAbgG .... Gesetz über die Rechtsverhältnisse der Mitglieder des Europäischen Parlaments aus der Bundesrepublik Deutschland (Europaabgeordnetengesetz)
EuGH .... Europäischer Gerichtshof
EuGHE .... Entscheidungen des Europäischen Gerichtshofs
EuGRZ .... Europäische Grundrechte, Zeitschrift
EURATOM .... Europäische Atomgemeinschaft
EuroAS .... Informationsdienst europäisches Arbeits- und Sozialrecht, Zeitschrift
EuroEinfG .... Euro-Einführungsgesetz
EuZW .... Europäische Zeitschrift für Wirtschaftsrecht
EV .... Vertrag zwischen der BRD und der DDR über die Herstellung der Einheit Deutschlands vom 31. 8. 1990 (BGBl. II S. 889)
e. V. .... eingetragener Verein

EVÜ .... (Römisches) Übereinkommen vom 19. 6. 1980 über das auf vertragliche Schuldverhältnisse anwendbare Recht
EWG .... Europäische Wirtschaftsgemeinschaft
EWG-Richtl. .... Richtlinien der Europäischen Wirtschaftsgemeinschaft
EWG-VO .... Verordnungen der Europäischen Wirtschaftsgemeinschaft
EWiR .... Entscheidungen zum Wirtschaftsrecht, Zeitschrift
EWR .... Europäischer Wirtschaftsraum
EWS .... Europäisches Währungssystem; Europäisches Wirtschafts- und Steuerrecht, Zeitschrift
EzA .... *Stahlhacke* (Hrsg.), Entscheidungen zum Arbeitsrecht, Loseblatt
EzAÜG .... Entscheidungssammlung zum Arbeitnehmerüberlassungsgesetz
EzBAT .... Entscheidungssammlung zum BAT

f. .... folgende
FA .... Finanzamt; Fachanwalt Arbeitsrecht, Zeitschrift
FamG .... Familiengericht
FamRZ .... Ehe und Familie im privaten und öffentlichen Recht, Zeitschrift für das gesamte Familienrecht
FARG .... Gesetz über Fremdrenten der Sozialversicherung an Berechtigte im Bundesgebiet und im Land Berlin, über Leistungen der Sozialversicherung an Berechtigte im Ausland sowie über freiwillige Sozialversicherung (Fremdrenten- und Auslandsrentengesetz)
FAZ .... Frankfurter Allgemeine Zeitung
FernUSG .... Gesetz zum Schutz der Teilnehmer am Fernunterricht (Fernunterrichtsschutzgesetz)
Festschr. .... Festschrift
ff. .... folgende
FFG .... Gesetz zur Förderung von Frauen und der Vereinbarkeit von Familie und Beruf in der Bundesverwaltung und den Gerichten des Bundes (Frauenfördergesetz; aufgehoben, s. BGleiG)
FG .... Finanzgericht
FGG .... Gesetz über die freiwillige Gerichtsbarkeit
FGO .... Finanzgerichtsordnung
Film u. Recht .... Film und Recht, Zeitschrift
FinMin. .... Finanzminister, Finanzministerium
FlRG .... Flaggenrechtsgesetz
FN .... Fußnote
FPersG .... Gesetz über das Fahrpersonal von Kraftfahrzeugen und Straßenbahnen (Fahrpersonalgesetz)
FreizeitAO .... Anordnung über Arbeitszeitverkürzung für Frauen, Schwerbeschädigte und minderleistungsfähige Personen
FreizügG/EU .... Gesetz über die allgemeine Freizügigkeit von Unionsbürgern
FRG .... Fremdrentengesetz
FS .... Festschrift

GAL .... Gesetz über eine Altershilfe für Landwirte
G .... Gesetz
GaststG .... Gaststättengesetz
GBA .... Gesetzbuch der Arbeit der ehemaligen DDR
GBl. .... Gesetzblatt
GBl.-DDR .... Gesetzblatt der ehemaligen DDR
GbR .... Gesellschaft bürgerlichen Rechts
geänd. .... geändert
GebrMG .... Gebrauchsmustergesetz
GefStoffV .... Verordnung zum Schutz vor gefährlichen Stoffen (Gefahrstoffverordnung)
GEG .... Großeinkaufsgenossenschaft deutscher Konsumgenossenschaften mbH
gem. .... gemäß
GenG .... Genossenschaftsgesetz

GenTG .... Gesetz zur Regelung der Gentechnik (Gentechnikgesetz)
GenTS V .... Verordnung über die Sicherheitsstufen und Sicherheitsmaßnahmen bei gentechnischen Anlagen (Gentechnik-Sicherheitsverordnung)
GeräteSG .... Gesetz über technische Arbeitsmittel (Gerätesicherheitsgesetz)
GeschmMG .... Gesetz über das Urheberrecht an Mustern und Modellen
GesO .... Gesamtvollstreckungsordnung
GewArch .... Gewerbe-Archiv, Zeitschrift
Gewerkschafter .... Der Gewerkschafter, Zeitschrift
GewMonH .... Gewerkschaftliche Monatshefte
GewO .... Gewerbeordnung
GewStG .... Gewerbesteuergesetz
GFG .... Graduiertenförderungsgesetz
GG .... Grundgesetz
GKG .... Gerichtskostengesetz
GKÖD .... Gesamtkommentar öffentliches Dienstrecht
GleiBG .... Gleichberechtigungsgesetz
GM .... Gewerkschaftliche Monatshefte, Zeitschrift
GmbH .... Gesellschaft mit beschränkter Haftung
GmbHG .... Gesetz über die Gesellschaften mit beschränkter Haftung
GmbH-Rdsch. .... GmbH-Rundschau, Zeitschrift
GMBl. .... Gemeinsames Ministerialblatt
GmS-OGB .... Gemeinsamer Senat der obersten Gerichte des Bundes
GO .... Gemeindeordnung
GRG .... Gesundheits-Reformgesetz
GRUR .... Gewerbl. Rechtsschutz und Urheberrecht, Zeitschrift
GRUR-Int. .... Gewerblicher Rechtsschutz und Urheberrecht – Internationales, Zeitschrift
GS .... Großer Senat
GSG .... Gesetz über technische Arbeitsmittel (Gerätesicherheitsgesetz)
GS NW .... Gesetzessammlung Nordrhein-Westfalen
GUG .... Gesamtvollstreckungs-Unterbrechungsgesetz
GVBl., GVOBl. .... Gesetz- und Verordnungsblatt
GVG .... Gerichtsverfassungsgesetz
GV NW .... Gesetz und Verordnungsblatt des Landes Nordrhein-Westfalen
GWB .... Gesetz gegen Wettbewerbsbeschränkungen

h. A. .... herrschende Ansicht
HaftpflichtG .... Haftpflichtgesetz
HAG .... Heimarbeitsgesetz
Halbs. .... Halbsatz
HandwO .... Handwerksordnung (siehe auch HwO)
HATG .... Hausarbeitstagsgesetz
HebG .... Hebammengesetz
Hess. .... Hessen
HEZG .... Hinterbliebenenrenten- und Erziehungszeiten-Gesetz
HGB .... Handelsgesetzbuch
HHG .... Häftlingshilfegesetz
h. L. .... herrschende Lehre
h. M. .... herrschende Meinung
HinterlO .... Hinterlegungsordnung
HPVG .... Hessisches Personalvertretungsgesetz
HRG .... Hochschulrahmengesetz; Gesetz zur Regelung von Härten im Versorgungsausgleich
Hrsg. .... Herausgeber
HwO .... Handwerksordnung (siehe auch HandwO)
HwVG .... Handwerkerversicherungsgesetz

IAA .... Internationales Arbeitsamt
IAO .... Internationale Arbeitsorganisation

ICB	Internationaler Christlicher Gewerkschaftsbund
i. d. F.	in der Fassung
i. d. R.	in der Regel
i. e. S.	im engeren Sinn
IfSG	Gesetz zur Verhütung und Bekämpfung von Infektionskrankheiten beim Menschen (Infektionsschutzgesetz)
IG	Industriegewerkschaft
IGBE	Industriegewerkschaft Bergbau und Energie
IHK	Industrie- und Handelskammer
i. H. v.	in Höhe von
ILO	International Labour Organization
IMS	Inoffizieller Mitarbeiter des Staatssicherheitsdienstes
InkrG	Gesetz über die Inkraftsetzung von Rechtsvorschriften der BRD in der DDR
InsO	Insolvenzordnung
Internat.	International
InVo	Insolvenz und Vollstreckung, Zeitschrift
IPR	Internationales Privatrecht
IPRax.	Praxis des Internationalen Privatrechts, Zeitschrift
IPRG	Gesetz zur Neuregelung des Internationalen Privatrechts vom 25. 7. 1986 (BGBl. I S. 1142)
i. S. d.	im Sinne des(r)
IT-ArGB	Verordnung über die Arbeitsgenehmigung für hoch qualifizierte ausländische Fachkräfte der Informations- und Kommunikationstechnologie
i. V. m.	in Verbindung mit
IWB	Internationale Wirtschaftsbriefe, Zeitschrift
i. Zw.	im Zweifel
JA	Juristische Arbeitsblätter, Zeitschrift
JArbSchG	Jugendarbeitsschutzgesetz
JAV	Jugendauszubildendenvertretung
JAV	Verordnung über den Lohnsteuerjahresausgleich
JBeitrO	Justizbeitreibungsordnung
JGG	Jugendgerichtsgesetz
JMBl.	Justizministerialblatt
JÖSchG	Gesetz zum Schutz der Jugend in der Öffentlichkeit (Jugendschutzgesetz)
JR	Juristische Rundschau, Zeitschrift
Jura	Juristische Ausbildung, Zeitschrift
JurBüro	Das juristische Büro, Zeitschrift
JuS	Juristische Schulung, Zeitschrift
JuSchG	Jugendschutzgesetz
JVEG	Justizvergütungs- und -entschädigungsgesetz
JW	Juristische Wochenschrift
JZ	Juristenzeitung, Zeitschrift
KABl.	Kirchliches Amtsblatt
KAG	Kommunalabgabengesetz
KAGG	Gesetz über Kapitalanlagegesellschaften
Kapovaz	Kapazitätsorientierte Arbeitszeit
KArbT	Kirchlicher Tarifvertrag Arbeiter
KAT	Kirchlicher Arbeitsvertrag Angestellte
KAUG	Konkursausfallgeld
KAZO	Kirchliche Arbeitszeitordnung
KG	Kammergericht; Kommanditgesellschaft
KgfEG	Gesetz über die Entschädigung ehemaliger deutscher Kriegsgefangener (Kriegsgefangenenentschädigungsgesetz)
KGVOBl.	Gesetz- und Verordnungsblatt der Kirche
KJ	Kritische Justiz, Zeitschrift
KLG	Kindererziehungsleistungsgesetz

KO	Konkursordnung
KODA	Kommission zur Ordnung des diözesanen Arbeitsvertragsrechts
KohleG	Gesetz zur Anpassung und Gesundung des deutschen Steinkohlebergbaues
KOV	Kriegsopferversorgung
KR	Kontrollrat
KrG	Kreisgericht
KRG	Kontrollratsgesetz
krit.	kritisch
KrPflVO	Verordnung über die Arbeitszeit in Krankenpflegeanstalten
KrV	Die Krankenversicherung, Zeitschrift
KrW-/AbfG	Kreislaufwirtschafts- und Abfallgesetz
KSchG	Kündigungsschutzgesetz
KStDV	Körperschaftssteuer-Durchführungsverordnung
KStG	Körperschaftssteuergesetz
KSVG	Künstler-Sozialversicherungsgesetz
KSZE	Konferenz über Sicherheit und Zusammenarbeit in Europa
KTS	Zeitschrift für Insolvenzrecht – Konkurs, Treuhand, Sanierung
KUG	Kurzarbeitergeld
KV	Kassenärztliche Vereinigung
KVLG	Gesetz über die Krankenversicherung der Landwirte
KVRS	Die Krankenversicherung in Rechtsprechung und Schrifttum
LadSchlG	Gesetz über den Ladenschluss
LAG	Landesarbeitsgericht
LAGE	*Lipke* (Hrsg.), Entscheidungen der Landesarbeitsgerichte
LAM	Landesarbeitsministerium
LBG	Landesbeamtengesetz
LG	Landgericht
LHO	Landeshaushaltsordnung
lit.	littera (Buchstabe)
LitUrhG	Literatur- und Urhebergesetz
LM	Lindenmaier-Möhring, Nachschlagewerk des BGH
LohnabzVO	Lohnabzugsverordnung
LFZG	Gesetz über die Fortzahlung des Arbeitsentgelts im Krankheitsfalle (Lohnfortzahlungsgesetz)
LPartG	Gesetz über die Eingetragene Lebenspartnerschaft (Lebenspartnerschaftsgesetz)
LPG	Landwirtschaftliche Produktionsgenossenschaft
LPVG bzw. LPersVG	Landespersonalvertretungsgesetz
LReg.	Landesregierung
LSG	Landessozialgericht
LStDVO	Lohnsteuerdurchführungsverordnung
LStR	Lohnsteuerrichtlinien
LVerf.	Landesverfassung
m.	mit
MAVO	Rahmenordnung für eine Mitarbeitervertretungsordnung in der kath. Kirche
MBG SH	Mitbestimmungsgesetz Schleswig-Holstein
Mbl.	Ministerialblatt
MDK	Medizinischer Dienst der Krankenkassen
MDR	Monatsschrift für Deutsches Recht, Zeitschrift
MedR	Medizinrecht, Zeitschrift
MfS	Ministerium für Staatssicherheit
MgVG	Gesetz über die Mitbestimmung der Arbeitnehmer bei einer grenzüberschreitenden Verschmelzung
MHRG	Gesetz zur Regelung der Miethöhe (Art. 3 Zweites Wohnraum-Kündigungsschutzgesetz)
MiArbG	Gesetz über die Festsetzung von Mindestarbeitsbedingungen (Mindestarbeitsbedingungengesetz)

MietRÄndG	Mietrechtsänderungsgesetz
MietSchG	Mieterschutzgesetz
MindArbbG	Gesetz über die Festsetzung von Mindestarbeitsbedingungen
MitbestBeiG	Gesetz zur Beibehaltung der Mitbestimmung beim Austausch von Anteilen und der Erbringung von Unternehmensteilen, die Gesellschaften verschiedener Mitgliedstaaten der Europäischen Union betreffen (Mitbestimmungs-Beibehaltungsgesetz)
MitbestErgG	Gesetz zur Ergänzung des Gesetzes über die Mitbestimmung der Arbeitnehmer in den Aufsichtsräten und Vorständen der Unternehmen des Bergbaus und der Eisen und Stahl erzeugenden Industrie (Montan-Mitbestimmungsergänzungsgesetz)
MitbestG	Gesetz über die Mitbestimmung der Arbeitnehmer (Mitbestimmungsgesetz)
Mitbestimmung	Die Mitbestimmung, Zeitschrift
Mitt.	Mitteilungen
MontMitbestG	Gesetz über die Mitbestimmung der Arbeitnehmer in den Aufsichtsräten und Vorständen der Unternehmen des Bergbaus und der Eisen und Stahl erzeugenden Industrie (Montan-Mitbestimmungsgesetz)
Mrd.	Milliarde(n)
MRG	Militärregierung
MTB	Manteltarifvertrag für Arbeiter des Bundes
MTL	Manteltarifvertrag für Arbeiter der Länder
MTM	Methods Time Measurement
MTV	Manteltarifvertrag
MuSchG	Mutterschutzgesetz
MUV	Richtlinien über die Gewährung von Beihilfen für die Arbeitnehmer des Steinkohlenbergbaus, die von Maßnahmen i. S. des Art. 56 § 2 EGKS-Vertrag betroffen sind
m. W.	mit Wirkung
m. w. N.	mit weiteren Nachweisen
m. zahlr. Nachw.	mit zahlreichen Nachweisen
NachwG	Gesetz über den Nachweis der für ein Arbeitsverhältnis geltenden wesentlichen Bestimmungen (Nachweisgesetz)
NATO	North Atlantic Treaty Organization (Nordatlantikpakt-Organisation)
n. a. v.	nicht amtlich veröffentlicht
n. F.	neue Fassung
Nieders.	Niedersachsen
NJ	Neue Justiz, Zeitschrift
NJOZ	Neue Juristische Online Zeitschrift
NJW	Neue Juristische Wochenschrift, Zeitschrift
NJW-CoR	Computerreport der NJW
NJW-RR	NJW-Rechtsprechungs-Report
Nr.	Nummer
n. rkr.	nicht rechtskräftig
NRW	Nordrhein-Westfalen
NS	Nationalsozialismus
NStZ	Neue Zeitschrift für Strafrecht
n. v.	nicht veröffentlicht
NVwZ	Neue Zeitschrift für Verwaltungsrecht
NZA	Neue Zeitschrift für Arbeitsrecht
NZA-RR	Neue Zeitschrift für Arbeitsrecht – Rechtsprechungsreport
NZI	Neue Zeitschrift für Insolvenzrecht
NZS	Neue Zeitschrift für Sozialrecht
OECD	Organization for Economic Cooperation and Development
OEEC	Organization for European Economic Cooperation, Organisation für Europäische wirtschaftliche Zusammenarbeit
öffentl.	öffentlich

OEG .... Gesetz über die Entschädigung für Opfer von Gewalttaten (Opferentschädigungsgesetz)
ÖTV .... Öffentliche Dienste, Transport und Verkehr (Gewerkschaft)
OGH brZ .... Oberster Gerichtshof für die britische Zone
OHG .... Offene Handelsgesellschaft
OLG .... Oberlandesgericht
OSchG VBL .... Oberschiedsgericht der VBL
OT-Mitglieder .... Mitglieder ohne tarifliche Bindung
OVG .... Oberverwaltungsgericht
OWiG .... Gesetz über Ordnungswidrigkeiten

PatAnwO .... Patentanwaltsordnung
PatG .... Patentgesetz
PEP .... Persönliche Entgeltpunkte
Personal .... Personal Mensch und Arbeit im Betrieb, Zeitschrift
PersR .... Personalrat
PersF .... Personalführung, Zeitschrift
PersV .... Personalvertretung, Zeitschrift
PersVG .... Personalvertretungsgesetz
PfDG .... Pfarrdienstgesetz
PflegeZG .... Gesetz über die Pflegezeit (Pflegezeitgesetz)
PGH .... Produktionsgenossenschaft des Handwerks (DDR)
PostPersRG .... Postpersonalrechtsgesetz
pr. ABG .... Preußisches Allgemeines Berggesetz
PresseG .... Gesetz über die Presse
PrHBG .... Gesetz zur Beseitigung von Hemmnissen bei der Privatisierung
ProdHaftG .... Gesetz über die Haftung für fehlerhafte Produkte (Produkthaftungsgesetz)
Prot. .... Protokoll(e)
PSA .... Personal-Service-Agentur
PStV .... Verordnung zur Ausführung des Personenstandsgesetzes (Personenstandsverordnung)
PSVaG .... Pensions-Sicherungs-Verein
PTNeuOG .... Postneuordnungsgesetz
PublG .... Gesetz über die Rechnungslegung von bestimmten Unternehmen und Konzernen (Publizitätsgesetz)

RABl. .... Reichsarbeitsblatt
RAG .... Reichsarbeitsgericht
RAM .... Reichsarbeitsminister, Reichsarbeitsministerium
RAusglG .... Rentenausgleichungsgesetz
RB .... Rechtsbeschwerde
RBerG .... Rechtsberatungsgesetz, Rechtsbereinigungsgesetz
RdA .... Recht der Arbeit, Zeitschrift
RdErl. .... Runderlass
RdSchr. .... Rundschreiben
RDV .... Recht der Datenverarbeitung, Zeitschrift
Rechtspfleger .... Der Deutsche Rechtspfleger, Zeitschrift
Refa .... Reichsausschuss für Arbeitszeitermittlung
RefE .... Referentenentwurf
RegBl. .... Regierungsblatt
RegelungsG .... Regelungsgesetz
RegEntw .... Regierungsentwurf
RegErkl. .... Regierungserklärung
RegPräs. .... Regierungspräsident
Reha-AO .... Anordnung des Verwaltungsrats der Bundesanstalt für Arbeit über die Arbeits- und Berufsförderung der Behinderten
RehaG .... Gesetz über die Angleichung der Leistungen zur Rehabilitation
RFH .... Reichsfinanzhof

RG .... Reichsgericht
RGBl. .... Reichsgesetzblatt
RGSt .... Entscheidungen des Reichsgerichts in Strafsachen
RGZ .... Entscheidungen des Reichsgerichts in Zivilsachen
RiA .... Recht im Amt, Zeitschrift
RiW .... Recht der internationalen Wirtschaft, Zeitschrift
RKG .... Reichsknappschaftsgesetz, s. RKnappSchG
RN .... Randnummer
RL .... Richtlinie
RöntgenVO .... Röntgenverordnung
RPflG .... Rechtspflegergesetz
RPfleger .... Der Deutsche Rechtspfleger, Zeitschrift
RRG .... Rentenreformgesetz
Rspr. .... Rechtsprechung
RTV .... Rahmentarifvertrag
RÜG .... Rentenüberleitungsgesetz
RuW .... Recht und Wirtschaft, Zeitschrift
RV .... Die Rentenversicherung, Zeitschrift
RVA .... Reichsversicherungsamt
RVA in AN .... Amtliche Nachrichten des früheren Reichsversicherungsamtes
RVerwBl. .... Reichsverwaltungsblatt
RVG .... Rechtsanwaltsvergütungsgesetz
RVO .... Reichsversicherungsordnung
RzK .... *Etzel* (Hrsg.), Rechtsprechung zum Kündigungsrecht, Entscheidungssammlung

s. .... siehe
S. .... Seite; Satz
Saarl. .... Saarland
SaBremR .... Sammlung des bremischen Rechts
SachBezV .... Sachbezugsverordnung (aufgehoben, siehe jetzt: SvEV)
SAE .... Sammlung arbeitsrechtlicher Entscheidungen, Zeitschrift
SAM .... Strukturanpassungsmaßnahme
SBl. .... Sammelblatt
SCEBG .... Gesetz über die Beteiligung der Arbeitnehmer und Arbeitnehmerinnen in einer Europäischen Genossenschaft (SCE-Beteiligungsgesetz)
ScheckG .... Scheckgesetz
SchiedsG .... Gesetz über die Errichtung und das Verfahren der Schiedsstellen für Arbeitsrecht vom 29. 6. 1990 (GBl.-DDR I S. 505)
SchliG .... Schlichtungsgesetz
SchliO .... Schlichtungsordnung
SchulPflG .... Schulpflichtgesetz
SchwarbG .... Gesetz zur Bekämpfung der Schwarzarbeit (aufgehoben, siehe jetzt: SchwarzArbG)
SchwarzArbG .... Gesetz zur Bekämpfung der Schwarzarbeit und illegalen Beschäftigung (Schwarzarbeitsbekämpfungsgesetz)
SchwbAV .... Schwerbehinderten-Ausgleichsabgabeverordnung
SchwbG .... Schwerbehindertengesetz (aufgehoben, siehe jetzt: SGB IX)
SchwbVWO .... Wahlordnung Schwerbehindertenvertretungen
SE .... Societas Europaea, Europäische Gesellschaft
SEBG .... Gesetz über die Beteiligung der Arbeitnehmer in einer Europäischen Gesellschaft (SE-Beteiligungsgesetz)
SeemG .... Seemannsgesetz
Sen. .... Senat
SeuffA .... Seufferts Archiv
SF .... Sozialer Fortschritt, Zeitschrift
SG .... Sozialgericht
SGB .... Sozialgesetzbuch
SGB I .... Sozialgesetzbuch – Allgemeiner Teil

SGB II	Sozialgesetzbuch – Grundsicherung für Arbeitsuchende (ab 1. 1. 2005)
SGB III	Sozialgesetzbuch – Arbeitsförderung
SGB IV	Sozialgesetzbuch – Gemeinsame Vorschriften für die Sozialversicherung
SGB V	Sozialgesetzbuch – Gesetzliche Krankenversicherung
SGB VI	Sozialgesetzbuch – Gesetzliche Rentenversicherung
SGB VII	Sozialgesetzbuch – Gesetzliche Unfallversicherung
SGB VIII	Sozialgesetzbuch – Kinder- und Jugendhilfe
SGB IX	Sozialgesetzbuch – Rehabilitation und Teilhabe behinderter Menschen
SGB X	Sozialgesetzbuch – Verwaltungsverfahren
SGB XI	Sozialgesetzbuch – Soziale Pflegeversicherung
SGB XII	Sozialgesetzbuch – Sozialhilfe (ab 1. 1. 2005)
Sgb.	Die Sozialgerichtsbarkeit, Zeitschrift
SGG	Sozialgerichtsgesetz
Slg.	Sammlung
SMBl. NW	Sammelblatt des Bereinigten Ministerialblattes für das Land Nordrhein-Westfalen
sog.	sogenannt(e)
SoldG	Soldatengesetz
SozFort.	Sozialer Fortschritt, Zeitschrift
SozplKonkG	Gesetz über den Sozialplan im Konkurs- und Vergleichsverfahren
SozPolInf.	Sozialpolitische Informationen
SozR	Sozialrecht (Loseblattsamml.)
Soz. Sich.	Soziale Sicherheit, Zeitschrift
SozVers.	Die Sozialversicherung, Zeitschrift
spät. Änd.	spätere Änderung
SparPDV	Spar-Prämiengesetz Durchführungsverordnung
SparPG	Spar-Prämiengesetz
SpersVG	Saarländisches Personalvertretungsgesetz
SprAuG	Sprecherausschussgesetz
SprengG	Gesetz über explosionsgefährliche Stoffe (Sprengstoffgesetz)
SprengstoffVO	Durchführungsverordnung zum SprengG
SpTrUG	Gesetz über die Spaltung der von der Treuhandanstalt verwalteten Unternehmen vom 5. 4. 1991 (BGBl. I S. 854)
SpuRt	Sport und Recht, Zeitschrift
SR	Sonderregelung zum BAT
st.	ständig
st. Rspr.	ständige Rechtsprechung
Staatsvertrag	Vertrag über die Schaffung einer Währungs-, Wirtschafts-, und Sozialunion zwischen der BRD u. der DDR vom 18. 5. 1990 (BGBl. II S. 537)
StAnpG	Steueranpassungsgesetz
Stbg.	Die Steuerberatung, Zeitschrift
StEntlG	Steuerentlastungsgesetz
StGB	Strafgesetzbuch
StHG	Staatshaftungsgesetz
str.	streitig
StrEG	Gesetz über die Entschädigung für Strafverfolgungsmaßnahmen
StrlSchV	Verordnung über den Schutz vor Schäden durch ionisierende Strahlen (Strahlenschutzverordnung)
StVG	Straßenverkehrsgesetz
StVO	Straßenverkehrsordnung
StVollzG	Gesetz über den Vollzug der Freiheitsstrafe und der freiheitsentziehenden Maßregeln der Besserung und Sicherung
StVZO	Straßenverkehrszulassungsordnung
SuKPflV	Säuglings- und Kinderpflegeverordnung

SvEV	Verordnung über die sozialversicherungsrechtliche Beurteilung von Zuwendungen des Arbeitgebers als Arbeitsentgelt (Sozialversicherungsentgeltverordnung) v. 21. 12. 2006 (BGBl. I S. 3385)
SVG	Soldatenversorgungsgesetz
TDDSG	Teledienstedatenschutzgesetz (außer Kraft; siehe jetzt TMG)
teilw.	teilweise
TKG	Telekommunikationsgesetz
TMG	Telemediengesetz
TOA	Tarifordnung für Angestellte
TOK	Tarifordnung für die deutschen Kulturorchester
TreuhandG	Treuhandgesetz vom 17. 6. 1990 (GBl.-DDR I S. 300)
TSG	Transsexuellengesetz
TV	Tarifvertrag
TVAL	Tarifvertrag für Angehörige alliierter Dienststellen
TVG	Tarifvertragsgesetz
TVK	Tarifvertrag für Musiker in Kulturorchestern
TV-L	Tarifvertrag für den öffentlichen Dienst der Länder
TVöD	Tarifvertrag für den öffentlichen Dienst
TzBfG	Teilzeit- und Befristungsgesetz
u.	und
u. a.	unter anderem/und andere
Übk.	Übereinkommen
UFITA	Archiv für Urheber-, Film-, Funk- und Theaterrecht, Zeitschrift
ULA	Union der Leitenden Angestellten, jetzt: Deutscher Führungskräfteverband (ULA)
ULAK	Urlaubs- und Lohnausgleichskasse der Bauwirtschaft (Wiesbaden)
UStG	Umsatzsteuergesetz
UmstG	Drittes Gesetz zur Neuordnung des Geldwesens (Umstellungsgesetz)
umstr.	umstritten
UmwBerG	Gesetz zur Bereinigung des Umwandlungsrechtes
UmwG	Umwandlungsgesetz
UNICE	Union of Industrial and Employers Confederations of Europe (Union der Industrie- und Arbeitgeberverbände Europas)
Unterabs.	Unterabsatz
UNO	United Nations Organization
UnternehmensG	Gesetz über die Gründung und Tätigkeit privater Unternehmen und über Unternehmensbeteiligungen vom 7. 3. 1990 (GBl.-DDR I S. 141)
UrhRG	Gesetz über Urheberrechte und verwandte Schutzrechte
UrlG	Urlaubsgesetz
USG	Gesetz über die Sicherung des Unterhalts der zum Wehrdienst einberufenen Wehrpflichtigen und ihrer Angehörigen (Unterhaltssicherungsgesetz)
usw.	und so weiter
u. U.	unter Umständen
UVV	Unfallverhütungsvorschrift
UWG	Gesetz über den unlauteren Wettbewerb
v.	vom; von
VAB	Versicherungsanstalt Berlin
VAG	Gesetz über die Beaufsichtigung der privaten Versicherungsunternehmen und Bausparkassen (Versicherungsaufsichtsgesetz)
VAHRG	Gesetz zur Regelung von Härten im Versorgungsausgleich
VBL	Versorgungsanstalt des Bundes und der Länder
VDR	Verband Deutscher Rentenversicherer
VEB	Volkseigener Betrieb
Vela.	Vereinigung leitender Angestellter

Vereinb.	Vereinbarung
Verf.	Verfassung
VerfDDR	Verfassung der Deutschen Demokratischen Republik
VerfIAO	Verfassung Internationale Arbeitsorganisation
VerglO, VglO	Vergleichsordnung
Verg.Gr.	Vergütungsgruppe
VerlG	Verlagsgesetz
VermBG	[Fünftes] Gesetz zur Förderung der Vermögensbildung der Arbeitnehmer
VermBGDV	Durchführungsverordnung zum Vermögensbildungsgesetz
VermG	Gesetz zur Regelung offener Vermögensfragen
VersMedV	Versorgungsmedizin-Verordnung
VersR	Versicherungsrecht, Zeitschrift
VerwArch	Verwaltungsarchiv
VerwR	Verwaltungsrecht
VG	Verwaltungsgericht
VGB I	Unfallverhütungsvorschriften, Allgemeine Vorschriften
VGH	Verwaltungsgerichtshof
vgl.	vergleiche
v.H.	vom Hundert
VKA	Vereinigung der kommunalen Arbeitgeberverbände
VkBl.	Verkündungsblatt
VO (VOBl.)	Verordnung (Verordnungsblatt)
Vorbem.	Vorbemerkung
VRG	Gesetz zur Förderung von Vorruhestandsleistungen (Vorruhestandsgesetz)
VTV	Tarifvertrag über das Sozialkassenverfahren im Baugewerbe v. 20. 12. 1999 i. d. F. v. 15. 12. 2005
VU	Versäumnisurteil
VVA	Allgemeine Verwaltungsvorschrift über Versicherungskarten und Aufrechnungsbescheinigungen
VVaG	Versicherungsverein auf Gegenseitigkeit
VVG	Versicherungsvertragsgesetz
VWA	Verband weiblicher Angestellter
VwGO	Verwaltungsgerichtsordnung
VwKostG	Verwaltungskostengesetz
VwVfG	Verwaltungsverfahrensgesetz
VwZG	Verwaltungszustellungsgesetz
WA	Westdeutsche Arbeitsrechtspraxis, Zeitschrift
WährG	Währungsgesetz
WasserhaushaltsG	Gesetz zur Ordnung des Wasserhaushalts
WEG	Wohnungseigentumsgesetz
WehrpflG	Wehrpflichtgesetz
WFG	Gesetz zur Umsetzung des Programms für mehr Wachstum und Beschäftigung in den Bereichen der Rentenversicherung und Arbeitsförderung (Wachstums- und Beschäftigungsförderungsgesetz)
WHG	Wasserhaushaltsgesetz
WiB	Wirtschaftsberatung, Zeitschrift
Wirt. u. Wiss.	Wirtschaft und Wissen, Die Deutsche Angestelltenzeitschrift
WissZeitVG	Gesetz über befristete Arbeitsverträge in der Wissenschaft (Wissenschaftszeitvertragsgesetz)
WM	Wertpapier-Mitteilungen, Zeitschrift
WO	Wahlordnung
WoBauG	Wohnungsbaugesetz
II. WoBauG	Zweites Wohnungsbaugesetz (Wohnungsbau und Familienheimgesetz)
WoGG	Wohngeldgesetz
WoKSchG	Gesetz über den Kündigungsschutz für Mietverhältnisse über Wohnraum

WoPDV	Durchführungsverordnung zum Wohnungsbauprämiengesetz
WoPG	Wohnungsbau-Prämiengesetz
WOS	Zweite Verordnung zur Durchführung des Betriebsverfassungsgesetzes (Wahlordnung Seeschifffahrt)
WRV	Weimarer Reichsverfassung
WSI	Mitteilungen des Wirtschafts- und Sozialwissenschaftlichen Instituts des Deutschen Gewerkschaftsbundes
WV	Weimarer Verfassung
WZG	Warenzeichengesetz
WzS	Wege zur Sozialversicherung
ZA-NTS	Zusatzabkommen zu dem Abkommen zwischen den Parteien des Nordatlantikvertrages über die Rechtsstellung ihrer Truppen hinsichtlich der in der BRD stationierten ausländischen Truppen
ZAP	Zeitschrift für die Anwaltspraxis
ZAR	Zeitschrift für Ausländerrecht und Ausländerpolitik
ZAS	Zeitschrift für Arbeits- und Sozialrecht, Österreich
ZAV	Zentralstelle für Arbeitsvermittlung
z. B.	zum Beispiel
ZBF	Zentrale Bühnen-, Fernseh- und Filmvermittlung der BA
ZBR	Zeitschrift für Beamtenrecht
ZBVR	Zeitschrift für Betriebsverfassungsrecht
ZDG	Gesetz über den Zivildienst der Kriegsdienstverweigerer (Zivildienstgesetz)
ZevKr.	Zeitschrift für evangelisches Kirchenrecht
ZF	Zugangsfaktor
ZfA	Zeitschrift für Arbeitsrecht
ZfA	Zentrale für Altersvermögen
ZfPR	Zeitschrift für Personalvertretungsrecht
ZfS	Zentralblatt für Sozialversicherung
ZfSH	Zeitschrift für Sozialhilfe
ZG	Zeitschrift für Gesetzgebung
ZGR	Zeitschrift für Unternehmens- und Gesellschaftsrecht
ZHR	Zeitschrift für das gesamte Handelsrecht und Wirtschaftsrecht
ZIAS	Zeitschrift für ausländisches und internationales Arbeits- und Sozialrecht
Ziff.	Ziffer
ZIP	Zeitschrift für Wirtschaftsrecht
ZMV	Zeitschrift für die Praxis der Mitarbeitervertretungen in Einrichtungen der katholischen und evangelischen Kirche
ZPO	Zivilprozessordnung
ZR	Aktenzeichen des Bundesgerichtshofs
ZRP	Zeitschrift für Rechtspolitik
ZSG	Gesetz über den Zivilschutz
ZSKG	Gesetz über das Zivilschutzkorps
ZSR	Zeitschrift für Sozialreform
z. T.	zum Teil
ZTR	Zeitschrift für Tarif-, Arbeits- und Sozialrecht des öffentlichen Dienstes
zul.	zulässig
ZUM	Zeitschrift für Urheber- und Medienrecht
ZuSEntschG	Gesetz über die Entschädigung von Zeugen und Sachverständigen
zust.	zuständig; zustimmend
ZustG	Zustimmungsgesetz
ZV	Zusatzversorgung
zVb., z.V. b.	zur Veröffentlichung bestimmt
ZVG	Zwangsversteigerungsgesetz
ZVK	Zusatzversorgungskasse des Baugewerbes
ZVKLG	Gesetz über die Errichtung einer Zusatzversorgungskasse in der Land- und Forstwirtschaft

zVv., z.V.v. .... zur Veröffentlichung vorgesehen
zzt. .... zur Zeit
ZZP .... Zeitschrift für Zivilprozess

Literaturverzeichnis

(Übergreifende oder abgekürzt zitierte Literatur)

Ahrend/Förster/Rößler	Steuerrecht der betrieblichen Altersversorgung mit arbeitsrechtlicher Grundlegung, 1. Teil, Loseblatt
Annuß/Thüsing	Teilzeit- und Befristungsgesetz, 2. Aufl., 2006
AnwKomBGB/*Bearbeiter*	*Dauner-Lieb/Heidel/Ring,* Schuldrecht, 2005
APS/*Bearbeiter*	*Ascheid/Preis/Schmidt,* Kündigungsrecht, Großkommentar zum gesamten Recht der Beendigung von Arbeitsverhältnissen, 3. Aufl., 2007
ArbRBGB/*Bearbeiter*	*Schliemann* (Hrsg.), Das Arbeitsrecht im BGB, 2. Aufl., 2002
Ascheid	Kündigungsschutzrecht – Die Kündigung des Arbeitsverhältnisses, 1993
Ascheid Beweislastfragen	Beweislastfragen im Kündigungsschutzprozess, 1989
Azzola	*Azzola* (Hrsg.), Alternativkommentar zum GG, 2. Aufl., 1989
Baeck/Deutsch	Arbeitszeitgesetz, 2. Aufl., 2004
Bartenbach/Volz	Arbeitnehmererfindungsgesetz, Kommentar, 4. Aufl., 2002
Bauer	Arbeitsrechtliche Aufhebungsverträge, 8. Aufl., 2007
Bauer SprAuG	Sprecherausschussgesetz, 2. Aufl., 1990
Bauer/Diller	Wettbewerbsverbote, 4. Aufl., 2006
Bauer/Göpfert/Krieger	Allgemeines Gleichbehandlungsgesetz, 2. Aufl., 2008
Bauer/Röder/Lingemann	Krankheit im Arbeitsverhältnis, 3. Aufl., 2006
Baumbach/Bearbeiter	*Baumbach/Lauterbach/Albers/Hartmann,* Kommentar zur ZPO, 67. Aufl., 2009
Baumbach/Hopt	Kommentar zum HGB, 33. Aufl., 2008
Baumbach/Hueck	GmbH-Gesetz, 18. Aufl., 2006
Baumgärtel	Handbuch der Beweislast im Privatrecht, Band 1, 2. Aufl., 1991
BBDW/*Bearbeiter*	*Bader/Bram/Dörner/Wenzel,* Kommentar zum Kündigungsschutzgesetz, Loseblatt
Blomeyer/Rolfs/Otto	Betriebsrentengesetz. Gesetz zur Verbesserung der betrieblichen Altersversorgung, Kommentar, 4. Aufl., 2006
Boecken	Unternehmensumwandlung und Arbeitsrecht, 1996
Boldt	Mitbestimmungsgesetz Eisen und Kohle, 1952
Borgwardt/Fischer/Janert	Sprecherausschussgesetz für leitende Angestellte, 2. Aufl., 1990
Brecht	Entgeltfortzahlung an Feiertagen und im Krankheitsfall, 2. Aufl., 2000
Brox/Rüthers	Arbeitsrecht, 17. Aufl., 2007
Buchner/Becker	Mutterschutzgesetz und Bundeserziehungsgeldgesetz, 8. Aufl., 2008
Calliess/Ruffert	Kommentar zu EU-Vertrag und EG-Vertrag, 3. Aufl., 2007
Cramer	Schwerbehindertengesetz, Kommentar, 5. Aufl., 1998
Däubler	Das Arbeitsrecht, Bd. I, 16. Aufl., 2006; Bd. II, 11. Aufl., 1998
Däubler/*Bearbeiter*	*Däubler* (Hrsg.), Kommentar zum TVG, 2. Aufl., 2006
Däubler/Bertzbach	Allgemeines Gleichbehandlungsgesetz, 2. Aufl. 2008
Däubler/Dorndorf	AGB-Kontrolle im Arbeitsrecht, 2. Aufl. 2008
DKK/*Bearbeiter*	*Däubler/Kittner/Klebe* (Hrsg.), Betriebsverfassungsgesetz, Kommentar für die Praxis, 11. Aufl., 2008
Dorndorf/Weller/Hauck	Heidelberger Kommentar zum Kündigungsschutzgesetz, 4. Aufl., 2001 (auch zit.: HK/*Bearbeiter*)
Dörner, H.-J.	Schwerbehindertengesetz, Loseblatt
Dörner, H.-J.	Der befristete Arbeitsvertrag, 2004
Dörner/Luczak/Wildschütz	Handbuch des Fachanwalts Arbeitsrecht, 7. Aufl., 2008
Dreier	*Dreier* (Hrsg.), Kommentar zum Grundgesetz, 2. Aufl., 2008
Dütz	Arbeitsrecht, 13. Aufl., 2008

EAS/*Bearbeiter*	*Oetker/Preis* (Hrsg.), Europäisches Arbeits- und Sozialrecht, Rechtsvorschriften, Systematische Darstellungen und Entscheidungssammlung, Loseblatt
EEK	*Sabel,* Entscheidungssammlung zur Entgeltfortzahlung an Arbeiter und Angestellte bei Krankheit, Kur und anderen Arbeitsverhinderungen
ErfK/*Bearbeiter*	*Dieterich/Müller-Glöge/Preis/Schaub* (Hrsg.), Erfurter Kommentar zum Arbeitsrecht, 9. Aufl., 2009
Erman/*Bearbeiter*	Handkommentar zum BGB, 2 Bde., 12. Aufl., 2008
Fabricius	*Fabricius* (Hrsg.), Gemeinschaftskommentar zum Mitbestimmungsgesetz, 1976
Feldes/Kamm/Peiseler	Schwerbehindertenrecht, Basiskommentar zum SGB IX mit Wahlordnung, 9. Aufl., 2007
Fiebig/Gallner/Nägele/Pfeiffer	Kündigungsschutzgesetz, 3. Aufl., 2007
Fitting	*Fitting/Engels/Schmidt/Trebinger/Linsenmaier,* Kommentar zum Betriebsverfassungsgesetz, 24. Aufl., 2008
Fitting/Wlotzke/Wißmann	Mitbestimmungsgesetz, Kommentar, 3. Aufl., 2008
FKI/*Bearbeiter*	*Wimmer,* Frankfurter Kommentar zur Insolvenzordnung, 5. Aufl., 2009
Förster/Rühmann/Cisch	Betriebsrentengesetz. Gesetz zur Verbesserung der betrieblichen Altersversorgung, 10. Aufl., 2005, 11. Aufl., 2007
Fuchs/Köstler	Handbuch zur Aufsichtsratswahl, 4. Aufl., 2008
Gagel	Sozialgesetzbuch III, 2008, Loseblatt-Kommentar
Gamillscheg	Arbeitsrecht I, 8. Aufl, 2000, Arbeitsrecht II, 6. Aufl., 1984
Gamillscheg	Kollektives Arbeitsrecht, Band I, 1997
Gedon/Spiertz	Berufsbildungsrecht, 1992
Germelmann/Matthes/ Prütting/Müller-Glöge	Kommentar zum Arbeitsgerichtsgesetz, 6. Aufl., 2008
Geßler/Hefermehl/Eckardt/ Kropff	Aktiengesetz, Bd. II, 1973/1974
Geyer/Knorr/Krasney	Entgeltfortzahlung – Krankengeld – Mutterschaftsgeld, 7. Aufl., 2007
GK-AFG/*Bearbeiter*	Gemeinschaftskommentar zum Arbeitsförderungsgesetz, Loseblatt
GK-ArbGG/*Bearbeiter*	Gemeinschaftskommentar zum Arbeitsgerichtsgesetz, bearb. von *Ascheid, Bader, Dörner, Leinemann, Mikosch, Schütz, Stahlhacke, Vossen, Wenzel,* Loseblatt
GK-BetrVG/*Bearbeiter*	Gemeinschaftskommentar zum Betriebsverfassungsgesetz, 8. Aufl., 2005
GK-BUrlG/*Bearbeiter*	Gemeinschaftskommentar zum Bundesurlaubsgesetz, 5. Aufl., 1992
GK-MitbestG/*Bearbeiter*	Gemeinschaftskommentar zum Mitbestimmungsgesetz, Loseblatt
GK-SGB III/*Bearbeiter*	Gemeinschaftskommentar zum SGB III, Loseblatt
GK-SGB VI/*Bearbeiter*	Gemeinschaftskommentar zum SGB VI, Loseblatt
GK-TzA/*Bearbeiter*	Gemeinschaftskommentar zum Teilzeitarbeitsrecht, 2. Aufl., 2001
Gola	Entgeltfortzahlungsgesetz, 2. Aufl., 1998
Gotthardt	Arbeitsrecht nach der Schuldrechtsreform, 2. Aufl., 2003
Grabitz/Hilf	Kommentar zur Europäischen Union, Loseblatt
Gräfl/Arnold u. a.	Teilzeit- und Befristungsgesetz, 2. Aufl. 2007
Groeben/Thiesing/Ehlermann	Kommentar zum EWG-Vertrag, 5. Aufl., 1997
Gröniger/Gehring/Taubert	Jugendarbeitsschutzgesetz, Loseblatt
Gröninger/Thomas	Mutterschutz, Loseblatt-Kommentar
Grüner/Dalichau	Bundeserziehungsgeldgesetz, Sozialgesetzbuch, Loseblatt-Kommentar
Grunsky	Arbeitsgerichtsgesetz, Kommentar, 7. Aufl., 1995
H/B/K/P	*Henkes/Baur/Kopp/Polduwe,* Handbuch Arbeitsförderung SGB III, 1999
Hanau/Adomeit	Arbeitsrecht, 14. Aufl., 2006
Hanau/Steinmeyer/Wank	Handbuch des europäischen Arbeits- und Sozialrechts, 2002
Hauck/Helml	Arbeitsgerichtsgesetz, Kommentar, 3. Aufl., 2006
HbStR/*Bearbeiter*	*Isensee/Kirchhof* (Hrsg.), Handbuch des Staatsrechts der Bundesrepublik Deutschland

HbVerfR/*Bearbeiter*	*Benda*/Maihofer/*Vogel* (Hrsg.), Handbuch des Verfassungsrechts
Heither/Schönherr	Arbeitsgerichtsgesetz, Kommentar auf Grund der Rechtsprechung, Loseblatt
Helml	Entgeltfortzahlungsgesetz, 1995
Henn	Handbuch des Aktienrechts, 8. Aufl., 2009
Hennig/Bearbeiter	SGB III – Arbeitsförderungsrecht, Loseblatt-Kommentar
Herkert	Berufsbildungsgesetz, 1993
Heubeck/Höhne/Paulsdorff/Rau/Weinert	Kommentar zum Betriebsverfassungsgesetz, Bd. I, Arbeitsrechtliche Vorschriften, 2. Aufl., 1982
HK/*Bearbeiter*	*Dorndorf/Weller/Hauck,* Heidelberger Kommentar zum Kündigungsschutzgesetz, 4. Aufl., 2001
HKHH	*Hennig/Kühl/Heuer/Henke,* Kommentar zum Arbeitsförderungsgesetz
HKI/*Bearbeiter*	*Eickmann/Flessner/Irschlinger/Kirchhof/Kreft/Landfermann/Marotzke,* Heidelberger Kommentar zur Insolvenzordnung, 5. Aufl., 2008
HKMM	*Hailbronner/Klein/Magiera/Müller-Graf,* Handkommentar zum EU-Vertrag, Loseblatt, Stand 1997
Höfer	Gesetz zur Verbesserung der betrieblichen Altersversorgung, Bd. I: Arbeitsrecht, Bd. 2: Steuerrecht, Loseblatt-Kommentar
Hohmeister	Bundesurlaubsgesetz, 1995
Hopt/Wiedemann	Großkommentar zum Aktiengesetz, 4. Aufl., 1992 ff.
v. Hoyningen-Huene/Linck	Kündigungsschutzgesetz, 14. Aufl., 2007
Hromadka SprAuG	Sprecherausschussgesetz, 1991
Hromadka/Maschmann	Arbeitsrecht, Bd. 1, 4. Aufl., 2008, Bd. 2, 4. Aufl., 2007
HSG/*Bearbeiter*	*Hess/Schlochauer/Glaubitz,* Kommentar zum Betriebsverfassungsgesetz, 6. Aufl., 2003
HS-KV/*Bearbeiter*	*Schulin* (Hrsg.), Handbuch des Sozialversicherungsrechts, Bd. 1, Krankenversicherungsrecht, 1994
HS-RV/*Bearbeiter*	*Schulin* (Hrsg.), Handbuch des Sozialversicherungsrechts, Bd. 3, Rentenversicherungsrecht, 1999
HS-UV/*Bearbeiter*	*Schulin* (Hrsg.), Handbuch des Sozialversicherungsrechts, Bd. 2, Unfallversicherungsrecht, 1996
Hueck/Nipperdey	Lehrbuch des Arbeitsrechts, 7. Aufl., Bd. I 1967; Bd. II, 1. und 2. Halbbd. 1967, 1970
Hüffer	Aktiengesetz, 8. Aufl., 2008
HWK/*Bearbeiter*	*Henssler/Willemsen/Kalb* (Hrsg.), Arbeitsrecht Kommentar, 3. Aufl., 2008
HzA/*Bearbeiter*	Handbuch zum Arbeitsrecht, hrsg. von *Leinemann,* Loseblatt
Jaeger/Röder/Heckelmann	Praxishandbuch Betriebsverfassungsrecht, 2003
Jarass/Pieroth	Grundgesetz für die Bundesrepublik Deutschland, Kommentar, 10. Aufl., 2009
Jauernig/Bearbeiter	Bürgerliches Gesetzbuch, Kommentar, 12. Aufl., 2007
Kasseler Handbuch/*Bearbeiter*	Kasseler Handbuch zum Arbeitsrecht, 2. Aufl., 2000
KassKomm/*Bearbeiter*	Kasseler Kommentar Sozialversicherungsrecht, Loseblatt
KBK	*Knorr/Bichlmeier/Kremhelmer,* Handbuch des Kündigungsrechts, 4. Aufl., 1998, Nachtrag 1999
KDHK	*Kaiser/Dunkel/Hold/Kleinsorge,* Entgeltfortzahlungsgesetz, 5. Aufl., 2000
KDZ/*Bearbeiter*	*Kittner/Däubler/Zwanziger,* Kündigungsschutzrecht, 7. Aufl., 2008
Kissel	GVG, Kommentar, 5. Aufl., 2008
Kittner/Zwanziger	Arbeitsrecht, Handbuch für die Praxis, 4. Aufl., 2007
KKMW	*Knigge/Ketelsen/Marschall/Wissing,* Kommentar zum Arbeitsförderungsgesetz, Loseblatt
Klebe/Ratayczak/Heilmann/Spoo	Betriebsverfassungsgesetz, Basiskommentar, 14. Aufl., 2007
Knopp/Kraegerloh	Berufsbildungsgesetz, 5. Aufl., 2005
Koberski/Asshoff/Hold	Arbeitnehmer-Entsendegesetz, Kommentar, 2. Aufl., 2002
Köstler/Zachert/Müller	Aufsichtsratspraxis, 8. Aufl., 2006

Kötter ... Mitbestimmungsrecht, 1952

KP/*Bearbeiter* ... *Kübler/Prütting,* Kommentar zur Insolvenzordnung, 1999

KPK/*Bearbeiter* ... *Bengelsdorf/Heise/Köster/Meisel/Ramrath/Schiefer/Sowka,* Kölner Praxiskommentar zum Kündigungsschutzgesetz, 3. Aufl., 2004

KR/*Bearbeiter* ... Gemeinschaftskommentar zum Kündigungsschutzgesetz und zu sonstigen kündigungsschutzrechtlichen Vorschriften, 8. Aufl., 2007

Kramer ... Kündigungsvereinbarungen im Arbeitsvertrag, 1994

Krauskopf ... Soziale Krankenversicherung, Pflegeversicherung, Loseblatt

Krimpove ... Europäisches Arbeitsrecht, 2. Aufl., 2001

KRM ... *Koller/Roth/Morck,* Kommentar zum HGB, 6. Aufl., 2007

Küttner/*Bearbeiter* ... *Küttner* (Hrsg.), Personalbuch 2008, Arbeitsrecht, Lohnsteuerrecht, Sozialversicherungsrecht

Lang/Weidmüller ... Genossenschaftsgesetz, Kommentar, 36. Aufl., 2008

Leinemann/Linck ... Urlaubsrecht, 2. Aufl., 2001

Leinemann/Taubert ... Berufsbildungsgesetz, 2. Aufl., 2008

Lenz/Borchardt ... EU- und EG-Vertrag, 4. Aufl., 2006

Lieb/Jacobs ... Arbeitsrecht, 9. Aufl., 2006

Löwisch ... Arbeitsrecht, 8. Aufl., 2007

Löwisch SprAuG ... Kommentar zum Sprecherausschussgesetz, 2. Aufl., 1994

Löwisch/Kaiser BetrVG ... Betriebsverfassungsgesetz, Kommentar, 5. Aufl., 2002

Löwisch/Rieble ... Tarifvertragsgesetz, 2. Aufl., 2004

Löwisch/Spinner KSchG ... Kommentar zum Kündigungsschutzgesetz, 9. Aufl., 2004

Lutter/Bearbeiter ... Umwandlungsgesetz, Kommentar, 4. Aufl., 2009

v. Mangoldt/Klein (Starck) ... Das Bonner Grundgesetz, 5. Aufl., 2005

Marienhagen ... Entgeltfortzahlungsgesetz, Loseblatt

Maunz/Dürig GG ... Grundgesetz, Loseblatt-Kommentar von *Theodor Maunz, Günter Dürig, Roman Herzog, Rupert Scholz, Peter Lerche, Hans-Jürgen Papier, Albrecht Randelzhofer, Eberhard Schmidt-Aßmann*

Meinel/Heyn/Herms ... Teilzeit- und Befristungsgesetz, 3. Aufl., 2009

Meisel/Sowka ... Mutterschutz und Erziehungsurlaub, 5. Aufl., 1999

Mengel ... Umwandlungen im Arbeitsrecht, 1997

Molitor/Volmer/Germelmann Jugendarbeitsschutzgesetz, Kommentar, 3. Aufl., 1986

Müller G./Lehmann ... Kommentar zum Mitbestimmungsgesetz, Bergbau und Eisen, 1952

Müller/Berenz ... Entgeltfortzahlungsgesetz und Aufwendungsausgleichsgesetz, 2006

v. Münch/Kunig ... Grundgesetz-Kommentar, 3 Bde.; Bd. 1, 5. Aufl., 2000; Bd. 2, 5. Aufl., 2001; Bd. 3, 5. Aufl., 2003

MünchArbR/*Bearbeiter* ... *Wlotzke/Richardi* (Hrsg.), Münchener Handbuch zum Arbeitsrecht, 3 Bde., 2. Aufl., 2000

MünchGesR IV/*Bearbeiter* Münchener Handbuch zum Gesellschaftsrecht, Band 4, 2. Aufl., 1999, 3. Aufl., 2007

MünchKommBGB/*Bearbeiter* ... Münchener Kommentar zum BGB, 4. Aufl., 2001 ff.; 5. Aufl., 2006 ff.

MünchKommHGB/*Bearbeiter* ... Münchener Kommentar zum HGB, Bd. I, 2. Aufl., 2005, und Bd. VII, 1997

MünchKommZPO/*Bearbeiter* ... Münchener Kommentar zur ZPO, 3. Aufl., 2007

MünchVtr/*Bearbeiter* ... Münchener Vertrags-Handbuch, 5. Aufl., 2000 ff.

Neumann/Biebl ... Arbeitszeitgesetz, Kommentar, 15. Aufl., 2008

Neumann/Fenski ... Bundesurlaubsgesetz, 9. Aufl., 2003

Neumann/Pahlen/Majerski-Pahlen ... Sozialgesetzbuch IX, Rehabilitation und Teilhabe behinderter Menschen, 11. Aufl., 2005

Niesel ... SGB III, Kommentar, 4. Aufl., 2007

Nikisch ... Arbeitsrecht, Bd. I, 3. Aufl., 1961; Bd. II, 2. Aufl., 1959; Bd. III, 2. Aufl., 1966

Obermüller/Hess ... Insolvenzordnung, 4. Aufl., 2003

Oetker	Das Dauerschuldverhältnis und seine Beendigung, 1994
Oetker/Preis	Europäisches Arbeits- und Sozialrecht, Loseblatt
Palandt/*Bearbeiter*	Kommentar zum Bürgerlichen Gesetzbuch, 68. Aufl., 2009
Paulsdorff	Kommentar zur Insolvenzsicherung der betrieblichen Altersversorgung, 2. Aufl., 1996
Peters	Handbuch der Krankenversicherung, Loseblatt
Pieroth/Schlink	Staatsrecht II, Grundrechte, 24. Aufl., 2008
Preis	Prinzipien des Kündigungsrechts bei Arbeitsverhältnissen, 1987
Preis	Der Arbeitsvertrag, 3. Aufl., 2009
Preis Vertragsgestaltung	Grundfragen der Vertragsgestaltung im Arbeitsrecht, 1993
Raiser	Mitbestimmungsgesetz nebst Wahlordnungen, Kommentar, 4. Aufl., 2002
RGRK/*Bearbeiter*	Kommentar zum Bürgerlichen Gesetzbuch, hrsg. von Reichsgerichtsräten und Bundesrichtern, 12. Aufl., 1974 ff.
Richardi	Betriebsverfassungsgesetz mit Wahlordnung, 11. Aufl., 2008
Sachs	*Sachs* (Hrsg.), Grundgesetz, 4. Aufl., 2007
Sandmann/Marschall	Arbeitnehmerüberlassungsgesetz, Loseblatt-Kommentar, 1997
Schaub, ArbV-Hdb.	Arbeitsgerichtsverfahren – Handbuch, 7. Aufl., 2001
Schaub/Neef/Schrader, ArbR-Formb.	Arbeitsrechtliche Formularsammlung, 9. Aufl., 2008
Schlegelberger/Bearbeiter	Kommentar zum HGB, 5. Aufl., 1973 ff.
Schleusener/Suckow/Voigt	AGG, 2. Aufl. 2008
Schliemann/Förster/Meyer	Arbeitszeitrecht, 2. Aufl., 2002
Schmitt	Entgeltfortzahlungsgesetz, 6. Aufl., 2007
Schmitt/Hörtnagl/Stratz	Umwandlungsgesetz, Umwandlungssteuergesetz, 5. Aufl., 2009
Schüren	Arbeitnehmerüberlassungsgesetz, Kommentar, 3. Aufl., 2007
Soergel/Bearbeiter	Kommentar zum BGB, 13. Aufl., 1999 ff.
Söllner/Waltermann	Arbeitsrecht, 14. Aufl., 2007
SozVersGesKomm/*Bearbeiter*	*Bley/Gitter u. a.,* SGB Gesamtkommentar Sozialversicherung, Loseblatt
Stahlhacke/Preis/Vossen	Kündigung und Kündigungsschutz im Arbeitsverhältnis, 9. Aufl., 2005
Staudinger/*Bearbeiter*	Kommentar zum BGB, 12. Aufl., 1979 ff., 13. Bearb., 1993 ff.
Steck/Kossens	Einführung zur Hartz-Reform, 2003
Stege/Weinspach/Schiefer	Betriebsverfassungsgesetz, Kommentar, 9. Aufl., 2002
Stein/Jonas/Bearbeiter	Kommentar zur ZPO, 22. Aufl., 2002 ff.
Stern	Das Staatsrecht der Bundesrepublik Deutschland, 1./2. Aufl., 1980 ff.
Stober	Kommentar zum Ladenschlussgesetz, 4. Aufl., 2000
Stoffels	Der Vertragsbruch des Arbeitnehmers, 1994
Stoffels	AGB-Recht, 2003
TASEG	*Oetker/Preis,* Technisches Arbeitsschutzrecht der EG, Loseblatt
Theis	Kommentar zum Ladenschlussgesetz, 1991
Thomas/Putzo	Kommentar zur ZPO, 29. Aufl., 2008
Thüsing	Arbeitsrechtlicher Diskriminierungsschutz, 2007
Ulmer/Brandner/Hensen	Kommentar zum AGB-Gesetz, 10. Aufl., 2006
Ulmer/Habersack/Henssler	Mitbestimmungsgesetz, 2. Aufl., 2006
Urban-Crell/Schulz	Arbeitnehmerüberlassung und Arbeitsvermittlung, 2003
Vogelsang	Entgeltfortzahlung, 2003
Weber	Berufsbildungsgesetz und Berufsbildungsförderungsgesetz, 13. Aufl., 1999
WGKP	*Wedde/Gerntke/Kunz/Platow,* Entgeltfortzahlungsgesetz, 3. Aufl., 2003
Widmann/Mayer	Umwandlungsrecht, Loseblatt-Kommentar
Wiedemann	Tarifvertragsgesetz, 7. Aufl., 2007
Willemsen/Hohenstatt/Schweibert	Umstrukturierung und Übertragung von Unternehmen, 3. Aufl., 2008
Willikonsky	Mutterschutzgesetz, 2. Aufl., 2007

Wohlgemuth/Lakies/Malottke/Pieper/Proyer .... Berufsbildungsgesetz, Kommentar für die Praxis, 3. Aufl. 2006
Worzalla/Süllwald .... Entgeltfortzahlung, 2. Aufl., 1999
Zmarzlik/Anzinger .... Kommentar zum Arbeitszeitgesetz, 1995
Zmarzlik/Anzinger JArbSchG .... Kommentar zum Jugendarbeitsschutzgesetz, 5. Aufl., 1998
Zmarzlik/Roggendorff .... Kommentar zum Ladenschlussgesetz, 2. Aufl., 1997
Zmarzlik/Zipperer/Viethen .. Mutterschutzgesetz, Mutterschaftsleistungen, Bundeserziehungsgeldgesetz, 9. Aufl., 2005
Zöller/*Bearbeiter* .... Kommentar zur ZPO, 27. Aufl., 2009
Zöllner .... *Zöllner* (Hrsg.), Kölner Kommentar zum Aktiengesetz, 3. Aufl., 2004 ff.
Zöllner/Loritz/Hergenröder ... Arbeitsrecht, 6. Aufl., 2008

Internetadressen

http://www.arbeitsagentur.de	Bundesagentur für Arbeit
http://www.arbeitsrecht.de	Serviceseite des Bund-Verlags GmbH
http://www.bag-selbsthilfe.de	Bundesarbeitsgemeinschaft SELBSTHILFE von Menschen mit Behinderung und chronischer Erkrankung und ihren Angehörigen e. V.
http://www.baua.de	Bundesanstalt für Arbeitsschutz und Arbeitsmedizin (BAuA)
http://www.bda-online.de	Bundesvereinigung der Deutschen Arbeitgeberverbände e. V.
http://www.bdi-online.de	Bundesverband der Deutschen Industrie e. V.
http://www.beck.de	Verlag C. H. Beck, beck-online
http://www.berufsgenossenschaften.de	Die gewerblichen Berufsgenossenschaften
http://www.bgag.de	Beteiligungsgesellschaft der Gewerkschaften AG
http://www.bibb.de	Bundesinstitut für Berufsbildung
http://www.bmas.de	Bundesministerium für Arbeit und Soziales
http://www.bmfsfj.de	Bundesministerium für Familie, Senioren, Frauen und Jugend
http://www.bmg.bund.de	Bundesministerium für Gesundheit
http://www.bmj.bund.de	Bundesministerium der Justiz
http://www.bmwi.de	Bundesministerium für Wirtschaft und Technologie
http://www.bundesanzeiger.de	Bundesanzeiger Verlag
http://www.bundesarbeitsgericht.de	Bundesarbeitsgericht
http://www.bundesrat.de	Deutscher Bundesrat
http://www.bundesregierung.de	Deutsche Bundesregierung
http://www.bundestag.de	Deutscher Bundestag
http://www.bza.de	Bundesverband Zeitarbeit Personal-Dienstleistungen e. V.
http://curia.europa.eu	Europäischer Gerichtshof
http://www.dbb.de	dbb beamtenbund und tarifunion
http://www.deutsche-rentenversicherung.de	Deutsche Rentenversicherung
http://www.deutscher-fuehrungskraefteverband.de	Deutscher Führungskräfteverband (ULA)
http://www.dgb.de	Deutscher Gewerkschaftsbund
http://www.dguv.de	Deutsche Gesetzliche Unfallversicherung
http://eur-lex.europa.eu/de/index.htm	Recht der Europäischen Union
http://osha.europa.eu/de	Europäische Agentur für Sicherheit und Gesundheitsschutz am Arbeitsplatz
http://www.psvag.de	Pensions-Sicherungs-Verein
http://www.rechtliches.de	Gesetze im www
http://www.refaly.de	REFA Bundesverband e. V. Verband für Arbeitsgestaltung, Betriebsorganisation und Unternehmensentwicklung
http://www.rehadat.de	REHADAT – Informationssystem zur beruflichen Rehabilitation
http://www.soka-bau.de	Service und Vorsorge für die Bauwirtschaft
http://www.tarifvertrag.de	Tarifverträge (Tarifarchiv der Hans Böckler Stiftung, auch über http://www.boeckler.de)
http://www.tdl.bayern.de	Tarifgemeinschaft deutscher Länder (auch über http://www.tdl-online.de)
http://www.vbl.de	Versorgungsanstalt des Bundes und der Länder
http://www.verdi.de	Vereinte Dienstleistungsgewerkschaft ver.di

Siehe auch Linksammlung bei http://www.bmas.de.

I. Buch. Grundbegriffe des Arbeitsrechts

§ 1. Begriff des Arbeitsrechts

1. Begriff des Arbeitsrechts. Arbeitsrecht ist die Summe der Rechtsregeln, die sich mit der in abhängiger Tätigkeit geleisteten Arbeit beschäftigen. Es bezieht sich auf das Verhältnis von Arbeitgebern und Arbeitnehmern, das normalerweise im Arbeitsvertrag seine Grundlage hat, aber auch auf das Verhältnis zu den im gleichen Betrieb tätigen Mitarbeitern, auf die Verhältnisse der Arbeitnehmer- und Arbeitgeberzusammenschlüsse und ihre Rechtsbeziehungen zueinander sowie auf das Verhältnis der Arbeitsvertragsparteien und ihrer Verbände zum Staat. Es enthält öffentliches und privates Recht (vgl. § 5). 1

2. Fortentwicklung des Arbeitsrechts. a) Das Arbeitsrecht leidet unter der fehlenden einheitlichen Kodifikation. Zahlreiche Spezialgesetze regeln in Ergänzung zum BGB Einzelfragen. Versuche, ein Arbeitsvertragsgesetz zu kodifizieren, sind bislang gescheitert. 2

b) Durch den Vertrag zwischen der Bundesrepublik Deutschland und der Deutschen Demokratischen Republik über die Herstellung der Einheit Deutschlands – **Einigungsvertrag** vom 31. 8. 1990 und der Vereinbarung vom 18. 9. 1990 (ratifiziert am 23. 9. 1990 – BGBl. II S. 885) – unterlag das Arbeitsrecht Wandlungen. Das Grundprinzip bestand darin, das Arbeitsrecht der Altbundesländer auf die beigetretenen Länder zu übertragen. Zum Teil ist damit das gerade erst erlassene Arbeitsrecht der ehemaligen DDR wieder aufgehoben worden. Im Übrigen galten vorübergehend noch Regelungen der ehemaligen DDR und trat das Recht der alten Bundesländer nur mit Zeitverzögerung in Kraft. Das alte Recht ist nahezu vollständig beseitigt. Die Übergangsregelungen sind inzwischen weitgehend außer Kraft getreten. 3

§ 2. Grundgedanken des Arbeitsrechts

Adomeit, Rechtsphilosophie Marxismus und Menschenrechte, JZ 98, 186; *ders.,* Der Dienstvertrag des BGB und die Entwicklung zum Arbeitsrecht, NJW 96, 1710; *ders.,* Bündnis für Arbeit, NJW 98, 2950; *Bauer,* Betriebliche Bündnisse für Arbeit und gewerkschaftlicher Unterlassungsanspruch, NZA 2000, 42; *ders.,* Sofortprogramm für mehr Sicherheit im Arbeitsrecht, NZA 2002, 1001; *Biedenkopf,* Grenzen der Tarifautonomie, 1964; *Blanke,* Arbeitsrecht 2000, Eckpunkte eines modernen Individualarbeitsrechts, AuR 98, 154; Otto-Brenner-Stiftung/*Blank,* Arbeitsrecht im 21. Jahrhundert, 2000; *Buchner,* Wege zu mehr Beschäftigung, RdA 98, 265; *Busch,* Vorschläge zur Reform des Arbeitsrechts, BB 2003, 470; *Buschmann/Walter,* Die Rolle des Arbeitsrechts und der Sozialpartner bei der Schaffung von Arbeitsplätzen, AuR 2000, 321; *Däubler,* Arbeitsrecht und Politik, RdA 99, 18; *ders.,* Die Eigenständigkeit des Arbeitsrechts, FS 50 Jahre BAG, 2004, S. 3; *Eger/Weise,* Die Entstehung des deutschen Arbeitsrechts aus ökonomisch-evolutorischer Perspektive, AuR 98, 385; *Engelen-Kefer,* Arbeitsrecht – Beschäftigungsbremse oder Beschäftigungsmotor?, AiB 2002, 453; *Fastrich,* Arbeitsrecht und betriebliche Gerechtigkeit, RdA 99, 24; *Finkin,* Die Bedeutung des Arbeitsrechts für die Wirtschaftsleistung in Deutschland aus Sicht der USA, RdA 2002, 333; *Franz/Rüthers,* Arbeitsrecht und Ökonomie, RdA 99, 32; *Gamillscheg,* Das deutsche Arbeitsrecht am Ende des Jahrhunderts, RdA 98, 2; *Giesen,* Reformvorschläge zum Individualarbeitsrecht, ZfA 2003, 467; *Glück,* Das göttliche Prinzip der Weltwirtschaft, BB 98, 842; *Hanau,* Entwicklungslinien im Arbeitsrecht, DB 98, 69; *ders.,* Perspektiven des Arbeitsrechts, Arbeitsrecht in der Bewährung, Festschrift für Karl Kehrmann, S. 23; *ders.,* Die Zukunft des Arbeitsrechts, RdA 99, 159; *Heinze,* Wege aus der Krise des Arbeitsvertragsrechts, NZA 97, 1; *ders.,* Zukunft der Arbeitsbeziehungen, NZA 2001, 1; *ders.,* Einwirkungen des Sozialrechts ins Arbeitsrecht?, NZA 2000, 5; *v. Hoyningen-Huene,* Arbeitsrecht 2000, ZTR 99, 289; *Hromadka,* Arbeitsrecht – Quo vadis? S. 241; *ders.,* Zukunft des Arbeitsrechts, NZA 98, 1; *ders.* (Hrsg.), Arbeitsrecht und Beschäftigungskrise, 1997; *Ichino,* Arbeitsrecht und Wirtschaftsmodelle, RdA 98, 271; *Junkers,* Individualwille, Kollektivgewalt und Staatsintervention im Arbeitsrecht, NZA 97, 1305; *Linnenkohl,* Virtualisierung der Arbeitsbeziehungen, BB 98, 45; *Kraft,* Arbeitsrecht in einer sozialen Marktwirtschaft, ZfA 95, 419; *Krauss,* Noch lange nicht am Ende: Betriebliche Bündnisse für Arbeit, DB 2000, 1962; *Löwisch,* Arbeitsrecht und wirtschaftlicher Wandel, RdA 99, 69; *Lorenz,* Veränderung der wirtschaftlichen Grundlagen – Konsequenzen für das Arbeitsrecht, ZfA 2000, 267; *Loritz,* Die Wiederbelebung der Privatautonomie im Arbeitsrecht, ZfA 2003, 629; *Oppolzer,* Individuelle Freiheit und kollektive Sicherheit im Arbeitsrecht, AuR 98, 45; *Rieble,* Bündnis für Arbeit – „Dritter Weg“ oder Sackgasse?, RdA 99, Heft 3; *Riester,* Soziale Gerechtigkeit oder Gerechtigkeitslücke, AuR 2000, 41; *Rolfs,* Welche sozialrechtlichen Regelungen empfehlen sich zur Bekämpfung der Arbeitslosigkeit?, NZS 2000, 429; *Papier,* Arbeitsmarkt und Verfassung, RdA 2000, 1; *Preis,* Beschäftigungsförderung durch Arbeitsrecht, zu legislativen Konzepten zur Schaffung neuer Arbeitsplätze,

Hagener Universitätsreden 26; *ders.*, Bekämpfung der Arbeitslosigkeit – Eine Herausforderung für Arbeits- und Sozialrecht, NJW 2000, 2304; *ders.*, Neuorientierung in der arbeitsrechtlichen Gesetzgebung, NZA 2000, 9; *Pfarr,* Wege aus der Krise – Beitrag der Verbände, ZTR 97, 1; *Ramm,* Deutschlands Arbeitsverfassung nach 1945, JZ 98, 473; *ders.*, Quellensammlung zur Geschichte der deutschen Sozialpolitik, ZfA 98, 259; *Rüthers,* 35 Jahre Arbeitsrecht in Deutschland, RdA 95, 326; *ders.*, Beschäftigungskrise und Arbeitsrecht, 1996; *Wank,* Arbeitsrecht und Methode, RdA 99, 130; *Wißmann,* Das BAG an der Schwelle zum Jahr 2000, NZA 2000, 2.

Übersicht

	RN
I. Allgemeines	1 ff.
1. Arbeitsrecht und Wirtschaftsverfassung	1
2. Entwicklung des Arbeitsrechts	2, 3
II. Schutzrecht	4 ff.
1. Schutzinteressen des Arbeitnehmers	4–6
2. Interessengegensatz	7, 8
3. Persönliche Leistungserbringung	9
III. Tarifvertragsrecht	10 f.
1. Sozialpartnerschaft	10
2. Tarifpolitik	11
IV. Mitbestimmung	12 ff.
1. Betriebsverfassung	12, 13
2. Unternehmensmitbestimmung	14
V. Arbeitsgerichtsverfahren	15
VI. Arbeitsrecht in der ehemaligen DDR	16 f.
1. Entwicklung des Arbeitsrechts	16
2. Entwicklung nach Abschluss des Einigungsvertrags	17
VII. Internationalisierung des Arbeitsrechts	18, 19

I. Allgemeines

1 **1. Arbeitsrecht und Wirtschaftsverfassung.** Das Arbeitsrecht hängt in besonderem Maße von der geltenden Wirtschaftsverfassung ab. Die Bundesrepublik hat sich **zur Sozialen Marktwirtschaft** bekannt. Hieraus folgt, dass die eigenverantwortliche Entscheidung der Wirtschaftssubjekte und die auch für das Arbeitsrecht geltende **Vertragsfreiheit** im Vordergrund jeder Rechtsgestaltung stehen. Nur dann, wenn das Übergewicht einer Partei zu groß ist, muss ein Regulationsmechanismus eingreifen. Charakteristisch für eine Rechtsordnung, die auf einer individuellen Gestaltung der Rechtsverhältnisse aufbaut, sind **einseitig zwingende Rechtsbestimmungen,** die nur dem sozial Schwächeren Schutz geben, von denen aber zu seinen Gunsten abgewichen werden kann.

2 **2. Entwicklung des Arbeitsrechts.**[1] Das **gegenwärtige Arbeitsrecht** ist das Ergebnis einer über hundertjährigen Entwicklung. Diese ist durch drei große Leitlinien gekennzeichnet, nämlich **(a)** einer sich jahrzehntelang verstärkenden und verfeinernden Gesetzgebung zum Schutze des Arbeitnehmers, **(b)** der Entstehung und dem Ausbau des Tarifvertragswesens und **(c)** der Ausbildung eines modernen Betriebs- und Unternehmensverfassungsrechts, das in seinen Ursprüngen auf die Arbeiter- und Fabrikausschüsse und den Rätegedanken zurückgeht.

3 Das Arbeitsrecht ist **wesentlicher Bestandteil** des Wirtschaftslebens in Deutschland und war immer wieder Gegenstand gesellschaftlicher Auseinandersetzungen. Es ist zu erwarten, dass sich dies auch in Zukunft nicht ändert. Dabei ist eine intensiver werdende Diskussion über die ökonomischen Folgen arbeitsrechtlicher Schutzbestimmungen zu erkennen.

II. Schutzrecht

4 **1. Schutzinteressen des Arbeitnehmers.** Die Entwicklung des Arbeitsrechts als Schutzrecht bezieht ihre innere Rechtfertigung aus der besonderen Situation des Arbeitnehmers. Dieser unterscheidet sich von allen anderen zur Dienstleistung verpflichteten Personen durch seine **persönliche Abhängigkeit** (§ 8 Rn. 26 ff.), d. h., er ist zur persönlichen Arbeitsleistung verpflichtet und hat den Weisungen seines Arbeitgebers im Hinblick auf Ort, Art und Zeit der Arbeitsleistung zu folgen (§ 45). Mit der persönlichen Abhängigkeit geht zumeist die **wirtschaftliche Abhängigkeit** einher. Der Arbeitnehmer ist – von Ausnahmefällen abgesehen – zur Bestreitung seines Lebensunterhalts auf die Ausnutzung seiner Arbeitskraft angewiesen. Zum Ausgleich der persönlichen und wirtschaftlichen Abhängigkeit bedarf der Arbeitnehmer besonderen Schutzes. Hierzu dienen besondere öffentlich-rechtliche und privatrechtliche Schutznormen. Da der Arbeitnehmer in den Betrieb seines Arbeitgebers eingegliedert wird, muss dafür gesorgt werden, dass die aus dem Bereich des Arbeitgebers auftretenden Gefahren für Leben, Gesundheit und Eigentum des Arbeitnehmers minimiert und möglichst beseitigt werden.

---

[1] *Herrmann,* Operae liberales, operae illiberales vom Schicksal einer Unterscheidung, ZfA 2002, 1.

Neben den für alle Arbeitnehmer geltenden Schutzvorschriften zur Einschränkung der betrieblichen Gefahren stehen Sondervorschriften für bestimmte Gruppen von Arbeitnehmern, denen eine besondere Schutzbedürftigkeit zukommt, wie z. B. Schwangeren, schwerbehinderten Menschen, Jugendlichen, Heimarbeitern usw.

Während der Arbeitsschutz in erster Linie **öffentlich-rechtlich** ausgestaltet ist, unterliegt die 5 vertragliche Beziehung zum Arbeitgeber **privatrechtlichen** Schutzvorschriften. Vor dem Verlust des Arbeitsplatzes ist der Arbeitnehmer durch das Kündigungsschutzgesetz geschützt (dazu §§ 130 ff.). Bei der Ausgestaltung des Inhalts des Arbeitsvertrags in Allgemeinen Geschäftsbedingungen findet eine Klauselkontrolle nach §§ 305 ff. BGB statt (dazu § 32). Vor Diskriminierung schützt das Allgemeine Gleichbehandlungsgesetz (dazu § 33). Der Arbeitnehmer ist aber nicht nur während seiner Erwerbstätigkeit geschützt, aus wirtschaftlichen und sozialen Gründen gelten im Ruhestand bei der Gewährung zusätzlicher betrieblicher Ruhegelder besondere Schutzvorschriften (dazu §§ 81 ff.). Die meisten arbeitsrechtlichen Vorschriften sind wegen ihrer arbeitnehmerschützenden Zielrichtung **einseitig zwingend,** d. h. sie können nicht zum Nachteil des Arbeitnehmers vertraglich abbedungen werden.

Damit der Arbeitnehmer seine Ansprüche schnell durchsetzen kann, andererseits aber auch 6 den Interessen des Arbeitgebers hinreichend Rechnung getragen wird, besteht für Streitigkeiten aus dem Arbeitsverhältnis eine Sondergerichtsbarkeit in Form der **Arbeitsgerichtsbarkeit.** In den neuen Bundesländern waren zur Entscheidung von Arbeitsrechtsstreitigkeiten zunächst Schiedsstellen vorgesehen, gegen deren Entscheidungen die staatlichen Gerichte angerufen werden konnten (Gesetz über die Errichtung und das Verfahren der Schiedsstellen für Arbeitsrecht – SchiedsG – vom 29. 6. 1990, GBl.-DDR I S. 90, 505; zul. geänd. 31. 8. 1990, BGBl. II S. 889). Das Gesetz ist inzwischen aufgehoben. Es bestehen in den neuen Bundesländern keine verfahrensrechtlichen Besonderheiten mehr.

2. Interessengegensatz. Den berechtigten Schutzinteressen des Arbeitnehmers stehen wirt- 7 schaftliche Interessen des Arbeitgebers, mitunter auch Belange der Öffentlichkeit, entgegen. So wird mit dem Ladenschlussgesetz auch aus Gründen des Arbeitsschutzes weit in die Interessen der Allgemeinheit eingegriffen. Der Ladenschluss wird fortschreitend liberalisiert, mit der Folge, dass der durch das Ladenschlussgesetz bewirkte Arbeitnehmerschutz zugunsten des öffentlichen Interesses an längeren Ladenöffnungszeiten eingeschränkt wird. Arbeitskämpfe, insbesondere in der Druckindustrie oder dem öffentlichen Dienst, können das öffentliche Leben nachhaltig beeinflussen, wenn Tageszeitungen nicht erscheinen, Bahnen und Busse nicht fahren, der Müll nicht entsorgt wird oder Kindergärten geschlossen bleiben.

Ein Arbeitsrecht, das den Schutz des Arbeitnehmers bewirkt, muss auch den Interessen des 8 Arbeitgebers und der Allgemeinheit an **wirtschaftlicher Flexibilität** Rechnung tragen. Denn nur eine leistungsfähige Wirtschaft schafft Arbeitsplätze. Arbeitsrechtspolitik von Staat und Verbänden und die Rechtsanwendung durch die Rechtsprechung müssen dabei die Belastungsfähigkeit der Wirtschaft und ihre internationale Verflechtung berücksichtigen. Insoweit muss das Arbeitsrecht für einen Ausgleich zwischen dem erforderlichen Schutz des Arbeitnehmers vor unangemessenen Arbeitsbedingungen und ungerechtfertigten Kündigungen einerseits und der notwendigen wirtschaftlichen Handlungsfreiheit auf Arbeitgeberseite herstellen. Dass über die konkrete Ausgestaltung dieses Ausgleichs leidenschaftlich gestritten werden kann, versteht sich von selbst.

3. Persönliche Leistungserbringung. Im Arbeitsverhältnis wird durch den Arbeitnehmer 9 persönlich (§ 613 BGB) eine Dienstleistung erbracht. Das Arbeitsrecht muss deshalb auch die Grundrechte des Arbeitnehmers schützen (dazu § 3 RN 1 ff.). Arbeitgeber und Arbeitnehmer sind zur gegenseitigen Rücksichtnahme verpflichtet (§ 241 II BGB).

III. Tarifvertragsrecht

1. Sozialpartnerschaft. Das Arbeitsrecht ist nicht nur durch staatliche Gesetze geregelt. Das 10 Grundgesetz hat vielmehr in Art. 9 III GG den Tarifparteien die Aufgabe übertragen, die Arbeits- und Wirtschaftsbedingungen zu regeln. Ihnen muss die Gesetzgebung Regelungsspielräume belassen (dazu § 188). Der Grundrechtsschutz der Tarifautonomie ist jedoch nicht für alle Bereiche gleich ausgeprägt.[2] Dem kollektiven Arbeitsrecht liegt im Wesentlichen das Modell einer **Sozialpartnerschaft** der Tarifvertragsparteien zugrunde. Dies bedingt u. a., dass sich der Staat aus Arbeitskämpfen heraushält und keine Zwangsschlichtung vornimmt. Bei der Allgemeinverbindlicherklärung hilft der Staat allerdings Tarifverträgen zur verbreiteten Geltung, in-

[2] BVerfG 24. 4. 1996 AP 2 zu § 57 a HRG; 3. 4. 2001 AP 2 zu § 10 BUrlG Kur.

dem er den Willen der organisierten Mehrheit einer nicht organisierten Minderheit auferlegt und damit Mindestarbeitsbedingungen auch für Nichtorganisierte regelt (dazu § 207).

11 **2. Tarifpolitik.** Sie wird beherrscht vom klassischen Arbeits- und Entgeltschutz, beruflicher und sonstiger Bildung der Arbeitnehmer, Verkürzung und Flexibilisierung der Arbeitszeit, tariflichen Rentenregelungen, Vermögensbildung und Förderung gemeinsamer Einrichtungen. Zur Sicherung des Standorts Deutschland wird von Arbeitgeberseite eine weitergehende Flexibilisierung und Deregulierung gefordert, während die Gewerkschaften für familienfreundliche Regelungen und gegen Lohndumping und Verlagerungen von Betriebsteilen in Ausland kämpfen.

IV. Mitbestimmung

12 **1. Betriebsverfassung.** Durch die Beteiligung der Arbeitnehmer an den sozialen, personellen und wirtschaftlichen Angelegenheiten im Rahmen des BetrVG soll auf betrieblicher Ebene eine Form demokratischer Mitwirkung der Arbeitnehmer an betrieblichen Entscheidungsprozessen sichergestellt werden. Das Betriebsverfassungsrecht dient aber auch der Schaffung besserer betrieblicher Arbeitsbedingungen. Die moderne Betriebsverfassung hat eine am Wohl des Betriebs, seiner Arbeitnehmer und der Allgemeinheit orientierte Zusammenarbeit von Arbeitgebern und Arbeitnehmern zum Ziel.

13 Durch **betriebliche Bündnisse für Arbeit** soll auf wirtschaftliche Notlagen reagiert werden. Solche Bündnisse stoßen nach derzeitiger Rechtslage an ihre Grenzen, wenn untertarifliche Arbeitsbedingungen und übertarifliche Arbeitszeiten gegen die Gewährung von befristeten Beschäftigungsgarantien vereinbart werden (dazu § 231 RN 21 ff.).

14 **2. Unternehmensmitbestimmung.** Der 7. Deutsche Bundestag hat das Mitbestimmungsgesetz vom 4. 5. 1976 (BGBl. I S. 1153) verabschiedet. Damit hat die Mitbestimmungsidee nach fast 25 Jahren gesetzgeberischen Bemühens einen vorläufigen Abschluss gefunden (dazu § 260). Die Mitbestimmung im Montanbereich nach dem Montan-Mitbestimmungsgesetz von 1951 und dem Mitbestimmungs-Ergänzungsgesetz von 1956 bleibt in den Unternehmen, welche die Voraussetzungen dieser Gesetze erfüllen, unverändert erhalten (dazu § 259). In Unternehmen und Konzernen, die weniger als 2000 Arbeitnehmer beschäftigen, galt die Mitbestimmung nach dem BetrVG 1952 mit der Ein-Drittel-Beteiligung der Arbeitnehmer. Im Zweiten Gesetz zur Vereinfachung der Wahl der Arbeitnehmervertreter in den Aufsichtsrat ist das Drittelbeteiligungsgesetz vom 18. 5. 2004 (BGBl. I S. 974) enthalten, das die Mitbestimmung neu regelt (dazu § 258). Das MitbestG 1976, unter das in den Altbundesländern etwa 600 bis 650 Unternehmen und Konzerne fielen, regelt die Mitbestimmung bei Beschäftigung von mehr als 2000 Arbeitnehmern. Seit dem 29. 12. 2004 können Unternehmen mit Sitz in Deutschland die Rechtsform einer Europäischen Aktiengesellschaft wählen. Deren amtliche Kurzbezeichnung *SE* steht für die lateinische Bezeichnung „Societas Europaea" (vgl. Art. 1 I der VO des Rates über das Statut der Europäischen Gesellschaft Nr. 2157/2001 vom 8. 10. 2001).[3]

V. Arbeitsgerichtsverfahren

15 Das Arbeitsgerichtsgesetz (ArbGG) regelt das Verfahren vor den Gerichten für Arbeitssachen. Ergänzend gelten auf Grund von Verweisungen im ArbGG einzelne Vorschriften der ZPO.

VI. Arbeitsrecht in der ehemaligen DDR

16 **1. Entwicklung des Arbeitsrechts.** Das **Arbeitsgesetzbuch der Deutschen Demokratischen Republik** vom 16. 6. 1977 (GBl.-DDR I S. 186) baute auf einer sozialistischen Wirtschaftsordnung auf und wollte sie arbeitsrechtlich verwirklichen. Diese Regelungen sind nach Ratifizierung des Staatsvertrags vom 18. 5. 1990 am 21. 6. 1990 (GBl.-DDR I S. 331) überholt. Wegen der **Rechtsentwicklung nach Abschluss des Staatsvertrags** wird auf die 10. und 11. Auflage verwiesen.

17 **2. Entwicklung nach Abschluss des Einigungsvertrags.** Der Einigungsvertrag ist am 3. 10. 1990 in Kraft getreten (BGBl. II S. 889). Nach Art. 8 EV wurde das **gesamte deutsche Bundesrecht** auf das Gebiet der beigetretenen Länder übertragen. Anlage I des Vertrags enthält eine Liste von Vorschriften, die nur in modifizierter Form oder erst zu einem späteren Zeitpunkt übernommen werden. Anlage II zählt das weitergeltende Arbeitsrecht der beigetretenen

[3] ABl. EG Nr. L 294 v. 10. 11. 2001 S. 1; dazu *Heinze* ZGR 2002, 66; Ulmer/Habersack/*Henssler,* Mitbestimmungsrecht, 2. Aufl., Erläuterungen zum SEBG.

Länder auf. Dies galt zum großen Teil nur vorübergehend. Die arbeitsrechtlichen Besonderheiten in den **neuen Bundesländern** sind weitgehend beseitigt. Soweit sie noch in geringem Umfang bestehen, wird auf sie im Zusammenhang hingewiesen.

VII. Internationalisierung des Arbeitsrechts

Die Mitgliedschaft in der EU hat nachhaltigen Einfluss auf die Entwicklung des deutschen Arbeitsrechts. Nach Art. 2 EG ist **Aufgabe der Gemeinschaft,** durch die Errichtung eines Gemeinsamen Marktes und einer Wirtschafts- und Währungsunion sowie durch die Durchführung der in den Art. 3 und 4 EG genannten gemeinsamen Politiken und Maßnahmen in der ganzen Gemeinschaft eine harmonische, ausgewogene und nachhaltige Entwicklung des Wirtschaftslebens, ein hohes Beschäftigungsniveau und ein hohes Maß an sozialem Schutz, die Gleichstellung von Männern und Frauen, ein beständiges, nichtinflationäres Wachstum, einen hohen Grad von Wettbewerbsfähigkeit und Konvergenz der Wirtschaftsleistungen, ein hohes Maß an Umweltschutz und Verbesserung der Umweltqualität, die Hebung der Lebenshaltung und der Lebensqualität, den wirtschaftlichen und sozialen Zusammenhalt und die Solidarität zwischen den Mitgliedern zu fördern. 18

Auf dem **Gebiet des Arbeits- und Sozialrechts** hat die EU von ihren Kompetenzen umfangreich Gebrauch gemacht. Die von der EU erlassenen Richtlinien haben tiefgreifende Veränderungen des deutschen Arbeitsrechts bewirkt. Durch eine richtlinienkonforme Auslegung nationaler Vorschriften wird die Europäisierung des Arbeitsrechts vorangetrieben. Diese hat insbesondere in der arbeitszeitrechtlichen Behandlung des Bereitschaftsdienstes, dem Betriebsübergang und im Antidiskriminierungsrecht Niederschlag gefunden. 19

§ 3. Rechtsquellen des Arbeitsrechts

Übersicht

	RN
I. Nationale Rechtsquellen	1 ff.
1. Grundgesetz	1, 2
2. Menschenwürde und Persönlichkeitsrecht (Art. 1 I und Art. 2 I GG)	3
3. Gleichheitssatz (Art. 3 GG)	4–13
4. Glaubens- und Gewissensfreiheit (Art. 4 GG)	14-18
5. Meinungs-, Presse und Kunstfreiheit (Art. 5 GG)	19–31
6. Ehe und Familie (Art. 6 GG)	32
7. Vereinigungsfreiheit (Art. 9 III GG)	33
8. Berufsfreiheit (Art. 12 GG)	34, 35
9. Eigentum (Art. 14 GG)	35 a
10. Rechtsverordnung	36
11. Allgemeinverbindlicherklärung	37
12. Landesrecht	38
13. Gewohnheitsrecht	39
14. Autonome Rechtsquellen	40
15. Erlass	41
II. Internationale Rechtsquellen	42 ff.
1. Arbeitsvölkerrecht und internationale Verträge	42–44
2. Europäische Gemeinschaften	45
3. Arbeitsrecht im Vertrag von Amsterdam	46–48
4. Vertrag von Nizza	49
5. Europäische Grundrechte	50
6. Allgemeine Erklärung der Menschenrechte	51
III. Rechtsetzungskompetenz der EU in arbeits- und sozialrechtlichen Vorschriften	52 ff.
1. Primäres Gemeinschaftsrecht	52–60
2. Verordnungen	61
3. Richtlinien	62–66
4. Gemeinschaftsrechtskonforme Auslegung	67
5. Entschädigungsanspruch	68, 69
IV. Der Gerichtshof der Europäischen Gemeinschaften (EuGH)	70 ff.
1. Aufgabe	70–73
2. Entscheidungsbefugnis des EuGH	74, 75
3. Vertragsverletzungsverfahren	76–79
4. Vorabentscheidungsverfahren	80, 81
V. Arbeitsrechtliche Rechtsetzung der EU	82 ff.
1. Allgemeiner Inhalt des Arbeitsverhältnisses	83
2. Insolvenzschutz	84
3. Arbeits- und Gesundheitsschutz	85
VI. Auswirkungen des EG- und EU-Rechts auf das Sozialrecht	86 ff.
1. Grundlagen	86–90
2. Europäisches Recht bei Arbeitslosigkeit und Beschäftigungssuche	91
3. VO (EWG) Nr. 1408/71 in der ÄndVO Nr. 592/2008 vom 17. 6. 2008	92–99
4. Europäisches Recht und Krankenversicherung	100, 101
5. Europäisches Recht und Altersversorgung	102
VII. Gesetzesübersicht	103

I. Nationale Rechtsquellen

Adam, Religionsfreiheit im Arbeitsrecht, NZA 2003, 1375; *Annuß,* Grundrecht auf Eigentum als Zentralgewährleistung der Arbeits- und Wirtschaftsverfassung, FS für Richardi, 2007, S. 3; *Boemke/Gründel,* Grundrechte im Arbeitsverhältnis, ZfA 2001, 245; *Colneric,* Grundrechtsschutz im Dreiecksverhältnis zwischen Bundesverfassungsgericht, Gerichtshof der Europäischen Gemeinschaften und Europäischem Gerichtshof für Menschenrechte, FS für Richardi, 2007, S. 21; *Degenhart,* Rechtseinheit und föderale Vielfalt im Verfassungsstaat, ZfA 93, 409; *Dieterich,* Die Grundrechtsbindung von Tarifverträgen, FS für Schaub, S. 117; *Gamillscheg,* Die allgemeinen Lehren der Grundrechte und das Arbeitsrecht, AuR 96, 41, 91; *Hanau,* Die Rechtsprechung zu den Grundrechten der Arbeit, in Arbeitnehmerinteressen und Verfassung, 1998; *Hirsch,* Die Grundrechte in der Europäischen Union RdA 98, 194; *Stein,* Grundrechte im Arbeitsverhältnis, AR-Blattei SD 830 (2001).

1 **1. Grundgesetz. a)** Arbeitsrechtliche Gesetze müssen mit dem Grundgesetz vereinbar sein. Nach Art. 74 Nr. 12 GG gehört das Arbeitsrecht zur konkurrierenden Gesetzgebung des Bundes. Hierfür hat der Bund gem. Art. 72 II GG eine Regelungskompetenz, wenn und soweit die Herstellung gleichwertiger Lebensverhältnisse im Bundesgebiet oder die Wahrung der Rechts- und Wirtschaftseinheit im gesamtstaatlichen Interesse eine bundesgesetzliche Regelung erfordert. Im Arbeitsrecht sind einheitliche Regelungen im Allgemeinen erforderlich.[1]

2 **b)** Bei der **Auslegung und Anwendung** zivilrechtlicher und damit auch arbeitsrechtlicher Vorschriften müssen die Gerichte Bedeutung und Tragweite der von ihren Entscheidungen berührten Grundrechte beachten.[2] Nach der verfassungsgerichtlichen Rechtsprechung entfalten die Grundrechte im Privatrechtsverkehr ihre Wirkkraft als verfassungsrechtliche Wertentscheidungen vor allem durch die zivilrechtlichen Generalklauseln. Der Staat hat auch insoweit die Grundrechte des Einzelnen zu schützen und vor Verletzung durch andere zu bewahren.[3] Die **wertsetzende Bedeutung der Grundrechte** muss bei der Rechtsanwendung sichergestellt werden. Dazu bedarf es einer Abwägung zwischen den widerstreitenden grundrechtlichen Schutzgütern, die im Rahmen der auslegungsfähigen Tatbestandsmerkmale der zivilrechtlichen Vorschriften vorzunehmen ist und die besonderen Umstände des Falles zu berücksichtigen hat.[4] Da ein arbeitsrechtlicher Rechtsstreit aber ungeachtet des grundrechtlichen Einflusses ein privatrechtlicher bleibt und seine Lösung in dem – grundrechtsgeleitet interpretierten – Privatrecht findet, ist das BVerfG darauf beschränkt nachzuprüfen, ob die Zivilgerichte den Grundrechtseinfluss ausreichend beachtet haben.[5] Diese müssen der Bedeutung und Tragweite der Grundrechte Rechnung tragen und deren wertsetzende Bedeutung gewährleisten. Ein entscheidungserheblicher Grundrechtsverstoß liegt vor, wenn bei Auslegung und Anwendung des Privatrechts der Schutzbereich der zu beachtenden Grundrechte unrichtig oder unvollkommen bestimmt oder ihr Gewicht unrichtig eingeschätzt worden ist, so dass darunter die Abwägung der beiderseitigen Rechtspositionen im Rahmen der privatrechtlichen Regelung leidet, und die Entscheidung auf diesem Fehler beruht.[6]

3 **2. Menschenwürde und Persönlichkeitsrecht (Art. 1 I und Art. 2 I GG).**[7] Aus Art. 2 I und Art. 1 I GG leitet das BAG den **Beschäftigungsanspruch** des Arbeitnehmers her.[8] Das allgemeine Persönlichkeitsrecht aus **Art. 2 I GG** wird verletzt, wenn der Arbeitgeber **heimliche Videoaufzeichnungen** eines Arbeitnehmers vornimmt (dazu § 148 RN 30ff.).[9] Durch Art. 2 I i. V. m. Art. 1 I GG wird des Weiteren das Recht am gesprochenen Wort geschützt, d. h. die Befugnis, selbst zu bestimmen, ob es allein dem Gesprächspartner oder auch Dritten oder sogar der Öffentlichkeit zugänglich sein soll, ferner ob es auf Tonträger aufgenommen werden darf.[10] Geschützt ist auch das **Recht am eigenen Bild.**[11] Es gehört zum Selbstbestimmungs-

---

[1] Vgl. BAG 21. 6. 2006 AP 5 zu § 57 a HRG = NZA 2007, 209 zum HRG.
[2] Dazu ErfK/*Dieterich* GG Einl. RN 33 ff. sowie *Canaris* AcP 184 (1984), 201 ff.
[3] BVerfG 30. 7. 2003 AP 134 zu Art. 12 GG = NZA 2003, 959 m. w. N.
[4] BVerfG 10. 11. 1998 NJW 99, 1322.
[5] BVerfG 15. 12. 1999 NJW 2000, 1021.
[6] BVerfG 24. 3. 1998 NJW 98, 2889.
[7] Dazu zuletzt *Wiese* ZfA 2006, 631.
[8] BAG 27. 2. 1985 AP 14 zu § 611 BGB Beschäftigungspflicht.
[9] BAG 27. 3. 2003 AP 36 zu § 87 BetrVG 1972 Überwachung = NZA 2003, 1193; 29. 6. 2004 AP 41 zu § 87 BetrVG 1972 Überwachung = NZA 2004, 1278; ausf. dazu *Müller,* Die Zulässigkeit der Videoüberwachung am Arbeitsplatz, 2008; *Schierbaum* PersR 2008, 180.
[10] BAG 29. 10. 1997 AP 27 zu § 611 BGB Persönlichkeitsrecht = NZA 98, 307.
[11] BVerfG 9. 10. 2002 AP 34 zu § 611 BGB Persönlichkeitsrecht.

recht eines jeden Menschen, darüber zu entscheiden, ob Filmaufnahmen von ihm gemacht und möglicherweise gegen ihn verwendet werden dürfen. Das Recht am eigenen Bild ist nicht auf bestimmte Örtlichkeiten beschränkt. Auch unterfällt nicht erst die Verwertung, sondern bereits die Herstellung von Abbildungen dem Schutz des allgemeinen Persönlichkeitsrechts.[12] Eingriffe in das Persönlichkeitsrecht des Arbeitnehmers können allerdings durch die Wahrnehmung überwiegender schutzwürdiger Interessen des Arbeitgebers gerechtfertigt sein. Zur Feststellung der Rechtfertigung bedarf es einer Güterabwägung im Einzelfall, bei der zu ermitteln ist, ob das allgemeine Persönlichkeitsrecht den Vorrang verdient. Danach kann die heimliche Videoüberwachung eines Arbeitnehmers zulässig sein, wenn der konkrete Verdacht einer strafbaren Handlung oder einer anderen schweren Verfehlung zulasten des Arbeitgebers besteht, weniger einschneidende Mittel zur Aufklärung des Verdachts ausgeschöpft sind, die verdeckte Video-Überwachung praktisch das einzig verbleibende Mittel darstellt und insgesamt nicht unverhältnismäßig ist.[13] Die Einführung einer einheitlichen **Arbeitskleidung** verletzt nicht das allgemeine Persönlichkeitsrecht der betroffenen Arbeitnehmer, wenn damit eine Verbesserung des äußeren Erscheinungsbildes des Unternehmens bezweckt und der Arbeitnehmer durch die Kleidung nicht der Lächerlichkeit preisgegeben wird.[14] Das allgemeine Persönlichkeitsrecht schützt grundsätzlich vor der Erhebung und Weitergabe von Befunden über den Gesundheitszustand, die seelische Verfassung und den Charakter des Arbeitnehmers. Ein Arbeitnehmer ist deshalb nach Auffassung des BAG regelmäßig nicht verpflichtet, im laufenden Arbeitsverhältnis routinemäßigen **Blutuntersuchungen** zur Klärung, ob er alkohol- oder drogenabhängig ist, zuzustimmen.[15] Ein Verstoß gegen die Wertung des Art. 2 I GG liegt vor, wenn der Arbeitgeber einen Arbeitnehmer nur wegen **Homosexualität** innerhalb der Probezeit kündigt.[16] Auch im Zusammenhang mit **Mobbing** geht es im Wesentlichen um die Verletzung des Persönlichkeitsrechts des Arbeitnehmers (dazu § 33 RN 43 a ff.).

3. Gleichheitssatz (Art. 3 GG). Von großer praktischer Bedeutung im Arbeitsrecht ist Art. 3 I GG. Der allgemeine Gleichheitssatz ist Ausdruck des Gerechtigkeitsgedankens im Grundgesetz und **fundamentales Rechtsprinzip.**[17] Er zielt darauf ab, eine Gleichbehandlung von Personen in vergleichbaren Sachverhalten sicherzustellen und eine gleichheitswidrige Regelbildung auszuschließen.[18] Er kommt insbesondere bei der Überprüfung von Gesetzen und Tarifverträgen zur Anwendung, aber auch dann, wenn die Betriebsparteien bei einer Regelung unterschiedliche Gruppen bilden. **4**

Die gerichtliche Kontrolle von **Tarifregelungen** am Maßstab von Art. 3 I GG wird allerdings durch die den Tarifvertragsparteien in Art. 9 III GG gewährleistete Tarifautonomie begrenzt. Den Tarifvertragsparteien steht eine Einschätzungsprärogative zu, soweit es um die Beurteilung des tatsächlichen Regelungsbedarfs, insbesondere der betroffenen Interessen und die Rechtsfolgen geht. Bei der inhaltlichen Gestaltung der Regelungen haben sie einen Beurteilungs- und Gestaltungsspielraum. Es ist deshalb nicht Aufgabe der Gerichte zu prüfen, ob die Tarifvertragsparteien die zweckmäßigste, vernünftigste und gerechteste Lösung für das Regelungsproblem gefunden haben. Vielmehr genügt es regelmäßig, wenn sich für die vereinbarte Regelung ein sachlich vertretbarer Grund ergibt.[19] **5**

Auf **Arbeitsverträge** ist Art. 3 I GG nicht unmittelbar anwendbar. Hier gilt vielmehr der arbeitsrechtliche Gleichbehandlungsgrundsatz (dazu § 112). Er ist heute gewohnheitsrechtlich anerkannt und wurzelt in dem überpositiven Ideal der Gerechtigkeit, das es gebietet, Gleiches gleich und Ungleiches seiner Eigenart entsprechend ungleich zu behandeln.[20] **6**

Eine **Gruppenbildung** kann nicht nur dadurch erfolgen, dass für verschiedene Arbeitnehmergruppen unterschiedliche Rechtsfolgen vorgesehen werden oder eine bestimmte Gruppe von einer Regelung ausdrücklich ausgenommen wird. Vielmehr werden unterschiedliche Grup- **7**

---

[12] BAG 26. 8. 2008 DB 2008, 2144.

[13] BAG 27. 3. 2003 AP 36 zu § 87 BetrVG 1972 Überwachung = NZA 2003, 1193.

[14] BAG 13. 2. 2007 AP 40 zu § 87 BetrVG 1972 Ordnung des Betriebes = NZA 2007, 640; 1. 12. 1992 AP 20 zu § 87 BetrVG 1972 Ordnung des Betriebes = NZA 93, 711.

[15] BAG 12. 8. 1999 AP 41 zu § 1 KSchG 1969 Verhaltensbedingte Kündigung = NZA 99, 1209.

[16] BAG 23. 6. 1994 AP 9 zu § 242 BGB Kündigung = NZA 94, 1080.

[17] BVerfG 31. 5. 1988 BVerfGE 78, 232, 248.

[18] BAG 27. 5. 2004 AP 5 zu § 1 TVG Gleichbehandlung = NZA 2004, 1399.

[19] Dazu BAG 30. 10. 2008 – 6 AZR 682/07 zVv.; 16. 8. 2005 AP 8 zu § 1 TVG Gleichbehandlung; 27. 5. 2004 AP 5 zu § 1 TVG Gleichbehandlung = NZA 2004, 1399; 6. 11. 2002 AP 300 zu Art. 3 GG; *Dieterich,* FS für Wiedemann, 2002, S. 229; ErfK/*Dieterich* Art. 3 GG RN 25; HWK/*C. W. Hergenröder* Art. 3 GG RN 35 ff.

[20] MünchKommBGB/*Müller-Glöge* § 611 RN 1121 f.

pen auch dann gebildet, wenn eine Regelung nur für eine Arbeitnehmergruppe getroffen wird und für eine andere unterbleibt.[21]

8 Je nach Regelungsgegenstand und Differenzierungsmerkmalen ergeben sich nach der **„neuen Formel" des BVerfG** unterschiedliche Grenzen, die vom bloßen Willkürverbot bis zu einer strengen Bindung an Verhältnismäßigkeitserfordernisse reichen. Die Anforderungen sind umso strenger, je mehr sich die personenbezogenen Merkmale den in Art. 3 III GG genannten nähern. Bei einer an Sachverhalten orientierten Ungleichbehandlung kommt es entscheidend darauf an, inwieweit die Betroffenen in der Lage sind, durch ihr Verhalten die Verwirklichung der Differenzierungsmerkmale zu beeinflussen.[22]

9 Eine **sachverhaltsbezogene Ungleichbehandlung** verstößt erst dann gegen den allgemeinen Gleichheitssatz, wenn sie willkürlich ist, weil sich ein vernünftiger Grund für die Differenzierung nicht finden lässt. Dagegen ist bei einer **personenbezogenen Ungleichbehandlung** der Gleichheitssatz bereits dann verletzt, wenn eine Gruppe von Normadressaten im Vergleich zu anderen Normadressaten anders behandelt wird, obwohl zwischen beiden Gruppen keine Unterschiede von solcher Art und solchem Gewicht bestehen, dass sie die ungleiche Behandlung rechtfertigen könnten.[23] Arbeitsrechtliche Regelungen, die eine ungleiche Behandlung von Arbeitnehmern vorsehen, sind notwendig stets auf die Person bezogen. Die Intensität der gerichtlichen Kontrolle richtet sich deshalb insbesondere danach, ob der Arbeitnehmer die ihn benachteiligende Maßnahme vermeiden kann.[24] Zu beachten ist ferner, dass eine Ungleichbehandlung von Sachverhalten mittelbar eine Ungleichbehandlung von Personengruppen bewirken und damit eine strengere Prüfung verlangen kann.[25]

10 Für das Vorliegen eines hinreichenden Sachgrundes ist vor allem der mit der Regelung verfolgte **Zweck** maßgeblich. Unter dessen Berücksichtigung müssen die Merkmale, an welche die Gruppenbildung anknüpft, die Differenzierung bei den Rechtsfolgen rechtfertigen. **Stichtagsregelungen,** die häufig mit Härten verbunden sind, müssen sich am jeweiligen Sachverhalt orientieren.[26] Die **unterschiedliche Vergütung** angestellter Lehrer nach der Schulform und der Dauer ihrer Tätigkeit lässt sich auf einleuchtende Gründe von hinreichendem Gewicht zurückführen und ist deshalb gerechtfertigt.[27] Dagegen ist es mit dem allgemeinen Gleichheitssatz nicht zu vereinbaren, die Gewährung eines ruhegehaltsfähigen Zuschusses davon abhängig zu machen, dass der Abschluss einer allgemeinbildenden Schule oder einer Berufsausbildung, in den alten und nicht in den **neuen Bundesländern** erworben worden ist.[28] Die Nichtregelung der **Arbeitszeit von Hausmeistern** durch Tarifvertragsparteien verstößt nicht gegen Art. 3 I GG.[29] Beziehen Tarifvertragsparteien eine bestimmte Arbeitnehmergruppe nicht in den Geltungsbereich eines Tarifvertrags ein, verzichten sie auf eine ihnen mögliche Normsetzung. Das ist Teil der grundrechtlichen Gewährleistung des Art. 9 III GG. Ein solcher Regelungsverzicht verstößt nicht gegen Art. 3 I GG, wenn bei typisierender Betrachtung der jeweiligen Gruppen sachbezogene Gruppenunterschiede erkennbar sind, die eine Nichteinbeziehung der betreffenden Arbeitnehmergruppe in den persönlichen Geltungsbereich eines solchen Tarifvertrags rechtfertigen.[30]

11 **Verstößt eine Tarifbestimmung gegen Art. 3 I GG,** ist sie grundsätzlich gemäß § 134 BGB nichtig.[31] Sofern der noch gültige Teil des Tarifvertrags eine sinnvolle und in sich geschlossene Regelung enthält, bleibt er jedoch wirksam. Dies folgt aus der analogen Anwendung von § 139 BGB. Die im Tarifvertrag unzulässigerweise von Vergünstigungen ausgenommenen Ar-

---

[21] BAG 22. 3. 2005 AP 48 zu § 75 BetrVG 1972 = NZA 2005, 773.

[22] BVerfG 7. 10. 1980 NJW 81, 271; 27. 1. 1998 AP 17 zu § 23 KSchG 1969 = NZA 98, 470; ErfK/*Dieterich* Art. 3 GG RN 40; HWK/*Hergenröder* Art. 3 GG RN 59.

[23] BAG 27. 5. 2004 AP 5 zu § 1 TVG Gleichbehandlung = NZA 2004, 1399.

[24] BAG 13. 6. 2006 AP 30 zu § 1 TVG Altersteilzeit.

[25] Vgl. BVerfG 11. 1. 1995 BVerfGE 92, 53, 69.

[26] Vgl. BAG 30. 10. 2008 – 6 AZR 682/07 zVv.; 25. 4. 2007 AP 14 zu § 4 TzBfG = NZA 2007, 881; 22. 3. 2005 AP 48 zu § 75 BetrVG 1972 = NZA 2005, 773; 30. 11. 1994 AP 89 zu § 112 BetrVG 1972 = NZA 95, 492.

[27] BAG 6. 7. 2005 AP 166 zu § 611 BGB Lehrer, Dozenten.

[28] BAG 10. 2. 2005 NZA-RR 2006, 38.

[29] BAG 1. 12. 2004 AP 15 zu § 1 TVG Versicherungsgewerbe.

[30] BAG 27. 5. 2004 AP 5 zu § 1 TVG Gleichbehandlung = NZA 2004, 1399; 16. 12. 2003 AP 1 zu § 2 MTArb SR 2 g.

[31] BAG 5. 4. 1995 AP 18 zu § 1 TVG Tarifverträge: Lufthansa; 13. 11. 1985 AP 4 zu § 1 TVG Tarifverträge: Textilindustrie; näher dazu *Schlachter,* FS Schaub, 1998, 651, 659 ff.; im Ergebnis zust. *Wiedemann* TVG Einl. RN 243.

beitnehmer haben nur dann einen Anspruch auf die vorenthaltene Leistung, wenn die Auslegung des Tarifwerks ergibt, dass die Tarifvertragsparteien nur auf diesem Wege dem Gleichheitssatz Rechnung tragen können. Dies ist regelmäßig – vorbehaltlich eines besonderen Vertrauensschutzes des Arbeitgebers – für den zurückliegenden Zeitraum anzunehmen. Denn schon aus Gründen des Vertrauensschutzes kann von den in der Vergangenheit begünstigten Arbeitnehmern die Leistung nicht zurückverlangt werden. Dem Gleichheitssatz ist in der Regel nur durch Gewährung der vorenthaltenen Leistung an die zu Unrecht übergangenen Beschäftigten für die Vergangenheit genügt.[32] Eine Angleichung für die Zukunft kommt demgegenüber grundsätzlich nicht in Betracht, weil die Tarifvertragsparteien insoweit einen weiten Gestaltungsspielraum haben.[33]

Das Grundgesetz enthält nicht nur ein Verbot der Diskriminierung wegen des Geschlechts. 12
Art. 3 II GG stellt ein Gleichberechtigungsgebot auf und erstreckt dieses auch auf die gesellschaftliche Wirklichkeit. Das ist durch die Anfügung von Satz 2 in Art. 3 II GG ausdrücklich klargestellt worden.[34] Es geht um die Durchsetzung der Gleichberechtigung der Geschlechter für die Zukunft. Der Satz „Männer und Frauen sind gleichberechtigt" in Art. 3 II GG steht nicht nur Rechtsnormen entgegen, die Vor- und Nachteile an Geschlechtsmerkmale anknüpfen. Art. 3 II GG zielt auf die Angleichung der Lebensverhältnisse. Frauen müssen die gleichen Erwerbschancen haben wie Männer.[35]

Art. 3 III 1 GG verbietet unter anderem Benachteiligungen wegen der Herkunft, des Glau- 13
bens und der religiösen oder weltanschaulichen Überzeugungen. Diese Merkmale dürfen grundsätzlich nicht als Anknüpfungspunkt für eine rechtliche Ungleichbehandlung herangezogen werden.[36] Schließt ein Sinti, für den aus kulturellen und religiösen Gründen u.a. die Ausübung der Arbeit eines Bestattungsgehilfen ausgeschlossen ist, mit einer Stadt einen Arbeitsvertrag über eine Tätigkeit als Hilfsgärtner auf Friedhöfen, die auch Arbeiten im Bestattungsbereich bis hin zur Umbettung umfasst, kann die Stadt das Arbeitsverhältnis ohne Verstoß gegen Art. 3 III GG kündigen, wenn der Arbeitnehmer sich weigert, Bestattungsarbeiten auszuführen. Der Arbeitgeber knüpft in diesem Fall mit der Kündigung nicht unmittelbar an die in Art. 3 III GG genannten Merkmale an, sondern an die Weigerung des Arbeitnehmers, die ihm abverlangte Arbeitsleistung zu erbringen. Soweit der vom Arbeitnehmer geltend gemachte Grund für die Weigerung mit weltanschaulichen Vorstellungen verbunden ist, die ihrerseits von seiner Herkunft nicht getrennt werden können, liegt lediglich eine mittelbare Benachteiligung vor. Diese unterliegt jedenfalls dann nicht dem Verbot des Art. 3 III 1 GG, wenn sie durch sachliche Gründe bedingt ist, die nichts mit dem verbotenen Unterscheidungsmerkmal zu tun haben. Das hat das BAG zu Recht angenommen, weil es Aufgabe einer Kommune ist, Friedhöfe zu unterhalten und Bestattungsarbeiten ausführen.[37] Die in **Art. 3 III GG** enthaltenen Benachteiligungsverbote entsprechen im Übrigen im Wesentlichen den nunmehr in § 1 AGG kodifizierten Verboten. Auf die Ausführungen hierzu wird deshalb ergänzend verwiesen (vgl. § 33).

4. Glaubens- und Gewissensfreiheit (Art. 4 GG). Art. 4 GG garantiert in Absatz 1 die 14
Freiheit des Glaubens, des Gewissens und des religiösen und weltanschaulichen Bekenntnisses, in Absatz 2 das Recht der ungestörten Religionsausübung.[38] Beide Absätze des Art. 4 GG enthalten ein umfassend zu verstehendes einheitliches Grundrecht. Es erstreckt sich nicht nur auf die innere Freiheit, zu glauben oder nicht zu glauben, sondern auch auf die äußere Freiheit, den Glauben zu bekunden und zu verbreiten. Dazu gehört auch das Recht des Einzelnen, sein gesamtes Verhalten an den Lehren seines Glaubens auszurichten und seiner inneren Glaubensüberzeugung gemäß zu handeln. Dies betrifft nicht nur imperative Glaubenssätze, sondern auch solche religiösen Überzeugungen, die ein Verhalten als das zur Bewältigung einer Lebenslage richtige bestimmen.[39] Die Glaubensfreiheit wird zwar ohne Gesetzesvorbehalt, aber gleichwohl nicht schrankenlos gewährleistet.[40] Namentlich findet die positive Bekenntnisfreiheit dort ihre Grenzen, wo ihre Ausübung durch den Grundrechtsträger auf kollidierende Grundrechte Andersdenkender trifft. Im Arbeitsverhältnis kann die Glaubensfreiheit des Arbeitnehmers mit der

---

[32] BAG 28. 5. 1996 AP 143 zu § 1 TVG Tarifverträge: Metallindustrie; 7. 3. 1995 AP 26 zu § 1 BetrAVG Gleichbehandlung.
[33] Vgl. ErfK/*Dieterich* Art. 3 GG RN 59; HWK/*Hergenröder* Art. 3 RN 86.
[34] Vgl. BVerfG 24. 1. 1995 BVerfGE 92, 91, 109.
[35] BVerfG 18. 11. 2003 AP 23 zu § 14 MuSchG 1968 = NZA 2004, 33.
[36] Dazu BVerfG 27. 11. 1997 BVerfGE 97, 35.
[37] BAG 22. 5. 2003 AP 18 zu § 1 KSchG 1969 Wartezeit = NZA 2004, 399.
[38] Vgl. dazu *Adam* NZA 2003, 1375; *Kraushaar* ZTR 2001, 208.
[39] BVerfG 24. 9. 2003 BVerfGE 108, 282.
[40] BVerfG 16. 5. 1995 BVerfGE 93, 1, 21.

durch Art. 12 I GG geschützten wirtschaftlichen Betätigungsfreiheit des Arbeitgebers kollidieren.[41]

15 Im Einzelfall schwierig ist die Abgrenzung der Freiheit, einen Glauben zu bekunden, zu **allgemeinen Überzeugungen und Tendenzen,** die nicht dem Schutz des Art. 4 I und II GG unterfallen. Allein die Behauptung und das Selbstverständnis, eine Gemeinschaft bekenne sich zu einer Religion und sei eine Religionsgemeinschaft, begründet für diese und ihre Mitglieder nicht das Recht, sich auf Art. 4 I und II GG berufen zu können. Es muss sich vielmehr auch tatsächlich, nach geistigem Gehalt und äußerem Erscheinungsbild, um eine Religion und Religionsgemeinschaft handeln.[42]

16 Das Tragen eines **Kopftuchs** durch eine Muslima fällt unter den Schutz der in Art. 4 I und II GG verbürgten Glaubensfreiheit. Wenn die Arbeitnehmerin das Tragen eines Kopftuchs als für sich verbindlich von den Regeln ihrer Religion vorgegeben betrachtet, ist das Befolgen dieser Bekleidungsregel für sie Ausdruck ihres religiösen Bekenntnisses. Auf die umstrittene Frage, ob und inwieweit die Verschleierung für Frauen von Regeln des islamischen Glaubens vorgeschrieben ist, kommt es nicht an. Zwar kann nicht jegliches Verhalten einer Person allein nach deren subjektiver Bestimmung als Ausdruck der besonders geschützten Glaubensfreiheit angesehen werden. Das Selbstverständnis der jeweiligen Religionsgemeinschaft darf vielmehr bei der Würdigung eines vom Einzelnen als Ausdruck seiner Glaubensfreiheit reklamierten Verhaltens nicht außer Betracht bleiben. Eine Verpflichtung von Frauen zum Tragen eines Kopftuchs in der Öffentlichkeit lässt sich jedoch nach Gehalt und Erscheinung als islamisch-religiös begründete Glaubensregel dem Schutzbereich des Art. 4 I und II GG hinreichend plausibel zuordnen.[43]

17 Der Anordnung von Samstagsarbeit kann nach Auffassung des LAG Schleswig-Holstein die religiöse Überzeugung eines Mitglieds der evangelischen Freikirche Gemeinschaft der **Sieben-ten-Tags-Adventisten** entgegenstehen, wonach der siebente Tag der Ruhetag (Sabbat) ist.[44] Weigert sich ein Arbeitnehmer, an einem Sonntag entsprechend dem Schichtenplan zu arbeiten, weil nach seiner religiösen Überzeugung als **Baptist** der Sonntag Gott gehöre, berechtigt dies nach Auffassung des LAG Hamm den Arbeitgeber nicht zu einer verhaltensbedingten Kündigung.[45] Zu den subjektiven Leistungshindernissen i. S. d. § 616 I BGB kann auch die Erfüllung religiöser Pflichten gehören.[46] Ein Moslem ist nur unter Berücksichtigung der betrieblichen Belange berechtigt, nach Rücksprache mit seinem Vorgesetzten seinen Arbeitsplatz zur Abhaltung **kurzzeitiger Gebete** zu verlassen.[47] Der Arbeitgeber ist jedoch nicht verpflichtet, hierdurch entstehende betriebliche Störungen hinzunehmen.[48]

18 Die durch Art. 4 I GG geschützte **Gewissensfreiheit** erlangt insbesondere bei der Ausübung des Direktionsrechts (§ 106 GewO) arbeitsrechtliche Bedeutung (vgl. § 45 RN 30 und § 49 RN 2). Es gilt der „sog. subjektive Gewissensbegriff". Danach ist unter Gewissen i. S. des Art. 4 I GG ein real erfahrbares seelisches Phänomen zu verstehen, dessen Forderungen, Mahnungen und Warnungen für den Menschen unmittelbar evidente Gebote unbedingten Sollens sind. Als Gewissensentscheidung ist jede ernste sittliche d. h. an den Kategorien von „gut" und „böse" orientierte Entscheidung anzusehen, die der Einzelne in einer bestimmten Lage als für sich bindend und unbedingt verpflichtend innerlich erfährt, so dass er gegen sie nicht ohne ernste Gewissensnot handeln könnte.[49] Auch wenn es sich bei einer Gewissensentscheidung um einen rein inneren Vorgang handelt, sind die Gerichte keineswegs gezwungen, jede nur behauptete Gewissensentscheidung hinzunehmen. Der Arbeitnehmer muss seine Entscheidung im Einzelnen darlegen und erläutern. Es muss hierbei erkennbar sein, dass es sich um eine nach außen tretende, rational mitteilbare und intersubjektiv nachvollziehbare Tiefe, Ernsthaftigkeit und absolute Verbindlichkeit einer Selbstbestimmung handelt.[50]

---

[41] BVerfG 30. 7. 2003 AP 134 zu Art. 12 GG = NZA 2003, 959.

[42] BVerfG 5. 2. 1991 BVerfGE 83, 341 [Bahài]; BAG 22. 3. 1995 AP 21 zu § 5 ArbGG 1979 = NZA 95, 823 [Scientology].

[43] BVerfG 24. 9. 2003 BVerfGE 108, 282; BAG 10. 10. 2002 AP 44 zu § 1 KSchG 1969 Verhaltensbedingte Kündigung = NZA 2003, 483; dazu *Dieterich* AR-Blattei ES 1020 Nr. 370; *Hoevels* NZA 2003, 701; *Preis* RdA 2003, 244; *Rüthers* EzA 58 zu § 1 KSchG Verhaltensbedingte Kündigung; *Thüsing* NJW 2003, 405.

[44] LAG Schleswig-Holstein 22. 6. 2005 AuA 2005, 617.

[45] LAG Hamm 8. 11. 2007 LAGE Art. 4 GG Nr. 5.

[46] Vgl. BAG 27. 4. 1983 AP 61 zu § 616 BGB zur Arbeitsbefreiung wegen Eheschließung.

[47] Vgl. LAG Hamm 26. 2. 2002 AP 3 zu § 611 BGB Gewissensfreiheit = NZA 2002, 1090.

[48] LAG Hamm 18. 1. 2002 NZA 2002, 675.

[49] BAG 20. 12. 1984 AP 27 zu § 611 BGB Direktionsrecht = NZA 86, 21.

[50] BAG 24. 5. 1989 AP 1 zu § 611 BGB Gewissensfreiheit = NZA 90, 144.

5. Meinungs-, Presse und Kunstfreiheit (Art. 5 GG). Das Grundrecht der **Meinungsfreiheit** aus Art. 5 I GG besteht unabhängig davon, ob eine Äußerung rational oder emotional, begründet oder grundlos ist, und ob sie von anderen für nützlich oder schädlich, wertvoll oder wertlos gehalten wird.[51] Der Grundrechtsschutz bezieht sich sowohl auf den Inhalt als auch auf die Form der Äußerung. Auch eine polemische oder verletzende Formulierung entzieht einer Äußerung noch nicht den Schutz der Meinungsfreiheit.[52] 19

Das Grundrecht auf Meinungsfreiheit aus Art. 5 I GG besteht allerdings **nicht schrankenlos,** sondern in den Grenzen der allgemeinen Gesetze, der Bestimmungen zum Schutz der Jugend und des Rechts der persönlichen Ehre (Art. 5 II GG). Das verlangt eine Abwägung zwischen der Schwere der Persönlichkeitsbeeinträchtigung durch die Äußerung einerseits und der Einbuße an Meinungsfreiheit durch die Untersagung der Äußerung andererseits.[53] Dabei gibt die Verfassung das Ergebnis einer solchen Abwägung nicht vor. Dies gilt insbesondere, wenn auch auf Seiten des Arbeitgebers verfassungsrechtlich geschützte Positionen in Betracht kommen. Dazu gehören nicht nur die Menschenwürde (Art. 1 I GG) und das allgemeine Persönlichkeitsrecht (Art. 2 II GG). Durch Art. 12 GG wird auch die wirtschaftliche Betätigungsfreiheit des Arbeitgebers, die insbesondere durch eine Störung des Arbeitsablaufs und des Betriebsfriedens berührt werden kann, geschützt. Auch gehört die Pflicht zur gegenseitigen Rücksichtnahme auf die Interessen der anderen Vertragspartei (§ 241 II BGB) zu den allgemeinen Gesetzen (Art. 5 II GG). Zwischen der Meinungsfreiheit und dem beschränkenden Gesetz findet eine Wechselwirkung statt. Die Regelungen, die dem Grundrecht aus Art. 5 I GG Schranken setzen, sowie die gegenläufigen verfassungsrechtlich geschützten Positionen müssen ihrerseits aus der Erkenntnis der Werte setzenden Bedeutung des Grundrechts auf Meinungsfreiheit ausgelegt und so in ihrer dieses Grundrecht begrenzenden Wirkung selbst wieder eingeschränkt werden.[54] 20

Für eine zutreffende Abwägung ist entscheidend, den **Sinn der Meinungsäußerung zutreffend zu erfassen.**[55] Bei der Auslegung des Wortlauts dürfen der Gesamtzusammenhang sowie die Begleitumstände der Äußerung nicht unberücksichtigt bleiben. Einer Äußerung darf kein Sinn beigelegt werden, den sie nicht besitzt; bei mehrdeutigen Äußerungen muss eine ebenfalls mögliche Deutung mit überzeugenden Gründen ausgeschlossen werden.[56] Bei Aussagen, die bildlich eingekleidet sind, müssen sowohl die Einkleidung der Aussage als auch die sog. Kernaussage selbst je für sich daraufhin überprüft werden, ob sie die gesetzlichen Grenzen überschreiten.[57] 21

In der Rechtsprechung haben sich im Laufe der Zeit einige **Fallgruppen** herausgebildet. So geht bei Werturteilen der Persönlichkeitsschutz regelmäßig der Meinungsfreiheit vor, wenn sich die Äußerung als Angriff auf die Menschenwürde, als Schmähkritik oder als Formalbeleidigung darstellt.[58] Bei Tatsachenbehauptungen hängt die Abwägung vom Wahrheitsgehalt ab. Wahre Aussagen müssen in der Regel hingenommen werden, auch wenn sie nachteilig für den Betroffenen sind, unwahre dagegen nicht. Auch bei wahren Aussagen können jedoch ausnahmsweise Persönlichkeitsbelange überwiegen und die Meinungsfreiheit in den Hintergrund drängen. Das ist insbesondere dann der Fall, wenn die Aussagen die Intim-, Privat- oder Vertraulichkeitssphäre betreffen und sich nicht durch ein berechtigtes Informationsinteresse der Öffentlichkeit rechtfertigen lassen oder wenn sie einen Persönlichkeitsschaden anzurichten drohen, der außer Verhältnis zu dem Interesse an der Verbreitung der Wahrheit steht.[59] 22

Arbeitsrechtlich spielt die Meinungsfreiheit insbesondere im Zusammenhang mit Kündigungen wegen **beleidigender Äußerungen** eine Rolle. Wegen der Einzelheiten hierzu wird auf § 127 RN 83 ff. verwiesen. 23

Das Grundrecht der **Pressefreiheit aus Art. 5 I 2 GG** sichert die Freiheit der Herstellung und Verbreitung von Druckerzeugnissen und damit das Kommunikationsmedium Presse. Dem- 24

---

[51] BVerfG 16. 10. 1998 AP 24 zu § 611 BGB Abmahnung = NZA 99, 77.

[52] BVerfG 10. 10. 1995 BVerfGE 93, 266 = NJW 95, 3303.

[53] BVerfG 10. 11. 1998 BVerfGE 99, 185 = NJW 99, 1322; BAG 24. 6. 2004 AP 49 zu § 1 KSchG 1969 Verhaltensbedingte Kündigung = NZA 2005, 158; 12. 1. 2006 AP 53 zu § 1 KSchG 1969 Verhaltensbedingte Kündigung.

[54] Vgl. BVerfG 12. 12. 2000 BVerfGE 102, 347 = NJW 2001, 591; 16. 10. 1998 AP 24 zu § 611 BGB Abmahnung = NZA 99, 77.

[55] BVerfG 25. 8. 1994 NJW 94, 2943.

[56] BVerfG 9. 10. 1991 BVerfGE 85, 1 = NJW 92, 1439; BAG 24. 11. 2005 AP 198 zu § 626 BGB = NZA 2006, 650.

[57] BVerfG 14. 2. 2005 NJW 2005, 3271.

[58] BVerfG 10. 10. 1995 BVerfGE 93, 266 = NJW 95, 3303.

[59] BVerfG 10. 11. 1998 BVerfGE 99, 185 = NJW 99, 1322.

gegenüber schützt die Meinungsfreiheit des Art. 5 I 1 GG Form und Inhalt von Meinungsäußerungen, auch wenn sie in einem Presseerzeugnis verbreitet werden.[60] Die Pressefreiheit ist ein Wesenselement des freiheitlichen Staates und für eine Demokratie unentbehrlich. Art. 5 I 2 GG schützt die Grundrechtsträger vor Einflussnahmen des Staates auf die mit Hilfe der Presse verbreiteten Informationen. Die Pressefreiheit umfasst die Befugnis, im Sinne einer Grundsatz- und Richtlinienkompetenz die generelle Tendenz festzulegen. Jeder Träger des Grundrechts der Pressefreiheit ist befugt, ohne unmittelbare oder mittelbare Einflussnahme des Staates die Tendenz einer Zeitung festzulegen, beizubehalten, zu ändern und diese Tendenz zu verwirklichen. Die Pressefreiheit ist ein objektives Prinzip der Rechtsordnung.[61] Auf die Meinungs- und Pressefreiheit können sich gem. Art. 19 III GG auch juristische Person des Privatrechts berufen.[62] Arbeitsrechtlich ist das Grundrecht aus Art. 5 I 2 GG bei der Bestimmung des **Tendenzschutzes** zu berücksichtigen.[63] Ein **Redaktionsstatut** für einen Zeitungsverlag, das die Bildung eines Redaktionsrats zur Beteiligung der Redakteure in tendenzbezogenen Maßnahmen vorsieht, ist mit Art. 5 I 2 GG vereinbar.[64]

25 Die durch Art. 5 I 2 GG geschützte **Rundfunkfreiheit** gibt Rundfunkanstalten das Recht, frei von fremdem, insbesondere staatlichem Einfluss über die Auswahl, Einstellung und Beschäftigung derjenigen Mitarbeiter zu bestimmen, die an Hörfunk- und Fernsehsendungen inhaltlich gestaltend mitwirken. Die Rundfunkfreiheit in ihrer Bedeutung als Programmfreiheit gewährleistet, dass Auswahl, Inhalt und Gestaltung des Programms Sache des Rundfunks bleiben und sich an publizistischen Kriterien ausrichten können. Unvereinbar mit der Rundfunkfreiheit sind nicht nur unmittelbare Einflussnahmen Dritter auf das Programm, sondern auch Einflüsse, welche die Programmfreiheit mittelbar beeinträchtigen können.[65]

26 Die Gefahr einer solchen Beeinträchtigung besteht auch bei fremdbestimmter Einflussnahme auf **Auswahl, Einstellung und Beschäftigung des Personals,** von dem die Programmgestaltung abhängt. Die Rundfunkanstalten müssen den Erfordernissen ihres Programmauftrags durch den Einsatz von für die jeweilige Aufgabe qualifizierten Mitarbeitern gerecht werden. Insbesondere können veränderte Berichtsgegenstände, Programmtechniken, Wettbewerbslagen und Publikumsbedürfnisse eine Veränderung von Programmstrukturen erforderlich machen. Die Rundfunkanstalten müssen solchen Erfordernissen durch den Einsatz von für die jeweilige Aufgabe qualifizierten Mitarbeitern gerecht werden. Dazu wären sie aber nicht in der Lage, wenn sie ausschließlich auf unbefristet beschäftigte Arbeitnehmer angewiesen wären.[66] Dem Flexibilitätsbedarf könnten die Rundfunkanstalten nicht gerecht werden, wenn sie ausschließlich fest angestellte Mitarbeiter hätten, welche in einer laufendem Wechsel unterworfenen Medienordnung unvermeidlich nicht die ganze Vielfalt der in den Sendungen zu vermittelnden Inhalte wiedergeben und gestalten könnten. Die Rundfunkanstalten müssen daher auf einen breit gestreuten Kreis unterschiedlich geeigneter Mitarbeiter zurückgreifen und bei der Begründung von Mitarbeiterverhältnissen den insoweit jeweils geeigneten Vertragstyp wählen können.[67] Ist die Befristung des Arbeitsvertrags eines programmgestaltenden Mitarbeiters mit einer Rundfunkanstalt auf ihre Wirksamkeit zu überprüfen, ist eine einzelfallbezogene Interessenabwägung zwischen dem Bestandsschutz des Arbeitnehmers und den bei Bejahung des Bestandsschutzes zu erwartenden Auswirkungen auf die Rundfunkfreiheit vorzunehmen.[68]

27 Der grundrechtliche Schutz der Rundfunkanstalten ist allerdings auf **programmgestaltende Rundfunkmitarbeiter** beschränkt, die an Hörfunk- und Fernsehsendungen inhaltlich gestaltend mitwirken.[69] Nicht vom Schutz des Art. 5 I 2 GG umfasst sind Personalentscheidungen, bei denen der Zusammenhang mit der Programmgestaltung fehlt. Ein Zusammenhang mit der inhaltlichen Gestaltung des Programms liegt vor, wenn die Rundfunkmitarbeiter typischerweise ihre eigene Auffassung zu politischen, wirtschaftlichen, künstlerischen oder anderen Sachfragen, ihre Fachkenntnisse und Informationen, ihre individuelle künstlerische Befähigung und Aussagekraft in die Sendungen einbringen, wie dies etwa bei Regisseuren, Moderatoren, Kommenta-

---

[60] BVerfG 24. 5. 2005 BVerfGE 113, 63 = NJW 2005, 2912.
[61] BAG 19. 6. 2001 AP 3 zu § 3 BetrVG 1972 = NZA 2002, 397 m. w. N.
[62] BVerfG 24. 5. 2005 BVerfGE 113, 63 = NJW 2005, 2912.
[63] Vgl. ErfK/*Dieterich* Art. 5 GG RN 73ff.; MünchArbR/*Rüthers* § 201.
[64] BAG 19. 6. 2001 AP 3 zu § 3 BetrVG 1972 = NZA 2002, 397.
[65] BVerfG 13. 1. 1982 AP 48 zu § 611 BGB Abhängigkeit.
[66] BVerfG 3. 12. 1992 NZA 93, 741.
[67] BVerfG 18. 2. 2000 NZA 2000, 653; BAG 14. 3. 2007 AP 13 zu § 611 BGB Arbeitnehmerähnlichkeit = NZA-RR 2007, 424.
[68] BAG 26. 7. 2006 AP 25 zu § 14 TzBfG = NZA 2007, 147.
[69] BAG 20. 9. 2000 AP 37 zu § 611 BGB Rundfunk = NZA 2001, 551 m. w. N.

toren, Wissenschaftlern und Künstlern der Fall ist. Bei diesem Mitarbeiterkreis schließt der Grundrechtsschutz die Befugnis ein, bei der Begründung von Mitarbeiterverhältnissen den jeweils geeigneten Vertragstyp zu wählen.[70] Der Zusammenhang mit der Programmgestaltung fehlt, wenn sich die Personalentscheidungen auf Mitarbeiter beziehen, welche nicht unmittelbar den Inhalt der Sendungen mitgestalten. Hierzu zählen nicht nur das betriebstechnische und Verwaltungspersonal, sondern ebenso solche Mitarbeiter, deren Tätigkeit sich, wenn auch im Zusammenhang mit der Verwirklichung des Programms stehend, in dessen technischer Realisation erschöpft und ohne inhaltlichen Einfluss auf dieses bleibt. Dazu kann auch, je nach den konkreten Umständen des Einzelfalls, die Tätigkeit eines Rundfunksprechers zählen.[71]

Unter Berücksichtigung der seit der Grundsatzentscheidung des BVerfG vom 13. 1. 1982[72] 28
eingetretenen Veränderung der Programmstrukturen, die mit einer ganz erheblichen Steigerung der Sendervielfalt und einem damit verbunden Wettbewerb um Einschaltquoten einhergeht, bedarf es einer sehr sorgfältigen Prüfung, ob **Moderatoren von Nachrichtensendungen im Fernsehen** programmgestaltend tätig sind. Auch wenn diese nur Nachrichten verlesen, spielt heute die Person als solche eine erhebliche Rolle. Jedenfalls bei Hauptnachrichtensendungen ist der jeweilige Sprecher gewissermaßen „das Gesicht" des Senders, was dafür spricht, ihn als programmgestaltend anzusehen, auch wenn er im Wesentlichen nur vorformulierte Nachrichtentexte verliest.

Die Rundfunkfreiheit findet gem. Art. 5 II GG ihre **Schranken in den allgemeinen Ge-** 29
setzen. Dazu gehören die bürgerlich-rechtlichen Vorschriften über den Dienstvertrag und die besonderen Bestimmungen des Arbeitsrechts, namentlich des Kündigungsschutzgesetzes. Bei der Auslegung und Anwendung dieser Vorschriften müssen die Gerichte die grundrechtlich gewährleistete Rundfunkfreiheit beachten. Erforderlich ist eine fallbezogene Abwägung. Hierbei ist auf Seiten der Rundfunkanstalt der Zusammenhang zwischen Programmfreiheit und Personalentscheidungsbefugnis zu berücksichtigen. Auf Seiten der Rundfunkmitarbeiter ist insbesondere der arbeitsrechtliche Bestandsschutz von Bedeutung. Bei der Abwägung darf weder den programmgestaltend tätigen Rundfunkmitarbeitern der arbeitsrechtliche Schutz generell versagt werden, noch dürfen bei der Entscheidung über diesen Schutz die Regeln und Maßstäbe des Arbeitsrechts in einer Weise auf die Anstellungsverhältnisse dieser Mitarbeiter angewendet werden, die das durch die Verfassung geschützte Recht der Anstalten, frei von fremder Einflussnahme über die Auswahl, Einstellung und Beschäftigung dieser Mitarbeiter zu bestimmen, unberücksichtigt lässt.[73]

Das Grundrecht der **Kunstfreiheit aus Art. 5 III GG** schützt die Herstellung des Kunst- 30
werks und damit auch den damit verbundenen schöpferischen Prozess. Art. 5 III GG ist eine das Verhältnis der Kunst zum Staat regelnde wertentscheidende Grundsatznorm.[74] Die Kunstfreiheitsgarantie betrifft nicht nur die künstlerische Betätigung, sondern auch die Darbietung und Verbreitung des Kunstwerks. Grundrechtsträger ist jeder, der künstlerisch tätig ist oder tätig werden will. Das Grundrecht kann auch einem öffentlich-rechtlichen Träger kunstvermittelnder Medien zugutekommen. Die Kunstfreiheit wird dann von dem jeweils künstlerisch Verantwortlichen wahrgenommen.[75]

Eine **Fernsehserie** ist unabhängig von ihrem Niveau oder ihrem künstlerischen Wert eine 31
freie schöpferische Gestaltung, in der Eindrücke, Erfahrungen und Erlebnisse des Künstlers durch das Medium einer bestimmten Formensprache zur unmittelbaren Anschauung gebracht werden, und damit ein Kunstwerk i. S. d. Art. 5 III GG. Deshalb ist eine **auflösende Bedingung,** bei deren Eintritt das Arbeitsverhältnis einer Schauspielerin in einer Fernsehserie enden soll, weil ihre Rolle in dieser Serie nicht mehr enthalten ist, sachlich gerechtfertigt, wenn die Entscheidung über den Wegfall der Rolle Ausdruck künstlerischer Gestaltungsfreiheit ist.[76] Da Art. 5 III GG auch die künstlerischen Vorstellungen schützt, können subjektive künstlerische Gesichtspunkte dem **Teilzeitwunsch** entgegenstehen. An die Darlegung der Beeinträchtigung der Kunstfreiheit durch die verlangte Verringerung der Arbeitszeit dürfen keine überzogenen Anforderungen gestellt werden. Die Gründe müssen jedoch nachvollziehbar sein.[77]

---

[70] BVerfG 13. 1. 1982 AP 48 zu § 611 BGB Abhängigkeit; 18. 2. 2000 NZA 2000, 653.
[71] BVerfG 18. 2. 2000 NZA 2000, 653.
[72] BVerfG 13. 1. 1982 AP 48 zu § 611 BGB Abhängigkeit.
[73] BVerfG 13. 1. 1982 AP 48 zu § 611 BGB Abhängigkeit.
[74] BVerfG 24. 2. 1971 NJW 71, 1645.
[75] BAG 27. 4. 2004 AP 12 zu § 8 TzBfG = NZA 2004, 1225.
[76] BAG 2. 7. 2003 AP 29 zu § 620 BGB Bedingung = NZA 2004, 311.
[77] BAG 27. 4. 2004 AP 12 zu § 8 TzBfG = NZA 2004, 1225.

32 **6. Ehe und Familie (Art. 6 GG).** Der durch Art. 6 I GG verbürgte Schutz der **Ehe und Familie** sowie der durch Art. 6 IV GG gewährte **Schutz von Müttern** ist bei der Auslegung arbeitsrechtlicher Vorschriften zu beachten. Aus Art. 6 IV GG folgt die Verpflichtung des Staates, Schwangeren und Müttern nach der Entbindung einen wirksamen arbeitsrechtlichen Kündigungsschutz zu gewährleisten.[78] Der Schutz der Ehe führt zur Unwirksamkeit sog. **„Zölibatsklauseln"**, wonach sich Arbeitnehmerinnen verpflichten, in einem näher bestimmten Zeitraum nicht zu heiraten.[79] Wesentliches Merkmal der Ehe ist die Verschiedengeschlechtlichkeit der Partner. Die Lebenspartnerschaft erfüllt diese Voraussetzung nicht. Sie ist keine Ehe i. S. d. Art. 6 I GG.[80] Soweit das familienstandsbezogene Stufensystem des Ortszuschlags nach § 29 BAT **gleichgeschlechtliche Lebenspartnerschaften** nicht berücksichtigt, ist es nach der Rechtsprechung des BAG lückenhaft. Das BAG hat die Lücke im Anwendungsbereich des BAT durch eine analoge Anwendung der für verheiratete Angestellte geltenden Regelung geschlossen.[81] Für einen kirchlichen Arbeitgeber hat das BAG demgegenüber entschieden, der Ausschluss der eingetragenen Lebenspartnerschaft vom erhöhten Ortszuschlag sei verfassungsrechtlich zulässig und verstoße nicht gegen Gemeinschaftsrecht.[82] Nach Auffassung des BVerfG ist die Beschränkung des Verheiratetenzuschlags auf verheiratete Beamte verfassungsrechtlich nicht zu beanstanden. Die unterschiedliche Behandlung von verheirateten Beamten und Beamten in eingetragener Lebenspartnerschaft bei der Regelung des Familienzuschlags ist danach auch keine unmittelbare Diskriminierung i. S. v. Art. 2 II Buchst. a der Richtlinie 2000/78/EG.[83] Dem stehe die neuere Rechtsprechung des EuGH[84] nicht entgegen. Eine allgemeine rechtliche Gleichstellung der Lebenspartnerschaft mit der Ehe bestehe im deutschen Recht nicht. Der Gesetzgeber habe vielmehr an die Rechtsinstitute Ehe und eingetragene Lebenspartnerschaft unterschiedliche Rechtsfolgen geknüpft, die der verfassungsrechtlichen Wertung aus Art. 6 I GG folgend zwischen diesen Formen der Partnerschaft differenzierten.[85] Die Herausnahme von **Elternzeiten** bei der Berechnung der Höhe einer Sozialplanabfindung widerspricht den in Art. 6 GG enthaltenen Wertungen, die nach § 75 I BetrVG auch von den Betriebsparteien zu beachten sind.[86] Art. 6 IV GG ist bei der Auslegung des **§ 9 I MuSchG** zu berücksichtigen.[87] Die **Tarifvertragsparteien** sind verfassungsrechtlich nicht verpflichtet, familienbezogene Vergütungsbestandteile zu vereinbaren. Es steht ihnen vielmehr frei, ob und in welchem Umfang sie neben den rein arbeitsleistungsbezogenen Vergütungen durch einen zusätzlichen Vergütungsbestandteil einen sozialen, familienbezogenen Ausgleich gewähren wollen.[88]

33 **7. Vereinigungsfreiheit (Art. 9 III GG).** Durch Art. 9 GG ist die Vereinigungs- und Koalitionsfreiheit geschützt (dazu §§ 187 ff.).

34 **8. Berufsfreiheit (Art. 12 GG).** Dieses Grundrecht garantiert die **freie Wahl des Arbeitsplatzes.** Der Einzelne wird in seinem Entschluss, eine konkrete Beschäftigungsmöglichkeit in dem gewählten Beruf zu ergreifen oder ein bestehendes Arbeitsverhältnis beizubehalten oder aufzugeben, vor staatlichen Maßnahmen geschützt, die ihn am Erwerb eines zur Verfügung stehenden Arbeitsplatzes hindern oder zur Annahme, Beibehaltung oder Aufgabe eines bestimmten Arbeitsplatzes zwingen. Dagegen ist mit der Berufswahlfreiheit weder ein Anspruch auf Bereitstellung eines Arbeitsplatzes eigener Wahl noch eine Bestandsgarantie für den einmal gewählten Arbeitsplatz verbunden. Ebenso wenig gewährt Art. 12 I GG einen unmittelbaren Schutz gegen den Verlust des Arbeitsplatzes auf Grund privater Disposition.[89] Insofern obliegt dem Staat aber eine aus dem Grundrecht folgende Schutzpflicht, der die geltenden Kündigungsvorschriften

---

[78] BVerfG 24. 4. 1991 AP 70 zu Art. 12 GG = NJW 91, 1667.
[79] BAG 10. 5. 1957 AP 1 zu Art. 6 Abs. 1 GG Ehe und Familie.
[80] BVerfG 17. 7. 2001 BVerfGE 105, 313 = NJW 2002, 2543; eingehend dazu *Windel* JR 2003, 152.
[81] BAG 29. 4. 2004 AP 2 zu § 26 BAT = NZA 2005, 57.
[82] BAG 26. 10. 2006 AP 49 zu § 611 BGB Kirchendienst = NZA 2007, 1179.
[83] BVerfG 6. 5. 2008 NJW 2008, 2325; 20. 9. 2007 NJW 2008, 209.
[84] EuGH 1. 4. 2008 AP 9 zu Richtlinie 2000/78/EG = NZA 2008, 459.
[85] BVerfG 6. 5. 2008 NJW 2008, 2325.
[86] BAG 21. 10. 2003 AP 163 zu § 112 BetrVG 1972 = NZA 2004, 559.
[87] BAG 26. 9. 2002 AP 31 zu § 9 MuSchG 1968.
[88] BAG 30. 10. 2008 – 6 AZR 682/07 zVv.; 16. 8. 2005 EzA 17 zu § 4 TVG Altersteilzeit; ErfK/*Dieterich* Art. 6 GG RN 17; a. A. *Wiedemann* TVG Einl. RN 270.
[89] BVerfG 24. 4. 1991 AP 70 zu Art. 12 GG = NJW 91, 1667; 25. 11. 2004 AP 25 zu § 620 BGB Altersgrenze; dazu *Hanau* FS Dieterich S. 201; *I. Schmidt* FS Dieterich S. 585; *Schwerdtner* FS 50 Jahre BAG S. 459.

Rechnung tragen (dazu § 129 RN 4ff.).[90] Dem durch Art. 12 I GG geschützten Interesse des Arbeitnehmers an einer Erhaltung seines Arbeitsplatzes steht das Interesse des Arbeitgebers gegenüber, in seinem Unternehmen nur Mitarbeiter zu beschäftigen, die seinen Vorstellungen entsprechen, und ihre Zahl auf das von ihm bestimmte Maß zu beschränken. Er übt damit regelmäßig seine Berufsfreiheit im Sinne von Art. 12 I GG, jedenfalls aber seine wirtschaftliche Betätigungsfreiheit aus, die durch Art. 2 I GG geschützt ist.

Das Grundrecht aus Art. 12 I GG hat **im Arbeitsrecht** insbesondere Auswirkungen auf den Kündigungsschutz,[91] die Befristungskontrolle (dazu § 40),[92] Rückzahlung von Zuwendungen (dazu § 78 RN 60ff.)[93] und die Inhaltskontrolle von Arbeitsverträgen.[94] Die Einzelheiten dieses Grundrechtsschutzes sind im jeweiligen Sachzusammenhang behandelt. **35**

9. Eigentum (Art. 14 GG). Durch Art. 14 wird das Privateigentum gewährleistet. Die Eigentumsgarantie ist ein Grundrecht, das eine elementare Wertentscheidung von besonderer Bedeutung für den sozialen Rechtsstaat enthält.[95] Die Eigentumsgarantie gewährleistet nur Rechtspositionen, die einem Rechtssubjekt bereits zustehen.[96] **Art. 14 GG schützt das Erworbene, nicht den Erwerb.** Die durch Art. 12 GG gewährleistete Berufsfreiheit sichert demgegenüber den Erwerb.[97] Nach der Rechtsprechung des BVerfG sichert die Eigentumsgarantie den konkreten Bestand an vermögenswerten Gütern vor ungerechtfertigten Eingriffen Gewalt. Das Grundrecht schütze jedoch nicht in der Zukunft liegende Chancen und Verdienstmöglichkeiten. Bloße (Umsatz- und Gewinn-)Chancen und tatsächliche Gegebenheiten seien zwar für das Unternehmen von erheblicher Bedeutung; sie seien vom Grundgesetz eigentumsrechtlich jedoch nicht dem geschützten Bestand des einzelnen Unternehmens zugeordnet.[98] Werden durch die Allgemeinverbindlichkeitserklärung eines Tarifvertrags dem Arbeitgeber Zahlungspflichten auferlegt, führt dies nicht zu einer Verletzung des Art. 14 GG, soweit die Geldleistungspflichten den Betroffenen nicht übermäßig belasten und seine Vermögensverhältnisse grundlegend beeinträchtigen werden.[99] Das Arbeitsrecht konkretisiert die in Art. 14 II GG enthaltene Sozialbindung, gewährt dem Arbeitnehmer aber kein Nutzungsrecht an Arbeitgebereigentum.[100] Zu den durch Art. 14 I GG geschützten Rechtspositionen gehören auch Betriebsrentenansprüche. Die Reichweite des Eigentumsschutzes hängt dabei vom Inhalt der rechtsgeschäftlichen Versorgungszusage oder der normativen Versorgungsregelungen ab. Bloße Chancen und Erwartungen werden nicht geschützt. Eine über die eingeräumten Ansprüche hinausgehende Rechtsposition gewährleistet Art. 14 GG nicht.[101] **35a**

10. Rechtsverordnung. In Bundesgesetzen können nach Art. 80 GG die Bundesregierung, ein Bundesminister oder die Landesregierung ermächtigt werden, Rechtsverordnungen zu erlassen. Bundesgesetze und Rechtsverordnungen des Bundes gehen dem Landesrecht im Range vor. Macht der Bund von seiner Rechtsetzungsbefugnis Gebrauch, tritt das entsprechende Landesrecht außer Kraft. Bundesrecht bricht Landesrecht (Art. 31 GG). **36**

11. Allgemeinverbindlicherklärung. Die Allgemeinverbindlicherklärung von Tarifverträgen (§ 207) ist im Verhältnis zu den ohne sie nicht tarifgebundenen Arbeitgebern und Arbeitnehmern ein Rechtsetzungsakt eigener Art zwischen autonomer Regelung und staatlicher Rechtsetzung, der seine eigenständige Rechtsgrundlage in Art. 9 III GG hat und nicht an Art. 80 I GG zu messen ist.[102] Im Rahmen der Allgemeinverbindlicherklärung wirkt der **37**

---

[90] BVerfG 27. 1. 1998 AP 17 zu § 23 KSchG 1969 = NZA 98, 470; 21. 2. 1995 AP 44 zu Einigungsvertrag Anlage I Kap XIX = NZA 95, 619; 24. 4. 1991 AP 70 zu Art. 12 GG = NJW 91, 1667.

[91] Dazu BVerfG 27. 1. 1998 AP 17 zu § 23 KSchG 1969 = NZA 98, 470; ErfK/*Dieterich* Art. 12 GG RN 34ff.

[92] Dazu BVerfG 25. 11. 2004 AP 25 zu § 620 BGB Altersgrenze; *I. Schmidt* FS Dieterich S. 585.

[93] BAG 25. 4. 2007 AP 29 zu §§ 22, 23 BAT Zuwendungs-TV = NZA 2007, 875.

[94] BAG 19. 2. 2004 AP 33 zu § 611 BGB Ausbildungsbeihilfe zu Rückzahlungsklauseln.

[95] BVerfG 7. 8. 1962 BVerfGE 14, 263, 277.

[96] BAG 29. 1. 2008 NZA-RR 2008, 438.

[97] Vgl. BVerfG 24. 4. 1991 AP 70 zu Art. 12 GG = NJW 91, 1667; HWK/*C. W. Hergenröder* Art. 14 GG RN 10.

[98] BVerfG 18. 12. 1985 NJW 86, 1601; zum Streitstand HWK/*C. W. Hergenröder* Art. 14 GG RN 23ff.

[99] BVerfG 15. 7. 1980 AP 17 zu § 5 TVG; BAG 22. 10. 2003 AP 16 zu § 1 TVG Tarifverträge: Gebäudereinigung.

[100] MünchArbR/*Richardi* § 10 RN 64.

[101] BAG 28. 5. 2002 AP 1 zu § 2a RuhegeldG Hamburg = NZA 2003, 1198.

[102] BVerfG 15. 7. 1980 AP 17 zu § 5 TVG.

Staat bei der Erstreckung autonomer Rechtsquellen auf Außenseiter, also nicht Tarifgebundene, mit.

38 **12. Landesrecht.** Die Länder haben im Bereich des zur konkurrierenden Gesetzgebung gehörenden Arbeitsrechts gem. Art. 72 I GG ein Gesetzgebungsrecht nur insoweit, wie der Bund von seinem Gesetzgebungsrecht keinen Gebrauch macht. Dies betrifft z.B. den Bildungsurlaub (dazu § 103). Wie für den Bund ist in den Landesverfassungen die Möglichkeit zum Erlass von Rechtsverordnungen auf der Grundlage landesgesetzlicher Vorschriften vorgesehen.

39 **13. Gewohnheitsrecht.** Neben dem gesetzten Recht kann auf allen Ebenen Gewohnheitsrecht gelten, das den Rang seiner Rechtsquelle hat.

40 **14. Autonome Rechtsquellen.**[103] Im Arbeitsrecht gibt es neben staatlicher Rechtssetzung verschiedene autonome Rechtsquellen. Dazu gehören **Tarifverträge** (§§ 198–209), **Betriebsvereinbarungen** (§ 231), die durch die Aufsichtsbehörde genehmigten **Dienstordnungen** (vormals §§ 349ff., 690ff. RVO) und **Unfallverhütungsvorschriften** (§ 153 RN 31) der Berufsgenossenschaften. Ihr Rang und Verhältnis zu den staatlichen Gesetzen und Verordnungen ist jeweils im Zusammenhang mit ihrer Darstellung behandelt.

41 **15. Erlass.** Keinen Rechtsquellencharakter haben die Erlasse eines öffentlichen Arbeitgebers; sie sind lediglich interne Verwaltungsanweisungen. Sie können jedoch zum Inhalt eines Arbeitsvertrags gemacht werden.[104]

II. Internationale Rechtsquellen

ILO-Übereinkommen: *Böhmert,* Das Recht der ILO und sein Einfluß auf das deutsche Arbeitsrecht im Zeichen der europäischen Integration, 2002; *Borchmann,* Die Bundesgesetzgebung zu internationalen Abkommen in den Jahren 1997 bis 1998, NJW 99, 1223; *Hess,* Internationale Arbeitsnormen – Arbeitgeber für Reform der IAO-Normsetzung, PersF 95, 809; *Körner-Dammann,* Bedeutung und faktische Wirkung von ILO-Standards, 1991; *Krebber,* Aufgabe, Möglichkeiten und Grenzen des Arbeitsvölkerrechts im liberalisierten Welthandel, JZ 2008, 53; *Leinemann/Schütz,* Wirkungen der IAO-Übereinkommen auf das Recht der Bundesrepublik Deutschland, ZfA 94, 1; *Lörcher,* Die Normen der Internationalen Arbeitsorganisation der Bundesrepublik, RdA 94, 284; *ders.*, 16 Jahre auf der Bremse. Die Regierung Kohl und die internationalen sozialen Rechte, AuR 99, 11; *Swiatkowski,* Freiheit des Abschlusses von Gesamtarbeitsverträgen im Lichte der Internationalen Arbeitsorganisation (IAO), FS für Birk, 2008, S. 839; *A. Wisskirchen,* Die normensetzende und normenüberwachende Tätigkeit der Internationalen Arbeitsorganisation (IAO), ZfA 2003, 691.

Internetadresse: http://www.ilo.org.

Europäisches Arbeitsrecht: *Fuchs/Marhold,* Europäisches Arbeitsrecht, 2. Aufl., 2006; *Hanau/Steinmeyer/Wank,* Handbuch des europäischen Arbeits- und Sozialrechts, 2002; *Henssler/Braun,* Arbeitsrecht in Europa, 2003; *Krimphove,* Europäisches Arbeitsrecht, 2. Aufl., 2001; *Nagel,* Wirtschaftsrecht der Europäischen Union, 4. Aufl., 2003; *Schiek,* Europäisches Arbeitsrecht, 2. Aufl., 2005; *Schmidt,* Das Arbeitsrecht der Europäischen Gemeinschaft, 2001; *Thüsing,* Europäisches Arbeitsrecht, 2008.

Vertrag von Amsterdam: *Behrens/Fritzsche,* Europäisches Arbeitsrecht – kein Buch mit sieben Siegeln, NJW 2000, 1625; *Berg,* Änderungen der rechtlichen Grundlagen der EU durch den Vertrag von Amsterdam, EWS 98, 77; *Gündisch,* Die Europäische Union als Rechtsgemeinschaft, AnwBl. 98, 170; *Hailbronner/Wilms,* Recht der Europäischen Union, Loseblattausgabe; *Hilf/Pache,* Der Vertrag von Amsterdam, NJW 98, 705; *Montag,* Die Entwicklung des Gemeinschaftsrechts, NJW 2001, 1613; *Steinmeyer,* Der Vertrag von Amsterdam und das Arbeits- und Sozialrecht, RdA 2001, 11.

Vertrag von Nizza: *Bachmann,* Der Vertrag von Nizza, Entw. 2001, 170; *Deipenbrock,* Der Vertrag von Nizza – rechtliche oder nur politische conditio sine qua non für eine Erweiterung der EU?, EWS 2002, 53; *Fischer,* Der Vertrag von Nizza, Kommentar, 2001; *Lipp,* Europäische Justizreform, NJW 2001, 2657; *Pache/Schorkopf,* Der Vertrag von Nizza, Institutionelle Reforn zur Vorbereitung der Erweiterung, NJW 2001, 1377; *Schwarz,* Europäische Verfassungsperspektiven nach Nizza, NJW 2002, 993.

Grundrechtscharta: *Meyer,* Kommentar zur Charta der Grundrechte der EU, 2003; *Meyer/Hölscheidt,* Die Europäische Verfassung des Europäischen Konvents, Entw. 2003, 613.

42 **1. Arbeitsvölkerrecht und internationale Verträge. a)** Das Arbeitsvölkerrecht richtet sich nicht an die einzelnen Subjekte des Arbeitsrechts wie Arbeitnehmer, Arbeitgeber, Gewerkschaften und Arbeitgeberverbände, sondern an die vertragsschließenden Staaten, die es erst im Wege der Ratifikation für sich völkerrechtlich für verbindlich erklären. Daraufhin erfolgt in der Bundesrepublik Deutschland die Transformation des völkerrechtlichen Vertrages in das innerstaatliche Recht durch das sog. Vertragsgesetz (Art. 59 II 1 GG). Nach Art. 59 I GG bestätigt alsdann der Bundespräsident, der den Bund völkerrechtlich vertritt, das Abkommen. Dadurch

[103] *Oetker,* Gesetz und Tarifvertrag als komplementäre Instrumente zur Regulierung des Arbeitsrechts, ZG 98, 155.

[104] BAG 22. 4. 2004 AP 28 zu §§ 22, 23 BAT-O m. w. N.

wird der völkerrechtliche Vertrag für die Staatsorgane im Range eines einfachen Gesetzes für anwendbar erklärt.[105] Zum Arbeitsvölkerrecht gehören internationale Vereinbarungen, wie die Europäische Sozialcharta vom 18. 10. 1961, die Europäische Menschenrechtskonvention von 1950 sowie der Internationale Pakt über bürgerliche und politische Rechte vom 19. 12. 1966.

b) Wichtige internationale Abkommen sind die **Übereinkommen der Internationalen Arbeitskonferenz.**[106] Das Deutsche Reich war vom 2. 10. 1919 bis 1933 Mitglied der Internationalen Arbeitsorganisation (IAO). Am 12. 6. 1951 wurde die Bundesrepublik Deutschland auf Antrag der Bundesregierung erneut in die IAO aufgenommen. Hauptaufgabe der IAO ist nach der Präambel der Verfassung der IAO, „wirklich menschengerechte Arbeit" zu schaffen. Die IAO beschließt Übereinkommen. Um innerstaatlich verbindliches Recht zu werden, bedürfen die Übereinkommen der IAO der Ratifizierung und Transformation nach Art. 59 II GG. Aus den IAO-Übereinkommen können die einzelnen Bürger keine subjektiven Rechte herleiten. Bis zum Jahre 2006 hat die IAO 186 Übereinkommen beschlossen. 43

c) Durch Gesetz vom 23. 11. 1973 (BGBl. II S. 1569) stimmte die Bundesrepublik dem in New York am 9. 10. 1968 von ihr unterzeichneten **Internationalen Pakt vom 19. 12. 1966 über wirtschaftliche, soziale und kulturelle Rechte** zu.[107] Nach Art. 22 des Paktes hat jedermann das Recht, sich frei mit anderen zusammenzuschließen, zum Schutz seiner Interessen Gewerkschaften zu bilden und ihnen beizutreten. Der Pakt ist inzwischen in Kraft getreten. Nach Art. 27 I bedurfte es der Hinterlegung von 35 Ratifikationsurkunden. 44

2. Europäische Gemeinschaften.[108] Die Gründung der **Europäischen Gemeinschaft für Kohle und Stahl (EGKS),**[109] der **Europäischen Wirtschaftsgemeinschaft (EWG)**[110] sowie der **Europäischen Atomgemeinschaft (Euratom)**[111] hat zunächst nicht zu einer stärkeren Vereinheitlichung des Arbeitsrechts geführt. Die Organe der Gemeinschaften wurden durch den Vertrag zur Einsetzung eines gemeinsamen Rates und einer gemeinsamen Kommission der Europäischen Gemeinschaften vereinheitlicht.[112] Diese haben für jeden Vertragsbereich das ursprüngliche Vertragsrecht angewandt. Durch den **Vertrag über die Europäische Union** (EUV – Maastricht-Vertrag) vom 7. 2. 1992 (BGBl. II S. 1253/1256) mit Zustimmungsgesetz vom 28. 12. 1992 (BGBl. II S. 1251) wurden weitergehende Kompetenzen auf arbeits- und sozialrechtlichem Gebiet geschaffen.[113] 45

3. Arbeitsrecht im Vertrag von Amsterdam.[114] Der Amsterdamer Vertrag enthält die **dritte, umfassende Reform des EG-Vertrags** nach der Einheitlichen Europäischen Akte (1985) und dem Vertrag von Maastricht zur Gründung der Europäischen Union im Jahre 1992. Die Verhandlungen zum Amsterdamer Vertrag wurden am 9. 3. 1996 in Turin eröffnet. Am 2. 10. 1997 wurde der Vertrag von Amsterdam zur Änderung des Vertrags über die Europäische Union, der Verträge zur Gründung der Europäischen Gemeinschaften sowie einiger damit zusammenhängender Rechtsakte unterzeichnet. Er ist mit allen Anlagen (Anhang, Protokollen, Schlussakte, Erklärungen) und je einer aktualisierten Fassung des EU- und des EG-Vertrags abgedruckt im ABl. Nr. C 340 v. 10. 11. 1997.[115] **Ziel** des Amsterdamer Vertrags ist, den Vertrag von Maastricht nachzubessern und fortzuentwickeln. Maßgeblich sollen die Verfassungsprinzipien Demokratie, Transparenz und Effizienz sein. Gleichzeitig sollte die EU auf die geplante Osterweiterung vorbereitet werden. 46

---

[105] MünchArbR/*Birk* § 17 RN 3; ausf. dazu *Krebber* JZ 2008, 53 ff.

[106] Ausf. dazu MünchArbR/*Birk* § 17.

[107] *Zuleeg,* RdA 74, 321.

[108] Zur Entwicklung *Oppermann,* Europarecht, 3. Aufl., § 1 RN 35 ff.

[109] Vom 18. 4. 1951 m. spät. Änd. (BGBl. 1952 II S. 447) beendet am 23. 7. 2002; Beck'sche Sammlung, Internationale Verträge, Europa-Recht, Loseblattausgabe, Nr. 145.

[110] Vom 25. 3. 1957 m. spät. Änd. (BGBl. 1957 II S. 766); Beck'sche Sammlung, Internationale Verträge, Europa-Recht, Loseblattausgabe, Nr. 150.

[111] Vom 25. 3. 1957 m. spät. Änd. (BGBl. 1957 II S. 1014, ber. 1678); Beck'sche Sammlung, Internationale Verträge, Europa-Recht, Loseblattausgabe, Nr. 200.

[112] Abkommen vom 25. 3. 1957 (BGBl. II S. 1156), durch das Versammlung, Gerichtshof und Wirtschafts- und Sozialausschuss vereinheitlicht wurden; Vertrag zur Einsetzung eines gemeinsamen Rates und einer gemeinsamen Kommission der Europäischen Gemeinschaften vom 8. 4. 1965 (BGBl. II S. 1454) m. spät. Änd.; Prot. über die Satzungen der Gerichtshöfe v. 17. 4. 1957 (BGBl. II S. 1166, 1194) m. spät. Änd.

[113] Zur Integration in Europa vgl. die Berichte der BReg. v. 11. 3. 1992 (BR-Drucks. 168/92), v. 15. 9. 1992 (BT-Drucks. 12/3255) und v. 16. 9. 1993 (BT-Drucks. 12/5682).

[114] Schrifttum siehe vor RN 42.

[115] Vgl. die Sonderbeilage zu NJW, EuZW, NVwZ und JuS.

47 Der Amsterdamer Vertrag gliedert sich in **drei Teile.** Im 1. Teil (Art. 1–5) finden sich die sachlichen Änderungen des EUV, EGV, EGKS V, EuratomV und die Änderung des Wahlakts. Der 2. Teil (Art. 6–11) enthält Vorschriften zur Vereinfachung der Gemeinschaftsverträge. Überflüssig gewordene Bestimmungen in den Gemeinschaftsverträgen wurden gestrichen, andere den veränderten Verhältnissen angepasst und in den Vertragstext aufgenommen. In Art. 10 ist vorgesehen, dass die auf Grund der aufgehobenen Vorschriften erlassenen Gemeinschaftsakte erhalten bleiben. Auf Grund der teilweisen Aufhebung und Neueinführung von Vertragsbestimmungen war eine Neunummerierung der Vertragsbestimmungen erforderlich.

48 Die **wesentlichen Änderungen des Vertrags** betreffen vor allem fünf Bereiche, nämlich **(1)** Stärkung des Europäischen Parlaments im institutionellen System der Gemeinschaft; **(2)** Überführung weiterer Teile der früheren 3. Säule der EG über die Zusammenarbeit in der Justiz und Innenpolitik sowie des sog. Schengen-Besitzstandes in den EGV; **(3)** Verbesserung der außenpolitischen Handlungsfähigkeit der EU im Rahmen der gemeinsamen Außen- und Sicherheitspolitik; **(4)** Betonung der Bürgernähe. In diesem Kapitel sind unter anderem die Titel über die Beschäftigungspolitik und Übernahme des früheren Abkommens zur Sozialpolitik als Titel 8 in den EGV übernommen; **(5)** Zulassung der Möglichkeit zu differenzierter Integration unter dem Stichwort „Flexibilität" zur Überwindung stagnierender Verhandlungslagen im Prozess der Weiterentwicklung der europäischen Integration.

49 **4. Vertrag von Nizza.**[116] Der Vertrag von Nizza zur Änderung des Vertrags über die Europäische Union, der Verträge zur Gründung der Europäischen Gemeinschaften sowie einiger damit zusammenhängender Rechtsakte vom 26. 2. 2001 (ABl. EG Nr. C 80 v. 10. 3. 2001) diente ein erster Linie der **Vorbereitung der seinerzeit geplanten Erweiterung der EU.** Der Vertrag von Nizza besteht aus zwei Teilen. Den ersten Teil bilden die in den Art. 1 bis 6 enthaltenen sachlichen Änderungen des EU-Vertrags, des EG-Vertrags, des EAG-Vertrags sowie der Protokolle über die Satzung des ESZB und der EZB. Im zweiten Teil sind die entsprechenden Übergangs- und Schlussbestimmungen enthalten. Es folgen vier Protokolle über die Erweiterung der EU, die Satzung des EuGH, die finanziellen Folgen des Ablaufs des EGKS-Vertrags und den Forschungsaufwand für Kohle und Stahl. Der Vertrag von Nizza ist seit 1. 2. 2003 in Kraft. Durch den Vertrag von Nizza sind Organe der Gemeinschaft geändert worden, um diese bei einer Erweiterung auf bis zu 27 Mitgliedstaaten handlungsfähig zu halten. Zahlreiche grundsätzliche Änderungen sind im Bereich der Gerichtsbarkeit festzustellen.

50 **5. Europäische Grundrechte.**[117] In Art. 12, 39 II EG-Vertrag (EG) ist ein **Diskriminierungsverbot** aus Gründen der Staatsangehörigkeit und in Art. 141 EG ein **Gleichbehandlungsgebot** von Frauen und Männern beim Entgelt enthalten. In Art. 136 EG sowie in der Präambel des EUV wird auf die Europäische Sozialcharta und die Gemeinschaftscharta der sozialen Grundrechte verwiesen. Art. 6 EUV bekennt sich zur Europäischen Menschenrechtskonvention und zu den gemeinsamen Verfassungsüberlieferungen der Mitgliedstaaten. Der EuGH hat eine Reihe von Arbeitnehmergrundrechten entwickelt. Im Jahre 2005 hat der EuGH in dem Verbot der Diskriminierung wegen des Alters einen allgemeinen Grundsatz des Gemeinschaftsrechts erkannt.[118] Der Europäische Rat hat im Juni 1999 die Erarbeitung einer EU-Grundrechte-Charta initiiert, die im Juli 2000 vorgelegt wurde.[119] Der Entwurf ist am 28. 9. 2000 von der EU bekannt gemacht worden. Nachdem der Entwurf der EU-Verfassung in einigen Mitgliedstaaten der EU auf Ablehnung gestoßen ist, ist die Zukunft der EU-Verfassung derzeit ungewiss.

51 **6. Allgemeine Erklärung der Menschenrechte.** Sie ergibt sich aus der Erklärung der Generalversammlung der Vereinten Nationen vom 10. 12. 1948. Sie enthält einen umfassenden Grundrechtskatalog. Zur Wahrung der Rechte besteht ein Europäischer Gerichtshof für Menschenrechte, der durch das 11. Protokoll zur Europäischen Menschenrechtskonvention (EMRK) umgestaltet worden ist.[120]

---

[116] Eine umfangreiche Darstellung findet sich http://europa.eu.int unter den Stichworten Erweiterung und Vertrag von Nizza; vgl. dazu Schrifttum vor RN 42.

[117] Schrifttum siehe vor RN 52.

[118] EuGH 22. 11. 2005 AP 1 zu Richtlinie 2000/78/EG = NZA 2005, 1345; einschränkend EuGH 16. 10. 2007 AP 8 zu Richtlinie 2000/78/EG = NZA 2007, 1219.

[119] NJ 2000, 472.

[120] *Lörcher,* Der neue Europäische Menschengerichtshof nimmt seine Arbeit auf, AuR 98, 474.

III. Rechtsetzungskompetenz der EU in arbeits- und sozialrechtlichen Vorschriften

Kommentare: *Streinz,* EUV/EGV, 2003; *Geiger,* EUV/EGV, 4. Aufl., 2005; *Schwarze,* Kommentar zum EU-Vertrag, 2000.

Aufsätze: *Alber,* Das europäische Recht und seine Auswirkungen auf den öffentlichen Dienst, ZBR 2002, 225; *Bauer/Arnold,* Auf Junk folgt Mangold – Europarecht verdrängt deutsches Arbeitsrecht, NJW 2006, 6; *Birk,* Der Einfluss des europäischen Arbeitsrechts auf das deutsche Arbeitsrecht, Bitburger Gespräche 1998; *ders.,* Arbeitsrecht und internationales Privatrecht, RdA 99, 13; *ders.,* Neuere Entwicklungen des europäischen Arbeitsrechts, DRdA 2002, 455; *ders.,* Arbeitskampf und Europarecht, FS 50 Jahre BAG, S. 1165; *Deckert/Lilienthal,* Die Rechtsetzungskompetenzen der EG im Privatrecht, EWS 99, Heft 4; *Fehrenbacher,* Personenfreizügigkeit zwischen den EG-Mitgliedstaaten und der Schweiz, ZAR 2002, 278; *Fischer/Strempel,* Arbeitnehmerfreizügigkeit und öffentliche Verwaltung, Jura 95, 357; *Höland,* Arbeitsrecht im erweiterten Europa, FS für Wißmann, 2005, S. 558; *Iglesias,* Gedanken zum Entstehen einer Europäischen Rechtsordnung, NJW 99, 1; *Junker,* Systembildung und Systemlücken im harmonisierten Arbeitsrecht, NZA 99, 2; *ders.,* Europäisches individuelles Arbeitsrecht, in Grundmann, Systembildung und Systemlücken in Kerngebieten des Europäischen Privatrechts, 2000; *ders.,* Internationales Arbeitsrecht in der Praxis im Blickpunkt: Zwanzig Entscheidungen der Jahre 1994–2000, RIW 2001, 94; *ders.,* Europäisches Arbeitsrecht 2000–2002, RJW 2003, 698; *Kaiser,* Entzweiung von europäischem und deutschem Arbeitsrecht – Abschied vom Systemdenken?, NZA 2000, 1144; *Koenig/Steiner,* Die Vereinbarkeit nachvertraglicher Wettbewerbsverbote mit der Arbeitnehmerfreizügigkeit des EG-Vertrags, NJW 2002, 3583; *Koenigs,* Zum Verhältnis Dienstleistungsfreiheit – sozialer Schutz der Arbeitnehmer, DB 2002, 1270; *Konzen,* Europäische Dienstleistungsfreiheit und nationaler Arbeitnehmerschutz, NZA 2002, 781; *Lörcher,* Der Europäische Gewerkschaftsbund (EGB) und seine Beteiligung am europäischen Arbeitsrecht, NZA 2003, 184; *Maschmann,* Arbeitsrecht im werdenden Europa, NZA 2003, 206; *Montag/v. Bonin,* Die Entwicklung des europäischen Gemeinschaftsrechts bis Ende 2002, NJW 2003, 2712; *Montag,* Die Entwicklung des Europäischen Gemeinschaftsrechts, NJW 98, 2088; *ders.,* Die Entwicklung des Gemeinschaftsrechts, NJW 2001, 1613; *Nicolaysen/Nowak,* Teilrückzug des BVerfG aus der Kontrolle der Rechtmäßigkeit gemeinschaftlicher Rechtsakte: Neuere Entwicklungen und Perspektiven, NJW 2001, 1233; *v. Roetteken,* Anforderungen des Gemeinschaftsrechts an Gesetzgebung und Rechtsprechung – Am Beispiel der Gleichbehandlungs-, der Arbeitsschutz- und der Betriebsübergangsrichtlinie, NZA 2001, 414; *Schiefer,* Europäisches Arbeitsrecht, FS für Leinemann, 2006, S. 761; *Schlachter,* Arbeitsrecht und Rechtsvergleichung, RdA 99, 118; *Schliemann,* Europa und das deutsche kirchliche Arbeitsrecht, NZA 2003, 407; *Schmidt,* Arbeitsrecht und Sozialrecht, RdA 99, 124; *Sieveking,* Personenverkehrs- und Dienstleistungsfreiheiten im Rahmen des Europaabkommens EG/Polen im Lichte des Beitritts zur EU, ZAP 2003, 342; *Stug,* Eine neue Kompetenzordnung für die EU, EuZW 2003, 325; *Weiss,* Zur zukünftigen Rolle der Europäischen Union im Arbeitsrecht, FS Wiese, 1998; *Wißmann,* Arbeitsrecht und Europarecht, RdA 99, 152.

Grünbuch Arbeitsrecht: *Bayreuther,* Das Grünbuch der Europäischen Kommission zum Arbeitsrecht, NZA 2007, 371; *Marlene Schmidt,* Perspektiven und Sinn weiterer Regulierung durch Europarecht, EuZA 2008, 196; *Uebe,* Ziele und Perspektiven des Grünbuchs Arbeitsrecht aus der Sicht der Europäischen Kommission, EuZA 2008, 167; *Thüsing,* Europa zwischen Flexibility und Security: Versuch einer Positionsbestimmung in einführenden Thesen, EuZA 2008, 159; *Waas,* Das Grünbuch der Kommission zur Modernisierung des Arbeitsrechts, ZESAR 2007, 197; *Wank,* Das Grünbuch Arbeitsrecht, AuR 2007, 244; *ders.,* Die personellen Grenzen des Europäischen Arbeitsrechts: Arbeitsrecht für Nicht-Arbeitnehmer?, EuZA 2008, 172.

Gleichbehandlung: *Hadeler,* Die Revision der Gleichbehandlungsrichtlinie 76/207/EWG – Umsetzungsbedarf für das deutsche Arbeitsrecht, NZA 2003, 77; *Joussen,* Die Folgen der europäischen Diskriminierungsverbote für das kirchliche Arbeitsrecht, RdA 2003, 32; *Kocher,* Vom Diskriminierungsverbot zum Mainstreaming, RdA 2002, 167; *Kort,* Zur Gleichbehandlung im deutschen und europäischen Arbeitsrecht, insbesondere beim Arbeitsentgelt teilzeitbeschäftigter Betriebsratsmitglieder, RdA 97, 277; *Leuchten,* Der Einfluss der EG-Richtlinien zur Gleichbehandlung auf das deutsche Arbeitsrecht, NZA 2002, 1254; *Reichold,* Gleichbehandlung in Beschäftigung und Beruf/Altersdiskriminierung, ZESAR 2008, 49; *Rust,* Änderungsrichtlinie 2002 zur Gleichbehandlungsrichtlinie von 1976, NZA 2003, 72; *Schiek,* Diskriminierung wegen „Rasse" oder „ethnischer Herkunft" – Probleme der Umsetzung der RL 2000/43/EG im Arbeitsrecht, AuR 2003, 44; *Tödtmann,* Der Einfluss des EuGH auf die Gleichstellung von Mann und Frau, DB 98, 2322; *Weber,* Das Verbot altersbedingter Diskriminierung nach der Richtlinie 2000/78/EG – eine neue arbeitsrechtliche Dimension, AuR 2002, 401; *Wendeling-Schröder,* Diskriminierung und Privilegierung im Arbeitsleben, FS für Schwerdtner, S. 269; *Wiedemann/Thüsing,* Der Schutz älterer Arbeitnehmer und die Umsetzung der Richtlinie 2000/78/EG, NZA 2002, 1234.

Europäische Grundrechte: *Baer,* Grundrechtecharta ante portas, ZRP 2000, 361; *Birk,* Arbeitsrecht und Rechtsvergleichung – Die Kontrolle der Einhaltung der Europäischen Sozialcharta, ZVglRWiss 100, 48; *Bryde,* Grundrechte der Arbeit und Europa, RdA 2003, Sonderbeilage zu Heft 5, S. 5; *Colneric,* Grundrechtsschutz durch den EuGH, AuR 2001, 366; *Däubler,* In bester Verfassung. Zur Verabschiedung der europäischen Grundrechte-Charta, Blätter für deutsche und internationale Politik 2000, 1315; *ders.,* EU-Grundrechte-Charta und kollektives Arbeitsrecht, AuR 2001, 380; *Dotsch,* Europäische Sozialcharta wartet auf Ratifizierung, AuA 2001, 27; *ders.,* Neue Impulse durch EU-Charta, Soziale Grundrechte, AuA 2001, 362; *Duschanek/Griller,* Grundrechte für Europa, 2002; *Hirsch,* Die Grundrechte in der Europäischen Union,

RdA 98, 194; *Jürgen Meyer* (Hrsg.), Charta der Grundrechte der Europäischen Union, 2. Aufl., 2006; *Weiss,* Grundrechte-Charta der EU auch für Arbeitnehmer?, AuR 2001, 374; *ders.,* Europa im Spannungsfeld zwischen Marktfreiheiten und Arbeitnehmerschutz, FS für Hromadka, 2008, S. 493; *Zachert,* Auf dem Weg zu europäischen Arbeitnehmergrundrechten?, NZA 2000, 621; *ders.,* Die Arbeitnehmergrundrechte in einer Europäischen Grundrechtscharta, NZA 2001, 1041; *Zuleeg,* Zum Verhältnis nationaler und europäischer Grundrechte, Funktionen einer EU-Charta der Grundrechte, EuGRZ 2000, 511.

52 **1. Primäres Gemeinschaftsrecht.** Hierzu gehört **in erster Linie der EG** einschließlich seiner Anhänge und Zusatzprotokolle. Die Sozialvorschriften des EG enthalten **keine unmittelbaren arbeits- oder sozialrechtlichen Regelungen.** Nach Art. 136 EG sind sich die Mitgliedstaaten über die Notwendigkeit einig, auf eine Verbesserung der Lebens- und Arbeitsbedingungen der Arbeitskräfte hinzuwirken und dadurch die Angleichung zu ermöglichen. Die Kommission hat gem. Art. 137 EG entsprechend den allgemeinen Zielen die Aufgabe, eine enge Zusammenarbeit zwischen den Mitgliedstaaten in sozialen Fragen zu fördern, insbesondere auf dem Gebiet des Arbeitsrechts und der Arbeitsbedingungen, der beruflichen Ausbildung und Fortbildung, des Koalitionsrechts und der Kollektivverhandlungen. Hieraus ist ersichtlich, dass die arbeitsrechtlichen Regelungen zunächst einmal den Mitgliedstaaten obliegen.

53 **a) Freizügigkeit.** In Art. 39 EG wird als Ausfluss der in Art. 2 EG enthaltenen allgemeinen Aufgabenbeschreibung die Freizügigkeit der Arbeitnehmer gewährleistet.[121] Hierauf kann sich jeder Arbeitnehmer berufen.[122] Nach der Rechtsprechung des EuGH ist **Arbeitnehmer** jeder, der eine tatsächliche und echte Tätigkeit ausübt, wobei Tätigkeiten außer Betracht bleiben, die einen so geringen Umfang haben, dass sie sich als völlig untergeordnet und unwesentlich darstellen. Das wesentliche Merkmal des Arbeitsverhältnisses besteht nach dieser Rechtsprechung darin, dass jemand während einer bestimmten Zeit für einen anderen nach dessen Weisung Leistungen erbringt, für die er als Gegenleistung eine Vergütung erhält. Hierzu gehören nicht Tätigkeiten, die nur ein Mittel der Rehabilitation oder der Wiedereingliederung des Betroffenen in das Arbeitsleben darstellen.[123]

54 Die Freizügigkeit umfasst die Abschaffung jeder auf der Staatsangehörigkeit beruhenden unterschiedlichen Behandlung der **Wanderarbeitnehmer** einschließlich der Beamten[124] in Bezug auf Beschäftigung, Entlohnung und sonstige Arbeitsbedingungen. Sie gibt den Arbeitnehmern das Recht, sich um angebotene Stellen zu bewerben und sich in den Mitgliedstaaten frei zu bewegen. Dies setzt das Recht voraus, aus dem eigenen Herkunftsland ausreisen und in ein anderes Mitgliedsland einreisen zu können.[125] Ein bei der Max-Planck-Gesellschaft zur Förderung der Wissenschaften e. V. tätiger Forscher, der dort auf der Grundlage eines Stipendienvertrags eine Promotion vorbereitet, ist nur dann als Arbeitnehmer im Sinne des Art. 39 EG anzusehen, wenn er seine Tätigkeit während einer bestimmten Zeit nach der Weisung eines zu diesem Verein gehörenden Instituts ausübt und als Gegenleistung für diese Tätigkeit eine Vergütung erhält.[126] Die in Art. 39 III EG enthaltenen Rechte stehen unter dem Vorbehalt des ordre public.[127]

55 Die **nähere Ausgestaltung der Freizügigkeit** kann nach Art. 39 EG durch VO und Richtlinien erfolgen. Hierzu sind die VO (EWG) Nr. 1612/68 über die Freizügigkeit der Arbeitnehmer innerhalb der Gemeinschaft vom 15. 10. 1968[128] sowie die VO (EWG) Nr. 1251/70 über das Recht der Arbeitnehmer, nach Beendigung einer Beschäftigung im Hoheitsgebiet eines Mitgliedstaates zu verbleiben, vom 29. 6. 1970[129] ergangen. Das Verbot der Diskriminierung auf Grund der Staatsangehörigkeit gemäß Art. 39 II EG und Art. 7 I, IV der VO (EWG) Nr. 1612/68 über die Freizügigkeit der Arbeitnehmer innerhalb der Gemeinschaft ist auf einen Staatsangehörigen eines Mitgliedstaates, der ständig in einem Drittland lebt und auf Grund eines dort geschlossenen und dauernd dort erfüllten Arbeitsvertrags von einem anderen Mitgliedstaat bei dessen Botschaft in diesem Drittland beschäftigt wird, hinsichtlich aller Aspekte des Arbeits-

---

[121] Ausf. dazu *Thüsing* § 2.
[122] EuGH 15. 12. 1995 NZA 96, 191.
[123] EuGH 7. 9. 2004 AP 16 zu Art. 39 EG (Trojani).
[124] EuGH 24. 3. 1994 NJW 95, 39 (Guido Van Poucke); 2. 7. 1996 NJW 96, 3199 (Kommission/Luxemburg); 2. 7. 1996 EzA 4 zu Art. 48 EWG-Vertrag. Vgl. *Bährle* BuW 98, 759; *Schwidden* RiA 97, 166.
[125] *Hanau*/Steinmeyer/Wank, Handbuch des Europäischen Arbeits- und Sozialrechts, 2002, § 15 RN 24.
[126] EuGH 17. 7. 2008 NZA 2008, 995.
[127] Hierzu ErfK/*Wißmann* Art. 39 EGV RN 29 ff.
[128] ABl. Nr. L 257/2 ber. Nr. L 295/12 i. d. Änd. VO (EWG) Nr. 312/26 v. 9. 2. 1976, ABl. Nr. L/2 u. durch VO (EWG) Nr. 2434/92 v. 27. 7. 1992, ABl. Nr. L 245/1; *Thiele* PersV 98, 379.
[129] ABl. Nr. L 142/24 ber. ABl. 1975 Nr. L 324/31.

verhältnisses anwendbar, die das Recht des den Betroffenen beschäftigenden Mitgliedstaates regeln.[130]

Ein Beamter der EU, der in einem anderen Mitgliedstaat als seinem Herkunftsstaat arbeitet, ist ein **Wanderarbeitnehmer.** Er verliert die Arbeitnehmereigenschaft i. S. v. Art. 39 I EG nicht deshalb, weil er bei einer internationalen Organisation beschäftigt ist. Allerdings ist Art. 39 EG nicht auf rein interne, auf einen Mitgliedstaat beschränkte Sachverhalte anwendbar. War ein Arbeitnehmer, der seinen gesamten Berufsweg in dem Mitgliedstaat zurückgelegt hat, dessen Staatsangehörigkeit er besitzt, zunächst als Arbeitnehmer, dann bis zum Erreichen des Pensionsalters als Beamter der EU tätig, fällt er nicht unter den Schutz des Art. 39 EG.[131] Die Freizügigkeit erlaubt es Kindern, in der EU zu bleiben, um am Unterricht teilzunehmen, auch wenn die Eltern geschieden sind und ein Elternteil nicht mehr Wanderarbeitnehmer ist.[132] 56

Es kann eine mittelbare Diskriminierung darstellen, wenn ein Arbeitgeber im Mitgliedstaat seiner Niederlassung **keine Angehörigen eines anderen Mitgliedstaates beschäftigen** kann.[133] Ferner stellt es eine Diskriminierung dar, wenn Ausländer bei Verstößen gegen die **Ausweispflicht** anders als Inländer behandelt werden[134] oder die Erlaubnis zum Betrieb eines Bewachungsunternehmens von der Niederlassung in einem Staat abhängig gemacht wird[135] oder sonstige **Beschränkungen für die Niederlassung** von Unternehmen gemacht werden.[136] Die Freizügigkeit schließt nicht aus, dass entsandten Arbeitnehmern eine bestimmte **Mindestvergütung** gezahlt werden muss.[137] Dagegen kann sich eine Person, die Staatsangehöriger eines Drittstaates und Ehepartner eines Staatsangehörigen eines Mitgliedstaates ist, nicht auf das Recht der Freizügigkeit berufen, wenn dieser von der Freizügigkeit niemals Gebrauch gemacht hat.[138] Es verstößt auch nicht gegen die Freizügigkeit, wenn die Vergabe einer Stelle von dem Vorhandensein eines oder mehrerer **Befähigungsnachweise** abhängt.[139] Dagegen ist ein Verstoß angenommen worden, wenn die **Sprachkenntnis** nur durch das Diplom einer Stelle anerkannt wird[140] oder Unterhaltszuschuss von der Schulbildung in einem bestimmten Land abhängig ist.[141] Ferner kann die **Zahlung von Abfindungen** auf Wanderarbeiter beschränkt werden, die gekündigt werden; es können mithin diejenigen ausgeschlossen werden, die selbst kündigen.[142] Bei der Gewährung von **Elterngeld** ist die Zeit zu berücksichtigen, während derer ein Arbeitnehmer dem gemeinsamen Krankenfürsorgesystem der Europäischen Gemeinschaften angeschlossen war.[143] Die **sozialversicherungsrechtliche Absicherung** ist erfolgt durch die VO (EWG) Nr. 1408/71 über die Anwendung der Systeme der sozialen Sicherheit auf Arbeitnehmer und Selbstständige sowie deren Familienangehörige, die innerhalb der Gemeinschaft zu- und abwandern.[144] Die Gewährung von sozialen Vergünstigungen kann nicht davon abhängig gemacht werden, dass der Begünstigte seinen Wohnsitz in diesem Staat hat.[145] 56a

Die Freizügigkeit wird gesichert durch mehrere an die Mitgliedstaaten gerichtete **Richtlinien.** Hierzu gehören die Richtlinien 73/148/EWG zur Aufhebung der Reise- und Aufenthaltsbeschränkungen für Staatsangehörige der Mitgliedstaaten innerhalb der Gemeinschaft auf dem Gebiet der Niederlassung und des Dienstleistungsverkehrs vom 21. 5. 1973,[146] die Richtlinie 64/221/EWG zur Koordinierung der Sozialvorschriften für die Einreise und den Aufenthalt von Ausländern, soweit sie aus Gründen der öffentlichen Ordnung, Sicherheit oder Gesundheit 57

[130] EuGH 30. 4. 1996 NZA 96, 971 (Boukhalfa/BRD); BAG 8. 6. 1996 AP 22 zu Art. 48 EWG-Vertrag = NZA 97, 434.

[131] EuGH 16. 12. 2004 – C-293/03.

[132] EuGH 17. 9. 2002 NJW 2002, 3610.

[133] EuGH 7. 5. 1998 – C-350/96.

[134] EuGH 30. 4. 1998 – Rs. C-24/97 (Kommission/BRD).

[135] EuGH 9. 3. 2000 – Rs. C-355/98 (Kommission/Königreich Belgien).

[136] EuGH 17. 10. 2002 NZA 2002, 1275.

[137] EuGH 23. 11. 1999 AP 1 zu Art. 59 EG-Vertrag = NZA 2000, 85 (Arblade/Leloup).

[138] EuGH 5. 6. 1997 NZA 97, 1105 (Uecker und Jacquet/Land NRW).

[139] EuGH 8. 7. 1999 NZA 99, 861 (Teresa Fernandez de Bobadilla/Museo Nacional del Prado).

[140] EuGH 6. 6. 2000 – C-281/98 (Roman Angonese/Cassa die Risparmio); vgl. aber auch EuGH 4. 7. 2000 ZIP 2000, 1215.

[141] EuGH 11. 7. 2002 – C-224/98 (Marie-Nathalie D'Hoop/Office national de lemploi).

[142] EuGH 27. 1. 2000 NZA 2000, 413 (Volker Graf/Filzmoser Maschinenbau).

[143] EuGH 16. 2. 2006 – C-137/04.

[144] ABl. Nr. L 149/2 ber. 1973 Nr. 128/22 u. 1980 Nr. L 82/1 i. d. F. der VO (EWG) Nr. 118/97 des Rates v. 2. 12. 1996, ABl. 1997 Nr. L 28/1 mit spät. Änderungen.

[145] EuGH 27. 11. 1997 NZA 98, 91 (Meints/Minister van Landbouw); unterschiedliche Höhe der Auszahlung EuGH 21. 9. 2000 NZS 2001, 254.

[146] ABl. EG Nr. L 172/14.

gerechtfertigt sind, vom 25. 2. 1964,[147] die Richtlinie 64/427/EWG des Rates vom 7. 7. 1964 über die Einzelheiten der Übergangsmaßnahmen auf dem Gebiet der selbstständigen Tätigkeiten der be- und verarbeitenden Gewerbe der CITI-Hauptgruppen 23–40 (Industrie und Handwerk),[148] die Richtlinie 68/360/EWG zur Aufhebung der Reise- und Aufenthaltsbeschränkungen für Arbeitnehmer der Mitgliedstaaten und ihre Familienangehörigen innerhalb der Gemeinschaft vom 15. 10. 1968,[149] die Richtlinie 75/34/EWG über das Recht der Staatsangehörigen eines Mitgliedstaates, nach Beendigung der Ausübung einer selbstständigen Tätigkeit im Hoheitsgebiet eines anderen Mitgliedstaates zu verbleiben, vom 17. 12. 1974,[150] die Richtlinie 90/364/EWG über das Aufenthaltsrecht vom 28. 6. 1990,[151] die Richtlinie 90/365/EWG über das Aufenthaltsrecht der aus dem Erwerbsleben ausgeschiedenen Arbeitnehmer und selbstständigen Erwerbstätigen vom 28. 6. 1990[152] sowie die Richtlinie 90/366/EWG über das Aufenthaltsrecht der Studenten vom 28. 6. 1990.[153]

58 Mehrere Entscheidungen befassen sich mit der **Freizügigkeit von Sportlern.** Besondere Bedeutung hat das Bosman-Urteil erlangt, das sich mit Spielertransfers und Abfindungen beschäftigt und das zuvor bestehende System neu gestaltet hat.[154] Auch in jüngerer Zeit hat sich der EuGH mit dem Berufssport beschäftigt. Hiernach ist es zulässig, dass nur solche Sportler an einem internationalen Wettkampf teilnehmen können, die über eine Auswahlentscheidung ihres Verbandes verfügen.[155] Dagegen können keine unterschiedlichen Transferdaten bei Meisterschaftsspielen festgesetzt werden (Basketballspieler).[156]

58a **b)** Der Freizügigkeit der Arbeitnehmer nach Art. 39 EG entspricht auf Arbeitgeberseite die in Art. 43 EG geregelte **Niederlassungsfreiheit.** Der hierin geregelte Schutz erstreckt sich nicht nur auf Akte der staatlichen Behörden, sondern auch auf Regelwerke anderer Art, welche die selbstständige Arbeit und die Erbringung von Dienstleistungen kollektiv regeln. Arbeitskampfmaßnahmen einer Gewerkschaft, die gegen ein Unternehmen zu dem Zweck betrieben werden, dieses Unternehmen dazu zu veranlassen, einen Tarifvertrag abzuschließen, dessen Inhalt geeignet ist, das Unternehmen davon abzubringen, von der Niederlassungsfreiheit Gebrauch zu machen, beschränken die Niederlassungsfreiheit. Diese Beschränkungen können durch einen zwingenden Grund des Allgemeininteresses gerechtfertigt sein.[157]

59 **c) Entgeltgleichheit.** Die Garantie der Entgeltgleichheit[158] von **Männern und Frauen** ergibt sich aus Art. 141 EG (näher dazu § 165 RN 3ff.). Hiernach stellt jeder Mitgliedstaat die Anwendung des Grundsatzes des gleichen Entgelts für Männer und Frauen bei gleicher oder gleichwertiger Arbeit sicher. Nach seinem persönlichen Geltungsbereich gilt der Grundsatz sowohl für Arbeitnehmer als auch für Beamte.[159] Zur Konkretisierung des Entgeltgleichheitssatzes ist die Richtlinie Nr. 75/117 über die Anwendung des Grundsatzes des gleichen Entgeltes für Männer und Frauen vom 10. 2. 1975 ergangen.[160] Sie wurde unter Bezugnahme auf Art. 100 EGV (jetzt Art. 94 EG) erlassen, wonach Richtlinien für die Angleichung derjenigen Rechts- und Verwaltungsvorschriften der Mitgliedstaaten ergehen können, die sich unmittelbar auf die Erreichung oder das Funktionieren des gemeinsamen Marktes auswirken. Die Richtlinie 76/207/EWG zur Verwirklichung des Grundsatzes der Gleichbehandlung von Männern und Frauen hinsichtlich des Zugangs zur Beschäftigung, zur Berufsbildung und zum beruflichen Aufstieg sowie in Bezug auf die Arbeitsbedingungen vom 9. 2. 1976, geändert durch die Richtlinie 2002/73/EG vom 23. 9. 2002[161] ist auf Art. 235 EGV (nunmehr Art. 308 EG), also die

---

[147] ABl. S. 850; BArbBl. S. 359.
[148] ABl. 1964 Nr. L 117/1863; vgl. dazu EuGH 29. 10. 1998 EWS 98, 457 (Freitas u. a./Ministre des Classes Moyennes et du Tourisme).
[149] ABl. EG Nr. L 257/13.
[150] ABl. EG Nr. L 14/10.
[151] ABl. EG Nr. L 180/26.
[152] ABl. EG Nr. L 180/28.
[153] ABl. EG Nr. L 180/30.
[154] EuGH 15. 12. 1995 NZA 96, 191.
[155] EuGH 11. 4. 2000 NZA 2000, 648 (Deliège/Ligue francophone); 13. 4. 2000 NZA 2000, 645 (Lehtonen/Fédération royale belge).
[156] EuGH 13. 4. 2000 NJW 2000, 2015; 8. 5. 2003 NZA 2003, 845.
[157] EuGH 11. 12. 2007 NZA 2008, 124 (Viking).
[158] Schrifttum siehe § 165.
[159] EuGH 2. 10. 1997 NZA 97, 1277 (Hellen Gerster/Freistaat Bayern).
[160] ABl. EG Nr. L 45/19.
[161] ABl. EG Nr. L 269/15.

Vorschrift für unvorhergesehene Fälle, die Kompetenzergänzung, gestützt.[162] Diese Richtlinie hat zur Einfügung von §§ 611a, 612 III BGB geführt. Diese Bestimmungen sind mit dem Inkrafttreten des AGG am 18. 8. 2006 außer Kraft getreten.

d) Allgemeine Grundsätze des Gemeinschaftsrechts.[163] Zum Primärrecht zählen auch die ungeschriebenen Grundsätze des Gemeinschaftsrechts. Hierzu gehören nach der Rechtsprechung des EuGH u.a. die **Rechtssicherheit,**[164] das Gebot wirksamen **gerichtlichen Rechtsschutzes,**[165] der **Verhältnismäßigkeitsgrundsatz**[166] (nunmehr Art. 5 III EG) sowie das **Verbot der Diskriminierung wegen des Alters.**[167] Das gemeinschaftsrechtliche Verbot der Altersdiskriminierung greift allerdings nicht ein, wenn die möglicherweise diskriminierende Behandlung keinen gemeinschaftsrechtlichen Bezug aufweist.[168] 60

2. Verordnungen. Die Verordnung ist eine Form der Gesetzgebung der Gemeinschaft. Die Verordnung hat allgemeine Geltung. Sie ist in allen ihren Teilen verbindlich und **gilt unmittelbar** in jedem Mitgliedstaat (Art. 249 II EG). Die Verordnung schafft einheitliches Recht in der EU mit Wirkung für und gegen jeden Normadressaten. Eine Umsetzung in nationales Recht ist nicht erforderlich. Die Verordnung verdrängt nationales Recht und verhindert dessen Wirksamkeit für die Zukunft. Enthält eine Verordnung bewusst Lücken, werden diese durch das nationale Recht geschlossen (sog. hinkende Verordnung). Im Arbeitsrecht kommt der Verordnung 574/72/EWG über die Beweiskraft ausländischer Arbeitsunfähigkeitsbescheinigungen Bedeutung zu (dazu § 98 RN 133).[169] Daneben sind sie vor allem im Zusammenhang mit der Freizügigkeit der Arbeitnehmer und den Regelungen im Straßenverkehr (dazu die LenkzeitenVO vom 15. 3. 2006)[170] zu beachten. Jeder Bürger eines Mitgliedstaats kann sich auf Verordnungen berufen. 61

3. Richtlinien sind an den einzelnen **Mitgliedstaat gerichtet.** Für diesen sind sie hinsichtlich des zu erreichenden Ziels verbindlich. Dem Mitgliedstaat bleibt jedoch die Wahl der Form und der Mittel zur Umsetzung der Richtlinie überlassen (Art. 249 III EG). Für durch Richtlinien geregelte Regelungskomplexe gilt grundsätzlich ein zweistufiges Verfahren. Auf der ersten Stufe erlassen die für die Rechtsetzung zuständigen Organe der EU die Richtlinie. Auf der zweiten Stufe bedarf es der Umsetzung der Richtlinie durch nationale Gesetze und Verordnungen. 62

a) Vor- und Sperrwirkung. Erlassene Richtlinien entfalten während der Umsetzungsfrist eine Vorwirkung. Während der Frist zur Umsetzung einer Richtlinie dürfen die Mitgliedstaaten keine Vorschriften erlassen, die geeignet sind, die Erreichung des in dieser Richtlinie vorgeschriebenen Ziels ernstlich in Frage zu stellen **(„Frustrationsverbot").**[171] Sind Richtlinien ergangen, entfalten sie eine Sperrwirkung. Dem nationalen Gesetzgeber ist dann für die Geltungsdauer der Richtlinie untersagt, eigenes Recht zu erlassen, das dem Inhalt der Richtlinie widerspricht.[172] Ob diese Sperrwirkung sowohl für nationale Regelungen gilt, die den Arbeitnehmer begünstigen, als auch für solche, die ihn benachteiligen, ist durch Auslegung der Richtlinie festzustellen. Der EuGH hat jedenfalls die strengere Rspr. des BAG im Rahmen der Betriebsnachfolge zum Widerspruchsrecht des einzelnen Arbeitnehmers bestätigt.[173] 63

Ob eine **Umsetzung der Richtlinie durch Richterrecht** ausreicht, ist zweifelhaft, richtigerweise aber wohl zu verneinen. Nach der Rechtsprechung des EuGH verlangt die Umsetzung einer Richtlinie zwar nicht notwendig in jedem Mitgliedstaat ein Tätigwerden des Gesetzgebers, es ist jedoch unerlässlich, dass das fragliche nationale Recht tatsächlich die vollständige Anwendung der Richtlinie durch die nationalen Behörden gewährleistet. Die sich aus diesem Recht ergebende Rechtslage muss hinreichend bestimmt und klar sein. Die Begünstigten müs- 64

---

[162] ABl. EG Nr. L 39/40.

[163] Dazu *Oppermann,* Europarecht, 3. Aufl., § 6 RN 20ff.

[164] EuGH 14. 3. 2000 EWS 2000, 171.

[165] EuGH 22. 9. 1998 AP 18 zu EWG-Richtlinie Nr. 76/207 = NZA 98, 1223.

[166] EuGH 9. 8. 1994 EWS 94, 312; dazu auch *v. Danwitz* EWS 2003, 393.

[167] EuGH 22. 11. 2005 AP 1 zu Richtlinie 2000/78 (Mangold); zu Recht kritisch dazu *Preis* NZA 2006, 401.

[168] EuGH 23. 9. 2008 NZA 2008, 1119 (Bartsch/Bosch).

[169] Dazu EuGH 3. 6. 1992 AP 1 zu Art. 18 EWG-Verordnung Nr. 574/72 = NZA 92, 735 (Paletta); BAG 19. 2. 1997 AP 3 zu Art. 18 EWG-Verordnung Nr. 574/72 = NZA 97, 705.

[170] ABl. Nr. L 102 vom 11. 4. 2006 S. 1.

[171] EuGH 22. 11. 2005 AP 1 zu Richtlinie 2000/78 (Mangold) = NZA 2000, 1345.

[172] *Oppermann,* Europarecht, 3. Aufl., § 6 RN 91.

[173] EuGH 16. 12. 1992 AP 97 zu § 613a BGB.

sen in die Lage versetzt werden, von allen ihren Rechten Kenntnis zu erlangen und diese gegebenenfalls vor den nationalen Gerichten geltend zu machen.[174] Unzureichend ist eine Umsetzung durch **Tarifvertragsrecht,** weil dieses nach §§ 3, 4 TVG nur für die der Tarifbindung unterliegenden Personen gilt. Zureichend werden dagegen Normen des Unfallverhütungsrechts sein.

65 **b) Wirkung der Richtlinie.** Gemäß Art. 249 III EG begründen Richtlinien grundsätzlich nur Verpflichtungen der Mitgliedstaaten zur Schaffung entsprechenden nationalen Rechts.[175] Richtlinien entfalten **keine unmittelbare Wirkung zwischen Privaten.**[176] Dies hat der EuGH bislang zu Recht abgelehnt, weil nach Art. 249 II EG neben den Vorschriften des Vertrags selbst allein Verordnungen mit unmittelbarer Wirkung Verpflichtungen zulasten Einzelner begründen können. Selbst eine klare, genaue und unbedingte Richtlinienbestimmung, mit der dem Einzelnen Rechte gewährt oder Verpflichtungen auferlegt werden sollen, kann im Rahmen eines Rechtsstreits, in dem sich ausschließlich Private gegenüberstehen, nicht als solche Anwendung finden.[177] Jedoch können Rechtsstreitigkeiten zwischen ihnen auszusetzen sein.[178]

66 Der einzelne Bürger kann sich nur **ausnahmsweise gegenüber dem Staat** auf Richtlinien berufen.[179] Voraussetzung dafür ist erstens, dass die Umsetzungsfrist abgelaufen ist und der Mitgliedstaat die Richtlinie innerhalb der vorgegebenen Frist noch nicht in nationales Recht umgesetzt hat.[180] Des Weiteren muss die Richtlinie einen klaren und hinreichend genauen Inhalt haben, der dem Mitgliedstaat bei der Umsetzung keine Handlungsalternativen lässt.[181] Unter diesen Voraussetzungen gilt die direkte Wirkung von Richtlinien allein im Verhältnis des von der Richtlinie begünstigten Bürgers **gegenüber dem Mitgliedstaat.** Denn Grund für die direkte Anwendung der Richtlinie ist, dass sich der Mitgliedstaat gegenüber dem einzelnen Bürger nicht auf eine Rechtslage berufen können soll, deren Beseitigung der Mitgliedstaat unter Missachtung der Richtlinie unterlassen hat.[182] Die einzelnen Bürger können sich damit auf inhaltlich unbedingte und hinreichend genaue Bestimmungen einer Richtlinie gegenüber Organisationen oder Einrichtungen berufen, die unabhängig von ihrer Rechtsform kraft staatlichen Rechtsakts unter staatlicher Aufsicht eine Dienstleistung im öffentlichen Interesse zu erbringen haben und die hierzu mit besonderen Rechten ausgestattet sind, die über das hinausgehen, was für die Beziehungen zwischen Privatpersonen gilt.[183] Betroffen sind damit alle öffentlichen Arbeitgeber.[184] Aus diesem Grunde kann sich eine schwangere Arbeitnehmerin, die bei einer Gemeinde beschäftigt ist, auf das in Art. 10 der Richtlinie 92/85 über die Durchführung von Maßnahmen zur Verbesserung der Sicherheit und des Gesundheitsschutzes von schwangeren Arbeitnehmerinnen, Wöchnerinnen und stillenden Arbeitnehmerinnen am Arbeitsplatz enthaltene Kündigungsverbot berufen, wenn der Staat die Richtlinie nicht innerhalb der vorgeschriebenen Frist umgesetzt hat.[185] Zu den öffentlichen Arbeitgebern gehören auch Eigenbetriebe öffentlicher Körperschaften[186] sowie Gesellschaften mit beschränkter Haftung des Privatrechts, deren einziger Gesellschafter ein öffentlich-rechtlicher Sozialhilfeverband ist.[187] Hierin liegt nach Auffassung des BAG keine ungerechtfertige Benachteiligung der Arbeitnehmer außerhalb des öffentlichen Dienstes.[188]

67 **4. Gemeinschaftsrechtskonforme Auslegung.** Die sich aus einer Richtlinie ergebende Verpflichtung der Mitgliedstaaten, das **in dieser Richtlinie vorgesehene Ziel zu erreichen,** und die Pflicht der Mitgliedstaaten gemäß Art. 10 EG, alle zur Erfüllung dieser Verpflichtung

---

[174] Vgl. EuGH 10. 5. 2001 NJW 2001, 2244; *Thüsing* § 1 RN 39.

[175] EuGH 14. 7. 1994 Slg. 1994 I 3347 (Faccini Dori).

[176] EuGH 5. 10. 2004 AP 12 zu EWG-Richtlinie Nr. 93/104 = NZA 2004, 1145; 9. 9. 2003 NZA 2003, 1019 (Jäger); 7. 3. 1996 NJW 96, 1401 (Rivero).

[177] Zuletzt EuGH 5. 10. 2004 AP 12 zu EWG-Richtlinie Nr. 93/104 = NZA 2004, 1145; ebenso BAG 18. 2. 2003 AP 12 zu § 611 BGB Arbeitsbereitschaft.

[178] EuGH 26. 9. 2000 NJW 2001, 1847 (Unilever Italia/Central Food).

[179] Vgl. EuGH 5. 10. 2004 AP 12 zu EWG-Richtlinie Nr. 93/104 = NZA 2004, 1145; 26. 2. 1986 Slg. 1986, 723, 748.

[180] EuGH 5. 2. 2004 EuZW 2004, 279.

[181] EuGH 19. 11. 1991 Slg. 1991 I 5357 (Francovich); 5. 2. 2004 Slg. 2004 I 1477 (Rieser).

[182] EuGH 7. 3. 1996 NJW 96, 140; *Geiger* EUV/EGV, 4. Aufl., Art. 249 RN 15.

[183] EuGH 12. 7. 1990 NJW 91, 3086 (Foster).

[184] HWK/*Strick* Vorb. EGV RN 15; ErfK/*Wißmann* Vorbem. zum EG RN 14.

[185] EuGH 4. 10. 2001 AP 3 zu EWG-Richtlinie Nr. 92/85 (Jimenez Melgar).

[186] EuGH 7. 9. 2006 NZA 2006, 1265 (Marrosu).

[187] EuGH 26. 5. 2005 ZESAR 2005, 477.

[188] BAG 2. 4. 1996 AP 5 zu § 87 BetrVG 1972 Gesundheitsschutz = NZA 96, 998.

geeigneten Maßnahmen allgemeiner oder besonderer Art zu treffen, haben insbesondere die Gerichte zu beachten. Sie haben ggf. eine gemeinschaftsrechtskonforme Auslegung des nationalen Rechts vorzunehmen. Bei der Anwendung des innerstaatlichen Rechts, insbesondere der Bestimmungen einer speziell zur Umsetzung der Vorgaben einer Richtlinie erlassenen Regelung, muss das nationale Gericht das innerstaatliche Recht so weit wie möglich anhand des Wortlauts und des Zwecks dieser Richtlinie auslegen, um das in ihr festgelegte Ergebnis zu erreichen und so Art. 249 III EG nachzukommen.[189] Der Grundsatz der gemeinschaftsrechtskonformen Auslegung des nationalen Rechts betrifft zwar in erster Linie die zur Umsetzung der fraglichen Richtlinie erlassenen innerstaatlichen Bestimmungen, beschränkt sich jedoch nicht auf die Auslegung dieser Bestimmungen, sondern verlangt, dass das nationale Gericht das gesamte nationale Recht berücksichtigt, um zu beurteilen, inwieweit es so angewendet werden kann, dass es nicht zu einem der Richtlinie widersprechenden Ergebnis führt.[190] Ermöglicht es das nationale Recht durch die Anwendung seiner Auslegungsmethoden, eine innerstaatliche Bestimmung unter bestimmten Umständen so auszulegen, dass eine Kollision mit einer anderen Norm innerstaatlichen Rechts vermieden wird, oder die Reichweite dieser Bestimmung zu diesem Zweck einzuschränken und sie nur insoweit anzuwenden, als sie mit dieser Norm vereinbar ist, ist das nationale Gericht verpflichtet, die gleichen Methoden anzuwenden, um das von der Richtlinie verfolgte Ziel zu erreichen. Die Pflicht zur richtlinienkonformen Auslegung wird begrenzt durch die allgemeinen Rechtsgrundsätze, insbesondere den Grundsatz der Rechtssicherheit und das Rückwirkungsverbot. Auch darf sie nicht als Grundlage für eine Auslegung contra legem („Beugung") des nationalen Rechts dienen.[191] Die Pflicht zur richtlinienkonformen Auslegung beginnt bei verspäteter Umsetzung einer Richtlinie mit dem Ablauf der Umsetzungsfrist, soweit nicht das Frustrationsverbot eine vorherige richtlinienkonforme Auslegung gebietet.[192]

5. Entschädigungsanspruch. Hat ein Mitgliedstaat eine Richtlinie nicht rechtzeitig oder nicht vollständig umgesetzt und kann der einzelne EU-Bürger nicht durch Berufung auf eine unmittelbare Wirkung von Richtlinienbestimmungen zu seinem Recht kommen, hat der EuGH eine Schadensersatzverpflichtung des Mitgliedstaates für die durch die verspätete Umsetzung entstandenen Schäden bejaht.[193] Der Entschädigungsanspruch hängt von **drei Voraussetzungen** ab: **(1)** Das durch die Richtlinie vorgeschriebene Ziel muss die Verleihung von Rechten an den Einzelnen beinhalten; **(2)** deren Inhalt muss auf der Grundlage der Richtlinien hinreichend bestimmt werden können; **(3)** zwischen dem Verstoß gegen die dem Staat auferlegte Verpflichtung und dem Schaden muss ein Kausalzusammenhang bestehen.[194] **68**

Diese Rechtsprechung hat der EuGH fortgeführt und dahingehend ergänzt, es sei, soweit es an Gemeinschaftsvorschriften fehle, Sache der nationalen Rechtsordnung jedes Mitgliedstaats, die Kriterien festzulegen, anhand deren der **Umfang der Entschädigung** bestimmt werden könne. Insbesondere könne das nationale Gericht bei der Bestimmung des ersatzfähigen Schadens prüfen, ob sich der Geschädigte in angemessener Form um die Verhinderung des Schadenseintritts oder um die Begrenzung des Schadensumfangs bemüht und ob er insbesondere rechtzeitig von allen ihm zur Verfügung stehenden Rechtsschutzmöglichkeiten Gebrauch gemacht habe.[195] Daher können die den §§ 254, 839 III BGB zugrunde liegenden Rechtsgedanken auf den gemeinschaftsrechtlichen Staatshaftungsanspruch angewendet werden.[196] Bei der Frage, ob ein qualifizierter Verstoß gegen das Gemeinschaftsrecht vorliegt, sind alle Gesichtspunkte des Einzelfalls zu berücksichtigen. Zu diesen Gesichtspunkten gehören u. a. das Maß an Klarheit und Präzision der verletzten Vorschrift, die Vorsätzlichkeit des Verstoßes und die Entschuldbarkeit des Rechtsirrtums; ein Verstoß gegen das Gemeinschaftsrecht ist jedenfalls dann hinreichend qualifiziert, wenn die fragliche Entscheidung die einschlägige Rechtsprechung des **69**

---

[189] EuGH 14. 7. 1994 Slg. 1994 I 3347 (Faccini Dori).

[190] EuGH 5. 10. 2004 AP 12 zu EWG-Richtlinie Nr. 93/104 = NZA 2004, 1145.

[191] EuGH 4. 7. 2006 AP 1 zu Richtlinie 99/70/EG = NZA 2006, 909 (Adeneler); *Thüsing* § 1 RN 42; ausf. dazu *Canaris* FS für Bydlinsky, 2002, S. 37; *Herdegen* WM 2005, 1921.

[192] EuGH 4. 7. 2006 AP 1 zu Richtlinie 99/70/EG = NZA 2006, 909 (Adeneler); *Kokott* RdA 2006 Beil. Heft 6 S. 30, 33.

[193] Grundlegend EuGH 19. 11. 1991 NJW 92, 165 (Francovich); näher dazu *Oppermann,* Europarecht, 3. Aufl., § 4 RN 21ff.

[194] EuGH 19. 11. 1991 NJW 92, 165 (Francovich).

[195] EuGH 5. 3. 1996 NJW 96, 1267 (Brasserie); zur Folgeentscheidung des BGH 24. 10. 1996 NJW 97, 123; EuGH 8. 10. 1996 NJW 96, 3141 (Dillenkofer); 10. 7. 1997 NJW 97, 2585 (Maso u. a. Istituto nationale); 10. 7. 1997 NJW 97, 2588 (Bonifaci u. a./Wanda Berto).

[196] BGH 9. 10. 2003 NJW 2004, 1241.

EuGH offenkundig verkennt.[197] Für die Erhebung von Schadensersatzansprüchen können auch Ausschlussfristen normiert werden.[198]

IV. Der Gerichtshof der Europäischen Gemeinschaften (EuGH)

Alber, Aktuelle arbeitsrechtliche Fragen in der Rspr. des EuGH, RdA 2001, Sonderbeilage Heft 5; *Bleckmann,* Bundesverfassungsgericht versus Europäischer Gerichtshof für Menschenrechte, EuGRZ 95, 387; *Callies,* Kohärenz und Konvergenz beim europäischen Individualrechtsschutz, NJW 2002, 3577; *Colneric,* Die Rolle des EuGH bei der Fortentwicklung des Arbeitsrechts, EuZA 2008, 212; *Dieterich,* Die Arbeitsgerichte zwischen Bundesverfassungsgericht und Europäischem Gerichtshof, NZA 96, 673; *Everling,* 50 Jahre Gerichtshof der Europäischen Gemeinschaften, DVBl 2002, 1293; *Grimm,* Europäischer Gerichtshof und nationale Arbeitsgerichte aus verfassungsrechtlicher Sicht, RdA 96, 66; *Gündisch/Wienhues,* Rechtsschutz in der Europäischen Union, 2. Aufl., 2003; *Hirsch,* Europäischer Gerichtshof und Bundesverfassungsgericht, NJW 96, 2457; *ders.,* Die deutsche Arbeitsgerichtsbarkeit und der Europäische Gerichtshof, RdA 99, 48; *ders.,* Der Europäische Gerichtshof, Eine Aussicht von innen, MDR 99, 1; *ders.,* Der EuGH im Spannungsverhältnis zwischen Gemeinschaftsrecht und nationalem Recht, NJW 2000, 1817; *Junker,* Systembildung und Systemlücken im harmonisierten Arbeitsvertragsrecht, NZA 99, 2; *Körner,* Der Dialog des EuGH mit den deutschen Arbeitsgerichten, NZA 2001, 1046; *Neumann,* Das Europäische Arbeitsrecht in der aktuellen Rechtsprechung des Gerichtshofs, GPR 2003–04 S. 26; *Rösler,* Zur Zukunft des Gerichtssystems der EU, ZRP 2000, 52; *Schlachter,* Der Europäische Gerichtshof und die Arbeitsgerichtsbarkeit, 1995; *Tavakoli/Westhauser,* Vorlegen oder Durchentscheiden? – Kompetenzüberschreitung nationaler Gerichte bei Berechnung der Kündigungsfrist gem. § 622 BGB?, DB 2008, 702; *Thüsing,* Angleichung der Arbeitsbedingungen auf dem Weg des Fortschritts. Zur neueren arbeitsrechtlichen Rechtsprechung des EuGH, NZA 2003, Sonderbeilage zu Heft 16, S. 41; *Wißmann,* Europäischer Gerichtshof und Arbeitsgerichtsbarkeit – Kooperation mit Schwierigkeiten, RdA 95, 193; *ders.,* Zum Umgang des BAG mit europäischem Recht, AuR 2001, 370; *Zuleeg,* Europäischer Gerichtshof und nationale Arbeitsgerichte aus europarechtlicher Sicht, RdA 96, 71; 94, 633.

70 **1. Aufgabe. a)** Der Europäische Gerichtshof (EuGH) hat die Aufgabe, im Rahmen seiner Zuständigkeit das Recht bei der Auslegung und Anwendung des Gemeinschaftsrechtes zu wahren (Art. 220 I EG). Ihm obliegt damit die Sicherung der Einheit der Gemeinschaftsrechtsordnung wie auch des Rechtsschutzes gegenüber den Gemeinschaftsorganen. Dagegen ist der EuGH nicht zuständig für die Auslegung und Anwendung des Rechts der Mitgliedstaaten.

71 In Art. 220 I EG ist ein **Gericht erster Instanz (EuG)** vorgesehen.[199] Seine Aufgaben und Zuständigkeiten sind in Art. 224f. EG geregelt. Das Gericht erster Instanz soll den EuGH entlasten. Es besteht aus mindestens einem Richter je Mitgliedsstaat (Art. 224 I 1 EG). Das EuG tagt nach seiner Satzung in Kammern mit drei oder fünf Richtern.

72 **b)** Die **Rechtsgrundlagen** für die Tätigkeit des EuGH sind Art. 220 bis 245 EG sowie die Protokolle über die Satzung des Gerichtshofs. Sie gehören zum Primärrecht. Das Verfahren des EuGH richtet sich nach der VerfO und zusätzlichen VerfO (Art. 245 EG). Das Protokoll über die Satzung des Gerichtshofs vom 17. 4. 1957 (BGBl. II S. 1166) mit spät. Änd. enthält die Organisation und einen Teil des Verfahrensrechts. Verfahrensregeln des Gerichtshofs ergeben sich aus der Verfahrensordnung vom 19. 6. 1991 (ABl. Nr. L 176/7, ber. ABl. Nr. L 351/72 v. 23. 12. 1997) m. spät. Änd. Sie wird ergänzt durch die Verfahrensordnung des Gerichts erster Instanz der Europäischen Gemeinschaft vom 2. 5. 1991 (ABl. Nr. L 136/1 v. 30. 5. 1991, ber. im ABl. Nr. L 193/44 v. 17. 7. 1991 und in ABl. Nr. L 317/34 v. 19. 11. 1991) mit spät. Änd. Die Rechtsvorschriften finden sich unter http://www.curia.eu.

73 **c)** Der EuGH besteht aus einem **Richter je Mitgliedstaat** (Art. 221 I EG). Damit hat er heute 27 Richter. Hinzu kommen acht Generalanwälte. Die Richter und Generalanwälte werden von den Regierungen der Mitgliedstaaten im gegenseitigen Einvernehmen auf sechs Jahre ernannt. Eine Wiederernennung ist zulässig (Art. 247 III EG). Die Generalanwälte unterstützen den Gerichtshof. Sie sind unparteilich und unabhängig und haben ein Rechtsgutachten zu erstellen, die „Schlussanträge". Der Gerichtshof tagt in Kammern mit je drei oder fünf Richtern. Er tagt als Große Kammer, wenn ein am Verfahren beteiligter Mitgliedsstaat oder ein beteiligtes Gemeinschaftsorgan dies beantragt. Als Plenum tagt der EuGH nach Maßgabe seiner Satzung nur in Ausnahmefällen.

---

[197] BFH 21. 4. 2005 BB 2005, 2731.

[198] EuGH 10. 7. 1997 NZA 97, 988 (Maso u. a./Istituto nazionale della previdenza sociale); 10. 7. 1997 ZIP 97, 1663 (Bonifaci); 10. 7. 1997 NZA 97, 1041 (Palmisani/Istituto).

[199] *Oppermann,* Europarecht, 3. Aufl., § 5 RN 110.

2. Entscheidungsbefugnis des EuGH. a) Der **EuGH entscheidet:** 74

(1) Über Klagen der Kommission gegen die Mitgliedstaaten (**Vertragsverletzungsverfahren** gemäß Art. 226 EG).

(2) Über Klagen

- **(a)** von Mitgliedstaaten gegen andere Mitgliedstaaten oder Gemeinschaftsorgane (Art. 227, 230 EG),
- **(b)** der Kommission und des Rates (Art. 232 EG),
- **(c)** einzelner natürlicher oder juristischer Personen gegen Gemeinschaftsorgane (Art. 230 IV EG),
- **(d)** auf Schadensersatz (Art. 235, 288 EG).

(3) Über Vorlagen nationaler Gerichte im Wege der **Vorabentscheidung** (Art. 234 EG).

(4) In Streitsachen, die die Europäische Investitionsbank oder das europäische System der Zentralbanken betreffen (Art. 230 EG).

(5) Auf Grund von Schiedsklauseln, die die Gemeinschaft mit Dritten vereinbart hat (Art. 238 EG), oder auf Grund eines zwischen den Mitgliedstaaten vereinbarten Schiedsverfahrens (Art. 239 EG).

(6) Über Rechtsmittel gegen Entscheidungen des Gerichtes erster Instanz (Art. 225 III EG).

(7) In Streitsachen der Gemeinschaften und ihrer Bediensteten.

b) Von besonderer arbeitsrechtlicher Bedeutung sind das **Vertragsverletzungsverfahren** und das **Vorabentscheidungsverfahren.** 75

3. Das **Vertragsverletzungsverfahren** ist in Art. 226 EG geregelt. 76

a) Nach Art. 211 EG hat die Kommission die **Aufgabe,** für die Anwendung des EG sowie für die von den Organen auf Grund dieses Vertrags getroffenen Bestimmungen Sorge zu tragen. Die Überwachung der Einhaltung des Europarechts erfolgt auf Grund eigener Initiative. Hat nach Auffassung der Kommission ein Mitgliedstaat gegen seine Verpflichtungen aus dem EG-Recht verstoßen, richtet die Kommission an den Mitgliedstaat ein Mahnschreiben, in dem sie ihre Bedenken mitteilt und dem Mitgliedstaat Gelegenheit zur Äußerung gibt (Art. 228 II EG). Dem Mahnschreiben geht in aller Regel ein Auskunftsersuchen an den Mitgliedstaat voraus. Für die Auskunft kann die Kommission dem Mitgliedstaat Fristen setzen. 77

b) Kommt der Mitgliedstaat der Aufforderung der Kommission zur Stellungnahme nicht innerhalb der von ihr festgesetzten Frist nach, kann die Kommission gemäß Art. 228 EG den EuGH anrufen. Insoweit gilt das **Opportunitätsprinzip** und nicht das Legalitätsprinzip. 78

c) Für den von einem vertragswidrigen Verhalten eines Mitgliedstaates betroffenen Einzelnen besteht auf Grund der unmittelbaren Wirkung der gemeinschaftsrechtlichen Normen bzw. im Hinblick auf das Gebot der richtlinienkonformen Auslegung die Möglichkeit, die **nationalen Gerichte** anzurufen. Er kann mit seiner Klage versuchen zu erreichen, dass das nationale Gericht im Wege des Vorabentscheidungsverfahrens den EuGH anruft. 79

4. Durch das **Vorabentscheidungsverfahren** des Art. 234 EG nimmt der EuGH am intensivsten und nachhaltigsten auf die Entwicklung des Gemeinschaftsrechts Einfluss. **Zur Vorlage verpflichtet** sind alle Gerichte, gegen deren Entscheidungen ein Rechtsmittel nicht mehr gegeben ist. Dies sind vor allem die obersten Gerichtshöfe des Bundes, aber auch solche Gerichte, gegen deren Entscheidungen kein Rechtsmittel an die obersten Gerichtshöfe des Bundes gegeben ist (Art. 234 III EG). Wird eine Vorlagefrage bei einem sonstigen Gericht streitig, ist dieses berechtigt, das Vorabentscheidungsverfahren einzuleiten (Art. 234 II EG). Die Vorlagepflicht entfällt in Eilverfahren, soweit im nachfolgenden Verfahren zur Hauptsache eine erneute Prüfung der im summarischen Verfahren bereits entschiedenen Frage des Gemeinschaftsrechts möglich ist.[200] Aus dem Grundsatz der Prozessökonomie folgt, dass der EuGH nur mit entscheidungserheblichen Vorlagefragen befasst wird.[201] 80

Eine Vorlagepflicht besteht nicht, wenn bereits eine gesicherte Rspr. des EuGH zu der entscheidungserheblichen Frage des Gemeinschaftsrechts besteht oder wenn die richtige Anwendung des Gemeinschaftsrechts derart offenkundig ist, dass keinerlei Raum für einen vernünftigen Zweifel an der Entscheidung der gestellten Frage besteht **(„acte clair“).**[202] Ob ein solcher Fall gegeben ist, ist unter Berücksichtigung der Eigenheiten des Gemeinschaftsrechts, der besonderen Schwierigkeiten seiner Auslegung und der Gefahr voneinander abweichender Gerichtsentschei- 81

---

[200] *Geiger,* EUV/EGV, 4. Aufl., Art. 234 RN 19.

[201] EuGH 24. 5. 1977 NJW 77, 1585; 21. 2. 1991 NJW 91, 2207.

[202] EuGH 6. 10. 1982 – Rs. 283/81 – Slg. 1982, 3415, 3428 = NJW 83, 1257.

dungen innerhalb der Gemeinschaft zu beurteilen. Es bleibt allein dem nationalen Gericht überlassen, zu beurteilen, ob die richtige Anwendung des Gemeinschaftsrechts derart offenkundig ist, dass für einen vernünftigen Zweifel kein Raum bleibt, und demgemäß davon abzusehen, dem Gerichtshof eine vor ihm aufgeworfene Frage nach der Auslegung des Gemeinschaftsrechts vorzulegen.[203] Nach der Rechtsprechung des BVerfG ist im Rahmen der Prüfung der Vorlagepflicht festzustellen, ob zu einer entscheidungserheblichen Frage des Gemeinschaftsrechts einschlägige Rechtsprechung des EuGH vorliegt und ob eine vorliegende Rechtsprechung die entscheidungserhebliche Frage erschöpfend beantwortet hat. Erscheint eine Fortentwicklung der Rechtsprechung des EuGH nicht nur als entfernte Möglichkeit, wird Art. 101 I 2 GG verletzt, wenn das letztinstanzliche Gericht den ihm in solchen Fällen notwendig zukommenden Beurteilungsrahmen in unvertretbarer Weise überschritten hat. Dies kann insbesondere dann der Fall sein, wenn mögliche Gegenauffassungen zu der entscheidungserheblichen Frage des Gemeinschaftsrechts gegenüber der vom Gericht vertretenen Meinung eindeutig vorzuziehen sind.[204]

V. Arbeitsrechtliche Rechtsetzung der EU

82 Folgende Richtlinien und Verordnungen sind für das Arbeitsverhältnis **von besonderer Bedeutung:**

1. Allgemeiner Inhalt des Arbeitsverhältnisses

83 In der Richtlinie 91/533/EWG des Rates vom 14. Oktober 1991 über die Pflicht des Arbeitgebers zur Unterrichtung des Arbeitnehmers über die für seinen Arbeitsvertrag oder sein Arbeitsverhältnis geltenden Bedingungen **(„Nachweisrichtlinie")** wird die Pflicht zum schriftlichen Nachweis der Arbeitsbedingen geregelt.

Richtlinie 97/81/EG des Rates zu der von UNICE, CEEP und EBG geschlossenen Rahmenvereinbarung über Teilzeitarbeit vom 15. 12. 1997 **(„Teilzeitrichtlinie");**

Richtlinie 99/70/EG des Rates vom 28. 6. 1999 zu der EGB-UNICE-CEEP-Rahmenvereinbarung über befristete Arbeitsverträge **(„Befristungsrichtlinie");**

Richtlinie 2006/54/EG vom 5. 7. 2006 zur Verwirklichung des Grundsatzes der Chancengleichheit und Gleichbehandlung von Männern und Frauen in Arbeits- und Beschäftigungsfragen **(„Gleichbehandlungsrichtlinie"),** ab 15. 8. 2009 anstelle der Richtlinien 75/117/EWG, 76/207/EWG, 86/378/EWG und 97/80/EG;

Richtlinie 75/117/EWG des Rates vom 10. Februar 1975 zur Angleichung der Rechtsvorschriften der Mitgliedstaaten über die Anwendung des Grundsatzes des gleichen Entgelts für Männer und Frauen **(„Lohngleichheitsrichtlinie");**

Richtlinie 76/207/EWG des Rates vom 9. Februar 1976 zur Verwirklichung des Grundsatzes der Gleichbehandlung von Männern und Frauen hinsichtlich des Zugangs zur Beschäftigung, zur Berufsbildung und zum beruflichen Aufstieg sowie in Bezug auf die Arbeitsbedingungen in der Fassung der Richtlinie 2002/73/EG vom 23. 9. 2002 **(„Gleichbehandlungsrichtlinie");**

Richtlinie 2000/78/EG des Rates vom 27. 11. 2000 zur Festlegung eines allgemeinen Rahmens für die Verwirklichung der Gleichbehandlung in Beschäftigung und Beruf **(„Rahmenrichtlinie");**

Richtlinie 79/7/EWG des Rates vom 19. Dezember 1978 zur schrittweisen Verwirklichung des Grundsatzes der Gleichbehandlung von Männern und Frauen im Bereich der **sozialen Sicherheit** (ABl. EG Nr. L 6 vom 10. 1. 1979, S. 24);

Richtlinie 86/378/EWG des Rates vom 24. Juli 1986 zur Verwirklichung des Grundsatzes der Gleichbehandlung von Männern und Frauen bei den **betrieblichen Systemen der sozialen Sicherheit** (ABl. EG Nr. L 225/40 vom 12. 8. 1986 S. 40);

Richtlinie 96/34/EG des Rates vom 3. 6. 1996 zu der von UNICE, CEEP und EGB geschlossenen Rahmenvereinbarung über **Elternurlaub;**

Richtlinie 97/80/EG des Rates vom 15. 12. 1997 über die Beweislast bei Diskriminierungen **(„Beweislastrichtlinie");**

Richtlinie 2000/43/EG des Rates vom 29. 6. 2000 zum Verbot der Diskriminierung aus rassischen oder ethnischen Gründen **(„Antirassismusrichtlinie");**

Verordnung (EWG) Nr. 561/2006 vom 15. 3. 2006 des Europäischen Parlaments und des Rates zur Harmonisierung bestimmter Spezialvorschriften im Straßenverkehr und zur Änderung der Verordnung (EWG) Nr. 3821/85 und (EG) Nr. 2135/98 des Rates sowie zur Aufhebung der Verordnung (EWG) Nr. 3820/85 **(„LenkzeitenVO");**

---

[203] EuGH 15. 9. 2005 – C-495/03 – [Intermodal Transports] EuGHE I 2005, 8151.
[204] BVerfG 9. 1. 2001 NJW 2001, 1267.

Richtlinie 98/59/EG vom 20. 7. 1998 des Rates über die Angleichung der Rechtsvorschriften der Mitgliedstaaten über Massenentlassungen **(„Massenentlassungsrichtlinie“);**

Richtlinie 2001/23/EG vom 12. 3. 2001 des Rates zur Angleichung der Rechtsvorschriften der Mitgliedstaaten über die Wahrung von Ansprüchen der Arbeitnehmer beim Übergang von Unternehmen, Betrieben oder Unternehmens- oder Betriebsteilen **(„Betriebsübergangsrichtlinie“).**

2. Insolvenzschutz

Richtlinie 80/987/EWG des Rates vom 20. 10. 1980 zur Angleichung der Rechtsvorschrif- **84**
ten der Mitgliedstaaten über den Schutz der Arbeitnehmer bei Zahlungsunfähigkeit des Arbeitgebers in der Änd. der Richtlinie 2002/74/EG des Europäischen Parlamentes und des Rates vom 23. 9. 2002 zur Änderung der Richtlinie 80/987/EWG des Rates zur Angleichung der Rechtsvorschriften der Mitgliedstaaten über den Schutz der Arbeitnehmer bei Zahlungsunfähigkeit des Arbeitgebers;

Richtlinie 87/164/EWG des Rates vom 2. 3. 1987 zur auf Grund des Beitritts Spaniens erfolgenden Änderung der Richtlinie 80/987/EWG zur Angleichung der Rechtsvorschriften der Mitgliedstaaten über den Schutz der Arbeitnehmer bei Zahlungsunfähigkeit des Arbeitgebers;

Verordnung (EG) Nr. 1346/2000 des Rates vom 29. 5. 2000 (ABl. EG Nr. L 160 v. 30. 6. 2000, S. 1).

3. Arbeits- und Gesundheitsschutz

Richtlinie 91/383/EWG des Rates vom 25. 6. 1991 zur Ergänzung der Maßnahmen zur **85**
Verbesserung der Sicherheit und des Gesundheitsschutzes von Arbeitnehmern mit befristetem Arbeitsverhältnis oder Leiharbeitsverhältnis **(„Leiharbeitsrichtlinie“);**

Richtlinie 92/85/EWG des Rates vom 19. 10 1992 über die Durchführung von Maßnahmen zur Verbesserung der Sicherheit und des Gesundheitsschutzes von schwangeren Arbeitnehmerinnen, Wöchnerinnen und stillenden Arbeitnehmerinnen am Arbeitsplatz (Zehnte Einzelrichtlinie im Sinne des Artikels 16 Absatz 1 der Richtlinie 89/391/EWG – **„Mutterschutzrichtlinie“**) in der Änd. der Richtlinie 2007/30/EG vom 27. 6. 2007 (ABl. Nr. L 165 S. 21);

Richtlinie 2003/88/EG des Rates vom 4. 11. 2003 über bestimmte Aspekte der Arbeitszeitgestaltung **(„Arbeitszeitrichtlinie“);**

Richtlinie 94/33/EG des Rates vom 22. 6. 1994 über den **Jugendarbeitsschutz** in der Änd. der Richtlinie 2007/30/EG vom 27. 6. 2007 (ABl. Nr. L 165 S. 21);

Richtlinie 94/58/EG des Rates vom 22. 4. 1994 über Mindestanforderungen für die Ausbildung von Seeleuten in der Änderung der Richtlinie 98/35/EG des Rates vom 12. 5. 1998 über Mindestanforderungen an die Ausbildung von **Seeleuten;**

Richtlinie 95/46/EG des Europäischen Parlaments und des Rates vom 24. 10. 1995 zum Schutz natürlicher Personen bei der Verarbeitung personenbezogener Daten und zum freien Datenverkehr **(„Datenschutzrichtlinie“);**

Richtlinie 96/71/EG des Europäischen Parlamentes und des Rates vom 16. 12. 1996 über die Entsendung von Arbeitnehmern im Rahmen der Erbringung von Dienstleistungen **(„Entsenderichtlinie“);**

Richtlinie 90/207/EWG vom 29. 5. 1990 des Rates über die Mindestvorschriften bezüglich der Sicherheit und des Gesundheitsschutzes bei der Arbeit an Bildschirmgeräten **(„Bildschirmrichtlinie“).**

Daneben gibt es zahlreiche Richtlinien zum technischen Arbeitsschutz.

VI. Auswirkungen des EG- und EU-Rechts auf das Sozialrecht

Allgemein: *Dötsch,* Neuere Rechtsprechung zum Europäischen Sozialrecht, AuA 2000, 72; *Eichenhofer,* Sozialrecht der Europäischen Union, 2. Aufl., 2003; *Fuchs* (Hrsg.), Europäisches Sozialrecht, 4. Aufl., 2005, *ders.,* Luxemburg locuta – causa finita – qaestio non soluta, NZS 2002, 337; *Huster,* Grundfragen der Exportpflicht im europäischen Sozialrecht, NZS 99, 10; *Kleine,* Grenzüberschreitende Behandlungsleistungen im Binnenmarkt – zwei Jahre Kohll und Decker – Tagung der Europäischen Rechtsakademie Trier (ERA), NZS 2000, 603; *Neumann-Duesberg,* Die Reform der europäischen Wanderarbeitnehmerverordnung, KrV 2003, 202; *Rolfs,* Europarechtliche Grenzen für die Monopole der Sozialversicherungsträger, Die Sozialgerichtsbarkeit 1998, 202; *Weth/Kerwer,* Grenzgänger, RdA 98, 233.

Krankenversicherung: *Bieback,* Etablierung eines Gemeinsamen Marktes für Krankenbehandlung, NZS 2001, 561; *Eichenhofer,* Richtlinien der gesetzlichen Krankenversicherung und Gemeinschaftsrecht, NZS 2001, 1; *Gasser,* Pflegeversicherung und Arbeitnehmerfreizügigkeit, NZS 98, 313; *Becker,* Brillen aus Luxemburg und Zahnbehandlung in Brüssel. Die gesetzliche Krankenversicherung im europäischen Binnenmarkt, NZS 98, 359.

86 **1. Grundlagen.** In den §§ 3–5 SGB IV sind die Vorschriften über den persönlichen und räumlichen Geltungsbereich einschließlich der sog. Ausstrahlung und Einstrahlung enthalten. Das SGB IV geht von dem sog. Territorialitätsprinzip aus.

87 Danach gelten die Vorschriften über die **Versicherungspflicht** und die **Versicherungsberechtigung** für alle Personen, die im Geltungsbereich des SGB IV beschäftigt sind, oder, soweit eine Beschäftigung oder selbstständige Tätigkeit nicht vorausgesetzt wird, für alle Personen, die ihren Wohnsitz oder gewöhnlichen Aufenthalt im Geltungsbereich dieses Gesetzes haben. Das Territorialitätsprinzip steht aber nicht dem Versicherungsschutz von Beschäftigten entgegen, die im Rahmen eines im Geltungsbereich des SGB bestehenden Beschäftigungsverhältnisses in ein Gebiet außerhalb dieses Geltungsbereiches entsandt werden, wenn die Entsendung infolge der Eigenart der Beschäftigung oder vertraglich im Voraus zeitlich begrenzt ist. Voraussetzungen des Bestehens der Versicherungspflicht oder der Versicherungsberechtigung sind **(1)** Beschäftigung im Bereich der BRD; Passagiere auf Seeschiffen unter deutscher Flagge befinden sich unabhängig von der Schiffsposition im Inland,[205] **(2)** Entsendung in ein Gebiet außerhalb dieses Geltungsbereichs, **(3)** zeitliche Begrenzung der Beschäftigung im Ausland. Ebenso wie in Deutschland Beschäftigte zu Arbeiten ins Ausland entsandt werden, können auch aus dem Ausland Arbeitnehmer in das Inland entsandt werden.

88 Nach § 5 SGB IV gilt die Versicherungspflicht und die Versicherungsberechtigung **nicht für eine Beschäftigung** für **(1)** Personen, die im Rahmen eines im Ausland bestehenden Beschäftigungsverhältnisses in **(2)** die BRD entsandt werden, **(3)** wenn die Entsendung infolge der Eigenart der Beschäftigung oder im Voraus zeitlich begrenzt ist.

89 In der **Krankenversicherung** erhalten Mitglieder, die im Ausland beschäftigt sind und während dieser Beschäftigung erkranken, die ihnen zustehenden Leistungen vom Arbeitgeber. Dasselbe gilt für die Familienangehörigen, soweit sie das Mitglied für die Zeit der Beschäftigung begleiten. Die Krankenkasse hat dem Arbeitgeber die ihm entstehenden Kosten bis zu der Höhe zu erstatten, in der sie ihr im Inland entstanden wären (§ 17 SGB V). Ist eine dem allgemein anerkannten Stand der medizinischen Erkenntnisse entsprechende Behandlung einer Krankheit nur im Ausland möglich, kann die Krankenkasse die Kosten der erforderlichen Behandlung ganz oder teilweise übernehmen. Der Anspruch auf Krankengeld ruht in diesem Fall nicht (§ 18 SGB V). Ist während eines vorhergehenden Auslandsaufenthaltes eine Behandlung unverzüglich erforderlich, die auch im Inland möglich wäre, hat die Krankenkasse die Kosten der erforderlichen Behandlung insoweit zu übernehmen, als Versicherte sich hierfür wegen einer Vorerkrankung oder ihres Lebensalters nachweislich nicht versichern können und die Krankenkasse dies vor Beginn des Auslandsaufenthalts festgestellt hat.

90 In der **gesetzlichen Rentenversicherung** gilt, dass Berechtigte, die sich nur vorübergehend im Ausland aufhalten, Leistungen erhalten wie Berechtigte, die ihren gewöhnlichen Aufenthalt im Inland haben. Der Rentner, der die Wintermonate in Marbella oder auf Mallorca verbringt, braucht sich mithin um seine Rente nicht zu sorgen. Berechtigte, die ihren gewöhnlichen Aufenthalt im Ausland haben, erhalten diese Leistungen, soweit nicht die Vorschriften über Leistungen an Berechtigte im Ausland etwas anderes bestimmen (§ 110 SGB VI). Allerdings ist in § 110 III SGB VI ein Vorrang für das überstaatliche und zwischenstaatliche Recht eingeräumt.

91 **2. Europäisches Recht bei Arbeitslosigkeit und Beschäftigungssuche.** Das Recht der Freizügigkeit **(Art. 39 EG)** umfasst auch das Recht in einem Mitgliedstaat der EU eine Beschäftigung zu suchen (RN 53ff.). Das Recht der Stellensuche in einem anderen Mitgliedstaat der EU wird vor allem durch die VO (EWG) Nr. 1612/68 konkretisiert.[206] In den Art. 1–6 sind Diskriminierungsverbote enthalten beim Zugang zur Beschäftigung, in Art. 7–9 werden Gleichbehandlungsgebote bei der Entlohnung, Kündigung und Wiedereingliederung im Falle der Arbeitslosigkeit und in Art. 10–12 das Recht auf Familienzuzug und der Berufsbildung von Familienangehörigen geregelt.

92 **3. VO (EWG) Nr. 1408/71 in der ÄndVO Nr. 592/2008 vom 17. 6. 2008.**[207] Die dargestellten Regelungen der Sozialversicherung werden durch die VO (EWG) Nr. 1408/71. Die VO gilt nach ihrem sachlichen Geltungsbereich für alle Rechtsvorschriften über Zweige der sozialen Sicherheit, die folgende Leistungen betreffen: **(a)** Leistungen bei Krankheit und Mutterschaft, **(b)** Leistungen bei Invalidität, einschl. der Leistungen, die zur Erhaltung oder Besse-

---

[205] LSG Schleswig-Holstein 30. 5. 1995 NZS 98, 570.

[206] VO (EWG) Nr. 1612/68 über die Freizügigkeit der Arbeitnehmer innerhalb der Gemeinschaft 15. 10. 1968 (ABl. EG 1968 Nr. L 257/2) i. d. F. der Richtlinie 2004/38/EG vom 29. 6. 2004.

[207] Dazu die Kommentierung von *Fuchs* (Hrsg.), Europäisches Sozialrecht, 4. Aufl., 2005.

rung der Erwerbsfähigkeit bestimmt sind, **(c)** Leistungen bei Alter und Tod, **(d)** Leistungen bei Arbeitsunfällen und Berufskrankheiten, **(e)** Sterbegeld, **(f)** Leistungen bei Arbeitslosigkeit, **(g)** Familienleistungen. Damit ist praktisch der gesamte Bereich der gesetzlichen Sozialversicherung erfasst.

Die **kollisionsrechtlichen Vorschriften** für die Absicherung bei Arbeitslosigkeit sind in Art. 13 bis 17 VO Nr. 1408/71 enthalten. Hiernach unterliegen Personen, für die die VO gilt, nur den Rechtsvorschriften eines Mitgliedstaats. Grundsätzlich unterliegt eine Person, die im Gebiet eines Mitgliedsstaats abhängig beschäftigt ist, den Rechtsvorschriften dieses Staats, und zwar auch dann, wenn sie im Gebiet eines anderen Mitgliedstaats wohnt oder ihr Arbeitgeber oder das Unternehmen, das sie beschäftigt, seinen Wohnsitz oder Betriebssitz im Gebiet eines anderen Mitgliedstaates hat. Es gilt also der Grundsatz, dass das Arbeitsverhältnis des Mitgliedstaats der EU gilt, in dem der Arbeitnehmer zuletzt gearbeitet hat.[208] Hieraus folgt, dass für den in Portugal arbeitslos werdenden Deutschen portugiesisches Recht und den in Deutschland arbeitslos werdenden Portugiesen deutsches Recht gilt. Der EuGH hat Art. 13 II Buchst. a VO Nr. 1408/71 dahin ausgelegt, dass die Rechtsordnung des Staats zur Anwendung kommt, in dem zuletzt eine Beschäftigung ausgeübt worden ist.[209] Auch bei Arbeitslosigkeit gilt mithin das Recht des Beschäftigungslandes bzw. des letzten Beschäftigungslandes. Kollisionsrechtliche Sonderregeln ergeben sich aus Art. 14 VO (EWG) 1408/71. Hiernach kann die Sozialversicherungs-Beitragspflicht für in einem anderen Mitgliedstaat eingesetzte Arbeitnehmer am Ort der Beschäftigung bei bloß administrativer Struktur des Entsendeunternehmens bestehen.[210] 93

Die Art. 67 bis 71 VO (EWG) 1408/71 enthalten alsdann die **Detailregelungen.** In den Art. 67–68 sind die Zusammenrechnung von Versicherungs- und Beschäftigungszeiten sowie die Berechnung der Leistungen geregelt. Die Art. 69 und 70 enthalten die Regelung über die Verfügbarkeit des Arbeitslosen und der Möglichkeit des Leistungsexports. Art. 71 regelt das Recht der Grenzgänger. Nach Art. 67 VO (EWG) 1408/71 berücksichtigt der zuständige Träger eines Mitgliedstaates, nach dessen Rechtsvorschriften der Erwerb, die Aufrechterhaltung oder das Wiederaufleben des Leistungsanspruches von der Zurücklegung von Versicherungszeiten abhängig ist, die Versicherungs- oder Beschäftigungszeiten, die als Arbeitnehmer nach den Rechtsvorschriften eines anderen Mitgliedstaates zurückgelegt worden sind, als handele es sich um eigene Versicherungszeiten. Versicherungs- und Beschäftigungszeiten müssen berücksichtigt werden, da in den Mitgliedstaaten der EU unterschiedliche Systeme gelten. Zu den Leistungen bei Arbeitslosigkeit gehören das Arbeitslosengeld (§§ 117ff. SGB III), das Kurzarbeitergeld (§§ 116ff. SGB III) und das Arbeitslosengeld II nach § 19 SGB II. 94

Wegen der **Berechnung der Leistungshöhe** bestimmt Art. 68 VO 1408/71, dass der zukünftige Leistungsträger, dessen Recht zugrunde zu legen ist, ausschließlich das Entgelt berücksichtigt, das der Arbeitslose während seiner letzten Beschäftigung im Gebiet dieses Staates erhalten hat. Der Arbeitslose erhält mithin die Leistungen seines letzten Beschäftigungslandes. Das sind hohe Leistungen bei einem Land mit hohem Lohnniveau, dagegen niedrige Leistungen, wenn ein Arbeitnehmer sich in ein anderes Beschäftigungsland mit niedrigem Lohnniveau begeben hat. Dieser Grundsatz findet nur dann keine Anwendung, wenn die Beschäftigung weniger als vier Wochen gedauert hat. In diesem Fall werden die Leistungen auf der Grundlage des Entgelts berechnet, das am Wohnort oder Aufenthaltsort des Arbeitslosen für eine Beschäftigung üblich ist, die der Beschäftigung, die er zuletzt im Gebiet eines anderen Mitgliedstaats ausgeübt hat, gleichwertig oder vergleichbar ist. Die Gewährung von Arbeitslosenunterstützung zu einem erhöhten Satz kann nicht davon abhängig gemacht werden, dass der Arbeitslose im zuständigen Mitgliedsstaat mit Familienangehörigen zusammenwohnt.[211] 95

In Art. 69, 70 VO (EWG) 1408/71 ist ein **begrenzter Leistungsexport** enthalten. Nach Art. 69 Abs. 1 kann ein vollarbeitsloser Arbeitnehmer, der die Voraussetzungen der Leistungen erfüllte und sich in einen anderen Mitgliedstaat begibt, für die Dauer von drei Monaten den bisherigen Leistungsanspruch behalten, obwohl er in dem bisherigen Staat die Voraussetzungen der Verfügbarkeit nicht mehr erfüllt. Er muss sich in dieser Zeit aber im neuen Zielstaat arbeits- 96

---

[208] EuGH 19. 3. 2002 – Rs. C-393 und C-394/99; 5. 2. 2002 – Rs. C-255/99 (Anna Humer).

[209] EuGH 7. 3. 1985 EuGHE 85, 801, 806 Cochet; 12. 6. 1986 – Rs. 302/84 – EuGHE 86, 1821 (Ten Holder); 28. 4. 1988 EuGHE 88, 2411 (Vanhaeren); 16. 5. 1991 EuGHE 92, 2543 (Van Norden).

[210] Vgl. für Zeitarbeitsunternehmen: EuGH 17. 12. 1970 Slg. 1970, 1251 (Man Power); 10. 2. 2000 ZIP 2000, 468 (FTS); für niederländische Verwaltungsgesellschaft die ausschließlich in der BRD Bauaufträge ausführt: EuGH 9. 11. 2000 ZIP 2000, 2175 (Plum/AOK Rheinland).

[211] EuGH 16. 10. 2001 – Rs. C-212/00 (Stallone/Office national de l'emploi).

los melden und der Arbeitsvermittlung zur Verfügung stehen. In diesem Falle zahlt der Zielstaat die Leistungen (Art. 70 VO (EWG) 1408/71). Zweck dieser Regelung ist es, dem Arbeitslosen zu ermöglichen, für eine begrenzte Zeit noch Leistungen des Beschäftigungsstaates in Anspruch nehmen zu können und sich aber u. U. nach Hause zu orientieren. Andererseits kann der Arbeitslose vor Ablauf der Drei-Monats-Frist in den früheren Beschäftigungsstaat zurückkehren und hier die Leistungen weiter beziehen.

97 Besonderheiten ergeben sich für **Grenzgänger** aus Art. 71 VO (EWG) 1408/71.[212] Zu unterscheiden sind echte und unechte Grenzgänger. Nach Art. 1 lit. b VO (EWG) 1408/71 sind Grenzgänger Arbeitnehmer oder Selbstständige, die eine Berufstätigkeit im Gebiet eines Mitgliedstaates ausüben und im Gebiet eines anderen Mitgliedstaates wohnen, in das sie i. d. R. täglich, mindestens aber einmal wöchentlich zurückkehren. Von Besonderheiten bei Entsendung soll hier abgesehen werden. Unechte Grenzgänger sind diejenigen, die die Voraussetzung der Definition nicht erfüllen, also nicht täglich oder mindestens einmal wöchentlich zurückkehren.

98 **Echte Grenzgänger** erhalten bei Kurzarbeit oder sonstigen vorübergehenden Arbeitsausfällen in ihrem Unternehmen, das sie beschäftigt, Leistungen nach den Rechtsvorschriften des Beschäftigungsstaates, als ob sie in ihm wohnten.[213] Dagegen erhalten sie bei Vollarbeitslosigkeit Leistungen nach dem Recht ihres Wohnortstaates (Art. 71 I lit. a). Der Regelung liegt die Überlegung zugrunde, dass der Grenzgänger am besten in seinem Wohnortstaat wieder in den Arbeitsprozess eingegliedert werden kann.

99 **Unechte Grenzgänger** erhalten dagegen die Leistungen nach dem Recht des Staates, in dem sie beschäftigt waren. Allerdings werden die Leistungen bei Vollarbeitslosigkeit durch den Wohnortstaat erbracht.[214]

100 **4. Europäisches Recht und Krankenversicherung.**[215] Das **Kollisionsrecht** bei der **Krankenversicherung** ergibt sich aus Art. 13 VO 1408/71. Art. 39 EG verbietet es einem Mitgliedstaat, die Krankenversicherungsbeiträge eines im Ruhestand befindlichen Arbeitnehmers, der seinen Rechtsvorschriften unterliegt, auf der Grundlage des Bruttobetrags einer zusätzlichen tarifvertraglichen Altersrente zu berechnen, die der Arbeitnehmer in einem anderen Mitgliedstaat bezieht, ohne zu berücksichtigen, dass ein Teil des Bruttobetrags dieser Rente in dem anderen Mitgliedstaat bereits als Krankenversicherungsbeitrag einbehalten wurde.[216]

101 Die **Einzelregelungen** zur Krankenversicherung folgen aus Art. 18ff. VO 1408/71. Bei Krankheit und Mutterschaft ergibt sich für Angehörige der Mitgliedstaaten der EU der Grundsatz aus Art. 18 VO Nr. 1408/71. Der zuständige Träger eines Mitgliedstaates, nach dessen Rechtsvorschriften der Erwerb, die Aufrechterhaltung oder das Wiederaufleben des Leistungsanspruchs von der Zurücklegung von Versicherungs-, Beschäftigungs- oder Wohnzeiten abhängig ist, berücksichtigt nach den Rechtsvorschriften eines anderen Mitgliedstaates die Zeiten als handelt es sich um Zeiten, die nach den für diesen Träger geltenden Rechtsvorschriften zurückgelegt worden sind.

102 **5. Europäisches Recht und Altersversorgung.** Auch für den **Bereich der betrieblichen Altersversorgung** gilt die Kollisionsnorm des Art. 13 VO 1408/71. Die Detailregelungen folgen aus Art. 37ff. Auch hier herrscht das Prinzip der Zusammenrechnung von Versicherungs- und Beschäftigungszeiten. Auf die Einzelheiten soll insoweit nicht eingegangen werden. Dasselbe gilt für die verschiedenen Methoden der Rentenberechnung, wenn ein Deutscher in einen Mitgliedstaat der EU geht oder ein EU-Bürger nach Deutschland kommt. Der in Art. 3 I VO (EWG) 1408/71 niedergelegte Grundsatz der Gleichbehandlung steht nationalen Rechtsvorschriften entgegen, wonach eine Geldleistung an einen in einem anderen Mitgliedstaat wohnenden Gemeinschaftsbürger nur ausgezahlt wird, wenn sie einen Mindestbetrag übersteigt, der höher ist als der Betrag, der für eine solche Zahlung innerhalb desselben Mitgliedstaats gilt, sofern die Auszahlung in einem anderen Mitgliedstaat nicht zu höheren Kosten führt als die Auszahlung derselben Leistung innerhalb des erstgenannten Mitgliedstaats.[217]

---

[212] *Weth/Kerwer* RdA 98, 233.

[213] EuGH 15. 3. 2001 NZA 2001, 489 (de Laat/Bestuur van het Landelijk instituut sociale verzekeringen).

[214] Vgl. zur Leistung bei Teilzeitbeschäftigung: EuGH 15. 3. 2001 NZA 2001, 489 (de Laat/Bestuur van het Landelijk instituut sociale verzekeringen).

[215] Schrifttum siehe vor RN 86.

[216] EuGH 15. 6. 2000 AP 4 zu Art. 39 EG.

[217] EuGH 21. 9. 2000 AP 6 zu EWG-VO Nr. 1408/71.

VII. Gesetzesübersicht

Adomeit, Welche wesentlichen Inhalte sollte ein nach Art. 30 des Einigungsvertrages zu schaffendes Arbeitsvertragsgesetz haben, ZRP 92, 321; *Buchner,* Neuregelung des Arbeitsverhältnisrechts – Anmerkung zum Diskussionsentwurf für ein Arbeitsvertragsgesetz, DB 92, 1930; *Däubler,* Ein Arbeitsvertragsgesetz?, AuR 92, 129; DGB-Thesen für ein Arbeitsverhältnisgesetz, AuR 92, 267; *Dütz,* Bürgerliches Gesetzbuch und arbeitsrechtliche Kodifikation, in: Schlosser, Bürgerliches Gesetzbuch 1896–1996, 1997, S. 61; *Hanau,* Die Leistung der Arbeitsgesetzbuchkommission im Rückblick, FS für Stahlhacke; *ders.,* Reformbedarf im Arbeitsvertragsrecht, ZRP 96, 349; *ders.,* Der Entwurf eines Arbeitsvertragsgesetzes des Arbeitskreises „Deutsche Rechtseinheit im Arbeitsrecht" aus heutiger Sicht, FS für Richardi, 2007, 247; *Henssler,* Der Diskussionsentwurf eines Arbeitsvertragsgesetzes des Arbeitskreises Deutsche Rechtseinheit im Arbeitsrecht, JZ 92, 833; *Henssler/Preis,* Diskussionsentwurf eines Arbeitsvertragsgesetzes, NZA 2006 Beil. zu Heft 23 S. 6 ff.; *Hromadka,* Ein Arbeitsvertragsgesetz – Der Diskussionsentwurf des Arbeitskreises „Deutsche Rechtseinheit im Arbeitsrecht", NJW 92, 1985; *ders.,* Ein Arbeitsvertragsgesetz für Deutschland, FS für Dieter Gaul zum 70. Geburtstag, S. 357; *Neumann,* Der sächsische Entwurf eines Arbeitsvertragsgesetzes, DB 95, 2013; *Preis,* Arbeitsvertragsgesetz – jetzt oder nie?, DB 2008, 61; *Richardi,* Arbeitsvertragsgesetz und Privatautonomie, NZA 92, 769; *ders.,* Bemühungen um ein Arbeitsvertragsgesetz nach der Wiedervereinigung Deutschlands, Gedächtnisschrift für Heinze, 2005, S. 661; *Sittard/Lampe,* Der Entwurf eines Arbeitsvertragsgesetzes und die Lösung sog. Zukunftsfragen, RdA 2008, 249; *Stindt,* Neue Impulse für ein beschäftigungsfreundliches Arbeitsvertragsgesetz (AVG), FS für Küttner, 2006, S. 509; *Wank,* Die Reform des Kündigungsrechts und der Entwurf eines Arbeitsvertragsgesetzes 1992, RdA 92, 225; *Wroblewski,* Sachstand „Arbeitsvertragsgesetz" – Verwirklichungschancen einer Kodifikation, rechtspolitischer Gemengelage und Positionen, NZA 2008, 622; *Zachert,* Arbeitsrechtskodifikation in Europa – Eine rechtsvergleichende Skizze, AuR 93, 193.

Wegen seiner **historischen Entwicklung** und der Vielgestaltigkeit seiner Rechtsquellen ist das Arbeitsrecht in der BRD zersplittert und unübersichtlich. Bislang ist ein einheitliches Arbeitsvertragsgesetz nicht geschaffen. Die wichtigsten Gesetze sind in Sammlungen des Arbeitsrechts, insbesondere von *Nipperdey* und *Kittner,* sowie in der stets aktuell erscheinenden Taschenbuchausgabe des Verlags C. H. Beck im dtv enthalten. **103**

§ 4. Übersichten zu ausländischen Arbeitsrechtsordnungen

Esche/Gramke/Leinert, Die europäische Arbeitsmarktpolitik im Wandel, PersF 2001, 80.

Australien 1

Riley/Wendeling-Schröder, Australische Gewerkschaften – Kollektiver Akteur aus eigenem Recht oder Interessenvertreter des Einzelnen?, NZA 2002, 890.

Dänemark 2

Madsen, Arbeitszeitpolitik und bezahlte Freistellungen, WSI-Mitteilungen 98, 614.

Finnland 3

Peltola, Arbeitszeitpolitik in Finnland, WSI-Mitteilungen 98, 625.

Frankreich 4

Bien, Die betriebsbedingte Kündigung im französischen Recht, NZA 2000, 984; *Freyssinet,* Frankreich – Das neue Arbeitszeitgesetz und seine Vorgeschichte, WS I-Mitteilungen, 98, 589; *Körner,* Das andere Modell: Die französische Betriebsverfassung, NZA 2001, 429; *Thüsing,* Europäisches Arbeitsrecht, 2008, § 12 II 2; *Zumfelde,* Die Verschärfung des französischen Kündigungsschutzes im Bereich der betriebsbedingten Kündigung, NZA 2002, 1384.

Großbritannien 5

Madsen, Arbeitszeitpolitik und bezahlte Freistellungen, WSI-Mitteilungen 98, 614; *Rubery,* Arbeitszeit im Vereinigten Königreich, WS I-Mitteilungen, 98, 597; *Theis,* Zur jüngeren Entwicklung des Rechts zum Betriebsübergang in „contracting-out" Fällen in Großbritannien, ZIAS 98, 228; *Thüsing,* Europäisches Arbeitsrecht, 2008, § 12 II 1.

Italien 6

Hofmann, Italienisches Arbeitsrecht, AuA 98, 341; *Nogler,* Kündigungsschutz in Italien, AuR 2003, 321; *Thüsing,* Europäisches Arbeitsrecht, 2008, § 12 II 5.

Japan 7

Janssen/Hildenbrand, Grundzüge des japanischen Arbeitsrechts, AuA 2008, 264; *Kezuka,* Stand und Entwicklung der Arbeitszeit in Japan, WSI-Mitteilungen 98, 646; *Lapke,* Personalentwicklung in Japan, PersF 99, 54; *Meinhardt,* Die Arbeitgeberkündigung im japanischen Arbeitsrecht in Zeiten anhaltender wirtschaftlicher Krise, RIW 2002, 917; *Schlachters/Meinhardt,* Das flexible Arbeitsverhältnis – ein Blick nach Japan, RJW 2003, 764; *Schlachter,* Individualisierung der Arbeitsbeziehungen in Japan, ZVglRWiss 102, 116 (2003); *Wada,* Die Regelung der Arbeitsbedingungen im japanischen Recht, AuR 2002, 369; *Wahsner,* Arbeitnehmerüberlassung im Vergleich, ZIAS 98, 145.

8 **Kosovo**

Schwarz, Das Arbeitsrecht im Kosovo, ZIAS 2002, 155.

9 **Mongolei**

Nelle, Das neue Arbeitsrecht der Mongolei, ZIAS 2001, 73.

10 **Niederlande**

Jacobs, Das niederländische Kündigungsrecht, AuR 2003, 329; *Platenga/Dur,* Arbeitszeitverkürzung in den Niederlanden, WSI-Mitteilungen 98, 607; *Havinga,* Gleichstellung in den Niederlanden, WSI-Mitteilungen 2001, 514; *Thüsing,* Europäisches Arbeitsrecht, 2008, § 12 II 3.

11 **Österreich**

Flecker, Stabilität und Erosion – Aktuelle Entwicklungen im österreichischen Kollektivvertragssystem, WSI-Mitteilungen 98, 466; *Löschnigg,* Arbeitsrecht, Gesetz und Kommentare, 10. Aufl., 2003; *Schindler,* Zur Umsetzung des EU-Rechts in Österreich, Teil 1 DRdA 2003, 402; Teil 2 DRdA 2003, 523.

12 **Polen**

Sieg, Polens Wirtschaft auf dem Weg in die EU, NZA 2003, 198.

13 **Portugal**

Abrantes, Dem Arbeitsvertrag „gleichgestellte Verträge" im portugiesischen Recht, ZIAS 2000, 266.

14 **Russland**

Frenkel, Russische Arbeitsgesetzgebung – Geschichte und Entwicklungsperspektiven, AuR 2000, 127; *Grechishnikova,* Das neue russische Arbeitsgesetzbuch: Ein kurzer Überblick, ZIAS 2004, 1; *Pawlowna u. a.,* Probleme und Perspektiven der russischen Arbeitsgesetzgebung, NZA 2000, 757.

15 **Schweden, Norwegen**

Lassmann, Kündigung und Kündigungsschutz im norwegischen Arbeitsrecht, 2008; *Sanne,* Die Arbeitszeitfrage in Schweden, WSI-Mitteilungen 98, 635.

16 **Schweiz**

Luchsinger, Die Revision des schweizerischen Arbeitsgesetzes, AuR 98, 440; *Rehbinder,* ArbR-Mitteilungen des Instituts für Schweizerisches Arbeitsrecht, 1998.

17 **Slowenien**

Däubler, Arbeitnehmerschutz in der Marktwirtschaft, AuR 2003, 129; *Nowak,* Die Anpassung des Arbeitsrechts der Republik Slowenien an das Recht der EG, ZAS Öst 2003, 261.

18 **Südafrika**

v. Zelewski, Die Beilegung arbeitsrechtlicher Streitigkeiten in Südafrika, NZA 2001, 196.

19 **Taiwan**

Geffken, Made in Taiwan – Das Individualarbeitsrecht in der Republik China, NZA 99, 182; *ders.,* Made in Taiwan – Das kollektive Arbeitsrecht in der Republik China, NZA 99, 248.

20 **Türkei**

Yanli, Der arbeitsrechtliche Status des Fremdgeschäftsführers der GmbH im türkischen Recht, ZIAS 2000, 214.

21 **Ungarn**

Binkert, Aspekte ungarischer Arbeitsrechtsreformen, Euro AG 2003, 120; *Pajor-Bytomski,* Die Beendigung von Arbeitsverhältnissen in ungarischem Recht, NZA 99, 464.

22 **USA**

Broes, Trial und Error im Diskriminierungsschutz: Die Rechtsprechung zum amerikanischen Arbeitsrecht, RdA 2003, 223; *Golden,* Arbeitszeit in den Vereinigten Staaten, WSI-Mitteilungen 98, 642; *Henssler,* Arbeitnehmerbeteiligung in den USA durch Betriebsräte, NZA 2003, 526; *Kohler,* Betriebliche Interessenvertretung in den Vereinigten Staaten, AuR 98, 434; *Thau,* US-amerikanisches Arbeitsrecht – flexibler als das deutsche?, AuA 99, 119; *Thüsing,* Die Entwicklung des US-amerikanischen Arbeitsrechts in den Jahren 1997 und 1998, NZA 99, 693; *ders.,* für die Jahre 1999 und 2000, NZA 2001, 939; *Thüsing/Leder,* Die Entwicklung des US-amerikanischen Arbeitsrechts in den Jahren 2006 und 2007, NZA 2008, 982.

Volksrepublik China 23

Reden/Sadowski, Arbeitsrecht und -realität in China, WSI-Mitteilungen 2001, 49; *Schneider,* Kollektivrechtliche Bestimmungen in der VR China, FS für Schaub, 1998; *ders.*, Regelung arbeitsrechtlicher Streitigkeiten in der Volksrepublik China, NZA 98, 743; *ders.*, Das neue Arbeitsgesetz der Volksrepublik China, AuR 98, 429.

§ 5. System des Arbeitsrechts

I. Gliederung der Rechtsordnung und Stellung des Arbeitsrechts

1 **1. Öffentliches Recht und Privatrecht.** Im modernen Rechtsstaat ist öffentliches Recht und Privatrecht zu unterscheiden. Das Privatrecht regelt die Rechtsverhältnisse des Einzelnen als solchem und die zu seinen Rechtsgenossen. Das öffentliche Recht ordnet die Rechtsverhältnisse der übergeordneten Rechtsgemeinschaften (Staat, Gemeinde, usw.), ihr Verhältnis zueinander und zum Einzelnen. Der Staat vermag dem Einzelnen mit seinen Machtmitteln oder als Partner gegenüberzutreten. Die h. L. und Rspr. unterscheidet öffentliches und Privatrecht nach der **Subjekttheorie.** Damit eine Rechtsbeziehung dem öffentlichen Recht zuzuordnen ist, muss daran regelmäßig zumindest ein Träger öffentlicher Verwaltung beteiligt sein.[1]

2 Nach der **Subordinationstheorie** liegt öffentliches Recht dann vor, wenn der Staat als mit Herrschaftsgewalt ausgestattetes Gemeinwesen auf der Basis von Über- und Unterordnung handelt; nach der **Subjekttheorie,** wenn er in seiner Eigenschaft als öffentliches Gemeinwesen handelt. Öffentliches Recht ist z.B. das Staats-, Straf- und Verwaltungsrecht usw.

3 **2. Zuordnung des Arbeitsrechts.** Das Arbeitsrecht ist weder rein dem einen oder anderen Rechtsgebiet zuzuordnen. Es enthält öffentliches und privates Recht. Öffentlich-rechtlich sind insbesondere Teile des Arbeitsschutzrechts. Vor allem im Bereich des kollektiven Arbeitsrechts, bei der Ordnung der Rechtsverhältnisse der Verbände und ihrer Rechtsetzungsbefugnis gegenüber den Verbandsmitgliedern erscheinen Rechtsgestaltungen, die man zum Teil nicht mehr mit den herkömmlichen Gliederungsmethoden erfassen kann. Im Einzelnen ist dogmatisch vieles streitig.

II. Gliederung des Arbeitsrechts

4 **1. Praktische Gliederung.** Für den **Betriebspraktiker** gliedert sich das Arbeitsrecht in fünf große Bereiche. Er unterscheidet die Rechtsnormen, die das Verhältnis von Arbeitgeber und Arbeitnehmer regeln, also das **Arbeitsvertragrecht** (§§ 29ff.); die Vorschriften, die der Staat im öffentlichen Interesse zum Schutz des Arbeitnehmers erlassen hat und die als **Arbeitsschutzrecht** bezeichnet werden (§§ 152ff.); die Rechtsnormen, die das Verhältnis der Verbände zueinander und ihre Rechtsetzungsbefugnis regeln, im Wesentlichen also das **Tarif- und Streikrecht** (§§ 187ff.); schließlich das **Betriebs- und Unternehmensverfassungsrecht** (§§ 210, 245ff.) und das **Arbeitsverfahrensrecht.**

5 **2.** Die **Gliederung des Handbuchs** folgt im Wesentlichen dieser Einteilung. Jedoch wird jeweils auf die Querverbindungen der Bereiche verwiesen. Dabei ist ein Allgemeiner Teil vorangesetzt, um die für alle Bereiche im Prinzip geltenden grundsätzlichen Begriffe zu erläutern (§§ 1–18). Aus dem Arbeitsvertragsrecht sowie dem Arbeitsschutzrecht sind zum Zwecke der besseren Übersichtlichkeit die Sondervorschriften für einzelne Gruppen von Arbeitnehmern ausgegliedert (§§ 164ff.).

§ 6. Internationales Arbeitsrecht

Bausback, Der Bestandsschutz des Arbeitsverhältnisses auf europäischer und internationaler Ebene, 2 Bände, 2007; *Benecke,* Anknüpfung und Sonderanknüpfung im Internationalen Arbeitsrecht, IPRax 2001, 449; *Birk,* Die Abfindung im internationalen Arbeitsrecht, EuZA 2008, 297; *ders.*, Perspektiven des Internationalen Arbeitsrechts, ZIAS 2007, 91; *Däubler,* Die internationale Zuständigkeit der deutschen Arbeitsgerichte, Neue Regeln durch die VO (EG) Nr. 44/2001, NZA 2003, 1297; *Franzen,* Internationales Arbeitsrecht, AR-Blattei, SD 920 (2006); *ders.*, Anknüpfung von Arbeitsverträgen im französischen internationalen Privatrecht, IPRax 99, 278; *Gentz,* Das Arbeitsrecht im internationalen Konzern, NZA 2000, 3; *Gerauer,* Rechtliche Situation bei Fehlen einer Rechtswahl beim Auslandseinsatz, BB 99, 2083; *Gragert/Drenckhahn,* „Fliegende Mütter" im internationalen Privatrecht, NZA 2003, 305; *Hadeler,* Grundprinzipien des Arbeitskollisionsrechts, FA 2002, 373;

[1] BAG 25. 2. 2004 AP 1 zu § 36 HRG.

Heilmann, Auslandsarbeit, AR-Blattei SD 340; *Heinze,* Arbeitsrechtliche Probleme bei der grenzüberschreitenden Sitzverlegung in der EG, ZGR 99, 54; *Hergenröder,* Internationales Arbeitsrecht im Konzern, ZfA 99, 1; *Junker,* Arbeitsrecht im Konzern, 1992; *ders.,* Internationales Arbeitsrecht im Spiegel der Rechtsprechung, FS 50 Jahre BAG, 2004, S. 1197; *Krebber,* Änderungskündigung einer Ortskraft, IPRax, 99, 164; *Maier,* Betriebsverfassungs- und tarifvertragsrechtliche Fragen bei grenzüberschreitenden Personaleinsätzen, BB 99, 842; *Mankowski,* Arbeitskräfte bei Staaten und staatsnahen Einrichtungen im Internationalen Privat- und Prozessrecht, IPRax 2001, 123; *ders.,* Europäisches Internationales Arbeitsprozessrecht, IPRax 2003, 21; *Mauer/Stadtler,* Die Vereinheitlichung des internationalen Arbeitsrechts durch die EG-Verordnung Rom I, RIW 2008, 544; *dies.,* Rom I und das internationale Arbeitsrecht, DB 2007, 1586; *Reiserer,* Allgemeiner Kündigungsschutz bei Arbeitsverhältnissen mit Auslandsbezug, NZA 94, 673; *Straube,* Sozialrechtliche Eingriffsnormen im Internationalen Privatrecht, 2001; *Thüsing,* Günstigkeitsvergleich und Ausweichklausel in Art. 30 EGBGB, BB 2003, 898; *Weth/Kerwer,* Grenzgänger, RdA 98, 233; *Wimmer,* Neuere Entwicklungen im internationalen Arbeitsrecht, IPRax 95, 207.

Übersicht

	RN
I. Allgemeines	1–3
II. Bestimmung des Arbeitsstatuts	4 ff.
1. Rechtsquellen	4, 5
2. Rechtswahl im Individualarbeitsrecht	6–9
3. Fehlende Rechtswahl	10, 11
4. Zwingendes Recht	12, 13
5. Ordre public	13 a
III. Internationale Zuständigkeit	14
IV. Entsendung deutscher Arbeitnehmer ins Ausland	15 ff.
1. Rechtsgrundlagen der Auslandsentsendung	15–18
2. Steuerrechtliche Behandlung	19
3. Sozialversicherungsrechtliche Behandlung	20–22
4. Arbeitnehmerüberlassung	23
5. Abhängige und selbstständige Tätigkeit	24

I. Allgemeines

1 Unter der Bezeichnung Internationales Arbeitsrecht werden **zwei Sachgebiete** zusammengefasst: **(a)** Das von mehreren Staaten vereinbarte Arbeitsrecht, das in ihrem Gebiet gleichmäßig gilt; **(b)** der Inbegriff der arbeitsrechtlichen Kollisionsnormen.

2 Die **arbeitsrechtlichen Kollisionsnormen** zerfallen entsprechend dem Internationalen Privatrecht und dem Internationalen Prozessrecht in solche, die bestimmen: **(aa)** welches materielle Arbeitsrecht auf ein Arbeitsverhältnis anzuwenden ist und **(bb)** welches Arbeitsverfahrensrecht im Einzelfall gilt.

3 Das auf den Arbeitsvertrag, also auf die privatrechtlichen Fragen des Arbeitsverhältnisses anwendbare Recht wird entsprechend dem Sprachgebrauch im Internationalen Privatrecht **Arbeitsstatut** genannt.

II. Bestimmung des Arbeitsstatuts

4 **1. Rechtsquellen. a)** Im (römischen) Übereinkommen vom 19. 6. 1980 über das auf vertragliche Schuldverhältnisse anwendbare Recht (EVÜ) wurde das **internationale Kollisionsrecht** geregelt. Das Übereinkommen gilt in Belgien, der BRD, Dänemark, Finnland, Frankreich, Griechenland, Irland, Italien, Luxemburg, den Niederlanden, Österreich, Portugal, Schweden, Spanien und dem Vereinigten Königreich.

5 **b)** Deutschland hat das EVÜ am 25. 7. 1986 (BGBl. 1986 II S. 810) ratifiziert und zugleich das **IPRG** verabschiedet (BGBl. 1986 II S. 809). Der größte Teil der Bestimmungen des EVÜ wurde mit den neu geschaffenen Art. 27 bis 37 EGBGB in das nationale Recht überführt.[1]

6 **2. Rechtswahl im Individualarbeitsrecht. a)** Nach Art. 27 I 1 EGBGB unterliegt der Vertrag dem von den Parteien gewählten Recht **(Grundsatz der Rechtswahlfreiheit).** Diese Vorschrift gilt auch im Arbeitsrecht, denn in Art. 30 I EGBGB wird die Rechtswahl gerade vorausgesetzt. Es gibt kein „primäres“ Schuldvertragsstatut, das ein an sich geltendes Recht bestimmen würde.[2] Zulässig ist die Rechtswahl eines ausländischen Arbeitsstatutes bei rein innerdeutschen Unternehmen wie auch bei international auftretenden Unternehmen und schließlich bei einer Tätigkeit im Ausland. Denkbar ist, dass in einem deutschen Unternehmen für Mitarbeiter, die z. B. aus den USA nach Deutschland versetzt werden, amerikanisches Recht

[1] MünchKommBGB/*Martiny* Vor Art. 27 EGBGB RN 22.
[2] MünchKommBGB/*Martiny* Art. 27 EGBGB RN 8.

gewählt wird. Die Rechtswahl muss sich nicht auf alle Rechte und Pflichten aus dem Arbeitsverhältnis erstrecken. Eine Teilrechtswahl ist nach Art. 27 I 3 EGBGB grundsätzlich wirksam.[3]

b) Möglich ist in den Grenzen des Art. 27 III EGBGB die Rechtswahl des **Rechts eines Drittstaates.** Hat das Arbeitsverhältnis im Zeitpunkt der Rechtswahl keinen Auslandsbezug, darf nach dieser Bestimmung nicht von zwingenden Vorschriften des Staates abgewichen werden, mit dem der Vertrag wegen des Erfüllungsorts allein verbunden ist.[4] Zwingend sind dabei Bestimmungen, von denen nach dem Recht des maßgeblichen Staates durch Vertrag nicht abgewichen werden kann. Dazu gehört auch Gewohnheits- oder Richterrecht.[5] 7

c) Die Rechtswahl kann **konkludent erfolgen.** Dies ist anzunehmen, wenn sich mit hinreichender Sicherheit aus den Bestimmungen des Vertrags oder aus den Umständen des Falles eine Rechtswahl ergibt (Art. 27 I 2 EGBGB). Obgleich es keinen abschließenden Katalog von Rechtswahlindizien gibt, sind bei Schuldverträgen aus Gerichtsstandsklauseln, Schiedsklauseln, vertraglichen Bezugnahmen auf ein Recht sowie aus der Vereinbarung eines für beide Parteien gemeinsamen Erfüllungsorts typische Hinweise auf eine konkludente Rechtswahl zu entnehmen.[6] Ist der Arbeitsvertrag in deutscher Sprache abgefasst und wird darin auf deutsche Rechtsvorschriften Bezug genommen, spricht dies für die Wahl des deutschen Rechts.[7] Ein gewichtiges Indiz für eine konkludente Rechtswahl ist die arbeitsvertragliche Bezugnahme auf Tarifverträge und sonstige Regelungen am Sitz des Arbeitgebers.[8] 8

d) Die Rechtswahlfreiheit ist für Arbeitsverträge **durch Art. 30 I EGBGB eingeschränkt.** Die Rechtswahl der Parteien darf nicht dazu führen, dass dem Arbeitnehmer der Schutz entzogen wird, der ihm durch die zwingenden Bestimmungen des Rechts gewährt wird, das mangels einer Rechtswahl nach der objektiven Bestimmungsmethode anzuwenden wäre (dazu RN 10). Arbeitsverträge i. S. des Art. 30 I EGBGB sind Vereinbarungen zwischen Arbeitgeber und Arbeitnehmer, welche eine abhängige, weisungsgebundene und entgeltliche Tätigkeit zum Gegenstand haben.[9] Geht die subjektive Rechtswahl über den Schutz zwingender Bestimmungen hinaus, wird das gewählte Recht verdrängt. Aus Art. 30 I EGBGB ergibt sich allerdings nicht, welcher Art die zwingenden Vorschriften sein müssen. Gemeint sind Bestimmungen des Individualarbeitsrechts, die den Arbeitnehmer gegenüber dem Arbeitgeber schützen. Das können auch allgemeinverbindlich erklärte Tarifverträge sein.[10] Die zwingenden Vorschriften des Art. 30 I EGBGB sind nicht mit den nach Art. 34 EGBGB international zwingenden Normen identisch.[11] Zu den zwingenden Vorschriften des Art. 30 I EGBGB gehören jedenfalls die Regelungen des KSchG,[12] des § 613a BGB[13] sowie der Inhaltskontrolle von AGB (§§ 305 ff. BGB).[14] 9

3. Fehlende Rechtswahl. Haben die Parteien weder ausdrücklich noch konkludent eine Rechtswahl getroffen, unterliegt das Arbeitsverhältnis gem. Art. 30 II Nr. 1 EGBGB dem Recht des Staates, in dem der Arbeitnehmer in Erfüllung des Arbeitsvertrags gewöhnlich seine Arbeit verrichtet, selbst wenn er vorübergehend in einen anderen Staat entsandt ist. Verrichtet der Arbeitnehmer seine Arbeit gewöhnlich nicht in ein und demselben Staat, unterliegt das Arbeitsverhältnis nach Art. 30 II Nr. 2 EGBGB dem Recht des Staates, in dem sich die Niederlassung befindet, die den Arbeitnehmer eingestellt hat. Der Arbeitsort wird regelmäßig durch den gewöhnlichen Einsatz- und Tätigkeitsort bestimmt. Der Arbeitsort ist nach dem Wortlaut des Art. 30 II Nr. 1 EGBGB nicht auf eine bestimmte politische Gemeinde begrenzt, sondern umfasst beim Einsatz an wechselnden Orten innerhalb eines Landes das gesamte Staatsgebiet.[15] 10

---

[3] BAG 20. 4. 2004 AP 21 zu § 38 ZPO Internationale Zuständigkeit = NZA 2005, 297.

[4] Vgl. ErfK/*Schlachter* Art. 27–34 EGBGB RN 15.

[5] MünchKommBGB/*Martiny* Art. 27 EGBGB RN 89.

[6] BAG 13. 11. 2007 AP 8 zu Art. 27 EGBGB n. F. = NZA 2008, 761; *Junker* SAE 2002, 258, 259.

[7] BAG 9. 10. 2002 AP 18 zu § 38 ZPO Internationale Zuständigkeit = NZA 2003, 339.

[8] BAG 12. 12. 2001 AP 10 zu Art. 30 EGBGB = NZA 2002, 734; *Junker* RIW 2001, 94, 96; *Schlachter* NZA 2000, 57, 58 f.

[9] MünchKommBGB/*Martiny* Art. 30 EGBGB RN 17.

[10] MünchArbR/*Birk* § 20 RN 79.

[11] *Franzen* RN 122; MünchKommBGB/*Martiny* Art. 30 EGBGB RN 34.

[12] BAG 24. 8. 1989 AP 30 zu Internat. Privatrecht, Arbeitsrecht = NZA 90, 841.

[13] BAG 29. 10. 1992 AP 31 zu Internat. Privatrecht, Arbeitsrecht = NZA 93, 743.

[14] *Franzen* RN 125.

[15] BAG 20. 6. 2007 AP 26 zu § 1 TVG Tarifverträge: Holz = NZA-RR 2008, 24; 12. 12. 2001 AP 10 zu Art. 30 EGBGB = NZA 2002, 734; 29. 10. 1992 AP 31 zu Internat. Privatrecht, Arbeitsrecht = NZA 93, 743; MünchKommBGB/*Martiny* Art. 27 EGBGB RN 47.

11 Nach Art. 30 II 2. Halbs. EGBGB gilt die nach Art. 30 II Nr. 1 und 2 EGBGB getroffene Zuordnung des Arbeitsverhältnisses nicht, wenn sich aus der Gesamtheit der Umstände ergibt, dass der Arbeitsvertrag **engere Verbindungen zu einem anderen Staat** aufweist. In diesem Fall ist das Recht dieses anderen Staates anzuwenden. Die Verbindung zu dem anderen Staat muss stärker sein als die durch die Regelanknüpfung zu dem Recht des Arbeitsorts oder der einstellenden Niederlassung hergestellte Beziehung. Dies beurteilt sich in erster Linie nach der Staatsangehörigkeit der Vertragsparteien, dem Sitz des Arbeitgebers und dem Wohnort des Arbeitnehmers. Ergänzend sind die Vertragssprache und die Währung, in der die Vergütung bezahlt wird, zu berücksichtigen.[16] Die Zuordnung des Arbeitnehmers zu einer bestimmten Niederlassung und die Eingliederung in die betreffende Organisationsstruktur begründen keinen gewöhnlichen Arbeitsort. Das Gesetz knüpft nach seinem Wortlaut gerade nicht an eine organisatorische Zuordnung, sondern an den Ort der tatsächlichen Ausführung der geschuldeten Arbeitsleistung an.[17] Das nach der Regelanknüpfung des Art. 30 II Nr. 1 und 2 EGBGB an sich geltende Recht wird nur verdrängt, wenn die Gesamtheit wichtiger und nicht nur nebensächlicher Anknüpfungsmerkmale zu einem anderen Ergebnis führt. Dabei hat der gewöhnliche Arbeitsort nach Art. 30 II 1. Halbs. Nr. 1 EGBGB ein stärkeres Gewicht als die einstellende Niederlassung des Art. 30 II 1. Halbs. Nr. 2 EGBGB. Die ausdrückliche und stillschweigende Rechtswahl als solche kann nicht herangezogen werden, da es gerade auf das ohne eine Rechtswahl maßgebliche Recht ankommt.[18] Verrichtet der Arbeitnehmer seine Arbeit gewöhnlich nicht in ein und demselben Staat, ist nach Art. 30 II Nr. 2 EGBGB das Recht des Staates maßgebend, in dem sich die Niederlassung befindet, die den Arbeitnehmer eingestellt hat.

12 **4. Zwingendes Recht.** Nach Art. 34 EGBGB lassen die Kollisionsnormen des vertraglichen Schuldrechts die Anwendung derjenigen Bestimmungen des deutschen Rechts unberührt, die ohne Rücksicht auf das auf den Vertrag anzuwendende Recht den Sachverhalt zwingend regeln **(sog. Eingriffsnormen).** Nicht alle nach deutschem Recht zwingenden Rechtsnormen sind zugleich nach Art. 34 EGBGB unabdingbar. Dies folgt für arbeitsrechtliche Vorschriften aus Art. 30 I EGBGB. Diese Vorschrift wäre, soweit es die Anwendung deutschen Rechts angeht, überflüssig, wenn jede vertraglich unabdingbare arbeitsrechtliche Norm über Art. 34 EGBGB auf das Arbeitsverhältnis einwirken würde. Inländische Gesetze sind nur dann Eingriffsnormen i. S. d. Art. 34 EGBGB, wenn sie entweder ausdrücklich (so z. B. § 130 II GWB) oder nach ihrem Sinn und Zweck ohne Rücksicht auf das nach den deutschen Kollisionsnormen anwendbare Recht gelten sollen. Erforderlich ist, dass die Vorschrift nicht nur auf den Schutz von Individualinteressen der Arbeitnehmer gerichtet ist, sondern mit ihr zumindest auch öffentliche Gemeinwohlinteressen verfolgt werden.[19]

13 Eingriffsnormen sind **beispielsweise** § 3 EFZG und § 14 I MuSchG.[20] In Bezug auf die Bestimmungen des deutschen Seemannsgesetzes und auf § 613 a BGB sowie auf die Vorschriften des Kündigungsschutzgesetzes hat das BAG diesen Charakter verneint.[21] Auch § 8 TzBfG ist keine Eingriffsnorm. Die Vorschrift dient vorrangig den Individualinteressen der Arbeitnehmer und nicht öffentlichen Gemeinwohlinteressen.[22] Soweit § 1 AEntG Tarifnormen auf einen ausländischen Arbeitgeber erstreckt, handelt es sich um „Eingriffsnormen" i. S. v. Art. 34 EGBGB, die ausländischen Rechtsvorschriften vorgehen.[23] Ohne eine solche Gesetzesvorschrift sind allgemeinverbindliche Tarifverträge keine Eingriffsnormen.[24]

13a **5. Ordre public.** Dem nach den Art. 27 ff. EGBGB vereinbarten ausländischen Vertragsstatut darf gem. Art. 6 EGBGB nicht der ordre public entgegenstehen. Nach dieser Bestimmung

---

[16] BAG 13. 11. 2007 AP 8 zu Art. 27 EGBGB n. F. = NZA 2008, 761; 9. 7. 2003 AP 261 zu § 1 TVG Tarifverträge: Bau; 12. 12. 2001 AP 10 zu Art. 30 EGBGB = NZA 2002, 734.

[17] BAG 12. 12. 2001 AP 10 zu Art. 30 EGBGB = NZA 2002, 734.

[18] BAG 11. 12. 2003 AP 6 zu Art. 27 EGBGB n. F. = NZA 2004, 680.

[19] BAG 12. 12. 2001 AP 10 zu Art. 30 EGBGB = NZA 2002, 734; ErfK/*Schlachter* EGBGB RN 16; weitergehend BAG 13. 11. 2007 AP 8 zu Art. 27 EGBGB n. F. = NZA 2008, 761, wonach die Kollisionsregel des Art. 34 EGBGB nur ausscheidet, wenn eine arbeitsrechtliche Norm primär dem Interessenausgleich zwischen Privaten dient und nur mittelbar im Nebeneffekt auch öffentliche Gemeinwohlinteressen fördert. Ein solcher nur reflexartiger Schutz öffentlicher Gemeinwohlinteressen reiche für eine Anwendung des Art. 34 EGBGB nicht aus.

[20] BAG 12. 12. 2001 AP 10 zu Art. 30 EGBGB = NZA 2002, 734.

[21] BAG 3. 5. 1995 AP 32 zu Internat. Privatrecht, Arbeitsrecht = NZA 95, 1191; 29. 10. 1992 AP 31 zu Internat. Privatrecht, Arbeitsrecht = NZA 93, 743.

[22] BAG 13. 11. 2007 AP 8 zu Art. 27 EGBGB n. F. = NZA 2008, 761; dazu *Pietras* NZA 2008, 1051.

[23] BAG 12. 1. 2005 EzA 7 zu § 1 AEntG.

[24] BAG 9. 7. 2003 AP 261 zu § 1 TVG Tarifverträge: Bau.

ist „eine Rechtsnorm" eines anderen Staates nicht anzuwenden, wenn dies zu einem Ergebnis führt, das mit **wesentlichen Grundsätzen des deutschen Rechts** offensichtlich unvereinbar ist. Sie ist insbesondere nicht anzuwenden, wenn die Anwendung mit den Grundrechten nicht vereinbar ist. Durch diesen die gesamte Anwendung ausländischen Rechts in Deutschland beherrschenden allgemeinen Grundsatz wird nicht die Anwendung des ausländischen Rechts in Deutschland schlechthin ausgeschlossen, sondern nur die Anwendbarkeit einzelner Sätze des ausländischen Rechts. Die Ausnahmevorschrift des Art. 6 EGBGB greift indessen nur ein, wenn die Anwendung der ausländischen Rechtsnormen im Einzelfall zu einem Ergebnis führt, das mit der in der entsprechenden deutschen Regelung liegenden Gerechtigkeitsvorstellung in unerträglichem Widerspruch steht.[25]

III. Internationale Zuständigkeit

Allgemein: *Schaub,* ArbV-Hdb. § 8 m. weit. Nachw.

Von der **internationalen Zuständigkeit** ist die Frage der **Gerichtsbarkeit oder Gerichtshoheit** (§§ 18–20 GVG) zu unterscheiden. Bei der Fragestellung nach der Gerichtshoheit oder Gerichtsbarkeit wird untersucht, ob und inwieweit ein Ausländer der deutschen Gerichtsbarkeit unterliegt. Diese erstreckt sich nicht auf die Leiter und Mitglieder der bei der Bundesrepublik Deutschland beglaubigten diplomatischen Vertretungen (§ 18 I 1 GVG) ausländischer Staaten, soweit sie hoheitlich tätig geworden sind sowie ausländische Angehörige der Nato-Truppen einschließlich des zivilen Gefolges. Im Rahmen der internationalen Zuständigkeit wird behandelt, ob ein deutsches oder ausländisches Gericht zur Entscheidung eines Rechtsstreits berufen ist. Sie ist nach deutschem Recht zu prüfen. Die internationale Zuständigkeit ist eine auch in der Revisionsinstanz von Amts wegen zu prüfende Sachurteilsvoraussetzung.[26] – Wegen **weiterer Einzelheiten** s. ArbV-Hdb. § 8. 14

IV. Entsendung deutscher Arbeitnehmer ins Ausland

Monografien: *Fröhlich,* International Success, Arbeitsplatz Ausland und globales Projektmanagement, 2000; *Gerauer,* Auslandseinsatz von Arbeitnehmern im Arbeits-, Sozialversicherungs- und Steuerrecht, 2000; *Joha* (Hrsg.), Vergütung und Nebenleistung bei Auslandsbeschäftigung, 2. Aufl., 2002; *Kaufmann/Kessler/v. Maydell,* Arbeits- und Sozialrecht bei grenzüberschreitenden Sachverhalten, 1998; *Mauer,* Personaleinsatz im Ausland, 2003; *Thurau,* Auslandsabrechnung, 2002.

Aufsätze: *Braun,* Sozialversicherungspflicht beim grenzüberschreitenden Arbeitsverhältnis, ArbRB 2002, 202; *Buttler,* Auslandsentsendungen in der EU, BetrAV 2000, 179 = Arbeitgeber 99, 22; *Charissé,* Sozialversicherungsrechtliche Behandlung von Arbeitsverhältnissen mit Auslandsberührung, DB 2001, 978; *Deinert,* Grenzüberschreitende Erbringung von Dienstleistungen und Beschäftigung von Drittstaatsangehörigen, AuR 2000, 92; *Falder,* Geschäftsführer bei Auslandsgesellschaften, NZA 2000, 868; *Flämig,* Der Arbeitnehmer im Ausland, AuA 2001, 446; *Gaul,* Rechtssicher ins Ausland, AuA 2001, 451; *Gentz,* Das Arbeitsrecht im internationalen Konzern, NZA 2000, 3; *Gotthard,* Einsatz von Arbeitnehmern im Ausland, MDR 2001, 961; *Kronisch,* Entsendung, Auslandstätigkeit will gut vorbereitet sein, AuA 2001, 119; *Mayer,* Betriebsverfassungs- und tarifvertragsrechtliche Fragen bei grenzüberschreitenden Personaleinsätzen, BB 99, 842; *ders.,* Inländische Sozialversicherungspflicht und Beschäftigung in einer ausländischen Zweitfirma innerhalb der EU, NZS 2001, 525; *Lelley,* Arbeitsrechtliche Beratungspraxis beim internationalen Personaleinsatz, FA 2000, 142; *Pohl,* Grenzüberschreitender Einsatz von Personal- und Führungskräften, NZA 98, 735; *Rebhahn,* Entsendung von Arbeitnehmern in der EU-arbeitsrechtliche Fragen zum Gemeinschaftsrecht, DRdA 99, 173; *Schlachter,* Grenzüberschreitende Arbeitsverhältnisse, NZA 2000, 57; *Schliemann,* Fürsorgepflicht und Haftung des Arbeitgebers beim Einsatz von Arbeitnehmern im Ausland, BB 2001, 1302.

Steuerrecht: *Fajen,* Steuerfragen bei der Entsendung von Mitarbeitern ins Ausland, IStR 95, 489; *Geray,* Arbeitsrechtliche Auswirkungen der Auslandstätigkeit von Mitarbeitern, insbesondere bei Entsendung in Länder der EU, IStR 97, 566; *Zehetmaier,* Steuerfragen bei der Entsendung von Mitarbeitern ins Ausland aus der Sicht der beteiligten Unternehmen, IStR 98, 257.

Sozialversicherungsrecht: *Charissé,* Sozialversicherungsrechtliche Behandlung von Arbeitsverhältnissen mit Auslandsberührung, DB 2001, 978; *Giesen,* Die Anwendung der sozialversicherungsrechtlichen Aus- und Einstrahlungsregeln durch die Sozialversicherungsträger, NZS 96, 309; *Louven,* Sozialversicherungsrechtliche Probleme bei der Entsendung von Arbeitnehmern, NZA 92, 9.

Vertragsmuster: *Schaub/Koch/Neef/Schrader/Vogelsang,* ArbR-Formb. § 9 RN 24 ff.

1. Rechtsgrundlagen der Auslandsentsendung. a) Ob der Arbeitnehmer verpflichtet ist, für seinen Arbeitgeber im Ausland zu arbeiten, hängt von den **vertraglichen Vereinbarungen** 15

---

[25] BAG 3. 5. 1995 AP 32 zu Internat. Privatrecht, Arbeitsrecht = NZA 95, 1191; 29. 10. 1995 AP 31 zu Internat. Privatrecht, Arbeitsrecht = NZA 93, 743.

[26] BAG 13. 11. 2007 AP 8 zu Art. 27 EGBGB n. F. = NZA 2008, 761.

ab. Wenn hierzu keine besondere Regelung getroffen worden ist, richtet sich die Verpflichtung des Arbeitnehmers zu einem Auslandseinsatz nach dem Umfang des Direktionsrechts des Arbeitgebers (§ 106 GewO). Hierfür ist die vereinbarte Tätigkeit maßgeblich (vgl. dazu § 45 RN 14ff.). So wird man von einem Vertriebsmitarbeiter erwarten können, dass er auch vorübergehend im Ausland tätig ist. Ob ein Arbeitnehmer eines Bauunternehmens auf ausländischen Baustellen eingesetzt werden kann, hängt vom jeweiligen Ort und der Entfernung zum Sitz des Unternehmens ab. Ein Einsatz auf Baustellen in benachbarten Ländern in Grenznähe wird grundsätzlich eher angeordnet werden können als beispielsweise ein Einsatz in Dubai.

16 Hat der Arbeitnehmer seine Arbeitsleistung **länger als einen Monat** außerhalb der Bundesrepublik Deutschland zu erbringen, hat der Arbeitgeber dem Arbeitnehmer gemäß § 2 II NachwG vor der Abreise eine Niederschrift zu übergeben bzw. eine entsprechende schriftliche Vereinbarung zu treffen, in der folgende Angaben enthalten sind: **(1)** Dauer der im Ausland auszuübenden Tätigkeit, **(2)** Währung, in der das Arbeitsentgelt gezahlt wird, **(3)** zusätzliches, mit dem Auslandsaufenthalt verbundenes Arbeitsentgelt und damit verbundene zusätzliche Sachleistungen, **(4)** die vereinbarten Bedingungen für die Rückkehr. Wird eine Niederschrift nicht erstellt, führt das nicht zur Unwirksamkeit der Anordnung des Arbeitgebers (dazu § 34 RN 45ff.). Der Arbeitnehmer hat lediglich einen Anspruch auf Übergabe einer Niederschrift der Arbeitsbedingungen.

17 **b)** Bei einem vorübergehenden Auslandsaufenthalt endet das Arbeitsverhältnis zum Arbeitgeber nur, wenn dies schriftlich (§ 623 BGB) vereinbart wird. Wird das Arbeitsverhältnis beendet und ein **neuer Arbeitsvertrag mit dem ausländischen Arbeitgeber** begründet, untersteht das Arbeitsverhältnis mit dem ausländischen Arbeitgeber regelmäßig ausländischem Recht, es sei denn, die Parteien treffen wirksam eine andere Rechtswahl (dazu RN 6ff.). Häufig finden sich jedoch arbeitsvertragliche Restbeziehungen, so wenn zugunsten des Arbeitnehmers die betriebliche Altersversorgung aufrechterhalten bleibt.[27]

18 **c)** Denkbar ist auch, das Arbeitsverhältnis zum bisherigen Arbeitgeber **ruhen zu lassen** und daneben ein zusätzliches Arbeitsverhältnis zu dem ausländischen Arbeitgeber zu begründen. In diesem Fall lebt das inländische Arbeitsverhältnis wieder auf, wenn das im Ausland bestehende beendet wird.

19 **2.** Für die **steuerrechtliche Behandlung**[28] des in das Ausland entsandten Mitarbeiters kommt es im Allgemeinen darauf an, ob er seinen Wohnsitz oder gewöhnlichen Aufenthalt im Inland auch in seiner Auslandstätigkeit beibehält oder nicht. Die Besteuerung richtet sich nach den mit vielen Staaten abgeschlossenen Doppelbesteuerungsabkommen.

20 **3.** Die **sozialversicherungsrechtliche Behandlung** richtet sich nach dem Territorialitätsprinzip (dazu § 3 RN 86ff.).[29] Im Allgemeinen unterliegen deutsche Arbeitnehmer, die nur vorübergehend ins Ausland entsandt sind, der deutschen Sozialversicherung. Wer zum Zweck der Entsendung ins Ausland eingestellt wird, unterliegt während der Beschäftigung im Ausland auch bei beabsichtigter Rückkehr an den deutschen Wohnsitz nicht dem Schutz der gesetzlichen **Unfallversicherung,** wenn für die Zeit nach Beendigung der Entsendung eine Weiterbeschäftigung beim entsendenden Arbeitgeber im Inland nicht gewährleistet ist.[30]

21 Bei einer **Entsendung innerhalb der EU** ist die VO (EWG) Nr. 1408/71 zu beachten (dazu § 3 RN 92ff.). Eine **Entsendung** ist gegeben, wenn **(1)** eine Person im Gebiet eines Mitgliedstaates von einem Unternehmen, dem sie gewöhnlich angehört, abhängig beschäftigt wird, **(2)** sie für dieses Unternehmen in einem anderen Mitgliedstaat Arbeiten für dessen Rechnung ausführt, **(3)** ihr Auslandsaufenthalt voraussichtlich zwölf Monate nicht überschreitet und **(4)** sie nicht eine andere Person ablöst, für welche die Entsendung abgelaufen ist (Art. 14 Nr. 1 lit. a VO). Liegen die vorstehenden Voraussetzungen der Entsendung vor, gilt das Sozialversicherungssystem des ersten Mitgliedsstaates. Überschreitet eine Arbeit unvorhergesehen die Dauer von 12 Monaten, gelten die Rechtsvorschriften des ersten Mitgliedsstaates weiter, sofern die Behörde des Mitgliedsstaates, in den der Arbeitnehmer entsandt wurde, dazu ihre Genehmigung erteilt (Art. 14 Nr. 1b VO). Die zuständigen Behörden ergeben sich aus dem Anhang 10 zur VO (EWG) Nr. 574/72.

22 Sonderregelungen bestehen bei einer **Beschäftigung in mehreren Mitgliedstaaten** für fahrendes oder fliegendes Personal in Art. 14 Nr. 2 lit. a VO. Wird eine Person, die nicht unter

[27] Vgl. BAG 6. 8. 1985 AP 24 zu § 7 BetrAVG; 21. 1. 1999 AP 9 zu § 1 KSchG 1969 Konzern.
[28] Schrifttum siehe vor RN 15.
[29] Schrifttum siehe vor RN 15.
[30] BSG 10. 8. 1999 NZA-RR 2000, 601.

die Sonderregelung fällt, gewöhnlich in mehreren Mitgliedstaaten beschäftigt, gilt das Sozialversicherungssystem des Wohnsitzstaates. Eine gewöhnliche Beschäftigung ist bereits dann gegeben, wenn sie einige Stunden andauert.[31] Ein leitender Angestellter, der vier Tage in der Woche in Deutschland und einen Tag in einer Filiale in den Niederlanden arbeitet, unterliegt dem niederländischen Sozialversicherungssystem, wenn er in den Niederlanden wohnt (Art. 14 Nr. 2b lit. i VO). Von diesem Grundsatz wird wiederum dann eine Ausnahme gemacht, wenn der Angestellte in Luxemburg wohnt. Alsdann gilt das deutsche Sozialversicherungssystem (Art. 14 Nr. 2b lit. ii VO). Arbeitet ein in Frankreich wohnender Arbeitnehmer sowohl in Deutschland als auch bei einem anderen Unternehmen in Frankreich, findet das französische Sozialversicherungssystem Anwendung (Art. 14 Nr. 2b lit. i 2. Alternative VO).

4. Arbeitnehmerüberlassung. Im Falle der Entsendung ist das Sozialversicherungssystem 23
des Mitgliedstaates anzuwenden, aus dem entsandt wird. Bei einer Arbeitnehmerüberlassung muss das entsendende Unternehmen auch Arbeitnehmerüberlassung an seinem Sitz durchführen. Hierdurch soll erreicht werden, dass keine Briefkastenfirmen gegründet werden, durch die die sozialen Sicherheitssysteme umgangen werden.[32] Gründet ein deutsches Unternehmen eine Zweigniederlassung in einem anderen Mitgliedstaat, aus dem die Arbeitnehmer nach Deutschland zur Arbeitsleistung entsandt werden, besteht nach der Rechtsprechung des EuGH die Sozialversicherungspflicht in Deutschland, wenn nicht dort auch Geschäftstätigkeit ausgeübt wird. Unzureichend ist eine bloße Verwaltungstätigkeit.[33] Stellt aber der Sozialleistungsträger des anderen Mitgliedstaates die Bescheinigung E 101 aus, so ist der deutsche Sozialleistungsträger daran gebunden.[34]

5. Abhängige und selbstständige Tätigkeit. Eine Person, die im Gebiet verschiedener 24
Mitgliedstaaten gleichzeitig eine abhängige Beschäftigung und eine selbstständige Tätigkeit ausübt, unterliegt den Rechtsvorschriften des Staates, in dem die abhängige Beschäftigung ausgeübt wird (Art. 14c lit. a VO). Besonderheiten können sich aus lit. b ergeben. Eine Person, die in Frankreich ein Unternehmen betreibt und in Deutschland Geschäftsführer eines Unternehmens ist, an dem sie nur eine Minderheitsbeteiligung hat, unterliegt der deutschen Sozialversicherung.

§ 7. Arbeitsrechtliche Behörden in der BRD

I. Staatliche Arbeitsbehörden

1. Verwaltungsaufbau. Für das Gebiet des Arbeitsrechts ist der Gedanke der **Selbstverwal-** 1
tung charakteristisch. Wichtige Aufgaben sind direkt den Berufsverbänden, andere besonderen öffentlich-rechtlichen Selbstverwaltungskörperschaften übertragen. Bei diesen ist die Mitwirkung von Arbeitgeber- und Arbeitnehmervertretern vorgesehen. Nach dem Grundsatz der Parität von Arbeitnehmern und Arbeitgebern werden diese in gleicher Zahl hinzugezogen und zumeist von den Berufsverbänden benannt.

2. Im Bund ist zurzeit das **Bundesministerium für Arbeit und Soziales** für Fragen des 2
Arbeitsrechts zuständig. Zum Geschäftsbereich dieses Ministeriums gehören u. a.

(a) das **Bundesarbeitsgericht** in Erfurt als oberstes Bundesgericht für das Gebiet der Arbeitsgerichtsbarkeit;

(b) die **Bundesanstalt für Arbeitsschutz und Arbeitsmedizin (BauA).**[1] Sie ist aus der Fusion der Bundesanstalt für Arbeitsmedizin, Dortmund, und der Bundesanstalt für Arbeitsmedizin, Berlin hervorgegangen. Zu ihren zentralen Aufgaben gehört die Unterstützung des Ministeriums in allen Fragen des Arbeitsschutzes sowie die Beobachtung und Analyse der Arbeitssicherheit. Sie ist in Fachbereiche gegliedert, die sich auf verschiedene Standorte verteilen. An ihrer Spitze steht ein Präsident mit Dienstsitz in Dortmund.

(c) die **Bundesagentur für Arbeit** mit der Hauptstelle in Nürnberg und den nachgeordneten Regionaldirektionen und Arbeitsagenturen;

(d) die **Deutsche Rentenversicherung Bund** sowie die **Berufsgenossenschaften.**

---

[31] EuGH 16. 2. 1995 – Rs. C-425/93 – ABl. EG Nr. C 74/1995, S. 2.

[32] Besch. der Verwaltungskommission EG f. Soziale Sicherheit der Wanderarbeitnehmer Nr. 162 vom 31. 5. 1996.

[33] EuGH 9. 11. 2000 – Rs. C-404/98 (Plum/AOK Rheinland).

[34] EuGH 10. 2. 2000 – Rs. C-202/97 (Fitzwilliam Executive Search Ltd./Bestuur van het Landelijk instituut soziale verzekeringen).

[1] http://www.baua.de.

3 **3.** Die **Landesarbeitsministerien**[2] sind die obersten Landesarbeitsbehörden. Sie bearbeiten i. d. R. Angelegenheiten der Arbeitspolitik, Arbeitsrecht, Arbeitsgerichtsbarkeit, Lohn-, Tarif- und Schlichtungswesen, Heimarbeit, Jugend- und Berufsnachwuchsfragen, Gewerbeaufsicht, Arbeitsschutz, Arbeitszeit, Mutterschutz, Strahlenschutz, Technisches Messungswesen, Reaktorsicherheit, Sozialversicherung, Sozialgerichtsbarkeit, Kriegsopferversorgung und schwerbehinderten Menschen.

4 **4.** Für **arbeitsrechtliche Einzelaufgaben** sind die wichtigsten Behörden auf dem Gebiet

(a) des **Arbeitnehmerschutzes** (§ 153 RN 20: die Gewerbeaufsichtsämter. Sie sind als Landesbehörden errichtet. Ihnen sind i. d. R. als Mittelinstanz die Regierungspräsidenten bzw. Bezirksregierungen und als oberste Instanz die Landesarbeitsministerien vorgeordnet. Sie beschäftigen sich vor allem mit dem allgemeinen Arbeitsschutz, dem Arbeitszeitschutz (§ 17 I ArbZG), dem Mutterschutz (§ 20 I MuSchG) und dem Jugendarbeitsschutz (§ 51 JArbSchG).

(b) des **Bergarbeiterschutzes:** die Berg- und Oberbergämter sowie die Zentralstellen für den Bergmannsversorgungsschein (§ 180).

(c) des **Heimarbeitsschutzes:** die Heimarbeitsausschüsse, die nach § 4 HAG durch die Landesbehörden errichtet werden. Ferner sind nach dem HAG Entgeltprüfer vorgesehen, die häufig in die Gewerbeaufsichtsämter eingegliedert sind (§ 163).

(d) der **Rechtsprechung:** Arbeits- und Landesarbeitsgerichte, die erst- und zweitinstanzlich Gerichte der Länder sind, sowie das Bundesarbeitsgericht. In den neuen Bundesländern waren Kreis- und Bezirksgerichte bis zum Aufbau einer Arbeitsgerichtsbarkeit zuständig. Dieser ist inzwischen abgeschlossen.

(e) des **Schutzes schwerbehinderter Menschen:** Integrationsämter (§ 101 SGB IX) und Beschwerdeausschüsse, die im Rahmen der Kündigung von schwerbehinderten Menschen tätig werden (§ 178).

5 **5.** Die **Bundesagentur für Arbeit**[3] ist eine rechtsfähige bundesunmittelbare Körperschaft des öffentlichen Rechts (§ 367 SGB III). Sie befasst sich mit der Arbeitsförderung (§ 1 SGB III). **Arbeitnehmer erhalten** an Leistungen: **(1)** Berufsberatung sowie Ausbildungs- und Arbeitsvermittlung und diese unterstützende Leistungen; **(2)** Maßnahmen zur Eignungsfeststellung, Trainingsmaßnahmen zur Verbesserung der Eingliederungsaussichten; **(3)** Mobilitätshilfen und Arbeitnehmerhilfe zur Aufnahme einer Beschäftigung; **(4)** Überbrückungsgeld zur Aufnahme einer selbstständigen Beschäftigung; **(5)** Berufsausbildungsbeihilfe während einer beruflichen Ausbildung- oder einer berufsvorbereitenden Bildungsmaßnahme; **(6)** Übernahme der Weiterbildungskosten und Unterhaltsgeld; **(7)** allgemeine und besondere Leistungen zur beruflichen Eingliederung Behinderter; **(8)** Arbeitslosengeld; **(9)** Kurzarbeitergeld bei Arbeitsausfall; **(10)** Insolvenzgeld bei Zahlungsunfähigkeit des Arbeitgebers; **(11)** Wintergeld und Winterausfallgeld in der Bauwirtschaft (§ 3 I SGB III). **Arbeitgeber erhalten (1)** Arbeitsmarktberatung sowie Ausbildungs- und Arbeitsvermittlung; **(2)** Zuschüsse zu den Arbeitsentgelten bei Eingliederung von leistungsgeminderten Arbeitnehmern sowie bei Neugründung; **(3)** Zuschüsse zu Ausbildungsvergütungen bei Durchführung von Maßnahmen während der betrieblichen Ausbildungszeit; **(4)** Zuschüsse zur Vergütung bei einer Einstiegsqualifizierung und **(5)** Erstattungen von Beiträgen zur Sozialversicherung für Bezieher von Saison-Kurzarbeitergeld. Ferner sind Leistungen für Träger von Arbeitsförderungsmaßnahmen vorgesehen (§ 3 III SGB III).

6 Die Bundesagentur für Arbeit **gliedert sich** in die Zentrale in Nürnberg, zehn nachgeordnete Regionaldirektionen mit 178 Arbeitsagenturen u. 660 Geschäftsstellen. In allen Instanzen der Bundesagentur bestehen Verwaltungsausschüsse, die für den jeweiligen Bereich die Aufgaben der Selbstverwaltung übernehmen (§ 374 SGB III). Die Aufgaben der BA zählen überwiegend zur Sozialversicherung. Spezielle arbeitsrechtliche Aufgaben hat sie bei anzeigepflichtigen Entlassungen (Massenentlassungen – vgl. § 142) und zum Schutz schwerbehinderter Menschen (vgl. § 178).

7 Als **besondere Dienststelle** besteht die Zentralstelle für Arbeitsvermittlung in Frankfurt (ZAV), die sich mit der überörtlichen Arbeitsvermittlung und Stellenausschreibung im gesamten Bundesgebiet beschäftigt. Der ZAV angegliedert ist die Zentrale Bühnen-, Fernseh- und Filmvermittlung der Bundesagentur (ZBF), Generalagentur Frankfurt. Die ZBF unterhält Agenturen in Hamburg, München und Berlin. Neben der ZBF unterhält die Bundesagentur sieben Fachvermittlungsstellen für Künstler.

---

[2] Anschriften des Bundesministeriums für Arbeit und Soziales und der Länderarbeitsministerien ergeben sich aus http://www.bund.de, siehe dort Anschriftenverzeichnis.

[3] http://www.arbeitsagentur.de.

Dem **Institut für Arbeitsrecht und Berufsforschung**[4] obliegt die wissenschaftliche Untersuchung der aktuellen Verhältnisse und die Abschätzung der künftigen Verhältnisse auf dem gesamten Arbeitsmarkt und auf den beruflichen, regionalen und wirtschaftsfachlichen Teilarbeitsmärkten. 8

II. Gewerkschaften und Arbeitgeberverbände

Gewerkschaften und Arbeitgeberverbände sind **keine Behörden.** Ihnen obliegt gem. Art. 9 III GG, die Arbeits- und Wirtschaftsbedingungen ihrer Mitglieder zu fördern. Demgemäß beschränkt § 3 I TVG die Wirkungsweise der Tarifverträge grundsätzlich auf die Mitglieder der Arbeitnehmer- oder Arbeitgeberorganisationen (dazu näher § 206). Als solche sind die Gewerkschaften seit 1919 verfassungsrechtlich anerkannt. Die staatliche Sozialgesetzgebung knüpft bei der Gewährung von Leistungen an den Bestand und die Regelungen der Tarifverträge an (z.B. §§ 179, 133 SGB III). 9

III. Arbeitnehmerkammern

Internetadressen: http://www.arbeitnehmerkammer.de(Bremen); http://arbeitskammer.de(Saarland).

Arbeitnehmerkammern bestehen in Bremen,[5] im Saarland heißen sie Arbeitskammern.[6] Im Ausland sind Arbeitnehmerkammern in Österreich und in Luxemburg errichtet. Die Aufgaben der Arbeitnehmerkammern bestehen in der äußeren und inneren Interessenwahrung der Arbeitnehmer, das ist der Vortrag der Interessen der Arbeitnehmer gegenüber den zuständigen Organen sowie der Dienstleistung für die Arbeitnehmer. Ihre Aufgaben unterscheiden sich von denen der Gewerkschaften, die vorwiegend auf die kollektive Gestaltung der Arbeitsbedingungen ausgerichtet sind. Ihre Errichtung ist verfassungsrechtlich zulässig.[7] Zu den Arbeitnehmerkammern sind auch die Mitgliedsbürger der EU wahlberechtigt, weil andernfalls ein Verstoß gegen die Freizügigkeit vorläge.[8] 10

Im **Land Bremen** besteht eine Arbeitnehmerkammer, der alle im Lande Bremen tätigen Arbeiter bzw. Angestellten angehören (§ 4 ArbeitnehmerkG). Sie ist eine Körperschaft des öffentlichen Rechts. 11

Die Arbeitskammer im **Saarland** ist eine Körperschaft des öffentlichen Rechts, der die im Saarland wohnhaften oder beschäftigten Mitglieder angehören (§§ 1, 3 ArbeitskG). Organe der Arbeitskammer sind die Vertreterversammlung und der Vorstand (§ 4 ArbeitskG). Die Arbeitskammer hat die Aufgabe, als öffentlich-rechtliche Vertretung der im Saarland beschäftigten Arbeitnehmer und Arbeitnehmerinnen gemäß Art. 59 der Verfassung des Saarlandes die allgemeinen wirtschaftlichen, ökologischen, sozialen und kulturellen Interessen der Arbeitnehmer und Arbeitnehmerinnen wahrzunehmen und die Hebung der wirtschaftlichen, ökologischen, sozialen und kulturellen Lage der Arbeitnehmer und Arbeitnehmerinnen abzielenden Bestrebungen zu fördern. Sie kann hierbei die wissenschaftliche Forschung zur Unterstützung heranziehen. 12

§ 8. Arbeitnehmer

Allgemein: *Bauschke,* Arbeitnehmer, AR-Blattei, SD 110.1; *ders.,* Arbeitnehmer II Einzelfragen, SD 110.2; *ders.,* Freie Mitarbeit, AR-Blattei SD 720; *Berndt,* Arbeitnehmer oder freier Mitarbeiter, BB 98, 894; *Bieback,* Probleme des SGB II, NZS 2005, 337; *Bisso/Schwab,* Beschäftigung Scheinselbständiger, AuA 2005, 276; *Blanke,* Die Auflösung des Arbeitnehmerbegriffs, KJ 2003, 82; *Bolle,* Der arbeits- und sozialversicherungsrechtliche Status von Versicherungsvermittlern, NJW 2001, 422; *Däubler,* Arbeitnehmerähnliche Personen im Arbeits- und Sozialrecht, ZIAS 2000, 326; *Franzen,* Der Franchise-Vertrag als Arbeitsvertrag?, FS 50 Jahre BAG, S. 31; *Henssler,* Der freie Mitarbeiter im Spiegel des anwaltlichen Berufsrechts, AnwBl. 2000, 213; *Hentschel/Hungenberg,* Entscheidungstabellen Versicherungsstatus, 2003; *Hochrathner,* Noch einmal: Rechtsprobleme rückwirkender Statusfeststellungen, NZA 2000, 1083; *ders.,* Die Statusrechtsprechung des 5. Senats des BAG seit 1994, NZA-RR 2001, 561; *v. Hoyningen-Huene,* Gesellschafter, Scheingesell-

---

[4] http://www.iab.de.

[5] G. über die Arbeitnehmerkammern im Lande Bremen v. 28. 3. 2000 (BremGBl. S. 83).

[6] Art. 59 LVerf. Saarl. v. 15. 7. 1947 i.V.m. G.Nr. 1290 über die Arbeitskammer des Saarlandes v. 8. 4. 1992 (ABl. S. 590, bez. 627, 858), zul. geänd. 5. 2. 1997 (ABl. S. 258); dazu Beiträge VO v. 20. 1. 1977 (ABl. S. 190).

[7] BVerfG 18. 12. 1974 AP 23 zu Art. 9 GG = NJW 75, 1265; dazu *Bull* AuR 75, 271; *G. Müller* DB 80, 91; *Zacher* RdA 71, 194 ff.; BVerwG 23, 304; BFH BStBl. 1965 III 450.

[8] EuGH 18. 5. 1994 – Rs. C-118/92.

schafter oder Arbeitnehmer, NJW 2000, 3233; *Hromadka,* Arbeitnehmer oder freier Mitarbeiter, NJW 2003, 1847; *ders.*, Arbeitnehmer, Arbeitnehmergruppen und Arbeitnehmerähnliche im Entwurf eines Arbeitsvertragsgesetzes, NZA 2007, 838; *Löwisch*, Arbeitnehmereigenschaft kraft vertraglicher Vereinbarung, FS Hromadka 2008, S. 229; *Maschmann,* Arbeitsverträge und Verträge mit Selbständigen, NZA 2001, 21; *Mayer,* Freie Mitarbeiter im öffentlichen Dienst, PersR 2001, 9; MünchKommBGB/*Müller-Glöge* § 611 RN 169ff.; *Oberthür/Lohr,* Der Handelsvertreter im Arbeits- und Sozialversicherungsrecht, NZA 2001, 126; *Preis,* Koordinationskonflikte zwischen Arbeits- und Sozialrecht, NZA 2000, 914; *Reinicke,* Arbeitnehmer und freie Mitarbeiter im Bereich des außeruniversitären Unterrichts, ZTR 2000, 535; *ders.*, Die gerichtliche Feststellung der Arbeitnehmereigenschaft und ihre Rechtsfolgen für Vergangenheit und Zukunft, RdA 2001, 357; *Reiserer/Freckmann,* Scheinselbständigkeit – heute noch ein schillernder Rechtsbegriff, NJW 2003, 180; *Rixen/Pananis,* Hartz IV: Welcher Ein-Euro-Job ist „zusätzlich", NJW 2005, 2177; *Schaff,* 1-Euro-Jobs und Mitbestimmung, AiB 2005, 3; *Schulze,* Ein-Euro-Jobber – Arbeitnehmer im Sinne des BetrVG? – Wahlberechtigung und Mitbestimmung bei den so genannten MAE-Kräften, NZA 2005, 1332; *Schwarze,* Arbeitnehmerbegriff und Vertragstheorie, ZfA 2005, 81; *Söllner* § 3 I; *Wank,* Arbeitnehmer und Selbständige, 1988; *ders.*, Die „neue Selbständigkeit", DB 92, 90; *ders.*, Die Gesetzesänderung zum Arbeitnehmerbegriff, RdA 99, 297; *Zwanziger,* Rechtliche Rahmenbedingungen für „Ein-Euro-Jobs", ArbuR 2005, 8.

Arbeitnehmerähnliche Selbstständige: *Hanau/Eltzschig,* Die Voraussetzungen der Rentenversicherungspflicht arbeitnehmerähnlicher Selbstständiger nach § 2 S. 1 Nr. 9 SGB VI, NZS 2002, 281; *Jacobs,* Der arbeitnehmerähnliche Selbstständige, ZIP 99, 1549; *Keller,* Arbeitnehmerähnliche oder unternehmerähnliche Tätigkeit?, NZS 2001, 188.

Rundfunkmitarbeiter: *Bezani,* Der arbeitsrechtliche Status von Rundfunk- und Fernsehmitarbeitern, NZA 97, 856; *Bruns,* Der Einfluss der Rundfunkfreiheit auf das Arbeitsrecht, RdA 2008, 135; *Heilmann,* Arbeitsrechtlicher Status von Rundfunkmitarbeitern, AuA 98, 190; *v. Olenhusen,* Freie Mitarbeit in den Medien, 2002; *Pahde-Syrbe,* Arbeitnehmereigenschaft in Kleinbetrieben des privaten Rundfunks, ArbuR 97, 195; *Schmidt,* Grenzfälle der Arbeitnehmereigenschaft und leistungsrechtliche Bindung der BAnstArb., NZS 98, 231. Zum Schrifttum zu den Mitarbeitern bei den Rundfunk- und Fernsehanstalten vgl. auch § 9.

Scheinselbstständigkeit: *Gaul/Otto,* Gesetz für moderne Dienstleistungen am Arbeitsmarkt. Änderungen durch den Vermittlungsausschuss, DB 2003, 94; *Griebeling,* Der Arbeitnehmerbegriff und das Problem der Scheinselbständigkeit, RdA 98, 208; *ders.*, Die Merkmale des Arbeitsverhältnisses, NZA 98, 1137; *Grobys,* Abgrenzung von Arbeitnehmern und Selbständigen, NJW-Spezial 2005, 81; *Hoffmann,* Die neue Rechtsprechung des BAG zur Scheinselbständigkeit, FA 2001, 69; *Kossens,* Ich-AG, Mini-Jobs und Scheinselbständigkeit, AuA 2003, 21; *Reiserer,* Wird durch die „Hartz"-Gesetze die Scheinselbständigkeit abgeschafft und Selbständigkeit gefördert?, DStR 2003, 292; *Reiserer/Freckmann,* Scheinselbständigkeit – heute noch ein schillernder Begriff, NJW 2003,180; *Rolfs,* Scheinselbständigkeit, geringfügige Beschäftigung und „Gleitzone" nach dem zweiten Hartz-Gesetz, NZA 2003, 65; *Worzalla,* Arbeitsverhältnisse und sonstige Rechtsverhältnisse in der Rechtsprechung des BAG, FS 50 Jahre BAG, S. 311.

Verbraucher: *Annuß,* Der Arbeitnehmer als solcher ist kein Verbraucher, NJW 2002, 2844; *Bauer/Kock,* Arbeitsrechtliche Auswirkungen des neuen Verbraucherschutzrechts, DB 2002, 42; *Brors,* Das Widerrufsrecht des Arbeitnehmers, DB 2002, 2046; *Däubler,* Die Auswirkungen der Schuldrechtsmodernisierung auf das Arbeitsrecht, NZA 2001, 1329; *Fiebig,* Der Arbeitnehmer als Verbraucher, DB 2002, 1608; *Holtkamp,* Der Arbeitnehmer als Verbraucher, AuA 2002, 250; *ders.*, Arbeitnehmer und/oder Verbraucher, DB 2002, 2434; *Hromadka,* Schuldrechtsmodernisierung und Vertragskontrolle im Arbeitsrecht, NJW 2002, 2523; *Hümmerich/Holthausen,* Der Arbeitnehmer als Verbraucher, NZA 2002, 173; *Hümmerich,* Erweiterte Rechte durch Verbraucherschutz, AnwBl. 2002, 671; *Joussen,* Arbeitsrecht und Schuldrechtsreform, NZA 2001, 745; *Künzl,* Widerruf arbeitsrechtlicher Aufhebungsverträge, ZTR 2004, 16; *Lingemann,* Allgemeine Geschäftsbedingungen und Arbeitsvertrag, NZA 2002, 181; *Löwisch,* Zweifelhafte Folgen des geplanten Leistungsstörungsrechts für das Arbeitsvertragsrecht, NZA 2001, 465; *Natzel,* Schutz des Arbeitnehmers als Verbraucher?, NZA 2002, 595; *Preis,* Arbeitsrecht, Verbraucherschutz und Inhaltskontrolle, Sonderbeil. NZA Heft 16/2003, 19; *Reichold,* Anmerkungen zum Arbeitsrecht im neuen BGB, ZTR 2002, 202; *ders.*, Arbeitnehmerschutz und/oder Verbraucherschutz bei der Inhaltskontrolle des Arbeitsvertrags?, FS 50 Jahre BAG, S. 153; *Reim,* Arbeitnehmer und/oder Verbraucher?, DB 2002, 2434; *Reinecke,* Vertragskontrolle im Arbeitsrecht nach der Schuldrechtsreform, Sonderbeil. NZA Heft 18/2004, 27; *Rieble/Klumpp,* Widerrufsrecht des Arbeitnehmer – Verbrauchers?, ZIP 2002, 2153; *Schaub,* AGB-Kontrolle in der betrieblichen Altersversorgung, Gedächtnisschrift für Blomeyer, 2003, S. 335, 339; *Schuldt,* Der Arbeitnehmer als Verbraucher?, ZAP 2003 Nr. 3 Kolumne; *Thüsing/Leder,* Neues zur Inhaltskontrolle von Formulararbeitsverträgen, BB 2004, 42; *Tschöpe/Pirschner,* Der Arbeitnehmer als Verbraucher im Sinne des § 13 BGB?, RdA 2004, 358.

Übersicht

	RN
I. Allgemeines	1 ff.
1. Begriff des Arbeitnehmers	1–3
2. Rechtsprechung	4
3. Europäisches Recht	5
4. Scheinselbstständigkeit/Sozialrecht	6–9
5. Arbeitnehmer und Verbraucher	10
6. Steuerrecht	11
II. Voraussetzungen des Arbeitnehmerbegriffs	12 ff.
1. Arbeit	13, 14
2. Vertrag	15–25
3. Persönliche Abhängigkeit	26–36
4. Einzelne Beschäftigtengruppen	37–47
5. Prozessuale Durchsetzung	48–52
III. Einzelfälle	53, 54

I. Allgemeines

1. Begriff des Arbeitnehmers.[1] Die Arbeitnehmereigenschaft ist Voraussetzung für die Geltung der arbeitsrechtlichen Gesetze. Ferner ist er bedeutsam für die Frage des Rechtsweges. Einige Gesetze enthalten eine Begriffsbestimmung (s. §§ 5 I 1 ArbGG, 2 II ArbZG, 17 I 1 BetrAVG, 5 I BetrVG, 2 Satz 1 BUrlG, 1 II EFZG). Die dort verwendete Formulierung „Arbeitnehmer sind Arbeiter, Angestellte sowie die zu ihrer Berufsausbildung Beschäftigten" stellt jedoch keine wirkliche Begriffsdefinition dar, sondern benennt lediglich bestimmte Arbeitnehmergruppen. Einen in Rspr. und Lit. allgemein anerkannten Begriff des Arbeitnehmers gibt es nicht. 1

a) Nach *Hueck* ist Arbeitnehmer, wer auf Grund privatrechtlichen Vertrags oder eines ihm gleichgestellten Rechtsverhältnisses im Dienst eines anderen zur Arbeit verpflichtet ist.[2] *Nikisch* definiert den Arbeitnehmer als eine Person, die im Dienst eines anderen beschäftigt wird, die in einem Betrieb eingegliedert ist.[3] Einigkeit besteht darüber, dass der Arbeitnehmer **abhängige, fremdbestimmte Arbeit,** hingegen der Selbstständige eine selbstbestimmte Tätigkeit leistet. Es fehlt aber auch an einer Definition der Abhängigkeit oder Unselbstständigkeit. Es gibt nur Indizien dafür, ob eine Person als Arbeitnehmer anzusehen ist. Diese Indizien sind nach der typologischen Methode zu würdigen[4] oder anders ausgedrückt, es ist wertend zu entscheiden, ob eine Gruppe von Personen wegen der von ihr geleisteten Arbeit noch zu den Arbeitnehmern gezählt werden kann. Daher wird vor allem darum gestritten, inwieweit – soziologisch gesehen – Randerscheinungen in die Definition aufgenommen werden müssen. 2

b) Nach einer Mindermeinung, die vor allem von *Wank*[5] vertreten wird,[6] ist das Merkmal der persönlichen Abhängigkeit zur Abgrenzung von Arbeitnehmern und Selbstständigen ungeeignet. Er ersetzt die persönliche Abhängigkeit durch die **wirtschaftliche Abhängigkeit.** Hierdurch werden die Arbeitnehmerähnlichen in den Begriff des Arbeitnehmers einbezogen. **Schutzbedürftige Erwerbstätige** werden in den arbeits- und sozialrechtlichen Schutz einbezogen, wenn **(1)** ihre Tätigkeit auf Dauer angelegt ist, **(2)** die Arbeit nur für einen Auftraggeber geleistet wird, **(3)** die Arbeit in eigener Person ohne Mitarbeiter geleistet wird, **(4)** die Arbeit im Wesentlichen ohne eigenes Kapital und im Wesentlichen ohne eigene Organisation geleistet wird. **Echte Selbstständige** liegen dann vor, wenn **(1)** das Unternehmerrisiko freiwillig übernommen wird, **(2)** der Tätige am Markt auftritt und **(3)** Ausgewogenheit im Hinblick auf unternehmerische Chancen und Risiken besteht. 3

2. Rechtsprechung. In der Rspr. wird vor allem von der Definition *Huecks*[7] ausgegangen. Nach ihr sind für den Begriff des Arbeitnehmers drei Voraussetzungen zu erfüllen, nämlich **(1)** das Leisten von Arbeit (s. RN 12ff.) **(2)** auf Grund eines privatrechtlichen Vertrages (s. RN 14ff.) und **(3)** das Bestehen einer persönlichen Abhängigkeit (s. RN 25ff.). 4

3. Europäisches Recht. Der EuGH bestimmt den Begriff des Arbeitnehmers nach Gemeinschaftsrecht. Insoweit kann sich dieser nach den verschiedenen Rechtsquellen unterscheiden. Für Art. 39 EG hat der EuGH definiert, dass Arbeitnehmer nur ist, wer eine tatsächliche und echte Tätigkeit ausübt, wobei Tätigkeiten außer Betracht bleiben, die einen so geringen Umfang haben, dass sie sich als völlig untergeordnet und unwesentlich darstellen. Das wesentliche Merkmal des Arbeitnehmerverhältnisses besteht darin, dass jemand während einer bestimmten Zeit für einen anderen nach dessen Weisung Leistungen erbringt, für die er als Gegenleistung eine Vergütung erhält. In diesem Zusammenhang ist die Art des Rechtsverhältnisses 5

---

[1] Eine Übersicht über den Arbeitnehmerbegriff in den verschiedenen EU-Statten findet sich bei *Perulli* unter der Internetadresse ec.europa.eu/employment_social/labour_law/docs/parasubordinationreport_eu.pdf.

[2] *Hueck/Nipperdey* § 9 II; RAG 4, 143; 9, 513; 13, 311, 469, 470, 480 (allerdings wird hier auch noch die wirtschaftliche Abhängigkeit genannt); dagegen nur noch persönliche Abhängigkeit RAG 13, 43; 15, 505, 550; 20, 302; 27, 7; 34, 45; 36, 143.

[3] *Nikisch* § 14 I.

[4] MünchKommBGB/*Söllner* § 611 RN 130; BAG AP 34–36 zu § 611 BGB Abhängigkeit (die Entscheidungen selbst sind vom BVerfG aufgehoben); AP 42, 43, 45 a. a. O.

[5] *Wank,* Arbeitnehmer und Selbständige, 1988, S. 32ff.

[6] Vgl. LAG Köln 30. 6. 1995 ArbuR 96, 413; ArbG Nürnberg 31. 7. 1996 NZA 97, 37.

[7] BAG AP 7 zu § 5 ArbGG 1953; AP 1, 3, 4, 15–36, 42, 43, 45 zu § 611 BGB Abhängigkeit; 16. 2. 2000 AP 70 zu § 2 ArbGG 1979 = NZA 2000, 385; 12. 12. 2001 AP 111 zu § 611 BGB Abhängigkeit = NZA 2002, 787; BGH AP 2, 6 zu § 611 BGB Abhängigkeit; BVerwG 12. 4. 1961 AP 4 zu § 611 BGB Öffentlicher Dienst; BSG AP 5, 9, 11 zu § 611 BGB Abhängigkeit, alle m. w. N.

zwischen dem Arbeitnehmer und dem Arbeitgeber für die Anwendung des Art. 39 EG unerheblich.[8] Arbeitnehmer kann mithin auch ein Beamter im Sinne des deutschen Rechts sein.

6 **4. Scheinselbstständigkeit/Sozialrecht. a)** Von Scheinselbstständigkeit wird dann gesprochen, wenn Erwerbstätige nach der Ausgestaltung ihrer Rechtsbeziehungen wie **Selbstständige** behandelt werden, tatsächlich jedoch wie **abhängig Beschäftigte** arbeiten und sich auch wegen ihrer sozialen Schutzbedürftigkeit nicht von diesen unterscheiden.

7 **b)** Durch das Gesetz zu Korrekturen in der Sozialversicherung und zur Sicherung der Arbeitnehmerrechte vom 19. 12. 1998 (BGBl. I S. 3843) wurde für die Sozialversicherung in § 7 IV SGB IV die **Scheinselbstständigkeit** geregelt. Das Gesetz wurde inzwischen durch das Gesetz zur Förderung der Selbstständigkeit vom 20. 12. 1999 (BGBl. 2000 I S. 2) sowie durch das Zweite Gesetz für moderne Dienstleistungen am Arbeitsmarkt vom 23. 12. 2002 (BGBl. I S. 4621) geändert. Ziel der Änderungen ist, die Arbeitslosigkeit zu beheben und die Selbstständigkeit zu fördern. Insbesondere wurde die sog. **Ich-AG** eingeführt und ab dem 1. 8. 2006 durch den Gründungszuschuss (§ 57 SGB III) abgelöst. Nach § 7 I 1 SGB IV ist Beschäftigung die nichtselbstständige Arbeit, insbesondere in einem Arbeitsverhältnis. Anhaltspunkte für eine Beschäftigung sind eine Tätigkeit nach Weisungen und eine Eingliederung in die Arbeitsorganisation des Arbeitgebers (§ 7 I 2 SGB IV). Mit dieser Definition wird an den arbeitsrechtlichen Begriff des Arbeitnehmers angeknüpft. Insoweit obliegt es dem Sozialversicherungsträger, nach dem Amtsermittlungsprinzip die Beschäftigung aufzuklären. Die in § 7 IV SGB IV a. F. enthaltene Vermutungsregelung für eine Arbeitnehmereigenschaft wurde durch das Zweite Dienstleistungsgesetz aufgehoben. Nach § 7 IV SGB IV in der bis zum 30. 6. 2009 geltenden Fassung wurde für Personen, die für eine selbstständige Tätigkeit einen Zuschuss nach § 421l SGB III (Existenzgründungszuschuss) beantragt haben, jetzt widerlegbar vermutet, dass sie in dieser Tätigkeit als Selbstständige tätig sind.

8 **c)** Die Beteiligten können schriftlich eine **Entscheidung beantragen,** ob eine Beschäftigung vorliegt, es sei denn, es ist bereits ein Amtsermittlungsverfahren eingeleitet worden. Über den Antrag entscheidet die Deutsche Rentenversicherung Bund auf Grund der Gesamtwürdigung aller Umstände (§ 7a II SGB IV). Sie teilt den Beteiligten schriftlich mit, welche Angaben und Unterlagen sie benötigt. Alsdann hat sie den Beteiligten zur Entscheidung rechtliches Gehör zu gewähren. Wird dieser Antrag innerhalb eines Monats seit Aufnahme der Arbeit gestellt, tritt die Versicherungspflicht mit der Bekanntgabe der Entscheidung ein, wenn die erwerbsmäßig tätige Person zustimmt und anderweitig Vorsorge für die soziale Absicherung getroffen worden ist (§ 7a VI SGB IV). Hierdurch sollen hohe Beitragsnachzahlungen verhindert werden. Gegen die Entscheidung kann Widerspruch eingelegt und Klage zu den Sozialgerichten erhoben werden. Stellt ein Versicherungsträger bei Stellung des Antrags nach § 7a I SGB IV innerhalb eines Monats nach Aufnahme der Tätigkeit fest, dass eine versicherungspflichtige Beschäftigung vorliegt, tritt die versicherungspflichtige Beschäftigung erst mit der Bekanntgabe dieser Entscheidung ein, wenn der erwerbsmäßig Tätige zustimmt und für die Zeit zwischen Aufnahme der Beschäftigung und der Entscheidung eine anderweitige Absicherung erfolgt ist (§ 7a VI SGB IV).

9 **d) Arbeitnehmerähnliche Selbstständige.**[9] Durch § 2 Nr. 9 SGB VI wurde die Versicherungspflicht von arbeitnehmerähnlichen Selbstständigen in der gesetzlichen Rentenversicherung eingeführt. Rentenversicherungspflichtig sind Personen, **(a)** die im Zusammenhang mit ihrer selbstständigen Tätigkeit keinen versicherungspflichtigen Arbeitnehmer beschäftigen, dessen Arbeitsentgelt aus diesem Beschäftigungsverhältnis regelmäßig 400 Euro im Monat übersteigt, und **(b)** auf Dauer und im Wesentlichen nur für einen Auftraggeber tätig sind. Als Arbeitnehmer gelten auch Personen, die berufliche Kenntnisse erwerben, dagegen nicht Personen, die als geringfügig Beschäftigte nach § 5 II 2 SGB VI auf die Versicherungsfreiheit verzichtet haben. Arbeitnehmerähnliche Selbstständige werden nach § 6 Ia SGB VI von der Versicherungspflicht befreit.

10 **5. Arbeitnehmer und Verbraucher.**[10] Die Verankerung des Verbraucherbegriffs im BGB geht zurück auf die Richtlinie 93/13/EWG vom 5. 4. 1993 über missbräuchliche Klauseln in Verbraucherverträgen. Verbraucher ist nach Art. 2 lit. b der Richtlinie eine natürliche Person, die bei Verträgen, die unter die Richtlinie fallen, zu einem Zweck handelt, der nicht ihrer gewerblichen oder beruflichen Tätigkeit zugerechnet werden kann. Die Definition in § 13 BGB

---

[8] EuGH 23. 10. 1986 EuGHE 86, 3205; 31. 5. 1989 EuGHE 89, 1621; 26. 2. 1992 EuGHE 92, 1027 = NJW 92, 1493; 6. 11. 2003 EuGHE 2003, 13187 = NZA 2004, 87.

[9] Schrifttum vgl. vor RN 1.

[10] Schrifttum vgl. vor RN 1.

ist weiter gefasst. In Rspr. und Schrifttum ist umstritten, ob der Arbeitnehmer Verbraucher im Rechtssinn ist. Von dieser Frage kann die Anwendbarkeit verschiedener Schutzvorschriften abhängen, so § 312 i.V.m. §§ 355ff. BGB (Widerrufsrecht bei Haustürgeschäften; vgl. § 122 RN 5), § 310 III BGB (Inhaltskontrolle bei AGB; s. § 32), § 288 II BGB (Verzugszinsen; s. § 71 RN 8b), §§ 491ff. BGB (Verbraucherdarlehensvertrag; s. § 70 RN 20). Nach § 13 BGB ist Verbraucher jede natürliche Person, die ein Rechtsgeschäft zu einem Zweck abschließt, der weder ihrer gewerblichen noch ihrer selbstständigen beruflichen Tätigkeit zugerechnet werden kann. Von dieser Definition wird auch der Arbeitnehmer erfasst, da nur selbstständig Berufstätige, nicht aber abhängig Berufstätige aus dem Begriff herausfallen. Der Arbeitnehmer schließt keinen Vertrag zur selbstständigen beruflichen Tätigkeit. Das BAG bejaht die Verbrauchereigenschaft des Arbeitnehmers mit Blick auf Wortlaut und Entstehungsgeschichte des Gesetzes und wendet § 310 III BGB auf das Arbeitsverhältnis an.[11] Ein Widerrufsrecht nach § 312 BGB, das vornehmlich bei Aufhebungsverträgen Bedeutung erlangen könnte, verneint das BAG aber mit Hinweis auf die systematische Stellung der Norm unter dem Untertitel „Besondere Vertriebsformen" und weil der Arbeitnehmer sich am Arbeitsplatz nicht in einer vom Schutzzweck des Gesetzes erfassten Situation befindet.[12]

6. Steuerrecht. Steuerrechtlich ist der Begriff des Arbeitnehmers in § 1 I LStDVO definiert. 11
Arbeitnehmer sind Personen, die in öffentlichem oder privatem Dienst angestellt sind oder waren und hieraus Arbeitslohn beziehen sowie deren Rechtsnachfolger, soweit sie noch Vergütung daraus beziehen.

II. Voraussetzungen des Arbeitnehmerbegriffs

Nach der Rspr. des BAG ist Arbeitnehmer, wer auf Grund eines privatrechtlichen Vertrages 12
in persönlicher Abhängigkeit zur Arbeit im Dienste eines anderen verpflichtet ist.

1. Arbeit. a) Der Arbeitnehmer muss zur Leistung von „Arbeit" verpflichtet sein. Arbeit ist 13
in **wirtschaftlichem Sinne** zu verstehen. Es ist jede Betätigung oder jedes Verhalten, das zur Befriedigung des Bedürfnisses eines anderen dient[13] und im Wirtschaftsleben als Arbeit qualifiziert wird. Dabei kann es sich um eine geistige oder körperliche Betätigung handeln, die niederer oder höherer Art sein kann. In diesem Sinne leistet auch ein Malermodell oder eine Artistin, die sich nur über das Seil tragen lässt, Arbeit. Ihre Betätigung erfordert, zumindest i.d.R., die Überwindung psychischer Hemmnisse. Nicht ausreichend ist ein bloßes Unterlassen, wohl aber eine Arbeitsbereitschaft (§ 45 RN 56ff., § 156 RN 17ff.), denn sie setzt eine bestimmte Leistung des Arbeitnehmers, die wache Achtsamkeit im Zustand der Entspannung voraus.[14] Wie die Arbeit zu vergüten ist, ist für die Begriffsbestimmung des Arbeitnehmers unerheblich (s.a. RN 35). Allerdings können Verträge über Arbeitsleistung ohne eine Vergütung sittenwidrig sein.[15]

b) Dagegen werden **nicht** als Arbeit die **spielerische oder sportliche Betätigung** zum 14
Selbstzweck angesehen. Anders ist es, wenn gerade die sportliche Betätigung, wie die eines Fußballers, Trainers, Lehrers usw. zur Befriedigung eines Fremdbedarfes geleistet wird.[16]

2. Vertrag. a) Die Verpflichtung zur Arbeitsleistung muss auf einem privatrechtlichen Ver- 15
trag oder einem gleichgestellten Verhältnis beruhen.[17] Gegen die Definition *Huecks* wurde eingewandt, sie mache die **Rechtswirksamkeit** des Vertrages zur Voraussetzung des Begriffes eines Arbeitnehmers. Sei der Arbeitsvertrag aus irgendeinem Grunde rechtsunwirksam, entfalle damit gleichzeitig auch die Qualifizierung des Dienste Leistenden als Arbeitnehmer.

b) Zur Begegnung dieser Einwände ist in die Definition das Merkmal des gleichgestellten 16
Verhältnisses aufgenommen worden. Durch die Voraussetzung des **privatrechtlichen Vertrages** für den Begriff des Arbeitnehmers soll klargestellt werden, dass der Arbeitnehmer sich freiwillig

---

[11] BAG 25. 5. 2005 AP 1 zu § 310 BGB = NZA 2005, 1111.

[12] BAG 27. 11. 2003 AP 1 zu § 312 BGB = NZA 2004, 597; 27. 11. 2003 AP 2 zu § 312 BGB = NZA 2004, 809; 15. 3. 2005 AP 7 zu § 781 BGB = NZA 2005, 682; s. hierzu auch § 122 RN 5.

[13] BAG 8. 3. 1961 AP 12 zu § 611 BGB Lohnanspruch; 25. 4. 1962 AP 6 zu § 611 BGB Mehrarbeitsvergütung; 11. 10. 2000 AP 20 zu § 611 BGB Arbeitszeit = NZA 2001, 458; 16. 1. 2002 AP 7 zu § 2 EntgeltFG = NZA 2002, 1163.

[14] Vgl. BAG 10. 6. 1959 AP 5 zu § 7 AZO.

[15] BAG 10. 3. 1960 AP 2 zu § 138 BGB; LAG Hamm 16. 10. 1989 LAGE § 138 BGB Nr. 4 = ZIP 90, 880 m. Anm. *Gaul.*

[16] BAG 10. 5. 1990 AP 51 zu § 611 BGB Abhängigkeit.

[17] *Hueck/Nipperdey* § 9 III 2; MünchArbR/*Richardi* § 23 RN 10; *Söllner* § 3 I 2.

in den Dienst eines anderen begeben hat und andererseits auch der Arbeitnehmer den Willen zur Beschäftigung haben muss.[18] Kein geeignetes Abgrenzungskriterium ergibt der zeitliche Umfang der Arbeitsleistung.[19] Auch Beschäftigte mit Eintagsrechtsverhältnissen oder mit Teilzeitarbeit, also verkürzter Arbeitszeit oder mit flexibler Arbeitszeit können Arbeitnehmer sein. Ebenso wenig ändert sich an der Arbeitnehmereigenschaft etwas dadurch, dass dieser lediglich für die Produktionsdauer beschäftigt wird. Insoweit kann allenfalls ein befristetes Arbeitsverhältnis vorliegen.

17 **c)** Die **Geschäftsführung ohne Auftrag** (§§ 677 ff. BGB) oder die Erbringung von Gefälligkeitsleistungen macht nicht zum Arbeitnehmer.

18 **d)** Die Voraussetzung des privatrechtlichen Vertrages oder gleichgestellten Rechtsverhältnisses dient dazu, den Arbeitnehmer von anderen Personengruppen zu unterscheiden, die auch abhängige Arbeit leisten, aber nicht dem Arbeitsrecht unterstehen. Arbeitsverhältnisse werden im Rahmen der Vertragsfreiheit auf Grund eines schuldrechtlichen Vertrages begründet, der nach der Systematik des BGB ein Dienstvertrag gem. §§ 611 ff. BGB ist.

19 Keine Arbeitnehmer sind daher alle Personen, die ihre Tätigkeit auf Grund eines **öffentlich-rechtlichen Rechtsverhältnisses** erbringen (Beamte, Richter, Soldaten, Wehr- und Zivildienstleistende) sowie Teilnehmer an einem freiwilligen sozialen oder ökologischen Jahr. Strafgefangene, die nach § 41 StVollzG Arbeit im Rahmen der Anstaltsgewalt und damit in einem **öffentlich-rechtlichen Gewaltverhältnis** leisten, tun dies ebenfalls nicht auf Grund eines privatrechtlichen Vertrages.[20] Demgegenüber sind sog. Freigänger gem. § 39 StVollzG Arbeitnehmer.[21] Keine Arbeitnehmer sind Personen in Sicherungsverwahrung,[22] in einer Heil- und Pflegeanstalt Untergebrachte, Fürsorgezöglinge usw., wenn sie die Arbeit im Rahmen der Anstaltsgewalt leisten.

20 Sozialhilfeberechtigte, für die gem. § 19 BSHG Gelegenheit zu zusätzlicher oder gemeinnütziger Arbeit geschaffen wurde, waren nur dann Arbeitnehmer, wenn ihnen nach § 19 I 1 Alt. 1 BSHG übliches Arbeitsentgelt geleistet wurde. Erhielten sie dagegen nach § 19 I Alt. 2 BSHG lediglich Lebensunterhalt zuzüglich einer angemessenen Entschädigung für Mehraufwendungen, wurde gem. § 19 III 1 BSHG kein Arbeitsverhältnis begründet. Das BSHG wurde durch Gesetz vom 27. 12. 2003 (BGBl. I S. 3022) per 1. 1. 2005 im Wesentlichen aufgehoben und das Sozialhilferecht als 12. Buch in das SGB eingegliedert. **Leistungen zur Eingliederung in Arbeit** sind nunmehr im SGB II geregelt, das auf Grund des 4. Gesetzes über moderne Dienstleistungen am Arbeitsmarkt vom 24. 3. 2003 (BGBl. I S. 2954) am 1. 1. 2005 in Kraft getreten ist. Gem. § 16 I SGB II können über das Instrumentarium des SGB III Beschäftigungsverhältnisse gefördert werden. Dabei handelt es sich um reguläre Arbeitsverhältnisse. Außerdem können gem. § 16 III 1 SGB II versicherungspflichtige Arbeitsplätze im Rahmen von Arbeitsverhältnissen für Hilfsbedürftige geschaffen werden. Wie diese Arbeitsgelegenheiten zu schaffen sind, schreibt das Gesetz nicht vor. Darüber hinaus besteht gem. § 16 III 2 SGB II die Möglichkeit, im öffentlichen Interesse liegende zusätzliche Arbeiten zu fördern, indem zuzüglich zum Arbeitslosengeld II eine angemessene Entschädigung für Mehraufwendungen gezahlt wird. Durch diese „Aufwendungsentschädigungsarbeit"[23] bzw. **„Ein-Euro-Jobs"** wird, wie § 16 III 2 SGB II explizit regelt, kein Arbeitsverhältnis im Sinne des Arbeitsrechts begründet, es sei denn die Parteien treffen eine entsprechende Vereinbarung. Das Rechtsverhältnis ist vielmehr als öffentlich-rechtlicher Dienstvertrag zu qualifizieren,[24] und zwar auch dann, wenn die Zulässigkeitsschranken nach § 16 III SGB II für Arbeitsgelegenheiten mit Mehraufwandsentschädigung nicht eingehalten sind.[25] Entsprechendes gilt für die Tätigkeit im Rahmen einer vom zuständigen Träger als Eingliederungsleistung bewilligten betrieblichen Praxiserprobung.[26] Wegen der öffentlich-

---

[18] *Hueck/Nipperdey* § 9 III 2; MünchArbR/*Richardi* § 23 RN 10; im Ergebnis ebenso *Nikisch* § 14 I 2.

[19] BAG 25. 8. 1982 AP 32 zu § 611 BGB Lehrer, Dozenten; *Zöllner* § 4 III 4; abw. *Beuthien* RdA 78, 2, 6.

[20] BAG 24. 4. 1969 AP 18 zu § 5 ArbGG 1953; 3. 10. 1978 AP 18 zu § 5 BetrVG 1972; BAG 18. 11. 1986 AP 5 zu § 2 ArbGG.

[21] LAG Baden-Württemberg 15. 9. 1988 NZA 89, 886.

[22] ArbG Marburg 6. 4. 1964 BB 64, 1172.

[23] So *Bieback* NZS 2005, 337.

[24] BAG 26. 9. 2007 AP 3 zu § 16 SGB II = NZA 2007, 1422; 20. 2. 2008 NZA-RR 2008, 401; *Zwanziger* ArbuR 2005, 10; *Niewald* in LPK-SGB II § 16 SGB II RN 25; a. A. ArbG Berlin 25. 8. 2005 NJW 2005, 3741; zur Geltung des BetrVG vgl. *Schulze* NZA 2005, 1332 ff.

[25] BAG 26. 9. 2007 AP 3 zu § 16 SGB II = NZA 2007, 1422; 20. 2. 2008 NZA-RR 2008, 401.

[26] BAG 19. 3. 2008 AP 5 zu § 16 SGB II = NZA 2008, 760.

rechtlichen Ausgestaltung kommt eine Zuständigkeit der Arbeitsgerichte für Streitigkeiten zwischen dem Hilfsbedürftigen und dem Dritten nach § 17 SGB II auch nicht gem. § 5 I 2 ArbGG in Betracht, weil keine bürgerliche Rechtsstreitigkeit vorliegt.[27] Materiellrechtlich sind gem. § 16 III 2 SGB II aber die Vorschriften über den Arbeitsschutz, das BUrlG[28] sowie die Grundsätze über die Haftung von Arbeitnehmern für Schäden bei der Ausübung ihrer Tätigkeit entsprechend anzuwenden.

Beschäftigte in **Arbeitsbeschaffungsmaßnahmen** sind Arbeitnehmer des Unternehmers, 21 der sie beschäftigt, wie sich schon aus § 260 I Nr. 4 SGB III ergibt.[29] Öffentlich-rechtlicher Natur ist nur das Rechtsverhältnis zwischen Arbeitsverwaltung und ABM-Träger. Die Rechtsbeziehungen zwischen dem Beschäftigten einerseits und dem ABM-Träger (§ 21 SGB III, bei Maßnahmen in Eigenregie) bzw. dem Beschäftigungsunternehmen (bei Maßnahme-ABM) andererseits beruhen auf dem abzuschließenden Arbeitsvertrag. Die Zuweisung als Akt der Arbeitsvermittlung begründet für sich genommen noch kein Arbeitsverhältnis.

Die Regelungen über den **Eingliederungsvertrag** nach § 232 SGB III a. F., der nicht als 22 Arbeitsvertrag zu qualifizieren war,[30] wurden auf Grund des Job-AQTIV-Gesetzes vom 10. 12. 2001 (BGBl. I S. 3443) per 1. 1. 2002 durch die §§ 229 bis 234 SGB III ersetzt. Danach werden Arbeitgeber gefördert, die einem Arbeitnehmer die Teilnahme an einer beruflichen Weiterbildung ermöglichen und dafür einen Arbeitslosen einstellen. Diese Einstellung erfolgt im Rahmen eines Arbeitsverhältnisses, wie bereits die Formulierung in § 231 SGB III („Arbeitnehmer") zeigt.

Bei einer **Beschäftigung zur Wiedereingliederung gem. § 74 SGB V** liegt dagegen kein 23 Arbeitsverhältnis vor, sondern ein Rechtsverhältnis eigener Art gem. § 311 I BGB, das auf Grund der fortbestehenden Arbeitsunfähigkeit nicht auf eine Arbeitsleistung im üblichen Sinne gerichtet ist. Das Wiedereingliederungsverhältnis soll dem Beschäftigten als Maßnahme der Rehabilitation lediglich ermöglichen, die Arbeitsfähigkeit wieder herzustellen, eine Verpflichtung zur Arbeitsleistung besteht hierbei nicht.[31]

Im Bereich **kirchlicher Tätigkeiten** sind nicht als Arbeitnehmer anzusehen Personen, die in 24 einem so engen Verhältnis zur Kirche stehen, dass sie mit der von ihnen gewählten Lebensform einen Stand der Kirche bilden, so etwa Geistliche, Diakonissen und Ordensangehörige.[32] Die Arbeitsleistung von **Rote-Kreuz-Schwestern** beruht auf der Zugehörigkeit zum DRK und erschöpft sich in den vereinsrechtlichen Rechten und Pflichten,[33] sofern nicht daneben ein gesonderter Arbeitsvertrag geschlossen wird.[34] Das gilt auch dann, wenn die Tätigkeit in keinem von der Schwesternschaft getragenen, sondern auf Grund eines Gestellungsvertrages in einem von einem Dritten betriebenen Krankenhaus ausgeübt wird.[35]

Die **familiäre Mitarbeit** (s. näher § 9 RN 32ff.) beruht nicht auf einem privatrechtlichen Ver- 25 trag, sondern auf den Vorschriften des Familienrechts (§§ 1353, 1356, 1360, 1619 BGB). Dies schließt nicht aus, dass neben der familienrechtlichen Rechtsbeziehung ein Arbeitsvertrag abgeschlossen wird. Für das Vorliegen eines Arbeitsverhältnisses spricht insbesondere, wenn der Beschäftigte für seinen Lebensunterhalt auf die Verwertung seiner Arbeitskraft angewiesen ist und wenn die Arbeit nicht nur gelegentlich und aushilfsweise (z. B. als Nebentätigkeit neben einer anderen Erwerbstätigkeit) ausgeübt wird, sondern ein Ausmaß annimmt, das über den Umfang üblicher familienrechtlicher Dienstleistungen hinausgeht.[36] Es gibt im Rahmen des § 1619 BGB keine Vermutungsregel für eine familienrechtliche Grundlage der Mitarbeit eines Kindes.[37]

---

[27] BAG 8. 11. 2006 AP 89 zu § 2 ArbGG 1979 = NZA 2007, 53; 17. 1. 2007 AP 40 zu § 64 ArbGG 1979 = NZA 2007, 644; LAG Berlin 27. 3. 2006 BB 2006, 2140 (LS); ArbG Chemnitz 16. 8. 2005 DB 2006, 1688 (LS); a. A. ArbG Berlin 25. 8. 2005 NZA 2005, 1309 = NJW 2005, 3741; *Schulze* NZA 2005, 1332; vgl. auch *Zwanziger* ArbuR 2005, 15 – für Ansprüche auf Schmerzensgeld wegen der Verletzung des allgemeinen Persönlichkeitsrechts.

[28] Zum Urlaubsentgeltanspruch s. *Düwell* FA 2006, 2.

[29] Vgl. auch BAG 13. 10. 2004 AP 71 zu § 5 BetrVG 1972 = NZA 2005, 480 (zur Wahlberechtigung für die Betriebsratswahl).

[30] BAG 5. 10. 2000 AP 69 zu § 118 BetrVG 1972 = NZA 2001, 1325; 17. 5. 2001 AP 14 zu § 1 KSchG 1969 Wartezeit.

[31] BAG 29. 1. 1992 AP 1 zu § 74 SGB V = NZA 92, 643; 28. 7. 1999 AP 3 zu § 74 SGB V = NZA 99, 1295.

[32] BAG 14. 2. 1978 AP 26 zu Art. 9 GG 1844; 25. 4. 1978 AP 2 zu Art. 140 GG.

[33] BAG 18. 2. 1956 AP 1 zu § 5 ArbGG 1953; 3. 6. 1975 AP 1 zu § 5 BetrVG 1972 Rotes Kreuz.

[34] BAG 6. 7. 1995 AP 22 zu § 5 ArbGG 1979 m. abl. Anm. *Diller* = NZA 96, 33.

[35] BAG 20. 2. 1986 AP 2 zu § 5 BetrVG 1972 Rotes Kreuz = NZA 86, 690.

[36] S. die Nachweise bei § 9 RN 34.

[37] BGH 6. 11. 1990 NJW 91, 1226.

26 **3. Persönliche Abhängigkeit.** Drittes Merkmal des Arbeitnehmerbegriffes ist die persönliche Abhängigkeit.[38]

27 Auf eine wirtschaftliche Abhängigkeit kommt es dagegen nicht an. Arbeitnehmer kann auch sein, wer auf Grund seiner wirtschaftlichen Verhältnisse auf den Arbeitsverdienst nicht angewiesen ist. Umgekehrt sind Personen, die nach § 5 I 3 ArbGG auf Grund ihrer wirtschaftlichen Unselbstständigkeit als **arbeitnehmerähnliche Personen** (s. § 10) anzusehen sind, keine Arbeitnehmer. § 5 I 3 ArbGG begründet für diesen Personenkreis eine Zuständigkeit der Arbeitsgerichte, materiellrechtliche Bestimmungen des Arbeitsrechts finden für sie dagegen grundsätzlich keine Anwendung (s. § 10 RN 5ff.).

28 Das Merkmal der persönlichen Abhängigkeit dient der Abgrenzung vom freien Dienstvertrag. Das BAG formuliert dabei wie folgt: *„Arbeitnehmer ist derjenige, der seine vertraglich geschuldete Leistung im Rahmen einer von Dritten bestimmten Arbeitsorganisation erbringt. Die Eingliederung in die fremde Arbeitsorganisation zeigt sich insbesondere daran, daß der Beschäftigte einem Weisungsrecht seines Vertragspartners (Arbeitgebers) unterliegt. Das Weisungsrecht kann Inhalt, Durchführung, Zeit, Dauer und Ort der Tätigkeit betreffen. Für die Abgrenzung von Bedeutung sind in erster Linie die tatsächlichen Umstände, unter denen die Dienstleistung zu erbringen ist, nicht die Bezeichnung, die die Parteien ihrem Rechtsverhältnis gegeben haben, oder eine von ihnen gewünschte Rechtsfolge. Der Grad der persönlichen Abhängigkeit hängt dabei auch von der Eigenart der jeweiligen Tätigkeit ab. Abstrakte, für alle Arbeitsverhältnisse geltende Merkmale lassen sich nicht aufstellen. Letztlich kommt es für die Beantwortung der Frage, welches Rechtsverhältnis im konkreten Fall vorliegt, auf eine Gesamtwürdigung aller maßgebenden Umstände des Einzelfalles an. Arbeitnehmer ist insbesondere der Mitarbeiter, der nicht im wesentlichen frei seine Tätigkeit gestalten und seine Arbeitszeit bestimmen kann. § 84 Abs. 1 Satz 2, Abs. 2 HGB enthält insoweit eine über seinen unmittelbaren Anwendungsbereich hinausgehende gesetzliche Wertung.“*[39]

29 Wesentlicher Indikator der persönlichen Abhängigkeit ist damit das **Weisungsrecht** (s. § 45 RN 14ff.) des Unternehmers hinsichtlich **Arbeitszeit, Arbeitsart** und **Arbeitsort.** Das Merkmal ist relativ. Eine Weisungsgebundenheit kann auch bei Aufträgen oder Werkverträgen vorliegen (§§ 665, 675, 645 BGB). Gleichzeitig ist das Weisungsrecht jedoch gem. § 106 GewO auch Rechtsfolge der Qualifizierung des Dienstnehmers als Arbeitnehmer. Da der Umfang des Weisungsrechts davon abhängt, inwieweit die Arbeitsbedingungen nicht schon durch den Arbeitsvertrag oder kollektiv-rechtliche Regelungen festgelegt wurden, sind Einschränkungen des Weisungsrechts nicht etwa gleichbedeutend mit einer weitergehenden Unabhängigkeit des Dienstnehmers. Sie können vielmehr darauf beruhen, dass bereits der Arbeitsvertrag Arbeitsart, Arbeitsort und Arbeitszeit genau vorgibt. Abgrenzungsmerkmal kann damit nicht das Weisungsrecht selbst sein,[40] sondern vielmehr die Frage, inwieweit dem Arbeitnehmer Arbeitszeit, Arbeitsart und Arbeitsort durch den Arbeitsvertrag oder durch einseitige Leistungsbestimmung des Arbeitgebers vorgegeben werden. Entscheidend ist, welche Gestaltungsspielräume dem Beschäftigten verbleiben und ob seine persönliche Abhängigkeit das für Arbeitsverhältnisse typische Maß erreicht.[41] Dabei hängt der Grad der persönlichen Abhängigkeit auch von der Eigenart der jeweiligen Tätigkeit ab.[42] Abstrakte, für alle Arbeitsverhältnisse geltende Maßstäbe lassen sich nicht aufstellen.[43] Eine fachliche Weisungsgebundenheit ist gerade bei Diensten höherer Art nicht immer typisch, ohne dass deshalb eine Arbeitnehmereigenschaft verneint werden müsste.[44] Die Verpflichtung, im Rahmen der Tätigkeit öffentlich-rechtliche Vorgaben einzuhalten, trifft jedermann und ist daher kein Merkmal arbeitsvertraglicher Weisungsgebundenheit.[45]

30 Wesentlich für die **Eingliederung in eine fremde Arbeitsorganisation** ist ferner, ob der Beschäftigte in eine bestimmte Hierarchie und einen Vertretungsplan eingebunden ist, ob er betriebliche Einrichtungen, wie etwa ein Arbeitszimmer, ein Büro, Arbeitsgeräte und technische Hilfsmittel nutzt[46] und ob eine ständige Dienstbereitschaft erwartet wird.[47]

---

[38] *Hueck/Nipperdey* § 9 III 3; MünchArbR/*Richardi* § 23 RN 13ff.; *Lieb* § 1 I 1; *Söllner* § 3 I 3.

[39] St. Rspr., s. z. B. BAG 19. 1. 2000 AP 33 zu § 611 BGB Rundfunk = NZA 2000, 1102; 26. 9. 2002 AP 83 zu § 2 ArbGG 1979 = NZA 2002, 1412.

[40] So aber offenbar BAG 30. 11. 1991 AP 59 zu § 611 BGB Abhängigkeit = NZA 92, 407.

[41] BAG 30. 9. 1998 AP 103 zu § 611 BGB Abhängigkeit = NZA 99, 374.

[42] BAG 15. 3. 1978 AP 26 zu § 611 BGB Abhängigkeit; 30. 11. 1994 AP 74 zu § 611 BGB Abhängigkeit = NZA 95, 622.

[43] BAG 22. 8. 2001 AP 109 zu § 611 BGB Abhängigkeit = NZA 2003, 662.

[44] BAG 15. 3. 1978 AP 26 zu § 611 BGB Abhängigkeit; 30. 11. 1991 AP 59 zu § 611 BGB Abhängigkeit = NZA 92, 407.

[45] BAG 25. 5. 2005 AP 117 zu § 611 BGB Abhängigkeit.

[46] S. z. B. BAG 15. 3. 1978 AP 26 zu § 611 BGB Abhängigkeit.

[47] BAG 7. 5. 1980 AP 35 zu § 611 BGB Abhängigkeit.

31 Arbeitnehmer kann zwar auch sein, wer die Arbeitsleistung nicht persönlich zu erbringen hat, die **Verpflichtung zur persönlichen Dienstleistung** ist aber ein typisches Merkmal für ein Arbeitsverhältnis. Schon nach § 613 BGB hat der zur Dienstleistung Verpflichtete, der ja nicht notwendigerweise auch Arbeitnehmer sein muss, die Dienste im Zweifel in Person zu leisten. Darf der Dienstverpflichtete die Leistung durch Dritte erbringen lassen, steht ihm ein eigener Gestaltungsspielraum zu, der gegen eine Arbeitnehmereigenschaft spricht.[48]

32 Prägend für einen Arbeitnehmer ist die **Fremdnützigkeit** seiner Leistung. Der Arbeitnehmer verwertet seine Arbeitskraft nicht nach selbst gesetzten Zielen unter eigener Verantwortung und mit eigenem Risiko am Markt, sondern überlässt die Arbeitsleistung dem Plan des Arbeitgebers.[49]

33 Für eine persönliche Abhängigkeit spricht es, wenn der Beschäftigte die **gesamte Arbeitskraft** schuldet. Das bedeutet allerdings nicht etwa im Umkehrschluss, dass eine Teilzeitbeschäftigung ein wesentliches Indiz gegen das Vorliegen der Arbeitnehmereigenschaft darstellt.[50]

34 Weitere Indizien für eine persönliche Abhängigkeit sind die Kontrolle durch den Unternehmer, umfassende Berichtspflichten,[51] Einordnung in Organisations-, Dienst- und Produktionspläne, Verpflichtung alle Aufträge anzunehmen, Verbot Preise zu gestalten und eigene Kunden zu akquirieren.

35 **Keine entscheidende Bedeutung** kommt der Frage zu, ob es sich um ein **auf Dauer angelegtes Rechtsverhältnis** handelt[52] und welche **Vergütungsvereinbarung** die Parteien getroffen haben.[53] Auch Beschäftigte, die erfolgsabhängig vergütet werden, können Arbeitnehmer sein. Umgekehrt kann auch bei einer selbstständigen Tätigkeit ein festes Entgelt vereinbart werden. Überhaupt gehört das **Entgelt** nicht zwingend zum Begriff des Arbeitnehmers. Zwar arbeitet die Mehrzahl der Arbeitnehmer gegen Entgelt. Denkbar ist aber, dass sie unentgeltlich, etwa zum Zwecke ihrer Einarbeitung beschäftigt werden. Dagegen ist für die zu ihrer Berufsausbildung beschäftigten Personen zwingend die Zahlung einer Vergütung vorgesehen (§§ 11 I Nr. 6, 17, 18 BBiG). Zum Arbeitnehmerbegriff gehört ferner nicht die **berufsmäßige Arbeitsleistung.** Auch der Werkstudent, der sich die Mittel für die Ausbildung zu einem anderen Beruf verdient, oder der nebenberuflich Tätige sind Arbeitnehmer. Kein wesentliches Indiz ist das Bestehen eines **Wettbewerbsverbots.** Das ist z.B. auch für einen Handelsvertreter durchaus üblich. Nicht maßgeblich sind auch formelle Merkmale, wie die **Abführung von Steuern und Sozialversicherungsbeiträgen** sowie die Führung von Personalakten.[54] Die Gewährung von **Urlaub** oder **Entgeltfortzahlung** im Krankheitsfall ist ebenfalls nicht ausschlaggebend. Hierdurch dokumentieren die Parteien allenfalls ihre eigene rechtliche Einschätzung. Darüber hinaus ist das Bestehen solcher Ansprüche sowie die sozialversicherungsrechtliche und steuerliche Behandlung nicht Voraussetzung der Arbeitnehmereigenschaft sondern ihre Rechtsfolge.

36 Welcher Vertragstyp vorliegt, bestimmt sich nach dem wirklichen **Geschäftsinhalt.** Widersprechen sich **Vereinbarung** und **tatsächliche Durchführung,** ist letztere maßgebend.[55] Ist nach den Gesamtumständen ein Arbeitsverhältnis anzunehmen, ändert eine von den Parteien gewählte **abweichende Vertragsbezeichnung** oder eine ausdrücklich gewünschte Rechtsfolge hieran nichts. Die an die Arbeitnehmereigenschaft anknüpfende Geltung der Schutzvorschriften des Arbeitsrechts kann durch Parteivereinbarung nicht abbedungen werden.[56] Unbenommen bleibt es den Vertragsparteien dagegen, für ein Rechtsverhältnis, das nicht als Arbeitsverhältnis zu qualifizieren ist, die Geltung von arbeitsrechtlichen Schutznormen zu vereinbaren. Haben die Vertragsparteien ein **Arbeitsverhältnis vereinbart,** so ist es nach der Rspr. des BAG auch als

---

[48] BAG 19. 11. 1997 AP 90 zu § 611 BGB Abhängigkeit = NZA 98, 364; 12. 12. 2001 AP 111 zu § 611 BGB Abhängigkeit = NZA 2002, 787.

[49] Vgl. BAG 15. 3. 1978 AP 26 zu § 611 BGB Abhängigkeit.

[50] BAG 8. 10. 1975 AP 18 zu § 611 BGB Abhängigkeit; 9. 10. 2002 AP 114 zu § 611 BGB Abhängigkeit = NZA 2003, 688 (LS).

[51] Sofern sie als Grundlage für die Ausübung des Direktionsrechts dienen, vgl. BAG 25. 5. 2005 AP 117 zu § 611 BGB Abhängigkeit.

[52] BAG 27. 3. 1991 AP 53 zu § 611 BGB Abhängigkeit = NZA 91, 933; 30. 11. 1991 AP 59 zu § 611 BGB Abhängigkeit = NZA 92, 407.

[53] BAG 16. 3. 1994 AP 68 zu § 611 BGB Abhängigkeit = NZA 94, 1132.

[54] BAG 16. 3. 1994 AP 68 zu § 611 BGB Abhängigkeit = NZA 94, 1132; 12. 12. 2001 AP 111 zu § 611 BGB Abhängigkeit = NZA 2002, 787.

[55] St. Rspr. d. BAG, s. z.B. BAG 6. 5. 1998 AP 102 zu § 611 BGB Abhängigkeit = NZA 99, 205.

[56] BAG 9. 6. 1993 AP 66 zu § 611 BGB Abhängigkeit = NZA 94, 169; 19. 11. 1997 AP 90 zu § 611 BGB Abhängigkeit = NZA 98, 364.

solches einzuordnen,[57] und zwar auch dann, wenn das Weisungsrecht tatsächlich nicht ausgeübt wird. Wird das Rechtsverhältnis für bestimmte Zeiträume als freies Mitarbeiterverhältnis, für andere als Arbeitsverhältnis bezeichnet, so spricht der Beweis des ersten Anscheins dafür, dass ein Arbeitsverhältnis vorliegt.[58] Nach älteren Entscheidungen des BAG kann es für den Status als Arbeitnehmer sprechen, wenn der Arbeitgeber andere Beschäftigte, die mit denselben Aufgaben betraut sind, als Arbeitnehmer qualifiziert.[59]

37 **4. Einzelne Beschäftigtengruppen. a) Rundfunk und Fernsehen.**[60] Das BAG hat in gefestigter Rspr. entschieden, dass ständige Mitarbeiter von Rundfunk und Fernsehen **Arbeitnehmer** der Anstalt sind, wenn sie in die Arbeitsorganisation der Anstalt eingegliedert und deshalb persönlich abhängig sind.[61] Durch Beschluss des BVerfG vom 13. 1. 1982 ist die Rspr., soweit sie die Mitarbeiter der Rundfunk- und Fernsehanstalten betraf, aufgehoben worden.[62] Das BVerfG hat ausgeführt, dass die Entscheidungen nicht zu einem verhältnismäßigen Ausgleich zwischen den Belangen der Rundfunkanstalten und den sozialen Belangen der Mitarbeiter, sondern zu einer einseitigen Berücksichtigung der Letzteren führten. Andererseits hat es ausdrücklich betont, dass es sich nicht für befugt halte, allgemeine Lösungswege zum Arbeitnehmerbegriff zu entwickeln. Der Entscheidung des BVerfG liegt folgender Gedankengang zugrunde: Die Rundfunkfreiheit gewährleiste die individuelle und öffentliche Meinungsbildung. Jedes Rundfunk- und Fernsehprogramm sei tendenzbezogen. Indes bestehe ein prinzipieller Unterschied zwischen dem Tendenzschutz in Presseunternehmen und den Sendeanstalten. Bei Presseunternehmen gehe es darum, die Richtung einer Zeitung zu bestimmen, bei Rundfunkanstalten dagegen, die Meinungsvielfalt zum Ausdruck zu bringen. Diese Meinungsvielfalt werde durch Personen gewährleistet. „Wenn Auswahl, Inhalt und Ausgestaltung der Programme gegen fremde Einflüsse geschützt sind, dann muss das auch für die Auswahl, Einstellung und Beschäftigung des Personals gelten." Die Anstalten könnten aber diese Verpflichtung nicht erfüllen, wenn sie ausschließlich auf ständige unbefristet angestellte Mitarbeiter angewiesen seien. Das BAG hat in den Folgeentscheidungen ausgeführt, dass es nicht darauf ankomme, für den Medienbereich einen besonderen Arbeitnehmerbegriff zu entwickeln. Vielmehr könne der Rundfunkfreiheit usw. durch den Abschluss befristeter Arbeitsverträge Rechnung getragen werden.[63] Bei der Frage der Arbeitnehmereigenschaft unterscheidet das BAG zwischen programmgestaltenden Tätigkeiten und solchen, bei denen der Zusammenhang mit der Programmgestaltung fehlt. Letztere werden im Allgemeinen als Arbeitnehmertätigkeiten angesehen. Die Tätigkeit im Rahmen der Programmgestaltung kann je nach den Umständen sowohl im Rahmen von Arbeitsverhältnissen als auch im Rahmen freier Mitarbeiterverhältnisse erbracht werden.[64] **Programmgestaltende Mitarbeiter** sind solche, die typischerweise ihre eigene Auffassung zu politischen, wirtschaftlichen, künstlerischen oder anderen Sachfragen, ihre Fachkenntnisse und Informationen, ihre individuelle künstlerlische Befähigung und Aussagekraft in die Sendung einbringen, z.B. Regisseure, Moderatoren, Kommentatoren, Wissenschaftler und Künstler.[65] Entscheidend ist, inwieweit der Mitarbeiter inhaltlichen Weisungen unterliegt und welches Maß an Gestaltungsfreiheit, Eigeninitiative und Selbstständigkeit ihm bleibt.[66] Für eine Arbeitnehmereigenschaft spricht eine ständige Dienstbereitschaft, die Zuweisung bestimmter Arbeiten sowie die Einbindung in vorgegebene Dienstpläne. Das Angewiesensein auf Mitarbeiter und technische Einrichtungen eines Senders ist für sich genommen kein Umstand, der auf

---

[57] BAG 12. 9. 1996 AP 1 zu § 611 BGB Freier Mitarbeiter = NZA 97, 194; 25. 1. 2007 AP 1 zu § 16 SGB II = NZA 2007, 580.

[58] BAG 19. 6. 1970 AP 144 zu § 242 BGB Ruhegehalt.

[59] BAG 28. 6. 1973 AP 10 zu § 611 BGB Abhängigkeit; 3. 10. 1975 AP 16 zu § 611 BGB Abhängigkeit; 3. 10. 1975 AP 17 zu § 611 BGB Abhängigkeit.

[60] *Wrede* NZA 99, 1019; vgl. auch vor RN 1.

[61] BAG 15. 3. 1978 AP 26 zu § 611 BGB Abhängigkeit; 23. 4. 1980 AP 34 zu § 611 BGB Abhängigkeit; 30. 11. 1994 AP 74 zu § 611 BGB Abhängigkeit = NZA 95, 622.

[62] BVerfG 13. 1. 1982 AP 1 zu Art. 5 I GG Rundfunkfreiheit; 3. 12. 1992 AP 5 zu Art. 5 I GG Rundfunkfreiheit = NZA 93, 741.

[63] BAG 13. 1. 1983 AP 42 zu § 611 BGB Abhängigkeit; 13. 1. 1983 AP 43 zu § 611 BGB Abhängigkeit; 9. 6. 1993 AP 66 zu § 611 BGB Abhängigkeit = NZA 94, 169; 16. 2. 1994 AP 15 zu § 611 BGB Rundfunk = NZA 95, 21.

[64] BAG 22. 4. 1998 AP 96 zu § 611 BGB Abhängigkeit = NZA 98, 1275; 14. 3. 2007 AP 13 zu § 611 BGB Arbeitnehmerähnlichkeit = NZA-RR 2007, 424.

[65] BVerfG 13. 1. 1982 AP 1 zu Art. 5 I GG Rundfunkfreiheit; BAG 14. 3. 2007 AP 13 zu § 611 BGB Arbeitnehmerähnlichkeit = NZA-RR 2007, 424.

[66] BAG 19. 1. 2000 AP 33 zu § 611 BGB Rundfunk = NZA 2000, 1102.

eine Eingliederung und persönliche Abhängigkeit schließen lässt.[67] Auch die Aufnahme in bestehende Dienstpläne reicht für die Annahme einer Arbeitnehmereigenschaft nicht ohne weiteres aus.[68] In jedem Fall ist eine Gesamtbetrachtung auf Grund der konkreten Umstände vorzunehmen. Das BVerfG hat in der Folgezeit klargestellt, dass es durch die Rundfunkfreiheit gem. Art. 5 I 2 GG nicht ausgeschlossen ist, vom allgemeinen Arbeitnehmerbegriff auszugehen.[69]

Als Arbeitnehmer wurden z. B. angesehen: Fotoreporter bei fester Einbindung in den Arbeitsablauf,[70] Rundfunkreporter in ständiger Dienstbereitschaft auch bei programmgestaltender Mitarbeit,[71] Sprecher und Übersetzer im fremdsprachlichen Dienst,[72] Kameraassistenten.[73] 38

b) Franchisenehmer (s. auch § 9 RN 28 f.). Der Franchisenehmer vertreibt im eigenen Namen und für eigene Rechnung Waren oder Dienstleistungen. Gegen Entgelt wird ihm gestattet, Waren, Namen, Schutzrechte, technische Ausstattung etc. des Franchisegebers zu nutzen. Typischerweise bestehen weitgehende Bindungen und Weisungsrechte. Das BAG hat in der Eismann-Entscheidung angenommen, dass die Franchisenehmer auf Grund der Umstände des Einzelfalles als arbeitnehmerähnliche Personen anzusehen sind, die Frage der Arbeitnehmereigenschaft aber offen gelassen.[74] Entscheidend ist der tatsächliche Geschäftsinhalt, insbesondere inwieweit Kontroll- oder Weisungsrechte des Franchisegebers bestehen[75] und Vorschriften im Hinblick auf Arbeitszeit und Arbeitsort gemacht werden.[76] Gegen eine Arbeitnehmereigenschaft spricht insbesondere, wenn der Franchisenehmer den Betrieb im wesentlichen selbst organisiert und eigene Mitarbeiter beschäftigt. 39

c) Handelsvertreter, Versicherungsvertreter, Kommissionäre. Hier gelten die allgemeinen, am Leitbild des § 84 I 1 und 2 HGB orientierten Kriterien.[77] Maßgeblich ist, inwieweit der Beschäftigte Weisungen im Hinblick auf Inhalt, Durchführung, Zeit, Dauer und Ort der Tätigkeit unterliegt.[78] Ein faktischer Zwang, Kunden nur während der üblichen Geschäftszeiten zu besuchen, berührt die freie Bestimmung der Arbeitszeit nicht.[79] Das Gleiche gilt für die Verpflichtung, einige Stunden wöchentlich in der Geschäftsstelle präsent zu sein.[80] Indizien für eine Selbstständigkeit sind das Bestehen eines eigenen Unternehmens mit eigener Buchführung und eigenen Geschäftsräumen,[81] ein eigener Firmenname, die Beschäftigung eigenen Personals sowie das Recht, auch andere Unternehmen zu vertreten. Das Bestehen eines fachlichen Weisungsrechts schließt für sich genommen die Selbstständigkeit noch nicht aus, ebenso wenig wie Rechnungslegungspflichten (§ 86 II HGB),[82] die Zuweisung eines bestimmten Bezirks oder Kundenkreises (§ 87 II HGB), Verschwiegenheitspflichten (§ 90 HGB) oder ein Wettbewerbsverbot (§§ 86 I, 90 a HGB).[83] Das Gleiche gilt für Regelungen, die dem Mitarbeiter vorschreiben, dass er nur für einen Unternehmer tätig sein darf. Denn die Regelung in § 92 a HGB geht erkennbar von der Möglichkeit der selbstständigen Tätigkeit auch eines Einfirmenvertreters aus. 40

d) Gesellschafter/Geschäftsführer. S. hierzu § 15 RN 5 ff. 41

---

[67] BAG 30. 11. 1994 AP 74 zu § 611 BGB Abhängigkeit = NZA 95, 622; 19. 1. 2000 AP 33 zu § 611 BGB Rundfunk = NZA 2000, 1102.

[68] BAG 20. 9. 2000 AP 37 zu § 611 BGB Rundfunk = NZA 2000, 551.

[69] BVerfG 18. 2. 2000 AP 9 zu Art. 5 GG Rundfunkfreiheit = NZA 2000, 653; 22. 8. 2000 NZA 2000, 1097.

[70] BAG 16. 6. 1998 AP 44 zu § 5 ArbGG 1979 = NZA 98, 839.

[71] Vgl. BAG 22. 4. 1998 AP 96 zu § 611 BGB Abhängigkeit = NZA 98, 1275.

[72] BAG 11. 3. 1998 AP 23 zu § 611 BGB Rundfunk = NZA 98, 705.

[73] BAG 22. 4. 1998 AP 24 zu § 611 BGB Rundfunk = NZA 98, 1277.

[74] BAG 16. 7. 1997 AP 37 zu § 5 ArbGG 1979 = NZA 97, 1126; so auch BGH 4. 11. 1998 BGHZ 140, 11 = NZA 99, 53.

[75] Vgl. BAG 21. 2. 1990 AP 57 zu § 611 BGB Abhängigkeit.

[76] Vgl. LAG Düsseldorf 20. 10. 1987 LAGE § 5 BetrVG 1972 Nr. 16 = NJW 88, 725; LAG Köln 23. 1. 1989 NZA 89, 601 (LS); OLG Schleswig 27. 8. 1986 NJW-RR 87, 220; dagegen LAG Rheinland-Pfalz 12. 7. 1996 LAGE § 611 BGB Arbeitnehmerbegriff Nr. 32; OLG Düsseldorf 30. 1. 1998 NJW 98, 2978; BGH 27. 1. 2000 NZA 2000, 390.

[77] Vgl. z. B. BAG 15. 12. 1999 AP 5 zu § 92 HGB = NZA 2000, 534.

[78] BAG 15. 12. 1999 AP 6 zu § 92 HGB = NZA 2000, 481; 20. 8. 2003 NZA 2004, 39.

[79] BAG 15. 12. 1999 AP 6 zu § 92 HGB = NZA 2000, 481.

[80] BAG 15. 12. 1999 AP 9 zu § 84 HGB = NZA 2000, 447.

[81] Vgl. BAG 24. 4. 1980 AP 1 zu § 84 HGB.

[82] BAG 15. 12. 1999 AP 12 zu § 84 HGB = NZA 2000, 1162.

[83] BAG 15. 12. 1999 AP 6 zu § 92 HGB = NZA 2000, 481; 15. 12. 1999 AP 12 zu § 84 HGB = NZA 2000, 1162.

42 **e) Lehrer/Dozenten.** Bei Unterrichtstätigkeiten kommt es darauf an, wie intensiv die Lehrkraft in den Unterrichtsbetrieb eingebunden ist und in welchem Umfang sie den Unterrichtsinhalt, die Art und Weise seiner Erteilung, ihre Arbeitszeit und die sonstigen Umstände der Dienstleistung mitgestalten kann. Lehrkräfte, die an **allgemeinbildenden Schulen** unterrichten, sind daher ohne Rücksicht auf den zeitlichen Arbeitsumfang im allgemeinen Arbeitnehmer, weil sie auf Grund der Einbindung der Schüler in ein Schul- und Ausbildungssystem ihrerseits in eine vom Schulträger bestimmte Arbeitsorganisation eingebunden sind, zahlreiche Nebenarbeiten (Korrekturen, Prüfungen, Konferenzen, Pausenaufsichten, Sprechstunden) auszuführen haben und der Kontrolle durch die Schulaufsicht unterliegen.[84] Das Gleiche gilt für Lehrkräfte, die in schulischen Kursen des zweiten Bildungsweges unterrichten.[85] Dagegen sind **Volkshochschuldozenten,** die außerhalb schulischer Lehrgänge unterrichten, zumeist keine Arbeitnehmer, da hier auch die Verbindung der Schüler oder Kursteilnehmer zum Unterrichtsträger deutlich lockerer ist und sich die Schüler leicht von der Schule lösen können. Etwas anderes gilt nur dann, wenn die Vertragsparteien dies vereinbart haben oder wenn die Dozenten auf Grund besonderer Umstände einen entsprechenden Grad an persönlicher Abhängigkeit aufweisen.[86] Entsprechendes gilt für Lehrkräfte an **Musikschulen.**[87]

43 **f) Außendienstmitarbeiter.** Außendienstmitarbeiter, die (auch) im Hinblick auf den Ort ihrer Tätigkeit Weisungen unterliegen, sind Arbeitnehmer.[88] Sofern sie den Ort der Dienstleistung frei bestimmen können, spricht dies zwar indiziell gegen eine Arbeitnehmereigenschaft. Diese kann sich aber auf Grund einer ansonsten bestehenden, fachlichen, organisatorischen und zeitlichen Weisungsgebundenheit ergeben. Freier Mitarbeiter ist dagegen derjenige, der dem Auftraggeber keine Rechenschaft schuldet und in der Zeitplanung frei ist und weitgehende Gestaltungsspielräume hat.

44 **g) Frachtführer.** Bei Frachtführern ist die gesetzliche Wertung des § 418 HGB zu beachten, wonach sie weitreichenden Weisungsrechten unterliegen, gleichwohl aber als selbstständige Gewerbetreibende angesehen werden.[89] Arbeitnehmer sind sie nur dann, wenn Vereinbarungen getroffen und praktiziert werden, die dazu führen, dass sie nicht mehr im wesentlichen frei ihre Tätigkeit gestalten und ihre Arbeitszeit bestimmen können. Ein Frachtführer, der nur für einen Auftraggeber fährt, ist nicht Arbeitnehmer, wenn weder Dauer noch Beginn und Ende der täglichen Arbeitszeit vorgeschrieben sind und er die nicht nur theoretische Möglichkeit hat, auch Transporte für eigene Kunden und Rechnung durchzuführen.[90] Ist er aber ganztägig nur für einen Auftraggeber tätig und bilden die Einkünfte hieraus seine wirtschaftliche Existenzgrundlage, ist er arbeitnehmerähnliche Person.[91]

45 **h) Telearbeit.**[92] Wenn sich die Telearbeit von sonstigen Arbeitsverhältnissen nur dadurch unterscheidet, dass die physische Anwesenheit im Betrieb fehlt, ist von einer Arbeitnehmereigenschaft auszugehen. Das ist anzunehmen bei einer Eingliederung in die betriebliche Organisation des Arbeitgebers mit bestehendem inhaltlichen Weisungsrecht, der Zusammenarbeit mit anderen Arbeitnehmern oder dem Angewiesensein auf Arbeitsmittel des Arbeitgebers sowie die Abhängigkeit von Betriebszeiten des Zentralrechners.[93] Kein Arbeitsverhältnis liegt vor, wenn der Telemitarbeiter bei Verwendung eigener Arbeitsmittel lediglich Arbeitsergebnisse beim Auftraggeber abliefert.[94]

---

[84] BAG 9. 7. 2003 AP 158 zu § 611 BGB Lehrer, Dozenten = NZA-RR 2004, 9 m. w. N.

[85] BAG 12. 9. 1996 AP 122 zu § 611 BGB Lehrer, Dozenten = NZA 97, 600.

[86] BAG 24. 6. 1992 AP 61 zu § 611 BGB Abhängigkeit = NZA 93, 174; 12. 9. 1996 AP 122 zu § 611 BGB Lehrer, Dozenten = NZA 97, 600; 29. 5. 2002 AP 152 zu § 611 BGB Lehrer, Dozenten = NZA 2002, 1232 (LS); kritisch zu dieser typisierenden Unterscheidung ErfK/*Preis* § 611 BGB RN 108.

[87] BAG 24. 6. 1992 AP 61 zu § 611 BGB Abhängigkeit = NZA 93, 174; 12. 9. 1996 AP 122 zu § 611 BGB Lehrer, Dozenten = NZA 97, 600.

[88] BAG 6. 5. 1998 AP 102 zu § 611 BGB Abhängigkeit = NZA 99, 205.

[89] BAG 19. 11. 1997 AP 90 zu § 611 BGB Abhängigkeit = NZA 98, 364; 30. 9. 1998 AP 103 zu § 611 BGB Abhängigkeit = NZA 99, 374.

[90] BAG 30. 9. 1998 AP 103 zu § 611 BGB Abhängigkeit = NZA 99, 374.

[91] LAG Köln 29. 5. 2006 BB 2006, 2312.

[92] *Boemke,* Das Telearbeitsverhältnis, BB 2000, 147; *Kramer,* Gestaltung arbeitsvertraglicher Regelungen zur Telearbeit; *Peter,* Kernfragen der Telearbeit, DB 98, 573; *Wank,* Telearbeit, NZA 99, 225; *Wedde,* Telearbeit, 2002; s. auch § 164.

[93] *Wank* NZA 99, 230; *Boemke* BB 2000, 149; *Peter* DB 98, 574.

[94] ErfK/*Preis* § 611 BGB RN 101.

i) Namentlich im **Dienstleistungsgewerbe** wird versucht, zahlreiche Tätigkeiten zu verselbstständigen.[95] Arbeitnehmer werden in Kaufhäusern zu Regaleinrichtern, die Restaurantbedienung wird selbstständiger Verkäufer oder Etagenservice,[96] Übersetzerinnen erhalten in vorgegebener Zeit ein Buch zur Übersetzung, Telearbeitnehmer, Computerspezialisten und Stromableser von Elektrizitätswerken[97] erhalten Aufträge auf Grund Werkvertrages. Kraftfahrer[98] und Gerüstbauer werden zu Subunternehmern, die mit den Sachmitteln ihres Auftraggebers Werkvertragsleistungen erbringen sollen. Im Allgemeinen werden derartige Personen in Organisation und Team des Arbeitgebers eingegliedert sein, so dass sich durch die dienstvertragliche oder werkvertragliche Ausgestaltung ihres Arbeitsverhältnisses nichts an ihrer Arbeitnehmereigenschaft ändert. Werden Mitarbeiter (Wissenschaftler, Ingenieure) eines Unternehmens bei einem Dritten eingesetzt, so ist nach den Umständen des Einzelfalles zu beurteilen, ob sie als Selbstständige (Subunternehmer) oder Unselbstständige (Arbeitnehmer) oder gar als Leiharbeitnehmer bei dem Dritten tätig werden. Dies gilt vor allem für Tätigkeiten im Rahmen eines Consulting.[99] 46

j) Gelegentlich werden Arbeitnehmer auf **ausgegliederte Unternehmen** oder auf **Serviceunternehmen** übergeleitet, die z.B. die Regaleinrichtung im Supermarkt übernehmen. Insoweit wird im Einzelfall abzugrenzen sein, ob nicht eine Arbeitnehmerüberlassung stattfindet. 47

5. Prozessuale Durchsetzung.[100] **a)** Auf die Feststellung der Arbeitnehmereigenschaft kann eine (gegenwartsbezogene) **Feststellungsklage** (Statusklage) erhoben werden, ohne dass es darauf ankommt, sofort den Inhalt des Arbeitsverhältnisses festzustellen.[101] Dagegen ist es unzulässig, die Statusklage davon abhängig zu machen, dass über einzelne Arbeitsbedingungen im Sinne des Klägers entschieden wird.[102] Bei einem beendeten Vertragsverhältnis besteht für eine (vergangenheitsbezogene) Feststellungsklagen nur dann ein Feststellungsinteresse, wenn sich aus der Entscheidung Rechtsfolgen für Gegenwart und Zukunft ergeben.[103] Unzulässig ist daher eine Statusklage, wenn es nur darum geht, rückwirkend die Sozialversicherungspflicht festzustellen, auch wenn der Sozialversicherungsträger erklärt, er werde das Ergebnis der arbeitsgerichtlichen Entscheidung bei der Prüfung der sozialrechtlichen Versicherungspflicht übernehmen.[104] Darüber hinaus kann der Beschäftigte aber auch unmittelbar die Ansprüche geltend machen, die sich aus dem (geltend gemachten) Bestehen eines Arbeitsverhältnisses ergeben. Das Bestehen der Arbeitnehmereigenschaft ist dann ggf. als materielle Voraussetzung für den Anspruch zu prüfen. Für den Arbeitnehmerstatus ist der Arbeitnehmer darlegungs- und beweispflichtig, sofern er sich hierauf beruft.[105] 48

b) Auch wenn die Kriterien des Arbeitnehmerbegriffs erfüllt sind, kann es einer Partei gem. § 242 BGB auf Grund eines **widersprüchlichen Verhaltens** verwehrt sein, sich auf das Vorliegen eines Arbeitsverhältnisses zu berufen. Wer bei seinem Vertragspartner zunächst das Vertrauen erweckt, er wolle gerade nicht geltend machen, Arbeitnehmer zu sein, sich dann aber auf seine Arbeitnehmerstellung beruft, handelt u.U. rechtsmissbräuchlich. Das gilt z.B. dann, wenn ein Beschäftigter nach einem zuvor erstrittenen Urteil, das die Arbeitnehmereigenschaft feststellt, eine Umwandlung in ein vermeintlich freies Mitarbeiterverhältnis initiiert, um sich dann wieder auf seine Arbeitnehmereigenschaft zu berufen[106] oder wenn er sich zuvor jahrelang geweigert hat, den ihm angebotenen Arbeitsvertrag abzuschließen.[107] Rechtsmissbräuchlich handelt u.U. auch ein Arbeitnehmer, der eine Statusklage zurücknimmt, sich aber später auf seinen 49

---

[95] *Mayer,* Rechtsprobleme bei der Personalpolitik mit Selbständigen, ArbuR 90, 213; *Worzalla,* Neue Formen der Selbständigkeit, Arbeitgeber 95, 47.

[96] LAG Frankfurt a.M. 16. 1. 1990 ArbuR 91, 187.

[97] Vgl. BFH 24. 7. 1992 AP 63 zu § 611 BGB Abhängigkeit.

[98] BAG 30. 9. 1998 AP 103 zu § 611 BGB Abhängigkeit = NZA 99, 374; 19. 11. 1997 AP 90 zu § 611 BGB Abhängigkeit = NZA 98, 364; LAG Düsseldorf 28. 8. 1995 BB 95, 2275.

[99] Vgl. BFH 18. 1. 1991 AP 56 zu § 611 BGB Abhängigkeit; LAG Köln 7. 4. 1994 NZA 94, 1090.

[100] *Hochrathner,* Rechtsprobleme rückwirkender Statusfeststellungen, NZA 99, 1016.

[101] BAG AP 15, 17, 20, 22, 26 zu § 611 BGB Abhängigkeit; 20. 7. 1994 AP 26 zu § 256 ZPO = NZA 95, 190.

[102] BAG 14. 2. 1979 AP 32 zu § 611 BGB Abhängigkeit.

[103] BAG 9. 7. 2003 AP 158 zu § 611 BGB Lehrer, Dozenten = NZA-RR 2004, 9.

[104] BAG 21. 6. 2000 AP 60 zu § 256 ZPO 1977 = NZA 2002, 164; LAG Hamm 9. 9. 1999 NZA-RR 2000, 575.

[105] Vgl. LAG Bremen 24. 10. 1997 BB 98, 223.

[106] BAG 11. 12. 1996 AP 35 zu § 242 BGB Unzulässige Rechtsausübung – Verwirkung = NZA 97, 817.

[107] BAG 11. 12. 1996 AP 36 zu § 242 BGB Unzulässige Rechtsausübung – Verwirkung = NZA 97, 818.

Arbeitnehmerstatus beruft.[108] Nicht ausreichend für die Annahme eines Rechtsmissbrauchs ist aber das bloße Unterzeichnen eines Vertragsangebots des Arbeitgebers, das die Rechtsbeziehung – zu Unrecht – als freies Mitarbeiterverhältnis bezeichnet, oder die Entgegennahme der höheren Entgeltleistungen (Honorare) eines freien Mitarbeiters.[109] Vielmehr muss der Dienstverpflichtete erkennen lassen, dass es ihm trotz der Kenntnis der Umstände gerade darauf ankommt, nicht in einem Arbeitsverhältnis zu stehen.

50 Der Vertrauensschutz des Arbeitgebers kann in diesen Fällen allerdings nicht so weit gehen, für alle Zukunft eine Anwendbarkeit der Arbeitnehmerschutzvorschriften auszuschließen. Der Arbeitgeber wäre nämlich, sofern nicht besondere Vertragsvereinbarungen entgegenstehen, in der Lage, die Vertragsbeziehungen durch eine ordentliche Kündigung zu beenden, weil es dem Arbeitnehmer auf Grund seines widersprüchlichen Verhaltens ja verwehrt wäre, sich auf die für Arbeitnehmer geltenden Kündigungsschutzbestimmungen (KSchG, MuSchG, SGB IX) zu berufen. Beschäftigt der Arbeitgeber den Arbeitnehmer jedoch weiter, nachdem sich dieser nunmehr in Widerspruch zu seinem früheren Verhalten gesetzt hat, ist sein Vertrauen auf die frühere Negierung des Arbeitnehmerstatus jedenfalls nach Ablauf der hypothetischen Kündigungsfrist nicht mehr schutzwürdig. Ab diesem Zeitpunkt gelten dann die für Arbeitnehmer maßgeblichen Schutzvorschriften.

51 **c)** Klagt sich ein „freier Mitarbeiter" in ein Arbeitsverhältnis ein, so ist die **Höhe der geschuldeten Vergütung** fraglich.[110] Grundsätzlich gilt die getroffene Vergütungsabrede. Diese ist bei einem beiderseitigen Irrtum der Vertragsparteien über die rechtliche Qualifizierung des Vertrages nur dann nach den Grundsätzen über die Störung der Geschäftsgrundlage (§ 313 BGB) anzupassen, wenn der Vertrag ohne diesen Irrtum nicht, wie geschehen, geschlossen worden wäre und das Festhalten am Vertrag für den Schuldner ein unzumutbares Opfer darstellt. Die Verpflichtung zur Entrichtung von Sozialversicherungsbeiträgen reicht für die Annahme eines unzumutbaren Opfers für den Arbeitgeber aber nicht aus.[111] Aus der bloßen Zahlung des Honorars für freie Mitarbeit kann allerdings nicht gefolgert werden, dass es auch bei einem Arbeitnehmer gezahlt worden wäre, wenn bei dem Arbeitgeber für freie Mitarbeiter und Arbeitnehmer unterschiedliche Vergütungssätze gelten.[112] Neben den Grundsätzen über die Störung der Geschäftsgrundlage (§ 313 BGB) findet § 812 I 2 BGB keine Anwendung.[113] Fehlt es an einer wirksamen Vergütungsvereinbarung, ist die Vergütung gem. § 612 II BGB zu ermitteln.[114] Hat der Arbeitgeber das Honorar für freie Mitarbeit gezahlt und wird rückwirkend der Status des Arbeitnehmers festgestellt, steht gleichzeitig fest, dass der Dienstverpflichtete als Arbeitnehmer zu vergüten war und kein Rechtsgrund für die Honorarzahlung bestand. Wenn bei dem Dienstberechtigten unterschiedliche Vergütungsordnungen für freie Mitarbeiter und Arbeitnehmer galten, kann er die Rückzahlung überzahlter Honorare aus ungerechtfertigter Bereicherung in Höhe der Differenz zwischen der gezahlten und der geschuldeten Vergütung verlangen.[115] Das gilt aber nur für den Zeitraum, für den der Arbeitnehmer das Bestehen der Arbeitnehmereigenschaft geltend gemacht hat.[116]

52 **d) Sozialversicherungsrechtlich** entsteht rückwirkend die Pflicht zur Leistung von Sozialversicherungsbeiträgen, die gem. § 28e SGB IV vom Arbeitgeber zu entrichten sind. Die Möglichkeit, die geleisteten Arbeitnehmeranteile zur Sozialversicherung zurückzufordern, ist durch § 28g SGB IV erheblich eingeschränkt.

---

[108] BAG 12. 8. 1999 AP 41 zu § 242 BGB Unzulässige Rechtsausübung – Verwirkung = NZA 2000, 106.

[109] BAG 8. 11. 2006 AP 118 zu § 611 BGB Abhängigkeit = NZA 2007, 321.

[110] *Hohmeister,* Arbeits- und sozialversicherungsrechtliche Konsequenzen eines vom Arbeitnehmer gewonnenen Statusprozesses, NZA 99, 1009; vgl. zum Beginn der Versicherungspflicht bei Statusfeststellungen BB 2001, 316.

[111] BAG 9. 7. 1986 AP 7 zu § 242 BGB Geschäftsgrundlage = NZA 87, 16; 12. 12. 2001 AP 65 zu § 612 BGB = NZA 2002, 1338.

[112] BAG 21. 1. 1998 AP 55 zu § 612 BGB = NZA 98, 594; 21. 11. 2001 AP 63 zu § 612 BGB = NZA 2002, 624.

[113] BAG 9. 7. 1986 AP 7 zu § 242 BGB Geschäftsgrundlage = NZA 87, 16.

[114] BAG 21. 11. 2001 AP 63 zu § 612 BGB = NZA 2002, 624.

[115] BAG 21. 1. 1998 AP 55 zu § 612 BGB = NZA 98, 594; 14. 3. 2001 AP 35 zu § 1 TVG Tarifverträge: Rundfunk = NZA 2002, 155; 21. 11. 2001 AP 63 zu § 612 BGB = NZA 2002, 624; 29. 5. 2002 AP 27 zu § 812 BGB = NZA 2002, 1328; 9. 2. 2005 AP 12 zu § 611 BGB Lohnrückzahlung = NZA 2005, 814; *Kolmhuber* ArbRB 2003, 12; *Niepalla/Dütemeyer* NZA 2002, 712.

[116] BAG 8. 11. 2006 AP 118 zu § 611 BGB Abhängigkeit = NZA 2007, 321.

III. Einzelfälle

Beispiele der Rspr. Die Rspr. hat sich namentlich in folgenden Fällen mit der Arbeitnehmereigenschaft von zur Dienstleistung Verpflichteten beschäftigt. Sie hat die **Arbeitnehmereigenschaft bejaht** für folgende Beschäftigte: 53

Außendienstmitarbeiter, s. RN 42
Außenrequisiteur bei einer Fernsehanstalt[117]
Auszubildende, s. § 16
Bühnen- und Szenenbildner[118]
Chefarzt[119]
Croupier, der aus dem Tronc entlohnt wird[120]
Dienstordnungs-Angestellte der Krankenkassen[121]
Ehrenamtliche Beigeordnete in der Gemeindeverwaltung, die Verwaltungsaufgaben erledigt und eine den tatsächlichen Aufwand übersteigende Aufwandsentschädigung erhält[122]
Familienhelferin[123]
(mitarbeitende) Familienmitglieder, s. RN 25, § 9 RN 32ff.
Fernsehreporter, s. RN 37f.
Fleischbeschau-Tierärzte[124]
Fotomodell, bei einer entsprechenden Eingliederung in einen Betrieb[125]
Fotoreporter, wenn sie durch Dienstpläne in die Organisation eingebunden sind, s. RN 37f.
Frachtführer, s. RN 44
Franchisenehmer, s. RN 39
Freigänger gem. § 39 StVollzG, s. RN 19
Fremdsprachliche Mitarbeiter beim Rundfunk (verfassungsrechtlich bedenklich)[126]
Fußballspieler, s. RN 14, § 186 RN 21ff. sowie „Sportler"
Fußballtrainer[127]
Gebührenbeauftragte des Rundfunks, je nach den Umständen[128]
Handelsvertreter, s. RN 40
Kameraassistent, s. RN 37f.
Kommissionär, s. RN 40
Kraftfahrer, der als selbstständiger Spediteur tätig wird und von dem Speditionsunternehmen LKW mietet[129]
Kundenberater[130]
Künstler, je nach Umständen des Einzelfalles,[131] s. auch „Musiker, Orchestermusiker, Schauspieler"
Lehrer, s. RN 42
Lektor, zur Herausgabe einer Buchreihe; entscheidend Umstände des Einzelfalles[132]
Lernschwester[133]
Musiker im Nebenberuf[134]

---

[117] BAG 2. 6. 1976 AP 20 zu § 611 BGB Abhängigkeit; s. auch RN 36.
[118] BAG 3. 10. 1975 AP 17 zu § 611 BGB Abhängigkeit; LAG Berlin 16. 8. 1983 AP 44 zu § 611 BGB Abhängigkeit = LAGE § 611 BGB Arbeitnehmerbegriff Nr. 5.
[119] BAG 27. 7. 1961 AP 24 zu § 611 BGB Ärzte, Gehaltsansprüche.
[120] Vgl. BAG 30. 6. 1966 AP 1 zu § 611 BGB Croupier.
[121] BAG 16. 5. 1955 AP 7 zu § 2 ArbGG 1953; 25. 4. 1979 AP 49 zu § 611 BGB Dienstordnungs-Angestellte.
[122] BSG 22. 2. 1996 NZS 96, 531.
[123] BAG 6. 5. 1998 AP 94 zu § 611 BGB Abhängigkeit = NZA 98, 873.
[124] BAG 16. 12. 1965 AP 9 zu § 611 BGB Fleischbeschauer-Dienstverhältnis; BSG 24. 11. 1967 AP 11 zu § 611 BGB Fleischbeschauer-Dienstverhältnis.
[125] BSG 12. 12. 1990 NZA 91, 907.
[126] BAG 3. 10. 1975 AP 15 § 611 BGB Abhängigkeit; s. auch RN 37.
[127] Kein Arbeitnehmer, soweit nebenberuflich: LAG Frankfurt 27. 10. 1964 AP 4 zu § 611 BGB Abhängigkeit; LAG Düsseldorf 26. 3. 1992 LAGE § 611 BGB Arbeitnehmerbegriff Nr. 25.
[128] BAG 26. 5. 1999 AP 104 zu § 611 BGB Abhängigkeit = NZA 99, 983; bei erheblichem Honorar Gewerbetreibender: BFH 2. 12. 1998 NZA-RR 99, 376.
[129] BAG 19. 11. 1997 AP 90 zu § 611 BGB Abhängigkeit = NZA 98, 364; ArbG Ludwigshafen 12. 3. 1996 NZA-RR 97, 122; s. auch RN 44.
[130] BAG 6. 5. 1998 AP 102 zu § 611 BGB Abhängigkeit = NZA 99, 205.
[131] Vgl. Schreiben des BFM 5. 10. 1990 BStBl. I S. 638; Stellungnahme der Sozialversicherungsträger vom 13. 5. 1992 BB 92, 1492.
[132] BAG 27. 3. 1991 AP 53 zu § 611 BGB Abhängigkeit = NZA 91, 730.
[133] BAG 29. 10. 1957 AP 10 zu § 611 BGB Lehrverhältnis.
[134] BFH BStBl. 1971 II S. 656.

Nachrichtensprecher[135]
Orchestermusiker[136]
Pharmaberater[137]
Piloten[138]
Propagandistin im Kaufhaus[139]
Rechtsanwalt, der in fremder Kanzlei Arbeitszeit einhalten muss und dem Mandate zugewiesen werden[140]
Rechtsanwalt in den Vermögensämtern der Landkreise der neuen Bundesländer, je nach den Umständen[141]
Referendar in Nebenbeschäftigung,[142] sofern er nicht bei der zeitlichen Einteilung frei und nicht berechtigt ist, die Übernehme von Aufträgen abzulehnen[143]
Rundfunkmitarbeiter s. RN 37 f.
Sargträger in Dienstkleidung und mit täglicher Meldepflicht[144]
Schauspieler bei Funk, Fernsehen und Film[145]
Schiffsbesatzungen, s. § 186 RN 39 ff.
Scientology, hauptamtlich tätiges außerordentliches Mitglied[146]
Sportler, Berufsportler, sofern sie ihre Leistungen in einem persönlichen Abhängigkeitsverhältnis erbringen, das über die bereits durch die Vereinsmitgliedschaft begründete Weisungsgebundenheit hinausgeht,[147] s. auch RN 14
Tankwart[148]
Taxifahrer, je nach den Umständen[149]
Telearbeit, s. RN 45
Vertreter, s. RN 40
Werbesprecher[150]
Werkstudent,[151]
Zeitungsredakteur[152]
Zeitungszusteller, je nach Eingliederung;[153] bei Einstellung von Hilfskräften spricht dies gegen Arbeitnehmereigenschaft.[154]

---

[135] BAG 28. 6. 1973 AP 10 zu § 611 BGB Abhängigkeit; s. auch RN 37.

[136] BAG 14. 2. 1974 AP 12 zu § 611 BGB Abhängigkeit; 3. 10. 1975 AP 16 zu § 611 BGB Abhängigkeit; 26. 11. 1975 AP 19 zu § 611 BGB Abhängigkeit; 7. 5. 1980 AP 36 zu § 611 BGB Abhängigkeit; 22. 8. 2001 AP 109 zu § 611 BGB Abhängigkeit = NZA 2003, 662; 9. 10. 2002 AP 114 zu § 611 BGB Abhängigkeit.

[137] LAG Hamm 5. 10. 1989 LAGE § 611 BGB Arbeitnehmerbegriff Nr. 13 = DB 90, 2027; 13. 10. 1989 LAGE § 611 BGB Arbeitnehmerbegriff Nr. 14 = DB 90, 2028.

[138] BAG 16. 3. 1994 AP 68 zu § 611 BGB Abhängigkeit.

[139] LSG Berlin 14. 8. 1996 AP 83 zu § 611 BGB Abhängigkeit; s. andererseits BGH 11. 3. 1982 AP 3 zu § 84 HGB.

[140] LAG Baden-Württemberg 14. 3. 1985 NZA 85, 739; LAG Berlin 16. 12. 1986 LAGE § 2 ArbGG 1979 Nr. 6 = NZA 87, 488; Hess. LAG 16. 3. 1990 LAGE § 611 BGB Arbeitnehmerbegriff Nr. 16; 1. 6. 1995 NZA-RR 96, 415 (arbeitnehmerähnlich); Thür. LAG 6. 2. 1998 NZA-RR 98, 296; LAG Düsseldorf 23. 7. 2002 NZA-RR 2002, 567.

[141] S. einerseits Thür. LAG 28. 3. 1996 LAGE § 611 Arbeitnehmerbegriff Nr. 31; 22. 9. 1998 BB 99, 322; andererseits BAG 3. 6. 1998 AP 97 zu § 611 BGB Abhängigkeit = NZA 98, 1165.

[142] ArbG Berlin 16. 9. 1966 BB 67, 538.

[143] Vgl. ErfK/*Preis* § 611 BGB RN 103.

[144] LAG Düsseldorf 9. 9. 1997 NZA-RR 98, 193.

[145] LAG Saarland 22. 9. 1965 AP 10 zu § 611 BGB Film; BFH 27. 11. 1962 AP 4 zu § 611 BGB Film; einschränkend LAG Bremen 25. 10. 1989 ZTR 90, 163 = BB 90, 780 (LS).

[146] BAG 22. 3. 1995 AP 21 zu § 5 ArbGG 1979 = NZA 95, 823.

[147] BAG 10. 5. 1990 AP 51 zu § 611 BGB Abhängigkeit.

[148] BAG 12. 6. 1996 AP 4 zu § 611 BGB Werkstudent = NZA 97, 191.

[149] BAG 29. 5. 1991 AP 2 zu § 9 BetrVG 1972 = NZA 92, 36.

[150] ArbG Bochum 6. 8. 1969 DB 70, 1087.

[151] BAG 8. 2. 1963 AP 7 zu § 1 FeiertagslohnzahlungsG Berlin; 12. 6. 1996 AP 4 zu § 611 BGB Werkstudent = NZA 97, 191.

[152] BAG 19. 6. 1970 AP 144 zu § 242 BGB Ruhegehalt.

[153] BAG 29. 1. 1992 AP 1 zu § 7 BetrVG 1972 = NZA 92, 894; s. auch die Nachweise bei BAG 16. 7. 1997 AP 4 zu § 611 BGB Zeitungsträger = NZA 98, 368.

[154] BAG 16. 7. 1997 AP 4 zu § 611 BGB Zeitungsträger = NZA 98, 368; ArbG Oldenburg 7. 6. 1996 NZA-RR 97, 162 = BB 96, 2148; keine Arbeitnehmereigenschaft bei (minderjährigen) Prospektverteilern LG Darmstadt 9. 3. 2000 NZA-RR 2001, 631.

Dagegen wurde die **Arbeitnehmereigenschaft verneint** für folgende Beschäftigte: 54
Ärztin in Justizvollzugsanstalt mit Rahmenvertrag[155]
Bereitschaftsarzt für Blutproben[156]
Betriebsarzt. Ein Betriebsarzt ist nicht allein deshalb Arbeitnehmer, weil er im Rahmen der Aufgaben nach dem ASiG Betrieb regelmäßige Sprechstunden abhält und bei Bedarf arbeitsmedizinische Fragen begutachtet.[157]
Bezirksstellenleiter einer Lottogesellschaft[158]
Diakonissen,[159] s. auch RN 24
Dozent an Volkshochschule, s. RN 42
Entwicklungshelfer, s. § 186 RN 61 ff.
Frachtführer, s. RN 44
Gebührenbeauftragter[160]
Geschäftsführer, s. § 15 RN 5 ff.
Handelsvertreter, s. RN 40
Hostessen, die von wechselnden Auftraggebern stundenweise engagiert werden[161]
Kantinenpächter bei der Bundeswehr[162]
Kommissionär,[163] s. auch RN 40
Künstlern auf geselligen Veranstaltungen eines Betriebes[164]
Kurierdienstfahrer[165]
Lehrbeauftragten an Hochschulen[166]
Leiterin einer Außenwohngruppe[167]
Lektor, der frei über die Arbeitszeit verfügt[168]
Lotse, der mit verschiedenen Auftraggebern Lotsverträge abschließt[169]
Opernsänger im Rahmen eines Gastvertrages mit einem Staatstheater[170]
Ordensgeistliche,[171] s. auch RN 24
Organmitglieder juristischer Personen, s. § 15 RN 5 ff.
Postagentur-Verwalter[172]
Produktionsgenossenschaftsmitglieder bei Produktionsgenossenschaften der ehemaligen DDR[173]
Prospektverteiler[174]
Prostituierte in einem Saunaclub[175]
Psychologen in Behindertenfürsorge, die ihre Tätigkeit in 18stündiger Arbeitszeit frei bestimmen können.[176]
Reiseleiterin[177]
Rote-Kreuz-Schwestern, s. RN 24

---

155 ArbG Ludwigshafen 7. 4. 1998 NZA 99, 154 (LS).
156 BSG 22. 2. 1973 AP 9 zu § 539 RVO = NJW 73, 1433.
157 LAG München 2. 8. 1984 NJW 85, 696 (LS); LAG Köln 25. 8. 1999 DB 99, 2648.
158 BSG 1. 12. 1977 AP 27 zu § 611 BGB Abhängigkeit = BB 78, 966.
159 ArbG Bremen 31. 5. 1956 AP 4 zu § 5 ArbGG 1953.
160 Hess. VGH 17. 3. 1998 ZTR 98, 422 (LS); BAG 26. 5. 1999 AP 104 zu § 611 BGB Abhängigkeit = NZA 99, 983.
161 LAG Schleswig-Holstein 27. 11. 1988 NZA 88, 751.
162 BAG 13. 8. 1980 AP 37 zu § 611 BGB Abhängigkeit.
163 BAG 4. 12. 2002 AP 115 zu § 611 BGB Abhängigkeit = NZA 2003, 1112 (LS).
164 BAG 6. 12. 1974 AP 14 zu § 611 BGB Abhängigkeit.
165 BAG 27. 6. 2001 AP 6 zu § 611 BGB Arbeitnehmerähnlichkeit = NZA 2002, 2125; dazu *Linnenkohl* BB 2002, 622.
166 BAG 16. 12. 1957 AP 3 zu § 611 BGB Lehrer, Dozenten; BSG 25. 9. 1981 AP 23 zu § 611 BGB Lehrer, Dozenten.
167 BAG 25. 5. 2005 AP 117 zu § 611 BGB Abhängigkeit.
168 BAG 27. 3. 1991 AP 53 zu § 611 BGB Abhängigkeit = NZA 91, 933.
169 BGH 28. 9. 1972 AP 1 zu § 611 BGB Lotse = NJW 73, 101; BAG 25. 7. 1963 AP 1 zu § 611 BGB Kanalsteurer.
170 BAG 7. 2. 2007 ZTR 2007, 391 = NZA 2007, 1072 (LS).
171 LAG Hamm 9. 9. 1971 AP 3 zu § 611 BGB Ordensangehörige.
172 OLG Karlsruhe 22. 7. 1998 NZA-RR 98, 463.
173 BAG 13. 6. 1996 AP 1 zu § 15 AGB-DDR = NZA 97, 542; LAG Berlin 11. 9. 1991 LAGE § 2 ArbGG 1979 Nr. 9 = AuA 92, 123 = BB 92, 496 (LS).
174 LG Darmstadt 9. 3. 2000 NZA-RR 2001, 631.
175 Hess. LAG 12. 8. 1997 LAGE § 2 ArbGG 1979 Nr. 27 = NZA 98, 221.
176 BAG 9. 9. 1981 AP 38 zu § 611 BGB Abhängigkeit.
177 LAG Düsseldorf 3. 12. 1996 ARSt. 97, 141.

Rundfunkgebührenermittler, s. „Gebührenbeauftragter“
Rundfunkreporter, der nebenberuflich arbeitet,[178] s. auch RN 37 f.
Stand- und Pausenbewirter in Festhalle, der selbst Angestellte beschäftigt[179]
Sportler, der sich vertraglich verpflichtet, für Verein zu spielen und lediglich Auslagenerstattung erhält,[180] s. auch RN 14
Sprach- und Spieltherapeutin mit im wesentlichen freier inhaltlicher Ausgestaltung und maßgeblicher Einflussnahme auf die zeitliche Lage der Therapiestunden[181]
Strafgefangene, s. RN 19
Subunternehmer im Paketdienst mit 18 Angestellten[182]
Synchronsprecher des Rundfunks,[183] s. auch RN 37 f.
Tankstellenbesitzer[184]
Telefonberater eines Versandunternehmens[185]
Theaterintendant (im Nebenberuf) der Karl May Festspiele[186]
Toilettenpächter[187]
Versicherungsvertreter, s. RN 40
Vorstand, s. Organmitglieder
Wiedereingliederung gem. § 74 SGB V, s. RN 23.

§ 9. Abgrenzung des Arbeitsvertrages von verwandten Verträgen

Übersicht

	RN
I. Arbeitsvertrag und Dienstvertrag	1 ff.
1. Notwendigkeit der Abgrenzung	1
2. Abgrenzungsmethoden	2
3. Abgrenzungsmerkmale	3–11
4. Nicht maßgebliche Merkmale	12–15
II. Werkvertrag	16 ff.
1. Notwendigkeit der Abgrenzung	16
2. Unterschied zum Dienst- und Arbeitsvertrag	17
3. Abgrenzung im Einzelfall	18, 19
4. Austausch von Dienst- und Werkvertrag	20
III. Auftrag	21 f.
1. Abgrenzung	21
2. Geschäftsbesorgung	22
IV. Gesellschaftsvertrag	23 ff.
1. Grundsatz	23
2. Dienstleistungspflichten der Gesellschafter	24, 25
3. Gewinnbeteiligung	26
4. Freiberufliche Partnerschaft	27
V. Franchise-Vertrag	28 f.
1. Begriff	28
2. Vertrag	29
VI. Dienstverschaffungsvertrag	30 f.
1. Beschaffung einer Arbeitskraft	30
2. Rechtsbeziehungen	31
VII. Familienrechtliche Mitarbeit	32 ff.
1. Familienrechtliche Arbeitsverpflichtung	32
2. Gefälligkeitsverhältnisse	33
3. Dienst- und Arbeitsvertrag	34–36
4. Eheähnliches Verhältnis	37
5. Gleichgeschlechtliche Lebenspartnerschaft	38
VIII. Sonstige Verträge	39 ff.
1. Maklervertrag	39, 40
2. Miet- und Pachtvertrag	41
3. Schiedsgutachtervertrag	42
4. Öffentliche Bedienstete	43
5. Beschäftigungsgesellschaften	44
6. Virtuelles Büro	45
7. Call-Center	46
8. Prostituierte	47
IX. Gemischte Verträge	48 f.
1. Mehrere Vertragstypen	48
2. Organstellung	49

[178] BAG 22. 4. 1998 AP 96 zu § 611 BGB Abhängigkeit = NZA 98, 1275; LAG Köln 30. 1. 1997 NZA-RR 97, 283.
[179] BAG 12. 12. 2001 AP 111 zu § 611 BGB Abhängigkeit = NZA 2002, 787.
[180] LAG Nürnberg 27. 1. 1995 NZA-RR 96, 1.
[181] Hess. LAG 26. 9. 1991 ZTR 92, 123.
[182] LAG Köln 5. 3. 1997 LAGE § 2 ArbGG 1979, Nr. 22 = NZA-RR 98, 373 (LS).
[183] SG Hamburg 6. 12. 1991 BB 92, 715; vgl. aber BAG 30. 11. 1994 AP 74 zu § 611 BGB Abhängigkeit = NZA 95, 622.
[184] BSG 11. 8. 1966 AP 5 zu § 611 BGB Abhängigkeit.
[185] LAG Berlin 2. 12. 1998 NZA-RR 2000, 69.
[186] BAG 16. 8. 1977 AP 23 zu § 611 BGB Abhängigkeit.
[187] LAG Düsseldorf 21. 3. 1957 AP 6 zu § 5 ArbGG 1953.

I. Arbeitsvertrag und Dienstvertrag

Vgl. zum Schrifttum oben § 8 zur Abgrenzung. *Hohmeister,* Letztmals: Zur Abgrenzung zwischen Scheingeschäft und Umgehungsgeschäft bei vorsätzlich falscher Rechtsformwahl, NZA 2000, 408; *Schulze-Osterloh,* Zur Tätigkeit der Kommandistin im Dienste der KG, AG 2003, 27.

1. Notwendigkeit der Abgrenzung. Der Arbeitsvertrag ist ein Unterfall des **Dienstvertrages.** Für beide Arten von Verträgen sind die §§ 611ff. BGB anzuwenden. Zunächst waren nur wenige Vorschriften mehr auf den Arbeitnehmer zugeschnitten (§§ 617 bis 619, 624, 629, 630a.F. BGB). Inzwischen sind in §§ 611ff. aber auch Vorschriften eingestellt worden, die nur für Arbeitsverhältnisse gelten (§§ 611a, b, 613a, 619a BGB). Damit ist durch das Gesetz anerkannt, dass im Grundsatz die §§ 611ff. für Arbeits- und Dienstverhältnisse gelten. Für beide Vertragsarten gelten mit Einschränkungen die allgemeinen Vorschriften des BGB über Nichtigkeit und Anfechtung (vgl. § 36 RN 1ff., 23ff.) sowie die über die gegenseitigen Verträge (vgl. § 29 RN 3). Die Abgrenzung ist notwendig, weil das arbeitsrechtliche Sonderrecht auf den Dienstvertrag nicht anzuwenden ist. Das gilt z.B. für das Tarif- und Betriebsverfassungsrecht, das Arbeitsgerichtsgesetz und das Kündigungsschutzrecht. Die Arbeitsgerichte sind grundsätzlich nur für Rechtsstreitigkeiten aus Arbeitsverhältnissen zuständig (§ 2 ArbGG; dazu ArbV-Hdb. § 10). 1

2. Abgrenzungsmethoden. Die Frage, ob im Einzelfall ein Arbeitsvertrag oder ein Dienstvertrag vorliegt, ist gleichbedeutend mit der Frage, ob auf Grund des Vertrages fremdbestimmte oder selbstständige Arbeit zu leisten ist. Die Abgrenzung erfolgt mithin nach dem Arbeitnehmerbegriff (§ 8). Entscheidend ist nicht die Bezeichnung, sondern die praktische Durchführung des Rechtsverhältnisses (s. § 8 RN 28, 36). 2

3. Abgrenzungsmerkmale. Für ein Arbeitsverhältnis spricht, wenn 3

(a) der Dienstberechtigte oder sein Vertreter dem Dienstverpflichteten für die Durchführung und das Verhalten bei der Arbeit **Weisungen** erteilen darf (s. § 8 RN 29). Ein Arbeitsverhältnis kann auch dann gegeben sein, wenn die eigentliche Arbeitsleistung fachlich weisungsfrei ist (z.B. ärztliche Tätigkeit), aber in sonstigen Beziehungen eine Weisungsgebundenheit vorliegt. Völlig selbstständige Arbeitsdurchführung im Übrigen spricht mehr für ein Dienstverhältnis; 4

(b) der Dienstpflichtige verpflichtet ist, bestimmte **Arbeitszeiten** einzuhalten oder Anordnungen für die zeitliche Einteilung der Arbeit zu befolgen (vgl. § 84 I 2 HGB). Nicht entscheidend ist dagegen, ob die Einhaltung von Arbeitszeiten nur üblich ist; allerdings spricht die Pflicht zum regelmäßigen Erscheinen für ein Arbeitsverhältnis (näher hierzu § 8 RN 29); 5

(c) der Dienstpflichtige die Arbeit an einem **zugewiesenen Arbeitsplatz** an einem **bestimmten Ort** verrichten muss, sofern die Tätigkeit nicht schon wegen ihrer Natur an einem bestimmten Ort erbracht werden muss.[1] Die Selbstständigkeit wird allerdings noch nicht dadurch beseitigt, dass bei einem Handelsvertreter ein bestimmter räumlicher Arbeitsbezirk vereinbart wird (§ 8 RN 40) oder dass sich ein Filmschauspieler während der Dreharbeiten an einem bestimmten Ort aufhalten muss. Die Erledigung von Arbeiten im eigenen Büro spricht dagegen für einen Dienstvertrag; 6

(d) der Dienstpflichtige in einen fremden Betrieb, eine fremde Arbeitsorganisation eingegliedert ist und er weiterhin zur Erfüllung seiner Dienste auf die Organisation und Arbeitskräfte des Dienstberechtigten angewiesen ist (s. § 8 RN 30); 7

(e) die vertragliche Beschäftigung die **Arbeitskraft** des Dienstpflichtigen ganz oder überwiegend **in Anspruch nimmt** (s. § 8 RN 33, 40). Ist dagegen der Dienstverpflichtete berechtigt, für mehrere Dienstberechtigte tätig zu werden oder uneingeschränkt Nebentätigkeiten aufzunehmen, so spricht dies mehr für einen freien Dienstvertrag (vgl. § 92a HGB); 8

(f) dem Dienstpflichtigen eine **regelmäßige Berichterstattung** auferlegt ist (§ 8 RN 34); 9

(g) der Dienstberechtigte das **Unternehmerrisiko** sowie die **Kosten der Arbeitsausführung** zu tragen hat, ihm andererseits aber das Ergebnis der Arbeit zugute kommt (Fremdnützigkeit, s. § 8 RN 32); 10

(h) eine **untergeordnete Tätigkeit** verrichtet wird, die typischerweise in abhängiger Beschäftigung verrichtet wird. Andererseits können auch Dienste höherer Art in einem weisungsabhängigen Arbeitsverhältnis verrichtet werden (s. § 8 RN 29). 11

4. Nicht maßgebliche Merkmale. Kein zwingendes Abgrenzungsmerkmal ergibt sich dagegen aus 12

---

[1] BAG 9. 5. 1984 AP 45 zu § 611 BGB Abhängigkeit.

13 (a) der **Art der Vergütung.** Die Zahlung eines Festgehaltes kommt sowohl beim Arbeits- als auch beim Dienstvertrag vor. Die Orientierung am Arbeitserfolg (Provision, Akkord) ist auch beim Arbeitsverhältnis nicht ungewöhnlich (s. § 8 RN 35);

14 (b) der Bezeichnung im Vertrag (s. RN 2);

15 (c) aus **formalen Abgrenzungsmerkmalen.** Dies sind vor allem diejenigen Umstände, die sich aus der äußeren Form des Vertrages herleiten lassen, wie die **steuerliche** und **sozialversicherungsrechtliche** Behandlung (s. § 8 RN 35), die Regelung im Hinblick auf **gewerbepolizeiliche** und **handelsregisterliche** Vorschriften. Namentlich die steuerliche und sozialversicherungsrechtliche Behandlung ist lediglich eine Folge der Beurteilung der Parteien. Allerdings kommt der Abführung von Lohnsteuern und Sozialversicherungsbeiträgen größerer Beweiswert für das Bestehen eines Arbeitsverhältnisses zu als umgekehrt deren Unterbleiben für den Dienstvertrag. Die gewerberechtliche Meldung lässt keine Schlüsse auf das Nichtbestehen eines Arbeitsverhältnisses zu.

II. Werkvertrag

Brachmann/Diepold, Alternativen zur Arbeitnehmerüberlassung, AuA 2007, 648; *Gutmann,* Werkvertragsarbeitnehmer im Streit, DB 97, 1977; *Ivens,* Zur Abgrenzung des Dienst- und Werkvertrages von Arbeitsverhältnis und Arbeitnehmerüberlassung, WiB 95, 694; *Trittin,* Umbruch des Arbeitsvertrags: Von der Arbeitszeit zum Arbeitsergebnis, NZA 2001, 1003.

16 **1. Notwendigkeit der Abgrenzung.** Dienst- und Werkvertrag beziehen sich beide auf die menschliche Arbeitsleistung. Da sich in beiden Vertragstypen die Leistungspflichten unterscheiden, sind die Vorschriften über den Werkvertrag (§§ 631 ff. BGB) nicht auf den Arbeits- oder Dienstvertrag und mit Ausnahme von § 618 BGB auch die §§ 611 ff. BGB nicht auf den Werkvertrag anzuwenden. Lediglich auf den Vertrag der **Heimarbeiter** oder **Hausgewerbetreibenden** finden die §§ 631 ff. BGB Anwendung, da dieser Personenkreis wegen Art und Durchführung der Arbeit selbstständig sein kann (§ 11).

17 **2. Unterschied zum Dienst- und Arbeitsvertrag.** Der Hauptunterschied zwischen Dienst- und Arbeitsvertrag einerseits und Werkvertrag andererseits liegt in dem **verschiedenartigen Inhalt der Leistungspflichten.** Beim **Dienstvertrag** wird eine Tätigkeit als solche, beim **Werkvertrag** ein bestimmter Erfolg, und zwar entweder ein Leistwerk (Rasur, Haarschnitt) oder ein Sachwerk (Hausbau) unabhängig von der dazu notwendigen Arbeit geschuldet.[2] Beim **Werkvertrag** ist die Arbeit nur das **Mittel für den Erfolg.** Beim **Dienstvertrag** bemisst sich die zu leistende Tätigkeit zumeist nach der **Zeitdauer,** beim Werkvertrag nach dem herbeizuführenden Erfolg. Die **Gefahr des Erfolges** trägt beim Dienst- und Arbeitsvertrag der Dienstberechtigte, beim Werkvertrag der Verpflichtete.

18 **3. Abgrenzung im Einzelfall.** Im Einzelfall kann die Abgrenzung trotz der unterschiedlichen Leistungspflichten schwierig sein, weil dieselbe Tätigkeit sowohl in Form eines Dienst- wie eines Werkvertrages möglich ist. Entscheidend ist die Auslegung des in den Vertragserklärungen zum Ausdruck gekommenen Willens.[3] Der Behandlungsvertrag mit einem Arzt[4] und der Beratungsvertrag mit einem Rechtsanwalt[5] ist im allgemeinen Dienstvertrag, der Architektenvertrag[6] ist auch über die Bauausführung Werkvertrag. Forschungs- und Entwicklungsarbeiten können sowohl Gegenstand eines Dienstvertrages wie auch eines Werkvertrages sein.[7] Dabei spricht mehr für einen Werkvertrag die Verpflichtung zur Herbeiführung eines Erfolges, die Risikoverteilung und Gefahrtragung, die wirtschaftliche Selbstständigkeit des Herstellers. Aus der Art der **Vergütungsberechnung** sind zwingende Schlussfolgerungen nicht zu ziehen. Auch beim Arbeitsvertrag kann die Vergütung nach dem Erfolg bemessen sein, z. B. im Akkord- oder Prämienvertrag (§ 30); dagegen kann auch beim Werkvertrag die Vergütung nach dem Zeitaufwand berechnet werden. Vielfach bestehen für die Verrichtung von Arbeiten Erfahrungswerte, so dass

[2] BGH 26. 11. 1959 BGHZ 31, 224 = NJW 60, 431; 4. 6. 1970 BGHZ 54, 106 = NJW 70, 1596; 9. 3. 1972 BGHZ 58, 225 = NJW 72, 901.
[3] BGH 16. 7. 2002 BGHZ 151, 330 = NJW 2002, 3323.
[4] BGH 9. 12. 1974 BGHZ 63, 306 = NJW 75, 305; 18. 3. 1980 BGHZ 76, 259 = NJW 80, 1452.
[5] BGH 20. 10. 1964 NJW 65, 106 = BB 65, 121; anders bei Rechtsgutachten BGH 6. 7. 1971 BGHZ 56, 355 = NJW 71, 1801.
[6] BGH 26. 11. 1959 BGHZ 31, 224 = NJW 60, 431; 1. 2. 1965 BGHZ 43, 227 = WM 65, 427; 5. 12. 1968 BGHZ 51, 190 = NZW 69, 419; 22. 10. 1981 BGNZ 82, 100 = NJW 82, 438.
[7] BGH 16. 7. 2002 BGHZ 151, 330 = NJW 2002, 3323.

ohne Schwierigkeiten Stückpreise in Lohnstunden und umgekehrt umgerechnet werden können. Ein Werkvertrag ist dann nicht anzunehmen, wenn die **Erreichung des Erfolges** nicht in der Macht des Verpflichteten liegt.

Vor allem im Bereich der Arbeitnehmerüberlassung spielt die Abgrenzung von Werkverträgen und Arbeitnehmerüberlassungsverträgen eine Rolle (§ 120 RN 19ff.). 19

4. Austausch von Dienst- und Werkvertrag. Im Allgemeinen können Dienst- und Werkverträge gegeneinander ausgetauscht werden; der Arzt kann einen Behandlungserfolg versprechen, der Architekt ein bloßes Tätigwerden. Die Personalberatung zur Anwerbung und Auswahl des Personals wird im Allgemeinen in einem Dienstvertrag erfolgen, weil dem Beratenen die freie Entscheidung der Einstellung verbleibt.[8] Nicht austauschbar sind dagegen Arbeits- und Werkverträge. Liegen die Voraussetzungen des Arbeitnehmerbegriffs vor (s. § 8), so kann der persönlich abhängige Arbeitnehmer nicht dadurch zum Werkunternehmer gemacht werden, dass er einen besonderen Erfolg verspricht.[9] 20

III. Auftrag

1. Abgrenzung. Vom Auftrag unterscheiden sich Dienst- und Werkvertrag dadurch, dass der **Beauftragte unentgeltlich,** der Dienstverpflichtete dagegen **entgeltlich** tätig wird. Ist nach den objektiven Umständen eine Dienstleistung nur gegen Entgelt zu erwarten, folgt aus § 612 I BGB die Fiktion einer stillschweigend vereinbarten Vergütung, so dass kein unentgeltlicher Vertrag vorliegt,[10] sondern nach den Umständen entweder ein (freier) Dienstvertrag oder ein Arbeitsvertrag. Die Vereinbarung von **Auslagenersatz** macht den Beauftragten umgekehrt nicht zum Dienstverpflichteten. Einzelne Vorschriften des Auftragsrechts (§§ 667, 670 BGB) finden aber auch im Arbeitsrecht Anwendung (§ 86). 21

2. Geschäftsbesorgung. Bei Arbeitsbedingungen, die auf eine Geschäftsbesorgung gerichtet sind, finden vielfach die Regeln des Auftragsrechtes daneben Anwendung. Das BAG hat die Haftung des Arbeitgebers für von keiner Partei des Arbeitsvertrages verschuldete Sachschäden des Arbeitnehmers aus § 670 BGB abgeleitet (s. § 86 RN 6). 22

IV. Gesellschaftsvertrag

Allgemein: *Herrmann,* Der Ausschluss eines tätigen Gesellschafters aus einer Personenhandelsgesellschaft, RdA 89, 313; *v. Hoyningen-Huene,* Gesellschafter, „Scheingesellschafter" oder Arbeitnehmer?, NJW 2000, 3233; *Loritz,* Mitarbeit im Rahmen von Gesellschaftsverträgen anstelle von Arbeitsverträgen, RdA 92, 310; *Martens,* Arbeitsrechtlicher Rechtsformzwang und gesellschaftsrechtliche Beschäftigungsverhältnisse, RdA 79, 347.

Landwirtschaftliche Produktionsgenossenschaften: *Oetker,* Das „Arbeitsverhältnis" in landwirtschaftlichen Produktionsgenossenschaften zwischen Arbeits- und Gesellschaftsrecht, BB 91, 1559; *ders.,* Die Kündigung des „Arbeitsverhältnisses" in landwirtschaftlichen Produktionsgenossenschaften (LPG), NJ 91, 397; *Schönfeld,* Nochmals – Zur Kündigung des „Arbeitsverhältnisses" in den LPG, NJ 92, 107; *Stolze,* Das LPG-Mitglied – Arbeitnehmer im Insolvenzfall, ZIP 91, 566.

Partnerschaftsgesellschaft: *Eggesiecker,* Die Partnergesellschaft für Freie Berufe, Kommentar, Loseblattausgabe; *Lenz, Braun,* Partnerschaftsgesellschaftsvertrag, 2. Aufl., 1997; *Meilicke, v. Westphalen/Hoffmann/Lenz/Wolff* Partnerschaftsgesellschaftsgesetz, Kommentar, 2. Aufl., 2006; *Michalski/Römermann,* PartGG – Kommentar zum Partnerschaftsgesellschaftsgesetz, 2. Aufl., 1999.

1. Grundsatz. Dienst- und Arbeitsvertrag sind als gegenseitige Austauschverträge (§ 29 RN 3) auf den Austausch von Arbeitsleistung gegen Entgelt gerichtet. Die Partner eines Gesellschaftsvertrages wirken dagegen zur Erreichung eines **gemeinsamen Zweckes** zusammen. Beim Arbeitsverhältnis besteht ein Über- und Unterordnungsverhältnis (§ 8) zwischen Arbeitgeber und Arbeitnehmer. Die Gesellschafter sind dagegen regelmäßig einander **gleichgeordnet.**[11] Allerdings kann auch weisungsgebundene Arbeit ausschließlich gesellschafts- oder vereinsrechtlich einzuordnen sein. Dies kann etwa der Fall sein im Rahmen von Schwesternverträgen oder bei Mitarbeit in einem sog. Alternativbetrieb. 23

2. Dienstleistungspflichten der Gesellschafter. a) Sind die Partner einer Personengesellschaft einander zur Dienstleistung verpflichtet, so beruht diese regelmäßig auf dem **Gesell-** 24

[8] OLG Köln 5. 7. 1996 BB 96, 1889 = NJW-RR 97, 885.
[9] ErfK/*Preis* § 611 BGB RN 13.
[10] ErfK/*Preis* § 611 BGB RN 20.
[11] MünchKommBGB/*Müller-Glöge* § 611 RN 27ff.

schaftsrecht (s. § 706 III BGB).[12] Dies gilt insbesondere dann, wenn der Gesellschafter bei der Zwecksetzung und der Durchführung der Arbeitsaufgabe wie ein Unternehmer mitwirkt. Gesellschafter einer GbR sollen keine Arbeitnehmer sein können, weil Anspruch und Verpflichtung zusammenfallen.[13] Neben den gesellschaftsrechtlichen Beziehungen bestehen im Allgemeinen nur für den Kommanditisten bei einer KG oder den stillen Gesellschafter arbeitsvertragliche Beziehungen zur Gesellschaft, wenn sie zur Dienstleistung verpflichtet sind.[14] Dagegen können nicht geschäftsführende (zu Organvertretern s. § 15 RN 5) Gesellschafter von Kapitalgesellschaften, die zugleich zur Dienstleistung verpflichtet sind, grundsätzlich Arbeitnehmer der Gesellschaft sein.[15] Eine persönliche Abhängigkeit (§ 8 RN 26ff.) kann aber nicht angenommen werden, wenn der Gesellschafter, insbes. als Mehrheitsgesellschafter oder auf Grund einer Sperrminorität, weitreichende Mitbestimmungsrechte hat und damit faktisch nicht dem Weisungsrecht des Geschäftsführers unterliegt.[16] Besteht neben dem Gesellschaftsvertrag ein Arbeitsvertrag, so kann der Arbeitsvertrag grundsätzlich unabhängig von der Gesellschafterstellung gekündigt werden, es sei denn es besteht eine gesellschaftsrechtliche Mitarbeitsverpflichtung, weil das Unternehmen auf eine tätige Mitarbeit des/der Gesellschafter angewiesen ist.[17]

25 **b)** Für die **neuen Bundesländer** ist vor allem umstr., ob die Mitglieder der ehemaligen landwirtschaftlichen Produktionsgenossenschaften neben den genossenschaftsrechtlichen Beziehungen noch in arbeitsrechtlichen Rechtsbeziehungen zur Genossenschaft standen. Hiervon scheint das Landwirtschaftsanpassungsgesetz 3. 7. 1991 (BGBl. I S. 1418, zuletzt geändert am 19. 6. 2001, BGBl. I S. 1149) auszugehen.[18] Die Rspr. hat eine Arbeitnehmereigenschaft verneint.[19] Entsprechendes gilt bei der Produktionsgenossenschaft des Handwerks.[20] Das BAG hat angenommen, dass Mitglieder von landwirtschaftlichen Produktionsgenossenschaften nach §§ 29, 31 des Gesetzes über die landwirtschaftlichen Genossenschaften vom 2. 7. 1982 (GBl.-DDR I S. 443) zur Arbeitsleistung verpflichtet waren. Ihr Rechtsverhältnis zur LPG war vom Geltungsbereich des AGB ausgenommen. Mit Inkrafttreten des Gesetzes zur Änderung des Landwirtschaftsanpassungsgesetzes und anderer Gesetze vom 3. 7. 1991 (BGBl. I S. 1418) sind die bestehenden Genossenschaftsverhältnisse nach dem LPG-Gesetz kraft Gesetzes mit ex nunc-Wirkung in Mitgliedschaftsverhältnisse nach dem LPG-Gesetz n. F. und daneben bestehende Arbeitsverhältnisse aufgespalten worden.[21]

26 **3. Gewinnbeteiligung.** Die Abgrenzung von Gesellschaftsvertrag und Dienst- bzw. Arbeitsvertrag bereitet besondere Schwierigkeiten, wenn der Dienstverpflichtete am **Gewinn beteiligt** ist. Auch bei der Zusage einer Gewinnbeteiligung bleibt der Dienstverpflichtete Arbeitnehmer, wenn ein **persönliches Abhängigkeitsverhältnis** besteht (s. § 8 RN 26ff.). Leistungen nach dem 5. VermBG machen den Dienstverpflichteten nicht zum Gesellschafter. Der Vertrag zwischen Künstler und Manager ist i. d. R. Dienst-, nicht Gesellschaftsvertrag.[22]

27 **4. Freiberufliche Partnerschaft.** Durch das Gesetz zur Schaffung von Partnerschaftsgesellschaften und zur Änderung anderer Gesetze vom 25. 7. 1994 (Partnerschaftsgesellschaftsgesetz – PartGG (BGBl. I S. 1744, zuletzt geändert am 23. 10. 2008 (BGBl. I S. 2026)) wird Freiberuflern die Möglichkeit eröffnet, eine gesellschaftsrechtliche Rechtsform für die gemeinsame Berufsausübung zu wählen. Was Ausübung eines freien Berufes im Sinne des PartGG ist, ergibt sich aus § 1 II PartGG. Der Partnerschaftsvertrag bedarf der Schriftform. Er muss enthalten **(1)** den Namen und den Sitz der Partnerschaft, **(2)** den Namen und den Vornamen sowie den in der Partnerschaft ausgeübten Beruf und den Wohnort jedes Partners, **(3)** den Gegenstand der Partnerschaft (§ 3 PartGG). Die Partner erbringen ihre beruflichen Leistungen auf Grund des

---

[12] Vgl. Arbeitsvertrag eines Gesellschafters zur BGB-Gesellschaft BSG AR-Blattei, Arbeitnehmer, Entsch. 7; BSG 8. 12. 1987 BB 89, 73.

[13] Hess. LAG 7. 8. 2001 NZA-RR 2002, 263.

[14] Zur Abgrenzung BAG 8. 1. 1970 AP 14 zu § 528 ZPO.

[15] BAG 9. 1. 1990 AP 6 zu § 35 GmbHG = NZA 90, 525.

[16] BAG 28. 11. 1990 AP 137 zu § 1 TVG Tarifverträge: Bau = NZA 91, 392; 6. 5. 1998 AP 95 zu § 611 BGB Abhängigkeit = NZA 98, 939.

[17] BAG 11. 5. 1978 AP 2 zu § 161 HGB = NJW 79, 999.

[18] Vgl. BGH 4. 12. 1992 BGHZ 120, 361 = ZIP 93, 390; 21. 1. 1993 ZIP 93, 389 = NJ 93, 225.

[19] BAG 16. 2. 1995 AP 1 zu Einigungsvertrag Anlage II Kap VI = NZA 95, 881; LAG Chemnitz 22. 7. 1992 – 2 Ta BV 2/92 – AuA 93, 27 (LS).

[20] LAG Berlin 11. 9. 1991 LAGE § 2 ArbGG 1979 Nr. 9 = NZA 92, 652 (LS); 13. 1. 1992 LAGE § 48 ArbGG 1979 Nr. 5 = DB 92, 742; dazu *Gerlach/Hoppe,* Die Produktionsgenossenschaften des Handwerks (PGH) – ein Stiefkind des EV, NJ 91, 400.

[21] BAG 16. 2. 1995 AP 1 zu Einigungsvertrag Anlage II Kap VI = NZA 95, 881.

[22] BGH 28. 10. 1982 AP 1 zu § 611 BGB Künstlerbetreuer = NJW 83, 1191.

gesellschaftsrechtlichen Innenverhältnisses (§ 6 I PartGG). Hierauf findet Arbeitsrecht keine Anwendung.

V. Franchise-Vertrag

Bräutigam, Franchise-Verträge im deutschen internationalen Privatrecht, WiB 97, 897; *Budde,* Auswirkungen des Allgemeinen Gleichbehandlunggesetzes auf Vertriebspartner, BB 2007, 731; *Elsner,* Franchising und Sozialversicherungsrecht, ZAP Fach 6, 299; *Flohr,* Aktuelle Tendenzen im Franchise-Recht, BB 2006, 389; *Franzen,* Der Franchise-Vertrag als Arbeitsvertrag?, FS 50 Jahre BAG, 2004, S. 31; *Gielser/Güntzel,* Die Auswirkungen des Allgemeinen Gleichbehandlunggesetzes auf das Franchising, ZIP 2008, 11; *Hänlein,* Franchise – Existenzgründungen zwischen Kartell-, Arbeits- und Sozialversicherungsrecht – eine neue Erwerbsform im Aufwind?, DB 2000, 374; *Horn/Henssler,* Der Vertriebsfranchisenehmer als selbstständiger Unternehmer, ZIP 98, 589; *Stoffels,* Laufzeitkontrolle von Franchiseverträgen, DB 2004, 1871.

1. Begriff. Der Begriff des Franchise stammt aus der französischen Rechtssprache und bedeutete die Belehnung mit den Regalien. Im englisch-amerikanischen Recht bedeutete er zunächst die Einräumung eines Privilegs durch den Staat. In der modernen Rechtssprache wird damit eine Vertragsbeziehung bezeichnet, in der der Franchisenehmer befugt ist, Rechte des Franchisegebers auszunutzen. Das Franchisesystem ist ein besonderes Waren- oder Dienstleistungsvertriebssystem. In (echten) Franchise-Systemen kann ein Gesamt- oder Konzernbetriebsrat nicht gewählt werden, weil kein einheitliches Unternehmen oder Konzern vorliegt.[23] 28

2. Vertrag. Der Franchise-Vertrag ist ein Vertrag zur Begründung eines Dauerschuldverhältnisses, auf Grund dessen der Franchisegeber dem Franchisenehmer gegen Entgelt das Recht gewährt, bestimmte Waren- und/oder Dienstleistungen unter Verwendung von Namen, Warenzeichen, Ausstattung oder sonstigen Schutzrechten sowie der technischen und gewerblichen Erfahrungen des Franchisegebers und unter Beachtung seiner Organisation zu vertreiben, wobei dem Franchisegeber dem Franchisenehmer gegenüber Beistand, Rat und Schulungspflichten obliegen sowie eine Kontrolle über den Geschäftsbetrieb eingeräumt wird.[24] Der Franchisenehmer schuldet dagegen regelmäßig einen %-Satz seines Erlöses als Vergütung. Charakteristisch für den Franchisevertrag ist, dass der Franchisenehmer rechtlich selbstständig ist. Gleichwohl können die Bindungen so stark werden, dass typologisch die Schwelle zum Arbeitnehmer überschritten wird (s. § 8 RN 39). Sog. abhängige Selbstständige (Unterfrachtführer), die vertraglich in ihrer Berufsausübung so stark eingeschränkt sind, dass sie weitgehend dem Berufsbild eines abhängig beschäftigten Kraftfahrers entsprechen, sind sozialversicherungsrechtlich Beschäftigte im Sinne von § 7 SGB IV.[25] 29

VI. Dienstverschaffungsvertrag

1. Beschaffung einer Arbeitskraft. Der Dienstverschaffungsvertrag ist gesetzlich nicht geregelt. Er ist nicht auf die Leistung von Diensten gegen Entgelt gerichtet, sondern allein auf die Beschaffung einer Arbeitskraft.[26] Er kommt vor allem vor bei der Vermietung einer bemannten Maschine (§ 120 RN 22),[27] beim (Eigen-)Gruppenarbeitsverhältnis (§ 182 RN 12ff.), beim Gehilfenverhältnis (§ 183) und den Schwesterngestellungsverträgen.[28] Zu unterscheiden ist der Dienstverschaffungsvertrag von der **Arbeitsvermittlung** (§ 21 RN 6ff.), die sich auf die Arbeits- und Kräftenachweisung beschränkt, und dem **Arbeitnehmerüberlassungsvertrag** (§ 120). Für die Abgrenzung zwischen Dienst- oder Werkvertrag und Dienstverschaffungsvertrag ist entscheidend, ob der Unternehmer, bei dem das Personal angestellt ist, die zur Erreichung eines wirtschaftlichen Erfolges notwendigen Handlungen selbst vornimmt, was allerdings mit einer Eingliederung der eingesetzten Beschäftigten in die Organisation des Auftraggebers verbunden sein kann[29] (dann Dienst- oder Werkvertrag) oder ob er dem Vertragspartner geeig- 30

---

[23] *Buschbeck-Bülow* BB 89, 352; 90, 1061; *Skaupy* BB 90, 1061; *Selzner,* Betriebsverfassungsrechtliche Mitbestimmung im Franchise-Systemen, 1994.

[24] BAG 30. 5. 1978 AP 9 zu § 60 HGB = NJW 79, 335.

[25] LSG Berlin 27. 10. 1993 NZA 95, 139.

[26] Vgl. 1. 2. 1973 BAG AP 29 zu § 615 BGB Betriebsrisiko = NJW 73, 1629.

[27] BAG 17. 2. 1993 AP 9 zu § 10 AÜG = NZA 93, 1125; OLG Düsseldorf 29. 10. 1993 NJW-RR 95, 160.

[28] Vgl. LAG Hamm AP 3 zu § 611 BGB Ordensangehörige; BAG 4. 7. 1979 AP 10 zu § 611 BGB Rotes Kreuz.

[29] Vgl. BGH 2. 2. 2006 – III ZR 61/05 – VersR 2006, 1497.

nete Arbeitskräfte überlässt, die dieser nach eigenen Erfordernissen in seinem Betrieb einsetzt (Dienstverschaffungsvertrag mit Leiharbeitsverhältnis).[30]

31 **2. Rechtsbeziehungen.** Im Rahmen eines Dienstverschaffungsverhältnisses sind **drei Rechtsbeziehungen** zu unterscheiden. **(a)** Der Dienstverschaffende haftet dem Dienstberechtigten nur für die ordnungsgemäße Vermittlung und für Verschulden bei der Auswahl des zu beschaffenden Dienstpflichtigen, dagegen haftet er nicht nach § 278 BGB für dessen Verschulden bei der Ausführung der Arbeit.[31] Er darf nur solche Arbeitskräfte zur Verfügung stellen, die für die vertraglich vorausgesetzte Dienstleistung tauglich und geeignet sind.[32] Bei Verletzung liegt Vertragsverletzung (§ 280 BGB) vor. Insoweit besteht auch eine Überwachungsverpflichtung. Der Dienstverschaffende haftet gegenüber Dritten für Verschulden seines Personals nach § 831 BGB.[33] **(b)** Der Dienstverschaffende und der Dienstberechtigte können das Rechtsverhältnis zwischen dem Dienstpflichtigen und dem Dienstberechtigten durch einen Vertrag zugunsten Dritter näher bestimmen. Häufig wird der Dienstverpflichtete zum Dienstberechtigten in ein unmittelbares Dienst- oder Arbeitsverhältnis treten. Bei abhängiger Arbeit wird zumeist ein mittelbares Arbeitsverhältnis (§ 183) begründet. **(c)** Zwischen dem Dienstverschaffenden und dem Dienstpflichtigen können ein Arbeits- oder Dienstverhältnis, ein Gesellschafts- oder Mitgliedschaftsverhältnis oder nur familienrechtliche Beziehungen bestehen.

VII. Familienrechtliche Mitarbeit

Allgemein: *Fröhlich/Mirwald,* Die Mitarbeit im Familienbetrieb, ArbRB 2007, 217; *Hergenröder,* Ehegattenmitarbeit und Lebenspartnerschaft, AR-Blattei SD 615.1; *dies.,* Mitarbeit von Familienangehörigen, AR-Blattei SD 700.1; *Kleinebrink,* Die eingetragene Lebenspartnerschaft im Kündigungsrecht Auswirkungen und Strategien, ArbRB 2003, 21; *Marschner,* Sozialversicherungsrechtliche Beurteilung von mitarbeitenden Ehegatten, AR-Blattei SD 615.2; *ders.,* Sozialversicherungsrechtliche Bedeutung von Familienangehörigen, AR-Blattei SD 700.2.; *Powietzka,* Eingetragene Lebenspartnerschaft und Arbeitsrecht, BB 2002, 146; *Scheurig,* Die Eingetragene Lebenspartnerschaft nach dem Lebenspartnerschaftsgesetz und das Tarifrecht für die Arbeitnehmer des öffentlichen Dienstes, ZTR 2001, 289.

Musterverträge: *Nörenberg,* Ehegatten-Arbeitsverträge, 8. Aufl., 2000; ArbR-Formb. § 12 RN 1 ff.

32 **1. Familienrechtliche Arbeitsverpflichtung.** Werden Dienste auf Grund familienrechtlicher Verpflichtung geleistet, so liegt ein Dienst- oder Arbeitsvertrag zwischen dem Beschäftigten und dem Beschäftigenden nicht vor. Zur familienrechtlichen Mitarbeit sind verpflichtet die Ehegatten nach § 1356 BGB sowie (auch volljährige) Kinder, die dem ehelichen Hausstand angehören und von den Eltern erzogen oder unterhalten werden (§ 1619 BGB).[34] Familienrechtliche Mitarbeit kann vorliegen, wenn der Mann der von seiner Ehefrau und ihren Brüdern geführten OHG Dienste leistet.[35] Auf die Fälle der familienrechtlichen Beschäftigung findet grundsätzlich Arbeits- und Sozialversicherungsrecht keine Anwendung. Ausnahmen gelten für einige Vorschriften des Arbeitsschutzrechtes (z. B. §§ 12 ff. HAG). Nach § 850 h II ZPO kann jedoch im Verhältnis zwischen dem Gläubiger und dem Drittschuldner eine angemessene Vergütung der familienrechtlichen Mitarbeit durch den Schuldner fingiert werden (§ 89 RN 66).

33 **2. Gefälligkeitsverhältnisse.** Die gesetzlichen Fälle familienhafter Beschäftigung können rechtsgeschäftlich nicht erweitert werden. So besteht keine familienrechtliche Mitarbeitspflicht für Verlobte, Enkel, Nichten, Kinder, die sich selbst unterhalten usw. Zwischen diesen Personen und einem Dienstgeber braucht bei Mitarbeit nicht unbedingt ein Dienst- oder Arbeitsvertrag vorzuliegen. Vielmehr können die Dienste auch im Rahmen von Gefälligkeitsschuldverhältnissen, also unentgeltlich, geleistet werden. Gefälligkeitsschuldverhältnisse liegen häufig bei Verlobten oder in außerehelichen Lebensgemeinschaften vor.

34 **3. Dienst- und Arbeitsvertrag. a)** Dienst- und Arbeitsverträge können auch bei familienrechtlicher Mitarbeit oder sonstiger Arbeitsleistung unter Verwandten (Lebensgefährten) geschlossen werden. Ob neben den familienrechtlichen Beziehungen ein Dienst- bzw. Arbeitsvertrag gewollt ist, richtet sich nach dem Willen der Beteiligten. Fehlt eine ausdrückliche Vereinbarung, so **spricht für ein Arbeitsverhältnis:** Erhebliche, den familienrechtlichen Um-

---

[30] OLG Celle 22. 5. 1996 NJW-RR 97, 469; LAG Rheinl.-Pfalz 3. 5. 2006 – 10 Sa 913/05 –.

[31] BGH 9. 3. 1971 AP 1 zu § 611 BGB Leiharbeitsverhältnis = NJW 71, 1129; OLG Celle 22. 5. 1996 NJW-RR 97, 469.

[32] BGH 13. 5. 1975 AP 1 zu § 12 AÜG = NJW 75, 1695 m. Anm. *Händel; F. Becker* NJW 76, 1827.

[33] BGH 26. 1. 1995 NJW-RR 95, 659.

[34] Vgl. BGH 21. 1. 1958 AP 1 zu § 1617 BGB = NJW 58, 706.

[35] BAG 19. 7. 1973 AP 19 zu § 611 BGB Faktisches Arbeitsverhältnis m. Anm. *Buchner* = NJW 74, 380.

fang überschreitende Arbeitsleistung, Zahlung des ortsüblichen oder tariflichen Lohnes, Ersatz einer fremden Arbeitskraft, Weisungsgebundenheit des Dienstleistenden, Abführung von Lohnsteuer- und Sozialversicherungsbeiträgen.[36] Gegen die Annahme eines Arbeitsverhältnisses kann die Verkehrsanschauung sprechen. Vor allem im Handwerk ist die Mitarbeit des Ehepartners üblich. Jedoch lässt sich infolge der veränderten gesellschaftlichen Verhältnisse nicht eine Vermutung aufstellen, im Zweifel sei nur eine familienrechtliche Mitarbeit gewollt.[37] Ob die Auflösung der Ehe oder Lebenspartnerschaft stets die Beendigung des Arbeitsvertrages rechtfertigt, ist zweifelhaft.[38] In einem Ehegattenarbeitsverhältnis ist nach Beendigung der Arbeitnehmer arbeitsrechtlich nicht zur Herausgabe des Dienstfahrzeugs verpflichtet, wenn die Überlassung in Wirklichkeit eine Unterhaltsleistung war und keine arbeitsrechtliche Leistung.[39]

b) Im **Steuerrecht** wird ein Arbeitsverhältnis zwischen nahen Angehörigen anerkannt, wenn es klar vereinbart, ernsthaft gewollt und tatsächlich durchgeführt wird und auch zwischen Fremden ebenso abgeschlossen worden wäre.[40] Im Allgemeinen wird davon ausgegangen, dass es bei Rechtsverhältnissen unter nahen Verwandten an einem Interessengegensatz fehlt. Es wird daher überprüft, ob mit Fremden entsprechende Entgeltregelungen vereinbart worden sind und das Arbeitsverhältnis auch tatsächlich durchgeführt wird. Zahlungen an den anderen Ehegatten waren nach Ansicht des BFH nur dann Betriebsausgaben, wenn sie auf ein Konto des Ehegatten erfolgten, über das dieser alleine verfügungsberechtigt ist.[41] Das BVerfG hat dagegen entschieden, dass die Anerkennung eines Ehegattenarbeitsverhältnisses nicht allein mit der Begründung verweigert werden kann, dass die Zahlung des Arbeitsentgelts auf ein oder mehrere Konten erfolgt.[42] Das von einem Arbeitgeber an seinen Ehegatten gezahlte Arbeitsentgelt, aus dem Beiträge nachgewiesen und gezahlt worden sind, bleibt auch insoweit beitragspflichtig, als es vom Finanzamt später nicht in vollem Umfang als Betriebsausgang anerkannt wird.[43] Zur fehlgegangenen Vergütungserwartung vgl. § 66 RN 16ff. 35

c) Sozialversicherung.[44] Ein **versicherungspflichtiges Beschäftigungsverhältnis** ist anzunehmen, wenn **(a)** das Familienmitglied in den Betrieb des Arbeitgebers eingegliedert und dessen Weisungsrecht, wenn auch in abgeschwächter Form, unterworfen ist, **(b)** regelmäßig ein der Arbeitsleistung angemessenes Arbeitsentgelt gezahlt wird, **(c)** Lohnsteuer entrichtet wird, **(d)** das Entgelt als Betriebsausgabe verbucht wird.[45] Im Rahmen der Gesamtwürdigung ist die Nichtauszahlung des vereinbarten Arbeitsentgeltes ein gewichtiges Indiz gegen die Annahme eines beitragspflichtigen Beschäftigungsverhältnisses. 36

---

[36] BAG 8. 1. 1970 AP 14 zu § 528 ZPO; 20. 7. 1993 AP 4 zu § 1 BetrAVG Unverfallbarkeit = NZA 94, 121; 9. 2. 1995 NZA 96, 249 = NJW 96, 1299; BFH 17. 2. 1955 AP 1 zu § 611 BGB Arbeitsverhältnis zwischen Eltern und Kindern = NJW 55, 1615; 6. 10. 1961 AP 5 a. a. O. = NJW 62, 79; 12. 4. 1979 AP 3 zu § 161 HGB = DB 79, 1919; 14. 10. 1981 NJW 82, 791 = BB 82, 291; BVerfG 7. 11. 1995 AP 5 zu § 611 BGB Ehegatten-Arbeitsverhältnis = NZA 96, 470; BSG 5. 4. 1956 AP 2 zu § 611 BGB Arbeitsverhältnis zwischen Eltern und Kindern = BSGE 17, 6; 29. 3. 1962 AP 4 a. a. O. = BSGE 17, 1; 21. 4. = NJW 57, 155; 29. 3. 1962 AP 3 zu § 611 BGB Arbeitsverhältnis zwischen Eltern und Kindern. 1993 AP 67 zu § 611 BGB Abhängigkeit = NJW 94, 341; 23. 6. 1994 AP 4 zu § 611 BGB Ehegatten-Arbeitsverhältnis = NZS 95, 31; BGH 15. 3. 1989 AP 40 zu § 612 BGB = NJW-RR 89, 706; OLG Frankfurt 11. 1. 1996 NZA-RR 96, 229; LAG Rheinl.-Pfalz 28. 1. 2002 DB 2002, 2050; MünchKommBGB/*v. Sachsen Gessaphe* § 1619 RN 35f. m. w. N.

[37] Vgl. für die Mitarbeit eines Kindes BGH 6. 11. 1990 NJW 91, 1226.

[38] S. § 131 RN 25; BAG 9. 2. 1995 NZA 96, 249 = NJW 96, 1299; ArbG Berlin 20. 3. 1990 BB 90, 1845 (LS); LAG Köln 28. 11. 2002 LAGE § 1 KSchG Personenbedingte Kündigung Nr. 18 = NZA-RR 2003, 416; sehr weitgehend LAG Köln 26. 1. 1994 LAGE § 1 KSchG Personenbedingte Kündigung Nr. 11.

[39] LAG Köln 27. 1. 1999 NZA-RR 99, 572.

[40] BFH 22. 3. 1988 NJW 88, 3232 (LS); 10. 8. 1988 NJW 89, 1631 = BB 89, 540 (für eine Darlehensgewährung); 25. 7. 1991 DB 91, 2264 = BB 91, 2287; abw. zu eheähnlichen Lebensgemeinschaften BFH 14. 4. 88 NJW 88, 2135 = DB 88, 1788; 27. 10. 1989 NJW 90, 734; zu Kindern BFH 25. 1. 1989 NJW 89, 2152; 9. 12. 1993 NJW 94, 3374; vgl. auch Arbeits- und sozialrechtliche Hinweise DB 90, 2603.

[41] BFG Gr. Sen. 27. 11. 89 NJW 90, 853.

[42] BVerfG 7. 11. 1995 AP 5 zu § 611 BGB Ehegatten-Arbeitsverhältnis = NZA 96, 470; 19. 12. 1995 NJW 96, 834.

[43] BSG 7. 2. 2002 NJW 2002, 1972 = NZS 2002, 645.

[44] Die Grundsätze der Spitzenorganisationen der Sozialversicherung zur Beurteilung der Beschäftigung von Angehörigen, BB 2000, 2103.

[45] BSG 5. 4. 1956 AP 2 zu § 611 BGB Arbeitsverhältnis zwischen Eltern und Kindern = NJW 57, 155; 21. 4. 1993 AP 67 zu § 611 BGB Abhängigkeit = NJW 94, 341; vgl. auch arbeits- und sozialrechtliche Hinweise DB 90, 2603.

37 **4. Eheähnliches Verhältnis.** Das Bestehen eines eheähnlichen Verhältnisses schließt nicht unbedingt einen Arbeitsvertrag aus. Vielmehr ist nach den Umständen des Einzelfalles zu entscheiden.[46]

38 **5. Gleichgeschlechtliche Lebenspartnerschaft.**[47] Zwei Personen gleichen Geschlechts, die gegenüber dem Standesbeamten persönlich und bei gleicher Anwesenheit erklären, miteinander eine Partnerschaft auf Lebenszeit führen zu wollen (Lebenspartnerinnen oder Lebenspartner), begründen eine Lebenspartnerschaft. Durch das Gesetz zur Beendigung der Diskriminierung gleichgeschlechtlicher Gemeinschaften vom 16. 2. 2001 (BGBl. I S. 266), das in Art. 1 das Gesetz über die Eingetragene Lebenspartnerschaft (Lebenspartnerschaftsgesetz – LPartG, zul. geänd. 21. 12. 2007 (BGBl. I S. 3189)) enthält und weitere Gesetze ändert, wurden familienrechtliche Rechte und Pflichten geschaffen. Es ist aber denkbar, dass daneben auch arbeitsrechtliche Rechtsbeziehungen bestehen. Bei einer gleichgeschlechtlichen Lebenspartnerschaft kann ein tariflicher Ortszuschlag wie bei Eheleuten zu zahlen sein.[48]

VIII. Sonstige Verträge

39 **1. Maklervertrag. a)** Der Maklervertrag (§§ 652ff. BGB) ist **dem Werkvertrag verwandt.** Bei ihm kann eine Vergütung nur verlangt werden, wenn ein gewisser Erfolg eingetreten ist. Der Makler ist nicht zur Entfaltung einer Tätigkeit verpflichtet, es sei denn es liegt ein Maklerdienstvertrag (Makleralleinvertrag) vor.[49]

40 **b)** Auf den **Eheanbahnungsdienstvertrag** finden die Vorschriften des Maklerrechts entsprechende Anwendung.[50] Allgemeine Geschäftsbedingungen eines Partnerschaftsvermittlers, welche die mit Kunden geschlossenen Verträge als Werkverträge hinstellen und die gesamte Vergütung noch vor Bekanntgabe der Adressen Partnerschaftswilliger fällig werden lässt, sind unwirksam. Derartige Verträge sind keine Dienstverträge, sondern kommen einem Maklervertrag gleich.[51] Auch auf einen **Partnerschaftsvermittlungs- oder -anbahnungsvertrag** ist § 656 BGB entsprechend anzuwenden.[52] Das dem Vertragspartner zustehende Kündigungsrecht (§ 627 BGB) kann hier nicht in allgemeinen Geschäftsbedingungen und Formularverträgen ausgeschlossen werden.[53]

41 **2. Miet- und Pachtvertrag.** Durch Miet- und Pachtvertrag wird der Vermieter/Verpächter verpflichtet, dem Mieter/Pächter den Gebrauch von **Sachen** zu gewähren. Dienst- und Arbeitsvertrag beziehen sich dagegen auf die menschliche Arbeitsleistung. Abgrenzungsschwierigkeiten erwachsen dann, wenn dem Dienstberechtigten bemannte Maschinen zur Verfügung zu stellen sind. Ein Dienst- oder Arbeitsvertrag ist dann anzunehmen, wenn der Dienstleistungspflichtige zur Erfüllung seiner Leistung die Maschinen bemannt zu stellen hat und den Weisungen des Dienstberechtigten unterliegt.[54] Dagegen ist eine Sachmiete neben einem Dienstverschaffungsvertrag gegeben, wenn das Schwergewicht des Vertrages auf der Maschinenüberlassung liegt (Maschinenüberlassungsvertrag).[55]

42 **3. Schiedsgutachtervertrag.** Der Vertrag des Schiedsgutachters mit den Parteien steht dem Dienstvertrag näher. Er unterscheidet sich von ihm dadurch, dass der Schiedsrichter über den Parteien steht. Diese haften ihm als Gesamtschuldner auf die Vergütung. Er ist beiden Parteien zur ordnungsmäßigen Erfüllung seiner Amtspflichten verpflichtet.

43 **4. Öffentliche Bedienstete.** Beamte, Richter und Soldaten werden auf Grund eines öffentlich-rechtlich begründeten und gestalteten Dienstverhältnisses tätig. Ein **nichtiges Beamtenverhältnis** kann nicht ohne weiteres in ein Arbeitsverhältnis umgedeutet werden.[56] Nach den

---

[46] BAG 24. 9. 1960 AP 15 zu § 612 BGB; 25. 1. 1963 AP 2 zu § 146 KO; BSG 21. 4. 1993 AP 67 zu § 611 BGB Abhängigkeit = NJW 94, 341; LAG Düsseldorf BB 62, 716.

[47] BR-Drucks. 738/00 und BR-Drucks. 739/00. Vgl. *Powietzka* BB 2002, 146; *Scheurig* ZTR 2001, 289.

[48] BAG 29. 4. 2004 AP 2 zu § 26 BAT = NZA 2005, 57.

[49] Vgl. BGH 9. 11. 1966 NJW 67, 198; 8. 4. 1987 NJW-RR 87, 944.

[50] BGH 25. 5. 1983 AP 2 zu § 656 BGB = NJW 83, 2817.

[51] OLG Hamburg 28. 8. 1985 AP 1 zu § 611 BGB Partnervermittlung = NJW 86, 325.

[52] BGH 11. 7. 1990 BGHZ 112, 122 = NJW 90, 2550; zu Anlaufkosten BGH 29. 5. 1991 EWiR AGBG § 10 Nr. 1/91.

[53] BGH 1. 2. 1989 AP 4 zu § 627 BGB = NJW 89, 1479.

[54] BAG 13. 8. 1980 AP 37 zu § 611 BGB Abhängigkeit = BAGE 34, 111.

[55] BAG 16. 6. 1982 AP 41 zu § 1 TVG Tarifverträge: Bau; 17. 2. 1993 AP 9 zu § 10 AÜG = NZA 93, 1125.

[56] BAG 8. 12. 1959 AP 18 zu § 2 ArbGG 1953 Zuständigkeitsprüfung = NJW 60, 358.

Beamtengesetzen des Bundes und der Länder erlischt im Allgemeinen mit der Ernennung zum Beamten ein mit demselben Dienstherrn bestehendes Arbeitsverhältnis.[57] Ein vor Ernennung zum Beamten bestehendes Arbeitsverhältnis lebt nach Rücknahme der Beamtenernennung nicht wieder auf.[58] Wird ein Beamter von seinem öffentlichen Dienstherrn unter Fortzahlung des Gehalts zur Dienstleistung bei einer privaten Einrichtung beurlaubt, kann je nach den Umständen des Einzelfalles neben dem Beamtenverhältnis ein Arbeitsverhältnis mit der privaten Einrichtung zu Stande kommen.[59] Für die Rechtsverhältnisse bei der Bahn- und Post AG gibt es Sondervorschriften. Neben dem Beamtenverhältnis gibt es noch andere öffentlich-rechtliche Dienstverhältnisse, für die die Arbeitsgerichte nicht zuständig sind.[60] Dies gilt vor allem für den Hochschulbereich. Privatdozenten, Verwalter von Professorenstellen und Lehrbeauftragte stehen im Allgemeinen in einem öffentlich-rechtlichen Beschäftigungsverhältnis.[61] Das Rechtsverhältnis zu den internationalen Organisationen ist häufig beamtenähnlich ausgestaltet.[62]

5. Beschäftigungsgesellschaften.[63] Die Beschäftigten der Beschäftigungsgesellschaften stehen im Allgemeinen in einem Arbeitsverhältnis. **44**

6. Virtuelles Büro.[64] Ein virtuelles Unternehmen ist dann gegeben, wenn räumlich flexibel verteilte Standorte bestehen, zeitliche Instabilität bzw. dynamische Zusammensetzung der Kooperationspartner und rechtliche und teilweise wirtschaftliche Selbstständigkeit der Kooperationspartner gegeben sind, diese aber einheitlich am Markt auftreten. Die Unternehmenstypen sind wissenschaftlich kaum erforscht. Ebenso wenig ist erforscht, welchen Rechtsstatus die Mitarbeiter haben. Je nach Vertragsausgestaltung werden es Dienstnehmer oder Arbeitnehmer sein. Insoweit gelten die allgemeinen arbeitsrechtlichen Grundsätze. **45**

7. Call-Center.[65] Das Call-Center ist eine neue Form der Dienstleistung. Es kommen drei Vertragsbeziehungen in Betracht: **(1)** Die Durchführung der Telefonkontakte für den Auftraggeber. Hierfür wird ein Dienstvertrag zwischen dem Auftraggeber und dem Call-Center geschlossen. **(2)** Die Übernahme von Serviceleistungen. Es ist ein Vertrag zwischen dem Kunden und dem Call-Center notwendig. Das können Kaufverträge, Dienstverträge sein, aber auch Reiseverträge, Werkverträge oder Maklerverträge. Dies hängt von den Leistungen ab. **(3)** Schließlich bestehen Rechtsbeziehungen zu den Arbeitnehmern des Call-Centers. Für die Arbeitsverträge bestehen keine arbeitsrechtlichen Besonderheiten. **46**

8. Prostituierte.[66] Durch das Gesetz zur Regelung der Rechtsverhältnisse der Prostituierten vom 20. 12. 2001 (BGBl. I S. 3983) sollen diese in die Sozialversicherung einbezogen und ihre zivilrechtliche Stellung gegenüber der bisherigen Rspr. verbessert werden. Sie erhalten gegen ihre Kunden einklagbare Vergütungsansprüche. Möglich ist auch das Bestehen eines Arbeitsverhältnisses mit einem Bordellbetreiber, das die Zahlung eines Festentgeltes vorsieht. Die Bestimmung des § 138 BGB steht der Wirksamkeit des Vertrages nicht entgegen. Der Entgeltanspruch setzt gem. § 1 Satz 2 ProstG lediglich voraus, dass die Prostituierte sich für eine bestimmte Zeitdauer bereithält. Nach § 3 ProstG schließt ein eingeschränktes Weisungsrecht (insbes. bei der Auswahl der Kunden) im Rahmen einer abhängigen Tätigkeit die Annahme eines sozialversicherungsrechtlichen Arbeitsverhältnisses nicht aus. **47**

IX. Gemischte Verträge

Bauer/Baeck/Lösler, Schriftform- und Zuständigkeitsprobleme beim Aufstieg eines Angestellten zum Geschäftsführer einer GmbH, ZIP 2003, 1821; *Gaßner,* Rechtsanwendung beim doppeltypischen Vertrag am Beispiel der Werkdienstwohnung, AcP 186 (1986), 325.

---

[57] Vgl. BAG 27. 7. 1994 AP 72 zu § 611 BGB Abhängigkeit = NZA 95, 901.

[58] BAG 24. 4. 1997 AP 2 zu § 611 BGB Ruhen des Arbeitsverhältnisses = NZA 97, 1045.

[59] BAG 27. 6. 2001 AP 20 zu § 611 BGB Faktisches Arbeitsverhältnis = NZA 2002, 83.

[60] BAG 28. 6. 1989 AP 13 zu § 2 ArbGG 1979 = NZA 90, 325; LAG Bad.-Württemberg 23. 1. 1979 AP 15 zu § 611 BGB Lehrer, Dozenten.

[61] BAG 27. 6. 1984 AP 42 zu § 611 BGB Lehrer, Dozenten = BAGE 46, 218; 30. 11. 1984 AP 43 zu § 611 BGB Lehrer, Dozenten = BAGE 47, 275.

[62] *Lörcher* PersR 89, 34.

[63] *Filzeg* AiB 98, 661.

[64] Bundesministerium für Bildung und Forschung, Arbeitsgestaltung in virtuellen Unternehmen, http://www.dlr.de/PT/AT.

[65] Vgl. *Ewert* AuA 2000, 305; *Menzler/Trott* RDV 99, 257; *Middendorf/Wysocki* AuA 2000, 296; *Olbert,* Recht im Call-Center, 2001.

[66] Vgl. *Braun* AuA 2002, 457; *Laskowski* ArbuR 2002, 406; *Vahle* NZA 2002, 1977.

48 **1. Mehrere Vertragstypen.** Weist das Rechtsverhältnis der Parteien **Elemente verschiedener Vertragstypen** auf, z. B. Arbeitsvertrag, Darlehen, Miete, so ist im Allgemeinen die Beurteilung des konkreten Streits dem jeweils einschlägigen Vertragselement zu entnehmen, und zwar in unmittelbarer oder entsprechender Anwendung seiner Normen **(Kombinationsgrundsatz).** Eine Ausnahme gilt dann, wenn das ganze Rechtsverhältnis beendet werden soll. In diesen Fällen ist die Beurteilung aus solchen Vertragselementen zu entnehmen, die eine Auflösung des Gesamtvertrages sinnvoll ermöglichen und die darüber hinaus das wirtschaftliche Schwergewicht des Vertragswerkes bilden **(Absorptionsprinzip).**[67]

49 **2. Organstellung.** Übernimmt ein Angestellter zusätzlich die Aufgaben des Geschäftsführers einer in der Rechtsform der GmbH betriebenen Tochterfirma seines Arbeitgebers, dann liegt in der Regel ein einheitlicher gemischter Vertrag nicht vor, wenn sich die beiden Tätigkeitsbereiche funktional und sachlich voneinander trennen lassen. Hieraus folgt, dass die Verträge zum Arbeitgeber und zur Tochterfirma selbstständig gekündigt werden können.[68] Zu der Frage, ob das Arbeitsverhältnis wieder auflebt, wenn der frühere Angestellte als Geschäftsführer abberufen wird, s. § 15 RN 7.

§ 10. Arbeitnehmerähnliche Personen

Allgemein: *Bauschke,* Arbeitnehmerähnliche Personen, AR-Blattei SD 120; *Buchner,* Die arbeitnehmerähnliche Person, das unbekannte Wesen, ZUM 2001, 624; *Däubler,* Arbeitnehmerähnliche Personen im Arbeits- und Sozialrecht und im EG-Recht, ZIAS 2000, 326; *Hromadka,* Arbeitnehmer, Arbeitnehmergruppen und Arbeitnehmerähnliche im Entwurf eines Arbeitsvertragsgesetzes, NZA 2007, 838; *Nies,* Immer noch ein ungeliebtes Kind? Arbeitnehmerähnlichkeit und Gewerkschaften, ZUM 2001, 653; *v. Olenhusen,* Freie Mitarbeit in den Medien, 2002; *Neuvians,* Die arbeitnehmerähnliche Person, 2002; *Ory/Schmittmann,* Freie Mitarbeiter in den Medien, 2002; *Preis,* Die Definition des Arbeitnehmers und der arbeitnehmerähnlichen Person in einer Kodifikation des Arbeitsvertragsrechts, FS Hromadka 2008, 275; *Schubert,* Der Schutz der arbeitnehmerähnlichen Personen, 2004; *Seidel,* Der Medienmensch im Tarifvertrag, ZUM 2001, 660; *Tiefenbacher,* Arbeitnehmerähnliche Person, AR-Blattei SD 120; *Willemsen/Müntefering,* Begriff und Rechtsstellung arbeitnehmerähnlicher Personen: Versuch einer Präzisierung, NZA 2008, 193.

Formulare: ArbR-Formb. §§ 5, 13; *Streit,* Freie Mitarbeit, 2. Aufl., 2000.

Übersicht

	RN		RN
I. Begriff	1 ff.	II. Rechtsfolgen	5 ff.
1. Allgemeines	1	1. Allgemeines	5
2. Begriffsmerkmale	2	2. Arbeitsrechtliche Gesetze	6–8
3. Einzelfälle	3	3. Vertragsbeendigung/Kündigungsschutz	9
4. § 12 a TVG	4	4. Steuerrecht	10
		5. Sozialversicherungsrecht	11

I. Begriff

1 **1. Allgemeines.** Arbeitnehmerähnliche Personen sind Dienstleistende, die **mangels persönlicher Abhängigkeit** (§ 8 RN 26 ff.) keine Arbeitnehmer, aber wegen ihrer **wirtschaftlichen Abhängigkeit** keine Unternehmer sind. Sie werden regelmäßig persönlich ohne Mithilfe dritter Personen tätig, sind nicht in eine fremde Betriebsorganisation eingegliedert, vermögen ihre Leistung nicht am Markt, sondern nur gegenüber bestimmten Unternehmen zu erbringen.[1] Der Begriff des Arbeitnehmerähnlichen findet sich u. a. in § 2 BUrlG und § 5 I 2 ArbGG, wird dort aber nicht definiert sondern als bekannt vorausgesetzt. In § 12 a TVG werden als arbeitnehmerähnliche Personen solche Personen bezeichnet, die wirtschaftlich abhängig und vergleichbar einem Arbeitnehmer sozial schutzbedürftig sind. Auch diese Bestimmung geht vom

---

[67] BAG 6. 2. 1969 AP 1 zu § 611 BGB Gemischter Vertrag = NJW 69, 1192; 15. 8. 1975 AP 32 zu § 2 ArbGG 1953 Zuständigkeitsprüfung = NJW 76, 206.

[68] BAG 24. 8. 1972 AP 2 zu § 611 BGB Gemischter Vertrag; 13. 7. 1995 AP 23 zu § 5 ArbGG 1979 = NZA 95, 1070.

[1] Vgl. BAG 13. 9. 1956 AP 2 zu § 5 ArbGG; 23. 12. 1961 AP 2 zu § 717 ZPO; 8. 6. 1967 AP 6 zu § 611 BGB Abhängigkeit; 28. 6. 1973 AP 2 zu § 2 BUrlG; 16. 7. 1997 AP 37 zu § 5 ArbGG 1979 = NZA 97, 1126.

allgemeinen Begriff der arbeitnehmerähnlichen Person aus[2] und setzt die Unterscheidung vom Arbeitnehmer voraus.[3] Die weiteren Voraussetzungen, die § 12a TVG dann im Folgenden aufführt, beziehen sich nach der Gesetzessystematik nicht auf den allgemeinen Begriff der arbeitnehmerähnlichen Person, sondern allein auf die Anwendbarkeit des TVG, das nur für eine Sondergruppe der arbeitnehmerähnlichen Personen gelten soll.[4]

2. Begriffsmerkmale. Arbeitnehmerähnliche Personen unterscheiden sich von Arbeitnehmern durch den Grad der persönlichen Abhängigkeit, wobei vor allem die Eigenart der jeweiligen Tätigkeit zu berücksichtigen ist. Sie sind wegen einer fehlenden Eingliederung in eine betriebliche Organisation und im Wesentlichen freier Zeitbestimmung nicht persönlich abhängig. An die Stelle der persönlichen Abhängigkeit und Weisungsgebundenheit tritt das Merkmal der wirtschaftlichen Unselbstständigkeit.[5] Wirtschaftliche Abhängigkeit bedeutet, dass die Arbeits- oder Werkleistung für Rechnung von Auftraggebern erfolgt, die das Unternehmerrisiko tragen, aber andererseits die Dienstnehmer nach Höhe der Vergütung,[6] Art und Dauer der Tätigkeit[7] vom Dienstgeber abhängig sind. Ferner müssen sie ihrer gesamten sozialen Stellung nach einem Arbeitnehmer vergleichbar schutzbedürftig sein. Eine Person ist wie ein Arbeitnehmer sozial schutzbedürftig, wenn das Maß der Abhängigkeit nach der Verkehrsanschauung einen solchen Grad erreicht,[8] wie es im Allgemeinen nur in einem Arbeitsverhältnis vorkommt[9] und die geleisteten Dienste nach ihrer soziologischen Typik denen eines Arbeitnehmers vergleichbar sind.[10] Wann dies der Fall ist, kann unter Berücksichtigung der Verkehrsanschauung nur den gesamten Umständen des Einzelfalles entnommen werden.[11] Arbeitnehmerähnliche können dabei auch für mehrere Auftraggeber tätig sein, kennzeichnend ist aber, dass die Beschäftigung für einen Auftraggeber wesentlich ist und die hieraus fließende Vergütung die entscheidende Existenzgrundlage darstellt.[12] 2

3. Einzelfälle. Zu den arbeitnehmerähnlichen Personen gehören vor allem: Heimarbeiter, Hausgewerbetreibende und Zwischenmeister (§ 11), Handelsvertreter, hier vor allem die Einfirmenvertreter mit geringem Einkommen (§ 12) und freie Mitarbeiter. Weitere Beispielsfälle, in denen die Rspr. die Arbeitnehmerähnlichkeit angenommen hat: Aufwendungsentschädigungsarbeit (Ein-Euro-Jobs),[13] Callcenteragentin,[14] Dozent bei einem gewerblichen Weiterbildungsinstitut,[15] Dozent/Kursusleiter eines juristischen Repetitoriums,[16] Frachtführer, der nur für einen Auftraggeber tätig ist,[17] Franchisenehmer,[18] freie Mitarbeiter von Rundfunk- und Fernsehanstalten,[19] Geschäftsführer einer Betriebskrankenkasse,[20] Kommissionär,[21] Liquidator, der auf Grund eines Generalvertrages für wechselnde Treuhandgesellschaften tätig ist,[22] Motorrad-Rennfahrerin im Rahmen eines „Sportvertrages" für einen Motorradentwickler,[23] Rundfunkgebühren- 3

---

[2] *Löwisch/Rieble* § 12a TVG RN 5.
[3] BAG 15. 3. 1978 AP 26 zu § 611 BGB Abhängigkeit.
[4] BAG 17. 10. 1990 AP 9 zu § 5 ArbGG = NZA 91, 402.
[5] BAG 15. 4. 1993 AP 12 zu § 5 ArbGG 1979 = NZA 93, 789; 11. 4. 1997 AP 30 zu § 5 ArbGG 1979 = NZA 98, 499; 16. 7. 1997 AP 37 zu § 5 ArbGG 1979 = NZA 97, 1126.
[6] BGH 21. 10. 1998 NJW 99, 648 = NZA 99, 110; vgl. *Lund* BArbBl. 74, 682, 683; *Wlotzke* DB 74, 2252, 2257.
[7] BAG 8. 6. 1967 AP 6 zu § 611 BGB Abhängigkeit.
[8] BAG 13. 12. 1962 AP 3 zu § 611 BGB Abhängigkeit; 17. 12. 1968 AP 17 zu § 5 ArbGG 1953.
[9] BAG 2. 10. 1990 AP 1 zu § 12a TVG = NZA 91, 239.
[10] Vgl. BAG 23. 12. 1961 AP 2 zu § 717 ZPO; 17. 12. 1968 AP 17 zu § 5 ArbGG 1953.
[11] BAG 15. 4. 1993 AP 12 zu § 5 ArbGG 1979 = NZA 93, 789; 11. 4. 1997 AP 30 zu § 5 ArbGG 1979 = NZA 98, 499; 16. 7. 1997 AP 37 zu § 5 ArbGG 1979 = NZA 97, 1126.
[12] BAG 28. 6. 1973 AP 2 zu § 2 BUrlG; 17. 10. 1990 AP 9 zu § 5 ArbGG 1979 = NZA 91, 402.
[13] ArbG Berlin 25. 8. 2005 DB 2005, 2357; s. hierzu aber auch § 8 RN 19.
[14] LAG Berlin 6. 5. 2003 LAGE § 2 ArbGG 1979 Nr. 42.
[15] BAG 11. 4. 1997 AP 30 zu § 5 ArbGG 1979 = NZA 98, 499; LAG Hessen 11. 7. 1996 ZTR 96, 518 (LS).
[16] LAG Hamm 22. 8. 1989 AP 7 zu § 5 ArbGG 1979; LAG Berlin 18. 5. 1998 NZA 98, 943.
[17] LAG Köln 29. 5. 2006 BB 2006, 2312.
[18] BAG 16. 7. 1997 AP 37 zu § 5 ArbGG 1979 = NZA 97, 1126; BGH 4. 11. 1998 NZA 99, 53 = NJW 99, 218.
[19] BAG 17. 10. 1990 AP 9 zu § 5 ArbGG 1979 = NZA 91, 402.
[20] BAG 25. 7. 1996 AP 28 zu § 5 ArbGG 1979 = NZA 97, 62.
[21] BAG 8. 9. 1997 AP 38 zu § 5 ArbGG 1979 = NZA 97, 1302.
[22] BAG 19. 12. 1997 AP 40 zu § 5 ArbGG 1979 = NZA 98, 668.
[23] BAG 17. 6. 1999 AP 39 zu § 17a GVG = NZA 99, 1175.

beauftragter mit geringem Einkommen,[24] Theaterintendant.[25] Im Allgemeinen sind keine arbeitnehmerähnlichen Personen selbstständige Architekten, Rechtsanwälte usw. oder solche Personen, die für mehrere Auftraggeber arbeiten dürfen, es sei denn, dass ihre Arbeitskraft praktisch in vollem Umfang von einem in Anspruch genommen wird. Das gilt bei einem Rechtsanwalt vor allem dann, wenn er im Rahmen eines Sozietätsvertrages tätig wird, der berufsrechtlichen Anforderungen genügt.[26] Ein bei einem anderen Rechtsanwalt angestellter Anwalt kann aber Arbeitnehmer sein (s. § 8 RN 53). Keine arbeitnehmerähnliche Person sind ferner eine Rote-Kreuz-Schwester[27] sowie ein Künstler im Rahmen von einmaligen, kurzfristigen Dienstleistungen.[28]

4 **4. § 12a TVG.** Eine Sonderregelung für eine besondere Zielgruppe enthält § 12a TVG. Zweck der Norm ist die Regelung der Rechtsverhältnisse der freien Mitarbeiter bei den **Rundfunk- und Fernsehanstalten.**[29] Diese Beschäftigten fallen dann zugleich unter die Zuständigkeitsregel des § 5 I 2 ArbGG.[30] Um der sozialen Schutzbedürftigkeit dieser Beschäftigtengruppe Rechnung zu tragen, bestimmt das Gesetz, dass für sie Tarifverträge abgeschlossen werden können, sofern bestimmte zusätzliche Voraussetzungen (s. § 12a I und II TVG) vorliegen. Die Tarifvertragsparteien sind dabei nach Ansicht des BAG befugt, den Geltungsbereich von Tarifverträgen für arbeitnehmerähnliche Personen selbst zu bestimmen und den unbestimmten Rechtsbegriff im Sinne von § 12a TVG auszufüllen, solange sie sich am Leitbild des § 12a TVG orientieren.[31] **Handelsvertreter** im Sinne von § 84 HGB sind von der Regelung des § 12a TVG gem. Abs. 4 ausdrücklich ausgenommen. In der Lit. ist umstr., ob diese Ausnahme verfassungsgemäß ist[32] oder gegen Art. 3 I GG verstößt.[33]

II. Rechtsfolgen

5 **1. Allgemeines.** Die anwendbaren Rechtsvorschriften richten sich nach dem jeweils zugrunde liegenden Vertragstyp, z. B. Dienstvertrag (§§ 611 ff. BGB, insbes. §§ 615, 616 BG), Werkvertrag (§§ 631 ff. BGB), Werklieferungsvertrag (§ 651 BGB). Für Arbeitnehmerähnliche gilt u. a. auch das AGB-Recht (§§ 305 ff. BGB),[34] nicht aber die Bestimmung des § 310 IV 2 BGB.[35]

6 **2. Arbeitsrechtliche Gesetze.** Arbeitsrechtliche Bestimmungen, die das Vorliegen eines Arbeitsverhältnisses voraussetzen, sind für arbeitnehmerähnliche Personen grundsätzlich nicht anwendbar.[36] Einzelne Arbeitsrechtsnormen gelten aber auf Grund ausdrücklicher Regelung auch für arbeitnehmerähnliche Personen oder für bestimmte Gruppen von ihnen. Nach § 5 ArbGG sind für ihre Rechtsstreitigkeiten die Arbeitsgerichte zuständig (ArbV-Hdb. § 10).[37] Arbeitnehmerähnliche Personen erlangen einen Urlaubsanspruch nach § 2 BUrlG (s. § 102 RN 174 ff.). Anwendbar ist das am 1. 7. 2008 in Kraft getretene PflegeZG (s. § 7 I Nr. 3 PflegeZG).[38] Für Handels- und Versicherungsvertreter, die entweder auf Grund vertraglicher Vereinbarung oder wegen des Umfangs ihrer Inanspruchnahme nur für einen Unternehmer tätig werden können (§ 92a I HGB), kann durch RechtsVO die untere Grenze der vom Dienstgeber zu gewährenden Leistungen festgesetzt werden. Ihre Vergütungsforderung kann im Insolvenz-

---

[24] BAG 30. 8. 2000 AP 75 zu § 2 ArbGG 1979 = NZA 2000, 1359; anders bei hohem Einkommen BAG 2. 10. 1990 AP 1 zu § 12a TVG = NZA 91, 239.

[25] BAG 17. 12. 1968 AP 17 zu § 5 ArbGG 1953; anders bei einem nebenberuflichen Intendanten: BAG 16. 8. 1977 AP 23 zu § 611 BGB Abhängigkeit.

[26] BAG 15. 4. 1993 AP 12 zu § 5 ArbGG 1979 = NZA 93, 789; vgl. dagegen für einen „Scheinsozius" LAG Hessen 1. 6. 1995 NZA-RR 96, 64.

[27] BAG 6. 7. 1995 AP 22 zu § 5 ArbGG 1979 = NZA 96, 33.

[28] BAG 6. 12. 1974 AP 14 zu § 611 BGB Abhängigkeit.

[29] BAG 17. 10. 1990 AP 9 zu § 5 ArbGG = NZA 91, 402; *Wiedemann/Wank* § 12a TVG RN 23.

[30] BAG 17. 10. 1990 AP 9 zu § 5 ArbGG = NZA 91, 402.

[31] BAG 15. 2. 2005 AP 6 zu § 12a TVG = NZA 2006, 223; anders noch BAG 2. 10. 1990 AP 1 zu § 12a TVG = NZA 91, 239.

[32] So *Löwisch/Rieble* § 12a TVG RN 3; ErfK/*Franzen* § 12a TVG RN 2.

[33] So *Wiedemann, Wank* § 12a TVG RN 53.

[34] Offen gelassen für das alte Recht im AGBG BGH 18. 2. 1982 AP 1 zu § 23 AGBG; bejahend ErfK/*Preis* § 611 BGB RN 113.

[35] ErfK/*Preis* §§ 305–310 BGB RN 10.

[36] ErfK/*Preis* § 611 BGB RN 136; MünchArbR/*Richardi* § 28 RN 1.

[37] BAG 17. 10. 1990 AP 9 zu § 5 ArbGG 1979; 5. 9. 1997 AP 38 zu § 5 ArbGG 1979 = NZA 97, 1302.

[38] S. hierzu *Freihube/Sasse* DB 2008, 1320; *Preis/Nehring* NZA 2008, 729.

verfahren Masseforderung sein (§ 55 InsO). Weitere arbeitsrechtliche Normen, die Arbeitnehmerähnliche erfassen sind § 2 II Nr. 3 ArbSchG, § 6 I Nr. 3 des am 18. 8. 2006 in Kraft getretenen AGG (bis dahin galt § 1 II Nr. 1 BeschSchG), sowie § 138 SGB IX. Nicht anwendbar ist das EFZG. Sofern ein Dienstvertrag vorliegt, gilt bei einer Arbeitsverhinderung § 616 BGB.

Die besondere Schutzbedürftigkeit der arbeitnehmerähnlichen Personen kann es rechtferti- 7
gen, einzelne arbeitsrechtliche Vorschriften entsprechend anzuwenden.[39] Arbeitnehmerähnlichen gegenüber besteht eine Fürsorgepflicht. Ferner wird ihnen ein Zeugnisanspruch (bei Vorliegen eines Dienstvertrages folgt das schon aus § 630 BGB) zuzubilligen sein. Nicht anwendbar sind die Grundsätze der privilegierten Arbeitnehmerhaftung (s. § 53 RN 32ff.).[40] Dagegen spricht u.a., dass auch die nunmehr eingeführte Haftungsnorm des § 619a BGB, die allerdings die Arbeitnehmerhaftung nur partiell regelt, lediglich Arbeitnehmer erfasst. Die vertraglichen Nebenpflichten des freien Mitarbeiters sind geringer ausgestaltet. Ihm obliegen keine Treuepflichten außerhalb seines Aufgabenbereiches. So braucht er z.B. Verstöße Dritter gegen ein vertragliches Wettbewerbsverbot dann nicht anzuzeigen, wenn sich der Pflichtverstoß des Dritten außerhalb des Aufgabenbereiches des freien Mitarbeiters vollzieht.[41] Keine Anwendung findet § 613a BGB.[42] Zur Geltung des BetrVG s. § 212 RN 8, zur Geltung des BetrAVG s. § 83 RN 14.

Gesetzliche Regelungen für eine besondere Gruppe der arbeitnehmerähnlichen Personen sind im HAG enthalten (vgl. §§ 11, 163). Die in Heimarbeit Beschäftigten sowie im Allgemeinen die ihnen Gleichgestellten haben Anspruch auf wirtschaftliche Sicherung im Krankheitsfall sowie auf Feiertagsbezahlung (§§ 10, 11 EFZG). Für Heimarbeiter gelten gem. § 5 I 2 BetrVG die Bestimmungen des BetrVG (s. § 212 RN 6b). Heimarbeiter und ihnen Gleichgestellte können Anspruch auf Gewährung von Insolvenzgeld haben (§§ 183ff. SGB III, s. § 94 RN 3).

3. Vertragsbeendigung/Kündigungsschutz. Das KSchG ist nicht, auch nicht entspre- 9
chend anwendbar.[43] Das Gleiche gilt für den Sonderkündigungsschutz nach den §§ 9 MuSchG, 85ff. SGB IX, 2 ArbPlSchG.[44] Es gilt aber der Sonderkündigungsschutz nach § 5 PflegeZG (s. § 7 I Nr. 3 PflegeZG).[45] Nicht anzuwenden sind die Befristungsregelungen des TzBfG. Ein Sachgrund für eine Befristung ist daher nicht erforderlich,[46] und zwar auch nicht für Heimarbeiter.[47] Kündigungsschutz kann aber durch Tarifvertrag geschaffen sein. Ob der aus Art. 12 GG abzuleitende Mindestkündigungsschutz[48] besteht, ist bisher nicht entschieden.[49] Die Frage ist zu bejahen, weil Arbeitnehmerähnliche auf Grund ihrer wirtschaftlichen Abhängigkeit in gleicher Weise eines Willkürschutzes bedürfen wie z.B. Arbeitnehmer in Kleinbetrieben. Es gelten die Kündigungsfristen gem. § 621 BGB, nicht dagegen die verlängerten Kündigungsfristen des § 622 BGB[50] oder die Fristen nach § 29 III und IV HAG.[51] Bei befristeten Verträgen gilt nach der Rspr. des BAG eine zweiwöchige Ankündigungsfrist.[52] Für Heimarbeiter und Gleichgestellte gilt die Kündigungsschutzbestimmung des § 29 HAG.

4. Steuerrecht.[53] Arbeitnehmerähnliche Personen sind grundsätzlich nicht lohnsteuer- 10
(§ 1 I LStDVO), sondern **einkommensteuerpflichtig** (§§ 1, 2, 18, 19, 38 EStG). Im Steuerrecht ist die wirtschaftliche Abhängigkeit kein Merkmal des Arbeitnehmerbegriffs.

---

[39] ErfK/*Preis* § 611 BGB RN 113; KR/*Rost* Arbeitnehmerähnliche Personen RN 32ff.; abw. *Neuvians* S. 171.

[40] BGH 7. 10. 1969 AP 51 zu § 611 BGB Haftung des Arbeitnehmers = NJW 70, 34; LAG Berlin 29. 10. 1990 LAGE § 611 BGB Arbeitnehmerhaftung Nr. 15; 11. 4. 2003 AR-Blattei ES 160.10.2 (1979) Nr. 70; ErfK/*Preis* § 619a BGB RN 19; a.A. *Hromadka* NZA 97, 569 (578/579).

[41] Vgl. BGH 23. 2. 1989 AP 9 zu § 611 BGB Treuepflicht.

[42] BAG 3. 7. 1980 AP 23 zu § 613a BGB (für Heimarbeiter).

[43] ErfK/*Oetker* § 1 KSchG RN 27.

[44] § 163 RN 48.

[45] Kritisch hierzu *Freihube/Sasse* DB 2008, 1320 (1322); *Preis/Nehring* NZA 2008, 730.

[46] APS/*Steffan/Backhaus* § 620 BGB RN 2.

[47] APS/*Steffan/Backhaus* § 620 BGB RN 2.

[48] BVerfG 27. 1. 1998 BVerfGE 97, 169 = AP 17 zu § 23 KSchG 1969 = NZA 99, 470 (für Kleinbetriebe); s. hierzu § 129 RN 4ff.

[49] So *Appel/Frantzioch* ArbuR 98, 93 (97); w.N. bei APS/*Preis* Grundlagen C. RN 72.

[50] BAG 8. 5. 2007 AP 15 zu § 611 BGB Arbeitnehmerähnlichkeit = BB 2007, 2298; ErfK/*Müller-Glöge* § 622 BGB RN 6; a.A. LAG Köln 29. 5. 2006 BB 2006, 2312.

[51] BAG 8. 5. 2007 AP 15 zu 3 611 BGB Arbeitnehmerähnlichkeit = BB 2007, 2298.

[52] BAG 8. 6. 1967 AP 6 zu § 611 BGB Abhängigkeit; 7. 1. 1971 AP 8 zu § 611 BGB Abhängigkeit.

[53] *Olbing* ZIP 99, 226.

11 **5. Sozialversicherungsrecht.**[54] Die Versicherungspflicht in der **gesetzlichen Krankenversicherung** hängt ab (§ 5 I Nr. 1 SGB V) **(1)** von der Zugehörigkeit zum Kreis der Angestellten, Arbeiter oder zur Berufsausbildung Beschäftigten, **(2)** dem Bestehen eines Beschäftigungsverhältnisses und **(3)** der Beschäftigung gegen Entgelt. Beschäftigung ist die nicht selbstständige Arbeit, insbesondere in einem Arbeitsverhältnis. Als Beschäftigung gilt auch der Erwerb beruflicher Kenntnisse (§ 7 II SGB IV). Nach der Rspr. des BSG setzt ein Arbeitsverhältnis voraus, dass der Arbeitnehmer vom Arbeitgeber persönlich abhängig ist.[55] Das Arbeitsentgelt ist in § 14 (i. V. m. § 7 I 1) SGB IV definiert. Hieraus folgt, dass freie Mitarbeiter grundsätzlich nicht in der Krankenversicherung versicherungspflichtig sind. Es werden aber strenge Anforderungen zur Abgrenzung von Arbeitnehmern gestellt (§ 8 III 1 SGB IV). Dasselbe gilt für die **gesetzliche Rentenversicherung** (§ 1 SGB VI). Besonderheiten können für Heimarbeiter, Hausgewerbetreibende[56] und Künstler bestehen. Heimarbeiter gelten nach § 12 II SGB IV als Beschäftigte. In der **gesetzlichen Unfallversicherung** versichert sind Beschäftigte, die nicht Arbeitnehmer sind, aber wie ein nach § 2 I Nr. 1 SGB VII Versicherter tätig werden. Hierzu gehört, dass es sich um eine ernstliche, einem fremden Unternehmen dienende, dem Willen des Unternehmers entsprechende Tätigkeit handelt, die ungeachtet des Beweggrundes des Tätigwerdens ihrer Art nach sonst von einer Person verrichtet werden könnte, welche in einem abhängigen Beschäftigungsverhältnis steht.[57] Für diese Personen gilt dann auch der Haftungsausschluss gem. §§ 104, 105 SGB VII.

§ 11. Heimarbeiter, Hausgewerbetreibende und Zwischenmeister

Brecht, Heimarbeitsgesetz, Kommentar 1977; *Fenski,* Außerbetriebliche Arbeitsverhältnisse – Heim- und Telearbeit, 2. Aufl., 2000; *Mehrle,* Heimarbeit I; AR-Blattei SD 910; *Otten,* Heimarbeit – ein Dauerrechtsverhältnis eigener Art, NZA 95, 289; *ders.* Heim- und Telearbeit, 1996; *Schmidt/Koberski/Tiemann/Wascher,* Heimarbeitsgesetz, 4. Aufl., 1998.

I. Begriffe

1 **1. Gesetzliche Begriffsbestimmung.** Heimarbeiter, Hausgewerbetreibende und Zwischenmeister stehen soziologisch zwischen den Arbeitnehmern und Unternehmern. Für die Abgrenzung von Heimarbeitern und Hausgewerbetreibenden sind für den Bereich des Arbeitsrechts die Definition von § 2 HAG und des Sozialversicherungsrechts die des § 12 SGB IV maßgebend.

2 Zu den arbeitsrechtlichen Definitionen: **Heimarbeiter** ist, wer in selbstgewählter Arbeitsstätte allein oder mit seinen Familienangehörigen im Auftrag von Gewerbetreibenden oder Zwischenmeistern erwerbsmäßig arbeitet, jedoch die Verwertung der Arbeitsergebnisse dem unmittelbar oder – bei Einschaltung von Zwischenmeistern – mittelbar auftraggebenden Gewerbetreibenden überlässt (§ 2 I 1 HAG). Für die rechtliche Einordnung kommt es nicht etwa auf die von den Vertragsparteien gewählte Bezeichnung oder gewünschte Rechtsfolge an. Entscheidend ist allein der Geschäftsinhalt.[1] Die **selbstgewählte Arbeitsstätte** kann eine eigene oder angemietete Wohnung oder Betriebsstätte sein; jedenfalls muss der Arbeitende über sie selbst verfügen können. **Erwerbsmäßig** arbeitet im Sinne des HAG, wer eine auf gewisse Dauer angelegte und auf die Bestreitung des Lebensunterhalts gerichtete Tätigkeit ausübt. Nicht erforderlich ist, dass mit den Einkünften der Lebensunterhalt bestritten werden könnte.[2] Unerheblich ist die Höhe des Entgelts; auch eine geringfügig oder unregelmäßig ausgeübte Tätigkeit kann Heimarbeit sein.[3] Es kommt auch nicht auf das Merkmal eine mehr manuellen oder mechanischen Arbeit an.[4] Der Eigenschaft als Heimarbeiter steht es gem. § 2 I 2 HAG nicht entgegen, wenn sich der Beschäftigte die erforderlichen Roh- und Hilfsstoffe selbst beschafft. Ande-

---

[54] *Kunz/Kunz* DB 99, 583; *Kunz* BuW 99, 235.

[55] BSG 1. 12. 1977 AP 27 zu § 611 BGB Abhängigkeit; vgl. (differenzierend nach persönlicher Abhängigkeit) KassKomm/*Seewald* § 7 SGB IV RN 106, 107.

[56] *Schmidt/Koberski/Tiemann/Wascher* Anh. § 19 HAG RN 211 ff.

[57] BSG 17. 3. 1992 NZA 92, 862 m. w. N.

[1] BAG 3. 4. 1990 AP 11 zu § 2 HAG = NZA 91, 267.

[2] BAG 12. 7. 1988 AP 10 zu § 2 HAG = NZA 89, 141.

[3] BSG 18. 12. 1969 BB 70, 1399.

[4] So schon zu der Formulierung „gewerblich arbeitet" in der bis zum 31. 10. 1974 geltenden Fassung des § 2 HAG: BAG 10. 7. 1963 AP 3 zu § 2 HAG; BSG 22. 10. 1971 AP 7 zu § 2 HAG.

rerseits gehört nicht jede Auftragsproduktion zur Heimarbeit. Ob Zulieferertätigkeit für eine oder mehrere Großunternehmen Heimarbeits- oder hausgewerbliche Tätigkeit ist, hängt von den Umständen des Einzelfalles, dem Grad der Abhängigkeit und der Verkehrsanschauung ab.

Hausgewerbetreibender ist gem. § 2 II HAG, wer in eigener Arbeitsstätte (eigener Woh- 3
nung oder Betriebsstätte) mit nicht mehr als zwei fremden Hilfskräften (gem. § 2 VI HAG) oder Heimarbeitern im Auftrag von Gewerbetreibenden oder Zwischenmeistern Waren herstellt, bearbeitet oder verpackt, wobei er selbst wesentlich am Stück mitarbeitet, jedoch die Verwertung der Arbeitsergebnisse dem unmittelbar oder mittelbar auftraggebenden Gewerbetreibenden überlässt. Für eine Mitarbeit am Stück reicht die bloße Wahrnehmung kaufmännischer oder unternehmerischer Aufgaben nicht aus. Angestelltentätigkeiten werden von § 2 II HAG nicht erfasst.[5] Dass überhaupt Hilfskräfte beschäftigt werden, ist keine Tatbestandsvoraussetzung für den Begriff des Hausgewerbetreibenden.[6] Ohne Bedeutung ist die Zahl der mithelfenden Familienangehörigen im Sinne von § 2 V HAG. Der Eigenschaft als Hausgewerbetreibender steht es nach § 2 II 2 HAG nicht entgegen, wenn er die Roh- und Hilfsstoffe selbst beschafft oder vorübergehend unmittelbar für den Absatzmarkt arbeitet. Arbeitet er vorübergehend für den Absatzmarkt, so wird dadurch seine Eigenschaft als Hausgewerbetreibender nicht berührt. Im Anschluss an die Rspr. des BFH wird eine Arbeit für den Absatzmarkt bis zu 10% der Arbeitszeit nicht als schädlich angesehen.[7] Der Unterschied zum Heimarbeiter besteht darin, dass der Hausgewerbetreibende Kleinunternehmer ist. Hausgewerbetreibender kann daher auch sein, wer seinen Betrieb beim Gewerbeamt angemeldet hat oder im Handelregister eingetragener Kaufmann ist.[8] Bei der Qualifizierung des Hausgewerbetreibenden ist auf den aus den Gesamtumständen zu gewinnenden sozialen und wirtschaftlichen Status abzustellen.[9]

Zwischenmeister ist, wer ohne Arbeitnehmer zu sein, die ihm vom Gewerbetreibenden 4
übertragene Arbeit an Heimarbeiter oder Hausgewerbetreibende weitergibt (§ 2 III HAG). Er ist der Mittler zwischen dem auftraggebenden Gewerbetreibenden und dem in Heimarbeit Beschäftigten.

Gleichgestellte. Nach § 1 II 1 lit. a–d HAG können heimarbeiterähnliche Personen, Haus- 5
gewerbetreibende, Lohngewerbetreibende sowie Zwischenmeister den Heimarbeitern gleichgestellt werden (s. § 163 RN 3ff.), wenn dies wegen ihrer Schutzwürdigkeit gerechtfertigt erscheint. Maßgeblich hierfür ist das Ausmaß der wirtschaftliche Abhängigkeit, das insbesondere (aber nicht ausschließlich) nach den in § 1 II 3 HAG genannten Kriterien zu bewerten ist.

2. Außenarbeitnehmer. Von den Heimarbeitern, Hausgewerbetreibenden und Zwischen- 6
meistern sind die sog. Außenarbeitnehmer zu unterscheiden. Bei ihnen handelt es sich um Personen, die aus betrieblichen und persönlichen Gründen in eigener Wohnung oder Werkstatt arbeiten, aber gleichwohl persönlich und sachlich der Aufsicht des Arbeitgebers unterliegen. Ihnen werden z.B. die Arbeitszeit, die Reihenfolge der Arbeit, deren Durchführung usw. vorgeschrieben. Als Außenarbeitnehmer werden zumeist solche Personen beschäftigt, denen aus räumlichen Gründen ein Arbeitsplatz im Betrieb nicht zur Verfügung gestellt werden kann oder denen mit Rücksicht auf ihre körperlichen Behinderungen oder familiären Bindungen (Anwaltsgehilfin, die zu Hause schreibt)[10] gestattet ist, zu Hause zu arbeiten. Außenarbeitnehmer sind echte Arbeitnehmer. Das Gleiche gilt für Telearbeiter (s. § 8 RN 45, § 164). Sie unterliegen in vollem Umfang dem Arbeitsrecht.

II. Rechtsbeziehungen der Heimarbeiter

1. Status. Heimarbeiter, Hausgewerbetreibende und Zwischenmeister sind trotz ihrer oft er- 7
heblichen wirtschaftlichen Abhängigkeit **keine Arbeitnehmer,** da sie nicht persönlich abhängig sind.[11] Sie unterliegen nicht dem Direktionsrecht des Arbeitgebers. Sie können Dauer und Lage der Arbeitszeit nach eigenem Ermessen einrichten, die Reihenfolge der Arbeit bestimmen und evtl. Gehilfen hinzuziehen. Ihre Verträge mit den Unternehmern sind Dauerschuldverhältnisse und können Dienst- (§ 611 BGB) oder Werkverträge (§ 631 BGB), aber auch Kauf- (§ 433 BGB) und Werklieferungsverträge (§ 651 BGB) sein.

---

[5] *Schmidt/Koberski/Tiemann/Wascher* § 2 HAG RN 35; a. A. *Kunz/Wedde* § 10 EFZG RN 25.
[6] BAG 27. 10. 1972 AP 8 zu § 2 HAG.
[7] BFH 4. 10. 1962 BFHE 76, 185 = BStBl. III 1963, S. 66.
[8] BAG 15. 12. 1960 AP 2 zu § 2 HAG.
[9] BAG 27. 10. 1972 AP 8 zu § 2 HAG.
[10] Vgl. BSG 22. 10. 1971 AP 7 zu § 2 HAG.
[11] BAG 10. 7. 1963 AP 3 zu § 2 HAG.

8 **2. Anzuwendende arbeitsrechtliche Vorschriften.** Arbeitsrecht findet auf Heimarbeiter und Gleichgestellte grundsätzlich keine Anwendung. Das HAG enthält Vorschriften über den Arbeitsschutz, allgemeinen Gefahrenschutz, Entgelt- und Kündigungsschutz (s. hierzu § 163). In einzelnen Bestimmungen des Arbeitsrechts sind Heimarbeiter den Arbeitnehmern **gleichgestellt.** Insoweit ist insbesondere auf folgende Vorschriften zu verweisen:

(a) § 5 I 2 ArbGG: Zuständigkeit der Arbeitsgerichte
(b) § 5 I 2 BetrVG: BetrVG ist für Heimarbeiter anwendbar, soweit sie in der Hauptsache für den Betrieb arbeiten (s. § 212 RN 6b)
(c) § 11 EFZG: Feiertagslohnzahlung nach Maßgabe des § 11 I–V EFZG
(d) § 10 EFZG: Zuschlag zum Entgelt im Krankheitsfalle
(e) §§ 1 Nr. 2, 7 IV, 8 V, 9 I 2, IV, 18 II, 24 MuSchG
(f) § 20 II BEEG: Elternzeit
(g) § 127 SGB IX: Anwendung des SGB IX für schwerbehinderte Menschen
(h) § 12 BUrlG: Urlaubsentgelt (s. § 102 RN 176f.)
(i) § 7 ArbPlSchG: Anwendbarkeit der Schutzvorschriften in den §§ 1 bis 4 ArbPlSchG bei Einberufung zum Wehrdienst
(j) § 1 II 2 5. VermBG: Vermögensbildung, Heimarbeiter gelten als Arbeitnehmer im Sinne des 5. VermBG
(k) § 1 II Nr. 2 BeschSchG, ab 18. 8. 2006 § 3 IV AGG: Schutz vor sexueller Belästigung am Arbeitsplatz.

9 Damit hat der Gesetzgeber geregelt, inwieweit er Heimarbeiter den Arbeitnehmern gleichstellen wollte.[12] Sofern die arbeitsrechtlichen Schutzgesetze im übrigen Heimarbeiter nicht als Normadressaten aufführen, sind sie für diese auch nicht anzuwenden.[13] Im Verhältnis der Heimarbeiter untereinander ist der Gleichbehandlungsgrundsatz anwendbar,[14] im allgemeinen aber nicht im Verhältnis zu Arbeitnehmern.[15] Die Regelungen in § 613a BGB über den Betriebsübergang gelten weder unmittelbar[16] noch analog.[17] Eine Anwendung von § 615 BGB scheidet schon auf Grund der Sonderregelung in § 29 V und VI HAG aus.[18] Zum Kündigungsschutz s. § 163 RN 38ff.

III. Sozialrechtliche Behandlung

10 Der sozialversicherungsrechtliche Begriff von Hausgewerbetreibenden, Heimarbeitern und Zwischenmeistern ist in § 12 SGB IV enthalten; er ist mit dem arbeitsrechtlichen nicht identisch.

11 **Hausgewerbetreibende** sind selbstständig Tätige, die in eigener Arbeitsstätte im Auftrag und für Rechnung von Gewerbetreibenden, gemeinnützigen Unternehmen oder öffentlich-rechtlichen Körperschaften gewerblich arbeiten, auch wenn sie Roh- und Hilfsstoffe selbst beschaffen oder vorübergehend für eigene Rechnung tätig sind (§ 12 I SGB IV). Sie sind selbstständig, weil sie nicht in den Produktionsablauf des Auftraggebers einbezogen sind. Zu Hausgewerbetreibenden werden Selbstständige nur, wenn sie vom Auftraggeber wirtschaftlich abhängig sind.[19] Die Zahl der von ihnen Beschäftigten ist zur Beurteilung der wirtschaftlichen Abhängigkeit nur begrenzt brauchbar, da dieses Tatbestandsmerkmal aus § 2 II HAG nicht übernommen worden ist. Allerdings ist offen gelassen, ob ein Schneidermeister mit zehn Gehilfen Hausgewerbetreibender sein kann.[20] Erforderlich ist eine eigene Arbeitsstätte; Eigentum daran ist nicht notwendig. Erhebliche Kapitalinvestitionen zur Einrichtung der Betriebsstätte verhindern die wirtschaftliche Abhängigkeit. Unschädlich ist eine Investition von 7000 Euro für eine Drehbank und Arbeitswerkzeuge.[21] Es besteht Abhängigkeit, wenn der Verdienst demjenigen eines Arbeit-

---

[12] BAG 3. 7. 1980 AP 23 zu § 613 BGB; 24. 3. 1998 AP 178 zu § 613a BGB = NZA 98, 1001.
[13] Anders noch (inzwischen aber durch die unter RN 8 genannten Regelungen überholt) BAG 20. 4. 1956 AP 6 zu § 611 BGB Urlaubsrecht.
[14] *Schmidt/Koberski/Tiemann/Wascher* Anh. § 19 HAG RN 23ff.
[15] BAG 19. 6. 1957 AP 12 zu § 242 BGB Gleichbehandlung; vgl. auch BAG 13. 9. 1983 AP 1 zu § 29 HAG = NZA 84, 42 sowie BAG 24. 6. 1986 AP 2 zu § 29 HAG = NZA 87, 275.
[16] BAG 3. 7. 1980 AP 23 zu § 613 BGB.
[17] BAG 24. 3. 1998 AP 178 zu § 613a BGB = NZA 98, 1001.
[18] BAG 13. 9. 1983 AP 1 zu § 29 HAG = NZA 84, 42.
[19] Vgl. zur Vorgängerregelung des § 162 RVO BSG 26. 10. 1962 AP 1 zu § 162 RVO = BSGE 18, 70 = BB 63, 1097.
[20] BSG 28. 8. 1968 SozR Nr. 1 zu § 729 RVO.
[21] BSG 13. 5. 1980 – 12 RK 32/79.

nehmers vergleichbar ist. Notwendig ist gewerbliche Arbeit, also die Herstellung, Be- oder Verarbeitung von Waren. Hausgewerbetreibende sind in der Unfallversicherung (§ 2 I Nr. 6 SGB VII) und Rentenversicherung (§ 2 Satz 1 Nr. 6 SGB VI) pflichtversichert, nicht dagegen in der Krankenversicherung (§ 5 SGB V, anders noch § 166 I Nr. 1 RVO).

Heimarbeiter sind sonstige Personen, die in eigener Arbeitsstätte im Auftrag und für Rechnung der oben zu RN 11 genannten Personen erwerbsmäßig arbeiten, auch wenn sie Roh- oder Hilfsstoffe selbst beschaffen; sie gelten als Beschäftigte. In die sozialversicherungsrechtliche Definition sind privatrechtliche Gewerbebetriebe und öffentlich-rechtliche Körperschaften aufgenommen. Es fehlt die Verweisung auf mitarbeitende Familienangehörige. Hierdurch war jedoch keine Änderung beabsichtigt. Heimarbeiter unterscheiden sich von den Hausgewerbetreibenden insoweit, als sie nach außen nicht als Unternehmer auftreten. Arbeiten sie vorübergehend für eigene Rechnung, werden sie zu Hausgewerbetreibenden. Dasselbe gilt, wenn sie fremde Hilfskräfte einstellen. Im Unterschied zu Hausgewerbetreibenden brauchen sie nicht gewerblich, sondern lediglich erwerbsmäßig zu arbeiten. Sie können also auch typische Angestelltentätigkeiten verrichten (Büroheimarbeiter). Nach § 12 V SGB IV gelten auch die nach § 1 II lit. a, c, d HAG Gleichgestellten als Heimarbeiter. Da Heimarbeiter als Beschäftigte gelten, sind sie in allen Zweigen der Sozialversicherung versicherungspflichtig. Sie unterliegen der Versicherungspflicht in der gesetzlichen Krankenversicherung (§ 5 I Nr. 1 SGB V),[22] der gesetzlichen Rentenversicherung (§ 1 Satz 1 Nr. 1 SGB VI), dem Versicherungsschutz in der Unfallversicherung (§ 2 I Nr. 6 SGB VII) und der gesetzlichen Arbeitslosenversicherung (§ 13 SGB III). 12

Zwischenmeister sind selbstständig Tätige, die ihnen übertragene Arbeit an Hausgewerbetreibende oder Heimarbeiter weitergeben (§ 12 IV SGB IV). Regelmäßig erhalten sie Rohstoffe und Halbfertigwaren von Auftraggebern und lassen diese durch Heimarbeiter und Hausgewerbetreibende bearbeiten. Zwischenmeister sind nur in der Unfallversicherung versicherungspflichtig (§ 2 I Nr. 6 SGB VII). Sie können aber gleichzeitig Heimarbeiter oder Hausgewerbetreibende sein, was § 27 III Nr. 2 SGB III voraussetzt. 13

Die nach § 1 II lit. a, c–d HAG **Gleichgestellten** gelten als Hausgewerbetreibende, Heimarbeiter oder Zwischenmeister (§ 12 V 1 SGB IV). Das gilt allerdings gem. § 12 V 2 SGB IV nicht für den Bereich des SGB III. 14

Als **Arbeitgeber** der Hausgewerbetreibenden oder Heimarbeiter gilt, wer die Arbeit unmittelbar an sie vergibt, als **Auftraggeber** der, in dessen Auftrag und für dessen Rechnung sie arbeiten (§ 12 III SGB IV). Im allgemeinen sind Arbeitgeber und Auftraggeber identisch. Dies ist dann nicht der Fall, wenn ein Zwischenmeister eingeschaltet ist; dieser ist Arbeitgeber, aber nicht Auftraggeber. Der Arbeitgeber hat die Melde- und Abführungspflichten des Gesamtsozialversicherungsbeitrages zu erfüllen (§ 28a VI; § 28m II bis IV SGB IV). Erfüllt der Arbeitgeber seine sozialversicherungsrechtlichen Verpflichtungen nicht, kann der Versicherungspflichtige die Beiträge selbst zahlen. Er erlangt alsdann einen Erstattungsanspruch. 15

IV. Steuerrechtliche Behandlung

Arbeits- und sozialversicherungsrechtlicher Begriff des Arbeitnehmers stimmen nicht mit dem steuerrechtlichen überein. Die Rspr. und die Finanzverwaltung stellen jedoch im Rahmen von § 11 III GewStG für die Anwendung der ermäßigten Steuermesszahl bei Hausgewerbetreibenden auf die Definitionen des HAG ab.[23] Hausgewerbetreibende und Zwischenmeister unterliegen der Einkommensteuer. Der Heimarbeiter ist lohnsteuerpflichtig. Heimarbeiter erhalten neben der sonstigen Entlohnung vielfach Heimarbeiterzuschläge, die zur Abgeltung der durch die Heimarbeit bedingten Mehraufwendungen bestimmt sind (Heizung, Beleuchtung von Arbeitsräumen). Die Zuschläge sind im Lohnkonto getrennt vom übrigen Arbeitslohn auszuweisen. Sie gehören nicht zum steuerpflichtigen Arbeitslohn, soweit sie den Betrag von 10% des jeweils gezahlten Stück- oder Werklohnes oder des auf den einzelnen Lohnzahlungszeitraum entfallenden Arbeitslohnes nicht übersteigen (Abschn. 46 LStR). 16

---

[22] BSG 10. 9. 1987 NZA 88, 629.
[23] BFH 26. 6. 1987 BFHE 150, 361 = DB 87, 2619 = BStBl. 1987 II 719.

§ 12. Handelsvertreter

Vgl. die Kommentare zum HGB; *Budde,* Auswirkungen des Allgemeinen Gleichbehandlungsgesetzes auf Vertriebspartner, BB 2007, 731; *Emde,* Zum arbeitnehmerähnlichen Handelsvertreter, EwiR 2005, 505; *Emde/Kelm,* Der Handelsvertretervertrag in der Insolvenz des Unternehmers, ZIP 2005, 58; *Hopt,* Handelsvertreterrecht, 2003; *Oberthür/Martin,* Der Handelsvertreter im Arbeits- und Sozialversicherungsrecht, NZA 2001, 126; *Sellhorst,* Die Umsetzung der Handelsvertreterrichtlinie, EWS 2001, 48.

I. Begriff

1 **1. Handelsvertreter** ist, wer als selbstständiger Gewerbetreibender ständig damit betraut ist, für einen anderen Unternehmer Geschäfte zu vermitteln oder in dessen Namen abzuschließen (§ 84 I 1 HGB). Er unterscheidet sich vom kaufmännischen Angestellten durch seine **Selbstständigkeit** (§ 84 II HGB). Nach § 84 I 2 HGB ist selbstständig, wer im Wesentlichen frei seine Tätigkeit gestalten und seine Arbeitszeit bestimmen kann. Wegen der Einzelheiten s. § 8 RN 26ff., 40. Dabei kommt es nicht allein auf die vertragliche Vereinbarung, sondern auch auf die tatsächliche Ausgestaltung des Vertrages an (vgl. § 8 RN 36). Handelsvertreter sind Kaufleute, es sei denn, dass das Unternehmen nach Art und Umfang einen in kaufmännischer Weise eingerichteten Geschäftsbetrieb nicht erfordert (§ 1 HGB).

2 **2. Einfirmenvertreter** sind Handelsvertreter, die vertraglich nicht für mehrere Unternehmen tätig sein dürfen oder denen dies nach Art und Umfang der von ihnen verlangten Tätigkeit nicht möglich ist (§ 92a I HGB). Die Abgrenzung gilt entsprechend für Versicherungsvertreter (§ 92a II HGB).

3 **3. Scheinselbstständigkeit.** Haben Parteien einen Handelsvertretervertrag geschlossen, so kann sich gleichwohl ergeben, dass der zur Dienstleistung Verpflichtete nicht als selbstständiger Handelsvertreter, sondern als unselbstständiger Angestellter tätig geworden ist und dass Streitigkeiten aus dem Vertragsverhältnis in die Zuständigkeit der Arbeitsgerichte fallen. Die Abgrenzung richtet sich nach dem Grad der persönlichen Abhängigkeit (§ 8 RN 26ff., 40). Ob echte oder nur Scheinselbstständigkeit vorliegt, ist in der Gesamtwürdigung von Vertrag und tatsächlicher Handhabung zu ermitteln. Immer dann, wenn die mit der Rechtsstellung eines Handelsvertreters verbundenen Vorteile zu weit eingeschränkt werden, wird dieser zum Arbeitnehmer. Das gilt insbesondere dann, wenn ihm nur die Übernahme des wirtschaftlichen Risikos der Tätigkeit verbleibt.[1]

II. Anwendung des Arbeitsrechts

4 **1. Dienstverhältnis.** Das zwischen dem Handelsvertreter und dem Auftraggeber bestehende **Rechtsverhältnis** ist ein auf Geschäftsbesorgung gerichteter unabhängiger Dienstvertrag, auf den §§ 84ff. HGB,[2] hilfsweise §§ 611ff. BGB sowie § 675 BGB i.V.m. §§ 663, 665, 670, 672–674 BGB anwendbar sind. Ein Zeugnisanspruch gem. § 630 BGB besteht, sofern der Handelsvertreter Arbeitnehmerähnlicher bzw. Einfirmenvertreter ist.[3] Der sozialen Absicherung dient eine Verlängerung der Kündigungsfristen nach § 89 HGB, die teilweise über die des § 622 BGB hinausgehen. Ferner findet § 626 II BGB auf die fristlose Kündigung des Vertrages nach § 89a HGB keine Anwendung.[4] Bei Beendigung des Arbeitsverhältnisses erlangt der Handelsvertreter einen Ausgleichsanspruch nach § 89b HGB. Auf den Handelsvertreter findet grundsätzlich **Arbeitsrecht keine Anwendung.** Nach § 12a IV TVG findet das Tarifvertragsrecht für Handelsvertreter keine Anwendung, und zwar auch dann nicht, wenn sie als arbeitnehmerähnliche Personen anzusehen sind. In der Lit. ist umstr., ob diese Ausnahme verfassungsgemäß ist oder gegen Art. 3 I GG verstößt.[5]

5 **2. Einfirmenvertreter.** Wegen der wirtschaftlichen Abhängigkeit gelten **einige Vorschriften des formellen Arbeitsrechts** auch für den Einfirmenvertreter: **(a)** Nach § 92a HGB

---

[1] OLG Düsseldorf 5. 12. 1997 NZA-RR 98, 145.

[2] Die am 1. 1. 1990 in Kraft getretenen Änderungen des Handelsvertreterrechts gehen zurück auf die EG-Richtlinie zur Koordinierung des Handelsvertreterrechts vom 18. 12. 1986 (ABl. EG 31. 12. 1986 Nr. L 382/17).

[3] ErfK/*Müller-Glöge* § 630 BGB RN 2; MünchKommBGB/*Henssler* § 630 BGB RN 9; Erman/*Belling* § 630 BGB RN 3; abl. für Einfirmenvertreter OLG Celle 23. 5. 1967 BB 67, 775; s. auch § 10 RN 6.

[4] S. d. Nachweise bei § 10 RN 4.

[5] BGH 3. 7. 1986 AP 23 zu § 626 BGB = NJW 87, 57.

können Mindestleistungen des Unternehmers durch RechtsVO festgesetzt werden. Eine entspr. RechtsVO ist bislang nicht erlassen. **(b)** Nach § 5 III ArbGG gelten Einfirmenvertreter als Arbeitnehmer im Sinne des ArbGG, wenn sie während der letzten sechs Monate des Vertragsverhältnisses durchschnittlich nicht mehr als 1000 Euro an Vergütung bezogen haben. Dabei sind die letzten 6 Monate auch dann maßgebend, wenn der Handelsvertreter in diesen Monaten nicht gearbeitet und nichts verdient hat. Nach dem Wortlaut des Gesetzes ist nämlich allein auf den rechtlichen Bestand des Vertragsverhältnisses abzustellen.[6] Die Vergütungsgrenze kann durch Rechtsverordnung erhöht werden (bislang unverändert). Bei der Berechnung der Vergütung ist von den tatsächlich erzielten Bezügen auszugehen;[7] dabei haben bloße Provisionsvorschüsse außer Betracht zu bleiben.[8] Für Rechtsstreitigkeiten der Einfirmenvertreter mit dem Unternehmer sind die Arbeitsgerichte ausschließlich zuständig. **(c)** Für die unter (b) genannten Einfirmenvertreter gilt ein Vorrecht im Insolvenzverfahren wie bei Arbeitnehmern (§§ 55ff. InsO). **(d)** Der Einfirmenvertreter hat einen Zeugnisanspruch (s. RN 4). **(e)** Dem Unternehmer obliegen gewisse Fürsorgepflichten.

3. Urlaub. Handelsvertreter haben Anspruch auf Urlaub nach dem BUrlG, wenn sie zu dem Kreis der **arbeitnehmerähnlichen Personen** im Sinne von § 2 BUrlG gehören (s. § 102 RN 174ff.). Ob dies der Fall ist, entscheidet sich nach der allgemeinen Begriffsbestimmung (s. insoweit § 10). Regelmäßig sind nur Einfirmenvertreter wirtschaftlich abhängig, da die anderen bei dem Wegfall eines Unternehmens für ein anderes tätig werden können, es sei denn, dass gerade das Unternehmen wegfällt, auf dem der wesentliche Verdienst und die Lebensgrundlage des Handelsvertreters beruhen. Zum Ausgleich saisonaler Verdienstschwankungen ist auf den Durchschnittsverdienst des letzten Jahres zurückzugehen, da auch der Urlaub jahresbezogen ist. 6

III. Steuer und Sozialversicherung

Handelsvertreter sind nicht lohnsteuerpflichtig, weil sie keine Arbeitnehmer im Sinne der LStDVO sind. Sie haben Einkommensteuer zu zahlen. Sie unterliegen nicht der Sozialversicherung (§§ 2, 7 SGB IV). 7

§ 13. Berufliche Gliederung der Arbeitnehmer

I. Überblick

1. Gliederung. Der beruflichen Gliederung kommt im Arbeitsrecht **kaum noch praktische Bedeutung zu.** Man unterscheidet im Wesentlichen: 1

(1) Die **gewerblichen Arbeitnehmer:** **(a)** gewerbliche Arbeiter (Gesellen, Gehilfen, Fabrikarbeiter); die Unterscheidung zwischen Handwerk und Industrie spielt arbeitsrechtlich kaum eine Rolle, wenn von der Ausbildung abgesehen wird,[1] **(b)** die gewerblichen Angestellten, **(c)** die gewerblichen Auszubildenden, unter denen wiederum die Handwerkslehrlinge eine besondere Stellung einnehmen, **(d)** die Praktikanten.

(2) Die in einem **Handelsgewerbe beschäftigten Arbeitnehmer:** **(a)** die kaufmännischen Angestellten: **(aa)** Handlungsgehilfen, **(bb)** Auszubildende, **(cc)** Handlungsvolontäre, **(b)** die gewerblichen Arbeitnehmer, **(c)** die Schiffsbesatzungen auf **(aa)** Seeschiffen, **(bb)** Binnenschiffen, **(cc)** Flößen.

(3) Die im **Bergbau beschäftigten Arbeitnehmer:** **(a)** Bergarbeiter, **(b)** technische Bergbauangestellte (z.B. Steiger, Grubeninspektoren usw.), **(c)** kaufmännische Bergbauangestellte (z.B. Buchhalter, Verkäufer, Einkäufer usw.).

(4) **Land- und forstwirtschaftliche Arbeitnehmer:** **(a)** Landwirtschaftliche Arbeiter, **(b)** landwirtschaftliche Angestellte (z.B. Inspektoren, Güterverwalter, Privatförster usw.), **(c)** landwirtschaftliche Auszubildende und Volontäre.

---

[6] BAG 15. 2. 2005 AP 60 zu § 5 ArbGG 1979 = NZA 2005, 487; *Düwell/Lipke/Krasshöfer* § 5 ArbGG RN 8; a. A. GK ArbGG/*Wenzel* § 5 ArbGG RN 161.

[7] LAG Baden-Württemberg 27. 12. 1965 DB 66, 908 (LS); LAG Hessen 12. 4. 1995 NZA 95, 1071; vgl. auch OLG Stuttgart BB 66, 1396; ErfK/*Koch* § 5 ArbGG RN 12.

[8] BAG 9. 12. 1963 AP 27 zu § 2 ArbGG 1953 = NJW 64, 497; ErfK/*Koch* § 5 ArbGG RN 12.

[1] *Czybulka,* Zur Abgrenzung von Handwerk und Industrie, NVwZ 90, 137; *Gaul,* Die Abgrenzung des Handwerksbetriebs vom Industriebetrieb, DB 88, 651; *Leisner,* Der Verfassungsschutz des Handwerks und die Abgrenzung Handwerk – Industrie, GewA 97, 393.

(5) Hausangestellte: (a) Hausangestellte, die mit einfacheren Diensten beschäftigt werden, vor allem die Hausgehilfinnen, **(b)** Hausangestellte, die mit höheren Diensten beschäftigt werden (z.B. Privatsekretäre, Hauslehrer, Hausdamen, Kindergärtnerinnen [Erzieherinnen] usw.).

(6) die **sonstigen Arbeitnehmer.**

2 **2. Entwicklungstendenz.** Die Gliederung hat keine größere Bedeutung mehr, weil gesetzliche Sonderregeln aufgehoben sind oder werden. Gleichwohl ist sie noch nicht völlig überholt, weil z.B. noch Sonderregeln nach §§ 8 III, 14 II, 17 II JArbSchG und §§ 8 III, IV MuSchG, § 617 BGB sowie dem SeemG bestehen.

II. Gewerbliche Arbeitnehmer

Die wichtigste Literatur: *Fuhr/Stahlhacke,* Kommentar zur Gewerbeordnung, Loseblattausgabe Stand 2000; *Landmann/Rohmer/Neumann,* Kommentar zur Gewerbeordnung, Loseblattausgabe, Stand 2004; *Tettinger/Wank,* Gewerbeordnung, 6. Aufl., 1999.

3 **1. Begriff.** Gewerbliche Arbeitnehmer sind diejenigen, die in einem der Gewerbeordnung unterstehenden Betriebe für die Zwecke des Gewerbebetriebes Arbeit leisten. Gewerbebetrieb im Sinne der GewO ist jede fortgesetzte, erlaubte, private, auf Dauer angelegte und auf die Erzielung von Gewinn gerichtete Tätigkeit.[2] Welche Betriebe im Einzelnen der Gewerbeordnung unterliegen, entscheidet sich nach dem Gewerberecht, das zum besonderen Teil des Verwaltungsrechts zählt.[3]

4 Nicht der Gewerbeordnung unterliegen:

(a) Die **Urproduktion.**[4] Hierzu gehören die Land- und Forstwirtschaft einschließlich ihrer Hilfs- und Nebenbetriebe. Ein **Nebenbetrieb** der Land- und Forstwirtschaft ist gegeben, wenn er zwar eine selbstständige und voll ausgebildete arbeitstechnische Betriebsorganisation besitzt, der mit ihr verfolgte Zweck aber in einer Hilfeleistung für den Hauptbetrieb besteht.[5] Dies kann z.B. der Fall sein bei Brauereien, Müllereien, Ziegeleien, Brennereien, Sand- und Kiesgewinnung usw. Zur Urproduktion zählen ferner Fischereien, Viehzucht[6] und Gartenbau;[7] der **Gartenbau** jedoch nur dann, wenn er nicht in Form der Handelsgärtnereien, das sind Gartenbaubetriebe, die ausschließlich oder überwiegend mit gärtnerischen Erzeugnissen Handel treiben, oder der Landschaftsgärtnereien betrieben wird. Letztere befassen sich im Wesentlichen mit der Anlage und Pflege von Gärten, Parks und Friedhöfen.

(b) Der **Bergbau.**

(c) Die **privaten und öffentlichen Eisenbahnunternehmen.**

(d) Die **freien Berufe.** Der Begriff der freien Berufe wird gesetzlich verwandt in § 2 I BRAO, § 1 BÄO, § 1 WPO, § 2 I PatAnwO. Für sie ist nach der Rspr. des BVerfG kennzeichnend der persönliche Einsatz bei der Berufsausübung, der Charakter des jeweiligen Berufes, wie er sich in der allgemeinen rechtlichen und berufsrechtlichen Ausgestaltung und in der Verkehrsanschauung darstellt, die Stellung und Bedeutung der Berufe im Sozialgefüge sowie die Qualität und Länge der beruflichen Bildung.[8] Dagegen definiert das BVerwG[9] die freien Berufe als die Ausübung freier wissenschaftlicher, künstlerischer und schriftstellerischer Tätigkeit höherer Art sowie persönliche Dienstleistungen höherer Art, die eine höhere berufliche Bildung erfordern. Bei der wissenschaftlichen Tätigkeit steht die Anwendung erarbeiteter wissenschaftlicher Methoden im Vordergrund. Bei der künstlerischen Betätigung wird eine Dreiteilung vorgenommen in freie Kunst, Kunstgewerbe und Kunsthandwerk. Zu den Künstlern gehören mithin Sänger, Schauspieler, Regisseure (alle auch beim Film) sowie Orchestermitglieder bei Theatern und Orchestern. Dagegen gelten die sog. Artisten und Mu-

---

[2] Vgl. BVerwG 24. 6. 1976 NJW 77, 772; BVerwG 1. 7. 1987 BVerwGE 78, 6 = NVwZ 88, 56; BVerwG 26. 1. 1993 NVwZ 93, 775; § 1 Gewerbesteuer DVO.

[3] Vgl. *Schaub/Reiserer,* Ich mache mich selbstständig, 6. Aufl., 2008.

[4] *Honig* GewA 96, 314.

[5] BAG 5. 3. 1958 AP 8 zu § 4 TVG Geltungsbereich; vgl. auch BAG 1. 2. 1963 AP 5 zu § 3 BetrVG 1952.

[6] BAG 3. 10. 1979 AP 1 zu § 1 TVG Tarifverträge: Land- und Forstwirtschaft.

[7] RAG 34, 14; 36, 153; 37, 9.

[8] BVerfG 13. 2. 1964 BVerfGE 17, 232 = NJW 64, 1067; 25. 10. 1977 BVerfGE 46, 224 (241 f) = NJW 78, 365.

[9] BVerwG 26. 1. 1993 NVwZ 93, 775.

siker in Kapellen usw. als gewerbliche Arbeitnehmer.[10] Zu den persönlichen Dienstleistungen höherer Art gehören solche, die eine wissenschaftliche Ausbildung voraussetzen.

2. Rechtsfolgen. Für die gewerblichen Arbeitnehmer **galten Vorschriften der Gewerbeordnung** (§§ 105ff. GewO a.F.), die für die in Handwerksbetrieben Beschäftigten durch die Handwerksordnung ergänzt wurden (§§ 21 bis 51 HwO). Die Vorschriften der Gewerbeordnung sind aufgehoben. Die Vorschriften der §§ 105ff. GewO n.F. gelten für alle Arbeitnehmer. 5

III. Kaufmännische Arbeitnehmer

1. Handlungsgehilfen sind Personen, die in einem Handelsgewerbe zur Leistung kaufmännischer Dienste angestellt sind (§ 59 HGB). Der Arbeitgeber muss **Kaufmann** im Sinne der §§ 1ff. HGB sein. Das ist der Istkaufmann, der ein Handelsgewerbe betreibt. Handelsgewerbe ist jeder Gewerbebetrieb, es sei denn, dass das Unternehmen nach Art und Umfang einen in kaufmännischer Weise eingerichteten Geschäftsbetrieb nicht erfordert (§ 1 HGB). Ein gewerbliches Unternehmen, dessen Geschäftsbetrieb nach Art oder Umfang einen in kaufmännischer Weise eingerichteten Geschäftsbetrieb nicht erfordert, gilt als Handelsgewerbe, wenn es in das Handelsregister eingetragen ist (Kannkaufmann; § 2 HGB). Der Geschäftsinhaber kann Eintragung und Löschung herbeiführen. Formkaufmann sind schließlich die in § 6 HGB genannten Handelsgesellschaften und Vereine. **Kaufmännische Dienste** sind solche, die nach der Verkehrsanschauung als kaufmännisch angesehen werden und nicht mechanischer oder technischer Natur sind. Die Abgrenzung zwischen kaufmännischer und nichtkaufmännischer Tätigkeit kann im Einzelfall schwierig sein.[11] Sie entspricht häufig derjenigen von Arbeitern und Angestellten. Bei Mischtätigkeit ist auf das Schwergewicht der Tätigkeit abzustellen. 6

2. Rechtsfolgen. Die kaufmännischen Arbeitnehmer gehören zu den gewerblichen Arbeitnehmern. Für die **Handlungsgehilfen** gelten die §§ 59ff. HGB. 7

IV. Schiffsbesatzungen usw.

Bemm/Lindemann, Seemannsgesetz und Tarifverträge für die deutsche Seeschifffahrt, 5. Aufl., 2003; *Schaps/Abraham,* Das Seerecht in der Bundesrepublik Deutschland, 4. Aufl., 1978; *Schwedes/Franz,* Seemannsgesetz, 2. Aufl., 1984.

Für die Schiffsbesatzungen, zu denen Kapitäne, Schiffsoffiziere, Schiffsmannschaften, Schiffsjungen usw. gehören, gelten auf **Seeschiffen** das Seemannsgesetz vom 26. 7. 1957 (BGBl. II S. 713 m. spät. Änd.), auf **Binnenschiffen** das Binnenschifffahrtsgesetz vom 20. 5. 1898 (RGBl. S. 370, 868 m. spät. Änd.) und das Gesetz über die Schifferdienstbücher vom 12. 2. 1951 (BGBl. II S. 3 m. spät. Änd.) einschließlich VO über das Verfahren vor den Seemannsämtern, das Seefahrtbuch, die Musterrolle und die Musterung (Seemannsamtsverordnung) vom 21. 10. 1981 m. spät. Änd. sowie im Ausbildungsbereich die VO über Befähigungszeugnisse in der Binnenschifffahrt (Binnenschifferpatentverordnung – BinSchPatentV) i. d. F. vom 15. 12. 1997 (BGBl. I S. 3066) und im **Flößereiwesen** das Flößereigesetz vom 15. 6. 1895 (RGBl. S. 341). Für die Rheinschifffahrt gilt das Abkommen über die Arbeitsbedingungen der Rheinschiffer vom 21. 5. 1954, in Kraft ab 8. 5. 1957 (BGBl. II S. 216, 217). 8

V. Bergbau

Schrifttum vgl. § 186; *Boldt/Natzel,* Das Recht des Bergmanns, 3. Aufl., 1960; *Boldt/Weller/Nölscher,* Bundesberggesetz, 1984, Ergänzungsband 1992.

1. Für die im Bergbau beschäftigten Personen galten **landesrechtliche Berggesetze,** die vielfach dem preußischen ABG nachgebildet waren. Sie sind außer Kraft getreten. Die letzten arbeitsrechtlichen Vorschriften wurden durch das BBergG aufgehoben. Im BBergG sind Vorschriften des Arbeitsschutzes und der Betriebssicherheit enthalten. 9

---

[10] Vgl. RAG 11, 174; 20, 308.

[11] Vgl. § 14; neuere Entscheidungen fehlen; als kaufmännische Angestellte sind angesehen worden: Werkstattschreiber (RAG 11, 317); Bezieherwerber im Zeitungsunternehmen (RAG 29, 237; BAG 9. 4. 1960 AP 12 zu § 63 HGB = NJW 60, 1413); Werber im Außendienst (RAG 41, 9); Verkaufsingenieur (RAG 34, 225); dagegen als gewerbliche Arbeiter: Kellner, Zigarettenboys (RAG 18, 437); Milchhallenverkäuferin (RAG 38, 152).

10 **2.** Neben den staatlichen Rechtsquellen haben im Bergbau vor allem die Tarifnormen Bedeutung. Die mit der IG Chemie, Bergbau abgeschlossenen **Tarifverträge** werden vielfach ohne Rücksicht auf die Tarifbindung betriebsüblich auf die Arbeitnehmer angewandt.

VI. Land- und Forstwirtschaft

11 Für die Arbeitnehmer der Land- und Forstwirtschaft einschließlich der Nebenbetriebe gelten, nachdem die vorläufige Landarbeitsordnung vom 24. 1. 1919 (RGBl. S. 111) aufgehoben worden ist, die Vorschriften des BGB; im Arbeitnehmerschutzrecht bestehen für sie noch einige Sondernormen. Zum Verbandsrecht vgl. Gesetz zu dem Übereinkommen Nr. 141 der IAO vom 23. 6. 1975 über die Verbände ländlicher Arbeitskräfte und ihre Rolle in der wirtschaftlichen und sozialen Entwicklung vom 8. 6. 1977 (BGBl. II S. 481; auch BArbBl. S. 323). Im Tarifrecht bestehen für den Bereich der betrieblichen Altersversorgung Zusatzversorgungstarifverträge.

VII. Hausangestellte

12 Hausangestellte im weiteren Sinne sind diejenigen Arbeitnehmer, die für einen fremden Haushalt Dienste leisten. Hierzu gehören auch Aufwartefrauen, Putzfrauen, Zugeherinnen usw. Im engeren Sinne versteht man darunter nur diejenigen, die in die häusliche Gemeinschaft aufgenommen worden sind. Nachdem die Landesrechtlichen Gesindeordnungen aufgehoben worden sind, gelten für alle Hausangestellten die Vorschriften des BGB. Nicht anwendbar sind aber die verlängerten Kündigungsfristen gem. § 622 II BGB, weil diese die Beschäftigung in einem Betrieb oder Unternehmen voraussetzen.[12]

VIII. Arbeitnehmer der internationalen Organisationen

Demmke, Aktuelle Entwicklungen im Dienstrecht der Mitgliedstaaten der EU, ZTR 2003, 483; *Kalbe,* Beschäftigungsmöglichkeiten bei den europäischen Institutionen, ArbuR 2003, 332; *Kitschenberg,* Grundzüge des Dienstrechts der internationalen Organisationen, ZBR 80, 334; *Otte,* Beamte als Arbeitnehmer des EG-Rechts, PersR 99, 254; *Pflüger,* Das Personalrecht der EZB, ArbuR 2001, 125.

13 Für die Arbeitnehmer der internationalen Organisationen gilt ein Sonderrecht, das durch die Kollision der verschiedenen Rechtssysteme bedingt ist.

IX. Sonstige Arbeitnehmer

14 Für alle übrigen Arbeitnehmer, für die ein gesetzliches Sonderrecht nicht ausgebildet worden ist, gelten lediglich die Normen des BGB und der allgemeinen arbeitsrechtlichen Gesetze. Hierzu zählen z. B. die Arbeitnehmer der freien Berufe (Rechtsanwälte, Ärzte, Architekten usw.) Künstler, Apothekengehilfen (§ 154 I Nr. 3 GewO), Eisenbahnbedienstete usw.

§ 14. Arbeiter und Angestellte

1 Die Arbeitnehmer wurden in die Gruppe der Arbeiter und Angestellten gegliedert, wobei als Angestelltentätigkeit eine überwiegend geistige Tätigkeit und als Arbeitertätigkeit eine überwiegend körperliche Tätigkeit angesehen wurde. Im Zuge der fortschreitenden Technisierung und der Notwendigkeit stärkerer Ausbildung der Arbeitnehmer wurde die Unterscheidung immer fragwürdiger. Im Unterschied zur früheren Zeit werden Arbeiter heute zum Teil mit schwierigsten Arbeiten beschäftigt. Angestellte gibt es aber auch in der Funktion des Büroboten.

2 Die Unterscheidung war im **Arbeitsrecht** vor allem von Bedeutung für die Art und die Berechnung der Vergütung (Monatsvergütung; Stundenlohn oder Akkordvergütung), die Ausübung des Weisungsrechts, das Betriebsverfassungsrecht (§ 5 BetrVG), das Recht der Entgeltfortzahlung und für die Geltung tarifvertraglicher Regelungen. Nachdem das BVerfG ungleiche Kündigungsfristen für verfassungswidrig erklärt hat,[1] sind die Kündigungsfristen ist für Arbeiter und Angestellte vereinheitlicht worden. Mit dem am 1. 6. 1994 in Kraft getretenen EFZG hat

[12] S. § 126 RN 12; APS/*Linck* § 622 BGB RN 17; ErfK/*Müller-Glöge* § 622 BGB RN 11; KR/*Spilger* § 622 BGB RN 55 (der allerdings verfassungsrechtliche Bedenken erhebt).
[1] BVerfG 30. 5. 1990 BVerfGE 82, 126 = NZA 90, 721.

der Gesetzgeber das Recht der Entgeltfortzahlung ebenfalls einheitlich geregelt. Im BetrVG ist die Unterscheidung zwischen Arbeitern und Angestellten seit dem 28. 7. 2001 aufgegeben. Die Tarifverträge werden in den verschiedenen Wirtschaftszweigen zunehmend vereinheitlicht. Entsprechendes gilt auch für den öffentlichen Dienst nach den Regelungen des TVöD/TV-L.

Das BAG geht davon aus, dass vor allem bei der Gewährung von sozialen Nebenleistungen **3** Unterschiede in der Behandlung von Arbeitern und Angestellten gegen den Gleichheitssatz verstoßen, wenn für die unterschiedliche Behandlung kein sachlich rechtfertigender Grund besteht (s. § 112 RN 25. Dies ist vor allem für Sonderzuwendungen ausgesprochen (s. § 78 RN 31 ff.), gilt aber auch für die betriebliche Altersversorgung (vgl. insoweit § 83 RN 44).

Das Schwergewicht der Unterscheidung lag zuletzt noch im **Sozialversicherungsrecht.** Das **4** Recht der gesetzlichen Altersversorgung folgte zwar für beide Gruppen aus dem SGB VI. Jedoch waren die verschiedenen Sozialversicherungsträger nicht beseitigt. Nach dem Gesetz zur Organisationsreform der gesetzlichen Rentenversicherung vom 9. 12. 2004 (RVOrgG, BGBl. I S. 3424) werden die Aufgaben der gesetzlichen Rentenversicherung mit Wirkung vom 1. 10. 2005 von neuen Rentenversicherungsträgern wahrgenommen (§§ 125 ff., 274 d SGB VI).[2] Die Zuordnung der Versicherten erfolgt nunmehr nicht mehr nach der überkommenen Unterscheidung zwischen Arbeitern und Angestellten. Die bisherige Regelung in § 133 II SGB VI für die rentenversicherungsrechtliche Zuordnung ist entfallen.

Wegen der Kriterien für die Unterscheidung und einzelner Beispiele aus der Rspr. wird auf **5** die Ausführungen in der 11. Aufl. (§ 13) verwiesen.

§ 15. Leitende Angestellte/Organmitglieder

Allgemeines: *Bauer/Arnold,* AGG-Probleme bei vertretungsberechtigten Organmitgliedern, ZIP 2008, 993; *Diringer,* Der Chefarzt als leitender Angestellter, NZA 2003, 890; *ders.,* Kündigung leitender Angestellter, AuA 2004, 19; *Hromadka,* Kündigungsschutz für leitende Angestellte, FS 50 Jahre BAG, S. 331; *Hueck,* Bemerkungen zum Anstellungsverhältnis von Organmitgliedern juristischer Personen, FS Hilger/Stumpf, S. 365; *Kamanabrou,* Das Anstellungsverhältnis des GmbH-Geschäftsführers im Licht neuerer Rspr., DB 2002, 146; *Kossens,* Leitende Angestellte im Arbeitsrecht – Neue Rechtsprechung zu den Beurteilungskriterien, ArbRB 2005, 118; *Nägele,* Der Anstellungsvertrag des Geschäftsführers, eine Bestandsaufnahme, BB 2001, 305; *Niebler/Schmiedl,* Die Rspr. des BAG zum Schicksal des Arbeitsverhältnisses bei Geschäftsführerbestellung nach In-Kraft-treten des § 623 BGB, NZA-RR 2001, 281.

Muster: *Grüll/Janert,* Der Anstellungsvertrag mit leitenden Angestellten und Führungskräften. Vertragsmuster mit Erläuterungen, 14. Aufl., 1996; *Wellkamp,* Anstellungsverträge mit leitenden Angestellten, 2002.

Übersicht

	RN
I. Soziologische Betrachtung	1 ff.
1. Begriff	1–3
2. Organmitglieder	4
II. Rechtsstellung der Organmitglieder	5 ff.
1. Bestellung	5
2. Keine Arbeitnehmereigenschaft	6–8
3. Rechte und Pflichten der Organmitglieder	9–23
4. Beendigung des Rechtsverhältnisses	24–26
5. Sozialrecht	27–29
III. Arbeitsrechtliche Behandlung sonstiger leitender Angestellter	30 ff.
1. Begriff des leitenden Angestellten	30
2. Leitende Angestellte in Einzelgesetzen	31
3. Sonderstellung	32–37
4. Arbeitsentgelt	38
IV. Außertarifliche Angestellte	39 f.
1. Begriff	39
2. Rechtsstellung	40

I. Soziologische Betrachtung

1. Begriff. a) Es gibt für das **Arbeitsrecht keinen einheitlichen Begriff** des leitenden **1** Angestellten. In der historischen Entwicklung ging es zunächst darum, die leitenden Angestellten aus der arbeitsrechtlichen Schutzgesetzgebung auszugrenzen, weil man sie nicht für schutzwürdig hielt. So waren Angestellte, die bestimmte Verdienstgrenzen überschritten, von der gesetzlichen Sozialversicherung ausgenommen; mit ihnen konnten Wettbewerbsverbote geschlossen werden, ohne dass ihnen eine Karenzentschädigung gezahlt wurde. Die leitenden Angestellten standen dem Arbeitgeber näher, weil sie zur Unternehmensleitung von Großunter-

[2] Zur Reform *Ruland/Dünn* NZS 2005, 113.

nehmen herangezogen wurden. In der neueren Arbeitsschutzgesetzgebung wurden sie dagegen wieder zu den Arbeitnehmern gezählt; gleichwohl sind sie soziologisch und rechtlich eine besondere Gruppe, die zwischen Arbeitnehmern und Arbeitgebern stehen. Sie machen rund 1,5% der am Erwerbsleben beteiligten Personen aus.

2 b) Für leitende Angestellte gelten vor allem **sechs gesetzliche Sonderregeln.** Sie sind **(1)** von den Vorschriften über die Arbeitszeit ausgenommen (§ 18 ArbZG), **(2)** gelten nicht als Arbeitnehmer im Sinne des § 5 BetrVG, **(3)** dürfen nur auf Arbeitgeberseite als ehrenamtliche Richter bei den Arbeits- und Sozialgerichten tätig sein (§§ 22 II Nr. 2, 37 II, 43 III ArbGG, § 16 IV Nr. 4 SGG), **(4)** sind zum Sprecherausschuss wahlberechtigt, **(5)** unterliegen besonderen Vorschriften nach dem MitbestG und **(6)** ihr Arbeitsverhältnis kann im Kündigungsschutzprozess auf nicht zu begründenden Antrag des Arbeitgebers gegen Zahlung einer Abfindung aufgelöst werden. Der Begriff des leitenden Angestellten ist in den gesetzlichen Regelungen unterschiedlich. Die größte Bedeutung kommt allerdings der Begriffsbildung im BetrVG, SprAuG und MitbestG zu, auf die auch in § 18 I Nr. 1 ArbZG verwiesen ist. Die leitenden Angestellten haben sich in **besonderen Organisationen** zusammengeschlossen, die ihrerseits in der Union der Leitenden Angestellten (ULA) zusammengefasst sind (vgl. § 189 RN 6). Die **Arbeitsverträge** leitender Angestellter werden i. d. R. nicht von den allgemeinen Tarifverträgen erfasst; vielmehr beruhen diese auf Einzelvereinbarungen. Gelegentlich schließen auch die Organisationen leitender Angestellter Tarifverträge ab.[1]

3 **c)** Leitende Angestellte sind **zu unterscheiden von AT-Angestellten.** S. hierzu RN 39 f.

4 **2. Organmitglieder.** Die Organmitglieder juristischer Personen bilden die oberste Stufe der leitenden Angestellten, sofern sie nicht auf Grund maßgeblicher Kapitalbeteiligung das Unternehmen entscheidend beeinflussen und damit den Unternehmern zuzurechnen sind. Geschäftsführer von Tochterunternehmen sind nicht unbedingt leitende Angestellte der Muttergesellschaft, wenn ihnen die Einstellungs- und Entlassungsbefugnis fehlt.[2]

II. Rechtsstellung der Organmitglieder

Allgemein: *Bährle,* Versicherungspflicht von GmbH-Geschäftsführern, BuW 2002, 699; *Bauer/Baeck/Lösler,* Schriftform- und Zuständigkeitsprobleme beim Aufstieg eines Angestellten zum Geschäftsführer einer GmbH, ZIP 2003, 1821; *Bauer/Arnold,* Kein Kündigungsschutz für „arbeitnehmer-Geschäftsführer" – oder doch?, DB 2008, 350; *Busch/Schönhöft,* Anwendbarkeit des TzBfG auf den Geschäftsführeranstellungsvertrag?, DB 2007, 2650; *Diller,* Ordentliche Kündigung des Geschäftsführers sowie Verhältnis von Arbeitsverhältnisn und Geschäftsführerdienstvertrag, NJW 2008, 1019; *Fischer,* Die Bestellung von Arbeitnehmern zu Organmitgliedern juristischer Personen und das Schicksal ihres Arbeitsvertrags, NJW 2003, 2417; *Goll-Müller/Langenhan-Komus,* Der Geschäftsführer mit Arbeitsvertrag und dennoch ohne Kündigungsschutz, NZA 2008, 687; *Jooß,* Aufhebung des Arbeitsverhältnisses durch Abschluss eines Geschäftsführerdienstvertrages, RdA 2008, 285; *Grumann/Gillmann,* Abberufung und Kündigung von Vorstandsmitgliedern einer Aktiengesellschaft, DB 2003, 770; *Hillmann-Stadtfeld,* Beendigung von Geschäftsführer-Dienstverträgen, GmbHR 2004, 1457; *Holthausen/Steinkraus,* Die janusköpfige Rechtsstellung des Geschäftsführers im Arbeitsrecht, NZA RR 2002, 281; *Hümmerich/Schmidt-Westhal,* Integrierte Aufhebungsvereinbarungen im Dienstvertrag des GmbH-Geschäftsführers, DB 2007, 222; *Kauffmann/Lauven,* Das ruhende Arbeitsverhältnis im Aktienrecht, NZA 2000, 799; *Müller-Glöge,* Aufstieg und Fall eines Arbeitnehmers, FS Hromadka 2008, 255; *Nägele,* Der Anstellungsvertrag des Geschäftsführers, BB 2001, 305; *ders.,* Der Geschäftsführeranstellungsvertrag, ArbRB 2003, 59; *Reufels,* Ausgewählte Fragen zu Geschäftsführer-Dienstverträgen, ArbRB 2002, 59; *Sasse/Schnitger,* Das ruhende Arbeitsverhältnis des GmbH-Geschäftsführers, BB 2007, 154; *Schrader/Schubert,* Der Geschäftsführer als Arbeitnehmer, DB 2005, 1457; *Ullrich,* Fortbestehen eines ruhenden Arbeitsverhältnisses bei Abschluss eines Geschäftsführerdienstvertrages nur bei vorliegen besonderer Umstände, SAE 2008, 117.

Musterverträge: *Jaeger,* Der Ausstellungsvertrag des GmbH-Geschäftsführers, 4. Aufl., 2001.

Haftung des GmbH-Geschäftsführers: *Altmeppen,* Zur vorsätzlichen Gläubigerschädigung, Existenzvernichtung und materiellen Unterkapitlaisierung in der GmbH, ZIP 2008, 1201; *Götte,* Haftung des GmbH-Geschäftsführers bei Nichtabführung von Sozialversicherungsbeiträgen, DStR 2005, 1869; *Groß,* Die Rspr. des BGH zur Haftung des GmbH-Geschäftsführers wegen Nichtabführung von Arbeitnehmerbeiträgen zur Sozialversicherung, ZIP 2001, 945; *Kiethe,* Die Haftung von Geschäftsleitern für Arbeitnehmerbeiträge zur Sozialversicherung in der Krise des Unternehmens, ZIP 2003, 1957; *Nägele,* Haftung des Geschäftsführers gegenüber der Gesellschaft, ArbRB 2007, 203; *Paefgen,* Existenzvernichtungshaftung nach Gesellschaftsdeliktsrecht, DB 2007, 1802; *Streit/Bürk,* Keine Entwarnung bei der Geschäftsführerhaftung im Insolvenzfall, DB 2008, 742.

---

[1] Z. B. Manteltarifvertrag für akademisch gebildete Angestellte in der chemischen Industrie i. d. F. vom 1. 7. 1979 m. spät. Änd.; Gehaltstarifvertrag.

[2] LAG München 13. 4. 2000 NZA-RR 2000, 425.

Sozialversicherungspflicht von GmbH-Geschäftsführern: *Apel,* Geschäftsführerbezüge, AuA 2007, 550; *Freckmann,* Neues zur Sozialversicherungspflicht von GmbH-Geschäftsführern, BB 2006, 2077; *Gach/Kock,* Rentenversicherungspflicht von Gesellschafter-Geschäftsführeren einer GmbH und ähnlichen Selbständigen, NJW 2006, 1089; *Hidalgo/Schmidt,* Alle GmbH-Geschäftsführer in die gesetzliche Rentenversicherung?, BB 2006, 602; *Hillmann-Stadtfeld,* Sozialversicherungspflicht von Geschäftsführern, GmbHR 2004, 1207; *Müller,* Die Rentenverssicherungspflicht von GmbH-Geschäftsführern im Spiegel der Rechtsprechung, DB 2006, 614; *Müller/Schulz,* Rein in den Vorstand- Raus aus der Rente?, BB 2008, 2010; *Nägele,* Der Geschäftsführeranstellungsvertrag, ArbRB 2003, 59.

1. Bestellung. Grundsätzlich ist bei Organmitgliedern zwischen der **Bestellung zum Organ** und dem **Anstellungsvertrag** zu unterscheiden.[3] **(1)** Hat der Aufsichtsrat einer AG die Entscheidung über Abschluss, Änderung und Aufhebung des Anstellungsvertrages einem aus seiner Mitte zusammengesetzten Ausschuss übertragen, so darf dieser die dem Gesamtorgan vorbehaltene Bestellung nicht durch den vorzeitigen Abschluss des Anstellungsvertrages unterlaufen.[4] **(2)** Bei einer mitbestimmten GmbH ist für die Bestellung und Anstellung des Geschäftsführers der Aufsichtsrat zuständig.[5] In der nicht mitbestimmten GmbH obliegt die Anstellung der Gesellschafterversammlung (§ 46 Nr. 5 GmbHG).[6] In der neueren Rspr. des BGH haben sich zunächst Bedenken abgezeichnet, ob er an der früheren Rspr. festhalten wird, wonach für Vertragsergänzungen die übrigen Geschäftsführer zuständig sind.[7] Später hat der BGH diese Rspr. aufgegeben, so dass auch für Änderungen die zuständigen Organe zuständig sind.[8] **(3)** Bei Genossenschaften ist der Aufsichtsrat nach § 39 I GenG ermächtigt, Verträge mit Vorstandsmitgliedern abzuschließen und zu kündigen. Bei sachlichen Kollisionen hat jedoch die Generalversammlung einen Vorrang.[9] 5

2. Keine Arbeitnehmereigenschaft. Ganz überwiegend werden Organmitglieder grundsätzlich nicht als Arbeitnehmer angesehen,[10] weil die Organe juristischer Personen die oberste Weisungsbefugnis in der Gesellschaft ausüben, selbst weisungsunabhängig sind und in einer kollektiven, häufig auch individuellen Interessenkollision zur Arbeitnehmerschaft stehen. Sie repräsentieren auf Grund ihrer gesetzlichen Vertretungsmacht (§ 78 I AktG, § 35 I GmbHG, § 24 GenG, § 34 I 2 VAG i. V. m. § 78 I AktG) die jeweilige juristische Person als Arbeitgeber. Eine Arbeitnehmereigenschaft folgt auch nicht etwa daraus, dass der Vorstand einer AG unter der Aufsicht des Aufsichtsrates steht (§§ 84 III, 111 AktG) oder ein GmbH-Geschäftsführer gegenüber den Gesellschaftern weisungsgebunden ist (§ 37 GmbHG). Die Organmitglieder üben im **Außenverhältnis** letztlich die Weisungsbefugnis aus und sind damit die sozialen Gegenspieler der Arbeitnehmerschaft. Im **Innenverhältnis** zur Gesellschaft können sie sich allerdings in abhängiger Position befinden. Das BAG geht daher davon aus, dass der Geschäftsführer einer Komplementär-GmbH Arbeitnehmer der GmbH & Co. KG sein kann,[11] ebenso wie nicht alleinvertretungsberechtigte weisungsabhängige Mitgeschäftsführer einer Mehrpersonen-Geschäftsführung.[12] Das gilt aber nur, sofern der Geschäftsführer nicht auf Grund seiner Kapitalbeteiligung maßgeblichen Einfluss auf die Beschlussfassung der Gesellschafter hat.[13] Außerdem kann 6

---

[3] BGH 28. 10. 2002 NJW 2003, 351; BAG 25. 10. 2007 AP 11 zu § 14 KSchG 1969 = NZA 2008, 168.

[4] BGH 24. 11. 1980 BGHZ 79, 38, 42 = NJW 81, 757; vgl. auch BGH 25. 2. 1982 82 BGHZ 83, 144 = NJW 82, 1528; 14. 11. 1983 BGHZ 89, 48 = NJW 84, 733.

[5] BGH 14. 11. 1983 BGHZ 89, 48 = NJW 84, 733.

[6] BGH 3. 7. 2000 NZA 2000, 945 = NJW 2000, 2983; zur fehlenden Vertretungsmacht eines Gesellschafters BGH 9. 10. 1989 AP 2 zu § 179 BGB = NJW 90, 387.

[7] BGH 14. 11. 1983 BGHZ 89, 48, 54 f. = NJW 84, 733 unter II 4 der Gründe.

[8] BGH 25. 3. 1991 NJW 91, 1680 = DB 91, 1065; 21. 1. 1991 BGHZ 113, 237 = NJW 91, 1727 (für einen eingetragenen Verein).

[9] BGH 14. 11. 1983 BGHZ 89, 48 = NJW 84, 733 unter II 4 der Gründe. Zu Vereinen s. BGH 21. 1. 1991 BGHZ 113, 237 = NJW 91, 1727.

[10] *Hueck/Nipperdey* Bd. I § 12 IV 4, § 15 III; *Nikisch* Bd. I § 14 II 3, § 17 II 1; Staudinger/*Richardi* Vor §§ 611 ff. BGB RN 233 ff.; *Fleck* WM 85, 677; *Henssler* RdA 92, 289; ErfK/*Preis* § 611 BGB RN 161; s. auch BGH 11. 7. 1953 = BGHZ 10, 187; 16. 12. 1953 BGHZ 12, 1 = NJW 54, 505; 7. 12. 1961 BGHZ 36, 142 = NJW 62, 340; 9. 2. 1978 AP 1 zu § 38 GmbHG = NJW 78, 1435; BSG 8. 8. 1990 ZIP 90, 1566 = NZA 91, 324 (LS); BAG 25. 10. 2007 AP 11 zu § 14 KSchG 1969 = NZA 2008, 168; abw. *Trinkhaus* DB 68, 1756; *Müller* BB 77, 723.

[11] BAG 15. 4. 1982 AP 1 zu § 14 KSchG 1969 = NJW 83, 2405; 13. 5. 1992 ZIP 92, 1496; einer Zuständigkeit der Arbeitsgerichte steht hier aber die Fiktion des § 5 I 3 ArbGG entgegen, s. RN 8 (FN 29).

[12] BAG 26. 5. 1999 AP 10 zu § 35 GmbHG = NZA 99, 987.

[13] BAG 13. 5. 1992 ZIP 92, 1496; für einen Gesellschafter einer GmbH, dem mehr als 50% der Stimmrechte zustehen BAG 6. 5. 1998 AP 95 zu § 611 Abhängigkeit = NZA 98, 939.

ein Geschäftsführer einer **konzernabhängigen Gesellschaft** gleichzeitig Arbeitnehmer der Obergesellschaft sein.[14] Allein die konzernrechtliche Weisungsbefugnis reicht für die Annahme der Arbeitnehmereigenschaft des Vorstandsmitglieder einer konzernabhängigen AG oder der Geschäftsführer einer konzernabhängigen GmbH aber nicht aus.[15]

7 Werden bisher als **Arbeitnehmer** Beschäftigte **zu Organvertretern bestellt,** stellt sich die Frage, ob damit das Arbeitsverhältnis beendet worden ist oder ob es als ruhendes fortbesteht. Das BAG nahm zunächst an, im Zweifel werde das Arbeitsverhältnis nur suspendiert und lebe nach einer etwaigen Aufhebung der Organstellung mit seinem früheren Inhalt wieder auf.[16] Später hat es diese Vermutungsregel eingeschränkt[17] bzw. eine ungekehrte Vermutung zugrundegelegt und geht im Zweifel von einer konkludenten Aufhebung des Arbeitsvertrages aus.[18] Auf Grund der nunmehr nach **§ 623 BGB** für Aufhebungsverträge geltenden Schriftformerfordernisses muss der neue Dienstvertrag schriftlich geschlossen sein, damit bei einer Bestellung zum Organvertreter eine Aufhebung des Arbeitsverhältnisses angenommen werden kann.[19] Nach wie vor gilt dann die Vermutung dafür, dass ein bis dahin bestehendes Arbeitsverhältnis einvernehmlich beendet werden soll.[20] Dies gilt erst recht, wenn die Geschäftsführerbestellung die Bestimmung enthält, dass mit dem neuen Vertrag alle früheren Vereinbarungen der Parteien ersetzt werden sollen oder wenn der neue Vertrag vollständig neue Regelungen enthält, einen neuen Aufgabenbereich und eine höhere Vergütung festlegt.[21] Diese Grundsätze gelten auch bei einem Geschäftsführerdienstvertrag, der der AGB-Kontrolle nach §§ 305 ff. BGB unterliegt. Die Unklarheitenreglung des § 305 c II BGB ist nicht einschlägig, weil es um den Eintritt einer typischen Rechtsfolge bei der Bestellung zum Organ geht.[22] Ein Geschäftsführer, der sich darauf beruft, es hätten zwei schuldrechtliche Rechtsverhältnisse bestanden, ist für die entsprechenden Tatsachen darlegungs- und beweispflichtig.[23] Fehlt es dagegen an der Form des § 623 BGB, kann allenfalls in Ausnahmefällen angenommen werden, dem (ehemaligen) Organmitglied sei es nach § 242 BGB verwehrt, sich auf die Formnichtigkeit zu berufen.[24] Wird ein Arbeitnehmer zum Geschäftsführer einer konzernabhängigen Gesellschaft bestellt, so liegt darin noch kein stillschweigender Aufhebungsvertrag des Arbeitsverhältnisses mit der Obergesellschaft.[25] Umgekehrt wird ein Dienstnehmer, der zum Geschäftsführer einer GmbH bestellt werden soll, nicht dadurch zum Arbeitnehmer, dass die Bestellung unterbleibt.[26] Das als freies Dienstverhältnis begründete Anstellungsverhältnis des Vorstandsmitglieds einer Sparkasse wandelt sich nicht ohne weiteres mit dem Verlust der Organstellung infolge einer Sparkassenfusion in ein Arbeitsverhältnis um.[27] Wird in einer GmbH & Co. KG ein Arbeitnehmer der KG zum Geschäftsführer der Komplementär-GmbH bestellt, so bleibt dieser Arbeitnehmer der KG. Im Verhältnis zur GmbH ist er Dienstnehmer.[28]

8 In **arbeitsrechtlichen Gesetzen** wird teilweise ausdrücklich geregelt, dass Organmitglieder nicht als Arbeitnehmer gelten (§§ 5 II Nr. 1 BetrVG, 14 I 1 KSchG, 5 I 3 ArbGG usw.). Das gilt auf Grund der gesetzlichen Fiktion auch dann, wenn sie auf Grund bestehender Weisungsge-

---

[14] BAG 20. 10. 1995 AP 36 zu § 2 ArbGG 1979 = NZA 96, 200; 25. 10. 2007 AP 11 zu § 14 KSchG 1969 = NZA 2008, 168.

[15] Staudinger/*Richardi* Vor §§ 611 ff. BGB RN 237.

[16] BAG 9. 5. 1985 AP 3 zu § 5 ArbGG 1979 = NZA 86, 792; 27. 6. 1985 AP 2 zu § 1 AngestelltenkündigungsG; 12. 3. 1987 AP 6 zu § 5 ArbGG 1979 = NZA 87, 845.

[17] BAG 7. 10. 1993 AP 16 zu § 5 ArbGG 1979 = NZA 94, 212.

[18] BAG 8. 6. 2000 AP 49 zu § 5 ArbGG 1979 = NZA 2000, 1013; 25. 4. 2002 AP 11 zu § 543 ZPO 1977 = NZA 2003, 272; 24. 11. 2005 AP 19 zu § 1 KSchG 1969 Wartezeit = NZA 2006, 366; 14. 6. 2006 AP 62 zu § 5 ArbGG 1979 = NZA 2006, 1154; a. A. *Jooß* RdA 2008, 285 (286).

[19] BAG 19. 7. 2007 AP 18 zu § 35 GmbHG = NZA 2007, 1095; LAG Niedersachsen 5. 3. 2007 NZA-RR 2007, 522.

[20] BAG 19. 7. 2007 AP 18 zu § 35 GmbHG = NZA 2007, 1095; 6. 6. 2008 NZA 2008, 1002; *Baeck/Hopfner* DB 2000, 1915; *Müller-Glöge,* FS Hromadka 2008, 255; einschränkend: *Krause* ZIP 2000, 2289; *Fischer* NJW 2003, 2419.

[21] Vgl. LAG Berlin 15. 2. 2006 LAGE § 623 BGB Nr. 5.

[22] BAG 19. 7. 2007 AP 18 zu § 35 GmbHG.

[23] BAG 25. 10. 2007 AP 11 zu § 14 KSchG 1969 = NZA 2008, 168.

[24] *Fischer* NJW 2003, 2419; zu weitgehend dagegen *Niebler/Schmiedl* NZA-RR 2001, 286.

[25] BAG 20. 10. 1995 AP 36 zu § 2 ArbGG 1979 = NZA 96, 200.

[26] BAG 22. 6. 1997 AP 36 zu § 5 ArbGG 1979 = NZA 97, 1363.

[27] BGH 10. 1. 2000 AP 15 zu § 611 BGB Organvertreter = NZA 2000, 376.

[28] BAG 17. 8. 1972 AP 4 zu § 626 BGB Ausschlussfrist; 15. 4. 1982 AP 1 zu § 14 KSchG 1969 = NJW 83, 2405; 13. 7. 1995 AP 23 zu § 5 ArbGG 1979 = NZA 95, 1070; 20. 10. 1995 AP 36 zu § 2 ArbGG 1979 = NZA 96, 200.

bundenheit an sich ausnahmsweise (s. RN 6) als Arbeitnehmer der betr. juristischen Person anzusehen wären.[29] In diesem Fall gelten für sie im übrigen aber die arbeitsrechtlichen Schutzgesetze. Daher kann auch der Sonderkündigungsschutz nach dem SGB IX eingreifen. Die Prozesse von Organmitgliedern können gem. § 2 IV ArbGG auf Grund einer Vereinbarung der Parteien vor die Arbeitsgerichte gebracht werden.

3. Rechte und Pflichten der Organmitglieder. a) Der **Vergütungsanspruch** richtet sich nach §§ 611 ff. BGB. Ein Geschäftsführer, der an der Gesellschaft nicht oder nicht nennenswert beteiligt und als arbeitnehmerähnliche Person anzusehen ist, kann nach dem arbeitsrechtlichen Gleichbehandlungsgrundsatz eine Anpassung seiner Gehaltsbezüge verlangen, wenn Mitgeschäftsführer oder leitende Angestellte Gehaltsanpassungen erhalten haben. Dasselbe gilt für Ansprüche auf Sonderzuwendungen. Eine Gleichbehandlung zwischen Geschäftsführern einer GmbH und leitenden Angestellten eines Unternehmens kommt jedoch nur in Betracht, wenn die Arbeits- und Dienstverträge nach einem einheitlichen Standard abgeschlossen werden oder die Geschäftsführer als leitende Angestellte behandelt werden und in ihren Dienstverträgen nur der Bestellung zum Geschäftsführer Rechnung getragen ist.[30] Die Überstundenvergütung an Gesellschafter-Geschäftsführer kann eine verdeckte Gewinnausschüttung sein.[31] Für die Verjährung gilt die dreijährige Verjährungsfrist nach § 195 BGB. Erhält ein am Kapital beteiligter Geschäftsführer eine Vergütung, der keine entsprechende Tätigkeit gegenübersteht, so kann eine Kapitalentnahme vorliegen.[32] 9

b) Es gelten die **Regelungen** über den Annahmeverzug (§ 615 BGB)[33] sowie die vorübergehende Dienstverhinderung (§ 616 BGB).[34] Für Organmitglieder anwendbar ist die Bestimmung des § 629 BGB über die Gewährung von Zeit zum Aufsuchen eines anderen Dienstverhältnisses (s. § 26), des § 630 BGB über die Ausstellung eines Zeugnisses (s. hierzu § 146)[35] sowie des Gleichbehandlungsgrundsatzes der Organmitglieder untereinander bei der Ruhegeldgewährung. Die arbeitsrechtlichen Gesetze, die an die Arbeitnehmereigenschaft anknüpfen, gelten dagegen nicht. Daher besteht auch kein Urlaubsanspruch nach dem BUrlG.[36] Der BGH hat allerdings die analoge Anwendung einzelner auf der Treue- und Fürsorgepflicht beruhender Vorschriften des Arbeitsrechts auf das Dienstverhältnis der Organmitglieder für geboten erachtet.[37] 10

c) Organmitglieder unterliegen für die Dauer ihrer Beschäftigung einem **Wettbewerbsverbot.**[38] Sie haben in allen Angelegenheiten den Nutzen der Gesellschaft im Auge zu behalten.[39] Sie haben die Weisungen der Gesellschafterversammlung zu beachten.[40] Sie dürfen ihre Vertretungsmacht nicht missbrauchen.[41] 11

d) Wegen der **Haftung** eines Organmitgliedes ist zwischen der Haftung im Innenverhältnis und im Außenverhältnis zu unterscheiden. Der Geschäftsführer haftet im **Innenverhältnis** für 12

---

[29] Zu § 5 ArbGG BAG 13. 5. 1996 AP 27 zu § 5 ArbGG 1979 = NZA 96, 952 (für den Geschäftsführer einer Vor-GmbH); 6. 5. 1999 AP 46 zu § 5 ArbGG 1979 = NZA 99, 839; 23. 8. 2001 AP 54 zu § 5 ArbGG 1979 = NZA 2002, 52; 20. 8. 2003 AP 58 zu § 5 ArbGG 1979 = NZA 2003, 1108; zu § 5 BetrVG s. § 212 RN 10; *Fitting* § 5 BetrVG RN 287; abw. allerdings die h. M. zu § 14 I KSchG für den Geschäftsführer der Komplementär-GmbH einer GmbH & Co KG, s. hierzu APS/*Biebl* § 14 KSchG RN 10 jew. m. w. N.

[30] BGH 14. 5. 1990 AP 7 zu § 35 GmbHG = DB 90, 1810.

[31] BFH 27. 3. 2001 NJW 2002, 86.

[32] BFH 5. 10. 1994 DB 95, 957 = BB 95, 966; 15. 12. 2004 GmbHR 2005, 635.

[33] Vgl. z. B. BGH 9. 10. 2000 AP 88 zu § 615 BGB = NZA 2001, 36; zum Betriebsrisiko s. BGH 11. 7. 1953 BGHZ 10, 187.

[34] Vgl. BSG 14. 12. 1995 BSGE 77, 169 = NZS 96, 343.

[35] BGH 9. 11. 1967 BGHZ 40, 30 = NJW 68, 396; KG Berlin 6. 11. 1978 BB 79, 988; *Trinkhaus* DB 68, 1758.

[36] *Leinemann/Linck* § 2 BUrlG RN 37; *Neumann/Fenski* § 2 BUrlG RN 43.

[37] Vgl. BGH 11. 7. 1953 BGHZ 10, 187; 29. 1. 1981 BGHZ 79, 291 = AP 14 zu § 622 BGB; 26. 3. 1984 BGHZ 97, 1 = NJW 84, 2366.

[38] Für Vorstandsmitglieder einer AG s. § 88 AktG; für GmbH-Geschäftsführer ergibt sich dies aus der Treuepflicht: BGH 9. 11. 1967 BGHZ 49, 30 = NJW 68, 396; 23. 9. 1985 NJW 86, 585 = DB 86, 214; Baumbach/Hueck/*Zöllner* § 35 GmbHG RN 22 ff.; zur Mitteilungspflicht jeder gewerblichen Tätigkeit OLG Karlsruhe 8. 7. 1988 NJW-RR 88, 1497.

[39] BGH 8. 5. 1967 DB 67, 1170 = BB 67, 731; 10. 2. 1977 DB 77, 716 = BB 77, 465; 21. 2. 1983 WM 83, 498 = ZIP 83, 689; 23. 9. 1985 NJW 86, 585 = DB 86, 214; 12. 6. 1989 DB 89, 1762 = NJW 89, 2697 (LS).

[40] Vgl. BGH 14. 11. 1983 BGHZ 89, 48 = NJW 84, 733.

[41] Vgl. z. B. BGH 5. 12. 1983 NJW 84, 1461.

seine Tätigkeit nach § 43 GmbHG mit der Sorgfalt eines ordentlichen Kaufmanns. Entsprechendes gilt gem. § 92 AktG für Vorstandsmitglieder einer AG. Die Haftungsmilderung wegen gefahrgeneigter Arbeit (§ 53 RN 32ff.) kann bei normaler Geschäftsführertätigkeit nicht in Anspruch genommen werden.[42] Mitverschulden wegen mangelhafter Beaufsichtigung durch andere Gesellschaftsorgane kann er der Gesellschaft regelmäßig nicht entgegenhalten.[43]

13 Im **Außenverhältnis** haftet grundsätzlich die Kapitalgesellschaft (dies gilt auch für eine Vor-GmbH[44]). Jedoch besteht namentlich für GmbH-**Geschäftsführer** in zahlreichen Fällen eine **Durchgriffshaftung.**[45] Diese kommt in Betracht, wenn die Berufung auf das Trennungsprinzip zwischen Gesellschaft und Gesellschaftern eine unzulässige Rechtsausübung darstellt, weil die Rechtsform der juristischen Person offenkundig dazu benutzt worden ist, einen von der Rechtsordnung nicht mehr zu billigenden Erfolg herbeizuführen.[46] Der **Gesellschafter** einer GmbH haftet zudem dann, wenn die Voraussetzungen einer **Ausfallhaftung wegen existenzvernichtenden Eingriffs** vorliegen (insoweit gilt nicht mehr das Haftungssystem des AktienG nach den Grundsätzen der Haftung aus qualifiziert faktischen Konzernen). Bei einem solchen Eingriff des Gesellschafters in das Vermögen der Gesellschaft kann der Gesellschafter sich nicht auf die Haftungsbegrenzung des § 13 II GmbHG berufen. Die Ausfallhaftung ist auf die Erhaltung des Stammkapitals und die Gewährleistung des Bestandes der GmbH beschränkt.[47] Anspruchsnorm ist dabei nach der aktuellen Rspr. des BGH die Bestimmung des **§ 626 BGB,**[48] allerdings mit der Rechtsfolge einer **Innenhaftung** gegenüber der Gesellschaft. Die Gläubiger, die den Gesellschafter in Anspruch nehmen wollen, müssen daher einen Titel gegen die Gesellschaft erstreiten und einen Pfändungs- und Überweisungsbeschluss wegen der Ansprüche der Gesellschaft gegen den Gesellschafter erwirken.[49] In der Insolvenz kann eine Durchgriffshaftung nur vom Insolvenzverwalter geltend gemacht werden.[50]

14 Der Geschäftsführer haftet unmittelbar den Gläubigern im Falle eines von ihm gesetzten **Rechtsscheines.**[51] Nach § 35 III GmbHG geschieht die Zeichnung in der Weise, dass die Zeichnenden bei der Firma der Gesellschaft ihre Namensunterschrift beifügen. Die Firma muss aber immer die Kennzeichnung enthalten, dass nur eine beschränkte Haftung besteht. Eine Außenhaftung tritt bereits dann ein, wenn gegen die Offenlegung der Verhältnisse über die Vertragsparteien verstoßen wird und potentielle Gläubiger nicht gewarnt werden. Eine persönliche Haftung des Geschäftsführers kommt auch in Betracht, wenn das Vermögen der GmbH mit dem der Gesellschaft vermischt wird.[52]

15 Bei der Haftung aus **Verschulden bei Vertragsschluss** (§ 311 II und III BGB, vormals: culpa in contrahendo) haftet grundsätzlich die GmbH. Diese muss sich das Verhalten ihres Vertreters zurechnen lassen. Der Verhandlungspartner vertraut in den Vertretenen und nicht den Vertreter. Ausnahmsweise kommt aber auch eine persönliche Haftung des Organvertreters in Betracht. Eine ausdrückliche Regelung enthält nunmehr § 311 III BGB. Diese Bestimmung knüpft an die von der Rspr. entwickelten Grundsätze[53] an. Sie betrifft insoweit allerdings nur eine Fallgruppe, stellt aber keine abschließende Regelung dar.[54] Die bisher von der Rspr. entwickelten Grundsätze bleiben weiterhin maßgeblich.

16 Der Geschäftsführer haftet nach § 311 III 2 BGB persönlich, wenn er über das normale Verhandlungsvertrauen ein **besonderes persönliches Vertrauen** in Anspruch genommen hat und dadurch die Vertragsverhandlungen oder den Vertragsabschluss erheblich beeinflusst. Dies ist

---

[42] Vgl. BGH 7. 10. 1969 AP 51 zu § 611 BGB Haftung des Arbeitnehmers = NJW 70, 34; 14. 2. 1985 BGHZ 94, 18 = NJW 85, 2194; *Pullen* BB 84, 989; *Köhl* 96, 2597.

[43] Vgl. BGH 16. 2. 1081 AP 1 zu § 43 GmbHG; 14. 3. 1983 NJW 83, 1856.

[44] Zur Haftung der Gesellschafter für die Nichtabführung von Beiträgen s. BSG 8. 12. 1999 BSGE 85, 192 = NZS 2000, 348.

[45] Schrifttum hierzu vor RN 5.

[46] BGH 4. 5. 1977 BGHZ 68, 312 = NJW 77, 1449; BSG 1. 2. 1996 AP 8 zu § 11 GmbHG; BAG 3. 9. 1998 AP 21 zu § 826 BGB = NZA 99, 39.

[47] BGH 17. 9. 2001 BGHZ 149, 10 = NJW 2001, 3622; 24. 6. 2002 BGHZ 151, 181 = NJW 2002, 3024; BAG 14. 12. 2004 AP 32 zu § 611 BGB Haftung des Arbeitgebers = NZA 2005, 818; 28. 7. 2005 AP 59 zu § 16 BetrAVG = NZA 2006, 1008 (LS).

[48] BGH 16. 7. 2007 BGHZ 173, 246 = NJW 2007, 2689.

[49] BGH 16. 7. 2007 BGHZ 173, 246 = NJW 2007, 2689.

[50] BAG 14. 12. 2004 AP 32 zu § 611 BGB Haftung des Arbeitgebers = NZA 2005, 818.

[51] BGH 15. 1. 1990 NJW 90, 2678; 24. 6. 1991 NJW 91, 2627.

[52] BGH 13. 4. 1994 BGHZ 125, 366 = NJW 94, 1801.

[53] S. z. B. BGH 3. 4. 1990 NJW 90, 1907; 24. 5. 2005 NJW-RR 2005, 1137 = ZIP 2005, 1327, jeweils m. w. N.

[54] Palandt/*Grüneberg* § 311 BGB RN 60.

dann der Fall, wenn der Geschäftsführer über das normale Verhandlungsvertrauen hinausgegangen ist und dem Verhandlungspartner eine zusätzlich von ihm persönlich ausgehende Gewähr für den Bestand und die Erfüllung des in Aussicht gestellten Geschäfts geboten hat, die für den Willensentschluss des anderen Teiles erheblich war.[55] U.U. kann in solchen Fällen auch ein Schuldbeitritt vorliegen.[56]

Eine persönliche Haftung besteht nach der Rspr. des BGH ferner dann, wenn der Geschäftsführer dem Verhandlungsgegenstand besonders nahe steht, weil er wirtschaftlich selbst stark an dem Vertragsschluss interessiert ist und aus dem Geschäft eigenen Nutzen erstrebt, so dass er gleichsam als in eigener Sache handelnd angesehen werden kann.[57] Der BGH hat die zunächst sehr weit gehende Haftung in der Folgezeit jedoch erheblich eingeschränkt: So reicht es für die Annahme eines **wirtschaftlichen Eigeninteresses** des Geschäftsführers nicht aus, dass er der alleinige Gesellschafter der GmbH (& Co. KG) ist[58] oder selbst Sicherheiten stellt (sich z.B. verbürgt).[59] Das Gleiche gilt für einen Provisionsanspruch des Geschäftsführers auf Grund des Geschäfts.[60] 17

Eine Durchgriffshaftung wird angenommen, wenn dem Geschäftsführer bekannt ist, dass die Verletzung von absoluten Rechten Dritter erfolgt und er Gegenmaßnahmen unterlässt.[61] Der Geschäftsführer haftet ferner persönlich, wenn er eine **Garantenstellung** hat, dass Außenstehende vor der Verletzung ihrer Schutzgüter geschützt werden.[62] Die Rspr. ist außerordentlich umfangreich. So ist eine Haftung z.B. bejaht worden, wenn der Geschäftsführer die Arbeitnehmerbeiträge nicht abgeführt hat, auch wenn er dafür einen Prokuristen beauftragt hat,[63] oder die Beiträge für Schwarzarbeiter nicht gemeldet und nicht abgeführt hat,[64] wenn das beitragspflichtige Entgelt zwar rechtzeitig gemeldet und den Arbeitnehmern abgezogen, aber nicht weitergeleitet worden ist[65] oder wenn eine wegen Geringfügigkeit nicht versicherungspflichtige Beschäftigung als versicherungspflichtige gemeldet worden ist und die Krankenkasse irrtümlich Leistungen erbracht hat.[66] 18

Die gesetzlichen Vertreter natürlicher und juristischer Personen und die Geschäftsführer von nicht rechtsfähigen Personenvereinigungen und Vermögensmassen haben deren **steuerliche Pflichten** zu erfüllen (§ 34 I AO). Sie haften, soweit Ansprüche aus dem Steuerschuldverhältnis infolge vorsätzlicher oder grobfahrlässiger Verletzung der ihnen auferlegten Pflichten nicht oder nicht rechtzeitig festgesetzt oder erfüllt werden oder soweit infolgedessen Steuervergütungen oder Erstattungen ohne rechtlichen Grund gezahlt werden (§ 69 AO).[67] 19

Eine bloße **Unterkapitalisierung** der Gesellschaft begründet für sich genommen keine Durchgriffshaftung.[68] 20

---

[55] Vgl. BGH 8. 10. 1987 NJW-RR 88, 615; 11. 10. 1988 NJW-RR 89, 110.

[56] BGH 25. 9. 1980 NJW 86, 580; LAG Köln 19. 1. 2001 NZA-RR 2002, 17 = LAGE § 611 BGB Gratifikation Nr. 65.

[57] Vgl. BGH 7. 11. 1994 NJW 95, 398.

[58] BGH 23. 10. 85 NJW 86, 586; 6. 6. 1994 BGHZ 126, 181 = NJW 94, 2220; 7. 11. 1994 NJW 95, 398; anders noch BGH 27. 10. 1982 DB 83, 37 = BB 82, 2161; 23. 2. 1983 BGHZ 87, 27 = NJW 83, 1607.

[59] BGH 6. 6. 1994 BGHZ 126, 181 = NJW 94, 2220; 7. 11. 1994 NJW 95, 398 = GmbHR 95, 226; anders noch BGH 23. 10. 85 NJW 86, 586.

[60] BGH 16. 3. 1992 = NJW-RR 92, 1061.

[61] Vgl. BGH 6. 7. 1990 BGHSt 37, 106 = NJW 90, 2560.

[62] BGH 5. 12. 1989 BGHZ 109, 297 = NJW 90, 976; vgl. auch BGH 13. 4. 1994 BGHZ 125, 366 = NJW 94, 1801.

[63] BGH 15. 10. 1996 BGHZ 133, 370 = AP 21 zu § 823 BGB Schutzgesetz = NJW 97, 130; 21. 1. 1997 BGHZ 134, 304 = AP 23 zu § 823 BGB Schutzgesetz = NJW 97, 1237; 9. 1. 2001 AP 22 zu § 823 BGB Schutzgesetz = NJW 2001, 969, 130; OLG Rostock 16. 5. 1997 NJW-RR 98, 688; OLG Naumburg 10. 2. 1999 NJW-RR 99, 1343; zur Vor-GmbH BSG 8. 12. 1999 NZA-RR 2000, 273 = NZS 2000, 348; BAG 15. 12. 1999 AP 13 zu § 11 GmbHG = NJW 2000, 2915; dagegen KG 4. 7. 2001 ZIP 2002, 438.

[64] BGH 31. 10. 1989 NZA 90, 311 = NJW-RR 90, 288.

[65] BGH 12. 2. 1985 DB 85, 1630 = ZIP 85, 487; OLG München BB 87, 2096; OLG Düsseldorf 18. 6. 1993 NJW-RR 93, 1448 = NZA 94, 178 (LS).

[66] OLG Frankfurt 21. 9. 1988 NJW-RR 89, 225.

[67] Vgl. BFH 26. 7. 1988 DB 88, 2238 = BB 88, 2234; BFH 8. 11. 1988 NJW 89, 1383; BVerwG NJW 89, 1873; zur Lohnsteuerpauschalierung OFD Erfurt Vfg. 26. 2. 1996 NZA 96, 926; zum Auswahlermessen, wenn nur ein Organmitglied in Anspruch genommen wird: BFH 19. 7. 1988 ZIP 89, 788.

[68] BGH 4. 5. 1977 BGHZ 68, 312 = NJW 77, 1449; BAG 3. 9. 1998 AP 21 zu § 826 BGB = NZA 99, 39; 10. 2. 1999 AP 6 zu § 13 GmbHG = NZA 99, 653; anders aber BSG 27. 9. 1994 BSGE 75, 82 = NJW-RR 95, 730; 1. 2. 1996 AP 8 zu § 11 GmbHG.

21 Der Geschäftsführer haftet nicht für das pflichtwidrige Verhalten früherer Geschäftsführer.[69] Ebenso wenig haftet er für Verbindlichkeiten der Gesellschaft, die erst nach der Beendigung seiner Geschäftsführung durch vertragswidriges Verhalten der Gesellschaft entstanden sind.[70]

22 Der Geschäftsführer haftet persönlich bei Verstoß gegen die **Insolvenzantragspflicht.** Außerdem haftet er, wenn er in einer dauernden Geschäftsverbindung nicht auf Anfrage auf die Konkurs-/Insolvenzreife des Unternehmens aufmerksam macht.[71] Nach § 64 I GmbHG hat der Geschäftsführer binnen drei Wochen nach Eintritt der Zahlungsunfähigkeit oder Überschuldung Insolvenzantrag zu stellen. Verstößt der Geschäftsführer schuldhaft gegen diese Pflicht, macht er sich gem. § 823 II BGB i. V. m. § 64 I GmbHG schadensersatzpflichtig. Gegenüber den Gläubigern, die ihre Forderung bereits vor dem Zeitpunkt erworben haben, in dem Insolvenzantrag hätte gestellt werden müssen (sog. Altgläubiger), ist die Haftung auf den Differenzschaden zwischen der ursprünglich erzielbaren Insolvenzquote und der tatsächlich erzielten beschränkt (Quotenschaden). Später hinzu kommende Gläubiger (sog. Neugläubiger) haben dagegen Anspruch auf Ausgleich des Schadens, der ihnen dadurch entstanden ist, dass sie in Rechtsbeziehungen zu einer überschuldeten oder zahlungsunfähigen Gesellschaft getreten sind. Sie sind so zu stellen, als hätten sie den Vertrag mit dem insolvenzreifen Unternehmen nicht geschlossen.[72] Darlegungs- und beweispflichtig für das Vorliegen der objektiven Voraussetzungen für die Insolvenzantragspflicht ist der Gläubiger. Steht fest, dass die Gesellschaft zu einem bestimmten Zeitpunkt rechnerisch überschuldet war, ist es Sache des Geschäftsführers, die Umstände darzulegen, die es aus damaliger Sicht rechtfertigten, das Unternehmen dennoch weiterzuführen.[73] Eine Haftung des Geschäftsführers gegenüber der Bundesagentur für Arbeit wegen des bezahlten Insolvenzgeldes gem. § 823 II BGB i. V. m. § 64 I GmbHG kommt nach diesen Grundsätzen nicht in Betracht, weil die Bundesagentur weder Altgläubiger noch Neugläubiger ist. Sie erwirbt Ansprüche erst mit der Insolvenzeröffnung. Eine Schadensersatzpflicht des Geschäftsführers kann sich aber aus § 826 BGB ergeben.[74] Zur Haftung des Geschäftsführers gegenüber den Sozialversicherungsträgern gem. § 823 II BGB i. V. m. § 266 a StGB auf Zahlung der Sozialversicherungsbeiträge, die nach dem Zeitpunkt entstanden sind, an dem Insolvenzantrag hätte gestellt werden müssen.[75] Da für Altgläubiger kein Anspruch auf Ersatz des Schadens besteht, der nicht in einer Quotenverringerung besteht,[76] scheidet für sie ein Anspruch auf Ersatz von Vermögensnachteilen, die sich aus dem Verlust von Ansprüchen gegenüber Dritten, z. B. dem Pensionssicherungsverein, ergeben, aus.[77]

23 Gründet der geschäftsführende Gesellschafter einer in finanziellen Schwierigkeiten geratenen OHG eine GmbH, auf die der Geschäftsbetrieb der OHG einschließlich der Arbeitsverhältnisse übertragen wird, haftet er bei einer späteren Insolvenz der GmbH nach § 826 BGB nicht, wenn die Insolvenz für ihn noch nicht absehbar war.[78]

24 **4. Beendigung des Rechtsverhältnisses.** Bei Organmitgliedern ist zwischen **Bestellung** und **Anstellung** zu unterscheiden. Grundsätzlich sind beide Rechtsverhältnisse rechtlich selbstständig und können unabhängig voneinander nach den jeweiligen dafür geltenden Vorschriften beendet werden.[79] Das Dienstverhältnis kann aber an die Organbestellung geknüpft werden.[80] Für das Dienstverhältnis bleibt in diesem Fall allerdings die gesetzliche Kündigungsfrist (gem. § 621 bzw. § 622 BGB, s. RN 26) unberührt.[81]

---

[69] BGH 11. 12. 2001 AP 16 zu § 35 GmbHG = NZA 2002, 1400; OLG Düsseldorf 20. 12. 2002 = NZS 2003, 597.

[70] BAG 20. 1. 1998 AP 12 zu § 11 GmbHG = NZA 98, 539; zur Haftung des faktischen Geschäftsführers s. KG 26. 11. 1996 NJW-RR 97, 1126.

[71] Vgl. BGH 26. 6. 1989 BGHZ 108, 134 = AP 1 zu § 64 GmbHG; 16. 3. 1992 NJW-RR 92, 1061; 7. 11. 1994 NJW 95, 398; OLG München 14. 7. 1992 NJW-RR 93, 491; zur Beschränkung auf das negative Interesse s. BGH 8. 3. 1999 NZS 99, 392.

[72] BGH 6. 6. 1994 BGHZ 126, 181 = NJW 94, 2220; 7. 11. 1994 NJW 95, 398; 30. 3. 1998 BGHZ 138, 211 = NJW 98, 2667; 25. 7. 2005 NJW 2005, 3137; teilweise abl. Baumbach/Hueck/*Schulze-Osterloh* § 64 GmbHG RN 93 m. w. N.

[73] BGH 6. 6. 1994 BGHZ 126, 181 = NJW 94, 2220.

[74] BGH 26. 6. 1989 BGHZ 108, 134 = AP 1 zu § 64 GmbHG = NJW 89, 3277; abw. OLG Hamburg 16. 12. 1988 ZIP 89, 249 = GmbHR 89, 338.

[75] BGH 29. 9. 2008 DB 2008, 2527.

[76] BAG 17. 9. 1991 – 3 AZR 521/90 – n. v.

[77] LAG Berlin 15. 12. 1981 ZIP 82, 211 (zu § 92 II AktG); *Blomeyer/Rolfs/Otto* Vor § 7 BetrAVG RN 18.

[78] BAG 3. 9. 1998 AP 21 zu § 826 BGB = NZA 99, 39.

[79] Vgl. BGH 28. 10. 2002 NJW 2003, 351.

[80] BGH 29. 5. 1989 AP 26 zu § 622 BGB = NJW 89, 2683; 21. 6. 1999 NJW 99, 3263.

[81] BGH 29. 5. 1989 AP 26 zu § 622 BGB = NJW 89, 2683.

a) Der **Widerruf der Bestellung** zum Vorstandsmitglied einer AG kann gem. § 84 III AktG nur aus wichtigem Grund erfolgen. Die Bestellung der Geschäftsführer einer GmbH ist dagegen nach § 38 I GmbHG grundsätzlich frei widerruflich (das gleiche gilt für den Vorstand einer Genossenschaft, s. § 24 II 2 GenG). Bei einer GmbH (oder einer anderen Rechtspersönlichkeit gem. § 1 I Nr. 1 MitbestG), die dem MitbestG unterfällt, gilt gem. § 31 MitbestG aber die Regelung des § 84 AktG. Das gleiche gilt gem. § 12 für den Bereich des Montan-MitbestG. Eine Abberufung aus wichtigem Grund kann nicht auf Umstände gestützt werden, die der Gesellschaft bereits bei der Bestellung bekannt waren.[82] Wird die Bestellung zu Unrecht widerrufen oder vom Organmitglied niedergelegt, ohne dass hierfür ein wichtiger Grund besteht, kann für die Gegenseite ein Recht zur außerordentlichen Kündigung erwachsen.[83] Das Kündigungsrecht steht dem für die Bestellung und Abberufung zuständigen Organ zu.[84] Der Widerruf der Bestellung eines Geschäftsführers gem. § 38 I GmbHG stellt kein vertragswidriges Verhalten der Gesellschaft im Sinne des § 628 II BGB dar.[85] 25

b) Die **Beendigung des Anstellungsverhältnisses** richtet sich nach den Bestimmungen des Dienstvertragsrechts, insbes. §§ 620, 626 BGB. Die ordentliche Kündigung bedarf keines rechtfertigenden Grundes.[86] Das KSchG findet gem. § 14 I keine Anwendung,[87] ebenso wenig wie der Sonderkündigungsschutz des MuSchG sowie des SGB IX.[88] Vor Erlass des KündFrG war umstr., ob sich die gesetzliche Kündigungsfrist nach § 621 oder § 622 BGB richtet. Der BGH hat sich für die entsprechende Geltung des § 622 BGB ausgesprochen,[89] sofern es sich nicht um einen herrschenden Gesellschafter handelt.[90] Es erscheint zweifelhaft, ob diese Rspr. nach der Änderung von § 622 BGB noch Bestand hat. Dagegen spricht der unmissverständliche Gesetzeswortlaut in § 621 und § 622 I BGB.[91] Das nur für Arbeitsverhältnisse geltende Schriftformerfordernis für Kündigungen in § 623 BGB findet auf Dienstverhältnisse von Organmitgliedern keine Anwendung. Es gilt aber für das Arbeitsverhältnis, sofern ein Arbeitnehmer zum Geschäftsführer aufrückt und das Arbeitsverhältnis als ruhendes weiter besteht (s. RN 7). Die außerordentliche Kündigung richtet sich nach § 626 BGB. Ist sie unwirksam, kann sie nach § 140 BGB in eine ordentliche Kündigung umgedeutet werden, wenn nach der Sachlage anzunehmen ist, dass die ordentliche Kündigung dem Willen des Kündigenden entspricht und dieser Wille in seiner Erklärung für den Empfänger der Kündigung erkennbar zum Ausdruck kommt.[92] Eine Umdeutung scheidet jedoch aus, wenn die Gesellschaft durch die ausgelösten Abfindungs- und Versorgungsansprüche schwerer belastet würde als durch eine Kündigung aus wichtigem Grund. Die Ausschlussfrist des § 626 II BGB beginnt mit der Kenntnis des für die außerordentliche Kündigung zuständigen Organs.[93] Diese Kenntnis liegt vor, wenn das Organ zur Beratung über die Frage der Entlassung des Geschäftsführers zusammentritt.[94] Das gilt auch bei einer vorherigen Kenntnis aller Gesellschafter der Gesellschafterversammlung. Die Einberufung des zuständigen Organs darf aber nicht beliebig hinausgeschoben werden. Bei einer unangemessenen Verzögerung ist derjenige Termin zugrunde zu legen, der zumutbarer Beschleunigung entsprochen hätte.[95] Kündigungsgründe können nachgeschoben werden, wenn sie dem Kündigenden bei 26

---

[82] BGH 12. 7. 1993 DB 93, 1814 = BB 93, 1681.
[83] Vgl. BGH 14. 7. 1980 BGHZ 78, 82 = NJW 80, 2415.
[84] BGH 27. 3. 1995 NJW 95, 1750.
[85] BGH 28. 10. 2002 NJW 2003, 351.
[86] BGH 3. 11. 2003 NJW-RR 2003, 2174.
[87] BAG 25. 10. 2007 AP 11 zu § 14 KSchG 1969 = NZA 2008, 168.
[88] S. zum SchwbG BGH 9. 2. 1978 AP 1 zu § 38 GmbHG = NJW 78, 1435.
[89] BGH 29. 1. 1981 BGHZ 79, 291 = AP 14 zu § 622 BGB = NJW 81, 1270; 26. 3. 1984 BGHZ 91, 217 = NJW 84, 2528.
[90] BGH 9. 3. 1987 NJW 87, 2073.
[91] Baumbach/Hueck/*Zöller/Noack* § 35 GmbHG RN 242; anders aber die h. M. Staudinger/*Preis* § 622 BGB RN 14; MünchKommBGB/*Hesse* § 621 BGB RN 12; *Nägele* BB 2001, 305, 309, 310.
[92] BGH 26. 3. 1956 BGHZ 20, 239 = WM 56, 631; 28. 1. 1985 DB 85, 1837 = WM 85, 567; 8. 8. 1997 AP 8 zu § 140 BGB = NJW 98, 76; 14. 2. 2000 AP 16 zu § 620 BGB Kündigungserklärung = NZA 2000, 430.
[93] BGH 9. 11. 1992 NJW 93, 463; 2. 6. 1997 GmbHR 97, 998; 15. 6. 1998 BGHZ 139, 89 = AP 41 zu § 626 BGB Ausschlussfrist = NZA 98, 1005; 10. 1. 2000 AP 15 zu § 611 BGB Organvertreter = NZA 2000, 376.
[94] BGH 15. 6. 1998 BGHZ 139, 89 = AP 41 zu § 626 BGB Ausschlussfrist = NZA 98, 1005.
[95] BGH 18. 6. 1984 NJW 84, 2689; 15. 6. 1998 BGHZ 139, 89 = AP 41 zu § 626 BGB Ausschlussfrist = NZA 98, 1005; Baumbach/Hueck/*Zöllner/Noack* § 35 GmbHG RN 226 m. w. N.; *Hüffer* § 85 AktG RN 42.

Ausspruch der Kündigung nicht bekannt waren und das zuständige Organ beschlossen hat, die Kündigung auch auf sie zu stützen.[96]

27 **5. Sozialrecht. Vorstandsmitglieder** einer Aktiengesellschaft sind nicht in der gesetzlichen **Krankenversicherung** versicherungspflichtig (§ 5 SGB V).[97] Versicherungspflicht besteht nur für Personen, die gegen Arbeitsentgelt als Arbeiter, Angestellte oder zur Berufsausbildung in einem Beschäftigungsverhältnis (§ 7 SGB IV) stehen. Nach § 1 Satz 4 SGB VI sind Mitglieder des Vorstandes einer Aktiengesellschaft nicht versicherungspflichtig in der gesetzlichen **Rentenversicherung.** Nach früher h. M. galt der Ausschluss der Rentenversicherungspflicht nicht nur für die Vorstandstätigkeit, sondern auch für alle daneben ausgeübten Tätigkeiten bei anderen Arbeitgebern, und zwar selbst dann, wenn die anderweitigen Tätigkeiten gegenüber der Vorstandstätigkeit überwogen. Nunmehr regelt § 1 Satz 4 SGB IV in der ab dem 1. 1. 2004 geltenden Fassung (s. auch die Übergangsregelung in § 229 I a SGB VI[98]), dass das Nichtbestehen der Versicherungspflicht auf die Beschäftigung als Vorstandsmitglied beschränkt ist. Dieser Personenkreis kann von dem Recht der Versicherungspflicht auf Antrag Gebrauch machen.[99] Dasselbe gilt für Stellvertreter[100] und für Vorstandsmitglieder größerer Versicherungsvereine auf Gegenseitigkeit.[101] Nach § 27 I Nr. 5 SGB III sind Mitglieder des Vorstandes einer Aktiengesellschaft in Beschäftigungen für das Unternehmen, dessen Vorstand sie angehören, nicht beitragspflichtig. Konzernunternehmen im Sinne des § 18 AktG gelten als ein Unternehmen. Mitglieder des Vorstands sind in Tätigkeiten für das Unternehmen, dessen Vorstand sie angehören, in der gesetzlichen **Unfallversicherung** nicht als Beschäftigte versichert.[102] Es besteht jedoch eine Beitragspflicht der Vorstandsmitglieder in anderen, daneben ausgeübten Beschäftigungen.[103]

28 Ob der **Geschäftsführer einer GmbH** versicherungspflichtig ist, muss nach den zu § 7 SGB IV entwickelten Grundsätzen beurteilt werden.[104] Grundsätzlich ist der Geschäftsführer einer GmbH sozialversicherungsrechtlich als ein nicht selbstständig Beschäftigter anzusehen, der der Sozialversicherungspflicht unterliegt. Seine Organstellung schließt eine Abhängigkeit gegenüber der Gesellschaft bzw. den Gesellschaftern nicht aus.[105] Maßgebend ist die Ausgestaltung des Dienstverhältnisses. Hierbei kommt den Regelungen des Geschäftsführervertrages über das Innenverhältnis, den Weisungen durch die Gesellschafterversammlungen, Abdingungen des Selbstkontrahierungsverbotes besonderes Gewicht zu.[106] Aber auch nicht am Kapital beteiligte Geschäftsführer können von der Versicherungspflicht befreit werden.

29 Besonderheiten gelten, wenn der Geschäftsführer **am Kapital der Gesellschaft beteiligt** ist. Die Rspr. hat eine Arbeitnehmereigenschaft eines Gesellschaftergeschäftsführers verneint, wenn dieser über mindestens die Hälfte des Stammkapitals der Gesellschaft verfügt.[107] Bei einem

---

[96] BGH 5. 5. 1958 BGHZ 27, 220 = AP 5 zu § 70 HGB = NJW 58, 1136; 29. 3. 1073 BGHZ 60, 333 = AP 1 zu § 40 GenG; BGH 11. 7. 1978 DB 79, 117 = WM 78, 1123.

[97] Zur Sozialversicherungspflicht von Vorstandsmitgliedern gesetzlicher Krankenkassen vgl. *Dudda* NZS 97, 23; zu Vorstandsmitgliedern eingetragener Genossenschaften vgl. *Bösche* NZS 2004, 466; zu Vorstandsmitgliedern der ärztlichen Selbstverwaltung *Hantel* NZS 2005, 580.

[98] Vgl. LSG Rheinland-Pfalz 14. 7. 2005 DB 2005, 2644 (LS).

[99] BSG 31. 5. 1989 BSGE 65, 113 = NZA 90, 668; 26. 3. 1992 BB 93, 442 vgl. auch die Zusammenfassung BB 91, 982 u. BB 93, 441.

[100] BSG 18. 9. 1973 BSGE 36, 164 = NJW 74, 208.

[101] BSG 27. 3. 1980 BB 80, 1473.

[102] BSG 14. 12. 1999 NZA-RR 2000, 434.

[103] Vgl. zur versicherungsrechtlichen Beurteilung die Zusammenfassung BB 93, 441 und DB 93, 277.

[104] Schrifttum zur Sozialversicherungspflicht von GmbH-Geschäftsführern siehe vor RN 5. Die am gemeinsamen Beitragseinzug Beteiligten haben 1988 und 1996 Feststellungsbogen zur Beurteilung der Sozialversicherungspflicht herausgegeben. Die BAnstArb. (jetzt Bundesagentur) hat diesen Bogen überarbeitet. Er kann bei den Krankenkassen und Arbeitsämtern (jetzt Arbeitsagenturen) bezogen werden (DB 98, 1818). Die Spitzenverbände der Sozialversicherungsträger haben im Anschluss an die Besprechung vom 22./23. 11. 2000 die gültige Rspr. des BSG zur Versicherungspflicht für in der GmbH beschäftigte Gesellschafter umfassend und systematisch dokumentiert, BB 2001, 728.

[105] BSG 18. 4. 1991 NZA 91, 869; 14. 12. 1999 EzA 1 zu § 7 SGB IV = BB 2000, 674; 18. 12. 2001 NZA-RR 2003, 325; dazu *Reiserer* BB 2000, 676.

[106] BSG 9. 8. 1990 NZA 91, 159 = NJW 91, 862; vgl. 8. 12. 1994 DB 95, 429; 30. 1. 1997 NZS 1997, 432 (als Treuhänder eines Dritten).

[107] BSG 13. 12. 1960 BSGE 13, 196 = AP 1 zu § 165 b RVO = NJW 61, 1134; 30. 3. 1962 BSGE 17, 15 = NJW 62, 1539; 25. 5. 1965 BSGE 23, 83; 15. 12. 1971 BB 72, 404; 29. 6. 1972 AP 1 zu § 539 RVO = NJW 73, 167; 22. 8. 1973 AP 11 zu § 3 AVG (n. F.) = NJW 74, 207; 24. 6. 1982 BB 84, 1049; 9. 11. 1989 BSGE 66,69 = BB 90, 783; zur Versicherungspflicht des Treuhandgeschäftsführers BSG 8. 12. 1994 NZS 95, 753 = NJW-RR 95, 993; 30. 1. 1997 NZS 97, 432 = BB 97, 1642 (LS).

geringeren Kapitalanteil stellt die Rspr. darauf ab, ob er auf Grund seines Kapitalanteils, insbesondere bei Bestehen einer Sperrminorität in der Lage ist, ihn belastende Entscheidungen zu verhindern.[108] Der Besitz einer Sperrminorität schließt eine abhängige Beschäftigung auch dann aus, wenn ein anderer Gesellschafter ein wirtschaftliches Übergewicht hat und dieses auch einsetzt.[109] Auch dann, wenn der Kapitalanteil eines Gesellschaftergeschäftsführers für eine Beherrschung der Gesellschaft nicht ausreicht, er aber nach der tatsächlichen Gestaltung der Verhältnisse im Wesentlichen nach Zeit, Umfang und Ort seiner Tätigkeit weisungsfrei ist, liegt ein versicherungspflichtiges Beschäftigungsverhältnis nicht vor.[110] Ferner wird die Versicherungspflicht verneint, wenn der **tatsächliche Einfluss** größer ist, als dem Kapitalanteil entspricht. Dies kann insbesondere bei verwandtschaftlichen Beziehungen (Familiengesellschaft) gelten.[111] Versicherungspflichtig ist aber ein Geschäftsführer, der mit 50% an einer Komplementär GmbH, nicht dagegen an der KG, beteiligt ist und deren Geschicke nicht bestimmen kann.[112] Für die **Rentenversicherungspflicht** regelt § 2 Satz 1 Nr. 9 SGB IX in der ab dem 1. 1. 1999 geltenden Fassung, dass an sich als selbstständig anzusehende Personen versicherungspflichtig sind, wenn sie regelmäßig keinen versicherungspflichtigen Arbeitnehmer beschäftigen, dessen Entgelt 400 Euro monatlich übersteigt und sie im wesentlichen nur für einen Auftraggeber tätig sind. Nach Ansicht des BSG sollte ein Geschäftsführer-Gesellschafter nach dieser Regelung als arbeitnehmerähnlicher Selbstständiger rentenversicherungspflichtig sein, wenn er selbst (nicht: die GmbH) keine Arbeitnehmer beschäftige und er nur für eine Gesellschaft tätig sei.[113] Durch eine am 1. 7. 2006 in Kraft getretene Änderung des § 2 Satz 1 Nr. 9 lit. b und Satz 4 Nr. 3 SGB VI hat der Gesetzgeber daraufhin aber klargestellt, dass die genannten Tatbestandsvoraussetzungen in der Person der GmbH und nicht des Gesellschafters begründet sein müssen. Da insoweit keine Neureglung, sondern eine Klarstellung gewollt war, gilt dies für alle ab dem 1. 1. 1999 ausgeübten Tätigkeiten, so dass Gesellschafter-Geschäftsführer weitgehend aus der Rentenversicherungspflicht ausgenommen sind. Ist ein Geschäftsführer nicht versicherungspflichtig, so ist sein Gehalt bei der Bemessung der Beiträge zur Unfallversicherung nicht zu berücksichtigen.[114] Zur Feststellung der Versicherungspflicht kann ein Verfahren bei der Bundesagentur für Arbeit eingeleitet werden (§ 336 SGB III).

III. Arbeitsrechtliche Behandlung sonstiger leitender Angestellter

1. Begriff des leitenden Angestellten. Die Abgrenzung des Begriffs leitender Angestellter ist nicht in allen arbeitsrechtlichen Gesetzen gleich (RN 1, 2 und § 212 RN 15ff.). Im allgemeinen arbeitsrechtlichen Sinn sind leitende Angestellte Arbeitnehmer mit spezifischen Arbeitnehmerinteressen. Sie unterscheiden sich aber von den übrigen Arbeitnehmern, da sie für das Unternehmen oder einen Betrieb des Unternehmens als dessen Teilorganisation oder eigener Verantwortung typische Unternehmerfunktionen mit einem eigenen erheblichen Entscheidungsspielraum wahrnehmen. Es müssen zumindest Teilbereiche eigentlicher Unternehmerfunktionen wahrgenommen werden. Leitende Angestellte können sowohl solche mit unmittelbarer personeller Anordnungsbefugnis sein, als auch solche mit einem erheblichen Einfluss auf die wirtschaftliche, technische, kaufmännische, organisatorische oder wissenschaftliche Führung des Unternehmens, u. U. auch ohne Bestehen einer unmittelbaren Vorgesetzteneigenschaft (vgl. § 212 RN 15ff.). Es besteht weder eine allgemein gültige Verkehrsanschauung noch eine einheitliche Rechtsüberzeugung. 30

2. Leitende Angestellte in Einzelgesetzen. In den einzelnen arbeitsrechtlichen Gesetzen wird der allgemeine arbeitsrechtliche Begriff des leitenden Angestellten vorausgesetzt und durch zusätzliche Merkmale entweder eingeschränkt oder erweitert. Dabei besteht auch keine einheitliche Begriffsbildung, soweit die leitenden Angestellten einerseits im Außenverhältnis in Gegensatz zu der übrigen Arbeitnehmerschaft gestellt sind (§ 5 III, IV BetrVG; § 3 MitbestG; § 1 SprAuG; §§ 22 II Nr. 2, 37 II, 43 III ArbGG; § 16 IV Nr. 4 SozGG; §§ 100, 105 AktG) oder 31

---

[108] BSG 5. 5. 1988 SozR 2400 § 2 Nr. 25; vgl. auch BSG 8. 12. 1994 NZS 95, 373 = NJW-RR 95, 993.
[109] BSG 18. 4. 1991 NZA 91, 869; 24. 9. 1992 NZA 93, 430 = NZS 93, 54; 23. 6. 1994 WiB 94, 776.
[110] BSG 24. 6. 1982 USK 82160.
[111] BSG 30. 1. 1990 NZA 90, 950.
[112] LSG NRW 12. 6. 1991 ZIP 92, 53.
[113] BSG 24. 11. 2005 NZA 2006, 396 = NJW 2006, 1162; s. hierzu *Müller* DB 2006, 614; *Hidalgo/Schmidt* BB 2006, 602; nach Ansicht von *Gach/Kock* NJW 2006, 1089, 1092 sind von dieser Entscheidung aber Gesellschafter-Geschäftsführer, deren Gesellschaft über mehrere Kunden verfügt und zumindest einen sozialversicherungspflichtigen Arbeitnehmer beschäftigt, nicht betroffen.
[114] LSG Schleswig-Holst. 11. 11. 1992 NZS 93, 265.

andererseits ihre Interessen im Innenverhältnis in Gegensatz zu denen des Arbeitgebers gesetzt sind (§§ 18 ArbZG; 14, 17 V KSchG). Gleichwohl ist nicht zu verkennen, dass im Gesetz zunehmend auf den Begriff des leitenden Angestellten nach § 5 BetrVG verwiesen wird.

32 **3. Sonderstellung.** Die rechtliche Sonderbehandlung der leitenden Angestellten in einzelnen arbeitsrechtlichen Gesetzen (s. RN 2) ist durch die **Rspr. des BAG** erheblich erweitert worden.

33 **a)** Bei ihnen werden an den **wichtigen Grund** zur außerordentlichen Kündigung oder – sofern das KSchG Anwendung findet – an personen- oder verhaltensbedingte Gründe zur ordentlichen Kündigung geringere Anforderungen gestellt.[115] Ihr Arbeitsverhältnis muss von besonderem Vertrauen des Arbeitgebers getragen werden, so dass sich verhältnismäßig kleine Dienstverfehlungen im Rahmen der Zumutbarkeit der Weiterbeschäftigung auswirken können. Dagegen bleibt die Abfindungsregelung in §§ 9, 10 KSchG unberührt. Sie werden von einem Sozialplan nicht erfasst (s. § 244 RN 44).

34 **b)** Bei ihnen wird die **Treuepflicht** bei Kollisionen zwischen ihren und den Interessen des Arbeitgebers erheblich erweitert.[116]

35 **c)** Sie treffen erhöhte **Rechenschafts-,**[117] **Prüfungs-, Warnungs-**[118] **und Überwachungspflichten.**[119]

36 **d)** Von ihnen wird ein **erhöhtes Maß an Arbeitsleistung** erwartet. Sie können nur dann die Vergütung von **Überstunden** verlangen, wenn ihre Bezüge lediglich auf eine bestimmte Arbeitszeit zugeschnitten oder wenn ihnen nicht nur vorübergehend zusätzliche Aufgaben außerhalb ihres eigenen Aufgabenbereiches übertragen oder wenn ihnen diese besonders zugesagt wird.[120]

37 **e)** Nach Inkrafttreten des § 613a BGB gelten beim Betriebsübergang keine Besonderheiten. Im Falle der **Betriebsübernahme** geht ihr Arbeitsverhältnis automatisch auf den Betriebsnachfolger über.[121] Die frühere Bestimmung in § 75b Satz 1 HGB, die bei „Hochbesoldeten" die Zulässigkeit eines nachvertraglichen Wettbewerbsverbots ohne Karenzentschädigung vorsah,[122] ist weggefallen. Für die **Haftung** gegenüber dem Arbeitgeber bestehen keine Besonderheiten (s. § 53 RN 32ff.).

38 **4. Arbeitsentgelt.** Die Arbeitsvergütung leitender Angestellter ist regelmäßig nicht tariflich geregelt. Sofern in ihren Arbeitsverträgen keine Anpassungsklauseln enthalten sind, steht es weitgehend im Ermessen des Arbeitgebers, die Anpassung an eine Veränderung des Lohngefüges vorzunehmen. Eine Anpassungsverpflichtung kann sich indes aus dem Gleichbehandlungsgrundsatz (§ 112) und bei grober Störung des Äquivalenzverhältnisses ergeben. Leitende Angestellte können aber nicht von Regelungen des Konkursausfallgeldes/Insolvenzgeldes ausgenommen werden.[123]

IV. Außertarifliche Angestellte

39 **1. Begriff.** Außertarifliche Angestellte (AT-Angestellte) sind solche Arbeitnehmer, die auf Grund ihrer Tätigkeitsmerkmale und/oder ihrer Vergütungshöhe von dem persönlichen Gel-

---

115 BAG 2. 6. 1960 AP 42 zu § 626 BGB; 22. 11. 1962 AP 49 zu § 626 BGB (geringfügiger Spesenbetrug); OLG Köln 21. 1. 1994 BB 94, 1150 (LS); vgl. BAG 11. 3. 1999 AP 149 zu § 626 BGB = NZA 99, 587.

116 BAG 26. 11. 1964 AP 53 zu § 626 BGB; 18. 6. 1963 AP 25 zu § 138 BGB; 17. 7. 1965 AP 101 zu § 242 Ruhegehalt; 21. 8. 1967 AP 122 zu § 242 BGB Ruhegehalt; 11. 5. 1982 AP 4 zu § 1 BetrAVG Treuebruch; LAG Nürnberg 5. 9. 1990 LAGE § 626 BGB Nr. 51 = DB 90, 2330.

117 BAG 9. 4. 1957 AP 4 zu § 611 BGB Haftung des Arbeitnehmers; 13. 3. 1964 AP 32 zu § 611 BGB Haftung des Arbeitnehmers.

118 BAG 25. 5. 1962 AP 1 zu § 628 BGB; 14. 10. 1970 AP 60 zu § 611 BGB Haftung des Arbeitnehmers.

119 BAG 12. 5. 1958 AP 5 zu § 611 BGB Treuepflicht.

120 BAG 17. 11. 1966 AP 1 zu § 611 BGB Leitende Angestellte; 26. 1. 1956 AP 1 zu § 15 AZO; 16. 11. 1961 AP 5 zu § 611 BGB Mehrarbeitsvergütung; 16. 1. 1965 AP 1 zu § 1 AZO.

121 BAG 22. 2. 1978 AP 11 zu § 613a BGB; 19. 1. 1988 AP 70 zu § 613a BGB = NZA 88, 501; anders zur früheren Rechtslage BAG 18. 2. 1960 AP 1 zu § 419 BGB Betriebsnachfolge.

122 Das BAG hatte die Bestimmung ohnehin für verfassungswidrig erklärt: BAG 2. 10. 1975 AP 14 zu § 75b HGB.

123 EuGH 16. 12. 1993 NJW 94, 921.

tungsbereich eines Tarifvertrages nicht mehr erfasst werden.[124] Dies gilt vor allem für Vergütungstarifverträge.[125] Teilweise wird diese Arbeitnehmergruppe in Tarifverträgen in der Weise definiert, dass ihr Entgelt das Tarifgehalt der höchsten Entgeltstufe um einen bestimmten Prozentsatz übersteigt (Abstandsgebot). Im Zweifel ist dann bei der Abstandsberechnung allein auf das Monatsentgelt abzustellen, auch wenn die Arbeitszeit des betreffenden Arbeitnehmers die tarifliche Arbeitszeit überschreitet.[126]

2. Rechtsstellung. Sofern sie keine leitenden Angestellten i. S. v. § 5 III BetrVG sind, unterfallen außertarifliche Angestellte dem BetrVG. Zum Mitbestimmungsrecht nach § 87 I Nr. 10 BetrVG s. § 235 RN 96. Tariflich festgelegte Arbeitszeiten gelten für sie grundsätzlich nicht, es sei denn deren Geltung ist arbeitsvertraglich vereinbart. Häufig finden sich Vereinbarungen, wonach Überstunden durch das Entgelt pauschal abgegolten sein sollen (vgl. hierzu § 69 RN 15). Aus der Vereinbarung, dass ein Arbeitnehmer außertariflicher Angestellter ist, kann sich ein Anspruch auf Zahlung einer Mindestvergütung ergeben, so dass das Entgelt dann anzuheben ist, wenn das Gehalt von zwischenzeitlichen Tarifanhebungen eingeholt wird.[127] Innerhalb der Gruppe der außertariflichen Angestellten können sich auf Grund des Gleichbehandlungsgrundsatzes Ansprüche auf eine Vergütungserhöhung ergeben, wenn der Arbeitgeber bei der Vergütungsanpassung nach einem erkennbar generalisierenden Prinzip auf Grund einer abstrakten Regelung verfährt.[128] 40

§ 16. Sonstige Arbeitnehmergruppen, insbesondere die zu ihrer Berufsausbildung beschäftigten Personen

Übersicht

	RN		RN
I. Allgemeines	1 ff.	III. Volontär	7, 8
1. Berufsausbildung	1	IV. Praktikant	9 ff.
2. Lehrling und Anlernling	2	1. Begriff	9
3. Arbeitsrecht der neuen Bundesländer	3	2. Rechtsstellung	10
II. Auszubildender	4 ff.	3. Sozialversicherung	11
1. Begriff	4	V. Werkstudenten, Schüler	12 ff.
2. Auszubildender als Arbeitnehmer	5	1. Werkstudenten	12, 13
3. Anerkannter Ausbildungsberuf	6	2. Schüler	14
		VI. Umschüler	15, 16

I. Allgemeines

1. Berufsausbildung. Zu ihrer Berufsausbildung werden **Auszubildende** (RN 4), der **Lehrling** im Sinne des neuen Ausbildungsrechts (RN 4), der **Volontär** (RN 7) und der **Praktikant** (RN 9) beschäftigt. Regelmäßig nicht zu ihrer Berufsausbildung werden dagegen der Werkstudent und der Schüler tätig (RN 12). Erste umfassende Regelung des Vertragsrechts sowie des öffentlich-rechtlichen Berufsbildungsrechts war das am 1. 9. 1969 in Kraft getretene BBiG vom 14. 8. 1969 (BGBl. I S. 1112). Dieses Gesetz sowie das BerBiFG vom 23. 12. 1981 (BGBl. I S. 1692) sind nunmehr durch das am 1. 4. 2005 in Kraft getretene BBiG vom 23. 3. 2005 (BGBl. I S. 931) abgelöst. Das Gesetz regelt die Berufsbildung (Berufsausbildungsvorbereitung, Berufsausbildung, berufliche Fortbildung und berufliche Umschulung, s. § 1 BBiG) sowie sonstige Vertragsverhältnisse im Sinne von § 26 BBiG. Diese Rechtsverhältnisse unterscheiden sich vom Arbeitsverhältnis dadurch, dass die Beschäftigten sich nicht in erster Linie zur Leistung von Arbeit nach Weisung des Arbeitgebers verpflichtet haben, sondern der Lernzweck im Vordergrund steht.[1] 1

---

[124] Vgl. BAG 18. 9. 1973 AP 3 zu § 80 BetrVG 1972; 28. 5. 1974 AP 5 zu § 80 BetrVG 1972; 23. 11. 1993 AP 111 zu § 99 BetrVG 1972 = NZA 94, 461.

[125] Vgl. für den Bereich des öffentlichen Dienstes: *Hoffmann* ZTR 93, 234; zum Betriebsverfassungsrecht: *Wohlgemuth* BB 93, 286; zur Überstundenvergütung: *Gaul/Bonanni* ArbRB 2002, 307.

[126] BAG 26. 11. 2003 AP 186 zu § 1 TVG Tarifverträge: Metallindustrie = NZA 2004, 1107.

[127] LAG München 8. 5. 1996 NZA 97, 735; LAG Düsseldorf 27. 7. 1999 – 16 (3) Sa 213/99 – n. v.

[128] BAG 1. 12. 2004 AP 38 zu § 242 BGB Auskunftpflicht = NZA 2005, 289.

[1] BAG 5. 12. 2002 AP 2 zu § 2 BBiG.

2 **2. Lehrling und Anlernling.** Vor Inkrafttreten des BBiG vom 14. 8. 1969 wurden der Lehrling und der Anlernling unterschieden. Lehrlinge waren Arbeitnehmer, die systematisch in einem anerkannten Lehrberuf ausgebildet wurden.[2] Anlernlinge waren dagegen Arbeitnehmer, die in einem engeren Fachgebiet eine planmäßige Spezialausbildung erhalten haben.[3] Der Anlernling unterschied sich vom Lehrling durch die kürzere Dauer der Ausbildung, die geringeren persönlichen Bindungen an den Ausbildungsherrn und die begrenzte Ausbildung auf einem Spezialgebiet. Die Unterscheidung zwischen Lehrlingen und Anlernlingen ist nahezu überholt. Sie findet sich zumeist nur noch in älteren Tarifverträgen.

3 3. Im **Arbeitsrecht der neuen Bundesländer** sind keine Besonderheiten mehr. Die Maßgaben aus dem EV Anl. I Kap. XVI Sachgebiet C sind im Wesentlichen überholt.

II. Auszubildender

4 **1. Begriff.** Auszubildender ist gem. § 1 III BBiG, wer auf Grund eines Berufsausbildungsvertrages in einem geordneten Ausbildungsgang die für die Ausübung einer qualifizierten beruflichen Tätigkeit in einer sich wandelnden Arbeitswelt notwendigen beruflichen Fertigkeiten, Kenntnisse und Fähigkeiten (berufliche Handlungsfähigkeit) vermittelt erhält. Der Begriff des Auszubildenden umfasst den alten Begriff des Lehrlings und des Anlernlings (RN 2). Lediglich aus historischen Gründen ist im **Bereich des Handwerks** der Begriff des Lehrlings beibehalten worden. Aber auch hier deckt sich der Begriff des Lehrlings mit dem des Auszubildenden. Die HwO setzt daher jeweils hinter dem Wort Lehrling in Klammern den Begriff Auszubildender (z. B. § 21 HwO).

5 2. Der **Auszubildende ist kein Arbeitnehmer.**[4] Nach § 10 II BBiG sind auf den Berufsbildungsvertrag, soweit sich aus seinem Wesen und Zweck und dem BBiG nichts anderes ergibt, die für den Arbeitsvertrag geltenden Rechtsvorschriften und Rechtsgrundsätze anzuwenden (s. § 174). Ob auch ein **Tarifvertrag** für Auszubildende anzuwenden ist, muss im Wege der Auslegung des jeweiligen Tarifes ermittelt werden (s. § 203 RN 47 ff.). Häufig sind Auszubildende von dem persönlichen Geltungsbereich der für Arbeitnehmer geltenden Tarifverträge ausgenommen. Insbesondere die Vergütung der Auszubildenden wird zumeist in Sondertarifen geregelt. Prozessual besteht die Besonderheit, dass gem. § 111 II ArbGG Ausschüsse für Ausbildungsstreitigkeiten gebildet werden können, die vor der Erhebung einer Klage vor dem ArbG anzurufen sind.[5]

6 **3. Anerkannter Ausbildungsberuf.** Die Ausbildung muss **systematisch** in einem anerkannten Ausbildungsberuf erfolgen. In anderen als anerkannten Ausbildungsberufen dürfen Jugendliche nicht ausgebildet werden (§ 4 BBiG).

III. Volontär

Lakies, Volontär und Praktikant, AR-Blattei, SD 1740.

7 Volontäre waren nach **§ 82 a HGB** solche Personen, die, ohne als Lehrling oder Anlernling angenommen worden zu sein, unentgeltlich im Dienste eines anderen mit kaufmännischen Arbeiten beschäftigt werden. Die Begriffsbestimmung wurde auf nicht kaufmännische Volontäre (z. B. technische und landwirtschaftliche) entsprechend angewandt. Volontäre waren mithin Personen, die nicht auf Grund Lehr- oder Anlernvertrages beschäftigt wurden, zum Zwecke ihrer Berufsausbildung arbeiteten und unentgeltlich tätig wurden.

8 Nach Inkrafttreten des BBiG 1969 ist die Regelung in § 82 a HGB, insbes. die dort vorgesehene Unentgeltlichkeit, gegenstandslos geworden. Gem. **§ 26 (vormals § 19) BBiG** findet auf Personen, mit denen ein Arbeitsverhältnis nicht vereinbart worden ist und die nicht im Rahmen eines anerkannten Ausbildungsberufes ausgebildet werden,[6] die aber eingestellt werden, um berufliche Kenntnisse, Fertigkeiten oder Erfahrungen zu erwerben, das BBiG mit einigen Ausnahmen entsprechende Anwendung. Für sie gelten die Bestimmungen der §§ 10 bis 23 sowie § 25 BBiG. Anwendbar sind insbesondere die Vorschriften über die zwingende Vergütungspflicht (§§ 17 ff. BBiG). Zulässig ist eine Abkürzung der gesetzlichen Probezeit (§ 20 BBiG) und

---

[2] Vgl. LAG Düsseldorf 18. 8. 1955 AP 8 zu § 11 KSchG.
[3] LAG Bremen 29. 7. 1959 AP 1 zu § 611 BGB Anlernverhältnis.
[4] BAG 10. 7. 2003 AP 1 zu MTA-O = NZA 2004, 269.
[5] ArbV-Hdb. § 11 RN 13 ff.
[6] Vgl. BAG 23. 6. 1983 AP 10 zu § 78 a BetrVG 1972 = NJW 84, 1779.

der Verzicht auf eine schriftliche Vertragsniederschrift (§ 11 BBiG). Nicht anwendbar ist die Regelung in § 23 BBiG über den Schadensersatz bei vorzeitiger Beendigung. Gem. § 10 II BBiG gelten im Übrigen **die für den Arbeitsvertrag geltenden Rechtsvorschriften und Rechtsgrundsätze,** also das gesamte Arbeitnehmerschutzrecht. Zur Geltung von § 78a BetrVG s. § 227 RN 14ff.

IV. Praktikant

Ferme, Praktikantenverträge, AuA 2007, 456; *Hirdina,* Rechtsfragen zur Kündigung eines Praktikumsvertrags, NZA 2008, 916; *Lakies,* Volontär und Praktikant, AR-Blattei SD 1748; *Maties,* Generation Praktikum, RdA 2007, 135; *Nebeling, Dippel,* Praktikanten, die besseren Arbeitnehmer?!, NZA-RR 2004, 617; *Scherer,* Verträge mit Praktikanten, NZA 86, 280; *ders.,* NZA 86, 285; Vertragsmuster ArbR-Formb. § 16 RN 1 ff.

1. Begriff. Praktikant ist, wer sich einer bestimmten Tätigkeit und Ausbildung in einem Betrieb unterzieht, weil er diese im Rahmen einer Gesamtausbildung nachweisen muss, z.B. um die Zulassung zum Studium oder zur Hochschulprüfung zu erlangen.[7] Dabei handelt es sich stets um eine zeitlich befristete Tätigkeit.[8] Von Arbeitnehmern unterscheiden sich Praktikanten dadurch, dass bei ihnen die Ausbildungabsicht im Vordergrund steht,[9] von Auszubildenden dadurch, dass keine Ausbildung im Rahmen eines geordneten Ausbildungsgangs in einem anerkannten Lehrberuf erfolgt.[10] Das Praktikantenverhältnis ist zu unterscheiden vom **(1) Anlernverhältnis.**[11] Bei diesem steht die Arbeitsleistung gegen Entgelt im Vordergrund. Der Arbeitnehmer soll lediglich vorab die erforderlichen Kenntnisse sammeln. **(2) Redaktionsvolontariat.** Dieses kommt im Rahmen der Ausbildung zum Redakteur vor. Es besteht eine Ausbildungsverpflichtung wie eine Beschäftigungs- und Arbeitspflicht. Redaktionsvolontäre werden i.d.R. nach den Manteltarifverträgen für Redakteure behandelt. **(3) Berufsanwärter (Aspirantenverhältnis).** Durch dieses wird namentlich eine Vorbildung ausländischer Jugendlicher angestrebt, um sie in dieselbe Ausgangsposition wie deutsche Jugendliche zu versetzen. Insoweit werden Sprachunterricht und sonstige Anpassungsmaßnahmen vermittelt. Rechtlich umstr. sind jedoch von den Handelskammern und Handwerkskammern gelegentlich empfohlene Berufsanwärterverträge, durch die zur Behebung der Jugendarbeitslosigkeit Jugendlichen eine Ausbildung zuteil werden soll. Insoweit wird der Ausschließlichkeitsgrundsatz des § 28 BBiG (§ 174) verletzt. **(4) Berufspraktisches Jahr.** Hierbei handelt es sich um Bildungsmaßnahmen der Wirtschaft für junge Arbeitslose im Alter von 18 bis 25 Jahren, um ihre Chancen auf dem Arbeitsmarkt zu fördern. Die Maßnahmen dauern zwölf Monate und werden von der Arbeitsverwaltung finanziert. 9

2. Rechtsstellung. Für Praktikanten gelten gem. § 26 BBiG grundsätzlich die Bestimmungen der §§ 10 bis 23 sowie § 25 BBiG. Anwendbar sind insbesondere die Vorschriften über die zwingende Vergütungspflicht (§§ 17ff. BBiG). Zulässig ist eine Abkürzung der gesetzlichen Probezeit (§ 20 BBiG) und der Verzicht auf eine schriftliche Vertragsniederschrift (§ 11 BBiG). Nicht anwendbar ist die Regelung in § 23 BBiG über den Schadensersatz bei vorzeitiger Beendigung. Gem. § 10 II BBiG gelten im übrigen die **für den Arbeitsvertrag geltenden Rechtsvorschriften und Rechtsgrundsätze,** also das gesamte Arbeitnehmerschutzrecht. Nicht anwendbar ist § 26 BBiG für **Studenten,** die im Rahmen ihres Hochschul- oder Fachhochschulstudiums ein Praktikum absolvieren müssen.[12] Für sie gelten die arbeitsrechtlichen Schutznormen damit nicht. Ein Praktikantenverhältnis kann allerdings im Einzelfall auf Grund der getroffenen Vereinbarungen als Ausbildungsverhältnis nach § 26 BBiG ausgestaltet sein; dann hat der Praktikant gem. §§ 17ff. BBiG Anspruch auf Vergütung.[13] Außerdem gelten dann grundsätzlich nach § 10 II BBiG die für den Arbeitsvertrag geltenden Rechtsvorschriften und Rechtsgrundsätze. Nicht anwendbar ist § 26 BBiG für **Betriebspraktika von Schülern.**[14] 10

---

[7] BAG 5. 8. 1965 AP 2 zu § 21 KSchG 1951; *Scherer* NZA 86, 280.

[8] *Nebeling/Dippel* NZA-RR 2004, 617.

[9] BAG 5. 8. 65 AP 2 zu § 21 KSchG; LAG Köln 31. 5. 2006 NZA-RR 2006, 525; LAG Baden-Württemberg 8. 2. 2008 NZA 2008, 768.

[10] BAG 5. 8. 1965 AP 2 zu § 21 KSchG 1951.

[11] LAG Düsseldorf 22. 4. 1971 DB 71, 1068.

[12] BAG 19. 6. 1974 AP 3 zu § 3 BAT; 16. 10. 2002 AP 181 zu § 1 TVG Tarifverträge: Metallindustrie; 18. 11. 2008 DB 2009, 853; *Scherer* NZA 86, 282 m.w.N., jew. zur inhaltsgleichen Vorgängerregelung des § 19 BBiG 1969; kritisch *Fangmann* ArbuR 77, 205; *Roscher* BB 78, 1120.

[13] Vgl. BAG 30. 10. 1991 AP 2 zu § 5 BetrVG 1972 Ausbildung = NZA 92, 808.

[14] *Scherer* NZA 86, 283; vgl. auch BAG 8. 5. 1990 AP 80 zu § 99 BetrVG 1972 = NZA 90, 896.

11 **3. Sozialversicherung.** Nach § 20 I 2 Nr. 10 SGB XI sind Praktikanten Personen, die zu ihrer Berufsausbildung ohne Arbeitsentgelt beschäftigt sind oder die eine Fachschule oder Berufsfachschule besuchen oder eine in Studien- oder Prüfungsordnungen vorgeschriebene berufspraktische Tätigkeit ohne Arbeitsentgelt verrichten. Der Begriff ist enger als der arbeitsrechtliche. Die Sozialversicherung ist sehr unübersichtlich geregelt. Es ist zu unterscheiden: **(1)** Vorgeschriebenes Praktikum ohne Arbeitsentgelt. Es besteht Versicherungspflicht nach § 5 I Nr. 10 SGB V in der Krankenversicherung und nach § 20 I 2 Nr. 10 SGB XI in der Pflegeversicherung. Die berufspraktische Tätigkeit muss in Studien oder Prüfungsordnungen vorgeschrieben sein. Sie kann vor, während oder nach dem Studium liegen. Die Versicherungspflicht in der Krankenversicherung ist gegenüber einer beitragsfreien Familienversicherung (§ 10 SGB V) subsidiär (§ 5 VII SGB V). **(2)** Vorgeschriebenes Praktikum mit Arbeitsentgelt. Es besteht keine Versicherungspflicht nach § 5 I Nr. 10 SGB V, § 20 I 2 Nr. 10 SGB XI. Regelmäßig erwächst aber eine Versicherungspflicht nach § 5 I Nr. 1 SGB V, § 20 I 2 Nr. 1 SGB XI, weil sie zur Berufsausbildung beschäftigt werden. **(3)** Nicht vorgeschriebenes Praktikum mit Arbeitsentgelt; es ist keine Beschäftigung zur Berufsausbildung. Aber es kann Versicherungspflicht als Arbeitnehmer bestehen. **(4)** Nicht vorgeschriebenes Praktikum ohne Arbeitsentgelt ist in der Kranken- und Pflegeversicherung versicherungsfrei. In der gesetzlichen Rentenversicherung sind Praktikanten versicherungsfrei, wenn sie ein vorgeschriebenes Praktikum während der Dauer des Studiums als eingeschrieben Studenten ableisten oder ein Praktikum ohne Entgelt oder mit Entgelt unter 400 Euro ableisten. Praktikanten sind unfallversicherungspflichtig (§ 2 SGB VII).

V. Werkstudenten, Schüler

Ferme, Praktikantenverträge, AuA 2007, 456; *Knigge,* Werkstudent, AR-Blattei, SD 1810; *Marschner,* Zur Frage der Sozialversicherungspflicht von Werkstudenten, ZTR 2001, 260; *Nebeling/Dippel,* Praktikanten, die besseren Arbeitnehmer?!, NZA-RR 2004, 617.

12 **1. Werkstudenten. a)** Werkstudenten und Schüler werden regelmäßig nicht zu ihrer Berufsausbildung, sondern im Rahmen eines Arbeitsverhältnisses beschäftigt, wenn die Tätigkeit neben dem Studium ausgeübt wird. Allerdings wird zumeist nur ein **Aushilfsarbeitsverhältnis** (s. § 41 RN 17ff.) gewollt sein. Auf das Vertragsverhältnis findet das Arbeitsrecht in vollem Umfang Anwendung. Im Allgemeinen wird die Beschäftigung befristet erfolgen. Wegen einer Befristung mit und ohne Sachgrund vgl. § 14 TzBfG (§§ 39, 40).

13 **b)** Studenten sind in der **Krankenversicherung** für Studenten versicherungspflichtig,[15] wenn sie an einer staatlichen oder an einer staatlich anerkannten Hochschule immatrikuliert sind (§ 5 I Nr. 9 SGB V). Um aber zu lange Studiendauern und damit eine Ausnutzung des sozialen Netzes zu verhindern, ist die Versicherungspflicht grundsätzlich auf 14 Fachsemester, längstens bis zum 30. Lebensjahr begrenzt. Dies gilt auch bei einem Doktoranden nach dem 14. Semester[16] und nach der Rspr. des BSG ebenfalls bei Aufnahme eines Zweitstudiums.[17] Zum zweiten Bildungsweg.[18] Hiervon gibt es weitergehende Ausnahmen, wenn die Verlängerung aus fachspezifischen oder persönlichen Gründen notwendig war (§ 5 I Nr. 9 2. Halbs. SGB V). Die Aufnahme einer Berufstätigkeit zwischen Abitur und Aufnahme des Studiums, um Berufserfahrung zu sammeln, rechtfertigt das Überschreiten der Altersgrenze nicht.[19] Die Begrenzung der Krankenversicherung der Studenten nach dem Alter von 30 Jahren ist nicht verfassungswidrig.[20] Werkstudenten sind nach den Grundsätzen der Sozialversicherung grundsätzlich in allen Versicherungszweigen sozialversicherungspflichtig (§ 5 I Nr. 1 SGB V, § 1 I Nr. 1 SGB VI, § 25 I SGB III, § 20 I 2 Nr. 1 SGB XI). Es können aber die allgemeinen Befreiungstatbestände eingreifen. Daneben besteht das sog. Werkstudentenprivileg. In der Kranken-, Pflege- und Arbeitslosenversicherung sind Personen, die während der Dauer ihres Studiums als ordentliche Studierende einer Hochschule oder einer der fachlichen Ausbildung dienenden Schule gegen Arbeitsentgelt eine Beschäftigung ausüben, versicherungsfrei (§ 6 I Nr. 3 SGB V; § 27 IV Nr. 2 SGB III; § 20 I SGB XI).[21] Die Versicherungs- und Beitragsfreiheit endet nicht ohne weiteres, wenn der Beschäftigte nach dem erfolgreichen Bestehen der ersten juristischen Staats-

---

[15] *Felix* NZS 2000, 477.
[16] BSG 23. 3. 1993 NJW 93, 3021 (LS).
[17] BSG 30. 9. 1992 NJW 93, 959; s. dagegen Besprechungsergebnis vom 11. 2. 1992 BB 92, 1144, 1072.
[18] Vgl. BSG 30. 9. 1992 NJW 93, 959.
[19] BSG 30. 9. 1992 NJW 93, 957 = NZS 93, 111; 30. 1. 1997 NJW 97, 2621.
[20] BSG 30. 9. 1992 NJW 93, 3017.
[21] S. z. B. BSG 29. 9. 92 BSGE 71, 144 = VersR 93, 903; 21. 5. 1996 NZS 97, 29.

prüfung sein Studium fortsetzt, um durch eine Wiederholungsprüfung eine Notenverbesserung zu erreichen.[22] Die Versicherungspflicht besteht jedoch, wenn Beschäftigte vom Arbeitgeber für das Studium beurlaubt sind und von ihm gefördert werden, wenn sie in den Semesterferien die Tätigkeit wieder aufnehmen.[23] Dagegen sind sie seit dem 1. 10. 1996 in der gesetzlichen Rentenversicherung versicherungspflichtig, es sei denn, die Beschäftigung ist geringfügig im Sinne des § 8 SGB IV und damit nach § 5 II Nr. 1 SGB VI versicherungsfrei. Die frühere Befreiungsvorschrift ist aufgehoben.

2. Werden **Schüler** im Rahmen eines Betriebspraktikums im Betrieb tätig, so findet im allgemeinen Arbeitsrecht keine Anwendung, da die Schüler nur in die Arbeitswelt eingeführt werden sollen. Richten sie bei ihrer Tätigkeit Schaden an, so scheidet ihre Haftung i.d.R. wegen überwiegenden Mitverschuldens des Betriebsinhabers aus.[24] Gehen sie dagegen einer Ferienarbeit nach, so gilt Arbeitsrecht uneingeschränkt. Schüler sind während einer Beschäftigung in den Ferien nicht versicherungspflichtig. Dies gilt jedoch längstens für eine Zeit von zwei Monaten oder 50 Arbeitstagen innerhalb eines Kalenderjahres (§ 7 I SGB V; § 5 II Nr. 1 SGB VI; § 27 II SGB III; § 20 I SGB IX jeweils i.V.m. § 8 I Nr. 2 SGB IV). Sind Schüler in einem Betrieb eingegliedert, kann im Falle eines Unfalls für die Arbeitskollegen das Haftungsprivileg nach §§ 104ff. SGB VII eingreifen.[25] Zum Unfallversicherungsschutz beim Schüleraustausch.[26] 14

VI. Umschüler

Das Umschulungsverhältnis kann ein Berufsbildungsverhältnis (§ 1 III BBiG) oder ein normales Arbeitsverhältnis sein, in dem der Arbeitnehmer für eine bestimmte Tätigkeit angelernt wird. Die Unterscheidung richtet sich nach den getroffenen Vereinbarungen und der Ausgestaltung im Einzelfall.[27] Der Sache nach ist Umschulung die Summe derjenigen Maßnahmen, die darauf abzielen, den Übergang in eine andere berufliche Tätigkeit zu ermöglichen. Maßnahmen der systematischen beruflichen Umschulung müssen nach Inhalt, Art, Ziel und Dauer den besonderen Erfordernissen der beruflichen Erwachsenenbildung entsprechen (§ 62 I BBiG). Umschüler und Teilnehmer an berufsvorbereitenden Maßnahmen für jugendliche Arbeitslose, die in einem Betrieb ausgebildet werden, der hierfür Förderungsmittel erhält, sind zu ihrer Berufsausbildung Beschäftigte im Sinne von § 5 I BetrVG. Dagegen unterliegen ihre Verträge nicht den Anforderungen der §§ 10ff. BBiG. Für die Aufhebung eines Umschuldungsvertrages, der nicht Arbeitsvertrag ist, gilt § 623 BGB nicht, auch nicht analog.[28] Die Begriffe der Berufsausbildung im BetrVG und BBiG stimmen nicht überein.[29] Werden die Umschüler auf Grund eines privatrechtlichen Vertrages beschäftigt, sind für Rechtstreitigkeiten die Gerichte für Arbeitssachen zuständig.[30] 15

Bei der Umschulung für einen anerkannten Ausbildungsberuf sind das Ausbildungsberufsbild (§ 5 I Nr. 3 BBiG), der Ausbildungsrahmenplan (§ 5 I Nr. 4 BBiG) und die Prüfungsordnungen (§ 5 I Nr. 5 BBiG) zugrunde zu legen (§ 60 BBiG). 16

§ 17. Arbeitgeber

Bauschke, Arbeitgeber, AR-Blattei, SD 100; *Bürger/Oehmann/Matthes/Göhle-Sander/Kreizberg,* Handwörterbuch des Arbeitsrechts, Stichwort: Arbeitgeber; *Diller,* Der Arbeitnehmer der GbR!?, NZA 2003, 401; *Diller/Powietzka,* Informationsrechte des Betriebsrats im (internationalen) Konzern, DB 2001, 1034; *Eckert,* Blick ins Arbeitsrecht, DStR 2003, 944; *Hergenröder,* Internationales Arbeitsrecht im Konzern, ZfA 99, 1; *Lessner/Klebeck,* Zur Arbeitgeberfähigkeit der GbR, ZIP 2002, 1385; *Rüthers/Bakker,* Arbeitnehmerentsendung und Betriebsinhaberwechsel im Konzern, ZfA 90, 245; *Schaub,* Personalabbau im Konzern, ZIP 99, 1949; *Windbichler,* Arbeitsrecht und Konzernrecht, RdA 99, 146.

---

[22] BAG 20. 8. 2002 AP 8 zu § 611 BGB Werkstudent.
[23] BSG 21. 5. 1996 NZS 97, 29.
[24] ArbG Hagen 27. 8. 1969 DB 69, 1850.
[25] BGH 3. 4. 1984 DB 84, 2690.
[26] BSG 25. 2. 1993 NJW 93, 2006.
[27] BAG 19. 1. 2006 AP 7 zu § 623 BGB = NZA 2007, 97.
[28] BAG 19. 1. 2006 AP 7 zu § 623 BGB = NZA 2007, 97.
[29] BAG 10. 2. 1981 AP 25 zu § 5 BetrVG 1972; 30. 10. 1991 AP 2 zu § 5 BetrVG 1972 Ausbildung = NZA 92, 808.
[30] BAG 21. 5. 1997 AP 32 zu § 5 ArbGG 1979 = NZA 97, 1013.

1 **1. Begriff.** Während einzelne arbeitsrechtliche Gesetze eine Begriffsbestimmung des Arbeitnehmers enthalten (s. § 8 RN 1), wird der Begriff des Arbeitgebers generell nicht erläutert. Der Arbeitgeber wird ausschließlich als der Vertragspartner des Arbeitnehmers bestimmt (so nunmehr auch die Definition in § 2 II 1 des am 18. 8. 2006 in Kraft getretenen AGG). Er ist Gläubiger des Anspruchs auf Arbeitsleistung und zugleich Schuldner des Anspruchs auf Arbeitsentgelt.[1] Arbeitgeber im Sinne des Arbeitsrechts ist daher jeder, der einen Arbeitnehmer beschäftigt. (Für eine Tätigkeit als ehrenamtlicher Richter aus Kreisen der Arbeitgeber in der Arbeitsgerichtsbarkeit ist eine vorübergehende Nichtbeschäftigung nach § 22 I ArbGG allerdings unschädlich.) Im **Betriebsverfassungsrecht** wird der Arbeitgeber teilweise ebenfalls als **Vertragspartner des Arbeitnehmers** angesprochen, nämlich soweit sich betriebsverfassungsrechtliche Normen auf den Inhalt einzelner Arbeitsverhältnisse auswirken. Teilweise wird er aber auch als **Inhaber der betrieblichen Organisationsgewalt** erfasst. Daher ist der individualrechtliche Begriff des Arbeitgebers nicht notwendig deckungsgleich mit dem Begriff des Arbeitgebers im Betriebsverfassungsrecht. Dort ist der Begriff des Arbeitgebers aus dem Regelungszusammenhang und dem Zweck der jeweiligen Norm zu ermitteln. Daher können z.B. bei einem Streit über das Bestehen eines gemeinsamen Betriebes mehrerer Unternehmer diejenigen Unternehmer als kostenpflichtige Arbeitgeber im Sinne von § 20 II 1 BetrVG anzusehen sein, die Umstände gesetzt haben, die das Vorliegen eines von ihnen gemeinsam geführten Betriebes als ernsthaft möglich erscheinen lassen, und zwar auch soweit die einzelnen Unternehmer selbst teilweise keine Arbeitnehmer beschäftigen.[2]

2 **a)** Arbeitgeber ist immer derjenige, der den Arbeitsvertrag schließt.[3] Bei unternehmensbezogenen Geschäften geht der Wille der Beteiligten im Zweifel dahin, dass der Betriebsinhaber Vertragspartner werden soll. Voraussetzung ist, dass der Handelnde sein Handeln für ein Unternehmen hinreichend deutlich macht, was sich aber neben einem Zusatz zur Unterschrift bereits aus dem Ort des Vertragsschlusses ergeben kann[4] (z.B. Personalbüro einer Firma). Auf die konkrete Rechtsform des Arbeitgebers kommt es nicht an. Arbeitgeber kann eine **natürliche oder juristische Person** des privaten (z.B. AG oder GmbH) oder des öffentlichen Rechts (z.B. Gebietskörperschaft wie Stadt, Land, Bund usw., Anstalt) sein. Obwohl eine GmbH gem. § 11 I GmbHG an sich vor ihrer Eintragung als Rechtspersönlichkeit noch nicht existiert, kann eine Gründungsgesellschaft **(Vor-GmbH)** Arbeitgeber sein. Das ist anzunehmen, wenn die Vor-GmbH bereits werbend tätig geworden ist, der Arbeitnehmer seine Beschäftigung vor der Eintragung aufnehmen soll und ihm nicht bekannt ist, dass die Eintragung noch nicht erfolgt ist.[5] Mit ihrer Eintragung tritt die GmbH dann an die Stelle der Gründungsgesellschaft. Eine (Außen-)Gesellschaft bürgerlichen Rechtes **(GbR)** ist Arbeitgeber, weil sie teilrechtsfähig und im Zivilprozess sowohl aktiv als auch passiv parteifähig ist.[6] Ein Wechsel im Gesellschafterbestand hat damit keinen Einfluss auf die mit der Gesellschaft bestehenden Rechtsverhältnisse.[7] Stellt sich ein Handwerksmeister als Konzessionsträger einem anderen zum Betrieb eines Handwerksunternehmens zur Verfügung, so entsteht eine Gesellschaft bürgerlichen Rechts.[8] Gründen zwei Körperschaften des öffentlichen Rechts eine Gesellschaft bürgerlichen Rechtes zum Betrieb eines Theaters und schaffen sie ein gemeinsames Organ, so sind die Arbeitnehmer bei einem öffentlichen Arbeitgeber beschäftigt. Bei einer nach außen nicht auftretenden Innengesellschaft ist Arbeitgeber nur der nach außen handelnde Gesellschafter.[9] Bei Personenhandelsgesellschaften sind Arbeitgeber im Sinne des ArbGG neben der Gesellschaft die persönlich haftenden Gesellschafter.[10] Denkbar ist, dass auf Arbeitgeberseite mehrere natürliche oder juristische Personen stehen **(Arbeitgebergruppe).**[11] Für die Annahme eines einheitlichen Arbeitsverhältnisses soll

[1] BAG 16. 10. 1974 AP 1 zu § 705 BGB; 9. 9. 1982 AP 1 zu § 611 BGB Hausmeister; 8. 4. 1992 AP 15 zu § 20 BetrVG 1972 = NZA 93, 415.
[2] BAG 8. 4. 1992 AP 15 zu § 20 BetrVG 1972 = NZA 93, 415.
[3] BAG 25. 4. 2001 AP 10 zu § 1 BeschFG 1996 = NZA 2001, 1384.
[4] BGH 13. 10. 1994 NJW 95, 43; vgl. auch BAG 31. 1. 1996 AP 80 zu § 102 BetrVG 1972 = NZA 96, 649.
[5] BAG 7. 6. 1973 AP 2 zu § 11 GmbHG; s. hierzu näher § 34 RN 5f.; zur Haftung s. § 34 RN 8.
[6] BAG 1. 12. 2004 AP 14 zu § 50 ZPO = NZA 2005, 318; im Anschluss an BGH 29. 1. 2001 BGHZ 146, 341 = AP 9 zu § 50 ZPO = NJW 2001, 1056; s. auch BVerfG 2. 9. 2002 NJW 2002, 3533; anders die frühere Rspr. des BAG: BAG 16. 10. 1974 AP 1 zu § 705 BGB; 6. 7. 1989 AP 4 zu § 705 BGB = NZA 89, 961.
[7] BGH 29. 1. 2001 BGHZ 146, 341 = AP 9 zu § 50 ZPO = NJW 2001, 1056.
[8] BAG 2. 2. 1994 AP 8 zu § 705 BGB = NZA 94, 749.
[9] LAG Hessen 8. 7. 1996 LAGE § 705 BGB Nr. 1 = NZA-RR 97, 180.
[10] Vgl. BAG 14. 11. 1979 AP 2 zu § 4 TVG Gemeinsame Einrichtungen.
[11] BAG 27. 3. 1981 AP 1 zu § 611 BGB Arbeitgebergruppe.

nicht Voraussetzung sein, dass die Arbeitgeber zueinander in einem bestimmten, insbesondere gesellschaftsrechtlichen Rechtsverhältnis stehen, einen gemeinsamen Betrieb führen oder den Arbeitsvertrag gemeinsam abschließen. Erforderlich ist nur ein rechtlicher Zusammenhang zwischen den arbeitsvertraglichen Rechtsbeziehungen des Arbeitnehmers zu den Arbeitgebern, die es verbieten, den Zusammenhang zu zerreißen. Der rechtliche Zusammenhang kann sich aus einer Auslegung des Vertragswerks der Parteien ergeben, insbes. wenn nach der Vorstellung der Parteien die einzelnen Vereinbarungen nur gemeinsam gelten und durchgeführt werden sollen oder er kann aus zwingenden rechtlichen Wertungen folgen.[12] Eine Arbeitgebergruppe kann z.B. entstehen, wenn in die Praxis eines Steuerberaters ein weiterer eintritt und das Personal von beiden weiterbeschäftigt wird.[13] Für einen Zusammenschluss von Angehörigen freier Berufe (z.B. Ärzte, Zahnärzte, Rechtsanwälte, Steuerberater) findet das **PartGG** vom 25. 7. 1994 (BGBl. I S. 1744) Anwendung. Die Partnerschaft kann unter ihrem Namen Verbindlichkeiten eingehen. Sie haftet (neben den Partnern) für die Verbindlichkeiten der Partnerschaft (§ 8 I PartGG) und ist damit Arbeitgeber. Gemeinsamer Arbeitgeber einer Haushaltshilfe, die ein Ehepartner eingestellt hat, sind im Zweifel die Eheleute. Nach dem Tode des Mannes ist Arbeitgeberin die Witwe und nicht eine Erbengemeinschaft.[14]

b) Im Arbeitsrecht wird unter **Konzern**[15] die Verbindung mehrerer Unternehmen verstanden, und zwar entweder als abhängige Unternehmen unter einer einheitlichen Leitung eines herrschenden Unternehmens **(Unterordnungskonzern)** oder als Zusammenschluss unter mehreren Unternehmen, bei dem kein Unternehmen von anderen abhängig ist **(Gleichordnungskonzern)**, vgl. § 18 AktG. Grundsätzlich wird ein Arbeitsvertrag nicht mit dem Konzern abgeschlossen, weil dieser nur eine Unternehmensverbindung darstellt. Gleichwohl werden vor allem Führungskräfte der mittleren und oberen Leitungsebene bundesweit oder sogar international im Konzern versetzt. Sie stellen eine kaufmännische oder technische Feuerwehr dar. Das kann erhebliche Risiken für den Arbeitnehmer mit sich bringen. Wegen der Rechtsgestaltung haben sich **verschiedene Grundformen** herausgebildet: **(1)** Der Arbeitnehmer wird von der Konzernobergesellschaft oder einer Konzerngesellschaft eingestellt und von dort zu den anderen Gesellschaften versetzt, um dort Aufgaben zu übernehmen. Arbeitgeber bleibt die einstellende Gesellschaft. **(2)** Häufiger findet sich aber das Modell, dass ein Arbeitnehmer von einer Konzernobergesellschaft eingestellt wird und nach Versetzung zu einem Tochterunternehmen mit diesem ein Arbeitsvertrag abgeschlossen wird. Insoweit kommt es darauf an, ob der Arbeitsvertrag zu der Konzernobergesellschaft vollständig gelöst wird. Im allgemeinen bleiben arbeitsrechtliche Restbeziehungen bestehen, da es nur im Interesse der Konzernobergesellschaft liegt, die Verfügung über den Arbeitseinsatz des Arbeitnehmers zu behalten.[16] Der Kündigungsschutz ist grundsätzlich nicht konzernbezogen.[17] **(3)** Gelegentlich finden sich auch Konstruktionen, nach denen ein Arbeitnehmer bei einer Personalführungsgesellschaft eingestellt wird und der Arbeitnehmer von dort bei den einzelnen Konzernunternehmen eingesetzt wird. Insoweit kann Arbeitnehmerüberlassung vorliegen (§ 120). Zum Arbeitgeberwechsel kann es kommen, wenn rechtlich unselbstständige Betriebsabteilungen rechtlich verselbstständigt oder Betriebe an einen Dritten veräußert werden (§ 118). Zu Haftungsfragen § 34. Im kollektiven Arbeitsrecht wird der Konzern wiederholt erwähnt; so lässt das BetrVG die Errichtung eines Konzernbetriebsrats zu (§ 54 BetrVG) und die Mitbestimmungsgesetze knüpfen vielfach an den Konzern an. 3

c) Funktional kann jemand **gleichzeitig** Arbeitnehmer und Arbeitgeber sein. So ist derjenige, der selbst in abhängiger Arbeit steht und eine Hausgehilfin beschäftigt, im Verhältnis zu seinem Prinzipal Arbeitnehmer, im Verhältnis zu seiner Hausgehilfin Arbeitgeber. 4

2. Arbeitgeber und Weisungsbefugter. a) Hat der Arbeitnehmer seine Arbeit derselben Person zu leisten, von der er auch abhängig ist, so ist dieser Arbeitgeber. Es besteht jedoch auch die Möglichkeit, dass Träger des Anspruches auf **Arbeitsleistung** und Träger der obersten **Weisungsbefugnis** zwei verschiedene Personen sind.[18] Dies ist in allen juristischen Personen des 5

---

[12] BAG 27. 3. 1981 AP 1 zu § 611 BGB Arbeitgebergruppe m. abl. Anm. *Wiedemann* = NJW 84, 1703; kritisch *Schulin* SAE 83, 294; *Schwerdtner* ZIP 82, 900.

[13] Vgl. BGH 17. 10. 1989 NJW 90, 827.

[14] LAG Hamm 7. 10. 2002 NZA-RR 2004, 125.

[15] Literatur s. vor RN 1.

[16] BAG 6. 8. 1985 AP 24 zu § 7 BetrAVG; 25. 10. 1985 AP 46 zu § 7 BetrAVG = NZA 89, 177.

[17] BAG 14. 10. 1982 AP 1 zu § 1 KSchG 1969 Konzern; 22. 5. 1986 AP 4 zu § 1 KSchG 1969 Konzern = NZA 87, 125; 27. 11. 1991 AP 4 zu § 1 KSchG 1969 Konzern = NZA 92, 644; 18. 9. 2003 AP 14 zu § 17 KSchG 1969 = NZA 2004, 375.

[18] Vgl. zu Hausmeister und Schule BAG 9. 9. 1982 AP 1 zu § 611 BGB Hausmeister.

privaten und öffentlichen Rechts der Fall. Die oberste Weisungsbefugnis muss durch natürliche Personen, wie den Vorstand der AG oder den Geschäftsführer der GmbH ausgeübt werden. In diesen Fällen ist Arbeitgeber der Anspruchsträger auf Arbeitsleistung. Im Fall einer **Insolvenz** übt der Insolvenzverwalter kraft seiner allgemeinen Verwaltungs- und Verfügungsbefugnis die Arbeitgeberfunktionen aus (Entsprechendes gilt auch für einen Testamentsvollstrecker). Insoweit tritt er in die Rechtstellung des Schuldners ein und nimmt die Pflichten des Arbeitgebers wahr.[19] Ob er damit Arbeitgeber wird oder nur dessen Pflichten ausübt, ist streitig.[20] Da er aber den Arbeitsschutz einzuhalten und originär das Weisungsrecht ausübt, wird man ihn als Arbeitgeber anzusehen haben.[21] Dagegen sind diejenigen Personen, die ihre Weisungsbefugnis, wie Betriebs-, Abteilungs- und Filialleiter usw., von einer anderen Stelle ableiten, nicht zu den Arbeitgebern zu rechnen. Sie können allenfalls zu den leitenden Angestellten (§ 15) zählen.

6 Zu **Leiharbeitsverhältnissen** und **Arbeitnehmerüberlassungsverträgen** vgl. § 120.

7 **b)** Im **SGB** ist der Begriff des Arbeitgebers nicht definiert. Die Rspr. legt den arbeitsrechtlichen Begriff zugrunde. Arbeitgeber im Sinne des Sozialversicherungsrechts ist danach derjenige, der einen anderen beschäftigt, zu dem der Beschäftigte also in persönlicher Abhängigkeit steht. Ihm steht der Anspruch auf Arbeitsleistung zu, er hat die Arbeitsvergütung zu zahlen hat und ihm kommt der wirtschaftliche Ertrag der Arbeit zugute.[22] Ist ein Arbeitnehmer in einen Betrieb eingegliedert, so ist regelmäßig der Betriebsinhaber Arbeitgeber. Das kann auch ein Pächter oder Nießbraucher des Betriebes sein.[23]

8 **3. Unternehmer.** Vom Begriff des Arbeitgebers ist der wirtschaftliche des Unternehmers zu unterscheiden. Als Unternehmer wird derjenige bezeichnet, der als Inhaber oder verantwortlicher Leiter an der Spitze eines Unternehmens steht (§ 18 RN 10). Der Begriff des Arbeitgebers kann mit dem des Unternehmers zusammenfallen. Notwendig ist dies jedoch nicht. So ist der Handwerksmeister, der keine fremden Hilfskräfte beschäftigt, Unternehmer; der eine Hausgehilfin beschäftigende Haushaltungsvorstand oder der Arbeitnehmer beschäftigende Arzt oder Rechtsanwalt Arbeitgeber, aber nicht Unternehmer.

9 **4. Arbeitgeber und Verbraucherschutz.** Nach § 14 BGB ist Unternehmer eine natürliche oder juristische Person oder eine rechtsfähige Personengesellschaft, die bei Abschluss eines Rechtsgeschäfts in Ausübung ihrer gewerblichen oder selbstständigen beruflichen Tätigkeit handelt. Eine rechtsfähige Personengesellschaft ist eine Personengesellschaft, die mit der Fähigkeit ausgestattet ist, Rechte zu erwerben oder Verbindlichkeiten einzugehen. Unter den Begriff des Unternehmers fallen Gewerbetreibende, Kaufleute, Freiberufler, Künstler, Wissenschaftler und Landwirte. Erfasst werden aber auch Einrichtungen des öffentlichen Rechts oder Regiebetriebe von Gemeinden. Der Begriff des Unternehmers ist zweckgerichtet definiert. Immer dann ist jemand Unternehmer, wenn er Verträge abschließt, die mit seiner gewerblichen oder selbstständigen Tätigkeit in innerem Zusammenhang stehen. Damit wird der Arbeitgeber vom Begriff des Unternehmers erfasst.

§ 18. Betrieb und Unternehmen

Hanau, Aktuelles zu Betrieb, Unternehmen und Konzern, ZfA 90, 115; *Joost,* Betrieb und Unternehmen als Grundbegriffe des Arbeitsrechts, 1988; *Grobys,* Betrieb, Unternehmen und Konzern im Arbeitsrecht, NJW-Spezial 2006, 129; *Kohte,* Der Gemeinschaftsbetrieb im Spiegel des Gesellschafts- und Konzernrechts, RdA 92, 302; *Kreutz,* Gemeinsamer Betrieb und einheitliche Leitung, FS Richardi 207, 637; *Preis,* Legitimation und Grenzen des Betriebsbegriffs im Arbeitsrecht, RdA 2000, 257; vor allem die Kommentare zum BetrVG 72 zu §§ 1, 4.

I. Betrieb

1 **1. Begriff.** Eine allgemeine gesetzliche Begriffsbestimmung des Betriebes fehlt. Der Begriff wird in den verschiedenen Rechtsdisziplinen, gelegentlich aber auch im Arbeitsrecht mit unterschiedlicher Bedeutung gebraucht (vgl. § 214). Sein Bedeutungsumfang ist daher in allen

[19] BAG 17. 9. 1974 AP 1 zu § 113 BetrVG 1972.
[20] Bejahend Kuhn/*Uhlenbruck* § 6 KO RN 23a; a. A. MünchKommInso/*Ott/Vuia* § 80 RN 121 f. jeweils m. w. N.
[21] BSG 23. 11. 1981 ZIP 82, 597.
[22] BSG 20. 12. 1962 BSGE 18, 190; 26. 1. 1978 BSGE 45, 279 = NJW 78, 2527.
[23] BSG 16. 3. 1972 AP 9 zu § 611 BGB Abhängigkeit = NJW 72, 1912.

Rechtsquellen und Parteivereinbarungen eigenständig auszulegen. Im Allgemeinen versteht man unter „Betrieb" die **organisatorische Einheit,** innerhalb derer ein **Arbeitgeber allein oder in Gemeinschaft** mit seinen Mitarbeitern mit Hilfe von **sächlichen und immateriellen Mitteln** bestimmte **arbeitstechnische Zwecke** fortgesetzt verfolgt.[1] Wesentliche Merkmale des Betriebsbegriffs sind mithin die einheitliche Organisation, eine einheitliche Leitung, die die Verfolgung des arbeitstechnischen Zwecks zum Ziele hat, grundsätzlich ein Betriebsinhaber, sei es eine natürliche oder juristische Person (vgl. RN 3). Zum Betrieb gehören Sachen, wie Grundstücke, Gebäude, Maschinen, Rohstoffe usw.; Rechte, d.h. Forderungen, Patent-, Musterrechte usw. und unkörperliche Werte wie Erfahrungen, Erfindungen, Beziehungen zu Kunden und Lieferanten usw. Nicht begriffsnotwendig zum Betrieb gehören Mitarbeiter, wenngleich arbeitsrechtlich nur solche Einrichtungen relevant sind, in denen neben dem Inhaber weitere Personen tätig werden. Das ist namentlich für den Bereich des Betriebsübergangs umstritten. Da der EuGH die Arbeitnehmer in den Betriebsbegriff einbezieht, hat das BAG seine Rspr. angepasst (§ 117 RN 8ff.). Schließlich müssen die gegenständlichen und persönlichen Betriebsmittel zu einem gemeinsamen arbeitstechnischen Zweck durch den Betriebsinhaber verbunden sein.[2] Durch die arbeitstechnische Zwecksetzung unterscheidet sich der Begriff des Betriebes von dem des Unternehmens, in dem wirtschaftliche Zwecke verfolgt werden. Zum Betriebsübergang §§ 117–119.

2. Organisatorische Einrichtungen. Der Begriff des Betriebes ist weit zu fassen. Betriebe 2
sind daher nicht nur wirtschaftliche oder gewerbliche Einrichtungen, sondern alle organisatorischen Einrichtungen, in denen bestimmte arbeitstechnische Zwecke fortgesetzt verfolgt werden, also auch landwirtschaftliche Güter, Verwaltungen, Klinik oder Praxis eines Arztes, Büro eines Rechtsanwaltes usw. Dagegen wird der Haushalt nach der h. M. nicht zu den Betrieben gezählt,[3] da mit ihm nur der Eigenbedarf gedeckt werden soll.

II. Betriebsmehrheit, Nebenbetriebe, Betriebsabteilungen

1. Inhaber. Jeder Betrieb bildet eine **organisatorische Einheit.** Diese setzt daher einen 3
einheitlichen, den technischen Zweck setzenden **Inhaber** voraus, der freilich aus mehreren Personen bestehen kann, z.B. eine Gesellschaft bürgerlichen Rechts, Miterbengemeinschaft usw. Die mehreren Personen müssen jedoch einen **gemeinsamen Betriebszweck** verfolgen und sind regelmäßig rechtlich verbunden. Die rechtliche Verbindung kann eine auch stillschweigend abgeschlossene Gesellschaft des bürgerlichen Rechts (§ 705 BGB) sein. Das BAG hat zwar gelegentlich gemeint, auch nur tatsächlich verbundene Unternehmen könnten einen einheitlichen Betrieb haben.[4] Aber auch in diesen Fällen ist eine zumindest konkludente Vereinbarung über eine gemeinsame Leitung notwendig.[5] Jedenfalls können mehrere rechtlich selbstständige Unternehmen einen gemeinsamen Betrieb haben, wie nunmehr auch § 1 I 2, II BetrVG und § 322 UmwG ausdrücklich regeln. Voraussetzung ist eine einheitliche Leitungsmacht.[6] Wegen der Einzelheiten s. zum Betriebsverfassungsrecht § 214 RN 5ff. und zum KSchG § 130 RN 18.

Ist bei **Verschiedenheit der Betriebsinhaber** der Schluss auf mehrere Betriebe gerechtfer- 4
tigt, so ist bei Identität des Betriebsinhabers nicht unbedingt der Schluss auf einen einheitlichen Betrieb zwingend, da eine Person mehrere Betriebe haben kann. Entscheidend ist bei mehreren Einrichtungen die **einheitliche technische Zwecksetzung. Indizien** für die **Einheitlichkeit** sind räumliche Einheit, Vorhandensein gemeinsamer Betriebseinrichtungen, gemeinsame Leitung vor allem technischer Art, Verbundenheit durch das Arbeitsverfahren usw.[7]

---

[1] St. Rspr. des BAG, s. z.B. BAG 3. 12. 1954 AP 1 zu § 88 BetrVG; 14. 12. 1994 AP 3 zu § 5 BetrVG 1972 = NZA 95, 906; 31. 5. 200 AP 12 zu § 1 BetrVG 1972 Gemeinsamer Betrieb = NZA 2000, 1350; 19. 2. 2002 AP 13 zu § 4 BetrVG 1972 = NZA 2002, 1300.

[2] BAG 1. 2. 1963 AP 5 zu § 3 BetrVG m. Anm. *Neumann-Duesberg.*

[3] *Fitting* § 1 RN 58ff., 66; MünchArbR/*Richardi* § 31 RN 17 m. w. N.

[4] Vgl. BAG 4. 7. 1957 AP 1 zu § 21 KSchG; 21. 10. 1969 AP 10 zu § 3 BetrVG.

[5] BAG 25. 11. 1980 AP 2 zu § 1 BetrVG 1972; 7. 8. 1986 AP 5 zu § 1 BetrVG 1972 = NZA 87, 131; 29. 1. 1987 AP 6 zu § 1 BetrVG 1972 = NZA 87, 707; 14. 9. 1988 AP 9 zu § 1 BetrVG 1972 = NZA 89, 190; 13. 6. 1985 AP 10 zu § 1 KSchG 1969 = NZA 86, 600; 5. 3. 1987 AP 30 zu § 15 KSchG 1969 = NZA 88, 32; vgl. *Kohte* RdA 92, 302.

[6] BAG 18. 1. 1990 AP 9 zu § 23 KSchG 1969 = NZA 90, 977; 14. 12. 1994 AP 3 zu § 5 BetrVG 1972 Rotes Kreuz = NZA 95, 906; 24. 1. 1996 AP 8 zu § 1 BetrVG 1972 Gemeinsamer Betrieb = NZA 96, 1110.

[7] BAG 1. 2. 1963 AP 5 zu § 3 BetrVG; 5. 6. 1964 AP 7 zu § 3 BetrVG.

5 Durch den Wechsel des Betriebsinhabers wird die Betriebseinheit nicht aufgelöst (arg. § 613a BGB; vgl. §§ 117, 118). Nicht notwendig zum Betriebsbegriff gehört die Einheitlichkeit der Betriebsstätte. Ihre Verlegung ist daher für den Betriebsbegriff ohne Belang, es sei denn, dass bei einer nicht unerheblichen räumlichen Verlegung die alte Betriebsgemeinschaft tatsächlich und rechtsbeständig aufgelöst und an dem neuen Ort mit einer im wesentlichen neuen Belegschaft fortgeführt wird. In diesem Fall liegt eine Betriebsstillegung (sowie Gründung eines neuen Betriebes) vor.[8] Der Betrieb endet bei einer Betriebstilllegung. Sie setzt die Einstellung der wirtschaftlichen Betätigung und die Aufgabe der Zwecksetzung auf Dauer voraus. Bei Eingliederung oder Verschmelzung des Betriebes in/mit einem anderen entsteht ein neuer Betrieb.[9] Betriebsaufspaltung ist das Gegenstück der Eingliederung. Sie kann die Folge einer Unternehmensaufspaltung sein (§ 116 RN 8ff., § 244 RN 10).

6 **2. Nebenbetriebe** weisen sämtliche Merkmale eines Betriebes auf, also auch eine eigene Leitung. Sie haben jedoch, ohne organisatorisch in den Hauptbetrieb eingegliedert zu sein, in ihrer Zwecksetzung ausgesprochene Hilfsfunktion für einen Hauptbetrieb.[10] In § 4 BetrVG wird der Begriff des Nebenbetriebs nicht mehr verwendet.

7 **3.** Dagegen hat ein **Betriebsteil** oder eine **Betriebsabteilung** keine selbstständige betriebliche Zwecksetzung und keine selbstständige, in sich geschlossene Organisation, sondern ist in Zielsetzung und Organisation dem Betrieb eingegliedert.[11] Dieser ist also zuständig z.B. für Einstellungen, Entlassungen usw. Nach dem BetrVG gelten Betriebsteile dann als selbstständige Betriebe, wenn sie die Voraussetzungen des § 1 BetrVG erfüllen und entweder **(1)** räumlich weit vom Hauptbetrieb entfernt oder **(2)** durch Aufgabenbereich und Organisation eigenständig sind (§ 4 BetrVG). Die **mehreren Einzelhandelsgeschäfte** desselben Unternehmens an einem Ort sind i.d.R. Betriebsabteilungen.[12] Zur Wahl eines Betriebsrats in Betriebsteilen vgl. § 214 RN 10ff.

III. Bedeutung des Betriebsbegriffs

8 **1.** Der Betrieb ist **keine juristische Person.** Er kann daher weder klagen noch verklagt werden (§ 50 ZPO). Grundsätzlich muss die Rechtsperson des Betriebsinhabers klagen und verklagt werden; dies gilt auch für die Beteiligung am Beschlussverfahren (ArbV-Hdb. § 57). Zahlreiche arbeitsrechtliche Gesetze knüpfen an den Betrieb an (KSchG, TVG usw.) sowie an das Koalitionsrecht. Vor allem ist die zwischen Arbeitgebern und Arbeitnehmern entstehende Betriebsgemeinschaft Anknüpfungspunkt für die betriebliche Übung, die Betriebsnachfolge (§ 613a BGB), das Betriebsverfassungsrecht und die Mitbestimmungs- und Mitwirkungsbefugnis der Arbeitnehmer. Durch den Betrieb wird der Erfüllungsort der Arbeitsleistung bestimmt (vgl. § 45 RN 14; ArbV-Hdb. § 9 RN 12ff.).

9 **2.** Zum **Tendenzbetrieb** vgl. § 214 RN 25ff.

IV. Unternehmen

10 Vom Begriff des Betriebes ist der weitere, wirtschaftliche des Unternehmens zu unterscheiden. Einen für die Gesamtrechtsordnung einheitlichen Unternehmensbegriff gibt es nicht. Der Begriffsinhalt ist vielmehr für die einzelnen Rechtsgebiete jeweils nach Sinn und Zweck des betreffenden Gesetzes zu ermitteln.[13] Im Arbeitsrecht, insbes. im Betriebsverfassungsrecht ist Unternehmen „die organisatorische Einheit, die bestimmt wird durch den wirtschaftlichen oder ideellen Zweck, dem ein Betrieb oder mehrere organisatorisch verbundene Betriebe desselben Unternehmens dienen."[14] Ein Unternehmen setzt einen einheitlichen Rechtsträger vo-

---

[8] BAG 6. 11. 1959 AP 15 zu § 13 KSchG m. Anm. *Dietz;* 12. 2. 1987 AP 67 zu § 613a BGB = NZA 88, 170.

[9] Vgl. BAG 25. 9. 1986 AP 7 zu § 1 BetrVG 1972 = NZA 87, 708.

[10] BAG 24. 9. 1968 AP 9 zu § 3 BetrVG; 24. 2. 1976 AP 2 zu § 4 BetrVG 1972; 17. 1. 1978 AP 1 zu § 1 BetrVG 1972; 29. 1. 1992 AP 1 zu § 7 BetrVG 1972 = NZA 92, 894.

[11] *Fitting* § 4 RN 7ff.; MünchArbR/*Richardi* § 31 RN 11ff.; BAG 30. 5. 1958 AP 13 zu § 13 KSchG m. Anm. *Tophoven;* 23. 9. 1960 AP 4 zu § 3 BetrVG; 1. 2. 1963 AP 5 zu § 3 BetrVG; 19. 2. 2002 AP 13 zu § 4 BetrVG 1972 = NZA 2002, 1300.

[12] Vgl. BAG 26. 8. 1971 AP 1 zu § 23 KSchG 1969.

[13] BAG 5. 12. 1975 AP 1 zu § 47 BetrVG 1972; 11. 12. 1987 AP 7 zu § 47 BetrVG 1972.

[14] BAG 23. 9. 1980 AP 4 zu § 47 BetrVG 1972; 7. 8. 1986 AP 5 zu § 1 BetrVG 1972 = NZA 87, 131; 5. 3. 1987 AP 30 zu § 15 KSchG 1969 = NZA 88, 32; Staudinger/*Richardi* Vor §§ 611ff. BGB RN 411, 421ff.; MünchKommBGB/*Müller-Glöge* § 611 BGB RN 240ff.

raus.[15] Alle Betriebe, die einem Inhaber gehören, brauchen nicht notwendig ein Unternehmen zu bilden. Dies ist dann nicht der Fall, wenn sie wirtschaftlich getrennte Zwecke verfolgen oder organisatorisch nicht zusammengefasst sind, z. B. ein Unternehmer betreibt eine Chemie- und Autofabrik. Die **Bedeutung des Unternehmerbegriffs** liegt vornehmlich auf handelsrechtlichem und wirtschaftlichem Gebiet; arbeitsrechtlich ist er z. B. bei Bildung eines Gesamtbetriebsrats (§ 224) und in der wirtschaftlichen Mitbestimmung von Bedeutung (§§ 243f.).

[15] BAG 11. 12. 1987 AP 7 zu § 47 BetrVG 1972; 29. 11. 1989 AP 3 zu § 10 ArbGG 1979 = NZA 90, 615; 9. 8. 2000 AP 9 zu § 47 BetrVG 1972 = NZA 2001, 116; 18. 9. 2002 AP 7 zu § 77 BetrVG 1972 Betriebsvereinbarung = NZA 2003, 670.

II. Buch. Arbeitsförderungsrecht (Überblick)

§ 19. Grundbegriffe und Versicherungspflicht

Allgemein: *Hoehl,* Änderungen in der Arbeitslosenversicherung (SGB III) zum 1. 1. 2008, NZS 2008, 76; *Roos,* Die Entwicklung des Arbeitsförderungsrechts unter der großen Koalition, NJW 2009, 8; *Spellbrink,* 50 Jahre BSG-Rechtsprechung zum Arbeitsförderungsrecht, SozSich 2004, 304; *Winkler,* Neuregelungen im Arbeitslosenrecht, info also 2008, 99.

Übersicht

	RN
I. Allgemeines	1 ff.
1. Einführung	1
2. Aufbau des SGB III	2, 3
II. Besondere Verantwortung von Arbeitgebern und Arbeitnehmern	4 ff.
1. Bedeutung	4
2. Arbeitsverwaltung als Dienstleister	5
3. Verantwortung der Arbeitgeber	6–11
4. Verantwortung der Arbeitnehmer	12
III. Versicherungspflichtige in der Arbeitslosenversicherung	13 ff.
1. Überblick	13
2. Versicherungspflichtige Personen	14–17
3. Versicherungsfreie Beschäftigung	18
4. Versicherungspflicht auf Antrag	19
5. Feststellung der versicherungspflichtigen Beschäftigung	20
IV. Beschäftigungsverhältnis	21 ff.
1. Beitrags- und Leistungsrecht	21
2. Voraussetzungen	22
3. Beurteilungsgrundlagen	23
4. Einzelfälle	24–26
5. Beginn	27
6. Beendigung	28
7. Freistellung	29

I. Allgemeines

1. Einführung. Das Gesetz zur Reform der Arbeitsförderung (AFRG) vom 24. 3. 1997 (BGBl. I S. 594) hat das Arbeitsförderungsgesetz im Wesentlichen mit Wirkung zum 1. 1. 1998 aufgehoben und das Recht der Arbeitsförderung als SGB III in das Sozialgesetzbuch aufgenommen. Die gesetzliche Neuregelung verfolgt im Wesentlichen die folgenden Ziele: **(a)** die Erwerbschancen vom Arbeitslosen sollten verbessert und Arbeitslosigkeit soweit wie möglich vermieden werden; **(b)** das Arbeitsförderungsrecht soll bedarfsgerecht weiterentwickelt und in seiner Anwendbarkeit verbessert werden; **(c)** die Effektivität und die Effizienz der Arbeitsverwaltung sollten erhöht werden; **(d)** Leistungsmissbrauch sollte besser feststellbar und ebenso wie die illegale Beschäftigung wirksam bekämpft werden; **(e)** die Beitragszahler sollten entlastet werden (vgl. BT-Drucks. 13/4941 S. 1). Das SGB III ist in der Vergangenheit vielfach geändert worden, besonders hervorzuheben sind die Änderungen durch die Gesetze zu modernen Dienstleistungen am Arbeitsmarkt, die nach dem Vorsitzenden der Hartz-Kommission als „Hartz I–IV" bezeichnet werden. 1

2. Aufbau des SGB III. Am Anfang des Gesetzes werden zunächst in den §§ 1–10 SGB III die Aufgaben der Arbeitsförderung sowie die bei der Aufgabenerledigung zu beachtenden Grundsätze aufgeführt. Es folgt eine Übersicht über die einzelnen Leistungen der Arbeitsförderung (§ 3 SGB III). Daneben werden der Vermittlungsvorrang (§ 4 SGB III) sowie die Verpflichtung zur aktiven Arbeitsförderung (§ 5 SGB III) besonders erwähnt. Weiterhin werden als besondere Ziele der Arbeitsförderung wie z. B. die Vermeidung von Langzeitarbeitslosigkeit (§ 6 SGB III) sowie die Frauen- bzw. Familienförderung (§§ 8, 8 a SGB III) genannt. 2

Der 2. Abschnitt des 1. Kapitels enthält im Wesentlichen Begriffsbestimmungen über die Berechtigten des SGB III. Es folgen dann Regelungen über die Grundsätze der **Nachrangigkeit und Vorleistungspflicht** der Arbeitsförderung (§ 20 RN 1) und die Bestimmungen zur Beratungs- und Vermittlungstätigkeit der Arbeitsverwaltung (§ 21 RN 1, 6). Die Leistungen an Arbeitnehmer werden im 4. Kapitel des SGB III geregelt (§ 20 RN 3), hierzu zählen insbesondere die sog. Entgeltersatzleistungen wie z. B. das Alg. (Einzelheiten §§ 23, 24). Das 5. bzw. 6. Kapitel enthalten die Leistungen an Arbeitgeber und Träger (§ 20 RN 4, 5). Die genehmigungspflichtige Beschäftigung von Ausländern ist in den §§ 284 ff. SGB III enthalten, sie orientiert sich an den 3

Begrifflichkeiten des geltenden Ausländerrechts (Einzelheiten § 27). Es folgen dann Bestimmungen über die Leistungserbringung (§§ 323ff. SGB III; Arbeitsbescheinigung § 312 SGB III), die Finanzierung der Arbeitslosenversicherung (§§ 340ff. SGB III), die Organisation und den Datenschutz (§§ 367ff. SGB III) sowie die Straf- bzw. Bußgeldvorschriften (§§ 404ff. SGB III). Besondere Bedeutung bei der zeitlichen Geltung von Rechtsänderungen haben die Sonderregelungen (§§ 408ff. SGB III).

II. Besondere Verantwortung von Arbeitgebern und Arbeitnehmern

4 **1. Bedeutung.** Die Vorschrift des § 2 SGB III zählt zu den umstrittensten Vorschriften des SGB III.[1] In ihr werden besondere Rechte und Pflichten der Arbeitgeber und Arbeitnehmer für den Arbeitsmarkt zusammengefasst. Seit ihrem Inkrafttreten besteht Streit, ob sie Auswirkungen auf das Arbeitsrecht und insbesondere das Kündigungsrecht hat. § 2 SGB III sollte ursprünglich durch das Job-AQTIV-Gesetz vom 10. 12. 2001 (BGBl. I S. 3443) gestrichen werden, die Vorschrift ist in den Ausschussberatungen aber lediglich verändert worden. § 2 SGB III hat regelmäßig keine Auswirkungen auf das Arbeitsrecht, wenn die sozialrechtlichen Verpflichtungen einer der Arbeitsvertragsparteien bereits gesetzlich ausgestaltet ist (z. B. im Kündigungsrecht, RN 8). Nach der Rspr. des BAG folgt aus der Vorschrift aber auch dann keine Rechtspflicht für den Arbeitgeber, wenn es an einer arbeitsrechtlichen Regelung der entsprechenden Pflichtenstellung fehlt (z. B. bei der Hinweispflicht, RN 9). Dem kann nicht gefolgt werden. Wegen der Einheit der Rechtsordnung können auch die in § 2 SGB III aufgeführten Verantwortlichkeiten eine Rechtspflicht für die Arbeitsvertragsparteien begründen, die unmittelbar die Rechte und Pflichten aus dem Arbeitsverhältnis gestaltet.

5 **2. Arbeitsverwaltung als Dienstleister.** In § 2 I SGB III wird nunmehr herausgestellt, dass die Arbeitsverwaltung Arbeitgeber und Arbeitnehmer als kompetente Partner bei der Umsetzung der betrieblichen Personalpolitik und bei der Berufswahl und Arbeitsaufnahme unterstützt. Zugleich soll verdeutlicht werden, dass arbeitsmarktpolitische Hilfen zwar jeweils aus konkretem Anlass erfolgen, aber auf die Förderung der beruflichen Tätigkeit während des gesamten Erwerbslebens ausgerichtet sind. Die Leistungen sollen an den individuellen Fähigkeiten anknüpfen und dies im Sinne eines lebenslangen Lernens umsetzen. Um dieses Ziel zu erreichen, bedarf es einer möglichst umfassenden Mitwirkung von Arbeitgebern und Arbeitnehmern (BT-Drucks. 14/6944 S. 28 zu § 2).

6 **3. Verantwortung der Arbeitgeber. a) Grundsatz.** § 2 II SGB III regelt die Aufgaben der Arbeitgeber im Zusammenwirken mit der Arbeitsverwaltung. Die Arbeitgeber haben bei ihren Entscheidungen verantwortungsvoll die Auswirkungen auf die Beschäftigung der Arbeitnehmer und von Arbeitslosen zu berücksichtigen und damit die Inanspruchnahme von Leistungen der Arbeitsförderung einzubeziehen.

7 **b) Bildungsmaßnahmen.** Nach § 2 II 2 Nr. 1 SGB III sollen sie dafür sorgen, dass die berufliche Leistungsfähigkeit der Arbeitnehmer den sich ändernden Anforderungen angepasst wird. Zweck der Regelung ist, sicherzustellen, dass die Solidargemeinschaft von solchen Kosten entlastet wird, die im Rahmen der betrieblichen Bildung und Weiterbildung aufzuwenden sind. Die Pflichtenstellung hat keine Auswirkungen im Individualarbeitsverhältnis.

8 **c) Auswirkungen auf das Kündigungsrecht?** Nach § 2 II 2 Nr. 2 SGB III sollen Arbeitgeber vorrangig durch betriebliche Maßnahmen die Inanspruchnahme von Leistungen der Arbeitsförderung sowie Entlassungen von Arbeitnehmern vermeiden. Erläuternd hieß es in der Gesetzesbegründung § 2 I SGB III (BT-Drucks. 13/4941 S. 152): „Es soll z. B. durch eine entsprechende Arbeitsorganisation und flexible Arbeitszeiten die Inanspruchnahme von Kurzarbeitergeld vermieden werden, wenn ein betrieblicher Ausgleich zwischen Kurzarbeit und Überstunden möglich ist. Sofern dieser Ausgleich nicht möglich ist, sollen wiederum Entlassungen durch die Inanspruchnahme von Kurzarbeit vermieden werden." Nach dem Willen des Gesetzgebers sollen Entlassungen nur noch die Ultima-ratio sein. Umstritten war, ob die Regelung nur ein sozialversicherungsrechtlicher Programmsatz ist oder ob er auch zivilrechtliche Folgen hat, wenn der Arbeitgeber seine Verpflichtungen aus § 2 II SGB III vernachlässigt. Letzteres ist zu verneinen. Der Gesetzgeber hat durch die Änderung von § 2 SGB III im Zusammenhang mit dem Job-AQTIV-Gesetz klargestellt, dass die Vorschrift nur auf die sozialversicherungsrechtlichen Auswirkungen abhebt, was in dem geänderten Wortlaut und Aufbau der Vorschrift zum

[1] Zum Streitstand *Gagel/Bepler* § 2 RN 39.

Ausdruck kommt. Die kündigungsschutzrechtlichen Regelungen der §§ 1, 23 KSchG sind abschließend und werden nicht durch § 2 II Nr. 2 SGB III ergänzt.[2]

d) Hinweis- und Freistellungspflicht bei der Beendigung des Arbeitsverhältnisses. 9
aa) Hinweispflicht. Nach § 2 II 2 Nr. 3 SGB III ist der Arbeitgeber vor der Beendigung des Arbeitsverhältnisses zur frühzeitigen Information des Arbeitnehmers über **(1)** die Notwendigkeit von Eigenbemühungen bei der Beschäftigungssuche (§ 119 IV SGB III, dazu § 23 RN 8) sowie **(2)** die Verpflichtung zur unverzüglichen Arbeitsuchend-Meldung (§ 38 I SGB III, dazu § 23 RN 22) verpflichtet. Ein unterbliebener Hinweis des Arbeitgebers hat jedoch keine Auswirkungen auf die Wirksamkeit des der Beendigung zugrunde liegenden individualrechtlichen Rechtsgeschäfts (Kündigung, Aufhebungsvertrag). Nach Auffassung des BAG führt der unterbliebene Hinweis auf die Verpflichtung aus § 2 II Nr. 2 SGB III auch nicht zu einer Schadensersatzpflicht des Arbeitgebers.[3] Da der nach bisherigen Rspr. des BSG die Unkenntnis des Arbeitnehmers nicht zu einer Sanktion beim Bezug von Alg. führte,[4] hat es an den Arbeitgeber gerichtete Empfehlungen gegeben, auf den gesetzlich vorgeschriebenen Hinweis nach § 38 I SGB III zu verzichten, um den Arbeitnehmer vor Nachteilen beim Bezug von Alg. zu bewahren.[5] Dies zeigt die Fragwürdigkeit der Rspr. des BAG, die § 2 SGB III letztlich zu einer sanktionslosen Ordnungsvorschrift degradiert. Ist der Hinweis entweder unrichtig oder unvollständig, schließt dies jedoch eine Schadensersatzpflicht nicht aus. So hat das BAG eine aus § 242 BGB abgeleitete gesteigerte Aufklärungspflicht im Zusammenhang mit der Beendigung von Arbeitsverhältnissen beispielsweise bejaht, wenn Aufhebungsverträge auf Veranlassung des Arbeitgebers zustande gekommen sind und der Arbeitgeber den Eindruck erweckt, dass auch die Interessen des Arbeitnehmers hinsichtlich eines etwaigen Arbeitslosengeldbezugs gewahrt würden.[6] Eine besondere Form für den Hinweis sieht das Gesetz nicht vor. Zweckmäßig ist ein entsprechender Hinweis im Kündigungsschreiben oder im Aufhebungsvertrag; die Wiedergabe des Gesetzeswortlauts (§§ 38, 119 SGB III) ist stets ausreichend. Bei einer Eigenkündigung des Arbeitnehmers besteht keine Hinweispflicht nach § 2 II 2 Nr. 3 SGB III.

bb) Freistellungspflicht. Neben der Hinweispflicht enthält § 2 II Nr. 3 SGB III eine ent- 10
sprechende Freistellungsverpflichtung für die Beschäftigungssuche, die Arbeitslosmeldung und die Teilnahme an erforderlichen Qualifikationsmaßnahmen. Der ursprüngliche Gesetzesentwurf von „Hartz I" hatte zur Ausgestaltung der Freistellungsverpflichtung die Einfügung eines neuen § 629 a BGB vorgesehen. Nach diesem hatte der Arbeitnehmer einen Anspruch auf bezahlte Freistellung mindestens für bis zu vier Tage, der sich bei einer Betriebszugehörigkeit von über fünf Jahren auf bis zu 10 Tage steigern konnte; diese Norm hat der Ausschuss unter Hinweis auf die geltenden Regelungen als nicht erforderlich angesehen. Aus diesem Grund richtet sich der Umfang der Freistellungspflicht des Arbeitgebers ausschließlich nach § 629 BGB bzw. ergänzenden tarif- bzw. arbeitsvertraglichen Bestimmungen oder solchen in einer Betriebsvereinbarung. Eine etwaige Vergütungspflicht für Freistellungszeiten folgt aus § 616 BGB bzw. diesen ersetzende Regelungen.[7] Nach dem bisherigen Wortlaut des § 629 BGB findet dieser aber keine Anwendung auf kurzzeitige Arbeitsverhältnisse und solche, die lediglich zur Aushilfe oder zur Probe begründet worden sind. Da jedoch § 38 SGB III auch für diese Beschäftigten gilt, wird insoweit § 629 BGB analog anzuwenden sein.

e) Informationspflichten. In § 2 III SGB III werden auch allein gegenüber der Arbeitsver- 11
waltung **Unterrichtspflichten** geschaffen. Hierzu gehören insbesondere Mitteilungen über **(1)** zu besetzende Ausbildungs- und Arbeitsplätze, **(2)** geplante Betriebserweiterungen und den damit verbundenen Arbeitskräftebedarf, **(3)** die Qualifikationsanforderungen an die einzustellenden Arbeitnehmer, **(4)** geplante Betriebseinschränkungen oder Betriebsverlagerungen sowie die damit verbundenen Auswirkungen und **(5)** Planungen, wie Entlassungen von Arbeitnehmern vermieden oder Übergänge in andere Beschäftigungsverhältnisse organisiert werden können.

4. Verantwortung der Arbeitnehmer. In § 2 IV, V SGB III sind die allgemeinen Verpflich- 12
tungen der Arbeitnehmer geregelt. Nach § 2 IV SGB III haben diese bei ihrer Entscheidung

---

[2] Ausdrücklich offengelassen von BAG 12. 11. 1998 AP 51 zu § 2 KSchG 1969 = NZA 99, 471; für Auswirkungen hingegen ArbG Gelsenkirchen 28. 10. 1997 NZA 98, 944 zu § 2 I Nr. 2 SGB III a. F.
[3] BAG 29. 9. 2005 AP 2 zu § 2 SGB III = NZA 2005, 1406.
[4] BSG 18. 8. 2005 SozR 4–4300 § 140 Nr. 2; 25. 5. 2005 SozR 4–4300 § 140 Nr. 1.
[5] *Urban-Crell* NJW 2005, 3763 – ein aus meiner Sicht mehr als fragwürdiges Rechtsverständnis.
[6] BAG 12. 12. 2002 AP 25 zu § 611 BGB Haftung des Arbeitgebers; grundlegend BAG 10. 3. 1988 AP 99 zu § 611 BGB Fürsorgepflicht = NZA 88, 837.
[7] Dazu insb. *Düwell* FA 2003, 108; *Sibben* DB 2003, 826.

verantwortungsvoll deren Auswirkungen auf ihre beruflichen Möglichkeiten einzubeziehen. Sie sollen insbesondere ihre berufliche Leistungsfähigkeit den sich ändernden Anforderungen anpassen. Die gegenseitige Pflichtenstellung von Arbeitsuchenden und Arbeitsverwaltung wird durch die Eingliederungsvereinbarung konkretisiert (§§ 6, 35 SGB III). § 2 V SGB III enthält einige besonders wichtige Verpflichtungen des Arbeitnehmers, deren Einhaltung jeweils durch den Eintritt einer Sperrfrist (§ 144 SGB III, dazu § 23 RN 49) sanktioniert wird. Der Arbeitnehmer hat **(1)** ein zumutbares Beschäftigungsverhältnis fortzusetzen, **(2)** eigenverantwortlich nach Beschäftigung zu suchen, bei bestehendem Beschäftigungsverhältnis frühzeitig vor dessen Beendigung, **(3)** zumutbare Beschäftigung aufzunehmen und **(4)** an einer beruflichen Eingliederungsmaßnahme teilzunehmen. Besondere Pflichtenstellungen des Arbeitnehmers ergeben sich aus § 2 IV, V SGB III für das Arbeitsverhältnis nicht, insbesondere wirkt sie sich nicht auf die Zumutbarkeit bei der Annahme eines Änderungsangebots bei einer Änderungskündigung aus, da insoweit § 2 KSchG eine abschließende Regelung enthält; ebenso wenig besteht eine Pflicht zur ständigen Neuverhandlung der Arbeitsbedingungen mit dem Arbeitgeber.[8]

III. Versicherungspflichtige in der Arbeitslosenversicherung

13 **1. Überblick.** Mit der Einordnung der Arbeitsförderung in das SGB III ist das Arbeitsförderungsrecht näher am Sozialversicherungsrecht ausgerichtet worden. Es ist zu unterscheiden die Versicherungspflicht (§§ 24ff. SGB III) und die Beitragspflicht (§§ 340ff. SGB III). In einem Versicherungspflichtverhältnis stehen die Beschäftigten (§§ 24, 25 SGB III) und sonstige Versicherungspflichtige (§ 26 SGB III). Daneben besteht die Möglichkeit der freiwilligen Weiterversicherung (§ 28 a SGB III). Der Beitragsatz in der Arbeitslosenversicherung ist ab dem 1. 1. 2009 für 18 Monate auf 2,8 Prozent des beitragspflichtigen Bruttoentgelts abgesenkt worden. Ab dem 1. 7. 2010 beträgt er drei Prozent (§ 341 II SGB III).

14 **2. Versicherungspflichtige Personen. a) Beschäftigte. aa) Begriff.** Versicherungspflichtig sind Personen, die gegen Arbeitsentgelt beschäftigt sind (§ 25 I 1 SGB III). Der Begriff des Beschäftigungsverhältnisses ist identisch mit dem in § 7 I SGB IV (dazu näher RN 21ff.). Für Heimarbeiter besteht nach § 13 II SGB IV eine Fiktion, wonach diese als Beschäftigte gelten, wenn sie Roh- oder Hilfsstoffe selbst beschaffen. Der Versicherungspflicht unterliegen auch die zu ihrer Berufsausbildung Beschäftigten. Dies sind entsprechend der Regelung in § 1 I BBiG die im Rahmen einer Berufsausbildung, beruflichen Fortbildung und beruflichen Umschulung Beschäftigten. Die Ausbildung muss auf Grund eines Vertrages in persönlicher Abhängigkeit und bei Eingliederung des Auszubildenden in einen Betrieb (§ 1 V BBiG) erfolgen. Auszubildende, die im Rahmen eines Berufsausbildungsvertrages nach dem BBiG in einer außerbetrieblichen Einrichtung ausgebildet werden, stehen nach Satz 2 den Beschäftigten zur Berufsausbildung i. S. d. § 25 I 1 SGB III gleich.[9] Nach § 25 II SGB III besteht die Versicherungspflicht während einer Wehrübung bis zu 3 Tage weiter.

15 **bb) Geringfügig Beschäftigte.** Diese sind in der Arbeitslosenversicherung nicht versicherungspflichtig, wenn es sich bei ihrer Beschäftigung um eine geringfügige Beschäftigung i. S. d. §§ 8, 8 a SGB IV handelt (dazu ausführlich § 44). Nach § 27 II 1 SGB III werden in der Arbeitslosenversicherung geringfügige und nicht geringfügige Tätigkeiten nicht zusammengerechnet. Eine Sonderregel über die **Versicherungspflicht während des Arbeitslosengeldbezugs** enthält daneben § 27 V SGB III für die Arbeitslosenversicherung. Danach sind während dieser Zeit versicherungsfrei Personen, die eine Beschäftigung von bis zu 14 Stunden wöchentlich ausüben, gelegentliche Abweichungen bleiben unberücksichtigt; auf das erzielte Entgelt kommt es für die Versicherungsfreiheit nicht an.

16 **b) Sonstige Versicherungspflichtige.** Der Versicherungspflicht unterliegen auch die in § 26 SGB III aufgezählten sonstigen Versicherungspflichtigen. Hierzu gehören nach Abs. 1 Jugendliche, die in Einrichtungen der beruflichen Rehabilitation nach § 35 SGB IX Leistungen zur Teilhabe am Arbeitsleben erhalten, die ihnen eine Erwerbstätigkeit auf dem allgemeinen Arbeitsmarkt ermöglichen sollen, sowie Personen, die in Einrichtungen der Jugendhilfe für eine Erwerbstätigkeit befähigt werden sollen (Nr. 1), Wehr-[10] bzw. Zivildienstleistende unabhängig von einer Vorversicherungspflicht (Nr. 2), Gefangene, sofern sie die in Nr. 4 genannten Leistungen erhalten sowie die nicht satzungsmäßigen Mitglieder geistlicher Genossenschaften (Nr. 5). Nach

---

[8] So aber wohl *Löwisch* NZA 98, 729.

[9] BSG 29. 1. 2008 SozR 4–4300 § 25 Nr. 2.

[10] BSG 4. 2. 1999 SozR 3–6050 Art. 71 Nr. 11; EuGH 11. 11. 2004 SozR 4–6050 Art. 71 Nr. 4.

§ 26 II SGB III sind versicherungspflichtig auch die Bezieher der dort abschließend genannten Entgeltersatzleistungen;[11] maßgeblich ist nicht der Anspruch auf die Leistungen, sondern der tatsächliche Bezug. Versicherungspflicht besteht gem. § 26 II a SGB III Personen in der Zeit, in der sie ein Kind, das das 3. Lebensjahr noch nicht vollendet hat, erziehen. Dies gilt aber nur dann, wenn ihr gewöhnlichen Aufenthaltsort im Inland ist und sie vor der Kindererziehung versicherungspflichtig waren oder eine laufende Entgeltersatzleistung (§§ 116ff. SGB III) bezogen haben.

c) Pflegezeit. Durch die Neuregelungen zur Pflegezeit ist in § 26 IIb SGB III ein neuer Versicherungspflichttatbestand geschaffen worden. Versicherungspflichtig sind danach Personen in der Zeit, in der sie eine Pflegezeit nach § 3 I 1 PflegeZG in Anspruch nehmen und eine pflegebedürftige Person pflegen, wenn sie unmittelbar vor der Pflegezeit versicherungspflichtig waren. Gleiches gilt für Personen, die unmittelbar vor der Pflegezeit eine als AB-Maßnahme geförderte Beschäftigung ausgeübt haben, die ein Versicherungspflichtverhältnis oder den Bezug einer laufenden Entgeltersatzleistung nach dem SGB III unterbrochen hat. Als Bemessungsgrundlage werden 10% der Bezugsgröße zu Grunde gelegt (§ 345 Nr. 8 SGB III, § 18 SGB IV; zur Beitragspflicht § 347 Nr. 10 SGB III). Für das Konkurrenzverhältnis bei mehreren Versicherungspflichttatbeständen gilt § 26 III SGB III. 17

3. Versicherungsfreie Beschäftigung. Zu den versicherungsfrei Beschäftigten gehören Beamte, Geistliche, bestimmte Lehrer, Vorstandsmitglieder[12] und Personen, die während einer Zeit, in der ein Anspruch auf Alg. besteht, eine Beschäftigung ausüben und die in einer AB-Maßnahme Beschäftigten sowie Personen, die mit einem Beschäftigungszuschuss (§ 16a SGB II) gefördert werden, eine Regelaltersrente beanspruchen können bzw. eine Rente wegen Erwerbsminderung beziehen;[13] zur geringfügigen Beschäftigung RN 15. Weitere Einzelheiten siehe §§ 27, 28 SGB III. 18

4. Versicherungspflicht auf Antrag. Nach § 28a I SGB III können ab 1. 2. 2006 Personen, die Angehörige pflegen (Nr. 1), Existenzgründer (Nr. 2) und im Ausland Beschäftigte (Nr. 3, Ausnahme EU und assoziierte Länder) ein Versicherungspflichtverhältnis in der Arbeitslosenversicherung auf Antrag begründen. Voraussetzung ist, dass sie innerhalb der letzten 24 Monate vor Aufnahme der Tätigkeit oder Beschäftigung mindestens 12 Monate in der Arbeitslosenversicherung pflichtversichert waren oder eine Entgeltersatzleistung bezogen haben, diese Voraussetzungen unmittelbar vor Aufnahme der privilegierten Tätigkeit oder Beschäftigung noch bestanden haben und sie nicht anderweitig nach dem SGB III pflichtversichert sind. Die freiwillige Versicherung muss innerhalb einer Ausschlussfrist von einem Monat nach Aufnahme der Tätigkeit beantragt werden, sie ist u.a. an die tatsächliche Zahlung der Beiträge geknüpft (§ 28a I 3 SGB III; bei einer Pflegezeit gilt § 28a I 4 SGB III); Personen, die am 1. 2. 2006 den Tatbestand für die Versicherungspflicht erfüllen, konnten den Antrag auf Weiterversicherung bis zum 31. 12. 2006 stellen – unabhängig von § 28a II 2 SGB III (§ 434j II SGB III). Die Regelungen zur freiwilligen Weiterversicherung sind für Selbstständige (Nr. 2) und für Auslandsbeschäftigte (Nr. 3) bis zum 31. 12. 2010 befristet (§ 28a II SGB III). 19

5. Feststellung der versicherungspflichtigen Beschäftigung. Der Anspruch auf Leistungen ist grundsätzlich von dem Bestehen eines Versicherungspflichtverhältnisses abhängig. Hierüber entscheidet nach § 28h II SGB IV die Einzugsstelle, die Entscheidung gilt auch gegenüber der Arbeitsverwaltung. Nach § 336 SGB III ist die Arbeitsverwaltung auch an eine auf Antrag der Beteiligten im Anfrageverfahren (§ 7a SGB IV) getroffene Entscheidung gebunden. Hingegen entscheidet über einen Leistungsanspruch nach dem SGB III die BA. 20

IV. Beschäftigungsverhältnis

1. Beitrags- und Leistungsrecht.[14] Personen, die gegen Arbeitsentgelt beschäftigt sind, unterliegen in der Kranken-, Pflege-, Renten- und Arbeitslosenversicherung der Versicherungs- bzw. der Beitragspflicht (§ 5 I Nr. 1 SGB V; § 20 I 2 Nr. 1 SGB XI; § 1 Satz 1 Nr. 1 SGB VI; § 25 I SGB III). Im Arbeitsförderungsrecht unterscheidet die Rechtsprechung zwischen dem leistungsrechtlichen Begriff des Beschäftigungsverhältnisses, der an den tatsächlichen Verhält- 21

---

[11] Zur Teilnahme an einer Maßnahme der Rehabilitation: BSG 21. 3. 2007 SozR 4–4300 § 26 Nr. 5.

[12] Die Vorschrift ist auf Vorstandsmitglieder anderer juristischer Personen nicht anzuwenden: BSG 27. 2. 2008 SozR 4–2600 § 1 Nr. 3 – Board of Directors.

[13] Zur Verfassungsmäßigkeit bis zum 31. 12. 2002: BSG 28. 8. 2007 SozR 4–4300 § 123 Nr. 4.

[14] *Twesten,* Beginn und Ende des Arbeitsverhältnisses im Arbeitsrecht und Sozialversicherungsrecht, Die Leistungen 2006, 129, 193.

nissen ausgerichtet ist (dazu § 23 RN 6), und einen beitragsrechtlichen bzw. versicherungsrechtlichen Begriff, der im Wesentlichen mit den Merkmalen des Arbeitsverhältnisses übereinstimmt.

22 **2. Voraussetzungen.** Nach § 25 I SGB III sind Personen versicherungspflichtig, die gegen Arbeitsentgelt oder zu ihrer Berufsausbildung beschäftigt sind. Die Beschäftigung wird in § 7 SGB IV, der gemäß § 1 I 1 SGB IV auch für die Arbeitsförderung gilt, gesetzlich definiert. Nach § 7 I 1 SGB IV ist Beschäftigung die nichtselbständige Arbeit, insbesondere in einem Arbeitsverhältnis. Das Beschäftigungsverhältnis wird nicht durch den privatrechtlichen Arbeitsvertrag, sondern durch den faktischen Leistungsaustausch begründet, der für das Sozialversicherungsrecht die Grundlage der zu beurteilenden Arbeitsleistung darstellt. Anhaltspunkte für eine Beschäftigung sind eine Tätigkeit nach Weisungen und eine Eingliederung in die Arbeitsorganisation des Weisungsgebers (§ 7 I 2 SGB IV). Nach der st. Rspr. des BSG setzt eine Beschäftigung voraus, dass der Arbeitnehmer vom Arbeitgeber persönlich abhängig ist. Bei einer Beschäftigung in einem fremden Betrieb ist dies der Fall, wenn der Beschäftigte in den Betrieb eingegliedert ist und dabei einem Zeit, Dauer, Ort und Art der Ausführung umfassenden Weisungsrecht des Arbeitgebers unterliegt. Das Weisungsrecht kann insbesondere bei Diensten höherer Art, eingeschränkt und „zur funktionsgerecht dienenden Teilhabe am Arbeitsprozess" verfeinert sein.[15] Eine etwaige Sittenwidrigkeit der ausgeübten Tätigkeit steht der Begründung eines beitragspflichtigen Beschäftigungsverhältnisses nicht entgegen.[16] Demgegenüber ist eine selbstständige Tätigkeit vornehmlich durch das eigene Unternehmerrisiko, das Vorhandensein einer eigenen Betriebsstätte, die Verfügungsmöglichkeit über die eigene Arbeitskraft und die im Wesentlichen frei gestaltete Tätigkeit und Arbeitszeit gekennzeichnet. Ob jemand abhängig beschäftigt oder selbstständig tätig ist, hängt davon ab, welche Merkmale überwiegen. Kein Beschäftigungsverhältnis besteht, wenn die Arbeitsleistung nicht freiwillig erfolgt.

23 **3. Beurteilungsgrundlagen.** Ausgangspunkt ist zunächst das Vertragsverhältnis der Beteiligten, so wie es sich aus den von ihnen getroffenen Vereinbarungen ergibt oder sich aus ihrer gelebten Beziehung erschließen lässt. Eine im Widerspruch zu den ursprünglich getroffenen Vereinbarungen stehende tatsächliche Beziehung und die sich hieraus ergebende Schlussfolgerung auf die tatsächlich gewollte Natur der Rechtsbeziehung geht der nur formellen Vereinbarung vor, soweit eine (formlose) Abbedingung rechtlich möglich ist. Umgekehrt gilt, dass die Nichtausübung eines Rechts unbeachtlich ist, solange diese Rechtsposition nicht wirksam abbedungen ist. Zu den tatsächlichen Verhältnissen i. d. S. gehört daher unabhängig von ihrer Ausübung auch die einem Beteiligten zustehende Rechtsmacht.[17] Die tatsächlichen Verhältnisse geben den Ausschlag, wenn sie von Vereinbarungen abweichen.[18] Maßgeblich ist die Rechtsbeziehung so wie sie praktiziert wird und die praktizierte Beziehung, so wie sie rechtlich zulässig ist.[19] Einem im Vertrag dokumentierten Willen, kein sozialversicherungspflichtiges Beschäftigungsverhältnis zu wollen, kommt nur dann indizielle Bedeutung zu, wenn dieser den tatsächlichen Verhältnissen nicht offensichtlich widerspricht und er durch weitere Aspekte gestützt wird.[20]

24 **4. Einzelfälle. a) Ehegatten, Familienangehörige.** Die für die Annahme eines Beschäftigungsverhältnisses bestehenden Grundsätze gelten auch für die Beurteilung eines unter Ehegatten geltenden Beschäftigungsverhältnisses. Werden Familienangehörige auf familienrechtlicher Grundlage im Haushalt oder Geschäft eines anderen Familienmitglieds (Eltern) beschäftigt, kann diese Tätigkeit auf einer familienrechtlichen Grundlage erfolgen. In diesem Fall fehlt es an einem beitragsrechtlichen Beschäftigungsverhältnis.[21] Ein Beschäftigungsverhältnis scheidet nicht schon deshalb aus, weil die Abhängigkeit unter Ehegatten im Allgemeinen weniger stark ausgeprägt und deshalb das Weisungsrecht möglicherweise mit gewissen Einschränkungen ausgeübt wird.[22] Die Grenze zwischen einem abhängigen Beschäftigungsverhältnis mit Entgeltzahlung und einer nicht versicherungspflichtigen Mitarbeit auf Grund einer familienhaften Zusammengehörigkeit ist nur unter Berücksichtigung der gesamten Umstände des Einzelfalls zu ziehen. Der Höhe des Entgelts kommt dabei lediglich Indizwirkung zu. Eine untertarifliche Bezahlung

---

[15] BSG 22. 2. 1996 SozR 3-2940 § 2 Nr. 5 = BSGE 78, 34.
[16] BSG 10. 8. 2000 BSGE 87, 53 = SozR 3-2400 § 7 Nr. 15.
[17] BSG 8. 8. 1990 SozR 3-2400 § 7 Nr. 4; 8. 12. 1994 SozR 3-4100 § 168 Nr. 18.
[18] BSG 10. 8. 2000 BSGE 87, 53, 56 = SozR 3-2400 § 7 Nr. 15; 4. 6 1998 SozR 3-2400 § 7 Nr. 13.
[19] BSG 24. 1. 2007 SozR 4-2400 § 7 Nr. 7; 25. 1. 2006 ZIP 2006, 678.
[20] BSG 28. 5. 2008 SGb 2008, 401.
[21] BAG 21. 4. 1993 SozR 3-4100 § 168 Nr. 11.
[22] BSG 21. 4. 1993 SozR 3-4100 § 168 Nr. 11.

des Ehegatten schließt die Annahme eines beitragspflichtigen Beschäftigungsverhältnisses nicht aus.[23]

25 **b) Ehrenbeamte.** Sie stehen in einem abhängigen Beschäftigungsverhältnis nach § 7 I SGB IV, wenn sie dem allgemeinen Erwerbsleben zugängliche Verwaltungsaufgaben wahrnehmen und hierfür eine den tatsächlichen Aufwand übersteigende pauschale Aufwandsentschädigung erhalten. Weder das Rechtsverhältnis als Ehrenbeamter als solches noch dessen Rechtsstellung als Organ oder Mitglied eines Organs einer juristischen Person des öffentlichen Rechts mit eigenen gesetzlichen Befugnissen noch die Zahlung einer pauschalen Aufwandsentschädigung ohne Bezug zu einem konkreten Verdienstausfall schließen danach die Annahme eines versicherungspflichtigen Beschäftigungsverhältnisses aus. Ob der Ehrenbeamte in seinem Amt zur weisungsgebundenen Wahrnehmung von Verwaltungsaufgaben verpflichtet ist und damit dieser Aufgabenbereich seine Tätigkeit prägt, ist in einer Gesamtwürdigung der Umstände des Einzelfalls unter Berücksichtigung der Ausgestaltung des Ehrenamts in der kommunalen Verfassung des jeweiligen Bundeslandes zu beurteilen.[24]

26 **c) GmbH-Geschäftsführer.**[25] Die Tätigkeit eines Gesellschafter-Geschäftsführers einer GmbH zu dieser unterliegt der Beitragspflicht, wenn dieser in einem abhängigen Beschäftigungsverhältnis zu der Gesellschaft steht.[26] Die Abhängigkeit gegenüber der Gesellschaft wird nicht bereits durch die Stellung des Geschäftsführers als Gesellschafter ausgeschlossen. Bei einem am Stammkapital der Gesellschaft beteiligten Geschäftsführer ist der Umfang der Beteiligung und das Ausmaß des sich daraus für ihn ergebenen Einflusses auf die Gesellschaft ein wesentliches Merkmal. Bei Fremdgeschäftsführern, die nicht am Gesellschaftskapital beteiligt sind, hat das BSG dementsprechend regelmäßig eine abhängige Beschäftigung angenommen, soweit nicht besondere Umstände vorliegen, die eine Weisungsgebundenheit im Einzelfall ausnahmsweise aufheben.[27] Dies gilt auch bei Geschäftsführern, die zwar zugleich Gesellschafter sind, jedoch weder über die Mehrheit der Gesellschaftsanteile noch über eine sog. Sperrminorität verfügen. Auch für diesen Personenkreis ist im Regelfall von einer abhängigen Beschäftigung auszugehen.[28] Eine hiervon abweichende Beurteilung kommt in Betracht, wenn besondere Umstände des Einzelfalls den Schluss zulassen, es liege keine Weisungsgebundenheit vor.[29] Ein Mehrheitsgesellschafter einer GmbH kann hingegen grundsätzlich nicht bei dieser Gesellschaft abhängig beschäftigt sein, es sei denn dieser Gesellschafter ist auf Grund einer treuhänderischen Bindung in der Ausübung der Gesellschafterrechte vollständig eingeschränkt. Bei Alleingesellschaftern schließt ein rechtlich maßgeblicher Einfluss auf die Willensbildung der Gesellschaft auf Grund der Gesellschafterstellung ein Beschäftigungsverhältnis in diesem Sinne aus, wenn der Gesellschafter damit Einzelanweisungen an sich im Bedarfsfall jederzeit verhindern könnte.[30]

27 **5. Beginn.** Das beitragsrechtliche Versicherungsverhältnis beginnt für Beschäftigte mit dem Tag des Eintritts in das Beschäftigungsverhältnis oder mit dem Tag nach dem Erlöschen der Versicherungsfreiheit, für die sonstigen Versicherungspflichtigen mit dem Tag, an dem erstmals die Voraussetzungen für die Versicherungspflicht erfüllt sind. Die Versicherungspflicht beginnt bei einer Beschäftigung gegen Arbeitsentgelt im Regelfall mit der tatsächlichen Aufnahme der Arbeit. Die Rspr. hat aus Gründen des Arbeitnehmerschutzes in folgenden Fällen Ausnahmen vom Erfordernis der tatsächlichen Arbeitsaufnahme zugelassen und trotz Nichtaufnahme der tatsächlichen Arbeit das Bestehen einer zur Leistung führenden Versicherungspflicht bejaht: bei einem Unfall des Arbeitnehmers auf dem Weg zur erstmaligen Arbeitsaufnahme,[31] bei fristgerechter Kündigung durch den Arbeitgeber vor Arbeitsantritt und Freistellung des Arbeitnehmers von der Arbeit bis zum Wirksamwerden der Kündigung,[32] bei nahtlosem Übergang eines versicherungspflichtigen Ausbildungsverhältnisses in ein beim selben Arbeitgeber bestehendes Beschäftigungsverhältnis, zu dessen Beginn jedoch Arbeitsunfähigkeit bestanden hat,[33] wenn die Wieder-

---

[23] BSG 17. 12. 2002 – B 7 AL 34/02 R – n. v.
[24] BSG 25. 1. 2006 SozR 4–2400 § 7 Nr. 6 – ehrenamtlicher Bürgermeister.
[25] *Freckmann*, Der GmbH-Geschäftsführer im Arbeits- und SozialversicherungsR, DStR 2008, 52.
[26] BSG 24. 1. 2007 SozR 4–2400 § 7 Nr. 7.
[27] BSG 18. 12. 2001 SozR 3–2400 § 7 Nr 20.
[28] BSG 6. 3. 2003 SozR 4–2400 § 7 Nr 1.
[29] BSG 4. 7. 2007 SozR 4–2400 § 7 Nr. 8.
[30] BSG 25. 1. 2006 ZIP 2006, 678; 9. 11. 1989 BSGE 66, 69 = SozR 4100 § 104 Nr. 19.
[31] BSG 28. 2. 1967 BSGE 26, 124 = SozR Nr. 3 zu § 306 RVO.
[32] BSG 18. 9. 1973 BSGE 36, 161 = SozR Nr. 73 zu § 165 RVO.
[33] BSG 28. 6. 1979 BSGE 48, 235 = SozR 2200 § 306 Nr. 5; 15. 12. 1994 BSGE 75, 277 = SozR 3–2500 § 186 Nr. 2.

aufnahme der Arbeit durch ein Beschäftigungsverbot für Schwangere nach dem MuSchG verhindert worden ist[34] sowie bei dem Wechsel eines Arbeitnehmers zu einer Auffanggesellschaft mit „Kurzarbeit-Null“.[35]

28 **6. Beendigung.** Das Beschäftigungsverhältnis besteht, solange der Arbeitnehmer vom Arbeitgeber gegen Arbeitsentgelt tatsächlich beschäftigt wird. Es besteht fort bei Zeiten eines erheblichen Arbeitsausfalls mit Entgeltfortzahlung i. S. d. Vorschriften über das Kurzarbeitergeld oder eines witterungsbedingten Arbeitsausfalls (dazu § 48). Zeiten ohne Arbeitsentgelt führen erst nach Ablauf eines Monats zu einer Beendigung des Beschäftigungsverhältnisses (§ 7 III SGB IV). Unterbrechungen der tatsächlichen Beschäftigung „von begrenzter Dauer“ sind für den Fortbestand des Beschäftigungsverhältnisses ohne Bedeutung, solange das Arbeitsverhältnis fortbesteht und Arbeitgeber und Arbeitnehmer den Willen haben, das Beschäftigungsverhältnis fortzusetzen.[36] Danach endet das beitragsrechtliche Beschäftigungsverhältnis, wenn eine tatsächliche Arbeitsleistung nicht mehr erbracht wird und die charakteristischen Merkmale der Beschäftigung nicht mehr gegeben sind, d. h. die persönliche Abhängigkeit, die sich in der Verfügungsbefugnis des Arbeitgebers und der Dienstbereitschaft des Arbeitnehmers ausdrückt, entfallen ist. Die ist regelmäßig der Fall bei einer Vereinbarung zwischen den Arbeitsvertragsparteien, wonach eine tatsächliche Arbeitsleistung nicht mehr erbracht werden soll, d. h. auch der Arbeitnehmer muss sich mit dem Verzicht des Arbeitgebers auf seine Verfügungsbefugnis einverstanden erklärt haben.[37]

29 **7. Freistellung.**[38] Die Spitzenverbände der Sozialversicherungsträger sind in einem Besprechungsergebnis über Fragen des gemeinsamen Beitragseinzugs am 5./6. 7. 2005[39] übereingekommen, dass kein Beschäftigungsverhältnis zwischen Arbeitnehmer und Arbeitgeber (mehr) vorliegt, wenn **im gegenseitigen Einvernehmen unwiderruflich** auf die vertraglich geschuldete Arbeitsleistung verzichtet wird (z. B. durch einen Aufhebungsvertrag bzw. Abwicklungsvertrag). Nach Ansicht der Spitzenverbände endet das versicherungspflichtige Beschäftigungsverhältnis bei einer unwiderruflichen Freistellung von der Arbeitsleistung mit dem letzten Arbeitstag, da zu diesem Zeitpunkt die Weisungsgebundenheit des Arbeitnehmers und das Weisungsrecht des Arbeitgebers enden.[40] Dies gilt auch, wenn dem Arbeitnehmer bis zum rechtlichen Ende des Arbeitsverhältnisses das geschuldete Arbeitsentgelt fortgezahlt wird.[41] Danach stellt die Arbeitsvergütung kein Arbeitsentgelt i. S. d. § 14 I SGB IV dar, das der Sozialversicherungspflicht unterliegt. Auf der anderen Seite endet auch der durch die Beitragszahlung vermittelte Schutz, der Arbeitnehmer muss sich während der Freistellungsphase insb. um eine freiwillige Weiterversicherung in der Kranken- und Pflegeversicherung bemühen, sofern nicht Versicherungsschutz aus anderen Tatbeständen besteht. Hierauf hat der Arbeitgeber in der Freistellungsvereinbarung hinzuweisen.[42] Dieser Sichtweise ist das BSG entgegen. Nach seiner Auffassung besteht die Versicherungs- und damit auch die Leistungspflicht fort, wenn der Arbeitnehmer nach einer vereinbarten unwiderruflichen Freistellung Arbeitsentgelt bis zum Ende des Arbeitsverhältnisses erhält.[43] Nach § 26 II SGB IV werden vom Arbeitgeber zu Unrecht gezahlte Beiträge auf Antrag erstattet, es sei denn, dass für den Arbeitnehmer auf Grund der gezahlten Beiträge oder für den Zeitraum, für den die Beiträge zu Unrecht gezahlt worden sind, Leistungen erbracht wurden. Hingegen beendet eine **einseitige Freistellung** des Arbeitnehmers durch den Arbeitgeber das Beschäftigungsverhältnis nicht, wenn der Arbeitgeber hierzu arbeitsrechtlich nicht berechtigt ist. Gleiches gilt, wenn die vereinbarte **Freistellung** vom Arbeitgeber **widerrufen** werden kann. Für die Freistellung unter Auflösung von Wertguthaben enthält § 7 I a SGB IV eine Sonderregelung.

---

[34] BSG 10. 12. 1998 BSGE 83, 186 = SozR 3–2500 § 186 Nr. 7; 17. 2. 2004 BSGE 92, 172 = SozR 4–2200 § 200 Nr. 1.

[35] BSG 14. 12. 2006 SozR 4–2500 § 47 Nr. 6 – zur Krankenversicherung.

[36] BSG 3. 12. 1998 SozR 3–4100 § 104 Nr. 16; 18. 4. 1991 BSGE 68, 236 = SozR 3–4100 § 104 Nr. 6.

[37] BSG 21. 8. 1997 – 12 BK 63/97 – n. a. v.

[38] Schrifttumsnachweise vor RN 2.

[39] Im Internet unter http://www.vdr.de.

[40] Für das leistungsrechtliche Beschäftigungsverhältnis BSG 25. 4. 2002 SozR 3–4300 § 144 Nr. 8; bestätigt durch BSG 18. 12. 2003 SozR 4–4300 § 144 Nr. 6.

[41] Kritisch dazu *Schlegel* NZA 2005, 972, der den Sozialversicherungsträgern vorhält, dass sie aus der Entscheidung BSG 25. 4. 2002 SozR 3–4300 § 144 Nr. 8 falsche Schlussfolgerung gezogen hätten.

[42] *Bauer/Krieger* DB 2005, 2242.

[43] BSG 24. 9. 2008 – 12 KR 22/07 R – z. V. b.

§ 20. Überblick über die Leistungen der Arbeitsverwaltung

1. Grundsätze der Leistungsgewährung. a) Grundsatz. Die Leistungen der BA nach dem SGB III sind im Wesentlichen in § 3 SGB III zusammengefasst. Unterschieden werden Leistungen der aktiven Arbeitsförderung und andere Leistungen. Nach § 3 IV SGB III sind Leistungen der aktiven Arbeitsförderung alle Leistungen der Arbeitsförderung mit Ausnahme von Alg. bei Arbeitslosigkeit, Teilarbeitslosengeld und Insolvenzgeld. Auf die zuletzt genannten Leistungen besteht bei Vorliegen der gesetzlichen Voraussetzungen ein Anspruch des Begünstigten, während es sich bei den nicht in § 3 V SGB III aufgeführten Leistungen der aktiven Arbeitsförderung um sog. Ermessensleistungen handelt. § 23 I SGB III begründet eine **Vorleistungspflicht** der AA bei Leistungen der aktiven Arbeitsförderung; solange und soweit eine vorrangige Stelle Leistungen nicht gewährt, sind Leistungen der aktiven Arbeitsförderung so zu erbringen, als wenn die Verpflichtung dieser Stelle nicht bestünde. Zum Vermittlungsvorrang § 4 SGB III. 1

b) Freie Förderung. Die AA können bis zu zehn Prozent der in ihrem Eingliederungstitel (§ 71 b SGB IV) enthaltenen Mittel für Ermessensleistungen der aktiven Arbeitsförderung einsetzen, um die Möglichkeiten der gesetzlich geregelten aktiven Arbeitsförderungsleistungen durch freie Leistungen der aktiven Arbeitsförderung zu erweitern (bis 31. 12. 2009: § 10 SGB III). Hierdurch sollen neue Arbeitsförderungsleistungen (z. B. in Beschäftigungsprojekten) erprobt oder ausgelaufene arbeitsmarktpolitische Instrumente weitergeführt werden. Die AA können dabei nicht nur darüber entscheiden, in welchem Umfang sie Mittel für die gesetzlich vorgesehenen Leistungen aufwenden wollen. Sie können auch über den gesetzlichen Rahmen der arbeitsmarktpolitischen Leistungen hinausgehen und flexibel auf neue Anforderungen reagieren. Die freie Förderung ist aber wegen der fehlenden gesetzlichen Ausgestaltung unter verfassungsrechtlichen Gesichtspunkten nicht unbedenklich. 2

2. Leistungen an Arbeitnehmer. Arbeitnehmer erhalten folgende Leistungen: 3

(1) Berufsberatung (§§ 29 ff. SGB III) sowie Ausbildungs- und Arbeitsvermittlung (§§ 35 ff. SGB III) und diese unterstützende Leistungen, z. B. die Übernahme von Bewerbungs- und Reisekosten (§§ 45 f. SGB III),
(2) Förderung aus dem Vermittlungsbudget (§ 45 SGB III),
(3) Maßnahmen zur Aktivierung und beruflichen Eingliederung (§ 46 SGB III),
(4) Gründungszuschuss (§§ 57 f. SGB III) zur Aufnahme einer selbstständigen Tätigkeit,
(5) Berufsausbildungsbeihilfe während einer beruflichen Ausbildung oder einer berufsvorbereitenden Bildungsmaßnahme (§§ 59 ff. SGB III),
(6) Übernahme der Weiterbildungskosten während der Teilnahme an einer beruflichen Weiterbildung (§§ 77 ff. SGB III) sowie Arbeitslosengeld bei beruflicher Weiterbildung,
(7) allgemeine und besondere Leistungen zur Teilhabe behinderter Menschen am Arbeitsleben (§§ 97 f. SGB III), insbesondere Ausbildungsgeld (§§ 104 ff. SGB III), Übernahme der Teilnahmekosten (§§ 109 ff. SGB III) und Übergangsgeld (§§ 160 ff. SGB III),
(8) Arbeitslosengeld (§§ 117 ff. SGB III) während Arbeitslosigkeit, Teilarbeitslosengeld (§ 150 SGB III) während Teilarbeitslosigkeit sowie Arbeitslosengeld bei beruflicher Weiterbildung,
(9) Kurzarbeitergeld bei Arbeitsausfall (§§ 163 ff. SGB III) sowie das zum 1. 12. 2006 eingeführte Saison-Kurzarbeitergeld bei saisonbedingtem Arbeitsausfall (§§ 175 ff. SGB III, dazu § 48),
(10) Insolvenzgeld bei Zahlungsunfähigkeit des Arbeitgebers (§§ 183 ff. SGB III),
(11) Wintergeld in der Bauwirtschaft (§§ 209 ff., 212 ff. SGB III) sowie
(12) Entgeltsicherung für ältere Arbeitnehmer (§ 421 j SGB III) sowie
(13) Transferleistungen (§§ 216 a f. SGB III).

3. Leistungen an Arbeitgeber. Arbeitgeber erhalten folgende Leistungen: 4

(1) Arbeitsmarktberatung sowie Ausbildungs- und Arbeitsvermittlung (§§ 34, 35 ff. SGB III),
(2) Zuschüsse zu den Arbeitsentgelten bei Eingliederung von leistungsgeminderten Arbeitnehmern (§§ 217 ff. SGB III), bei Neugründungen (§§ 225 ff. SGB III, bis 2008), bei der Förderung der beruflichen Weiterbildung durch Vertretung (§§ 229 ff. SGB III, bis 2008) sowie im Rahmen der Förderung der beruflichen Weiterbildung beschäftigter Arbeitnehmer (§ 235 c SGB III,
(3) Zuschüsse zur Ausbildungsvergütung für die betriebliche Aus- oder Weiterbildung (§ 235 SGB III) und weitere Leistungen zur Teilhabe behinderter und schwerbehinderter Menschen (§§ 235 a, 236 ff. SGB III),

(4) Zuschüsse zur Vergütung bei einer Einstiegsqualifizierung (§ 235b SGB III),
(5) Erstattung von Beiträgen zur Sozialversicherung für Bezieher von Saison-Kurzarbeitergeld (§ 175a SGB III).

5 **4. Leistungen an Träger.** Dies sind natürliche oder juristische Personen oder Personengesellschaften, die Maßnahmen der Arbeitsförderung selbst durchführen oder durch Dritte durchführen lassen (§ 21 SGB III). Träger von Arbeitsförderungsmaßnahmen erhalten folgende Leistungen:
(1) Zuschüsse zu zusätzlichen Maßnahmen der betrieblichen Berufsausbildung, Berufsausbildungsvorbereitung und Einstiegsqualifizierung (§ 235b ff. SGB III),
(2) Übernahme der Kosten für die Ausbildung in einer außerbetrieblichen Einrichtung (§ 241 II SGB III),
(3) Darlehen und Zuschüsse für Einrichtungen der beruflichen Aus- oder Weiterbildung oder der beruflichen Rehabilitation (§§ 248 ff. SGB III) sowie für Jugendwohnheime (§§ 252 f. SGB III, bis 2008),
(4) Zuschüsse zu Arbeitsbeschaffungsmaßnahmen (§§ 260 ff. SGB III),
(5) Zuschüsse zu Maßnahmen im Rahmen der Förderung der beruflichen Weiterbildung durch Vertretung (§ 232 SGB III, bis 2008),
(6) Zuschüsse zu Arbeiten zur Verbesserung der Infrastruktur (§ 279a SGB III, bis 2007).

6 Sinngemäß zählten zu den Leistungen an Träger auch die Honorarzahlungen an die Personal-Service-Agentur (§ 37c SGB III a. F.).

7 **5. Besondere Vorschriften für die Leistungserbringung. a) Verfahren.** Das Verfahrensrecht für die Bewilligung und den Entzug von Leistungen durch die Arbeitsverwaltung wird überwiegend durch die Vorschriften des SGB X geregelt. In den §§ 323–329 SGB III finden sich lediglich ergänzende Regelungen für bestimmte Leistungsarten. Weiter bestimmt § 336a Nr. 1 SGB III, dass Widerspruch und Klageerhebung bei Entscheidungen auf Erstattung von Alg. durch den Arbeitgeber keine aufschiebende Wirkung haben. Weiter wird in § 336a Satz 2 SGB III auf § 86a II Nr. 2 SGG verwiesen, der gleichfalls die aufschiebende Wirkung bei Entscheidungen in Angelegenheiten der Arbeitslosenversicherung ausschließt, die laufende Leistungen entziehen. Schließlich trifft § 330 SGB III eine Sonderregelung für die Aufhebung oder Rücknahme von Bewilligungsbescheiden, die insoweit die §§ 44 f. SGB X modifiziert.

8 **b) Antrag.** Leistungen der Arbeitsförderung werden regelmäßig nur auf Antrag erbracht (§ 323 I 1, 3 SGB III). Den Antrag auf Kurzarbeitergeld, Leistungen zur Förderung von Transfermaßnahmen, Wintergeld oder auf die Erstattung der vom Arbeitgeber allein zu tragenden Beiträge zur Sozialversicherung stellt der Arbeitgeber unter Beachtung bestimmter Formerfordernisse (§ 323 II SGB III). Der Antrag muss grundsätzlich vor Eintritt des jeweils leistungsbegründenden Ereignisses gestellt werden, eine verspätete Antragstellung kann von der AA nur zur Vermeidung einer besonderen Härte zugelassen werden (§ 324 SGB III). Der Antrag hat je nach Leistungsart nur begrenzte Rückwirkung (Einzelheiten § 325 SGB III).

9 **6. Zuständigkeit.** Die Zuständigkeit der AA ergibt sich aus § 327 SGB III. Danach sind für **Leistungen an Arbeitnehmer** die AA zuständig, in dessen Bezirk der Arbeitnehmer bei Eintritt der leistungsbegründenden Tatbestände seinen Wohnsitz hat. Dies gilt nicht für die Leistungen, die vom Arbeitgeber beantragt werden (Kurzarbeiter-, Winter- bzw. Winterausfallgeld) und das Insolvenzgeld. Für diese Leistungen sind regelmäßig die AA zuständig, in dessen Bezirk die für den Arbeitgeber zuständige Lohnabrechnungsstelle liegt. Für **Leistungen an Arbeitgeber** liegt die örtliche Zuständigkeit bei der AA, in dessen Bezirk der Betrieb des Arbeitgebers liegt. Für **Leistungen an Träger** ist grundsätzlich die AA zuständig, in dessen Bezirk das Projekt oder die Maßnahme durchgeführt wird; nur für Zuschüsse zu Sozialplanmaßnahmen ist die Regionaldirektion zuständig, in deren Bezirk die Maßnahme durchgeführt wird. Für die Berufsberatung, Arbeitsmarktberatung und Vermittlung kann die Zuständigkeit auf andere Dienststellen übertragen werden.

10 **7. Auszahlung.** Geldleistungen werden auf das von dem Leistungsberechtigten angegebene inländische Konto bei einem Geldinstitut überwiesen. Laufende Geldleistungen werden regelmäßig monatlich nachträglich ausgezahlt. Zur Vermeidung unbilliger Härten können angemessene Abschlagszahlungen geleistet werden (§ 337 SGB III).

§ 21. Berufsberatung, Arbeitsvermittlung und arbeitsmarktpolitische Förderinstrumente

Übersicht

	RN
I. Berufsberatung	1 ff.
1. Grundsatz	1
2. Umfang	2
3. Psychologische und ärztliche Begutachtung	3
4. Berufsberatung durch Dritte	4
5. Berufsorientierung	5
II. Arbeitsvermittlung	6 ff.
1. Vorrang der Vermittlung	6
2. Vermittlungsangebot	7–9
3. Mitwirkung des Ausbildung- und Arbeitsuchenden	10
4. Mitwirkung des Arbeitgebers	11
5. Vermittlung durch Dritte, Vermittlungsgutschein	12
6. Personal-Service-Agentur	13, 14
III. Arbeitsmarktpolitische Förderinstrumente für Arbeitnehmer	15 ff.
1. Neuausrichtung des bisherigen Förderungssystems	15
2. Förderung aus dem Vermittlungsbudget	16
3. Maßnahmen zur Aktivierung und beruflichen Eingliederung	17
4. Förderung einer Vermittlung in das Ausland	17 a
5. Mobilitätshilfen	18
6. Leistungen zur Förderung der Aufnahme einer selbstständigen Tätigkeit (Gründungszuschuss)	19–24
IV. Arbeitsmarktpolitische Förderinstrumente für Arbeitgeber und Träger	25 ff.
1. Überblick	25
2. Eingliederungszuschüsse für besondere Personengruppen	26–31 a
3. Einstellungszuschuss bei Neugründungen	32, 33
4. Beschäftigung begleitende Eingliederungshilfen	34–36
5. Arbeitsbeschaffungsmaßnahmen	37–43
6. Strukturanpassungsmaßnahmen	44
7. Infrastrukturförderung	45
V. Arbeitsmarktpolitische Förderinstrumente für ältere Arbeitnehmer	46 ff.
1. Überblick	46
2. Entgeltsicherung	47–52
3. Beitragsbonus	53
4. Eingliederungsgutschein	54
5. Eingliederungszuschuss	55–57

I. Berufsberatung

1. Grundsatz. Die AA hat Jugendlichen und Erwachsenen, die am Arbeitsleben teilnehmen und teilnehmen wollen, zu Fragen des Arbeitslebens Berufsberatung und Arbeitgebern Arbeitsmarktberatung anzubieten. Die Beratung richtet sich nach dem Beratungsbedarf des einzelnen Ratsuchenden. Sie soll dabei die Kenntnisse über den Arbeitsmarkt des europäischen Wirtschaftsraumes und die Erfahrungen aus der Zusammenarbeit mit den Arbeitsverwaltungen anderer Staaten nutzen (§ 29 SGB III). 1

2. Umfang. Die Berufsberatung umfasst die Erteilung von Auskunft und Rat **(a)** zur Berufswahl, beruflichen Entwicklung und zum Berufswechsel, **(b)** zur Lage und Entwicklung des Arbeitsmarktes und der Berufe, **(c)** zu den Möglichkeiten der beruflichen Bildung, **(d)** zur Ausbildungs- und Arbeitsplatzsuche und **(e)** zu Leistungen der Arbeitsförderung. Die Berufsberatung erstreckt sich auch auf Auskunft und Rat zu Fragen der Ausbildungsförderung und der schulischen Bildung, soweit sie für die Berufswahl und die berufliche Bildung von Bedeutung sind (§ 30 SGB III). Bei der Berufsberatung sind Eignung, Neigung und Leistungsfähigkeit der Ratsuchenden sowie die Beschäftigungsmöglichkeiten zu berücksichtigen. 2

3. Psychologische und ärztliche Begutachtung. Auf Wunsch von Auszubildenden und Arbeitnehmern kann die AA auch nach Beginn einer Berufsausbildung oder einer Arbeit die Beratung fortsetzen. Sofern die Betroffenen damit einverstanden sind, bietet die Arbeitsverwaltung auch eine notwendige ärztliche oder psychologische Untersuchung/Begutachtung an, um größere Klarheit zur Berufseignung oder Vermittlungsfähigkeit des einzelnen zu erhalten (§§ 31, 32 SGB III). 3

4. Berufsberatung durch Dritte. Berufsberatung kann auch außerhalb der AA durch Privatpersonen oder öffentliche Einrichtungen ausgeführt werden. Eine Erlaubnis hierfür ist nicht notwendig. Die Arbeitsverwaltung kann die Ausübung in Missbrauchsfällen untersagen (§ 288 a SGB III); zu Vergütungsfragen § 290 SGB III. 4

5. Berufsorientierung. Die AA hat zur Vorbereitung und Unterrichtung auf die Berufswahl den Beschäftigungssuchenden und Arbeitgebern eine Berufsorientierung anzubieten. Diese dient der Unterrichtung über Fragen der Berufswahl, über die Berufe sowie ihre Anforderungen 5 und Aussichten, über Wege und Möglichkeiten zur Förderung der beruflichen Bildung sowie über beruflich bedeutsame Entwicklungen in den Betrieben, Verwaltungen und auf dem Arbeitsmarkt (§ 33 Satz 1, 2 SGB III). Die AA kann Schüler allgemein bildender Schulen durch vertiefte Berufsorientierung und Berufswahlvorbereitung fördern (Berufsorientierungsmaßnahme). Die Maßnahme kann bis zu vier Wochen dauern und soll regelmäßig in der unterrichtsfreien Zeit durchgeführt werden. Voraussetzung ist, dass sich Dritte mit mindestens 50 Prozent an der Förderung beteiligen (§ 33 Satz 3, 4 SGB III). Nach § 421 q SGB III entfällt bis zum 31. 12. 2010 für Maßnahmen zur Berufsorientierung die Beschränkung auf vier Wochen; daneben können sie auch in der unterrichtsfreien Zeit durchgeführt werden.

II. Arbeitsvermittlung

Marschner, Arbeitsvermittlung, AR-Blattei SD 215.

6 **1. Vorrang der Vermittlung.** Jeder, der eine Arbeitsstelle sucht, weil er von Arbeitslosigkeit bedroht, bereits arbeitslos ist oder sich beruflich verändern will, kann die Vermittlung der AA in Anspruch nehmen. Dies gilt auch für Jugendliche, die erst eine Ausbildung beginnen wollen. Die Vermittlung in Ausbildung und Arbeit hat Vorrang vor den Leistungen zum Ersatz des Arbeitsentgelts bei Arbeitslosigkeit. Der Vermittlungsvorrang gilt auch im Verhältnis zu den sonstigen Leistungen der aktiven Arbeitsförderung (§ 4 SGB III). Finanzielle und sonstige Leistungen haben nur dann Vorrang, wenn ohne sie die dauerhafte Eingliederung in den Arbeitsmarkt nicht gelingen kann.

7 **2. Vermittlungsangebot. a) Grundsatz.** Die AA hat Ausbildungsuchenden, Arbeitsuchenden und Arbeitgebern Ausbildungsvermittlung und Arbeitsvermittlung (Vermittlung) anzubieten. Die Vermittlung umfasst alle Tätigkeiten, die darauf gerichtet sind, Ausbildung- bzw. Arbeitsuchende mit Arbeitgebern zur Begründung eines Ausbildungs- bzw. Beschäftigungsverhältnisses zusammenzuführen. Die AA hat darauf hinzuwirken, dass Auszubildende und Arbeitnehmer die entsprechende Stelle und Arbeitgeber geeignete Arbeitnehmer erhalten. Es hat dabei die Neigung, Eignung und Leistungsfähigkeit der Ausbildung- und Arbeitsuchenden sowie die Anforderungen der angebotenen Stellen zu berücksichtigen (§ 35 II SGB III); zur ärztlichen Begutachtung RN 3. Für besonders qualifizierte Berufe bestehen Fachvermittlungsstellen; zur Vermittlung über das Internet § 35 III, § 41 II, III SGB III.

8 **b) Potentialanalyse, Eingliederungsvereinbarung.** Die AA hat unverzüglich nach der Ausbildungsuchend- oder Arbeitsuchendmeldung zusammen mit dem Beschäftigungsuchenden dessen für die Vermittlung erforderlichen beruflichen und persönlichen Merkmale, seine beruflichen Fähigkeiten und seine Eignung festzustellen (Potentialanalyse, § 37 I SGB III). Die hieraus abzuleitende individuelle Vermittlungsstrategie ist in einer Eingliederungsvereinbarung festzuhalten. Diese enthält die auf die individuelle berufliche und arbeitsmarktpolitische Situation zugeschnittenen Schritte zur Wiedereingliederung, d. h. die erforderlichen Angebote der Arbeitsverwaltung sowie die Eigenbemühungen des Arbeitslosen (§ 37 II, III SGB III).

9 **c) Grenzen der Vermittlung.** Nicht vermitteln darf die AA in ein Ausbildungs- oder Arbeitsverhältnis, bei dem die Arbeitsinhalte gegen ein Gesetz oder die guten Sitten verstoßen würden. Als Gesetz gilt auch ein Tarifvertrag, wenn dessen Inhalte entweder kraft Tarifbindung oder Allgemeinverbindlichkeit anwendbar sind.[1] Einschränkungen, die der Arbeitgeber in seinem Stellenangebot vornimmt und die nicht die berufliche Qualifikation betreffen, müssen dann berücksichtigt werden, wenn sie für die Ausübung des Berufes unerlässlich sind und geltenden Gesetzen nicht widersprechen. Weitere Einschränkungen für die Vermittlungstätigkeit bestehen bei Arbeitskämpfen (§ 36 III SGB III). Daneben dürfen auch Stellenangebote mit nationalitätenspezifischen Einschränkungen („nur deutsche Staatsangehörige") nicht entgegengenommen werden. Nach § 36 IV SGB III ist die AA nicht zur Prüfung verpflichtet, ob der vorgesehene Vertrag ein Arbeitsvertrag ist; auf Angebote für selbstständige Tätigkeiten kann sie hinweisen.

10 **3. Mitwirkung des Ausbildung- und Arbeitsuchenden.** Die AA kann Ausbildungsuchenden und Arbeitsuchenden bei ihren Bewerbungen Hilfen anbieten. Diese müssen ihr die Auskünfte, die für eine Vermittlung erforderlich sind, erteilen und auch sachdienliche Unterlagen vorlegen. Sie können die Weitergabe der Unterlagen an bestimmte Arbeitgeber ausschließen (§ 38 II SGB III). Die AA kann die Vermittlung einstellen, solange der Ausbildung- und Arbeitsuchende nicht ausreichend mitwirkt (§ 38 III SGB III).

---

[1] BSG 18. 8. 2005 SozR 4–4300 § 415 Nr. 1 zur Zuweisung bei einer AB-Maßnahme.

4. Mitwirkung des Arbeitgebers. Der Arbeitgeber hat die für eine Vermittlung erforderlichen Auskünfte zu erteilen und entsprechende Unterlagen vorzulegen. Er kann ihre Weitergabe an Dritte gleichfalls ausschließen oder beschränken. Wenn die Vermittlung erfolglos bleibt, weil die angebotene Stelle gegenüber vergleichbaren Angeboten ungünstiger und deshalb für den Betreffenden nicht zumutbar ist, kann die Arbeitsvermittlung eingestellt werden, vorausgesetzt, die AA hat den Arbeitgeber darauf hingewiesen. Dasselbe gilt, wenn der Arbeitgeber unzureichende Angaben gemacht hat und die Vermittlung dadurch erschwert wird oder die Stelle nach drei bzw. sechs Monaten nicht besetzt werden konnte (§ 39 SGB III). 11

5. Vermittlung durch Dritte, Vermittlungsgutschein. Die AA konnte bis zum 31. 12. 2008 zu ihrer Unterstützung Dritte – wie z. B. Bildungsträger oder Integrationsfachdienste für Behinderte –, aber nunmehr auch Träger von AB-Maßnahmen mit der Vermittlung Ausbildung- oder Arbeitsuchender oder mit Teilaufgaben ihrer Vermittlung beauftragen. Der Arbeitslose kann seinerseits von der Arbeitsverwaltung die Beauftragung eines (nicht: eines bestimmten) Dritten verlangen, wenn er sechs Monate nach Eintritt seiner Arbeitslosigkeit noch arbeitslos ist (§ 37 IV SGB III). Für die Vermittlungstätigkeit des Dritten kann eine Vergütung vereinbart werden (§ 37 III SGB III). Die Vermittlung durch private Vermittler regeln die §§ 292–298 SGB III, die weitergehenden Beschränkungen der privaten Arbeitsvermittlung sind entfallen.[2] Arbeitnehmer, die Anspruch auf Alg. haben und nach einer Arbeitslosigkeit von 2 Monaten innerhalb einer Frist von 3 Monaten noch nicht vermittelt sind, oder in einer geförderten AB-Maßnahme beschäftigt werden, haben Anspruch auf Übernahme der Vergütung für die Tätigkeit eines von ihnen ausgewählten privaten Arbeitsvermittlers (sog. Vermittlungsgutschein). Die Einzelheiten insb. die Vergütungshöhe ergeben sich aus § 421 g SGB III;[3] die Regelungen über den Vermittlungsgutschein sind bis zum 31. 12. 2010 befristet. 12

6. Personal-Service-Agentur.[4] Die bisher in § 37 c SGB III vorgesehene Möglichkeit zur Einrichtung von Personal-Service-Agenturen (PSA) durch die Arbeitsverwaltung ist mit Wirkung ab dem 1. Januar 2009 durch das Gesetz zur Neuausrichtung der arbeitsmarktpolitischen Instrumente vom 21. Dezember 2008 (BGBl. I S. 2917) entfallen. Die Förderung von Maßnahmen von Dritten zur Aufnahme einer versicherungspflichtigen Beschäftigung richtet sich nunmehr nach § 46 SGB III. 13

Die AA konnte bis zum 31. Dezember 2008 der PSA Arbeitslose zur Vermittlung und Qualifikation zuweisen. Die Betroffenen konnten der Zuweisung nur aus wichtigem Grund widersprechen (§ 37 I SGB III). Die PSA sollen die ihnen zugewiesenen Arbeitslosen durch Arbeitnehmerüberlassung in Arbeit vermitteln und in den verleihfreien Zeiten bei der Eingliederung unterstützen und weiterbilden. Der Arbeitslose begründet für die Zuweisungszeit mit der PSA ein zwischen 9 und 12 Monaten befristetes Arbeitsverhältnis. Eine erneute Zuweisung zu der gleichen PSA wird regelmäßig wegen § 14 II TzBfG nicht in Betracht kommen. Die PSA schließt ihrerseits einen Arbeitnehmerüberlassungsvertrag mit einem Entleiher (zur Zumutbarkeit § 23 RN 19). Die Beschäftigungsbedingungen des Arbeitslosen in der PSA dürften dabei auch den Beschränkungen der §§ 36, 121 SGB III unterliegen. 14

III. Arbeitsmarktpolitische Förderinstrumente für Arbeitnehmer

Kossens, Gründungszuschuss statt Ich-AG und Überbrückungsgeld, AuA 2006, 484; *Link,* Der neue Gründungszuschuss gemäß § 57 SGB III, SGb 2007, 17; *Link/Kranz,* Der Gründungszuschuss für Existenzgründer (2007); *Lutz,* Gründungszuschuss und Einstiegsgeld (2007); *Marschner,* Lohnkostenzuschüsse des Trägers der Grundsicherung für Arbeitssuchende, AR-Blattei SD 1128; *ders.,* Lohnkostenzuschüsse der Bundesagentur für Arbeit, AR-Blattei SD 1127; *Sartorius/Bubeck,* Anspruch auf Gründungszuschuss für Existenzgründer, ZAP Fach 18, 969; *Winkel,* Der neue Gründungszuschuss, SozSich 2006, 284; *Zorn,* Existenzgründung und Kinderbetreuung, NZS 2007, 580.

1. Neuausrichtung des bisherigen Förderungssystems. Durch die Neufassung der §§ 45 ff. SGB III durch das G zur Neuausrichtung der arbeitsmarktpol. Instrumente vom 21. 12. 2008 (BGBl. I S. 2917) sind die bisher ausdrückl. geregelten Ansprüche von Arbeit- und Ausbildungsuchenden auf Leistungen zur Aufnahme einer Beschäftigung entfallen und durch die 15

---

[2] Dazu VO über die Zulässigkeit der Vereinbarung von Vergütungen von privaten Vermittlern mit Angehörigen bestimmter Berufe und Personengruppen (Vermittler-Vergütungsverordnung) vom 27. 6. 2002 (BGBl. I S. 2439).

[3] BSG 6. 4. 2006 SozR 4–4300 § 421 g Nr. 1 zum Verpflichtung des AA aus dem Gutschein.

[4] *Reipen,* Vermittlungsorientierte Arbeitnehmerüberlassung durch die Personal-Service-Agentur (PSA), BB 2003, 787.

sog. vermittlungsunterstützenden Leistungen (§§ 45, 46 SGB III, RN 16ff.) ersetzt worden, die durch eine RechtsVO weiter ausgestaltet werden können (§ 47 SGB III); zu Förderungsleistungen bei der Berufsausbildung und Weiterbildung vgl. § 22 RN 2, 18, zur Beschäftigung von älteren Arbeitnehmern RN 45ff. sowie von Transfermaßnahmen § 244 RN 105.

16 **2. Förderung aus dem Vermittlungsbudget.** Arbeitnehmer, Ausbildungsuchende, von Arbeitslosigkeit bedrohte Arbeitsuchende und Arbeitslose können aus dem Vermittlungsbudget der AA bei der Anbahnung oder Aufnahme einer versicherungspflichtigen Beschäftigung gefördert werden, wenn dies für die berufliche Eingliederung notwendig ist. Sie sollen insbesondere bei der Erreichung der in der Eingliederungsvereinbarung festgelegten Eingliederungsziele unterstützt werden. Die Förderung umfasst die Übernahme der angemessenen Kosten, soweit der Arbeitgeber gleichartige Leistungen nicht oder voraussichtlich nicht erbringen wird. Im Vermittlungsbudget sollen Leistungen zusammengefasst werden, die bislang in Einzelvorschriften geregelt waren und die die Arbeitsaufnahme durch verschiedene Mobilitätshilfen unterstützen sollten. Die Entscheidung, ob diese Hilfen gewährt werden sollen, steht nunmehr im Ermessen des Vermittlers. Die AA entscheidet über den Umfang der zu erbringenden Leistungen; sie kann Pauschalen festlegen. Leistungen zur Sicherung des Lebensunterhalts sind ausgeschlossen. Die Förderung aus dem Vermittlungsbudget darf die anderen Leistungen nach dem SGB III nicht aufstocken, ersetzen oder umgehen (§ 45 I, III SGB III).

17 **3. Maßnahmen zur Aktivierung und beruflichen Eingliederung.** Ausbildungsuchende, von Arbeitslosigkeit bedrohte Arbeitsuchende und Arbeitslose können bei Teilnahme an Maßnahmen gefördert werden, die ihre berufliche Eingliederung durch **(a)** Heranführung an den Ausbildungs- und Arbeitsmarkt, **(b)** Feststellung, Verringerung oder Beseitigung von Vermittlungshemmnissen, **(c)** Vermittlung in eine versicherungspflichtige Beschäftigung, **(d)** Heranführung an eine selbstständige Tätigkeit oder **(e)** Stabilisierung einer Beschäftigungsaufnahme unterstützen (§ 46 I 1 SGB III). Die Förderung umfasst die Übernahme der angemessenen Kosten für die Teilnahme, soweit dies für die berufliche Eingliederung notwendig ist. Die Förderung kann auf die Weiterleistung von Alg. beschränkt werden (§ 46 I 3, 4 SGB III); zur Dauer der Maßnahme § 46 II SGB III. Arbeitslose können von der AA die Zuweisung in eine Maßnahme zur Aktivierung und beruflichen Eingliederung verlangen, wenn sie sechs Monate nach Eintritt ihrer Arbeitslosigkeit noch arbeitslos sind (§ 46 III SGB III).

17a **4. Förderung einer Vermittlung in das Ausland.** Vermittlungsunterstützende Leistungen (§ 45 I SGB III) und Maßnahmen zur Aktivierung und beruflichen Eingliederung (§ 46 SGB III) können auch für die Anbahnung oder die Aufnahme einer versicherungspflichtigen Beschäftigung mit einer Arbeitszeit von mindestens 15 Stunden wöchentlich in einem anderen Mitgliedstaat der Europäischen Union, einem anderen Vertragsstaat des Abkommens über den Europäischen Wirtschaftsraum gefördert werden (§ 45 II, § 46 I 2 SGB III).

18 **5. Mobilitätshilfen.** Arbeitslose und von Arbeitslosigkeit bedrohte Arbeitsuchende, die eine versicherungspflichtige Beschäftigung aufnehmen, können durch Mobilitätshilfen gefördert werden, soweit dies zur Aufnahme der Beschäftigung notwendig ist (§ 53 I SGB III). Als Leistungen kommen in Betracht **(a)** eine Übergangsbeihilfe zum Bestreiten des Lebensunterhalts bis zur ersten Arbeitsentgeltzahlung, **(b)** eine Ausrüstungsbeihilfe für Arbeitskleidung und Arbeitsgerät und **(c)** bei auswärtiger Arbeitsaufnahme eine Reisebeihilfe für die Fahrt zum Antritt einer Arbeitsstelle, Fahrtkostenbeihilfe für die täglichen Fahrten zwischen Wohnung und Arbeitsstelle, Trennungskostenbeihilfe bei getrennter Haushaltsführung sowie eine Umzugskostenbeihilfe. Die Höhe der einzelnen Leistungen ergibt sich aus § 54 SGB III. Für behinderte Menschen ergeben sich Besonderheiten aus § 101 I SGB III; danach kann die Mobilitätshilfe bei Aufnahme einer Beschäftigung auch erbracht werden, wenn der behinderte Mensch nicht arbeitslos ist und durch Mobilitätshilfen eine dauerhafte Teilhabe am Arbeitsleben erreicht werden kann.

19 **6. Leistungen zur Förderung der Aufnahme einer selbstständigen Tätigkeit (Gründungszuschuss). a) Überbrückungsgeld.** Arbeitnehmer, die durch Aufnahme einer selbstständigen Tätigkeit die Arbeitslosigkeit beenden oder vermeiden, hatten bis zum 31. 7. 2006 für die Zeit nach der Existenzgründung Anspruch auf Überbrückungsgeld (§ 57 SGB III a. F.). Zu den Anspruchsvoraussetzungen vgl. die Ausführungen in der Voraufl.

20 **b) Existenzgründungszuschuss (Ich-AG).** Durch die Gewährung eines Existenzgründungszuschusses (§ 421 l SGB III) wurde die Aufnahme einer selbstständigen Tätigkeit gefördert, die Schwarzarbeit sollte abgebaut werden. Voraussetzung für die Gewährung des Zuschusses ist die Beendigung der Arbeitslosigkeit durch die Aufnahme einer selbstständigen Tätigkeit. Die Gewährung eines Existenzgründerzuschusses war zunächst bis zum 31. 12. 2005 befristet und

wurde bis zum 30. 6. 2006 verlängert. Sozialrechtlich gelten Bezieher von Existenzgründungszuschüssen als Selbstständige (§ 7 IV SGB IV), während eine entsprechende Fiktion für das Arbeits- und Steuerrecht fehlt. Zu den Anspruchsvoraussetzungen vgl. die Ausführungen in der Voraufl.

c) Gründungszuschuss.[5] **aa) Voraussetzungen.** Mit Wirkung zum 1. 8. 2006 sind die bisherigen Fördermöglichkeiten Überbrückungsgeld und Ich-AG (RN 20) durch den Gründungszuschuss (§ 57 SGB III n. F.) ersetzt worden. Anspruch auf einen Gründungszuschuss hat, wer durch Aufnahme der selbstständigen Tätigkeit seine Arbeitslosigkeit beendet (d. h. die Gründung muss einen Arbeitsumfang von mindestens 15 Stunden pro Woche aufweisen), sofern der Arbeitnehmer **(1)** Entgeltersatzleistungen (§ 116 SGB III, dazu § 23 RN 1) bezogen hat oder in einer geförderten AB-Maßnahme beschäftigt worden ist, **(2)** noch über einen Anspruch auf Alg. von mindestens 90 Tagen verfügt, **(3)** die Tragfähigkeit der Existenzgründung nachweist, indem er eine Stellungnahme einer fachkundigen Stelle (z. B. IHK, Handwerkskammer, Fachverbände oder Banken) über die Tragfähigkeit der Existenzgründung vorgelegt hat, und **(4)** die Kenntnisse und Fähigkeiten zur Ausübung der selbstständigen Tätigkeit darlegt. Bei Zweifeln an den erforderlichen Fachkenntnissen kann die AA die Teilnahme an einer Maßnahme zur Eignungsfeststellung oder zur Gründungsvorbereitung verlangen, § 57 II SGB III. Vor Aufnahme der selbstständigen Tätigkeit ist ein Antrag auf Gründungszuschuss bei der AA zu stellen (§ 324 I 1 SGB III). Der Antrag auf eine wiederholte Förderung einer selbstständigen Tätigkeit ist eine Ermessensleistung und wird durch § 57 IV SGB III beschränkt. 21

bb) Eine selbstständige Tätigkeit wird aufgenommen, wenn erstmals eine unmittelbare auf berufsmäßigen Erwerb gerichtete und der Gewinnerzielung dienende Handlung mit Außenwirkung vorgenommen wird. Dies kann auch der Wechsel von einer Nebentätigkeit in eine die 15-Stunden-Grenze überschreitende Tätigkeit sein. Der Nachweis kann zB. durch eine Gewerbeanzeige (§ 14 GewO) oder durch eine entsprechende Anzeige beim Finanzamt (§ 18 EStG) erfolgen. Eine Altersbeschränkung für den Gründungszuschuss enthält § 57 V SGB III. 22

cc) Dauer und Höhe der Förderung. Der Gründungszuschuss wird in zwei Phasen gewährt. Für die Dauer von neun Monaten umfasst der Zuschuss die Höhe des zuletzt gewährten Alg. zuzügl. 300 Euro zur sozialen Absicherung. Weitere sechs Monate kann (Ermessensleistung) er in Höhe von 300 Euro geleistet werden. Dazu muss die Geschäftstätigkeit anhand geeigneter Unterlagen dargelegt werden. Wird die Tätigkeit aufgegeben, gelten die allgemeinen Voraussetzungen für den Anspruch auf Alg. Für jeden Tag, den der Gründungszuschuss zur Sicherung des Lebensunterhalts und der sozialen Absicherung geleistet wird, verringert sich der bestehende Restanspruch auf Alg. um einen Tag (§ 128 I Nr. 9 SGB III). Ein zu Beginn des Leistungsbezugs noch bestehender Anspruch auf Alg. wird daher während der Förderung aufgebraucht. Empfänger von Alg. II können keinen Gründungszuschuss beanspruchen; bei Aufnahme einer selbstständigen Tätigkeit erfolgt die Förderung über das Einstiegsgeld (§ 24 RN 13). Zeiten der freiwilligen Weiterversicherung werden als Versicherungspflichtverhältnis berücksichtigt, wenn sich der Existenzgründer zuvor freiwillig in der Arbeitslosenversicherung versichert hat. Dazu muss der entsprechende Antrag binnen einer Ausschlussfrist von einem Monat nach Aufnahme der selbstständigen Tätigkeit gestellt sein (vgl. § 19 RN 19). 23

dd) Sozialversicherung. Für die Sozialversicherung bestehen besondere Regelungen während des Bezugs eines Gründungszuschusses. § 240 IV 2 SGB V enthält für die gesetzliche Krankenversicherung eine Regelung über einen moderaten Mindestbetrag. Es wird grundsätzlich von einem mtl. Mindesteinkommen von nur 1242,50 Euro (in 2008) ausgegangen. Bei einem Beitragssatz von beispielsweise 14 Prozent fällt nur ein Mindestbeitrag von ca. 174 Euro pro Monat für die Krankenversicherung an. Der mtl. Mindestbeitrag zur Pflegeversicherung beträgt 20,83 bzw. 23,89 Euro für Versicherte ohne Kinder. Werden höhere Einnahmen erzielt, wir dieser der Bemessung zugrunde gelegt. Da eine obligatorische Rentenversicherungspflicht wie bei Bezug des Existenzgründungszuschusses nach § 421 I SGB III für die Bezieher des Gründungszuschusses nicht vorgesehen ist, müssen die Leistungsberechtigten ihre entsprechende Absicherung selbst vornehmen. Eine gesetzliche Versicherungspflicht kann bestehen, wenn einer der in § 2 I SGB VI genannten Tatbestände erfüllt ist. Eine Beitragspflicht in der Arbeitslosenversicherung besteht für die Zeitdauer des Bezugs von Leistungen nach § 57 SGB III nicht (zur Versicherungsmöglichkeit auf Antrag § 19 RN 19). Der Gründungszuschuss ist nicht steuerpflichtig (§ 3 Nr. 2 EStG) und unterliegt nicht dem Progressionsvorbehalt, da § 32 a EStG nur von einem Zuschuss zum Arbeitsentgelt spricht. 24

[5] Schrifttum vor RN 15.

IV. Arbeitsmarktpolitische Förderinstrumente für Arbeitgeber und Träger

Franck, Fördern und Fordern auch bei ABM, SozSich 2004, 96.

25 **1. Überblick.** Eine Förderung können Arbeitgeber erhalten bei der Einstellung von leistungsgeminderte bzw. förderungsbedürftige Arbeitnehmern (RN 26), in Zusammenhang mit Neugründungen (RN 32) und der betrieblichen Eingliederung von förderungsbedürftigen Arbeitnehmern (RN 34). Träger können bei AB-Maßnahmen (RN 37) und Infrastrukturmaßnahmen (RN 45) gefördert werden. Zu den Zuschüssen bei Maßnahmen der Berufsausbildung und Weiterbildung vgl. § 22 RN 10, 24, zur Förderung von Transfermaßnahmen § 244 RN 105.

26 **2. Eingliederungszuschüsse für besondere Personengruppen.**[6] **a) Grundsatz.** Arbeitgeber können zur Eingliederung von Arbeitnehmern mit Vermittlungshemmnissen Zuschüsse zu den Arbeitsentgelten erhalten, wenn deren Vermittlung wegen in ihrer Person liegender Umstände erschwert ist. Die Förderhöhe und die Förderdauer richten sich nach dem Umfang einer Vermittlungserschwernis des Arbeitnehmers und nach den jeweiligen Eingliederungserfordernissen (§ 217 SGB III). Nach § 222 SGB III ist die BA ermächtigt, durch Anordnung das Nähere über Voraussetzungen, Art, Umfang und Verfahren der Förderung zu bestimmen.

27 **b) Voraussetzungen.** Der Eingliederungszuschuss wird bei einer Beschäftigung von Arbeitnehmern mit Vermittlungshemmnissen gezahlt. Dies können insbesondere Geringqualifizierte, jüngere Arbeitnehmer, die eine außerbetriebliche Ausbildung absolviert haben sowie Berufsrückkehrer (§ 19 SGB III) sein. Nach § 218 II SGB III gelten schwerbehinderte oder sonstige behinderte Menschen stets als Arbeitnehmer mit Vermittlungshemmnissen. Die bis zum 1. 1. 2004 in § 218 I SGB III enthaltene Aufzählung der Anspruchsvoraussetzungen (Einarbeitung, erschwerte Vermittelbarkeit und Lebensalter) ist entfallen. Der Gesetzgeber hat in den normierten Fällen die Formen von Minderleistungen typisiert. Weitere Überlegungen zur Minderleistungsfähigkeit hat die Arbeitsverwaltung lediglich im Rahmen ihres Ermessens hinsichtlich des Förderungsumfangs anzustellen.[7]

28 **c) Umfang der Förderung.** Der Eingliederungszuschuss darf im Regelfall 50% des berücksichtigungsfähigen Arbeitsentgelts nicht übersteigen (§ 218 I SGB III). Als solches gelten die vom Arbeitgeber regelmäßig gezahlten Tariflöhne bzw. die ortsübliche Vergütung und sein pauschalierter Anteil an den Sozialversicherungsbeiträgen. Ein Arbeitsentgelt, das einmalig gezahlt wird, ist nicht berücksichtigungsfähig (§ 220 I SGB III). Die Regelförderungsdauer beträgt 12 Monate. Die Zuschüsse werden zu Beginn der Maßnahme in monatlichen Festbeträgen für die Förderungsdauer festgelegt. Diese werden angepasst, wenn sich das berücksichtigungsfähige Arbeitsentgelt verringert. Wird dem Arbeitgeber auf Grund eines Ausgleichsystems (z. B. nach dem AAG) Arbeitsentgelt erstattet, ist für den betreffenden Zeitraum der Zuschuss entsprechend zu mindern.

29 **d) Förderungssausschluss und Rückzahlung.** Der Eingliederungszuschuss wird nicht bei Leistungsmissbrauch gewährt oder wenn der Arbeitnehmer bei dem Arbeitgeber während der letzten vier Jahre vor Förderungsbeginn mehr als drei Monate versicherungspflichtig beschäftigt war. Er ist bei vorzeitiger Beendigung des Beschäftigungsverhältnisses während des Förderungszeitraums anteilig zurückzuzahlen, ebenso bei einem Ausscheiden des Arbeitnehmers vor Ablauf von 12 Monaten nach dem Ende der Förderung (Nachbeschäftigungszeitraum). Die Rückzahlungspflicht besteht nicht, wenn **(1)** der Arbeitgeber zur Kündigung des Arbeitsverhältnisses nach §§ 1 KSchG, 626 BGB berechtigt war, **(2)** die Beendigung des Arbeitsverhältnisses auf das Bestreben des Arbeitnehmers hin erfolgt, ohne dass der Arbeitgeber den Grund hierfür zu vertreten hat, **(3)** der Arbeitnehmer das Mindestalter für den Bezug der gesetzlichen Altersrente erreicht hat oder **(4)** der Eingliederungszuschuss für die Einstellung eines besonders betroffenen schwerbehinderten Menschen (§ 219 SGB III) geleistet worden ist (§ 221 SGB III).

30 **e) Behinderte Menschen.** Erweiterte Fördermöglichkeiten bestehen für schwerbehinderte oder sonstige behinderte Menschen. Besonders betroffene schwerbehinderte Menschen dürfen bei dem Arbeitgeber während der letzten vier Jahre vor Förderungsbeginn mehr als drei Monate befristet versicherungspflichtig beschäftigt gewesen sein, § 221 I 2 SGB III. Für Behinderte kann die Förderhöhe bis zu 70% des berücksichtigungsfähigen Arbeitsentgelts und die Förderdauer bis

---

[6] VO über die Altersgrenze beim Eingliederungszuschuss für ältere Arbeitnehmer (Eingliederungszuschussverordnung) vom 30. 12. 1997 (BGBl. I S. 37) zul. geänd. durch G vom 29. 9. 2000 (BGBl. I S. 1394).

[7] BSG 6. 4. 2006 SozR 4–4300 § 324 Nr. 2 = NZA-RR 2006, 605.

zu 24 Monate betragen. Nach Ablauf von 12 Monaten ist der Eingliederungszuschuss aber um zumindest mindestens 10% zu vermindern (§ 218 II SGB III). Für die in § 104 I Nr. 3 lit. a–d SGB IX beschriebenen schwerbehinderten Menschen und die ihnen nach § 2 III SGB IX Gleichgestellten werden die Fördermöglichkeiten durch § 219 SGB III nochmals ausgeweitet.

f) Eingliederungszuschuss für jüngere Arbeitnehmer. Arbeitgeber können zur Eingliederung von jüngeren Arbeitnehmern mit Berufsabschluss, die bei Aufnahme der Beschäftigung das 25. Lebensjahr noch nicht vollendet haben, Zuschüsse zum Arbeitsentgelt erhalten, wenn diese vor Aufnahme der Beschäftigung mindestens sechs Monate arbeitslos waren (§ 421 p SGB III). Die Förderhöhe und die Förderdauer richten sich nach den jeweiligen Eingliederungserfordernissen. Die Förderhöhe darf 25% des berücksichtigungsfähigen Arbeitsentgelts nicht unterschreiten und 50% nicht überschreiten. Die Förderdauer beträgt längstens zwölf Monate. Die Regelungen über den Qualifikationszuschuss (§ 421 o SGB III, § 22 RN 11) zum berücksichtigungsfähigen Arbeitsentgelt, zur Auszahlung des Zuschusses, zum Förderungsausschluss und zur Rückzahlung des Zuschusses sowie zur Befristung der Leistung gelten entsprechend. Der Eingliederungszuschuss für jüngere Arbeitnehmer ist bis zum 31. 12. 2010 befristet, um eine Evaluation zu ermöglichen. 31

g) Ältere Arbeitnehmer. Die arbeitsmarktpolitischen Instrumente zur Förderung der Beschäftigung von älteren Arbeitnehmern (Einstellungszuschuss, Eingliederungsgutschein, Entgeltsicherung und Beitragsbonus) sind unter RN 46 ff. dargestellt. 31a

3. Einstellungszuschuss bei Neugründungen. a) Grundsatz. Arbeitgeber, die vor nicht mehr als zwei Jahren eine selbstständige Tätigkeit aufgenommen haben, können für die unbefristete Beschäftigung eines zuvor arbeitslosen förderungsbedürftigen Arbeitnehmers auf einem neu geschaffenen Arbeitsplatz einen Zuschuss zum Arbeitsentgelt erhalten (§ 225 SGB III). Anders als beim Eingliederungszuschuss ist eine Minderleistung des Arbeitslosen nicht Förderungsvoraussetzung. Nach § 228 SGB III ist die BA ermächtigt, durch Anordnung das Nähere über Voraussetzungen, Art, Umfang und Verfahren der Förderung zu bestimmen. Die Förderung ist am 31. 12. 2008 ausgelaufen. 32

b) Voraussetzungen und Umfang der Förderung. Der Einstellungszuschuss bei Neugründung kann erbracht werden, wenn **(1)** der Arbeitnehmer vor der Einstellung insgesamt mindestens drei Monate Leistungen der BA erhalten hat, **(2)** der Arbeitgeber nicht mehr als fünf Arbeitnehmer beschäftigt (zu Einzelheiten vgl. § 226 SGB III). Die Förderungsdauer beträgt bis zu 12 Monaten; die Förderungshöhe 50% des berücksichtigungsfähigen Arbeitsentgeltes (§ 227 I SGB III). Wird dem Arbeitgeber auf Grund eines Ausgleichsystems (z. B. nach §§ 1, 2 AAG) Arbeitsentgelt erstattet, ist für den Zeitraum der Erstattung der Zuschuss entsprechend zu mindern (§ 227 II SGB III). Der Einstellungszuschuss kann höchstens für zwei Arbeitnehmer gleichzeitig und nicht neben einem anderen Lohnkostenzuschuss für denselben Arbeitnehmer geleistet werden. Die Vorschriften über den Förderausschluss (RN 29) bei Eingliederungszuschüssen gelten entsprechend (§ 226 II, III SGB III). 33

4. Beschäftigung begleitende Eingliederungshilfen. a) Grundsatz. Träger können durch Zuschüsse gefördert werden, wenn sie durch zusätzliche Hilfen für förderungsbedürftige Arbeitnehmer diesen die betriebliche Eingliederung ermöglichen und ihre Aussichten auf dauerhafte berufliche Eingliederung verbessern (§ 246 a SGB III). 34

b) Voraussetzungen. Förderungsbedürftig sind Arbeitnehmer bis zur Vollendung des 25. Lebensjahres, die wegen der in ihrer Person liegenden Gründe ohne die Förderung ein Arbeitsverhältnis nicht begründen oder festigen können (§ 246 b SGB III). Förderungsfähig sind Maßnahmen, die die betriebliche Eingliederung unterstützen und über betriebsübliche Inhalte hinausgehen. Hierzu gehören Maßnahmen zum Abbau von Sprach- und Bildungsdefiziten, zur Förderung der Fachpraxis und Fachtheorie und zur sozialpädagogischen Begleitung (§ 246 c SGB III). 35

c) Leistungen und Förderungsdauer. Als Maßnahmekosten können dem Träger die angemessenen Aufwendungen für das zur Durchführung der Maßnahme eingesetzte erforderliche Fachpersonal, das insoweit erforderliche Leitungs- und Verwaltungspersonal sowie die angemessenen Sach- und Verwaltungskosten erstattet werden. Die Förderung darf eine Dauer von sechs Monaten nicht übersteigen (§ 246 d SGB III). 36

5. Arbeitsbeschaffungsmaßnahmen.[8] **a) Grundsatz.** Durch AB-Maßnahmen soll erreicht werden, dass die Beschäftigungsfähigkeit von arbeitslosen Arbeitnehmern erhalten bleibt 37

[8] Vgl. hierzu auch das Merkblatt zu AB-Maßnahmen; unter http://www.arbeitsagentur.de.

oder wieder erreicht wird. Träger von AB-Maßnahmen können nach § 260 I SGB III für die Beschäftigung von zugewiesenen Arbeitnehmern durch Zuschüsse gefördert werden,[9] wenn **(1)** die Arbeiten dazu dienen, insbesondere bei hoher Arbeitslosigkeit entsprechend den Problemschwerpunkten der regionalen und beruflichen Teilarbeitsmärkte Arbeitslosigkeit abzubauen und arbeitslosen Arbeitnehmern zur Erhaltung oder Wiedererlangung der Beschäftigungsfähigkeit, die für eine Eingliederung in den ersten Arbeitsmarkt erforderlich ist, zumindest vorübergehend eine Beschäftigung zu ermöglichen, **(2)** in den Maßnahmen zusätzliche und im öffentlichen Interesse liegende Arbeiten durchgeführt werden, **(3)** eine Beeinträchtigung der Wirtschaft als Folge der Förderung nicht zu befürchten ist und **(4)** mit den von der AA zugewiesenen Arbeitnehmern Arbeitsverhältnisse begründet werden.

38 **b) Förderfähige Maßnahmen.** Förderungsfähig sind Maßnahmen, wenn die in ihnen verrichteten Arbeiten zusätzlich sind und im öffentlichen Interesse liegen. Arbeiten sind zusätzlich, wenn sie ohne die Förderung nicht bzw. nicht in diesem Umfang oder erst zu einem späteren Zeitpunkt durchgeführt werden. Arbeiten liegen im öffentlichen Interesse, wenn das Arbeitsergebnis der Allgemeinheit dient. Arbeiten, deren Ergebnis überwiegend erwerbswirtschaftlichen Interessen oder den Interessen eines begrenzten Personenkreises dient, liegen nicht im öffentlichen Interesse. Förderfähig sind auch angemessene Zeiten einer begleitenden beruflichen Qualifizierung und eines betrieblichen Praktikums (§ 261 SGB III). Besondere Regelungen bestehen für die Förderung im Zusammenhang mit Naturkatastrophen (§ 270a II SGB III).

39 **c) Förderungsbedürftige Arbeitnehmer.** Arbeitnehmer sind förderungsbedürftig, wenn sie arbeitslos sind und allein durch eine Förderung in einer AB-Maßnahme eine Beschäftigung aufnehmen können. Die Arbeitsverwaltung kann unabhängig von diesen Voraussetzungen unter bestimmten Voraussetzungen die Förderungsfähigkeit feststellen (§ 263 SGB III). Während einer Beschäftigung in einer AB-Maßnahme sind die Arbeitnehmer in der Arbeitslosenversicherung versicherungsfrei, d. h. sie erwerben in dieser Zeit auch keine Anwartschaft auf Alg.

40 **d) Zuschüsse.** Durch „Hartz III" sind die Zuschussregelungen für AB-Maßnahmen neu strukturiert und durch eine pauschalierte Förderung ersetzt worden, bei der auf die Qualifikationsanforderungen für die Durchführung der Maßnahme abgestellt wird. Die Höhe des Zuschusses bemisst sich nach der Art der Tätigkeit des geförderten Arbeitnehmers in der Maßnahme. Er beträgt bei Tätigkeiten, für die in der Regel erforderlich ist **(1)** eine Hochschul- oder Fachhochschulausbildung höchstens 1300 Euro, **(2)** eine Aufstiegsfortbildung höchstens 1200 Euro, **(3)** eine Ausbildung in einem Ausbildungsberuf höchstens 1100 Euro, **(4)** keine Ausbildung höchstens 900 Euro monatlich. Die AA kann den Zuschuss zum Ausgleich regionaler und in der Tätigkeit liegender Besonderheiten um bis zu 10% erhöhen. Der Zuschuss wird höchstens bis zur Höhe des monatlich ausgezahlten Arbeitsentgelts gezahlt; bei Teilzeitbeschäftigten ist er entsprechend der reduzierten Arbeitszeit zu kürzen (§ 264 SGB III). Nach § 266 SGB III kann die Förderung erhöht werden, wenn die Finanzierung einer Maßnahme auf andere Weise nicht erreicht werden kann und an der Durchführung der Maßnahme ein besonderes arbeitsmarktpolitisches Interesse besteht. Schließlich sind bei der Beschäftigung eines schwerbehinderten Menschen i. S. d. § 2 II SGB IX auch die Kosten einer notwendigen Arbeitsassistenz zu übernehmen (§ 270a I SGB III). Die Rückzahlung der Zuschüsse ist in § 268 SGB III geregelt.

41 **e) Dauer der Förderung.** Die Förderung darf in der Regel nur für zwölf Monate erfolgen. Sie darf bis zu 24 Monate dauern, wenn an der Durchführung der Arbeiten ein besonderes arbeitsmarktpolitisches Interesse besteht oder sich der Träger zur Übernahme der zugewiesenen Arbeitnehmer verpflichtet. Sind zu Beginn der Maßnahme überwiegend ältere Arbeitnehmer zugewiesen, die das 55. Lebensjahr vollendet haben, kann die Förderdauer schließlich bis zu 36 Monaten betragen. Eine Maßnahme kann ohne zeitliche Unterbrechung wiederholt gefördert werden, wenn sie darauf ausgerichtet ist, während einer längeren Dauer Arbeitsplätze für wechselnde besonders förderungsbedürftige Arbeitnehmer zu schaffen (§ 267 SGB III).

42 **f) Zuweisung und Abberufung.** Die AA darf eine Zuweisung eines Arbeitnehmers grundsätzlich nur für längstens 12 Monate aussprechen. Die Zuweisungsdauer darf bis zu 24 Monaten betragen, wenn der zugewiesene Arbeitnehmer im Anschluss an die Zuweisung in ein Dauerarbeitsverhältnis übernommen werden soll. Bei Arbeitnehmern, die das 55. Lebensjahr vollendet haben, darf die Zuweisungsdauer bis zu 36 Monate betragen. Eine erneute Zuweisung eines Arbeitnehmers darf grundsätzlich erst nach Ablauf von 3 Jahren nach dem Ende der letzten Beschäftigung in einer AB- oder Strukturanpassungsmaßnahme vorgenommen werden; sie ist

[9] Zu den Voraussetzungen BSG 18. 8. 2005 SozR 4–4300 § 415 Nr. 1.

grundsätzlich ausgeschlossen, wenn seit der letzten Maß nahme noch nicht drei Jahre vergangen sind. Diese Einschränkung gilt nicht für Zuweisungen von Arbeitnehmern, die das 55. Lebensjahr vollendet haben. Der Arbeitnehmer kann unter den Voraussetzungen des § 269 SGB III (Vermittlung in eine Beschäftigung, Nicht erscheinen zu einer Berufsberatung, Beendigung durch die AA) aus einer Maßnahme abberufen werden.

g) Arbeitsrechtliche Regelungen. Gesetzliche Regelungen, die befristete Zuschüsse für AB- oder Strukturanpassungsmaßnahmen an die Vereinbarung von untertariflichen Entgelten knüpfen (Lohnabstandsklauseln), greifen zwar in die Tarifautonomie der Arbeitnehmerkoalition ein, können aber zur Schaffung zusätzlicher Arbeitsplätze in Zeiten hoher Arbeitslosigkeit gerechtfertigt sein. Die Vereinbarung solcher Lohnabstandklauseln ist grundsätzlich zulässig.[10] Nach § 270 SGB III bestehen für AB-Maßnahmen besondere Vorschriften über die Beendigung des befristeten Arbeitsverhältnisses. Der Arbeitnehmer kann ohne Einhaltung einer Frist kündigen, wenn er eine Ausbildung oder Arbeit aufnehmen kann, an einer Maßnahme der Berufsausbildung oder der beruflichen Weiterbildung teilnehmen kann oder aus der Arbeitsbeschaffungsmaßnahme abberufen (§ 269 SGB III) wird. Das Arbeitsverhältnis kann vom Arbeitgeber ohne Einhaltung einer Frist gekündigt werden, wenn der Arbeitnehmer aus der Maßnahme von der Arbeitsverwaltung abberufen wird. 43

6. Strukturanpassungsmaßnahmen. Die bisher in den §§ 272ff. SGB III enthaltenen Förderungsmöglichkeiten von zugewiesenen Arbeitnehmern in Strukturanpassungsmaßnahmen sind durch „Hartz III" aufgehoben worden. Die Förderung zur Schaffung von Arbeitsplätzen soll zukünftig auf die Durchführung von AB-Maßnahmen beschränkt werden, überdies konnte die Förderung von bestimmten Trägern mit dem Beihilferecht des EG-Vertrages kollidieren (BT-Drucks. 15/1515 S. 98). Nach § 422 SGB III galten die §§ 272ff. SGB III bis zum Abschluss der laufenden Strukturanpassungsmaßnahmen weiter. 44

7. Infrastrukturförderung. Öffentlich-rechtliche Träger konnten nach § 279a SGB III bis zum 31. Dezember 2007 durch einen angemessenen Zuschuss zu den Kosten von Arbeiten zur Verbesserung der Infrastruktur sowie zur Erhaltung und Verbesserung der Umwelt gefördert werden. Die Förderungsmöglichkeit ist nicht verlängert worden. 45

V. Arbeitsmarktpolitische Förderinstrumente für ältere Arbeitnehmer

1. Überblick. Die Vermittlungschancen von älteren Arbeitnehmern, d.h. solchen, die das 50. Lebensjahr vollendet haben (vgl. § 421f SGB III), sind gerade bei einer gespannten Arbeitsmarktsituation prekär. Zur Vermeidung von Ausgrenzungen durch Frühverrentungen wird ihre Beschäftigung besonders gefördert. Arbeitsmarktpolitische Förderinstrumente sind neben der Entgeltsicherung und dem Beitragsbonus, der Eingliederungsgutschein sowie der Eingliederungszuschuss. Zur Förderung der Weiterbildung von älteren Arbeitnehmern § 22 RN 18. 46

2. Entgeltsicherung. a) Zweck. Arbeitnehmer, die das 50. Lebensjahr vollendet haben und ihre Arbeitslosigkeit durch Aufnahme einer versicherungspflichtigen Beschäftigung beenden oder vermeiden, haben nach § 421j SGB III einen Anspruch auf Entgeltsicherung.[11] Dabei geht der Gesetzgeber davon aus, dass ältere Arbeitnehmer nach Beendigung einer langjährigen Beschäftigung oftmals in neuen Beschäftigungen nicht mehr das gleiche Entgelt erzielen können wie bisher. Um ihnen aber finanzielle Anreize zur Aufnahme einer geringer vergüteten Tätigkeit zu geben, ist eine zeitlich begrenzte Entgeltsicherung für ältere Arbeitslose geschaffen worden, die durch das Gesetz zur Verbesserung der Beschäftigung von älteren Menschen vom 19. 4. 2007 (BGBl. I S. 538) zu einem Kombilohn für ältere Arbeitnehmer ausgebaut worden ist. Die erstmalige Bewilligung der Entgeltsicherung ist bis zum 31. 12. 2010 begrenzt, bei erneuter Antragstellung können Leistungen bis zum 31. 12. 2012 bewilligt werden. 47

b) Voraussetzungen. Voraussetzungen für die Zahlung einer Entgeltsicherung sind **(1)** der Arbeitnehmer bzw. der Arbeitslose hat das 50. Lebensjahr vollendet, **(2)** die Arbeitslosigkeit wird durch Aufnahme einer versicherungspflichtigen Beschäftigung beendet oder eine drohende Arbeitslosigkeit wird durch die Aufnahme der neuen Beschäftigung vermieden, **(3)** der Anspruch auf Alg. besteht bei Aufnahme der Beschäftigung noch für mindestens 120 Tage, **(4)** der Arbeitnehmer kann ein Arbeitsentgelt beanspruchen, das den tariflichen oder bei Fehlen einer tariflichen Regelung den ortsüblichen Bedingungen entspricht und **(5)** eine monatliche Nettoentgeltdifferenz gegenüber der Vorbeschäftigung von mindestens 50 Euro besteht. 48

---

[10] BVerfG 27. 4. 1999 SozR 3–4300 § 275 Nr. 1 = NJW 99, 3033 = NZA 99, 992.

[11] Zur Hinweispflicht der AA: BSG 8. 2. 2007 SozR 4–4300 § 324 Nr. 3 = NZA-RR 2007, 546.

49 **c) Höhe.** Die Entgeltsicherung wird geleistet als Zuschuss zum Arbeitsentgelt und als zusätzlicher Beitrag zur gesetzlichen Rentenversicherung. Der Zuschuss zum Arbeitsentgelt beträgt im ersten Jahr nach Aufnahme der Beschäftigung 50% und im zweiten Jahr 30% der monatlichen Nettoentgeltdifferenz. Diese wird allerdings nicht auf Grund des individuellen Nettoarbeitsentgelts des älteren Arbeitnehmers berechnet, sondern ähnlich wie bei der Berechnung des Alg. nach den Vorschriften über die Berechnung des Leistungsentgelts pauschaliert berechnet (§ 421 j I 2 SGB III). Anschließend wird es dem Arbeitsentgelt gegenübergestellt, das der Arbeitslose im Rahmen des neu begründeten Arbeitsverhältnisses zu beanspruchen hat. Von der Differenz erhält der Arbeitnehmer 50% bzw. 30% als Zuschuss von der Arbeitsverwaltung ausgezahlt. Nach § 421 j IV SGB III ist auch die bisherige Arbeitszeit und Arbeitszeit in dem neuen Arbeitsverhältnis bei der Berechnung der Differenz zu berücksichtigen.

50 **d) Dauer.** Die Entgeltsicherung wird für die Dauer von zwei Jahren gewährt. Wird die zweijährige Anspruchsdauer nicht ausgeschöpft, kann die verbleibende Zeit später nachgeholt werden (§ 421 j II SGB III). Während der geförderten Beschäftigung erwirbt der ältere Arbeitnehmer zwar keinen weitergehenden Anspruch auf Entgeltsicherung, jedoch werden die Zeiten in dem neuen Arbeitsverhältnis als Anwartschaftszeiten für die Arbeitslosenversicherung berücksichtigt. Sie können daher bei späterer Arbeitslosigkeit zu einem neuen bzw. verlängerten Anspruch auf Alg. führen.

51 **e) Rentenversicherung.** Die durch die Beschäftigung zu einem geringeren Arbeitsentgelt eintretenden Nachteile in der Rentenversicherung mildert die Regelung in § 163 IX SGB VI zumindest teilweise ab. Während der Bezugsdauer der Entgeltsicherung wird der Unterschiedsbetrag zu 90% des Bemessungsentgelts, das dem vorherigen Alg. zugrunde gelegen hat, durch Zahlung eines zusätzlichen Betrages zur gesetzlichen Rentenversicherung ausgeglichen.

52 **f) Ausschluss.** Die Entgeltsicherung ist bei Vorliegen der Voraussetzungen in § 421 j V SGB III ausgeschlossen. Bei den Ausschlusstatbeständen handelt es sich um den Wechsel in eine betriebsorganisatorisch eigenständige Einheit (§ 216 b SGB III) mit gleichzeitiger Vereinbarung eines geringeren Arbeitsentgelts (Nr. 1), die Beschäftigung in einer geförderten Maßnahme (Nr. 2) oder den Bezug einer Altersrente oder einer ähnlichen Leistung öffentlich-rechtlicher Art (Nr. 3).

53 **3. Beitragsbonus.** Arbeitgeber, die ein Beschäftigungsverhältnis mit einem zuvor Arbeitslosen, der das 55. Lebensjahr vollendet hat, erstmalig begründen, werden von der Beitragspflicht in der Arbeitslosenversicherung befreit, § 412 k SGB III. Der Beschäftigte trägt die Hälfte des Beitrages, der an sich von Arbeitgeber und Arbeitnehmer zu zahlen wäre. Vom 1. 1. 2008 an gilt § 412 k SGB III nur noch für Beschäftigungsverhältnisse, die bis zum 31. 12. 2007 begründet wurden. Für die gesetzliche Rentenversicherung gelten die §§ 163, 168 SGB VI. Ist der Arbeitnehmer von der Versicherungspflicht befreit, trägt die BA die Beiträge.

54 **4. Eingliederungsgutschein.** Arbeitslose können nach Vollendung des 50. Lebensjahres einen Eingliederungsgutschein über die Gewährung eines Eingliederungszuschusses erhalten, wenn sie einen Anspruch auf Alg. von mehr als 12 Monaten haben; einen Anspruch auf einen Eingliederungsgutschein besteht bei Beschäftigungslosigkeit von zumindest 12 Monaten (§ 223 I SGB III). In dem Eingliederungsgutschein verpflichtet sich die AA einem einstellungsbereiten Arbeitgeber für ein Jahr einen Zuschuss zwischen 30% und 50% des berücksichtungsfähigen Arbeitsentgelts (§ 220 SGB III, RN 28) zu erstatten, wenn der Arbeitnehmer eine sozialversicherungspflichtige Beschäftigung aufnimmt, die Arbeitszeit mindestens 15 Stunden wöchentlich beträgt und das Beschäftigungsverhältnis für mindestens ein Jahr begründet wird. Besteht ein Anspruch auf den Eingliederungsgutschein, weil der Arbeitnehmer ein Jahr Alg. bezogen hat, beträgt die Förderungshöhe zwingend 50% des berücksichtigungsfähigen Arbeitsentgelts. Das berücksichtigungsfähige Arbeitsentgelt und die Auszahlung des Eingliederungszuschusses bestimmen sich nach § 220 SGB III. Die Zuschüsse werden zu Beginn der Maßnahme in monatlichen Festbeträgen für die Förderungsdauer festgelegt. Die monatlichen Festbeträge werden angepasst, wenn sich das berücksichtigungsfähige Arbeitsentgelt verringert (§ 220 II SGB III). Eine Förderung ist ausgeschlossen, wenn **(a)** zu vermuten ist, dass der Arbeitgeber die Beendigung eines Beschäftigungsverhältnisses veranlasst hat, um einen Eingliederungszuschuss nach § 223 II SGB III zu erhalten, oder **(b)** die Einstellung bei einem früheren Arbeitgeber erfolgt, bei dem der Arbeitnehmer während der letzten zwei Jahre vor Förderungsbeginn mehr als drei Monate versicherungspflichtig beschäftigt war.

55 **5. Eingliederungszuschuss. a) Voraussetzungen.** Der Eingliederungszuschuss wird gezahlt, wenn **(1)** der Arbeitnehmer bzw. der Arbeitslose hat bei der tatsächlichen Beschäftigungs-

aufnahme[12] das 50. Lebensjahr vollendet, **(2)** er vor der Beschäftigungsaufnahme entweder **(a)** mindestens sechs Monate arbeitslos (§ 119 SGB III) war, **(b)** Alg. unter erleichterten Voraussetzungen (§ 428 SGB III, § 65 IV SGB II) bzw. **(c)** Transferkurzarbeitergeld bezogen hat, **(d)** an einer Maßnahme der beruflichen Weiterbildung oder **(e)** einer öffentl. geförderten Beschäftigung teilgenommen hat (z.B. nach § 16 I 6 SGB II). Alternativ zu den vorgenannten Voraussetzungen sind die Anforderungen nach § 421 f I Nr. 2 SGB III bei Vorliegen eines Vermittlungserschwernisses (vgl. § 217 Satz 1 SGB III) erfüllt. Das geförderte Beschäftigungsverhältnis muss für mindestens ein Jahr begründet werden, ausreichend ist insoweit auch die Eingehung eines auf diesen Zeitraum befristeten Arbeitsverhältnisses (§ 421 f I SGB III).

56 **b) Höhe und Dauer.** Die Förderhöhe und die Förderdauer richten sich nach den jeweiligen Eingliederungserfordernissen. Die Förderhöhe darf 30% des berücksichtigungsfähigen Arbeitsentgelts nicht unterschreiten und 50% nicht überschreiten. Nach Ablauf von zwölf Monaten ist der Eingliederungszuschuss um mindestens 10 Prozentpunkte jährlich zu vermindern. Für schwerbehinderte, sonstige behinderte und besonders betroffene schwerbehinderte Menschen darf die Förderhöhe bis zu 70% des berücksichtigungsfähigen Arbeitsentgelts betragen. Bei dem letztgenannten Personenkreis ist der Eingliederungszuschuss erst nach Ablauf von 24 Monaten zu kürzen und darf 30% des berücksichtigungsfähigen Arbeitsentgelts nicht unterschreiten. Die Förderdauer beträgt mindestens zwölf Monate. Sie darf 36 Monate nicht überschreiten. Die Förderdauer darf für besonders betroffene schwerbehinderte Menschen bis zu 60 Monate und ab Vollendung des 55. Lebensjahres bis zu 96 Monate betragen.

57 **c) Ausschluss.** Der Eingliederungszuschuss ist bei Vorliegen der Voraussetzungen in § 421 j IV SGB III ausgeschlossen. Diese sind die Einstellung bei einem früheren Arbeitgeber, bei dem der Arbeitnehmer während der letzten zwei Jahre vor Förderungsbeginn mehr als drei Monate versicherungspflichtig beschäftigt war und wenn zu vermuten ist, dass der Arbeitgeber die der Förderung vorangehende Beendigung eines Beschäftigungsverhältnisses veranlasst hat, um einen Eingliederungszuschuss zu erhalten; § 421 f SGB III gilt bis zum 31. 12. 2010.

§ 22. Berufsaus- und -weiterbildung und sonstige öffentlich-rechtliche Förderung

Übersicht

RN

I. Förderung der Berufsausbildung .... 1 ff.
- 1. Abgrenzung 1
- 2. Berufsausbildungsbeihilfe 2–8
- 3. Einstiegsqualifizierung 9
- 4. Qualifizierungszuschuss 10
- 5. Ausbildungsbonus 11
- 6. Berufseinstiegsbegleitung 12
- 7. Zuschüsse für zusätzliche Maßnahmen zur betrieblichen Ausbildung ... 13, 14
- 8. AB-Maßnahmen und Jugendwohnheime 15

II. Förderung der beruflichen Weiterbildung .... 16 ff.
- 1. Grundsatz 16
- 2. Übernahme der Weiterbildungskosten 17–21
- 3. Unterhalts- bzw. Arbeitslosengeld bei beruflicher Weiterbildung 22
- 4. Zuschuss zum Arbeitsentgelt 23
- 5. Jobrotation 24–27

III. Förderung der Berufsausbildung und beruflichen Weiterbildung von behinderten Menschen .... 28 ff.
- 1. Begriff 28
- 2. Förderung von behinderten Menschen 29–31
- 3. Besondere Leistungen an behinderte Menschen während der Berufsbildung bzw. Weiterbildung 32–34
- 4. Förderleistungen an Arbeitgeber bzw. Träger 35–38

I. Förderung der Berufsausbildung

1 **1. Abgrenzung.** Die Förderung der Berufsausbildung erfolgt sowohl durch Leistungen an Arbeitnehmer wie auch an Arbeitgeber bzw. Träger von Maßnahmen. Die Abgrenzung zu den Leistungen nach dem Bundesausbildungsförderungsgesetz (BAföG) erfolgt dabei nach der Vermittlung der Ausbildungsinhalte. Werden diese Kenntnisse schwerpunktmäßig durch praktische Arbeit vermittelt, kann die Förderung nach dem SGB III erfolgen. Bei einer überwiegend theo-

[12] Vgl. BSG 6. 4. 2006 SozR 4–4300 § 324 Nr. 2 = NZA-RR 2006, 605.

retisch-abstrakten Vermittlungsform handelt es sich um eine schulische Ausbildung, die nach dem BAföG förderfähig ist.

2 **2. Berufsausbildungsbeihilfe. a) Grundsatz.** Auszubildende haben Anspruch auf Berufsausbildungsbeihilfe während einer beruflichen Ausbildung oder einer berufsvorbereitenden Bildungsmaßnahme, wenn **(1)** die berufliche Ausbildung oder die berufsvorbereitende Bildungsmaßnahme förderungsfähig ist, **(2)** sie zum förderungsfähigen Personenkreis gehören und die sonstigen persönlichen Voraussetzungen für eine Förderung erfüllt sind und **(3)** ihnen die erforderlichen Mittel zur Deckung des Bedarfs für den Lebensunterhalt, die Fahrtkosten, die sonstigen Aufwendungen und die Lehrgangskosten (Gesamtbedarf) nicht anderweitig zur Verfügung stehen (§ 59 SGB III).

3 **b) Förderfähige Ausbildung. aa) Berufliche Ausbildung.** Eine berufliche Ausbildung ist förderungsfähig, wenn sie in einem nach dem BBiG, der Handwerksordnung oder dem Seemannsgesetz staatlich anerkannten Ausbildungsberuf betrieblich oder außerbetrieblich durchgeführt wird und der dafür vorgeschriebene Ausbildungsvertrag abgeschlossen worden ist. Behinderte können bei Bedarf auch abweichend von den Ausbildungsordnungen für staatlich anerkannte Ausbildungsberufe oder nach Sonderausbildungsregelungen für Behinderte ausgebildet werden (§ 101 II SGB III). Förderungsfähig ist grundsätzlich nur die erstmalige Ausbildung.[1] Eine zweite Ausbildung kann gefördert werden, wenn zu erwarten ist, dass eine berufliche Eingliederung dauerhaft auf andere Weise nicht erreicht werden kann und durch die zweite Ausbildung die berufliche Eingliederung erreicht wird § 60 II SGB III). Bei einer vorzeitigen Auflösung des Ausbildungsverhältnisses wird die Förderung eingestellt. Eine weitere Ausbildung darf nur gefördert werden, wenn für die Lösung ein berechtigter Grund bestand (§ 60 III SGB III). Eine im Ausland durchgeführte betriebliche Ausbildung ist unter den Voraussetzungen des § 62 II SGB III förderfähig (zur Förderungshöhe § 65 IV SGB III).

4 **bb) Berufsvorbereitende Bildungsmaßnahme.** Eine berufsvorbereitende Bildungsmaßnahme ist förderungsfähig, wenn sie nicht den Schulgesetzen der Länder unterliegt und **(1)** auf die Aufnahme einer Ausbildung vorbereitet oder der beruflichen Eingliederung dient, **(2)** nach der Qualität des eingesetzten Personals und der eingesetzten Sachmittel eine erfolgreiche berufliche Bildung erwarten lässt und **(3)** nach den Grundsätzen der Wirtschaftlichkeit und Sparsamkeit geplant und im Auftrag der Arbeitsverwaltung durchgeführt wird und die Kosten angemessen sind (§ 61 I SGB III). Berufsvorbereitende Maßnahmen können auch allgemeinbildende Fächer enthalten und auf den nachträglichen Erwerb des Hauptschulabschlusses oder eines gleichwertigen Schulabschlusses vorbereiten.

5 **c) Begünstigter Personenkreis.** Gefördert werden deutsche Staatsangehörige und bestimmte Gruppen von ausländischen Staatsangehörigen, soweit sie ihren gewöhnlichen Aufenthalt im Inland haben oder ein Elternteil/Ehegatte deutscher Staatsangehöriger ist (zu Einzelheiten § 63 SGB III). Ein Auszubildender wird bei einer beruflichen Ausbildung nur gefördert, wenn er **(1)** außerhalb des Haushalts der Eltern oder eines Elternteils wohnt und **(2)** die Ausbildungsstätte von der Wohnung der Eltern oder eines Elternteils aus nicht in angemessener Zeit erreichen kann. Die letztgenannte Voraussetzung ist nicht anzuwenden, wenn der Auszubildende entweder das 18. Lebensjahr vollendet hat, verheiratet ist oder war, mit mindestens einem Kind zusammenlebt oder aus schwerwiegenden sozialen Gründen nicht auf die Wohnung der Eltern oder eines Elternteils verwiesen werden kann (§ 64 SGB III). Nach § 101 III 1 SGB III besteht bei behinderten Menschen ein Anspruch auf Berufsausbildungsbeihilfe auch, wenn der behinderte Mensch während der beruflichen Ausbildung im Haushalt der Eltern oder eines Elternteils wohnt.

6 **d) Förderungsdauer.** Anspruch auf Berufsausbildungsbeihilfe besteht für die gesamte Dauer der beruflichen Ausbildung oder der berufsvorbereitenden Bildungsmaßnahme. Eine Förderung allein für die Dauer des Berufsschulunterrichts in Blockform ist ausgeschlossen, § 64 I 2 SGB III. Die Leistungen werden in der Regel jeweils zunächst für ein Jahr bewilligt. Für Fehlzeiten während der Ausbildung infolge von Krankheit, Schwangerschaft, Geburt, Mutterschutz oder anderer wichtiger Gründe besteht Anspruch auf Berufsausbildungsbeihilfe nach besonderen Voraussetzungen (§ 73 SGB III). Ein Arbeitsloser hat für die Teilnahme an einer berufsvorbereitenden Bildungsmaßnahme mit der Dauer von längstens einem Jahr Anspruch auf Berufsausbildungsbeihilfe ohne Anrechnung von Einkommen des Ehegatten oder der Eltern, wenn er innerhalb der letzten drei Jahre vor Beginn der Maßnahme mindestens vier Monate in einem Versicherungspflichtverhältnis gestanden hat (§ 74 SGB III). Bei behinderten Menschen wird

---

[1] BSG 29. 1. 2008 SozR 4-4300 § 60 Nr. 1 = NZA-RR 2008, 433 – gleichwertige schulische Ausbildung.

eine Verlängerung der Ausbildung über das vorgesehene Ausbildungsende hinaus, eine Wiederholung der Ausbildung ganz oder in Teilen sowie eine erneute berufliche Ausbildung gefördert, wenn Art oder Schwere der Behinderung es erfordern und ohne die Förderung eine dauerhafte Teilhabe am Arbeitsleben nicht erreicht werden kann (§ 101 IV SGB III).

e) Leistungen. Die Berufsausbildungsbeihilfe deckt in pauschalierter Form die Kosten zur Bestreitung des Lebensunterhalts, die je nach Wohn- und familiärer Situation unterschiedlich hoch sind. Die Bedarfssätze sind an die jeweilige Situation angepasst. Bei Unterbringung außerhalb des Haushalts der Eltern oder eines Elternteils wird grundsätzlich bei einer beruflichen Ausbildung der jeweils geltende Förderungssatz für Studierende nach § 13 I Nr. 1 BAföG, bei Unterbringung im Haushalt der Eltern wird der Förderungssatz für Schüler zugrunde gelegt (§§ 65, 66 SGB III). Bei behinderten Menschen, die im Haushalt ihrer Eltern wohnen, berechnet sich der Bedarf nach § 101 III 2, 3 SGB III. Ferner werden zusätzlich die Fahrkosten, Lernmittel- und Lehrgangskosten und sonstige Aufwendungen (z. B. Kinderbetreuungskosten) übernommen (§§ 67–69 SGB III). Auf den Gesamtbedarf der Förderung ist das Einkommen des Auszubildenden und seiner Eltern oder des Ehegatten anzurechnen (§ 71 SGB III), für Teilnehmer an berufsvorbereitenden Bildungsmaßnahmen gelten Ausnahmen. Bei der Ermittlung des Einkommens bleiben Werbungskosten außer Betracht, § 71 II 2 Nr. 1 SGB III, da sie bereits bedarfserhöhend berücksichtigt wurden, §§ 67 ff. SGB III. 7

f) Verfahren. Berufsausbildungsbeihilfe wird auf Antrag gewährt; der Antrag kann auch nachträglich, d. h. nach Aufnahme der Ausbildung gestellt werden (§ 324 II 1 SGB III). Eine Leistung von Amts wegen ist möglich, wenn der Berechtigte zustimmt (§ 323 I SGB III). Leistungen werden jedoch frühestens vom Beginn des Monats der Antragstellung an geleistet (§ 325 I SGB III). Die Auszahlung erfolgt monatlich nachträglich; unter den Voraussetzungen des § 72 SGB III können Vorausleistungen erbracht werden. 8

3. Einstiegsqualifizierung. Durch die betriebliche Einstiegsqualifizierung (§ 235 b SGB III) sollen bei Jugendlichen mit erschwerten Vermittlungsperspektiven und bei benachteiligten Auszubildenden die Grundlagen für den Erwerb betrieblicher Handlungsfähigkeit im Vorfeld der Aufnahme einer Berufsausbildung geschaffen werden. Arbeitgeber, die eine betriebliche Einstiegsqualifizierung durchführen, können für die Dauer von 6 bis 12 Monaten durch Zuschüsse zur Vergütung bis zu einer Höhe von 212 € monatlich zuzüglich eines pauschalierten Anteils am durchschnittlichen Gesamtsozialversicherungsbeitrag des Auszubildenden gefördert werden (§ 235 b I SGB III). Die Einstiegsqualifizierung kann mit sozialpädagogischer Begleitung und organisatorischer Unterstützung (§ 241 a SGB III) verbunden werden. Die Einstiegsqualifizierung kann für die Dauer von 6 bis längstens 12 Monaten gefördert werden, wenn sie **(a)** auf der Grundlage eines Berufsbildungsvertrags (§ 26 BBiG) durchgeführt wird, **(b)** auf einen anerkannten Ausbildungsberuf (§ 4 I BBiG, § 25 I 1 HwO, SeemG, AltenPflG) vorbereitet und **(c)** in Vollzeit oder wegen der Erziehung eigener Kinder oder der Pflege von Familienangehörigen in Teilzeit von mindestens 20 Wochenstunden durchgeführt wird (§ 235 b II SGB III). Förderungsfähig sind bei der AA gemeldete Ausbildungsbewerber mit aus individuellen Gründen eingeschränkten Vermittlungsperspektiven, die auch nach den bundesweiten Nachvermittlungsaktionen keinen Ausbildungsplatz haben, Auszubildende, die noch nicht in vollem Maße über die erforderliche Ausbildungsreife verfügen und lernbeeinträchtigte und sozial benachteiligte Auszubildende (§ 235 b IV SGB III). 9

4. Qualifizierungszuschuss. Der Qualifizierungszuschuss (§ 421 o SGB III) verbindet den Eingliederungszuschuss mit Qualifizierungselementen. Ziel der zunächst bis zum 31. 12. 2010 befristeten Leistung ist die Förderung junger Menschen, für die auch bei dem Einsatz von Mitteln der Ausbildungsförderung eine Berufsausbildung kurzfristig nicht erreichbar ist. Arbeitgeber können zur Eingliederung von jüngeren Arbeitnehmern, die bei Aufnahme der Beschäftigung das 25. Lebensjahr noch nicht vollendet haben, Zuschüsse erhalten, wenn diese **(a)** vor Aufnahme der Beschäftigung mindestens sechs Monate arbeitslos waren, **(b)** nicht über einen Berufsabschluss verfügen und **(c)** im Rahmen des Arbeitsverhältnisses qualifiziert werden. Die Förderdauer darf zwölf Monate nicht überschreiten. Die Förderhöhe beträgt 50% des nach § 220 SGB III berücksichtigungsfähigen Arbeitsentgelts (§ 421 o II, III SGB III). Der Arbeitgeber hat die vermittelten Kenntnisse, Fertigkeiten und Fähigkeiten zu bescheinigen. Die Qualifizierung kann auch durch einen Träger durchgeführt werden, wenn eine Qualifizierung im Betrieb nicht möglich ist. Die Förderung durch einen Qualifizierungszuschuss ist bei Vorliegen der Voraussetzungen in § 421 o VI SGB III ausgeschlossen. Die Rückzahlung richtet sich nach § 421 o VIII, IX SGB III. 10

11 **5. Ausbildungsbonus.** Der in § 421 r SGB III geregelte Ausbildungsbonus ist ein einmaliger pauschaler Zuschuss für Unternehmen, die zusätzliche betriebliche Ausbildungsplätze für förderungsbedürftige junge Menschen, die bereits bereits im Vorjahr oder früher die Schule verlassen und sich bisher erfolglos um eine Lehrstelle bemüht haben, schaffen. Der Bonus soll Arbeitgeber motivieren, dem in § 421 r I SGB III genannten Personenkreis (Jugendliche ohne Schulabschluss, mit einem Sonderschul- oder einem Hauptschulabschluss, lernbeeinträchtige oder sozialbenachteiligte Jugendliche) eine neue Chance für den Einstieg in das Berufsleben zu bieten und sie zu qualifizierten Fachkräften auszubilden. Die Zahlung des Bonus ist an die Schaffung neuer Ausbildungsplätze in einem Betrieb gekoppelt. Ein Ausbildungsplatz ist zusätzlich, wenn bei Ausbildungsbeginn die Anzahl der Ausbildungsverhältnisse im Betrieb höher ist als im Durchschnitt der letzten drei Jahre. Der Arbeitgeber muss die Zusätzlichkeit durch eine Bescheinigung der zuständigen Kammer gegenüber der AA belegen. Die Höhe des Ausbildungsbonus richtet sich nach dem allgemein üblichen Gehalt des geförderten Auszubildenden im ersten Lehrjahr und beträgt 4000, 5000 oder 6000 Euro. Für behinderte und schwerbehinderte Menschen erhöht sich der Bonus um 30 Prozent. Die Auszahlung erfolgt in zwei Schritten: Die erste Hälfte des Bonus wird nach Ablauf der Probezeit, die zweite Hälfte nach der Anmeldung des Auszubildenden zur Abschlussprüfung gezahlt. Die Förderung ist auf zusätzliche Ausbildungsverhältnisse beschränkt, die bis zum 31. 12. 2010 beginnen.

12 **6. Berufseinstiegsbegleitung.** Die Bundesregierung hat zur Förderung eines nahtlosen Übergangs von der Schule in eine Ausbildung nach dem Vorbild bestehender ehrenamtlicher Initiativen die „Berufseinstiegsbegleitung“ entwickelt, die zunächst als Modellversuch erprobt wird. An 1000 allgemeinbildenden Schulen sollen hauptberufliche Berufseinstiegsbegleiter Jugendliche auf ihrem Weg von der Schule in die Ausbildung unterstützen. Die Berufseinstiegsbegleitung beinhaltet die individuelle Unterstützung beim Schulabschluss, bei der Berufswahl und bei der Suche nach einem Ausbildungsplatz. Der Betreuungszeitraum beginnt zwei Jahre vor dem Schulabschluss und endet in der Regel ein halbes Jahr nach Beginn einer beruflichen Ausbildung. Ziel ist es, mehr Schülerinnen und Schülern zu einem Abschluss zu verhelfen und die Quote der Ausbildungsabbrüche deutlich zu senken; zu Einzelheiten § 421 s SGB III.

13 **7. Zuschüsse für zusätzliche Maßnahmen zur betrieblichen Ausbildung. a) Voraussetzungen.** Die in den §§ 240 ff. SGB III vorgesehenen Fördermöglichkeiten ergänzen die Vorschriften über die Berufsausbildungsbeihilfe (§§ 59 ff. SGB III) und sollen lernbeeinträchtigten und sozial benachteiligten Jugendlichen den Erwerb einer Ausbildung ermöglichen. Träger von Maßnahmen der beruflichen Ausbildung können unter den in § 240 I SGB III genannten Voraussetzungen durch Zuschüsse und Übernahme von Maßnahmekosten gefördert werden. Schulische Berufsausbildungen und Ausbildungen in einem öffentlich-rechtlichen Dienstverhältnis oder deren Unterstützung sind nicht förderfähig (§ 240 II SGB III).

14 **b) Personenkreis und Förderungsumfang.** Förderungsbedürftig sind lernbeeinträchtigte und sozial benachteiligte Jugendliche, die wegen der in ihrer Person liegenden Gründe ohne die Förderung **(1)** eine Berufsausbildungsvorbereitung nach dem BBiG eine Einstiegsqualifizierung oder eine Berufsausbildung nicht beginnen, fortsetzen oder erfolgreich beenden können; **(2)** nach dem Abbruch einer Berufsausbildung eine weitere Berufsausbildung nicht beginnen können oder **(3)** nach erfolgreicher Beendigung einer Berufsausbildung ein Arbeitsverhältnis nicht begründen oder festigen können. Förderungsbedürftig sind auch Auszubildende, bei denen ohne die Förderung mit ausbildungsbegleitenden Hilfen ein Abbruch ihrer Berufsausbildung droht oder die eine abgebrochene betriebliche Berufsausbildung unter den Voraussetzungen des § 242 III SGB III in einer außerbetrieblichen Einrichtung fortsetzen (§ 245 SGB III). Die Förderung umfasst **(1)** Zuschüsse zur Ausbildungsvergütung (§ 246 II SGB III) und **(2)** die Maßnahmekosten (§ 246 III SGB III).

15 **8. AB-Maßnahmen und Jugendwohnheime.** Über die allgemeine Förderung hinaus können Förderungs- und Zuweisungsdauer bei AB-Maßnahmen (dazu § 21 RN 37) arbeitsloser Ausbilder und Betreuer, die der beruflichen Ausbildung dienen, abweichend von den §§ 267, 267 a SGB III so festgelegt werden, dass eine Ausbildung und Betreuung der Auszubildenden bis zum Ende der Ausbildungsverhältnisse sichergestellt war. Träger von Jugendwohnheimen konnten bis zum 31. 12. 2008 durch Darlehen und Zuschüsse gefördert werden, wenn dies zum Ausgleich auf dem Ausbildungsstellenmarkt und zur Förderung der Berufsausbildung erforderlich ist und die Träger sich in angemessenem Umfang an den Kosten beteiligten. Leistungen konnten erbracht werden für den Aufbau, die Erweiterung, den Umbau und die Ausstattung von Jugendwohnheimen (§ 252 SGB III).

II. Förderung der beruflichen Weiterbildung

1. Grundsatz. Ziel der Weiterbildungsförderung ist die Erhöhung der Vermittlungschancen und eine erfolgreiche Eingliederung in den Arbeitsmarkt. Die Förderung der Weiterbildung ist durch das erste und dritte Gesetz für moderne Dienstleistungen neu strukturiert worden. So ist das Erfordernis der Anerkennung einer Maßnahme für die Weiterbildung durch das der Zulassung von Maßnahme und Träger ersetzt („Hartz I") und Arbeitslosen- und Unterhaltsgeld zusammengeführt worden („Hartz III"). 16

2. Übernahme der Weiterbildungskosten. a) Voraussetzungen. aa) Überblick. Arbeitnehmer können bei Teilnahme an Maßnahmen der beruflichen Weiterbildung durch Übernahme der Weiterbildungskosten und Leistung von Unterhaltsgeld gefördert werden, wenn **(a)** die Weiterbildung notwendig ist, um sie bei Arbeitslosigkeit beruflich einzugliedern, eine ihnen drohende Arbeitslosigkeit abzuwenden, bei Ausübung einer Teilzeitbeschäftigung eine Vollzeitbeschäftigung zu erlangen oder weil bei ihnen wegen fehlenden Berufsabschlusses die Notwendigkeit der Weiterbildung anerkannt, **(b)** vor Beginn der Teilnahme eine Beratung durch die Arbeitsverwaltung erfolgt ist und **(c)** die Maßnahme und der Träger der Maßnahme für die Förderung zugelassen sind. 17

bb) Notwendigkeit der Weiterbildung. Die Notwendigkeit zur beruflichen Eingliederung setzt eine Prognose dahingehend voraus, dass der Arbeitslose nach der Maßnahme seine Arbeitslosigkeit beendet und eine versicherungspflichtige und für ihn zumutbare Tätigkeit aufnehmen wird.[2] Der Begriff des von Arbeitslosigkeit bedrohten Arbeitnehmers ist in § 17 SGB III definiert. Fehlt ein Berufsabschluss, wird die Notwendigkeit der Weiterbildung unter den in § 77 II Nr. 2 SGB III genannten Voraussetzungen anerkannt. Besonderheiten gelten für **ältere Arbeitnehmer**. Sie können nach § 417 SGB III bei beruflicher Weiterbildung durch Übernahme der Weiterbildungskosten gefördert werden, wenn **(a)** sie bei Beginn der Teilnahme das 45. Lebensjahr vollendet haben, **(b)** sie im Rahmen eines bestehenden Arbeitsverhältnisses für die Zeit der Teilnahme an der Maßnahme weiterhin Anspruch auf Arbeitsentgelt haben, **(c)** ihr Betrieb weniger als 250 Arbeitnehmer beschäftigt **(d)** die Maßnahme außerhalb ihres Betriebs durchgeführt wird und Kenntnisse und Fertigkeiten vermittelt werden, die über ausschließlich arbeitsplatzbezogene kurzfristige Anpassungsfortbildungen hinausgehen, **(e)** es sich um einen zugelassenen Maßnahmeträger (§§ 84, 85 SGB III) handelt und **(f)** die Maßnahme bis zum 31. Dezember 2010 begonnen hat. Nach § 77 III SGB III wird der nachträgliche Erwerb eines Hauptschulabschlusses oder eines gleichwertigen Schulabschlusses gefördert. 18

cc) Bildungsgutschein. Dem Arbeitnehmer wird das Vorliegen der Voraussetzungen für eine Förderung bescheinigt (sog. Bildungsgutschein). In diesem erklärt die Arbeitsverwaltung, dass die Förderungsvoraussetzungen erfüllt sind und dass sie ihr Ermessen dahingehend ausgeübt hat, die Teilnahme an der zugelassenen Maßnahme durch die gesetzlichen Leistungen zu fördern. Der Bildungsgutschein kann zeitlich befristet sowie regional und auf bestimmte Bildungsziele beschränkt werden. Der vom Arbeitnehmer ausgewählte Träger hat der Arbeitsverwaltung den Bildungsgutschein vor Beginn der Maßnahme vorzulegen (§ 77 IV SGB III). Die Leistungsbewilligung der Höhe nach für die Übernahme der Weiterbildungskosten enthält der Bildungsgutschein jedoch nicht. Diese können erst nach Auswahl der Maßnahme durch den Arbeitnehmer bewilligt werden. 19

b) Weiterbildungskosten. Weiterbildungskosten sind die durch die Weiterbildung unmittelbar entstehenden **(1)** Lehrgangskosten, **(2)** Fahrkosten, **(3)** Kosten für auswärtige Unterbringung und Verpflegung sowie **(4)** Kinderbetreuungskosten. Als Lehrgangskosten gelten Lehrgangsgebühren einschließlich der Kosten für erforderliche Lernmittel, Arbeitskleidung, Prüfungsstücke und der Prüfungsgebühren für gesetzlich geregelte oder allgemein anerkannte Zwischen- und Abschlussprüfungen sowie Kosten für eine notwendige Eignungsfeststellung (§ 80 SGB III). Fahrkosten können übernommen werden für Fahrten zwischen Wohnung und Bildungsstätte oder bei einer erforderlichen auswärtigen Unterbringung für die An- und Abreise und für eine monatliche Familienheimfahrt oder entsprechende Fahrt eines Angehörigen zum Aufenthaltsort des Arbeitnehmers (§ 81 SGB III). Daneben können die Kosten für eine erforderliche auswärtige Unterbringung einschließlich Verpflegungskosten nach näherer Maßgabe des § 82 SGB III sowie Kinderbetreuungskosten bis zu 130 Euro monatlich übernommen werden (§ 83 SGB III). 20

---

[2] Dazu BSG 7. 4. 1987 SozR 4100 § 44 Nr. 46; 23. 6. 1981 SozR 4100 § 44 Nr. 33.

21 **c) Anforderungen an Träger und Maßnahmen.** Diese ergeben sich im Einzelnen aus den §§ 84–85 SGB III. Nach der Neufassung der §§ 77ff. SGB III wird die Entscheidung über die Eignung eines Trägers für die Durchführung einer Weiterbildungsmaßnahme und die Feststellung der Eignung einer Maßnahme nicht mehr von der Arbeitsverwaltung, sondern einer fachkundigen Stelle, d.h. einer sog. Zertifizierungsagentur getroffen. Hierdurch sollen Interessenkollisionen bei der Durchführung von Weiterbildungsmaßnahmen verhindert und der Wettbewerb unter den Bildungsanbietern verstärkt werden. Nach § 86 SGB III hat die AA die Durchführung der Weiterbildungsmaßnahmen zu überwachen sowie den Erfolg zu beobachten.

22 **3. Unterhalts- bzw. Arbeitslosengeld bei beruflicher Weiterbildung.** Durch „Hartz III" ist das Unterhaltsgeld als Entgeltersatzleistung entfallen. Während einer geförderten Bildungsmaßnahme hat der Arbeitnehmer trotz seiner eingeschränkten Verfügbarkeit Anspruch auf Alg. (§§ 117 I Nr. 2; 124 a SGB III). Nimmt der Leistungsberechtigte an einer nicht geförderten Maßnahme der beruflichen Weiterbildung teil, schließt dies die Verfügbarkeit für die Beschäftigungssuche (§ 120 SGB III) nicht aus, wenn **(a)** die AA der Teilnahme zustimmt und **(b)** er seine Bereitschaft erklärt, die Maßnahme abzubrechen, sobald eine berufliche Eingliederung in Betracht kommt und zu diesem Zweck die Möglichkeit zum Abbruch mit dem Träger der Maßnahme vereinbart hat (§ 120 III SGB III). Nach § 128 I Nr. 8 SGB III werden die Leistungen des Alg. bei beruflicher Weiterbildung im Verhältnis nur zur Hälfte auf einen nachfolgenden Anspruch auf Alg. wegen Arbeitslosigkeit angerechnet. Behinderte Menschen können nach näherer Maßgabe von § 160 Satz 3 SGB III trotz fehlenden Bezugs von Alg. Übergangsgeld (RN 34) erhalten.

23 **4. Zuschuss zum Arbeitsentgelt.** Arbeitgeber können für die berufliche Weiterbildung von Arbeitnehmern, bei denen die Notwendigkeit der Weiterbildung wegen eines fehlenden Berufsabschlusses anerkannt ist (§ 77 I, II SGB III), durch Zuschüsse zum Arbeitsentgelt gefördert werden, soweit die Weiterbildung im Rahmen eines bestehenden Arbeitsverhältnisses durchgeführt wird. Die Zuschüsse können bis zur Höhe des Betrages erbracht werden, der sich als anteiliges Arbeitsentgelt einschließlich des darauf entfallenden pauschalierten Arbeitgeberanteils am Gesamtsozialversicherungsbeitrag für weiterbildungsbedingte Zeiten ohne Arbeitsleistung errechnet (§ 235c SGB III).

24 **5. Jobrotation. a) Zweck.** Arbeitgeber, die einem Arbeitnehmer die Teilnahme an einer beruflichen Weiterbildung ermöglichen und dafür einen Arbeitslosen einstellen, können einen Zuschuss zum Arbeitsentgelt des Vertreters erhalten. Der Vertreter kann auch einem Verleiher gestellt werden, wenn dieser zuvor einen Arbeitslosen für die Jobrotation eingestellt hat (§ 229 SGB III). Der Zuschuss soll die Bereitschaft der Arbeitgeber fördern, ihre Beschäftigten beruflich weiterzubilden, und gleichzeitig die Reintegrationschancen von Arbeitslosen verbessern, indem sie eine Probebeschäftigung erhalten. Die Förderung der Jobrotation ist zum 31. 12. 2009 ausgelaufen.

25 **b) Vertretung.** Es ist nicht erforderlich, dass die neue Einstellung synchron zur weiterbildungsbedingten Abwesenheit des Stammarbeitnehmers erfolgt. Der Vertreter kann bereits einige Zeit vorher eingestellt werden, damit er angelernt wird. Die Förderung ist auch möglich, wenn der Stammarbeitnehmer in Teilzeit beschäftigt ist oder die Weiterbildung in Teilzeit erfolgt. Unabhängig davon, wie der Stammarbeitnehmer beschäftigt wird, kann die Vertretung durch ein oder mehrere Teilzeitbeschäftigte erfolgen. Die Förderung setzt nicht voraus, dass der Stammarbeitnehmer unmittelbar ersetzt wird. Wenn dieser betriebsintern vertreten wird und hierfür ein Arbeitsloser eingestellt wird, kann die Förderung einsetzen. Die Vertretung kann durch einen gewerbsmäßigen Vermittler erfolgen (BT-Drucks. 14/6944 zu § 229).

26 **c) Arbeitsrechtliche Regelungen.** Der Arbeitgeber ist nicht verpflichtet, den Vertreter dauerhaft einzustellen; die Entfristung kann aber jederzeit erfolgen. Die Einstellung zur Vertretung ist ein sachlicher Grund (§ 231 SGB III) im Sinne des Befristungsrechts (§ 40); dem Förderungsbescheid kommt wie bei der Bewilligung einer AB-Maßnahme Bedeutung auch für die Rechtfertigung der Befristung zu. Wird im Rahmen arbeits- oder arbeitsschutzrechtlicher Vorschriften auf Schwellenwerte abgestellt, so werden nur die Arbeitnehmer in Weiterbildung, aber nicht die Vertreter mitgezählt (§ 231 II SGB III). Ob der Stammarbeitnehmer nach Abschluss der Weiterbildung in den Betrieb zurückkehrt, ist für die Rechtmäßigkeit der Vertretung ohne Bedeutung. Er kann die Weiterbildung betrieben haben, um sich selbstständig zu machen (BT-Drucks. 14/6944 zu § 229). Der Arbeitgeber ist auch nicht verpflichtet, dem Vertreter, die Entfristung des befristeten Arbeitsvertrags anzubieten.

d) Umfang der Förderung. Der Einstellungszuschuss wird für die Dauer der Beschäftigung des Vertreters in Höhe von mindestens 50 und höchstens 100 Prozent des berücksichtigungsfähigen Arbeitsentgelts im Sinne des § 218 III SGB III geleistet. Die Förderungshöchstdauer beträgt 12 Monate. Bei der Bemessung des Zuschusses sollen berücksichtigt werden die Höhe der Aufwendungen des Arbeitgebers, die Qualifikation des Vertreters und seine Förderungsbedürftigkeit, ob der Stammarbeitnehmer sich selbstständig machen will usw. (§ 230 SGB III). 27

III. Förderung der Berufsausbildung und beruflichen Weiterbildung von behinderten Menschen

1. Begriff. Behinderte Menschen i. S. d. Arbeitsförderungsrechts sind körperlich, geistig oder seelisch beeinträchtigte Personen, deren Aussicht, beruflich eingegliedert zu werden oder zu bleiben, wegen Art oder Schwere ihrer Behinderung nicht nur vorübergehend wesentlich gemindert ist und die deshalb Hilfen zur beruflichen Eingliederung benötigen (§ 19 SGB III). 28

2. Förderung von behinderten Menschen. a) Überblick. Behinderten Menschen können Leistungen zur Förderung der beruflichen Eingliederung erbracht werden, die wegen Art und Schwere der Behinderung erforderlich sind, um ihre Erwerbsfähigkeit entsprechend ihrer Leistungsfähigkeit zu erhalten, zu bessern, herzustellen oder wiederherzustellen und ihre berufliche Eingliederung zu sichern (§ 97 SGB III). Bei der Auswahl der Leistungen sind Neigung, bisherige Tätigkeit sowie Lage und Entwicklung des Arbeitsmarktes angemessen zu berücksichtigen. Es werden allgemeine und besondere Leistungen erbracht (§ 98 SGB III). 29

b) Allgemeine Leistungen. Die allgemeinen Leistungen umfassen **(1)** vermittlungsunterstützende Leistungen, **(2)** Leistungen zur Förderung der Aufnahme einer selbstständigen Tätigkeit, **(3)** Leistungen zur Förderung der Berufsausbildung sowie **(4)** Leistungen zur Förderung der beruflichen Weiterbildung. Die Besonderheiten bei der Leistungsgewährung an behinderte Menschen ergeben sich aus den §§ 100, 101 SGB III; sie sind bei der Darstellung der allgemeinen Leistungen im Zusammenhang erwähnt. 30

c) Besondere Leistungen. Die besonderen Leistungen für behinderte Menschen umfassen **(1)** das Übergangsgeld, **(2)** das Ausbildungsgeld und **(3)** die Übernahme der Teilnahmekosten für eine Maßnahme (§ 103 SGB III). 31

3. Besondere Leistungen an behinderte Menschen während der Berufsbildung bzw. Weiterbildung. a) Ausbildungsgeld. Behinderte Menschen haben Anspruch auf Ausbildungsgeld während **(1)** einer beruflichen Ausbildung oder berufsvorbereitenden Bildungsmaßnahme einschließlich einer Grundausbildung und **(2)** einer Maßnahme im Eingangsverfahren oder Arbeitstrainingbereich einer anerkannten Werkstatt für behinderte Menschen, wenn ein Übergangsgeld nicht gewährt wird. Auf die Gewährung des Ausbildungsgeldes finden die Vorschriften über die Berufsbildungsbeihilfe (RN 2) entsprechende Anwendung (§ 104 SGB III). Für die Bedarfsberechnung gelten die §§ 105 ff. SGB III und für die Einkommensanrechnung § 108 SGB III. 32

b) Teilnahmekosten. Nach § 109 SGB III hat ein behinderter Mensch Anspruch auf Übernahme von Teilnahmekosten an einer behindertenspezifischen Maßnahme. Die Vorschrift verweist hinsichtlich der Anspruchsvoraussetzungen auf die §§ 33, 44, 53 f. SGB IX. Daneben gelten besondere Bestimmungen für die Kostenübernahme für Sonderfälle der Unterkunft und Verpflegung bei auswärtiger Unterbringung (§ 111 SGB III). 33

c) Übergangsgeld. Behinderte Menschen haben nach § 160 SGB III Anspruch auf Übergangsgeld, wenn **(1)** die Vorbeschäftigungszeit für das Übergangsgeld erfüllt ist, **(2)** sie an einer behindertenspezifischen Maßnahme der Berufsausbildung, Berufsvorbereitung einschließlich einer wegen der Behinderung erforderlichen Grundausbildung oder der beruflichen Weiterbildung in einer speziellen Fördermaßnahme für Behinderte teilnehmen und deshalb nicht ganztägig arbeiten können. Übergangsgeld wird unter bestimmten Voraussetzungen auch bei Teilnahme an einer Berufsfindungs- und Arbeitserprobungsmaßnahme geleistet (§ 45 III SGB IX). Übergangsgeld wird auch bei Arbeitslosigkeit nach Abschluss der Maßnahme befristet weitergezahlt. Die Vorbeschäftigungszeit ist erfüllt, wenn der Behinderte innerhalb der letzten drei Jahre vor Beginn der Teilnahme mindestens 12 Monate versicherungspflichtig beschäftigt war oder die Voraussetzungen für den Anspruch auf Alg. erfüllt sind (§ 161 SGB III). Die Vorbeschäftigungszeit gilt nicht für die in § 162 SGB III genannten Arbeitnehmergruppen. Die Höhe des Übergangsgelds ergibt sich aus den §§ 46 ff. SGB IX. 34

4. Förderleistungen an Arbeitgeber bzw. Träger. a) Zuschüsse zur Berufsausbildungsvergütung. Arbeitgeber können für die betriebliche Aus- oder Weiterbildung von be- 35 hinderten Menschen in Ausbildungsberufen durch Zuschüsse zur Ausbildungsvergütung gefördert werden, wenn die Aus- oder Weiterbildung sonst nicht zu erreichen ist. Die Zuschüsse sollen regelmäßig 60% der monatlichen Ausbildungsvergütung für das letzte Jahr nicht übersteigen. In begründeten Ausnahmefällen können Zuschüsse bis zur Höhe der Ausbildungsvergütung für das letzte Ausbildungsjahr erbracht werden (§ 236 SGB III).

36 **b) Zuschüsse bei der Aus- und Weiterbildung von schwerbehinderten Menschen.** Für die Aus- bzw. Weiterbildungsvergütung von schwerbehinderten Menschen ermöglicht § 235 a SGB III eine weitergehende Förderung, wenn die Aus- oder Weiterbildung sonst nicht zu erreichen ist. Die Förderobergrenze beträgt hier regelmäßig 80% der monatlichen Ausbildungsvergütung, in begründeten Ausnahmefällen können darüber hinaus Zuschüsse bis zur Höhe der Ausbildungsvergütung für das letzte Ausbildungsjahr erbracht werden.

37 **c) Erstattung von Kosten für Arbeitshilfen.** Arbeitgebern können Zuschüsse für eine behindertengerechte Ausgestaltung von Ausbildungs- oder Arbeitsplätzen erbracht werden, soweit dies erforderlich ist, um die dauerhafte berufliche Eingliederung Behinderter zu erreichen oder zu sichern (§ 237 SGB III). Nicht erstattungsfähig sind Arbeitshilfen für behinderte Menschen, die im Rahmen der Beschäftigungsverpflichtung nach §§ 71 ff. SGB III tätig sind.

38 **d) Probebeschäftigung.** Arbeitgebern können die Kosten für eine befristete Probebeschäftigung Behinderter bis zu einer Dauer von drei Monaten erstattet werden, wenn dadurch die Möglichkeit einer beruflichen Eingliederung verbessert wird (§ 238 SGB III).

§ 23. Arbeitslosengeld I

Übersicht

	RN
I. Entgeltersatzleistungen	1
II. Voraussetzungen für die Bewilligung von Arbeitslosengeld	2 ff.
1. Grundsatz	2
2. Auslandssachverhalte	3
3. Arbeitslosigkeit	4–21
4. Arbeitslosmeldung bzw. Meldung als arbeitsuchend	22–30
5. Anwartschaft	31, 32
6. Anspruchsdauer	33, 34
7. Antragstellung	35
8. Teilarbeitslosengeld	36
III. Höhe des Arbeitslosengelds	37 ff.
1. Grundsatz	37
2. Bemessungsentgelt	38–42
3. Leistungsentgelt	43–45
4. Leistungssatz	46
5. Anpassung des Arbeitslosengelds	47
6. Anrechnung von Nebeneinkommen	48
IV. Ruhen des Arbeitslosengelds auf Grund einer Sperrzeit	49 ff.
1. Überblick über die Sperrzeittatbestände	49
2. Sperrzeit wegen Arbeitsaufgabe	50–56
3. Weitere Sperrzeiten	57, 58
4. Wichtiger Grund	59–61
5. Dauer	62–65
6. Vermeidung von Sperrzeiten	66, 66 a
V. Ruhen des Arbeitslosengelds bei Anrechnung einer Entlassungsentschädigung	67 ff.
1. Grundsatz	67
2. Der Tatbestand des § 143 a SGB III	68–82
3. Anspruchsübergang und arbeitsgerichtlicher Vergleich	83
VI. Sonstige Ruhenstatbestände des Anspruchs auf Arbeitslosengeld	84 ff.
1. Allgemeines	84
2. Andere Sozialleistungen	85
3. Arbeitsentgelt und Urlaubsabgeltung	86, 87
4. Arbeitskampf	88
VII. Sozialversicherungsschutz beim Bezug von Arbeitslosengeld	89 ff.
1. Krankenversicherung und Pflegeversicherung	89–94
2. Rentenversicherung	95
3. Unfallversicherung	96
VIII. Gleichwohlgewährung von Arbeitslosengeld	97 ff.
1. Zweck	97
2. Voraussetzungen	98
3. Anspruchsübergang	99
4. Anspruchsverkürzung	100

I. Entgeltersatzleistungen

1 Die Entgeltersatzleistungen sind in § 116 SGB III aufgeführt. Dazu zählen neben Arbeitslosengeld das Übergangsgeld (§§ 160 ff. SGB III, dazu § 22 RN 34), Kurzarbeitergeld (§§ 169 ff. SGB III, dazu § 48 RN 1 ff.), Insolvenzgeld (§§ 183 ff. SGB III, dazu § 94) und die Leistungen zur Förderung der ganzjährigen Beschäftigung in der Bauwirtschaft (§§ 175 ff. SGB III, dazu

§ 48 RN 17ff.). Das Arbeitslosengeld zählt zu den wichtigsten Entgeltersatzleistungen der Arbeitsverwaltung. Die **Erstattungspflicht der Arbeitgeber** von Alg. bei der Entlassung von älteren Arbeitnehmern ist mit Wirkung zum 1. 1. 2006 entfallen. Nach Ansicht des Gesetzgebers besteht angesichts der verkürzten Bezugsdauer von Alg. (RN 32) kein Anreiz mehr für eine Frühverrentung zu Lasten der Arbeitslosenversicherung. Für die Zeiträume bis zum 31. 12. 2003 und die Übergangszeit bis zum 31. 12. 2005 bestanden z. T. unterschiedliche Voraussetzungen für die Erstattungspflicht, vgl. die ausführliche Darstellung in der 11. Aufl. unter § 23 RN 101.

II. Voraussetzungen für die Bewilligung von Arbeitslosengeld

Zur Meldung als arbeitsuchend: *Gabke,* Zur Obliegenheit der „unverzüglichen Meldung" als arbeitssuchend bei Kenntnis vom bevorstehenden Ende des Arbeitsverhältnisses, ArbuR 2005, 160; *Hoehl,* Das Fünfte SGB III-Änderungsgesetz im Überblick, NZS 2006, 189; *Kreutz,* Rechtsfolgen für den Arbeitgeber bei einer Verletzung der Informationspflicht nach § 2 Abs. 2 Nr. 3 SGB III, ArbuR 2003, 201; *Kühl/Vogelsang,* Die verspätete Arbeitslosmeldung bei der Arbeitsagentur aus arbeits- und sozialrechtlicher Sicht, RdA 2006, 224; *Merten,* § 37b SGB III – Unwissenheit schützt vor Leistungskürzung nicht?, SGb 2005, 321; *Otto,* Die Verpflichtung des Arbeitnehmers zur frühzeitigen Arbeitssuche nach § 37b SGB III, NZS 2005, 288; *Preis/Schneider,* Das 5. SGB III-Änderungsgesetz – Ein Übergangsgesetz schafft neue Probleme, NZA 2006, 177; *Rolfs,* Sperrzeit wegen verspäteter Meldung als arbeitsuchend, DB 2006, 1009; *Seel,* Die Meldepflicht aus § 37b SGB III – Mitwirkung des Arbeitgebers durch Freistellung und Information, MDR 2005, 241; *ders.,* § 140 SGB III – „Ein stumpfes Schwert"? – § 2 Abs. 2 Satz 2 Ziffer 3 SGB III – Ein bloßer Programmsatz?, NZS 2006, 525; *Urban-Crell,* Kürzung von Arbeitslosengeld wegen verspäteter Meldung und Hinweispflicht des Arbeitgebers, NJW 2005, 3763.

1. Grundsatz. Durch „Hartz III" sind die Anspruchsvoraussetzungen für das Alg. neu gefasst 2
worden; Alg. und Unterhaltsgeld sind nunmehr in einer einheitlichen Leistung zusammengefasst. Nach § 117 I SGB III haben Arbeitnehmer Anspruch auf Alg. entweder bei Arbeitslosigkeit oder beruflicher Weiterbildung. Begrifflich werden daher das Alg. bei Arbeitslosigkeit (§ 118 SGB III) und bei beruflicher Weiterbildung (§ 124a III SGB III) unterschieden. Einen Anspruch auf Alg. wegen Arbeitslosigkeit hat nach § 118 SGB III, wer **(a)** arbeitslos ist (§§ 119ff. SGB III), **(b)** sich arbeitsuchend bzw. arbeitslos meldet (§§ 37b, 122 SGB III) und **(c)** eine Anwartschaft besitzt (§§ 123ff. SGB III). Daneben muss **(d)** ein Antrag auf Alg. gestellt werden (§§ 118 II, 323 SGB III). Keinen Anspruch auf Alg. haben Personen nach Vollendung des Regelrentenalters (§ 117 II SGB III).

2. Auslandssachverhalte. Keinen Anspruch auf Alg. haben Personen, die ihren Wohnsitz 3
bzw. gewöhnlichen Aufenthalt nicht in der Bundesrepublik haben.[1] Die VO (EWG) Nr. 1408/71 regelt für Unionsbürger die Zuständigkeit der Arbeitsverwaltung bei Auslandssachverhalten. Danach soll für Personen im Geltungsbereich der VO, das Recht nur eines Mitgliedstaates gelten; insbesondere Leistungs- und Beitragspflicht dürfen sich nicht nach unterschiedlichem nationalen Recht richten. Maßgeblich ist dabei grundsätzlich das Recht des Beschäftigungslandes, in dem die abhängige Beschäftigung ausgeübt wird (Art. 13 I VO 1408/71), selbst wenn der Beschäftigte in einem anderen Mitgliedstaat wohnt. Bei einer nur vorübergehenden Beschäftigung in einem anderen Mitgliedstaat bleibt die Zuordnung zu dem bisherigen inländischen Beschäftigungsort erhalten, wenn die voraussichtliche Dauer der Entsendung 12 Monate nicht überschreitet und der entsandte Arbeitnehmer nicht eine andere Person ablöst, für welche die Entsendungszeit abgelaufen ist (Art. 14 VO 1408/71). Bei Arbeitslosigkeit regeln die §§ 67ff. VO 1408/71 die Zusammenrechnung der in den verschiedenen Mitgliedstaaten zurückgelegten Versicherungs- und Beschäftigungszeiten sowie die Leistungshöhe. Für andere Sachverhalte richtet sich die Bewilligung von Alg. nach § 4 SGB IV und den für die Ausstrahlung geltenden Grundsätzen. Maßgeblich ist danach, wo der Schwerpunkt der rechtlichen und tatsächlichen Merkmale des Beschäftigungsverhältnisses liegt. Die Zuordnung zum inländischen Arbeitgeber bleibt bei einem in das Ausland entsandten Arbeitnehmer erhalten, wenn er weiterhin in den inländischen Betrieb eingegliedert ist und er Arbeitsentgelt von dem inländischen Arbeitgeber beanspruchen kann.[2]

3. Arbeitslosigkeit. Nach § 119 I SGB III ist ein Arbeitnehmer arbeitslos, wenn er **(a)** 4
nicht in einem Beschäftigungsverhältnis steht (Beschäftigungslosigkeit), **(b)** sich bemüht, seine Beschäftigungslosigkeit zu beenden (Eigenbemühungen) und **(c)** den Vermittlungsbemühungen

---

[1] Zu Grenzgängern BVerfG 30. 12. 1999 SozR 3–1200 § 30 Nr. 20 = NZA 2000, 391.

[2] BSG 5. 12. 2006 SozR 4–2400 § 4 Nr. 1; weiterführend *Bieresborn* RdA 2008, 165.

der AA zur Verfügung steht (Verfügbarkeit). Die Beschäftigungslosigkeit, die eigene Beschäftigungssuche und die Verfügbarkeit sind kumulative Anspruchsvoraussetzungen für das Alg.

5 **a) Arbeitnehmereigenschaft.** Voraussetzung für die Arbeitslosigkeit ist die Suche nach einer Tätigkeit in einem versicherungspflichtigen Beschäftigungsverhältnis, insb. als Arbeitnehmer (§ 15 SGB III). Als solche gelten alle abhängig Beschäftigten einschließlich der zu ihrer Berufsausbildung Beschäftigten (§ 14 SGB III). Hierzu zählen auch die Heimarbeiter (§§ 13 SGB III, 12 II SGB IV), nicht aber die Hausgewerbetreibenden und Zwischenmeister (§ 12 I, IV SGB IV). Nicht erforderlich ist, dass es sich um eine zeitlich unbefristete Tätigkeit handelt.[3] Keinen Anspruch auf Alg. haben Personen, die ihre Tätigkeit nicht in einem versicherungspflichtigen Beschäftigungsverhältnis erbringen wollen. Dies sind z. B. Personen, die ihre Dienste nicht in persönlicher Abhängigkeit leisten oder aus religiösen bzw. karitativen Gründen erbringen wollen. Hingegen steht eine entsprechende Vorbeschäftigung ihrer Eigenschaft als Arbeitsuchende nicht entgegen (vgl. § 15 Satz 3 SGB III).

6 **b) Beschäftigungslosigkeit. aa) Begriff.** Beschäftigungslosigkeit liegt vor, wenn der Arbeitslose vorübergehend in keinem Beschäftigungsverhältnis mehr steht oder dieses unterbrochen ist. Im Arbeitsförderungsrecht ist dabei zwischen dem beitragsrechtlichen (dazu § 19 RN 21) und leistungsrechtlichen Beschäftigungsverhältnis zu unterscheiden. Wann im leistungsrechtlichen Sinne Beschäftigungslosigkeit vorliegt, ergibt sich aus § 118 I Nr. 1 SGB III. Diese Vorschrift knüpft nicht an den rechtlichen Bestand eines Arbeitsverhältnisses an, sondern an die tatsächliche Nichtbeschäftigung des Arbeitnehmers durch den Arbeitgeber und den fehlenden Bezug der Arbeitsvergütung. Beschäftigungslosigkeit ist deshalb mit der tatsächlichen Nichtbeschäftigung des Versicherten unabhängig vom Bestehen oder Nichtbestehen eines Arbeitsverhältnisses i. S. d. Arbeitsrechts gegeben.[4] Beschäftigungslosigkeit besteht daher z. B., wenn der Arbeitnehmer nach seinem Ausscheiden aus dem Betrieb noch einen Kündigungsschutzprozess führt (weitere Beispiele in RN 17). Beschäftigungslosigkeit liegt auch vor, wenn er nur eine weniger als 15 Stunden wöchentlich (gerechnet auf eine 7-Tage-Woche) umfassende Tätigkeit als Arbeitnehmer, Selbstständiger oder mithelfender Familienangehöriger ausübt; mehrere Beschäftigungen werden aber zusammengerechnet (§ 119 III SGB III); zur **Freistellung des Arbeitnehmers** § 19 RN 29 und RN 7.

7 **bb) Besondere Fälle der Beschäftigungslosigkeit.** Der Arbeitnehmer steht auch nicht mehr in einem Beschäftigungsverhältnis und gilt als beschäftigungslos, wenn **(a)** das Arbeitsverhältnis z. B. bei einem **Arbeitskampf** ruht (§ 146 SGB III), **(b)** der Arbeitnehmer entlassen wird und einen **Kündigungsschutzprozess** führt, auch wenn sich später herausstellt, dass das Arbeitsverhältnis durch die Kündigung nicht beendet worden ist,[5] **(c)** das **Direktionsrecht** des Arbeitgebers vom Arbeitnehmer nicht **mehr anerkannt** wird (z. B. nach einer Eigenkündigung) sowie **(d)** in den Fällen, in denen der Arbeitgeber die **Arbeitskraft** des Arbeitnehmers **nicht annimmt,**[6] so etwa bei einem Streit über einen Betriebsübergang bzw. die Wirksamkeit eines Vertragsschlusses, oder der Arbeitgeber auf die Ausübung des Direktionsrechts verzichtet, z. B. bei lang anhaltender Krankheit und fehlender Beschäftigungsmöglichkeit, wenn das Arbeitsverhältnis aufrechterhalten bleibt (sog. **Aussteuerung**).[7] Eine bestehende Beschäftigungslosigkeit wird nicht durch die Aufnahme einer Tätigkeit zur stufenweisen Wiedereingliederung beendet.[8] Das Beschäftigungsverhältnis endet und Beschäftigungslosigkeit tritt ein, wenn die Arbeitsvertragsparteien eine Freistellung ohne Fortzahlung des Arbeitsentgelts vereinbaren oder der Arbeitnehmer unter Fortzahlung des Entgelts bis zum Vertragsende unwiderruflich von der Arbeitsleistung freigestellt wird[9] (dazu § 19 RN 29). Beschäftigungslosigkeit liegt auch bei sog. **Aussetzzeiten** vor. Um solche handelt es sich, wenn der Arbeitnehmer vertragsgemäß trotz eines bestehenden Arbeitsverhältnisses tatsächlich nicht beschäftigt wird. § 7 III SGB IV fingiert in diesem Fall das Beschäftigungsverhältnis nur bis zum Ablauf eines Monats fort. Keine Beschäftigungslosigkeit besteht aber bei Freistellungszeiten, für die der Arbeitnehmer eine Vorleistung erbracht hat und das gezahlte Arbeitsentgelt für die Freistellungszeit und den vorange-

---

[3] BSG 15. 6. 1976 SozR 4100 § 101 Nr. 2 = BSGE 42, 76.

[4] BSG 3. 6. 2004 SozR 4–4300 § 123 Nr. 2 = NZA-RR 2005, 52; 25. 4. 2002 BSGE 89, 243 = SozR 3–4300 § 144 Nr. 8.

[5] BSG 25. 9. 1981 SozR 2200 § 405 Nr. 10 = BSGE 52, 152.

[6] BSG 24. 7. 1986 SozR 4100 § 117 Nr. 16 = BSGE 60, 168.

[7] BSG 28. 9. 1993 SozR 3–4100 § 101 Nr. 5 = BSGE 73, 126.

[8] BSG 21. 3. 2007 SozR 4–4300 § 118 Nr. 1.

[9] BSG 25. 4. 2002 SozR 3–4300 § 144 Nr. 8 = AP 1 zu § 128 SGB III.

gangenen Zeitraum 400 Euro übersteigt (§ 7 I a SGB IV). Zur Gleichwohlgewährung bei Beschäftigungslosigkeit RN 97.

c) Beschäftigungssuche. aa) Bedeutung. Das Merkmal der Arbeitslosigkeit ist u. a. nur erfüllt, wenn der Arbeitnehmer sich selbst bemüht, seine Arbeitslosigkeit zu beenden. Durch diese Regelung wird der Arbeitslose stärker als nach dem AFG zur Eigeninitiative bei der Arbeitsplatzsuche angehalten. Nicht ausreichend ist es, wenn er lediglich für Vermittlungsbemühungen der AA zur Verfügung steht. Die Pflicht zur Beschäftigungssuche stellt für den Arbeitslosen eine Rechtspflicht dar, deren Nichterfüllung nach der Neufassung des § 119 SGB III mit Wirkung ab dem 1. 1. 2005 zwar nicht mehr zum Verlust des Leistungsanspruchs führen kann (so noch BT-Drucks. 13/4941, S. 179), wohl aber zum Eintritt einer Sperrzeit (§ 144 I Nr. 3 SGB III). Die Nichtbefolgung einer rechtzeitigen und ausreichend konkretisierten Aufforderung des Arbeitslosen, Eigenbemühungen zumutbar nachzuweisen, führt zu einer Umkehr der materiellen Beweislast.[10] 8

bb) Inhalt. Die Pflicht zur Beschäftigungssuche beginnt nach § 2 V Nr. 3 SGB III bereits während eines laufenden, aber in absehbarer Zeit endenden Beschäftigungsverhältnisses. Der Umfang der Eigenbemühungen wird durch § 119 IV SGB III näher umschrieben. Danach ist der Arbeitslose verpflichtet, **(1)** die Verpflichtungen aus der Eingliederungsvereinbarung (§ 6 SGB III, dazu § 21 RN 8) einzuhalten, **(2)** bei der Vermittlung durch Dritte mitzuwirken und **(3)** die Selbstinformationseinrichtungen der AA zu nutzen. Ist eine Eingliederungsvereinbarung nicht geschlossen worden, bestimmt der Vermittler den Umfang der Eigenbemühungen des Arbeitslosen (BT-Drucks. 15/1515 S. 83). Auf welche Arbeitsplätze sich die Eigenbemühungen des Arbeitslosen beziehen müssen, ist dem Gesetz nicht zu entnehmen. Jedoch wird der Arbeitslose seine Beschäftigungssuche auf zumutbare Beschäftigungsmöglichkeiten (§ 121 SGB III) beschränken können. 9

cc) Verfügbarkeit. (1) Begriff. Nach § 119 I SGB III gilt der Arbeitslose nur als beschäftigungsuchend, wenn er neben seinen Eigenbemühungen um die Beendigung der Beschäftigungslosigkeit den Vermittlungsbemühungen der AA zur Verfügung steht (§ 119 I Nr. 3 SGB III). Die Verfügbarkeit des Arbeitslosen war schon nach den §§ 100 ff. AFG eine eigenständige Anspruchsvoraussetzung für den Anspruch auf Alg.; die Einzelheiten ergeben sich aus § 119 V SGB III. Die Verfügbarkeit setzt die Arbeitsfähigkeit (objektive Verfügbarkeit; § 119 V Nr. 1, 2 SGB III) und Arbeitsbereitschaft i. w. S. (subjektive Verfügbarkeit; § 119 V Nr. 3, 4 SGB III) des Arbeitslosen voraus. § 119 V Nr. 3 SGB III stellt dabei klar, dass der Arbeitslose den Vermittlungsbemühungen der AA nur dann zur Verfügung steht, wenn er bereit ist, jegliche Arbeit anzunehmen, die er ausüben kann und darf. Einschränkungen der Arbeitsfähigkeit und -bereitschaft sind nur zulässig, soweit sich dies aus den §§ 120, 121 SGB III ergibt. Objektiv verfügbar ist daneben der Arbeitslose, der eine versicherungspflichtige Beschäftigung unter den üblichen Bedingungen des für ihn in Betracht kommenden Arbeitsmarktes aufnehmen und ausüben kann und für die Arbeitsverwaltung erreichbar ist (RN 11). Die subjektive Verfügbarkeit setzt die Bereitschaft des Arbeitslosen voraus, alle zumutbaren Beschäftigungen anzunehmen, die er ausüben kann und darf bzw. an (erforderlichen) Maßnahmen der beruflichen Eingliederung in das Erwerbsleben teilnehmen. Die subjektive Verfügbarkeit dokumentiert der Arbeitslose regelmäßig mit seiner Arbeitslosmeldung. Zu Sonderregelungen RN 12. 10

(2) Erreichbarkeit. Nach § 119 V Nr. 2 SGB III setzt die objektive Verfügbarkeit u. a. voraus, dass der Arbeitslose Vorschlägen zur beruflichen Eingliederung zeit- und ortsnah Folge leisten kann. Dies ist der Fall, wenn der Arbeitslose aktuell und durch nichts gehindert ist, ohne Verzug eine zumutbare Beschäftigung aufzunehmen. Die Einzelheiten zu den Anforderungen für die Erreichbarkeit sind in der **Erreichbarkeits-Anordnung** der BA vom 23. 10. 1997 (EAO – ANBA 1997, S. 1685, zul. geänd. 16. 11. 2001, ANBA 2001, S. 1476) geregelt. Danach muss der Arbeitslose in der Lage sein, unverzüglich **(a)** Vorschläge der Arbeitsverwaltung persönlich zur Kenntnis zu nehmen, **(b)** die AA aufzusuchen, **(c)** mit einem möglichen Arbeitgeber oder Träger einer beruflichen Eingliederungsmaßnahme in Verbindung zu treten und bei Bedarf persönlich mit diesem zusammenzutreffen und **(d)** eine vorgeschlagene Arbeit anzunehmen oder an einer beruflichen Eingliederungsmaßnahme teilzunehmen (§ 1 I 1 EAO). § 1 I 2 EAO verlangt weiterhin, dass die AA den Arbeitslosen persönlich an jedem Werktag an seinem Wohnsitz oder gewöhnlichen Aufenthalt unter der von ihm benannten Anschrift (Wohnung) durch Briefpost erreichen kann. Der Anspruch auf Alg. entfällt daher, wenn sich der Arbeitsu- 11

[10] BSG 31. 1. 2006 SozR 4–1200 § 66 Nr. 3; 20. 10. 2005 SozR 4–4300 § 119 Nr. 3.

chende nicht in der bei der Arbeitsverwaltung angegebenen Wohnung aufhält und nicht täglich mindestens zur Zeit des Eingangs der Briefpost erreichbar ist[11] oder wenn ein Kontakt zum Arbeitslosen lediglich über eine Mittelsperson möglich ist.[12] Ein Umzug ist der zuständigen AA zu melden, da der Arbeitslose ansonsten mit dem Zeitpunkt seines Umzugs nicht mehr für die AA erreichbar ist und ihm damit die Verfügbarkeit fehlt; ein Nachsendeantrag ist nicht ausreichend.[13] Eine Abwesenheitszeit von bis zu 3 Wochen außerhalb des Nahbereiches der AA ist dem Arbeitslosen nach Rücksprache mit der Arbeitsverwaltung gestattet (§ 3 EAO); eine Verpflichtung, diesen Zeitraum an die Länge des Mindesturlaubs anzupassen, besteht nicht.[14]

12 **(3) Einzelfälle zur Verfügbarkeit. (a) Ältere Arbeitslose.** Sie haben ab Vollendung des 58. Lebensjahres Anspruch auf Alg. auch dann, wenn sie nicht arbeitsbereit sind und nicht alle Möglichkeiten nutzen wollen, um Beschäftigungslosigkeit zu vermeiden oder zu beenden (§ 428 SGB III). Die sog. „58er-Regelung" ist im Hinblick auf die fehlenden Beschäftigungsmöglichkeiten älterer Menschen auf dem Arbeitsmarkt verlängert worden (BT-Drucks. 16/109, S. 5, 8). Die Vorschrift gilt vom 1. 1. 2008 an mit der Maßgabe, dass der Anspruch vor dem 1. 1. 2008 entstanden ist und das 58. Lebensjahr ebenfalls vor diesem Tag vollendet worden ist.

13 **(b) Aufsichtsbedürftige Kinder, Pflegezeiten.** Nach § 119 IV 1 Nr. 2 SGB III a. F. führten Einschränkungen bei der Verfügbarkeit hinsichtlich der Dauer, Lage und Verteilung der Arbeitszeit auf Grund der Betreuung und Erziehung von aufsichtsbedürftigen Kindern sowie die Pflege von Angehörigen nicht zum Verlust des Anspruchs auf Alg. Nunmehr gilt auch für diesen Personenkreis § 120 IV SGB III, wonach bei einer Beschränkung der Verfügbarkeit auf Teilzeittätigkeiten maßgeblich ist, ob sich die Arbeitsbereitschaft auf Teilzeittätigkeiten erstreckt, die versicherungspflichtig sind, mindestens 15 Stunden wöchentlich umfassen und den üblichen Bedingungen des für ihn in Betracht kommenden Arbeitsmarktes entsprechen. Ist dies der Fall, bleibt der Anspruch auf Alg. bestehen (BT-Drucks. 15/1515 S. 83). Allerdings führt die Bereitschaft nur zur Ausübung einer Teilzeitbeschäftigung nach § 131 V SGB III zu einem geringeren Bemessungsentgelt bzw. Alg. Wird während des laufenden Bezugs von Alg. eine Beaufsichtigung, Betreuung oder Pflege eines erkrankten Kindes (bis zum vollendeten 12. Lebensjahr) durch den Arbeitslosen erforderlich, erfolgt bei entsprechendem ärztlichen Zeugnis eine Leistungsfortzahlung von 10, bei allein erziehenden Arbeitslosen bis zu 20 Tagen pro Kind und Kalenderjahr (§ 126 II SGB III).

14 **(c) Ausländische Arbeitnehmer.** Benötigen sie eine besondere Genehmigung (dazu § 27) für die Beschäftigung, sind sie grundsätzlich für die Arbeitsvermittlung verfügbar, sofern sie über die erforderliche Genehmigung verfügen oder zu erwarten ist, dass diese erteilt wird.[15]

15 **(d) Ehrenamt.** Eine ehrenamtliche Tätigkeit schließt das Merkmal der Arbeitslosigkeit nicht aus, wenn durch sie die berufliche Eingliederung des Arbeitslosen nicht beeinträchtigt wird (§ 119 II SGB III). Dazu ist die VO über die ehrenamtliche Betätigung von Arbeitslosen vom 24. 5. 2002 (BGBl. I S. 1783) zul. geänd. durch G vom 19. 11. 2004 (BGBl. I S. 2902) ergangen. Eine Tätigkeit ist nur dann als ehrenamtlich anzusehen, wenn die Aufwandsentschädigung 154 Euro monatlich bzw. 1848 Euro jährlich nicht übersteigt.

16 **(e) Krankheit, Beschäftigungsverbot.** Ist der Arbeitslose bei der Arbeitslosmeldung erkrankt, kann es an der Verfügbarkeit fehlen. Die Krankheit beseitigt die Verfügbarkeit nicht, wenn der Arbeitslose trotz der Arbeitsunfähigkeit bereit und in der Lage ist, seinem verbleibenden Leistungsvermögen entsprechende Beschäftigungen aufzunehmen. Ein Arbeitsloser ist arbeitsunfähig, wenn er krankheitsbedingt Arbeiten nicht mehr in dem zeitlichen Umfang verrichten kann, für den er sich der Arbeitsverwaltung zuvor zur Arbeitsvermittlung zur Verfügung gestellt hat.[16] Ist die Verfügbarkeit auf Grund einer unverschuldeten Krankheit vollständig entfallen, bleibt dem Arbeitslosen während des laufenden Bezugs von Alg. der Anspruch bis zu einem Zeitraum von 6 Wochen erhalten (§ 126 I SGB III). Erforderlich ist aber, dass ein Anspruch auf Alg. bestanden hat, d. h. auch keine Ruhenszeiten eingetreten sind.[17] Etwas anderes

[11] BSG 2. 3. 2000 SozR 3–4100 § 103 Nr. 22 = AP 1 zu § 119 SGB III; 14. 9. 1995 NZA-RR 96, 110.

[12] BSG 9. 2. 2006 – B 7 a AL 58/05 R n. v.

[13] BSG 9. 8. 2001 SozR 3–4300 § 119 Nr. 4; 29. 11. 1989 SozR 4100 § 103 Nr. 47 = BSGE 66, 103; anders beim Bezug von Alg. nach § 428 SGB III: BSG 30. 6. 2005 SozR 4–4300 § 428 Nr. 2.

[14] BSG 10. 8. 2000 SozR 3–4100 § 103 Nr. 23 = BSGE 87, 46.

[15] BSG 19. 6. 1979 SozR 4100 § 103 Nr. 22 = BB 79, 1719; 27. 1. 1977 SozR 4100 § 19 Nr. 2 = BSGE 43, 153 = NJW 78, 1125; 22. 11. 1977 SozR 4100 § 103 Nr. 44.

[16] BSG 7. 12. 2004 SozR 4–2500 § 44 Nr. 3.

[17] BSG 24. 7. 1986 SozR 4100 § 105 b Nr. 6.

gilt, wenn die Krankheit bereits zu Beginn der Arbeitslosigkeit besteht. Der Leistungsanspruch entsteht dann erst mit Wiederherstellung der Arbeitsfähigkeit und der Arbeitslosmeldung bei der AA. Bei dauerhaft verminderter Leistungsfähigkeit gilt § 125 SGB III. Die **Anzeige- und Nachweispflicht** von Leistungsempfängern bei Arbeitsunfähigkeit ist in § 311 SGB III enthalten, sie entspricht dem für Arbeitnehmer geltenden Recht. Das BSG hat sich bisher noch nicht festgelegt, ob ein nicht auf Arbeitsunfähigkeit beruhendes Beschäftigungsverbot die Verfügbarkeit entfallen lässt.[18]

(f) Kündigungsschutzprozess. Führt der Arbeitslose nach seiner Entlassung einen Kündigungsschutzprozess, kann er seine Verfügbarkeit auf Tätigkeiten beschränken, die von ihm jederzeit kurzfristig wieder beendet werden können. Zur Aufnahme von länger andauernden Fortbildungs- und Umschulungsmaßnahmen ist er nicht verpflichtet.[19] **17**

(g) Schüler und Studierende. Sie gelten auf Grund der Fiktion in § 120 II SGB III nur dann als arbeitsbereit, wenn sie nachweisen, dass die Aufnahme einer beschäftigungspflichtigen Tätigkeit der ordnungsgemäßen Einhaltung des vorgeschriebenen Ausbildungsgangs nicht entgegensteht.[20] **18**

dd) Zumutbare Beschäftigungen. (1) Grundsatz. Der Kreis der zumutbaren Beschäftigungen ist in § 121 SGB III geregelt. Grundsätzlich ist dem Arbeitslosen jede seiner Arbeitsfähigkeit entsprechende Beschäftigung zumutbar, soweit nicht allgemeine oder personenbezogene Gründe entgegenstehen (§ 121 I SGB III). Danach kann eine Sperrzeit auch eintreten, wenn der Arbeitslose ein angebotenes Leiharbeitsverhältnis nicht angenommen oder nicht angetreten hat.[21] Allgemeine Gründe liegen vor, wenn die Beschäftigung selbst und nicht die sich daraus ergebene Gegenleistung gegen gesetzliche, tarifliche oder in Betriebsvereinbarungen festgelegte Bestimmungen über Arbeitsbedingungen oder Arbeitsschutz verstößt (§ 121 II SGB III). Persönliche Gründe sind in den Abs. 3 und 4 geregelt. Darüber hinausgehende Beschränkungen bei der Zumutbarkeit auf Grund einer Berufsausbildung oder Vortätigkeit sind nicht möglich. **19**

(2) Entgeltschutz und Pendelzeiten. In § 121 III SGB III ist der Entgeltschutz geregelt. Der Arbeitslose muss in den ersten drei Monaten seiner Arbeitslosigkeit nur eine Beschäftigung annehmen, bei der er zumindest 80% von dem Entgelt erzielt, dass er in der Beschäftigung erzielt hat, nach der sich sein Alg. berechnet. In dem 3. bis 6. Monat reduziert sich der Satz auf 70%, ab dem 7. Monat kommt eine Unzumutbarkeit wegen des zu erzielenden Arbeitsentgelts nur dann in Betracht, wenn das Nettoeinkommen abzüglich der berufsbedingten Aufwendungen niedriger ist als das Alg. Fahrzeiten zur Arbeit können überhaupt nur zur Unzumutbarkeit führen, wenn sie bei einer Vollzeitbeschäftigung insgesamt $2^1/_2$ Stunden übersteigen. Längere Fahrzeiten sind nur dann zumutbar, wenn diese in der Region ortsüblich sind (§ 121 IV 1–3 SGB III). **20**

(3) Umzug. Der Arbeitslose ist u. U. auch zur Aufnahme einer Beschäftigung außerhalb des zumutbaren Pendelbereichs verpflichtet. Dies gilt jedenfalls dann, wenn nicht zu erwarten ist, dass er innerhalb der ersten drei Monate der Arbeitslosigkeit eine Beschäftigung innerhalb des für ihn zumutbaren Pendelbereichs aufnehmen wird. Nach Ablauf des 3. Monats ist ein Umzug unabhängig von den Erwartungen einer Beschäftigungsaufnahme im Pendelbereich zumutbar (§ 121 IV 4, 5 SGB III). Die Kosten eines Umzugs können als Leistungen nach § 45 I SGB III übernommen werden. Ein Umzug und damit eine Beschäftigung außerhalb des zumutbaren Pendelbereichs kann nicht verlangt werden, wenn dem Umzug ein **wichtiger Grund** entgegensteht, der sich insbesondere aus familiären Bindungen ergeben kann[22] (§ 121 IV 6, 7 SGB III). Unter familiäre Bindungen fallen auch solche nach dem Lebenspartnerschaftsgesetz, ebenso die sog. ernsthaften eheähnlichen Lebensgemeinschaften.[23] Nach § 121 V SGB III ist eine Beschäftigung schließlich nicht nur deswegen unzumutbar, weil sie befristet ist oder vorübergehend eine getrennte Haushaltsführung erfordert. **21**

4. Arbeitslosmeldung bzw. Meldung als arbeitsuchend. a) Die Arbeitslosmeldung (§ 122 SGB III) ist als Anspruchsvoraussetzung für das Alg. in § 118 I Nr. 2 SGB III ausdrück- **22**

---

[18] BSG 9. 9. 1999 SozR 3–4100 § 103 Nr. 19.

[19] SG Frankfurt 6. 12. 1989 info also 90, 73.

[20] Dazu Rundschreiben vom 6. 10. 1999 NZA 2000, 994; Besprechung vom 10./11. 4. 2002 NZA 2002, 1026.

[21] BSG 8. 11. 2001 SozR 3–4300 § 144 Nr. 7 = AP 1 zu § 144 SGB III = NZA 2002, 437.

[22] *Urmersbach,* Die nichteheliche Lebensgemeinschaft als wichtiger Grund im Sinne des § 121 Abs. 4 Satz 7 SGB III?, NZS 2004, 414.

[23] BSG 17. 10. 2002 SozR 3–4100 § 119 Nr. 26; 29. 4. 1998 SozR 3–4100 § 119 Nr. 15.

lich genannt. Hiervon ist die vorherige Meldung als arbeitsuchend zu unterscheiden; für diese gelten die §§ 2, 38 I und 144 I Nr. 7, VI SGB III.

23 **b) Persönliche Arbeitslosmeldung.** Nach § 122 I 1 SGB III hat sich der Arbeitslose persönlich bei der zuständigen AA arbeitslos zu melden. Eine Stellvertretung durch Familienangehörige oder andere Bevollmächtigte ist nicht zulässig (Ausnahme § 125 I 3 SGB III). Die Meldung kann auch noch erfolgen, wenn die Arbeitslosigkeit zwischenzeitlich bereits eingetreten ist, der Arbeitslose muss in diesem Fall mit einer Minderung seines Alg. rechnen. Nach § 122 II SGB III erlischt die Meldung bei einer mehr als sechswöchigen Unterbrechung der Arbeitslosigkeit oder mit der Aufnahme einer Beschäftigung, selbstständigen Tätigkeit oder Tätigkeit als mithelfender Familienangehöriger, wenn der Arbeitslose diese der AA nicht unverzüglich mitgeteilt hat. Die Anzeigepflicht gilt für alle (auch kurzzeitigen und geringfügigen) Beschäftigungsverhältnisse, da durch die Mitteilungspflicht ein möglicher Leistungsmissbrauch verhindert werden soll. Teilt der Arbeitslose die Beschäftigungsaufnahme der Arbeitsverwaltung nicht unverzüglich mit, führt dies zum Verlust seines Leistungsanspruchs und ggf. zu einer Rückforderung der überzahlten Beträge. Auch unentgeltliche Beschäftigungen können erfasst werden, wenn der Gegenstand der Beschäftigung gerade die Leistung fremdnütziger Arbeit von wirtschaftlichem Wert ist.[24] Nach dem Erlöschen der Arbeitslosmeldung führt erst wieder die erneute persönliche Arbeitslosmeldung zu einer Arbeitslosengeldzahlung. Der Arbeitslosmeldung kommt nur in beschränktem Umfang Rückwirkung zu (§ 122 III SGB III).

24 **c) Meldung als arbeitsuchend.[25] aa) Normzweck.** Nach § 37b SGB III sind Personen, die in einem Arbeits- oder Ausbildungsverhältnis stehen, zur frühzeitigen Meldung bei der Arbeitsverwaltung als Arbeitsuchender verpflichtet. Sie haben sich spätestens drei Monate vor der Beendigung des Vertragsverhältnisses arbeitsuchend zu melden. Liegen zwischen der Beendigung des Arbeits- oder Ausbildungsverhältnisses weniger als drei Monate, hat die Meldung innerhalb von drei Tagen nach Kenntnis des Beendigungszeitpunkts zu erfolgen. Eine Anzeige unter Angabe der persönlichen Daten des Beendigungszeitpunkts reicht zur Fristwahrung aus, wenn die Meldung nach Terminabsprache nachgeholt wird. Die Pflicht zur Meldung gilt nicht bei betrieblichen Ausbildungsverhältnissen. Die Vorschrift soll es der Arbeitsverwaltung ermöglichen, die Zeit bis zum Ablauf des Arbeitsverhältnisses für Vermittlungs- und Qualifikationsbemühungen zu nutzen; zur Hinweispflicht der Arbeitgeber § 19 RN 9.

25 **bb) Beendigungstatbestand.** Für die Meldepflicht kommt es auf das rechtliche Ende des Arbeitsverhältnisses und nicht des Beschäftigungsverhältnisses an. Die Pflicht zur Meldung besteht auch, wenn der Arbeitnehmer beabsichtigt, gegen die Beendigung seines Arbeitsverhältnisses gerichtlich vorzugehen bzw. bereits Kündigungsschutzklage erhoben hat. Bei einer Änderungskündigung entfällt die Meldepflicht nur, wenn der Arbeitnehmer das Änderungsangebot vor Ablauf der 3-Monats-Frist des § 38 I SGB III bzw. binnen 3 Tagen (S. 2) vorbehaltlos und fristgerecht annimmt.

26 **cc) Fristbeginn.** Kenntnis erlangt der Arbeitnehmer nach Zugang der Arbeitgeberkündigung bzw. nach Ausspruch einer Eigenkündigung, bei einem Aufhebungsvertrag mit dessen beiderseitiger Unterzeichnung. Vor Inkrafttreten der mit Wirkung zum 1. 1. 2006 geänderten Fassung des 37b SGB III war eine unverzügliche Meldung ab Kenntnis von der Beendigung des Versicherungspflichtverhältnisses erforderlich. Zur Auslegung des Begriffs der Unverzüglichkeit wurde allgemein auf § 121 Satz 1 BGB verwiesen, wobei aber übersehen wurde, dass sich die Unverzüglichkeit dort auf die Länge der Frist und nicht auf den Fristbeginn bezieht. Eine Meldung innerhalb von 7 Kalendertagen nach Kenntnis wurde von der Arbeitsverwaltung als rechtzeitig angesehen. Dies genügt nun nicht mehr. Auch die bisherige Sonderregelung für befristete Arbeitsverhältnisse (§ 37b Satz 2 SGB III a. F.), der zufolge die Meldung nicht früher als drei Monate vor Ablauf des Arbeitsverhältnisses zu erfolgen hatte, ist entfallen.

27 **dd) Fristende.** Die 3-Monats-Frist des § 38 I 1 SGB III ist nach dem Kalender zu berechnen. Dies gilt gleichermaßen für die 3-Tages-Frist, wenn der Arbeitnehmer Kenntnis von dem Beendigungszeitpunkt erst innerhalb des 3-Monats-Zeitraums erlangt. In diesem Fall hat er 3 Kalendertage für seine Meldung bei der Arbeitsverwaltung Zeit. Fällt das Fristende auf einen Tag, an dem die Arbeitsverwaltung nicht dienstbereit ist, muss die Meldung spätestens am nächstmöglichen Tag erfolgen, an dem die AA für eine Meldung zur Verfügung steht (§ 26 III SGB I). Beispiel: Erlangt der Arbeitslose an einem Donnerstag Kenntnis von der Beendigung

---

[24] BSG 13. 7. 2006 SozR 4–4300 § 122 Nr. 5 = NZA-RR 2007, 382.
[25] Schrifttumsnachweise vor RN 2.

seines Beschäftigungsverhältnisses, muss er sich am Montag bei der AA melden. Erlangt er am Gründonnerstag Kenntnis, ist nur die Meldung am Dienstag nach Ostern rechtzeitig.

ee) Sanktion. (1) Sperrzeit. Anders als noch nach § 140 SGB III in der bis zum 31. 12. 2005 geltenden Fassung, tritt bei einem Verstoß gegen die Pflicht zur Meldung als arbeitsuchend keine Minderung des Alg. ein. Ist der Arbeitnehmer seiner Meldepflicht nach § 38 I SGB III nicht oder nicht rechtzeitig nachgekommen, stellt dies ein versicherungswidriges Verhalten dar, dazu zu einer Sperrzeit von einer Woche führt (§ 144 I Nr. 7, VI SGB III). Der Zeitpunkt für das Ruhen beginnt mit der Beschäftigungslosigkeit des Arbeitslosen; für die Dauer einer Woche mindert sich auch die Anspruchsdauer auf Alg., § 128 I Nr. 3 SGB III. Allerdings tritt eine Sperrzeit nicht ein, wenn der Arbeitnehmer auf Grund einer Arbeitsunfähigkeit an der Meldung gehindert war, was bei der Möglichkeit zur fernmündlichen Meldung aber kaum möglich sein wird. 28

(2) Kenntnis von der Meldepflicht. Nach der zu § 37b SGB III a. F. ergangenen Rspr. des BSG trat eine Sanktion bei einem Verstoß gegen die Meldepflicht nicht ein, wenn der Arbeitnehmer keine Kenntnis von seiner Pflicht zur frühzeitigen Meldung als Arbeitsuchender hatte.[26] Diese Rspr. dürfte nach der Neuregelung nicht mehr gelten. Nach § 37b SGB III a. F. war die Meldepflicht als versicherungsrechtliche Obliegenheit ausgestaltet, während ein Verstoß gegen die Meldepflicht nach der Neuregelung ein versicherungswidriges Verhalten darstellt (§ 144 I Nr. 7 SGB III). Dieses bleibt nur sanktionslos, wenn der Arbeitslose einen wichtigen Grund für sein Verhalten hat. Der Gesetzgeber setzt danach die Kenntnis von der Meldepflicht voraus bzw. selbst bei einer Unkenntnis des Arbeitnehmers von den sich aus § 37b SGB III ergebenden Pflichten tritt eine Sanktion ein. Ein wichtiger Grund kann sich daher nur aus der außerhalb der Unkenntnis liegenden Gründe für die verspätete Meldung ergeben.[27] Nach der Weisungslage der BA tritt jedoch keine Sperrzeit ein, wenn sich der Arbeitslose auf Grund unverschuldeter Unkenntnis der Meldeobliegenheit nicht innerhalb des objektiv gebotenen Zeitraums gemeldet hat.[28] 29

ff) Verfassungswidrigkeit? Eine verschuldensunabhängige Sanktion bei Unkenntnis des Arbeitnehmers von der Meldepflicht wird von einzelnen Stimmen in der Literatur unter Hinweis auf die zu der zweiwöchigen Säumniszeit in § 120 AFG a. F. ergangene Entscheidung des Bundesverfassungsgerichts vom 10. 2. 1987[29] teilweise für verfassungswidrig gehalten.[30] Danach war es mit Art. 14 I GG unvereinbar, dass ein Arbeitsloser seinen Anspruch auf Alg. bei pflichtwidrigen Meldeversäumnissen unabhängig vom Verschuldensgrad und eingetretenem Schaden ausnahmslos verliert. 30

5. Anwartschaft.[31] a) Anwartschaftszeiten. Der Arbeitslose muss vor der Arbeitslosigkeit innerhalb von 2 Jahren (sog. Rahmenfrist, § 124 SGB III) mindestens 12 Monate in einem Versicherungspflichtverhältnis (§§ 24–28 SGB III, dazu § 19 RN 13) gestanden haben (§ 123 Satz 1 SGB III). Anwartschaftsbegründend können Zeiten der freiwilligen Weiterversicherung (vgl. § 19 RN 11) und unter den in § 26 II SGB III genannten Voraussetzungen auch Zeiten des Bezugs von Mutterschaftsgeld und ähnlichen Leistungen, Krankentagegeld sowie einer Rente wegen voller Erwerbsminderung sein. Die Berücksichtigung von Kindererziehungszeiten richtet sich nach § 26 IIa SGB III. Die anwartschaftsbegründenden Zeiten müssen nicht zusammenhängend zurückgelegt werden, Unterbrechungen zwischen den Versicherungspflichtverhältnissen sind daher unschädlich. Jedoch werden Zeiten vor einer 2. Sperrfrist nicht berücksichtigt (§ 123 Satz 2 SGB III). Maßgeblich für die Erfüllung der Anwartschaft ist die objektiv bestehende Beitragspflicht, ob tatsächlich Beiträge entrichtet worden sind, ist unerheblich. Zur Bindung der Arbeitsverwaltung an Entscheidungen der Einzugsstelle vgl. § 19 RN 20. 31

b) Rahmenfrist. Nur innerhalb der Rahmenfrist liegende Anwartschaftszeiten sind für die Begründung des Anspruchs auf Alg. maßgeblich. Die Rahmenfrist beträgt nach § 124 I SGB III zwei Jahre. Sie ist eine in die Vergangenheit gerichtete Frist und beginnt zwei Jahre vor dem Zeitpunkt, in dem die Voraussetzungen für die Arbeitslosigkeit und die Arbeitslosmeldung erst- 32

---

[26] BSG 18. 8. 2005 SozR 4–4300 § 140 Nr. 2; 25. 5. 2005 SozR 4–4300 § 140 Nr. 1.

[27] Anders *Preis/ Schneider* NZA 2006, 177, 180f.

[28] DA zu § 144 SGB III Nr. 144.73, Stand: 07/08.

[29] BVerfG 10. 2. 1987 SozR 4100 § 120 Nr. 2 = AP 31 zu Art. 14 GG.

[30] *Preis/Schneider* NZA 2006, 177, 181; zu § 37b SGB III a. F. finden sich entsprechende Bedenken auch bei BSG 25. 5. 2005 SozR 4–4300 § 140 Nr. 1.

[31] Die §§ 123, 124, 127 II a, III, 133 I, 147 SGB III sowie die Anwartschaftszeit-VO sind weiterhin anzuwenden für Personen, deren Anspruch auf Alg. bis zum 31. 1. 2006 entstanden ist (§ 434j III SGB III).

malig gemeinsam vorgelegen haben. Hat sich ein Arbeitsloser z. B. am 12. Mai 2008 arbeitslos gemeldet, dessen Beschäftigungsverhältnis am 30. Juni 2008 endete, so beginnt die (Grund-)Rahmenfrist am 30. Juni 2008 und endet am 1. Juli 2006. Die Fristberechnung richtet sich nach den §§ 188 ff. BGB. Ruhenstatbestände wie z. B. der Eintritt einer Sperrzeit (§ 144 SGB III) bleiben für die Berechnung der Rahmenfrist unberücksichtigt. Nach § 124 II SGB III bleiben ebenfalls Zeiten innerhalb der Rahmenfrist unberücksichtigt, die bereits in der Vergangenheit zur Begründung eines Anspruchs auf Alg. herangezogen worden sind. In diesem Fall wird die Grundrahmenfrist entsprechend verkürzt. Die Rahmenfrist verlängert sich lediglich bei Bezug von Übergangsgeld wegen einer berufsfördernden Maßnahme auf bis zu 5 Jahre (§ 124 III SGB III).

33 **6. Anspruchsdauer. a) Grundanspruchsdauer.** Die Dauer des Anspruchs auf Alg. ist abhängig von der Dauer der zurückgelegten Versicherungspflichtverhältnisse innerhalb der um drei Jahre erweiterten Grundrahmenfrist und dem Lebensalter des Arbeitslosen. Die Grundanspruchsdauer beträgt nach einer zumindest zwölfmonatigen versicherungspflichtigen Beschäftigung 6 Monate und steigert sich nach näherer Maßgabe der Tabelle in § 127 II SGB III auf bis zu 12 Monate bei einer Beschäftigungsdauer von 24 Monaten.

34 **b) Verlängerte Anspruchsdauer bei älteren Arbeitnehmern.** Der Grundanspruch auf Alg. von bis zu 12 Monaten erhöht sich bei älteren Arbeitnehmern, wenn diese bei Entstehung des Anspruchs, d. h. dem Eintritt der Arbeitslosigkeit und Zeitpunkt der Arbeitslosmeldung, das 50. Lebensjahr vollendet haben bei einer Dauer des Versicherungspflichtverhältnisses von 30 Monaten auf 15 Monate. Bei Arbeitnehmern, die das 55. Lebensjahr vollendet haben, beträgt die Anspruchsdauer 18 bzw. 24 Monate nach Versicherungspflichtverhältnissen von 30 bzw. 36 Monaten in der Frist des § 127 I Nr. 1 SGB III. Nach der Übergangsvorschrift in § 434 r I; III SGB III ist die verlängerte Anspruchsdauer in § 127 II SGB III auch für die Arbeitnehmer anzuwenden, deren Anspruch auf Alg. am 31. 12. 2007 noch nicht erschöpft war; eine Erstattungspflicht der Arbeitgeber für an ältere Arbeitnehmer gezahltes Alg. nach § 147 a SGB III tritt bei einer Beendigung des Beschäftigungsverhältnisses nach dem 31. 12. 2007 nicht ein.[32]

35 **7. Antragstellung.** Voraussetzung für die Leistungsgewährung von Alg. ist die entsprechende Antragstellung. Zwar wird diese in § 118 SGB III als Anspruchsvoraussetzung nicht ausdrücklich genannt, das Antragserfordernis folgt jedoch aus § 323 I SGB III, wonach Leistungen der Arbeitsförderung (nur) auf Antrag erbracht werden. Nach Satz 2 gilt jedoch Alg. mit der persönlichen Arbeitslosmeldung als beantragt, sofern der Arbeitslose keine entgegenstehende Erklärung abgibt. Allerdings eröffnet § 118 II SGB III dem Arbeitnehmer eine Wahlmöglichkeit über das Wirksamwerden seines Antrages; er kann bis zur Entscheidung der Arbeitsverwaltung bestimmen, dass der Anspruch auf Alg. nicht oder zu einem späteren Zeitpunkt entstehen soll. Die AA ist verpflichtet, einen Antragsteller zu beraten, seinen Anspruch auf Alg. erst zu einem späteren Zeitpunkt zu stellen, wenn offensichtlich ist, dass diese Verschiebung für den Antragsteller vorteilhaft sein könnte (z. B. beim Sperrzeiteintritt oder einer längeren Bezugsdauer). Unterbleibt die Beratung, ist der Arbeitslose im Wege des sozialrechtlichen Herstellungsanspruches so zu behandeln, als hätte er den Antrag erst zu diesem Zeitpunkt gestellt. Eine rückwirkende Antragstellung ist nicht möglich (§ 325 II SGB III).

36 **8. Teilarbeitslosengeld.** Eine Sonderform des Alg. ist das Teilarbeitslosengeld (§ 150 SGB III). Einen entsprechenden Anspruch hat ein Arbeitnehmer, der **(a)** arbeitslos ist, **(b)** sich teilarbeitslos gemeldet hat und **(c)** die Anwartschaftszeit auf Teilarbeitslosengeld erfüllt hat. Er muss innerhalb der letzten zwei Jahre neben der weiterhin ausgeübten Beschäftigung mindestens zwölf Monate die verlorene Beschäftigung ausgeübt haben. Teilarbeitslosigkeit kann auch bei einem Arbeitnehmer bestehen, der bei ein und demselben Arbeitgeber mehrere versicherungspflichtige Beschäftigungsverhältnisse ausgeübt hat und eine davon verliert. Sie liegt aber nur vor, wenn sich die Tätigkeiten in zeitlicher und sachlicher Hinsicht und nach dem erzielten Entgelt trennen lassen. Für das Teilarbeitslosengeld gelten die Vorschriften über das Alg. entsprechend. Der Anspruch auf Teilarbeitslosengeld beträgt längstens sechs Monate.

III. Höhe des Arbeitslosengelds

Kleinebrink, Sanierung durch einvernehmliche Reduzierung der Arbeitszeit mit Hilfe des § 130 Abs. 2 Nr. 4 SGB III, ArbRB 2007, 337; *Winkler,* Die Berechnung des Arbeitslosengeldes nach Hartz III, info also 2006, 147.

---

[32] Zweifelnd *Hoehl* NZS 2008, 584.

1. Grundsatz. Das Alg. richtet sich grundsätzlich nach dem wöchentlichen Bruttoarbeitsentgelt, das der Berechtigte regelmäßig im Durchschnitt des letzten Jahres verdient hat (Bemessungsentgelt). Zum Bestreiten seines Lebensunterhaltes und dem seiner Familienangehörigen steht ihm jedoch nur das aus dem Bruttoverdienst erzielte Nettoentgelt zur Verfügung. Dessen Höhe ist insbesondere von dem Steuersatz und der Höhe der Sozialversicherungsbeiträge abhängig. Die Berechnung des Nettoentgelts für die Festsetzung des Alg. erfolgt aus Gründen der Verwaltungsvereinfachung in pauschalierter Form, d. h. unter Berücksichtigung der Lohnabzüge, die bei Arbeitnehmern gewöhnlich anfallen. Dass so errechnete pauschalierte Nettoentgelt wird als Leistungsentgelt bezeichnet. Die Höhe des Alg. ergibt sich dann aus der Multiplikation des Leistungsentgelts mit dem für den Arbeitslosen maßgeblichen Leistungssatz (60% bzw. 67%). Für die Ermittlung des Alg. sind daher maßgeblich **(a)** das Bemessungsentgelt, **(b)** das Leistungsentgelt und **(c)** der Leistungssatz. 37

2. Bemessungsentgelt. a) Bemessungsrahmen. aa) Länge. Das Bemessungsentgelt ist der durchschnittlich auf den Tag entfallende (Brutto-)Verdienst, den der Arbeitslose in dem Jahr vor der Beendigung seines Beschäftigungsverhältnisses erzielt hat[33] (§§ 130 I, 131 I SGB III). Sind in dem letzten Jahr vor Beginn der Arbeitslosigkeit keine 150 Tage mit Anspruch auf beitragspflichtiges Entgelt enthalten, verlängert sich der Zeitraum (Bemessungsrahmen) auf zwei Jahre. Daneben kann der Bemessungszeitraum auf Antrag auf zwei Jahre erweitert werden, wenn die Berücksichtigung des im regulären Bemessungszeitraum erzielten Entgelts wegen des im vorletzten Jahr bezogenen höheren Entgelts eine unbillige Härte darstellen würde; dies kann bei Abweichungen von 25% der Fall sein;[34] erforderlich ist aber stets, dass die erforderlichen Unterlagen vorgelegt werden (§ 130 III Nr. 1, 2 SGB III). 38

bb) Aufschubtatbestände. Daneben bleiben nach § 130 II SGB III auch ohne Antrag die sog. atypischen Beschäftigungszeiten außer Betracht. Dies sind u. a. Beschäftigungszeiten, während der Übergangsgeld, Teilübergangsgeld oder Teilarbeitslosengeld geleistet worden ist (Nr. 1) oder Zeiten, in denen der Arbeitslose **Elterngeld** bezogen oder nur wegen der Berücksichtigung von Einkommen nicht bezogen hat oder ein Kind unter drei Jahren betreut und erzogen hat, wenn wegen der Betreuung und Erziehung des Kindes das Arbeitsentgelt oder die durchschnittliche wöchentliche Arbeitszeit gemindert war (Nr. 3). Die Regelung gilt auch, wenn der Arbeitslose in dieser Zeit noch andere beitragspflichtige Einnahmen erzielt hat. Bei einer Verringerung der Arbeitszeit auf Grund einer **Teilzeitvereinbarung** bleiben die Zeiten der geringeren Arbeitsleistung nach § 130 II Nr. 4 SGB III unberücksichtigt, wenn **(1)** die Verringerung mindestens 5 Stunden beträgt, **(2)** eine regelmäßige wöchentliche Arbeitszeit von weniger als 80% der regelmäßigen tariflichen Wochenarbeitszeit vereinbart worden ist und **(3)** der Arbeitnehmer innerhalb der letzten 3½ Jahre vor Beginn der Arbeitslosigkeit eine Beschäftigung mit einer höheren Arbeitszeit für zumindest einen 6-Monats-Zeitraum ausgeübt hat. Beschäftigte, die während der Pflegezeit kein Arbeitsentgelt erzielten oder bei nur teilweiser Freistellung ein geringeres Arbeitsentgelt erzielen, sollen hierdurch bei der Bemessung des Alg. keine Nachteile erleiden, wenn sie arbeitslos werden. Um dies sicherzustellen, bleibt die Pflegezeit bei der Ermittlung des Bemessungszeitraums außer Betracht (§ 13o III 1 Nr. 3a SGB III). 39

cc) Fiktive Bemessung. Kann ein Bemessungszeitraum von mindestens 150 Tagen mit Anspruch auf Arbeitsentgelt innerhalb des auf zwei Jahre erweiterten Bemessungsrahmens nicht festgestellt werden, ist als Bemessungsentgelt ein fiktives Arbeitsentgelt zugrunde zu legen (§ 132 I SGB III). Das fiktive Bemessungsentgelt ist daher stets festzusetzen, wenn in dem erweiterten Bemessungszeitraum nicht ausreichende Zeiten einer berücksichtigungsfähigen versicherungspflichtigen Beschäftigung vorhanden sind; dies wird vielfach bei den in § 130 II SGB III genannten Tatbeständen der Fall sein. Die Höhe des fiktiven Bemessungsentgeltes orientiert sich an der beruflichen Qualifikation, die für die Beschäftigung erforderlich ist, auf die die Arbeitsverwaltung ihre Vermittlungsbemühungen für den Arbeitslosen in erster Linie zu erstrecken hat; zu Einzelheiten § 132 II SGB III. 40

b) Arbeitsentgelt. Maßgeblich für die Berechnung des Alg. ist nach § 131 I 1 SGB III nur das beitragspflichtige Entgelt (§ 14 SGB IV). Entgelte, die nicht der Versicherungspflicht unterliegen und Vergütungsbestandteile über der Beitragsbemessungsgrenze bleiben daher für die Berechnung des Alg. außer Betracht (§§ 341, 342 SGB III). Bei Nettolohnvereinbarungen ist das Arbeitsentgelt entsprechend hochzurechnen (§ 14 II SGB IV). Nach § 131 I 2 SGB III gilt 41

[33] Zur Neuberechnung: BSG 8. 2. 2007 SozR 4–4300 § 434j Nr. 2.
[34] BSG 25. 8. 1981 SozR 4100 § 112 Nr. 19.

als Bemessungsentgelt nur das dem Arbeitslosen im Bemessungszeitraum tatsächlich zugeflossene Arbeitsentgelt. Erforderlich ist daher, dass das Entgelt vor dem Ausscheiden abgerechnet und ausgezahlt worden ist. Gegenüber der unter dem AFG vom BSG vertretenen modifizierten Zuflusstheorie[35] hat sich der Gesetzgeber des SGB III für die sog. Anspruchstheorie entschieden. Danach gilt Arbeitsentgelt auch dann erzielt, wenn **(1)** der Arbeitslose auf die Vergütung bei seinem Ausscheiden aus dem Beschäftigungsverhältnis einen Anspruch hatte und **(2)** sie ihm tatsächlich zufließt oder der Zufluss lediglich wegen Zahlungsunfähigkeit des Arbeitgebers unterbleibt.[36] Berücksichtigungsfähig sind daher Entgelte, die der Arbeitslose nachträglich erfolgreich einklagt und die auf den Bemessungszeitraum entfallen, nicht aber eine Tariflohnerhöhung, die erst nach seinem Ausscheiden vereinbart wird, selbst wenn der Anspruch rückwirkend begründet wird.[37] Ist Arbeitsentgelt nachträglich zu berücksichtigen, ist der ursprüngliche Leistungsbescheid nach § 48 SGB X zu korrigieren.

42 **c) Sonderfälle.** Bei der Festsetzung des Bemessungsentgelts bleiben außer Betracht Arbeitsentgelte, die wegen der Beendigung des Arbeitsverhältnisses gewährt oder vereinbart werden (§ 131 II Nr. 1 SGB III). Die ursprünglich in § 134 I 3 Nr. 1 SGB III a. F. vorgesehene gänzliche Nichtberücksichtigung von **Einmalzahlungen** bei der Berechnung des Bemessungsentgeltes ist vom BVerfG für verfassungswidrig erklärt worden.[38] Daraufhin ist die Vorschrift ersatzlos gestrichen worden, im Bemessungszeitraum einmalig gezahltes Arbeitsentgelt wirkt sich damit anspruchserhöhend aus. Schließlich bleiben unberücksichtigt Wertguthaben, die nicht innerhalb einer Vereinbarung über flexible Arbeitszeitregelungen verwendet werden (§ 131 I Nr. 2 SGB III).

43 **3. Leistungsentgelt. a) Begriff.** Das Bemessungsentgelt dient als Grundlage für die Berechnung des sog. Leistungsentgeltes (§ 133 SGB III). Das Leistungsentgelt stellt ein pauschaliertes Nettoentgelt dar. Es wird ermittelt, indem vom Bemessungsentgelt die gesetzlichen Abzüge, die bei Arbeitnehmern gewöhnlich anfallen, in Abzug gebracht werden. Dies ist erforderlich, weil es sich beim Alg. um eine Nettoleistung handelt. Bei den danach zu berücksichtigenden gesetzlichen Abzügen handelt es sich um eine Sozialversicherungspauschale (21% des Bemessungsentgelts), die Lohnsteuer unter Berücksichtigung der Vorsorgepauschale und den Solidaritätszuschlag ohne Berücksichtigung von Kinderfreibeträgen.[39] Ein Abzug von Kirchensteuer fand nur bis zum 31. 12. 2004 statt.[40]

44 **b) Lohnsteuer. aa) Grundsatz.** Maßgebend ist für die Berechnung des Abzugs grundsätzlich die Lohnsteuerklasse, die zu Beginn des Jahres, in dem der Leistungsanspruch entstanden ist, auf der Lohnsteuerkarte des Arbeitslosen eingetragen war. Eine für den Arbeitslosen günstige oder ungünstige Änderung der Lohnsteuerklasse im laufenden Steuerjahr wird unabhängig von einem Eintrag auf der Lohnsteuerkarte bei der Höhe des Alg. von dem Tag an berücksichtigt, an dem erstmals die Voraussetzungen für die Änderung vorlagen, § 133 II SGB III. Individuelle Freibeträge und Pauschalen des Arbeitslosen bleiben unberücksichtigt.

45 **bb) Lohnsteuerklassenwechsel von Ehegatten.** § 133 III SGB III ist als Sonderregelung auf den Steuerklassenwechsel von Ehegatten anzuwenden. Zweck der Vorschrift ist es, die durch den Wechsel von Lohnsteuerklassen unter Eheleuten bestehende Manipulationsmöglichkeit bei der Höhe des Alg. zu verhindern. Uneingeschränkt einkommensteuerpflichtige Ehegatten können zwischen verschiedenen Kombinationen von Lohnsteuerklassen wählen (III/V; IV/IV; V/III). Nach § 39 V 3 EStG können Ehegatten einmal im Kalenderjahr die ursprünglich getroffene Wahl ihrer Lohnsteuerklasse ohne besonderen Grund ändern. Wählt der arbeitslose Ehegatte die Steuerklasse III, so ergibt sich ein höheres Alg. als bei der Steuerklasse IV oder V. Zwar wird das Alg. im Rahmen des Lohnsteuerjahresausgleichs berücksichtigt, durch die Lohnsteuerklassenwahl können sich dennoch vorläufige steuerliche Vorteile ergeben, denen § 133 III SGB III begegnen soll. Die Vorschrift ermöglicht einen Steuerklassenwechsel nur, wenn beide Ehegatten im Leistungsbezug stehen und sich nach dem Wechsel ein geringeres Alg. ergibt[41] (§ 133 III Nr. 2 SGB III) oder die neu eingetragenen Lohnsteuerklassen dem Verhältnis der

---

[35] BSG 28. 6. 1995 SozR 3–4100 § 112 Nr. 22 = BSGE 76, 162 = NZA-RR 96, 187.

[36] BSG 5. 12. 2006 SozR 4–4300 § 134 Nr. 1.

[37] So schon BSG 28. 6. 1995 SozR 3–4100 § 249 e Nr. 7 = BSGE 76, 156.

[38] BVerfG 24. 5. 2000 BVerfGE 99, 202 = NZA 2000, 845 – zu § 112 AFG; 11. 1. 1995 BVerfGE 92, 53 = AP 209 zu Art. 3 GG.

[39] Zur Verfassungsmäßigkeit: BSG 27. 6. 1996 BSGE 79, 14 = SozR 3–4100 § 111 Nr. 14.

[40] Zum Kirchensteuerabzug BVerfG 23. 3. 1994 BVerfGE 90, 226 = SozR 3–4100 § 111 Nr. 6.

[41] BSG 16. 3. 2005 SozR 4–4300 § 137 Nr. 2.

Einkommen der Ehegatten entsprechen (§ 133 III Nr. 1 SGB III). Ob Letzteres der Fall ist, wird von der AA nach einer Ermittlung des Einkommens des Ehegatten im Rahmen einer Zweckmäßigkeitsprüfung beurteilt, die sich nach den Empfehlungen des BMF für die Steuerklassenwahl unter Eheleuten richtet.[42] Für die Änderung der Steuerklassen unter Eheleuten in den Folgejahren gilt die Regelung über den Steuerklassenwechsel im laufenden Kalenderjahr entsprechend[43] (§§ 133 III 3, II 3 SGB III).

4. Leistungssatz. Es werden unterschieden der erhöhte und der allgemeine Leistungssatz. 46
Das Alg. beträgt nach § 129 I Nr. 2 SGB III für einen Arbeitslosen, der mindestens ein steuerlich zu berücksichtigendes Kind hat, 67 v. H. (erhöhter Leistungssatz), für die übrigen Berechtigten 60 v. H. des um die gesetzlichen Abzüge, die bei Arbeitnehmern gewöhnlich anfallen, verminderten (Brutto-)Entgelts (allgemeiner Leistungssatz). Der erhöhte Leistungssatz wird bei der Leistung zugrunde gelegt, wenn entweder der Arbeitslose oder sein nicht dauernd getrennt lebender Ehegatte ein Kind i. S. d. § 32 I EStG haben. Dies sind eheliche oder angenommene Kinder, für ehelich erklärte Kinder, nichteheliche Kinder sowie Pflegekinder. Daneben kann der erhöhte Leistungssatz noch anzuwenden sein, wenn das Kind des Arbeitslosen oder seines nicht dauernd getrennt lebenden Ehegatten das 18. Lebensjahr vollendet hat und die besonderen Voraussetzungen der § 32 IV, V EStG vorliegen.

5. Anpassung des Arbeitslosengelds. Eine Anpassung des Alg. findet nicht (mehr) statt. 47
§ 138 SGB III, der eine Anpassungspflicht des Bemessungsentgelts an die Bruttolohn- und Gehaltssumme der durchschnittlich beschäftigten Arbeitnehmer vorsah, ist mit Wirkung zum 1. 1. 2003 aufgehoben worden.

6. Anrechnung von Nebeneinkommen. Übt der Arbeitslose während einer Zeit, für die 48
ihm Alg. zusteht, eine Erwerbstätigkeit aus, ist das Arbeitsentgelt aus der Beschäftigung nach Abzug der Steuern, der Sozialversicherungsbeiträge und der Werbungskosten sowie eines Freibetrags i. H. v. 165 Euro auf das Alg. in dem Kalendermonat der Ausübung anzurechnen (§ 141 I 1 SGB III).[44] Bei einer selbstständigen Tätigkeit gilt S. 1 mit der Maßgabe, dass pauschal 30% Prozent der Betriebseinnahmen als Betriebsausgaben angesetzt werden, es sei denn, der Arbeitslose weist höhere Betriebsausgaben nach. Höhere Beträge können sich bei einer vor Beginn der Arbeitslosigkeit ausgeübten geringfügigen oder selbstständigen Beschäftigungen ergeben (§ 141 II SGB III).

IV. Ruhen des Arbeitslosengelds auf Grund einer Sperrzeit

Bauer, Ausgewählte sozialversicherungsrechtliche Konsequenzen bei der Beendigung von Arbeitsverhältnissen, GS Heinze (2005), S. 31; *Cornelius/Lipinski,* Diskriminierungsabrede im Aufhebungsvertrag, BB 2007, 496; *Eicher,* Die Sperrzeit für das Arbeitslosengeld bei Lösung des Beschäftigungsverhältnisses durch den Arbeitnehmer, SGb 2005, 553; *Engesser-Means/Klebeck,* Sperrzeit durch Widerspruch bei Betriebsübergang, NZA 2008, 143; *Fischer,* Annahmeverzug bei Ablehnung einer Änderungskündigung und Widerspruch gegen einen Betriebsübergang, FS Hromadka (2008), S. 83; *Freekmann,* Abwicklungs- und Aufhebungsverträge, BB 2004, 1564; *Gagel,* Sperrzeit durch Abfindungsvertrag, ZIP 2005, 332; *ders.,* Sperrzeitfragen bei arbeitsgerichtlichen Vergleichen, NZA 2005, 1328; *Gaul/Niklas,* Neue Grundsätze zur Sperrzeit bei Aufhebungsvertrag, Abwicklungsvereinbarung und gerichtlichem Vergleich, NZA 2008, 137; *Hjort,* Zum Umgang mit Sperrzeitrisiken bei Aufhebung und Abfindung, AiB 2008, 65; *Hümmerich,* Sperrzeitrechtsprechung im Umbruch, NJW 2007, 1025; *Kühl,* Die Sperrzeit bei Arbeitsaufgabe (2007); *Lembke,* Aufhebungsverträge: Neues zur Sperrzeit, DB 2008, 293; *Lilienfeld/Spellbrink,* Für eine sperrzeitrechtliche Neubewertung des Abwicklungsvertrages im Lichte des § 1 a KSchG, RdA 2005, 88; *Lipinski/Kumm,* Renaissance des Aufhebungs- und Abwicklungsvertrages durch die aktuelle Änderung der Durchführungsanweisungen der Bundesagentur für Arbeit?, BB 2008, 162; *Marx,* Absprachen der Arbeitsvertragsparteien zur Vermeidung einer Sperrzeit gemäß § 144 SGB III (2008); *Matties,* Die sozialrechtlichen Folgen der Beendigung eines Arbeitsverhältnisses, NZS 2006, 73; *Ockenga,* Beendigung des Arbeitsverhältnisses und Sperrzeit – neuere Rechtsprechung des BSG, ArbuR 2007, 159; *Peters-Lange/Gagel,* Arbeitsförderungsrechtliche Konsequenzen aus § 1 a KSchG, NZA 2005, 740; *Pohlmann-Weide/Ahrendt,* Arbeitslosengeld I – Keine Sperrzeit in der Insolvenz, ZIP 2008, 589; *Preis,* Recht und Zwang zur Lüge – Zwischen List, Tücke und Wohlwollen im Arbeitsleben, NZA 2005, 1321; *Preis/Schneider,* Einvernehmliche Beendigung des Beschäftigungsverhältnisses und Sperrzeiten, FS 25 Jahre AG ArbR DAV (2006), S. 1301; *dies.,* § 1 a KSchG – die sozialrechtliche Aufwertung einer bisher arbeitsrechtlich unbedeutenden Vorschrift, NZA 2006, 1297; *Probst,* Aufhebungs- und Abwicklungsverträge (2007); *Rambach,* Aufhebungs-, Abwicklungsvertrag und Abfindung,

[42] BSG 27. 9. 1989 SozR 4100 § 113 Nr. 11.

[43] Zur Beratungspflicht der Arbeitsverwaltung BSG 31. 1. 2006 SozR 4–4300 § 330 Nr. 3; 16. 3. 2005 SozR 4–4300 § 137 Nr. 2; 1. 4. 2004 SozR 4–4300 § 137 Nr. 1.

[44] BSG 5. 9. 2006 SozR 4–4300 § 141 Nr. 3 = BSGE 97, 80 – Freibetrag bei 2 Tätigkeiten.

AiB 2004, 26; *Rolfs,* Die betriebsbedingte Kündigung mit Abfindungsangebot (§ 1a KSchG), ZIP 2004, 333; *ders.,* Die Lösung des Beschäftigungsverhältnisses als Voraussetzung der Sperrzeit wegen Arbeitsaufgabe, FS 50 Jahre BAG (2004), S. 445; *Sartorius/Bubeck,* Eintritt von Sperrzeiten nach der Beendigung eines Beschäftigungsverhältnisses, ZAP Fach 17, 963; *Schuldt,* Sperrzeit bei betrieblich veranlasster einvernehmlicher Auflösung des Arbeitsverhältnisses, NZA 2005, 861; *Schulz,* Die Sperrzeit beim Bezug von Arbeitslosengeld, SGb 2005, 89; *Schweiger,* Lösen des Beschäftigungsverhältnisses (§ 144 Abs. 1 S. 2 Nr. 1 1. Alt SGB III) nach betriebsbedingter Kündigung, SGb 2007, 84; *Seel,* Sperrzeit für Gesetzestreue?, NZS 2006, 184; *ders.,* Sperrzeitprivilegierter „§ 1 a KSchG-Aufbewahrungsvertrag"?, NZS 2007, 513; *von Steinau-Steinrück/Hurek,* Aus für die sperrzeitneutrale Beendigung von Arbeitsverhältnissen?, ZIP 2004, 1486; *Stück,* Aktuelle Rechtsprechung zur Sperrzeit bei Beendigung von Arbeitsverhältnissen, MDR 2007, 1335.

49 **1. Überblick über die Sperrzeittatbestände.** Der Anspruch auf Alg. kann ruhen, wenn sich der Arbeitslose versicherungswidrig verhalten hat (sog. Sperrzeit). Die Vorschrift beruht auf dem Grundgedanken, dass sich die Versichertengemeinschaft gegen Risikofälle (Arbeitslosigkeit) wehren muss, deren Eintritt der Versicherte selbst zu vertreten hat. Die Sperrzeittatbestände sind in § 144 I SGB III abschließend aufgeführt. Dies sind die Sperrzeit wegen Arbeitsaufgabe (§ 144 I 1 Nr. 1 SGB III; dazu RN 50ff.), Arbeitsablehnung (Nr. 2), ungenügenden Eigenbemühungen (Nr. 3), Ablehnung einer beruflichen Eingliederungsmaßnahme (Nr. 4), Abbruchs einer beruflichen Eingliederungsmaßnahme (Nr. 5), bei einem Meldeversäumnis (Nr. 6) oder bei verspäteter Meldung als arbeitsuchend (Nr. 7). Allen Sperrzeittatbeständen ist gemeinsam, dass eine Sperrzeit nicht eintritt, wenn der Arbeitslose für sein Verhalten einen wichtigen Grund hat. Mehrere Sperrzeiten, die durch dasselbe Ereignis begründet werden, laufen nacheinander ab, § 144 II 2 SGB III. Schließt der Arbeitslose ohne wichtigen Grund einen Aufhebungsvertrag und erfüllt er seine sich aus § 38 I SGB III ergebende Meldepflicht nicht, führt dies z. B. zu einer insgesamt dreizehnwöchigen Sperrfrist, deren Lauf mit Eintritt der Beschäftigungslosigkeit beginnt. Das BSG hat bisher den mit einer Sperrzeit für den Arbeitslosen verbundenen Verlust von Leistungen der Arbeitslosenversicherung stets als verfassungsgemäß angesehen.[45]

50 **2. Sperrzeit wegen Arbeitsaufgabe. a) Voraussetzungen.** Im Zusammenhang mit der Beendigung des Arbeitsverhältnisses kann es zu einer Sperrzeit wegen Arbeitsaufgabe kommen. Nach § 144 I 1 Nr. 1 SGB III tritt eine Sperrzeit wegen Arbeitsaufgabe ein, wenn der Arbeitnehmer **(1)** das Beschäftigungsverhältnis gelöst oder durch ein vertragswidriges Verhalten Anlass für die Lösung des Beschäftigungsverhältnisses gegeben hat und **(2)** er hierdurch seine Arbeitslosigkeit vorsätzlich oder zumindest grob fahrlässig herbeigeführt hat, **(3)** ohne dass hierfür ein wichtiger Grund vorlag.

51 **b) Auflösungstatbestände. aa) Gesetzeswortlaut.** Als Auflösungstatbestände der Sperrzeit wegen Arbeitsaufgabe kommen nach § 144 I 1 Nr. 1 SGB III nur **(1)** die eigene Kündigung des Arbeitnehmers, **(2)** der Abschluss eines Aufhebungsvertrags i. w. S. (sog. Beteiligungssachverhalte) sowie **(3)** eine Kündigung des Arbeitgebers wegen vertragswidrigen Verhaltens des Arbeitnehmers (verhaltensbedingte Kündigung) in Betracht.[46] Jedoch kann auch bei einer Herabsetzung der wöchentlichen Arbeitszeit unter 15 Stunden eine Sperrzeit eintreten, da in diesem Fall ein Anspruch auf Alg. entsteht. Die Beendigung eines Berufsausbildungsverhältnisses kann unter den genannten Bedingungen zu einer Sperrzeit führen, da die Rspr. § 144 I 1 Nr. 1 SGB III auch auf Auszubildende anwendet.[47] Daneben endet das Beschäftigungsverhältnis auch durch seine tatsächliche Aufgabe, wenn sich der Arbeitnehmer z. B. der Verfügungsgewalt des Arbeitgebers entzieht und daher seine Dienstbereitschaft endet.

52 **bb) Arbeitgeberkündigung ohne vertragswidriges Arbeitnehmerverhalten und Auflösungsurteil.** Anders als bei einer verhaltensbedingten Kündigung tritt bei einer wirksamen personenbedingten Kündigung keine Sperrzeit ein, da den Arbeitnehmer an der Auflösung des Beschäftigungsverhältnisses regelmäßig kein Verschulden trifft; gleiches gilt für eine betriebsbedingte Kündigung. Eine Kündigung durch den Arbeitgeber ist deshalb nur sperrzeitauslösend, wenn der Kündigungsgrund eine Verletzung des Arbeitsvertrags darstellt und die Kündigung nach § 626 BGB, § 1 KSchG rechtfertigen kann.[48] Schließlich ist auch die Beendigung des Ar-

[45] BSG 25. 4. 1991 SozR 3–4100 § 119a Nr. 1 = NZA 92, 95f. zu § 119 AFG.

[46] BSG 6. 3. 2003 – B 11 AL 69/02 – ArbuR 2003, 159 (Berufskraftfahrer).

[47] BSG 13. 3. 1990 SozR 3–4100 § 119 Nr. 2 = NZA 90, 956; 26. 4. 1989 SozR 4100 § 119 Nr. 35.

[48] Dazu DA 144. 29f.: (29) Kausalität ist zu verneinen, wenn der Arbeitgeber nach arbeitsrechtlichen Vorschriften nicht zur verhaltensbedingten Kündigung berechtigt war. (30) Verhaltensbedingte arbeitgeberseitige Kündigungen setzen in der Regel eine vorherige Abmahnung wegen Verletzung derselben arbeitsvertraglichen Pflichten voraus. Daher kann die Beschäftigungslosigkeit im Einzelfall nicht verschuldet sein, wenn der Kündigung keine erforderliche Abmahnung vorausgegangen ist. Im personellen Vertrauensbereich, z. B. bei

beitsverhältnisses nach Ablehnung eines Änderungsangebots (z. B. bei einer Änderungskündigung) kein Sperrzeittatbestand nach § 144 I 1 Nr. 2 SGB III, da das Arbeitsangebot durch die AA erfolgen und mit einem Hinweis auf die Folgen der Ablehnung versehen sein muss. Eine gerichtliche Auflösung des Arbeitsverhältnisses auf Antrag des Arbeitnehmers (§ 9 KSchG) führt zu keiner Sperrzeit, da Voraussetzung für eine solche Entscheidung das Bestehen eines wichtigen Grundes ist, der zugleich einer Sperrzeit entgegensteht. Löst das Gericht das Arbeitsverhältnis auf Antrag des Arbeitgebers auf, fehlt es an einem vertragswidrigen Verhalten, wenn der Auflösungsgrund erst nach dem Ende des aufgelösten Arbeitsverhältnisses entstanden ist.

cc) Beteiligungssachverhalte. Nach den Durchführungsanweisungen der BA zu § 144 SGB III[49] setzt ein Beteiligungssachverhalt ein aktives Mitwirken des Arbeitnehmers voraus. Die bloße Hinnahme einer Kündigung ist nicht sperrzeitbegründend (DA 144.16). Ein Beteiligungssachverhalt, der zu einer Sperrzeit wegen Arbeitsaufgabe führen kann, liegt nicht nur bei einem Aufhebungsvertrag, sondern auch dann vor, wenn das Ende des Beschäftigungsverhältnisses ohne aktives Zutun durch den Arbeitnehmer nicht eingetreten wäre. Der Arbeitnehmer beteiligt sich an der Beendigung, indem er **(1)** eine schriftliche oder mündliche Vereinbarung über eine noch auszusprechende Arbeitgeberkündigung schließt (vorausgegangene Absprache), **(2)** die Vereinbarung erst nach der Kündigung oder Beendigung des Beschäftigungsverhältnisses – z. B. in einem Abwicklungsvertrag – festgehalten wird oder **(3)** eine Arbeitgeberkündigung vom Arbeitnehmer initiiert wird. Wird das Arbeits- bzw. Beschäftigungsverhältnis durch rechtmäßige ordentliche Arbeitgeberkündigung beendet, liegt allein in der Annahme einer Abfindung oder einer ähnlichen Leistung kein versicherungswidriges Verhalten (DA 144.18). Dies gilt auch, wenn die Kündigung offensichtlich rechtswidrig ist,[50] diese kann aber Ausgangspunkt für Ermittlungen der Arbeitsverwaltung für das Vorliegen eines Beteiligungssachverhalts sein (DA 144.17). Eine nachträgliche Einigung über die Beendigung des Beschäftigungsverhältnisses durch einen arbeitsgerichtlichen Vergleich stellt gleichfalls keinen Beteiligungssachverhalt dar[51] (DA 144.19) Kein Auflösungssachverhalt liegt vor, wenn die arbeitgeberseitige Kündigung auf betriebsbedingte Gründe gestützt wird und mit einer Abfindung gem. § 1 a KSchG verbunden ist. 53

dd) Aufhebungs- und Abwicklungsvertrag. (1) Nach der älteren Rspr. des BSG stellen der Abschluss eines Aufhebungs- und eines Abwicklungsvertrags (zu den Begriffen § 122) Beteiligungssachverhalte dar, die zu einer Sperrzeit führen können. Jedoch konnte sich der Arbeitnehmer bei dem Abschluss eines **Aufhebungsvertrags** auf einen wichtigen Grund berufen, wenn ihm eine objektiv rechtmäßige Arbeitgeberkündigung drohte; einer Prüfung, ob das Abwarten der Arbeitgeberkündigung zumutbar war, bedurfte es nicht.[52] Der Abschluss eines **Abwicklungsvertrages** innerhalb der Klagefrist sei nur dann nicht sperrzeitauslösend, wenn dem Arbeitnehmer hierfür ein wichtiger Grund zur Seite stehe. Dies ist der Fall, wenn die ausgesprochene Kündigung objektiv rechtmäßig ist.[53] Bei schwerbehinderten Menschen führt ein Aufhebungsvertrag insbesondere nicht zu einer Sperrzeit, wenn **(a)** der Aufhebungsvertrag ohne Einschaltung des Integrationsamts geschlossen wurde und eine Zustimmung zur Kündigung nach § 89 SGB IX zu erwarten war, sofern durch den Aufhebungsvertrag das Beschäftigungsverhältnis zum Zeitpunkt der voraussichtlichen Wirksamkeit einer arbeitgeberseitigen Kündigung mit Zustimmung des Integrationsamts beendet wurde (DA 144.96) oder **(b)** der Aufhebungsvertrag auf Anraten des Integrationsamts geschlossen wurde, soweit nach der verständigen Bewertung des Arbeitslosen das Bestehen auf Weiterbeschäftigung letztlich doch eine Zustimmung des Integrationsamts zur Kündigung oder erheblichen psychischen Druck im weiteren Verlauf des Beschäftigungsverhältnisses zur Folge gehabt hätte. 54

(2) Rechtsprechungsänderung: Orientierung an § 1 a KSchG. Das BSG hat zuletzt eine Änderung seiner Rspr. zur Sperrzeit bei einem Aufhebungs- bzw. Abwicklungsvertrag angekündigt. Im Hinblick auf die in § 1 a KSchG zum Ausdruck kommende gesetzgeberische 55

Verletzungen der Treuepflicht, oder bei sonstigen schwerwiegenden Vertragsverletzungen ist hingegen eine Abmahnung entbehrlich, weil sie das dem Arbeits-/Beschäftigungsverhältnis entzogene Vertrauen nicht wiederherstellen kann bzw. der Arbeitnehmer nicht damit rechnen kann, dass der Arbeitgeber eine solche Vertragspflichtverletzung hinnehmen wird.

[49] Internet unter http://www. arbeitsagentur.de Stichworte: „Dienstanweisung Sperrzeit".

[50] BSG 25. 4. 2002 SozR 3–4300 § 144 Nr. 8 = AP 1 zu § 128 SGB III = NZA-RR 2003, 105.

[51] A. A. BSG 17. 10. 2007 SozR 4–4300 § 144 Nr. 17 = NZA-RR 2008, 383.

[52] BSG 12. 7. 2006 AP 8 zu § 144 SGB III = NZA 2006, 1359; 17. 11. 2005 SozR 4–4300 § 144 Nr. 11; strenger dagegen noch BSG 17. 10. 2002 SozR 3–4300 § 144 Nr. 12; 25. 4. 2002 SozR 3–4300 § 144 Nr. 8 – Abwarten der Kündigung grundsätzlich zumutbar.

[53] BSG 18. 12. 2003 SozR 4–4300 § 144 Nr. 6 = NZA 2004, 661.

Wertung erwägt das Gericht für Sperrzeiten wegen Arbeitsaufgabe mit einem Lösungssachverhalt ab dem 1. 1. 2004, einen wichtigen Grund bei Abschluss eines Aufhebungsvertrages ohne eine Prüfung der Rechtmäßigkeit der drohenden Arbeitgeberkündigung anzuerkennen, wenn die vereinbarte Abfindung die in § 1 a II KSchG vorgesehene Abfindungshöhe nicht überschreitet.[54] Dem ist grundsätzlich zuzustimmen, jedoch ist die Orientierung an einer (Höchst-)Grenze des § 1 a II KSchG methodisch nicht begründbar. Erkennt man das Bemühen des Arbeitnehmers um eine Entschädigung für den Verlust des Arbeitsplatzes trotz des mit einem Aufhebungs- oder Abwicklungsvertrag verbundenen Verzichts auf eine gerichtliche Anfechtung als wichtigen Grund an, ist die Orientierung bis zu einer durch § 1 a II KSchG legitimierten Obergrenze nicht zu halten.

55a **(3) Praxis der Arbeitsverwaltung.** Nach der Weisungslage der BA (144.101 ff., Stand 07/08) sind Abwicklungs- und Aufhebungsverträge bei der Prüfung des Wichtigen Grunds gleichgestellt. Danach liegt ein wichtiger Grund für einen Aufhebungs- und Abwicklungsvertrag vor, wenn **(a)** eine Kündigung durch den Arbeitgeber mit Bestimmtheit in Aussicht gestellt worden ist, **(b)** die drohende Arbeitgeberkündigung auf betriebliche Gründe gestützt würde, **(c)** die Arbeitgeberkündigung zu demselben Zeitpunkt, zu dem das Beschäftigungsverhältnis geendet hat, oder früher wirksam geworden wäre, **(d)** im Falle der Arbeitgeberkündigung die Kündigungsfrist eingehalten würde und **(aa)** eine Abfindung von 0,5 Monatsgehältern, mindestens aber 0,25 pro Beschäftigungsjahr an den Arbeitnehmer gezahlt wird oder **(bb)** der (unter 58jährige) Arbeitslose **(1)** objektive Nachteile aus einer arbeitgeberseitigen Kündigung für sein berufliches Fortkommen vermieden hat oder **(2)** – bei einer rechtmäßigen Arbeitgeberkündigung – sonstige Gründe darlegt, aus denen er objektiv Nachteile aus einer arbeitgeberseitigen Kündigung befürchten musste. Solche Gründe können Vergünstigungen sein, auf die im Falle der Kündigung kein Anspruch bestanden hätte. Dabei sind die Verhältnisse bei Auflösung des Beschäftigungsverhältnisses mit denen bei arbeitgeberseitiger Kündigung zu vergleichen. Danach sieht die BA bei einer Abfindungshöhe von 0,25 bis 0,5 Bruttomonatsverdiensten pro Beschäftigungsjahr von der Prüfung der Rechtmäßigkeit der Arbeitgeberkündigung ab, während sie bei einer höheren Abfindung die Erfolgsaussicht der beabsichtigen oder tatsächlichen Arbeitgeberkündigung prüft.

56 **c) Kausalzusammenhang.** Eine Sperrzeit wegen Arbeitsaufgabe kann nur verhängt werden, wenn das Verhalten des Arbeitnehmers für die Kündigung und diese wiederum für die Arbeitslosigkeit kausal war. Vertragswidriges Verhalten des Arbeitnehmers ist deshalb unschädlich, wenn der Arbeitgeber auch aus personen- bzw. betriebsbedingten Gründen hätte kündigen können[55] oder das Arbeitsverhältnis auf Grund eines anderen Beendigungstatbestands (etwa durch eine Befristung) zum gleichen Termin geendet hätte. Verweigert die Arbeitsverwaltung zu Unrecht Vermittlungsbemühungen, tritt gleichfalls wegen des fehlenden Kausalzusammenhangs keine Sperrzeit ein, wenn die realistische Möglichkeit einer Vermittlung bis zum Zeitpunkt des Eintritts der Arbeitslosigkeit bestand.[56] Die Arbeitslosigkeit muss vorsätzlich oder grob fahrlässig verschuldet sein. Grobe Fahrlässigkeit liegt nur dann vor, wenn der Arbeitnehmer unter Berücksichtigung seiner persönlichen Einsichtsfähigkeit eine Sorgfaltspflichtverletzung ungewöhnlich hohen Ausmaßes, d. h. eine besonders grobe und subjektiv schlechthin unentschuldbare Leichtfertigkeit begeht, wenn er also schon einfachste, ganz nahe liegende Überlegungen nicht anstellt und nicht beachtet, was jedem einleuchten muss.[57] Maßgebend ist eine subjektiv/objektive Betrachtungsweise. Der Schuldvorwurf gegenüber dem Arbeitnehmer muss sich durchgehend beziehen auf **(1)** das vertragswidrige Verhalten, **(2)** die Erwartung nicht gekündigt zu werden und **(3)** kein Anschlussarbeitsverhältnis zu finden. An der Kausalität kann es daher fehlen, wenn der Arbeitnehmer aus verhaltensbedingten Gründen gekündigt worden ist, dem Kündigungsausspruch aber – obwohl erforderlich – keine Abmahnung vorausgegangen ist. Bei notwendiger Abmahnung musste der Arbeitnehmer nicht ohne weiteres mit der Kündigung und damit der Beendigung des Beschäftigungsverhältnisses rechnen.

57 **3. Weitere Sperrzeiten. a) Arbeitsablehnung.** Eine Sperrzeit tritt ein, wenn ein Arbeitsuchender oder Arbeitsloser trotz Belehrung über die Rechtsfolgen eine von der Arbeitsverwaltung

---

[54] BSG 12. 7. 2006 AP 8 zu § 144 SGB III = NZA 2006, 1359; ebenso *Peters-Lange/Gagel* NZA 2005, 740, 741; *Spellbrink* BB 2006, 1274, 1276; *Voelzke* NZS 2005, 281, 287; zurückhaltend *Eicher* SGb 2005, 553, 558.

[55] BSG 15. 5. 1985 SozR 4100 § 119 Nr. 26 = BSGE 58, 97 = AP 1 zu § 119 AFG.

[56] BSG 28. 6. 1991 SozR 3–4100 § 119 Nr. 6 = BSGE 69, 108 = NZA 92, 285.

[57] BSG 31. 8. 1976 SozR 4100 § 152 Nr. 3 = BSGE 42, 184.

unter Benennung des Arbeitgebers und der Art der Tätigkeit angebotene Beschäftigung nicht angenommen oder nicht angetreten hat oder die Anbahnung eines solchen Beschäftigungsverhältnisses, insbesondere das Zustandekommen eines Vorstellungsgespräches durch sein Verhalten verhindert (Sperrzeit wegen Arbeitsablehnung, § 144 I 1 Nr. 2 SGB III). Ein Arbeitsangebot ist nicht notwendig ein Arbeitsvertragsangebot, ausreichend ist der Nachweis einer Gelegenheit zum Abschluss eines Arbeitsvertrages. Das Angebot muss hinreichend konkretisiert sein und alle Angaben enthalten, damit sich der Arbeitslose über die Ablehnung und die Rechtsfolgen schlüssig werden kann. Das Arbeitsangebot muss zudem zumutbar sein (vgl. § 121 SGB III). Nicht angenommen ist die Arbeit, wenn sie ausdrücklich oder konkludent abgelehnt wird,[58] ein vereinbarter Vorstellungstermin nicht wahrgenommen oder die Einstellung durch übertriebenes und provokantes Verhalten hintertrieben wird (überzogene Gehalts- und Urlaubsforderungen). Dasselbe gilt, wenn der Arbeitslose sich weigert, eine Arbeitsprobe zu fertigen, z.B. ein Zahntechniker. Zwischen der Arbeitsablehnung und der Arbeitslosigkeit muss ein Kausalzusammenhang bestehen. Eine Sperrzeit tritt nur ein, wenn der Arbeitslose hinreichend belehrt worden ist; deshalb kann auch der Widerspruch gegen einen Betriebsübergang auch bei einer nachfolgenden Kündigung nicht zu einer Sperrzeit nach der Nr. 2 führen.[59]

b) Sonstige Sperrzeiten. Durch „Hartz III" sind die Sperrzeittatbestände erweitert worden. Bereits nach § 144 I SGB III a. F. trat eine Sperrzeit ein, wenn der Arbeitslose sich trotz Belehrung über die Rechtsfolgen geweigert hatte, an einer Trainingsmaßnahme (§ 48 SGB III), an einer Maßnahme zur beruflichen Aus- oder Weiterbildung (dazu § 22) oder zur beruflichen Eingliederung Behinderter teilzunehmen (Sperrzeit wegen Ablehnung einer beruflichen Eingliederungsmaßnahme, § 144 I Nr. 4 SGB III). Gleichfalls führt es zu einer Sperrfrist, wenn der Arbeitslose die Teilnahme an einer beruflichen Eingliederungsmaßnahme abbricht oder durch maßnahmewidriges Verhalten Anlass für den Ausschluss aus einer dieser Maßnahmen gibt (Sperrzeit wegen Abbruchs einer beruflichen Eingliederungsmaßnahme, § 144 I Nr. 5 SGB III). Neu hinzugekommen sind die Sperrzeiten wegen unzureichender Eigenbemühungen, wenn der Arbeitslose trotz einer Belehrung die von der AA geforderten Eigenbemühungen nicht nachweist (§ 144 I Nr. 3 SGB III), bei einem Verstoß gegen die Meldepflicht bzw. Nichterscheinen zu einem ärztlichen oder psychologischen (§ 309 SGB III) Untersuchungstermin (§ 144 I Nr. 6 SGB III) und bei Verletzung der Meldepflicht nach § 38 I SGB III (vgl. RN 24). 58

4. Wichtiger Grund. a) Begriff. Alle Sperrzeittatbestände setzen voraus, dass der Arbeitslose keinen wichtigen Grund für sein Verhalten hat. Der Begriff des wichtigen Grundes ist im SGB III nicht definiert. Er ist dann gegeben, wenn dem Arbeitslosen unter Berücksichtigung aller Umstände des Einzelfalls und unter Abwägung seiner Interessen mit denen der Versichertengemeinschaft ein anderes Verhalten nicht zugemutet werden kann. Für das Vorliegen des wichtigen Grundes kommt es auf die objektive Rechtslage an. Ein wichtiger Grund liegt daher nicht vor, wenn der Arbeitslose irrigerweise Umstände als gegeben angesehen hat, die als wichtiger Grund zu werten wären, oder tatsächlich richtig erkannte Umstände fehlerhaft als wichtigen Grund bewertet hat; in diesen Fällen kommt jedoch das Vorliegen einer besonderen Härte in Betracht. Als wichtiger Grund für den Arbeitnehmer zur Lösung eines Arbeitsverhältnisses kommen alle Gründe in Betracht, die ihn zum Ausspruch einer fristlosen Kündigung aus wichtigem Grund (§ 626 BGB) berechtigt hätten. Jedoch verlangt das BSG vor Ausspruch einer Eigenkündigung regelmäßig, dass sich der Arbeitnehmer zunächst unter Zurückstellung seiner eigenen Interessen und Aufrechterhaltung des bisherigen Arbeitsverhältnisses um eine andere Arbeitsmöglichkeit bemüht. Bleiben diese erfolglos, muss der wichtige Grund so schwerwiegend sein, dass er die mit der Beendigung des bisherigen Beschäftigungsverhältnisses verbundene Inanspruchnahme der Arbeitslosenversicherung rechtfertigt.[60] 59

b) Einzelfälle. Meldet sich der Arbeitslose nach Beendigung seiner Beschäftigung in **Altersteilzeit** arbeitslos, anstatt planmäßig Altersrente zu beziehen, liegt nur ein wichtiger Grund für die Beendigung des Beschäftigungsverhältnisses vor, nicht jedoch für das Herbeiführen der Arbeitslosigkeit (DA 144.31). Rechtfertigungsgründe für die Eigenkündigung eines Arbeitnehmers können insbesondere gesetz- oder tarifwidrige Arbeitsbedingungen (DA 144.84), erhebliche Lohnrückstände (DA 144.87 – Insolvenz des Arbeitgebers) oder ein sittenwidriges Arbeitsentgelt (DA 144.85–30% unter Tariflohn oder ortsüblicher Vergütung) sein.[61] Gleiches gilt bei 60

[58] BSG 5. 9. 2006 SozR 4–4300 § 144 Nr. 15 = BSGE 97, 73.
[59] Revision anhängig, Az: B 11 a AL 17/08 R.
[60] BSG 18. 2. 1987 SozR 4100 § 119 Nr. 30 = BSGE 61, 158.
[61] *Peter* ArbuR 2007, 56; SG Berlin 27. 2. 2006 ArbuR 2007, 54.

Vorliegen von Mobbing oder sexuellen Belästigungen durch den Arbeitgeber oder andere Mitarbeiter[62] (DA 144.88) **Betriebliche Umstände** stellen einen Grund für eine Lösung des Beschäftigungsverhältnisses dar, wenn dem Arbeitnehmer eine objektiv rechtmäßige Kündigung droht, unerheblich ist, ob ihm das Abwarten der Kündigung zumutbar war.[63] Daneben können betriebliche Umstände einen wichtigen Grund für einen Aufhebungsvertrag darstellen, wenn z. B. der Arbeitgeber den Arbeitnehmer im Zuge von Umstrukturierungsmaßnahmen nur noch unterwertig einsetzen will, ohne dass dies dem Arbeitnehmer zumutbar ist,[64] erheblicher Druck vom Arbeitgeber oder anderen Arbeitnehmern ausgeübt wird, der zur Lösung des Arbeitsverhältnisses führt,[65] wie auch der Wunsch, einen Arbeitsplatz zugunsten eines nahen Angehörigen freizumachen (einschr. DA 144.111). Der Arbeitslose hat einen wichtigen Grund für die Lösung eines unbefristeten Beschäftigungsverhältnisses zugunsten der Aufnahme einer befristeten Beschäftigung, wenn im Zeitpunkt der Lösung objektiv eine konkrete Aussicht bestand, dass das neue Beschäftigungsverhältnis sich in ein dauerhaftes umwandelt[66] (weitere Gründe in DA 144.100) Anerkannt sind weiterhin Gründe aus dem **persönlichen Bereich** des Arbeitnehmers, wie etwa religiöse Gründe oder solche, die einen Gewissenskonflikt auslösen (DA 144.92), z. B. ein Kirchenaustritt[67] oder die Herstellung oder Wartung von Kriegsmaterial durch einen Kriegsdienstverweigerer.[68] Daneben werden regelmäßig solche Umstände, die nach §§ 36 I, 121 SGB III die Unzulässigkeit bzw. Unzumutbarkeit eines Arbeitsangebots ausmachen, einen wichtigen Grund zur Aufgabe der (unzumutbaren) Beschäftigung darstellen. Jedoch muss sich der Arbeitnehmer vor der Lösung seines Beschäftigungsverhältnisses regelmäßig um eine Beseitigung der Beeinträchtigung ggf. mit dem Arbeitgeber bemühen. Dies gilt aber nicht, wenn die Abhilfe keine Erfolgsaussicht hat.[69] Auch krankheitsbedingte Einschränkungen der Leistungsfähigkeit können die Aufgabe der Beschäftigung rechtfertigen (DA 144.89); allerdings ist zum Nachweis ein amtsärztliches Attest empfehlenswert. Die Eigenkündigung oder der Abschluss eines Aufhebungsvertrags zur Pflege eines Angehörigen kann einen wichtigen Grund darstellen (DA 144.100 a). Die Aufgabe einer Beschäftigung zur Herstellung einer **ehelichen Lebensgemeinschaft** (DA 144.93) bzw. **Erziehungsgemeinschaft** (DA 144.94) stellt regelmäßig einen wichtigen Grund dar, wenn der Arbeitslose die bisherige Arbeitsstelle von der gemeinsamen Wohnung nicht in zumutbarer Zeit (vgl. § 121 IV SGB III) erreichen kann;[70] entsprechendes wird für die eingetragene Lebenspartnerschaft gelten. Der Zuzug zu einem Partner einer bestehenden eheähnlichen Gemeinschaft wird nur dann als wichtiger Grund anerkannt, wenn es sich um eine ernsthafte Lebensgemeinschaft handelt (Bestand etwa drei Jahre; DA 144.95 – ein Jahr) und sich der Arbeitslose vor der Kündigung seines Beschäftigungsverhältnisses so intensiv um eine andere Arbeit in der Nähe des gemeinsamen Wohnorts bemüht hat, dass dadurch sein Bedürfnis nach einem engeren Zusammenleben dokumentiert wird.[71] Schließlich können Berufswahlentscheidungen die Beendigung eines Arbeits- bzw. Berufsausbildungsverhältnisses (DA 144.91) rechtfertigen.[72] Der Wechsel in eine Transfergesellschaft oder aus einer solchen zur Aufnahme einer selbstständigen Tätigkeit, die Anspruch auf Gewährung eines Gründungszuschuss vermittelt, stellt gleichfalls einen wichtigen Grund i. S. d. § 144 SGB III dar (DA 144.97 f.).

61 **c) Beweislast.** Nach § 144 I 1 SGB III wird unter den dort genannten Voraussetzungen eine Sperrzeit verhängt, wenn der Arbeitnehmer für das sperrzeitbegründende Verhalten keinen wichtigen Grund hatte. Nach der Rspr. des BSG hat die Arbeitsverwaltung die Feststellungslast für das Vorliegen der Voraussetzungen für den Eintritt einer Sperrzeit. Hierzu zählte das Gericht auch das Vorliegen der tatsächlichen Voraussetzungen dafür, dass der Arbeitslose für sich keinen

---

[62] BSG 21. 10. 2003 SozR 4–4300 § 144 Nr. 4.

[63] BSG 12. 7. 2006 AP 8 zu § 144 SGB III = NZA 2006, 1359; 17. 11. 2005 SozR 4–4300 § 144 Nr. 11; strenger dagegen noch BSG 17. 10. 2002 SozR 3–4300 § 144 Nr. 12; 25. 4. 2002 SozR 3–4300 § 144 Nr. 8 – Abwarten der Kündigung grundsätzlich zumutbar.

[64] BSG 13. 8. 1986 SozR 4100 § 119 Nr. 28 = NZA 87, 180.

[65] BSG 29. 11. 1989 SozR 4100 § 119 Nr. 36 = BSGE 66, 94.

[66] BSG 26. 10. 2004 SozR 4–4300 § 144 Nr. 9 = AP 6 zu § 144 SGB III.

[67] LSG Rheinland-Pfalz 30. 3. 2006 ArbuR 2006, 448.

[68] BSG 18. 2. 1987 SozR 4100 § 119 Nr. 30 = BSGE 61, 158.

[69] BSG 6. 2. 2003 SozR 4–4100 § 119 Nr. 1 = NZA 2003, 658.

[70] BSG 29. 11. 1988 SozR 4100 § 119 Nr. 34 = NJW 89, 1628 = NZA 89, 616; 20. 4. 1977 SozR 4100 § 119 Nr. 2 = BSGE 43, 269 – Ehe; 12. 11. 1981 SozR 4100 § 119 Nr. 17 = BSGE 52, 276 – Erziehungsgemeinschaft.

[71] BSG 17. 10. 2002 SozR 3–4100 § 119 Nr. 26; 29. 4. 1998 SozR 3–4100 § 119 Nr. 15; anders noch BSG 29. 11. 1988 SozR 4100 § 119 Nr. 34 = NJW 89, 1628 = NZA 89, 616.

[72] BSG 13. 3. 1990 SozR 3–4100 § 119 Nr. 2 = NZA 90, 956.

sperrzeitausschließenden wichtigen Grund geltend machen konnte.[73] Dies war für die Arbeitsverwaltung trotz der nach § 20 SGB X bestehenden Amtsermittlungspflicht dann schwierig bzw. nahezu unmöglich, wenn sich der Arbeitslose auf Gründe berief, die in seiner persönlichen Sphäre lagen. Nunmehr regelt § 144 I 2 SGB III, dass der Arbeitslose die für die Beurteilung des wichtigen Grundes maßgebenden Tatsachen darzulegen und ggf. zu beweisen hat, wenn diese in seiner Sphäre oder seinem Verantwortungsbereich liegen. Nach der Gesetzesbegründung soll die Beweislastumkehr für alle Sperrzeittatbestände gelten; sie ist daher nicht nur auf die Gründe beschränkt, die zur Arbeitsaufgabe geführt haben, sondern greift auch, wenn der Arbeitslose eine ihm angebotene Arbeit wegen fehlender Zumutbarkeit ablehnt. Jedoch trifft die Beweislast für die fehlende Wirksamkeit der Kündigung nach wie vor die Arbeitsverwaltung.

5. Dauer. a) Sperrzeit wegen Arbeitsaufgabe. aa) Regeldauer. Die Dauer der Sperrzeit bei Arbeitsaufgabe beträgt regelmäßig 12 Wochen (§ 144 III 1 SGB III). Die Sperrzeit beginnt mit dem Tag nach dem Ereignis, das die Sperrzeit begründet oder mit dem Ende einer bereits zuvor verhängten Sperrzeit. Die Regeldauer von 12 Wochen kann sich verkürzen, wenn **(1)** das Arbeitsverhältnis kurze Zeit später ohnehin ohne den Eintritt einer Sperrzeit geendet hätte (§ 144 III 2 Nr. 1, 2 lit. a SGB III) oder **(2)** sie für den Arbeitslosen eine besondere Härte darstellen würde (RN 63). Eine gesetzlich nicht vorgesehene Verkürzung der Sperrzeit auf die Dauer der durch die Lösung des Beschäftigungsverhältnisses verursachten längeren Arbeitslosigkeit ist daneben auch bei verfassungskonformer Auslegung des § 144 III 2 Nr. 1 SGB III nicht möglich.[74] 62

bb) Verkürzung bei besonderer Härte. Eine besondere Härte i. S. v. § 144 III 2 Nr. 2 lit. b SGB III liegt vor, wenn nach den Umständen des Einzelfalls die Regeldauer im Hinblick auf die für den Eintritt der Sperrzeit maßgebenden Tatsachen objektiv als unverhältnismäßig anzusehen ist. Die Beurteilung richtet sich allein nach den für den Eintritt der Sperrzeit maßgebenden Tatsachen; außerhalb des Sperrzeittatbestandes liegende sowie nach Eintritt des sperrzeitbegründenden Ereignisses eintretende Umstände sind nicht berücksichtigungsfähig. Daneben sind nach der Rspr. auch die rechtlichen Folgewirkungen, die mit dem Eintritt einer Regelsperrzeit verbunden sind, und die Grundsätze der Verhältnismäßigkeit und des Übermaßverbots zu beachten.[75] Zur Annahme einer Härte können nicht nur die für den Eintritt der Sperrzeit maßgebenden Tatsachen, sondern auch Umstände persönlicher bzw. wirtschaftlicher Art gehören, die zwar von ihrem Gewicht her nicht den Eintritt der Sperrzeit hindern, jedoch auf Grund der Besonderheiten des Einzelfalles eine Sperrzeit von einer Regeldauer als besonders hart erscheinen lassen.[76] Zu den für den Eintritt der Sperrzeit maßgebenden Tatsachen kann bei Vorliegen der vorstehend genannten Voraussetzungen der **unverschuldete (Rechts-)Irrtum** des Arbeitnehmers gehören, für die Ablehnung eines Arbeitsangebotes einen wichtigen Grund zu haben. Das setzt allerdings voraus, dass der Rechtsirrtum des AN durch die konkrete Auskunft einer hiermit vertrauten Stelle – i. d. R. einer Dienststelle der Arbeitsverwaltung – hervorgerufen oder gestützt wurde.[77] Als Härtefälle kommen z. B. in Betracht: eine unzureichende oder bewusst **falsche Information** durch eine ansonsten zuverlässige Stelle,[78] die Fehlbeurteilung der eigenen gesundheitlichen Leistungsfähigkeit, soweit der Arbeitnehmer keine entspr. Belehrung erfahren hat; Geringfügigkeit der Verfehlungen, die zur Kündigung geführt haben[79] sowie besondere Umstände, den Arbeitsplatz aufzugeben, wie z. B. unbefriedigende Wohnverhältnisse. 63

cc) Rechtfolge: Ruhen und Anspruchsverkürzung. Während einer Sperrzeit ruht der Anspruch auf Alg. (§ 144 II 2 SGB III), der Arbeitslose erhält keine Leistungen. Daneben mindert sich die Anspruchsdauer für den Anspruch auf Alg. um die Tage der Sperrzeit. Bei einer Sperrzeit von 12 Wochen beträgt die Kürzung des Anspruchs jedoch mindestens ¼ der Gesamtanspruchsdauer des Alg. (§ 128 I Nr. 4 SGB III), was insbesondere für ältere Arbeitnehmer zu einer über 12 Wochen hinausgehenden Schmälerung ihrer Ansprüche führt. Der Anspruch auf 64

---

[73] Vgl. BSG 25. 4. 2002 ArbuR 2002, 239; 26. 11. 1992 SozR 3–4100 § 119 Nr. 7 = BSGE 71, 256.

[74] BSG 5. 2. 2004 SozR 4–4300 § 144 Nr. 7 = AP 4 zu § 144 SGB III.

[75] BSG 4. 9. 2001 SozR 3–4100 § 119 Nr. 22 = AP 7 zu § 119 AFG; vgl. auch BSG 9. 2. 1995 SozR 3–4100 § 119a Nr. 2 = BSGE 76, 12.

[76] BSG 26. 3. 1998 SozR 3–4100 § 119 Nr. 14 = AP 5 zu § 119 AFG; 13. 3. 1997 SozR 3–4100 § 119 Nr. 11.

[77] BSG 5. 6. 1997 SozR 3–1500 § 144 Nr. 12.

[78] BSG 22. 4. 1997 SozR 3–1500 § 160a Nr. 23 = NJW 98, 1093; 13. 3. 1997 SozR 3–4100 § 119 Nr. 11.

[79] BSG 21. 7. 1988 SozR 4100 § 119 Nr. 32.

Alg. entfällt nach näherer Maßgabe des § 147 SGB III, wenn gegen den Arbeitslosen **mehrere Sperrzeiten** von insgesamt 21 Wochen verhängt werden, er zwischenzeitlich noch keine erneute Anwartschaft auf Alg. erworben hatte und über den möglichen Eintritt einer 2. Sperrzeit und die Rechtsfolgen von der AA belehrt worden ist.[80] Zum Krankengeldanspruch RN 89.

65 **b) Dauer bei anderen Sperrzeiten.** Die Dauer der Sperrzeit wegen Arbeitsablehnung, Ablehnung einer beruflichen Eingliederungsmaßnahme oder Abbruchs einer beruflichen Eingliederungsmaßnahme richtet sich nach der Staffelung in § 144 IV SGB III und beträgt zwischen drei und zwölf Wochen. Die Dauer einer Sperrzeit bei unzureichenden Eigenbemühungen beträgt zwei Wochen, die einer Sperrzeit bei Meldeversäumnis oder verspäteter Arbeitsuchendmeldung eine Woche (§ 144 V–VII SGB III). Nach § 128 I Nr. 3 SGB III verkürzt sich die Anspruchsdauer für das Alg. für die Zeit einer Sperrzeit nach § 144 IV SGB III, sodass der Anspruch auf Alg. stets um die Dauer der Sperrzeit gemindert wird.

66 **6. Vermeidung von Sperrzeiten. a) Verzögerte Antragstellung.** Der Arbeitnehmer kann den Eintritt einer Sperrzeit nicht dadurch vermeiden, dass er Alg. erst für die Zeit beansprucht, in der er ohnedies auf Grund der Kündigung arbeitslos gewesen wäre. Ob der Versichertengemeinschaft ein Schaden zugeführt wird, ist ohne Bedeutung.[81] Gleiches gilt, wenn er den Antrag auf Alg. erst dann stellt, wenn bei einer Sperrzeit wegen Arbeitsaufgabe die 12-Wochen-Frist abgelaufen ist, in der der Anspruch auf Alg. ohnehin ruht. Der Arbeitslose kann lediglich die Verkürzung der Anspruchsdauer (§ 128 I Nr. 4 SGB III) dadurch verhindern, dass er den Antrag auf Alg. erst nach Ablauf eines Jahres stellt (§ 128 II 2 SGB III). Die Arbeitsverwaltung ist insoweit zur ordnungsgemäßen Beratung des Arbeitslosen bei der Antragstellung (§ 118 II SGB III) verpflichtet; bei Verstößen muss der Anspruchsteller nach dem sozialrechtlichen Herstellungsanspruch so behandelt werden, als hätte er seinen Arbeitslosengeldantrag erst zu einem Zeitpunkt gestellt, zu dem der Eintritt einer Sperrzeit nicht mehr zu einer Minderung der Anspruchsdauer führt.[82]

66a **b) Arbeitsgerichtlicher Vergleich.** Die Arbeitsverwaltung ist hinsichtlich der tatsächlichen Voraussetzungen für den Eintritt einer Sperrzeit nicht an einen gerichtlichen Vergleich gebunden. Beruht die Kündigung auf verhaltensbedingten Gründen, ist es rechtlich ohne Bedeutung, wenn in einem Vergleich ausdrücklich vereinbart wird, dass der Kündigungsausspruch aus betriebs- oder personenbedingten Gründen erfolgt ist;[83] gleiches gilt, wenn die Parteien vereinbaren, dass die ursprünglichen Vorwürfe „widerrufen“ bzw. „zurückgenommen“ oder nicht aufrechterhalten werden.

V. Ruhen des Arbeitslosengelds bei Anrechnung einer Entlassungsentschädigung

Voelzke, Auswirkungen von Abfindungen und Urlaubsabgeltungen auf Leistungen bei Arbeitslosigkeit, SGb 2007, 713.

67 **1. Grundsatz.** Der Anspruch auf Alg. ruht, wenn die ordentliche Kündigungsfrist nicht eingehalten und wegen der Beendigung des Arbeitsverhältnisses eine Abfindung oder ähnliche Leistung an den Arbeitnehmer gezahlt wird[84] (§ 143 a SGB III). Rechtssystematisch liegt der Regelung die Überlegung zugrunde, dass eine gezahlte Abfindung bei Nichteinhaltung der Kündigungsfrist durch den Arbeitgeber typischerweise Arbeitsentgeltanteile enthält. Diese müssen vom Arbeitnehmer vorrangig eingesetzt werden und vor der Inanspruchnahme der Versicherungsleistung (Arbeitslosengeld) verbraucht sein. Durch die Anrechnung von einer Entlassungsentschädigung wird aber nur der Eintritt des Versicherungsfalles (Arbeitslosigkeit) zeitlich hinausgeschoben, im Gegensatz zu einer Sperrzeit führt die Anrechnung aber nicht zu einer Verkürzung der Anspruchsdauer. Wird hingegen die Kündigungsfrist eingehalten, wird selbst bei Eintritt einer Sperrzeit eine vereinbarte Entlassungsentschädigung nicht angerechnet, eine § 117 a AFG entsprechende Regelung ist nicht in das SGB III aufgenommen worden. Zum Krankenversicherungsschutz RN 89.

68 **2. Der Tatbestand des § 143 a SGB III.** Eine Anrechnung auf das Alg. erfolgt nur, wenn der Arbeitslose **(a)** eine Abfindung, Entschädigung oder ähnliche Leistung erhalten oder zu

[80] Dazu BSG 13. 5. 1987 SozR 4100 § 119 Nr. 31 = BSGE 61, 289.
[81] BSG 20. 1. 2000 AP 6 zu § 119 AFG = NZA 2000, 644; 5. 8. 1999 SozR 3–4100 § 119 Nr. 17 = BSGE 84, 225.
[82] BSG 5. 8. 1999 SozR 3–4100 § 119 Nr. 17 = BSGE 84, 225.
[83] BSG 3. 6. 2004 SozR 4–4300 § 123 Nr. 2.
[84] Zur Verfassungsmäßigkeit: BSG 17. 10. 2007 SozR 4–4300 § 144 Nr. 17 = NZA-RR 2008, 383.

beanspruchen hat **(b)** wegen der Beendigung des Arbeitsverhältnisses und **(c)** das Arbeitsverhältnis ohne Einhaltung einer der ordentlichen Kündigungsfrist des Arbeitgebers entsprechenden Frist beendet worden ist (§ 143a I SGB III). Der Anspruch ruht auch, wenn der Arbeitnehmer langfristig krank war und bei Beendigung des Arbeitsverhältnisses keine Entgeltansprüche mehr bestanden.[85]

a) Entlassungsentschädigung. aa) Begriff. Entlassungsentschädigungen sind Zahlungen, die der Arbeitgeber des Beschäftigungsverhältnisses an den ausscheidenden Arbeitnehmer zahlt. Zwischen der Zahlung und der Beendigung des Arbeitsverhältnisses muss ein Kausalzusammenhang bestehen. Dagegen kommt es für das Merkmal nicht darauf an, ob das Arbeitsverhältnis vorzeitig beendet wird. Der Begriff der Entlassungsentschädigung umfasst die Zahlung einer Entschädigung für den Verlust des sozialen Besitzstandes, aber auch für das zukünftig zu erwartende niedrigere Alg. oder Arbeitsentgelt. 69

bb) Kausalzusammenhang. Als Entlassungsentschädigung gelten nach der zur inhaltsgleichen Vorgängervorschrift (§ 117 II 1 AFG) ergangenen Rspr. alle im Zusammenhang mit einer vorzeitigen Beendigung des Arbeitsverhältnisses gewährten Leistungen, unabhängig von ihrer Bezeichnung, dem Zweck der Leistung, ihrer Fälligkeit und davon, ob sie auf Raten oder in einer Summe gezahlt werden, sofern nur ein ursächlicher Zusammenhang zwischen der Beendigung des Arbeitsverhältnisses und der Gewährung der Leistung besteht.[86] Für das Ruhen des Anspruchs ist es ausreichend, dass eine Abfindung wegen der Beendigung des Arbeitsverhältnisses gezahlt wird und die Kündigungsfrist nicht eingehalten wird. Nicht erforderlich ist das Bestehen eines ursächlichen Zusammenhangs gerade zwischen der Nichteinhaltung der ordentlichen Kündigungsfrist und der Abfindung.[87] Hat der Arbeitslose aus unterschiedlichen Gründen eine Entlassungsentschädigung erhalten oder zu beanspruchen, werden die entsprechenden Beträge zusammengerechnet. 70

Nicht zu den Entlassungsentschädigungen zählen **Leistungen,** die nicht wegen, sondern **anlässlich der Beendigung des Beschäftigungsverhältnisses** gezahlt werden. Dies sind Vergütungszahlungen, die der Arbeitslose als Gegenleistung für seine erbrachte Arbeitsleistung beanspruchen kann und alle sonstigen Zahlungen, die sich auf die Zeit vor Beendigung des Arbeitsverhältnisses beziehen. Gleiches gilt für solche Zahlungen, mit denen der Arbeitslose unabhängig von der erfolgten Beendigung des Arbeitsverhältnisses rechnen konnte.[88] Nicht angerechnet werden z. B. Leistungen, die nicht vom Ausscheiden des Arbeitnehmers aus dem Arbeitsverhältnis abhängig sind, sondern die davon unabhängig zu einem von vornherein bestimmten oder bestimmbaren Zeitpunkt gewährt werden. Dies trifft z. B. zu für Treueprämien bei Erreichen eines bestimmten Alters und einer bestimmten Betriebszugehörigkeit. Keine Entlassungsentschädigungen i. S. d. § 143a SGB III sind Erfindervergütungen, rückständige Vergütung, Urlaubsabgeltungsbeträge, anteilige einmalige Leistungen, soweit sie erarbeiteter Arbeitslohn sind und Aufwendungsersatz. Nicht angerechnet werden auch Karenzentschädigungen nach den §§ 74ff. HGB oder Schadensersatzansprüche nach § 113 InsO. Bei ihnen handelt es sich um Entgelt für die Einhaltung des Wettbewerbsverbotes bzw. Schadensersatzleistungen für die Zeit nach Ablauf der ordentlichen Kündigungsfrist. 71

cc) Einzelfälle. Zu den Entlassungsentschädigungen zählen z. B. Rentenzahlungen aus einer **betrieblichen Altersversorgung,** auf die im Ausscheidenszeitpunkt kein Anspruch bestand,[89] Ausgleichszahlungen in Zusammenhang mit einem **Betriebsübergang** (§ 613a BGB),[90] **Übergangsgeld** bzw. **Übergangsbeihilfe,**[91] **Schadensersatzansprüche** auf Grund einer berechtigten fristlosen Kündigung des Arbeitslosen wegen vertragswidrigen Verhaltens des Arbeitgebers (§ 628 II BGB),[92] **Abfindungen** in einem gerichtlichen Auflösungsurteil[93] (§§ 9, 10 KSchG), Sozialplanabfindungen,[94] **Beträge,** deren Höhe zum Zeitpunkt des Ausscheidens des Arbeitnehmers **noch unbestimmt** sind, weil sie z. B. von der Dauer der Arbeitslosigkeit oder von der Höhe des Alg. oder sonstigem Einkommen abhängig sind, die nicht vom Arbeitgeber selbst, 72

---

[85] BSG 20. 1. 2000 SozR 3–4100 § 117 Nr. 20 = AP 18 zu § 117 AFG.
[86] BSG 15. 11. 1984 NZA 85, 438.
[87] BSG 21. 9. 1995 SozR 3–4100 § 117 Nr. 12 = BSGE 76, 294 = AP 13 zu § 117 AFG.
[88] BSG 25. 10. 1989 SozR 4100 § 117 Nr. 26.
[89] BSG 22. 2. 1984 SozR 4100 § 118 Nr. 13.
[90] BSG 8. 12. 1987 SozR 4100 § 117 Nr. 21 = NZA 88, 443.
[91] *Düwell* FA 97, 8, 9.
[92] BSG 13. 3. 1990 SozR 3–4100 § 117 Nr. 2 = NJW 90, 2772 = NZA 90, 956.
[93] BSG 8. 12. 1987 SozR 4100 § 117 Nr. 21 = NZA 88, 443.
[94] BSG 29. 8. 1991 SozR 3–4100 § 117 Nr. 6 = NZA 92, 387.

sondern von einem **Dritten,** z.B. einer betrieblichen Sozialeinrichtung, **erbracht werden,** sowie **Darlehen** oder eine **Befreiung** des Arbeitnehmers **von Darlehensansprüchen Dritter,** wenn zwischen Arbeitgeber und Arbeitnehmer Einigkeit besteht, dass der Betrag nicht rückzahlbar ist.[95]

73 **b) Ruhen des Anspruchs auf Arbeitslosengeld. aa) Vorzeitige Beendigung.** Abfindungen führen nur zum Ruhen, wenn das Arbeitsverhältnis vorzeitig beendet worden ist, also zu einem Zeitpunkt, zu dem der Arbeitgeber das Arbeitsverhältnis nicht beenden konnte. Das Ruhen tritt bei einer Verkürzung der ordentlichen Kündigungsfrist auch ein, wenn der Arbeitslose Alg. erst zu einem Zeitpunkt beantragt, in dem er ohnehin arbeitslos gewesen wäre.[96] Kein Ruhen wird ausgelöst bei wirksamer ordentlicher Kündigung, beim Auslaufen durch Befristung oder bei unwirksamer fristloser Kündigung. In diesen Fällen kann auch eine Abfindung keine Entgeltanteile enthalten.

74 **bb) Normstruktur. (1) Normalfall.** § 143a I 1 SGB III betrifft den Grundfall, dass für den Arbeitgeber (arbeitsrechtlich) eine ordentliche Kündigung möglich ist, aber bei der Auflösung des Arbeitsverhältnisses (durch Kündigung/Aufhebungsvertrag) eine seiner ordentlichen Kündigungsfrist entsprechende Frist nicht eingehalten wird. In diesen Fällen einer „vorzeitigen" Beendigung des Arbeitsverhältnisses geht der Gesetzgeber typisierend davon aus, dass eine wegen der Beendigung gewährte Abfindung Ersatz für ausgefallenes Arbeitsentgelt enthält bzw. die Abfindung teilweise zum Ausgleich von Arbeitsentgelt gewährt wird, das der Arbeitslose verdient hätte, wenn die ordentliche Kündigungsfrist eingehalten worden wäre. Deshalb ruht der Anspruch auf Alg. für die Dauer der nicht eingehaltenen Kündigungsfrist (vom Ende des Arbeitsverhältnisses bis zu dem Tag, an dem es bei Einhaltung der ordentlichen Kündigungsfrist geendet hätte).

74a **(2) Kündigungsausschluss.** § 143 I 3, 4 SGB III betreffen bestimmte Fallgruppen, in denen die ordentliche Kündigung kraft Gesetzes oder Kollektiv- bzw. Einzelvertrags uneingeschränkt oder eingeschränkt ausgeschlossen ist. In derartigen Fällen hat der Gesetzgeber im Hinblick auf die Vermeidung des Doppelbezugs von Arbeitsentgelt und Alg. anstelle fehlender Kündigungsfristen für den Arbeitgeber (arbeitsförderungsrechtlich) Kündigungsfristen fingiert, deren jeweilige Dauer nach der Intensität des erreichten Kündigungsstatus gestaffelt ist und jeweils anzeigt, inwieweit das Arbeitsverhältnis bei Nichteinhaltung dieser Frist als „vorzeitig" beendet gilt.

74b **(a) Zeitlich unbegrenzter Kündigungsausschluss.** Ist die ordentliche Kündigung für den Arbeitgeber (arbeitsrechtlich) zeitlich uneingeschränkt ausgeschlossen (z.B. bei einzelvertraglicher oder tariflicher Unkündbarkeit), so gilt gemäß § 143a I 3 Nr. 1 SGB III eine Kündigungsfrist von 18 Monaten, die dem erreichten Status eines ordentlich Unkündbaren Rechnung trägt. Wird diese Frist nicht eingehalten, ruht der Anspruch auf Alg. vom Ende des Arbeitsverhältnisses bis zu dem Tag, an dem dieses bei Einhaltung der genannten (fingierten) Kündigungsfrist geendet hätte.

74c **(b) Zeitlich befristeter Kündigungsausschluss.** Ist die ordentliche Kündigung für den Arbeitgeber (arbeitsrechtlich) zeitlich befristet ausgeschlossen (1. Alt., z.B. nach § 15 KSchG) oder ist eine der ordentlichen Kündigungsfrist des Arbeitgebers entsprechende (Auslauf-)Frist nur deshalb einzuhalten, weil die (besonderen) Voraussetzungen für eine fristgebundene Kündigung aus wichtigem Grund vorliegen (2. Alt.), so gilt – arbeitsförderungsrechtlich – die ordentliche Kündigungsfrist, die ohne den Ausschluss der ordentlichen Kündigung gegolten hätte (§ 143a I 3 Nr. 2 SGB III).

74d **(c) Kündigungsmöglichkeit bei Zahlung einer Abfindung.** Ist die ordentliche Kündigung nur mit der Einschränkung „bei Zahlung einer Abfindung" möglich, so gilt gemäß § 143a I 4 SGB III eine Kündigungsfrist von einem Jahr. Wird diese fingierte Kündigungsfrist nicht eingehalten und ist damit das Arbeitsverhältnis i.S.v. § 143a I 1 und 2 SGB III „vorzeitig" aufgelöst, ruht das Alg. vom Ende des Arbeitsverhältnisses bis zu dem Tag, an dem dieses bei Einhaltung dieser fingierten Frist geendet hätte. § 143a I 4 SGB III erfasst ausschließlich den Fall, in dem die ordentliche Kündigung für den Arbeitgeber einzelvertraglich oder durch eine Kollektivvereinbarung ausgeschlossen ist und die ordentliche Kündigungsmöglichkeit lediglich bei Zahlung einer Abfindung wiedereröffnet wird. Allerdings ist die einjährige Kündigungsfrist teleologisch auf die Dauer der ordentlichen Kündigungsfrist des Arbeitgebers zu reduzieren, wenn ohne die Möglichkeit der ordentlichen Kündigung wegen des Sozialplans zugleich die Voraus-

[95] BSG 3. 3. 1993 SozR 4100 § 117 Nr. 10.
[96] BSG 5. 8. 1999 NZA-RR 2000, 553.

setzungen für eine fristgebundene Kündigung aus wichtigem Grund vorgelegen hätten (RN 74c 2. Alt.); in diesem Fall gilt die ordentliche Kündigungsfrist (§ 143a I 3 Nr. 2 SGB III).[97]

cc) Berechnung der ordentlichen Kündigungsfrist. Nach § 143a I 1 SGB III ruht der Anspruch auf Alg. von dem tatsächlichen Ende des Arbeitsverhältnisses an bis zu dem Tag, an dem es bei Einhaltung der ordentlichen Kündigungsfrist geendet hätte. Es tritt demnach kein Ruhen ein, wenn bei einer zunächst nicht fristgerecht ausgesprochenen Kündigung ein Beendigungszeitpunkt gewählt wird, der auch bei ordentlicher Kündigung eingetreten wäre. Zu den ordentlichen Kündigungsfristen gehören auch besondere Kündigungsfristen auf Grund eines Gesetzes (z.B. § 113 InsO, Tarifvertrag, Betriebsvereinbarung und Einzelarbeitsvertrag). Ist die Kündigungsfrist nicht eindeutig, ist sie von der Arbeitsverwaltung zu ermitteln; maßgeblich ist dabei die rechtlich zutreffende Kündigungsfrist. Hat der Arbeitslose noch Urlaubsabgeltung zu beanspruchen, verlängert sich der Ruhezeitraum entsprechend (§ 143a I 5 SGB III). 75

dd) Berechnung der längsten Ruhensdauer. (a) Grundsätzlich ruht der Anspruch bis zum vollständigen Ablauf der (nicht eingehaltenen) Kündigungsfrist. Zugunsten des Arbeitslosen wird dieser Zeitraum durch die § 143a II SGB III enthaltenen Bestimmungen zeitlich begrenzt. Diese sind 76

- die **Höchstdauer** von einem Jahr nach Beendigung des Arbeitsverhältnisses (§ 143a II 1 SGB III, RN 77);
- der **berücksichtigungsfähige Zeitraum** bei Zahlung einer Abfindung (§ 143a II 2 Nr. 1, 3 SGB III, RN 78);
- eine Beendigung auf Grund einer vereinbarten **Befristung** des Arbeitsverhältnisses (§ 143a II 2 Nr. 2 SGB III, RN 80);
- der Zeitpunkt zu dem der Arbeitgeber (nicht: der Arbeitnehmer) berechtigt war, das Arbeitsverhältnis durch **Kündigung aus wichtigem Grund** zu beenden (§ 143a II 2 Nr. 3 SGB III, RN 81).

(b) Mehrere Begrenzungen. Bei Zusammentreffen mehrerer zeitlicher Begrenzungen ist diejenige maßgeblich, nach der das Ruhen zum frühestmöglichen Zeitpunkt endet. 76a

(1) Nach § 143a II 1 SGB III ruht der Anspruch längstens ein Jahr nach der Beendigung des Arbeitsverhältnisses. 77

(2) Nach § 143a II 2 Nr. 1 SGB III ruht der Anspruch auf Alg. nicht über den Tag hinaus, bis zu dem der Arbeitslose bei Weiterzahlung des während der letzten Beschäftigungszeit kalendertäglich verdienten Arbeitsentgelts einen Betrag in Höhe von 60% der nach Absatz 1 zu berücksichtigenden Entlassungsentschädigung als Arbeitsentgelt verdient hätte **(berücksichtigungsfähiger Zeitraum).** Der anzurechnende Anteil vermindert sich nach längerer Beschäftigung und höherem Lebensalter (§ 143a II 3 SGB III). Nach einer von der BA erarbeiteten Tabelle ergeben sich folgende Prozentsätze: 78

	Lebensalter bei Beendigung des Arbeitsverhältnisses					
	unter 40 Jahre	ab 40 Jahre	ab 45 Jahre	ab 50 Jahre	ab 55 Jahre	ab 60 Jahre
Betriebszugehörigkeit						
weniger als 5 Jahre	60%	55%	50%	45%	40%	35%
5 und mehr Jahre	55%	50%	45%	40%	35%	30%
10 und mehr Jahre	50%	45%	40%	35%	30%	25%
15 und mehr Jahre	45%	40%	35%	30%	25%	25%
20 und mehr Jahre	40%	35%	30%	25%	25%	25%
25 und mehr Jahre	35%	30%	25%	25%	25%	25%
30 und mehr Jahre		25%	25%	25%	25%	25%
35 und mehr Jahre			25%	25%	25%	25%

[97] BSG 9. 2. 2006 SozR 4–4300 § 143a Nr. 1; 29. 1. 2001 SozR 3–4100 § 117 Nr. 22 = AP 19 zu § 117 AFG.

79 **Beispiel für die Berechnung des Ruhenszeitraumes nach § 143 a II 1 Nr. 1, 3 SGB III (Normalfall):** Ein 30jähriger Arbeitnehmer verdient 3000 Euro monatlich, dies entspricht einem Bemessungsentgelt von 100 Euro kalendertäglich. Er beendet sein Arbeitsverhältnis vor Ablauf von 2 Jahren Betriebszugehörigkeit durch Abschluss eines Aufhebungsvertrages am 31. März 2009; die ordentliche Kündigungsfrist wäre erst am 30. April 2009 abgelaufen. Im Aufhebungsvertrag wird eine Abfindung von 3000 Euro vereinbart.

Anrechenbar nach § 143 a II 1 Nr. 1 SGB III sind 60% der Bruttoabfindung, dies entspricht 1800 Euro. Der Anspruch auf Alg. ruht dementsprechend für 18 Kalendertage (1800 : 100 = 18) bis einschließlich zum 18. April 2009, danach endet der Ruhenszeitraum nach § 143 a SGB III und der Bezug von Alg. beginnt.

80 **(3)** Der Anspruch auf Alg. ruht nicht über den Tag hinaus, an dem das Arbeitsverhältnis infolge einer **Befristung,** die unabhängig von der Vereinbarung über die Beendigung des Arbeitsverhältnisses bestanden hat, geendet hätte. Gedacht ist an solche Fälle, bei denen das Arbeitsverhältnis befristet war und dem Arbeitnehmer die Möglichkeit zur Verlängerung des Arbeitsverhältnisses eingeräumt worden ist, sowie jene Fälle, die sich aus § 78 a BetrVG ergeben, soweit während der Befristung das Arbeitsverhältnis noch einmal gekündigt oder im Wege der Vereinbarung beendet worden ist. Wird also z. B. ein Mitglied der Jugendvertretung zu Unrecht fristlos gekündigt, ruht der Anspruch auf Alg. längstens bis zum Auslaufen des Ausbildungsverhältnisses, wenn er von dem Recht zur Übernahme in ein Dauerarbeitsverhältnis keinen Gebrauch macht.

81 **(4)** Nach § 143 a I 2 Nr. 3 SGB III ruht das Alg. nicht über den Tag hinaus, an dem der Arbeitgeber das **Arbeitsverhältnis aus wichtigem Grund** ohne Einhaltung einer Kündigungsfrist hätte **kündigen** können. Ohne Bedeutung ist, ob der Arbeitnehmer zur Kündigung einen wichtigen Grund hatte. Der Gesetzgeber geht von der Vorstellung aus, dass ein Arbeitgeber im Falle berechtigter außerordentlicher Kündigung regelmäßig keine Abfindung mehr zahlt; nach seiner Vorstellung findet die Vorschrift dann keine Anwendung, wenn unkündbare Arbeitnehmer, z. B. auf Grund eines Sozialplans, eine Abfindung erhalten.[98] Ob ein Grund zur fristlosen Kündigung vorliegt, ist ggf. im Verfahren vor den Sozialgerichten von Amts wegen zu prüfen, es findet also ein fiktiver Kündigungsschutzprozess statt.

82 **ee) Beispiel.** Der Arbeitgeber und ein 55 Jahre alter Arbeitnehmer, der tariflich nicht mehr gekündigt werden kann, schließen nach 25-jähriger Betriebszugehörigkeit am 31. 3. 2008 einen Aufhebungsvertrag zum 30. 6. 2008. Der Arbeitnehmer hat in den letzten Jahren im Durchschnitt 3067,74 Euro verdient. Er erhält eine Abfindung von 30 677,40 Euro brutto. Der Ruhenszeitraum wird durch drei Rechenschritte ermittelt:

(1) Da eine ordentliche Kündigung durch Tarifvertrag ausgeschlossen ist, gilt eine fiktive Kündigungsfrist von 18 Monaten zum 30. 9. 2009.

(2) Der Anspruch auf Alg. ruht maximal für ein Jahr nach Beendigung des Beschäftigungsverhältnisses. Er ruht im Beispielsfall vom 1. 7. 2008 bis zum 30. 6. 2009.

(3) Der Anspruch ruht, bis die berücksichtigungsfähige Abfindung verbraucht ist. Dies sind nach der Tabelle in RN 78 vorliegend 25%, dies entspricht 7 669,35 Euro. Zur Ermittlung des Zeitraums, bis zu dem der Betrag von 7669,35 Euro verbraucht ist, wird das zuletzt erzielte monatliche Arbeitsentgelt von 3067,74 Euro geteilt durch 30 Kalendertage, dies ergibt ein kalendertägliches Arbeitsentgelt von 102,26 Euro. Die zu berücksichtigende Abfindung von 7669,35 Euro wird nun geteilt durch das kalendertägliche Arbeitsentgelt, ergibt einen berücksichtigungsfähigen Zeitraum von 75 Tagen (1. 7. 2008 bis zum 13. 9. 2009).

(4) Ergebnis: Der Arbeitslose erhält daher ab dem 14. 9. 2009 Alg.

Hatte der Arbeitnehmer für den Abschluss des Aufhebungsvertrags keinen wichtigen Grund, tritt für 12 Wochen vom 1. 7.–23. 9. 2008 eine **Sperrzeit** wegen Arbeitsaufgabe ein; Sperrzeit- und Ruhenszeiträume laufen insoweit parallel. Zur Krankenversicherungspflicht RN 89.

83 **3. Anspruchsübergang und arbeitsgerichtlicher Vergleich.** Vereinbarungen über den Beendigungszeitpunkt sind nur eingeschränkt gegenüber der Arbeitsverwaltung wirksam. So haben Vereinbarungen, mit denen der Beendigungszeitpunkt zurückverlegt wird, dann keine Wirkung gegenüber Sozialversicherungsträgern, wenn das Arbeitsverhältnis unstreitig fortbestand, gesicherte Entgeltansprüche bestanden, die bereits übergegangen waren und die Parteien den Anspruchsübergang kannten. Hat der Arbeitgeber auf Grund der Überleitungsanzeige Vergütungsbestandteile an die BA abzuführen, sind diese regelmäßig von den an den Arbeitnehmer

[98] BSG 9. 2. 2006 SozR 4–4300 § 143 a Nr. 1; 29. 8. 1991 SozR 3–4100 § 117 Nr. 6 = NZA 92, 387.

zu erbringenden Leistungen abzuziehen.[99] Es bedarf daher einer ausdrücklichen Regelung in einem Vergleich, wenn eine Abfindung im Kündigungsschutzprozess entgegen § 143a SGB III nicht um die auf die BA übergegangenen Ansprüche gekürzt werden soll, sondern diese vom Arbeitgeber zu tragen sind.[100] Allerdings kann die AA durch Genehmigung der Zahlung die befreiende Wirkung von Zahlungen des Arbeitgebers an den Arbeitslosen und damit dessen Erstattungspflicht nach § 143a IV 2 SGB III auslösen.[101] Macht die BA geltend, ein Teil der zwischen Arbeitgeber und Arbeitnehmer vereinbarten Abfindung für den Verlust des Arbeitsplatzes sei wegen der Gewährung von Alg. auf sie übergegangen, so sind für die gegen den Arbeitnehmer gerichtete Klage auf Zustimmung zur Auszahlung des vom Arbeitgeber hinterlegten Betrages die Gerichte für Arbeitssachen zuständig.[102]

VI. Sonstige Ruhenstatbestände des Anspruchs auf Arbeitslosengeld

1. Allgemeines. Der Anspruch des Arbeitslosen ruht in vier Fällen, die in §§ 142 bis 146 SGB III aufgezählt sind. 84

2. Andere Sozialleistungen.[103] Der Anspruch auf Alg. ruht während der Zeit, für die dem Arbeitslosen ein Anspruch auf folgende Leistungen zuerkannt ist: **(a)** Berufsausbildungsbeihilfe für Arbeitslose, **(b)** Krankengeld, Versorgungskrankengeld, Verletztengeld, Mutterschaftsgeld oder Übergangsgeld, **(c)** Rente wegen voller Erwerbsminderung aus der gesetzlichen Rentenversicherung, **(d)** Altersrente aus der gesetzlichen Rentenversicherung oder Knappschaftsausgleichsleistung oder ähnliche Leistungen öffentlich-rechtlicher Art (§ 142 I SGB III). Aus § 142 II SGB III ergeben sich dabei eine Reihe von Besonderheiten der Ruhenstatbestände. 85

3. Arbeitsentgelt und Urlaubsabgeltung. a) Arbeitsentgelt. Nach § 143 I SGB III ruht der Anspruch auf Alg. während der Zeit, für die der Arbeitslose Arbeitsentgelt erhält oder zu beanspruchen hat. Die Vorschrift beruht auf dem Grundgedanken, dass Alg. als Lohnersatz nicht benötigt wird, wenn der Arbeitslose noch Vergütungsansprüche hat. Allerdings führt nur solches Entgelt zum Ruhen, das für dieselbe Zeit gezahlt wird oder zu zahlen ist, in der Alg. beantragt wird. Hat der Arbeitslose vor Entstehung seines Leistungsanspruchs (§ 117 SGB III) einen bestimmten Endtermin für das Arbeitsverhältnis vereinbart und gleichzeitig für eine bestimmte Zeit auf Arbeitsentgelt verzichtet,[104] ist § 143 I SGB III nicht anwendbar. Ist z. B. das Arbeitsverhältnis am 10. März zum 30. Juni gekündigt und haben die Parteien am 30. März vereinbart, dass der Arbeitnehmer bis zum 30. Juni nur das halbe Gehalt bezieht, so ruht der Anspruch auf Alg., da Entgeltansprüche bestehen. Haben sie hingegen vereinbart, dass er nur bis zum 31. Mai Gehalt bezieht, ruht der Anspruch nur bis zum 31. Mai, anschließend kann Alg. gewährt werden, sofern keine Sperrzeit eintritt. Erlässt der Arbeitnehmer dem Arbeitgeber vor Entstehung des Anspruches auf Alg. Ansprüche auf Arbeitsentgelt, ist dieser Erlass wirksam, und § 143 I SGB III ist nicht anzuwenden. 86

b) Urlaubsabgeltung. Der Anspruch ruht auch, wenn der Arbeitslose wegen der Beendigung des Arbeitsverhältnisses noch Urlaubsabgeltung zu beanspruchen hat (§ 143 II SGB III). Der Ruhenszeitraum beginnt mit dem Ende des die Urlaubsabgeltung begründenden Arbeitsverhältnisses. Die Zahlung einer Urlaubsabgeltung führt auch dann zum Ruhen des Anspruches auf Alg., wenn das Arbeitsverhältnis formal fortbesteht.[105] Der arbeitsrechtliche Anspruch auf Schadensersatz wegen eines im Verzug des Arbeitgebers untergegangenen Urlaubsanspruchs ist keine Urlaubsabgeltung i. S. d. § 143 II SGB III.[106] 87

4. Arbeitskampf. Die Regelung bei Arbeitskämpfen ist Gegenstand verfassungsrechtlicher Nachprüfung gewesen.[107] In § 146 SGB III sind die Regelungen unter Berücksichtigung der Vorgaben des BVerfG zusammengefasst (dazu § 194 RN 23). 88

---

[99] BAG 9. 10. 1996 AP 9 zu § 115 SGB X = NZA 97, 376.

[100] BAG 25. 3. 1992 AP 12 zu § 117 AFG = NZA 92, 1081.

[101] BSG 14. 9. 1990 SozR 3–4100 § 117 Nr. 3 = BSGE 67, 221 = NZA 91, 365.

[102] BAG 12. 6. 1997 AP 49 zu § 2 ArbGG 1979 = NZA 97, 1070.

[103] Vgl. Verordnung über das Ruhen von Entgeltersatzleistungen nach dem Dritten Buch Sozialgesetzbuch bei Zusammentreffen mit Versorgungsleistungen der Sonderversorgungssysteme v. 22. 12. 1997 (BGBl. I S. 3359) zul. geänd. 24. 4. 2006 (BGBl. I S. 926).

[104] Vgl. BAG 10. 5. 1978 AP 25 zu § 794 BGB.

[105] BSG 23. 1. 1997 SozR 3–4100 § 117 Nr. 14.

[106] BSG 21. 6. 2001 SozR 3–4100 § 117 Nr. 24 = NZA-RR 2002, 275; a. A. LSG Rheinl.-Pfalz 16. 3. 2000 AP 1 zu § 143 SGB III.

[107] BVerfG 4. 7. 1995 AP 4 zu § 116 AFG = NZA 95, 754.

VII. Sozialversicherungsschutz beim Bezug von Arbeitslosengeld

89 **1. Krankenversicherung und Pflegeversicherung. a) Tatsächlicher Leistungsbezug.** Während des Bezuges von Alg. sind die Arbeitnehmer in der gesetzlichen Kranken- und Pflegeversicherung pflichtversichert (§§ 5 I Nr. 2 SGB V; 20 I Nr. 2 SGB XI). Dies gilt auch im Fall der Gleichwohlgewährung (§ 143 III SGB III), wenn sich nachträglich herausstellt, dass das Beschäftigungsverhältnis nicht bzw. nicht mehr bestanden hat. Der Krankenversicherungsschutz besteht aber nur bei tatsächlichem Leistungsbezug. Es ist dabei ohne Belang, ob ein Anspruch auf Alg. materiell besteht und aus welchen Gründen die Leistungsgewährung unterblieben ist. Dementsprechend besteht kein Versicherungsschutz, wenn das Alg. allein wegen Anrechnung einer Entlassungsentschädigung (§ 143a SGB III) ruht. Im Gegenzug entfällt der Krankenversicherungsschutz dann nicht, wenn die Leistungen zu Unrecht gewährt worden sind und von der Arbeitsverwaltung zurückgefordert werden.[108]

90 **b) Übernahme der Beiträge.** Die Beiträge für die Krankenversicherung des Arbeitslosen trägt allein die Arbeitsverwaltung (§§ 251 IVa SGB V, 59 I SGB XI). Der Beitrag wird auf Grundlage von 80% des der Bemessung des Alg. zugrunde liegenden Arbeitsentgelts berechnet (§ 232a SGB V). Bei unrechtmäßigem Leistungsbezug kommt neben der Rückforderung der überzahlten Leistungen auch eine Rückforderung der Kranken- und Pflegeversicherungsbeiträge in Betracht.

91 **c) Ausnahmen: Sperrzeit und Urlaubsabgeltung.** Von dem Erfordernis des tatsächlichen Leistungsbezugs machen die §§ 5 I Nr. 2 SGB V, 20 I Nr. 2 SGB XI eine teilweise Ausnahme für Zeiten, in denen der Anspruch auf Alg. ausschließlich wegen einer Sperrzeit ruht. Die Pflichtversicherung nach den §§ 5 I Nr. 2 SGB V, 20 I Nr. 2 SGB XI tritt aber erst mit Beginn des zweiten Monats nach Beginn der Sperrzeit ein. Bis zu diesem Zeitpunkt haben zuvor in der gesetzlichen Krankenversicherung versicherte Arbeitslose den sog. nachwirkenden Krankenversicherungsschutz aus dem (beendeten) Arbeitsverhältnis nach § 19 II SGB V. Dieser beträgt einen Monat nach dem Ende der durch die Beschäftigung vermittelten Mitgliedschaft und umfasst die Sachleistungen der Krankenversicherung. Nach den §§ 5 I Nr. 2 SGB V, 20 I Nr. 2 SGB XI besteht darüber hinaus Kranken- und Pflegeversicherungsschutz ab dem 2. Monat, wenn der Anspruch auf Alg. wegen einer Urlaubsabgeltung ruht. Für den Versicherungsschutz nach den §§ 5 I Nr. 2 SGB V, 20 I Nr. 2 SGB XI ist aber stets erforderlich, dass sich der Arbeitslose bei der Arbeitsverwaltung arbeitslos gemeldet und einen Antrag auf Alg. gestellt hat. Nach der Verwaltungspraxis der BA besteht Krankenversicherungsschutz nach § 5 I Nr. 2 SGB V auch, wenn Ruhenszeiträume wegen einer Sperrzeit mit solchen nach § 143a SGB III zusammentreffen.

92 Während einer Sperrzeit ruht auch der Anspruch auf **Krankengeld** (§ 49 I Nr. 3 SGB V). Der Versicherte erhält jedoch das Krankengeld während einer Sperrzeit weitergezahlt, wenn der Anspruch vor dem Sperrzeiteintritt, z. B. noch während des laufenden Arbeitsverhältnisses entstanden ist.[109]

93 **d) Private Krankenversicherung.** Durch den Bezug von Alg. tritt Versicherungspflicht in der gesetzlichen Krankenversicherung auch dann ein, wenn der Arbeitslose zuvor versicherungsfrei war, z. B. nach § 6 I Nr. 1 SGB V (Überschreiten der Jahresarbeitsentgeltsgrenze). Dieser Personenkreis kann den privaten Krankenversicherungsvertrag bei Eintritt der Arbeitslosigkeit vorzeitig kündigen (§§ 5 IX SGB V, 27 SGB XI). Die bisher privat Versicherten können sich auch für die Fortsetzung ihres Versicherungsvertrages entscheiden. Eine Befreiung auf Antrag von der mit dem Bezug von Alg. eintretenden Versicherungspflicht ist dann möglich, wenn die Versicherungsfreiheit zuvor 5 Jahre bestanden hat, die Krankenversicherung fortgesetzt wird und der gesetzlichen Krankenversicherung entsprechende Leistungen erbringt (§§ 8 I Nr. 1a, 6 I Nr. 1, VI SGB V). In diesem Fall trägt die Arbeitsverwaltung die Beiträge für die Krankenversicherung nach Maßgabe des § 207a II SGB III. Gleiches gilt für Personen, die in der gesetzlichen Krankenversicherung nach § 6 IIIa SGB V versicherungsfrei sind (Lebensalter über 54 Jahre, keine gesetzliche Versicherung in den letzten 5 Jahren vor Eintritt der Arbeitslosigkeit). Die Ausführungen gelten sinngemäß auch für die Pflegeversicherung, auch insoweit werden die Beiträge nach § 207a SGB III von der Arbeitsverwaltung übernommen.

94 **e) Freiwillige Versicherung während Ruhenszeiten nach § 143a SGB III.** Insbesondere bei Ruhen des Anspruchs auf Alg. wegen Anrechnung einer Entlassungsentschädigung (§ 143a SGB III) besteht wegen des fehlenden Leistungsbezugs kein Krankenversicherungsschutz über die Arbeitsverwaltung. Bei Bestehen einer Familienversicherung (§§ 10 SGB V, 25

[108] BSG 25. 1. 1995 SozR 3–2400 § 26 Nr. 6 = BSGE 75, 298.
[109] BSG 14. 3. 1985 SozR 4100 § 105b Nr. 3 = NZA 85, 676.

SGB XI) ist dies für den Arbeitslosen unschädlich, da er Kranken- und Pflegeversicherungsschutz über die Familienversicherung erhält. Gleiches gilt im Ergebnis, wenn der Arbeitslose freiwillig versichert ist und die Versicherung während der Arbeitslosigkeit fortgeführt wird. Insbesondere für die zuvor in der gesetzlichen Krankenversicherung Versicherten kann während des Ruhenszeitraums erforderlich sein, dass sie sich zur Vermeidung von Lücken im Krankenversicherungsschutz freiwillig weiterversichern (§ 9 I Nr. 1 SGB V). Der Beitritt ist dabei der Krankenkasse innerhalb von drei Monaten nach Beendigung der bisherigen Mitgliedschaft anzuzeigen (§ 9 II SGB V).

2. Rentenversicherung. Die Berücksichtigung von Zeiten der Arbeitslosigkeit in der Ren- **95** tenversicherung richtet sich nach den §§ 3 S. 1 Nr. 3, 4 III S. 1 Nr. 1 SGB VI. Nach der letztgenannten Bestimmung können auch vor der Arbeitslosigkeit nicht pflichtversicherte Personen auf Antrag in die gesetzliche Rentenversicherung aufgenommen werden. Für Zeiten der Arbeitslosigkeit und Krankheit werden während des Leistungsbezugs von der BA regelmäßig Beiträge gezahlt (§ 170 I Nr. 2b SGB VI), die sich aus 80% des Bemessungsentgelts berechnen (§ 166 I Nr. 2 SGB VI). Sind die Versicherten zum Zeitpunkt des Beginns der Arbeitslosigkeit von der Versicherungspflicht nach § 6 I Nr. 1 SGB VI (Mitgliedschaft in einer berufsständischen Versorgungseinrichtung) oder § 231 I, II SGB VI befreit, erstattet die Arbeitsverwaltung die Beiträge nach Maßgabe des § 207 SGB III. Während eines Ruhenszeitraumes nach den §§ 142ff. SGB III besteht keine Versicherungspflicht, da diese an den Leistungsbezug anknüpft und eine § 5 I Nr. 2 SGB V entsprechende Regelung fehlt. Bei fehlendem Leistungsbezug von Alg. ist die Zeit der Arbeitslosigkeit als Anrechnungszeit in der Rentenversicherung nach § 58 I Nr. 3, II SGB VI berücksichtigungsfähig (Meldung als Arbeitsuchender, Leistungsbezug einer öffentlich-rechtlichen Leistung bzw. fehlender Leistungsbezug wegen berücksichtigungsfähigem Einkommens oder Vermögens; Unterbrechung der versicherungspflichtigen Tätigkeit). Ruhenszeiten wegen einer Sperrzeit werden rentenrechtlich als Überbrückungszeit behandelt.

3. Unfallversicherung. Nach § 2 I Nr. 14 SGB III ist ein Arbeitsloser nach der Antragstel- **96** lung auf dem Weg zur AA in der gesetzlichen Unfallversicherung versichert, sofern er einer besonderen, an ihn gerichteten Aufforderung zum Aufsuchen der AA oder einer anderen Stelle nachkommt. Tätigkeiten, die im Zusammenhang mit nur allgemeinen Hinweisen, Empfehlungen oder Aushändigung von Merkblättern stehen, begründen keinen Unfallversicherungsschutz (BT-Drucks. 13/2204 S. 75). Um eine besondere Aufforderung wird es sich jedenfalls dann handeln, wenn der Arbeitslose zu einer persönlichen Vorsprache bzw. Vorstellung aufgefordert wird.[110]

VIII. Gleichwohlgewährung von Arbeitslosengeld

1. Zweck. Nach § 143 I SGB III ruht der Anspruch auf Alg. während der Zeit, für die der **97** Arbeitslose Arbeitsentgelt erhält oder zu beanspruchen hat. Die Vorschrift beruht auf dem Grundgedanken, dass Alg. als Lohnersatz nicht benötigt wird, wenn der Arbeitslose noch Vergütungsansprüche hat und diese auch durchsetzen kann. Erhält der Arbeitslose aber kein Arbeitsentgelt, ist die Arbeitsverwaltung trotz eines bestehenden Beschäftigungsverhältnisses zur Bewilligung von Alg. verpflichtet, wenn die übrigen Voraussetzungen für die Bewilligung gegeben sind (sog. Gleichwohlgewährung). Diese soll dem Arbeitslosen die für seinen Lebensunterhalt erforderlich Mittel zur Verfügung stellen, insoweit geht die Arbeitsverwaltung in Höhe des geleisteten Alg. in Vorleistung.

2. Voraussetzungen. Die Gleichwohlgewährung steht nicht im Ermessen der Arbeitsver- **98** waltung, liegen die Voraussetzungen des § 143 III SGB III vor, besteht ein Anspruch auf entsprechende Leistungen. Dieser entsteht, wenn der Arbeitnehmer zum Fälligkeitszeitpunkt kein Arbeitsentgelt vom Arbeitgeber erhält und mit einer Zahlung nicht zu rechnen ist. Der Arbeitslose muss dazu sämtliche Voraussetzungen für die Bewilligung von Alg. erfüllen (Arbeitslosigkeit, Arbeitslosmeldung und Bestehen einer Anwartschaft). Der Bestand eines Arbeitsverhältnisses ist für die Gleichwohlgewährung ohne Bedeutung, wenn der Arbeitnehmer tatsächlich von seinem Arbeitgeber nicht beschäftigt wird, da insoweit Beschäftigungslosigkeit vorliegt. Wird der Arbeitnehmer beschäftigt und zahlt der Arbeitgeber die Vergütung nicht, können für den Zeitraum der unterbliebenen Lohnzahlung keine Leistungen nach § 143 III SGB III gewährt werden, da es an dem Merkmal der Beschäftigungslosigkeit fehlt. Die Gleichwohlgewährung kommt insbesondere in Betracht während der Dauer eines Kündigungsschutzprozesses,[111] da

---

[110] BSG 11. 11. 2001 SozR 3–2700 § 2 Nr. 3.
[111] Vgl. BSG 8. 12. 1987 SozR 4100 § 117 Nr. 21 = BB 88, 1827.

wegen der Erhebung der Kündigungsschutzklage nicht feststeht, ob das Arbeitsverhältnis beendet worden ist. Weiterhin können Leistungen nach § 143 III SGB III auch beansprucht werden, bei einem Streit um die Begründung eines Arbeitsverhältnisses, einem Betriebsübergang, wenn der Arbeitnehmer tatsächlich nicht beschäftigt wird oder wenn der Arbeitgeber den Arbeitnehmer während der Dauer der Kündigungsfrist ohne Fortzahlung der Vergütung freistellt.

99 **3. Anspruchsübergang.** Gewährt die Arbeitsverwaltung nach § 143 III SGB III Alg., geht der Anspruch des Arbeitnehmers auf Arbeitsentgelt in Höhe der erhaltenen Leistungen auf die Arbeitsverwaltung über (§ 115 SGB X). Ein gesonderter Feststellungsbescheid ist nicht erforderlich, ebenso ist ohne Belang, ob die Arbeitsvertragsparteien den Forderungsübergang kannten. Der Arbeitnehmer verliert durch den Anspruchsübergang seine Gläubigerstellung und kann über die übergegangenen Teile seiner Vergütung nicht mehr verfügen.[112] Der Forderungsübergang steht daher auch einer gerichtlichen Geltendmachung entgegen, da dem Arbeitnehmer insoweit die Aktivlegitimation fehlt; nur ein bereits rechtshängiger Anspruch kann wegen § 265 II ZPO in Prozessstandschaft weiterverfolgt werden, jedoch muss der Anspruchsteller wegen der veränderten materiellen Rechtslage die Leistung an den Rechtsnachfolger verlangen.[113] Der Arbeitgeber kann der Arbeitsverwaltung alle Einwendungen gegenüber geltend machen, die er gegenüber dem Arbeitnehmer geltend machen könnte (z. B. Anspruchsuntergang wegen einer Ausschlussfrist). Von dem gesetzlichen Anspruchsübergang nicht mit erfasst werden die auf die übergegangenen Vergütungsteile entfallenden Sozialversicherungsbeiträge, diese muss der Arbeitgeber nur erstatten, wenn er zur Zahlung der Sozialversicherungsbeiträge verpflichtet war und diese zunächst von der BA getragen wurden (§ 335 III, V SGB III). Nur in dem verbleibenden Umfang kann der Arbeitnehmer seine Forderung gegen den Arbeitgeber gerichtlich durchsetzen. Hat der Arbeitgeber in Unkenntnis des Anspruchsübergangs an den Arbeitnehmer gezahlt, kann die Arbeitsverwaltung durch die Genehmigung die befreiende Wirkung von Zahlungen des Arbeitgebers an den Arbeitslosen und damit die Erstattungspflicht des Arbeitslosen herbeiführen.[114] Sind auf Grund des Forderungsübergangs vom Arbeitgeber Leistungen an die Arbeitsverwaltung zu erbringen, können diese regelmäßig mit den an den Arbeitnehmer zu erbringenden Leistungen verrechnet werden.[115] Zum arbeitsgerichtlichen Verfahren siehe auch RN 83.

100 **4. Anspruchsverkürzung.** Die Gleichwohlgewährung führt zur Minderungsdauer eines nachfolgenden Anspruchs auf Alg. Die Minderung unterbleibt, wenn der Arbeitgeber der Arbeitsverwaltung die gezahlten Alg.-Beträge erstattet.[116] Dem steht es gleich, wenn diese für die Zeit der Arbeitslosengeldgewährung einen Anspruch auf Insolvenzgeld erlangt.[117] Die Minderung tritt auch ein, wenn der Anspruch zwar auf die Arbeitsverwaltung übergegangen ist, diese den Anspruch gegenüber dem Arbeitgeber aber nicht geltend macht, obwohl ihr dies möglich ist. Das BSG hält für diesen Fall offenbar eine Klage des Arbeitnehmers gegen den Arbeitgeber auf Zahlung des übergegangenen Arbeitsentgelts an die Arbeitsverwaltung für zulässig;[118] nach anderer Ansicht soll sich die Bezugsdauer des Alg. nach den Grundsätzen des sozialrechtlichen Herstellungsanspruchs verlängern; möglich ist auch eine Ermächtigung des Arbeitnehmers zur gerichtlichen Geltendmachung der übergegangenen Vergütungsansprüche durch die BA.[119]

§ 24. Arbeitslosengeld II

Übersicht

	RN		RN
1. Allgemeines	1	6. Vermittlung	15–17
2. Anspruchsberechtigte	2	7. Soziale Sicherung	18
3. Erwerbsfähigkeit	3	8. Leistungen zur Beschäftigungsförderung	19
4. Hilfebedürftigkeit	4–7		
5. Leistungshöhe	8–14		

---

[112] BAG 23. 9. 1981 – 5 AZR 527/79 – ZIP 81, 1364; LAG Hamm 19. 2. 1988 NZA 88, 773.
[113] LAG Hamm 11. 10. 2000 BB 2001, 787 für den Anspruch auf KAUG.
[114] BSG 14. 9. 1990 SozR 3–4100 § 117 Nr. 3 = BSGE 67, 221 = NZA 91, 365.
[115] BAG 9. 10. 1996 AP 9 zu § 115 SGB X = NZA 97, 376.
[116] BSG 29. 1. 2008 – B 7/7 a AL 58/06 R – z.V. b.; 23. 7. 1998 SozR 3–4100 § 105 a Nr. 6 = NZA-RR 99, 160; 11. 6. 1987 SozR 4100 § 117 Nr. 18 = NZA 88, 330.
[117] BSG 24. 7. 1986 SozR 4100 § 117 Nr. 16 = BSGE 60, 168.
[118] BSG 29. 11. 1988 SozR 4100 § 117 Nr. 23 = BSGE 64, 199.
[119] BAG 19. 3. 2008 AP 14 zu § 115 SGB X = NZA 2008, 900.

1. Allgemeines. Wesentlicher Inhalt des Vierten Gesetzes für moderne Dienstleistungen am Arbeitsmarkt ist die Grundsicherung für Arbeitsuchende.[1] Sie ist im Zweiten Buch Sozialgesetzbuch (SGB II) zul. geänd. 2. 3. 2009 (BGBl. I S. 416) geregelt. Die bisher für die Arbeitslosenhilfe geltenden Vorschriften im SGB III sind zum 1. 1. 2005 aufgehoben worden.[2] Die Grundsicherung für Arbeitsuchende soll nach dem Willen der Bundesregierung **(a)** die Eigenverantwortung von erwerbsfähigen Hilfebedürftigen und Personen, die mit ihnen in einer Bedarfsgemeinschaft leben, stärken und dazu beitragen, dass sie ihren Lebensunterhalt unabhängig von der Grundsicherung aus eigenen Mitteln und Kräften bestreiten können sowie **(b)** erwerbsfähige Hilfebedürftige bei der Aufnahme oder Beibehaltung einer Erwerbstätigkeit unterstützen und den Lebensunterhalt sichern, soweit sie ihn nicht auf andere Weise bestreiten können. Die Grundsicherung für Arbeitsuchende umfasst Leistungen zur Beendigung oder Verringerung der Hilfebedürftigkeit insbesondere durch Eingliederung in Arbeit und durch Sicherung des Lebensunterhalts. 1

2. Anspruchsberechtigte. Erwerbsfähige Hilfebedürftige erhalten Alg. II; nicht erwerbsfähige Hilfebedürftige, die mit dem erwerbsfähigen Hilfebedürftigen in einer Bedarfsgemeinschaft leben, erhalten Sozialgeld (§ 5 II SGB II). Anspruchsberechtigt sind alle erwerbsfähigen Hilfebedürftigen zwischen 15 bis zum Regelrentenalter (§ 7a SGB II; faktische Einschränkungen bestehen bei vorzeitiger Inanspruchnahmemöglichkeit einer Altersrente, § 12 a SGB II) sowie die mit ihnen in einer Bedarfsgemeinschaft lebenden Angehörigen, soweit sie ihren gewöhnlichen Aufenthalt in der Bundesrepublik Deutschland haben (§ 7 I SGB II); für ausländische Staatsangehörige besteht in § 7 I 2 SGB II eine besondere Regelung.[3] Keinen Anspruch haben Personen, die eine Rente wegen Alters beziehen oder länger als sechs Monate in einer stationären Einrichtung untergebracht sind[4] (§ 7 IV SGB II). Sonderregelungen bestehen auch für Auszubildende[5] (§ 7 V, VI SGB II). Gemäß § 7 IVa SGB II erhält Leistungen nicht, wer ohne Zustimmung des persönlichen Ansprechpartners außerhalb des in der Erreichbarkeits-Anordnung vom 23. 10. 1997 (§ 23 RN 11) definierten zeit- und ortsnahen Bereichs aufhält; die übrigen Bestimmungen der Erreichbarkeits-Anordnung gelten entsprechend.[6] 2

3. Erwerbsfähigkeit. Erwerbsfähig ist, wer nicht wegen Krankheit oder Behinderung gegenwärtig oder auf absehbare Zeit außerstande ist, unter den üblichen Bedingungen des allgemeinen Arbeitsmarktes mindestens drei Stunden täglich erwerbstätig zu sein (§ 8 I SGB II). Für die Bestimmung der Erwerbsfähigkeit ist es unerheblich, ob eine Erwerbstätigkeit vorübergehend unzumutbar ist (z. B. wegen der Erziehung eines Kindes unter drei Jahren). Die Erwerbsfähigkeit von ausländischen Staatsangehörigen ist nur dann gegeben, wenn ihnen die Aufnahme einer Beschäftigung erlaubt ist oder erlaubt werden könnte (§ 8 II SGB II). 3

4. Hilfebedürftigkeit. a) Grundsatz. Hilfebedürftig ist, wer seinen Bedarf und den Bedarf seiner mit ihm in einer Bedarfsgemeinschaft lebenden Angehörigen aus den einzusetzenden Mitteln und Kräften nicht in vollem Umfang decken kann und die erforderliche Hilfe auch nicht von Dritten, insbesondere Angehörigen oder von Trägern anderer Sozialleistungen erhält (§ 9 I SGB II). 4

b) Bedarfsgemeinschaft. § 9 II SGB II trifft eine ausdrückliche Regelung für die Hilfsbedürftigkeit von Personen, die in einer Bedarfsgemeinschaft leben. Bei ihnen ist auch das Einkommen und Vermögen des Partners zu berücksichtigen. Bei unverheirateten Kindern, die mit ihren Eltern oder einem Elternteil in einer Bedarfsgemeinschaft leben und die die Leistungen zur Sicherung ihres Lebensunterhalts nicht aus ihrem eigenen Einkommen oder Vermögen beschaffen können, ist auch das Einkommen und das Vermögen der Eltern oder des Elternteils zu berücksichtigen. Ist in einer Bedarfsgemeinschaft nicht der gesamte Bedarf aus eigenen Kräften und Mitteln gedeckt, gilt jede Person der Bedarfsgemeinschaft im Verhältnis des eigenen Bedarfs zum Gesamtbedarf als hilfebedürftig. § 9 V SGB II enthält eine gesetzliche Vermutung für Haushaltsgemeinschaften von verwandten und verschwägerten Personen. Bei ihnen wird davon ausgegangen, dass sie von ihnen Leistungen erhalten, soweit dies nach deren Einkommen und 5

---

[1] BVerfG 20. 12. 2007 BGBl I 2008, S. 27 – Verfassungswidrigkeit der ARGE gem. § 44b SGB II.
[2] Verfassungsmäßigkeit bejaht von BSG 23. 11. 2006 SozR 4–4200 § 20 Nr. 3.
[3] BSG 16. 5. 2007 SozR 4–4200 § 12 Nr. 4.
[4] BSG 6. 9. 2007 SozR 4–4200 § 7 Nr. 6.
[5] Zu Ausnahmen und Härtefällen: BSG 6. 9. 2007 SozR 4–4200 § 7 Nr. 6; 6. 9. 2007 SozR 4–4200 § 7 Nr. 8 = NJW 2008, 2285.
[6] Zur Geltung für Hilfeempfänger, die eine Erklärung nach § 428 I SGB III abgegeben haben BSG 23. 11. 2006 SozR 4–4300 § 428 Nr. 3.

Vermögen erwartet werden kann. Zur Bedarfsgemeinschaft (§ 7 III SGB II) gehören: **(a)** die erwerbsfähigen Hilfebedürftigen, **(b)** die im Haushalt lebenden Eltern oder der im Haushalt lebende Elternteil eines unverheirateten erwerbsfähigen Kindes bis zur Vollendung des 25. Lebensjahres; **(c)** der nicht dauernd getrennt lebende Ehegatte, **(d)** die Person, die mit dem erwerbsfähigen Hilfebedürftigen in eheähnlicher Gemeinschaft lebt,[7] **(e)** der nicht dauernd getrennt lebende Lebenspartner, **(f)** eine Person, die mit dem erwerbsfähigen Hilfebedürftigen in einem gemeinsamen Haushalt so zusammenlebt, dass nach verständiger Würdigung der wechselseitige Wille anzunehmen ist, Verantwortung füreinander zu tragen und füreinander einzustehen (dazu § 7 IIIa SGB II), sowie **(g)** die dem Haushalt angehörenden unverheirateten Kinder des erwerbsfähigen Hilfebedürftigen oder seines Partners bis zum 25. Lebensjahr, soweit sie nicht aus eigenem Einkommen oder Vermögen die Leistungen zur Sicherung des Lebensunterhalts beschaffen können.

6 **c) Zu berücksichtigendes Einkommen.** Die Anrechnung von Einkommens (§ 11 SGB II) orientiert sich an der Bedürftigkeitsprüfung im Sozialhilferecht.[8] Die Prüfung erfolgt in drei Stufen: **(a)** zweckbestimmte Einnahmen sind privilegiert und von vornherein von einer Anrechnung ausgenommen[9] (z.B. Aufwandsentschädigungen, Blindengeld, Leistungen nach dem USG, Pflegegeld nach § 23 SGB VIII bei nicht gewerbsmäßiger Pflege, vermögenswirksame Leistungen sowie auf Grund eines Unterhaltstitels oder einer notariell beurkundeten Unterhaltsvereinbarung titulierte bzw. gepfändete Teile des Einkommens; anrechnungsfrei bleiben auch vergleichbare Leistungen nach ausländischem Recht[10]), **(b)** eine Sonderregelung besteht für die Anrechnung von Pflegegeld (§ 11 IV SGB II); anschließend ist **(c)** aus dem maßgeblichen Bruttoeinkommen unter Berücksichtigung der maßgeblichen Absetzbeträge ein Nettoeinkommen zu ermitteln sowie ggf. ein Freibetrag für Erwerbstätigkeit zu berücksichtigen. Maßgeblich ist zunächst das um die Absetzbeträge des § 11 II insbes. S. 1 Nr. 1 bis 8 SGB II bereinigte monatliche Einkommen. Elterngeld, dass die nach § 10 BEEG anrechnungsfreien Beträge übersteigt, wird in voller Höhe berücksichtigt (§ 11 IVa SGB II). Weitere Einzelheiten ergeben sich aus der zu § 13 SGB II ergangenen RechtsVO.[11] Danach können bei Bezug von Einkommen ohne besonderen Nachweis insbesondere abgezogen werden private Versicherungen i.H.v. 30 Euro mtl., Werbungskosten von ca. 15 Euro mtl., Verpflegungsmehraufwendungen bei einer Abwesenheit von zumindest 12 Stunden 6 Euro sowie 0,20 Euro pro Entfernungskilometer für den Weg zur Arbeitsstätte. Daneben bleibt nach § 11 II Nr. 6 SGB II ein Freibetrag bei einem Bezug von Nebenverdienst in bestimmtem Umfang außer Betracht. Der Gesetzgeber erhofft sich hierdurch stärkere Anreize für eine Beschäftigungsaufnahme der Bezieher des Alg. II. Von dem nach § 11 II SGB II bereinigten Netto-Erwerbseinkommen werden bei erwerbsfähigen Hilfebedürftigen ein Betrag i.H.v. 10% bei einem Bruttolohn von 100 Euro bis 800 Euro und 20% bei dem Teil des Bruttolohns zwischen 801 und 1200 Euro bzw. 1500 Euro (bei zumindest einem minderjährigen Kind) abgesetzt (§ 30 SGB II). Neu eingeführt ist die Berücksichtigung von bereit gestellter Verpflegung als Einkommen (§ 2 V Alg II–V). Bei selbstständiger Erwerbstätigkeit werden nur die tatsächlich notwendige Ausgaben als berücksichtigungsfähige Ausgaben anerkannt; der Ansatz einer Pauschale von 30% der Betriebsausgaben ist entfallen. Zudem werden steuerliche Gestaltungsmöglichkeiten nicht mehr berücksichtigt; für jeden gefahrenen Kilometer können 0,10 Euro abgesetzt werden (Einzelheiten § 3 Alg II–V). Kindergeld gilt als Einkommen des jeweiligen Kindes, soweit es von diesem zum Bestreiten seines Lebensunterhalts benötigt wird; der diesen Bedarf übersteigende Wert kann bei der Mutter als Einkommen berücksichtigt werden.[12]

7 **d) Vermögensanrechnung.** Grundsätzlich ist das gesamte verwertbare[13] Vermögen des Hilfebedürftigen bei der Bedürftigkeitsprüfung zu berücksichtigen (§ 12 I SGB II). Als Vermögen

---

[7] BSG 27. 2. 2008 – B 14 AS 23/07 R – n. v. – Ermittlung nach äußeren Hinweiszeichen.

[8] Verfassungsmäßigkeit bejaht von BSG 23. 11. 2006 SozR 4–4200 § 20 Nr. 3.

[9] Zum Einkommen zählen eine Verletztenrente BSG 5. 9. 2007 SozR 4–4200 § 11 Nr. 5; eine Berufsunfähigkeitsrechte BSG 5. 9. 2007 SozR 4–4200 § 11 Nr. 6; ein Existenzgründungszuschuss BSG 6. 12. 2007 SozR 4–4200 § 11 Nr. 8.

[10] BSG 5. 9. 2007 SozR 4–4200 § 11 Nr. 7 – britische Kriegsopferrente.

[11] Verordnung zur Berechnung von Einkommen sowie zur Nichtberücksichtigung von Einkommen und Vermögen beim Arbeitslosengeld II/Sozialgeld (Arbeitslosengeld II/Sozialgeld-Verordnung – Alg II–V) vom 17. 12. 2007 (BGBl. I S. 2942), zul. geänd. 18. 12. 2008 (BGBl. I S. 2780).

[12] BSG 7. 11. 2006 SozR 4–4200 § 22 Nr. 1.

[13] Zum Begriff der Verwertbarkeit: BSG 6. 12. 2007 SozR 4–4200 § 12 Nr. 6; 16. 5. 2007 SozR 4–4200 § 12 Nr. 4.

ist nach § 12 III SGB II nicht zu berücksichtigen: angemessener Hausrat, ein angemessenes[14] Kraftfahrzeug für jeden in der Bedarfsgemeinschaft lebenden erwerbsfähigen Hilfebedürftigen, ein selbst genutztes Hausgrundstück von angemessener Größe oder eine entsprechende Eigentumswohnung,[15] Vermögen, solange es nachweislich zur baldigen Beschaffung oder Erhaltung eines Hausgrundstückes von angemessener Größe bestimmt ist, soweit dieses zu Wohnzwecken behinderter oder pflegebedürftiger Menschen dient oder dienen soll. Unberücksichtigt bleiben daneben auch Gegenstände, die zur Aufnahme oder zur Fortsetzung der beruflichen Tätigkeit oder Berufsausbildung unentbehrlich sind (§ 4 I der Arbeitslosengeld II/Sozialgeld-Verordnung v. 17. 12. 2007, RN 6). Nach Auffassung der Bundesregierung fällt hierunter aber nicht eine für ein Kind abgeschlossene Ausbildungsversicherung. Darüber hinaus ist für anderes Vermögen ein weiterer Grundfreibetrag bis zu einem Betrag von 150 Euro je Lebensjahr für den volljährigen Hilfebedürftigen und seinen Partner, mindestens aber 3.100 Euro einzuräumen (§ 12 II Nr. 1 SGB II). Für hilfebedürftige minderjährige Kinder ist nachträglich ein Freibetrag von 3100 Euro eingeführt worden (§ 12 II Nr. 1a SGB II). Hinzu kommt ein Freibetrag für notwendige Anschaffungen in Höhe von 750 Euro für jeden in der Bedarfsgemeinschaft lebenden Hilfebedürftigen (§ 12 II Nr. 4 SGB II). In angemessenem Umfang werden Vermögensteile incl. der daraus gezogenen Erträge nicht berücksichtigt, die auf Grund bundesgesetzlicher Vorschriften ausdrücklich als Altersvorsorge gefördert werden (Riester-Rente). Sie werden anders als bisher bei der Arbeitslosenhilfe ohne Anrechnung auf den allgemeinen Freibetrag privilegiert (§ 12 II Nr. 2 SGB II). Geldwerte Ansprüche, die der Altersvorsorge dienen, sind bis zu einer Höhe von 250 Euro je vollendetem Lebensjahr des erwerbsfähigen Hilfebedürftigen und seines Partners anrechnungsfrei, soweit der Inhaber sie vor dem Eintritt in den Ruhestand auf Grund einer vertraglichen Vereinbarung nicht verwerten kann (§ 12 II Nr. 3 SGB II), höchstens jedoch bis zu dem in § 12 II 2 SGB II genannten Betrag.

5. Leistungshöhe. a) Die Leistungen zur Sicherung des Lebensunterhalts (Alg. II und Sozialgeld) entsprechen in der Regel dem Niveau der Sozialhilfe und sind weitgehend pauschaliert. 8
Zwar ist die Regelleistung ca. 20% höher als die Sozialhilfe, allerdings sind zusätzliche Bedarfe im SGB II auf die in § 21 SGB II aufgeführten Fälle beschränkt. Leistungen für Unterkunft und Heizung sind in angemessener Höhe zu übernehmen (§ 22 I SGB II). Ob, wie teilweise prognostiziert wird, die vorgesehene Möglichkeit zur Darlehensgewährung zu einer „Schuldenfalle" der Hilfebedürftigen führen wird, kann seriös nicht prognostiziert werden.

b) Regelleistungen. Die (bundesweit) einheitliche Pauschale für die Regelleistungen beträgt 9
seit dem 1. 7. 2008 351 Euro mtl. (§ 20 II, IV SGB II) Die Regelleistungen umfassen laufende und – soweit sie pauschalierbar sind – einmalige Bedarfe. Das BSG hat die Höhe der mtl. Regelleistung von 345 Euro unter Hinweis auf den gesetzgeberischen breiten Spielraum und die Möglichkeiten zur Pauschalierung bzw. gruppenbezogenen Typisierung als verfassungsgemäß angesehen.[16] Die Regelleistung zur Sicherung des Lebensunterhalts umfasst insbesondere Ernährung, Kleidung, Körperpflege, Hausrat, Bedarfe des täglichen Lebens sowie in vertretbarem Umfang auch Beziehungen zur Umwelt und eine Teilnahme am kulturellen Leben. Haben die Partner der Bedarfsgemeinschaft das 18. Lebensjahr vollendet, beträgt die Regelleistung jeweils 90% der Regelleistung. Die Regelleistung für sonstige erwerbsfähige Angehörige der Bedarfsgemeinschaft beträgt 80% der Regelleistung. Für Personen bis zur Vollendung des 25. Lebensjahres beträgt die Regelleistung 80%, wenn sie ohne Zusicherung des zuständigen kommunalen Trägers umziehen (§ 20 IIa SGB II).

c) Mehrbedarf. Leistungen für Mehrbedarfe werden als Vomhundertsatz der maßgebenden 10
Regelleistung in pauschalierter Form erbracht. Mehrbedarfe werden z. B. gezahlt an **(1)** erwerbsfähige schwangere Frauen nach der 12. Schwangerschaftswoche (§ 21 II SGB II), **(2)** Alleinerziehende (§ 21 III SGB II) und **(3)** erwerbsfähige behinderte Hilfsbedürftige (§ 21 IV SGB II). Daneben sind weitere Leistungen für besondere Anlässe vorgesehen (Erstausstattung für Bekleidung und Wohnung sowie Leistungen für mehrtägige Klassenfahrten; § 23 III SGB II). Darüber hinaus werden keine Mehrbedarfe anerkannt.[17]

d) Kosten der Unterkunft. Unterkunftskosten und Heizkosten (KdU) werden, soweit sie 11
angemessen sind, in Höhe der tatsächlichen Aufwendungen übernommen (§ 22 SGB II). Nach

---

[14] BSG 6. 9. 2007 SozR 4–4200 § 12 Nr. 5; 16. 5. 2007 SozR 4–4200 § 12 Nr. 4.

[15] BSG 29. 3. 2007 SozR 4–4200 § 11 Nr. 3; 7. 11. 2006 SozR 4–4200 § 12 Nr. 3 – Rückgriff auf II. WoBauG.

[16] BSG 23. 11. 2006 SozR 4–4200 § 20 Nr. 3.

[17] BSG 7. 11. 2006 SozR 4–4200 § 20 Nr. 1.

Auffassung des BSG kann die Angemessenheit der KdU nicht pauschal nach den Werten der Tabelle zu § 8 WoGG beurteilt werden.[18] Die Angemessenheit richtet sich nach den familiären Verhältnissen, Beschaffenheit der Wohnung, Heizmöglichkeiten und nach den in der Referenzgruppe unterer Einkommensgruppen herrschenden Lebensgewohnheiten.[19] Als angemessen gelten im Allgemeinen ca. 45–50 qm für eine Person, ca. 60 qm oder 2 Zimmer für zwei Personen, ca. 75 qm oder 3 Zimmer für drei Personen sowie ca. 85–90 qm oder 4 Zimmer für vier Personen. Die Zuordnung der Aufwendungen für die KdU erfolgt bei Nutzung einer Unterkunft durch mehrere Personen grundsätzlich nach Kopfzahl.[20] Mietschulden können darlehensweise übernommen werden; sie sollen übernommen werden, wenn sonst Wohnungslosigkeit einzutreten droht (§ 22 V SGB II). Die Übernahme der tatsächlichen Aufwendungen hängt dann davon ab, dass es innerhalb der vorgegebenen Regelfrist von sechs Monaten dem Leistungsempfänger nicht möglich oder nicht zumutbar ist, die Kosten zu senken. Eine vorherige förmliche Kostensenkungsaufforderung des Trägers ist nicht erforderlich.[21] Für Personen bis zum 25. Lebensjahr besteht eine Sonderregelung bei der Übernahme von Kosten der Unterkunft; diese ist von der vorherigen Zusicherung des kommunalen Trägers abhängig (§ 22 IIa SGB II).

12 **e) Befristeter Zuschlag zum Alg.** Hat der erwerbsfähige Hilfebedürftige vor dem Bezug von Alg. II Alg. nach dem SGB III bezogen, erhält er für einen Zeitraum von zwei Jahren einen monatlichen Zuschlag[22] (§ 24 I SGB II). Der Zuschlag beträgt zwei Drittel des Unterschiedsbetrages zwischen dem von dem erwerbsfähigen Hilfebedürftigen zuletzt bezogenen Alg. und dem nach dem WoGG erhaltenen Wohngeld und dem an den erwerbsfähigen Hilfebedürftigen und die mit ihm in Bedarfsgemeinschaft lebenden Angehörigen zu zahlenden Alg. II. Der Zuschlag ist im ersten Jahr bei erwerbsfähigen Hilfebedürftigen auf höchstens 160 Euro, bei Partnern auf insgesamt höchstens 320 Euro und für die mit dem Zuschlagsberechtigten in Bedarfsgemeinschaft zusammenlebenden Kinder auf höchstens 60 Euro pro Kind begrenzt. Im zweiten Jahr wird der Zuschlag um max. 50% vermindert (§ 24 IV SGB II).

13 **f) Einstiegsgeld.** Die Gewährung eines zeitlich befristeten Arbeitnehmerzuschusses (Einstiegsgeld) ist nach § 16b SGB II möglich, wenn dies zur Eingliederung in den allgemeinen Arbeitsmarkt erforderlich ist. Das Einstiegsgeld wird als Zuschuss zum Alg. II erbracht. Nach § 16b II SGB II wird die Leistung für höchstens 24 Monate gewährt, wenn zugleich der Hilfebedürftige in einem Beschäftigungsverhältnis steht. Bei der Bemessung der Höhe des Einstiegsgeldes soll die vorherige Dauer der Arbeitslosigkeit sowie die Größe der Bedarfsgemeinschaft berücksichtigt werden, in der der erwerbsfähige Hilfebedürftige lebt. Bei dem Einstiegsgeld handelt es sich um eine Ermessensleistung, deren Höhe von dem Fallmanager des Hilfebedürftigen festgelegt wird. Weitere Einzelheiten können durch eine RechtsVO geregelt werden (§ 16b III SGB II).

14 **g) Eingliederungsleistungen.** Die AA benennt jedem erwerbsfähigen Hilfebedürftigen einen Fallmanager, der ihn und die mit ihm in einer Bedarfsgemeinschaft lebenden Angehörigen umfassend mit dem Ziel der Eingliederung in Arbeit unterstützt. Ein Fallmanager soll für höchstens 75 erwerbsfähige Hilfebedürftige verantwortlich sein. Der erwerbsfähige Hilfebedürftige schließt mit dem Fallmanager für sechs Monate eine Eingliederungsvereinbarung (§ 15 SGB II). Er erhält grundsätzlich die Leistungen, die für seine Eingliederung in Arbeit erforderlich sind: insbesondere ein Sofortangebot nach § 15a SGB II, die im SGB III geregelten Leistungen wie z.B. Beschäftigung in AB-Maßnahmen, darüber hinaus besteht eine generalklauselartige Regelung, die dem individuellen Bedarf angepasste Leistungen wie z.B. Schuldner- und Suchtberatung oder Kinderbetreuungsleistungen ermöglicht (zu Einzelheiten § 16, 16a, 16c SGB II). Durch § 16f SGB II ist die Möglichkeit zur freien Förderung geschaffen worden.

15 **6. Vermittlung. a) Grundsätze.** Erwerbsfähige Hilfebedürftige, die das 58. Lebensjahr vollendet haben, sind unverzüglich in Arbeit oder in eine Arbeitsgelegenheit zu vermitteln; dem vergleichbar sind erwerbsfähige Hilfebedürftige unter 25 Jahren unverzüglich ab Antragstellung auf Leistungen der Grundsicherung für Arbeitsuchende in Arbeit, Ausbildung oder eine Ar-

---

[18] BSG 7. 11. 2006 SozR 4–4200 § 22 Nr. 3.

[19] *Lang* in Eicher/Spellbrink, SGB II, § 22 RN 40ff.; BSG 16. 5. 2007 SozR 4–4200 § 12 Nr. 4 – selbstgenutztes Hausgrundstück.

[20] BSG 19. 3. 2008 SozR 4–4200 § 22 Nr. 6; 27. 2. 2008 – B 14/11 b AS 55/06 R – z.V. b.

[21] BSG 19. 3. 2008 – B 11 b AS 41/06 R – z.V. b.

[22] Zur Verfassungsmäßigkeit BSG 19. 3. 2008 SozR 4–4200 § 24 Nr. 3; 31. 10. 2007 SozR 4–4200 § 24 Nr. 1.

beitsgelegenheit zu vermitteln (§ 3 II, II a SGB II). Für erwerbsfähige Hilfebedürftige, die voraussichtlich in absehbarer Zeit eine Erwerbstätigkeit auf dem allgemeinen Arbeitsmarkt nicht finden, sollen Arbeitsgelegenheiten geschaffen werden (§ 16 d SGB II). Dabei können im öffentlichen Interesse liegende, zusätzliche Arbeitsgelegenheiten im sog. Sozialrechtsverhältnis geschaffen werden, für die zuzüglich zum Alg. II eine angemessene Mehraufwandsentschädigung gezahlt wird. Lehnen jugendliche erwerbsfähige Hilfebedürftige unter 25 Jahren eine zumutbare Erwerbstätigkeit oder Eingliederungsmaßnahmen ab oder bemühen sie sich nicht ausreichend um einen Arbeitsplatz, so erhalten sie für die Dauer von drei Monaten keine Geldleistung der Grundsicherung für Arbeitsuchende oder aus nachrangigen Sicherungssystemen. Der Träger kann den Zeitraum im Einzelfall auf die Dauer von 6 Wochen verkürzen. Kosten für Unterkunft und Heizung werden in dieser Zeit unmittelbar an den Vermieter gezahlt (§ 31 V SGB II). Der Zugang zu Beratung und Betreuung bleibt während des dreimonatigen Zeitraumes erhalten. Seit dem 1. 1. 2007 werden bei wiederholter Pflichtverletzung neben der Grundsicherung ggf. auch die Kosten für die Unterkunft gemindert. Der Träger kann die Leistungen für die Unterkunft erbringen, wenn der Hilfebedürftige sich nachträglich bereit erklärt, seinen Pflichten nachzukommen, § 31 V 5 SGB II.

b) Zumutbarkeit. Nach § 10 I SGB II ist dem Hilfebedürftigen jede Arbeit zumutbar, es sei denn, einer der in der genannten Vorschrift aufgeführten Ausnahmetatbestände liegt zu seinen Gunsten vor. So ist eine Arbeit nicht zumutbar, wenn er **(1)** zu der bestimmten Arbeit körperlich, geistig oder seelisch nicht in der Lage ist, **(2)** die Ausübung der Arbeit ihm die künftige Ausübung seiner bisherigen überwiegenden Arbeit wesentlich erschweren würde, weil die bisherige Tätigkeit besondere körperliche Anforderungen stellt, **(3)** die Ausübung der Arbeit die Erziehung seines Kindes oder des Kindes seines Partners gefährden würde; die Erziehung eines Kindes, das das dritte Lebensjahr vollendet hat, ist in der Regel nicht gefährdet, soweit seine Betreuung in einer Tageseinrichtung oder in Tagespflege im Sinne der Vorschriften des SGB VIII oder auf sonstige Weise sichergestellt ist; die AA soll in Zusammenarbeit mit dem örtlichen Träger der Sozialhilfe darauf hinwirken, dass Erziehenden vorrangig ein Platz zur Tagesbetreuung des Kindes angeboten wird, **(4)** die Ausübung der Arbeit mit der Pflege eines Angehörigen nicht vereinbar wäre und die Pflege nicht auf andere Weise sichergestellt werden kann oder **(5)** der Ausübung der Arbeit ein sonstiger wichtiger Grund entgegensteht. Nach § 10 II SGB II ist eine Arbeit nicht allein deshalb unzumutbar, weil sie nicht einer früheren beruflichen Tätigkeit des erwerbsfähigen Hilfebedürftigen entspricht, für die er ausgebildet ist oder die er ausgeübt hat, sie im Hinblick auf die Ausbildung des erwerbsfähigen Hilfebedürftigen als geringerwertig anzusehen ist, der Beschäftigungsort vom Wohnort des erwerbsfähigen Hilfebedürftigen weiter entfernt ist als ein früherer Beschäftigungs- oder Ausbildungsort, die Arbeitsbedingungen ungünstiger sind als bei den bisherigen Beschäftigungen des erwerbsfähigen Hilfebedürftigen. Eine Entlohnung unterhalb des Tariflohns oder des ortsüblichen Entgelts steht danach der Zumutbarkeit der Arbeitsaufnahme grundsätzlich nicht entgegen. Allerdings darf die Arbeit nicht gegen Gesetz oder die guten Sitten verstoßen. 16

c) Ablehnung von Beschäftigungsmöglichkeiten. § 31 SGB II enthält verschiedene dem Sperrzeitrecht des SGB III nachgebildete Tatbestände bei Pflichtwidrigkeiten des Hilfebedürftigen. Nach § 31 I SGB II wird das Alg. II unter Wegfall des Zuschlags nach § 24 SGB II in einer ersten Stufe um 30% der Regelleistung abgesenkt, wenn **(1)** der erwerbsfähige Hilfebedürftige sich trotz Belehrung über die Rechtsfolgen weigert, **(a)** eine ihm angebotene Eingliederungsvereinbarung abzuschließen, **(b)** in der Eingliederungsvereinbarung festgelegte Pflichten zu erfüllen, insbesondere in ausreichendem Umfang Eigenbemühungen nachzuweisen, **(c)** eine zumutbare Arbeit, Ausbildung oder Arbeitsgelegenheit aufzunehmen oder fortzuführen oder **(d)** eine nach einer Eingliederungsvereinbarung zumutbare Arbeit nach § 16 III 2 SGB II auszuführen, **(2)** der erwerbsfähige Hilfebedürftige trotz Belehrung über die Rechtsfolgen eine zumutbare Maßnahme zur Eingliederung in Arbeit abgebrochen oder Anlass für den Abbruch gegeben hat. Letzteres gilt nicht, wenn der erwerbsfähige Hilfebedürftige einen wichtigen Grund für sein Verhalten nachweist. Der wichtige Grund im SGB II entspricht dem in § 144 SGB III (§ 23 RN 59). Bei Ablehnung einer zumutbaren Erwerbstätigkeit oder Eingliederungsmaßnahme sowie bei fehlender Eigeninitiative wird danach die Leistung in einem ersten Schritt in Höhe von 30% der Regelleistung (rund 100 Euro) gekürzt. Während dieser Zeit entfällt auch der im Anschluss an den Bezug von Alg. erbrachte zeitlich befristete Zuschlag. Im Wiederholungsfall werden die Regelleistung erneut und ggf. zusätzlich die Leistungen für die Unterkunftskosten gemindert (§ 31 III, V SGB II). § 31 II SGB II regelt die Rechtsfolgen bei einem Verstoß gegen die Melde- und Untersuchungspflicht, während Absatz 3 allgemein den wieder- 17 holten Pflichtverstoß betrifft. Aus Gründen des Vertrauensschutzes ist für einen begrenzten Zeitraum die Regelung des § 428 SGB III für ältere Arbeitnehmerinnen und Arbeitnehmer in das neue Recht übernommen worden.

18 **7. Soziale Sicherung.** Erwerbsfähige Hilfebedürftige werden in der gesetzlichen Krankenversicherung und in der sozialen Pflegeversicherung pflichtversichert, soweit für sie nicht bereits im Rahmen einer Familienversicherung Versicherungsschutz besteht. Für jeden erwerbsfähigen Hilfebedürftigen wird ein Beitrag von pauschal 125 Euro an die Krankenversicherung und von pauschal 14,90 Euro monatlich an die Pflegeversicherung entrichtet. In der gesetzlichen Rentenversicherung sind erwerbsfähige Hilfebedürftige auf der Basis des Mindestbeitrags pflichtversichert, sofern sie nicht versicherungspflichtig tätig sind. Bezieher von Alg. II, die von der Versicherungspflicht in der gesetzlichen Rentenversicherung befreit sind, erhalten einen Zuschuss zu den Beiträgen, die für die Dauer des Leistungsbezugs freiwillig an die gesetzliche Rentenversicherung oder eine private Altersvorsorge gezahlt werden (§ 26 SGB II).

19 **8. Leistungen zur Beschäftigungsförderung.**[23] Mit dem 2. SGB II-ÄndG wurden zum 1. 10. 2007 Leistungen zur Beschäftigungsförderung in das Gesetz neu aufgenommen (§ 16 a SGB II). Während einer Übergangsfrist bis zum 31. 3. 2008 konnten zusätzliche und im öffentlichen Interesse liegende Arbeiten bei Trägern i. S. d. § 21 SGB III gefördert werden. Ab dem 1. 4. 2008 können auch rein gewerbswirtschaftlich ausgerichtete Arbeiten bei allen Arbeitgebern auf dem allgemeinen Arbeitsmarkt gefördert werden, wenn diese sozialversicherungspflichtige Beschäftigungsverhältnisse für förderfähige Personen schaffen. Die Höhe des Beschäftigungszuschusses richtet sich nach der Leistungsfähigkeit des erwerbsfähigen Hilfebedürftigen und kann bis zu 75% des berücksichtigungsfähigen Arbeitsentgelts betragen (§ 16 e II SGB II). Die Förderdauer beträgt bis zu 24 Monate, der Beschäftigungszuschuss kann unter den Voraussetzungen des § 16 e III 1 Nr. 1 SGB II anschließend zeitlich unbegrenzt erbracht werden. Die Förderung wird flankiert durch die in Abs. 6 und 8 enthaltenen arbeitsrechtlichen Regelungen zur sachlichen Rechfertigung der Befristung und zur Kündigung.

[23] *Marschner*, Lohnkostenzuschüsse des Trägers der Grundsicherung für Arbeitsuchende (Hartz IV), AR-Blattei SD 1128.

III. Buch. Die Begründung des Arbeitsverhältnisses

§ 25. Stellenausschreibung und Stellensuche

Adam, Die Einstellung des Arbeitnehmers unter besonderer Berücksichtigung des öffentlichen Dienstes, ZTR 2003, 158; *Adomeit/Mohr,* Benachteiligung von Bewerbern (Beschäftigten) nach dem AGG als Anspruchsgrundlage für Entschädigung und Schadensersatz, NZA 2007, 179; *Diller,* Einstellungsdiskriminierung durch Dritte, NZA 2007, 649; *Ege,* Online-Bewerbermanagement und AGG, AuA 2008, 154; *Kania/ Merten,* Auswahl und Einstellung von Arbeitnehmern und Geltung des AGG, ZIP 2007, 8; *Lutz,* Harter Kampf um Mitarbeiter, AuA 2002, 388; *Schlosser,* Wettbewerbsrechtliche Zulässigkeit von „Mitarbeiter werben Mitarbeiter" Prämien, BB 2003, 47; *ders.,* Datenschutzrechtliche Bedenken bei der Direktansprache von Beschäftigten, DB 2003, 5004; *Schmiedl,* Mitarbeiterabwerbung durch Kollegen während des laufenden Arbeitsverhältnisses, BB 2003, 1120; *Schrader,* Gestaltungsmöglichkeiten des Arbeitgebers nach Inkrafttreten des Allgemeinen Gleichbehandlungsgesetzes (AGG), DB 2006, 2574; *Schreiner/Kolmhuber,* Diskriminierungsschutz bei der Einstellung, ArbRB 2006, 314; *Schwab,* Diskriminierende Stellenanzeigen durch Personalvermittler, NZA 2007, 178; *Stürmer,* Bewerbung und Schwangerschaft, NZS 2001, 526; *Thum/Szczesny,* Background Checks im Einstellungsverfahren: Zulässigkeit und Risiken für Arbeitgeber, BB 2007, 2405; *Wank,* Von ungeeigneten Bewerbern und schwangeren Bewerberinnen – oder: von der Kunst des „distinguishing", FS für Richardi, 2007, S. 441; *Wichert/Zange,* AGG: Suche nach Berufsanfängern in Stellenanzeigen, DB 2007, 925.

Übersicht

	RN
I. Allgemeines	1, 2
II. Stellenausschreibung	3 ff.
1. Allgemeines	3
2. Unzutreffende Angaben	4
3. Diskriminierungsverbote	5–9
4. Mitbestimmung des Betriebsrats	10
5. Bewerbungsunterlagen	11, 12
6. Initiativbewerbungen	13
III. Freizeit zur Stellensuche	14 ff.
1. Allgemeines	14
2. Dauerndes Dienstverhältnis	15, 16
3. Kündigung	17, 18
4. Freizeitverlangen	19–21
5. Umfang der Freizeitgewährung	22
6. Vergütung der Freizeit	23
7. Verweigerung der Freizeit	24
IV. Ersatz der Vorstellungskosten	25 ff.
1. Voraussetzungen	25, 26
2. Erstattungsfähige Kosten	27, 28
3. Verjährung	29

I. Allgemeines

1 Grundlage der Begründung neuer Arbeitsverhältnisse ist idealerweise eine **Personalplanung,** die sich auf den gegenwärtigen und künftigen Personalbedarf in quantitativer und qualitativer Hinsicht, auf deren Deckung im weitesten Sinne sowie auf den abstrakten Einsatz der personellen Kapazität bezieht. Zur Personalplanung gehören jedenfalls die Personalbedarfsplanung, die Personaldeckungsplanung (Personalbeschaffung, Personalabbau), die Personalentwicklungsplanung und die Personaleinsatzplanung.[1] Nach § 92 I BetrVG hat der Arbeitgeber den Betriebsrat über die Personalplanung, insbesondere über den gegenwärtigen und künftigen Personalbedarf sowie über die sich daraus ergebenden personellen Maßnahmen und Maßnahmen der Berufsbildung anhand von Unterlagen rechtzeitig und umfassend zu unterrichten. Dabei hat er mit dem Betriebsrat über Art und Umfang der erforderlichen Maßnahmen und über die Vermeidung von Härten zu beraten (dazu § 238 RN 2 ff.).

2 Der Arbeitgeber hat **vielfache Möglichkeiten,** Arbeitnehmer anzuwerben. Die Anwerbung kann z. B. erfolgen über innerbetriebliche Stellenausschreibungen, Stellenanzeigen in Zeitungen, Einschaltung der Arbeitsagenturen, Personal-Service-Agenturen (§ 21 RN 13 f.), Personalberater, Headhunter (dazu § 51 RN 23 ff.), Anzeigen im Internet usw. Darüber hinaus bedienen sich Unternehmen bei der Personalgewinnung im Rahmen der Fach- und Führungskräftebereiche auch der Hilfe von Privatpersonen, insbesondere der eigenen Mitarbeiter. Ob den Mitarbeitern für die Anwerbung Prämien gezahlt werden dürfen, ist wettbewerbsrechtlich umstritten, aber richtigerweise zu bejahen.[2]

---

[1] BAG 6. 11. 1990 AP 3 zu § 92 BetrVG 1972 = NZA 91, 358.
[2] *Schlosser* BB 2003, 47.

II. Stellenausschreibung

3 **1. Allgemeines.** Mit einer Stellenausschreibung macht ein Arbeitgeber regelmäßig auf eine bei ihm vorhandene Beschäftigungsmöglichkeit aufmerksam und fordert den angesprochenen Empfängerkreis zu Bewerbungen auf. Je nach dem betrieblichen Bedürfnis enthält die Ausschreibung mehr oder weniger differenzierte Angaben zum Unternehmen, eine Beschreibung der freien Stelle einschließlich des vom Arbeitgeber vorausgesetzten Anforderungsprofils sowie die in Aussicht genommenen finanziellen Leistungen. Ziel des Arbeitgebers ist, aus dem Bewerberkreis denjenigen auszuwählen und einzustellen, der seinen Vorstellungen am ehesten entspricht.[3] Es unterliegt dabei grundsätzlich der freien unternehmerischen Entscheidung des Arbeitgebers, das Anforderungsprofil für den Arbeitsplatz festzulegen.[4] Eine Stellenanzeige enthält im Regelfall keine rechtsverbindlichen Erklärungen zum Abschluss oder zum Inhalt des Arbeitsvertrags. In einer Stellenausschreibung liegt daher **kein Angebot des Arbeitgebers auf Abschluss eines Arbeitsvertrags,** sondern die Aufforderung auf Abgabe eines Arbeitsangebots.[5] Der Ort, an dem die Stellenanzeige veröffentlicht wird – externe Zeitschrift, Hauszeitschrift, Internet oder schwarzes Brett – ist insoweit ohne Bedeutung.[6]

4 **2. Unzutreffenden Angaben** in einer Stellenausschreibung können nur ausnahmsweise Schadensersatzansprüche des Arbeitnehmers zur Folge haben. Macht ein Arbeitgeber in einer Stellenanzeige unzutreffende Angaben über die Höhe eines zu erzielenden Mindesteinkommens und weist er in einem Vorstellungsgespräch den Arbeitnehmer nicht darauf hin, dass das angegebene, nur durch Provisionen erzielbare Mindesteinkommen lediglich von wenigen Mitarbeitern erreicht wird, kann er im Einzelfall wegen fehlerhafter Aufklärung aus Verschulden bei Vertragsschluss (§§ 311 II, 280 BGB) haften, wenn der Bewerber dieses Einkommen nicht erzielt.[7]

5 **3. Diskriminierungsverbote. a)** Bei der Stellenausschreibung sind gem. §§ 11, 7 AGG die Diskriminierungsverbote des § 1 AGG zu beachten (dazu § 33 RN 4ff.). Unerheblich ist, ob der Arbeitgeber die Ausschreibung selbst vornimmt oder aber Dritte hierfür einsetzt. Verstöße von ihm **beauftragter Dritter** (Agentur für Arbeit, Personalberatungsunternehmen) gegen die Diskriminierungsverbote werden dem Arbeitgeber zugerechnet.[8] Der Arbeitgeber ist verpflichtet, die Ordnungsgemäßheit der Stellenausschreibung der von ihm beauftragten Dritten zu überwachen.[9]

6 **b)** Durch § 11 AGG wird dem Arbeitgeber nicht vorgegeben, in welchem **Medium** er eine Stelle auszuschreiben hat. Wählt er allein das Internet, liegt hierin keine mittelbare Benachteiligung wegen des Alters, obwohl rein statistisch mehr jüngere als ältere Menschen dieses Medium nutzen.[10] Es ist daher nicht auch zu beanstanden, wenn der Arbeitgeber die Ausschreibung auf Medien beschränkt, die sich typischerweise an ein Geschlecht, eine Altersgruppe oder eine Religionsgemeinschaft richten (Frauenzeitschriften, Herrenmagazine, Jugendzeitschriften oder Kirchenzeitung).[11]

7 **c)** Gem. § 11 i.V.m. § 7 AGG sind Stellenausschreibungen untersagt, die eines der in **§ 1 AGG genannten Merkmale als Einstellungsvoraussetzung** enthalten, sofern hierfür nicht ein Rechtfertigungsgrund nach §§ 8 bis 10 AGG vorliegt (dazu § 33 RN 44ff.). Als **geschlechtsneutrale Ausschreibung** gelten solche Stellenangebote, die sich in ihrer gesamten Ausdrucksweise sowohl an Männer wie an Frauen richten. Dazu können geschlechtsneutrale Oberbegriffe gewählt werden („Pflegekraft").[12] Zureichend ist auch, wenn die maskuline Form gewählt und die feminine hinzugesetzt wird (gesucht wird Kraftfahrer[in] oder KraftfahrerIn). Möglich ist auch der Zusatz (m/w).[13] Gegen § 11 AGG verstoßen z.B. Stellenausschreibungen,

---

[3] BAG 25. 1. 2000 AP 15 zu § 157 BGB = NZA 2000, 879.
[4] BAG 7. 7. 2005 AP 138 zu § 1 KSchG 1969 Betriebsbedingte Kündigung = NZA 2006, 266.
[5] HWK/*Thüsing* § 611 BGB RN 6.
[6] BAG 25. 1. 2000 AP 15 zu § 157 BGB = NZA 2000, 879.
[7] Vgl. Hess. LAG 13. 1. 1993 NZA 94, 884.
[8] BAG 5. 2. 2004 AP 23 zu § 611a BGB = NZA 2004, 540; BVerfG 21. 9. 2006 AP 24 zu § 611a BGB = NZA 2007, 195.
[9] *Bauer/Göpfert/Krieger* AGG § 11 RN 7; Wendeling-Schröder/*Stein* AGG § 11 RN 6; krit. dazu in Bezug auf die Agentur für Arbeit Adomeit/*Mohr* AGG § 11 RN 12f.
[10] *Bauer/Göpfert/Krieger* AGG § 11 RN 7a; *Meinel/Heyn/Herms* AGG § 11 RN 18; Schleusener/*Suckow/* Voigt § 11 RN 41; Wendeling-Schröder/*Stein* AGG § 11 RN 24; a.A. HK-AGG/*Buschmann* § 11 RN 14; *Kania/Merten* ZIP 2007, 8, 10.
[11] MünchKommBGB/*Thüsing* § 11 AGG RN 3, anders aber offenbar in RN 10.
[12] *Meinel/Heyn/Herms* AGG § 11 RN 19.
[13] *Bauer/Göpfert/Krieger* AGG § 11 RN 9.

in denen ein „Außendienst-Verkäufer“,[14] „deutscher Metallfacharbeiter“,[15] „Junganwalt“ oder eine „Verkäuferin bis 35 Jahre“ gesucht wird. Verneint wurde dagegen eine diskriminierende Ausschreibung wegen bestehender Rechtfertigungsgründe in einem Fall, in dem die Stelle einer Erzieherin in einem Mädcheninternat nur für eine Frau ausgeschrieben wurde, weil ein nicht unerheblicher Teil der Arbeitszeit mit Nachtdienst (25%) belegt war, in dem auch die Schlafräume, Waschräume und Toiletten der Internatsschülerinnen betreten werden mussten.[16] Die Suche nach einem „Hausmeisterehepaar“ kann auf eine Diskriminierung gleichgeschlechtlicher Paare hindeuten.[17]

d) Schwieriger zu beurteilen sind Ausschreibungen, welche die in § 1 AGG aufgeführten Merkmale nicht ausdrücklich bezeichnen, sondern umschreiben. So kann sich aus der Beschreibung des Unternehmens ein sehr deutlicher Hinweis auf den gewünschten Personenkreis ergeben **(„junges Team“, „Frauenkanzlei“)**[18] und damit die Stellananzeige gegen § 11 AGG verstoßen. Wird ein **„Berufsanfänger“** gesucht, muss zur Vermeidung eines Verstoßes gegen § 11 AGG aus der Stellenanzeige deutlich werden, dass damit nicht nur jüngere Arbeitnehmer gemeint sind, sondern auch ältere, die bereit sind, sich in einen neuen Beruf einzuarbeiten.[19] Im Hinblick auf Rechtfertigungsgründe differenziert zu beurteilen ist die Forderung nach **„guten Deutschkenntnissen in Wort und Schrift“.**[20] Hier kommt es darauf an, ob diese Kenntnisse für die auszuübende Tätigkeit von Bedeutung sind oder nicht.[21] Ob die Vermutung einer Benachteiligung auch bereits dann vorliegt, wenn der Arbeitgeber die **„üblichen Bewerbungsunterlagen“** anfordert, wird im Schrifttum mit der Begründung bejaht, das Foto und der Lebenslauf ließen Rückschlüsse auf Alter, Hautfarbe, unter Umständen auch Behinderung und Religionszugehörigkeit (Kopftuch) zu.[22] Das dürfte indes zu weit gehen.[23] 8

e) § 11 AGG regelt nicht die **Rechtsfolgen** von Verstößen gegen das Gebot der diskriminierungsfreien Stellenausschreibung. Enthält eine Stellenanzeige ein nach § 1 AGG verpöntes Merkmal, begründet das jedoch regelmäßig eine **Vermutung für eine Benachteiligung** i. S. v. § 22 AGG (dazu § 33 RN 137), wenn ein Bewerber eines der unzulässigen Merkmale erfüllt und abgelehnt wird.[24] Dem Bewerber stehen dann Schadensersatzansprüche nach § 15 I oder II AGG zu (dazu § 33 RN 77ff.). 9

4. Mitbestimmung des Betriebsrats. Nach § 93 BetrVG kann der Betriebsrat verlangen, dass Arbeitsplätze, die besetzt werden sollen, allgemein oder für bestimmte Arten von Tätigkeiten vor ihrer Besetzung **innerhalb des Betriebs ausgeschrieben** werden (§ 238 RN 13ff.). Kommt der Arbeitgeber dem nicht nach, kann der Betriebsrat nach § 99 II Nr. 5 BetrVG seine Zustimmung zu einer personellen Maßnahme verweigern (§ 241 RN 50). 10

5. Bewerbungsunterlagen. Der Arbeitnehmer hat seine Bewerbungsunterlagen **ordnungsgemäß zusammenzustellen.** Unzutreffende Angaben oder Fälschungen von Zeugnissen können den Arbeitgeber nach der Einstellung gem. § 123 I BGB zur Anfechtung wegen arglistiger Täuschung berechtigen (dazu § 36 RN 37ff.). 11

Der Arbeitnehmer kann die von ihm im Rahmen des Bewerbungsverfahrens **eingereichten Unterlagen** zurückverlangen. Erstellt der Arbeitgeber darüber hinaus weitere Unterlagen, wird insbesondere ein Personalfragebogen aufgenommen, sind diese nach Abschluss des Bewerbungsverfahrens grundsätzlich zu vernichten, wenn ein Arbeitsverhältnis nicht zustande kommt. Nach Auffassung des BAG können die erstellten Unterlagen das Persönlichkeitsrecht des Arbeitnehmers verletzen, wenn sie Angaben aus dessen persönlichen Verhältnissen enthalten. Aus dem allgemeinen Abwehranspruch (§ 1004 BGB) folgt deshalb der Anspruch auf Vernichtung. Der Arbeitge- 12

---

[14] ArbG Stuttgart 5. 9. 2007 – 29 Ca 2793/07.

[15] DFL/*Kramer* § 11 AGG RN 3.

[16] LAG Rheinland-Pfalz 20. 3. 2008 – 2 Sa 51/08 (nrk).

[17] HK-AGG/*Buschmann* § 11 RN 13a; Wendeling-Schröder/*Stein* AGG § 11 RN 18.

[18] HWK/*Annuß/Rupp* § 11 AGG RN 2; Wendeling-Schröder/*Stein* AGG § 11 RN 16.

[19] HWK/*Thüsing* § 611 BGB RN 5; Wendeling-Schröder/*Stein* AGG § 11 RN 18; krit. hierzu *Kania/Merten* ZIP 2007, 8, 9.

[20] Hierzu vgl. ArbG Berlin 26. 9. 2006 AuR 2008, 112 mit abl. Anm. *Mauer.*

[21] *Kania/Merten* ZIP 2007, 8, 9.

[22] So etwa *Schrader* DB 2006, 2571; vorsichtig auch *Bauer/Göpfert/Krieger* AGG § 11 RN 12.

[23] Ebenso *Meinel/Heyn/Herms* AGG § 11 RN 17; Schleusener/*Suckow*/Voigt § 11 RN 21; Wendeling-Schröder/*Stein* AGG § 11 RN 23.

[24] HWK/*Annuß/Rupp* § 11 RN 2; ErfK/*Schlachter* § 11 AGG RN 2; MünchKommBGB/*Thüsing* § 11 AGG RN 8; zu § 611a BGB vgl. BAG 5. 2. 2004 AP 23 zu § 611a BGB = NZA 2004, 540; BVerfG 21. 9. 2006 AP 24 zu § 611a BGB = NZA 2007, 195; 16. 11. 1993 AP 9 zu § 611a BGB = NZA 94, 745.

ber kann die Unterlagen nur dann aufbewahren, wenn er hieran ein berechtigtes Interesse hat. Ein solches ist aber noch nicht dann anzunehmen, wenn der Arbeitgeber diese Unterlagen bei einer späteren Bewerbung berücksichtigen will.[25] Zur Vermeidung von Diskriminierungsvorwürfen wird empfohlen, die Bewerbungsunterlagen drei Monate aufzuheben. Der Bewerber sollte darauf hingewiesen werden.

13 **6. Initiativbewerbungen.** Dies sind Bewerbungen, die unverlangt eingesandt werden. Enthalten sie Angaben zu Merkmalen, die nach § 1 AGG geschützt sind (Konfession, Alter, Familienstand usw.), indiziert dies nicht nach § 22 AGG eine Benachteiligung, wenn der Arbeitgeber den Bewerber nicht einstellt.[26] Anders zu beurteilen ist es, wenn die Ablehnung der Bewerbung mit den verbotenen Merkmalen begründet wird („leider sind Sie für die Stelle zu alt"). Besonderheiten gelten insoweit gem. § 81 SGB IX bei schwerbehinderten Menschen (dazu § 178 RN 43).

III. Freizeit zur Stellensuche

14 **1. Allgemeines.** Nach § 629 BGB hat der Arbeitgeber nach der Kündigung eines dauernden Dienstverhältnisses dem Arbeitnehmer auf Verlangen angemessene Zeit zum Aufsuchen eines anderen Dienstverhältnisses zu gewähren. Die Regelung ist **zwingend** und nicht abdingbar.[27]

15 **2. Dauerndes Dienstverhältnis. a)** Ein Anspruch auf Freizeit zur Stellensuche besteht in dauernden Arbeitsverhältnissen. Das Gesetz verwendet hier dieselbe Wortwahl wie in §§ 617, 627 und 630 BGB. Das Tatbestandsmerkmal „dauerndes Dienstverhältnis" soll eine Inanspruchnahme des Arbeitgebers verhindern, wenn von vornherein mit einem baldigen Stellenwechsel zu rechnen ist.[28] Ein dauerndes Arbeitsverhältnis liegt nur dann vor, wenn der Vertrag auf unbestimmte Zeit oder eine bestimmte, **längere Dauer abgeschlossen** ist oder wenn das Arbeitsverhältnis tatsächlich längere Zeit bestanden hat. Das kann auch bei einem auf längere Zeit befristeten oder auflösend bedingten Arbeitsverhältnis zutreffen. Bei einer Kündigung innerhalb einer vereinbarten **Probezeit** (§ 40) besteht der Anspruch, weil das Arbeitsverhältnis auf Dauer angelegt war. Anders ist freilich zu entscheiden, wenn die Probezeit befristet vereinbart wurde. Das Arbeitsverhältnis ist in dieser Zeit nicht auf längere Dauer abgeschlossen.[29] Nicht ausreichend ist ein **Aushilfsarbeitsverhältnis** (§ 41), weil dieses schon begrifflich nur auf eine vorübergehende Zeit angelegt ist.[30]

16 **b)** Gem. § 10 II BBiG findet § 629 BGB auch auf **Auszubildende** Anwendung. Nach § 4 I TzBfG kommt es nicht darauf an, ob der Arbeitnehmer **vollzeit- oder teilzeitbeschäftigt** ist. Bei Teilzeitbeschäftigten kann allerdings im Einzelfall die Erforderlichkeit der Freistellung fraglich sein.

17 **3. Kündigung. a)** Der Freizeitanspruch **entsteht** mit der Kündigung des Arbeitsverhältnisses. Unerheblich ist, wer aus welchem Grund gekündigt hat. Bei einer Änderungskündigung entsteht der Anspruch, wenn der Arbeitnehmer das Angebot nicht, und zwar auch nicht unter Vorbehalt annimmt.[31]

18 **b)** § 629 BGB wird entsprechend angewendet, wenn dem Arbeitnehmer zwar noch nicht gekündigt worden ist, ihm jedoch **dringend empfohlen** wird, eine neue Stelle zu suchen. Gleiches gilt bei **Fristablauf** eines befristeten oder eines auflösend bedingten Arbeitsverhältnisses. Maßgeblich ist der Zeitpunkt, der bei Kündigung zum Vertragsende als Beginn der Kündigungsfrist in Betracht käme.[32] Der Kündigung soll ein **Aufhebungsvertrag** mit Auslauffrist gleichstehen.[33]

---

[25] BAG 6. 6. 1984 AP 7 zu § 611 BGB Persönlichkeitsrecht = NZA 84, 321; zust. MünchKommBGB/*Henssler* § 629 RN 39 f.

[26] *Adomeit/Mohr* AGG § 2 RN 15; *Wisskirchen* DB 2006, 1491, 1494.

[27] MünchKommBGB/*Henssler* § 629 BGB RN 2; Staudinger/*Preis* § 629 RN 4.

[28] HWK/*Sandmann* § 629 BGB RN 2.

[29] MünchKommBGB/*Henssler* § 629 BGB RN 7 f.; ErfK/*Müller-Glöge* § 629 BGB RN 2 f.; Staudinger/*Preis* § 629 RN 7; a. A. *Brune* AR-Blattei SD 1510 RN 16 zur befristeten Probezeit.

[30] MünchKommBGB/*Henssler* § 629 BGB RN 8; ErfK/*Müller-Glöge* § 629 BGB RN 2; a. A. MünchArbR/*Boewer* § 80 RN 28; AnwK-ArbR/*Düwell* § 629 BGB RN 8.

[31] AnwK-ArbR/*Düwell* § 629 BGB RN 11 f.; MünchKommBGB/*Henssler* § 629 BGB RN 9; ErfK/*Müller-Glöge* § 629 BGB RN 3; HWK/*Sandmann* § 629 BGB RN 6.

[32] ErfK/*Müller-Glöge* § 629 BGB RN 3.

[33] Staudinger/*Preis* § 629 RN 11; HWK/*Sandmann* § 629 BGB RN 7.

4. Freizeitverlangen. a) Der Arbeitnehmer hat die Freizeitgewährung rechtzeitig **zu verlangen.**[34] Die Freizeit ist dann vom Arbeitgeber zu gewähren.[35] Es gibt kein Recht auf „Selbstbeurlaubung".[36] Der Arbeitgeber muss den Arbeitnehmer nicht von sich aus freistellen. Der Arbeitnehmer muss die voraussichtliche Dauer angeben, nicht jedoch den Namen des Arbeitgebers, bei dem er sich bewirbt.[37] Unerlaubte Freizeitnahme rechtfertigt i. d. R. keine außerordentliche Kündigung, wenn ein Anspruch bestand.[38] 19

b) Ein Freistellungsanspruch besteht nicht nur für **Vorstellungsgespräche**, sondern auch für etwaige **Eignungsuntersuchungen** sowie das Aufsuchen der **Agentur für Arbeit** oder einer **privaten Jobvermittlung.**[39] Insoweit ist auch § 2 II 2 Nr. 3 SGB III zu beachten. 20

c) Wurde dem Arbeitnehmer bis zum Ablauf der Kündigungsfrist **Urlaub gewährt,** kann er nach der Beendigung des Arbeitsverhältnisses nicht Urlaubsabgeltung mit der Begründung fordern, er habe Urlaub zur Stellensuche verwenden müssen.[40] Ist für die Zeit bis zum Ablauf der Kündigungsfrist Erholungsurlaub bewilligt worden, muss auf Verlangen des Arbeitnehmers die Zweckbestimmung der Freizeitgewährung noch vor Urlaubsantritt geändert werden, wenn ansonsten die Voraussetzungen des § 629 BGB erfüllt sind.[41] 21

5. Umfang der Freizeitgewährung. Der Arbeitgeber hat dem Arbeitnehmer **angemessene Freizeit** zu gewähren in Bezug auf Ort und Dauer, die Zahl und den Zeitpunkt der Ausgänge.[42] Der Begriff angemessen kann nur so ausgelegt werden, dass eine verständige Abwägung der beiderseitigen Interessen erfolgt.[43] Nicht nur die unbedingt und zwingend notwendige, sondern die dem Zweck entsprechende Zeit ist zu gewähren.[44] Tariflich kann der Begriff der Angemessenheit näher definiert werden. 22

6. Vergütung der Freizeit. Besteht ein Rechtsanspruch auf Freizeitgewährung, hat der bisherige Arbeitgeber die vereinbarte Vergütung gem. § 616 BGB fortzuzahlen. Das gilt allerdings nur für eine **nicht erhebliche Zeit** (vgl. § 97). § 616 ist einzel- und tarifvertraglich abdingbar. Das hat zur Folge, dass zwar nach § 629 BGB ein Freistellungsanspruch bestehen kann, nicht aber zugleich ein entsprechender Entgeltfortzahlungsanspruch.[45] 23

7. Verweigerung der Freizeit. Verweigert der Arbeitgeber **unberechtigt** die Gewährung angemessener Zeit zur Vorstellung, kann der Arbeitnehmer auf Gewährung klagen, eine einstweilige Verfügung erwirken, nach erfolgloser Abmahnung fristlos kündigen und nach § 628 II BGB Schadensersatz verlangen. Besteht das Arbeitsverhältnis bis zum Ablauf der Kündigungsfrist fort, folgt der Schadensersatzanspruch aus § 280 BGB. Ein Zurückbehaltungsrecht nach § 273 BGB kann nur so lang ausgeübt werden, wie noch Freistellung gewährt werden könnte. Es darf nicht die Erfüllung des Freizeitanspruchs herbeiführen.[46] 24

IV. Ersatz der Vorstellungskosten

1. Voraussetzungen. Fordert ein Arbeitgeber einen Arbeitnehmer zur Vorstellung auf, hat er diesem nach §§ 670, 662 BGB ohne Rücksicht darauf, ob später ein Arbeitsverhältnis zustande kommt, die **notwendigen Auslagen zu ersetzen,** die der Bewerber den Umständen nach für erforderlich halten durfte.[47] Die Vereinbarung eines Vorstellungsgesprächs kann auch durch 25

---

[34] LAG Düsseldorf 11. 1. 1973 DB 73, 676.
[35] AnwK-ArbR/*Düwell* § 629 BGB RN 16.
[36] MünchKommBGB/*Henssler* § 629 BGB RN 19.
[37] ErfK/*Müller-Glöge* § 629 BGB RN 4.
[38] LAG Düsseldorf 23. 4. 1963 BB 63, 1137; AnwK-ArbR/*Düwell* § 629 BGB RN 16.
[39] MünchKommBGB/*Henssler* § 629 BGB RN 12f.; Staudinger/*Preis* § 629 RN 15.
[40] LAG Düsseldorf 11. 1. 1973 DB 73, 676; zust. AnwK-ArbR/*Düwell* § 629 BGB RN 17; ErfK/*Müller-Glöge* § 629 BGB RN 5.
[41] BAG 26. 10. 1956 AP 14 zu § 611 BGB Urlaubsrecht; ErfK/*Müller-Glöge* § 629 BGB RN 5; HWK/*Sandmann* § 629 BGB RN 10.
[42] Staudinger/*Preis* § 629 RN 17, 18.
[43] MünchKommBGB/*Henssler* § 629 RN 21.
[44] MünchKommBGB/*Henssler* § 629 BGB RN 22; ErfK/*Müller-Glöge* § 629 BGB RN 7.
[45] BAG 11. 6. 1957 AP 1 zu § 629 BGB; 13. 11. 1969 AP 41 zu § 616 BGB; MünchKommBGB/*Henssler* § 629 BGB RN 25; HWK/*Sandmann* § 629 BGB RN 14ff.
[46] AnwK-ArbR/*Düwell* § 629 BGB RN 28; ErfK/*Müller-Glöge* § 629 BGB RN 8; a. A. Staudinger/*Preis* § 629 RN 20.
[47] BAG 14. 2. 1977 AP 8 zu § 196 BGB; 29. 6. 1988 NZA 89, 468.

einen mit der Personalsuche beauftragten Unternehmensberater erfolgen. Dessen Erklärung ist dem Arbeitgeber zuzurechnen (§ 164 I BGB).[48]

26 Ist der Arbeitgeber zur Kostenübernahme nicht bereit, muss er dies rechtzeitig bei der Aufforderung zur Vorstellung unmissverständlich zum Ausdruck bringen.[49] Ein **Ausschluss der Kostenerstattung** ist noch nicht ohne Weiteres anzunehmen, wenn dem Bewerber anheim gegeben wird, sich vorzustellen, oder wenn er zur unverbindlichen Rücksprache aufgefordert wird.[50] Auch in diesem Fall geht eine Einladung von dem Arbeitgeber aus. Dieser bekundet ersichtlich ein Interesse an einer Anstellung. Vom Arbeitgeber kann auch in diesem Fall erwartet werden, dass er die Kostenübernahme vorab ausdrücklich ausschließt, wenn er zu ihr nicht bereit ist. Anders zu entscheiden ist, wenn die Äußerung des Arbeitgebers als freundliches Entgegenkommen zu bewerten ist, die kein erkennbares Interesse an der Anstellung deutlich macht.[51] Ist die Anregung vom Bewerber ausgegangen, reicht es aus, dass der Bewerber sich mit Wissen und Wollen des Arbeitgebers vorstellt.[52] Ein Ersatzanspruch besteht allerdings nicht, wenn der Arbeitnehmer sich unaufgefordert vorstellt, etwa auf Grund einer Zeitungsanzeige oder auf Vorschlag der Agentur für Arbeit.[53] Anders zu entscheiden ist, wenn der Arbeitnehmer auf Vermittlung der Agentur für Arbeit vom Arbeitgeber eingeladen wird.[54] Der Anspruch ist auch dann ausgeschlossen, wenn der Bewerber offensichtlich für die Stelle nicht in Betracht kommt oder den Arbeitgeber über notwendige Qualifikationen getäuscht und so den Vorstellungstermin erschlichen hat.[55]

27 **2. Erstattungsfähige Kosten. a)** Erstattungspflichtig sind alle Kosten, die der Arbeitnehmer nach den Umständen für **erforderlich** halten konnte. Die Erforderlichkeit ist anhand eines objektiven Maßstabs mit subjektivem Einschlag zu bestimmen. Dem Bewerber steht dabei ein gewisses Ermessen zu.[56] Dabei muss er die Interessen des Unternehmens als Auftraggeber, die Höhe der Aufwendungen und deren Verhältnis zur Bedeutung der ausgeschriebenen Stelle berücksichtigen.[57]

28 **b)** Zu den erstattungsfähigen Kosten gehören insbesondere Fahrtkosten sowie Mehrkosten für Übernachtung und Verpflegung.[58] **Reisekosten** sind grundsätzlich bis zur Höhe der Kosten eines öffentlichen Verkehrsmittels (Bahn 2. Klasse) erstattungsfähig.[59] Bei Führungskräften kommt eine Erstattung der Kosten der 1. Wagenklasse sowie im Einzelfall auch der Flugreisekosten in Betracht.[60] Diese sind auch bei längerer Anreise in Betracht zu ziehen, wenn hierdurch Übernachtungskosten vermieden werden können. Eine Absprache ist hier allerdings empfehlenswert. Kraftfahrzeugkosten sind regelmäßig bis zur Höhe der Kosten für eine Bahnfahrt 2. Klasse erstattungsfähig. Jedenfalls bei ungünstiger Bahnverbindung sind auch Kraftfahrzeugkosten nach der Steuerpauschale für Dienstreisen zu ersetzen.[61] Zu den erstattungsfähigen Kosten können bei ungünstiger Verbindung im öffentlichen Personennahverkehr auch die Kosten für ein Taxi gehören.[62] Nicht erstattungsfähig sind Unfallschäden, die auf der Fahrt zum Vorstellungstermin entstehen.[63] **Übernachtungskosten** sind nur erstattungsfähig, wenn eine An- und Abreise am

---

[48] BAG 29. 6. 1988 NZA 89, 468.
[49] ArbG Kempten 12. 4. 1994 BB 94, 1504; MünchKommBGB/*Henssler* § 629 RN 27; ErfK/*Müller-Glöge* § 629 BGB RN 13.
[50] ArbG Solingen 12. 6. 1991 ARST 92, 17; MünchKommBGB/*Henssler* § 629 RN 27; ErfK/*Müller-Glöge* § 629 BGB RN 13; Staudinger/*Preis* § 629 RN 24; a. A. *Müller* ZTR 90, 237, 239.
[51] MünchKommBGB/*Henssler* § 629 RN 27.
[52] LAG Nürnberg 25. 7. 1995 LAGE BGB § 670 Nr. 12; MünchKommBGB/*Henssler* § 629 RN 27; a. A. *Brune* AR-Blattei SD 1770 RN 11; ErfK/*Müller-Glöge* § 629 BGB RN 13.
[53] ErfK/*Müller-Glöge* § 629 BGB RN 13; *Rothe* DB 68, 1906; ausf. hierzu *Brune* AR-Blattei SD 1770 RN 14 ff. m.w.N.
[54] *Brune* AR-Blattei SD 1770 RN 17; MünchKommBGB/*Henssler* § 629 RN 28.
[55] MünchKommBGB/*Henssler* § 629 RN 28; ErfK/*Müller-Glöge* § 629 BGB RN 13; HWK/*Sandmann* § 629 BGB RN 17.
[56] MünchKommBGB/*Henssler* § 629 RN 31.
[57] ErfK/*Müller-Glöge* § 629 BGB RN 14; HWK/*Sandmann* § 629 BGB RN 18.
[58] BAG 14. 2. 1977 AP 8 zu § 196 BGB; 29. 6. 1988 NZA 89, 468.
[59] ErfK/*Müller-Glöge* § 629 BGB RN 14.
[60] Vgl. ArbG Wuppertal 28. 4. 1983 BB 83, 1473; *Brune* AR-Blattei SD 1770 RN 41 ff.; Staudinger/*Preis* § 629 RN 27; a. A. ArbG Hamburg 2. 11. 1994 NZA 95, 428.
[61] Vgl. LAG Nürnberg 25. 7. 1995 LAGE BGB § 670 Nr. 12; *Brune* AR-Blattei SD 1770 RN 36; MünchKommBGB/*Henssler* § 629 BGB RN 31; Staudinger/*Preis* § 629 RN 27; einschränkend LAG München 30. 5. 1985 LAGE § 670 BGB Nr. 4.
[62] ArbG Köln 20. 5. 2005 NZA-RR 2005, 577.
[63] MünchKommBGB/*Henssler* § 629 BGB RN 33.

selben Tag nicht zumutbar ist.[64] Erhöhte **Verpflegungskosten** können in Höhe der Steuerpauschalen geltend gemacht werden.[65] Ein möglicher **Verdienstausfall,** für den Fall, dass der Vertragsarbeitgeber nach § 616 BGB nicht zur Entgeltfortzahlung verpflichtet ist (dazu RN 23), ist nicht erstattungsfähig. Hierbei handelt es sich nicht um eine notwendige Aufwendung, weil der Arbeitnehmer das Risiko des Arbeitsplatzwechsels und damit einhergehende Verdiensteinbußen zu tragen hat.[66]

3. Verjährung. Der Anspruch **verjährt** in drei Jahren (§ 195 BGB).[67] Wird ein Arbeitsver- **29**
hältnis vom Arbeitgeber gekündigt und schließen die Parteien im Kündigungsschutzprozess einen **Vergleich,** werden Vorstellungskosten aus Anlass der Eingehung des Arbeitsverhältnisses, wenn sich aus den Umständen nichts anderes ergibt, von einer Ausgleichsklausel in einem gerichtlichen Vergleich erfasst, die eine Erledigung „aller eventueller finanzieller Ansprüche aus dem Arbeitsverhältnis und seiner Beendigung" vorsieht.[68]

§ 26. Vertragsanbahnung und Fragerecht des Arbeitgebers

Bepler, Persönlichkeitsverletzung durch graphologische Begutachtung im Arbeitsleben, NJW 76, 1872; *Brors,* Berechtigtes Informationsinteresse und Diskriminierungsverbot – Welche Fragen darf der Arbeitgeber eines behinderten Bewerbers stellen, DB 2003, 1734; *Deutsch,* Die Genomanalyse im Arbeits- und Sozialrecht – Ein Beitrag zum genetischen Datenschutz, NZA 1989, 657; *Gourmelon,* Personalauswahl unter Beachtung des Allgemeinen Gleichbehandlungsgesetzes (AGG), DöD, 2007, 241; *v. Hoyningen-Huene,* Der psychologische Test im Betrieb, Beil. 10 zu BB 91; *ders.,* Der psychologische Test im Betrieb, 1997; *Hümmerich,* Aufklärungspflichten des Arbeitgebers im Anbahnungsverhältnis bei ungesicherter Beschäftigung des Arbeitnehmers, NZA 2002, 1305; *Kaehler,* Rechtsprobleme betrieblicher Personalauswahl, Diss. 2004; *ders.,* Individualrechtliche Zulässigkeit des Einsatzes psychologischer Testverfahren zu Zwecken der betrieblichen Bewerberauswahl, DB 2006, 277; *ders.,* Das Arbeitgeberfragerecht im Anbahnungsverhältnis: Kritische Analyse und dogmatische Grundlegung, ZfA 2006, 519; *Kania/Merten,* Auswahl und Einstellung von Arbeitnehmern unter Geltung des AGG, ZIP 2007, 8; *Keller,* Die ärztliche Untersuchung des Arbeitnehmers im Rahmen des Arbeitsverhältnisses, NZA 1988, 561; *Kettler,* Vertrauenstatbestände im Arbeitsrecht, NZA 2001, 928; *Kursawe,* Die Aufklärungspflicht des Arbeitgebers bei Abschluß von Arbeitsverträgen, NZA 97, 245; *Messingschlager,* „Sind Sie schwerbehindert?" Das Ende einer unbeliebten Frage, NZA 2003, 301; *Michel/Wiese,* Zur rechtlichen und psychologischen Problematik graphologischer Gutachten, NZA 86, 505; *Müller,* Verschulden bei Vertragsschluss und Abbruch von Verhandlungen über formbedürftige Rechtsgeschäfte, DB 97, 1905; *Olbert,* Was beim Bewerbungsgespräch erlaubt ist, AuA 2007, 272; *Preis/Bender,* Recht und Zwang zur Lüge – Zwischen List, Tücke und Wohlwollen, NZA 2005, 1321; *Schrader,* Gestaltungsmöglichkeiten des Arbeitgebers nach Inkrafttreten des AGG, DB 2006, 2571; *Schulte,* Bewerbungsverfahren diskriminierungsfrei gestalten, AuA 2006, 724; *Sieber/Wagner,* Keine Zahlungspflicht des Arbeitgebers bei Vorstellungsgesprächen, NZA 2003, 1312; *Stück,* Die ärztliche Untersuchung des Arbeitnehmers, NZA-RR 2005, 505; *Thüsing/Wege,* Behinderung und Krankheit bei Einstellung und Entlassung, NZA 2006, 136; *Wiese,* Zu einer gesetzlichen Regelung genetischer Untersuchungen im Arbeitsleben, BB 2005, 2073; *ders.,* Zur gesetzlichen Regelung der Genomanalyse an Arbeitnehmern, RdA 1988, 217; *Zeller,* Die Einstellungsuntersuchung, BB 1987, 2439.

Übersicht

	RN		RN
I. Vorvertragliches Schuldverhältnis	1 ff.	3. Psychologische Tests	13
1. Allgemeines	1	4. Ärztliche Untersuchungen	14
2. Pflichten des Arbeitgebers	2–7	5. Genomanalyse	15
3. Pflichten des Arbeitnehmers	8–10	III. Fragerecht des Arbeitgebers	16 ff.
II. Eignungsuntersuchungen	11 ff.	1. Allgemeines	16
1. Allgemeines	11	2. Einzelfälle (alphabetisch)	17–37
2. Graphologische Gutachten	12		

[64] *Brune* AR-Blattei SD 1770 RN 45 f.; HWK/*Sandmann* § 629 BGB RN 18.
[65] MünchKommBGB/*Henssler* § 629 BGB RN 34.
[66] *Brune* AR-Blattei SD 1770 RN 48; ArbRBGB/*Eisemann* § 629 RN 23; MünchKommBGB/*Henssler* § 629 BGB RN 35; a. A. *Müller* ZTR 90, 237, 241; ErfK/*Müller-Glöge* § 629 BGB RN 15.
[67] Zum früheren Recht: BAG 14. 2. 1977 AP 8 zu § 196 BGB.
[68] LAG Nürnberg 29. 9. 2003 NZA-RR 2004, 290.

I. Vorvertragliches Schuldverhältnis

1 **1. Allgemeines.** Durch die Aufnahme von Vertragsverhandlungen entsteht nach § 311 II Nr. 1 BGB ein gesetzliches Schuldverhältnis. Ausreichend ist, dass ein Arbeitssuchender zu einem Vorstellungsgespräch eingeladen wird.[1] Arbeitgeber und Bewerber haben während der Vertragsanbahnung nach § 241 II BGB wechselseitige **Aufklärungs-, Mitwirkungs-, Obhuts-, und Rücksichtnahmepflichten.**[2] Deren Verletzung kann gem. § 280 I BGB Schadensersatzansprüche nach sich ziehen.[3] Da § 311 II BGB die von Rechtsprechung und Lehre entwickelten Grundsätze der Haftung bei Vertragsschluss (culpa in contrahendo – c.i.c.) ohne sachliche Änderung lediglich gesetzlich fixiert,[4] kann bei der Auslegung und Anwendung des § 311 II BGB auf die zur c.i.c. entwickelten Grundsätze zurückgegriffen werden.[5]

2 **2. Pflichten des Arbeitgebers. a)** Der Arbeitgeber oder einer seiner Vertreter darf während der Vertragsverhandlungen dem Arbeitnehmer nicht mitteilen, er könne sein **bisheriges Arbeitsverhältnis ohne Risiko kündigen,** weil es bestimmt zum Abschluss des Arbeitsvertrags kommen werde, wenn dies objektiv nicht gerechtfertigt ist, weil der interne Entscheidungsbildungsprozess noch nicht abgeschlossen ist. Kommt es in einem solchen Fall nicht zum Abschluss des Arbeitsvertrags, hat der schuldhaft handelnde Arbeitgeber dem Arbeitnehmer den Vertrauensschaden zu ersetzen. Beauftragt ein Arbeitgeber einen Mitarbeiter, Verhandlungen mit einem Bewerber über den Abschluss eines Arbeitsvertrags zu führen, muss er sich ein etwaiges **Verschulden dieses Bediensteten** bei den Vertragsverhandlungen nach § 278 BGB zurechnen lassen. Es kommt – auch bei öffentlich-rechtlichen Körperschaften – nicht darauf an, ob der Verhandlungsgehilfe auch Abschlussvollmacht hatte.[6] Der Arbeitgeber haftet allerdings nicht für eine unsachgemäße und unrichtige Entscheidung des Betriebsrats bei der Einstellung.[7]

3 **b)** Wird bei den Verhandlungen kein besonderes Vertrauen erweckt, entstehen beim **Abbruch der Vertragsverhandlungen** keine Schadensersatzansprüche. Im Rahmen der Vertragsfreiheit hat jeder Vertragspartner bis zum Vertragsabschluss das Recht, von dem in Aussicht genommenen Vertragsabschluss Abstand zu nehmen. Aufwand, der in Erwartung des Vertragsabschlusses gemacht wird, erfolgt daher grundsätzlich auf eigene Gefahr. Nur wenn der Vertragsschluss nach den Verhandlungen zwischen den Parteien als sicher anzunehmen ist und in dem hierdurch begründeten Vertrauen Aufwendungen zur Durchführung des Vertrags vor dessen Abschluss gemacht werden, können diese vom Verhandlungspartner (§ 280 I i. V. m. § 311 II BGB) zu erstatten sein, wenn er den Vertragsabschluss später ohne triftigen Grund ablehnt.[8]

4 **c)** Der Arbeitgeber ist vor Abschluss eines Arbeitsvertrags verpflichtet, den Arbeitnehmer über Umstände **aufzuklären,** die dazu führen können, dass das auf unbestimmte Dauer angelegte Arbeitsverhältnis alsbald beendet wird oder seinen wirtschaftlichen Sinn verliert. Der Arbeitgeber, der Vertragsverhandlungen eingeht, darf Umstände, welche die vollständige Durchführung des Rechtsverhältnisses in Frage stellen können, nicht verschweigen, soweit sie ihm bekannt sind oder bekannt sein müssen.[9] Ein Verschulden bei Vertragsabschluss kann sich dabei auch noch nach Abschluss eines Arbeitsvertrags auswirken.[10] Befindet sich ein Unternehmen in massiven **Zahlungsschwierigkeiten** und hat der Arbeitgeber deshalb Anlass zu Zweifeln, ob er in der Lage sein wird, die in absehbarer Zeit fälligen Löhne und Gehälter auszuzahlen, muss er vor Abschluss neuer Arbeitsverträge die Bewerber auf diesen Umstand hinweisen, soweit er nicht seine Zahlungsschwierigkeiten als bekannt voraussetzen kann.[11] Allein das **Bestehen einer schlechten wirtschaftlichen Lage,** die dem neu eingestellten Arbeitnehmer zudem bekannt ist, in der aber noch kein konkreter Arbeitsplatzabbau geplant ist, begründet dagegen noch keine Auskunftspflicht des Arbeitgebers über einen theoretischen Stellenabbau.[12] Der Arbeitgeber, der den

---

[1] Vgl. ArbG Köln 20. 5. 2005 NZA-RR 2005, 577.

[2] Vgl. dazu *Hümmerich* NZA 2002, 1305; *Kursawe* NZA 97, 245.

[3] AnwK-ArbR/*Mestwerdt* § 611 BGB RN 199; ErfK/*Preis* § 611 BGB RN 251; HWK/*Thüsing* § 611 BGB RN 26.

[4] MünchKommBGB/*Emmerich* § 311 RN 50ff.; Erman/*Kindl* § 311 RN 16.

[5] ErfK/*Preis* § 611 BGB RN 260.

[6] BAG 2. 12. 1976 AP 9 zu § 276 BGB Verschulden bei Vertragsabschluss; 7. 6. 1963 AP 4 zu § 276 BGB Verschulden bei Vertragsabschluss.

[7] LAG Berlin 16. 5 1978 AR-Blattei [D] Betriebsverfassung VII Entsch. 2.

[8] BGH 29. 3. 1996 NJW 96, 1884.

[9] BAG 14. 7. 2005 AP 41 zu § 242 BGB Auskunftspflicht = NZA 2005, 1298.

[10] BAG 2. 12. 1976 AP 10 zu § 276 BGB Verschulden bei Vertragsabschluss.

[11] BAG 24. 9. 1974 AP 1 zu § 13 GmbHG.

[12] BAG 14. 7. 2005 AP 41 zu § 242 BGB Auskunftspflicht = NZA 2005, 1298.

Arbeitnehmer zum Zeitpunkt des Arbeitsvertragsschlusses nicht davon in Kenntnis setzt, dass für die zu erwartenden Aufträge noch keine schriftlichen Verträge vorliegen, verletzt keine Aufklärungspflicht. Es ist Gegenstand jeder Personalplanung, sich frühzeitig um entsprechende Arbeitskräfte zu bemühen, wenn ein späterer Auftragseingang zu erwarten ist.[13]

d) Der Arbeitgeber muss einen Bewerber bei den Einstellungsverhandlungen nicht von sich aus über die **an ihn gestellten Anforderungen unterrichten,** soweit sich diese im Rahmen des Üblichen halten. Wer sich von seinem bisherigen Arbeitsplatz abwerben lässt und mit dem abwerbenden Arbeitgeber nicht die Anwendung des KSchG ab dem ersten Tag der Beschäftigung vereinbart, übernimmt das Risiko, dass der neue Arbeitgeber ihn vor Ablauf der Wartezeit des § 1 I KSchG kündigt, weil er mit ihm nicht zufrieden ist.[14] 5

e) Der Arbeitgeber darf den Bewerber bei den Vertragsverhandlungen **nicht täuschen.** Macht ein Arbeitgeber gegenüber einem Bewerber in einer dem schriftlichen Arbeitsvertrag vorangestellten Präambel unwahre Tatsachenangaben, auf Grund derer sich der Bewerber zum Abschluss des Arbeitsvertrags entschließt, kann der Arbeitgeber dem Bewerber zum Schadensersatz verpflichtet sein.[15] 6

f) Der Schadenersatzanspruch geht dabei auf den **Ersatz des Vertrauensschadens.** Das negative Interesse ist dabei nicht unbedingt niedriger als das positive. Bei Schadensersatzansprüchen nach § 280 I, § 311 II Nr. 2 BGB ist das Erfüllungsinteresse daher nicht die obere Grenze des Ersatzanspruchs.[16] 7

3. Pflichten des Arbeitnehmers. a) Den Arbeitnehmer treffen **Offenbarungspflichten.** Diese können Qualifikation und Eignung betreffen.[17] Ohne eine entsprechende Frage des Arbeitgebers muss der Arbeitnehmer von sich aus allerdings nur auf solche Tatsachen hinweisen, deren Mitteilung der Arbeitgeber nach Treu und Glauben erwarten darf. Das sind Umstände, die dem Arbeitnehmer die Erfüllung der arbeitsvertraglichen Leistungspflicht unmöglich machen oder sonst für den in Betracht kommenden Arbeitsplatz von ausschlaggebender Bedeutung sind.[18] Der Bewerber muss generell keine Umstände offenlegen, nach denen der Arbeitgeber auch nicht fragen dürfte.[19] 8

b) Hat der Bewerber alsbald den **Vollzug einer Freiheitsstrafe** anzutreten, hat er den Arbeitgeber hierüber von sich aus zu unterrichten, denn in dieser Zeit ist er nicht in der Lage zu arbeiten. Das gilt auch, wenn sich der Bewerber um die Erlangung des Freigängerstatus bemüht, die Staatsanwaltschaft hierüber aber bei Vertragsschluss noch nicht entschieden hat.[20] Anders ist der Fall zu beurteilen, wenn eine entsprechende Entscheidung schon vorliegt. Ob der Bewerber den Arbeitgeber über seine **Transsexualität** zu unterrichten hat, hängt von der ausgeschriebenen Stelle ab, denn in der unterbliebenen Einstellung eines Transsexuellen kann eine Benachteiligung wegen des Geschlechts liegen (dazu § 33 RN 9, 14). Das BAG hat eine Offenbarungspflicht bejaht bei der Bewerbung eines transsexuellen Mannes um die Stelle einer Sprechstundenhilfe bei einem Frauenarzt.[21] Der Arbeitnehmer muss nach einer älteren Entscheidung des BAG seinen **Gesundheitszustand** bei den Einstellungsverhandlungen dem Arbeitgeber offenbaren, wenn er damit rechnen muss, infolge einer bereits vorliegenden Krankheit seiner Arbeitspflicht im Zeitpunkt des Beginns des Arbeitsverhältnisses nicht nachkommen zu können (zum Fragerecht des Arbeitgebers in Bezug auf den Gesundheitszustand vgl. RN 23).[22] Entscheidend ist, ob die Krankheit oder körperliche Beeinträchtigung in einem Zusammenhang mit dem einzugehenden Arbeitsverhältnis steht.[23] Das kann bei einer chronischen ansteckenden Krankheit der Fall sein.[24] Hat ein Arbeitnehmer auf Befragen bei der Einstellung erklärt, er sei gesund, wird ihm dann aber auf einen zuvor gestellten Antrag nach Beginn des Arbeitsverhält- 9

[13] LAG Köln 2. 9. 1998 – 8 Sa 532/98; a. A. *Hümmerich* NZA 2002, 1305.
[14] BAG 12. 12. 1957 AP 2 zu § 276 BGB Verschulden bei Vertragsabschluss.
[15] Dazu ArbG Wiesbaden 12. 6. 2001 NZA-RR 2002, 349.
[16] BAG 2. 12. 1976 AP 9 zu § 276 BGB Verschulden bei Vertragsabschluss; ErfK/*Preis* § 611 BGB RN 267; für eine Begrenzung des Schadensersatzanspruchs auf die Kündigungsfrist HWK/*Thüsing* § 611 BGB RN 27.
[17] ErfK/*Preis* § 611 BGB RN 288.
[18] BAG 21. 2. 1991 AP 35 zu § 123 BGB = NZA 91, 719.
[19] HWK/*Thüsing* § 123 BGB RN 32.
[20] *Conze* Anm. zu BAG 18. 9. 1987 AP 32 zu § 123 BGB.
[21] BAG 21. 2. 1991 AP 35 zu § 123 BGB = NZA 91, 719.
[22] BAG 7. 2. 1964 AP 6 zu § 276 BGB Verschulden bei Vertragsabschluss.
[23] BAG 7. 6. 1984 AP 26 zu § 123 BGB = NZA 85, 57.
[24] MünchArbR/*Buchner* § 41 RN 168.

nisses eine Kur bewilligt, kann der Arbeitgeber allerdings nach Auffassung des BAG die während der Kur zu gewährende Entgeltfortzahlung nicht als entstandenen Schaden geltend machen, weil die bloße Erfüllung einer vom Gesetz bestimmten Verpflichtung keinen Schaden darstelle.[25] Wer sich um die Stelle eines Kraftfahrers bewirbt, muss seine **Alkoholabhängigkeit** offenbaren.[26] Ein bestehendes **nachvertragliches Wettbewerbsverbot** ist offenzulegen, weil der Arbeitgeber damit rechnen muss, dass der frühere Arbeitgeber dies durchzusetzen versucht und der Bewerber daher die Stelle nicht antreten kann oder die Arbeit abbrechen muss.[27]

10 Eine bestehende **Schwangerschaft** hat eine Arbeitnehmerin nicht offenzulegen, weil insoweit auch kein Fragerecht des Arbeitgebers besteht (RN 32).[28] Über eine **Behinderung** muss der Arbeitnehmer den Arbeitgeber nur dann von sich aus unterrichten, wenn sie die Ausübung der Tätigkeit objektiv ausschließt (dazu § 178 RN 42ff.).[29]

II. Eignungsuntersuchungen

11 **1. Allgemeines.** Der Arbeitgeber ist grundsätzlich berechtigt, **Auskünfte über den Bewerber** einzuholen. Der Vertragsarbeitgeber ist jedoch nicht berechtigt, ohne Zustimmung des Arbeitnehmers Dritten Auskünfte über den Arbeitnehmer zu erteilen (dazu § 147 RN 3ff.). Darüber hinaus hat der Arbeitgeber vielfach ein Interesse, die Aussagen des Bewerbers **durch geeignete Dokumente zu verifizieren.** Das ist weitgehend unproblematisch, soweit es um die fachliche Fähigkeiten des Arbeitnehmers geht, die sich anhand von beglaubigten Kopien der (Arbeits-)Zeugnisse überprüfen lassen. Insbesondere bei Führungskräften besteht aber vielfach auch ein Bedürfnis, Klarheit über die persönliche, wirtschaftliche und finanzielle Situation eines Bewerbers zu erlangen (sog. „background-checks").[30] Diesem Wunsch sind allerdings durch das verfassungsrechtlich (Art. 2 I GG) geschützte allgemeine Persönlichkeitsrecht Grenzen gesetzt. Ohne Zustimmung des Arbeitnehmers erhält der Arbeitgeber weder ein polizeiliches Führungszeugnis, noch eine SCHUFA-Auskunft oder Einblick in Gesundheitsakten.

12 **2. Graphologische Gutachten.** Zur Einholung von graphologischen Gutachten ist stets die **Einwilligung** des Bewerbers erforderlich. Dies folgt aus Art. 1 I, 2 I GG. Soll der einer Bewerbung beigefügte handgeschriebene Lebenslauf auch der Einholung eines graphologischen Gutachtens dienen, bedarf es der Einwilligung des Bewerbers.[31] In der bloßen Einsendung eines handgeschriebenen Lebenslaufs liegt grundsätzlich noch keine konkludente Einwilligung.[32] Etwas anderes gilt allerdings dann, wenn der Arbeitgeber einen handgeschriebenen Lebenslauf zur Anfertigung eines graphologischen Gutachtens anfordert und der Bewerber kommentarlos den erbetenen Lebenslauf zusendet.[33] Lässt der Bewerber einen angeforderten Lebenslauf von einem Dritten schreiben, kann eine Anfechtung des Arbeitsvertrags wegen arglistiger Täuschung gerechtfertigt sein.[34]

13 **3. Psychologische Tests** sind nur zulässig, wenn der Bewerber einwilligt und der Test von diplomierten Psychologen, die der strafbewehrten Schweigepflicht nach § 203 StGB unterliegen, durchgeführt wird.[35] Damit wird einerseits ein qualitativer Mindeststandard und andererseits ein Schutz des Persönlichkeitsrechts sichergestellt. Hat der Arbeitgeber aus berechtigtem Anlass mit Einwilligung des Arbeitnehmers eine psychologische Eignungsuntersuchung, z.B. bei einem Kraftfahrer, veranlasst, stellt deren Verwendung keinen Verstoß gegen Art. 1 I GG dar.[36] **Intelligenz- und Kreativitätstests** dürfen nur nach Einwilligung des Probanden vorgenommen werden, sofern ein Bezug zu dem zu besetzenden Arbeitsplatz besteht.[37] Dasselbe gilt bei Stressinterviews, durch die herausgefunden werden soll, wie sich der Bewerber in unvorhergesehenen Situationen verhält. **Assessment-Center** dienen zur systematischen Erfassung von

[25] BAG 27. 3. 1991 AP 92 zu § 1 LohnFG = NZA 91, 895.
[26] ArbG Kiel 21. 1. 1982 BB 82, 804; *Gola* BB 87, 538.
[27] ErfK/*Preis* § 611 BGB RN 289.
[28] HWK/*Thüsing* § 123 RN 33.
[29] BAG 18. 10. 2000 AP 59 zu § 123 BGB = NZA 2001, 315.
[30] Dazu *Thum/Szczesny* BB 2007, 2405; *Hohenstatt/Stamer/Hinrichs* NZA 2006, 1065.
[31] BAG 16. 9. 1982 AP 24 zu § 123 BGB = NJW 84, 446.
[32] *Bepler* NJW 76, 1872; *Brox* Anm. zu BAG 16. 9. 1982 AP 24 zu § 123 BGB; *Michel/Wiese* NZA 86, 505.
[33] ErfK/*Preis* § 611 BGB RN 305.
[34] BAG 16. 9. 1982 AP 24 zu § 123 BGB = NJW 84, 446.
[35] ErfK/*Preis* § 611 BGB RN 309.
[36] BAG 13. 2. 1964 AP 1 zu Art. 1 GG; vgl. BVerwG 20. 12. 1963 NJW 64, 607.
[37] BAG 16. 9. 1982 AP 24 zu § 123 BGB.

Verhaltensleistungen und Verhaltensdefiziten. Sie werden von mehreren Beobachtern gleichzeitig für mehrere Teilnehmer durchgeführt. Insoweit gelten die obigen Grundsätze entsprechend. Wegen der Mitwirkungsrechte des Betriebsrats vgl. § 238.

4. Ärztliche Untersuchungen. Eine Einstellungsuntersuchung ist grundsätzlich nur zulässig, wenn sie für die angestrebte Tätigkeit erforderlich ist, der Arbeitgeber daher ein berechtigtes Interesse an den Untersuchungen hat und der **Arbeitnehmer einwilligt.**[38] Auch hier wird weitgehend in das Persönlichkeitsrecht (Art. 2 I GG) des Bewerbers eingegriffen. Nach der Rechtsprechung des EuGH stellt das in Art. 8 EMRK verankerte Recht auf Achtung des Privatlebens, das sich aus den gemeinsamen Verfassungstraditionen der Mitgliedstaaten herleitet, ein von der Gemeinschaftsrechtsordnung geschütztes Grundrecht dar, das auch das Recht einer Person umfasst, ihren Gesundheitszustand geheim zu halten.[39] Ist der Arbeitnehmer mit der Untersuchung nicht einverstanden, läuft er freilich Gefahr, nicht eingestellt zu werden. Die Einwilligung des Arbeitnehmers zur ärztliche Untersuchung ist auch erforderlich, wenn die Untersuchung gesetzlich vorgeschrieben ist (z. B. §§ 32 ff. JArbSchG, § 43 IfSG, § 81 SeemG, §§ 37 ff. RöntgenschutzVO). Willigt der Arbeitnehmer nicht ein, kann er allerdings nicht beschäftigt werden. Er wird deshalb auch nicht eingestellt werden. Durch die Einwilligung zur Untersuchung hat der Bewerber den Arzt von der ärztlichen Schweigepflicht insoweit entbunden, wie die Eignung des Bewerbers in Frage steht. Die Einwilligung des Arbeitnehmers bezieht sich daher, wenn nicht ausdrücklich etwas anderes vorgesehen ist, nur auf die Untersuchung durch einen Arzt (Werksarzt nach § 2 ASiG, Amtsarzt oder sonstiger vom Arbeitgeber beauftragter Arzt) und die Mitteilung des Untersuchungsergebnisses (geeignet, nicht geeignet) an den Arbeitgeber. Einzelne Befunde und Diagnosen darf der Arzt dem Arbeitgeber nicht mitteilen, weil hieran regelmäßig kein berechtigtes Interesse besteht.[40] Sofern keine besonderen Vereinbarungen darüber vorliegen, hat der Arbeitgeber die Kosten der Untersuchung zu tragen (§ 670 BGB). 14

5. Genomanalyse.[41] Durch eine Genomanalyse können Erbanlagen für Krankheiten und sonstige körperliche und geistige Beeinträchtigungen aufgedeckt werden. Arbeitsrechtliche Regelungen der Zulässigkeit von Genomanalysen bestehen nicht. Der Regierungsentwurf eines Gesetzes über Sicherheit und Gesundheitsschutz bei der Arbeit (Arbeitsschutzrahmengesetz – ArbSchRG, BT-Drucks. 12/6752) hat in § 22 eine gesetzliche Regelung der Zulässigkeit und Durchführung genetischer Analysen sowie der Verwendung daraus gewonnener Erkenntnisse angestrebt. Die Vorschrift ist jedoch nicht verabschiedet worden. Im Jahre 2005 ist ein Diskussionsentwurf des Bundesministeriums für Gesundheit und Soziale Sicherung eines Gesetzes über genetische Untersuchungen bei Menschen (Gendiagnostikgesetz – GenDG) veröffentlicht worden, der auch die damit zusammenhängenden arbeitsrechtlichen Fragen regelt.[42] Am 27. 8. 2008 hat die Bundesregierung den „Entwurf eines Gesetzes über genetische Untersuchungen bei Menschen (Gendiagnostikgesetz – GenDG)" verabschiedet. Das Gesetz soll nach seiner Beschlussfassung durch Bundestag und Bundesrat ein halbes Jahr nach seiner Verkündung im Bundesgesetzblatt in Kraft treten. Danach gilt ein generelles Verbot der Anordnung und Verwertung genetischer Untersuchungen im Arbeitsverhältnis (§§ 19 bis 21 GenDG). Außerdem darf der Arbeitgeber die Ergebnisse einer in anderem Zusammenhang vorgenommenen genetischen Untersuchung nicht erfragen, entgegennehmen oder verwenden. Standarduntersuchungen, mit denen die gesundheitliche Eignung eines Beschäftigten für den Arbeitsplatz oder die Tätigkeit festgestellt werden kann, sollen dagegen weiterhin zulässig bleiben. Beim Arbeitsschutz sollen genetische Untersuchungen im Rahmen arbeitsmedizinischer Vorsorgeuntersuchungen nicht bzw. nur unter eng gefassten Voraussetzungen zugelassen werden.[43] Bis zur Verabschiedung des Gesetzes sind Genomanalysen wegen ihres tiefen Eingriffs in die Persönlichkeit des Arbeitnehmers grundsätzlich **unzulässig.**[44] Lehnt der Arbeitnehmer die – unzulässige – gentechnische Untersuchung ab, besteht kein Einstellungsanspruch.[45] 15

[38] ErfK/*Preis* § 611 BGB RN 293; *Zeller* BB 87, 2439 ff.
[39] EuGH 5. 10. 1994 NJW 94, 3005.
[40] *Heilmann* AuA 95, 157, 158; *Keller* NZA 88, 561, 563.
[41] Dazu *Deutsch* NZA 89, 657; *Wiese* BB 2005, 2073.
[42] Dazu *Wiese* BB 2005, 2073.
[43] Pressemitteilung der Bundesregierung vom 27. 8. 2008.
[44] HWK/*Thüsing* § 123 BGB RN 22; einschränkend ErfK/*Preis* § 611 BGB RN 302; *Wiese* RdA 88, 217 ff.
[45] *Deutsch* NZA 89, 657, 660.

III. Fragerecht des Arbeitgebers

Boemke, Die Zulässigkeit der Frage nach Grundwehrdienst und Zivildienst, RdA 2008, 129; *Düwell,* Die Neuregelung des Verbots der Benachteiligung wegen Behinderung im AGG, BB 2006, 1741; *Feldhoff,* Die Frage nach Schwangerschaft, ZTR 2004, 58; *C. S. Hergenröder,* Fragerecht des Arbeitgebers und Offenbarungspflicht des Arbeitnehmers, AR-Blattei SD 715 (2007); *Hunold,* Einstellung. Welche Fragen sind erlaubt, AuA 2001, 260; *Jäckle,* Die Haftung der öffentlichen Verwaltung aus culpa in contrahendo im Licht der oberinstanzlichen Rechtsprechung, NJW 90, 2520; *Joussen,* Si tacuisses – Der aktuelle Stand zum Fragerecht des Arbeitgebers nach einer Schwerbehinderung, NJW 2003, 2857; *ders.,* Schwerbehinderung, Fragerecht und positive Diskriminierung nach dem AGG, NZA 2007, 174; *Kaehler,* Rechtsprobleme betrieblicher Personalauswahl, Diss. 2004; *ders.,* Das Arbeitgeberfragerecht im Anbahnungsverhältnis: Kritische Analyse und dogmatische Grundlegung, ZfA 2006, 519; *v. Koppenfels-Spies,* Schwangerschaft und Schwerbehinderung – unbeliebte Fragen im Arbeitsrecht, AuR 2004, 43; *Messingschlager,* „Sind Sie schwerbehindert?" Das Ende einer unbeliebten Frage, NZA 2003, 301; *Olbert,* Was beim Bewerbungsgespräch erlaubt ist, AuA 2007, 272; *Pahlen,* Die Frage nach der Schwerbehinderteneigenschaft vor der Einstellung und Art. 3 III 2 GG, RdA 2001, 143; *Pallasch,* Diskriminierungsverbot wegen Schwangerschaft bei der Einstellung, NZA 2007, 306; *Preis/Bender,* Recht und Zwang zur Lüge – Zwischen List, Tücke und Wohlwollen, NZA 2005, 1321; *Schaub,* Ist die Frage nach der Schwerbehinderung zulässig?, NZA 2003, 299; *Schwarz,* Einstellungsgespräche kompetent führen, DPL 2007, 7; *Thüsing/Lambrich,* Das Fragerecht des Arbeitgebers – aktuelle Probleme zu einem klassischen Thema, BB 2002, 1146; *Wisskirchen/Bissels,* Das Fragerecht des Arbeitgebers bei Einstellung unter Berücksichtigung des AGG, NZA 2007, 169.

16 **1. Allgemeines.** Der Arbeitgeber ist berechtigt, dem Arbeitnehmer vor der Einstellung Fragen zu stellen, an deren wahrheitsgemäßer Beantwortung er ein **berechtigtes, billigenswertes und schutzwürdiges Interesse** hat. Dieses Interesse des Arbeitgebers muss objektiv so stark sein, dass dahinter das Interesse des Arbeitnehmers, seine persönlichen Lebensumstände zum Schutz seines Persönlichkeitsrechts und zur Sicherung der Unverletzlichkeit seiner Individualsphäre geheim zu halten, zurückzutreten hat.[46] Die Beantwortung der Frage muss für den angestrebten Arbeitsplatz und die zu verrichtende Tätigkeit selbst von Bedeutung sein. Je weniger die Frage mit dem angestrebten Arbeitsplatz in Zusammenhang steht und je mehr sie die Person selbst ausforscht, desto eher ist sie als unzulässig einzustufen. Das Fragerecht des Arbeitgebers wird nicht nur durch Art. 2 I GG eingeschränkt, sondern auch durch die Bestimmungen des AGG (dazu § 33). An der wahrheitsgemäßen Beantwortung von Fragen, die eine unmittelbare oder mittelbare Benachteiligung wegen der in § 1 AGG genannten Merkmale zur Folge haben, besteht kein „berechtigtes" Interesse.[47] Auf eine unzulässige Frage braucht der Arbeitnehmer nicht wahrheitsgemäß zu antworten. Die wahrheitswidrige Beantwortung einer unzulässigen Frage löst weder ein Anfechtungsrecht des Arbeitgebers nach §§ 119, 123 BGB aus (dazu § 36 RN 23ff.) noch berechtigt sie den Arbeitgeber zur verhaltensbedingten Kündigung (dazu § 133). Der Arbeitnehmer hat insoweit faktisch ein **„Recht zur Lüge"**.[48]

17 **2. Einzelfälle.** Im Folgenden sind die wichtigsten Fragen nach Themen in alphabetischer Reihenfolge aufgelistet.

18 **Alkohol- und Drogenabhängigkeit.** Die Frage ist nicht ohne Weiteres zulässig, denn eine Alkohol- oder Drogenabhängigkeit kann eine Behinderung darstellen. Nach der Rechtsprechung des BAG sind in den Behindertenbegriff des § 2 I 1 SGB IX auch suchtkranke Menschen einbezogen, soweit bei ihnen die jeweiligen Voraussetzungen gegeben sind.[49] Folgt man dem, ist die Frage nur zulässig, wenn die Tätigkeit zwingend voraussetzt, dass der Arbeitnehmer nicht alkohol- oder drogenabhängig ist.[50] Die Frage nach gelegentlichem Alkoholgenuss ist unzulässig.[51]

19 **Alter.** Im Schrifttum wird auch die Frage nach dem Alter teilweise als unzulässig angesehen.[52] Dagegen spricht, dass das Alter ein wesentlicher Gesichtspunkt für die Beurteilung eines Arbeitnehmers ist. **Persönlichkeit und berufliche Entwicklung** des Arbeitnehmers können

---

[46] BAG 5. 10. 1995 AP 40 zu § 123 BGB = NZA 96, 371; 7. 6. 1984 AP 26 zu § 123 BGB = NZA 85, 57.

[47] HK-AGG/*Däubler* § 7 RN 39; ErfK/*Preis* § 611 BGB RN 272; *Schleusener*/Suckow/Voigt § 3 RN 28; *Wisskirchen/Bissels* NZA 2007, 169, 170f.; a. A. *Bauer/Göpfert/Krieger* § 2 RN 23a.

[48] HWK/*Thüsing* § 123 BGB RN 8.

[49] BAG 14. 1 2004 AP 3 zu AVR Caritasverband Anlage 1 = NZA 2005, 839; a. A. ErfK/*Preis* § 611 BGB RN 274; für eine einschränkende Auslegung des Behindertenbegriffs im AGG allerdings MünchKommBGB/*Thüsing* § 1 AGG RN 83.

[50] *Wisskirchen/Bissels* NZA 2007, 169, 171.

[51] HWK/*Thüsing* § 123 BGB RN 20.

[52] ErfK/*Preis* § 611 BGB RN 274; *Wisskirchen* DB 2006, 1491, 1494; differenzierend *Adomeit/Mohr* AGG § 2 RN 28f.; Schleusener/*Suckow*/Voigt § 11 RN 71; zweifelnd *Bauer/Göpfert/Krieger* § 2 RN 23; *Schrader* DB 2006, 2571.

nicht aussagekräftig gewürdigt werden, wenn die einzelnen Entwicklungsschritte nicht im Zusammenhang mit dem jeweiligen Lebensalter bewertet werden können.[53] Hinzu kommt, dass auch das AGG selbst in § 10 das Alter sehr differenziert bewertet. Problematisch ist die Frage nach dem Alter allerdings dann, wenn der Arbeitgeber für die Einstellung unzulässige Höchstgrenzen vorsieht und die Frage darauf zielt festzustellen, ob diese Grenzen erreicht sind.

Arbeitserlaubnis. Der Arbeitgeber darf einen Bewerber fragen, ob er im Besitz einer Arbeitserlaubnis ist. Hierin liegt **keine unzulässige mittelbare Benachteiligung** ausländischer Arbeitnehmer wegen Rasse oder ethnischer Herkunft.[54] Der Arbeitgeber hat ein überaus berechtigtes Interesse am aufenthaltsrechtlichen Status des Bewerbers (§§ 4, 18 AufenthG), weil er Ausländer ohne den erforderlichen Aufenthaltstitel nicht beschäftigen darf (§ 27 RN 4ff.).[55] 20

Behinderung. Nach bisheriger Rechtsprechung, die allerdings vor der Einführung des § 81 II SGB IX bzw. des Inkrafttretens des AGG ergangen ist, ist die Frage nach einer Schwerbehinderung grundsätzlich zulässig.[56] Daran kann nicht festgehalten werden (näher dazu § 179 RN 17ff.). 21

Familienstand. Die Frage nach dem Familienstand ist regelmäßig **unzulässig.** Der Arbeitgeber hat kein berechtigtes Interesse an der Beantwortung. Hinzu kommt, dass bei gleichgeschlechtlichen Partnerschaften nach dem LPartG die Gefahr einer Benachteiligung wegen sexueller Identität besteht.[57] Nach der Einstellung ist die Frage dagegen schon im Hinblick auf eine mögliche Sozialauswahl bei betriebsbedingter Kündigung zulässig. 22

Gesundheitszustand. Der Umfang des Fragerechts des Arbeitgebers hinsichtlich bestehender Krankheiten richtet sich danach, ob diese im **Zusammenhang mit dem einzugehenden Arbeitsverhältnis** stehen. Das BAG hat bislang das Fragerecht des Arbeitgebers im Wesentlichen auf folgende Punkte beschränkt: Liegt eine Krankheit bzw. eine Beeinträchtigung des Gesundheitszustandes vor, durch die die Eignung für die vorgesehene Tätigkeit auf Dauer oder in periodisch wiederkehrenden Abständen eingeschränkt ist? Liegen ansteckende Krankheiten vor, die zwar nicht die Leistungsfähigkeit beeinträchtigen, jedoch die zukünftigen Kollegen oder Kunden gefährden? Ist zum Zeitpunkt des Dienstantritts bzw. in absehbarer Zeit mit einer Arbeitsunfähigkeit zu rechnen, z.B. durch eine geplante Operation, eine bewilligte Kur oder auch durch eine zurzeit bestehende akute Erkrankung?[58] Das ist nach Inkrafttreten des AGG nicht unproblematisch, weil diese Fragen auch auf das Vorliegen einer Behinderung zielen können.[59] Nach der Rechtsprechung des EuGH erfasst der Begriff „Behinderung" i.S.d. Richtlinie 2000/78/EG Einschränkungen, die insbesondere auf physische oder psychische Beeinträchtigungen zurückzuführen sind und die ein Hindernis für die Teilhabe des Betreffenden am Berufsleben bilden. Damit die Einschränkung unter den Begriff „Behinderung" fällt, muss wahrscheinlich sein, dass sie von langer Dauer sein wird.[60] Eine erhebliche Krankheit, die lange Zeit andauert, kann daher eine Behinderung im Sinne dieser Rechtsprechung sein. Zu Recht wird deshalb geraten, nach Krankheiten und damit verbundenen körperlichen Beeinträchtigungen nur zu fragen, wenn dies zwingend zur Ausübung der Tätigkeit erforderlich ist.[61] 23

Gewerkschaftszugehörigkeit. Die Frage nach einer Gewerkschaftszugehörigkeit ist **unzulässig,** weil sie zu einer nach Art. 9 III 2 GG unzulässigen Benachteiligung wegen Gewerkschaftsmitgliedschaft führen kann.[62] 24

Heirat. Die vor allem an weibliche Arbeitnehmer gerichtete Frage, ob sie alsbald heiraten wollen, ist unzulässig. An der Beantwortung besteht kein berechtigtes Interesse. Ihre unrichtige Beantwortung hat keine Rechtsfolgen. 25

Lohnpfändung. Nach Lohnpfändungen darf der Arbeitgeber **grundsätzlich nicht fragen.** Die Frage ist allenfalls gegenüber Personen in Vertrauenspositionen zulässig.[63] 26

---

[53] *Hanau* ZIP 2006, 2189, 2193; im Ergebnis auch *Kania/Merten* ZIP 2007, 8, 12.

[54] *Wisskirchen/Bissels* NZA 2007, 169, 171.

[55] ErfK/*Preis* § 611 BGB RN 273.

[56] Zuletzt BAG 18. 10. 2000 AP 59 zu § 123 BGB = NZA 2001, 315.

[57] *Adomeit/Mohr* AGG § 2 RN 39; ErfK/*Preis* § 611 BGB RN 275; Schleusener/*Suckow*/Voigt § 11 RN 72.

[58] BAG 7. 6. 1984 AP 26 zu § 123 BGB = NZA 85, 57.

[59] Vgl. *Adomeit/Mohr* AGG § 7 Anhang 1 RN 35; ErfK/*Preis* § 611 BGB RN 274; HWK/*Thüsing* § 123 BGB RN 19.

[60] EuGH 11. 7. 2006 NZA 2006, 839; zur Problematik Krankheit und Behinderung vgl. auch *Reichold* JZ 2007, 196; *Thüsing/Wege* NZA 2006, 136.

[61] *Wisskirchen/Bissels* NZA 2007, 169, 171f.

[62] Vgl. BAG 28. 3. 2000 AP 27 zu § 99 BetrVG 1972 Einstellung = NZA 2000, 1294.

[63] *C. S. Hergenröder* AR-Blattei SD 715 RN 24; ErfK/*Preis* § 611 BGB RN 280; a. A. MünchArbR/*Buchner* § 41 RN 156 sowie HWK/*Thüsing* § 123 BGB RN 10 für Kleinbetriebe.

27 **Ministerium für Staatssicherheit (MfS/Stasi).** Die von den Arbeitgebern des **öffentlichen Dienstes** in Personalfragebogen gestellten Fragen über frühere Parteifunktionen in des SED und nach einer Tätigkeit für das MfS sind **zulässig** und daher wahrheitsgemäß zu beantworten (näher dazu § 127 RN 109f.).[64]

28 **Nichtrauchereigenschaft. Unzulässig** ist die Frage, ob der Bewerber Raucher oder Nichtraucher ist.[65] Dies betrifft die Privatsphäre des Arbeitnehmers. Bestehen betriebliche Rauchverbote, sind diese vom Arbeitnehmer allerdings zu beachten.

29 **Parteimitgliedschaft.** Die Frage nach einer Parteimitgliedschaft ist mangels eines berechtigten Interesses grundsätzlich unzulässig. Anderes kann bei Tätigkeiten in einer politischen Partei gelten.

30 **Qualifikation.** Fragen nach Ausbildung, Qualifikationen und beruflichem Werdegang einschließlich Ausbildungs- und Weiterbildungszeiten sind zulässig und daher wahrheitsgemäß zu beantworten.

31 **Religionszugehörigkeit.** Die Frage nach der Religionszugehörigkeit ist grundsätzlich **unzulässig,** weil der Arbeitgeber an der Beantwortung regelmäßig kein berechtigtes Interesse hat.[66] Dies ist nach § 9 AGG anders bei kirchlichen Tendenzbetrieben (Krankenhäusern, Kindergärten, Schulen, Pflegeheimen). Zur Scientology-Gemeinschaft § 33 RN 12.

32 **Schwangerschaft.** Die Frage nach einer Schwangerschaft war bereits vor Inkrafttreten des AGG **unzulässig,**[67] und zwar unabhängig davon, ob sich nur Frauen oder auch Männer um den Arbeitsplatz beworben haben.[68] Nach der Rechtsprechung des EuGH ist die Frage nach der Schwangerschaft unabhängig davon unzulässig, ob die Arbeitnehmerin befristet oder auf Dauer eingestellt wird, sie während der Schwangerschaft die Arbeit verrichten kann oder nicht, Nachtarbeitsverbote bestehen oder ihre Anwesenheit für das Unternehmen unerlässlich ist oder nicht. Unzulässig ist auch die Zurückweisung einer Bewerberin, weil sie schwanger ist.[69] Dem hat sich das BAG für unbefristete Arbeitsverhältnisse angeschlossen.[70]

33 **Verdienst beim bisherigen Arbeitgeber.** Die Frage an einen Stellenbewerber nach der bei dem früheren Arbeitgeber bezogenen Vergütung ist jedenfalls dann unzulässig, wenn die bisherige Vergütung für die erstrebte Stelle keine Aussagekraft und der Bewerber sie auch nicht von sich aus als Mindestvergütung für die neue Stelle gefordert hat.[71]

34 **Vermögensverhältnisse.** Der Arbeitgeber hat regelmäßig **kein berechtigtes Interesse** an einer Auskunft über die Vermögensverhältnisse des Arbeitnehmers. Etwas anderes mag im Einzelfall bei leitenden Angestellten oder Personen gelten, die in besonderer Weise die Vermögensinteressen des Unternehmens vertreten. Hier hat der Arbeitgeber ein berechtigtes Interesse an Beschäftigten in geordneten finanziellen Verhältnissen.[72]

35 **Vorstrafen.** Der Arbeitgeber darf den Bewerber bei der Einstellung nach Vorstrafen fragen, wenn und soweit die Art des zu besetzenden Arbeitsplatzes dies erfordert. Es muss sich um **einschlägige Vorstrafen** handeln.[73] So kann bei der Einstellung eines Angestellten im Polizeivollzugsdienst uneingeschränkt nach Vorstrafen gefragt werden. Berufskraftfahrer können nach Verkehrsdelikten, Bankangestellte nach Vermögensdelikten, Erzieher nach Sittlichkeits- oder Körperverletzungsdelikten gefragt werden. Der Bewerber kann sich als unbestraft bezeichnen, wenn die Strafe nach dem Bundeszentralregister-Gesetz (BZRG) nicht in das Führungszeugnis oder nur in ein Führungszeugnis nach § 30 III, IV BZRG aufzunehmen oder im Register zu tilgen ist (§§ 51, 53 BZRG).[74] Der Inhalt des Führungszeugnisses ergibt sich aus § 30 BZRG. Bei der Prüfung der Eignung des Bewerbers für die geschuldete Tätigkeit kann es je nach den Umstän-

---

[64] BVerfG 8. 7. 1997 AP 39 zu Art. 2 GG; BAG 26. 8. 1993 AP 8 zu Art. 20 Einigungsvertrag; BAG 14. 12. 1995 EzA 52 zu Art. 20 Einigungsvertrag.

[65] MünchArbR/*Buchner* § 41 RN 97; *Wisskirchen/Bissels* NZA 2007, 169, 172.

[66] *Adomeit/Mohr* AGG § 2 RN 32; Schleusener/*Suckow*/Voigt § 11 RN 81; Wendeling-Schröder/*Stein* AGG § 8 RN 19; *Wisskirchen/Bissels* NZA 2007, 169, 173.

[67] BAG 6. 2. 2003 AP 21 zu § 611 a BGB = NZA 2003, 848.

[68] BAG 15. 10. 1992 AP 8 zu § 611 a BGB = NZA 93, 257.

[69] EuGH 4. 10. 2001 AP 27 zu EWG-Richtlinie Nr. 76/207 = NZA 2001, 1241 (Tele Danmark); 4. 10. 2001 AP 3 zu EWG-Richtlinie Nr. 92/85 = NZA 2001, 1243; 3. 2. 2000 AP 18 zu § 611 a BGB = NZA 2000, 255 (Mahlburg); 5. 5. 1994 AP 3 zu Art. 2 EWG-Richtlinie Nr. 76/207 = NZA 94, 609 (Habermann – Beltermann); kritisch dazu *Pallasch* NZA 2007, 306 ff.

[70] BAG 6. 2. 2003 AP 21 zu § 611 a BGB = NZA 2003, 848.

[71] BAG 19. 5. 1983 AP 25 zu § 123 BGB.

[72] MünchArbR/*Buchner* § 41 RN 155; HWK/*Thüsing* § 123 BGB RN 10.

[73] Ausf. MünchArbR/*Buchner* § 41 RN 145 ff.; a. A. Erman/*Edenfeld* § 611 RN 264.

[74] MünchArbR/*Buchner* § 41 RN 150 f.; HWK/*Thüsing* § 123 BGB RN 12.

den zulässig sein, dass der Arbeitgeber den Bewerber auch nach laufenden Ermittlungsverfahren fragt bzw. verpflichtet, während eines längeren Bewerbungsverfahrens anhängig werdende einschlägige Ermittlungsverfahren nachträglich mitzuteilen.[75]

Wehr- Zivildienst. Die Frage nach künftigem noch abzuleistenden Wehr- oder Zivildienst ist **unzulässig.** Sie führt zu einer mittelbaren Benachteiligung männlicher Bewerber wegen des Geschlechts. Das Interesse des Arbeitgebers, die Verfügbarkeit des Arbeitnehmers über einen längeren Zeitraum sicherzustellen, ist nicht geeignet, die geschlechtsspezifische Benachteiligung zu rechtfertigen.[76] Es gelten insoweit dieselben Grundsätze wie bei der Frage nach einer Schwangerschaft (dazu RN 32). Nach abgeleistetem Wehr- oder Zivildienst („Haben Sie gedient?") darf gleichfalls nicht gefragt werden. Die Frage ist für das Arbeitsverhältnis regelmäßig ohne Bedeutung.[77] 36

Wettbewerbsverbote. Nach einem nachvertraglichen Wettbewerbsverbot darf der Arbeitgeber fragen, soweit es sich auf die auszuübende Tätigkeit bezieht. In diesen Fällen besteht die Gefahr, dass der Bewerber die Stelle nicht antreten kann oder die Arbeit abbrechen muss.[78] 37

§ 27. Die Beschäftigung ausländischer Arbeitnehmer in der Bundesrepublik Deutschland

Übersicht

	RN
I. Anwerbung und Arbeitsvermittlung mit Auslandsbezug	1 ff.
1. Allgemeines	1
2. EURES	2
3. Anwerbevereinbarungen	3
II. Öffentlich-rechtliche Voraussetzungen für die Arbeitsaufnahme von Ausländern in der BRD	4 ff.
1. Zuwanderungsgesetz	4
2. Überblick über die Regelungssystematik	5
3. Unionsbürger	6–10
4. Angehörige aus Drittstaaten	11–25
5. Türkische Staatsangehörige	26
6. Greencard, Hochqualifizierte	27–28 c
7. Saisonarbeitnehmer	29
8. Werkverträge	30
9. Gastarbeitnehmer	31
10. Rechtsstellung des Arbeitgebers	32–35
III. Besonderheiten im Arbeitsvertragsrecht ausländischer Arbeitnehmer	36 ff.
1. Vertragliche Absprachen	36
2. Gleichbehandlung	37
3. Wehrdienst	38
IV. Steuerliche und sozialversicherungsrechtliche Behandlung	39 ff.
1. Steuerpflicht	39
2. Sozialversicherung	40–43

I. Anwerbung und Arbeitsvermittlung mit Auslandsbezug

1. Allgemeines. Die Globalisierung der Wirtschaft und die anhaltende Abwanderung von Menschen aus Spannungs- und Krisengebieten haben zu einem Zustrom von ausländischen Arbeitnehmern auf den deutschen Arbeitsmarkt geführt. Gleichzeitig verlagern zunehmend Unternehmen aus dem Inland ihre Produktion in das Ausland. Während zunächst die Initiative für den Zuzug von ausländischen Arbeitnehmern von der Anwerbung inländischer Arbeitgeber ausging, ist Deutschland nach wie vor einer verstärkten Migration ausgesetzt. Die Darstellung der Rechtslage bei der Rechtswahl und der Entsendung von in Deutschland beschäftigten Arbeitnehmern in das Ausland erfolgt unter § 6. 1

2. EURES.[1] Dies ist ein Kooperationsnetz, dem die Europäische Kommission, die öffentlichen Arbeitsverwaltungen der Länder des EWR und der Schweiz sowie andere, mit Beschäftigungsfragen befasste nationale und regionale Akteure angehören (z. B. Gewerkschaften, Arbeitgeberverbände). Aufgabe von EURES ist die Information und Beratung über Beschäftigungsmöglichkeiten bzw. deren Vermittlung für alle Bürger, die in einem anderen Mitgliedstaat eine 2

[75] BAG 20. 5. 1999 AP 50 zu § 123 BGB = NZA 99, 975.

[76] *Boemke* RdA 2008, 129, 133; HK-AGG/*Däubler* § 7 RN 30; ErfK/*Preis* § 611 BGB RN 273; Schleusener/*Suckow*/Voigt § 11 RN 88; HWK/*Thüsing* § 123 BGB RN 27; a. A. Erman/*Edenfeld* § 611 RN 263.

[77] *Boemke* RdA 2008, 129, 132; HWK/*Thüsing* § 123 BGB RN 27; a. A. Erman/*Edenfeld* § 611 RN 263.

[78] MünchArbR/*Buchner* § 41 RN 105; HWK/*Thüsing* § 123 BGB RN 9.

[1] „EURopean Employment Services"; Internetadresse http://europa.eu.int/eures/home.jsp?lang=de.

Arbeitsmöglichkeit suchen. EURES fördert auch das Entstehen eines gemeinsamen europäischen Arbeitsmarkts sowie – in bestimmten Grenzregionen – integrierter regionaler Arbeitsmärkte.

3 **3. Anwerbevereinbarungen.** Zur Durchführung des Anwerbeverfahrens der Arbeitsverwaltung wurden zahlreiche zwischenstaatliche Vereinbarungen geschlossen. Diese sind teilweise zwar nicht formell aufgehoben oder gekündigt worden, haben aber wohl vielfach keine Bedeutung mehr, da einige Staaten zwischenzeitlich Mitglieder der EU geworden sind und insoweit das Gemeinschaftsrecht Vorrang hat.

II. Öffentlich-rechtliche Voraussetzungen für die Arbeitsaufnahme von Ausländern in der BRD

Bünte/Knödler, Recht der Arbeitsmigration, NZA 2008, 743; *Christen,* Der Zugang zum deutschen Arbeitsmarkt nach der EU-Erweiterung, BArbBl. 2004, Nr. 3, S. 4; *Fehrenbacher,* Einreise und Aufenthalt von türkischen Staatsangehörigen unter besonderer Berücksichtigung des Assoziationsratsbeschlusses 1/80, ZAR 2008, 335; *Frenz/Kühl,* Die Freizügigkeitsrichtlinie und ihre defizitäre Umsetzung ins deutsche Recht, ZESAR 2007, 315; *Fuchs,* Die Beschränkungen des Arbeitsmarktzugangs für Angehörige aus den EU-8-Staaten, ZESAR 2007, 97; *Imhof,* Das Freizügigkeitsabkommen EG-Schweiz und seine Auslegungsmethode, ZESAR 2007, 217; *Kretz,* Die Beschäftigung ausländischer Arbeitnehmer in der BRD, AR-Blattei, SD 330; *Marschner,* Das reformierte Recht der Ausländerbeschäftigung, DB 2005, 499; *Solka,* Zugang zum deutschen Arbeitsmarkt für Staatsgehörige aus den neuen Mitgliedstaaten der Europäischen Union, ZAR 2008, 87; *Wank,* Die Entwicklung der Dienstleistungs- und Niederlassungsfreiheit in der EU, NZA Beilage 2005, Nr. 2, S. 88.

4 **1. Zuwanderungsgesetz.** Am 5. 8. 2004 ist das Gesetz zur Steuerung und Begrenzung der Zuwanderung und zur Regelung des Aufenthalts und der Integration von Unionsbürgern und Ausländern vom 30. 7. 2004 (Zuwanderungsgesetz – BGBl. I S. 1950) im Bundesgesetzblatt verkündet worden. Mit dem Abschluss des Gesetzgebungsverfahrens ist ein jahrelanger Streit zwischen Regierung und Opposition über die Regelung der Zuzugsmöglichkeiten von Ausländern nach Deutschland beendet worden. Das ursprüngliche Zuwanderungsgesetz vom 20. 6. 2002 (BGBl. I S. 1946) war vom BVerfG wegen des Abstimmungsverhaltens des Landes Brandenburg im Bundesrat für verfassungswidrig erklärt worden.[2] Das Zuwanderungsgesetz vom 30. 7. 2004 ist ein Artikelgesetz, dessen Kernstücke das Gesetz über den Aufenthalt, die Erwerbstätigkeit und die Integration von Ausländern im Bundesgebiet (Aufenthaltsgesetz – AufenthG, BGBl. I S. 1950) i. d. F. der Bekanntmachung v. 25. 2. 2008 (BGBl. I S. 162) sowie das Gesetz über die allgemeine Freizügigkeit von Unionsbürgern (Freizügigkeitsgesetz/EU – FreizügG/EU, BGBl. I S. 1986) sind. Daneben werden in Art. 9 des Zuwanderungsgesetzes die Regelungen des SGB III über die Beschäftigung von ausländischen Arbeitnehmern grundlegend geändert (BGBl. I S. 2001). Die Vorschriften des Zuwanderungsgesetzes sind im Wesentlichen zum 1. 1. 2005 in Kraft getreten.[3]

5 **2. Überblick über die Regelungssystematik.** Die rechtlichen Rahmenbedingungen für die Beschäftigung von ausländischen Arbeitnehmern lassen sich im Wesentlichen in vier Kategorien einteilen. Keine Beschränkungen bei der Beschäftigungsausübung bestehen für Unionsbürger, deren Staaten bereits am 30. 4. 2004 Mitglied der Europäischen Union waren. Für diese gilt das FreizügG/EU (RN 6). Angehörige aus Staaten, die zum 1. 5. 2004 bzw. 1. 1. 2007 der EU beigetreten sind, unterliegen für eine Übergangszeit noch Beschränkungen bei der Freizügigkeit und der Beschäftigungsausübung (RN 9). Für türkische Arbeitnehmer bestehen auf Grund zwischenstaatlicher Vereinbarungen Sonderregelungen (RN 21). Für ausländische Staatsangehörige aus Drittstaaten gelten die weitergehenden Beschränkungen des AufenthG (RN 12). Insoweit gilt der Grundsatz, dass eine Neueinreise nach Deutschland zum Zweck der Beschäftigung grundsätzlich nicht möglich ist, es sei denn, dass eine Rechtsnorm dies ausdrücklich zulässt.

6 **3. Unionsbürger. a) Angehörige von Staaten, die bereits am 30. 4. 2004 Mitglied der EU waren. aa) Aufenthaltsrechtliche Stellung.** Die Einreise und der Aufenthalt dieses Personenkreises richtet sich nach dem Freizügigkeitsgesetz/EU; die Vorschriften des Aufenthaltsgesetzes finden für Unionsbürger keine Anwendung (§ 1 II Nr. 1 AufenthG; Ausnahmen § 11 FreizügG/EU). Nach § 2 II Nr. 1 FreizügG/EU können Unionsbürger zur Arbeitssuche oder zur Berufsausbildung (Nr. 1) in das Bundesgebiet einreisen und sich dort aufhalten. Das

---

[2] BVerfG 18. 12. 2002 NJW 2003, 339.

[3] Die Arbeitsverwaltung hat Durchführungsanweisungen zum AufenthG erlassen, die im Internet ebenso wie weitere Merkblätter unter http://www.arbeitsagentur.de abgerufen werden können.

gleiche Recht steht den Familienangehörigen des Arbeitnehmers unter den in §§ 3, 4 FreizügG/EU genannten Voraussetzungen zu. Eine nur vorübergehende Arbeitsunfähigkeit oder Zeiten unfreiwilliger Arbeitslosigkeit des Arbeitnehmers führen nicht zum Verlust des Einreise- und Aufenthaltsrechts. Unionsbürger benötigen für ihre Einreise kein Visum und für ihren weiteren Aufenthalt keinen Aufenthaltstitel (§ 2 IV 1 FreizügG/EU). Sie sind jedoch u.a. verpflichtet, bei der Einreise einen Pass mit sich zu führen und während der Dauer des Aufenthalts zu besitzen sowie diesen ggf. zu Prüfungszwecken auszuhändigen (§ 8 FreizügG/EU). Unionsbürgern wird von Amts wegen eine kostenfreie Bescheinigung über ihr Aufenthaltsrecht ausgestellt (§§ 5 I, 2 VI FreizügG/EU), deren Vorlage gleichfalls zu Prüfzwecken verlangt werden kann (§ 8 Nr. 3 FreizügG/EU). Die zuständige Behörde kann die Vorlage einer Einstellungsbestätigung oder einer Beschäftigungsbescheinigung des Arbeitgebers verlangen (§ 5 a I Nr. 1 FreizügG/EU). Unter den Voraussetzungen des § 4a FreizügG/EU können Unionsbürger ein Daueraufenthaltsrecht erwerben. Die vorgenannten Regelungen gelten auch für Staatsangehörige der EWR-Staaten (Island, Norwegen und Liechtenstein) und ihre Familienangehörigen (§ 12 FreizügG/EU); Bürger der Schweiz sind nach dem „Freizügigkeitsabkommen EU/Schweiz" EWR-Staatsangehörigen gleichgestellt. Daneben unterliegen auch ausländische Arbeitnehmer, die kraft Gesetzes zur Ausübung einer Beschäftigung berechtigt sind (z.B. Inhaber einer Niederlassungserlaubnis nach § 9 AufenthG), keinen Einschränkungen bei der Beschäftigungsaufnahme.

bb) Beschäftigungsaufnahme. Sie unterliegt bei Angehörigen von Staaten, die bereits am 30. 4. 2004 Mitglied der EU waren, keinen Beschränkungen. Das Recht auf Zugang zu einer Beschäftigung folgt unmittelbar aus Art. 39 EG. Das AufenthG, das die Beschäftigung von Ausländern an die Festlegungen im Aufenthaltstitel bindet, ist für Unionsbürger nicht anzuwenden (§ 1 II Nr. 1 AufenthG). 7

b) Angehörige der Beitrittsstaaten zum 1. 5. 2004 bzw. 1. 1. 2007. aa) Aufenthaltsrechtliche Stellung. Für die Staatsangehörigen der neuen EU-Staaten Malta und Zypern gilt von Anfang an uneingeschränkte Freizügigkeit, sie unterliegen daher auch keinen Beschränkungen bei der Beschäftigungsaufnahme. Für Staatsangehörige aus Estland, Lettland, Litauen, Ungarn, Polen, Slowenien, Tschechien und der Slowakei bzw. aus Bulgarien bzw. Rumänien ergeben sich Einschränkungen bei der Freizügigkeit aus dem Vertrag vom 16. 4. 2003 (BGBl. II S. 1408) bzw. vom 25. 4. 2005 (BGBl. II S. 1146). Als Unionsbürger benötigen sie für die Einreise nach Deutschland aber kein Visum, sie erhalten von den Ausländerbehörden eine Bescheinigung über ihr Aufenthaltsrecht. 8

bb) Beschäftigungsaufnahme. (1) Arbeitsgenehmigung-EU. Für Angehörige der Beitrittsstaaten (Ausnahme: Malta und Zypern) gelten auf der Grundlage der Verträge vom 16. 4. 2003 bzw. 25. 4. 2005 Übergangsregelungen, durch die die Beschäftigungsfreiheit eingeschränkt wird. Diese Staatsangehörigen und ihre freizügigkeitsberechtigten Familienangehörigen dürfen wie bisher eine Beschäftigung nur mit Genehmigung der BA ausüben und von Arbeitgebern nur beschäftigt werden, wenn sie eine Genehmigung (sog. Arbeitsgenehmigung-EU) besitzen (§ 284 I SGB III). Die Arbeitsgenehmigung-EU wird befristet als **Arbeitserlaubnis-EU** (RN 9a) erteilt, wenn nicht Anspruch auf eine unbefristete Erteilung als **Arbeitsberechtigung-EU** (RN 10) besteht (§ 284 II 1 SGB III). Die Übergangsregelungen im SGB III dürfen die Beschäftigungsaufnahme für Angehörige aus den Beitrittsstaaten für höchstens sieben Jahre (2+3+2-Modell) einschränken, d.h. bis längstens zum Jahr 2011 bzw. 2013. Grundsätzlich dürfen die neuen EU-Bürger durch die Übergangsregelung nicht schlechter gestellt werden (Verschlechterungsverbot). Wird die Beschäftigung durch die BA genehmigt, finden auf Angehörige der Beitrittstaaten und ihre Familienangehörigen die Freizügigkeitsregelungen des FreizügG/EU (RN 7) Anwendung (§ 13 FreizügG/EU). Für die Erteilung der Arbeitsgenehmigung-EU ist die Arbeitsverwaltung zuständig, die Ausländerbehörden werden nicht beteiligt. Nach § 12c ArGV bedürfen Staatsangehörige aus den Beitrittsstaaten keiner Arbeitsgenehmigung-EU für die Durchführung einer qualifizierten betrieblichen Ausbildung in einem staatlich anerkannten oder vergleichbar geregelten Ausbildungsberuf, wenn sie im Ausland einen anerkannten deutschen Schulabschluss erworben haben. 9

(2) Arbeitserlaubnis-EU. Die Arbeitserlaubnis-EU wird grundsätzlich für ein Jahr erteilt. Für die Voraussetzungen zur Erteilung der Arbeitserlaubnis-EU wird in § 284 III SGB III auf § 39 II–IV, VI AufenthG (RN 22) Bezug genommen. Darüber hinaus bestimmt § 284 IV SGB III, dass Angehörigen der Beitrittländer mit Wohnsitz außerhalb des Bundesgebiets eine Arbeitserlaubnis-EU für eine Beschäftigung ohne qualifizierte Berufsausbildung nur erteilt werden darf, wenn dies durch zwischenstaatliche Vereinbarung bestimmt oder auf Grund einer 9a

RechtsVO zulässig ist. Die Prüfung, ob eine Arbeitserlaubnis-EU erteilt werden kann, erfolgt auf der Grundlage des § 39 II-IV, VI AufenthG sowie der einzelnen RechtsVO (BeschV, BeschVerfV sowie der ArGV und ASAV), wobei die jeweils günstigere Regelung anzuwenden ist (§ 284 VI SGB III). Fachkräften aus den Beitrittsstaaten wird eine Arbeitserlaubnis-EU erteilt, wenn sie über einen Hochschulabschluss oder eine vergleichbare Qualifikation verfügen und entsprechend beschäftigt werden (§ 12b ArGV).

10 **(3) Arbeitsberechtigung-EU.** Angehörige der Beitrittsstaaten (Ausnahme: Malta und Zypern, vgl. RN 9) haben Anspruch auf eine unbefristete Erlaubnis zur Ausübung einer Beschäftigung, wenn sie bereits am 1. 5. 2004 bzw. 1. 1. 2007 oder zu einem späteren Zeitpunkt für einen ununterbrochenen Zeitraum von zumindest zwölf Monaten im Bundesgebiet zum Arbeitsmarkt zugelassen waren (§ 284 II, V SGB III). Dies gilt nicht für solche Staatsangehörige, die von einem Arbeitgeber mit Sitz im Ausland in das Bundesgebiet entsandt worden sind. Die Voraussetzungen für die Erteilung einer Arbeitsberechtigung-EU richten sich nach § 12a der VO über die Arbeitsgenehmigung für ausländische Arbeitnehmer (ArGV) vom 17. 9. 1998 i.d.F. der Bekanntmachung vom 26. 1. 2007 (BGBl. II S. 127), zul. geänd. 21. 12. 2008 (BGBl. I S. 2917) und der VO über Ausnahmeregelungen für die Erteilung einer Arbeitserlaubnis an neueinreisende ausländische Arbeitnehmer (Anwerbestoppausnahmeverordnung – ASAV) vom 17. 9. 1998, zul. geänd. d. Art. 7 I d. G. vom 21. 12. 2008 (BGBl. I S. 2917). Familienangehörige mit gemeinsamem Wohnsitz in Deutschland erhalten ebenfalls eine Arbeitsberechtigung-EU, wenn sie sich seit 18 Monaten rechtmäßig im Bundesgebiet aufhalten (§ 12a II ArGV). Bei konkurrierenden Tatbeständen für die Zulässigkeit der beabsichtigten Arbeitsaufnahme ist der jeweils für den Antragsteller günstigere anzuwenden.

11 **4. Angehörige aus Drittstaaten. a) Aufenthaltsrechtliche Stellung.** Angehörige aus Drittstaaten unterliegen dem Anwendungsbereich des AufenthG, Ausnahmen bestehen u.a. für die in den §§ 18–20 GVG genannten Angehörigen der diplomatischen Missionen und konsularischen Vertretungen (§ 1 II AufenthG). Nach § 4 I AufenthG dürfen Ausländer nur in das Bundesgebiet einreisen und sich dort aufhalten, wenn sie über einen Aufenthaltstitel verfügen. Das Aufenthaltsrecht eines Drittstaatenangehörigen und der Inhalt des Aufenthaltstitels richten sich dabei nach dem Aufenthaltszweck (Ausbildung, Erwerbstätigkeit, Familiennachzug oder humanitäre Gründe).

12 **b) Aufenthaltstitel.** Nach § 4 III AufenthG dürfen Ausländer eine Beschäftigung nur dann ausüben, wenn die Beschäftigung vom Aufenthaltstitel erlaubt wird. Ausnahmen bestehen nur, wenn die Beschäftigung auf Grund zwischenstaatlicher Vereinbarungen, eines Gesetzes oder einer RechtsVO auch ohne Aufenthaltstitel erlaubt wird. Liegt keine der in § 4 III 2 AufenthG genannten Ausnahmen vor, muss der Aufenthaltstitel die Zulässigkeit der Beschäftigungsaufnahme als Nebenbestimmung gesondert aussprechen. Fehlt sie, ist die Aufnahme einer Beschäftigung unzulässig. Neben dem Visum enthält das AufenthG zwei Aufenthaltstitel, die befristete Aufenthaltserlaubnis (§ 7 AufenthG) und die unbefristete Niederlassungserlaubnis (§ 9 AufenthG). Daneben können ausländische Staatsangehörige aus Drittstaaten, die seit mindestens fünf Jahren in einem EU-Staat leben, unter bestimmten Voraussetzungen die Rechtsstellung eines langfristig Aufenthaltsberechtigten (Erlaubnis zum Daueraufenthalt-EG) erhalten. Dieser Titel berechtigt kraft gesetzlicher Anordnung zur Ausübung einer Erwerbstätigkeit, ohne dass hierfür eine Zustimmung der Arbeitsverwaltung eingeholt werden muss[4] (§ 9a I 2 i.V.m. § 9 I 2 AufenthG). Schließlich können nach der Bleiberechtsregelung Ausländer, die sich bereits mehrere Jahre in Deutschland geduldet aufgehalten haben, unter den Voraussetzungen der §§ 104a, 104b AufenthG eine Aufenthaltserlaubnis erhalten, wobei die Aufenthaltserlaubnis nach § 104a AufenthG zur unbeschränkten Ausübung einer Erwerbstätigkeit berechtigt (§ 104a IV 2 AufenthG).

13 **c) Aufenthalt zur Ausbildung. aa) Hochschulstudium.** Einem Ausländer kann für ein Studium an einer staatlichen oder staatlich anerkannten Hochschule oder vergleichbaren Ausbildungseinrichtung einschließlich der studienvorbereitenden Maßnahmen eine Aufenthaltserlaubnis erteilt werden (§ 16 I AufenthG). Diese berechtigt auch zur Ausübung einer Beschäftigung, die insgesamt 90 Tage im Jahr nicht überschreiten darf, und zur Ausübung von studentischen Nebentätigkeiten (§ 16 III AufenthG). Nach der Beendigung des Studiums kann die Aufenthaltserlaubnis bis zu einem Jahr zur Suche eines angemessenen Arbeitsplatzes (§§ 18ff. AufenthG) verlängert werden (§ 16 IV 1 AufenthG). Gem. § 16 IV 2 AufenthG kann die einem Studienabsolventen aus einem Drittstaat für sein in der Bundesrepublik abgeschlossenes Studium erteilte Aufenthaltserlaubnis bis zu einem Jahr verlängert werden, wenn er einen Arbeitsplatz sucht, der von Ausländern

[4] *Bünte/Knödler* NZA 2008, 743, 749.

besetzt werden darf. Hat der ausländische Hochschulabsolvent einen entsprechenden Arbeitsplatz gefunden, kann ein zur Beschäftigung berechtigender Aufenthaltstitel erteilt werden. Die bis zum 31. 12. 2008 geltende Hochschulabsolventen-Zugangsverordnung[5] hatte zu Gunsten der ausländischen Studienabsolventen eine weitere Erleichterung geschaffen. Die Arbeitsverwaltung musste bei der Erteilung der Zustimmung zu dem Aufenthaltstitel nur die für die beabsichtigte Anstellung in Aussicht genommenen Arbeitsbedingungen einer Angemessenheitsprüfung unterziehen (§ 39 II AufenthG). Die sog. Vorrangprüfung, ob für die in Aussicht genommene Beschäftigung deutsche Staatsangehörige oder andere bleibeberechtigte Ausländer in Betracht kommen (§ 39 II Nrn. 1 und 2 AufenthG), entfiel. Der Beschäftigungszugang für Hochschulabsolventen aus Drittstaaten richtet sich ab dem 1. 1. 2009 nach § 27 BeschV (dazu RN 28).

bb) Betriebliche Ausbildung. Vor Vollendung des 18. Lebensjahres eingereiste Ausländer, die eine Aufenthaltserlaubnis und einen inländischen Schulabschluss besitzen, können zustimmungsfrei eine Berufsausbildung nach dem BBiG durchführen (§ 3 a BeschVerfV). Einem ausländischen Staatsangehörigen kann eine Aufenthaltserlaubnis zur betrieblichen Aus- und Weiterbildung erteilt werden, wenn die BA zugestimmt hat, dies eine RechtsVO nach § 42 AufenthG zulässt oder eine zwischenstaatliche Vereinbarung bestimmt, dass die Aus- und Weiterbildung ohne Zustimmung der BA zulässig ist (§ 17 AufenthG). Nach § 10 II 1 Nr. 1 BeschVerfV wird geduldeten Ausländern die Zustimmung ohne Vorrangprüfung (RN 22) erteilt für eine Berufsausbildung in einem staatlich anerkannten oder vergleichbar geregelten Ausbildungsberuf. Für die Prüfung der Zugangsvoraussetzungen für die Ausbildung nach dem BBiG, sowie für die berufliche Weiterbildung sind die AA zuständig. Darüber hinaus können langfristige Aufenthaltsrechte in anderen Mitgliedstaaten der EU zu einer Aufenthaltserlaubnis in der Bundesrepublik führen (§ 38 a AufenthG). Mit diesem Aufenthaltstitel kann im Bundesgebiet eine betriebliche Aus- oder Weiterbildung ohne Zustimmung der BA durchgeführt werden (§ 38 a III 3 AufenthG). Nach dem Ablauf von zwölf Monaten berechtigt die Aufenthaltserlaubnis zur unbeschränkten Ausübung einer Erwerbstätigkeit. **13a**

d) Aufenthalt zur Beschäftigung. aa) Grundsatz. Die Erteilung einer Aufenthaltserlaubnis zur Ausübung einer Beschäftigung richtet sich nach § 18 AufenthG. Sie ist abhängig **(1)** von der Zustimmung durch die BA (RN 17); das Zustimmungserfordernis entfällt nur, wenn dies in einer RechtsVO (§ 42 AufenthG, RN 15) oder zwischenstaatlichen Vereinbarung bestimmt ist (§ 18 II 1 AufenthG, § 41 BeschV) und **(2)** dem Vorliegen eines konkreten Arbeitsplatzangebots (§ 18 V AufenthG). Die weiteren Voraussetzungen für die Erteilung eines Aufenthaltstitels richten sich danach, ob es sich um eine Beschäftigung handelt, die eine qualifizierte Berufsausbildung voraussetzt oder nicht (§ 18 III, IV AufenthG).. Die Erteilung eines Aufenthaltstitels zur Erwerbstätigkeit ist ausgeschlossen, wenn die beabsichtigte Beschäftigung nicht durch RechtsVO für Angehörige aus Drittstaaten geöffnet worden ist. In diesem Fall ist der Aufenthaltstitel von den Ausländerbehörden bereits aus Rechtsgründen zu versagen, ohne dass es auf eine Entscheidung durch die BA ankommt. **14**

bb) Zustimmungsfreie Beschäftigungen. Die Erteilung eines die Ausübung einer Beschäftigung umfassenden Aufenthaltstitels nach der BeschV bedarf nicht der Zustimmung der Arbeitsverwaltung für Praktikanten (§ 2 BeschV), hochqualifizierte ausländische Arbeitnehmer, denen eine Niederlassungserlaubnis erteilt wird (§ 3 BeschV), Führungskräfte (§ 4 BeschV), in Wissenschaft, Forschung und Entwicklung tätige Personen (§ 5 BeschV), Personen mit besonderen kaufmännischen Tätigkeiten (§ 6 BeschV), bestimmte Personengruppen wie z. B. Künstler, Schauspieler, Sportler (§ 7 BeschV), Journalisten (§ 8 BeschV), Personen, die an einem gesetzlich geregelten oder auf einem Programm der EU beruhenden Freiwilligendienst teilnehmen oder vorwiegend aus karitativen oder religiösen Gründen beschäftigt werden (§ 9 BeschV), Ferienbeschäftigungen (§ 10 BeschV), kurzfristig entsandte Arbeitnehmer (§ 11 BeschV), Teilnehmern an internationalen Sportveranstaltungen (§ 12 BeschV), Fahrpersonal eines ausländischen Arbeitgebers im grenzüberschreitenden Straßenverkehr (§ 13 BeschV), Personen in der Schifffahrt und im Luftverkehr (§ 14 BeschV) sowie für ausländische Arbeitnehmer, die von ihrem Arbeitgeber mit Sitz im EWR oder der Schweiz zur Erbringung einer Dienstleistung vorübergehend in das Bundesgebiet entsandt werden, wenn sie zum Stammpersonal des Unternehmens zählen[6] (§ 15 BeschV). **15**

---

[5] Verordnung über den Zugang ausländischer Hochschulabsolventen zum Arbeitsmarkt – HSchulAbsZugV – vom 9. 10. 2007 (BGBl. I S. 2337); aufgeh. d. Art. 2 Satz 2 d. VO v. 19. 12. 2008 (BGBl. I S. 2972).

[6] Dazu EuGH 19. 1. 2006 AP 1 zu Art. 59 EWG-Vertrag; ausgenommen von der Befreiung von dem Zustimmungserfordernis nach § 15 BeschV sind vorerst noch Dienstleistungen im Baugewerbe, im Bereich Reinigung von Gebäuden, Inventar und Verkehrsmittel sowie im Bereich der Innendekoration.

16 cc) **Zustimmung durch die BA. (1) Unterschiedlicher Beschäftigungszugang für bereits im Inland lebende Ausländer und für neueinreisende Ausländer sowie für Asylbewerber.** Auf Grund der Verordnungsermächtigung in § 42 AufenthG ist die Verordnung über die Zulassung von neueinreisenden Ausländern zur Ausübung einer Beschäftigung (Beschäftigungsverordnung – BeschV) v. 22. 11. 2004 (BGBl. I S. 2937), zul. geänd. 19. 12. 2008 (BGBl. I S. 2972), erlassen worden. Die BeschV gilt nur für neu einreisende und nicht für die bereits im Inland lebenden Ausländer. Jedoch bedarf auch die Ausübung einer Beschäftigung durch einen im Inland lebenden Ausländer der Zustimmung der Arbeitsverwaltung. Hierfür ist die VO über das Verfahren und die Zulassung von im Inland lebenden Ausländern zur Ausübung einer Beschäftigung (Beschäftigungsverfahrensverordnung – BeschVerfV) v. 22. 11. 2004 (BGBl. I S. 2934), zul. geänd. 21. 12. 2008 (BGBl. I S. 2917), maßgebend. Danach kommt nach einer einjährigen Beschäftigung deren Fortsetzung ohne Vorrangprüfung der BA (RN 22) in Betracht (§ 6 BeschVerfV). Eine unbeschränkte Zustimmung zur Beschäftigung ist nach zweijähriger sozialversicherungspflichtiger Beschäftigung bzw. nach drei Jahren legalem Aufenthalt im Bundesgebiet zulässig (§ 9 BeschVerfV). Gleiches gilt, wenn sich der Ausländer vier Jahre erlaubt, geduldet oder mit Aufenthaltsgestattung im Bundesgebiet aufgehalten hat (§ 10 II 1 Nr. 2 BeschVerfV). Asylbewerber können nach einem Jahr gestattetem Aufenthalt (§ 61 II AsylVerfG) und geduldete Ausländer nach einem einjährigen ununterbrochenen rechtmäßigen Aufenthalt nach Vorrangprüfung zum Arbeitsmarkt zugelassen werden (§ 10 I 1 BeschVerfV); in den Fällen des § 61 II AsylVerfG, § 10 I 1 BeschVerfV kann die Zustimmung zur Beschäftigungsaufnahme nach § 13 BeschVerfV beschränkt werden. Ist der persönliche Geltungsbereich der BeschVerfV für eine zustimmungspflichtige Tätigkeit nicht gegeben, richtet sich das Zustimmungserfordernis der Arbeitsverwaltung danach, ob ein in den Abschnitten 2 bis 5 der BeschV geregelter (Ausnahme-)Tatbestand vorliegt (RN 17 ff.).

17 **(2) Qualifikation der Tätigkeit.** Erfordert die Beschäftigung **keine qualifizierte Berufsausbildung**, darf eine Aufenthaltserlaubnis zur Ausübung einer Beschäftigung von der Arbeitsverwaltung nur erteilt werden, wenn entweder eine zwischenstaatliche Vereinbarung oder eine nach § 42 AufenthG erlassene RechtsVO (RN 18) dies vorsehen (§ 18 III AufenthG); für die Erteilung einer Niederlassungserlaubnis gelten diese Einschränkungen nicht. Ein Aufenthaltstitel zur Ausübung einer Beschäftigung, die **eine qualifizierte Berufsausbildung** voraussetzt, darf nur für eine Beschäftigung in einer Berufsgruppe erteilt werden, die gleichfalls durch eine RechtsVO nach § 42 AufenthG zugelassen worden ist (RN 19). Diese Einschränkung betrifft Aufenthalts- bzw. Niederlassungserlaubnis gleichermaßen. In begründeten Ausnahmefällen kann bei einer qualifizierten Berufsausbildung eine Aufenthaltserlaubnis für eine Beschäftigung erteilt werden, wenn an der Beschäftigung ein öffentliches, insbesondere ein regionales, wirtschaftliches oder arbeitsmarktpolitisches Interesse besteht (§ 18 IV AufenthG).

18 **(3) Zustimmungserfordernis der Arbeitsverwaltung für Tätigkeiten, die keine qualifizierte Berufsausbildung voraussetzen (§ 18 III AufenthG).** Die Arbeitsverwaltung kann der Erteilung einer Aufenthaltserlaubnis zur Ausübung einer Beschäftigung, die keine zumindest dreijährige Berufsausbildung voraussetzt, nach der BeschV zustimmen für eine Saisonbeschäftigung (§ 18 BeschV, RN 29), Schausteller (§ 19 BeschV), Au-pair (§ 20 BeschV), versicherungspflichtig beschäftigte Haushaltshilfen (§ 21 BeschV), Künstler und Artisten und ihr Hilfspersonal (§ 23 BeschV) sowie für praktische Tätigkeiten für die Anerkennung im Ausland erworbener Berufsabschlüsse (§ 24 BeschV) und die weiteren in den §§ 33 bis 37 BeschV aufgezählten Personen- und Berufsgruppen. Dies sind deutsche Volkszugehörige (§ 33 BeschV), Angehörige aus bestimmten Staaten,[7] Fertighausmonteure (§ 35 BeschV), längerfristig entsandte Arbeitnehmer (§ 36 BeschV, RN 39) sowie Grenzgänger (§ 37 BeschV)

19 **(4) Zustimmungserfordernis der Arbeitsverwaltung für Tätigkeiten, die eine qualifizierte Berufsausbildung voraussetzen (§ 18 IV AufenthG).** Nach der BeschV darf die Arbeitsverwaltung der Erteilung eines Aufenthaltstitels zum Zweck einer Beschäftigung, die eine mindestens 3-jährige Berufsausbildung voraussetzt, zustimmen für Lehrkräfte unter Aufsicht einer konsularischen Vertretung (§ 26 I BeschV), Spezialitätenköche (§ 26 II BeschV), IT-Fachkräfte mit besonderer Qualifikation (§ 27 Nr. 1 BeschV a. F.), akademische Fachkräfte an deren Beschäftigung ein öffentliches Interesse besteht (§ 27 Nr. 2 BeschV a. F.), inländische Studienabsolventen (§ 27 Nr. 3 BeschV a. F.), leitende Angestellte und Spezialisten (§ 28 Nr. 1 BeschV a. F.), leitende Angestellte eines deutsch-ausländischen Gemeinschaftsunternehmens (§ 28 Nr. 2 BeschV a. F.), Sozialarbeiter für ausländische Familien (§ 29 BeschV), Pflegekräfte (Kranken-,

---

[7] Dies betrifft Staatsangehörige aus Andorra, Australien, Israel, Japan, Kanada, Monaco, Neuseeland, San Marino und den Vereinigten Staaten von Amerika.

einem nach Ausländerrecht **geduldeten ausländischen Staatsangehörigen** unter den weiteren in § 18 a AufenthG genannten Voraussetzungen eine Aufenthaltserlaubnis zur Ausübung einer seiner beruflichen Qualifikation entsprechenden Beschäftigung erteilt werden, wenn die BA nach § 39 AufenthG zugestimmt hat und der Ausländer im Bundesgebiet **(a)** eine qualifizierte Berufsausbildung in einem staatlich anerkannten oder vergleichbar geregelten Ausbildungsberuf oder ein Hochschulstudium abgeschlossen hat oder **(b)** mit einem anerkannten ausländischen Hochschulabschluss seit zwei Jahren ununterbrochen eine dem Abschluss angemessene Beschäftigung ausgeübt hat oder als Fachkraft seit zwei Jahren ununterbrochen eine Beschäftigung ausgeübt hat, die eine qualifizierte Berufsausbildung voraussetzt.

c) Forschung. Nach § 20 I AufenthG wird einem Ausländer eine Aufenthaltserlaubnis zum **28 c**
Zweck der Forschung erteilt, wenn er **(1)** eine wirksame Aufnahmevereinbarung zur Durchführung eines Forschungsvorhabens mit einer besonders anerkannten Forschungseinrichtung abgeschlossen hat, und **(2)** die anerkannte Forschungseinrichtung sich schriftlich zur Übernahme der Kosten verpflichtet hat, die öffentlichen Stellen bis zu sechs Monaten nach der Beendigung der Aufnahmevereinbarung entstehen für den Lebensunterhalt des Ausländers während eines unerlaubten Aufenthalts in einem Mitgliedstaat der EU sowie eine Abschiebung des Ausländers. Forschungseinrichtungen können auch private Unternehmen sein, die Forschung betreiben.

7. Saisonarbeitnehmer. Für ausländische Saisonarbeitnehmer kann die Zustimmung der **29**
Arbeitsverwaltung zu einem Aufenthaltstitel für eine Saisonbeschäftigung von mindestens 30 Stunden wöchentlich bei durchschnittlich mindestens 6 Stunden Arbeit täglich bis zu insgesamt 6 Monaten im Kalenderjahr gegeben werden, wenn der ausländische Arbeitnehmer von der BA auf Grund einer Absprache mit der Arbeitsverwaltung des Herkunftslandes vermittelt wurde.[9] Die Vermittlung ist auf die Beschäftigung in der Land- und Forstwirtschaft, im Hotel- und Gaststättengewerbe, in der Obst- und Gemüseverarbeitung sowie in Sägewerken beschränkt. Der Zeitraum für die Beschäftigung von Saisonarbeitnehmern ist für den Betrieb kalenderjährlich auf 8 Monate begrenzt. Die Begrenzung gilt nicht für Betriebe des Obst-, Gemüse-, Wein-, Hopfen- und Tabakanbaus (§ 18 BeschV).

8. Werkverträge. Die Beschäftigung von ausländischen Arbeitnehmern im Rahmen von **30**
Werkverträgen richtet sich nach den §§ 36, 39 BeschV, soweit sie länger als drei Monate in das Inland entsandt werden. Nach § 36 BeschV kann die Zustimmung zu einem Aufenthaltstitel zur Ausübung einer Beschäftigung ohne Vorrangprüfung (§ 39 II 1 Nr. 1 AufenthG) Personen erteilt werden, die von ihren Arbeitgebern mit Sitz im Ausland länger als drei Monate in das Inland entsandt werden, um **(a)** gewerblichen Zwecken dienende Maschinen, Anlagen und Programme der elektronischen Datenverarbeitung, die bei dem Arbeitgeber bestellt worden sind, aufzustellen und zu montieren, in ihre Bedienung einzuweisen, zu warten oder zu reparieren, **(b)** erworbene, gebrauchte Anlagen zum Zwecke des Wiederaufbaus im Sitzstaat des Arbeitgebers zu demontieren. Die Zustimmung ist auf die vorgesehene Beschäftigungsdauer zu befristen, die Frist darf drei Jahre nicht übersteigen. Während bei einer Beschäftigung nach § 36 BeschV der Ausländer als Arbeitnehmer für seinen im Ausland ansässigen Arbeitgeber beschäftigt wird, regelt § 39 BeschV den Einsatz im Rahmen eines mit einem ausländischen Auftraggeber abgeschlossenen Werkvertrags nach § 631 BGB. Die Zustimmung zu einem Aufenthaltstitel zur Ausübung einer Beschäftigung auf der Grundlage einer zwischenstaatlichen Vereinbarung[10] für die Beschäftigung im Rahmen von Werkverträgen bei demselben Arbeitgeber kann für längstens 2 Jahre erteilt werden. Verlässt der Ausländer das Inland und ist der Aufenthaltstitel abgelaufen oder erloschen, so darf eine neue Zustimmung nur erteilt werden, wenn der zwischen Ausreise und erneuter Einreise als Werkvertragsarbeitnehmer liegende Zeitraum nicht kürzer ist als die Gesamtgeltungsdauer der früheren Aufenthaltstitel. Der in Satz 2 genannte Zeitraum beträgt höchstens 2 Jahre; er beträgt 3 Monate, wenn der Ausländer vor der Ausreise nicht länger als 9 Monate im Inland beschäftigt war. Grundlage für die Beschäftigung ausländischer Arbeitnehmer im Rahmen von Werkverträgen sind bilaterale Vereinbarungen, die von der Bundesregierung abgeschlossen werden.

9. Gastarbeitnehmer. Bei Gastarbeitnehmern (§ 40 BeschV) handelt es sich um Ausländer, **31**
die bereits im Heimatland eine berufliche Qualifikation erworben haben, über deutsche Sprach-

---

[9] Derartige Absprachen bestanden bei Redaktionsschluss dieser Auflage mit Kroatien, Polen, der Slowakei, Slowenien, Ungarn, Rumänien, Tschechien sowie mit Bulgarien für das Hotel- und Gaststättengewerbe; dazu *Tegebauer* NZA 2007, 533.

[10] Zurzeit bestehen Abkommen mit Bosnien-Herzegowina, Bulgarien, Jugoslawien, Kroatien, Lettland, Mazedonien, Polen, Rumänien, Slowakei, Slowenien, Tschechien, Türkei und Ungarn.

kenntnisse verfügen und zur Vervollkommnung ihrer beruflichen und sprachlichen Kenntnisse in Deutschland eine Beschäftigung aufnehmen (Höchstdauer 18 Monate). Sie müssen bei Aufnahme der Beschäftigung mindestens 18 Jahre und höchstens 35 bzw. 40 Jahre sein. Grundlage für die Vermittlung der Gastarbeitnehmer sind bilaterale Abkommen (Gastarbeitnehmerabkommen), in denen unter anderem das Jahreskontingent festgelegt ist.[11]

32 **10. Rechtsstellung des Arbeitgebers. a) Antragstellung.** Nach bisherigem Recht konnte nicht nur der Arbeitnehmer, sondern auch der Arbeitgeber die Arbeitserlaubnis für den Arbeitnehmer beantragen.[12] Hieran kann, jedenfalls unter der Geltung des Zuwanderungsgesetzes, nicht mehr festgehalten werden. Die Entscheidung über die Zulässigkeit einer Erwerbstätigkeit richtet sich vorrangig an den Interessen des Arbeitsmarkts aus, während die Individualinteressen des Arbeitgebers allenfalls im Rahmen der Ermessensentscheidung der BA zu berücksichtigen sind; insoweit fehlt ihm auch die Klagebefugnis. Er kann lediglich die Feststellung beantragen, dass er berechtigt ist, einen bestimmten ausländischen Staatsangehörigen zu beschäftigen.[13] Ein ausländischer Arbeitnehmer ist grundsätzlich selbst verpflichtet, sich um die Erteilung und rechtzeitige Verlängerung des erforderlichen Aufenthaltstitels zu bemühen; auch eine generelle Hinweispflicht des Arbeitgebers auf den bevorstehenden Ablauf des bisherigen Titels besteht nicht.[14]

33 **b) Beschäftigungsverbot.** Das Beschäftigungsverbot für ausländische Arbeitnehmer ohne entsprechenden Aufenthaltstitel führt nicht zur Nichtigkeit des Arbeitsvertrags,[15] sondern lediglich zu einem absoluten Beschäftigungsverbot für den Arbeitgeber. Für die rechtliche Beendigung eines solchen Arbeitsverhältnisses durch den Arbeitgeber ist regelmäßig die außerordentliche oder ordentliche Kündigung erforderlich. Welche Kündigungsart gerechtfertigt ist, richtet sich nach den Umständen des Einzelfalles, insbesondere, ob der Arbeitgeber den Arbeitsplatz sofort wieder besetzen muss.[16] Vor Ausspruch der Kündigung ist der allgemeine und besondere Kündigungsschutz zu beachten, bei Schwangeren ist daher die behördliche Zustimmung einzuholen. Arbeitet der Ausländer ohne die erforderliche Arbeitserlaubnis, hat er gleichwohl einen Vergütungsanspruch. Andererseits kann der Arbeitgeber die Beschäftigung ohne Arbeitserlaubnis ablehnen, ohne in Annahmeverzug zu geraten. Das Verschweigen der Ausreisepflicht kann die Anfechtung des Arbeitsvertrages rechtfertigen.[17] Grundsätzlich kann ein Arbeitsverhältnis befristet für die Dauer der Aufenthaltserlaubnis abgeschlossen werden.[18]

34 Ein Arbeitgeber muss sich über die **öffentlich-rechtlichen Voraussetzungen der Beschäftigung** ausländischer Arbeitnehmer versichern. Ihn trifft eine Erkundigungspflicht (§ 4 III 4 AufenthG). Bei illegaler Beschäftigung kann er zur Zahlung von Abschiebungskosten herangezogen werden (§ 66 IV AufenthG).[19] Die Beschäftigung ohne Arbeitserlaubnis ist für den Arbeitnehmer eine Ordnungswidrigkeit (§ 404 II Nr. 3 SGB III), während die illegale Beschäftigung für den Arbeitgeber nicht nur mit einem Ordnungsgeld (§ 404 II Nr. 3 SGB III) geahndet werden kann, sondern auch strafbar sein kann (§§ 406, 407 SGB III). Für den Generalunternehmer kann die illegale Beschäftigung durch einen Subunternehmer zu einer Ordnungswidrigkeit führen (§ 404 I Nr. 2 SGB III); zur Auskunftspflicht des Arbeitgebers gegenüber der Arbeitsverwaltung RN 18.

35 **c) Arbeitslosengeld.** Ausländische Arbeitnehmer können Anspruch auf Alg. haben, wenn sie dem Arbeitsmarkt zur Verfügung stehen (§ 23 RN 14).

---

[11] Zur Zeit bestehen Abkommen mit Albanien, Bulgarien, Estland, Kroatien, Lettland, Litauen, Polen, Rumänien, Russische Föderation, Schweiz, Slowakei, Slowenien, Tschechien und Ungarn.

[12] BSG 27. 1. 1977 SozR 4100 § 19 Nr. 2 = NJW 78, 1125; offen gelassen BSG 2. 8. 2001 SozR 3–1500 § 55 Nr. 34.

[13] BSG 2. 8. 2001 SozR 3–4210 § 9 Nr. 2.

[14] BAG 26. 6. 1996 AP 2 zu § 3 EFZG = NZA 96, 1087.

[15] So noch BAG 30. 5. 1969 DB 89, 1611; 30. 5. 1969 AP 4 zu § 35 AVAVG.

[16] BAG 7. 2. 1990 AP 8 zu § 1 KSchG 1969 Personenbedingte Kündigung = NZA 91, 341; 13. 1. 1977 AP 2 zu § 19 AFG; 16. 12. 1979 AP 4 zu § 19 AFG.

[17] LAG Nürnberg 21. 9. 1994 NZA 95, 228.

[18] BAG 12. 1. 2000 AP 217 zu § 620 BGB Befristeter Arbeitsvertrag = NZA 2000, 978.

[19] VGH Kassel 21. 9. 1994 NZA 95, 1043.

III. Besonderheiten im Arbeitsvertragsrecht ausländischer Arbeitnehmer

Gutmann, Sprachlosigkeit als Rechtsproblem, ArbuR 2008, 81; *Rieble,* Sprache und Sprachrisiko im Arbeitsrecht, FS Löwisch (2007), S. 229.

1. Vertragliche Absprachen. Arbeitsverträge oder sonstige mit dem Arbeitsvertrag in Zusammenhang getroffene Vereinbarungen mit ausländischen Arbeitnehmern können in deutscher Sprache geschlossen werden, auch wenn diese ihr nur unvollkommen mächtig sind. Das Sprachverständnis des Arbeitnehmers ist aber von Bedeutung bei der Abgabe von einseitigen empfangsbedürftigen Willenserklärungen. Eine einseitige Willenserklärung, die einem ausländischen Arbeitnehmer unter Anwesenden gegenüber abgegeben wird, ist unwirksam, wenn dieser sie nicht versteht. Es empfiehlt sich daher, bei Verhandlungen mit einem ausländischen Arbeitnehmer einen Dolmetscher hinzuzuziehen. Aus der dem Arbeitgeber obliegenden Aufklärungs- und Hinweispflicht können sich für den Arbeitgeber Pflichten zur Übersetzung bestimmter Erklärungen ergeben. Dies wird insbesondere dann der Fall sein, wenn der Arbeitgeber einen deutschen Arbeitnehmer besonders auf eine Vertragsklausel, eine besondere Pflichtenstellung (z.B. bei einer Abmahnung) oder öffentlich-rechtliche Arbeitsschutzvorschriften hinweisen musste. 36

2. Gleichbehandlung. Ausländische Arbeitnehmer dürfen wegen ihrer Herkunft nicht benachteiligt werden (§ 33 RN 5). 37

3. Wehrdienst. Das ArbPlSchG findet Anwendung auf die Heranziehung zum Wehrdienst für Angehörige aus den EU-Mitgliedstaaten,[20] nicht hingegen auf die Einberufung von Arbeitnehmern aus Nicht-EU-Staaten.[21] Werden diese in ihrem Heimatland zum Wehrdienst oder einem gleichgestellten Dienst herangezogen, so kann für sie im Arbeitsverhältnis ein Leistungsverweigerungsrecht bestehen. Sie sind jedoch verpflichtet, den Wehrdienst rechtzeitig anzuzeigen und ihre Heranziehung nachzuweisen. Bei einer nur kurzzeitigen Dauer des Wehrdienstes (bis zu 2 Monate) ruhen die wechselseitigen Verpflichtungen aus dem Arbeitsverhältnis.[22] Ist ein Arbeitnehmer zur Ableistung des verkürzten Wehrdienstes beurlaubt worden, ist der Arbeitgeber nicht zur Kürzung des Urlaubs berechtigt.[23] Bei längeren Wehrdiensten besteht kein Leistungsverweigerungsrecht; hier kommt eine personenbedingte Kündigung in Betracht, sofern der wehrdienstbedingte Ausfall zu einer erheblichen Beeinträchtigung der betrieblichen Interessen führt und nicht durch zumutbare personelle oder organisatorische Maßnahmen zu überbrücken ist.[24] 38

IV. Steuerliche und sozialversicherungsrechtliche Behandlung

1. Steuerpflicht. Ausländische Arbeitnehmer sind gemäß § 1 EStG unbeschränkt einkommensteuerpflichtig. Hieraus folgt, dass sie auch mit ausländischen Einkünften im Inland steuerpflichtig sind. Sie sind nur beschränkt steuerpflichtig, wenn sie im Inland weder einen Wohnsitz noch ihren gewöhnlichen Aufenthalt haben (§ 1 IV EStG). Einzelheiten vgl. §§ 39d, 49ff. EStG. 39

2. Sozialversicherung. a) Allgemeines. Nach § 3 SGB IV gelten Vorschriften über die Versicherungspflicht und die Versicherungsberechtigung, soweit sie eine Beschäftigung oder eine selbstständige Tätigkeit voraussetzen, für alle Personen, die im Geltungsbereich des SGB beschäftigt oder dort selbstständig tätig sind (Territorialitätsprinzip). Die Versicherungspflicht und der Leistungsbezug sind daher nicht von der deutschen Staatsangehörigkeit abhängig. Besatzungsmitglieder deutscher Seeschiffe mit Ausnahme der Lotsen (§ 13 I SGB IV) sind im Inland beschäftigt, und zwar auch beim Aufenthalt in fremden Hoheitsgewässern einschl. fremder Häfen.[25] Eine Ausnahme von dem Territorialitätsprinzip gilt nach dem Recht der **Einstrahlung** (§ 5 SGB IV). Personen, die im Rahmen eines im Ausland begründeten Beschäftigungsverhältnisses in das Inland entsandt werden, sind nicht versicherungspflichtig, wenn die Entsendung infolge der Eigenart der Beschäftigung oder im Voraus zeitlich begrenzt ist. Eine in Übereinkommen oder Sozial- 40

---

[20] EuGH 15. 10. 1969 AP 2 zu Art. 177 EWG-Vertrag; BAG 5. 12. 1969 AP 3 zu Art. 177 EWG-Vertrag.

[21] LAG Frankfurt 2. 3. 1973 NJW 74, 2198.

[22] BAG 20. 5. 1988 AP 9 zu § 1 KSchG 1969 Personenbedingte Kündigung = NZA 89, 464; 22. 12. 1982 AP 23 zu § 123 BGB; 7. 9. 1983 AP 7 zu § 1 KSchG 1969 Verhaltensbedingte Kündigung.

[23] BAG 30. 7. 1986 AP 22 zu § 13 BUrlG = NZA 87, 13.

[24] BAG 20. 5. 1988 AP 9 zu § 1 KSchG 1969 Personenbedingte Kündigung = NZA 89, 464.

[25] BSGE 36, 276, 278 = SozR Nr. 77 zu § 165 RVO.

versicherungsabkommen getroffene über- und zwischenstaatliche Regelung geht jedoch dem innerstaatlichen Recht vor;[26] dazu zählen die Regelungen in der VO (EWG) Nr. 1408/71. Für Leistungen der BA gelten die Art. 69 bis 71 EWG-VO 1408/71 (§ 23 RN 2); zum Kinder- und Elterngeld vgl. §§ 69 RN 45, 172.

41 **b) Krankenversicherung.** Ausländische Arbeitnehmer sind unter den Voraussetzungen von § 5 SGB V in der gesetzlichen Krankenversicherung versicherungspflichtig. Der Anspruch auf Leistungen ruht, solange Versicherte sich im Ausland aufhalten, und zwar auch dann, wenn sie während eines nur vorübergehenden Aufenthalts erkranken, soweit im SGB V nichts anderes geregelt ist. Diese Regelung beruht auf der Überlegung, dass nach dem Sachleistungsprinzip der Krankenkassen im Ausland keine Leistungen erbracht werden können. Nach Eintritt eines Versicherungsfalls richtet sich für Angehörige der EU-Mitgliedstaaten der Leistungsbezug nach Art. 19ff. VO (EWG) Nr. 1408/71, wenn der ausländische Arbeitnehmer sich im Ausland aufhält; für Angehörige anderer Staaten ist die Leistungserbringung zumeist in zwischenstaatlichen Abkommen geregelt.

42 **c) Unfallversicherung.** In der gesetzlichen Unfallversicherung sind Personen nur bei bestimmten Tätigkeiten (§ 2 SGB VI) versichert (vgl. § 109). Grundsätzlich besteht Versicherungsschutz nur bei Tätigkeiten im territorialen Geltungsbereich des SGB. Angehörige der EU-Mitgliedstaaten, die im Gebiet eines anderen Mitgliedstaats als des zuständigen Staates wohnen, erhalten nach Art. 52 VO (EWG) Nr. 1408/71 im Falle eines Arbeitsunfalls oder einer Berufskrankheit Sachleistungen für Rechnung des zuständigen Trägers vom Träger des Wohnorts, Geldleistungen vom zuständigen Träger nach den für diesen Träger geltenden Rechtsvorschriften. Weitere Regelungen ergeben sich wieder aus zwischenstaatlichen Vereinbarungen. Sonderregeln gelten für Grenzgänger. Überweisungen der gesetzlichen Unfallrente ist auf Grund des Übereinkommens Nr. 19 der IAO auf Antrag des Arbeitnehmers auch ins Ausland möglich.

43 **d) Rentenversicherung.** Für die Versicherungspflicht gilt das Territorialitätsprinzip. Für den Leistungsfall gelten die §§ 110ff. SGB VI. Nach § 110 I SGB VI gilt der Grundsatz, dass Berechtigte, die sich nur vorübergehend im Ausland aufhalten, für die gesamte Zeit Leistungen erhalten wie Berechtigte, die ihren gewöhnlichen Aufenthalt im Inland haben. §§ 110ff. werden jedoch für Angehörige aus den EU-Mitgliedstaaten durch Art. 26ff. VO (EWG) Nr. 1408/71 überlagert. Nach Art. 3 VO (EWG) Nr. 1408/71 sind Berechtigten, die im Gebiet eines anderen Staates wohnen, die Leistungen wie einem Deutschen zu erbringen. Nach der Gebietsgleichstellungsklausel des Art. 10 dürfen Leistungen nicht gekürzt werden, weil der Berechtigte im Gebiet eines anderen Mitgliedstaats wohnt.

§ 28. Kollektivrechtliche Einflüsse auf die Begründung des Arbeitsvertrags

1 Für die **Begründung des Arbeitsvertrags in der Bundesrepublik** ergeben sich zahlreiche Auswirkungen aus dem Tarifvertragsrecht und dem Betriebsverfassungsrecht. So regeln tarifliche Abschlussnormen vor allem Formvorschriften, Abschlussverbote und Abschlussgebote für den Arbeitsvertrag (§ 202). Namentlich der **Betriebsrat** soll auf die Zusammensetzung der Belegschaft Einfluss nehmen können. Er besitzt vor allem Rechte bei der Personalplanung (§ 238 RN 2), der Aufstellung von Auswahlrichtlinien (§ 238 RN 28) und bei personellen Einzelmaßnahmen bei Einstellung und Entlassung (§§ 241, 242, 124).

[26] BSGE 23, 74, 76 = SozR Nr. 10 zu § 1250 RVO.

IV. Buch. Arbeitsvertrag und Arbeitsverhältnis

§ 29. Arbeitsvertrag und Arbeitsverhältnis

Allgemeine Literatur zur Dogmatik des Arbeitsvertrages: *Boemke,* Schuldvertrag und Arbeitsverhältnis, 1999; MünchArbR/*Richardi* § 42; *Richardi,* Kollektivgewalt und Individualwille bei der Gestaltung des Arbeitsverhältnisses, 1968; *Säcker,* Gruppenautonomie und Übermachtkontrolle im Arbeitsrecht, 1972; *Schwerdtner,* Fürsorge- und Entgelttheorie im Recht der Arbeitsbedingungen, 1970; *Wiedemann,* Das Arbeitsverhältnis als Austausch- und Gemeinschaftsverhältnis, 1966; *Wiese,* Der personale Gehalt des Arbeitsverhältnisses, ZfA 96, 439; *Wolf, E.,* Das Arbeitsverhältnis, Personenrechtliches Gemeinschaftsverhältnis oder Schuldverhältnis, 1970.

Formularbücher zum Arbeitsvertrag: Beck'sches Formularbuch Arbeitsrecht, 2005; *Hümmerich,* Gestaltung von Arbeitsverträgen, 2006; *Preis,* Der Arbeitsvertrag, Handbuch der Vertragsgestaltung, 2. Aufl., 2005; *Schaub/Neef/Koch/Schrader/Vogelsang,* ArbR-Formb., 9. Aufl., 2008; Münchener Vertragshandbuch, Bd. 4 1. Halbband, 5. Aufl., 2002.

I. Arbeitsvertrag

1. Begriff. Der Arbeitsvertrag ist ein privatrechtlicher, gegenseitiger Austauschvertrag, durch 1
den sich der Arbeitnehmer zur persönlichen (§ 613 BGB) Leistung von **fremdbestimmter, abhängiger oder unselbstständiger Arbeit** unter Leitung und Weisung des Arbeitgebers und der Arbeitgeber zur Zahlung einer Vergütung verpflichtet (zum Arbeitnehmerbegriff näher § 8).[1] Der Begriff der Arbeit ist dabei in einem wirtschaftlichen Sinne zu verstehen. Erforderlich ist eine Tätigkeit, die der Befriedigung eines fremden Bedürfnisses dient.[2] Ein bloßes Unterlassen reicht in der Regel nicht aus. Während einer Rehabilitation ruhen im Allgemeinen die arbeitsvertraglichen Hauptleistungspflichten, Arbeit im Sinne des Arbeitsrechts wird nicht verrichtet.[3]

2. Privatrechtliche Rechtsnatur. Der Arbeitsvertrag wird zwischen sich **gleichberechtigt** 2
gegenüberstehenden Personen abgeschlossen. Dies gilt auch dann, wenn an ihm eine juristische Person des öffentlichen Rechts beteiligt ist. Juristische Personen des öffentlichen Rechts, also z.B. Körperschaften, Anstalten oder Stiftungen, können sowohl privat- wie öffentlichrechtlich am Rechtsverkehr teilnehmen. Ihre Arbeitsverträge sind privatrechtlich. Allerdings weisen sie wegen der teilweisen Angleichung an das Beamtenrecht einige Besonderheiten auf (§ 184). Die Rechtsnatur des Arbeitsvertrags wird nicht dadurch geändert, dass auf ihn zum öffentlichen Recht gehörende Arbeitnehmerschutzvorschriften (vgl. §§ 152ff.) einwirken.

An Hochschulen können neben Beamtenverhältnissen und privatrechtlichen Dienstverhältnis- 3
sen grundsätzlich auch **öffentlich-rechtliche Dienstverhältnisse eigener Art** begründet werden.[4] Ein öffentlich-rechtliches Dienstverhältnis ist gegeben, wenn es durch einseitige Maßnahme, d.h. durch einen Verwaltungsakt, begründet und im Wesentlichen öffentlich-rechtlich ausgestaltet ist. Ein Verwaltungsakt bleibt auch dann eine einseitige Maßnahme im vorgenannten Sinn, wenn er der Zustimmung bedarf. Die Vorschriften über den Dienstvertrag (§§ 611ff. BGB) schließen nicht aus, die Leistung von Diensten öffentlich-rechtlich zu regeln, wie das Beamtenverhältnis zeigt. Art. 33 IV GG steht der Anerkennung öffentlich-rechtlicher Dienstverhältnisse eigener Art nicht entgegen. Zwar sind Behördenbedienstete regelmäßig nur Beamte, Angestellte oder Arbeiter. Daneben gibt es aber auch anders ausgestaltete öffentlich-rechtliche Dienstverhältnisse, wie beispielsweise die Dienstverhältnisse der Richter und Soldaten sowie im Bereich der Sozialversicherungsträger die Dienstverhältnisse der Dienstordnungsangestellten.

3. Gegenseitiger Austauschvertrag. Der Arbeitsvertrag ist ein gegenseitiger Austauschver- 4
trag. Er ist ein **Unterfall des Dienstvertrags** (§§ 611ff. BGB).[5] Der Arbeitnehmer schuldet die Leistung von Arbeit, nicht dagegen einen bestimmten Erfolg. Schlagwortartig ausgedrückt:

---

[1] Vgl. MünchKommBGB/*Müller-Glöge* § 611 RN 154ff.

[2] BAG 19. 3. 2008 AP 1 zu § 611 BGB Feiertagsvergütung = NZA 2008, 1135; 16. 1. 2002 AP 7 zu § 2 EFZG = NZA 2002, 1163.

[3] BAG 19. 3. 2008 AP 1 zu § 611 BGB Feiertagsvergütung = NZA 2008, 1135; 29. 1. 1992 AP 1 zu § 74 SGB V = NZA 92, 643.

[4] Dazu BAG 13. 7. 2005 EzA 5 zu § 611 BGB 2002 Arbeitnehmerbegriff; 25. 2. 2004 AP 1 zu § 36 HRG; BVerwG 29. 8. 1975 NJW 76, 437.

[5] ErfK/*Preis* § 611 BGB RN 3; HWK/*Thüsing* Vor § 611 BGB RN 18.

Der Arbeitnehmer schuldet ein Wirken und nicht ein Werk. Im Arbeitsvertrag verpflichtet sich der Arbeitnehmer zur fremdbestimmten, persönlichen Leistungserbringung nach Weisung des Arbeitgebers. Im Unterschied zum Dienstvertrag ist es Sache des Arbeitgebers, auf Grund seines Weisungsrechts (§ 106 GewO) die Arbeitskraft des Arbeitnehmers sinnvoll einzusetzen (zur Abgrenzung § 8 RN 12ff.).[6]

5 **4. Schuldrechtlicher Vertrag.** Da der Arbeitsvertrag ein schuldrechtlicher Vertrag ist, sind die **gesetzlichen Regelungen des Bürgerlichen Rechts** auf ihn anwendbar, soweit nicht die Eigenheiten des Arbeitsvertrags oder spezielle arbeitsrechtliche Regelungen entgegenstehen.[7] Hieraus folgt beispielsweise, dass die Anfechtung abweichend von § 142 BGB nicht immer zurückwirkt (§ 36 RN 49f.), bei Leistungsstörungen, wie etwa bei der Entgeltfortzahlung infolge Arbeitsunfähigkeit, nicht stets der Anspruch auf die Gegenleistung entfällt (dazu § 98) oder bei der Inhaltskontrolle vorformulierter Verträge nach § 310 IV BGB arbeitsrechtliche Besonderheiten zu berücksichtigen sind (dazu § 32).

6 **5. Personenrechtliche Ausgestaltung.** Das Arbeitsverhältnis wurde in der Zeit des Nationalsozialismus als **„personenrechtliches Gemeinschaftsverhältnis"** qualifiziert.[8] Der Begriff geht auf *Otto v. Gierke* zurück.[9] Danach war der Arbeitsvertrag kein Schuldvertrag, sondern ein personenrechtlicher Vertrag. Der Dienstvertrag begründete nach dieser Lehre ein persönliches Herrschaftsverhältnis, das seinen Ursprung im deutschrechtlichen Treudienstvertrag hatte. Nach 1945 wurde der Begriff des personenrechtlichen Gemeinschaftsverhältnisses fortgeführt, um die wechselseitigen Treue- und Fürsorgepflichten zu betonen.[10] Im neueren Schrifttum ist dieser Begriff überwunden.[11] Er trägt nichts zur Klärung des Vertragsinhalts bei. Die Nebenpflichten aus dem Arbeitsvertrag ergeben sich aus speziellen arbeitsrechtlichen Vorschriften oder aus §§ 241, 242 BGB.[12]

7 **6. Dauerschuldverhältnis.** Durch den Arbeitsvertrag wird ein Dauerschuldverhältnis begründet.[13] Das Arbeitsverhältnis ist nicht auf den Austausch einzelner Leistungen gerichtet, mit deren Erfüllung es erlischt. Es endet vielmehr mit der Verwirklichung eines Beendigungstatbestands (Befristung, Kündigung, Aufhebungsvertrag). Gerade die in einem längeren Zeitraum zu erbringende Leistung des Arbeitnehmers führt zu seiner Abhängigkeit.

II. Arbeitsverhältnis

8 **1. Begriff.** Das Arbeitsverhältnis wird durch den Arbeitsvertrag begründet. Der Arbeitsvertrag ist der Rechtsgrund für den Austausch von Arbeit gegen Entgelt **(Vertragstheorie).**[14] Arbeitsverträge können rückwirkend geändert werden. Das gilt auch hinsichtlich der Pflichtenbindung des Arbeitnehmers – jedenfalls wenn nichts anderes praktiziert worden ist.[15] Die früher vertretene **Eingliederungstheorie**[16] spielt heute als Begründungstatbestand eines Arbeitsverhältnisses keine Rolle mehr.[17]

9 **2. Beschäftigungsverhältnis.** Nach § 4 I SGB I hat jeder im Rahmen des SGB ein Recht auf Zugang zur **Sozialversicherung.** Sozialversicherung i. S. des SGB ist die Kranken-, Renten-, Unfall- und Pflegeversicherung (§ 1 SGB IV). Die Sozialversicherung ist im Wesentlichen als Pflichtversicherung ausgestaltet; nur in Ausnahmefällen wird Versicherungsfreiheit gewährt. Nach § 2 SGB IV sind in allen Zweigen der Sozialversicherung nach Maßgabe der besonderen Vorschriften Personen versichert, die gegen Arbeitsentgelt oder zu ihrer Berufsausbildung beschäftigt sind. Beschäftigung ist nach § 7 I SGB IV die nicht selbstständige Arbeit, insbesondere

---

[6] MünchKommBGB/*Müller-Glöge* § 611 RN 156; ErfK/*Preis* § 611 BGB RN 4.

[7] ErfK/*Preis* § 611 BGB RN 5.

[8] Dazu eingehend *Rüthers,* Die unbegrenzte Auslegung, 3. Aufl., S. 379ff.; *E. Wolf* S. 41ff.

[9] *v. Gierke,* Deutsches Privatrecht, 1917, Band III, S. 599ff.; dazu *Jobs* ZfA 1972, 305.

[10] Vgl. *Hueck/Nipperdey,* Lehrbuch des Arbeitsrechts, 7. Aufl., Band 1, S. 128ff.; *Zöllner*/Loritz/Hergenröder § 12 II 7b.

[11] Vgl. MünchArbR/*Richardi* § 8 RN 8ff.; *Schwerdtner,* Fürsorge- und Entgelttheorie im Recht der Arbeitsbedingungen, 1970, S. 66; *Wendeling-Schröder,* Autonomie im Arbeitsrecht, 1994, S. 72; *Wiedemann,* Das Arbeitsverhältnis als Austausch und Gemeinschaftsverhältnis, 1966, S. 8.

[12] MünchArbR/*Blomeyer* § 94 RN 13ff.; MünchKommBGB/*Müller-Glöge* § 611 RN 986ff. und 1074ff.

[13] *Zöllner*/Loritz/Hergenröder § 12 II 7b.

[14] MünchKommBGB/*Müller-Glöge* § 611 RN 158; MünchArbR/*Richardi* § 42 RN 1f.; teilweise kritisch *v. Stebut* FS für Kissel S. 1135ff.

[15] BAG 24. 9. 2003 AP 3 zu § 151 BGB = NZA 2003, 1332.

[16] Vgl. *Nikisch* RdA 60, 1ff. m. w. N.

[17] MünchArbR/*Richardi* § 42 RN 7.

in einem Arbeitsverhältnis. Das sozialversicherungsrechtliche Beschäftigungsverhältnis entsteht durch die tatsächliche Aufnahme der Arbeit in persönlicher Abhängigkeit. Anhaltspunkte für eine Beschäftigung sind eine Tätigkeit nach Weisung und eine Eingliederung in die Arbeitsorganisation des Weisungsgebers (näher § 19 RN 21 ff.).[18]

III. Leistung von Arbeit auf anderer rechtlicher Grundlage

1. Beamte, Richter, Hochschullehrer und Soldaten. Sie arbeiten in öffentlich-rechtlich begründeten und gestalteten Dienstverhältnissen. Dagegen arbeiten die im öffentlichen Dienst beschäftigten Arbeitnehmer auf Grund von Arbeitsverträgen. **10**

2. Strafgefangene können zu Arbeiten im Rahmen des öffentlich-rechtlichen Anstaltsverhältnisses herangezogen werden. **11**

3. Mitglieder religiöser Gemeinschaften, Rote-Kreuz-Schwestern. Mitglieder religiöser Orden in der katholischen Kirche oder Diakonissen in der evangelischen Kirche arbeiten nicht auf Grund eines Arbeitsvertrags zur kirchlichen Einrichtung. Werden sie auf Grund eines Gestellungsvertrages in einem Krankenhaus tätig, besteht kein Arbeitsvertrag zum Krankenhausträger. Entsprechendes gilt bei Rote-Kreuz-Schwestern. Die **Scientology Gemeinschaft** ist nach der Rechtsprechung des BAG keine Religions- und Weltanschauungsgemeinschaft.[19] Die Mitglieder der als eingetragener Verein organisierten Scientology Gemeinschaft können durch die Leistung von Diensten in persönlicher Abhängigkeit ihren Mitgliedsbeitrag erbringen, ohne dass dadurch ein Arbeitsverhältnis begründet wird.[20] **12**

4. Familienrechtliche Mitarbeit. Ein Arbeitsverhältnis liegt regelmäßig nicht vor, wenn Ehegatten oder Kinder **auf Grund familiärer Bindung** Arbeit leisten (§§ 1353, 1356 II, 1619 BGB). Werden Familienangehörige im Privathaushalt entgeltlich tätig, kann nur ausnahmsweise ein Arbeitsverhältnis vorliegen, wenn die Beschäftigung nicht zum Schein erfolgt (§ 117 BGB) und sich die Tätigkeit nicht in familiärer Mithilfe erschöpft.[21] In der Regel scheidet allerdings ein entgeltliches Beschäftigungsverhältnis im Privathaushalt zwischen Ehegatten bzw. Eltern und im Haushalt lebenden unterhaltsberechtigten Kindern aus, weil die gesetzlichen Unterhaltspflichten solche Tätigkeiten einschließen. Anders ist es, wenn Familienmitglieder auf Grund besonderen Vertrags außerhalb des Privathaushalts in abhängiger Stellung tätig sind, wenn also etwa ein Ehegatte im Geschäft des anderen oder Tochter bzw. Sohn im Unternehmen bzw. Praxis oder Kanzlei der Eltern angestellt sind. Tochter bzw. Sohn sind dann Arbeitnehmer und können u. a. Kündigungsschutz genießen, sofern die sonstigen Voraussetzungen vorliegen.[22] Auch die Mitarbeit eines Familienmitglieds in einer KG, an der nur die Eltern als Gesellschafter beteiligt sind, kann Gegenstand eines Arbeitsverhältnisses sein.[23] Ein Verlöbnis oder das Bestehen einer eheähnlichen Gemeinschaft steht der Annahme eines Arbeitsverhältnisses nicht entgegen.[24] Die Abgrenzung zwischen arbeitsvertraglichen, familienrechtlichen oder gesellschaftsrechtlichen Mitarbeitsverhältnissen kann stets nur auf Grund der besonderen Umstände des Einzelfalles erfolgen.[25] **13**

5. Zivildienst, Entwicklungsdienst. Die dort tätigen Personen werden nicht aufgrund eines Arbeitsverhältnisses, sondern eines besonderen Rechtsverhältnisses beschäftigt (vgl. § 186). **14**

---

[18] Vgl. dazu BSG 18. 12. 2003 AP 3 zu § 144 SGB III = NZA 2004, 661; *Schlegel* NZA 2005, 972.

[19] BAG 22. 3. 1995 AP 21 zu § 5 ArbGG 1979 = NZA 95, 823.

[20] BAG 26. 9. 2002 AP 83 zu § 2 ArbGG 1979 = NZA 2002, 1412.

[21] BSG 23. 6. 1994 AP 4 zu § 611 BGB Ehegatten-Arbeitsverhältnis; 12. 9. 1996 USK 9635.

[22] Vgl. BAG 9. 2. 1995 EzA 12 zu § 1 KSchG Personenbedingte Kündigung; LAG Köln 28. 11. 2002 LAGE § 1 KSchG Personenbedingte Kündigung Nr. 18; *Carmen Hergenröder* AR-Blattei SD 700.1 RN 42 ff.

[23] BAG 20. 7. 1993 AP 4 zu § 1 BetrAVG Unverfallbarkeit; BSG 21. 4. 1993 SGb 94, 388 mit zust. Anm. *v. Hoyningen-Huene.*

[24] Vgl. BAG 15. 3. 1960 AP 13 zu § 612 BGB.

[25] Vgl. hierzu näher *Fenn,* Die Mitarbeit in den Diensten Familienangehöriger, 1970; *Lieb,* Die Ehegattenmitarbeit im Spannungsfeld zwischen Rechtsgeschäft, Bereicherungsausgleich und gesetzlichem Güterstand, 1970.

§ 30. Arten des Arbeitsvertrags

I. Allgemeines

1 Arbeitsverträge kann man nach der **(1)** Art der Entgeltberechnung, **(2)** beruflichen Stellung der Arbeitnehmer, **(3)** Einteilung in Arbeiter und Angestellte und nach **(4)** besonderen Gestaltungsformen sowie **(5)** Sonderformen untergliedern.

II. Einteilung nach der Entgeltberechnung

2 **1. Zeitlohnvertrag.** Er liegt vor, wenn die Vergütung ohne Rücksicht auf das Arbeitsergebnis oder die Qualität der Arbeit nach der Länge der Arbeitszeit berechnet wird (vgl. § 63, § 67 RN 4). Insoweit kommen Stunden-, Tage-, Wochen- oder Monatsvergütungen vor. Die rechtliche Behandlung der mangelnden oder schlechten Leistung des Arbeitnehmers gehört in das Gebiet der Leistungsstörungen (§§ 51, 52).

3 **2. Akkordvertrag.** Er liegt vor, wenn die Vergütung nach dem Arbeitsergebnis berechnet wird (§ 64, § 67 RN 30). Bei der Akkordvergütung steht die Quantität der Arbeitsleistung im Vordergrund der Entgeltberechnung. Über die Art und Einteilung der Akkorde vgl. § 64.

4 **3. Prämienlohnvertrag.** Reine Prämienlohnverträge sind selten (§ 65, § 67 RN 46). Bei ihnen wird dem Arbeitnehmer für eine bestimmte Leistung eine Prämie gezahlt. Die Höhe der Vergütung ergibt sich aus der Summierung der einzelnen Prämien. Prämienlohnsysteme sind entwickelt worden, weil sie besser als die Akkordverträge auch die Qualität der Arbeit berücksichtigen können.

5 **4. Mischsystem.** Häufig gibt es Mischsysteme. So wird im Rahmen von Akkord- oder Prämienlohnsystemen dem Arbeitnehmer oftmals eine Mindestvergütung garantiert. Diese wird als Zeitverdienst berechnet und um eine nach Quantität und Qualität berechnete Prämie erhöht.

6 **5. Rechtliche Bedeutung.** Der Untergliederung der Arbeitsverträge nach der Art der Entgeltberechnung kommt heute eine geringe rechtliche Bedeutung zu. Insbesondere wird der Arbeitsvertrag durch die Orientierung der Vergütungsberechnung am Arbeitsergebnis nicht zum Werkvertrag (§ 9 RN 16 ff.). Auch in Akkord- und Prämienlohnverträgen wird nur die Arbeitsleistung geschuldet und nicht ein bestimmter Erfolg. Lediglich die Vergütungsberechnung richtet sich nach dem Arbeitsergebnis.

III. Berufliche Gliederung

7 Nach der beruflichen Gliederung der Arbeitnehmer werden auch deren Arbeitsverträge unterschieden. So gibt es **gewerbliche, kaufmännische und bergrechtliche** Arbeitsverträge, Heuerverträge von **Schiffsmannschaften** und **rein bürgerlich-rechtliche Arbeitsverträge.** Die Unterscheidung hat Bedeutung für das auf den Arbeitsvertrag anzuwendende Recht (dazu § 13).

IV. Arbeiter- und Angestelltenverträge

8 Insoweit vgl. oben § 14. Die Unterscheidung hat kaum noch rechtliche Bedeutung.

V. Besondere Formen

9 Als besondere Gestaltungsform des Arbeitsverhältnisses finden sich das Aushilfs- und Probearbeitsverhältnis, das befristete oder zweckbestimmte Arbeitsverhältnis, Teilzeit- und Vollzeitarbeitsverhältnisse, Arbeitsverhältnisse auf unbestimmte Zeit, Dauer, Lebenszeit (vgl. §§ 37–44).

§ 31. Die rechtlichen Grundlagen der Arbeitsbedingungen

Übersicht

	RN
I. Vorbemerkung	1
II. Arbeitsvertrag	2 ff.
1. Vertragsfreiheit	2
2. Gesetzliche und verfassungsrechtliche Grenzen	3
3. Richterliche Inhaltskontrolle	4–6

	RN		RN
III. Gesetz	7 ff.	IV. Kollektivrechtliche Vereinbarung	19 f.
1. Allgemeines	7	1. Begriff	19
2. Zwingendes Gesetzesrecht	8–10	2. Konkurrenz von Tarifverträgen und Betriebsvereinbarungen	20
3. Tarifdispositives Gesetzesrecht	11–14	V. Betriebliche Übung	21
4. Parteidispositives Gesetzesrecht	15	VI. Einseitige Leistungsbestimmung (Direktionsrecht)	22
5. Richterrecht	16, 17		
6. Erlasse	18		

I. Vorbemerkung

Die Arbeitsbedingungen werden insbesondere durch: **(1)** Arbeitsvertrag, **(2)** Gesetz, **(3)** kollektivrechtliche Vereinbarungen, **(4)** die betriebliche Übung und **(5)** das Direktionsrecht des Arbeitgebers festgelegt. In ihrem Verhältnis zueinander geht die höhere Rechtsquelle der niedrigeren im Range vor und hat die dem Arbeitnehmer günstigere den Vorrang vor der ungünstigeren. 1

II. Arbeitsvertrag

1. Vertragsfreiheit. Für den Arbeitsvertrag gilt grundsätzlich die verfassungsrechtlich durch Art. 2 I GG gewährleistete Vertragsfreiheit. Sie hat vier Inhalte, nämlich **(a)** die Freiheit, ob überhaupt ein Arbeitsvertrag abgeschlossen wird, **(b)** mit wem, **(c)** mit welchem Inhalt und **(d)** in welcher Form er abgeschlossen wird. Der Vertragsfreiheit wird in § 105 GewO auch für Arbeitsverträge anerkannt. 2

2. Gesetzliche und verfassungsrechtliche Grenzen. Die Vertragsfreiheit besteht nach § 105 GewO in den Grenzen **zwingender Gesetze** oder entgegenstehender **Tarifverträge und Betriebsvereinbarungen.** Darüber hinaus ergeben sich nach der **Rechtsprechung des BVerfG** Beschränkungen, weil im Zivilrechtsverkehr nicht nur das Recht des Stärkeren gelte. Einschränkungen der Vertragsfreiheit seien unentbehrlich, weil diese auf dem Prinzip der Selbstbestimmung beruhe, also voraussetze, dass die Bedingungen freier Selbstbestimmung tatsächlich gegeben seien. Könne ein Vertragsteil auf Grund seines starken Übergewichts vertragliche Regelung faktisch einseitig setzen, sei mit den Mitteln des Vertragsrechts allein kein sachgerechter Interessenausgleich zu gewährleisten. Werde dabei über grundrechtlich verbürgte Positionen verfügt, müssten staatliche Regelungen zur Sicherung des Grundrechtsschutzes und zur Verwirklichung der objektiven Grundentscheidungen des Grundrechtsabschnitts und des Sozialstaatsprinzips ausgleichend eingreifen.[1] Habe einer der Vertragsteile ein so starkes Übergewicht, dass er den Vertragsinhalt faktisch einseitig bestimmen könne, bewirke dies für den anderen Vertragsteil Fremdbestimmung. Die Zivilgerichte seien verpflichtet, ggf. im Rahmen der zivilrechtlichen Generalklauseln korrigierend einzugreifen, wenn der Inhalt des Vertrags für eine Seite ungewöhnlich belastend und als Interessenausgleich offensichtlich unangemessen ist. Sie dürften sich nicht mit der Feststellung „Vertrag ist Vertrag“ begnügen.[2] 3

3. Richterliche Inhaltskontrolle. Das BAG hat in der Vergangenheit Arbeitsverträge einer Inhaltskontrolle nach den **Generalklauseln der §§ 138, 242, 315 BGB** unterzogen und bei deren Konkretisierung und Anwendung die Grundrechte berücksichtigt. Die richterliche Inhaltskontrolle resultierte dabei aus dem verfassungsrechtlichen Schutzauftrag an den Richter, den objektiven Wertentscheidungen der Grundrechte in Fällen gestörter Vertragsparität mit den Mitteln des Zivilrechts Geltung zu verschaffen.[3] War der Inhalt eines Vertrags für eine Seite ungewöhnlich belastend und als Interessenausgleich offensichtlich unangemessen, musste korrigierend eingegriffen werden.[4] Voraussetzung war eine typisierbare Fallgestaltung, die eine strukturelle Unterlegenheit des einen Vertragsteils erkennen ließ.[5] Die Inhaltskontrolle beruhte auf der Erkenntnis, dass Gerichte ebenso wie der Gesetzgeber den konkurrierenden Grundrechtspositionen ausgewogen Rechnung zu tragen haben. Die beiderseitigen durch Art. 12 GG geschützten Rechtspositionen des Arbeitnehmers und des Arbeitgebers waren im Rahmen einer umfassenden Güter- und Interessenabwägung nach Maßgabe des Verhältnismäßigkeitsgrundsat- 4

[1] BVerfG 7. 2. 1990 AP 65 zu Art. 12 GG = NZA 90, 389; dazu *Medicus* AcP 192 (1992), 35.
[2] BVerfG 19. 10. 1993 AP 35 zu Art. 2 GG = NJW 94, 36.
[3] BVerfG 7. 2. 1990 AP 65 zu Art. 12 GG = NZA 90, 389.
[4] BAG 9. 9. 2003 AP 15 zu § 611 BGB Sachbezüge = NZA 2004, 484.
[5] BAG 16. 3. 1994 AP 18 zu § 611 BGB Ausbildungsbeihilfe = NZA 94, 937.

zes zu einem angemessenen Ausgleich zu bringen.[6] Gegenstand einer solchen Inhaltskontrolle waren beispielsweise Darlehensvereinbarungen,[7] Dienstwagenüberlassungsverträge,[8] Versorgungszusagen[9] oder Rückzahlungsklauseln über Ausbildungskosten.[10]

5 Eine Inhaltskontrolle vorformulierter Arbeitsverträge nach den Bestimmungen des **AGB-Gesetzes war nicht möglich.** Nach § 23 I AGBG galt dieses Gesetz nicht für Verträge auf dem Gebiet des Arbeitsrechts. Diese Ausnahmebestimmung stand allerdings der Anwendung des AGB-Gesetzes auf rechtlich selbstständige Verträge zwischen Arbeitnehmern und Arbeitgebern nicht entgegen, wenn diese ihre Grundlage in den Bestimmungen über andere Verträge als über Arbeitsverträge hatten, wie z.B. Miet- und Kaufverträge. Dazu gehörten auch selbstständige Schuldversprechen und -anerkenntnisse nach §§ 780, 781 BGB.[11]

6 Diese Rechtslage ist durch das **Schuldrechtsmodernisierungsgesetz** geändert worden. Vorformulierte Arbeitsverträge, die nach dem 31. 12. 2001 geschlossen wurden, unterliegen der Kontrolle der am 1. 1. 2002 in Kraft getretenen Neufassung der §§ 305 bis 310 BGB (dazu § 32). Für Altverträge gilt dies seit dem 1. 1. 2003 (Art. 229 § 5 Satz 2 EGBGB).

III. Gesetz

7 **1. Allgemeines.** Arbeitsvertragliche Vereinbarungen dürfen nach § 105 GewO nicht gegen **zwingendes Gesetzesrecht** verstoßen. Das ist im Arbeitsrecht in den meisten Fällen Bundesrecht, weil das Arbeitsrecht gem. Art. 74 I Nr. 12 GG zur konkurrierenden Gesetzgebung des Bundes gehört. Nicht alle arbeitsrechtlichen Gesetze sind jedoch zwingende Gesetze i.S.v. § 105 GewO. Arbeitsrechtliche Gesetze lassen sich vielmehr unterscheiden in zwingende, tarifdispositive und parteidispositive Vorschriften.

8 **2. Zwingendes Gesetzesrecht.** Arbeitsrechtliche Vorschriften dienen regelmäßig dem Schutz des Arbeitnehmers. Hiervon ausgehend ist zwischen **einseitig** und **absolut zwingendem** Gesetzesrecht zu unterscheiden. Einseitig zwingende gesetzliche Regelungen verbieten eine Abweichung von den gesetzlichen Vorschriften zulasten des Arbeitnehmers. Absolut zwingendes Gesetzesrecht verhindert dagegen eine Abweichung von den gesetzlichen Vorschriften schlechthin. Die meisten arbeitsrechtlichen Vorschriften sind einseitig zwingend. So kann von den Vorschriften des KSchG zugunsten der Arbeitnehmer abgewichen werden. Dies erfolgt beispielsweise, wenn vereinbart wird, dass das Arbeitsverhältnis nur aus wichtigem Grund gekündigt werden darf (dazu § 128). Unwirksam ist dagegen eine Vereinbarung, nach der auf das Arbeitsverhältnis das KSchG keine Anwendung findet, obwohl der Betrieb im Geltungsbereich des KSchG liegt (§ 23 KSchG). Absolut zwingend sind nur wenige individualrechtliche Vorschriften. So ist anerkanntermaßen das Recht zur außerordentlichen Kündigung nach § 626 BGB für den Arbeitgeber unverzichtbar (dazu § 127 RN 10).

9 Ferner kann man zwischen **Verbots-** und **Gebotsnormen** unterscheiden. Verbotsnormen ordnen das Verbot bestimmter Rechtsgeschäfte an. So bedarf nach § 85 SGB IX die Kündigung eines schwerbehinderten Menschen der vorherigen Zustimmung des Integrationsamts. Damit ist die Kündigung ohne diese Zustimmung verboten und deshalb nach § 134 BGB nichtig. Gebotsnormen fordern vom Arbeitgeber ein bestimmtes Handeln. Sie finden sich verbreitet in Vorschriften des Arbeitsschutzes. Darin werden vom Arbeitgeber Maßnahmen zum Schutz der Arbeitnehmer verlangt.

10 Soweit zwingendes Gesetzesrecht besteht, ist die Vereinbarung abweichender Arbeitsvertragsbedingungen nichtig (§ 134 BGB). Ist nur ein **Teil eines Rechtsgeschäfts nichtig,** erstreckt sich die Nichtigkeit nach § 139 BGB auf den ganzen Vertrag, wenn nicht anzunehmen ist, dass er auch ohne den nichtigen Teil geschlossen worden wäre. Nach der gesetzlichen Konzeption ist im Zweifel das gesamte Rechtsgeschäft nichtig. Dieser Grundsatz ist im Arbeitsrecht allerdings nicht anwendbar, wenn es sich – wie in den meisten Fällen – um Verstöße gegen Arbeitnehmerschutzvorschriften handelt.[12] Ist der Ausschluss einzelner Arbeitnehmer von einer Gesamtzusage unwirksam, führt das nicht zur Gesamtnichtigkeit der Zusage; die zu Unrecht

---

[6] BAG 16. 1. 2003 EzA 4 zu § 611 BGB 2002 Ausbildungsbeihilfe; 21. 11. 2001 AP 31 zu § 611 BGB Ausbildungsbeihilfe = NZA 2002, 551.

[7] BAG 26. 5. 1993 AP 3 zu § 23 AGB-Gesetz = NZA 93, 1029.

[8] BAG 9. 9. 2003 AP 15 zu § 611 BGB Sachbezüge = NZA 2004, 484.

[9] BAG 29. 7. 2003 AP 45 zu § 1 BetrAVG Ablösung.

[10] BAG 24. 6. 2004 AP 34 zu § 611 BGB Ausbildungsbeihilfe = NZA 2004, 1035; 19. 2. 2004 AP 33 zu § 611 BGB Ausbildungsbeihilfe; 21. 11. 2001 AP 31 zu § 611 BGB Ausbildungsbeihilfe = NZA 2002, 551.

[11] BAG 15. 3. 2005 AP 7 zu § 781 BGB = NZA 2005, 682.

[12] BAG 4. 10. 1978 AP 11 zu § 611 BGB Anwesenheitsprämie; ErfK/*Preis* § 611 BGB RN 342.

übergangenen Arbeitnehmer können vielmehr verlangen, nach Maßgabe der allgemeinen Regelung behandelt zu werden.[13] Eine Abrede, die Arbeitsvergütung ohne Berücksichtigung von Steuern und Sozialversicherungsbeiträgen („schwarz") auszuzahlen, führt regelmäßig nicht zur Gesamtnichtigkeit des Arbeitsvertrags. Soll die Abführung von Steuern und Beiträgen vereinbarungsgemäß teilweise unterbleiben, sind nur diese Abreden und nicht die gesamte Vergütungsvereinbarung nichtig.[14] Anderes gilt, wenn kein Arbeitsverhältnis, sondern ein freies Dienstverhältnis vereinbart ist.[15]

3. Tarifdispositives Gesetzesrecht. Es gibt gesetzliche Regelungen, die eine **Abweichung nur durch Tarifvertrag** zulassen. So bestimmt etwa § 13 I 1 BUrlG, dass von den §§ 1 bis 12 mit Ausnahme der §§ 1, 2, 3 I BUrlG in Tarifverträgen abgewichen werden kann. Solches tarifdispositives Gesetzesrecht entfaltet für Arbeitsverträge und Betriebsvereinbarungen, nicht dagegen für Tarifverträge zwingende Wirkung. 11

Inhaltsnormen eines Tarifvertrags gelten gem. § 3 I TVG nur für die **tarifgebundenen Parteien** (vgl. §§ 206, 207). **Nicht organisierte Arbeitnehmer** werden nur von betrieblichen oder betriebsverfassungsrechtlichen Normen erfasst (§ 3 II TVG). Um eine Vereinheitlichung der Arbeitsvertragsbedingungen zu ermöglichen, sehen tarifdispositive gesetzliche Vorschriften in der Regel vor, dass die abweichenden tarifvertraglichen Bestimmungen auch zwischen nichttarifgebundenen Arbeitnehmern und Arbeitgebern gelten, wenn sie die Anwendung der einschlägigen tarifvertraglichen Regelung vereinbart haben (z.B. § 13 I 2 BUrlG,[16] § 622 IV 2 BGB,[17] § 4 IV EFZG, §§ 7, 25 ArbZG). Durch die einzelarbeitsvertragliche Bezugnahme ist auch eine für den Arbeitnehmer nachteilige Abweichung vom Gesetzesrecht möglich, wenn der Tarifvertrag das zulässt. Gleichwohl muss insoweit sichergestellt sein, dass der Arbeitgeber nicht nur die den Arbeitnehmer benachteiligenden Normen übernimmt. Die Verweisung auf einen Tarifvertrag ist nur dann wirksam, wenn auf den Tarifvertrag insgesamt oder einen bestimmten Regelungsbereich (z. B. die Kündigungsvorschriften)[18] verwiesen wird und die tariflichen Regelungen nach ihrem fachlichen, zeitlichen und örtlichen Geltungsbereich (§ 203) für den Betrieb gelten würden. 12

Die Bezugnahme kann auch auf einen **nachwirkenden Tarifvertrag** erfolgen.[19] Denn der nachwirkende Tarifvertrag hat lediglich seine zwingende Wirkung verloren, ist aber gleichwohl geeignet, die Rechtsvereinheitlichung herbeizuführen. 13

Die bei **kirchlichen Arbeitgebern** vereinbarten Arbeitsvertragsrichtlinien (dazu § 185 RN 8, 22ff.) werden durch Verweisung Inhalt des Arbeitsvertrags. Umstritten ist, ob tarifdispositives Recht auch in Bezug auf kirchliche Arbeitsvertragsrichtlinien dispositiv ist. Dies dürfte zu bejahen sei. Die Arbeitsvertragsrichtlinien werden nicht einseitig durch den Arbeitgeber gesetzt, sondern durch die Arbeitsrechtliche Kommission beraten und beschlossen.[20] Das Letztentscheidungsrecht des Bischofs bzw. der Synode steht dem nicht entgegen, weil diese nicht als Arbeitgeber verstanden werden können.[21] 14

4. Parteidispositives Gesetzesrecht. Vom dispositiven Recht können beide Arbeitsvertragsparteien sowie die Tarifvertragsparteien abweichen. Ihm kommt eine Ordnungs- und Leitbildfunktion zu und es stellt für die normale Interessenlage einen gerechten und billigen Ausgleich dar. Bedeutung kommt dem dispositiven Recht im Rahmen der AGB-Kontrolle zu, weil es gesetzliches Leitbild i. S. v. § 307 II Nr. 1 BGB ist (dazu § 32 RN 44).[22] 15

5. Richterrecht. Das Richterrecht ist von **besonderer Bedeutung** für die Entwicklung des Arbeitsrechts geworden.[23] Die Rechtsgrundsätze für das Arbeitskampfrecht, die Betriebsrisiko- 16

---

[13] BAG 24. 10. 1989 AP 29 zu § 11 BUrlG = NZA 90, 486.

[14] BAG 26. 2. 2003 AP 24 zu § 134 BGB = NZA 2004, 313.

[15] BAG 24. 3. 2004 EzA 2 zu § 134 BGB 2002.

[16] Dazu *Leinemann/Linck* § 13 RN 14ff.; ErfK/*Dörner* § 13 RN 20ff.

[17] APS/*Linck* § 622 BGB RN 135ff.; ErfK/*Müller-Glöge* § 622 BGB RN 35ff.

[18] Vgl. MünchKommBGB/*Hesse* § 622 RN 67; Staudinger/*Preis* § 622 RN 45.

[19] BAG 27. 6. 1978 AP 12 zu § 13 BUrlG; ErfK/*Müller-Glöge* § 622 BGB RN 36; KR/*Spilger* § 622 BGB RN 188; Staudinger/*Preis* § 622 RN 46; *Wank* NZA 93, 961, 965.

[20] Dazu *Richardi,* Arbeitsrecht in der Kirche, 5. Aufl., § 15 RN 12ff.; *Thüsing,* Kirchliches Arbeitsrecht, S. 115.

[21] *Richardi,* Arbeitsrecht in der Kirche, 5. Aufl., § 15 RN 27; *Thüsing,* Kirchliches Arbeitsrecht, S. 128ff.; a. A. *Pahlke* NJW 86, 350, 355; *v. Tiling* RdA 79, 103, 107; ablehnend insoweit auch ErfK/*Dieterich* Art. 4 GG RN 53.

[22] Vgl. BAG 7. 12. 2005 AP 4 zu § 12 TzBfG = NZA 2006, 423 zu § 615 BGB.

[23] Ausf. dazu *v. Hoyningen-Huene* BB 86, 2133ff. sowie *Adomeit* FS Schaub, 1998, S. 1ff.; *Rose* FS Stege, 1997, S. 186ff.; *Rüthers* JZ 2003, 995; *Söllner* ZG 95, 1ff.

lehre, die Haftung der Arbeitnehmer und die Rückzahlungsklauseln im Individualarbeitsrecht sind nahezu ausschließlich durch die Rechtsprechung entwickelt worden. Von den dabei formulierten Rechtsgrundsätzen kann häufig nur durch Tarifverträge abgewichen werden (tarifdispositives Richterrecht).

17 Umstritten ist, inwieweit **rückwirkende Änderungen der Rechtsprechung** zulässig sind.[24] Höchstrichterliche Urteile sind kein Gesetzesrecht und erzeugen keine damit vergleichbare Rechtsbindung. Durch das Abweichen von einer früher vertretenen Rechtsansicht verstößt der Richter damit grundsätzlich nicht gegen Art. 20 III GG.[25] Da gerichtliche Entscheidungen, welche die Wirksamkeit eines Rechtsgeschäfts betreffen, schon ihrer Natur nach auf einen in der Vergangenheit liegenden Sachverhalt einwirken, ergeben sich für Änderungen der Rechtsprechung Schranken aus dem rechtsstaatlichen Prinzip des Vertrauensschutzes.[26] Durfte die betroffene Partei mit der Fortgeltung der bisherigen Rechtslage rechnen und verdient dieses Vertrauen bei einer Abwägung der gegenläufigen Interessen der Beteiligten sowie der Belange der Allgemeinheit den Vorzug, greift die Rückwirkung in rechtlich geschützte Positionen ein. Dies ist anzunehmen, wenn nunmehr eine Handlung als fehler- oder schuldhaft qualifiziert wird, die zur Zeit ihrer Vornahme der damals herrschenden Rechtsüberzeugung entsprach. In diesem Fall muss eine Partei, die nach der geänderten neuen Rechtsauffassung das Recht auf ihrer Seite hat, ein ihr ungünstiges Urteil ausnahmsweise hinnehmen.[27]

18 **6. Erlasse.** Keine Rechtsquellen sind die Erlasse der öffentlichen Arbeitgeber oder die Richtlinien der Arbeitgeberverbände. Sie können lediglich zum Gegenstand einzelvertraglicher Regelung gemacht werden.[28]

IV. Kollektivrechtliche Vereinbarung

19 **1. Begriff.** Kollektivrechtliche Vereinbarungen sind Tarifverträge (vgl. §§ 198ff.) und Betriebsvereinbarungen. (vgl. § 231). **Tarifverträge** haben für tarifgebundene Arbeitnehmer und Arbeitgeber unmittelbare und zwingende Wirkung (§ 4 I TVG). **Betriebsvereinbarungen** gelten grundsätzlich unmittelbar und zwingend für sämtliche Arbeitnehmer des Betriebs (§ 77 IV BetrVG). Im öffentlichen Dienst gelten **Dienstvereinbarungen.** Einzelheiten vgl. § 231. Für die leitenden Angestellten kann der Arbeitgeber gem. § 28 SprAuG mit dem **Sprecherausschuss** Richtlinien vereinbaren (§ 250).

20 **2. Konkurrenz von Tarifverträgen und Betriebsvereinbarungen.** Das Verhältnis von Tarifverträgen zu Betriebsvereinbarungen wird von dem **Vorrang des Tarifvertrags** beherrscht. Nach § 77 III BetrVG können Arbeitsentgelte und sonstige Arbeitsbedingungen, die durch Tarifvertrag geregelt oder üblicherweise geregelt werden, nicht Gegenstand einer Betriebsvereinbarung sein. Das Tarifrecht entfaltet damit eine weitgehende Sperrwirkung. In § 87 I Einleitungsgesetz BetrVG ist das Mitbestimmungsrecht ausgeschlossen, soweit eine tarifrechtliche Regelung besteht (vgl. § 231).[29] Neben § 87 I BetrVG ist § 77 III BetrVG nicht anzuwenden.

V. Betriebliche Übung

21 Die betriebliche Übung ist keine Rechtsquelle, sondern begründet einen **vertraglichen Anspruch** des Arbeitnehmers (§ 111).

VI. Einseitige Leistungsbestimmung (Direktionsrecht)

22 Das Direktionsrecht (§ 106 GewO) ist eine **geschäftsähnliche Handlung.** Es dient der Konkretisierung der Arbeitspflichten (§ 45).

---

[24] *Robbers,* Rückwirkende Rechtsprechungsänderung, JZ 88, 481.
[25] BGH 18. 1. 1996 NJW 96, 924.
[26] BAG 14. 12. 2005 AP 39 zu § 1 TVG Bezugnahme auf Tarifvertrag = NZA 2006, 607.
[27] BAG 23. 3. 2006 AP 21 zu § 17 KSchG 1969 = NZA 2006, 971; *Medicus* NJW 95, 2377, 2380.
[28] Vgl. BAG 21. 7. 1993 AP 33 zu §§ 22, 23 BAT Lehrer.
[29] Vgl. BAG GS 3. 12. 1991 AP 51 zu § 87 BetrVG 1972 Lohngestaltung = NZA 92, 749.

§ 32. Kontrolle Allgemeiner Geschäftsbedingungen

Aretz, Allgemeine Geschäftsbedingungen im Arbeitsvertrag, 2006; *Arnold,* Änderungsvorbehalte zur Arbeitszeitdauer, FS Löwisch, 2007, S. 1; *Bauer/Arnold,* AGB-Kontrolle von Vorstandsverträgen, ZIP 2006, 2337; *Bauer/Chwalisz,* Instrumente zur Entgeltflexibilisierung, ZfA 2007, 339; *Bayreuther,* Die Rolle des Tarifvertrags bei der AGB-Kontrolle, RdA 2003, 81; *ders.,* Widerrufs-, Freiwilligkeits- und Anrechnungsvorbehalte – geklärte und ungeklärte Fragen der aktuellen Rechtsprechung des BAG zu arbeitsvertraglichen Vorbehalten, ZIP 2007, 2009; *Bergwitz,* Möglichkeiten und Grenzen vertraglicher Gestaltung von Arbeitsbedingungen, NZA 2006, 1028; *Birnbaum,* Was sind die im Arbeitsrecht geltenden Besonderheiten?, NZA 2003, 944; *Bohle,* Chefarztvertrag und AGB-Kontrolle, KH 2004, 724; *Bratz,* Arbeitsrechtliche Besonderheiten bei der Kontrolle Allgemeiner Geschäftsbedingungen, 2005; *Coester,* Inhaltskontrolle von Arbeitsverträgen, Jura 2005, 251; *ders.,* Das AGB-Recht in den Händen des BAG, FS Löwisch, 2007, S. 57; *Däubler,* Aktuelle Fragen der AGB-Kontrolle im Arbeitsrecht – Bezugnahme auf Tarifverträge, salvatorische Klausel, Schriftform, Altersgrenze, NZA 2006, Beil. 3 S. 133; *Däubler/Dorndorf/Bonin/Deinert,* AGB-Kontrolle im Arbeitsrecht, 2. Aufl., 2008; *Dauner-Lieb/Henssler/Preis* (Hrsg.), Inhaltskontrolle im Arbeitsrecht, 2005, *Dorndorf,* Besonderheiten des Arbeitsrechts nach § 310 Abs. 4 BGB, FS 50 Jahre BAG, 2004, S. 19; *Ernst,* Tarifverträge und ihre Transparenzkontrolle bei arbeitsvertraglichen dynamischen Globalverweisungen, NZA 2007, 1405; *Freihube,* Neue Spielregeln für arbeitsvertragliche Vereinbarungen von Sonderzahlungen, DB 2008, 124; *Gaul,* Der Abschied vom Freiwilligkeitsvorbehalt, FS Hromadka, 2008, S. 99; *Gotthardt,* Arbeitsrecht nach der Schuldrechtsreform, 2. Aufl., 2003; *Henssler,* Arbeitsrecht und Schuldrechtsreform, RdA 2002, 129; *Hönn,* Zu den „Besonderheiten" des Arbeitsrechts, ZfA 2003, 325; *von Hoyningen-Huene,* Inhaltskontrolle von kirchlichen Arbeitsvertragsbedingungen, FS Richardi, 2007, S. 909; *Hromadka,* Schuldrechtsmodernisierung und Vertragskontrolle im Arbeitsrecht, NJW 2002, 2523; *ders.,* Änderung von Arbeitsbedingungen und Schutz vor Änderungen – Klauseln in Allgemeinen Arbeitsbedingungen, FS Richardi, 2007, S. 257; *Hromadka/Schmitt-Rolfes,* Die AGB-Rechtsprechung zu Tätigkeit, Entgelt und Arbeitszeit, NJW 2007, 1777; *Hümmerich,* Gestaltung von Arbeitsverträgen nach der Schuldrechtsreform, NZA 2003, 733; *Hunold,* Ausgewählte Rechtsprechung zur Vertragskontrolle im Arbeitsverhältnis, NZA-RR 2002, 225; *ders.,* Kontrolle arbeitsrechtlicher Absprachen nach der Schuldrechtsreform, NZA-RR 2006, 113; *ders.,* AGB-Kontrolle einer Versetzungsklausel, NZA 2007, 19; *ders.,* Die aktuelle Rechtsprechung zur Inhaltskontrolle arbeitsrechtlicher Absprachen – AGB-Kontrolle, NZA-RR 2008, 449; *Joost,* Betrachtungen zur Inhaltskontrolle vorformulierter Arbeitsverträge, FS 50 Jahre BAG, 2004, S. 49; *ders.,* Vertragsstrafen im Arbeitsrecht – Zur Inhaltskontrolle von Formularverträgen im Arbeitsrecht, ZIP 2004, 1981; *Junker,* Über den richtigen Weg zu angemessenen Arbeitsbedingungen – Einführung, NZA 2006, Beil. 3 S. 147; *Kiebitzsch,* Die Inhaltskontrolle von Allgemeinen Arbeitsbedingungen anhand der §§ 305 ff. BGB, 2008; *Konzen,* Die AGB-Kontrolle im Arbeitsvertragsrecht, FS Hadding, 2004, S. 145; *Lakies,* Inhaltskontrolle von Vergütungsvereinbarungen im Arbeitsrecht, NZA-RR 2002, 337; *Leder/Scheuermann,* Schriftformklauseln in Arbeitsverträgen – das Ende einer betrieblichen Übung?, NZA 2008, 1222; *Lieb,* AGB-Recht und Arbeitsrecht nach der Schuldrechtsmodernisierung, FS Ulmer, 2003, S. 1231; *Linck,* Flexible Vergütung nach der Schuldrechtsreform – Gesetzliche Vorgaben, in: Maschmann (Hrsg.), Mitarbeitervergütung auf dem Prüfstand, 2008; *Lindemann,* Flexible Gestaltung von Arbeitsbedingungen nach der Schuldrechtsreform, 2003; *Lingemann/Gotham,* Freiwilligkeits-, Stichtags- und Rückzahlungsregelungen bei Bonusvereinbarungen – was geht noch?, NZA 2008, 509; *dies.,* Freiwillige Zulagen des Arbeitgebers – es gibt sie noch!, DB 2008, 2307; *Löwisch,* Auswirkungen der Schuldrechtsreform auf das Recht des Arbeitsverhältnisses, FS Wiedemann, S. 311; *ders.,* Bundesarbeitsgericht und Recht der Allgemeinen Geschäftsbedingungen, FS Canaris, 2007, 1403; *Matthiessen,* Arbeitsvertragliche Ausschlussfristen und das Klauselverbot des § 309 Nr. 7 BGB, NZA 2007, 361; *Moll,* AGB-Kontrolle von Änderungs- und Bestimmungsklauseln in Entgeltregelungen, FS 25 Jahre Arbeitsgemeinschaft Arbeitsrecht im DAV, 2006, S. 91; *Preis,* AGB-Recht und Arbeitsrecht, NZA 2006, Beil. 3 S. 115; *ders.,* Arbeitsrecht, Verbraucherschutz und Inhaltskontrolle, Beil. zu Heft 16, S. 19 zu NZA 2003; *ders.,* Das erneuerte BGB und das Bundesarbeitsgericht, FS 50 Jahre BAG, 2004, S. 123; *ders.,* Privatautonomie und das Recht der Allgemeinen Geschäftsbedingungen, FS Richardi, 2007, S. 339; *Preis/Roloff,* Die Inhaltskontrolle vertraglicher Ausschlussfristen, RdA 2005, 144; *dies.,* Die neueste Entwicklung der Vertragsinhaltskontrolle im Arbeitsrecht – Zwischenbilanz und Ausblick, ZfA 2007, 43; *Reichenbach,* Konventionalstrafe für den vertragsbrüchigen Arbeitnehmer, NZA 2003, 309; *Reichold,* Arbeitnehmerschutz und/oder Verbraucherschutz bei der Inhaltskontrolle des Arbeitsvertrags?, FS 50 Jahre BAG, 2004, S. 153; *Reinecke,* Arbeitnehmerfreundlichste oder arbeitnehmerfeindlichste Auslegung Allgemeiner Arbeitsbedingungen, AuR 2003, 414; *Reinhard,* Inhaltskontrolle vertraglicher Ausschlussfristen im Arbeitsrecht, 2004; *Reiserer,* Flexible Vergütungsmodelle, NZA 2007, 1249; *Reuter,* Inhaltskontrolle im Arbeitsrecht (§ 310 Abs. 4 BGB), FS 50 Jahre BAG, 2004, S. 177; *Richardi,* Gestaltung der Arbeitsverträge durch Allgemeine Geschäftsbedingungen nach dem Schuldrechtsmodernisierungsgesetz, NZA 2002, 1057; *ders.,* AGB-Kontrolle kirchlicher Arbeitsverträge nach dem Schuldrechtsmodernisierungsgesetz, ZMV 2002, 161; *Schmitt-Rolfes,* Anwendbarkeit von AGB-Recht auf Verträge mit Organmitgliedern, FS Hromadka, 2008, S. 393; *Schnitker/Grau,* Klauselkontrolle im Arbeitsvertrag, BB 2002, 2120; *Schrader/Müller,* Flexible Vergütungsvereinbarungen, RdA 2007, 145; *Schrader/Schubert,* AGB-Kontrolle von Arbeitsverträgen – Grundsätze der Inhaltskontrolle Arbeitsvertraglicher Vereinbarungen, NZA-RR 2005, 169, 225; *Schramm,* Die Zulässigkeit von Freiwilligkeitsvorbehalten in Arbeitsverträgen, NZA 2007, 1325; *Schramm/Kröpelin,* Neue Anforderungen an die arbeitsvertragliche Gestaltung von Schriftformklauseln, DB 2008, 2362; *Singer,* Arbeitsvertragsgestaltung nach der Reform des BGB, RdA 2003, 194; *Schwab,* Auslegung und Inhaltskontrolle arbeitsvertraglicher Bezugnahmen auf Tarifverträge, 2007; *Soiné,* Die AGB-Kontrolle von Gesamtzusagen und betrieblichen Übungen, ZTR 2006, 465; *Stamm,* Arbeitszeitregelung in Allgemeinen Geschäftsbedingungen: Reglementierung oder Flexibilisierung im Gefolge der Schuldrechtsreform, RdA 2006, 288; *Stoffels,* AGB-Recht, 2. Aufl., 2009; *ders.,* Vertragsgestaltung nach der Schuldrechtsreform, NZA 2004, Beil. 1 S. 19; *ders.,* Die einseitige Änderung der Entgeltbedingungen durch den Arbeitgeber, FS Hromadka, 2008, S. 463; *Thüsing,* AGB-Kontrolle im Arbeitsrecht, 2007; *ders.,* Was sind die Besonderheiten des Arbeitsrechts?, NZA 2002, 591; *ders.,* Inhaltskontrolle von Formulararbeitsverträgen nach neuem Recht, BB 2003, 2666; *ders.,* Inhaltskontrolle kirchlicher Arbeitsvertragsrichtlinien, ZTR 2005, 507; *Thüsing/Lambrich,* AGB-Kontrolle arbeitsvertraglicher Bezugnahmeklauseln, NZA 2002, 1361; *Thüsing/Leder,* Neues zur Inhaltskontrolle von Arbeitsverträgen, BB 2004, 42; *Tschöpe,* Sind Entgeltabreden der Inhaltskontrolle nach §§ 305 BGB unterworfen?, DB 2002, 1830; *Ulmer/Brandner/Hensen,* AGB-Recht, 10. Aufl., 2006; *Voßberg,* Inhaltskontrollen von arbeitsvertraglichen Entgelthöheregelungen, 2005; *Willemsen/Grau,* Geltungserhaltende Reduktion und „Besonderheiten des Arbeitsrechts". Zu den Rechtsfolgen unzulässiger Klauseln in Formulararbeitsverträgen, RdA 2003, 321; *Wisskirchen/Stühm,* Anspruch des Arbeitgebers auf Änderung von unwirksamen Klauseln in alten Arbeitsverträgen, DB 2003, 2225; *Worzalla,* Die Wirksamkeit einzelner Arbeitsvertragsklauseln nach der Schuldrechtsreform – Entgelt, Arbeitszeit und Tätigkeit, Betriebsvereinbarungs- und Tarifvertragsoffenheit, Änderung des Arbeitsvertrags, NZA 2006, Beil. 3 S. 122; *Zeller-Müller,* Auswirkungen der Schuldrechtsreform auf die Inhaltskontrolle von Arbeitsverträgen und auf Aufhebungsverträgen, 2004; *Zöllner,* Vertragskontrolle und Gerechtigkeit, NZA 2006, Beil. 3 S. 99.

Übersicht

	RN		RN
I. Allgemeines	1	VI. Auslegung	27 ff.
II. Zeitlicher Geltungsbereich	2 ff.	1. Allgemeines	27
1. Inkrafttreten des Schuldrechtsmodernisierungsgesetzes	2	2. Objektive Auslegung	28–30
2. Altfälle	3, 4	3. Übereinstimmender Parteiwille	31
III. Allgemeine Geschäftsbedingungen	5 ff.	4. Unklarheitenregel	32, 33
1. Begriff	5–13	5. Revisionsrechtliche Überprüfung	34
2. Individualabrede	14, 15	VII. Inhaltskontrolle	35 ff.
3. Vorrang der Individualvereinbarung (§ 305 b BGB)	16	1. Gegenstand der Inhaltskontrolle	35–40
4. Einbeziehung in den Vertrag	17	2. Prüfungsreihenfolge	41
5. Darlegungs- und Beweislast	18	3. Generalklausel	42–44 b
IV. Kollektivvereinbarungen	19 ff.	4. Transparenzgebot	45–47 a
1. Allgemeines	19	5. Besonderheiten des Arbeitsrechts	48
2. Einbeziehung in den Arbeitsvertrag	20	VIII. Rechtsfolgen der Unwirksamkeit	49 ff.
3. Inhaltskontrolle bei Bezugnahmen	21	1. Grundsatz	49
V. Überraschende Klauseln	22 ff.	2. Verbot der geltungserhaltenden Reduktion	50
1. Grundsatz	22	3. Teilnichtigkeit	51
2. Verhältnis zur Inhaltskontrolle	23	4. Personale Teilunwirksamkeit	51 a
3. Beispiele	24–26	5. Altfälle	52
		IX. Kirchliche Arbeitsverhältnisse	53
		X. Einzelfälle	54–85

I. Allgemeines

1 Nach den Bestimmungen des **AGB-Gesetzes** war eine Inhaltskontrolle vorformulierter Arbeitsverträge nicht möglich, weil in § 23 I AGBG Verträge auf dem Gebiet des Arbeitsrechts vom Geltungsbereich dieses Gesetz ausgenommen waren. Diese Rechtslage hat sich zum 1. 1. 2002 durch das **Schuldrechtsmodernisierungsgesetz** geändert. Der Gesetzgeber hat unter Bezugnahme auf eine Entscheidung des BAG zur Wirksamkeit einer einmonatigen Ausschlussfrist[1] für das Arbeitsrecht ein hinter dem AGB-Recht zurückgebliebenes Schutzniveau konstatiert und deshalb, sowie um die Einheitlichkeit der Rechtsprechung zu fördern, das Schutzsystem des AGB-Rechts auch auf Arbeitsverträge erstreckt.[2] Bei der Anwendung der §§ 305 ff. BGB sind gem. § 310 IV 2 BGB die im Arbeitsrecht geltenden Besonderheiten angemessen zu berücksichtigen.

II. Zeitlicher Geltungsbereich

2 **1. Inkrafttreten des Schuldrechtsmodernisierungsgesetzes.** Das Schuldrechtsmodernisierungsgesetz und damit verbunden die Neufassung der §§ 305 bis 310 BGB ist am **1. 1. 2002**

---

[1] BAG 13. 12. 2000 AP 2 zu § 241 BGB = NZA 2001, 723.
[2] Vgl. BT-Drucks. 14/6857 S. 54.

in Kraft getreten. Vorformulierte Arbeitsverträge, die nach dem 31. 12. 2001 geschlossen wurden, unterliegen deshalb der Kontrolle nach den §§ 305 bis 310 BGB. Auf Arbeitsverhältnisse, die vor dem 1. 1. 2002 entstanden sind, galt gem. Art. 229 § 5 Satz 1 EGBGB bis zum 31. 12. 2002 das bisherige Recht weiter. Um eine Anpassung zu ermöglichen, sollte das neue Recht erst ab dem 1. 1. 2003 zur Anwendung kommen.

2. Altfälle. Da die AGB-Kontrolle auch für Altverträge gilt, beinhaltet sie hinsichtlich der 3
Anforderungen an die Vertragsformulierung eine **echte Rückwirkung.** Aus rechtsstaatlichen Gründen (Art. 20 GG) bedarf es deshalb der verfassungskonformen, den Grundsatz der Verhältnismäßigkeit wahrenden Auslegung und Anwendung der §§ 305 bis 310 BGB. Leitet der Arbeitgeber aus einem vor dem 1. 1. 2002 geschlossen Formulararbeitsvertrag nach dem 31. 12. 2002 Rechte her und hält die maßgebliche Klausel einer Inhaltskontrolle nach §§ 307 ff. BGB nicht stand, ist die Klausel unwirksam. Der Inhalt des Vertrags richtet sich dann gem. § 306 II BGB nach den gesetzlichen Vorschriften. Gibt es keine der Vertragsklausel entsprechende gesetzliche Vorschrift, wie beispielsweise bei dem vereinbarten Recht, eine übertarifliche Leistung widerrufen zu können, ist die Rechtsausübung nicht möglich, d. h. der Widerruf ausgeschlossen.

In solchen Fällen ist zu prüfen, ob die durch die Unwirksamkeit der Klausel im Arbeitsvertrag 4
entstandene Lücke im Wege der **ergänzenden Vertragsauslegung** zu schließen ist. Eine ergänzende Vertragsauslegung kann in Betracht kommen, wenn sich das Festhalten am Vertrag für den Verwender als unzumutbare Härte i. S. d. § 306 III 3 BGB darstellen würde. Im Rahmen der ergänzenden Vertragsauslegung ist dann zu fragen, was redliche Parteien vereinbart hätten, wenn ihnen die gesetzlich angeordnete Unwirksamkeit der Klausel bekannt gewesen wäre.[3] Nach der Rechtsprechung des Neunten Senats des BAG ist dabei zu berücksichtigen, ob der Arbeitgeber in der Zeit der Übergangsfrist vom 1. 1. 2002 bis zum 31. 12. 2002 (Art. 229 § 5 Satz 2 EGBGB) den Versuch unternommen hat, die nicht mehr den Anforderungen der AGB-Kontrolle entsprechende Klausel der neuen Gesetzeslage anzupassen. Habe der Arbeitgeber dem Arbeitnehmer ein entsprechendes Vertragsänderungsangebot unterbreitet, hätte der Arbeitnehmer dieses Angebot redlicherweise annehmen müssen. Erkläre sich der Arbeitnehmer zu einer solchen Vertragsanpassung nicht bereit, wäre es eine unzumutbare Belastung für den Arbeitgeber, wenn zu seinen Lasten von der Unwirksamkeit der Klausel ausgegangen würde. In einem solchen Falle müsse deshalb in Ausrichtung am hypothetischen Parteiwillen und am Maßstab der §§ 307 ff. BGB eine lückenausfüllende Ersatzregelung gefunden werden. Dabei könne als Grundlage zur Ermittlung des Parteiwillens ein vom Arbeitgeber unterbreitetes Angebot zur Vertragsanpassung herangezogen werden. Habe der Arbeitgeber diesen Versuch nicht unternommen, verdiene sein Vertrauen in den Fortbestand der vor Inkrafttreten der AGB-Kontrolle vereinbarten und nunmehr unwirksam gewordenen Vertragsklausel keinen Schutz.[4] Das BAG hat bislang eine ergänzende Vertragsauslegung bei unwirksamen Widerrufsklauseln (dazu RN 84)[5] und unwirksamen Arbeitszeitregelungen[6] vorgenommen. Abgelehnt wurde die Lückenfüllung durch ergänzende Vertragsauslegung bei unwirksamen Rückzahlungsklauseln für Ausbildungskosten (RN 77).[7] Bei unwirksamen Ausschlussfristen hat die Rechtsprechung gleichfalls die Voraussetzungen einer ergänzenden Vertragsauslegung verneint (RN 61).[8] Bei Wegfall der Ausschlussfrist greifen mangels gesetzlicher oder richterrechtlicher Regelungen zu Ausschlussfristen die Verjährungsregeln der §§ 195 ff. BGB ein.

III. Allgemeine Geschäftsbedingungen

1. Begriff. Die Vorschriften über die allgemeine Inhaltskontrolle nach §§ 305 ff. BGB gelten 5
für Allgemeine Geschäftsbedingungen (AGB). Das sind nach der **Definition des § 305 I 1 BGB** Vertragsbedingungen, die für eine Vielzahl von Verträgen vorformuliert sind, und von

---

[3] BAG 12. 1. 2005 AP 1 zu § 308 BGB = NZA 2005, 465; 7. 12. 2005 AP 4 zu § 12 TzBfG = NZA 2006, 423; 11. 4. 2006 AP 16 zu § 307 BGB = NZA 2006, 1042; 11. 10. 2006 AP 6 zu § 308 BGB = NZA 2007, 87; – zweifelnd der Zehnte Senat 10. 12. 2008 – 10 AZR 1/08 z. V. v.

[4] BAG 19. 12. 2006 AP 21 zu § 611 BGB Sachbezüge = NZA 2007, 809.

[5] BAG 12. 1. 2005 AP 1 zu § 308 BGB = NZA 2005, 465; 11. 10. 2006 AP 6 zu § 308 BGB = NZA 2007, 87.

[6] BAG 7. 12. 2005 AP 4 zu § 12 TzBfG = NZA 2006, 423.

[7] BAG 23. 1. 2007 AP 38 zu § 611 BGB Ausbildungsbeihilfe = NZA 2007, 748; 11. 4. 2006 AP 16 zu § 307 = NZA 2006, 1042.

[8] BAG 1. 3. 2006 AP 10 zu § 307 BGB = NZA 2006, 783; 28. 9. 2005 AP 7 zu § 307 BGB = NZA 2006, 149; für sog. Neufälle BAG 19. 12. 2007 NZA 2008, 464; 28. 11. 2007 AP 33 zu § 307 BGB = NZA 2008, 293.

einer Vertragspartei, dem Verwender, der anderen Vertragspartei bei Abschluss des Vertrags gestellt werden.

6 **a)** Im Arbeitsverhältnis ist der **Arbeitgeber Verwender** der AGB. Der **Arbeitnehmer ist Verbraucher.** Der Wortlaut des § 13 BGB erfasst auch den Arbeitnehmer bei Abschluss des Arbeitsvertrags.[9]

7 **b)** Die AGB-Kontrolle erfasst **Vertragsbedingungen.** Das sind Regelungen, die den Inhalt des Vertrags gestalten. Auf den Inhalt der Vertragsbedingung, Haupt- oder Nebenleistung, kommt es nicht an.[10]

8 Erfasst werden auch **einseitige Rechtsgeschäfte** des Vertragspartners des Verwenders, die auf einer Vorformulierung des Verwenders beruhen.[11] Damit kann auch eine vom Arbeitgeber vorformulierte Ausgleichsquittung[12] oder eine vorformulierte Einwilligungserklärung[13] der AGB-Kontrolle unterliegen. Demgegenüber stellen einseitige Rechtsgeschäfte des Arbeitgebers keine AGB dar, weil der Verwender ausschließlich seine eigene, nicht aber fremde Gestaltungsmacht in Anspruch nimmt.[14]

9 **c)** Die Vertragsbedingungen müssen **vorformuliert** sein. Das ist anzunehmen, wenn sie zeitlich vor dem Vertragsschluss fertig formuliert vorliegen, um in künftige Verträge eingearbeitet zu werden.[15] Das ist bei Vertragsformularen, die in schriftlicher Form vorliegen oder elektronisch gespeichert sind, ohne Weiteres der Fall. AGB müssen aber nicht notwendig aus schriftlich vorformulierten Texten bestehen. Sie können auch dann vorliegen, wenn sonstige ausgearbeitete oder übernommene Klauseln aus dem Gedächtnis des Verwenders in den Vertrag üblicherweise oder gegenüber einer Mehrzahl von Vertragspartnern eingefügt werden. Im Hinblick auf den Schutzzweck der §§ 305 ff. BGB macht es keinen Unterschied, ob die Vertragsbedingungen in schriftlicher Form vorbereitet bzw. übernommen werden oder ob sie zum Zwecke künftiger wiederholter Einbeziehung in den Vertragstext „im Kopf gespeichert" sind.[16]

9a Der Verwender muss den **Text nicht selbst erstellt** haben. Es genügt daher, dass der Arbeitgeber ein von einem Dritten – z. B. Arbeitgeberverband – für eine Vielzahl von Verträgen angefertigtes Formular benutzt, auch wenn er es seinerseits nur für einen einzigen Vertrag verwendet.[17] Nicht ganz zu Unrecht wird im Schrifttum diese Rechtsprechung des BGH, die auch im Arbeitsrecht zum Tragen kommt, als „Tod" der anwaltlichen Datenbanken bewertet. Zugleich wird zu Recht darauf aufmerksam gemacht, dass ein Anwalt bei der Beratung seines Mandanten auf die Kontrollmöglichkeiten nach § 305 BGB hinzuweisen habe.[18] Auch Vertragsbedingungen, die vor ihrer Verwendung kollektivrechtlich ausgehandelt worden sind, sind AGB.[19]

9b Ist der vom Arbeitgeber vorformulierte Vertrag nur **zur einmaligen Verwendung bestimmt,** konnte der Arbeitnehmer auf Grund der Vorformulierung auf den Inhalt jedoch keinen Einfluss nehmen, findet ebenfalls eine Inhaltskontrolle statt. Dies folgt aus § 310 III Nr. 2 BGB, denn der Arbeitnehmer ist Verbraucher im Sinne dieser Vorschrift.[20]

10 Da das Vorliegen von AGB nicht an eine bestimmte Form gebunden ist, können auch Freiwilligkeits-, Widerrufs- und Anrechnungsvorbehalte, die sich auf **Gehaltsabrechnungen** finden, der AGB-Kontrolle unterliegen. Ebenso kann der Gegenstand einer betrieblichen Übung einer Kontrolle nach §§ 305 ff. BGB zu unterziehen sein.[21]

11 **d)** Des Weiteren müssen die Vertragsbedingungen für eine **Vielzahl von Verträgen** bestimmt sein. Das wird von h. M. bejaht, wenn ihre dreimalige Verwendung beabsichtigt ist.[22] Die Absicht der dreimaligen Verwendung ist auch dann belegt, wenn der Verwender die Klausel

---

[9] BAG 25. 5. 2005 AP 1 zu § 310 BGB = NZA 2005, 1111.
[10] *Ulmer*/Brandner/Hensen § 305 RN 7.
[11] BGH 27. 1. 2000 NJW 2000, 2677.
[12] HWK/*Gotthardt* § 305 RN 2.
[13] *Ulmer*/Brandner/Hensen § 305 RN 17.
[14] Staudinger/*Schlosser* § 305 RN 10; *Ulmer*/Brandner/Hensen § 305 RN 18.
[15] MünchKommBGB/*Basedow* § 305 RN 13.
[16] BGH 10. 3. 1999 NJW 99, 2180.
[17] Vgl. BGH 23. 6. 2005 ZIP 2005, 1604; 16. 11. 1990 NJW 91, 843.
[18] So *v. Westphalen* NJW 2005, 2228.
[19] BAG 25. 4. 2007 AP 23 zu § 113 InsO.
[20] BAG 25. 5. 2005 AP 1 zu § 310 BGB = NZA 2005, 1111.
[21] Vgl. HWK/*Gotthardt* § 305 BGB RN 7; ErfK/*Preis* §§ 305–310 BGB RN 22; *Maties* DB 2005, 2689, 2692; *Ricken* DB 2006, 1374; *Soiné* ZTR 2006, 465; *Ulrici* BB 2005, 1902, 1904.
[22] BAG 18. 3. 2008 NZA 2008, 1004; 1. 3. 2006 AP 3 zu § 308 BGB = NZA 2006, 746; BGH 27. 9. 2001 NJW 2002, 138; MünchKommBGB/*Basedow* § 305 RN 18; *Ulmer*/Brandner/Hensen § 305 RN 25 a.

dreimal mit demselben Vertragspartner vereinbart.[23] Die Absicht der Mehrverwendung vorformulierten Vertragsbedingungen muss im Zeitpunkt des Vertragsabschlusses bestehen.[24] Aus dem Inhalt und der äußeren Gestaltung der in einem Vertrag verwendeten Bedingungen kann sich ein vom Verwender zu widerlegender Anschein dafür ergeben, dass sie zur Mehrfachverwendung formuliert worden sind.[25] Das kann z. B. der Fall sein, wenn der Vertrag zahlreiche formelhafte Klauseln enthält und nicht auf die individuelle Vertragssituation abgestimmt ist.[26]

e) Für eine Vielzahl von Verträgen vorformulierte Vertragsbedingungen sind nur dann AGB, 12
wenn sie der Verwender der anderen Vertragspartei **gestellt** hat. Das Stellen der Vertragsbedingungen wird nach § 310 III Nr. 1 BGB bei Verbraucherverträgen fingiert.[27] Die Fiktion bezieht sich nur auf das Stellen, nicht aber auf die Vorformulierung und die Vielzahl von Verwendungsfällen.[28] Da der Arbeitnehmer Verbraucher ist,[29] gilt die Fiktion auch für Arbeitsverträge. Dem Arbeitgeber bleibt in diesen Fällen regelmäßig nur der Einwand, die Vertragsbedingungen seien im Einzelnen ausgehandelt worden und stellten deshalb gem. § 305 I 3 BGB keine AGB dar.[30] Bedeutung gewinnt § 310 III Nr. 1 BGB bei der Einbeziehung von Vertragsbedingungen auf Vorschlag Dritter, insbesondere Notaren.[31] Deshalb können auch von Notaren vorformulierte Schuldanerkenntnisse der AGB-Kontrolle unterliegen (RN 78 a).

Die Fiktion des § 310 III Nr. 1 BGB findet keine Anwendung, wenn der **Arbeitnehmer die** 13
Vertragsbedingungen in den Vertrag einführt. Dies wird nur ausnahmsweise der Fall sein.[32] Hierfür ist der Arbeitgeber nach der sprachlichen Fassung dieser Bestimmung darlegungs- und beweispflichtig.[33]

2. Individualabrede. Vorformulierte Vertragsbedingungen sind nach § 305 I 3 BGB von den 14
im Einzelnen ausgehandelten Vertragsbedingungen zu unterscheiden. Eine Individualabrede liegt freilich nicht schon dann vor, wenn der Arbeitnehmer in einem Einzelgespräch sein Einverständnis mit der Vereinbarung erklärt und erst danach der Vertrag mit der vereinbarten Regelung ausgefertigt wird. „Aushandeln" bedeutet mehr als verhandeln. Es genügt nicht, dass das gestellte Formular dem Verhandlungspartner bekannt ist und nicht auf Bedenken stößt, dass der Inhalt lediglich erläutert oder erörtert wird und den Vorstellungen des Partners entspricht. Von einem Aushandeln in diesem Sinne kann vielmehr nur dann gesprochen werden, wenn der Verwender zunächst den in seinen AGB enthaltenen „gesetzesfremden Kerngehalt", also die den wesentlichen Inhalt der gesetzlichen Regelung ändernden oder ergänzenden Bestimmungen, inhaltlich ernsthaft zur Disposition stellt und dem Verhandlungspartner Gestaltungsfreiheit zur Wahrung eigener Interessen einräumt mit zumindest der realen Möglichkeit, die inhaltliche Ausgestaltung der Vertragsbedingungen zu beeinflussen.[34] Bei umfangreichen und nicht leicht verständlichen Klauseln muss der Arbeitgeber den Arbeitnehmer über Inhalt und Tragweite der Klausel im Einzelnen belehren, wenn nicht in anderer Weise erkennbar ist, dass der Arbeitnehmer den Inhalt der Klausel wirklich erfasst hat.[35] Der Arbeitgeber muss sich also deutlich und ernsthaft zur gewünschten Änderung einzelner Klauseln bereiterklären. In aller Regel schlägt sich eine solche Bereitschaft auch in erkennbaren Änderungen des vorformulierten Textes nieder. Allenfalls unter besonderen Umständen kann ein Vertrag auch dann als Ergebnis eines „Aushandelns" gewertet werden, wenn es schließlich nach gründlicher Erörterung bei dem gestellten Entwurf verbleibt.[36] Denkbar ist auch, dass nur einzelne Klauseln eines Vertragswerks ausgehandelt sind.[37]

Greift eine Inhaltskontrolle nach **§§ 305 ff. BGB nicht** ein, weil die Vertragsbedingungen im 15
Einzelnen ausgehandelt sind (§ 305 I 3 BGB) oder die Voraussetzungen des § 310 III Nr. 2

---

[23] BGH 11. 12. 2003 NJW 2004, 1454.
[24] BGH 13. 9. 2001 NJW-RR 2002, 13.
[25] BAG 1. 3. 2006 AP 3 zu § 308 BGB = NZA 2006, 746; 26. 1. 2005 AP 260 zu § 611 BGB Gratifikation; BGH 23. 6. 2005 = ZIP 2005, 1604; 24. 11. 2005 WM 2006, 247.
[26] BAG 18. 3. 2008 NZA 2008, 1004; BGH 27. 11. 2003 NJW 2004, 502.
[27] *Ulmer*/Brandner/Hensen § 310 RN 71.
[28] Staudinger/*Schlosser* § 310 RN 54.
[29] BAG 25. 5. 2005 AP 1 zu § 310 BGB = NZA 2005, 1111.
[30] *Ulmer*/Brandner/Hensen § 310 RN 72.
[31] Staudinger/*Schlosser* § 310 RN 54; *Ulmer*/Brandner/Hensen § 310 RN 73.
[32] HWK/*Gotthardt* § 305 BGB RN 6.
[33] MünchKommBGB/*Basedow* § 310 RN 60; *Ulmer*/Brandner/Hensen § 310 RN 75.
[34] BGH 19. 5. 2005 NJW 2005, 2543.
[35] Vgl. BGH 19. 5. 2005 NJW 2005, 2543.
[36] BGH 3. 11. 1999 NJW 2000, 1110; BAG 27. 7. 2005 AP 6 zu § 307 BGB = NZA 2006, 40; 25. 5. 2005 AP 1 zu § 310 BGB = NZA 2005, 1111.
[37] HWK/*Gotthardt* § 305 BGB RN 7.

BGB nicht vorliegen, findet keine Billigkeitskontrolle im Sinne einer allgemeinen, nicht auf die Besonderheiten des Falles bezogenen Angemessenheitsprüfung statt. Die §§ 305ff. BGB stellen grundsätzlich eine abschließende Konkretisierung des Gebots von Treu und Glauben (§ 242 BGB) hinsichtlich einer allgemeinen, allein den Inhalt einer Regelung überprüfenden Angemessenheitskontrolle dar.[38] Wenn für die Vertragspartner die Möglichkeit besteht, die Vertragsbedingungen im Einzelnen auszuhandeln (§ 305 I 3 BGB) oder der Arbeitnehmer auf vom Arbeitgeber vorformulierte Vertragsbedingungen Einfluss nehmen kann (§ 310 III Nr. 2 BGB), ist im Grundsatz davon auszugehen, dass beide ihre Interessen selbst angemessen vertreten können. Eine Partei darf auch eine für sie nach allgemeinen Maßstäben ungünstige oder unangemessene Regelung bewusst hinnehmen, wenn sie insgesamt einen Vorteil erkennt.[39] Die Parteien sind insoweit bis zur Grenze der Sittenwidrigkeit (§ 138 BGB) frei, ihre Regelungen selbst zu wählen. Lediglich auf Grund der besonderen Umstände des Einzelfalls kann sich die konkrete Wahrnehmung der wirksam vereinbarten Rechte als unzulässige Rechtsausübung erweisen.[40]

16 **3. Vorrang der Individualvereinbarung (§ 305 b BGB).** Vereinbaren die Parteien nach dem Abschluss eines Formularvertrags eine Änderung mittels Individualabsprache, hat diese Änderung Vorrang vor kollidierenden AGB. Es kommt nicht darauf an, ob die Parteien eine Änderung der AGB beabsichtigt haben oder sich der Kollision mit den AGB bewusst geworden sind. Ebenso wenig stellt § 305b BGB darauf ab, ob die Individualvereinbarung **ausdrücklich oder stillschweigend** getroffen worden ist.[41] § 305b BGB ist eine Konkurrenzregel, die auf der Rechtsfolgenseite zu einer Verdrängung der AGB durch die Individualabrede führt. Insoweit ist § 305b BGB nichts anderes als der Ausdruck des funktionellen Rangverhältnisses zwischen Individualvereinbarungen und AGB. Die Vorschrift beruht auf der Überlegung, dass AGB als generelle Richtlinien für eine Vielzahl von Verträgen abstrakt vorformuliert und daher von vornherein auf Ergänzung durch die individuelle Einigung der Parteien ausgelegt sind. Sie können und sollen nur insoweit Geltung beanspruchen, wie die von den Parteien getroffene Individualabrede dafür Raum lässt.[42] Der Widerspruch zwischen Individualabrede und AGB führt nur dazu, dass die AGB zurücktreten, ohne zwingend unwirksam zu sein. Den Vorrang haben individuelle Vertragsabreden ohne Rücksicht auf die Form, in der sie getroffen worden sind. Individuelle Abreden i. S. v. § 305b BGB können deshalb auch auf mündlichen Erklärungen beruhen. Der Vorrang (mündlicher) individueller Vertragsabreden setzt sich auch gegenüber doppelten Schriftformklauseln durch (RN 78a).[43]

17 **4. Einbeziehung in den Vertrag.** Die Einbeziehung von AGB in den Arbeitsvertrag richtet sich nach den allgemeinen Bestimmungen der **Rechtsgeschäftslehre.** § 305 II und III BGB findet gem. § 310 IV 2 Halbs. 2 BGB keine Anwendung. Ein besonderer Hinweis und die Aushändigung der Allgemeinen Arbeitsbedingungen sind deshalb nicht erforderlich. Bedeutung gewinnt diese Regelung für die Bezugnahme auf Tarifverträge (dazu RN 20) und Arbeitsordnungen, die im Arbeitsvertrag selbst nicht abgedruckt sind.

18 **5. Darlegungs- und Beweislast.** Grundsätzlich muss der Arbeitnehmer, der sich auf den Schutz des AGB-Rechts beruft, die Voraussetzungen für das Vorliegen von AGB **darlegen und beweisen.**[44] Ergibt sich aus dem Inhalt und der Gestaltung der im Arbeitsvertrag verwendeten Bedingungen ein Anschein dafür, dass sie zur Mehrfachverwendung vorformuliert worden sind, hat der Arbeitgeber das Vorliegen von AGB zu widerlegen.[45]

IV. Kollektivvereinbarungen

19 **1. Allgemeines.** Nach § 310 IV 1 BGB finden die §§ 305 bis 310 BGB auf **Tarifverträge,** Betriebs- und Dienstvereinbarungen keine Anwendung. Diese Ausnahme betrifft nur die Kollektivregelung selbst, nicht aber die im Arbeitsvertrag vereinbarte Bezugnahmeklausel, durch die

---

[38] BAG 25. 5. 2005 AP 1 zu § 310 BGB = NZA 2005, 1111.
[39] BAG 25. 5. 2005 AP 1 zu § 310 BGB = NZA 2005, 1111.
[40] Dazu MünchKommBGB/*Roth* § 242 RN 176ff.
[41] BAG 25. 4. 2007 AP 121 zu § 615 BGB = NZA 2007, 801; MünchKommBGB/*Basedow* § 305b RN 5.
[42] BAG 20. 5. 2008 NZA 2008, 1233; MünchKommBGB/*Basedow* § 305 b RN 1.
[43] BAG 20. 5. 2008 NZA 2008, 1233; BGH 21. 9. 2005 NJW 2006, 138; *Leder/Scheuermann* NZA 2008, 1222, 1224f. m. w. N.
[44] Vgl. BGH 13. 9. 2001 NJW-RR 2002, 13; Staudinger/*Schlosser* § 305 RN 51ff.
[45] BAG 1. 3. 2006 AP 3 zu § 308 BGB = NZA 2006, 746; so auch BGH 27. 11. 2003 NJW 2004, 502 für Bauverträge.

auf Tarifverträge verwiesen wird.[46] Der Anwendungsausschluss des § 310 IV 1 BGB erfasst auch § 305 c BGB. Diese Einschränkung der Inhaltskontrolle gilt für den gesamten Inhalt eines Tarifvertrags, der durch eine formularmäßig verwendete Klausel zum Gegenstand der arbeitsvertraglichen Vereinbarungen der Parteien wird.[47] In Bezug genommene einschlägige Tarifverträge unterliegen keiner Transparenzkontrolle nach Maßgabe von § 307 I 2 BGB.[48] Tarifverträge müssen allerdings mit höherrangigem Recht vereinbar sein.[49] Verweist ein Tarifvertrag auf das Beamtenrecht, unterliegt das hierdurch eröffnete einseitige Leistungsbestimmungsrecht des Arbeitgebers nicht der Inhaltskontrolle nach den §§ 305 bis 310 BGB.[50] § 310 IV 1 BGB findet auch auf **Protokollnotizen** zu Tarifbestimmungen Anwendung.[51] Soweit diese eigenständige Regelungen enthalten, handelt es sich um Tarifnormen,[52] die ihrerseits gem. § 310 IV 1 BGB keiner Inhaltskontrolle zu unterziehen sind. Wird in den Protokollnotizen nur deklaratorisch auf gesetzliche Bestimmungen hingewiesen, wie in der Nr. 6 S. 1 zu Nr. 1 SR 2y BAT, fehlt es dagegen an einem eigenständigen Normsetzungswillen der Tarifvertragsparteien. Die Tarifvertragsparteien wollen in diesem Fall kein eigenständiges Regelungswerk schaffen, sondern nur einen Hinweis auf die ohnehin geltende Rechtslage geben. Auch solche deklaratorischen Hinweise in Protokollnotizen werden bei einer arbeitsvertraglichen Bezugnahme auf die Bestimmungen eines bestimmten Tarifvertrags nicht Bestandteil des Arbeitsvertrags, denn sie erläutern lediglich die Auslegung und Handhabung des Tarifvertrags aus Sicht der Tarifvertragsparteien, ohne selbst Bestandteil des Tarifvertrags zu sein. Sie unterliegen daher nicht der Inhaltskontrolle.[53] Gem. § 310 IV 1 BGB unterliegt die Regelung eines Widerrufsvorbehalts in einer **Betriebsvereinbarung** nicht der Inhaltskontrolle nach §§ 305 ff. BGB.[54] Die Inhaltskontrolle von Betriebsvereinbarungen erfolgt nach Maßgabe des § 75 BetrVG.[55] Es handelt sich hierbei um eine Rechtskontrolle.[56]

2. Einbeziehung in den Arbeitsvertrag. Da § 305 II und III BGB gem. § 310 IV 2 **20**
Halbs. 2 BGB keine Anwendung findet, ist die vertragliche **Bezugnahme auf Tarifverträge** unabhängig von deren Aushändigung oder Kenntnisverschaffung wirksam.[57] Für eine analoge Anwendung des § 305 II und III BGB ist kein Raum.[58] Deshalb ist die konkludente Einbeziehung von Tarifverträgen grundsätzlich ebenso möglich wie die Bezugnahme auf Tarifverträge in der jeweils geltenden Fassung.[59] Eine Bezugnahme auf einen nicht näher individualisierten Tarifvertrag („Das Arbeitsverhältnis richtet sich nach den Bestimmungen des BAT“) ist auch ohne ausdrückliche Vereinbarung in der Regel dahingehend zu verstehen, dass der Tarifvertrag in der jeweils geltenden Fassung, d. h. zeitlich dynamisch Anwendung finden soll, es sei denn, es gibt Anhaltspunkte für einen anderweitigen Regelungswillen, z. B. durch die begrenzte Verweisung auf einen Tarifvertrag in einer bestimmten Fassung. Die Unklarheitenregel des § 305 c II BGB findet i. d. R. keine Anwendung, weil sich die Günstigkeit nicht eindeutig beantworten lässt.[60] Der Bezugnahme gleich steht eine vertragliche Vereinbarung, deren Gegenstand eine von den Tarifvertragsparteien oder den Betriebspartnern entworfene Mustervereinbarung ist. Dies gilt etwa für den Einstellungsbogen nach § 2 BRTV-Bau sowie für Mustervereinbarungen, die in Sozialplänen den Übertritt in Beschäftigungsgesellschaften regeln. Klauseln in Arbeitsverträgen,

---

[46] BAG 15. 4. 2008 AP 38 zu § 1 TVG Altersteilzeit = NZA-RR 2008, 586; 9. 5. 2007 AP 8 zu § 305 c BGB.

[47] BAG 8 8. 2007 AP 4 zu § 21 TzBfG.

[48] BAG 28. 6. 2007 AP 27 zu § 307 BGB = NZA 2007, 1049.

[49] Vgl. Zur Grundrechtsbindung der Tarifvertragsparteien vgl. BAG 27. 5. 2004 AP 5 zu § 1 TVG Gleichbehandlung = NZA 2004, 1399.

[50] Vgl. BAG 12. 9. 2006 AP 176 zu § 611 BGB Lehrer, Dozenten = NZA 2007, 218 sowie BAG 14. 3. 2007 AP 45 zu § 1 TVG Bezugnahme auf Tarifvertrag = NZA 2008, 45.

[51] BAG 24. 1. 2008 NZA-RR 2008, 405.

[52] BAG 27. 9. 2000 AP 20 zu § 2 BAT SR 2y.

[53] BAG 24. 1. 2008 NZA-RR 2008, 405.

[54] BAG 1. 2. 2006 AP 28 zu § 77 BetrVG 1972 Betriebsvereinbarung = NZA 2006, 563.

[55] Vgl. BAG 12. 12. 2006 AP 94 zu § 77 BetrVG 1972 = NZA 2007, 453 zur Unwirksamkeit einer zweistufigen Ausschlussfrist, die in einer Betriebsvereinbarung vereinbart wurde.

[56] Staudinger/*Coester* § 310 RN 88; ErfK/*Preis* §§ 305–310 BGB RN 12.

[57] Kritisch zu dieser Regelung *Annuß* BB 2002, 458, 460; *Richardi* NZA 2002, 1057, 1059; Ulmer/Brandner/Hensen/*Fuchs* § 307 RN 426.

[58] BAG 15. 4. 2008 AP 38 zu § 1 TVG Altersteilzeit = NZA-RR 2008, 586; BAG 14. 3. 2007 AP 45 zu § 1 TVG Bezugnahme auf Tarifvertrag = NZA 2008, 45; ErfK/*Preis* §§ 305–310 BGB RN 26.

[59] Vgl. BAG 18. 4. 2007 AP 53 zu § 1 TVG Bezugnahme auf Tarifvertrag = NZA 2007, 965.

[60] BAG 24. 9. 2008 – 6 AZR 76/07; siehe auch BAG 17. 10. 2007 AP 9 zu § 53 BAT = NZA-RR 2008, 329.

die auf eine Kollektivregelung i. S. v. § 310 IV 1 BGB Bezug nehmen oder mit ihr übereinstimmen und lediglich deren gesamten Inhalt wiedergeben, unterliegen nicht der Inhaltskontrolle nach §§ 307 ff. BGB.[61] Zur Transparenzkontrolle von Bezugnahmeklauseln vgl. RN 47 a.

21 **3. Inhaltskontrolle bei Bezugnahmen.** Umstritten sind die Grenzen der Inhaltskontrolle bei der vertraglichen Bezugnahme auf Tarifverträge in AGB. Nach § 310 IV 3 BGB stehen Tarifverträge Rechtsvorschriften i. S. v. § 307 III BGB gleich und unterliegen keiner Inhaltskontrolle nach §§ 307 I und II, 308, 309 BGB. Diese Grundsätze gelten unabhängig davon, ob der betreffende Tarifvertrag kraft einzelvertraglicher Vereinbarung oder kraft betrieblicher Übung auf das Arbeitsverhältnis der Parteien Anwendung findet.[62] Keine Schwierigkeiten bereitet die **Globalverweisung auf den einschlägigen Tarifvertrag.** Hier findet nach dem Zweck des § 310 IV 3 BGB keine Inhaltskontrolle statt.[63] Durch die Verweisung wird nicht von Rechtsvorschriften abgewichen. Es findet auch dann keine Transparenzkontrolle der Tarifbestimmungen nach § 307 III 2 i. V. m. § 307 I 2 BGB statt, wenn der Arbeitnehmer nicht Mitglied der tarifschließenden Gewerkschaft ist.[64] Bei einem **orts- und branchenfremden Tarifvertrag** trifft dies nicht zu. Hier besteht keine Vermutung dafür, dass für das Arbeitsverhältnis angemessene Arbeitsbedingungen vereinbart sind. **Einzelverweise** auf bestimmte Regelungen schließen die Inhaltskontrolle grundsätzlich auch dann nicht aus, wenn auf Vorschriften des einschlägigen Tarifvertrags verwiesen wird. Tarifverträge kommen durch ein wechselseitiges Geben und Nehmen zustande. Die Richtigkeitsgewähr beruht auf dem Ausgleich von Vor- und Nachteilen für die tarifschließenden Parteien innerhalb des Vertragswerks. Wenn eine einzelne Bestimmung aus diesem Gesamtwerk herausgenommen wird, entfällt die Richtigkeitsgewähr.[65] Die im Wege einer **Teilverweisung auf abgeschlossene Regelungskomplexe** einbezogenen Tarifbestimmungen unterliegen keiner Inhaltskontrolle.[66] Auch der Gesetzgeber lässt solche Teilverweisungen zu (z. B. § 622 IV 2, § 13 I 2 BUrlG). Da dem offenbar die Annahme zugrunde liegt, einzelne Regelungskomplexe seien in sich ausgewogen, muss diese Wertentscheidung auch im Rahmen von § 310 IV 1 BGB berücksichtigt werden.

V. Überraschende Klauseln

22 **1. Grundsatz.** Nach § 305 c I BGB werden Bestimmungen in AGB, die nach den Umständen, insbesondere nach dem **äußeren Erscheinungsbild** des Vertrags, so ungewöhnlich sind, dass der Vertragspartner des Verwenders mit ihnen nicht zu rechnen braucht, nicht Vertragsbestandteil. Weder erforderlich noch für sich genügend ist es, wenn eine Bestimmung inhaltlich unbillig ist.[67] Überraschenden Klauseln muss ein „Überrumpelungs- und Übertölpelungseffekt" innewohnen. Zwischen den durch die Umstände bei Vertragsschluss begründeten Erwartungen und dem tatsächlichen Vertragsinhalt muss ein deutlicher Widerspruch bestehen.[68] Die Erwartungen des Vertragspartners werden von allgemeinen und individuellen Begleitumständen des Vertragsabschlusses bestimmt. Hierzu zählen der Grad der Abweichung vom dispositiven Gesetzesrecht und die für den Geschäftskreis übliche Gestaltung einerseits,[69] Gang und Inhalt der Vertragsverhandlungen sowie der äußere Zuschnitt des Vertrags andererseits.[70] Es kommt nicht auf den Kenntnisstand des einzelnen Vertragspartners an, maßgeblich sind vielmehr die Erkenntnismöglichkeiten des für derartige Verträge in Betracht kommenden Personenkreises.[71] Nicht entscheidend ist deshalb die Erwartungshaltung des konkreten Arbeitnehmers. Das Über-

---

[61] BAG 25. 4. 2007 AP 23 zu § 113 InsO.

[62] BAG 13. 12. 2007 AP 53 zu § 242 BGB Unzulässige Rechtsausübung – Verwirkung = NZA 2008, 478.

[63] Staudinger/*Coester* § 307 RN 300; *Däubler*/Dorndorf/Bonin/Deinert § 310 RN 44; Ulmer/Brandner/Hensen/*Fuchs* § 307 RN 433; HWK/*Gotthardt* § 307 RN 14; ErfK/*Preis* §§ 305–310 BGB RN 13.

[64] BAG 13. 12. 2007 AP 53 zu § 242 BGB Unzulässige Rechtsausübung – Verwirkung = NZA 2008, 478; 28. 6. 2007 AP 27 zu § 307 BGB = NZA 2007, 1049; a. A. ErfK/*Preis* §§ 305–310 BGB RN 15.

[65] ErfK/*Preis* §§ 305–310 BGB RN 16; *Rieble* NZA 2004, 304; Ulmer/Brandner/Hensen/*Fuchs* § 307 RN 434.

[66] Anders Voraufl. sowie Staudinger/*Coester* § 307 RN 300; *Däubler*/Dorndorf/Bonin/Deinert § 310 RN 52; Ulmer/Brandner/Hensen/*Fuchs* § 307 RN 434; wie hier HWK/*Gotthardt* § 307 RN 14; ErfK/*Preis* §§ 305–310 BGB RN 18; *Stoffels* in Wolf/L./P. AGB-Recht § 310 ArbR RN 104.

[67] *Ulmer*/Brandner/Hensen § 305 c RN 12.

[68] BAG 16. 4. 2008 AP 10 zu § 305 c BGB = NZA 2008, 876.

[69] BAG 13. 7. 2005 AP 78 zu § 74 HGB; BGH 10. 9. 2002 NJW 2002, 3627.

[70] Vgl. BAG 15. 2. 2007 AP 35 zu § 620 BGB Aufhebungsvertrag = NZA 2007, 614; BGH 11. 12. 2003 NJW-RR 2004, 780; 4. 10. 2000 NJW 2001, 439.

[71] BGH 10. 9. 2002 NJW 2002, 3627.

raschungsmoment kann sich aus dem Erscheinungsbild des Vertrags ergeben. Auch der ungewöhnliche äußere Zuschnitt der Klausel, ihre Unterbringung an unerwarteter Stelle,[72] kann die Bestimmung zu einer ungewöhnlichen und damit überraschenden Klausel machen.[73] Das Überraschungsmoment ist um so eher zu bejahen, je belastender die Bestimmung ist.[74] Im Einzelfall kann der Verwender gehalten sein, auf die Klausel besonders hinzuweisen oder die Klausel drucktechnisch hervorzuheben.[75] Hierdurch kann das Überraschungsmoment ausgeschlossen werden.[76]

2. Verhältnis zur Inhaltskontrolle. Zwischen § 305 c I und den Vorschriften über die Inhaltskontrolle nach §§ 307 bis 309 BGB besteht grundsätzlich **kein Rangverhältnis.** Zwar ist – strikt logisch gesehen – eine Inhaltskontrolle nur durchzuführen, wenn eine Klausel überhaupt Vertragsbestandteil geworden ist. Gleichwohl ist eine genaue Abgrenzung der Geltungsbereiche von § 305 c I und §§ 307 bis 309 BGB nicht erforderlich. Der überraschende Charakter einer Klausel schließt nicht aus, dass die Klausel auch inhaltlich, insbesondere unter Berücksichtigung des Transparenzgebots (§ 307 I 2 BGB), unangemessen ist.[77] Dementsprechend geht auch der BGH zu Recht davon aus, dass eine Klausel sowohl überraschend als auch inhaltlich unangemessen sein kann.[78] Selbstständige Bedeutung behält allerdings die Inhaltskontrolle nach §§ 307 bis 309 BGB gegenüber an sich ungewöhnlichen Klauseln, die aber nicht überraschend i. S. v. § 305 c I BGB sind, weil der Verwender auf sie besonders hingewiesen hat.[79] Befindet sich etwa an versteckter Stelle im Arbeitsvertrag eine vertraglich vereinbarte einmonatige Ausschlussfrist und weist der Arbeitgeber den Arbeitnehmer bei Vertragsschluss ausdrücklich auf diese Ausschlussfrist hin, ist die Klausel wegen dieses Hinweises nicht überraschend i. S. v. § 305 c I BGB. Die Klausel bleibt aber trotz des Hinweises unangemessen i. S. v. § 307 I 1 BGB (dazu RN 61). 23

3. Beispiele. Eine **allgemeine Ausgleichsklausel,** nach welcher sämtliche Ansprüche „gleich nach welchem Rechtsgrund sie entstanden sein mögen, abgegolten und erledigt sind", wird nicht Vertragsinhalt, wenn der Verwender sie in eine Erklärung mit falscher oder missverständlicher Überschrift ohne besonderen Hinweis oder drucktechnische Hervorhebung einfügt (näher dazu § 72 RN 7 ff.).[80] Eine **Verfallklausel** ist überraschend, wenn sie im vorletzten Paragraphen eines umfangreichen Arbeitsvertrags mit insgesamt 19 Paragraphen unter der Überschrift „Schlussbestimmungen" enthalten ist und in diesen Schlussbestimmungen zu Ziff. 1–3 eine salvatorische Klausel, eine Schriftformklausel und ein Hinweis auf die Rechtsfolgen unwirksamer Bestimmungen aufgeführt sind, unter Ziff. 4 dann eine Ausschlussfrist vorgesehen ist und sich hieran eine Regelung über die Verpflichtung zur Mitteilung aller Änderungen der persönlichen Umstände anschließt. Mit einer solchen Regelung muss ein verständiger Arbeitnehmer nicht rechnen.[81] 24

Überraschend können auch **Verweisungsklauseln** auf nicht einschlägige Tarifverträge sein.[82] Dies gilt jedenfalls für branchenfremde Tarifverträge, weil damit ein verständiger Arbeitnehmer nicht zu rechnen braucht.[83] Anders kann im Einzelfall die Verweisung auf einen ortsfremden Tarifvertrag zu beurteilen sein. So dürfte es für einen verständigen Arbeitnehmer nicht überraschend sein, wenn ein Unternehmen mit mehreren Betrieben in ganz Deutschland in den Arbeitsverträgen aller Beschäftigter auf den am Sitz des Unternehmens geltenden Tarifvertrag verweist. 25

Die Vereinbarung einer **aufschiebenden Bedingung bei einem nachvertraglichen Wettbewerbsverbot** ist nicht unüblich. Sie ist zulässig und entspricht der Interessenlage des Arbeitgebers, wenn der mit dem nachvertraglichen Wettbewerbsverbot beabsichtigte Schutz von Betriebsgeheimnissen gegen eine Auswertung durch die Konkurrenz nicht bereits bei Beginn des 26

---

[72] BAG 16. 4. 2008 AP 10 zu § 305 c BGB = NZA 2008, 876

[73] BAG 31. 8. 2005 AP 8 zu § 6 ArbZG = NZA 2006, 324.

[74] BAG 9. 5. 2007 AP 8 zu § 305 c BGB; 23. 2. 2005 AP 42 zu § 1 TVG Tarifverträge: Druckindustrie = NZA 2005, 1193.

[75] BAG 8 8. 2007 AP 4 zu § 21 TzBfG; 9. 5. 2007 AP 8 zu § 305 c BGB.

[76] Vgl. BAG 15. 2. 2007 AP 35 zu § 620 BGB Aufhebungsvertrag = NZA 2007, 614; BGH 11. 12. 2003 NJW-RR 2004, 780; 4. 10. 1995 NJW 96, 191.

[77] Staudinger/*Schlosser* § 305 c RN 2; *Ulmer*/Brandner/Hensen § 305 c RN 5.

[78] Vgl. BGH 10. 9. 2002 NJW 2002, 3627.

[79] *Ulmer*/Brandner/Hensen § 305 c RN 5.

[80] BAG 23. 2. 2005 AP 42 zu § 1 TVG Tarifverträge: Druckindustrie = NZA 2005, 1193.

[81] BAG 31. 8. 2005 AP 8 zu § 6 ArbZG = NZA 2006, 324.

[82] Ausf. hierzu *Reinecke* BB 2006, 2637.

[83] Vgl. *Annuß* ZfA 2005, 405, 434, *Däubler*/Dorndorf/Bonin/Deinert § 305 c RN 22; HWK/*Gotthardt* § 305 c BGB RN 5; ErfK/*Preis* §§ 305–310 BGB RN 30; *Thüsing*/*Lambrich* NZA 2002, 1361, 1365.

Arbeitsverhältnisses, sondern erst durch die Aneignung von Kenntnissen und Fähigkeiten des Arbeitnehmers während einer Einarbeitungszeit erforderlich wird. Da das Wettbewerbsverbot und damit die Karenzentschädigungspflicht auch dann besteht, wenn das Arbeitsverhältnis bereits kurz nach Beginn wieder beendet wird, wenn ein späteres Inkrafttreten des Verbots nicht ausdrücklich vereinbart ist, kann die Vereinbarung einer solchen aufschiebenden Bedingung für das Inkrafttreten des nachvertraglichen Wettbewerbsverbots nicht als ungewöhnlich angesehen werden.[84]

VI. Auslegung

27 **1. Allgemeines.** Die Auslegung der AGB ist **vor der Inhaltskontrolle** vorzunehmen.[85] Erst der durch Auslegung festgestellte Inhalt der AGB ist einer Inhaltskontrolle nach §§ 307 bis 309 BGB zu unterziehen.

28 **2. Objektive Auslegung.** Da AGB Vertragsbedingungen und keine Rechtsnormen sind, richtet sich ihre Auslegung nach den § 157 BGB. Vorformulierte Vertragsklauseln sind **nach ihrem objektiven Inhalt und typischen Sinn** einheitlich so auszulegen, wie sie von rechtsunkundigen,[86] verständigen und redlichen Vertragspartnern unter Abwägung der Interessen der normalerweise beteiligten Verkehrskreise verstanden werden.[87] Bei der Auslegung sind nicht die Verständnismöglichkeiten des konkreten, sondern eines durchschnittlichen Vertragspartners des Verwenders zugrunde zu legen.[88] Die den Vertragsschluss begleitenden Umstände sind gem. § 310 III Nr. 3 BGB nicht bei der Auslegung der AGB, sondern bei der Prüfung der unangemessenen Benachteiligung nach § 307 I und II BGB zu berücksichtigen.[89]

29 Ansatzpunkt für die nicht am Willen der konkreten Vertragspartner zu orientierende Auslegung von AGB ist in erster Linie der **Vertragswortlaut.**[90] Soweit auch der mit dem Vertrag verfolgte Zweck einzubeziehen ist, kann das nur in Bezug auf typische und von redlichen Geschäftspartnern verfolgte Ziele gelten.[91] Ist der Wortlaut eines Formularvertrags nicht eindeutig, kommt es für die Auslegung entscheidend darauf an, wie der Vertragstext aus der Sicht der typischerweise an Geschäften dieser Art beteiligten Verkehrskreise zu verstehen ist. Maßgeblich ist dabei der Vertragswille verständiger und redlicher Vertragspartner.

30 Das hat Folgerungen für die Auslegung von **Fachausdrücken,** deren Bedeutung nicht allgemein, wohl aber den in der Branche Beschäftigten bekannt ist. Soweit die Kenntnisse generalisierungsfähig sind und sich einem bestimmten Personenkreis zuordnen lassen, ist von deren Verständnismöglichkeiten auszugehen.[92] Haben **Rechtsbegriffe** eine festumrissene Bedeutung, sind die rechtstechnischen Begriffsmerkmale maßgebend. Ein hiervon abweichendes Verständnis kann nur in Betracht kommen, wenn das allgemeine Sprachverständnis von der Rechtssprache in einem Randbereich deutlich abweicht oder wenn der Sinnzusammenhang der Klausel etwas anderes ergibt.[93]

31 **3. Übereinstimmender Parteiwille.** Haben die Parteien eine Klausel übereinstimmend in einem bestimmten Sinn verstanden, geht dieser **übereinstimmende Wille** der objektiven Auslegung vor. Das Verständnis der Parteien ist dann wie eine Individualvereinbarung zu behandeln, die nach § 305 b BGB Vorrang vor Allgemeinen Geschäftsbedingungen hat.[94]

32 **4. Unklarheitenregel.** Nach § 305 c II BGB gehen Zweifel bei der Auslegung von AGB zulasten des Verwenders. Die Unklarheitenregel beruht auf dem Gedanken, dass es Sache des Verwenders ist, die von ihm vorgegebenen Vertragsbedingungen klar und unmissverständlich zu

---

[84] BAG 13. 7. 2005 AP 78 zu § 74 HGB.

[85] BGH 24. 5. 2006 NJW 2006, 2545.

[86] Vgl. BGH 19. 1. 1990 NJW 90, 1177; *Ulmer*/Brandner/Hensen § 305 c RN 82.

[87] BAG 19. 3. 2008 AP 11 zu § 305 BGB = NZA 2008, 757; BGH 9. 5. 2001 NJW 2001, 2165; *Ulmer*/Brandner/Hensen § 305 c RN 73 ff.; kritisch dazu Staudinger/*Schlosser* § 305 c RN 126 ff.

[88] BAG 24. 10. 2007 AP 32 zu § 307 BGB = NZA 2008, 40; 9. 11. 2005 AP 4 zu § 305 c BGB = NZA 2006, 202; 31. 8. 2005 AP 8 zu § 6 ArbZG = NZA 2006, 324; BGH 14. 7. 2004 NJW 2004, 2961.

[89] BAG 7. 12. 2005 AP 4 zu § 12 TzBfG = NZA 2006, 423; *Stoffels* RN 363.

[90] BAG 9. 11. 2005 AP 4 zu § 305 c BGB = NZA 2006, 202; BGH 17. 2. 1993 NJW 93, 1381; *Ulmer*/Brandner/Hensen § 305 c RN 80.

[91] BGH 19. 1. 2005 NJW 2005, 1183.

[92] MünchKommBGB/*Basedow* § 305 c RN 25; *Ulmer*/Brandner/Hensen § 305 c RN 83.

[93] BGH 5. 7. 1995 NJW-RR 95, 1303; MünchKommBGB/*Basedow* § 305 c RN 25; Staudinger/*Schlosser* § 305 c RN 128.

[94] Vgl. BAG 10. 1. 2007 AP 6 zu § 611 BGB Ruhen des Arbeitsverhältnisses = NZA 2007, 384; BGH 22. 3. 2002 NJW 2002, 2102; *Ulmer*/Brandner/Hensen § 305 c RN 84.

formulieren. Sie bezieht sich deshalb nur auf das Verständnis der AGB, nicht auf die Bedeutung unklarer Begleitumstände. Diese sind aus der Sicht eines redlichen und verständigen Empfängers der Erklärung zu würdigen.[95] Die Anwendbarkeit der Unklarheitenregel setzt voraus, dass nach Ausschöpfung aller Auslegungsgesichtspunkte ein nicht behebbarer Zweifel bleibt und mindestens **zwei Auslegungen rechtlich vertretbar** sind,[96] die Klausel also mehrdeutig ist.[97] Die Unklarheitenregel kommt nicht schon stets dann zur Anwendung, wenn unterschiedliche Auslegungen möglich sind, sondern erst dann, wenn keine Auslegung den klaren Vorzug verdient.[98] Die entfernte Möglichkeit, zu einem anderen Ergebnis zu kommen, genügt für die Anwendung der Bestimmung nicht.[99]

Erweist sich eine Klausel als mehrdeutig, bleibt sie nicht ohne Weiteres mit dem für den Verwender nachteiligen Inhalt wirksam. Es ist vielmehr zu prüfen, ob sie bei **kundenfeindlichster, d.h. für den Arbeitnehmer nachteiligsten Auslegung** der Inhaltskontrolle nach §§ 307 bis 309 BGB standhält.[100] Ist das nicht der Fall, ist die Klausel nach § 306 II BGB unwirksam. Hält die Klausel der Inhaltskontrolle stand, ist die kundenfreundlichste, d.h. die für den Arbeitnehmer günstigste Interpretation maßgebend.[101] Völlig fernliegende Auslegungsmöglichkeiten, von denen eine Gefährdung des Rechtsverkehrs ernsthaft nicht zu befürchten ist, haben allerdings außer Betracht zu bleiben.[102] 33

5. Revisionsrechtliche Überprüfung. In der Revision unterliegt die vom Landesarbeitsgericht vorgenommene Auslegung der AGB der **uneingeschränkten Kontrolle** durch das Bundesarbeitsgericht.[103] 34

VII. Inhaltskontrolle

1. Gegenstand der Inhaltskontrolle. Der Inhaltskontrolle nach §§ 307 bis 309 BGB unterliegen gem. § 307 III 1 BGB nur Bestimmungen in AGB, durch die **von Rechtsvorschriften abweichende** oder diese ergänzende Regelungen vereinbart werden. Gem. § 310 IV 3 BGB stehen Tarifverträge, Betriebs- und Dienstvereinbarungen Rechtsvorschriften gleich. 35

a) Kontrollfähig sind AGB, die von Rechtsvorschriften i.S.d. § 307 III 1 BGB abweichen. Rechtsvorschriften sind nicht nur die **Gesetzesbestimmungen** selbst, sondern die dem Gerechtigkeitsgebot entsprechenden allgemein **anerkannten Rechtsgrundsätze,** d.h. auch alle ungeschriebenen Rechtsgrundsätze, die Regeln des Richterrechts oder die auf Grund ergänzender Auslegung nach §§ 157, 242 BGB und aus der Natur des jeweiligen Schuldverhältnisses zu entnehmenden Rechte und Pflichten.[104] Auch einseitige Leistungsbestimmungsrechte, die dem Verwender das Recht einräumen, die Hauptleistungspflichten einzuschränken, zu verändern, auszugestalten oder zu modifizieren, unterliegen einer Inhaltskontrolle.[105] Sie weichen von dem allgemeinen Grundsatz pacta sunt servanda (Verträge sind einzuhalten) ab. Der Vertrag und die sich aus ihm ergebenden Verpflichtungen sind für jede Seite bindend.[106] 36

Weichen AGB nicht von Rechtsvorschriften ab, sondern stimmen sie in jeder Hinsicht mit einer bestehenden gesetzlichen Regelung überein, findet eine Inhaltskontrolle nach §§ 307 bis 309 BGB nicht statt. Eine Inhaltskontrolle derartiger Klauseln liefe leer, weil im Falle ihrer Unwirksamkeit nach § 306 II BGB an deren Stelle die inhaltsgleiche gesetzliche Bestimmung träte.[107] 37

---

[95] BAG 26. 9. 2007 AP 58 zu § 1 TVG Bezugnahme auf Tarifvertrag = NZA 2008, 179.
[96] BAG 30. 7. 2008 NZA 2008, 1173; Staudinger/*Schlosser* § 305c RN 106.
[97] *Ulmer*/Brandner/Hensen § 305c RN 67.
[98] Vgl. BAG 15. 4. 2008 AP 38 zu § 1 TVG Altersteilzeit = NZA-RR 2008, 586; 9. 11. 2005 AP 4 zu § 305c BGB = NZA 2006, 202; BGH 19. 1. 2005 NJW 2005, 1183; 3. 7. 2002 NJW 2002, 3232.
[99] BAG 30. 7. 2008 NZA 2008, 1173; 19. 3. 2008 AP 11 zu § 305 BGB = NZA 2008, 757.
[100] BAG 18. 3. 2008 NZA 2008, 1004.
[101] MünchKommBGB/*Basedow* § 305c RN 35; Staudinger/*Schlosser* § 305c RN 108 ff.; *Stoffels* RN 375; *Ulmer*/Brandner/Hensen § 305c RN 91; in der Tendenz auch BGH 10. 5. 1994 NJW 94, 1798; 11. 2. 1992 NJW 92, 1097; ausf. hierzu *Reinecke* AuR 2003, 414.
[102] BGH 10. 5. 1994 NJW 94, 1798.
[103] BAG 24. 10. 2007 AP 32 zu § 307 BGB = NZA 2008, 40; 31. 8. 2005 AP 8 zu § 6 ArbZG = NZA 2006, 324.
[104] BAG 30. 7. 2008 NZA 2008, 1173; 11. 10. 2006 AP 6 zu § 308 BGB = NZA 2007, 87; 27. 7. 2005 AP 6 zu § 307 BGB = NZA 2006, 40; BGH 14. 10. 1997 NJW 98, 383; 10. 12. 1992 NJW 93, 721.
[105] BAG 7. 12. 2005 AP 4 zu § 12 TzBfG = NZA 2006, 423; 27. 7. 2005 AP 6 zu § 307 BGB = NZA 2006, 40.
[106] BAG 12. 1. 2005 AP 1 zu § 308 BGB = NZA 2005, 465.
[107] BAG 27. 7. 2005 AP 6 zu § 307 BGB = NZA 2006, 40.

38 **b)** Abreden, die ihrer Art nach **nicht durch Gesetz oder andere Rechtsvorschriften geregelt** werden, sondern von den Vertragsparteien festgelegt werden müssen, unterliegen nur einer eingeschränkten Kontrolle. Sie sind gem. § 307 III 2 i. V. m. § 307 I 2 BGB nur bei einem Verstoß gegen das Transparenzgebot (dazu RN 45 ff.) unwirksam.[108] Dieser eingeschränkten Überprüfung unterliegen Klauseln, die den Umfang der von den Parteien geschuldeten Vertragsleistung (Hauptleistungspflichten) festlegen.[109] § 307 III 2 BGB beruht auf der Erwägung, dass ein Mindestmaß an Transparenz der Preisgestaltung einen funktionierenden Wettbewerb erst ermöglicht.[110] Verweist der Arbeitsvertrag auf die für Beamte geltende Arbeitszeit, haben die Parteien die vom Arbeitnehmer zu erbringende Hauptleistungspflicht bestimmt. Der Umfang der Arbeitszeit (und damit die Höhe des Vergütungsanspruchs) steht nicht zur freien Disposition des Arbeitgebers, sondern ist an Regelungen des Verordnungsgebers gebunden. Eine Angemessenheitskontrolle findet nicht statt. Die Verweisung auf beamtenrechtliche Regelungen verstößt nicht gegen das Transparenzgebot i. S. v. § 307 I 2 BGB.[111]

39 Im Arbeitsverhältnis sind ABG über die **Arbeitsleistung und das Arbeitsentgelt,** abgesehen von der Transparenzkontrolle, einer Inhaltskontrolle entzogen.[112] Deshalb ist eine Bruttolohnabrede gem. § 307 III 2 BGB nur am Maßstab des § 307 I 2 BGB zu überprüfen.[113] Es ist nicht Aufgabe des Gerichts, über die §§ 305 ff. BGB den „gerechten Preis" zu ermitteln.[114] Aus der Verweisung in § 310 IV 3 BGB auf § 307 III BGB ergibt sich nichts anderes (vgl. RN 44 a).[115] Hierdurch soll allein sichergestellt werden, dass die in § 310 IV 3 BGB genannten Kollektivvereinbarungen keiner Inhaltskontrolle unterliegen. Eine Provisionsregelung, nach der ein Arbeitnehmer nur die Hälfte der vereinbarten Provision erhält, wenn er aus dem Unternehmen ausscheidet, bevor die erste Kaufpreisrate eines Käufers fällig geworden ist, regelt nicht die Hauptleistungspflicht selbst, sondern modifiziert die Verpflichtung des Arbeitgebers zur Zahlung der vereinbarten Provision bei einer Beendigung des Arbeitsverhältnisses, indem sie den Anspruch auf Provision der Höhe nach einschränkt und damit von § 87 I 1 HGB abweicht. Sie ist damit der Inhaltskontrolle zugänglich und hält dieser wegen Verstoßes gegen § 307 I 1 BGB nicht stand.[116] Nutzt der Arbeitgeber seine wirtschaftliche Überlegenheit gegenüber dem Arbeitnehmer aus, um ein für diesen ungünstiges Verhandlungsergebnis durchzusetzen, bleibt nach der Rechtsprechung des BVerfG[117] der Schutzauftrag des Richters, der Vertragsparität mit den Mitteln des Zivilrechts Geltung zu verschaffen. Es handelt sich um Fälle, in denen der Inhalt des Vertrags eine Seite ungewöhnlich belastet und als Interessenausgleich offensichtlich ungeeignet ist. Das erfordert grundsätzlich eine Gesamtschau der vertraglichen Regelungen.[118]

40 **c)** In § 307 ist in einer **Generalklausel** bestimmt, dass AGB unwirksam sind, wenn sie den Vertragspartner entgegen den Geboten von Treu und Glauben unangemessen benachteiligen. § 309 BGB regelt **Klauselverbote ohne Wertungsmöglichkeit.** Verstößt eine Klausel gegen eines dieser Verbote, ist sie ohne weitere inhaltliche Prüfung unwirksam. Im Arbeitsrecht gilt dieser Grundsatz mit dem Vorbehalt, dass Besonderheiten des Arbeitsrechts dem nicht entgegenstehen.[119] In § 308 BGB sind **Klauselverbote mit Wertungsmöglichkeit** enthalten. Deren Wirksamkeit ist davon abhängig, dass ihr Inhalt im Einzelfall nicht unangemessen, unzumutbar usw. erscheint.[120] Die Unterscheidung zwischen § 308 und § 309 BGB ist nicht so groß, weil

---

[108] BAG 31. 8. 2005 AP 8 zu § 6 ArbZG = NZA 2006, 324.

[109] MünchKommBGB/*Kieninger* § 307 RN 12; Ulmer/Brandner/Hensen/*Fuchs* § 307 RN 6; ausf. dazu *Preis* FS für Richardi S. 339.

[110] MünchKommBGB/*Kieninger* § 307 RN 20.

[111] BAG 14. 3. 2007 AP 45 zu § 1 TVG Bezugnahme auf Tarifvertrag = NZA 2008, 45.

[112] BAG 15. 4. 2008 AP 38 zu § 1 TVG Altersteilzeit = NZA-RR 2008, 586; 14. 3. 2007 AP 45 zu § 1 TVG Bezugnahme auf Tarifvertrag = NZA 2008, 45.

[113] Dazu BAG 1. 3. 2006 AP 40 zu § 4 TVG Übertarifl. Lohn und Tariflohnerhöhung = NZA 2006, 688.

[114] BAG 31. 8. 2005 AP 8 zu § 6 ArbZG = NZA 2006, 324; ErfK/*Preis* §§ 305–310 BGB RN 36; MünchKommBGB/*Kieninger* § 307 RN 16.

[115] Ebenso MünchKommBGB/*Basedow* § 310 RN 96; Ulmer/Brandner/Hensen/*Fuchs* § 307 RN 451; HWK/*Gotthardt* § 307 RN 11; *Henssler* RdA 2002, 129, 136; *Hromadka* NJW 2002, 2523, 2527; ErfK/*Preis* §§ 305–310 BGB RN 38 a; *Thüsing/Lambrich* RdA 2002, 193, 196; a. A. *Däubler* NZA 2001, 1329, 1334 f.; *Däubler*/Dorndorf/Bonin/Deinert § 307 RN 279 ff.; *Lakies* NZA-RR 2002, 337, 344.

[116] BAG 20. 2. 2008 AP 11 zu § 87 HGB = NZA 2008, 1124.

[117] BVerfG 19. 10. 1993 AP 35 zu Art. 2 GG = NJW 94, 36; BAG 25. 5. 2005 AP 1 zu § 310 BGB = NZA 2005, 1111.

[118] BAG 21. 11. 2001 AP 31 zu § 611 BGB Ausbildungsbeihilfe = NZA 2002, 551.

[119] Dazu BAG 4. 3. 2004 AP 3 zu § 309 BGB = NZA 2004, 727.

[120] MünchKommBGB/*Kieninger* § 308 RN 1.

auch § 309 BGB unbestimmte Begriffe enthält, deren Inhalte durch eine auch am Schutzzweck des Gesetzes orientierte Auslegung zu bestimmen sind.[121] Von besonderer arbeitsrechtlicher Bedeutung ist dabei § 308 Nr. 4 BGB. Nach dieser Bestimmung ist in AGB insbesondere die Vereinbarung eines Rechts des Verwenders unwirksam, die versprochene Leistung zu ändern oder von ihr abzuweichen, wenn nicht die Vereinbarung der Änderung oder Abweichung unter Berücksichtigung der Interessen des Verwenders für den anderen Vertragsteil zumutbar ist. § 308 Nr. 4 BGB erfasst nur Änderungen von Leistungen des Verwenders (Arbeitgebers), nicht auch Änderungen der vom anderen Vertragsteil (Arbeitnehmer) versprochenen Leistung.[122] Einseitige Leistungsbestimmungsrechte, die dem Arbeitgeber in einem von ihm vorformulierten Arbeitsvertrag das Recht einräumen, seine Verpflichtung zur Zahlung der vereinbarten Vergütung einzuschränken, zu verändern, auszugestalten oder zu modifizieren (Widerrufsvorbehalte, dazu RN 84), unterliegen einer gerichtlichen Inhaltskontrolle nach § 308 Nr. 4 BGB.[123] Dagegen ist diese Bestimmung nicht anwendbar auf einen klar und verständlich formulierten Freiwilligkeitsvorbehalt (dazu RN 67), der jeden Rechtsanspruch des Arbeitnehmers auf eine Sonderzahlung ausschließt. Es fehlt in diesem Fall eine versprochenen Leistung i. S. v. § 308 Nr. 4 BGB.[124]

2. Prüfungsreihenfolge. Die Klauselverbote der §§ 308, 309 BGB sind Ausprägungen der Generalklausel des § 307 BGB. Als Generalklausel tritt § 307 BGB zurück, wenn eine AGB-Bestimmung den Klauselverboten der §§ 308, 309 BGB unterfällt. Soweit eine AGB nach ihrem Regelungsgehalt zwar den §§ 308, 309 BGB unterfällt, danach aber nicht unwirksam ist, bedeutet dies nicht, dass ihre Wirksamkeit feststünde. Die Inhaltskontrolle gemäß § 307 BGB kann unter Berücksichtigung des Prüfungsmaßstabes dieser Norm zur Unwirksamkeit der Regelung führen.[125] Für die Inhaltskontrolle gilt daher nach der **Systematik des Gesetzes** folgende Prüfungsreihenfolge: Allgemeine Geschäftsbedingungen sind zunächst am Maßstab der speziellen Klauselverbote ohne Wertungsmöglichkeit in § 309 BGB zu messen. Daran anschließend sind die Klauselverbote mit Wertungsmöglichkeit in § 308 BGB, sodann § 307 II BGB und schließlich die Generalklausel des § 307 I BGB zu prüfen.[126] Die speziellen Klauselverbote werden im Zusammenhang mit der Darstellung von Einzelfällen behandelt (RN 54 ff.). 41

3. Generalklausel. Nach § 307 I 1 BGB sind Bestimmungen in AGB unwirksam, wenn sie den Vertragspartner des Verwenders **entgegen den Geboten von Treu und Glauben unangemessen benachteiligen.** Unangemessen ist jede Beeinträchtigung eines rechtlich anerkannten Interesses des Arbeitnehmers, die nicht durch begründete und billigenswerte Interessen des Arbeitgebers gerechtfertigt ist oder durch gleichwertige Vorteile ausgeglichen wird.[127] 42

a) Die Feststellung einer unangemessenen Benachteiligung setzt eine wechselseitige Berücksichtigung und Bewertung rechtlich anzuerkennender Interessen der Vertragspartner voraus. Es bedarf einer **umfassenden Würdigung der beiderseitigen Positionen** unter Berücksichtigung des Grundsatzes von Treu und Glauben.[128] Hierbei ist das Interesse des Verwenders an der Aufrechterhaltung der Klausel mit dem Interesse des Vertragspartners an der Ersetzung der Klausel durch das Gesetz abzuwägen. Bei dieser wechselseitigen Berücksichtigung und Bewertung rechtlich anzuerkennender Interessen der Vertragspartner sind auch grundrechtlich geschützte Rechtspositionen zu beachten.[129] Eine formularmäßige Vertragsbestimmung ist unangemessen, wenn der Verwender durch einseitige Vertragsgestaltung missbräuchlich eigene Interessen auf Kosten seines Vertragspartners durchzusetzen versucht, ohne auch dessen Belange hinreichend zu berücksichtigen und ihm einen angemessenen Ausgleich zu gewähren. Die Feststellung der Unangemessenheit erfolgt anhand eines generellen typisierenden, vom Einzelfall losgelösten Maßstabs unter Berücksichtigung von Gegenstand, Zweck und Eigenart des 43

---

[121] MünchKommBGB/*Kieninger* Vor § 307 RN 5.

[122] BAG 13. 6. 2007 AP 11 zu § 611 BGB Film = NZA 2007, 974.

[123] BAG 12. 1. 2005 AP 1 zu § 308 BGB = NZA 2005, 465.

[124] BAG 30. 7. 2008 NZA 2008, 1173; kritisch dazu *Preis* NZA 2009, 281.

[125] BGH 24. 7. 2008 ZIP 2008, 1729.

[126] Ulmer/Brandner/Hensen/*Fuchs* Vorb. v. § 307 RN 105; HWK/*Gotthardt* § 307 BGB RN 1; Palandt/*Heinrichs* Vorb. v. § 307 RN 1.

[127] BAG 7. 12. 2005 AP 4 zu § 12 TzBfG = NZA 2006, 423; 31. 8. 2005 AP 8 zu § 6 ArbZG = NZA 2006, 324; 27. 7. 2005 AP 6 zu § 307 BGB = NZA 2006, 40; 4. 3. 2004 AP 3 zu § 309 BGB = NZA 2004, 727.

[128] Dazu MünchKommBGB/*Kieninger* § 307 RN 21 ff.; Staudinger/*Coester* § 307 RN 89 ff.; Ulmer/Brandner/Hensen/*Fuchs* § 307 RN 93 ff.

[129] BAG 30. 7. 2008 NZA 2008, 1173; 24. 10. 2007 AP 32 zu § 307 BGB = NZA 2008, 40; 14. 8. 2007 AP 2 zu § 6 ATG = NZA 2008, 1194.

jeweiligen Geschäfts innerhalb der beteiligten Verkehrskreise.[130] Werden ABG für verschiedene Arten von Geschäften oder gegenüber verschiedenen Verkehrskreisen verwendet, deren Interessen, Verhältnisse und Schutzbedürfnisse unterschiedlich gelagert sind, kann die Abwägung zu gruppentypisch unterschiedlichen Ergebnissen führen. Sie ist innerhalb der Vertrags- oder Fallgruppen vorzunehmen, die nach der an dem Sachgegenstand orientierten typischen Interessenlage gebildet werden.

43a Bei der Angemessenheitskontrolle einer Klausel sind **summierende und kompensatorische Effekte** anderer Vertragsbestandteile zu berücksichtigen.[131] Ein Summierungseffekt liegt vor, wenn jeweils für sich unbedenkliche, aber inhaltlich zusammengehörige Klauseln in ihrer Gesamtwirkung zu einer unangemessenen Benachteiligung des Vertragspartners des Verwenders führen. Das gilt auch dann, wenn die zu prüfende Formularklausel mit einer Individualvereinbarung zusammentrifft; denn bei der Prüfung einer Klausel nach § 307 BGB ist der gesamte Vertragsinhalt einschließlich seiner Individualteile zu würdigen.[132] Umgekehrt kann die Unangemessenheit einer einzelnen Klausel durch sonstige vorteilhafte Regelungen nur eingeschränkt kompensiert werden.[133] Erforderlich ist ein sachlicher Zusammenhang zwischen der isoliert betrachtet unwirksamen Klausel und den zur Kompensation herangezogenen Regelungen.[134] Noch nicht vom BAG entschieden und im Schrifttum nur gelegentlich angesprochen ist die Frage, ob bei mehreren Leistungen, die jeweils unter einem Widerrufsvorbehalt stehen (dazu RN 84), die Grenze von 25% für jede einzelne Leistung oder für alle Leistungen zusammen gilt. Eine kumulative Betrachtung wird man annehmen können bei Entgeltzahlungen, wie z. B. Provisionen, erfolgsabhängigen Boni und Jahresabschlussvergütungen. Ähnliches dürfte bei einem Zusammentreffen eines Widerrufsvorbehalts mit einer Regelung über die Abrufarbeit (RN 58) gelten. Anders zu entscheiden wäre beim Zusammentreffen von Widerrufsvorbehalten beim Entgelt mit Pensionszusagen oder Leistungen mit Aufwendungsersatzcharakter, wie beispielsweise dem zur Privatnutzung überlassenen Dienstwagen oder Essenszuschüssen.[135]

44 **b)** Die Generalklausel wird in § 307 II BGB **konkretisiert.**[136] Diese Bestimmung enthält nicht nur eine Beweislastregelung,[137] sondern gesetzliche Regelbeispiele der Unangemessenheit.[138]

44a Gem. **§ 307 II Nr. 1 BGB** ist eine unangemessene Benachteiligung im Zweifel anzunehmen, wenn eine Bestimmung mit wesentlichen Grundgedanken der gesetzlichen Regelung, von der abgewichen wird, nicht zu vereinbaren ist. Das dispositive Gesetzesrecht ist hier **Leitbild** der Inhaltskontrolle.[139] Von maßgeblicher Bedeutung ist insoweit, ob die dispositive gesetzliche Regelung nicht nur auf Zweckmäßigkeitserwägungen beruht, sondern eine Ausprägung des Gerechtigkeitsgebots darstellt.[140] Je weiter sich AGB vom gesetzlichen Leitbild entfernen, desto größer ist die Gefahr einer unangemessenen Benachteiligung.[141] **Tarifverträge** kommen als Maßstab der Angemessenheitskontrolle nicht in Betracht. Mit der Verweisung in § 310 IV 3 BGB auf § 307 III BGB ist lediglich klargestellt, dass Tarifverträge auch im Falle der vertraglichen Bezugnahme keiner Inhaltskontrolle unterliegen.[142] Der Neunte Senat des BAG hat allerdings ange-

---

[130] BAG 10. 1. 2007 AP 6 zu § 611 BGB Ruhen des Arbeitsverhältnisses = NZA 2007, 384; 11. 4. 2006 AP 16 zu § 307 BGB = NZA 2006, 1042.

[131] BAG 10. 1. 2007 NZA 2007, 384; MünchKommBGB/*Kieninger* § 307 RN 34; *Thüsing* RN 100.

[132] BGH 5. 4. 2006 NJW 2006, 2116; 30. 6. 2004 NJW 2004, 3045; 14. 5. 2003 NJW 2003, 2234.

[133] Dazu BGH 20. 3. 1985 NJW 85, 1836; 1. 12. 1981 NJW 82, 644.

[134] Staudinger/*Coester* § 307 RN 125; Ulmer/Brandner/Hensen/*Fuchs* § 307 RN 152; Erman/*Roloff* § 307 RN 11.

[135] Vgl. *Willemsen/Grau* NZA 2005, 1137, 1138 f.; kritisch dazu *Schmiedl* NZA 2006, 1195, 1197; siehe auch *Annuß* BB 2006, 1333, 1339, der zwar auch einen Summierungseffekt für möglich hält, zur Bestimmung des inneren Zusammenhangs aber auf den Widerrufsgrund abstellt.

[136] Staudinger/*Coester* § 307 RN 220; Ulmer/Brandner/Hensen/*Fuchs* § 307 RN 193.

[137] So aber Soergel/*Stein* § 9 AGBGB RN 31.

[138] Staudinger/*Coester* § 307 RN 224; Ulmer/Brandner/Hensen/*Fuchs* § 307 RN 194 f.; *v. Hoyningen-Huene,* Die Inhaltskontrolle nach § 9 AGBG, 1991, RN 236; Bamberger/Roth/*Schmidt* § 307 RN 32; wohl auch *Stoffels* RN 500.

[139] MünchKommBGB/*Kieninger* § 307 RN 60.

[140] BAG 24. 10. 2007 AP 32 zu § 307 BGB = NZA 2008, 40; 7. 12. 2005 AP 4 zu § 12 TzBfG = NZA 2006, 423; 9. 5. 1996 NJW-RR 96, 1009.

[141] Ulmer/Brandner/Hensen/*Fuchs* § 307 RN 93.

[142] MünchKommBGB/*Basedow* § 310 RN 96; *Bayreuther* RdA 2003, 81; HWK / *Gotthardt* § 307 BGB RN 11; *Henssler* RdA 2002, 131, 136; ErfK/*Preis* §§ 305–310 BGB RN 39; *Stoffels* RN 180; a. A. *Däubler*/Dorndorf/Bonin/Deinert § 307 RN 276 ff.; *Lakies* NZA-RR 2002, 337, 334.

nommen, dass einem nachwirkenden Tarifvertrag nicht mehr die gesetzliche Leitfunktion i. S. d. § 307 III 1 BGB zukomme. Ein nachwirkender Tarifvertrag sei kein Kontrollmaßstab für die Inhaltskontrolle nach § 307 I und II BGB.[143] Damit geht er offenbar davon aus, dass ein normativ wirkender Tarifvertrag Maßstab der Angemessenheitsprüfung sein kann.

Eine unangemessene Benachteiligung ist nach **§ 307 II Nr. 2 BGB** im Zweifel anzunehmen, wenn eine Bestimmung wesentliche Rechte oder Pflichten, die sich aus der Natur des Vertrags ergeben, so einschränkt, dass die **Erreichung des Vertragszwecks** gefährdet ist. Bedeutung hat diese Bestimmung insbesondere für Vereinbarungen, bei denen nicht auf ein gesetzliches Leitbild zurückgegriffen werden kann. Hier geht es in der Regel um Vereinbarungen, durch die der Verwender seine Haftung bei nicht erfüllten Hauptpflichten, sog. Kardinalpflichten, beschränken oder gar entfallen lassen will.[144] **44b**

4. Transparenzgebot. a) Nach § 307 I 2 BGB kann sich eine zur Unwirksamkeit der Klausel führende unangemessene Benachteiligung (§ 307 I 1 BGB) auch daraus ergeben, dass die Klausel **nicht klar und verständlich** ist. Die tatbestandlichen Voraussetzungen und Rechtsfolgen müssen in der Klausel so genau beschrieben werden, dass für den Verwender keine ungerechtfertigten Beurteilungsspielräume entstehen.[145] Eine Klausel genügt dem Bestimmtheitsgebot, wenn sie im Rahmen des rechtlich und tatsächlich Zumutbaren die Rechte und Pflichten des Vertragspartners des Klauselverwenders so klar und präzise wie möglich umschreibt.[146] Das Transparenzgebot darf den Verwender nicht überfordern. Die Verpflichtung, den Klauselinhalt klar und verständlich zu formulieren, besteht nur im Rahmen des Möglichen.[147] Die AGB müssen dabei wirtschaftliche Nachteile und Belastungen soweit erkennen lassen, wie dies nach den Umständen gefordert werden kann. Abzustellen ist bei der Bewertung der Transparenz auf die Erwartungen und Erkenntnismöglichkeiten eines durchschnittlichen Vertragspartners des Verwenders im Zeitpunkt des Vertragsschlusses.[148] Jedes eigene Nachdenken kann dem Kunden nicht erspart bleiben.[149] **45**

b) Da der Arbeitnehmer Verbraucher i. S. v. § 310 III Nr. 3 BGB ist,[150] sind bei der Beurteilung der unangemessenen Benachteiligung nach § 307 I 2 BGB auch die den **Vertragsschluss begleitenden Umstände** zu berücksichtigen.[151] Zu den konkret-individuellen Begleitumständen gehören bei richtlinienkonformer Auslegung des Gesetzes unter Berücksichtigung des 16. Erwägungsgrundes zur Richtlinie 93/13/EWG des Rates vom 5. 4. 1993 über missbräuchliche Klauseln in Verbraucherverträgen[152] insbesondere **(1)** persönliche Eigenschaften des individuellen Vertragspartners, die sich auf die Verhandlungsstärke auswirken, **(2)** Besonderheiten der konkreten Vertragsabschlusssituation, wie z. B. Überrumpelung, Belehrung sowie **(3)** untypische Sonderinteressen des Vertragspartners.[153] Die Berücksichtigung dieser Umstände kann sowohl zur Unwirksamkeit einer nach generell-abstrakter Betrachtung wirksamen Klausel als auch zur Wirksamkeit einer nach typisierter Inhaltskontrolle unwirksamen Klausel führen.[154] Das Transparenzgebot verlangt von dem Verwender nicht, alle gesetzlichen Folgen einer Vereinbarung ausdrücklich zu regeln.[155] **46**

c) Umstritten ist, ob allein die **bloße Unklarheit** der Vertragsklausel zur Unwirksamkeit der betreffenden Regelung führt, oder ob zusätzlich eine materielle Angemessenheitsprüfung erforderlich ist.[156] Im Schrifttum wird darauf hingewiesen, dass die Unwirksamkeit einer intransparenten Regelung keineswegs zwingende Rechtsfolge sei, sondern die Gefahr einer materiellen **47**

---

[143] BAG 3. 4. 2007 AP 46 zu § 4 TVG Nachwirkung = NZA 2007, 1045.
[144] MünchKommBGB/*Kieninger* § 307 RN 65.
[145] BAG 31. 8. 2005 AP 8 zu § 6 ArbZG = NZA 2006, 324.
[146] BGH 3. 3. 2004 NZM 2004, 379; 5. 11. 2003 NJW 2004, 1598.
[147] BGH 6. 10. 2004 WuM 2004, 663.
[148] BAG 8 8. 2007 AP 4 zu § 21 TzBfG; BGH 25. 10. 2006 NJW 2007, 1198.
[149] BGH 23. 2. 2005 NJW-RR 2005, 902.
[150] BAG 25. 5. 2005 AP 1 zu § 310 BGB = NZA 2005, 1111.
[151] BAG 31. 8. 2005 AP 8 zu § 6 ArbZG = NZA 2006, 324.
[152] ABl. EG Nr. L 95 vom 21. 4. 1993 S. 29.
[153] Ulmer/Brandner/Hensen/*Fuchs* § 307 RN 406 ff.; *Stoffels* RN 478.
[154] BAG 31. 8. 2005 AP 8 zu § 6 ArbZG = NZA 2006, 324.
[155] BAG 1. 3. 2006 AP 40 zu § 4 TVG Übertarifl. Lohn und Tariflohnerhöhung = NZA 2006, 688; 1. 2. 2006 AP 4 zu § 40 a EStG = NZA 2006, 682.
[156] Dazu Staudinger/*Coester* § 307 RN 174; Ulmer/Brandner/Hensen/*Fuchs* § 307 RN 330; MünchKommBGB/*Kieninger* § 307 RN 53; *Nobbe* in: Dauner-Lieb/Henssler/Preis, Inhaltskontrolle im Arbeitsrecht, S. 38, 42 ff.

Unangemessenheit hinzukommen müsse.[157] Eine unangemessene Benachteiligung „kann“ sich auch aus einer unklaren Klausel ergeben. Diese Rechtsfolge wird allerdings in der Regel auch eintreten, insbesondere, wenn der Verwender den Eindruck des Vernebelns oder Verschleierns vermittelt.[158] Zu berücksichtigen ist des Weiteren, dass bei Ausbleiben einer materiellen Prüfung eine dem Vertragspartner (Arbeitnehmer) materiell günstige Regelung wegen formaler Intransparenz unwirksam sein könnte. Das wäre ein Ergebnis, das mit dem Schutzzweck der § 307 BGB kaum zu vereinbaren ist.[159] Die Rspr. gelangt freilich ohne nähere Prüfung der Angemessenheit bei einem Verstoß gegen das Transparenzgebot zur Unwirksamkeit der Klausel.[160]

47a **d)** Eine Verweisung auf Vorschriften des Gesetzes oder eines anderen Regelungswerks führt für sich genommen nicht zur Intransparenz.[161] Das gilt auch für dynamische **Bezugnahmeklauseln.** Diese entsprechen einer üblichen Regelungstechnik und dienen den Interessen beider Parteien. Dies ergibt sich aus der Zukunftsgerichtetheit von Arbeitsverhältnissen. Die im Zeitpunkt der jeweiligen Anwendung in Bezug genommenen Regelungen sind bestimmbar. Das ist ausreichend.[162] Deshalb ist auch eine sog. große dynamische Verweisung auf Tarifverträge grundsätzlich nicht unwirksam. Die zu überprüfende Bezugnahme ist im Fall einer Tarifwechselklausel (dazu § 208 RN 5) auch nicht deswegen unverständlich, weil sie nicht nur zeitlich, sondern darüber hinaus fachlich-betrieblich dynamisch ausgestaltet ist. Die doppelte Dynamisierung dient wegen des Zukunftsbezugs des Arbeitsverhältnisses als Dauerschuldverhältnis den Interessen beider Seiten.[163]

48 **5. Besonderheiten des Arbeitsrechts.** Bei der Anwendung der §§ 305 ff. BGB sind gem. § 310 IV 2 BGB die Besonderheiten des Arbeitsrechts angemessen zu berücksichtigen. Von Bedeutung sind nicht nur rechtliche, sondern auch tatsächliche Besonderheiten des Arbeitslebens; denn es geht um die Beachtung der dem Arbeitsverhältnis innewohnenden Besonderheiten.[164] Zu diesen Besonderheiten gehören zweistufige Ausschlussfristen[165] ebenso wie Anrechnungsvorbehalte.[166] Zu kirchlichen Regelungen RN 53 sowie § 185 RN 24.

VIII. Rechtsfolgen der Unwirksamkeit

49 **1. Grundsatz.** Ist eine Klausel unwirksam, bleibt der Vertrag im Übrigen nach § 306 I BGB grundsätzlich wirksam. Eine Ausnahme gilt für Klauseln, die nur in untypischen, vom Verwender nicht bedachten Ausnahmefällen einer Inhaltskontrolle nicht standhalten. Solche Klauseln sind wirksam.[167] An die Stelle einer unwirksamen Klausel treten gem. § 306 II BGB die **gesetzlichen Vorschriften.** Zur Unwirksamkeit der gesamten Klausel oder gar des ganzen Vertrags kommt es ausnahmsweise nur dann, wenn das Festhalten an der Regelung für einen der Vertragspartner unzumutbar ist (§ 306 III BGB).

50 **2. Verbot der geltungserhaltenden Reduktion.** Eine geltungserhaltende Reduktion ist im Gesetz nicht vorgesehen.[168] Der Vertragspartner des Klauselverwenders soll den Umfang seiner Rechte und Pflichten zuverlässig erfahren. Dieser Umfang soll nicht erst in einem Prozess geklärt werden müssen. Wer die Möglichkeit nutzen kann, die ihm der Grundsatz der Vertragsfreiheit für die Aufstellung von AGB eröffnet, muss auch das vollständige **Risiko einer Klau-**

---

157 Staudinger/*Coester* § 307 RN 174; Ulmer/Brandner/Hensen/*Fuchs* § 307 RN 330; Palandt/*Heinrichs* § 307 RN 20; MünchKommBGB/*Kieninger* § 307 RN 53; Erman/*Roloff* § 307 RN 21; *Nobbe* in: Dauner-Lieb/Henssler/Preis, Inhaltskontrolle im Arbeitsrecht, S. 38, 42.

158 Vgl. BAG 27. 9. 2000 NJW 2001, 292; *Nobbe* in: Dauner-Lieb/Henssler/Preis, Inhaltskontrolle im Arbeitsrecht, S. 38, 44.

159 Staudinger/*Coester* § 307 RN 174.

160 Vgl. BAG 8 8. 2007 AP 4 zu § 21 TzBfG; BGH 11. 5. 2005 NJW-RR 2005, 1189.

161 BAG 18. 9. 2007 AP 10 zu § 310 BGB; 29. 8. 2007 AP 27 zu § 4 TVG = NZA-RR 2008, 249; 14. 3. 2007 AP 45 zu § 1 TVG Bezugnahme auf Tarifvertrag = NZA 2008, 45.

162 BAG 14. 3. 2007 AP 45 zu § 1 TVG Bezugnahme auf Tarifvertrag = NZA 2008, 45; 24. 9. 2008 – 6 AZR 76/07.

163 Vgl. BAG 15. 4. 2008 AP 38 zu § 1 TVG Altersteilzeit = NZA-RR 2008, 586.

164 BAG 25. 5. 2005 AP 1 zu § 310 BGB = NZA 2005, 1111.

165 BAG 25. 5. 2005 AP 1 zu § 310 BGB = NZA 2005, 1111.

166 BAG 1. 3. 2006 AP 3 zu § 308 BGB = NZA 2006, 746.

167 BAG 25. 5. 2005 AP 1 zu § 310 BGB = NZA 2005, 1111; a. A. BGH 15. 11. 2006 NJW 2007, 674, 676 zu einem Verstoß gegen § 309 Nr. 7 BGB.

168 BAG 30. 7. 2008 NZA 2008, 1173; 23. 1. 2007 AP 38 zu § 611 BGB Ausbildungsbeihilfe = NZA 2007, 748; 11. 4. 2006 AP 16 zu § 307 BGB = NZA 2006, 1042; 4. 3. 2004 AP 3 zu § 309 BGB = NZA 2004, 727; BGH 25. 3. 2003 NJW 2003, 2899.

selunwirksamkeit tragen.[169] Es ist nicht Aufgabe der Gerichte, für eine den Gegner des Klauselverwenders unangemessen benachteiligende und deshalb unwirksame Klausel eine Fassung zu finden, die einerseits dem Verwender möglichst günstig, andererseits gerade noch rechtlich zulässig ist. Nur ausnahmsweise ist die durch die Unwirksamkeit der vertraglichen Vereinbarung entstandene Lücke im Vertrag im Wege der **ergänzenden Vertragsauslegung** zu schließen. Dies setzt voraus, dass der Regelungsplan der Parteien infolge der Lücke einer Vervollständigung bedarf. Das ist nur dann anzunehmen, wenn dispositives Gesetzesrecht zur Füllung der Lücke nicht zur Verfügung steht und die ersatzlose Streichung der unwirksamen Klausel keine angemessene, den typischen Interessen des AGB-Verwenders und seines Vertragspartners Rechnung tragende Lösung bietet.[170] Eine ergänzende Vertragsauslegung kommt insbesondere bei sog. Altfällen in Betracht (dazu RN 3f.).

3. Teilnichtigkeit. § 306 I BGB enthält eine kodifizierte Abweichung von der Auslegungs- **51**
regel des § 139 BGB und bestimmt, dass bei Teilnichtigkeit grundsätzlich der Vertrag im Übrigen aufrechterhalten bleibt.[171] Nach Beanstandung einer AGB-Klausel oder eines Klauselteils setzt die Aufrechterhaltung des restlichen Vertrags voraus, dass das Klauselwerk in einen **zulässigen und einen unzulässigen Teil** aufgespalten werden kann.[172] Lässt sich eine Formularklausel nach ihrem Wortlaut aus sich heraus verständlich und sinnvoll in einen inhaltlich zulässigen und in einen unzulässigen Regelungsteil trennen, ist die Aufrechterhaltung des zulässigen Teils rechtlich unbedenklich.[173] Hierin liegt keine im Bereich der AGB-Kontrolle unzulässige geltungserhaltende Reduktion[174] auf den gerade noch zulässigen Inhalt.[175]

4. Personale Teilunwirksamkeit. Die Unwirksamkeit einer Klausel beschränkt sich auf **51a**
den für den Verbraucher (Arbeitnehmer) belastenden Teil.[176] Dies folgt aus dem Zweck der §§ 305ff. BGB, den Verbraucher vor den Gefahren der einseitigen Inanspruchnahme der Vertragsgestaltungsfreiheit zu schützen.[177] Es gibt keinen Grund, den Arbeitgeber als Verwender der AGB vor seinen eigenen Bedingungen zu schützen.[178] Dies hat beispielsweise Auswirkungen auf zu kurze Ausschlussfristen, die nach § 307 I 1 BGB unwirksam sind. Während diese nicht zum Verfall von Ansprüchen des Arbeitnehmers führen, behalten sie für Ansprüche des Arbeitgebers ihre Wirkung.

5. Altfälle. Wurde der Formulararbeitsvertrag **vor dem 1. 1. 2002** abgeschlossen, findet seit **52**
dem 1. 1. 2003 eine Inhaltskontrolle statt. Hält eine Klausel dieser Überprüfung nicht stand, kommt eine ergänzende Vertragsauslegung zur Schließung der entstandenen Lücke in Betracht (dazu RN 3f.).

IX. Kirchliche Arbeitsverhältnisse

Die **Arbeitsvertragsrichtlinien (AVR) kirchlicher Arbeitgeber** sind AGB.[179] § 310 IV 1 **53**
BGB ist hierauf – auch nicht analog – anwendbar. Die Überprüfung der AVR nach § 307 I und II BGB ist nicht durch § 310 IV 3 BGB eingeschränkt, weil AVR keinen Tarifvertrag darstellen. Bei der Inhaltskontrolle der AVR ist aber dem verfassungsrechtlich garantierten Selbstbestimmungsrecht der Kirchen als Besonderheit des Arbeitsrechts gem. § 310 IV 2 BGB Rechnung zu tragen.[180]

---

[169] BAG 30. 7. 2008 NZA 2008, 1173.
[170] BAG 7. 12. 2005 AP 4 zu § 12 TzBfG = NZA 2006, 423; 12. 1. 2005 AP 1 zu § 308 BGB = NZA 2005, 465; BGH 3. 11. 1999 NJW 2000, 1110.
[171] ErfK/*Preis* §§ 305–310 BGB RN 103.
[172] BAG 12. 3. 2008 AP 10 zu § 305 BGB = NZA 2008, 699; 11. 4. 2006 AP 16 zu § 307 BGB = NZA 2006, 1042; 15. 3. 2005 AP 7 zu § 781 BGB = NZA 2005, 682; 25. 5. 2005 AP 1 zu § 310 BGB = NZA 2005, 1111; BGH 18. 5. 1995 NJW 95, 2553.
[173] BGH 11. 5. 2005 NJW-RR 2005, 1189.
[174] Dazu MünchKommBGB/*Basedow* § 306 RN 12ff.; Staudinger/*Schlosser* § 306 RN 22; Ulmer/Brandner/Hensen/*H. Schmidt*, § 306 RN 33ff.
[175] BGH 27. 9. 2000 NJW 2001, 292; kritisch dazu *Thüsing* BB 2006, 661.
[176] Vgl. BGH 4. 12. 1997 NJW-RR 98, 594.
[177] *Stoffels* RN 601.
[178] MünchKommBGB/*Basedow* § 306 RN 19; Erman/*Roloff* § 306 RN 15; a. A. Staudinger/*Coester* § 306 RN 20c.
[179] Ausf. dazu *von Hoyningen-Huene* FS Richardi S. 909.
[180] BAG 17. 11. 2005 AP 45 zu § 611 BGB Kirchendienst = NZA 2006, 872.

X. Einzelfälle

54 Nachfolgend findet sich eine Aufstellung einzelner **Klauseltypen in alphabetischer Reihenfolge.** Vorausgesetzt ist dabei jeweils, soweit nichts anderes ausgeführt ist, dass es sich um AGB handelt.

55 – **Änderungsvereinbarungen:** Ein Änderungsvertrag unterliegt bezüglich der Hauptleistungspflichten, insbes. Arbeitszeit, Arbeitsaufgabe und Arbeitsentgelt – abgesehen von der Transparenzkontrolle (§ 307 III 2 BGB; RN 45 ff.) – keiner Inhaltskontrolle. Kontrollfrei ist auch die Festlegung von Sonderleistungen, wie ein über das BUrlG hinaus gehender Urlaubsanspruch.[181]

56 – **Altersgrenzen:** Die Vereinbarung einer Beendigung des Arbeitsverhältnisses durch eine Altersgrenze ist nicht so ungewöhnlich (§ 305 c I BGB), dass ein Arbeitnehmer mit ihr nicht zu rechnen braucht.[182]

56a – **Annahmeverzug:** Soll im Arbeitsvertrag vereinbart werden, dass Vergütung nur für geleistete Arbeit gezahlt wird, muss der damit verbundene Verzicht auf die Ansprüche gem. § 615 BGB klar und deutlich geregelt werden (§ 305 c II BGB).[183] § 615 BGB ist wegen seines hohen Gerechtigkeitsgehalts gesetzliches Leitbild i. S. v. § 307 II Nr. 1 BGB.[184] Daher ist ein Anspruchsausschluss für den Fall der unterbliebenen Inanspruchnahme der Arbeitsleistung gem. § 307 I 1 BGB unwirksam, wenn die Arbeitspflicht fortbesteht und der Arbeitnehmer – ohne dass wirksam nach § 12 TzBfG Abrufarbeit vereinbart wurde (dazu RN 58) – grundsätzlich jederzeit mit einem Abruf der Arbeit rechnen muss. Es ist dann unangemessen, dem Arbeitnehmer für mehrere Monate Ansprüche zu verwehren. Das einseitige Recht des Arbeitgebers, die Arbeitspflicht und damit den Vergütungsanspruch des Arbeitnehmers zu bestimmen, ist mit wesentlichen Grundgedanken der §§ 611, 615 BGB nicht zu vereinbaren. Dem Arbeitnehmer ist es auf dieser Grundlage über eine erhebliche Zeitdauer nicht möglich, seine Lebensplanung finanziell nach der Arbeitsvergütung auszurichten, weil deren Höhe nicht absehbar ist. Er hat auch keine sichere Möglichkeit, seine Arbeitskraft anderweitig einzusetzen, um den Lebensunterhalt zu erwirtschaften. Insofern unterscheidet sich eine solche Vertragsgestaltung von den Fällen, in denen die Arbeitspflicht für einen vorher bestimmten Zeitraum ruht (dazu RN 78). Geht ein Arbeitsvertrag davon aus, dass Vergütung nur für geleistete Arbeit gezahlt wird, liegt im Zweifel kein Verzicht auf die Ansprüche gem. § 615 BGB vor (§ 305 c II BGB).[185]

57 – **Anrechnungsklauseln:** Wird eine Zulage unter dem Vorbehalt der Anrechnung gewährt, ohne dass die Anrechnungsgründe in der Klausel näher bestimmt sind, führt dies nicht zur Unwirksamkeit nach § 308 Nr. 4 BGB.[186] Eine Vereinbarung über die Zahlung der übertariflichen Vergütung stellt auch keine von Rechtsvorschriften abweichende oder diese ergänzende Regelung (§ 307 III 1 BGB) dar, sondern regelt unmittelbar das Verhältnis von Leistung und Gegenleistung. Eine Bruttolohnabrede ist gem. § 307 III 2 BGB nur am Maßstab des Transparenzgebots nach § 307 I 2 BGB zu überprüfen.[187] Eine Anrechnungsklausel verstößt auch nicht gegen das Transparenzgebot des § 307 I 2 BGB. Die Formulierung „anrechenbare Zulage" ist hinreichend klar und verständlich.[188] Für einen durchschnittlichen Arbeitnehmer ist erkennbar, dass im Falle einer Erhöhung des tariflich geschuldeten Arbeitsentgelts die Zulage bis zur Höhe der Tarifsteigerung gekürzt werden kann. Anrechnungsvorbehalte sind in arbeitsvertraglichen Vergütungsabreden seit Jahrzehnten gang und gäbe. Sie stellen eine Besonderheit des Arbeitsrechts dar.[189] Die Möglichkeit der rückwirkenden Anrechnung hält ebenfalls der AGB-Kontrolle stand. Der stillschweigende Vorbehalt einer nachträglichen Tilgungsbestimmung ist nicht wegen Intransparenz unwirksam. Bei der Zahlung einer nicht zweckgebundenen Zulage zum Tariflohn ist erkennbar, dass der Arbeitgeber sich vorbehält, in erster Linie alle von ihm geschuldeten Tariflohnansprüche zu erfüllen, und zwar gerade auch dann, wenn diese rückwirkend gewährt werden müssen.[190]

---

[181] *Preis* NZA 2006 Beil. 3 S. 115, 119; näher dazu *Linck/Schütz* FS Leinemann, 2006, S. 171 ff.
[182] BAG 27. 7. 2005 AP 27 zu § 620 BGB Altersgrenze = NZA 2006, 37.
[183] Vgl. BAG 9. 7. 2008 AP 123 zu § 615 BGB = NZA 2008, 1407.
[184] BAG 7. 12. 2005 AP 4 zu § 12 TzBfG = NZA 2006, 423; Erman/*Belling* § 615 RN 3.
[185] BAG 9. 7. 2008 AP 123 zu § 615 BGB = NZA 2008, 1407.
[186] BAG 1. 3. 2006 AP 3 zu § 308 BGB = NZA 2006, 746.
[187] BAG 27. 8. 2008 AP 36 zu § 307 BGB = NZA 2009, 49.
[188] ErfK/*Preis* §§ 305–310 BGB RN 65.
[189] BAG 1. 3. 2006 AP 3 zu § 308 BGB = NZA 2006, 746.
[190] BAG 27. 8. 2008 AP 36 zu § 307 BGB = NZA 2009, 49; a. A. ErfK/*Preis* §§ 305–310 BGB RN 65.

– **Arbeit auf Abruf:** Die in § 12 I 2 TzBfG geregelte Arbeit auf Abruf erfordert die Festlegung einer **Mindestdauer** der wöchentlichen und der täglichen Arbeitszeit. Die Arbeitsvertragsparteien können wirksam vereinbaren, dass der Arbeitnehmer über die vertragliche Mindestarbeitszeit hinaus Arbeit auf Abruf leisten muss. Bei wirksamer Vereinbarung von Abrufarbeit und einem dem Arbeitsvertrag sowie übergeordneten Rechtsvorschriften gerecht werdenden Abruf der Arbeit ist der Arbeitnehmer grundsätzlich nur im Umfang des jeweiligen Abrufs durch den Arbeitgeber zur Arbeitsleistung berechtigt und verpflichtet.[191] Da die Regelung der Arbeit auf Abruf von der in § 615 BGB geregelten Verteilung des Wirtschaftsrisikos abweicht, wonach der Arbeitgeber grundsätzlich das Risiko trägt, den Arbeitnehmer nicht beschäftigen zu können, unterliegen entsprechende Klauseln gem. § 307 III 1 BGB der Inhaltskontrolle nach § 307 I und II BGB. Die bei einer Vereinbarung von Arbeit auf Abruf einseitig vom Arbeitgeber abrufbare Arbeit des Arbeitnehmers ist nicht unangemessen, wenn sie nicht mehr als 25% der vereinbarten wöchentlichen Mindestarbeitszeit beträgt.[192] Eine Bestimmung in AGB, nach der sich der Arbeitgeber über einen Zeitraum von drei Monaten vorbehält, den Arbeitnehmer zur Arbeit abzurufen oder nicht abzurufen, ist gem. § 307 I 1 BGB unwirksam, weil die Arbeitspflicht des Arbeitnehmers nach Grund und Höhe einseitig dem Arbeitgeber überantwortet wird und weder ein Mindestarbeitsdeputat noch ein Höchstdeputat noch ein angemessenes Verhältnis von festen und variablen Arbeitsbedingungen vorliegt. Daran vermag die Witterungsabhängigkeit des Betriebs des Arbeitgebers nichts zu ändern.[193] 58

In einem Formularteilzeitarbeitsvertrag für Lehrkräfte kann dem Arbeitgeber vertraglich das Recht eingeräumt werden, die für **die Wochenarbeitszeit maßgebliche Unterrichtsverpflichtung für angestellte Lehrer befristet zu erhöhen.** Ist die Erweiterung des Bestimmungsrechts in einem vom Arbeitgeber aufgestellten Formulararbeitsvertrag zum Zweck der befristeten Erhöhung der Dauer der Arbeitszeit erfolgt, ist zunächst zu klären, ob die Einräumung des Bestimmungsrechts eine unangemessene Benachteiligung i. S. v. § 307 BGB ist. In einem zweiten Schritt ist zu prüfen, ob der Arbeitgeber in einer Art und Weise von der Ermächtigung Gebrauch gemacht hat, die der Billigkeit entspricht. Liegt der vertraglichen Erweiterung des Bestimmungsrechts und seiner Ausübung eine sog. Koalitionsvereinbarung zwischen tariffähigen Parteien zugrunde, muss der mit ihr gefundene Interessenausgleich als eine im Arbeitsrecht geltende Besonderheit i. S. v. § 310 IV 2 BGB berücksichtigt werden. Eine unangemessene Benachteiligung des Arbeitnehmers nach § 307 I 1 BGB scheidet regelmäßig aus. Das gilt auch dann, wenn die dem Arbeitgeber eingeräumte Befugnis zur Verlängerung der Mindestarbeitszeit mehr als 25% der Mindestarbeitszeit ausmacht und die einzelne Erhöhung der Dauer der Arbeitszeit die Mindestarbeitszeit um mehr als 25% überschreitet.[194] 58a

– **Aufhebungsverträge:** Aufhebungsverträge unterliegen dem Anwendungsbereich der §§ 305 ff. BGB (§ 122 RN 11 ff.). Die Beendigungsvereinbarung kann überraschend sein (§ 305 c II BGB), wenn in dem Vertrag an sich die Überleitung in eine Beschäftigungsgesellschaft geregelt ist.[195] Die in einem Aufhebungsvertrag vereinbarten Hauptleistungspflichten (Beendigung und Abfindung) unterliegen keiner Inhaltskontrolle nach §§ 307 ff. BGB, weil sie nicht von Rechtsvorschriften abweichen.[196] § 1 a KSchG kommt keine Leitbildfunktion zu. Ein Recht zum Widerruf nach § 312 BGB besteht nicht.[197] Eine Inhaltskontrolle in Bezug auf die weiteren Regelungsgegenstände eines Aufhebungsvertrags, wie z. B. Freistellung, Rückgabe des Dienstwagens usw. ist jedoch nicht ausgeschlossen, sofern nicht eine Individualvereinbarung getroffen worden ist.[198] 59

– **Ausgleichsquittung** (dazu § 72 RN 7 ff.):[199] Eine allgemeine Ausgleichsklausel, nach welcher sämtliche Ansprüche „gleich nach welchem Rechtsgrund sie entstanden sein mögen, abgegolten und erledigt sind“, wird gem. § 305 c I BGB nicht Vertragsinhalt, wenn der Verwender sie in eine Erklärung mit falscher oder missverständlicher Überschrift ohne besonde- 60

---

[191] BAG 9. 7. 2008 – 5 AZR 810/07 zVv.

[192] BAG 7. 12. 2005 AP 4 zu § 12 TzBfG = NZA 2006, 423; bestätigt durch BVerfG 23. 11. 2006 AP 22 zu § 307 BGB = NZA 2007, 85.

[193] BAG 9. 7. 2008 AP 123 zu § 615 BGB = NZA 2008, 1407.

[194] BAG 14. 8. 2007 AP 2 zu § 6 ATG = NZA 2008, 1194.

[195] BAG 15. 2. 2007 AP 35 zu § 620 BGB Aufhebungsvertrag = NZA 2007, 614.

[196] BAG 8. 5. 2008 NZA 2008, 1148; 22. 4. 2004 AP 27 zu § 620 BGB Aufhebungsvertrag; 27. 11. 2003 AP 1 zu § 312 BGB = NZA 2004, 597; ErfK/*Müller-Glöge* § 620 BGB RN 14.

[197] BAG 27. 11. 2003 AP 1 zu § 312 BGB = NZA 2004, 597.

[198] HWK/*Gotthardt* Anh. §§ 305–310 BGB RN 4; *Preis* NZA 2006 Beil. 3 S. 115, 119.

[199] Dazu *Preis/Bleser/Rauf* DB 2006, 2812.

ren Hinweis oder drucktechnische Hervorhebung einfügt.[200] Eine überraschende Klausel liegt vor, wenn in einer Erklärung mit der Bestätigung des Empfangs von Arbeitspapieren, der Herausgabe von Firmeneigentum und der Vornahme anderer Abwicklungsformalitäten zugleich ein Globalverzicht auf Rechte und Ansprüche erfolgt. Das Verlangen nach Quittierung richtet sich auf die Abgabe einer geschuldeten Wissenserklärung nach § 368 BGB, die den Arbeitnehmer glauben lässt, nur den vollzogenen Ausgleich von Übergabe- und Rückgabepflichten bestätigt zu haben. Mit einem damit verbundenen Anspruchsverzicht rechnet der Arbeitnehmer in diesen Fällen jedenfalls dann nicht, wenn dies nicht drucktechnisch besonders hervorgehoben ist.[201] Die Unangemessenheit einer Ausgleichsquittung und des darin enthaltenen Verzichts auf eine Kündigungsschutzklage folgt nach Auffassung des BAG bereits aus dem Fehlen einer Gegenleistung.[202]

61 – **Ausschlussfristen:** Eine Ausschlussfrist, welche die schriftliche Geltendmachung aller Ansprüche aus dem Arbeitsverhältnis innerhalb einer Frist von weniger als **drei Monaten** ab Fälligkeit verlangt, ist gem. § 307 I 1 BGB unwirksam.[203] In Formulararbeitsverträgen können **zweistufige Ausschlussklauseln** vereinbart werden. Die Mindestfrist für die gerichtliche Geltendmachung der Ansprüche beträgt auf jeder Stufe mindestens drei Monate.[204] Einseitige Ausschlussfristen in Formulararbeitsverträgen, die nur für den Arbeitnehmer zum Anspruchsverlust führen, widersprechen einer ausgewogenen Vertragsgestaltung und sind deshalb nach § 307 I 1 BGB unwirksam.[205] Ausschlussklauseln führen nicht zu einer Haftungsbegrenzung i. S. d. § 309 Nr. 7 BGB, weil der Anspruch uneingeschränkt entsteht und lediglich für den Fall fehlender Geltendmachung befristet wird.[206] Ist in AGB vereinbart, dass von der Gegenseite abgelehnte Ansprüche binnen einer Frist von drei Monaten einzuklagen sind, um deren Verfall zu verhindern, genügt die Erhebung der Kündigungsschutzklage, um das Erlöschen der vom Ausgang des Kündigungsrechtsstreits abhängigen Annahmeverzugsansprüche des Arbeitnehmers zu verhindern. Will der Arbeitgeber als Verwender der AGB erreichen, dass der Arbeitnehmer bereits vor dem rechtskräftigen Abschluss des Kündigungsschutzverfahrens, in Unkenntnis von dessen Ergebnis und unter Inkaufnahme eines unnötigen Kostenrisikos, eine bezifferte Leistungsklage binnen bestimmter Frist jeweils nach Fälligkeit der Annahmeverzugsansprüche und etwaiger anderer Ansprüche erhebt, muss er dies klar und deutlich zum Ausdruck bringen.[207] Ist die Ausschlussfrist zu kurz bemessen, benachteiligt sie den Arbeitnehmer unangemessen und ist deshalb unwirksam. Die Ausdehnung auf eine zulässige Dauer ist nicht möglich. Es gilt dann allein das gesetzliche Verjährungsrecht. Das gilt auch für vor dem 1. 1. 2002 abgeschlossene Arbeitsverträge (sog. Altfälle). Es kommen weder eine geltungserhaltende Reduktion der unwirksamen Ausschlussklausel noch eine ergänzende Vertragsauslegung in Betracht.[208] Eine Klausel, die für den **Beginn der Ausschlussfrist** nicht die Fälligkeit der Ansprüche berücksichtigt, sondern allein auf die Beendigung des Arbeitsverhältnisses abstellt, benachteiligt den Arbeitnehmer unangemessen und ist deshalb gem. § 307 I 1 BGB unwirksam.[209] Hält die erste Stufe einer vertraglichen Ausschlussfristenregelung der AGB-Kontrolle nach den §§ 305 ff. BGB stand, beeinträchtigt die Unwirksamkeit der zweiten Stufe, die eine zu kurze Frist für die gerichtliche Geltendmachung vorsieht, die Wirksamkeit der ersten Stufe nicht, wenn die Klausel teilbar ist und auch ohne die unwirksame Regelung weiterhin verständlich und sinnvoll bleibt.[210] Der Arbeitgeber kann sich nicht auf die Unwirksamkeit einer von ihm in AGB gestellten Ausschlussklausel berufen (dazu RN 51 a).

62 – **Befristung einzelner Vertragsbedingungen:** Die in AGB vereinbarte befristete Änderung der Vertragsbedingungen unterliegt der Inhaltskontrolle nach § 307 I 1 BGB (dazu § 38 RN 78 ff.).

---

[200] BAG 23. 2. 2005 AP 42 zu § 1 TVG Tarifverträge: Druckindustrie = NZA 2005, 1193.
[201] LAG Düsseldorf 13. 4. 2005 DB 2005, 1463.
[202] BAG 6. 9. 2007 AP 62 zu § 4 KSchG 1969 = NZA 2008, 219; Ulmer/Brandner/Hensen/*Fuchs* § 307 RN 477; ErfK/*Preis* §§ 305–310 BGB RN 77; *Reinecke* DB 2002, 583, 586; a. A. HWK/*Gotthardt* Anh. §§ 305–310 BGB RN 54; *Reuter,* FS 50 Jahre BAG, S. 177, 190.
[203] BAG 28. 9. 2005 AP 7 zu § 307 BGB = NZA 2006, 149.
[204] BAG 25. 5. 2005 AP 1 zu § 310 BGB = NZA 2005, 1111.
[205] BAG 31. 8. 2005 AP 8 zu § 6 ArbZG = NZA 2006, 324.
[206] BAG 25. 5. 2005 AP 1 zu § 310 BGB = NZA 2005, 1111; a. A. BGH 15. 11. 2006 NJW 2007, 674; *Matthiessen* NZA 2007, 361; *Preis/Roloff* RdA 2005, 144, 147.
[207] BAG 19. 3. 2008 AP 11 zu § 305 BGB = NZA 2008, 757; dazu *Matthiessen* NZA 2008, 1165.
[208] BAG 19. 12. 2007 NZA 2008, 464; 28. 11. 2007 AP 33 zu § 307 BGB = NZA 2008, 293.
[209] BAG 1. 3. 2006 AP 10 zu § 307 BGB = NZA 2006, 783.
[210] BAG 12. 3. 2008 AP 10 zu § 305 BGB = NZA 2008, 699.

- **Beweislastregelungen:** Nach § 309 Nr. 12 BGB sind Veränderungen der Beweislastverteilung zulasten des Arbeitnehmers unwirksam.[211] Diese Regelung hat Bedeutung für den Bereich der Arbeitnehmerhaftung (dazu § 53). **63**
- **Bürgschaft:** Verlangt der Arbeitgeber von einem Dritten – hier: Vater des Arbeitnehmers – in einer vorformulierten Erklärung eine Bürgschaft zur Sicherung aller künftigen Forderungen aus dem Arbeitsverhältnis bis zur Höhe von 2500,00 Euro, benachteiligt dies den Bürgen regelmäßig unangemessen i. S. v. § 307 I 1 BGB.[212] **63a**
- **Dienstwagen:** Verträge, in denen die **private Nutzung** des Dienstwagens geregelt ist, können der Inhaltskontrolle unterliegen (dazu § 68 RN 6 c). Zum Entzug der Nutzung bedarf es keiner Änderungskündigung, wenn durch den Wegfall der privaten Nutzungsmöglichkeit des Firmenwagens das Verhältnis von Leistung und Gegenleistung im Arbeitsverhältnis nicht grundlegend gestört wird. Eine solche Störung liegt dann nicht vor, wenn weniger als 25% des regelmäßigen Verdienstes betroffen sind.[213] In diesem Fall kann der Arbeitgeber bei einem wirksam vereinbarten Vorbehalt (dazu RN 84) die private Nutzung des Dienstwagens einseitig widerrufen. Die Vereinbarung in einem Formularvertrag, nach welcher der Arbeitgeber berechtigt ist, „jederzeit" die Überlassung eines auch zur Privatnutzung zur Verfügung gestellten Firmenwagens zu widerrufen, ist allerdings zu weit gefasst. Sie hält einer Inhaltskontrolle nach § 307 i. V. m. § 308 Nr. 4 BGB nicht stand. Sie benachteiligt den Arbeitnehmer unangemessen, weil hier das Widerrufsrecht an keinen Sachgrund gebunden ist.[214] **64**
- **Fälligkeitsregelungen:** Die Vereinbarung eines von § 614 BGB abweichen Fälligkeitstermins für die laufende Vergütung ist zulässig, wenn der Arbeitgeber hierfür sachliche Gründe anführen kann. Dies ist etwa anzunehmen, wenn einzelne Vergütungsbestandteile Monat für Monat neu berechnet werden müssen. In solchen Fällen ist das Hinausschieben der Fälligkeit bis zum 15. des Folgemonats nicht zu beanstanden.[215] **65**
- **Freistellungsklauseln:** Die Behandlung von Freistellungsklauseln in Arbeitsverträgen ist noch nicht abschließend geklärt.[216] Freistellungsklauseln sind nicht am Maßstab des § 308 Nr. 4 BGB zu messen, maßgeblich ist vielmehr § 307 I BGB.[217] Nach einer Auffassung sind generelle, einschränkungslose Freistellungsklauseln gemäß § 307 II Nr. 1 BGB unwirksam, weil bei der Angemessenheitskontrolle der allgemeine Beschäftigungsanspruch als Leitbild berücksichtigt werden müsse.[218] Damit werden die beiderseitigen Interessen von Arbeitgeber und Arbeitnehmer nicht vollständig erfasst. Im Rahmen der Angemessenheitskontrolle sind vielmehr sachliche Gründe des Arbeitgebers für eine Freistellung zu berücksichtigen. Diese Gründe sind in die Freistellungsklausel aufzunehmen und zu bezeichnen.[219] Damit wird dem Transparenzgebot Rechnung getragen. In Betracht kommen bei Außendienstmitarbeitern, die Kundenkontakte pflegen, und Arbeitnehmern, die Zugriff auf vertrauliches „Know-how" haben, sowie bei Führungskräften, denen gegenüber ein besonderes Vertrauensverhältnis besteht, die Gefahr der Weitergabe vertraulicher Informationen an Konkurrenten.[220] Freistellungsklauseln in vorformulierten Vertragsbedingungen außertariflicher Mitarbeiter verstoßen regelmäßig nicht gegen § 307 BGB. Die Ausübung des Freistellungsrechts im konkreten Fall kann allerdings der Billigkeitskontrolle nach § 315 BGB unterliegen.[221] **66**
- **Freiwilligkeitsvorbehalt:** Der Arbeitgeber kann mit einem Freiwilligkeitsvorbehalt bei Sonderzahlungen die Entstehung eines Anspruchs des Arbeitnehmers auf die Leistung für künftige Bezugszeiträume verhindern (vgl. § 78 RN 35 f.). Ist im Arbeitsvertrag bestimmt, dass es sich bei näher bezeichneten Leistungen, wie z. B. Weihnachts- oder Urlaubsgeld sowie bei Bonuszahlungen, um freiwillige Leistungen handelt, „die **ohne Anerkennung einer** **67**

---

[211] ErfK/*Preis* §§ 305–310 BGB RN 80; *Thüsing* RN 173.
[212] Vgl. BAG 27. 4. 2000 AP 1 zu § 765 BGB = NZA 2000, 940.
[213] BAG 11. 10. 2006 AP 6 zu § 308 BGB = NZA 2007, 87; 16. 12. 2006 AP 21 zu § 611 BGB Sachbezüge = NZA 2007, 809.
[214] BAG 16. 12. 2006 AP 21 zu § 611 BGB Sachbezüge = NZA 2007, 809; vgl. auch Hessisches LAG 20. 7. 2004 MDR 2005, 459.
[215] Ebenso HWK/*Gotthardt* Anh. §§ 305–310 BGB RN 16.
[216] Dazu *Bauer* NZA 2007, 409.
[217] *Krause* NZA 2005 Beil.1 S. 51, 61 ff.
[218] So ArbG Frankfurt/M. 19. 11. 2003 NZA-RR 2004, 409; ähnlich *Däubler*/Dorndorf/Bonin/Deinert Anhang zu § 307 RN 45; *Fischer* NZA 2004, 233, 234 ff.
[219] Vgl. HWK/*Gotthardt* Anh. §§ 305–310 BGB RN 18; *Krause* NZA 2005 Beil.1 S. 51, 61 ff.; *Thüsing* RN 307; weitergehend wohl *Ohlendorf/Salamon* NZA 2008, 856.
[220] *Thüsing/Leder* BB 2005, 1563, 1569; *Worzalla* NZA 2006 Beil. 3 S. 122, 129.
[221] LAG München 7. 5. 2003 LAGE § 307 BGB 2002 Nr. 2; ArbG Berlin 24. 2. 2005 BB 2006, 559.

Rechtspflicht gewährt werden und auch bei wiederholter Zahlung keinen Rechtsanspruch für die Zukunft begründen", steht das dem Entstehen vertraglicher Ansprüche auf diese Leistungen entgegen. Ein solcher Freiwilligkeitsvorbehalt lässt dem Arbeitgeber die Freiheit, jedes Jahr neu zu entscheiden, ob und unter welchen Voraussetzungen die Leistung erbracht werden soll.[222] Der Arbeitgeber muss nicht jede Sonderzahlung mit einem Freiwilligkeitsvorbehalt verbinden, wenn er einen Rechtsanspruch des Arbeitnehmers auf die Leistung für künftige Bezugszeiträume ausschließen will. Es genügt ein klarer und verständlicher Hinweis im Formulararbeitsvertrag.[223] Die Möglichkeit, jedes Jahr neu darüber entscheiden zu können, ob eine Einmalzahlung ausgebracht werden soll, besteht freilich nicht, wenn der Arbeitgeber eine Leistung lediglich **als „freiwillige Leistung" bezeichnet.**[224] Die Vereinbarung einer „freiwilligen, jederzeit widerruflichen Zulage" beinhaltet die Regelung einer Leistung, zu welcher der Arbeitgeber weder gesetzlich, noch tarifvertraglich oder betriebsverfassungsrechtlich verpflichtet ist.[225] Erst mit der Zusage der Leistung wird ein individualrechtlicher Anspruch auf diese Leistung begründet. Der Hinweis auf die Freiwilligkeit der Leistung steht dem nicht entgegen. Damit drückt der Arbeitgeber lediglich aus, nicht aus anderen Gründen zu der Leistung verpflichtet zu sein. Soweit abweichend hiervon angenommen wird, eine solche Klausel sei unklar, weshalb der Vorbehalt insgesamt entfalle,[226] wird die Klausel nicht hinreichend ausgelegt, sondern sofort die Unklarheitenregel des § 305 c II BGB angewandt.

68 Die **AGB-Kontrolle** ändert an diesen Grundsätzen im Wesentlichen nichts.[227] § 308 Nr. 4 BGB ist auf Freiwilligkeitsvorbehalte nicht anwendbar.[228] Dem Arbeitgeber wird hierdurch kein Recht zur Änderung der versprochenen Leistung verliehen, denn dies setzt voraus, dass bereits eine vertragliche Leistungspflicht besteht. Hieran fehlt es beim Freiwilligkeitsvorbehalt, weil erst mit der vorbehaltlosen Zusage, leisten zu wollen, oder mit der tatsächlichen Zahlung nach Maßgabe des arbeitsrechtlichen Gleichbehandlungsgrundsatzes eine Leistungspflicht entsteht. Mangels eines Anspruchs des Arbeitnehmers bedarf es weder einer Ankündigung, um einen Anspruch des Arbeitnehmers zu Fall zu bringen, noch einer Präzisierung in der Vorbehaltsklausel, aus welchen Gründen der Freiwilligkeitsvorbehalt ausgeübt wird.[229] Der im Schrifttum vertretenen Auffassung, wonach zur Vermeidung von Wertungswidersprüchen die Anforderungen an die Kontrolle von Widerrufs- und Freiwilligkeitsvorbehalten zu harmonisieren seien,[230] hat sich das BAG zu Recht nicht angeschlossen. Vereinbaren die Arbeitsvertragsparteien, dass kein Anspruch auf eine Sonderzahlung besteht, ist ihre Abrede zu achten und der Arbeitnehmer nicht einem Arbeitnehmer gleichzustellen, der den Abschluss des Arbeitsvertrags von der Leistung einer Sonderzahlung abhängig gemacht hat oder dem der Arbeitgeber von sich aus ausdrücklich Sonderzahlungen versprochen hat.[231]

69 Freiwilligkeitsvorbehalte in Formulararbeitsverträgen unterliegen allerdings dem **Transparenzgebot** (§ 307 I 2 BGB). Folgende Klausel hat das BAG nicht beanstandet:[232] „Werden dem Angestellten Sonderzahlungen wie Urlaubsgeld, Weihnachtsgeld gewährt, wird hierdurch ein Rechtsanspruch auf Weitergewährung in den folgenden Kalenderjahren nicht begründet. Der Arbeitgeber behält sich vor, jedes [Jahr] neu zu entscheiden, ob und in welcher Höhe eine Sonderzahlung gewährt wird." Dagegen ist die nachfolgende Klausel intransparent: „Die Angestellte erhält Weihnachtsgratifikation in Höhe des Bruttogehaltes nach den betrieblichen Vereinbarungen. Ein Rechtsanspruch auf eine Weihnachtsgratifikation besteht nicht. Wird eine solche gewährt, stellt sie eine freiwillige, stets widerrufbare Leistung des Arbeitgebers dar." Die erste Klausel ist klar und eindeutig. Dagegen ist enthält die zweite Klau-

---

222 BAG 12. 1. 2000 AP 223 zu § 611 BGB Gratifikation = NZA 2000, 944.

223 BAG 30. 7. 2008 NZA 2008, 1173.

224 BAG 23. 10. 2002 AP 243 zu § 611 BGB Gratifikation = NZA 2003, 557.

225 BAG 1. 3. 2006 AP 3 zu § 308 BGB = NZA 2006, 746; LAG Düsseldorf 30. 11. 2005 LAGE § 305 c BGB 2002 Nr. 4.

226 Vgl. LAG Brandenburg 13. 10. 2005 DB 2006, 160; Küttner/*Kania,* Personalbuch 2008, Widerrufsvorbehalt/Freiwilligkeitsvorbehalt RN 13.

227 Vgl. BAG 30. 7. 2008 NZA 2008, 1173; *Thüsing/Mengel,* Flexibilisierung von Arbeitsbedingungen und Entgelt, 2005, S. 19f.; differenzierend *Preis* NZA 2006 Beil. 3 S. 115, 121; *ders.* NZA 2009, 281.

228 BAG 30. 7. 2008 NZA 2008, 1173; 10. 12. 2008 – 10 AZR 1/08; *Kroeschel* NZA 2008, 1393; Däubler/*Dorndorf/Bonin/*Deinert § 308 Nr. 4 BGB RN 50; *Schnitker/Grau* BB 2002, 2120, 2122.

229 BAG 30. 7. 2008 NZA 2008, 1173; 10. 12. 2008 – 10 AZR 1/08.

230 Vgl. Däubler/*Dorndorf/Bonin/*Deinert § 307 BGB RN 198; ErfK/*Preis* §§ 305–310 RN 71; *Preis* NZA 2009, 281; *Bayreuther* BB 2009, 102; *Strick* NZA 2005, 723, 725.

231 BAG 30. 7. 2008 NZA 2008, 1173.

232 BAG 28. 3. 2007 AP 265 zu § 611 BGB Gratifikation = NZA 2007, 687.

sel im ersten Satz die Zusage einer bestimmte Sonderzahlung und im zweiten Satz den Hinweis darauf, dass der Arbeitnehmer keinen Rechtsanspruch auf die Sonderzahlung hat. Das ist widersprüchlich und damit intransparent i. S. v. § 307 I 1 BGB.[233]

Weist der Arbeitgeber in einem vorformulierten Arbeitsvertrag darauf hin, dass die Gewährung einer Sonderzahlung keinen Rechtsanspruch des Arbeitnehmers auf die Leistung für künftige Bezugszeiträume begründet, liegt darin keine unangemessene Benachteiligung des Arbeitnehmers i. S. v. § 307 I 1 BGB. Die Klausel ist nach Auffassung des BAG auch dann wirksam, wenn die Sonderzahlung ausschließlich im Bezugszeitraum geleistete Arbeit zusätzlich vergütet.[234] Im Hinblick auf die Angemessenheitskontrolle nach der **Generalklausel** des § 307 I 1 BGB ist zu differenzieren. Bei Einmalzahlungen, also Gratifikationen, Boni, Jahressonderzahlungen und Ähnlichem ist eine weitergehende Einschränkung des Freiwilligkeitsvorbehalts grundsätzlich nicht geboten. Hierbei handelt es sich um Vergünstigungen des Arbeitgebers, die nicht als Gegenleistung für die erbrachte Arbeitsleistung zugesagt sind, sondern darüber hinaus erbracht werden.[235] Dies rechtfertigt es im Grundsatz, solche Leistungen ohne weitere Einschränkungen zuzulassen. Anders ist dürfte allerdings bei **besonders hohen Sonderzahlungen** zu entscheiden sein (dazu § 78 RN 52). 70

Unwirksam sind Regelungen, die **Zuschläge zur laufenden Vergütung,** etwa einen übertariflichen Zuschlag auf den tariflichen Stunden- oder Monatslohn, unter einen Freiwilligkeitsvorbehalt stellen. Hier ist der Zuschlag nicht eine Vergünstigung, die in keinem unmittelbaren Zusammenhang mit der Arbeitsleistung steht, sondern Gegenleistung für die vom Arbeitnehmer erbrachte Arbeitsleistung. Die Vereinbarung eines Freiwilligkeitsvorbehalts bei solchen Zulagen weicht von allgemeinen vertragsrechtlichen Grundsätzen ab (§ 307 II Nr. 1 BGB). Der Arbeitsvertrag ist ein gegenseitiger Vertrag, in dem sich der Arbeitnehmer zur Erbringung der Arbeitsleistung und der Arbeitgeber zur Zahlung der Vergütung verpflichtet. Die Hauptleistungspflichten des § 611 BGB stehen in einem Synallagma. Der Vertragszweck der Gegenseitigkeit von Rechten und Pflichten wird durch Freiwilligkeitsvorbehalte zum Nachteil des Arbeitnehmers gefährdet.[236] Das rechtfertigt es, in diesen Fällen an Freiwilligkeitsvorbehalte strengere Anforderungen zu stellen. Auch um eine Umgehung der zum Widerrufsvorbehalt entwickelten Grundsätze zu verhindern, erscheint es geboten, auf Freiwilligkeitsvorbehalte, die Zuschläge zur laufenden Vergütung betreffen, dieselben Grundsätze anzuwenden, die zum Widerrufsvorbehalt entwickelt worden sind (dazu RN 84).[237] 71

Von der Inhaltskontrolle des Freiwilligkeitsvorbehalts ist die Überprüfung der damit zusammenhängend geregelten **Modalitäten der Abwicklung** der gewährten Leistungen zu trennen.[238] Hier spielen insbesondere Stichtagsregelungen eine Rolle (dazu § 78 RN 50ff.). 72

- **Haftungsverschärfung:** Eine arbeitsvertraglich vereinbarte Abweichung von den von der Rechtsprechung entwickelten zwingenden[239] Grundsätzen zur Arbeitnehmerhaftung (§ 53) ist unwirksam. 73
- **Kündigung vor Dienstantritt:** Der Ausschluss des Rechts zur Kündigung vor Dienstantritt kann in einem Formulararbeitsvertrag wirksam vereinbart werden. Hierin liegt keine unangemessene Benachteiligung des Arbeitnehmers i. S. v. § 307 I BGB.[240] Der Ausschluss des Kündigungsrechts führt freilich nur zur Unzulässigkeit der ordentlichen Kündigung vor Arbeitsaufnahme; das Recht zur außerordentlichen Kündigung nach § 626 BGB bleibt bestehen, weil hierauf nicht verzichtet werden kann.[241] 74

Wird der Ausschluss des Kündigungsrechts im Arbeitsvertrag **nicht ausdrücklich auf die ordentliche Kündigung begrenzt** (z. B. „Vor Beginn des Arbeitsverhältnisses ist die ordentliche Kündigung ausgeschlossen"), sondern wird ganz allgemein die Kündigung vor Dienstantritt ausgeschlossen (z. B. „Die Kündigung vor Arbeitsaufnahme ist ausgeschlossen"), 75

---

[233] BAG 24. 10. 2007 AP 32 zu § 307 BGB = NZA 2008, 40; 30. 7. 2008 NZA 2008, 1173; 10. 12. 2000 – 10 AZR 1/08; krit. *Lindemann* Anm. AP 32 zu § 307 BGB; *Lingemann/Gotham* NZA 2008, 509, 510.

[234] BAG 30. 7. 2008 NZA 2008, 1173; a.A. ErfK/*Preis* §§ 305–310 BGB RN 71; *Linck* in Mitarbeitervergütung auf dem Prüfstand S. 29.

[235] Ablehnend *Bayreuther* BB 2009, 102, 105; ErfK/*Preis* §§ 305–310 BGB RN 71.

[236] BAG 25. 4 2007 AP 7 zu § 308 BGB = NZA 2007, 853; dazu *Gaul* FS für Hromadka S. 99; *Schramm* NZA 2007, 1325.

[237] Vgl. *Hromadka/Schmitt-Rolfes,* Der unbefristete Arbeitsvertrag, 2006, S. 96; ErfK/*Preis* §§ 305–310 BGB RN 71; HWK/*Thüsing* § 611 BGB RN 510.

[238] ErfK/*Preis* §§ 305–310 BGB RN 73.

[239] BAG 2. 12. 1999 AP 3 zu § 611 BGB Mankohaftung = NZA 2000, 715.

[240] ArbR-Formb. § 2 RN 11.

[241] BAG 19. 12. 1974 AP 3 zu § 620 BGB Bedingung; Staudinger/*Preis* § 626 RN 38.

ist durch Auslegung nach § 157 BGB festzustellen, ob auch das Recht zur außerordentlichen Kündigung ausgeschlossen werden sollte. Dieser Weg der Vertragsauslegung ist bei AGB trotz des Verbots der geltungserhaltenden Reduktion nicht generell verschlossen. Die Vereinbarung über den generellen Ausschluss des Kündigungsrechts ist im Übrigen teilbar in den Ausschluss der ordentlichen und der außerordentlichen Kündigung. Unwirksam ist nur der Teil der Klausel, durch den das Recht zur außerordentlichen Kündigung ausgeschlossen werden soll. Der andere Teil ist wirksam. Die Klausel ist damit jedenfalls in Bezug auf den Ausschluss der außerordentlichen Kündigung teilnichtig i. S. v. § 139 BGB. Der in den generellen Kündigungsausschluss enthaltene Ausschluss der ordentlichen Kündigung bleibt hiervon unberührt und wirksam.

75a – **Kündigungsvereinbarungen:** Die formularmäßige Verpflichtung eines Tankstellenpächters, bei Beendigung des Tankstellenvertrags die mit Familienmitgliedern eingegangenen Arbeitsverhältnisse „auf seine Kosten zu beenden", andernfalls den Verpächter oder den Nachfolgebetreiber „von allen daraus entstehenden Kosten freizuhalten bzw. entstandene Kosten zu erstatten", ist unangemessen benachteiligend und daher unwirksam (§ 307 I 1 BGB). Sie ist – soweit damit die Kündigung der Arbeitsverhältnisse verlangt wird – mit § 613 a I und IV BGB nicht vereinbar.[242]

76 – **Rücktrittsvorbehalt:** Ein Rücktrittsvorbehalt ist nach § 308 Nr. 3 BGB nur wirksam, wenn in dem Vorbehalt der Grund für die Lösung vom Vertrag mit hinreichender Deutlichkeit angegeben ist und ein sachlich gerechtfertigter Grund für seine Aufnahme in die Vereinbarung besteht.[243]

77 – **Rückzahlungsklauseln** (§ 176 RN 16 ff.): Rückzahlungsabreden für vom Arbeitgeber verauslagte Aus- und Fortbildungskosten benachteiligen den Arbeitnehmer nicht generell unangemessen i. S. v. § 307 I BGB. Sie sind nicht zu beanstanden, wenn die Rückzahlungsverpflichtung bei verständiger Betrachtung einem billigenswerten Interesse des Arbeitgebers entspricht und der Arbeitnehmer mit der Fortbildungsmaßnahme eine angemessene Gegenleistung für die Rückzahlungsverpflichtung erhalten hat. Dementsprechend ist eine Bindung des Arbeitnehmers für die Dauer von drei Jahren nicht unangemessen, wenn sich die Fortbildung über mehr als sechs Monate erstreckt, er in dieser Zeit bezahlt freigestellt ist und der Arbeitgeber neben den Unterrichts- und Prüfungsgebühren die Kosten für die auswärtige Unterbringung und wöchentlichen Heimfahrten übernimmt.[244] Eine Rückzahlungsklausel, die einen **ratierlichen Abbau des Ausbildungsdarlehens** durch künftige Tätigkeit beim Darlehensgeber vorsieht, stellt nur dann eine ausgewogene Gesamtregelung dar, wenn es der Arbeitnehmer in der Hand hat, durch eigene Betriebstreue der Rückzahlungspflicht zu entgehen.[245] Eine Klausel, nach welcher der Arbeitnehmer vom Arbeitgeber getragene Ausbildungskosten bei Beendigung des Arbeitsverhältnisses ohne jede Rücksicht auf den Beendigungsgrund zurückzahlen muss, ist gem. § 307 I 1 BGB unwirksam.[246] Dies gilt auch, wenn in den AGB unter Voranstellung des Wortes „insbesondere" zwei Beispielsfälle genannt sind, für die wirksam eine Rückzahlungsverpflichtung begründet werden könnte (Eigenkündigung des Arbeitnehmers und Kündigung durch den Arbeitgeber aus einem vom Arbeitnehmer zu vertretenden Grund).[247] Wird in einer Nebenabrede zum „Volontariatsvertrag" geregelt, dass die für die Dauer der reinen Studienzeit zu erbringenden Ausbildungsvergütungen und Zuschüsse nur als „Darlehen ... zur Verfügung gestellt werden" und nach erfolgreichem Abschluss des Studiums in 60 Monaten durch „Berufstätigkeit" beim Darlehensgeber „abgebaut" werden sollen, muss bereits bei Vertragsabschluss mindestens rahmenmäßig bestimmt sein, zu welchen Bedingungen die „Berufstätigkeit" bei dem Darlehensgeber erfolgen soll. Dazu gehören Angaben zum Beginn des Vertragsverhältnisses, zu Art und Umfang der Beschäftigung und zur Gehaltsfindung für die Anfangsvergütung. Unerheblich ist, wenn der Darlehensgeber erst kurz vor Ende der Vertragslaufzeit ein ausreichend konkretisiertes Angebot auf Abschluss eines Arbeitsvertrags für die Zeit nach Beendigung des Studiums abgibt. Nach § 310 III Nr. 3 BGB sind bei der Beurteilung der unangemessenen Benachteiligung nur der Vertragstext und die den Vertragsabschluss begleitenden Umstände, nicht jedoch spätere Ereignisse zu berücksichtigen.[248]

---

[242] BGH 23. 3. 2006 NZA 2006, 551.
[243] BAG 27. 7. 2005 AP 2 zu § 308 BGB = NZA 2006, 539.
[244] BAG 5. 6. 2007 AP 40 zu § 611 BGB Ausbildungsbeihilfe = NZA-RR 2008, 107.
[245] BAG 18. 3. 2008 NZA 2008, 1004.
[246] BAG 11. 4. 2006 AP 16 zu § 307 BGB = NZA 2006, 1042.
[247] BAG 23. 1. 2007 AP 38 zu § 611 BGB Ausbildungsbeihilfe = NZA 2007, 748.
[248] BAG 18. 3. 2008 NZA 2008, 1004; dazu *Maier/Mosig* NZA 2008, 1168.

– **Ruhensvereinbarungen:** Vorformulierte Arbeitsverträge, die vorsehen, dass das Arbeitsverhältnis zu bestimmten Zeiten ruht, können wirksam sein, wenn der Arbeitgeber ein berechtigtes Interesse an solchen Vereinbarungen aufzeigen kann und von vornherein feststeht, in welcher Zeit das Arbeitsverhältnis ruht. Das BAG hat deshalb eine Klausel in einem Arbeitsvertrag einer Gebäudereinigerin, die in einer Schule eingesetzt und deren Arbeitsverhältnis in den Schulferien ruhen sollte, als wirksam angesehen.[249] **78**

- **Schriftformklauseln:** Eine vom Arbeitgeber im Arbeitsvertrag als AGB aufgestellte **doppelte Schriftformklausel** kann beim Arbeitnehmer den Eindruck erwecken, jede spätere vom Vertrag abweichende mündliche Abrede sei gem. § 125 S. 2 BGB nichtig. Das entspricht nicht der wahren Rechtslage. Denn gem. § 305 b BGB haben individuelle Vertragsabreden Vorrang vor AGB. Dieses Prinzip des Vorrangs (mündlicher) individueller Vertragsabreden setzt sich auch gegenüber doppelten Schriftformklauseln durch. Eine zu weit gefasste doppelte Schriftformklausel ist irreführend. Sie benachteiligt den Vertragspartner deshalb unangemessen i. S. v. § 307 I BGB.[250] Der Vorrang von Individualabreden gem. § 305 b BGB gilt allerdings nicht für die betriebliche Übung (dazu § 111). Sie ist keine Individualabrede.[251] **78a**

– **Schuldversprechen:** Ein selbstständiges, auch als abstrakt oder konstitutiv bezeichnetes Schuldversprechen und Schuldanerkenntnis nach §§ 780, 781 BGB, in dem ein Arbeitnehmer anerkennt, dem Arbeitgeber einen bestimmten Geldbetrag zu schulden, ist grundsätzlich wirksam. Eine unangemessene Benachteiligung liegt jedoch vor, wenn dem Arbeitnehmer das Recht genommen wird, geltend zu machen, die dem Schuldversprechen oder dem -anerkenntnis zugrunde liegende **Forderung bestehe nicht.** Darin liegt eine Abweichung vom Recht der ungerechtfertigten Bereicherung (§§ 812 I, 821 BGB). Sie benachteiligt den Arbeitnehmer entgegen Treu und Glauben unangemessen und ist deshalb gemäß § 307 I 1 BGB in AGB unwirksam.[252] **78b**

– **Überstundenpauschalen:** Kontrollfähig sind Klauseln, die dem Arbeitgeber einerseits die Befugnis einräumen, Überstunden anordnen zu können, und andererseits hierfür eine pauschale Vergütung vorsehen. Hierbei handelt es sich um eine **Preisnebenabrede.**[253] Solche Klauseln können intransparent und materiell unangemessen sein, wenn keine Höchstgrenzen für die Anordnungsbefugnis vereinbart sind.[254] Denkbar ist, für leitende Angestellte i. S. v. § 5 III BetrVG diese Grundsätze nicht anzuwenden. Da der Gesetzgeber diesen Personenkreis auch aus dem Geltungsbereich des ArbZG herausgenommen hat (§ 18 I Nr. 1 ArbZG), wird deutlich, dass von dieser Personengruppe die volle Hingabe zum Beruf verlangt werden kann, die mit dem vereinbarten Gehalt pauschal vergütet ist. **79**

– **Versetzungsklauseln:**[255] Eine vorformulierte Klausel, nach welcher ein Arbeitgeber eine **andere als die vertraglich vereinbarte Tätigkeit** einem Arbeitnehmer „falls erforderlich“ und nach „Abstimmung der beiderseitigen Interessen“ einseitig zuweisen kann, ist jedenfalls dann als unangemessene Benachteiligung i. S. v. § 307 BGB anzusehen, wenn nicht gewährleistet ist, dass die Zuweisung eine mindestens gleichwertige Tätigkeit zum Gegenstand haben muss.[256] Die Klausel ist unwirksam, wenn sich der Arbeitgeber unter Umgehung von § 2 KSchG das Recht zur Zuweisung geringerwertiger Tätigkeiten vorbehalten hat. Zulässig sind dagegen nach Auffassung des BAG Klauseln, die dem Arbeitgeber das Recht einräumen, dem Arbeitnehmer ein anderes Aufgabengebiet zuzuweisen. Eine formularmäßige Versetzungsklausel, die materiell der Regelung in **§ 106 Satz 1 GewO nachgebildet** ist, stellt danach keine unangemessene Benachteiligung des Arbeitnehmers nach § 307 I 1 BGB dar. Sie verstoße auch nicht gegen das Transparenzgebot des § 307 I 2 BGB, wenn keine konkreten Versetzungsgründe genannt seien.[257] Das Transparenzgebot verlange von dem Verwender nicht, alle möglichen Konkretisierungen der Arbeitspflicht und des Weisungsrechts ausdrücklich zu regeln. Vielmehr ist das Weisungsrecht gem. § 106 GewO Ausfluss und Folge der vertraglichen Festlegung der Arbeitspflicht. Die Vertragsparteien können es dabei belas- **80**

---

[249] BAG 10. 1. 2007 AP 6 zu § 611 BGB Ruhen des Arbeitsverhältnisses = NZA 2007, 384.

[250] BAG 20. 5. 2008 NZA 2008, 1233; 25. 4. 2007 AP 121 zu § 615 BGB = NZA 2007, 801.

[251] BAG 20. 5. 2008 NZA 2008, 1233; 24. 6. 2003 AP 63 zu § 242 BGB Betriebliche Übung = NZA 2003, 1145; dazu *Leder/Scheuermann* NZA 2008, 1222, 1225 f.; *Lingemann/Gotham* NJW 2009, 268.

[252] BAG 15. 3. 2005 AP 7 zu § 781 BGB = NZA 2005, 682.

[253] ErfK/*Preis* §§ 305–310 BGB RN 91.

[254] Vgl. HWK/*Gotthardt* Anh. §§ 305–310 BGB RN 39; ErfK/*Preis* §§ 305–310 BGB RN 92; *Schrader/Schubert* NZA-RR 2005, 225, 226; *Worzalla* NZA 2006 Beil. 3 S. 122, 128 f.

[255] Dazu *Hunold* NZA 2007, 19.

[256] BAG 9. 5. 2006 AP 21 zu § 307 BGB = NZA 2007, 145; 3. 12. 2008 – 5 AZR 62/08.

[257] BAG 11. 4. 2006 AP 17 zu § 307 BGB = NZA 2006, 1149.

sen.[258] Behält sich ein Arbeitgeber in einem vorformulierten Arbeitsvertrag vor, den Arbeitnehmer entsprechend seinen Leistungen und Fähigkeiten mit einer anderen im Interesse des Unternehmens liegenden Tätigkeit zu betrauen und auch an einem anderen Ort zu beschäftigen, stellt das keine unangemessene Benachteiligung des Arbeitnehmers i. S. d. § 307 I 1 BGB dar. Dieser Vorbehalt verstößt auch nicht gegen das Transparenzgebot des § 307 I 2 BGB.[259]

81 – **Vertragsstrafe (dazu § 60):** Vertragsstrafenabreden in Formularverträgen sind zwar nach § 309 Nr. 6 BGB generell unzulässig. Wegen der erforderlichen angemessenen Berücksichtigung der im **Arbeitsrecht geltenden Besonderheiten** nach § 310 IV 2 1. Halbs. BGB sind jedoch Vertragsstrafenabreden in Arbeitsverträgen grundsätzlich wirksam.[260] Die Unwirksamkeit solcher Vereinbarungen kann sich aber auf Grund einer unangemessenen Benachteiligung durch die jeweilige Fassung der Klausel ergeben (§ 307 I BGB).[261] Die vereinbarte Vertragsstrafe muss nicht nur die zu leistende Strafe, sondern auch die sie auslösende Pflichtverletzung so klar bezeichnen, dass sich der Versprechende in seinem Verhalten darauf einstellen kann. Eine vom Arbeitgeber als AGB verwendete Vertragsstrafenabrede ist wegen Verstoßes gegen das Transparenzgebot (§ 307 I 2 BGB) unwirksam, wenn sie für jeden Fall der Zuwiderhandlung des Arbeitnehmers gegen ein Wettbewerbsverbot eine Vertragsstrafe in Höhe von zwei durchschnittlichen Bruttomonatseinkommen vorsieht und gleichzeitig bestimmt, dass im Falle einer dauerhaften Verletzung des Wettbewerbsverbotes jeder angebrochene Monat als eine erneute Verletzungshandlung gilt.[262]

82 **Globale Strafversprechen,** die auf die Absicherung aller arbeitsvertraglichen Pflichten zielen, sind wegen Verstoßes gegen das Bestimmtheitsgebot unwirksam. Eine Klausel, nach der bei „schuldhaft vertragswidrigem Verhalten" ohne nähere Konkretisierung der Pflichtverletzung eine Vertragsstrafe verwirkt ist, erfüllt nach Auffassung des BAG nicht die nötige Warnfunktion und entspricht wegen des Strafcharakters der Vertragsstrafe nicht rechtsstaatlichen Grundsätzen.[263] Wird für den Fall der nicht fristgerechten Eigenkündigung des Arbeitnehmers eine Vertragsstrafe in Höhe eines vollen Monatsgehalts vereinbart, beeinträchtigt dies den Arbeitnehmer unangemessen i. S. v. § 307 I 1 BGB, wenn er sich rechtmäßig mit einer Kündigungsfrist von zwei Wochen vom Vertrag lösen könnte.[264] Ist eine Vertragsstrafe in einem Formulararbeitsvertrag zu hoch, kommt eine geltungserhaltende Reduktion grundsätzlich nicht in Betracht.

83 – **Wettbewerbsverbote:** Auch nachvertragliche Wettbewerbsverbote unterliegen einer Transparenzkontrolle nach § 307 I 2 BGB, die gemäß § 307 III 2 BGB auch stattfindet, wenn in der Klausel keine Abweichung von Rechtsvorschriften erfolgt (dazu RN 45 ff.).[265] Ein Verstoß gegen das Transparenzgebot liegt nicht vor, wenn der Gegenstand eines nachvertraglichen Wettbewerbsverbots mit der Beendigung des Arbeitsverhältnisses objektiv feststellbar ist.[266]

84 – **Widerrufsvorbehalt:** Die Vertragsklausel in einem Formulararbeitsvertrag, nach der dem Arbeitgeber das Recht zustehen soll, „übertarifliche Lohnbestandteile jederzeit unbeschränkt zu widerrufen", ist gem. § 308 Nr. 4 BGB unwirksam. Die widerrufliche Leistung muss nach Art und Höhe eindeutig sein. Die Vertragsklausel muss zumindest die Richtung angeben, aus der der Widerruf möglich sein soll (wirtschaftliche Gründe, Leistung oder Verhalten des Arbeitnehmers).[267] Der widerrufliche Anteil muss unter 25% der Gesamtvergütung liegen.[268]

85 – **Zugangsfiktion:** Die Vereinbarung einer Fiktion des Zugangs empfangsbedürftiger Willenserklärungen ist nach § 308 Nr. 6 BGB unwirksam.[269]

---

[258] BAG 30. 4. 2008 AP 183 zu § 611 BGB Lehrer, Dozenten = NZA-RR 2008, 551; 13. 6. 2007 AP 11 zu § 611 BGB Film = NZA 2007, 974.
[259] BAG 13. 3. 2007 AP 26 zu § 307 BGB.
[260] BAG 4. 3. 2004 AP 3 zu § 309 BGB = NZA 2004, 727; vgl. dazu auch *Hauck* NZA 2006, 816.
[261] Dazu BAG 18. 8. 2005 AP 1 zu § 336 BGB = NZA 2006, 34; 25. 9. 2008 DB 2009, 569.
[262] BAG 14. 8. 2007 AP 28 zu § 307 BGB = NZA 2008, 170.
[263] BAG 21. 4. 2005 AP 3 zu § 307 BGB = NZA 2005, 1053; kritisch dazu *Bauer/Krieger* SAE 2006, 11.
[264] BAG 4. 3. 2004 AP 3 zu § 309 BGB = NZA 2004, 727; siehe auch BAG 25. 9. 2008 DB 2009, 569.
[265] Insoweit a. A. *Bauer/Diller,* Wettbewerbsverbote, 4. Aufl., 2006, RN 233.
[266] LAG Niedersachsen 8. 12. 2005 NZA-RR 2006, 426.
[267] BAG 12. 1. 2005 AP 1 zu § 308 BGB = NZA 2005, 465.
[268] BAG 11. 10. 2006 AP 6 zu § 308 BGB = NZA 2007, 87.
[269] ErfK/*Preis* §§ 305–310 BGB RN 97.

§ 33. Allgemeines Gleichbehandlungsgesetz

Kommentare: *Adomeit/Mohr,* Allgemeines Gleichbehandlungsgesetz, 2007; *Bauer/Göpfert/Krieger,* Allgemeines Gleichbehandlungsgesetz, 2. Aufl., 2008; *Boemke/Danko,* AGG im Arbeitsrecht, 2007; *Däubler/Bertzbach,* Allgemeines Gleichbehandlungsgesetz – Handkommentar, 2. Aufl., 2008; *Meinel/Heyn/Herms,* Allgemeines Gleichbehandlungsgesetz, 2007; *Rust/Falke* (Hrsg.), Allgemeines Gleichbehandlungsgesetz, 2007; *Schiek* (Hrsg), Allgemeines Gleichbehandlungsgesetz, 2007; *Schleusener/Suckow/Voigt,* Allgemeines Gleichbehandlungsgesetz, 2. Aufl., 2008; *Schrader/Schubert,* Das neue AGG, 2006; *Thüsing,* Arbeitsrechtlicher Diskriminierungsschutz, 2007; *Wendeling-Schröder/Stein,* Allgemeines Gleichbehandlungsgesetz, 2008.

Aufsätze: *Adomeit/Mohr,* Benachteiligung von Bewerbern (Beschäftigten) nach dem AGG als Anspruchsgrundlage für Entschädigung und Schadensersatz, NZA 2007, 179; *dies.,* Verantwortung von Unternehmen für diskriminierende Stellenanzeigen durch Dritte, NJW 2007, 2522; *Annuß,* Das Allgemeine Gleichbehandlungsgesetz im Arbeitsrecht, BB 2006, 1629; *ders.,* Das Verbot der Altersdiskriminierung als unmittelbar geltendes Recht, BB 2006, 325; *Bahnsen,* Altersgrenzen im Arbeitsrecht, NJW 2008, 407; *Bauer/Arnold,* AGG-Probleme bei vertretungsberechtigten Organmitgliedern, ZIP 2008, 993; *Bauer/Evers,* Schadensersatz und Entschädigung bei Diskriminierung – Ein Fass ohne Boden?, NZA 2006, 893; *Bauer/Thüsing/Schunder,* Das Allgemeine Gleichbehandlungsgesetz – Alter Wein in neuen Schläuchen?, NZA 2006, 774; *Bauer/Preis/Schunder,* „Errata" des Gesetzgebers – Erste Korrektur des Allgemeinen Gleichbehandlungsgesetzes, NZA 2006, 1261; *Bayreuther,* Kündigungsschutz im Spannungsfeld zwischen Gleichbehandlungsgesetz und europäischem Antidiskriminierungsrecht, DB 2006, 1842; *ders.,* Drittbezogene und hypothetische Diskriminierungen, NZA 2008, 986; *Benecke,* Kündigungen zwischen Kündigungsschutz und Diskriminierungsschutz, AuR 2007, 229; *Besgen/Roloff,* Grobe Verstöße des Arbeitgebers gegen das AGG – Rechte des Betriebsrats und der Gewerkschaften, NZA 2007, 670; *Bruns/Belau,* Gleichstellung von verpartnerten Beschäftigten mit ihren verheirateten Kollegen in Deutschland, in der EG und in den internationalen Organisationen, NVwZ, 2007, 552; *Däubler,* Die Kündigung als unmittelbare Diskriminierung, AiB 2007, 22; *ders.,* Was bedeutet Diskriminierung nach dem neuen Recht?, ZfA 2006, 479; *ders.,* Weltanschauung auf europäisch, NJW 2006, 2608; *Deinert,* Anwendungsprobleme der arbeitsrechtlichen Schadensersatzvorschriften im neuen AGG, DB 2007, 398; *Diller,* AGG-Hopping durch Schwerbehinderte, NZA 2007, 1321; *ders.,* „AGG-Hopping" – und was man dagegen tun kann!, BB 2006, 1968; *ders.,* Antidiskriminierung: Von Kollegen für Kollegen?, FA 2006, 301; *Diller/Krieger/Arnold,* Kündigungsschutzgesetz plus Allgemeines Gleichbehandlungsgesetz, NZA 2006, 887; *Düwell,* Die Neuregelung des Verbots der Benachteiligung wegen Behinderung im AGG, BB 2006, 1741; *Fey,* Das Allgemeine Gleichbehandlungsgesetz und die kirchengemäße Erfüllung der Arbeitgeberverpflichtungen, ZMV 2007, 277; *Fischermeier,* Europäisches Antidiskriminierungsrecht versus kirchliche Loyalitätsanforderungen?, FS für Richardi, 2007, S. 875; *Flemming/Bandehzadeh/Bodenstedt,* Datenschutzrechtliche Zulässigkeit der Aufbewahrung von Bewerberdaten unter Berücksichtigung des AGG; DB 2007, 1194; *Franke/Merx,* Positive Maßnahmen – Handlungsmöglichkeiten nach § 5 AGG, AuR 2007, 235; *Gach/Julis,* Beschwerdestelle und -verfahren nach § 13 Allgemeines Gleichbehandlungsgesetz, BB 2007, 773; *Gaul/Neumann,* Entwurf des Allgemeinen Gleichbehandlungsgesetzes ArbRB 2006, 176; *dies.,* Praxisrelevante Fragen im Anwendungsbereich des AGG, ArbRB 2007, 47; *Göpfert/Siegrist,* Diskriminierungsverdacht: Über den richtigen Umgang mit arbeitsrechtlichen Diskriminierungsfällen, ZIP 2006, 1710; *Grobys,* Organisationsmaßnahmen des Arbeitgebers nach dem neuen Allgemeinen Gleichbehandlungsgesetz, NJW 2006, 2950; *ders.,* Die Beweislast im Antidiskriminierungsprozess, NZA 2006, 898; *Hamacher/Ulrich,* Die Kündigung von Arbeitsverhältnissen nach Inkrafttreten und Änderung des AGG, NZA 2007, 657; *Hamann,* Bewerberauswahl und Arbeitgeberkündigung im Lichte des Allgemeinen Gleichbehandlungsgesetzes, Jura 2007, 641; *Hanau,* Das Allgemeine Gleichbehandlungsgesetz (arbeitsrechtlicher Teil) zwischen Bagatellisierung und Dramatisierung, ZIP 2006, 2189; *ders.,* Neues vom Alter im Arbeitsverhältnis, ZIP 2007, 2381; *Hayen,* Handlungsmöglichkeiten und Durchsetzungsdefizite für Interessenvertretungen nach dem Allgemeinen Gleichbehandlungsgesetz, AuR 2007, 6; *Hein,* AGG × KSchG = Europa^2?, NZA 2008, 1033; *Hjort/Richter,* Das Allgemeine Gleichbehandlungsgesetz, AR-Blattei SD 800.1 (2007); *Hoch,* Wer nicht schult, zahlt? – Schulungen nach dem Allgemeinen Gleichbehandlungsgesetz, BB 2007, 1732; *Hoentzsch,* Europarechtskonformität und Auslegung der Beweislastregelung in § 22 AGG, DB 2006, 2631; *Hoffjan/Bramann,* Die Lebenspartnerschaft und arbeitsrechtliche Benachteiligung, BB 2007, 2625; *Joussen,* § 9 AGG und die europäischen Grenzen für das kirchliche Arbeitsrecht, NZA 2008, 675; *Junker,* Das Internationale Privat- und Verfahrensrecht der Nichtdiskriminierung im Arbeitsverhältnis, NZA 2008, Beil. 2 S. 59; *Kamanabrou,* Vereinbarkeit von Pensionsgrenzen mit Europarecht, EuZA 2008, 251; *dies.,* Europarechtskonformer Schutz vor Benachteiligungen bei Kündigungen, RdA 2007, 199; *dies.,* Die arbeitsrechtlichen Vorschriften des Allgemeinen Gleichbehandlungsgesetzes, RdA 2006, 321; *dies.,* Rechtsfolgen unzulässiger Benachteiligung im Antidiskriminierungsrecht, ZfA 2006, 327; *dies.,* Vertragsgestaltung und Antidiskriminierung, NZA 2006, Beil. 3 S. 138; *Kania/Merten,* Auswahl und Einstellung von Arbeitnehmern und Geltung des AGG, ZIP 2007, 8; *Kleinebrink,* Das AGG und das gesetzliche Recht auf Einblick in die Bruttoentgeltlisten, FA 2006, 295; *Klumpp,* § 23 BetrVG als Diskriminierungssanktion?, NZA 2006, 904; *Kock,* Allgemeines Gleichbehandlungsgesetz – Überblick über die arbeitsrechtlichen Regelungen MDR 2006, 1088; *ders.,* Kein Verstoß gegen die EGRL 78/2000 bei Kündigung wegen Krankheit, ZIP 2006, 1551; *Köppen,* Die Antidiskriminierungsstelle des Bundes – Rückblick und Perspektiven, NZA 2008, Beil. 2 S. 91; *Körner,* Diskriminierung von älteren Arbeitnehmern – Abhilfe durch das AGG?, NZA 2008, 497; *Lembke,* Sind an die Ehe anknüpfende Leistungen des Arbeitgebers auch an Lebenspartner zu gewähren?, NJW 2008, 1631; *Lindner,* Die Ausweitung des Diskriminierungsschutzes durch den EuGH, NJW 2008, 2750; *Lingemann/Gotham,* AGG – Benachteiligungen wegen des Alters in kollektivrechtlichen Regelungen, NZA 2007, 663; *Lingemann/Müller,* Die Auswirkungen des Allgemeinen Gleichbehandlungsgesetzes auf die Arbeitsvertragsgestaltung, BB 2007, 2006; *Löwisch,* Kündigen unter dem AGG, BB 2006, 2189; *ders.,* Kollektivverträge und Allgemeines Gleichbehandlungsgesetz, BB 2006, 1729; *Mohr/v. Fürstenberg,* Kirchliche Arbeitgeber im Spannungsverhältnis zwischen grundrechtlich geschütztem Selbstbestimmungsrecht und europarechtlich gefordertem Diskriminierungsschutz, BB 2008, 2122; *Nägele,* Die Lebenspartnerschaft und arbeitsrechtliche Benachteiligung, ArbRB 2007, 328; *Nebeling/Miller,* Die materielle Richtigkeitsgewähr des Tarifvertrages im Lichte der Haftungsfalle des § 15 Abs. 3 AGG, RdA 2007, 289; *Oberwetter,* Ein Jahr AGG – erste Erfahrungen mit der Rechtsprechung, BB 2007, 1847; *ders.,* Das Allgemeine Gleichbehandlungsgesetz im Bereich der Personaldienstleistungen, BB 2007, 1109; *Oetker,* Ausgewählte Probleme zum Beschwerderecht des Beschäftigten nach § 13 AGG, NZA 2008, 264; *Oberwinter/Ziegler,* AGG: Sanktionen, Beweislastverteilung und Klagerecht, FA 2006, 264; *Perreng,* AGG – was hat's gebracht?, NZA 2008, Beil. 2, 102; *U. Preis,* Diskriminierungsschutz zwischen EuGH und AGG (Teil I und II); ZESAR 2007, 249 und 308; *ders.,* Verbot der Altersdiskriminierung als Gemeinschaftsgrundrecht, NZA 2006, 401; *Polloczek,* Altersdiskriminierung im Licht des Europarechts, 2008; *Reichold,* Diskriminierungsschutz und Verfassungsrecht, ZfA 2006, 257; *Rengier,* Betriebliche Altersversorgung und Allgemeines Gleichbehandlungsgesetz, NZA 2006, 1251; *Richardi,* Neues und Altes – ein Ariadnefaden durch das Labyrinth des Allgemeinen Gleichbehandlungsgesetzes, NZA 2006, 881; *Rieble/Zedler,* Altersdiskriminierung in Tarifverträgen, ZfA 2006, 273; *Rittweger/Schmidl,* Allgemeines Gleichbehandlungsgesetz und Datenschutzrecht, FA 2006, 266; *Röder/Krieger,* Einführung in das neue Antidiskriminierungsrecht, FA 2006, 199; *Sagan,* Die Sanktion diskriminierender Kündigungen nach dem Allgemeinen Gleichbehandlungsgesetz, NZA 2006, 1257; *Schiefer/Ettwig/Worzalla,* Ein Jahr Allgemeines Gleichbehandlungsgesetz, DB 2007, 1977; *Schliemann,* Kirchliches Selbstbestimmungsrecht und Europäischer Tendenzschutz, FS für Richardi, 2007, S. 959; *Schneider/Sittard,* Ethikrichtlinien als Präventivmaßnahmen i. S. des § 12 AGG?, NZA 2007, 657; *Schrader,* Gestaltungsmöglichkeiten des Arbeitgebers nach Inkrafttreten des AGG, DB 2006, 2571; *Schrader/Straube,* Ist das AGG international zwingendes (Arbeits-)Recht?, NZA 2007, 184; *Schwab,* Diskriminierende Stellenanzeigen durch Personalvermittler, NZA 2007, 178; *Seel,* AGG – Schadensersatz für Diskriminierungen im Bewerbungsverfahren, MDR 2006, 1321; *Simon/Greßlin,* AGG: Haftung des Arbeitgebers bei Benachteiligungen durch Beschäftigte und Dritte, BB 2007, 1782; *Sprenger,* Aktuelle Tendenzen des EuGH im Diskriminierungsrecht – Rechtsprechung oder Rechtsfortbildung?, BB 2008. 2405; *Temming,* Altersdiskriminierung im Arbeitsrecht, 2008; *ders.,* Der Fall Palacios: Kehrtwende im Recht der Altersdiskriminierung?, NZA 2007, 1193; *Thüsing,* Das künftige Antidiskriminierungsrecht als Herausforderung für Wissenschaft und Praxis, ZfA 2006, 241; *Wagner/Potsch,* Haftung für Diskriminierungsschäden nach dem AGG, JZ 2006, 1085; *Waltermann,* Altersdiskriminierung, ZfA 2006, 305; *Wendeling-Schröder,* Der Prüfungsmaßstab bei Altersdiskriminierungen, NZA 2007, 1399; *Westhauser/Sediq,* Mitbestimmungsrechtliche Aspekte des Beschwerderechts nach § 13 AGG, NZA 2008, 78; *Wiedemann,* Tarifvertrag und Diskriminierungsschutz, NZA 2007, 950; *Willemsen/Schweibert,* Das AGG im Arbeitsrecht, NJW 2006, 2583; *Windel,* Beweisprobleme des AGG im Schuldrechtsverkehr, ZGS 2007, 60; *ders.,* Der Beweis diskriminierender Benachteiligungen, RdA 2007, 1; *Wisskirchen,* Der Umgang mit dem Allgemeinen Gleichbehandlungsgesetz – Ein „Kochrezept" für Arbeitgeber, DB 2006, 1491; *Wisskirchen/Bissels,* Das Fragerecht des Arbeitgebers bei Einstellung unter Berücksichtigung des AGG, NZA 2007, 169; *Wolf,* Nichtdiskriminierung: Lehrstück für gesetzgeberischen Aktionismus, FS für Hromadka, 2008, S. 511; *Wulfers/Hecht,* Altersdiskriminierung durch Tarifbestimmungen – Eine Analyse des TVöD und TV-L, ZTR 2007, 475; *Zimmer/Volk,* Allgemeines Gleichbehandlungsgesetz – die Diskriminierungsmerkmale, FA 2006, 258.

Übersicht

	RN
I. Allgemeines	1–3
II. Gegenstände des Benachteiligungsverbots	4 ff.
1. Rasse und ethnische Herkunft	5–8
2. Geschlecht	9
3. Religion und Weltanschauung	10–12
4. Behinderung	13
5. Sexuelle Identität	14
6. Alter	15
III. Anwendungsbereich	16 ff.
1. Persönlicher Anwendungsbereich	16
2. Zugang zur Erwerbstätigkeit sowie beruflicher Aufstieg	17–19
3. Stellenanzeigen	20
4. Arbeitsbedingungen	21
5. Berufsbildung	22
6. Mitgliedschaft in Vereinigungen	23
7. Kündigungen	24–27
8. Verhältnis zu anderen Bestimmungen	28
IV. Benachteiligung	29 ff.
1. Unmittelbare Benachteiligung	30–31 a
2. Mittelbare Benachteiligung	32–34
3. Belästigung	35–38
4. Sexuelle Belästigung	39, 40
5. Anweisung zur Benachteiligung	41–43
V. Mobbing	43 a ff.
1. Begriff	43 a
2. Anspruchsgrundlagen	43 b
3. Rechtsverhältnis zwischen den Arbeitnehmern	43 c
4. Ansprüche gegenüber dem Arbeitgeber	43 d
5. Betriebsrat	43 e
6. Gerichtliches Verfahren	43 f
VI. Rechtfertigungsgründe	44 ff.

	RN
1. Allgemeines	44
2. Wesentliche und entscheidende berufliche Anforderung	45–51
3. Entgeltgleichheit	52–54
4. Positive Maßnahmen	55
5. Unterschiedliche Behandlung wegen des Alters	56–69
VII. Benachteiligungsverbot	70 ff.
1. Überblick	70–72 a
2. Benachteiligung durch den Arbeitgeber	72 b
3. Benachteiligung durch Dritte	73–75
4. Rechtsfolgen	76
VIII. Schadensersatzansprüche	77 ff.
1. Überblick	77
2. Materieller Schaden	78–83
3. Immaterieller Schaden	84–89
4. Entschädigung bei Nichteinstellung	90–94
5. Kollektivvereinbarungen	95
6. Ansprüche aus anderen Rechtsvorschriften	96
7. Ausschlussfristen	97–108
IX. Sonstige Rechte der Beschäftigten	109 ff.
1. Beschwerderecht	109–111
2. Leistungsverweigerungsrecht	112–116
3. Maßregelungsverbot	117
X. Organisationspflichten des Arbeitgebers	118 ff.
1. Überblick	118
2. Allgemeine Handlungspflichten	119
3. Präventiver Schutz	120–123
4. Repressive Maßnahmen	124
5. Rechtsfolgen	125, 126
XI. Besonderheiten für Religionsgemeinschaften	127 ff.
1. Gemeinschaftsrechtliche Vorgaben	127
2. Verfassungsrechtliche Erfordernisse	128–130
XII. Beweislast	131 ff.
1. Überblick	131
2. Gemeinschaftsrechtliche Vorgaben	132, 133
3. Darlegungs- und Beweislast des Arbeitnehmers	134–138
4. Beweislast des Arbeitgebers	139, 140

I. Allgemeines

Am 18. 8. 2006 ist das Allgemeine Gleichbehandlungsgesetz in Kraft getreten. Durch das AGG soll der Schutz vor Diskriminierungen im Sinne des Art. 3 GG verbessert werden.[1] 1

Das Gesetz setzt in seinem arbeitsrechtlichen Teil die Vorgaben folgender **EU-Richtlinien** um: 2

- Richtlinie 2000/43/EG des Rates vom 29. Juni 2000 zur Anwendung des Gleichbehandlungsgrundsatzes ohne Unterschied der Rasse oder der ethnischen Herkunft **(Antirassismusrichtlinie),**[2]
- Richtlinie 2000/78/EG des Rates vom 27. November 2000 zur Festlegung eines allgemeinen Rahmens für die Verwirklichung der Gleichbehandlung in Beschäftigung und Beruf **(Rahmenrichtlinie),**[3]
- Richtlinie 2002/73/EG des Europäischen Parlaments und des Rates vom 23. September 2002 zur Änderung der Richtlinie 76/207/EWG des Rates zur Verwirklichung des Grundsatzes der Gleichbehandlung von Männern und Frauen hinsichtlich des Zugangs zur Beschäftigung, zur Berufsbildung und zum beruflichen Aufstieg sowie in Bezug auf die Arbeitsbedingungen **(Gender-Richtlinie).**[4]

Der EuGH hatte zuvor bereits mit Urteil vom 23. 2. 2006 die nicht fristgemäße Umsetzung der Richtlinie 2000/78/EG gerügt.[5] Die Gleichbehandlungsrichtlinien verpflichten die Mitgliedstaaten im Rahmen der auf die Gemeinschaft übertragenen Zuständigkeiten zu einem **Rechtsschutz vor Diskriminierungen** durch Arbeitgeber. Der rechtliche Schutz vor Diskriminierung zielt nicht auf den Schutz besonderer Gruppen, sondern auf den Schutz jedes Einzelnen vor Benachteiligungen, die an Eigenschaften oder Lebensformen anknüpfen. 3

II. Gegenstände des Benachteiligungsverbots

Nach **§ 1 AGG** ist eine Benachteiligung aus Gründen der Rasse oder wegen der ethnischen Herkunft, wegen des Geschlechts, der Religion oder Weltanschauung, einer Behinderung, des Alters oder der sexuellen Identität zu verhindern oder zu beseitigen. Die in § 1 AGG genannten Benachteiligungsverbote finden sich auch in Art. 13 EG-Vertrag, der durch den Amsterdamer Vertrag mit Wirkung zum 1. Mai 1999 in das primäre Gemeinschaftsrecht eingefügt worden ist. 4

---

[1] BT-Drucks. 16/1780 S. 20.
[2] ABl. Nr. L 180/22.
[3] ABl. Nr. L 303/16.
[4] ABl. Nr. L 269/15.
[5] EuGH 23. 2. 2006 NZA 2006, 553.

5 **1. Rasse und ethnische Herkunft.** Die Merkmale „Rasse" und „ethnische Herkunft" dienen der Umsetzung der **Antirassismusrichtlinie 2000/43/EG.** Die Begriffe sind in einem umfassenden Sinne zu verstehen, denn sie sollen einen möglichst lückenlosen Schutz vor ethnisch motivierter Benachteiligung gewährleisten.

6 Die Verwendung des Begriffs der **„Rasse"** ist nicht unproblematisch. Er wurde gewählt, weil „Rasse" den sprachlichen Anknüpfungspunkt zu dem Begriff des „Rassismus" bildet und die hiermit verbundene Signalwirkung – nämlich die konsequente Bekämpfung rassistischer Tendenzen – genutzt werden soll.[6] Zugleich entspricht die Wortwahl dem Wortlaut des Art. 13 EG, dessen Ausfüllung die Antirassismusrichtlinie 2000/43/EG dient, sowie dem Wortlaut des Art. 3 III 1 des Grundgesetzes. In Übereinstimmung mit dem Erwägungsgrund 6 der Antirassismusrichtlinie 2000/43/EG sind allerdings Theorien zurückzuweisen, mit denen versucht wird, die Existenz verschiedener menschlicher Rassen zu belegen. Die Verwendung des Begriffs „Rasse" bedeutet keinesfalls eine Akzeptanz solcher Vorstellungen.[7] Anders als in Art. 3 III GG heißt es in § 1 AGG, Benachteiligungen „aus Gründen der Rasse" und nicht „wegen" der Rasse seien zu verhindern oder zu beseitigen.[8]

7 Der Begriff **„Rasse"** umschreibt die Zugehörigkeit eines Menschen zu einer bestimmten Personengruppe auf Grund lebenslänglicher, vererblicher äußerer Erscheinungsmerkmale.[9] Im Anschluss an die Definition im internationalen Übereinkommen zur Beseitigung jeder Form von Rassendiskriminierung vom 7. 3. 1966[10] erfasst das Verbot der Benachteiligung aus Gründen der „Rasse" jede auf der Hautfarbe, der Abstammung, dem nationalen Ursprung und dem Volkstum beruhende Unterscheidung.[11]

8 Auch das Merkmal der **„ethnischen Herkunft"** ist in einem weiten Sinne zu verstehen. Es knüpft an das Merkmal „Rasse" an und bezeichnet Personengruppen, die kulturell, sozial-historisch und genetisch eine Einheit bilden. Erfasst werden Gruppen, die über eine eigene kulturelle, religiöse und sprachliche Tradition sowie besondere Sitten und Gebräuche verfügen.[12] Die ethnische Herkunft kann sich auch in der Hautfarbe und dem äußeren Erscheinungsbild äußern. Ethnische Gruppen sind z. B. Sinti und Roma, Kurden sowie die Sorben in Ostsachsen und die dänische Minderheit in Schleswig-Holstein.[13] Nicht gemeint ist die bloße Staatsangehörigkeit, wie sich aus dem Erwägungsgrund 13 der Richtlinie 2000/43/EG ergibt.[14] Hier ist aber sorgfältig zu prüfen, ob die Staatsangehörigkeit wirklich der Grund für die unterschiedliche Behandlung ist oder eben doch die Abstammung und Zugehörigkeit zu einer bestimmten Volksgruppe, z. B. Türken.[15] So hat auch der EuGH eine Diskriminierung wegen der Rasse bzw. ethnischen Herkunft nach Art. 2 der Richtlinie 2000/43/EG in einem Fall bejaht, in dem der Arbeitgeber öffentlich erklärt hatte, keine „Arbeitnehmer fremder Herkunft" beschäftigen zu wollen.[16] Keine Ethnien i. S. d. AGG sind Ost- und Westdeutsche oder Bayern, Schwaben und Rheinländer.[17] Deshalb liegt in Bezug auf Bewerber aus anderen Landesteilen keine Benachteiligung wegen ethnischer Herkunft vor, wenn ein Unternehmen einen Vertriebsmitarbeiter mit „Lokalkolorit" sucht.[18] Die Nichtberücksichtigung eines ausländischen Stellenbewerbers mit „Migrationshintergrund" wegen mangelnder Kenntnisse der deutschen Sprache ist für sich genommen keine Benachteiligung wegen der ethnischen Herkunft.[19]

9 **2. Geschlecht.** Das Verbot der Benachteiligung wegen des Geschlechts ist nicht neu. § 611 a BGB enthielt insoweit eine ganz ähnliche Regelung.[20] Gemeint ist das **männliche und weib-**

---

[6] BT-Drucks. 16/1780 S. 30 f.

[7] Wendeling-Schröder/*Stein* AGG § 1 RN 9.

[8] Kritisch zu dieser Wortwahl *Thüsing* RN 177.

[9] *Adomeit/Mohr* AGG § 1 RN 28; HK-AGG/*Däubler* § 1 RN 24; *Annuß* BB 2006, 1629, 1630; *Zimmer/Volk* FA 2006, 258.

[10] Ratifiziert durch Gesetz v. 9. 5. 1969 BGBl. II S. 961.

[11] *Adomeit/Mohr* AGG § 1 RN 28; *Bauer/Göpfert/Krieger* AGG § 1 RN 19.

[12] HK-AGG/*Däubler* § 1 RN 28; *Schleusener*/Suckow/Voigt § 1 RN 42; *Thüsing* RN 178 f.

[13] *Bauer/Göpfert/Krieger* AGG § 1 RN 21; HK-AGG/*Däubler* § 1 RN 36 f.

[14] Wendeling-Schröder/*Stein* AGG § 1 RN 14.

[15] HK-AGG/*Däubler* § 1 RN 34; ErfK/*Schlachter* § 1 AGG RN 4; Wendeling-Schröder/*Stein* AGG § 1 RN 14.

[16] EuGH 10. 7. 2008 NZA 2008, 929.

[17] *Thüsing* RN 181; Wendeling-Schröder/*Stein* AGG § 1 RN 12; a. A. *Bauer/Göpfert/Krieger* § 1 RN 23.

[18] *Bauer/Göpfert/Krieger* § 1 RN 22; Palandt/*Heinrichs* § 1 AGG RN 2.

[19] ArbG Berlin 26. 7. 2007 AuR 2008, 112.

[20] Dazu BAG 14. 8. 2007 AP 1 zu § 33 AGG = NZA 2008, 99; 5. 2. 2004 AP 23 zu § 611 a BGB = NZA 2004, 540.

liche Geschlecht. Hierzu gehört auch die **Transsexualität,** weil nach der Rechtsprechung des EuGH die Benachteiligung Transsexueller eine Geschlechtsdiskriminierung darstellt.[21] Gleiches gilt für Hermaphroditen.[22] Die anderslautenden Erwägungen in der Gesetzesbegründung[23] stehen dem nicht entgegen. Gem. § 3 I 2 AGG ist die ungünstigere Behandlung einer Frau wegen ihrer Schwangerschaft eine unmittelbare Benachteiligung wegen des Geschlechts. Dies entspricht der Rechtsprechung des EuGH.[24] Danach stehen Art. 2 I und Art. 5 I der Richtlinie 76/207 der Kündigung einer Arbeitnehmerin entgegen, die sich in einem vorgerückten Behandlungsstadium einer In-vitro-Fertilisation befindet, nämlich zwischen der Follikelpunktion und der sofortigen Einsetzung der in vitro befruchteten Eizellen in ihre Gebärmutter, wenn die Tatsache, dass sich die Betreffende einer solchen Behandlung unterzogen hat, der hauptsächliche Grund für die Kündigung ist.[25]

3. Religion und Weltanschauung. Das Gesetz enthält keine Definition des Begriffs Religion.[26] Nach der Rechtsprechung sind Religion oder Weltanschauung eine mit der Person des Menschen verbundene Gewissheit über bestimmte **Aussagen zum Weltganzen** sowie zur Herkunft und zum Ziel des menschlichen Lebens. Es geht dabei nicht um die Beantwortung irgendwelcher, sondern grundlegender Fragen,[27] verbunden mit dem Bekenntnis zu einem bestimmten Glauben. Der Religion liegt eine den Menschen überschreitende und umgreifende („transzendente") Wirklichkeit zugrunde, während sich die Weltanschauung auf innerweltliche („immanente") Bezüge beschränkt.[28] Der Glaube an Gott ist dabei keine notwendige Bedingung.[29] Nach der Rechtsprechung des EGMR betrifft die Religionsfreiheit vorrangig das individuelle Gewissen, sie umfasst aber u. a. auch die Freiheit, seine Religion nicht nur gemeinsam mit anderen öffentlich oder im Kreise von Personen desselben Glaubens zu bekennen, sondern auch allein und privat. Art. 9 EMRK zählt einige Formen des Bekenntnisses einer Religion oder seiner Weltanschauung auf, nämlich Gottesdienst, Unterricht und Praktizieren von Gebräuchen und Riten. Hierdurch wird aber nicht jede mit einer Religion oder Weltanschauung begründete oder durch sie angeregte Handlung geschützt. Der EGMR hat z. B. eine Verletzung von Art. 9 EMRK verneint, als ein Angehöriger des öffentlichen Dienstes, der Mitglied der Kirche der Adventisten des siebten Tages war, zur Einhaltung des Sabbath dem Dienst fernblieb und deswegen entlassen wurde.[30] 10

Geschützt sind nur Weltanschauungen, die im Einklang mit der **freiheitlich-demokratischen Grundordnung** stehen. Eine nationalsozialistische Weltanschauung fällt deshalb ebenso wenig in den Schutzbereich der Norm wie eine religiöse Überzeugung, die anderen Personengruppen das Existenzrecht abspricht.[31] Nicht erfasst werden des Weiteren **tagespolitische Richtigkeitsvorstellungen** und Überzeugungen sowie Hobbys.[32] Das Vorschieben einer Religion oder Weltanschauung zur Rechtfertigung von Verhaltensweisen (Piercing oder Drogenkonsum) wird nicht geschützt.[33] Gleiches gilt für Regeln zu Teilfragen des Lebens.[34] Ob sich ein Verkäufer eines Kaufhauses, der überzeugter Vegetarier ist, weigern kann, in der Fleischwarenabteilung zu arbeiten, weil dies seiner „Weltanschauung" widerspreche,[35] erscheint deshalb mehr als fraglich. 11

Religiöse Überzeugungen spielen in der Praxis eine Rolle beim Tragen von **Kopftüchern** durch muslimische Arbeitnehmerinnen[36] und Gebetspausen gläubiger Moslems.[37] Probleme 12

[21] EuGH 7. 1. 2004 NJW 2004, 1440.
[22] *Schleusener*/Suckow/Voigt § 1 RN 45; *Thüsing* RN 182.
[23] BT-Drucks. 16/1780 S. 31.
[24] EuGH 18. 11. 1990 AP 23 zu Art. 119 EWG-Vertrag = NZA 91, 171.
[25] EuGH 26. 2. 2008 AP 7 zu EWG-Richtlinie Nr 92/85 = NZA 2008, 345.
[26] Hierzu *Adomeit/Mohr* AGG § 1 RN 67 ff.; HK-AGG/*Däubler* § 1 RN 51; Wendeling-Schröder/*Stein* AGG § 1 RN 32 ff.
[27] *Annuß* BB 2006, 1629, 1631; ErfK/*Schlachter* § 1 AGG RN 7; *Thüsing* RN 188.
[28] BAG 22. 3. 1995 AP 21 zu § 5 ArbGG 1979 = NZA 95, 823; näher dazu *Thüsing* RN 194 ff.
[29] *Bauer/Göpfert/Krieger* § 1 RN 29 f.; *Thüsing* RN 191.
[30] EGMR 3. 12. 1996 – 24949/94; zusammenfassend EGMR 13. 4. 2006 NZA 2006, 1401.
[31] *Bauer/Göpfert/Krieger* § 1 RN 31.
[32] *Annuß* BB 2006, 1629, 1631; *Bauer/Göpfert/Krieger* § 1 RN 30.
[33] *Adomeit/Mohr* AGG § 1 RN 72; *Bauer/Göpfert/Krieger* AGG § 1 RN 32.
[34] ErfK/*Schlachter* § 1 AGG RN 7.
[35] So *Däubler* NJW 2006, 2608.
[36] BAG 10. 10. 2002 AP 44 zu § 1 KSchG 1969 Verhaltensbedingte Kündigung = NZA 2003, 483; vgl. dazu auch BVerwG 26. 6. 2008 – 2 C 22/07 zVv.; 24. 6. 2004 NJW 2004, 3581.
[37] LAG Hamm 26. 2. 2002 AP 3 zu § 611 BGB Gewissensfreiheit = NZA 2002, 1090.

dürften sich in Zukunft in Bezug auf die Behandlung der **Scientology-Gemeinschaft** ergeben.[38] Zahlreiche Arbeitsverträge sehen eine Erklärung des Arbeitnehmers vor, nicht dieser Gemeinschaft anzugehören. Die deutschen Gerichte haben die Religionseigenschaft der Scientology-Gemeinschaft überwiegend verneint, dagegen wird dieser Status in Frankreich und den USA bejaht.[39] Der EGMR hat in der in Russland abgelehnten Registrierung der Scientology-Gemeinschaft als Religionsgemeinschaft einen Verstoß gegen Art. 9 und 11 EMRK gesehen.[40] Da der Begriff „Religion" innerhalb der EU einheitlich auszulegen ist, dürfte hierzu der EuGH das letzte Wort haben.

13 **4. Behinderung.** Der Begriff der „Behinderung" entspricht nach der Gesetzesbegründung den gesetzlichen Definitionen in § 2 I 1 SGB IX und in § 3 des Gesetzes zur Gleichstellung behinderter Menschen (BGG):[41] Nach den insoweit übereinstimmenden Vorschriften sind Menschen behindert, „wenn ihre körperliche Funktion, geistige Fähigkeit oder seelische Gesundheit mit hoher Wahrscheinlichkeit länger als sechs Monate von dem für das Lebensalter typischen Zustand abweichen und daher ihre Teilhabe am Leben in der Gesellschaft beeinträchtigt ist." Nach der Rechtsprechung des EuGH erfasst der Begriff „Behinderung" i. S. d. Richtlinie 2000/78/EG Einschränkungen, die insbesondere auf physische, geistige oder psychische Beeinträchtigungen zurückzuführen ist und die ein Hindernis für die Teilhabe des Betreffenden am Berufsleben bilden. Damit die Einschränkung unter den Begriff „Behinderung" fällt, muss wahrscheinlich sein, dass sie von langer Dauer sein wird. Die Behinderung ist insoweit von der Krankheit zu unterscheiden.[42] Eine lange Zeit andauernde Einschränkung der Teilhabe am Berufsleben kann körperliche und geistige Ursachen haben.[43] Das bloße Übergewicht stellt noch keine Behinderung dar. Anders zu beurteilen ist jedoch eine besonders stark ausgeprägte Fettleibigkeit.[44] Keine Behinderung sind altersbedingte Beeinträchtigungen (leichte Schwerhörigkeit, Sehschwächen usw.). Das Verbot der Diskriminierung wegen einer Behinderung ist nicht auf Personen beschränkt, die selbst behindert sind (dazu RN 31 a). Ob eine Behinderung vorliegt, kann nach den „Anhaltspunkten 2008 für die ärztliche Gutachtertätigkeit im sozialen Entschädigungsrecht und nach dem Schwerbehindertenrecht" beurteilt werden.[45] Diese werden als Ergebnis eines Konsultationsverfahrens zwischen den für das soziale Entschädigungsrecht und Schwerbehindertenrecht zuständigen Ministerien, den Verbänden, Arbeitsgemeinschaften und Selbsthilfegruppen der Betroffenen und Medizinern ohne gesetzliche Ermächtigungsgrundlage vom Bundesministerium für Arbeit und Soziales (BMAS) herausgegeben und veröffentlicht (www.anhaltspunkte.vsbinfo.de").[46]

14 **5. Sexuelle Identität.** Der Begriff der „sexuellen Identität" entspricht der bereits zur Umsetzung der Richtlinie 2000/78/EG in § 75 BetrVG erfolgten Wortwahl. Erfasst werden nach der Gesetzesbegründung **homosexuelle Männer und Frauen** ebenso wie bisexuelle, transsexuelle oder zwischengeschlechtliche Menschen. Dies ist für die beiden letztgenannten Personengruppen unzutreffend, nachdem der EuGH die Benachteiligung Transsexueller als Geschlechtsdiskriminierung behandelt (vgl. RN 9).[47] Der Inhalt des Begriffs „sexuelle Identität" erschließt sich über den in der Richtlinie 2000/78/EG verwendeten Begriff der „sexuellen Ausrichtung". Homosexuell ausgerichtete Arbeitnehmer sollen ebenso geschützt werden wie umgekehrt heterosexuelle Arbeitnehmer in einer homosexuell geprägten Arbeitsumwelt. Die Geschlechtsidentität ist hiervon zu unterscheiden.[48] Nicht geschützt sind besondere sexuelle Praktiken oder Vorlieben, weil diese nicht der Person selbst eigen sind, sondern von ihr beeinflusst werden können.[49] Art. 1 i. V. m. Art. 2 der Richtlinie 2000/78/EG steht nach der Rechtsprechung des EuGH einer Regelung entgegen, wonach der überlebende Partner nach Versterben seines Lebenspartners keine Hinterbliebenenversorgung entsprechend einem überle-

---

[38] *Röder/Krieger* FA 2006, 199, 200.
[39] Dazu *Wiedemann/Thüsing* DB 2002, 466.
[40] EGMR 5. 4. 2007 NJW 2008, 495.
[41] BT-Drucks. 16/2022 S. 31; näher dazu *Düwell* BB 2006, 1741; *Thüsing* RN 200 ff.
[42] EuGH 11. 7. 2006 AP 3 zu Richtlinie 2000/78/EG = NZA 2006, 839; zur Problematik Krankheit und Behinderung vgl. auch *Reichold* JZ 2007, 196; *Thüsing/Wege* NZA 2006, 136.
[43] Vgl. dazu auch BAG 3. 4. 2007 AP 14 zu § 81 SGB IX = NZA 2007, 1098.
[44] Wendeling-Schröder/*Stein* AGG § 1 RN 52; MünchKommBGB/*Thüsing* § 1 AGG RN 80.
[45] Wendeling-Schröder/*Stein* AGG § 1 RN 50.
[46] *Schleusener*/Suckow/Voigt § 1 RN 64; Wendeling-Schröder/*Stein* AGG § 1 RN 55.
[47] EuGH 30. 4. 1996 NZA 96, 695; 7. 1. 2004 NJW 2004, 1440.
[48] *Thüsing* RN 215.
[49] *Adomeit/Mohr* AGG § 1 RN 126 f.; *Bauer/Göpfert/Krieger* § 1 RN 53; *Schleusener*/Suckow/Voigt § 1 RN 73; a. A. *Annuß* BB 2006, 1629, 1630 f.

benden Ehegatten erhält, obwohl die Lebenspartnerschaft nach dem LPartG Personen gleichen Geschlechts in eine Situation versetzt, die in Bezug auf die Hinterbliebenenversorgung mit der Situation von Ehegatten vergleichbar ist.[50] Das BVerfG hat demgegenüber angenommen, § 40 I Nr. 1 BBesG verstoße, soweit er Beamte in eingetragener Lebenspartnerschaft vom Familienzuschlag der Stufe 1 ausschließe, nicht gegen Art. 3 I.[51] Dementsprechend hat das BAG für einen kirchlichen Arbeitgeber entschieden, der Ausschluss der eingetragenen Lebenspartnerschaft vom erhöhten Ortszuschlag sei verfassungsrechtlich zulässig und verstoße nicht gegen Gemeinschaftsrecht.[52]

6. Alter. Der Begriff „Alter" meint **Lebensalter,** schützt also gegen ungerechtfertigte unterschiedliche Behandlungen, die an das konkrete Lebensalter anknüpfen. Es geht nicht ausschließlich um den Schutz älterer Menschen vor Benachteiligung, wenngleich dies ein Schwerpunkt des Anwendungsbereichs ist. § 1 AGG erfasst auch die Benachteiligung jüngerer gegenüber älteren Arbeitnehmern.[53] Dies gewinnt Bedeutung bei altersabhängiger Vergütung und Urlaubsdauer (dazu RN 60ff.). Eine Grenze für den Schutz älterer Menschen gibt es nicht, so dass auch Arbeitnehmer, welche die gesetzliche Altersgrenze überschritten haben, geschützt sind.[54] 15

III. Anwendungsbereich

1. Persönlicher Anwendungsbereich. Gemäß § 6 I AGG werden durch das AGG Arbeitnehmer, die zu ihrer Berufsbildung Beschäftigten, arbeitnehmerähnliche Personen, Bewerber und ausgeschiedene Arbeitnehmer geschützt. Nach § 6 I 2 AGG genießen Leiharbeitnehmer auch gegenüber dem Entleiher Schutz. In Bezug auf Einstellungen und Beförderungen gelten die §§ 6 bis 18 AGG nach § 6 III AGG auch für Organmitglieder. 16

2. Zugang zur Erwerbstätigkeit sowie beruflicher Aufstieg. Nach § 2 I Nr. 1 AGG ist eine Benachteiligung beim Zugang zur unselbstständigen und selbstständigen Erwerbstätigkeit sowie beim beruflichen Aufstieg[55] unzulässig. Gemeint sind damit **Einstellungen und Beförderungen.**[56] Erfasst werden auch Auswahlkriterien. Das Benachteiligungsverbot bezieht sich nicht nur auf Arbeitsverhältnisse, sondern auch auf freie Mitarbeiterverhältnisse.[57] Wegen des Verweises in § 6 III AGG gilt diese Bestimmung des Weiteren für Organmitglieder. In Bezug auf die mögliche Benachteiligung wegen des Alters enthält § 10 Nr. 1 bis 3 AGG besondere Regelungen (dazu RN 56ff.). 17

Bei **Vorstellungsgesprächen** (dazu § 26 RN 16ff.) ergeben sich aus dem AGG Einschränkungen.[58] 18

Bei **Leistungsbeurteilungen,** die Grundlage von Beförderungsentscheidungen sind, darf der Arbeitgeber Arbeitnehmerinnen, die sich im Mutterschaftsurlaub befinden, nicht unberücksichtigt lassen.[59] Mit Gemeinschaftsrecht vereinbar sind nach Auffassung des EuGH Maßnahmen, die den Zugang von Frauen zur Beschäftigung verbessern sollen, indem ausschließlich weiblichen Arbeitnehmern subventionierte **Kindertagesstättenplätze** vorbehalten werden, während männliche Beschäftigte nur in Notfällen Zugriff auf diese Plätze haben.[60] 19

3. Stellenanzeigen. Große praktische Bedeutung hat § 2 I Nr. 1 AGG für Stellenanzeigen (dazu § 25 RN 3ff.).[61] Gemäß § 11 AGG darf ein Arbeitsplatz nicht unter Verstoß gegen § 7 I AGG ausgeschrieben werden. Das bedeutet, dass in Stellenanzeigen keine nach § 1 AGG verbotenen Merkmale als Arbeitsplatzanforderungen genannt werden dürfen. Enthält eine Stellenanzeige ein nach § 1 AGG verpöntes Merkmal, begründet das regelmäßig eine Vermutung i. S. v. 20

---

[50] EuGH 1. 4. 2008 AP 9 zu Richtlinie 2000/78/EG = NZA 2008, 459.

[51] BVerfG 20. 9. 2007 NJW 2008, 209.

[52] BAG 26. 10. 2006 AP 49 zu § 611 BGB Kirchendienst = NZA 2007, 1179.

[53] *Annuß* BB 2006, 325; *Bauer/Göpfert/Krieger* § 1 RN 46; ErfK/*Schlachter* § 1 AGG RN 11; *Schleusener*/Suckow/Voigt § 1 RN 69; *Thüsing* RN 213.

[54] *Bauer/Göpfert/Krieger* § 1 RN 45.

[55] Vgl. dazu die noch zu § 611a BGB ergangene Entscheidung BAG 24. 4. 2008 AP 2 zu § 33 AGG = NZA 2008, 1351.

[56] *Schleusener*/Suckow/Voigt § 2 RN 5f.

[57] *Bauer/Göpfert/Krieger* § 2 RN 16; MünchKommBGB/*Thüsing* § 2 AGG RN 3ff.

[58] Dazu *Kania/Merten* ZIP 2007, 8; *Ohlendorf/Schreier* BB 2008, 2458.

[59] EuGH 30. 4. 1998 DVBl. 98, 632.

[60] EuGH 19. 3. 2002 AP 29 zu EWG-Richtlinie Nr. 76/207 = NZA 2002, 501; dazu *Thüsing* DB 2002, 1452.

[61] Dazu *Kania/Merten* ZIP 2007, 8ff.; *Schrader* DB 2006, 2571ff.; *Wickert/Zange* DB 2007, 970.

§ 22 AGG für eine Benachteiligung (dazu RN 137).[62] Bedient sich der Arbeitgeber zur Stellenausschreibung Dritter (z. B. Agentur für Arbeit oder Unternehmensberatung), sind ihm deren Pflichtverletzungen zuzurechnen.[63]

21 **4. Arbeitsbedingungen.** Benachteiligungen sind gemäß § 2 I Nr. 2 AGG in Bezug auf die **Arbeitsbedingungen einschließlich des Entgelts** unzulässig. Auch hier ist die Sonderregelung für Benachteiligungen wegen des Alters in § 10 Nr. 1 bis 3 AGG zu berücksichtigen. Die Aufzählung im zweiten Halbsatz des § 2 I Nr. 2 AGG dient der Konkretisierung, sie ist nicht abschließend und umfasst z. B. auch Weisungen oder sonstige Anordnungen wie Versetzung oder Umsetzung durch den Arbeitgeber. Der Begriff der Vereinbarung ist weit zu verstehen. § 2 I Nr. 2 AGG erfasst z. B. vertragliche Regelungen zwischen Arbeitgeber und Beschäftigten ebenso wie Vereinbarungen mit Arbeitnehmervertretungen sowie Tarifverträge und vergleichbare kollektive Regelungen.[64] Die Einzelheiten werden im jeweiligen Sachzusammenhang dargestellt. Erfasst werden von § 2 I Nr. 2 AGG auch Benachteiligungen bei Entlassungsbedingungen. Das ist im Hinblick auf § 2 IV AGG nicht unproblematisch (dazu RN 24).

22 **5. Berufsbildung.** Das Verbot der Benachteiligung bei der Berufsbildung nach § 2 I Nr. 3 AGG erfasst alle Formen der Aus- und Weiterbildung.[65] Hierzu gehören z. B. die Berufsausbildung, Fortbildung und Umschulung (vgl. § 1 BBiG).

23 **6. Mitgliedschaft in Vereinigungen.** Die Nr. 4 des § 2 I AGG betrifft die Mitgliedschaft und Mitwirkung in berufsbezogenen Vereinigungen auf Beschäftigten- und Arbeitgeberseite. Gemeint sind Arbeitgeberverbände, Gewerkschaften sowie Innungen, Handwerkskammern und sonstige Vereinigungen freier Berufe.[66] Die Richtlinien wollen umfassend der Benachteiligung in Beschäftigung und Beruf entgegenwirken. Um dieses Ziel zu erreichen, kommt der Möglichkeit der ungehinderten Mitwirkung in entsprechenden Berufsverbänden und ähnlichen Vereinigungen erhebliche Bedeutung zu.[67]

24 **7. Kündigungen.** Für Kündigungen gelten nach § 2 IV AGG ausschließlich die Bestimmungen des allgemeinen und besonderen Kündigungsschutzes. Der Gesetzgeber hat mit dem **Unterlassen kündigungsrechtlicher Vorschriften** weder die dem AGG zugrunde liegende Richtlinie 2000/43/EG des Rates vom 29. Juni 2000 zur Anwendung des Gleichbehandlungsgrundsatzes ohne Unterschied der Rasse oder der ethnischen Herkunft (Antirassismusrichtlinie)[68] noch die Richtlinie 2000/78/EG des Rates vom 27. November 2000 zur Festlegung eines allgemeinen Rahmens für die Verwirklichung der Gleichbehandlung in Beschäftigung und Beruf (Rahmenrichtlinie)[69] in der geboten Art und Weise umgesetzt.[70] Denn nach der Rechtsprechung des EuGH gilt der durch die Rahmenrichtlinie 2000/78/EG zur Bekämpfung der Diskriminierung geschaffene allgemeine Rahmen auch für Kündigungen.[71]

25 Es bleibt deshalb den Gerichten vorbehalten, die Generalklauseln und unbestimmten Rechtsbegriffe in kündigungsrechtlichen Vorschriften **gemeinschaftsrechtskonform auszulegen.**[72] Damit bleibt das nationale Recht mit seinem richtlinienkonformen Inhalt anwendbar.[73] Davon unberührt bleibt es aber dabei, dass die Bundesrepublik Deutschland ihre Pflichten als Mitgliedstaat gegenüber der Gemeinschaft nicht erfüllt hat. Denn nach der Rechtsprechung des EuGH ist es für die ordnungsgemäße Umsetzung einer Richtlinie unerlässlich, dass das fragliche nationale Recht tatsächlich die vollständige Anwendung der Richtlinie durch die nationalen Behörden gewährleistet, dass die sich aus diesem Recht ergebende Rechtslage hinreichend bestimmt und klar ist und dass die Begünstigten in die Lage versetzt werden, von allen ihren Rechten

---

[62] Vgl. BAG 5. 2. 2004 AP 23 zu § 611 a BGB = NZA 2004, 540; BVerfG 21. 9. 2006 NJW 2007, 137; 16. 11. 1993 AP 9 zu § 611 a BGB = NZA 94, 745 zu § 611 a BGB.

[63] BAG 5. 2. 2004 AP 23 zu § 611 a BGB = NZA 2004, 540; BVerfG 21. 9. 2006 NJW 2007, 137.

[64] BT-Drucks. 16/1780 S. 31.

[65] *Bauer/Göpfert/Krieger* § 2 RN 32; *Thüsing* RN 100.

[66] Wendeling-Schröder/*Stein* AGG § 2 RN 18.

[67] BT-Drucks. 16/1780 S. 31.

[68] ABl. Nr. 180/22.

[69] ABl. Nr. L 303/16.

[70] Zweifelnd auch *Bauer/Göpfert/Krieger,* AGG, 2007, Nachtrag B 1; *Thüsing* RN 106.

[71] EuGH 11. 7. 2006 [Chacon Navas] NZA 2006, 839 RN 37.

[72] Ebenso *Bayreuther* DB 2006, 1842; *Diller/Krieger/Arnold* NZA 2006, 887, 889 f.; *Hanau* ZIP 2006, 2189, 2192; *Hein* NZA 2008, 1033, 1036; ErfK/*Schlachter* § 2 AGG RN 16; *Willemsen/Schweibert* NJW 2006, 2583, 2584; kritisch *Wisskirchen* DB 2006, 1491, 1495; dazu insbes. EuGH 5. 10. 2004 AP 12 zu EWG-Richtlinie 93/104 [Pfeiffer].

[73] *Hanau* ZIP 2006, 2189, 2192.

Kenntnis zu erlangen und diese gegebenenfalls vor den nationalen Gerichten geltend zu machen.[74] Dem genügt eine richtlinienkonforme Auslegung der kündigungsrechtlichen Vorschriften nicht. Ein Vertragsverletzungsverfahren nach Art. 226 EG ist deshalb nicht ausgeschlossen.

Verstößt eine **Kündigung gegen Diskriminierungsverbote** aus der Antirassismusrichtlinie 2000/43/EG oder der Rahmenrichtlinie 2000/78/EG, ist sie sozial ungerechtfertigt i. S. v. § 1 KSchG.[75] Das BAG geht demgegenüber davon aus, dass die Diskriminierungsverbote des AGG im Rahmen des Kündigungsschutzes nach dem Kündigungsschutzgesetz Anwendung finden. Eine Kündigung, die ein Diskriminierungsverbot verletze, könne daher sozialwidrig und damit unwirksam sein (§ 1 KSchG).[76] Entsprechendes gilt für die Kündigung eines Arbeitsverhältnisses, das nicht dem Schutz des KSchG unterliegt. Eine solche Kündigung verstieße gegen § 242 BGB, wenn sie aus einem dieser Gründe erfolgen würde.[77] Dementsprechend hat das BAG beispielsweise eine Kündigung wegen **Homosexualität** als treuwidrig angesehen.[78] Kann ein Sinti wegen seines Glaubens oder religiöser Überzeugung Bestattungsarbeiten nicht ausüben, liegt nicht schon eine Diskriminierung wegen der **Religion oder Weltanschauung** i. S. v. Art. 1 der Rahmenrichtlinie 2000/78/EG vor. Die Bereitschaft, Bestattungsarbeiten auszuführen, stellt in diesem Fall eine wesentliche und entscheidende berufliche Anforderung dar i. S. v. Art. 4 I der Rahmenrichtlinie 2000/78/EG dar.[79] Entsprechendes gilt für eine **Muslimin,** die als Verkäuferin tätig ist und während der Arbeit ein Kopftuch trägt. Da in diesen Fällen nach der Rechtsprechung des BAG eine Kündigung erst sozial gerechtfertigt ist, wenn nachweisbare wirtschaftliche Nachteile auftreten,[80] ist das Tragen des Kopftuchs bis zu dieser Grenze zulässig. Bleiben Kunden wegen des Kopftuchs der Verkäuferin weg, zeigt sich, dass das äußere Erscheinungsbild eine entscheidende berufliche Anforderung darstellt und deshalb eine Kündigung gerechtfertigt wäre.[81] Erfolgt die Kündigung aus einem Grund, der objektiv geeignet ist, die Kündigung sozial zu rechtfertigen (z. B. Diebstahl), und besteht zusätzlich ein im Sinne der Richtlinien **verwerfliches Motiv** (z. B. Homosexualität), ist die Kündigung wirksam, wenn der Arbeitgeber bei Diebstählen generell kündigt. Der gekündigte Arbeitnehmer erfährt in diesem Fall keine andere Behandlung als jeder andere stehlende Arbeitskollege.[82] 26

Die Verteilung der **Darlegungs- und Beweislast** ist im Geltungsbereich des KSchG unproblematisch, weil der Arbeitgeber für die Kündigungsgründe nach § 1 II 4 KSchG darlegungs- und beweispflichtig ist. Außerhalb des Geltungsbereichs des KSchG ist Art. 10 der Rahmenrichtlinie 2000/78/EG zu beachten.[83] Danach hat der Arbeitgeber zu beweisen, dass keine Diskriminierung i. S. d. Richtlinie vorliegt, wenn der Arbeitnehmer Tatsachen glaubhaft gemacht hat, die das Vorliegen einer unmittelbaren oder mittelbaren Diskriminierung vermuten lassen. Dem entspricht § 22 AGG. Für Kündigungen hat das zur Konsequenz, dass dann, wenn der Arbeitnehmer Tatsachen darlegt und im Streitfall beweist, die eine Benachteiligung vermuten lassen, der Arbeitgeber beweisen muss, dass dies nicht zutrifft. 27

8. Verhältnis zu anderen Bestimmungen. In § 2 III AGG ist klargestellt, dass das AGG keine vollständige und abschließende Regelung des Schutzes vor Benachteiligung beinhaltet. Benachteiligungsverbote oder Gleichbehandlungsgebote, die auf anderen Rechtsvorschriften beruhen, bleiben unberührt (z. B. § 4 TzBfG). Dies gilt auch für öffentlich-rechtliche Schutzvorschriften bestimmter Personengruppen, wie z. B. die Mutterschutzvorschriften. Für Betriebsrenten gilt gem. § 2 II 2 AGG das BetrAVG. Trotz dieser Verweisung findet das AGG nach der Rechtsprechung des BAG jedoch auch auf die betriebliche Altersversorgung Anwendung, soweit das Betriebsrentenrecht nicht vorrangige Sonderregelungen enthält. Ein Wille des historischen Gesetzgebers des AGG, das Gesetz nicht auf die betriebliche Altersversorgung anzuwenden, ist nicht erkennbar. Vielmehr gilt es nach § 6 I 2 AGG auch für ausgeschiedene Beschäftigte.[84] 28

---

[74] EuGH 10. 5. 2001 ZIP 2001, 1373.
[75] *Löwisch* BB 2006, 2189.
[76] BAG 6. 11. 2008 – 2 AZR 701/07 (Pressemitteilung).
[77] *Willemsen/Schweibert* NJW 2006, 2583, 2584.
[78] BAG 23. 6. 1994 AP 9 zu § 242 BGB Kündigung = NZA 94, 1080.
[79] BAG 22. 5. 2003 AP 18 zu § 1 KSchG 1969 Wartezeit = NZA 2004, 399.
[80] BAG 10. 10. 2002 AP 44 zu § 1 KSchG 1969 Verhaltensbedingte Kündigung = NZA 2003, 483.
[81] *Löwisch* BB 2006, 2189.
[82] *Löwisch* BB 2006, 2189, 2190; z. T. abweichend *Diller/Krieger/Arnold* NZA 2006, 887, 889 f.
[83] Vgl. *Thüsing* RN 111.
[84] BAG 11. 12. 2007 AP 1 zu § 2 AGG = NZA 2008, 532.

IV. Benachteiligung

29 Das AGG untersagt Benachteiligungen aus den § 1 AGG genannten Gründen. Wann eine Benachteiligung i. S. d. AGG vorliegt, bestimmt § 3 AGG. Die dortigen **Begriffsbestimmungen** sind weitgehend wörtlich den dem AGG zugrunde liegenden Richtlinien entnommen. Nur vereinzelt sind Ergänzungen erfolgt.

30 **1. Unmittelbare Benachteiligung.** Eine unmittelbare Benachteiligung liegt nach § 3 I AGG vor, wenn eine Person eine **weniger günstige Behandlung** erfährt, als eine andere Person in einer vergleichbaren Situation erfährt, erfahren hat oder erfahren würde. Dies bezieht sich gleichermaßen auf alle in § 1 AGG genannten Gründe einer unterschiedlichen Behandlung. Eine Benachteiligung kann auch in einem Unterlassen liegen.[85] Der Nachteil besteht in einer Zurücksetzung gegenüber einer Vergleichsperson. Die Zurücksetzung muss wegen eines der in § 1 aufgeführten Merkmale erfolgt sein. Die benachteiligende Maßnahme muss also durch eines (oder mehrere) dieser Merkmale motiviert sein bzw. der Benachteiligende muss bei seiner Handlung hieran anknüpfen. Unterschiedliche Schichtzeiten allein begründen keine Benachteiligung, sondern nur dann, wenn auf Grund der Lage der Schicht eine Schlechterstellung objektiv erkennbar ist (z. B. Nachtschicht/Tagschicht).[86]

31 Die unmittelbare Benachteiligung muss entweder noch **andauern bzw. bereits abgeschlossen** sein. Entgegen der Gesetzesbegründung genügt die Gefahr, und zwar auch die hinreichend konkrete Gefahr, einer Benachteiligung nicht.[87] Dies ergibt sich bereits aus dem Wortlaut der Regelung. Maßgeblich ist, dass eine Person eine ungünstige Behandlung „erfährt". Die hypothetische Handlung („erfahren würde") bezieht sich auf die Vergleichsperson,[88] denn eine Benachteiligung kann auch gegenüber einer hypothetischen Vergleichsperson bestehen.[89] Dies ist insbesondere in den Fällen „geschlechtsspezifischer Beschäftigung" von Bedeutung, in denen es beim Arbeitgeber aktuell keine Vergleichsperson gibt. Hier kann der Arbeitnehmer, ggf. unter Bezug auf früher beschäftigte Arbeitnehmer, seine Benachteiligung darlegen.[90] Zur Feststellung der Benachteiligung ist ein objektiver Maßstab anzulegen.[91] Die subjektive Betroffenheit Einzelner ist nicht ausreichend.

31a Nach der Rechtsprechung des EuGH begründen auch **drittbezogene und hypothetische Diskriminierungen** Verstöße gegen die Antidiskriminierungsrichtlinien (RN 2).[92] Danach ist das Verbot der Diskriminierung wegen einer Behinderung nicht auf Personen beschränkt, die selbst behindert sind. Erfährt ein Arbeitnehmer, der nicht selbst behindert ist, durch seinen Arbeitgeber eine weniger günstige Behandlung, als ein anderer Arbeitnehmer in einer vergleichbaren Situation erfährt, erfahren hat oder erfahren würde, und ist nachgewiesen, dass die Benachteiligung des Arbeitnehmers wegen der Behinderung seines von ihm gepflegten Kindes erfolgt ist, verstößt dies gegen das Verbot der unmittelbaren Diskriminierung in Art. 2 II Buchst. a der Richtlinie 2000/78/EG.[93] Auch die öffentliche Äußerung eines Arbeitgebers, er werde keine Arbeitnehmer einer bestimmten ethnischen Herkunft oder Rasse einstellen, begründet eine unmittelbare Diskriminierung bei der Einstellung, weil solche Äußerungen Bewerber ernsthaft davon abhalten können, ihre Bewerbungen einzureichen, und damit ihren Zugang zum Arbeitsmarkt behindern (zur Beweislast RN 137).[94] Diese Rechtsprechung ist auch bei der Auslegung und Anwendung des § 3 I AGG zu beachten.[95] Soweit der EuGH unter Hinweis auf Art. 15 der Richtlinie 2000/43/EG zusätzlich fordert, dass dann, wenn es kein identifizierbares Opfer gibt, die Sanktionen, die bei einem Verstoß gegen die einzelstaatlichen Vorschriften zur Umsetzung dieser Richtlinie zu verhängen sind, wirksam, verhältnismäßig und abschreckend sein müssen, besteht gesetzgeberischer Handlungsbedarf. Denkbar ist beispielsweise die Aufnahme von Bußgeldvorschriften in das AGG.[96]

---

[85] BT-Drucks. 16/1780 S. 32; *Wendeling-Schröder*/Stein AGG § 3 RN 4.
[86] Vgl. MünchKommBGB/*Thüsing* § 3 AGG RN 2.
[87] *Annuß* BB 2006, 1629, 1631; ErfK/*Schlachter* § 3 AGG RN 3; *Thüsing* RN 238.
[88] *Kamanabrou* RdA 2006, 321, 324; *Thüsing* RN 238.
[89] ErfK/Schlachter § 3 AGG RN 3; *Wendeling-Schröder*/Stein AGG § 3 RN 9.
[90] ErfK/*Schlachter* § 3 AGG RN 3; *Wank,* FS für Wißmann, 2005, S. 599, 608.
[91] *Bauer/Göpfert/Krieger* § 3 RN 8.
[92] Dazu *Bayreuther* NZA 2008, 986.
[93] EuGH 17. 7. 2008 NZA 2008, 932 [Coleman].
[94] EuGH 10. 7. 2008 NZA 2008, 929 [Feryn]; dazu *Böhm* DB 2008, 2193; *Lindner* NJW 2008, 2750; *Sprenger* BB 2008, 2405.
[95] *Bayreuther* NZA 2008, 986 ff.
[96] *Bayreuther* NZA 2008, 986, 989.

2. Mittelbare Benachteiligung. In § 3 II AGG ist die mittelbare Benachteiligung definiert. Sie liegt vor, wenn **dem Anschein nach neutrale Vorschriften,** Maßnahmen, Kriterien oder Verfahren Personen oder Personengruppen, bei denen eines der in § 1 AGG genannten Merkmale vorliegt, in besonderer Weise gegenüber anderen Personen oder Personengruppen benachteiligen, bei denen die in § 1 AGG genannten Merkmale nicht vorliegen. Diese Begriffsbestimmung entspricht der Definition der mittelbaren Diskriminierung in Art. 2 II Buchst. b) der Rahmenrichtlinie 2000/78/EG. Zur Feststellung einer mittelbaren Benachteiligung ist die Bildung einer Vergleichsgruppe nicht benachteiligter Arbeitnehmer erforderlich.[97] 32

Der in § 3 II AGG definierte Begriff der mittelbaren Benachteiligung unterscheidet sich vom **früheren Verständnis der mittelbaren Diskriminierung,** das etwa in Art. 2 II der Beweislastrichtlinie 97/80/EG vom 15. 12. 1997[98] Ausdruck gefunden hat. Danach war Voraussetzung einer mittelbaren Diskriminierung, dass „ein wesentlich höherer Anteil der Angehörigen eines Geschlechts" benachteiligt wird. Wann eine geschlechtsneutral formulierte Bestimmung erheblich mehr Angehörige des einen als des anderen Geschlechts betroffen hat, richtete sich nach einem statistischen Vergleich.[99] § 3 II AGG stellt dagegen ebenso wenig wie die Richtlinie 2000/78/EG auf eine zahlenmäßige Belastung ab, sondern verlangt die Möglichkeit einer Benachteiligung in „besonderer Weise".[100] Da § 3 II AGG nur verlangt, dass Personen wegen eines in § 1 AGG genannten Grundes benachteiligt werden „können", ist der Nachweis einer Benachteiligung nicht erforderlich. Notwendig ist die hinreichend konkrete Gefahr einer Benachteiligung. Damit wird berücksichtigt, dass § 1 AGG nicht nur vor geschlechtsbezogenen Benachteiligungen schützt, zu denen es inzwischen reichlich statistisches Material gibt, sondern weitere verbotene Unterscheidungsmerkmale enthält, zu denen kein aussagekräftiges Zahlenmaterial vorhanden ist.[101] 33

Eine mittelbare Benachteiligung liegt nach § 3 II AGG bereits tatbestandlich nicht vor, wenn die Ungleichbehandlung durch ein rechtmäßiges Ziel **sachlich gerechtfertigt** und die eingesetzten Mittel zur Erreichung des Ziels angemessen und erforderlich sind.[102] Hierdurch wird das an sich sehr weit gefasste Verbot eingeschränkt. Auf die weiteren speziellen Rechtfertigungsgründe, die das Gesetz in den §§ 5, 8 bis 10 AGG sowie § 20 AGG vorsieht, kommt es dann regelmäßig nicht mehr an. 34

3. Belästigung. Eine Benachteiligung kann auch in einer Belästigung liegen. Diese liegt gemäß § 3 III AGG vor, wenn unerwünschte Verhaltensweisen, die mit einem in § 1 AGG genannten Grund in Zusammenhang stehen, bezwecken oder bewirken, dass die **Würde der betroffenen Person verletzt** und ein durch Einschüchterungen, Anfeindungen, Erniedrigungen, Entwürdigungen und Beleidigungen gekennzeichneten Umfeld geschaffen wird. Da die unerwünschte Verhaltensweise geeignet sein muss, die Würde der betreffenden Person zu verletzen, scheiden geringfügige Eingriffe aus.[103] Das Verhalten muss aber andererseits auch nicht die Qualität einer Verletzung der Menschenwürde i. S. d. Art. 1 GG erreichen.[104] Die Belästigung kann verbal oder nonverbal erfolgen.[105] Sie kann z. B. in Beleidigungen, abwertenden Äußerungen, Drohungen, aber auch Gesten, Blicken, Zeigen und körperlichen Übergriffen Ausdruck finden.[106] 35

Zusätzlich zur Verletzung der Würde der betroffenen Person muss durch die Belästigung ein durch Einschüchterungen, Anfeindungen, Erniedrigungen, Entwürdigungen und Beleidigungen gekennzeichnetes Umfeld geschaffen werden. Erforderlich ist ein **„feindliches Umfeld".** Dies 36

---

[97] BT-Drucks. 16/1780 S. 32 f.

[98] ABl. Nr. L 14/6 i. d. F. der Richtlinie 98/52/EG vom 13. 7. 1998 – ABl. Nr. L 205/66.

[99] Vgl. BAG 8. 6. 2005 AP 1 zu § 42 MitarbeitervertretungG-EK Rheinland-Westfalen = NZA 2006, 611; ausführlich hierzu *Wißmann,* FS für Wlotzke, S. 807 ff., der sich für eine Grenze von 75% ausgesprochen hat.

[100] Dazu *Wank,* FS für Wißmann, 2005, S. 599, 609 f.

[101] *Kamanabrou* RdA 2006, 321, 325; ErfK/*Schlachter* § 3AGG RN 8; *Schleusener*/Suckow/Voigt § 3 RN 66 ff.; HK-AGG/*Schrader/Schubert* § 3 RN 51; vgl. auch *Schiek* NZA 2004, 873, 875 zur Richtlinie 2000/78/EG; einschränkend *Thüsing* RN 254 ff.; für das Erfordernis zahlenmäßige Belastung weiterhin *Bauer/Göpfert/Krieger* § 3 RN 26.

[102] *Bauer/Göpfert/Krieger* AGG § 3 RN 32; ErfK/*Schlachter* § 3 AGG RN 9; HK-AGG/*Schrader/Schubert* § 3 RN 52.

[103] *Bauer/Göpfert/Krieger* § 3 RN 43; *Kamanabrou* RdA 2006, 321, 326; *Wendeling-Schröder*/Stein AGG § 3 RN 32.

[104] BT-Drucks. 16/1780 S. 33.

[105] *Bauer/Göpfert/Krieger* § 3 RN 41; HK-AGG/*Schrader/Schubert* § 3 RN 67.

[106] ErfK/*Schlachter* § 3 AGG RN 12.

erfordert ein anhaltendes Verhalten des Belästigenden. Einmalige Vorfälle, wenn sie nicht erheblich sind, stellen deshalb in der Regel keine Belästigung i. S. v. § 3 III AGG dar.[107]

37 Die Verhaltensweise ist **unerwünscht,** wenn der Belästigende aus der Sicht eines objektiven Beobachters davon ausgehen kann, sein Verhalten sei unter den gegebenen Umständen von den Betroffenen nicht erwünscht oder werde auch nicht akzeptiert. Die Unerwünschtheit der Verhaltensweise muss nicht bereits vorher ausdrücklich gegenüber dem Belästigenden zum Ausdruck gebracht worden sein.[108] Von Vorgesetzten kann grundsätzlich ein förmlicheres Verhalten als von Gleichgeordneten erwartet werden. Ein „unverkrampfter Umgangston" schließt die Unerwünschtheit regelmäßig nur aus, wenn er gegenseitig praktiziert und zugelassen wird.[109]

38 Die unerwünschte Verhaltensweise muss eine Verletzung der Würde des Betroffenen **„bezwecken" oder „bewirken".** Eine Belästigung i. S. v. § 3 III AGG liegt deshalb nicht nur bei einem vorsätzlichen Verhalten des Belästigenden vor, sondern auch wenn die Verletzung der Würde objektiv eintritt.[110] Ist eine Verletzung der Würde vom Handelnden bezweckt, kommt es nicht darauf an, ob diese Verletzung tatsächlich eintritt. Auch bei einmalig bleibenden Handlungen ist der Betroffene nicht schutzlos.

39 **4. Sexuelle Belästigung.** Eine sexuelle Belästigung ist gem. § 3 IV AGG eine Benachteiligung in Bezug auf § 2 I Nr. 1 bis 4 AGG, wenn ein **unerwünschtes, sexuell bestimmtes Verhalten,** wozu auch unerwünschte sexuelle Handlungen und Aufforderungen zu diesen, sexuell bestimmte körperliche Berührungen, Bemerkungen sexuellen Inhalts sowie unerwünschtes Zeigen und sichtbares Anbringen von pornographischen Darstellungen gehören, bezweckt oder bewirkt, dass die Würde der betreffenden Person verletzt wird, insbesondere wenn ein von Einschüchterungen, Anfeindungen, Erniedrigungen, Entwürdigungen oder Beleidigungen gekennzeichnetes Umfeld geschaffen wird. Diese Definition der sexuellen Belästigung baut auf der Struktur der Belästigungsdefinition in Absatz 3 auf. Auch hier ist ein vorsätzliches Verhalten des Belästigenden nicht erforderlich.[111] Anders als bei der Belästigung nach § 3 III AGG ist die Schaffung eines „feindlichen Umfelds" nicht Tatbestandsvoraussetzung.[112]

40 An die Stelle der Beschreibung eines „vorsätzlichen" und „erkennbar abgelehnten" Verhaltens in dem außer Kraft getretenen § 2 II BeschSchG ist in § 3 IV AGG die Formulierung **„unerwünscht"** getreten. Für den Handelnden muss objektiv erkennbar sein, dass die betreffende Person sein Verhalten ablehnt.[113] Dies kann sich aus den Umständen, insbesondere der Art der sexuellen Handlung, aber auch aus Äußerungen der betroffenen Person ergeben. Zu sexuellen Handlungen gehören Küsse, Griffe an die weibliche Brust oder die Genitalien, das Kneifen und Klapsen des Gesäßes, aber auch Umarmungen. Des Weiteren können obszöne Äußerungen oder anzügliche Bemerkungen über sexuelle Neigungen und Vorlieben sowie über die Partnerwahl sexuelle Belästigungen darstellen. Auch das Anbringen pornografischer Darstellungen im strafrechtlichen Sinne, d. h. aufdringlich vergröbernde, aufreißerische und verzerrende Darstellungen der Sexualität, können hierzu gehören, wenn sie sichtbar angebracht sind. Einfache Pin-up-Fotografien an der Innenseite einer Schranktür dürften allerdings nicht in den Bereich der sexuellen Belästigung fallen.[114]

41 **5. Anweisung zur Benachteiligung.** Nach § 3 V AGG gilt auch die Anweisung zur Benachteiligung als Benachteiligung i. S. d. AGG. Voraussetzung ist, dass der Anweisende eine **Weisungsbefugnis gegenüber dem Angewiesenen** hat.[115] Der Anweisende muss daher der Arbeitgeber oder ein Vorgesetzter sein.[116]

42 Die Weisung muss **vorsätzlich** erfolgen.[117] Sie kann einzelfallbezogen oder abstrakt erfolgen. Der Anweisende muss sich der Verbotswidrigkeit der Handlung allerdings nicht bewusst sein,

---

[107] *Bauer/Göpfert/Krieger* § 3 RN 45; *Thüsing* RN 284; *Wendeling-Schröder*/Stein AGG § 3 RN 36.
[108] MünchKommBGB/*Thüsing* § 3 AGG RN 56.
[109] ErfK/*Schlachter* § 3 AGG RN 12; *Wendeling-Schröder*/Stein AGG § 3 RN 30.
[110] *Annuß* BB 2006, 1629, 1632; *Bauer/Göpfert/Krieger* § 3 RN 44; ErfK/*Schlachter* § 3 AGG RN 14.
[111] *Kamanabrou* RdA 2006, 321, 326; ErfK/*Schlachter* § 3 AGG RN 16.
[112] *Schleusener*/Suckow/Voigt § 3 RN 123; *Wendeling-Schröder*/Stein AGG § 3 RN 40.
[113] Vgl. BAG 9. 1. 1986 AP 20 zu § 626 BGB Ausschlussfrist; *Schleusener*/Suckow/Voigt § 3 RN 124; ErfK/*Schlachter* § 3 AGG RN 17; *Thüsing* RN 290.
[114] Ebenso *Bauer/Göpfert/Krieger* § 31 RN 57; *Schleusener*/Suckow/Voigt § 3 RN 128; *Thüsing* RN 297; zweifelnd ErfK/*Schlachter* § 3 AGG RN 18.
[115] *Annuß* BB 2006, 1629, 16 332; *Bauer/Göpfert/Krieger* § 3 RN 64; *Kamanabrou* RdA 2006, 321, 326.
[116] *Thüsing* RN 304.
[117] BT-Drucks 16/1780 S. 33.

denn das gesetzliche Benachteiligungsverbot erfasst alle Benachteiligungen, ohne dass ein Verschulden erforderlich ist.[118]

43 Unerheblich ist, ob die angewiesene Person die Benachteiligung **tatsächlich ausführt.** Durch § 3 V AGG wird der Diskriminierungsschutz vorverlagert.[119] Fehlt es an der Ausführung, hat die Benachteiligung keine unmittelbaren negativen Folgen für den Betroffenen. Es ist deshalb fraglich, ob der Betroffene Schadensersatz nach § 15 II AGG verlangen kann. Das wird wohl zu bejahen sein, weil die Entschädigung nach dieser Bestimmung auch einen Straffunktion hat.[120] So erhält auch der Bewerber eine Entschädigung, der auch ohne die Benachteiligung nicht eingestellt worden wäre.[121] Die fehlende Ausführung der Weisung wird allerdings bei der Bemessung der Entschädigungshöhe zu berücksichtigen sein.[122] Zur Haftung des Angewiesenen enthält das AGG keine Regelung. Führt er die Weisung aus, haftet er nach allgemeinen deliktsrechtlichen Grundsätzen gemäß § 823 I BGB wegen Verletzung des allgemeinen Persönlichkeitsrechts.[123]

V. Mobbing

Bauer, Mobbing aus arbeitsrechtlicher Sicht, PersF 2008, 90; *Benecke,* Mobbing, 2005; *dies.,* „Mobbing" im Arbeitsrecht, NZA-RR 2003, 225; *Bieszk,* Schadenersatzansprüche gegen Arbeitskollegen bei Mobbing, 2007; *Bieszk/Sadtler,* Mobbing und Stalking, NJW 2007, 3382; *Engbers,* Mobbing, 2005; *Gamerschlag/Perband,* Mobbing – verstärkter Rechtsschutz gegen ein Massenphänomen in der Arbeitswelt, VersR 2002, 287; *Göpfert/Siegrist,* Stalking, NZA 2007, 473; *Kasper,* Strafschadensersatz im deutschen Arbeitsrecht?, NZA-RR 2003, 1; *Kollmer,* Mobbing (Schikane) im Arbeitsverhältnis, AR-Blattei SD 1215; *Martini,* Mobbing und Konfliktbewältigung am Arbeitsplatz, AiB 2007, 630; *Mengel/Hagemeister,* Compliance und Arbeitsrecht, BB 2006, 2466; *Paridon,* Mobbing und Aufgaben der gesetzlichen Unfallversicherung, BG 2003, 154; *Raschka,* Darlegungs- und Beweiserleichterungen für Mobbingbetroffene, 2007; *Reiserer/Lemke,* Verbesserter Rechtsschutz für Mobbingopfer, MDR 2002, 249; *Ricke,* Arbeitsstress und Schadensersatz durch den Arbeitgeber in Deutschland und England, ZESAR 2008, 387; *Rieble/Klumpp,* Mobbing und die Folgen, ZIP 2002, 369; *Ruberg,* Überlegungen zu Interventionsmitteln der Arbeitsgerichte, wenn statt der Sache die Person „erledigt" werden soll, AuR 2002, 201; *Sagmeister,* Über die rechtlichen Konsequenzen von Mobbing und das Recht am Arbeitsverhältnis, Jura 2008, 207; *Sasse,* Rechtsprechungsübersicht zum Mobbing, BB 2008, 1450; *Spamer,* Mobbing am Arbeitsplatz, 2000; *Viethen/Dorscheid,* Mobbing in Deutschland – Zahlen und Fakten, BArbBl. 2002, Nr. 7/8, 18; *Wardetzki,* Kränkung am Arbeitsplatz, 2006; *Wickler,* Wertorientierungen in Unternehmen und gerichtlicher Mobbingschutz, DB 2002, 477; *Wolmerath,* Mobbing, 2007; *ders.,* Neues aus Erfurt, PersR 2008, 310.

43a **1. Begriff.** Unter dem schillernden Begriff „Mobbing" ist das systematische Anfeinden, Schikanieren und Diskriminieren von Arbeitnehmern untereinander oder durch Vorgesetzte zu verstehen.[124] „Mobbing" ist kein Rechtsbegriff und damit auch keine mit einer Rechtsnorm vergleichbare selbstständige Anspruchsgrundlage für Ansprüche eines Arbeitnehmers gegen seinen Arbeitgeber oder gegen Vorgesetzte bzw. Arbeitskollegen.[125] Vielmehr handelt es sich bei „Mobbing" um ein soziales Phänomen, das es schon immer in der Arbeitswelt gegeben hat, das aber in den letzten Jahren vermehrt in den Blick der Allgemeinheit getreten ist.[126] Mit dem in § 3 III AGG definierten Begriff der „Belästigung" (dazu RN 35 ff.) hat der Gesetzgeber den Begriff des „Mobbings" umschrieben, soweit die unangemessene Benachteiligung auf den in §§ 1 und 2 AGG genannten Merkmalen beruht; dieser Begriff gilt – unabhängig von den Gründen der Benachteiligung – gleichermaßen für alle anderen Fälle der Benachteiligung eines Arbeitnehmers.[127] Bei **Bossing** ist Täter der Vorgesetzte, der die Gruppe der ihm unterstellten Mitarbeiter schikaniert. **Staffing** ist dagegen die Schikane der Mitarbeiter gegen den Vorgesetzten. Ansprüche wegen Mobbings oder Bossings scheiden regelmäßig aus, wenn eine eindeutige Täter-Opfer-Zuordnung nicht möglich ist, vielmehr beide Arbeitsvertragsparteien zugleich Täter und Opfer sind.

---

[118] MünchKommBGB/*Thüsing* § 3 AGG RN 73; *Wendeling-Schröder*/Stein AGG § 3 RN 52.
[119] *Bauer/Göpfert/Krieger* § 3 RN 68; *Kamanabrou* RdA 2006, 321, 326; *Thüsing* RN 301.
[120] *Schleusener*/Suckow/Voigt § 3 RN 135; *Wendeling-Schröder*/Stein AGG § 3 RN 51.
[121] *Thüsing* RN 307.
[122] HK-AGG/*Deinert* § 3 RN 90; ErfK/*Schlachter* § 3 AGG RN 19.
[123] *Thüsing* RN 308.
[124] BAG 15. 1. 1997 AP 118 zu § 37 BetrVG 1972 = NZA 97, 781.
[125] BAG 24. 4. 2008 DB 2008, 2086.
[126] LAG Schleswig-Holstein 19. 3. 2002 DB 2002, 1056 = NZA-RR 2002, 457.
[127] BAG 25. 10. 2007 AP 6 zu § 611 BGB Mobbing = NZA 2008, 223.

43b **2. Anspruchsgrundlagen.** Bei den gemeinhin als Mobbing bezeichneten Handlungen können Ansprüche gegen die Arbeitskollegen und den Arbeitgeber entstehen. Ansprüche wegen Mobbings setzen voraus, dass der in Anspruch Genommene in den zu bezeichnenden Einzelfällen entweder arbeitsrechtliche Pflichten, ein absolutes Recht des Arbeitnehmers (§ 823 I BGB) oder ein Schutzgesetz (§ 823 II BGB) verletzt oder eine sittenwidrige vorsätzliche Schädigung i. S. d. § 826 BGB begangen hat.[128] Allerdings stellt nicht jede Auseinandersetzung oder jede Meinungsverschiedenheit zwischen Arbeitnehmern bereits eine unerlaubte Handlung i. S. d. § 823 I BGB dar. Vielmehr ist es der Zusammenarbeit im Arbeitsleben immanent, dass sich Reibungen und Konflikte ergeben, ohne dass diese, selbst wenn es dabei zu Kraftausdrücken, verbalen Entgleisungen und ähnlichen zu missbilligenden Verhaltensweisen kommt, als Ausdruck des Ziels anzusehen sind, den anderen systematisch in seiner Wertigkeit gegenüber Dritten oder sich selbst zu verletzen. Ob das erforderliche systematische Anfeinden, Schikanieren und Diskriminieren vorliegt, hängt immer von den Umständen des Einzelfalls ab. Dabei ist eine Abgrenzung zu dem in einem Betrieb im Allgemeinen üblichen oder rechtlich erlaubten und deshalb hinzunehmenden Verhalten erforderlich. Es ist daher im Einzelfall von den Gerichten zu beurteilen, ob die hinzunehmenden Grenzen überschritten sind. Selbst wenn allerdings einzelne Handlungen oder Verhaltensweisen von Arbeitskollegen oder Vorgesetzten bzw. des Arbeitgebers für sich allein betrachtet noch keine Rechtsverletzungen darstellen, kann eine Gesamtschau der einzelnen Handlungen oder Verhaltensweisen jedoch zu einer Vertrags- oder Rechtsgutverletzung führen, weil deren Zusammenfassung auf Grund der ihnen zugrunde liegenden Systematik und Zielrichtung zu einer Beeinträchtigung eines geschützten Rechts des Arbeitnehmers führt.[129] Ein Anspruch nach § 1 I OEG kommt nur bei einem tätlichen Angriff auf den benachteiligten Arbeitnehmer in Betracht.[130]

43c **3. Rechtsverhältnis zwischen den Arbeitnehmern.** Wenn das Verhalten der Arbeitskollegen zu Körper- oder Ehrverletzungen führt, kann strafrechtlich der Tatbestand der Körperverletzung oder der Beleidigung vorliegen. Im Allgemeinen ist aber kaum zu erwarten, dass für die Strafverfolgung ein öffentliches Interesse bejaht wird, so dass dem Verletzten nur eine Privatklage verbleibt. Zivilrechtlich bestehen zwischen den Arbeitnehmern eines Betriebs keine Rechtsbeziehungen, so dass vertragliche Ansprüche ausscheiden. Insoweit können nur Ansprüche aus unerlaubter Handlung (§§ 823 ff. BGB) einschl. eines Schmerzensgeldanspruches (§ 253 BGB)[131] gegeben sein. Verliert der Verletzte seine Arbeit, kann der Mobber nach §§ 823, 826 BGB auf Schadenersatz haften.[132] Die Schädiger können sich nicht auf die Haftungsprivilegierung nach § 105 SGB VII berufen.[133]

43d **4. Ansprüche gegenüber dem Arbeitgeber.** Zwischen Arbeitgeber und Arbeitnehmer bestehen vertragsrechtliche Beziehungen einschl. der Nebenpflichten aus dem Arbeitsverhältnis. Für den Arbeitgeber besteht die Nebenpflicht, den Arbeitnehmer vor einer Verletzung seines Persönlichkeitsrechts und seines Rechts auf körperliche Unversehrtheit zu bewahren. Er muss daher den unangemessen behandelten Mitarbeiter schützen und die notwendigen organisatorischen Maßnahmen treffen, dass Eingriffe in das Persönlichkeitsrecht des Arbeitnehmers zukünftig unterbleiben.[134] Diese Pflicht entspricht § 12 III AGG, wonach der Arbeitgeber bei einem Verstoß von Beschäftigten gegen das Benachteiligungsverbot die im Einzelfall geeigneten, erforderlichen und angemessenen Maßnahmen zur Unterbindung der Benachteiligung wie Abmahnung, Umsetzung, Versetzung oder Kündigung ergreift. Bei der Auswahl der Maßnahmen zur Beseitigung der aufgetretenen Belästigungen hat der Arbeitgeber regelmäßig einen Ermessensspielraum. Der Arbeitnehmer hat daher nur Anspruch auf eine ermessensfehlerfreie Auswahl der Maßnahmen. Der Arbeitgeber muss nur solche Maßnahmen ergreifen, die er nach den Umständen des Einzelfalles als verhältnismäßig ansehen darf und die ihm zumutbar sind. Nur im Ausnahmefall ist die Reaktion des Arbeitgebers auf die Durchführung einer bestimmten Maßnahme (Versetzung

[128] BAG 25. 10. 2007 AP 6 zu § 611 BGB Mobbing = NZA 2008, 223; 16. 5. 2007 AP 5 zu § 611 BGB Mobbing = NZA 2007, 1154.

[129] BAG 24. 4. 2008 DB 2008, 2086; 25. 10. 2007 AP 6 zu § 611 BGB Mobbing = NZA 2008, 223.

[130] BSG 14. 2. 2001 AP 1 zu § 611 BGB Mobbing = NJW 2001, 3213.

[131] LAG Baden-Württemberg 5. 3. 2001 AP 2 zu § 611 BGB Mobbing; LAG Rheinland-Pfalz 16. 8. 2001 NZA-RR 2002, 121.

[132] Einschr. BAG 18. 1. 2007 AP 17 zu § 823 BGB = NZA 2007, 1167 – Verdienstausfallschaden.

[133] BAG 25. 10. 2007 AP 6 zu § 611 BGB Mobbing = NZA 2008, 223.

[134] LAG Niedersachsen 3. 5. 2000 LAGE § 273 BGB Nr. 2 = NZA-RR 2000, 517; LAG Thüringen 10. 4. 2001 BB 2001, 1358 = NZA-RR 2001, 347; vgl. auch BGH 1. 8. 2002 NJW 2002, 3172 = NZA 2002, 1214 – Amtshaftungsanspruch.

bzw. Kündigung der störenden Arbeitnehmer, Umsetzung des benachteiligten Arbeitnehmers) eingeschränkt.[135] Dies gilt im Grundsatz auch bei schikanösem Verhalten von Dritten (Kunden, Schüler[136]) gegenüber dem Arbeitnehmer, wenngleich die Möglichkeiten für den Arbeitgeber in tatsächlicher oder rechtlicher Hinsicht begrenzt sein dürften. Verletzt der Arbeitgeber diese Schutzpflicht schuldhaft, haftet er nach § 280 I BGB auf Schadensersatz und bei immateriellen Schäden ggf. auf Schmerzensgeld (§ 253 II BGB). Daneben kommt ein Zurückbehaltungsrecht (§ 273 BGB) in Betracht, allerdings reicht hierzu ein pauschales Berufen auf einen „Mobbingsachverhalt" nicht aus.[137] Daneben haftet der Arbeitgeber dem betroffenen Arbeitnehmer gegenüber nach § 278 BGB für schuldhaft begangene Rechtsverletzungen, die von ihm als Erfüllungsgehilfen eingesetzte Mitarbeiter oder Vorgesetzte begehen. Allerdings muss die schuldhafte Handlung des als Erfüllungsgehilfen des Arbeitgebers handelnden Mitarbeiters in einem inneren sachlichen Zusammenhang mit den ihm vom Arbeitgeber zugewiesenen Aufgaben stehen. Dies ist regelmäßig dann der Fall, wenn der Erfüllungsgehilfe dem benachteiligten Arbeitnehmer gegenüber weisungsbefugt ist.[138] Eine Zurechnung kommt hingegen nicht in Betracht, wenn der Arbeitnehmer ohne Kenntnis des Arbeitgebers oder Vorgesetzten von andern, gleichgestellten Arbeitskollegen benachteiligt wird.[139] Ein Schadensersatzanspruch setzt voraus, dass die Verletzung einer vertraglichen oder gesetzlichen Pflicht adäquat kausal für den eingetretenen Schaden gewesen ist. Dies ist der Fall, wenn die beanstandeten (Mobbing-)Handlungen üblicherweise zur Herbeiführung der eingetreten Verletzung(en) geeignet waren.[140] Der Arbeitgeber kann sich gegenüber Personenschäden des Arbeitnehmers nicht auf die Haftungsprivilegierung aus § 104 SGB VII berufen.

5. Betriebsrat. Nach § 75 I BetrVG haben Arbeitgeber und Betriebsrat darüber zu wachen, dass alle im Betrieb tätigen Personen nach den Grundsätzen von Recht und Billigkeit behandelt werden. Der Verletzte hat das Beschwerderecht an den Arbeitgeber (§ 84 BetrVG) oder über den Betriebsrat (§ 85 BetrVG). In Betriebsvereinbarungen wird vielfach versucht, Anlaufstellen für die unangemessen behandelten Arbeitnehmer zu schaffen (vgl. ArbR-Formb. § 44 RN 76). Die Einrichtung einer Einigungsstelle zum Thema Schutz vor Mobbing und sexueller Belästigung am Arbeitsplatz ist bei Auftreten von entsprechenden Vorfällen nicht offensichtlich unzuständig.[141] Die Teilnahme eines Betriebsratsmitglieds an einer Schulungsveranstaltung zum Thema Mobbing kann nach § 37 VI 1 BetrVG erforderlich sein. Dazu muss der Betriebsrat eine betriebliche Konfliktlage darlegen, aus der sich für ihn ein Handlungsbedarf zur Wahrnehmung einer gesetzlichen Aufgabenstellung ergibt und zu deren Erledigung er das auf der Schulung vermittelte Wissen benötigt.[142] **43e**

6. Gerichtliches Verfahren. Der Arbeitnehmer, der Ansprüche wegen einer unangemessenen Behandlung beansprucht, muss im Prozess die beanstandeten Verhaltensweisen so konkret darlegen und ggf. beweisen, dass in jedem Einzelfall beurteilt werden kann, ob diese Verhaltensweisen rechtswidrige, diskriminierende Verhaltensweisen darstellen und ob diese die Erkrankung des Arbeitnehmers verursacht haben. Das von dem benachteiligten Arbeitnehmer darzulegende Verschulden des Arbeitgebers muss sich nicht nur auf die einzelnen „Tathandlungen" beziehen, sondern auch auf die hierdurch verursachte Erkrankung bei dem Arbeitnehmer;[143] besondere Beweiserleichterungen bestehen insoweit nicht.[144] Dieser hat daher darzulegen, dass der Arbeitgeber zumindest damit rechnen musste, dass seine rechtswidrigen Handlungen geeignet waren, bei ihm, dem Arbeitnehmer, Gesundheitsschäden auszulösen. Bei dem zu beurteilenden Verschulden des Arbeitgebers ist unter dem Gesichtspunkt der Schadensminderungspflicht des Arbeitnehmers zu berücksichtigen, dass der Arbeitnehmer grundsätzlich die Möglichkeit hat, sich gegen unrechtmäßige Arbeitsanweisungen tatsächlich und rechtlich zur **43f**

---

[135] Zur Kündigung: BAG 25. 10. 2007 AP 6 zu § 611 BGB Mobbing = NZA 2008, 223.
[136] Dazu *Beck* MMR 2008, 77.
[137] BAG 13. 3. 2008 AP 87 zu § 1 KSchG 1969; zum Beschäftigungsverbot nach dem MuSchG BAG 7. 11. 2007 AP 21 zu § 3 MuSchG 1968.
[138] BAG 25. 10. 2007 AP 6 zu § 611 BGB Mobbing = NZA 2008, 223.
[139] BAG 16. 5. 2007 AP 5 zu § 611 BGB Mobbing = NZA 2007, 1154.
[140] BAG 24. 4. 2008 DB 2008, 2086.
[141] ArbG Köln 21. 11. 2000 AiB 2002, 374; a. A. LAG Hamburg 15. 7. 1998 NZA 98, 1245.
[142] BAG 15. 1. 1997 AP 118 zu § 37 BetrVG 1972 = NZA 97, 781.
[143] LAG Berlin 15. 7. 2004 LAGE Art. 2 GG Persönlichkeitsrecht Nr. 9 = NZA-RR 2005, 13; zur Darlegungslast auch LAG Berlin 1. 11. 2002 LAGE Art. 2 GG Persönlichkeitsrecht Nr. 6 = NZA-RR 2003, 232; LAG Bremen 17. 10. 2002 LAGE Art. 2 GG Persönlichkeitsrecht Nr. 5 = NZA-RR 2003, 234; LAG Nürnberg 2. 7. 2002 LAGE Art. 2 GG Persönlichkeitsrecht Nr. 4 = NZA-RR 2003, 121.
[144] BAG 16. 5. 2007 AP 5 zu § 611 BGB Mobbing = NZA 2007, 1154.

Wehr zu setzen. Es ist daher zu prüfen, ob es dem Arbeitnehmer möglich war, sich beim Arbeitgeber über die unangemessene Behandlung zu beschweren und entsprechende Abhilfe zu fordern.[145] Eine Haftung des Arbeitgebers wird danach wegen fehlendem Verschulden zu verneinen sein, wenn der Arbeitnehmer nicht zuvor entweder den Arbeitgeber oder seinen Vertreter auf das rechtswidrige Verhalten aufmerksam gemacht hat. Zur Abwehr von schwerwiegenden Gesundheitsbeeinträchtigungen kann der benachteiligte Arbeitnehmer einstweiligen Rechtsschutz in Anspruch nehmen.[146]

VI. Rechtfertigungsgründe

44 **1. Allgemeines.** Nicht jede Benachteiligung aus einem in § 1 AGG genannten Grund ist unzulässig. Nach § 8 AGG ist vielmehr eine unterschiedliche Behandlung zulässig, wenn der Grund wegen der Art der auszuübenden Tätigkeit oder der Bedingungen ihrer Ausübung eine **wesentliche und entscheidende berufliche Anforderung** darstellt, sofern der Zweck rechtmäßig und die Anforderung angemessen ist. Gemäß § 5 AGG sind unterschiedliche Behandlungen zulässig, wenn durch geeignete und angemessene Maßnahmen bestehende Nachteile wegen eines in § 1 genannten Grundes verhindert oder ausgeglichen werden sollen.

45 **2. Wesentliche und entscheidende berufliche Anforderung.** § 8 I AGG enthält den **zentralen Rechtfertigungsgrund** des AGG. Die Vorschrift entspricht weitgehend den Vorgaben der Richtlinien 2000/43/EG und 2000/78/EG. Die Anforderungen an eine zulässige unterschiedliche Behandlung nach § 8 I AGG stimmen inhaltlich mit denen des früheren § 611 a I 2 BGB weitgehend überein.[147] Danach war eine unterschiedliche Behandlung wegen des Geschlechts nur zulässig, wenn ein bestimmtes Geschlecht unverzichtbare Voraussetzung für die auszuübende Tätigkeit war. Mit dem Merkmal „wesentliche und entscheidende berufliche Anforderung" in § 8 AGG ist keine Absenkung des Schutzstandards hinsichtlich des Merkmals Geschlecht gegenüber § 611 a BGB a. F. verbunden.[148] Die an den Beschäftigten gestellte berufliche Anforderung muss erforderlich sein und dem Grundsatz der Verhältnismäßigkeit zwischen beruflichem Zweck und Schutz vor Benachteiligung standhalten.[149] Der Arbeitgeber darf nur dann nach den Merkmalen des § 1 AGG differenzieren, wenn er damit einen legitimen Zweck verfolgt und die Anforderung geeignet, erforderlich und angemessen ist.[150] Eine Ungleichbehandlung kann nicht durch Erwägungen der bloßen Zweckmäßigkeit zulässig werden.

46 **a)** Eine berufliche Anforderung ist **wesentlich und entscheidend,** wenn der Arbeitnehmer ohne die Anforderung die vertraglich geschuldete Leistung nicht oder nicht ordnungsgemäß erbringen könnte. Hieran fehlt es, wenn ein Merkmal des § 1 AGG nur eine für die Tätigkeit nachrangige Bedeutung hat. Maßgeblich ist die Verkehrsanschauung.[151] Von wesentlicher und entscheidender Bedeutung ist z. B. für ein **Mannequin** das Geschlecht und im künstlerischen Bereich das Alter bei **Sängern und Tänzern.**[152] § 8 I AGG setzt nicht die biologische oder physische Unmöglichkeit der Leistungserbringung voraus.[153] Auch Authentizität und Glaubwürdigkeit der Leistungserbringung können eine Differenzierung begründen.[154] Die Anwendung dieser Bestimmung darf aber auch nicht zur Perpetuierung eines überkommenen Verständnisses führen. Erforderlich ist letztlich eine Abwägung zwischen dem Gleichbehandlungsinteresse und der unternehmerischen Freiheit.[155] Deshalb ist unabhängig von den möglichen Interessen weiblicher Fluggäste das vermeintliche Interesse männlicher Fluggäste, junge weibliche **Stewardessen** zu sehen, kein erheblicher Auswahlgesichtspunkt.[156] Dagegen liegt keine Benachteiligung wegen des Geschlechts vor, wenn die Stelle einer **Erzieherin in einem Mädcheninternat** nur für

---

[145] LAG Schleswig-Holstein 28. 3. 2006 NZA-RR 2006, 402.
[146] LAG Baden-Württemberg 27. 7. 2001 PersR 2002, 9.
[147] *Bauer/Göpfert/Krieger* § 8 RN 7; *Kamanabrou* RdA 2006, 321, 327; *Schleusener*/Suckow/Voigt § 8 RN 5; *Thüsing* RN 326.
[148] BT-Drucks. 16/1780 S. 35.
[149] BT-Drucks. 16/1780 S. 35; HK-AGG/*Brors* § 8 RN 3; *Thüsing* RN 327; *Wendeling-Schröder*/Stein AGG § 8 RN 4.
[150] MünchKommBGB/*Thüsing* § 8 AGG RN 10.
[151] *Wendeling-Schröder*/Stein AGG § 8 RN 10.
[152] *Richardi* NZA 2006, 881, 883.
[153] *Annuß* BB 2006, 1629, 1632; *Bauer/Göpfert/Krieger* § 8 RN 11.
[154] ErfK/*Schlachter* § 8 AGG RN 1.
[155] *Adomeit/Mohr* AGG § 8 RN 4; HWK/*Annuß/Rupp* § 8 AGG RN 2; *Annuß* BB 2006, 1629, 1632; HK-AGG/*Brors* § 8 RN 3.
[156] *Wagner/Potsch* JZ 2006, 1085, 1089; *Wisskirchen* DB 2006, 1491, 1492.

eine Frau ausgeschrieben und besetzt wird, weil ein nicht unerheblicher Teil der Arbeitszeit mit Nachtdienst (25%) belegt ist, bei dem auch die Schlafräume, Waschräume und Toiletten der Internatsschülerinnen betreten werden müssen.[157]

b) Ein bestimmtes **unternehmerisches Konzept des Arbeitgebers** ist geeignet, eine Benachteiligung zu rechtfertigen, wenn die dem Unternehmenskonzept zugrunde liegenden Erwägungen für den Bestand des Unternehmens von entscheidender Bedeutung sind.[158] Dabei muss das nach § 1 AGG verbotene Unterscheidungsmerkmal einen engen Zusammenhang zu der Tätigkeit aufweisen.[159] Das Merkmal muss für die Tätigkeit notwendig und bestimmend sein.[160] Nicht jede unternehmerische Vorstellung davon, mit welchem Personal das Unternehmen arbeiten soll, ist bereits eine entscheidende berufliche Anforderung.[161] Die Erwartung, der Umsatz steige bei der Beschäftigung von attraktivem, weiblichen Verkaufspersonal („sex sells“), rechtfertigt keine Geschlechts- oder Altersdiskriminierung.[162] Das erzieherische Konzept einer Schule oder Kindertagesstätte kann dagegen eine Differenzierung wegen des Geschlechts bei den Lehrkräften bzw. Erziehern rechtfertigen.[163] **47**

Das unternehmerische Konzept ist als Rechtfertigungsgrund bejaht worden für ein **Finanzdienstleistungsunternehmen,** dessen erklärtes Ziel es ist, Versorgungskonzepte für Frauen ausschließlich durch Frauen zu vermarkten. In der Ablehnung männlicher Bewerber liege kein Verstoß gegen das Verbot der Benachteiligung wegen des Geschlechts.[164] Dementsprechend dürfte auch kein Verstoß gegen § 1 AGG vorliegen, wenn ein **Fitnessstudio nur weibliche Mitglieder** aufnimmt und damit wirbt, ausschließlich weibliche Trainer zu beschäftigen. Männliche Trainer dürften dann abgelehnt werden. Ob diese Erwägungen auch für eine **Frauenbuchhandlung** zutreffen, die nur weibliche Buchhändler beschäftigen möchte, erscheint indes zweifelhaft. Der Zusammenhang zwischen der Tätigkeit als Buchhändler und dem unternehmerischen Konzept dürfte nicht so eng und gewichtig sein, dass er die Benachteiligung rechtfertigen könnte. Andererseits kann ein Einzelhandelsgeschäft, das **trendorientierte Mode** für Jugendliche anbietet, junges Verkaufspersonal einsetzen und ältere Bewerber ablehnen.[165] Entsprechendes dürfte für sog. **„Szene-Cafes und -Bars“** gelten, die sich an eine junge Klientel wenden.[166] Beschäftigt ein **„China-Restaurant“** nur Kellner asiatische Herkunft, liegt hierin keine Benachteiligung wegen ethnischer Herkunft. Gleiches gilt für **„griechische Tavernen“,** die nur Griechen beschäftigen. Wenn dies nach dem unternehmerischen Konzept zur Authentizität der Gaststätte gehört, ist das hinzunehmen.[167] Dies gilt allerdings nicht für den Koch, soweit zu seinen Aufgaben nicht auch die Begrüßung und Beratung der Gäste gehört.[168] Für die Wahrnehmung der Stelle einer **kommunalen Gleichstellungsbeauftragten** ist das weibliche Geschlecht grundsätzlich keine entscheidende und wesentliche Anforderung.[169] Frauenpolitische Kenntnisse, Erfahrungen in der Frauenarbeit sowie die Fähigkeit zur Lösung von Gleichstellungsproblemen sind nicht Gesichtspunkte, die allein von Frauen erfüllt werden können. **48**

c) Inwieweit **Kundenwartungen** geeignet sind, eine unterschiedliche Behandlung zu rechtfertigen, bedarf einer sorgfältigen Abwägung.[170] Das zu respektierende Schamgefühl Dritter kann, wie beispielsweise im **Pflegebereich,** eine Ungleichbehandlung rechtfertigen.[171] Deshalb kann das weibliche Geschlecht wesentliche und entscheidende berufliche Anforderung beim Pflegepersonal einer kleinen gynäkologischen Belegarztklinik mit überwiegend muslimischen **49**

---

[157] LAG Rheinland-Pfalz 20. 3. 2008 – 2 Sa 51/08.
[158] *Annuß* BB 2006, 1629, 1633.
[159] *Kamanabrou* RdA 2006, 321, 327.
[160] *Wendeling-Schröder*/Stein AGG § 8 RN 6 f.
[161] ErfK/*Schlachter* § 8 AGG RN 3.
[162] *Wendeling-Schröder*/Stein AGG § 8 RN 9.
[163] *Wendeling-Schröder*/Stein AGG § 8 RN 7; einschränkend BAG 14. 8. 2007 AP 1 zu § 33 AGG = NZA 2008, 99, allerdings zu § 611 a BGB.
[164] ArbG Bonn 8. 3. 2001 NZA-RR 2002, 100.
[165] *Kamanabrou* RdA 2006, 321, 327; ErfK/*Schlachter* § 8 AGG RN 3; *Wendeling-Schröder*/Stein AGG § 8 RN 7.
[166] A. A. *Schleusener*/Suckow/Voigt § 8 RN 13.
[167] *Adomeit/Mohr* AGG § 8 RN 26; *Thüsing* RN 337; *Wendeling-Schröder*/Stein AGG § 8 RN 7; a. A. HK-AGG/*Brors* § 8 RN 42.
[168] *Bauer/Göpfert/Krieger* § 8 RN 42 Stichwort „Koch“.
[169] BAG 12. 11. 1998 AP 16 zu § 611 a BGB = NZA 99, 371; a. A. ArbG München 14. 2. 2001 NZA-RR 2001, 365 für einen Frauenverband.
[170] HK-AGG/*Brors* § 8 RN 10; pauschal ablehnend *Wisskirchen* DB 2006, 1491, 1493.
[171] MünchKommBGB/*Thüsing* § 8 AGG RN 15.

Patientinnen sein.[172] Ob das auch für den **Verkauf von Damenoberbekleidung** einschließlich Badebekleidung in einem Einzelhandelsgeschäft mit Anprobemöglichkeit zutrifft, erscheint indes zweifelhaft.[173] Entsprechendes gilt für Verkaufspersonal in **Baumärkten.** Auch hier zeigt die Praxis, dass nicht das Geschlecht oder Alter eine gute Beratung garantiert, sondern individuelle Kenntnisse und persönliches Engagement. Nicht ohne Weiteres kann davon ausgegangen werden, Kunden eines Kaufhauses erwarteten Verkäuferinnen ohne **Kopftuch** als Ausdruck einer religiösen Überzeugung. Erforderlich ist der Nachweis einer Beeinträchtigung erheblicher Arbeitgeberinteressen.[174] Die Ablehnung einer weiblichen Vertriebsmitarbeiterin mit der Begründung, Kunden des Unternehmens erwarteten im Zusammenhang mit den Verkaufsgesprächen den **gemeinsamen Besuch von Nachtbars,** die einer Frau nicht zugemutet werden könnten, sind nicht als berechtigte Kundenerwartung geeignet, eine Benachteiligung wegen des Geschlechts zu rechtfertigen.[175] Schwierig zu beurteilen ist die Praxis einiger Unternehmen der **Rüstungsindustrie,** die keine Arbeitnehmer aus arabischen Staaten einstellen, weil die Staaten, die Käufer der Rüstungsgüter sind, aus Sicherheitsgründen zur Auflage machen, dass der Hersteller keine Arbeitnehmer bestimmter Nationalität beschäftigt. Hierin dürfte nicht nur eine Benachteiligung wegen der Staatsangehörigkeit liegen, sondern eine Diskriminierung wegen der ethnischen Herkunft. Soweit die von den Kunden gemachten Auflagen jedoch ihrerseits auf Sicherheitsgründen beruhen und damit nicht willkürlich sind, kann diese Benachteiligung nach § 8 AGG gerechtfertigt sein. Die Benachteiligung wäre dann durch einen legitimen Zweck gerechtfertigt.

50 **d)** Überhaupt dürfte es heute kaum noch rechtlich anzuerkennende **typische Frauen- oder Männerberufe** geben. So ist in Deutschland das **Hebammenmonopol** für Frauen durch eine Gesetzesänderung schon 1985 entfallen.[176] Für die Tätigkeit als **Arzthelferin/Arzthelfer** ist ein bestimmtes Geschlecht grundsätzlich keine wesentliche und entscheidende berufliche Anforderung (zur Ausnahme RN 49). Unerheblich ist insoweit, dass es nur wenige Männer gibt, die den Beruf eines Arzthelfers ausüben.[177] Gleiches gilt für das Geschlecht bei der Begründung eines Arbeitsverhältnisses im **Polizeidienst.** Denn weibliche Polizisten sind bei der Dienstausübung nicht größeren Gefahren ausgesetzt als ihre männlichen Kollegen. Mit Recht hat daher auch der EuGH entschieden, Art. 2 III der Richtlinie 76/207/EWG erlaube auch unter den besonderen Gefahren in Nordirland nicht, Frauen bei der Ausübung des Polizeidienstes das Tragen von Schusswaffen mit der Begründung zu untersagen, die öffentliche Meinung fordere für sie einen im Verhältnis zu Männern stärkeren Schutz vor Anschlägen.[178] Müssen an einem Arbeitsplatz körperlich schwere Arbeiten geleistet werden, u.a. gelegentliches Tragen von 50-kg-Säcken, liegt in der körperlichen Leistungsfähigkeit des Bewerbers ein Einstellungskriterium, nicht aber per se in der Zugehörigkeit zu einem bestimmten Geschlecht.[179] Frauen dürfen von einer Beschäftigung auch nicht nur deshalb ausgeschlossen werden, weil sie im Durchschnitt kleiner und weniger stark sind als der Durchschnitt der Männer, solange Männer mit ähnlichen körperlichen Merkmalen zu dieser Beschäftigung zugelassen werden.[180]

51 **e)** Teilweise ergibt sich die Unverzichtbarkeit eines bestimmten Geschlechts auch aus **gesetzlichen Bestimmungen.** Frauen ist gemäß **§ 64 a I BundesbergG** im Bergbau die Beschäftigung unter Tage grundsätzlich verboten. Solche gesetzlichen Vorgaben müssen allerdings stets auf ihre Vereinbarkeit mit Art. 3 II und III GG sowie Art. 141 EGV und der Gleichbehandlungsrichtlinie überprüft werden.[181] So hat der EuGH in einem Vertragsverletzungsverfahren gegen die Republik Österreich entschieden, das allgemeine Beschäftigungsverbot für Frauen im untertägigen Bergbau sei mit Art. 2 III der Gleichbehandlungsrichtlinie 76/207/EWG unver-

---

[172] Vgl. ArbG Hamburg 10. 4. 2001 PflR 2001, 322; enger ArbG Bonn 31. 3. 2001 PflR 2001, 318.

[173] So aber LAG Köln 19. 7. 1996 NZA-RR 97, 384; kritisch auch HK-AGG/*Brors* § 8 RN 20.

[174] BAG 10. 10. 2002 AP 44 zu § 1 KSchG 1969 Verhaltensbedingte Kündigung = NZA 2003, 483; *Thüsing* RN 350.

[175] Vgl. *Bauer/Göpfert/Krieger* § 8 RN 42 Stichwort „Verkäufer".

[176] Zum Dienst mit der Waffe in der Bundeswehr vgl. EuGH 11. 1. 2000 NZA 2000, 137; zur Zulässigkeit der Beschränkung der Wehrpflicht auf Männer EuGH 11. 3. 2003 NZA 2003, 427.

[177] Zutr. ArbG Düsseldorf 15. 11. 2000 PflR 2001, 437.

[178] EuGH 15. 5. 1986 AP 18 zu Art. 119 EWG-Vertrag – [Marguerite Johnston]; zust. *Colneric,* FS für Gnade, S. 627, 636.

[179] LAG Köln 8. 11. 2000 LAGE § 611 a BGB Nr. 4 = NZA 2001, 787.

[180] EuGH 1. 2. 2005 – C-203/03 RN 45.

[181] MünchKommBGB/*Thüsing* § 8 AGG RN 13.

einbar. Diese Richtlinie lasse zwar zum Schutz der Frau, insbesondere bei Schwangerschaft und Mutterschaft, eine unterschiedliche Behandlung zu, erlaube es jedoch nicht, Frauen nur mit der Begründung von einer Beschäftigung auszuschließen, sie müssten im Verhältnis zu Männern stärker gegen Gefahren geschützt werden, die Männer und Frauen in gleicher Weise betreffen und sich von den ausdrücklich erwähnten besonderen Schutzbedürfnissen der Frau unterscheiden.[182]

3. Entgeltgleichheit. Nach § 8 II AGG wird die Vereinbarung einer **geringeren Vergütung für gleiche oder gleichwertige Arbeit** wegen eines in § 1 genannten Grundes nicht dadurch gerechtfertigt, dass wegen eines in § 1 AGG genannten Grundes besondere Schutzvorschriften gelten. Die Vorschrift entspricht inhaltlich dem früheren § 612 III 2 BGB, erweitert diese Bestimmung aber auf alle in § 1 AGG enthaltenen Merkmale. Eine dem § 612 III 1 BGB vergleichbare Regelung, die das Verbot der unterschiedlichen Vergütung wegen des Geschlechts für gleiche oder vergleichbare Arbeit vorsah, fehlt. Dieses Verbot wird in § 8 II AGG vorausgesetzt. Diese Bestimmung ist deshalb – anders als § 612 III 1 BGB[183] – keine Anspruchsgrundlage.[184] Der Anspruch auf gleiche Vergütung wird nach der Gesetzesbegründung nunmehr durch § 7 AGG über das Merkmal Geschlecht hinaus auch auf alle in § 1 AGG genannten Merkmale erstreckt und stellt in Verbindung mit § 2 I Nr. 2 und § 8 II AGG sowie dem arbeitsrechtlichen Gleichbehandlungsgrundsatz die neue Grundlage für Ansprüche auf gleiches Entgelt für gleiche oder gleichwertige Arbeit dar.[185] 52

Durch § 8 II AGG wird eine der naheliegendsten Begründungen für eine Entgeltdifferenzierung wegen eines in § 1 AGG genannten Grundes ausgeschlossen.[186] Die durch die Anwendung von Schutzvorschriften entstehenden **Zusatzkosten** rechtfertigen keine unterschiedliche Vergütung. Das betrifft insbesondere Behinderte und Schwangere, gilt aber auch für die durch das JArbSchG verursachten Kosten durch Beschäftigungsverbote.[187] 53

Um **gleiche Arbeit** handelt es sich, wenn Arbeitnehmer an verschiedenen oder nacheinander an denselben technischen Arbeitsplätzen identische oder gleichartige Tätigkeiten ausüben.[188] Ob die Arbeit gleich ist, ist durch einen Gesamtvergleich der Tätigkeiten zu ermitteln. Dabei kommt es auf die jeweiligen Arbeitsvorgänge und das Verhältnis dieser Vorgänge zueinander an. Soweit Tätigkeiten oder ihre Merkmale voneinander abweichen, ist auf die jeweils überwiegend auszuübende Tätigkeit abzustellen.[189] Einzelne gleiche Arbeitsvorgänge für sich allein genügen nicht für die Annahme, die insgesamt jeweils geschuldete Arbeitstätigkeit sei gleich. Die **Gleichwertigkeit** von Arbeiten kann nur durch einen Gesamtvergleich der Tätigkeiten festgestellt werden. Für die qualitative Wertigkeit einer Arbeit sind unter anderem das Maß der erforderlichen Vorkenntnisse, Verantwortlichkeiten und Fähigkeiten nach Art, Vielfalt und Qualität bedeutsam.[190] Bei einem Vergleich der Tätigkeiten dürfen keine ins Gewicht fallenden Unterschiede erkennbar werden. 54

4. Positive Maßnahmen. § 5 AGG lässt unterschiedliche Behandlungen zu, wenn durch geeignete und angemessene Maßnahmen bestehende Nachteile wegen eines in § 1 AGG genannten Grundes verhindert oder ausgeglichen werden sollen. Die Regelung setzt Art. 5 der Richtlinie 2000/43/EG, Art. 7 I der Richtlinie 2000/78/EG, Art. 2 VIII der Richtlinie 76/207/EWG und Art. 6 der Richtlinie 2004/113/EG über positive Maßnahmen um. Zulässig sollen gezielte **Maßnahmen zur Förderung bisher benachteiligter Gruppen** nicht nur durch den Gesetzgeber, sondern auch durch Arbeitgeber, Tarifvertrags- und Betriebspartner sowie seitens der Arbeitsvertragsparteien sein.[191] Die Vorschrift lässt Maßnahmen zur Behebung bestehender Nachteile ebenso zu wie präventive Maßnahmen zur Vermeidung künftiger Nachteile. Die Maßnahmen müssen nach objektivem Maßstab geeignet und angemessen sein und 55

---

182 EuGH 1. 2. 2005 – C-203/03.

183 BAG 26. 1. 2005 AP 1 zu AVR Diakonisches Werk Anlage 18 = NZA 2005, 1059.

184 *Bauer/Göpfert/Krieger* § 8 RN 43; ErfK/*Schlachter* § 8 AGG RN 6; *Wendeling-Schröder*/Stein AGG § 8 RN 34.

185 BAG 11. 12. 2007 AP 1 zu § 2 AGG = NZA 2008, 532 unter Bezugnahme auf die Gesetzesbegründung BT-Drucks. 16/1780 S. 35.

186 ErfK/*Schlachter* § 8 AGG RN 5.

187 *Bauer/Göpfert/Krieger* § 8 RN 49.

188 BAG 23. 8. 1995 AP 48 zu § 612 BGB = NZA 96, 579; zur Terminologie *Thüsing* RN 363 ff.

189 MünchKommBGB/*Thüsing* § 8 AGG RN 46; *Wendeling-Schröder*/Stein AGG § 8 RN 38.

190 BAG 26. 1. 2005 AP 1 zu AVR Diakonisches Werk Anlage 18 = NZA 2005, 1059.

191 BT-Drucks. 16/1780 S. 34; kritisch hierzu *Annuß* BB 2006, 1629, 1634; ErfK/*Schlachter* § 8 AGG RN 4; *Willemsen/Schweibert* NJW 2006, 2583, 2587 f.

bedürfen im konkreten Fall der Abwägung mit Rechtspositionen der von ihnen negativ Betroffenen.[192] Praktische Bedeutung haben Frauenförderpläne. So sind Maßnahmen zulässig, die Frauen spezifisch begünstigen und darauf ausgerichtet sind, deren Fähigkeit zu verbessern, auf dem Arbeitsmarkt mit anderen zu konkurrieren und unter den gleichen Bedingungen wie die Männer einen beruflichen Aufstieg zu verwirklichen. Eine Regelung, die den Frauen bei Ernennungen oder Beförderungen absolut und unbedingt den Vorrang einräumt, stellt keine rechtswirksame Maßnahme dar. Sie geht über die Förderung der Chancengleichheit hinaus und setzt an deren Stelle das Ergebnis, zu dem allein die Verwirklichung einer solchen Chancengleichheit führen könnte.[193]

56 **5. Unterschiedliche Behandlung wegen des Alters.**[194] Gemäß § 10 AGG ist eine unterschiedliche Behandlung wegen des Alters auch zulässig, wenn sie **objektiv und angemessen und durch ein legitimes Ziel gerechtfertigt** ist. Die Mittel zur Erreichung dieses Ziels müssen angemessen und erforderlich sein.

57 **a)** § 10 Satz 1 AGG enthält eine **Generalklausel** für zulässige Differenzierungen wegen des Alters. In § 10 Satz 3 Nr. 1 bis 6 AGG sind Regelbeispiele zulässiger unterschiedlicher Behandlung wegen des Alters enthalten. Auch für diese Regelbeispiele ist im Einzelfall eine Verhältnismäßigkeitsprüfung erforderlich.[195] Der in § 10 AGG enthaltene Rechtfertigungsgrund für eine Unterscheidung wegen des Alters ist weiter als der in § 8 I AGG geregelte allgemeine Rechtfertigungsgrund wegen besonderer beruflicher Anforderungen.[196]

58 **b)** Die unterschiedliche Behandlung muss gemäß § 10 Satz 1 AGG durch ein **legitimes Ziel** gerechtfertigt sein. Nach der Gesetzesbegründung ist die Legitimität eines Ziels unter Berücksichtigung der fachlich-beruflichen Zusammenhänge aus Sicht des Arbeitgebers oder der Tarifvertragsparteien zu beurteilen. Dies seien auch Ziele, die über die Situation eines einzelnen Unternehmens oder einer Branche hinausgingen und von allgemeinem Interesse seien, wie etwa Beschäftigungspolitik, Arbeitsmarkt oder berufliche Bildung.[197] Der Gesetzgeber hat damit nicht nur die in Art. 6 I der Rahmenrichtlinie 2000/78/EG genannten Gemeinwohlinteressen als legitime Ziele bestimmt. Darüber hinaus können vielmehr auch berechtigte Interessen des Arbeitgebers oder Tarifvertragsparteien eine Differenzierung rechtfertigen.[198] Dafür spricht bereits, dass der Gesetzgeber mit § 10 AGG die in der Richtlinie 2000/78/EG vorgegebenen allgemeinen Grundsätze umsetzen wollte[199] und die Richtlinie die Ziele aus den Bereichen Beschäftigungspolitik, Arbeitsmarkt oder berufliche Bildung nur beispielhaft („insbesondere") nennt.[200] Allerdings müssen die Belange objektiv und nicht nur aus der Sicht des einzelnen Arbeitgebers oder der Tarifvertragsparteien geeignet sein, die Benachteiligung zu rechtfertigen.[201] Die objektive Rechtfertigung und Angemessenheit fordert das Gesetz in § 10 Satz 2 AGG ausdrücklich.

59 **c)** Eine unterschiedliche Behandlung wegen des Alters ist nach § 10 Satz 3 Nr. 1 AGG zulässig, wenn hierdurch **besondere Bedingungen für den Zugang zur Beschäftigung und zur beruflichen Bildung** festgelegt werden.[202] Gleiches gilt für Regelungen besonderer Beschäftigungs- und Arbeitsbedingungen, einschließlich der Entlohnung und Beendigung des Beschäftigungsverhältnisses, um die berufliche Eingliederung von Jugendlichen, älteren Beschäftigten und Personen mit Fürsorgepflichten zu fördern oder ihren Schutz sicherzustellen. Die Regelung betrifft insbesondere **Berufseinsteiger und ältere Langzeitarbeitslose.**[203] Für diese Personen können beispielsweise kürzere Arbeitszeiten, abgesenkte Arbeitsverdienste oder

---

[192] EuGH 30. 9. 2004 AP 37 zu EWG-Richtlinie Nr. 76/207; 19. 3. 2002 AP 29 zu EWG-Richtlinie Nr. 76/207 = NZA 2002, 501.

[193] EuGH 17. 10. 1995 AP 6 zu EWG-Richtlinie Nr. 76/207 [Kalanke] = NZA 95, 1095; BAG 21. 1. 2003 AP 60 zu Art. 33 Abs. 2 GG = NZA 2003, 1036.

[194] Ausf. hierzu *Temming,* Altersdiskriminierung im Arbeitsleben, 2008.

[195] *Adomeit/Mohr* AGG § 10 RN 3; *Wendeling-Schröder*/Stein AGG § 10 RN 15.

[196] *Thüsing* RN 416.

[197] BT-Drucks. 16/1780 S. 36.

[198] Ebenso *Annuß* BB 2006, 1629, 1633; *Kamanabrou* RdA 2006, 321, 329 f.; *Wendeling-Schröder*/Stein AGG § 10 RN 7; einschränkend HK-AGG/*Brors* § 10 RN 20 ff.

[199] BT-Drucks. 16/1780 S. 36.

[200] Vgl. *Linsenmaier* RdA 2003 Sonderbeil. S. 22, 26.

[201] Zutr. *Annuß* BB 2006, 1629, 1633; ErfK/*Schlachter* § 10 AGG RN 2.

[202] Vgl. dazu auch EuGH 22. 11. 2005 AP 1 zu Richtlinie 2000/78/EG = NZA 2005, 1345 [Mangold].

[203] ErfK/*Schlachter* § 10 AGG RN 3.

kürzere Urlaubszeiten vereinbart werden.[204] Die Ungleichbehandlung ist hier wegen der beschäftigungspolitischen Zielsetzung gerechtfertigt.

d) Nach § 10 Satz 3 Nr. 2 AGG können Mindestanforderungen an das Alter, die Berufserfahrung oder das Dienstalter für die Einstellung oder für bestimmte mit der Beschäftigung verbundene **Vorteile festgelegt** werden. Die Mindestanforderungen an das Alter müssen sich aus der konkreten Tätigkeit ergeben. Da diese Bestimmung selbst kein rechtfertigendes Ziel nennt, ist insoweit auf die Generalklausel in § 10 Satz 1 AGG zurückzugreifen. Die Mindestanforderungen sind nur wirksam, wenn sie einem legitimen Ziel dienen, erforderlich und angemessen sind.[205] **60**

§ 10 Satz 3 Nr. 2 AGG ist nicht geeignet, eine allein vom Alter abhängige **unterschiedliche Vergütungshöhe** zu rechtfertigen.[206] Im zunehmenden Alter drückt sich nicht notwendig größere Berufserfahrung oder Betriebstreue aus, die eine Differenzierung begründen könnten. Auch der gelegentlich als Rechtfertigungsgrund angeführte angeblich höhere Lebensstandard älterer Arbeitnehmer kann unterschiedliche Arbeitsentgelte nicht begründen. Es schon sehr fraglich, ob überhaupt die Prämisse zutrifft, der Lebensstandard sei am Ende des Erwerbslebens am höchsten. Dagegen spricht bereits, dass – soweit dies in Deutschland überhaupt noch geschieht – Familien in der Mitte des Erwerbslebens gegründet werden und damit zu diesem Zeitpunkt auch höhere Kosten für die Erziehung der Kinder sowie Wohnraum bzw. Grundeigentum entstehen. Unabhängig davon ist der Lebensstandard aber schon deshalb kein taugliches Unterscheidungsmerkmal, weil das Arbeitsentgelt die Gegenleistung für die erbrachte Arbeitsleistung des Arbeitnehmers und keine Fürsorgeleistung des Arbeitgebers ist. Eine Differenzierung nach sozialen Grundsätzen scheidet damit aus.[207] Dies entspricht auch der Rechtsprechung zur Vergütung Teilzeitbeschäftigter (dazu § 43 RN 59a).[208] **61**

Die Differenzierung der **Urlaubsdauer** nach dem Lebensalter kann gerechtfertigt sein. Mit dem längeren Urlaub für ältere Arbeitnehmer wird ein legitimes Ziel verfolgt, wenn damit einem gesteigerten Erholungsbedürfnis älterer Menschen Rechnung getragen wird.[209] Dies mag bei einem Lebensalter von 50 Jahren angenommen werden können, ist jedoch bei Arbeitnehmern unter 40 Jahren kaum begründbar. Deshalb sind Urlaubsregelungen, die – wie z.B. § 26 TVöD – vorsehen, dass der Urlaub bis zum 30. Lebensjahr 26 Urlaubstage, bis zum vollendeten 40. Lebensjahr 29 Urlaubstage und nach dem vollendeten 40. Lebensjahr 30 Urlaubstage beträgt, mit dem Verbot der Benachteiligung wegen des Alters nicht vereinbar.[210] Das Gleiche gilt auch für **Sonderzuwendungen,** die der Arbeitgeber bei dem Erreichen einer bestimmten Altersgrenze gewährt. Es ist nicht ersichtlich, wie das Abstellen allein auf das Lebensalter eine unterschiedliche Behandlung der Beschäftigten rechtfertigen könnte. Anders verhält es sich jedoch, wenn die Zulage bei einem Dienstjubiläum gewährt und so die Betriebstreue belohnt und die Berufserfahrung gewürdigt wird.[211] **62**

Als Unterscheidungsmerkmal für unterschiedliche Vergütungen kann das ebenfalls in § 10 Satz 3 Nr. 2 AGG genannte **Dienstalter** herangezogen werden.[212] Auch wenn ein hohes Dienstalter typischerweise eher von älteren Arbeitnehmern erreicht wird und damit eine mittelbare Benachteiligung jüngerer Beschäftigter wegen des Lebensalters i.S.v. § 3 II AGG vorliegt, ist die Unterscheidung wirksam. Im Dienstalter kommen die Dauer der Betriebszugehörigkeit und damit das im Unternehmen des Arbeitgebers erworbene Erfahrungswissen sowie die Betriebstreue des Arbeitnehmers zum Ausdruck. Wenn der Arbeitgeber aus diesen Gründen eine **63**

---

[204] Schleusener/Suckow/*Voigt* § 10 RN 25.

[205] *Bauer/Göpfert/Krieger* § 10 RN 29; *Kamanabrou* RdA 2006, 321, 330; ErfK/*Schlachter* § 10 AGG RN 4.

[206] *Bauer/Göpfert/Krieger* § 10 RN 30; *Hanau* ZIP 2006, 2189, 2197; *Kamanabrou* NZA 2006 Beil. 3, S. 138, 141; ErfK/*Schlachter* § 10 AGG RN 4; *Thüsing* RN 462; *Wendeling-Schröder*/Stein AGG § 10 RN 44.

[207] Ebenso *Thüsing* RN 424.

[208] Vgl. dazu BAG 1. 11. 1995 AP 45 zu § 2 BeschFG 1985 = NZA 96, 813; 9. 10. 1996 AP 50 zu § 2 BeschFG 1985 = NZA 97, 728.

[209] Dazu *Linck/Schütz,* FS für Leinemann, 2006, S. 171, 181; ebenso *Kamanabrou* RdA 2006, 321, 330; *Lüderitz,* Altersdiskriminierung durch Altersgrenzen, 2005, S. 155; *Waltermann* NZA 2005, 1265, 1269; *Wendeling-Schröder*/Stein AGG § 10 RN 42; *Wisskirchen* DB 2006, 1491, 1493; a.A. HK-AGG/*Brors* § 10 RN 49f.

[210] Vgl. *Bertelsmann* ZESAR 2005, 242, 246; Schleusener/Suckow/*Voigt* § 10 RN 33.

[211] *Lingemann/Müller* BB 2007, 2006, 2007.

[212] *Bauer/Göpfert/Krieger* § 10 RN 30; ErfK/*Schlachter* § 10 AGG RN 4; *Wendeling-Schröder*/Stein AGG § 10 RN 37f.

höhere Vergütung gewährt, verfolgt er ein rechtmäßiges Ziel. Die Angemessenheit der Regelung ist im Einzelfall zu prüfen und hängt vom Umfang der Differenzierung ab. Dementsprechend ist nach der Rechtsprechung des EuGH der Rückgriff auf das Kriterium des Dienstalters in der Regel geeignet, die Berufserfahrung zu honorieren, die den Arbeitnehmer befähigt, seine Arbeit besser zu verrichten. Der Arbeitgeber hat dies nicht besonders darzulegen, es sei denn, der Arbeitnehmer liefert Anhaltspunkte, die geeignet sind, ernstliche Zweifel in dieser Hinsicht aufkommen zu lassen. Werden Entgeltstufen in einem Vergütungssystem gebildet, dem eine Bewertung der zu verrichtenden Arbeit zugrunde liegt, braucht vom Arbeitgeber nicht nachgewiesen zu werden, dass ein individuell betrachteter Arbeitnehmer während des einschlägigen Zeitraums eine Erfahrung erworben hat, die es ihm ermöglicht hat, seine Arbeit besser zu verrichten.[213]

64 **e)** § 10 Satz 3 Nr. 3 AGG erlaubt grundsätzlich die Festsetzung eines **Höchstalters für die Einstellung** auf Grund der spezifischen Ausbildungsanforderungen eines bestimmten Arbeitsplatzes oder auf Grund der Notwendigkeit einer angemessenen Beschäftigungszeit vor dem Eintritt in den Ruhestand. Dem liegt die Überlegung zugrunde, dass bei älteren Beschäftigten, deren Rentenalter bereits absehbar ist, einer aufwendigen Einarbeitung am Arbeitsplatz auch eine betriebswirtschaftlich sinnvolle Mindestdauer einer produktiven Arbeitsleistung gegenüberstehen muss.[214]

65 Die in § 10 Satz 3 Nr. 3 AGG zum Ausdruck kommende Einschränkung bei Regelungen des Höchstalters für Einstellungen hat insbesondere Konsequenzen für **Stellenausschreibungen** (dazu § 25). Hier bedarf es einer einzelfallbezogenen Prüfung des Ziels, das mit der jeweiligen Altersgrenze verfolgt wird. Pauschale Altersgrenzen sind damit nicht vereinbar.[215] Bei der Suche nach **Führungskräftenachwuchs** kann ein junges Höchstalter gerechtfertigt sein, wenn diese Personengruppe in dem Unternehmen in der Regel verschiedene Stationen durchlaufen muss und hierfür mehr oder weniger genau Zeiträume festgelegt sind. Der Arbeitgeber verfolgt ein legitimes Ziel, wenn er den Investitionen in die Ausbildung des Arbeitnehmers noch eine längere „Schaffensperiode" in der angestrebten Position gegenüberstellt.[216]

66 **f)** § 10 Satz 3 Nr. 4 AGG betrifft Altersgrenzen in der **betrieblichen Altersversorgung.** Zulässig kann danach sein die Festsetzung von Altersgrenzen als Voraussetzung für die Mitgliedschaft oder den Bezug von Altersrente oder von Leistungen bei Invalidität einschließlich der Festsetzung unterschiedlicher Altersgrenzen im Rahmen der betrieblichen Altersversorgung für bestimmte Beschäftigte oder Gruppen von Beschäftigten und die Verwendung von Alterskriterien im Rahmen dieser Systeme für versicherungsmathematische Berechnungen.

67 **g)** Die Vereinbarung einer **Altersgrenze für die Beendigung** des Arbeitsverhältnisses ohne Kündigung ist gemäß § 10 Satz 3 Nr. 5 AGG zulässig, wenn sie einen Zeitpunkt vorsieht, zu dem der Arbeitnehmer eine Rente wegen Alters beantragen kann (näher dazu § 40 RN 45 ff.).

68 Endet nach einer tarifvertraglichen Altersteilzeitregelung das Arbeitsverhältnis vor Vollendung des 65. Lebensjahres, wenn die Voraussetzungen für den Bezug von **Altersrente wegen Schwerbehinderung** vorliegen, liegt hierin keine unzulässige Benachteiligung Schwerbehinderter i. S. v. § 81 II 2 Nr. 1 Satz 1 SGB IX. Diese Regelung ist durch ein rechtmäßiges Ziel sachlich gerechtfertigt (§ 81 II 2 Nr. 1 Satz 3 SGB IX), weil hiermit arbeitsmarktpolitische Zwecke verfolgt werden. Die Förderung von Altersteilzeitarbeit durch das ATG dient dem Ziel von Neueinstellungen. Die Förderung soll durch den Einsatz öffentlicher Mittel ein sozialverträgliches Ausscheiden von Arbeitnehmern aus dem Arbeitsmarkt anregen.[217]

69 **h)** Differenzierungen von Leistungen in **Sozialplänen** sind gemäß § 10 Satz 3 Nr. 6 AGG zulässig, wenn die Betriebspartner eine nach Alter oder Betriebszugehörigkeit gestaffelte Abfindungsregelung geschaffen haben, in der die wesentlich vom Alter abhängenden Chancen auf dem Arbeitsmarkt durch eine verhältnismäßig starke Betonung des Lebensalters erkennbar berücksichtigt worden sind, oder Beschäftigte von den Leistungen des Sozialplans ausgeschlossen haben, die wirtschaftlich abgesichert sind, weil sie, gegebenenfalls nach Bezug von Arbeitslosengeld, rentenberechtigt sind (näher dazu § 244 RN 44 ff.).[218]

---

[213] EuGH 3. 10. 2006 AP 15 zu Art. 141 EG = NZA 2006, 1205 [Cadman].
[214] BT-Drucks. 16/1780 S. 36.
[215] HWK/*Annuß/Rupp* § 10 AGG RN 9; MünchKommBGB/*Thüsing* § 10 AGG RN 22.
[216] *Bauer/Göpfert/Krieger* § 10 RN 34; *Thüsing* RN 432; *Wisskirchen* DB 2006, 1491, 1493; ähnlich auch *Hanau* ZIP 2006, 2189, 2197 f.
[217] BAG 27. 4. 2004 AP 1 zu § 8 ATG = NZA 2005, 821.
[218] Vgl. zuletzt BAG 11. 11. 2008 NZA 2009, 210.

VII. Benachteiligungsverbot

1. Überblick. § 7 AGG normiert das Verbot der Benachteiligung in Beschäftigung und Beruf. Die Vorschrift spricht ein **generelles Verbot der Benachteiligung** von Beschäftigten wegen eines in § 1 genannten Grundes aus. Der Inhalt des § 7 AGG erschließt sich aus dem Zusammenhang mit den weiteren Bestimmungen des AGG. Als benachteiligende Handlungen kommen daher alle in § 3 I bis V AGG genannten Benachteiligungen in Betracht (dazu RN 29 ff.). Zu prüfen ist stets, ob Rechtfertigungsgründe vorliegen (dazu RN 44 ff.) oder Besonderheiten der Beschäftigung bei Religionsgemeinschaften zu beachten sind (dazu RN 127 ff.). 70

§ 7 I AGG allein enthält **keine Anspruchsgrundlage** (dazu RN 52).[219] Da diese Bestimmung ein Verbotsgesetz i. S. v. § 134 BGB ist, sind Vereinbarungen, die gegen § 7 I AGG verstoßen, nichtig.[220] Dies ist in § 7 II AGG deklaratorisch klargestellt.[221] Erfasst werden neben arbeitsvertraglichen Vereinbarungen auch Betriebsvereinbarungen und Tarifverträge.[222] Eine Benachteiligung durch den Arbeitgeber oder Beschäftigte ist gemäß § 7 III AGG eine Verletzung vertraglicher Pflichten. 71

§ 7 I AGG bezieht sich auf die in § 1 AGG genannten Gründe. Dabei ist zu beachten, dass sich die **Zielsetzung benachteiligenden Verhaltens** nicht immer eindeutig aus dem Verhalten – insbesondere Äußerungen – ergibt. Wer z. B. Menschen auf Grund ihrer Staatsangehörigkeit benachteiligt, unterscheidet häufig in Wirklichkeit nach deren ethnischer Herkunft. Das Abstellen auf die Staatsangehörigkeit ist dann nur Vorwand, tatsächlich will der Handelnde auf die ethnische Herkunft abstellen. 72

Nach § 7 I Halbs. 2 AGG gilt das Benachteiligungsverbot auch, wenn die benachteiligende Person das Vorliegen eines in § 1 AGG genannten Grundes **nur annimmt;** ob der Grund tatsächlich in der Person des oder der Beschäftigten vorliegt, ist nicht entscheidend. Diese Bestimmung berücksichtigt, dass Menschen oft bestimmte Eigenschaften oder Verhaltensweisen zugeschrieben werden, z. B. allein auf Grund ihres äußeren Erscheinungsbildes.[223] Die Vorschrift birgt Haftungsrisiken für den Arbeitgeber, wenn beispielsweise ein heterosexueller Bewerber beim Vorstellungsgespräch wahrheitswidrig behauptet, er sei homosexuell.[224] 72a

2. Benachteiligung durch den Arbeitgeber. Benachteiligungen durch den Arbeitgeber wegen eines in § 1 AGG genannten Grundes sind gem. § 7 III AGG Vertragsverletzungen. Es gelten damit die Vorschriften des Leistungsstörungsrechts des BGB (§ 32 AGG).[225] 72b

3. Benachteiligung durch Dritte. Das Benachteiligungsverbot richtet sich neben dem Arbeitgeber auch gegen **Arbeitskollegen und Dritte,** wie z. B. Kunden des Arbeitgebers. Erfolgt die Benachteiligung durch Beschäftigte, fingiert § 7 III AGG eine Vertragsverletzung.[226] Gegenüber außenstehenden Dritten ergeben sich für betroffene Arbeitnehmer die Rechtsfolgen nicht aus dem AGG.[227] Schadensersatzansprüche kommen nach § 823 I BGB bei einer Verletzung des Persönlichkeitsrechts, der körperlichen Unversehrtheit oder des Rechts auf sexuelle Selbstbestimmung in Betracht.[228] Im Einzelfall kann das Verhalten Dritter dem Arbeitgeber zugerechnet werden (RN 74). Gegenüber dem Arbeitgeber sind Ansprüche nach § 12 III und IV AGG möglich. 73

Da die Benachteiligung durch den Arbeitgeber oder Beschäftigte gemäß § 7 III AGG eine Verletzung vertraglicher Pflichten darstellt, haftet der Arbeitgeber, wenn er eine juristische Person ist (z. B. GmbH oder AG), und entsprechend auch die OHG und KG sowie die GbR gemäß § 31 BGB für das Verhalten der verfassungsmäßigen Vertreter.[229] Gehilfenverschulden ist nach § 278 BGB zurechenbar. **Erfüllungsgehilfen** i. S. v. § 278 BGB sind Vorgesetzte, die gegenüber dem Arbeitnehmer Rechte und Pflichten des Arbeitgebers wahrnehmen.[230] Dazu 74

---

[219] *Bauer/Göpfert/Krieger* § 7 RN 1.

[220] *Annuß* BB 2006, 1629, 1634; *Kamanabrou* ZfA 2006, 327, 331; *Thüsing* RN 493.

[221] ErfK/*Schlachter* § 7 AGG RN 3.

[222] HWK/*Annuß/Rupp* § 7 AGG RN 4; ErfK/*Schlachter* § 7 AGG RN 3; MünchKommBGB/*Thüsing* § 7 AGG RN 10; *Wendeling-Schröder*/Stein AGG § 7 RN 2.

[223] BT-Drucks. 16/1780 S. 34.

[224] Vgl. *Wagner/Potsch* JZ 2006, 1085, 1089.

[225] Vgl. *Adomeit/Mohr* AGG § 11 RN 27; *Bauer/Göpfert/Krieger* AGG § 7 RN 34; MünchKommBGB/*Thüsing* § 7 AGG RN 21.

[226] ErfK/*Schlachter* § 7 AGG RN 6.

[227] HWK/*Annuß/Rupp* § 7 AGG RN 6; ErfK/*Schlachter* § 7 AGG RN 7.

[228] *Bauer/Göpfert/Krieger* § 7 RN 7 f.

[229] Dazu *Herresthal* Anm. zu BAG EzA 3 zu § 611 a BGB 2002; *Wagner/Potsch* JZ 2006, 1085, 1090.

[230] Vgl. *Annuß* BB 2006, 1629, 1634; *Bauer/Göpfert/Krieger* § 7 RN 37; *Wendeling-Schröder*/Stein AGG § 7 RN 36 f.; *Willemsen/Schweibert* NJW 2006, 2583, 2590.

gehören insbesondere der jeweilige Abteilungsleiter und auch der Personalleiter. Von ihnen im Zusammenhang mit Einstellungen ausgehende Benachteiligungen sind dem Arbeitgeber daher zuzurechnen. Gleiches gilt für **Personalberater („Headhunter"),** derer sich der Arbeitgeber bei der Personalgewinnung bedient.[231] Schadensersatzansprüche folgen hier aus § 15 II AGG i. V. m. § 278 BGB. Eigene Ansprüche des Bewerbers gegen den Personalberater bestehen grundsätzlich nicht.[232] Der Arbeitnehmer kann den Personalberater auf Auskunft über die Person des Arbeitgebers (Auftraggebers) verklagen, wenn er Schadensersatz verlangt und den Arbeitgeber nicht kennt.[233] Hierfür sind nicht die Arbeitsgerichte, sondern die ordentlichen Gerichte zuständig.[234] Da nach § 278 BGB keine Exkulpationsmöglichkeit besteht, kann der Arbeitgeber bei einem Verstoß eines Erfüllungsgehilfen gegen die Benachteiligungsverbote des AGG nicht einwenden, die betreffende Person sei ordnungsgemäß geschult worden (§ 12 II AGG).[235] Möglich ist aber ein Regressanspruch des Arbeitgebers gegenüber dem Erfüllungsgehilfen nach Maßgabe der Grundsätze zur Arbeitnehmerhaftung (§ 53).[236] Für eine Haftung nach § 278 BGB ist erforderlich, dass die jeweiligen Vorgesetzten in Ausübung ihrer Tätigkeit die Benachteiligung vornehmen.[237] Dies dürfte zu verneinen sein, wenn ein Vorgesetzter eine Mitarbeiterin bei einem zufälligen privaten Zusammentreffen sexuell belästigt.

75 Bei Benachteiligungen durch **andere Beschäftigte** scheidet eine Zurechnung des Verhaltens nach § 278 BGB aus. Kommt es beispielsweise am Arbeitsplatz unter Arbeitskollegen zu Belästigungen (§ 3 III AGG) durch Pöbeleien und Beleidigungen, wird der Täter nicht in Erfüllung einer Verbindlichkeit des Arbeitgebers tätig. Denkbar ist hier allerdings eine Haftung des Arbeitgebers nach § 831 BGB, weil die Benachteiligung in Ausübung einer Verrichtung erfolgt,[238] sowie eine Haftung wegen Verletzung der Organisationspflichten aus § 12 AGG.[239] In diesem Fall kann sich der Arbeitgeber allerdings gemäß § 831 I 2 BGB entlasten, indem er darlegt, die Mitarbeiter nach § 12 II AGG ordnungsgemäß geschult zu haben.[240]

76 **4. Rechtsfolgen.** Ist eine Entgeltvereinbarung wegen eines Verstoßes gegen § 7 I AGG nichtig, kann der Benachteiligte grundsätzlich eine **„Anpassung nach oben",** d. h. die Gleichstellung mit den nicht benachteiligt Beschäftigten verlangen.[241] Weitere **Rechtsfolgen** bei einem Verstoß gegen das Benachteiligungsverbot ergeben sich aus § 13 bis 16 AGG (dazu RN 77 ff.).

VIII. Schadensersatzansprüche

77 **1. Überblick.** Verstößt der Arbeitgeber gegen das Benachteiligungsverbot des § 7 AGG, ist er gemäß § 15 I AGG verpflichtet, den hierdurch entstandenen materiellen Schaden zu ersetzen. Die Schadensersatzpflicht trifft den Arbeitgeber nicht, wenn er die Pflichtverletzung nicht zu vertreten, d. h. nicht schuldhaft herbeigeführt hat. Andere Personen als der Arbeitgeber, insbesondere Beschäftigte oder Geschäftspartner, haften nicht nach dieser Bestimmung, sondern nur nach allgemeinen zivilrechtlichen Grundsätzen gemäß § 823 I BGB. Das Verhalten von Beschäftigten und Dritten, wie etwa Personalberatern, kann dem Arbeitgeber jedoch zuzurechnen sein (dazu RN 74). Für **immaterielle Schäden** haftet der Arbeitgeber gemäß § 15 II AGG. Sowohl für den Schadensersatzanspruch nach § 15 I AGG als auch den Entschädigungsanspruch nach § 15 II AGG gilt die Ausschlussfrist des § 15 IV AGG (dazu RN 97 ff.).[242] Die Schadensersatzpflicht führt nach § 15 VI AGG **nicht zu einer Naturalrestitution,**[243] d. h. zur Begründung eines Arbeitsverhältnisses oder einer Beförderung.

---

[231] *Bauer/Göpfert/Krieger* AGG § 15 RN 33; *Schwab* NZA 2007, 178, 179; Wendeling-Schröder/*Stein* AGG § 15 RN 7; siehe auch BAG 5. 2. 2004 AP 23 zu § 611 a BGB = NZA 2004, 540, das die Anspruchsgrundlage offen gelassen hat.

[232] HWK/*Annuß/Rupp* § 11 AGG RN 2; *Diller* NZA 2007, 649, 651.

[233] *Diller* NZA 2007, 649, 652

[234] BAG 27. 8. 2008 NZA 2008, 1259.

[235] *Bauer/Evers* NZA 2006, 893, 894; *Gaul/Neumann* ArbRB 2007, 47, 49; *Willemsen/Schweibert* NJW 2006, 2583, 2590.

[236] *Gaul/Neumann* ArbRB 2007, 47, 49; *Wagner/Potsch* JZ 2006, 1085, 1090.

[237] *Hanau* ZIP 2006, 2189, 2201; *Willemsen/Schweibert* NJW 2006, 2583, 2590.

[238] *Willemsen/Schweibert* NJW 2006, 2583, 2590.

[239] *Bauer/Evers* NZA 2006, 893, 894.

[240] *Gaul/Neumann* ArbRB 2007, 47, 49.

[241] *Löwisch* BB 2006, 1729, 1731; ErfK/*Schlachter* § 7 AGG RN 5; *Thüsing* RN 495; *Willemsen/Schweibert* NJW 2006, 2583, 2588; differenzierend *Wendeling-Schröder*/Stein AGG § 7 RN 20 ff.

[242] Kritisch zu dieser Unterscheidung der Schäden *Wagner/Potsch* JZ 2006, 1085, 1094 ff.

[243] *Bauer/Evers* NZA 2006, 893, 894; ErfK/*Schlachter* § 15 AGG RN 3; Wendeling-Schröder/*Stein* AGG § 15 RN 18.

2. Materieller Schaden. a) Der Anspruch auf Ersatz materieller Schäden nach § 15 I AGG betrifft insbesondere die Fälle, in denen ein **Bewerber** erfolgreich geltend macht, bei benachteiligungsfreier Auswahl hätte er eingestellt werden müssen. Entsprechendes gilt für benachteiligende **Beförderungsentscheidungen.** In der Praxis werden diese Fälle vermutlich nicht allzu oft vorkommen, weil nur dem tatsächlich Bestqualifizierten materielle Schäden entstehen.[244] Der Arbeitgeber kann gegen erhobene Schadensersatzansprüche nach § 15 I AGG einwenden, der Bewerber wäre auch bei benachteiligungsfreier Auswahl nicht eingestellt worden, der tatsächlich Eingestellte oder Beförderte sei besser geeignet als der Benachteiligte. Bei der Beurteilung der Eignung sind nicht nur „harte" Kriterien, wie das Vorliegen bestimmter Qualifikationen und Examensnoten von Bedeutung. Zu berücksichtigen sind vielmehr auch „weiche" Kriterien, wie Selbstbewusstsein, Teamfähigkeit, Führungsstärke und soziale Kompetenz. Dem nicht bestqualifizierten, unzulässig benachteiligten Arbeitnehmer bleibt allerdings der Entschädigungsanspruch nach § 15 II AGG (dazu RN 84ff.). 78

b) Der nach § 15 I AGG zu ersetzende **Schaden** bemisst sich gem. §§ 249ff. BGB nach der sog. Differenzhypothese.[245] Der Benachteiligte ist so zu stellen, wie stünde, wenn er eingestellt worden wäre. Demzufolge besteht der Schaden in erster Linie in dem entgangenen Verdienst.[246] Anzurechnen sind bezogenes Arbeitslosengeld und anderweitiger Verdienst, weil der Arbeitnehmer diese Leistungen im Falle einer Einstellung nicht bezogen hätte.[247] 79

Das Gesetz selbst enthält keine **Höchstgrenze** für den ersatzfähigen Schaden. Insoweit besteht eine Parallele zum Anspruch auf Verdienstausfall nach § 628 II BGB bei einer durch den Arbeitgeber veranlassten Eigenkündigung des Arbeitnehmers (dazu § 127 RN 57). Ersatzfähiger Schaden ist daher der Verdienst, den der Arbeitnehmer bis zum ersten fiktiven Kündigungstermin erhalten hätte.[248] Eine im Rahmen des § 628 II BGB hinzugerechnete Abfindung in analoger Anwendung der §§ 9, 10 KSchG ist beim Schadensersatz nach § 15 I AGG nicht zu berücksichtigen, weil der Bewerber noch keinen Bestandsschutz nach Maßgabe des KSchG hat.[249] Dem steht nicht entgegen, dass nach der Rechtsprechung des BGH[250] die zur Begrenzung des Schadensersatzanspruchs nach § 628 II BGB entwickelten Grundsätze nicht übertragbar sind auf den Schadensersatzanspruch des Arbeitnehmers gegen seinen Rechtsvertreter, durch dessen Verschulden ein Kündigungsschutzprozess verloren gegangen ist.[251] Der BGH hat insoweit eine Einschränkung des Schadensersatzes mit der Begründung abgelehnt, der Arbeitnehmer, der eine Kündigungsschutzklage mit dem Ziel der Weiterbeschäftigung erhebe, verzichte gerade nicht auf die Fortführung des Arbeitsverhältnisses und den durch die Kündigungsschutzbestimmungen vermittelten Bestandsschutz, sondern mache ihn geltend. Der Stellenbewerber genießt jedoch noch keinen durch das KSchG gesicherten Bestandsschutz. Eine Haftungsbeschränkung ist daher geboten. 80

c) Der Schadensersatzanspruch ist gemäß § 15 I 2 AGG **verschuldensabhängig** ausgestaltet. Die hiergegen erhobenen europarechtlichen Bedenken[252] sind nicht begründet. Zwar fordert der EuGH, die Sanktion gegen das diskriminierende Verhalten müsse eine „wirklich abschreckende Wirkung" gegenüber dem Arbeitgeber haben und verschuldensunabhängig ausgestaltet sein.[253] Zu berücksichtigen ist jedoch, dass dem unzulässig Benachteiligten neben dem Ersatz der materiellen Schäden nach § 15 I AGG auch ein verschuldensunabhängiger Entschädigungsanspruch nach § 15 II AGG zusteht. Hinzu kommt, dass für den Schadensersatzanspruch nach § 15 I AGG der Arbeitgeber das fehlende Verschulden zu beweisen hat (RN 83) und im Fall des übergangenen bestqualifizierten Bewerbers ein begrenzter Entschädigungsanspruch nach § 15 II AGG (dazu RN 90) besteht. Dieser verschuldensunabhängige Ersatz des Nichtvermögensscha- 81

---

[244] HK-AGG/*Deinert* § 15 RN 38; *Thüsing* RN 542; Schleusener/Suckow/*Voigt* § 15 RN 17.
[245] Wendeling-Schröder/*Stein* AGG § 15 RN 20.
[246] *Bauer/Evers* NZA 2006, 893, 894.
[247] *Willemsen/Schweibert* NJW 2006, 2583, 2589; *Wisskirchen* DB 2006, 1491, 1499.
[248] Ebenso HWK/*Annuß/Rupp* § 8 AGG RN 2; *Annuß* BB 2006, 1629, 1634; *Bauer/Göpfert/Krieger* § 15 RN 27; *Thüsing* RN 539; *Wisskirchen* DB 2006, 1491, 1499; mit Bedenken auch *Willemsen/Schweibert* NJW 2006, 2583, 2589.
[249] *Thüsing* RN 540; a. A. *Seel* MDR 2006, 1321, 1323; *Willemsen/Schweibert* NJW 2006, 2583, 2589.
[250] BGH 24. 5. 2007 NJW 2007, 2043.
[251] So aber HK-AGG/*Deinert* § 15 RN 39 c.
[252] Vgl. HWK/*Annuß/Rupp* § 15 AGG RN 3; HK-AGG/*Deinert* § 15 RN 30; *ders.* DB 2007, 398, 399; *Kamanabrou* RdA 2006, 321, 335 f.; ErfK/*Schlachter* § 15 AGG RN 1; *Thüsing* RN 545.
[253] EuGH 22. 4. 1997 AP 13 zu § 611 a BGB [Draehmpaehl] = NZA 97, 645.

dens ist die eigentliche „Sanktion“.[254] Beide Vorschriften zusammen entfalten eine „wirklich abschreckende Wirkung“.[255]

82 Gemäß § 276 I BGB haftet der Arbeitgeber für **Vorsatz und Fahrlässigkeit.** Das Verhalten Dritter ist dem Arbeitgeber nach § 278 BGB zuzurechnen (dazu RN 74f., 115). Neben dem Anspruch aus § 15 I und II AGG kommen Schadensersatzansprüche nach § 831 BGB (dazu RN 75) in Betracht, die gemäß § 15 V AGG von der Haftung nach dem AGG unberührt bleiben.

83 **d)** Nach dem Wortlaut des § 15 I 2 AGG, der § 280 I 2 BGB entspricht, hat der Arbeitgeber das Nichtvertretenmüssen einzuwenden. Er ist deshalb für das fehlende Verschulden **darlegungs- und beweispflichtig.**[256]

84 **3. Immaterieller Schaden. a)** Von größter Bedeutung für die Praxis dürfte der in § 15 II AGG geregelte **Entschädigungsanspruch** sein. Nach dieser Bestimmung kann der Beschäftigte wegen des Schadens, der nicht Vermögensschaden ist, eine angemessene Entschädigung in Geld verlangen. Die Entschädigung darf bei einer Nichteinstellung drei Monatsgehälter nicht übersteigen, wenn der oder die Beschäftigte auch bei benachteiligungsfreier Auswahl nicht eingestellt worden wäre.

85 **b)** § 15 II AGG baut auf Absatz 1 des § 15 AGG auf und erfordert deshalb **tatbestandlich** eine Benachteiligung wegen eines in § 1 AGG genannten Grundes durch den Arbeitgeber oder eines seiner weisungsgebundenen Beschäftigten (dazu RN 74).[257] Keine Tatbestandsvoraussetzung des § 15 II AGG ist, dass durch die Benachteiligung eine erhebliche Verletzung des allgemeinen Persönlichkeitsrechts des Arbeitnehmers eingetreten ist und damit die Voraussetzungen des § 823 I BGB vorliegen.[258] Hierfür gibt es in § 15 II AGG keine Anhaltspunkte.[259]

86 **c)** Für § 15 II AGG gilt nach dem Willen des Gesetzgebers nicht das Verschuldenserfordernis des § 15 I 2 AGG.[260] Die Haftung nach § 15 II AGG ist **verschuldensunabhängig** ausgestaltet und entspricht insoweit den europarechtlichen Vorgaben (dazu RN 81).[261]

87 **d)** Bedient sich der Arbeitgeber zur **Stellenausschreibung eines außenstehenden Dritten,** beispielsweise einer Unternehmensberatung oder der Bundesagentur für Arbeit, und verletzt der Dritte die Pflicht zur benachteiligungsfreien Stellenausschreibung, ist dem Arbeitgeber dieses Verhalten in der Regel zuzurechnen.[262] Den Arbeitgeber trifft im Falle der Fremdausschreibung die Sorgfaltspflicht, die Ausschreibung zu überwachen. Nach Auffassung des BAG geht es nicht um die Zurechnung des Verschuldens des Dritten, sondern allein um die Zurechnung von dessen Handlungsbeitrag im vorvertraglichen Vertrauensverhältnis (dazu RN 74).[263]

88 Diese Rechtsprechung hat das BVerfG bestätigt. Danach kann sich der Arbeitgeber nicht mit dem Argument entlasten, der Dritte – im Streitfall war dies die Agentur für Arbeit – habe den diskriminierenden Zusatz (hier: „männliche Bewerber bevorzugt“) **aus eigenem Antrieb** und ohne Veranlassung des Arbeitgebers der Stellenanzeige hinzugefügt.[264] Andernfalls könne der Arbeitgeber die Verantwortung für ein geschlechtsneutrales Verhalten bei Ausschreibungen durch die Behauptung, andere Personen seien für den Inhalt der Ausschreibung verantwortlich, auf Dritte abzuwälzen und so den Indizwert einer Stellenausschreibung mit geschlechtsbezogener Formulierung (dazu RN 137) aushebeln. Der Bewerber könne in der Regel kaum ermitteln, wie es im Einzelnen zu der Stellenausschreibung gekommen sei und ob Zeugen vorhanden seien, welche die Behauptung des Arbeitgebers, der Text der Anzeige gehe nicht auf seine Veranlassung zurück,

---

[254] A. A. *Thüsing* RN 545.

[255] Ebenso *Bauer/Evers* NZA 2006, 893; *Bauer/Göpfert/Krieger* AGG § 15 RN 15; *Hanau* ZIP 2006, 2189, 2201; Schleusener/Suckow/*Voigt* § 15 RN 20; *Walker* NZA 2009, 5, 6; Wendeling-Schröder/*Stein* AGG § 11 RN 16; wohl auch *Willemsen/Schweibert* NJW 2006, 2583, 2589.

[256] *Bauer/Göpfert/Krieger* § 15 RN 22; ErfK/*Schlachter* § 15 AGG RN 4; *Willemsen/Schweibert* NJW 2006, 2583, 2588f.

[257] *Kamanabrou* RdA 2006, 321, 336.

[258] So aber *Thüsing* RN 519.

[259] *Bauer/Evers* NZA 2006, 893, 896; *Bauer/Göpfert/Krieger* § 15 RN 34; HK-AGG/*Deinert* § 15 RN 50; Wendeling-Schröder/*Stein* AGG § 15 RN 34; einschränkend auch ErfK/*Schlachter* § 15 AGG RN 6.

[260] BT-Drucks. 16/1780 S. 38; ebenso *Bauer/Göpfert/Krieger* § 15 RN 32; HK-AGG/*Deinert* § 15 RN 58; *Hanau* ZIP 2006, 2189, 2201; *Walker* NZA 2009, 5, 6; *Willemsen/Schweibert* NJW 2006, 2583, 2589; kritisch zu dieser Auslegung *Thüsing* RN 516.

[261] Vgl. dazu EuGH 22. 4. 1997 AP 13 zu § 611 a BGB [Draehmpaehl] = NZA 97, 645.

[262] BAG 5. 2. 2004 AP 23 zu § 611 a BGB = NZA 2004, 540; BVerfG 21. 9. 2006 NJW 2007, 137.

[263] Dazu *Herresthal* Anm. zu BAG EzA 3 zu § 611 a BGB 2002.

[264] BVerfG 21. 9. 2006 NJW 2007, 137.

widerlegen könnten. Dadurch sei die Möglichkeit, sich auf eine vom Arbeitgeber zu verantwortende Stellenausschreibung als Vermutungsbasis für eine geschlechtsbezogene Diskriminierung zu berufen, erheblich eingeschränkt. Der Arbeitgeber könne die Gesetzmäßigkeit der Ausschreibung ohne Weiteres überwachen. Ihn treffe im Falle der Fremdausschreibung eine entsprechende Sorgfaltspflicht.

e) Die **Höhe der Entschädigung** ist grundsätzlich einzelfallbezogen festzusetzen. Maßgeblich sind in erster Linie die Schwere des Verstoßes gegen § 7 I AGG. Wird der Arbeitnehmer zugleich aus mehreren Gründen unzulässig benachteiligt, ist eine höhere Entschädigung geboten, um die erforderliche abschreckende Wirkung zu erzielen.[265] Zu berücksichtigen sind des Weiteren die wirtschaftliche Leistungsfähigkeit des Arbeitgebers[266] sowie ein möglicherweise erfolgter Ausgleich der erlittenen materiellen Schäden. Wiederholungsfälle können eine höhere Entschädigung rechtfertigen.[267] **89**

4. Entschädigung bei Nichteinstellung. a) Wird ein Bewerber wegen eines in § 1 AGG genannten Grundes abgelehnt (zu den tatbestandlichen Voraussetzungen RN 5ff.), ist bezüglich der Höhe des Entschädigungsanspruchs zu **differenzieren.** Der bestqualifizierte Bewerber, der wegen einer unzulässigen Benachteiligung nicht eingestellt wird, hat neben dem Anspruch auf Ersatz des Vermögensschadens einen der Höhe nach unbegrenzten Entschädigungsanspruch. Eine Höchstgrenze gibt es nur in den Fällen der Nichteinstellung, wenn der Arbeitnehmer auch bei benachteiligungsfreier Auswahl nicht eingestellt worden wäre (§ 15 II 2 AGG). Dann darf die Entschädigung drei Monatsverdienste nicht übersteigen. Diese schon in § 611a BGB enthaltene Grenze von drei Monatsverdiensten hat der EuGH nicht beanstandet.[268] **90**

Die **Darlegungs- und Beweislast** für die Voraussetzungen des § 15 II 2 AGG trägt der Arbeitgeber.[269] **90a**

Die Höchstgrenze von drei Monatsverdiensten gibt dem Arbeitgeber nur einen relativen Schutz, weil sie nur für jeden einzelnen Fall der Benachteiligung gilt.[270] Eine **summenmäßige Begrenzung** gibt es nicht. Schreibt also beispielsweise ein Arbeitgeber eine Stelle unzulässigerweise nicht geschlechtsneutral aus und bewerben sich mehrere Angehörige des nicht angesprochenen Geschlechts, stehen allen diesen abgelehnten Bewerbern Entschädigungsansprüche in Höhe von jeweils bis zu drei Monatsverdiensten zu. **91**

Das AGG definiert nicht, wie der **Monatsverdienst** zu bemessen ist. Naheliegend ist, insoweit auf die alte Begriffsbestimmung in § 611a III 2 BGB zurückzugreifen. Als Monatsverdienst gilt danach das, was dem Bewerber bei regelmäßiger Arbeitszeit in dem Monat, in dem das Arbeitsverhältnis hätte begründet werden sollen, an Geld- und Sachbezügen zugestanden hätte. Maßgeblich ist der Bruttoverdienst.[271] **92**

b) Der Entschädigungsanspruch wegen einer Nichteinstellung erfordert eine ernsthafte Bewerbung. Dies ist der entscheidende Gesichtspunkt, um **missbräuchlichen Bewerbungen („AGG-Hopping“),** mit denen allein das Ziel verfolgt wird, eine Entschädigung zu erhalten, den Erfolg zu versagen.[272] Maßgeblich ist nicht allein die formale Position eines durch die Einreichung eines Bewerbungsschreibens begründeten Bewerberstatus. Mit Recht hat das BAG angenommen, einen Nachteil könne nur derjenige erleiden, der objektiv für die zu besetzende Stelle in Betracht komme und sich subjektiv ernsthaft hierfür beworben habe. Wer nicht die Begründung eines Arbeitsverhältnisses beabsichtige, sondern lediglich die Zahlung einer Entschädigung nach § 15 II AGG erstrebt, ist nicht Bewerber.[273] **93**

Indizien einer missbräuchlichen Bewerbung können offensichtliche **Über- oder Minderqualifikationen** sein. Das ist beispielsweise anzunehmen, wenn sich ein bei einem **94**

---

[265] *Bauer/Göpfert/Krieger* § 15 RN 36; ErfK/*Schlachter* § 15 AGG RN 8; Schleusener/Suckow/*Voigt* § 15 RN 53; einschränkend *Walker* NZA 2009, 5, 10.

[266] HK-AGG/*Deinert* § 15 RN 74; kritisch dazu *Kamanabrou* RdA 2006, 321.

[267] HK-AGG/*Deinert* § 15 RN 78; ebenso zu § 611a BGB MünchKommBGB/*Müller-Glöge* § 611a RN 74; Staudinger/*Annuß* § 611a RN 102.

[268] EuGH 22. 4. 1997 AP 13 zu § 611a BGB [Draehmpaehl] = NZA 97, 645.

[269] Wendeling-Schröder/*Stein* AGG § 15 RN 54; vgl. auch EuGH 22. 4. 1997 AP 13 zu § 611a BGB [Draehmpaehl] = NZA 97, 645.

[270] *Adomeit/Mohr* AGG § 15 RN 52; HK-AGG/*Deinert* § 15 RN 63; Wendeling-Schröder/*Stein* AGG § 15 RN 47; *Willemsen/Schweibert* NJW 2006, 2583, 2590.

[271] Wendeling-Schröder/*Stein* AGG § 15 RN 45.

[272] Dazu insbesondere *Diller* BB 2006, 1968.

[273] Vgl. BAG 12. 11. 1998 AP 16 zu § 611a BGB = NZA 99, 371 zu § 611a BGB; ebenso LAG Baden-Württemberg 13. 8. 2007 – 3 Ta 119/07.

Wirtschaftsverband beschäftigter Syndikusanwalt mit einem Einkommen in Höhe von monatlich 5400,00 Euro sowie weiteren rund 1000,00 Euro aus eigener Rechtsanwaltstätigkeit auf eine Anstellung als „Rechtsanwältin" bewirbt und seine Gehaltsvorstellungen mit 2500,00 Euro monatlich angibt.[274] Wenn kein vernünftiger Grund für diese **erhebliche finanzielle Verschlechterung** benannt wird, kann nur davon ausgegangen werden, dem vermeintlichen Bewerber gehe es nur um die Entschädigung und nicht ernsthaft um die Stelle. An der Ernsthaftigkeit der Bewerbung kann es weiterhin fehlen, wenn der Arbeitnehmer in der Vergangenheit in einer **Vielzahl von Rechtsstreitigkeiten** Arbeitgeber auf Zahlung von Schadensersatz wegen geschlechtsbezogener Diskriminierung auf Grund nicht geschlechtsneutraler Anzeigen in Anspruch genommen hat.[275] Gleiches wird angenommen werden können, wenn ein Bewerber in dem Bewerbungsschreiben ohne nachvollziehbaren Grund auf Umstände hinweist, die einen Arbeitgeber üblicherweise „abschrecken" (z. B. Homosexualität oder Transsexualität),[276] oder wenn die Bewerbung offensichtlich unvollständig ist (kein Hinweis auf die geforderten wesentlichen Anforderungen,[277] Kurzbewerbung ohne Lebenslauf[278]). Ein subjektiv ernsthafter Bewerber wird in seiner Bewerbung alles tun, um ein positives Bild von seiner Person und seinen – auf den Text der Stellenausschreibung bezogenen – Fähigkeiten abzugeben.[279]

95 **5. Kollektivvereinbarungen.** Erfolgen Benachteiligungen in Kollektivvereinbarungen, trifft den Arbeitgeber gemäß § 15 III AGG eine Entschädigungspflicht nur, wenn er **vorsätzlich oder grob fahrlässig** handelt. Das Haftungsprivileg gilt nach dem Wortlaut des § 15 III AGG nur für „Entschädigungen" und bezieht sich damit auf § 15 II AGG und nicht auf den Schadensersatz wegen Vermögensschäden nach § 15 I AGG.[280] Kollektivvereinbarungen sind Tarifverträge sowie Betriebs- oder Dienstvereinbarungen.[281] Vertritt der Arbeitgeber in einer schwierigen Rechtsfrage eine vertretbare Rechtsauffassung, soll ein grober Sorgfaltspflichtverstoß ausscheiden.[282] Die vermutete „höhere Richtigkeitsgewähr" von Kollektivvereinbarungen rechtfertigt es nach der Gesetzesbegründung, die Rechtsfolgen benachteiligender kollektiver Regelungen anders auszugestalten als bei Maßnahmen, für die der Arbeitgeber allein verantwortlich ist. Dies gelte auch dann, wenn – mangels Tarifbindung – die Geltung von Tarifverträgen im Arbeitsvertrag vereinbart oder ein Tarifvertrag für allgemeinverbindlich erklärt sei.[283] Hiergegen spricht jedoch, dass sich die sog. „Richtigkeitsgewähr" auf die Angemessenheit des Ausgleichs der Arbeitgeber- und Arbeitnehmerinteressen bezieht, nicht jedoch auf die Rechtmäßigkeit der Regelungen.[284] Für eine Haftungsbegrenzung besteht damit keine Veranlassung.

96 **6. Ansprüche aus anderen Rechtsvorschriften.** In § 15 V AGG ist klargestellt, dass sich aus sonstigen allgemeinen Rechtsvorschriften ergebende Ansprüche gegen einen benachteiligenden Arbeitgeber unberührt bleiben. In Betracht kommen insbesondere Ansprüche auf Unterlassung nach § 1004 BGB oder auf Ersatz des materiellen Schadens nach § 823 BGB.

97 **7. Ausschlussfristen. a)** Die Regelung der gesetzlichen Ausschlussfristen für Schadensersatz- und Entschädigungsansprüche ist unübersichtlich und deshalb wenig geglückt. Nach § 15 IV AGG besteht eine Frist von **zwei Monaten zur schriftlichen Geltendmachung** der Ansprüche nach Abs. 1 und 2, sofern nicht tarifvertraglich abweichende Regelungen vereinbart worden sind. Diese Regelung wird durch § 61 b ArbGG ergänzt. Eine **Klage auf Entschädigung** nach § 15 AGG muss innerhalb von **drei Monaten,** nachdem der Anspruch schriftlich geltend gemacht worden ist, erhoben werden. Der Regelung von Ausschlussfristen ist gemäß Art. 7 III der Antirassismusrichtlinie 2000/43/EG, Art. 9 III Rahmenrichtlinie 2000/78/EG und Art. 6 IV Gleichbehandlungsrichtlinie 2002/73/EG gemeinschaftsrechtlich dem Grunde nach zulässig.

---

[274] ArbG Potsdam 13. 7. 2005 NZA-RR 2005, 651; ebenso LAG Rheinland-Pfalz 11. 1. 2008 – 6 Sa 522/07.

[275] LAG Berlin 14. 7. 2004 NZA-RR 2005, 124; siehe aber auch VGH Baden-Württemberg 21. 9. 2005 NJW 2006, 538 zum Entschädigungsanspruch nach § 81 II SGB IX, der bei 21 Verfahren wegen Entschädigungszahlungen eines Schwerbehinderten allein wegen der Vielzahl der Verfahren noch nicht die mangelnde Ernsthaftigkeit der Bewerbung bejahrt hat.

[276] *Diller* BB 2006, 1968, 1970.

[277] LAG Berlin 30. 3. 2006 NZA-RR 2006, 513.

[278] BAG 12. 11. 1998 AP 16 zu § 611 a BGB = NZA 99, 371.

[279] LAG Berlin 30. 3. 2006 NZA-RR 2006, 513.

[280] HK-AGG/*Deinert* § 15 RN 92; *Thüsing* RN 550; a. A. *Bauer/Göpfert/Krieger* § 15 RN 45.

[281] ErfK/*Schlachter* § 15 AGG RN 10; Schleusener/Suckow/*Voigt* § 15 RN 59.

[282] *Bauer/Göpfert/Krieger* § 15 RN 40.

[283] BT-Drucks. 16/1780 S. 38.

[284] HK-AGG/*Deinert* § 15 RN 89 ff.; *Kamanabrou* RdA 2006, 321, 337; ErfK/*Schlachter* § 15 AGG RN 11; *Thüsing* RN 551; *Walker* NZA 2009, 5, 6 f.; Wendeling-Schröder/*Stein* AGG § 15 RN 58.

b) § 15 IV AGG regelt **materielle Ausschlussfristen.** Deren Versäumung führt zum Untergang der Ansprüche, ohne dass es einer entsprechenden Einrede des Arbeitgebers bedarf.[285] Eine Wiedereinsetzung in den vorigen Stand findet nicht statt.[286] Eine Aufrechnung mit einem wegen Versäumung der Ausschlussfristen erloschen Entschädigungsanspruch ist nicht möglich. § 390 Satz 2 BGB ist nicht entsprechend anzuwenden.[287] **98**

c) Die gesetzliche Ausschlussfrist findet keine Anwendung, wenn die **Tarifvertragsparteien „etwas anderes" vereinbart** haben. Andere tarifvertragliche Ausschlussfristen können kürzer oder länger sein, das Gesetz enthält insoweit keine Einschränkung.[288] Da § 15 IV AGG nicht wie § 611 a IV 2 BGB auf die im „angestrebten Arbeitsverhältnis vorgesehene Ausschlussfrist", sondern auf eine andere Vereinbarung der Tarifvertragsparteien abstellt, muss der Tarifvertrag auf das Arbeitsverhältnis anwendbar sein. Maßgeblich ist der unmittelbar kraft beiderseitiger Tarifbindung, durch arbeitsvertragliche Bezugnahme, kraft betrieblicher Übung oder Allgemeinverbindlicherklärung anwendbare Tarifvertrag. **99**

Im Falle der benachteiligenden **Ablehnung einer Bewerbung** ist kein Tarifvertrag einschlägig, weil das Arbeitsverhältnis gerade nicht zustande gekommen ist.[289] Für Entschädigungsansprüche diskriminierter Bewerber gilt deshalb die gesetzliche Ausschlussfrist, wenn nicht der anwendbare Tarifvertrag auch vorvertragliche Ansprüche in den Geltungsbereich der Ausschlussfrist einbezieht.[290] Einzelvertragliche Verkürzungen der Ausschlussfrist sind nach § 31 AGG unwirksam. **100**

d) Auf der **ersten Stufe** hat der Arbeitnehmer seinen Anspruch gemäß § 15 II 1 AGG innerhalb einer Frist von zwei Monaten schriftlich geltend zu machen. **101**

aa) Die zweimonatige Ausschlussfrist des § 15 IV gilt nicht nur für **Ansprüche,** die auf § 15 I und II AGG gestützt werden, sondern auch in den Fällen der Haftungsbegrenzung nach § 15 III AGG.[291] Diese Bestimmung enthält keine eigene Anspruchsgrundlage, sondern beschränkt die Haftung nach § 15 II AGG nur auf Fälle vorsätzlicher oder grob fahrlässiger Handlungen des Arbeitgebers. Die Ausschlussfrist ist entsprechend anzuwenden auf konkurrierende allgemeine zivilrechtliche Schadensersatzansprüche nach § 280 I und § 823 BGB, die auch auf eine Benachteiligung gestützt werden und denen derselbe Lebenssachverhalt zugrunde liegt.[292] **102**

bb) Die **Frist beginnt** im Falle einer Bewerbung oder eines beruflichen Aufstiegs mit dem Zugang der Ablehnung und in den sonstigen Fällen einer Benachteiligung zu dem Zeitpunkt, in dem der oder die Beschäftigte von der Benachteiligung Kenntnis erlangt. Der im Gesetz vorgesehene Fristbeginn bei Bewerbungen und Beförderungen ist nicht unproblematisch, weil mit Zugang der Ablehnung der Bewerbung für den Arbeitnehmer nicht unbedingt erkennbar ist, dass eine Benachteiligung vorliegt. Das ist mit der Möglichkeit einer effektiven Rechtsdurchsetzung, wie sie der EuGH fordert, kaum zu vereinbaren.[293] Nach der Rechtsprechung des EuGH muss das Klageverfahren so ausgestaltet sein, dass hierdurch die Ausübung der Rechte, welche die Gemeinschaftsrechtsordnung einräumt, nicht praktisch unmöglich gemacht oder übermäßig erschwert wird.[294] § 15 IV 2 AGG ist daher europarechtskonform dahin auszulegen, dass die Geltendmachungsfrist erst zu laufen beginnt, wenn der Bewerber die Umstände kennt oder schuldhaft nicht kennt, die eine Benachteiligung vermuten lassen.[295] **103**

cc) Die Geltendmachung hat **schriftlich** zu erfolgen. Einfache Textform und damit ein Telefax ist ausreichend.[296] Mit der Geltendmachung muss der Arbeitnehmer den Lebenssachverhalt **104**

---

285 HK-AGG/*Deinert* § 15 RN 99, 115.

286 *Bauer/Göpfert/Krieger* § 15 RN 60; HK-AGG/*Deinert* § 15 RN 115; ErfK/*Koch* § 61 b ArbGG RN 2.

287 Ebenso zu § 611 a BGB MünchKommBGB/*Müller-Glöge* § 611 a RN 90.

288 *Bauer/Göpfert/Krieger* § 15 RN 61; HK-AGG/*Deinert* § 15 RN 104.

289 Ebenso *Thüsing* RN 557.

290 Ebenso Schleusener/Suckow/*Voigt* § 11 RN 73; a. A. Wendeling-Schröder/*Stein* AGG § 15 RN 80.

291 Schleusener/Suckow/*Voigt* § 15 RN 68.

292 *Bauer/Göpfert/Krieger* § 15 RN 49; Schleusener/Suckow/*Voigt* § 15 RN 69; *Walker* NZA 2009, 5, 11; a. A. ErfK/*Schlachter* § 15 AGG RN 12 *Thüsing* RN 557; Wendeling-Schröder/*Stein* AGG § 15 RN 95.

293 ErfK/*Schlachter* § 15 AGG RN 12.

294 Vgl. EuGH 16. 2. 2000 AP 1 zu Art. 141 EG.

295 HK-AGG/*Deinert* § 15 RN 105 ff.; ErfK/*Schlachter* § 15 AGG RN 12; *Walker* NZA 2009, 5, 10; Wendeling-Schröder/*Stein* AGG § 15 RN 74; ebenso zu § 611 a IV BGB MünchKommBGB/*Müller-Glöge* § 611 a RN 87; ArbRBGB/*Schliemann* § 611 a RN 44; dazu a. A. *Annuß* BB 2006, 1629, 1635; HWK/*Annuß/Rupp* § 15 AGG RN 12.

296 Ebenso zu tariflichen Ausschlussfristen BAG 11. 10. 2000 AP 237 zu § 1 TVG Tarifverträge: Bau = NZA 2001, 231; wie hier *Bauer/Göpfert/Krieger* § 15 RN 55; Schleusener/Suckow/*Voigt* § 11 RN 76;

zumindest umreißen. Ein Widerspruch gegen die Ablehnung ist keine Geltendmachung von Schadensersatz- oder Entschädigungsansprüchen.[297] Umstritten ist, ob auch die ungefähre Forderungshöhe anzugeben ist. Das BAG hat dies für Ansprüche nach § 81 II 2 Nr. 4 SGB IX verneint.[298]

105 **e)** Gemäß § 61 b I ArbGG muss der Arbeitnehmer auf der **zweiten Stufe** innerhalb von drei Monaten, nachdem der Anspruch schriftlich geltend gemacht worden ist, eine Klage auf Entschädigung nach § 15 AGG erheben, wenn der Arbeitgeber auf die Geltendmachung des Anspruchs nicht gezahlt hat.

106 **aa)** Die **Frist des § 61 b I ArbGG beginnt** mit dem Zugang der schriftlichen Geltendmachung beim Arbeitgeber.[299] Der Fristbeginn ist unabhängig davon, ob und wie der Arbeitgeber auf die schriftliche Geltendmachung reagiert. Auf die etwaige Ablehnung des Anspruchs durch den Arbeitgeber kommt es nicht an.[300] Der Arbeitnehmer kann auch unmittelbar Klage erheben. Da die Klage dann an die Stelle der schriftlichen Geltendmachung tritt, hat der Arbeitnehmer in diesem Fall die zweimonatige Ausschlussfrist zu wahren.[301] Dazu ist erforderlich, dass die Klage dem Arbeitgeber innerhalb der Zwei-Monats-Frist zugestellt wird, § 167 ZPO findet keine Anwendung.[302]

107 **bb)** Die gerichtliche Geltendmachung nach § 61 b I ArbGG ist erforderlich, wenn der Arbeitnehmer eine **Entschädigung** nach § 15 AGG verlangt. Damit ist nicht nur die Entschädigung nach § 15 II AGG gemeint.[303] Der rechtzeitigen gerichtlichen Geltendmachung nach § 61 b I ArbGG bedarf es vielmehr für alle Schadensersatz- und Entschädigungsansprüche wegen einer unzulässigen Benachteiligung nach § 7 I AGG.[304] Zwar spricht § 61 b I ArbGG nur von „Entschädigungsansprüchen". Die Vorschrift verweist jedoch nicht ausdrücklich auf § 15 II AGG, sondern nur auf § 15 AGG. Die Entstehungsgeschichte des § 61 b I ArbGG macht deutlich, dass die gerichtliche Geltendmachung nach dieser Bestimmung sowohl für Schadensersatz- als auch für Entschädigungsansprüche erforderlich ist. Mit Inkrafttreten des AGG wurden in § 61 b I ArbGG die Worte „§ 611 a II BGB" durch „§ 15 AGG" ersetzt. Zu § 611 a II BGB war anerkannt, dass die Entschädigung i. S. dieser Bestimmung sowohl materielle als auch immaterielle Schäden erfassen sollte.[305] Der Verweis in § 61 b I ArbGG a. F. auf § 611 a II BGB bezog sich damit auf Schadensersatz- und Entschädigungsansprüche. Hieran wollte der Gesetzgeber mit der Aufhebung des § 611 a BGB und der Einführung des AGG nichts ändern. Nach der Gesetzesbegründung sollte der Verweis auf § 611 a BGB lediglich durch einen Verweis auf § 15 AGG ersetzt werden.[306] Damit ist die Klagefrist in allen Fällen einer Benachteiligung einzuhalten.

108 **cc)** Machen **mehrere Bewerber** wegen Benachteiligung bei der Begründung eines Arbeitsverhältnisses oder beim beruflichen Aufstieg eine Entschädigung nach § 15 AGG gerichtlich geltend, wird gemäß § 61 b II ArbGG auf Antrag des Arbeitgebers das Arbeitsgericht, bei dem die erste Klage erhoben ist, auch für die übrigen Klagen ausschließlich zuständig. Die Rechtsstreitigkeiten sind von Amts wegen an dieses Arbeitsgericht zu verweisen; die Prozesse sind zur gleichzeitigen Verhandlung und Entscheidung zu verbinden. Auf Antrag des Arbeitgebers findet die mündliche Verhandlung nicht vor Ablauf von sechs Monaten seit Erhebung der ersten Klage statt (§ 61 b III ArbGG).

Wendeling-Schröder/*Stein* AGG § 15 RN 72; a. A. *Annuß* BB 2006, 1629, 1635; HK-AGG/*Deinert* § 15 RN 110.

[297] MünchKommBGB/*Müller-Glöge* § 611 a RN 89.

[298] BAG 15. 2. 2005 AP 7 zu § 81 SGB IX = NZA 2005, 870; HK-AGG/*Deinert* § 15 RN 112; Palandt/*Weidenkaff* § 8 AGG RN 8; ebenso für § 611 a BGB MünchKommBGB/*Müller-Glöge* § 611 a RN 89; a. A. *Bauer/Göpfert/Krieger* § 15 RN 56; Schleusener/Suckow/*Voigt* § 15 RN 76.

[299] ErfK/*Koch* § 61 b ArbGG RN 3.

[300] *Bauer/Göpfert/Krieger* § 15 RN 58.

[301] ErfK/*Koch* § 61 b ArbGG RN 3.

[302] Ebenso HK-AGG/*Deinert* § 15 RN 111; ErfK/*Koch* § 61 b ArbGG RN 3.

[303] So aber HK-AGG/*Deinert* § 15 RN 116.

[304] *Bauer/Göpfert/Krieger* § 15 RN 57.

[305] Vgl. Staudinger/*Annuß* § 611 a RN 96; APS/*Linck* 2. Aufl. § 611 a BGB RN 101; MünchKommBGB/*Müller-Glöge* § 611 a RN 61; KR/*Pfeiffer* § 611 a BGB RN 99; ErfK/*Schlachter*, 6. Aufl., § 611 a BGB RN 37; *Schliemann*, FS für Dieterich, S. 569, 581.

[306] BT-Drucks. 16/1780 S. 56.

IX. Sonstige Rechte der Beschäftigten

1. Beschwerderecht.[307] Nach § 13 AGG haben die Beschäftigten das Recht, sich wegen einer eingetretenen Benachteiligung bei den zuständigen Stellen des Betriebs, des Unternehmens oder der Dienststelle zu beschweren. Ausreichend ist das **subjektive Gefühl einer Benachteiligung** im Zusammenhang mit dem Beschäftigungsverhältnis.[308] Ob eine Benachteiligung tatsächlich vorliegt, soll ja gerade geprüft werden. § 13 AGG enthält keine Neuerung; entsprechende Beschwerdemöglichkeiten bestehen bereits nach geltendem Recht (vgl. §§ 84, 85 BetrVG). **109**

Der Arbeitgeber bestimmt die für die Entgegennahme der Beschwerden **zuständige Stelle.**[309] Der Arbeitgeber ist nicht verpflichtet, eine besondere Stelle einzurichten. Zuständig kann auch die Personalabteilung oder ein Vorgesetzter sein.[310] **110**

Die Beschwerde ist nicht fristgebunden und kann formlos **eingelegt** werden. Der Arbeitgeber hat der Beschwerde nachzugehen und ihr, soweit sie begründet ist, **abzuhelfen.** Hierzu hat er die nach § 12 I, III und IV AGG erforderlichen Maßnahmen zu ergreifen. Dem Beschwerdeführer ist das Ergebnis der Prüfung mitzuteilen. Die Durchführung eines Beschwerdeverfahrens ist nicht Voraussetzung für Schadensersatz- oder Entschädigungsansprüche. **111**

2. Leistungsverweigerungsrecht. Ergreift der Arbeitgeber bzw. Dienstvorgesetzte keine ausreichenden Maßnahmen zur Unterbindung einer Belästigung oder sexuellen Belästigung am Arbeitsplatz, kann der Arbeitnehmer gemäß § 14 AGG seine **Tätigkeit ohne Verlust des Entgeltanspruchs einstellen.** Für die anderen Fälle der unmittelbaren und mittelbaren Benachteiligung nach § 3 I und II AGG findet § 14 AGG keine (auch nicht analoge)[311] Anwendung.[312] Durch den Verweis auf § 273 BGB ist klargestellt, dass das allgemeine Leistungsverweigerungsrecht des § 273 BGB für weitere Fallkonstellationen unberührt bleibt (dazu § 50).[313] **112**

Voraussetzung des Leistungsverweigerungsrechts nach § 14 AGG ist ein **Untätigbleiben des Arbeitgebers.** Dies setzt voraus, dass die zuständigen Stellen des Betriebs über die Belästigung in Kenntnis gesetzt wurden. Der Untätigkeit gleichgestellt sind **offensichtlich ungeeignete Maßnahmen** des Arbeitgebers. Dies ist objektiv zu bestimmen.[314] Offensichtliche Ungeeignetheit ist beispielsweise anzunehmen, wenn der Arbeitgeber nach wiederholten sexuellen Belästigungen nicht direkt an den Belästiger herantritt, sondern sich darauf beschränkt, Aktenvermerke anzufertigen und einen „Vorgang" anzulegen. **113**

Die Ausübung des Leistungsverweigerungsrechts ist zwar nicht an eine besondere Form gebunden. Gleichwohl ist der Arbeitnehmer in der Regel wegen der aus § 241 II BGB folgenden vertraglichen **Rücksichtnahmepflicht** verpflichtet, den Arbeitgeber über die Ausübung des Leistungsverweigerungsrechts zu unterrichten. Nur so erfährt der Arbeitgeber, warum der Arbeitnehmer nicht arbeitet. **114**

Das Leistungsverweigerungsrecht besteht nur, soweit es zum Schutz des betroffenen Beschäftigten **erforderlich** ist. Angesichts von Art und Schwere der Belästigung darf dem Betroffenen objektiv kein geeigneteres milderes Mittel zur Verfügung stehen. Das Risiko einer Fehleinschätzung trägt der Arbeitnehmer.[315] Es kann deshalb nach vorheriger Abmahnung zu einer Kündigung kommen, wenn die Ausübung des Leistungsverweigerungsrechts nicht erforderlich ist. **115**

Übt der Arbeitnehmer sein Leistungsverweigerungsrecht berechtigterweise aus, verliert er dadurch nicht seinen Entgeltanspruch. Nach dem **Lohnausfallprinzip** hat der Arbeitgeber dem Arbeitnehmer das Arbeitsentgelt weiterzuzahlen, das der Arbeitnehmer verdient hätte, wenn er in dieser Zeit gearbeitet hätte.[316] **116**

3. Maßregelungsverbot. Die Regelung des § 16 AGG setzt Art. 9 der Antirassismusrichtlinie 2000/43/EG, Art. 11 der Rahmenrichtlinie 2000/78/EG und Art. 7 der Gleichbehandlungsrichtlinie 2002/73/EWG um. Die Vorschrift entspricht im Wesentlichen dem allgemeinen Maßregelungsverbot des § 612a BGB (dazu § 108). Der Schutz vor Nachteilen wegen der Inan- **117**

---

[307] Dazu *Gach/Julis* BB 2007, 773; *Oetker* NZA 2008, 264.
[308] *Oetker* NZA 2008, 264, 265.
[309] *Müller-Bonanni/Sagan* ArbRB 2007, 50, 52; ErfK/*Schlachter* § 13 AGG RN 2.
[310] *Bauer/Göpfert/Krieger* § 13 RN 5; HK-AGG/*Buschmann* § 13 RN 18; ErfK/*Schlachter* § 13 AGG RN 2; Wendeling-Schröder/*Stein* AGG § 13 RN 11.
[311] HWK/*Annuß/Rupp* § 14 AGG RN 1.
[312] *Bauer/Göpfert/Krieger* § 14 RN 5; ErfK/*Schlachter* § 14 AGG RN 1; *Thüsing* RN 566.
[313] Wendeling-Schröder/*Stein* AGG § 14 RN 2; MünchKommBGB/*Thüsing* § 14 AGG RN 16f.
[314] ErfK/*Schlachter* § 14 AGG RN 1; Wendeling-Schröder/*Stein* AGG § 14 RN 4.
[315] *Bauer/Göpfert/Krieger* § 14 RN 14; ErfK/*Schlachter* § 14 AGG RN 1; *Thüsing* RN 571f.
[316] Wendeling-Schröder/*Stein* AGG § 14 RN 10; *Thüsing* RN 576.

spruchnahme von Rechten aus dem AGG wird nach Vorgabe der Richtlinien auch auf **Personen erstreckt, die Beschäftigte unterstützen, sowie auf Zeugen ausgedehnt.** Damit sind beispielsweise Arbeitskollegen einer sexuell belästigten Arbeitnehmerin geschützt, welche die Betroffene in Gesprächen mit Vorgesetzten unterstützen und sich für sie einsetzen.[317] In § 16 II AGG ist klargestellt, dass der Arbeitgeber keine Folgen aus der Zurückweisung oder Duldung benachteiligender Verhaltensweisen herleiten darf. Gleiches gilt gegenüber Personen, die Beschäftigte unterstützen oder als Zeugen aussagen.

X. Organisationspflichten des Arbeitgebers

118 **1. Überblick.** Der Arbeitgeber ist nach der Generalklausel des § 12 I AGG verpflichtet, die erforderlichen Maßnahmen zum Schutz der Beschäftigten vor Benachteiligungen durch Arbeitskollegen oder Dritte, wie etwa Kunden, zu treffen. Diese Regelung bezweckt einen **präventiven Schutz** der Arbeitnehmer.[318] § 12 II AGG konkretisiert die vorbeugenden Schutzpflichten und verlangt vom Arbeitgeber, die Arbeitnehmer in geeigneter Art und Weise auf die Unzulässigkeit von Benachteiligungen hinzuweisen und darauf hinzuwirken, dass sie unterbleiben. Kommt es gleichwohl zu Benachteiligungen, hat der Arbeitgeber nach § 12 III und IV AGG die im Einzelfall **verhältnismäßigen Maßnahmen** zu ergreifen. Nach § 12 V AGG ist der Arbeitgeber schließlich verpflichtet, das AGG und § 61 b ArbGG sowie Informationen über die für die Behandlung von Beschwerden zuständige Stelle im Betrieb bekanntzumachen.

119 **2. Allgemeine Handlungspflichten.** Der Arbeitgeber hat nach § 12 I AGG die **erforderlichen Maßnahmen** zum Schutz vor Benachteiligungen zu treffen. Das bezieht sich in erster Linie auf vorbeugende Maßnahmen,[319] schließt aber ebenso repressive Handlungen ein. Der Arbeitgeber ist auch verpflichtet, Beschwerden (§ 13 AGG) nachzugehen und ggf. den Verdacht von Benachteiligungen aufzuklären.[320] Die Erforderlichkeit der zu treffenden Maßnahmen ist nach objektiven Gesichtspunkten und nicht nach der subjektiven Einschätzung auf Arbeitgeber- oder Arbeitnehmerseite zu bestimmen. Welche Maßnahmen geboten sind, kann je nach der Größe des Betriebs unterschiedlich zu beurteilen sein.[321] Von der Komplexität der Betriebsorganisation hängt ab, was der Arbeitgeber zu tun hat. So hat der Arbeitgeber in einem kleinen Handwerksbetrieb in der Regel selbst einen recht genauen Überblick über das Betriebsgeschehen, was bei Großunternehmen der Automobilindustrie mit Beschäftigten aus ganz unterschiedlichen Kulturkreisen oder Filialunternehmen des Lebensmitteleinzelhandels nicht ohne Weiteres angenommen werden kann. Hier besteht demzufolge die Notwendigkeit umfangreicherer organisatorischer Maßnahmen, um einen präventiven Schutz vor Benachteiligungen zu erreichen.

120 **3. Präventiver Schutz.** Nach der Vorstellung des Gesetzgebers (§ 12 II AGG) soll der Arbeitgeber die Beschäftigten in geeigneter Art und Weise auf die Unzulässigkeit von Benachteiligungen aus den in § 1 AGG genannten Gründen hinweisen und darauf hinwirken, dass diese zu unterbleiben haben. Kommt er dieser **Schulungspflicht** nach, gilt dies gemäß § 12 II 2 AGG als Erfüllung der Pflicht aus § 12 I AGG, die erforderlichen Maßnahmen zu treffen. Nicht zu Unrecht ist im Schrifttum pointiert darauf hingewiesen worden, der Gesetzgeber habe mit § 12 II 2 AGG den Arbeitgeber zur „Schule der Nation" gemacht und ihm aufgegeben, moralische Werte zu vermitteln.[322]

121 Was eine **„geeignete" Schulung** ist, hängt von der Art des Betriebs und den dort Beschäftigten ab. Dabei ist stets im Auge zu behalten, dass die Aufklärung über das Verbot der Benachteiligung wegen der in § 1 AGG genannten Gründe nicht eine detaillierte Rechtsberatung zum Gegenstand haben muss.[323] Es geht vielmehr darum, Grundlagen des menschlichen Miteinanders zu vermitteln. Die in § 1 AGG enthaltenen Verbote finden sich seit Jahrzehnten im Grundrechtsteil des Grundgesetzes und sind bzw. sollten im Kern bereits im Schulunterricht und der Familie vermittelt worden sein. Der Arbeitgeber hat den Arbeitnehmern insbesondere zu vermitteln, dass drittklassige obszöne Äußerungen, „das Begrapschen" und „Anmachen" weiblicher Kolleginnen sowie Beleidigungen und Bedrohungen ebenso zu unterbleiben haben wie jede Form des Rassismus und abschätzige Äußerungen gegenüber Homosexuellen und behinderten

[317] Vgl. *Bauer/Göpfert/Krieger* § 16 RN 12.
[318] BT-Drucks. 16/1780 S. 37.
[319] HK-AGG/*Buschmann* § 12 RN 6.
[320] *Göpfert/Siegrist* ZIP 2006, 1710, 1711.
[321] BT-Drucks. 16/1780 S. 37.
[322] *Bauer/Göpfert/Krieger* § 12 RN 11.
[323] Zutr. *Grobys* NJW 2006, 2950, 2952.

Menschen. Im staatsbürgerkundlichen Sinne hat der Arbeitgeber auf die in Deutschland geltende Religionsfreiheit hinzuweisen und mit Nachdruck darauf hinzuwirken, dass Geschlechtsdiskriminierungen unterbleiben. Letzteres betrifft allerdings ebenso wie das Verbot der Benachteiligung wegen einer Behinderung in der Praxis vor allem das Verhalten des Arbeitgebers selbst.

Zur Vermittlung dieser Erkenntnisse bedarf es sicherlich keiner ganztägigen Schulungsveran- 122
staltungen mit externen Rechtsexperten.[324] Die Vermittlung dieses „Wissens" ist vielmehr **auch durch Mitarbeiter der Personalabteilung** möglich. Ob dies im Zusammenhang mit sonstigen Fortbildungsveranstaltungen, Betriebsversammlungen oder besonders angesetzten Terminen erfolgt, ist in erster Linie eine Frage der Unternehmensphilosophie. Entscheidend ist, dass die jeweiligen intellektuellen und sprachlichen Fähigkeiten der Beschäftigten berücksichtigt werden. Ein langes Video oder ein Fachvortrag eines Hochschullehrers, beides auf akademischem Niveau, dürften in der Regel nicht geeignet sein, eher einfach strukturierte Personen über die gesetzlichen Verbote aufzuklären. Entsprechendes gilt für interaktive „Lernseiten" im Internet. Ein Merkblatt allein wird in der Regel nicht genügen, weil den Arbeitnehmern die Gelegenheit zu Fragen eröffnet werden muss.[325] Sinnvoll ist es jedoch, den Mitarbeitern am Ende der Schulung ein Merkblatt mit einer Zusammenfassung der wichtigsten Informationen zu übergeben weil damit der Inhalt der Hinweise des Arbeitgebers dokumentiert ist. Im eigenen Interesse wird der Arbeitgeber die Durchführung der Schulungsmaßnahme dokumentieren und festhalten, wann er welche Arbeitnehmer geschult hat.

Die Schulung ist in regelmäßigen Abständen zu **wiederholen.** Wegen des Zeitraums ist es 123
naheliegend, sich an der Wirkungsdauer einer Abmahnung zu orientieren.[326] Das bedeutet, dass etwa alle zwei bis drei Jahre eine Wiederholung erforderlich ist. Kürzere Abstände können geboten sein, wenn es zwischenzeitlich zu Verstößen gegen das AGG gekommen ist. Das wäre ein Indiz dafür, dass die Schulung zu intensivieren ist.[327] Neu eintretende Arbeitnehmer sind alsbald nach der Arbeitsaufnahme auf die Verbote des AGG hinzuweisen.

4. Repressive Maßnahmen. Verstoßen Beschäftigte gegen das Benachteiligungsverbot, hat 124
der Arbeitgeber gemäß § 12 III AGG die **im Einzelfall geeigneten, erforderlichen und angemessenen Maßnahmen** zum Schutz der Beschäftigten zu ergreifen. Der Arbeitgeber hat zunächst den Sachverhalt sorgfältig aufzuklären und dabei nach Möglichkeit die Beteiligten anzuhören.[328] Dies ist für den Arbeitgeber schon im Hinblick auf eine mögliche Verdachtskündigung notwendig. Der Arbeitgeber hat einen Ermessensspielraum, mit welchen Maßnahmen er auf Belästigungen eines Arbeitnehmers durch Vorgesetzte oder Mitarbeiter reagiert. Er muss nur solche Maßnahmen ergreifen, die er nach den Umständen des Einzelfalles als verhältnismäßig ansehen darf und die ihm zumutbar sind.[329] Sexuelle Belästigungen können je nach Schwere eine Kündigung zur Folge haben (vgl. § 127 RN 119). Der Arbeitgeber hat vor Ausspruch einer Kündigung stets zu prüfen, ob durch mildere Maßnahmen, insbesondere eine Versetzung oder Abmahnung, der Konflikt gelöst werden kann.

5. Rechtsfolgen. Das AGG ordnet selbst keine Rechtsfolgen bei Verletzung der sich aus § 12 125
AGG ergebenden Organisationspflichten an. Die Vorschrift dürfte allerdings Bedeutung gewinnen, wenn **ein Arbeitnehmer einen anderen belästigt** und der Arbeitgeber den Arbeitnehmer zuvor nicht nach § 12 II AGG auf die Unzulässigkeit eines solchen Verhaltens in geeigneter Art und Weise hingewiesen hat (vgl. RN 75). Die Ansprüche des Belästigten ergeben sich aus §§ 280, 823 BGB,[330] § 831 BGB, nach anderer Ansicht direkt aus § 15 i. V. m. § 12 AGG.[331]

Weiterhin können sich **kollektivrechtliche Folgen** aus der Nichterfüllung der Organisa- 126
tionspflichten ergeben. So kann der Betriebsrat bei groben Verstößen des Arbeitgebers einen Antrag nach § 17 AGG i. V. m. § 23 III BetrVG stellen.

---

324 Zutr. *Bauer/Göpfert/Krieger* § 12 RN 20.

325 Ebenso *Bauer/Göpfert/Krieger* § 12 RN 20; Wendeling-Schröder/*Stein* AGG § 12 RN 17; a. A. *Hoch* BB 2007, 1732, 1736; *Wisskirchen* DB 2006, 1491, 1496.

326 Ähnlich *Bauer/Göpfert/Krieger* § 12 RN 23.

327 Vgl. HK-*Buschmann* § 12 RN 21.

328 Dazu *Göpfert/Siegrist* ZIP 2006, 1710, 1712 ff.; Wendeling-Schröder/*Stein* AGG § 12 RN 30.

329 BAG 25. 10. 2007 AP 6 zu § 611 BGB Mobbing = NZA 2008, 223.

330 *Thüsing* RN 692; *Willemsen/Schweibert* NJW 2006, 2583, 2590.

331 So *Bauer/Göpfert/Krieger* AGG § 12 RN 1; *Bauer/Evers* NZA 2006, 893; *Göpfert/Siegrist* ZIP 2006, 1710, 1712; *Hoch* BB 2007, 1732, 1733; dagegen *Annuß* BB 2006, 1629, 1635; MünchKommBGB/*Thüsing* § 12 AGG RN 12.

XI. Besonderheiten für Religionsgemeinschaften

127 **1. Gemeinschaftsrechtliche Vorgaben.** § 9 AGG enthält **Sonderregelungen** für Religionsgemeinschaften. Grundsätzlich darf zwar wegen der Religionszugehörigkeit nach den §§ 1 und 7 I AGG keine unterschiedliche Behandlung der Beschäftigten erfolgen. Art. 4 II der Rahmenrichtlinie 2000/78/EG ermöglicht es aber den Mitgliedstaaten, bereits geltende Rechtsvorschriften und Gepflogenheiten beizubehalten und in künftigen Rechtsvorschriften vorzusehen, dass eine Ungleichbehandlung wegen der Religion oder Weltanschauung keine Benachteiligung darstellt, wenn die Religion oder Weltanschauung einer Person nach der Art der Tätigkeit oder der Umstände ihrer Ausübung angesichts des Ethos der Organisation eine wesentliche und gerechtfertigte berufliche Anforderung darstellt. Sofern die Bestimmungen der Richtlinie im Übrigen eingehalten werden, können die Kirchen und anderen öffentlichen oder privaten Organisationen, deren Ethos auf religiösen Grundsätzen oder Weltanschauungen beruht, im Einklang mit den einzelstaatlichen verfassungsrechtlichen Bestimmungen und Rechtsvorschriften von den für sie arbeitenden Personen verlangen, dass sie sich loyal und aufrichtig im Sinne des Ethos der Organisation verhalten. Insoweit ist auch zu berücksichtigen, dass die Europäische Union in ihrer **der Schlussakte zum Vertrag von Amsterdam beigefügten Erklärung Nr. 11** zum Status der Kirchen und weltanschaulichen Gemeinschaften[332] ausdrücklich anerkannt hat, dass sie den Status, den Kirchen und religiöse Vereinigungen oder Gemeinschaften in den Mitgliedstaaten nach deren Rechtsvorschriften genießen, achtet und ihn nicht beeinträchtigt und dass dies in gleicher Weise für den Status von weltanschaulichen Gemeinschaften gilt. Die Mitgliedstaaten können in dieser Hinsicht spezifische Bestimmungen über die wesentlichen, rechtmäßigen und gerechtfertigten beruflichen Anforderungen beibehalten oder vorsehen, die Voraussetzung für die Ausübung einer diesbezüglichen beruflichen Tätigkeit sein können (Erwägungsgrund 24 der Richtlinie 2000/78/EG).

128 **2. Verfassungsrechtliche Erfordernisse.** Das entspricht auch deutschem Verfassungsrecht (Art. 4 I GG).[333] Nach Art. 140 GG i. V. m. Art. 136 ff. WRV steht den Kirchen und sonstigen Religionsgesellschaften und Weltanschauungsgemeinschaften nicht nur hinsichtlich ihrer körperschaftlichen Organisation und ihrer Ämter, sondern auch den der Kirche in bestimmter Weise zugeordneten Einrichtungen ohne Rücksicht auf ihre Rechtsform das Recht zu, über Ordnung und Verwaltung ihrer Angelegenheiten selbstständig zu entscheiden (näher dazu § 185 RN 1 f.). Die **Verfassungsgarantie des kirchlichen Selbstbestimmungsrechts** ermöglicht den Kirchen, in den Schranken des für alle geltenden Gesetzes den kirchlichen Dienst nach ihrem Selbstverständnis zu regeln und die spezifischen Obliegenheiten kirchlicher Arbeitnehmer verbindlich zu machen. Welche kirchlichen Grundverpflichtungen als Gegenstand des Arbeitsverhältnisses bedeutsam sein können, richtet sich nach den von der verfassten Kirche anerkannten Maßstäben. Es bleibt grundsätzlich den verfassten Kirchen überlassen, verbindlich zu bestimmen, was „die Glaubwürdigkeit der Kirche und ihrer Verkündigung erfordert", was „spezifisch kirchliche Aufgaben" sind, was „Nähe" zu ihnen bedeutet, welches die „wesentlichen Grundsätze der Glaubenslehre und Sittenlehre" sind und was als – gegebenenfalls schwerer – Verstoß gegen diese anzusehen ist.[334]

129 Nach geltender Rechtsprechung steht der Kirche die Regelungs- und Verwaltungsbefugnis nach Art. 137 III WRV nicht nur hinsichtlich ihrer körperschaftlichen Organisation und ihrer Ämter zu, sondern auch hinsichtlich ihrer Vereinigungen, die sich nicht die allseitige, sondern nur die **partielle Pflege des religiösen oder weltanschaulichen Lebens** ihrer Mitglieder zum Ziel gesetzt haben. Das gilt ohne Weiteres für organisatorisch oder institutionell mit Kirchen verbundene Vereinigungen, wie kirchliche Orden, deren Daseinszweck eine Intensivierung der gesamtkirchlichen Aufgaben enthält. Es gilt aber auch für andere selbstständige oder unselbstständige Vereinigungen, wenn und soweit ihr Zweck die Pflege oder Förderung eines religiösen Bekenntnisses oder die Verkündung des Glaubens ihrer Mitglieder ist.

130 Das Selbstbestimmungsrecht der Religionsgemeinschaften umfasst grundsätzlich auch die Berechtigung, die **Religion oder Weltanschauung als berufliche Anforderung** für die bei ihnen Beschäftigten zu bestimmen.[335] Auch der europäische Gesetzgeber hat insoweit im Erwägungsgrund 24 der Richtlinie 2000/78/EG ausdrücklich klargestellt, dass die Europäische Union „den Status, den Kirchen und religiöse Vereinigungen oder Gemeinschaften in den Mit-

---

[332] Dazu *Schliemann* FS Richardi S. 959, 964.

[333] Vgl. dazu BVerfG 4. 6. 1985 AP 24 zu Art. 140 GG = NJW 86, 367.

[334] Vgl. *Richardi* NZA 2006, 881, 884 f.

[335] *Fischermeier* FS Richardi S. 875, 888; *Mohr/v. Fürstenberg* BB 2008, 2122.

gliedstaaten nach deren Rechtsvorschriften genießen, achtet und ihn nicht beeinträchtigt und dass dies in gleicher Weise für den Status von weltanschaulichen Gemeinschaften gilt". Der Erwägungsgrund lässt es deshalb zu, dass die Mitgliedstaaten in dieser Hinsicht spezifische Regelungen über die wesentlichen, rechtmäßigen und gerechtfertigten beruflichen Anforderungen beibehalten oder vorsehen, die Voraussetzung für die Ausübung einer diesbezüglichen beruflichen Tätigkeit sein können. Entsprechend erlaubt § 9 I AGG Religionsgemeinschaften und den übrigen dort genannten Vereinigungen, bei der Beschäftigung wegen der Religion oder der Weltanschauung in den vom BVerfG gezogenen Grenzen zu differenzieren, wenn eine bestimmte Religionszugehörigkeit oder Weltanschauung im Hinblick auf ihr Selbstbestimmungsrecht oder nach der Art der Tätigkeit eine gerechtfertigte berufliche Anforderung darstellt.[336]

XII. Beweislast

1. Überblick. § 22 AGG regelt die Beweislastverteilung in Rechtsstreitigkeiten nach dem AGG. Wenn der **Arbeitnehmer Indizien beweist,** die eine Benachteiligung wegen eines in § 1 AGG genannten Grundes vermuten lassen, trägt der Arbeitgeber die Beweislast dafür, dass kein Verstoß gegen die Bestimmungen zum Schutz vor Benachteiligung vorgelegen hat. § 22 AGG regelt einerseits eine Absenkung des Beweismaßes zugunsten des Arbeitnehmers (dazu RN 134ff.) und andererseits eine Umkehr der Beweislast zulasten des Arbeitgebers (dazu RN 139ff.). **131**

2. Gemeinschaftsrechtliche Vorgaben. § 22 AGG setzt gemeinschaftsrechtliche Vorgaben um. Nach Art. 4 I der Beweislastrichtlinie 97/80/EG vom 15. 12. 1997[337] hat der Beklagte dann, wenn Personen, die sich durch die Verletzung des Gleichbehandlungsgrundsatzes für beschwert halten und bei Gericht bzw. einer anderen zuständigen Stelle Tatsachen glaubhaft machen, die das Vorliegen einer unmittelbaren oder mittelbaren Diskriminierung vermuten lassen, zu beweisen, dass keine Verletzung des Gleichbehandlungsgrundsatzes vorliegt. Dem entspricht Art. 10 I der Rahmenrichtlinie 2000/78/EG vom 27. 11. 2000.[338] Danach ergreifen die Mitgliedstaaten die erforderlichen Maßnahmen, um zu gewährleisten, dass immer dann, wenn Personen, die sich durch die Nichtanwendung des Gleichbehandlungsgrundsatzes für verletzt halten und bei einem Gericht Tatsachen glaubhaft machen, die das Vorliegen einer unmittelbaren oder mittelbaren Diskriminierung vermuten lassen, es dem Beklagten obliegt zu beweisen, dass keine Verletzung des Gleichbehandlungsgrundsatzes vorliegt. Nach Nr. 17 der Erwägungsgründe der Beweislastrichtlinie 97/80/EG kann der Beweis des Anscheins einer Diskriminierung dazu führen, dem Arbeitgeber die Beweislast für ein nicht diskriminierendes Verhalten aufzuerlegen. Die von den Richtlinien geforderte Beweismaßreduzierung zugunsten des Arbeitnehmers bezieht sich auf das Vorliegen einer Diskriminierung und schließt damit die Benachteiligung und deren Motiv ein.[339] **132**

Nach der **Rechtsprechung des EuGH** zur Benachteiligung wegen des Geschlechts bei der Entgeltzahlung (Art. 141 EGV) hat eine Arbeitnehmerin, die geltend macht, zu Unrecht niedriger vergütet zu werden, dann, wenn dem Entlohnungssystem des Arbeitgebers jede Durchschaubarkeit fehle, nur darzulegen, dass das durchschnittliche Entgelt weiblicher Arbeitnehmer niedriger sei als das vergleichbarer männlicher Arbeitnehmer.[340] Damit fordert der EuGH nicht den vollen Beweis für eine Benachteiligung, sondern lässt den ersten Anschein hierfür ausreichen.[341] **133**

3. Darlegungs- und Beweislast des Arbeitnehmers. Die Darlegungslast des Arbeitnehmers bezieht sich nach § 22 AGG auf Indiztatsachen für eine Benachteiligung aus den in § 1 AGG genannten Gründen. **134**

a) § 22 AGG setzt bezüglich des Nachweises einer Benachteiligung wegen eines in § 1 AGG genannten Grundes das Beweismaß zugunsten des Arbeitnehmers herab.[342] Der Arbeitnehmer hat Tatsachen vorzutragen und im Streitfall zu beweisen, aus denen sich eine **überwiegende Wahrscheinlichkeit** für eine aus den in § 1 AGG genannten Gründen verbotene Benachteiligung durch den Arbeitgeber ergibt. Dazu hat der Arbeitnehmer in einem Rechtsstreit aufzuzei- **135**

---

336 BT-Drucks. 16/1780 S. 35.
337 ABl. Nr. L 14 S. 6.
338 ABl. Nr. L 303 S. 16.
339 *Hoentzsch* DB 2006, 2631, 2632; *Windel* RdA 2007, 1, 2.
340 EuGH 17. 10. 1989 AP 19 zu EWG-Vertrag Art. 119 [Danfoss].
341 EuGH 27. 10. 1993 AP 50 EWG-Vertrag Art. 119 Nr. 50 – [Enderby] = NZA 94, 797 zu Ziff. 14.
342 *Windel* ZGS 2007, 60, 62.

gen, dass er durch eine Maßnahme des Arbeitgebers, insbesondere bei der Einstellung und Beförderung, aus einem in § 1 AGG genannten Grund benachteiligt wurde. Diese Folgerung kann sich auch aus Hilfstatsachen ergeben. Erforderlich ist ein substantiierter Sachvortrag.

136 **b)** Nach dem Wortlaut des Gesetzes bezieht sich die Vergünstigung des § 22 AGG sowohl das Vorliegen einer **Benachteiligung als auch den Benachteiligungsgrund.** Soweit im Schrifttum im Anschluss an die Gesetzesbegründung die Auffassung vertreten wird, die Begünstigung des § 22 AGG greife nicht hinsichtlich des Vorliegens einer Benachteiligung,[343] wird das weder dem Wortlaut noch den europarechtlichen Vorgaben gerecht.[344]

137 **c)** Der Arbeitnehmer hat bei einer Nichteinstellung darzulegen, dass er sich auf eine vom Arbeitgeber ausgeschriebene Stelle beworben hat, die in der Stellenausschreibung geforderten Anforderungen bis auf das gegen § 1 AGG verstoßende Merkmal erfüllt und nicht eingestellt worden ist. Sucht **beispielsweise** eine Anwaltskanzlei eine „Rechtsanwältin" mit Berufserfahrung und zwei Prädikatsexamen und erhält ein männlicher Volljurist mit Berufserfahrung als Rechtsanwalt und entsprechenden Examensergebnissen, der sich auf diese Stelle beworben hat, eine Absage, genügt die Darlegung dieses Sachverhalts, um die Vermutungswirkung des § 22 AGG auszulösen. Eine geschlechtsspezifisch formulierte **Stellenausschreibung** (§ 11 AGG) ist eine Indiztatsache für eine unzulässige Benachteiligung. Sie begründet eine überwiegende Wahrscheinlichkeit dafür, dass ein abgelehnter Bewerber des in der Ausschreibung nicht bezeichneten Geschlechts wegen seines Geschlechts nicht eingestellt wurde.[345] Sucht ein Arbeitgeber in einer Zeitungsanzeige Altenpfleger/innen oder Krankenschwestern, begründet dies allerdings nicht die Annahme einer Benachteiligung von Krankenpflegern wegen des Geschlechts. Der Hinweis auf die Einstellung eines Altenpflegers zeigt, dass der Arbeitgeber keine geschlechtsspezifische unterschiedliche Behandlung der Bewerber vornehmen will.[346] **Diskriminierende Äußerungen des Arbeitgebers** oder eines seiner Vertreter während des Bewerbungsverfahrens, wie „diese Arbeit ist für Frauen zu schwer", begründen eine Vermutung i. S. v. § 22 AGG.[347] Auch Verhaltensweisen des Arbeitgebers während des Auswahlverfahrens, wie z. B. die grundlose Absage eines zunächst **angekündigten Vorstellungsgesprächs,** kommen als solche Hilfstatsachen in Betracht.[348] Unter Umständen können auch **frühere nachgewiesene Diskriminierungen** ein hinreichendes Indiz darstellen.[349] Des Weiteren können die Ergebnisse sog. **Testing-Verfahren** hinreichende Indizien für eine unzulässige Benachteiligung begründen.[350] Dabei wird z. B. eine Vergleichsperson eingesetzt, um zu überprüfen, ob ein Verhalten gegenüber einer Person, bei der eines der in § 1 AGG genannten Merkmale vorliegt, gleichermaßen auch gegenüber der Vergleichsperson, bei der dies nicht der Fall ist, erfolgt. Die bloße **Anforderung eines Lichtbilds** begründet noch nicht die Vermutung einer unzulässigen Benachteiligung.[351] Ebenso wenig genügt es regelmäßig, wenn ein Bewerber seine **formale Eignung** für eine ausgeschriebene Stelle und die Einstellung eines Arbeitnehmers anderen Alters oder Geschlechts darlegt, weil für die Einstellungsentscheidung regelmäßig auch „weiche Faktoren" entscheidend sind.[352] **Behauptungen „ins Blaue hinein"** stellen keinen ausreichenden Tatsachenvortrag dar.[353] Allein die Behauptung der Zugehörigkeit zu einer durch das AGG geschützten Gruppe genügt nicht. Der Vortrag, die Klägerin sei als über 45 Jahre alte Frau nichtdeutscher Herkunft nicht zu einen Bewerbungsgespräch geladen worden, reicht daher nicht aus, denn es gibt keinen Erfahrungssatz des Inhalts, dass Bewerber mit diesen persönlichen Merkmalen nur wegen dieser Merkmale nicht zu Vorstellungsgesprächen eingeladen werden.[354] Besetzt der Arbeitgeber eine **Beförderungsstelle mit einem männlichen Arbeitnehmer** und nicht mit einer schwange-

---

343 So *Grobys* NZA 2006, 898, 900; ErfK/*Schlachter* § 22 AGG RN 2; *Thüsing* RN 648; Schleusener/Suckow/*Voigt* § 22 RN 21; Wendeling-Schröder/*Stein* AGG § 22 RN 19.

344 Zutr. HK-AGG/*Bertzbach* § 22 RN 21; *Deinert* DB 2007, 368, 402; *Windel* RdA 2007, 1, 3.

345 BAG 5. 2. 2004 AP 23 zu § 611 a BGB = NZA 2004, 540; BVerfG 21. 9. 2006 NJW 2007, 137.

346 LAG Berlin 16. 5. 2001 PflR 2001, 439.

347 Vgl. dazu *Bauer/Göpfert/Krieger* § 22 RN 11.

348 Vgl. BVerfG 16. 11. 1993 AP 9 zu § 611 a BGB = NZA 94, 745; MünchKommBGB/*Müller-Glöge* § 611 a RN 82; Soergel/*Raab* § 611 a RN 79; a. A. *Thüsing* RN 653; siehe dazu auch BVerfG 6. 10. 1999 NZA 2000, 110.

349 Staudinger/*Annuß* § 611 a RN 114; HWK/*Thüsing* § 611 a BGB RN 55.

350 BT-Drucks 16/1780 S. 47; *Bauer/Göpfert/Krieger* § 22 RN 11; Wendeling-Schröder/*Stein* AGG § 22 RN 26.

351 *Thüsing* RN 652.

352 *Thüsing* RN 653.

353 HK-AGG/*Bertzbach* § 22 RN 30.

354 LAG Hamburg 9. 11. 2007 LAGE § 15 AGG Nr. 2.

ren Arbeitnehmerin, welche eine mit diesem vergleichbare Stellung im Unternehmen innehatte, so stellt dies für sich allein betrachtet keine Tatsache dar, die eine Benachteiligung der Arbeitnehmerin wegen ihres Geschlechts vermuten lässt. Die Arbeitnehmerin muss für eine solche Vermutung weitere Hilfstatsachen darlegen und ggf. beweisen, an deren Vermutungswirkung allerdings kein zu strenger Maßstab anzulegen ist. Es genügt, wenn nach allgemeiner Lebenserfahrung eine überwiegende Wahrscheinlichkeit für eine Diskriminierung besteht.[355] Öffentliche Äußerungen, durch die ein Arbeitgeber kundtut, dass er im Rahmen seiner Einstellungspolitik **keine Arbeitnehmer einer bestimmten ethnischen Herkunft oder Rasse beschäftigen** werde, reichen aus, um eine Vermutung für das Vorliegen einer unmittelbar diskriminierenden Einstellungspolitik zu begründen. Es obliegt dann diesem Arbeitgeber zu beweisen, dass keine Verletzung des Gleichbehandlungsgrundsatzes vorgelegen hat. Er kann dies dadurch tun, dass er nachweist, dass die tatsächliche Einstellungspraxis des Unternehmens diesen Äußerungen nicht entspricht. Es ist dann Sache des Gerichts zu prüfen, ob die gerügten Tatsachen glaubhaft sind, und zu beurteilen, ob die Beweise zur Stützung des Vorbringens des Arbeitgebers, dass er den Gleichbehandlungsgrundsatz nicht verletzt habe, ausreichend sind.[356]

d) Die **Indiztatsachen** selbst hat der Arbeitnehmer nach den Vorschriften der ZPO zu beweisen, wenn sie vom Arbeitgeber nach Maßgabe des § 138 III ZPO bestritten worden sind. Eine Glaubhaftmachung nach § 294 ZPO ist nicht ausreichend.[357] Der Arbeitnehmer hat also beispielsweise die nicht geschlechtsneutrale Stellenausschreibung im Wege des Urkundenbeweises zu beweisen oder den Mitarbeiter des Arbeitgebers als Zeugen für die behaupteten benachteiligenden Äußerungen zu benennen. Eine Parteivernehmung kommt grundsätzlich nur nach Maßgabe der §§ 445 ff. ZPO in Betracht.[358] **138**

4. Beweislast des Arbeitgebers. Hat der Arbeitnehmer Indiztatsachen bewiesen, die eine unzulässige Motivation der unterschiedlichen Behandlung vermuten lassen, trägt der **Arbeitgeber die volle Beweislast** dafür, dass kein Verstoß gegen das Benachteiligungsverbot vorliegt.[359] Der Arbeitgeber hat insoweit den Beweis des Gegenteils zu führen.[360] Hierzu kann er beispielsweise darlegen, der nicht eingestellte Bewerber erfülle nicht die in der Stellenanzeige genannten Voraussetzungen. So kann die Anwaltskanzlei in dem obigen Beispiel (RN 137) darlegen, der männliche Bewerber sei nicht geeignet gewesen, weil gegen ihn ein Berufsverbot verhängt worden sei. Nicht ausreichend ist es, wenn der Arbeitgeber nur die vom Arbeitnehmer zur Glaubhaftmachung der Benachteiligung wegen des Geschlechts angeführten Tatsachen erschüttert. **139**

Besonders strenge Anforderungen stellt die Rechtsprechung an die Darlegungen des Arbeitgebers zur Rechtfertigung einer vom Arbeitnehmer glaubhaft gemachten Benachteiligung, wenn sich der Arbeitgeber **nachträglich auf Einstellungsvoraussetzungen beruft,** die ursprünglich nicht gefordert waren. Ein nachträglich vorgebrachter Grund für die Bevorzugung eines Bewerbers des anderen Geschlechts ist danach nur dann beachtlich, wenn besondere Umstände erkennen lassen, dass der Arbeitgeber diesen Grund nicht nur vorgeschoben hat.[361] Erforderlich ist nach Auffassung des BVerfG, dass in dem Motivbündel, das die Auswahlentscheidung beeinflusst hat, der nach § 1 AGG verpönte Grund weder als negatives oder noch als positives Kriterium enthalten ist.[362] Erheblich wäre beispielsweise, dass sich während des Einstellungsverfahrens die Aufgabenstellung und damit die Anforderungen an die Qualifikation des Einzustellenden geändert haben. Denkbar ist auch, dass sich ein Arbeitnehmer bewirbt, der für die ihm zugedachte Aufgabe geradezu prädestiniert ist, mit dessen Bewerbung aber zur Zeit der Ausschreibung vernünftigerweise nicht gerechnet werden konnte.[363] Erst wenn der Arbeitgeber solche Umstände darlegt und gegebenenfalls beweist, hat er widerlegt, dass das Geschlecht des abgewiesenen Bewerbers seine Entscheidung negativ beeinflusst hat. **140**

---

355 BAG 24. 4. 2008 AP 2 zu § 33 AGG = NZA 2008, 1351.
356 EuGH 10. 7. 2008 NZA 2008, 929.
357 *Windel* RdA 2007, 1, 4.
358 Schleusener/Suckow/*Voigt* § 22 RN 23; vgl. dazu auch EGMR 27. 10. 1993 NJW 95, 1413.
359 BT-Drucks. 16/1780 S. 47.
360 HK-AGG/*Bertzbach* § 22 RN 58; *Windel* RdA 2007, 1, 6.
361 Vgl. BVerfG 16. 11. 1993 AP 9 zu § 611 a BGB = NZA 94, 745 zu § 611 a BGB.
362 BAG 5. 2. 2004 AP 23 zu § 611 a BGB = NZA 2004, 540; krit. zu Recht *Windel* RdA 2007, 1, 6 f.
363 Vgl. BVerfG 16. 11. 1993 AP 9 zu § 611 a BGB = NZA 94, 745.

§ 34. Abschluss und Form des Arbeitsvertrags

Übersicht

	RN
I. Abschluss des Arbeitsvertrags	1 ff.
1. Parteien	1–14
2. Zustandekommen	15–18
3. Abschlussfreiheit	19–23
4. Scheingeschäft	24
5. Konkludente Vertragsänderungen	25, 26
6. Vorvertrag	27
II. Vertretung bei Abschluss des Arbeitsvertrags	28 ff.
1. Vertretung	28, 29
2. Vertreter ohne Vertretungsmacht	30, 31
3. Gesetzliche Vertretung des Arbeitgebers	32–34
4. Gesetzliche Vertretung des Arbeitnehmers	35–42
5. Gesetzliche Vertretung durch Eltern	43
III. Form des Arbeitsvertrags	44 ff.
1. Formfreiheit	44
2. Nachweisgesetz	45–55
3. Wirkungen einer Form	56–70
IV. Abschluss- und Beschäftigungsverbote	71 ff.
1. Allgemeines	71
2. Beispiele	72–75
3. Rechtsfolgen bei Verstößen	76, 77
V. Abschlussgebote	78 ff.
1. Allgemeines	78
2. Gesetzliche Abschlussgebote	79
3. Tarifvertragliche Abschlussgebote	80, 81
VI. Gesetzliche Beendigungstatbestände des Arbeitsverhältnisses	82
VII. Anrechnung von Vordienstzeiten	83 ff.
1. Anrechnung	83, 84
2. Neue Bundesländer	85
VIII. Ruhen des Arbeitsverhältnisses	86 ff.
1. Begriff	86, 87
2. Rechtsfolgen des Ruhens	88
3. Wiederaufleben des Arbeitsverhältnisses	89

I. Abschluss des Arbeitsvertrags

Bauer, Einführung in die Vertragsgestaltung im Arbeitsrecht, JuS 99, 452; 557; 660; 765; *Ehler,* Arbeitsvertragsmanagement, BB 99, 1322; *Gaul,* Tipps zu Vereinbarungen im Arbeitsvertrag, AuA 2000, 152; *Hennige,* Rechtliche Folgewirkungen schlüssigen Verhaltens der Arbeitsvertragsparteien, NZA 99, 281; *Hromadka/Schmitt-Rolfes,* Der unbefristete Arbeitsvertrag, 2006; *Hümmerich,* Gestaltung von Arbeitsverträgen, 2006; *ders.,* Wie gestaltet der Anwalt einen Arbeitsvertrag?, AnwBl. 99, 9; *Küttner,* Arbeitsrecht und Vertragsgestaltung, RdA 99, 59; *Pauly,* Vertragliche Abmachungen auf dem Prüfstand, AuA 99, 77; *Preis,* Der Arbeitsvertrag, 2. Aufl., 2004; *Schaub/Neef/Schrader,* Arbeitsrechtliche Formularsammlung, 8. Aufl., 2004; *Schrader,* Rechtsfallen in Arbeitsverträgen, 2001; *Spieken,* Arbeitsvertrag, Grundlage konfliktfreier Zusammenarbeit, AuA 99, 196; *v. Steinau-Steinrück/Hureck,* Arbeitsvertragsgestaltung, 2007.

1 **1. Parteien. a)** Partei des Arbeitsvertrags ist auf **Arbeitnehmerseite** eine natürliche Person oder bei Gruppenarbeitsverhältnissen (§§ 181, 182) eine Personengesamtheit. Zum Arbeitnehmerbegriff näher § 8.

2 **b)** Partei des Arbeitsvertrags auf **Arbeitgeberseite** kann jede natürliche oder juristische Person des öffentlichen oder privaten Rechtes sowie jede Personengesellschaft sein (näher dazu § 17).

3 **aa)** Wird ein Arbeitsvertrag mit einer **(Außen-)Gesellschaft bürgerlichen Rechts (GbR)** geschlossen, ist diese parteifähig und Arbeitgeber.[1] Ein Arbeitnehmer, der von einer mit der Grundstücksadresse bezeichneten Wohnungseigentümergemeinschaft als Hauswart angestellt ist, hat gegen den Hausverwalter, der den Arbeitsvertrag als Vertreter der WEG geschlossen hat, keinen Anspruch auf Erfüllung seines Entgeltanspruchs, wenn dieser sich weigert, ihm die Namen der Gesellschafter zu nennen.[2] Der Arbeitnehmer hat vielmehr die WEG als Gesellschaft bürgerlichen Rechts (GbR) zu verklagen. Ihm steht es darüber hinaus frei, auch die einzelnen Gesellschafter persönlich in Anspruch zu nehmen.[3] Der in eine GbR eintretende Gesellschafter muss auch für die Altschulden haften.[4] Die GbR muss für das zum Schadensersatz verpflichtende Verhalten des geschäftsführenden Gesellschafters nach § 31 BGB einstehen.[5]

4 **bb)** Bei einer **Personenhandelsgesellschaft** ist Arbeitgeber die Gesamthand (OHG, KG). In welchem Umfang die Mitgesellschafter als Gesamtschuldner neben der Gesellschaft den Arbeit-

---

[1] BAG 1. 12. 2004 AP 14 zu § 50 ZPO = NZA 2005, 318.
[2] LAG Berlin 22. 1. 1999 NZA-RR 99, 572.
[3] BGH 27. 9. 1999 NJW 99, 3483; 29. 1. 2001 NZA 2001, 408.
[4] BGH 7. 4. 2003 NJW 2003, 1803.
[5] BGH 24. 2. 2003 ZIP 2003, 664.

nehmern haften, bestimmt sich nach den allgemeinen gesellschaftsrechtlichen Bestimmungen. Für einen Rechtsstreit eines Arbeitnehmers aus dem Arbeitsverhältnis gegen den Kommanditisten des Arbeitgebers über seine Einstandspflicht sind die Gerichte für Arbeitssachen nicht zuständig. Der Kommanditist ist weder Arbeitgeber nach § 2 I Nr. 3 a ArbGG noch dessen Rechtsnachfolger (§ 3 ArbGG).[6] Dagegen ist der persönlich haftende Gesellschafter einer KG Arbeitgeber der Arbeitnehmer der Kommanditgesellschaft i. S. v. § 2 I Nr. 3 ArbGG.[7] Er vertritt die Kommanditgesellschaft (§ 161 II i. V. m. § 125 HGB) und ist die einzige Person, die von Natur aus – d. h. ohne besondere rechtsgeschäftliche Vertretungsmacht – für die Kommanditgesellschaft auftreten und für sie Arbeitgeberfunktionen wahrnehmen kann. Ist ein Mitgesellschafter zugleich Arbeitnehmer, können die arbeitsrechtlichen Rechtsbeziehungen durch das Gesellschaftsrecht überlagert werden.[8] Stellt eine Personenhandelsgesellschaft ihre Geschäftstätigkeit vollständig ein und beschäftigt sie sich nur noch in geringem Umfang mit der Verwaltung ihres Grundbesitzes, wandelt sie sich in eine Gesellschaft bürgerlichen Rechts um. Tritt ein Gesellschafter in diese Gesellschaft, die noch als Kommanditgesellschaft ins Handelsregister eingetragen ist, ein, haftet er nicht für Altschulden.[9]

cc) Besondere Probleme ergeben sich, wenn ein Arbeitsvertrag mit einer **in Gründung befindlichen Kapitalgesellschaft** geschlossen wird. Hier ist zwischen der Vorgründungsgesellschaft und der Vorgesellschaft zu unterscheiden. 5

(1) Die **Vorgründungsgesellschaft** ist ein vorbereitender Zusammenschluss der Gründer durch einen Vorvertrag mit dem Ziel, zur Gründung einer Gesellschaft zusammenzuwirken. Der Vertrag bedarf der Form des § 2 GmbHG. Die Vorgründungsgesellschaft ist eine auf Abschluss des Gesellschaftsvertrags gerichtete Gesellschaft bürgerlichen Rechts nach §§ 705 ff. BGB.[10] Sie ist mit der nach notarieller Beurkundung entstehenden Vorgesellschaft und mit der hieraus hervorgehenden GmbH nicht identisch. Rechte und Verbindlichkeiten der Vorgründungsgesellschaft gehen nicht automatisch mit der GmbH-Gründung auf die Vorgesellschaft oder später auf die GmbH über, sondern müssen, wenn sie in die GmbH eingebracht werden sollen, durch besonderes Rechtsgeschäft übertragen werden. Die persönliche Haftung der Gesellschafter aus Geschäften der Vorgründungsgesellschaft erlischt grundsätzlich nicht mit Gründung oder Eintragung der GmbH, wenn nicht etwas anderes mit dem Geschäftspartner vereinbart ist.[11] Das gilt auch für die Einmann-Gründung.[12] 6

Eine OHG wird gemäß § 123 II HGB bereits **vor der Eintragung in das Handelsregister wirksam,** wenn die Gesellschafter einem Dritten gegenüber eine den vereinbarten Geschäftsbetrieb vorbereitende Handlung vornehmen, sofern der Gesellschaftszweck auf den Betrieb eines Handelsgewerbes gerichtet ist und ausreichende Anhaltspunkte dafür vorliegen, dass das Unternehmen eine entsprechende Ausgestaltung und Einrichtung in Kürze erfahren wird. Hierfür kann die Eröffnung eines Bankkontos ebenso ausreichen, wie Verhandlungen über den Kauf eines Betriebsgrundstücks oder die Vorbereitung des notariellen Abschlusses des Grundstückskaufvertrags.[13] 7

(2) Die GmbH entsteht mit der Eintragung ins Handelsregister. In der Zeit zwischen dem Abschluss des Gesellschaftsvertrags und der Eintragung besteht die **Vorgesellschaft (Vor-GmbH).** Eine Vorgesellschaft kann durch Kündigung eines Gesellschafters aus wichtigem Grund entsprechend § 723 I 2 und 3 Nr. 1 BGB aufgelöst werden. Ein wichtiger Grund für die Kündigung kann dabei insbesondere vorliegen, wenn der Fortgang der Gesellschaftsgründung daran scheitert, dass ein Mitgesellschafter zur Erbringung seiner Einlage außerstande ist.[14] Die Gesellschafter einer Vorgesellschaft haften gemäß § 11 II GmbHG für die Verbindlichkeiten dieser Gesellschaft in Form einer bis zur Eintragung der Gesellschaft andauernden Verlustdeckungshaftung. Die Haftung der Gründer aus Verbindlichkeiten der Vorgesellschaft erlischt mit der Eintragung der GmbH.[15] Eine Vor-GmbH ist im Zivilprozess aktiv **parteifähig.**[16] Dass die 8

---

[6] BAG 23. 6. 1992 AP 23 zu § 2 ArbGG 1979 = NZA 93, 862. Vgl. *Grunsky*, FS Wolfram Henckel, 1995, S. 329.

[7] BAG 28. 2. 2006 AP 88 zu § 2 ArbGG 1979 = NZA 2006, 453.

[8] Dazu *Herrmann* RdA 89, 313.

[9] BAG 17. 2. 1987 AP 9 zu § 161 HGB = NZA 88, 55; siehe aber auch OLG Hamm 22. 11. 2001 ZIP 2002, 527.

[10] Vgl. Baumbach/*Hueck/Fastrich*, GmbHG, 18. Aufl., 2006, § 11 RN 35 f.

[11] BGH 25. 10. 2000 NJW-RR 2001, 1042.

[12] BGH 22. 6. 1992 NJW 92, 2698.

[13] BGH 26. 4. 2004 BB 2004, 1357.

[14] BGH 23. 10. 2006 NJW 2007, 589.

[15] Grundlegend BGH 9. 3. 1981 NJW 81, 1373.

[16] BGH 28. 11. 1997 NJW 98, 1079.

Gründer die Eintragungsabsicht aufgegeben haben, lässt die Parteifähigkeit nicht entfallen. Die Vorgesellschaft bleibt als Liquidationsgesellschaft bis zur vollständigen Abwicklung oder, wenn sie die Gesellschafter fortführen, als Personengesellschaft rechts- und parteifähig. Wenn die Gesellschafter die Eintragung der Gesellschaft ins Handelsregister aufgeben, ist die Vor-GmbH grundsätzlich nach den für die GmbH geltenden Regeln abzuwickeln, soweit sie eine Eintragung ins Handelsregister nicht voraussetzen. Solange die Liquidation dauert, besteht sie als rechtsfähige und nach § 50 I ZPO parteifähige Abwicklungsgesellschaft fort.[17]

8a Auch wenn der **Mantel einer „auf Vorrat" gegründeten GmbH** verwendet wird, stellt dies wirtschaftlich eine Neugründung dar. Auf diese wirtschaftliche Neugründung durch Ausstattung der Vorratsgesellschaft mit einem Unternehmen und erstmalige Aufnahme ihres Geschäftsbetriebes sind die der Gewährleistung der Kapitalausstattung dienenden Gründungsvorschriften des GmbHG einschließlich der registergerichtlichen Kontrolle entsprechend anzuwenden.[18] Die Wiederverwendung eines zwischenzeitlich leer gewordenen Gesellschaftsmantels ist dabei gegenüber dem Registergericht offenzulegen und mit der – am satzungsmäßigen Stammkapital auszurichtenden – Versicherung gemäß § 8 II GmbHG zu verbinden. Die reale Kapitalaufbringung ist sowohl bei der Mantelverwendung als auch bei der Aktivierung einer Vorratsgesellschaft durch entsprechende Anwendung des Haftungsmodells der Unterbilanzhaftung – bezogen auf den Stichtag der Offenlegung der wirtschaftlichen Neugründung gegenüber dem Registergericht – sicherzustellen. Werden vor Offenlegung der wirtschaftlichen Neugründung die Geschäfte aufgenommen, ohne dass alle Gesellschafter dem zugestimmt haben, kommt neben der Unterbilanzhaftung kommt auch eine Handelndenhaftung analog § 11 II GmbHG in Betracht.[19]

9 Die Verlustdeckungshaftung ist eine **Innenhaftung** für Anlaufverluste gegenüber der Gesellschaft bei Scheitern der Eintragung.[20] Scheitert die Gründung einer GmbH, die im Einverständnis ihrer Gesellschafter schon vor der Eintragung in das Handelsregister die Geschäfte aufgenommen hat, finden die Grundsätze der Verlustdeckungshaftung allein dann Anwendung, wenn die Geschäftstätigkeit sofort beendet und die Vorgesellschaft abgewickelt wird. Werden dagegen die Geschäfte nach diesem Zeitpunkt fortgeführt, haben die Gründer für sämtliche Verbindlichkeiten der Vorgesellschaft, auch für die bis zum Scheitern entstandenen, nach personengesellschaftsrechtlichen Grundsätzen einzustehen.[21]

10 **(3)** Bei **Gründung einer Aktiengesellschaft** haftet nach § 41 I 2 AktG Dritten gegenüber persönlich, wer vor der Eintragung im Namen der Gesellschaft handelt.[22] Diese Haftung setzt voraus, dass die Gesellschaft bereits errichtet, aber noch nicht in das Handelsregister eingetragen ist.[23] Das für die GmbH entwickelte Haftungskonzept gilt auch für die Aktiengesellschaft.[24] Die Haftung erlischt mit der Eintragung der Gesellschaft ins Handelsregister. Ab diesem Zeitpunkt steht die Aktiengesellschaft dem Gläubiger als Schuldnerin zur Verfügung, die mit ihrem Gesellschaftsvermögen haftet (§ 1 I 2 AktG). Der Haftungszweck hat sich damit erledigt.

11 **dd)** Im **Konzern** ist grundsätzlich nicht der Konzern Arbeitgeber (vgl. § 18). Wird ein konzernabhängiges Unternehmen notleidend, ist umstr., in welchem Umfang eine Haftung der Konzernobergesellschaft in Betracht kommt. Dies ist arbeitsrechtlich vor allem bei der Verweigerung der Ruhegeldanpassung nach § 16 BetrAVG und für Sozialplanabfindungen von Bedeutung (§§ 112ff. BetrVG).

12 Nach der **älteren Rechtsprechung des BGH** haftete der Allein- oder Mehrheitsgesellschafter einer GmbH, der gleichzeitig deren alleiniger Geschäftsführer war und sich außerdem als Einzelkaufmann unternehmerisch betätigte, grundsätzlich nach den Haftungsregeln im **qualifizierten faktischen Konzern,** wenn er die Konzernleitungsmacht in einer Weise ausübte, die keine angemessene Rücksicht auf die eigenen Belange der abhängigen Gesellschaft nahm.[25] Hiervon ist der BGH inzwischen abgerückt.[26]

---

[17] BGH 31. 3. 2008 NJW 2008, 2441.
[18] BGH 9. 12. 2002 NJW 2003, 892; 7. 7. 2003 NJW 2003, 3198.
[19] BGH 7. 7. 2003 NJW 2003, 3198; BAG 25. 10. 2007 AP 333 zu § 613a BGB = NZA-RR 2008, 367.
[20] BGH 27. 1. 1997 NJW 97, 1507.
[21] BGH 4. 11. 2002 NJW 2003, 429.
[22] Dazu BAG 1. 12. 2004 AP 1 zu § 41 AktG.
[23] BAG 12. 7. 2006 ZIP 2006, 1672.
[24] BAG 1. 12. 2004 AP 1 zu § 41 AktG.
[25] BGH 23. 9. 1991 NJW 91, 3142; 29. 3. 1993 NJW 93, 1200.
[26] Zusammenfassend Baumbach/*Zöllner,* GmbHG, 18. Aufl. 2006, Schlussanhang RN 134ff.

Nach der **neueren Rechtsprechung des BGH** haftet der Gesellschafter einer GmbH für die Gesellschaftsschulden persönlich, wenn er auf die Zweckbindung des Gesellschaftsvermögens keine Rücksicht nimmt und der Gesellschaft durch offene oder verdeckte Entnahmen ohne angemessenen Ausgleich Vermögenswerte entzieht, die sie zur Erfüllung ihrer Verbindlichkeiten benötigt **(sog. „existenzvernichtender Eingriff").** Greife der Gesellschafter auf das der Gesellschaft überlassene und als Haftungsfonds erforderliche Vermögen zu und bringe er dadurch die Gesellschaft in die Lage, ihre Verbindlichkeiten nicht mehr oder nur noch in geringerem Maß erfüllen zu können, missbrauche er die Rechtsform der GmbH. Damit verliere er grundsätzlich die Berechtigung, sich auf die Haftungsbeschränkung des § 13 II GmbHG zu berufen, soweit sich die der Gesellschaft insgesamt zugefügten Nachteile nicht mehr quantifizieren lassen und daher nicht bereits durch Ansprüche nach §§ 30, 31 GmbHG ausgeglichen werden könnten.[27] Diese Rechtsprechung ist erneut fortentwickelt worden. Der BGH hat mit Urteil vom 16. 7. 2007 das Konzept dieser eigenständigen Haftungsfigur, die an den Missbrauch der Rechtsform anknüpft, aufgegeben.[28] Stattdessen knüpft er die Existenzvernichtungshaftung des Gesellschafters an die missbräuchliche Schädigung des im Gläubigerinteresse zweckgebundenen Gesellschaftsvermögens an und ordnet sie – in Gestalt einer schadensersatzrechtlichen Innenhaftung gegenüber der Gesellschaft – allein in § 826 BGB als eine besondere Fallgruppe der **sittenwidrigen vorsätzlichen Schädigung** ein. Schadensersatzansprüche aus Existenzvernichtungshaftung gemäß § 826 BGB sind gegenüber Erstattungsansprüchen aus §§ 30, 31 GmbHG nicht subsidiär; vielmehr besteht zwischen ihnen – soweit sie sich überschneiden – Anspruchsgrundlagenkonkurrenz. 13

Nach der Rechtsprechung des BGH folgt im **faktischen GmbH-Konzern** die Haftung des Alleingesellschafters damit nicht dem Haftungssystem des Konzernrechts im Aktienrecht, vielmehr ist der Schutz der abhängigen GmbH auf die Erhaltung des Stammkapitals und die Gewährleistung ihres Bestandsschutzes beschränkt, der eine angemessene Rücksichtnahme auf die Eigenbelange der GmbH erfordert. Eine über § 31 III GmbHG hinausgehende Ausfallhaftung des Gesellschafters gegenüber der Gesellschaft kommt in Betracht, wenn beim Abzug von Vermögen der Gesellschaft nicht die gebotene angemessene Rücksicht auf die Erhaltung der Fähigkeit der Gesellschaft zur Bedienung ihrer Verbindlichkeiten genommen und damit die Insolvenz der Gesellschaft herbeigeführt wird.[29] 14

2. Zustandekommen. Der Arbeitsvertrag wird nach Maßgabe der §§ 145ff. BGB durch **Antrag und Annahme** geschlossen. Die aufeinander bezogenen Willenserklärungen können mündlich, schriftlich, ausdrücklich oder konkludent durch schlüssiges Verhalten abgegeben werden.[30] Weder ein Zeitungsinserat noch eine Anforderung bei der Agentur für Arbeit stellen ein Vertragsangebot dar.[31] Der Erklärungswert eines Rufs zur Übernahme einer Professur an einer Fachhochschule beschränkt sich auf die Erkundung der grundsätzlichen Bereitschaft eines Bewerbers. Dagegen ist er noch kein Angebot zum Abschluss eines Vertrags.[32] 15

Die Parteien müssen sich über die **wesentlichen Punkte des Arbeitsvertrags** geeinigt haben, d.h. über die zu leistende Arbeit und die Vergütungspflicht. Die nähere Ausgestaltung der Arbeitspflichten erfolgt durch den Arbeitgeber im Wege des Direktionsrechts (vgl. § 45 RN 14ff.). Die Höhe der Vergütung braucht nicht ausdrücklich bestimmt zu werden. Ausreichend ist, dass sich die Parteien darüber einig sind, dass die Arbeitsleistung überhaupt vergütet werden soll. In diesem Falle ist die Vergütung nach § 612 BGB zu bemessen (vgl. § 66 RN 14ff.). 16

Beabsichtigen die Parteien einen Arbeitsvertrag zu schließen und tritt der Arbeitnehmer seinen Dienst im Einverständnis mit dem Arbeitgeber schon an, bevor eine **Einigung über die Vertragsdauer** erzielt worden ist, kommt gleichwohl ein Arbeitsvertrag zustande. Wegen der Vertragsdauer bedarf es alsdann weiterer Vereinbarungen, die ggf. der Befristungskontrolle unterliegen. 17

Durch **Verwaltungsakt** einer Behörde kommt kein Arbeitsvertrag zustande. Das gilt auch für sog. Ein-Euro-Jobber.[33] Ein privatrechtlicher Arbeitsvertrag kann durch Verwaltungsakt auch nicht unmittelbar geändert werden. Es bedarf vielmehr der Umsetzung eines Verwaltungsakts in 18

---

[27] BGH 13. 12. 2004 BB 2005, 286.
[28] NJW 2007, 2689 [Trihotel].
[29] BGH 17. 9. 2001 NJW 2001, 3622 [Bremer Vulkan].
[30] Dazu *Hennige* NZA 99, 281; *Scheffer* NJW 95, 3166.
[31] HWK/*Thüsing* § 611 BGB RN 31.
[32] BAG 9. 7. 1997 AP 1 zu § 611 BGB Begründung eines Arbeitsverhältnisses = NZA 98, 752.
[33] BAG 8. 11. 2006 AP 89 zu § 2 ArbGG 1979 = NZA 2007, 53.

das Arbeitsverhältnis. Die Parteien müssen sich nach den allgemeinen Regelungen über das Zustandekommen von Verträgen (§§ 145ff. BGB) darüber einig sein, dass der bestehende Arbeitsvertrag inhaltlich geändert wird.[34] Die abweichende frühere Regelung für Inhaber eines Bergmannsversorgungsscheins ist aufgehoben.

19 **3. Abschlussfreiheit.** Grundsätzlich steht es im Ermessen der Parteien, ob sie überhaupt einen Arbeitsvertrag abschließen wollen (§ 105 GewO).

20 **a)** Für den **Arbeitnehmer** besteht nach Art. 12 GG die Freiheit der Arbeitsplatzwahl. Sein Grundrecht kann im Spannungs- und Verteidigungsfall eingeschränkt sein (Art. 12a GG i. V. m. Arbeitssicherstellungsgesetz (ArbSG) vom 9. 7. 1968 (BGBl. I S. 787, mit spät. Änd.)). Eine mittelbare Einschränkung ergibt sich im Falle der Arbeitslosigkeit, da der Arbeitnehmer zur Vermeidung von Nachteilen gehalten ist, eine ihm von der Arbeitsvermittlung nachgewiesene zumutbare Beschäftigung aufzunehmen (§ 23). Zur Resozialisierung von Straftätern kann die Bewährungsauflage gerechtfertigt sein, eine Arbeitsstelle im Inland anzunehmen.[35]

21 **b)** Für den **Arbeitgeber** ergibt sich die Abschlussfreiheit aus der allgemeinen Handlungsfreiheit nach Art. 2 GG. Die Abschlussfreiheit ist insbesondere eingeschränkt durch den gesetzlichen Weiterbeschäftigungsanspruch des Arbeitnehmers nach Ausspruch einer Kündigung (§ 102 V BetrVG; dazu § 125), den Wiedereinstellungsanspruch (§ 151) sowie den Fortbestand des Arbeitsverhältnisses nach Beendigung der Ausbildung bei Mitgliedern der Betriebsverfassungsorgane (§ 78a BetrVG, § 9 BPersVG) und den Anspruch auf Verringerung der Arbeitszeit (§ 8 TzBfG).[36] Mittelbare Beschränkungen ergeben sich aus Abgabepflichten, die den Arbeitgeber treffen, wenn er bestimmte schutzbedürftige Personenkreise nicht beschäftigt. Eine Ausgleichsabgabe ist vorgesehen, wenn nicht eine Mindestzahl schwerbehinderter Menschen (§ 77 SGB IX) sowie in den Ländern Niedersachsen, NRW und Saarland eine solche von Bergmannsversorgungsscheininhabern beschäftigt wird.

22 Aber auch die Freiheit des Arbeitgebers zu bestimmen, **mit wem er einen Arbeitsvertrag abschließen will,** unterliegt zunehmenden Beschränkungen. Diese ergeben sich insbesondere aus dem AGG, wonach der Arbeitgeber aus den in § 1 AGG genannten Gründen grundsätzlich (zu den Ausnahmen § 33 RN 44ff.) eine Einstellung nicht verweigern darf. Der Arbeitgeber unterliegt des Weiteren kollektivrechtlichen Beschränkungen, weil der Betriebsrat aus den in § 99 III BetrVG (entsprechend § 75 BPersVG) genannten Gründen einer Einstellung widersprechen kann (§ 241).

23 Für den **öffentlichen Dienst** gilt Art. 33 II GG, wonach Bewerber nur nach Eignung, Befähigung und Leistung ausgewählt und beurteilt werden dürfen.[37] Ein Bewerber um ein öffentliches Amt kann verlangen, dass seine Bewerbung nach Eignung, Befähigung und fachlicher Leistung geprüft und nicht nach unzulässigen Kriterien differenziert wird. Verstößt der öffentliche Arbeitgeber bei seiner Entscheidung über die Bewerbung gegen diese Verpflichtung, kann der zu Unrecht übergangene Bewerber grundsätzlich verlangen, dass seine Bewerbung neu beurteilt wird (dazu § 106 RN 42ff.). Ein Einstellungsanspruch ergibt sich aus Art. 33 II GG nur dann, wenn sämtliche Einstellungsvoraussetzungen in der Person des Bewerbers erfüllt sind und dessen Einstellung die einzig rechtmäßige Entscheidung der Behörde ist, weil sich jede andere Entscheidung als rechtswidrig oder ermessensfehlerhaft darstellt.[38]

24 **4. Scheingeschäft.** Bei einem Scheingeschäft i. S. d. § 117 I BGB wollen die Parteien einverständlich nur den **äußeren Schein eines Rechtsgeschäfts** hervorrufen. In Wirklichkeit sollen die mit dem betreffenden Rechtsgeschäft verbundenen Rechtswirkungen nicht eintreten. Ein Scheingeschäft liegt nicht vor, wenn es zur Herbeiführung des von den Parteien tatsächlich beabsichtigten Erfolgs der wirksamen Vornahme des betreffenden Rechtsgeschäfts gerade bedarf.[39] Haben beispielsweise Ehegatten einen Arbeitsvertrag geschlossen, um dem als Arbeitnehmer angestellten Partner Ansprüche gegen Sozialversicherungsträger zugute kommen zu lassen und steuerliche Vorteile in Anspruch nehmen zu können, ist es unerheblich, ob der als Arbeitgeber bezeichnete Ehegatte tatsächlich arbeitsvertragliche Weisungen ausgeübt hat. Der Arbeitsvertrag ist wirksam, weil die Rechtsfolgen gewollt waren. Eine Änderung kann nur durch eine Vereinbarung

---

[34] BAG 17. 1. 2006 AP 6 zu § 24 BAT-O.
[35] BVerfG 10. 8. 1993 – 2 BvR 610/91.
[36] Vgl. MünchKommBGB/*Müller-Glöge* § 611 RN 593.
[37] BVerfG 5. 7. 1985 AP 2 zu Art. 33 V GG; BAG 17. 1. 2006 AP 6 zu § 24 BAT-O; 15. 3. 2005 AP 62 zu Art. 33 Abs. 2 GG = NZA 2005, 1185; vgl. auch EuGH 28. 6. 1984 NJW 85, 540.
[38] St. Rspr., vgl. BAG 27. 7. 2005 AP 63 zu Art. 33 II GG = NZA 2005, 1243.
[39] BAG 28. 6. 2005 AP 146 zu § 102 BetrVG 1972 = NZA 2006, 48 m. w. N.

unter Beachtung von § 623 BGB herbeigeführt werden.[40] Behauptet eine Partei, bei dem Arbeitsvertrag handele es sich um ein Scheingeschäft, trägt sie hierfür die Darlegungs- und Beweislast.[41]

5. Konkludente Vertragsänderungen. Die Parteien können nachträglich den **Vertrag ändern.**[42] Umstr. ist die Rechtslage, wenn der Arbeitgeber dem Arbeitnehmer den Vertrag verschlechternde Arbeitsbedingungen anbietet und der Arbeitnehmer widerspruchslos weiterarbeitet. Hierin kann zwar eine Willenserklärung gesehen werden. Allerdings setzt dies einen konkreten Geschehenszusammenhang voraus, der unter Beachtung der Verkehrssitte und unter Berücksichtigung aller Umstände des jeweiligen Einzelfalls einen Erklärungswert für die Handlung ergibt. Auch für die konkludente Willenserklärung ist insoweit entscheidend, wie sie von dem Erklärungsempfänger unter Berücksichtigung der gegebenen Umstände nach Treu und Glauben verstanden werden durfte und musste.[43] Ein schlüssiges Verhalten kann auch dann als Willenserklärung gewertet werden, wenn der Handelnde an die Möglichkeit einer solchen Wertung nicht gedacht hat. Voraussetzung ist jedoch, dass er bei Anwendung pflichtgemäßer Sorgfalt erkennen konnte, sein Verhalten könne als Willenserklärung aufgefasst werden, und der andere Teil es auch tatsächlich so verstanden hat.[44] In der Regel stimmt der Arbeitnehmer verschlechternden Arbeitsbedingungen zu, wenn sich die Vertragsänderungen unmittelbar im Arbeitsverhältnis auswirken; dagegen fehlt es zumeist an der konkludenten Zustimmung, wenn die Änderungen sich erst zu einem späteren Zeitpunkt, wie etwa bei Ruhegeldern, auswirken. In jedem Fall kommt es auf die Umstände des Einzelfalls an. 25

Ist in einem **Formulararbeitsvertrag** vorgesehen, dass dieser abgeändert wird, wenn der Arbeitnehmer nicht widerspricht, kann dies nach § 308 Nr. 5 BGB unwirksam sein. Hat der Arbeitgeber eine **Änderungskündigung** ausgesprochen und liegen die Voraussetzungen des KSchG vor, wird die Änderungskündigung wirksam (§ 7 KSchG), wenn der Arbeitnehmer keine Kündigungsschutzklage erhebt. Erklärt eine teilzeitbeschäftigte Musikschullehrerin sich auf Veranlassung des Schulträgers auf einem Vordruck bereit, künftig eine bestimmte Anzahl von **Stunden zusätzlich zu übernehmen,** kann darin das Angebot auf Änderung der ursprünglich vereinbarten Arbeitszeit liegen. Erklärt der Schulträger sich mit dem von ihm veranlassten Angebot bis auf Weiteres einverstanden, braucht die Arbeitnehmerin das nicht als Ablehnung verbunden mit einem neuen Antrag zu verstehen.[45] Werden dem Arbeitnehmer **neue Aufgaben übertragen** und wird in diesem Zusammenhang ein neuer Arbeitsvertrag mit dem Inhalt geschlossen, dass nur noch die Bedingungen dieses Vertrags gelten, müssen gleichwohl unter dem früheren Vertrag verbrachte Dienstzeiten angerechnet werden.[46] Wird der Arbeitnehmer vom Arbeitgeber – auch längere Zeit – unter deutlicher Überschreitung der vertraglich vorgesehenen Arbeitszeit eingesetzt, ergibt sich allein daraus noch keine Vertragsänderung. Vielmehr ist auf die Absprachen abzustellen, die dem erhöhten Arbeitseinsatz zugrunde liegen. Dazu zählen auch die betrieblichen Anforderungen, die vom Arbeitgeber gestellt und vom Arbeitnehmer akzeptiert werden.[47] Wird in einer Änderungsvereinbarung zum Arbeitsvertrag dem Arbeitnehmer angeboten, das Arbeitsverhältnis mit ihm fortzusetzen und ab dem Jahr 2000 auf der Grundlage der Tarifabschlüsse im öffentlichen Dienst die dort vereinbarten prozentualen Gehaltserhöhungen weiterzugeben, liegt in der **widerspruchslosen Fortsetzung des Arbeitsverhältnisses** konkludent die Annahme des Angebots.[48] 26

6. Vorvertrag. Die Zulässigkeit eines Vorvertrags, der im BGB nicht geregelt ist, ergibt sich aus der auch im Arbeitsrecht geltenden **Vertragsfreiheit.** Ein auf Abschluss eines Arbeitsvertrags gerichteter Vorvertrag kann dann angenommen werden, wenn die Parteien wegen einer noch nicht vorhandenen Einigung über alle zu regelnden Arbeitsbedingungen zunächst eine vertragliche Bindung begründen wollen, auf Grund derer jede Partei verpflichtet ist, den Arbeitsvertrag abzuschließen. Dabei ist erforderlich, dass die wesentlichen Elemente des Arbeitsvertrags im Vorvertrag bestimmbar geregelt sind.[49] Dies gilt auch dann, wenn die Parteien sich 27

---

[40] BAG 21. 4. 2005 AP 134 zu § 1 KSchG 1969 Betriebsbedingte Kündigung.
[41] BAG 9. 2. 1995 NZA 96, 249.
[42] *Rieder,* Änderung von Arbeitsbedingungen, 1997.
[43] BAG 9. 3. 2005 AP 70 zu § 611 BGB Direktionsrecht; 9. 7. 2003 BAG Report 2004, 307; 19. 6. 1986 AP 16 zu § 2 KSchG 1969.
[44] BAG 9. 3. 2005 AP 70 zu § 611 BGB Direktionsrecht.
[45] BAG 26. 8. 1997 AP 137 zu § 611 BGB Lehrer, Dozenten = NZA 98, 548.
[46] LAG Köln 6. 2. 2002 NZA-RR 2003, 18.
[47] BAG 25. 4. 2007 AP 121 zu § 615 BGB = NZA 2007, 801.
[48] BAG 19. 12. 2007 NZA 2008, 464.
[49] BAG 16. 2. 1983 – 7 AZR 495/79.

erst zukünftig über bestimmte Vergütungsbestandteile einigen wollen (Provision, Beteiligungen usw.). Weigert sich eine Partei, vorvertraglich bereits eingeräumte Rechte zu gewähren, kann die Gegenpartei auf Erfüllung klagen,[50] oder vom Vertrag zurücktreten. Ein Rücktrittsvorbehalt in einem Vorvertrag ist nach § 308 Nr. 3 BGB allerdings nur wirksam, wenn in dem Vorbehalt der Grund für die Lösung vom Vertrag mit hinreichender Deutlichkeit angegeben ist und ein sachlich gerechtfertigter Grund für seine Aufnahme in die Vereinbarung besteht.[51]

II. Vertretung bei Abschluss des Arbeitsvertrags

28 **1. Vertretung.** Sowohl Arbeitgeber wie Arbeitnehmer können sich bei Abschluss des Arbeitsvertrags durch **Stellvertreter** vertreten lassen. Insoweit gelten die §§ 164 ff. BGB. Dabei ist die genaue Bezeichnung des vertretenen Arbeitgebers nicht Wirksamkeitsvoraussetzung.[52] Bleibt unklar, ob der den Vertrag Abschließende Arbeitgeber oder Vertreter ist, wird im Allgemeinen der wirkliche Arbeitgeber verpflichtet (zum Vertreter ohne Vertretungsmacht vgl. RN 30).[53] Nach § 164 II BGB kommt dagegen der Mangel des Willens, in eigenem Namen zu handeln, nicht in Betracht, wenn der Wille, in fremdem Namen zu handeln, nicht erkennbar hervortritt. Gelegentlich kann sich eine Mithaftung des Handelnden ergeben, wenn er den Firmenzusatz nicht hinreichend deutlich gemacht hat (§ 4 GmbHG, §§ 4, 279 AktG, § 3 GenG, § 65 BGB, § 18 II VAG). Ob ein tariflicher Ausschluss der Vertretung rechtswirksam ist, ist zweifelhaft.[54] Ein Vertreter kann im Namen des Vertretenen mit sich im eigenen Namen oder als Vertreter eines Dritten ein Rechtsgeschäft nicht vornehmen (§ 181 BGB).[55]

29 **Ausnahmen** vom Verbot des Insichgeschäfts bestehen, wenn **(a)** ein solches besonders gestattet ist, **(b)** das Rechtsgeschäft ausschließlich in der Erfüllung einer Verbindlichkeit besteht, **(c)** dem Vertretenen lediglich einen rechtlichen Vorteil bringt,[56] **(d)** bei Eltern und Kindern zum Abschluss eines Ausbildungsvertrags nach § 10 III BBiG (vgl. § 174 RN 5), **(e)** bei Rechtsgeschäften des geschäftsführenden Alleingesellschafters.[57] Beim Abschluss von Arbeitsverträgen mit kommunalen Gebietskörperschaften sehen häufig die Gemeinde- und Kreisordnungen der Länder besondere Formvorschriften für die Vertretung der Körperschaften vor. Bei der Einstellung von Lehrern kann die schulaufsichtsrechtliche Genehmigung notwendig sein.[58] Entsprechende Regeln finden sich im kirchlichen Bereich.

30 **2. Vertreter ohne Vertretungsmacht.** Handelt ein Vertreter ohne Vertretungsmacht, kommt ein Vertrag nur zustande, wenn der **Vertretene den Vertrag genehmigt** (§ 177 BGB). Erteilt der Vertretene nicht die Genehmigung, haftet der Vertreter ohne Vertretungsmacht nach § 179 I BGB auf Erfüllung oder Schadensersatz. Vertreter im Sinne dieser Bestimmung ist nicht nur derjenige, der ohne rechtsgeschäftliche oder gesetzliche Vertretungsmacht im Namen eines Dritten tätig wird. Die Vorschrift ist vielmehr entsprechend anzuwenden, wenn jemand im Namen einer nicht vorhandenen Person vertragliche Vereinbarungen trifft, der angeblich Vertretene also gar nicht existiert.[59]

31 Der Arbeitnehmer hat bei der Geltendmachung von Ansprüchen gegen den Vertreter ohne Vertretungsmacht die auf das angestrebte Arbeitsverhältnis anwendbaren **Ausschlussfristen** zu beachten. Hat der Arbeitnehmer die Ansprüche zunächst fristgerecht gegen den vermeintlichen Arbeitgeber geltend gemacht, braucht er nicht erneut die Ausschlussfrist gegenüber dem Vertreter ohne Vertretungsmacht zu wahren.[60] Nimmt eine Partei des Arbeitsvertrags jemanden als Vertreter ohne Vertretungsmacht auf die Erfüllung von Ansprüchen aus dem Arbeitsverhältnis oder auf Schadensersatz für solche Forderungen in Anspruch, ist der Rechtsweg zu den Gerichten für Arbeitssachen gegeben. Der vollmachtlose Vertreter ist Rechtsnachfolger i. S. d. § 3 ArbGG.[61]

---

[50] BGH 29. 9. 1989 ZIP 90, 518.
[51] BAG 27. 7. 2005 AP 2 zu § 308 BGB = NZA 2006, 539.
[52] BAG 21. 12. 1972 AP 1 zu § 24 SeemannsG.
[53] BGH 3. 2. 1975 NJW 75, 1166; vgl. auch BGH 13. 11. 1998 ZIP 99, 112.
[54] BAG 15. 11. 1957 AP 2 zu § 125 BGB.
[55] Zur falsa demonstratio: BGH 8. 3. 1991 NJW 91, 1730.
[56] BGH 27. 9. 1972 NJW 72, 2262; 19. 4. 1971 NJW 71, 1355; 25. 11. 2004 NJW 2005, 415 (zu § 107 BGB); vgl. *Reinicke* NJW 75, 1185.
[57] BGH 19. 11. 1979 NJW 80, 932.
[58] BAG 11. 7. 1980 AP 18 zu § 611 BGB Lehrer, Dozenten m. Anm. *v. Hoyningen-Huene.*
[59] BAG 12. 7. 2006 AP 2 zu § 41 AktG = NZA 2006, 1156; BGH 20. 10. 1988 BGHZ 105, 283.
[60] BAG 10. 1. 2007 AP 3 zu § 179 BGB = NZA 2007, 679.
[61] BAG 7. 4. 2003 AP 6 zu § 3 ArbGG 1979 = NZA 2003, 813.

3. Gesetzliche Vertretung des Arbeitgebers.[62] Ist der Arbeitgeber geschäftsunfähig (§ 104 BGB) oder für ihn ein Betreuer bestellt (§ 1896 BGB), muss er sich bei Abschluss des Arbeitsvertrags durch seinen Betreuer vertreten lassen (§ 1902 BGB). Hat ein geschäftsunfähiger Arbeitgeber selbst einen Vertrag geschlossen, ist dieser schlechthin nichtig. Dies gilt auch dann, wenn das Arbeitsverhältnis durch **Dienstaufnahme des Arbeitnehmers** in Vollzug gesetzt worden ist.[63] Ein in Betreuung stehender Arbeitgeber braucht aber keinesfalls in jedem Fall geschäftsunfähig zu sein. 32

Eine Ausnahme besteht für in der Geschäftsfähigkeit beschränkte **minderjährige Arbeitgeber.** Der gesetzliche Vertreter des Minderjährigen kann mit Genehmigung des Vormundschaftsgerichts den Minderjährigen zum selbstständigen Betrieb eines Erwerbsgeschäftes ermächtigen (§ 112 BGB). Erwerbsgeschäft ist jede erlaubte, berufsmäßig ausgeübte, auf selbstständigen Erwerb gerichtete Tätigkeit. Die Ermächtigung ist eine formfreie, an den Minderjährigen zu richtende Willenserklärung.[64] Ist der Minderjährige zum selbstständigen Betrieb eines Erwerbsgeschäfts ermächtigt, ist er für solche Rechtsgeschäfte unbeschränkt geschäftsfähig, welche der Geschäftsbetrieb mit sich bringt (§ 112 I 1 BGB). Er kann also grundsätzlich auch Arbeitsverträge schließen.[65] 33

Ausgenommen sind allerdings solche Rechtsgeschäfte, zu denen der gesetzliche Vertreter der **Genehmigung des Vormundschaftsgerichts** bedarf (§§ 112 I 2, 1643, 1821 ff. BGB). Der Umfang der Geschäftsfähigkeit ist unterschiedlich, je nachdem, ob die Ermächtigung von einem Vormund oder den Eltern des Minderjährigen erteilt ist. Die Genehmigung des Vormundschaftsgerichts ist zu solchen Verträgen erforderlich, durch die der Minderjährige zu wiederkehrenden Leistungen (Lohnzahlungen) verpflichtet ist, wenn das Vertragsverhältnis länger als ein Jahr nach dem Eintritt der Volljährigkeit fortdauern soll (§ 1822 Nr. 5 BGB). Schließt ein minderjähriger Geschäftsinhaber einen längerfristigen Arbeitsvertrag mit einem Arbeitnehmer, wird dieser jedoch für die kürzere, zulässige Zeit aufrechterhalten werden können.[66] Soweit die Ermächtigung zum selbstständigen Betrieb des Erwerbsgeschäfts reicht, ist der gesetzliche Vertreter von der Vertretung des Minderjährigen ausgeschlossen. Er kann also nicht in den Geschäftsbetrieb eingreifen, weil er die vom Minderjährigen beabsichtigten Verträge für unpraktisch hält. Die Ermächtigung kann vom gesetzlichen Vertreter nur mit Genehmigung des Vormundschaftsgerichts zurückgenommen werden (§ 112 II BGB). Ohne Genehmigung des Sorgeberechtigten kann ein Minderjähriger kein Arbeitgeber i. S. des Sozialversicherungsrechts sein.[67] 34

4. Gesetzliche Vertretung des Arbeitnehmers. a) Geschäftsunfähige Arbeitnehmer (§ 104 BGB) können einen Arbeitsvertrag nur durch ihren gesetzlichen Vertreter schließen. Arbeiten sie ohne vorherigen wirksamen Vertragsschluss, sind ihre Entgeltansprüche nach den Grundsätzen des faktischen Vertrags abzuwickeln (dazu § 36). Steht der Arbeitnehmer in Betreuung und ist er geschäftsunfähig, bedarf es zum Abschluss des Arbeitsvertrags der Zustimmung des Betreuers.[68] Ferner können Genehmigungen des Vormundschaftsgerichts notwendig werden (§§ 1904 ff. BGB). 35

b) Minderjährige, also solche Personen, die das 18. Lebensjahr noch nicht vollendet haben, kann der gesetzliche Vertreter ermächtigen, in Dienst oder Arbeit zu treten (§ 113 BGB). 36

aa) Den Umfang der **Ermächtigung** kann der gesetzliche Vertreter in beliebiger Weise bestimmen; er kann sie also auch nur für ein einzelnes Arbeitsverhältnis erteilen.[69] Im Zweifel ist jedoch anzunehmen, dass die für den Einzelfall erteilte Ermächtigung als allgemeine Ermächtigung zur Eingehung von Verhältnissen derselben Art gilt (§ 113 IV BGB). Ein Arbeitsverhältnis derselben Art liegt dann vor, wenn das Arbeitsverhältnis den gleichen sozialen Gehalt hat und der Minderjährige in der gleichen Art und Weise verpflichtet wird. Die Ermächtigung kann vor und nach Begründung eines Arbeitsverhältnisses, ausdrücklich oder konkludent durch schlüssiges Verhalten gegenüber dem Minderjährigen erfolgen. Eine nachträglich erfolgte Ermächtigung muss hinreichend klar zum Ausdruck kommen.[70] Wenn die Eltern eines Minderjährigen diesen ermahnen, nicht in einem Nachtlokal zu arbeiten, sich damit jedoch nicht durchsetzen, liegt 37

---

[62] *Lakies,* Minderjährige als Vertragspartner im Arbeitsrecht, AR-Blattei SD 1200 [2006].
[63] Zur Geschäftsunfähigkeit eines GmbH-Geschäftsführers: BGH 1. 7. 1991 NJW 91, 2566.
[64] MünchKommBGB/*Schmitt* § 112 RN 10.
[65] HWK/*Thüsing* § 611 BGB RN 36.
[66] Ebenso *Lakies* AR-Blattei SD 1200 RN 103; HWK/*Thüsing* § 611 BGB RN 36.
[67] LSG Rheinland-Pfalz 3. 5. 1990 AP 1 zu § 107 BGB = NZA 91, 40.
[68] LAG Düsseldorf DB 68, 2221.
[69] ErfK/*Preis* § 113 BGB RN 4.
[70] MünchKommBGB/*Schmitt* § 113 RN 17.

darin, dass sie „resignieren“, noch keine Ermächtigung an den Minderjährigen, ein Arbeitsverhältnis in einem Nachtlokal anzunehmen.[71]

38 Die Ermächtigung kann vom Vertreter jederzeit sowohl gegenüber dem Minderjährigen wie nach h. M. auch gegenüber dem Arbeitgeber **zurückgenommen oder eingeschränkt** werden (§ 113 II BGB). Eine schlüssige Rücknahme oder Einschränkung ist dann gegeben, wenn der gesetzliche Vertreter in ein Arbeitsverhältnis eingreift, indem er etwa bestimmt, dass die Vergütungszahlung an ihn zu erfolgen habe. Ist der gesetzliche Vertreter ein Vormund, kann die Ermächtigung bei ihrer Verweigerung durch das Vormundschaftsgericht ersetzt werden; sie ist zu ersetzen, wenn sie im Interesse des Minderjährigen liegt (§ 113 II 2 BGB).

39 Gegenstand der Ermächtigung muss ein **Dienst- oder Arbeitsverhältnis** sein. Hierzu gehört nach Auffassung des BAG auch ein selbstständiges Handelsvertreterverhältnis.[72] Dagegen gehört der Abschluss eines Berufsausbildungsvertrags nicht hierzu, weil es sich hierbei nicht um ein Arbeitsverhältnis handelt.[73] Entsprechendes gilt für Volontariatsverträge.

40 **bb)** Ist dem Minderjährigen eine Ermächtigung erteilt, ist er für solche Rechtsgeschäfte unbeschränkt geschäftsfähig, welche die Eingehung oder Aufhebung eines Dienst- oder Arbeitsverhältnisses der gestatteten Art oder die Erfüllung der sich aus einem solchen Verhältnis ergebenden Verpflichtungen betreffen (§ 113 I BGB).[74] Die Ermächtigung zur Eingehung eines Arbeitsverhältnisses umfasst daher **alle verkehrsüblichen Vereinbarungen und Rechtsgeschäfte.** Tarifvertraglich vorgesehene Gestaltungsmöglichkeiten sind jedenfalls in der Regel als verkehrsüblich anzusehen.[75] Erfasst werden damit auch Abreden über Vertragsstrafen, Vergleiche über Schadensersatzansprüche, Erteilung von Ausgleichsquittungen,[76] Anerkennung von Schadensersatzansprüchen,[77] Auswahl der Zusatzversicherung[78] usw. Nicht erfasst werden von der Ermächtigung die Verpflichtung zur Erstattung von Lehrgangskosten im Falle der Kündigung[79] oder der Abschluss von Aufhebungsverträgen bei Schwangerschaft.[80] Ein Wettbewerbsverbot mit Minderjährigen ist nichtig.[81]

41 Umstritten ist, ob und inwieweit der Minderjährige für mit dem **Arbeitsleben im Zusammenhang stehende Geschäfte** geschäftsfähig wird. Nach § 36 SGB I können Minderjährige mit Vollendung des 15. Lebensjahrs Anträge auf Sozialleistungen stellen, verfolgen sowie Sozialleistungen entgegennehmen. Damit korrespondiert § 71 SGG, nach dem Minderjährige in eigenen Sachen prozessfähig sind, soweit sie für den Gegenstand des Verfahrens geschäftsfähig sind. Nach h. M. deckt die Ermächtigung den Gewerkschaftsbeitritt,[82] aber nicht die Darlehensaufnahme bei der Gewerkschaft.[83] Sie erfasst den Abschluss von Beförderungsverträgen, um zur Arbeitsstelle zu gelangen,[84] Verträge über die entgeltliche Gewährung von Kost und Logis, wenn der Minderjährige dadurch erst zur Arbeitsleistung in die Lage versetzt wird, den Kauf erforderlicher Berufskleidung sowie die Eröffnung von Gehaltskonten bei einem Kreditinstitut.[85] Die Ermächtigung deckt dagegen nicht solche Geschäfte, zu deren Abschluss der gesetzliche Vertreter der Genehmigung des Vormundschaftsgerichts bedarf (§ 113 I 2 BGB).

42 Im **Umfang der Geschäftsfähigkeit** ist der Minderjährige auch **prozessfähig** (§ 52 ZPO); er kann daher klagen und verklagt werden oder einen Anwalt beauftragen und bevollmächtigen.

43 **5. Gesetzliche Vertretung durch Eltern.** Sind die Eltern gesetzliche Vertreter einer Arbeitsvertragspartei, vertreten sie diese grundsätzlich gemeinschaftlich (§§ 1626, 1629 BGB).

---

71 BAG 19. 7. 1974 AP 6 zu § 113 BGB.

72 BAG 20. 4. 1964 AP 1 zu § 90 a HGB; zust. ErfK/*Preis* § 113 BGB RN 6.

73 ErfK/*Preis* § 113 BGB RN 6; MünchKommBGB/*Schmitt* § 113 RN 14.

74 Vgl. z. B. ArbG Wilhelmshaven AuR 66, 92: Ermächtigung zur Arbeitsaufnahme als Büromaschinenmechaniker erlaubt nicht zugleich die Tätigkeit als Kraftfahrer; LAG Bayern ARSt. 68, 163: Wäscherarbeiterin und Serviererin (nicht vergleichbar).

75 BAG 8. 6. 1999 AP 7 zu § 113 BGB = NZA 2000, 34.

76 LAG Hamm 8. 9. 1970 DB 71, 779; HWK/*Thüsing* § 611 BGB RN 35; ablehnend ErfK/*Preis* § 113 BGB RN 9.

77 LAG Hamm 8. 9. 1970 DB 71, 779, 780.

78 BAG 8. 6. 1999 AP 7 zu § 113 BGB = NZA 2000, 34.

79 ArbG Wilhelmshaven AuR 63, 347; MünchKommBGB/*Schmitt* § 113 RN 22.

80 LAG Bremen 15. 10. 1971 DB 71, 2318.

81 Vgl. BAG 20. 4. 1964 AP 1 zu § 90 a HGB.

82 Vgl. LG Essen 18. 3. 1965 AP 3 zu § 113 BGB; ErfK/*Preis* § 113 BGB RN 9; HWK/*Thüsing* § 611 BGB RN 35.

83 LG Münster 10. 10. 1967 MDR 68, 146.

84 OLG Schleswig NJW 50, 226.

85 MünchKommBGB/*Schmitt* § 113 RN 23; HWK/*Thüsing* § 611 BGB RN 35.

Jeder Elternteil kann jedoch den anderen ausdrücklich oder stillschweigend **bevollmächtigen** (§§ 164 ff. BGB), ihn in der Vertretung des Minderjährigen zu vertreten. Dem handelnden Elternteil ist es alsdann gestattet, Außenwirkungen für den Minderjährigen zu erzielen, ohne dass er auf die Bevollmächtigung seines Ehepartners hinweisen muss. Für die Bevollmächtigung des anderen Elternteils gelten auch die Grundsätze der Duldungs- und Anscheinsvollmacht.[86] Kommt eine Einigung der Eltern nicht zustande, muss das Vormundschaftsgericht angerufen werden.

III. Form des Arbeitsvertrags

Nachweisgesetz: *Beckschulze/Henkel,* Der Einfluss des Internet auf das Arbeitsrecht, DB 2001, 1491; *Bergwitz,* Beweislast und Nachweisgesetz, RdA 99, 188; *ders.,* Die Bedeutung des Nachweisgesetzes für die Darlegungs- und Beweislast beim Arbeitsvertrag, BB 2001, 2316; *Birk,* Das Nachweisgesetz zur Umsetzung der Richtlinie 91/533/EWG in das deutsche Recht, NZA 96, 281; *Friedrich/Kloppenburg,* Vergütungskorrektur und Nachweisrecht, RdA 2001, 293; *Gragert/Wiehe,* Das BAG im Strudel neuer Medien, NZA 2001, 311; *Grünberger,* Nachweisgesetz und Änderung des Kündigungsschutzgesetzes, NJW 95, 2809; *Hock,* Anmerkung zur Umsetzung des Nachweisgesetzes, ZTR 97, 490; *ders.,* Auswirkungen der Änderung des Nachweisgesetzes auf das BAT-Arbeitsverhältnis, ZTR 99, 49; *Hohmeister,* Beweislastumkehr durch das Nachweisgesetz, BB 96, 2406; *ders.,* Nochmals; BB 98, 587; *Hold,* Nachweis der Arbeitsbedingungen nach dem Nachweisgesetz, ZTR 2000, 540; *Krabbenhöft,* Stolpersteine – Schriftformerfordernisse auf Grund des Nachweis- und des Arbeitsgerichtsbeschleunigungsgesetzes, DB 2000, 1562; *Krause,* Nachweis von Arbeitsbedingungen, AR-Blattei SD 220.2.2; *Leuchten/Zimmer,* Haftung des Arbeitgebers durch erweiterte Nachweispflichten, NZA 99, 969; *Müller-Glöge,* Zur Umsetzung der Nachweis-Richtlinie in nationales Recht, RdA 2001, 46; *Preis,* Das Nachweisgesetz – lästige Förmelei oder arbeitsrechtliche Zeitbombe?, NZA 97, 10; *Richardi,* Formzwang im Arbeitsverhältnis, NZA 2001, 57; *Riesenhuber,* Die Sprache des arbeitsrechtlichen Nachweises, NZA 99, 798; *Schwarze,* Die Bedeutung des Nachweisgesetzes für die fehlerhafte tarifliche Eingruppierung, RdA 97, 343; *ders.,* Praktische Handhabung und dogmatische Einordnung des Nachweisgesetzes, ZfA 97, 43; *Sigemann,* Zur Umsetzung der Nachweis-Richtlinie in nationales Recht, RdA 2001, 39; *Stückemann,* Dokumentationspflichten für den Arbeitgeber, BB 95, 1846; *ders.,* Nachweisgesetz: Geringe Bedeutung für die arbeitsrechtliche Praxis, BB 99, 2670; *Wank,* Das Nachweisgesetz, RdA 96, 21; *Weber,* Materielle und prozessuale Folgen des Nachweisgesetzes bei Nichterteilung eines Nachweises, NZA 2002, 641; *Zwanziger,* Ausgewählte Einzelprobleme des Nachweisgesetzes, DB 96, 2027.

Schriftform: *Gotthardt/Beck,* Elektronische Form und Textform im Arbeitsrecht, NZA 2002, 876; *Rossnagel,* Das neue Recht elektronischer Signaturen, NJW 2001, 1817; *Splanemann,* Der Weg zur elektronischen Signatur, AiB 2002, 600.

1. Formfreiheit. Für den Abschluss des Arbeitsvertrags gilt der **Grundsatz der Formfreiheit.** Arbeitsverträge können grundsätzlich mündlich, schriftlich, ausdrücklich oder durch schlüssiges Verhalten wirksam abgeschlossen werden. Auch die wechselseitige Aushändigung von Arbeitspapieren ist für das wirksame Zustandekommen des Vertrags unerheblich. Dagegen ist für die Beendigung des Arbeitsverhältnisses nach § 623 BGB die Schriftform einzuhalten. 44

2. Nachweisgesetz. Der Grundsatz der Formfreiheit wird durch das Nachweisgesetz nicht infrage gestellt. Dieses Gesetz setzt die **Nachweisrichtlinie 91/533/EWG** vom 14. 10. 1991 um.[87] 45

a) Das NachwG gilt für Arbeitnehmer, es sei denn, dass sie nur zur vorübergehenden Aushilfe von höchstens einem Monat eingestellt werden. Es gilt nicht für arbeitnehmerähnliche Personen, da eine entsprechende Gleichstellung nicht in das NachwG aufgenommen ist. Der Arbeitgeber hat spätestens einen Monat nach dem vereinbarten Beginn des Arbeitsverhältnisses die **wesentlichen Vertragsbedingungen schriftlich niederzulegen,** die Niederschrift zu unterzeichnen und dem Arbeitnehmer auszuhändigen. Die Wirksamkeit des Arbeitsvertrags ist allerdings nicht von der Erfüllung des NachwG abhängig.[88] 46

b) In die Niederschrift sind **mindestens aufzunehmen (1)** der Name und die Anschrift der Vertragsparteien,[89] die Rechtsform des Arbeitgebers braucht nicht angegeben werden. Bei einer GbR ist die Bezeichnung der GbR ausreichend;[90] **(2)** der Zeitpunkt des Beginns des Arbeitsverhältnisses; **(3)** bei befristeten Arbeitsverhältnissen die vorhersehbare Dauer des Arbeitsverhältnisses, bei befristeten Arbeitsverhältnissen ist nach § 14 IV TzBfG freilich ohnehin die Schriftform 47

---

[86] LAG Düsseldorf FamRZ 67, 47.
[87] ABl. L Nr. 288 S. 32.
[88] MünchKommBGB/*Müller-Glöge* § 611 RN 665.
[89] LAG Köln 9. 1. 1998 LAGE § 2 NachwG Nr. 4 = FA 98, 357.
[90] Folgt aus der Teilrechtsfähigkeit der GbR: BGH 29. 1. 2001 NJW 2001, 1056.

einzuhalten; **(4)** der Arbeitsort oder, falls der Arbeitnehmer nicht nur an einem bestimmten Arbeitsort tätig sein soll, ein Hinweis darauf, dass der Arbeitnehmer an verschiedenen Orten beschäftigt werden kann; **(5)** eine kurze Charakterisierung oder Beschreibung der vom Arbeitnehmer zu leistenden Tätigkeit. Die Verpflichtung zu einer kurzen Charakterisierung oder Beschreibung der vom Arbeitnehmer zu leistenden Tätigkeit gem. § 2 I 2 Nr. 5 NachwG erfüllt der Arbeitgeber des öffentlichen Dienstes im Anwendungsbereich des BAT/TVöD regelmäßig durch eine Arbeitsplatz- oder Stellenbeschreibung. In diesen Fällen besteht keine Verpflichtung des öffentlichen Arbeitgebers, den Nachweis durch Angabe der Vergütungs- und Fallgruppe zu führen; **(6)** die Zusammensetzung und die Höhe des Arbeitsentgeltes einschl. der Zuschläge, der Zulagen, Prämien, freiwilligen Leistungen und Sonderzahlungen sowie andere Bestandteile des Arbeitsentgeltes und deren Fälligkeit; **(7)** die vereinbarte Arbeitszeit; die Auslegung der Richtlinie erfordert nicht, dass der Arbeitgeber gehalten ist, auf die Ableistung von Überstunden hinzuweisen;[91] **(8)** die Dauer des jährlichen Erholungsurlaubs; **(9)** die Fristen für die Kündigung des Arbeitsverhältnisses; **(10)** ein in allgemeiner Form gehaltener Hinweis auf die Tarifverträge, Betriebs- und Dienstvereinbarungen, die auf das Arbeitsverhältnis anzuwenden sind. Die Hinweispflicht besteht auch, wenn der Tarifvertrag auf Grund Allgemeinverbindlichkeit oder betrieblicher Übung gilt.[92] Auf einen erstmals abgeschlossenen Haustarifvertrag muss der Arbeitgeber schriftlich hinweisen.[93]

48 Hat der Arbeitnehmer länger als einen Monat seine **Arbeitsleistung außerhalb Deutschlands** zu erbringen, bedarf es der Aufnahme weiterer Daten.[94] Bei Arbeitnehmern, die eine **geringfügige Beschäftigung** ausüben, ist der Hinweis aufzunehmen, dass der Arbeitnehmer in der gesetzlichen Rentenversicherung die Stellung eines versicherungspflichtigen Arbeitnehmers erwerben kann (§ 2 I 4 NachwG).

49 Anstelle der Niederschrift können die Daten in den **Arbeitsvertrag** übernommen werden, was der Praxis entspricht. Eine Änderung der wesentlichen Vertragsbedingungen ist dem Arbeitnehmer spätestens einen Monat nach deren Wirksamwerden schriftlich mitzuteilen. Der Nachweis der wesentlichen Vertragsbedingungen in elektronischer Form ist ausgeschlossen (§ 2 I 3 NachwG).

50 **c)** Erfüllt der Arbeitgeber seine Nachweispflichten nicht, haftet er dem Arbeitnehmer gemäß §§ 286, 280, 249 BGB auf **Schadensersatz.** Dies ist insbesondere beim fehlenden Nachweis tarifvertraglich geltender Ausschlussfristen von Bedeutung. Dass Ausschlussfristen in für allgemeinverbindlich erklärten Tarifverträgen enthalten sind, lässt die Nachweispflicht nach § 2 I NachwG nicht entfallen. Die in einem allgemeinverbindlich erklärten Tarifvertrag enthaltenen Vertragsbedingungen sind zwar nicht nochmals einzeln in die Niederschrift aufzunehmen, es hat aber ein Hinweis nach § 2 I Nr. 10 NachwG auf den Tarifvertrag zu erfolgen.[95] Eine Haftung nach § 823 II BGB scheidet aus, weil § 2 NachwG kein Schutzgesetz im Sinne dieser Bestimmung ist.[96]

51 Verletzt der Arbeitgeber seine Pflicht zum **Hinweis auf bestehende Ausschlussfristen,** besteht der Schaden i. S. v. § 249 BGB im Erlöschen des Vergütungsanspruchs des Arbeitnehmers, wenn der Arbeitnehmer seine Ansprüche nicht rechtzeitig geltend macht. Da der Schadensersatzanspruch auf Naturalrestitution gerichtet ist, kann der Arbeitnehmer vom Arbeitgeber verlangen, so gestellt zu werden, als sei sein Vergütungsanspruch nicht untergegangen.[97] Der Schadensersatzanspruch ist begründet, wenn die geltend gemachten Vergütungsansprüche bestanden, nur wegen Versäumung der Ausschlussfrist erloschen sind und bei gesetzmäßigem Nachweis seitens des Arbeitgebers nicht untergegangen wären. Bei der Prüfung des Anspruchs ist die Vermutung aufklärungsgemäßen Verhaltens des Arbeitnehmers einzubeziehen. Bei einem Verstoß gegen § 2 I Nr. 10 NachwG ist zugunsten des Arbeitnehmers zu vermuten, dass dieser die tarifliche Ausschlussfrist beachtet hätte, wenn er auf die Geltung des Tarifvertrags hingewiesen worden wäre. Diese Auslegung des Nachweisgesetzes ist geboten, um den Zweck der Nachweisrichtlinie 91/533/EWG, den Arbeitnehmer vor Unkenntnis seiner Rechte zu schützen, wirksam zur Geltung zu bringen. Dem Arbeitgeber bleibt die Möglichkeit, diese tatsächliche Vermutung zu widerlegen.

---

[91] EuGH 8. 2. 2001 AP 4 zu § 2 NachwG = NZA 2001, 381 (Wolfgang Lange/Georg Schünemann).
[92] BAG 17. 4. 2002 AP 6 zu § 2 NachwG = NZA 2002, 1096.
[93] BAG 5. 11. 2003 AP 1 zu § 3 NachwG = NZA 2004, 102.
[94] *Heckelmann,* Auslandsentsendung von Mitarbeitern, Lohn + Gehalt, 98, Feb. 57.
[95] BAG 29. 5. 2002 EzA 4 zu § 2 NachwG.
[96] BAG 17. 4. 2002 AP 6 zu § 2 NachwG = NZA 2002, 1096.
[97] BAG 17. 4. 2002 AP 6 zu § 2 NachwG = NZA 2002, 1096.

Stets ist ein **Mitverschulden des Prozessbevollmächtigten** des Arbeitnehmers zu berücksichtigen. Wusste dieser, dass auf das Arbeitsverhältnis des Klägers eine tarifvertragliche Ausschlussfrist Anwendung findet, kommt ein überwiegendes Mitverschulden in Betracht, das sich der Arbeitnehmer nach § 278 BGB zurechnen lassen muss.[98] Hat der Prozessbevollmächtigte des Klägers die Geltung des Tarifvertrags fahrlässig nicht erkannt, hat eine Schadensteilung gemäß § 254 I BGB nach dem im Einzelfall festzustellenden Gewicht der beiderseitigen Pflichtverletzungen und des beiderseitigen Verschuldens zu erfolgen. Im Gegensatz zum Arbeitnehmer muss sich der Rechtsanwalt über das anwendbare Recht selbst informieren; denn er wird gerade zum Zweck der Rechtswahrung von dem Arbeitnehmer beauftragt. 52

d) Der Nachweis hat auch **prozessuale Auswirkungen:** 53

aa) Hat der Arbeitgeber seine **Verpflichtungen aus dem NachwG erfüllt** und beruft sich der Arbeitnehmer zur Begründung eines Anspruchs (z. B. Entgeltanspruchs) auf die im Nachweis schriftlich niedergelegte Vergütungsvereinbarung, ist damit zwar noch nicht die Richtigkeit der darin angegebenen Vergütungshöhe bewiesen, weil es sich um eine Privaturkunde i. S. v. § 416 ZPO handelt. Im Rahmen der freien Beweiswürdigung nach § 286 ZPO ist jedoch in der Regel davon auszugehen, dass einer echten und äußerlich mangelfreien (§ 419 ZPO) Urkunde erhebliches Gewicht zukommt.[99] 54

bb) Hat der Arbeitgeber seine Pflichten aus dem **Nachweisgesetz nicht erfüllt,** findet zwar keine Beweislastumkehr zulasten des Arbeitgebers statt.[100] Nach zutr. h. M. sind in diesen Fällen jedoch die Grundsätze der Beweisvereitelung zur Anwendung zu bringen.[101] Denn der Arbeitgeber hat durch die Nichterfüllung der Nachweispflichten die Sachverhaltsaufklärung zum Nachteil des Arbeitnehmers erschwert. Das Verhalten des Arbeitgebers ist jedoch nur im Rahmen der Beweiswürdigung zu berücksichtigen.[102] Der bloße Verstoß gegen das NachwG begründet noch nicht die Richtigkeit der Behauptung des Arbeitnehmers, insoweit bedarf es zusätzlicher Anhaltspunkte. Gelingt dem Arbeitnehmer der Beweis seiner Behauptung des Abschlusses einer bestimmten Entgeltvereinbarung nicht, ist das Gericht aber auch nicht davon überzeugt, dass die Behauptung des Arbeitnehmers unwahr ist, geht in dieser Situation des non-liquet die Unmöglichkeit der Tatsachenaufklärung zulasten des Arbeitgebers, wenn dieser entgegen § 2 NachwG dem Arbeitnehmer keinen Nachweis der wesentlichen Vertragsbedingungen erteilt hat.[103] 55

3. Wirkungen einer Form. a) Gesetzliche Formvorschriften i. S. v. § 125 BGB sind gemäß Art. 2 EGBGB **alle Rechtsnormen** und damit auch Tarifverträge und Betriebsvereinbarungen.[104] Dagegen sind Formvorschriften in den Richtlinien für Arbeitsverträge in den Einrichtungen des Deutschen Caritasverbandes (AVR) keine Rechtsnormen im Sinne des Art. 2 EGBGB und haben daher nicht die gleiche Rechtswirkung wie eine durch Tarifvertrag bestimmte Formvorschrift. Sie stehen vielmehr vertraglichen Formvorschriften gleich.[105] 56

b) Ist durch Gesetz Schriftform vorgeschrieben, ist zunächst durch Auslegung festzustellen, ob das Formerfordernis **konstitutiv oder lediglich deklaratorisch** gilt.[106] Führt die Auslegung der vertraglichen Schriftformklausel zu keinem Ergebnis, greift die Vermutung des § 125 S. 2 BGB ein, wonach das rechtsgeschäftliche Formerfordernis im Zweifel konstitutive Bedeutung hat.[107] Nur die Nichtbeachtung konstitutiver Schriftformvorschriften führt zur Nichtigkeit der Vereinbarung nach § 125 BGB. Insbesondere Tarifverträge enthalten oftmals jedoch nur deklaratorische Formvorschriften, während die gesetzlichen Vorschriften in der Regel konstitutiv wirken. Eine konstitutive Regelung kann nur angenommen werden, wenn Zweck der Schriftform ist, mündlichen Vereinbarungen die Wirksamkeit zu versagen. Ergibt die Auslegung diese weit- 57

[98] BAG 5. 11. 2003 AP 7 zu § 2 NachwG = NZA 2005, 64.
[99] MünchKommBGB/*Müller-Glöge* § 611 RN 675 ff.
[100] HWK/*Kliemt* NachwG Vorb. RN 42; MünchKommBGB/*Müller-Glöge* § 611 RN 687; ErfK/*Preis* NachwG Einf. RN 22.
[101] HWK/*Kliemt* NachwG Vorb. RN 44; MünchKommBGB/*Müller-Glöge* § 611 RN 689 f.; ErfK/*Preis* NachwG Einf. RN 23.
[102] MünchKommBGB/*Müller-Glöge* § 611 RN 694.
[103] LAG Niedersachen 21. 2. 2003 NZA-RR 2003, 520.
[104] Vgl. BAG 10. 2. 1999 AP 3 zu § 54 BMT-G II = NZA 99, 603; ErfK/*Preis* §§ 125–127 BGB RN 6, 8.
[105] BAG 28. 10. 1987 AP 1 zu § 7 AVR Caritasverband = NZA 88, 425.
[106] HWK/*Thüsing* § 611 BGB RN 37.
[107] BAG 20. 5. 2008 NZA 2008, 1233.

reichende Rechtsfolge nicht, dient das Formerfordernis der Beweiserleichterung und ist damit lediglich deklaratorisch.[108]

58 **c)** Auch bei konstitutiven Schriftformvorschriften ist stets zu prüfen, ob die Beachtung von § 126 BGB mit dem Erfordernis der **eigenhändigen Unterschrift** (§ 126 I BGB) bzw. der Ersetzung durch elektronische Form (§ 126 III BGB) tatsächlich erforderlich ist.[109] Das BAG hat in mehreren Fällen für rechtsgeschäftsähnliche Handlungen das Erfordernis der eigenhändigen Originalunterschrift für entbehrlich gehalten, weil § 126 I BGB unmittelbar nur für Rechtsgeschäfte bzw. Willenserklärungen anwendbar ist.[110] So wird ein Anspruch auch dann im Sinne einer tariflichen Ausschlussklausel schriftlich erhoben, wenn dies in Form eines **Telefaxschreibens** geschieht.[111] Dabei ist freilich zu berücksichtigen, dass es keinen allgemeinen Erfahrungssatz gibt, dass Telefaxsendungen den Empfänger vollständig und richtig erreichen. Einem Sendebericht mit „OK-Vermerk" kommt nicht der Wert eines Anscheinsbeweises zu.[112] Die Frist des § 99 III BetrVG wird auch durch ein rechtzeitig als Telefax übermitteltes Verweigerungsschreiben gewahrt.[113]

59 Gilt die **Schriftform des § 126 BGB,** müssen die Arbeitsvertragsbedingungen, für die der Formzwang gilt, in einer Urkunde niedergelegt werden. Mehrere Blätter sind zu einer Urkunde zusammenzufassen, d. h. räumlich zusammenzubringen.[114] Dies kann dadurch geschehen, dass die Bestandteile zusammengeheftet werden und einen Sinnzusammenhang erkennen lassen. Beide Vertragsparteien haben die Urkunde eigenhändig[115] oder mittels notariell beglaubigten Handzeichens so zu unterschreiben, dass der gesamte Vertragstext durch die Unterschrift gedeckt ist (§ 126 I, III BGB).[116] Ausreichend ist auch, wenn über den Vertrag mehrere gleichlautende Urkunden (Schreibfehler unschädlich) aufgenommen werden und jede Partei die für die andere Partei bestimmte Urkunde unterzeichnet (§ 126 II 2 BGB). Unzureichend ist ein bloßer Briefwechsel oder der Austausch von Bestätigungsschreiben.

59a Macht der Arbeitgeber den **Abschluss eines befristeten Arbeitsvertrags** von der Unterzeichnung einer Vertragsurkunde durch den Arbeitnehmer abhängig, kann der Arbeitnehmer dies regelmäßig nur durch eine den Anforderungen des § 126 II BGB genügende Annahmeerklärung annehmen. Dies gilt gleichermaßen, wenn der Arbeitgeber dem Arbeitnehmer – ohne vorangegangene Absprache – ein von ihm bereits unterschriebenes Vertragsformular mit der Bitte um Unterzeichnung übersendet. Auch in diesen Fällen macht der Arbeitgeber hinreichend deutlich, dass der Vertrag nur bei Wahrung des Schriftformerfordernisses des § 14 IV TzBfG zustande kommen soll. Der Arbeitnehmer kann in diesen Fällen, ein ihm vorliegendes schriftliches Vertragsangebot des Arbeitgebers nicht durch die Arbeitsaufnahme konkludent, sondern nur durch die Unterzeichnung der Vertragsurkunde annehmen. Nimmt der Arbeitnehmer vor diesem Zeitpunkt die Arbeit auf, besteht zwischen den Parteien nur ein faktisches Arbeitsverhältnis, weil es an der Abgabe der zum Vertragsschluss erforderlichen übereinstimmenden Willenserklärungen fehlt (dazu § 36 RN 51).[117]

60 Zweifelhaft kann sein, ob ein durch **Fax übermittelter befristeter Arbeitsvertrag** Schriftformvorschriften genügt. Hier wird zu unterscheiden sein: Verlangt der einschlägige Tarifvertrag für den Arbeitsvertrag Schriftform, wird dieses Formerfordernis regelmäßig nur deklaratorisch gelten, weil bei Nichtbeachtung des Formerfordernisses dem Arbeitnehmer kein Nachteil entstehen soll.[118] Der Vertragsschluss ist daher wirksam erfolgt, auch wenn es keine Originalunterschriften gibt. Davon zu trennen ist die weitere Frage der wirksamen Befristung. Hierfür ist das gesetzliche Schriftformerfordernis des § 14 IV TzBfG zu beachten (dazu § 38 RN 50ff.).

61 **d)** Ein **Bevollmächtigter** kann mit dem Namen des Vollmachtgebers unterzeichnen; unterschreibt er mit eigenem Namen, muss das Vertretungsverhältnis irgendwie in der Urkunde zum

---

[108] Vgl. dazu BAG 10. 6. 1988 AP 6 zu § 1 BeschFG 1985 = NZA 89, 21.
[109] ErfK/*Preis* §§ 125–127 BGB RN 13.
[110] BAG 11. 6. 2002 AP 118 zu § 99 BetrVG 1972 = NZA 2003, 226; 11. 10. 2000 AP 153 zu § 4 TVG Ausschlussfristen = NZA 2001, 231.
[111] BAG 11. 10. 2000 AP 153 zu § 4 TVG Ausschlussfristen = NZA 2001, 231.
[112] BAG 14. 8. 2002 AP 166 zu § 4 TVG Ausschlussfristen = NZA 2003, 158.
[113] BAG 11. 6. 2002 AP 118 zu § 99 BetrVG 1972 = NZA 2003, 226.
[114] BAG 30. 10. 1984 AP 46 zu § 74 HGB = NZA 85, 429; 11. 11. 1986 AP 18 zu § 77 BetrVG 1972 = NZA 87, 449; LAG Hamm 23. 3. 2000 EWiR § 1 KSchG 2/01.
[115] Lesbarkeit nicht notwendig, jedoch muss eine Buchstabenfolge erkennbar sein (BGH 15. 11. 2006 NJW-RR 2007, 351).
[116] BGH 20. 11. 1990 NJW 91, 487; BAG 7. 5. 1998 NZA 98, 1110, 1112.
[117] BAG 16. 4. 2008 NZA 2008, 1184.
[118] HWK/*Thüsing* § 611 BGB RN 40.

Ausdruck kommen.[119] Der Wille zu einem Handeln in alleiniger **Vertretung einer Gesellschaft bürgerlichen Rechts** wird deutlich, wenn der Vertreter mit einem klar gefassten Vertretungszusatz unterzeichnet. Fehlt ein solcher Vertretungszusatz, ist gemäß § 157 BGB maßgeblich, wie sich die Erklärung nach Treu und Glauben unter Berücksichtigung der Verkehrssitte für den Empfänger darstellt. Die gesetzliche Schriftform (§ 126 BGB) ist nur gewahrt, wenn der so ermittelte rechtsgeschäftliche Vertretungswille in der Urkunde, wenn auch nur unvollkommen, Ausdruck gefunden hat. Ob ein Gesellschafter tatsächlich zur alleinigen Vertretung der Gesellschaft bürgerlichen Rechts ermächtigt ist, ist in Bezug auf die Einhaltung der Formvorschriften unerheblich. Auch bedarf die rechtsgeschäftliche Bevollmächtigung nach §§ 164ff. BGB gemäß § 167 II BGB nicht der Form, die für das Rechtsgeschäft bestimmt ist, auf das sich die Vollmacht bezieht.[120]

e) Die **Nichteinhaltung des gesetzlichen Formzwangs** führt gemäß § 125 BGB zur **62** Nichtigkeit des Rechtsgeschäfts.

f) Elektronische Schriftform.[121] Die schriftliche Form kann durch die elektronische Form **63** ersetzt werden, wenn sich aus dem Gesetz nichts anderes ergibt (§ 126 BGB). Soll die gesetzlich vorgeschriebene schriftliche Form durch die elektronische Form ersetzt werden, muss der Aussteller der Erklärung dieser seinen Namen hinzufügen und das elektronische Dokument mit einer **qualifizierten elektronischen Signatur** nach dem Signaturgesetz versehen. Die elektronische Signatur ersetzt die Unterschrift. Die elektronische Signatur arbeitet mit dem Verfahren der asymmetrischen Kryptographie. Der Anwender erhält eine Smartcard mit seinem Schlüssel und zusätzlich eine PIN-Nummer. Damit bearbeitet er sein Dokument vor der Versendung. Bei einem Vertrag müssen die Parteien jeweils ein gleichlautendes Dokument elektronisch signieren (§ 126a II BGB).

Die elektronische Form ist nach § 623 BGB nicht zugelassen für die **Beendigung von Arbeitsverhältnissen** (außer der Befristung, dazu § 14 IV TzBfG[122]), entgegen § 22 III BBiG **64** auch für die Kündigung von Berufsausbildungsverhältnissen, nach § 630 Satz 3 BGB für die Zeugniserteilung, § 761 Satz 2 BGB für das Leibrentenversprechen, § 766 Satz 2 BGB eine Bürgschaftserklärung, § 780 BGB ein Schuldversprechen, § 781 BGB ein Schuldanerkenntnis, § 109 III GewO für ein Zeugnis des Arbeitnehmers und nach § 2 I 3 NachwG für den Nachweis der wesentlichen Arbeitsbedingungen. Hieraus wird folgen, dass die elektronische Form ebenfalls ausgeschlossen ist im Recht der Arbeitnehmerüberlassung (§ 11 AÜG),[123] bei Wettbewerbsverboten und in allen Fällen, in denen eine besondere Warnfunktion Beweis und Inhaltsklarheit geschaffen werden soll.

g) Auch bei **gewillkürter Schriftform**[124] ist zu unterscheiden, ob diese konstitutive oder **65** deklaratorische Bedeutung haben soll. Bei gewollter konstitutiver Bedeutung gelten die für die gesetzliche Schriftform aufgezeigten Grundsätze entsprechend (§ 127 Satz 1 BGB). Zur Wahrung der gewillkürten Schriftform genügt jedoch, soweit nicht ein anderer Wille anzunehmen ist, die telekommunikative Übermittlung und bei einem Vertrag der Austausch eines Briefwechsels; in diesem Falle kann nachträglich eine der gesetzlichen Schriftform entsprechende Gestaltung verlangt werden (§ 127 Satz 2 BGB). Die gewillkürte Schriftform einer Erklärung ist trotz Fehlens einer Unterschrift dann gewahrt, wenn gleichwohl die mit der Formvereinbarung bezweckte Klarheit erreicht wird.[125] Zur Wahrung der durch Rechtsgeschäft bestimmten elektronischen Form genügt, soweit nicht ein anderer Wille anzunehmen ist, auch eine andere als die in § 126a BGB bestimmte elektronische Signatur und bei einem Vertrag der Austausch von Angebots- und Annahmeerklärung, die jeweils mit einer elektronischen Signatur versehen sind. Wird eine solche Form gewählt, kann nachträglich eine § 126a BGB entsprechende elektronische Signatur verlangt werden oder, soweit das nicht möglich ist, eine Beurkundung nach § 126 BGB.[126]

---

[119] RG 96, 289; vgl. dazu *G. Dietrich* DB 74, 2141.

[120] BAG 28. 11. 2007 AP 36 zu § 620 BGB Aufhebungsvertrag = NZA 2008, 348.

[121] *Gotthard/Beck,* Elektronische Form und Textform im Arbeitsrecht: Wege durch den Irrgarten, NZA 2002, 876; *Hähnchen,* Das Gesetz zur Anpassung der Formvorschriften des Privatrechts und anderen Vorschriften an den modernen Rechtsverkehr, NJW 2001, 2831; *Roßnagel,* Das neue Recht elektronischer Signaturen, NJW 2001, 1817; *Vehslage,* Elektronisch übermittelte Willenserklärungen, AnwBl. 2002, 86.

[122] *Dörner,* Befristete Arbeitsverhältnisse, RN 80; ErfK/*Müller-Glöge* § 14 TzBfG RN 121.

[123] ErfK/*Preis* §§ 125–127 BGB RN 24; *Schüren/Hamann* § 11 RN 25.

[124] *Zimmer,* Vereinbarte Schriftform des Arbeitsvertrags, FA 2000, 73.

[125] BGH 21. 2. 1996 NJW 96, 2501.

[126] ErfK/*Preis* §§ 125–127 BGB RN 47.

66 Unterliegen vertragliche **Änderungen einem vereinbarten Schriftformzwang,** sind mündlich vereinbarte Änderungen wirksam, wenn die Parteien die Maßgeblichkeit der mündlichen Vereinbarung übereinstimmend gewollt haben (zu vorformulierten Klauseln vgl. § 32 RN 16).[127] Dabei ist es nach Auffassung des BAG ausreichend, dass die Parteien die Maßgeblichkeit des mündlich Verabredeten gewollt haben, auch wenn sie an die Schriftform nicht gedacht haben.[128] Problematisch sind sog. **doppelte Schriftformklauseln,** nach denen Ergänzungen des Arbeitsvertrags der Schriftform bedürfen und eine mündliche Änderung der Schriftformklausel nichtig ist (dazu § 32 RN 78 a).[129]

67 **h)** Ist durch Gesetz **Textform** (§ 126 b BGB) vorgeschrieben, muss die Erklärung in einer Urkunde oder auf andere zur dauerhaften Wiedergabe in Schriftzeichen geeigneten Weise abgegeben, die Person des Erklärenden genannt und der Abschluss der Erklärung durch Nachbildung der Unterschrift oder anders erkennbar gemacht werden. Automatisierte Erklärungen sind wirksame Willenserklärungen, wenn keine bestimmte Form verlangt wird. Sofern für den Arbeitsvertrag keine Form verlangt ist, kann mithin auch die Textform gewählt werden. Gesetzlich vorgesehen ist die Textform z. B. in § 558 a I BGB für die Mitteilung des Mieterhöhungsverlangens. Im Arbeitsrecht wird die Textform in § 613 a V BGB für die Unterrichtung der Arbeitnehmer beim Betriebsübergang und in § 108 GewO für die Abrechnung des Arbeitsentgelts verlangt.

68 **i)** Ein schriftlich abgeschlossener Arbeitsvertrag hat, gleichgültig, ob eine konstitutive oder deklaratorische Schriftform gewollt war, die **Vermutung der Richtigkeit und Vollständigkeit** für sich. Denn die Vermutung der Vollständigkeit und Richtigkeit einer Urkunde ist begründet, wenn der Text der Urkunde nach Wortlaut und innerem Zusammenhang unter Berücksichtigung der Verkehrssitte einen bestimmten Geschäftsinhalt zum Ausdruck bringt.[130] Wer das Gegenteil behauptet, muss darlegen und beweisen, dass mündliche **Nebenabreden** getroffen worden sind und diese gelten sollen.[131] Gelingt der Beweis, sind diese, wenn keine zwingende Schriftform gewollt war, wirksam. Bestand dagegen eine konstitutive tarifvertragliche oder gesetzliche Schriftform, ist die Nebenabrede unwirksam. Deshalb kann im Geltungsbereich des BAT/TVöD eine betriebliche Übung, die eine vertragliche Nebenpflicht betrifft, wegen des Schriftformgebots des § 4 II BAT (nunmehr: § 2 III TVöD) keinen Anspruch auf die üblich gewordene Leistung begründen.[132]

69 **j)** Der **Einwand der Arglist (§ 242 BGB)** kann begründet sein, wenn die Berufung auf den Formmangel nach den Beziehungen der Parteien und den gesamten Umständen schlechthin mit Treu und Glauben unvereinbar ist.[133] Grundsätzlich ist die Einhaltung der gesetzlich vorgeschriebenen Form jedoch zu beachten. Wenn die Formvorschriften des bürgerlichen Rechts nicht ausgehöhlt werden sollen, kann ein Formmangel nur ausnahmsweise nach § 242 BGB als unbeachtlich angesehen werden.[134]

70 Das Berufen auf den **Formmangel kann treuwidrig sein,** wenn die den Formmangel einwendende Partei den formgerechten Abschluss vorsätzlich verhindert hat und durch die Geltendmachung des Formmangels sich mit ihrem Verhalten gröblich in Widerspruch zum eigenen Verhalten setzt. Gleiches kann gelten, wenn der Formmangel auf der Verletzung der dem Arbeitgeber obliegenden Schutzpflichten beruht und die Rückgängigmachung des Geschäfts für den anderen existenzgefährdend wäre.[135] Dagegen ist § 242 BGB nicht anwendbar, wenn beiden Seiten der Formmangel bekannt war.[136] Ist ein formnichtiger Arbeitsvertrag durchgeführt worden (z. B. durch Arbeitsaufnahme, Bereitstellung des Arbeitnehmers), sind für die Vergangenheit die Rechtsbeziehungen nach den Grundsätzen des faktischen Arbeitsverhältnisses zu behandeln (§ 36 RN 51 f.).[137]

---

[127] BAG 10. 1. 1989 AP 57 zu § 74 HGB = NZA 89, 797; ErfK/*Preis* §§ 125–127 RN 41; HWK/*Thüsing* § 611 BGB RN 500.

[128] BAG 10. 1. 1989 AP 57 zu § 74 HGB = NZA 89, 797; a. A. BGH 14. 4. 1991 NJW-RR 91, 1289; MünchKommBGB/*Einsele* § 125 RN 70.

[129] BAG 20. 5. 2008 NZA 2008, 1233; BGH 21. 9. 2005 NJW 2006, 138.

[130] BGH 5. 7. 2002 NJW 2002, 3164.

[131] Vgl. BGH 31. 5. 1995 NJW 95, 3258.

[132] BAG 18. 9. 2002 AP 59 zu § 242 BGB Betriebliche Übung = NZA 2003, 337.

[133] BAG 9. 12. 1981 AP 8 zu § 4 BAT; 6. 9. 1972 AP 2 zu § 4 BAT; 15. 11. 1957 AP 2 zu § 125 BGB.

[134] BAG 16. 9. 2004 AP 1 zu § 623 BGB = NZA 2005, 162.

[135] Vgl. BGHZ 16, 336; 20, 173; 45, 185.

[136] BGH 22. 6. 1973 NJW 73, 1455.

[137] BAG 15. 11. 1957 AP 2 zu § 125 BGB.

IV. Abschluss- und Beschäftigungsverbote

1. Allgemeines. Grundsätzlich besteht für den Abschluss von Arbeitsverträgen **Vertragsfreiheit,** d.h., die Parteien können bestimmen, ob und mit wem sie Arbeitsverträge abschließen wollen (§ 105 GewO). Nur in wenigen Ausnahmefällen ist dieser Grundsatz durch Abschlussverbote eingeschränkt (RN 19ff.). Hiervon zu unterscheiden sind die Beschäftigungsverbote, die nicht den Vertragsabschluss, sondern die Beschäftigung verbieten. Der Verstoß gegen ein Beschäftigungsverbot führt nicht zur Unwirksamkeit des Arbeitsvertrags, er hindert lediglich seine Durchführung. Abschluss- und Beschäftigungsverbote können auf Gesetz, Tarifvertrag oder Betriebsvereinbarung beruhen. Tarifliche Abschlussverbote sind in der Regel Betriebsnormen und wirken daher bereits dann, wenn nur der Arbeitgeber tarifgebunden ist. In Betriebsvereinbarungen können Abschlussverbote enthalten sein, wenn diese nicht üblicherweise durch Tarifvertrag vereinbart werden (§ 77 III BetrVG). Abschlussverbote können sich auch aus den gem. § 95 BetrVG zu vereinbarenden Richtlinien über die personelle Auswahl bei Einstellungen ergeben (vgl. § 238 RN 28). 71

2. Beispiele. Die wichtigsten Abschluss- und Beschäftigungsverbote sind: 72

a) Verbot der Beschäftigung Jugendlicher. Für **Kinder** bestehen Beschäftigungsverbote nach §§ 5ff. JArbSchG, für **Jugendliche** nach §§ 7ff., 22ff. JArbSchG. Nach § 25 JArbSchG dürfen Personen, die **(1)** wegen eines Verbrechens zu einer Freiheitsstrafe von mindestens zwei Jahren, **(2)** wegen einer vorsätzlichen Straftat unter Verletzung der Pflichten als Arbeitgeber, Ausbildender oder Ausbilder zum Nachteil von Kindern und Jugendlichen zu einer Freiheitsstrafe von mehr als drei Monaten, **(3)** wegen Anwerbung zu fremdem Militärdienst (§ 109h StGB) oder bestimmter Delikte gegen die Sittlichkeit und körperliche Unversehrtheit (§§ 170d, 174 bis 184b, 233b StGB), **(4)** wegen einer Straftat nach dem Betäubungsmittelgesetz oder **(5)** wegen einer Straftat nach § 21 des Gesetzes über die Verbreitung jugendgefährdender Schriften Jugendliche nicht beschäftigen, sowie im Rahmen der in § 1 JArbSchG genannten Rechtsverhältnisse nicht beaufsichtigen, anweisen, ausbilden oder nicht mit derartigen Aufgaben beauftragt werden. Ein entsprechendes Verbot gilt für Personen, gegen die mindestens dreimal eine Buße nach § 58 I–IV JArbSchG festgesetzt worden ist. Die Verbote gelten nicht mehr nach Ablauf bestimmter Fristen und für Personensorgeberechtigte. Bei Verstoß gegen die Beschäftigungsverbote sind die Arbeitsverträge wirksam, der Arbeitgeber kann aber unter Umständen kündigen, wenn ihm die maßgeblichen Tatsachen nicht bekannt waren. Außerdem kann die Einhaltung der Verbote durch die Aufsichtsbehörde erzwungen und der Arbeitgeber mit Bußgeldern belegt werden (§§ 27, 58 JArbSchG). 73

b) Untersagt ist die Beschäftigung eines **Ausländers ohne Arbeitsgenehmigung** (§ 284 SGB III; dazu § 27 RN 9).[138] Beschäftigungsverbote für **Frauen** ergeben sich aus dem BBergG und dem SeemannsG sowie aus dem Mutterschutzrecht (§ 168 RN 5ff.). 74

c) Auszubildende darf nur einstellen, wer persönlich geeignet ist und über eine für die Berufsausbildung geeignete Ausbildungsstätte verfügt (§§ 27, 29 BBiG). Ferner müssen die Zahl der Auszubildenden in einem angemessenen Verhältnis zur Zahl der Ausbildungsplätze oder der beschäftigten Fachkräfte stehen (§ 27 I Nr. 2 BBiG). Ausbilden darf nur, wer persönlich oder fachlich geeignet ist (§§ 29, 30 BBiG). Einzelheiten § 174 RN 12ff. 75

3. Rechtsfolgen bei Verstößen. Welche Rechtsfolgen eintreten, wenn entgegen bestehender Abschlussverbote Arbeitsverträge vereinbart werden, lässt sich nicht einheitlich beantworten, sondern ist aus dem **Zweck eines jeden Verbots** herzuleiten. Im Allgemeinen handelt es sich bei den Abschlussverboten um gesetzliche Verbote i.S.v. § 134 BGB, so dass der verbotswidrig abgeschlossene Arbeitsvertrag nichtig ist, auch wenn die Parteien keine Kenntnis von dem Bestehen des Verbots hatten. Hiergegen kann nicht eingewandt werden, Sinn der Abschlussverbote sei, den Arbeitnehmer vor den Gefahren des Vertrags zu schützen, so dass der Arbeitgeber sich nicht auf ein Abschlussverbot berufen könne. Wenn das Gesetz gerade den Vertragsabschluss des Arbeitnehmers verhindern will, lässt sich dieses Ziel nur durch die Nichtigkeit des Vertrags erreichen. Sind nach Abschluss des Arbeitsvertrags Abschlussverbote vereinbart worden, kann sich hieraus eine Verpflichtung zur Kündigung ergeben. Bestehen Abschlussverbote, kann der Betriebsrat der Einstellung widersprechen (§ 99 BetrVG; dazu § 241). 76

Ist ein entgegen einem Einstellungsverbot abgeschlossener Arbeitsvertrag durch **Aufnahme der Beschäftigung** in Vollzug gesetzt worden, entsteht ein faktisches Arbeitsverhältnis, aus dem quasi-vertragliche Ansprüche folgen (vgl. § 36 RN 17ff., 51f.). 77

---

[138] BAG AP 2–4 zu § 19 AFG; *Hanau,* 25 Jahre BAG, 1979, S. 169.

V. Abschlussgebote

78 **1. Allgemeines.** Bei den Abschlussgeboten ist zu unterscheiden zwischen Regelungen, die einem besonders geschützten Personenkreis bevorzugt einen Arbeitsplatz verschaffen wollen **(Einstellungsgebote),** und solchen, die eine Wiedereinstellung des Arbeitnehmers nach der rechtlichen Beendigung des Arbeitsverhältnisses erreichen wollen **(Wiedereinstellungsgebote).** Für einen bestimmten Personenkreis bestehende Abschlussgebote können für solche Personen, die nicht zu diesem Personenkreis gehören, als Abschlussverbote wirken; z.B. wenn nach den Auswahlrichtlinien (§ 95 BetrVG) für einen bestimmten Arbeitsplatz ein schwerbehinderter Mensch einzustellen ist.

79 **2. Gesetzliche Abschlussgebote.** Die wichtigsten gesetzlichen Abschlussgebote bestehen für: **(a)** schwerbehinderte Menschen (§ 178 RN 32); **(b)** Inhaber von Bergmannsversorgungsscheinen; **(c)** alle Arbeitnehmer nach Abschluss des Arbeitskampfes (§ 194 RN 22); **(d)** Opfer der nationalsozialistischen Verfolgung. Die Regelungen wegen der Opfer des Nationalsozialismus sind im Wesentlichen überholt oder haben nur noch geringe Bedeutung, da die Arbeitnehmer zumeist das Rentenalter erreicht haben. Ein Wiedereinstellungsanspruch kann bestehen, wenn der Kündigungsgrund vor Ablauf der Kündigungsfrist weggefallen ist und der Arbeitgeber noch nicht über den Arbeitsplatz verfügt hat (dazu § 151).

80 **3. Tarifvertragliche Abschlussgebote.** Sie können nach § 1 I TVG normativ vereinbart werden. In der Tarifpraxis finden sich insbesondere Regelungen über die Verpflichtung der Arbeitgeber, Auszubildende **nach dem Abschluss der Ausbildung** befristet in einem Arbeitsverhältnis zu beschäftigen.

81 **Tarifvertragliche Wiedereinstellungsgebote** werden nach der Beendigung von Arbeitskämpfen, in Rationalisierungsschutzabkommen zur Begünstigung von aus betriebsbedingten Gründen gekündigten Arbeitnehmern oder für Kündigungen aus witterungsbedingten Gründen vereinbart.

VI. Gesetzliche Beendigungstatbestände des Arbeitsverhältnisses

82 In den **Beamtengesetzen** ist im Allgemeinen bestimmt, dass mit der Ernennung zum Beamten ein privatrechtliches Arbeitsverhältnis zum Dienstherrn erlischt (§ 10 III BBG). Damit ist aber eine Neugründung eines Arbeitsverhältnisses nicht ausgeschlossen. Umstr. ist, in welchem Umfang der Beamte von seinem Dienstherrn noch in einem Arbeitsverhältnis beschäftigt werden kann. Zum Teil wird angenommen, dass nur eine Nebentätigkeit in einem Arbeitsverhältnis verrichtet werden dürfe. Jedenfalls ist es zulässig, dass ein Studien- oder Rechtsreferendar, mit dessen Ernennung ein früheres Arbeitsverhältnis zum Dienstherrn erlischt, erneut eingestellt wird, um ihm die Stelle zu erhalten, die er früher innehatte.[139]

VII. Anrechnung von Vordienstzeiten

83 **1. Anrechnung. a)** Die **Vertragsfreiheit** im Arbeitsrecht gestattet es, dass Vordienstzeiten in einem früheren Arbeitsverhältnis zu demselben oder einem anderen Arbeitgeber angerechnet werden. Die Anrechnung von Dienstzeiten erfolgt vor allem, um die Wartezeiten des Arbeitnehmers für soziale Nebenleistungen, z.B. Ruhegeld,[140] Jubiläumszuwendungen,[141] abzukürzen (vgl. § 81). Sie spielt des Weiteren im Kündigungsrecht bei der Wartezeit des § 1 I KSchG,[142] der Sozialauswahl nach § 1 III KSchG[143] und der Dauer der Kündigungsfrist nach § 622 II BGB eine Rolle. Nach § 19 I Unterabs. 3 BAT-O werden im öffentlichen Dienst der neuen Bundesländer Vordienstzeiten angerechnet, wenn die Nichtanrechnung eine unbillige Härte darstellen würde.[144] Übernimmt ein Arbeitgeber eine Dienststelle, sind nur die dort verbrachten Vordienstzeiten zu berücksichtigen.[145] Aus verfassungsrechtlichen Gründen ist es nicht zu beanstanden, wenn bei Beamten, Arbeitern und Angestellten die Vordienstzeit unterschiedlich berücksichtigt wird. Zulässig ist es auch, Vordienstzeiten bei besonderer Systemnähe zum Regierungs-

---

139 BAG 27. 7. 1994 AP 74 zu § 611 BGB Abhängigkeit.
140 BAG 19. 12. 2000 AP 10 zu § 1 BetrAVG Unverfallbarkeit = NZA 2002, 615.
141 BAG 24. 5. 2000 AP 1 zu § 39 BAT-O = NZA 2001, 45.
142 Dazu BAG 24. 11. 2005 AP 19 zu § 1 KSchG 1969 Wartezeit = NZA 2006, 366.
143 BAG 2. 6. 2005 AP 75 zu § 1 KSchG 1969 Soziale Auswahl = NZA 2006, 207.
144 BAG 21. 1. 1995 AP 4 zu § 19 BAT-O = NZA 96, 1054.
145 BAG 20. 2. 1997 AP 13 zu § 19 BAT-O = NZA 97, 1121; auch BAG 28. 3. 1996 AP 5 zu § 19 BAT-O = NZA 97, 388.

apparat der DDR unberücksichtigt zu lassen.[146] Bei der Überleitung von Beschäftigten aus dem BAT in den TVöD werden nach Maßgabe des TVÜ Vordienstzeiten bei den einzelnen tariflichen Ansprüchen berücksichtigt.

b) Vordienstzeiten können bei der **Berechnung von Bewährungszeiten** unberücksichtigt bleiben.[147] Der EuGH hat erkannt, dass u. U. auch Vordienstzeiten in der öffentlichen Verwaltung anderer Mitgliedstaaten zu berücksichtigen sind.[148] **84**

2. Neue Bundesländer. Das BAG hat die **Anrechnung von Vordienstzeiten** in der DDR bejaht während der Tätigkeit als hauptamtliche BGL-Vorsitzende nach dem Tarifvertrag über die Qualifizierung und Milderung wirtschaftlicher Nachteile im Zusammenhang mit der Privatisierung (GPH-TV),[149] wenn der Arbeitnehmer ausschließlich für die Arbeiter- und Bauerninspektion tätig gewesen ist[150] oder bei der Deutschen Hochschule für Körperkultur gearbeitet hat.[151] Dagegen hat es eine **Anrechnung von Vordienstzeiten verneint** bei einer früheren Tätigkeit für das Ministerium für Staatssicherheit,[152] Beschäftigungszeiten mit besonderer Systemnähe,[153] Zeiten einer Tätigkeit als Angehöriger der Grenztruppen der DDR auf Postdienstzeiten,[154] Tätigkeit eines Freundschaftspionierleiters auf die Beschäftigungszeit im öffentlichen Dienst sowie Tätigkeiten eines Bürgermeisters in der DDR auf Beschäftigungszeiten im Landkreis.[155] **85**

VIII. Ruhen des Arbeitsverhältnisses

1. Begriff. a) Ein ruhendes Arbeitsverhältnis **liegt vor,** wenn die wechselseitigen Hauptpflichten aus dem Arbeitsvertrag suspendiert werden und die Nebenpflichten fortbestehen. Das Ruhen kann kraft Gesetzes eintreten. Dies ist z. B. der Fall nach §§ 1, 10 ArbPlSchG, § 1 EignungsübungsG, § 78 ZDG und während der Elternzeit. Das Ruhen des Arbeitsverhältnisses kann auch durch Vereinbarung herbeigeführt werden. Die Vereinbarung kann ausdrücklich oder konkludent abgeschlossen werden. Ein konkludenter Abschluss kann gegeben sein, wenn der Arbeitnehmer der Arbeit fernbleibt und der Arbeitgeber die Entgeltzahlungen einstellt. In Ausnahmefällen kann das Ruhen durch einseitige Erklärung herbeigeführt werden, wenn hierfür eine Rechtsgrundlage besteht. Dies ist z. B. im Baugewerbe bei Freistellung zu einer Arbeitsgemeinschaft (§ 9 BRTV-Bau) der Fall. Ruhensvereinbarungen in vorformulierten Arbeitsverträgen verstoßen nicht gegen § 307 I BGB, wenn der Arbeitgeber hierfür einen sachlichen Grund hat (§ 32 RN 78).[156] **86**

b) Vereinbarungen zur Herbeiführung eines ruhenden Arbeitsverhältnisses können vielfältige Ursachen haben. Die Vereinbarung kommt in Betracht, wenn der Arbeitnehmer ins Ausland entsandt, zum Organmitglied bestellt[157] oder vorübergehend erwerbsunfähig wird.[158] **87**

2. Rechtsfolgen des Ruhens. Während des Ruhens sind die arbeitsvertraglichen **Hauptleistungspflichten suspendiert.** Der Arbeitnehmer schuldet keine Arbeitsleistung und der Arbeitgeber schuldet kein Entgelt. Die Betriebszugehörigkeit und die Wartezeiten nach dem **88**

---

[146] BAG 20. 5. 1999 AP 18 zu § 19 BAT-O = NZA 2000, 220; BVerfG 28. 11. 1997 NZA 98, 318.

[147] BAG 5. 11. 1997 AP 39 zu § 23 a BAT-O = ZTR 98, 179.

[148] EuGH 12. 3. 1998 EuGHE I 1998, 1095.

[149] BAG 10. 11. 1993 AP 42 zu § 1 TVG Tarifverträge: Einzelhandel = NZA 94, 896.

[150] BAG 24. 11. 1993 AP 2 zu § 1 TVG Tarifverträge: Bergbau = NZA 94, 669; 31. 5. 1994 AP 46 zu § 1 TVG Tarifverträge: Einzelhandel.

[151] BAG 30. 5. 1996 AP 8 zu § 19 BAT-O = NZA 97, 449; zum Zentralinstitut für Kybernetik: BAG 14. 12. 1995 AP 6 zu § 19 BAT-O.

[152] BAG 1. 4. 1993 AP 4 zu § 1 TVG Tarifverträge: Bewachungsgewerbe = NZA 93, 1004; 26. 8. 1993 AP 8 zu Art. 20 Einigungsvertrag = NZA 94, 25 (öffentlicher Dienst); 29. 1. 1996 AP 16 TV-Ang Bundespost; vgl. auch LAG Brandenburg 7. 2. 1994 BB 95, 259; 29. 1. 1993 DB 94, 1475.

[153] BAG 29. 2. 1996 AP 1 zu § 16 TV-Ang Bundespost = NZA 97, 385; 18. 4. 1996 AP 7 zu § 19 BAT-O = NZA 96, 1220; 30. 5. 1996 AP 9 zu § 19 BAT-O; 29. 1. 1998 AP 4 zu § 16 TV-Ang Bundespost = NZA 98, 830; 29. 1. 1998 AP 3 zu § 16 TV-Ang Bundespost; 29. 1. 1998 AP 5 zu § 16 TV-Ang Bundespost = NZA 98, 830; 28. 5. 1998 AP 37 zu § 1 TVG Tarifverträge: DDR; 28. 5. 1998 AP 6 zu § 16 TV-Ang Bundespost; 26. 8. 1998 AP 38 zu § 1 TVG Tarifvertrag; 20. 5. 1999 – 6 AZR 610/97; LAG Sachsen-Anhalt 19. 3. 1996 ZTR 96, 409.

[154] BAG 23. 6. 1994 AP 13 zu § 1 TVG Tarifverträge: DDR.

[155] BAG 14. 12. 1995 AP 2 zu § 19 BAT-O = NZA 96, 611; 18. 1. 1996 AP 1 zu § 38 AGB-DDR = NZA 96, 888.

[156] BAG 10. 1. 2007 AP 6 zu § 611 BGB Ruhen des Arbeitsverhältnisses = NZA 2007, 384.

[157] Vgl. BAG 8. 6. 2000 AP 49 zu § 5 ArbGG 1979 = NZA 2000, 1013.

[158] Vgl. BAG 3. 12. 1998 AP 33 zu § 1 KSchG 1969 Krankheit = NZA 99, 440; 5. 4. 2000 AP 2 zu § 39 BAT = NZA 2000, 842.

KSchG und dem BUrlG werden nicht unterbrochen. Der Arbeitgeber kann aber während des Ruhenszeitraumes keinen Urlaub erteilen, weil er den Arbeitnehmer nicht von der Arbeitsleistung befreien kann. Wegen der Gewährung von Sondervergütungen kommt es auf die Auslegung der Rechtsgrundlage an.[159] Entgeltfortzahlung im Krankheitsfall ist während des Ruhenszeitraumes nicht zu leisten. Muss in einem Betrieb aus betriebsbedingten Gründen gekündigt werden, sind Arbeitnehmer in ruhenden Arbeitsverhältnissen nach Auffassung des BAG nicht in die soziale Auswahl einzubeziehen.[160]

89 **3. Wiederaufleben des Arbeitsverhältnisses.** Ist das Ruhen des Arbeitsverhältnisses kraft Gesetzes herbeigeführt worden, lebt das Arbeitsverhältnis wieder auf, wenn die Ruhensvoraussetzungen entfallen. Bei vertraglich vereinbartem Ruhen kommt es darauf an, dass die Vereinbarung wieder aufgehoben wird. Ist das Ruhen durch eine einseitige Erklärung herbeigeführt worden, bedarf es der Aufhebung der Suspendierungserklärung. Zur Beendigung des Arbeitsverhältnisses während des Ruhenszeitraumes bedarf es eines Beendigungstatbestands.

§ 35. Arbeitspapiere und Meldepflichten des Arbeitgebers

Eibl, DEÜV – Praxis für Arbeitgeber, 2002; *Figge,* Neues Meldeverfahren für die Sozialversicherung ab 1999, DB 99, 1965; *Greilich,* Schnellübersicht Sozialversicherung, 51. Aufl., 2007; *Marburger,* Ab 1. 1. 1999: Neues Meldewesen in der Sozialversicherung, BB 98, 2056; *Neiden,* Neues Meldeverfahren zur Sozialversicherung ab Januar 1999, AuA 98, 257; *Schermer,* DEÜV – Kompendium, 5. Aufl., 2003; *Seewald/Baumgartner,* Das Meldeverfahren in der Sozialversicherung nach der neuen Datenerfassungs- und -übermittlungsverordnung 1999, NJW 99, 474; Spitzenverbände der Sozialversicherungsträger, Versicherungs-, Beitrags- und Melderecht für scheinselbstständige Arbeitnehmer, BB 99, 471.

Übersicht

	RN		RN
I. Arbeitspapiere	1 ff.	II. Meldepflichten	16 ff.
1. Vorlagepflicht	1	1. Allgemeines	16, 17
2. Sozialversicherungsausweis	2–5	2. Datenerfassungs- und -übermittlungsverordnung (DEÜV)	18–27
3. Lohnsteuerkarte	6–9		
4. Vom Arbeitgeber dem Arbeitnehmer zu übergebende Papiere	10–15		

I. Arbeitspapiere

1 **1. Vorlagepflicht.** Zu Beginn des Arbeitsverhältnisses hat der Arbeitnehmer seinem Arbeitgeber die Arbeitspapiere auszuhändigen. Hierzu gehören im Allgemeinen die **Lohnsteuerkarte** und der **Sozialversicherungsausweis** (unten RN 2). Bei bestimmten Arbeitsverhältnissen sind weitere Unterlagen vorzulegen, und zwar **(1)** das Gesundheitszeugnis nach § 43 IfSG (ehem. § 18 BSeuchG) im Einzelhandel, **(2)** die Arbeitsgenehmigung von ausländischen Arbeitnehmern (§ 27), **(3)** die Gesundheitsbescheinigung von Jugendlichen (§ 32 JArbSchG, dazu § 161), **(4)** die Lohnnachweiskarte im Baugewerbe (§ 2 BRTV-Bau, dazu § 186 RN 1). Im Falle der Nichtvorlage bleibt die Wirksamkeit des Arbeitsvertrags unberührt.[1] Ohne die Vorlage der vorgenannten Arbeitspapiere können Beschäftigungsverbote (§ 32 i. V. m. §§ 27, 161, 186 RN 1) bestehen. Die Nichtvorlage von Lohnsteuerkarte und Sozialversicherungsausweis kann den Arbeitgeber nach vorheriger Abmahnung zur ordentlichen oder außerordentlichen Kündigung berechtigen.[2] Werden die Arbeitspapiere nicht vorgelegt, führt dies zu öffentlich-rechtlichen Nachteilen des Arbeitnehmers (unter RN 8, 10). Der Arbeitnehmer kann eine Quittung über die Vorlage der Arbeitspapiere verlangen.

2 **2. Sozialversicherungsausweis. a)** Der Sozialversicherungsausweis ist nach Maßgabe von § 18 h SGB IV (bis 31. 12. 2007: § 95 SGB IV) bei Ausübung der Beschäftigung **mitzuführen**

---

[159] Zur Elternzeit: BAG 24. 11. 1993 AP 158 zu § 611 BGB Gratifikation; 10. 5. 1989 AP 2 zu § 15 BErzGG = NZA 89, 759.

[160] BAG 26. 2. 1987 AP 15 zu § 1 KSchG Soziale Auswahl = NZA 87, 775.

[1] Zum Gesundheitszeugnis: BAG 25. 6. 1970, 2. 3. 1971 AP 1, 2 zu § 18 BSeuchG; 24. 3. 1982 AP 1 zu § 47 BSeuchG; zum Ablauf: BayObLG 20. 11. 1979 DB 80, 936.

[2] LAG Düsseldorf 23. 2. 1961 BB 61, 677; KR/*Fischermeier* § 626 BGB RN 411; KR/*Giebeling* § 1 KSchG RN 431.

und beim Arbeitgeber und bei Kontrollen zur Aufdeckung von illegalen Beschäftigungsverhältnissen **vorzulegen.** Der zuständige Rentenversicherungsträger stellt den Sozialversicherungsausweis bei Vergabe einer Versicherungsnummer aus (§ 18h I SGB IV). Der Sozialversicherungsausweis enthält für jeden Beschäftigten die Versicherungsnummer, den Vor- und Familiennamen, gegebenenfalls den Geburtsnamen. Sofern der Beschäftigte den Sozialversicherungsausweis gem. § 18h VI SGB VI mitzuführen hat, enthält er ein Lichtbild des Beschäftigten (§ 18h II SGB IV). Diese Bestimmung ist m. W. v. 1. 1. 2009 aufgehoben worden (BGBl. I 2933). An dessen Stelle sind in § 28a IV SGB IV umfassende Meldepflichten getreten.

b) Der Arbeitgeber hat sich **bei Beginn der Beschäftigung** den Sozialversicherungsausweis 3
des Beschäftigten vorlegen zu lassen. Der Beschäftigte hat seinerseits den Sozialversicherungsausweis bei Beginn der Beschäftigung dem Arbeitgeber vorzulegen. Kann er dies nicht, hat er dies unverzüglich nachzuholen (§ 18h III SGB IV). Alsdann entstehen für den Arbeitgeber umfangreiche Kontrollmeldungen. Im Baugewerbe, Gaststätten- und Beherbergungsgewerbe, im Personen- und Güterbeförderungsgewerbe, Schaustellergewerbe, in Unternehmen der Forstwirtschaft, im Gebäudereinigungsgewerbe und bei Unternehmen, die sich am Auf- und Abbau von Messen und Ausstellungen beteiligen, hat der Arbeitgeber gem. § 28a IV SGB IV die Beschäftigten spätestens bei Arbeitsaufnahme der Rentenversicherung zu melden und gem. § 2a Schwarzarbeitsbekämpfungsgesetz auf die Mitführungspflicht von Ausweispapieren hinzuweisen. Gleiches gilt für im Güterbeförderungsgewerbe mit Ausnahme des Werkverkehrs im Sinne des Güterkraftverkehrsgesetzes beschäftigte Personen, die an der Beförderung von Gütern mit Kraftfahrzeugen einschließlich des Be- und Entladens von Gütern beteiligt sind, es sei denn, diese Personen werden auf Grundstücken im Besitz ihres Arbeitgebers tätig. Für Beschäftigte, die im Rahmen eines außerhalb des Geltungsbereiches des deutschen Sozialversicherungsrechts bestehenden Beschäftigungsverhältnisses in die Bundesrepublik Deutschland entsandt worden sind, prüft der Träger der Rentenversicherung, ob die Bescheinigung E 101 (§ 150 III 1 SGB VI) ausgestellt werden kann.

c) Meldeverfahren. Das Meldeverfahren ergibt sich aus der Verordnung über die Erfassung 4
und Übermittlung von Daten für die Träger der Sozialversicherung **(Datenerfassungs- und -übermittlungsverordnung – DEÜV)** in der Fassung vom 23. 1. 2006 (BGBl. I S. 152), zuletzt geändert durch Gesetz v. 21. 12. 2008 (BGBl. I S. 2933). Die Verordnung wird ergänzt durch gemeinsame Grundsätze für die Datenerfassung und Datenübermittlung zur Sozialversicherung nach § 28b II SGB IV sowie gemeinsames Meldeverfahren zur Kranken-, Pflege-, Renten- und Arbeitslosenversicherung vom 1. 4. 2002. Vgl. dazu RN 16ff.

d) Besondere Vorschriften bestehen für Besatzungsmitglieder und sonstige Arbeitneh- 5
mer auf Seeschiffen (§§ 3, 7 SeemG) sowie für Binnenschiffer. Dieser Personenkreis muss im Besitz eines Seefahrtsbuchs bzw. eines Schifferdienstbuchs sein (§ 11 SeemG, § 14 BinSchAufgG).

3. Lohnsteuerkarte. Die Lohnsteuerkarte wird von den Gemeindebehörden ausgestellt und 6
grundsätzlich von Amts wegen für das Folgejahr an **sämtliche Arbeitnehmer übersandt** (§ 39 EStG). Dies soll bis zum 31. 10. erfolgen. Wird sie nicht übersandt, hat der Arbeitnehmer ihre Ausstellung bei der zuständigen Gemeindebehörde zu beantragen. Für die Ausstellung örtlich zuständig ist die Gemeinde, in der der Arbeitnehmer am 20. 9. des Vorjahres seine Hauptwohnung oder in deren Ermangelung seinen Aufenthalt hatte. Bei verheirateten Arbeitnehmern gilt als Hauptwohnung die der Familie oder in Ermangelung einer Familienwohnung die des älteren Ehegatten, wenn beide Ehegatten unbeschränkt einkommensteuerpflichtig sind und nicht dauernd getrennt leben (§ 39 II EStG).

Die **Gemeindebehörde** hat entsprechend dem Vordruck der Lohnsteuerkarte in Worten die 7
Lohnsteuerklasse und bei den Steuerklassen I–IV die Zahl der beim Lohnsteuerantrag zu berücksichtigenden Kinderfreibeträge einzutragen. Die Angabe des Familienstandes ist nicht mehr erforderlich. Die Religionsgemeinschaft wird mit einer vorgeschriebenen Abkürzung bezeichnet. Der Arbeitnehmer kann nicht verlangen, dass die Steuerkarte ohne Angabe über die Kirchenzugehörigkeit ausgestellt wird.[3]

Legt der Arbeitnehmer die Lohnsteuerkarte nicht vor oder verzögert er schuldhaft die 8
Rückgabe einer ihm ausgehändigten Lohnsteuerkarte, muss der Arbeitgeber die Lohnsteuer nach der Lohnsteuerklasse VI einbehalten (§ 39c I EStG). Der Arbeitgeber hat jedoch davon auszugehen, dass den Arbeitnehmer kein Verschulden trifft, wenn **(a)** die Lohnsteuerkarte für das laufende Jahr bis zum 31. 3. vorgelegt wird, **(b)** der Arbeitnehmer innerhalb von sechs Wo-

[3] BFH-BStBl. 1975 II 839.

chen nach Eintritt in das Arbeitsverhältnis oder binnen sechs Wochen nach Aushändigung die Lohnsteuerkarte zurückgibt. Werden die Zeiträume überschritten, kann ein Verschulden unterstellt werden, alsdann ist vom 1. Tag die Lohnsteuer nach Klasse VI zu berechnen (§ 39c EStG; R 39c LStR 2008).

9 Die Lohnsteuerkarte ist eine **öffentliche Urkunde.** Eintragungen auf ihr dürfen nicht ohne ausdrückliche Befugnis durch den Arbeitgeber, Arbeitnehmer oder andere Personen geändert oder ergänzt werden (§ 39 VI 4 EStG). Unbefugte Eintragungen und Änderungen sind als Urkundenfälschung (§ 267 StGB) strafbar; außerdem wird in diesen Fällen i.d.R. versuchte oder vollendete Steuerhinterziehung §§ 369ff. AO, u.U. auch Betrug (§ 263 StGB)[4] vorliegen. Sind Eintragungen auf der Lohnsteuerkarte nachweislich unrichtig, werden sie von der zuständigen Gemeindebehörde bzw. vom Finanzamt geändert (§ 39 IV, V EStG). Verlorene, unbrauchbar gewordene oder zerstörte Lohnsteuerkarten werden durch die zuständige Gemeindebehörde gegen eine Gebühr von höchstens 5 Euro ersetzt (§ 39 I EStG). Die Lohnsteuerbescheinigung erfolgt seit 2004 elektronisch durch Datenübermittlung an das Betriebsstättenfinanzamt.

10 **4. Vom Arbeitgeber dem Arbeitnehmer zu übergebende Papiere.** Bei Abschluss des Arbeitsvertrags hat der Arbeitgeber dem Arbeitnehmer folgende Unterlagen auszuhändigen:

11 **a)** Nach § 2 I 1 NachwG hat der Arbeitgeber **spätestens einen Monat nach dem vereinbarten Beginn** des Arbeitsverhältnisses die wesentlichen Bedingungen schriftlich niederzulegen, die Niederschrift zu unterzeichnen und dem Arbeitnehmer auszuhändigen (§ 34 RN 46ff.).

12 **b)** Nach § 9 HAG, §§ 10ff. HAG-DVO haben Arbeitgeber, die **Heimarbeit** ausgeben oder weitergeben, den Heimarbeitern Entgeltbücher, u.U. auch Hefte mit Entgelt oder Arbeitszetteln auszuhändigen (vgl. § 163).

13 **c)** Alle Arbeitgeber, die Personen zu ihrer **Berufsausbildung** beschäftigen, haben den Auszubildenden und gegebenenfalls ihren gesetzlichen Vertretern eine Niederschrift über die vereinbarten Arbeitsbedingungen (§ 11 III BBiG; § 174) zu erteilen. Die Verletzung dieses Gebots führt freilich nicht zur Unwirksamkeit des Vertrags.

14 **d)** Der Verleiher ist verpflichtet, dem **Leiharbeitnehmer** eine Urkunde auszuhändigen, die den wesentlichen Inhalt des Arbeitsverhältnisses enthält (§ 11 AÜG).

15 **e)** Hat ein Arbeitgeber mit einem Arbeitnehmer ein **Wettbewerbsverbot** vereinbart, muss er die Urkunde dem Arbeitnehmer zur Meidung ihrer Unwirksamkeit aushändigen (§ 74 HGB; § 110 GewO; hierzu § 58 RN 22). Über die Aushändigung wird zur Beweissicherung zweckmäßig eine Niederschrift aufgenommen.

II. Meldepflichten

16 **1. Allgemeines.** Der **Arbeitgeber** hat jeden in der Kranken- Pflege-, Rentenversicherung oder nach dem Recht der Arbeitsförderung kraft Gesetzes versicherten Beschäftigten unter enumerativ aufgezählten Voraussetzungen der Einzugsstelle zu melden (§ 28a SGB IV). Der Bundesminister für Arbeit und Soziales (BMAS) hat eine Verordnungsermächtigung, das Verfahren im Einzelnen zu regeln (§ 28c SGB IV). Hiervon hat er durch Erlass der **Datenerfassungs- und -übermittlungsverordnung (DEÜV)** in der Fassung vom 23. 1. 2006 (BGBl. I S. 152) mit spät. Änd. Gebrauch gemacht.

17 Aus § 1 DEÜV ergibt sich der Grundsatz, dass zu allen Zweigen der Sozialversicherung eine **gemeinsame Meldung** zu erstatten ist. Die Meldungen sind an die zuständige Annahmestelle zu erstatten. Stellt die Annahmestelle bei Annahme der Meldung Mängel fest, die die Annahme der Daten beeinträchtigen, insbesondere dass die Datensätze unvollständig sind, hat sie gemäß § 23 DEÜV die Meldung zurückzuweisen. Der Arbeitgeber, das Rechenzentrum oder die vergleichbare Einrichtung ist über die festgestellten Mängel zu unterrichten. Die Mängel sind unverzüglich zu beheben und die zurückgewiesenen Meldungen erneut zu erstatten.

18 **2. Datenerfassungs- und -übermittlungsverordnung (DEÜV).** Die **Einzelheiten der Meldepflicht** ergeben sich aus der Datenerfassungs- und -übermittlungsverordnung (DEÜV).

19 **a)** Die Meldungen sind zu erstatten von **(1)** dem Arbeitgeber, **(2)** Personen, die wie ein Arbeitgeber Beiträge auf Grund gesetzlicher Vorschriften zahlen, **(3)** dem Bundesministerium der Verteidigung oder den von ihm bestimmten Stellen und dem Bundesamt für den Zivildienst, **(4)** den Leistungsträgern (§ 2 DEÜV).

---

[4] RGSt. 60, 161.

b) Der **zu meldende Personenkreis** ergibt sich aus § 3 DEÜV. Hierzu gehören **(1)** die versicherungspflichtig Beschäftigten, **(2)** Beschäftigte, für die Beitragsanteile zur Rentenversicherung oder nach dem Recht der Arbeitsförderung zu zahlen sind, **(3)** geringfügig Beschäftigte, **(4)** Leiharbeitnehmer, **(5)** Bezieher von Entgeltersatzleistungen, **(6)** Wehr- und Zivildienstleistende. Den Beschäftigten stehen gleich Personen, für die ein anderer wie ein Arbeitgeber Beiträge auf Grund gesetzlicher Vorschriften zahlt. 20

c) Für die Meldung gelten folgende **allgemeine Grundsätze: (1)** Meldungen sind gemäß § 5 DEÜV nach den Verhältnissen des Zeitpunkts zu erstatten, auf den sich die Meldung bezieht. **(2)** Meldungen können zusammen erstattet werden, soweit die DEÜV es zulässt. **(3)** Meldungen über Zeiträume, die sich über das Ende eines Kalenderjahres hinaus erstrecken, sind getrennt für jedes Kalenderjahr zu erstatten. Für gemeldete Zeiträume dürfen keine weiteren Meldungen erstattet werden, soweit die DEÜV nichts anderes zulässt. **(4)** Beitragspflichtiges Arbeitsentgelt ist in vollen Beträgen zu melden. Beträge nach dem Komma von mehr als 49 sind nach oben, von weniger als 50 nach unten auf den nächsten vollen Betrag zu runden. **(5)** Wurde die für eine Meldung notwendige Betriebsnummer einem Betrieb noch nicht zugeteilt, hat der Arbeitgeber diese Betriebsnummer für den Betrieb des Beschäftigungsortes bei der zuständigen Stelle der Bundesagentur für Arbeit zu beantragen; spätere Änderungen der Betriebsdaten sind vom Arbeitgeber dieser Stelle unverzüglich zu melden. **(6)** Alle persönlichen Angaben für Meldungen sind amtlichen Unterlagen, die Versicherungsnummer ist dem Sozialversicherungsausweis zu entnehmen. **(7)** Ist bei einer Anmeldung die Versicherungsnummer nicht bekannt, sind die für die Vergabe der Versicherungsnummer erforderlichen Angaben, insbesondere der vollständige Name, der Geburtsname, das Geburtsdatum, der Geburtsort, das Geschlecht, die Staatsangehörigkeit und die Anschrift aufzunehmen. **(8)** Bei erstmaliger Aufnahme einer versicherungspflichtigen Beschäftigung im Geltungsbereich der DEÜV durch einen Angehörigen eines anderen Mitgliedstaates der Europäischen Union oder eines Staates, für den das Abkommen über den Europäischen Wirtschaftsraum gilt, sind außerdem das Geburtsland sowie die Versicherungsnummer des Landes der Staatsangehörigkeit einzutragen. **(9)** Der Meldepflichtige hat eine Mehrfachbeschäftigung zu melden. 21

Der **Beginn** einer versicherungspflichtigen Beschäftigung ist mit der ersten folgenden Lohn- und Gehaltsabrechnung, spätestens innerhalb von sechs Wochen nach ihrem Beginn, zu melden (§ 6 DEÜV). Das **Ende** einer versicherungspflichtigen Beschäftigung ist mit der nächsten folgenden Lohn- und Gehaltsabrechnung, spätestens innerhalb von sechs Wochen nach ihrem Ende, zu melden (§ 8 DEÜV). Im Falle der Insolvenzeröffnung haben gem. § 8a DEÜV der Arbeitgeber oder der Insolvenzverwalter für freigestellte Beschäftigte für den Zeitraum bis zum Tag vor Eröffnung eines Insolvenzverfahrens oder Nichteröffnung mangels Masse eine Abmeldung mit der nächsten folgenden Lohn- und Gehaltsabrechnung, spätestens aber nach sechs Wochen abzugeben. 22

d) Die DEÜV kennt folgende **unterschiedliche Meldeformen:** Es werden unterschieden die **(1)** Anmeldung (§ 6 DEÜV), **(2)** Abmeldung (§ 8 DEÜV), **(3)** Insolvenzmeldung (§ 8a DEÜV); **(4)** Unterbrechungsmeldung (§ 9 DEÜV), **(5)** Jahresmeldung (§ 10 DEÜV), **(6)** Meldung von einmalig gezahltem Arbeitsentgelt (§ 11 DEÜV), **(7)** Meldung von Arbeitsentgelt bei flexiblen Arbeitszeitregelungen (§ 11a DEÜV), **(8)** sonstige Meldungen (§ 12 DEÜV), **(9)** Meldungen für geringfügig Beschäftigte (§ 13 DEÜV). Stornierungen und Änderungen der Meldungen richten sich nach §§ 14, 15 DEÜV. 23

e) Arbeitgeber dürfen nach § 18 DEÜV Meldungen **nur durch Datenübertragung** mittels zugelassener systemgeprüfter Programme oder maschinell erstellter Ausfüllhilfen übermitteln. Einzelheiten der Systemprüfung, insbesondere die Beteiligung der betroffenen Sozialversicherungsträger, die Zulassungsvoraussetzungen, die Übernahme, Prüfung und Korrektur von Daten und das Verfahren zur Weiterleitung der Daten regeln die Spitzenverbände der Krankenkassen, die Deutsche Rentenversicherung Bund und die Bundesagentur für Arbeit einvernehmlich in gemeinsamen Grundsätzen. Die Bundesvereinigung der Deutschen Arbeitgeberverbände ist anzuhören. 24

Der Arbeitgeber hat dem Beschäftigten **mindestens einmal jährlich** bis zum 30. 4. eines Jahres für alle im Vorjahr durch Datenübertragung erstatteten Meldungen eine maschinell erstellte Bescheinigung zu übergeben, die inhaltlich getrennt alle gemeldeten Daten wiedergeben muss. Bei Auflösung des Arbeitsverhältnisses ist die Bescheinigung unverzüglich nach Abgabe der letzten Meldung auszustellen. Die Bescheinigung kann auf den üblichen Lohn- und Gehaltsabrechnungen erteilt werden. Der Arbeitgeber hat den Inhalt der Bescheinigung wie Lohn- 25 unterlagen zu behandeln und bis zum Ablauf des auf die letzte Prüfung nach § 28p SGB IV folgenden Kalenderjahres aufzubewahren.

26 **f)** Die **Unterbrechungsmeldung** steht im Zusammenhang mit § 7 III SGB IV. Hiernach gilt eine Beschäftigung als fortbestehend, solange das Beschäftigungsverhältnis ohne Anspruch auf Arbeitsentgelt fortbesteht, jedoch nicht länger als einen Monat. In der Krankenversicherung gibt es nach § 192 SGB V mitgliedschaftserhaltende Zeiten. Diese fehlen in der gesetzlichen Rentenversicherung. Um aber ein einheitliches Meldeverfahren zu ermöglichen, wurde die Unterbrechungsmeldung beibehalten.

27 **g)** Die **Weiterleitung von Sozialdaten** zwischen den Sozialversicherungsträgern ist nach § 32 I DEÜV grundsätzlich nur noch im Wege der Datenübertragung zulässig. Die Daten werden verschlüsselt. Bei einem Verstoß gegen die Meldepflichten bleibt die Wirksamkeit des Arbeitsvertrags unberührt.[5]

§ 36. Rechtsmängel des Arbeitsvertrags

Boemke, AR-Blattei, D, Arbeitsvertrag-Arbeitsverhältnis V, Mängel des Arbeitsvertrages, SD 220.5 [1999]; MünchArbR/*Richardi* § 46.

Übersicht

	RN		RN
I. Nichtigkeit des Arbeitsvertrags	1 ff.	4. Inhalts- und Erklärungsirrtum	31 a
1. Allgemeines	1	5. Eigenschaftsirrtum	32–36
2. Sittenwidrigkeit (§ 138 I BGB)	2–16	6. Arglistige Täuschung	37–42
3. Gesetzliche Verbote	17–19	7. Drohung	43–46 a
4. Teilnichtigkeit	20, 21	III. Rechtsfolgen der Nichtigkeit oder Anfechtung	47 ff.
5. Verhältnis zu anderen Vorschriften	22	1. Grundsatz	47
II. Anfechtbarkeit des Arbeitsvertrags	23 ff.	2. Rechtsfolgen der Anfechtung	48–50
1. Allgemeines	23	3. Nichtigkeit des Arbeitsvertrags	51, 52
2. Konkurrenzfragen	24–30		
3. Bestätigung des Rechtsgeschäfts	31		

I. Nichtigkeit des Arbeitsvertrags

1 **1. Allgemeines.** Für Arbeitsverträge gelten die gleichen Nichtigkeitsgründe wie für sonstige Rechtsgeschäfte. Im Arbeitsrecht kommen namentlich folgende Nichtigkeitsgründe in Betracht: **(a)** Geschäftsunfähigkeit (§ 105 BGB) oder beschränkte Geschäftsfähigkeit einer Partei (§ 107 BGB); **(b)** mangelnde Vertretungsmacht; **(c)** Formmangel; **(d)** Wucher (§ 138 II BGB); **(e)** Sittenwidrigkeit (§ 138 I BGB); **(f)** Verstoß gegen ein gesetzliches Verbot (§ 134 BGB). Zu (a)–(c) vgl. § 34 RN 28 ff.; zu (d)–(f) vgl. im Folgenden.

2 **2. Sittenwidrigkeit (§ 138 I BGB).**[1] **a)** Ein Arbeitsvertrag ist nach der allgemeinen, vom Reichsgericht entwickelten Formel, sittenwidrig, wenn er gegen das **Anstandsgefühl aller billig und gerecht Denkenden** verstößt.[2] Für das Verständnis dessen, was heute unter „guten Sitten" i. S. v. § 138 I BGB zu verstehen ist, kommt der Wertordnung des Grundgesetzes, wie sie insbesondere in den Grundrechten niedergelegt ist, wesentliche Bedeutung zu.[3] Ebenso zu berücksichtigen sind fundamentale Grundsätze des Europarechts.[4] Maßgeblich ist ein objektiver Maßstab, bei dem besonders strenge oder freizügige Moralvorstellungen Einzelner (etwa des entscheidenden Richters) außer Betracht zu bleiben haben.[5*] Dabei bedingt der stetige Wandel

---

[5] LAG Berlin 15. 10. 1990 EWiR BGB § 134 Nr. 1/91 = BB 91, 211.

[1] *Bepler,* Problematische Arbeitsverhältnisse und Mindestlohn, FS Richardi, 2007, S 189; *Henssler/Sittard,* Flexibler Mindestlohn durch Konkretisierung des Sittenwidrigkeitstatbestands, RdA 2007, 159; *Linnenkohl/Tente,* Lohnwucher – kein Kavaliersdelikt, AuA 2001, 25; *Müller/Hauck,* Lohnwucher nach § 138 II BGB, FA 2001, 198; *Nägele,* Wucher – Ein arbeitsrechtliches Problem, BB 97, 2162; *Peter,* Rechtsschutz für Niedriglöhner durch Mindestlohn, AuR 99, 289; *Spindler,* Lohnwucher – ein neues Rechtsproblem, AuR 99, 296.

[2] RGZ 120, 142, 148.

[3] BAG 26. 4. 2006 AP 63 zu § 138 BGB = NZA 2006, 1354; BGH 2. 12. 1998 NJW 99, 566, 568; MünchKommBGB/*Armbrüster* § 138 RN 20 ff.

[4] BGH 5. 2. 1998 NJW 98, 2208, 2210.

[5*] BGH 2. 12. 1998 NJW 99, 566, 568; MünchKommBGB/*Armbrüster* § 138 RN 15.

der sozialethischen Inhalte der herrschenden Moral auch einen entsprechenden Wandel der aus diesen Wertvorstellungen folgenden Verhaltensanforderungen. Bei den guten Sitten handelt es sich deshalb um keinen dauerhaft festgeschriebenen Begriff, sondern um einen der jeweils herrschenden Moral anzupassenden Verhaltensmaßstab.[6]

Die Sittenwidrigkeit des Rechtsgeschäfts kann nur auf Grund einer **umfassenden Gesamtwürdigung** unter Berücksichtigung aller Umstände, die den Vertrag kennzeichnen, der objektiven Verhältnisse, unter denen er zustande gekommen ist, seiner Auswirkungen sowie der subjektiven Merkmale, wie dem verfolgten Zweck und dem zugrunde liegenden Beweggrund, beurteilt werden. Umstände, die beim Vorliegen einer Drohung lediglich zur Anfechtbarkeit der Willenserklärung nach § 123 BGB führen würden, können beim Fehlen einer Drohung nicht die stärkere Nichtigkeitsfolge des § 138 I BGB nach sich ziehen. Der bloße Umstand, dass einem Vertragspartner keine oder nur eine kurze Überlegungsfrist für den Vertragsschluss eingeräumt wurde, führt deshalb nicht zur Sittenwidrigkeit des Rechtsgeschäfts.[7] 3

b) § 138 BGB enthält in Abs. 1 eine Generalklausel, die in Abs. 2 für den **Wucher** beispielhaft konkretisiert wird. Nach § 138 II BGB ist ein Rechtsgeschäft nichtig, durch das jemand unter Ausbeutung der Zwangslage, der Unerfahrenheit, des Mangels an Urteilsvermögen oder der erheblichen Willensschwäche eines anderen sich oder einem Dritten für eine Leistung Vermögensvorteile versprechen oder gewähren lässt, die in einem auffälligen Missverhältnis zu der Leistung stehen. Im Unterschied zu Abs. 1 stellt Abs. 2 des § 138 BGB subjektive Anforderungen: Der Wucherer muss subjektiv eine Schwäche des anderen (Zwangslage, Unerfahrenheit, Mangel an Urteilsvermögen oder Willensschwäche) ausbeuten. Das kann beispielsweise angenommen werden, wenn der Ausbildungszweck in einem sechsmonatigen **sog. Praktikantenverhältnis** nicht deutlich die für den Betrieb erbrachten Leistungen und Arbeitsergebnisse überwiegt, hierfür eine Vergütung von 375,00 Euro monatlich geleistet wird und der Arbeitgeber dies mit den Worten rechtfertigt, es finde sich immer wieder jemand, der sich darauf einlasse.[8] 4

c) Sind die subjektiven Tatbestandsvoraussetzungen des § 138 II BGB nicht vollständig erfüllt, kann das entsprechende Rechtsgeschäft gleichwohl wegen eines allgemeinen Sittenverstoßes nach Abs. 1 nichtig sein, wenn weitere besondere Umstände hinzutreten. Dies kann insbesondere eine verwerfliche Gesinnung des durch den Vertrag objektiv Begünstigten sein.[9] Es liegt dann ein **wucherähnliches Geschäft** vor.[10] Eine verwerfliche Gesinnung des Begünstigten ist dabei nicht nur dann zu bejahen, wenn er als der wirtschaftlich oder intellektuell Überlegene die schwächere Lage des anderen Teils bewusst zu seinem Vorteil ausgenutzt hat, sondern auch dann, wenn er sich leichtfertig der Erkenntnis verschlossen hat, dass sein Vertragspartner sich nur wegen seiner schwächeren Lage auf den ungünstigen Vertrag eingelassen hat. Auch ein **besonders auffälliges Missverhältnis** zwischen Leistung und Gegenleistung spricht für eine verwerfliche Gesinnung des Begünstigten.[11] 5

d) Eine **Entgeltvereinbarung** kann wegen Lohnwuchers oder wegen eines wucherähnlichen Rechtsgeschäfts nichtig sein. Sowohl der spezielle Straftatbestand des § 291 StGB als auch der zivilrechtliche Lohnwucher nach § 138 II BGB und das wucherähnliche Rechtsgeschäft nach § 138 I 1 BGB setzen ein auffälliges Missverhältnis zwischen Leistung und Gegenleistung voraus.[12] 6

aa) Ob ein auffälliges Missverhältnis zwischen Leistung und Gegenleistung vorliegt, beurteilt sich zunächst nach dem **objektiven Wert der Leistung des Arbeitnehmers.** Ausgangspunkt zur Feststellung des Wertes der Arbeitsleistung sind dabei in der Regel die Tariflöhne des jeweiligen Wirtschaftszweigs. Dies gilt jedenfalls dann, wenn in dem Wirtschaftsgebiet üblicherweise der Tariflohn gezahlt wird. Denn dann kann grundsätzlich davon ausgegangen werden, dass Arbeitskräfte auf dem Arbeitsmarkt nur zu den Tariflohnsätzen gewonnen werden können. Entspricht der Tariflohn indessen nicht der verkehrsüblichen Vergütung, sondern liegt diese unter- 7

---

[6] Bamberger/Roth/*Wendtland* § 138 RN 16.
[7] BAG 15. 3. 2005 AP 7 zu § 781 BGB = NZA 2005, 682.
[8] LAG Baden-Württemberg 8. 2. 2008 NZA 2008, 768.
[9] BGH 28. 4. 1999 NJW 99, 3187.
[10] MünchKommBGB/*Armbrüster* § 138 RN 112.
[11] BGH 18. 12. 2007 NJW-RR 2008, 1436; 13. 6. 2001 NJW 2002, 55, 56.
[12] BAG 24. 3. 2004 AP 59 zu § 138 BGB = NZA 2004, 971; 23. 5. 2001 EzA 29 zu § 138 BGB; LAG Bremen 17. 6. 2008 AuR 2008, 357.

halb des Tariflohns, ist zur Ermittlung des Wertes der Arbeitsleistung von dem allgemeinen Lohnniveau im Wirtschaftsgebiet auszugehen.[13]

8 **bb)** Zur Feststellung des auffälligen Missverhältnisses zwischen Leistung und Gegenleistung kann **nicht auf einen bestimmten Abstand zwischen dem Arbeitsentgelt und dem Sozialhilfesatz** abgestellt werden.[14] Ob das vom Arbeitgeber für eine bestimmte Tätigkeit entrichtete Arbeitsentgelt in einem krassen Missverhältnis zur erbrachten Arbeitsleistung steht, hängt vom Wert der Arbeitsleistung und nicht von der Höhe möglicher Sozialhilfeansprüche ab. Die Sozialhilfe knüpft an eine wirtschaftliche Bedürfnislage an. Hierfür sind neben den Einkünften etwaige Unterhaltspflichten, die Kosten für Miete sowie andere notwendige Ausgaben und damit zahlreiche Faktoren maßgebend, die nichts mit der konkreten Arbeitsleistung zu tun haben.

9 **cc)** Ebenso wenig kann aus den **Pfändungsgrenzen des § 850 c ZPO** auf ein Missverhältnis zwischen Leistung und Gegenleistung geschlossen werden. Die Vorschriften über den Pfändungsschutz (§§ 850ff. ZPO) bezwecken den Schutz des Schuldners vor Kahlpfändung. Ihm wird ein Teil seines Arbeitseinkommens belassen, um ihm und seiner Familie die Führung eines menschenwürdigen Lebens zu ermöglichen und ihn nicht der Sozialhilfe anheimfallen zu lassen. Beim Pfändungsschutz bleiben der Wert und die wertbildenden Besonderheiten der vertraglich geschuldeten Arbeitsleistung unberücksichtigt.

10 **dd)** Das BAG hat bisher **keine festen Richtwerte** zur Feststellung eines auffälligen Missverhältnisses zwischen Leistung und Gegenleistung entwickelt. Feste Grenzen dürften schwer zu ziehen sein. Immer ist auch die absolute Entgelthöhe zu beachten. Das gilt insbesondere bei hohen, aber auch sehr niedrigen Einkommen. Das BAG hat angenommen, die Zahlung von 70% der üblichen Vergütung führe ohne Hinzutreten weiterer Umstände nicht zu einem auffälligen Missverhältnis.[15] Die Vereinbarung von monatlich 664,68 Euro brutto für eine wöchentliche Arbeitszeit von 35 Stunden als Rechtsanwalt ist dagegen nichtig. Die übliche Vergütung für einen Berufsanfänger hat 1996 bis 1998 1431,62 Euro betragen.[16]

11 Soweit der **Erste Strafsenat des BGH** demgegenüber in einem Fall der strafrechtlichen Beurteilung des Lohnwuchers gem. § 302a I 1 Nr. 3 StGB a. F. (= § 291 StGB n. F.) die tatrichterliche Würdigung des Landgerichts, ein auffälliges Missverhältnis liege bei einem Lohn vor, der $^2/_3$ des Tariflohns betrage, revisionsrechtlich gebilligt hat, ist dies nur als ein Indiz für die Sittenwidrigkeit der Entgeltvereinbarung zu bewerten.[17] Zu berücksichtigen ist, dass der BGH in Zivilsachen beim Ratenkreditgeschäft ein auffälliges Missverhältnis zwischen Leistung und Gegenleistung grundsätzlich erst dann bejaht, wenn der Vertragszins rund 100% über dem Marktzins liegt. Dabei misst der BGH auch dem absoluten Zinsunterschied zwischen Marktzins und Vertragszins Bedeutung bei. Eine Differenz von 12 Prozentpunkten hat danach eine ähnliche Richtwertfunktion wie der relative Unterschied von rund 100%.[18]

12 **ee)** Zur Sittenwidrigkeit einer Entgeltvereinbarung können auch **weitere Umstände** führen. Zu prüfen ist, ob ein Rechtsgeschäft nach seinem aus der Zusammenfassung von Inhalt, Beweggrund und Zweck zu entnehmenden Gesamtcharakter mit den guten Sitten nicht zu vereinbaren ist.[19] Hierbei ist weder das Bewusstsein der Sittenwidrigkeit noch eine Schädigungsabsicht erforderlich, es genügt vielmehr, dass der Handelnde die Tatsachen kennt, aus denen die Sittenwidrigkeit folgt.[20] Das von den guten Sitten Zugelassene erschließt sich aus dem Gesamtzusammenhang der Rechtsordnung unter Berücksichtigung der Wertungen des Grundgesetzes.

13 **ff) Maßgeblicher Zeitpunkt** für die Beurteilung der Sittenwidrigkeit ist grundsätzlich der Zeitpunkt des Vertragsschlusses. Bei arbeitsvertraglichen Vergütungsabreden ist jedoch auf den jeweils streitgegenständlichen Zeitraum abzustellen. Eine Entgeltvereinbarung kann zum Zeit-

[13] BAG 23. 5. 2001 EzA 29 zu § 138 BGB; *Rieble/Klebeck* ZIP 2006, 829, 835; krit. dazu *Bepler,* FS Richardi, S. 189, 202f.

[14] BAG 24. 3. 2004 AP 59 zu § 138 BGB = NZA 2004, 971; LAG Bremen 17. 6. 2008 AuR 2008, 357; a. A. ArbG Bremen 30. 8. 2000 DB 2000, 2278; SG Berlin 27. 2. 2006 AuR 2007, 54.

[15] BAG 23. 5. 2001 EzA 29 zu § 138 BGB.

[16] LAG Hessen 28. 10. 1999 NJW 2000, 3372 = NZA-RR 2000, 521; zuvor ArbG Hersfeld 4. 11. 1998 NZA-RR 99, 629.

[17] BGH 22. 4. 1997 BGHSt 43, 53; zust. LAG Berlin 20. 2. 1998 AuR 98, 468; LAG Berlin-Brandenburg 18. 2. 2007 – 15 Sa 1363/06; LAG Bremen 17. 6. 2008 AuR 2008, 357; *Reinecke* NZA 2000 Beilage zu Heft 3 S. 23, 32; *Peter* AuR 99, 289, 293.

[18] BGH 13. 3. 1990 BGHZ 110, 336.

[19] BAG 26. 4. 2006 AP 63 zu § 138 BGB = NZA 2006, 1354; BGH 6. 5. 1999 BGHZ 141, 357, 361.

[20] BGH 19. 1. 2001 BGHZ 146, 298, 301.

punkt ihres Abschlusses noch wirksam sein, jedoch im Laufe der Zeit, wenn sie nicht an die allgemeine Lohn- und Gehaltsentwicklung angepasst wird, gegen die guten Sitten verstoßen.[21]

gg) Rechtsfolge des Verstoßes gegen § 138 I BGB ist ein Anspruch des Arbeitnehmers auf die übliche Vergütung nach § 612 II BGB. Maßgeblich ist die übliche Vergütung in dem vergleichbaren Wirtschaftskreis.[22] Bei Tarifbindung wird die nichtige Lohnvereinbarung durch den Tariflohn ersetzt; in den übrigen Fällen ist die angemessene Vergütung gem. § 612 II BGB zu ermitteln. 14

e) Weitere Beispiele. (1) Sittenwidrigkeit verneint: Leistet eine Arbeitnehmerin durch eine **Teilzeitvereinbarung einen Sanierungsbeitrag** und soll sie bei Insolvenz für die letzten 12 Monate vor ihrem Ausscheiden bezüglich ihrer monatlichen Vergütung so gestellt werden, wie sie ohne diese Teilzeitvereinbarung gestanden hätte, ist diese Vereinbarung nicht sittenwidrig. Die Vergütungsdifferenzen sind für die Zeit nach Insolvenzeröffnung Masseverbindlichkeiten.[23] Ein **Schuldversprechen oder Schuldanerkenntnis** ist nicht allein wegen einer fehlenden oder zu kurzen Überlegungsfrist sittenwidrig.[24] Ein **Arbeitsvertrag auf Lebenszeit** ist nicht unter dem Gesichtspunkt sittenwidrig, dass längere Krankenhaus- oder Heimaufenthalte des Arbeitgebers wahrscheinlich sind, während derer die Arbeitskraft des Arbeitnehmers nicht benötigt wird. Vor diesem Hintergrund kann dem Arbeitgeber allenfalls bei Unzumutbarkeit der Vertragsbindung ein außerordentliches Kündigungsrecht nach § 626 BGB zustehen.[25] Die **Vergütung von Bereitschaftsdienstzeiten** kann sittenwidrig sein, wenn dem Arbeitnehmer erhebliche Leistungen ohne Vergütung abverlangt werden.[26] Bei einer Normalarbeitszeit von 184 Stunden (hier im Januar 2003) kann nicht von einer Sittenwidrigkeit der **Festlohnabrede** bei nur knapp 15 Stunden Mehrarbeit nicht ausgegangen werden.[27] Eine **Pauschalabgeltung aller anfallenden Überstunden** ist nur sittenwidrig, wenn der Arbeitnehmer beweist, dass ein auffälliges Missverhältnis zwischen Leistung und Gegenleistung besteht. Beträgt die vertragliche Vergütung unter Einbeziehung der Überstunden mehr als 70% des üblichen Vergleichsverdienstes, ist die Grenze zur Sittenwidrigkeit nicht überschritten.[28] Eine individuell vereinbarte (§ 306b BGB) **Ausschlussklausel,** nach der Ansprüche innerhalb von zwei Monaten seit ihrer Fälligkeit schriftlich und innerhalb eines Monats nach ihrer Ablehnung durch die Gegenseite oder nach Ablauf einer Frist von 14 Tagen ohne Äußerung der Gegenseite gerichtlich geltend gemacht werden müssen, ist nicht sittenwidrig.[29] Ein **Aufhebungsvertrag** ist nicht allein deshalb unwirksam, weil der Arbeitgeber dem Arbeitnehmer weder eine Bedenkzeit noch ein Rücktritts- bzw. Widerrufsrecht eingeräumt und ihm auch das Thema des beabsichtigten Gesprächs vorher nicht mitgeteilt hat.[30] Gleiches gilt, wenn die Arbeitsvertragsparteien in dem Aufhebungsvertrag, der auf Beanstandungen der Arbeitsleistung durch den Arbeitgeber beruht, den Ausspruch einer betriebsbedingten Kündigung vereinbaren. Der Hauptzweck des Vertrags, die Beendigung des Arbeitsverhältnisses, wird durch die möglicherweise nichtige Vereinbarung über den Grund der Beendigung nicht berührt.[31] Ein zur Umgehung der Rechtsfolgen des § 143a SGB III rückdatierter Aufhebungsvertrag ist nur dann sittenwidrig, wenn beide Parteien diesen Zweck verfolgen und der Hauptzweck des Aufhebungsvertrags in der Täuschung der Bundesagentur für Arbeit liegt.[32] Die Verpflichtung zur **Rückzahlung von Provisionsvorschüssen** ist wirksam, es sei denn, durch die Vorschusszahlungen wird eine unzulässige Bindung des Arbeitnehmers herbeigeführt oder die Provisionsabrede ist so getroffen, dass der Arbeitnehmer die geforderten Umsätze überhaupt nicht erbringen kann.[33] Ein Arbeitsvertrag, der abgeschlossen wird, um dem Arbeitnehmer **den Schutz der Sozialversicherungen und dem Arbeitgeber Fördermittel der Agentur für Arbeit zu verschaffen,** ist dann nicht wegen Sittenwidrigkeit nichtig, wenn tatsächlich Arbeitsleistungen erbracht und entgegengenommen 15

---

[21] BAG 26. 4. 2006 AP 63 zu § 138 BGB = NZA 2006, 1354.
[22] BAG 26. 4. 2006 AP 63 zu § 138 BGB = NZA 2006, 1354.
[23] BAG 19. 1. 2006 AP 13 zu § 55 InsO.
[24] BAG 15. 3. 2005 AP 7 zu § 781 BGB = NZA 2005, 682.
[25] BAG 24. 3. 2004 AP 60 zu § 138 BGB.
[26] BAG 28. 1. 2004 AP 10 zu § 611 BGB Bereitschaftsdienst = NZA 2004, 656.
[27] LAG Berlin 13. 1. 2005 – 14 Sa 2017/04.
[28] LAG Schleswig-Holstein 5. 11. 2002 NZA-RR 2003, 242–243.
[29] BAG 27. 2. 2002 AP 162 zu § 4 TVG Ausschlussfristen.
[30] BAG 20. 9. 1993 AP 37 zu § 123 BGB = NZA 94, 209.
[31] LAG Niedersachsen 23. 11. 2004 NZA-RR 2005, 415; siehe dazu aber auch LAG Hamm 27. 11. 1997 LAGE § 611 BGB Aufhebungsvertrag Nr. 22.
[32] LAG Baden-Württemberg 22. 5. 1991 LAGE § 611 BGB Aufhebungsvertrag Nr. 4.
[33] BAG 20. 6. 1989 AP 8 zu § 87 HGB = NZA 89, 843.

werden. Sittenwidrig ist dann allein die Abrede, dass der Arbeitnehmer nicht die vereinbarte Vergütung erhalten soll.[34] Ein Arbeitsvertrag, durch den der Geschäftsführer und Mehrheitsgesellschafter einer GmbH seine **Geliebte als Reisesekretärin anstellt,** ist selbst dann nicht sittenwidrig und nichtig, wenn diese für den Betrieb keine Dienstleistung erbringt, sofern der Vertrag nicht ausschließlich die geschlechtliche Hingabe entlohnen soll.[35]

16 **(2) Sittenwidrigkeit wurde bejaht** bei der **Beendigung des Arbeitsverhältnisses einer arbeitnehmerähnlichen Person** allein deswegen, weil sie ihr zustehende Ansprüche geltend gemacht hat;[36] Zusagen des Arbeitgebers über die **Erstattung von etwaigen Geldbußen** für Verstöße der Arbeitnehmer gegen Vorschriften über Lenkzeiten im Güterfernverkehr;[37] der **Verlustbeteiligung des Arbeitnehmers,** wenn dafür kein angemessener Ausgleich erfolgt;[38] der Vereinbarung, durch die sich der Arbeitnehmer gegenüber dem Arbeitgeber zur Abgabe einer **unrichtigen Bescheinigung zur Vorlage beim Finanzamt** verpflichtet;[39] einem Vergleich, der die Abfindung einer **Versorgungsanwartschaft** durch einen Kapitalbetrag vorsieht, wenn ein grobes Missverhältnis des beiderseitigen Nachgebens besteht. Ein Indiz dafür ist gegeben, wenn die Abfindungssumme nur einen geringfügigen Bruchteil des zeitanteilig erdienten Anwartschaftswertes bildet und für einen so weitgehenden Verzicht kein Grund ersichtlich ist.[40] Ein Stundenlohn von **5,00 Euro für eine Auspackhilfe** im Einzelhandel ist nach Ansicht des LAG Bremen sittenwidrig. Daran ändere nichts, dass der Arbeitnehmer Sozialhilfeleistungen erhalte, welche die Lebensgrundlage des Arbeitnehmers sichere.[41] Steht der Ausbildungszweck in einem sechsmonatigen **sog. Praktikantenverhältnis** nicht im Vordergrund, d. h. überwiegt der Ausbildungszweck nicht deutlich die für den Betrieb erbrachten Leistungen und Arbeitsergebnisse, ist eine Vergütung von 375,00 € monatlich sittenwidrig.[42]

17 **3. Gesetzliche Verbote.** Ein Arbeitsvertrag kann insgesamt oder in einzelnen Teilen gegen gesetzliche Verbote verstoßen und gem. § 134 BGB nichtig sein. § 134 BGB ordnet bei Verstößen gegen gesetzliche Verbote jedoch nicht ausnahmslos die Nichtigkeit an. Es kann sich aus dem Verbotsgesetz auch etwas anderes ergeben. Ist eine Rechtsfolgenregelung nicht enthalten, sind **Sinn und Zweck des verletzten Verbots** entscheidend.[43] Die Nichtigkeitsfolge tritt ein, wenn der Inhalt des Rechtsgeschäfts gegen ein gesetzliches Verbot verstößt, insbesondere wenn der mit dem Rechtsgeschäft bezweckte Erfolg, z. B. die Vertragserfüllung, verbotswidrig ist. So ist ein Arbeitsvertrag nichtig, wenn er die Ausübung des ärztlichen Berufs zum Gegenstand hat und die erforderliche Approbation oder Erlaubnis nicht vorliegt und auch nicht erteilt werden kann.[44]

18 Die Abrede in einem Arbeitsvertrag, die **Arbeitsvergütung ohne Berücksichtigung von Steuern und Sozialversicherungsbeiträgen** („schwarz") auszuzahlen, führt regelmäßig nicht zur Nichtigkeit des Arbeitsvertrags. Soll die Abführung von Steuern und Beiträgen vereinbarungsgemäß teilweise unterbleiben, ist nur diese Abrede und nicht die gesamte Vergütungsvereinbarung nichtig.[45]

19 In einem **freien Dienstverhältnis** führt dagegen der beiderseitige Verstoß gegen § 1 SchwarzArbG gemäß § 134 BGB zur Nichtigkeit des Vertrags.[46] Nach dem Eingangssatz von § 1 I SchwarzArbG wird die Erbringung von Dienst- oder Werkleistungen unter Verletzung der dort genannten Melde- und Anzeigepflichten sowie bei Verstößen gegen die Gewerbe- oder Handwerksordnung untersagt. Demgegenüber verbieten weder die sozial- und steuerrechtlichen Vorschriften noch § 263 I und § 266 a I StGB die Arbeitsleistung an sich, sondern allein die Hinterziehung der Steuern und Sozialversicherungsbeiträge. Dies wird durch den neu eingefügten § 14 II SGB IV bestätigt: Danach gilt ein Nettoarbeitsentgelt als vereinbart, wenn bei illegalen Beschäftigungsverhältnissen Steuern und Beiträge zur Sozialversicherung und zur Arbeitsförderung nicht gezahlt werden. Der Gesetzgeber will durch diese Regelung ersichtlich der

[34] Hessisches LAG 11. 3. 1998 LAGE § 138 BGB Nr. 13.
[35] LAG Nürnberg 4. 7. 1994 DB 94, 2453.
[36] BAG 14. 12. 2004 AP 62 zu § 138 BGB = NZA 2005, 637.
[37] BAG 25. 1. 2001 AP 14 zu § 611 BGB Haftung des Arbeitgebers = NZA 2001, 653.
[38] BAG 10. 10. 1990 AP 47 zu § 138 BGB.
[39] BGH 23. 1. 1992 AP 48 zu § 138 BGB.
[40] BAG 30. 7. 1985 NZA 86, 519.
[41] LAG Bremen 17. 6. 2008 AuR 2008, 357; ebenso ArbG Dortmund 29. 5. 2008 – 4 Ca 274/08.
[42] LAG Baden-Württemberg 8. 2. 2008 NZA 2008, 768.
[43] BGH 14. 12. 1999 NJW 2000, 1186.
[44] BAG 3. 11. 2004 AP 25 zu § 134 BGB = NZA 2005, 1409.
[45] BAG 26. 2. 2003 AP 24 zu § 134 BGB = NZA 2004, 313.
[46] BAG 24. 3. 2004 EzA 2 zu § 134 BGB 2002; BGH 31. 5. 1990 BGHZ 111, 308, 311.

Sozialversicherung und dem Fiskus die Steuern und Beiträge sichern, die bei Nichtigkeit der Vergütungsvereinbarung nicht anfallen würden.

4. Teilnichtigkeit. Verstößt der Arbeitsvertrag nur in einzelnen Teilen gegen Verbotsgesetze, hat dies nicht gem. § 139 BGB die Nichtigkeit des gesamten Vertrags zur Folge, weil ansonsten der bestehende **Arbeitnehmerschutz** zunichtegemacht würde.[47] In diesen Fällen werden die verbotenen Teile durch die gesetzlichen oder tariflichen Bestimmungen ersetzt. Verbotsgesetze sind insbesondere die Arbeitnehmerschutzvorschriften, Arbeitszeitbestimmungen (vgl. §§ 155, 156), Sonn- und Feiertagsschutz (vgl. § 159) sowie der Mutter- (vgl. §§ 165, 166) und Jugendarbeitsschutz (vgl. § 161), der Betriebsschutz (vgl. § 154) sowie die Abschlussverbote (vgl. § 34 RN 71 ff.). 20

Verstößt eine Maßnahme oder Handlung gegen ein **tarifliches Verbot,** ist die tariflich angeordnete Rechtsfolge entscheidend, hilfsweise die sich aus dem Verbotszweck ergebende Rechtsfolge. Ein Verstoß gegen das Verbot der Annahme von Geschenken (§ 10 BAT) führt nicht zur Nichtigkeit des zugrunde liegenden Rechtsgeschäfts.[48] 21

5. Verhältnis zu anderen Vorschriften. Ist ein Rechtsgeschäft durch arglistige Täuschung oder widerrechtliche Drohung zustande gekommen, ist es nicht ohne Weiteres nichtig, sondern nur nach § 123 BGB anfechtbar. Nur dann, wenn sonstige Umstände als die unzulässige Willensbeeinflussung hinzukommen, ist es sittenwidrig. 22

II. Anfechtbarkeit des Arbeitsvertrags

Bährle, Anfechtung des Arbeitsvertrags und dessen Rückabwicklung, BuW 2002, 482; *C. S. Hergenröder,* Anfechtung im Arbeitsrecht, AR-Blattei, SD 60 [2006]; *Hoß,* Anfechtung von Arbeitsverträgen, ArbRB 2002, 243; *Picker,* Die Anfechtung von Arbeitsverträgen – Theorie und Praxis der höchstrichterlichen Judikatur, ZfA 81, 1; *Strick,* Die Anfechtung von Arbeitsverträgen durch den Arbeitgeber, NZA 2000, 695.

1. Allgemeines. Die zum Abschluss eines Arbeitsvertrags führenden Willenserklärungen können wie jedes Rechtsgeschäft wegen Irrtums (§ 119 BGB), Drohung oder arglistiger Täuschung (§ 123 BGB) angefochten werden. In den Rechtsfolgen ist zu unterscheiden zwischen bereits in Vollzug gesetzten Arbeitsverhältnissen und den noch nicht realisierten. Die Anfechtung muss sich jedenfalls im Wege der Auslegung der Willenserklärung ergeben.[49] 23

2. Konkurrenzfragen. a) Das Recht zur Anfechtung kann mit dem zur **außerordentlichen Kündigung** konkurrieren.[50] Beide Rechte haben allerdings verschiedene Voraussetzungen. Für eine Anfechtung müssen die in §§ 119, 123 BGB genannten Voraussetzungen gegeben sein, während für die außerordentliche Kündigung (§ 127) zumeist ein wichtiger Grund bestehen muss. 24

b) Da es sich bei Anfechtung und Kündigung um unterschiedliche Rechtsinstitute handelt, stehen der Anfechtung die **besonderen Kündigungsverbote** grundsätzlich nicht entgegen.[51] Eine **Anhörung des Betriebsrats** nach § 102 BetrVG ist nicht erforderlich.[52] 25

c) Die Anfechtung ist innerhalb der in §§ 121, 124 BGB normierten Fristen zu erklären. Eine außerordentliche Kündigung aus wichtigem Grund kann nur binnen zwei Wochen seit Erlangung der Kenntnis des Kündigungsgrundes erfolgen (§ 626 II BGB). Diese Frist wird vom BAG zur **Konkretisierung der Anfechtungsfrist des § 119 BGB** herangezogen. Eine Irrtumsanfechtung erfolgt danach nur dann unverzüglich, wenn sie innerhalb der Zwei-Wochen-Frist des § 626 II BGB erklärt wird.[53] 26

Dagegen hat das BAG der Frist des § 626 II BGB bei einer Anfechtung wegen widerrechtlicher Drohung oder Täuschung (§ 123 BGB) keine Bedeutung beigemessen.[54] Die Anfechtungsfrist bei einer wegen Drohung oder arglistigen Täuschung anfechtbaren Willenserklärung beträgt gem. **§ 124 I BGB ein Jahr.** Dies gilt auch bei der Anfechtung eines Aufhebungsvertrags wegen Drohung.[55] Die Frist beginnt im Falle der arglistigen Täuschung mit dem Zeit- 27

---

[47] BAG 4. 10. 1978 AP 11 zu § 611 BGB Anwesenheitsprämie; ErfK/*Preis* § 611 BGB RN 342; HWK/*Thüsing* § 611 BGB RN 81.

[48] BGH 14. 12. 1999 NJW 2000, 1186.

[49] BGH 15. 12. 1987 NJW-RR 88, 566.

[50] BAG 28. 3. 1974 AP 3 zu § 119 BGB; 21. 2. 1991 AP 35 zu § 123 BGB.

[51] ErfK/*Preis* § 611 BGB RN 346.

[52] BAG 11. 11. 1993 AP 38 zu § 123 BGB = NZA 94, 407.

[53] BAG 14. 12. 1979 AP 4 zu § 119 BGB; 19. 5. 1983 AP 25 zu § 123 BGB; 21. 2. 1991 AP 35 zu § 123 BGB; HWK/*Thüsing* § 119 BGB RN 14; krit. *Herschel* AuR 80, 255; *Picker* ZfA 81, 1, 15 ff.

[54] BAG 19. 5. 1983 AP 25 zu § 123 BGB.

[55] BAG 28. 11. 2007 AP 36 zu § 620 BGB Aufhebungsvertrag = NZA 2008, 348.

punkt, in welchem der Anfechtungsberechtigte die Täuschung entdeckt, im Falle der Drohung mit dem Zeitpunkt, in welchem die Zwangslage aufhört. Auf den Lauf der Frist finden die für die Verjährung geltenden Vorschriften der §§ 206, 210 und 211 BGB entsprechende Anwendung. Der Drohende muss sich damit abfinden, dass auch noch längere Zeit nach Abschluss des erzwungenen Vertrags die Anfechtung erfolgt.[56]

28 **d)** Zur Rechtfertigung einer unverzüglich zu erklärenden Anfechtung können Anfechtungsgründe **nicht nachgeschoben** werden, wenn eine selbstständige Anfechtung mit diesen Gründen verspätet wäre.[57] Der Anfechtungsgegner geht davon aus, dass die Wirksamkeit der Erklärung nur aus den angegebenen oder erkennbaren Gründen in Zweifel gezogen wird. Er richtet sich in seinem weiteren Verhalten darauf ein und braucht nicht damit zu rechnen, dass noch zu einem späteren Zeitpunkt andere Gründe nachgeschoben werden. Diese Grundsätze gelten für alle Anfechtungsgründe.[58] Der Arbeitnehmer muss allerdings im Fall der Anfechtung nicht gem. §§ 13, 4 KSchG binnen drei Wochen **Klage** erheben.[59] Eine Partei kann mit dem Einwand, sie fechte ein Rechtsgeschäft wegen arglistiger Täuschung an, nach § 340 III ZPO ausgeschlossen werden.[60]

29 **e)** Bei einer **irrtümlichen Falschbezeichnung** kann eine „außerordentliche Kündigungserklärung“ als Anfechtungserklärung ausgelegt werden, wenn aus den Gesamtumständen ersichtlich ist, dass die Auflösung des Arbeitsverhältnisses aus Gründen der Täuschung oder Drohung gewollt ist.[61] Dagegen ist die **Umdeutung** einer außerordentlichen Kündigung in eine Anfechtungserklärung wegen Irrtums ausgeschlossen.[62]

30 **f)** Die Partei, die nach § 119 BGB den Arbeitsvertrag anficht, kann nach § 122 BGB **schadensersatzpflichtig** werden. Der nach § 123 BGB Anfechtende kann Schadensersatzansprüche aus § 311 BGB, §§ 823, 826 BGB haben. Schadensersatzansprüche aus § 311 BGB können auch bei nur fahrlässiger Täuschung erwachsen. Sie sind selbst dann nicht ausgeschlossen, wenn die Anfechtungsfrist versäumt ist.[63] Im Fall der außerordentlichen Kündigung können Schadensersatzansprüche aus § 280 BGB oder § 628 II BGB entstehen (§ 127 RN 53 ff.).

31 **3. Bestätigung des Rechtsgeschäfts.** Nach § 144 I BGB ist die Anfechtung ausgeschlossen, wenn das anfechtbare Rechtsgeschäft von dem Anfechtungsberechtigten bestätigt wird. Bestätigung ist jede Erklärung des Anfechtungsberechtigten, in der sein Wille zum Ausdruck kommt, ein ihm **bekanntes Anfechtungsrecht nicht auszuüben**.[64] Zwar kann eine solche Bestätigung auch durch schlüssige Handlung erfolgen, jedoch muss das Verhalten den eindeutigen Willen offenbaren, trotz der Anfechtbarkeit an dem Rechtsgeschäft festhalten zu wollen; jede andere den Umständen nach einigermaßen verständliche Deutung muss ausgeschlossen sein.[65] Kann ein Arbeitnehmer nach Abschluss eines Aufhebungsvertrags bis zum vereinbarten Ende des Arbeitsverhältnisses während seiner Arbeitszeit der Stellensuche nachgehen und macht er von dieser Möglichkeit auch Gebrauch, stellt dies ebenso wenig wie eine deutlich geringere Arbeitsleistung in dieser Zeit eine Bestätigungshandlung iSv. § 144 I BGB dar, wenn ihm vom Arbeitgeber weniger Arbeit zugewiesen wurde.[66]

31a **4. Inhalts- und Erklärungsirrtum.** Die Anfechtung eines Arbeitsvertrags wegen Inhalts- oder Erklärungsirrtums unterliegt keinen besonderen Voraussetzungen. Insoweit kann auf die Kommentierung zu § 119 I BGB verwiesen werden.

32 **5. Eigenschaftsirrtum. a)** Nach § 119 II BGB gilt als Irrtum über den Inhalt der Erklärung auch der Irrtum über solche Eigenschaften der Person oder der Sache, die im Verkehr als wesentlich angesehen werden. Hierfür genügen nicht unrichtige Vorstellungen über Person oder Leistung des Arbeitnehmers bei Vertragsschluss. Anfechtungsgrund ist nicht die Fehlbeurteilung, sondern das **Nichtwissen von Eigenschaften** als Voraussetzung für die Beurteilung, ob der

---

[56] BAG 6. 11. 1997 AP 45 zu § 242 BGB Verwirkung = NZA 98, 374.
[57] BAG 21. 1. 1981 AP 5 zu § 119 BGB; MünchKommBGB/*Kramer* § 121 RN 3.
[58] BAG 7. 11. 2007 AP 329 zu § 613 a BGB = NZA 2008, 530.
[59] Stahlhacke/*Preis* RN 147; HWK/*Thüsing* § 119 BGB RN 18; offen gelassen BAG 14. 12. 1979 AP 4 zu § 119 BGB.
[60] BAG 9. 11. 1983 AP 3 zu § 340 ZPO.
[61] BAG 14. 12. 1979 AP 4 zu § 119 BGB; siehe auch BAG 21. 2. 1991 AP 35 zu § 123 BGB.
[62] BAG 3. 11. 1982 AP 12 zu § 15 KSchG.
[63] BGH 11. 5. 1979 NJW 79, 1983.
[64] BGH 28. 4. 1971 NJW 71, 1795, 1800.
[65] BAG 16. 12. 2004 AP 64 zu § 123 BGB.
[66] BAG 28. 11. 2007 AP 36 zu § 620 BGB Aufhebungsvertrag = NZA 2008, 348.

Arbeitnehmer für die vorgesehene Arbeitsleistung geeignet ist.[67] Erforderlich ist, dass sich der Arbeitgeber über wesentliche körperliche, geistige Merkmale oder tatsächliche und rechtliche Verhältnisse des Arbeitnehmers getäuscht hat, die sich auf die Eignung zur Arbeit auswirken.[68] Zur Anfechtung berechtigt ist der Arbeitgeber nur, wenn er die Willenserklärung „bei Kenntnis der Sachlage und bei verständiger Würdigung des Falles nicht abgegeben haben würde".

b) Bei der Prüfung, ob eine Eigenschaft als verkehrswesentlich angesehen werden kann, ist zu berücksichtigen, dass § 1 AGG Differenzierungen nach den dort genannten Kriterien verbietet (dazu § 33 RN 5ff.). Berührt der Anfechtungsgrund **Merkmale des § 1 AGG** (z.B. Behinderung), besteht ein Anfechtungsrecht nur, wenn die Voraussetzungen des § 8 AGG vorliegen. 33

c) Verkehrswesentliche Eigenschaften sind etwa **Ehrlichkeit** und Vertrauenswürdigkeit eines Kassierers, dagegen nicht die Wahrheitsliebe bei einem ungelernten Arbeiter.[69] Der Grad der **Leistungsfähigkeit** des Arbeitnehmers ist im Allgemeinen keine verkehrswesentliche Eigenschaft.[70] Eine **Krankheit** kann dann eine verkehrswesentliche Eigenschaft sein, wenn dem Arbeitnehmer nicht nur vorübergehend die notwendige Fähigkeit zur Arbeitsleistung überhaupt fehlt oder diese erheblich beeinträchtigt ist.[71] Bei **Transsexualität** kann die Anfechtung wegen verkehrswesentlicher Eigenschaften berechtigt sein, wenn der transsexuelle Mann als Sprechstundenhilfe eines Frauenarztes arbeitet. Dies kann auch dann gelten, wenn er berechtigt ist, einen weiblichen Vornamen zu führen, aber die äußeren Geschlechtsmerkmale nicht verändert sind (siehe dazu § 33 RN 9 und 14).[72] 34

d) Keine verkehrswesentliche Eigenschaft ist die **Gewerkschaftszugehörigkeit** oder **-Nichtzugehörigkeit.** Insoweit geht das Recht der Koalitionsfreiheit (Art. 9 GG) vor. **Vorstrafen** berechtigen regelmäßig nicht zur Anfechtung, es sei denn, ein einschlägig vorbestrafter Arbeitnehmer ist für den nach dem Arbeitsvertrag vorausgesetzten Aufgabenbereich nach der Verkehrsanschauung nicht geeignet (Kassierer, der wegen Untreue bestraft ist). Nach Tilgung aus dem Bundeszentralregister sind Vorstrafen irrelevant.[73] Einmalige oder geringfügige **Verkehrsstrafen** lassen bei einem Kraftfahrer noch nicht auf mangelnde Zuverlässigkeit im Straßenverkehr schließen. 35

e) Schwangerschaft ist nur ein vorübergehender Zustand und deshalb keine verkehrswesentliche Eigenschaft.[74] Hinzu kommt, dass die Ablehnung einer an sich geeigneten Bewerberin wegen der Schwangerschaft eine verbotene unmittelbare Benachteiligung wegen des Geschlechts darstellt, § 3 II 2 AGG.[75] Wird eine Arbeitnehmerin für eine Tätigkeit eingestellt, für die bei Schwangerschaft nach §§ 4ff. MuSchG ein Beschäftigungsverbot besteht (z.B. Verbot der Nachtarbeit nach § 8 I MuSchG), ist der Arbeitsvertrag gleichwohl wirksam.[76] Der Arbeitgeber ist nicht berechtigt, seine erklärte Zustimmung zur Rückkehr einer Arbeitnehmerin an ihrem Arbeitsplatz vor dem Ende der Elternzeit mit der Begründung anzufechten, er habe sich über das Bestehen einer Schwangerschaft bei der Betroffenen geirrt. Vorschriften, die wie § 119 II BGB als Grundlage für ein solches Begehren des Arbeitgebers dienen könnten, dürfen zur Vermeidung von Verstößen gegen Gemeinschaftsrecht insoweit nicht angewendet werden.[77] Die Anfechtung wegen eines Irrtums über das Vorliegen einer **Schwerbehinderung** ist nur zulässig, wenn der schwerbehinderte Mensch für die vorausgesetzte Arbeit nicht geeignet ist (dazu § 179 RN 17ff.).[78] Diese Grundsätze gelten für die Inhaber von **Bergmannsversorgungsscheinen** entsprechend. 36

6. Arglistige Täuschung. a) Der Tatbestand der arglistigen Täuschung gemäß § 123 BGB setzt in objektiver Hinsicht voraus, dass der Täuschende durch Vorspiegelung oder Entstellung 37

---

[67] MünchArbR/*Richardi* § 46 RN 31.

[68] Vgl. BAG 21. 2. 1991 AP 35 zu § 123 BGB.

[69] BAG 12. 2. 1970 AP 17 zu § 123 BGB m. Anm. *Beuthien* = NJW 70, 1565.

[70] Ebenso ErfK/*Preis* § 611 BGB RN 350.

[71] BAG 28. 3. 1974 AP 3 zu § 119 BGB m. Anm. *Küchenhoff.*

[72] BAG 21. 2. 1991 AP 35 zu § 123 BGB = NZA 91, 719; EuGH 30. 4. 1996 NZA 96, 695.

[73] ErfK/*Preis* § 611 BGB RN 354.

[74] ErfK/*Preis* § 611 BGB RN 352; HWK/*Thüsing* § 119 BGB RN 5; näher hierzu *Pallasch* NZA 2007, 306.

[75] Ebenso zu § 611a BGB BAG 6. 2. 2003 AP 21 zu § 611a BGB = NZA 2003, 848; MünchArbR/*Richardi* § 46 RN 34.

[76] EuGH 5. 5. 1994 AP 3 zu Art. 2 EWG-Richtlinie Nr. 76/207 = NZA 94, 609.

[77] EuGH 27. 2. 2003 AP 31 zu EWG-Richtlinie Nr. 76/207 = NZA 2003, 373.

[78] BAG 7. 6. 1984 AP 26 zu § 123 BGB; 11. 11. 1993 AP 38 zu § 123 BGB = NZA 94, 407; ErfK/*Preis* § 611 BGB RN 351; näher hierzu *Joussen* NZA 2007, 174.

von Tatsachen beim Erklärungsgegner einen **Irrtum erregt** und ihn zur Abgabe einer Willenserklärung veranlasst. Eine im Laufe des Arbeitsverhältnisses begangene arglistige Täuschung kann die Anfechtung der zum Arbeitsvertragsschluss führenden Willenserklärungen nicht begründen, weil sie hierfür nicht ursächlich ist. Dass die arglistig hervorgerufene Fehlvorstellung unter Umständen nicht das einzige für den Vertragsschluss bestimmende Moment war, ist unerheblich (RN 46a).

38 **b)** Die **Täuschung** kann durch positives Tun, also insbesondere durch Behaupten, Unterdrücken oder Entstellen von Tatsachen erfolgen.[79] Ein Vorspiegeln falscher Tatsachen liegt beispielsweise vor, wenn der Bewerber im Hinblick auf ein erwartetes graphologisches Gutachten einen handschriftlichen Lebenslauf nicht selbst verfasst, sondern von einem Dritten schreiben lässt.[80] Die Täuschung kann auch in einem Verschweigen von Tatsachen bestehen, wenn der Erklärende zur Offenbarung der entsprechenden Tatsache verpflichtet ist.[81] Nicht jede falsche Angabe des Arbeitnehmers bei den Einstellungsverhandlungen stellt danach bereits eine arglistige Täuschung i. S. d. § 123 BGB dar, sondern nur eine falsche Antwort auf eine zulässig gestellte Frage (zum Fragerecht § 26 RN 16ff.).

39 **c)** Die Täuschung muss **arglistig** erfolgt sein. Das setzt voraus, dass der Täuschende wissen oder erkennen musste, dass die von ihm verschwiegene Tatsache für die Entscheidung zur Begründung des Arbeitsvertrags wesentlich sein würde.[82] Erforderlich ist ein zumindest bedingt vorsätzliches Verhalten; Fahrlässigkeit genügt nicht.[83] Das Tatbestandsmerkmal der Arglist erfasst deshalb nicht nur ein Handeln, das von betrügerischer Absicht getragen ist, sondern auch solche Verhaltensweisen, die auf bedingten Vorsatz im Sinne eines „Fürmöglichhaltens" reduziert sind und mit denen kein moralisches Unwerturteil verbunden sein muss.[84] Auch Erklärungen „ins Blaue hinein" können eine arglistige Täuschung begründen.[85] Sind in einem Vergleich mehrere Tatbestände (Beendigung des Arbeitsverhältnisses und Schadensersatzansprüche) geregelt, kann die teilweise Anfechtung zulässig sein, wenn der nicht angefochtene Teil des Vergleichs ohne die angefochtene Regelung vorgenommen sein würde.[86]

40 **d)** Erforderlich ist des Weiteren, dass die Täuschung **widerrechtlich** ist. Nicht jede falsche Angabe bei der Einstellung stellt eine arglistige Täuschung i. S. d. § 123 BGB dar, sondern nur eine falsche Antwort auf eine zulässigerweise gestellte Frage.[87]

41 **e)** Die Anfechtung wegen arglistiger Täuschung ist **nach Treu und Glauben (§ 242 BGB) ausgeschlossen,** wenn die Rechtslage des Getäuschten durch die arglistige Täuschung nicht oder nicht mehr beeinträchtigt ist und deshalb der Anfechtungsgrund im Zeitpunkt des Zugangs der Anfechtungserklärung seine Bedeutung für die weitere Fortsetzung des Arbeitsverhältnisses verloren hat.[88]

42 **f)** Den Anfechtenden trifft die **Beweislast** für die Anfechtungsvoraussetzungen.[89] Für Ursächlichkeit kann der Beweis des ersten Anscheins sprechen. Der Anfechtungsgegner muss ggf. beweisen, dass ein ursprünglicher Irrtum nachträglich durch Aufklärung beseitigt worden ist.[90]

43 **7. Drohung.** Eine Anfechtung wegen Drohung ist berechtigt, wenn der Abschluss des Vertrags **widerrechtlich durch Drohung** herbeigeführt worden ist (§ 123 BGB). Die Anfechtung wegen Drohung kommt im Zusammenhang mit dem Abschluss von Arbeitsverträgen selten vor. Sie gewinnt Bedeutung bei der Anfechtung der zum Abschluss eines Aufhebungsvertrags führenden Willenserklärungen (vgl. § 122 RN 27ff.).[91]

---

[79] BAG 21. 2. 1991 AP 35 zu § 123 BGB = NZA 91, 719.
[80] BAG 16. 9. 1982 AP 24 zu § 123 BGB.
[81] BAG 8. 9. 1988 AP 1 zu § 8 MuSchG 1968 = NZA 89, 178.
[82] BAG 7. 6. 1984 AP 26 zu § 123 BGB; 11. 11. 1993 AP 38 zu § 123 BGB = NZA 94, 407; 5. 10. 1995 AP 40 zu § 123 BGB = NZA 96, 371.
[83] ErfK/*Preis* § 611 BGB RN 360.
[84] BGH 11. 5. 2001 NJW 2001, 2326.
[85] BGH 7. 6. 2006 NJW 2006, 2839; 18. 1. 1995 NJW 95, 955; MünchKommBGB/*Kramer* § 123 RN 8.
[86] LAG Niedersachsen 8. 6. 1999 NZA-RR 2000, 63; dazu allgemein MünchKommBGB/*Busche* § 143 RN 11.
[87] BAG 21. 2. 1991 AP 35 zu § 123 BGB = NZA 91, 719; MünchKommBGB/*Kramer* § 123 RN 10.
[88] BAG 18. 9. 1987 AP 32 zu § 123 BGB = NZA 88, 731; 11. 11. 1993 AP 38 zu § 123 BGB; BGH 30. 6. 2000 NJW 2000, 2894.
[89] BGH 23. 9. 1957 NJW 57, 988.
[90] BGH 22. 10. 1976 DB 76, 2393; MünchKommBGB/*Kramer* § 123 RN 30.
[91] Dazu insbes. BAG 15. 12. 2005 AP 66 zu § 123 BGB = NZA 2006, 841.

a) Drohung ist das **Inaussichtstellen eines künftigen Übels,** dessen Zufügung in irgendeiner Weise als von der Macht des Ankündigenden abhängig hingestellt wird.[92] Die Drohung muss auf die Vornahme einer Handlung in der Zukunft abzielen, ein abgeschlossener Tatbestand ist keine Drohung.[93] Der Bedrohte muss einer Zwangslage ausgesetzt sein, die ihm subjektiv das Gefühl gibt, sich nur noch zwischen zwei Übeln entscheiden zu können.[94] Die Anwendung unmittelbaren Zwanges (Führen der Hand) ist keine Drohung; bei dem Gezwungenen fehlt es schon an der Willenserklärung. Die Drohung muss nicht ausdrücklich erfolgen; tatbestandsmäßig ist auch eine versteckte Drohung (Hinweis, Warnung).[95] Das Ausnützen einer seelischen Zwangslage steht der widerrechtlichen Drohung nicht gleich.[96] **44**

b) Der Drohende muss den Willen haben, den anderen Teil **zur Abgabe einer Willenserklärung zu bestimmen.** Dem Drohenden muss bewusst sein, dass sein Verhalten die Willensbildung des Empfängers der Drohung beeinflussen kann. Es ist aber nicht erforderlich, dass der Drohende mit Schädigungsvorsatz handelt oder sich durch die Drohung einen Vorteil verschaffen will. Die Drohung muss bewusst darauf gerichtet sein, den Bedrohten zu der Einschätzung zu verleiten, nur zwischen zwei Übeln wählen zu können, von denen die Abgabe der empfohlenen Erklärung als das geringere Übel gegenüber der sonst zu erwartenden Maßnahmen erscheinen soll.[97] **45**

c) Die Drohung muss **widerrechtlich** sein. Die Widerrechtlichkeit kann gegeben sein, wenn das angedrohte Verhalten oder der erstrebte Erfolg rechtswidrig ist. Bedient sich der Drohende zwar an sich erlaubter Mittel zur Verfolgung eines an sich nicht verbotenen Zwecks, kann sich die Widerrechtlichkeit aus der Inadäquanz, d. h. der Unangemessenheit des gewählten Mittels im Verhältnis zum verfolgten Zweck ergeben.[98] Hat der Drohende an der Erreichung des verfolgten Zwecks kein berechtigtes Interesse oder ist die Drohung nach Treu und Glauben nicht mehr als angemessenes Mittel zur Erreichung dieses Zwecks anzusehen, ist die Drohung widerrechtlich.[99] Rechtmäßig ist die Drohung mit der Anrufung der ordentlichen Gerichte, der Einleitung des Verfahrens beim Betriebsrat usw. In der Ankündigung des Arbeitgebers, das Arbeitsverhältnis durch Fristablauf enden zu lassen, wenn der Arbeitnehmer nicht zu einer – objektiv unwirksam – befristeten Fortsetzung zu den vom Arbeitgeber vorgeschlagenen Bedingungen bereit sei, liegt keine rechtswidrige Drohung i. S. v. § 123 I BGB. Ein solches Angebot des Arbeitgebers ist kein Übel, sondern bietet dem Arbeitnehmer die Möglichkeit, seiner Erwerbstätigkeit weiter nachgehen zu können, ohne dass er dies vom Arbeitgeber verlangen könnte.[100] **46**

d) Die Drohung muss gem. § 123 I BGB für die angefochtene Willenserklärung des Bedrohten **ursächlich** gewesen sein. Dabei genügt es, dass die Drohung nach der Vorstellung des Drohenden mitursächlich gewesen ist.[101] Die Ursächlichkeit der Drohung kann nicht schon dann ohne Weiteres bejaht werden, wenn die widerrechtliche Drohung conditio sine qua non, d.h. nicht wegzudenkende Ursache für die angefochtene Willenserklärung ist. Denn nach § 123 I BGB muss der Anfechtende durch die Drohung zur Abgabe der Willenserklärung „bestimmt" worden sein. Er muss noch bei der Abgabe der Willenserklärung unter dem Eindruck der Drohung gehandelt haben und nicht auf Grund einer davon nicht mehr maßgeblich beeinflussten autonomen Willensbildung. Davon ist zwar regelmäßig auch dann auszugehen, wenn dem widerrechtlich Bedrohten eine **Bedenkzeit** eingeräumt wurde. Ohne Hinzutreten weiterer Umstände ändert eine dem Arbeitnehmer eingeräumte Bedenkzeit nichts an der Ursächlichkeit der Drohung.[102] Zur Anfechtung eines Aufhebungsvertrags § 122 RN 27 ff. **46a**

III. Rechtsfolgen der Nichtigkeit oder Anfechtung

1. Grundsatz. Ist ein Arbeitsvertrag nichtig oder berechtigt angefochten, ist zu unterscheiden zwischen den Fällen, in denen nur der Arbeitsvertrag abgeschlossen, und denjenigen, in **47**

---

[92] BAG 15. 12. 2005 AP 66 zu § 123 BGB = NZA 2006, 841.
[93] BAG 23. 11. 2006 AP 8 zu § 623 BGB = NZA 2007, 466.
[94] BAG 13. 12. 2007 NZA-RR 2008, 341.
[95] BAG 6. 12. 2001 AP 33 zu § 286 ZPO = NZA 2002, 731.
[96] BGH 7. 6. 1988 NJW 88, 2599.
[97] BAG 15. 12. 2005 AP 66 zu § 123 BGB = NZA 2006, 841.
[98] BAG 13. 12. 2007 NZA-RR 2008, 341.
[99] BAG 15. 12. 2005 AP 66 zu § 123 BGB = NZA 2006, 841.
[100] BAG 13. 12. 2007 NZA-RR 2008, 341.
[101] BAG 15. 12. 2005 AP 66 zu § 123 BGB = NZA 2006, 841; BGH 22. 2. 2005 NJW-RR 2005, 1082; 12. 5. 1995 NJW 95, 2362.
[102] BAG 28. 11. 2007 AP 36 zu § 620 BGB Aufhebungsvertrag = NZA 2008, 348.

denen das Arbeitsverhältnis bereits in Vollzug gesetzt worden ist. In **Vollzug oder Funktion** gesetzt ist der Arbeitsvertrag, wenn der Arbeitnehmer an dem vom Arbeitgeber zugewiesenen Arbeitsplatz seine Arbeit aufgenommen hat.[103]

48 **2. Rechtsfolgen der Anfechtung. a)** Grundsätzlich gelten die allgemeinen Regeln des Bürgerlichen Rechts über die Nichtigkeit und die Anfechtung. Ein wirksam angefochtener Arbeitsvertrag wird nach § 142 BGB mit rückwirkender Kraft (ex-tunc-Wirkung) beseitigt.[104]

49 **b)** Von dem gesetzlichen Grundsatz der Rückwirkung der Anfechtungserklärung wird bei **vollzogenen Arbeitsverhältnissen** abgewichen. Ein bereits in Vollzug gesetzter Arbeitsvertrag kann wegen der Rückabwicklungsschwierigkeiten nicht mehr mit rückwirkender Kraft angefochten werden. Anstelle der rückwirkenden Nichtigkeit hat die Anfechtung nur die kündigungsähnliche Wirkung der Auflösung des Arbeitsverhältnisses für die Zukunft (ex-nunc-Wirkung).[105] Für die Vergangenheit ist das Arbeitsverhältnis grundsätzlich wie ein fehlerfrei zustande gekommenes zu behandeln, sog. fehlerhaftes Arbeitsverhältnis.[106]

50 Von diesem Grundsatz gibt es eine **Rückausnahme** für den Fall, dass der Arbeitnehmer infolge krankheitsbedingter Arbeitsunfähigkeit nicht gearbeitet hat. In diesem Fall liegt der Grund für die Ausnahme von der gesetzlich angeordneten Rückwirkung der Anfechtung, die Rückabwicklungsschwierigkeiten bei Anwendung der bereicherungsrechtlichen Vorschriften, nicht vor, weil keine Arbeitsleistung erbracht worden ist, die nicht zurückgewährt werden kann. Die Anfechtung wirkt in diesen Fällen auf den Zeitpunkt des Beginns der Arbeitsunfähigkeit zurück. Das BAG hat dies bislang nur für den Fall der Anfechtung wegen arglistiger Täuschung nach § 123 BGB entschieden.[107] Stellt man jedoch maßgeblich auf das Fehlen von Rückabwicklungsschwierigkeiten ab, ist diese Rechtsprechung auch auf die weiteren Anfechtungsgründe zu erstrecken.

51 **3. Nichtigkeit des Arbeitsvertrags.** Ist der Arbeitsvertrag z.B. wegen mangelnder Geschäftsfähigkeit des Arbeitnehmers nichtig, entsteht ein **fehlerhaftes Arbeitsverhältnis.** Es ist für den Zeitraum, in dem es trotz der ihm anhaftenden Mängel in Funktion gesetzt war, grundsätzlich wie ein fehlerfrei zustande gekommenes Arbeitsverhältnis zu behandeln.[108] Eine Rückabwicklung der erbrachten Leistungen kommt regelmäßig nicht in Betracht. Hat der Arbeitnehmer seine Arbeitsleistung erbracht, kann er die ursprünglich vereinbarte Vergütung verlangen.[109] Die Parteien können sich jedoch für die Zukunft ohne Weiteres lösen. Eine Kündigung oder Anfechtung ist nicht erforderlich, weil kein Vertragsverhältnis zustande gekommen ist.[110]

52 Ausnahmen bestehen im Falle eines **besonders schweren Mangels.** Hier führt die Nichtigkeit des Arbeitsverhältnisses zur Rückabwicklung der erbrachten Leistungen nach Bereicherungsrecht.[111] Bei einem Verstoß gegen ein gesetzliches Verbot sind Sinn und Zweck des Verbotsgesetzes maßgebend. Im Falle der von Anfang an fehlenden Approbation eines Arztes kommt kein „fehlerhaftes Arbeitsverhältnis", sondern nur die rückwirkende Nichtigkeit in Betracht. Durch die strafbare Praktizierung des Arbeitsvertrags kann keine Heilung für die Vergangenheit eintreten. Die Arbeitsleistung ist schon nach ihrer Art rechts- und gesetzeswidrig und eine Schutzwürdigkeit unter Vertrauensgesichtspunkten besteht nicht. Steht der Zweck des Verbotsgesetzes, Leben und Gesundheit der Patienten zu schützen, einer Heilung des nichtigen Rechtsgeschäfts entgegen, ist die angemessene Rechtsfolge allein der Ausgleich nach Bereicherungsrecht. Dabei ist gem. § 817 Satz 2 BGB die Rückforderung des Wertes der Arbeitsleistung ausgeschlossen, wenn mit der Erbringung der Arbeitsleistung vorsätzlich gegen das Verbot der Ausübung der Heilkunde ohne Approbation verstoßen wurde. Nach Treu und Glauben kommt im Einzelfall eine Einschränkung des Ausschlusses der Rückforderung in Betracht.

---

[103] ErfK/*Preis* § 611 BGB RN 366.
[104] HWK/*Thüsing* § 119 BGB RN 15.
[105] BAG 3. 12. 1998 AP 49 zu § 123 BGB = NZA 99, 584.
[106] HWK/*Thüsing* § 119 BGB RN 15; siehe auch MünchKommBGB/*Müller-Glöge* § 611 RN 635.
[107] BAG 3. 12. 1998 AP 49 zu § 123 BGB = NZA 99, 584.
[108] BAG 3. 11. 2004 AP 25 zu § 134 BGB = NZA 2005, 1409.
[109] BAG 15. 1. 1986 AP 66 zu § 1 LohnFG = NZA 86, 561.
[110] Vgl. MünchKommBGB/*Müller-Glöge* § 611 RN 639.
[111] BAG 3. 11. 2004 AP 25 zu § 134 BGB = NZA 2005, 1409; 7. 6. 1972 AP 18 zu § 611 BGB Faktisches Arbeitsverhältnis.

§ 37. Arbeitsverhältnis auf unbestimmte Dauer und auf Lebenszeit

I. Einführung

1. Unbefristetes Arbeitsverhältnis als Grundsatz. Arbeitsverhältnisse werden nach der Art ihrer Auflösung in solche auf bestimmte und unbestimmte Zeit unterschieden. Auch durch Tarifvertrag kann keine dritte Art eingeführt werden.[1] Das BGB hat beide Arten gleichwertig nebeneinander behandelt (§ 620 BGB). Das auf unbestimmte Zeit eingegangene Arbeitsverhältnis ist in der Praxis des Arbeitslebens das weitaus häufigere und aus Sicht des Gesetzgebers die sozialpolitisch erwünschte Form des Arbeitsverhältnisses.[2] Gleichwohl waren zum Zeitpunkt des Inkrafttretens des TzBfG knapp 9% aller Arbeitsverhältnisse befristet abgeschlossen. 1

2. Befristetes Arbeitsverhältnis (§ 38). Wenngleich der Arbeitsvertrag unbestimmter Dauer der sozialstaatlich erwünschtere ist, weil er dem Arbeitnehmer seine Lebensgrundlage erhält, besteht auch für das auf bestimmte Zeit eingegangene Arbeitsverhältnis im Wirtschaftsleben sowohl für den Arbeitgeber wie für den Arbeitnehmer ein Bedürfnis, sei es, dass der Arbeitgeber den Arbeitnehmer erst erproben, der Arbeitgeber einen vorübergehenden Arbeitskräftebedarf überbrücken oder ein Student in den Semesterferien einer Hinzuverdienstmöglichkeit nachgeht. Befristete Arbeitsverhältnisse sind im Wesentlichen im TzBfG und in den §§ 1 ff. WissZeitVG geregelt. 2

3. Arbeitsverhältnis auf Dauer bzw. Lebenszeit. Über das Arbeitsverhältnis von unbestimmter Dauer hinaus finden sich in der betrieblichen Praxis aber auch Rechtsverhältnisse, die dem Arbeitnehmer eine Dauer- oder Lebensstellung gewährleisten oder dem Betriebsinhaber die Arbeitskraft eines Spezialisten auf längere Zeit sichern sollen. Die Besonderheiten dieser Rechtsverhältnisse sind nachfolgend unter RN 9 dargestellt. 3

4. Teilzeitarbeitsverhältnisse. In neuerer Zeit haben entsprechend den Anforderungen des Arbeitsmarktes Sonderformen des Arbeitsverhältnisses eine größere Bedeutung erlangt. Dies gilt insbesondere für Teilzeitarbeitsverhältnisse (§§ 43, 44), die in zahlreichen unterschiedlichen Rechtsformen (z. B. Altersteilzeit, Abrufarbeit) vorkommen. Auch insoweit hat der Gesetzgeber im TzBfG und im ATG besondere gesetzliche Regelungen zu ihrer Ausgestaltung getroffen. 4

II. Arbeitsverhältnis von unbestimmter Dauer

1. Begriff. Von einem „dauernden Arbeitsverhältnis" im Rechtssinne (vgl. §§ 617, 627, 629, 630 BGB) spricht man, wenn der Arbeitsvertrag auf bestimmte, längere Dauer oder auf unbestimmte Zeit abgeschlossen wird und die Parteien im letzteren Falle mit einer längeren Dauer rechnen.[3] Dem steht nicht entgegen, dass keine Kündigungsfristen vereinbart wurden. 5

2. Lebensstellung. Der Begriff des Arbeitsverhältnisses auf „Lebenszeit" ist in § 624 BGB enthalten. Die Zusage einer Lebensstellung bedeutet nicht ohne weiteres die Anstellung auf Lebenszeit.[4] Ein Dienstverhältnis für die Lebenszeit liegt vor, wenn es mit dem Tode des Dienstberechtigten, Dienstverpflichteten oder einer dritten Person enden soll. An den Nachweis einer entsprechenden Vereinbarung sind strenge Anforderungen zu stellen, weil es regelmäßig nicht dem Parteiwillen entspricht, sich auf Lebenszeit des Arbeitnehmers oder Arbeitgebers zu binden und die Möglichkeit der ordentlichen Kündigung auszuschließen. So bedeutet etwa die Zusage eines Ruhegeldes nicht die Zusage einer Anstellung auf Lebenszeit. Der Anstellung auf Lebenszeit ist gleichgestellt die Begründung eines Dienstverhältnisses für mehr als fünf Jahre. Da die Parteien häufig ein „dauerndes Arbeitsverhältnis" und eine Dauerstellung miteinander verwechseln, muss der Inhalt einer auf Begründung einer „Lebens- oder Dauerstellung" gerichteten Zusage unter Beachtung der Umstände des Einzelfalles ausgelegt werden.[5] 6

3. Auslegungsgrundsätze. Ist eine Lebens- oder Dauerstellung zugesagt, kann darin liegen: **(a)** die Beschränkung des Rechts der ordentlichen Kündigung auf wirklich triftige Gründe,[6] 7

---

[1] BAG 2. 8. 1978 AP 1 zu § 55 MTL II.
[2] BT-Drucks. 14/4374 S. 12; BAG 12. 10. 1960 AP 16 zu § 620 BGB Befristeter Arbeitsvertrag.
[3] Zur Kündbarkeit nach § 627 BGB: BAG 12. 7. 2006 AP 5 zu § 627 BGB = NZA 2006, 1094.
[4] ErfK/*Müller-Glöge* § 15 TzBfG RN 18; Staudinger/*Preis* § 624 RN 13; KR/*Fischermeier* § 624 RN 13 ff.
[5] BAG 7. 11. 1968 AP 3 zu § 66 HGB; Staudinger/*Preis* § 624 RN 14; ErfK/*Müller-Glöge* § 15 TzBfG 15 RN 22.
[6] LAG Düsseldorf DB 68, 1911.

(b) der Ausschluss des missbräuchlichen Gebrauchs der ordentl. Kündigung,[7] **(c)** der Ausschluss der ordentlichen Kündigung überhaupt[8] oder für eine angemessene Zeit,[9] **(d)** eine angemessene Verlängerung der Kündigungsfrist,[10] **(e)** die Vereinbarung der Geltung des KSchG ab der Einstellung,[11] **(f)** die Verpflichtung des Arbeitgebers zur Versetzung des Arbeitnehmers in einen anderen Betrieb bei Betriebsstilllegung oder **(g)** die Verpflichtung, im Rahmen der Interessenabwägung nach § 626 BGB bzw. § 1 KSchG die Dauerstellung angemessen zu berücksichtigen.[12] All diese Auslegungen sind möglich, wenn sich Anhaltspunkte aus den Verhandlungen, dem Zweck des Arbeitsverhältnisses, aus der bisherigen Stellung des Arbeitnehmers usw. ergeben. Im Zweifel wird aus dem bloßen Hinweis auf eine Dauer- bzw. Lebenzeitstellung noch kein Ausschluss oder eine Beschränkung der ordentlichen Kündigung folgen.[13] Wird dagegen ohne vorherige Probezeit eine Lebens- oder Dauerstellung zugesagt, so wird die sofortige Geltung des KSchG und im Übrigen die Beschränkung der ordentl. Kündigung auf wirklich triftige Gründe gewollt sein.[14] Ein triftiger Grund liegt dann vor, wenn er die Kündigung als angemessen und billigenswert erscheinen lässt; er braucht noch nicht das Gewicht eines wichtigen Grundes zu haben.

8 **4. Schadensersatz.** Hat der Arbeitgeber eine Lebens- oder Dauerstellung zugesagt und kündigt er dann gleichwohl, so kann er nach § 311 BGB wegen c. i. c. (vgl. § 26 RN 2) schadensersatzpflichtig werden.[15] Der Schadensersatzanspruch setzt voraus, dass der Arbeitgeber seine Aufklärungspflicht bei Begründung des Arbeitsvertrages verletzt hat. Der Arbeitgeber muss bei den Einstellungsverhandlungen auf die Interessen des Arbeitnehmers Rücksicht nehmen; er muss ihn über die künftige Entwicklung unterrichten, wenn er erkennt, dass der Arbeitnehmer sich eine langfristige Beschäftigung vorstellt, einen sicheren Arbeitsplatz aufgibt usw. An einen Arbeitnehmer mit gesteigerten Vergütungsansprüchen können aber auch gesteigerte Leistungsanforderungen gestellt werden. Ohne besondere Zusage trägt der Arbeitgeber das Risiko der Abwerbung des Arbeitnehmers. Ein berechtigter Schadensersatzanspruch kann auch bei Verlust einer noch verfallbaren Versorgungsanwartschaft bestehen.[16] Der Schadensersatzanspruch ist auf das negative Interesse gerichtet. Er kann wegen Mitverschuldens des Arbeitnehmers (§ 254 BGB) gemindert sein, wenn dieser nicht zuvor seinerseits auf hinreichende Aufklärung gedrungen hat.

III. Arbeitsverhältnis auf Lebenszeit oder Dauer

9 **1. Begriff. a) Arbeitsverhältnis auf Lebenszeit.** Nach § 624 BGB kann ein für die Lebenszeit einer Person oder für längere Zeit als fünf Jahre eingegangenes Dienstverhältnis von dem Verpflichteten (Arbeitnehmer) nach Ablauf von fünf Jahren mit einer Kündigungsfrist von 6 Monaten gekündigt werden. Wann ein Dienstverhältnis auf Lebenszeit eingegangen ist, regelt das Gesetz nicht näher. Der Begriff der Lebenszeit kann sich jedoch nicht nur auf eine Vertragspartei, sondern auch auf einen Dritten (z. B. bei einer Anstellung zur Pflege einer dem Arbeitgeber nahestehenden Person) beziehen. Die Eingehung eines Arbeitsverhältnisses auf Lebenszeit einer Vertragspartei oder eines Dritten ist im Zweifel nur dann anzunehmen, wenn dies ausdrücklich und eindeutig vereinbart worden ist.

10 **b) Arbeitsverhältnis auf Dauer.** Das Arbeitsverhältnis ist auf mehr als 5 Jahre eingegangen, wenn es von vornherein auf eine längere Zeit als 5 Jahre befristet war oder die Kündigung bis zum Eintritt eines bestimmten Ereignisses ausgeschlossen sein soll, das Ereignis aber bei Ablauf von 5 Jahren noch nicht eingetreten ist.[17] Das vorzeitige Kündigungsrecht kann bei Umgehungstatbeständen bestehen, wenn das Arbeitsverhältnis auf mehreren Arbeitsverträgen beruht, z. B. wenn der erste Arbeitsvertrag frühzeitig durch einen zweiten zu denselben Bedingungen verlängert worden ist. Es kommt dann darauf an, ob die vereinbarte Gesamtdauer 5 Jahre übersteigt.[18] Jedoch ist es zulässig, in einer nach den Umständen des Einzelfalles zu bemessenden

[7] RAG 19. 12. 1928 ARS 5, 29.
[8] BAG 12. 10. 1954 AP 1 zu § 52 RegelungsG = NJW 54, 1860.
[9] BAG 7. 11. 1968 AP 3 zu § 66 HGB.
[10] RAG 9. 4. 1907 SeuffA 63 Nr. 40.
[11] BAG 8. 6. 1972 AP 1 zu § 1 KSchG 1969; 18. 2. 1967 AP 81 zu § 1 KSchG.
[12] BAG 17. 4. 1956 AP 8 zu § 626 BGB; 21. 10. 1971 AP 1 zu § 611 BGB Gruppenarbeitsverhältnis.
[13] Vgl. KR/*Fischermeier* § 624 RN 16; *Konzen* Anm. AP 1 zu § 1 KSchG 1969.
[14] Vgl. Staudinger/*Preis* § 624 RN 16.
[15] Hierzu BAG 12. 12. 1957 AP 2 zu § 276 BGB Verschulden bei Vertragsabschluss.
[16] KR/*Fischermeier* § 624 RN 19 ff.; Staudinger/*Preis* § 624 RN 17.
[17] KR/*Fischermeier* § 624 RN 23.
[18] ErfK/*Müller-Glöge* § 15 TzBfG RN 20; Staudinger/*Preis* § 624 RN 19; KR/*Fischermeier* § 624 RN 23; MünchKommBGB/*Hesse* § 15 TzBfG RN 38.

Frist vor Ablauf von 5 Jahren, insbesondere wenn der Arbeitnehmer die Folgen übersehen kann, den ersten Arbeitsvertrag auf weitere 5 Jahre zu verlängern,[19] z. B. kann ein leitender Angestellter oder ein Vorstandsmitglied kurz vor Ablauf des ersten 5-Jahresvertrags für weitere 5 Jahre verpflichtet werden. Nicht zu beanstanden ist auch, wenn sich ein Vertrag um weitere fünf Jahre verlängert, wenn er nicht zuvor (1 Jahr) vom Arbeitnehmer gekündigt wird.[20]

2. Kündigungsrecht des Arbeitnehmers. Ist das Dienstverhältnis auf Lebenszeit einer 11
Person oder auf mehr als 5 Jahre eingegangen, besteht nach Ablauf von 5 Jahren für den Dienstnehmer ein vorzeitiges Kündigungsrecht (§ 624 Satz 1 BGB). Das Kündigungsrecht ist unabdingbar[21] und kann auch noch nach Ablauf der 5-Jahresfrist ausgeübt werden. Die Kündigungsfrist beträgt 6 Monate (§ 624 Satz 2 BGB), was im Hinblick auf Art. 12 I GG keinen Bedenken unterliegt.[22] Die Kündigungsfrist kann vertraglich verkürzt werden. Sie rechnet nicht ab Vertragsschluss, sondern ab Vollzug des Vertrages. Das einmal für den Arbeitnehmer entstandene Kündigungsrecht kann zu jeder Zeit ausgeübt werden, also auch nach Ablauf von fünf Jahren. Es unterliegt als sog. Dauertatbestand keinen tariflichen Ausschlussfristen; im Allgemeinen wird es auch nicht verwirken, weil die bloße Untätigkeit weder einen Vertrauenstatbestand für den Arbeitgeber begründet noch die Kündigung für den Arbeitgeber unzumutbar wird.[23] Der Arbeitnehmer kann auf sein Recht aus § 624 BGB verzichten. Die Regelung in § 624 BGB galt bis zum Inkrafttreten des TzBfG gleichermaßen für Dienstnehmer und Arbeitnehmer. Für Arbeitnehmer gilt nunmehr § 15 IV TzBfG, der inhaltlich § 624 BGB entspricht.

3. Kündigungsrecht des Arbeitgebers. In Arbeitsverhältnissen auf Lebenszeit oder von 12
mehr als 5 Jahren Dauer besteht nur zugunsten des Arbeitnehmers ein vorzeitiges Kündigungsrecht. Der Arbeitgeber kann sich auf Lebenszeit oder langfristig binden; lediglich die langfristige Bindung des Arbeitnehmers sollte durch § 624 BGB vermieden werden.[24] Wegen der zum Nachteil des Arbeitgebers ungleichen Einräumung von Kündigungsrechten und Kündigungsfristen verstößt der Vertrag auch dann nicht gegen die guten Sitten (§ 138 BGB), wenn für der Vertragsabschluss intime Beziehungen maßgeblich waren,[25] sofern nur die Arbeitsvergütung nicht als Gegenleistung hierfür vereinbart worden ist.

4. Außerordentliche Kündigung. Das Recht zur außerordentlichen Kündigung des Ar- 13
beitsverhältnisses bleibt für beide Vertragsparteien unberührt. Ein vereinbarter Ausschluss des außerordentlichen Kündigungsrechts ist unwirksam. Ist das Kündigungsrecht nach §§ 624 BGB, 15 IV TzBfG ausgeschlossen, können wichtige Kündigungsgründe vereinbart werden, die zur fristgemäßen Kündigung berechtigen (§ 128 RN 3). Ist das Arbeitsverhältnis auf die Lebenszeit des Arbeitnehmers eingegangen, so endet es im Zweifel nicht bei Eintritt der Berufs- oder Erwerbsunfähigkeit. Jedoch besteht für den Arbeitgeber ein außerordentlicher Kündigungsgrund, wenn der Arbeitnehmer zur Leistung der Arbeit nicht mehr in der Lage ist.

5. Anwendungsbereich und Beweislast. § 624 BGB gilt für Dienstverhältnisse; umstr. ist 14
eine Anwendung bei selbstständigen Handelsvertretern. Für Arbeitsverhältnisse gilt § 15 IV TzBfG. Zum Teil wird im Schrifttum angenommen, dass die Regelung in §§ 89, 89a HGB erschöpfend sei. In jedem Fall gilt er für arbeitnehmerähnliche Handelsvertreter. Ob er auch für dienstvertragliche Rechtsverhältnisse (Tankstellenpächter) anzuwenden ist, richtet sich nach den Umständen des Einzelfalles.[26] Für den Abschluss eines Arbeitsvertrages auf Lebenszeit oder mehr als fünf Jahre Dauer ist unabhängig von der Parteistellung derjenige darlegungs- und beweispflichtig, der sich auf seine Rechtsfolgen beruft.[27]

6. Dauerangestellte. Der Begriff des Dauerangestellten kommt vor allem im öffentlichen 15
Dienst vor. In der Regel versteht man darunter einen Angestellten, der nach Erreichen eines gewissen Lebensalters und Zurücklegen einer bestimmten Dienstzeit nur noch außerordentlich kündbar ist (vgl. § 34 II TVöD), während er selbst das Recht zur ordentlichen Kündigung be-

[19] BAG 19. 12. 1991 AP 2 zu § 624 BGB = NZA 92, 543; ErfK/*Müller-Glöge* § 15 TzBfG RN 25; Staudinger/*Preis* § 624 RN 20.
[20] BAG 19. 12. 1991 AP 2 zu § 624 BGB = NZA 92, 543.
[21] *Kramer* NZA 93, 1115.
[22] BAG 24. 10. 1996 AP 37 zu § 256 ZPO 1977 = NZA 97, 597.
[23] ErfK/*Müller-Glöge* § 15 TzBfG RN 21.
[24] BAG 25. 3. 2004 AP 60 zu § 138 BGB.
[25] RAG ARS 25, 190.
[26] BGH 25. 5. 1993 NJW-RR 93, 1460; 31. 3. 1982 AP 1 zu § 624 BGB.
[27] Staudinger/*Preis* § 624 RN 27; ErfK/*Müller-Glöge* § 15 TzBfG RN 24.

hält. Tarifliche Unkündbarkeitsbestimmungen sind zwischenzeitlich auch in der Privatwirtschaft verbreitet.

§ 38. Allgemeine Grundsätze des Befristungsrechts

Kommentare: *Annuß/Thüsing,* Teilzeit- und Befristungsgesetz, 2002; *Arnold/Gräfl,* TzBfG, 2. Aufl., 2007; *Boecken/Joussen,* Teilzeit- und Befristungsgesetz, 2007; *Boewer,* Teilzeit- und Befristungsgesetz, 3. Aufl., 2008; *Dörner,* Der befristete Arbeitsvertrag, 2003; *Laux/Schlachter,* TzBfG, 2007; *Meinel/Heyn/Herms,* TzBfG, 3. Aufl., 2008; *Sievers,* TzBfG, 2. Aufl., 2007.

Allgemeines Schrifttum nach 2004, Schrifttumsnachweise zum Inkrafttreten des TzBfG vgl. 11. Aufl. vor § 39; *Braun,* Anspruch auf Arbeitsvertrag nach wirksamer Befristung, ZTR 2007, 78; *Dörner,* Neues aus dem Befristungsrecht, NZA 2007, 57; *Hunold,* Beendigung des Arbeitsverhältnisses, AR-Blattei SD 220.8; *Kröger,* Die Befristung von Arbeitsverträgen in Frankreich, Großbritannien und Deutschland (2008); *Preis,* Flexibilität und Rigorismus im Befristungsrecht, NZA 2005, 714; *Ritter/Rudolf,* Der befristete Arbeitsvertrag unter besonderer Berücksichtigung des Teilzeit- und Befristungsgesetzes, FS 25 Jahre AG ArbR DAV (2006), S. 367; *Steinau-Steinrück/Oelkers,* Befristung von Arbeitsverträgen – Chancen und Fallen, NJW-Spezial 2005, 33; *Thüsing,* Umsetzungsdefizite in § 14 TzBfG?, BB 2002, 829; *ders.,* Das Verbot der Diskriminierung wegen Teilzeit und Befristung nach § 4 TzBfG, ZfA 2002, 249.

Übersicht

	RN
I. Allgemeines	1 ff.
1. Rechtsentwicklung	1, 2
2. Rechtsgrundlagen	3–17
II. Benachteiligungsverbot von befristet beschäftigten Arbeitnehmern	18 ff.
1. Diskriminierungsverbot	18–26
2. Benachteiligungsverbot	27
III. Kalendermäßige Befristung, Zweckbefristung und auflösende Bedingung	28 ff.
1. Überblick	28
2. Befristung	29–34
3. Auflösende Bedingung	35–40
IV. Beendigung des zeitbestimmten Arbeitsverhältnisses	41 ff.
1. Zeitablauf	41
2. Zweckbefristung/auflösende Bedingung	42
3. Kündigung	43
4. Weiterarbeit	44–47
5. Unwirksamkeit der Befristung	48, 49
V. Schriftform	50 ff.
1. Normzweck	50
2. Geltungsbereich	51–54
3. Voraussetzungen	55
4. Zeitpunkt	56
5. Formunwirksame Befristungsabreden	57
VI. Beteiligung der Arbeitnehmervertretung	58 ff.
1. BetrVG	58
2. Personalvertretung	59, 60
VII. Gerichtliches Verfahren	61 ff.
1. Gegenstand der gerichtlichen Befristungskontrolle	61–67
2. Feststellungsklage vor Ablauf der Befristung	68
3. Befristungskontrollklage	69–73
4. Beweislast	74
5. Vertragsfortsetzung	75
6. Wiedereinstellung	76
7. Weiterbeschäftigung	77
VIII. Die Befristung einzelner Arbeitsbedingungen	78 ff.
1. Grundsatz	78
2. Umgehung des § 2 KSchG	79
3. Vertragsinhaltskontrolle	80, 81
4. Form	82
5. Prozessuales	83

I. Allgemeines

Busch/Schönhöft, Anwendbarkeit des TzBfG auf den Geschäftsführeranstellungsvertrag?, DB 2007, 2650; *A. C. Gravenhorst,* Das Anstellungsverhältnis des GmbH-Geschäftsführers nach seiner Abberufung, GmbHR 2007, 417.

1 **1. Rechtsentwicklung. a) Umgehung des Kündigungsschutzes.** Nach dem Grundsatz der Vertragsfreiheit (Art. 2 I GG) können Arbeitsverhältnisse nicht nur unbefristet, sondern auch befristet abgeschlossen werden (zu den verschiedenen Formen der Befristung RN 28 ff.). Da das befristete Arbeitsverhältnis ohne Ausspruch einer Kündigung endet, finden die Kündigungsschutzbestimmungen keine Anwendung. Aus diesem Grund hatte die Rspr. bereits frühzeitig versucht, die Möglichkeit von befristeten Arbeitsverträgen zu begrenzen. Nach der Entscheidung des Großen Senats vom 12. Oktober 1960 war die Befristung eines Arbeitsvertrags rechtsunwirksam, wenn beim Vertragsschluss für die Befristung keine sachlichen Gründe vorgelegen haben und durch die Befristung dem Arbeitnehmer der Schutz von zwingenden Kündigungsschutzbedingungen entzogen worden ist.[1] Maßgeblich war danach, ob **(a)** bei Vertragsabschluss

[1] BAG GS 12. 10. 1960 AP 16 zu § 620 BGB Befristeter Arbeitsvertrag.

für die Befristung **(b)** ein von der Rechtsordnung anerkannter Grund vorlag, der den Abschluss eines befristeten, anstatt eines unbefristeten Arbeitsvertrags rechtfertigte. Allerdings war die Befristung nur auf einen sachlichen Grund zu kontrollieren, wenn es **(c)** hierdurch zu einer objektiven Umgehung des allgemeinen oder besonderen Kündigungsschutzes kam. Lagen die Voraussetzungen für die Anwendung des KSchG oder des besonderen Kündigungsschutzes nicht vor, so war grundsätzlich die Befristung wirksam, auch wenn kein sachlicher Grund vorlag.[2] Fehlte es hingegen an einem erforderlichen sachlichen Grund, war nicht der Arbeitsvertrag, sondern nur die vereinbarte Befristung unwirksam. Diese Voraussetzungen für einen die Befristung rechtfertigenden sachlichen Grund sind bis zum Inkrafttreten des TzBfG von den Fachsenaten des BAG weiter entwickelt worden.

b) Kodifikation. Der Gesetzgeber hatte im Befristungsrecht zunächst nur fragmentarische Regelungen getroffen. Im Jahr 1985 sind die Bestimmungen über die Befristung des wissenschaftlichen und künstlerischen Personals an Hochschulen und Forschungseinrichtungen in das HRG (§§ 57a ff. HRG) eingefügt worden. Ein Jahr später ist dann das Gesetz über befristete Arbeitsverträge mit Ärzten in der Weiterbildung (ÄArbVtrG) in Kraft getreten. Daneben enthielten § 21 BErzGG sowie § 9 Nr. 3 AÜG in der bis zum 31. 12. 2002 geltenden Fassung weitere Detailregelungen für den Abschluss von befristeten Arbeitsverträgen. Mit den BeschFG 1985 bzw. 1996 hat der Gesetzgeber schließlich versucht, durch die Erweiterung der Möglichkeit zur sachgrundlosen Befristung positive Anreize für die Neueinstellung von befristet beschäftigten Arbeitnehmern und damit zur Reduzierung der Arbeitslosigkeit zu schaffen. Erst durch das TzBfG ist das Recht der befristeten Arbeitsverträge zum 1. 1. 2001 umfassend kodifiziert worden. 2

2. Rechtsgrundlagen. a) Gemeinschaftsrecht. aa) Befristungsrichtlinie. Die europäischen Sozialpartner (EGB, UNICE, CEEP), zu denen auch die BDA u. der DGB gehören, haben am 18. 3. 1999 eine Rahmenvereinbarung über befristete Arbeitsverträge geschlossen. Diese war Grundlage der Richtlinie des Rates zu der EGB-UNICE-CEEP-Rahmenvereinbarung über befristete Arbeitsverträge (1999/70/EG) vom 28. 6. 1999 (ABl. EG Nr. L 175 v. 10. 7. 1999, S. 43). Nach der in die Befristungsrichtlinie inkorporierten Rahmenvereinbarung stellt grundsätzlich der unbefristete Arbeitsvertrag die übliche Form des Beschäftigungsverhältnisses dar. Die Regelungen der Befristungsrichtlinie dienen daher zur Vermeidung des Missbrauchs von befristeten Arbeitsverhältnissen. Allerdings erkennen die Sozialpartner den befristeten Arbeitsvertrag als charakteristische Vertragsform für die Beschäftigung in bestimmten Branchen, Berufen und Tätigkeiten an. 3

bb) Rahmenvereinbarung. Sie enthält zunächst eine Definition des Begriffs des befristet beschäftigten Arbeitnehmers und des vergleichbaren Dauerbeschäftigten (§ 3 Nr. 1), ein Diskriminierungsverbot von befristet beschäftigten Arbeitnehmern (§ 4) sowie mögliche Maßnahmen zum Missbrauch aufeinander folgender Arbeitverträge (§ 5); die missbräuchliche Inanspruchnahme der Befristung muss nach nationalem Recht zu einer wirksamen Sanktion führen.[3] Auf den erstmaligen Abschluss eines befristeten Arbeitsvertrags ist die Befristungsrichtlinie daher nicht anzuwenden. Daneben sind weitere Informationsrechte des befristet beschäftigten Arbeitnehmers und der zuständigen Arbeitnehmervertretung (§§ 6, 7) geregelt. Nach der amtl. Anmerkung des deutschen Gesetzgebers dient das am 21. 12. 2000 verkündete TzBfG auch der Umsetzung der Befristungsrichtlinie. Dementsprechend sind die gemeinschaftsrechtlichen Vorgaben von den nationalen Gerichten bei der Auslegung seiner Bestimmungen zu berücksichtigen (dazu § 40 RN 2). 4

cc) In Art. 79 der Beschäftigungsbedingungen für die sonstigen Bediensteten der Europäischen Gemeinschaften ist der **Abschluss befristeter Arbeitsverträge** geregelt. Danach ist es einem Gemeinschaftsorgan verwehrt, einen befristeten Arbeitsvertrag zu schließen, wenn sich die Beschäftigungsbedingungen nach den örtlichen Gepflogenheiten richten sollen, diese aber einem befristeten Abschluss entgegenstehen.[4] 5

b) Gesetz. aa) TzBfG. Das Gesetz über Teilzeitarbeit und befristete Arbeitsverträge (Teilzeit- und Befristungsgesetz – TzBfG) vom 21. 12. 2000 (BGBl. I S. 1966) ist am 1. 1. 2001 in Kraft getreten. Die Zulässigkeit der Befristung von Arbeitsverträgen wird erstmals zusammenhängend geregelt. Das TzBfG enthält zunächst in § 3 eine Definition des befristeten Arbeitsver- 6

---

[2] St. Rspr. vgl. BAG 17. 2. 1983 AP 74 zu § 620 BGB Befristeter Arbeitsvertrag; 14. 1. 1982 AP 65 zu § 620 BGB Befristeter Arbeitsvertrag.

[3] EuGH 7. 9. 2006 AP 4 zu Richtlinie 99/70/EG = NZA 2006, 1265.

[4] EuGH 9. 11. 2000 AP 224 zu § 620 BGB Befristeter Arbeitsvertrag.

trags und in § 4 II ein Diskriminierungsverbot des befristet beschäftigten Arbeitnehmers. Nach § 14 I TzBfG bedarf die Befristung eines Arbeitsvertrags grundsätzlich eines sachlichen Grundes. Eine sachgrundlose Befristung ist nur bei einer erstmaligen Beschäftigung (§ 14 II TzBfG), einer Neugründung (§ 14 IIa TzBfG) oder mit einem älteren Arbeitnehmer (§ 14 III TzBfG) möglich. Das TzBfG hat das bereits seit dem 1. 5. 2000 für befristete Arbeitsverträge geltende Schriftformerfordernis (§ 14 V TzBfG, früher § 623 BGB) ebenso übernommen wie die Klagefrist für die Befristungskontrollklage (§ 17 TzBfG, früher § 1 V BeschFG 1996). Seit dem Inkrafttreten des TzBfG findet § 620 BGB nur noch Anwendung auf die Befristung von Dienstverhältnissen (§ 620 III BGB). Da das TzBfG keine § 14 I KSchG vergleichbare Bestimmung enthält, fallen auch die befristeten Vertragsverhältnisse von Organvertretern unter das TzBfG, wenn diese auf der Grundlage eines Arbeitsvertrags beschäftigt werden; wegen der Fiktion des § 5 I 3 ArbGG müssen diese ihre Ansprüche jedoch regelmäßig vor den ordentlichen Gerichten durchsetzen.[5] Mit dem TzBfG hat der Gesetzgeber die früher richterrechtlich erfolgte Ankoppelung der Befristungskontrolle an das KSchG abgelöst und einen Paradigmenwechsel eingeleitet. Das TzBfG erfasst auch solche befristeten Arbeitsverträge, die früher wegen fehlender Umgehung des Kündigungsschutzes kontrollfrei waren. Eine generelle Ausnahme für Kleinbetriebe oder den wiederholten Abschluss von befristeten Arbeitsverträgen mit einer Laufzeit von bis zu 6 Monaten enthält das TzBfG nicht.[6] Sie wären auch nicht mit den gemeinschaftsrechtlichen Vorgaben zu vereinbaren, die diese Ausnahmetatbestände nicht enthalten.

7 **bb) Weitere gesetzliche Ausgestaltungen des Befristungsrechts; Landesrecht.** Aus dem Gesetz ergeben sich eine Reihe von Spezialregelungen über die Befristung von Arbeitsverhältnissen. Diese gelten auch nach Inkrafttreten des TzBfG weiter. Nach § 23 TzBfG bleiben u.a. besondere Regelungen über die Befristung von Arbeitsverträgen unberührt. Mit dem TzBfG hat der Bundesgesetzgeber von seiner Gesetzgebungskompetenz Gebrauch gemacht. Landesrechtliche Regelungen im Hochschulbereich über die Befristung bzw. Verlängerung von Arbeitsverhältnissen sind daher nach Art. 31 GG nichtig.[7]

8 **(1) ÄArbVtrG.**[8] Nach dem Gesetz über befristete Arbeitsverträge mit Ärzten in der Weiterbildung v. 15. 5. 1986 (BGBl. I S. 742) liegt ein die Befristung eines Arbeitsvertrags rechtfertigender Grund vor, wenn die Beschäftigung des Arztes seiner Weiterbildung zum Gebietsarzt oder dem Erwerb einer Anerkennung für ein Teilgebiet oder dem Erwerb einer Zusatzbezeichnung dient. Die Befristung setzt nicht voraus, dass der Arzt ausschließlich zu seiner Weiterbildung beschäftigt wird. Es genügt, dass die Befristung diesen Zweck fördert.[9] Die Befristung muss kalendermäßig bestimmt sein. Unwirksam ist eine Zweckbefristung.[10] Die Höchstdauer der Befristung beträgt acht Jahre. Das soll selbst dann gelten, wenn die eingeräumte Zeitspanne nicht ausreichend ist.[11] Eine auflösende Bedingung ist ausgeschlossen.[12] Nach § 1 III 5 ÄArbVtrG darf die nach § 1 I ÄArbVtrG vereinbarte Befristung eines Arbeitsvertrags mit einem Arzt in der Weiterbildung die Dauer der Weiterbildungsbefugnis des weiterbildenden Arztes nicht unterschreiten. Die Vorschrift lässt den Abschluss weiterer befristeter Arbeitsverträge nach § 1 I ÄArbVtrG mit demselben Weiterbildungsziel und demselben weiterbildenden Arzt zu. Die Laufzeit des weiteren befristeten Arbeitsvertrags kann in diesem Fall kürzer bemessen sein als die Dauer der Weiterbildungsbefugnis des weiterbildenden Arztes, wenn bei Vertragsschluss absehbar ist, dass der weiterzubildende Arzt das Weiterbildungsziel innerhalb der in Aussicht genommenen Vertragslaufzeit erreichen wird.[13] Das ÄArbVtrG findet keine Anwendung, wenn der Arbeitsvertrag unter die §§ 1ff. WissZeitVG fällt (§ 1 V ÄArbVtrG).

9 **(2) ATG.** Auch das Altersteilzeitverhältnis ist ein befristetes Arbeitsverhältnis. Nach § 8 III ATG ist eine Vereinbarung zwischen Arbeitnehmer und Arbeitgeber über die Altersteilzeitarbeit zulässig, die die Beendigung des Arbeitsverhältnisses ohne Kündigung zu einem Zeitpunkt vorsieht, in dem der Arbeitnehmer Anspruch auf eine Rente wegen Alters hat (dazu § 40 RN 42).

---

[5] Zu § 620 BGB a. F.: BGH 25. 7. 2002 AP 9 zu § 14 KSchG 1969 = NZA 2002, 1040.
[6] BAG 6. 11. 2003 AP 7 zu § 14 TzBfG = NZA 2005, 218.
[7] BAG 26. 7. 2006 AP 2 zu § 14 TzBfG Verlängerung = NZA 2007, 151; 14. 8. 2002 AP 1 zu § 90 LPVG Brandenburg; 14. 2. 1996 AP 4 zu § 57c HRG = NZA 96, 1095.
[8] *Künzl,* Weiterbildung von Ärzten in einer Kassenarztpraxis, NZA 2008, 1101.
[9] BAG 24. 4. 1996 AP 10 zu § 57b HRG = NZA 97, 256.
[10] BAG 14. 8. 2002 AP 1 zu § 1 ÄArbVtrG.
[11] LAG Berlin 22. 1. 1991 ZTR 91, 337; ArbG Wesel 15. 3. 1990 BB 90, 1418.
[12] BAG 14. 8. 2002 AP 1 zu § 1 ÄArbVtrG.
[13] BAG 13. 6. 2007 AP 39 zu § 14 TzBfG = NZA 2008, 108.

(3) BBiG. Das BBiG sieht für Berufsausbildungsverhältnisse den befristeten Vertrag zwingend vor (§§ 21, 24 BBiG), da eine zeitliche Grenze vorhanden sein muss, innerhalb derer die Ausbildung beendet ist (zur befristeten Übernahme nach Beendigung der Berufsausbildung § 40 RN 15). 10

(4) BEEG, PflegeZG, SGB III. Nach § 21 I BEEG ist die Befristung sachlich gerechtfertigt, wenn ein Arbeitgeber einen Arbeitnehmer zur Vertretung eines anderen Arbeitnehmers für die Dauer der Beschäftigungsverbote nach dem MuSchG und/oder für die Dauer der Elternzeit, auf Grund einer auf Tarifvertrag, Betriebsvereinbarung oder einzelvertraglicher Vereinbarung beruhenden Arbeitsfreistellung zur Betreuung eines Kindes oder für diese Zeiten zusammen oder für Teile davon einstellt. Die Regelung ist eine gesetzgeberische Klarstellung, dass in den in § 21 I BEEG genannten Fällen der Sachgrund der Vertretung (§ 14 I Nr. 3 TzBfG, dazu § 40 RN 19) gegeben ist. Gleiches gilt für die Befristung während einer Pflegezeit (§ 6 I, II PflegeZG, dazu § 107) und bis zum 31. 12. 2008 die Einstellung eines Arbeitslosen bei einer beruflichen Weiterbildung des Vertretenen (§ 231 SGB III). Zu weiteren befristungsrechtlichen Vorschriften im SGB II bzw. SGB III § 40 RN 62. 11

(5) HRG, WissZeitVG. Das Hochschulrahmengesetz (HRG) enthielt seit 1985 in den §§ 57aff. HRG Regelungen über die Zulässigkeit von befristeten Arbeitsverträgen mit wissenschaftlichen und künstlerischen Mitarbeitern an Hochschulen, Fachhochschulen und Forschungseinrichtungen. Das Zeitbefristungsrecht des HRG ist nach der Neuverteilung der Gesetzgebungszuständigkeiten im Rahmen der Föderalismusreform in das Gesetz über befristete Arbeitsverträge in der Wissenschaft – WissZeitVG vom 12. 4. 2007 (BGBl. I S. 506) überführt worden (zum WissZeitVG § 39 RN 25). 12

(6) SGB VI. Nach § 41 Satz 2 SGB VI i. d. ab 1. 1. 2008 geltenden Fassung gilt eine Vereinbarung, die die Beendigung des Arbeitsverhältnisses eines Arbeitnehmers ohne Kündigung zu einem Zeitpunkt vorsieht, in dem der Arbeitnehmer vor Erreichen der Regelaltersgrenze eine Rente wegen Alters beantragen kann, dem Arbeitnehmer gegenüber als auf die Vollendung des 65. Lebensjahres abgeschlossen, es sei denn, dass die Vereinbarung innerhalb der letzten drei Jahre vor diesem Zeitpunkt abgeschlossen oder von dem Arbeitnehmer bestätigt worden ist. Allerdings enthält die Vorschrift selbst keinen sachlichen Grund für die Befristung eines Arbeitsverhältnisses auf die Vollendung des Regelrentenalters[14] (zu Altersgrenzen § 40 RN 45). 13

c) Tarifvertrag. aa) Zulässigkeit. Befristungsrechtliche Regelungen können sich auch aus Tarifverträgen ergeben. Diese stellen regelmäßig Abschlussnormen[15] und nur ausnahmsweise Beendigungsnormen[16] dar und betreffen vielfach formelle Bedingungen für den Abschluss des befristeten Arbeitsvertrags und die Befristungsgründe. Mit Tarifnormen nehmen die Tarifvertragsparteien ihr Grundrecht aus Art. 9 III GG zur Schaffung von Arbeits- und Wirtschaftsbedingungen wahr. Dazu zählen auch Regelungen, die einen Sachgrund für die Beendigung von Arbeitsverhältnissen ohne den Ausspruch einer Kündigung regeln. Jedoch unterliegt die Ausgestaltung der tariflichen Sachgründe der arbeitsgerichtlichen Befristungskontrolle. Die Tarifvertragsparteien dürfen daher bei ihren Regelungen den durch Gesetz und dessen Auslegung durch die Rspr. für den Arbeitnehmer vermittelten Mindestschutz nicht unterschreiten.[17] Überdies kann nach § 22 I TzBfG von den befristungsrechtlichen Vorschriften des TzBfG nur bei der Verlängerung einer sachgrundlosen Befristung (§ 14 II 3 und 4 TzBfG) zuungunsten des Arbeitnehmers abgewichen werden. 14

bb) Abschluss des befristeten Arbeitsvertrags. Die Tarifpartner können den Abschluss befristeter Arbeitsverträge gänzlich untersagen oder begrenzen. Allerdings muss der Wille der Tarifvertragsparteien, die Vereinbarung befristeter Arbeitsverhältnisse solle unzulässig oder nur begrenzt zulässig sein, deutlich zum Ausdruck kommen. Die bloße tarifliche Regelung der Kündigungsfristen enthält noch kein Verbot der Befristung.[18] Gelegentlich enthalten Tarifverträge für Beschäftigte in befristeten Arbeitsverhältnissen eine Regelung, dass sie vorrangig bei 15

---

[14] BAG 19. 11. 2003 AP 3 zu § 17 TzBfG = NZA 2004, 1336.

[15] BAG 28. 8. 1996 AP 181 zu § 620 BGB Befristeter Arbeitsvertrag = NZA 97, 550; 14. 2. 1990 AP 12 zu § 1 BeschFG 1985 = NZA 90, 737.

[16] BAG 6. 12. 2000 AP 3 zu § 1 TVG Tarifverträge: Deutsche Post = NZA 2001, 792; 28. 6. 1995 AP 6 zu § 59 BAT = NZA 96, 374 – jeweils zur auflösenden Bedingung.

[17] BAG 25. 2. 1998 AP 11 zu § 1 TVG Tarifverträge: Luftfahrt = NZA 98, 715; 14. 10. 1997 AP 155 zu § 1 TVG Tarifverträge: Metallindustrie = NZA 98, 778; 11. 6. 1997 AP 7 zu § 41 SGB VI = NZA 97, 1290; a. A. wohl Staudinger/*Neumann/Preis* § 620 RN 122.

[18] BAG 7. 8. 1980 AP 15 zu § 620 BGB Probearbeitsverhältnis.

der Einstellung von Dauerarbeitskräften zu berücksichtigen sind. Zu den Sonderregelungen im öffentlichen Dienst § 39 RN 6.

16 **cc) Befristungsgründe.** Die Tarifpartner können wegen der Regelung in § 22 TzBfG keine gesetzlich nicht anerkannten Sachgründe für die Befristung zu einem sachlichen Grund erklären. Sie können jedoch den in § 14 I TzBfG enthaltenen sachlichen Grund konkretisieren oder den für den Arbeitnehmer durch das TzBfG vermittelten Schutz verstärken (Ausnahme § 17 Satz 1 TzBfG). Tarifverträge enthalten regelmäßig Altersgrenzen (§ 40 RN 45) und vielfach auflösende Bedingungen für den Fall der Erwerbsunfähigkeit (§ 40 RN 57).

17 **d) Betriebsvereinbarung.** Befristungsregelungen können in einer freiwilligen Betriebsvereinbarung (§ 88 BetrVG) enthalten sein. Allerdings dürfen auch sie nach § 22 TzBfG keine Regelungen zuungunsten der Arbeitnehmer enthalten. Daneben sind sie nach § 77 III BetrVG unwirksam, wenn eine tarifliche Regelung besteht oder üblich ist. Die Beendigung des Arbeitsverhältnisses durch eine Altersgrenze kann unter den gleichen Voraussetzungen wie eine entsprechende einzel- oder tarifvertragliche Vereinbarung durch Betriebsvereinbarung geregelt werden.[19] Ist bereits eine Altersgrenze einzelvertraglich vereinbart, kann im Wege der ablösenden Betriebsvereinbarung grundsätzlich keine niedrigere Altersgrenze eingeführt werden, da sie das Günstigkeitsprinzip verletzt.[20] Bestimmungen in einer Betriebsvereinbarung darüber, dass das Arbeitsverhältnis mit Eintritt der Erwerbsunfähigkeit enden soll, sind grundsätzlich zulässig, müssen aber hinreichend bestimmt sein.[21]

II. Benachteiligungsverbot von befristet beschäftigten Arbeitnehmern

Bieder/Diekmann, Verbot der Diskriminierung befristet Beschäftigter bei der Gewährung von Dienstalterszulagen, EuZA 2008, 515.

18 **1. Diskriminierungsverbot. a) Normstruktur.** Nach § 4 II 1 TzBfG darf ein befristet beschäftigter Arbeitnehmer wegen der Befristung des Arbeitsvertrages nicht schlechter behandelt werden als ein vergleichbarer unbefristet beschäftigter Arbeitnehmer, es sei denn, dass sachliche Gründe eine unterschiedliche Behandlung rechtfertigen. Die Vorschrift dient der Umsetzung von § 4 Nr. 1 der in die Befristungsrichtlinie inkorporierten EGB-UNICE-CEEP-Rahmenvereinbarung (RN 3). Danach müssen ungleiche Beschäftigungsbedingungen befristet beschäftigter Arbeitnehmer gegenüber denen vergleichbarer Dauerbeschäftigten aus sachlichen Gründen gerechtfertigt sein. Nach der Rspr. des EuGH muss eine Ungleichbehandlung durch das Vorhandensein genau bezeichneter, konkreter Umstände gerechtfertigt sein, die die betreffende Beschäftigungsbedingung in ihrem speziellen Zusammenhang und auf der Grundlage objektiver und transparenter Kriterien für die Prüfung der Frage kennzeichnen, ob diese Ungleichbehandlung einem echten Bedarf entspricht und ob sie zur Erreichung des verfolgten Ziels geeignet und erforderlich ist.[22] Das allgemeine Diskriminierungsverbot in § 4 II 1 TzBfG wird in § 4 II 2 TzBfG für den Bereich der Vergütung konkretisiert. Danach ist einem befristet beschäftigten Arbeitnehmer Arbeitsentgelt oder eine andere teilbare geldwerte Leistung, die für einen bestimmten Bemessungszeitraum gewährt wird, mindestens in dem Umfang zu gewähren, der dem Anteil seiner Beschäftigungsdauer am Bemessungszeitraum entspricht (sog. pro-rata-temporis-Grundsatz). § 4 II 3 TzBfG stellt hingegen klar, dass die Beschäftigungsdauer einen sachlichen Grund darstellen kann.

19 **b) Abgrenzung.** Das in § 4 II TzBfG enthaltene Verbot der schlechteren Behandlung befristet Beschäftigter gegenüber unbefristet beschäftigten Arbeitnehmern ist ein gesetzlich geregelter Sonderfall des allgemeinen Gleichheitssatzes des Art. 3 I GG[23] und konkretisiert den arbeitsrechtlichen Gleichbehandlungsgrundsatz. § 4 II TzBfG ist Verbotsgesetz i. S. von § 134 BGB und Schutzgesetz i. S. von § 823 II BGB.[24] § 4 II TzBfG ist zwingendes Recht und weder durch Tarifvertrag oder Betriebsvereinbarung abdingbar (§ 22 TzBfG). Das Diskriminierungsverbot gilt nur für die Ungleichbehandlung während der Dauer der Befristung und bezieht sich nicht auf

---

[19] BAG 20. 11. 1987 AP 2 zu § 620 BGB Altersgrenze = NZA 88, 617; Rev. anh. 1 AZR 329/08.
[20] BAG GS 7. 11. 1989 AP 46 zu § 77 BetrVG 1972 = NZA 90, 816.
[21] BAG 27. 10. 1988 AP 16 zu § 620 BGB Bedingung = NZA 89, 432.
[22] EuGH 13. 9. 2007 NZA 2007, 1223 – Dienstalterszulage.
[23] BAG 11. 12. 2003 AP 7 zu § 4 TzBfG = NZA 2004, 723.
[24] BAG 25. 4. 2001 AP 80 zu § 2 BeschFG 1985 = NZA 2001, 1211; 12. 6. 1996 AP 4 zu § 611 BGB Werkstudent = NZA 97, 191.

die Folgen aus der befristeten Beschäftigung, die sich im Rahmen eines nachfolgenden unbefristeten Arbeitsverhältnisses ergeben können.[25]

c) Inhalt. aa) Arbeitsbedingungen. Der Arbeitgeber darf nach § 4 II 1 TzBfG befristet beschäftigte Arbeitnehmer bei den Arbeitsbedingungen nicht ohne sachlichen Grund gegenüber vergleichbaren unbefristet beschäftigten Arbeitnehmern benachteiligen. Eine Differenzierung ist z. B. regelmäßig unstatthaft bei der Dauer des Urlaubs, der Arbeitszeit oder Freistellungen von der Arbeitsleistung. Eine Ungleichbehandlung kann auch in der Beschränkung des Geltungsbereichs eines Tarifvertrags oder einer Betriebsvereinbarung (Sozialplan) auf Beschäftigte liegen, die in einem unbefristeten Arbeitsverhältnis stehen. 20

bb) Vergütung. § 4 II 2 TzBfG verbietet insbesondere die nicht gerechtfertigte Schlechterstellung von befristet beschäftigten Arbeitnehmern im Bereich der Vergütung. Die Höhe der laufenden Vergütung darf für befristet beschäftigte Arbeitnehmer nicht geringer (wohl aber höher) bemessen sein als bei vergleichbaren Arbeitnehmern in unbefristeten Arbeitsverhältnissen. Bei der Anrechnung von Vordienstzeiten muss eine Beschäftigung in einem befristeten Arbeitsverhältnis wie die in einem unbefristeten Arbeitsverhältnis berücksichtigt werden. Das Diskriminierungsverbot gilt auch bei den geldwerten Nebenleistungen wie z. B. den Personalrabatten. Für teilbare geldwerte Leistungen enthält die Vorschrift die Verpflichtung zu einer zeitanteiligen Leistungsgewährung. Allerdings ist ggf. nach dem Leistungszweck zu differenzieren. Zuwendungen, die die zurückgelegte Betriebstreue honorieren, dürfen befristet Beschäftigte nicht ausnehmen.[26] Von Zuwendungen, die eine Bindung für die Zukunft bewirken sollen, können befristet Beschäftigte ausgenommen werden, wenn sie an einem in der Zukunft liegenden Stichtag nicht mehr beschäftigt sind. Knüpft die Zuwendung hingegen nur an den Bestand eines Arbeitsverhältnisses zu einem bestimmten Tag (1. Dezember eines Jahres) an und ist der befristet beschäftigte Arbeitnehmer an diesem Tag beschäftigt, ist ihm die Leistung zeitanteilig zu gewähren. Eine zeitanteilige Zahlung kann auch ein befristet beschäftigter Arbeitnehmer beanspruchen, der vor dem 1. Dezember ausgeschieden ist; die mit der Sonderzuwendung honorierte Betriebstreue hat er gleichermaßen zurückgelegt. Zulässig ist der Ausschluss von befristet Beschäftigten aus einer Versorgungsordnung, da durch die Versorgung die Betriebstreue entlohnt werden soll.[27] Nach der Vorstellung des Gesetzgebers soll der Arbeitgeber von der Verpflichtung zur zeitanteiligen Leistungsgewährung befreit sein, wenn diese nur zu geringfügigen Beträgen führen würde, die in keinem angemessenen Verhältnis zum Zweck der Leistung stehen (BT-Drucks. 14/4374 S. 16). Dies erscheint zweifelhaft, da der Verwaltungsaufwand des Arbeitgebers keinen sachlichen Grund darstellt. Ist die Leistung nicht teilbar, wie z. B. ein Dienstwagen, so ist auch der befristet Beschäftigte nach § 4 II 2 TzBfG wie ein unbefristet Beschäftigter anspruchsberechtigt. 21

d) Vergleichbarkeit. Ob ein Arbeitnehmer vergleichbar ist, bestimmt sich nach § 3 II TzBfG. Vergleichbar ist ein unbefristet beschäftigter Arbeitnehmer mit einer gleichen oder ähnlichen Tätigkeit. Gibt es im Betrieb keinen vergleichbaren unbefristet beschäftigten Arbeitnehmer, so ist der vergleichbare Arbeitnehmer auf Grund des anwendbaren Tarifvertrags zu bestimmen; in allen anderen Fällen ist darauf abzustellen, wer im jeweiligen Wirtschaftszweig üblicherweise als vergleichbarer Arbeitnehmer angesehen wird. Sollen mit der Zahlung Leistungsanreize geschaffen werden, kann es erhebliche Schwierigkeiten machen, einen vergleichbaren Arbeitnehmer zu bestimmen. Der vergleichbare Arbeitnehmer kann an der unteren oder oberen Schwelle der Leistungserbringung stehen. In diesen Fällen muss auf das Leistungsniveau des befristet beschäftigten Arbeitnehmers abgestellt werden. Die Befristung von Lehrkräften bis zum Beginn der unterrichtsfreien Zeit am Schuljahresende (und die fehlende Vergütung für die „Sommerferien“) stellt keinen Verstoß gegen § 4 II TzBfG dar.[28] 22

e) Rechtfertigung. Eine Ungleichbehandlung von befristet und unbefristet beschäftigten Arbeitnehmern im Bereich des Arbeitsentgelts ist nur gerechtfertigt, wenn sich der Grund für die Differenzierung aus dem Leistungszweck ergibt. Bei kollektiven Regelungen wie z. B. einem Tarifvertrag oder einer Betriebsvereinbarung ist der von den Vertragsschließenden gewollte Leistungszweck durch Auslegung der jeweiligen Anspruchsvoraussetzungen, Ausschließungs- und 23

---

[25] BAG 2. 3. 2004 AP 31 zu § 3 TVG = NZA 2004, 852; 11. 12. 2003 AP 7 zu § 4 TzBfG = NZA 2004, 723.

[26] BAG 28. 3. 2007 AP 265 zu § 611 BGB Gratifikation = NZA 2007, 687.

[27] BAG 27. 1. 1998 AP 45 zu § 1 BetrAVG Zusatzversorgungskassen; 13. 12. 1994 AP 23 zu § 1 BetrAVG Gleichbehandlung = NZA 95, 886.

[28] BAG 19. 12. 2007 AP 16 zu § 4 TzBfG = NZA-RR 2008, 275.

Kürzungsregelungen zu ermitteln.[29] Bei einer ausschließlich vom Arbeitgeber bestimmten Leistungsgewährung hat dieser den Leistungszweck darzulegen.

24 **f) Beschäftigungsdauer.** Sind bestimmte Beschäftigungsbedingungen von der Dauer des Bestehens des Arbeitsverhältnisses in demselben Betrieb oder Unternehmen abhängig, so sind für befristet beschäftigte Arbeitnehmer dieselben Zeiten zu berücksichtigen wie für unbefristet beschäftigte Arbeitnehmer, es sei denn, dass eine unterschiedliche Behandlung aus sachlichen Gründen gerechtfertigt ist (§ 4 II 3 TzBfG). Die Wartezeit nach § 1 I KSchG läuft daher bei unbefristet wie befristet beschäftigten Arbeitnehmern nach Ablauf von sechs Monaten ab. Dagegen ist denkbar, dass bei dem zeitbestimmten Aufstieg in eine höhere Vergütungsgruppe differenziert werden kann, wenn Voraussetzung für den Aufstieg die typischerweise erworbene Berufserfahrung ist.

25 **g) Rechtsfolgen.** Verstößt eine Vereinbarung oder Maßnahme gegen § 4 II TzBfG ist sie nach § 134 BGB unwirksam. Anstelle der unwirksamen Bestimmung besteht im Bereich der Vergütung ein Anspruch auf die übliche Vergütung[30] (§ 612 II BGB). Dies ist regelmäßig die tarifliche Vergütung, im Einzelfall kann auch eine übertarifliche Vergütung nach § 612 II BGB geschuldet sein, wenn die anderen Arbeitnehmer eine übertarifliche Vergütung erhalten.[31] Werden befristet beschäftigte Arbeitnehmer entgegen § 4 II TzBfG in kollektiven Regelungen von Ansprüchen ausgeschlossen, sind die leistungsgewährenden Bestimmungen auf die befristet Beschäftigten zu erstrecken.[32] Bei zeitanteiligen Leistungen folgt der Anspruch unmittelbar aus § 4 II 2 TzBfG. Für die Vergangenheit hat eine Angleichung „nach oben" zu erfolgen, während für die Zukunft eine Neuregelung der Leistungsvoraussetzungen durch eine kollektive Vereinbarung oder durch den Arbeitgeber möglich ist.

26 **h) Darlegungs- und Beweislast.** Die Prüfung einer nach § 4 II TzBfG unzulässigen Diskriminierung erfolgt üblicherweise in drei Stufen: **(1)** Vorliegen einer Ungleichbehandlung wegen der befristeten Beschäftigung; **(2)** Vergleichbarkeit des benachteiligten und begünstigten Arbeitnehmers bzw. Arbeitnehmergruppe (§ 3 II TzBfG) sowie **(3)** mögliche Rechtfertigung durch einen sachlichen Grund. Der Anspruch setzt weder eine Diskriminierungsabsicht des Arbeitgebers voraus noch wird er durch das Vertrauen des Arbeitgebers in die Rechtmäßigkeit der von ihm angewandten Leistungsordnung ausgeschlossen. Der Arbeitnehmer hat grundsätzlich die Darlegungs- und Beweislast für die von ihm angeführte Diskriminierung. Er muss sowohl die Schlechterstellung wie auch die Vergleichbarkeit des unbefristet beschäftigten Arbeitnehmers darlegen und zumindest behaupten, dass diese ohne sachlichen Grund erfolgt ist. Es ist dann Aufgabe des Arbeitgebers ggf. den Leistungszweck[33] darzulegen und die Tatsachen, die zur Rechtfertigung für die Ungleichbehandlung dienen sollen.[34]

27 **2. Benachteiligungsverbot.** Der Arbeitgeber darf einen Arbeitnehmer nicht wegen der Inanspruchnahme von Rechten nach dem Teilzeit- und Befristungsgesetz benachteiligen (§ 5 TzBfG). Die Vorschrift entspricht im Wesentlichen § 612a BGB und hat im Befristungsrecht kaum praktische Bedeutung.

III. Kalendermäßige Befristung, Zweckbefristung und auflösende Bedingung

28 **1. Überblick.** Das TzBfG enthält Regelungen für befristete und auflösend bedingte Arbeitsverhältnisse. Ob die Parteien einen befristeten Arbeitsvertrag geschlossen haben, ist durch Auslegung zu ermitteln. Dies kann fraglich sein, wenn nur sie nur eine Rahmenvereinbarung über die Arbeitsbedingungen bei befristeten Arbeitseinsätzen getroffen haben. Enthält diese bereits eine Arbeitsverpflichtung, die entweder im Vertrag selbst geregelt ist oder wird dem Arbeitgeber ein einseitiges Anordnungsrecht über den zeitlichen Einsatz des Arbeitnehmers eingeräumt, unterliegt dieser Vertrag der Befristungskontrolle. Wird der Arbeitnehmer durch die Vereinbarung nicht zu einer Arbeitsleistung verpflichtet, unterliegen erst die nachfolgend vereinbarten befristeten Arbeitseinsätze der Befristungskontrolle.[35]

---

[29] BAG 5. 11. 2003 AP 6 zu § 4 TzBfG = NZA 2005, 222; 19. 2. 1998 AP 68 zu § 2 BeschFG 1985.

[30] BAG 17. 4. 2002 AP 84 zu § 2 BeschFG 84 = NZA 2002, 1334; 19. 8. 1992 AP 102 zu § 242 BGB Gleichbehandlung = NZA 93, 171.

[31] BAG 26. 5. 1993 AP 2 zu § 612 BGB Diskriminierung = NZA 93, 1049.

[32] BAG 24. 9. 2003 AP 4 zu § 4 TzBfG = NZA 2004, 611.

[33] BAG 19. 8. 1992 AP 102 zu § 242 BGB Gleichbehandlung = NZA 93, 171.

[34] BAG 29. 1. 1992 AP 18 zu § 2 BeschFG 1985 = NZA 92, 1037.

[35] Vgl. BAG 16. 4. 2003 AP 1 zu § 4 BeschFG 1996 = NZA 2004, 40.

2. Befristung. § 3 I TzBfG enthält eine Legaldefinition des befristet beschäftigten Arbeitnehmers. Danach ist ein Arbeitnehmer mit einem auf bestimmte Zeit geschlossenen Arbeitsvertrag befristet beschäftigt. Daneben unterscheidet das Gesetz die Zeit- und die Zweckbefristung. Ein auf bestimmte Zeit geschlossener Arbeitsvertrag liegt vor, wenn seine Dauer entweder kalendermäßig bestimmt ist (kalendermäßig befristeter Arbeitsvertrag) oder sich aus Art, Zweck oder Beschaffenheit der Arbeitsleistung ergibt (zweckbefristeter Arbeitsvertrag). 29

a) Kalendermäßige Befristung. Das kalendermäßig befristete Arbeitsverhältnis kann entweder für eine bestimmte Dauer (Tag, Woche, Monat, Jahr), aber auch nach dem Kalender (bis zum 20. des M.) eingegangen sein. Allerdings muss die kalendermäßige Befristung hinreichend bestimmt oder zumindest bestimmbar (§§ 133, 157 BGB) sein; bei AGB ist § 307 I 2 BGB anwendbar. Ist dies nicht der Fall (z. B. Einstellung für 3–4 Wochen), gilt das Arbeitsverhältnis als auf unbestimmte Zeit geschlossen. Als zulässig wird jedoch auch eine Befristung für eine bestimmte Saison angesehen, wenn die Saison bei Vertragsschluss objektiv bestimmbar ist. Unzureichend ist die Befristung für eine unbestimmte Zeit, z. B. den „Sommer" oder in der Getränkeindustrie „die heißen Tage". Ist die Befristung als kalendermäßige unwirksam, kann eine wirksame Zweckbefristung in Betracht kommen. 30

b) Zweckbefristung. aa) Der Vereinbarung einer bestimmten Zeit steht es gleich, wenn sich die Dauer des Arbeitsverhältnisses objektiv eindeutig[36] aus Art, Zweck oder Beschaffenheit der Arbeitsleistung ergibt (§ 3 I 2 TzBfG), z. B. wenn Pflegepersonal zur Pflege für einen bestimmten Schwerkranken eingestellt wird.[37] Das Arbeitsverhältnis endet dann mit der Genesung oder dem Tod des Patienten. Voraussetzung eines durch seinen Zweck befristeten Arbeitsvertrages ist, dass sich beide Vertragsparteien darüber einig sind, dass die Dauer des Arbeitsverhältnisses von seinem Zweck abhängig sein soll und außerdem die Zweckerreichung objektiv bestimmbar ist. Allerdings bedarf die Abrede über die Zweckbefristung der Schriftform (§ 14 IV TzBfG, RN 50). Fehlt es an einer formwirksamen Einigung über die Zweckbefristung des Arbeitsvertrags, kommt ein Arbeitsvertrag unbestimmter Dauer zustande, bei dem die Zwecksetzung allenfalls Motiv seines Abschlusses sein kann. 31

bb) Auslauffrist. Kann der Arbeitnehmer bei einem zweckbefristeten Abschluss des Arbeitsvertrages das Ende des Arbeitsverhältnisses nicht absehen, führt dies nicht zu einem unbefristeten Arbeitsverhältnis, sondern lediglich dazu, dass das Arbeitsverhältnis frühestens zwei Wochen nach Zugang der schriftlichen Unterrichtung des Arbeitnehmers durch den Arbeitgeber über den Zeitpunkt der Zweckerreichung endet (gesetzliche Auslauffrist, § 15 II TzBfG). Unterlässt der Arbeitgeber die Ankündigung, kann der unbefristete Fortbestand des Arbeitsverhältnisses unter den Voraussetzungen des § 15 V TzBfG fingiert werden. Durch diese Mitteilungspflicht wird verhindert, dass der Arbeitgeber längere Zeit mit der Unterrichtung zuwartet. Denkbar ist aber auch, dass der Arbeitgeber schadensersatzpflichtig werden kann, wenn der Arbeitnehmer ein Ersatzarbeitsverhältnis wegen des erwachsenen Vertrauenstatbestandes nicht abgeschlossen hat. Unzulässig ist die Zweckbefristung, wenn die Dauer der Befristung nicht überschaubar ist. Dabei kann die Beendigung durchaus in weiter Zukunft liegen. Die Beendigung darf nur nicht völlig ungewiss sein. 32

cc) Einzelfälle. Eine Zweckbefristung kommt z. B. in Betracht bei Aushilfe oder Vertretungsfällen oder zur Erledigung bestimmter, nicht ständiger Arbeitsaufgaben[38] bzw. Einstellung für eine bestimmbare Saison.[39] 33

dd) Doppelbefristung. Eine Zweckbefristung kann auch mit einer Zeitbefristung verbunden werden. In diesem Fall sind jedoch an die Bestimmtheit der Befristungsabrede und ihre Transparenz besondere Anforderungen zu stellen. Es muss eindeutig erkennbar sein, wann und unter welchen die beiden Befristungstatbestände eingreifen.[40] Die Unwirksamkeit der Zweckbefristung hat auf eine zugleich vereinbarte Zeitbefristung keinen Einfluss. Sie führt nur dazu, dass das Arbeitsverhältnis nicht bereits auf Grund der etwaigen früheren Zweckerreichung endet, sondern bis zu der vereinbarten kalendermäßig bestimmten Höchstfrist fortbesteht. Ist das Ar- 34

---

[36] BAG 17. 2. 1983 AP 14 zu § 15 KSchG 1969 = NJW 83, 1927; 20. 10. 1967 AP 30 zu § 620 BGB Befristeter Arbeitsvertrag.

[37] LAG Saarland 26. 2. 1997 EzA 46 zu § 620 BGB; LAG Berlin 13. 7. 1990 BB 90, 1909.

[38] BAG 17. 2. 1983 AP 14 zu § 15 KSchG 1969 = EzA 64 zu § 620 BGB = NJW 83, 1927; dagegen anders bei immer wiederkehrendem Bedarf: 7. 5. 1980 AP 36 zu § 611 BGB Abhängigkeit.

[39] BAG 20. 10. 1967 AP 30 zu § 620 BGB Befristeter Arbeitsvertrag; 29. 1. 1987 AP 1 zu § 620 BGB Saisonarbeit.

[40] BAG 16. 4. 2008 AP 10 zu § 305 c BGB = NZA 2008, 876; 8. 8. 2007 AP 4 zu § 21 TzBfG.

beitsverhältnis ohnehin bis zu diesem Zeitpunkt fortgesetzt worden, gewinnt die Zweckbefristung keine Bedeutung.[41]

35 **3. Auflösende Bedingung. a) Begriff, Abgrenzung.** Nach § 158 II BGB kann ein Rechtsgeschäft unter einer auflösenden Bedingung vorgenommen werden; mit dem Eintritt der Bedingung enden die Wirkungen des Rechtsgeschäfts. Eine auflösende Bedingung ist danach gegeben, wenn das Arbeitsverhältnis bei Eintritt eines zukünftigen ungewissen Ereignisses enden soll.[42] Die Abgrenzung der auflösenden Bedingung insbesondere von der Zweckbefristung lässt sich vielfach nicht einfach vornehmen. Bei der Zweckbefristung steht die Erreichung des vereinbarten Zwecks fest, ungewiss ist lediglich der Termin, in dem die Zweckerreichung eintritt. Hingegen steht bei der auflösenden Bedingung nicht fest, ob und ggf. zu welchem Zeitpunkt sie überhaupt eintritt.

36 **b) Zulässigkeit.** Die Rechtsprechung hat zwar stets die auflösende Bedingung eines Arbeitsverhältnisses als Unterfall des befristeten Arbeitsvertrags angesehen, die Beurteilung ihrer Wirksamkeit hat jedoch gewissen Schwankungen unterlegen. Zunächst hat das BAG auflösend bedingte Arbeitsverhältnisse grundsätzlich als zulässig angesehen.[43] Dann hat es in einer Entscheidung Bedenken geäußert, ob Arbeitsverhältnisse überhaupt resolutiv bedingt abgeschlossen werden können, da der Arbeitnehmer hierdurch übermäßig belastet wird.[44] In der Folgezeit ist es hiervon wieder abgerückt.[45] Der Gesetzgeber hat den auflösend bedingten Arbeitsvertrag durch § 21 TzBfG in das TzBfG einbezogen und so die grundsätzliche Zulässigkeit auflösend bedingter Arbeitsverträge anerkannt. Nach § 21 TzBfG gelten § 4 II, § 5, § 14 I, IV, § 15 II, III und V sowie die §§ 16 bis 20 für auflösend bedingte Arbeitsverträge entsprechend.

37 **c) Voraussetzungen.** Die auflösende Bedingung bedarf zu ihrer Wirksamkeit der Schriftform (§ 21 i. V. m. § 14 IV TzBfG) und eines sie rechtfertigenden Sachgrunds[46] (§ 14 I TzBfG, dazu § 40). Der Abschluss von auflösend bedingten Arbeitsverträgen ohne Sachgrund ist nicht zulässig, da in § 21 TzBfG nicht auf § 14 II, II a bzw. III TzBfG verwiesen wird. Daneben muss die Vereinbarung der auflösenden Bedingung wie die Zweckbefristung eindeutig bestimmt oder zumindest bestimmbar sein.

38 **d) Einzelfälle. aa)** Auflösende Bedingungen sind u. a. wirksam, wenn sie vom Willen des Arbeitnehmers abhängen und zur Beilegung eines Kündigungsrechtsstreits geschlossen werden.[47] Zulässig ist auch die Einstellung unter der auflösenden Bedingung der Zustimmungsverweigerung durch den Betriebsrat,[48] der gesundheitlichen Eignung,[49] Entziehung der Erlaubnis zur Betätigung als Wachmann,[50] eines Bundesligatrainers auf seinen Wunsch[51] oder bei Wegfall einer Fernsehrolle aus künstlerischen Gründen.[52] Zu den Anforderungen an die Beendigung des Arbeitsverhältnisses auf Grund einer Altersgrenze § 40 RN 45, auf Grund einer Erwerbsminderung § 40 RN 57 sowie der Prozessbeschäftigung § 40 RN 60.

39 **bb) Unwirksam** ist dagegen die Vereinbarung einer auflösenden Bedingung, wenn hierdurch gegen zwingende Schutzbestimmungen zugunsten der Arbeitnehmer verstoßen wurde, also z. B. bei Vereinbarungen, wonach das Arbeitsverhältnis endet bei Heirat[53] und/oder Schwangerschaft, bei nicht fristgemäßer Rückkehr aus dem Urlaub,[54] bei Krankheit,[55] bei schlechten

---

[41] BAG 13. 6. 2007 AP 39 zu § 14 TzBfG = NZA 2008, 108.
[42] BAG 9. 2. 1984 AP 7 zu § 620 Bedingung = NZA 84, 266.
[43] BAG 17. 5. 1962 AP 2 zu § 620 BGB Bedingung.
[44] BAG 9. 7. 1981 AP 4 zu § 620 BGB Bedingung = NJW 82, 788.
[45] BAG 9. 2. 1984 AP 7 zu § 620 BGB Bedingung = NZA 84, 266; 20. 12. 1984 = AP 9 zu § 620 BGB Bedingung = NZA 86, 325; 4. 12. 1991 AP 17 zu § 620 BGB Bedingung = NZA 92, 838.
[46] BAG 4. 12. 2002 AP 28 zu § 620 BGB Bedingung = NZA 2003, 611.
[47] BAG 9. 2. 1984 AP 7 zu § 620 BGB Bedingung = NZA 84, 266.
[48] BAG 17. 2. 1983 AP 74 zu § 620 BGB Befristeter Arbeitsvertrag = NJW 83, 1752.
[49] BAG 16. 10. 2008 – 7 AZR 185/07 – n. a. v.; Hess. LAG 8. 12. 1994 LAGE § 620 Bedingung Nr. 4; LAGE Köln 12. 3. 1991 § 620 BGB Bedingung Nr. 8; LAGE Berlin 16. 7. 1990 § 620 BGB Bedingung Nr. 2.
[50] BAG 19. 3. 2008 AP 5 zu § 21 TzBfG; 25. 8. 1999 AP 24 zu § 620 BGB Bedingung = NZA 2000, 656.
[51] BAG 4. 12. 2002 AP 28 zu § 620 BGB Bedingung = NZA 2003, 611.
[52] BAG 2. 7. 2003 AP 29 zu § 620 BGB Bedingung = NZA 2004, 311.
[53] BAG 10. 5. 1957 AP 1 zu Art. 6 I GG Ehe und Familie.
[54] BAG 25. 6. 1987 AP 14 zu § 620 Bedingung = NZA 88, 391; 13. 12. 1984 AP 8 zu § 620 Bedingung = NZA 85, 324; 19. 12. 1974 AP 3 zu § 620 Bedingung.
[55] LAG Berlin 8. 11. 1960 BB 61, 95.

Noten im Berufsausbildungsverhältnis,[56] bei Alkoholgenuss durch einen Alkoholgefährdeten,[57] bei Wegfall der staatlichen Förderung[58] oder Verfehlen des Ziels einer Zielvereinbarung.[59] Die Berufung auf den Eintritt einer Bedingung kann aber rechtsmissbräuchlich sein.[60]

e) Verweisung. Auf Grund der Verweisung in § 21 TzBfG gelten auch für das auflösend bedingte Arbeitsverhältnis die Folgen bei unwirksamer Bedingung (§ 16 TzBfG, RN 48), die Anrufung des Arbeitsgerichts (§ 17 TzBfG, RN 69), die Information über unbefristete und unbedingte Arbeitsverhältnisse (§ 18 TzBfG), die Aus- und Weiterbildung (§ 19 TzBfG) sowie die Information der Arbeitnehmervertretung (§ 20 TzBfG). **40**

IV. Beendigung des zeitbestimmten Arbeitsverhältnisses

1. Zeitablauf. Ein kalendermäßig befristeter Arbeitsvertrag endet mit Ablauf der vereinbarten Zeit (§ 15 I TzBfG). Die Beendigung erfolgt automatisch und zwar ohne Rücksicht auf etwaige bei Vertragsschluss bestehende oder zwischenzeitlich eingetretene Kündigungsbeschränkungen wie z. B. eine Schwangerschaft oder eine Schwerbehinderung. **41**

2. Zweckbefristung/auflösende Bedingung. Ein zweckbefristeter Arbeitsvertrag endet nach § 15 II TzBfG mit Erreichen des Zwecks (z. B. Rückkehr des Vertretenen), frühestens jedoch zwei Wochen nach Zugang der schriftlichen Unterrichtung des Arbeitnehmers durch den Arbeitgeber über den Zeitpunkt der Zweckerreichung. Die Vorschrift ist auch anzuwenden, wenn der vereinbarte Zweck wegfällt[61] (z. B. Einstellung eines Projekts). Die Unterrichtung hat durch den Arbeitgeber zu erfolgen, eine Kenntniserlangung durch Dritte ist nicht ausreichend. Das Gesetz schreibt Schriftform vor, die allerdings durch die elektronische Form (§ 126 a BGB) ersetzt werden kann; die Nichtbeachtung der Form löst die Folgen des § 15 II TzBfG nicht aus. Inhaltlich muss aus der Mitteilung die Beendigung des Arbeitsverhältnisses zu einem bestimmten Zeitpunkt erkennen lassen; empfehlenswert ist daher insbesondere die Angabe des Datums der Zweckerreichung und des Beendigungszeitpunkts. Eine ungenügende Unterrichtung führt nur unter den Voraussetzungen des § 15 V TzBfG zu einem unbefristeten Arbeitsverhältnis, ansonsten kann die Mitteilung nach § 15 II TzBfG nachgeholt werden. Bis zu einer ordnungsgemäßen Unterrichtung und der sich daran anschließenden 14-tägigen Auslauffrist besteht das Arbeitsverhältnis jedoch fort. Die vorstehenden Grundsätze gelten für die Mitteilungspflicht bei einer auflösenden Bedingung sinngemäß. **42**

3. Kündigung. Ein befristetes oder bedingtes Arbeitsverhältnis unterliegt nur dann der ordentlichen Kündigung, wenn dies einzelvertraglich oder im anwendbaren Tarifvertrag vereinbart ist (§ 15 III TzBfG). Noch nicht entschieden ist, ob § 15 III TzBfG auch für ein durch eine Altersgrenze befristetes Arbeitsverhältnis gilt,[62] oder – wofür m. E. vieles spricht – ein auf das Erreichen des Regelrentenalters befristetes Arbeitsverhältnis bei teleologischer Auslegung nicht unter die Vorschrift fällt. Die Vereinbarung einer Kündigungsmöglichkeit unterliegt nicht dem Schriftformerfordernis des § 14 IV TzBfG; sie muss jedoch hinreichend bestimmt oder bestimmbar sein. Eine ordentliche Kündigungsmöglichkeit gilt in einem befristeten Arbeitsverhältnis als vereinbart, wenn im Vertrag die Dauer von Kündigungsfristen festgelegt ist, auf einen Tarifvertrag verwiesen wird, der eine ordentliche Kündigungsmöglichkeit für befristete Arbeitsverhältnisse vorsieht oder die Parteien beiderseits ein Kündigungsrecht aus bestimmten als wichtig bezeichneten Gründen mit einer Kündigungsfrist vereinbaren.[63] Vereinbaren die Parteien ein befristetes Arbeitsverhältnis mit einer Mindestdauer, ist die ordentliche Kündigung bis zum Ablauf der Mindestdauer regelmäßig ausgeschlossen, selbst wenn im übrigen eine Kündigungsfrist vereinbart wird. Ist ein Recht zur ordentlichen Kündigung vereinbart, gilt es grundsätzlich für beide Seiten. Das Recht zur außerordentlichen Kündigung besteht stets in einem befristeten Arbeitsverhältnis und kann nicht ausgeschlossen werden. **43**

4. Weiterarbeit. a) Abgrenzung. Wird das Arbeitsverhältnis nach Ablauf der Zeit, für die es eingegangen ist, oder nach Zweckerreichung mit Wissen des Arbeitgebers – auch stillschweigend – fortgesetzt, so gilt es als auf unbestimmte Zeit verlängert, wenn der Arbeitgeber nicht **44**

---

[56] BAG 5. 12. 1985 AP 10 zu § 620 BGB Bedingung = NZA 87, 20.
[57] LAG München 29. 10. 1987 NZA 88, 506.
[58] BAG 15. 3. 1991 AP 2 zu § 47 BBiG = NZA 92, 452.
[59] LAG Köln 10. 7. 2003 LAGE § 2 KSchG Nr. 44.
[60] LAG Berlin 4. 3. 1974 BB 74, 1349.
[61] *Dörner* RN 891.
[62] Dafür ErfK/*Müller-Glöge* § 15 TzBfG RN 11.
[63] BAG 25. 2. 1998 AP 195 zu § 620 BGB Befristeter Arbeitsvertrag.

unverzüglich widerspricht oder dem Arbeitnehmer die Zweckerreichung nicht unverzüglich mitteilt (§ 15 V TzBfG). Die Vorschrift schränkt den Anwendungsbereich von § 625 BGB ein, der jedoch dann anwendbar bleibt, wenn das Arbeitsverhältnis durch Kündigung, Anfechtung oder Aufhebungsvertrag beendet wird. Die Fortsetzung des Arbeitsverhältnisses i. S. v. § 15 V TzBfG oder § 625 BGB ist ein Tatbestand schlüssigen Verhaltens kraft gesetzlicher Fiktion. Beide Regelungen beruhen auf der Erwägung, die Fortsetzung der Arbeitsleistung durch den Arbeitnehmer mit Wissen des Arbeitgebers sei im Regelfall der Ausdruck eines stillschweigenden Willens der Parteien zur Verlängerung des Arbeitsverhältnisses.[64]

45 **b) Voraussetzungen.** § 15 V TzBfG setzt voraus, dass das Arbeitsverhältnis auf Grund Befristung oder auflösender Bedingung als Ganzes sein Ende gefunden hat und der Arbeitnehmer mit Wissen des Arbeitgebers selbst oder eines zum Abschluss von Arbeitsverträgen berechtigten Vertreters[65] zu den bisherigen Bedingungen seines Arbeitsvertrags unverändert seine Arbeitsleistung erbringt..[66] Die Inanspruchnahme von Urlaub stellt keine Weiterarbeit dar.[67] Das Wissen des Arbeitgebers muss sich sowohl auf die Beendigung des Arbeitsverhältnisses wie auch auf die Weiterarbeit erstrecken, ansonsten treten die Rechtsfolgen des § 15 V TzBfG nicht ein.[68] Sie werden zudem durch eine vorherige ausdrückliche oder konkludente Einigung der Parteien über eine befristete Fortsetzung des Arbeitsverhältnisses ausgeschlossen.[69] Das Recht, die unbefristete Fortsetzung des Arbeitsverhältnisses zu verlangen, kann verwirken.[70]

46 **c) Widerspruch.** Die Rechtsfolgen des § 15 V TzBfG treten nicht ein, wenn der Arbeitgeber der Fortsetzung der Tätigkeit des Arbeitnehmers ausdrücklich oder konkludent widerspricht. Der Widerspruch ist an keine bestimmte Form gebunden; er muss jedoch unverzüglich erfolgen. Unverzüglich bedeutet wie bei dem gleichlautenden Merkmal in § 121 BGB nicht sofort, sondern ohne schuldhaftes Zögern. Dem Arbeitgeber ist eine kurze Überlegungsfrist einzuräumen, innerhalb derer er ggf. Rechtsrat einholen kann.[71] Auch der Versuch einer gütlichen Einigung soll möglich sein.[72] § 15 V TzBfG ist wegen § 22 TzBfG anders als § 625 BGB unabdingbar, ein Widerspruch kann jedoch bereits kurz vor Ablauf des Arbeitsverhältnisses erklärt werden (z. B. durch die Aufforderung zur Herausgabe der vom Arbeitgeber überlassenen Gegenstände).[73] Bei der Zweckbefristung kann eine bisher versäumte Mitteilung nach § 15 II TzBfG mit einem Widerspruch verbunden werden.

47 **d) Rechtsfolgen.** Ist der Tatbestand des § 15 V TzBfG erfüllt, gilt das Arbeitsverhältnis als unbefristetes zu seinen bisherigen Bedingungen fort. Es gelten daher auch etwaige Vertragsstrafenversprechungen weiter.[74] Das verlängerte Arbeitsverhältnis ist dann ordentlich und außerordentlich kündbar. Im Wege der Auslegung ist zu ermitteln, ob die zuvor vereinbarte oder die gesetzliche Kündigungsfrist gelten soll.[75] Auch bei der Vollziehung eines nach § 15 V TzBfG begründeten unbefristeten Arbeitsverhältnisses ist der Betriebsrat nach § 99 BetrVG zu beteiligen.[76]

48 **5. Unwirksamkeit der Befristung. a)** Ist die Befristung rechtsunwirksam, so gilt der befristete Arbeitsvertrag als auf unbestimmte Zeit geschlossen[77] (§ 16 Satz 1 TzBfG). Die Vorschrift stellt eine gesetzlich geregelte Ausnahme von § 139 BGB dar. Die Unwirksamkeit einer vereinbarten Befristung führt nicht zur Unwirksamkeit des bestehenden Arbeitsvertrags, vielmehr ist nur die vereinbarte Zeitbestimmung unwirksam. § 16 TzBfG erfasst alle befristungsrechtlich bedeutsamen Unwirksamkeitsgründe (z. B. fehlende Bestimmtheit der Befristungsabrede, personalvertretungsrechtliche Mängel, Schriftform, fehlender Sachgrund, umstr.[78]).

---

[64] BAG 3. 9. 2003 AP 4 zu § 14 TzBfG = NZA 2004, 255.
[65] BAG 25. 10. 2000 AP 7 zu § 1 BeschFG 1996 = NZA 2001, 609.
[66] BAG 11. 7. 2007 – 7 AZR 197/06 – n. a. v.
[67] BAG 2. 12. 1998 AP 8 zu § 625 BGB = NZA 99, 482.
[68] BAG 30. 11. 1984 AP 1 zu § 22 MTV Ausbildung.
[69] BAG 20. 2. 2002 EzA 5 zu § 625 BGB = ZTR 2002, 439.
[70] LAG Köln 27. 6. 2001 DB 2001, 2256 – Zeitmoment nach 9 Monaten als erfüllt angesehen.
[71] BAG 11. 7. 2007 AP 12 zu § 57 a HRG.
[72] ErfK/*Müller-Glöge* § 15 TzBfG RN 34.
[73] BAG 11. 7. 2007 AP 12 zu § 57 a HRG.
[74] LAG Hamm 15. 9. 1997 NZA 99, 1050.
[75] BAG 11. 8. 1988 AP 5 zu § 625 BGB = NZA 89, 595.
[76] BAG 7. 8. 1990 AP 82 zu § 99 BetrVG 1972 = NZA 91, 150.
[77] *Kleinebrink,* Rechtliche Möglichkeiten der Rettung unwirksamer Befristungen, ArbRB 2008, 95.
[78] *Dörner* RN 969; a. A. ErfK/*Müller-Glöge* § 16 TzBfG RN 1.

b) Kündigung. Der Arbeitgeber kann einen nach § 16 Satz 1 TzBfG zustande gekommenen unbefristeten Arbeitsvertrag ordentlich kündigen, wenn eine Kündigungsmöglichkeit vereinbart war (RN 43). Ist dies nicht der Fall, ist der Arbeitgeber an die vereinbarte Mindestdauer gebunden. Er kann eine ordentliche Kündigung während der Laufzeit der (unwirksamen) Befristung nach § 16 Satz 1 2. Halbs. TzBfG frühestens zum vereinbarten Ende aussprechen. Nur wenn die Befristung ausschließlich nach § 14 IV TzBfG wegen der Nichtbeachtung des Schriftformerfordernisses unwirksam ist, besteht für den Arbeitgeber auch ohne besondere Vereinbarung eine Kündigungsmöglichkeit nach § 16 Satz 2 TzBfG. Die Kündigung des Arbeitgebers bedarf eines Kündigungsgrunds nach §§ 1, 23 I KSchG, wenn zum Zeitpunkt ihres Zugangs die Wartezeit (§ 1 I KSchG) abgelaufen ist und der Arbeitgeber unter den betrieblichen Geltungsbereich des KSchG fällt. Eine außerordentliche Kündigung kann der Arbeitgeber unter den Voraussetzungen des § 626 BGB jederzeit aussprechen. Über die Kündigung des Arbeitnehmers bei einer unwirksamen Befristungsabrede enthält § 16 TzBfG keine Regelung, der Gesetzgeber hat sie offenbar unterstellt.[79] 49

V. Schriftform

Bahnsen, Schriftform nach § 14 IV TzBfG – die neue Befristungsfalle für Arbeitgeber, NZA 2005, 676; *Buchner,* „Vernunft und Unsinn, Wohltat Plage", FS Konzen (2006), S. 31; *Dörner,* Das Formgebot für die Vereinbarung einer Befristung nach § 14 Abs. 4 TzBfG, FS Richardi (2007), S. 219; *Greiner,* Nachträgliche Schriftformwahrung in befristeten Arbeitsverhältnissen zwischen Privatautonomie, Positivismus und Rechtsfortbildung, RdA 2009, Heft 2; *Kramer,* Formerfordernis im Arbeitsverhältnis als Grenzen für den Einsatz elektronischer Kommunikationsmittel, DB 2006, 502; *Lorenz,* Stolperstein Schriftform, FA 2006, 168; *Nadler/Medem,* Formnichtigkeit einer Befristungsabrede im Arbeitsvertrag – ein nicht zu korrigierender Fehler?, NZA 2005, 1214; *Riesenhuber,* Keine Rettung der formnichtigen Befristungsabrede im Arbeitsvertrag?, NJW 2005, 2268.

1. Normzweck. Die Befristung des Arbeitsvertrags bedarf nach § 14 IV TzBfG der Schriftform. Das Schriftformerfordernis dient zunächst der Rechtssicherheit. Der Arbeitnehmer soll bei Vertragsbeginn durch die schriftlich niedergelegte Befristungsabrede erkennen, dass er keinen Dauerarbeitsplatz erhält, um ggf. den Vertragsschluss zu Gunsten anderer Angebote ablehnen zu können. Außerdem dient das Schriftformerfordernis der Beweiserleichterung. Dadurch soll unnötiger Streit der Parteien über das Vorliegen und den Inhalt einer Befristung vermieden werden (BT-Drucks. 14/626 S. 11 zu § 623 BGB a. F.). 50

2. Geltungsbereich. a) Sachlicher Geltungsbereich. aa) § 14 IV TzBfG verlangt nicht den Abschluss eines schriftlichen Arbeitsvertrags, sondern unterwirft nur die Vereinbarung über die Befristung des Arbeitsvertrags dem gesetzlichen Schriftformerfordernis des § 126 BGB. In der Praxis führt dies bei befristeten Arbeitsverhältnissen regelmäßig zum Abschluss eines schriftlichen Arbeitsvertrags. § 14 IV TzBfG gilt für alle Befristungen, unabhängig davon, ob die Befristung auf das TzBfG gestützt wird oder eine andere Befristungsnorm.[80] Daher unterliegen auch die sachgrundlosen Befristungen nach dem HRG, dem ÄArbVtrG, sowie eine auf § 21 BEEG gestützte Befristung dem Schriftformgebot. § 14 IV TzBfG gilt auch für die Verlängerung eines sachgrundlos befristeten Arbeitsvertrags nach § 14 II 1 TzBfG und einen sog. unselbstständigen Annex-Vertrag, mit dem ein bestehender befristeter Arbeitvertrag verlängert wird[81] sowie für eine Vereinbarung über die befristete Weiterbeschäftigung während eines Kündigungsschutzprozesses.[82] Auch die Vertragsdauer ist ohne Bedeutung. 51

bb) Angabe des Sachgrunds. Das Schriftformerfordernis des § 14 IV TzBfG erfordert nicht die schriftliche Vereinbarung des Sachgrunds für den befristeten Arbeitsvertrag[83] oder die schriftliche Niederlegung von befristeten Änderungen des Arbeitsvertrags.[84] Haben die Parteien einen Sachgrund im Vertrag genannt, ist der Arbeitgeber dennoch berechtigt, im gerichtlichen Verfahren einen anderen Sachgrund nachzuschieben[85] oder darzulegen, dass die Voraussetzungen für eine sachgrundlose Befristung vorlagen. Hiervon besteht eine Ausnahme, wenn beide Partei- 52

[79] ErfK/*Müller-Glöge* § 16 TzBfG RN 3.
[80] BAG 23. 6. 2004 AP 12 zu § 14 TzBfG = NZA 2004, 1333.
[81] BAG 16. 3. 2005 AP 16 zu § 14 TzBfG = NZA 2005, 923.
[82] BAG 22. 10. 2003 AP 6 zu § 14 TzBfG = NZA 2004, 1275.
[83] BAG 13. 10. 2004 AP 14 zu § 14 TzBfG = NZA 2005, 401; 23. 6. 2004 AP 12 zu § 14 TzBfG = NZA 2004, 1333; 6. 8. 2003 AP 253 zu § 620 BGB Befristeter Arbeitsvertrag.
[84] BAG 14. 1. 2004 AP 8 zu § 14 TzBfG; 3. 9. 2003 AP 4 zu § 14 TzBfG = NZA 2004, 255.
[85] BAG 23. 6. 2004 AP 12 zu § 14 TzBfG = NZA 2004, 1333.

en die Wirksamkeit der Befristung vom Vorliegen des genannten Sachgrundes abhängig machen wollten oder tarifvertraglich ein Nachschieben anderer Befristungsgründe unzulässig ist.[86]

53 **cc) Zweckbefristung und auflösende Bedingung.** Das Schriftformerfordernis gilt nicht nur für die kalendermäßige Befristung, sondern auch für die Zweckbefristung (§ 3 I 2 2. Alt. TzBfG). Da die Vertragsdauer bei der Zweckbefristung von dem Vertragszweck abhängt, muss bei einer Zweckbefristung der die Befristung tragende Vertragszweck schriftlich vereinbart sein.[87] Über die Verweisung in § 21 TzBfG findet § 14 IV TzBfG auch Anwendung auf die auflösende Bedingung.

54 **b) Zeitlicher Geltungsbereich.** Für die (Form-)Wirksamkeit einer vereinbarten Befristung ist die Rechtslage im Zeitpunkt des Vertragsschlusses maßgebend. § 14 IV TzBfG gilt nur für die seit dem Inkrafttreten des TzBfG am 1. 1. 2001 getroffenen Befristungsabreden. Vor diesem Zeitpunkt enthielt § 623 BGB in der vom 1. 5. 2000 bis zum 31. 12. 2000 geltenden Fassung gleichfalls ein gesetzliches Schriftformerfordernis für die Befristung eines Arbeitsvertrags. Für Befristungsabreden vor dem 1. 5. 2000 besteht daher kein gesetzliches Formerfordernis. Aus diesem Grund sind insbesondere Altersgrenzen, die vor dem 1. 5. 2000 vereinbart worden sind, nicht wegen Verstoß gegen § 14 IV TzBfG unwirksam.[88] Die für Befristungen geltenden Grundsätze finden auch auf auflösende Bedingungen Anwendung.[89]

55 **3. Voraussetzungen.** Ist durch Gesetz schriftliche Form vorgeschrieben, muss die Urkunde nach § 126 I BGB vom Aussteller eigenhändig durch Namensunterschrift unterzeichnet sein. Bei einem Vertrag muss die Unterzeichnung nach § 126 II 1 BGB durch beide Parteien auf derselben Urkunde erfolgen. Aus diesem Grund genügt ein Briefwechsel (Übersendung eines Angebots und die Rücksendung einer Annahmeerklärung) zur Wahrung der Schriftform nicht aus, weil sich die Willensübereinstimmung der Parteien nicht aus einer, sondern erst aus der Zusammenfassung zweier Urkunden ergibt. Der Schriftform des § 14 IV TzBfG ist jedoch genügt, wenn die eine Vertragspartei in einem von ihr unterzeichneten, an die andere Vertragspartei gerichteten Schreiben den Abschluss eines befristeten Arbeitsvertrags anbietet und die andere Partei dieses Angebot annimmt, indem sie das Schriftstück ebenfalls unterzeichnet.[90] Nach § 126 II 2 BGB genügt die Unterschrift einer Partei auf der für die andere Partei bestimmten Urkunde, wenn über den Vertrag mehrere gleichlautende Urkunden aufgenommen werden. Die Schriftform des § 14 IV TzBfG kann ersetzt werden durch die elektronische Form (§ 126 III BGB), die notarielle Beurkundung (§ 126 IV BGB) sowie die Protokollierung eines gerichtlichen Vergleichs[91] (§ 127 a BGB). Folgt die Befristungsabrede aus einer einzelvertraglichen Inbezugnahme eines Tarifvertrags, enthält also nur der Tarifvertrag und nicht der Arbeitsvertrag die Befristung (z. B. bei einer tariflichen Altersgrenze) muss auch die arbeitsvertragliche Bezugnahme auf den Tarifvertrag schriftlich erfolgen.[92] Bei Tarifbindung oder Allgemeinverbindlichkeit ist es ausreichend, wenn der die Befristung enthaltene Tarifvertrag von den Tarifvertragsparteien unterzeichnet ist.

56 **4. Zeitpunkt.** Die Voraussetzungen des § 14 IV TzBfG müssen grundsätzlich bis zum Vertragsbeginn, d. h. der erstmaligen Arbeitsaufnahme vorliegen. Vereinbaren die Parteien vor Vertragsbeginn zunächst nur mündlich die Befristung des Arbeitsvertrags und halten sie die mündlich getroffene Befristungsabrede in einem nach Vertragsbeginn unterzeichneten Arbeitsvertrag schriftlich fest, ist die zunächst mündlich vereinbarte Befristung nichtig, so dass nach bei Vertragsbeginn ein unbefristetes Arbeitsverhältnis entsteht (RN 57). Zur Vermeidung dieser Rechtsfolge, kann der Arbeitgeber den Abschluss eines befristeten Arbeitsvertrags von der Unterzeichnung der Vertragsurkunde durch den Arbeitnehmer abhängig machen. Der Arbeitnehmer kann das schriftliche Angebot des Arbeitgebers dann noch nach der Arbeitsaufnahme durch die Unterzeichnung des Arbeitsvertrags annehmen. Der Arbeitgeber macht den Vertragsschluss von der Einhaltung der Schriftform abhängig, wenn er z. B. in den Vertragsverhandlungen der Parteien den Abschluss des befristeten Arbeitsvertrags ausdrücklich unter den Vorbehalt eines

[86] BAG 28. 3. 2001 AP 227 zu § 620 BGB Befristeter Arbeitsvertrag = NZA 2002, 666; 29. 10. 1998 AP 17 zu § 2 SR 2 y = NZA 99, 478; 20. 2. 1991 AP 137 zu § 620 BGB Befristeter Arbeitsvertrag = NZA 92, 31 jeweils zur SR 2 y BAT.

[87] BAG 21. 12. 2005 AP 18 zu § 14 TzBfG = NZA 2006, 321.

[88] BAG 27. 7. 2005 AP 27 zu § 620 BGB Altersgrenze = NZA 2006, 37.

[89] BAG 1. 12. 2004 AP 13 zu § 59 BAT = NZA 2006, 211.

[90] BAG 26. 7. 2006 AP 24 zu § 14 TzBfG = NZA 2006, 1402.

[91] BAG 23. 11. 2006 AP 8 zu § 623 BGB = NZA 2007, 466.

[92] *Dörner* RN 82; ErfK/*Müller-Glöge* § 14 TzBfG RN 119; a. A. APS/*Backhaus* § 14 TzBfG RN 458; *Preis/Gotthardt* NZA 2000, 348, 358; differenzierend *Richardi/Annuß*, GS Schwerdtner, S. 133, 148.

schriftlichen Vertragsschlusses gestellt oder dem Arbeitnehmer die schriftliche Niederlegung des Vereinbarten angekündigt hat. Dies gilt gleichermaßen, wenn der Arbeitgeber dem Arbeitnehmer – ohne vorangegangene Absprache – ein von ihm bereits unterschriebenes Vertragsformular mit der Bitte um Unterzeichnung übersendet. Der Arbeitnehmer kann in diesen und anderen Fällen, in denen der Abschluss des befristeten Arbeitsvertrags nach den Vertragsumständen von der Einhaltung des Schriftformerfordernisses abhängen soll, ein ihm **spätestens bei der Arbeitsaufnahme vorliegendes schriftliches Vertragsangebot des Arbeitgebers** nicht durch die Arbeitsaufnahme konkludent, sondern nur durch die Unterzeichnung der Vertragsurkunde annehmen. Nimmt der Arbeitnehmer vor diesem Zeitpunkt die Arbeit auf, besteht zwischen den Parteien nur ein faktisches Arbeitsverhältnis. In der bloßen Entgegennahme der Arbeitsleistung des Arbeitnehmers liegt dann regelmäßig keine Annahme eines Vertragsangebots des Arbeitnehmers, die zu einer forunwirksamen Befristungsabrede führen würde. Liegt dem Arbeitnehmer bei der Arbeitsaufnahme kein schriftliches Vertragsangebot des Arbeitgebers vor, kommt mit der Arbeitsaufnahme hingegen ein unbefristetes Arbeitsverhältnis zustande. Haben die Parteien zunächst eine formwirksame Befristungsabrede getroffen, diese aber in einer nicht den Anforderungen des § 14 IV TzBfG genügenden (mündlichen) Form abgeändert, entsteht kein unbefristetes Arbeitsverhältnis, vielmehr bleibt die ursprüngliche formwirksame Befristungsabrede bestehen.[93] Sollte mit der formunwirksamen Befristungsabrede das Vertragsende hinausgeschoben werden, entsteht durch die Weiterarbeit des Arbeitnehmers über das wirksam vereinbarte Vertragsende hinaus nur dann nach § 15 V TzBfG ein unbefristetes Arbeitsverhältnis, wenn der Arbeitgeber die Formunwirksamkeit kannte.

5. Formunwirksame Befristungsabreden. Eine nur mündlich oder konkludent vereinbarte Befristung ist nach § 125 Satz 1 BGB nichtig und hat nach § 16 Satz 1 TzBfG die Entstehung eines unbefristeten Arbeitsverhältnisses zur Folge. Eine formnichtig vereinbarte Befristung kann nach Vertragsbeginn nicht mehr durch die Unterzeichnung eines befristeten Arbeitsvertrags mit rückwirkender Kraft geheilt werden. Die Vorschriften über die Bestätigung eines nichtigen Rechtsgeschäfts (§ 141 BGB) sind weder unmittelbar noch analog anwendbar.[94] Der mündlich geschlossene Arbeitsvertrag ist abgesehen von der Befristung von Anfang an wirksam. Die §§ 139ff. BGB werden insoweit durch § 16 Satz 1 TzBfG verdrängt, der die Rechtsfolgen einer unwirksamen Befristung regelt. Der Arbeitsvertrag gilt danach als unbefristet geschlossen, wenn ua. die Befristungsabrede bei der Arbeitsaufnahme nicht der Form des § 126 BGB genügt. Die nach Arbeitsaufnahme erfolgte schriftliche Niederlegung einer zuvor nur mündlich getroffenen aber ansonsten wirksamen Befristungsvereinbarung stellt nach einer vom BAG aufgestellten Auslegungsregel keine nachträgliche Befristung eines nach § 16 Satz 1 TzBfG unbefristet zustande gekommenen Arbeitsvertrags dar.[95] Zwar kann ein unbefristet geschlossener Arbeitsvertrag nachträglich befristet werden. Halten die Vertragsparteien die eine bereits zuvor vereinbarte Befristungsabrede nach Arbeitsaufnahme durch den Arbeitnehmer in einem schriftlichen Arbeitsvertrag fest, liegt darin regelmäßig keine eigenständige Befristungsabrede über die nachträgliche Befristung des unbefristet entstandenen Arbeitsverhältnisses, sondern nur die befristungsrechtlich bedeutungslose Wiedergabe des bereits mündlich Vereinbarten. Die nachträgliche Befristung setzt daher das Bewusstsein beider Parteien von der Formunwirksamkeit der ursprünglichen Vereinbarung voraus. Haben die Parteien hingegen vor der Unterzeichnung des schriftlichen Arbeitsvertrags mündlich keine Befristung vereinbart oder eine Befristungsabrede getroffen, die inhaltlich mit der später in dem schriftlichen Vertrag enthaltenen Befristung nicht übereinstimmt, enthält der schriftliche Arbeitsvertrag eine eigenständige, dem Schriftformgebot des § 14 IV TzBfG genügende Befristung.[96] Eine nachträgliche Befristung eines **sachgrundlos befristeten Arbeitsvertrags** ist wegen des Anschlussverbots des § 14 II 2 TzBfG nur bis zur Arbeitsaufnahme des Arbeitnehmers möglich. Bei einer späteren formwirksamen Vereinbarung hat zwischen den Parteien bereits ein unbefristetes Arbeitsverhältnis bestanden, das nach § 14 II 2 TzBfG einer sachgrundlosen Befristung nach § 14 II 1 TzBfG entgegensteht. Noch nicht durch das BAG entschieden ist die Frage, ob der Abschluss eines sachgrundlos befristeten Arbeitsvertrags noch möglich ist, wenn dem Arbeitnehmer bei der Arbeitsaufnahme ein schriftliches Vertragsangebot des Arbeitsgebers vorliegt (RN 56). Die Frage dürfte zu bejahen sein, weil ein faktisches Arbeitsverhältnis kein Arbeitsverhältnis i. S. d. § 14 II 2 TzBfG ist. Ist die Befristungs- 57

[93] ErfK/*Müller-Glöge* § 14 TzBfG RN 115; a. A. *Preis/Gotthardt* NZA 2000, 348, 360.
[94] BAG 16. 3. 2005 AP 16 zu § 14 TzBfG = NZA 2005, 923; 1. 12. 2004 AP 15 zu § 14 TzBfG = NZA 2005, 575; dazu *Dörner*, FS Richardi, S. 227ff.
[95] BAG 1. 12. 2004 AP 15 zu § 14 TzBfG = NZA 2005, 575.
[96] BAG 13. 6. 2007 AP 39 zu § 14 TzBfG = NZA 2008, 108.

abrede formunwirksam getroffen, kann das dann entstandene unbefristete Arbeitsverhältnis vom Arbeitgeber nach § 16 Satz 2 TzBfG ordentlich gekündigt werden.

VI. Beteiligung der Arbeitnehmervertretung

58 **1. BetrVG.** Nach § 99 I BetrVG muss der Betriebsrat u. a. der beabsichtigten Einstellung eines befristet beschäftigten Arbeitnehmers im Betrieb zustimmen. Die Zustimmung wegen der vermeintlich unwirksamen Befristung kann nach § 99 II Nr. 1 BetrVG nur verweigert werden, wenn die maßgebliche Norm gerade die Einstellung, d. h. die Beschäftigung des Arbeitnehmers als solche verbietet.[97] Dies ist jedoch regelmäßig nicht der Fall; der Betriebsrat kann daher die Zustimmung nicht mit der Begründung verweigern, für die beabsichtigte Befristung fehle es an einem sachlichen Grund. Wird ein befristetes Arbeitsverhältnis auf Grund einer Vereinbarung verlängert oder in ein Arbeitsverhältnis auf unbestimmte Zeit umgewandelt, ist der Betriebsrat nach § 99 BetrVG erneut zu beteiligen.[98] Eine Ausnahme kann in Betracht kommen, wenn die Zustimmung des Betriebsrats zur Verlängerung oder zur Entfristung bereits bei der Einstellung eingeholt worden ist.[99] Ein besonderer Zustimmungsverweigerungsgrund zu Gunsten der Übernahme von befristet beschäftigten Arbeitnehmern besteht in § 99 II Nr. 3 BetrVG (§ 241 RN 48 a).

59 **2. Personalvertretung. a) Beteiligungsrecht.** Nach den PersVG der Länder Baden-Württemberg (§ 69 I, § 79 III Nr. 15 Buchst. b LPVG BW) und Brandenburg (§ 61 I, § 63 I Nr. 4 LPVG BB) hat der Personalrat bei dem Abschluss befristeter Arbeitsverträge ein Mitbestimmungsrecht. Liegt die erforderliche Zustimmung des Personalrats zur Befristung eines Arbeitsvertrags nicht vor, ist die gleichwohl vereinbarte Befristung unwirksam;[100] dies gilt auch, wenn bei der Vereinbarung der Zeitdauer der Befristung von der eingeholten Zustimmung des Personalrats abgewichen wird.[101] Verlängert sich das Arbeitsverhältnis kraft Gesetzes und ohne dass es einer Vereinbarung der Parteien bedarf, besteht hingegen kein Zustimmungserfordernis für das kraft Gesetz entstandene befristete Arbeitsverhältnis.[102] Die Zustimmung kann nicht nachträglich erteilt werden. In Rheinland-Pfalz ist die Rechtslage auf der Rechtsfolgenseite nicht eindeutig. § 78 II Nr. 2 LPVG RP enthält ein Mitbestimmungsrecht bei der Zeit- oder Zweckbefristung des Arbeitsverhältnisses. Das LPVG RP ordnet bei fehlender oder fehlerhafter Beteiligung des Personalrats aber nicht die Unwirksamkeit der Maßnahme (der Befristung) an. Nach § 74 I 2 LPVG RP ist die Maßnahme, soweit nicht zwingende gesetzliche Bestimmungen entgegenstehen, rückgängig zu machen. Dies ist bei dem Abschluss eines befristeten Arbeitsvertrags nur bei Vereinbarung eines entsprechenden Vorbehalts im Arbeitsvertrags möglich; fehlt es daran, ist daher auch im Rheinland-Pfalz bei einem Verstoß gegen das Beteiligungsrecht des Personalrats die vereinbarte Befristung unwirksam. Das in einigen LPVG (§ 68 I Nr. 8 LPVG MV; § 65 II Nr. 4 LPVG NI; § 75 I Nr. 3 ThürPersVG) enthaltene Mitbestimmungsrecht des Personalrats bei der „Verlängerung befristeter Arbeitsverhältnisse" bezieht sich auf die mit der Verlängerung verbundene Einstellung des Arbeitnehmers. Eine Verletzung dieses Mitbestimmungsrechts führt nicht zur Unwirksamkeit der Verlängerung des befristeten Arbeitsvertrags.[103] In anderen Bundesländern und im Bereich des BPersVG besteht kein Beteiligungsrecht bei dem Abschluss des befristeten Arbeitsvertrags, sondern nur wie im Bereich des BetrVG hinsichtlich der Einstellung[104] (dazu § 269 RN 19).

60 **b) Umfang der Personalratsbeteiligung in BB, BW und RP.** Die in diesen Bundesländern erforderliche Zustimmung des Personalrats setzt die Mitteilung der Befristungsdauer und des Befristungsgrunds voraus.[105] Auf einen dem Personalrat nicht mitgeteilten Befristungsgrund

---

[97] BAG 28. 6. 1994 AP 4 zu § 99 BetrVG 1972 Einstellung = NZA 95, 387.
[98] BAG 28. 10. 1986 AP 32 zu § 118 BetrVG 1972 = NZA 87, 530.
[99] BAG 7. 8. 1990 AP 82 zu § 99 BetrVG 1972 = NZA 91, 151.
[100] BAG 27. 9. 2000 AP 1 zu § 61 LPVG Brandenburg = NZA 2001, 339; 9. 6. 1999 AP 2 zu § 63 LPVG Brandenburg = NZA 2000, 109; in NRW ist § 72 I 1 Nr. 1 LPersVG NW mit Wirkung ab dem 17. 10. 2007 geändert worden, das Zustimmungserfordernis für die „Befristung von Arbeitsverhältnissen" ist entfallen. Die bisherige Rspr. des BAG (BAG 20. 2. 2002 AP 23 zu § 72 LPVG NW = NZA 2002, 811; 13. 4. 1994 AP 9 zu § 72 LPVG NW = NZA 94, 1099) zum Landesrecht NRW ist für dieses Bundesland daher überholt; hingegen gelten die Rechtssätze sinngemäß für die Länder BB, BW und RP.
[101] BAG 8. 7. 1998 AP 18 zu § 72 LPVG NW = NZA 98, 1296.
[102] BAG 14. 8. 2002 AP 1 zu § 90 LPVG Brandenburg.
[103] BAG 5. 5. 2004 AP 27 zu § 1 BeschFG 1996 = NZA 2004, 1346 – zum LPersVG TH.
[104] BAG 23. 6. 2004 AP 12 zu § 14 TzBfG = NZA 2004, 1333; BVerwG 12. 6. 2001 AP 1 zu § 1 ATG.
[105] BAG 14. 2. 2007 AP 2 zu § 14 TzBfG Haushalt = NZA 2007, 871.

kann der Arbeitgeber eine Befristung nicht stützen. Der Arbeitgeber ist dabei nicht verpflichtet, gegenüber dem Personalrat unaufgefordert das Vorliegen des Sachgrunds für die Befristung im Einzelnen darzulegen. Vielmehr genügt er zunächst seiner Unterrichtungspflicht, wenn für den Personalrat der Sachgrund seiner Art nach hinreichend deutlich wird; zur weiteren Substantiierung ist er erst auf Initiative des Personalrats hin verpflichtet.[106] Der Personalrat muss in seiner Stellungnahme das Wort "Zustimmung" nicht ausdrücklich verwenden, ausreichend ist, dass seine Erklärung vom Erklärungsempfänger als Zustimmung aufgefasst werden kann.[107] Auf die Ordnungsmäßigkeit des Beteiligungsverfahrens wirken sich in der Regel solche Mängel nicht aus, die in den Zuständigkeits- und Verantwortungsbereich des Personalrats fallen, es sei denn, dem Dienststellenleiter war die Rechtsfehlerhaftigkeit der Beschlussfassung bekannt.[108]

VII. Gerichtliches Verfahren

1. Gegenstand der gerichtlichen Befristungskontrolle. Nach st. Rspr. des BAG ist bei mehreren aufeinanderfolgenden befristeten Arbeitsverträgen im Rahmen der arbeitsgerichtlichen Befristungskontrolle grundsätzlich nur die Befristung des letzten Vertrags auf ihre sachliche Rechtfertigung hin zu prüfen. Von diesem Grundsatz bestehen zwei Ausnahmen. **(a)** Die Befristungskontrolle erstreckt sich auf einen vorherigen befristeten Arbeitsvertrag, wenn die Parteien bei Abschluss des letzten Vertrags einen entsprechenden Vorbehalt vereinbart haben oder **(b)** wenn es sich bei dem letzten Vertrag um einen unselbstständigen Annex zum vorherigen Vertrag handelt. Vereinbaren die Vertragsparteien während der Dauer eines befristeten Arbeitsvertrages eine Änderung der geschuldeten Tätigkeit und der Vergütung, so unterliegt der Änderungsvertrag als letzter Vertrag der Befristungskontrolle, auch wenn die Befristungsdauer unverändert bleibt.[109] Die Parteien können ein unbefristetes Arbeitsverhältnis nachträglich befristen, wenn hierfür ein sachlicher Grund besteht. Schließen sie hingegen einen Aufhebungsvertrag, unterliegt dieser nicht der Befristungs-, sondern ggf. der Inhaltskontrolle (§ 122 RN 11). 61

a) Vereinbarung eines Vorbehalts. aa) Grundsatz. Bei mehreren aufeinander folgenden befristeten Arbeitsverträgen ist grundsätzlich nur die Befristung des letzten Arbeitsvertrags auf ihre Rechtfertigung zu prüfen. Durch den Abschluss eines weiteren befristeten Arbeitsvertrags stellen die Parteien ihr Arbeitsverhältnis auf eine neue Rechtsgrundlage, die künftig für ihre Rechtsbeziehung allein maßgebend ist. Damit wird zugleich ein etwaiges unbefristetes Arbeitsverhältnis aufgehoben, das nach § 16 Satz 1 TzBfG durch die Unwirksamkeit der vorangehenden Befristung entstanden sein könnte. 62

bb) Vorbehalt. (1) Ausdrückliche oder konkludente Vereinbarung. Von dem Grundsatz, dass lediglich der zuletzt abgeschlossene Arbeitsvertrag Gegenstand der Befristungskontrolle ist, besteht eine Ausnahme, wenn die Parteien in einem nachfolgenden befristeten Arbeitsvertrag dem Arbeitnehmer ausdrücklich oder konkludent das Recht vorbehalten haben, trotz des nachfolgenden Arbeitsvertrags die Wirksamkeit der vorangegangenen Befristung prüfen zu lassen. In diesem Fall ist die arbeitsgerichtliche Befristungskontrolle auch für den davor liegenden Vertrag eröffnet.[110] Ein solcher Vorbehalt kann nicht einseitig vom Arbeitnehmer erklärt werden. Vielmehr muss der Vorbehalt vertraglich vereinbart werden.[111] Eine Befristungskontrolle des vorangegangenen Vertrags findet nur statt, wenn die Parteien den Folgevertrag unter dem Vorbehalt abgeschlossen haben, dass zwischen ihnen nicht bereits ein unbefristetes Arbeitsverhältnis besteht.[112] Ein Anspruch auf Abschluss eines weiteren befristeten Arbeitsvertrags unter einem Vorbehalt besteht nicht.[113] Ist der Arbeitnehmer nicht zum Abschluss eines vorbehaltlosen befristeten Arbeitsvertrags bereit, kommt ein neues Vertragsverhältnis nicht zustande. Unterzeichnet der Arbeitnehmer einen vorbehaltlos angebotenen Arbeitsvertrag nur mit einem Vorbehalt, stellt dies eine Ablehnung des (vorbehaltlosen) Vertragsangebots des Ar- 63

---

[106] BAG 27. 9. 2000 AP 1 zu § 61 LPVG Brandenburg = NZA 2001, 339; 8. 7. 1998 AP 18 zu § 72 LPVG NW = NZA 98, 1296 – typisierende Benennung des Befristungsgrunds erforderlich.

[107] BAG 20. 2. 2008 – 7 AZR 972/06 – n. a. v.

[108] BAG 18. 4. 2007 AP 33 zu § 72 LPVG NW = NZA-RR 2008, 219.

[109] BAG 21. 3. 1990 AP 135 zu § 620 BGB Befristeter Arbeitsvertrag = NZA 90, 744.

[110] BAG 25. 8. 2004 AP 15 zu § 14 TzBfG = NZA 2005, 472; 10. 3. 2004 AP 11 zu § 14 TzBfG = NZA 2004, 925.

[111] BAG 14. 2. 2007 AP 18 zu § 612 a BGB = NZA 2007, 803.

[112] BAG 4. 6. 2003 AP 252 zu § 620 BGB Befristeter Arbeitsvertrag = NZA-RR 2003, 621.

[113] BAG 14. 2. 2007 AP 18 zu § 612 a BGB = NZA 2007, 803.

beitgebers und zugleich als neuer Antrag des Arbeitnehmers zum Abschluss eines befristeten Arbeitsvertrags mit einem Vorbehalt dar.[114]

64 **(2) Klageerhebung.** Einen konkludent vereinbarten Vorbehalt nimmt das BAG an, wenn die Parteien nach Rechtshängigkeit einer Befristungskontrollklage einen weiteren befristeten Arbeitsvertrag abschließen. Da der Arbeitgeber auf Grund der zugestellten Klage damit rechnen muss, dass er mit dem Arbeitnehmer möglicherweise bereits in einem unbefristeten Arbeitsverhältnis steht, darf der Arbeitnehmer als Empfänger des Angebots des Arbeitgebers, einen weiteren befristeten Arbeitsvertrag abzuschließen, der ausdrücklichen Erklärung den zusätzlichen Inhalt entnehmen, dieser Vertrag solle nur dann das Arbeitsverhältnis der Parteien regeln, wenn nicht bereits der der gerichtlichen Kontrolle übergebene Arbeitsvertrag maßgeblich für das Arbeitsverhältnis ist.[115] Wird der Folgevertrag jedoch vor der Zustellung der Klage nach § 17 TzBfG geschlossen, muss der Arbeitgeber bei Vertragsschluss regelmäßig nicht davon ausgehen, dass auf Grund der im vorangegangenen Vertrag möglicherweise unwirksam vereinbarten Befristung bereits ein unbefristetes Arbeitsverhältnis besteht, da die Unwirksamkeit der Befristung ihm gegenüber noch nicht geltend gemacht worden ist. Deshalb kann der Arbeitnehmer das Angebot des Arbeitgebers auf Abschluss eines weiteren befristeten Arbeitsvertrags ohne weitere Anhaltspunkte nicht so verstehen, dass dieser Vertrag nur gelten soll, wenn nicht bereits auf Grund des vorangegangenen Vertrags ein unbefristetes Arbeitsverhältnis zustande gekommen ist. Will der Arbeitnehmer bei dieser Sachlage den weiteren befristeten Arbeitsvertrag nur abschließen, wenn er die Unwirksamkeit der vorangegangenen Befristung weiterhin geltend machen kann, muss er den Arbeitgeber bei Vertragsschluss auf die beabsichtigte oder bereits erfolgte Klage nach § 17 TzBfG hinweisen und mit ihm einen entsprechenden Vorbehalt vereinbaren.[116]

65 **b) Annexvertrag. aa) Bedeutung.** Die Befristungskontrolle erstreckt sich grundsätzlich auf den zuletzt vereinbarten befristeten Arbeitsvertrag. Eine Ausnahme besteht, wenn die Parteien einen sog. Annexvertrag geschlossen haben. Um einen solchen handelt es sich, wenn das bisherige befristete Arbeitsverhältnis nur hinsichtlich seines Endzeitpunktes modifiziert werden sollte. Liegt ein Annexvertrag vor, erstreckt sich die Befristungskontrolle auf den vorherigen befristeten Vertrag bzw. den diesem zugrunde liegenden Sachgrund.

66 **bb) Voraussetzungen.** Ob die Parteien einen Annexvertrag geschlossen haben, ist durch Auslegung zu ermitteln. Das BAG erkennt eine Befristungsabrede nur als Annex an, wenn der Anschlussvertrag lediglich **(1)** eine verhältnismäßig geringfügige Korrektur des im früheren Vertrag vereinbarten Endzeitpunktes betrifft, **(2)** diese Korrektur sich am Sachgrund für die Befristung des früheren Vertrages orientiert und **(3)** allein in der Anpassung der ursprünglich vereinbarten Vertragszeit an später eintretende, im Zeitpunkt des vorangegangenen Vertragsabschlusses nicht vorhersehbare Umstände besteht. Alles in allem darf es den Parteien nur darum gegangen sein, die Laufzeit des alten Vertrages mit dem Sachgrund für die Befristung in Einklang zu bringen.[117] Zur Beurteilung des Merkmals der „verhältnismäßig geringfügigen Korrektur" ist die Laufzeit des zuletzt abgeschlossenen Vertrags der Vertragsdauer des Ursprungsvertrags gegenüberzustellen. Die Laufzeit des Annexvertrags darf nur einen geringen Bruchteil des ihm vorangegangenen befristeten Arbeitsvertrags betragen.[118] Als Zeitraum für das Hinausschieben des ursprünglich vereinbarten Endzeitpunkts sind bisher Zeiträume bis zu 3 Monaten akzeptiert worden; hinzukommen müssen jedoch stets die unter (2) und (3) genannten Voraussetzungen. Hieran fehlt es insbesondere, wenn der Folgevertrag auf eine andere Rechtfertigungsgrundlage gestützt wird.[119] Allerdings ist fraglich, ob die Rspr. wegen der Klagefrist des § 17 TzBfG in dieser Form aufrecht erhalten bleiben kann. Wird der vorherige Vertrag nicht oder nicht rechtzeitig angegriffen, gilt die vereinbarte Befristung als rechtmäßig.

67 **c) Nachträgliche Befristung/Aufhebungsvertrag.** Wird ein unbefristetes Arbeitsverhältnis nachträglich befristet, bedarf es hierfür eines sachlichen Grundes.[120] Wird ein Aufhebungs-

---

[114] BAG 16. 11. 2005 AP 264 zu § 620 BGB Befristeter Arbeitsvertrag = NZA 2006, 784.

[115] BAG 10. 3. 2004 AP 11 zu § 14 TzBfG = NZA 2004, 925; zu einem Sonderfall BAG 18. 6. 2008 – 7 AZR 214/07 – n. a. v. – Zustellung der Klage bei einer anderen Bezirksregierung.

[116] BAG 13. 10. 2004 AP 14 zu § 14 TzBfG = NZA 2005, 401.

[117] BAG 13. 10. 2004 AP 13 zu § 14 TzBfG = NZA 2005, 469; 28. 6. 2000 AP 2 zu § 1 BeschFG 1996 = NZA 2000, 1110; 1. 12. 1999 AP 21 zu § 57b HRG = NZA 2000, 374; 24. 4. 1996 AP 9 zu § 57b HRG = NZA 96, 1208.

[118] BAG 7. 11. 2007 AP 42 zu § 14 TzBfG = NZA 2008, 467.

[119] *Dörner* RN 151.

[120] BAG 24. 1. 1996 AP 179 zu § 620 BGB Befristeter Arbeitsvertrag = NZA 96, 1089; 30. 1. 1997 AP 16 zu § 4 TVG Rationalisierungsschutz = NZA 97, 1057; 3. 12. 1997 AP 196 zu § 620 BGB Befristeter

vertrag geschlossen, bei dem der Beendigungszeitpunkt zeitlich deutlich nach Ablauf der individuellen Kündigungsfrist liegt, kann hierin eine nachträgliche Befristung liegen,[121] die der Befristungskontrolle unterliegt (zur Abgrenzung § 122 RN 3). Kommt es zu keiner einvernehmlichen Absprache über eine Befristung, kann der Arbeitgeber durch eine Änderungskündigung das Arbeitsverhältnis nachträglich befristen.[122] Besteht allgemeiner Kündigungsschutz, kann der Arbeitnehmer die angebotene Befristung unter Vorbehalt annehmen und Änderungsschutzklage erheben.

2. Feststellungsklage vor Ablauf der Befristung. Bereits nach Abschluss des befristeten Arbeitsvertrags ist eine Befristungskontrollklage zulässig.[123] Ferner kann bei Abschluss eines Folgevertrags Feststellung begehrt werden, dass bereits die Befristung im vorherigen Vertrag unwirksam war, wenn die Klagefrist des § 17 TzBfG gewahrt ist.[124] Hat ein Arbeitnehmer Klage nach § 17 TzBfG auf Feststellung erhoben, dass sein Arbeitsverhältnis durch eine Befristungsvereinbarung nicht beendet ist, haben nachfolgende Befristungsvereinbarungen nicht zur Folge, dass der vorangehende Vertrag aufgehoben worden ist. Vielmehr enthalten Folgeverträge in diesem Fall den konkludent vereinbarten Vorbehalt, der nachfolgende Vertrag solle nur dann maßgeblich sein, wenn nicht bereits auf Grund einer vorherigen unwirksamen Befristung ein Arbeitsverhältnis auf unbestimmte Zeit besteht.[125] Gegenüber der schriftlichen Mitteilung des Arbeitgebers, wonach das Arbeitsverhältnis nicht verlängert werde, braucht der Arbeitnehmer keine fristgebundene Klage erheben; die Erklärung stellt ohne Hinzutreten einer besonderen Erklärung auch keine vorsorgliche Kündigung dar, sondern nur eine sog. Wissenserklärung.[126] 68

3. Befristungskontrollklage. a) Will der Arbeitnehmer geltend machen, dass die Befristung seines Arbeitsvertrags rechtsunwirksam ist, so muss er innerhalb von drei Wochen nach dem vereinbarten Ende des befristeten Arbeitsverhältnisses Klage beim Arbeitsgericht auf Feststellung erheben, dass das Arbeitsverhältnis auf Grund der Befristung nicht beendet ist (§ 17 Satz 1 TzBfG). Mit der Versäumung der Klagefrist werden alle Voraussetzungen einer rechtswirksamen Befristung fingiert.[127] 69

b) Geltungsbereich. Die dreiwöchige Klagefrist gilt für alle befristeten und auflösend bedingten Arbeitsverträge, selbst wenn die Befristung nicht auf das TzBfG gestützt wird.[128] Sie erfasst alle Unwirksamkeitsgründe (str., RN 16); hierzu zählt auch die Beachtung des Schriftformerfordernisses (§ 14 IV TzBfG) sowie eine fehlende oder fehlerhafte Beteiligung des Personalrats. Streiten die Parteien jedoch darüber, ob überhaupt eine Befristungsabrede getroffen wurde oder ob eine vertraglich vereinbarte Voraussetzung für die Beendigung des Arbeitsverhältnisses vorliegt, findet die Klagefrist des § 17 TzBfG keine Anwendung.[129] Für die auflösende Bedingung folgt hieraus: Der Arbeitnehmer, der die Wirksamkeit einer einzelvertraglich vereinbarten oder in einem Tarifvertrag enthaltenen auflösenden Bedingung überprüfen lassen will, muss die Klagefrist des § 17 Satz 1 TzBfG einhalten. Ansonsten ist nicht mehr zu prüfen, ob für die auflösende Bedingung ein sachlicher Grund bestanden hat. Die Klagefrist findet keine Anwendung, wenn die Parteien nicht über die Wirksamkeit einer Norm oder einer Vereinbarung über eine auflösende Bedingung, sondern ausschließlich darüber streiten, ob die auflösende Bedingung für die Beendigung des Arbeitsverhältnisses tatsächlich eingetreten ist. Der Arbeitnehmer macht in diesem Fall nicht die Rechtsunwirksamkeit der auflösenden Bedingung geltend.[130] § 17 TzBfG findet auf die Befristung einzelner Arbeitsbedingungen keine Anwendung (RN 83). 70

c) Wirkung. Nach § 17 Satz 2 TzBfG gelten die §§ 5 bis 7 KSchG entsprechend. Die in § 17 Satz 2, § 21 TzBfG i. V. m. § 7 Halbs. 1 KSchG angeordnete Fiktion bei Versäumung der 71

Arbeitsvertrag = NZA 98, 1000; 8. 7. 1998 AP 201 zu § 620 BGB Befristeter Arbeitsvertrag; abweichend LAG Berlin 14. 2. 1997 NZA-RR 98, 4.

121 BAG 12. 1. 2000 AP 16 zu § 620 BGB Aufhebungsvertrag = NZA 2000, 718.

122 BAG 25. 4. 1996 AP 78 zu § 1 KSchG 1969 Betriebsbedingte Kündigung = NZA 96, 1197; 20. 11. 1997 EzA 4 zu Art. 30 EGBGB.

123 BAG 1. 12. 1999 AP 21 zu § 57 b HRG.

124 BAG 26. 7. 2000 AP 26 zu § 1 BeschFG 1985 = NZA 2001, 190.

125 BAG 10. 3. 2004 AP 11 zu § 14 TzBfG = NZA 2004, 925.

126 BAG 24. 10. 1979 AP 49 zu § 620 BGB Befristeter Arbeitsvertrag; 26. 4. 1979 AP 47 zu § 620 BGB Befristeter Arbeitsvertrag.

127 BAG 9. 2. 2000 AP 22 zu § 1 BeschFG 1985 = NZA 2000, 721.

128 BAG 16. 4. 2003 AP 2 zu § 17 TzBfG = NZA 2004, 283; 20. 1. 1999 AP 21 zu § 1 BeschFG 1985 = NZA 99, 671.

129 BAG 20. 2. 2002 EzA 1 zu § 17 TzBfG; a. A. Hess. LAG 18. 1. 2000 BB 2000, 1527.

130 BAG 23. 6. 2004 AP 5 zu § 17 TzBfG = NZA 2005, 520.

Klagefrist bewirkt allein, dass der Arbeitsvertrag als wirksam befristet oder wirksam auflösend bedingt gilt.[131] Die Fiktion erstreckt sich auf alle Unwirksamkeitsgründe. Hingegen wird ein bestimmter Befristungsgrund nicht fingiert. Gleiches gilt für die Frage, zu welchem Zeitpunkt die Beendigung des Arbeitsverhältnisses auf Grund der wirksamen Zweckbefristung oder des Eintritts der wirksamen auflösenden Bedingung eingetreten ist.[132] Mit der Rücknahme einer Befristungskontrollklage entfällt deren fristwahrende Wirkung.[133] Gegenüber der Befristungskontrollklage kann nicht eingewandt werden, auf Grund der vereinbarten Befristung sei die spätere Klageerhebung rechtsmissbräuchlich; die Zulässigkeit der gerichtlichen Kontrolle einer Befristung folgt aus § 17 TzBfG. Dies gilt auch gegenüber einer nach Vertragsbeginn nachgeholten schriftlichen Vereinbarung der Befristung.[134] Ein vor Vertragsschluss erklärter Klageverzicht ist unwirksam,[135] vielmehr kann der Arbeitnehmer erst nach Unterzeichnung der Befristung auf die Klageerhebung verzichten. Zu den Voraussetzungen für eine nachträgliche Klagezulassung § 139 und zur Hinweispflicht des Arbeitsgerichts § 138 RN 20.

72 **d) Inhalt.** Eine Klage ist nach § 17 Satz 1 TzBfG nur dann rechtzeitig erhoben, wenn aus dem Klageantrag, der Klagebegründung oder sonstigen Umständen bei Klageerhebung zu erkennen ist, dass der Kläger geltend machen will, sein Arbeitsverhältnis habe nicht durch die zu einem bestimmten Zeitpunkt vereinbarte Befristung geendet. Der Klageantrag könnte z. B. lauten *„festzustellen, dass das Arbeitsverhältnis nicht auf Grund Befristung vom (Datum) [bzw. auflösende Bedingung] mit Ablauf des (Datum) geendet hat“*. Der Arbeitnehmer kann die Befristungskontrollklage mit einem für den Fall des Obsiegens gestellten Weiterbeschäftigungsantrag verbinden[136] (dazu § 125 RN 16).

73 **e) Klagefrist.** Bei kalendermäßigen Befristungen beginnt die Klagefrist mit dem Ablauf der vereinbarten Befristung. Bei zweckbefristeten Arbeitsverhältnissen beginnt die Klagefrist am Tag nach der Zweckerreichung. Dies gilt jedoch nur, wenn der Arbeitgeber die Mitteilung nach § 15 II TzBfG so rechtzeitig versandt hat, dass sie dem Arbeitnehmer spätestens zwei Wochen vor dem im Schreiben genannten Datum zugeht. Ansonsten wird die Frist erst mit dem Zugang der schriftlichen Mitteilung in Gang gesetzt.[137] Entsprechendes gilt für den Fristbeginn bei einer auflösenden Bedingung. § 17 Satz 3 TzBfG betrifft nur die Fälle, in denen der Arbeitnehmer ohne Wissen des Arbeitgebers nach Ablauf der Befristung weiterarbeitet und der Arbeitnehmer erst nach einem Widerspruch des Arbeitgebers Klage erhebt. Erfolgt die Weiterarbeit hingegen mit Wissen des Arbeitgebers ist § 17 Satz 3 TzBfG nicht anwendbar, weil nach § 15 V TzBfG ein unbefristetes Arbeitsverhältnis entstanden ist; auf die Wirksamkeit der vorherigen Befristung kommt es nicht mehr an.

74 **4. Beweislast.** Der Arbeitgeber ist für die Voraussetzungen, von denen die Wirksamkeit der Befristung abhängt, darlegungs- und beweispflichtig.

75 **5. Vertragsfortsetzung.** Nach der Rspr. des BAG kann sich der Arbeitgeber auf eine an sich wirksame Befristung nicht berufen, wenn der befristet eingestellte Arbeitnehmer *auf Grund* des Verhaltens des Arbeitgebers damit rechnen konnte, im Anschluss an den Zeitarbeitsvertrag weiterbeschäftigt zu werden. Diese Selbstbindung des Arbeitgebers kann unter dem Vorbehalt der Eignung stehen. Das setzt voraus, dass der Arbeitgeber bei Abschluss eines Zeitvertrags in Aussicht stellt, er werde den Arbeitnehmer bei ggf. entsprechender Eignung und Bewährung anschließend unbefristet weiterbeschäftigen.[138] Diese Aussagen sind aber dahingehend zu verstehen, dass der Arbeitgeber dem Arbeitnehmer bei Vertragsschluss die Übernahme in ein unbefristetes Arbeitsverhältnis nach allgemeinen rechtsgeschäftlichen Grundsätzen zugesagt haben muss. Allein die Erwartung des Arbeitnehmers, der Arbeitgeber werde ihn nach Fristablauf schon weiterbeschäftigen,[139] genügt für eine Vertragsfortsetzungszusage nicht aus. Diese kann bei schuldhaftem Handeln des Arbeitgebers lediglich einen Schadenersatzanspruch des Arbeitnehmers begründen, der jedoch nicht auf einen Abschluss eines (unbefristeten) Arbeitsvertrags gerichtet

[131] BAG 22. 3. 2000 AP 1 zu § 1 BeschFG 1996 = NZA 2000, 884; *Böhm* ArbRB 2008, 256.
[132] BAG 19. 1. 2005 – 7 AZR 113/04 – n. a. v.
[133] BAG 26. 6. 2002 AP 14 zu § 1 BeschFG 1996 = NZA 2003, 220.
[134] BAG 16. 3. 2005 AP 16 zu § 14 TzBfG = NZA 2005, 923.
[135] BAG 19. 1. 2005 AP 260 zu § 620 BGB Befristeter Arbeitsvertrag.
[136] BAG 10. 6. 2002 AP 19 zu § 611 BGB Beschäftigungspflicht = NZA 86, 562.
[137] *Dörner* RN 1005 – teleologische Reduktion.
[138] BAG 26. 4. 1995 AP 4 zu § 91 AFG = NZA 96, 87.
[139] BAG 16. 3. 1989 AP 8 zu § 1 BeschFG 1985 = NZA 89, 719; 28. 11. 1963 AP 26 zu § 620 BGB Befristeter Arbeitsvertrag.

ist.[140] Erklärt sich der Arbeitgeber während der Laufzeit zu einer Vertragsfortsetzung bereit, berührt dies die Wirksamkeit der vereinbarten Befristung nicht. Der Anspruch auf Vertragsfortsetzung wird nicht von der Befristungskontrollklage erfasst, sondern ist vom Arbeitnehmer im Wege einer auf Abschluss eines Arbeitsvertrags gerichteten Leistungsklage zu verfolgen;[141] vgl. dazu auch § 40 RN 3.

6. Wiedereinstellung.[142] Die Rspr. des BAG zum Wiedereinstellungsanspruch nach betriebsbedingter Kündigung (§ 130 RN 35) kann nicht auf befristete Arbeitsverhältnisse übertragen werden. Der Wegfall des sachlichen Grundes während der Befristungsdauer oder eine nachträglich entstandene Möglichkeit, den Arbeitnehmer entgegen der zum Zeitpunkt der Befristungsabrede bestehenden Prognose dauerhaft zu beschäftigen, verpflichtet den Arbeitgeber nicht, den befristeten Arbeitsvertrag mit dem Arbeitnehmer nach Ablauf der Befristungsdauer fortzusetzen.[143] Der Arbeitgeber ist auch nicht zur Verlängerung eines nach § 14 II TzBfG sachgrundlos befristeten Arbeitsverhältnisses aus dem Gleichbehandlungsgrundsatz verpflichtet;[144] allgemein zum Wiedereinstellungsanspruch § 151. **76**

7. Weiterbeschäftigung. Obsiegt der Arbeitnehmer mit der Befristungskontrollklage vor dem Arbeitsgericht, hat er entsprechend den vom Großen Senat entwickelten Grundsätzen einen Weiterbeschäftigungsanspruch bis zum rechtskräftigen Abschluss des Rechtsstreits. Der Arbeitgeber ist auf seinen Antrag hin von der Weiterbeschäftigungspflicht unter den Voraussetzungen des § 62 I 2, 3 ArbGG zu entbinden. Der Weiterbeschäftigungsanspruch ist vom Arbeitnehmer ggf. als unechter Hilfsantrag geltend zu machen. Zur Befristungsmöglichkeit bei einer Prozessbeschäftigung § 40 RN 60. **77**

VIII. Die Befristung einzelner Arbeitsbedingungen

Preis/Bender, Die Befristung einzelner Arbeitsbedingungen – Kontrolle durch Gesetz oder Richterrecht?, NZA-RR 2005, 337; *Maschmann,* Die Befristung einzelner Arbeitsbedingungen, RdA 2005, 212; *Schmalenberg,* Befristung von einzelnen Vertragsbedingungen, FS 25 Jahre AG ArbR DAV (2006), S. 155; *Lunk/Leder,* Teilbefristungen – Neues Recht und alte Regeln?, NZA 2008, 504.

1. Grundsatz. Bei der Befristung von einzelnen Arbeitsbedingungen wird der Arbeitsvertrag für eine vorübergehende Zeit teilweise geändert. Die Arbeitsvertragsparteien kommen überein, dass bestimmte Vertragsbedingungen nur befristet oder auflösend bedingt gelten sollen und anschließend wieder der ursprüngliche Vertragsinhalt in Kraft tritt. Gegen den Willen des Arbeitnehmers kann der Arbeitgeber eine nur vorübergehende Vertragsänderung nur im Wege der Änderungskündigung durchsetzen. Gegenüber dieser kann der Arbeitnehmer Änderungsschutzklage (§§ 2, 8 KSchG) erheben. **78**

2. Umgehung des § 2 KSchG. Das BAG geht davon aus, dass auch einzelne Arbeitsbedingungen befristet werden können. Es hat vor Inkrafttreten der Vorschriften der Schuldrechtsmodernisierung auf die Kontrolle entsprechender Vereinbarungen die Vorschriften über die Befristungskontrolle entspr. angewandt, wenn dem Arbeitnehmer durch die Befristung der gesetzliche Änderungskündigungsschutz objektiv entzogen werden konnte. Das war der Fall bei Vertragsbedingungen, die bei unbefristeter Vereinbarung dem Änderungskündigungsschutz nach § 2 KSchG unterlagen, weil sie die Arbeitspflicht nach Inhalt und Umfang in einer Weise änderten, die sich unmittelbar auf die Vergütung auswirkte und damit das Verhältnis von Leistung und Gegenleistung maßgeblich beeinflussten. In diesem Fall bedurfte die Befristung einer Arbeitsvertragsbedingung zu ihrer Wirksamkeit eines Sachgrunds, andernfalls war die Vereinbarung einer Befristung auf Grund der bestehenden Vertragsfreiheit ohne weiteres zulässig.[145] **79**

3. Vertragsinhaltskontrolle. a) Nach dem Inkrafttreten des Schuldrechtsmodernisierungsgesetzes hat der 7. Senat des BAG die an der Umgehung des § 2 KSchG orientierte Rspr. aufgegeben.[146] Für die gerichtliche Kontrolle der Befristung einzelner Arbeitsbedingungen ist nun- **80**

---

[140] BAG 26. 4. 2006 AP 2 zu § 611 BGB Wiedereinstellung; a. A. BAG 16. 3. 1989 AP 8 zu § 1 BeschFG 1985 = NZA 89, 719 – Anspruch auf Vertragsschluss.

[141] BAG 17. 1. 2007 – 7 AZR 81/06 – n. a. v.; 25. 4. 2001 EzA 177 zu § 620 BGB.

[142] *Braun,* Anspruch auf Arbeitsvertrag nach wirksamer Befristung?, ZTR 2007, 78.

[143] BAG 20. 2. 2002 AP 11 zu § 1 KSchG 1969 Wiedereinstellung = NZA 2002, 896.

[144] BAG 13. 8. 2008 – 7 AZR 513/07 – NZA 2009, 27.

[145] BAG 14. 1. 2004 AP 10 zu § 14 TzBfG = NZA 2004, 719; 4. 6. 2003 AP 1 zu § 17 TzBfG; 23. 1. 2002 AP 12 zu § 1 BeschFG 1996 = NZA 2003, 104; 21. 4. 1993 AP 34 zu § 2 KSchG 1969 = NZA 94, 476; 13. 6. 1986 AP 19 zu § 2 KSchG 1969 = NZA 87, 241.

[146] BAG 27. 7. 2005 AP 6 zu § 307 BGB = NZA 2006, 40.

mehr maßgeblich, ob es sich um Allgemeine Geschäftsbedingungen i. S. d. §§ 305 ff. BGB handelt. Ist dies nicht der Fall, ist die nur vorübergehende Änderung des Arbeitsvertrags nach den Grundsätzen der Vertragsfreiheit innerhalb der allgemein durch die Rechtsordnung gezogenen Grenzen (z. B. §§ 134, 138, 242 BGB) zulässig. Eine Inhalts- oder Angemessenheitskontrolle findet daneben nicht mehr statt (§ 32 RN 15).

81 **b) AGB-Kontrolle.** Nach der geänderten Rspr. des BAG unterliegt die in AGB vereinbarte vorübergehende Änderung von Arbeitsbedingungen der Inhaltskontrolle. Dies gilt nicht nur für die sog. Nebenabreden, sondern auch dann, wenn die synallagmatischen Pflichten aus dem Arbeitsverhältnis (Arbeitszeit, Arbeitsvergütung) geändert werden.[147] Der Prüfungsmaßstab für die zeitliche Begrenzung richtet sich dabei nach allgemeinen Grundsätzen (§ 32 RN 35). Die Angemessenheit einer befristeten Änderung von Vertragsbedingungen wird insbesondere dann in Betracht kommen, wenn die Befristung auf Umständen beruht, die die Befristung eines Arbeitsvertrags insgesamt nach § 14 I TzBfG sachlich rechtfertigen könnte (z. B. Vertretung,[148] Wunsch des Arbeitnehmers) oder der Arbeitgeber zur Vereinbarung eines entsprechenden Vorbehalts im Arbeitsvertrag berechtigt gewesen wäre. Hingegen ist es für die Angemessenheitskontrolle ohne Bedeutung, ob das Vertragsverhältnis sachgrundlos nach § 14 II–III TzBfG befristet werden konnte.[149]

82 **4. Form.** Die Befristung einzelner Arbeitsbedingungen unterliegt nicht dem Schriftformerfordernis des § 14 IV TzBfG;[150] allerdings kann ein einzelvertraglich oder ein in einem Tarifvertrag enthaltenes Schriftformerfordernis der Wirksamkeit einer nur mündlich vereinbarten Vertragsänderung entgegenstehen.

83 **5. Prozessuales.** Die Unwirksamkeit der Befristung einzelner Arbeitsbedingungen kann Gegenstand einer allgemeinen Feststellungsklage (§ 256 I ZPO) sein; die Klagefrist des § 17 TzBfG findet keine Anwendung.[151]

§ 39. Die sachgrundlose Befristung nach dem TzBfG und dem WissZeitVG

Übersicht

	RN
I. Allgemeines	1
II. Die sachgrundlose Befristung nach dem TzBfG	2 ff.
1. Allgemeines	2–6
2. Kalendermäßige Befristung bis zu zwei Jahren	7–17
3. Existenzgründer	18–21
4. Befristung von älteren Arbeitnehmern	22–24
III. Die sachgrundlose Befristung nach dem WissZeitVG	25 ff.
1. Geltungsbereich	25–32
2. Sachgrundlose Befristung	33–39
3. Anrechnung	40
4. Zitiergebot, Beschränkung auf Zeitbefristungen	41
5. Zwingendes Recht	42
6. Anwendung des TzBfG	43

I. Allgemeines

1 Nach § 14 I 1 TzBfG bedarf die Befristung eines Arbeitsvertrags grundsätzlich eines sie rechtfertigenden Sachgrundes. Hiervon enthalten die Regelungen in § 14 II, II a und III TzBfG sowie die Vorschriften der §§ 1 ff. WissZeitVG über das wissenschaftliche und künstlerische Personal an Hochschulen und Forschungseinrichtungen eine Ausnahme. Unter den dort genannten Voraussetzungen ist der Abschluss eines befristeten Arbeitsvertrags ohne sachlichen Grund zulässig. Die Vorschriften über die sachgrundlose Befristung sind mit den Vorgaben der Richtlinie des Rates zu der EGB-UNICE-CEEP-Rahmenvereinbarung über befristete Arbeitsverträge (1999/70/EG) vom 28. 6. 1999 (ABl. EG Nr. L 175 v. 10. 7. 1999, S. 43) vereinbar. Sie begrenzen den möglichen Missbrauch befristeter Arbeitsverträge durch eine Befristungshöchstdauer und im Fall von § 14 II TzBfG zusätzlich durch die mögliche Anzahl der Verlängerungen.

---

[147] BAG 27. 7. 2005 AP 6 zu § 307 BGB = NZA 2006, 40.
[148] BAG 8. 8. 2007 AP 41 zu § 14 TzBfG = NZA 2008, 229.
[149] A. A. *Lunk/Leder* NZA 2008, 504.
[150] BAG 3. 9. 2003 AP 4 zu § 14 TzBfG = NZA 2004, 255.
[151] BAG 14. 1. 2004 AP 10 zu § 14 TzBfG = NZA 2004, 719.

II. Die sachgrundlose Befristung nach dem TzBfG

Zu § 14 II, II a TzBfG: *Bauer/Fischinger,* Sachgrundlose Befristung und Verbot der Vorbeschäftigung bei „demselben Arbeitgeber", DB 2007, 1410; *Brose,* Sachgrundlose Befristung und betriebsbedingte Kündigung von Leiharbeitnehmern, DB 2008, 1378; *Düwell/Dahl,* Arbeitnehmerüberlassung und Befristung, NZA 2007, 889; *Lembke,* Die sachgrundlose Befristung von Arbeitsverträgen in der Praxis, NJW 2006, 325; *Lipinski,* Der neue § 14 II a TzBfG: sachgrundlose kalendermäßige Befristung eines Arbeitsvertrags nach der Gründung eines Unternehmens, BB 2004, 1221; *Osnabrügge,* Die sachgrundlose Befristung von Arbeitsverhältnissen nach § 14 II TzBfG, NZA 2003, 639; *Stoye,* Rechtsdogmatische und rechtspolitische Probleme des § 14 Abs. 2 TzBfG (2007).

Zu § 14 III TzBfG: *Bader,* Sachgrundlose Befristungen mit älteren Arbeitnehmerinnen und Arbeitnehmern neu geregelt (§ 14 III TzBfG), NZA 2007, 713; *Bauer,* Befristete Verträge mit älteren Arbeitnehmern ab 1. 5. 2007 – oder der neue § 14 III TzBfG, NZA 2007, 544; *Bayreuther,* Die Neufassung des § 14 Abs. 3 TzBfG – diesmal europarechtskonform?; BB 2007, 1113; *Fröhlich/Schelp,* Probleme bei der Altersbefristung, ArbRB 2008, 146; *Grimm/Brock,* Sachgrundlose Befristung der Arbeitsverhältnisse älterer Menschen, ArbRB 2007, 154; *Kast/Herrmann,* Altersdiskriminierung und erleichterte Befristung gemäß § 14 Abs. 3 TzBfG: ein Praxistest, BB 2007, 1841; *Kleinebrink,* Vertragsgestaltung bei Befristung von Arbeitsverhältnissen mit älteren Menschen, MDR 2007, 762; *Kothe,* Zur Rechtmäßigkeit einer erneuten Änderung des § 14 Abs. 3 TzBfG ..., ArbuR 2007, 168; *Schiefer/Köster/Korte,* Befristung von Arbeitsverträgen – Die neue Altersbefristung nach § 14 Abs. 3 TzBfG, DB 2007, 1081.

1. Allgemeines. a) Überblick. Das TzBfG sieht drei Fälle vor, in denen ein sachlicher Grund für die Befristung eines Arbeitsverhältnisses nicht vorzuliegen braucht. **(1)** Nach § 14 II TzBfG ist die kalendermäßige Befristung eines Arbeitsvertrags ohne Vorliegen eines sachlichen Grundes bis zur Dauer von zwei Jahren zulässig; bis zu dieser Gesamtdauer von zwei Jahren ist auch die höchstens dreimalige Verlängerung eines kalendermäßig befristeten Arbeitsvertrages zulässig. **(2)** Nach § 14 II a TzBfG ist in den ersten vier Jahren nach der Gründung eines Unternehmens die kalendermäßige Befristung eines Arbeitsvertrages ohne Vorliegen eines sachlichen Grundes bis zur Dauer von vier Jahren zulässig. **(3)** Nach § 14 III TzBfG bedarf die Befristung des Arbeitsvertrags keines sachlichen Grundes, wenn der Arbeitnehmer bei Beginn des befristeten Arbeitsverhältnisses das 52. Lebensjahr vollendet hat. 2

b) Geltungsbereich. Die Regelungen in § 14 II, II a und III TzBfG gelten für alle Arbeitgeber des privaten und öffentlichen Rechts. Die sachgrundlose Befristung kann auch in Kleinbetrieben mit bis zu zehn Arbeitnehmern zur Rechtfertigung der Befristung herangezogen werden, da es nach der Neuregelung des Befristungsrechts nicht mehr darauf ankommt, ob der allgemeine oder besondere Kündigungsschutz durch die Befristung objektiv umgangen wird (vgl. § 38 RN 1). Für die sachgrundlose Befristung ist es daher ohne Bedeutung, ob das sachgrundlos befristete Arbeitsverhältnis mit einem schwerbehinderten Menschen oder einer schwangeren Frau eingegangen ist. Die Befristung eines Arbeitsverhältnisses mit wissenschaftlichen und künstlerischen Mitarbeitern i. S. d. §§ 1 ff. WissZeitVG kann auch auf § 14 II oder III TzBfG gestützt werden; § 2 I 4 WissZeitVG steht dem nicht entgegen.[1] 3

c) Angabe im Arbeitsvertrag. Die sachgrundlose Befristung nach dem TzBfG ist in ihrer Wirksamkeit nicht von einer entsprechenden Vereinbarung oder einer Angabe im Arbeitsvertrag abhängig. Ein Zitiergebot enthält das TzBfG nicht. Der Arbeitgeber muss den Arbeitnehmer auch nicht darauf hingewiesen haben, dass es sich um einen Arbeitsvertrag nach § 14 II, IIa bzw. III TzBfG handelt. Fehlt es an einem sachlichen Grund für die Befristung, kann diese daher immer noch auf § 14 II TzBfG gestützt werden, wenn dessen Voraussetzungen beim Vertragsschluss vorgelegen haben. Dies gilt auch, wenn ein Befristungsgrund im Arbeitsvertrag genannt worden ist. Zwar kann die Anwendbarkeit von § 14 II, II a bzw. III TzBfG ausdrücklich oder konkludent abbedungen werden.[2] Eine derartige Vereinbarung liegt aber nicht bereits dann vor, wenn im Arbeitsvertrag ein Sachgrund genannt wird.[3] Auch im umgekehrten Fall ist ein Rückgriff auf die Befristung mit Sachgrund regelmäßig nicht ausgeschlossen, wenn im Arbeitsvertrag eine sachgrundlose Befristungsmöglichkeit aufgeführt ist. Etwas anderes gilt nur, wenn die Parteien ausnahmsweise die Rechtfertigung der Befristung nach § 14 I TzBfG ausschließen wollten oder auf Grund tariflicher Vorgaben die Angabe des Befristungsgrunds im Arbeitsvertrag erforderlich ist.[4] 4

---

[1] Zu § 1 I BeschFG 1996: BAG 21. 2. 2001 AP 9 zu § 1 BeschFG 1996 = NZA 2001, 1141.

[2] Zu § 1 I BeschFG: BAG 15. 1. 2003 AP 19 zu § 1 BeschFG 1996; 24. 2. 1988 AP 3 zu § 1 BeschFG 1985 = NZA 88, 545.

[3] BAG 4. 12. 2002 AP 17 zu § 1 BeschFG 1996 = NZA 2003, 916; 5. 6. 2002 AP 13 zu § 1 BeschFG 1996 = NZA 2003, 150.

[4] Vgl. LAG Düsseldorf 18. 11. 1999 NZA-RR 2000, 291.

5 **d) Kündigung.** Ein sachgrundlos befristeter Arbeitsvertrag nach dem TzBfG kann nach den für befristete Arbeitsverträge geltenden Grundsätzen ordentlich und außerordentlich gekündigt werden (§ 38 RN 43).

6 **e) Tarifvertrag.** In Tarifverträgen kann der Abschluss sachgrundlos befristeter Arbeitsverträge ausgeschlossen werden. Eine entsprechende Regelung bestand in der Vergangenheit z. B. für den Bereich des öffentlichen Dienstes. So konnten z. B. nach der im Jahr 2001 geltenden Fassung der Sonderregelung (SR) 2y zum BAT befristete Arbeitsverträge nur abgeschlossen werden, wenn hierfür sachliche oder in der Person des Angestellten liegende Gründe vorlagen. Die SR 2y BAT wurden anschließend geändert und sind nunmehr durch § 30 TVöD abgelöst worden. Danach ist die sachgrundlose Befristung grundsätzlich zulässig. Für Beschäftigte, auf die die Regelungen des Tarifgebiets West Anwendung finden und deren Tätigkeit vor dem 1. 1. 2005 der Rentenversicherung der Angestellten unterlegen hätte, gelten für Befristungen ohne Sachgrund folgende Besonderheiten: Ein befristeter Arbeitsvertrag soll in der Regel zwölf Monate nicht unterschreiten; die Vertragsdauer muss mindestens sechs Monate betragen. Die ersten sechs Wochen gelten als Probezeit, wobei der Arbeitsvertrag innerhalb der Probezeit mit einer Frist von zwei Wochen zum Monatsschluss gekündigt werden kann (§ 30 III, IV TVöD). Sind die Arbeitsvertragsparteien bei Vertragsabschluss nicht tarifgebunden (§§ 206, 207), können sie etwaige tarifliche Befristungsregeln für die sachgrundlose Befristung ausschließen; entsteht die beiderseitige Tarifbindung erst nachträglich, ist dies ohne Bedeutung.[5] Ansonsten geht der Tarifvertrag als die dem Arbeitnehmer günstigere Regelung derjenigen des TzBfG vor.[6] Haben die Arbeitsvertragsparteien trotz bestehender Tarifgebundenheit irrtümlich angenommen, sie könnten einzelvertraglich die tariflichen Befristungsregeln ausschließen, ist die Befristung nicht ohne weiteres unwirksam. Vielmehr besteht eine Vertragslücke, die nach den Grundsätzen der ergänzenden Vertragsauslegung zu schließen ist.[7]

7 **2. Kalendermäßige Befristung bis zu zwei Jahren.** Nach § 14 II 1 TzBfG ist unabhängig von der Betriebsgröße die Befristung des Arbeitsvertrages bis zur Dauer von zwei Jahren zulässig. Bis zur Gesamtdauer von zwei Jahren ist auch die höchstens dreimalige Verlängerung eines befristeten Arbeitsvertrages zulässig. Unter Verlängerung ist die einvernehmliche Abänderung des Endtermins für den befristeten Arbeitsvertrag zu verstehen. Es kann daher der Beendigungszeitpunkt eines befristeten Arbeitsvertrags bis zu drei Mal hinausgeschoben werden. Der Befristungsrahmen von zwei Jahren braucht dabei nicht ausgeschöpft werden; jedoch ist eine Verlängerung des ohne Sachgrund befristeten Arbeitsverhältnisses nur unter den Voraussetzungen des § 14 II 1 TzBfG möglich. Unberührt hiervon bleibt die Befristung des Arbeitsverhältnisses aus einem sachlichen Grund; hierfür ist die Frist von zwei Jahren ohne Belang. Gegen die erleichterte Befristung des Arbeitsvertrags nach § 14 II 1 TzBfG bestehen keine verfassungsrechtlichen oder europarechtlichen Bedenken.[8]

8 **a) Zweck.** Die in § 14 II 1 TzBfG enthaltene Möglichkeit zur sachgrundlosen Befristung von Arbeitsverträgen ermöglicht Arbeitgebern auf eine unsichere und schwankende Auftragslage und wechselnde Marktbedingungen durch Neueinstellungen flexibel zu reagieren. Die Vorschrift soll zugleich für befristet beschäftigte Arbeitnehmer als Alternative zur Arbeitslosigkeit eine Brücke zur Dauerbeschäftigung sein (BT-Drucks. 14/4374 S. 13f.).

9 **b) Verlängerung. aa) Begriff.** Die Verlängerung muss von dem Neuabschluss eines befristeten Arbeitsvertrags abgegrenzt werden, der nach § 14 II 2 TzBfG ohne Sachgrund unzulässig ist, wenn zwischen den Parteien bereits ein Arbeitsverhältnis bestanden hat. Aus diesem Grund stellt die Verlängerung lediglich das Hinausschieben des ursprünglich vereinbarten Beendigungszeitpunkts dar.[9] Dies folgert das BAG aus dem Wortlaut des § 14 II 1 TzBfG, der die Verlängerung des Arbeitsvertrags, nicht aber die des Arbeitsverhältnisses zulässt. Danach liegt eine Verlängerung des Arbeitsvertrags nur vor, wenn sie **(1)** noch während der Laufzeit des zu verlängernden Vertrags **(2)** schriftlich (§ 14 IV TzBfG, § 38 RN 50) vereinbart und **(3)** nur die Vertragsdauer geändert wird, nicht aber die übrigen Arbeitsbedingungen. Wird die Fortsetzung

---

[5] Zur SR 2y BAT: BAG 14. 2. 1990 AP 12 zu § 1 BeschFG 1985 = NZA 90, 737; 27. 4. 1988 AP 4 zu § 1 BeschFG 1985 = NZA 88, 771.

[6] BAG 28. 2. 1990 AP 14 zu BeschFG 1985 = NZA 90, 746; zum MTV Einzelhandel LAG München 1. 12. 1988 LAGE § 1 BeschFG 1985 Nr. 10 = NZA 89, 482.

[7] BAG 28. 2. 1990 AP 14 zu § 1 BeschFG 1985 = NZA 90, 746.

[8] A. A. *Däubler* ZIP 2000, 1967; *Schmalenberg* NZA 2000, 582.

[9] BAG 23. 8. 2006 AP 1 zu § 14 TzBfG Verlängerung = NZA 2007, 204; 18. 1. 2006 AP 22 zu § 14 TzBfG = NZA 2006, 605; zu § 1 I BeschFG 1996: BAG 26. 7. 2000 = AP 4 zu § 1 BeschFG 1996 = NJW 2001, 532.

des befristeten Arbeitsverhältnisses erst nach Ablauf der Befristung formwirksam vereinbart oder werden die Vertragsbedingungen geändert, liegt der Neuabschluss eines befristeten Arbeitsvertrags vor, der ohne Sachgrund nicht zulässig ist, da zwischen den Parteien bereits ein Arbeitsverhältnis bestanden hat.

bb) Unzulässige Vertragsänderungen. Die Rspr. des BAG ist im Schrifttum als zu formalistisch kritisiert worden. Es ist daher vorgeschlagen worden, Vertragsänderungen zuzulassen, wenn hierdurch der Arbeitnehmer verbesserte Arbeitsbedingungen erlangt.[10] Dem ist das BAG aus Gründen der Rechtssicherheit und des Normzwecks nicht gefolgt.[11] Der Arbeitnehmer soll bei der Entscheidung über die Verlängerung des nach § 14 II 1 TzBfG befristeten Arbeitsverhältnisses davor geschützt werden, dass der Arbeitgeber dessen Fortsetzung davon abhängig macht, dass der Arbeitnehmer geänderte Arbeitsbedingungen akzeptiert oder dass der Arbeitnehmer durch das Angebot anderer Arbeitsbedingungen zum Abschluss eines weiteren sachgrundlos befristeten Arbeitsvertrags veranlasst wird.[12] **10**

cc) Zulässige Änderungen des Vertragstextes. Eine Verlängerung ist danach nicht gegeben, wenn neben dem Hinausschieben des Beendigungszeitpunkts die Vertragsbedingungen auf Grund eines privatautonomen Angebots des Arbeitgebers geändert werden. Allerdings steht einer Verlängerung i. S. d. § 14 II 1 TzBfG nicht entgegen, dass Änderungen der Vertragsbedingungen, die nach der Vereinbarung des befristeten Arbeitsvertrags während der zurückliegenden Vertragslaufzeit in den Text der Vereinbarung über das zeitliche Hinausschieben des Vertragsendes aufgenommen werden. Diese können etwa auf der Änderung einer für das Arbeitsverhältnis geltenden Kollektivvereinbarung[13] oder zwischenzeitlich getroffener Abreden über die für das Vertragsverhältnis geltenden Arbeitsbedingungen beruhen. In beiden Fällen wird nur der zum Zeitpunkt der Verlängerung geltende Vertragsinhalt dokumentiert. Zulässig sind auch Änderungen der Vertragsbedingungen bei der Verlängerung, wenn zu diesem Zeitpunkt ein Anspruch des befristet beschäftigten Arbeitnehmers auf die Vertragsänderung bestanden hat.[14] Dies folgt aus dem in § 4 II 1 TzBfG enthaltenen Diskriminierungsverbot für befristet beschäftigte Arbeitnehmer, das eine sachlich nicht gerechtfertigte Ungleichbehandlung des befristet beschäftigten Arbeitnehmers mit einem unbefristet beschäftigtem Arbeitnehmer untersagt. Eine solche würde entstehen, wenn der Arbeitgeber einen Anspruch des Arbeitnehmers auf die Vertragsänderung im Zusammenhang mit der Verlängerung des befristeten Arbeitsvertrags wegen der Auslegung des Merkmals der Verlängerung nicht erfüllen dürfte. Hingegen ist die Änderung der Arbeitsbedingungen während der Laufzeit eines sachgrundlos befristeten Arbeitsvertrags zulässig. Eine derartige Vereinbarung unterliegt nicht der Befristungskontrolle, sondern ggf. der Inhaltskontrolle.[15] **11**

dd) Anschlussverbot. (1) Reichweite. Eine Befristung ohne Sachgrund nach § 14 II 1 TzBfG ist ausgeschlossen, wenn mit demselben Arbeitgeber bereits zuvor ein befristetes oder unbefristetes Arbeitsverhältnis bestanden hat (§ 14 II 2 TzBfG). Das Anschlussverbot enthält anders als noch § 1 III BeschFG 1996 keine zeitliche Begrenzung. Auf den zeitlichen Abstand zwischen dem früheren Arbeitsverhältnis bzw. dessen Vertragsinhalt und dem nunmehr ohne Sachgrund befristeten Arbeitsverhältnis kommt es deshalb nicht an.[16] Eine sachgrundlose Befristung scheidet daher auch aus, wenn ein Ingenieur eingestellt werden soll, der bereits bei dem Arbeitgeber während seines viele Jahre zurück liegenden Studiums als Aushilfe in der Produktion gearbeitet hat. Ein Anschlussverbot besteht auch, wenn vor der befristeten Einstellung ein betriebliches Praktikum[17] oder eine Umschulung auf Grund eines Arbeitsverhältnisses durchgeführt worden ist.[18] Hingegen ist ein Ausbildungsverhältnis kein Arbeitsverhältnis i. S. d. § 14 II 2 TzBfG (BT-Drucks. 14/4374 S. 20). Da § 14 II 2 TzBfG auf die Begründung des Arbeitsver- **12**

---

[10] APS/*Backhaus* § 14 TzBfG RN 372 ff.; *Bauer* BB 2001, 2473, 2475; *Preis* NZA 2005, 714, 716.

[11] BAG 18. 1. 2008 AP 5 zu § 9 TzBfG = NZA 2008, 701; 23. 8. 2006 AP 1 zu § 14 TzBfG Verlängerung = NZA 2007, 204.

[12] BAG 18. 1. 2006 AP 22 zu § 14 TzBfG = NZA 2006, 605.

[13] Vgl. BAG 24. 1. 2001 – 7 AZR 567/99 – n. a. v.

[14] BAG 23. 8. 2006 AP 1 zu § 14 TzBfG Verlängerung = NZA 2007, 204.

[15] BAG 18. 1. 2006 AP 22 zu § 14 TzBfG = NZA 2006, 605.

[16] BAG 6. 11. 2003 AP 7 zu § 14 TzBfG = NZA 2005, 218; a. A. teilweise zeitlich und nach Tätigkeit differenzierend ErfK/*Müller-Glöge* § 14 TzBfG RN 99; MünchKommArbR/*Wank* 116 RN 191; *Boch* SAE 2004, 217, 219; *Hanau,* FS Wißmann, S. 27, 35; *Osnabrügge* NZA 2003, 639, 642.

[17] Vgl. BAG 18. 11. 1999 AP 11 zu § 1 KSchG 1969 Wartezeit = NZA 2000, 673.

[18] Vgl. BAG 21. 5. 1997 AP 32 zu § 5 ArbGG 1979 = NZA 97, 1013.

hältnisses abstellt, fällt die Verlängerung eines sachgrundlos befristeten Arbeitsverhältnisses i. S. d. § 14 II 1 TzBfG nicht unter das Anschlussverbot.[19]

13 Nach der Gesetzesbegründung zu § 14 TzBfG soll der Arbeitgeber nach der Vorbeschäftigung **fragen** können. Diese Frage habe der Arbeitnehmer wahrheitsgemäß zu beantworten. Erfolgt die Frage nicht wahrheitsgemäß, sei der Arbeitgeber zur **Anfechtung** des Arbeitsvertrags berechtigt (BT-Drucks. 14/4374 S. 19). Jedoch führt nicht jede unzutreffende Beantwortung der Frage zu einer Vertragsauflösung. Die Anfechtung ist nur begründet, wenn der Arbeitnehmer die Frage nach einer Vorbeschäftigung in Täuschungsabsicht wahrheitswidrig beantwortet hat.[20]

14 **(2) Arbeitgeberbegriff.** Das BAG bestimmt den Begriff des Arbeitgebers wie bereits bei der Vorgängerregelung (§ 1 III BeschFG 1996) ausschließlich nach formalen Kriterien. Als Arbeitgeber i. S. d. Vorschrift gilt ausschließlich der Vertragsarbeitgeber. Dies ist die natürliche oder juristische Person, die mit dem Arbeitnehmer den Arbeitsvertrag geschlossen hat.[21] Ein vorhergehender Arbeitsvertrag hat deshalb nur mit demselben Arbeitgeber bestanden, wenn Vertragspartner des Arbeitnehmers bei beiden Verträgen dieselbe juristische oder natürliche Person ist. Der Gesetzgeber hat zwar in § 14 II 2 TzBfG die sachgrundlose Befristung nach dem TzBfG ausgeschlossen, wenn bereits zuvor mit dem Arbeitgeber ein Arbeitsverhältnis bestanden hat. Das TzBfG hat aber gegenüber der Regelung im BeschFG 1996 hinsichtlich des Merkmals des Arbeitgebers keine Änderung erfahren. Wie im zeitlichen Geltungsbereich der Vorgängerregelung hat der Gesetzgeber des TzBfG für die Zulässigkeit der sachgrundlosen Befristung nur auf das Bestehen eines Arbeitsverhältnisses mit dem Arbeitgeber abgestellt. Eine mögliche Anknüpfung an die vorherige Tätigkeit des Arbeitnehmers in dem Betrieb oder für dessen Betriebsinhaber oder an die Unternehmens- bzw. Konzernzugehörigkeit ist unterblieben. Aus diesem Grund ist es auch ohne Bedeutung, ob die Vorbeschäftigung konzerndimensionalen Charakter hatte und einen Einsatz in einem Konzernunternehmen ermöglicht hat.[22]

15 **(3) Einzelfälle.** Da es danach auf den rechtlichen Arbeitgeberbegriff ankommt, ist es ohne Bedeutung, in welchem Betrieb die Beschäftigung erfolgt ist. Im Falle der Gesamtrechtsnachfolge (§ 116), insbesondere der Umwandlung von Unternehmen findet das Anschlussverbot keine Anwendung, wenn die Vorbeschäftigung mit einem anderen Vertragsarbeitgeber erfolgt ist.[23] Im Falle des Betriebsübergangs tritt der Betriebserwerber in ein bestehendes Arbeitsverhältnis ein. Eine sachgrundlose Befristung mit dem Betriebserwerber ist nur möglich, wenn die Vorbeschäftigung beim Betriebsveräußerer zum Zeitpunkt des Betriebsübergangs bereits beendet war.[24] § 14 II 2 TzBfG steht einer sachgrundlosen Befristung auch nicht entgegen, wenn der Arbeitsvertrag mit einem Arbeitnehmer abgeschlossen wird, der unmittelbar zuvor als Leiharbeitnehmer im selben Betrieb tätig war, selbst wenn das Arbeitsverhältnis mit dem Verleiher nach § 14 II 1 TzBfG befristet war.[25] Dies gilt auch im umgekehrten Fall, wenn also der Arbeitnehmer nach einer Beschäftigung bei einem Vertragsarbeitgeber bei einem Leiharbeitgeber mit einem sachgrundlos befristeten Arbeitsvertrag eingestellt wird und anschließend wieder an den Vertragsarbeitgeber verliehen wird.[26]

16 **ee) Zitiergebot.** In der Verlängerungsvereinbarung muss keine für den Arbeitnehmer erkennbare Verknüpfung zu dem vorausgehenden befristeten Arbeitsvertrag enthalten sein. Die Verlängerung ist auch keine Vertragsbedingung i. S. d. §§ 305 ff. BGB. Die Auslegungsregel des § 305 c II BGB findet daher keine Anwendung.[27]

17 **c) Tarifvertrag.** Durch Tarifvertrag kann die Anzahl der Verlängerungen oder die Höchstdauer der Befristung abweichend von § 14 II 1 TzBfG festgelegt werden. Im Geltungsbereich eines solchen Tarifvertrags können nicht tarifgebundene Arbeitgeber und Arbeitnehmer durch Inbezugnahme die Anwendung der tariflichen Befristungsregelungen vereinbaren, die Anwen-

---

[19] BAG 15. 1. 2003 AP 2 zu § 14 TzBfG = NZA 2003, 914.

[20] *Dörner* RN 552 f.

[21] BAG 10. 11. 2004 AP 14 zu § 14 TzBfG = NZA 2005, 514; zu § 1 III BeschFG 1996: BAG 25. 4. 2001 AP 10 zu § 1 BeschFG 1996 = NZA 2001, 1384.

[22] BAG 18. 10. 2006 AP 3 zu § 14 TzBfG Verlängerung = NZA 2007, 443; a. A. KDZ/*Däubler* § 14 TzBfG RN 162.

[23] BAG 10. 11. 2004 AP 14 zu § 14 TzBfG = NZA 2005, 514.

[24] BAG 10. 11. 2004 AP 14 zu § 14 TzBfG = NZA 2005, 514.

[25] BAG 8. 12. 1988 AP 6 zu § 1 BeschFG 1985 = NZA 89, 459.

[26] BAG 18. 10. 2006 AP 3 zu § 14 TzBfG Verlängerung = NZA 2007, 443; krit. dazu *Brose* DB 2008, 1378, die allerdings übersieht, dass die RL 1999/70/EG Leiharbeitsagenturen ausnimmt.

[27] BAG 23. 8. 2006 AP 1 zu § 14 TzBfG Verlängerung = NZA 2007, 204.

dung des gesamten Tarifvertrags ist nicht erforderlich. Die tariflichen Veränderungen können sich trotz des missverständlichen Gesetzeswortlauts auf den Zeitrahmen für die sachgrundlose Befristung und gleichzeitig auf die Anzahl der Verlängerungen erstrecken. Hierbei sind auch für die Arbeitnehmer ungünstigere Regelungen möglich (§ 22 TzBfG). So kann z. B. die der Zwei-Jahres-Zeitraum auf vier Jahre ausgedehnt und die Verlängerungsmöglichkeiten auf 5 erhöht werden.

3. Existenzgründer. a) Normzweck. Nach dem erst nachträglich mit Wirkung zum 1. 1. 18
2004 in das TzBfG eingefügten § 14 II a TzBfG ist in den ersten vier Jahren nach der Gründung eines Unternehmens die kalendermäßige Befristung eines Arbeitsvertrages ohne Vorliegen eines sachlichen Grundes bis zur Dauer von vier Jahren zulässig; bis zu dieser Gesamtdauer ist auch die mehrfache Verlängerung eines kalendermäßig befristeten Arbeitsvertrages zulässig. Die Vorschrift soll zur Flexibilisierung des Personaleinsatzes in der Aufbauphase eines neu gegründeten Unternehmens beitragen.

b) Voraussetzungen. § 14 II a TzBfG ist von den Voraussetzungen her mit § 112 a BetrVG 19
vergleichbar, der für neu gegründete Unternehmen die Sozialplanpflicht einschränkt (§ 244 RN 46). Der Zeitpunkt für die Gründung wird durch § 14 II a 3 TzBfG geregelt. Danach ist auf den nach § 138 AO der Gemeinde oder dem Finanzamt mitzuteilenden Zeitpunkt der Aufnahme der Erwerbstätigkeit abzustellen. Durch eine verzögerte Mitteilung wird jedoch die 4-Jahres-Frist nicht verlängert.[28] Ist die Mitteilung unterblieben, scheidet eine Befristungsmöglichkeit nach § 14 II a TzBfG aus. Die Voraussetzungen des § 14 II a TzBfG liegen nicht vor bei bloßen Sitzverlegungen oder bei Neugründungen im Zusammenhang mit der rechtlichen Umstrukturierung von Unternehmen und Konzernen.

c) Befristung. § 14 II a TzBfG enthält eine doppelte 4-Jahres-Frist. Die sachgrundlose Be- 20
fristung kann von (nicht: vor) der Aufnahme der Unternehmenstätigkeit[29] bis zum Ablauf des vierten Jahres nach der Unternehmensgründung vereinbart werden. Die höchstens zulässige Befristungsdauer eines bis zum diesem Zeitpunkt in Vollzug gesetzten Arbeitsvertrags beträgt 4 Jahre. Der Begriff der Verlängerung stimmt mit dem in § 14 II 1 TzBfG überein, jedoch ist die Anzahl der Verlängerungen bei einer Befristung nach § 14 II a TzBfG zahlenmäßig nicht begrenzt. Allerdings müssen auch die Verlängerungen bis zum 4. Geburtstag,[30] d. h. dem Ablauf der ersten 4-Jahres-Frist des neu gegründeten Unternehmens vereinbart werden.

d) Anschlussverbot, Tarifvertrag. Auf Grund der Bezugnahme auf § 14 II 2 TzBfG gilt 21
das Anschlussverbot (RN 12) auch für die sachgrundlose Befristung nach § 14 II a TzBfG. Durch Tarifvertrag kann die Höchstdauer des Befristungszeitraums verkürzt oder verlängert und die Anzahl der Verlängerungen zahlenmäßig begrenzt werden (RN 17). Da § 14 II a TzBfG ohne Übergangsvorschrift in Kraft getreten ist, findet die Vorschrift auch Anwendung auf vor dem 1. 1. 2004 gegründete Unternehmen.

4. Befristung von älteren Arbeitnehmern. a) Voraussetzungen. Eine an das Vorliegen 22
von besonderen Voraussetzungen geknüpfte Befristungsmöglichkeit[31] besteht für ältere Arbeitnehmer (§ 14 III TzBfG). Nach § 14 III 4 TzBfG a. F. konnten mit Arbeitnehmern, die das 52. Lebensjahr vollendet hatten, bis zum 31. 12. 2006 unabhängig von einer Beschäftigungslosigkeit vor Begründung des befristeten Arbeitsverhältnisses sachgrundlos befristete Arbeitsverhältnisse begründet werden. Die Vorschrift stellte nach Ansicht des EuGH eine unzulässige Diskriminierung wegen des Alters dar und war von den nationalen Gerichten nicht anzuwenden.[32] Nach der Neuregelung des § 14 III TzBfG durch das Gesetz zur Verbesserung der Beschäftigungschancen älterer Menschen vom 19. 4. 2007 (BGBl. I S. 538) ist eine sachgrundlose Befristung des Arbeitsvertrags zulässig, wenn der Arbeitnehmer bei Beginn des befristeten Arbeitsverhältnisses das 52. Lebensjahr vollendet hat und unmittelbar vor Beginn des befristeten Arbeitsverhältnisses mindestens vier Monate beschäftigungslos gewesen ist (zum Begriff § 23 RN 6), Transferkurzarbeitergeld (§ 244 RN 117) bezogen oder an einer öffentlich geförderten Beschäftigungsmaßnahme nach dem SGB II bzw. III (§ 21 RN 37) teilgenommen hat. Bis zu der Ge-

---

[28] *Dörner* RN 594 c.

[29] So jedenfalls der Wortlaut; der Gesetzgeber ging aber wohl von der Möglichkeit eines Vertragsschlusses vor Aufnahme der Unternehmenstätigkeit aus (BT-Drucks. 15/1204 S. 14).

[30] ErfK/*Müller-Glöge* § 14 TzBfG RN 130 c.

[31] ErfK/*Müller-Glöge* § 14 TzBfG RN 110 a hält § 14 III TzBfG für eine Sachgrundbefristung.

[32] EuGH 22. 11. 2005 AP 1 zu Richtlinie 2000/78/EG = NZA 2005, 1345; zum Vertrauensschutz BAG 26. 4. 2006 AP 23 zu § 14 TzBfG = NZA 2006, 1162; erneute Vorlage zu § 14 III 1 TzBfG a. F.: BAG 16. 10. 2008 – 7 AZR 253/07 – z. V. b.

samtdauer von fünf Jahren ist auch die mehrfache Verlängerung des Arbeitsvertrages zulässig. Mit der erleichterten Befristungsmöglichkeit sollen die Einstellungschancen älterer Arbeitnehmer verbessert werden.[33] Die Vorschrift lässt nur eine Befristungsabrede mit Arbeitnehmern zu, die bei Vertragsbeginn das Regelrentenalter noch nicht vollendet haben. Arbeitnehmer, die zu Beginn des Arbeitsverhältnisses dieses Alter überschritten haben, sind nicht mehr in der Arbeitslosenversicherung versicherungspflichtig (§ 28 I Nr. 1 SGB III) und können daher auch nicht beschäftigungslos i. S. d. § 119 SGB III sein.

23 **b) Nachweis.** Für die Rechtfertigung einer auf § 14 III TzBfG gestützten Befristung ist es ausreichend, dass die Voraussetzungen (Lebensalter, Beschäftigungslosigkeit bzw. privilegierte Vorbeschäftigung) gegeben sind. Die Gesetzesbegründung geht von einem entsprechenden Fragerecht des Arbeitgebers aus (BR-Drucks. 1/07 S. 15). Die Anfechtung ist aber nur begründet, wenn der Arbeitnehmer die Frage nach der Beschäftigungslosigkeit oder einer Vorbeschäftigung in Täuschungsabsicht wahrheitswidrig beantwortet hat. Erklärt der Arbeitnehmer im Viermonatszeitraum keiner Beschäftigung gegen ein Entgelt oder andere Vergünstigungen nachgegangen zu sein, kann der Arbeitgeber vom Vorliegen von Beschäftigungslosigkeit ausgehen. Über vom Arbeitnehmer angegebene kurzzeitige Beschäftigungen im Viermonatszeitraum sollte ein Nachweis verlangt werden. Legt der Arbeitnehmer einen Nachweis über den durchgehenden Bezug von Alg. im Viermonatszeitraum vor, kann der Arbeitgeber auch ohne besondere Nachfrage von einer Beschäftigungslosigkeit des Arbeitnehmers ausgehen.

24 **c) Verlängerung, wiederholter Vertragsschluss.** Nach § 14 III 2 TzBfG ist die mehrfache Verlängerung des Arbeitsvertrags bis zu einer Gesamtdauer von fünf Jahren zulässig. Die Formulierung entspricht dem in § 14 II 2 TzBfG verwandten Begriff der Verlängerung (RN 9), an dem sich der Gesetzgeber offenbar orientiert hat. Zwar enthält § 14 III TzBfG keine Mindestvertragsdauer und – anders als § 14 II 1 2. Halbs. TzBfG – keine Begrenzung der Anzahl der zulässigen Verlängerungen. Der Gesetzgeber hat im Interesse möglichst großer Flexibilität innerhalb der fünfjährigen Höchstbefristungsdauer beliebig viele Verlängerungen zugelassen (BR-Drucks. 1/07 S. 11). Dennoch spricht viel dafür, angesichts des vergleichbaren Wortlaut der Vorschriften den Begriff der Verlängerung identisch auszulegen. Danach darf auch im Geltungsbereich des § 14 III TzBfG grundsätzlich nur das vereinbarte Vertragsende und nicht der sonstige Arbeitsvertragsinhalt anlässlich der Verlängerung geändert werden. Daneben ist das Schriftformgebot des § 14 IV TzBfG zu beachten. Nach der Gesetzesbegründung kann der Arbeitnehmer unter den in § 14 III 1 TzBfG genannten Voraussetzungen von demselben Arbeitgeber erneut befristet beschäftigt werden (BR-Drucks. 1/07 S. 16); die Vorschrift enthält kein Anschlussverbot bei einer Vorbeschäftigung mit demselben Arbeitgeber. Allerdings ist bei einer auf § 14 III TzBfG gestützten Befristung, die in den letzten drei Jahren vor Erreichen der gesetzlichen Altersgrenze endet, § 41 Satz 2 SGB VI zu beachten, der durch § 14 III TzBfG nicht verdrängt wird.

III. Die sachgrundlose Befristung nach dem WissZeitVG

Dieterich/Preis, Befristete Arbeitsverträge in Wissenschaft und Forschung, Konzept einer Neuregelung im HRG, 2001; *Haratsch/Holljesiefken,* Studentische Hilfskraft auf Lebenszeit?, NZA 2008, 2007; *Kortstock,* Reform des Hochschulbefristungsrechts, ZTR 2007, 2; *ders.,* Befristung von Arbeitsverhältnissen im Hochschulbereich, ZTR 2007, 350; *Löwisch,* Die Ablösung der Befristungsbestimmungen des HRG durch das WissZeitVG, NZA 2007, 479; *Löwisch/Neumann,* Befristung auf Grund gerichtlichen Vergleichs im Hochschulbereich, NJW 2002, 951; *Preis/Hausch,* Die Neuordnung der befristeten Arbeitsverhältnisse im Hochschulbereich, NJW 2002, 927; *Räder/Steinheimer,* Das neue Wissenschaftszeitvertragsgesetz, PersR 2007, 328; *Thüsing,* Das Arbeitsrecht privater Hochschulen, ZTR 2003, 544; *Wank/Schmidt,* Die sachgrundlose Befristung von Arbeitsverträgen nach dem nw Hochschulfreiheitsgesetz, WissR 2008, 59.

25 **1. Geltungsbereich.** Das Gesetz zur Änderung arbeitsrechtlicher Vorschriften in der Wissenschaft – WissZeitVG – vom 12. 4. 2007 (BGBl. I S. 506) enthält besondere Befristungsregeln für Arbeitsverhältnisse mit dem wissenschaftlichen und künstlerischen Nachwuchs an Hochschulen und Forschungseinrichtungen. Das WissZeitVG hat das bisher im Hochschulrahmengesetz (HRG) als unmittelbar geltendes Bundesrecht enthaltene Sonderbefristungsrecht abgelöst. Bei den befristungsrechtlichen Vorschriften handelt es sich um eine abschließende bundesrechtliche Regelung, die keinen Raum für arbeitsrechtliche Normen der Länder lässt.[34] Die Länder sind nur zur Ausgestaltung der an den Schulen und Hochschulen tätigen Personalkategorien

[33] Abl. *Kohte* ArbuR 2007, 168.
[34] BAG 14. 1. 1982 AP 64 zu § 620 BGB Befristeter Arbeitsvertrag.

befugt.[35] Die Befristungsmöglichkeit nach dem WissZeitVG verstößt weder gegen die Befristungsrichtlinie 1999/70/EG noch gegen die Gleichbehandlungsrichtlinie 2000/78/EG.[36]

a) Erfasste Einrichtungen. Nach seinem betrieblichen Geltungsbereich gilt das Befristungsrecht des WissZeitVG für die Universitäten, die Pädagogischen Hochschulen, die Kunsthochschulen, die Fachhochschulen und die sonstigen Einrichtungen des Bildungswesens, die nach Landesrecht staatliche Hochschulen sind, sowie nach Maßgabe des § 4 WissZeitVG auch für die staatlich anerkannten Hochschulen. Daneben ordnet § 5 WissZeitVG die Geltung der Befristungsregeln für das wissenschaftliche Personal an staatlichen Forschungseinrichtungen[37] sowie an überwiegend staatlich, an institutionell überwiegend staatlich oder auf der Grundlage von Art. 91 b GG finanzierten Forschungseinrichtungen an. 26

b) Persönlicher Geltungsbereich, aa) Grundsatz. Der persönliche Geltungsbereich des WissZeitVG erfasst den Abschluss von befristeten Arbeitsverträgen wissenschaftlichem und künstlerischem Personal mit Ausnahme der Hochschullehrerinnen und Hochschullehrer (§ 1 I WissZeitVG). Er ist damit weiter gefasst als § 57 a I 1 HRG, der nur für wissenschaftliche und künstlerische Mitarbeiter bzw. Hilfskräfte galt. Die Änderung geht auf einen Vorschlag des Ausschusses für Bildung, Forschung und Technikfolgenabschätzung zurück und sollte dem Umstand Rechnung tragen, dass die Gesetzgebungszuständigkeit für das wissenschaftliche Personal nunmehr bei den Ländern liegt. Allerdings fallen auch die landesrechtlich ausgestalteten Personalkategorien unter den persönlichen Geltungsbereich des WissZeitVG, sofern wissenschaftliche Dienstleistungen erbracht werden. Die Erweiterung des persönlichen Geltungsbereichs über die bisher von den §§ 57 a ff. HRG erfassten wissenschaftlichen und künstlerischen Mitarbeiter ist verfassungsrechtlich unter dem Gesichtspunkt des Art. 3 I GG und europarechtlich nicht unbedenklich.[38] Ein besonderes Zeitbefristungsrecht für den Hochschulbereich ist nur gerechtfertigt, sofern das sich aus Art. 5 I GG ergebende Freiheitsrecht der Hochschulen ein besonderes Befristungsrecht rechtfertigt. Ein solches Bedürfnis dürfte insbesondere bei den Lehrkräften mit besonderen Aufgaben fehlen. 27

Vom Begriff des wissenschaftlichen und künstlerischen Personals sind Personen erfasst, die nach dem Arbeitsvertrag überwiegend wissenschaftliche und künstlerische Dienstleistungen, also weisungsabhängige Tätigkeiten in Forschung oder Lehre erbringen. Dies sind die bisherigen Personalkategorien der wissenschaftlichen und künstlerischen Mitarbeiter (§ 53 HRG) bzw. Hilfskräfte, die Lehrkräfte für besondere Aufgaben (§ 56 HRG) und das nach Landesrecht gleichgestellte Personal (RN 27). Auch Ärzte, die wissenschaftlich bzw. in der Krankenversorgung tätig sind, fallen unter die §§ 1 ff. WissZeitVG (§ 1 VI ÄArbVtrG, dazu § 38 RN 8). Das WissZeitVG gilt schließlich für studentische Hilfskräfte (RN 31). Nicht zu dem Personenkreis des § 1 I 1 WissZeitVG zählen Beschäftigte, die für die Organisation einer Hochschule oder einer ihrer Einrichtungen notwendige **Verwaltungsarbeit** leisten, selbst wenn sie über eine wissenschaftliche Ausbildung verfügen.[39] Das Zeitvertragsrecht der §§ 1 ff. WissZeitVG ist auch nicht anzuwenden auf Juniorprofessoren (§ 48 I HRG), Professoren im Angestelltenverhältnis sowie wissenschaftliches (künstlerisches) Personal, welches mit weniger als einem Viertel der regelmäßigen Arbeitszeit beschäftigt wird (§ 2 III 1 WissZeitVG); zu Lektoren § 40 RN 59. 28

bb) Personalkategorien nach dem HRG. Wissenschaftliche und künstlerische Mitarbeiter (§ 53 I, IV HRG) sind die im Beamten- oder Angestelltenverhältnis Beschäftigten, denen wissenschaftliche oder künstlerische Dienstleistungen übertragen sind. Lehrkräfte für besondere Aufgaben (§ 56 HRG) vermitteln den Studierenden überwiegend praktische Fertigkeiten und Kenntnisse. Zu den Lehrkräften mit besonderen Aufgaben zählen z. B. auch Lektoren. 29

cc) Wissenschaftliche und künstlerische Hilfskräfte. Das WissZeitVG hat die bisher in § 57 b I 3 und § 57 e HRG enthaltenen Sondervorschriften für wissenschaftliche und künstlerische Hilfskräfte aufgehoben. Dies waren Personen, die **(1)** zur Mithilfe und Unterstützung bei bestimmten wissenschaftlichen Arbeiten angestellt sind, d. h. für eine in Forschung und Lehre tätige Person unterstützende und zuarbeitende Tätigkeiten verrichten und **(2)** bei denen die vertraglich vorgesehene Arbeitszeit die Hälfte der tariflichen regelmäßigen Arbeitszeit nicht erreicht.[40] Für die bisherigen Personalkategorien der wissenschaftlichen Hilfskräfte, zu denen auch 30

[35] BAG 25. 2. 2004 AP 1 zu § 36 HRG zur Vertretungsprofessur.
[36] BAG 19. 3. 2008 AP 265 zu § 620 BGB Befristeter Arbeitsvertrag.
[37] BAG 19. 3. 2008 AP 265 zu § 620 BGB Befristeter Arbeitsvertrag.
[38] A. A. *Löwisch* NZA 2007, 479.
[39] BAG 28. 1. 1998 AP 3 zu § 57 a HRG; 19. 8. 1992 AP 2 zu § 57 b HRG = NZA 93, 311.
[40] BAG 20. 9. 1995 AP 2 zu § 57 c HRG = NZA 96, 764.

die sog. Bachelorabsolventen gehören können,[41] gilt der Befristungsrahmen in § 2 I WissZeitVG.

31 **dd) Studentische Hilfskräfte.** Dies sind Personen, die zwar als Studierende an einer Hochschule eingeschrieben sind, nicht über einen ersten berufsqualifizierenden Abschluss verfügen, regelmäßig nur im Nebenberuf tätig sind und mit weniger als der Hälfte der regelmäßigen Arbeitszeit beschäftigt werden. Die Befristung von Arbeitsverhältnissen mit studentischen Hilfskräften ist nach § 2 I 1 WissZeitVG bis zur Dauer von 6 Jahren zulässig. Ein Verstoß gegen Landesrecht, das kürzere Beschäftigungszeiten vorsieht, führt nicht zur Unwirksamkeit der Befristung. Zeiten vor Abschluss des Studiums werden auf den Befristungsrahmen nach § 2 I 1, 2 WissZeitVG nicht angerechnet (§ 2 III 3 WissZeitVG). Anders als nach dem HRG gilt für den Abschluss von befristeten Arbeitsverträgen mit studentischen Hilfskräften das Zitiergebot des § 2 IV 1 WissZeitVG.[42]

32 **ee) Wissenschaftliches Personal an Forschungseinrichtungen.** Nach § 5 WissZeitVG findet das Zeitvertragsrecht des HRG auch Anwendung für den Abschluss befristeter Arbeitsverhältnisse in den in dort genannten Einrichtungen.

33 **2. Sachgrundlose Befristung. a) Grundsatz.** In § 2 I 1, 2 WissZeitVG sind zwei Phasen für den Abschluss von sachgrundlos befristeten Arbeitsverträgen vorgesehen. Mit wissenschaftlichen und künstlerischen Mitarbeitern, die nicht promoviert sind, ist die Befristung von Arbeitsverträgen bis zu einer Dauer von sechs Jahren zulässig (erste Qualifizierungsphase). Nach abgeschlossener Promotion ist eine Befristung bis zur Dauer von sechs Jahren, im Bereich der Medizin bis zu einer Dauer von neun Jahren zulässig (§ 2 I 2 WissZeitVG). Diese Befristung soll z. B. promovierten Wissenschaftlern dazu dienen, sich für die Übernahme einer Professur zu qualifizieren (zweite Qualifizierungsphase, sog. Post-doc-Phase). Innerhalb der Befristungsphasen können beliebig viele Einzelbefristungsverträge abgeschlossen werden, sofern nur die Befristungshöchstdauer beachtet wird.

34 **b) Erste Qualifizierungsphase.** § 2 I 1 WissZeitVG eröffnet für wissenschaftliche (künstlerische) Mitarbeiter eine sachgrundlose Befristungsmöglichkeit. Nach den Vorstellungen des Gesetzgebers ist dieser Zeitraum zur Erlangung einer Promotion ausreichend bemessen. Jedoch ist der Abschluss eines sachgrundlos befristeten Arbeitsvertrags auch möglich, wenn der Beschäftigte keine Promotion anstrebt.[43] Die Befristungsmöglichkeit nach § 2 I 1 WissZeitVG besteht nicht, wenn der wissenschaftliche (künstlerische) Mitarbeiter bereits über eine Promotion z. B. in einer anderen Fachrichtung verfügt. Endet ein nach § 2 I 1 WissZeitVG abgeschlossener befristeter Arbeitsvertrag nach dem Abschluss eines Promotionsverfahrens, führt dies nicht zur Unwirksamkeit der Befristung. Die nach Erreichen der Promotion zurückgelegte Zeit wird jedoch auf die zweite Qualifizierungsphase angerechnet. Wird die Promotion nicht innerhalb von sechs Jahren erreicht, rechtfertigt auch ein möglicherweise unmittelbar bevorstehender Abschluss keine Sachgrundbefristung nach § 14 I TzBfG[44] (umstr.).

35 **c) Zweite Qualifizierungsphase.** Die Befristungshöchstdauer der Post-doc-Phase beträgt grundsätzlich 6 Jahre, im Bereich der Medizin 9 Jahre (§ 2 I 2 WissZeitVG). Die längere Zeitdauer im Bereich der Medizin soll Ärzten das Erreichen eines Facharztabschlusses ermöglichen. Die zweite Qualifizierungsphase muss sich nicht unmittelbar an die erste Qualifizierungsphase anschließen, zeitliche Unterbrechungen sind unschädlich. Ein gesetzlicher Anspruch auf Begründung eines befristeten Arbeitsverhältnisses für die zweite Qualifizierungsphase besteht nicht.

36 § 2 I 2 2. Halbs. WissZeitVG enthält eine **zusätzliche Berechnungsregel** der Befristungshöchstdauer. Nach der 1. Alt. verlängert sich die zulässige Befristungsdauer in dem Umfang, in dem Zeiten einer befristeten Beschäftigung ohne Promotion und Promotionszeiten ohne Beschäftigung zusammen weniger als sechs Jahre betragen. Hierdurch soll der schnelle Abschluss einer Promotion gefördert werden. Die „eingesparte", d. h. unter sechs Jahren liegende Zeit, steht für die Ausdehnung der Befristungshöchstdauer der zweiten Qualifizierungsphase zur Verfügung. Jedoch werden auch Promotionszeiten berücksichtigt, die vor dem Abschluss der Erstausbildung lagen (z. B. in der Medizin). Die 2. Alt. stellt die außerhalb eines befristeten Arbeitsverhältnisses geleisteten Promotionszeiten den in einem Anstellungsverhältnis zurückgelegten Zeiten gleich. Um diese Zeiträume verlängert sich die Post-doc-Phase nicht. Die Berechnung der Promotionszeiten für die Verlängerung der zweiten Qualifizierungsphase erfolgt nach den

[41] *Preis* WissZeitVG § 1 RN 27.
[42] Zum HRG: BAG 20. 5. 2005 NZA 2005, 933.
[43] BR-Drucks. 401/01; APS/*Schmidt* § 57 b HRG RN 3.
[44] ErfK/*Müller-Glöge* § 1 WZVG RN 2; a. A. APS/*Schmidt* § 57 b HRG RN 5 – ausnahmsweise.

landesrechtlichen Vorschriften; fehlen diese, ist die tatsächliche Befassung mit dem Promotionsthema maßgeblich.

d) Verlängerung. aa) Kinderbetreuung. Nach § 2 I 4 WissZeitVG verlängert sich die nach § 2 I 1, 2 WissZeitVG insgesamt zulässige Befristungsdauer unabhängig von den in § 2 V WissZeitVG vorgesehenen Verlängerungstatbeständen bei Betreuung eines oder mehrerer Kinder unter 18 Jahren i. S. d. Steuerrechts um zwei Jahre je Kind. Die Regelung gilt für beide Elternteile und für jedes Kind, betrifft aber nur den gesetzlich vorgesehenen Befristungsrahmen. Für ein vor und nach der Promotion erzogenes Kind verlängert sich der Gesamtbefristungsrahmen deshalb nur einmal um zwei Jahre. 37

bb) Innerhalb der nach § 2 I WissZeitVG zulässigen **Befristungshöchstdauer** sind ein oder beliebig viele Verlängerungen des befristeten Arbeitsvertrags zulässig. Das Gesetz begründet aber keinen Anspruch auf Verlängerung eines befristeten Arbeitsvertrags bis zur Befristungshöchstdauer. Anders als bei § 14 II TzBfG liegt eine Verlängerung auch vor, wenn der Verlängerungsvertrag nicht bis zum Ablauf des vorherigen Vertrags abgeschlossen ist. Es ist daher eine Stückelung möglich. Der Grund für die unterschiedliche Auslegung des Merkmals der Verlängerung gegenüber § 14 II TzBfG ist die fehlende Notwendigkeit, Neuabschluss und Verlängerung beim WissZeitVG gegeneinander abzugrenzen; ein § 14 II 2 TzBfG vergleichbares Anschlussverbot enthält § 2 WissZeitVG nicht.[45] Eine zeitliche Unterbrechung der Beschäftigungszeiten ist daher im Geltungsbereich des § 2 I WissZeitVG zulässig, sofern nur die zulässige Befristungshöchstdauer eingehalten wird. 38

e) Befristungsmöglichkeiten mit wissenschaftlichem (künstlerischem) Personal außerhalb des HRG.[46] Nach Ausschöpfung der Höchstbefristungsdauer des § 2 I WissZeitVG kann sich eine auf einen Sachgrund des § 14 I TzBfG gestützte Befristung anschließen. Als Befristungsgründe für Arbeitsverträge mit wissenschaftlichem Personal hat die Rspr. anerkannt, die zeitlich begrenzte Mitarbeit an einem Forschungsprojekt (§ 40 RN 13),[47] die Möglichkeit zur Weiterbildung für eine spätere Berufstätigkeit außerhalb der Hochschule[48] sowie Haushaltsmittelbefristungen[49] (jetzt: § 14 I 2 Nr. 7 TzBfG, dazu § 40 RN 36). In Betracht kommen daneben noch Befristungen zur Vertretung (§ 14 I 2 Nr. 3 TzBfG; dazu § 40 RN 19), auf Wunsch des Beschäftigten (§ 14 I 2 Nr. 6 TzBfG, dazu § 40 RN 63), zur sozialen Überbrückung (§ 40 RN 18, 35), bei Drittmittelfinanzierung (§ 2 II WissZeitVG, § 40 RN 43) sowie auf Grund eines gerichtlichen Vergleichs (§ 14 I 2 Nr. 8 TzBfG, dazu § 40 RN 39). Daneben kann die Befristungsmöglichkeit des § 14 II TzBfG genutzt werden, wenn mit dem Arbeitgeber zuvor noch kein Arbeitsverhältnis bestanden hat (z. B. bei einem Wechsel der Hochschule); allerdings begegnet eine sachgrundlose Befristungsmöglichkeit nach § 14 II oder III TzBfG verfassungsrechtlichen Bedenken, wenn eine Beschäftigung als wissenschaftlicher Mitarbeiter vereinbart wird („12 bzw. 15 Jahre sachgrundlose Befristung sind genug").[50] 39

3. Anrechnung. Auf die Befristungshöchstdauer (RN 32) werden die in § 2 III 1, 2 WissZeitVG genannten Vertragsverhältnisse angerechnet. Hierdurch soll ein funktionswidriger Wechsel der Befristungstatbestände durch die Kombination verschiedener Rechtsgrundlagen und ein erneuter Anspruch der Befristungshöchstgrenzen bei einem Wechsel der Hochschule ausgeschlossen werden.[51] Es kommt daher nicht auf die Beschäftigung an einer Hochschule an. Vielmehr sind im Rahmen der Befristungsberechnung sämtliche Beschäftigungszeiten an inländischen und ausländischen Hochschulen zu berücksichtigen. Auch die aus anderen Gründen befristeten Arbeitsverträge (z. B. nach dem TzBfG oder § 2 II WissZeitVG) bzw. Dienstverhältnisse werden in die jeweiligen Befristungshöchstzeiten eingerechnet. Lediglich die in unbefristeten Verträgen zurückgelegten Beschäftigungszeiten und die in § 2 IV WissZeitVG genannten Unterbrechungszeiten werden nicht auf die Befristungshöchstdauer angerechnet. Bei letzteren verlängert sich die jeweilige Dauer des befristeten Vertrags, in dem ein Tatbestand des § 57 c IV HRG anfällt, bei einem Einverständnis der Mitarbeiterin bzw. des Mitarbeiters um die gesetzlich vorgesehene Zeit. Für die Form der Einverständniserklärung des Mitarbeiters enthält § 2 WissZeitVG keine Vorgaben, § 14 IV TzBfG ist daher auch nicht analog anwendbar. 40

---

[45] *Dörner* RN 668 ff.
[46] *Dörner* RN 741 ff.
[47] BAG 7. 4. 2004 AP 4 zu § 17 TzBfG; 24. 10. 2001 AP 9 zu § 57 c HRG = NZA 2003, 153.
[48] BAG 25. 8. 1999 AP 23 zu § 57 b HRG = NZA 2001, 152.
[49] BAG 24. 1. 1996 AP 7 zu § 57 b HRG = NZA 96, 1036.
[50] Für studentische Hilfskräfte *Haratsch/Holljesiefken* NZA 2008, 207.
[51] Vgl. BAG 14. 11. 2001 AP 57 zu § 622 BGB = NZA 2000, 720.

41 **4. Zitiergebot, Beschränkung auf Zeitbefristungen.** Nach § 2 IV 1, 2 WissZeitVG i.V.m. § 14 IV TzBfG ist im (schriftlichen) Arbeitsvertrag anzugeben, ob die Befristung auf den Vorschriften des WissZeitVG beruht.[52] Fehlt die Angabe, kann sie nicht auf die Vorschriften des WissZeitVG gestützt werden.[53] Möglich ist aber eine die Rechtfertigung nach dem TzBfG. In § 2 IV 3 WissZeitVG wird klargestellt, dass die §§ 1ff. WissZeitVG nur die kalendermäßig bestimmte bzw. bestimmbare Befristung erfassen; die Vereinbarung von Zweckbefristungen und auflösenden Bedingungen kann nicht mit den erleichterten Befristungsmöglichkeiten des WissZeitVG gerechtfertigt werden. Ihre Zulässigkeit bestimmt sich daher gleichfalls nach dem TzBfG. Daneben können die Hochschulen auch unbefristete Arbeitsverträge abschließen (§ 1 II WissZeitVG).

42 **5. Zwingendes Recht.** Die §§ 1ff. WissZeitVG enthalten zwingendes Recht. Von ihnen kann durch (einzelvertragliche) Vereinbarung nicht abgewichen werden (§ 1 I 2 WissZeitVG). Durch Tarifvertrag kann für bestimmte Fachrichtungen und Forschungsbereiche von den in § 2 I WissZeitVG vorgesehenen Fristen abgewichen und die Anzahl der zulässigen Verlängerungen befristeter Arbeitsverträge festgelegt werden. Die hierin liegende Beschränkung des Art. 9 III GG ist verfassungsrechtlich unbedenklich.[54] Im Geltungsbereich eines solchen Tarifvertrags können nicht tarifgebundene Vertragsparteien die Anwendung der tariflichen Regelungen vereinbaren (§ 1 I 3, 4 WissZeitVG).

43 **6. Anwendung des TzBfG.** Nach § 1 I 5 WissZeitVG sind die arbeitsrechtlichen Vorschriften und Grundsätze über befristete Arbeitsverträge und deren Kündigung anzuwenden, soweit sie den Vorschriften der §§ 2 bis 6 WissZeitVG nicht widersprechen. Auf Grund der Verweisung sind die Regelungen im TzBfG über das Diskriminierungsverbot (§ 4 II TzBfG), das Schriftformerfordernis (§ 14 IV TzBfG), das Ende des befristeten Vertrags (§ 15 TzBfG), die Rechtsfolgen einer unwirksamer Befristung (§ 16 TzBfG) sowie die Notwendigkeit zur fristgerechten Anrufung des Arbeitsgerichts (§ 17 TzBfG) auch für befristete Arbeitsverträge im Hochschulbereich anzuwenden.

§ 40. Die Befristung mit Sachgrund

Übersicht

	RN
I. Allgemeines	1ff.
1. Sachgrunderfordernis	1, 2
2. Zeitpunkt	3, 4
3. Befristungsdauer	5, 6
4. Gleichbehandlung	7
II. Gesetzlich geregelte Sachgründe	8ff.
1. Nicht abschließende Regelung	8
2. Befristung wegen nur vorübergehenden betrieblichen Bedarfs (§ 14 I 2 Nr. 1 TzBfG)	9–14
3. Befristung im Anschluss an eine Ausbildung oder ein Studium (§ 14 I 2 Nr. 2 TzBfG)	15–18
4. Einstellung zur Vertretung eines anderen Arbeitnehmers (§ 14 I 2 Nr. 3 TzBfG)	19–27
5. Eigenart der Arbeitsleistung (§ 14 I 2 Nr. 4 TzBfG)	28–33
6. Befristung zur Erprobung (§ 14 I 2 Nr. 5 TzBfG)	34
7. Befristung wegen in der Person des Arbeitnehmers liegender Gründe (§ 14 I 2 Nr. 6 TzBfG)	35
8. Befristung wegen haushaltsrechtlicher Beschränkung (§ 14 I 2 Nr. 7 TzBfG)	36–38
9. Befristung auf Grund eines gerichtlichen Vergleichs (§ 14 I 2 Nr. 8 TzBfG)	39–41
10. Altersteilzeit	42
11. Drittmittel	43
III. Von der Rechtsprechung anerkannte Sachgründe	44ff.
1. Vorbemerkung	44
2. Altersgrenzen	45–54
3. Arbeitserlaubnis	55
4. Betriebsratsarbeit	56
5. Erwerbsminderung	57, 58
6. Personalaustausch, Lektoren	59
7. Prozessbeschäftigung	60, 61
8. Staatlich geförderte Arbeitsverhältnisse	62
9. Wunsch des Arbeitnehmers	63

[52] BAG 17. 1. 2007 – 7 AZR 487/05 – n. a. v.
[53] BAG 31. 1. 1990 AP 1 zu § 57b HRG = NZA 91, 105.
[54] BVerfG 24. 4. 1996 BVerfGE 94, 268 = AP 2 zu § 57a HRG.

I. Allgemeines

1. Sachgrunderfordernis. a) Nationales Recht. Nach dem Willen des deutschen Gesetzgebers ist nicht der befristete, sondern der unbefristete Arbeitsvertrag der sozialpolitisch erwünschte Normalfall (BT-Drucks. 14/4374 S. 12). Daher stellt § 14 I 1 TzBfG einen Ausnahmetatbestand dar. Der Abschluss eines befristeten Arbeitsvertrags ist zwar zulässig, aber grundsätzlich nur mit Sachgrund möglich (zu Ausnahmen § 39). Unter welchen Voraussetzungen ein sachlicher Grund für die Befristung eines Arbeitsvertrags gegeben ist, hat der Gesetzgeber nicht näher umschrieben, sondern sich in § 14 I 2 TzBfG auf eine nicht abschließende Aufzählung von bisher durch die Rspr. bereits anerkannten Sachgründen beschränkt. Der Große Senat des BAG hatte noch weitgehend unbestimmt ausgeführt, dass das formelle Recht, einen Arbeitsvertrag befristen zu können, seine innere Schranke darin finden müsse, von ihm nur einen vernünftigen, sachlichen, den allgemeinen Zwecken der Rechtsordnung entsprechenden Gebrauch zu machen.[1] Etwas moderner formuliert liegt ein sachlicher Grund für den Abschluss eines befristeten Arbeitsvertrags vor, wenn der Arbeitgeber auf Grund einer wertenden Betrachtung einen von der Rechtsordnung anzuerkennenden Grund für einen nicht auf Dauer angelegten Arbeitsvertrag für sich beanspruchen kann.[2] 1

b) Gemeinschaftsrecht. Auch nach der Präambel der Befristungsrichtlinie 1999/70/EG des Rates vom 28. Juni 1999 (dazu § 38 RN 3) stellt der unbefristete Arbeitsvertrag die übliche Form der Beschäftigung zwischen Arbeitnehmer und Arbeitgeber dar und soll es auch weiterhin bleiben. Zu diesem Zweck enthält Art. 5 I der in die Befristungsrichtlinie inkorporierten Rahmenvereinbarung Vorgaben zur Vermeidung von Missbrauch durch aufeinander folgende befristete Arbeitsverträge bzw. -verhältnisse, zu denen u. a. das Erfordernis eines Sachgrunds (Art. 5 I lit. a) zählt. Nach Auffassung des EuGH ist der Begriff des sachlichen Grundes so zu verstehen, dass das befristete Arbeitsverhältnis durch konkrete Gesichtspunkte gerechtfertigt wird, die vor allem mit der betreffenden Tätigkeit und den Bedingungen ihrer Ausübung zusammenhängen.[3] Die RL verbietet nicht die unterschiedliche Ausgestaltung des Befristungsrechts im öffentlichen und privaten Bereich, solange das nationale Recht wirksame Maßnahmen enthält, um die missbräuchliche Inanspruchnahme aufeinanderfolgender befristeter Arbeitsverträge durch einen Arbeitgeber des öffentlichen Sektors zu verhindern und gegebenenfalls zu ahnden.[4] Der Begriff des Sachgrunds in Art. 5 I RL 1999/70 EG ist bei der Auslegung des nationalen Rechts zu berücksichtigen, ist aber selbst nicht hinreichend bestimmt, um von einem Einzelnen vor einem nationalen Gericht in Anspruch genommen werden zu können.[5] 2

2. Zeitpunkt. a) Nach der st. Rspr. des BAG ist die Befristungskontrolle eine Vertragskontrolle. Daher ist für die Beurteilung, ob die den Sachgrund begründenden Tatsachen vorliegen, ausschließlich auf den Zeitpunkt des Abschlusses des befristeten Arbeitsvertrags abzustellen.[6] Nach Vertragsschluss eintretende Ereignisse können die Wirksamkeit eines bei Vertragsschluss vorliegenden sachlichen Grundes nicht (mehr) in Frage stellen.[7] So führt z. B. bei dem Sachgrund der Vertretung das endgültige Ausscheiden des Vertretenen weder zum Wegfall des Sachgrundes noch zur Verpflichtung des Arbeitgebers, den Vertreter in ein unbefristetes Arbeitsverhältnis zu übernehmen. Auch der Erwerb eines besonderen Kündigungsschutzes oder eine eintretende Schwangerschaft sind für die zuvor vereinbarte Befristung ohne Bedeutung. Eine Übernahmeverpflichtung in ein unbefristetes Arbeitsverhältnis kann jedoch bestehen, wenn die nachträglich eintretenden Umstände für den Arbeitgeber maßgebend waren, von einem ursprünglich in Aussicht gestellten Angebot auf ein Dauerarbeitsverhältnis abzusehen.[8] Eine Berücksichtigung von Tatsachen während der Laufzeit des befristeten Vertrags ist nur zur Verdeutlichung der Interessenlage der Parteien bei Vertragsabschluss möglich.[9] Schließlich kann durch Ereignisse während der Vertragslaufzeit ein bei Vertragsbeginn nicht vorhandener Sachgrund nicht nachträglich entstehen. Zum Vertragsfortsetzungsanspruch auch § 38 RN 76. 3

---

[1] BAG GS 12. 10. 1960 AP 16 zu § 620 BGB Befristeter Arbeitsvertrag = NJW 61, 798.
[2] *Dörner* RN 353.
[3] EuGH 4. 7. 2006 AP 1 zu Richtlinie 99/70/EG = NZA 2006, 909.
[4] EuGH 7. 9. 2006 AP 4 zu Richtlinie 99/70/EG = NZA 2006, 1265.
[5] EuGH 15. 4. 2008 – C-268/06 – NZA 2008, 581; *Rolfs/de Groot* ZESAR 2009, 5.
[6] BAG GS 12. 10. 1960 AP 16 zu § 620 BGB Befristeter Arbeitsvertrag.
[7] BAG 4. 6. 2003 AP 252 zu § 620 BGB Befristeter Arbeitsvertrag = NZA-RR 2003, 621.
[8] Zur Übernahmeverpflichtung bei einer Schwangerschaft EuGH 4. 10. 2001 AP 3 zu EWG-Richtlinie Nr. 92/85 = NZA 2001, 1243.
[9] BAG 4. 12. 2002 AP 28 zu § 620 BGB Bedingung = NZA 2003, 611.

4 **b) Prognose.** Die Beurteilung der den Sachgrund begründenden Tatsachen erfolgt bei einigen Sachgründen auf Grund einer Prognose des Arbeitgebers (z. B. bei den Tatbeständen der § 14 I 2 Nr. 1 und 3 TzBfG). Dafür muss im Zeitpunkt des Vertragsabschlusses mit einiger Sicherheit zu erwarten sein, dass für eine Beschäftigung des befristet eingestellten Arbeitnehmers kein dauerhafter, sondern nur ein vorübergehender Bedarf besteht.[10] Die Prognose ist bei den Tatbeständen, bei denen die Befristung wegen einer Unsicherheit über die Entwicklung des zukünftigen Arbeitskräftebedarfs gerechtfertigt sein kann, Teil des Sachgrunds für die Befristung. Der Prognose müssen jeweils konkrete Anhaltspunkte zugrunde liegen. Eine bloße Unsicherheit über die künftige Entwicklung des Arbeitskräftebedarfs reicht für die Befristung eines Arbeitsverhältnisses nicht aus.[11]

5 **3. Befristungsdauer. a) Grundsatz.** Der Befristungsdauer kommt nur im Ausnahmefall eine eigenständige Bedeutung bei der Befristungskontrolle zu. Sie dient nur zur Kontrolle, ob der geltend gemachte Sachgrund nur vorgeschoben ist. Hingegen bedarf es nicht noch zusätzlich einer gesonderten Prüfung der gewählten Befristungsdauer auf ihre sachliche Rechtfertigung.[12] Die Befristungsdauer muss sich an dem geltend gemachten Sachgrund orientieren. Aus ihr können sich Rückschlüsse auf das Vorliegen des geltend gemachten Sachgrundes ergeben. Überschreitet z. B. bei dem Sachgrund der Vertretung die gewählte Befristungsdauer die voraussichtliche Abwesenheit des Vertretenen, so stellt dies den Sachgrund des § 14 I 2 Nr. 3 TzBfG zunächst in Frage. Andererseits kann die Befristungsdauer für die Laufzeit des Vertrags mit dem Vertreter hinter der Abwesenheitszeit des Vertretenen zurückbleiben. Dies stellt den Sachgrund der Vertretung grundsätzlich nicht in Frage. Weil es dem Arbeitgeber freisteht, ob er beim zeitweiligen Ausfall eines Mitarbeiters überhaupt für eine Vertretung sorgt, muss ihm auch freigestellt werden, die Vertretung zunächst nur für einen kürzeren Zeitpunkt zu regeln. Er kann z. B. abwarten, ob nach Ablauf der Befristungsdauer noch ein Bedarf an der Vertretung des abwesenden Arbeitnehmers besteht oder einen anderen Arbeitnehmer als Vertreter einstellen. Der Sachgrund wird z. B. bei einer Projektbefristung in Frage gestellt, wenn die Dauer der Befristung des Arbeitsvertrags derart hinter der voraussichtlichen Dauer des Befristungsgrunds (Projekt) zurückbleibt, dass eine sinnvolle, dem Sachgrund der Befristung entsprechende Mitarbeit des Arbeitnehmers in dem Projekt nicht mehr möglich erscheint.[13] Die Wirksamkeit einer Befristung wird auch nicht dadurch beeinträchtigt, dass der Arbeitnehmer einen Anspruch auf Abschluss eines anderen und möglicherweise weitergehenden, z. B. mit einer längeren Vertragslaufzeit bzw. eines unbefristeten Vertrags hat[14] oder ein solcher Vertragsabschluss dem Arbeitgeber möglich wäre.

6 **b) Aufeinanderfolgende Befristungen.** Nach der älteren Rspr. des BAG steigen die Anforderungen an den sachlichen Grund der Befristung mit zunehmender Dauer der Beschäftigung des Arbeitnehmers. Dies bedeutet, dass die Prognose des Arbeitgebers, nach Ablauf der Befristung werde an der Arbeitsleistung des befristet eingestellten Arbeitnehmers kein Bedarf mehr bestehen, mit erhöhter Sorgfalt zu erstellen ist. Zwar ist eine sichere Aussage über zukünftige Entwicklungen in aller Regel nicht möglich. Bei der nochmaligen befristeten Verlängerung des Arbeitsverhältnisses eines bereits langjährig befristet beschäftigten Arbeitnehmers müssen jedoch im Zeitpunkt der Vertragsverlängerung konkrete Anhaltspunkte für eine fundierte Prognose vorliegen, diesmal werde der Beschäftigungsbedarf tatsächlich sein Ende finden.[15] Diese Rspr. hat – wenn überhaupt – nur noch Bedeutung für den Sachgrund des vorübergehenden betrieblichen Bedarfs (§ 14 I 2 Nr. 1 TzBfG), für andere Sachgründe ist sie bedeutungslos.

7 **4. Gleichbehandlung.** Werden vergleichbare Arbeitnehmer sowohl in befristeten als auch in unbefristeten Arbeitsverhältnissen beschäftigt, bedarf es hierzu einheitlicher Kriterien des Arbeitgebers. Ansonsten wird der von ihm zur Rechtfertigung der Befristung angegebene sachliche Grund (z. B. Mehrbedarf, Vertretung) in Frage gestellt. Nach der vor Inkrafttreten des TzBfG ergangenen Rspr. des BAG darf es nicht dem Zufall oder der alleinigen Beurteilung des Arbeitgebers überlassen bleiben, welchen Arbeitnehmer er auf Zeit und welchen er auf Dauer beschäftigt. Nur durch eine dem Arbeitnehmer durchschaubare Konzeption, die der Arbeitgeber auch tatsächlich befolgt, kann ausgeschlossen werden, dass die jeweilige Befristung auf sachwidrigen

---

[10] BAG 20. 2. 2008 – 7 AZR 950/06 – n. a. v.

[11] BAG 28. 3. 2001 AP 227 zu § 620 BGB Befristeter Arbeitsvertrag = NZA 2002, 666.

[12] BAG 21. 2. 2001 AP 226 zu § 620 BGB Befristeter Arbeitsvertrag = NZA 2001, 1382; 6. 12. 2000 AP 22 zu § 2 BAT SR 2y = NZA 2001, 721; 26. 8. 1988 AP 124 zu § 620 Befristeter Arbeitsvertrag = NZA 89, 965.

[13] BAG 26. 8. 1988 AP 124 zu § 620 Befristeter Arbeitsvertrag = NZA 89, 965.

[14] BAG 20. 2. 2008 AP 45 zu § 14 TzBfG; 25. 4. 2001 EzA 177 zu § 620 BGB.

[15] BAG 22. 11. 1995 AP 178 zu § 620 BGB Befristeter Arbeitsvertrag = NZA 96, 878.

Gründen beruht.[16] Die Unwirksamkeit der Befristung kann ansonsten regelmäßig nicht mit einer Verletzung des arbeitsrechtlichen Gleichbehandlungsgrundsatzes begründet werden.[17] Jedoch liegt ein Sachgrund i. S. d. § 14 I TzBfG nicht vor, wenn die Befristung zu einer Diskriminierung i. S. d. RL 2000/78/EG führt.[18]

II. Gesetzlich geregelte Sachgründe

Vorübergehender Bedarf: *Düwell/Dahl,* Arbeitnehmerüberlassung und Befristung, NZA 2007, 889; *dies.,* Leiharbeitnehmer: First in, first out, DB 2007, 1699.

Berufsausbildung: *Schlachter,* Befristete Einstellung nach Abschluss der Ausbildung – Sachgrund erforderlich?, NZA 2003, 1180; *Schwefer,* Die befristete Übernahme im Anschluss an ein Berufsausbildungsverhältnis (2005).

Vertretung: *Groeger,* Die „gedankliche" Vertretung, ArbRB 2008, 65.

Sport: *Bruns,* Befristung von Arbeitsverträgen mit Sporttrainern, NZA 2008, 1269; *Horst/Persch,* Zur Anwendung des Verschleißtatbestandes im Sport, RdA 2006, 166; *Schlachter,* Minderjährigenschutz bei langzeitbefristeten Arbeitsverträgen im Berufssport, FamRZ 2006, 155.

Bühnenkünstler: *Germelmann,* Die Befristung im Bühnenarbeitsrecht – einige Probleme, FS 25 Jahre AG ArbR im DAV (2006), S. 289.

Öffentlicher Dienst: *Groeger,* Haushaltsrecht und Befristung von Arbeitsverträgen, NJW 2008, 465; *Hunold,* Befristungen im öffentlichen Dienst, NZA-RR 2005, 449; *Mennemeyer/Keysers,* Befristungen im öffentlichen Dienst, NZA 2008, 670; *Meyer,* Die haushaltsrechtlichen Befristungsgründe nach dem TzBfG, ArbuR 2006, 86; *Löwisch,* Vereinbarkeit der Haushaltsmittelbefristung nach § 14 I Nr. 7 TzBfG mit europäischer Befristungsrichtlinie und grundgesetzlicher Bestandsschutzpflicht, NZA 2006, 457; *Steinherr,* Die Befristung des Arbeitsvertrags aus Haushaltsgründen, ZTR 2003, 216.

Gerichtlicher Vergleich: *Gravenhorst,* Wann ist ein gerichtlicher Vergleich ein Sachgrund i. S. von § 14 I 2 Nr. 8 TzBfG?, NZA 2008, 803.

1. Nicht abschließende Regelung. Wegen des weitgehenden Fehlens von gesetzlich ge- 8
regelten Befristungsgründen hatte die Rspr. vor Inkrafttreten des TzBfG eine Vielzahl von Gründen anerkannt, die eine Befristung des Arbeitsverhältnisses rechtfertigen konnten. An diese Typologie hat das Teilzeit- und Befristungsgesetz angeknüpft. Nach § 14 I 1 TzBfG ist die Befristung eines Arbeitsvertrages zulässig, wenn sie durch einen sachlichen Grund gerechtfertigt ist. In Satz 2 werden acht Fallgruppen genannt, in denen nach Auffassung des Gesetzgebers ein sachlicher Grund gegeben ist. Die Aufzählung von Sachgründen in § 14 Abs. 1 Satz 2 Nr. 1 bis Nr. 8 TzBfG ist jedoch nicht abschließend. Sie schließt die Rechtfertigung der Befristung aus anderen, von der bisherigen Rechtsprechung anerkannten Sachgründen nicht aus[19] (zu weiteren Befristungsgründen RN 44). Nach § 14 I 2 TzBfG liegt ein sachlicher Grund vor, wenn **(1)** der betriebliche Bedarf an der Arbeitsleistung nur vorübergehend besteht, **(2)** die Befristung im Anschluss an eine Ausbildung oder ein Studium erfolgt, um den Übergang des Arbeitnehmers in eine Anschlussbeschäftigung zu erleichtern, **(3)** der Arbeitnehmer zur Vertretung eines anderen Arbeitnehmers beschäftigt wird, **(4)** die Eigenart der Arbeitsleistung die Befristung rechtfertigt, **(5)** die Befristung zur Erprobung erfolgt, **(6)** in der Person des Arbeitnehmers liegende Gründe die Befristung rechtfertigen, **(7)** der Arbeitnehmer aus Haushaltsmitteln vergütet wird, die haushaltsrechtlich für eine befristete Beschäftigung bestimmt sind, und er entsprechend beschäftigt wird oder **(8)** die Befristung auf einem gerichtlichen Vergleich beruht. Daneben kann die Befristung sachlich gerechtfertigt sein, wenn der Arbeitnehmer nach der Beendigung einer Altersteilzeit eine Rente wegen Altersteilzeit beanspruchen kann (§ 8 III ATG, dazu RN 42). Schließlich hat der Gesetzgeber einen besonderen Sachgrund für drittmittelfinanzierte Forschungsvorhaben geschaffen (§ 2 II WissZeitVG, RN 43).

**2. Befristung wegen nur vorübergehenden betrieblichen Bedarfs (§ 14 I 2 Nr. 1 9
TzBfG). a) Bedeutung.** Ein sachlicher Grund liegt nach § 14 I 2 Nr. 1 TzBfG vor, wenn der betriebliche Bedarf an der Arbeitsleistung nur vorübergehend besteht. Der Sachgrund ist von der regelmäßig gegebenen Unsicherheit über die künftige Entwicklung des Arbeitskräftebedarfs eines Unternehmens oder einer Behörde zu unterscheiden. Die allgemeine Unsicherheit über die Entwicklung der Arbeitsmenge und des Arbeitskräftebedarfs rechtfertigt die Befristung ebenso wenig wie der beabsichtigte Ersatz des befristet beschäftigten Arbeitnehmers durch Leihar-

[16] BAG 12. 9. 1996 AP 183 zu § 620 BGB Befristeter Arbeitsvertrag = NZA 97, 378; 13. 5. 1982 AP 68 zu § 620 BGB Befristeter Arbeitsvertrag; 9. 11. 1977, 22. 3. 1973 AP 38, 43 zu § 620 BGB Befristeter Arbeitsvertrag.

[17] BAG 19. 8. 1992 AP 2 zu § 57 b HRG = NZA 93, 311.

[18] BAG 18. 6. 2008 AP 48 zu § 14 TzBfG = NZA 2008, 1302.

[19] BAG 16. 3. 2005 AP 16 zu § 14 TzBfG = NZA 2005, 923.

beitnehmer.[20] Das unternehmerische Risiko kann der Arbeitgeber nicht durch den Abschluss eines befristeten Arbeitsvertrags auf den Arbeitnehmer überwälzen. Der Tatbestand der Nr. 1 umfasst dabei vier Fallgruppen.[21] Zu unterscheiden sind zunächst Daueraufgaben des Arbeitgebers und Zusatzaufgaben. Die laufenden Daueraufgaben des Arbeitgebers können für einen vorübergehenden Zeitraum entweder **(1)** einmalig oder **(2)** regelmäßig wiederkehrend zunehmen. Unter § 14 I 2 Nr. 1 TzBfG fällt auch die Erledigung **(3)** einer vorübergehenden Zusatzaufgabe sowie **(4)** die vorhersehbare Abnahme der bisherigen Arbeitsmenge (z. B. bei einer Betriebsstilllegung[22]).

10 **b) Voraussetzungen.** Die Befristung wegen des vorübergehenden Mehrbedarfs an Arbeitskräften ist gerechtfertigt, wenn im Zeitpunkt des Vertragsschlusses mit hinreichender Sicherheit zu erwarten ist, dass nach dem vorgesehenen Vertragsende für die Beschäftigung des befristet eingestellten Arbeitnehmers in dem Betrieb kein (dauerhafter) Bedarf mehr besteht.[23] Hierzu muss der Arbeitgeber **(1)** eine Prognose erstellen, der **(2)** konkrete Anhaltspunkte zugrunde liegen. Die tatsächlichen Grundlagen der Prognose hat der Arbeitgeber im Rechtsstreit darzulegen, damit der Arbeitnehmer die Möglichkeit erhält, deren Richtigkeit zum Zeitpunkt des Vertragsschlusses zu überprüfen. Die Prognose ist damit Teil des Sachgrunds für die Befristung.[24] Erweist sich die Prognose als zutreffend, ist die Befristung regelmäßig gerechtfertigt; in diesem Fall spricht eine ausreichende Vermutung für den nur vorübergehenden Mehrbedarf des Arbeitgebers.[25] Besteht nach Ablauf der Befristung noch ein dauerhafter Arbeitskräftebedarf, soll der Arbeitgeber zur Darlegung verpflichtet sein, aus welchen Gründen die tatsächliche Entwicklung anders als ursprünglich angenommen verlaufen ist. Da jedoch der Arbeitnehmer auch für einen kürzeren Zeitraum eingestellt werden kann, als der Arbeitgeber mit einem vorübergehenden Bedarf rechnet, ist hinsichtlich des Mehrbedarfs nicht auf den Ablauf der Befristung, sondern den ursprünglich vom Arbeitgeber herangezogenen Prognosezeitraum abzustellen. Die Befristungsdauer stellt nur ein Indiz für die Beurteilung dar, ob der Sachgrund nur vorgeschoben ist. Der Sachgrund ist auch dann gegeben, wenn der Mehrbedarf nur bis zu dem vereinbarten Befristungsende gegeben ist und erst nach einer Unterbrechung von mehreren Wochen oder einigen Monaten wieder Bedarf besteht.[26] Schließlich muss der Arbeitnehmer **(3)** gerade zur Deckung des vorübergehenden Bedarfs und nicht zur Erledigung anderer Daueraufgaben eingestellt worden sein. Allerdings kommt in diesem Fall der Sachgrund der Vertretung in Betracht, wenn der Arbeitgeber seinen Arbeitsablauf wegen des Mehrbedarfs umorganisiert hat. An der Kausalität zwischen dem vorübergehenden Bedarf und der Einstellung fehlt es auch, wenn der Arbeitgeber einen Mehrbedarf zum Anlass nimmt, beliebig viele Arbeitnehmer einzustellen.[27]

11 **c) Einzelfälle. aa) Vorübergehender Zuwachs bei den Daueraufgaben des Arbeitgebers.** Die Befristung nach der Nr. 1 ist gerechtfertigt, wenn die Daueraufgaben des Arbeitgebers bei Vertragsschluss nur für eine vorübergehende Zeit anwachsen und anschließend so abnehmen, dass für die Beschäftigung des befristet eingestellten Arbeitnehmers kein Bedarf mehr besteht. Hierzu hat der Arbeitgeber insbesondere darzulegen, welchen Umfang seine Daueraufgaben bisher hatten und auf Grund welcher Tatsachen er mit einem Anstieg des Arbeitskräftebedarfs rechnet, der zum Ende des Prognosezeitraums nicht mehr bzw. nicht mehr in einem Umfang besteht, der den Abschluss eines unbefristeten Arbeitsvertrags rechtfertigen kann.

12 **bb) Saisonarbeit.** Ein regelmäßig wiederkehrender Mehrbedarf kann die Befristung bei Saison- bzw. Kampagnebetrieben rechtfertigen, wenn nach Ablauf der Saison kein Bedürfnis mehr für die Beschäftigung des Saisonarbeiters bis zum Beginn der neuen Saison besteht.[28]

13 **cc) Projekt.** Ein (einmalig) projektbedingt erhöhter Personalbedarf kann die Befristung des Arbeitsvertrags eines überwiegend projektbezogen beschäftigten Arbeitnehmers rechtfertigen.[29]

---

[20] BAG 17. 1. 2007 AP 30 zu § 14 TzBfG = NZA 2007, 556.
[21] *Dörner* RN 281 f.
[22] BAG 3. 12. 1997 AP 196 zu § 620 BGB Befristeter Arbeitsvertrag = NZA 98, 1000.
[23] BAG 20. 2. 2008 AP 45 zu § 14 TzBfG.
[24] BAG 4. 12. 2002 AP 24 zu § 2 BAT SR 2y; 5. 6. 2002 AP 13 zu § 1 BeschFG 1996; 22. 3. 2000 AP 221 zu § 620 BGB Befristeter Arbeitsvertrag = NZA 2000, 801; 3. 11. 1999 AP 19 zu § 2 BAT SR 2y = NZA 2000, 726.
[25] BAG 3. 11. 1999 AP 19 zu § 2 BAT SR 2y = NZA 2000, 726; 12. 9. 1996 AP 182 zu § 620 BGB Befristeter Arbeitsvertrag = NZA 97, 313.
[26] BAG 11. 2. 2004 AP 256 zu § 620 BGB Befristeter Arbeitsvertrag = NZA 2004, 978.
[27] BAG 22. 3. 2000 AP 221 zu § 620 BGB Befristeter Arbeitsvertrag = NZA 2000, 881; 12. 9. 1996 AP 182 zu § 620 BGB Befristeter Arbeitsvertrag = NZA 97. 313.
[28] BAG 29. 1. 1987 AP 1 zu § 620 BGB Saisonarbeit = NZA 87, 627.
[29] BAG 16. 11. 2005 AP 264 zu § 620 BGB Befristeter Arbeitsvertrag = NZA 2006, 784.

Bei den im Rahmen des Projekts zu bewältigenden Aufgaben muss es sich um eine nur auf vorübergehende Dauer angelegte und gegenüber den Daueraufgaben des Arbeitgebers abgrenzbare Zusatzaufgabe handeln. Dies ist nicht der Fall bei Tätigkeiten, die der Arbeitgeber im Rahmen des von ihm verfolgten Betriebszwecks dauerhaft wahrnimmt oder zu deren Durchführung er verpflichtet ist. Für das Vorliegen eines Projekts spricht regelmäßig, wenn dem Arbeitgeber für die Durchführung der im Projekt verfolgten Tätigkeiten von einem Dritten finanzielle Mittel oder sonstige Sachleistungen zur Verfügung gestellt werden.[30] Wird ein Arbeitnehmer für eine Aufgabe von begrenzter Dauer, z. B. zur Mitwirkung an einem zeitlich begrenzten Forschungsvorhaben, befristet eingestellt, muss im Zeitpunkt des Vertragsschlusses zu erwarten sein, dass die Aufgabe nicht dauerhaft anfällt.[31] Für eine solche Prognose müssen ausreichend konkrete Anhaltspunkte vorliegen. Die Prognose des Arbeitgebers ist nicht deshalb unzutreffend, weil der Arbeitnehmer nach Fristablauf auf Grund seiner Qualifikation auf einem freien Arbeitsplatz in einem anderen Projekt befristet oder unbefristet hätte beschäftigt werden können und der Arbeitgeber dies bei Vertragsschluss erkennen konnte. Die Prognose des Arbeitgebers muss sich nur auf das konkrete Projekt beziehen.[32] Dem Sachgrund des § 14 I 2 Nr. 1 TzBfG steht nicht entgegen, dass die Vertragslaufzeit nicht mit der voraussichtlichen Dauer des Forschungsvorhabens übereinstimmt, sondern kürzer bemessen ist. Der Sachgrund wird nur dann in Frage gestellt, wenn die Befristungsdauer derart hinter der voraussichtlichen Projektdauer zurückbleibt, dass bei Vertragsschluss eine sinnvolle Mitarbeit des Arbeitnehmers in dem Projekt nicht prognostiziert werden konnte.[33]

Ein anerkennenswertes Interesse des Arbeitgebers am Abschluss eines befristeten Arbeitsvertrags zur Durchführung eines Projekts liegt aber nur vor, wenn die projektbezogene Tätigkeit den Arbeitnehmer voraussichtlich überwiegend beanspruchen wird. Dann ist der projektbedingt vorübergehende Bedarf an der Arbeitsleistung ausschlaggebend für den Abschluss des Arbeitsvertrags, weil nach Ablauf der Vertragslaufzeit voraussichtlich die Beschäftigungsmöglichkeit für den Arbeitnehmer im Wesentlichen entfallen wird. Ist daher bei Vertragsschluss die Prognose gerechtfertigt, dass die Arbeit an dem Forschungsprojekt den Arbeitnehmer überwiegend beanspruchen wird, schadet es nicht, wenn bereits feststeht oder absehbar ist, dass der Arbeitnehmer nicht ausschließlich projektbezogene Tätigkeiten ausüben wird, sondern daneben auch andere Arbeiten erledigen soll. Ist hingegen bereits bei Vertragsschluss absehbar, dass die Beschäftigung des Arbeitnehmers mit projektbezogenen Aufgaben nicht den wesentlichen Teil der Arbeitszeit in Anspruch nehmen wird, sondern der Arbeitnehmer überwiegend für projektfremde Aufgaben eingesetzt werden soll, besteht kein anerkennenswertes Interesse des Arbeitgebers am Abschluss eines nur befristeten Arbeitsvertrags. In diesem Fall kann nicht angenommen werden, dass die Mitwirkung an dem Projekt ursächlich für den Vertragsschluss ist, da bereits vorhersehbar ist, dass der Arbeitnehmer nach Ablauf der Vertragslaufzeit weiterhin in erheblichem Umfang mit projektfremden Tätigkeiten beschäftigt werden kann.[34] Die projektbezogene Befristung kann auch durch die Sachgründe Haushalt (RN 36) oder Drittmittel gerechtfertigt sein (RN 43). **13a**

dd) Betriebseinschränkung/-stilllegung, Betriebsübergang. Ein sachlicher Grund für die Befristung des Arbeitsvertrags liegt vor, wenn sich der Arbeitgeber bei Vertragsabschluss zur Schließung des Betriebs oder der Dienststelle entschlossen hat und er die Prognose stellen kann, dass auch eine Weiterbeschäftigung des bis zum Schließungszeitpunkt befristet eingestellten Arbeitnehmers in einem anderen Betrieb bzw. einer anderen Dienststelle nicht möglich sein wird.[35] Ein beabsichtigter Übergang des Betriebs auf einen Erwerber kann die Befristung als solches nicht rechtfertigen. Maßgeblich ist, ob andere mit der Veräußerung zusammentreffende Umstände als der Arbeitgeberwechsel einen Grund für die Befristung des Arbeitsvertrags darstellen.[36] Dies ist einmal der Fall, wenn das Bedürfnis für die Beschäftigung des Arbeitnehmers bis spätestens zu dem Zeitpunkt entfällt, in dem der Betrieb auf den Erwerber übergeht.[37] Ein Be- **14**

---

[30] BAG 7. 11. 2007 AP 42 zu § 14 TzBfG = NZA 2008, 467.
[31] BAG 25. 8. 2004 AP 13 zu § 14 TzBfG = NZA 2005, 357; 7. 4. 2004 AP 4 zu § 17 TzBfG; 22. 3. 2000 AP 221 zu § 620 BGB Befristeter Arbeitsvertrag = NZA 2000, 881; 28. 5. 1986 AP 102 zu § 620 BGB Befristeter Arbeitsvertrag.
[32] BAG 25. 8. 2004 AP 13 zu § 14 TzBfG = NZA 2005, 357.
[33] BAG 26. 8. 1988 AP 124 zu § 620 BGB Befristeter Arbeitsvertrag = NZA 89, 965.
[34] BAG 16. 11. 2005 AP 264 zu § 620 BGB Befristeter Arbeitsvertrag = NZA 2006, 784.
[35] BAG 3. 12. 1997 AP 196 zu § 620 BGB Befristeter Arbeitsvertrag = NZA 98, 1000.
[36] BAG 2. 12. 1998 AP 207 zu § 620 BGB Befristeter Arbeitsvertrag = NZA 99, 926.
[37] BAG 30. 10. 2008 – 8 AZR 855/07 – z. V. b.

fristungsgrund nach § 14 I 2 Nr. 1 TzBfG liegt bei einer auf einen Zeitpunkt nach dem Betriebsübergang bezogenen Befristung auch vor, wenn bereits bei Vertragsschluss mit dem Veräußerer feststeht, dass die vom Arbeitnehmer auszuübende Tätigkeit vom Erwerber nicht fortgeführt wird.

15 **3. Befristung im Anschluss an eine Ausbildung oder ein Studium (§ 14 I 2 Nr. 2 TzBfG). a) Bedeutung.** Nach § 14 I 2 Nr. 2 TzBfG besteht für den befristeten Abschluss des Arbeitsvertrags ein Sachgrund, wenn die Befristung im Anschluss an eine Ausbildung oder ein Studium erfolgt, um den Übergang des Arbeitnehmers in eine Anschlussbeschäftigung zu erleichtern.[38] Ein Ausbildender ist in seiner Entscheidung frei, ob er einen Auszubildenden im Anschluss an die Ausbildung in ein Arbeitsverhältnis übernimmt oder nicht.[39] Eine Ausnahme besteht nur bei Mitgliedern der Arbeitnehmervertretungen, die nach § 78a BetrVG oder den personalvertretungsrechtlichen Vorschriften form- und fristgerecht ihre Übernahme in ein Arbeitsverhältnis verlangen. Nach § 14 II 1 TzBfG kann ein Auszubildender nach Abschluss seiner Berufsausbildung bis zu zwei Jahre auf Grund eines sachgrundlos befristeten Arbeitsvertrags beschäftigt werden. Das Anschlussverbot des § 14 II 2 TzBfG steht dem nicht entgegen, da es sich nach dem Willen des Gesetzgebers bei dem Berufsausbildungsverhältnis nicht um ein Arbeitsverhältnis i. S. d. § 14 II 2 TzBfG handelt (BT-Drucks. 14/4374 S. 20). Die während der Befristung zurückgelegte Dienstzeit wird aber auf die Wartezeit nach § 1 I KSchG angerechnet.[40] Wie das Berufsausbildungsverhältnis stellen auch Umschulungs-, Praktikanten- und Volontärverhältnisse keine Arbeitsverhältnisse dar, sofern das Vertragsverhältnis nicht als Arbeitsverhältnis durchgeführt worden ist. Der Sachgrund der Nr. 2 hat daher nur in den Fällen Bedeutung, in denen die sachgrundlose Befristungsmöglichkeit nicht ausreichend erscheint, tarifvertragliche Regelungen eine sachgrundlose Befristung untersagen oder mit dem Arbeitnehmer bereits vor seiner Ausbildung oder während seines Studiums ein Arbeitsverhältnis i. S. v. § 14 II 2 TzBfG (z. B. als Werkstudent) bestanden hat. Das Gesetz lässt die Befristung zu, weil der Berufsstart durch den Einstieg über eine befristete Beschäftigung erleichtert werden kann.[41]

16 **b) Voraussetzungen. aa) Ausbildung, Studium.** Das befristete Arbeitsverhältnis muss im Anschluss an eine Ausbildung geschlossen werden. Der Begriff Ausbildung umfasst sowohl die Berufsausbildung wie auch eine andere Ausbildung außerhalb des BBiG; nicht erfasst von dem Sachgrund in Nr. 2 sind hingegen die berufliche Umschulung oder Fortbildung. Studium ist die Vorbereitung auf ein berufliches Tätigkeitsfeld mit dem Ziel, den Studenten Kenntnisse zu vermitteln, die sie zu wissenschaftlicher oder künstlerischer Arbeit befähigen. Das Studium muss in einer staatlich oder staatlich anerkannten Hochschule bzw. Fachhochschule zurückgelegt sein (zu nicht von Nr. 2 erfassten Ausbildungen vgl. RN 63).

17 **bb) Anschluss, Dauer.** Die befristete Beschäftigung muss im Anschluss an die Ausbildung oder das Studium erfolgen. Erforderlich ist nicht der unmittelbare Anschluss an die Ausbildung oder das Studium, ein naher zeitlichen Zusammenhang zwischen dem Ausbildungsende und der (ersten) Beschäftigungsaufnahme ist ausreichend. Wie lang die Unterbrechung sein darf, hängt von dem Umständen des Einzelfalls ab. Auch der Abschluss eines befristeten Arbeitsvertrags nach einer mehrwöchigen Suche nach einer Anschlussbeschäftigung kann nach der Nr. 2 gerechtfertigt sein, während eine Zwischenbeschäftigung dem entgegen stehen wird. Hinsichtlich der Befristungsdauer enthält die Nr. 2 keine Vorgaben. Der Abschluss eines befristeten Arbeitsverhältnisses bis zur Dauer von zwei Jahren wird als zulässig anzusehen sein. Auf § 14 I 2 Nr. 2 TzBfG kann aber nur die Befristung des ersten Arbeitsvertrags gestützt werden, den der Arbeitnehmer im Anschluss an seine Ausbildung oder sein Studium abschließt; der erneute befristete Vertragsabschluss nach dieser Vorschrift ist nicht möglich.[42]

18 **c) Überbrückung aus sozialen Gründen.** Liegt keine Ausbildung bzw. kein Studium i. S. d. Nr. 2 vor, kann die Befristung außerhalb des in § 14 I 2 Nr. 2 TzBfG enthaltenen Sachgrunds dennoch aus sozialen Gesichtspunkten sachlich gerechtfertigt sein. Wird ein Arbeitsvertrag abgeschlossen, um dem Arbeitnehmer nach Abschluss seiner Ausbildung eine erste Beschäftigungsmöglichkeit oder den Erwerb von Berufserfahrung zu eröffnen, kann dies die Befristung

---

[38] Zur Rechtslage vor Inkrafttreten des TzBfG BAG 12. 12. 1985 AP 96 zu § 620 BGB Befristeter Arbeitsvertrag = NZA 86, 571.

[39] Zum Schadensersatz vgl. BAG 20. 11. 2003 AP 28 zu § 611 BGB Haftung des Arbeitgebers.

[40] BAG 2. 12. 1999 AP 57 zu § 622 BGB = NZA 2000, 720.

[41] Vgl. zu entspr. Tarifverträgen BAG 17. 6. 1998 AP 158 zu § 1 TVG Tarifverträge: Metallindustrie = NZA 98, 1178; 14. 10. 1997 AP 154 zu § 1 TVG Tarifverträge: Metallindustrie = NZA 98, 778.

[42] BAG 10. 10. 2007 AP 5 zu § 14 TzBfG Verlängerung = NZA 2008, 295.

eines solchen Vertrages sachlich rechtfertigen. Voraussetzung ist jedoch auch hier, dass gerade die sozialen Belange des Arbeitnehmers und nicht die Interessen des Betriebes für den Abschluss des Arbeitsvertrags ausschlaggebend gewesen sind. Das ist der Fall, wenn es ohne den sozialen Überbrückungszweck überhaupt nicht zum Abschluss eines Arbeitsvertrags, auch nicht eines befristeten, mit dem betreffenden Arbeitnehmer gekommen wäre. Hierfür ist der Arbeitgeber darlegungs- und beweispflichtig.[43] Insbesondere die mehrfache Befristung und Beschäftigung des Arbeitnehmers mit Daueraufgaben sprechen gegen einen sozialen Überbrückungszweck.

4. Einstellung zur Vertretung eines anderen Arbeitnehmers (§ 14 I 2 Nr. 3 TzBfG). 19
a) Grundsatz. Die Einstellung eines Arbeitnehmers zur Vertretung eines zeitweilig ausfallenden Mitarbeiters war bereits vor Inkrafttreten des TzBfG von der Rspr. als Befristungsgrund anerkannt.[44] Der Gesetzgeber hat den Sachgrund zur Klarstellung für die in § 21 I BEEG genannten Fälle dort aufgenommen. Der Grund für die Befristung liegt in Vertretungsfällen darin, dass der Arbeitgeber bereits zu einem vorübergehend wegen Krankheit oder aus sonstigen Gründen ausfallenden Mitarbeiter in einem Rechtsverhältnis steht und mit der Rückkehr dieses Mitarbeiters rechnen muss. Für die Wahrnehmung der an sich dem ausfallenden Mitarbeiter obliegenden Arbeitsaufgaben besteht daher von vornherein nur ein zeitlich begrenztes Bedürfnis. Der Sachgrund der Vertretung setzt aber nicht voraus, dass der befristet zur Vertretung eingestellte Mitarbeiter die Aufgaben der vorübergehend ausfallenden Stammkraft erledigt. Der Vertreter kann auch mit anderen Aufgaben betraut werden, wenn nur ein Kausalzusammenhang zwischen dem Ausfall des vertretenen Arbeitnehmers und dem Vertreter besteht.[45]

b) Vertretungsformen. Bei der **unmittelbaren** Vertretung übernimmt der Vertreter die 20
Aufgaben des zu vertretenden Arbeitnehmers. Der Arbeitgeber kann bei einem vorübergehenden Ausfall eines Stammarbeitnehmers aber frei entscheiden, ob er den Arbeitsausfall überhaupt überbrücken will, ob er im Wege der Umverteilung die von dem zeitweilig verhinderten Arbeitnehmer zu erledigenden Arbeitsaufgaben einem anderen Mitarbeiter zuweist oder ob er dessen Aufgaben ganz oder teilweise von einer Vertretungskraft erledigen lässt.[46] Bei einer **mittelbaren** Vertretung werden die Aufgaben des vorübergehend abwesenden Arbeitnehmers ganz oder teilweise anderen Arbeitnehmern übertragen, deren Aufgaben vom Vertreter erledigt werden.[47] Eine **Zuordnungsvertretung** liegt vor, wenn der befristet beschäftigte Arbeitnehmer Aufgaben wahrnimmt, die der Arbeitgeber einem vorübergehend abwesenden Arbeitnehmer bei dessen unveränderter Weiterarbeit oder nach seiner Rückkehr tatsächlich und rechtlich übertragen könnte.

c) Kausalzusammenhang. aa) Bedeutung. Der Sachgrund der Vertretung setzt einen 21
Kausalzusammenhang zwischen dem zeitweiligen Ausfall des Vertretenen und der Einstellung des Vertreters voraus. Der Einsatz des befristet beschäftigten Arbeitnehmers muss wegen des Arbeitskräftebedarfs erfolgen, der durch die vorübergehende Abwesenheit des zu vertretenden Mitarbeiters entsteht. Das Erfordernis eines Kausalzusammenhangs soll gewährleisten, dass der Vertretungsfall für die Einstellung des befristet beschäftigten Arbeitnehmers ursächlich und der vom Arbeitgeber geltend gemachte Sachgrund der Vertretung nicht nur vorgeschoben ist. Fehlt der Kausalzusammenhang, ist die Befristung nicht durch den Sachgrund der Vertretung gerechtfertigt. Die Anforderungen an die Darlegung des Kausalzusammenhangs durch den Arbeitgeber richten sich dabei nach der Form der Vertretung.

bb) Unmittelbare und mittelbare Vertretung. In den Fällen der unmittelbaren Vertre- 22
tung hat der Arbeitgeber dazulegen, dass der Vertreter nach dem Arbeitsvertrag mit Aufgaben betraut worden ist, die zuvor dem vorübergehend abwesenden Arbeitnehmer übertragen waren. Wird die Tätigkeit des zeitweise ausgefallenen Arbeitnehmers nicht von dem Vertreter, sondern einem anderen Arbeitnehmer oder mehreren anderen Arbeitnehmern ausgeübt, hat der Arbeitgeber zum Nachweis des Kausalzusammenhangs grundsätzlich die Vertretungskette zwischen dem Vertretenen und dem Vertreter darzulegen. Nimmt der Arbeitgeber den Ausfall eines Mitarbeiters zum Anlass, die Aufgaben in seinem Bereich oder seiner Dienststelle neu zu verteilen, so muss er zunächst die bisher dem vertretenen Arbeitnehmer übertragenen Aufgaben darstellen.

---

[43] BAG 12. 12. 1985 AP 96 zu § 620 BGB Befristeter Arbeitsvertrag = NZA 86, 571; 26. 4. 1985 AP 91 zu § 620 BGB Befristeter Arbeitsvertrag; 3. 10. 1984 AP 88 zu § 620 BGB Befristeter Arbeitsvertrag.

[44] BAG 21. 2. 2001 AP 226 zu § 620 BGB Befristeter Arbeitsvertrag = NZA 2001, 1382 m. w. N.

[45] BAG 15. 2. 2006 AP 1 zu § 14 TzBfG Vertretung = NZA 2006, 781; 25. 8. 2004 AP 15 zu § 14 TzBfG; 10. 3. 2004 AP 11 zu § 14 TzBfG.

[46] BAG 21. 2. 2001 AP 228 zu § 620 BGB Befristeter Arbeitsvertrag = NZA 2001, 1069.

[47] BAG 21. 3. 1990 AP 135 zu § 620 BGB Befristeter Arbeitsvertrag = NZA 90, 744.

Anschließend ist die Neuverteilung dieser Aufgaben auf einen oder mehrere andere Arbeitnehmer zu schildern. Schließlich ist darzulegen, dass sich die dem Vertreter zugewiesenen Tätigkeiten aus der geänderten Aufgabenzuweisung ergeben.

23 **cc) Zuordnungsvertretung.** Hier liegt der für die Vertretung erforderliche Kausalzusammenhang vor, wenn **(1)** der Vertreter mit Aufgaben betraut wird, die von dem Vertretenen nach dessen Rückkehr ausgeübt werden könnten. Der Arbeitgeber muss gegenüber dem Vertretenen tatsächlich und rechtlich die Möglichkeit haben, ihm die Aufgaben des Vertreters im Wege des Direktionsrechts zu übertragen. Eine fachliche Austauschbarkeit zwischen dem Vertretenen und dem Vertreter reicht allein nicht aus.[48] Darüber hinaus **(2)** muss der Arbeitgeber bei Vertragsschluss mit dem Vertreter dessen Aufgaben einem oder mehreren vorübergehend abwesenden Beschäftigten gedanklich zuordnen. Die Überlegungen des Arbeitgebers, welchem vorübergehend abwesenden Arbeitnehmer die vom Vertreter ausgeübten Tätigkeiten übertragen werden könnten, müssen erkennbar sein. Dies kann z. B. durch eine entsprechende Angabe im Arbeitsvertrag[49] oder im Rahmen der Beteiligung der Arbeitnehmervertretung bei der Einstellung erfolgen. Diese Festlegung bildet die Grundlage für die gerichtliche Kontrolle der Befristungsabrede. Ohne eine erkennbare Festlegung des Arbeitgebers kann nicht beurteilt werden, ob der Sachgrund der Vertretung tatsächlich vorliegt oder nur vorgeschoben ist.[50] Die Darlegung eines Vertretungskonzepts ist nicht erforderlich.

24 **d) Rückkehr des Vertretenen.** Der Sachgrund der Vertretung liegt nur vor, wenn zu erwarten ist, dass der zu vertretende Arbeitnehmer seinen Dienst wieder antreten wird. Unerheblich ist jedoch, zu welchem Zeitpunkt mit der Rückkehr des zu vertretenden Mitarbeiters zu rechnen ist.[51] Der Arbeitgeber kann auch bei mehrfacher Vertretung davon ausgehen, dass die zu vertretende Stammkraft an ihren Arbeitsplatz zurückkehren wird. Der Sachgrund der Vertretung rechtfertigt die Befristung nur dann nicht, wenn der zu vertretende Arbeitnehmer dem Arbeitgeber bereits vor dem Abschluss des befristeten Arbeitsvertrags mit der Vertretungskraft verbindlich erklärt hat, er werde die Arbeit nicht wieder aufnehmen.[52]

25 **e) Zeitdauer, wiederholte Befristungen zur Vertretung.** Die Prognose des Arbeitgebers braucht sich grundsätzlich nur darauf zu beziehen, dass der zu vertretende Mitarbeiter seinen Dienst wieder antreten wird, nicht aber zusätzlich darauf, wann dies der Fall sein wird.[53] Die Vertragslaufzeit eines mit einer Vertretungskraft abgeschlossenen befristeten Arbeitsvertrags muss nicht mit der voraussichtlichen Dauer der Verhinderung des zu vertretenden Arbeitnehmers übereinstimmen, sondern kann hinter ihr zurückbleiben. Ein Zurückbleiben der Befristungsdauer hinter dem voraussichtlichen Bestand des Befristungsgrundes stellt den Befristungsgrund für sich allein genommen in Frage.[54] Die vertraglich vereinbarte Befristungsdauer bedarf keiner eigenen sachlichen Rechtfertigung. Dem Arbeitgeber steht es frei, den Arbeitsausfall überhaupt zu überbrücken.[55] Daher stehen auch wiederholte Befristungen wegen der mehrfachen Verhinderung der zu vertretenden Stammkraft der Prognose des künftigen Wegfalls des Vertretungsbedarfs nicht entgegen. Aus der gewählten Befristungsdauer darf lediglich nicht zu entnehmen sein, dass der Sachgrund für die Befristung vorgeschoben ist.[56]

26 **f) Gesamtvertretung im Schulbereich.** Anerkannt hat das BAG in der Vergangenheit bei der Befristung von Lehrkräften im Schulbereich die sog. Gesamtvertretung. Diese ging davon aus, dass innerhalb einer durch Organisationsentscheidung festgelegten Verwaltungseinheit der Vertretungsbedarf für das Lehrpersonal eines Schulbereichs bezogen auf ein Schuljahr rechnerisch ermittelt und durch befristet eingestellte Vertretungskräfte abgedeckt wird, die nicht an den Schulen der zu vertretenden Lehrkräfte eingesetzt werden oder deren Fächerkombinationen unterrichten. Eine darauf gestützte Befristung ist nach dem BAG wirksam, wenn sich für ein

---

[48] BAG 13. 10. 2004 AP 13 zu § 14 TzBfG = NZA 2005, 469; 25. 8. 2004 AP 15 zu § 14 TzBfG = NZA 2005, 472.

[49] BAG 15. 8. 2001 AP 5 zu § 21 BErzGG = NZA 2002, 85.

[50] BAG 15. 2. 2006 AP 1 zu § 14 TzBfG Vertretung = NZA 2006, 781.

[51] BAG 22. 11. 1995 AP 178 zu § 620 BGB Befristeter Arbeitsvertrag = NZA 96, 878.

[52] BAG 13. 10. 2004 AP 13 zu § 14 TzBfG = NZA 2005, 469; 2. 7. 2003 AP 254 zu § 620 BGB Befristeter Arbeitsvertrag = NZA 2004, 1055.

[53] BAG 6. 12. 2000 AP 22 zu § 2 BAT SR 2y = NZA 2001, 721; 24. 9. 1997 AP 182 zu § 620 BGB Befristeter Arbeitsvertrag = NZA 98, 419; 12. 9. 1996 AP 182 zu § 620 BGB Befristeter Arbeitsvertrag = NZA 97, 313; 22. 11. 1995 AP 178 zu § 620 BGB Befristeter Arbeitsvertrag = NZA 96, 878.

[54] BAG 11. 12. 1991 AP 141 zu § 620 BGB Befristeter Arbeitsvertrag = NZA 92, 883.

[55] BAG 6. 12. 2000 AP 22 zu § 2 BAT SR 2y = NZA 2001, 721.

[56] BAG 13. 10. 2004 AP 13 zu § 14 TzBfG = NZA 2005, 469.

Schuljahr auf Grund der zu erwartenden Schülerzahlen und der unterrichtsorganisatorischen Vorgaben ein Unterrichtsbedarf ergibt, der mit den planmäßigen Lehrkräften nur deshalb nicht abgedeckt werden kann, weil ein Teil dieser Lehrkräfte in diesem Zeitraum auf Grund einer feststehenden Beurlaubung für die Unterrichtsversorgung vorübergehend nicht zur Verfügung steht. Der Sachgrund der Gesamtvertretung im Schulbereich setzt demnach umfassende Versetzungs- und Umsetzungsbefugnisse des Arbeitgebers hinsichtlich der beamteten und angestellten planmäßigen Lehrkräfte sowie der befristet angestellten Vertretungskräfte voraus. Verzichtet wird lediglich auf die förmliche Durchführung von Versetzungs- und Umsetzungsmaßnahmen allein zum Nachweis des Aushilfsbedarfs.[57]

g) Einzelfälle. Ein Sachgrund nach § 14 I 2 Nr. 3 TzBfG kann z. B. vorliegen bei vorübergehender Vertretung wegen Krankheit,[58] Urlaub, Elternzeit (§ 21 BEEG), Einberufung zum Wehrdienst, Abordnung ins Ausland, Vertretung eines freigestellten Betriebsratsmitglieds[59] und – bis 2008 – der Einstellung eines Vertreters bei einer beruflichen Weiterbildung (§ 231 SGB III a. F.). 27

5. Eigenart der Arbeitsleistung (§ 14 I 2 Nr. 4 TzBfG). a) Bedeutung. Durch diesen Befristungsgrund hat der Gesetzgeber der Rspr. des BAG zur Befristung im Rahmen der Medien, der Freiheit der Kunst und dem Recht der Bühnen Rechnung getragen. Danach kann der Abschluss eines befristeten Arbeitsvertrags mit einem von durch Art. 5 GG erfassten Arbeitgeber auf Grund eines grundrechtlich geschützten Innovationsbedürfnisses oder des wechselnden Publikumsinteresses gerechtfertigt sein. Zu den Bereichen, in denen wegen der Eigenart der Tätigkeit üblicherweise befristete Arbeitsverträge abgeschlossen werden, gehören vor allem Arbeitsverträge mit programmgestaltenden Mitarbeitern in dem durch Art. 5 I 2 GG geschützten Bereich der Rundfunk- und Pressefreiheit sowie mit Bühnenkünstlern. Hingegen werden Befristungen im Bereich des Berufssports eher selten durch § 14 I 2 Nr. 4 TzBfG gerechtfertigt sein. Demgegenüber kann die Befristung eines wissenschaftlichen Mitarbeiters einer Parlamentsfraktion wegen der Eigenart der Beschäftigung gerechtfertigt sein.[60] 28

b) Programmgestaltende Mitarbeiter der Medien. Der Schutz des Art. 5 I 2 GG umfasst das Recht der Rundfunkanstalten, frei von fremdem, insbesondere staatlichem Einfluss über die Auswahl, Einstellung und Beschäftigung derjenigen Mitarbeiter zu bestimmen, die an Hörfunk- und Fernsehsendungen inhaltlich gestaltend mitwirken (Regisseure, Redakteure,[61] Moderatoren, Kommentatoren, Wissenschaftler oder Künstler sog. programmgestaltende Mitarbeiter).[62] Danach bedarf die Befristung eines Arbeitsverhältnisses mit einem programmgestaltenden Mitarbeiter im Bereich der Rundfunkfreiheit keines besonderen Sachgrunds. Jedoch ist stets eine einzelfallbezogene Abwägung zwischen dem Bestandsschutz des Arbeitnehmers und den bei Bejahung des Bestandsschutzes zu erwartenden Auswirkungen auf die Rundfunkfreiheit vorzunehmen. Dabei sind die Belange der Rundfunkanstalt und der Mitarbeiter im Einzelfall ergebnisoffen abzuwägen, wobei den Rundfunkanstalten die zur Erfüllung ihres Programmauftrags notwendige Freiheit und Flexibilität nicht genommen werden darf. Bei dieser Abwägung ist vor allem zu berücksichtigen, in welcher Intensität der betroffene Mitarbeiter auf das Programm der Rundfunk- und Fernsehanstalt Einfluss nehmen kann und wie groß die Gefahr bei Bejahung eines unbefristeten Arbeitsverhältnisses ist, dass die Rundfunkanstalt nicht mehr den Erfordernissen eines vielfältigen Programms und den sich künftig ändernden Informationsbedürfnissen und Publikumsinteressen gerecht werden kann. Dabei kann eine lang andauernde Beschäftigung ein Indiz dafür sein, dass bei einer Rundfunkanstalt kein Bedürfnis nach einem personellen Wechsel besteht.[63] Diese Grundsätze finden keine Anwendung auf das sog. 29

---

57 BAG 20. 1. 1999 AP 138 zu § 611 BGB Lehrer, Dozenten = NZA 99, 928; 3. 12. 1986 AP 110 zu § 620 BGB Befristeter Arbeitsvertrag = NZA 87, 739; 13. 4. 1983 AP 76 zu § 620 BGB Befristeter Arbeitsvertrag.

58 BAG 21. 2. 2001 AP 226 zu § 620 BGB Befristeter Arbeitsvertrag = NZA 2001, 1382; 23. 1. 2002 AP 231 zu § 620 BGB Befristeter Arbeitsvertrag.

59 BAG 20. 2. 2002 AP 11 zu § 1 KSchG 1969 Wiedereinstellung.

60 BAG 26. 8. 1998 AP 202 zu § 620 BGB Befristeter Arbeitsvertrag = NZA 99, 149.

61 BAG 27. 7. 2006 AP 25 zu § 14 TzBfG = NZA 2007, 147; 20. 8. 2002 AP 9 zu § 1 BetrAVG Überversorgung; 22. 4. 1998 AP 26 zu § 611 BGB Rundfunk = NZA 98, 1336; 25. 1. 1973 AP 37 zu § 620 BGB Befristeter Arbeitsvertrag.

62 BVerfG 18. 2. 2000 AP 9 zu Art. 5 Abs. 1 GG Rundfunkfreiheit = NZA 2000, 653; 13. 1. 1982 AP 1 zu Art. 5 Abs. 1 GG Rundfunkfreiheit.

63 BAG 27. 7. 2006 AP 25 zu § 14 TzBfG = NZA 2007, 147; 22. 4. 1998 AP 26 zu § 611 BGB Rundfunk = NZA 98, 1336; 24. 4. 1996 AP 180 zu § 620 BGB Befristeter Arbeitsvertrag = NZA 97, 196; 11. 12. 1991 AP 144 zu § 620 BGB Befristeter Arbeitsvertrag = NZA 93, 354.

technische Personal der Rundfunkanstalten, das nicht inhaltlich auf die Programmgestaltung einwirkt.

30 **c) Bühnenkünstler.** Die Befristungsmöglichkeit für künstlerische Bühnenmitglieder, die als Solisten individuelle Leistungen erbringen und unmittelbar an der Erarbeitung und konzeptionellen Umsetzung eines Werkes mitarbeiten, folgt aus § 2 II NV Bühne und entspricht nach der Rspr. der Auffassung verständiger und verantwortungsbewusster Vertragspartner.[64] Damit wird dem berechtigten Bestreben der Bühne Rechnung getragen, künstlerische Vorstellungen des Intendanten mit dem von ihm dafür als geeignet angesehenen künstlerischen Bühnenpersonal zu verwirklichen und damit zugleich auch dem Abwechslungsbedürfnis des Publikums entgegenzukommen. Außerdem liegt es im eigenen Interesse der Künstler am Erhalt der Freizügigkeit ihres Engagementwechsels, dass an anderen Bühnen durch Beendigung befristeter Engagements Arbeitsplätze frei werden.[65] Als Bühnenkünstler gelten Regisseure, Schauspieler, solistisch tätige Sänger bzw. Musiker,[66] Tanzgruppenmitglieder[67] sowie technisches Bühnenpersonal, soweit es überwiegend künstlerische Aufgaben erfüllt. Besondere Befristungsregeln gelten jedoch für Chorsänger,[68] wenn diese nicht als Solisten auftreten. Zur Nichtverlängerungsmitteilung im Bühnenarbeitsrecht § 186 RN 84.

31 **d) Sportler, Sporttrainer.** Die Beschäftigung eines Sportlers im Rahmen eines befristeten Arbeitsverhältnisses ist unter den Voraussetzungen des § 14 II TzBfG ohne Sachgrund zulässig. Außerhalb dieser Vorschrift bedarf die Befristung regelmäßig eines Sachgrunds. Das BAG hat eine auflösende Bedingung in einem Arbeitsvertrag mit einem Lizenz-Fußballspieler, nach der das Arbeitsverhältnis bei einem Lizenzentzug beendet sein soll, für unwirksam gehalten. Die Befristung eines Arbeitsvertrags eines Sporttrainers kann nach § 14 I 2 Nr. 4 TzBfG nur gerechtfertigt sein, wenn mit der Aufgabe, Spitzensportler oder besonders talentierte Nachwuchssportler zu betreuen, die Gefahr verbunden ist, dass die Fähigkeit des Trainers zur weiteren Motivation der anvertrauten Sportler regelmäßig nachlässt. Der allgemeine Verschleiß durch längere Ausübung desselben Berufs kann eine Befristung auch bei Trainern nicht rechtfertigen.[69]

32 **e) Leitende Angestellte.** Bei leitenden Angestellten bedarf der Abschluss eines befristeten Arbeitsvertrags eines sachlichen Grundes. Dies gilt auch dann, wenn der leitende Angestellte beim Ausscheiden infolge der Befristung einen finanziellen Ausgleich erhält, der einer Abfindung nach den §§ 9, 10 KSchG zumindest gleichwertig ist.[70] Maßgeblich für den Sachgrund ist die ausgeübte Tätigkeit und nicht ein für den Zeitpunkt der Beendigung vereinbarter finanzieller Ausgleich.

33 **f) Studierende.** Für die Befristung von Arbeitsverhältnissen mit Studierenden gelten keine Besonderheiten. Ein wegen ihrer zeitlichen Beanspruchung durch das Studium bestehender Sachgrund kommt wohl nur in Betracht, wenn die Befristung erforderlich ist, um die Erwerbstätigkeit den immer wieder wechselnden Erfordernissen des Studiums anzupassen. Die Befristung kann regelmäßig nicht mit den Interesse des Studenten, seine Arbeitsverpflichtung mit den Anforderungen des Studiums in Einklang zu bringen, gerechtfertigt werden, wenn bereits u. a. Umfang und Lage der Arbeitszeit dem Interesse des Studierenden ausreichend Rechnung tragen.[71]

34 **6. Befristung zur Erprobung (§ 14 I 2 Nr. 5 TzBfG).** Dieser Befristungsgrund (dazu auch § 41 RN 8) war bereits vor Inkrafttreten des TzBfG in der Rspr. als Befristungsgrund an-

---

[64] BAG 6. 11. 1995 AP 46 zu § 611 BGB Bühnenengagementsvertrag = NZA 96, 720; 18. 4. 1986 AP 27 zu § 611 BGB Bühnenengagementsvertrag; 21. 5. 1981 AP 15 zu § 611 BGB Bühnenengagementsvertrag.

[65] BAG 26. 8. 1998 AP 53 zu § 611 BGB Bühnenengagementsvertrag = NZA 99, 442.

[66] BAG 26. 8. 1998 AP 53 zu § 611 BGB Bühnenengagementsvertrag = NZA 99, 442.

[67] BAG 18. 4. 1986 AP 27 zu § 611 BGB Bühnenengagementsvertrag.

[68] Nach § 83 VIII NV Bühne kann die Nichtverlängerungsmitteilung nur aus künstlerischen Belangen erfolgen; vgl. zum NV Solo BAG 30. 9. 1971 AP 36 zu § 620 BGB Befristeter Arbeitsvertrag; 5. 3. 1970 AP 34 zu § 620 BGB Befristeter Arbeitsvertrag.

[69] BAG 15. 4. 1999 AP 1 zu § 13 AÜG = NZA 2000, 102; 29. 10. 1998 AP 14 zu § 611 BGB Berufssport = NZA 99, 646; *Hertzberg* FA 2000, 110.

[70] Anders BAG 26. 4. 1979 AP 47 zu § 620 BGB Befristeter Arbeitsvertrag.

[71] BAG 16. 4. 2003 AP 1 zu § 4 BeschFG 1996 = NZA 2004, 40; 29. 10. 1998 AP 206 zu § 620 BGB Befristeter Arbeitsvertrag = NZA 99, 990; 10. 8. 1994 AP 162 zu § 620 BGB Befristeter Arbeitsvertrag = NZA 95, 30; großzügiger noch BAG 4. 4. 1990 AP 136 zu § 620 BGB Befristeter Arbeitsvertrag = NZA 91, 18.

erkannt.[72] Allerdings hat er an Bedeutung verloren, da § 14 II TzBfG die sachgrundlose Befristung bis zu einem Zeitraum von 2 Jahren zulässt. Der Erprobungszweck muss dabei nicht Vertragsinhalt geworden sein und braucht nicht ausdrücklich im Arbeitsvertrag genannt werden.[73] An dem Sachgrund der Erprobung fehlt es, wenn der Arbeitnehmer bereits ausreichende Zeit bei dem Arbeitgeber mit den nunmehr von ihm zu erfüllenden Aufgaben beschäftigt war und der Arbeitgeber die Fähigkeiten des Arbeitnehmers ausreichend beurteilen kann. Erprobungszweck und Erprobungsdauer müssen in einem angemessenen Verhältnis stehen. Die Dauer der Erprobung darf nur für eine angemessene Zeitspanne erfolgen, die in der Regel sechs Monate nicht überschreiten darf.[74] Ausnahmen gelten für Berufe mit gesteigerten Leistungsanforderungen,[75] insbesondere für künstlerische und wissenschaftliche Tätigkeiten,[76] wenn der Arbeitnehmer zuvor für eine längere Zeit nicht mehr in seinem Beruf tätig geworden ist[77] oder auf Grund besonderer Umstände seine Vertrauenswürdigkeit festgestellt werden muss. Für das Erfordernis der Erprobung ist der Arbeitgeber darlegungs- und beweispflichtig. Anhaltspunkte für die Dauer einer notwendigen Probezeit können sich aus den einschlägigen Tarifverträgen ergeben.[78] Mangelnde Bewährung innerhalb der Probezeit kann die Verlängerung eines auf die Erprobung gestützten befristeten Arbeitsvertrags rechtfertigen. Der Sachgrund nach Nr. 5 kann auch vorliegen, wenn ein unbefristeter Arbeitsvertrag in einen befristeten Arbeitsvertrag „umgewandelt" wird, wenn sich der Arbeitnehmer noch nicht bewährt hat und eine am Sachgrund der Erprobung orientierte Änderung der bisherigen Arbeitsbedingungen vereinbart wird.[79] Der Sachgrund der Erprobung kann auch bei Übertragung einer höherwertigen Tätigkeit vorliegen.[80] Ist das Probearbeitsverhältnis unterbrochen worden, so sind Vordienstzeiten in entsprechender Anwendung der Rspr. zur unterbrochenen Wartezeit nach § 1 KSchG anzurechnen.[81]

7. Befristung wegen in der Person des Arbeitnehmers liegender Gründe (§ 14 I 2 Nr. 6 TzBfG). In der Person des Arbeitnehmers liegende Gründe sind gegeben, wenn ein Arbeitnehmer aus sozialen Gründen vorübergehend beschäftigt wird, um die Zeit bis zum Beginn einer anderen Beschäftigung, des Wehrdienstes oder eines Studiums überbrücken zu können. Der Arbeitgeber kann sich auf diesen Sachgrund nur berufen, wenn die sozialen Belange des Arbeitnehmers und nicht die Interessen der Arbeitgebers für den Abschluss des Zeitvertrags maßgebend waren.[82] Unzureichend sind auch allgemeine beschäftigungspolitische Überlegungen.[83] Die Rspr. hat eine Befristung aus sozialen Gründen für zulässig gehalten, wenn ein Auszubildender nach Beendigung seines Ausbildungsverhältnisses befristet eingestellt wird, um ihm den Wechsel in eine andere Beschäftigung zu erleichtern,[84] ein Arbeitnehmer befristet für einen Arbeitsplatz eingestellt wird, den ein Auszubildender nach Beendigung seiner Ausbildungszeit einnehmen soll,[85] ein wissenschaftlicher Assistent die Chance erhält, sich nach Abschluss seiner Promotionsarbeit eine neue Stelle zu suchen.[86] Zur Befristung bei Erforderlichkeit einer Arbeitserlaubnis RN 55 und auf Wunsch des Arbeitnehmers RN 63. 35

---

72 BAG GS 12. 10. 1960 AP 16 zu § 620 BGB Befristeter Arbeitsvertrag; AP 24, 25, 26, 28, 45 zu § 620 BGB Befristeter Arbeitsvertrag; AP 1, 2 zu § 620 BGB Probearbeitsverhältnis; 27. 4. 1982 AP 61 zu § 620 BGB Probearbeitsverhältnis.

73 BAG 23. 6. 2004 AP 12 zu § 14 TzBfG = NZA 2004, 1333 unter Aufgabe von BAG 31. 8. 1994 AP 163 zu § 620 BGB Befristeter Arbeitsvertrag.

74 BAG 17. 2. 1983 AP 74 zu § 620 BGB Befristeter Arbeitsvertrag; 11. 11. 1982 AP 71 zu § 620 BGB Befristeter Arbeitsvertrag.

75 BAG 31. 8. 1994 AP 163 zu § 620 BGB Befristeter Arbeitsvertrag – Lehrer.

76 BAG 12. 9. 1996 AP 27 zu § 611 BGB Musiker = NZA 97, 841; 7. 5. 1980 AP 36 zu § 611 BGB Abhängigkeit; 15. 3. 1978 AP 45 zu § 620 BGB Befristeter Arbeitsvertrag.

77 BAG 13. 12. 1962 AP 24 zu § 620 BGB Befristeter Arbeitsvertrag.

78 BAG 15. 3. 1978 AP 45 zu § 620 BGB Befristeter Arbeitsvertrag.

79 Offen gelassen von BAG 12. 11. 2008 – 7 AZR 499/07 – n. v.; enger noch BAG 15. 3. 1978 AP 45 zu § 620 BGB Befristeter Arbeitsvertrag.

80 BAG 23. 6. 2004 AP 12 zu § 14 TzBfG = NZA 2004, 1333.

81 BAG 11. 11. 1982 AP 71 zu § 620 BGB Befristeter Arbeitsvertrag.

82 BAG 7. 7. 1999 AP 217 zu § 620 BGB Befristeter Arbeitsvertrag.

83 BAG 24. 2. 1988 AP 3 zu § 1 BeschFG 1985 = NZA 88, 545; 26. 4. 1985 AP 91 zu § 620 BGB Befristeter Arbeitsvertrag; 3. 10. 1984 AP 88 zu § 620 BGB Befristeter Arbeitsvertrag.

84 BAG 21. 4. 1993 AP 148 zu § 620 BGB Befristeter Arbeitsvertrag = NZA 94, 167; 12. 12. 1985 AP 96 zu § 620 BGB Befristeter Arbeitsvertrag = NZA 86, 571; 26. 4. 1985 AP 91 zu § 620 BGB Befristeter Arbeitsvertrag; 3. 10. 1984 AP 88 zu § 620 BGB Befristeter Arbeitsvertrag.

85 BAG 6. 6. 1984 AP 83 zu § 620 BGB Befristeter Arbeitsvertrag; LAG Köln 13. 12. 1996 NZA-RR 97, 334; 26. 1. 1996 BB 96, 1618.

86 BAG 2. 12. 1984 AP 85 zu § 620 BGB Befristeter Arbeitsvertrag.

36 **8. Befristung wegen haushaltsrechtlicher Beschränkungen (§ 14 I 2 Nr. 7 TzBfG).**[87] **a) Haushaltsmittel.** Der Inhalt dieses Sachgrunds ist noch nicht abschließend geklärt. Voraussetzung der Befristung ist, dass die Mittel haushaltsrechtlich für eine befristete Beschäftigung bestimmt sind und der Arbeitnehmer zu Lasten dieser Beschäftigung eingestellt und beschäftigt worden ist. Als Haushaltsmittel gelten die in den Haushaltsgesetzen des Bundes und der Länder sowie in den Haushaltssatzungen der Gebietskörperschaften ausgewiesenen Mittel, nicht hingegen die Haushaltsmittel von anderen öffentlichen Stellen, da diese nicht unter Beteiligung einer demokratisch legitimierten Vertretung ausgebracht werden.[88] Der Wortlaut des § 14 I 2 Nr. 7 TzBfG könnte zu der Annahme verleiten, dass es ausreichend ist, wenn die Haushaltsmittel mit einer allgemeinen Zweckbestimmung für den Abschluss von befristeten Arbeitsverhältnissen zur Verfügung gestellt werden. In diesem Fall wäre der befristete Arbeitsvertrag unabhängig von der auszuübenden Tätigkeit des Arbeitnehmers und der Vertragsdauer schon dann gerechtfertigt, wenn der Arbeitnehmer aus den zur Verfügung stehenden Haushaltsmitteln vergütet wird. Da es im Normtext an Voraussetzungen für die auszuübende Tätigkeit des befristet beschäftigten Arbeitnehmers fehlt, wäre auch die Übertragung von Daueraufgaben der Verwaltung ohne weiteres zulässig. Eine entsprechende Interpretation des § 14 I 2 Nr. 7 TzBfG würde ein verfassungsrechtlich bedenkliches Sonderrecht des öffentlichen Dienstes begründen, das bei einer Übertragung von zeitlich unbegrenzten Aufgaben zudem nicht mit den gemeinschaftsrechtlichen Vorgaben der Befristungsrichtlinie (RN 2) im Einklang stünde. Das BAG hat daher § 14 I 2 Nr. 7 TzBfG in Anlehnung zu dem vom Wortlaut her identischen Sachgrund in § 57b II Nr. 2 HRG 1985[89] ausgelegt. Danach muss der Haushaltsgesetzgeber eine konkrete Mittelverwendung für Tätigkeiten anordnen, die grundsätzlich im Rahmen eines befristeten Arbeitsverhältnisses erbracht werden; eine Zwecksetzung für eine nicht nur vorübergehende Beschäftigung rechtfertigt die Befristung nach der Nr. 7 danach nicht.[90] Das BAG hat den Begriff der „Aushilfskraft" in einem Haushaltsgesetz als ausreichende Zwecksetzung angesehen.[91]

37 **b) Überwiegende Tätigkeit.** Handelt es sich bei der Tätigkeit, für die Haushaltsmittel zur Verfügung stehen, um eine Tätigkeit, die ihrer Art nach vorübergehender Natur ist (Aushilfe, Vertretung, vorübergehender Mehrbedarf), ist die Befristung gerechtfertigt, wenn der Arbeitnehmer aus den Haushaltsmitteln vergütet wird und er mit zumindest der Hälfte seiner Arbeitszeit mit dieser Tätigkeit betraut werden soll.[92] Der Befristungsgrund muss aber nicht zum Inhalt des Arbeitsvertrags gemacht werden. Maßgeblich sind die Umstände bei Vertragsschluss; ein vom Vertrag abweichender Einsatz kann allenfalls ein Indiz dafür sein, dass ein mittelgerechter Einsatz auch bei Vertragsschluss nicht beabsichtigt war. Die Bedeutung des § 14 I 2 Nr. 7 TzBfG beschränkt sich damit letztlich auf eine Erleichterung der Darlegung des der Befristung zugrunde liegenden Sachgrunds aus dem Bereich des § 14 I 2 Nr. 1 und 3 TzBfG. Die Vertragsdauer bedarf bei Vorliegen der Voraussetzung der Nr. 7 keiner besonderen Rechtfertigung.

38 **c) Bisherige Rechtsprechung.** Nach der vor Inkrafttreten des TzBfG ergangenen Rspr. des BAG stellte die Abhängigkeit von Zuschüssen und Haushaltsmitteln grundsätzlich keinen sachlichen Grund zur Befristung dar, weil auch in der Privatwirtschaft nicht abzusehen ist, ob Finanzmittel zur Verfügung stehen.[93] So konnten weder die zeitliche Begrenzung des Haushaltsplans auf das jeweilige Haushaltsjahr noch allgemeine Einsparungsanordnungen des Haushaltsgesetzgebers die Befristung von Arbeitsverhältnissen rechtfertigen. Allerdings konnte die Befristung des Arbeitsvertrags gerechtfertigt sein, wenn **(1)** der öffentliche Arbeitgeber zum Zeitpunkt des Vertragsschlusses auf Grund konkreter Tatsachen die Prognose erstellen kann, dass für die Beschäftigung des Arbeitnehmers eine Planstelle, aus deren Mitteln er vergütet werden konnte, nur vorübergehend zur Verfügung steht.[94] In diesem Fall nahm das BAG an, der Haushaltsgesetzgeber habe sich mit den Verhältnissen dieser Stelle befasst und festgestellt, dass für die Beschäftigung des

---

[87] *Steinherr,* Die Befristung des Arbeitsvertrags aus Haushaltsgründen, ZTR 2003, 216.
[88] Angedeutet in BAG 16. 10. 2007 – 7 AZR 360/07 – zVb.
[89] Dazu BAG 24. 1. 1996 AP 7 zu § 57b HRG = NZA 96, 1036.
[90] BAG 18. 10. 2006 AP 1 zu § 14 TzBfG Haushalt = NZA 2007, 332.
[91] BAG 7. 5. 2008 AP 8 zu § 14 TzBfG Haushalt = NZA 2008, 880; 14. 2. 2007 AP 2 zu § 14 TzBfG Haushalt = NZA 2007, 871.
[92] BAG 15. 4. 1999 AP 18 zu § 57b HRG.
[93] BAG 25. 1. 1980 AP 52 zu § 620 BGB Befristeter Arbeitsvertrag.
[94] BAG 24. 10. 2001 AP 229 zu § 620 BGB Befristeter Arbeitsvertrag = NZA 2002, 443; 27. 6. 2001 EzA 179 zu § 620 BGB; 7. 7. 1999 AP 215 zu § 620 BGB Befristeter Arbeitsvertrag; 27. 2. 1987 AP 112 zu § 620 BGB Befristeter Arbeitsvetrag.

Arbeitnehmers nur ein vorübergehender Bedarf besteht.[95] Dem steht **(2)** die Entscheidung eines Haushaltsgesetzgebers gleich, zusätzlichen, durch die vorhandenen und einsetzbaren Arbeitskräfte nicht abzudeckenden Arbeitsbedarf nur befriedigen zu lassen, wenn und soweit hierfür durch vorübergehende Beurlaubung freigewordene Mittel aus vorhandenen Planstellen zur Verfügung stehen und bei Erschöpfung dieser Mittel einen vorhandenen Arbeitsbedarf unerledigt zu lassen.[96] Dabei war keine gesonderte Entscheidung des Haushaltsgesetzgebers zum Wegfall des Beschäftigungsbedarfs erforderlich, sondern nur eine Verknüpfung mit den jeweils freigewordenen Planstellen oder Stellenanteilen. Darüber hinaus hat das Gericht auch von dem Erfordernis einer Zuordnung zu einer konkreten vorübergehend freien Planstelle oder Planstellenteil abgesehen, sofern nur sichergestellt war, dass die Vergütung des befristet eingestellten Arbeitnehmers aus den Mitteln vorübergehend freier Planstellen oder Planstellenteile erfolgte.[97] Schließlich konnte die Befristung gerechtfertigt sein, wenn **(3)** ein Arbeitnehmer auf einer Stelle eingestellt wird, die im Haushaltsplan mit einem auf ein künftiges Haushaltsjahr datierten kw-Vermerk versehen ist, und auf Grund konkreter Anhaltspunkte mit einiger Sicherheit davon ausgegangen werden kann, dass die Stelle zu dem im kw-Vermerk genannten Zeitpunkt tatsächlich wegfallen wird. Allein der kw-Vermerk als solcher reicht zur sachlichen Rechtfertigung einer Befristung nicht aus.[98] Es erscheint aber zweifelhaft, ob das BAG angesichts der Regelung in § 14 I 2 Nr. 7 TzBfG an der auf die vorübergehende Verfügbarkeit der Haushaltsmittel abstellenden Rechtsprechung noch festhalten wird. Vielmehr spricht manches dafür, dass sich die Voraussetzungen für die Befristung aus Haushaltsmitteln für die privilegierten öffentlichen Arbeitgeber (Bund, Land und Kommunen, dazu RN 36) ausschließlich nach § 14 I 2 Nr. 7 TzBfG richten, während die anderen Arbeitgeber aus dem öffentlichen Dienst nur auf den Sachgrund aus § 14 I 2 Nr. 1 TzBfG zurückgreifen können (Fallgruppe 3).

9. Befristung auf Grund eines gerichtlichen Vergleichs (§ 14 I 2 Nr. 8 TzBfG). 39
a) Mitwirkung des Gerichts. Nach der Rspr. des BAG, die auch der Gesetzgeber bei dem Sachgrund des § 14 I 2 Nr. 8 TzBfG zugrunde gelegt hat (BT-Drucks. 14/4374 S. 19), ist die Befristung eines Arbeitsverhältnisses in einem gerichtlichen Vergleich wirksam, soweit die Parteien darin zur Beendigung eines Kündigungsrechtsstreits oder eines Feststellungsstreits über den Fortbestand des Arbeitsverhältnisses infolge einer Befristung eine Einigung erzielen. Der gerichtliche Vergleich unterliegt keiner weiteren Befristungskontrolle. Deren Funktion erfüllt das Arbeitsgericht durch seine ordnungsgemäße Mitwirkung beim Zustandekommen des Vergleichs, durch die der Arbeitnehmer vor einem grundlosen Verlust seines Arbeitsplatzes bewahrt werden soll. Schlägt das Arbeitsgericht zur Beendigung des Verfahrens über den Bestand eines Arbeitsverhältnisses einen Vergleich vor, der eine weitere, allerdings zeitlich begrenzte Fortsetzung des Arbeitsverhältnisses vorsieht, ist das im Regelfall eine hinreichende Gewähr dafür, dass diese Befristung nicht deswegen gewählt worden ist, um dem Arbeitnehmer grundlos den gesetzlichen Bestandsschutz zu nehmen.[99] Hieraus folgt, dass ein nur gerichtlich protokollierter Vergleich oder ein Vergleichsschluss nach § 278 VI ZPO nicht von § 14 I 2 Nr. 8 TzBfG erfasst wird, wenn es an einer inhaltlichen Mitwirkung des Gerichts an der Vereinbarung fehlt.[100]

b) Offener Streit. Allerdings setzt der Sachgrund des gerichtlichen Vergleichs neben der 40
Mitwirkung des Gerichts am Zustandekommen eines befristeten Arbeitsverhältnisses das Bestehen eines offenen Streits der Parteien über die Rechtslage hinsichtlich des zwischen ihnen bestehenden Rechtsverhältnisses zum Zeitpunkt des Vergleichsschlusses voraus.[101] Das Merkmal soll die missbräuchliche Ausnutzung des durch § 14 I 2 Nr. 8 TzBfG eröffneten Sachgrunds verhindern. Es soll insbesondere gewährleisten, dass der gerichtliche Vergleich nicht nur zu einer Protokollierung einer von den Arbeitsvertragsparteien vor Rechtshängigkeit getroffenen Vereinbarung, durch die ein befristeter Arbeitsvertrag vereinbart oder verlängert wird, benutzt wird.[102] Ein offener Streit liegt nicht schon dann vor, wenn der Arbeitgeber den Ausspruch einer Kündi-

[95] BAG 24. 9. 1997 – 7 AZR 654/96 – n. a. v.; 14. 1. 1982 AP 64 zu § 620 BGB Befristeter Arbeitsvertrag.
[96] BAG 5. 4. 2001 EzA 177 zu § 620 BGB; 12. 2. 1997 AP 187 zu § 620 BGB Befristeter Arbeitsvertrag = NZA 97, 941
[97] BAG 28. 9. 1988 AP 125 zu § 620 BGB Befristeter Arbeitsvertrag; 27. 2. 1987 AP 112 zu § 620 BGB Befristeter Arbeitsvertrag.
[98] BAG 16. 1. 1987 AP 111 zu § 620 BGB Befristeter Arbeitsvertrag = NZA 88, 279.
[99] BAG 26. 4. 2006 AP 1 zu § 14 TzBfG Vergleich; 2. 12. 1998 AP 4 zu § 57 a HRG.
[100] Großzügiger BAG 23. 11. 2006 AP 8 zu § 623 BGB = NZA 2007, 446.
[101] BAG 22. 2. 1984 AP 80 zu § 620 BGB Befristeter Arbeitsvertrag = NZA 84, 34.
[102] BAG 26. 4. 2006 AP 1 zu § 14 TzBfG Vergleich.

gung lediglich angedroht hatte. Vielmehr mussten beide Parteien gegensätzliche Rechtsstandpunkte darüber eingenommen haben, ob bzw. wie lange zwischen ihnen ein Arbeitsverhältnis besteht. Insbesondere der Arbeitnehmer musste nachdrücklich seine Rechtsposition vertreten und gegenüber dem Arbeitgeber geltend gemacht haben. Der Arbeitgeber musste es daraufhin abgelehnt haben, den Arbeitnehmer entsprechend seiner Forderung zu beschäftigen.[103]

41 **c) Außergerichtlicher Vergleich.** Nach der bis zum Inkrafttreten des TzBfG ergangenen Rspr. des BAG konnte auch der außergerichtliche Vergleich einen Sachgrund für die Befristung des Arbeitsverhältnisses darstellen.[104] Auf Grund des Wortlauts des Gesetzes, der nur den gerichtlichen Vergleich privilegiert, ist zweifelhaft, ob und ggf. unter welchen Voraussetzungen diese Rspr. auf die Rechtslage nach dem 1. 1. 2001 übertragen werden kann. Allerdings ist es nicht ausgeschlossen, dass eine in einem außergerichtlichen Vergleich ausgehandelte Befristung nach § 14 I 1 TzBfG gerechtfertigt ist, wenn ein gewerkschaftlich oder anwaltlich vertretener Arbeitnehmer nach einem offenen Streit um den Bestand seines gegenwärtigen Arbeitsverhältnisses einen befristeten Arbeitsvertrag akzeptiert. Die anwaltliche Beratung steht wertmäßig der gerichtlichen Mitwirkung gleich und ist geeignet, den Missbrauchstatbestand des § 5 I der in die RL 1999/70/EG inkorporierten Rahmenvereinbarung zu erfüllen. Denkbar ist auch, dass in einem gerichtlichen Vergleich die Modalitäten festgelegt werden, die außergerichtlich noch näher ausgestaltet werden. Dagegen muss ein sachlicher Grund vorliegen, wenn im Vergleich die Zulässigkeit künftiger Befristungen geregelt wird.[105]

42 **10. Altersteilzeit.**[106] Nach § 8 III ATG sind Vereinbarungen zulässig, nach denen der Altersteilzeitarbeitsvertrag auf den Tag befristet wird, an dem der Arbeitnehmer die Voraussetzungen für den Bezug einer Altersrente (§ 237 SGB VI) erfüllt. Die Vorschrift enthält einen Sachgrund für die Zweckbefristung des Altersteilzeitverhältnisses auf den Zeitpunkt der möglichen Inanspruchnahme einer Altersrente aus dem Katalog des § 33 II SGB VI oder einer wirtschaftlich gleichwertigen Leistung.[107] Wie bei der Altersgrenze (RN 45) ist die durch den Rentenbezug bzw. die gleichwertige Leistung vermittelte wirtschaftliche Absicherung des Arbeitnehmers Teil des Sachgrunds.

43 **11. Drittmittel.** Erfolgt die Einstellung des Arbeitnehmers zur Mitwirkung an einem drittmittelfinanzierten Forschungsvorhaben an einer Hochschule oder an einer Forschungseinrichtung, kann die Befristung des wissenschaftlichen und auch des nicht wissenschaftlichen Personals auch auf den Sachgrund der Drittmittelfinanzierung gestützt werden (§ 2 II WissZeitVG). Der Befristungsgrund übernimmt im Wesentlichen die bisherige Rspr. des BAG zur Befristung wegen Drittmitteln[108] und soll die rechtssichere Handhabung des Befristungsrechts erleichtern (BT-Drucks. 16/673 S. 21). Der Abschluss eines befristeten Arbeitsvertrags ist danach gerechtfertigt, wenn **(a)** die Beschäftigung (nicht: die Projektkosten) des im Rahmen von befristeten Arbeitsverträgen beschäftigten wissenschaftlichen oder sonstigen Personals überwiegend (d. h. zu mehr als 50%) aus Mitteln Dritter erfolgt, **(b)** die Drittmittel für eine bestimmte Aufgabe und Zeitdauer bewilligt sind und **(c)** der Arbeitnehmer überwiegend der Zweckbestimmung dieser Mittel entsprechend beschäftigt wird. Das letztgenannte Merkmal ist dahingehend auszulegen, dass es nicht auf die Vertragsdurchführung, sondern nur auf die bei Vertragsschluss beabsichtigte Vertragsdurchführung ankommt; die Beschäftigung mit projektunabhängigen Tätigkeiten im Umfang von bis zu 49% führt nicht zur Unwirksamkeit der Befristung. Der Sachgrund des § 2 II WissZeitVG kann von wissenschaftlichem Personal nicht erst in Anspruch genommen werden, wenn die Befristungsmöglichkeiten des § 2 I WissZeitVG erschöpft sind. Die Dauer einer Beschäftigung im Rahmen eines nach § 2 II WissZeitVG geschlossenen Arbeitsvertrags ist aber auf den Zeitrahmen des § 2 I WissZeitVG anzurechnen (§ 2 III 1 WissZeitVG). Das Zurückbleiben der Vertragslaufzeit hinter der voraussichtlichen Dauer des Forschungsvorhabens ist nur dann geeignet, den sachlichen Grund für die Befristung in Frage zu stellen, wenn die Dauer der Befristung des Arbeitsvertrags derart hinter der voraussichtlichen Dauer des Befristungsgrunds zu-

---

[103] BAG 24. 1. 1996 AP 179 zu § 620 BGB Befristeter Arbeitsvertrag = NZA 96, 1089.

[104] BAG 24. 1. 1996 AP 179 zu § 620 BGB Befristeter Arbeitsvertrag = NZA 96, 1089.

[105] BAG 4. 12. 1991 AP 17 zu § 620 BGB Bedingung = NZA 92, 838.

[106] *Birk A.,* Die Befristung von Altersteilzeitverträgen auf einen vorgezogenen Renteneintritt, NZA 2007 244; dagegen *Schreiner* NZA 2007, 846; dazu *Hanau* NZA 2007, 848.

[107] BAG 16. 11. 2005 AP 2 zu § 8 ATG = NZA 2006, 535; 27. 4. 2004 AP 1 zu § 8 ATG = NZA 2005, 821.

[108] BAG 7. 4. 2004 AP 4 zu § 17 TzBfG; 26. 8. 1988 AP 124 zu § 620 BGB Befristeter Arbeitsvertrag Nr. 124 = NZA 89, 965; 3. 12. 1982 AP 72 zu § 620 BGB Befristeter Arbeitsvertrag; 25. 1. 1980 AP 52 zu § 620 Befristeter Arbeitsvertrag.

rückbleibt, dass eine sinnvolle, dem Sachgrund der Befristung entsprechende Mitarbeit des Arbeitnehmers nicht mehr möglich erscheint.[109]

III. Von der Rechtsprechung anerkannte Sachgründe

Allgemein: *Braun,* Befristung eines Arbeitsvertrages – Sachgründe außerhalb des Katalogs des § 14 TzBfG, MDR 2006, 609.

Altersgrenze: *Bahnsen,* Altersgrenzen im Arbeitsrecht, NJW 2008, 407; *Bauer/Krieger,* Das Orakel von Luxemburg, NJW 2007, 3672; *Grimm/Brock,* Neue Regelaltersgrenze in der Rentenversicherung und Altersgrenzenvereinbarungen, ArbRB 2007, 210; *Nicolai,* Zulässigkeit von tarifvertraglichen „Zwangspensionierungsklauseln" nach der Gleichbehandlungsrichtlinie, BB 2007, 2634; *Temming,* Der Fall Palacios, NZA 2007, 1193.

Prozessbeschäftigung: *Bengelsdorf,* Die Anwendbarkeit der §§ 14 IV, 21 TzBfG auf die Weiterbeschäftigungsverhältnisse während eines Kündigungsschutzverfahrens, NZA 2005, 277; *Löwisch,* Vermeidung von Kündigungen durch befristete Weiterbeschäftigung, BB 2005, 1625; *Oberthür,* Bleibende Risiken der Befristungskontrolle: Vorsicht bei der Prozessbeschäftigung, ArbRB 2006, 268; *Ricken,* Annahmeverzug und Prozessbeschäftigung während des Kündigungsrechtsstreits, NZA 2005, 323; *Schrader/Straube,* Die tatsächliche Beschäftigung während des Kündigungsrechtsstreites, RdA 2006, 98; *Sittard/Ulbrich,* Die Prozessbeschäftigung und das TzBfG, RdA 2006, 218.

1. Vorbemerkung. Bereits vor Inkrafttreten des TzBfG hatte die Rspr. Befristungsgründe richterrechtlich anerkannt, die der Gesetzgeber nicht in den Gesetzeswortlaut übernommen hat. Da der Katalog der Sachgründe in § 14 I TzBfG nicht abschließend ist, können auch die nachfolgend dargestellten Sachgründe die Befristung eines Arbeitsverhältnisses rechtfertigen. 44

2. Altersgrenzen. Als Altersgrenze wird im Arbeitsleben eine Vereinbarung bezeichnet, nach der das Arbeitsverhältnis ohne Ausspruch einer Kündigung bei Erreichen eines bestimmten Alters endet. Die Vereinbarung von Altersgrenzen im Arbeitsverhältnis ist üblich. Altersgrenzen stellen eine Befristung des Arbeitsverhältnisses dar und bedürfen daher grundsätzlich eines sie rechtfertigenden Sachgrunds. Dabei ist zwischen der Befristung auf die Regelaltersgrenze und eine vorgezogene Altersgrenze zu unterscheiden. 45

a) Regelaltersgrenze.[110] **aa) Grundsatz.** Eine Regelaltersgrenze kann in Tarifverträgen,[111] Betriebsvereinbarungen,[112] vertraglichen Einheitsregelungen[113] oder in Arbeitsverträgen vereinbart werden. Zumeist wird entweder allgemein oder konkret auf die Altersgrenze der gesetzlichen Rentenversicherung abgestellt. Unterschiedliche Altersgrenzen für Männer und Frauen sind unzulässig.[114] 46

bb) Befristungszeitpunkt. Bei einer Vereinbarung, nach der das Arbeitsverhältnis mit der Vollendung eines bestimmten Lebensjahres enden soll, handelt es sich nach der Rspr. des BAG um eine kalendermäßige Befristung dieses Arbeitsverhältnisses, weil der Beendigungszeitpunkt hinreichend bestimmbar ist. Das Arbeitsverhältnis endet zu einem festgelegten Zeitpunkt in der Zukunft, in dem der Arbeitnehmer entweder ein bestimmtes Alter erreicht oder eine gesetzliche Altersrente beziehen kann.[115] Ist in der Vereinbarung der Parteien ein Lebensalter genannt, das zum Zeitpunkt des Vertragsschlusses mit der gesetzlichen Regelaltersgrenze übereinstimmte, ist die Vereinbarung regelmäßig dahingehend auszulegen, dass sie auf den Zeitpunkt der jeweiligen Regelaltersgrenze bezogen ist. Daneben bestimmt § 41 Satz 2 SGB VI, dass eine Vereinbarung, die die Beendigung des Arbeitsverhältnisses ohne Kündigung zu einem Zeitpunkt vorsieht, zu dem der Arbeitnehmer vor Erreichen der Regelaltersgrenze eine Rente wegen Alters beantragen kann, dem Arbeitnehmer gegenüber als auf den Zeitpunkt des Erreichens der Regelaltersgrenze abgeschlossen gilt, es sei denn, dass die Vereinbarung innerhalb der letzten drei Jahre vor diesem Zeitpunkt abgeschlossen oder von dem Arbeitnehmer bestätigt worden ist.[116] Hieraus folgt, dass 47

[109] BAG 26. 8. 1988 AP 124 zu § 620 BGB Befristeter Arbeitsvertrag = NZA 89, 965.

[110] Zur sozialpolitischen Diskussion um die Altersgrenze: *Preis,* Alternde Arbeitswelt – Welche arbeits- und sozialrechtlichen Maßnahmen empfehlen sich zur Anpassung der Rechtsstellung und zur Verbesserung der Beschäftigungschancen älterer Arbeitnehmer?, Gutachten B für den 67. DJT, 2008; dazu jeweils *Rieble,* Alternde Arbeitswelt, JZ 2008, 811 und; *Waltermann,* Alternde Arbeitswelt, NJW 2008, 2529.

[111] BAG 31. 7. 2002 AP 1 zu § 1 TVG Tarifverträge: Luftfahrt; 27. 11. 2002 AP 22 zu § 620 BGB Altersgrenze.

[112] BAG 20. 11. 1987 AP 2 zu § 620 BGB Altersgrenze = NZA 88, 617.

[113] BAG 27. 7. 2005 AP 20 zu § 620 BGB Altersgrenze = NZA 2003, 1397.

[114] BAG 12. 10. 1994 AP 2 zu § 60 BAT-O = NZA 95, 904.

[115] BAG 14. 8. 2002 AP 20 zu § 620 BGB Altersgrenze = NZA 2003, 1397.

[116] Zu § 41 SGB VI i. d. F. v. 1. 1. 1992 bis 31. 7. 1994 BAG 20. 10. 1993 AP 3 zu § 41 SGV IV = NZA 94, 128; 1. 12. 1993 AP 4 zu § 41 SGB IV = NZA 94, 369.

der von einer vorzeitigen Altersgrenze betroffene Arbeitnehmer ggf. frei entscheiden kann, ob er die Befristung auf einen früheren Zeitpunkt als das 65. Lebensjahr bzw. den maßgeblichen späteren Zeitpunkt akzeptiert. § 41 Satz 2 SGB VI erfasst jedoch nicht Vereinbarungen, wonach das Arbeitsverhältnis endet, wenn der Arbeitnehmer eine vom Arbeitgeber zugesagte Altersversorgung nach beamtenrechtlichen Grundsätzen beanspruchen kann.[117] Unwirksam ist jedoch eine einzelvertragliche Vereinbarung, nach der der Arbeitgeber das Recht erlangt, das Arbeitsverhältnis einseitig zu beenden, wenn der Arbeitnehmer ein bestimmtes Lebensalter überschreitet.[118] Das Erreichen des gesetzlichen Rentenalters ist für sich allein genommen auch kein Kündigungsgrund nach § 1 II KSchG.

48 **cc) Sachlicher Grund. (1)** § 41 Satz 2 SGB VI stellt keinen Sachgrund für die Beendigung des Arbeitsverhältnisses auf Grund einer Altersgrenze dar.[119] Nach der Rspr. des BAG ist eine Altersgrenze, nach der das Arbeitsverhältnis mit Erreichen des gesetzlichen Rentenalters endet, wirksam, wenn der Arbeitnehmer nach dem Vertragsinhalt und der Vertragsdauer eine gesetzliche Altersrente erwerben kann oder bereits erworben hat. Die Anerkennung des Sachgrunds beruht dabei auf der bei Vertragsschluss typischerweise bestehenden Interessenlage beider Vertragsparteien. Dabei die Interessen der Arbeitsvertragsparteien an der Fortsetzung des Arbeitsverhältnisses einerseits und seiner Beendigung andererseits gegeneinander abzuwägen und zu berücksichtigen, dass der Arbeitnehmer mit seinem Wunsch auf dauerhafte Fortsetzung seines Arbeitsverhältnisses über die gesetzliche Regelaltersgrenze hinaus legitime wirtschaftliche und ideelle Anliegen verfolgt. Das Arbeitsverhältnis sichert seine wirtschaftliche Existenzgrundlage und bietet ihm die Möglichkeit beruflicher Selbstverwirklichung. Allerdings hat der Arbeitnehmer bei Erreichen der Regelaltersgrenze regelmäßig ein langes Berufsleben hinter sich und auf Grund typischerweise altersbedingter Leistungsminderung nur noch ein zeitlich begrenztes Interesse an der Fortführung seiner beruflichen Tätigkeit. Hinzu kommt, dass der Arbeitnehmer auch typischerweise von der Anwendung der Altersgrenzenregelungen durch seinen Arbeitgeber Vorteile hatte, weil dadurch auch seine Einstellungs-, Aufstiegs- bzw. Beschäftigungschancen verbessert worden sind. Dem steht das Bedürfnis des Arbeitgebers nach einer sachgerechten und berechenbaren Personal- und Nachwuchsplanung gegenüber. Diesem hat das BAG jedenfalls dann Vorrang vor dem Bestandsschutzinteresse des Arbeitnehmers gewährt, wenn der Arbeitnehmer durch den Bezug einer gesetzlichen Regelaltersrente wirtschaftlich abgesichert war.[120]

49 **(2) Wirtschaftliche Absicherung. (a)** Das Erfordernis der wirtschaftlichen Absicherung folgt aus der sich aus Art. 12 I GG ergebenden Schutzpflicht, die den Staat im Bereich der Beendigung von Arbeitsverhältnissen trifft. Endet das Arbeitsverhältnis durch die vereinbarte Altersgrenze, verliert der Arbeitnehmer auch den Anspruch auf die Arbeitsvergütung, die ihm bisher zum Bestreiten seines Lebensunterhalts zur Verfügung gestanden hat. Dieses Ergebnis ist verfassungsrechtlich nur zu rechtfertigen, wenn an die Stelle der Arbeitsvergütung der dauerhafte Bezug von Leistungen aus einer Altersversorgung tritt. Die Anbindung an eine rentenrechtliche Versorgung bei Ausscheiden durch eine Altersgrenze ist damit Bestandteil des Sachgrunds.

50 **(b)** Das Merkmal der wirtschaftlichen Absicherung ist gegeben, wenn der befristet beschäftigte Arbeitnehmer nach dem Vertragsinhalt und der Vertragsdauer eine Altersversorgung in der gesetzlichen Rentenversicherung erwerben kann. Dies gilt auch, wenn der Arbeitnehmer bei Vertragsschluss bereits die rentenrechtliche Wartezeit erfüllt hat. Durch die von beiden Arbeitsvertragsparteien entrichteten Beiträge erwirbt der Arbeitnehmer eine Altersrente, die seine wirtschaftliche Existenzgrundlage nach Wegfall des Arbeitseinkommens bilden soll. Die Wirksamkeit der Befristung ist nicht von der konkreten wirtschaftlichen Absicherung des Arbeitnehmers bei Erreichen der Altersgrenze abhängig. Ein solcher Prüfungsmaßstab wäre systemwidrig, weil im Befristungsrecht nur maßgeblich ist, ob der Arbeitgeber beim Vertragsschluss einen von der Rechtsordnung anzuerkennenden Grund für einen nicht auf Dauer angelegten Arbeitsvertrag hatte oder nicht. Die Höhe der sich im Einzelfall aus der gesetzlichen Rentenversicherung ergebenden Ansprüche ist daher für die Wirksamkeit einer auf die Regelarbeitsgrenze bezogenen Befristung grundsätzlich ohne Bedeutung. Auch die gesetzliche Befristungsmöglichkeit in § 8 III ATG knüpft nur an den Grundanspruch auf Rente wegen Altersteilzeit an, nicht aber an eine bestimmte Höhe.[121] Der sich aus Art. 12 I GG ergebenden Schutzpflicht ist gleichfalls genügt,

[117] BAG 26. 4. 1995 AP 6 zu § 41 SGB VI = NZA 95, 889.
[118] LAG Hessen 20. 9. 1999 NZA-RR 2000, 413.
[119] BAG 19. 11. 2003 AP 3 zu § 17 TzBfG = NZA 2004, 1336.
[120] BAG 27. 7. 2005 AP 27 zu § 620 BGB Altersgrenze = NZA 2006, 37; 19. 11. 2003 AP 3 zu § 17 TzBfG = NZA 2004, 1336; 20. 11. 1987 AP 2 zu § 620 BGB Altersgrenze = NZA 88, 617.
[121] BAG 18. 6. 2008 AP 48 zu § 14 TzBfG = NZA 2008, 1302.

wenn der von einer Altersgrenze betroffene Arbeitnehmer bei Abschluss der Befristungsabrede entweder versicherungsfrei (§ 5 SGB VI) beschäftigt wird oder auf Grund einer durch Gesetz gleichgestellten anderweitigen Alterssicherung von der Rentenversicherungspflicht befreit (§ 6 SGB VI) worden und die Altersgrenze auf den Zeitpunkt des gesetzlichen Rentenalters bezogen ist.[122] Eine auf einen Zeitpunkt vor Erreichen der gesetzlichen Altersgrenze bezogene Vereinbarung ist zulässig, wenn der Arbeitnehmer zu diesem Zeitpunkt durch den Bezug einer gesetzlichen Altersrente wirtschaftlich abgesichert ist.[123]

dd) Verfassungs- und Gemeinschaftsrecht. (1) Grundgesetz. Die Beendigung des Arbeitsverhältnisses auf Grund einer auf das gesetzliche Rentenalter bezogenen Altersgrenze verletzt die betroffenen Arbeitnehmer nicht in ihrer grundgesetzlich geschützten Berufsfreiheit.[124] Das BVerfG hat auch die durch das Gesundheitsstrukturgesetz eingeführte Altersgrenze von 68 Jahren für die Zulassung zur vertragsärztlichen Versorgung bejaht.[125] Ebenfalls hat es mit Art. 12 GG als vereinbar angesehen, dass sie nach dem 55. Lebensjahr nicht mehr zur vertragsärztlichen Versorgung zugelassen werden.[126] Eine Altersgrenze enthält kein Beschäftigungsverbot über das gesetzliche Rentenalter hinaus, die einvernehmliche Neubegründung eines durch eine Altersgrenze beendeten Arbeitsverhältnisses ist zulässig.[127] 51

(2) Gemeinschaftsrecht. Nach der Rspr. des EuGH stellen Altersgrenzen, die auf ein bestimmtes Lebensalter bei der Beendigung des Arbeitsverhältnisses abstellen, eine auf dem Merkmal des Alters beruhende Ungleichbehandlung der hiervon betroffenen Arbeitnehmer dar. Nach Art. 6 I RL 2000/78/EG stellen Ungleichbehandlungen wegen des Alters keine nach Art. 2 RL 2000/78/EG verbotene Diskriminierung dar, sofern sie objektiv und angemessen sind und im Rahmen des nationalen Rechts durch ein legitimes Ziel gerechtfertigt sind und die Mittel zur Erreichung dieses Ziels angemessen und erforderlich sind. Der EuGH hält auf das Regelrentenalter bezogene Altersgrenzen dann für gerechtfertigt, wenn mit ihnen arbeitsmarkt- und sozialpolitische Ziele verfolgt werden. Die Nachteile, die die von der Beendigung ihres Arbeitsverhältnisses betroffenen Arbeitnehmer durch eine Altersgrenze erfahren, sind im Hinblick auf die dadurch bedingte Förderung der Beschäftigungschancen der begünstigten Arbeitnehmer sowie die Entlastung des Arbeitsmarkts – so der EuGH – angemessen und erforderlich i. S. d. Art. 6 I RL 2000/78/EG, wenn die Arbeitnehmer bei ihrem Ausscheiden eine beitragsbezogene Altersrente beziehen.[128] Die Anerkennung eines sachlichen Grundes für die Befristung von Arbeitsverhältnissen auf den Zeitpunkt des möglichen Bezugs einer Altersrente entspricht nach Auffassung des BAG wegen der damit verbundenen beschäftigungs- und arbeitsmarktpolitischen Wirkungen den sozialpolitischen Vorstellungen des deutschen Gesetzgebers.[129] Altersgrenzen, die auf das Erreichen des Regelrentenalters abstellen, stellen daher – jedenfalls bis zum Inkrafttreten des AGG – in Deutschland keine nach Gemeinschaftsrecht verbotenen Diskriminierungen dar. 52

Im Geltungsbereich des AGG wird die Zulässigkeit von Altersgrenzen im Schrifftum kontrovers diskutiert.[130] Nach § 10 Satz 3 Nr. 5 AGG ist eine Vereinbarung, die die Beendigung des Beschäftigungsverhältnisses ohne Kündigung zu einem Zeitpunkt vorsieht, zu dem der oder die Beschäftigte eine Rente wegen Alters beantragen kann, als unterschiedliche Behandlung wegen des Alters zulässig. Nach den Grundsätzen des BAG aus der Entscheidung vom 18. 6. 2008 dürften aber tarifliche oder einzelvertragliche Altersgrenzen wirksam sein, die an das Erreichen des Regelrentenalters anknüpfen. 53

b) Vorzeitige Altersgrenzen. Sie sind nur zulässig, wenn gerade für die vorzeitige Beendigung des Arbeitsverhältnisses ein sachlicher Grund besteht und der Arbeitnehmer durch eine durch den Arbeitgeber vermittelte Versorgung und/oder Leistungen aus der Sozialversicherung wirtschaftlich abgesichert ist. Nach der bisherigen Rspr. des BAG können vorzeitige Altersgrenzen die Befristung des Arbeitsverhältnisses rechtfertigen, wenn das Erreichen eines bestimmten 54

---

[122] BAG 27. 7. 2005 AP 27 zu § 620 BGB Altersgrenze = NZA 2006, 37; 14. 10. 1997 AP 10 zu § 41 SGB VI = NZA 98, 652.

[123] BAG 19. 11. 2003 AP 3 zu § 17 TzBfG = NZA 2004, 1336.

[124] BAG 19. 11. 2003 AP 3 zu § 17 TzBfG = NZA 2004, 1336; das BVerfG nimmt Verfassungsbeschwerden gegen entsprechende Entscheidungen nicht zur Entscheidung an.

[125] BVerfG 31. 3. 1998 NJW 98, 1776 = NZA 98, 589.

[126] BVerfG 20. 3. 2001 NJW 2001, 1779.

[127] BAG 10. 3. 1992 AP 96 zu § 99 BetrVG 1972 = NZA 92, 992.

[128] EuGH 16. 10. 2007 AP 8 zu Richtlinie 2000/78/EG = NZA 2007, 1219.

[129] BAG 18. 6. 2008 AP 48 zu § 14 TzBfG = NZA 2008, 1302; a. A. ArbG Hamburg 20. 1. 2009 – 21 Ca 235/08 – Vorlage an den EuGH.

[130] Für Unzulässigkeit z. B. ErfK/*Schlachter* § 10 AGG RN 6.

Lebensalters wegen der vom Arbeitnehmer ausgeübten Tätigkeit zu einer möglichen Gefährdung wichtiger Rechtsgüter führen kann. Besondere Altersgrenzen, die die Beendigung des Arbeitsverhältnisses von Mitgliedern der Besatzung von Luftfahrzeugen vorsehen, hat das BAG für zulässig gehalten, wenn durch die Beschäftigung des Arbeitnehmers über ein bestimmtes Lebensalter hinaus das Risiko von unerwarteten altersbedingten Ausfallerscheinungen zunimmt und dadurch die Gefahr für Leben und Gesundheit der Besatzungsmitglieder und der Passagiere sowie Personen am Boden ansteigt[131] Bei der Beurteilung des sachlichen Grunds für eine tarifliche Befristung wurde z. B. eine Übergangsaltersversorgung für Cockpitpersonal, das mit dem 55. Lebensjahr ausscheidet[132] sowie optionale Möglichkeiten zum Hinausschieben des Ausscheidenszeitpunkts berücksichtigt.[133] Hingegen ist eine vorzeitige Altersgrenze für das Kabinenpersonal von 55 bzw. 60 Jahren nicht sachlich gerechtfertigt.[134]

55 **3. Arbeitserlaubnis.** Die Befristung der eine Beschäftigung ermöglichende Aufenthaltserlaubnis und die Besorgnis, der Arbeitnehmer werde danach die arbeitsvertraglich geschuldeten Dienste nicht mehr erbringen können, kann einen sachlichen Grund für die Befristung des Arbeitsverhältnisses darstellen, wenn im Zeitpunkt des Vertragsschlusses eine hinreichend zuverlässige Prognose erstellt werden kann, eine Verlängerung der Aufenthaltserlaubnis werde nicht erfolgen. Die Prognose muss auf konkreten Anhaltspunkten beruhen. Dabei soll von Bedeutung sein, ob sich Prognosen der vorliegenden Art in der Vergangenheit bereits wiederholt als unzutreffend erwiesen haben.[135]

56 **4. Betriebsratsarbeit.** Die Sicherung der personellen Kontinuität der Betriebsratsarbeit kann die Befristung bis zum Ablauf der Amtszeit rechtfertigen, wenn ansonsten das Arbeitsverhältnis vor diesem Zeitpunkt beendet worden wäre.[136]

57 **5. Erwerbsminderung. a) Sachlicher Grund.** Eine arbeitsvertraglich oder tarifvertraglich vereinbarte auflösende Bedingung, wonach das Arbeitsverhältnis bei Eintritt einer vollen oder teilweisen Erwerbsminderung endet, ist grundsätzlich sachlich gerechtfertigt. Sie beruht auf der Annahme, der Arbeitnehmer werde bei einer Erwerbsminderung die arbeitsvertraglich geschuldeten Leistungen künftig nicht mehr erbringen können. Sie dient einerseits dem Überforderungsschutz gegenüber dem Arbeitnehmer, der aus gesundheitlichen Gründen nicht mehr in der Lage ist, seine bisherige Tätigkeit zu verrichten. Andererseits soll die auflösende Bedingung dem Arbeitgeber die Trennung von einem Arbeitnehmer ermöglichen, der gesundheitsbedingt seine arbeitsvertraglich geschuldete Leistung nicht mehr erbringen kann.[137] Jedoch ist erforderlich, dass der Arbeitnehmer als Ausgleich für den mit der Beendigung des Arbeitsverhältnisses verbundenen Verlust des Arbeitsentgelts einen voraussichtlich dauerhaften Rentenbezug beanspruchen kann.[138] Die Beendigung des Arbeitsverhältnisses tritt daher nicht ein, wenn es zu keinem Rentenbezug kommt, selbst wenn der Arbeitnehmer von seiner sozialrechtlichen Dispositionsbefugnis Gebrauch macht und seinen Rentenantrag zurücknimmt.[139]

58 **b) Teilweise Erwerbsminderung, befristeter Rentenbezug.** Bei einer teilweise verminderten Erwerbsfähigkeit ist die Vereinbarung einer Beendigung des Arbeitsverhältnisses nicht zulässig, wenn der Arbeitnehmer noch auf seinem bisherigen oder einem anderen, ihm nach seinem Leistungsvermögen zumutbaren freien Arbeitsplatz weiterbeschäftigt werden kann und der Arbeitnehmer das Weiterbeschäftigungsverlangen bis zur Zustellung des Rentenbescheids in der

---

[131] BVerfG 25. 11. 2004 AP 25 zu § 620 BGB Altersgrenze; BAG 21. 7. 2004 EzA 5 zu § 620 BGB 2002 Altersgrenze; 27. 11. 2002 AP 22 zu § 620 BGB Altersgrenze; 31. 7. 2002 AP 14 zu § 1 TVG Tarifverträge: Luftfahrt = NZA 2002, 1155; 25. 2. 1998 AP 11 zu § 1 TVG Tarifverträge: Luftfahrt = NZA 98, 715; 11. 10. 1995 AP 20 zu § 620 BGB Bedingung = NZA 96, 1212; 12. 2. 1992 AP 5 zu § 620 BGB Altersgrenze = NZA 93, 998; 6. 3. 1986 AP 1 zu § 620 BGB Altersgrenze.

[132] BAG 31. 7. 2002 AP 14 zu § 1 TVG Tarifverträge: Luftfahrt = NZA 2002, 1155; 20. 2. 2002 AP 18 zu § 620 BGB Altersgrenze = NZA 2002, 789; 23. 1. 2002 AP 16 zu § 620 BGB Altersgrenze = NZA 2002, 669; 25. 2. 1998 AP 11 zu § 1 TVG Tarifverträge: Luftfahrt = NZA 98, 715; 6. 3. 1986 AP 1 zu § 620 BGB Altersgrenze.

[133] BAG 20. 12. 1984 AP 9 zu § 620 BGB Bedingung.

[134] BAG 16. 10. 2008 – 7 AZR 253/07 (A) – z. V. b.; 31. 7. 2002 AP 14 zu § 1 TVG Tarifverträge: Luftfahrt = NZA 2002, 1155.

[135] BAG 12. 1. 2000 AP 217 zu § 620 BGB Befristeter Arbeitsvertrag = NZA 2000, 722.

[136] BAG 23. 1. 2002 AP 230 zu § 620 BGB Befristeter Arbeitsvertrag = NZA 2002, 986.

[137] BAG 3. 9. 2003 AP 1 zu § 59 BAT-O.

[138] BAG 23. 6. 2004 AP 5 zu § 17 TzBfG = NZA 2005, 520; 1. 12. 2004 AP 13 zu § 59 BAT = NZA 2006, 211.

[139] BAG 23. 6. 2004 AP 5 zu § 17 TzBfG = NZA 2005, 520; 23. 2. 2000 AP 25 zu § 1 BeschFG 1985 = NZA 2000, 821; 11. 3. 1998 AP 8 zu § 59 BAT = NZA 98, 1180.

vertraglichen oder tarifvertraglich gebotenen Form stellt.[140] Teilweise erwerbsgemindert sind nach § 43 I 2 SGB VI Arbeitnehmer, die wegen Krankheit oder Behinderung auf nicht absehbare Zeit außerstande sind, unter den üblichen Bedingungen des allgemeinen Arbeitsmarktes mindestens sechs Stunden täglich erwerbstätig zu sein. Bezieht der erwerbsgeminderte Arbeitnehmer nur eine befristete Rente, ist nicht die Beendigung des Arbeitsverhältnisses, sondern nur sein Ruhen statthaft. Endet der Rentenbezug, lebt das bisherige Arbeitsverhältnis wieder auf.[141] Werden dem Arbeitnehmer eine befristete Rente wegen voller Erwerbsminderung und eine unbefristete Rente wegen teilweiser Erwerbsminderung bewilligt, endet das Arbeitsverhältnis nach § 33 IV TVöD, wenn kein wirksames Weiterbeschäftigungsverlangen gestellt wird.[142] Die Beendigung des Arbeitsverhältnisses eines schwerbehinderten Arbeitnehmers ist von der Zustimmung des Integrationsamts (§ 92 SGB IX) und der Mitteilung des Arbeitgebers nach § 21, § 15 II TzBfG abhängig.

6. Personalaustausch, Lektoren. Die Sicherung eines aktualitätsbezogenen Unterrichts 59
rechtfertigte nach den §§ 57a ff. HRG die Befristung der Arbeitsverträge mit Fremdsprachenlektoren aus den Mitgliedsstaaten der EU nicht.[143] Dient die konkrete Lektorenstelle jedoch einem internationalen Austausch von Hochschulabsolventen, kann dies die Befristung eines Lektors sachlich rechtfertigen, wenn zum Zeitpunkt des Vertragsschlusses eine entsprechende Vereinbarung mit ausländischen Hochschulen oder eine entsprechende Verwaltungspraxis besteht und tatsächlich ein Austausch stattfindet.[144] Die Befristung mit Lektoren kann nach dem WissZeitVG (§ 40 RN 27) erfolgen, wenn diese wissenschaftliche Dienstleistungen erbringen, nicht hingegen bei der Beschäftigung mit Daueraufgaben im Bereich des Sprachunterrichts.

7. Prozessbeschäftigung. a) Beschäftigungsform. Bei der Beurteilung einer Beschäfti- 60
gung des Arbeitnehmers während eines Rechtsstreits um den Bestand des Arbeitsverhältnisses ist zwischen einer vertraglich begründeten Beschäftigung und einer Beschäftigung zur Abwendung der Zwangsvollstreckung zu unterscheiden. Welche Form die Parteien gewählt haben, ist bei nicht eindeutigen Vereinbarungen durch Auslegung ihrer Erklärungen zu ermitteln. Der Arbeitnehmer wird regelmäßig zur Abwendung der Zwangsvollstreckung beschäftigt, wenn **(1)** der Arbeitnehmer über einen Weiterbeschäftigungstitel verfügt und das Vollstreckungsgericht eine entsprechende Verpflichtung des Arbeitgebers ausspricht, **(2)** der Arbeitnehmer dem Arbeitgeber die Vollstreckung aus einem vorhandenem Titel lediglich androht oder **(3)** der Arbeitgeber sich bereits im Hinblick auf einen mit dem Kündigungsschutzantrag verbundenen Weiterbeschäftigungsantrag zur Beschäftigung des Arbeitnehmers bis zum rechtskräftigen Abschluss des Rechtsstreits bereit erklärt. Hingegen wird regelmäßig eine vertraglich vereinbarte Beschäftigung bis zum Prozessende vorliegen, wenn der Arbeitnehmer keinen Weiterbeschäftigungsantrag erhoben hat und vom Arbeitgeber zur Aufnahme einer Prozessbeschäftigung aufgefordert wird. Keine Beschäftigung zur Abwendung der Zwangsvollstreckung wird auch anzunehmen sein, wenn die Parteien eine Beschäftigung vereinbaren, die von dem bisherigen Vertragsinhalt nicht gedeckt ist, der Arbeitgeber also zu ihrer Zuweisung im Wege des Direktionsrechts nicht berechtigt wäre.

b) Sachgrund, Schriftform. Für die Prozessbeschäftigung bedarf der Arbeitgeber nur dann 61
eines Sachgrunds, wenn sie auf vertraglicher Grundlage erfolgt, da bei der Beschäftigung zur Abwendung der Zwangsvollstreckung kein Arbeitsverhältnis begründet wird. Für die Vereinbarung einer Prozessbeschäftigung besteht auch ein sachlicher Grund. Mit der stattgebenden oder abweisenden Entscheidung in dem Bestandsrechtsstreit steht das Bestehen oder Nichtbestehen des ursprünglich zwischen den Parteien begründeten Arbeitsverhältnisses fest. Eine Notwendigkeit für die Parteien, sich für die Beschäftigung während des Bestandsrechtsstreits unbefristet zu binden, besteht deshalb nicht. Ist danach die Prozessbeschäftigung vertraglich begründet, unterliegt die entsprechende Befristungsabrede nach der Rspr. des BAG dem Schriftformerfordernis des § 14 IV TzBfG.[145]

---

[140] BAG 1. 12. 2004 AP 13 zu § 59 BAT = NZA 2006, 211; 9. 8. 2000 AP 10 zu § 59 BAT = NZA 2001, 737.

[141] BAG 23. 2. 2000 AP 25 zu § 1 BeschFG 1985 = NZA 2000, 821.

[142] BAG 15. 3. 2006 AP 14 zu § 59 BAT.

[143] EuGH 20. 10. 1993 AP 17 zu § 48 EWG-Vertrag; BAG 16. 4. 2008 – 7 AZR 85/07 – ZTR 2008, 567; 25. 2. 1998 AP 15 zu § 57b HRG; 12. 2. 1997 AP 13 zu § 57b HRG = NZA 97, 998; 15. 3. 1995 AP 10 zu § 2 BAT SR 2y = NZA 95, 1169; a. A. aber ohne Bindungswirkung für das Gemeinschaftsrecht BVerfG 24. 4. 1996 AP 2 zu § 57a HRG.

[144] BAG 20. 9. 1995 AP 4 zu § 57b HRG; 15. 3. 1995 AP 10 zu § 2 BAT SR 2y = NZA 95, 1169.

[145] BAG 22. 10. 2003 AP 6 zu § 14 TzBfG = NZA 2004, 1275.

62 **8. Staatlich geförderte Arbeitsverhältnisse.** Die kalendermäßige oder Zweckbefristung des Arbeitsvertrags mit einem Arbeitnehmer, der dem Arbeitgeber im Rahmen einer AB-Maßnahme (§§ 260 ff. SGB III, dazu § 21 RN 37) zugewiesen worden ist, ist wirksam, wenn die Dauer der Befristung mit der Dauer der Zuweisung übereinstimmt. Diese Rechtsprechung beruht auf der Erwägung, dass der Arbeitgeber die Einstellung des ihm von der Arbeitsverwaltung zugewiesenen Arbeitnehmers im Vertrauen auf die zeitlich begrenzte Förderungszusage vorgenommen hat, ohne die er entweder keinen oder einen leistungsfähigeren Arbeitnehmer eingestellt hätte. Die Befristungskontrolle ist bei Arbeitsverhältnissen in AB-Maßnahmen grundsätzlich auf die Prüfung beschränkt, ob die Laufzeit des Arbeitsvertrags am konkreten Förderungszeitraum orientiert ist.[146] Jedoch kann der Arbeitgeber berechtigte Erwartungen wecken, dass das Arbeitsverhältnis nach Abschluss der Maßnahme fortgesetzt wird;[147] in diesem Fall ist nicht die Befristung unwirksam, vielmehr besteht ein Anspruch auf Vertragsfortsetzung, der mit einer Leistungsklage zu verfolgen ist. Ein Befristungsgrund ist gegeben, wenn im Auftrag der Arbeitsverwaltung Maßnahmen zur Berufsvorbereitung und sozialen Eingliederung junger Ausländer[148] oder zur Förderung benachteiligter Jugendlicher[149] durchgeführt werden. Dagegen kann die Rspr. nicht auf Arbeitsverhältnisse übertragen werden, bei denen der Arbeitgeber einen Einarbeitungs- oder Eingliederungszuschusses erhält. Die Zuschüsse dienen nicht zur Schaffung neuer Arbeitsplätze, sondern dem Ausgleich der finanziellen Belastung des Arbeitgebers wegen der nur eingeschränkten Leistungsfähigkeit des Arbeitnehmers.[150] Die Beschäftigung von Beziehern von ALG II in einer befristeten Arbeitsgelegenheit (§ 16 d SGB II) bedarf keines sachliches Grundes, da es sich nicht um eine Beschäftigung im Rahmen eines Arbeitsverhältnisses handelt;[151] auf die fehlenden Voraussetzungen des § 16 d Satz 2 SGB II kann sich der Hilfeempfänger vor den Arbeitsgerichten nicht berufen. Nach § 16 e SGB II können Arbeitgeber zur **Eingliederung von erwerbsfähigen Hilfebedürftigen mit Vermittlungshemmnissen** in Arbeit einen Beschäftigungszuschuss als Ausgleich der zu erwartenden Minderleistungen des Arbeitnehmers und einen Zuschuss zu sonstigen Kosten erhalten. Auf Grund der Regelung in § 16 e VI SGB II liegt ein sachlicher Grund für die Befristung des Arbeitsverhältnisses vor, wenn ein erwerbsfähiger Hilfebedürftiger für die Dauer der Erbringung des Beschäftigungszuschusses eingestellt wird.[152]

63 **9. Wunsch des Arbeitnehmers.** Der Wunsch des Arbeitnehmers nach einer nur zeitlich begrenzten Beschäftigung kann die Befristung eines Arbeitsvertrages sachlich rechtfertigen. Dazu reicht aber nicht aus, dass der Arbeitnehmer überhaupt an einer Beschäftigung interessiert ist. Auch die bloße Annahme des Angebots des Arbeitgebers auf Abschluss eines befristeten Arbeitsvertrages für ständig wiederkehrende Arbeiten ist unzureichend. Es müssen vielmehr Tatsachen vorliegen, aus denen ein Interesse des Arbeitnehmers gerade an einer befristeten Beschäftigung folgt. Entscheidend ist, ob der Arbeitnehmer auch bei einem Angebot auf Abschluss eines unbefristeten Vertrags nur ein befristetes Arbeitsverhältnis vereinbart hätte.[153] Ein sachlicher Grund für eine nachträgliche Befristung eines unbefristeten Arbeitsverhältnisses liegt auch nicht darin, dass der neue befristete Arbeitsvertrag für den Arbeitnehmer günstigere Arbeitsbedingungen vorsieht und der Arbeitnehmer zwischen diesem neuen Arbeitsvertrag und der Fortsetzung seines bisherigen unbefristeten Arbeitsverhältnisses frei wählen konnte.[154] Zur Befristung im Anschluss an eine Berufsausbildung RN 16.

---

[146] BAG 19. 1. 2005 AP 1 zu § 267 SGB III = NZA 2005, 873; 15. 2. 1995 AP 186 zu § 620 BGB Befristeter Arbeitsvertrag = NZA 95, 987; 13. 4. 1994 AP 1 zu § 57 c HRG = NZA 95, 67; 3. 12. 1982 AP 72 zu § 620 BGB Befristeter Arbeitsvertrag.

[147] BAG 26. 4. 1995 AP 4 zu § 91 AFG.

[148] BAG 28. 5. 1986 AP 101 zu § 620 BGB Befristeter Arbeitsvertrag = NZA 86, 820.

[149] BAG 28. 5. 1986 AP 102 zu § 620 BGB Befristeter Arbeitsvertrag.

[150] BAG 4. 6. 2003 AP 245 zu § 620 BGB Befristetes Arbeitsvertrag; 11. 12. 1991 AP 145 zu § 620 BGB Befristeter Arbeitsvertrag = NZA 93, 361.

[151] BAG 26. 9. 2007 AP 3 zu § 16 SGB II = NZA 2007, 1422; 8. 11. 2006 AP 89 zu § 2 ArbGG 1979 = NZA 2007, 53.

[152] Dazu *Brandner* SozSich 2007, 273; *Düwell* FA 2008, 11; *Horn* SuP 2007, 594.

[153] BAG GS 12. 10. 1960 AP 16 zu § 620 BGB Befristeter Arbeitsvertrag; BAG 19. 1. 2005 AP 260 zu § 620 BGB Befristeter Arbeitsvertrag; 5. 6. 2002 AP 13 zu § 1 BeschFG 1996; 6. 11. 1996 AP 188 zu § 620 BGB Befristeter Arbeitsvertrag = NZA 97, 1222; 10. 8. 1994 AP 162 zu § 620 BGB Befristeter Arbeitsvertrag = NZA 95, 30; 26. 4. 1985 AP 91 zu § 620 BGB Befristeter Arbeitsvertrag; 3. 10. 1984 AP 88 zu § 620 BGB Befristeter Arbeitsvertrag; 22. 3. 1973 AP 38 zu § 620 BGB Befristeter Arbeitsvertrag.

[154] BAG 26. 8. 1998 AP 203 zu § 620 BGB Befristeter Arbeitsvertrag = NZA 99, 476.

§ 41. Probe- und Aushilfsarbeitsverhältnis

Übersicht

	RN		RN
I. Probearbeitsverhältnis	1 ff.	II. Aushilfsarbeitsverhältnis	17 ff.
1. Allgemeines	1–7	1. Voraussetzungen	17
2. Befristetes Probearbeitsverhältnis	8–13	2. Befristetes Aushilfsarbeitsverhältnis	18–20
3. Probezeit als Mindestvertragszeit	14	3. Unbefristetes Aushilfsarbeitsverhältnis	21–24
4. Unbefristetes Arbeitsverhältnis mit vereinbarter Probezeit	15	4. Steuer und Sozialversicherung	25
5. Kündigungsschutz	16		

I. Probearbeitsverhältnis

Berger-Delhey, Zwei Jahre zur Probe?, ZTR 2006, 74; *Bertzbach,* Zur Zulässigkeit von sog. Einfühlungsverhältnissen, FA 2002, 340; *Blomeyer,* Aktuelle Rechtsprobleme der Probezeit, NJW 2008, 2812; *Dollmann,* Praktikum und Vergütungsanspruch – Zwischen Einfühlungsverhältnis und verschleierter Probeanstellung, ArbRB 2006, 306; *Lembke,* Neue Wege zur Verlängerung der Probezeit, DB 2002, 2648; *Linck,* Probe- und Aushilfsarbeit, HzA 1/3 (2003); *Maties,* Generation Praktikum, RdA 2007, 135; *Preis/Kliemt/Ulrich,* Das Probearbeitsverhältnis, AR-Blattei, SD 1270.

1. Allgemeines. a) Zweck. Das Probearbeitsverhältnis soll sowohl dem Arbeitgeber wie dem Arbeitnehmer die Möglichkeit geben, sich, den Vertragspartner und die Arbeitsstelle im Hinblick auf eine längerfristige Zusammenarbeit zu prüfen. Die Aufnahme eines Probearbeitsverhältnisses kann von der Arbeitsverwaltung durch vorherige Trainingsmaßnahmen (§§ 48 ff. SGB III, § 21 RN 17) und Mobilitätshilfen (§ 53 SGB III, § 21 RN 18) gefördert werden. 1

b) Abgrenzung. Das Probearbeitsverhältnis ist zu unterscheiden vom **Einfühlungsverhältnis.** Auch bei diesem wollen die Parteien die Voraussetzungen für eine mögliche weitere Zusammenarbeit klären. Beim Einfühlungsverhältnis wird der Arbeitnehmer nur in den Betrieb aufgenommen, ohne die arbeitsvertraglichen Hauptpflichten zu übernehmen. Er untersteht während dieser Zeit lediglich dem Hausrecht des Arbeitgebers, nicht aber seinem Direktionsrecht. Ob der Arbeitgeber zur Vergütungszahlung verpflichtet ist, richtet sich nach dem Inhalt des abgeschlossenen Vertrags[1] und danach, ob eine wirtschaftlich erhebliche Leistung erbracht worden ist. Ist dies der Fall, besteht eine Vergütungspflicht, die sich bei Fehlen einer wirksamen Vergütungsvereinbarung nach § 612 BGB richtet. Das Probearbeitsverhältnis unterscheidet sich vom Aushilfsarbeitsverhältnis (§ 622 V BGB) und dem sog. Anlernarbeitsverhältnis durch seine Zweckbestimmung. Der Zweck des **Aushilfsarbeitsverhältnisses** besteht darin, einen nur vorübergehenden Arbeitskräftebedarf zu decken, der nicht durch den normalen Betriebsablauf, sondern durch den Ausfall von Stammkräften oder durch einen zeitlich begrenzten zusätzlichen Arbeitsanfall begründet ist.[2] Durch ein **Anlernarbeitsverhältnis** (Ausbildungs-, Umschulungs-, Praktikanten-, Volontärverhältnis) sollen dem Arbeitnehmer erst die Fähigkeiten vermittelt werden, die er für seine künftige Arbeit benötigt. Deren vorherigen Erwerb setzt die Einstellung zur Erprobung voraus, da im Probearbeitsverhältnis gerade ermittelt werden soll, ob das erworbene fachliche Wissen praktisch angewendet werden kann. 2

c) Probezeit. Gesetzlich ist eine Probezeit nur für Berufsausbildungsverhältnisse vorgesehen. Während der Probezeit kann das Ausbildungsverhältnis jederzeit ohne Einhaltung einer Kündigungsfrist gekündigt werden (§ 22 I BBiG, dazu § 174). Im Übrigen beruht die Probeanstellung auf Tarifvertrag, freiwilliger Betriebsvereinbarung (§ 88 BetrVG) oder einer Vereinbarung im Arbeitsvertrag. Die einzelvertragliche Vereinbarung einer Probezeit ist grundsätzlich zulässig, es sei denn, der Arbeitgeber hatte bereits ausreichende Möglichkeiten, den Arbeitnehmer zu erproben. In Tarifverträgen kann das Probearbeitsverhältnis normativ eingeführt werden; regelmäßig beschränken sich die Tarifverträge aber darauf, die Höchstdauer der Probezeit zu regeln. Für Betriebsvereinbarungen kann sich eine Regelungssperre aus § 77 III BetrVG ergeben. 3

d) Abschluss und Beendigung des Probearbeitsverhältnisses. aa) Vertragsform. Das Probearbeitsverhältnis kann als befristetes Arbeitsverhältnis, das nach Ablauf der Probezeit endet (§ 38 RN 41) oder als unbefristetes Arbeitsverhältnis vereinbart werden, das nach Ablauf der 4

---

[1] LAG Hamm 24. 5. 1989 BB 89, 1759 = DB 89, 1974; vgl. *Bertzbach* FA 2002, 340.
[2] BAG 22. 5. 1986 AP 23 zu § 622 BGB.

Probezeit in ein normales Arbeitsverhältnis übergeht, wenn es nicht zuvor gekündigt wird.[3] Ist eine Befristung gewollt, bedarf diese zunächst der Schriftform (§ 38 RN 50). Bei der Vereinbarung einer festbestimmten Probezeit („drei Monate Probe“) ist i. Zw. ein unbefristetes Arbeitsverhältnis anzunehmen, da die Parteien regelmäßig davon ausgehen, dass es auf die Dauer abgeschlossen wird.[4] Im Streitfall muss diejenige Vertragspartei die Befristung beweisen, die sich darauf beruft,[5] also z. B. der Arbeitgeber gegenüber der entsprechenden Feststellungsklage des Arbeitnehmers, letzterer auf eine auf Vertragsbruch gestützte Klage des Arbeitgebers. Das unbefristete Arbeitsverhältnis mit vorgeschalteter Probezeit kann in der Weise gewollt sein, dass die Probezeit als Mindestvertragszeit gewollt ist, aber auch allein als Erprobungszeit, die dem Arbeitsverhältnis vorgeschaltet ist. Ob bei Abschluss eines Arbeitsvertrags die Vereinbarung einer Probezeit gewollt ist, ist bei unklaren Abmachungen durch Auslegung des Vertrags zu ermitteln. Für den Abschluss eines Probearbeitsverhältnisses spricht nicht bereits der Anscheinsbeweis.[6]

5 **bb) Zustandekommen.** Der Abschluss des Probearbeitsvertrags richtet sich nach §§ 145 ff. BGB. Aus ihm ergeben sich dieselben Rechte und Pflichten wie aus einem sonstigen Arbeitsverhältnis auch. Jedoch wird die **Anfechtung** wegen Fehlens verkehrswesentlicher Eigenschaften (§ 119 II BGB) ausgeschlossen sein, da deren Vorhandensein oder Fehlen zumeist erst während der Probezeit festgestellt werden soll. Eine Ausnahme kann gelten, wenn wegen Fehlens bestimmter Eigenschaften oder Fähigkeiten selbst ein normaler Ablauf der Probezeit unmöglich ist; z. B. der als Konstrukteur angestellte Ingenieur ist absolut ungeeignet. Die befristete oder unbefristete Einstellung eines schwerbehinderten Menschen zur Probe hat der Arbeitgeber nach § 90 III SGB IX dem Integrationsamt anzuzeigen, wenn ihm die Schwerbehinderung bekannt ist.

6 **cc) Beendigung.** Eine außerordentliche Kündigung ist grundsätzlich aus denselben Gründen wie in einem normalen Arbeitsverhältnis möglich. Auf fachliches Versagen kann sie jedoch grundsätzlich nicht gestützt werden,[7] es sei denn, dass es völlig an den im Arbeitsverhältnis vorausgesetzten Fähigkeiten und Eigenschaften fehlt.[8] Der Arbeitgeber ist vor Ablauf von 6 Monaten zur Kündigung des Probearbeitsverhältnisses berechtigt, selbst wenn sich der Arbeitnehmer in der Probezeit bewährt hat. Aus der Vereinbarung der Probezeit folgt keine Kündigungsbeschränkung.[9]

7 **e) Betriebsverfassung.** Die Einstellung zur Probe unterliegt der Mitbestimmung des Betriebsrats nach §§ 99 ff. BetrVG. Jedoch kann der Betriebsrat einer befristeten statt einer unbefristeten Einstellung nicht mit dem Hinweis auf § 99 II Nr. 4 BetrVG widersprechen (§ 241 RN 49). Während der Probezeit ist der Arbeitnehmer betriebsverfassungsrechtlich Mitglied der Belegschaft und zur Betriebsratswahl wahlberechtigt (§ 217 RN 11).

8 **2. Befristetes Probearbeitsverhältnis. a) Sachgrundlose Befristung.** Nach § 14 II TzBfG kann ein Arbeitsvertrag auf zwei Jahre ohne Sachgrund befristet werden, wenn zwischen den Arbeitsvertragsparteien bisher noch kein Arbeitsverhältnis bestanden hat (§ 39 RN 2).

9 **b) Sachgrund.** Ist eine sachgrundlose Befristung ausgeschlossen, weil zwischen den Arbeitsvertragsparteien bereits ein Arbeitsverhältnis bestanden hat, kann das Probearbeitsverhältnis dennoch befristet abgeschlossen werden, da die Erprobung als Befristungszweck anerkannt ist (§ 14 I 2 Nr. 5 TzBfG, dazu § 40 RN 34). Der Erprobungszweck nach § 14 I 2 Nr. 5 TzBfG muss nicht Vertragsinhalt geworden sein.[10] Das Vorliegen des Sachgrunds der Nr. 5 ist nur objektive Wirksamkeitsvoraussetzung für die Befristung eines Arbeitsverhältnisses. Die Befristung zur Erprobung ist aber nicht statthaft, wenn sie gesetzlich, tariflich oder kraft Betriebsvereinbarung ausgeschlossen ist. Ein tariflicher Ausschluss kann vorliegen, wenn der Tarifvertrag eine abschließende Regelung der Kündigung von unbefristeten Probearbeitsverhältnissen enthält; hingegen ist nicht von einem tariflichen Verbot eines befristeten Probearbeitsverhältnisses auszu-

[3] BAG 29. 7. 1958 AP 3 zu § 620 BGB Probearbeitsverhältnis.
[4] BAG 29. 7. 1958 AP 3 zu § 620 BGB Probearbeitsverhältnis.
[5] BAG 29. 7. 1958 AP 3 zu § 620 BGB Probearbeitsverhältnis.
[6] BAG 30. 9. 1981 AP 61 zu § 620 BGB Befristeter Arbeitsvertrag; *Preis/Kliemt,* AR-Blattei, SD 1270 RN 51.
[7] BAG 10. 5. 1971 AP 6 zu § 628 BGB.
[8] LAG Frankfurt 5. 2. 1987 BB 87, 1672; LAG München 15. 7. 1975 DB 75, 1756.
[9] BAG 8. 3. 1962 AP 22 zu § 620 BGB Befristeter Arbeitsvertrag.
[10] BAG 23. 6. 2004 AP 13 zu § 14 TzBfG = NZA 2004, 1333 unter Aufgabe von BAG 31. 8. 1994 AP 163 zu § 620 BGB Befristeter Arbeitsvertrag; 30. 9. 1981 AP 61 zu § 620 BGB Befristeter Arbeitsvertrag = NJW 82, 1173.

gehen, wenn im Tarifvertrag nur eine Kündigungsfrist während der Probezeit geregelt ist.[11] Ist das Probearbeitsverhältnis befristet abgeschlossen, endet es mit Ablauf der vereinbarten Zeit, für die es eingegangen ist[12] und ohne Rücksicht auf etwaige Kündigungsbeschränkungen (z. B. § 9 MuSchG, § 85 SGB IX). Bei einem über 6 Monate hinausgehenden Probearbeitsverhältnis kann es aus dem Gesichtspunkt der Rücksichtnahme auf die Interessen des anderen Vertragspartners und zur Vermeidung von Schadensersatzansprüchen für den Arbeitgeber im Ausnahmefall geboten sein, den Arbeitnehmer darauf hinzuweisen, dass die Übernahme in ein unbefristetes Arbeitsverhältnis nicht beabsichtigt ist.[13]

c) Dauer. aa) Bei einer sachgrundlosen Befristung bedarf es keiner Rechtfertigung der gewählten Vertragsdauer. Die Dauer der Probezeit muss nur bei einer Befristung mit Sachgrund sachlich gerechtfertigt sein.[14] Bei Bestehen einer tariflichen Regelung sollte sich die Länge einer einzelvertraglich vereinbarten Probezeit an der tarifvertraglich vorgesehenen Zeitdauer orientieren. Die Probezeit kann bei einfachen Arbeiten bis zu drei Monate und ansonsten sechs Monate[15] betragen. Nur ausnahmsweise kann eine längere als eine sechsmonatige Probezeit vereinbart werden, weil innerhalb dieser Frist eine Beurteilung der Arbeitsleistung nicht möglich ist. Dies gilt z. B. für künstlerische und wissenschaftliche Berufe. Die Höchstdauer beträgt wohl ein Jahr.[16] Ist der Arbeitnehmer bereits früher bei dem Arbeitgeber beschäftigt gewesen, kann eine neue Probezeit vereinbart werden, wenn er in einem neuen Tätigkeitsbereich eingesetzt wird.[17] Die Dauer einer Probezeit kann durch Tarifvertrag oder Betriebsvereinbarung beschränkt werden. Eine sachliche Rechtfertigung der tariflichen Probezeiten ist regelmäßig entbehrlich.[18] Für Auszubildende nach dem BBiG beträgt die Probezeit mindestens ein und höchstens vier Monate (§ 20 BBiG). 10

bb) Verlängerung. Hat sich der Arbeitnehmer innerhalb der Probezeit nicht bewährt, ist eine einmalige und angemessene Verlängerung der Probezeit möglich.[19] Eine Pflicht zur Verlängerung des Arbeitsverhältnisses besteht nicht.[20] Das BAG hat es als zulässig angesehen, bei einer notwendigen Probezeitverlängerung eine solche einzuräumen und zu deren Ende einen Auflösungsvertrag zu schließen.[21] Ob die Probezeit durch eine Unterbrechung der Tätigkeit des Arbeitnehmers verlängert wird, hängt von der Auslegung der getroffenen Vereinbarungen ab. Eine automatische Verlängerung um die Zeiten der Abwesenheit ist unzulässig. Im Allgemeinen wird die Probezeit durch kurzfristige Fehlzeiten des Arbeitnehmers (z. B. durch Erkrankungen) nicht beeinträchtigt. Längere Abwesenheitszeiten des Arbeitnehmers können eine Verlängerung der Probezeit rechtfertigen. Bei einer Verlängerung i. S. d. § 14 II 2 TzBfG (§ 39 RN 9) gelten die bisher getroffenen Vereinbarungen auch im Verlängerungszeitraum.[22] 11

cc) Fortsetzung. Wird ein befristetes Arbeitsverhältnis nach Ablauf der Probezeit fortgesetzt, kann nach § 15 V TzBfG ein unbefristetes Arbeitsverhältnis zustande kommen (vgl. § 38 RN 44). Die Berufung auf den Ablauf der Befristung kann rechtsmissbräuchlich sein, wenn sie ausschließlich aus sachfremden Gründen erfolgt, z. B. wegen einer inzwischen eingetretenen Schwangerschaft (dazu § 40 RN 3). Der Arbeitnehmer hat die Ausnahmesituation im Streitfall zu beweisen. Jedoch können zu seinen Gunsten Beweiserleichterungen nach den Grundsätzen des Anscheinsbeweises in Betracht kommen, zur Beteiligung des Betriebsrats § 241 RN 12. 12

dd) Beendigung. Während der Dauer eines befristeten Probearbeitsverhältnisses ist eine ordentliche Kündigung nur möglich, wenn diese einzelvertraglich oder im anwendbaren Tarifvertrag vereinbart ist (§ 15 III TzBfG). Die außerordentliche Kündigung ist dagegen jederzeit mög- 13

[11] BAG 7. 8. 1980 AP 15 zu § 620 BGB Probearbeitsverhältnis.
[12] BAG 21. 12. 1957 AP 5 zu § 4 TVG.
[13] LAG Bremen BB 63, 1136.
[14] BAG 15. 3. 1978 AP 45 zu § 620 BGB Befristeter Arbeitsvertrag; 28. 11. 1963 AP 26 zu § 620 BGB Befristeter Arbeitsvertrag.
[15] BAG 7. 5. 1980 AP 35 zu § 611 BGB Abhängigkeit; 15. 3. 1978 AP 45 zu § 620 BGB Befristeter Arbeitsvertrag.
[16] Vgl. BAG 7. 5. 1980 AP 36 zu § 611 BGB Abhängigkeit; 15. 3. 1966 AP 28 zu § 620 BGB Befristeter Arbeitsvertrag.
[17] BAG 12. 2. 1981 AP 1 zu § 5 BAT.
[18] BAG 7. 8. 1980 AP 15 zu § 620 BGB Probearbeitsverhältnis.
[19] BAG 15. 3. 1978 AP 45 zu § 620 BGB Befristeter Arbeitsvertrag; 12. 9. 1996 AP 27 zu § 611 BGB Musiker = NZA 97, 841.
[20] BAG 8. 3. 1962 AP 22 zu § 620 BGB Befristeter Arbeitsvertrag.
[21] BAG 7. 3. 2002 AP 22 zu § 620 BGB Aufhebungsvertrag.
[22] LAG Hamm 31. 10. 2006 NZA-RR 2007, 243.

lich. Umstr. ist, ob an den wichtigen Grund strengere oder weniger strenge Anforderungen gestellt werden müssen. Im Allgemeinen wird bei kurzen Kündigungsfristen ein Zuwarten bis zum Ablauf der Kündigungsfrist zumutbar sein. Die außerordentliche Kündigung kann nur in Ausnahmefällen auf mangelhafte Eignung gestützt werden, z. B. wenn jede Eignung fehlt und die Gefahr eines weiteren Schadens droht;[23] zur Kündigungsfrist § 126 RN 29.

14 **3. Probezeit als Mindestvertragszeit.** Ist das Arbeitsverhältnis in der Weise vereinbart, dass eine gewisse Zeit am Anfang des Arbeitsverhältnisses als Probezeit im Sinne einer Mindestvertragszeit gelten soll, so ist eine ordentliche Kündigung während dieser Zeit ausgeschlossen. Sie ist frühestens zum Ende der Probezeit zulässig. Eine derartige Rechtsgestaltung wird i. d. R. nur gewählt, wenn einem Arbeitnehmer, z. B. einem Wissenschaftler, die Möglichkeit gegeben werden soll, sich in Ruhe einzuarbeiten. Erfolgt keine Kündigung während der Probezeit, so gilt das Arbeitsverhältnis als auf unbestimmte Zeit verlängert.

15 **4. Unbefristetes Arbeitsverhältnis mit vereinbarter Probezeit.** Regelmäßig wird die Auslegung des Arbeitsvertrags, in dem eine Probezeit vereinbart ist, ergeben, dass ein Arbeitsverhältnis von unbestimmter Dauer gewollt ist und die Probezeit dazu dienen soll, den Arbeitnehmer zu prüfen, ob er für die Arbeit geeignet ist. Ein öffentlicher Arbeitgeber ist auch dann zur Erprobung des Arbeitnehmers berechtigt, wenn er zuvor ein Auswahlverfahren durchgeführt hat und der Bewerber in diesem Auswahlverfahren gut abgeschnitten hat.[24] Die Probezeit beginnt grundsätzlich mit dem vereinbarten Beginn des Arbeitsverhältnisses. Haben sich die Parteien über die Arbeitsaufnahme für einen bestimmten Arbeitstag vorab verständigt, ist der erste Arbeitstag in die Berechnung des Ablaufs einer vertraglich vereinbarten Probezeit voll einzubeziehen, auch wenn der schriftliche Arbeitsvertrag erst am Tage der Arbeitsaufnahme nach Arbeitsbeginn unterzeichnet wird (§ 187 II BGB i. V. m. § 188 II BGB).[25] Dies gilt auch dann, wenn der Arbeitnehmer zuvor im Rahmen einer AB-Maßnahme oder eines Eingliederungsvertrags beschäftigt worden ist.[26]

16 **5. Kündigungsschutz.** Ist zur Beendigung des Probearbeitsverhältnisses eine Kündigung notwendig, so gilt zugunsten des Arbeitnehmers unter den Voraussetzungen der §§ 1 I, 23 I KSchG der allgemeine und ggf. der besondere Kündigungsschutz. Im Rahmen von § 1 II KSchG ist jedoch dem Erprobungszweck Rechnung zu tragen. Bei Massenentlassungen sind Kündigungen von Probearbeitsverhältnissen mitzurechnen.[27] Ist zur Wirksamkeit einer Kündigung die **Zustimmung der Verwaltungsbehörde** erforderlich, so muss diese grundsätzlich auch zu Kündigungen während der Probezeit eingeholt werden, z. B. bei der Kündigung einer Schwangeren (§ 9 MuSchG). Kein besonderer Kündigungsschutz besteht für schwerbehinderte Menschen, wenn das Arbeitsverhältnis zum Zeitpunkt des Zugangs der Kündigung ohne Unterbrechungen noch nicht sechs Monate bestanden hat (§ 90 I 1 SGB IX). Jedoch hat der Arbeitgeber die Kündigung nach § 90 III SGB IX dem Integrationsamt binnen vier Tagen nach dem Kündigungsausspruch anzuzeigen; ein Verstoß gegen die Anzeigepflicht führt jedoch nicht zur Unwirksamkeit der Kündigung. Eine auf Krankheitsgründe gestützte Kündigung während der Probezeit stellt keine verbotene Maßregelung dar;[28] zur Kündigungsfrist § 126 RN 29.

II. Aushilfsarbeitsverhältnis

K. Dörner, Aushilfsarbeitsverhältnis, HwB AR 360; *Linck,* Probe- und Aushilfsarbeit, HzA 1/3 (2003); *Preis/Kliemt/Ulrich,* Das Aushilfsarbeitsverhältnis, AR-Blattei, SD 310; *Strasser/Melf,* Studierende als Tagelöhner?, ArbuR 2006, 342.

17 **1. Voraussetzungen.** Das Aushilfsarbeitsverhältnis gehört i. d. R. zu den zeitbestimmten Arbeitsverhältnissen (§ 14 I 2 Nr. 1 TzBfG; vgl. § 40 RN 9). Es kann aber auch als unbefristetes Arbeitsverhältnis abgeschlossen werden. Durch die Einstellung zur Aushilfe soll ein vorübergehend auftretender Bedarf an Arbeitskräften (Ersatz- und Zusatzkräften) abgedeckt werden.[29] Durch seine Zwecksetzung unterscheidet sich das Aushilfsarbeitsverhältnis vom Probearbeitsverhältnis. Jedoch kann ein zeitlich befristeter Arbeitsvertrag sowohl zur Aushilfe als auch zur

---

[23] LAG München 15. 7. 1975 DB 75, 1756; LAG Frankfurt 5. 2. 1987 DB 87, 1742 = BB 87, 1672.
[24] BAG 1. 7. 1999 AP 10 zu § 242 BGB Kündigung = NZA 2003, 377.
[25] BAG 27. 6. 2002 AP 22 zu § 620 BGB Probearbeitsverhältnis.
[26] BAG 12. 2. 1981 AP 1 zu § 5 BAT.
[27] *Preis/Kliemt* RN 262.
[28] LAG Sachsen-Anhalt 27. 7. 1999 BB 2001, 205.
[29] BAG 22. 5. 1986 AP 23 zu § 622 BGB; LAG Düsseldorf 21. 11. 1980 DB 81, 589 – Missbrauch.

Erprobung abgeschlossen werden.[30] Unzulässig ist es, nach einem Aushilfsarbeitsverhältnis ein Probearbeitsverhältnis abzuschließen, wenn die Erprobung bereits zuvor hinreichend erfolgen konnte, oder an Stelle eines Probearbeitsverhältnisses ein Aushilfsverhältnis zu begründen, um damit abgekürzte Kündigungsfristen zu erreichen (§ 622 V BGB). Im Einzelfall kann die Vereinbarung eines Aushilfsarbeitsverhältnisses unwirksam sein, wenn der Arbeitgeber keinen Aushilfsbedarf hat und nach der Entlassung sofort neue Arbeitskräfte sucht.[31] Der Abschluss des Arbeitsverhältnisses richtet sich nach den allgemeinen Vorschriften. Besonderheiten bestehen bei der Nachweispflicht (§ 34 RN 64). Ein befristetes Aushilfsarbeitsverhältnis bedarf der Schriftform (§ 14 IV TzBfG, § 38 RN 50).

2. Befristetes Aushilfsarbeitsverhältnis. a) Vereinbarung. Das Aushilfsarbeitsverhältnis kann befristet abgeschlossen werden (§ 14 I 2 Nr. 1 TzBfG, dazu § 40 RN 9). Möglich ist unter den Voraussetzungen des § 14 II TzBfG zunächst eine sachgrundlose Befristung, sofern zwischen den Parteien bisher noch kein Arbeitsverhältnis bestanden hat (§ 39 RN 2). Bedarf die Befristung eines Sachgrundes, kann sich dieser aus dem vorübergehenden Arbeitskräftebedürfnis des Arbeitgebers ergeben, z. B. bei einer Einstellung für den Sommerschlussverkauf, einer Erkrankung eines Arbeitnehmers für die Semesterferien usw. Die Vereinbarung einer Befristung muss hinreichend bestimmt sein. Ist dies nicht der Fall, gilt im Zweifel das Arbeitsverhältnis als unbefristet abgeschlossen. Unzureichend ist daher z. B. die Einstellung „für einige Tage", „für die Dauer eines zusätzlichen Bedarfs an Arbeitskräften". Beschäftigt ein Arbeitgeber eine Aushilfskassiererin zunächst in einem auf zwei Wochen befristeten Arbeitsvertrag und setzt ihn dadurch fort, dass er die Arbeitnehmerin jeweils an einzelnen Tagen einsetzt, so kann nach § 15 V TzBfG ein unbefristetes Arbeitsverhältnis entstehen und nicht jeweils befristete Eintagsarbeitsverhältnisse.[32] 18

b) Sachlicher Grund. Ist eine sachgrundlose Befristung des zur Aushilfe eingestellten Arbeitnehmers nicht möglich, bedarf es zum Abschluss eines befristeten Aushilfsarbeitsverhältnisses eines sachlichen Grundes. Ein sachlicher Grund liegt vor, wenn ein nur vorübergehender Arbeitskräftebedarf besteht (§ 40 RN 9). Kein sachlicher Grund ist gegeben, wenn ein ständiger Bedarf nach Daueraushilfen gegeben ist.[33] Der Sachgrund kann sich bei Daueraufgaben aus der Person des Arbeitnehmers ergeben, z. B. weil der Arbeitnehmer an einer ständigen Arbeitsleistung gehindert ist.[34] 19

c) Beendigung. Ein befristetes Aushilfsarbeitsverhältnis endet ohne Rücksicht auf Kündigungsschutzbestimmungen mit Ablauf der vereinbarten Frist bzw. Zweckerreichung. Eine ordentliche Kündigungsmöglichkeit muss vereinbart werden (§ 15 III TzBfG). Das befristete Aushilfsarbeitsverhältnis kann aber auch in der Weise abgeschlossen sein, dass die durch den Aushilfszweck gekennzeichnete Dauer die Höchstdauer sein soll. Dann ist eine vorherige ordentliche Kündigung zulässig, zur Kündigungsfrist § 126 RN 36. 20

3. Unbefristetes Aushilfsarbeitsverhältnis. a) Die Begründung des Aushilfsarbeitsverhältnisses kann auch im Rahmen eines unbefristeten Arbeitsverhältnisses erfolgen, z. B. mit einem Arbeitnehmer, der ständig freitags und sonnabends arbeitet. Durch den Abschluss des Aushilfsarbeitsverhältnisses wird der Umfang des Direktionsrechts des Arbeitgebers nicht erweitert. Andererseits muss der Arbeitgeber den Arbeitnehmer nicht im Rahmen des Aufgabenbereichs des ausgefallenen Arbeitnehmers einsetzen, sondern kann die Arbeitsaufgaben anderweitig verteilen.[35] 21

b) Urlaub. Unter den Voraussetzungen der §§ 1, 5 BUrlG entsteht auch im Rahmen eines Aushilfsarbeitsverhältnisses für den Arbeitnehmer ein Anspruch auf Urlaub bzw. Teilurlaub. Hierzu muss das Arbeitsverhältnis aber zumindest ununterbrochen einen vollen Monat bestanden haben (§ 5 I BUrlG; vgl. § 102). Die Monatsfrist gilt auch dann, wenn in zulässiger Weise mehrere Tagesarbeitsverhältnisse hintereinander abgeschlossen werden und die Gesamtdauer des Arbeitsverhältnisses mehr als einen Monat beträgt.[36] 22

---

[30] BAG 8. 3. 1962 AP 22 zu § 620 BGB Befristeter Arbeitsvertrag.

[31] LAG Düsseldorf 12. 11. 1974 EzA 11 zu § 622 BGB n. F.

[32] Vgl. LAG Berlin 6. 10. 1995 LAGE § 620 BGB Nr. 42; LAG Rheinl.-Pfalz 18. 11. 1996 LAGE § 620 BGB Nr. 47 = ArbuR 97, 250.

[33] BAG 3. 10. 1984 AP 87 zu § 620 BGB Befristeter Arbeitsvertrag.

[34] BAG 30. 9. 1981 AP 63 zu § 620 BGB Befristeter Arbeitsvertrag; 10. 1. 1980 AP 56 zu § 620 BGB Befristeter Arbeitsvertrag.

[35] Vgl. BAG 3. 2. 1963 AP 7 zu § 1 FeiertagslohnzahlungsG Berlin.

[36] BAG 7. 12. 1962 AP 6 zu § 3 UrlG Niedersachsen; aber für Arbeitnehmer nach dem GesamthafenbetriebsG BAG 19. 7. 1957 AP 1 zu § 1 GesamthafenbetriebsG; Einzelheiten unter § 102 RN 16.

23 **c) Entgeltfortzahlung.** Ein Anspruch auf Feiertagsbezahlung besteht, wenn der Feiertag in die Vertragsdauer fällt,[37] er entfällt dagegen, wenn der Arbeitsvertrag vor dem Feiertag endet und nach dem Feiertag neu begründet wird (§ 2 EFZG). Für die Entgeltfortzahlung im Krankheitsfall gelten gegenüber Dauerarbeitsverhältnissen keine Besonderheiten mehr (§ 98). Jedoch kann die Wartezeit dazu führen, dass keine Ansprüche auf Entgeltfortzahlung entstehen.

24 **d) Kündigungsschutz.** Für Kündigungen eines Aushilfsarbeitsverhältnisses durch den Arbeitgeber gilt der allgemeine und besondere Kündigungsschutz, wenn dessen Voraussetzungen (§§ 1 I, 23 I KSchG) gegeben sind. Für eine Kündigung einer schwangeren Arbeitnehmerin ist die Zustimmung der Verwaltungsbehörde (§ 9 MuSchG) notwendig. Bei der Kündigung eines schwerbehinderten Menschen besteht ein Zustimmungserfordernis durch das Integrationsamt nur dann, wenn das Aushilfsarbeitsverhältnis zum Zeitpunkt des Zugangs der Kündigung noch nicht länger als sechs Monate bestanden hat (§ 90 I 1 SGB IX). Besteht ein Betriebsrat, ist dieser vor dem Kündigungsausspruch nach § 102 BetrVG zu beteiligen, zur Kündigungsfrist § 126 RN 36.

25 **4. Steuer und Sozialversicherung.** Für die steuerliche und sozialversicherungsrechtliche Behandlung gelten die Besonderheiten bei geringfügig Beschäftigten (dazu § 44 RN 40 ff., 59 ff.).

§ 42. Nebenbeschäftigung

Berrisch, Aktuelle Entscheidungen zur Nebentätigkeit, FA 2000, 306; *Braun,* Zulässigkeit, Grenzen und Probleme der Nebentätigkeit, DB 2003, 2282; *ders.,* Das Nebentätigkeitsrecht der Angestellten und Arbeiter im öffentlichen Dienst, ZTR 2004, 69; *ders.,* Arbeitsrechtliche Rahmenbedingungen der Nebenbeschäftigung, AuA 2/2004 S. 47; *Färber,* Rechtliche Aspekte von Nebentätigkeiten, PersF 97, 782; *Gaul/Bonanni,* Die Nebentätigkeitsgenehmigung, ArbRB 2002, 284; *Gaul/Khanian,* Zulässigkeit und Grenzen arbeitsrechtlicher Regelungen zur Beschränkung von Nebentätigkeiten, MDR 2006, 68; *Glöckner,* Nebentätigkeitsverbote im Individualarbeitsrecht, 1993; *Grunewald,* Inhalt und Grenzen des arbeitsvertraglichen Nebentätigkeitsverbotes, NZA 94, 971; *Hunold,* Nebentätigkeit und Arbeitszeitgesetz, NZA 95, 558; *ders.,* Rechtsprechung zur Nebentätigkeit des Arbeitnehmers, NZA-RR 2002, 505; *Jochum,* Privilegierung der Einnahmen aus nebenberuflicher Tätigkeit im Bereich der wissenschaftlichen Ausbildung und Prüfung, NJW 2002, 1983; *Kappes/Aabadi,* Nebentätigkeit und Abmahnung, DB 2003, 938; *Kempen/Kreuder,* Nebentätigkeit und arbeitsrechtliches Wettbewerbsverbot bei verkürzter Arbeitszeit, AuR 94, 214; *Kornbichler,* Nebentätigkeit des Arbeitnehmers, Zulässigkeit und Grenzen, AuA 2003 Nr. 6, 16; *Linke,* Muss Arbeitgeber Nebenjob dulden?, AuA 2002, 365; *Lippert,* Nebentätigkeitsrecht und Scheinselbstständigkeit, NJW 2001, 1188; *Lorenz,* Allgemeine und arbeitsvertragliche Beschränkungen von Nebentätigkeiten, ArbRB 2008, 26; *v. Olenhusen/Stechl,* Die tarifvertragliche Regelung der Nebentätigkeit von Redakteuren an Tageszeitungen und Zeitschriften, UFiTA 92, 61; *Peter,* Nebentätigkeiten von Arbeitnehmern, 2006; *Wank,* Nebentätigkeit des Arbeitnehmers, AR-Blattei SD 1230; *Weber/Kaplik,* Nebentätigkeit – Freie Fahrt dem Tüchtigen?, AuA 2000, 536; *Wertheimer/Krug,* Rechtsfragen zur Nebentätigkeit von Arbeitnehmern, BB 2000, 1462.

Übersicht

	RN		RN
I. Begriff und Allgemeines	1 f.	III. Auswirkungen auf den Rentenbezug	18 ff.
1. Rechtsgrundlagen	1	1. Altersrente	18–20
2. Verpflichtung zur Nebentätigkeit	2	2. Rente wegen Erwerbsminderung	21
II. Arbeitsrechtliche Behandlung	3 ff.	IV. Schwarzarbeit	22 ff.
1. Zulässigkeit der Nebentätigkeiten	3	1. Zweck des SchwarzArbG	22
2. Allgemeine Grenzen der Nebentätigkeiten	4–9	2. Begriff	23–27
3. Einzel- oder kollektivvertragliche Beschränkung	10, 11	3. Überprüfung	28
4. Öffentlicher Dienst	12	4. Rechtsweg	29
5. Rücknahme der Genehmigung	13	5. Buß- und Strafvorschriften	30, 31
6. Auskunft	14	6. Ausschluss von öffentlichen Aufträgen	32
7. Rechte und Pflichten	15	7. Nichtigkeit des Vertrags	33, 34
8. Arbeitslose	16	8. Vertragsverletzung des Arbeitnehmers	35
9. Sonstiges	17		

[37] BAG 8. 5. 1985 AP 97 zu § 620 BGB Befristeter Arbeitsvertrag.

I. Begriff und Allgemeines

1. Rechtsgrundlagen. Eine **Nebentätigkeit** kann auf Grund eines Werk-, eines Dienst- oder eines Arbeitsvertrags geleistet werden. Zur Qualifizierung, welcher dieser Vertragstypen vorliegt, kommt es nicht auf den Umfang der geleisteten Tätigkeit an, sondern allein auf die allgemeinen Abgrenzungskriterien (§§ 8, 36). Die Nebentätigkeit wird im Rahmen eines Arbeitsvertrags geleistet, wenn der zur Arbeit Verpflichtete diese in persönlicher Abhängigkeit übernimmt. Sie kann auch beim Hauptarbeitgeber übernommen werden (z. B. wenn der Chauffeur den Rasen schneidet); sie ist alsdann besonders zu vergüten. Auch eine unentgeltlich oder ehrenamtlich ausgeübte Tätigkeit kann eine Nebentätigkeit sein. 1

2. Verpflichtung zur Nebentätigkeit. In Arbeitsverträgen mit Ärzten finden sich vielfach Regelungen, nach denen der Arzt verpflichtet ist, Nebenleistungen zu erbringen (Erteilung von Unterricht, Entnahme von Blutproben). Zumeist werden diese Aufgaben im Rahmen des Hauptarbeitsverhältnisses als Nebenleistungen übernommen.[1] 2

II. Arbeitsrechtliche Behandlung

1. Zulässigkeit der Nebentätigkeiten. Dem Arbeitnehmer steht die Verwendung seiner Arbeitskraft außerhalb der Arbeitszeit grundsätzlich frei. Soweit die Nebentätigkeit beruflicher Natur ist, kann sich der Arbeitnehmer auf das **Grundrecht der freien Berufswahl** berufen (Art. 12 I 1 GG).[2] Nichtberufliche Tätigkeiten sind durch das Recht auf freie Entfaltung der Persönlichkeit (Art. 2 I GG) geschützt und stehen daher dem Arbeitnehmer ebenfalls als Nebentätigkeiten frei.[3] 3

2. Allgemeine Grenzen der Nebentätigkeiten.[4] Auch ohne besondere (tarif-)vertragliche Regelungen ergeben sich jedoch Grenzen für die Ausübung von Nebentätigkeiten. So ist eine Nebenbeschäftigung **unzulässig,** wenn sie zu einer erheblichen Beeinträchtigung der Arbeitskraft des Arbeitnehmers führt (unter RN 5), entgegenstehende Wettbewerbsinteressen des Arbeitgebers berührt (unter RN 8) oder Schwarzarbeit vorliegt (unter RN 20). Einschränkungen bestehen während des Urlaubs (unter RN 9) und während einer Arbeitsunfähigkeit des Arbeitnehmers. 4

a) Erhebliche Beeinträchtigung der Arbeitskraft. Unzulässig ist die Aufnahme einer Nebentätigkeit, die den Arbeitnehmer daran hindert, seinen Arbeitspflichten aus dem Hauptarbeitsverhältnis nachzukommen.[5] Das ist z. B. anzunehmen, wenn ein Schlosser eine Nebentätigkeit bei einem Gebäudereinigungsunternehmen aufnimmt und dort körperlich und zeitlich so beansprucht wird, dass er seinen normalen Arbeitspflichten nicht mehr genügt. In diesen Fällen kann der Hauptarbeitgeber eine Abmahnung aussprechen. Leistet der Arbeitnehmer infolge der Nebentätigkeit schlechte Arbeit, können auch Schadensersatzansprüche (§ 53) begründet sein. 5

b) Die **Arbeitszeiten** im Hauptarbeitsverhältnis und in der Nebenbeschäftigung dürfen zusammen die gesetzlich zulässigen Höchstgrenzen (§ 3 ArbZG) nicht übersteigen. Die Ruhezeit zwischen der Beendigung der abendlichen Nebentätigkeit und dem Beginn der täglichen Haupttätigkeit muss mindestens 11 Stunden betragen (§ 5 ArbZG). Wird mit der Nebentätigkeit die gesetzlich zulässige Arbeitszeit erheblich überschritten, ist nach einer älteren Entscheidung des BAG der die Arbeitszeitgrenze übersteigende Arbeitsvertrag nichtig.[6] Der Arbeitnehmer kann jedoch für die im nichtigen Arbeitsverhältnis geleistete Arbeit Vergütung nach den Grundsätzen des fehlerhaften Arbeitsverhältnisses verlangen.[7] 6

Die Rechtsprechung wirft dann Fragen auf, wenn unklar ist, welches die Haupt- und welches die Nebentätigkeit ist. Hierzu kann man auf die zeitliche Abfolge der Vertragsschlüsse oder die Höhe der Einkünfte abstellen. Beide Lösungen befriedigen nicht recht, weil sie zu Zufallsergebnissen und Rechtsunsicherheit führen, wenn die Verdienste in beiden Arbeitsverhältnissen gleich 7

---

[1] BAG 14. 5. 1987 AP 46 zu § 611 BGB Ärzte, Gehaltsansprüche; 11. 12. 1974 AP 1 zu § 11 BAT.

[2] BAG 11. 12. 2001 AP 8 zu § 611 BGB Nebentätigkeit = NZA 2002, 965; 24. 6. 1999 AP 5 zu § 611 BGB Nebentätigkeit.

[3] BAG 18. 1. 1996 AP 25 zu § 242 BGB Auskunftspflicht = NZA 97, 41.

[4] Vgl. *Wank,* AR-Blattei SD Nebentätigkeit des Arbeitnehmers, 2001, RN 20 ff.

[5] BAG 11. 12. 2001 AP 8 zu § 611 BGB Nebentätigkeit = NZA 2002, 965.

[6] BAG 19. 6. 1959 AP 1 zu § 611 BGB Doppelarbeitsverhältnis; ebenso ErfK/*Preis* § 611 BGB RN 727; anders bei nur gelegentlich, geringfügiger Arbeitszeitüberschreitung BAG 14. 12. 1964 AP 2 zu § 1 AZO; kritisch dazu MünchArbR/*Blomeyer* § 55 RN 20; *Hunold* AR-Blattei SD 1190 RN 122; *Wank,* Nebentätigkeiten, RN 167 ff.

[7] BAG 19. 6. 1959 AP 1 zu § 611 BGB Doppelarbeitsverhältnis m. Anm. *Dersch.*

hoch sind. Die **Abgrenzung von Haupt- und Nebentätigkeit** ist besser entsprechend dem nach außen erkennbar gewordenen Willen des Arbeitnehmers vorzunehmen. Dieser manifestiert sich in der Anzeige der zweiten Beschäftigung gegenüber dem Arbeitgeber und den Eintragungen der Lohnsteuerklassen auf den jeweiligen Lohnsteuerkarten.[8]

8 **c) Entgegenstehende Wettbewerbsinteressen des Arbeitgebers.** Nach § 60 HGB darf der Handlungsgehilfe ohne Einwilligung des Prinzipals in dem Handelszweig des Prinzipals weder ein Handelsgewerbe betreiben, noch für eigene oder fremde Rechnung Geschäfte machen (§ 57). Dies gilt auch für Nebentätigkeiten. Für die übrigen Gruppen der Arbeitnehmer besteht zwar keine gesetzliche Regelung. Für deren Nebenbeschäftigung gelten jedoch gem. § 242 BGB dieselben Wettbewerbsbeschränkungen wie für Handlungsgehilfen während des Bestands des Arbeitsverhältnisses. Insbesondere ist eine Nebenbeschäftigung verboten, durch die der Arbeitnehmer eine vorsätzlich sittenwidrige Schädigung des Arbeitgebers (§ 826 BGB) oder unlauteren Wettbewerb im Sinne des UWG begehen würde.

9 **d) Nebenbeschäftigung während des Urlaubs.** Während des gesetzlichen Mindesturlaubs ist dem Arbeitnehmer eine dem Urlaubszweck widersprechende Erwerbstätigkeit untersagt (§ 8 BUrlG; vgl. § 102).

10 **3. Einzel- oder kollektivvertragliche Beschränkung. a)** Das Recht, eine Nebenbeschäftigung aufzunehmen, kann nur ausnahmsweise vertraglich oder tariflich **verboten** werden. Hierfür bedarf es im Hinblick auf Art. 12 I GG besonderer Gründe. Das BAG hat eine tarifvertragliche Regelung, welche die nebenberufliche Ausübung von Kraftfahrertätigkeiten eines Berufskraftfahrers verboten hat, als zulässig angesehen, weil sonst eine Lenkzeitkontrolle nicht mehr möglich ist.[9] Hinzu kommt, dass der Kraftfahrer in einer anderweitigen Verwertung seiner Arbeitskraft frei bleibt. Aus diesen Gründen dürfte eine solche Regelung auch in Formulararbeitsverträgen einer Inhaltskontrolle nach § 307 I 1 BGB standhalten.[10] Ein generelles Nebentätigkeitsverbot in AGB ist demgegenüber regelmäßig unwirksam, weil der Arbeitgeber hieran kein berechtigtes Interesse hat. Ein solches Verbot kann auch nicht in einen zulässigen Genehmigungsvorbehalt (dazu RN 11) umgedeutet werden, weil dies auf eine unzulässige geltungserhaltende Reduktion hinausliefe.[11] Der Arbeitnehmer kann bei einer unwirksamen vertraglichen Beschränkung von Nebentätigkeiten im Rahmen der allgemeinen Grenzen (dazu RN 4ff.) Nebenbeschäftigungen nachgehen. Verstößt der Arbeitnehmer hiergegen oder gegen ein rechtswirksames Verbot, kommen eine Abmahnung, eine ordentliche verhaltensbedingte Kündigung oder in schweren Fällen eine außerordentliche Kündigung[12] in Betracht. Dabei ist stets zu prüfen, ob eine Duldung der Nebentätigkeit durch den Arbeitgeber vorliegt, was freilich Kenntnis von der Nebentätigkeit voraussetzt.

11 **b)** Vom Nebentätigkeitsverbot ist der **Vorbehalt der Genehmigung** zu unterscheiden.[13] In diesem Fall bedarf die Nebentätigkeit der vorherigen Zustimmung des Arbeitgebers. Eine solche Vereinbarung dient dazu, dem Arbeitgeber die Überprüfung zu ermöglichen, ob durch die beabsichtigte Nebentätigkeit berechtigte betriebliche Interessen beeinträchtigt werden. Wenn das nicht gegeben ist, hat er die Zustimmung zu erteilen. Die Verletzung der Anzeigepflicht kann eine Abmahnung zur Folge haben.[14] Ein Rechtsschutzsekretär einer Gewerkschaft hat keinen Anspruch auf Genehmigung einer **Nebentätigkeit als Rechtsanwalt.**[15] Ein im Krankenhaus beschäftigter Krankenpfleger kann nicht verlangen, eine Nebentätigkeit als **Leichenbestatter** auszuüben.[16] Die Erstellung von **Gutachten für eine private Krankenversicherung** durch einen Arzt, der für den MDK einer gesetzlichen Krankenkasse tätig ist, beeinträchtigt die Interessen des Arbeitgebers.[17] Ein **Rundfunksprecher** hat Anspruch auf Genehmigung einer Nebentätigkeit bei einem anderen Sender, wenn die Interessen seines Arbeitgebers nicht berührt

[8] MünchArbR/*Blomeyer* § 55 RN 19.
[9] BAG 26. 6. 2001 AP 8 zu § 1 TVG Tarifverträge: Verkehrsgewerbe = NZA 2002, 98.
[10] Ebenso *Gaul/Khanian* MDR 2006, 68, 69.
[11] Vgl. *Däubler*/Dorndorf/Bonin/Deinert Anhang zu § 307 BGB RN 61 a.
[12] Vgl. LAG Düsseldorf 17. 5. 1978 BB 78, 1264.
[13] BAG 13. 3. 2003 AP 7 zu § 11 BAT = NZA 2003, 976; 11. 12. 2001 AP 8 zu § 611 BGB Nebentätigkeit = NZA 2002, 965; Bedenken gegen solche Klauseln in Formulararbeitsverträgen äußert *Singer* in Anm. zu BAG 11. 12. 2001 a. a. O.
[14] BAG 11. 12. 2001 AP 8 zu § 611 BGB Nebentätigkeit = NZA 2002, 965.
[15] BAG 21. 9. 1999 AP 6 zu § 611 BGB Nebentätigkeit = NZA 2000, 723; dazu *Bernisch* FA 2000, 306.
[16] BAG 28. 2. 2002 AP 1 zu § 5 AVR Caritasverband = DB 2002, 1560.
[17] BAG 28. 2. 2002 EzA 5 zu § 611 BGB Nebentätigkeit.

werden.[18] Die Interessen des Arbeitgebers sind auch dann bedroht, wenn der Arbeitnehmer über Jahre hinweg eine Auskunft über die Nebentätigkeit verweigert hat.[19]

4. Öffentlicher Dienst. Für die Angestellten des öffentlichen Dienstes fanden nach § 11 BAT die **Nebentätigkeitsvorschriften für Beamte** entsprechende Anwendung. Diese Regelung ist nicht in den TVöD übernommen worden. Nach § 3 III TVöD haben die Beschäftigten Nebentätigkeiten gegen Entgelt ihrem Arbeitgeber rechtzeitig vorher schriftlich anzuzeigen. Der Arbeitgeber kann die Nebentätigkeit untersagen oder mit Auflagen versehen, wenn diese geeignet ist, die Erfüllung der arbeitsvertraglichen Pflichten der Beschäftigten oder berechtigte Interessen des Arbeitgebers zu beeinträchtigen. Insoweit gelten nunmehr dieselben Grundsätze wie in der Privatwirtschaft. Teilzeitbeschäftigte bedürfen ebenfalls einer Nebentätigkeitsgenehmigung, auch wenn die Beanspruchung durch die Teilzeittätigkeit zusammen mit der Nebentätigkeit die regelmäßige tarifliche wöchentliche Arbeitszeit eines vollzeitbeschäftigten Angestellten nicht übersteigt.[20] Im öffentlichen Dienst konnten Einnahmen aus einer Nebentätigkeit für andere Arbeitgeber des öffentlichen Dienstes nach § 11 BAT i. V. m. den jeweiligen NebentätigkeitsVO der Abführungspflicht unterliegen.[21] Diese Regelung ist in den TVöD zunächst nicht übernommen, im Jahre 2008 in § 3 III 3 jedoch nachträglich eingefügt worden. 12

5. Rücknahme der Genehmigung. Ist eine Nebentätigkeit genehmigt worden, ist eine Rücknahme der Genehmigung **nicht möglich,** es sei denn, der Arbeitnehmer kommt seinen Pflichten aus dem Hauptarbeitsverhältnis nicht mehr nach.[22] Jedoch wird sich der Arbeitgeber einen Widerruf der Nebentätigkeit vorbehalten können. Ist er nicht vorbehalten, wird regelmäßig nur eine Änderungskündigung (§ 137) in Betracht kommen. 13

6. Auskunft. Soweit eine Beeinträchtigung der Interessen des Arbeitgebers durch die Nebentätigkeit nicht ausgeschlossen werden kann, hat der Arbeitgeber gegen den Arbeitnehmer einen **Anspruch auf Auskunft** über das Ob und den Umfang einer Nebentätigkeit.[23] 14

7. Rechte und Pflichten. Während der Nebentätigkeit bestehen für die Arbeitsvertragsparteien die **allgemeinen Rechte und Pflichten.** Der Arbeitnehmer hat Anspruch auf Entgeltfortzahlung im Krankheitsfall und bezahlten Urlaub. Ein Arbeitnehmer, der nebenberuflich tätig ist, darf nicht deswegen schlechter bezahlt werden, weil er noch eine hauptberufliche Tätigkeit ausübt.[24] Andererseits kann der Arbeitnehmer gehindert sein, die Nebentätigkeit auszuüben, wenn er im Hauptarbeitsverhältnis arbeitsunfähig krank ist.[25] Es besteht der allgemeine und besondere Kündigungsschutz. Befristete Arbeitsverhältnisse sind nach den allgemeinen Grundsätzen zulässig (dazu §§ 38 ff.). 15

8. Arbeitslose können eine Nebentätigkeit ausüben. Jedoch muss die Arbeitszeit weniger als 15 Stunden wöchentlich umfassen (§ 119 III SGB III). 16

9. Sonstiges. Einnahmen aus der Nebentätigkeit sind steuerpflichtig. Es können aber Steuervergünstigungen bestehen (§ 3 Nr. 26 EStG).[26] 17

III. Auswirkungen auf den Rentenbezug

1. Altersrente. a) Eine Rente wegen Alters wird **vor Vollendung des 65. Lebensjahres** nur geleistet, wenn die Hinzuverdienstgrenze nicht überschritten wird (§ 34 II SGB VI). Die Hinzuverdienstgrenze ergibt sich aus § 34 III SGB VI. 18

b) Die **Regelaltersrente** (§ 33 II Nr. 1 SGB VI) wird unabhängig von der Höhe des Nebenverdienstes gewährt. 19

c) Die **allgemeine Hinzuverdienstgrenze** bei der **Altersvollrente** liegt seit 1. 1. 2008 in den alten und neuen Bundesländern einheitlich bei 400,– Euro. Bei **Teilrenten** richtet sie sich nach dem Umfang der Teilrente, der monatlichen Bezugsgröße sowie der Summe der Entgeltpunkte, die der Versicherte in den letzten drei Jahren vor Beginn der ersten Rente erwirtschaftet 20

---

[18] BAG 24. 6. 1999 AP 5 zu § 611 BGB Nebentätigkeit.
[19] BAG 18. 1. 1996 AP 25 zu § 242 BGB Auskunftspflicht = NZA 97, 41.
[20] BAG 30. 5. 1996 AP 2 zu § 611 BGB Nebentätigkeit = NZA 97, 145.
[21] Vgl. dazu BAG 25. 7. 1996 AP 6 zu § 11 BAT = NZA 97, 320.
[22] LAG Hamm 17. 7. 1997 BB 97, 2221; LAG Rheinl.-Pfalz 30. 1. 1997 ZTR 97, 457.
[23] BAG 11. 12. 2001 AP 8 zu § 611 BGB Nebentätigkeit = NZA 2002, 965; 18. 1. 1996 AP 25 zu § 242 BGB Auskunftspflicht.
[24] BAG 9. 10. 1996 AP 50 zu § 2 BeschFG 1985 = NZA 97, 728.
[25] Vgl. BAG 26. 8. 1993 AP 112 zu § 626 BGB = NZA 94, 63.
[26] BFH 26. 3. 1992 NJW 92, 2376.

hat, wobei hier jedoch eine Mindestgröße von 1,5 Entgeltpunkten zugrunde gelegt wird (§ 34 III Nr. 2 SGB VI). Die Hinzuverdienstgrenze liegt umso höher, je geringer die Teilrente ist. Bei einem Durchschnittsverdiener ergeben sich seit dem 1. 1. 2009 folgende Beträge:

Rentenarten	Hinzuverdienstgrenze ab 1. 1. 2009	
Altersrenten		
Regelaltersgrenze ab dem 65. Lebensjahr	Keine Einschränkung	
Bis zur Vollendung des 65. Lebensjahres	West	Ost
Vollrente	400,00 Euro	400,00 Euro
Teilrente von $^{2}/_{3}$	982,80 Euro	863,65 Euro
Teilrente von $^{1}/_{2}$	1436,40 Euro	1262,26 Euro
Teilrente von $^{1}/_{3}$	1890,00 Euro	1660,87 Euro
	Neben dieser allgemeinen Hinzuverdienstgrenze, bis zu der mindestens hinzuverdient werden kann, gibt es eine individuelle Hinzuverdienstgrenze. Diese ist abhängig vom versicherten Entgelt in den letzten drei Kalenderjahren vor Rentenbeginn.	

http://www.deutsche-rentenversicherung-bund.de (Stichwort Hinzuverdienstgrenze)

21 **2. Rente wegen Erwerbsminderung.** Eine Rente wegen Erwerbsminderung schließt eine Nebentätigkeit nicht aus (§ 43 SGB VI). Sie wird abhängig vom erzielten Hinzuverdienst (§ 96a Ia SGB VI) in voller Höhe, in Höhe von drei Vierteln, in Höhe der Hälfte oder in Höhe eines Viertels geleistet. Wegen weiterer Einzelheiten vgl. § 96a SGB VI.

IV. Schwarzarbeit

Allgemein: *Berwanger,* Private Putzhilfen und Schwarzarbeit, BB Spezial 2/2004; *Foerster,* Schwarzarbeit, AuA 5/2004 S. 20; *Fuchs,* Schwarzgeldabreden im Arbeitsverhältnis, JR 2003, 439; *Kreizberg,* Schwarzarbeit, AR-Blattei, SD 1430 [2005]; *Marschall,* Bekämpfung illegaler Beschäftigung, 3. Aufl., 2003; *Wagner,* Bekämpfung der Schwarzarbeit und damit zusammenhängender Steuerhinterziehung, DB 2004, 758.

22 **1. Zweck des SchwarzArbG.** Im Gesetz zur Intensivierung der Bekämpfung der Schwarzarbeit und damit zusammenhängender Steuerhinterziehung **(SchwarzArbG) vom 23. 7. 2004** (BGBl. I S. 1842) sind die Kontrollregelungen aus den verschiedenen Vorschriften, insbesondere des Sozialgesetzbuchs, inhaltlich zusammengeführt und ergänzt worden. Schwarzarbeit wird erstmalig dem allgemeinen Sprachgebrauch angepasst definiert. Zweck des Gesetzes ist die Intensivierung der Bekämpfung der Schwarzarbeit.

23 **2. Begriff.** Nach § 1 II SchwarzArbG leistet Schwarzarbeit, wer Dienst- oder Werkleistungen erbringt oder ausführen lässt und dabei **Melde-, Aufzeichnungs- und Zahlungspflichten nach Steuerrecht und Sozialgesetzbuch verletzt.**[27] Die Verletzung von Pflichten aus dem Ausländer- und Arbeitsgenehmigungsrecht erfüllt für sich gesehen noch nicht den Tatbestand der Schwarzarbeit. Sie werden jedoch als Formen der illegalen Beschäftigung, die regelmäßig mit Schwarzarbeit einhergehen, verfolgt.

24 Unter den **Begriff der Dienst- oder Werkleistungen** wird die Tätigkeit des selbstständigen Unternehmers (z. B. selbstständiger Handwerker, Bauunternehmen in der Form einer GmbH) verstanden.[28] Mit der Neuregelung wird auch der Auftraggeber erfasst, der die Schwarzarbeit erst ermöglicht oder unterstützt. Ohne den Auftraggeber würde die Schwarzarbeit gar nicht vorkommen. Auftraggeber der Schwarzarbeit kann ein Unternehmen, eine Personenvereinigung oder eine natürliche Person sein.

25 **Nicht erfasst** wird die Tätigkeit als **Arbeitnehmer.** Die Abrede in einem Arbeitsvertrag, die Arbeitsvergütung ohne Berücksichtigung von Steuern und Sozialversicherungsbeiträgen („schwarz") auszuzahlen, führt regelmäßig nicht zur Nichtigkeit des gesamten Arbeitsvertrags.

[27] BT-Drucks. 15/2573 S. 18.
[28] BAG 24. 3. 2004 EzA 2 zu § 134 BGB 2002.

Nichtig ist vielmehr nur die Vereinbarung, keine Steuern und Beiträge abzuführen.[29] Dies wird mittelbar durch den mit dem Gesetz zur Erleichterung der Bekämpfung von illegaler Beschäftigung und Schwarzarbeit vom 23. 7. 2002 (BGBl. I S. 2787) in § 14 II SGB IV eingefügten Satz 2 verdeutlicht. Darin heißt es: „Sind bei illegalen Beschäftigungsverhältnissen Steuern und Beiträge zur Sozialversicherung und zur Arbeitsförderung nicht gezahlt worden, gilt ein Nettoarbeitsentgelt als vereinbart". Der Gesetzgeber will durch diese Regelung ersichtlich der Sozialversicherung und dem Fiskus die Steuern und Beiträge sichern, die bei Nichtigkeit der Vergütungsvereinbarung nicht anfallen würden.

Nachbarschaftshilfe, Gefälligkeit und Selbsthilfe, die nicht nachhaltig auf Gewinn ge- 26
richtet sind, werden nicht als Schwarzarbeit verfolgt. Nachbarschaftshilfe liegt vor, wenn die Hilfeleistung von Personen erbracht wird, die zueinander in persönlichen Beziehungen stehen und in gewisser räumlicher Nähe wohnen. Gefälligkeit liegt vor, wenn Dienst- oder Werkleistungen auf Grund persönlichen Entgegenkommens im Rahmen gesellschaftlicher Gepflogenheiten oder in Notfällen erbracht werden. Die Selbsthilfe ist in § 36 II und IV des Zweiten Wohnungsbaugesetzes und in § 12 II des Wohnraumförderungsgesetzes definiert. Zur Klarstellung ist in § 1 III Nr. 1 SchwarzArbG geregelt, dass nicht nachhaltig auf Gewinn gerichtete Leistungen von Angehörigen und Lebenspartnern vom Begriff der Schwarzarbeit ausgenommen sind. Als nicht nachhaltig auf Gewinn gerichtet gilt dabei insbesondere eine Tätigkeit, die gegen geringes Entgelt erbracht wird. Solche Hilfeleistungen begründen kein Arbeitsverhältnis und keine Unternehmereigenschaft und sind damit steuer- und sozialversicherungsrechtlich ohne Bedeutung. Wo keine Pflichten entstehen, entfällt auch der Begriff der Schwarzarbeit.

Eine Person erzielt **Einkünfte aus Gewerbebetrieb** (§ 15 EStG) oder selbstständiger Arbeit 27
(§ 18 EStG), wenn sie selbstständig, nachhaltig, unter Teilnahme am allgemeinen wirtschaftlichen Verkehr und mit der Absicht, Gewinn zu erzielen, tätig wird. Werden diese Kriterien nicht erfüllt, handelt es sich um steuerlich nicht relevante Tätigkeiten.

3. Überprüfung. Die Überprüfung der Erfüllung der steuer- und sozialversicherungsrechtli- 28
chen Pflichten obliegt nach § 2 SchwarzArbG der **Zollverwaltung.** Die Prüfung bezieht sich auf die Melde-, Beitrags- und Aufzeichnungspflichten sowie darüber hinaus auf typische Formen der illegalen Beschäftigung, die regelmäßig mit Schwarzarbeit einhergehen (§ 2 I Nr. 4 SchwarzArbG). Zur **Durchführung der Prüfungen** ist die Zollverwaltung gem. § 3 SchwarzArbG befugt, Geschäftsräume und Grundstücke des Unternehmers und des Auftraggebers von selbstständig tätigen Personen während der Arbeitszeit der dort tätigen Personen zu betreten und dabei von diesen Auskünfte hinsichtlich ihrer Beschäftigungsverhältnisse oder ihrer Tätigkeiten einzuholen und Einsicht in von ihnen mitgeführte Unterlagen zu nehmen. Weiterhin besteht nach § 4 SchwarzArbG die Befugnis, Einsicht in die Lohn- und Meldeunterlagen, Bücher und andere Geschäftsunterlagen zu nehmen, aus denen Umfang, Art oder Dauer von Beschäftigungsverhältnissen hervorgehen oder abgeleitet werden können. In Datenverarbeitungsanlagen gespeicherte Daten sind nach § 5 III SchwarzArbG der Zollverwaltung auf deren Verlangen auf automatisiert verarbeitbaren Datenträgern oder in Listen zu übermitteln.

4. Rechtsweg. In öffentlich-rechtlichen Streitigkeiten über Verwaltungshandeln der Behör- 29
den der Zollverwaltung ist gem. § 23 SchwarzArbG der **Rechtsweg zu den Finanzgerichten** gegeben.

5. Buß- und Strafvorschriften. Ordnungswidrig handelt, wer eine Tatsache, die für eine 30
Leistung nach dem Sozialgesetzbuch erheblich ist, nicht richtig oder nicht vollständig anzeigt, eine Änderung in den Verhältnissen, die für eine Leistung nach dem Sozialgesetzbuch erheblich ist, nicht, nicht richtig, nicht vollständig oder nicht rechtzeitig mitteilt oder entgegen § 8a des AsylbewerberleistungsG die Aufnahme einer Erwerbstätigkeit nicht, nicht richtig, nicht vollständig oder nicht rechtzeitig meldet und Dienst- oder Werkleistungen in erheblichem Umfang erbringt. In §§ 8ff. SchwarzArbG sind weitere Bußgeldtatbestände geregelt.

In § 9 SchwarzArbG wird das Verhalten eines Leistungsempfängers unter **Strafe** gestellt, wenn 31
er seinen gesetzlich vorgeschriebenen Mitteilungspflichten im Zusammenhang mit Einkommen aus Dienst- oder Werkleistungen nicht nachkommt und dadurch Sozialleistungen zu Unrecht bezieht. Diese Regelung ergänzt den Betrugstatbestand des § 263 StGB. Ein strafwürdiges Verhalten liegt bereits vor, wenn im Zusammenhang mit der Erbringung von Dienst- oder Werkleistungen vorsätzlich Leistungen nach dem Sozialgesetzbuch oder dem Asylbewerberleistungsgesetz rechtswidrig bezogen werden. Die Straftatbestände der §§ 10 und 11 SchwarzArbG – Beschäfti-

[29] BAG 26. 2. 2003 AP 24 zu § 134 BGB = NZA 2004, 313; MünchKommBGB/*Armbrüster* § 134 RN 77; ErfK/*Preis* § 611 BGB RN 342.

gung von Ausländern ohne Genehmigung und zu ungünstigen Arbeitsbedingungen sowie Beschäftigung von Ausländern ohne Genehmigung in größerem Umfang – entsprechen den früheren §§ 406, 407 SGB III.

32 **6. Ausschluss von öffentlichen Aufträgen.** Da es nicht im Gesamtinteresse des Staates ist, wenn zwar niedrige Angebote beim Wettbewerb um einen öffentlichen Auftrag eingereicht werden, diese Angebote aber von Unternehmen stammen, die Schwarzarbeit betrieben haben, sollen diese Unternehmen für eine bestimmte Zeit von der Vergabe öffentlicher Aufträge ausgeschlossen werden. Nach § 21 SchwarzArbG sind deshalb Bewerber von der Vergabe öffentlicher Aufträge bis zu einer **Dauer von drei Jahren ausgeschlossen,** die wegen Schwarzarbeit zu einer Freiheitsstrafe von mehr als drei Monaten oder einer Geldstrafe von mehr als 90 Tagessätzen verurteilt oder mit einer Geldbuße von wenigstens 2500 Euro belegt worden sind. Das Gleiche gilt auch schon vor Durchführung eines Straf- oder Bußgeldverfahrens, wenn im Einzelfall angesichts der Beweislage kein vernünftiger Zweifel an einer schwerwiegenden Verfehlung in diesem Sinne besteht.

33 **7. Nichtigkeit des Vertrags.** Ein selbstständiger Dienst- oder Werkvertrag, der Schwarzarbeit zum Gegenstand hat, ist **gem. § 134 BGB nichtig.**[30] Das SchwarzArbG richtet sich nicht nur gegen die besonderen Begleitumstände eines Rechtsgeschäfts, nämlich die Nichtanzeige einer z.B. sozialrechtlich erheblichen Tätigkeit, sondern will den Eintritt des rechtsgeschäftlichen und wirtschaftlichen Erfolgs verhindern. Dieses Ziel erfordert, Verträgen über Schwarzarbeit die zivilrechtliche Wirkung zu versagen.[31] Für Arbeitsverträge gilt diese Rechtsfolge nicht. Zur Rechtslage vor Inkrafttreten des SchwarzArbG hat der BGH demgegenüber angenommen, dass bei sog. **„Ohne-Rechnung-Abreden"** regelmäßig nicht die Steuerhinterziehung Hauptzweck des Vertrags sei und dieser daher nicht insgesamt gemäß §§ 134, 138 BGB nichtig sei. Hauptzweck des Vertrags sei vielmehr die ordnungsgemäße Erbringung der vereinbarten Bauleistungen. Habe ein Unternehmer seine Bauleistungen mangelhaft erbracht, handele er deshalb regelmäßig treuwidrig, wenn er sich zur Abwehr von Mängelansprüchen des Bestellers auf Gesamtnichtigkeit des Bauvertrags berufe.[32]

34 Im Falle eines gemäß § 134 BGB nichtigen Schwarzarbeitsvertrags kann der vorleistende Schwarzarbeiter unter Umständen **gemäß §§ 812, 818 II BGB Wertersatz** verlangen, sofern dem nicht die Arglisteinrede (§ 242 BGB) entgegensteht.[33] Bei der Bewertung des durch die Schwarzarbeit Erlangten ist zu beachten, dass der Schwarzarbeiter im Wege des Bereicherungsausgleichs keinesfalls mehr erlangen kann, als er mit dem Auftraggeber – in nichtiger Weise – als Entgelt vereinbart hatte. In aller Regel werden hiervon wegen der mit der Schwarzarbeit verbundenen Risiken ganz erhebliche Abschläge angebracht sein. Insbesondere ist stark wertmindernd zu berücksichtigen, dass vertragliche Gewährleistungsansprüche wegen der Nichtigkeit des Vertrags von vornherein nicht gegeben sind. Haben sich schon Mängel gezeigt, sind diese darüber hinaus im Rahmen der Saldierung in die Ausgleichsrechnung einzubeziehen.[34] **Verursacht der Schwarzarbeiter einen Schaden,** ist die Besonderheit, dass der Beauftragte ein Schwarzarbeiter ist, für die Beurteilung des Mitverschuldens nach § 254 I BGB ohne Bedeutung. Entscheidend ist allein die Fachkompetenz; über sie kann auch ein Schwarzarbeiter verfügen.[35]

35 **8. Vertragsverletzung des Arbeitnehmers.** Leistet ein Arbeitnehmer **für einen anderen Auftraggeber Schwarzarbeit,** stellt dies allein noch nicht ohne Weiteres ein vertragswidriges Verhalten des Arbeitnehmers dar. Dies ist nur dann anzunehmen, wenn hierdurch die Interessen seines Arbeitgebers beeinträchtigt werden, etwa weil der Arbeitnehmer die gleichen Leistungen anbietet wie er.[36] Hat der Arbeitnehmer mit Zustimmung seines Arbeitgebers Schwarzarbeit geleistet, kann der die Schwarzarbeit entgegennehmende Arbeitgeber Gefahr laufen, dass er zur Beitragsabführung in der Sozialversicherung herangezogen wird.[37]

---

[30] BAG 24. 3. 2004 EzA 2 zu § 134 BGB 2002; BGH 31. 5. 1990 NJW 90, 2542; 23. 9. 1982 NJW 83, 109; KG Berlin 17. 7. 2006 BauR 2007, 1419.
[31] BAG 24. 3. 2004 EzA 2 zu § 134 BGB 2002; MünchKommBGB/*Armbrüster* § 134 RN 77.
[32] BGH 24. 4. 2008 NJW-RR 2008, 1050; krit. dazu *Armbrüster* JZ 2008, 1006.
[33] BGH 31. 5. 1990 NJW 90, 2542.
[34] BGH 31. 5. 1990 NJW 90, 2542.
[35] BGH 2. 10. 1990 NJW 91, 165.
[36] Vgl. LAG Köln 7. 1. 1993 DB 93, 941; bei Verleitung zur Schwarzarbeit: OLG Köln 18. 9. 1992 NJW 93, 73.
[37] BSG BB 89, 1762.

§ 43. Teilzeitarbeit

Kommentare: *Annuß/Thüsing,* Teilzeit- und Befristungsgesetz, 2. Aufl., 2006; *Boewer,* Teilzeit- und Befristungsgesetz, 2002; *Buschmann/Dieball/Stevens-Bartol,* Teilzeitarbeit, 2. Aufl., 2001; *Gräfl/Arnold,* Teilzeit- und Befristungsgesetz, 2. Aufl. 2007; *Laux/Schlachter,* Teilzeit- und Befristungsgesetz, 2007; *Meinel/Heyn/Herms,* TzBfG, 3. Aufl., 2008; *Rolfs,* Teilzeit- und Befristungsgesetz, 2002; MünchArbR/*Schüren* Ergänzungsband § 43; *Sievers,* Teilzeit- und Befristungsgesetz, 2. Aufl. 2007; *Staudacher/Hellmann/Hartmann/Wenk,* Teilzeitarbeit, 2003.

Aufsätze: *Bauer,* Neue Spielregeln für Teilzeitarbeit und befristete Arbeitsverträge, NZA 2000, 1039; *Beckschulze,* Die Durchsetzbarkeit des Teilzeitanspruchs in der betrieblichen Praxis, DB 2000, 2598; *Buschmann,* Neue Konturen im Teilzeit-Arbeitsrecht, AuR 2001, 437; *Däubler,* Das neue Teilzeit- und Befristungsgesetz, ZIP 2001, 217; *Dassau,* Das Gesetz über Teilzeitarbeit und befristete Arbeitsverträge, ZTR 2001, 64; *Ehler,* Unterlassene Ausschreibung als Teilzeitarbeitsplatz, BB 2001, 1146; *Fischer,* Verletzung der Ausschreibungsverpflichtung nach § 7 Abs. 1 TzBfG und Zustimmungsverweigerung nach § 99 Abs. 2 BetrVG, AuR 2001, 325; *ders.,* Teilzeitarbeit in Kleinunternehmen, BB 2002, 94; *ders.,* Zustimmungsverweigerung wegen unterbliebener Ausschreibung in Teilzeit, AuR 2005, 255; *Herbert/Hix,* Die Pflicht zur Ausschreibung auch als Teilzeitarbeitsplatz – Gebot ohne Sanktionen, DB 2002, 2377; *Hinrichs,* Neue gesetzliche Regelungen zur Teilzeitarbeit, AiB 2001, 65; *Hromadka,* Das neue Teilzeit- und Befristungsgesetz, NJW 2001, 400; *Joussen,* Teilzeitarbeit bei einem fremden Arbeitgeber, NZA 2003, 244; *Kelber/Zeißig,* Das Schicksal der Gegenleistung bei der Reduzierung der Leistung nach dem Teilzeit- und Befristungsgesetz, NZA 2001, 577; *Kleinebrink,* Neue gesetzliche Schriftformerfordernisse bei der Begründung, Durchführung und Beendigung von Arbeitsverhältnissen, FA 2001, 354; *Lakies,* Die Neuregelungen zur Teilzeitarbeit und zu befristeten Arbeitsverhältnissen, NJ 2001, 70; *Lindemann/Simon,* Neue Regelungen zur Teilzeitarbeit, BB 2001, 146; *Marschner,* Teilzeitarbeit und Sozialversicherung, ZTR 2001, 257; *Mosler,* Teilzeitarbeit, AR-Blattei SD 1560; *Müller-Vorbehr,* Teilzeitarbeit und kirchliche Arbeitsverhältnisse, NZA 2002, 301; *Peifer,* Die Teilzeitbeschäftigung in der neueren Rechtsprechung des BAG, ZfA 99, 271; *Preis/Gotthardt,* Neuregelung der Teilzeitarbeit und befristete Arbeitsverhältnisse, DB 2000, 2065; *dies.,* Das Teilzeit- und Befristungsgesetz, DB 2001, 145; *Preis/Lindemann,* Mitbestimmung bei Teilzeitarbeit und befristeter Beschäftigung, NZA 2001, 33; *Reiserer/Penner,* Teilzeitarbeit in der Elternzeit, BB 2002, 1962; *Richardi/Annuß,* Gesetzliche Neuregelung von Teilzeitarbeit und Befristung, BB 2000, 2201; *Rolfs,* Das neue Recht der Teilzeitarbeit, RdA 2001, 129; *Schiefer,* Entwurf eines Gesetzes über Teilzeitarbeit und befristete Arbeitsverhältnisse und zur Änderung und Aufhebung arbeitsrechtlicher Bestimmungen, DB 2000, 2118; *ders.,* Mitbestimmungsproblematik bei der Verteilung der Arbeitszeit gemäß § 8 TzBfG, FA 2001, 258; *Schloßer,* Stellenausschreibung auch als Teilzeitarbeitsplatz – ein Gebot ohne Sanktion, BB 2001, 411; *M. Schmidt,* Anspruch auf Verlängerung der Arbeitszeit, RdA 2008, 42; *Schüren,* Die Mitbestimmung des Betriebsrats bei der Änderung der Arbeitszeit nach dem TzBfG, AuR 2001, 321; *Straub,* Erste Erfahrungen mit dem Teilzeit- und Befristungsgesetz, NZA 2001, 919; *Thüsing,* Das Verbot der Diskriminierung wegen Teilzeit und Befristung, ZfA 2002, 249; *ders.,* Teilzeit- und Befristungsgesetz – Oder: Von der Schwierigkeit eines Kompromisses zwischen Beschäftigungsförderung und Arbeitnehmerschutz, ZfA 2004, 67; *Vogel,* Teilzeitbeschäftigte Rentner im Wechselspiel zwischen Pflichtversicherung und freiwilliger Mitgliedschaft in der gesetzlichen Krankenversicherung, NZS 2002, 567; *Waas,* Gesetzlicher Anspruch auf Teilzeitarbeit in den Niederlanden, NZA 2000, 583; *Wiesner,* Arbeit nach Maß? Teilzeitarbeit und befristete Arbeitsverträge, RiA 2001, 116; *Zachert,* Flexicurity im Arbeitsrecht – eine schwierige Balance, WS I-Mitteilungen 2000, 283.

Anspruch auf Verringerung der Arbeitszeit: *Berger-Delhey,* Aktuelle Fragen zum Anspruch auf Teilzeitarbeit, ZTR 2001, 453; *ders.,* Eile mit Weile – Zur Durchsetzung des Teilzeitanspruches, ZTR 2002, 371; *Diller,* Der Teilzeitwunsch im Prozeß: Maßgeblicher Beurteilungszeitpunkt, NZA 2001, 589; *Dütz,* Einstweiliger Rechtsschutz beim Teilzeitanspruch, AuR 2003, 161; *Eisemann u. a.,* Der Anspruch auf Teilzeitarbeit und seine gerichtliche Durchsetzung in den Niederlanden, Frankreich, Großbritannien, Schweden, Dänemark und der Bundesrepublik Deutschland, RdA 2004, 129; *Geyer,* Der Anspruch auf Teilzeit – eine einseitige Angelegenheit, FA 2001, 162; *Gruber,* Gewährt § 8 TzBfG einen Anspruch auf eine zeitlich befristete Arbeitszeitverringerung?, DB 2007, 804; *Hamann,* Der Anspruch auf Reduzierung der Arbeitszeit nach § 8 TzBfG, Jura 2003, 73; *Hohenhaus,* Grenze des allgemeinen Teilzeitanspruchs: Zum Begriff der wesentlichen Organisation im Betrieb, DB 2003, 1954; *Hopfner,* Formelle Wirksamkeitserfordernisse des Antrags des Arbeitnehmers auf Teilzeitarbeit, DB 2001, 2144; *Kliemt,* Der neue Teilzeitanspruch, Die gesetzliche Neuregelung der Teilzeitarbeit ab dem 1. 1. 2001, NZA 2001, 63; *Kornbichler,* Anspruch auf Teilzeitarbeit, AuA 2003, 16; *Leßmann,* Der Anspruch auf Verringerung der Arbeitszeit im neuen BErzGG, DB 2001, 94; *Lorenz,* Fünf Jahre § 8 TzBfG – BAG-Rechtsprechungs-Update, NZA-RR 2006, 281; *Mues,* Teilzeitverlangen des Arbeitnehmers nach § 8 TzBfG, ArbRB 2002, 15; *Opitz,* Rechtsprechung zum Teilzeitanspruch, AuR 2003, 165; *Pietras,* Der Teilzeitanspruch gemäß § 8 TzBfG und das deutsche internationale Privatrecht NZA 2008, 1051; *Range-Ditz,* Rechtsprechungs-Update zu § 8 TzBfG, ArbRB 2002, 374; *Reiserer/Penner,* Teilzeitarbeit – Ablehnung des Arbeitgebers wegen betrieblicher Gründe nach § 8 TzBfG, BB 2002, 1694; *Rieble/Gutzeit,* Teilzeitanspruch nach § 8 TzBfG und Arbeitszeitmitbestimmung, NZA 2002, 7; *I. Rudolf/K. Rudolf,* Zum Verhältnis der Teilzeitansprüche nach § 15 BErzGG, § 8 TzBfG, NZA 2002, 602; *Schiefer,* Anspruch auf Teilzeitarbeit, PflR 2001, 183; *ders.,* Verringerung und Neuverteilung der Arbeitszeit, FA 2001, 358; *ders.,* Anspruch auf Teilzeitarbeit – Die ersten Entscheidungen, NZA-RR 2002, 393; *Schmidt,* Neue Probleme der Teilzeitarbeit – Zur Rechtmäßigkeit der Bevorzugung Teilzeitbeschäftigter und zum Anspruch auf Reduzierung der Arbeitszeit, AuR 2002, 245; *Schulte,* Der betriebliche Grund im Sinne von § 8 IV TzBfG, DB 2001, 2715; *Ülger,* Der Teilzeitanspruch und seine prozessuale Durchsetzung; 2004; *A. Wisskirchen,* Der Anspruch auf Verringerung der Arbeitszeit nach dem TzBfG, FS Richardi, 2007, S. 491; *Zerres,* Kein Anspruch auf Teilzeit bei entgegenstehenden betrieblichen Gründen, FA 2002, 234; *Ziemann,* Gerichtliche Durchsetzung des Anspruchs auf Verringerung der Arbeitszeit, ArbRB 2002, 30; *Zwanziger,* Der Anspruch auf Verringerung und Neuverteilung der Arbeitszeit nach dem Teilzeit- und Befristungsgesetz in der aktuellen Rechtsprechung des Bundesarbeitsgerichts, JbArbR 41 (2004), S. 103.

Übersicht

RN
I. Grundlagen der Teilzeitarbeit .... 1 ff.
1. Gesetzliche Definition 2
2. Begriffsmerkmale 3–6
II. Erscheinungsformen der Teilzeitarbeit .... 7 ff.
1. Verkürzung der Arbeitszeit an einzelnen Wochentagen 7
2. Nebentätigkeit 8
3. Arbeit auf Abruf 9–17
4. Jahresarbeitszeitverträge 18, 19
5. Rahmenvereinbarungen 20, 21
6. Arbeitsplatzteilung (Job-Sharing) 22–26
7. Abweichende Vereinbarungen .. 27
III. Verbot der Schlechterstellung ...... 28 ff.
1. Allgemeines 28
2. Verbot der Diskriminierung wegen des Geschlechts 29
3. Europäische Rahmenvereinbarung über Teilzeitarbeit 30
4. Verfassungsrechtliche Gleichbehandlungsgrundsätze 31–34
5. Besonderer Gleichbehandlungsgrundsatz des § 4 I TzBfG 35–51
6. Allgemeiner arbeitsrechtlicher Gleichbehandlungsgrundsatz 52
IV. Sachlicher Grund .... 53 ff.
1. Überblick 53, 54
2. Umfang der Arbeitsleistung 55, 56
3. Zweck der Leistung 57–61
V. Anspruch auf anteiliges Arbeitsentgelt .... 62 ff.
1. Grundsatz .... 62, 62 a
2. Einheitliches Verbot ungerechtfertigter Benachteiligungen 63–65
VI. Rechtsfolgen nicht gerechtfertigter unterschiedlicher Behandlung .... 66 ff.
1. Übliche Vergütung 66, 67
2. Schadensersatz 68
VII. Verhältnis der Benachteiligungsverbote zueinander .... 69 ff.
1. § 4 I TzBfG und Art. 141 EG ... 70–72
2. § 4 I TzBfG und Art. 3 GG 73, 74
VIII. Stellenausschreibung .... 75 ff.
1. Allgemeines 75–77
2. Mitbestimmung des Betriebsrats 78, 79

RN
IX. Anspruch auf Teilzeit .... 80 ff.
1. Überblick 80
2. Betriebliche Anspruchsvoraussetzungen 81–84
3. Anspruchsberechtigte 85–89
4. Frist zur Geltendmachung des Anspruchs 90–96
5. Merkmale des Teilzeitverlangens 97–105
6. Bindung an den Antrag 106, 107
7. Erörterung 108–111
X. Reaktionsmöglichkeiten des Arbeitgebers .... 112 ff.
1. Allgemeines 112, 113
2. Betriebliche Gründe 114–117
3. Betriebsorganisation 118–131
4. Unverhältnismäßige Kosten 132, 133
5. Teilzeitwünsche mehrerer Arbeitnehmer 134, 135
6. Einstellung einer Ersatzkraft 136–142
7. Tarifvertragliche Überforderungsklauseln 143
XI. Ablehnung des Wunsches nach Verringerung der Arbeitszeit .... 144 ff.
1. Schriftform 144
2. Rechtsfolgen verfristeter oder verspäteter Ablehnung 145, 146
3. Nachträgliche Änderung der Verteilung der Arbeitszeit 147
XII. Rechtsschutz des Arbeitnehmers bei Ablehnung des Antrags .... 148 ff.
1. Keine Selbsthilfe 148
2. Klage auf Zustimmung 149–151
3. Einstweilige Verfügung 152, 153
XIII. Neuer Antrag des Arbeitnehmers... 154
XIV. Mitbestimmung des Betriebsrats 155, 156
XV. Abweichende Tarifregelungen 157
XVI. Verlängerung der Arbeitszeit .... 158 ff.
1. Allgemeines 158
2. Anspruchsberechtigte 159
3. Freier Arbeitsplatz 160, 161
4. Ablehnungsgründe 162
5. Mitbestimmung des Betriebsrats 163
6. Durchsetzung des Anspruchs .... 163 a
XVII. Maßregelungs- und Kündigungsverbot 164, 165

I. Grundlagen der Teilzeitarbeit

1 Zum 1. 1. 2001 ist mit dem TzBfG das Recht der Teilzeitarbeitsverhältnisse neu geregelt worden. Mit der Neuregelung wurde die **Richtlinie 97/81/EG vom 15. 12. 1997 in nationales Recht umgesetzt.** Die Bestimmungen über die Teilzeitarbeit in §§ 2 bis 6 des BeschFG sind zum 31. 12. 2000 außer Kraft getreten. Ziel der gesetzlichen Neuregelung ist nach § 1 TzBfG, Teilzeitarbeit zu fördern und Benachteiligungen teilzeitbeschäftigter Arbeitnehmer zu verhindern.

1. Gesetzliche Definition. Nach § 2 I 1 TzBfG ist ein Arbeitnehmer teilzeitbeschäftigt, dessen **regelmäßige wöchentliche Arbeitszeit kürzer ist als die eines vergleichbaren vollzeitbeschäftigten Arbeitnehmers.** Ist eine regelmäßige Wochenarbeitszeit nicht vereinbart, ist ein Arbeitnehmer nach § 2 I 2 TzBfG teilzeitbeschäftigt, wenn seine regelmäßige Arbeitszeit im Durchschnitt eines bis zu einem Jahr reichenden Beschäftigungszeitraums unter der eines vergleichbaren Vollzeitbeschäftigten liegt. 2

2. Begriffsmerkmale. a) Merkmal einer Teilzeitbeschäftigung ist nicht, dass die Arbeitszeit stets kürzer als die eines Vollzeitbeschäftigten ist. Arbeitet ein Arbeitnehmer in einem **flexiblen Arbeitszeitmodell** einige Monate des Jahres gleich lang wie ein Vollzeitbeschäftigter, andere Monate hingegen kürzer, liegt ein Teilzeitarbeitsverhältnis vor, weil die Arbeitszeit im Durchschnitt eines Jahres kürzer ist als die eines Vollzeitbeschäftigten.[1] 3

b) Maßgeblich ist die **regelmäßige Arbeitszeit.** Diese bestimmt sich zunächst nach der getroffenen Vereinbarung. Weicht die tatsächliche Vertragsdurchführung von der ausdrücklich vereinbarten Arbeitszeit ab, ist die tatsächlich geleistete Arbeit maßgeblich, weil sie Ausdruck des wirklichen Willens (§ 133 BGB) der Parteien ist.[2] Zur Abgrenzung zwischen Überstunden und der wirklich gewollten Arbeitszeit kann die Rechtsprechung zu § 4 I a EFZG herangezogen werden.[3] Wird regelmäßig eine bestimmte, erhöhte Arbeitszeit abgerufen und geleistet, ist dies Ausdruck der vertraglich geschuldeten Leistung. Schwankt die Arbeitszeit, weil der Arbeitnehmer stets seine Arbeitsaufgaben vereinbarungsgemäß zu erledigen hat, bemisst sich die Dauer nach dem Durchschnitt der vergangenen zwölf Monate. Überstunden liegen demgegenüber vor, wenn die individuelle regelmäßige Arbeitszeit des Arbeitnehmers überschritten wird. Überstunden werden wegen bestimmter besonderer Umstände vorübergehend zusätzlich geleistet.[4] 4

c) Der **Vergleich Vollzeit- und Teilzeitbeschäftigter** richtet sich zunächst gem. § 2 I 3 TzBfG nach der Art des Arbeitsverhältnisses und der Vergleichbarkeit der Tätigkeit eines vollzeitbeschäftigten Arbeitnehmers des Betriebs. Nach der Gesetzesbegründung unterscheiden sich beispielsweise befristete und unbefristete Arbeitsverhältnisse ihrer „Art" nach, so dass sie nach § 2 I TzBfG nicht verglichen werden können.[5] Um gleiche Arbeit handelt es sich, wenn die Arbeitsvorgänge übereinstimmen und Arbeitnehmer an verschiedenen oder nacheinander an denselben technischen Arbeitsplätzen identische oder gleichartige Tätigkeiten ausüben. Die Arbeitnehmer müssen ohne Einarbeitungszeit austauschbar sein. Soweit Tätigkeiten oder ihre Merkmale voneinander abweichen, ist auf die jeweils überwiegend auszuübende Tätigkeit abzustellen.[6] Tätigkeiten sind ähnlich, wenn die Arbeitsanforderungen weitgehend übereinstimmen und die Arbeitnehmer nach kurzer Einarbeitungszeit austauschbar sind.[7] Bezugspunkt zur Feststellung der Teilzeitbeschäftigung ist grundsätzlich der Betrieb und nicht das Unternehmen oder gar der Konzern.[8] Es ist allerdings auch möglich, dass es bei dem Arbeitgeber mehrere Arten von Vollzeitbeschäftigten gibt. So können tarifgebundene Arbeitnehmer eine andere „Art" von Arbeitsverhältnis als nicht einem Tarifvertrag unterworfene Arbeitnehmer haben.[9] Nach einem Betriebsübergang sind nur die Arbeitnehmer vergleichbar, die in einem übernommenen Arbeitsverhältnis beschäftigt werden. War der übergegangene Arbeitnehmer vor dem Betriebsübergang Vollzeitarbeitnehmer, bleibt er es auch nach dem Betriebsübergang, sofern sich seine Arbeitszeit nicht verringert.[10] 5

Gibt es im Betrieb keinen vergleichbaren vollzeitbeschäftigten Arbeitnehmer, beurteilt sich die Vergleichbarkeit nach dem im Betrieb anwendbaren **Tarifvertrag** (§ 2 I 4 TzBfG). Erforderlich ist zumindest die unmittelbare Tarifbindung des Arbeitgebers; eine Geltung kraft arbeitsvertraglicher Bezugnahme genügt nicht.[11] Fehlt ein unmittelbar anwendbarer Tarifvertrag, ist 6

---

[1] MünchKommBGB/*Müller-Glöge* § 2 TzBfG RN 1.

[2] Annuß/Thüsing/*Annuß* § 2 RN 3; *Meinel/Heyn/Herms* § 2 RN 6 f.; *Sievers* § 2 RN 4 f.

[3] MünchKommBGB/*Müller-Glöge* § 2 TzBfG RN 4.

[4] BAG 21. 11. 2001 AP 56 zu § 4 EFZG = NZA 2002, 439.

[5] BT-Drucks. 14/4374 S. 15; krit. hierzu *Meinel/Heyn/Herms* § 2 RN 10.

[6] Vgl. BAG 23. 8. 1995 AP 48 zu § 612 BGB = NZA 96, 579.

[7] MünchKommBGB/*Müller-Glöge* § 2 TzBfG RN 6.

[8] Ebenso Annuß/Thüsing/*Annuß* § 2 RN 5; *Laux*/Schlachter § 2 RN 36; *Sievers* § 2 RN 7; *Worzalla,* Teilzeitarbeit und befristete Arbeitsverträge, 2001 § 2 RN 9.

[9] BAG 14. 3. 2007 AP 1 zu § 611 BGB Lohnerhöhung = NZA 2007, 981.

[10] BAG 14. 3. 2007 AP 204 zu § 242 BGB Gleichbehandlung = NZA 2007, 862.

[11] Annuß/Thüsing/*Annuß* § 2 RN 6; *Meinel/Heyn/Herms* § 2 RN 17; MünchKommBGB/*Müller-Glöge* § 4 TzBfG RN 7; KDZ/*Zwanziger* § 2 TzBfG RN 10; a. A. *Laux*/Schlachter § 2 RN 44.

gemäß § 2 I 4 Halbs. 2 TzBfG darauf abzustellen, wer im jeweiligen Wirtschaftszweig üblicherweise als vergleichbarer vollzeitbeschäftigter Arbeitnehmer anzusehen ist.

II. Erscheinungsformen der Teilzeitarbeit

7 **1. Verkürzung der Arbeitszeit an einzelnen Wochentagen.** Teilzeitbeschäftigung gibt es in den **verschiedensten Formen.** Der Arbeitnehmer kann bei reduzierter Stundenzahl jeden Arbeitstag beschäftigt sein oder nur an einzelnen Tagen der Woche mit der jeweils regelmäßigen täglichen Zahl der Arbeitsstunden. Er kann auch an nur einzelnen Wochentagen jeweils nur wenige Stunden arbeiten. Denkbar ist auch eine Verkürzung der Arbeitszeit gegenüber Vollzeitbeschäftigten in einzelnen Monaten des Jahres. Kennzeichen aller dieser Formen der Teilzeitbeschäftigung ist, dass die Arbeitszeit vertraglich fest vereinbart und im Verhältnis zu der eines Vollzeitbeschäftigten lediglich reduziert ist.

8 **2. Nebentätigkeit.** Möglich sind weiterhin mehrere Teilzeitarbeitsverhältnisse nebeneinander oder ein Teilzeitarbeitsverhältnis neben einem Vollzeitarbeitsverhältnis. Solche **Nebentätigkeiten** sind zulässig, soweit hierdurch nicht berechtigte Interessen des Hauptarbeitgebers beeinträchtigt werden (vgl. § 42 RN 4 ff.).

9 **3. Arbeit auf Abruf.** Eine weitere Form der Teilzeitarbeit ist Arbeit auf Abruf entsprechend dem Arbeitsanfall. Die rechtlichen Rahmenbedingungen hierfür finden sich in § 12 TzBfG. Arbeit auf Abruf liegt nach § 12 I 1 TzBfG vor, wenn der Arbeitnehmer seine **Arbeitsleistung entsprechend dem Arbeitsanfall zu erbringen** hat. Merkmal der Arbeit auf Abruf ist nach dieser Legaldefinition das Recht des Arbeitgebers, entsprechend dem Arbeitsanfall Lage und Dauer der Arbeit bestimmen zu können.[12]

10 **a)** § 12 TzBfG ist seiner Stellung im TzBfG nach grundsätzlich **nur auf Teilzeitbeschäftigte** anwendbar.[13] Vollzeitbeschäftigte unterliegen bei der Vereinbarung von Abrufarbeit allein dem Schutz durch die §§ 307 ff. BGB.[14] **Zweck** des § 12 TzBfG ist, das grundsätzlich anzuerkennende Bedürfnis der Arbeitgeber nach einer Flexibilisierung der Arbeitsverhältnisse zum Schutz der Arbeitnehmer sozialverträglich einzuschränken.[15]

11 **b)** Nach § 12 I 2 TzBfG muss die Vereinbarung über die Abrufarbeit eine **bestimmte Dauer der wöchentlichen und täglichen Arbeitszeit festlegen.** Ist dies nicht erfolgt, gilt gem. § 12 I 3 TzBfG eine wöchentliche Arbeitszeit von zehn Stunden bzw. gem. § 12 I 3 TzBfG eine tägliche Arbeitszeit von drei Stunden als vereinbart. Hieraus wird im Schrifttum hergeleitet, § 12 I TzBfG stehe in Teilzeitarbeitsverhältnissen Vereinbarungen entgegen, die dem Arbeitgeber das Recht einräumen, die Dauer der wöchentlichen Arbeitszeit einseitig festzulegen. Dies gelte auch dann, wenn eine Mindestarbeitszeit vertraglich vereinbart sei.[16] Dieser Auslegung des § 12 I 2 TzBfG ist das BAG nicht gefolgt. Sie ist vom Wortlaut des Gesetzes nicht geboten und berücksichtigt nicht den gesetzlichen Gesamtzusammenhang sowie den Zweck der Regelung.[17]

12 Auch eine **Mindestdauer der Arbeitszeit ist eine bestimmte Dauer** der Arbeitszeit. Dass § 12 I 2 TzBfG nur die Festlegung einer Mindestdauer der wöchentlichen und der täglichen Arbeitszeit fordert, legt der gesetzliche Gesamtzusammenhang nahe. Die Dauer der in § 12 I 3 und 4 TzBfG gesetzlich fingierten Arbeitszeit soll einen Mindestschutz der Arbeitnehmer gewährleisten. Dieser Zweck der gesetzlichen Fiktion trifft auf den Grundtatbestand des § 12 I 2 TzBfG in gleicher Weise zu. Durch die Vereinbarung einer Mindestarbeitszeit soll verhindert werden, dass der Arbeitgeber den Arbeitnehmer während des bestehenden Arbeitsver-

---

[12] BAG 7. 12. 2005 AP 4 zu § 12 TzBfG = NZA 2006, 423; dazu *Bauer/Günther* DB 2006, 950; *Hohenstadt/Schramm* NZA 2007, 238; *Preis/Lindemann* NZA 2006, 632.

[13] *Arnold*/Gräfl § 12 RN 11; *Boewer* § 12 RN 10; MünchKommBGB/*Müller-Glöge* § 12 TzBfG RN 3; *Meinel/Heyn/Herms* § 12 RN 7; ErfK/*Preis* § 12 TzBfG RN 7; *Sievers* § 12 RN 5; KDZ/*Zwanziger* § 12 TzBfG RN 7; a. A. Annuß/Thüsing/*Jacobs* § 12 RN 5; TZA/*Buschmann* § 12 TzBfG RN 28; *Rolfs* TzBfG § 12 RN 3.

[14] *Arnold*/Gräfl § 12 RN 13.

[15] *Boewer* TzBfG § 12 RN 7; *Meinel/Heyn/Herms* TzBfG § 12 RN 3; ErfK/*Preis* § 12 TzBfG RN 3.

[16] Vgl. Annuß/Thüsing/*Jacobs* § 12 RN 24; *Boewer* § 12 RN 24; TZA/*Buschmann* § 12 TzBfG RN 63; *Laux*/Schlachter § 12 RN 42; MünchArbR/*Schüren* Ergänzungsbd. 2. Aufl. § 166 RN 20; KDZ/*Zwanziger* § 12 TzBfG RN 14.

[17] BAG 7. 12. 2005 AP 4 zu § 12 TzBfG = NZA 2006, 423; bestätigt durch BVerfG 23. 11. 2006 NZA 2007, 85; zust. *Arnold*/Gräfl § 12 RN 16 ff.; *Bauer/Günther* DB 2006, 950; MünchKommBGB/*Müller-Glöge* § 12 TzBfG RN 9; *Preis/Lindemann* NZA 2006, 632; nunmehr auch *Meinel/Heyn/Herms* § 12 RN 29; ErfK/*Preis* § 12 TzBfG 19.

hältnisses überhaupt nicht zur Arbeitsleistung heranzieht.[18] Nur bei einer vereinbarten Mindestdauer der wöchentlichen und der täglichen Arbeitszeit macht die nach § 12 I 1 TzBfG zulässige Vereinbarung von Arbeit auf Abruf überhaupt Sinn. Denn die mit der Arbeit auf Abruf **bezweckte Flexibilisierung der Arbeitszeit** kann nur erreicht werden, wenn hinsichtlich der Dauer der wöchentlichen und täglichen Arbeitszeit keine starren gesetzlichen Vorgaben bestehen. Die Gegenauffassung führt demgegenüber zu einem „Aus" der Arbeit auf Abruf.[19] Die vom Gesetz bezweckte Flexibilisierung der Arbeit ist hierdurch ausgeschlossen, weil die nach § 12 I 1 TzBfG zulässige Abrufarbeit nicht sinnvoll praktiziert werden kann.

c) Die bei einer vorformulierten Vereinbarung von Arbeit auf Abruf einseitig vom Arbeitgeber abrufbare Arbeit des Arbeitnehmers darf allerdings **nicht mehr als 25% der vereinbarten wöchentlichen Mindestarbeitszeit** betragen. Weitergehende Regelungen weichen in unangemessener Weise von wesentlichen Grundgedanken der in § 615 BGB erfolgen Verteilung des Wirtschaftsrisikos ab (§ 307 II Nr. 1 BGB) und sind deshalb unwirksam. Die bei Unwirksamkeit der Klausel entstehende Vertragslücke ist im Wege der ergänzenden Vertragsauslegung zu füllen.[20] 13

d) Der gegen die Rechtsprechung des BAG erhobene **Einwand,** hierdurch würden Grundrechte der Arbeitnehmer unzulässigerweise beschränkt,[21] geht fehl. Das BVerfG hat diese Rechtsprechung ausdrücklich gebilligt.[22] Unzutreffend ist des Weiteren die Behauptung, das BAG habe übersehen, dass die §§ 305 ff. BGB nicht § 134 BGB verdrängten. Die vom BAG gebilligten Bandbreitenregelungen führten zu einer Umgehung des § 2 KSchG, so dass sie gem. § 134 BGB nichtig seien.[23] Auch dieser Einwand ist nicht richtig. Seit dem Inkrafttreten des Schuldrechtsmodernisierungsgesetzes zum 1. 1. 2002 erfolgt die Inhaltskontrolle einseitiger Leistungsbestimmungsrechte des Arbeitgebers aus Allgemeinen Arbeitsbedingungen nicht mehr nach diesen Grundsätzen. Maßgeblich sind vielmehr die §§ 305 ff. BGB. Hinzu kommt, dass durch das zum 1. 1. 2001 in Kraft getretene TzBfG in § 12 TzBfG eine ausdrückliche Rechtsgrundlage für die Abrufarbeit geschaffen wurde. Eine solche Regelung gab es zum Zeitpunkt des von Teilen des Schrifttums angezogenen Urteils des BAG vom 12. 12. 1984[24] noch nicht. Das BeschFG trat erst im Jahre 1985 in Kraft. Ebenso wie mit dem Inkrafttreten des § 14 TzBfG die frühere Umgehungsrechtsprechung zur Wirksamkeit von Befristungen obsolet wurde,[25] gilt dies seit Geltung des § 12 TzBfG für die Rechtsprechung zur Umgehung des § 2 KSchG durch Vereinbarungen über Abrufarbeit. 14

e) § 12 I 3 und 4 TzBfG bestimmen **keine gesetzlichen Mindeststundenzahlen.**[26] Arbeitgeber und Arbeitnehmer können vielmehr im Rahmen der Vertragsfreiheit (§ 105 GewO) eine kürzere Wochenarbeitszeit sowie eine kürzere tägliche Arbeitszeit vereinbaren. Ist eine ausdrückliche Vereinbarung nicht getroffen worden, muss geprüft werden, ob sich aus der in der Vergangenheit erfolgten Abwicklung des Vertragsverhältnisses ein bestimmter Regelungswille im Wege der Auslegung (§§ 133, 157 BGB) ermitteln lässt. Entsprechendes gilt bei einer von der ausdrücklich vereinbarten Regelung abweichenden Durchführung des Vertrags.[27] 15

f) Nach § 12 II TzBfG ist der Arbeitgeber verpflichtet, dem Arbeitnehmer die Lage seiner Arbeitszeit jeweils mindestens vier Tage im Voraus mitzuteilen. Die **Ankündigungsfrist** in § 12 II TzBfG soll den Arbeitnehmer vor allzu kurzfristig angekündigten Arbeitseinsätzen schützen und ihm eine Planung der Arbeit ermöglichen. Für die Fristberechnung gelten die §§ 186 ff. BGB. Die Frist beginnt mit dem Zugang der Mitteilung des Arbeitgebers. Der Tag des Zugangs der Mitteilung (§ 187 I BGB) sowie der Tag der Arbeitsleistung („vier Tage im Voraus") zählen bei der Fristberechnung nicht mit.[28] Soll also beispielsweise der Arbeitnehmer an 16

---

[18] So die Gesetzesbegründung zu dem durch § 12 TzBfG abgelösten § 4 BeschFG 1985, vgl. BT-Drucks. 10/3206 S. 30.

[19] *Busch* NZA 2001, 593.

[20] BAG 7. 12. 2005 AP 4 zu § 12 TzBfG = NZA 2006, 423.

[21] *Decruppe/Utess* AuR 2006, 347 ff.

[22] BVerfG 23. 11. 2006 NZA 2007, 85.

[23] *Decruppe/Utess* AuR 2006, 347 ff. unter Bezugnahme auf das Urteil des BAG vom 12. 12. 1984 AP 6 zu § 2 KSchG 1969 = NZA 85, 321.

[24] BAG 12. 12. 1984 AP 6 zu § 2 KSchG 1969 = NZA 85, 321.

[25] Vgl. *Dörner,* Der befristete Arbeitsvertrag, RN 134; ErfK/*Müller-Glöge* § 14 TzBfG RN 7.

[26] *Boewer* § 12 RN 25; ErfK/*Preis* § 12 TzBfG RN 15; *Meinel/Heyn/Herms* § 12 RN 28 und 31; MünchKommBGB/*Müller-Glöge* § 12 TzBfG RN 9.

[27] Vgl. LAG Bremen 20. 5. 1999 NZA-RR 2000, 14, 16.

[28] Vgl. *Arnold*/Gräfl § 12 RN 51; MünchKommBGB/*Müller-Glöge* § 12 TzBfG RN 15; ErfK/*Preis* § 12 TzBfG RN 26.

einem Montag arbeiten, hat ihm die Mitteilung spätestens am vorangehenden Mittwoch zuzugehen. Ist der Mittwoch ein gesetzlicher Feiertag, hat die Mitteilung in analoger Anwendung des § 193 BGB dem Arbeitnehmer bereits am Dienstag zuzugehen.[29]

17 Von der viertägigen Ankündigungsfrist des § 12 II TzBfG kann gemäß § 22 I TzBfG nicht zuungunsten des Arbeitnehmers in einem Arbeitsvertrag abgewichen werden. Ein im Voraus erklärter **Verzicht des Arbeitnehmers hierauf ist nach § 134 BGB unwirksam.** Gemäß § 12 III TzBfG kann die Ankündigungsfrist allerdings durch Tarifvertrag verkürzt werden. Bei der Festlegung der Mindestdauer der täglichen Arbeitszeit hat der **Betriebsrat nach § 87 I Nr. 2 BetrVG mitzubestimmen.**

18 **4. Jahresarbeitszeitverträge.** Umstritten ist, ob § 12 I 2 TzBfG der Vereinbarung flexibler Jahresarbeitszeitverträge entgegensteht. Dies wird von einem Teil des Schrifttums mit Hinweis auf den vermeintlich eindeutigen **Wortlaut des Gesetzes** bejaht.[30] Hiergegen spricht jedoch, dass nach dem Willen des Gesetzgebers die Regelung der Abrufarbeit im früheren § 4 BeschFG im Wesentlichen übernommen werden sollte.[31] Im Geltungsbereich dieser Vorschrift war die Vereinbarung von Jahresarbeitszeitverträgen zulässig.[32] Der Wortlaut des § 12 I TzBfG lässt auch Regelungen zu, die eine wöchentliche Arbeitszeitdauer festlegen und zugleich eine Jahresarbeitszeit vorsehen, die nicht unbedingt der Summe der Wochenarbeitszeiten entsprechen muss. Die Vereinbarung einer täglichen Arbeitszeit kann auch bedeuten, dass der Arbeitnehmer bei Abruf der Arbeit diese Arbeitszeit mindestens zusammenhängend arbeiten soll.[33] Durch die Vereinbarung einer bestimmten wöchentlichen Arbeitszeit wird dabei eine kontinuierliche Vergütung des Arbeitnehmers sichergestellt.

19 Zulässig sind auch **Arbeitszeitblöcke mit längerer Arbeitszeit,** wie sie insbesondere in Saisonbetrieben sinnvoll sein können.[34] Vorbehaltlich im Betrieb des Arbeitgebers anwendbarer entgegenstehender tariflicher Regelungen kann die Arbeitszeit bei größerem Arbeitskräftebedarf nach § 3 Satz 1 ArbZG ohne Weiteres auf alle Werktage von Montag bis Samstag verteilt und damit auf bis zu 48 Stunden je Woche verlängert werden. Darüber hinaus kann nach § 3 Satz 2 ArbZG die werktägliche Arbeitszeit auf zehn Stunden und damit die wöchentliche Arbeitszeit auf 60 Stunden verlängert werden, wenn innerhalb von sechs Kalendermonaten oder innerhalb von 24 Wochen im Durchschnitt acht Stunden werktäglich nicht überschritten werden.[35] Durch eine entsprechende Vertragsgestaltung können damit saisonale Schwankungen ausgeglichen werden.

20 **5. Rahmenvereinbarungen.** Die Arbeit auf Abruf ist von Rahmenvereinbarungen abzugrenzen, die nur die Bedingungen der **erst noch abzuschließenden,** auf den jeweiligen Einsatz befristeten Arbeitsverträge wiedergeben, selbst aber noch keine Verpflichtung zur Arbeitsleistung begründen. Eine solche Rahmenvereinbarung ist kein Arbeitsvertrag.[36] Die Arbeitsvertragsparteien sind grundsätzlich auch nicht gezwungen, statt der Kombination von Rahmenvereinbarung und Einzelarbeitsverträgen ein Abrufarbeitsverhältnis nach § 12 TzBfG zu begründen. Eine Rahmenvereinbarung stellt weder eine Gesetzesumgehung noch einen Missbrauch einer an sich zulässigen Gestaltungsmöglichkeit dar.

21 Eine Rahmenvereinbarung, die eine Vergütung nur für tatsächlich geleistete Stunden vorsieht und weder die Wochenarbeitszeit noch die Ausgestaltung der Arbeitszeit festlegt, sondern dem Arbeitnehmer die Wahl lässt, ob er die vom Arbeitgeber angebotene Arbeit annimmt oder ablehnt, **verstößt nicht gegen Gemeinschaftsrecht.**[37] Ein Verstoß gegen das Verbot der Benachteiligung wegen Teilzeitbeschäftigung nach § 4 I der Richtlinie 97/81/EG liegt nicht vor, wenn Vollzeitbeschäftigte – wie im Normalfall – mit einer festen Arbeitszeitdauer und der Ver-

---

[29] Ebenso Annuß/Thüsing/*Jacobs* § 12 RN 49; ErfK/*Preis* § 12 TzBfG RN 26; KDZ/*Zwanziger* § 12 TzBfG RN 22.

[30] *Boewer* § 12 RN 13; TZA/*Buschmann* § 12 RN 66; KDZ/*Zwanziger* KSchR § 12 TzBfG RN 13; *Sievers* § 12 RN 11 f.

[31] BT-Drucks. 14/4625 S. 20.

[32] Vgl. dazu ErfK/*Preis* 2. Aufl. § 4 BeschFG RN 24 m. w. N.

[33] Ebenso Annuß/Thüsing/*Jacobs* § 12 RN 22; *Busch* NZA 2001, 593, 594; *Laux*/Schlachter § 12 RN 53; *Meinel/Heyn/Herms* § 12 RN 23 ff.; MünchKommBGB/*Müller-Glöge* § 12 TzBfG RN 10; ErfK/*Preis* § 12 TzBfG RN 22; MünchArbR/*Schüren* Ergänzungsband § 166 RN 29.

[34] GK-TzA/*Mikosch* § 4 BeschFG RN 61; MünchKommBGB/*Müller-Glöge* § 12 TzBfG RN 11.

[35] Dazu im Einzelnen *Baeck/Deutsch* ArbZG 2. Aufl. § 3 RN 26 ff.; *Schliemann/Meyer* Arbeitszeitrecht 2. Aufl. RN 202 ff.

[36] BAG 31. 7. 2002 AP 2 zu § 4 TzBfG; 16. 4. 2003 AP 1 zu § 4 BeschFG 1996 = NZA 2004, 40.

[37] EuGH 12. 10. 2004 AP 1 zu EWG-Richtlinie Nr. 97/81 = NZA 2004, 1325; dazu *Nicolai* DB 2004, 2812.

pflichtung, die vereinbarte Arbeitszeit zu arbeiten, beschäftigt werden. Es fehlen dann „vergleichbare“ Vollzeitbeschäftigte. Aus diesem Grund stellen solche Vereinbarungen auch keinen Verstoß gegen das Verbot der Diskriminierung wegen des Geschlechts nach Art. 2 I der Richtlinie 76/207/EWG dar.

6. Arbeitsplatzteilung (Job-Sharing). Nach § 13 TzBfG sind Vereinbarungen zwischen Arbeitgeber und Arbeitnehmer zulässig, wonach **mehrere Arbeitnehmer sich die Arbeitszeit an einem Arbeitsplatz teilen.** Diese Vorschrift entspricht inhaltlich dem früheren § 5 BeschFG. 22

a) Bei der Arbeitsplatzteilung bestehen **vertragliche Beziehungen** nur zwischen den einzelnen Arbeitnehmern und dem Arbeitgeber, nicht aber zwischen den Arbeitnehmern untereinander. Diese bilden keine Eigengruppe (dazu § 182).[38] Durch die Arbeitsplatzteilung wird kein Gesamtschuldverhältnis auf Arbeitnehmerseite begründet.[39] Jeder Arbeitnehmer haftet nur für seine persönlichen Fehlleistungen. 23

b) Im Falle der **Verhinderung eines Arbeitnehmers** – beispielsweise infolge Krankheit, Urlaub u. Ä. – ist der Partner auf dem betreffenden Arbeitsplatz gem. § 13 I 2 TzBfG zur Vertretung verpflichtet, wenn er dem im Einzelfall zugestimmt hat. Die Vertretungspflicht besteht nach § 13 I 3 TzBfG auch, wenn der Arbeitsvertrag bei Vorliegen dringender betrieblicher Gründe eine Vertretung vorsieht und diese im Einzelfall zumutbar ist.[40] Eine weitergehende allgemeine Vertretungspflicht besteht nicht. Die Vereinbarung einer generellen Vertretungspflicht vorab im Arbeitsvertrag ist nach § 134 BGB unwirksam.[41] 24

c) Das Ausscheiden eines Job-Sharing-Partners allein rechtfertigt nach § 13 II 1 TzBfG noch nicht die **Kündigung** des anderen Arbeitnehmers. Der Arbeitgeber kann jedoch nach allgemeinen kündigungsschutzrechtlichen Grundsätzen eine Änderungskündigung oder auch eine Beendigungskündigung aussprechen. Dies ist in § 13 II 2 TzBfG klargestellt. 25

d) Die Regelungen über die Verhinderung und das Kündigungsverbot (§ 13 I, II TzBfG) gelten nach § 13 III TzBfG entsprechend, wenn sich Gruppen von Arbeitnehmern auf bestimmten Arbeitsplätzen in festgelegten Zeitabschnitten abwechseln. Für diese sog. **Turnusarbeitsverhältnisse** ist der Wechsel in festgelegten Zeitabschnitten entscheidend. Auf die Anzahl der Arbeitnehmer, die jeweils gleichzeitig arbeiten, kommt es nicht an. Diese Regelung hat in der Praxis so gut wie keine Bedeutung.[42] 26

7. Abweichende Vereinbarungen. § 13 I und III TzBfG sind **tarifdispositiv,** d. h., von diesen Bestimmungen kann durch Tarifvertrag auch zuungunsten der Arbeitnehmer abgewichen werden, wenn der Tarifvertrag Regelungen über die Vertretung der Arbeitnehmer enthält. 27

III. Verbot der Schlechterstellung

1. Allgemeines. Rechte und Pflichten teilzeitbeschäftigter Arbeitnehmer ergeben sich grundsätzlich – wie bei Vollzeitbeschäftigten – aus dem **Arbeitsvertrag** und den das Arbeitsverhältnis ausgestaltenden **Gesetzen, Tarifverträgen und Betriebsvereinbarungen.** Die darin enthaltenen Bestimmungen können jedoch unwirksam und deshalb unbeachtlich sein, wenn sie gegen höherrangiges Recht verstoßen. Bereits im Jahre 1969 hat das BAG entschieden, dass dann, wenn ein Tarifvertrag in seiner Gehaltstabelle tarifliche Mindestgehälter festlegt, die das Entgelt für eine Wochenarbeitszeit von 42,5 Stunden darstellen, tarifgebundene teilzeitbeschäftigte Arbeitnehmer Anspruch auf ein monatliches Tarifgehalt haben, das dem Verhältnis ihrer vereinbarten Arbeitszeit zu der dem tariflichen Satz zugrunde liegenden Arbeitszeit entspricht.[43] Seit Anfang der 80er-Jahre hat die Rechtsprechung dann mehr und mehr die Bedeutung von Normen erkannt, die Schlechterstellungen von Teilzeitarbeitnehmern verbieten.[44] 28

2. Verbot der Diskriminierung wegen des Geschlechts. Die unterschiedliche Behandlung teilzeitbeschäftigter Arbeitnehmer kann zugleich eine mittelbare Diskriminierung wegen des Geschlechts darstellen und damit gegen Gemeinschaftsrecht verstoßen. **Art. 141 EG,** der 29

---

[38] MünchKommBGB/*Müller-Glöge* § 13 TzBfG RN 1; ErfK/*Preis* § 13 TzBfG RN 2.

[39] *Arnold*/Gräfl § 13 RN 12; ErfK/*Preis* § 13 TzBfG RN 7.

[40] Vgl. dazu LAG München 15. 9. 1993 LAGE § 5 BeschFG Nr. 1.

[41] *Laux*/Schlachter § 13 RN 39; *Meinel/Heyn/Herms* § 13 RN 19; MünchKommBGB/*Müller-Glöge* § 13 TzBfG RN 6; ErfK/*Preis* § 13 TzBfG RN 9.

[42] *Boewer* § 13 RN 30.

[43] BAG 12. 10. 1969 AP 1 zu § 1 TVG Teilzeitbeschäftigung.

[44] Vgl. dazu die Überblicke von *Peifer* ArbGegw Bd. 30, 1993 S. 139, 141 ff. sowie *ders.* ZfA 99, 271.

weitgehend dem **früheren Art. 119 EWG-Vertrag entspricht,** sowie die Lohngleichheitsrichtlinie 75/117/EWG vom 10. 2. 1975,[45] die Gleichbehandlungsrichtlinie 76/207/EWG vom 9. 2. 1976[46] in der Fassung der Richtlinie 2002/73/EG vom 23. 9. 2002[47] sowie die Richtlinie 86/378/EWG vom 24. 7. 1986 zur Verwirklichung des Grundsatzes der Gleichbehandlung von Männern und Frauen bei den betrieblichen Systemen der sozialen Sicherheit[48] enthalten arbeitsrechtliche Verbote der Benachteiligung wegen des Geschlechts (dazu näher § 165).

30 **3. Europäische Rahmenvereinbarung über Teilzeitarbeit.** Europäische **Mindeststandards der Teilzeitarbeit** regelt die Europäische Rahmenvereinbarung über Teilzeitarbeit, die am 15. 12. 1997 von den Arbeitsministern der EU-Mitgliedstaaten auf der Grundlage von Art. 4 II Sozialabkommen als Richtlinie beschlossen wurde.[49] Diese Richtlinie ist von der deutschen Gesetzgebung mit Inkrafttreten des TzBfG zum 1. 1. 2001 in nationales Recht umgesetzt worden.

31 **4. Verfassungsrechtliche Gleichbehandlungsgrundsätze.** Ein Verbot der Ungleichbehandlung von Vollzeitbeschäftigten und Teilzeitbeschäftigten durch gesetzliche Bestimmungen ergibt sich weiterhin aus **Art. 3 GG.** Dabei sind die Normbereiche der einzelnen Absätze des Art. 3 GG zu unterscheiden (dazu § 3 RN 4ff.).

32 **a)** Aus dem allgemeinen Gleichheitssatz des Art. 3 I GG ergibt sich die Verpflichtung des Gesetzgebers, **Gleiches gleich und Ungleiches seiner Eigenart entsprechend verschieden zu behandeln.** Je nach Regelungsgegenstand ergeben sich unterschiedliche Anforderungen an die Differenzierungsmerkmale. Diese reichen vom bloßen Willkürverbot bis zur strengen Bindung an Verhältnismäßigkeitserfordernisse.[50]

33 Da der Grundsatz, alle Menschen sind vor dem Gesetz gleich, in erster Linie eine ungerechtfertigte Verschiedenbehandlung von Personen verhindern soll, unterliegt die **Ungleichbehandlung durch personenbezogene Merkmale,** die dadurch gekennzeichnet ist, dass die Benachteiligten den begünstigenden Sachverhalt in ihrer Person nicht oder nur schwer erfüllen können, einer **strengen Bindung.** In diesen Fällen ist der Gleichheitssatz verletzt, wenn eine Gruppe von Normadressaten im Vergleich zu anderen Normadressaten anders behandelt wird, obwohl zwischen beiden Gruppen keine Unterschiede von solcher Art und solchem Gewicht bestehen, dass sie die ungleiche Behandlung rechtfertigen könnten.[51] Ungleichbehandlung und sachlicher Grund müssen in einem angemessenen Verhältnis zueinanderstehen. Dieser Prüfungsmaßstab enthält gegenüber dem Willkürverbot eine deutlich erhöhte Kontrolldichte. Eine personenbezogene Ungleichbehandlung liegt vor, wenn ein Tarifvertrag Zeiten geringfügiger Beschäftigung i. S. v. § 8 SGB IV, die vor einem bestimmten Stichtag zurückgelegt wurden, nicht als tarifliche Beschäftigungszeit anerkennt.[52]

34 **b)** Der allgemeine Gleichheitssatz des Art. 3 I GG ist **durch § 4 I TzBfG konkretisiert** worden. Dieses spezielle Verbot der schlechteren Behandlung teilzeitbeschäftigter Arbeitnehmer ist ein gesetzlich geregelter Sonderfall des allgemeinen Gleichheitssatzes des Art. 3 I GG.[53]

35 **5. Besonderer Gleichbehandlungsgrundsatz des § 4 I TzBfG.** Teilzeitbeschäftigte dürfen nach § 4 I TzBfG **wegen ihrer Teilzeitbeschäftigung** nicht schlechter als Vollzeitbeschäftigte behandelt werden, sofern nicht sachliche Gründe eine unterschiedliche Behandlung rechtfertigen. Dies gilt auch für **geringfügig Beschäftigte** i. S. v. § 8 SGB IV (dazu § 44).[54]

36 **a)** Das Verbot der Schlechterstellung Teilzeitbeschäftigter gegenüber Vollzeitbeschäftigten in § 4 I TzBfG ist **zwingend.** § 4 TzBfG ist ein **Verbotsgesetz** i. S. v. § 134 BGB[55] und **Schutzgesetz** i. S. v. § 823 II BGB.[56] Ein Verstoß gegen § 4 I TzBfG stellt zugleich eine **Pflichtverlet-**

---

[45] ABl. [EG] Nr. L 45.
[46] ABl. [EG] Nr. L 39.
[47] ABl. [EG] 2002 Nr. L 269/15.
[48] ABl. [EG] Nr. L 225.
[49] Dazu *Treber* ZTR 98, 250; *Kreimer-de Fries* AuR 97, 314.
[50] BVerfG 26. 1. 1993 NJW 93, 1517; BAG 27. 5. 2004 AP 5 zu § 1 TVG Gleichbehandlung = NZA 2004, 1399; ErfK/*Dieterich* Art. 3 GG RN 33ff.; *Jarass* NJW 97, 2545ff.
[51] BVerfG 28. 1. 1992 AP 2 zu § 19 AZO = NZA 92, 270; 1. 9. 1997 NZA 97, 1339.
[52] BAG 25. 4. 2007 AP 14 zu § 4 TzBfG = NZA 2007, 881.
[53] BAG 25. 4. 2007 AP 14 zu § 4 TzBfG = NZA 2007, 881; 24. 6. 2004 AP 10 zu § 34 BAT.
[54] Vgl. dazu *Thüsing* ZTR 2005, 118 und *Hanau* DB 2005, 946.
[55] TZA/*Buschmann* § 4 RN 11; Annuß/*Thüsing* § 4 RN 4; ErfK/*Preis* § 4 TzBfG RN 5.
[56] BAG 24. 10. 2001 AP 27 zu § 823 BGB Schutzgesetz = NZA 2002, 209 zum früheren § 2 I BeschFG; *Boewer* § 4 RN 10f.; TZA/*Buschmann* § 4 RN 44; *Meinel/Heyn/Herms* § 4 RN 56; MünchKommBGB/

zung i. S. v. § 280 BGB dar.[57] Eine **Benachteiligungsabsicht** des Arbeitgebers ist nicht erforderlich.[58]

§ 4 I TzBfG findet auf **einseitige und arbeitsvertraglich vereinbarte Leistungen** Anwendung, durch die teilzeitbeschäftigte Arbeitnehmer gegenüber vollzeitbeschäftigten Arbeitnehmern schlechter gestellt werden.[59] Das Verbot der Schlechterstellung Teilzeitbeschäftigter in § 4 I TzBfG betrifft nicht die Rechtsform, sondern die Rechtserheblichkeit des Arbeitgeberverhaltens.[60] **37**

b) Auch **tarifliche Regelungen** müssen mit § 4 I TzBfG vereinbar sein. Die in dieser Vorschrift geregelten Diskriminierungsverbote stehen nach § 22 TzBfG nicht zur Disposition der Tarifvertragsparteien.[61] Der **Tarifvorbehalt** aus § 6 I BeschFG ist in das TzBfG zu Recht nicht aufgenommen worden. **38**

In vielen Tarifverträgen werden teilzeit- und vollzeitbeschäftigte Arbeitnehmer allerdings nicht unmittelbar in konkreten Regelungen ungleich behandelt. Die Ungleichbehandlung erfolgt vielmehr dadurch, dass bestimmte Personengruppen generell vom **persönlichen Geltungsbereich des Tarifvertrags ausgenommen** sind und dadurch schon gar keinen Anspruch auf die tariflichen Leistungen haben. Da die durch Art. 9 III GG geschützte Tarifautonomie nicht nur die Entscheidung über den Regelungsinhalt tariflicher Normen umfasst, sondern auch einen entsprechenden Regelungsverzicht deckt, ist den Tarifvertragsparteien eine Einschätzungsprärogative in Bezug auf die tatsächlichen Gegebenheiten und betroffenen Interessen zuzugestehen. So ist die Nichteinbeziehung von Lektoren in den Geltungsbereich des BAT nicht zu beanstanden, weil sie auf der strukturellen, zeitlichen wie inhaltlichen Einbindung ihrer geschuldeten Arbeitsleistung in einen durch Art. 5 III GG geschützten Bereich beruht.[62] **39**

Dagegen verstößt eine tarifliche Regelung, die **lediglich nicht vollbeschäftigtes Reinigungspersonal** ohne sachlichen Grund aus dem persönlichen Geltungsbereich ausschließt, gegen das Diskriminierungsverbot von Teilzeitbeschäftigten (§ 4 I TzBfG). Unerheblich ist, dass die Reinigungskräfte nicht im Kernbereich des Unternehmens (im Streitfall: Banken) tätig sind, weil das Reinigungspersonal nicht insgesamt aus dem persönlichen Geltungsbereich ausgeschlossen worden ist, sondern nur das nicht vollzeitbeschäftigte Reinigungspersonal.[63] **40**

Eine Tarifregelung, die bestimmt, dass **geringfügige Beschäftigungen** i. S. d. § 8 SGB IV bei der Berechnung der tariflichen Beschäftigungszeit nur berücksichtigt werden, soweit sie nach dem 31. 12. 2001 zurückgelegt worden sind, verstößt gegen § 4 I TzBfG i. V. m. dem Gleichheitssatz des Art. 3 I GG. Die Tarifregelung führt zu einer sachlich nicht gerechtfertigten Benachteiligung Teilzeitbeschäftigter. Es ist kein sachlicher Grund ersichtlich, der eine Nichtberücksichtigung der vor dem 1. 1. 2002 liegenden Zeiten geringfügiger Beschäftigung rechtfertigen könnte. Dies kann Bedeutung für die Unkündbarkeit des Arbeitnehmers nach § 53 III BAT bzw. § 34 II TVöD haben, die eine Beschäftigungszeit i. S. d. BAT von 15 Jahren voraussetzt.[64] **40a**

c) Der in § 6 III BeschFG noch enthaltene Vorrang für **Kirchen und öffentlich-rechtliche Religionsgemeinschaften** findet sich nicht mehr im TzBfG. Auch diese Körperschaften sind nunmehr an das Verbot der Schlechterstellung teilzeitbeschäftigter Arbeitnehmer gebunden. **41**

d) Die Vollzeitbeschäftigten müssen mit dem Teilzeitbeschäftigten **vergleichbar** sein. Die Vergleichbarkeit ist anspruchsbegründend und daher vom Arbeitnehmer darzulegen und ggf. zu beweisen.[65] Vergleichbar ist nach § 2 I 3 TzBfG ein vollzeitbeschäftigter Arbeitnehmer des Betriebs mit derselben Art des Arbeitsverhältnisses und der gleichen oder einer ähnlichen Tätigkeit. **42**

Müller-Glöge § 4 TzBfG RN 3; KDZ/*Zwanziger* KSchR § 4 TzBfG RN 1; a. A. Annuß/*Thüsing* § 4 RN 4; ErfK/*Preis* § 4 TzBfG RN 6.

[57] *Boewer* § 4 RN 12.

[58] BAG 7. 3. 1995 AP 26 zu § 1 BetrAVG Gleichbehandlung = NZA 96, 48; Annuß/*Thüsing* § 4 RN 22; *Boewer* § 4 RN 24; *Meinel/Heyn/Herms* § 4 RN 36; ErfK/*Preis* § 4 TzBfG RN 37.

[59] BAG 16. 1. 2003 AP 3 zu § 4 TzBfG; MünchKommBGB/*Müller-Glöge* § 4 TzBfG RN 11.

[60] Vgl. BAG 3. 12. 2008 – 5 AZR 469/07; ErfK/*Preis* § 4 TzBfG RN 19.

[61] BAG 24. 9. 2008 – 6 AZR 657/07; 25. 4. 2007 AP 14 zu § 4 TzBfG = NZA 2007, 881; 24. 6. 2004 AP 10 zu § 34 BAT; 15. 10. 2003 AP 87 zu § 2 BeschFG 1985 = NZA 2004, 551; 18. 3. 2003 AP 3 zu § 8 TzBfG.

[62] BAG 27. 5. 2004 AP 5 zu § 1 TVG Gleichbehandlung = NZA 2004, 1399; 12. 10. 2004 AP 2 zu § 3 g BAT = NZA 2005, 1127.

[63] BAG 15. 10. 2003 AP 87 zu § 2 BeschFG 1985 = NZA 2004, 551.

[64] BAG 25. 4. 2007 AP 14 zu § 4 TzBfG = NZA 2007, 881, zu § 4 I des 77. Tarifvertrags zur Änderung des BAT vom 29. 10. 2001.

[65] Annuß/*Thüsing* § 4 RN 25; MünchKommBGB/*Müller-Glöge* § 4 TzBfG RN 50.

43 **e)** Das Verbot der Schlechterstellung von Teilzeitbeschäftigten aus § 4 I TzBfG betrifft nach dem Wortlaut des Gesetzes **vergleichbare teilzeit- und vollzeitbeschäftigte Arbeitnehmer.** Zu § 2 I BeschFG hat das BAG weitergehend die Auffassung vertreten, auch die unterschiedliche Behandlung teilzeitbeschäftigter Arbeitnehmer untereinander werde von diesem Verbot erfasst, wenn die eine Gruppe der teilzeitbeschäftigten Arbeitnehmer wie vollzeitbeschäftigte Arbeitnehmer behandelt werde und die andere Gruppe der Teilzeitbeschäftigten von bestimmten Leistungen ausgeschlossen sei.[66] Maßgeblich hierfür war letztlich, dass die unterschiedliche Behandlung einer Gruppe teilzeitbeschäftigter Arbeitnehmer gegenüber den vollzeitbeschäftigten Arbeitnehmern nicht deshalb entfällt, weil der Arbeitgeber eine bestimmte Gruppe Teilzeitbeschäftigter nicht benachteiligt. Verglichen wurden genau genommen also nicht die unterschiedlichen Gruppen Teilzeitbeschäftigter, sondern eine Personengruppe teilzeitbeschäftigter Arbeitnehmer mit Vollzeitbeschäftigten. Dies ist auch nach § 4 I TzBfG der richtige Vergleichsmaßstab. Deshalb ist auch nach dieser Bestimmung eine Schlechterstellung von teilzeitbeschäftigten Arbeitnehmern gegenüber einer anderen Gruppe Teilzeitbeschäftigter, die wie Vollzeitbeschäftigte behandelt werden, verboten, sofern hierfür nicht sachliche Gründe bestehen.[67]

44 § 4 I TzBfG findet nach seinem Wortlaut jedoch keine Anwendung, wenn **nur teilzeitbeschäftigte Arbeitnehmer** untereinander ungleich behandelt werden und nicht zugleich eine schlechtere Behandlung gegenüber Vollzeitbeschäftigten vorliegt. Dies ist beispielsweise in Kleinbetrieben des Dienstleistungsgewerbes denkbar, in denen nur Teilzeitbeschäftigte beschäftigt sind. Die ungleiche Behandlung der Arbeitnehmer ist hier am Maßstab des allgemeinen Gleichbehandlungsgrundsatzes zu prüfen (§ 112).[68] Im Einzelfall kann auch eine mittelbare Diskriminierung wegen des Geschlechts vorliegen (Art. 141 EG). Auch das Verbot der Benachteiligung wegen des Geschlechts nach § 7 I AGG ist hier zu beachten (dazu § 33 RN 45ff.).

45 **f)** Erforderlich ist eine **unterschiedliche Behandlung.** Das ist beispielsweise anzunehmen, wenn der Arbeitgeber vollzeitbeschäftigten Arbeitnehmern ab einem bestimmten Lebensalter eine Ermäßigung der regelmäßigen Wochenarbeitszeit unter Fortzahlung der bisherigen Vergütung gewährt, die Arbeitszeit teilzeitbeschäftigter Arbeitnehmer nach Erreichen dieser Altersgrenze jedoch nicht anteilig verkürzt. Wird die Arbeitszeit der Teilzeitarbeitnehmer nicht herabgesetzt, erhalten sie eine geringere Stundenvergütung als vollzeitbeschäftigte Arbeitnehmer. Der Teilzeitbeschäftigte hat daher einen Anspruch auf anteilige Verkürzung seiner Arbeitszeit oder – wenn das Arbeitsverhältnis bereits beendet ist – für die zurückliegende Zeit einen Anspruch auf Ausgleich in Geld.[69]

46 Keine Ungleichbehandlung liegt vor, wenn der Arbeitgeber am 24. und 31. Dezember **ab 12.00 Uhr Arbeitsbefreiung** unter Fortzahlung der Vergütung gewährt, jedoch teilzeitbeschäftigte Arbeitnehmer, deren Arbeitszeit schon um 12.00 Uhr endet, keine bezahlte Freistellung erhalten. Teilzeitbeschäftigte, die nur am Vormittag arbeiten, können nicht unter Hinweis auf die Gleichbehandlung mit Vollzeitbeschäftigten verlangen, an diesen Tagen vormittags unter Fortzahlung der Arbeitsvergütung freigestellt zu werden. Die Ungleichbehandlung erfolgt hier nicht durch eine Handlung des Arbeitgebers. Die bezahlte Freistellung ist vielmehr rein zeitbezogen und ergibt sich aus der individuellen Lage der Arbeitszeit.[70] Die bezahlte Freistellung knüpft nicht an die Dauer der Arbeitszeit, sondern an deren Lage an. Deshalb hat ein Teilzeitbeschäftigter, der nachmittags von 13.00 Uhr bis 17.00 Uhr beschäftigt ist, Anspruch auf die Freistellung unter Fortzahlung der Vergütung.

47 **g)** Die unterschiedliche Behandlung einer Gruppe teilzeitbeschäftigter Arbeitnehmer gegenüber den vollzeitbeschäftigten Arbeitnehmern entfällt nicht dadurch, dass der Arbeitgeber eine **andere Gruppe teilzeitbeschäftigter Arbeitnehmer nicht diskriminiert.** Deshalb verstößt eine tarifliche Regelung, die einen Spätarbeitszuschlag für Teilzeitbeschäftigte bei einem Ende der regelmäßigen Arbeitszeit nach 17.00 Uhr nur vorsieht, wenn Wechselschicht geleistet wird, während Vollzeitbeschäftigte bei gleichem Arbeitszeitende den Zuschlag auch dann erhalten, wenn sie nicht in Wechselschicht tätig sind, gegen § 4 I TzBfG, auch wenn Teilzeitbeschäftigte in Wechselschicht den Zuschlag erhalten.[71]

---

[66] BAG 29. 8. 1989 AP 6 zu § 2 BeschFG 1985 = NZA 90, 37; 12. 1. 1994 AP 112 zu § 242 BGB Gleichbehandlung = NZA 94, 993.

[67] BAG 25. 4. 2007 AP 14 zu § 4 TzBfG = NZA 2007, 881.

[68] Ebenso Annuß/*Thüsing* § 4 RN 24; *Meinel/Heyn/Herms* § 4 RN 21; ErfK/*Preis* § 4 TzBfG RN 22; KDZ/*Zwanziger* KSchR § 4 TzBfG RN 8; a. A. *Laux*/Schlachter § 4 RN 36.

[69] BAG 3. 3. 1993 AP 97 zu § 611 BGB Lehrer, Dozenten = NZA 93, 839.

[70] BAG 26. 5. 1993 AP 42 zu Art. 119 EWG-Vertrag = NZA 94, 413.

[71] BAG 24. 9. 2003 AP 4 zu § 4 TzBfG = NZA 2004, 611.

h) Eine alle Beschäftigten gleich treffende Regelung kann eine **formale Ungleichbehandlung** darstellen. Wird beispielsweise das Weihnachtsgeld für Vollzeit- und Teilzeitbeschäftigte einheitlich um 500 Euro gekürzt, führt dies zu einer Benachteiligung der Teilzeitbeschäftigten i. S. v. § 4 I TzBfG, weil die so neu berechnete Gratifikation geringer ist als der Betrag, der sich bei einer anteiligen Kürzung ergäbe.[72] 48

i) § 4 I TzBfG verbietet eine schlechtere Behandlung wegen Teilzeitarbeit. Die Teilzeitbeschäftigung muss für die Benachteiligung **ursächlich** sein.[73] Deshalb ist eine Ungleichbehandlung von Teilzeit- und Vollzeitbeschäftigten aus anderen Gründen als der Teilzeitarbeit nicht verboten.[74] Die Kausalität fehlt, wenn Umstände, die keinen Bezug zur Arbeitszeit haben, für die unterschiedliche Behandlung maßgebend sind. Das ist bei einer Regelung anzunehmen, die Arbeitnehmern, die mit infektiösem Material arbeiten, ab einer Arbeitszeit von mehr als 51% von Vollzeitbeschäftigten einen Zusatzurlaub gewährt. In diesem Fall erfolgt die Ungleichbehandlung nicht „wegen" der Teilzeitarbeit, sondern wegen der geringeren zeitlichen Belastung durch gesundheitsgefährdende Arbeitsbedingungen.[75] 49

Eine schlechtere Behandlung wegen Teilzeitarbeit liegt immer dann vor, wenn die **Dauer der Arbeitszeit das Differenzierungskriterium** für unterschiedliche Arbeitsbedingungen ist.[76] An die Arbeitszeit als maßgeblichen Gesichtspunkt für die schlechtere Behandlung von teilzeitbeschäftigten gegenüber vollzeitbeschäftigten Arbeitnehmern wird angeknüpft, wenn eine Leistung oder sonstige Arbeitsbedingung ausdrücklich nur für Vollzeitbeschäftigte vorgesehen ist oder wenn Arbeitnehmer, deren Arbeitszeit ein bestimmtes Maß unterschreitet, von einer Regelung ausgeschlossen sind und der Leistungszweck die Unterscheidung nicht rechtfertigt.[77] Vollzeit- und Teilzeitkräfte werden daher ungleich vergütet, wenn für jeweils die gleiche Stundenzahl nicht die gleiche Gesamtvergütung gezahlt wird.[78] 50

j) Eine schlechtere Behandlung eines Teilzeitbeschäftigten gegenüber einem vergleichbaren Vollzeitbeschäftigten liegt in der Regel nicht vor, wenn der Teilzeitbeschäftigte **zum Ausgleich des entstandenen Nachteils einen Vorteil erhält.**[79] Berücksichtigt werden können dabei freilich nur solche Leistungen, die in einem sachlichen Zusammenhang stehen. Insoweit kann auf die Grundsätze zurückgegriffen werden, die das BAG beim Günstigkeitsvergleich von tariflichen und vertraglichen Regelungen nach § 4 III TVG herausgearbeitet hat. Danach betreffen Arbeitszeit und Arbeitsentgelt einerseits und eine Beschäftigungsgarantie andererseits unterschiedlich geartete Regelungsgegenstände, für deren Bewertung es keinen gemeinsamen Maßstab gibt. Eine Beschäftigungsgarantie ist daher nicht geeignet, Verschlechterungen beim Arbeitsentgelt oder bei der Arbeitszeit zu rechtfertigen.[80] 50a

k) § 4 I TzBfG steht nach Auffassung der Gesetzgebung einer **Besserstellung Teilzeitbeschäftigter** gegenüber Vollzeitbeschäftigten nicht entgegen,[81] obwohl hierin eine Ungleichbehandlung läge. Für eine wirksame Besserstellung gegenüber einem Vollzeitbeschäftigten wären daher nach Maßgabe des allgemeinen Gleichbehandlungsgrundsatzes sachliche Gründe erforderlich (dazu § 112). Die Arbeitszeitdauer ist jedoch kein sachliches Differenzierungskriterium.[82] 51

6. Neben dem speziellen Verbot der Ungleichbehandlung wegen Teilzeitbeschäftigung nach § 4 I TzBfG folgt das Verbot der Ungleichbehandlung von vollzeit- und teilzeitbeschäftigten Arbeitnehmern des Weiteren aus dem **allgemeinen arbeitsrechtlichen Gleichbehandlungsgrundsatz** (dazu § 112). 52

---

[72] Vgl. BAG 24. 5. 2000 AP 79 zu § 2 BeschFG 1985 = NZA 2001, 216.

[73] Annuß/*Thüsing* § 4 RN 19; *Meinel/Heyn/Herms* § 4 RN 27 f.; MünchKommBGB/*Müller-Glöge* § 4 TzBfG RN 26; ErfK/*Preis* § 4 TzBfG RN 33.

[74] Vgl. BAG 9. 2. 1989 AP 4 zu § 2 BeschFG 1985 = NZA 89, 593; 29. 1. 1992 AP 18 zu § 2 BeschFG 1985 = NZA 92, 1037.

[75] BAG 19. 3. 2002 EzA 9 zu Art. 141 EG-Vertrag 1999.

[76] Vgl. BAG 29. 1. 1992 AP 18 zu § 2 BeschFG 1985 = NZA 92, 1037; 12. 6. 1996 AP 4 zu § 611 BGB Werkstudent = NZA 97, 191; 15. 5. 1997 AP 9 zu § 3 BAT = NZA 97, 1355; 24. 9. 2008 – 6 AZR 657/07 – NZA-RR 2009, 221.

[77] Vgl. ErfK/*Preis* § 4 TzBfG RN 34.

[78] EuGH 15. 12. 1994 AP 7 zu § 611 BGB Teilzeit = NZA 95, 218; BAG 24. 9. 2008 – 6 AZR 657/07 – NZA-RR 2009, 221.

[79] *Laux*/Schlachter § 4 RN 31; *Meinel/Heyn/Herms* § 4 RN 26.

[80] BAG 24. 9. 2008 – 6 AZR 657/07 – NZA-RR 2009, 221.

[81] Vgl. BT-Drucks. 14/4374 S. 15.

[82] Vgl. *Lindemann/Simon* BB 2001, 146, 147; MünchKommBGB/*Müller-Glöge* § 4 TzBfG RN 9; ErfK/*Preis* § 4 TzBfG RN 10; *Richardi/Annuß* BB 2000, 2201; Annuß/*Thüsing* § 4 RN 32; *Worzalla* § 4 RN 4; a. A. *Däubler* ZIP 2001, 217.

IV. Sachlicher Grund

53 **1. Überblick.** Die schlechtere Behandlung von Teilzeitbeschäftigten gegenüber Vollzeitbeschäftigten bei der Gewährung von Leistungen ist gerechtfertigt, wenn es hierfür einen sachlichen Grund gibt. Die **sachliche Rechtfertigung** ist von der Ursächlichkeit der Ungleichbehandlung abzugrenzen. Erst wenn feststeht, dass die Benachteiligung wegen der Teilzeitbeschäftigung erfolgt, ist das Vorliegen sachlicher Gründe zu prüfen.[83] Die Grenze zwischen Kausalität und sachlichem Grund kann freilich im Einzelfall fließend sein.

54 Bei der Auslegung des Begriffs „sachlicher Grund" in § 4 I TzBfG ist zu beachten, dass diese Bestimmung **Ausfluss des allgemeinen Gleichheitssatzes** aus Art. 3 I GG ist.[84] Es sind deshalb die vom BVerfG entwickelten abgestuften Differenzierungsmerkmale (RN 33) zu berücksichtigen. Bei einer verfassungskonformen Auslegung von § 4 I TzBfG ist zu prüfen, ob für die unterschiedliche Behandlung von Teilzeit- und Vollzeitbeschäftigten durch den Arbeitgeber objektive Gründe von solcher Art und solchem Gewicht bestehen, dass sie die ungleichen Rechtsfolgen rechtfertigen können. Dieser vom BVerfG für Regelungen, die Personengruppen verschieden behandeln, entwickelte Prüfungsmaßstab hat gegenüber dem Willkürverbot eine erhöhte Kontrolldichte. Berücksichtigt man dies, dürften bei der Kontrolle einseitiger oder vertraglicher Leistungen an den sachlichen Grund in § 4 I TzBfG ähnliche Anforderungen zu stellen sein wie an die Rechtfertigungsgründe für eine mittelbare Diskriminierung im Rahmen des Art. 141 EG (vgl. RN 72). Danach müssen objektive Gründe vorliegen, die einem wirklichen Bedürfnis des Unternehmens dienen und für die Erreichung dieses Ziels geeignet und erforderlich sind.[85]

55 **2. Umfang der Arbeitsleistung.** Der unterschiedliche Umfang der Arbeitsleistung allein ist kein sachlicher Grund für die schlechtere Behandlung von Teilzeit- gegenüber Vollzeitbeschäftigten.[86] Wird bei der Differenzierung an die Arbeitszeit angeknüpft, ist eine Schlechterstellung teilzeitbeschäftigter Arbeitnehmer nur dann gerechtfertigt, wenn eine Leistung an Vollzeitbeschäftigte **besondere Erschwernisse** ausgleichen soll und diese bei Teilzeitbeschäftigten auch nicht anteilig gegeben sind. Zu prüfen ist, ob arbeitsmedizinische, arbeitswissenschaftliche oder andere objektive Erkenntnisse vorliegen, aus denen sich eine sachliche Rechtfertigung für die Differenzierung ergibt.

56 Der Arbeitgeber hat die Differenzierungsmerkmale **darzulegen und zu beweisen.** Dabei dürfen wegen der Schwierigkeiten, genaue Erkenntnisse zu gewinnen, die Beweisanforderungen nicht überspannt werden. Es gibt allerdings auch keinen Erfahrungssatz, wonach die Belastung der Arbeitnehmer durch ungünstige Schichtzeiten mit zunehmender Arbeitszeit nicht linear, sondern exponential ansteigt und deshalb ab einem bestimmten Zeitpunkt eine nicht nur quantitative, sondern auch eine qualitative Mehrbelastung besteht.[87]

57 **3. Zweck der Leistung.** Ob ein sachlicher Grund für eine unterschiedliche Behandlung vorliegt, hängt entscheidend vom Zweck der Leistung ab.[88] Der Leistungszweck ist aus den jeweiligen **Anspruchsvoraussetzungen, Ausschließungs- und Kürzungsregelungen** zu ermitteln.[89] In Anlehnung an den Regierungsentwurf des BeschFG[90] rechnete die zu § 2 BeschFG ergangene Rechtsprechung des BAG zu den sachlichen Gründen, die eine Ungleichbehandlung rechtfertigen können, Arbeitsleistung, Qualifikation, Berufserfahrung, soziale Lage oder Arbeitsanforderungen.[91] Diese Grundsätze sind auf § 4 I TzBfG übertragbar.[92]

---

[83] Annuß/*Thüsing* § 4 RN 21; MünchKommBGB/*Müller-Glöge* § 4 TzBfG RN 29; ErfK/*Preis* § 4 TzBfG RN 35.

[84] BAG 25. 4. 2007 AP 14 zu § 4 TzBfG = NZA 2007, 881; 24. 6. 2004 AP 10 zu § 34 BAT.

[85] Vgl. EuGH 13. 5. 1986 NZA 86, 599; *Meinel/Heyn/Herms* § 4 RN 29; MünchKommBGB/*Müller-Glöge* § 4 TzBfG RN 31; ErfK/*Preis* § 4 TzBfG RN 41.

[86] BAG 25. 10. 1994 AP 40 zu § 2 BeschFG 1985 = NZA 95, 730; ErfK/*Preis* § 4 TzBfG RN 40.

[87] BAG 30. 9. 1998 AP 70 zu § 2 BeschFG 1985 = NZA 99, 774; 29. 1. 1992 AP 18 zu § 2 BeschFG 1985 = NZA 92, 1037.

[88] BAG 24. 9. 2008 – 6 AZR 657/07 – NZA-RR 2009, 221; 24. 9. 2003 AP 4 zu § 4 TzBfG = NZA 2004, 611; *Boewer* § 4 RN 30; MünchKommBGB/*Müller-Glöge* § 4 TzBfG RN 31; KDZ/*Zwanziger* KSchR § 4 TzBfG RN 10; *Peifer* ZfA 99, 271, 281; ErfK/*Preis* § 4 TzBfG RN 42.

[89] Vgl. BAG 25. 9. 1997 AP 63 zu § 2 BeschFG 1985 = NZA 98, 151; 19. 2. 1998 AP 68 zu § 2 BeschFG 1985.

[90] BT-Drucks. 10/2102 S. 24.

[91] BAG 15. 11. 1990 AP 4 zu § 2 BeschFG 1985 = NZA 89, 593; 15. 5. 1997 AP 9 zu § 3 BAT = NZA 97, 1355.

[92] BAG 3. 12. 2008 – 5 AZR 469/07; Annuß/*Thüsing* § 4 RN 47.

Eine **niedrigere Vergütung teilzeitbeschäftigter Arbeitnehmer** ist deshalb wirksam, wenn die Teilzeitbeschäftigten zwar die gleichen Tätigkeiten verrichten wie Vollzeitbeschäftigte, aber – im Gegensatz zu den Vollzeitbeschäftigten – noch nicht einen Studienabschluss (Diplom oder Staatsexamen) erworben haben. Denn die unterschiedliche berufliche Qualifikation ist ein sachliches Differenzierungsmerkmal.[93] Dies gilt auch dann, wenn für die geschuldete Arbeitsleistung ein bestimmter Berufsabschluss zwar nicht unbedingt erforderlich, aber doch sehr nützlich ist.[94] Eine betriebliche Regelung, welche die Höhe einer **Jubiläumszuwendung** auch nach dem Umfang der Tätigkeit während der Betriebszugehörigkeit bemisst, verstößt nicht gegen § 4 I TzBfG, weil damit die Wertigkeit der vom Arbeitnehmer in der Vergangenheit erbrachten Dienste honoriert wird.[95] **58**

Eine an sich sachlich nicht begründete Unterscheidung zwischen Vollzeit- und Teilzeitbeschäftigten bei der tariflichen Anerkennung von Beschäftigungszeiten kann auch nicht im Nachhinein mit dem **hohen Verwaltungsaufwand** gerechtfertigt werden, den eine Neuberechnung der Beschäftigungszeiten verursacht. Da in diesen Fällen nicht wesentliche materielle Interessen des Arbeitgebers betroffen sind, darf die nach § 4 I TzBfG gebotene Gleichbehandlung nicht unterbleiben.[96] **59**

Teilzeitarbeit darf nicht deswegen schlechter bezahlt werden als Vollzeitarbeit, weil der Teilzeitarbeitnehmer einen Hauptberuf ausübt und dadurch eine gesicherte Existenzgrundlage hat. Die **Nebenberuflichkeit** ist insoweit ein sachfremdes Kriterium. Für die Bemessung des Stundensatzes des Arbeitsentgelts ist die soziale Lage des Arbeitnehmers nicht erheblich. Der Arbeitgeber schuldet dem Arbeitnehmer keinen „Soziallohn" oder dessen Alimentation nach beamtenrechtlichen Grundsätzen.[97] **59a**

Gewährt der Arbeitgeber seinen Arbeitnehmern **Darlehen zu vergünstigten Bedingungen,** darf er Teilzeitbeschäftigte hiervon nicht ausnehmen.[98] In dem vom BAG entschiedenen Fall hatte eine Sparkasse ihren vollzeitbeschäftigten Angestellten für den Bau oder Erwerb von Wohneigentum zinsgünstige Kredite nach Maßgabe eines Vorstandsbeschlusses gewährt und die vergünstigte Darlehensvergabe an Teilzeitbeschäftigte abgelehnt. Die Differenzierung zwischen Vollzeit- und Teilzeitbeschäftigten bei der Vergabe von Sonderkonditionen für Arbeitnehmerdarlehen verstößt gegen § 4 I TzBfG. Die Unterscheidung kann insbesondere nicht damit gerechtfertigt werden, die zinsgünstigen Kredite sollten dazu führen, vollzeitbeschäftigte Arbeitnehmer durch den Bau eines Eigenheims an den Betrieb zu binden und einen Wechsel zur Konkurrenz zu verhindern. Dieses Ziel wird vielmehr dadurch verwirklicht, dass die Sonderkonditionen beim Ausscheiden aus dem Unternehmen wegfallen. **60**

Ein Anspruch auf den **Überstundenzuschlag** besteht für Teilzeitbeschäftigte in der Regel nur für die Zeiten, in denen die tarifliche Regelarbeitszeit überschritten wird. Dies folgt aus dem **Zweck der Überstundenvergütung.** Dieser besteht zumeist in einem Ausgleich für die mit der Leistung von Arbeit über die vereinbarte Regelarbeitszeit hinaus einhergehenden Belastungen der Arbeitnehmer.[99] Der Zweck der Überstundenzuschläge kann weiterhin darin bestehen, die Einhaltung der regelmäßigen Wochenarbeitszeit zu gewährleisten.[100] Dies ist jedoch keineswegs zwingend. Denkbar ist auch, dass der Zweck der Überstundenvergütung in einem Ausgleich für die mit der Leistung von Überstunden einhergehende Beschränkung der Dispositionsmöglichkeit im Freizeitbereich liegt. Dann hätte ein Teilzeitbeschäftigter bereits dann einen Anspruch auf den Zuschlag, wenn er länger als vertraglich vereinbart arbeitet. Wird dagegen Mehrarbeit zu einem geringeren Satz vergütet als dem Stundensatz, der auf die innerhalb der individuellen Arbeitszeit geleisteten Arbeit entfällt, so dass Teilzeitbeschäftigte für die Arbeit, die sie über ihre individuelle Arbeitszeit hinaus bis zu der Stundenzahl leisten, die ein Vollzeitbeschäftigter im Rahmen seiner Arbeitszeit erbringen muss, liegt ein Verstoß gegen § 4 I TzBfG **61**

---

[93] Vgl. LAG Hamm 19. 12. 1991 DB 92, 858.

[94] Zur Gleichbehandlung geringfügig Beschäftigter beim Entgelt vgl. *Thüsing* ZTR 2005, 118, wonach eine unterschiedliche Bruttovergütung zwischen geringfügig und sozialversicherungspflichtig Beschäftigten gerechtfertigt sein kann, wenn damit das Ziel verfolgt wird, die Arbeitnehmer wegen der geringeren Abzüge bei geringfügig Beschäftigten beim Nettoentgelt annähernd gleichzustellen; kritisch dazu *Hanau* DB 2005, 946.

[95] BAG 13. 12. 2000 – 10 AZR 383/99.

[96] Vgl. BAG 15. 5. 1997 AP 9 zu § 3 BAT = NZA 97, 1355.

[97] BAG 1. 11. 2005 AP 45 zu § 2 BeschFG 1985 = NZA 96, 813; 9. 10. 1996 AP 50 zu § 2 BeschFG 1985 = NZA 97, 728.

[98] BAG 27. 7. 1994 AP 37 zu § 2 BeschFG 1985 = NZA 94, 1130.

[99] BAG 5. 11. 2003 AP 6 zu § 4 TzBfG = NZA 2005, 222 m. w. N.

[100] BAG 16. 6. 2004 AP 20 zu § 1 TVG Tarifverträge: Großhandel.

vor.[101] Darüber hinaus kann auch eine mittelbare Diskriminierung weiblicher Arbeitnehmer bestehen, wenn von dieser Regelung ein erheblich höherer Prozentsatz weiblicher als männlicher Beschäftigter betroffen ist und die Ungleichbehandlung nicht durch Umstände sachlich gerechtfertigt ist, die nichts mit einer Diskriminierung auf Grund des Geschlechts zu tun haben.[102]

V. Anspruch auf anteiliges Arbeitsentgelt

62 **1. Grundsatz. a)** In § 4 I 2 TzBfG ist der **sog. Pro-rata-temporis-Grundsatz** niedergelegt.[103] Danach hat der teilzeitbeschäftigte Arbeitnehmer Anspruch auf Arbeitsentgelt oder andere geldwerte Leistungen in dem Umfang, der dem Anteil seiner Arbeitszeit an der Arbeitszeit eines vergleichbaren vollzeitbeschäftigten Arbeitnehmers entspricht. Da sich Teilzeitarbeit von der Vollzeitarbeit nur in quantitativer, nicht in qualitativer Hinsicht unterscheidet, darf eine geringere Arbeitszeit grundsätzlich nur quantitativ, nicht aber qualitativ anders abgegolten werden als Vollzeitarbeit.[104] Der Pro-rata-temporis-Grundsatz erlaubt zugleich auch eine unterschiedliche Abgeltung von Teilzeit- und Vollzeitarbeit in quantitativer Hinsicht, indem er dem Arbeitgeber gestattet, das Arbeitsentgelt oder eine andere teilbare geldwerte Leistung für Teilzeitbeschäftigte entsprechend ihrer gegenüber vergleichbaren Vollzeitbeschäftigten verringerten Arbeitsleistung anteilig zu kürzen. Eine Gleichbehandlung teilzeitbeschäftigter Arbeitnehmer beim Arbeitsentgelt oder bei anderen teilbaren geldwerten Leistungen nach dem in § 4 I 2 TzBfG gesetzlich normierten sog. Pro-rata-temporis-Grundsatz schließt von vornherein eine Benachteiligung wegen der Teilzeitarbeit aus.[105]

62a **b)** Gewährt der Arbeitgeber **beispielsweise** den Vollzeitbeschäftigten ein **Weihnachtsgeld** in Höhe eines Monatsverdienstes, hat ein halbtags Beschäftigter Anspruch auf ein Weihnachtsgeld in Höhe eines halben Monatsverdienstes. Unzulässig ist die tarifliche Kürzung des Weihnachtsgelds für Vollzeit- und Teilzeitbeschäftigte einheitlich um 500 Euro.[106] Eine solche Regelung führt zu einer Benachteiligung der Teilzeitbeschäftigten i. S. d. § 4 I TzBfG, weil der auf diese Weise errechnete Betrag unter der Summe liegt, die dem Anteil der Teilzeitarbeit im Verhältnis zur Vollzeitarbeit entspricht. Teilzeitbeschäftigte, die ständig Schicht- und Wechselschichtarbeit i. S. v. § 7 TVöD leisten, haben keinen Anspruch auf die tarifliche **Schicht- und Wechselschichtzulage** in voller Höhe. Diese Zulagen stehen Teilzeitbeschäftigten nach § 24 II TVöD nur anteilig in Höhe der Quote zwischen vereinbarter und regelmäßiger tariflicher Arbeitszeit zu.[107] Bietet der Arbeitgeber Arbeitnehmern das freiwillige Ausscheiden aus dem Arbeitsverhältnis gegen **Abfindungszahlung** an, stellt es keine unzulässige Benachteiligung dar, wenn er Teilzeitbeschäftigten nur eine Abfindung nach dem Grundsatz „pro rata temporis" zusagt.[108]

63 **2. Einheitliches Verbot ungerechtfertigter Benachteiligungen.** Der Arbeitgeber kann Arbeitsentgelt und andere geldwerte Leistungen, die er einem Vollzeitbeschäftigten gewährt, einem Teilzeitbeschäftigten aus sachlichem Grund versagen. § 4 I TzBfG enthält ein **einheitliches Verbot** der sachlich nicht gerechtfertigten Benachteiligung wegen der Teilzeitarbeit.[109] Dem steht nicht entgegen, dass in § 4 I 2 TzBfG nicht ausdrücklich eine sachlich gerechtfertigte Ungleichbehandlung bei der Gewährung von Arbeitsentgelt oder anderen teilbaren geldwerten Leistungen zugelassen ist. Hieraus kann nicht gefolgert werden, § 4 I 2 TzBfG verbiete ausnahmslos eine Ungleichbehandlung von Teilzeit- und Vollzeitbeschäftigten beim Arbeitsentgelt.[110] Zweck dieser Bestimmung ist zu verdeutlichen, dass die Gleichbehandlung teilzeit- und vollzeitbeschäftigter Arbeitnehmer beim Arbeitsentgelt und anderen geldwerten Leistungen mindestens proportional zu erfolgen hat. Auch aus der Richtlinie 97/81/EG ergibt sich kein

---

[101] MünchKommBGB/*Müller-Glöge* § 4 TzBfG RN 22.
[102] EuGH 6. 12. 2007 AP 17 zu EG Art. 141 = NZA 2008, 31.
[103] Annuß/*Thüsing* § 4 RN 30; *Boewer* § 4 RN 52; *Meinel/Heyn/Herms* § 4 RN 41.
[104] BVerfG 27. 11. 1997 AP 2 zu § 3 RuhegeldG Hamburg = NZA 98, 247.
[105] BAG 24. 9. 2008 NZA 2008, 1422.
[106] BAG 24. 5. 2000 AP 79 zu § 2 BeschFG 1985 = NZA 2001, 216.
[107] BAG 24. 9. 2008 NZA 2008, 1422.
[108] BAG 13. 2. 2007 AP 13 zu § 4 TzBfG = NZA 2007, 860.
[109] BAG 5. 11. 2003 AP 6 zu § 4 TzBfG = NZA 2005, 222; Annuß/*Thüsing* § 4 RN 31; *Boewer* § 4 RN 54; *Hromadka* BB 2001, 674, 675; *Laux*/Schlachter § 4 RN 56; *Meinel/Heyn/Herms* § 4 RN 42; ErfK/*Preis* § 4 TzBfG RN 12.
[110] A. A. TZA/*Buschmann* § 4 TzBfG RN 43; *Däubler* ZIP 2001, 217, 218; *Rolfs* RdA 2001, 129, 131; MünchArbR/*Schüren* Bd. 2 § 161 RN 61 f.; *Sievers* § 4 RN 22.

Anhaltspunkt dafür, dass der Gesetzgeber beim Arbeitsentgelt ein absolutes Benachteiligungsverbot schaffen und in den übrigen Fällen sachliche Gründe für eine ungleiche Behandlung von Teilzeit- und Vollzeitbeschäftigten zulassen wollte. Danach soll der Pro-rata-temporis-Grundsatz nicht ausnahmslos gelten, sondern nur, wo dies angemessen ist.

Probleme bestehen, wenn **vergleichbare vollzeitbeschäftigte Arbeitnehmer individuell unterschiedlich ausgehandelte Arbeitsverdienste** haben. Denn einen allgemeinen Anspruch „Gleicher Lohn für gleiche Arbeit" gibt es im deutschen Arbeitsrecht nicht.[111] Fraglich ist hier, nach welchem Arbeitsverdienst der vergleichbaren Arbeitnehmer sich die anteilige Vergütungshöhe i. S. v. § 4 I 2 TzBfG richtet.[112] Da nicht ohne Weiteres davon ausgegangen werden kann, dass der Teilzeitbeschäftigte auch die höchste Vergütung ausgehandelt hätte – sonst würde sich in der Praxis die Frage nicht stellen – spricht einiges dafür, dass dem Teilzeitbeschäftigten aus § 4 I 2 TzBfG pro rata temporis keine höhere Vergütung zusteht als die niedrigste der vergleichbaren Vollzeitbeschäftigten.[113] 64

Bei **unteilbaren Leistungen** ist auf Grund der konkreten Umstände des Einzelfalls festzustellen, ob Teilzeitbeschäftigte Anspruch auf die Leistung haben. Teilzeitbeschäftigte dürfen gemäß § 4 I TzBfG nur dann von Leistungen ausgeschlossen werden, wenn es hierfür einen sachlichen Grund gibt. So dürfte in der Regel das Bedürfnis an der weiteren Nutzung eines Handys oder eines Notebooks bei der Reduzierung der Arbeitszeit eines Außendienstmitarbeiters nicht entfallen, weil diese Gegenstände regelmäßig ohne Rücksicht auf die geleistete Arbeitszeit zur Verfügung gestellt werden.[114] Auch hier sind freilich abweichende Vereinbarungen möglich. Entsprechendes gilt grundsätzlich auch für die Inanspruchnahme betrieblicher Sozialeinrichtungen, wie beispielsweise Kantinen, Betriebskindergärten usw.[115] Bei Arbeitgeberdarlehen kommt ggf. eine anteilige Darlehenssumme in Betracht.[116] Ist dem Arbeitnehmer ein Dienstwagen mit privater Nutzungsmöglichkeit überlassen, kommt bei einer Teilzeitbeschäftigung die Überlassung eines Fahrzeugs einer kleinen Klasse und eines Kfz mit entsprechend geringerem Wert in Betracht.[117] 65

VI. Rechtsfolgen nicht gerechtfertigter unterschiedlicher Behandlung

1. Übliche Vergütung. Ein Verstoß gegen das in § 4 I TzBfG enthaltene Verbot der ungleichen Behandlung von Teilzeit- und Vollzeitbeschäftigten führt – wenn es hierfür keinen sachlichen Grund gibt – gem. § 134 BGB zur Nichtigkeit der jeweiligen Bestimmung.[118] Soweit eine Vergütungsabrede nichtig ist, hat der Arbeitnehmer nach **§ 612 II BGB** Anspruch auf die übliche Vergütung. Der Anspruch folgt nicht unmittelbar aus § 4 I TzBfG, denn diese Bestimmung enthält allein ein einheitliches Verbot der sachlich nicht gerechtfertigten Benachteiligung wegen der Teilzeitarbeit.[119] Nach § 612 II BGB ist unter der üblichen Vergütung regelmäßig die tarifliche Vergütung zu verstehen. Dieser Grundsatz gilt jedoch dann nicht, wenn gerade die tarifliche Vergütungsregelung gegen § 4 I TzBfG verstößt und unwirksam ist.[120] Zutreffend hat das BAG zu § 2 I BeschFG angenommen, diese Bestimmung laufe leer, wenn Rechtsfolge bei einem Verstoß gegen das Verbot der ungleichen Behandlung gemäß § 612 II BGB die Vergütung nach der unwirksamen Tarifbestimmung sei. Gleiches gilt für § 4 I TzBfG. Richtschnur für die Ermittlung der üblichen Vergütung i. S. v. § 612 II BGB ist in diesen Fällen vielmehr die **Vergütung,** die der Arbeitgeber **vergleichbaren Vollzeitbeschäftigten** bezahlt. 66

[111] Vgl. BAG 21. 6. 2000 AP 60 zu § 612 BGB = NZA 2000, 1050.

[112] Dazu *Dassau* ZTR 2001, 64, 65; *Kliemt* NZA 2001, 63, 70.

[113] Ebenso *Kliemt* NZA 2001, 63, 70; *Worzalla* § 4 RN 17; differenzierend Annuß/*Thüsing* TzBfG § 4 RN 26.

[114] Vgl. *Grobys* DB 2001, 758, 761.

[115] Vgl. TZA/*Buschmann* § 4 TzBfG RN 41; *Grobys* DB 2001, 758, 761; *Meinel/Heyn/Herms* § 4 RN 43; *Preis/Gotthardt* DB 2000, 2065, 2066; einschränkend Annuß/*Thüsing* § 4 RN 33.

[116] BAG 27. 7. 1994 AP 37 zu § 2 BeschFG 1985.

[117] Näher dazu *Kelber/Zeißig* NZA 2001, 577.

[118] BAG 3. 12. 2008 – 5 AZR 469/07; 24. 9. 2008 – 6 AZR 657/07 – NZA-RR 2009, 221; 9. 10. 1996 AP 50 zu § 2 BeschFG 1985 = NZA 97, 728; 15. 5. 1997 AP 9 zu § 3 BAT = NZA 97, 1355; MünchKommBGB/*MüllerGlöge* § 4 TzBfG RN 46; a. A. Annuß/*Thüsing* § 4 RN 89.

[119] BAG 24. 9. 2008 – 6 AZR 657/07 – NZA-RR 2009, 221; MünchKommBGB/*Müller-Glöge* § 4 TzBfG RN 46; ErfK/*Preis* § 4 TzBfG RN 72; ebenso zu § 2 BeschFG BAG 17. 4. 2002 NZA 2002, 1334; 5. 11. 2003 AP 6 zu § 4 TzBfG = NZA 2005, 222; a. A. *Laux*/Schlachter § 4 RN 151; MünchArbR/*Schüren* § 161 RN 91; KDZ/*Zwanziger* KSchR § 4 TzBfG RN 16; *Mosler* AR-Blattei SD 1560 RN 65.

[120] BAG 26. 5. 1993 AP 2 zu § 612 BGB Diskriminierung = NZA 93, 1049.

67 Der Anspruch auf die übliche Vergütung besteht nur **solange, wie eine Benachteiligung wegen Teilzeitarbeit vorliegt.**[121] Denn § 4 I TzBfG bezweckt den Schutz der Arbeitnehmer vor einer Benachteiligung wegen Teilzeitbeschäftigung. Entfallen die tatbestandlichen Voraussetzungen dieser Vorschrift, liegt also keine Benachteiligung mehr vor, erlangt die zwischen Arbeitgeber und Arbeitnehmer geschlossene Vergütungsvereinbarung wieder Geltung. Dann ist die Vergütungshöhe arbeitsvertraglich wirksam bestimmt. Für eine Anwendung des § 612 II BGB verbleibt kein Raum mehr.

68 **2. Schadensersatz.** Verstößt die vereinbarte Vergütung gegen § 4 I TzBfG und sind die Ansprüche auf die übliche Vergütung nach einer auf das Arbeitsverhältnis anwendbaren Ausschlussfrist verfallen, kann der betroffene Arbeitnehmer vom Arbeitgeber grundsätzlich **Schadensersatz nach § 823 II BGB** verlangen. Denn in der schlechteren Bezahlung liegt eine unerlaubte Handlung des Arbeitgebers. § 4 I TzBfG ist ein Schutzgesetz i. S. v. § 823 II BGB.[122] Dies kann im Hinblick bei Ausschlussfristen, die für Schadensersatzansprüche aus unerlaubter Handlung keine Anwendung finden, Bedeutung erlangen.

VII. Verhältnis der Benachteiligungsverbote zueinander

69 Angesichts der verschiedenen Bestimmungen, die eine unterschiedliche Behandlung von Teilzeit- und Vollzeitbeschäftigten verbieten, stellt sich die Frage, in welchem Verhältnis diese Vorschriften zueinander stehen. Es bedarf insbesondere der Klärung, in welcher Beziehung das in **§ 4 I TzBfG** geregelte ausdrückliche Verbot der schlechteren Behandlung von teilzeitbeschäftigten gegenüber vollzeitbeschäftigten Arbeitnehmern zu anderen Regelungen steht.

70 **1. § 4 I TzBfG und Art. 141 EG.** Für eine vorrangige Überprüfung einer zwischen Arbeitgeber und Arbeitnehmer umstrittenen Regelung am Maßstab des Art. 141 EG spricht zunächst der Vorrang des Gemeinschaftsrechts vor dem nationalen Recht. Ein Vorrang des Gemeinschaftsrechts vor dem nationalen Recht mit der Folge, dass das nationale Recht nicht anwendbar ist, besteht allerdings nur bei einem Widerspruch zwischen nationalem Recht und Gemeinschaftsrecht. Art. 141 EG und § 4 I TzBfG widersprechen sich jedoch nicht.[123] Beide Bestimmungen haben vielmehr **unterschiedliche Tatbestände.** Während § 4 I TzBfG unmittelbar ein Verbot der schlechteren Behandlung von teilzeit- gegenüber vollzeitbeschäftigten Arbeitnehmern statuiert, erfasst Art. 141 EG diesen Fall nur dann, wenn die Benachteiligung der Teilzeitbeschäftigten sich zugleich als Diskriminierung wegen des Geschlechts beim Entgelt darstellt (dazu § 165).

71 Bezogen auf Benachteiligungen Teilzeitbeschäftigter gegenüber Vollzeitbeschäftigten ist § 4 I TzBfG tatbestandlich weiter gefasst als Art. 141 EG, weil er keine geschlechtsbezogene Betroffenheit des Benachteiligten voraussetzt und nicht – wie Art. 141 EG – auf Benachteiligungen beim Entgelt beschränkt ist.[124] Soweit es um die Benachteiligung von Arbeitnehmern wegen Teilzeitarbeit geht, hat **§ 4 I TzBfG daher Vorrang vor Art. 141 EG,** der allein eine Ungleichbehandlung beim Arbeitsentgelt wegen des Geschlechts verbietet.[125] Nach Auffassung des BAG ist es nicht sinnvoll, hinsichtlich der Frage, ob verschiedene Arbeitnehmer gleich oder ungleich behandelt werden, zwischen Art. 141 EG und § 4 I TzBfG zu differenzieren.[126]

72 Gibt es für die Ungleichbehandlung von Teilzeit- und Vollzeitbeschäftigten allerdings einen **sachlichen Grund i. S. v. § 4 I TzBfG,** war – sofern es um Fragen des Arbeitsentgelts geht – nach der älteren Rechtsprechung des BAG weiter zu prüfen, ob die ungleiche Vergütung gegen Art. 119 EWG-Vertrag (heute: Art. 141 EG) verstößt. Das BAG hat angenommen, nicht jeder sachliche Grund, der eine Benachteiligung eines Teilzeitbeschäftigten nach § 2 I BeschFG (heute: § 4 I TzBfG) rechtfertige, sei zugleich auch ein Rechtfertigungsgrund für die Verletzung des Lohngleichheitsgebots aus Art. 119 EWG-Vertrag (heute: Art. 141 EG). Diese Vorschrift stelle vielmehr strengere Anforderungen an die Zulässigkeit einer unterschiedlichen Vergütung.[127]

---

[121] BAG 17. 4. 2002 NZA 2002, 1334; 19. 8. 1992 EzA 52 zu § 242 BGB Gleichbehandlung; ErfK/*Preis* § 4 TzBfG RN 75; MünchKommBGB/*Müller-Glöge* § 4 TzBfG RN 49; a. A. *Bepler* NZA 2004 Beil. 3 S. 4.

[122] Ebenso zu § 2 I BeschFG BAG 24. 10. 2001 AP 27 zu § 823 BGB Schutzgesetz = NZA 2002, 209; zur Verjährung vgl. BAG 25. 4. 2001 AP 80 zu § 2 BeschFG 1985 = NZA 2002, 1211.

[123] Vgl. *Peifer* ArbGegw Bd. 30 [1993] S. 139, 149 zu § 2 I BeschFG.

[124] ErfK/*Preis* § 4 TzBfG RN 15.

[125] BAG 24. 9. 2008 – 6 AZR 657/07 – NZA-RR 2009, 221; ebenso *Peifer* ArbGegw Bd. 30, 1993 S. 139, 149 zu § 2 Abs. 1 BeschFG, MünchKommBGB/*Müller-Glöge* § 4 TzBfG RN 15; ErfK/*Preis* § 4 TzBfG RN 15.

[126] Vgl. BAG 21. 4. 1999 AP 72 zu § 2 BeschFG 1985 = NZA 99, 939.

[127] So noch BAG 26. 5. 1993 AP 42 zu Art. 119 EWG-Vertrag = NZA 94, 413; ebenso *Boewer* § 4 RN 88; anders später BAG 21. 4. 1999 AP 72 zu § 2 BeschFG 1985 = NZA 99, 939.

Folgt man dem, ist im Rahmen von Art. 141 EG zu prüfen, ob eine mittelbare oder unmittelbare Diskriminierung wegen des Geschlechts vorliegt. Seit dem Inkrafttreten des AGG am 18. 8. 2006 ist auch ein Verstoß gegen § 7 I AGG zu überprüfen. Versteht man freilich – wie hier – § 4 I TzBfG als Konkretisierung des Art. 3 I GG und legt man bei der Auslegung des Begriffs „sachlicher Grund" die vom BVerfG hierzu entwickelten Kriterien zugrunde (RN 33, 54), sind subsumtionsfähige unterschiedliche Prüfungsmaßstäbe für vertragliche Vereinbarungen oder einseitige Leistungen des Arbeitgebers trotz verschiedener Wortwahl nicht mehr zu erkennen.[128]

2. § 4 I TzBfG und Art. 3 GG. In § 4 I TzBfG ist der allgemeine Gleichbehandlungsgrundsatz des Art. 3 I GG konkretisiert.[129] Im Verhältnis zu § 4 I TzBfG stellt **Art. 3 I GG** keine strengeren Anforderungen an die sachliche Rechtfertigung einer Ungleichbehandlung.[130] Nach allgemeinen Grundsätzen ist deshalb vorrangig am Maßstab des § 4 I TzBfG zu prüfen, ob der Arbeitgeber Teilzeitbeschäftigte gegenüber Vollzeitbeschäftigten schlechter behandelt.[131] Dies gilt auch für die Überprüfung tarifvertraglicher Regelungen.[132] **73**

Das in **Art. 3 III GG** normierte Verbot der Ungleichbehandlung wegen des Geschlechts stellt nach Auffassung des BAG in seinem Anwendungsbereich strengere Anforderungen an die Differenzierung als § 2 I BeschFG und damit nunmehr § 4 I TzBfG. Mit Art. 3 III GG ist eine Ungleichbehandlung, die an das Geschlecht anknüpft, nur dann vereinbar, wenn sie zur Lösung von Problemen, die ihrer Natur nach nur entweder bei Frauen oder Männern auftreten können, **zwingend erforderlich** ist.[133] Im Ergebnis stimmen damit die Anforderungen, die von der Rechtsprechung an die Rechtfertigungsgründe für Ungleichbehandlungen im Anwendungsbereich von Art. 3 III GG einerseits und Art. 141 EG andererseits gestellt werden, im Wesentlichen überein.[134] **74**

VIII. Stellenausschreibung

1. Allgemeines. Nach § 7 I TzBfG hat der Arbeitgeber einen Arbeitsplatz, den er öffentlich oder innerhalb des Betriebs ausschreibt, auch als Teilzeitarbeitsplatz auszuschreiben, wenn sich der Arbeitsplatz hierfür eignet. Hierdurch wird allerdings **keine generelle Ausschreibungspflicht** begründet.[135] Eine Pflicht zur Ausschreibung als Teilzeitarbeitsplatz besteht nur dann, wenn der Arbeitgeber die Stelle überhaupt ausschreibt. **75**

Wann ein Arbeitsplatz als Teilzeitarbeitsplatz geeignet ist, erläutert das Gesetz nicht. § 7 I TzBfG stellt geringere Anforderungen an die Verpflichtung zur Ausschreibung eines Arbeitsplatzes als Teilzeitarbeitsplatz als der Regierungsentwurf. Nach der **Gesetzesbegründung** hatte die Ausschreibung im Rahmen der betrieblichen Möglichkeiten zu erfolgen.[136] Das Gesetz berücksichtigt damit die gegen den Regierungsentwurf vorgebrachten Bedenken.[137] Dort war vorgesehen, dass die Ausschreibung nur unterbleiben dürfte, wenn dringende betriebliche Gründe einer Teilzeitbeschäftigung an dem Arbeitsplatz entgegenstehen. Wortlaut und Entstehungsgeschichte dieser Bestimmung deuten damit bereits darauf hin, dass die Anforderungen an ein Unterbleiben der Ausschreibung eines Arbeitsplatzes als Teilzeitarbeitsplatz nicht allzu hoch sind. **76**

Die Beurteilung, ob eine Stelle als Teilzeitarbeitsplatz geeignet ist, unterliegt als **freie unternehmerische Entscheidung dem Arbeitgeber.** Diese ist nicht auf ihre Zweckmäßigkeit zu überprüfen.[138] Zu den freien unternehmerischen Entscheidungen gehört auch, das Anforderungsprofil zu gestalten.[139] **77**

---

[128] Vgl. Annuß/*Thüsing* § 4 RN 8; weitergehend MünchKommBGB/*Müller-Glöge* § 4 TzBfG RN 16.

[129] BAG 25. 4. 2007 AP 14 zu § 4 TzBfG = NZA 2007, 881; 24. 6. 2004 AP 10 zu § 34 BAT.

[130] BAG 29. 1. 1992 AP 18 zu § 2 BeschFG 1985 = NZA 92, 1037.

[131] ErfK/*Preis* § 4 TzBfG RN 16.

[132] BAG 25. 4. 2007 AP 14 zu § 4 TzBfG = NZA 2007, 881; 15. 10. 2003 AP 87 zu § 2 BeschFG 1985 = NZA 2004, 551.

[133] BVerfG 28. 1. 1992 AP 2 zu § 19 AZO = NZA 92, 270; 26. 5. 1993 AP 42 zu Art. 119 EWG-Vertrag = NZA 94, 413.

[134] BAG 26. 5. 1993 AP 42 zu Art. 119 EWG-Vertrag = NZA 94, 413.

[135] Ebenso Annuß/Thüsing/*Mengel* § 7 RN 2; *Boewer* § 7 RN 7; MünchKommBGB/*Müller-Glöge* § 7 TzBfG RN 1; HWK/*Schmalenberg* § 7 TzBfG RN 3; *Sievers* § 7 RN 2; KDZ/*Zwanziger* § 7 TzBfG RN 2.

[136] BT-Drucks. 14/4625 S. 23.

[137] Vgl. hierzu *Preis/Gotthardt* DB 2000, 2065, 2066; *Richardi/Annuß* BB 2000, 2201, 2202; *Schiefer* DB 2000, 2118, 2119.

[138] Annuß/Thüsing/*Mengel* § 7 RN 3; MünchKommBGB/*Müller-Glöge* § 7 TzBfG RN 3; ErfK/*Preis* § 7 TzBfG RN 3; differenzierend *Meinel/Heyn/Herms* § 7 RN 10; a. A. KDZ/*Zwanziger* § 7 TzBfG RN 4.

[139] Siehe nur BAG 7. 7. 2005 AP 138 zu § 1 KSchG 1969 Betriebsbedingte Kündigung = NZA 2006, 266.

78 **2. Mitbestimmung des Betriebsrats.** Das TzBfG selbst **enthält keine Sanktion** für den Fall, dass die Ausschreibung eines Arbeitsplatzes als Teilzeitarbeitsplatz rechtswidrig unterbleibt.[140] Im Schrifttum ist diese Bestimmung deshalb auch als „Papiertiger" bezeichnet worden.[141] In Betrieben mit Betriebsrat ist freilich zu berücksichtigen, dass der Betriebsrat nach § 93 BetrVG die innerbetriebliche Ausschreibung von Stellen verlangen kann. Zwar schreibt § 93 BetrVG keinen bestimmten Inhalt der Stellenausschreibung vor. Dies ist dem Arbeitgeber vorbehalten. § 93 BetrVG wird aber durch arbeitsvertragsrechtliche Vorschriften ergänzt. Hierzu gehört neben § 11 AGG (früher: § 611 b BGB) auch § 7 TzBfG. Eine Stellenausschreibung ist deshalb grundsätzlich nur dann ordnungsgemäß, wenn die gesetzlichen Vorgaben beachtet werden.[142]

79 Entspricht die vom Betriebsrat verlangte Ausschreibung nicht den gesetzlichen Anforderungen, steht dem **Betriebsrat nach § 99 II Nr. 5 BetrVG ein Widerspruchsrecht** zu.[143] Dass der Betriebsrat nach § 93 BetrVG keinen Einfluss auf die inhaltliche Ausgestaltung der Stellenausschreibung hat, steht dem nicht entgegen. Denn die Pflicht zur Ausschreibung eines als Teilzeitarbeitsplatz geeigneten Arbeitsplatzes ergibt sich bereits aus dem vom Arbeitgeber zu beachtenden § 7 I TzBfG.[144]

IX. Anspruch auf Teilzeit

80 **1. Überblick.** Kernstück des Abschnitts „Teilzeitarbeit" im TzBfG ist der in § 8 TzBfG im Einzelnen geregelte Anspruch des Arbeitnehmers auf Verringerung der Arbeitszeit. Diese Regelung wird durch § 9 TzBfG ergänzt. Danach ist ein teilzeitbeschäftigter Arbeitnehmer, der dem Arbeitgeber den Wunsch nach einer Verlängerung der Arbeitszeit angezeigt hat, bei der Besetzung eines entsprechenden freien Arbeitsplatzes bevorzugt zu berücksichtigen, sofern dem nicht dringende betriebliche Gründe oder Arbeitszeitwünsche anderer teilzeitbeschäftigter Arbeitnehmer entgegenstehen (dazu RN 158 ff.). § 8 TzBfG ist keine Eingriffsnorm i. S. v. Art. 34 EGBGB.[145]

81 **2. Betriebliche Anspruchsvoraussetzungen.** Ein Anspruch auf Verringerung der Arbeitszeit besteht nach § 8 VII TzBfG, wenn der Arbeitgeber, unabhängig von der Zahl der Personen in Berufsausbildung, **mehr als 15 Arbeitnehmer** beschäftigt. Dieser Ausschluss kleiner Unternehmen aus dem Geltungsbereich des § 8 TzBfG ist verfassungsgemäß.[146]

82 Der Schwellenwert ist **unternehmensbezogen** und nicht betriebsbezogen, wie etwa im Kündigungsschutzgesetz.[147] Bei Gemeinschaftsbetrieben kommt es deshalb nicht auf die Anzahl der dort beschäftigten Arbeitnehmer, sondern auf die Anzahl der beim Vertragsarbeitgeber im Inland[148] beschäftigten Arbeitnehmer an.[149] Für überörtliche Rechtsanwaltssozietäten dürfte in der Regel nicht die Größe der einzelnen Kanzlei maßgeblich sein, sondern die Anzahl der insgesamt beschäftigten Arbeitnehmer.

83 Unerheblich ist, ob die Arbeitnehmer bereits teilzeitbeschäftigt sind oder in einem Vollzeitarbeitsverhältnis stehen. Es erfolgt insoweit nicht eine quotale Zählung wie in § 23 I KSchG, vielmehr gilt das **„pro Kopf-Prinzip"**.[150] Auch geringfügig beschäftigte Arbeitnehmer zählen voll mit.[151]

84 § 8 TzBfG gilt auch in **kirchlichen Arbeitsverhältnissen.**[152] Die Beschränkung des § 6 III BeschFG findet sich im TzBfG nicht mehr. Insbesondere bei der Anwendung des § 8 IV TzBfG

---

[140] Vgl. dazu *Schloßer* BB 2001, 411.
[141] *Preis/Gotthardt* DB 2000, 2065, 2066.
[142] Dies übersieht *Ehler* BB 2001, 1146, 1147.
[143] Ebenso DKK/*Kittner/Bachner* BetrVG § 99 RN 197 a; *Fischer* AuR 2001, 325, 327; *Fitting* BetrVG § 99 RN 249; KDZ/*Zwanziger* KSchR § 7 TzBfG RN 7; *Meinel/Heyn/Herms* § 7 RN 13; *Richardi/Thüsing* BetrVG § 99 RN 239; *Rolfs* § 7 RN 7; HWK/*Schmalenberg* § 7 TzBfG RN 7; *Sievers* § 7 RN 9; offen gelassen von *Boewer* § 7 RN 17 ff., der allerdings ein Widerspruchsrecht nach § 99 II Nr. 1 BetrVG bejaht; a. A. Annuß/Thüsing/*Mengel* § 7 RN 5; MünchKommBGB/*Müller-Glöge* § 7 TzBfG RN 4; ErfK/*Preis* § 7 TzBfG RN 4.
[144] Vgl. *Däubler* ZIP 2001, 217, 218.
[145] BAG 13. 11. 2007 AP 8 zu Art. 27 EGBGB n. F. = NZA 2008, 761.
[146] Zutr. LAG Köln 18. 1. 2002 LAGE § 4 TzBfG Nr. 4 a.
[147] Annuß/Thüsing/*Mengel* § 8 RN 5.
[148] Arnold/Gräfl/*Vossen* § 8 RN 158; MünchKommBGB/*Müller-Glöge* § 8 TzBfG RN 6.
[149] *Sievers* § 8 RN 43.
[150] Annuß/Thüsing/*Mengel* § 8 RN 7; MünchKommBGB/*Müller-Glöge* § 8 TzBfG RN 6.
[151] *Boewer* § 8 RN 46.
[152] Dazu BAG 18. 5. 2004 AP 3 zu AVR Caritasverband Anlage 5 = NZA 2005, 108.

ist freilich dem verfassungsrechtlich geschützten kirchlichen Selbstbestimmungsrecht aus Art. 140 i. V. m. Art. 137 III WRV Rechnung zu tragen.[153]

3. Anspruchsberechtigte. a) Einen Anspruch auf Verringerung der Arbeitszeit nach § 8 TzBfG haben alle Arbeitnehmer einschließlich der leitenden Angestellten (vgl. § 6 TzBfG), deren **Arbeitsverhältnis länger als sechs Monate bestanden** hat. Hierzu gehören nicht nur Vollzeitbeschäftigte, sondern auch Teilzeitbeschäftigte und damit auch geringfügig Beschäftigte, die ihre Arbeitszeit weiter verkürzen wollen. Anspruchsberechtigt sind ferner befristet beschäftigte Arbeitnehmer, sofern ihr Arbeitsverhältnis länger als sechs Monate bestanden hat.[154] **85**

b) Für die Arbeitnehmer des **öffentlichen Dienstes gilt § 11 TVöD.** Diese Tarifbestimmung geht dem Anspruch auf Verringerung der Arbeitszeit nach § 8 IV TzBfG vor, weil sie für die Arbeitnehmer günstiger ist. Abweichend von § 8 IV TzBfG wird dem Arbeitnehmer ermöglicht, die Arbeitszeit befristet herabzusetzen.[155] Soweit der BAT noch Anwendung findet, ist zu beachten, dass § 15 b BAT, der nur Vollzeitbeschäftigten einen Anspruch auf Teilzeitbeschäftigung gewährt, insoweit unwirksam ist. Eine tarifliche Regelung, nach der nur Vollbeschäftigte einen Anspruch auf vorübergehende Verringerung ihrer Arbeitszeit aus familienpolitischen Gründen haben, diskriminiert Teilzeitbeschäftigte.[156] Im Übrigen begründet § 15 b BAT bzw. die daran angelehnten Vorschriften in kirchlichen Arbeitsverhältnissen trotz der Formulierung als „Soll-Vorschrift" unter den in der Vorschrift näher bestimmten Voraussetzungen einen Anspruch des Arbeitnehmers gegen den Arbeitgeber auf Änderung der vertraglich festgelegten Arbeitszeit. Die Verringerung der Arbeitszeit kann der Arbeitgeber nur wegen entgegenstehender dringender dienstlicher oder betrieblicher Belange ablehnen.[157] **86**

c) Der Arbeitnehmer kann eine Verringerung der Arbeitszeit erst geltend machen, wenn das **Arbeitsverhältnis mindestens sechs Monate bestanden** hat.[158] Erforderlich ist der ununterbrochene Bestand des Arbeitsverhältnisses, auch wenn dies im Gesetz nicht ausdrücklich geregelt ist. Insoweit liegt ein redaktionelles Versehen des Gesetzgebers vor.[159] Maßgeblich ist der rechtliche Bestand des Arbeitsverhältnisses, auf die tatsächliche Arbeitsleistung kommt es nicht an. Zeiten der Arbeitsunfähigkeit verlängern deshalb die Wartezeit nicht.[160] Entsprechendes gilt für Mutterschutzzeiten oder Elternzeit während der Wartezeit.[161] **87**

Zeiten der Beschäftigung als **Leiharbeitnehmer** oder als **freier Mitarbeiter** des Arbeitgebers werden bei der Berechnung der Wartezeit nicht berücksichtigt, weil insoweit kein Arbeitsverhältnis zum Arbeitgeber vorliegt.[162] Auch die Zeiten eines **Berufsausbildungsverhältnisses** sind nicht anzurechnen.[163] Dieses ist kein Arbeitsverhältnis, was der Gesetzgeber in der Begründung zu § 14 II TzBfG klargestellt hat.[164] **88**

d) Nicht ganz deutlich ist, ob das Arbeitsverhältnis in demselben Betrieb bestanden haben muss[165] oder ob auf den **Bestand des Arbeitsverhältnisses im Unternehmen** abzustellen ist. Die besseren Gründe sprechen für einen Unternehmensbezug, denn der Bestand des Arbeitsverhältnisses beleibt unberührt, wenn der Arbeitnehmer innerhalb des Unternehmens von einem Betrieb in einen anderen Betrieb desselben Arbeitgebers wechselt.[166] **89**

---

[153] Dazu *Müller-Volbehr* NZA 2002, 301, 305; *Rolfs* § 8 RN 8.

[154] MünchKommBGB/*Müller-Glöge* § 8 TzBfG RN 2; *Meinel/Heyn/Herms* § 8 RN 17; Staudacher/Hellmann/Hartmann/*Wenk* RN 396.

[155] Vgl. BAG 18. 3. 2003 AP 3 zu § 8 TzBfG; zur Unwirksamkeit eines Antrags auf befristete Verringerung der Arbeitszeit nach § 8 TzBfG vgl. BAG 12. 9. 2006 AP 17 zu § 8 TzBfG = NZA 2007, 253.

[156] BAG 18. 3. 2003 AP 3 zu § 8 TzBfG.

[157] BAG 16. 10. 2007 AP 22 zu § 8 TzBfG = NZA-RR 2008, 210.

[158] Vgl. Begründung des Regierungsentwurfs zu § 8 Abs. 1, BT-Drucks. 14/4374 S. 17; *Däubler* ZIP 2001, 217, 218, *Hromadka* NJW 2001, 400, 402; MünchKommBGB/*Müller-Glöge* § 8 TzBfG RN 4; *Preis/Gotthardt* DB 2001, 145, 149; *Rolfs* RdA 2001, 129, 134; *Worzalla* § 8 RN 19; a. A. *Kossens/Kerschbaumer* Arbeitnehmer in Teilzeit, 2001, S. 65.

[159] *Boewer* § 8 RN 26; *Meinel/Heyn/Herms* § 8 RN 21; ErfK/*Preis* § 8 TzBfG RN 8.

[160] *Preis/Gotthardt* DB 2001, 145, 149; *Rolfs* RdA 2001, 129, 133.

[161] Annuß/Thüsing/*Mengel* § 8 RN 32; TZA/*Buschmann* § 8 TzBfG RN 14; *Meinel/Heyn/Herms* § 8 RN 21.

[162] *Meinel/Heyn/Herms* § 8 RN 23.

[163] *Boewer* § 8 RN 32; Annuß/Thüsing/*Mengel* § 8 RN 30.

[164] BT-Drucks. 14/4374 S. 20.

[165] So *Schiefer* DB 2000, 2118, 2119.

[166] Ebenso im Ergebnis *Däubler* ZIP 2001, 217, 218; *Lindemann/Simon* BB 2001, 146, 148; *Meinel/Heyn/Herms* § 8 RN 21 f.; MünchKommBGB/*Müller-Glöge* § 8 TzBfG RN 4; *Rolfs* RdA 2001, 129, 134.

90 **4. Frist zur Geltendmachung des Anspruchs.** Der Arbeitnehmer muss nach § 8 II TzBfG die Verringerung seiner Arbeitszeit und den Umfang der Verringerung spätestens **drei Monate vor deren Beginn** geltend machen.

91 **a)** Die Drei-Monats-Frist dient dem **Schutz des Arbeitgebers.**[167] Der systematische Zusammenhang mit der Ablehnungsfrist nach § 8 V 2 und 3 TzBfG zeigt, dass der Arbeitgeber mindestens zwei Monate Zeit haben soll, um feststellen zu können, ob das Teilzeitverlangen realisiert werden kann. Für den Fall, dass keine betrieblichen Gründe entgegenstehen, soll dann noch eine einmonatige Vorbereitungszeit gelten.[168]

92 **b)** Unter Berücksichtigung der Wartezeit von sechs Monaten kann es demnach zu einer **Reduzierung der Arbeitszeit frühestens nach neun Monaten** zzgl. des Tags der Erklärung des Verlangens kommen.[169] Die Frist bestimmt sich nach § 187 I, § 188 II Halbs. 2 BGB. Der Tag der Geltendmachung ist nicht einzubeziehen. Zwischen dem Zugang des Antrags beim Arbeitgeber und dem gewünschten Beginn müssen mithin volle drei Monate liegen.[170]

93 Der Arbeitnehmer kann seinen Teilzeitwunsch auch mit einer **längeren Frist** als der gesetzlichen Drei-Monats-Frist geltend machen. Dies hat allerdings keine Auswirkungen auf die in § 8 V TzBfG geregelte Frist von einem Monat für die Mitteilung der Entscheidung des Arbeitgebers über den Antrag auf Verringerung der Arbeitszeit.[171] § 8 II TzBfG enthält eine Mindestfrist.

94 **c)** Der Arbeitgeber kann auf die Einhaltung der Drei-Monats-Frist des § 8 II TzBfG **verzichten.** Nach Auffassung des BAG ist ein solcher Verzicht anzunehmen, wenn der Arbeitgeber trotz Fristversäumnis mit dem Arbeitnehmer ohne jeden Vorbehalt erörtert, ob dem Teilzeitverlangen betriebliche Gründe nach § 8 IV TzBfG entgegenstehen.[172] Wolle der Arbeitgeber die Folgen eines Verzichts nicht eintreten lassen, habe er dies klarzustellen und Verhandlungen über den Antrag ggf. abzulehnen.

95 **d)** Im Gesetz sind die **Folgen einer nicht rechtzeitigen Geltendmachung** des Wunsches nach Arbeitszeitverkürzung nicht geregelt. Nach Auffassung des BAG ist es unschädlich, wenn der Arbeitnehmer ein zu frühes Datum des Beginns der Änderung bezeichne, weil die Auslegung des Antrags regelmäßig ergebe, dass der Antrag zu dem zulässigen späteren Zeitpunkt gestellt sei. Soweit der Arbeitnehmer für den Beginn der Änderung einen festen Termin – etwa den Monatsanfang – wünsche, sei das bei der Auslegung zu berücksichtigen. Ein nicht fristgerechtes Verlangen müsse der Arbeitgeber allerdings nicht innerhalb der in § 8 V 2 und 3 TzBfG genannten Frist ablehnen, um eine kraft Gesetzes eintretende Änderung des Arbeitsvertrags zu vermeiden. Halte der Arbeitnehmer die Drei-Monats-Frist nicht ein, setze er den Arbeitgeber Unklarheiten bei der Fristberechnung aus. Der Arbeitgeber sei gezwungen, das Verlangen des Arbeitnehmers erst auszulegen, um die für ihn maßgebliche Frist zu berechnen. Die damit verbundenen Risiken müsse der Arbeitgeber nicht hinnehmen. Das Risiko fehlerhafter Fristberechnungen sei insoweit dem Arbeitnehmer zugewiesen.[173]

96 Gegen diese Auffassung bestehen Bedenken. Sie führt zu einer **Verkomplizierung** des ohnehin schon komplexen Verfahrens, das der Arbeitgeber bei einem Teilzeitverlangen des Arbeitnehmers zu beachten hat. Für einen nicht qualifiziert juristisch beratenen Arbeitgeber sind die gesetzlichen Rechtsfolgen eines verspäteten Antrags auf Verringerung der Arbeitszeit nicht mehr erkennbar. Auch wenn der Arbeitgeber bei einem nicht fristgerechten Verlangen des Arbeitnehmers durch die Unanwendbarkeit der gesetzlichen Fiktionen in § 8 V 2 und 3 TzBfG geschützt ist, wäre es klarer und näher am Gesetz gewesen, das nicht fristgerechte Teilzeitverlangen des Arbeitnehmers als unwirksam anzusehen.[174]

---

[167] BT-Drucks. 14/4374 S. 1.

[168] BAG 20. 7. 2004 AP 11 zu § 8 TzBfG = NZA 2004, 1090.

[169] MünchKommBGB/*Müller-Glöge* § 8 TzBfG RN 4; *Sievers* § 8 RN 29.

[170] BAG 18. 2. 2003 AP 1 zu § 8 TzBfG = NZA 2003, 911.

[171] Annuß/Thüsing/*Mengel* § 8 RN 45.

[172] BAG 14. 10. 2003 AP 6 zu § 8 TzBfG = NZA 2004, 975.

[173] BAG 20. 7. 2004 AP 11 zu § 8 TzBfG = NZA 2004, 1090; 13. 11. 2008 AP 25 zu § 8 TzBfG = NZA 2008, 314; ebenso *Boewer* § 8 RN 133; TZA-*Buschmann* § 8 TzBfG RN 25; *Däubler* ZIP 2001, 217, 221; KDZ/*Zwanziger* KSchR § 8 TzBfG RN 35; *Rolfs* RdA 2001, 129, 134.

[174] Ebenso Annuß/Thüsing/*Mengel* § 8 RN 49 ff.; *Meinel/Heyn/Herms* § 8 RN 40; MünchKommBGB/*Müller-Glöge* § 8 TzBfG RN 17; *Preis/Gotthardt* DB 2001, 145; MünchArbR/*Schüren* Erg.band § 162 RN 59; *Sievers* § 8 RN 28; Staudacher/Hellmann/Hartmann/*Wenk* RN 408; im Grundsatz auch ErfK/*Preis* § 8 TzBfG RN 13.

5. Merkmale des Teilzeitverlangens. a) Die Anträge auf Verringerung und Verteilung der Arbeitszeit sind auf den Abschluss eines Änderungsvertrags gerichtet. Der Antrag muss daher gem. § 145 BGB so **bestimmt formuliert** sein, dass er mit einem einfachen „Ja" angenommen werden kann. Ein Verringerungsverlangen des Arbeitnehmers, das den Umfang der Reduzierung der Arbeitszeit offenlässt, ohne dem Arbeitgeber das Recht zur Festlegung des Umfangs der verringerten wöchentlichen Arbeitszeit nach billigem Ermessen einzuräumen, ist nicht hinreichend bestimmt. Es löst weder die Fiktionswirkungen des § 8 V 2 und 3 TzBfG noch die zweijährige Sperrfrist des § 8 VI TzBfG aus.[175] Der Inhalt des zwischen den Parteien kraft Gesetzes zustande kommenden Arbeitsvertrags muss feststehen. Ein Antrag des Arbeitnehmers, künftig im „Rahmen von 19,25 Stunden bis 25 Stunden/Woche" arbeiten zu wollen, genügt nicht dem Bestimmtheitserfordernis.[176] Will der Arbeitnehmer dem Arbeitgeber die Möglichkeit geben, innerhalb einer Zeitspanne die künftige Vertragsarbeitszeit festzulegen, hat er einen Hauptantrag und Hilfsanträge zu stellen.[177] 97

b) Der Arbeitnehmer soll gem. § 8 II 2 TzBfG die gewünschte **Verteilung der Arbeitszeit** angeben. Der Arbeitnehmer soll selbst entscheiden können, ob er ausschließlich die Verringerung der Arbeitszeit beantragt und dem Arbeitgeber überlässt, die verbleibende Arbeitszeit zu verteilen (§ 106 GewO), oder ob er außerdem eine auf bestimmte Tage/Stunden verteilte Arbeitszeit wünscht.[178] 98

Die Angabe der gewünschten Verteilung der Arbeitszeit ist **nicht Wirksamkeitsvoraussetzung** des Antrags.[179] Will der Arbeitnehmer eine bestimmte Verteilung der reduzierten Arbeitszeit, muss er einen solchen Wunsch nach Auffassung des BAG spätestens in die Erörterung mit dem Arbeitgeber einbringen.[180] 99

Der Arbeitnehmer kann das Verlangen auf Verringerung der Arbeitszeit mit einem konkreten Verteilungswunsch in der Weise verbinden, dass er sein **Änderungsangebot von der Festsetzung der gewünschten Arbeitszeitverteilung abhängig** macht.[181] Für die erforderliche Auslegung der Erklärungen des Arbeitnehmers ist gem. §§ 133, 157 BGB die Sicht des Arbeitgebers entscheidend. Maßgeblich ist, ob er den Antrag als Einheit auffassen durfte.[182] Macht ein Arbeitnehmer sowohl einen Verringerungs- als auch einen Verteilungswunsch nach § 8 TzBfG geltend, hängen beide erfahrungsgemäß voneinander ab. Einen einheitlichen Antrag kann der Arbeitgeber gem. § 150 II BGB nur einheitlich annehmen oder ablehnen.[183] Damit kann der Arbeitgeber den Antrag auch dann ablehnen, wenn gegen die Verringerung der Arbeitszeit als solche keine betrieblichen Gründe i. S. v. § 8 IV TzBfG sprechen, sondern ausschließlich gegen die vom Arbeitnehmer gewünschte zeitliche Lage der Arbeitszeit. Der Arbeitnehmer kann dann nach § 8 VI TzBfG eine neue Verringerung frühestens nach Ablauf von zwei Jahren verlangen. Kommt es zu keiner Einigung der Arbeitsvertragsparteien über die Verminderung der Arbeitszeit, kann der Arbeitnehmer den Eintritt der Sperrfrist nicht verhindern. Daran ändert eine spätere Rücknahme des Verteilungswunschs nichts.[184] 100

c) Der Antrag des Arbeitnehmers bedarf **keiner Begründung.**[185] Denn auf die Gründe des Arbeitnehmers für seinen Wunsch, die Arbeitszeit zu reduzieren, kommt es beim Teilzeitverlangen nach § 8 TzBfG nicht an. Hat der Arbeitgeber entgegenstehende betriebliche Gründe, besteht der Anspruch auch dann nicht, wenn der Arbeitnehmer auf die Herabsetzung seiner vertraglich vereinbarten Arbeitszeit **dringlich angewiesen** ist. Das Anliegen des Arbeitnehmers, sein Kind zu betreuen und gleichwohl den Kontakt zum Beruf nicht zu verlieren, wird im TzBfG nicht berücksichtigt.[186] Das ist nur bei dem Verringerungsanspruch während der Elternzeit von Belang. Hier hat der Gesetzgeber das besondere Interesse von Eltern an einer Verringe- 101

---

[175] BAG 16. 10. 2007 AP 23 zu § 8 TzBfG = NZA 2008, 289.

[176] BAG 18. 5. 2004 AP 3 zu AVR Caritasverband Anlage 5 = NZA 2005, 108.

[177] Annuß/Thüsing/*Mengel* § 8 RN 67.

[178] BAG 8. 5. 2007 AP 21 zu § 8 TzBfG; 23. 11. 2004 AP 9 zu § 8 TzBfG = NZA 2005, 769.

[179] Ebenso *Lindemann/Simon* BB 2001, 146, 148; *Worzalla* § 8 TzBfG RN 15.

[180] BAG 23. 11. 2004 AP 9 zu § 8 TzBfG = NZA 2005, 769.

[181] BAG 18. 2. 2003 AP 2 zu § 8 TzBfG = NZA 2003, 1392; ebenso Annuß/Thüsing/*Mengel* § 8 RN 64; siehe dazu auch *Rieble/Gutzeit* NZA 2002, 7, 12 f.

[182] BAG 23. 11. 2004 AP 9 zu § 8 TzBfG = NZA 2005, 769.

[183] BAG 24. 6. 2008 NZA 2008, 1289; 18. 2. 2003 AP 2 zu § 8 TzBfG = NZA 2003, 1392; zust. *Löwisch* Anm. zu BAG EzA 2 zu § 8 TzBfG.

[184] BAG 23. 11. 2004 AP 9 zu § 8 TzBfG = NZA 2005, 769.

[185] Annuß/Thüsing/*Mengel* § 8 RN 74; *Meinel/Heyn/Herms* § 8 RN 35; MünchKommBGB/*Müller-Glöge* § 8 TzBfG RN 15.

[186] BAG 16. 10. 2007 AP 23 zu § 8 TzBfG = NZA 2008, 289.

rung der Arbeitszeit berücksichtigt, indem ein solcher Antrag nach § 15 VII 1 Nr. 4 BEEG nur aus dringenden betrieblichen Gründen abgelehnt werden kann.[187]

101a **d)** Das Gesetz sieht für die Geltendmachung des Anspruchs auf Verringerung der Arbeitszeit auch **keine besondere Form** vor.[188] Dies ist nicht nur äußerst misslich, sondern auch systematisch verfehlt. Zum einen ist der Fall denkbar, dass ein Arbeitnehmer mit seinem Arbeitgeber in einem Gespräch die Möglichkeiten einer Arbeitszeitreduzierung diskutiert, der Arbeitgeber in diesem Gespräch aber keinen Antrag nach § 8 II TzBfG sieht. Lehnt der Arbeitgeber das Ansinnen des Arbeitnehmers in dem Gespräch mündlich ab, läuft er Gefahr, dass der Arbeitnehmer nach drei Monaten behauptet, nunmehr sei die Arbeitszeit gemäß § 8 V 2 TzBfG in seinem Sinne verringert. Denn der Arbeitgeber hat nach dieser Bestimmung seine ablehnende Entscheidung dem Arbeitnehmer schriftlich mitzuteilen, will er den Eintritt der Fiktion der Arbeitszeitverringerung verhindern. Schließlich ist auch kein Grund ersichtlich, warum nach § 15 VII Nr. 5 BEEG der Anspruch auf Teilzeitbeschäftigung während der Elternzeit schriftlich geltend gemacht werden muss und nach § 8 II TzBfG die mündliche Geltendmachung ausreichend ist.

102 **e)** Durch **arbeitsvertragliche Vereinbarung, Betriebsvereinbarung oder Tarifvertrag** kann ein Formerfordernis zur Geltendmachung des Antrags auf Arbeitszeitverkürzung nicht bestimmt werden. Denn nach § 22 I TzBfG kann mit Ausnahme der dort genannten Bestimmungen nicht von den Vorschriften des TzBfG – und damit auch nicht von § 8 TzBfG – zuungunsten des Arbeitnehmers abgewichen werden. Wird die Möglichkeit der Geltendmachung des Wunschs nach einer Verringerung der Arbeitszeit auf die schriftliche Geltendmachung begrenzt, verliert der Arbeitnehmer sein nach gesetzlicher Rechtslage bestehendes Wahlrecht. Die Abweichung von den gesetzlichen Möglichkeiten ist insoweit für den Arbeitnehmer ungünstiger.[189] Zur Vermeidung späterer Streitigkeiten kann der Arbeitgeber allerdings bestimmen, wer für die Entgegennahme von Teilzeitanträgen zuständig ist (z. B. Personalabteilung und nicht die Fachvorgesetzten).

103 **f)** Aus § 8 I TzBfG ergibt sich kein Anspruch auf eine **bloße Veränderung der Lage der Arbeitszeit.**[190] Dem steht der Wortlaut des Gesetzes entgegen. Verbindet der Arbeitnehmer den Wunsch nach einer neuen Verteilung der Arbeitszeit mit einem Antrag auf Verringerung der Arbeitszeit um eine nur sehr kurze Zeitdauer, kann das Verringerungsverlangen im Einzelfall rechtsmissbräuchlich sein, wenn es offensichtlich dem alleinigen Zweck dient, eine ansonsten nicht durchsetzbare Änderung der Lage der Arbeitszeit zu erreichen.[191]

104 **g)** Das Teilzeitverlangen hat sich im Rahmen des **bestehenden vertraglichen Arbeitszeitmodells** zu bewegen. Über das Teilzeitverlangen kann der Arbeitnehmer nicht erreichen, dass die bislang auf Wochen bezogene Arbeitszeit auf ein Jahr bezogen reduziert und die Arbeit nur noch in Blöcken von mehreren Monaten geleistet wird.[192]

105 **h)** Der Arbeitnehmer hat keinen Anspruch auf eine **befristete oder auflösend bedingte Verringerung** der Arbeitszeit.[193] Hiergegen spricht mittelbar § 9 TzBfG, der nur unter den dort genannten Voraussetzungen eine Verlängerung der vertraglichen Arbeitszeit vorsieht.[194] Der Arbeitgeber kann frei entscheiden, ob er den Antrag auf befristete Verringerung der Arbeitszeit annimmt oder ablehnt. Ein solcher Antrag kann ohne weitere Anhaltspunkte nicht entgegen seinem Wortlaut in einen Antrag auf unbefristete Verringerung der Arbeitszeit ausgelegt werden. Bei nicht rechtzeitiger Ablehnung des Antrags auf Zustimmung zur befristeten Verringerung der Arbeitszeit tritt die Fiktionswirkung des § 8 V 2 TzBfG nicht ein.[195] An dieser Rechtsprechung

[187] BAG 15. 8. 2006 AP 16 zu § 8 TzBfG = NZA 2007, 259.

[188] MünchKommBGB/*Müller-Glöge* § 8 TzBfG RN 15; ErfK/*Preis* § 8 TzBfG RN 12.

[189] Ebenso *Boewer* § 8 RN 96; MünchKommBGB/*Müller-Glöge* § 8 TzBfG RN 15; ErfK/*Preis* § 8 TzBfG RN 12; *Sievers* § 8 RN 24; unklar Staudacher/Hellmann/Hartmann/*Wenk* RN 403.

[190] *Boewer* § 8 RN 66; *Meinel/Heyn/Herms* § 8 RN 30; MünchKommBGB/*Müller-Glöge* § 8 TzBfG RN 13; ErfK/*Preis* § 8 TzBfG RN 6; *Rolfs* § 8 RN 18; a. A. *Straub* NZA 2001, 919 f.

[191] Vgl. *Rolfs* § 8 RN 20; *Hanau* NZA 2001, 1168, 1170; ArbG Stuttgart 23. 11. 2001 NZA-RR 2002, 183; weitergehend *Rieble/Gutzeit* NZA 2002, 7, 8.

[192] Ebenso LAG Düsseldorf 17. 5. 2006 DB 2006, 1682; KDZ/*Zwanziger* KSchR § 8 TzBfG RN 10; ErfK/*Preis* § 8 TzBfG RN 12; HWK/*Schmalenberg* § 8 TzBfG RN 13; a. A. LAG Düsseldorf 1. 3. 2002 DB 2002, 1222.

[193] BAG 24. 6. 2008 NZA 2008, 1289; 12. 9. 2006 AP 17 zu § 8 TzBfG = NZA 2007, 253; 18. 3. 2003 AP 3 zu § 8 TzBfG.

[194] Annuß/Thüsing/*Mengel* § 8 RN 77; *Boewer* § 8 RN 104; *Meinel/Heyn/Herms* § 8 RN 29; a. A. TZA/*Buschmann* § 8 TzBfG RN 21.

[195] BAG 12. 9. 2006 AP 17 zu § 8 TzBfG = NZA 2007, 253.

dürfte freilich nach dem Inkrafttreten des **§ 7c I Nr. 1 Buchst. c 2. Halbs. SGB IV** zum 1. 1. 2009 nicht mehr uneingeschränkt festzuhalten sein, denn nach dieser Bestimmung gilt § 8 TzBfG mit der Maßgabe, dass die Verringerung der Arbeitszeit auf die Dauer der Entnahme aus dem Wertguthaben befristet werden kann.

6. Bindung an den Antrag. Der Arbeitnehmer ist während der Drei-Monats-Frist grundsätzlich **an sein Verlangen gebunden.** Er kann es in dieser Zeit nicht einseitig zurücknehmen.[196] Sowohl der Antrag auf Verringerung der Arbeitszeit als auch das Verteilungsverlangen des Arbeitnehmers sind auf den Abschluss eines Vertrags gerichtet mit der Folge, dass der Arbeitnehmer hieran gem. § 145 BGB gebunden ist. Damit ist allerdings nicht ausgeschlossen, dass der Arbeitnehmer die vom Arbeitgeber im Rahmen der Erörterung nach § 8 III TzBfG eingewandten entgegenstehenden betrieblichen Gründe durch Änderung seines Verteilungswunsches berücksichtigt.[197] In diesem Fall lehnt der Arbeitgeber den Antrag des Arbeitnehmers ab und unterbreitet ein Gegenangebot (§ 150 II BGB). Hat der Arbeitnehmer keinen Verteilungswunsch geäußert, kann er diesen im Rechtsstreit vor dem Arbeitsgericht nicht „nachschieben". Ebenso ist er grundsätzlich gehindert, einen einmal geäußerten Wunsch im Laufe des Rechtsstreits zu ändern.[198] Etwas anderes soll nach Auffassung des BAG gelten, wenn der Arbeitnehmer „neue Erkenntnisse" aus der Verhandlungsphase berücksichtige.[199] Dem Arbeitnehmer verbleibt bei einer Ablehnung des Antrags regelmäßig nur, erneut die Verringerung der Arbeitszeit zu beantragen und dabei gem. § 8 II 2 TzBfG die Festlegung der nunmehr gewünschten Verteilung zu verlangen. Hat der Arbeitgeber den zunächst gestellten Antrag des Arbeitnehmers zu Recht aus betrieblichen Gründen abgelehnt, kann die neuerliche Geltendmachung nur erfolgreich sein, wenn die zweijährige Sperrfrist des § 8 VI TzBfG abgelaufen ist.[200] Die Bindung an den Antrag endet mit einem Gegenvorschlag des Arbeitgebers (§ 150 Satz 2 BGB). 106

Der Arbeitnehmer hat bis zum Ablauf der dem Arbeitgeber nach § 8 V 1 TzBfG eingeräumten Überlegungsfrist **kein Widerrufsrecht.** Dies gilt auch dann, wenn der Arbeitgeber die vorgeschriebene Erörterung der gewünschten Verringerung der Arbeitszeit mit dem Arbeitnehmer unterlässt.[201] 107

7. Erörterung. a) Nach der Geltendmachung des Anspruchs hat der Arbeitgeber nach § 8 III TzBfG mit dem Arbeitnehmer die gewünschte Verringerung der Arbeitszeit **mit dem Ziel einer Vereinbarung zu erörtern.** Dem liegt die Vorstellung des Gesetzgebers zu Grunde, dass sich Arbeitgeber und Arbeitnehmer in aller Regel über die Verringerung der Wochenarbeitszeit einigen.[202] Eine Verhandlungspflicht im Sinne eines klagbaren Anspruchs wird durch § 8 III TzBfG indessen nicht begründet.[203] 108

b) Lässt sich der Arbeitgeber auf eine Erörterung des Wunschs des Arbeitnehmers nach einer bestimmten Verteilung der Arbeitszeit nicht ein, verstößt der Arbeitgeber zwar gegen § 8 III 2 TzBfG. Eine **Verletzung dieser Obliegenheit** hat aber weder die Fiktion einer Zustimmung noch die Verwirkung des Rechts zur Folge, das Änderungsangebot des Arbeitnehmers ablehnen zu können.[204] 109

c) Die gesetzlich vorgesehene Verhandlungspflicht ist nach Auffassung des BAG allerdings kein rechtlich unverbindlicher Appell des Gesetzgebers.[205] Diese Obliegenheit zeitige Rechtsfolgen. So könne der Arbeitgeber dem Arbeitnehmer **keine Einwendungen entgegenhalten,** die im Rahmen einer Verhandlung hätten ausgeräumt werden können, wenn er entgegen der Vorschrift nicht verhandele.[206] Auch sei es zulässig, dass ein Arbeitnehmer nach Durchführung der Verhandlung gerichtlich einen anderen Arbeitszeitwunsch einklage, als er ursprünglich geltend gemacht habe, wenn er dabei neue Erkenntnisse berücksichtige, die sich aus der Ver- 110

---

196 *Löwisch* Anm. zu BAG EzA 2 zu § 8 TzBfG; MünchKommBGB/*Müller-Glöge* § 8 TzBfG RN 18; ErfK/*Preis* § 8 TzBfG RN 13.

197 BAG 24. 6. 2008 NZA 2008, 1289.

198 BAG 24. 6. 2008 NZA 2008, 1289.

199 BAG 18. 2. 2003 AP 1 zu § 8 TzBfG = NZA 2003, 911.

200 BAG 24. 6. 2008 NZA 2008, 1289; 23. 11. 2004 AP 9 zu § 8 TzBfG = NZA 2005, 769; zust. *Feuerborn* SAE 2006, 1, 4.

201 LAG Düsseldorf 13. 1. 2006 – 9 Sa 1222/05.

202 Vgl. Begründung des Regierungsentwurfs BT-Drucks. 14/4374 S. 17.

203 MünchKommBGB/*Müller-Glöge* § 8 TzBfG RN 20.

204 BAG 18. 2. 2003 AP 1 zu § 8 TzBfG = NZA 2003, 911.

205 BAG 18. 2. 2003 AP 1 zu § 8 TzBfG = NZA 2003, 911.

206 Ebenso *Meinel/Heyn/Herms* § 8 RN 46; *Thüsing* SAE 2004, 4, 5f.; KDZ/*Zwanziger* KSchR § 8 TzBfG RN 39.

handlungsphase ergeben. Nach Auffassung des dem BAG zustimmenden Schrifttums hat der Arbeitnehmer darzulegen und im Streitfall zu beweisen, dass der Arbeitgeber seiner Verhandlungsobliegenheit nicht nachgekommen ist.[207]

111 Gegen die Annahme eines Ausschlusses von Einwendungen bei nicht ordnungsgemäßer Verhandlung bestehen **erhebliche Bedenken.**[208] Das Gesetz sieht eine Präklusion der betrieblichen Gründe gerade nicht vor. Auch die Gesetzesbegründung gibt hierfür keine Anhaltspunkte.[209] Unklar ist des Weiteren, was unter Einwendungen zu verstehen ist, die im Rahmen einer Verhandlung hätten beseitigt werden können. Eine solche hypothetische Betrachtung ist fragwürdig, weil der Arbeitgeber nur verhandeln, sich bei diesen Verhandlungen aber nicht einigen muss. Lehnt der Arbeitgeber das Teilzeitverlangen kategorisch ab, sind die Verhandlungen gescheitert. Der Arbeitgeber hat seine Ablehnung dann nach § 8 V 1 TzBfG schriftlich mitzuteilen, ohne hierfür eine Begründung geben zu müssen (dazu RN 144).

X. Reaktionsmöglichkeiten des Arbeitgebers

112 **1. Allgemeines.** Der Arbeitgeber hat nach § 8 IV TzBfG der Verringerung der Arbeitszeit und ihrer Verteilung entsprechend den Wünschen des Arbeitnehmers zuzustimmen, wenn **betriebliche Gründe** nicht entgegenstehen. Das Gesetz weicht damit von dem ersten veröffentlichten Referentenentwurf ab, der dringende betriebliche Gründe zur Abwehr des Wunsches nach einer Arbeitszeitverringerung verlangte.

113 Ein der Verringerung der Arbeitszeit entgegenstehender betrieblicher Grund liegt nach § 8 IV 2 TzBfG insbesondere vor, wenn die Verringerung der Arbeitszeit die **Organisation, den Arbeitsablauf oder die Sicherheit im Betrieb wesentlich beeinträchtigt oder unverhältnismäßige Kosten verursacht.** Diese gesetzliche Erläuterung der entgegenstehenden betrieblichen Gründe legt die Schwelle für den Arbeitgeber zur Zustimmungsverweigerung freilich deutlich höher, als sie in Satz 1 allgemein definiert worden ist. Mit Recht wird im Schrifttum hierzu festgestellt, Satz 2 konkretisiere nicht Satz 1, sondern konterkariere diese Regelung.[210]

114 **2. Betriebliche Gründe. a)** Der Begriff „entgegenstehende betriebliche Gründe" bedarf der Auslegung. Eine methodengerechte Auslegung von § 8 IV 1 TzBfG macht deutlich, dass das Gesetz an die Gründe für eine Zustimmungsverweigerung **keinen strengen Maßstab** anlegt.[211]

115 **aa)** Das TzBfG differenziert selbst zwischen **betrieblichen Gründen** – so in § 8 IV 1 TzBfG – **und dringenden betrieblichen Gründen,** die nach § 9 TzBfG den Arbeitgeber berechtigen, den Wunsch eines teilzeitbeschäftigten Arbeitnehmers nach Verlängerung der Arbeitszeit zurückzuweisen. Diese Unterscheidung ist auch ansonsten arbeitsrechtlichen Bestimmungen nicht fremd, wie etwa § 1 II und III KSchG oder § 7 BUrlG zeigen. Hinzuweisen ist auch auf § 15 VII Nr. 4 BEEG, wonach nur dringende betriebliche Gründe dem Anspruch auf Verringerung der Arbeitszeit während der Elternzeit entgegenstehen können.[212] Wesentliche betriebliche Beeinträchtigungen sowie unverhältnismäßige Kosten sind im Allgemeinen Kriterien für „dringende" betriebliche, nicht aber für einfache betriebliche Gründe. Der Begriff „wesentlich" in § 8 IV 2 TzBfG ist daher im Lichte des Grundtatbestands einfacher und nicht dringender betrieblicher Gründe auszulegen.

116 **bb)** Weiterhin belegt die **Entstehungsgeschichte des Gesetzes,** dass Satz 2 von § 8 IV TzBfG eine gesetzgeberische Fehlkonstruktion ist. Denn die dort genannten Gründe finden sich weitgehend wortgleich in der Begründung des ersten veröffentlichten Referentenentwurfs vom 5. 9. 2000 zur Erläuterung „dringender" betrieblicher Gründe, die einer Verringerung der Arbeitszeit entgegenstehen sollten. Sie können damit nicht für einfache betriebliche Gründe maßgeblich sein.[213] Wenn es schließlich in der Begründung zum Regierungsentwurf heißt,

---

[207] HWK/*Schmalenberg* § 8 TzBfG RN 32; *Thüsing* SAE 2004, 4, 6.

[208] Ablehnend auch Annuß/Thüsing/*Mengel* § 8 RN 93; *Boewer* § 8 RN 147; MünchKommBGB/*Müller-Glöge* § 8 TzBfG RN 20; ErfK/*Preis* § 8 TzBfG RN 15; *Rolfs* § 8 RN 23.

[209] Vgl. BT-Drucks. 14/4374 S. 17.

[210] *Richardi/Annuß* BB 2000, 2201, 2202; ebenso *Beckschulze* DB 2000, 2598; im Ergebnis auch *Däubler* ZIP 2001, 217, 219.

[211] Ebenso im Ergebnis *Hohenhaus* DB 2003, 1954, 1959; *Hromadka* NJW 2001, 400, 402; MünchKommBGB/*Müller-Glöge* § 8 TzBfG RN 27; ErfK/*Preis* § 8 TzBfG RN 23; *Preis/Gotthardt* DB 2001, 145, 147; *Rolfs* § 8 RN 32; *ders.* RdA 2001, 129, 136; *Kliemt* NZA 2001, 63, 65; *Pelzner/Scheddler/Widlack* Flexibilität im Arbeitsverhältnis 2001, S. 47; *Sievers* § 8 RN 62; a. A. *Worzalla* § 8 RN 26.

[212] Dies hebt auch das BAG – wenn auch in anderem Zusammenhang – hervor, vgl. BAG 15. 8. 2006 AP 6 zu § 8 TzBfG = NZA 2007, 259.

[213] MünchKommBGB/*Müller-Glöge* § 8 TzBfG RN 26.

rationale, nachvollziehbare Gründe genügten für die Ablehnung, wird deutlich, dass die Anforderungen nicht besonders hoch sein dürfen.

b) Bei der Prüfung des Teilzeitverlangens des Arbeitnehmers ist **keine Interessenabwägung** vorzunehmen, denn der Arbeitnehmer braucht sein Verlangen nicht zu begründen (vgl. RN 101).[214] Nach § 8 TzBfG hat vielmehr jeder Arbeitnehmer, soweit die allgemeinen Voraussetzungen vorliegen, einen Anspruch auf Verringerung der Arbeitszeit (§ 8 I TzBfG). Der Arbeitgeber kann dem auf § 8 TzBfG gestützten Anspruch betriebliche Gründe entgegenhalten, soweit solche vorliegen (§ 8 IV 1 TzBfG). Persönliche Belange des Arbeitnehmers sind im Gesetz nicht erwähnt. Auch die in § 8 I 2 TzBfG aufgezählten Beispielsfälle stellen allein auf die betriebliche Situation, nicht auf die des Arbeitnehmers ab. Gibt es entgegenstehende Gründe, kann der Arbeitnehmer keine Verringerung seiner Arbeitszeit beanspruchen, so nachvollziehbar und wichtig seine Interessen an einer besseren Vereinbarkeit von Familie und Beruf sein mögen.[215] **117**

3. Betriebsorganisation. a) Der Teilzeitwunsch des Arbeitnehmers muss sich in das vom Arbeitgeber **vorgegebene Organisationskonzept einfügen.**[216] Hierzu hat der Arbeitgeber im Streitfall ein Konzept darzulegen, das von plausiblen nachvollziehbaren wirtschaftlichen und unternehmerischen Gründen getragen ist. Ob dieses Konzept das Arbeitsgericht inhaltlich überzeugt, ist unerheblich. Eine Zweckmäßigkeitskontrolle durch die Gerichte hat insoweit im Hinblick auf Art. 12, 14 GG nicht zu erfolgen.[217] Weitergehende Anforderungen an die betrieblichen Gründe sind wegen der durch Art. 12 I GG geschützten Berufsfreiheit des Arbeitgebers verfassungsrechtlich bedenklich.[218] Fügt sich der Teilzeitwunsch des Arbeitnehmers nicht in eine plausible Organisationsstruktur ein, bestehen **rationale, nachvollziehbare Gründe** i. S. der Gesetzesbegründung für den Arbeitgeber, das Verlangen des Arbeitnehmers abzulehnen. **118**

b) Nach der hiervon zum Teil abweichenden Auffassung des BAG besteht für den Arbeitgeber demgegenüber nur dann ein Ablehnungsgrund, wenn der Arbeitszeitwunsch den Betrieb **wesentlich beeinträchtigt.** Das ergebe sich aus den in § 8 IV 2 TzBfG genannten Beispielsfällen, die auch für die Neuverteilung der Arbeitszeit maßgeblich seien.[219] Davon ausgehend prüft der Neunte Senat in **drei Stufen,** ob dem Teilzeitwunsch des Arbeitnehmers betriebliche Gründe entgegenstehen:[220] **119**

aa) Auf der **ersten Stufe** ist festzustellen, ob überhaupt und wenn ja, welches betriebliche Organisationskonzept der vom Arbeitgeber als erforderlich angesehenen Arbeitszeitregelung zugrunde liegt. Organisationskonzept ist das Konzept, mit dem die unternehmerische Aufgabenstellung im Betrieb verwirklicht werden soll. Die Darlegungslast dafür, dass das Organisationskonzept die Arbeitszeitregelung bedingt, liegt beim Arbeitgeber.[221] Die Richtigkeit seines Vortrags ist arbeitsgerichtlich voll überprüfbar. Die dem Organisationskonzept zugrunde liegende unternehmerische Aufgabenstellung und die daraus abgeleiteten organisatorischen Entscheidungen sind jedoch hinzunehmen, soweit sie nicht willkürlich sind. Voll überprüfbar ist dagegen, ob das vorgetragene Konzept auch tatsächlich im Betrieb durchgeführt wird. Die Darlegung des Arbeitgebers, seine Arbeitsabläufe „bestmöglich" und „effektiv" gestalten zu wollen, ist zu allgemein, um ein von den Gerichten für Arbeitssachen nur auf Willkür überprüfbares Organisationskonzept darstellen zu können.[222] **120**

bb) Auf einer **zweiten Stufe** ist zu prüfen, inwieweit die Arbeitszeitregelung dem Arbeitszeitverlangen des Arbeitnehmers tatsächlich entgegensteht. Dabei ist auch der Frage nachzugehen, ob durch eine dem Arbeitgeber zumutbare Änderung von betrieblichen Abläufen oder des Personaleinsatzes der betrieblich als erforderlich angesehene Arbeitszeitbedarf unter Wahrung des **121**

---

214 BAG 9. 12. 2003 AP 8 zu § 8 TzBfG = NZA 2004, 921.

215 BAG 15. 8. 2006 AP 16 zu § 8 TzBfG = NZA 2007, 259; 18. 5. 2004 AP 3 zu AVR Caritasverband Anlage 5 = NZA 2005, 108.

216 Ebenso *Flatten/Coeppicus* ZIP 2001, 1477, 1479; *Hromadka* NJW 2001, 400, 402; *Kliemt* NZA 2001, 63, 65; *Preis/Gotthardt* DB 2001, 145, 148; *Rolfs* RdA 2001, 129, 136.

217 *Preis/Gotthardt* DB 2001, 145, 148.

218 Dazu *Bayreuther* DB 2004, 1726, 1728; *Rolfs* RdA 2001, 129, 132.

219 BAG 21. 6. 2005 AP 14 zu § 8 TzBfG = NZA 2006, 316; 18. 2. 2003 AP 2 zu § 8 TzBfG = NZA 2003, 1392.

220 BAG 9. 12. 2003 AP 8 zu § 8 TzBfG = NZA 2004, 921; 18. 2. 2003 AP 2 zu § 8 TzBfG = NZA 2003, 1392; 15. 8. 2006 AP 16 zu § 8 TzBfG = NZA 2007, 259; 16. 10. 2007 AP 23 zu § 8 TzBfG = NZA 2008, 289.

221 BAG 8. 5. 2007 AP 21 zu § 8 TzBfG.

222 BAG 18. 5. 2004 AP 3 zu AVR Caritasverband Anlage 5 = NZA 2005, 108.

Organisationskonzepts mit dem individuellen Arbeitszeitwunsch des Arbeitnehmers zur Deckung gebracht werden kann. Insoweit ist auch zu berücksichtigen, dass dann, wenn der Arbeitnehmer keinen besonderen Wunsch zur Verteilung der Arbeitszeit äußert (§ 8 II 2 TzBfG), dies gem. § 106 Satz 1 GewO im Direktionsrecht des Arbeitgebers verbleibt. Etwaige entgegenstehende betriebliche Gründe dürfen deshalb auch nicht durch eine andere Verteilung der Arbeitszeit zwischen den Arbeitnehmern ausgeräumt werden können.[223]

122 **cc)** Ergibt sich, dass das Arbeitszeitverlangen des Arbeitnehmers nicht mit dem organisatorischen Konzept und der daraus folgenden Arbeitszeitregelung in Übereinstimmung gebracht werden kann, ist auf einer **dritten Stufe** das Gewicht der entgegenstehenden betrieblichen Belange zu prüfen: Werden durch die vom Arbeitnehmer gewünschte Abweichung die in § 8 IV 2 TzBfG genannten besonderen betrieblichen Belange oder das betriebliche Organisationskonzept und die ihm zugrunde liegende unternehmerische Aufgabenstellung wesentlich beeinträchtigt?

123 **c)** Bei der Anwendung dieser Prüfungsschritte auf einzelne Sachverhalte zeigt sich oftmals, dass das BAG **in Wahrheit dringende betriebliche Gründe** als Ablehnungsgründe fordert. So hat der Neunte Senat angenommen, in der Entscheidung eines Teppichhauses, so weit wie möglich sicherzustellen, dass Kunden jeweils nur einen Verkäufer als Ansprechpartner haben, sei zwar ein nachvollziehbares servicefreundliches Organisationskonzept zu sehen. Da dieses Ziel jedoch unter Berücksichtigung der Ladenöffnungszeiten von 60 Stunden in der Woche auch bei Einsatz aller Arbeitnehmer in Vollzeit nicht erreichbar sei und das Unternehmen ohnehin Vorkehrungen für den Fall treffen müsse, dass der Kunde den Verkäufer nicht antreffe, an den er sich ursprünglich gewandt hatte, werde das betriebliche Organisationskonzept bei einer Arbeitszeitverkürzung von 37,5 auf 25 Stunden nicht wesentlich beeinträchtigt.[224] Dadurch wird jedoch entgegen der Auffassung des BAG wesentlich in die Organisationsstruktur eingegriffen, da sich durch die Reduzierung der Arbeitszeit um etwa 30% die Möglichkeiten zur Umsetzung des Organisationskonzepts ganz erheblich verschlechtern.[225]

124 Zum Bereich der freien Geschäftspolitik gehört im Bereich der Akquisition die Entscheidung über den **zeitlichen und räumlichen Umfang des Außendienstes.** Hat ein Außendienstmitarbeiter sein Tätigkeitsgebiet bislang in 37,5 Stunden je Woche betreut, muss der Arbeitgeber es nicht hinnehmen, dass der Arbeitnehmer künftig in 30 Wochenstunden die Kundenbetreuung erledigt, indem er seine Arbeitsleistung verdichtet und außerhalb seiner Arbeitszeit seinen Kunden zur Verfügung steht. Die Erledigung der Aufgaben in der verringerten Arbeitszeit kann zwangsläufig nur durch eine weniger intensive Betreuung der Kunden oder durch eine Betreuung außerhalb der vereinbarten Arbeitszeit – also mittels Überstunden – erreicht werden. Beides ist dem Arbeitgeber nicht zuzumuten.[226] Sofern die Einstellung einer Teilzeitersatzkraft zur Sicherstellung der infolge der Arbeitszeitverringerung ausfallenden Kundenbetreuung in Betracht kommt, ist zu prüfen, ob hierdurch unverhältnismäßige Kosten entstehen (dazu RN 136 ff.).

125 **d)** Der Arbeitgeber ist nicht verpflichtet, Teilzeitwünsche durch die Anordnung von **Mehrarbeit für andere Arbeitnehmer** auszugleichen.[227] Hierzu wird er in den meisten Fällen bereits aus Rechtsgründen schon gar nicht in der Lage sein, wenn die Arbeitszeitdauer vertraglich vereinbart ist. Auf die Inanspruchnahme von **Leiharbeitnehmern** oder Subunternehmen muss sich der Arbeitgeber nicht verweisen lassen.[228] Denn der Entschluss, den Arbeitsablauf mit oder ohne Leiharbeitnehmer zu organisieren, gehört in den Bereich der freien unternehmerischen Entscheidung.[229] Dem entspricht die Rechtsprechung des BAG mit der Einschränkung, dass der Verweis auf Leiharbeit in Betracht komme, wenn der Arbeitgeber auf sie ohnehin als übliche Maßnahme zurückgreife.[230]

126 Dem Teilzeitverlangen stehen in **Schichtsystemen** in der Regel betriebliche Gründe entgegen, weil dort Teilzeit in der Form einer verringerten Arbeitszeit an einem Tag nicht möglich ist (zur Bedeutung von Betriebsvereinbarungen RN 131). Gleiches gilt bei Reisetätigkeiten als

---

[223] BAG 8. 5. 2007 AP 21 zu § 8 TzBfG.
[224] BAG 30. 9. 2003 AP 5 zu § 8 TzBfG = NZA 2004, 382.
[225] Ebenso *Bayreuther* DB 2004, 1726, 1727.
[226] BAG 21. 6. 2005 AP 14 zu § 8 TzBfG = NZA 2006, 316.
[227] BAG 9. 12. 2003 AP 8 zu § 8 TzBfG = NZA 2004, 921.
[228] Ebenso Annuß/Thüsing/*Mengel* § 8 RN 159; *Boewer* § 8 RN 196 ff.; *Hromadka* NJW 2001, 401, 402; *Meinel/Heyn/Herms* § 8 RN 74; *Pelzner/Scheddler/Widlack* Flexibilität im Arbeitsverhältnis 2001, 48; ErfK/*Preis* § 8 TzBfG RN 37; a. A. KDZ/*Zwanziger* § 8 TzBfG RN 29.
[229] Vgl. *Beckschulze* DB 2000, 2598, 2599; *Richardi/Annuß* BB 2000, 2201, 2202.
[230] BAG 9. 12. 2003 AP 8 zu § 8 TzBfG = NZA 2004, 921.

Fernfahrer oder **Flugbegleiter.** Hier kann allerdings je nach vertraglicher Arbeitszeitregelung eine Verringerung der Arbeitszeit in Betracht kommen, wenn nicht die tägliche Arbeitszeit betroffen ist, sondern einzelne Tage arbeitsfrei sein sollen.[231]

Eine Luftfahrtgesellschaft kann die Verringerung auf eine **Arbeitszeit von 25% der Arbeitszeit eines Vollzeitbeschäftigten** aus betrieblichen Gründen berechtigt ablehnen, wenn der Arbeitnehmer dann wegen seines Arbeitsvolumens nicht mehr auf allen Umlaufketten planbar ist. Dieses Arbeitszeitmodell führt bei den anderen Besatzungsmitgliedern mit einer Arbeitszeit zwischen 50% und 100% zu Mehrbelastungen, weil sie häufiger Sechs-Tages-Ketten zu fliegen haben. Dem steht eine Praxis des Arbeitgebers nicht entgegen, nach der die gewünschte Arbeitszeit von 25% der regelmäßigen Arbeitszeit Flugbegleitern in Elternzeit bzw. in Härtefällen eingeräumt wird. Denn nach der Konzeption des gesetzlichen Verringerungsanspruchs aus § 8 TzBfG kommt es nicht auf das Gewicht der vom Arbeitnehmer für seinen Verringerungswunsch geltend gemachten Gründe an.[232] **126a**

Ein Organisationskonzept, das in einem **Schichtbetrieb** jeder Schicht regelmäßig **zwei Betriebselektriker** zuordnet, kann auch nach Auffassung des BAG einem Teilzeitverlangen eines Betriebselektrikers in diesem Betrieb entgegenstehen. Ein solches Konzept ist nicht willkürlich. Würde eine Schicht planmäßig nur mit einem Betriebselektriker besetzt, könnte bei kurzfristigen Ausfällen nicht mehr sichergestellt werden, dass in der betreffenden Schicht überhaupt ein Betriebselektriker arbeitet. Unerheblich ist, wenn der Arbeitgeber wegen Urlaub, Krankheit oder sonstigen Abwesenheitsgründen von der Doppelbesetzung abweicht. Hierbei handelt es sich um äußere Umstände, die vom Arbeitgeber regelmäßig nicht beeinflusst werden können.[233] **127**

Die Entscheidung einer **Bank, im Interesse der Kundennähe** in Zukunft auf allen Arbeitsplätzen mit Kundenkontakt den Teilzeitbegehren der Mitarbeiter nicht mehr stattzugeben, stellt für sich allein keinen dem Antrag auf Verringerung der Arbeitszeit entgegenstehenden „betrieblichen Grund" dar. Es bedarf vielmehr in einem solchen Fall zusätzlicher Erläuterungen des Arbeitgebers, warum diese Organisationsentscheidung nicht unsachlich, unvernünftig oder willkürlich ist. Der Arbeitgeber muss eine stimmige, plausible und damit nachvollziehbare Begründung dafür geben, dass in bestimmten Betriebsbereichen bzw. im gesamten Betrieb ausschließlich Vollzeitkräfte beschäftigt werden sollen. Der Wunsch der Bank, die Kundenbeziehung zu intensivieren, ist zwar eine gerichtlich nicht überprüfbare und daher anzuerkennende Motivation. Diese Motivation begründet aber noch nicht schlüssig den Ausschluss von Teilzeitarbeit in allen Abteilungen und auf allen Arbeitsplätzen einer Bank.[234] Dies gilt erst recht, wenn nach dem Organisationskonzept für Kassenarbeitsplätze nur die Regel einer Vollzeitbeschäftigung vorgesehen ist, also bereits nach dem Organisationskonzept der Bank Ausnahmen zugelassen sind.[235] **128**

Der Träger eines **Kindergartens** ist berechtigt, den Arbeitszeitwunsch einer Erzieherin abzulehnen, wenn die Verringerung der Arbeitszeit oder deren Verteilung dem pädagogischen Konzept des Trägers entgegensteht und sich die Vereinbarkeit auch nicht durch zumutbare Maßnahmen des Arbeitgebers herstellen lässt.[236] Entsprechendes gilt, wenn nach dem bestehenden pädagogischen Konzept den besonderen Bedürfnissen der anvertrauten **behinderten Kinder** Rechnung getragen wird und dies den Vorgaben der zuständigen Aufsichtsbehörde entspricht. Ist es danach im Interesse einer kontinuierlichen Betreuung der Kinder erforderlich, dass die für die Arbeit in den Gruppen verantwortlichen Gruppenleiterinnen während der täglichen Öffnungszeiten des Kindergartens anwesend sind, steht dies einem Teilzeitverlangen einer Erzieherin entgegen.[237] Zu einem zu respektierenden pädagogische Konzept, das der Arbeitgeber für eine von ihm unterhaltene Einrichtung der Kinder- und Jugendhilfe (§ 34 SGB VIII) aufgestellt hat und auch in der Praxis durchführt, kann auch die Zielsetzung gehören, im Interesse der Beziehungsfähigkeit des Kindes/Jugendlichen den Kreis der Erzieher möglichst klein zu halten, und deshalb ausschließlich vollzeitbeschäftigte Erzieher zu beschäftigen (Mentorenprinzip/Erzieherbezugssystem). Es bleibt dann allerdings nach Auffassung des BAG zu prüfen, ob unter den in der Einrichtung bestehenden Bedingungen die Umsetzung des Konzepts das Arbeitszeitmodell **129**

---

231 Vgl. *Beckschulze* DB 2000, 2598, 2602.
232 BAG 15. 8. 2006 AP 16 zu § 8 TzBfG = NZA 2007, 259.
233 BAG 14. 10. 2003 AP 6 zu § 8 TzBfG = NZA 2004, 975.
234 LAG Köln 3. 2. 2006 NZA-RR 2006, 343.
235 BAG 16. 10. 2007 AP 23 zu § 8 TzBfG = NZA 2008, 289.
236 BAG 18. 3. 2003 AP 3 zu § 4 TzBfG; zust. *Wendeling-Schröder* Anm. zu BAG AP 3 zu § 8 TzBfG.
237 BAG 19. 8. 2003 AP 4 zu § 8 TzBfG.

„ausschließlich Vollzeitbeschäftigung" erfordert. Diese wertende Beurteilung der tatsächlichen Möglichkeiten ist vorrangig den Tatsachengerichten vorbehalten.[238]

130 Die Entscheidung des Trägers einer **Werkstatt für behinderte Menschen,** die Stellen von Gruppenleitern, die über eine handwerkliche Ausbildung und pädagogische Zusatzausbildung verfügen müssen, nur mit Vollzeitbeschäftigten zu besetzen, kann dem Teilzeitverlangen eines Gruppenleiters (hier: Verringerung der Arbeitszeit auf $^3/_5$; und Verteilung von Montag bis Mittwoch) entgegenstehen.[239]

131 **Betriebsvereinbarungen über die Verteilung der Arbeitszeit** (§ 87 I Nr. 2 BetrVG) können als betrieblicher Grund dem Arbeitszeitwunsch des Arbeitnehmers entgegenstehen.[240] Vom Arbeitgeber kann nicht verlangt werden, dass er sich betriebsverfassungswidrig verhält. Erfasst werden Betriebsvereinbarungen, in denen Beginn und Ende der täglichen Arbeitszeit, Pausen oder die Verteilung der Arbeitszeit auf die einzelnen Wochentage geregelt sind. Vorausgesetzt ist, dass sich der persönliche Geltungsbereich der Arbeitszeitbestimmungen auf den antragstellenden Arbeitnehmer erstreckt. Das ist nach Auffassung des BAG nicht der Fall, wenn sich die veränderte Arbeitszeit des Antragstellers auf die Arbeitszeiten oder Arbeitsbedingungen der anderen im Betrieb beschäftigten Arbeitnehmer nicht auswirkt.[241] Ob auch eine freiwillige Betriebsvereinbarung dem Teilzeitwunsch eines Arbeitnehmers entgegenstehen kann, hat das BAG bislang offen gelassen, dürfte jedoch zu bejahen sein.[242]

132 **4. Unverhältnismäßige Kosten.** Der Arbeitgeber kann den Teilzeitwunsch des Arbeitnehmers ablehnen, wenn hierdurch unverhältnismäßige Kosten entstehen. Diese können sich für den Arbeitgeber durch die im Einzelfall erforderlichen **Anschaffungen für die Einrichtung eines weiteren Arbeitsplatzes** ergeben.[243] Unerheblich sind dagegen die durch die Einstellung eines weiteren Arbeitnehmers entstehenden höheren Verwaltungskosten und die sich in Bezug auf die Betriebsratsgröße usw. ergebenden betriebsverfassungsrechtlichen Folgen.[244]

133 Die notwendige **Einarbeitung und Fortbildung einer Ersatzkraft** zur Abdeckung des infolge der Verringerung der Arbeitszeit entstehenden Arbeitskräftebedarfs erfordert in der Regel denselben Stundenaufwand wie die Einarbeitung und Fortbildung einer Vollzeitkraft. Will ein Pharmaunternehmen allen Außendienstmitarbeitern im Wege der betrieblichen Weiterbildung das für die Tätigkeit eines Pharmareferenten erforderliche Fachwissen vermitteln, muss die Weiterbildung einer Teilzeitkraft im selben zeitlichen und qualitativen Umfang erfolgen wie bei einer Vollzeitkraft. Der Arbeitgeber hat regelmäßig ein berechtigtes Interesse an einem einheitlichen Ausbildungsstand sämtlicher von ihm beschäftigten Außendienstmitarbeiter. Nur so kann er eine qualifizierte Kundenbetreuung gewährleisten. Befindet sich eine Ersatzkraft, die das infolge der Verringerung abzudeckende Fünftel der Arbeitszeit leisten würde (7,5 von 37,5 Stunden pro Woche), zu mehr als 40% ihrer Arbeitszeit auf notwendigen Fortbildungsveranstaltungen, während bei einer Vollzeitkraft der Anteil der Fortbildungsveranstaltungen weniger als 9% beträgt, ist die Diskrepanz zwischen Personalkostenaufwand und Wertschöpfung offensichtlich unverhältnismäßig.[245]

134 **5. Teilzeitwünsche mehrerer Arbeitnehmer.** Diese können entgegenstehende betriebliche Gründe begründen, wenn der Arbeitgeber darlegen kann, dass ihm gerade durch die Mehrzahl der Teilzeitwünsche organisatorisch oder finanziell unverhältnismäßige Belastungen entstehen.[246] Der bloße Hinweis auf eine bestimmte **Quote** genügt allerdings nicht, der Arbeitgeber hat die Mehrkosten bzw. organisatorischen Probleme vielmehr näher darzulegen (zu Quoten in Tarifverträgen RN 143).[247] Ein Rückgriff auf § 3 I Nr. 3 ATG und die dortige 5%-Quote scheidet aus, weil mit der Altersteilzeit für den Arbeitgeber weitaus höhere Kosten als mit einer Teilzeitbeschäftigung nach dem TzBfG verbunden sind.[248] Schöpft der Arbeitgeber eine tarif-

[238] BAG 16. 10. 2007 AP 22 zu § 8 TzBfG = NZA-RR 2008, 210.
[239] LAG Rheinland-Pfalz 30. 1. 2003 – 4 Sa 1106/02.
[240] BAG 18. 2. 2003 AP 1 zu § 8 TzBfG = NZA 2003, 911.
[241] BAG 16. 3. 2004 AP 10 zu § 8 TzBfG = NZA 2004, 1047.
[242] BAG 24. 6. 2008 NZA 2008, 1309; 15. 8. 2006 AP 16 zu § 8 TzBfG = NZA 2007, 259.
[243] *Meinel/Heyn/Herms* § 8 RN 70; *Lindemann/Simon* BB 2001, 146, 149.
[244] LAG Köln 15. 3. 2006 NZA-RR 2006, 515; ebenso *Beckschulze* DB 2000, 2598, 2602; *Boewer* § 8 RN 182; *Meinel/Heyn/Herms* § 8 RN 72.
[245] BAG 21. 6. 2005 AP 14 zu § 8 TzBfG = NZA 2006, 316.
[246] Vgl. Annuß/Thüsing/*Mengel* § 8 RN 163; *Boewer* § 8 RN 203; *Meinel/Heyn/Herms* § 8 RN 69; einschränkend ErfK/*Preis* § 8 TzBfG RN 32.
[247] MünchKommBGB/*Müller*-Glöge § 8 TzBfG RN 30.
[248] ErfK/*Preis* § 8 TzBfG RN 32; wohl auch Annuß/Thüsing/*Mengel* § 8 RN 163.

liche Härtefallquote nicht vollständig aus, kann das auf die fehlende wesentliche Beeinträchtigung betrieblicher Belange hindeuten. Ein derartiges Indiz kann der Arbeitgeber mit dem Vortrag negativer Auswirkungen der verringerten Arbeitszeit auf das tarifliche Arbeitszeitsystem entkräften.[249]

Mehrere Teilzeitwünsche hat der Arbeitgeber nach der Reihenfolge der Antragstellung zu bescheiden. Nur dann, wenn zeitgleich mehrere Anträge gestellt werden und der Arbeitgeber darlegen kann, dass er aus betrieblichen Gründen nur einzelnen Anträgen stattgeben kann, hat er die Arbeitnehmer nach deren Gründen für die verlangte Verringerung der Arbeitszeit zu fragen, um unter den Antragstellern nach Maßgabe von § 315 BGB eine Auswahl nach billigem Ermessen vornehmen zu können.[250] **135**

6. Einstellung einer Ersatzkraft. a) Nach der Gesetzesbegründung ist der Einwand des Arbeitgebers, er finde **keine geeignete zusätzliche Arbeitskraft,** beachtlich, wenn der Arbeitgeber nachweist, dass eine dem Berufsbild des Arbeitnehmers, der seine Arbeitszeit verringern will, entsprechende zusätzliche Arbeitskraft auf dem für ihn maßgeblichen Arbeitsmarkt nicht zu finden ist.[251] Es ist bedauerlich, dass dieser Teil der Gesetzesbegründung nicht in das Gesetz aufgenommen worden ist. Denn dieser Ablehnungsgrund spielt bei der Prüfung der Teilzeitwünsche von Fachkräften eine große Rolle.[252] Berücksichtigt man, dass Umfragen zufolge gerade nicht die Halbtagsbeschäftigung, sondern eine Teilzeitbeschäftigung im Umfang von etwa 2/3 bis 3/4 der regelmäßigen Arbeitszeit Vollzeitbeschäftigter angestrebt wird, steht der Arbeitgeber vor dem Problem, das verbleibende Drittel oder Viertel der regelmäßigen Arbeitszeit aufzufüllen (dazu auch RN 133). Das sind je nach Arbeitszeit etwa sieben bis zehn Stunden in der Woche. Dass dies äußerst schwierig sein wird, weil es häufig nicht genügend qualifizierte Fachkräfte gibt, die in diesem zeitlichen Umfang arbeiten wollen, liegt auf der Hand. **136**

b) Geeignet ist eine Ersatzkraft, die in der Lage ist, die anfallenden Arbeitsaufgaben nach Einweisung in den Arbeitsplatz zu erledigen. Die Eignung ist am Anforderungsprofil der jeweiligen Stelle zu messen. Bei der Bestimmung des **Anforderungsprofils** für die zu besetzende Stelle hat sich der Arbeitgeber an den bisherigen Anforderungen zu orientieren.[253] Der Arbeitgeber darf an die Ersatzkraft grundsätzlich keine anderen Anforderungen stellen als an den jeweiligen Inhaber der Stelle.[254] **137**

Der Arbeitgeber hat zum Nachweis des Fehlens geeigneter Ersatzkräfte seine Anstrengungen bei der Suche eines Arbeitnehmers darzulegen und ggf. zu beweisen. Hierzu bedarf es regelmäßig einer Nachfrage bei der **Agentur für Arbeit** sowie einer **innerbetrieblichen Stellenausschreibung.**[255] In der Regel wird zum Nachweis des Fehlens geeigneter Ersatzkräfte auch eine Stellenanzeige in der **lokalen Tageszeitung** erforderlich sein.[256] Soweit hiergegen eingewandt wird, dies sei wegen der dem Arbeitgeber für seine Entscheidung zur Verfügung stehenden Frist von zwei Monaten nicht erforderlich, wird nicht genügend beachtet, dass der zeitliche Aufwand für eine Stellenanzeige in der Lokalpresse kaum über den einer Nachfrage bei der Agentur für Arbeit hinausgeht. Die allgemeine Arbeitsmarktsituation ist unerheblich,[257] weil ihr nicht zu entnehmen ist, ob und inwieweit im Einzelfall Ersatzkräfte zu erlangen sind. Denn hierbei kommt es neben den fachlichen Anforderungen an den Bewerber auch darauf an, ob es Arbeitssuchende gibt, die bereit sind, die konkrete Arbeitszeitdauer zu den frei gewordenen Zeiten zu arbeiten. Der Hinweis des Arbeitgebers auf Schwierigkeiten bei der Stellenbesetzung in der Vergangenheit genügt für sich allein nicht.[258] **138**

c) In Bezug auf die Eignung eines Bewerbers steht dem Arbeitgeber ein weitgehender **Beurteilungsspielraum** zu.[259] Es geht bei der Einstellung einer Ersatzkraft nicht nur um die Prüfung objektiver Eignungsvoraussetzungen, sondern auch um die subjektive Eignung. Die Ableh- **139**

---

249 BAG 13. 11. 2007 AP 25 zu § 8 TzBfG = NZA 2008, 314.
250 Vgl. TZA/*Buschmann* § 4 TzBfG RN 31 b.
251 BT-Drucks. 14/4374 S. 17.
252 Vgl. BAG 14. 10. 2003 AP 6 zu § 8 TzBfG = NZA 2004, 975.
253 BAG 14. 10. 2003 AP 6 zu § 8 TzBfG = NZA 2004, 975.
254 Annuß/Thüsing/*Mengel* § 8 RN 160; ErfK/*Preis* § 8 TzBfG RN 36.
255 MünchKommBGB/*Müller-Glöge* § 8 TzBfG RN 32; ErfK/*Preis* § 8 TzBfG RN 35.
256 Vgl. *Boewer* § 8 RN 191 f.; *Meinel/Heyn/Herms* § 8 RN 76.
257 A. A. KDZ/*Zwanziger* KSchR § 8 TzBfG RN 28.
258 Ebenso ArbG Mönchengladbach 30. 5. 2001 EzA 1 zu § 8 TzBfG; *Beckschulze* DB 2000, 2598, 2599; Annuß/Thüsing/*Mengel* § 8 RN 160.
259 Annuß/Thüsing/*Mengel* § 8 RN 161; MünchKommBGB/*Müller-Glöge* § 8 TzBfG RN 33; ErfK/*Preis* § 8 TzBfG RN 36; ähnlich *Rolfs* § 8 RN 33.

nung von Bewerbern darf allerdings nicht missbräuchlich erfolgen, um den Teilzeitwunsch des Arbeitnehmers zu unterlaufen.[260] Um dies überprüfen zu können, hat der Arbeitgeber die Ablehnungsgründe im Streitfall plausibel darzulegen.[261]

140 **d)** Dem Teilzeitverlangen des Arbeitnehmers kann der Arbeitgeber entgegenhalten, durch den Einsatz einer erforderlichen Ersatzkraft entstünden **unverhältnismäßige zusätzliche Kosten** (dazu auch RN 133). Ins Verhältnis zu setzen sind die Kosten, die üblicherweise mit dem eingerichteten Arbeitsplatz verbunden sind, mit denjenigen, die bei einer Arbeitsplatzteilung anfallen.[262] Unverhältnismäßig können beispielsweise die Kosten für die laufende Fortbildung sein. Dagegen kann der Arbeitnehmer nicht erfolgreich einwenden, die Einstellung einer Ersatzkraft erübrige sich, weil er durch Arbeitsverdichtung oder Arbeitsbereitschaft außerhalb der vereinbarten Arbeitszeit das bisherige Arbeitspensum auch in der verkürzten Arbeitszeit erledigen könne.[263] Nach Auffassung des BAG haben die Kosten, die mit der Personalverwaltung zusammenhängen, außer Ansatz zu bleiben.[264] Sollen Einarbeitungskosten als „unverhältnismäßig" beurteilt werden, bedarf es hierzu eines konkreten Sachvortrags des Arbeitgebers.

141 **e) Verweigert der Betriebsrat nach § 99 III BetrVG die Zustimmung** zur Einstellung der Ersatzkraft, liegt ein betrieblicher Grund zur Ablehnung des Teilzeitverlangens vor. Die Durchführung eines Zustimmungsersetzungsverfahrens nach § 99 IV BetrVG verbunden mit einer vorläufigen Einstellung gemäß § 100 BetrVG ist dem Arbeitgeber wegen der Prozessrisiken nicht zumutbar.[265] Für die Realisierung eines Teilzeitwunschs können keine höheren Anforderungen gelten als bei einer Versetzung zur Vermeidung einer krankheitsbedingten Kündigung.[266]

142 **f)** Die Aufzählung der entgegenstehenden betrieblichen Gründe in § 8 IV 2 TzBfG ist **nicht abschließend.**[267] Dem Teilzeitwunsch eines Arbeitnehmers können beispielsweise auch **künstlerische Belange** entgegenstehen.[268] Art. 5 III 1 GG schützt auch die künstlerischen Vorstellungen. Es können deshalb auch subjektive künstlerische Gesichtspunkte dem Teilzeitwunsch entgegenstehen.

143 **7. Tarifvertragliche Überforderungsklauseln.** Nach § 8 IV 3 TzBfG können die Ablehnungsgründe in einem Tarifvertrag festgelegt werden. Die tarifliche Festlegung kann auch in einem Haustarifvertrag erfolgen. Den Tarifvertragsparteien steht eine **Konkretisierungsbefugnis** zu. So kann ein Tarifvertrag in einer Überforderungsklausel bestimmen, wie viele Stellen mit in Teilzeit beschäftigten Arbeitnehmern zu besetzen sind.[269] Den **Betriebspartnern** ist diese Möglichkeit nicht eröffnet.[270] Eine tarifliche Härtefallquote für einen Teilzeitanspruch, die persönliche Umstände, wie z.B. die Betreuung pflegebedürftiger Angehöriger berücksichtigt, ist nach Auffassung des BAG keine tarifliche Konkretisierung der dem Verringerungsanspruch entgegenstehenden betrieblichen Gründe im Sinne der Überforderungsquote nach § 8 IV 3 TzBfG.[271] Im Hinblick auf § 22 TzBfG können Tarifvorschriften die Ablehnungsgründe nicht erweitern.

XI. Ablehnung des Wunsches nach Verringerung der Arbeitszeit

144 **1. Schriftform.** Kommt zwischen Arbeitgeber und Arbeitnehmer eine Einigung über die Verringerung der Arbeitszeit nicht zustande, hat der Arbeitgeber spätestens einen Monat vor dem gewünschten Termin den Wunsch des Arbeitnehmers **schriftlich (§ 126 BGB) abzulehnen.** Textform i. S. v. § 126 b BGB ist nicht ausreichend, weil das TzBfG dies nicht vorsieht.[272] Maßgebend für die Fristwahrung ist der Zugang der schriftlichen Ablehnungserklärung beim Arbeitnehmer. Eine Begründung der Ablehnung ist anders als nach § 15 VII 2 BEEG nicht

---

[260] Enger KDZ/*Zwanziger* KSchR § 8 TzBfG RN 28.
[261] Annuß/Thüsing/*Mengel* § 8 RN 161; *Meinel/Heyn/Herms* TzBfG § 8 RN 77.
[262] BAG 23. 11. 2004 AP 9 zu § 8 TzBfG = NZA 2005, 769.
[263] BAG 21. 6. 2005 AP 14 zu § 8 TzBfG NZA 2006, 316.
[264] BAG 23. 11. 2004 AP 9 zu § 8 TzBfG = NZA 2005, 769.
[265] Ebenso *Boewer* § 8 RN 195; *Laux*/Schlachter § 8 RN 158; *Meinel/Heyn/Herms* § 8 RN 77; MünchKommBGB/*Müller-Glöge* § 8 TzBfG RN 34.
[266] Dazu BAG 29. 1. 1997 AP 32 zu § 1 KSchG 1969 Krankheit = NZA 97, 709.
[267] Annuß/Thüsing/*Mengel* § 8 RN 158; MünchKommBGB/*Müller-Glöge* § 8 TzBfG RN 31; ErfK/*Preis* § 8 TzBfG RN 33.
[268] BAG 27. 4. 2004 AP 12 zu § 8 TzBfG = NZA 2004, 1225.
[269] BAG 21. 11. 2006 BB 2007, 1001; 27. 4. 2004 AP 12 zu § 8 TzBfG = NZA 2004, 1225.
[270] BAG 24. 6. 2008 NZA 2008, 1309.
[271] BAG 13. 11. 2007 AP 25 zu § 8 TzBfG = NZA 2008, 314.
[272] MünchKommBGB/*Müller-Glöge* § 8 TzBfG RN 22; *Sievers* § 8 RN 110; KDZ/*Zwanziger* § 8 TzBfG RN 42; a. A. ErfK/*Preis* § 8 TzBfG RN 17.

erforderlich.[273] An gleichwohl mitgeteilte Ablehnungsgründe ist der Arbeitgeber in einem späteren Prozess nicht gebunden, er kann dort auch neue Gründe vortragen.[274] Eine mündliche Ablehnung ist gem. § 125 Satz 1 BGB nichtig.[275]

2. Rechtsfolgen verfristeter oder verspäteter Ablehnung. Erfolgt die Ablehnung nicht frist- und formgerecht, **verringert sich nach § 8 V 2 TzBfG die Arbeitszeit** in dem vom Arbeitnehmer gewünschten Umfang, sofern der Arbeitnehmer seinen Wunsch form- und fristgerecht geltend gemacht hat. Entsprechendes gilt, wenn der Arbeitgeber die vom Arbeitnehmer geäußerten Wünsche zur Verteilung der Arbeitszeit nicht spätestens einen Monat vor dem gewünschten Termin schriftlich ablehnt (§ 8 V 3 TzBfG). **145**

Hat der Arbeitnehmer **keinen Wunsch zur Verteilung der Arbeitszeit** geäußert, beschränkt sich die Fiktion auf die Verringerung der Arbeitszeit nach Maßgabe des § 8 V 2 TzBfG. Der Arbeitgeber hat dann gem. § 106 GewO nach billigem Ermessen die Arbeitszeit einseitig festzulegen.[276] **146**

3. Nachträgliche Änderung der Verteilung der Arbeitszeit. Der Arbeitgeber kann nach § 8 IV 4 TzBfG im Wege des Weisungsrechts **nachträglich die Verteilung der Arbeitszeit ändern,** wenn das betriebliche Interesse daran das Interesse des Arbeitnehmers an der Beibehaltung erheblich überwiegt und der Arbeitgeber die Änderung spätestens einen Monat vorher ankündigt. Diese Bestimmung ist allerdings nicht anzuwenden, wenn zu Beginn eines Arbeitsverhältnisses oder in seinem Verlauf eine bestimmte Lage der Arbeitszeit vereinbart wird, ohne dass eine Geltendmachung iSv. § 8 II TzBfG vorausging. Das einseitige Änderungsrecht setzt voraus, dass die Verteilung der Arbeitszeit nach einem Verlangen des Arbeitnehmers einvernehmlich gemäß § 8 III 2 TzBfG oder durch Fiktion nach § 8 V 3 TzBfG festgelegt wurde. § 8 V 4 TzBfG ist ein Korrektiv für das im Rahmen des Verringerungsverlangens nach § 8 II 1 TzBfG regelmäßig zu erzielende Einvernehmen über die Verteilung der Arbeitszeit gemäß § 8 III 2 TzBfG.[277] Die Verringerung der Dauer der Arbeitszeit kann der Arbeitgeber nur im Wege der Änderungskündigung rückgängig machen. § 11 TzBfG steht dem nicht entgegen, wenn der Arbeitgeber dringende betriebliche Erfordernisse i. S. v. § 2 i. V. m. § 1 II KSchG für die Änderung der Arbeitszeit anführt. **147**

XII. Rechtsschutz des Arbeitnehmers bei Ablehnung des Antrags

1. Keine Selbsthilfe. Lehnt der Arbeitgeber die Verringerung der Arbeitszeit grundlos, aber form- und fristgerecht ab, steht dem Arbeitnehmer **kein Recht auf Selbsthilfe** bei der Durchsetzung seines Anspruchs zu. Bleibt er eigenmächtig der Arbeit fern, riskiert er eine fristlose Kündigung wie in den Fällen der Selbstbeurlaubung.[278] **148**

2. Klage auf Zustimmung. a) Im Falle der Ablehnung des Antrags auf Verringerung der Arbeitszeit hat der Arbeitnehmer **auf Zustimmung zu seinem Antrag zu klagen.** Der Kläger hat zu beantragen, „die Beklagte zu verurteilen, der Verringerung der wöchentlichen/monatlichen Arbeitszeit auf ... Stunden und der Verteilung der reduzierten Arbeitszeit auf ... zuzustimmen“. Die Klage ist auf Annahme des Angebots zur Vertragsänderung gerichtet und somit auf Abgabe einer Willenserklärung.[279] Die Zustimmung des Arbeitgebers gilt daher gemäß § 894 ZPO erst mit Rechtskraft der Entscheidung als erteilt.[280] Dies kann sich lange Zeit hinziehen, wenn der Rechtsstreit über mehrere Instanzen geführt wird. Deshalb ist es für das Bestimmtheitsgebot des § 253 II Nr. 2 ZPO nicht erforderlich, dass im Klageantrag der gewünschte Beginn der Verringerung der Arbeitszeit genannt ist.[281] Nach Auffassung des BAG ist **149**

---

[273] Vgl. Annuß/Thüsing/*Mengel* § 8 RN 115; *Boewer* § 8 RN 263; KDZ/*Zwanziger* KSchR § 8 TzBfG RN 42; *Lindemann/Simon* BB 2001, 146, 149; *Meinel/Heyn/Herms* § 8 RN 88; MünchKommBGB/*Müller-Glöge* § 8 TzBfG RN 21; ErfK/*Preis* § 8 TzBfG RN 16; *Rolfs* § 8 RN 30; a. A. TZA-*Buschmann* § 4 TzBfG RN 39.

[274] ErfK/*Preis* § 8 TzBfG RN 16.

[275] BAG 18. 5. 2004 AP 3 zu AVR Caritasverband Anlage 5 = NZA 2005, 108.

[276] BAG 18. 5. 2004 AP 3 zu AVR Caritasverband Anlage 5 = NZA 2005, 108.

[277] BAG 17. 7. 2007 AP 17 zu § 50 ZPO = NZA 2008, 118.

[278] Annuß/Thüsing/*Mengel* § 8 RN 178; *Boewer* § 8 RN 265; *Preis/Gotthardt* DB 2000, 2065, 2068; *Rolfs* RdA 2001, 129, 135.

[279] BAG 14. 10. 2003 AP 6 zu § 8 TzBfG = NZA 2007, 975; 19. 8. 2003 AP 4 zu § 8 TzBfG.

[280] BAG 21. 6. 2005 AP 14 zu § 8 TzBfG = NZA 2006, 316.

[281] BAG 23. 11. 2004 AP 9 zu § 8 TzBfG = NZA 2005, 769.

seit dem Inkrafttreten des § 311 a I BGB zum 1. 1. 2002 die Verurteilung zu einer rückwirkenden Verringerung der Arbeitszeit gemäß § 8 TzBfG zulässig.[282]

150 **b) Maßgeblicher Zeitpunkt für die gerichtliche Überprüfung** der Rechtmäßigkeit der Ablehnung des Teilzeitverlangens nach § 8 TzBfG ist nach Auffassung des BAG der **Zeitpunkt der Ablehnung des Antrags** durch den Arbeitgeber.[283] Hiergegen bestehen Bedenken. Dem steht entgegen, dass sich nach zivilprozessualen Grundsätzen die Schlüssigkeit einer Leistungsklage nach dem klägerischen Vorbringen im Zeitpunkt der letzten mündlichen Tatsachenverhandlung beurteilt. Eine Partei ist nicht gehindert, ihr Vorbringen im Laufe des Rechtsstreits zu ändern, insbesondere zu präzisieren, zu ergänzen oder zu berichtigen.[284] Den Regelungen des TzBfG ist nichts Abweichendes zu entnehmen.[285] Insbesondere spricht § 8 VI TzBfG nicht hiergegen.[286] Zugestimmt i. S. dieser Vorschrift hat der Arbeitgeber im Falle eines Rechtsstreits erst mit Rechtskraft des Urteils, weil dieses die fehlende Zustimmung des Arbeitgebers gemäß § 894 ZPO ersetzt.[287] Wird die Klage abgewiesen, ist die Ablehnung des Antrags zu Recht erfolgt. Die Frist des § 8 VI TzBfG beginnt in diesem Fall mit dem Zugang der Ablehnungserklärung beim Arbeitnehmer. Über den maßgeblichen Beurteilungszeitpunkt im Prozess ist § 8 VI TzBfG somit nichts zu entnehmen. Diese Bestimmung enthält lediglich eine Fristenregelung für einen neuen Antrag auf Verringerung der Arbeitszeit.

151 Die Auffassung des BAG führt im Übrigen dazu, dass ein Gericht ein **bewusst falsches Urteil** erlassen müsste, wenn sich im Laufe des Rechtsstreits die tatsächlichen Umstände verändern, also beispielsweise infolge einer Betriebsteilstilllegung vorhandene Teilzeitarbeitsplätze wegfallen, auf die sich der Kläger zunächst zutreffend berufen hat. Dem Arbeitgeber dürfte in einem solchen Fall nicht einmal eine Vollstreckungsabwehrklage (§ 767 ZPO) eröffnet sein, wenn beispielsweise die Betriebsteilstilllegung vor dem Schluss der letzten mündlichen Verhandlung erfolgt ist. Auf die Grundsätze, die zur Kündigungsschutzklage entwickelt worden sind, kann nicht zurückgegriffen werden, weil im Kündigungsschutzprozess im Rahmen einer Feststellungsklage die Rechtmäßigkeit der Ausübung eines Gestaltungsrechts überprüft wird.[288] Die Wirksamkeit dieser Rechtsgestaltung kann nur unter Berücksichtigung der Umstände festgestellt werden, die zum Zeitpunkt der Kündigung vorlagen. Die Klage auf Zustimmung zur Arbeitszeitverkürzung ist demgegenüber eine Leistungsklage, deren Gegenstand die Abgabe einer Willenserklärung ist. Es geht hier nicht um eine einseitige Rechtsgestaltung, sondern um die Annahme eines Antrags i. S. v. §§ 145 ff. BGB. Daher bleibt es bei den allgemeinen prozessualen Grundsätzen.

152 **3. Einstweilige Verfügung.** Die Möglichkeit des **einstweiligen Rechtsschutzes** scheidet grundsätzlich aus, weil hierdurch die Hauptsache vorweggenommen würde.[289] Weiterhin spricht gegen den Erlass einer einstweiligen Verfügung, dass die nach § 8 IV TzBfG erforderliche Zustimmung des Arbeitgebers zur Arbeitszeitverringerung gemäß § 894 ZPO nur durch ein rechtskräftiges Urteil ersetzt werden kann und damit einer vorläufigen Regelung entzogen ist.

153 Nur ausnahmsweise kommt aus Gründen des **effektiven Rechtsschutzes** der Erlass einer einstweilige Verfügung in Form einer Regelungsverfügung (§ 940 ZPO) in Betracht.[290] Voraussetzung hierfür ist, dass ein Obsiegen des Verfügungsklägers in der Hauptsache überwiegend wahrscheinlich, die angestrebte einstweilige Regelung dringend geboten und sich ferner bei Abwägung der beiderseitigen Interessen ergibt, dem Arbeitgeber sei eher als dem Arbeitnehmer

---

[282] BAG 12. 9. 2006 AP 17 zu § 8 TzBfG = NZA 2007, 253; 27. 4. 2004 AP 12 zu § 8 TzBfG = NZA 2004, 1225; ErfK/*Preis* § 8 TzBfG RN 51.

[283] BAG 23. 11. 2004 AP 9 zu § 8 TzBfG = NZA 2005, 769; 18. 2. 2003 AP 1 zu § 8 TzBfG = NZA 2003, 911; ebenso *Boewer* § 8 RN 221 ff.; *Lindemann/Simon* BB 2001, 146, 150; ErfK/*Preis* § 8 TzBfG RN 43; HWK/*Schmalenberg* § 8 TzBfG RN 56; *Thüsing* SAE 2004, 4, 6.

[284] BGH 5. 7. 1995 NJW-RR 95, 1340; 13. 8. 1997 NJW-RR 98, 712; Zöller/*Vollkommer,* ZPO 25. Aufl., § 300 RN 3.

[285] Ebenso ArbG Hannover 31. 1. 2002 NZA-RR 2002, 2294; MünchKommBGB/*Müller-Glöge* § 8 TzBfG RN 28; Annuß/Thüsing/*Mengel* § 8 RN 252; *Diller* NZA 2001, 289, 590; *Grobys/Bram* NZA 2001, 1175, 1178; *Rolfs* § 8 RN 55; zu Unrecht differenzierend *Meinel/Heyn/Herms* § 8 RN 123 f.

[286] A. A. *Boewer* § 8 RN 221.

[287] MünchKommBGB/*Müller-Glöge* § 8 TzBfG RN 40.

[288] Vgl. *v. Hoyningen-Huene/Linck* § 4 RN 24.

[289] Im Ergebnis ebenso Annuß/Thüsing/*Mengel* § 8 RN 263; *Rolfs* RdA 2001, 129, 136; a. A. TZA/*Buschmann* § 4 TzBfG RN 40 ff.; *Gotthardt* NZA 2001, 1183 ff.; *Grobys/Bram* NZA 2001, 1175, 1181; KDZ/*Zwanziger* KSchR § 8 TzBfG RN 58; mit starken Einschränkungen *Boewer* § 8 RN 288; MünchKommBGB/*Müller-Glöge* § 8 TzBfG RN 43; ErfK/*Preis* § 8 TzBfG RN 52; – ausführlich zum Streitstand *Hahn/Gassmann,* FS für Leinemann, 2006, S. 589.

[290] Vgl. dazu *Eisemann* FS Küttner S. 155; Arnold/Gräfl/*Vossen* § 8 RN 189 ff.

das Risiko zuzumuten, dass die weitere Aufklärung des Sachverhalts im Hauptsacheverfahren zu einer abweichenden Beurteilung der Rechtslage führt.[291] Der Verfügungsgrund setzt voraus, dass der Erlass der einstweiligen Verfügung zur Abwehr wesentlicher Nachteile dringend geboten ist.[292] Dies kann der Fall sein, wenn der Arbeitnehmer, ohne die beantragte Arbeitszeitverkürzung nicht in der Lage ist, die Betreuung seiner Kinder zuverlässig zu gewährleisten.[293] Er hat insoweit darzulegen und glaubhaft zu machen, dass er alle ihm zumutbaren Anstrengungen unternommen hat, die Betreuung der Kinder sicherzustellen.[294]

XIII. Neuer Antrag des Arbeitnehmers

Hat der Arbeitgeber den Antrag des Arbeitnehmers auf Verringerung der Arbeitszeit be- **154**
rechtigt abgelehnt oder hat er ihm zugestimmt, kann der Arbeitnehmer gemäß § 8 VI TzBfG **frühestens nach Ablauf von zwei Jahren eine erneute Verringerung verlangen.** Die Sperrfrist dient der Planungssicherheit des Arbeitgebers. Ein unwirksames, insbesondere unbestimmtes Verlangen löst keine Sperrfrist aus.[295] Gleiches gilt für die unberechtigte Ablehnung eines Antrags. Ob die Ablehnung berechtigt erfolgt ist, ist ggf. inzidenter im Rahmen der Prüfung eines neuen Antrags festzustellen.[296]

XIV. Mitbestimmung des Betriebsrats

Die **Verringerung der Arbeitszeit ist keine Versetzung** i. S. v. § 95 III BetrVG und un- **155**
terliegt damit nicht nach § 99 BetrVG der Zustimmung des Betriebsrats. Denn die geänderte Arbeitszeit allein hat noch nicht zur Folge, dass sich der Arbeitsbereich i. S. v. § 95 III BetrVG seiner Art nach ändert (näher dazu § 241 RN 20 ff.[297]

Die Verringerung der Arbeitszeit kann ein **Mitbestimmungsrecht des Betriebsrats nach** **156**
§ 87 I Nr. 2 BetrVG auslösen.[298] Denn durch die Verkürzung der Arbeitszeit verändern sich notwendigerweise Beginn oder Ende der täglichen Arbeitszeit. Ob eine Verringerung der Arbeitszeit nach § 87 I Nr. 2 BetrVG mitbestimmungspflichtig ist, hängt damit entscheidend von dem im Einzelfall festzustellenden **kollektiven Bezug der Arbeitszeitveränderung** ab (dazu § 235 RN 3).[299] Ein solcher wird freilich häufig vorliegen, weil die Neuverteilung der verkürzten Arbeitszeit die Interessen anderer Arbeitnehmer berührt.[300]

XV. Abweichende Tarifregelungen

Gem. § 22 I TzBfG sind Regelungen unwirksam, die vom gesetzlichen Verringerungsan- **157**
spruch des Arbeitnehmers **„abweichen“.** Erfasst werden alle Vorschriften, die den Inhalt des Anspruchs zum Nachteil des Arbeitnehmers verändern. Das ist nicht der Fall bei einer Tarifregelung, die das Ruhen des Arbeitsverhältnisses bei Erwerbsunfähigkeit anordnet. Die hiermit verbundene mittelbare Folge, dass der Anspruch aus § 8 TzBfG vorübergehend nicht durchgesetzt werden kann, unterliegt nicht dem Verbot des § 22 I TzBfG.[301]

XVI. Verlängerung der Arbeitszeit

1. Allgemeines. Nach § 9 TzBfG hat der Arbeitgeber einen teilzeitbeschäftigten Arbeit- **158**
nehmer, der ihm den Wunsch nach einer Verlängerung seiner vertraglich vereinbarten Arbeitszeit angezeigt hat, bei der Besetzung eines entsprechenden freien Arbeitsplatzes bei gleicher Eignung **bevorzugt zu berücksichtigen.** Dies gilt allerdings nicht, wenn dringende betriebliche Gründe oder Arbeitszeitwünsche anderer teilzeitbeschäftigter Arbeitnehmer entgegenste-

---

[291] LAG Hamm 6. 5. 2002 NZA-RR 2003, 178.
[292] MünchKommBGB/*Müller-Glöge* § 8 TzBfG RN 43; Staudacher/Hellmann/Hartmann/*Wenk* RN 455.
[293] LAG Hamburg 4. 9. 2006 NZA-RR 2007, 122.
[294] LAG Rheinland-Pfalz 12. 4. 2002 NZA 2002, 856, 857; 4. 1. 2006 – 9 Sa 998/05; LAG Hamburg 4. 9. 2006 NZA-RR 2007, 122.
[295] BAG 16. 10. 2007 AP 23 zu § 8 TzBfG = NZA 2008, 289.
[296] MünchKommBGB/*Müller-Glöge* § 8 TzBfG RN 41; ErfK/*Preis* § 8 TzBfG RN 48.
[297] Annuß/Thüsing/*Mengel* § 8 RN 236; *Boewer* § 8 RN 353; a. A. *Schüren* AuR 2001, 321, 325.
[298] Vgl. BAG 16. 3. 2004 AP 10 zu § 8 TzBfG = NZA 2004, 1047; 18. 2. 2003 AP 2 zu § 8 TzBfG = NZA 2003, 1392.
[299] Im Grundsatz ebenso *Preis/Gotthardt* DB 2001, 145, 149 f.; *Rolfs* RdA 2001, 129, 137.
[300] Ebenso *Richardi/Annuß* BB 2000, 2201, 2203; *Rieble/Gutzeit* NZA 2002, 7, 11.
[301] BAG 14. 10. 2003 AP 3 zu § 81 SGB IX = NZA 2004, 614.

hen. Inhaltlich richtet sich der Anspruch auf die Zustimmungspflicht des Arbeitgebers. Er hat den Antrag des Arbeitnehmers anzunehmen, soweit nicht einer der gesetzlich bestimmten Zustimmungsverweigerungsgründe vorliegt.[302]

159 **2. Anspruchsberechtigte. Alle teilzeitbeschäftigten Arbeitnehmer** und nicht nur diejenigen, die zuvor ihre Arbeitszeit nach § 8 TzBfG reduziert haben, können nach Maßgabe von § 9 TzBfG eine Verlängerung der Arbeitszeit beanspruchen.[303] Der Anspruch besteht in allen Betrieben. Eine Beschränkung auf Unternehmen mit in der Regel mehr als 15 Arbeitnehmern, wie sie § 8 VII TzBfG enthält, gibt es im Geltungsbereich von § 9 TzBfG nicht.[304] Es gibt auch keine Wartezeit und keine Veränderungssperre, wie sie in § 8 VI TzBfG enthalten ist.[305] § 9 TzBfG gilt für **befristet Beschäftigte,** sofern sie teilzeitbeschäftigt sind. Diese können für die verbleibende Vertragsdauer die Erhöhung ihrer Arbeitszeit verlangen und nach einem hinreichend bestimmten Vertragsangebot bei Vorliegen der Voraussetzungen des § 9 TzBfG auch durchsetzen.[306]

160 **3. Freier Arbeitsplatz. a)** Der Anspruch setzt voraus, dass der Arbeitgeber einen **„entsprechenden freien Arbeitsplatz"** zu besetzen hat. Dieses Erfordernis ist regelmäßig nur dann gewahrt, wenn die zu besetzende Stelle inhaltlich dem Arbeitsplatz entspricht, auf dem der antragstellende Arbeitnehmer seine vertraglich geschuldete Tätigkeit ausübt. Die angestrebte Stelle muss vergleichbar sein. Das ist zu bejahen, wenn es sich um gleiche oder zumindest ähnliche Tätigkeiten handelt. Ein entsprechender Arbeitsplatz liegt im Regelfall vor, wenn der zu besetzende Arbeitsplatz dem vertraglich vereinbarten Tätigkeitsbereich und der dafür notwendigen Eignung und Qualifikation entspricht.[307] Das ist insbesondere anzunehmen, wenn der Arbeitgeber dem Arbeitnehmer die angestrebte Tätigkeit durch Ausübung seines Direktionsrechts nach § 106 Satz 1 GewO zuweisen könnte. Der Arbeitnehmer hat i. d. R. keinen Anspruch auf **Übertragung einer höherwertigen Tätigkeit.**[308] Nach Auffassung des BAG gilt dieser Grundsatz allerdings nicht, wenn die Personalorganisation des Arbeitgebers Teilzeitarbeit lediglich auf einer niedrigeren Hierarchiestufe als der bisher eingenommenen zulasse. Der Arbeitgeber binde sich dann selbst: Die Grenze zwischen den beiden Hierarchieebenen werde durchlässig. Der Arbeitnehmer könne deshalb verlangen, dass sein Interesse bei der Besetzung einer höherwertigen freien Stelle mit längerer Arbeitszeit vorrangig berücksichtigt wird, wenn das Anforderungsprofil der früheren Tätigkeit entspreche.[309] Der Arbeitnehmer hat regelmäßig keinen gesetzlichen Anspruch darauf, dass der Arbeitgeber einzurichtende und zu besetzende Arbeitsplätze nach den Arbeitszeitwünschen des Arbeitnehmers zuschneidet oder die für einen anderen Arbeitsplatz vorgesehene Arbeitszeit ganz oder teilweise ihm zuteilt.[310]

161 **b)** Der Arbeitgeber ist nicht verpflichtet, aus Anlass des vom Arbeitnehmer geäußerten Wunschs einen **neuen Arbeitsplatz zu schaffen.**[311] Er hat auch nicht zur Schaffung eines freien Arbeitsplatzes Überstunden abzubauen.[312] Richtet der Arbeitgeber einen weiteren Teilzeitarbeitsplatz ein, kann der Arbeitnehmer nicht verlangen, dass das Arbeitszeitvolumen statt dessen seinem Arbeitsplatz zugeschlagen wird.[313] Die Einrichtung neuer Arbeitsplätze ist eine freie unternehmerische Entscheidung. Wenn der Arbeitgeber wegen des gestiegenen Personalbedarfs neue Teilzeitarbeitsplätze einrichtet und dadurch die Aufstockung der Arbeitszeit für die bereits Teilzeitbeschäftigten objektiv verhindert, müssen für diese Maßnahme nach Auffassung des BAG allerdings arbeitsplatzbezogene Sachgründe vorliegen.[314] Deckt der Arbeitgeber seinen erhöhten Arbeitskräftebedarf durch Verlängerung der Arbeitszeit teilzeitbeschäftigter Arbeitneh-

---

[302] BAG 13. 2. 2007 AP 2 zu § 9 TzBfG = NZA 2007, 807.

[303] BT-Drucks. 14/4374 S. 18; BAG 8. 5. 2007 AP 3 zu § 9 TzBfG = NZA 2007, 1349; Annuß/Thüsing/*Jacobs* § 9 RN 4; MünchKommBGB/*Müller-Glöge* § 9 TzBfG RN 3; ErfK/*Preis* § 9 TzBfG RN 3.

[304] *Meinel/Heyn/Herms* § 9 RN 12; *Rolfs* RdA 2001, 129, 139.

[305] MünchKommBGB/*Müller-Glöge* § 9 TzBfG RN 3.

[306] BAG 16. 1. 2008 AP 5 zu § 9 TzBfG = NZA 2008, 701.

[307] BAG 8. 5. 2007 AP 3 zu § 9 TzBfG = NZA 2007, 1349.

[308] *Meinel/Heyn/Herms* § 9 RN 20; MünchKommBGB/*Müller-Glöge* § 9 TzBfG RN 7; ErfK/*Preis* § 9 TzBfG RN 6; a. A. *Laux*/Schlachter § 9 RN 31.

[309] BAG 16. 9. 2008 DB 2008, 2426.

[310] BAG 15. 8. 2006 AP 1 zu § 9 TzBfG = NZA 2007, 255.

[311] Ebenso *Meinel/Heyn/Herms* § 9 RN 16; MünchKommBGB/*Müller-Glöge* § 9 TzBfG RN 6; ErfK/*Preis* § 9 TzBfG RN 6; *Rolfs* RdA 2001, 129, 140.

[312] Zutr. KDZ/*Zwanziger* KSchR § 9 TzBfG RN 12; *Meinel/Heyn/Herms* § 9 RN 17.

[313] MünchKommBGB/*Müller-Glöge* § 9 TzBfG RN 6; ErfK/*Preis* § 9 TzBfG RN 6; a. A. KDZ/*Zwanziger* § 9 TzBfG RN 10.

[314] BAG 13. 2. 2007 AP 2 zu § 9 TzBfG = NZA 2007, 807.

mer, ist er bei der **Auswahl,** welcher Teilzeitkraft er zu diesem Zweck eine Vertragsänderung anbietet, frei. Er wird durch § 9 TzBfG nicht verpflichtet, das gestiegene Arbeitszeitvolumen anteilig auf alle interessierten Teilzeitbeschäftigten zu verteilen. Für Auswahlentscheidungen gelten nicht die Grundsätze der Ermessensausübung aus § 106 GewO. Die Organisationsfreiheit darf allerdings nicht dazu genutzt werden, den Anspruch aus § 9 TzBfG leerlaufen zu lassen.[315] Bei der Feststellung der **Eignung für den freien Arbeitsplatz** hat der Arbeitgeber einen Beurteilungsspielraum.[316]

4. Ablehnungsgründe. Der Arbeitgeber kann den Wunsch nach Verlängerung der Arbeitszeit gemäß § 9 TzBfG nur aus **dringenden betrieblichen Gründen** ablehnen oder wenn dem **Arbeitszeitwünsche anderer teilzeitbeschäftigter Arbeitnehmer** entgegenstehen. Das Gesetz stellt in § 9 TzBfG höhere Anforderungen an die Gründe, die den Arbeitgeber zur Ablehnung des Wunschs nach einer Verlängerung der Arbeitszeit berechtigen, als in § 8 TzBfG an die Ablehnung des Wunschs nach einer Arbeitszeitverkürzung. Gefordert werden „dringende" betriebliche und nicht nur „betriebliche" Gründe. Solche Gründe liegen nach Auffassung des BAG nur dann vor, wenn sie gleichsam zwingend sind. Erforderlich ist ein betrieblicher Grund von ganz besonderem Gewicht. Während sich der Verlängerungsanspruch des Arbeitnehmers auf das gesamte Unternehmen erstreckt, ist der entgegenstehende dringende Grund auf den Betrieb beschränkt.[317] 162

5. Mitbestimmung des Betriebsrats. Die auf den ersten Blick eher unbedeutende Bestimmung des § 9 TzBfG gewinnt in **Betrieben mit Betriebsrat** an Bedeutung. Der beabsichtigten Einstellung eines Arbeitnehmers könnte der Betriebsrat unter Hinweis auf § 99 II Nr. 1 BetrVG mit der Begründung widersprechen, ein gleich geeigneter teilzeitbeschäftigter betriebsangehöriger Arbeitnehmer habe den Wunsch nach einer Verlängerung seiner Arbeitszeit angemeldet und sei deshalb gemäß § 9 TzBfG bei der Besetzung der freien Stelle bevorzugt zu berücksichtigen.[318] Im Zustimmungsersetzungsverfahren wäre dann ggf. festzustellen, ob beide Arbeitnehmer gleich geeignet sind. 163

6. Durchsetzung des Anspruchs. § 9 TzBfG begründet einen einklagbaren Rechtsanspruch des in Teilzeit beschäftigten Arbeitnehmers auf Verlängerung seiner Arbeitszeit durch Vertragsänderung, wenn sich keine besser geeigneten Konkurrenten bewerben. Hat der Arbeitgeber den freien Arbeitsplatz endgültig mit einem anderen Arbeitnehmer besetzt, ist die Erfüllung des Anspruchs aus § 9 TzBfG rechtlich unmöglich. Der Arbeitgeber schuldet daher **Schadensersatz** (§ 275 I und IV, § 280 I und III, § 281 II, § 283 Satz 1 BGB), wenn er die Unmöglichkeit zu vertreten hat. Der Anspruch ist nach der Rechtsprechung des BAG grundsätzlich nicht zeitlich begrenzt, weil die schuldhafte Nichterfüllung des Anspruchs aus § 9 TzBfG stetig andauert.[319] 163a

XVII. Maßregelungs- und Kündigungsverbot

Nach § 5 TzBfG darf der Arbeitgeber den Arbeitnehmer nicht wegen der Inanspruchnahme von Rechten nach dem TzBfG benachteiligen. Dieses Benachteiligungsverbot ergibt sich bereits aus dem **Maßregelungsverbot** des § 612a BGB (dazu § 108). Einen weitergehenden Schutz gewährt § 5 TzBfG nicht.[320] 164

Das in § 11 TzBfG normierte Verbot einer **Kündigung wegen der Weigerung eines Arbeitnehmers, von einem Vollzeit- in ein Teilzeitarbeitsverhältnis oder umgekehrt zu wechseln,** schließt nur Kündigungen aus, bei denen die Weigerung der tragende Beweggrund der Kündigung ist. Das Recht zur Kündigung aus anderen Gründen wird durch § 11 Satz 2 TzBfG nicht ausgeschlossen. Zu diesen anderen Gründen gehören insbes. wirtschaftliche, technische und organisatorische Gründe, die eine Änderung oder Beendigung des Arbeitsverhältnisses bedingen.[321] Insoweit gelten die zu § 613a IV BGB entwickelten Grundsätze entsprechend. Deshalb ist eine Änderungskündigung von Vollzeitkräften zur Verringerung der Arbeitszeit wegen zurückgehendem Arbeitsanfall nach wie vor möglich.[322] 165

---

[315] BAG 13. 2. 2007 AP 2 zu § 9 TzBfG = NZA 2007, 807.

[316] MünchKommBGB/*Müller-Glöge* § 9 TzBfG RN 7; ErfK/*Preis* § 9 TzBfG RN 7; *Sievers* § 9 RN 9.

[317] BAG 16. 9. 2008 DB 2008, 2426; BAG 15. 8. 2006 AP 1 zu § 9 TzBfG = NZA 2007, 255.

[318] Vgl. hierzu *Hromadka* NJW 2001, 400, 403; MünchKommBGB/*Müller-Glöge* § 9 TzBfG RN 11; *Rolfs* RdA 2001, 129, 140.

[319] BAG 16. 9. 2008 DB 2008, 2426.

[320] Annuß/*Thüsing* § 5 RN 1; ErfK/*Preis* § 5 TzBfG RN 1.

[321] Vgl. *Preis/Gotthardt* DB 2000, 2065, 2069; *Rolfs* RdA 2001, 129, 131.

[322] Ebenso *Hromadka* NJW 2001, 400, 403; *Preis/Gotthardt* DB 2000, 2065, 2069; *Rolfs* RdA 2001, 129, 131; *Schiefer* DB 2000, 2118, 2121.

§ 44. Geringfügige Beschäftigung

Übersicht

	RN
I. Allgemeines	1–2
II. Sozialversicherungsrechtliche Besonderheiten	3, 4
III. Geringfügig entlohnte Beschäftigung (§ 8 I Nr. 1 SGB IV)	5 ff.
1. Überblick	5
2. Regelmäßige Beschäftigung	6–8
3. Arbeitsentgelt	9–15
4. Schwankende Höhe des Arbeitsentgelts	16–18
IV. Kurzfristige Beschäftigung (§ 8 I Nr. 2 SGB IV)	19 ff.
1. Überblick	19
2. Zweimonatsfrist	20–25
3. Rahmenvereinbarungen	26, 27
4. Ihrer Eigenart nach begrenzte Beschäftigung	28
5. Berufsmäßige Ausübung	29, 30
V. Geringfügige Beschäftigung in Privathaushalten (§ 8 a SGB IV)	31–34
VI. Unterschiedliche Behandlung der Entgeltgeringfügigkeit und der Zeitgeringfügigkeit	35
VII. Mehrere geringfügige Beschäftigungen (§ 8 II SGB IV)	36–39
VIII. Mitteilungs- und Meldepflichten	40, 41
IX. Krankenversicherung	42 ff.
1. Entgeltgeringfügige Beschäftigung	42–45
2. Geringfügig Beschäftigte in Privathaushalten	46, 47
X. Rentenversicherung	48 ff.
1. Entgeltgeringfügig Beschäftigte	48–54
2. Geringfügig Beschäftigte in Privathaushalten	55
XI. Weitere Zweige der Sozialversicherung	56 ff.
1. Arbeitslosenversicherung	56
2. Gesetzliche Unfallversicherung	57
3. Pflegeversicherung	58
XII. Steuerrechtliche Fragen	59 ff.
1. Geringfügig vergütete Beschäftigung	59–71
2. Kurzfristig Beschäftigte	72

I. Allgemeines

1 Geringfügig Beschäftigte sind Arbeitnehmer, bei denen die allgemeinen Voraussetzungen des Arbeitnehmerbegriffs (dazu § 8) erfüllt sind. Das ist in § 2 II TzBfG klargestellt, wonach auch geringfügig Beschäftigte i. S. v. § 8 I Nr. 1 SGB IV teilzeitbeschäftigte Arbeitnehmer sind. Für geringfügig Beschäftigte gelten **arbeitsrechtlich keine Besonderheiten.** Sie haben wie Vollzeitbeschäftigte Anspruch auf den gesetzlichen Mindesturlaub, Entgeltfortzahlung im Krankheitsfall (die Sonderregelung in § 1 III Nr. 2 LFZG ist im Jahre 1994 außer Kraft getreten) und Feiertagsvergütung. Geringfügig Beschäftigte unterliegen dem allgemeinen und besonderen Kündigungsschutz.[1]

1a Das **Verbot der Benachteiligung wegen Teilzeitarbeit** aus § 4 I TzBfG gilt auch gegenüber geringfügig Beschäftigten. Sieht ein Sozialplan einen Kinderzuschlag zur Abfindung vor, haben auch geringfügig Beschäftigte einen Anspruch hierauf in der Höhe, die dem Verhältnis ihrer Arbeitszeit zur im Betrieb geltenden 38,5-Stunden-Woche entspricht.[2]

2 Ob eine geringfügige Beschäftigung vorliegt, ist vor allem von **sozialversicherungs- und steuerrechtlicher Bedeutung.** Denn nach § 7 Satz 1 SGB V und § 5 II SGB VI sind geringfügig Beschäftigte grundsätzlich in der gesetzlichen Krankenversicherung und der gesetzlichen Rentenversicherung versicherungsfrei. Im Steuerrecht gibt es in § 40 a EStG für die Besteuerung geringfügig Beschäftigter Sonderregelungen.

II. Sozialversicherungsrechtliche Besonderheiten

3 Das Gesetz unterscheidet in § 8 I SGB IV **zwei Grundtatbestände.** Eine geringfügiger Beschäftigung liegt vor, wenn **(a)** das Arbeitsentgelt aus dieser Beschäftigung regelmäßig im Monat 400 Euro nicht übersteigt, **sog. Entgeltgeringfügigkeit** (§ 8 I Nr. 1 SGB IV), **(b)** die Beschäftigung innerhalb eines Kalenderjahres auf längstens zwei Monate oder fünfzig Arbeitstage nach ihrer Eigenart begrenzt zu sein pflegt oder im Voraus vertraglich begrenzt ist, es sei denn, dass die Beschäftigung berufsmäßig ausgeübt wird und ihr Entgelt 400 Euro übersteigt, **sog. Zeitgeringfügigkeit** (§ 8 I Nr. 2 SGB IV). Zwischen den beiden Formen der geringfügigen Beschäftigung ist wegen der unterschiedlichen Rechtsfolgen **zu unterscheiden** (dazu RN 35).

---

[1] BAG 13. 3. 1987 AP 37 zu § 1 KSchG 1969 Betriebsbedingte Kündigung = NZA 87, 629.
[2] LAG Bremen 27. 4. 2006 NZA-RR 2007, 68.

Hinzu kommt die in § 8a SGB IV geregelte geringfügige Beschäftigung in **Privathaushalten.** Diese unterscheidet sich von der Entgeltgeringfügigkeit durch die niedrigeren Beiträge zur Kranken- und Rentenversicherung sowie das nur hierfür geltende Haushaltsscheckverfahren (dazu im Einzelnen RN 31 ff.). Der Arbeitgeber hat anstelle des seit 1. 7. 2006 geltenden[3] Pauschalbeitrags zur Sozialversicherung in Höhe von 28% (13% Krankenversicherung und 15% Rentenversicherung) nur 10% (jeweils 5% Kranken- und Rentenversicherung) sowie die auch ansonsten bei geringfügiger Beschäftigung anfallende Pauschalsteuer von 2% zu entrichten (dazu RN 46, 55, 60). 4

III. Geringfügig entlohnte Beschäftigung (§ 8 I Nr. 1 SGB IV)

1. Überblick. Eine geringfügige Beschäftigung i. S. v. § 8 I Nr. 1 SGB IV liegt vor, wenn das Arbeitsentgelt aus dieser Beschäftigung **regelmäßig** im Monat 400 Euro nicht übersteigt. Diese Entgeltgrenze gilt bundeseinheitlich. Die Einhaltung der Entgeltgrenze ist auf Grund einer **vorausschauenden Betrachtung** zu beurteilen. Nach den vertraglichen Vereinbarungen ist bei Aufnahme der Beschäftigung zu prognostizieren, ob die 400-Euro-Grenze eingehalten wird. 5

2. Regelmäßige Beschäftigung. a) Voraussetzung der Entgeltgeringfügigkeit ist eine regelmäßige Beschäftigung. Die Regelmäßigkeit der Beschäftigung ist das für die **Abgrenzung** zwischen der Entgelt- und der Zeitgeringfügigkeit maßgebende Merkmal. Der Tatbestand des § 8 I Nr. 1 SGB IV liegt vor, wenn die Tätigkeit regelmäßig ausgeübt wird, § 8 I Nr. 2 SGB IV dagegen, wenn die Beschäftigung nur gelegentlich erfolgt.[4] 6

b) Die Beschäftigung wird **regelmäßig ausgeübt,** wenn sie von vornherein auf ständige Wiederholung gerichtet ist und über mehrere Jahre hinweg ausgeübt werden soll.[5] Dauer und Zeitpunkt der einzelnen Arbeitseinsätze müssen hinreichend vorhersehbar sein. Maßgeblich ist die Häufigkeit und Voraussehbarkeit des Arbeitseinsatzes und nicht die Dauer der täglichen Beanspruchung.[6] 7

Von einer regelmäßigen Beschäftigung ist nach Auffassung des BSG auch auszugehen, wenn der Beschäftigte zu den einzelnen **Arbeitseinsätzen auf Abruf** bereitsteht, ohne jedoch verpflichtet zu sein, jeder Arbeitsaufforderung Folge zu leisten, sofern zwischen Arbeitgeber und Arbeitnehmer Übereinstimmung darüber besteht, dass es zu einer regelmäßigen Wiederholung der Beschäftigung kommen soll, sich der Beschäftigte hierauf einstellen kann und er ein regelmäßiges Arbeitsentgelt erwarten darf.[7] 8

3. Arbeitsentgelt. a) Zum Arbeitsentgelt gehören nach § 14 I 1 SGB IV **alle laufenden oder einmaligen Einnahmen** aus einer Beschäftigung, gleichgültig, ob ein Rechtsanspruch auf die Einnahmen besteht, unter welcher Bezeichnung oder in welcher Form sie geleistet werden und ob sie unmittelbar aus der Beschäftigung oder im Zusammenhang mit ihr erzielt werden. Arbeitsentgelt i. S. d. § 14 I 1 SGB IV ist das Bruttoarbeitsentgelt.[8] Näheres ergibt sich aus der nach § 17 I SGB IV von der Bundesregierung erlassenen Sozialversicherungsentgeltverordnung (SvEV) vom 21. 12. 2006 (BGBl. I S. 3385) mit spät. Änd. 9

b) Sonderzahlungen, wie **Urlaubs- oder Weihnachtsgeld** sind zu berücksichtigendes Arbeitsentgelt, soweit diese Zahlungen auf Grund einer vorausschauenden Betrachtung innerhalb des Beschäftigungszeitraums zu erwarten sind. Diese Leistungen sind anteilig auf den Monatsverdienst umzurechnen.[9] Erweist sich eine berechtigte Prognose im Nachhinein als unzutreffend, bleibt sie jedoch für die Vergangenheit maßgeblich.[10] Erhält ein Arbeitnehmer beispielsweise eine monatliche Vergütung in Höhe von 360 Euro und ein Weihnachtsgeld in gleicher Höhe, ist diese Gratifikation durch 12 zu teilen und dem Monatsverdienst hinzuzurechnen. Da der Verdienst dann 390 Euro beträgt, liegt weiterhin Entgeltgeringfügigkeit vor. Da nach der Rechtsprechung des BSG das **Entstehungsprinzip** und nicht das Zuflussprinzip gilt, ist bei der Beurteilung der Frage, ob die Geringfügigkeitsgrenze mit Sonderzahlungen überschritten wird und Versicherungspflicht eintritt, bei untertariflicher Bezahlung die tariflich zustehende Sonderzahlung zu berücksichtigen. Es kommt aus diesem Grunde auch nicht darauf an, ob und wann 10

[3] BGBl. I S. 1402.
[4] BSG 11. 5. 1993 NZS 93, 550; 23. 5. 1995 NZS 95, 516.
[5] BSG 11. 5. 1993 NZS 93, 550.
[6] BSG 1. 2. 1979 SozR 2200 § 165 Nr. 6.
[7] BSG 23. 5. 1995 NZS 95, 516.
[8] BSG 22. 9. 1988 BB 89, 176.
[9] BSG 28. 2. 1984 USK 840.
[10] Vgl. BSG 23. 4. 1974 SozR 2200 § 1228 Nr. 1.

der Arbeitgeber das mit dem Arbeitnehmer vereinbarte Arbeitsentgelt tatsächlich zahlt und dieses dem Arbeitnehmer zufließt. Deshalb ist auch für die Beurteilung, ob das Arbeitsentgelt die Geringfügigkeitsgrenze übersteigt, allein auf das tariflich geschuldete Arbeitsentgelt abzustellen.[11] Auf den Zufluss von Arbeitsentgelt kommt es nur an, soweit dem Arbeitnehmer mehr geleistet wird, als ihm tariflich oder einzelvertraglich zusteht, soweit ihm also über das geschuldete Arbeitsentgelt hinaus überobligatorische Zahlungen zugewendet oder geleistet werden.[12]

11 **c)** Zum Arbeitsentgelt gehören des Weiteren die **Entgeltfortzahlung** im Krankheitsfall und das **Urlaubsentgelt.**[13] Zahlungen, die anlässlich der **Beendigung eines Arbeitsverhältnisses** geleistet werden, sind gleichfalls beitragspflichtiges Arbeitsentgelt, wenn sie sich zeitlich der versicherungspflichtigen Beschäftigung zuordnen lassen, d. h. auf die Zeit der Beschäftigung und der Versicherungspflicht entfallen. Daher gehören Zahlungen von rückständigem Arbeitsentgelt anlässlich einer einvernehmlichen Beendigung von Arbeitsverhältnissen oder seiner gerichtlichen Auflösung im Kündigungsschutzprozess zum Arbeitsentgelt aus der versicherungspflichtigen Beschäftigung, selbst wenn sie von den Beteiligten als „Abfindungen" bezeichnet wurden. Unerheblich ist, ob die Zahlung vor oder nach dem Ende des Arbeitsverhältnisses vereinbart wird war.[14] Eine Abfindung, die nach einer Änderungskündigung oder nach einer einvernehmlichen Änderung des Arbeitsvertrags als Gegenleistung für die Verschlechterung von Arbeitsbedingungen gezahlt wird, ist gleichfalls beitragspflichtiges Arbeitsentgelt.[15]

12 **d)** Zum Arbeitsentgelt gehören grundsätzlich auch **Sachbezüge** (dazu § 68). Werden Sachbezüge, die nicht von § 2 SvEV (Verpflegung, Wohnung und Unterkunft) erfasst werden, unentgeltlich zur Verfügung gestellt, ist als Wert für diese Sachbezüge der um übliche Preisnachlässe geminderte übliche Endpreis am Abgabeort anzusetzen (§ 3 SvEV). Ggf. sind die nach § 8 II 8 EStG festgesetzten Durchschnittswerte maßgebend. Ansonsten bleiben auf Grund des Verweises in § 3 I 4 SvEV auf § 8 II 9 EStG Sachbezüge außer Ansatz, wenn die sich nach Anrechnung der vom Beschäftigten gezahlten Entgelte ergebenden Vorteile insgesamt 44 Euro im Kalendermonat nicht übersteigen.

13 **e)** Gewährt der Arbeitgeber für den Erwerb eigener Waren und Dienstleistungen einen **Personalrabatt,** differenziert § 3 III SvEV danach, ob durch den Arbeitgeber eine Pauschalversteuerung nach § 40 I EStG erfolgt und der Arbeitgeber insoweit den Arbeitnehmeranteil zur Sozialversicherung übernommen hat oder ob eine solche Pauschalversteuerung nicht stattgefunden hat (dazu § 68 RN 12).

14 **f)** Die auf den Arbeitnehmer abgewälzte **pauschale Lohnsteuer** gilt als zugeflossener Arbeitslohn und mindert nicht die Bemessungsgrundlage. Nach § 40 III i. V. m. § 40 a V EStG hat der Arbeitgeber die pauschale Lohnsteuer zu übernehmen. Er ist Schuldner der pauschalen Lohns teuer.[16]

14a **g)** Die vom **Arbeitgeber übernommene Steuer** kann Arbeitsentgelt i. S. v. § 14 SGB IV sein, wenn der Arbeitgeber die normale Lohnsteuerschuld des Arbeitnehmers durch eine Nettolohnvereinbarung i. S. v. § 14 II SGB IV übernimmt. Ist ein Nettoarbeitsentgelt vereinbart, gelten als Arbeitsentgelt die Einnahmen des Beschäftigten einschließlich der darauf entfallenden Steuern und der seinem gesetzlichen Anteil entsprechenden Beiträge zur Sozialversicherung und zur Arbeitsförderung. Eine Nettolohnvereinbarung setzt dabei voraus, dass der Arbeitgeber vor oder bei Auszahlung des Entgelts ausdrücklich oder wenigstens durch schlüssiges Verhalten zu erkennen gibt, er werde Steuern und Beitragsanteile seiner Beschäftigten übernehmen und ihnen damit zusätzlich zu dem ausgezahlten Barlohn einen weiteren Vermögensvorteil zuwenden (dazu § 71 RN 108). Dieser Vermögensvorteil besteht nicht, wenn der Arbeitgeber nach § 40 a I und II EStG eine **Pauschalsteuer** erhebt, die an die Stelle der individuellen Lohnsteuer nach § 38 EStG tritt. Die von Arbeitgeber getragene Pauschalsteuer ist nicht Arbeitsentgelt i. S. v. § 14 SGB IV.[17]

14b **h)** Die bei geringfügigen Beschäftigungen vom Arbeitgeber zu tragenden Beiträge zur Sozialversicherung sind gleichfalls nicht Bestandteil des Arbeitsentgelts. **Pauschalbeiträge zur Krankenversicherung und zur Rentenversicherung (§ 249 b SGB V, § 172 III SGB VI)**

[11] BSG 14. 7. 2004 ZTR 2005, 387.
[12] LSG Nordrhein-Westfalen 28. 6. 2007 – L 16 R 2/07.
[13] BSG 28. 1. 1999 AP 1 zu § 1 ArEV = NZA 99, 644.
[14] BSG 3. 12. 2002 SozR 3–2200 § 577 Nr. 2.
[15] BSG 28. 1. 1999 NZS 99, 358.
[16] BAG 1. 2. 2006 AP 4 zu § 40 a EStG = NZA 2006, 682.
[17] BSG 13. 10. 1993 NZS 94, 137; 19. 6. 2001 NZA-RR 2002, 372.

begründen selbst weder eine Versicherung noch Leistungsansprüche der geringfügig beschäftigten Arbeitnehmer (vgl. RN 43, 50). Die Zahlungen des Arbeitgebers kommen ausschließlich der Versichertengemeinschaft zugute.[18]

i) Steuerfreie Aufwandsentschädigungen sowie die in § 3 Nr. 26 EStG genannten steuerfreien Einnahmen gelten gem. § 14 I 3 SGB IV nicht als Arbeitsentgelt. Hierzu gehören Einnahmen aus nebenberuflichen Tätigkeiten als Übungsleiter, Ausbilder, Erzieher, Betreuer oder vergleichbaren nebenberuflichen Tätigkeiten, aus nebenberuflichen künstlerischen Tätigkeiten oder der nebenberuflichen Pflege alter, kranker oder behinderter Menschen im Dienst oder im Auftrag einer inländischen juristischen Person des öffentlichen Rechts oder einer Einrichtung zur Förderung gemeinnütziger, mildtätiger und kirchlicher Zwecke bis zur Höhe von insgesamt 2100 Euro im Jahr (= 175 Euro im Monat). Nebenberuflichkeit ist dabei anzunehmen, wenn die Tätigkeit bezogen auf ein Jahr nicht mehr als ein Drittel eines vergleichbaren Vollzeiterwerbs in Anspruch nimmt.[19] Das **Instrumentengeld,** das ein Arbeitgeber auf Grund eines Tarifvertrags an einen beschäftigten Musiker zahlt, der im Orchester ein eigenes Instrument verwendet, ist dagegen beitragspflichtiges Arbeitsentgelt.[20] **15**

4. Schwankende Höhe des Arbeitsentgelts. Bei ungleichmäßiger Entgelthöhe, z. B. bei saisonbedingten Erhöhungen, ist der zu erwartende durchschnittliche Monatsverdienst zu schätzen. Dabei ist nicht eine alle Eventualitäten berücksichtigende genaue Vorhersage erforderlich, sondern eine ungefähre Einschätzung, welches Entgelt nach den bisherigen Übungen mit hinreichender Sicherheit zu erwarten ist.[21] Diese Schätzung bleibt für die Vergangenheit auch dann maßgeblich, wenn sie infolge nicht sicher voraussehbarer Umstände mit dem tatsächlichen Arbeitsentgelt aus der Beschäftigung nicht übereinstimmt.[22] **16**

Ein nur **gelegentliches Überschreiten der Entgeltgrenze** führt nicht zur Versicherungspflicht. Als gelegentlich ist nach Nr. 3.1 der Geringfügigkeitsrichtlinien ein Zeitraum von bis zu zwei Monaten im Jahr anzusehen. Überschreitet dagegen das Arbeitsentgelt die Grenze von 400 Euro regelmäßig, etwa weil die Arbeitsvertragsparteien die Arbeitszeit des Beschäftigten verlängert oder das Arbeitsentgelt erhöht haben, tritt vom Tage des Überschreitens der Verdienstgrenze Versicherungspflicht ein. Für die zurückliegende Zeit bleibt es bei dem geringfügigen und damit nach § 8 I SGB IV versicherungsfreien Beschäftigungsverhältnis. **17**

Beginnt oder endet die Beschäftigung im Laufe eines Kalendermonats, ist der **anteilige Verdienst** wie folgt zu berechnen: **18**

$$\frac{\text{400 Euro} \times \text{Kalendertage des Beschäftigungsmonats}}{30}$$

IV. Kurzfristige Beschäftigung (§ 8 I Nr. 2 SGB IV)

1. Überblick. Eine geringfügige Beschäftigung liegt gemäß § 8 I Nr. 2 SGB IV auch vor, wenn die Beschäftigung innerhalb eines Kalenderjahres auf **längstens zwei Monate oder 50 Arbeitstage** nach ihrer Eigenart begrenzt zu sein pflegt oder im Voraus vertraglich begrenzt ist. Dies gilt nicht, wenn die Beschäftigung berufsmäßig ausgeübt wird und ihr Entgelt die Verdienstgrenze von 400 Euro übersteigt. Die Entgelthöhe ist bei der zeitgeringfügigen Beschäftigung damit unerheblich, soweit die Beschäftigung nicht berufsmäßig ausgeübt wird. **19**

2. Zweimonatsfrist. Von dem Zweimonatszeitraum ist nur bei einer Beschäftigung an mindestens **fünf Arbeitstagen in der Woche** auszugehen. Besteht die vertraglich geschuldete Arbeitspflicht an weniger als fünf Tagen in der Woche (z. B. Mittwoch bis Samstag), ist bei der Beurteilung auf den Zeitraum von 50 Arbeitstagen innerhalb eines Kalenderjahres abzustellen. Ein Nachtdienst, der sich über zwei Tage erstreckt, gilt als ein Arbeitstag. **20**

Bei einer **Zusammenrechnung mehrerer Beschäftigungszeiten** treten nach Nr. 2.2.1 der Geringfügigkeitsrichtlinien an die Stelle des Zweimonatszeitraums grundsätzlich 60 Kalendertage. Das gilt allerdings nicht, wenn es sich bei den einzelnen Beschäftigungszeiten jeweils um volle Kalendermonate handelt. Sind bei einer Zusammenrechnung Zeiten, in denen die Beschäftigung regelmäßig an mindestens fünf Tagen in der Woche ausgeübt wurde, und Beschäfti- **21**

---

[18] Bayerisches LSG 25. 4. 2006 – L 5 KR 78/05.
[19] *Plenker/Schaffhausen* DB 2003, 957, 958.
[20] BSG 26. 5. 2004 ZTR 2004, 610.
[21] BSG 11. 5. 1993 NZS 93, 550.
[22] BSG 23. 4. 1974 SozR 2200 § 1228 Nr. 1.

gungszeiten mit einer Arbeitszeit an weniger als fünf Tagen in der Woche zu berücksichtigen, ist einheitlich von dem Zeitraum von 50 Arbeitstagen auszugehen.

22 Für die Berechnung der Zeitgrenze von zwei Monaten oder 50 Arbeitstagen oder ggf. 60 Kalendertagen ist das **Kalenderjahr** maßgeblich. Vom voraussichtlichen Ende der Beschäftigung, die geprüft wird, ist grundsätzlich das zurückliegende Kalenderjahr zu betrachten.[23] Wird ein Arbeitnehmer, ohne dass eine Rahmenvereinbarung geschlossen wurde (dazu RN 26), wiederholt für einzelne Tage beschäftigt, sind die Beschäftigungszeiten **zusammenzurechnen.** Eine kurzfristige Beschäftigung liegt dann vor, wenn von dem voraussichtlichen Ende des vereinbarten Arbeitseinsatzes aus rückschauend betrachtet innerhalb des letzten Kalenderjahres die Zeitgrenze von 50 Arbeitstagen nicht überschritten wird. Ausgehend vom voraussichtlichen Ende der zu beurteilenden Beschäftigung sind die Zeiten mehrerer aufeinanderfolgender kurzfristiger Beschäftigungen im laufenden Kalenderjahr zusammenzurechnen. Im Ausland ausgeübte Beschäftigungen werden nach Nr. 2.2.2 der Geringfügigkeitsrichtlinien bei der Zusammenrechnung nicht berücksichtigt.

23 Diese **Zusammenrechnung** geschieht unabhängig von der Entgelthöhe. Unerheblich ist, ob die Beschäftigungen bei demselben oder bei verschiedenen Arbeitgebern erfolgen. Zu Beginn einer neuen Beschäftigung ist deshalb zu prüfen, ob diese zusammen mit den schon im Laufe des Jahres ausgeübten Beschäftigungen die Zeitgrenze des § 8 I Nr. 2 SGB IV überschreitet. Wird diese Zeitgrenze überschritten, liegt eine regelmäßige und keine kurzfristige Beschäftigung i. S. d. § 8 I Nr. 2 SGB IV vor.

24 Schließt sich an eine **kurzzeitige Beschäftigung** eine **geringfügig entlohnte Beschäftigung an,** besteht nach § 8 I Nr. 1 SGB IV Versicherungsfreiheit, sofern nicht ein einheitliches Beschäftigungsverhältnis vorliegt. Hierfür sind die Umstände des Einzelfalls maßgeblich.[24]

25 Wird ein **Beschäftigungsverhältnis über den Jahreswechsel** hinaus vereinbart und wird hierdurch zusammen mit einer Vorbeschäftigung im Kalenderjahr des Beginns des neuen Beschäftigungsverhältnisses die Grenze von zwei Monaten bzw. 50 Arbeitstagen überschritten, fällt das gesamte neue Beschäftigungsverhältnis nicht unter § 8 I Nr. 2 SGB IV. Eine nach Kalenderjahren getrennte versicherungsrechtliche Behandlung der Beschäftigungsverhältnisse erfolgt nach Nr. 2.2.2 der Geringfügigkeitsrichtlinien nicht. Wird durch das zweite Beschäftigungsverhältnis dagegen die Zweimonats- bzw. 50-Arbeitstagegrenze im Kalenderjahr nicht überschritten, bleibt die Beschäftigung auch im folgenden Kalenderjahr versicherungsfrei.

26 **3. Rahmenvereinbarungen.** Eine kurzfristige Beschäftigung liegt nach Nr. 3.2 der Geringfügigkeitsrichtlinien auch vor, wenn ein **Rahmenvertrag zunächst auf ein Jahr befristet abgeschlossen** wird und für dieses Jahr Arbeitseinsätze von maximal 50 Arbeitstagen vereinbart sind.[25] Mit der Rahmenvereinbarung wird der Rechtsprechung des BSG Rechnung getragen, wonach keine Zeitgeringfügigkeit i. S. v. § 8 I Nr. 2 SGB IV, sondern eine Entgeltgeringfügigkeit i. S. v. § 8 I Nr. 1 SGB IV vorliegt, wenn sie von vornherein auf ständige Wiederholung gerichtet ist und über mehrere Jahre hinweg ausgeübt werden soll.[26]

27 Sofern ein zunächst auf ein Jahr oder weniger befristeter Rahmenvertrag mit Arbeitseinsätzen von bis zu 50 Arbeitstagen **auf über ein Jahr verlängert wird,** liegt vom Zeitpunkt der Verlängerung an eine regelmäßige Beschäftigung und keine kurzfristige Beschäftigung mehr vor. Denn in diesem Fall wird die Beschäftigung regelmäßig über einen längeren Zeitraum und nicht mehr gelegentlich ausgeübt. Wird ein Rahmenvertrag zunächst auf ein Jahr begrenzt und im **unmittelbaren Anschluss daran ein neuer Rahmenarbeitsvertrag** geschlossen, ist vom Beginn des neuen Rahmenarbeitsvertrages an von einer regelmäßigen Beschäftigung auszugehen. Die Beschäftigung wird in diesem Fall über einen längeren Zeitraum ausgeübt. Anderes gilt nach Nr. 3.2 der Geringfügigkeitsrichtlinien allerdings dann, wenn zwischen den beiden Rahmenverträgen ein Zeitraum von mindestens zwei Monaten liegt.

28 **4. Ihrer Eigenart nach begrenzte Beschäftigung.** Ihrer Eigenart nach begrenzt sind insbesondere **Saison- oder Kampagnearbeiten,** wie beispielsweise befristete Beschäftigungen als Erntehelfer oder bei Festspielen. In Betracht kommen ferner insbesondere Urlaubs- oder Krankheitsvertretungen, sofern nicht eine regelmäßige Tätigkeit als Springer oder Daueraushilfe vereinbart ist. Ihrer Eigenart nach zeitlich begrenzt sind ferner projektbezogene Beschäftigungen.[27]

---

[23] BSG 25. 4. 1991 SozR 3–2400 § 8 Nr. 2.
[24] Vgl. LSG Schleswig-Holstein 19. 10. 2005 – L 5 KR 101/04.
[25] Ebenso *Löwisch* BB 2000, 260; kritisch hierzu Küttner/*Schlegel,* Personalbuch 2008, Geringfügige Beschäftigung RN 46.
[26] BSG 11. 5. 1993 NZS 93, 550.
[27] Küttner/*Schlegel,* Personalbuch 2008, Geringfügige Beschäftigung RN 79.

5. Berufsmäßige Ausübung. Eine kurzfristige Beschäftigung ist nicht versicherungsfrei, wenn sie berufsmäßig ausgeübt wird und ihr Entgelt 400 Euro übersteigt. Die Frage der Berufsmäßigkeit einer Beschäftigung stellt sich immer dann, wenn die Entgeltgrenze von 400 Euro überschritten, die Zeitgrenze von zwei Monaten bzw. 50 Arbeitstagen jedoch eingehalten wird. 29

Eine Tätigkeit wird **berufsmäßig** ausgeübt, wenn sie für den Arbeitnehmer nicht von untergeordneter Bedeutung ist. Dies ist anzunehmen, wenn der Betreffende durch die Beschäftigung seinen Lebensunterhalt überwiegend oder doch in einem solchen Umfang bestreitet, dass seine wirtschaftliche Stellung zu einem erheblichen Teil darauf beruht.[28] Beschäftigungen, die nur gelegentlich, z. B. zwischen Abitur und beabsichtigtem Studium, ausgeübt werden, sind dagegen grundsätzlich von untergeordneter wirtschaftlicher Bedeutung und damit nicht berufsmäßig und auch nicht sozialversicherungspflichtig.[29] Nach Nr. 2.2.3 der Geringfügigkeitsrichtlinien liegt eine berufsmäßige Beschäftigung vor, wenn das Arbeitsverhältnis durch den **Wehr- oder Zivildienst** unterbrochen wird und der Beschäftigte während der Dienstpflicht eine auf zwei Monate oder 50 Arbeitstage befristete Beschäftigung ausübt und hierbei mehr als 400 Euro im Monat verdient. Entsprechendes gilt für Beschäftigungen während der **Elternzeit** oder eines **unbezahlten Urlaubs.** So wird eine Buchhalterin, die in einem Kalenderjahr während der Elternzeit in einem Einzelhandelsgeschäft an den letzten vier Tagen des Kalendermonats Buchführungsarbeiten verrichtet und hierfür 450 Euro erhält, berufsmäßig tätig. Eine kurzfristige Beschäftigung i. S. d. § 8 I Nr. 2 SGB IV liegt nicht vor, obwohl die Grenze von 50 Arbeitstagen im Jahr nicht überschritten ist. 30

V. Geringfügige Beschäftigung in Privathaushalten (§ 8a SGB IV)

Eine Beschäftigung in einem Privathaushalt liegt vor, wenn sie durch einen privaten Haushalt begründet ist und die Arbeit sonst gewöhnlich durch Mitglieder des privaten Haushalts erledigt wird. Solche **haushaltsnahen Tätigkeiten** sind beispielsweise Reinigung der Wohnung, Bügeln, Pflege des Gartens, Einkäufe, Kinder- und Großelternbetreuung, Kochen. Nicht hierher gehören Beschäftigungen als Privatlehrer oder Chauffeur.[30] 31

Arbeitgeber einer Beschäftigung in Privathaushalten nach § 8a SGB IV können nur natürliche Personen sein. Wird die Beschäftigung durch Dienstleister begründet, findet diese Bestimmung keine Anwendung.[31] Erforderlich ist weiterhin, dass die geringfügige Beschäftigung ausschließlich in Privathaushalten ausgeführt wird. Dies ist nicht der Fall, wenn der geringfügig Beschäftigte für denselben Arbeitgeber in einem weiteren Beschäftigungsverhältnis tätig ist. Einer getrennten Betrachtung steht der Grundsatz der Einheitlichkeit des Beschäftigungsverhältnisses entgegen.[32] Eine Tätigkeit bei demselben Arbeitgeber liegt nicht vor, wenn der Beschäftigte bei einer GmbH angestellt ist und als geringfügig Beschäftigter im Haushalt des Geschäftsführers tätig wird.[33] 32

Werden **Familienangehörige** im Privathaushalt entgeltlich tätig, ist die Anwendung des § 8a SGB IV nicht von vornherein ausgeschlossen. Stets zu prüfen ist jedoch, ob die Beschäftigung nicht zum Schein erfolgt (§ 117 BGB) oder sich die Tätigkeit in familiärer Mithilfe erschöpft. Ein entgeltliches Beschäftigungsverhältnis im Privathaushalt zwischen Ehegatten bzw. Eltern und im Haushalt lebenden unterhaltsberechtigten Kindern scheidet allerdings in der Regel aus, weil die gesetzlichen Unterhaltspflichten solche Tätigkeiten einschließen. 33

Nach § 28a VII SGB IV gilt für geringfügig Beschäftigte in Privathaushalten ein vereinfachtes Meldeverfahren, das sog. **Haushaltsscheckverfahren.** Anstelle der sonst erforderlichen umfassenden Meldung nach § 28a I SGB IV (dazu § 35) hat der Arbeitgeber der Einzugsstelle einen Haushaltsscheck mit den in § 28a VIII SGB IV vorgesehenen Angaben zu übergeben und eine Einzugsermächtigung zum Einzug des Gesamtsozialversicherungsbeitrags zu erteilen. Der Haushaltsscheck ersetzt nach § 28f III 1 Halbs. 1 SGB IV den Beitragsnachweis. Einzugsstelle ist nach § 28i Satz 5 SGB IV die Deutsche Rentenversicherung Knappschaft-Bahn-See/Verwaltungsstelle Cottbus als Träger der Rentenversicherung (Vordrucke können im Internet unter http://www.knappschaft-bahn-see.de/ heruntergeladen werden). 34

---

[28] BSG 29. 6. 1984 SozR 2400 § 8 SGB IV Nr. 1.
[29] BSG 11. 6. 1980 USK 80106.
[30] *Niermann/Plenker* DB 2003, 304, 305.
[31] BT-Drucks. 15/26 S. 24.
[32] Dazu BSG 16. 2. 1983 NZA 84, 206.
[33] *Niermann/Plenker* DB 2003, 304, 305.

VI. Unterschiedliche Behandlung der Entgeltgeringfügigkeit und der Zeitgeringfügigkeit

35 Die Unterscheidung zwischen der geringfügig entlohnten Beschäftigung nach § 8 I Nr. 1 SGB IV und der kurzfristigen Beschäftigung nach § 8 I Nr. 2 SGB IV ist wegen der **unterschiedlichen Rechtsfolgen** bedeutsam. Kurzfristig Beschäftigte sind **nicht sozialversicherungspflichtig.** Der Arbeitgeber hat bei einer kurzfristigen Beschäftigung i. S. v. § 8 I Nr. 2 SGB IV nicht den Pauschalbeitrag zur gesetzlichen **Krankenversicherung** in Höhe von 13% des Arbeitsentgelts (§ 249 b Satz 1 SGB V), sondern nur einen Beitrag in Höhe von 5% (§ 249 b Satz 2 SGB V), zu entrichten. Der kurzfristig Beschäftigte kann weiterhin nicht – wie der geringfügig entlohnte Beschäftigte – auf die Versicherungsfreiheit in der gesetzlichen **Rentenversicherung** nach § 5 II 2 SGB VI verzichten (dazu RN 51). Die kurzfristige Beschäftigung wird auch nicht nach § 8 II SGB IV mit der geringfügig entlohnten Beschäftigung **zusammengerechnet** (dazu RN 38).

VII. Mehrere geringfügige Beschäftigungen (§ 8 II SGB IV)

36 Zur Feststellung einer geringfügigen regelmäßigen Beschäftigung i. S. v. § 8 I Nr. 1 SGB IV sind gem. § 8 II 1, 1. Alt. SGB IV mehrere geringfügige Beschäftigungen nach § 8 I Nr. 1 oder Nr. 2 SGB IV **zusammenzurechnen.** Das ist verfassungsgemäß.[34]

37 Eine an sich versicherungsfreie geringfügige Beschäftigung ist nach § 8 II SGB IV **versicherungspflichtig,** wenn der Arbeitnehmer bei einem anderen Arbeitgeber noch eine weitere geringfügige Beschäftigung ausübt, bei deren Hinzurechnung die Entgeltgrenzen des § 8 I Nr. 1 SGB IV überschritten werden. Der Arbeitnehmer hat dies dem Arbeitgeber gem. § 28 o I SGB IV mitzuteilen.

38 Eine Addition erfolgt nicht, wenn eine **geringfügige regelmäßige Beschäftigung** i. S. v. § 8 I Nr. 1 SGB IV **mit einer kurzfristigen Beschäftigung** i. S. v. § 8 I Nr. 2 SGB IV **zusammentrifft.** Eine Zusammenrechnung der geringfügig entlohnten Beschäftigung nach § 8 I Nr. 1 SGB IV und der kurzfristigen Beschäftigung nach § 8 I Nr. 2 SGB IV findet grundsätzlich nicht statt.

39 Nach § 8 II 1 SGB IV sind mehrere entgeltgeringfügige Beschäftigungsverhältnisse und nicht geringfügige Beschäftigungsverhältnisse mit Ausnahme einer geringfügigen Beschäftigung zusammenzurechnen. Diese Vorschrift besagt, dass unabhängig davon, wie viele geringfügig entlohnte Beschäftigungen der Arbeitnehmer neben einer nicht geringfügigen versicherungspflichtigen Hauptbeschäftigung ausübt, **für eine geringfügig entlohnte Beschäftigung die Zusammenrechnung entfällt.** Übt der Beschäftigte mehrere geringfügig entlohnte Beschäftigungen neben einer nicht geringfügigen versicherungspflichtigen Hauptbeschäftigung aus, soll nach Nr. 2.1.2.2 der Geringfügigkeitsrichtlinien aus Praktikabilitätsgründen die zeitlich zuerst aufgenommene geringfügig entlohnte Beschäftigung versicherungsfrei bleiben.[35]

VIII. Mitteilungs- und Meldepflichten

40 Den Arbeitgeber treffen nach § 28 a SGB IV **umfangreiche Meldepflichten,** die nach § 28 a IX SGB IV im Wesentlichen auch für versicherungsfreie geringfügig Beschäftigte gelten. Ein Arbeitgeber, der einen Arbeitnehmer geringfügig beschäftigt, ist im Hinblick auf die bestehenden gesetzlichen Meldepflichten berechtigt, den Arbeitnehmer danach zu **befragen,** ob er in weiteren geringfügigen oder versicherungspflichtigen Beschäftigungsverhältnissen steht. Nur so kann der Arbeitgeber prüfen, ob ggf. eine Zusammenrechnung nach § 8 II SGB IV vorzunehmen ist, welche die Versicherungspflicht begründet. Der geringfügig beschäftigte Arbeitnehmer ist nach § 28 o I SGB IV verpflichtet, seinem Arbeitgeber mitzuteilen, wenn er eine **weitere geringfügige Beschäftigung** aufnimmt.

41 Ergibt sich auf Grund der Mehrfachbeschäftigung des Arbeitnehmers eine Zusammenrechnung nach § 8 II 1 SGB IV, tritt nach § 8 II 3 SGB IV die Versicherungspflicht mit dem **Tage der Bekanntgabe der Feststellung** durch die Einzugsstelle oder einen Träger der Rentenversicherung ein. Diese Haftungserleichterung gilt nach Nr. 5.3 der Geringfügigkeitsrichtlinien

[34] BSG 10. 9. 1987 NZA 88, 629.

[35] Ebenso *Reiserer/Freckmann,* Freie Mitarbeit und Mini-Jobs nach der Hartz-Reform 2003, RN 540; *Rittweger,* Leitfaden Mini-Job, Ich-AG und Familien-AG, 2. Aufl., RN 42; für ein Bestimmungsrecht des Arbeitnehmers Küttner/*Schlegel,* Personalbuch 2008, Geringfügige Beschäftigung RN 91; zweifelnd *Rolfs* NZA 2003, 65, 68.

allerdings nur für den sorgfältig handelnden Arbeitgeber, der seiner Erkundigungspflicht nachgeht und dies ggf. auch dokumentieren kann.[36] Das Privileg des § 8 II 3 SGB IV greift danach nicht ein, wenn es der Arbeitgeber vorsätzlich oder grob fahrlässig versäumt hat, den Beschäftigten nach weiteren Beschäftigungsverhältnissen zu befragen. Nach Auffassung des LSG Baden-Württemberg kommt es hingegen auf ein etwaiges Verschulden des Arbeitgebers nicht an, weil es hierfür keine gesetzliche Grundlage gebe.[37] Diese Rechtsprechung ist seit 1. 1. 2009 überholt, weil nach dem neu eingefügten § 8 II 4 SGB IV die Bevorzugung nach Satz 3 dieser Bestimmung nicht gilt, wenn der Arbeitgeber es vorsätzlich oder grob fahrlässig versäumt hat, den Sachverhalt aufzuklären.[38]

IX. Krankenversicherung

1. Entgeltgeringfügige Beschäftigung. Nach § 7 Satz 1 SGB V sind geringfügig Beschäftigte i. S. v. §§ 8, 8a SGB IV in der gesetzlichen Krankenversicherung grundsätzlich versicherungsfrei. Eine **Zusammenrechnung** nach § 8 II SGB IV mit einer anderen nicht geringfügigen Beschäftigung erfolgt nach § 7 Satz 2 SGB V nur, wenn „diese", d. h. die nicht geringfügige Beschäftigung für sich betrachtet eine Versicherungspflicht begründet. Ist die Hauptbeschäftigung versicherungsfrei, erfolgt keine Zusammenrechnung. 42

Für einen geringfügig beschäftigten Versicherten, der in dieser Beschäftigung **versicherungsfrei oder nicht versicherungspflichtig ist,** hat der Arbeitgeber nach § 249b Satz 1 SGB V gleichwohl einen **Beitrag in Höhe von 13% des Arbeitsentgelts** (5% bei geringfügiger Beschäftigung in Privathaushalten gem. § 249b Satz 2 SGB V) dieser Beschäftigung zu entrichten. Der Beschäftigte erwirbt trotz der Beitragszahlung keine zusätzlichen Ansprüche aus der Krankenversicherung, weil er bereits in der gesetzlichen Krankenversicherung versichert ist. § 249b Satz 1 SGB V ist mit dem Grundgesetz vereinbar.[39] Der dreizehnprozentige Beitrag zur Krankenversicherung ist vom Arbeitgeber nicht zu tragen, wenn der Beschäftigte nicht Versicherter in der gesetzlichen Krankenversicherung ist.[40] 43

Versicherungsfrei sind die in § 6 I SGB V genannten Personengruppen, also beispielsweise Arbeitnehmer, deren regelmäßiges Einkommen über der Jahresarbeitsentgeltgrenze (bundeseinheitlich: 48 600,00 Euro jährlich oder 4050,00 Euro monatlich im Jahr 2009) liegt, oder Beamte. Für die in § 6 I Nr. 1 SGB V aufgeführten versicherungsfreien Arbeitnehmer, deren Arbeitsverdienst die Jahresarbeitsentgeltgrenze übersteigt, besteht nach § 9 I Nr. 3 SGB V die Möglichkeit einer **freiwilligen Versicherung.** Macht ein Arbeitnehmer hiervon Gebrauch, ist er Versicherter, weil freiwillig versichert. Auf das Arbeitsentgelt aus einer geringfügigen Beschäftigung darf abweichend von dem Grundsatz des § 240 SGB V neben dem Pauschalbeitrag des Arbeitgebers (§ 249b SGB V) ein Beitrag von freiwilligen Mitgliedern nicht mehr erhoben werden.[41] Zu den **nicht versicherungspflichtigen Versicherten** gehören insbesondere die Familienversicherten i. S. v. § 10 I SGB V. 44

Für versicherungsfreie Beschäftigte i. S. v. § 6 I SGB V, die privat krankenversichert sind, fällt der Beitrag i. H. v. 13% zur Krankenversicherung nicht an. Sie sind nicht „Versicherte" i. S. v. § 249b SGB V. Daher ist es für einen Arbeitgeber **günstiger, privat Versicherte nebenberuflich geringfügig anzustellen.** Beschäftigt beispielsweise ein privater Bildungsträger einen beamteten, privat krankenversicherten Lehrer zur Durchführung abendlicher Sprachkurse, entfällt der Beitrag nach § 249 Satz 1 SGB V, während für einen angestellten Dolmetscher, dessen Einkommen nicht über der Jahresentgeltgrenze liegt, der Beitrag zu leisten wäre. Hierdurch entstehen arbeitsmarktpolitisch fragwürdige Anreize für die geringfügige Beschäftigung.[42] 45

2. Geringfügig Beschäftigte in Privathaushalten. Für Beschäftigte in Privathaushalten nach § 8a SGB IV, die in dieser Beschäftigung versicherungsfrei oder nicht versicherungspflichtig sind, hat der Arbeitgeber nach § 249b Satz 2 SGB V grundsätzlich einen **Beitrag zur Krankenversicherung in Höhe von 5%** des Arbeitsentgelts dieser Beschäftigung zu tragen. Diese Form der geringfügigen Beschäftigung ist damit beitragsrechtlich deutlich begünstigt. 46

---

[36] *Rittweger,* Leitfaden Mini-Job, Ich-AG und Familien-AG, 2. Aufl., RN 107.
[37] LSG Baden-Württemberg 9. 4. 2008 – L 5 R 2125/07.
[38] BGBl. I S. 2933.
[39] BSG 25. 1. 2006 FA 2006, 159; LSG Nordrhein-Westfalen 30. 3. 2006 – L 5 KR 101/05.
[40] Küttner/*Schlegel,* Personalbuch 2008, Geringfügige Beschäftigung RN 60; *Rittweger,* Leitfaden Mini-Job, Ich-AG und Familien-AG, 2. Aufl., RN 57.
[41] BSG 16. 12. 2003 NZS 2004, 537; 29. 11. 2006 NJOZ 2007, 1895.
[42] Vgl. dazu *Boecken* NZA 99, 393, 397; *Lembke* NJW 99, 1825, 1828.

47 Ist der im Privathaushalt Beschäftigte **nicht Versicherter einer gesetzlichen Krankenversicherung,** entfällt nach Auffassung der Spitzenverbände der Sozialversicherungsträger ebenso wie bei der geringfügig entlohnten Beschäftigung nach § 8 I Nr. 1 SGB IV der Pauschalbeitrag von 5%.[43]

X. Rentenversicherung

48 **1. Entgeltgeringfügig Beschäftigte.** Nach § 5 II Nr. 1 SGB VI sind geringfügig Beschäftigte i. S. v. § 8 I, § 8a SGB IV in dieser Beschäftigung **grundsätzlich rentenversicherungsfrei.** Eine Zusammenrechnung nach § 8 II SGB IV mit einer nicht geringfügigen Beschäftigung oder einer nicht geringfügigen selbstständigen Tätigkeit (§ 8 III SGB IV) findet gem. § 5 II Nr. 1 SGB VI nur statt, wenn diese selbst versicherungspflichtig ist. Mehrere geringfügig entlohnter Beschäftigungen werden jedoch zusammengerechnet. Zeitgeringfügig Beschäftigte nach § 8 I Nr. 2 SGB IV unterliegen nicht der Beitragspflicht nach § 172 III SGB V.

49 Für entgeltgeringfügig Beschäftigte, die in der Rentenversicherung versicherungsfrei oder von der Versicherungspflicht befreit sind, haben die Arbeitgeber gem. § 172 III SGB VI einen **Beitragsanteil i. H. v. 15% des Arbeitsentgelts** zu tragen, das beitragspflichtig wäre, wenn der Beschäftigte versicherungspflichtig wäre. Der Pauschalbeitrag von 15% des Arbeitsentgelts fällt bei geringfügig Beschäftigten an, die nach § 5 IV SGB VI rentenversicherungsfrei sind. Hierzu gehören beispielsweise **Bezieher einer Altersrente.** Die Beitragspflicht nach § 172 III SGB VI besteht ferner bei geringfügig Beschäftigten, die in ihrer Haupttätigkeit versicherungsfrei sind (z. B. **Beamte**). Studenten sind zwar nach § 5 III SGB VI rentenversicherungsfrei. Gleichwohl ist für sie nicht der Pauschalbeitrag nach § 172 III 2 SGB VI zu entrichten, wenn sie während der Dauer des Studiums als ordentliche Studierende einer Fachschule oder Hochschule ein Praktikum ableisten, das nicht in ihrer Studienordnung oder Prüfungsordnung vorgeschrieben ist.

50 Der Beschäftigte erwirbt aus dem vom Arbeitgeber an die zuständige Einzugsstelle (§ 28 i Satz 5 SGB IV) zu leistenden Pauschalbeitrag **keine rentenversicherungsrechtlichen Ansprüche.** Die Beitragszahlung ist zugunsten des Beschäftigten lediglich bei der Berechnung der Wartezeit nach § 52 II SGB VI und den Zuschlägen bei Entgeltpunkten nach § 76 b SGB VI zu berücksichtigen.

51 Der geringfügig vergütete Beschäftigte i. S. v. § 8 I Nr. 1 SGB IV hat gem. § 5 II 2 SGB VI freilich die Möglichkeit, auf die **Versicherungsfreiheit zu verzichten** und damit eine rentenversicherungspflichtige Beschäftigung zu begründen. Der Versicherte erwirbt damit Ansprüche auf alle in der Rentenversicherung bestehenden Leistungen. Nach der gesetzlichen Regelung kann der Verzicht auf die Versicherungsfreiheit nur für die Zukunft durch schriftliche Erklärung gegenüber dem Arbeitgeber erfolgen. Bei mehreren geringfügigen Beschäftigungen kann der Verzicht nur einheitlich erklärt werden. Der Verzicht ist unwiderruflich und gilt daher für die gesamte Dauer der geringfügigen Beschäftigung. Mit dieser Regelung sollen insbesondere den in diesen Bereichen überwiegend beschäftigten Frauen rentenversicherungsrechtliche Ansprüche eröffnet werden.[44] Dieses Ziel ist freilich Theorie geblieben: Nur rund 2% der geringfügig Beschäftigten haben von dieser Möglichkeit Gebrauch gemacht.[45]

52 Verzichtet ein Beschäftigter auf die Versicherungsfreiheit in der Rentenversicherung, hat er nach § 168 I Nr. 1 b SGB VI als Beitrag den **Differenzbetrag zwischen der tatsächlichen aktuellen Beitragshöhe und dem vom Arbeitgeber zu tragenden Pauschalbeitrag** von 15% zu entrichten. Da der Rentenversicherungsbeitrag derzeit 19,9% beträgt, hat der geringfügig Beschäftigte einen Eigenanteil von 4,9% zu leisten. Dieser ist vom Entgelt abzuziehen und an die Einzugsstelle abzuführen. Bei einem Entgelt von 400 Euro beläuft sich der Aufstockungsbetrag auf 19,60 Euro (400 Euro × 4,9%), auszuzahlen, sind daher 380,40 Euro.

53 Die **Mindestbemessungsgrundlage** für den Rentenversicherungsbeitrag beträgt nach § 163 VIII SGB VI zurzeit 155 Euro. Als Rentenversicherungsbeitrag sind daher mindestens 30,85 Euro (19,9% von 155 Euro) zu bezahlen. Erhält der Beschäftigte ein **geringeres Entgelt als 155 Euro,** hat der geringfügig Beschäftigte den vom Arbeitgeber in Höhe von 15% zu tragenden Beitragsanteil auf 30,85 Euro aufzustocken. Der Aufstockungsbetrag ergibt sich, indem der Arbeitgeberbeitragsanteil von dem Mindestbeitrag i. H. v. zurzeit 30,85 Euro abgezogen wird. Diese Beitragsverteilung wird im Schrifttum im Hinblick auf Art. 3 I GG als nicht un-

---

[43] Rundschreiben vom 17. 2. 2003 unter Nr. 3; ebenso *Niermann/Plenker* DB 2003, 304, 306.
[44] BT-Drucks. 14/280 S. 10.
[45] *Rittweger,* Leitfaden Mini-Job, Ich-AG und Familien-AG, 2. Aufl., RN 67.

problematisch angesehen, weil der Arbeitgeber bei normal rentenversicherungspflichtigen Beschäftigten nur den hälftigen Beitrag, d. h. derzeit 9,95% zu tragen hat.[46]

Der Arbeitgeber hat den geringfügig Beschäftigten nach **§ 2 I 2 NachwG** im Arbeitsvertrag schriftlich auf die Möglichkeit des Verzichts auf die Versicherungsfreiheit hinzuweisen. 54

2. Geringfügig Beschäftigte in Privathaushalten. Im Jahre 2006 war nach Angaben des Statistischen Bundesamtes in 690 000 privaten Haushalten Hauspersonal beschäftigt (Statistisches Jahrbuch 2008 S. 79). Für geringfügig Beschäftigte in Privathaushalten haben gemäß § 172 III a SGB VI Arbeitgeber einen Pauschalbeitrag zur **Rentenversicherung in Höhe von 5%** zu tragen. Im Übrigen besteht auch hier die Möglichkeit, auf die Rentenversicherungsfreiheit zu verzichten (dazu RN 51). Der Verzicht kann auf dem Haushaltsscheck erklärt werden. Den Aufstockungsbetrag in Höhe des Differenzbetrags zwischen dem vom Arbeitgeber zu zahlenden Pauschalbetrag in Höhe von 5% und dem vollen Beitragssatz in Höhe von zurzeit 19,9% trägt der Arbeitnehmer. Den Differenzbetrag hat der Arbeitgeber vom Arbeitsentgelt einzubehalten und abzuführen. 55

XI. Weitere Zweige der Sozialversicherung

1. Arbeitslosenversicherung. In der Arbeitslosenversicherung sind geringfügig Beschäftigte, auch solche in Privathaushalten, nach § 27 II SGB III **versicherungsfrei.** Geringfügige und nicht geringfügige Beschäftigungen werden nicht zusammengerechnet. 56

2. Gesetzliche Unfallversicherung. Geringfügig Beschäftigte sind gemäß § 2 I Nr. 1 SGB VII in der gesetzlichen Unfallversicherung **versichert.** 57

3. Pflegeversicherung. Nach § 20 I 1 SGB XI knüpft die Versicherungspflicht in der Pflegeversicherung an die in der gesetzlichen Krankenversicherung bestehende Versicherungspflicht an. Arbeitsentgelt aus einer geringfügigen Beschäftigung eines in der gesetzlichen Krankenversicherung freiwillig Versicherten ist als beitragspflichtige Einnahme zur Beitragsbemessung in der sozialen Pflegeversicherung auch dann heranzuziehen, wenn der Versicherte in der gesetzlichen Krankenversicherung hieraus keine Beiträge zu zahlen hat.[47] 58

XII. Steuerrechtliche Fragen

1. Geringfügig vergütete Beschäftigung. Seit dem 1. 4. 2003 ist die Steuerfreiheit nach § 3 Nr. 39, § 39 b VII EStG weggefallen. An deren Stelle ist gemäß § 40 a II EStG die Möglichkeit einer **einheitlichen Pauschalbesteuerung in Höhe von 2%** des Entgelts getreten. 59

a) Nach § 40 a II EStG kann der Arbeitgeber unter Verzicht auf die Vorlage einer Lohnsteuerkarte die Lohnsteuer einschließlich Solidaritätszuschlag und Kirchensteuern für das Arbeitsentgelt aus geringfügig entlohnter Beschäftigung – auch im Privathaushalt – mit einem einheitlichen Pauschsteuersatz in Höhe von insgesamt 2% des Arbeitsentgelts erheben, wenn er **Beiträge zur Rentenversicherung** nach § 168 I Nr. 1 b oder 1 c (geringfügig versicherungspflichtig Beschäftigte) oder nach § 172 III oder III a (versicherungsfrei geringfügig Beschäftigte) SGB VI **zu entrichten hat.** Für die Möglichkeit der Steuerpauschalierung ist unerheblich, ob der Beschäftigte in der Rentenversicherung versicherungsfrei ist oder nach § 5 II 2 SGB VI den Verzicht auf die Versicherungsfreiheit erklärt (dazu RN 51 f.) und von der Möglichkeit der Aufstockung nach § 168 I Nr. 1 b oder 1 c SGB VI Gebrauch gemacht hat. Die einheitliche Pauschsteuer beträgt auch dann 2%, wenn der Arbeitnehmer nicht Mitglied einer Kirche ist. 60

Für die Erhebung der einheitlichen Pauschsteuer ist gemäß § 40 a VI EStG die Deutsche Rentenversicherung **Knappschaft-Bahn-See/Verwaltungsstelle Cottbus zuständig.** Diese hat die Steuer auf die erhebungsberechtigten Körperschaften aufzuteilen, wobei aus Vereinfachungsgründen 90% der Pauschsteuer auf die Lohnsteuer und jeweils 5% auf den Solidaritätszuschlag und die Kirchensteuern entfallen. Die Deutsche Rentenversicherung Knappschaft-Bahn-See/Verwaltungsstelle Cottbus ist nach § 40 a VI 6 EStG berechtigt, die einheitliche Pauschsteuer zusammen mit den Sozialversicherungsbeiträgen beim Arbeitgeber einzuziehen. Der Gesamtbetrag beläuft sich dann auf 30% des Entgelts. 61

Äußert sich der Arbeitnehmer nicht, kann der Arbeitgeber **frei entscheiden,** ob er diese Pauschsteuer erheben will oder nach den Merkmalen der vom Arbeitnehmer vorzulegenden 62

[46] Vgl. dazu *Boecken* NZA 99, 393, 399.
[47] BSG 29. 11. 2006 SozR 4–3300 § 57 Nr. 3.

Lohnsteuerkarte die Steuer erhebt.[48] Die Vorlage einer Lohnsteuerkarte ist wirtschaftlich sinnvoll, wenn der Arbeitnehmer die Steuerklasse I, II, III oder IV hat. Hier fällt bei einem Arbeitsentgelt bis zu 400 Euro monatlich keine Lohnsteuer an.

63 **b)** Steht der Arbeitnehmer in **mehreren geringfügigen Beschäftigungsverhältnissen,** die nach § 8 II 1 SGB IV zusammenzurechnen sind, und überschreitet das in diesen Beschäftigungsverhältnissen erzielte Entgelt in der Summe die Entgeltgrenze von 400 Euro, unterliegen die Beschäftigungsverhältnisse den allgemeinen Arbeitgeberbeiträgen zur Rentenversicherung und nicht dem Pauschalbeitrag in Höhe von 15% bzw. 5% in Privathaushalten. In diesem Fall scheidet die Pauschsteuer von 2% aus. Der Arbeitgeber kann jedoch nach § 40a IIa EStG unter Verzicht auf die Vorlage einer Lohnsteuerkarte die pauschale Lohnsteuer mit einem Steuersatz in Höhe von 20% des Arbeitsentgelts erheben. Die bis zum 31. 3. 2003 geltende Begrenzung auf einen Stundenlohn von 12 Euro ist seit 1. 4. 2003 entfallen. Auch hier besteht für den Arbeitgeber die Möglichkeit der Steuererhebung nach den Merkmalen der vom Arbeitnehmer auf Verlangen des Arbeitgebers vorzulegenden Lohnsteuerkarte.

64 Zu der Pauschalsteuer von 20% nach § 40a IIa EStG kommen allerdings noch der **Solidaritätszuschlag** in Höhe von 5,5% sowie ggf. die **Kirchensteuer** hinzu. Die pauschale Lohnsteuer nach § 40a IIa EStG ist nicht an die Deutsche Rentenversicherung Knappschaft-Bahn-See/Verwaltungsstelle Cottbus, sondern an das **Betriebsstättenfinanzamt** abzuführen.[49]

65 **c)** Bei der **Prüfung der Pauschalierungsgrenzen** des § 40a EStG sind Bezüge, die nicht zum laufenden Arbeitsentgelt gehören, rechnerisch gleichmäßig auf die Lohnzahlungs- bzw. Lohnabrechnungszeiträume zu verteilen, in denen die vergütete Arbeitsleistung erbracht wird. Daher sind z. B. Weihnachtsgeld, Urlaubsgeld und Einmalzahlungen für eine Direktversicherung im Regelfall auf die gesamte Beschäftigungszeit des Kalenderjahres zu verteilen.[50] Wenn diese Bezüge aber erst nach Ablauf des Kalenderjahres gezahlt werden, in dem die entsprechende Arbeitsleistung erbracht worden ist, sind sie nicht mehr dem Lohnabrechnungszeitraum des vorangehenden Kalenderjahres zuzurechnen.[51]

66 Wird eine pauschalierte Lohnsteuer erhoben, ist der **Arbeitgeber in formeller Hinsicht alleiniger Steuerschuldner** (§§ 40a V, 40 III 2 EStG) und nicht etwa Gesamtschuldner neben dem Arbeitnehmer.[52] Insoweit unterscheidet sich das pauschale Lohnsteuerverfahren von der sonstigen steuerrechtlichen Behandlung von Arbeitslohn gemäß § 38 III EStG. Nach dieser Bestimmung hat der Arbeitgeber die Lohnsteuer nur für den Arbeitnehmer abzuführen, Steuerschuldner bleibt jedoch der Arbeitnehmer, § 38 II 1 EStG.

67 Die Pauschalierung der Lohnsteuer hat weiterhin zur Folge, dass bei der **Lohnsteuerveranlagung des Arbeitnehmers** sowohl der insoweit erzielte Lohn als auch die pauschale Lohnsteuer außer Betracht bleiben (§ 40a V i. V. m. § 40 III 3 EStG).

68 Die **Entscheidung, ob die Lohnsteuer pauschaliert werden soll,** liegt grundsätzlich (zur Ausnahme RN 70) beim **Arbeitgeber.**[53] Der Arbeitgeber kann die Pauschalierung auf einzelne Arbeitnehmer beschränken und von anderen, die an sich auch die Voraussetzungen für die Lohnsteuerpauschalierung erfüllen, die Vorlage einer Lohnsteuerkarte verlangen. Die Pauschalierung muss nicht einheitlich für alle in Betracht kommenden Arbeitnehmer des Betriebs durchgeführt werden.[54]

69 Bei vereinbarter Lohnsteuerpauschalierung sind Arbeitgeber und Arbeitnehmer für das **laufende Kalenderjahr** an diese Art der Steuererhebung **gebunden.** Der Arbeitgeber ist jedoch weder unter dem Gesichtspunkt des Rechtsmissbrauchs noch durch die Zielrichtung des § 40a EStG gehindert, nach Ablauf des Kalenderjahres die Pauschalversteuerung des Arbeitslohns für die in seinem Betrieb angestellte Ehefrau zu beenden und zur Regelbesteuerung überzugehen. Ein Wechsel der Besteuerungsart ist als Gestaltungsmissbrauch i. S. des § 42 AO 1977 anzusehen, wenn er während eines Kalenderjahres mit dem alleinigen Ziel erfolgt, die jeweiligen Vorteile der Besteuerungsarten zu kombinieren und durch Ausnutzung der mit den Lohneinkünften zusammenhängenden Freibeträge für einen Teil des Lohns einer Besteuerung zu entgehen.[55]

---

[48] BAG 24. 6. 2003 AP 63 zu § 242 BGB Betriebliche Übung = NZA 2003, 1145; BFH 3. 6. 1982 DB 82, 2067.
[49] Schmidt/*Drenseck* EStG 27. Aufl. § 40a RN 10.
[50] FG Baden-Württemberg 20. 10. 2005 DStRE 2006, 602.
[51] Schmidt/*Drenseck* EStG 27. Aufl. § 40a RN 4.
[52] BFH 20. 3. 2006 BFH-PR 2006, 234.
[53] BAG 24. 6. 2003 AP 63 zu § 242 BGB Betriebliche Übung = NZA 2003, 1145.
[54] BFH 6. 3. 1982 DB 82, 2067.
[55] BFH 26. 11. 2003 DB 2004, 361.

Der Arbeitnehmer kann vom Arbeitgeber die Besteuerung nach seiner individuellen Steuerklasse **verlangen.** Äußert der Arbeitnehmer jedoch ein solches Verlangen nicht – was bei den Steuerklassen I bis IV sinnvoll wäre, weil dort bei einer Vergütung bis 400 Euro keine Steuer zu entrichten ist – kann der Arbeitgeber den **Arbeitnehmer im Innenverhältnis mit der Pauschalsteuer belasten.** Die durch § 40 III EStG begründete Verpflichtung des Arbeitgebers zur Übernahme der Steuerschuld sagt nichts darüber aus, wer die Steuer wirtschaftlich zu tragen hat.[56] Zu unterscheiden ist zwischen dem öffentlich-rechtlichen Steuerschuldverhältnis und dem privatrechtlichen Arbeitsverhältnis. **70**

Liegt eine Bruttolohnvereinbarung vor, kann der Arbeitgeber, dem das Wahlrecht zwischen einer Pauschalbesteuerung und einer Besteuerung nach individuellen Merkmalen zusteht, vom **Bruttoentgelt die Pauschalsteuer in Abzug** bringen. Einer besonderen Vereinbarung hierzu bedarf es nicht.[57] **71**

2. Kurzfristig Beschäftigte. Wird der Arbeitnehmer beim Arbeitgeber nur gelegentlich, nicht regelmäßig wiederkehrend beschäftigt und übersteigt die Dauer der Beschäftigung nicht 18 zusammenhängende Arbeitstage, kommt nach § 40a I EStG eine Steuerpauschalierung mit einem Steuersatz von 25% in Betracht. Weitere Voraussetzungen hierfür sind, dass der Arbeitslohn während der Beschäftigungsdauer im Durchschnitt 62 Euro je Arbeitstag nicht übersteigt oder die Beschäftigung zu einem unvorhersehbaren Zeitpunkt sofort erforderlich wird. In diesem Fall darf nach § 40a IV EStG der durchschnittliche Stundenlohn 12 Euro nicht übersteigen. Ein unvorhersehbarer Zeitpunkt ist beispielsweise bei einem krankheitsbedingten Ausfall eines Arbeitnehmers oder beim Ausfall bestellter Aushilfskräfte anzunehmen.[58] Wegen weiterer Einzelheiten zur Lohnsteuerpauschalierung wird auf die **Lohnsteuerrichtlinien 40a** verwiesen. **72**

---

[56] BAG 24. 6. 2003 AP 63 zu § 242 BGB Betriebliche Übung = NZA 2003, 1145.
[57] BAG 1. 2. 2006 AP 4 zu § 40a EStG = NZA 2006, 682; LAG Hamm 8. 3. 2006 – 6 Sa 1631/05.
[58] Schmidt/*Drenseck* EStG 26. Aufl. § 40a RN 6.

V. Buch. Die Pflichten des Arbeitnehmers aus dem Arbeitsvertrag

§ 45. Die Arbeitspflicht

Bauer/Opolony, Arbeitsrechtliche Änderungen in der Gewerbeordnung, BB 2002, 1590; *Bitter,* Die Arbeitspflicht des Arbeitnehmers, AR-Blattei SD 190; *Blanke,* Reichweite des Direktionsrechts bei Mitarbeiterbefragungen, PersR 96, 429; MünchArbR/*Blomeyer* § 48 I; Boemke/*Keßler,* Gewerbeordnung, § 106, 2003; *Borgmann/Faas,* Weisungsrecht zur betrieblichen Ordnung nach § 106 S. 2 GewO, NZA 2004, 241; *Hilbrandt,* Versetzung auf Grund vermeintlichen Weisungsrechts und einstweiliger Rechtsschutz, RdA 98, 155; *Hunold,* Das Direktionsrecht des Arbeitgebers, AR-Blattei SD 600; *ders.,* Die Rechtsprechung zur Mitbestimmung des Betriebsrats bei Versetzungen, NZA-RR, 2001, 617; *ders.,* AGB-Kontrolle einer Versetzungsklausel, NZA 2007, 19; *Kast/Freihube,* Direktionsrecht und Flugreisen – Auswirkungen der Anschläge vom 11. September 2001, BB 2001, 2422; *Krause,* Inhalt des Arbeitsverhältnisses, AR-Blattei SD 220.2.1; *Lakies,* Das Weisungsrecht des Arbeitgebers (§ 106 GewO) – Inhalt und Grenzen, BB 2003, 364; *Maschmann,* Abordnung und Versetzung im Konzern, RdA 96, 24; *Otto,* Das Zurückbehaltungsrecht an Leistungen des Arbeitgebers, AR-Blattei SD 1880; *Popp,* Status quo und Perspektive des arbeitsvertraglichen Direktionsrechts, BB 97, 1790; *Ring,* Weisungen des Arbeitgebers auf Grund seines allgemeinen Direktionsrechts, BuW 98, 391; *Rost,* Die „Erweiterung" des Direktionsrechts durch Tarifvertrag, FS für Dieterich, 1999, S. 505; *Schöne,* Die Novellierung der Gewerbeordnung und die Auswirkungen auf das Arbeitsrecht, NZA 2002, 829; *Schulte,* Direktionsrecht à la § 106 GewO – mehr Rechtssicherheit?, ArbRB 2003, 245; *Wisskirchen,* Novellierung arbeitsrechtlicher Vorschriften in der Gewerbeordnung, DB 2002, 1886; *Wolber,* Zum Umfang des Direktionsrechts des öffentlichen Arbeitgebers, ZfPR 98, 175.

Übersicht

	RN
I. Persönliche Arbeitsleistung	1 ff.
1. Grundsatz	1, 2
2. Ausnahmen	3, 4
3. Arbeitsleistung durch einen Dritten	5
4. Beweislast	6
II. Person des Arbeitgebers	7 ff.
1. Grundsatz	7, 8
2. Leiharbeitsverhältnis und Arbeitsleistung für Dritte	9–12
3. Betriebsinhaberwechsel	13
III. Ort der Arbeitsleistung	14 ff.
1. Grundsatz	14
2. Änderung des Arbeitsorts	15–19
3. Betriebsverlegung	20
4. Kostenersatz	21
5. Maßgebliches Recht	22
IV. Art der zu leistenden Arbeit	23 ff.
1. Allgemeines	23
2. Zuweisung von Tätigkeiten	24–25 a
3. Kleidung	26
4. Erweiterung des Direktionsrechts	27, 28
5. Konkretisierung	29–29 b
6. Gewissenskonflikt	30
7. Nebenarbeiten	31, 32
8. Gesetzlich verbotene oder sittenwidrige Arbeit	33
9. Versetzungsklauseln	34–41
10. Gerichtliche Überprüfung des Direktionsrechts	42
11. Direktionsrecht und Änderungskündigung	43
12. Sonderregeln	44, 44 a
13. Anspruch auf Versetzung	45
V. Zeitlicher Umfang der Arbeitspflicht	46 ff.
1. Arbeitstempo	46
2. Mehrarbeit	47
3. Konkludente Änderung der Arbeitszeitdauer	48, 48 a
VI. Arten der Arbeitszeit	49 ff.
1. Allgemeines	49-52
2. Begriff der Arbeitszeit	53
3. Schichtarbeit	54
4. Über- und Mehrarbeit	55
5. Arbeitsbereitschaft	56–56 b
6. Bereitschaftsdienst	57, 58
7. Rufbereitschaft	59
8. Wegezeit	60
9. Dienstreisezeit	61, 61 a
10. Dienst- und Schichtplan	62
11. Nachtarbeitszeit	63
12. Pausen	64, 64 a
13. Ruhezeiten	65, 66
14. Ermessensausübung	67–70
VII. Erfüllungszwang der Arbeitsleistung	71 ff.
1. Klage	71
2. Einstweilige Verfügung	72
3. Verbot anderweitiger Beschäftigung	73
4. Vereinbarung eines anderweitigen Beschäftigungsverbots	74
5. Abwerbungsverbot	75

I. Persönliche Arbeitsleistung

1 **1. Grundsatz.** Nach § 613 Satz 1 BGB hat der Arbeitnehmer die Arbeit **im Zweifel in Person** zu leisten. Aus der Auslegungsregel folgt, dass er die Arbeitsleistung nicht durch einen Ersatzmann oder Gehilfen erbringen lassen kann. Dies gilt auch für den sog. Schichttausch oder im Falle des Verlustes der Fahrerlaubnis.[1]

2 Andererseits ist der Arbeitnehmer im Zweifel aber auch nicht verpflichtet, im Falle seiner Leistungsverhinderung einen Ersatzmann zu stellen. Aus dem Grundsatz der persönlichen Arbeitsleistung folgt, dass das **Arbeitsverhältnis mit dem Tode des Arbeitnehmers erlischt.**[2] Der Erbe ist weder verpflichtet noch berechtigt, in den Arbeitsvertrag einzutreten. Macht er dies, wird regelmäßig ein neuer Arbeitsvertrag begründet. Auf Grund der Erbenhaftung (§ 1967 BGB) kann der Erbe verpflichtet sein, noch einzelne Pflichten aus dem Arbeitsverhältnis zu erfüllen. So ist er gehalten, etwaiges dem Arbeitnehmer zur Verfügung gestelltes Arbeitsmaterial herauszugeben. Andererseits folgen bereits entstandene Ansprüche aus dem Arbeitsverhältnis der allgemeinen Erbfolge, soweit sich nicht aus ihrer Höchstpersönlichkeit etwas anderes ergibt. Der Urlaubsanspruch ist nicht vererblich, weil mit dem Tod des Arbeitnehmers keine Arbeitspflichten mehr entstehen, von denen er durch Urlaubserteilung befreit werden könnte (zu Urlaubsabgeltungsansprüchen § 102 RN 155).[3] Besonderheiten können sich bei tariflichen Regelungen zugunsten des Erblassers ergeben.[4]

3 **2. Ausnahmen.** Von der Auslegungsregel des § 613 Satz 1 BGB kann **vertraglich abgewichen** werden.[5] Es kann ausdrücklich oder stillschweigend vereinbart werden, dass der Arbeitnehmer berechtigt oder verpflichtet ist, zur Erfüllung der Arbeitsleistung Dritte hinzuzuziehen.[6] Eine entsprechende stillschweigende Vereinbarung ergibt sich dann, wenn der Arbeitnehmer zur Erbringung der Arbeitsleistung allein nicht in der Lage ist oder wenn die Hinzuziehung von Gehilfen bzw. Gestellung von Ersatzkräften üblich ist. Dies kann z. B. der Fall sein bei der Anstellung eines Hausmeisters unter gleichzeitiger Wohnungsgewährung an das Hausmeisterehepaar. In diesen Fällen kann die Ehefrau des Hausmeisters u. U. berechtigt und verpflichtet sein, bei Verhinderung ihres Ehemannes die Heizung zu versorgen. Zieht der Arbeitnehmer zur Erfüllung der Arbeitsleistung Gehilfen hinzu, entsteht, sofern nicht auch zwischen dem Gehilfen und dem Arbeitgeber ein Arbeitsvertrag abgeschlossen wird, i. d. R. zwischen diesen ein mittelbares Arbeitsverhältnis (§ 183). Denkbar ist auch ein **Dienstverschaffungsvertrag,** bei dem der Dienstverpflichtete nicht zur persönlichen Dienstleistung verpflichtet ist, sondern überhaupt nur eine fremde Arbeitskraft zur Verfügung stellen muss. Dies gilt oftmals für Verträge mit Rechtsanwälten.

4 Im Falle der **Arbeitsplatzteilung** im Rahmen eines **Job-Pairings** wird das Prinzip der persönlichen Arbeitsleistung durchbrochen.

5 **3. Arbeitsleistung durch einen Dritten.** Erbringt der Arbeitnehmer unberechtigt seine Arbeitsleistung durch einen Dritten, gerät er selbst in Schuldnerverzug. Wegen des Fixschuldcharakters der Arbeitspflicht scheidet eine Nachholung der Dienstleistung aus, es liegt vielmehr teilweise Unmöglichkeit vor.[7] Die Hinzuziehung Dritter stellt eine Pflichtverletzung des Arbeitnehmers dar, die zu arbeitsrechtlichen Konsequenzen bis zur Kündigung führen kann.[8] Bei unerlaubter Übertragung der Arbeitsleistung auf einen Dritten entstehen grundsätzlich keine vertragsrechtlichen Ansprüche des Dritten. Ein Arbeitsverhältnis zwischen dem Ersatzmann und dem Arbeitgeber kommt regelmäßig nicht zustande, es sei denn, der Dritte wird mit Wissen und Wollen für den Arbeitgeber tätig. Der Arbeitgeber kann durch die Leistung des Dritten ungerechtfertigt bereichert sein (§ 812 BGB). Erleidet der Arbeitgeber durch einen Dritten einen Schaden, ist der Arbeitnehmer wegen Verletzung des Arbeitsvertrags schadensersatzpflichtig. Der Dritte kann dem Arbeitgeber nach § 823 BGB zum Schadensersatz verpflichtet sein.

---

[1] Dazu LAG Schleswig-Holstein 16. 6. 1986 NZA 87, 669; offengelassen von BAG 14. 2. 1991 RzK I 6 a Nr. 70.

[2] MünchKommBGB/*Müller-Glöge* § 613 RN 10; Staudinger/*Richardi* § 613 RN 12; HWK/*Thüsing* § 613 BGB RN 9.

[3] BAG 18. 7. 1989 AP 49 zu § 7 BUrlG Abgeltung = NZA 90, 238; näher dazu *Leinemann/Linck* § 1 RN 133.

[4] Dazu BAG 26. 4. 1990 AP 53 zu § 7 BUrlG Abgeltung; 18. 7. 1989 AP 49 zu § 7 BUrlG Abgeltung.

[5] MünchKommBGB/*Müller-Glöge* § 613 RN 2; ErfK/*Preis* § 613 RN 3.

[6] Vgl. MünchKommBGB/*Müller-Glöge* § 613 RN 13 ff.

[7] HWK/*Thüsing* § 613 BGB RN 2.

[8] MünchKommBGB/*Müller-Glöge* § 613 RN 8; HWK/*Thüsing* § 613 BGB RN 2.

4. Beweislast. Macht der Arbeitgeber geltend, nicht der Arbeitnehmer, sondern ein Dritter sei tätig geworden sei, hat der Arbeitnehmer darzulegen und ggf. zu beweisen, dass er die Dienste nicht in Person zu leisten hatte.[9] 6

II. Person des Arbeitgebers

1. Grundsatz. § 613 Satz 2 BGB enthält die abdingbare Auslegungsregel, dass der **Anspruch auf Dienste im Zweifel nicht übertragbar** ist. Diese Vorschrift dient allein dem Schutz des Arbeitnehmers. Seine Entscheidung, ob und in welcher Weise er die eigene Arbeitskraft einsetzt, gehört zum Bereich höchstpersönlicher Lebensführung, der dem Zugriff der Gläubiger entzogen ist.[10] Da der Anspruch auf die Arbeitsleistung grundsätzlich nicht übertragbar ist, unterliegt er gem. § 851 ZPO auch nicht der Pfändung. Er ist nach § 400 BGB auch nicht abtretbar. Das heißt jedoch nicht, dass er nur für die Person des Arbeitgebers zu arbeiten hat. Der Arbeitgeber kann vielmehr, wie im Normalfall, im Rahmen des Weisungsrechts (§ 106 GewO) bestimmen, dass der Arbeitnehmer auch für andere Beschäftigte des Betriebs oder Unternehmens tätig zu werden hat. 7

Aus dem **Grundsatz der Unübertragbarkeit des Anspruchs auf Dienstleistung** folgt nicht ohne Weiteres seine Unvererblichkeit. Hierbei ist vielmehr zu unterscheiden, ob die Arbeitsleistung ausnahmsweise ausschließlich oder überwiegend für die Person des Arbeitgebers zu erbringen ist (Krankenpflege, Privatsekretär usw.) oder ob sie – wie in der Regel – in einem Betrieb für eine juristische Person oder sonst nicht personengebunden (z. B. Angestellte eines Rechtsanwalts) zu leisten ist. Nur bei an die Person des Arbeitgebers gebundener Dienstleistungsberechtigung kann ein durch den Tod des Arbeitgebers auflösend bedingtes (§§ 21, 15 II TzBfG) Arbeitsverhältnis vorliegen.[11] Das Arbeitsverhältnis endet dann zwei Wochen nach Zugang der schriftlichen Unterrichtung des Arbeitnehmers über den Tod des Arbeitgebers. In den übrigen Fällen tritt i. d. R. der Erbe des Arbeitgebers in das Arbeitsverhältnis ein; jedoch kann diesem u. U. ein Recht zur ordentlichen oder außerordentlichen Kündigung des Arbeitsverhältnisses zustehen,[12] z. B. dann, wenn für die Arbeitsleistung kein Bedarf mehr besteht. Zur Betriebsnachfolge §§ 116 ff. 8

2. Leiharbeitsverhältnis und Arbeitsleistung für Dritte (vgl. § 120). **a)** Der Arbeitnehmer kann seine **Arbeitsleistung im Unternehmen eines Dritten** erbringen.[13] Rechtlich bestehen erhebliche Unterschiede je nach der Art des Arbeitsverhältnisses. Der Arbeitnehmer kann, z. B. wie ein Monteur, verpflichtet sein, seine Arbeit für den Arbeitgeber im Betrieb eines Dritten zu leisten. In diesen Fällen ist nur der Ort der Arbeitsleistung geändert. Alle Rechte und Pflichten aus dem Arbeitsverhältnis bleiben jedoch beim Arbeitgeber. Wegen der räumlichen Eingliederung in den Betrieb des Dritten entstehen u. U. auch Rechtsbeziehungen zum Dritten. Dieser hat ein beschränktes Weisungsrecht und auch gewisse Rücksichtspflichten (§ 241 II BGB). Zum Arbeitsunfall vgl. § 109. 9

Es kann aber auch vereinbart werden, dass der Arbeitnehmer einem Dritten die Arbeitsleistung zu erbringen hat. Je nach dem, ob der **Dritte einen eigenen Anspruch auf die Arbeitsleistung** erwerben soll oder nicht, spricht man von einem echten oder unechten Vertrag zugunsten Dritter (§ 328 BGB). Auch in diesen Fällen bleibt Vertragspartei der Arbeitgeber, so dass er beispielsweise die Entgeltansprüche zu erfüllen hat. Ob auch dem Dritten wegen der Arbeitsleistung ein Direktionsrecht zusteht, ist durch Auslegung des Arbeitsvertrags zu ermitteln. Wird ein Bauarbeiter von einem beteiligten Bauunternehmer für eine Arbeitsgemeinschaft eingestellt, steht auch der Arbeitsgemeinschaft ein Weisungsrecht zu, nicht jedoch dem Bauherrn (vgl. § 9 BRTV-Bau). 10

Im Rahmen der sog. **Konzernleihe** (§ 1 III Nr. 2 AÜG) leihen miteinander verbundene Unternehmen einander Arbeitskräfte aus. Dies ist mit Zustimmung des Arbeitnehmers zulässig (§ 120 RN 17. 11

b) Ist der Arbeitgeber berechtigt, den Anspruch auf die Arbeitsleistungen an einen Dritten abzutreten, spricht man von einem **Leiharbeitsverhältnis** (§ 120). Stellt der Arbeitgeber vorübergehend nicht benötigte Arbeitskräfte einem anderen Arbeitgeber zur Verfügung, liegt ein echtes, nicht gewerbliches Leiharbeitsverhältnis vor. Wird dagegen von vornherein vereinbart, 12

---

[9] *Baumgärtel,* Handbuch der Beweislast im Privatrecht, 2. Aufl., § 613 RN 2.
[10] BGH 11. 12. 2003 NJW-RR 2004, 696.
[11] MünchKommBGB/*Müller-Glöge* § 613 RN 22.
[12] BAG 2. 5. 1958 AP 20 zu § 626 BGB.
[13] BAG 17. 1. 1979 AP 2 zu § 613 BGB.

dass der Arbeitnehmer für einen Dritten arbeiten soll, entsteht ein unechtes oder gewerbsmäßiges Leiharbeitsverhältnis oder Zeitarbeitsverhältnis (vgl. § 120). Der Dritte hat Anspruch auf die Arbeitsleistung. Dagegen bleibt der Arbeitgeber zur Entgeltzahlung verpflichtet.

13 **3. Betriebsinhaberwechsel.** Geht der Betrieb kraft Gesetzes oder kraft Rechtsgeschäftes **(§ 613 a BGB)** auf einen Rechtsnachfolger über, tritt dieser in die bestehenden Arbeitsverhältnisse ein (vgl. §§ 116ff.).

III. Ort der Arbeitsleistung

14 **1. Grundsatz.** Der Ort der Arbeitsleistung ergibt sich aus dem **Arbeitsvertrag,** seinen Umständen oder seiner Natur (§ 269 I BGB). I. d. R. ist Leistungsort der Betrieb des Arbeitgebers.[14] Die Vereinbarung eines Arbeitsgebiets im Arbeitsvertrag beinhaltet nicht zugleich eine Festlegung des Arbeitsorts.[15] Erfüllungsort für die Arbeitsleistung eines für die Bearbeitung eines größeren Bezirks angestellten Reisenden ist dessen Wohnsitz, wenn er von dort aus seine Reisetätigkeit ausübt. Dies gilt unabhängig davon, ob er täglich nach Hause zurückkehrt und in welchem Umfang er vom Betrieb Anweisungen für die Gestaltung seiner Reisetätigkeit erhält.[16] Im Übrigen bestimmt der Arbeitgeber gem. § 106 GewO kraft seines Weisungsrechts den Arbeitsort nach billigem Ermessen.

15 **2. Änderung des Arbeitsorts.** Bei der Änderung des Arbeitsorts sind individualrechtliche und kollektivrechtliche Fragen zu trennen. Individualrechtlich geht es um die Auslegung des Arbeitsvertrags und den Umfang des **Direktionsrechts** nach § 106 GewO. Kollektivrechtlich ist zu prüfen, ob eine Versetzung i. S. v. § 95 III BetrVG vorliegt (dazu § 241 RN 20) und deshalb der Betriebsrat nach § 99 BetrVG zu beteiligen ist (dazu § 241 RN 20).[17]

16 **a)** Nach § 106 Satz 1 GewO kann der Arbeitgeber den Ort der Arbeitsleistung nach billigem Ermessen näher bestimmen, soweit die Arbeitsbedingungen nicht durch den Arbeitsvertrag, Bestimmungen einer Betriebsvereinbarung, eines anwendbaren Tarifvertrags oder gesetzliche Vorschriften festgelegt sind (zur Konkretisierung RN 29). Erforderlich ist deshalb zunächst eine **Auslegung des Arbeitsvertrags.** Ist dort ein Arbeitsort bezeichnet, spricht dies – soweit es keine anderen Anhaltspunkte gibt – dafür, dass der Arbeitgeber den Ort der Arbeitsleistung nicht einseitig ohne Zustimmung des Arbeitnehmers ändern kann. Stimmt der Arbeitnehmer einer Änderung des Arbeitsorts nicht zu und ist der Arbeitsort arbeitsvertraglich fest vereinbart, bedarf es zur Änderung des Arbeitsorts einer Änderungskündigung.[18]

16a **b)** Der **Umfang des Direktionsrechts** ist besonders weitgehend, wenn der Arbeitnehmer keinen festen Arbeitsplatz hat. Dies betrifft z. B. Bau- und Montagearbeiter, die nicht für eine bestimmte Baustelle eingestellt sind. Mangels einer eindeutigen anderweitigen Vereinbarung ist der Arbeitgeber kraft seines Direktionsrechts befugt, eine in einem Gebäudereinigungsunternehmen tätige Raumpflegerin in verschiedenen Arbeitsstätten zu beschäftigen.[19] Ein Schulhausmeister kann während der Schulferien verpflichtet werden, andere Schulen des Schulbezirks mit zu betreuen.[20] Soll der Arbeitnehmer an mehreren Orten eingesetzt werden, ist dies nach § 2 Nr. 4 NachwG in den Arbeitsvertrag aufzunehmen. Auch bei Personen ohne feststehenden Arbeitsplatz darf der Arbeitgeber das Direktionsrecht nur unter Berücksichtigung der Interessen des Arbeitnehmers (§ 106 Satz 1 GewO) ausüben. Ein Bauarbeiter darf z. B. nicht ohne Weiteres an einen nicht oder kaum erreichbaren Arbeitsplatz geschickt werden.[21] Ein Einsatz im Ausland kommt auch bei Montagearbeiten i. d. R. nur in Betracht, wenn dies vertraglich vereinbart ist.[22] Dasselbe werden soll auch gelten bei Begleitpersonal der Bundeswehr, wenn es im Ausland eingesetzt werden soll. Namentlich mit leitenden Angestellten kann vereinbart werden, dass sie in der Nähe ihres Arbeitsorts zu wohnen haben (Residenzpflicht).

16b **c)** Ein **vorbehaltenes Versetzungsrecht** bezieht sich regelmäßig nur auf Betriebe des Arbeitgebers (zur AGB-Kontrolle RN 34).[23] Denkbar sind jedoch auch Versetzungsvorbehalte,

[14] BAG 3. 12. 1985 AP 5 zu § 1 TVG Tarifverträge: Großhandel = NZA 86, 366.
[15] BAG 11. 4. 2006 AP 7 zu § 307 BGB = NZA 2006, 1149.
[16] BAG 12. 6. 1986 AP 1 zu Art. 5 Brüsseler Abkommen.
[17] Dazu *Hunold* NZA-RR 2001, 617.
[18] HWK/*Lembke* § 106 GewO RN 25.
[19] LAG Berlin 25. 4. 1988 DB 88, 1228.
[20] BAG 11. 6. 1992 AP 2 zu § 12 BAT.
[21] BAG 19. 6. 1985 AP 11 zu § 4 BAT = NZA 85, 811; 26. 6. 1985 AP 4 zu § 9 TVAL II = DB 86, 132.
[22] LAG Hamm DB 74, 877.
[23] Vgl. MünchArbR/*Blomeyer* § 48 RN 88f.; Staudinger/*Richardi* § 611 RN 254.

nach denen der Arbeitnehmer innerhalb eines Konzerns in ein anderes Unternehmen versetzt werden kann (Konzernleihe).[24] Solche Klauseln sind grundsätzlich nicht unangemessen i. S. v. § 307 I BGB, weil sie dem Arbeitnehmer einen erweiterten Schutz vor betriebsbedingten Kündigungen verschaffen (dazu § 134 RN 17). Sie müssen allerdings hinreichend klar formuliert sein.[25] Hat sich ein öffentlicher Arbeitgeber die Änderung der Verwaltungsbezirke arbeitsvertraglich vorbehalten, so ist zu unterscheiden zwischen der Rechtmäßigkeit des Verwaltungsakts, mit dem die Neueinteilung erfolgt, und der des Direktionsrechts, mit dem der Leistungsort neu festgelegt wird. Die Ausübung des Direktionsrechts ist arbeitsgerichtlich nachprüfbar.[26]

d) Da der Arbeitnehmer im Allgemeinen für den Betrieb angestellt wird, kann er im Rahmen der von ihm geschuldeten Arbeitsleistung **innerhalb des Betriebs umgesetzt** werden. **17**
Dies gilt sowohl, wenn er in einem Großbetrieb die Abteilung wechselt, als auch dann, wenn in einem Filialunternehmen der Arbeitnehmer von einem Geschäft in ein anderes versetzt wird, sofern der Tätigkeitsbereich und Arbeitsort inhaltlich dem vertraglich Vereinbarten entsprechen.[27] Eine Ausnahme kann dann bestehen, wenn mit der Veränderung des Arbeitsorts erhebliche Erschwernisse für den Arbeitnehmer verbunden sind. Ob in demselben Umfang eine Versetzungsmöglichkeit in einen **anderen Betrieb am selben Ort** besteht, ist streitig. Bei der Abwägung der Interessen des Arbeitgebers mit denen des Arbeitnehmers nach § 106 Satz 1 GewO dürfte u. a. auch eine Rolle spielen, ob in dem neuen Betrieb ein Betriebsrat besteht. Bei einer Versetzung sind die Rechte des Betriebsrats nach § 99 BetrVG zu beachten (§ 241).

Namentlich im **öffentlichen Dienst** kann dem Arbeitgeber vorbehalten sein, den Arbeitnehmer an einen anderen Ort abzuordnen.[28] § 4 I TVöD (vormals § 12 I BAT) erlaubt dem **18**
Arbeitgeber Versetzungen und Abordnungen, d. h. die Zuweisung einer auf Dauer bestimmten Tätigkeit in einer anderen Dienststelle desselben Arbeitgebers bzw. die Zuweisung einer vorübergehenden Beschäftigung in einer anderen Dienststelle desselben Arbeitgebers oder eines anderen Arbeitgebers, beides unter Fortsetzung des bestehenden Arbeitsverhältnisses.[29] Deshalb schließt die in Arbeitsverträgen über die Weiterverwendung von Lehrern enthaltene Angabe einer bestimmten Schule in der Regel das Recht des Landes nicht aus, den Lehrer an eine andere Schule umzusetzen.[30] Eine langjährige Übung, wonach ein Teil der Arbeitszeit außerhalb des Dienstgebäudes erbracht werden darf, hindert den Arbeitgeber des öffentlichen Dienstes nicht daran, die Arbeitnehmer anzuweisen, in Zukunft die gesamte Arbeitszeit im Dienstgebäude abzuleisten.[31]

e) Im Allgemeinen hat der Arbeitnehmer bei Neueröffnung von Betrieben seines Arbeitge- **19**
bers keinen **Anspruch auf Versetzung** in einen ihm näher gelegenen Betrieb.[32]

3. Betriebsverlegung. Wird der Betrieb im selben Ort verlegt, kann der Arbeitgeber regel- **20**
mäßig eine Versetzung vornehmen.[33] Dasselbe wird auch bei eng zusammenliegenden Nachbarorten gelten; es ist nicht auf die Kommunalgrenzen, sondern auf die bestehenden Verkehrsverbindungen abzustellen. Anders ist es dagegen, wenn der Betrieb an einen entfernteren Ort verlegt wird. Denn damit wird die vertraglich geschuldete Arbeitspflicht des Arbeitnehmers wesentlich geändert. Der Arbeitgeber kann das Arbeitsverhältnis derjenigen Arbeitnehmer, die nicht folgen, ordentlich betriebsbedingt kündigen. Stets ist eine Änderungskündigung in Betracht zu ziehen. Eine fristlose Kündigung ist in diesen Fällen grundsätzlich nicht gerechtfertigt, weil die Betriebsverlegung für den Arbeitgeber voraussehbar ist. Bis zum Ablauf der Kündigungsfrist gerät der Arbeitgeber in Annahmeverzug, wenn ihm die Weiterbeschäftigung nicht möglich ist. Hat der Betriebsrat der Verlegung gem. § 111 BetrVG zugestimmt, ist umstr., ob die Zustimmung normativ auf das Arbeitsverhältnis einwirkt (dazu § 244 RN 33). Ein Sozialplan, der Arbeitnehmer vom Leistungsbezug ausschließt, die eine angebotene Stelle im verlegten

---

[24] Dazu BAG 21. 1. 1999 AP 9 zu § 1 KSchG 1969 Konzern = NZA 99, 539; *Windbichler,* Arbeitsrecht im Konzern, 1989, S. 114 ff.

[25] Vgl. Däubler/*Dorndorf/Bonin*/Deinert § 307 RN 193.

[26] BAG 23. 1. 1992 AP 39 zu § 611 BGB Direktionsrecht = NZA 92, 795; 24. 4. 1996 AP 48 zu § 611 BGB Direktionsrecht = NZA 96, 1088.

[27] ArbG Bremen DB 61, 847; vgl. auch LAG Kiel BB 65, 419.

[28] BAG 11. 6. 1992 AP 2 zu § 12 BAT = NZA 93, 576.

[29] Vgl. BAG 18. 2. 1976 AP 1 zu Saarland Universitätsgesetz; 29. 10. 1997 AP 51 zu § 611 BGB Direktionsrecht = NZA 98, 329; LAG Berlin 29. 11. 1999 LAGE § 2 KSchG Nr. 36.

[30] BAG 29. 10. 1997 AP 51 zu § 611 BGB Direktionsrecht = NZA 98, 329.

[31] BAG 11. 10. 1995 AP 9 zu § 611 BGB Arbeitszeit = NZA 96, 718.

[32] LAG München 8. 11. 1988 DB 89, 1879.

[33] LAG Köln 30. 1. 1995 ZTR 95, 280; HWK/*Lembke* § 106 GewO RN 30.

Betrieb ausschlagen, ist regelmäßig nicht ermessensfehlerhaft (§ 112 V BetrVG). Geht ein Betrieb durch Rechtsgeschäft auf einen anderen Inhaber über und verlagert dieser den Betrieb an einen anderen Ort, an dem der Arbeitnehmer nach dem Inhalt des bestehenden Arbeitsvertrags nicht zur Arbeitsleistung verpflichtet ist, tritt der Betriebserwerber nicht nach § 613a I 1 BGB in dieses Arbeitsverhältnis ein.[34]

21 **4. Kostenersatz.** Sofern dem Arbeitnehmer infolge einer im Arbeitgeberinteresse erfolgten Versetzung Kosten entstehen, ist der Arbeitgeber nach der Rechtsprechung des BAG in entsprechender Anwendung von § 670 BGB zu deren **Ersatz verpflichtet.**[35] Tarifverträge enthalten hierzu häufig eingehende Regelungen.

22 **5. Maßgebliches Recht.** Der Arbeitsort ist zumeist **Anknüpfungspunkt** für das auf das Arbeitsverhältnis anzuwendende Recht.[36] Regelmäßig ist auch am Arbeitsort vom Arbeitgeber die Vergütung zu zahlen.[37] Nach dem Reisekostenrecht des öffentlichen Dienstes ist Dienstort die politische Gemeinde, in welcher der Bedienstete beschäftigt ist.[38]

IV. Art der zu leistenden Arbeit

23 **1. Allgemeines.** Die Art der vom Arbeitnehmer zu leistenden Arbeit ergibt sich aus dem **Inhalt des Arbeitsvertrags,** der unter Berücksichtigung kollektivvertraglicher Normen nach Treu und Glauben und der Verkehrssitte sowie einer etwa bestehenden Betriebsübung auszulegen ist. Die Art der zu leistenden Arbeit muss nach § 2 I Nr. 5 NachwG im Arbeitsvertrag angegeben werden.[39] Im Rahmen des Vertrags kann der Arbeitgeber dem Arbeitnehmer auf Grund seines Direktionsrechts nach § 106 GewO die Arbeiten zuweisen.[40] Erfordert die Zuweisung der Arbeitsaufgaben eine personelle Auswahlentscheidung des Arbeitgebers zwischen mehreren Arbeitnehmern, finden die Grundsätze zur sozialen Auswahl im Rahmen einer betriebsbedingten Kündigung keine Anwendung.[41]

24 **2. Zuweisung von Tätigkeiten. a)** Ist im Arbeitsvertrag oder einer dort in Bezug genommenen Stellenbeschreibung[42] eine **bestimmte Tätigkeit vereinbart** worden (z.B. die eines Exportkaufmanns, Teppichverkäufers), besteht das Weisungsrecht nur in einer Konkretisierung dieses Tätigkeitsbereichs (zu Nebenarbeiten RN 31).[43] Wird dagegen bei der Einstellung, wie im Regelfall, die Tätigkeit nur **fachlich umschrieben** (als Maurer, Schlosser, Verkäufer[44] usw.), kann der Arbeitgeber sämtliche Arbeiten zuweisen, die sich innerhalb des vereinbarten Berufsbilds halten und gleichwertig sind (zur Konkretisierung RN 29).[45] Die **Gleichwertigkeit** bestimmt sich mangels anderer Anhaltspunkte grundsätzlich aus der auf den Betrieb abgestellten Verkehrsauffassung und dem sich daraus ergebenden Sozialbild.[46] U. U. muss der Arbeitnehmer eine geringfügige Minderung des Ansehens hinnehmen.[47] **Geringwertiger** ist die Tätigkeit eines Sachbearbeiters gegenüber derjenigen eines Sachgebietsleiters.[48] Die Zuweisung eines geringerwertigen Arbeitsplatzes ist auch dann nicht vom Direktionsrecht gedeckt, wenn die **bisherige Vergütung weiter bezahlt** wird.[49] Nach § 106 GewO richtet sich, inwieweit ein **Filmschauspieler** Änderungen an seiner arbeitsvertraglich vorgesehenen Filmrolle hinnehmen muss.[50] Für eine unterwertige Beschäftigung spricht, dass die Funktionen und die **Vertretungs-**

---

[34] BAG 20. 4. 1989 AP 81 zu § 613a BGB = NZA 90, 32.

[35] BAG 21. 3. 1973 AP 4 zu § 44 BAT = BB 73, 983; 17. 10. 1960 AP 1 zu § 22 TOA.

[36] BAG 12. 12. 2001 AP 10 zu Art. 30 EGBGB n. F. = NZA 2002, 734.

[37] BAG 12. 6. 1986 AP 1 zu Art. 5 Brüsseler Übereinkommen; LAG Berlin 19. 5. 1960 AP 3 zu § 269 BGB; LAG Baden-Württemberg 15. 2. 1958 AP 4 zu § 269 BGB.

[38] BAG 15. 11. 1983 AP 1 zu § 2 BRKG = DB 84, 2046.

[39] Dazu EuGH 4. 12. 1997 (Kampelmann) AP 3 zu EWG-Richtlinie Nr. 91/533 = NZA 98, 137.

[40] BAG 27. 3. 1980 AP 26 zu § 611 BGB Direktionsrecht; 30. 8. 1995 AP 44 zu § 611 BGB Direktionsrecht = NZA 96, 444; 29. 10. 1997 AP 51 zu § 611 BGB Direktionsrecht = NZA 98, 329; MünchKomm-BGB/*Müller-Glöge* § 611 RN 1016; Staudinger/*Richardi* § 611 RN 249.

[41] Vgl. BAG 23. 9. 2004 AP 64 zu § 611 BGB Direktionsrecht = NZA 2005, 359.

[42] HWK/*Thüsing* § 611 BGB RN 289.

[43] Vgl. BAG 10. 11. 1955 AP 2 zu § 611 BGB Beschäftigungspflicht; LAG Düsseldorf 28. 1. 1987 NZA 88, 69.

[44] LAG Köln 26. 10. 1984 NZA 85, 258 (Umsetzung einer Miederwarenverkäuferin in Herrenabteilung).

[45] BAG 9. 5. 2006 AP 21 zu § 307 BGB = NZA 2007, 145.

[46] BAG 30. 8. 1995 AP 44 zu § 611 BGB Direktionsrecht = NZA 96, 440.

[47] BAG 17. 1. 1979 AP 2 zu § 613 BGB m. krit. Anm. *v. Hoyningen-Huene.*

[48] LAG Hamm 9. 1. 1997 NZA-RR 97, 337.

[49] BAG 24. 4. 1996 AP 49 zu § 611 BGB Direktionsrecht = NZA 97, 104.

[50] BAG 13. 6. 2007 AP 11 zu § 611 BGB Film = NZA 2007, 974.

befugnisse eingeschränkt werden. Eine **Prokura** kann allerdings gem. § 52 I HGB in jedem Fall ohne Rücksicht auf den Arbeitsvertrag widerrufen werden.[51] Dem Arbeitnehmer können regelmäßig Arbeitsplätze zugewiesen werden, auf denen keine oder **geringere Schmutz- und Gefahrenzulagen,** Wegegelder, Produktionsprämien oder ähnliches gezahlt werden. Andererseits ist die Versetzung auf einen Arbeitsplatz ohne Funktionszulage i. d. R. unzulässig, weil hier zumeist auch eine Veränderung der funktionsabhängigen Arbeitsleistung vorliegen wird.[52] Für Angestellte des **öffentlichen Dienstes** wird der Umfang des Weisungsrechts durch § 12 BAT (nunmehr § 4 TVöD) bestimmt. Davon ist die Zuweisung eines anderen Aufgabenbereichs in einer anderen Klinik eines Universitätsklinikums gedeckt.[53] Zur Tätigkeit eines Redakteurs an Tageszeitungen gehört die Berichterstattung mit eigenen Wort- und/oder Bildbeiträgen. Auch ohne ausdrückliche Bezeichnung als „Wort- und Bildredakteur" schuldet der Redakteur Wortbeiträge und Bildbeiträge.[54] Ist die zu leistende Arbeit nur ganz **generalisierend umschrieben** worden (als Hilfsarbeiter), muss der Arbeitnehmer jede Arbeit verrichten, die billigem Ermessen entspricht (§ 106 GewO).[55] Der Arbeitgeber kann von einem Arbeitnehmer mit Fahrerlaubnis grundsätzlich auch die **Durchführung von Dienstreisen** mit einem vom Angestellten selbst zu führenden Dienstwagen verlangen.[56] Gehören Arbeiten, die dem Arbeitnehmer übertragen werden sollen, zu seinem Berufsbild, kann der Arbeitgeber vom Arbeitnehmer auch die **Teilnahme an Schulungen** verlangen, wenn dieser auf Grund neuer technologischer Entwicklungen nicht über die erforderliche Kenntnisse verfügt.[57] Eine über die **vertraglichen Grenzen** hinaus erfolgende Arbeitszuweisung kann nicht im Wege des Direktionsrechts erfolgen;[58] erforderlich ist dann vielmehr eine Änderungskündigung.[59] Der Arbeitgeber ist auf Grund seines Direktionsrechts grundsätzlich auch befugt, den **Aufgabenbereich des Arbeitnehmers zu verkleinern.**[60] Die durch eine Entwicklungsklausel gedeckte Änderung des Aufgabengebietes eines Chefarztes wahrt die Grenzen des billigen Ermessens, wenn der damit verbundene Rückgang seiner Einkünfte aus Privatliquidation lediglich 6% beträgt; eine Änderungskündigung ist in diesem Fall nicht erforderlich.[61] Im Allgemeinen kann die Entziehung von Leitungsaufgaben nicht auf bekannte, zwei Jahre zurückliegende Dienstverfehlungen gestützt werden.[62]

b) Ist vereinbart, dass der Arbeiter **im Akkord beschäftigt** wird, liegt beim Übergang vom Leistungslohn zum Zeitlohn oder umgekehrt ein Arbeitsplatzwechsel vor, der grundsätzlich nicht im Wege des Weisungsrechts vollzogen werden kann.[63] Der Arbeitgeber muss verakkordierbare Arbeit grundsätzlich verakkordieren, andernfalls gerät er in Annahmeverzug. Ist eine Arbeit nicht verakkordierbar, muss der Arbeitnehmer diese zwar leisten, er behält aber den Anspruch auf Weiterzahlung des Akkorddurchschnittsverdienstes. Anders ist die Rechtslage bei sog. gemischten Arbeitsverhältnissen.[64] Eine gemischte Tätigkeit ist dann gegeben, wenn der Arbeitnehmer sowohl mit Akkord- wie Zeitlohnarbeit beschäftigt werden soll. In keinem Fall darf der Arbeitgeber die Arbeitswertigkeit einseitig ändern (unter RN 37). Behält sich der Arbeitgeber bei **Außendienstmitarbeitern** im Arbeitsvertrag eine Änderung des zugewiesenen Bezirks aus organisatorischen Gründen vor, ist er aus sachlichen Gründen, z. B. wegen einer Angleichung an Gemeindegrenzen oder einer Verlegung des Standortes des Außendienstmitarbeiters in die Mitte des Bezirkes, zur Neueinteilung der Bezirke seiner Außendienstmitarbeiter berechtigt.[65] Einschränkungen des Weisungsrechts können sich dann ergeben, wenn aus der Art der beruflichen **24a**

---

[51] BAG 26. 8. 1986 AP 1 zu § 52 HGB = NZA 87, 202.

[52] BAG 10. 11. 1992 AP 6 zu § 72 LPVG NW = NZA 93, 331; 27. 4. 1988 AP 4 zu § 10 Tarifvertrag Arbeiter Bundespost; 15. 11. 1995 AP 20 zu § 1 TVG Tarifverträge: Lufthansa = NZA 96, 603.

[53] BAG 22. 1. 2004 AP 25 zu § 91 a ZPO.

[54] BAG 5. 6. 2003 – 6 AZR 237/02 n. v.

[55] BAG 27. 3. 1980 AP 26 zu § 611 BGB Direktionsrecht.

[56] BAG 29. 8. 1991 AP 38 zu § 611 BGB Direktionsrecht = NZA 92, 67.

[57] ArbG Bonn 4. 7. 1990 NZA 91, 512.

[58] BAG 28. 2. 1968 AP 22 zu § 611 BGB Direktionsrecht.

[59] Vgl. *v. Hoyningen-Huene/Linck* § 2 RN 29 ff.

[60] BAG 23. 6. 1993 AP 42 zu § 611 BGB Direktionsrecht = NZA 93, 1127.

[61] BAG 13. 3. 2003 AP 47 zu § 611 BGB Arzt-Krankenhaus-Vertrag = NZA 2004, 735.

[62] BAG 16. 9. 1998 AP 2 zu § 24 BAT-O; Hessisches LAG 5. 2. 1998 ZTR 98, 474.

[63] BAG 30. 10. 1983 AP 20 zu § 1 TVG Tarifverträge: Metallindustrie; 6. 2. 1985 AP 3 zu § 1 TVG Tarifverträge: Textilindustrie; zur Umsetzung aus gesundheitlichen Gründen: 30. 10. 1983 AP 20 zu § 1 TVG Tarifverträge: Metallindustrie.

[64] BAG 27. 3. 1980 AP 4 zu § 1 TVG Tarifverträge: Metallindustrie; 27. 1. 1988 AP 90 zu § 1 TVG Tarifverträge: Bau.

[65] Vgl. BAG 7. 10. 1982 AP 5 zu § 620 BGB Teilkündigung mit krit. Anm. *M. Wolf;* siehe auch BAG 19. 5. 1971 AP 12 zu § 611 BGB Fleischbeschauer-Dienstverhältnis.

Tätigkeit **Rechte Dritter** berührt werden. Einem Arzt kann keine Behandlungsmethode vorgeschrieben werden; dem Betreuer können keine Weisungen wegen der Amtsführung erteilt werden, wenn sie die Interessen des Betreuten verletzen.[66]

25 **c)** Namentlich im **öffentlichen Dienst,** in dem die Arbeitnehmer in bestimmte Vergütungsgruppen eingereiht sind, kann dem Arbeitnehmer nach der Rechtsprechung des BAG gem. § 12 BAT (nunmehr § 4 I TVöD) grundsätzlich jede zumutbare Beschäftigung im Rahmen der Vergütungsgruppe zugewiesen werden.[67] Unerheblich ist dabei, ob aus der jeweils einschlägigen Fallgruppe dieser Vergütungsgruppe ein Bewährungsaufstieg möglich ist oder nicht.[68] Dem Arbeitnehmer darf aber nicht ein Aufgabenbereich zugewiesen werden, der lediglich die Tätigkeitsmerkmale einer niedrigeren Vergütungsgruppe erfüllt und nur auf dem Umweg über den Bewährungsaufstieg dazu führt, dass die bisherige Vergütung erhalten bleibt.[69] Bei einer Änderung der Fallgruppe kann eine Beteiligung des Personalrats erforderlich sein.

25a **d)** Der Arbeitgeber des öffentlichen Dienstes kann dem Arbeitnehmer im Wege des Direktionsrechts **vorübergehend auch höherwertige Arbeit** zuweisen (dazu § 184 RN 48 ff.).[70] Eine rechtswirksame Übertragung einer höherwertigen Tätigkeit liegt aber noch nicht vor, wenn sie durch den unmittelbaren Dienstvorgesetzten erfolgt und die Personalabteilung hiervon nichts weiß.[71] Überträgt der Arbeitgeber dem Arbeitnehmer vorläufig eine höherwertige Aufgabe und macht er die Übertragung auf Dauer davon abhängig, dass sich der Arbeitnehmer fachlich bewährt, darf er dem Arbeitnehmer die höherwertige Aufgabe nicht aus anderen Gründen wieder entziehen.[72] Grundsätzlich kann der Arbeitgeber dem Arbeitnehmer auch einen kleineren Dienstbereich zuweisen. Jedoch muss die Zuweisung billigem Ermessen entsprechen.[73] Die Aufgaben eines Zivildienstbeauftragten können einem Arbeitnehmer nach billigem Ermessen übertragen und entzogen werden.[74]

26 **3. Kleidung.** Kraft seines Direktionsrechts ist der Arbeitgeber grundsätzlich befugt, Mitarbeitern im Verkaufsbereich **Kleidervorschriften** zu machen. Ein Arbeitgeber, der Möbel gehobenen Genres vertreibt, kann seinen im Verkauf tätigen Arbeitnehmern untersagen, in Gegenwart von Kunden in Jeans, Turnschuhen, mit offenem Kragen, ohne Krawatte und ohne Sakko aufzutreten.[75] Ein **Schmuckverbot für Pflegehelfer** in Fachkliniken ist aus Sicherheitsgründen wirksam.[76] Beabsichtigt der Arbeitgeber die Einführung einer einheitlichen Arbeitskleidung zur Verbesserung des äußeren Erscheinungsbildes, unterliegt dies der **Mitbestimmung des Betriebsrats.**[77] Die Weisung des Arbeitgebers, einheitliche Arbeitskleidung zu tragen, kann vom Arbeitnehmer in der Regel nur dann abgelehnt werden, wenn er in seinem Persönlichkeitsrecht verletzt wird oder die Kleidung Sicherheitserfordernissen widerspricht. Eine Verletzung des Persönlichkeitsrechts ist anzunehmen, wenn die Firmenkleidung so beschaffen ist, dass die Arbeitnehmer der Lächerlichkeit preisgegeben werden.[78] Das betriebliche Interesse des Betreibers eines Spielcasinos an einem einheitlichen Erscheinungsbild der im **Spielcasino** beschäftigten Angestellten überwiegt deren mögliches individuelles Interesse, während des Dienstes eine andere, persönlich gewünschte Kleidung zu tragen.[79]

---

[66] BAG 10. 4. 1991 AP 37 zu § 611 BGB Direktionsrecht = BB 91, 1420.

[67] BAG 30. 8. 1995 AP 44 zu § 611 BGB Direktionsrecht = NZA 96, 440; 11. 3. 1998 AP 68 zu §§ 22, 23 BAT Lehrer; 21. 11. 2002 AP 63 zu § 611 BGB Direktionsrecht; 22. 1. 2004 AP 25 zu § 91 a ZPO.

[68] BAG 30. 8. 1995 AP 44 zu § 611 BGB Direktionsrecht = NZA 96, 440; 21. 11. 2002 AP 63 zu § 611 BGB Direktionsrecht.

[69] BAG 30. 8. 1995 AP 44 zu § 611 BGB Direktionsrecht = NZA 96, 440; 24. 4. 1996 AP 49 zu § 611 BGB Direktionsrecht = NZA 97, 104.

[70] Vgl. BAG 30. 11. 1994 AP 11 zu § 1 TVG Tarifverträge: Bundesbahn; 10. 2. 1988 AP 15 zu § 24 BAT; 19. 7. 1978 AP 8 zu §§ 22, 23 BAT 1975; LAG Hamm 21. 1. 1993 NZA 93, 704.

[71] BAG 11. 3. 1998 AP 68 zu §§ 22, 23 BAT Lehrer = ZTR 98, 370.

[72] BAG 17. 12. 1997 AP 52 zu § 611 BGB Direktionsrecht = NZA 98, 555.

[73] BAG 23. 6. 1993 AP 42 zu § 611 BGB Direktionsrecht = NZA 93, 1127.

[74] BAG 12. 9. 1996 AP 1 zu § 30 ZDG = NZA 97, 381.

[75] LAG Hamm 22. 10. 1991 DB 92, 280.

[76] LAG Schleswig-Holstein 26. 10. 1995 BB 96, 222.

[77] BAG 1. 12. 1992 AP 20 zu § 87 BetrVG 1972 Ordnung des Betriebes = EzA 20 zu § 87 BetrVG 1972 Betriebliche Ordnung mit zust. Anm. *v. Hoyningen-Huene* zur Gestellung von Arbeitskleidung in einem Bauunternehmen.

[78] BAG 1. 12. 1992 AP 20 zu § 87 BetrVG 1972 Ordnung des Betriebes; LAG Hamm 7. 7. 1993 LAGE § 611 BGB Direktionsrecht Nr. 14.

[79] BAG 13. 2. 2007 AP 40 zu § 87 BetrVG 1972 Ordnung des Betriebes = NZA 2007, 640.

4. Erweiterung des Direktionsrechts. Ob **Tarifverträge** das Direktionsrecht des Arbeitgebers erweitern können, indem sie ihm das Recht einräumen, die Arbeitsbedingungen des Arbeitnehmers im Wege des Weisungsrechts einseitig so zu verändern, dass der Arbeitgeber dem Arbeitnehmer auf Dauer eine niedriger vergütete Tätigkeit übertragen kann, wird von der neueren Rechtsprechung differenziert beantwortet.[80] Während das BAG früher eine Erweiterung des Direktionsrechts durch Tarifvertrag als zulässig angesehen hat,[81] berücksichtigt es nunmehr, dass die Regelungsbefugnis der Tarifvertragsparteien aus Art. 9 III GG durch entgegenstehendes Gesetzesrecht begrenzt ist. Eine tarifvertragliche Erweiterung des Direktionsrechts muss mit den Wertungen des § 2 KSchG übereinstimmen. Auf Grund ihrer Einschätzungsprärogative in Bezug auf die tatsächlichen Gegebenheiten und betroffenen Interessen können die Tarifvertragsparteien allerdings die jeweiligen kündigungsschutzrechtlichen Wertvorstellungen konkretisieren und einen angemessenen Ausgleich zwischen den Interessen des Arbeitnehmers an einem unveränderten Fortbestand seines Arbeitsverhältnisses und dem Interesse des Arbeitgebers an einer flexiblen Gestaltung der Arbeitsbedingungen vornehmen. Ein angemessener Interessenausgleich fehlt, wenn der Tarifvertrag dem Arbeitgeber ohne jede Vorgabe Einschränkungen bis hin zur Suspendierung des Arbeitsverhältnisses gestattet.[82] Dementsprechend sind Tarifnormen, die ohne Regelungen über Voraussetzungen, Umfang und Höchstdauer den Arbeitgeber ermächtigen, durch einseitige Anordnung Kurzarbeit einzuführen, wegen objektiver Umgehung zwingender Vorschriften des Kündigungsrechts unwirksam.[83] 27

Eine Erweiterung des Direktionsrechts ist jedoch mit kündigungsschutzrechtlichen Vorschriften vereinbar, wenn die Ausübung des Weisungsrechts **nach Grund und Umfang an konkrete Voraussetzungen geknüpft** ist. Das BAG hat deshalb zu Recht eine Tarifregelung als wirksam angesehen, die dem Arbeitgeber das Recht einräumt, den Arbeitnehmer vorübergehend in eine niedrigere Vergütungsgruppe einzuweisen, wenn Arbeitsmangel oder an anderer Stelle ein dringend notwendiger Bedarf besteht, und zugleich den Arbeitgeber verpflichtet, für zwei Wochen das Entgelt der bisherigen Vergütungsgruppe weiterzuzahlen. Die Maßnahme ist zeitlich begrenzt und darf gegenüber dem betroffenen Arbeitnehmer höchstens so lange aufrechterhalten werden, wie die Gründe für die Einweisung bestehen. Hierdurch wird ausgeschlossen, dass der Inhalt des bestehenden Arbeitsvertrags auf Dauer verändert wird. Deshalb ist es unschädlich, dass die Norm nicht ausdrücklich regelt, um wie viele Lohngruppen die übertragene Tätigkeit niedriger bewertet sein darf als die regelmäßig ausgeübte.[84] 28

5. Konkretisierung. a) Das Direktionsrecht des Arbeitgebers kann **nachträglich, auch stillschweigend, eingeschränkt** worden sein, wenn sich die Arbeitspflicht auf eine bestimmte Tätigkeit konkretisiert hat.[85] Eine Konkretisierung mit der Folge, dass die Zuweisung anderer Tätigkeiten nicht mehr billigem Ermessen entspricht,[86] tritt nicht allein dadurch ein, dass ein Arbeitnehmer längere Zeit eine bestimmte Arbeit verrichtet,[87] wohl aber, wenn zum Zeitablauf besondere Umstände hinzutreten, aus denen sich ergibt, dass der Arbeitnehmer hinfort nur noch diese Arbeit verrichten soll.[88] Solche besonderen Umstände sind die Ausbildung, Beförderung, Übertragung von Führungsaufgaben[89] usw. Die Befugnis, kraft Direktionsrechts Ort und Zeit der Arbeitsleistung festzulegen, ist noch nicht dadurch eingeschränkt, dass der Arbeitgeber bei Abschluss des Arbeitsvertrags auf die für den Arbeitsbereich des Arbeitnehmers geltende betriebliche Regelung über Zeit und Ort des Beginns und Endes der täglichen Arbeit hingewiesen hat. 29

---

[80] Vgl. BAG 23. 9. 2004 AP 1 zu § 27 BMT-G II = NZA 2005, 475; 19. 11. 2002 AP 18 zu § 1 TVG Tarifverträge: Papierindustrie.

[81] Vgl. BAG 22. 5. 1985 AP 6 und 7 zu § 1 TVG Tarifverträge: Bundesbahn mit Anm. *Weiss*; 26. 6. 1985 AP 4 zu § 9 TVAL II; – zust. *Plüm* DB 92, 735 ff.; einschränkend KR/*Rost* § 2 KSchG RN 54 a ff.

[82] BAG 23. 9. 2004 AP 1 zu § 27 BMT-G II = NZA 2005, 475.

[83] BAG 27. 1. 1994 AP 1 zu § 15 BAT-O; 18. 10. 1994 AP 11 zu § 615 BGB Kurzarbeit.

[84] BAG 23. 9. 2004 AP 1 zu § 27 BMT-G II = NZA 2005, 475.

[85] BAG AP 24, 26 zu § 611 BGB Direktionsrecht; BAG 23. 10. 1985 AP 10 zu § 24 BAT; zu Umfang der Schichtarbeit: BAG 11. 2. 1998 DB 98, 426; LAG Rheinl.-Pfalz NZA 90, 527; LAG Rheinl.-Pfalz 5. 7. 1996 NZA 97, 1113; zum Wechsel von Schichten: BAG 10. 11. 1992 AP 6 zu § 72 LPVG-NW = NZA 93, 331; 15. 10. 1992 AP 2 zu § 9 MTB II = NZA 93, 1139; 23. 6. 1992 AP 1 zu § 611 BGB Arbeitszeit = NZA 93, 89; LAG Düsseldorf 23. 10. 1991 LAGE § 611 BGB Direktionsrecht Nr. 10.

[86] Hierzu auch BAG 15. 8. 2002 AP 241 zu § 613 a BGB = NZA 2003, 430.

[87] BAG 13. 3. 2007 AP 26 zu § 307 BGB; 7. 9. 1972 AP 2 zu § 767 ZPO; LAG Köln NZA 85, 259.

[88] Vgl. BAG AP 73 zu § 3 TOA; AP 2 zu § 611 BGB Direktionsrecht; AP 5 zu § 242 BGB Gleichbehandlung; AP 10 zu § 615 BGB; LAG Rheinland-Pfalz 5. 7. 1996 NZA 97, 1113.

[89] LAG Köln 23. 2. 1987 LAGE § 611 BGB Direktionsrecht Nr. 1.

29a **b)** Hat der Arbeitgeber **längere Zeit von seinem Direktionsrecht keinen Gebrauch gemacht**, kann der Arbeitnehmer daraus nicht den Schluss ziehen, der Arbeitgeber werde von seinem Recht keinen Gebrauch mehr machen. Es kann nicht im Interesse einer vertrauensvollen und gedeihlichen Zusammenarbeit in einem Arbeitsverhältnis liegen, dass der Arbeitgeber in bestimmten zeitlichen Abständen den Arbeitnehmer darauf hinweist, dass er weiterhin beabsichtige, von seinem Recht, auch einen anderen Arbeitsort zuzuweisen, Gebrauch zu machen, sobald er es für erforderlich halten werde.[90] Deshalb ist die Anweisung an einen Straßenbahnkontrolleur, die Kontrolltätigkeit am Betriebshof aufzunehmen, auch dann wirksam, wenn der Kontrolleur über 14 Jahre hinweg die tägliche Arbeit in der Weise begonnen hat, dass er bei Dienstbeginn an der seiner Wohnung nächstgelegenen Haltestelle in einen Bus oder eine Bahn einstieg und in dem betreffenden Fahrzeug die Kontrolltätigkeit aufnahm und bei Dienstschluss entsprechend verfuhr.[91] Der Arbeitgeber kann nach Auffassung des BAG eine Arbeitnehmerin, die sechs Jahre als Vorzimmersekretärin gearbeitet hat, im Wege des Weisungsrechts in den Schreibdienst versetzen, wenn die vertraglich vereinbarte Arbeitsaufgabe mit „Schreibkraft" umschrieben ist.[92]

29b **c)** Geht der Arbeitnehmer auf eine an sich **unberechtigte Versetzungsanordnung** ein und verrichtet längere Zeit die von ihm verlangte Arbeit, kann es hierdurch zu einer stillschweigenden Vertragsänderung kommen, wenn der Arbeitnehmer von der Durchführung der nachteiligen Vertragsgestaltung unmittelbar und sogleich betroffen wird.[93]

30 **6. Gewissenskonflikt.** Der Arbeitgeber darf dem Arbeitnehmer keine Arbeiten zuweisen, durch die er in einen Gewissenskonflikt gerät (vgl. dazu § 49 RN 2). Maßgebend ist der sog. **subjektive Gewissensbegriff.** Dieser setzt voraus, dass der Arbeitnehmer darlegt, ihm sei wegen einer aus einer spezifischen Sachlage folgenden Gewissensnot heraus nicht zuzumuten, die an sich vertraglich geschuldete Leistung zu erbringen. Lässt sich aus den festgestellten Tatsachen im konkreten Fall ein Gewissenskonflikt ableiten, unterliegt die Relevanz und Gewichtigkeit der Gewissensbildung keiner gerichtlichen Kontrolle. Ob billiges Ermessen dem Arbeitgeber die Zuweisung der auf Grund eines Gewissenskonflikts abgelehnten Arbeit verbietet, hängt von den Umständen des Einzelfalls ab. Insoweit hat eine Abwägung der Interessen des Arbeitgebers und des Arbeitnehmers stattzufinden. Dabei ist auf die Voraussehbarkeit für den Arbeitnehmer, Wiederholungsfälle und betriebliche Notwendigkeiten abzustellen.[94] Diese früher vom BAG auf § 315 BGB gestützte Lösung ergibt sich nunmehr aus der in § 275 III BGB normierten Einrede.[95] Danach kann der Arbeitnehmer die Arbeitsleistung verweigern, wenn sie ihm unter Abwägung des seiner Leistung entgegenstehenden Hindernisses mit dem Leistungsinteresse des Arbeitgebers nicht zugemutet werden kann. Grundrechte sind bei der Abwägung zu berücksichtigen. Deshalb kann der Arbeitnehmer aus religiösen Gründen im Einzelfall zur Verweigerung von Sonntagsarbeit berechtigt sein (dazu auch § 3 RN 17).[96] In diesem Fall entfällt nach § 326 I BGB regelmäßig der Entgeltanspruch, wenn der Arbeitgeber dem Arbeitnehmer nicht im Wege des Weisungsrechts eine andere Tätigkeit zuweisen kann.[97] Einschränkungen des Direktionsrechts können sich auch bei künstlerischer Betätigung des Arbeitnehmers ergeben.[98] Auch wenn die Übertragung einer anderen Tätigkeit vom Direktionsrecht des Arbeitgebers gedeckt ist, hat der Arbeitnehmer nach § 275 I BGB ein Leistungsverweigerungsrecht, wenn er die durchzuführenden Arbeiten wegen seines **Gesundheitszustandes** objektiv nicht ausüben kann.[99]

31 **7. Nebenarbeiten** hat der Arbeitnehmer zu verrichten, wenn deren Übernahme dem Arbeitsvertrag entspricht. Hierfür sind insbesondere in Bezug genommene **Stellenbeschreibungen sowie das übliche Berufsbild** maßgeblich.[100] Nebenarbeiten sind das Heranschaffen des

---

[90] BAG 13. 3. 2007 AP 26 zu § 307 BGB; 7. 12. 2000 AP 61 zu § 611 BGB Direktionsrecht = NZA 2001, 780.

[91] BAG 7. 12. 2000 AP 61 zu § 611 BGB Direktionsrecht = NZA 2001, 780.

[92] BAG 24. 4. 1996 PersR 97, 179.

[93] Vgl. BAG 20. 5. 1976 AP 4 zu § 305 BGB; LAG Schleswig-Holstein 3. 12. 1992 DB 93, 284.

[94] BAG 20. 12. 1984 AP 27 zu § 611 BGB Direktionsrecht = NZA 86, 21; 24. 5. 1989 AP 1 zu § 611 BGB Gewissensfreiheit = NZA 90, 144; 22. 5. 2003 AP 18 zu § 1 KSchG 1969 Wartezeit; *Reuter* BB 86, 385.

[95] *Schmidt-Räntsch,* Das neue Schuldrecht, 2001, RN 292 f.; *Gotthardt,* Arbeitsrecht nach der Schuldrechtsreform, 2. Aufl., RN 115 ff.; *Henssler* RdA 2002, 129, 131; ErfK/*Preis* § 611 BGB RN 687; HWK/*Thüsing* § 611 BGB RN 397.

[96] LAG Hamm 8. 11. 2007 LAGE Art. 4 GG Nr. 5.

[97] Vgl. *Gotthardt,* Arbeitsrecht nach der Schuldrechtsreform, 2. Aufl., RN 117; Staudinger/*Oetker* § 616 BGB RN 69.

[98] LAG Düsseldorf 31. 3. 1993 DB 93, 1677.

[99] BAG 25. 7. 2002 AP 62 zu § 611 BGB Direktionsrecht = NZA 2003, 400.

[100] HWK/*Thüsing* § 611 BGB RN 297.

Materials, Aufräumen und Säubern des Arbeitsplatzes sowie die Pflege der Ware. Bei einem Lehrer gehören zu den Nebenarbeiten die Durchführung von Wandertagen und Klassenfahrten[101] sowie in Ganztagsschulen in angemessenem Umfang die Übernahme der Lernstundenaufsicht.[102] Der Fahrer eines LKW ist nur dann nicht zur Ladetätigkeit verpflichtet, wenn zwischen den Parteien ausschließlich Lenktätigkeit vereinbart ist.[103] Gehören zu der vereinbarten Tätigkeit typischerweise Geschäftsreisen im In- und Ausland, kann der Arbeitgeber diese im Wege des Weisungsrechts anordnen.[104] Eine Bäckereifachverkäuferin ist auf Anordnung des Arbeitgebers verpflichtet, zeitweise die im Verkaufsraum installierte automatische Brötchenbackanlage einschließlich vorgeschaltetem Gärschrank zu bedienen.[105] Sekretärinnen haben Besucher zu empfangen und zu bewirten.[106] Den zu ihrer Berufsausbildung beschäftigten Personen dürfen nur solche Arbeiten zugewiesen werden, die der Berufsausbildung dienen und den körperlichen Kräften entsprechen (§ 14 II BBiG). Dazu gehören die Warenpflege und das gelegentliche Putzen des Verkaufsraums (Einzelheiten § 174). In Ausübung des ihm zustehenden Direktionsrechts ist der Arbeitgeber grundsätzlich berechtigt, den Arbeitnehmer anzuweisen, die von ihm erbrachten Arbeitsleistungen zu dokumentieren.[107]

Umstr. ist, inwieweit der Arbeitgeber dem Arbeitnehmer **vorübergehend eine andersartige Tätigkeit übertragen** darf, wenn dies nicht vorbehalten ist. In außergewöhnlichen Fällen, insbesondere in **Notfällen,** muss der Arbeitnehmer auf Grund seiner vertraglichen Nebenpflicht Schaden vom Arbeitgeber abwehren, auf Verlangen vorübergehend auch solche Arbeiten übernehmen, die nicht in seinen Tätigkeitsbereich fallen.[108] Nicht jede im Betrieb auftretende Schwierigkeit kann jedoch als außergewöhnlicher Fall angesehen werden. Außergewöhnliche Fälle sind unvorhergesehene, durch rechtzeitige Personalplanung nicht behebbare Personalengpässe. Notfälle sind die in § 14 ArbZG beschriebenen unvorhergesehenen Ereignisse, also Fälle, die unabhängig vom Willen der Betroffenen eintreten und deren Folgen nicht auf andere Weise zu beseitigen sind. Keine außergewöhnlichen Fälle sind mithin regelmäßig auftretende Eilaufträge, permanenter Arbeitskräftemangel oder dergl. Zur Leistung unbezahlter Überstunden ist der Arbeitnehmer auch in Notfällen nicht verpflichtet.[109] Bei plötzlicher Erkrankung oder sonstigem nicht vorhersehbaren Ausfall eines Kollegen hat der Arbeitnehmer vorübergehend geringere[110] ebenso wie höherwertige[111] Arbeit zu verrichten. 32

8. Gesetzlich verbotene oder sittenwidrige Arbeit ist der Arbeitnehmer niemals zu leisten verpflichtet. Umstritten ist, inwieweit er zu Streikarbeit angehalten werden kann.[112] Der Arbeitgeber ist berechtigt, Arbeitnehmer nur zur Ableistung von Streikarbeit einzustellen. Die bisherige Arbeit hat der Arbeitnehmer weiter zu leisten, wenn er sich nicht am Streik beteiligt.[113] Dagegen ist er zur direkten Streikarbeit, d. h. zur Übernahme von Arbeiten, die bisher von Streikenden erbracht wurden, nicht verpflichtet,[114] es sei denn, es handelt sich um Erhaltungsarbeiten (§ 194). Indirekte Streikarbeit muss geleistet werden, d. h. die Verarbeitung von anderweitig beschaffter, bisher aber von Streikenden produzierter Vormaterialien. Nach der Rechtsprechung des BVerfG können Beamte ohne gesetzliche Regelung nicht angewiesen werden, auf bestreikten Arbeitsplätzen zu arbeiten.[115] 33

9. Versetzungsklauseln.[116] **a)** Da der Arbeitgeber dem Arbeitnehmer in der Regel auf Dauer keine andere als die nach dem Arbeitsvertrag geschuldete Arbeit zuweisen kann (vgl. wegen des 34–37

---

101 BAG 26. 4. 1985 AP 48 zu § 611 BGB Lehrer, Dozenten = NZA 85, 738; zur Vergütung vgl. BAG 22. 8. 2001 AP 144 zu § 611 BGB Lehrer, Dozenten; 25. 5. 2005 AP 165 zu § 611 BGB Lehrer, Dozenten = NZA 2005, 981.

102 BAG 30. 4. 2008 AP 183 zu § 611 BGB Lehrer, Dozenten = NZA-RR 2008, 551.

103 LAG Hessen 13. 6. 1995 NZA-RR 96, 210.

104 HWK/*Lembke* § 106 GewO RN 28.

105 LAG Hamm 8. 6. 1994 LAGE § 611 BGB Direktionsrecht Nr. 20.

106 Ebenso MünchArbR/*Blomeyer* § 48 RN 34; *Hromadka* DB 95, 2601, 2602.

107 BAG 19. 4. 2007 AP 77 zu § 611 BGB Direktionsrecht.

108 BAG 3. 12. 1980 AP 4 zu § 615 BGB Böswilligkeit.

109 ArbG Leipzig 4. 2. 2003 NZA-RR 2003, 365.

110 BAG 8. 10. 1962 AP 18 zu § 611 BGB Direktionsrecht.

111 BAG 19. 6. 1985 AP 9 zu § 24 BAT = BB 85, 1985.

112 Vgl. *Nicolai,* Die Verweigerung von Streikarbeit, 1993.

113 Das Urteil des BAG AP 41 zu Art. 9 GG Arbeitskampf betrifft den wilden Streik. Es verpflichtet den Arbeitnehmer, zur Meidung einer fristlosen Entlassung die Arbeit aufzunehmen.

114 BAG 25. 7. 1957 AP 3 zu § 615 BGB Betriebsrisiko; Staudinger/*Richardi* § 611 RN 325.

115 BVerfG 2. 3. 1993 AP 126 zu Art. 9 GG Arbeitskampf = NJW 93, 1379.

116 Dazu *Dzida/Schramm* DB 2007, 1221.

Arbeitsorts RN 15ff.), enthalten zahlreiche Arbeitsverträge sog. **Versetzungsklauseln.** Diese unterliegen in vorformulierten Arbeitsverträgen der AGB-Kontrolle (dazu § 32). Die Klausel in einem vorformulierten Arbeitsvertrag, in der eine bestimmte Arbeitsaufgabe bezeichnet und mit dem Vorbehalt verbunden ist, der Arbeitgeber behalte sich unter Wahrung der Interessen des Arbeitnehmers die Zuweisung eines anderen Arbeitsgebietes vor, muss den Anforderungen des § 307 BGB genügen (dazu § 32 RN 42ff. und 80).[117] § 308 Nr. 4 BGB ist nicht einschlägig. Diese Vorschrift betrifft die Änderung der vom Verwender (= Arbeitgeber) geschuldeten Leistung (= Arbeitsentgelt). Sie ist damit nicht auf das Leistungsbestimmungsrecht des Arbeitgebers im Hinblick auf die Arbeitsleistung des Arbeitnehmers anzuwenden.[118]

38, 39 **b)** Der Neunte Senat des BAG differenziert bei der **Inhaltskontrolle von Versetzungsklauseln** danach, ob sich der Arbeitgeber eine Änderung der vertraglichen Tätigkeit als solche vorbehalten habe[119] oder im Rahmen der vertraglich geschuldeten Tätigkeit nur eine Konkretisierung der Arbeitspflichten durch Zuweisung eines anderen Aufgabengebiets vornehmen dürfe.[120] Habe sich der Arbeitgeber das Recht vorbehalten, in den Inhalt des Arbeitsvertrags einzugreifen, ohne dass die in § 2 KSchG vorausgesetzten Bedingungen für eine soziale Rechtfertigung der Änderung der vertraglich vereinbarten Arbeitsbedingung erfüllt sein müssen, liege eine erhebliche Abweichung von dem Grundgedanken des durch § 2 KSchG gewährleisteten arbeitsrechtlichen Inhaltsschutzes vor. Das spreche schon für eine unangemessene Benachteiligung i. S. v. § 307 BGB. Deshalb sei eine Klausel, nach der ein Arbeitgeber eine andere als die vertraglich vereinbarte Tätigkeit einem Arbeitnehmer „falls erforderlich" und nach „Abstimmung der beiderseitigen Interessen" einseitig zuweisen könne, jedenfalls dann unwirksam, wenn nicht gewährleistet sei, dass die Zuweisung eine mindestens gleichwertige Tätigkeit zum Gegenstand haben müsse.[121] Dagegen berechtige eine Versetzungsklausel, nach der sich der Arbeitgeber (Herausgeber einer Tageszeitung) „unter Wahrung der Interessen des Redakteurs" die Zuweisung eines anderen Arbeitsgebiets vorbehalte, den Arbeitgeber zur Übertragung eines anderen Ressorts.[122]

40, 41 **c)** Ist das Direktionsrecht des Arbeitgebers erweitert worden, z. B. in einem **Chefarztvertrag** die Teilung einer Abteilung vorbehalten, ist die Ausübung des erweiterten Direktionsrechts nach § 315 BGB gerichtlich überprüfbar.[123] Eine auf Grund einer vertraglichen Entwicklungsklausel vorgenommene Beschränkung des Aufgabenbereichs eines Chefarztes ist nach bisheriger Auffassung des BAG auch dann wirksam, wenn dadurch seine Arbeitsvergütung auf 75% und die Gesamteinnahmen aus dienstlicher und genehmigter Nebentätigkeit auf 60–65% seiner bisherigen Einnahmen sinken.[124] Gleiches gilt, wenn der mit einer Änderung des Aufgabengebiets verbundene Rückgang der Einkünfte aus Privatliquidation 6% beträgt.[125] Ob hieran vor dem Hintergrund der nunmehr für Formularverträge geltenden Inhaltskontrolle festgehalten werden kann, erscheint fraglich.[126]

42 **10. Gerichtliche Überprüfung des Direktionsrechts.** Die Rechtswirksamkeit einer Versetzung unterliegt der gerichtlichen Kontrolle und kann zum Gegenstand einer **Feststellungsklage** gemacht werden.[127] Im Klageantrag sind die Maßnahmen des Arbeitgebers genau zu bezeichnen, durch die das Direktionsrecht überschritten worden sein soll. § 4 KSchG ist auf eine derartige Klage auch nicht entsprechend anzuwenden.[128] Ob bei der Versetzung eine soziale Auswahl stattzufinden hat, ist umstr.[129] Richtigerweise hat der Arbeitgeber bei der Aus-

---

[117] *Annuß* BB 2002, 458, 462; *Gotthart* ZIP 2002, 277, 285; *Hunold* NZA 2007, 19; *Kort,* FS Birk, 2008, S. 459; *Preis/Genenger* NZA 2008, 969; *Schnitker/Grau* BB 2002, 2120, 2124.

[118] BAG 11. 4. 2006 AP 17 zu § 307 BGB = NZA 2006, 1149.

[119] Dazu BAG 9. 5. 2006 NZA 2007, 145.

[120] Dazu BAG 11. 4. 2006 AP 17 zu § 307 BGB = NZA 2006, 1149.

[121] BAG 9. 5. 2006 AP 21 zu § 307 BGB = NZA 2007, 145.

[122] BAG 11. 4. 2006 AP 17 zu § 307 BGB = NZA 2006, 1149.

[123] BAG 15. 12. 1976 AP 3 zu § 611 BGB Arzt-Krankenhaus-Vertrag.

[124] BAG 28. 5. 1997 AP 36 zu § 611 BGB Arzt-Krankenhaus-Vertrag = NZA 97, 1160.

[125] BAG 13. 3. 2003 AP 47 zu § 611 BGB Arzt-Krankenhaus-Vertrag.

[126] Vgl. dazu *Hümmerich* MedR 2005, 185; *Hümmerich/Bergwitz* BB 2005, 997; *Nebendahl* FS 50 Jahre Arbeitsgemeinschaft Arbeitsrecht im DAV, 2006, S. 113.

[127] BAG 12. 12. 2006 NZA 2007, 396; 26. 4. 1985 AP 48 zu § 611 BGB Lehrer, Dozenten = NZA 85, 738.

[128] BAG 27. 3. 1980 AP 26 zu § 611 BGB Direktionsrecht; zur Verwirkung BAG 3. 12. 2008 – 5 AZR 62/08.

[129] Bejahend: LAG Hamm 12. 2. 1996 LAGE § 611 BGB Direktionsrecht Nr. 25; LAG Köln 15. 8. 1996 NZA 97, 887.

übung seines Weisungsrechts billiges Ermessen (§ 106 GewO) und damit neben anderen auch soziale Gesichtspunkte zu berücksichtigen. Dabei gilt aber nicht die gleiche Strenge wie bei § 1 III KSchG.[130] Bei der vorzunehmenden Abwägung ist nach der Rechtsprechung des BAG nur auf die Interessenlage der Parteien im Zeitpunkt der Ausübung des Direktionsrechts und nicht auf die tatsächliche nachträgliche Entwicklung abzustellen. Dem Arbeitgeber bei der Ausübung des Weisungsrechts unbekannte persönliche Umstände in der Lebensführung des Arbeitnehmers bleiben unberücksichtigt.[131] Der Streit um die Versetzung ist vermögensrechtlich, auch wenn die Vergütung sich nicht ändert.[132] Gegen eine Versetzung kann der Arbeitnehmer auch im Wege einer einstweiligen Verfügung vorgehen.[133] Soll die Versetzung erfolgen, weil der Arbeitnehmer z. B. den Anforderungen am zugewiesenen Arbeitsplatz nicht gerecht wird, kann u. U. eine vorherige Abmahnung des Arbeitnehmers erforderlich sein.[134] Ob eine Maßnahme billigem Ermessen entspricht, unterliegt der uneingeschränkten revisionsrechtlichen Kontrolle.[135]

11. Direktionsrecht und Änderungskündigung. Überschreitet der Arbeitgeber die **Grenzen seiner Weisungsbefugnis,** ist der Arbeitnehmer zur Verweigerung der zugewiesenen Arbeit berechtigt.[136] Lehnt der Arbeitnehmer berechtigterweise die zugewiesene Arbeit ab, scheidet eine Kündigung wegen Arbeitsverweigerung aus.[137] Andererseits trägt der Arbeitnehmer das Kündigungsrisiko, wenn er einer später als rechtmäßig befundenen Versetzungsanordnung nicht nachkommt. Bei beharrlicher Arbeitsverweigerung kann eine – ggf. auch außerordentliche – Kündigung gerechtfertigt sein.[138] Weist der Arbeitgeber dem Arbeitnehmer unter Überschreitung des Direktionsrechtes eine geringer bewertete Tätigkeit zu, ist er zur Fortzahlung der bisherigen Vergütung verpflichtet.[139] Eine das Direktionsrecht überschreitende Versetzungsanordnung kann grundsätzlich nicht als Änderungskündigung ausgelegt werden.[140] 43

12. Sonderregeln über Umfang und Grenzen des Weisungs- und Versetzungsrechts bestehen im Allgemeinen auch nicht bei besonders geschützten Arbeitnehmergruppen. Jedoch ist auf die körperlichen Kräfte bei **Schwangeren** und **Schwerbehinderten,** insbesondere auf das Benachteiligungsverbot des § 81 II SGB IX sowie das AGG (dazu § 33), Rücksicht zu nehmen. Ist eine Arbeitnehmerin während der Schwangerschaft wegen eines Beschäftigungsverbots gehindert, die vertragliche Arbeitsleistung zu erbringen, darf ihr der Arbeitgeber auch über die Grenzen des Direktionsrechts hinaus im Rahmen billigen Ermessens eine andere zumutbare Tätigkeit zuweisen. Die Zuweisung muss die Ersatztätigkeit so konkretisieren, dass beurteilt werden kann, ob billiges Ermessen gewahrt ist (dazu § 168 RN 20).[141] Die Zuweisung einer Ersatztätigkeit an eine schwangere Arbeitnehmerin, die auf Grund eines gesetzlichen Beschäftigungsverbots ihre vertraglich geschuldete Arbeitsleistung nicht erbringen darf, kommt allerdings erst für die Zeit nach dem Beginn des gesetzlichen Verbots in Betracht. Dabei entspricht die Zuweisung einer Ersatztätigkeit an einem auswärtigen Arbeitsort jedenfalls nach Beginn des sechsten Schwangerschaftsmonats im Regelfall nicht billigem Ermessen, wenn dieser Arbeitsort nur nach mehrstündiger Bahn- oder Flugreise erreicht werden kann.[142] An dieser Rechtsprechung ist auch nach Inkrafttreten des Aufwendungsausgleichsgesetzes vom 22. 12. 2005 (BGBl. I S. 3686) grundsätzlich festzuhalten, weil der Arbeitgeber trotz der Erstattung des Mutterschutzlohns durch die Umlagepflicht finanziell belastetet bleibt. 44

Betriebsratsmitglieder können nicht ohne Weiteres versetzt werden, wenn dadurch die Betriebsratstätigkeit beeinträchtigt (§ 78 BetrVG) oder die Versetzung zu einem Verlust des Amts führen würde (§ 103 III BetrVG) und in dem letztgenannten Fall nicht die Zustimmung des 44a

---

[130] Vgl. BAG 23. 9. 2004 AP 64 zu § 611 BGB Direktionsrecht = NZA 2005, 359.

[131] BAG 9. 5. 2006 NZA 2007, 145.

[132] LAG München AnwBl. 88, 486.

[133] *Hilbrandt* RdA 98, 155.

[134] BAG 30. 10. 1985 AP 1 zu § 12 BAT = NZA 86, 713.

[135] Vgl. BAG 23. 9. 2004 AP 64 zu § 611 BGB Direktionsrecht = NZA 2005, 359.

[136] BAG 8. 10. 1962 AP 18 zu § 611 BGB Direktionsrecht; LAG Berlin 12. 3. 1999 BB 99, 2305; MünchArbR/*Blomeyer* § 48 RN 45; MünchKommBGB/*Müller-Glöge* § 611 RN 248.

[137] LAG Niedersachsen 8. 12. 2003 MDR 2004, 759.

[138] BAG 19. 4. 2007 AP 77 zu § 611 BGB Direktionsrecht; LAG Düsseldorf 25. 1. 1993 BB 93, 1149.

[139] BAG 14. 1. 1959 AP 47 zu § 3 TOA = AP 7 zu § 620 BGB Änderungskündigung.

[140] LAG Köln 23. 4. 1999 NZA-RR 99, 522; LAG Berlin EzA 6 zu § 140 BGB; a. A. LAG Frankfurt AuR 66, 92; vgl. hierzu auch *Weber/Ehrich* BB 96, 2246.

[141] BAG 15. 11. 2000 AP 7 zu § 4 MuSchG 1968 = NZA 2001, 386.

[142] BAG 21. 4. 1999 AP 5 zu § 4 MuSchG 1968 = NZA 99, 1044.

Betriebsrats vorliegt.[143] Dagegen genießen Ersatzmitglieder des Personalrats keinen Versetzungsschutz.[144]

45 **13. Anspruch auf Versetzung.** Aus der Rücksichtnahmepflicht (§ 241 II BGB) kann sich eine Verpflichtung des Arbeitgebers zur Versetzung ergeben. Dies ist anzunehmen, wenn der Arbeitnehmer nicht mehr in der Lage ist, die geschuldete Arbeitsleistung zu erbringen und dem Arbeitgeber unter Berücksichtigung der wechselseitigen Verpflichtungen eine Versetzung zumutbar ist.[145] Eine Versetzung kann ferner zur Vermeidung einer Kündigung in Betracht kommen (§ 131 RN 4).[146]

V. Zeitlicher Umfang der Arbeitspflicht

46 **1. Arbeitstempo.** Das Arbeitstempo innerhalb der Arbeitszeit ist bei Arbeit an taktgebundenen Maschinen vorgegeben. Im Übrigen hat der Arbeitnehmer nach Auffassung der Rechtsprechung während der Arbeitszeit unter Aufwendung aller ihm gegebenen geistigen und körperlichen Fähigkeiten zu arbeiten, auch wenn diese über der – objektiven – **Normalleistung** liegen. Maßgeblich sei das individuelle Leistungsvermögen. Der Arbeitnehmer müsse tun, was er soll, und zwar so gut, wie er kann. Jedoch brauche der Arbeitnehmer mit seinen Kräften keinen Raubbau zu treiben.[147] Ein Arbeitnehmer verstoße gegen seine Arbeitspflicht nicht allein dadurch, dass er die durchschnittliche Fehlerhäufigkeit aller Arbeitnehmer überschreite. Allerdings könne die längerfristige deutliche Überschreitung der durchschnittlichen Fehlerquote je nach tatsächlicher Fehlerzahl, Art, Schwere und Folgen der fehlerhaften Arbeitsleistung ein Anhaltspunkt dafür sein, dass der Arbeitnehmer vorwerfbar seine vertraglichen Pflichten verletze. Lege der Arbeitgeber dies im Prozess dar, müsse der Arbeitnehmer erläutern, warum er trotz erheblich unterdurchschnittlicher Leistungen seine Leistungsfähigkeit ausschöpfe.[148] Dies gelte nicht nur, wenn die Entlohnung zeitbestimmt sei, sondern auch bei Akkord-, Gedinge- und Prämienvergütung. Hält der Arbeitnehmer bei erfolgsabhängiger Arbeitsvergütung seine Arbeitskraft zurück, kann eine Kündigung gerechtfertigt sein.[149]

47 **2. Mehrarbeit.** Der Arbeitnehmer hat seinem Arbeitgeber nicht ständig seine ganze Arbeitskraft zur Verfügung zu stellen, sondern nur während der vereinbarten Arbeitszeit.[150] Er ist daher berechtigt, eine Nebenbeschäftigung (§ 42) zu übernehmen, es sei denn, dies ist wirksam vertraglich ausgeschlossen oder die vertragliche Arbeitspflicht wird beeinträchtigt. Der Arbeitnehmer hat grundsätzlich nur dann über die vertraglich vereinbarte regelmäßige Arbeitszeit hinaus zu arbeiten, wenn es hierfür eine **Rechtsgrundlage** gibt.[151] Diese kann sich aus dem Arbeitsvertrag ergeben, wenn die Verpflichtung zur Leistung von Überstunden dort vorgesehen ist. Bei der Auslegung des Arbeitsvertrags sind betriebliche Übungen zu berücksichtigen. Ist in einem vom Arbeitgeber vorformulierten Arbeitsvertrag vereinbart, dass der Beschäftigungsumfang durch den Arbeitgeber aus bedarfsbedingten Gründen befristet aufgestockt werden kann, wird hierdurch ein einseitiges Leistungsbestimmungsrecht des Arbeitgebers i. S. v. § 106 GewO begründet. Hier ist zunächst zu klären, ob die Einräumung des Bestimmungsrechts eine unangemessene Benachteiligung i. S. v. § 307 I BGB ist. Das hat das BAG für angestellte Lehrer verneint, wenn dem Bestimmungsrecht eine kollektive Vereinbarung über die Gestaltung eines sozialverträglichen Personalabbaus an Grundschulen zugrunde liegt.[152] In einem zweiten Schritt ist zu prüfen, ob der Arbeitgeber in einer Art und Weise von der Ermächtigung Gebrauch ge-

[143] Anders noch vor der Reform des BetrVG BAG 11. 7. 2000 AP 44 zu § 103 BetrVG 1972 = NZA 2001, 516.

[144] BVerwG 27. 9. 1984 NJW 85, 2842.

[145] BAG 25. 3. 1959 AP 27 zu § 611 BGB Fürsorgepflicht; vgl. zum Anspruch eines Lehrers BAG 11. 10. 1995 AP 45 zu § 611 BGB Direktionsrecht = NZA-RR 96, 313; LAG Hamm 20. 4. 1999 EzA-SD 1999, Nr. 18.

[146] BAG 20. 5. 1988 AP 9 zu § 1 KSchG 1969 Personenbedingte Kündigung; zu einem Arbeitsplatztausch zur Vermeidung einer krankheitsbedingten Kündigung vgl. BAG 29. 1. 1997 AP 32 zu § 1 KSchG 1969 Krankheit = NZA 97, 709.

[147] BAG 11. 12. 2003 AP 48 zu § 1 KSchG 1969 Verhaltensbedingte Kündigung = NZA 2004, 784 sowie früher bereits BAG 20. 3. 1969 AP 27 zu § 123 GewO; 17. 7. 1970 AP 3 zu § 11 MuSchG 1968; ErfK/*Preis* § 611 BGB RN 643.

[148] Vgl. BAG 17. 1. 2008 AP 85 zu § 1 KSchG 1969 = NZA 2008, 693.

[149] BAG 3. 6. 2004 AP 33 zu § 23 KSchG 1969 = NZA 2004, 1380.

[150] Vgl. BAG 26. 8. 1976 AP 68 zu § 626 BGB.

[151] ErfK/*Preis* § 611 BGB RN 663; HWK/*Thüsing* § 611 BGB RN 307.

[152] BAG 14. 8. 2007 AP 2 zu § 6 ATG = NZA 2008, 1194.

macht hat, die der Billigkeit entspricht. Außerhalb der besonderen Situation angestellter Lehrkräfte sind die Regeln über die Arbeit auf Abruf zu beachten (dazu § 43 RN 9 ff.). Des Weiteren kann der Arbeitnehmer auf Grund einer Betriebsvereinbarung[153] oder durch Tarifvertrag zur Ableistung von Überstunden verpflichtet sein. Gem. § 77 IV BetrVG können **Betriebsvereinbarungen** unmittelbar gegenseitige Rechte und Pflichten der Arbeitsvertragsparteien begründen, soweit auf diese Weise nicht zu Lasten der Arbeitnehmer in hiergegen gesicherte individualrechtliche Positionen und Ansprüche eingegriffen wird. In diesen Grenzen vermag eine Betriebsvereinbarung die individuellen Arbeitsverträge auch hinsichtlich der Dauer der Arbeitszeit ohne Rücksicht auf den Willen der Arbeitnehmer vorübergehend zu ändern. Die erforderliche rechtliche Ermächtigung folgt aus § 87 I Nr. 3 BetrVG selbst. Fehlt eine Regelung zur Ableistung von Überstunden, kann der Arbeitnehmer auf Grund der vertraglichen Rücksichtnahmepflicht nach § 241 II BGB ausnahmsweise zur Abwendung einer Notlage zur Leistung von Mehrarbeit verpflichtet sein.[154]

3. Konkludente Änderung der Arbeitszeitdauer. a) Wird ein Arbeitnehmer vom Arbeitgeber – auch längere Zeit – unter deutlicher Überschreitung der vertraglich vorgesehenen Arbeitszeit eingesetzt, ergibt sich daraus allein noch keine Änderung der vertraglich vereinbarten Arbeitszeit. Bei dem Arbeitseinsatz handelt es sich um ein **tatsächliches Verhalten,** dem nicht notwendig ein bestimmter rechtsgeschäftlicher Erklärungswert in Bezug auf den Inhalt des Arbeitsverhältnisses zukommt. Vielmehr ist auf die Absprachen abzustellen, die dem erhöhten Arbeitseinsatz zugrunde liegen. Dazu zählen auch die betrieblichen Anforderungen, die vom Arbeitgeber gestellt und vom Arbeitnehmer akzeptiert werden. Ohne derartige zumindest konkludente Erklärungen des Arbeitgebers ist der konkrete Arbeitseinsatz nicht denkbar, es sei denn, der Arbeitnehmer arbeitet eigenmächtig. Die Annahme einer dauerhaften Vertragsänderung mit einer erhöhten regelmäßigen Arbeitszeit setzt daher die Feststellung entsprechender Erklärungen der Parteien voraus. Dafür kann neben anderen Umständen von Bedeutung sein, um welche Art von Arbeit es sich handelt, wie sie in die betrieblichen Abläufe integriert ist und in welcher Weise die Arbeitszeit hinsichtlich Dauer und Lage geregelt bzw. ausgedehnt wird.[155] 48

b) Eine **Konkretisierung** des Arbeitsverhältnisses auf ein bestimmtes Mindestmaß an Überstunden kommt regelmäßig nicht in Betracht.[156] Der Arbeitgeber darf Arbeitnehmer, die Überstunden leisten wollen, bei der Überstundenanordnung nicht ohne sachliche Rechtfertigung unberücksichtigt lassen.[157] Bei Abrufarbeitsverhältnissen kann der Arbeitgeber gehalten sein, die Arbeitnehmer gleichmäßig zur Arbeitsleistung heranzuziehen, um zu verhindern, dass einige Arbeitnehmer benachteiligt werden. Dies kann z. B. der Fall sein bei Fleischbeschauertierärzten oder auch Journalisten, die jeweils zu einzelnen Reportagen herangezogen werden.[158] Hat der Arbeitnehmer auf Weisung des Arbeitgebers länger gearbeitet oder eine andere bzw. eine umfangreichere Arbeitsleistung als nach dem Arbeitsvertrag vereinbart erbracht, ist diese grundsätzlich zusätzlich zu vergüten (dazu § 69 RN 5 ff.).[159] 48a

VI. Arten der Arbeitszeit

Anzinger, Arbeitszeitschutz, Münchener Handbuch zum Arbeitsrecht, 2. Aufl., 2000; *Baeck/Deutsch,* Arbeitszeitgesetz, 2. Aufl., 2004; *Buschmann/Ulber,* Arbeitszeitgesetz, 3. Aufl., 2000; *Hromadka,* „Die Arbeitszeit richtet sich nach der Arbeitsaufgabe“, AuA 2000, 533; *Neumann/Biebl,* Arbeitszeitgesetz, 15. Aufl., 2008; *Schliemann,* Arbeitszeitrecht, 2. Aufl., 2002.

1. Allgemeines. a) Die Arbeitszeit wird wie die übrigen Arbeitsbedingungen grundsätzlich durch den Arbeitsvertrag bestimmt. Dazu gehören auch Vereinbarungen über die Art der Arbeitszeit (dazu im Einzelnen RN 53 ff.). Wenn die Parteien keine ausdrücklichen Vereinbarungen über deren Dauer und Lage getroffen haben, ist im Zweifel anzunehmen, dass sie die **be-** 49

---

[153] BAG 3. 6. 2003 AP 19 zu § 77 BetrVG 1972 Tarifvorrang = NZA 2005, 1155; *Richardi* § 87 RN 362; *Fitting* § 87 RN 141.

[154] Vgl. ArbG Leipzig 4. 2. 2003 NZA-RR 2003, 365 zu Not- und Katastrophenfällen.

[155] BAG 25. 4. 2007 AP 121 zu § 615 BGB = NZA 2007, 801.

[156] Vgl. BAG 25. 4. 2007 AP 121 zu § 615 BGB = NZA 2007, 801; LAG Köln 21. 1. 1999 NZA-RR 99, 517.

[157] Hessisches LAG 12. 9. 2001 NZA-RR 2002, 348.

[158] BAG 8. 9. 1994 AP 18 zu § 611 BGB Fleischbeschauer – Dienstverhältnis = NZA 95, 1006.

[159] BAG 11. 10. 2000 AP 20 zu § 611 BGB Arbeitszeit.

triebliche Arbeitszeit vereinbaren wollten.[160] Soweit nichts anderes geregelt ist, kann der Arbeitgeber grundsätzlich die Lage, nicht jedoch die Dauer Arbeitszeit (dazu RN 46ff.) einseitig festlegen, auf die einzelnen Wochentage verteilen und Beginn und Ende der täglichen Arbeitszeit sowie die Pausen bestimmen (dazu RN 68).[161] In betriebsratspflichtigen Betrieben besteht ein erzwingbares Mitbestimmungsrecht des Betriebsrats in Bezug auf Beginn und Ende der täglichen Arbeitszeit und der Pausen sowie der Verteilung der Arbeitszeit auf die einzelnen Wochentage (§ 87 I Nr. 2 BetrVG), ferner bei vorübergehender Verkürzung oder Verlängerung der betrieblichen Arbeitszeit (§ 87 I Nr. 3 BetrVG). Vgl. § 235 RN 37ff.

50 **b)** Der Arbeitgeber kann für bestimmte Arbeitnehmergruppen anordnen, dass **Arbeitszeitnachweise** zu führen sind.[162] Der Betriebsrat hat insoweit ein erzwingbares Mitbestimmungsrecht.

51 **c)** Die Vertragsfreiheit ist auf dem Gebiet des Arbeitszeitrechts erheblich eingeschränkt. Die **öffentlich-rechtlichen Arbeitszeit-Schutzvorschriften** wie ArbZG, JArbSchG, MuSchG, Sonderregelungen für Kraftfahrer usw. beschränken die Arbeitszeit (§§ 155ff.). Stehen solche Schutzvorschriften vertraglichen Vereinbarungen entgegen, sind sie unter Aufrechterhaltung der übrigen Vertragsbestimmungen unwirksam (§ 31 RN 8ff.).

52 **d)** Nahezu alle **Tarifverträge** enthalten ins Einzelne gehende Arbeitszeitregelungen. Eine Tarifnorm, die dem Arbeitgeber vorschreibt, welcher Prozentsatz der Belegschaft mit einer verlängerten regelmäßigen Arbeitszeit beschäftigt werden darf, ist eine Betriebsnorm i.S.v. § 3 II TVG (dazu § 202). Ihre Geltung erfordert nur die Tarifbindung des Arbeitgebers. Arbeitnehmer können aus ihr keine individuellen Ansprüche ableiten.[163] Zur Mitbestimmung des Betriebsrats § 235 RN 37ff.; zum Arbeitnehmerschutzrecht §§ 155–160.

53 **2. Begriff der Arbeitszeit.** Nach § 2 I ArbZG ist Arbeitszeit die Zeit vom Beginn bis zum Ende der Arbeit ohne Ruhepausen. Wann die Arbeitszeit beginnt und endet, ist gesetzlich nicht geregelt. Ist im Betrieb nichts Näheres geregelt, beispielsweise durch eine Betriebsvereinbarung über Zeiterfassung, beginnt und endet die Arbeitszeit mit der tatsächlichen Arbeitsaufnahme bzw. mit der Beendigung der Arbeitsleistung am Arbeitsplatz und nicht schon mit dem Betreten bzw. Verlassen des Betriebsgeländes.[164] Weite Wege auf dem Betriebsgelände gehen damit zu Lasten des Arbeitnehmers. Durch kollektivvertragliche oder individualvertragliche Vereinbarung kann die Zeit nach Betreten des Betriebsgeländes oder das Umkleiden vor oder nach der Arbeit zur Arbeitszeit gezählt werden.[165] Im Bergbau Untertage zählen die Ruhepausen zur Arbeitszeit (§ 2 I 2 ArbZG). Die Arbeitszeit entspricht der Schichtzeit.

54 **3. Schichtarbeit**. Für den Begriff der Schichtarbeit ist wesentlich, dass eine bestimmte Arbeitsaufgabe über einen erheblich längeren Zeitraum als die tatsächliche Arbeitszeit eines Arbeitnehmers hinausgeht und daher von mehreren Arbeitnehmern (oder Arbeitnehmergruppen) in einer geregelten zeitlichen Reihenfolge teilweise auch außerhalb der allgemein üblichen Arbeitszeit erbracht wird. Bei Schichtarbeit arbeiten nicht sämtliche Beschäftigte eines Betriebs zur selben Zeit, sondern ein Teil arbeitet, während der andere Teil arbeitsfreie Zeit hat, wobei beide Teile sich regelmäßig nach einem feststehenden und überschaubaren Schichtplan ablösen.[166] Der Begriff der Schichtarbeit setzt nicht notwendig die Ablösung des Arbeitnehmers am selben Arbeitsplatz voraus. Schichtarbeit liegt nicht nur vor, wenn ein Arbeitnehmer das begonnene Arbeitsergebnis des anderen Arbeitnehmers mit denselben Mitteln oder mit der gleichen Intensität und Belastung vervollständigt, sondern auch dann, wenn ein gewisses Maß an Arbeitstei-

---

[160] BAG 23. 6. 1992 AP 1 zu § 611 BGB Arbeitszeit = NZA 93, 89; LAG Baden-Württemberg 28. 10. 1991 LAGE § 77 BetrVG 1972 Nr. 16; ErfK/*Preis* § 611 RN 653.

[161] BAG 11. 2. 1998 AP 54 zu § 611 BGB Direktionsrecht = NZA 98, 647; 24. 4. 1996 AP 48 zu § 611 BGB Direktionsrecht = NZA 96, 1088; LAG Köln 14. 2. 1997 NZA-RR 97, 391.

[162] BAG 8. 9. 1993 AP 2 zu § 611 BGB Arbeitszeit = NZA 94, 631.

[163] Vgl. BAG 17. 6. 1997 AP 2 zu § 3 TVG Betriebsnormen = NZA 98, 213.

[164] *Baeck/Deutsch* § 2 RN 9; *Schliemann/Meyer,* Arbeitszeitrecht, 2. Aufl., RN 84; ErfK/*Wank* § 2 ArbZG § 2 RN 16.

[165] Vgl. BAG 15. 9. 1988 AP 12 zu § 15 BAT = NZA 89, 139; 18. 1. 1990 AP 16 zu § 15 BAT = NZA 90, 890; 28. 7. 1994 AP 32 zu § 15 BAT = NZA 95, 437; 22. 3. 1995 AP 8 zu § 611 BGB Arbeitszeit = NZA 96, 107; 11. 10. 2000 AP 20 zu § 611 BGB Arbeitszeit = NZA 2001, 458.

[166] Vgl. BAG 26. 9. 2007 AP 58 zu § 1 TVG Bezugnahme auf Tarifvertrag = NZA 2008, 179; 4. 2. 1988 AP 17 zu § 1 TVG Tarifverträge: Rundfunk = NZA 89, 315; 20. 6. 1990 AP 6 zu § 1 TVG Tarifverträge: Großhandel = NZA 90, 861; 14. 12. 1993 AP 3 zu § 33 a BAT; 18. 10. 1995 AP 8 zu § 33 a BAT = NZA-RR 96, 335.

lung für ein und denselben Arbeitserfolg notwendig ist.[167] **Wechselschicht** liegt vor, wenn die Arbeitsschichten des Arbeitnehmers nach einem im Voraus bestimmten Plan wechseln.[168] Tariflich bestehen häufig Ausgleichsregelungen für Schichtarbeit an Sonntagen bzw. Samstagen.[169] Tarifliche Schicht- und Wechselschichtzulagen sollen dem Arbeitnehmer einen finanziellen Ausgleich dafür gewähren, dass die Schicht- und die Wechselschichtarbeit erheblich auf seinen Lebensrhythmus einwirken und ihr Beginn und ihr Ende außerhalb der allgemein üblichen Arbeits- und Geschäftszeiten liegen.[170]

4. Über- und Mehrarbeit. Die Arbeitszeit, welche die vertraglich vereinbarte Arbeitszeit im Rahmen eines auf Grund bestimmter Umstände vorübergehenden zusätzlichen Arbeitsbedarfs überschreitet, wird als **Überarbeit**[171] **bzw. Überstunden** bezeichnet. Dagegen ist **„Mehrarbeit"** die Arbeitszeit, die über die gesetzlich normalerweise zulässige Arbeitszeit von acht Stunden werktäglich (§ 3 ArbZG) hinausgeht.[172] Zum Arbeitsschutz § 156; zur Vergütung § 69 RN 5ff. **55**

5. Arbeitsbereitschaft ist die Zeit wacher Achtsamkeit im Zustand der Entspannung. Arbeitsbereitschaft liegt vor, wenn der Arbeitnehmer dem Arbeitgeber am Arbeitsplatz zur Verfügung stehen und sich ständig bereithalten muss, um im Bedarfsfall von sich aus tätig werden zu können. Ob Arbeitsbereitschaft vorliegt, beurteilt sich nach der jeweils vertraglich geschuldeten Arbeitsleistung. Arbeitsbereitschaft stellt gegenüber der geschuldeten Arbeitsleistung eine mindere Leistung dar, die den Arbeitnehmer erheblich weniger als die volle Arbeit beansprucht und damit einen Entspannungszustand ermöglicht. Andererseits ist die Arbeitsbereitschaft von der Pause zu unterscheiden, in der sich der Arbeitnehmer nicht in wacher Achtsamkeit zur jederzeitigen Arbeitsaufnahme bereitzuhalten braucht.[173] Hat ein Arbeitnehmer den Lauf von Maschinen zu beobachten, erbringt er seine volle Leistung. Dasselbe gilt für einen Pförtner, der ein offenes Tor zu beobachten hat. Anders ist es dagegen, wenn er hinter geschlossenen Türen sitzt und nur auf Klingelzeichen zu öffnen hat.[174] **56**

Die Arbeitsbereitschaft muss nicht zusammenhängend auftreten. Außer Betracht bleiben **„Splitterzeiten"** von wenigen Minuten, die keine ins Gewicht fallende Entspannung ermöglichen und deshalb gegenüber der Vollarbeit keine mindere Leistung darstellen.[175] Bis zu welcher Zeitdauer eine Wartezeit als unerhebliche „Splitterzeit" zu werten ist, hängt von der jeweiligen Tätigkeit ab. Für die Tätigkeit eines Rettungssanitäters ist eine Zeit von bis zu zehn Minuten unerheblich.[176] **56a**

Bei der rechtlichen Beurteilung der Arbeitsbereitschaft ist zwischen der **arbeitsschutzrechtlichen und lohnrechtlichen Seite** zu unterscheiden. Die Arbeitsbereitschaft gehört zur Arbeitszeit, in welcher der Arbeitnehmer nicht seine volle, angespannte Tätigkeit entfalten braucht, sondern an seiner Arbeitsstelle anwesend ist und jederzeit bereit sein muss, in den Arbeitsprozess einzugreifen. Es handelt sich um eine Leistung, bei der der Wechsel zwischen vollem Arbeitseinsatz und bloßer Bereitschaft nicht festgelegt ist. Macht der Arbeitgeber von der in § 7 I Nr. 1a ArbZG eröffneten Möglichkeit Gebrauch, die werktägliche Arbeitszeit über zehn Stunden hinaus zu verlängern, hat er auch für Zeiten von Arbeitsbereitschaft und Bereitschaftsdienst für einen Ausgleich zu sorgen. Die Ausgleichspflicht ist nicht nach § 25 Satz 1 ArbZG übergangsweise aufgehoben.[177] Die Vergütung der Arbeitsbereitschaft kann geringer als die der Vollarbeitszeit sein (vgl. § 18 II MTL II).[178] Ihre Pauschalabgeltung ist zulässig.[179] **56b**

---

[167] BAG 20. 4. 2005 AP 3 zu § 24 BMT-G II.

[168] Vgl. BAG 5. 6. 1996 AP 10 zu § 33a BAT = NZA 97, 214; 5. 2. 1997 AP 14 zu § 33a BAT = NZA 97, 1179; 29. 9. 2004 AP 111 zu § 87 BetrVG 1972 Arbeitszeit.

[169] Vgl. BAG 9. 10. 1991 AP 17 zu § 15 BAT = NZA 92, 262; 22. 8. 1995 AP 4 zu § 1 TVG Tarifverträge: DRK.

[170] BAG 24. 9. 2008 NZA 2008, 1422.

[171] BAG 14. 8. 2007 AP 2 zu § 6 ATG = NZA 2008, 1194.

[172] BAG 3. 12. 2002 AP 1 zu § 124 SGB IX = NZA 2004, 1219; 21. 11. 2006 NZA 2007, 446.

[173] BAG 12. 2. 1986 AP 7 zu § 15 BAT; 10. 1. 1991 AP 4 zu MTB II = NZA 91, 516; 19. 12. 1991 AP 1 zu § 67 BMT-G II; 17. 7. 2008 – 6 AZR 505/07 zVv.; *Baeck/Deutsch* ArbZG § 2 RN 33ff.

[174] Vgl. BAG 14. 1. 1962 AP 8 zu § 7 AZO.

[175] BAG 9. 3. 2005 EzA 177 zu § 4 TVG Ausschlussfristen.

[176] BAG 12. 2. 1986 AP 7 zu § 15 BAT.

[177] BAG 24. 1. 2006 AP 8 zu § 3 ArbZG = NZA 2006, 862.

[178] Zum öffentlichen Dienst: BAG 30. 1. 1985 AP 2 zu § 35 BAT; 26. 3. 1998 AP 39 zu § 15 BAT = NZA 98, 1177.

[179] BAG 6. 10. 1969, 8. 11. 1973 AP 1, 2 zu § 19 MTB II; 17. 7. 2008 PersV 2009, 27.

57 **6. Bereitschaftsdienst**[180] liegt vor, wenn der Arbeitnehmer sich an einer vom Arbeitgeber **bestimmten Stelle innerhalb oder außerhalb des Betriebs aufzuhalten** hat, um, sobald es notwendig ist, seine Arbeit aufzunehmen.[181] Während des Bereitschaftsdienstes darf der Arbeitnehmer ruhen oder sich anderweit beschäftigen, solange seine beruflichen Leistungen nicht erforderlich sind. Grundsätzlich ist Bereitschaftsdienst danach keine volle Arbeitsleistung, sondern eine Aufenthaltsbeschränkung, die mit der Verpflichtung verbunden ist, bei Bedarf unverzüglich tätig zu werden.[182] Bereitschaftsdienst setzt auch nicht voraus, dass nur unvorhergesehene Arbeiten anfallen und nur für solche die Arbeitsleistung abgerufen wird. Der Arbeitgeber kann vielmehr von Erfahrungswerten ausgehen, wonach während dieser Zeit auch tatsächlich Arbeit anfällt. Dies ist der entscheidende Unterschied zu der Anordnung von Rufbereitschaft (RN 59). Diese darf nur dann vom Arbeitgeber angeordnet werden, wenn erfahrungsgemäß lediglich in Ausnahmefällen Arbeit anfällt. Die Unvorhersehbarkeit der Arbeit ist im Unterschied zur Rufbereitschaft kein Tatbestandsmerkmal von Bereitschaftsdienst.[183] Der Bereitschaftsdienst wurde in der Vergangenheit nicht zur Arbeitszeit i. S. d. ArbZG gezählt.[184] Diese Auffassung war mit der Arbeitszeitrichtlinie 93/104/EG vom 23. 11. 1993 (nunmehr Richtlinie 2003/88/EG vom 4. 11. 2003) nicht vereinbar. Nach der Rechtsprechung des EuGH ist Bereitschaftsdienst, der in Form persönlicher Anwesenheit am Arbeitsort geleistet wird, insgesamt als Arbeitszeit i. S. der Richtlinie anzusehen. Dies gilt unabhängig davon, welche Arbeitsleistung der Arbeitnehmer während des Bereitschaftsdienstes erbringt.[185] Lediglich beim Bereitschaftsdienst in Form ständiger Erreichbarkeit, aber ohne Anwesenheit am Arbeitsort (Rufbereitschaft, dazu RN 59) ist nur die Zeit, die für die tatsächliche Erbringung von Leistungen aufgewandt wird, Arbeitszeit.[186] Dem hat sich das BAG inzwischen angeschlossen und klargestellt, dass Zeiten des Bereitschaftsdienstes als Arbeitszeit i. S. d. Arbeitszeitgesetzes zu behandeln sind.[187] Der Arbeitgeber kann Bereitschaftsdienst im Rahmen der Gesetze, des Kollektiv- und Einzelarbeitsvertragsrechts nach billigem Ermessen anordnen.[188]

58 Von der arbeitsschutzrechtlichen Bewertung ist die Frage der **Vergütung des Bereitschaftsdienstes** zu trennen.[189] Regelmäßig ist Bereitschaftsdienst zwar vergütungspflichtig. Die Vergütung kann aber wegen der geringeren Arbeitsbelastung geringer als die Vergütung für normale Arbeitszeit sein.[190] Die Richtlinie 93/104/EG findet auf die Vergütung der Arbeitnehmer keine Anwendung.[191] Zu vergüten ist der gesamte Bereitschaftsdienst und nicht nur die darin enthaltene Vollarbeit.[192] Eine Pauschalabgeltung ist zulässig.[193] Gelegentlich ist tariflich auch Ausgleichsfreizeit vorgesehen.[194] Bereitschaftsdienst, den ein teilzeitbeschäftigter Arbeitnehmer über die für ihn vereinbarungsgemäß geltende Arbeitszeit hinaus leistet, braucht nach Auffassung des BAG nicht so vergütet werden, wie Bereitschaftsdienst, der über die regelmäßige Arbeitszeit hinaus geleistet wird.[195] Wird vorausgesetzt, dass innerhalb des Bereitschaftsdienstes nur eine bestimmte Arbeitszeit anfällt und wird diese überschritten, folgt hieraus nicht ohne

---

[180] Vgl. den Überblick über die Rechtsentwicklung bei *Schliemann* NZA 2004, 513.

[181] BAG 24. 10. 2000 AP 50 zu § 11 BUrlG = NZA 2001, 449; 5. 6. 2003 AP 7 zu § 611 BGB Bereitschaftsdienst = NZA 2004, 164.

[182] BAG 17. 7. 2008 PersV 2009, 27.

[183] BAG 25. 4. 2007 AP 53 zu § 15 BAT = NZA 2007, 1108.

[184] Vgl. BAG 13. 11. 1987 AP 27 zu § 242 BGB Betriebliche Übung.

[185] EuGH 1. 12. 2005 AP 1 zu Richtlinie 93/104/EG = NZA 2006, 89 m. w. N.

[186] EuGH 3. 10. 2000 AP 2 zu EWG-Richtlinie Nr. 93/104 = NZA 2000, 1227; 9. 9. 2003 NZA 2003, 1019.

[187] BAG 21. 11. 2006 NZA 2007, 446; 24. 1. 2006 AP 8 zu § 3 ArbZG = NZA 2006, 862; 16. 3. 2004 AP 2 zu § 2 ArbZG = NZA 2004, 927; 18. 2. 2003 AP 12 zu § 611 BGB Arbeitsbereitschaft = NZA 2003, 742.

[188] BAG 25. 10. 1989 AP 36 zu § 611 BGB Direktionsrecht = NZA 90, 561; 5. 6. 2003 AP 7 zu § 611 BGB Bereitschaftsdienst = NZA 2004, 164.

[189] BAG 22. 11. 2000 AP 10 zu § 1 TVG Tarifverträge: DRK = NZA 2001, 451; 5. 6. 2003 AP 7 zu § 611 BGB Bereitschaftsdienst = NZA 2004, 164.

[190] St. Rspr., vgl. zuletzt BAG 12. 3. 2008 – 4 AZR 616/06 z. V. v.; 17. 7. 2008 PersV 2009, 27.

[191] EuGH 1. 12. 2005 AP 1 zu Richtlinie 93/104/EG = NZA 2006, 89.

[192] BAG 28. 1. 2004 AP 10 zu § 611 BGB Bereitschaftsdienst = NZA 2004, 656 und BAG 28. 1. 2004 ZTR 2004, 413.

[193] BAG 28. 1. 2004 AP 10 zu § 611 BGB Bereitschaftsdienst = NZA 2004, 656; 9. 8. 1978 AP 5 zu § 17 BAT.

[194] BAG AP 1 zu § 2 BAT SR 2b; 12. 12. 1990 AP 1 zu AVR Caritasverband Anlage 5 = NZA 91, 306.

[195] BAG 21. 11. 1991 AP 2 zu § 34 BAT.

Weiteres, dass der Bereitschaftsdienst wie normale Arbeitszeit bezahlt werden muss.[196] Hat der Arbeitnehmer während des Bereitschaftsdienstes gearbeitet und musste daher aus arbeitszeitrechtlichen Gründen die Arbeit während der folgenden Schicht ausfallen, kann mangels näherer (tariflicher) Bestimmung auch der Vergütungsanspruch entfallen.[197] Die Anordnung von Bereitschaftsdienst außerhalb der dienstplanmäßigen Arbeitszeit, die zu einer Verringerung des Entgelts führt, kann wirksam nicht dadurch erfolgen, dass der Arbeitgeber bei einer Nachtwachenschicht anordnet, zwischen 23.00 und 3.00 Uhr sei eine Stunde Bereitschaftsdienst zu leisten, ohne dass zugleich angegeben wird, worin die Änderung besteht.[198] Im Geltungsbereich des BAT kann sich Bereitschaftsdienst nahtlos an die Regelarbeitszeit anschließen. Zeiten der tatsächlich in Anspruch genommenen Arbeitsleistung während des Bereitschaftsdienstes können aus arbeitsorganisatorischen Gründen unmittelbar an die reguläre Arbeitszeit folgen. Unter der Voraussetzung, dass die Zeit ohne Arbeitsleistung überwiegt, kann Bereitschaftsdienst auch dann vom Arbeitgeber angeordnet werden, wenn früher für den gleichen Zeitraum Überstunden angeordnet worden waren.[199]

7. **Rufbereitschaft** ist dadurch gekennzeichnet, dass der Arbeitnehmer sich nicht an einer 59
vom Arbeitgeber bestimmten Stelle bereithalten, sondern nur jederzeit erreichbar sein muss, um seine beruflichen Aufgaben auf Abruf unverzüglich wahrnehmen zu können. Der Arbeitnehmer kann sich innerhalb eines zuvor vereinbarten Gebiets an einem Ort seiner Wahl aufhalten, der dem Arbeitgeber anzuzeigen ist oder von dem aus er über „Piepser" oder „Handy" jederzeit erreichbar ist.[200] Die Rufbereitschaft beginnt zu dem Zeitpunkt, von dem ab der Arbeitnehmer verpflichtet ist, auf Abruf die Arbeit aufzunehmen und endet zu dem Zeitpunkt, zu dem diese Verpflichtung endet.[201] Sie ist keine Arbeitszeit i. S. des ArbZG und der Arbeitszeitrichtlinie 2003/88/EG.[202] Fallen besondere Fahrten zur Arbeitsstelle während der Rufbereitschaft an, besteht im öffentlichen Dienst keine besondere Vergütungspflicht.[203] Wird ein Arbeitnehmer während der Rufbereitschaft zur Arbeitsleistung herangezogen und besteht in Folge dessen für ihn wegen der nach § 5 ArbZG einzuhaltenden Ruhezeit ein Beschäftigungsverbot während der im Voraus geplanten Arbeitszeit, hat er keinen Anspruch auf Gutschrift der ausgefallenen Zeit auf seinem Arbeitszeitkonto, wenn dies nicht besonders vereinbart ist. Bei dem Ausfall der Arbeit während der auf die geleistete Nachtarbeit folgenden Tagschicht handelt es sich um eine von keiner Seite zu vertretende Unmöglichkeit.[204] Bei einer von keiner Vertragspartei zu vertretenden Unmöglichkeit entfällt gem. § 326 I BGB der Anspruch auf die Gegenleistung.[205]

8. **Wegezeit.** Nicht zur Arbeitszeit gehört die **Wegezeit,** die der Arbeitnehmer von seiner 60
Wohnung zur Arbeitsstätte benötigt.[206] Sie ist arbeitsschutzrechtlich ebenso wie vergütungsmäßig irrelevant. Anders ist es nach älteren Entscheidungen des BAG, wenn der Arbeitnehmer ausnahmsweise außerhalb des Betriebs beschäftigt wird.[207] Reise er unmittelbar von seiner Wohnung zu einem außerhalb der Betriebsstätte gelegenen Arbeitsplatz an, müsse er sich die Zeit anrechnen lassen, die er dadurch erspare, dass er nicht zum Betrieb zu kommen brauche. Der **Dienstgang**, den ein Arbeitnehmer auf Weisung des Arbeitgebers vornimmt, um an einen außerhalb des Betriebs seines Arbeitgebers liegenden Arbeitsplatz zu gelangen, ist grundsätzlich zu vergütende Arbeitszeit, sofern keine gegenteilige tarif- oder einzelvertragliche Regelung getroffen worden ist.[208]

---

[196] BAG 27. 2. 1985 AP 12 zu § 17 BAT.
[197] BAG 5. 7. 1976 AP 10 zu § 12 AZO.
[198] LAG Rheinl.-Pfalz 2. 11. 1995 BB 96, 1672; Revisionsentscheidung: BAG 19. 6. 1997 – 6 AZR 173/96 – n. v.
[199] BAG 25. 4. 2007 AP 53 zu § 15 BAT = NZA 2007, 1108.
[200] BAG 19. 12. 1991 AP § 67 BMT-G II = NZA 92, 545; 29. 6. 2000 AP 41 zu § 15 BAT = NZA 2001, 165; 24. 10. 2000 AP 50 zu § 11 BUrlG = NZA 2001, 449.
[201] BAG 28. 7. 1994 BB 95, 731.
[202] EuGH 9. 9. 2003 NZA 2003, 1019.
[203] BAG 16. 2. 1989 AP 9 zu § 42 BAT = NZA 89, 938.
[204] BAG 5. 7. 1976 AP 10 zu § 12 AZO.
[205] BAG 13. 12. 2007 NZA-RR 2008, 418.
[206] BAG 27. 11. 2008 – 6 AZR 765/07 z. V. v.; 21. 12. 2006 AP 10 zu § 611 BGB Wegezeit; HWK/*Thüsing* § 611 BGB RN 330.
[207] Vgl. BAG 28. 3. 1963 AP 3 zu § 611 BGB Wegezeit; 8. 12. 1960 AP 1 zu § 611 BGB Wegezeit; 17. 4. 1957 AP 1 zu § 2 TOA.
[208] BAG 27. 11. 2008 – 6 AZR 765/07 z. V. v.; 21. 12. 2006 AP 10 zu § 611 BGB Wegezeit.

61 **9. Dienstreisezeit.**[209] Eine Dienstreise liegt vor, wenn der Angestellte zu einem Ort fahren muss, an dem ein Dienstgeschäft zu erledigen ist. Hierfür ist unerheblich, ob der Angestellte die Dienstreise von seiner Wohnung aus oder vom Sitz der Beschäftigungsbehörde aus antritt.[210] Durch das bloße Reisen erbringt der Arbeitnehmer keine Arbeitsleistung. Reisen gehört regelmäßig nicht zu den vertraglichen Hauptleistungspflichten, es sei denn, der betreffende Arbeitnehmer könnte – etwa als Außendienstmitarbeiter – mangels festen Arbeitsorts seine vertraglich geschuldete Tätigkeit ohne dauernde Reisetätigkeit gar nicht erfüllen. Der Umstand, dass eine Dienstreise im Interesse des Arbeitgebers unternommen wird, macht die dafür aufgewendete Zeit nicht automatisch zu einer solchen, während derer Arbeit geleistet würde.[211] Sie zählt arbeitszeitrechtlich vielmehr nur dann zur Arbeitszeit, wenn der Arbeitnehmer Arbeitsleistungen erbringen muss (Fahren des PKW, Aktenstudium, Besprechungen). Gibt der Arbeitgeber dem Arbeitnehmer lediglich vor, die Dienstreise mit öffentlichen Verkehrsmitteln zu nutzen, überlässt er ihm aber, wie er die Zeit nutzt, gilt die Wegezeit einer Dienstreise nicht als Arbeitszeit i. S. v. § 2 I ArbZG.[212] Dass der Arbeitnehmer mit dem Antritt einer Dienstreise in der Gestaltung seiner Freizeit auch dann beschränkt ist, wenn er ein Fahrzeug nicht selbst steuern muss und während der Fahrt keine Arbeitsaufgaben zu erledigen hat, rechtfertigt nach Auffassung des BAG keine andere Beurteilung.[213]

61a Sofern keine einzel- oder kollektivvertraglichen Regelungen bestehen,[214] ist bezüglich der **vergütungsrechtlichen Behandlung** zu unterscheiden:[215] Gehört die Dienstreisezeit zur arbeitsvertraglichen Hauptleistung, wie z. B. bei einem Kraftfahrer oder Vertreter, der verschiedene Kunden besucht, stellt sie vergütungspflichtige Arbeitszeit dar.[216] Gehört sie dagegen nicht zur arbeitsvertraglichen Hauptleistung, ist weiter zu unterscheiden:[217] **(a)** Wird die Dienstreise während der Arbeitszeit zurückgelegt, ist sie regelmäßig vergütungspflichtig. **(b)** Wird die Dienstreise außerhalb der Arbeitszeit zurückgelegt, ist nochmals zu differenzieren: Bei Reise- und Aufenthaltszeiten, die keine besondere Belastung des Arbeitnehmers mit sich bringen, also z. B. bei Mitfahrt in einem Auto usw., besteht – wenn nichts anderes vereinbart ist – regelmäßig keine Vergütungspflicht. Bringt dagegen die Reise- und Aufenthaltszeit (eigene Lenkung des PKW) eine Belastung des Arbeitnehmers mit sich, beinhaltet dies eine arbeitsvertragliche Nebenleistung, die auch vergütet werden muss.[218] **(c)** Muss der Arbeitnehmer, etwa bei Auslandsreisen, freie Tage außerhalb seines Wohnorts verbringen, so wird die gleiche Unterscheidung wie zu (b) gemacht. Für das Baugewerbe gibt es allgemeinverbindliche Regelungen in § 7 BRTV-Bau.

62 **10. Dienst- oder Schichtplan.**[219] Der Dienst- bzw. Schichtplan bestimmt, wann, in welcher Reihenfolge und zu welchen Zeiten die Arbeit zu leisten ist. Er unterliegt der **Mitbestimmung des Betriebsrats.** Das Mitbestimmungsrecht nach § 87 I Nr. 2 BetrVG erfasst nicht nur die Frage, ob im Betrieb in mehreren Schichten gearbeitet werden soll, sondern auch die Festlegung der zeitlichen Lage der einzelnen Schichten und die Abgrenzung des Personenkreises, der Schichtarbeit zu leisten hat. Mitbestimmungspflichtig sind auch der Schichtplan und dessen nähere Ausgestaltung bis hin zur Zuordnung der Arbeitnehmer zu den einzelnen Schichten. Der Betriebsrat hat ferner darüber mitzubestimmen, ob, unter welchen Voraussetzungen und in welcher Weise von bereits aufgestellten Schichtplänen abgewichen werden kann.[220]

63 **11. Nachtarbeitszeit** i. S. d. Arbeitsschutzrechts ist die **Zeit zwischen 23.00 und 6.00 Uhr** (§ 2 III ArbZG). Der Arbeitgeber kann kraft seines Direktionsrechts die Anzahl der in Folge zu leistenden Nachtschichten festlegen, soweit durch Arbeitsvertrag, Betriebsvereinba-

---

[209] *Loritz,* Die Dienstreise des Arbeitnehmers, NZA 97, 1188.
[210] BAG 11. 7. 2006 AP 10 zu § 611 BGB Dienstreise = NZA 2007, 155; 22. 2. 1978 AP 3 zu § 17 BAT.
[211] BAG 14. 11. 2006 AP 121 zu § 87 BetrVG 1972 Arbeitszeit = NZA 2007, 458.
[212] BAG 11. 7. 2006 AP 10 zu § 611 BGB Dienstreise = NZA 2007, 155.
[213] BAG 14. 11. 2006 AP 121 zu § 87 BetrVG 1972 Arbeitszeit = NZA 2007, 458.
[214] Vgl. hierzu BAG 10. 10. 2006 AP 24 zu § 77 BetrVG 1972 = NZA 2007, 523.
[215] Zur Vergütung im öffentlichen Dienst vgl. BAG 11. 7. 2006 AP 10 zu § 611 BGB Dienstreise = NZA 2007, 155.
[216] BAG 3. 9. 1997 AP 1 zu § 611 BGB Dienstreisen = NZA 98, 540.
[217] Vgl. dazu BAG 15. 10. 2003 EzA 2 zu § 4 TVG Stahlindustrie.
[218] Vgl. *Neumann/Biebl,* § 2 RN 15; auch BAG 8. 12. 1960 AP 1 zu § 611 BGB Wegezeit; 3. 9. 1997 AP 1 zu § 611 BGB Dienstreise m. Anm. *Hager* = NZA 98, 540; im Baugewerbe: 20. 9. 1989 AP 119 zu § 1 TVG Tarifverträge: Bau = NZA 90, 488; 16. 1. 2002 AP 7 zu § 2 EFZG = NZA 2002, 1163 zur Entgeltfortzahlung; bei der Bundeswehr: BAG 24. 4. 1987 AP 10 zu § 46 BPersVG; *Buschmann,* FS für Hanau, S. 195.
[219] *Zetl* ZMV 98, 5.
[220] BAG 29. 9. 2004 AP 111 zu § 87 BetrVG 1972 Arbeitszeit.

rung oder Tarifvertrag keine Regelung getroffen ist.[221] Nach § 6 V ArbZG ist die Nachtarbeitszeit zuschlagspflichtig (dazu § 69 RN 32).

12. **Pausen** (§ 4 ArbZG) sind **im Voraus festgelegte Unterbrechungen** der Arbeitszeit, in denen der Arbeitnehmer weder Arbeit zu leisten noch sich dafür bereit zu halten hat, sondern frei darüber entscheiden kann, wie er diese Zeit verbringt.[222] Entscheidendes Merkmal der Ruhepause ist, dass der Arbeitnehmer von jeder Arbeitsverpflichtung und auch von jeder Verpflichtung, sich zur Arbeit bereitzuhalten, freigestellt ist.[223] Da die Dauer der Arbeitsunterbrechung im Voraus festliegen muss, ist eine Arbeitsunterbrechung, bei deren Beginn der Arbeitnehmer nicht weiß, wie lange sie dauert, keine Ruhepause i. S. v. § 4 ArbZG. In diesem Fall muss sich der Arbeitnehmer vielmehr ständig zur Arbeit bereithalten.[224] Ruhepausen i. S. v. § 4 ArbZG bleiben grundsätzlich unbezahlt, es sei denn, es ist etwas anderes vereinbart.[225] **64**

Wegen der sog. **Kurzpausen** ist zu unterscheiden: Handelt es sich um Kurzpausen von mindestens 15 Minuten, gelten diese Zeiten nach § 4 Satz 2 ArbZG als Ruhepause. Die Tarifvertragsparteien können nach § 7 I Nr. 2 ArbZG auch eine andere – angemessene – Regelung der Kurzpausen treffen. Im öffentlichen Personennahverkehr kann der Arbeitgeber gem. § 4 IV Anlage 1 BMT-G seine Verpflichtung zur Pausengewährung auch durch die Gewährung von Kurzpausen während der Wendezeiten erfüllen. Diese ersetzen die nach § 4 ArbZG zu erteilenden Ruhepausen, wenn sich der Arbeitnehmer während der Wendezeiten nicht für Arbeitsleistungen bereithalten oder arbeiten muss.[226] Für die Pausen nach dem ArbZG besteht keine Vergütungspflicht. Kann der Arbeitnehmer dagegen eine kurze Pause einlegen, weil er z. B. schnell gearbeitet hat, besteht Vergütungspflicht. Das sind die sog. **Kurzpausen,** die der Arbeitnehmer namentlich in Teil- oder vollmechanisierten Betrieben nach freiem Ermessen machen kann. Sie zählen zur vergütungspflichtigen Arbeitszeit, wie auch die Betriebspausen; das sind Unterbrechungen der Arbeit aus technischen Gründen. **64a**

13. **Ruhezeiten** (§ 5 ArbZG) sind die im Voraus festgelegten Zeiten der Arbeitsunterbrechung. In ihnen muss der Arbeitnehmer vollständig von der Arbeit freigestellt sein. Dies gilt auch für die Arbeits- und Rufbereitschaft.[227] Die Ruhezeit beträgt **mindestens elf Stunden.** Zeiten eines Urlaubs, arbeitsfreie Feiertage und sonstige Zeiten der Arbeitsbefreiung erfüllen regelmäßig auch die Voraussetzungen der Ruhezeit. Ist einem Arbeitnehmer z. B. ein Urlaubstag gewährt worden und wird er in einer am Vortage beginnenden Nachtschicht eingesetzt, wird die Urlaubserteilung nicht deshalb rechtsunwirksam, weil sie auch die Ruhezeit nach § 5 ArbZG umfasst. Die gesetzliche Vorschrift gebietet nur eine Arbeitszeitgestaltung, die gewährleistet, dass der Arbeitnehmer nach der Beendigung der täglichen Arbeitszeit mindestens während der folgenden 11 Stunden nicht zur Arbeitsleistung herangezogen wird. Sie schreibt aber nicht vor, auf welche Weise die Einhaltung der Ruhezeit erreicht wird.[228] **Wegezeiten,** d. h. die Zeit von der Wohnung zur Arbeit und zurück, gehören zu den Ruhezeiten. Die **Rufbereitschaft** schließt die Ruhezeit nicht aus (vgl. RN 59). Allerdings beendet jede Heranziehung zur Arbeitsleistung die Ruhezeit. Diese beginnt mit dem Ende der Arbeit erneut.[229] Deshalb ist zu prüfen, ob nach dem Ende der Arbeitsleistung während der Rufbereitschaft noch genügend Ruhezeit bis zum planmäßigen Arbeitsbeginn verbleibt. Ggf. ist der Arbeitsbeginn zu verschieben. **65**

Welche Arbeit **Feiertagsarbeit** ist, muss durch Auslegung der kollektiv- und vertraglichen Bestimmungen geregelt werden.[230] Zur Berechnung von Zeitzuschlägen im öffentlichen Dienst.[231] Zur **gleitenden Arbeitszeit** vgl. § 160 RN 1 ff. **66**

---

[221] BAG 11. 2. 1998 AP 54 zu § 611 BGB Direktionsrecht = NZA 98, 647; LAG Köln 14. 2. 1997 NZA-RR 97, 391.

[222] BAG 23. 9. 1992 AP 6 zu § 3 AZO Kr = NZA 93, 752; 27. 2. 1992 AP 5 zu § 3 AZO Kr.

[223] BAG 9. 3. 2005 EzA 177 zu § 4 TVG Ausschlussfristen.

[224] BAG 28. 7. 2003 AP 108 zu § 87 BetrVG 1972 Arbeitszeit.

[225] BAG 17. 7. 2008 PersV 2009, 27; *Baeck/Deutsch* ArbZG 2. Aufl. § 4 RN 26.

[226] BAG 17. 7. 2008 ZTR 2008, 614; zu Rettungsassistenten des DRK vgl. BAG 24. 5. 2007 AP 24 zu § 1 TVG Tarifverträge: DRK = NZA 2007, 1175.

[227] BAG AP 5. 5. 1988 AP 1 zu § 3 AZO Kr = NZA 89, 138; 19. 8. 1987 AP 4 zu § 1 TVG Tarifverträge: Fernverkehr = NZA 88, 168.

[228] BAG 13. 2. 1992 AP 13 zu § 12 AZO = NZA 92, 891.

[229] BAG 5. 7. 1976 AP 10 zu § 12 AZO.

[230] Vgl. dazu BAG 13. 4. 2005 AP 192 zu § 1 TVG Auslegung = NZA 2005, 882.

[231] BAG 11. 12. 1980 AP 2 zu § 27 MTB II; 22. 9. 1981 AP 1 zu § 35 BAT; 25. 6. 1998 AP 1 zu § 15 MTL II.

67, 68 **14. Ermessensausübung.** Der Arbeitgeber kann die Lage der Arbeitszeit gem. § 106 Satz 1 GewO nach **billigem Ermessen** näher bestimmen, soweit hierüber keine vertraglichen oder kollektivrechtlichen Vereinbarungen getroffen sind. Die Grenzen billigen Ermessens sind gewahrt, wenn der Arbeitgeber bei der Bestimmung der Zeit der Arbeitsleistung nicht nur eigene, sondern auch berechtigte Interessen des Arbeitnehmers angemessen berücksichtigt. Auf schutzwürdige familiäre Belange des Arbeitnehmers hat er Rücksicht zu nehmen, soweit einer vom Arbeitnehmer gewünschten Verteilung der Arbeitszeit nicht betriebliche Gründe oder berechtigte Belange anderer Arbeitnehmer entgegenstehen.[232] Betriebliche Belange und die im Einzelfall vorliegenden persönlichen bzw. familiären Interessen des Arbeitnehmers sind abzuwägen.[233]

69 Erfordert die Verteilung der Arbeitszeit eine personelle **Auswahlentscheidung** des Arbeitgebers zwischen mehreren Arbeitnehmern, finden die Grundsätze zur sozialen Auswahl im Rahmen einer betriebsbedingten Kündigung keine Anwendung.[234] Überschreitet der Arbeitgeber die Grenzen des Direktionsrechts, kann der Arbeitnehmer die Arbeit verweigern, ohne dass der Arbeitgeber deshalb zur Kündigung berechtigt ist (§ 133 RN 51). Auch eine Betriebsvereinbarung kann eine ausreichende Grundlage für die Anordnung von Überstunden sein.[235]

70 Inwieweit im Wege des Weisungsrechts besondere **Sommer- oder Winterarbeitszeiten** eingeführt werden können, ist nicht abschließend entschieden. Wird wegen der Einführung der Sommerzeit eine Stunde weniger gearbeitet, liegt teilweise Unmöglichkeit vor (§ 275 I BGB); dies hat zur Folge, dass der Arbeitnehmer nicht das Recht hat, die ausgefallene Arbeitszeit vor- oder nachzuarbeiten. Der Arbeitgeber braucht kein Entgelt zu zahlen (§ 326 I BGB). Wird dagegen die Winterzeit eingeführt und muss der Arbeitnehmer eine Stunde länger arbeiten, liegt Überarbeit vor. In jedem Falle entsteht kein Ausgleichsanspruch des Arbeitnehmers wegen Einführung der Sommerzeit, wenn er ohnehin mehr als die tarifliche Arbeitszeit leistet.[236]

VII. Erfüllungszwang der Arbeitsleistung

71 **1. Klage.** Der Arbeitgeber kann gegen seinen Arbeitnehmer auf Erfüllung der Arbeitsleistung klagen.[237] Besteht die Arbeitsleistung in einer **unvertretbaren Leistung,** ist allerdings die Zwangsvollstreckung ausgeschlossen (§ 888 ZPO). Unvertretbar ist die Leistung dann, wenn sie nicht durch einen Dritten vorgenommen werden kann. Vertretbare Arbeitsleistungen sollen nach § 887 ZPO durch einen Dritten auf Kosten des Verpflichteten auf Grund gerichtlicher Ermächtigung vollstreckt werden können.[238] Da der Arbeitnehmer die Arbeitsleistung grundsätzlich in Person zu leisten hat (§ 45 RN 1), wird sie nahezu immer unvertretbar sein. Für eine Klage auf Erfüllung der Arbeitsverpflichtung besteht ein Rechtsschutzinteresse; sie wird nach § 888 ZPO vorausgesetzt, klärt die Rechtslage und weist den Arbeitnehmer auf die Arbeitsverpflichtung hin.[239] Mit einer Klage auf Arbeitsleistung kann, solange die arbeitsvertragliche Verpflichtung besteht, ein Antrag auf Entschädigung nach § 61 II ArbGG verbunden werden.[240]

72 **2.** Eine **einstweilige Verfügung,** mit der der Anspruch auf Arbeitsleistung verfolgt wird, wird zum Teil zugelassen,[241] nach anderer Auffassung nur dann, wenn zugleich ein Antrag nach § 61 II ArbGG gestellt wird.[242] Andere verneinen die Zulässigkeit einer einstweiligen Verfügung schlechthin, zum Teil wird auch nur der Antrag nach § 61 II ArbGG abgelehnt.[243] Richtigerweise wird man die Zulässigkeit eines Antrags des Arbeitgebers auf Erlass einer einstweiligen

---

[232] BAG 23. 9. 2004 AP 64 zu § 611 BGB Direktionsrecht = NZA 2005, 359.

[233] Vgl. LAG Hamm 28. 7. 2003 – 8 Sa 1493/03; ArbG Hamburg 4. 12. 1995 NZR-RR 96, 365.

[234] BAG 23. 9. 2004 AP 64 zu § 611 BGB Direktionsrecht = NZA 2005, 359.

[235] BAG 3. 6. 2003 AP 19 zu § 77 BetrVG 1972 Tarifvorbehalt; GK-BetrVG/*Wiese* § 87 RN 363, 365; *Richardi* § 87 RN 335, 360.

[236] BAG 11. 9. 1985 AP 38 zu § 615 BGB = NZA 86, 785.

[237] BAG 2. 12. 1965 AP 27 zu § 620 BGB Befristeter Arbeitsvertrag; ArbG Frankfurt 22. 8. 1994 NZA 95, 552; MünchKommBGB/*Müller-Glöge* § 611 RN 1033.

[238] *Grunsky,* ArbGG, 7. Aufl., § 62 RN 13 m. Übersicht.

[239] BAG 2. 12. 1965 AP 27 zu § 620 BGB Befristeter Arbeitsvertrag.

[240] Hierzu *Opolony* FA 2001, 66; zur Fristbemessung: BAG 5. 6. 1985 AP 67 zu § 1 TVG Tarifverträge: Bau.

[241] LAG Bremen AP 3 zu § 611 BGB Anspruch auf Arbeitsleistung; LAG Baden-Württemberg BB 68, 752; ArbG Düsseldorf BB 79, 1245.

[242] LAG Frankfurt NJW 61, 2132; AP 2 zu § 61 ArbGG 1953 Zwangsvollstreckung.

[243] LAG Baden-Württemberg 27. 1. 1958 AP 5 zu § 611 BGB Anspruch auf Arbeitsleistung; LAG Bremen AP 3 zu § 611 BGB Anspruch auf Arbeitsleistung; LAG Frankfurt 19. 10. 1989 NZA 90, 614.

Verfügung zur Durchsetzung des Beschäftigungsanspruchs verneinen müssen. Für einen nicht vollstreckbaren Anspruch (§ 888 II ZPO) fehlt der Verfügungsgrund.[244]

3. Verbot anderweitiger Beschäftigung. Seit jeher ist umstr., ob der Arbeitgeber seinem vertragsbrüchigen Arbeitnehmer durch Urteil oder einstweilige Verfügung verbieten lassen kann, eine anderweitige Tätigkeit aufzunehmen.[245] Nach h. M. ist der Unterlassungsanspruch nur die Kehrseite des Erfüllungsanspruchs, der nicht vollstreckt werden kann. Deshalb besteht nur dann ein Unterlassungsanspruch, wenn mit diesem weitergehende Zwecke verfolgt werden als die Verhinderung von Arbeitsvertragsbrüchen, also z. B. die Unterlassung einer Wettbewerbstätigkeit.[246] Insoweit ist auch eine einstweilige Verfügung zulässig. 73

4. Vereinbarung eines anderweitigen Beschäftigungsverbots. Eine anderweitige Beschäftigung während des Bestehens des Arbeitsverhältnisses kann nur dann versagt werden, wenn hieran ein berechtigtes Interesse besteht (§ 43). Soll mit einer derartigen Vertragsbestimmung jedoch erreicht werden, dass der Arbeitnehmer im Falle eines Vertragsbruchs überhaupt nicht arbeiten kann, ist sie wegen Verstoßes gegen Art. 12 GG und zu weitgehender Knebelung (§ 138 BGB) rechtsunwirksam. 74

5. Abwerbungsverbot. Ein Arbeitgeber kann gegenüber seinem Mitbewerber Anspruch auf Unterlassung der Beschäftigung eines vertragsbrüchigen Arbeitnehmers haben aus **(a)** Vertrag, **(b)** unlauterem Wettbewerb, **(c)** unerlaubter Handlung.[247] 75

§ 46. Befreiung von der Arbeitspflicht

1. Unmöglichkeit. Der Arbeitnehmer ist grundsätzlich während der gesamten Dauer des Arbeitsverhältnisses zur Arbeitsleistung verpflichtet und berechtigt (§ 110). Wird die Erfüllung der Arbeitsleistung dem Arbeitnehmer **dauernd unmöglich,** ist er von der Arbeitsleistung befreit (§ 275 I BGB). Er verliert jedoch den Anspruch auf die Gegenleistung (§ 326 I BGB). Zur Beendigung des Arbeitsverhältnisses bedarf es grundsätzlich einer Kündigung oder Aufhebungsvereinbarung. Das Arbeitsverhältnis erlischt auch im Falle der Erwerbsunfähigkeit nicht ohne Weiteres, wenn nicht eine entsprechende tarifvertragliche Regelung besteht. Die Begriffe Erwerbsunfähigkeit (§ 44 SGB VI) und dauernde Unmöglichkeit sind nicht identisch. Es sind Fälle denkbar, in denen der Arbeitnehmer nur vorübergehend die Arbeit nicht leisten kann oder braucht. Aus systematischen Gründen ist dies bei den Pflichten des Arbeitnehmers und des Arbeitgebers erörtert. 1

2. Fälle vorübergehender Arbeitsbefreiung des Arbeitnehmers sind: **(a)** Vereinbarte Arbeitsaussetzung (§§ 47, 48); **(b)** Unmöglichkeit der Arbeitsleistung (§ 49); **(c)** Urlaub (§ 102); **(d)** Stellensuche (§ 26 RN 1ff.); **(e)** Arbeitsbefreiung auf Grund des MuSchG (§ 169 RN 6ff. und 14ff.); **(f)** Zurückbehaltungsrecht des Arbeitnehmers (§ 50). 2

§ 47. Vereinbarte Arbeitsaussetzung

Beck, Einführung von Kurzarbeit im öffentlichen Dienst, ZTR 98, 159; *Beden,* Kurzarbeit – Welche Vorteile bringt sie dem Arbeitgeber?, BuW 2003, 260; *Boecken,* Arbeitsrecht und Sozialrecht, RdA 2000, 7; *Haag/Discher,* Kurzarbeit – Alternative zur Kündigung?, AuA 2002, 494; *Heinze,* Die arbeitsrechtliche Zulässigkeit der Einführung von Kurzarbeit, RdA 98, 14; *Kreuder,* Kurzarbeit bei Outsourcing, BB 97, 94; *Marschner,* Kurzarbeit, AR-Blattei SD 1040; *Thiel,* Kurzarbeit im Lichte der AVR-Caritas durch befristete Dienstvereinbarung, ZMV 2000, 103.

---

[244] Ebenso GMPM-G/*Germelmann* § 62 RN 107; MünchKommBGB/*Müller-Glöge* § 611 RN 1034; GK-ArbGG/*Vossen* § 62 RN 74.

[245] Bejahend RGZ 67, 3ff.; ArbG Hamburg 14. 7. 1955 AP 2 zu § 611 BGB Anspruch auf Arbeitsleistung; ArbG Wetzlar 28. 10. 1955 AP 4 zu § 611 BGB Anspruch auf Arbeitsleistung; verneinend RGZ 72, 393; LAG Hamburg 24. 9. 1955 AP 1 zu § 611 BGB Anspruch auf Arbeitsleistung.

[246] BAG 17. 10. 1969 AP 7 zu § 611 BGB Treuepflicht; LAG Köln 8. 12. 1995 LAGE § 60 HGB Nr. 5; LAG Hamm DB 72, 1074; ArbG Düsseldorf 6. 9. 1994 NZA 95, 552.

[247] Vgl. BGH 19. 2. 1971 AP 3 zu § 611 BGB Abwerbung.

Übersicht

	RN
I. Voraussetzung von Kurzarbeit und Feierschichten	1 ff.
1. Begriff	1
2. Rechtsgrundlage	2
3. Tarifliche Kurzarbeitsklauseln	3–5 a
4. Mitbestimmung des Betriebsrats	6
5. Vertrag	7
6. Fehlende Rechtsgrundlage	8
7. Betrieb ohne Betriebsrat	9
8. Rechtswirkungen	10
II. Beendigung der Kurzarbeit	11, 12
III. Öffentlich-rechtliche Verpflichtung des Arbeitgebers	13

I. Voraussetzung von Kurzarbeit und Feierschichten

1 **1. Begriff.** Der Betriebsablauf kann Über- und Mehrarbeitsstunden, aber auch die **Einschränkung der Arbeit** notwendig machen. Die vorübergehende Kürzung der betriebsüblichen normalen Arbeitszeit heißt Kurzarbeit, die vorübergehende Arbeitseinstellung Aussetzen der Arbeit, Feierschicht und z. T. auch vorübergehende Betriebsstilllegung. Die dauernde Arbeitseinstellung unter Fortzahlung der Vergütung kann der Arbeitgeber grundsätzlich nicht anordnen. Insoweit verstößt er gegen seine Beschäftigungspflicht (§ 110). Die vorübergehende vollständige Arbeitseinstellung wird „Kurzarbeit null" bezeichnet.

2 **2. Rechtsgrundlage.** Da der Arbeitnehmer während des Arbeitsverhältnisses grundsätzlich einen Anspruch auf Beschäftigung hat, bedarf der Arbeitgeber für die Einführung der Kurzarbeit einer besonderen **Rechtsgrundlage.** Diese kann enthalten sein **(a)** in einem Gesetz (§ 19 KSchG; dazu § 142); **(b)** in einem Tarifvertrag; **(c)** in einer Betriebsvereinbarung; **(d)** in einer Vereinbarung mit dem einzelnen Arbeitnehmer oder **(e)** in einer Änderung des Arbeitsvertrags auf Grund einer rechtswirksam gewordenen Änderungskündigung. Neben den individualvertraglichen Rechtsgrundlagen bedarf es zur Einführung der Kurzarbeit der Mitbestimmung des Betriebsrats nach § 87 I Nr. 3 BetrVG (§ 235). Dies gilt auch im Insolvenzverfahren.[1]

3 **3. Tarifliche Kurzarbeitsklauseln. a)** Die Gestaltung tariflicher Kurzarbeitsklauseln ist außerordentlich vielfältig. So finden sich Tarifverträge, in denen Arbeitgeber und Betriebsrat ermächtigt werden, nach Einhaltung einer **Ankündigungsfrist** Kurzarbeit einzuführen. Ferner ist alsdann das Verfahren genau geregelt, das bei Einführung von Kurzarbeit einzuhalten ist. Gelegentlich finden sich auch Klauseln, nach denen Kurzarbeit nur nach Einschaltung der Tarifvertragsparteien eingeführt werden kann. In älteren Tarifverträgen finden sich pauschale Ermächtigungen an den Arbeitgeber, Kurzarbeit einzuführen.[2] Diese sind jedoch wegen Verstoßes gegen tariflich unabdingbares Kündigungsschutzrecht unwirksam. Der Tarifvertrag muss vielmehr die Voraussetzungen der Einführung von Kurzarbeit bestimmen.[3] Schließlich können die Tarifverträge die Einführung wie auch die Vergütungsseite der Kurzarbeit regeln[4] oder dem Arbeitnehmer einen Zuschuss zum Kurzarbeitergeld einräumen.[5] Auch dann, wenn ein Tarifvertrag eine nicht abschließende Ermächtigung zur Einführung von Kurzarbeit enthält, bleiben hiervon die Mitbestimmungsrechte des Betriebsrats unberührt (dazu RN 6).[6]

4 **b)** Nach ihrer **Rechtsnatur** sind tarifliche Kurzarbeitsklauseln Betriebsnormen i. S. von § 3 II TVG (§ 202),[7] die gegenüber allen Arbeitnehmern wirken, wenn nur der Arbeitgeber tarifgebunden ist. Nach anderer Meinung sind sie Inhaltsnormen,[8] die gegenüber Nichttarifgebunde-

---

[1] ArbG Siegen ZIP 83, 1117.

[2] Dazu BAG 5. 3. 1974 AP 1 zu § 87 BetrVG 1972 Kurzarbeit = NJW 74, 1399.

[3] BAG 27. 1. 1994 AP 1 zu § 15 BAT-O = NZA 95, 134; 18. 10. 1994 AP 11 zu § 615 BGB Kurzarbeit = NZA 95, 1064.

[4] BAG 29. 11. 1978 AP 18 zu § 611 BGB Bergbau; 19. 11. 1996 AP 147 zu § 1 TVG Tarifverträge: Metallindustrie = NZA 97, 892.

[5] BAG 21. 4. 1993 AP 109 zu § 1 TVG Tarifverträge: Metallindustrie = NZA 94, 231; 10. 11. 1993 AP 108 zu § 1 TVG Tarifverträge: Metallindustrie = NZA 94, 225; 24. 11. 1993 AP 114 zu § 1 TVG Tarifverträge: Metallindustrie = NZA 94, 468; 24. 11. 1993 AP 115 zu § 1 TVG Tarifverträge: Metallindustrie = NZA 94, 470; 24. 11. 1993 AP 116 zu § 1 TVG Tarifverträge: Metallindustrie = NZA 94, 471; 13. 11. 1994 AP 118 zu § 1 TVG Tarifverträge: Metallindustrie = NZA 95, 34; 7. 11. 1995 AP 138 zu § 1 TVG Tarifverträge: Metallindustrie.

[6] BAG 25. 11. 1981 AP 3 zu § 9 TVAL II.

[7] Däubler/*Hensche* TVG § 1 RN 533; Wiedemann/*Thüsing* TVG § 1 RN 369 (Betriebs- und Inhaltsnormen); *Simitis/Weiss* DB 73, 1249; *Farthmann* RdA 74, 69.

[8] *Ehmann,* Betriebsrisikolehre, S. 36; *v. Stebut* RdA 74, 335.

nen grundsätzlich nur dann Rechtswirkungen entfalten, wenn der Tarifvertrag allgemeinverbindlich erklärt worden ist oder eine Bezugnahmeklausel auf den Tarifvertrag im Arbeitsvertrag vorliegt (§§ 206, 207, 208).

c) Ist der Tarifvertrag nach seinem Geltungsbereich und bestehender Tarifbindung bzw. der Inbezugnahme anwendbar, kann gegenüber der Belegschaft mit den regelmäßig verkürzten **Ankündigungsfristen** des Tarifvertrags Kurzarbeit eingeführt werden. Im Wege der Betriebsvereinbarung kann von einer tarifvertraglichen Ankündigungsfrist nicht zum Nachteil der Arbeitnehmer abgewichen werden.[9] 5

Die Tarifvertragsparteien können zur Sicherung der Beschäftigung auch die **regelmäßige wöchentliche Arbeitszeit vorübergehend reduzieren.** In der Verringerung der Arbeitszeit liegt in einem solchen Fall nicht die oktroyierte Einführung von Teilzeitarbeitsverhältnissen, sondern eine tarifliche Regelung von Kurzarbeit.[10] 5a

4. Mitbestimmung des Betriebsrats. Enthält der Tarifvertrag keine Kurzarbeitsklausel, kann durch **Betriebsvereinbarung** Kurzarbeit eingeführt werden (§ 87 I Nr. 3 BetrVG).[11] Das Mitbestimmungsrecht des Personalrats nach § 75 III Nr. 1 BPersVG erstreckt sich dagegen nicht auf die Einführung von Kurzarbeit.[12] Betriebsvereinbarungen über Kurzarbeit bewirken eine vorübergehende Herabsetzung des vertraglich vereinbarten Arbeitszeitumfangs.[13] Dasselbe gilt, wenn der Tarifvertrag dem Arbeitgeber ein einseitiges Anordnungsrecht einräumt.[14] Eine Regelungsabrede genügt in der Regel nicht. Sie wahrt nur das Mitbestimmungsrecht, verändert aber nicht die vertraglich vereinbarte Arbeitszeit. Hierzu bedarf es ergänzender individualvertraglicher Vereinbarungen mit allen Arbeitnehmern, die in einem größeren Betrieb praktisch kaum herbeigeführt werden können.[15] Betriebsvereinbarungen über die Einführung von Kurzarbeit sind unzulässig, wenn tarifliche Kurzarbeitsklauseln bestehen (§ 87 I Eingangssatz BetrVG), die eine abschließende Regelung enthalten. In der Betriebsvereinbarung müssen Beginn und Dauer der Kurzarbeit, die Lage und Verteilung der Arbeitszeit, die Auswahl der von der Kurzarbeit betroffenen Arbeitnehmer oder Abteilungen sowie auch die Zeiträume, in denen die Arbeit ganz ausfallen soll, festgelegt werden.[16] Von einer solchen Betriebsvereinbarung werden auch die dem MuSchG unterliegenden Frauen[17] und Schwerbehinderte[18] erfasst. Soll die Arbeitszeit leitender Angestellter (§ 5 III BetrVG) verkürzt werden, bedarf es einer Individualvereinbarung. Richtlinien des Sprecherausschusses haben nur eingeschränkte Wirkung (§ 28 SprAuG; dazu § 250). Zu Einzelheiten der Mitbestimmung des Betriebsrats § 235. 6

5. Vertrag. Die Einführung von Kurzarbeit oder von Feierschichten unter Wegfall der Vergütung kann vorbehaltlich entgegenstehender günstigerer tariflicher oder betrieblicher Regelungen auch **einzelvertraglich** vereinbart werden. Es bedarf dann der genauen Formulierung des Tatbestands und – sofern ein kollektiver Tatbestand gegeben ist – der Zustimmung des Betriebsrats (§ 87 I Nr. 3 BetrVG). 7

6. Fehlende Rechtsgrundlage. Fehlt es an einer besonderen Rechtsgrundlage, kann der Arbeitgeber vergütungsfreie Kurzarbeit und Feierschichten nur mit **Zustimmung der Arbeitnehmer** einführen.[19] Wird diese nicht erteilt, bleibt nur die Möglichkeit der Änderungskündigung, die vom Arbeitnehmer im Wege der Kündigungsschutzklage (§ 137) angefochten werden kann.[20] Sie birgt für den Arbeitgeber die Gefahr, dass Kurzarbeit nicht für alle Arbeitnehmer zum selben Zeitpunkt eingeführt werden kann, der Arbeitnehmer die Änderung ablehnt und das Arbeitsverhältnis mit Fristablauf sein Ende findet. Bis zum Ablauf der Kündigungsfrist ist die Vergütung fortzuzahlen. Hat ein Arbeitgeber Kurzarbeit eingeführt und nehmen die Arbeit- 8

---

[9] BAG 12. 10. 1994 AP 66 zu § 87 BetrVG 1972 Arbeitszeit = NZA 95, 641.
[10] BAG 25. 10. 2000 AP 1 zu § 1 TVG: Internationaler Bund = NZA 2001, 328.
[11] BAG 1. 2. 1957 AP 1 zu § 32 SchwBeschG; 15. 12. 1961 AP 1 zu § 615 BGB Kurzarbeit; 29. 11. 1978 AP 18 zu § 611 BGB Bergbau.
[12] BAG 10. 10. 2006 AP 85 zu § 75 BPersVG = NZA 2007, 637.
[13] BAG 10. 10. 2006 AP 85 zu § 75 BPersVG = NZA 2007, 637.
[14] BAG 21. 11. 1978 AP 2 zu § 87 BetrVG 1972.
[15] BAG 14. 2. 1991 AP 4 zu § 615 BGB = NZA 91, 607.
[16] Sächsisches LAG 31. 7. 2002 NZA-RR 2003, 366; LAG Hessen 14. 3. 1997 NZA-RR 97, 479 = BB 97, 2217; a. A. LAG Brandenburg 10. 8. 1994 – 5 Sa 286/94 n. v.
[17] BAG 7. 4. 1970 AP 3 zu § 615 BGB Kurzarbeit.
[18] BAG 1. 2. 1957 AP 1 zu § 32 SchwBeschG.
[19] BAG 10. 7. 1969 AP 2 zu § 615 BGB Kurzarbeit; 15. 12. 1961 AP 1 zu § 615 BGB Kurzarbeit.
[20] BAG 12. 10. 1994 AP 66 zu § 87 BetrVG 1972 Arbeitszeit = NZA 95, 641.

nehmer die Zahlungen von Kurzarbeitergeld entgegen, kann im Wege einer konkludenten, einvernehmlichen Änderung des Arbeitsvertrags Kurzarbeit eingeführt sein.[21]

9 **7. Betrieb ohne Betriebsrat.** Besteht in einem Betrieb kein Betriebsrat, kann die Kurzarbeit ohne Rücksicht auf die Mitbestimmungsrechte des Betriebsrats eingeführt werden.[22] Unberührt bleibt die Notwendigkeit einer **vertraglichen Grundlage.**[23]

10 **8. Rechtswirkungen.** Infolge der Einführung von Kurzarbeit wird das Arbeitsverhältnis nicht beendet, sondern lediglich die **Arbeits- und Lohnzahlungspflicht** – zum Teil – **suspendiert.** Widerruft die BA die Gewährung von Kurzarbeitergeld, hat der Arbeitnehmer nur Anspruch auf Vergütungsfortzahlung in Höhe des Kurzarbeitergelds (dazu § 48).[24] Zu vermögenswirksamen Leistungen.[25] Bestehen bleiben während der Kurzarbeit die Nebenpflichten (§§ 53, 54, 108), soweit sie sich nicht auf die Dauer der Arbeitsleistung als solche beziehen, die aktive und passive Wahlfähigkeit zum Betriebsrat usw. Auch bei längerfristiger Kurzarbeit entsteht während der Kurzarbeitsperiode ein Urlaubsanspruch, da dieser nicht von der Erholungsbedürftigkeit des Arbeitnehmers abhängt.[26] Bei der Berechnung des Urlaubsentgelts bleibt die Kurzarbeit außer Betracht (§ 11 BUrlG). Während der Kurzarbeit hat der Arbeitnehmer Anspruch auf Feiertagsvergütung in Höhe der reduzierten Vergütung (§ 2 EFZG).[27] Zur Entgeltfortzahlung im Krankheitsfall vgl. § 98 RN 107.

II. Beendigung der Kurzarbeit

11 Die Kurzarbeit endet nach **Ablauf der vereinbarten Zeit oder bei Wegfall ihrer Voraussetzungen.** Gelegentlich wird vertreten, die Kurzarbeit ende, wenn der Arbeitgeber neue Arbeitnehmer einstelle.[28] Dies wird im Allgemeinen allerdings nur ein Anzeichen für den Wegfall der Kurzarbeitsvoraussetzungen sein; es kann aber nicht zum automatischen Wegfall der Kurzarbeit führen. Ist die Kurzarbeit durch Tarifvertrag oder Betriebsvereinbarung eingeführt worden, kann der Arbeitnehmer sie nicht dadurch beenden, dass er seine Arbeitskraft wieder anbietet. Dem steht die normative Wirkung der Betriebsvereinbarung entgegen.

12 **Kündigt der Arbeitgeber** während der Kurzarbeit, entfällt nicht die Geschäftsgrundlage für die Verkürzung der Arbeitszeit (Bewahrung des Arbeitsplatzes). Die Einführung von Kurzarbeit indiziert allein, dass der Arbeitgeber zunächst von einem nur vorübergehenden Arbeitsausfall ausgegangen ist, der eine betriebsbedingte Kündigung nicht rechtfertigt. Zur Begründung einer betriebsbedingten Kündigung während der Kurzarbeitsphase hat der nach § 1 II 4 KSchG beweisbelastete Arbeitgeber konkret darzulegen, dass eine Beschäftigungsmöglichkeit für einzelne von der Kurzarbeit betroffene Arbeitnehmer auf Dauer entfallen ist.[29] Auch dann sind die Kündigungsfristen einzuhalten: Dies gilt auch für die Kündigung durch den Arbeitnehmer. Während der Kurzarbeit kann der Arbeitnehmer – vorbehaltlich wirksamer Nebentätigkeitsverbote (§ 42 RN 4ff.) – anderweitige Aushilfsbeschäftigungen anzunehmen.

III. Öffentlich-rechtliche Verpflichtung des Arbeitgebers

13 Auch in den Fällen, in denen eine Massenentlassung nicht beabsichtigt ist, hat der Arbeitgeber unter Beifügung einer Stellungnahme der Betriebsvertretung die Einführung von Kurzarbeit oder Arbeitsaussetzung schriftlich bei **der zuständigen Agentur für Arbeit anzuzeigen** (§ 173 SGB III). Die Anzeige kann auch von der Betriebsvertretung erstattet werden (§ 173 I 2 SGB III). Sie ist Voraussetzung für den Bezug des Kurzarbeitergelds (dazu § 48). Mit der Anzeige sind die betrieblichen Bezugsvoraussetzungen glaubhaft zu machen. Die Agentur für Arbeit erteilt unverzüglich einen schriftlichen Bescheid, ob die Voraussetzungen für die Gewährung

---

[21] LAG Düsseldorf 14. 10. 1994 DB 95, 682; ähnlich ArbG Marburg 17. 12. 1999 NZA-RR 2001, 144.

[22] BAG 25. 11. 1981 AP 3 zu § 9 TVAL II = DB 82, 909; vgl. dagegen LAG Düsseldorf 10. 9. 1992 DB 93, 1932.

[23] LAG Rheinland-Pfalz 7. 10. 1996 NZA-RR 97, 331 = BB 97, 419.

[24] BAG 11. 7. 1990 AP 32 zu § 615 BGB Betriebsrisiko = NZA 91, 67.

[25] BAG 9. 11. 1977 AP 1 zu § 1 TVG Tarifverträge: Textilindustrie; 15. 11. 1990 AP 16 zu § 1 TVG Tarifverträge: Textilindustrie = NZA 91, 315.

[26] BAG 27. 6. 1978 AP 15 zu § 11 BUrlG; näher zur Berechnung der Urlaubsdauer *Leinemann/Linck* § 3 RN 62ff.

[27] BAG 5. 7. 1979 AP 33 zu § 1 FeiertagslohnzahlungsG.

[28] Vgl. BAG 26. 1. 1959 AP 3 zu § 7 AltbankenG Berlin.

[29] BAG 26. 6. 1997 AP 86 zu § 1 KSchG 1969 Betriebsbedingte Kündigung = NZA 97, 1286.

vorliegen (§ 173 III SGB III). Unterbleibt die Anzeige, kann sich der Arbeitgeber dem Arbeitnehmer schadensersatzpflichtig machen.

§ 48. Kurzarbeitergeld und Saison-Kurzarbeitergeld

Übersicht

	RN
I. Kurzarbeitergeld	1 ff.
1. Abgrenzung	1
2. Anspruchsvoraussetzungen für Kurzarbeitergeld	1 a
3. Erheblicher Arbeitsausfall mit Entgeltausfall	2–7
4. Betriebliche Anspruchsvoraussetzungen	8
5. Persönliche Anspruchsvoraussetzungen	9, 10
6. Verfahren	11, 12
7. Bemessung des Kurzarbeitergelds	13, 14
8. Antrag	15
9. Sozialversicherung	16
II. Saison-Kurzarbeitergeld	17 ff.
1. Allgemeines	17
2. Voraussetzungen	18–22
3. Betriebliche und persönliche Voraussetzungen	23
4. Anzeige, Folgeanzeige und Antrag	24
5. Anspruchshöhe	25
6. Einführung und Beendigung	26
7. Finanzierung	27

I. Kurzarbeitergeld

Cohnen/Röger, Kurzarbeit als Antwort auf kurzfristig auftretende Konjunkturschwächen, BB 2009, 46; *Gaul/Bonanni/Otto,* Hartz III – Veränderte Rahmenbedingungen für Kurzarbeit, Sozialplanzuschüsse und Transfermaßnahmen, DB 2003, 2386; *Marschner,* Kurzarbeit, AR-Blattei SD 1040; *Pivit,* Höhe des Krankengeldes bei struktureller Kurzarbeit gemäß § 175 SGB III, NZS 2003, 472; *Schaub/Schindele,* Kurzarbeit – Massenentlassung – Sozialplan, 3. Aufl., 2009; *Ulber,* Kurzarbeit, AiB 2007, 5.

1. Abgrenzung. Das (konjunkturelle) **Kurzarbeitergeld** ist eine Leistung der Arbeitsförderung (§ 3 I Nr. 9 SGB III) und soll Entlassungen vermeiden sowie einen durch Kurzarbeit eintretenden Arbeitsentgeltausfall der von Kurzarbeit betroffenen Arbeitnehmer zumindest teilweise ausgleichen (RN 2). Besondere Regelungen für die Gewährung von Kurzarbeitergeld bestehen für Betriebe mit witterungsbedingter Auftragsnachfrage (sog. Saison-KUG, RN 17). Daneben bestehen die nunmehr in §§ 216 a, 216 b SGB III geregelten Leistungen bei Transfermaßnahmen und Transferkurzarbeit (dazu § 244 RN 105). 1

2. Anspruchsvoraussetzungen für Kurzarbeitergeld. Arbeitnehmer haben Anspruch auf Kurzarbeitergeld (KUG), wenn **(a)** ein erheblicher Arbeitsausfall mit Entgeltausfall vorliegt, **(b)** die betrieblichen Voraussetzungen erfüllt sind, **(c)** die persönlichen Voraussetzungen vorliegen, **(d)** der Arbeitsausfall der Agentur für Arbeit angezeigt worden ist (§ 169 SGB III). 1a

3. Erheblicher Arbeitsausfall mit Entgeltausfall. a) Begriff. Nach § 170 I SGB III ist der Arbeitsausfall erheblich, wenn **(1)** er auf wirtschaftlichen Gründen oder einem unabwendbaren Ereignis beruht, **(2)** er vorübergehend ist, **(3)** er nicht vermeidbar ist und **(4)** im jeweiligen Kalendermonat (Anspruchszeitraum) mindestens $^1/_3$ der in dem Betrieb beschäftigten Arbeitnehmer von einem Entgeltausfall von jeweils mehr als 10% ihres monatlichen Bruttoentgelts betroffen ist. Ergänzend zu § 170 I Nr. 1 SGB III bestimmt § 170 II SGB III, dass ein Arbeitsausfall auch dann auf wirtschaftlichen Gründen beruht, wenn er durch eine Veränderung der betrieblichen Strukturen verursacht wird, die durch die allgemeine wirtschaftliche Entwicklung bedingt ist. 2

b) Wirtschaftliche Gründe bzw. unabwendbares Ereignis. aa) Ein Arbeitsausfall beruht auf wirtschaftlichen Gründen, wenn er durch eine Veränderung der betrieblichen Strukturen verursacht wird, die durch die allgemeine wirtschaftliche Entwicklung bedingt ist (§ 170 II SGB III). Wirtschaftliche Ursachen sind alle Störungen im Wirtschaftskreislauf, insbesondere Konjunkturschwankungen. Hierzu zählen Auftragsmangel oder Absatzschwierigkeiten nicht jedoch ein Arbeitsausfall, wenn dieser wesentlich darauf beruht, dass ein Produkt aus der Mode kommt.[1] Wirtschaftliche Ursachen können aber auch Veränderungen der Betriebsstruktur sein, soweit diese durch die allgemeine wirtschaftliche Entwicklung bedingt sind.[2] 3

---

[1] BSG 15. 12. 2005 SozR 4–4300 § 170 Nr. 1.
[2] BSG 29. 4. 1998 SozR 3–4100 § 64 Nr. 4 – Übergang auf die Marktwirtschaft.

4 **bb)** Ein **unabwendbares Ereignis** ist ein objektiv feststellbares Ereignis, das auch durch die äußerste, nach den Umständen des Falles gebotene Sorgfalt für den vom Arbeitsausfall betroffenen Betrieb nicht abwendbar ist (BT-Drucks. 5/2291 S. 70). Es liegt insbesondere vor, wenn ein Arbeitsausfall auf ungewöhnlichen, dem üblichen Witterungsverlauf nicht entsprechenden Witterungsgründen beruht. Ein unabwendbares Ereignis ist weiterhin ein Arbeitsausfall, der durch behördlich oder behördlich anerkannte Maßnahmen verursacht ist, die vom Arbeitgeber nicht zu vertreten sind (§ 170 III SGB III). Das den Arbeitsausfall auslösende Ereignis muss sich auf den konkreten Einzelfall beziehen. Ein unabwendbares Ereignis ist deshalb gegeben, wenn der Absatz eines Unternehmens zurückgeht, weil infolge baulicher Maßnahmen der Zugang zum Unternehmen vorübergehend gestört ist. Ein unabwendbares Ereignis liegt ferner vor, wenn der Betriebsinhaber einen Verkehrsunfall erleidet und hierdurch ein Arbeitsausfall im Betrieb bedingt ist.[3] Um Mitnahmeeffekte zu verhindern, müssen die Betriebspartner nicht nur versuchen, den Arbeitsausfall einzuschränken, sondern auch darauf hinwirken, ihn abzuwenden.[4]

5 **c) Vorübergehender Arbeitsausfall.** Ein Arbeitsausfall ist vorübergehend, wenn der von Kurzarbeit betroffene Betrieb in absehbarer Zeit wieder zur Vollarbeit übergehen kann.[5] Der Arbeitsausfall ist dann nicht mehr vorübergehend, wenn er die Dauer der gesetzlichen Bezugsfrist oder der auf Grund einer RechtsVO (§ 1 KuArbGeldFristV 2009, RN 14) verlängerten Bezugsfrist deutlich überschreiten wird. Steht eine Betriebsschließung an, ist der Arbeitsausfall nicht mehr vorübergehend.[6] Anders ist es bei einer Betriebspause. Unschädlich ist, wenn die Schließung einer Betriebsabteilung verhindert werden soll.

6 **d) Unvermeidbarkeit.** Der Arbeitsausfall ist nur erheblich i. S. d. § 170 I SGB III, wenn er unvermeidbar ist. Nach § 170 IV 1 SGB III ist ein Arbeitsausfall nicht vermeidbar, wenn in einem Betrieb alle zumutbaren Vorkehrungen getroffen wurden, um den Eintritt des Arbeitsausfalls zu verhindern. Zu geeigneten und wirtschaftlich zumutbaren Maßnahmen zählen innerbetriebliche Umsetzungen, Aufräum- und Reparaturarbeiten sowie Produktion auf Lager. Arbeitet der Betrieb jedoch in der just-in-time-Produktion, kann eine Lagerproduktion von der Arbeitsverwaltung nicht verlangt werden, weil ansonsten in den Betriebsablauf eingegriffen würde. In § 170 IV 2 SGB III sind die Fälle geregelt, in denen der Arbeitsausfall vermeidbar ist. Betriebsüblich ist z. B. ein Arbeitsausfall, der durch die Eigenart des Betriebes bedingt ist[7] oder der betriebs- oder saisonüblich ist (Nr. 1) oder durch die Gewährung von bezahltem Urlaub vermieden werden kann. Vorrangige Urlaubswünsche der Arbeitnehmer müssen berücksichtigt werden (Nr. 2). Vermeidbar ist der Arbeitsausfall bei der Nutzung von im Betrieb möglichen Arbeitszeitschwankungen (Nr. 3). Dies kommt insbesondere in Betracht, wenn in dem Betrieb Arbeitszeitkonten geführt werden. Vorhandene Zeitguthaben müssen im Rahmen der rechtlichen Möglichkeiten reduziert werden. Nach § 170 IV 3 SGB III sind jedoch vier Fälle von Zeitguthaben besonders geschützt. Hierzu gehören Zeitguthaben, die ausschließlich für eine vorzeitige Freistellung aus Altersgründen, zur Finanzierung einer Winterausfallgeld-Vorausleistung angespart worden sind, den Umfang von 10% der ohne Mehrarbeit geschuldeten Jahresarbeitszeit eines Arbeitnehmers übersteigen oder länger als ein Jahr unverändert bestanden haben. Dies sind vor allem auch Arbeitszeitmodelle, die die Nutzung von Altersteilzeit ermöglichen sollen.

7 **e) Arbeitnehmerzahl.** Durch den Arbeitsausfall muss mindestens $^1/_3$ der in dem Betrieb beschäftigten Arbeitnehmer von einem Entgeltausfall von jeweils mehr als 10% ihres monatlichen Bruttoentgelts betroffen sein. Der Zweck der gesetzlichen Regelung liegt darin, nur solche Risikofälle auszugleichen, die für die Arbeitnehmer einen erheblichen Entgeltausfall zur Folge haben. Zugleich soll die Arbeitsverwaltung finanziell entlastet werden.

8 **4. Betriebliche Anspruchsvoraussetzungen.** Da das KUG eine Leistung der Arbeitslosenversicherung ist, setzt die Leistungsgewährung voraus, dass der Betrieb mindestens einen Arbeitnehmer beschäftigt. Dem Betrieb sind Betriebsabteilungen gleichgesetzt. Es gilt der allgemeine Betriebsbegriff. Dies ist eine organisatorische Einheit, innerhalb derer ein Unternehmen allein oder in Gemeinschaft mit Hilfe sachlicher und sonstiger Mittel bestimmte arbeitstechnische Zwecke fortgesetzt verfolgt. Betriebsabteilung ist ein räumlich, personell und organisatorisch

[3] BSG 21. 2. 1991 DBlR § 64 AFG Nr. 3827.
[4] BSG 29. 10. 1997 SozR 3–4100 § 64 Nr. 3.
[5] BSG 17. 5. 1983 SozR 4100 § 63 Nr. 2.
[6] BSG 25. 4. 1991 SozR 3–4100 § 63 Nr. 2 = NZA 91, 952.
[7] BSG 18. 5. 1995 SozR 3–4100 § 64 Nr. 2 = NZA 96, 1118.

vom Gesamtbetrieb abgegrenzter Betriebsteil, der mit eigenen technischen Betriebsmitteln einen eigenen Betriebszweck erfüllt, der auch ein Hilfszweck sein kann.[8]

5. Persönliche Anspruchsvoraussetzungen. a) Die persönlichen Anspruchsvoraussetzungen für den Anspruch auf KUG sind gem. § 172 SGB III erfüllt, wenn der Arbeitnehmer nach Beginn des Arbeitsausfalls eine **versicherungspflichtige Beschäftigung** fortsetzt, aus zwingenden Gründen aufnimmt oder im Anschluss an die Beendigung eines Berufsausbildungsverhältnisses die versicherungspflichtige Beschäftigung aufnimmt sowie das Arbeitsverhältnis nicht gekündigt oder durch Aufhebungsvertrag aufgelöst ist. Diese Voraussetzung betrifft nicht nur Fälle der Lösung des Arbeitsverhältnisses durch den Arbeitgeber, sondern auch die bei einer Kündigung des Arbeitnehmers.[9] Weitere persönliche Voraussetzung ist, dass der Arbeitnehmer nicht vom Bezug des KUG ausgeschlossen ist. 9

b) Ausgeschlossen vom Leistungsbezug sind die in § 172 II SGB III genannten Personengruppen. Hierzu gehören Teilnehmer einer beruflichen Weiterbildungsmaßnahme, Bezieher von Krankengeld sowie Arbeitnehmer, die in bestimmten Gewerbegruppen arbeiten. Ferner sind solche Arbeitnehmer vom Kurzarbeitergeldbezug ausgeschlossen, die der Arbeitsverwaltung nicht im erforderlichen Umfang zur Arbeitsleistung zur Verfügung stehen (§ 172 III SGB III). Für die Einstellung eines Arbeitnehmers während des Bezugs von KUG besteht ein zwingender Grund, wenn eine Schlüsselposition im Betrieb zu besetzen ist, die infolge Ausscheidens des bisherigen Inhabers frei wird und nicht aus den Reihen der übrigen Arbeitnehmer besetzt werden kann. 10

6. Verfahren. a) Anzeige. Der Arbeitsausfall ist bei der AA, in dessen Bezirk der Betrieb liegt, schriftlich anzuzeigen. Die Anzeige kann nur vom Arbeitgeber oder der Betriebsvertretung erfolgen. Nicht anzeigeberechtigt ist der einzelne Arbeitnehmer. Der Anzeige des Arbeitgebers ist eine Stellungnahme der Betriebsvertretung beizufügen. Die Anspruchsvoraussetzungen von KUG sind darzulegen und glaubhaft zu machen (§ 173 SGB III). Die Anzeige hat materiellrechtliche Bedeutung (§ 169 Nr. 4 SGB III). Wird sie versäumt, besteht kein Anspruch auf KUG; eine Wiedereinsetzung in den vorigen Stand kann bei Versäumung der Anzeige nicht gewährt werden.[10] 11

b) Bescheid. Die AA hat dem Anzeigenden unverzüglich einen schriftlichen Bescheid darüber zu erteilen, ob auf Grund der vorgetragenen und glaubhaft gemachten Tatsachen ein erheblicher Arbeitsausfall vorliegt und die betrieblichen Voraussetzungen erfüllt sind (§ 173 III SGB III). Durch einen positiven Anerkennungsbescheid erhalten der Arbeitgeber und die Arbeitnehmer nach fristgerechter Antragstellung (§§ 323 II, 325 III SGB III) die Zusicherung, dass KUG gewährt wird.[11] Erteilt die Arbeitsverwaltung einen negativen Bescheid, hat sie auf die bestehende Ausschlussfrist für den Antrag hinzuweisen. Die Anzeige ersetzt den Antrag nicht.[12] Soll mit der Anzeige ein Leistungsantrag verbunden werden, muss dies deutlich gemacht werden, z. B. durch Beifügen eines gesonderten Schreibens.[13] Regelmäßig ist aber in dem Widerspruch gegen den negativen Bescheid ein Antrag zu sehen,[14] so dass eine Anfechtungs- und eine Leistungsklage möglich sind.[15] Bescheide der BA über die Gewährung von KUG können nur vom Arbeitgeber und ggf. von der Betriebsvertretung, nicht aber von einem betroffenen Arbeitnehmer mit Widerspruch und Klage angefochten werden.[16] 12

7. Bemessung des Kurzarbeitergelds. a) Pauschalierung. Die Berechnung des Kurzarbeitergelds richtet sich nach dem Unterschiedsbetrag zwischen dem pauschalierten Nettoentgelt aus dem Soll-Entgelt und dem pauschalierten Nettoentgelt aus dem Ist-Entgelt.[17] Das Soll-Entgelt ist das Bruttoarbeitsentgelt, das der Arbeitnehmer ohne den Arbeitsausfall erzielt hätte. Das Ist-Entgelt ist das in dem Anspruchszeitraum tatsächlich erzielte Entgelt (§ 179 I SGB III). Erzielt der Arbeitnehmer aus anderen als wirtschaftlichen Gründen kein Arbeitsentgelt, z. B. wegen 13

---

[8] BSG 20. 1. 1982 SozR 4100 § 75 Nr. 9.
[9] BSG 21. 11. 2002 SozR 3–4300 § 172 Nr. 1.
[10] BSG 20. 9. 1989 SozR 4100 § 78 Nr. 8; 14. 2. 1989 NZA 89, 613.
[11] Zur Antragsfrist BSG 6. 4. 2000 NZA-RR 2001, 609.
[12] BSG 16. 8. 1989 SozR 4100 § 72 Nr. 11; 19. 2. 1986 SozR 4100 § 72 Nr. 9; 14. 2. 1978 SozR 4100 § 72 Nr. 3.
[13] BSG 6. 4. 2000 NZA-RR 2001, 609; 30. 5. 1978 SozR 4100 § 63 Nr. 1.
[14] BSG 16. 8. 1989 SozR 4100 § 72 Nr. 11 = NZA 90, 415.
[15] BSG 18. 5. 1995 SozR 3–4100 § 64 Nr. 2 = NZA 96, 1118.
[16] BSG 25. 5. 2005 SozR 4–4300 § 323 Nr. 1.
[17] Verordnung über die pauschalierten Nettoentgelte für das Kurzarbeitergeld für das Jahr 2009 vom 18. 12. 2008 (BGBl. I S. 2782) (wird jährlich aktualisiert).

Arbeitsbummelei, so wirkt sich dies mindernd auf das KUG aus (§ 179 II SGB III). In § 179 III SGB III ist die Anrechnung von Nettoeinkommen geregelt. In der Regel wird das Soll-Entgelt einfach durch den Arbeitgeber ermittelt werden können, zu weiteren Einzelheiten siehe § 179 IV SGB III.

14 **b) Höhe, Dauer.** Das KUG beträgt nach § 178 SGB III **(1)** für Arbeitnehmer, die beim Arbeitslosengeld die Voraussetzungen für den erhöhten Leistungssatz erfüllen würden, 67%, **(2)** für die übrigen Arbeitnehmer 60% der Nettoentgeltdifferenz im Anspruchszeitraum. Die Bezugsfrist für KUG beträgt längstens 6 Monate (§ 177 I 3 SGB III). Bei Arbeitnehmern, deren Anspruch auf KUG bis zum 31. 12. 2009 entstanden ist, kann die Bezugsfrist auf bis zu 18 Monate verlängert werden;[18] in dieser Zeit können auch Qualifizierungen durchgeführt werden.

15 **8. Antrag.** Die Gewährung von KUG setzt einen Antrag voraus. Auch der Antrag ist Anspruchsvoraussetzung. Der Antrag ist innerhalb einer Ausschlussfrist von drei Kalendermonaten zu stellen.[19]

16 **9. Sozialversicherung.** Während des Bezugs von KUG bleibt die Mitgliedschaft Versicherungspflichtiger in der gesetzlichen Krankenversicherung und in der gesetzlichen Rentenversicherung bestehen (§ 192 I Nr. 4 SGB V; §§ 1, 3 SGB VI). Nach § 232a II SGB V bemisst sich der Beitrag zur Krankenversicherung für Empfänger von KUG nach dem auf 80 v. H. beschränkten Unterschiedsbetrag zwischen dem Sollentgelt und dem Ist-Entgelt nach § 179 SGB III.

II. Saison-Kurzarbeitergeld

Bieback, Das neue Saisonkurzarbeitergeld, SGb 2007, 197; *Biedermann/Brettschneider/Wulf/Zander,* Saison-Kurzarbeitergeld in der Bauwirtschaft (2006); *Kossens,* Das neue Saison-Kurzarbeitergeld, AuA 2006, 292; *Ludwig/Nehring/Kopp,* Das neue Kurzarbeitergeld, 2006; *Marschner,* Förderung der ganzjährigen Beschäftigung in der Bauwirtschaft, AR-Blattei SD 370.7; *Schröer/Wohlfeil,* Saison-Kurzarbeitergeld und ergänzende Leistungen für das Baugewerbe (2007); *Stang/Asshoff,* Das neue Saison-Kurzarbeitergeld, SozSich 2006, 152.

17 **1. Allgemeines.** Durch das Gesetz zur Förderung der ganzjährigen Beschäftigung in der Bauwirtschaft vom 24. 4. 2006 (BGBl. I S. 926) ist mit Wirkung zum 1. 4. 2006 das Saison-Kurzarbeitergeld (Saison-KUG; §§ 175 ff. SGB III) als weitere Sonderform des KUG eingeführt worden. Das Saison-KUG ersetzt die außer Kraft getretenen Vorschriften über die Winterbauförderung (§§ 209–216 SGB III). Soweit die §§ 175 ff. SGB III keine Sonderregelungen treffen, gelten die Vorschriften über das KUG auch für das Saison-KUG entsprechend (§ 175 VIII SGB III).

18 **2. Voraussetzungen. a)** Nach § 175 I SGB III haben Arbeitnehmer in der Schlechtwetterzeit (1. 12. d. Jahres bis 31. 3. d. Folgejahres) Anspruch auf Saison-KUG, wenn **(1)** sie in einem Betrieb beschäftigt sind, der dem Baugewerbe oder einem Wirtschaftszweig angehört, der von saisonbedingtem Arbeitsausfall betroffen ist, **(2)** der Arbeitsausfall erheblich ist, **(3)** die betrieblichen Voraussetzungen des § 171 SGB III sowie die persönlichen Voraussetzungen des § 172 SGB III erfüllt sind und **(4)** der Arbeitsausfall der AA nach § 173 SGB III angezeigt worden ist.

19 **b) Betrieblicher Geltungsbereich.** Die Vorschriften des Saison-KUG gelten für Betriebe des Bauhauptgewerbes (§ 175 I SGB III i. V. m. § 1 I Verordnung über die Betriebe des Baugewerbes, in denen die ganzjährige Beschäftigung zu fördern ist – Baubetriebe-VO vom 28. 10. 1980 [BGBl. I S. 2033] zul. geänd. durch VO v. 26. 4. 2006 [BGBl. I S. 1085]) sowie des Dachdeckerhandwerks (§ 1 III Nr. 2 Baubetriebe-VO). Nach § 434 n II–V SGB III gelten bis zum 31. 3. 2010 folgende Besonderheiten im Gerüstbaugewerbe: **(a)** die Schlechtwetterzeit beginnt am 1. 11 und endet am 31. 3, **(b)** das Zuschuss-Wintergeld beträgt 1,03 Euro je ausgefallener Arbeitsstunde und wird nur zur Vermeidung witterungsbedingter Arbeitsausfälle gewährt, **(c)** den Arbeitgebern werden keine Beträge zur Sozialversicherung erstattet. Für andere von saisonbedingtem Arbeitsausfall betroffene Wirtschaftszweige wird erst ab November 2008 Saison-KUG geleistet, sofern eine entsprechende Regelung im Einvernehmen mit den in den jeweiligen Branchen maßgeblichen Tarifvertragsparteien erfolgt (§ 175 IV 3 SGB III).

20 **c) Erheblicher Arbeitsausfall in der Schlechtwetterzeit. aa)** § 175 V SGB III definiert den erheblichen Arbeitsausfall als solchen, der **(1)** auf wirtschaftlichen oder witterungsbedingten Gründen oder einem unabwendbaren Ereignis beruht, **(2)** vorübergehend besteht (RN 5) und

---

[18] Verordnung über die Bezugsfrist für das Kurzarbeitergeld vom 26. 11. 2008 (BGBl. I S. 2332).
[19] Vgl. hierzu BSG 6. 4. 2000 NZA-RR 2001, 609.

(3) nicht vermeidbar ist. Die Schlechtwetterzeit ist auf den Zeitraum vom 1. 12. des Jahres bis zum 31. 3. des Folgejahres und damit um den Monat November verkürzt worden.

21 **bb) Witterungsbedingte Gründe.** Sie sind in § 175 VI SGB III geregelt. Der Arbeitsausfall muss ausschließlich auf zwingenden Witterungsgründen beruhen, d. h. der Arbeitsplatz des anspruchsberechtigten Arbeitnehmers muss unmittelbar so betroffen sein, dass er seine zugewiesene Tätigkeit infolge der Wetterlage nicht ausführen kann. Der Arbeitsausfall muss an einem Arbeitstag zumindest eine Stunde der regelmäßigen betrieblichen Arbeitszeit betragen. Im Unterschied zum konjunkturellen KUG müssen aber nicht zumindest $^1/_3$ der im Betrieb beschäftigten Arbeitnehmer von einem Entgeltausfall von jeweils mehr als 10% ihres Bruttomonatsentgelts betroffen sein. Zu den wirtschaftlichen Gründen und dem unabwendbaren Ereignis siehe RN 3f.

22 **cc) Unvermeidbarkeit.** Unvermeidbar ist ein Arbeitsausfall, wenn im Betrieb alle wirtschaftlich zumutbaren Vorkehrungen getroffen wurden, um den Eintritt des Arbeitsausfalls zu verhindern, §§ 170 III 1, 175 VIII SGB III. Anders als beim konjunkturellem KUG gilt auch ein Arbeitsausfall als unvermeidbar, der überwiegend branchenüblich, betriebsüblich oder saisonbedingt ist (§ 175 V 2 SGB III). Die Unvermeidbarkeit des Arbeitsausfalls setzt regelmäßig den Einsatz des noch vorhandenen Erholungsurlaubs (§§ 170 IV 2 Nr. 2, 175 VIII SGB III, DA § 170 Nr. 2.8.2 Abs. 4; Ausnahme: vorrangige Urlaubswünsche der Arbeitnehmer) und die Auflösung vorhandener Arbeitszeitguthaben (§§ 170 IV 3, 175 VIII SGB III) voraus. Vorhandene Guthabenstunden sind grundsätzlich vorrangig einzubringen. Keine Einbringungspflicht besteht in den in § 170 IV 3 Nr. 1 und 3–5 SGB III geregelten vier Fällen. Nicht aufgelöst werden müssen **(1)** bis zu 50 Stunden, die für Brückentage oder zu erwartende Arbeitsausfälle außerhalb der Schlechtwetterzeit durch schriftliche Vereinbarung von Arbeitgeber und Arbeitnehmer oder Betriebsrat geschützt worden sind, **(2)** Stunden, die ausschließlich für eine vorzeitige Freistellung aus Altersgründen oder zum Zwecke der Qualifizierung bestimmt sind, **(3)** Stunden, die den Umfang von 10% der ohne Mehrarbeit geschuldeten Jahresarbeitszeit (Bauhauptgewerbe: 40 × 52 = 2080 Std., Dachdeckerhandwerk: 39 × 52 = 2028 Std.) eines Arbeitnehmers übersteigen sowie **(4)** Stunden, die länger als 1 Jahr unverändert bestanden haben. Die bisherige Winterausfallgeldvorausleistung von 30 Stunden ist entfallen; sind keine Guthabenstunden vorhanden, kann Saison-KUG ab der ersten Ausfallstunde bezogen werden. Vor der Schlechtwetterzeit bereits ausgezahlte Arbeitszeitguthaben werden auf den Anspruch auf Saison-KUG angerechnet (§ 175 V 3 SGB III), es sei denn, sie sind zum Ausgleich für einen verstetigten Monatslohn, bei witterungsbedingtem Arbeitsausfall oder bei Freistellung zum Zwecke der Qualifizierung aufgelöst worden. Die Anrechnung wird durch entsprechende Erhöhung des Ist-Entgelts (RN 13) umgesetzt.

23 **3. Betriebliche und persönliche Voraussetzungen.** Es bestehen gegenüber dem konjunkturellen KUG keine Besonderheiten (siehe RN 8, 9f.).

24 **4. Anzeige, Folgeanzeige und Antrag.** Für die Anzeige des Arbeitsausfalls und die Antragstellung gelten gegenüber dem KUG (RN 11) folgende Besonderheiten: Beruht der Arbeitsausfall ausschließlich auf zwingenden Witterungsgründen, ist keine Anzeige des Arbeitsausfalls erforderlich (§ 175 VII 1 SGB III). Dies entspricht der Rechtslage beim früheren Winterausfallgeld. Wenn der Arbeitsaufall nicht ausschließlich auf witterungsbedingten Gründen, sondern auch oder ausschließlich auf wirtschaftlichen Gründen beruht, waren für die Dauer des Arbeitsausfalls in der Schlechtwetterzeit **Folgeanzeigen** jeweils bis zum 15. d. Monats zu erstatten (§ 175 VII 2 SGB III a. F.). Ein Bescheid der Arbeitsverwaltung für die Folgeanzeigen ergeht nicht (§ 175 VII 3 SGB III a. F.).

25 **5. Anspruchshöhe.** Das Saison-KUG wird wie das KUG berechnet (RN 13). Arbeitnehmer, deren Arbeitsverhältnis in der Schlechtwetterzeit nicht aus witterungsbedingten Gründen gekündigt werden kann, haben Anspruch auf ergänzende Leistungen nach § 175a SGB III. Ein Kündigungsausschluss besteht für gewerbliche Arbeitnehmer im Bauhauptgewerbe (§ 12 Nr. 2 BRTV-Bau) und Dachdeckergewerbe (§ 50 RTV-Dachdecker). Bei den zusätzlichen Leistungen handelt es sich um **(1)** Zuschuss-Wintergeld und **(2)** Mehraufwands-Wintergeld. Daneben werden **(3)** die von den Arbeitgebern allein zu tragenden Beiträge zur Sozialversicherung für Bezieher von Saison-KUG auf Antrag erstattet (Sozialaufwandserstattung). **Zuschuss-Wintergeld** in Höhe von 2,50 Euro erhalten Arbeitnehmer steuer- und sozialversicherungsfrei je ausgefallener Arbeitsstunde, zu deren Ausgleich Arbeitszeitguthaben aufgelöst und dadurch die Inanspruchnahme des Saison-Kurzarbeitergeldes vermieden wird (§ 175a II SGB III). **Mehraufwands-Wintergeld** in Höhe von 1,00 Euro erhalten Arbeitnehmer steuer- und sozialversicherungsfrei für jede in der Zeit vom 15. Dezember bis zum 29. Februar geleistete Arbeitsstun-

de. Der Anspruch ist auf 90 Stunden im Dezember und je 180 im Januar und Februar begrenzt (§ 175 a III SGB III). **Sozialaufwandserstattung** erhalten Arbeitgeber für die während des Saison-Kurzarbeitergeld-Bezuges zu tragenden Beiträge zur Sozialversicherung (§ 175 a IV SGB III). Dadurch ist Saison-KUG für Arbeitgeber praktisch kostenneutral.

26 **6. Einführung und Beendigung.** Im Geltungsbereich des BRTV-Bau oder des RTV-Dachdecker kann der Arbeitgeber die Einführung und Beendigung von Saison-KUG unter Berücksichtigung des § 315 BGB einseitig anordnen (§ 4 Nr. 6.4 BRTV-Bau, § 17 Nr. 3 RTV-Dachdecker).

27 **7. Finanzierung.** Saison-KUG wird aus den Mitteln der Arbeitsverwaltung finanziert. Im Bauhauptgewerbe werden die ergänzenden Leitungen von den Baubetrieben durch eine an die SOKA-Bau abzuführende Umlage in Höhe von 2% der Bruttolohnsumme der gewerblichen Arbeitnehmer aufgebracht, von denen die Arbeitgeber 1,2% und die Arbeitnehmer 0,8% tragen (§ 3 I Nr. 2 WinterbeschäftigungsVO).[20] Im Dachdeckerhandwerk beträgt die an die Lohnausgleichskasse des Dachdeckerhandwerks abzuführende Umlage 2,5% der Bruttolohnsumme der gewerblichen Arbeitnehmer (Arbeitgeberanteil 1,7%, Arbeitnehmeranteil 0,8%, § 3 I Nr. 3 WinterbeschäftigungsVO). Arbeitnehmer können den von ihnen zu tragenden Anteil an der Umlage als Werbungskosten (§ 9 I 1 EStG) steuerlich geltend machen (BT-Drucks. 16/429, S. 12).

§ 49. Unmöglichkeit der Arbeitsleistung

Canaris, Die Reform des Rechts der Leistungsstörung, JZ 2001, 499; *Däubler,* Neues Schuldrecht – Ein erster Überblick, NJW 2001, 3729; *ders.,* Die Auswirkungen der Schuldrechtsmodernisierung auf das Arbeitsrecht, NZA 2001, 1329; *Gotthardt,* Arbeitsrecht nach der Schuldrechtsreform, 2. Aufl., 2003; *Gotthardt/Greiner,* Leistungsbefreiung bei Krankheit des Arbeitnehmers nach § 275 Abs. 1 oder 3 BGB, DB 2002, 2106; *Heinrich,* Unmöglichkeit und Verzug bei Arbeitsverhältnissen, Jura 96, 235; *Henssler/Muthers,* Arbeitsrecht und Schuldrechtsmodernisierung, ZGS 2002, 219; *Joussen,* Arbeitsrecht und Schuldrechtsreform, NZA 2001, 745; *Lindemann,* Neuerungen im Arbeitsrecht durch die Schuldrechtsreform, AuR 2002, 81; *Lobinger,* Die Grenzen rechtsgeschäftlicher Leistungspflichten nach der Modernisierung des Schuldrechts, 2003; *Löwisch,* Zweifelhafte Folgen des geplanten Leistungsstörungsrechts für das Arbeitsvertragsrecht, NZA 2001, 465; *ders.,* Auswirkungen der Schuldrechtsreform auf das Recht des Arbeitsverhältnisses, Festschrift für Wiedemann, S. 311; *Otto,* Die Grundstrukturen des neuen Leistungsstörungsrechts, Jura 2002, 1; *Preis/Hamacher,* Das Recht der Leistungsstörungen im Arbeitsverhältnis, Jura 98, 11; *Reichhold,* Anmerkungen zum Arbeitsrecht im neuen BGB, ZTR 2002, 202, *Richardi,* Leistungsstörungen und Haftung im Arbeitsverhältnis nach dem Schuldrechtsmodernisierungsgesetz, NZA 2002, 1004; *ders.,* Leistungsstörungen und Haftung im Arbeitsverhältnis, Sonderbeilage zu NZA 2003 Heft 16, S. 14; *Schlodder,* Der Arbeitsvertrag im neuen Schuldrecht, 2004; *Stoffels,* Vertragsgestaltung nach der Schuldrechtsreform, NZA Sonderbeil. 1/2004 S. 19; *Zimmer,* Das neue Recht der Leistungsstörungen, NJW 2002, 1.

1 **1. Begriff der Unmöglichkeit.** Nach der zum 1. 1. 2002 in Kraft getretenen Neuregelung des Schuldrechts ist ein Anspruch auf die Leistung i. S. d. **§ 275 I BGB** ausgeschlossen, soweit diese für den Schuldner oder für jedermann unmöglich ist. Die gesetzliche Neuregelung unterscheidet nicht mehr zwischen objektiver Unmöglichkeit und subjektivem Unvermögen. Weiterhin werden anfängliche und nachträgliche Unmöglichkeit gleichgestellt.[1] Nach **§ 275 II BGB** wird der Arbeitnehmer von der Leistungspflicht frei, wenn die Leistung zwar an sich möglich ist, sie aber einen Aufwand erfordert, der nach Treu und Glauben in einem groben Missverhältnis zu dem Leistungsinteresse des Gläubigers steht. Nicht hierunter fallen bloße Leistungserschwerungen.[2] Der Einrede[3] nach § 275 II BGB kommt freilich im Arbeitsrecht nur geringe Bedeutung zu.

2 Anders ist **§ 275 III BGB** zu bewerten.[4] Danach kann der Arbeitnehmer die Arbeitsleistung verweigern, wenn sie ihm unter Abwägung des seiner Leistung entgegenstehenden Hindernisses

[20] Verordnung über ergänzende Leistungen zum Saison-Kurzarbeitergeld und die Aufbringung der erforderlichen Mittel zur Aufrechterhaltung der Beschäftigung in den Wintermonaten – Winterbeschäftigungs-Verordnung vom 26. 4. 2006 (BGBl. I S. 1086), zul. geänd. durch VO v. 18. 12. 2008 (BGBl. I S. 2864).

[1] *Canaris* JZ 2001, 499, 500; Palandt/*Heinrichs* § 275 RN 6; HWK/*Thüsing* § 611 BGB RN 390; *Zimmer* NJW 2002, 1, 2.

[2] BT-Drucks. 14/6040 S. 129.

[3] MünchKommBGB/*Müller-Glöge* § 611 RN 1035; ErfK/*Preis* § 611 BGB RN 673.

[4] *Gotthardt* RN 39; MünchKommBGB/*Müller-Glöge* § 611 RN 1036.

mit dem Leistungsinteresse des Arbeitgebers nicht zugemutet werden kann. Dies soll nach der Gesetzesbegründung beispielsweise der Fall sein, wenn eine Opernsängerin wegen einer lebensgefährlichen Erkrankung ihres Kindes nicht auftreten kann.[5] Entsprechendes gilt, wenn der Arbeitnehmer als Zeuge vor Gericht zu erscheinen hat.[6] Im Falle einer **Pflichtenkollision** waren allerdings auch schon bisher die wechselseitigen Interessen gegeneinander abzuwägen. Eine Pflichtenkollision bleibt für den Arbeitnehmer – kündigungsrechtlich – grundsätzlich folgenlos, wenn er unverschuldet in eine Zwangslage geraten ist.[7] § 275 III BGB eröffnet dem Arbeitnehmer das Recht zur Leistungsverweigerung aus **Gewissensgründen** (dazu § 45 RN 30). Ausgehend vom subjektiven Gewissensbegriff kann der Arbeitnehmer die Arbeitsleistung verweigern, wenn er darlegt, ihm sei die Erbringung der vertraglich geschuldeten Leistung wegen einer aus der spezifischen Sachlage folgenden Gewissensnot nicht zumutbar. Für die Feststellung der Unzumutbarkeit ist insbesondere von Bedeutung, ob der Arbeitnehmer bei Vertragsschluss mit der Heranziehung zu dieser Arbeit rechnen musste.[8] Während der Schuldner nach § 275 I BGB von Gesetzes wegen von der Leistungspflicht befreit wird, handelt es sich bei den in § 275 II und III BGB geregelten Fällen um Befreiungsgründe, die als Einrede geltend zu machen sind.[9]

2. Anfängliche Unmöglichkeit. Ist die Erfüllung der Arbeitsvertragsverpflichtung bereits 3
bei Vertragsschluss unmöglich (§ 275 BGB), **steht dies gem. § 311 a I BGB der Wirksamkeit des Vertrags nicht entgegen.** Gem. § 311 a II BGB kann der Gläubiger (= Arbeitgeber) allerdings nach seiner Wahl Schadensersatz statt der Leistung oder Ersatz seiner Aufwendungen in dem in § 284 BGB bestimmten Umfang verlangen, wenn der Schuldner (= Arbeitnehmer) die anfängliche Unmöglichkeit zu vertreten hat. Der Schuldner hat das Nichtvertretenmüssen darzulegen und zu beweisen (§ 311 a II 2 BGB). Das Gesetz regelt damit eine Haftung für **Verschulden bei Vertragsschluss.** Der Schadensersatzanspruch geht auf das positive Interesse.[10] Da der Schadenersatzanspruch nicht auf § 280 I BGB beruht, bedarf es keiner Fristsetzung nach § 283 BGB.[11] Allein der Abschluss zweier Arbeitsverträge führt noch nicht zur anfänglichen Unmöglichkeit der Arbeitsleistung. Unmöglichkeit liegt vielmehr erst vor, wenn der Arbeitnehmer die Arbeitsleistung in einem der Arbeitsverhältnisse nicht erbringt, weil er in dem anderen tätig ist.[12] Erst dann kommt ein Schadensersatzanspruch nach §§ 280 I, 283 BGB in Betracht.[13] Die Gegenleistungspflicht des Arbeitgebers entfällt in diesen Fällen gem. § 326 I BGB.

Die im Falle der anfänglichen Unmöglichkeit auf das positive Interesse gerichtete Schadenser- 4
satzpflicht bedeutet für den Arbeitnehmer eine **Haftungsverschärfung.** Diese wohl kaum gewollte Rechtsfolge scheidet freilich aus, wenn der Arbeitsvertrag gegen ein gesetzliches Verbot verstößt und deshalb nach § 134 BGB nichtig ist. Denn in diesem Fall entsteht wegen der Rechtsfolge des § 134 BGB kein Schuldverhältnis.[14] Schadensersatzansprüche können sich daher nur wegen Verschuldens bei Vertragsschluss (§ 311 II i. V. m. § 280 BGB) ergeben. Zu ersetzen ist dann nur der Vertrauensschaden, d. h. das negative Interesse (§ 26 RN 7).[15] Für diese Haftungseinschränkung ist allerdings kein Raum, wenn ein ausländischer Arbeitnehmer nicht im Besitz einer **Arbeitsgenehmigung** nach § 284 SGB III ist.[16] Dagegen spricht, dass bislang in den Fällen fehlender Arbeitsgenehmigung gerade kein Verstoß gegen § 134 BGB angenommen wurde.[17] Nach der seit 1. 1. 2002 geltenden Rechtslage kann der Arbeitgeber daher ggf. den Erfüllungsschaden geltend machen, wenn er einen Auftrag nicht abwickeln kann. Den berechtigten Interessen des Arbeitnehmers ist über § 254 BGB Rechnung zu tragen. Hier kann berücksichtigt werden, ob sich der Arbeitgeber nach einer Arbeitsgenehmigung erkundigt oder

---

[5] BT-Drucks. 14/6040 S. 130; dazu *Greiner* NZA 2007, 490.

[6] Vgl. BAG 13. 12. 2001 AP 1 zu § 33 MTArb = NZA 2002, 1105.

[7] BAG 21. 5. 1992 AP 29 zu § 1 KSchG 1969 Verhaltensbedingte Kündigung = NZA 93, 115.

[8] Vgl. hierzu BAG 22. 5. 2003 AP 18 zu § 1 KSchG 1969 Wartezeit; 24. 5. 1989 AP 1 zu § 611 BGB Gewissensfreiheit = NZA 90, 144; 20. 12. 1984 AP 27 zu § 611 BGB Direktionsrecht = NZA 86, 21.

[9] Ebenso *Gotthardt* RN 36; Palandt/*Heinrichs* § 275 RN 31 f.; *Schlodder* S. 36.

[10] *Zimmer* NJW 2002, 1, 8; *Gotthardt* RN 57; Palandt/*Grüneberg* § 311 a RN 7.

[11] Vgl. *Däubler* NJW 2001, 3729, 3732.

[12] *Richardi* NZA 2002, 1004, 1007 sowie bereits zuvor BAG 26. 3. 1965 AP 1 zu § 306 BGB.

[13] *Gotthardt* RN 96.

[14] *Canaris* JZ 2001, 499, 504.

[15] *Gotthardt* RN 164; *Löwisch,* FS für Wiedemann, S. 311, 325 f.

[16] A. A. *Gotthardt* RN 164; *Löwisch,* FS für Wiedemann, S. 311, 325 f.

[17] Vgl. dazu näher BAG 7. 2. 1990 AP 14 zu § 1 KSchG 1969 Personenbedingte Kündigung = NZA 91, 341.

der Arbeitnehmer den Arbeitgeber getäuscht hat.[18] Rechtliche Unmöglichkeit besteht, wenn eine bei der Einstellung bereits **schwangere Arbeitnehmerin** in einem befristeten Arbeitsverhältnis auf dem vorgesehenen Arbeitsplatz wegen eines Beschäftigungsverbots (§§ 3ff. MuSchG) nicht eingesetzt werden kann. Ein Schadensersatzanspruch des Arbeitgebers dürfte in diesen Fällen allerdings mit dem Zweck der Gleichbehandlungsrichtlinie 76/207/EWG nicht vereinbar sein.[19] Hiernach ist der Arbeitgeber nach der Rechtsprechung des EuGH selbst dann zur Vergütungszahlung verpflichtet, wenn er die Schwangere während des befristeten Arbeitsverhältnisses nicht beschäftigen kann (§ 170).[20]

5 **3. Nachträgliche Unmöglichkeit.** Wird die Arbeitsleistung dem Arbeitnehmer subjektiv oder objektiv nachträglich unmöglich, wird er nach § 275 I BGB von der **Pflicht zur Arbeitsleistung frei.** Auch bei nachträglicher dauernder Unmöglichkeit der Arbeitsleistung endet das Arbeitsverhältnis nur durch Kündigung.[21] Dies gilt beispielsweise, wenn der Arbeitnehmer die geschuldete Arbeit nicht mehr erbringen kann.

6 **a)** Der Arbeitnehmer ist grundsätzlich **nicht zur Nachholung nichterbrachter Arbeitsleistungen verpflichtet.** Die Arbeitsleistung hat regelmäßig Fixschuldcharakter.[22] Der Arbeitnehmer gerät deshalb bei nicht erbrachter Arbeitsleistung nicht in Schuldnerverzug, es tritt vielmehr Unmöglichkeit ein.[23] Besonderheiten gelten, wenn der Arbeitnehmer nach den bestehenden vertraglichen Vereinbarungen die Lage der Arbeitszeit selbst bestimmen und ausgefallene Arbeitszeit nachholen kann. Dies ist etwa bei Arbeitszeitkonten oder Gleitzeitvereinbarungen anzunehmen. Hier tritt Unmöglichkeit nicht schon ein, wenn der Arbeitnehmer an einem bestimmten Tag nicht die vereinbarte regelmäßige Arbeitszeit gearbeitet hat, sondern erst, wenn der Arbeitnehmer innerhalb des vereinbarten Zeitraums seine Arbeitsleistung nicht erbringt.[24] Es besteht dann eine relative Fixschuld i. S. v. § 323 II Nr. 2 BGB.

7 **b)** Im Falle der **Arbeitsunfähigkeit** ist zu unterscheiden: § 275 I BGB findet nur Anwendung, wenn die Erbringung der Arbeitsleistung – beispielsweise unmittelbar nach einer Blinddarmoperation – schlechthin ausgeschlossen ist. Könnte der Arbeitnehmer die Arbeitsleistung jedoch erbringen, wenn er sich überobligatorisch „zusammenreißen" würde, liegt kein Fall des § 275 I BGB vor.[25] Ist dem Arbeitnehmer – etwa bei einer Erkältung mit leichtem Fieber – die Arbeitsleistung lediglich nicht zumutbar, kann er nach § 275 III BGB die Leistung verweigern.[26] Abweichend von § 326 I BGB entfällt nach §§ 3, 4 EFZG der Anspruch auf die Gegenleistung, d. h. das Arbeitsentgelt, nicht. Die nach § 275 III BGB vom Arbeitnehmer zu erhebende Einrede hat in diesen Fällen ausnahmsweise Rückwirkung. Dies folgt aus dem Regelungszusammenhang mit § 5 I, § 7 I Nr. 1 EFZG. Danach begründet die nicht unverzügliche Anzeige der Arbeitsunfähigkeit nur ein vorübergehendes Leistungsverweigerungsrecht des Arbeitgebers, das mit Vorlage der Arbeitsunfähigkeitsbescheinigung erlischt.[27]

8 **c) Gegenleistung.** Braucht der Arbeitnehmer wegen Unmöglichkeit nicht zu arbeiten (§ 275 I–III BGB), **verliert er gem. § 326 I BGB grundsätzlich auch den Vergütungsanspruch** (dazu § 95 RN 3). Hat der Arbeitgeber die Unmöglichkeit der Arbeitsleistung zu vertreten oder tritt die Unmöglichkeit während des Annahmeverzugs ein, bleibt der Vergütungsanspruch freilich bestehen (§ 326 II BGB).[28]

9 **d)** Hat der Arbeitnehmer die Unmöglichkeit zu vertreten, wie beispielsweise bei eigenmächtigem Urlaubsantritt oder „Blaumachen", macht er sich weiterhin u. U. **schadensersatzpflichtig** (vgl. §§ 280 I, 283 BGB). Das Rücktrittsrecht aus § 326 V BGB ist durch das Recht zur

---

[18] Hierfür auch *Löwisch,* FS für Wiedemann, S. 311, 326 für den Schadensersatz wegen c. i. c.

[19] Zutr. *Gotthardt* RN 165.

[20] EuGH 4. 10. 2001 AP 3 zu EWG-Richtlinie Nr. 92/85 = NZA 2001, 1243.

[21] BAG 28. 2. 1990 AP 25 zu § 1 KSchG 1969 Krankheit = NZA 90, 727; näher hierzu *v. Hoyningen-Huene/Linck* § 1 RN 252b.

[22] MünchKommBGB/*Müller-Glöge* § 611 BGB RN 1040; ErfK/*Preis* § 611 BGB RN 676f.

[23] *Picker,* FS für Kissel, S. 813ff.; ErfK/*Preis* § 611 BGB RN 677; Staudinger/*Richardi* § 611 RN 358.

[24] ErfK/*Preis* § 611 BGB RN 677; HWK/*Thüsing* § 611 BGB RN 390.

[25] MünchKommBGB/*Ernst* § 275 RN 39.

[26] Ebenso *Gotthardt/Greiner* DB 2002, 2106, 2110; *Henssler/Muthers* ZGS 2002, 219, 223; *Lindemann* AuR 2002, 81, 82; *Löwisch,* FS für Wiedemann, S. 311, 323; ErfK/*Preis* § 611 BGB RN 685; HWK/*Thüsing* § 611 BGB RN 393; a. A. *Berkowsky* AuA 2002, 11; *Canaris* JZ 2001, 499, 504; *Joussen* NZA 2001, 745, 747; *Reichold* ZTR 2002, 202, 208.

[27] Zutr. *Gotthardt/Greiner* DB 2002, 2106, 2109f.

[28] BAG 17. 12. 1968 AP 2 zu § 324 BGB (bei verschuldeter Betriebszerstörung).

außerordentlichen Kündigung verdrängt.[29] Ob im Falle der vorübergehenden oder teilweisen Unmöglichkeit das Arbeitsverhältnis beendet werden kann, ist nach § 626 BGB bzw. § 1 KSchG zu beurteilen.

§ 50. Zurückbehaltungsrecht

Molkenkin, Das Recht auf Arbeitsverweigerung bei Gesundheitsgefährdung des Arbeitnehmers, NZA 97, 849; *Hergenröder,* Zurückbehaltungsrecht; AR-Blattei SD 1880 (2006).

1. Zweck. Hat ein Schuldner einen fälligen Anspruch gegen seinen Gläubiger, den dieser nicht erfüllt, kann der Schuldner die Erbringung seiner Leistung verweigern, bis der ihm gegenüber aus demselben rechtlichen Verhältnis verpflichtete Gläubiger leistet. Sind die beiden Leistungsverpflichtungen gleichartig, kann der Schuldner u. U. aufrechnen (§ 87 RN 8ff.). Fehlt es dagegen an der Gleichartigkeit, wird die Verbindung zwischen den beiden Leistungspflichten durch die **Einrede des nicht erfüllten Vertrags (§§ 320, 322 BGB),** die Unsicherheitseinrede (§ 321 BGB) und die Einrede des Zurückbehaltungsrechts (§§ 273, 274 BGB) hergestellt. Das Zurückbehaltungsrecht ist ein Sicherungsmittel. Durch die Ausübung des Zurückbehaltungsrechts wird der Arbeitnehmer wegen des Fixschuldcharakters der Arbeitsleistung von der Leistungspflicht frei, ohne zur Nachleistung verpflichtet zu sein. Hieran hat sich durch die Schuldrechtsreform nichts geändert. 1

2. Vertragliche Vereinbarungen. Das Zurückbehaltungsrecht kann in vorformulierten Arbeitsverträgen **gem. § 309 Nr. 2 BGB nicht ausgeschlossen** oder eingeschränkt werden. 2

3. Versäumnisse des Arbeitgebers. a) Ist der Arbeitnehmer – wie in der Regel – vorleistungspflichtig (§ 614 BGB) und hat er seine Arbeitsleistung erbracht, kann ihm wegen der noch nicht erhaltenen fälligen Vergütung für die erbrachte Arbeit die **Einrede des nicht erfüllten Vertrags** zustehen. § 320 BGB ist auch anwendbar, wenn der Arbeitgeber die rückständige Arbeitsvergütung für einen früheren Zeitraum nicht zahlt.[1] Die Ausübung der Einrede ist auch im Falle der Insolvenz des Arbeitgebers nicht ausgeschlossen. Der Arbeitnehmer braucht sich nicht auf das Konkursausfallgeld/Insolvenzgeld verweisen zu lassen.[2] § 320 BGB ist gegenüber § 273 BGB lex specialis. Dem steht nicht entgegen, dass das Arbeitsentgelt nach der Arbeitsleistung zu erbringen ist (§ 614 BGB). Der Arbeitnehmer ist immer nur für eine Vergütungsperiode vorleistungspflichtig. Die Unterscheidung hat Bedeutung für die übrigen Voraussetzungen von § 273 BGB und § 320 BGB. Nach § 273 III BGB kann das Zurückbehaltungsrecht durch Sicherheitsleistung abgewendet werden. Dies ist bei der Einrede des nicht erfüllten Vertrags nicht möglich. Der Arbeitgeber ist mithin nicht in der Lage, vorläufig vollstreckbar titulierten Entgeltansprüchen zu entgehen, wenn dem Arbeitnehmer wegen der Rückstände die Einrede des nicht erfüllten Vertrags zusteht. 3

b) Verstößt der Arbeitgeber gegen **Arbeitsschutzvorschriften oder vertragliche Schutzpflichten,** besteht nach § 273 BGB ein Zurückbehaltungsrecht des Arbeitnehmers.[3] Das Zurückbehaltungsrecht kommt in Betracht, wenn der Arbeitsplatz des Arbeitnehmers asbestbelastet[4] oder sonst schadstoffbelastet ist.[5] Der Arbeitgeber ist nach § 618 I BGB, §§ 3ff. ArbSchG, § 62 I HGB verpflichtet, die Arbeitsplätze möglichst frei von gesundheitlichen Gefahrstoffen zu halten. Dieser Pflicht genügt er in aller Regel dadurch, dass er einen Arbeitsplatz zur Verfügung stellt, dessen Belastung mit Schadstoffen unter Berücksichtigung der Arbeitsschutzvorschriften nicht über das in der Umgebung übliche Maß hinausgeht.[6] Auch wenn der Arbeitgeber seine vertraglich geschuldete Rücksichtnahmepflicht nach § 241 II BGB verletzt, kann dem Arbeit- 4

---

[29] *Gotthardt* RN 43; MünchKommBGB/*Müller-Glöge* § 611 BGB RN 1041; ErfK/*Preis* § 611 BGB RN 679.

[1] MünchArbR/*Blomeyer* § 49 RN 53; MünchKommBGB/*Emmerich* § 320 BGB RN 13; *Hergenröder* AR-Blattei SD 1880 RN 75; HWK/*Krause* § 614 BGB RN 15; MünchKommBGB/*Müller-Glöge* § 611 RN 9; vgl. auch BAG 25. 10. 1984 AP 3 zu § 273 BGB = NZA 85, 355 und ErfK/*Preis* § 614 BGB RN 17, die das Zurückbehaltungsrecht auf § 273 I BGB stützen.

[2] MünchKommBGB/*Müller-Glöge* § 611 BGB RN 9; Staudinger/*Richardi* § 611 RN 364.

[3] BAG 19. 2. 1997 AP 24 zu § 618 BGB = NZA 97, 821.

[4] BAG 2. 2. 1994 AP 4 zu § 273 BGB = NZA 94, 610; 19. 2. 1997 AP 24 zu § 618 BGB = NZA 97, 821.

[5] BAG 8. 5. 1996 AP 23 zu § 618 BGB = NZA 97, 86.

[6] BAG 8. 5. 1996 AP 23 zu § 618 BGB = NZA 97, 86.

nehmer ein Zurückbehaltungsrecht zustehen. Das Zurückbehaltungsrecht darf freilich vom Schuldner nicht rechtsmissbräuchlich ausgeübt werden.[7]

5 4. Die **Unsicherheitseinrede (§ 321 BGB)** ist gegeben, wenn nach dem Abschluss des Vertrags erkennbar wird, dass der Arbeitsentgeltanspruch durch die mangelnde Leistungsfähigkeit des Arbeitgebers gefährdet ist. § 321 BGB findet im Arbeitsverhältnis nach Arbeitsbeginn keine Anwendung mehr. Diese Bestimmung wird dann durch §§ 626, 628 BGB als speziellere Regelungen verdrängt.[8]

6 5. Ein **Zurückbehaltungsrecht** ist **gegeben,** wenn der Arbeitnehmer aus demselben rechtlichen Verhältnis, auf dem seine Leistungsverpflichtung beruht (Konnexität), einen fälligen Anspruch gegen den Arbeitgeber hat.

7 6. Das **Zurückbehaltungsrecht** kann **ausgeschlossen** sein **(a)** kraft Gesetzes, **(b)** auf Grund vertraglicher Vereinbarung – vorbehaltlich § 309 Nr. 2 BGB, **(c)** wegen der Rechtsnatur des Schuldverhältnisses, **(d)** nach Treu und Glauben. Nach § 320 II BGB ist die Ausübung des Zurückbehaltungsrechts ausgeschlossen, wenn der Arbeitgeber teilweise geleistet hat und wegen verhältnismäßiger Geringfügigkeit des rückständigen Teils die Ausübung gegen Treu und Glauben verstößt.

8 **7. Einzelfälle.** Die Einrede des nicht erfüllten Vertrags oder ein Zurückbehaltungsrecht können gegeben sein, wenn sich eine Arbeitnehmerin wegen der **Personensorge** für ihr Kind in einer unverschuldeten Zwangslage befindet,[9] der Arbeitgeber mit der **Vergütungszahlung in Verzug** gerät oder eine unberechtigte Lohnkürzung, insbesondere eine Kürzung des Akkordverdienstes, ankündigt.[10] **Zahlungsunfähigkeit** begründet keine Pflicht zur Lohnstundung.[11] Ausgeschlossen ist die Einrede, wenn der **Lohnrückstand verhältnismäßig geringfügig (§ 320 II BGB)** ist,[12] nur eine **kurzfristige Verzögerung** eintritt,[13] dem Arbeitgeber ein unverhältnismäßig **hoher Schaden** entsteht oder der Lohnanspruch auf andere Weise gesichert ist. Namentlich im öffentlichen Dienst ist es unzulässig, die Durchsetzung **zweifelhafter Ansprüche mit dienstlichen Obliegenheiten zu verquicken.** Ein Zurückbehaltungsrecht kann nicht mit der Begründung ausgeübt werden, der Arbeitgeber habe nicht nachgewiesen, dass der Arbeitnehmer – wieder – bei der Krankenversicherung angemeldet sei.[14] Ein pauschales Berufen auf einen **„Mobbingsachverhalt"** begründet kein Zurückbehaltungsrecht.[15] Bei Verstößen des Arbeitgebers gegen **Arbeitsschutzvorschriften** kann dem Arbeitnehmer ein Zurückbehaltungsrecht zustehen.[16] Insoweit folgt die Nichtleistung entweder aus dem Verbotscharakter der Schutznorm oder der Unzumutbarkeit der Arbeitsleistung. Bei **betriebsverfassungsrechtlichen Verstößen** des Arbeitgebers kann die personelle Maßnahme im Einzelfall unwirksam sein.[17] Die fehlende Zustimmung des Betriebsrats zur (Wieder-)Einstellung eines Arbeitnehmers kann für diesen grundsätzlich nur dann ein Leistungsverweigerungsrecht begründen, wenn der Betriebsrat sich auf die Verletzung seines Mitbestimmungsrechts beruft und die Aufhebung der Einstellung verlangt.[18] Hat der Arbeitgeber dem Arbeitnehmer im Wege des **Direktionsrechts** eine Arbeitsaufgabe zugewiesen, deren Erfüllung dieser nur teilweise schuldet, kann dem Arbeitnehmer ein Zurückbehaltungsrecht an der gesamten Arbeitsleistung zustehen, wenn die Arbeitsaufgabe nicht teilbar und ihm die Erbringung einer Teilleistung nicht zuzumuten ist.[19] Ein Verstoß des Arbeitgebers gegen das **Nachweisgesetz** berechtigt den Ar-

---

[7] BAG 13. 3. 2008 AP 87 zu § 1 KSchG 1969.

[8] MünchKommBGB/*Müller-Glöge* § 611 BGB RN 9; MünchKommBGB/*Emmerich* § 321 BGB RN 7; Erman/*H. P. Westermann* § 321 RN 3.

[9] Vgl. BAG 21. 5. 1992 AP 29 zu § 1 KSchG 1969 Verhaltensbedingte Kündigung = NZA 93, 115; ArbG Mannheim 7. 2. 1991 AuA 92, 59.

[10] BAG 25. 10. 1984 AP 3 zu § 273 BGB = NZA 85, 355; LAG Baden-Württemberg BB 84, 785.

[11] LAG München 6. 5. 1997 AuR 97, 304.

[12] BAG 25. 10. 2007 AP 333 zu § 613a BGB = NZA-RR 2008, 367 (2 Monatsverdienste sind erheblich); ArbG Hannover 11. 12. 1996 EzA 6 zu § 273 BGB (erheblich 1,5 Monatsverdienste); Thüringer LAG 19. 1. 1999 LAGE § 273 BGB Nr. 1 (60% eines Monatsverdienstes ist nicht geringfügig).

[13] LAG Schleswig-Holstein 23. 11. 2004 LAGE § 273 BGB 2002 Nr. 1.

[14] LAG Schleswig-Holstein 21. 9. 2004 – 2 Sa 243/04.

[15] BAG 13. 3. 2008 AP 87 zu § 1 KSchG 1969; siehe auch BAG 23. 1. 2007 AP 4 zu § 611 BGB Mobbing = NZA 2007, 1166.

[16] BAG 19. 2. 1997 AP 24 zu § 618 BGB = NZA 97, 821; 8. 5. 1996 AP 23 zu § 618 BGB = NZA 97, 86.

[17] MünchArbR/*Blomeyer* § 49 RN 61.

[18] BAG 5. 4. 2001 AP 32 zu § 99 BetrVG 1972 Einstellung = NZA 2001, 893.

[19] LAG Niedersachen 8. 12. 2003 MDR 2004, 759.

beitnehmer nicht zur Ausübung der Einrede des nicht erfüllten Vertrags aus § 320 BGB, weil es insoweit am erforderlichen Gegenseitigkeitsverhältnis fehlt. Die Ausübung eines Zurückbehaltungsrechts wäre angesichts der Geringfügigkeit der Pflichtwidrigkeit des Arbeitgebers treuwidrig.[20]

8. Üben **mehrere Arbeitnehmer** gemeinschaftlich ein Zurückbehaltungsrecht aus, so kann eine Arbeitskampfmaßnahme vorliegen.[21] Einzelheiten vgl. § 192. 9

9. Annahmeverzug. Erhebt der Arbeitnehmer wegen Vergütungsrückständen berechtigt die Einrede des nicht erfüllten Vertrags, gerät der Arbeitgeber nach § 298 BGB in Annahmeverzug (dazu § 95 RN 57). Bei unterlassenen Arbeitsschutzmaßnahmen richtet sich der Verzug nach §§ 294, 295 BGB. Der Arbeitnehmer muss gegenüber dem Arbeitgeber deutlich machen, dass er die Arbeitsleistung wegen dieser Einrede bzw. der Ausübung des Zurückbehaltungsrechts einstellt.[22] Der Arbeitgeber bleibt dann trotz Nichtleistung der Arbeit **zur Entgeltzahlung verpflichtet** (§ 615 BGB). Ist der Arbeitnehmer nicht leistungsbereit, weil er der Auffassung ist, ihm stünde ein Zurückbehaltungsrecht zu, muss das Angebot der Arbeitsleistung von der Geltendmachung des Zurückbehaltungs- bzw. Leistungsverweigerungsrechts umfasst sein.[23] Ein Arbeitnehmer, der die Arbeitsleistung zu Unrecht wegen fehlendem Krankenversicherungsnachweis durch den Arbeitgeber verweigert, kann seine Leistungsverweigerung später nicht auf andere Gründe, z. B. Zahlungsrückstände stützen.[24] 10

10. Kündigung. Übt der Arbeitnehmer berechtigt ein Zurückbehaltungsrecht aus, ist eine ordentliche oder außerordentliche Kündigung ausgeschlossen, weil keine Arbeitspflichtverletzung vorliegt.[25] Anders kann es dagegen bei einer rechtswidrigen aber irrtümlichen Ausübung des Zurückbehaltungsrechts sein.[26] 11

11. Beweislast. Grundsätzlich hat der **Arbeitnehmer** darzulegen und zu beweisen, dass ein i. S. d. § 618 I BGB ordnungswidriger Zustand der Arbeitsräume vorliegt, wenn dieser Zustand generell geeignet ist, das Leben oder die Gesundheit des Arbeitnehmers zu gefährden.[27] Trägt der Arbeitnehmer bei einem Streit um die Rechtswirksamkeit einer Kündigung wegen Arbeitsverweigerung substantiiert Anhaltspunkte für ein Zurückbehaltungsrecht wegen Gesundheitsgefährdung vor, hat der **Arbeitgeber** seinerseits Tatsachen vorzutragen und gegebenenfalls zu beweisen, die diesen Rechtfertigungsgrund ausschließen.[28] 12

§ 51. Verletzung der Arbeitspflicht

Benecke/Pils, Arbeitsplatzwechsel nach Abwerbung: Rechtsprobleme des „Headhunting“, NZA-RR 2005, 561; *Braun,* Headhunting – Auch ein arbeitsrechtliches Problem?, NZA 2003, 633; *Insam,* Eingriffe Dritter in das Arbeitsverhältnis – Mobbing, Druckkündigung und Headhunting, 2004; *Insam/Klein,* Zur Frage des sog. Headhunting am Arbeitsplatz, BB 2004, 1468; *Klein/Insam,* Telefonische Abwerbung von Mitarbeitern am Arbeitsplatz und im Privatbereich nach neuem UWG, GRUR 2006, 376; *Kliemt/Vollstädt,* Unverschuldeter Rechtsirrtum – Wunderwaffe bei beharrlicher Arbeitsverweigerung, NZA 2003, 357; *Röder/Schabenberger,* Abwerbung von Arbeitnehmern AR-Blattei SD 30 (2003); *Sasse,* Headhunting – Abwerbung von Arbeitnehmern durch Personalberater, ArbRB 2003, 277; *Schloßer,* Effektiver Rechtsschutz der Belegschaft durch vertragliche Abwerbeverbote?, BB 2003, 1382; *ders.,* Datenschutzrechtliche Bedenken bei der Direktansprache von Beschäftigten durch Personalberater, DB 2003, 554; *Schmiedl,* Mitarbeiterabwerbung durch Kollegen während des laufenden Arbeitsverhältnisses, BB 2003, 1120; *Stoffels,* Arbeitsvertragsbruch, AR-Blattei SD 230.

---

[20] Ebenso *Krause* AR-Blattei SD 220.2.2 RN 217; a. A. HWK/*Kliemt* Vorb. NachwG RN 37; ErfK/*Preis* Einf. NachwG RN 15.

[21] BAG 14. 2. 1978 AP 58 zu Art. 9 GG Arbeitskampf; *Grunsky* JuS 67, 60; *Hasse* DB 68, 708.

[22] HWK/*Krause* § 614 BGB RN 13.

[23] LAG Rheinland-Pfalz 16. 5. 2006 LAGE § 320 BGB 2002 Nr. 1.

[24] LAG Schleswig-Holstein 21. 9. 2004 – 2 Sa 243/04.

[25] BAG 25. 10. 1984 AP 3 zu § 284 BGB = NZA 85, 355; 9. 5. 1996 AP 5 zu § 273 BGB = NZA 96, 1085; LAG Hamm 29. 9. 1999 NZA-RR 2000, 242; LAG Köln 23. 9. 1993 LAGE § 626 BGB Nr. 73.

[26] Dazu BAG 26. 7. 2001 AP 13 zu § 628 BGB = NZA 2002, 325; 13. 3. 2008 AP 87 zu § 1 KSchG 1969.

[27] BAG 8. 5. 1996 AP 23 zu § 618 BGB = NZA 97, 86; 19. 2. 1997 AP 24 zu § 618 BGB = NZA 97, 821.

[28] ArbG Wiesbaden 1. 6. 1989 NZA 90, 275.

Übersicht

	RN		RN
I. Allgemeines	1	3. Außerordentliche Kündigung	10
II. Nichtleistung der Arbeit	2 ff.	4. Urlaub	11
1. Allgemeine Voraussetzungen	2, 3	5. Schadensersatz	12–22
2. Gründe der Rechtfertigung	4	IV. Abwerbung durch Dritte („Headhunting")	23 ff.
3. Verschulden	5	1. Allgemeines	23
4. Schadensersatz	6	2. Wettbewerbswidriges Verhalten Dritter	24–28
III. Rechte des Arbeitgebers bei Nichtleistung	7 ff.	3. Telefonische Abwerbungsversuche	29–31
1. Erfüllung	8	4. Ansprüche des Arbeitgebers	32–34
2. Vergütung	9		

I. Allgemeines

1 Der Arbeitnehmer kann seine Arbeitspflicht dadurch verletzen, dass er die Arbeit verspätet aufnimmt, überhaupt nicht beginnt, nach einer berechtigten Unterbrechung verspätet oder überhaupt nicht mehr aufnimmt oder vorzeitig einstellt oder mit seiner Arbeitskraft zurückhält.[1] Diese Fälle werden unter dem Oberbegriff **Nichtleistung der Arbeit** zusammengefasst. Löst sich der Arbeitnehmer endgültig rechtswidrig vom Arbeitsvertrag, wird vom **Arbeitsvertragsbruch** gesprochen; in den Fällen vorübergehender rechtswidriger Nichtleistung von **Arbeitsbummelei, Blaumachen** usw. Der Arbeitnehmer kann seine Arbeitspflicht aber auch verletzen, indem er die Arbeitsleistung schlecht ausführt, also eine mit Mängeln behaftete Arbeitsleistung erbringt; dann liegt eine **Schlechtleistung** vor (§ 52).

II. Nichtleistung der Arbeit

2 **1. Allgemeine Voraussetzungen. a)** Leistet der Arbeitnehmer seine Arbeit dauernd oder vorübergehend nicht, wird die Arbeitsleistung in aller Regel ganz oder teilweise unmöglich (§ 275 I BGB). Denn die Arbeitsleistung wird zumeist zu einer **festbestimmten Zeit** oder innerhalb einer festbestimmten Zeit geschuldet. Sie ist demnach i. d. R. eine Fixschuld (§ 49 RN 6).

3 **b)** Hat der Arbeitnehmer die **Arbeitsleistung nicht erbracht,** wird er von der Arbeitsleistung frei (§ 275 I BGB) und verliert nach § 326 I BGB grundsätzlich seinen Anspruch auf die Gegenleistung. Hat er ohne rechtfertigenden und von ihm zu vertretenden Grund die Arbeit nicht geleistet, erlangt der Arbeitgeber nach §§ 275 IV, 280 I BGB einen Anspruch auf Schadensersatz statt der Leistung. Dem Arbeitgeber steht allerdings nicht das Recht zu, vom Vertrage zurückzutreten. Insoweit sind die Rücktrittsvorschriften durch das Recht der außerordentlichen Kündigung ersetzt (§ 626 BGB). Ist die Arbeitsleistung ausnahmsweise nachholbar (dazu § 49 RN 6), sind die Verzugsvorschriften anzuwenden. Der Arbeitgeber kann Erfüllung und zugleich den Verzugsschaden (§§ 280 I, II, 286 BGB) verlangen.[2]

4 **2. Gründe der Rechtfertigung.** Für etwaige Rechtfertigungsgründe ist der Arbeitnehmer darlegungs- und beweispflichtig. Wendet ein Arbeitnehmer auf eine Schadensersatzklage des Arbeitgebers ein, er habe außerordentlich gekündigt, ist der Arbeitnehmer für die Einhaltung der Schriftform sowie die Kündigungsgründe darlegungs- und beweispflichtig.[3] Hat ein Arbeitnehmer angekündigt, er werde an einem bestimmten Tage fehlen und reicht er zu diesem Tage eine Arbeitsunfähigkeitsbescheinigung ein, ist der Beweiswert der Arbeitsunfähigkeitsbescheinigung erschüttert. Der prima-facie-Beweis spricht dann dafür, dass er nicht wegen Krankheit, sondern aus anderen Gründen gefehlt hat.[4]

5 **3. Verschulden.** Schuldhaft handelt der Arbeitnehmer, wenn er vorsätzlich oder fahrlässig die Arbeit nicht leistet (§ 276 BGB). Das Verschulden wird nach §§ 280 I 2, 286 IV BGB vermutet; der Arbeitnehmer muss sich entlasten. Er kann sich nicht damit entschuldigen, er habe die Möglichkeit gehabt, sofort eine andere, besser bezahlte Stelle anzutreten. Er muss, wie der Arbeitgeber, die Kündigungsfrist einhalten. Nimmt der Arbeitnehmer irrtümlich an, es lägen die Voraussetzungen für eine Verweigerung der Arbeitsleistung vor, ist das Verschulden ausgeschlossen, wenn der Tatsachenirrtum nicht auf Fahrlässigkeit beruht. Beruft sich der Arbeitnehmer zur

---

[1] BAG 17. 7. 1970 AP 3 zu § 11 MuSchG 1968.
[2] *Gotthardt* RN 182 ff.
[3] Vgl. BAG 13. 7. 1972 AP 4 zu § 276 BGB Vertragsbruch.
[4] Vgl. BAG 17. 6. 2003 AP 13 zu § 543 ZPO 1977 = NZA 2004, 564.

Entschuldigung seines Fehlverhaltens auf einen Rechtsirrtum, muss er die tatsächlichen Umstände, aus denen er den Entschuldigungsgrund herleitet, substantiiert darlegen. Er hat daher konkret vorzutragen, wie und bei wem er sich nach der Rechtslage erkundigt und welche Auskünfte er erhalten hat.[5]

4. Schadensersatz. Der Schadensersatz richtet sich nach §§ 249ff. BGB. Grundsätzlich ist der Schadensersatzanspruch auf Naturalrestitution gerichtet. Ist die Arbeitsleistung aber eine Fixschuld, ist der Erfüllungsanspruch untergegangen. Im Übrigen wird § 251 BGB eingreifen. 6

III. Rechte des Arbeitgebers bei Nichtleistung

Für den Arbeitgeber bestehen bei schuldhafter Nichterfüllung der Arbeitsverpflichtung folgende Möglichkeiten: 7

1. Er kann auf **Erfüllung** der Arbeitsleistung klagen (§ 45 RN 71). 8

2. Vergütung. Hat der Arbeitnehmer keine Arbeitsleistung erbracht, braucht der Arbeitgeber **keine Vergütung zu zahlen** (§ 326 I BGB).[6] Erhebt der Arbeitgeber nach § 320 I 1 BGB die Einrede des nicht erfüllten Vertrags, gilt eine abgestufte Darlegungs- und Beweislast. Verlangt ein Arbeitnehmer Arbeitsvergütung, hat er substantiiert darzulegen und im Streitfall zu beweisen, wann und wo er was in welchem zeitlichen Umfang für den Arbeitgeber gearbeitet hat. Auf diesen Vortrag hat sich der Arbeitgeber gem. § 138 II ZPO konkret einzulassen. Hierzu hat er seinerseits darlegen und beweisen, an welchen Tagen der Arbeitnehmer nicht gearbeitet hat.[7] Hat der Arbeitgeber trotz Nichtleistung der Arbeit die volle Vergütung ausgezahlt, kann er gem. § 326 IV BGB die Überzahlung nach den Vorschriften über den Rücktritt (§§ 346–348 BGB) zurückfordern. Der Arbeitnehmer kann sich deshalb grundsätzlich nicht auf einen Wegfall der Bereicherung nach § 818 III SGB berufen.[8] Der Arbeitgeber darf nicht die Arbeitspapiere zurückbehalten (§§ 41 b I EStG, hierzu § 149). 9

3. Außerordentliche Kündigung. Der Arbeitgeber kann das Arbeitsverhältnis innerhalb einer Frist von zwei Wochen (§ 626 BGB) außerordentlich kündigen (§ 127), sofern ihm infolge der Nichtleistung der Arbeit die Fortsetzung des Arbeitsverhältnisses bis zum Ablauf der Kündigungsfrist unzumutbar ist, und Ersatz des durch die Aufhebung des Arbeitsverhältnisses entstehenden Schadens verlangen (§ 628 II BGB; dazu RN 12). Dagegen ist ihm nicht gestattet, den Arbeitnehmer strafweise vorübergehend auszusperren[9] oder vom Arbeitsvertrag zurückzutreten. Das Rücktrittsrecht nach § 326 V BGB ist durch das Recht zur außerordentlichen Kündigung ersetzt (§ 626 BGB). 10

4. Urlaub. Im Falle der außerordentlichen Beendigung des Arbeitsverhältnisses kann der Arbeitgeber die Abgeltung noch ausstehenden Urlaubs nicht verweigern. In Übereinstimmung mit dem Übereinkommen Nr. 132 der Internationalen Arbeitsorganisation ist nach § 7 IV BUrlG ein Verfall des Urlaubsanspruchs nicht mehr vorgesehen (vgl. § 102 RN 113). 11

5. Schadensersatz. a) Hat der Arbeitnehmer **ohne rechtfertigenden Grund** vorübergehend nicht gearbeitet, kann der Arbeitgeber nach § 275 IV, § 280 I, § 283 BGB Schadensersatz statt der Leistung verlangen (oben RN 3). Der Arbeitgeber kann den Arbeitnehmer auf Erbringung der Arbeitsleistung verklagen und diese Klage mit einem Entschädigungsantrag nach § 61 II ArbGG verbinden (dazu § 45 RN 71). 12

b) Nach § 628 II BGB kann der Arbeitgeber außerordentlich kündigen und Ersatz des durch die Aufhebung des Dienstverhältnisses entstehenden Schadens verlangen. Eine Sondervorschrift besteht in **Berufsausbildungsverhältnissen.** Wird ein Ausbildungsverhältnis nach der Probezeit vorzeitig gelöst, kann der Ausbildende oder der Auszubildende Ersatz des Schadens verlangen, wenn der andere den Grund der Auflösung zu vertreten hat (§ 23 I 1 BBiG; dazu § 174). Der Anspruch erlischt jedoch gem. § 23 II BBiG, wenn er nicht innerhalb von drei Monaten nach Beendigung des Berufsausbildungsverhältnisses geltend gemacht wird. 13

---

[5] LAG Düsseldorf 29. 8. 2001 AnwBl. 2002, 607; näher hierzu *Kliemt/Vollstädt* NZA 2003, 357.

[6] Staudinger/*Richardi* § 611 RN 464; BAG 17. 7. 1970 AP 3 zu § 11 MuSchG 1968.

[7] Vgl. LAG Köln 30. 4. 2003 – 3 Sa 756/02; Soergel/*Wiedemann* § 320 RN 81; a. A. LAG Hamm 31. 10. 2002 – 8 Sa 758/02 n. v.

[8] Ebenso *Gotthardt* RN 146; *Joussen* NZA 2001, 745, 750; *Lindemann* AuR 2002, 81, 83; *Löwisch,* FS für Wiedemann, S. 311, 326f. mit Kritik an dieser Gesetzeslage; *Richardi* Sonderbeilage zu NZA 2003 Heft 16 S. 14, 16; vermittelnd *Canaris* JZ 2001, 499, 509, der darauf hinweist, dass in besonders krassen Fällen die Vorschrift teleologisch reduziert werden kann; HWK/*Krause* § 614 BGB RN 24.

[9] *Hueck/Nipperdey* Bd. I § 35 I 5 wollen die Aussperrung mit Zustimmung des Arbeitnehmers als das mildere Mittel zulassen. Dann liegt aber eine vereinbarte Dienstbefreiung vor.

14 c) **Voraussetzung des Schadensersatzanspruchs nach § 628 II BGB** ist grundsätzlich eine außerordentliche Kündigung wegen Vertragsverletzung. Grundsätzlich entstehen keine Schadensersatzansprüche bei Abschluss eines Aufhebungsvertrags oder einer ordentlichen Kündigung. § 628 II BGB ist allerdings anzuwenden, wenn das Arbeitsverhältnis durch Aufhebungsvertrag beendet worden ist und sich der Arbeitgeber Schadensersatzansprüche vorbehalten hat (näher dazu § 127 RN 53ff.).

15 **d)** Der **Umfang des Schadensersatzanspruches** bestimmt sich nach §§ 249ff. BGB. Der Arbeitgeber ist also so zu stellen, wie er bei Fortbestand des Arbeitsverhältnisses gestanden hätte. Allerdings läuft der Schadensersatzanspruch des Arbeitgebers häufig weitgehend leer. Die Schadensersatzpflicht des Arbeitnehmers scheitert oftmals an der nicht nachgewiesenen Kausalität der Pflichtwidrigkeit für den behaupteten Schaden.[10]

16 **aa)** Der Anspruch des Arbeitgebers kann auf den **Ersatz des entgangenen Gewinns** gerichtet sein, wenn Aufträge nicht oder verspätet ausgeführt werden, oder bei Vorratsfertigung auf Ersatz des Produktionsausfalls (§ 252 Satz 1 BGB).[11] Nach § 252 Satz 2 BGB gilt als entgangen der Gewinn, welcher nach dem gewöhnlichen Lauf der Dinge oder nach den besonderen Umständen, insbesondere nach den getroffenen Vorkehrungen, mit Wahrscheinlichkeit erwartet werden konnte. Diese Vorschrift bietet dem Geschädigten zwei Möglichkeiten der Schadensberechnung:[12] Zum einen die abstrakte Methode, die von dem regelmäßigen Verlauf im Handelsverkehr ausgeht, dass der Kaufmann gewisse Geschäfte im Rahmen seines Gewerbes tätigt und daraus Gewinn erzielt. Zum anderen die konkrete Methode, bei der der Geschädigte nachweist, dass er durch die schädigende Handlung an der Durchführung bestimmter Geschäfte gehindert worden ist und dass ihm wegen der Nichtdurchführbarkeit dieser Geschäfte Gewinn entgangen ist.[13] Im Fall der abstrakten Schadensberechnung ist die volle Gewissheit, dass der Gewinn gezogen worden wäre, nicht erforderlich; vielmehr genügt der Nachweis einer gewissen Wahrscheinlichkeit. Ist ersichtlich, dass der Gewinn nach dem gewöhnlichen Lauf der Dinge mit Wahrscheinlichkeit erwartet werden konnte, wird vermutet, dass er erzielt worden wäre. Dem Ersatzpflichtigen obliegt dann der Beweis, dass er nach dem späteren Verlauf oder aus irgendwelchen anderen Gründen dennoch nicht erzielt worden wäre. Ist der Geschädigte Kaufmann, entspricht es dem gewöhnlichen Lauf der Dinge, dass er marktgängige Waren jederzeit zum Marktpreis absetzen kann.[14]

17 **bb)** Hat der Arbeitgeber eine Ersatzkraft nicht gefunden und die anfallende **Mehrarbeit selbst erledigt,** besteht der zu ersetzende Schaden in der Einkommensminderung, die er infolge des Vertragsbruchs ohne seine schadensabwendende Tätigkeit erlitten hätte.[15] Nach a. A. soll auch die Möglichkeit einer konkreten Schadensberechnung bestehen; der Arbeitgeber habe sich quasi selbst als Ersatzkraft eingestellt. Schaden sei dann der Mehrwert seiner Arbeitsleistung, wobei eine Art „Überstundenvergütung" zu berücksichtigen sei.[16]

18 **cc)** Der Schaden des Arbeitgebers kann des Weiteren in **erhöhten Vergütungszahlungen** an Arbeitnehmer bestehen, die durch Überstunden den Ausfall des vertragsbrüchigen Arbeitnehmers ausgleichen.[17] Werden zum Ersatz Arbeitnehmer aus einer anderen Filiale abgeordnet oder Leiharbeiter eingestellt, kann auch deren Arbeitsvergütung als Schadensersatz verlangt werden.[18] Gleiches gilt für die **Differenz** zwischen dem Entgelt des vertragsbrüchigen Arbeitnehmers und einem eventuellen höheren Entgelt der Ersatzkraft, wobei den Arbeitgeber nach § 254 II BGB eine Schadensminderungspflicht trifft.

19 **dd)** Umstritten ist, inwieweit dem Arbeitgeber ein Schadensersatzanspruch zusteht, wenn der Schaden durch Mehrleistung **(höhere Beanspruchung) der übrigen Arbeitnehmer** ausgeglichen wird.[19] Denkbar wäre insoweit an die Lehre von der versagten Vorteilsausgleichung an-

---

[10] Dazu ErfK/*Müller-Glöge* § 628 BGB RN 33.

[11] BAG 5. 10. 1962 AP 2 zu § 628 BGB; zur Beweislast: BAG 27. 1. 1972 AP 2 zu § 252 BGB m. Anm. *Schneider* = NJW 72, 1427.

[12] Näher dazu BGH 19. 10. 2005 NJW-RR 2006, 243.

[13] BGH 30. 5. 2001 NJW-RR 2001, 1542; 19. 10. 2005 NJW-RR 2006, 243.

[14] BGH 29. 6. 1994 NJW 94, 2748.

[15] BGHZ 55, 329ff.; BAG 24. 8. 1967 AP 7 zu § 249 BGB = NJW 68, 221; *Becker* BB 76, 746; *Weimar* NJW 89, 3246.

[16] *Lieb* JR 71, 371; dagegen BAG 24. 8. 1967 AP 7 zu § 249 BGB.

[17] BAG 25. 5. 1970 AP 4 zu § 60 HGB; LAG Berlin DB 74, 638; LAG Düsseldorf DB 68, 90; LAG Bad.-Württemberg BB 61, 529; MünchKommBGB/*Henssler* § 628 RN 65.

[18] BAG 24. 4. 1970 AP 5 zu § 60 HGB.

[19] Vgl. BAG 24. 4. 1970 AP 5 zu § 60 HGB.

zuknüpfen und dem Arbeitgeber den Ersatz eines hypothetischen Schadens zuzubilligen.[20] Diese führt indes zu einer „Bereicherung" des Arbeitgebers, weshalb insoweit kein Schadensersatzanspruch besteht.[21] Die anderen Arbeitnehmer haben in Wahrheit durch erhöhten Arbeitseinsatz die Entstehung eines Schadens verhindert.

ee) Kosten wegen des Stillstands von Maschinen,[22] **Konventionalstrafen** des Arbeitgebers wegen nicht rechtzeitiger Leistung,[23] Kosten für die Anwerbung einer Ersatzkraft, insbesondere **Inseratskosten der Zeitung** sind nach der Rechtsprechung insoweit ersatzpflichtig, wie sie bei ordnungsgemäßer Einhaltung der Kündigungsfrist vermeidbar gewesen wären.[24] Ersatzpflichtig ist nur der sog. Verfrühungsschaden. Eine Ersatzpflicht besteht aber auch in diesem Fall nur für Inseratskosten in angemessenem Umfang.[25] **Vorstellungskosten** für Bewerber sind nur ausnahmsweise beachtlich.[26] Auch insoweit sind die Grundsätze des Verfrühungsschadens zu berücksichtigen. **20**

ff) Der Schadensersatzanspruch **verjährt** gem. § 195 BGB nach drei Jahren. Für die **Darlegungs- und Beweislast** des Schadensersatzanspruchs gilt die Erleichterung des § 287 ZPO.[27] **21**

e) Zur Beweiserleichterung werden häufig **Pauschalierungsabreden** getroffen, nach denen im Falle des Arbeitsvertragsbruchs der Arbeitnehmer zum Ersatz des typischen Schadens in bestimmter Höhe verpflichtet ist. Während die Rechtsprechung früher derartige Schadensersatzpauschalen nur einer richterlichen Billigkeitskontrolle unterworfen hat,[28] eröffnete das Schrifttum dem Arbeitnehmer das Recht, im Prozess zu bestreiten, dass der vertraglich festgelegte Pauschalbetrag dem abstrakt-typischen Schaden entspricht. Der Arbeitgeber sollte dann gehalten sein, nachzuweisen, dass der Pauschalbetrag schadenstypisch sei.[29] Seit dem 1. 1. 2002 ist bei Pauschalierungsabreden in vorformulierten Arbeitsverträgen § 309 Nr. 5 BGB zu beachten. Besonderheiten des Arbeitsrechts (§ 310 IV 2 BGB) gebieten keine abweichende Auslegung der Vorschrift, da diese nur inhaltliche Beschränkungen der Schadenspauschalierung enthält.[30] Nach § 309 Nr. 5a BGB darf die Pauschale den nach dem gewöhnlichen Lauf der Dinge zu erwartenden Schaden nicht übersteigen. Dem Arbeitnehmer muss ausdrücklich der Nachweis gestattet sein, dass kein Schaden entstanden ist oder nur ein erheblich niedrigerer als der pauschalierte Schaden. Von der Pauschalierungsabrede ist die Vertragsstrafe zu unterscheiden (dazu § 60). Eine **Minderung der Vergütung gem. § 628 I 2 BGB** setzt jedenfalls voraus, dass der Dienstberechtigte an den bisherigen Leistungen des Dienstverpflichteten gerade wegen der Beendigung seiner tatsächlichen Tätigkeit kein Interesse hat.[31] **22**

IV. Abwerbung durch Dritte („Headhunting")

1. Allgemeines. Abwerbungen sind grundsätzlich ein erlaubtes Mittel wirtschaftlichen **Wettbewerbs.**[32] Jeder Arbeitgeber ist berechtigt, auf dem Markt die besten Mitarbeiter zu suchen. Es ist deshalb im Grundsatz nicht zu beanstanden, wenn ein Unternehmer Arbeitnehmer eines anderen Unternehmens durch das Versprechen eines höheren Arbeitsverdienstes, besseren Fortkommens oder sonstiger vorteilhafter Arbeitsbedingungen veranlasst, das Arbeitsverhältnis ordnungsgemäß, etwa durch ordentliche Kündigung oder Aufhebungsvertrag, zu lösen.[33] Die Abwerbung von Arbeitskräften entspricht einer Wettbewerbswirtschaft, auch wenn der Arbeit- **23**

---

[20] *Lieb* JZ 71, 358; *Zeuner,* Gedächtnisschrift für Dietz, 1973, S. 99 ff.
[21] ErfK/*Müller-Glöge* § 628 BGB RN 34.
[22] Vgl. *Frey* BB 59, 744 II 3.
[23] Vgl. LAG Düsseldorf DB 68, 90; *Gumpert* BB 55, 964 C III 2; *Herget* DB 69, 2347.
[24] BAG 26. 3. 1981 AP 7 zu § 276 BGB Vertragsbruch = NJW 81, 2430; 23. 3. 1984 AP 8 zu § 276 BGB Vertragsbruch = NJW 84, 2846; 14. 9. 1984 AP 10 zu § 276 Vertragsbruch = NJW 85, 509.
[25] BAG 30. 6. 1961 AP 1 zu § 276 BGB Vertragsbruch; vgl. LAG Baden-Württemberg BB 67, 458; LAG Düsseldorf DB 68, 2220.
[26] BAG 26. 3. 1981 AP 7 zu § 276 BGB Vertragsbruch = NJW 81, 2430.
[27] BAG 27. 1. 1972 AP 2 zu § 252 BGB; BGH 13. 11. 1997 AP 12 zu § 628 BGB.
[28] BAG 14. 12. 1966 NJW 67, 751, 752; BGH 8. 10. 1969 NJW 70, 29, 32.
[29] *Beuthien* BB 73, 93.
[30] Ebenso *Gotthardt* RN 280; ErfK/*Preis* §§ 305–310 BGB RN 99.
[31] BAG 21. 10. 1983 AP 2 zu § 628 BGB Teilvergütung = DB 84, 2705.
[32] BGH 9. 2. 2006 NZA 2006, 500.
[33] Allgemeine Meinung: vgl. BAG 19. 8. 1962 AP 24 zu § 138 BGB = NJW 63, 124; OLG Karlsruhe 25. 7. 2001 WRP 2001, 1092; OLG München 24. 5. 1966 AP 2 zu § 611 BGB Abwerbung und JR 68, 17; OLG Frankfurt BB 77, 1503; BGH 17. 3. 1961 NJW 61, 1308; 14. 11. 1967 AP 13 zu § 826 BGB; LAG Rheinl.-Pfalz 7. 2. 1992 NZA 93, 265; zusammenfassend *Hertzberg* FA 2001, 328; *Benecke/Pils* NZA-RR 2005, 561.

geber dadurch Nachteile erleidet. Die Abwerbung wird dann problematisch, wenn besondere Umstände, die in der Wahl der angewandten Mittel oder in dem angestrebten Zwecke liegen können, sie als wettbewerbs- oder in sonstiger Weise rechts- oder sittenwidrig erscheinen lassen.[34]

24 **2. Wettbewerbswidriges Verhalten Dritter.** Das grundsätzlich zulässige Abwerben von Beschäftigten eines anderen Unternehmens ist nur bei Hinzutreten besonderer Umstände unlauter i. S. v. § 3 UWG.[35] Wettbewerbswidrig wird ein Einbrechen in fremde Vertragsbeziehungen erst dann, wenn besondere Unlauterkeitsumstände hinzutreten.[36] Hierzu gehört insbesondere das **Verleiten zum Vertragsbruch.** Das ist jedes bewusste Hinwirken darauf, dass der andere einen Vertragsbruch begeht, mag auch der Widerstand, den er dabei findet, noch so gering sein.[37] Das bloße Ausnutzen eines fremden Vertragsbruchs ist kein „Verleiten", solange keine zusätzlichen Umstände vorliegen, die die Unlauterkeit begründen. Erforderlich ist, dass der Abwerbende Kenntnis vom Vertragsbruch hat oder sich dieser Kenntnis bewusst verschließt.[38]

25 Eine wettbewerbswidrige Verleitung zum Vertragsbruch liegt beispielsweise vor, wenn der Werbende dem Umworbenen die **unrichtige Auskunft** erteilt, der Vertragsschluss sei trotz der vertraglichen Bindung des Umworbenen an einen Mitbewerber zulässig, obwohl dem Werbenden die Einzelheiten dieser Bindung unbekannt sind und er nach der Geschäftspraxis seines Mitbewerbers mit der Möglichkeit rechnen muss, dass eine Ausschließlichkeitsklausel vereinbart wurde.[39] Ein Verleiten zum Vertragsbruch liegt ferner vor, wenn der Unternehmer den umworbenen Mitarbeiter auffordert, seine (noch) bestehenden arbeitsrechtlichen Pflichten zu verletzen, indem er beispielsweise vor der wirksamen Vertragsbeendigung seine Arbeitsleistung einstellt.[40] Ein unlauteres Mittel kann des Weiteren in der Übernahme der Vertragsstrafe gesehen werden.

26 Das Abwerben kann unlauter sein, wenn es unter **Ausnutzung der Geschäftsgeheimnisse** des Mitbewerbers geschieht. Ein Geschäfts- oder Betriebsgeheimnis ist jede im Zusammenhang mit einem Betrieb stehende Tatsache, die nicht offenkundig, sondern nur einem eng begrenzten Personenkreis bekannt ist und nach dem bekundeten, auf wirtschaftlichen Interessen beruhenden Willen des Betriebsinhabers geheim gehalten werden soll. Ein Geschäftsgeheimnis braucht keinen bestimmten Vermögenswert zu besitzen; es reicht aus, dass es sich für den Unternehmer nachteilig auswirken kann, wenn Dritte, insbesondere Wettbewerber, Kenntnis von den Daten erlangen. Enthalten Kundenlisten die Daten von Kunden, zu denen bereits eine Geschäftsbeziehung besteht und die daher auch in Zukunft als Abnehmer der angebotenen Produkte infrage kommen, stellen sie im Allgemeinen für das betreffende Unternehmen einen wichtigen Bestandteil seines „Good will" dar, auf dessen Geheimhaltung vonseiten des Betriebsinhabers meist großer Wert gelegt wird.[41]

27 Der Unternehmer hat allerdings keinen generellen Anspruch auf **Erhaltung seines Kundenkreises.** Ein ausgeschiedener Mitarbeiter kann die während der Beschäftigungszeit erworbenen Kenntnisse auch später unbeschränkt verwenden, wenn er keinem Wettbewerbsverbot unterliegt und er diese Informationen in seinem **Gedächtnis** bewahrt hat.[42] Die Berechtigung, erworbene Kenntnisse nach Beendigung des Dienstverhältnisses auch zum Nachteil des früheren Dienstherrn einzusetzen, bezieht sich jedoch nicht auf Informationen, die dem ausgeschiedenen Mitarbeiter nur deswegen noch bekannt sind, weil er auf **schriftliche Unterlagen** zurückgreifen kann, die er während der Beschäftigungszeit angefertigt hat. Liegen dem ausgeschiedenen Mitarbeiter derartige schriftliche Unterlagen – beispielsweise in Form privater Aufzeichnungen oder in Form einer auf dem privaten Notebook abgespeicherten Datei – vor und entnimmt er ihnen ein Geschäftsgeheimnis seines früheren Arbeitgebers, verschafft er sich damit dieses Geschäftsgeheimnis unbefugt i. S. v. § 17 II Nr. 2 UWG.[43]

28 Ein unlauteres Abwerben liegt nicht vor, wenn ein Wettbewerber einem Arbeitnehmer **bei einer ordentlichen Kündigung hilft,** indem er ihm ein vorbereitetes Kündigungsschreiben vorlegt, das nach Einfügung des Kündigungstermins nur noch zu unterschreiben ist. Ein solches

[34] BAG 22. 11. 1965 AP 1 zu § 611 BGB Abwerbung; LAG Rheinl.-Pfalz 7. 2. 1992 NZA 93, 265.
[35] Vgl. BGH 7. 4. 2005 NJW 2005, 2012; 9. 2. 2006 NZA 2006, 500; 22. 11. 2007 NZA 2008, 177.
[36] BGH 22. 4. 2004 NJW 2004, 2385.
[37] BGH 15. 1. 1987 NJW-RR 87, 932.
[38] BGH 30. 1. 1976 MDR 76, 556.
[39] BGH 23. 5. 1975 NJW 75, 1361.
[40] OLG Hamm 9. 5. 2003 GRUR 2004, 27, 28.
[41] BGH 27. 4. 2006 NJW 2006, 3424.
[42] BGH 14. 1. 1999 NJW-RR 99, 1131.
[43] BAG 19. 12. 2002 NJW-RR 2003, 833.

Verhalten ist ohne Hinzutreten besonderer Umstände weder als unangemessen unsachliche Einflussnahme auf den Arbeitnehmer noch als unlautere gezielte Behinderung eines Mitbewerbers zu beurteilen. Ein verständiger Arbeitnehmer wird allein durch eine solche Dienstleistung nicht unsachlich zum Abschluss eines Vertrags mit einem Mitbewerber veranlasst. Ein wettbewerbswidriges Vorgehen im Sinne des § 4 Nr. 1 UWG kann allerdings in Betracht kommen, wenn der Abwerbende den Arbeitnehmer bei der Kündigung irreführt, überrumpelt oder sonst unangemessen unsachlich in seiner Entscheidungsfreiheit beeinträchtigt. Diese Gefahr genügt aber nicht, um schon die Verwendung eines vorformulierten Kündigungsschreibens für sich als wettbewerbswidrig zu beurteilen.[44] Unlauter ist die Abwerbung mit dem Ziel, Fabrikations- oder Geschäftsgeheimnisse auszuspähen[45] oder das Konkurrenzunternehmen zum Erliegen zu bringen.[46]

3. Telefonische Abwerbungsversuche. Umstritten ist die Zulässigkeit telefonischer Abwerbungsversuche durch Telefonanrufe des Personalvermittlers am Arbeitsplatz.[47] Beurteilungsmaßstab ist die **Generalklausel des § 3 UWG** (vormals § 1 UWG a. F.). Dem Beispielstatbestand des § 4 Nr. 10 UWG (gezielte Behinderung eines Mitbewerbers) und dem Tatbestand der unzumutbaren Belästigung (§ 7 II Nr. 2 UWG) können zwar Richtlinien für die Abwägung entnommen werden. Diese Tatbestände erfassen aber jeweils nur bestimmte, wenn auch wesentliche Gesichtspunkte, unter denen die angegriffenen Wettbewerbshandlungen zu beurteilen sind.[48] 29

Telefonische Abwerbungsversuche durch andere Unternehmen oder sog. „Headhunter" sind nach der Rechtsprechung des BGH **eingeschränkt zulässig.** Es darf sich nur um eine erste Kontaktaufnahme handeln, bei der sich der Anrufer kurz vorstellt, den Zweck seines Anrufs nennt und fragt, ob der Angerufene Interesse an dem Gespräch als solchem und zu diesem Zeitpunkt hat. Nur wenn dies bejaht wird, darf er die Position knapp beschreiben und, falls das Interesse des Angesprochenen danach noch fortbesteht, ein Gespräch außerhalb des Arbeitsplatzes anbieten.[49] Eine erhebliche Störung der Integrität des Betriebs oder der Funktionseinheit des Unternehmens liegt unter diesen Voraussetzungen nicht vor. Sie kann nur bei nachhaltigen und wiederholten Abwerbungsversuchen über einen geschäftlichen Telefonapparat angenommen werden. Die (umfangreiche) Konfrontation mit Lebenslaufkenntnissen ist schon Teil des Umwerbens, das dem Angerufenen den Eindruck vermittelt, der Personalberater habe sich bereits näher mit seiner Persönlichkeit befasst und er sei auf Grund seiner konkreten Berufsbiographie für die offene Stelle besonders geeignet. Ein solches Umwerben geht über den notwendigen Inhalt einer ersten Kontaktaufnahme am Arbeitsplatz hinaus und ist wettbewerbsrechtlich unzulässig. Es ist wettbewerbswidrig, wenn der Personalberater bei der ersten unaufgeforderten Kontaktaufnahme in dieser Weise versucht, das persönliche Interesse der Zielperson an der betreffenden Stelle in einer Weise zu wecken.[50] Eine erhebliche Störung liegt nicht allein darin, dass der angesprochene Arbeitnehmer von der Erfüllung seiner dienstvertraglichen Verpflichtungen abgehalten wird, und zwar zunächst für die Dauer des Telefonats und sodann für eine weitere Zeitspanne, in der er sich gedanklich mit dem Angebot einer neuen Arbeitsstelle beschäftigt.[51] Die hierfür in Anspruch genommene Arbeitszeit des Arbeitnehmers und die hierdurch bedingte Beeinträchtigung der Interessen des Arbeitgebers können bei der rechtlichen Beurteilung letztlich vernachlässigt werden. In aller Regel wird es sich nur um wenige Minuten und kaum messbare und wirtschaftlich quantifizierbare Vorgänge handeln. 30

Unerheblich ist, ob **Festnetz- oder Mobiltelefone** benutzt werden.[52] Ein Wettbewerbsverstoß liegt nicht vor, wenn der Umworbene auf seinem **privaten Telefon** (in seiner Wohnung) 31

---

[44] BGH 7. 4. 2005 NJW 2005, 2012.

[45] Die bloße Ausnutzung von Kenntnissen ist dagegen noch nicht zu beanstanden, BGHZ 38, 391 [395]; vgl. auch BAG 17. 3. 1961 AP 4 zu § 1 UWG.

[46] BGH 14. 11. 1967 AP 13 zu § 826 BGB; 19. 11. 1965 AP 6 zu § 1 UWG; OLG München 24. 5. 1966 AP 2 zu § 611 BGB Abwerbung.

[47] Dazu BGH 9. 2. 2006 NZA 2006, 500; 4. 3. 2004 NJW 2004, 2080; *Braun* NZA 2003, 633; *ders.* DB 2002, 2326; *Hertzberg* FA 2001, 328; *Insam/Klein* BB 2004, 1468; *Klein/Insam* GRUR 2006, 376; *Sasse* ArbRB 2003, 277; *Schloßer* DB 2003, 554; *Wulf* NJW 2004, 2424.

[48] BGH 9. 2. 2006 NJW 2006, 1665.

[49] BGH 9. 2. 2006 NJW 2006, 1665; 4. 3. 2004 NJW 2004, 2080; dazu *Insam/Klein* BB 2004, 1468; *Klein/Insam* GRUR 2006, 376; *Wulf* NJW 2004, 2424.

[50] BGH 22. 11. 2007 NZA 2008, 177.

[51] OLG Karlsruhe 25. 7. 2001 NJW-RR 2002, 397; a. A. OLG Stuttgart 17. 12. 1999 WRP 2000, 318.

[52] BGH 9. 2. 2006 NZA 2006, 500.

angerufen wird.[53] Die Grundsätze des BGH zum Schutz der Individualsphäre des Angerufenen bei Telefonwerbung (jetzt § 7 II Nr. 2 UWG) finden insoweit keine Anwendung.[54]

32 **4. Ansprüche des Arbeitgebers. a)** Nach §§ 3, 9 UWG kann auf **Schadensersatz** in Anspruch genommen werden, wer vorsätzlich oder fahrlässig der Pflicht zuwiderhandelt, durch unlautere Wettbewerbshandlungen, die geeignet sind, den Wettbewerb zum Nachteil der Mitbewerber, der Verbraucher oder der sonstigen Marktteilnehmer nicht nur unerheblich zu beeinträchtigen. Nach § 8 Satz 2 i. V. m. § 3 UWG besteht ein Unterlassungsanspruch bereits dann, wenn eine Zuwiderhandlung droht. Der **Unterlassungsanspruch** kann im Wege der einstweiligen Verfügung verfolgt werden, sofern Wiederholungsgefahr besteht. Der Anspruch entfällt regelmäßig, wenn das Arbeitsverhältnis zwischen Unterlassungsgläubiger und Unterlassungsschuldner beendet ist.[55]

33 **b)** Nach § 823 I BGB ist ein Schadensersatzanspruch gegeben, wenn in der Abwerbung ein Angriff in den **eingerichteten und ausgeübten Gewerbebetrieb** zu sehen ist, nach § 826 BGB, wenn die Abwerbung eine vorsätzliche sittenwidrige Schadenszufügung darstellt. Das Abwerben von ehemaligen Mitarbeitern eines Konkurrenten stellt regelmäßig keine Betriebsübernahme dar.[56]

34 **c)** Für **Rechtsstreitigkeiten** aus dem UWG sind nach § 13 UWG die Landgerichte ausschließlich zuständig, es sei denn, die besonderen Voraussetzungen der Zusammenhangsklage nach § 2 III ArbGG liegen vor. In diesen Fällen sind die Arbeitsgerichte zuständig. Der abgeworbene Arbeitnehmer kann sich bei unzulässiger Abwerbung nicht darauf berufen, der Arbeitsvertrag sei sittenwidrig.[57]

§ 52. Schlechtleistung

Brune, Schlechtleistung, AR-Blattei SD 1420 (2004).

I. Begriff

1 **1. Schlechtleistung.** Im Arbeitsrecht werden unter Schlechtleistung im Wesentlichen die Fälle zusammengefasst, in denen der Arbeitnehmer zwar seiner Arbeitsverpflichtung nachkommt, aber eine mit Mängeln behaftete Arbeitsleistung erbringt. Das ist anzunehmen, wenn das Arbeitsergebnis nicht gelingt, der Arbeitnehmer zu langsam[1] oder zu flüchtig arbeitet, er die ihm überlassenen oder anvertrauten Geräte, Maschinen, Werkzeuge usw. beschädigt oder unrichtige oder fehlerhafte Entscheidungsgrundlagen (Bilanzen, Buchführungen) erstellt. Eine Schlechtleistung ist zusammengefasst immer dann gegeben, wenn der Arbeitgeber durch die zu erbringende Arbeitsleistung in irgendeiner Form pflichtwidrig geschädigt wird.

2 **2. Abgrenzung der Schlechtleistung von der Nichtleistung.** Schwierigkeiten bereitet die Abgrenzung der Schlechtleistung von der Nichtleistung.[2] Erscheint der Arbeitnehmer nicht zur Arbeit oder geht er zu früh nach Hause, liegt zweifelsfrei eine Nichtleistung vor. Gleiches gilt, wenn er sich zwar am Arbeitsplatz aufhält, dort aber schläft, im Internet surft oder lange Privattelefonate führt. Umstritten ist die Beurteilung zu langsamer oder qualitativ unzureichender Arbeit. Hier wird man nur in ganz krassen Fällen eine Nichtleistung annehmen können.[3] Ansonsten ist zu berücksichtigen, dass der Arbeitnehmer auch dann, wenn die Arbeitsleistung oder das Arbeitsergebnis nicht den Anforderungen entspricht, eine – wenn auch schlechte – Arbeitsleistung erbringt und deshalb kein Fall der Nichtleistung besteht.[4]

3 **3. Rechtsfolgen. a)** Aus der **Schlechtleistung** können sich für den Arbeitgeber drei Rechtsfolgen ergeben: Das Recht zur Entgeltminderung, das Recht zur Kündigung (vgl. § 125)

---

[53] OLG Jena 23. 10. 2002 NJW-RR 2003, 1125.

[54] OLG Karlsruhe 24. 1. 2001 NJW-RR 2002, 397.

[55] OLG Stuttgart 6. 11. 1992 WRP 93, 780; OLG Jena 13. 11. 1996 WRP 97, 363.

[56] ArbG Stuttgart 12. 3. 1997 NZA-RR 97, 377.

[57] BAG AP 24 zu § 138 BGB.

[1] Vgl. BAG 17. 7. 1970 AP 3 zu § 11 MuSchG 1968.

[2] Dazu *Brune* AR-Blattei SD 1420 RN 29 ff.; *Lieb*, Arbeitsrecht, 7. Aufl., RN 186 ff.; *Maschmann* NZA 2006 Beil. 1 S. 13 f.

[3] Vgl. ArbRBGB/*Schliemann* § 611 RN 741 für „völlig unbrauchbare Arbeitsergebnisse"; noch weitergehend *Beuthien* ZfA 72, 73, 80 f. sowie Staudinger/*Richardi* § 611 RN 462.

[4] Ebenso *Maschmann* NZA 2006 Beil. 1 S. 14 sowie auch *Brune* AR-Blattei SD 1420 RN 34.

und Schadensersatzansprüche (dazu § 53). Vertragliche Schadensersatzansprüche ergeben sich aus § 280 I BGB.[5] § 280 I BGB wird um die Beweislastregel in § 619a BGB ergänzt.[6] Schadensersatzansprüche wegen Vertragsverletzung können mit solchen aus dem Gesetz (z. B. § 823 BGB) in Anspruchskonkurrenz stehen. Erlangt der Arbeitgeber aus der Schlechtleistung zugleich Schadensersatzansprüche gegen Dritte, soll er, soweit zumutbar, gehalten sein, zunächst diese zu verfolgen.[7]

b) Im Falle der **Nichtleistung** entfällt gem. § 326 I 1 BGB der Vergütungsanspruch des Arbeitnehmers.[8] 4

II. Entgeltminderung

1. Minderleistung. Die §§ 611 ff. BGB sehen im Unterschied zum Kauf-, Miet- und Werkvertragsrecht kein Gewährleistungsrecht vor. Bei Schlechtleistungen im Arbeitsverhältnis besteht deshalb kein Recht des Arbeitgebers zur Minderung der Arbeitsvergütung.[9] Das folgt auch nicht aus den Regelungen des allgemeinen Schuldrechts. Soweit dies vor Inkrafttreten des Schuldrechtsmodernisierungsgesetzes am 1. 1. 2002 angenommen wurde,[10] ist dem durch die Neuregelung des § 326 I BGB die rechtliche Grundlage entzogen worden. Nach § 326 I 2 BGB findet bei nicht vertragsgemäßer Leistung § 326 I 1 BGB, der auf das Minderungsrecht nach § 441 III BGB verweist, keine Anwendung, wenn der Schuldner nicht zur Nacherfüllung verpflichtet ist. Wegen des Fixschuldcharakters der Arbeitspflicht (dazu § 49 RN 6) ist der Arbeitnehmer grundsätzlich nicht zur Nachleistung verpflichtet. Das Recht zur Minderung nach § 326 I 1 BGB besteht daher nicht.[11] 5

Bei **Akkord- oder Prämienentlohnung** wird gelegentlich vereinbart, dass der Arbeitgeber nur eine mängelfreie Arbeitsleistung zu vergüten hat. Im Wege der Auslegung des Arbeitsvertrags ist zu ermitteln, ob eine derartige Klausel den Vergütungsanspruch stets ausschließen soll oder ob sie nur dann zur Lohnkürzung führt, wenn der Arbeitnehmer nicht seine Schuldlosigkeit beweist. Eine Vereinbarung, nach der nur mängelfreie Arbeit bezahlt wird, ist nach h. M. grundsätzlich zulässig.[12] Soll nur die mängelfreie Arbeit vergütet werden, entsteht der Entgeltanspruch für mängelbehaftete Arbeit von vornherein nicht; der Arbeitnehmer ist für das Entstehen des Anspruchs, also die mängelfreie Leistung, darlegungs- und beweispflichtig. Der Arbeitgeber braucht im Falle mängelbehafteter Arbeit nicht aufzurechnen und etwaige Verfallfristen nicht einzuhalten.[13] 6

2. Vertretenmüssen der Mängel durch Arbeitgeber. Hat der Arbeitnehmer eine mit Mängeln behaftete Arbeitsleistung erbracht, die **vom Arbeitgeber zu vertreten** ist, z. B. weil er schlechtes Arbeitsmaterial zur Verfügung gestellt hat, bleibt der Vergütungsanspruch auch dann erhalten, wenn die Vergütung nur für mängelfreie Arbeit vereinbart war. 7

3. Vertretenmüssen der Schlechtleistung durch Arbeitnehmer. Hat der Arbeitnehmer die Schlechtleistung zu vertreten und sind Vereinbarungen über die Vergütung nicht getroffen, behält er zwar seinen Vergütungsanspruch (RN 5). Der Arbeitnehmer wird aber u. U. schadensersatzpflichtig (unter RN 12 ff.). Der Arbeitgeber kann gegen den Vergütungsanspruch im Rahmen der Pfändungsfreigrenzen aufrechnen. 8

III. Kündigung

Bei verschuldeter, u. U. auch unverschuldeter Schlechtleistung, kann dem Arbeitgeber das Recht zur **ordentlichen, ausnahmsweise auch zur außerordentlichen Kündigung** zuste- 9

---

[5] Dazu *Zimmer* NJW 2002, 1, 6 f.

[6] Dazu *Oetker* BB 2002, 43.

[7] LAG Berlin BB 71, 1412, 2366; vgl. auch BAG 5. 3. 1968 AP 40 zu § 611 BGB Haftung des Arbeitnehmers.

[8] *Maschmann* NZA 2006 Beil. 1 S. 14; HWK/*Thüsing* § 611 BGB RN 412.

[9] BAG 6. 6. 1972 AP 71 zu § 611 BGB Haftung des Arbeitnehmers; MünchArbR/*Blomeyer* § 58 RN 18 f.; HWK/*Thüsing* § 611 BGB RN 412.

[10] *Beuthien* ZfA 72, 73, 76 ff.; Erman/*Hanau* 10. Aufl., § 611 RN 408; *Zöllner*/Loritz/Hergenröder § 18 III.

[11] Ebenso *Brune* AR-Blattei SD 1420 RN 53; *Gotthardt* RN 190; *Maschmann* NZA 2006 Beil. 1 S. 17; HWK/*Thüsing* § 611 BGB RN 412.

[12] Staudinger/*Richardi* § 611 RN 474; ArbRBGB/*Schliemann* § 611 RN 742; für den Fall der verschuldeten Schlechtleistung: BAG 15. 3. 1960 AP 13 zu § 611 BGB Akkordlohn.

[13] BAG 15. 3. 1960 AP 13 zu § 611 BGB Akkordlohn.

hen.[14] Einmalige oder gelegentlich vorkommende Fehlleistungen, mit denen ein verständiger Arbeitgeber rechnen muss, stellen jedoch keinen wichtigen Grund dar. Stets bleibt zu prüfen, ob eine Abmahnung erforderlich ist.

§ 53. Arbeitnehmerhaftung

Annuß, (Nichts) Neues zur Arbeitnehmerhaftung, NZA 98, 1089; *Deutsch,* Das Verschulden als Merkmal der Arbeitnehmerhaftung, RdA 96, 1; *Fiebig,* Abstrakte Nutzungsausfallentschädigung des Arbeitgebers bei Vorenthaltung gewerblicher Sachen, NZA 97, 1151; *Gabke,* Das Haftungsprivileg der Unternehmen bei Arbeitsunfällen auf einer gemeinsamen Betriebsstätte, FA 2006, 293; *Gaul/Otto,* Haftung von Aufsichtsratsmitgliedern, AuA 2000, 312; *Göpfert/Siegrist,* Incentivereisen – Eine Haftungsfalle für Arbeitgeber?, NJW 2006, 2806; *Groeger,* Neues zur Arbeitnehmerhaftung, FA 99, 38; *Hanau,* Die Rechtsprechung des Bundesgerichtshofs zur Haftung im Arbeitsverhältnis, FS für Erich Steffen, 1996, S. 177; *Hardt,* Die Pfändbarkeit des Arbeitnehmeranspruchs auf Befreiung von deliktischen Verbindlichkeiten, DB 2000, 1814; *Hübsch,* Arbeitnehmerhaftung bei Versicherbarkeit des Schadensrisikos und bei grober Fahrlässigkeit, BB 98, 690; *ders.,* Die neueste Rechtsprechung des BAG zur Fahrlässigkeit bei der Arbeitnehmerhaftung, NZA-RR 99, 393; *Jacklofsky,* Tarifdispositivität der richterrechtlichen Grundsätze des BAG zur Beschränkung der Arbeitnehmerhaftung – Zugleich eine Anmerkung zu BAG (27. 1. 2000) NZA 2000, 727, NZA 2001, 644; *Joussen,* Der persönliche Anwendungsbereich der Arbeitnehmerhaftung, RdA 2006, 129; *ders.,* Die Berücksichtigung der persönlichen Lebensumstände in der Arbeitnehmerhaftung, AuR 2005, 432; *Katzenstein,* Die Außenwirkung der arbeitsrechtlichen Haftungsbeschränkungen, RdA 2003, 346; *Krause,* Geklärte und ungeklärte Probleme der Arbeitnehmerhaftung, NZA 2003, 577; *Langenbucher,* Risikohaftung und Schutzpflichten im innerbetrieblichen Schadensausgleich, ZfA 97, 523; *Oetker,* Neues zur Arbeitnehmerhaftung durch § 619a BGB?, BB 2002, 43; *Otto,* Neujustierung der Risikoverteilung bei der Arbeitnehmerhaftung – Insbesondere Arbeitnehmerverschulden und Versicherung, FS 50 Jahre BAG, 2004, S. 97; *Otto/Schwarze,* Haftung des Arbeitnehmers, 3. Aufl. 1998; *Peifer,* Neueste Entwicklung zu Fragen der Arbeitnehmerhaftung im Betrieb, ZfA 96, 69; *ders.,* Haftung des Arbeitnehmers, AR-Blattei SD 870.1 (2003); *Preis/Hamacher,* Das Recht der Leistungsstörungen im Arbeitsverhältnis, Jura 98, 11; 116; *Sandmann,* Die Haftung von Arbeitnehmern, Geschäftsführern und leitenden Angestellten, 2001; *ders.,* Zur haftungsrechtlichen Verantwortlichkeit des Prokuristen bei gemischter Gesamtvertretung, NZA 99, 457; *Schlachter,* Das Recht der Arbeitnehmerhaftung bei Verzicht auf die „Gefahrgeneigtheit" der Beschäftigung, FS zur Wiedererrichtung des OLG Jena, 1994, 259; *Schmitz/Taschke,* Haftungsrisiken von Unternehmen bei der Begehung von Straftaten oder Ordnungswidrigkeiten durch Mitarbeiter, WiB 97, 1169; *Schwab,* Die Haftung des Arbeitgebers, AiB 2001, 19; *ders.,* Die Schadenshaftung im Arbeitsverhältnis – 2. Teil: Die Haftung des Arbeitnehmers, NZA-RR 2006, 449; *Waltermann,* Risikozuweisung nach den Grundsätzen der beschränkten Arbeitnehmerhaftung, RdA 2005, 98; *Wertheimer/Eschbach,* Positive Vertragsverletzungen im Bürgerlichen Recht und im Arbeitsrecht, JuS 97, 605.

Übersicht

	RN
I. Überblick	1 ff.
1. Anspruchsgrundlagen	1, 2
2. Pflichtverletzung	3
3. Kausalzusammenhang	4–8
4. Schaden	9–22
5. Verschulden	23–31
II. Einschränkung der Arbeitnehmerhaftung durch das BAG	32 ff.
1. Entwicklung der Rechtsprechung	33–39
2. Persönlicher Geltungsbereich	40, 41
3. Betrieblich veranlasste Tätigkeit	42–46
4. Haftungseinschränkung	47–54
5. Mitverschulden	55–61
6. Haftpflichtversicherung	62, 63
7. Gefahrgeneigtheit	64–66
8. Unabdingbarkeit	67
9. Mitwirkung Dritter	68
10. Öffentlicher Dienst	69
11. Ausschlussfristen	70
III. Schädigung eines betriebsfremden Dritten durch den Arbeitnehmer	71 ff.
1. Außenhaftung	71, 72
2. Freistellungsanspruch	73
3. Vereinbarung des Haftungsausschlusses	74, 75
IV. Schädigung eines Arbeitskollegen durch den Arbeitnehmer	76 ff.
1. Arbeitnehmer in demselben Betrieb	76
2. Personenschäden	77
3. Sachschäden	78
V. Mankohaftung	79 ff.
1. Manko	79
2. Haftungsübernahme	80–83
3. Fehlen einer besonderen Mankoabrede	84
4. Haftungsbeschränkung	85–87
5. Zeugnis	88
6. Schuldanerkenntnis und Vergleich	89–94

[14] Vgl. dazu *v. Hoyningen-Huene/Linck* § 1 RN 349 ff.

I. Überblick

1. Anspruchsgrundlagen. Entsteht durch ein schuldhaft pflichtwidriges Verhalten des Arbeitnehmers ein Schaden, hat er diesen zu ersetzen. Anspruchsgrundlage für Schadenersatzansprüche wegen **Vertragspflichtverletzungen** ist § 280 I BGB. Daneben ist die Beweislastregelung des § 619a BGB zu beachten, die § 280 I 2 BGB verdrängt.[1] Weiterhin kann ein Schadenersatzanspruch aus **unerlaubter Handlung** oder Gefährdungshaftung bestehen (§§ 823ff. BGB; §§ 7, 8 StVG). Im Allgemeinen kann der Arbeitgeber vom Arbeitnehmer Schadensersatz verlangen, wenn **(a)** dieser seine arbeitsvertraglichen Pflichten verletzt (s. unten RN 14) oder eine unerlaubte Handlung begeht, **(b)** dem Arbeitgeber ein Schaden entsteht (unten RN 20ff.), **(c)** zwischen Vertragsverletzung und Schaden ein Kausalzusammenhang besteht (unten RN 15ff.) und der Arbeitnehmer die Vertragsverletzung zu vertreten hat (unten RN 34ff.). Für das Vorliegen dieser Voraussetzungen ist der Arbeitgeber darlegungs- und beweispflichtig. Jedoch können ihm nach den Grundsätzen des Anscheinsbeweises Beweiserleichterungen zukommen. 1

Zur Durchsetzung des Schadensersatzanspruchs kann der Arbeitgeber gegen den Arbeitnehmer ausnahmsweise einen **Auskunftsanspruch** haben, wenn der begründete Verdacht einer Vertragsverletzung oder einer unerlaubten Handlung besteht. Dies hat der Arbeitgeber darzulegen und zu beweisen.[2] 2

2. Pflichtverletzung. Der Umfang der dem Arbeitnehmer obliegenden Pflichten ist durch Auslegung des Arbeitsvertrags zu ermitteln. In den §§ 45, 53 bis 56 sind die wesentlichen Pflichten des Arbeitnehmers aus dem Arbeitsverhältnis zusammengestellt. Dem Arbeitnehmer obliegen **Obhuts- und Aufbewahrungspflichten** wegen der ihm überlassenen Werkzeuge, Materialien und Gerätschaften. Bei der Durchführung der Arbeit sind die für die Berufsgruppe **üblichen Fertigkeiten und Kenntnisse** einzusetzen[3] und erteilte Weisungen zu beachten.[4] Ein Handwerker hat also z. B. fach- und sachgerecht zu arbeiten. Zu den Pflichten eines Kraftfahrers gehört die unbedingte Einhaltung der **Straßenverkehrsvorschriften,**[5] für Arbeitnehmer in besonderen Vertrauensstellungen[6] gelten besondere **Auskunfts-, Überwachungs-**[7] **und Rechnungslegungspflichten.**[8] Für die Pflichtverletzung ist der Arbeitgeber gem. § 619a BGB n. F. darlegungs- und beweispflichtig. 3

3. Kausalzusammenhang. Die Schadensersatzpflicht setzt einen Kausalzusammenhang voraus.[9] Dieser muss zwischen dem Haftungsgrund (also der Vertragsverletzung) und dem Verletzungserfolg **(haftungsbegründende Kausalität)** und den geltend gemachten Schäden **(haftungsausfüllende Kausalität)** bestehen. Im Prozess muss die haftungsbegründende Kausalität nach § 286 ZPO, die haftungsausfüllende nach § 287 ZPO nachgewiesen werden.[10] Ist das schadenstiftende Ereignis eine Unterlassung (fehlende Aufklärung), kann sich die Beweislast umkehren.[11] 4

a) Nach der **Äquivalenztheorie** ist Ursache jede Bedingung, die nicht hinweggedacht werden kann, ohne dass auch der Erfolg entfiele **(conditio sine qua non).** Die Äquivalenztheorie würde allerdings zu einer unerträglichen Ausweitung der Haftung führen. Verspätet sich ein Taxifahrer und schlägt der Blitz gerade in einen auf die Taxe stürzenden Baum ein, als er seine Fahrgäste zum Bahnhof bringt, kann die Verspätung nicht hinweggedacht werden, ohne dass der Erfolg entfällt. 5

---

[1] MünchKommBGB/*Henssler* § 619a BGB RN 47; HWK/*Krause* § 619a BGB RN 1; ErfK/*Preis* § 619a BGB RN 2; *Oetker* BB 2002, 43.

[2] LAG Berlin 15. 6. 1992 NZA 93, 27.

[3] Vgl. BAG 25. 9. 1997 AP 111 zu § 611 BGB Haftung des Arbeitnehmers = NZA 98, 310 zu Sorgfaltspflichten eines Arztes bei Bluttransfusionen.

[4] Zu Börsentermingeschäften BAG 3. 12. 1985 AP 1 zu § 764 BGB = NZA 86, 716.

[5] BAG 12. 11. 1998 AP 117 zu § 611 BGB Haftung des Arbeitnehmers.

[6] Dasselbe gilt für leitende Angestellte: BAG 14. 10. 1970 AP 60 zu § 611 BGB Haftung des Arbeitnehmers.

[7] BAG AP 5 zu § 611 BGB Treuepflicht (betr.: Gegenzeichnung).

[8] BAG 13. 3. 1964 AP 32 zu § 611 BGB Haftung des Arbeitnehmers.

[9] BAG 24. 7. 1969 AP 48 zu § 611 BGB Haftung des Arbeitnehmers.

[10] BGH 27. 2. 1973 AP 20 zu § 287 ZPO = NJW 73, 1413.

[11] Vgl. BGH 5. 7. 1973 NJW 73, 1688; ZIP 81, 1213; 7. 2. 1984 NJW 84, 1397; 6. 7. 1990 NJW 90, 2560 = BB 90, 1856; 26. 9. 1991 EWiR § 675 BGB Nr. 1/92; ZIP 94, 116, 119; 2. 3. 1994 NJW 94, 1864, 1865; *Grunewald,* ZIP 94, 1162; *Hofmann* NJW 74, 1641.

6 **b)** Die Äquivalenztheorie bedarf der Einschränkung. Die Haftungseinschränkung wird im Zivilrecht nach der sog. **Adäquanztheorie** vorgenommen. Adäquat ist ein schädigendes Ereignis dann, wenn es im Allgemeinen und nicht nur unter besonders eigenartigen, unwahrscheinlichen und nach dem gewöhnlichen Verlauf der Dinge außer Betracht zu lassenden Umständen geeignet ist, einen Schaden der fraglichen Art herbeizuführen.[12] Die Adäquanztheorie gilt sowohl für die haftungsbegründende wie die haftungsausfüllende Kausalität.[13]

7 **c)** Eine weitergehende Haftungseinschränkung erfolgt durch den **Schutzzweck der verletzten Norm.** Zwischen der haftungsbegründenden Pflichtverletzung und dem Eintritt des Schadens muss ein Rechtswidrigkeitszusammenhang bestehen.[14] Dieser ist dann gegeben, wenn der geltend gemachte Schaden nach Art und Entstehungsweise unter den Schutzzweck der verletzten Norm fällt.[15] Diese Haftungsbegrenzung auf Grund des Schutzzwecks der Norm erfordert eine wertende Betrachtung und gilt gleichermaßen für die vertragliche wie die deliktische Haftung.[16] Aus diesem Grund ist z. B. der Arbeitnehmer nicht verpflichtet, Inseratskosten für die Anwerbung eines neuen Arbeitnehmers zu erstatten, wenn diese auch bei Einhaltung der Kündigungsfrist entstehen (§ 51 RN 16).[17] Ist einem Arbeitnehmer wegen einer rechtswidrigen aufsichtsrechtlichen Maßnahme einer Behörde gekündigt worden und schließt er in dem Kündigungsschutzprozess einen Vergleich, der zur Beendigung des Arbeitsverhältnisses führt, kann ein Zurechnungszusammenhang zwischen der Amtspflichtverletzung und dem Verlust des Arbeitsplatzes bestehen.[18]

8 In der Rechtsprechung werden sowohl die Adäquanztheorie als auch die Normzwecktheorie **nebeneinander angewandt,** soweit sie sich ergänzen.[19] Auf die Adäquanz kommt es aber dann nicht mehr an, wenn sich der Vorsatz einer stehlenden Hausgehilfin auch auf den Schadenseintritt bezieht, so dass eine Haftung auch für außergewöhnliche Schäden eintritt.[20]

9 **4. Schaden** ist jeder Nachteil, den jemand infolge eines bestimmten Vorgangs oder Ereignisses an seinen Rechtsgütern (Gesundheit, körperliche Integrität, Eigentum) oder an bestimmten Vermögensgütern erleidet.

10 **a)** Für die Beurteilung, ob ein Schaden vorliegt, sind auch im Arbeitsrecht die allgemeinen Grundsätze des Bürgerlichen Rechts anwendbar. Danach ist Schaden die Differenz zwischen der tatsächlichen durch das Schadensereignis geschaffenen und der unter Ausschaltung dieses Ereignisses gedachten Lage **(Differenzhypothese).**[21] Die Differenzhypothese ist allerdings stets einer normativen Kontrolle zu unterziehen, weil sie eine wertneutrale Rechenoperation darstellt. Dabei ist einerseits das konkrete haftungsbegründende Ereignis als Haftungsgrundlage zu berücksichtigen. Andererseits ist die darauf beruhende Vermögensminderung unter Berücksichtigung aller maßgeblichen Umstände sowie der Verkehrsauffassung in die Betrachtung einzubeziehen.[22] In Fortbildung der Differenzhypothese wird ein Schaden auch dann bejaht, wenn die durch das Schadensereignis geschaffene Güterlage und die ohne dieses Ereignis hypothetisch bestehende scheinbar identisch sind. Dies ist z. B. der Fall, wenn ein bestimmtes Vermögensgut verletzt wird und sich das Maß der Beeinträchtigung nach objektiven Maßstäben geldlich bewerten lässt oder der sich aus der objektiven Differenzhypothese ergebende Schadensbegriff nach objektiven Maßstäben korrigiert werden muss. Das betrifft folgende Fallgestaltungen: **(a)** Arbeitnehmer, Beamte, Gesellschafter erleiden auch dann einen Schaden, wenn sie infolge des schädigenden Ereignisses Vergütungsfortzahlung erlangen (§ 98); **(b)** der Geschädigte erleidet einen Schaden, wenn er die nachteiligen Folgen durch übermäßige Anstrengungen beseitigt (§ 51 RN 16); **(c)** ein Schaden tritt ein, wenn der Geschädigte Schadensvorsorgekosten aufwendet (vgl. unten RN 25).

11 **b)** Zu unterscheiden sind der **Vermögens- und Nichtvermögensschaden.** Beide sind zu ersetzen, wenn eine Naturalrestitution möglich ist. Nach § 253 I BGB ist ein Schaden, der Nichtvermögensschaden ist, nur in den vom Gesetz vorgesehenen Fällen in Geld zu erstatten.

---

[12] BGH 11. 1. 2005 NJW 2005, 1420.
[13] BGH 13. 7. 1971 BGHZ 57, 27.
[14] Zur Terminologie MünchKommBGB/*Oetker* § 249 RN 116.
[15] BGH 11. 11. 1999 NJW 2000, 947; näher hierzu MünchKommBGB/*Oetker* § 249 RN 113 ff.
[16] BGH 11. 1. 2005 NJW 2005, 1420.
[17] BAG 26. 3. 1981 AP 7 zu § 276 BGB Vertragsbruch = NJW 81, 2430.
[18] BGH 19. 5. 1988 NJW 89, 99.
[19] Vgl. BGH 11. 11. 1999 NJW 2000, 947; weitere Nachweise bei MünchKommBGB/*Oetker* § 249 RN 113.
[20] BAG 10. 5. 1990 AP 8 zu § 426 BGB.
[21] BGH 7. 11. 2000 NJW 2001, 1274.
[22] BGH 21. 12. 2004 NJW-RR 2005, 611; dazu MünchKommBGB/*Oetker* § 249 RN 21.

Nach § 253 II BGB i. d. F. des Zweiten Gesetzes zur Änderung schadensersatzrechtlicher Vorschriften vom 19. 7. 2002 (BGBl. I S. 2674) kann bei Verletzung des Körpers, der Gesundheit, der Freiheit oder sexuellen Selbstbestimmung neben Schadensersatz auch wegen des Nichtvermögensschadens eine billige Entschädigung in Geld gefordert werden. Der Nichtvermögensschaden hat aber häufig einen zu ersetzenden weitergehenden Vermögensschaden zur Folge, z. B. Heilungskosten nach Gesundheitsverletzung. Zu Schadensersatzansprüchen bei Persönlichkeitsverletzung und den hierbei bestehenden Einschränkungen vgl. § 106 RN 54.

aa) Vermögensschaden ist jede in Geld bewertbare Einbuße, die nach der Differenzhypothese bzw. nach dem Geldwert zu bemessen ist. Vermögensschaden ist gem. § 252 BGB auch **entgangener Verdienst.**[23] Ein Vermögensschaden ist auch dann gegeben, wenn in Geld bewertete Güter die Möglichkeit eines ideellen Genusses verkörpern (Beeinträchtigung einer Urlaubsreise; vgl. §§ 651 f. BGB) oder die Gebrauchsvorteile eines Vermögensguts[24] entzogen werden. Nach der Rechtsprechung des Große Senats für Zivilsachen des BGH kann ein ersatzfähiger Vermögensschaden vorliegen, wenn der Eigentümer einer von ihm selbst genutzten Sache, jedenfalls eines von ihm selbst bewohnten Hauses, infolge eines deliktischen Eingriffs in das Eigentum die Sache vorübergehend nicht benutzen kann, ohne dass ihm hierdurch zusätzliche Kosten entstehen oder Einnahmen entgehen.[25] 12

bb) Zu dem zu ersetzenden Schaden gehören **Reserve- oder Vorsorgekosten** nur eingeschränkt.[26] Grundsätzlich kann der Arbeitnehmer nicht zum Ersatz von Kosten für die Betriebsreserve herangezogen werden, wenn diese zur Überbrückung von Spitzenarbeitsanfall gehalten wird. Wer einen Linienbus beschädigt, hat allerdings die auf die Reparaturzeit entfallenden Vorhaltekosten eines Reservefahrzeugs auch dann zu ersetzen, wenn der Ausfall des beschädigten Fahrzeugs durch Einsatz einer allgemeinen Betriebsreserve aufgefangen werden konnte. Dass ein Reservefahrzeug eigens für fremdverschuldete Unfälle gehalten wurde, ist nicht erforderlich.[27] Ergibt sich, dass zur Überbrückung drittverursachter Schäden ein oder mehrere Maschinen eingesetzt wurden, ist der für die Zahl der Reserveeinsatztage entstehende Anteil der Kapital-, Abschreibungs- und Unterhaltungskosten der ersetzbare Schaden. 13

cc) Neben den Vorhaltekosten wird eine weitere **Entschädigung wegen Nutzungsausfall** nicht geschuldet.[28] 14

dd) Der bei einem **Verkehrsunfall Geschädigte** verstößt im Allgemeinen nicht gegen seine Pflicht zur Geringhaltung des Schadens, wenn er ein Ersatzfahrzeug zu einem im Rahmen der sog. Unfallersatztarife günstigen Tarif anmietet.[29] 15

ee) Zu dem zu ersetzenden Schaden zählen auch **mittelbare Schäden,** insbesondere die sog. Folgekosten. Hierzu gehören der Verlust von Schadensfreiheitsrabatten,[30] der Ersatz einer Schließanlage bei Verlust des Schlüssels[31] sowie Rechtsverfolgungskosten wegen erforderlicher Einschaltung eines Rechtsanwalts,[32] jedoch ist § 12a ArbGG zu beachten.[33] Ist gegen den Arbeitgeber eine **Strafe verhängt** worden, weil der Arbeitnehmer Unterlagen nicht mitgeführt hat (Reisepass bei Flugbegleiterin), ist der Arbeitnehmer zum Ersatz verpflichtet.[34] Hat ein Arbeitnehmer den Arbeitgeber fortgesetzt durch Diebstähle bzw. Unterschlagungen geschädigt, muss dieser als adäquat verursachten Schaden auch die **Detektivkosten** (einschl. Erfolgshonorar) ersetzen, die zur Aufdeckung der strafbaren Handlung geführt haben, nachdem andere Bemühungen nicht zur Überführung des Täters ausgereicht hatten.[35] 16

---

[23] BGH 3. 3. 1998 NJW 98, 1634.

[24] Für ein Kfz BGH GS 9. 7. 1986 NJW 87, 50; ein Ferienhaus: BGH 16. 9. 1987 NJW 88, 251; *Fiebig* NZA 97, 1152; weitere Beispiele bei MünchKommBGB/*Oetker* § 249 RN 58 ff.

[25] BGH GS 9. 7. 1986 NJW 87, 50; zu allem *Medicus* NJW 89, 1889; *Schulze* NJW 97, 3337.

[26] BGH 10. 1. 1978 BGHZ 70, 199; *Beuthien* NJW 66, 1996; MünchArbR/*Blomeyer* § 59 RN 8; MünchKommBGB/*Oetker* § 249 RN 193 ff.

[27] BGH 10. 1. 1978 NJW 78, 812.

[28] BGH 10. 1. 1978 NJW 78, 812; BAG 18. 5. 1983 AP 51 zu § 1 TVG Tarifverträge: Bau.

[29] BGH 7. 5. 1996 ZIP 96, 1091.

[30] BAG 23. 6. 1981 AP 81 zu § 611 BGB Haftung des Arbeitnehmers.

[31] LAG Frankfurt 4. 11. 1987 DB 88, 2652.

[32] BGH 8. 11. 1994 NJW 95, 446; MünchArbR/*Blomeyer* § 59 RN 9; MünchKommBGB/*Oetker* § 249 RN 174 ff.

[33] BAG 20. 4. 1992 AP 6 zu § 12a ArbGG 1979 = NZA 92, 1101.

[34] BAG 16. 2. 1995 AP 106 zu § 611 BGB Haftung des Arbeitnehmers = NZA 95, 565.

[35] BAG 17. 9. 1998 AP 113 zu § 611 BGB Haftung des Arbeitnehmers = NZA 98, 1334; LAG Düsseldorf DB 79, 1850; LAG Nürnberg 24. 8. 1992 NZA 93, 413; BGH NJW 80, 119; *Lepke* DB 85, 1231.

17 **ff)** Ein Vermögensschaden kann ferner bestehen, wenn vom Geschädigten gemachte **Aufwendungen** infolge des schädigenden Ereignisses **fehlschlagen.** Ein Ersatzanspruch besteht nach h. M. aber nur, wenn besondere Aufwendungen für einen bestimmten einmaligen Zweck endgültig fehlschlagen. Die bloße Einbuße von Freizeit stellt keinen Vermögensschaden dar. Zu nutzlos aufgewendeter Urlaubszeit siehe § 651 f II BGB.

18 **gg)** Ob und inwieweit die **Arbeitskraft ein Vermögensgut** darstellt, ist umstr.[36] Nach der Rechtsprechung des BGH führt die bloße Einschränkung der Arbeitskraft nicht zum Schadensersatz; vielmehr muss ein tatsächlicher Verdienst- oder Gewinnausfall vorliegen.[37] Eigene Arbeitsleistung kann dagegen einen Vermögensschaden darstellen, wenn der hierfür getätigte Aufwand an Zeit und Mühewaltung ohne das sie verursachende Ereignis zu gewinnbringender Tätigkeit genutzt worden wäre. Arbeits- und Zeitaufwand werden unabhängig davon schadensrechtlich als ein Vermögenswert angesehen, wenn sich nach der Verkehrsauffassung für die getätigte Arbeitsleistung ein objektiv nach dem Maß der Arbeitskraft zu bemessender geldlicher Wert, d. h. ein Marktwert, ermitteln lässt.[38] Schaden kann auch der Personalaufwand sein, mit dem Sachen repariert werden.[39]

19 **c)** Unterschieden wird ferner zwischen **konkretem (realem) und rechnerischem Schaden.** Konkreter, realer Schaden ist die Einbuße, die der Geschädigte an seinen Gütern erleidet, also etwa die Verschlechterung des Gesundheitszustands, die körperliche Behinderung. Rechnerischer Schaden ist die mit der Beeinträchtigung eines Vermögens und Rechtsguts verbundene oder im Gesamtvermögen eintretende, in einer Geldsumme ausgedrückte Wertminderung. Unmittelbarer Objektschaden ist die Schädigung eines bestimmten Lebensguts. Vermögensfolgeschaden ist der weiter im Gesamtvermögen eintretende Schaden.

20 **d)** Zu unterscheiden sind schließlich der **Erfüllungsschaden und der Vertrauensschaden.** Bei dem Schadensersatz statt der Leistung (§§ 281 I, 280 BGB) ist der Gläubiger so zu stellen, wie er gestanden hätte, wenn er die Leistungen erhalten hätte (positives Interesse). Von Vertrauensschaden oder negativem Interesse wird gesprochen, wenn der Schuldner verpflichtet ist, den Gläubiger so zu stellen, wie er stünde, wenn er nicht auf die Wirksamkeit der Erklärung oder das Zustandekommen eines Vertrags vertraut hätte. Der negative Schaden kann größer oder geringer als der Erfüllungsschaden sein. Ist nur das Vertrauensinteresse zu ersetzen, braucht der Schädiger nicht den Gewinn zu ersetzen, den der andere im Falle des Zustandekommens des Geschäfts gemacht hätte.

21 Die Unterscheidung zwischen Vertrauens- und Erfüllungsschaden deckt nur einen Teil der Schadensfälle. Bei Schadensersatz wegen Verletzung eines bestimmten Rechts oder Rechtsguts oder der Verletzung einer vertraglichen Sorgfalts-, Obhuts- oder Schutzpflicht (§ 241 II BGB) handelt es sich um das **Erhaltungs- oder Schutzinteresse des Geschädigten.**

22 Hat der Arbeitnehmer infolge eines Verkehrsunfalls die Schäden am Kraftfahrzeug zu ersetzen, umfasst der zu ersetzende Schaden den **merkantilen Minderwert**[40] sowie den Verlust von **Schadensfreiheitsrabatten** in der Kasko- und Haftpflichtversicherung.[41] Nicht zum zu ersetzenden Schaden gehört die dem Arbeitgeber in Rechnung gestellte Mehrwertsteuer, wenn dieser zum Vorsteuerabzug berechtigt ist (§ 249 II 2 BGB).[42] Andererseits kommen Steuervergünstigungen des § 34 II Nr. 2 EStG nicht dem Arbeitgeber zugute, wenn er einen Verdienstausfallschaden auszugleichen hat.[43] Der Arbeitgeber kann die Verzinsung einer Schadensersatzforderung verlangen. Er kann selbst Zinsen von Verzugszinsen verlangen, wenn er den Arbeitnehmer wegen der Zinsen wirksam in Verzug gesetzt hat.[44]

23 **5. Verschulden.** Der Arbeitnehmer hat **Vorsatz und Fahrlässigkeit** zu vertreten, wenn eine strengere oder mildere Haftung weder bestimmt noch aus dem sonstigen Inhalt des Schuld-

---

[36] Zum Streitstand MünchKommBGB/*Oetker* § 249 RN 78 ff.
[37] BGH 22. 11. 1988 NJW 89, 766.
[38] BGH 7. 3. 2001 NJW-RR 2001, 887.
[39] Vgl. BGH 31. 5. 1983 NJW 83, 2815.
[40] Vgl. BAG 17. 9. 1987 AP 15 zu § 611 BGB Musiker = NZA 88, 201; BGH 18. 9. 1979 NJW 80, 281 (LKW).
[41] BGH 14. 6. 1976 NJW 76, 1846; BAG 23. 6. 1981 AP 81 zu § 611 BGB Haftung des Arbeitnehmers = NJW 82, 846.
[42] BGH 6. 6. 1972 NJW 72, 1460; BFH 6. 3. 1990 NJW 91, 1702; KG NJW 91, 1689; a. A. LAG Hamm DB 91, 1476; OLG München NJW 91, 1689; OLG Koblenz NJW 91, 1688; vgl. Palandt/*Heinrichs* § 249 RN 15 ff.
[43] BGHZ 74, 103; BGH 26. 2. 1980 NJW 80, 1788.
[44] BGH 9. 2. 1993 NJW 93, 1260.

verhältnisses zu entnehmen ist (§ 276 I 1 BGB). Eine anderweitige Bestimmung kann aus dem Arbeitsvertrag folgen. Die Merkmale von Vorsatz und Fahrlässigkeit ergeben sich aus dem allgemeinen Zivilrecht.

a) Vorsätzlich handelt, wer den rechtswidrigen Erfolg vorausgesehen und gewollt hat (dolus directus) oder ihn vorausgesehen und billigend in Kauf genommen hat (dolus eventualis). Nach der im Zivilrecht h. M. setzt das intellektuelle Vorsatzelement (Voraussehen des Erfolgs) das Bewusstsein der Rechtswidrigkeit voraus.[45] In Fällen der betrieblich veranlassten Arbeitnehmerhaftung muss sich nach neuerer Rechtsprechung des BAG das Verschulden nicht nur auf die Pflichtverletzung, sondern auch auf den Eintritt eines Schadens beziehen. Ein vorsätzliches Handeln liege nur dann vor, wenn der Arbeitnehmer den Schaden in seiner konkreten Höhe zumindest als möglich voraussehe und ihn für den Fall des Eintritts billigend in Kauf nehme. Über die Erkenntnis der Möglichkeit des Eintritts eines schadenstiftenden Erfolges hinaus sei erforderlich, dass der Schädiger den als möglich vorgestellten Erfolg auch in seinen Willen aufnehme und mit ihm für den Fall seines Eintritts einverstanden sei.[46] Folgt man dem, dürfen allerdings an die konkreten Vorstellungen des Arbeitnehmers vom Schaden keine allzu hohen Anforderungen gestellt werden.[47] 24

b) Bei der Fahrlässigkeit unterscheidet das BAG **drei Formen:** 25

aa) Leichteste Fahrlässigkeit (culpa levissima) ist bei einem typischen Abirren der Arbeitsleistung, einem „Sich-Vergreifen“ oder „Sich-Vertun“ anzunehmen.[48] Gemeint sind Fälle des am Rande des Verschuldens liegenden Versehens.[49] 26

bb) Mittlere Fahrlässigkeit liegt vor, wenn der Arbeitnehmer die im Verkehr erforderliche Sorgfalt außer Acht gelassen hat und der missbilligte Erfolg bei Anwendung der gebotenen Sorgfalt vorhersehbar und vermeidbar gewesen wäre (§ 276 II BGB). 27

cc) Grob fahrlässig handelt, wer die im Verkehr erforderliche Sorgfalt nach den gesamten Umständen in ungewöhnlich hohem Maße verletzt und unbeachtet lässt, was im gegebenen Fall jedem hätte einleuchten müssen. Im Gegensatz zum rein objektiven Maßstab bei einfacher Fahrlässigkeit sind bei grober Fahrlässigkeit auch subjektive Umstände zu berücksichtigen. Es kommt also nicht nur darauf an, was von einem durchschnittlichen Anforderungen entsprechenden Angehörigen des jeweiligen Verkehrskreises in der jeweiligen Situation erwartet werden konnte, wozu auch gehört, ob die Gefahr erkennbar und der Erfolg vorhersehbar und vermeidbar war. Abzustellen ist vielmehr auch darauf, ob der Schädigende nach seinen individuellen Fähigkeiten die objektiv gebotene Sorgfalt erkennen und erbringen konnte.[50] Von dem äußeren Geschehensablauf und vom Ausmaß des objektiven Pflichtenverstoßes kann dabei auf innere Vorgänge und deren gesteigerte Vorwerfbarkeit geschlossen werden. Subjektive Besonderheiten können im Einzelfall im Sinne einer Entlastung von dem schweren Vorwurf der groben Fahrlässigkeit ins Gewicht fallen.[51] Bei der Abgrenzung von der normalen zur groben Fahrlässigkeit sind die Regeln des Anscheinsbeweises nicht anzuwenden.[52] 28

Beispiele grober Fahrlässigkeit sind: Alkoholgenuss über Promillegrenze,[53] Fahren ohne Fahrerlaubnis, es sei denn,[54] vom Arbeitgeber angeordnet,[55] Fehlen notwendiger Fahrpraxis, wenn verschwiegen,[56] erhebliche Geschwindigkeitsüberschreitung,[57] Häufung von Fehlleistungen,[58] Missachtung von Verkehrszeichen,[59] Überfahren einer roten Ampel,[60] unvorsichtiges 29

---

[45] BGH 16. 7. 2002 NJW 2002, 3255; Staudinger/*Löwisch* § 276 RN 20.

[46] BAG 18. 4. 2002 AP 122 zu § 611 BGB Haftung des Arbeitnehmers = NZA 2003, 37; krit. hierzu HWK/*Krause* § 619a BGB RN 28; *Otto* BAG-Festschrift S. 97, 100ff.; *Peifer* Anm. AR-Blattei ES 870 Nr. 137.

[47] MünchKommBGB/*Henssler* § 619a RN 28.

[48] MünchArbR/*Blomeyer* § 59 RN 45; MünchKommBGB/*Henssler* § 619a RN 35; ErfK/*Preis* § 619a BGB RN 17.

[49] HWK/*Krause* § 619a BGB RN 37.

[50] BAG 18. 1. 2007 AP 15 zu § 254 BGB = NZA 2007, 1230; 4. 5. 2006 NZA 2006, 1428.

[51] BAG 12. 11. 1998 AP 117 zu § 611 BGB Haftung des Arbeitnehmers = NZA 99, 263; 18. 4. 2002 AP 122 zu § 611 BGB Haftung des Arbeitnehmers = NZA 2003, 37.

[52] BAG 20. 3. 1973 AP 72 zu § 611 BGB Haftung des Arbeitnehmers.

[53] BAG AP 14, 24 zu § 611 BGB Haftung des Arbeitnehmers; AP 2 zu § 67 VVG.

[54] BAG AP 1 zu § 67 VVG.

[55] BAG 6. 7. 1964 AP 34 zu § 611 BGB Haftung des Arbeitnehmers.

[56] BAG 24. 1. 1974 AP 74 zu § 611 BGB Haftung des Arbeitnehmers.

[57] BAG 7. 7. 1970 AP 59 zu § 611 BGB Haftung des Arbeitnehmers; vgl. BAG 18. 1. 1972 AP 69 zu § 611 BGB Haftung des Arbeitnehmers; 22. 2. 1972 AP 70 zu § 611 BGB Haftung des Arbeitnehmers bei Nebelfahrt.

[58] LAG Frankfurt BB 52, 858; LAG Bremen BB 60, 780.

Überholen,[61] Übermüdung,[62] Vorfahrtverletzung,[63] Telefonieren mit einem Handy während der Autofahrt,[64] nicht genügende Verwahrung einer Brieftasche mit den Tageseinnahmen aus dem Bordrestaurant in Zügen der DB AG,[65] Gabelstaplerfahren ohne Fahrerlaubnis und ohne eine sonstige Einweisung.[66] Zu beachten ist, dass im Verhältnis zu Dritten grobe Fahrlässigkeit vorliegen kann, zugleich aber nicht notwendigerweise im Verhältnis zum Arbeitgeber gegeben ist, wenn dieser z. B. den übermüdeten Fahrer auf Fahrt schickt[67] oder ein mit Mängeln behaftetes Fahrzeug überlassen hat.[68] Ein Wertpapierberater einer Bank handelt grob fahrlässig, wenn er es versäumt, neben einer Kauforder über einen Aktienkauf eine sog. Stop-Loss-Order des Kunden auszuführen.[69]

30 **c)** Hat der Arbeitnehmer zur Ausführung der Arbeit einen **Gehilfen** hinzugezogen, haftet er, wenn die Arbeitsübertragung rechtswidrig gewesen ist, z. B. bei rechtswidriger Überlassung des Kraftwagens an Dritte. Hat er zur Erfüllung seiner arbeitsvertraglichen Pflichten rechtmäßig einen Dritten eingestellt, haftet er ohne Exculpationsmöglichkeit für dessen Verschulden nach § 278 BGB. Stellt er den Gehilfen für den Arbeitgeber ein, haftet er nach § 276 BGB für Auswahl und – sofern er ihm zur Arbeit zugeteilt ist – auch für dessen Beaufsichtigung.[70]

31 **d)** Der Arbeitgeber trägt die **Darlegungs- und Beweislast** für das Verschulden des Arbeitnehmers.[71] Allerdings dürfen keine zu hohen Anforderungen gestellt werden, wenn sich das schädigende Ereignis in der Sphäre des Arbeitnehmers zugetragen hat. Der Arbeitnehmer hat sich i. S. einer gestuften Darlegungslast gem. § 138 II ZPO substantiiert zu erklären.[72] Vom Arbeitgeber vorgetragene Indizien, die auf ein haftungsbegründendes Verschulden des Arbeitnehmers hinweisen, sind sorgfältig zu würdigen. Liegen tatsächliche Umstände vor, die den Schluss auf ein grob fahrlässiges Verhalten des Arbeitnehmers rechtfertigen, hat der Arbeitnehmer entlastende Gesichtspunkte konkret vorzutragen.[73] In § 619 a BGB hat diese Rechtsprechung nunmehr Ausdruck gefunden.

II. Einschränkung der Arbeitnehmerhaftung durch das BAG

32 Im Arbeitsrecht wurden für die Haftung des Arbeitnehmers im Arbeitsverhältnis zunächst die allgemeinen schuldrechtlichen Regelungen für die Haftung angewandt. Nach dem Zweiten Weltkrieg haben vereinzelt einige Landesarbeitsgerichte versucht, zu einer **Haftungsbeschränkung** für den Arbeitnehmer zu kommen.

33 **1. Entwicklung der Rechtsprechung. a)** Der **Große Senat des BAG hat im Jahre 1957** erstmals im Wege der Rechtsfortbildung eine Einschränkung der Arbeitnehmerhaftung vorgenommen.[74] Danach sollte ein Arbeitnehmer, der fahrlässig den Arbeitsunfall eines anderen Arbeitnehmers desselben Betriebs oder Unternehmens verursacht hat, für den entstandenen Schaden nicht haften, wenn und soweit ihm im Hinblick auf die geringe Schuld und die besondere Gefahr der ihm übertragenen Arbeiten nach den Umständen des Falles eine Belastung mit Schadensersatzansprüchen nicht zugemutet werden könne. Im Anschluss an die Entscheidung des Großen Senats hat der 2. Senat des BAG in einer Entscheidung vom **19. 3. 1959**[75] **die Grundsätze der gefahrgeneigten Arbeit** folgendermaßen zusammengefasst:

---

[59] Vgl. BAG 30. 10. 1963 AP 30 zu § 611 BGB Haftung des Arbeitnehmers; AP 1 zu § 640 RVO; BGH VersR 72, 70.

[60] BAG 12. 11. 1998 AP 117 zu § 611 BGB Haftung des Arbeitnehmers = NZA 99, 263.

[61] Vgl. LAG Saarbrücken DB 62, 340; differenzierend BGH AP 1 zu § 611 BGB Haftung des Arbeitnehmers; VersR 69, 77.

[62] Vgl. BAG AP 33, 42 zu § 611 BGB Haftung des Arbeitnehmers; anders, wenn vom Arbeitgeber verursacht BAG 18. 1. 1972 AP 69 zu § 611 BGB Haftung des Arbeitnehmers.

[63] Vgl. BAG 30. 10. 1963 AP 30 zu § 611 BGB Haftung des Arbeitnehmers; BGH VersR 72, 270, 144.

[64] BAG 12. 11. 1998 AP 117 zu § 611 BGB Haftung des Arbeitnehmers = NZA 99, 263.

[65] BAG 15. 11. 2001 AP 121 zu § 611 BGB Haftung des Arbeitnehmers = NZA 2002, 612.

[66] BAG 18. 4. 2002 AP 122 zu § 611 BGB Haftung des Arbeitnehmers = NZA 2003, 37.

[67] BAG 18. 1. 1972 AP 69 zu § 611 BGB Haftung des Arbeitnehmers.

[68] BAG 18. 12. 1970 AP 63 zu § 611 BGB Haftung des Arbeitnehmers.

[69] BAG 18. 1. 2007 AP 15 zu § 254 BGB = NZA 2007, 1230.

[70] BAG 11. 11. 1976 AP 80 zu § 611 BGB Haftung des Arbeitnehmers.

[71] BAG 17. 9. 1998 AP 2 zu § 611 BGB Mankohaftung = NZA 99, 141; *Baumgärtel* FS Pleyer, S. 257.

[72] BAG 2. 12. 1999 AP 3 zu § 611 BGB Mankohaftung = NZA 2000, 715.

[73] BAG 22. 2. 1972 AP 70 zu § 611 BGB Haftung des Arbeitnehmers.

[74] BAG GS 25. 9. 1957 AP 4 zu §§ 898, 899 RVO = NJW 58, 235, 1086.

[75] BAG 19. 3. 1959 AP 8 zu § 611 BGB Haftung des Arbeitnehmers = NJW 59, 1796; 60, 2174.

(1) Von Fällen der gefahrgeneigten Arbeit abgesehen, haftet ein Arbeitnehmer wegen jeder fahrlässigen Verletzung seiner Arbeitspflichten dem Arbeitgeber für den diesem entstandenen Schaden. 34

(2) Schäden, die ein Arbeitnehmer bei gefahrgeneigter Arbeit grob fahrlässig verursacht, muss in aller Regel der Arbeitnehmer allein tragen.

(3) Schäden, die ein Arbeitnehmer bei gefahrgeneigter Arbeit nicht grob fahrlässig verursacht, sind bei normaler Schuld in aller Regel zwischen Arbeitgeber und Arbeitnehmer quotal zu verteilen, wobei die Gesamtumstände von Schadensanlass und Schadensfolge nach Billigkeitsgrundsätzen und Zumutbarkeitsgesichtspunkten gegeneinander abzuwägen sind. Bei geringer Schuld des Arbeitnehmers hat in aller Regel der Arbeitgeber solche Schäden allein zu tragen.

(4) Der Begriff der Fahrlässigkeit ist ein durch die Revision in vollem Umfang nachprüfbarer Rechtsbegriff. Die Revisionsinstanz kann auch nachprüfen, ob hinsichtlich des Begriffs der groben Fahrlässigkeit die Tatsacheninstanz den Begriff „grob" in dem zu entscheidenden Fall in einer vertretbaren Weise angewandt hat.

Das BAG hat diese Rechtsprechung **mehr als zwei Jahrzehnte fortgeführt,** obwohl es bei der Quotierung, der Beurteilung des Verschuldens und der Abgrenzung des Begriffs der gefahrgeneigten Arbeit in der Praxis immer wieder zu Schwierigkeiten gekommen ist. Am 23. 3. 1983 entschied der 7. Senat des BAG,[76] ein Schaden, den ein Arbeitnehmer in Ausübung gefahrgeneigter Arbeit weder vorsätzlich noch grobfahrlässig verursache, gehöre zum Betriebsrisiko des Arbeitgebers und sei daher von ihm allein zu tragen. In der Folgeentscheidung vom 21. 10. 1983[77] wurde die Frage erörtert, ob die Haftung des Arbeitnehmers nicht unabhängig von den Fällen der gefahrgeneigten Arbeit allgemein eingeschränkt werden müsse. Der inzwischen wieder für Haftungsprozesse zuständig gewordene 3. Senat hat am 12. 2. 1985[78] den Großen Senat mit der Frage angerufen, ob und in welchem Umfang die Haftung des Arbeitnehmers einzuschränken sei. Dem Vorlagebeschluss lag der Fall einer Krankenschwester zugrunde, die einen Säugling fallen gelassen hatte und vom Träger des Krankenhauses die Freistellung von Haftungsansprüchen des Kindes begehrte. Zu einer Entscheidung des Großen Senats ist es zunächst nicht gekommen, weil der Krankenhausträger den Freistellungsanspruch anerkannte. Mit Urteil vom 24. 11. 1987[79] ist der 8. Senat für die Fälle der gefahrgeneigten Arbeit wieder zu der Rspr. von 1957 bzw. 1959 zurückgekehrt. Eine allgemeine Haftungsbegrenzung hat er zunächst dahingestellt sein lassen. 35

Im **Vorlagebeschluss vom 12. 10. 1989**[80] hat der 8. Senat dem Großen Senat die Frage vorgelegt, ob die Haftungsgrundsätze über die Beschränkung der Arbeitnehmerhaftung auch für nicht gefahrgeneigte Arbeiten gelten, die durch den Betrieb veranlasst sind und auf Grund des Arbeitsverhältnisses geleistet werden. Im Vorlagebeschluss nimmt er auf seine Entscheidung vom 24. 11. 1987 Bezug. Diesem Vorlagebeschluss lag ein Fall zugrunde, in dem ein Polier auf Schadensersatz in Anspruch genommen wurde, weil er einen Baggerführer nicht über eine Gasleitung informiert hatte und durch eine Gasexplosion ein Einfamilienhaus schwer beschädigt wurde, wobei der Schaden nicht vollständig von der Versicherung beglichen wurde. Der Große Senat des BAG hat mit Beschluss vom 12. 6. 1992[81] den Gemeinsamen Senat der Obersten Gerichtshöfe des Bundes angerufen, weil der BGH inzwischen die Rspr. des BAG zur Haftungsbegrenzung in den Fällen der gefahrgeneigten Arbeit übernommen hatte. Der 6. Zivilsenat des BGH hat mit Beschluss vom 23. 9. 1993[82] der geplanten Rechtsprechungsänderung zugestimmt, jedoch gegen einzelne Begründungen des Großen Senats Bedenken angemeldet. Daraufhin ist das Verfahren vor dem Gemeinsamen Senat eingestellt worden.[83] 36

b) Mit Beschluss vom **27. 9. 1994 hat der Große Senat des BAG** die Grundsätze über die Beschränkung der Arbeitnehmerhaftung fortentwickelt. Danach gilt die Haftungsbeschränkung für alle Arbeiten, die durch den Betrieb veranlasst sind und auf Grund eines Arbeitsverhältnisses geleistet werden, auch wenn diese Arbeiten nicht gefahrgeneigt sind.[84] Der Große Senat hat die 37

---

[76] BAG 23. 3. 1983 AP 82 zu § 611 BGB Haftung des Arbeitnehmers = NJW 83, 1693.
[77] BAG 21. 10. 1983 AP 84 zu § 611 BGB Haftung des Arbeitnehmers = NJW 84, 2488.
[78] BAG 12. 2. 1985 AP 86 zu § 611 BGB Haftung des Arbeitnehmers = NZA 86, 91.
[79] BAG 24. 11. 1987 AP 93 zu § 611 BGB Haftung des Arbeitnehmers = NZA 88, 579.
[80] BAG 12. 10. 1989 AP 98 zu § 611 BGB Haftung des Arbeitnehmers = NZA 90, 95.
[81] BAG GS 12. 6. 1992 AP 101 zu § 611 BGB Haftung des Arbeitnehmers = NZA 93, 547.
[82] BGH 23. 9. 1993 DB 94, 428 = ZIP 94, 225.
[83] GmS-OGB NJW 94, 856.
[84] BAG GS 27. 9. 1994 AP 103 zu § 611 BGB Haftung des Arbeitnehmers = NZA 94, 1083.

Beschränkung der Arbeitnehmerhaftung aus einer entsprechenden Anwendung des § 254 BGB hergeleitet. Über den Wortlaut des § 254 BGB hinaus sei diese Vorschrift auch dann anzuwenden, wenn den Geschädigten zwar kein Verschulden treffe, er aber für den entstehenden Schaden auf Grund einer von ihm zu vertretenden Sach- oder Betriebsgefahr mitverantwortlich sei. Im Unterschied zum Beschluss des 6. Senats des BGH vom 23. 9. 1993 betont der Große Senat des BAG grundrechtliche Erwägungen für die Haftungseinschränkung. Insoweit beruft er sich auf die Rechtsprechung des BVerfG, wonach die Grundrechtsnormen nicht nur subjektive Abwehrrechte des Einzelnen gegen den Staat, sondern zugleich Grundentscheidungen für alle Bereiche des Rechts darstellen, also auch für Gesetzgebung und Rechtsprechung auf dem Gebiet des Zivilrechts.

38 Auch nach der Entscheidung des Großen Senats ist es bei der **Dreiteilung des Verschuldens** zur Bestimmung des Haftungsumfangs verblieben (dazu RN 25 ff. und 47 ff.).[85] Die **Gefahrgeneigtheit** (RN 64) der Arbeit bleibt bei der Verteilung des Haftungsrisikos noch von Bedeutung. In Übrigen ist eine Abwägung der Gesamtumstände, insbesondere von Schadensanlass und Schadensfolgen nach Billigkeit und Zumutbarkeitsgesichtspunkten erforderlich. Zu den Umständen, denen je nach Lage des Einzelfalls ein unterschiedliches Gewicht beizumessen ist, gehören insbesondere der Grad des dem Arbeitnehmer zur Last fallenden Verschuldens, die Gefahrgeneigtheit der Arbeit, die Höhe des Schadens, ein vom Arbeitgeber einkalkuliertes oder durch Versicherung abdeckbares Risiko,[86] die Stellung des Arbeitnehmers im Betrieb und die Höhe des Arbeitsentgelts, in dem u. U. eine Risikoprämie enthalten ist. Auch können hiernach die persönlichen Verhältnisse des Arbeitnehmers, seine Betriebszugehörigkeit, sein Lebensalter, seine Familienverhältnisse und sein bisheriges Verhalten zu berücksichtigen sein.[87]

39 Die Haftungsbeschränkung des Arbeitnehmers hängt damit von **drei Voraussetzungen** ab:
(1) Bestehen eines Arbeitsverhältnisses
(2) Betrieblich veranlasste Tätigkeit
(3) Grad des Verschuldens.

40 **2. Persönlicher Geltungsbereich.** Die Regeln der Haftungsbegrenzung gelten für **alle Arbeitnehmer,** also auch für leitende Angestellte.[88] Sie gelten des Weiteren gem. § 10 II BBiG in Berufsausbildungsverhältnissen.[89] Auch für Leiharbeitnehmer gilt die Haftungsbeschränkung nicht nur im Verhältnis zu ihrem Arbeitgeber, dem Verleiher, sondern auch gegenüber dem Entleiher, weil dieser ihn wie einen eigenen Arbeitnehmer in den Betriebsablauf eingliedert und insoweit weisungsberechtigt ist.[90]

41 Die Haftungsbeschränkung gilt grundsätzlich nicht für **arbeitnehmerähnliche Personen**, weil hier die Weisungsgebundenheit fehlt.[91] Eine Ausnahme macht das BSG für beschäftigtenähnliche Personen i. S. d. § 2 II 1 SGB VII, also für Personen, die wie nicht selbstständig tätige Personen in einem Arbeitsverhältnis tätig sind. In Bezug auf diesen Personenkreis sei der Unternehmer für die Betriebsgefahr verantwortlich und trage die Verantwortung für die Organisation des Betriebs und die Gestaltung der Arbeitsbedingungen.[92] Für **Selbstständige und freie Mitarbeiter** finden die Grundsätze der beschränkten Arbeitnehmerhaftung keine Anwendung.[93] Gleiches gilt in der Regel für GmbH-**Geschäftsführer**[94] sowie für Mitglieder des **Vorstands** einer Aktiengesellschaft.[95]

---

[85] BAG GS 27. 9. 1994 AP 103 zu § 611 BGB Haftung des Arbeitnehmers = NZA 94, 1083.
[86] Vgl. BAG 18. 1. 2007 AP 15 zu § 254 BGB = NZA 2007, 1230; 12. 11. 1998 AP 117 zu § 611 BGB Haftung des Arbeitnehmers = NZA 99, 263; LAG Köln 7. 5. 1992 DB 92, 2093; LAG Bremen 26. 7. 1999 NZA-RR 2000, 126; *Hübsch* BB 98, 690; *Otto* FS 50 Jahre BAG S. 97.
[87] Dazu *Joussen* AuR 2005, 432.
[88] BAG 11. 11. 1976 AP 80 zu § 611 BGB Haftung des Arbeitnehmers; BGH 25. 6. 2001 NJW 2001, 3123; *Hanau,* FS Lorenz, 2004, S. 283; *Joussen* RdA 2006, 129, 131 ff.; HWK/*Krause* § 619 a BGB RN 20; ErfK/*Preis* § 619 a BGB RN 19; differenzierend MünchKommBGB/*Henssler* § 619 a RN 17.
[89] BAG 18. 4. 2002 AP 122 zu § 611 BGB Haftung des Arbeitnehmers = NZA 2003, 37; 7. 7. 1970 AP 59 zu § 611 BGB Haftung des Arbeitnehmers.
[90] Vgl. BGH 22. 5. 1978 VersR 78, 819; BAG 15. 2. 1974 AP 7 zu § 637 RVO.
[91] Ebenso BGH 1. 2. 1963 AP 28 zu § 611 BGB Haftung des Arbeitnehmers = NJW 63, 1100; ErfK/*Preis* § 619 a BGB RN 19; differenzierend nach der Schutzbedürftigkeit MünchKommBGB/*Henssler* § 619 a RN 18; a. A. HWK/*Krause* § 619 a BGB RN 20.
[92] BSG 24. 6. 2003 NJW 2004, 966.
[93] BGH 7. 10. 1969 AP 51 zu § 611 BGB Haftung des Arbeitnehmers.
[94] Vgl. BGH 14. 2. 1985 VersR 85, 693 zum Geschäftsführer einer Innungskrankenkasse; MünchKommBGB/*Henssler* § 619 a RN 17.
[95] OLG Düsseldorf 22. 6. 1995 NJW-RR 95, 1371, 1377.

3. Betrieblich veranlasste Tätigkeit. In analoger Anwendung des § 254 BGB erfolgt eine Haftungsbeschränkung bei einer betrieblich veranlassten Tätigkeit des Arbeitnehmers.[96] Durch den Betrieb veranlasst[97] sind alle Arbeiten des Arbeitnehmers, die ihm **arbeitsvertraglich übertragen** worden sind oder die er im Interesse des Arbeitgebers für den Betrieb ausführt.[98] Die Tätigkeit muss in nahem Zusammenhang mit dem Betrieb und seinem betrieblichen Wirkungskreis stehen.[99] Erbringt der Arbeitnehmer über den Arbeitsvertrag oder das Weisungsrecht hinaus Arbeitsleistungen, gilt auch für diese die Haftungseinschränkung, wenn die Arbeit im wirklichen oder mutmaßlichen Interesse des Arbeitgebers liegt. 42

Es genügt nicht, dass es zum Schadensereignis gekommen ist, weil der **Schädiger im Betrieb anwesend** war und diese Anwesenheit ihm erst die Gelegenheit gab, den Schaden zu verursachen.[100] Ebenso wenig ist die Benutzung eines Betriebsmittels für die Annahme einer betrieblichen Veranlassung ausreichend. Hierfür genügt es, dass die jeweilige Tätigkeit als solche dem vertraglich Geschuldeten entspricht, mag dies auch nicht für die Art und Weise der Durchführung gelten.[101] Eine betriebliche Veranlassung kann daher auch dann vorliegen, wenn der Arbeitnehmer mit der Pflichtverletzung eigene Interessen verfolgt. Wie die übernommene Tätigkeit ausgeführt wird, ist für die Frage des Verschuldens, nicht aber für die Feststellung der betrieblichen Veranlassung von Bedeutung (dazu RN 48ff.).[102] Der betriebliche Charakter der Tätigkeit geht nicht dadurch verloren, dass der Arbeitnehmer bei Durchführung der Tätigkeit grob fahrlässig oder vorsätzlich seine Verhaltenspflichten verletzt. 43

Durch das Merkmal der betrieblichen Veranlassung soll sichergestellt werden, dass der Arbeitgeber nicht mit dem **allgemeinen Lebensrisiko des Arbeitnehmers** belastet wird. Ein lediglich räumlicher und zeitlicher Zusammenhang zwischen der Pflichtverletzung und der Arbeit ist unzureichend.[103] Erleidet ein Arbeitnehmer mit seinem Dienstwagen, der ihm auch zur privaten Nutzung überlassen ist, im Rahmen seiner arbeitsvertraglichen Tätigkeit – nicht in der Freizeit – einen Unfall, liegt eine betrieblich veranlasste Schädigung vor.[104] Dagegen liegt keine betrieblich veranlasste Tätigkeit vor, wenn der Arbeitnehmer mit seinem ihm auch zur privaten Nutzung überlassenen Dienstwagen auf dem Weg zur Arbeit einen Schaden verursacht.[105] Weicht ein Kraftfahrer von der ihm vom Arbeitgeber vorgeschriebenen Fahrtroute ab, um in der eigenen Wohnung eine Erholungspause einzulegen, und kommt es dabei zu einem Schaden, besteht ein innerer Zusammenhang zwischen betrieblich veranlasster Tätigkeit jedenfalls dann, wenn der Arbeitnehmer den Umweg deshalb für erlaubt halten durfte, weil die Höchstlenkzeiten bereits überschritten waren bzw. bei Hinzurechnung der noch ausstehenden Fahrtstrecke in erheblichem Maße überschritten worden wären.[106] 44

Keine Haftungsbeschränkung besteht, wenn der Arbeitnehmer Arbeiten verrichtet, die **mit der betrieblichen Tätigkeit nicht im Zusammenhang stehen.** Das BAG hat einer Flugbegleiterin, die entgegen einschlägigen Dienstvorschriften bei einem Flug keinen Reisepass mitgeführt und damit eine Einreisestrafe gegen das Luftfahrtunternehmen verursacht hat, die Haftungserleichterung gegen den vom Arbeitgeber geltend gemachten Erstattungsanspruch gleichwohl zugestanden.[107] Dem privaten Lebensbereich eines Arbeitnehmers ist zuzurechnen, wenn er auf Grund eines eigenständigen Entschlusses mit einem Gabelstapler auf dem Betriebsgelände fährt, ohne dass dieser Entschluss durch eine betrieblichen Zwecken dienende Tätigkeit auch nur veranlasst wurde. Als betrieblich veranlasst wäre die Fahrt dagegen anzusehen, wenn der Arbeitnehmer mit dem Stapler auf dem Weg war, um beispielsweise einen Lastkraftwagen zu entladen.[108] Eine Haftungsbeschränkung erfolgt weiterhin nicht, wenn der Arbeitnehmer mit einem Wagen seines Arbeitgebers eine Schwarzfahrt unternimmt. Ebenso wenig kann sich ein 45

---

[96] BAG GS 27. 9. 1994 AP 103 zu § 611 BGB Haftung des Arbeitnehmers = NZA 94, 1083.
[97] Vgl. *Ahrens* DB 96, 934.
[98] BAG 12. 4. 2002 AP 122 zu § 611 BGB Haftung des Arbeitnehmers = NZA 2003, 37.
[99] BAG 18. 1. 2007 AP 15 zu § 254 BGB = NZA 2007, 1230; BAG GS 12. 6. 1992 AP 101 zu § 611 BGB Haftung des Arbeitnehmers = NZA 93, 547.
[100] BAG 18. 1. 2007 AP 15 zu § 254 BGB = NZA 2007, 1230; 12. 4. 2002 AP 122 zu § 611 BGB Haftung des Arbeitnehmers = NZA 2003, 37.
[101] BAG 18. 4. 2002 AP 122 zu § 611 BGB Haftung des Arbeitnehmers = NZA 2003, 37.
[102] BAG 18. 1. 2007 AP 15 zu § 254 BGB = NZA 2007, 1230.
[103] HWK/*Krause* § 619a BGB RN 22.
[104] BAG 5. 2. 2004 AP 126 zu § 611 BGH Haftung des Arbeitnehmers = NZA 2004, 649.
[105] LAG Köln 15. 9. 1998 MDR 99, 684.
[106] BAG 21. 10. 1983 AP 84 zu § 611 BGB Haftung des Arbeitnehmers = NZA 84, 83.
[107] BAG 16. 2. 1995 AP 106 zu § 611 BGB Haftung des Arbeitnehmers = NZA 95, 565.
[108] BAG 18. 4. 2002 AP 122 zu § 611 BGB Haftung des Arbeitnehmers = NZA 2003, 37.

Dritter auf die Haftungseinschränkung berufen, dem ein Arbeitnehmer unbefugt die Führung des Kraftwagens des Arbeitgebers überlassen hat.[109]

46 Die **Darlegungs- und Beweislast** für die betriebliche Veranlassung der schadensursächlichen Tätigkeit trägt nach den Grundregeln der Beweislastverteilung derjenige, dem diese Tatsache günstig ist, also der Arbeitnehmer.[110]

47 **4. Haftungseinschränkung. a)** Bezüglich des **Umfangs der Haftung** gelten folgende Grundsätze:

48 **aa) Vorsätzlich** verursachte Schäden hat der Arbeitnehmer in vollem Umfang zu tragen (zum Begriff RN 24).

49 **bb)** Auch bei **grober Fahrlässigkeit** (dazu RN 28) haftet der Arbeitnehmer grundsätzlich voll, es sind jedoch ausnahmsweise Haftungserleichterungen möglich.[111] Dies kann der Fall sein, wenn der Verdienst des Arbeitnehmers in einem deutlichen Missverhältnis zum verwirklichten Schadensrisiko steht. Ein solches Missverhältnis besteht nicht, wenn der Schaden nicht erheblich über einem Bruttomonatsverdienst des Arbeitnehmers liegt.[112] Setzt der Arbeitgeber einen Arbeitnehmer, von dem er weiß, dass er keine Fahrerlaubnis besitzt, als Kraftfahrzeugführer im öffentlichen Straßenverkehr ein, kann der Arbeitnehmer nach einem Verkehrsunfall verlangen, von den Rückgriffansprüchen der leistungsfreien Haftpflichtversicherung freigestellt zu werden. Dies gilt auch, wenn er den Unfall grob fahrlässig herbeigeführt hat.[113] Im Einzelfall kann eine Haftungsbeschränkung ausscheiden, weil der Arbeitnehmer mit besonders grober Fahrlässigkeit gehandelt hat.[114]

50 **cc)** Bei **mittlerer Fahrlässigkeit** (dazu RN 27) hat der Arbeitnehmer den Schaden anteilig zu tragen. Ob und ggf. in welchem Umfang er zum Ersatz verpflichtet ist, richtet sich im Rahmen einer Abwägung der Gesamtumstände, insbesondere von Schadensanlass und Schadensfolgen, nach Billigkeits- und Zumutbarkeitsgesichtspunkten. Primär ist auf den Grad des dem Arbeitnehmer zur Last fallenden Verschuldens, die Gefahrgeneigtheit der Arbeit (RN 64), die Höhe des Schadens, die Versicherbarkeit des Risikos (RN 62), die Stellung des Arbeitnehmers im Betrieb und die Höhe seines Arbeitsentgelts sowie persönliche Umstände des Arbeitnehmers, wie etwa die Dauer der Betriebszugehörigkeit, sein Lebensalter, seine Familienverhältnisse sowie das bisherige Verhalten des Arbeitnehmers abzustellen.[115]

51 **dd)** Ist der Schaden auf **leichteste Fahrlässigkeit** (dazu RN 26) zurückzuführen, haftet der Arbeitnehmer nicht.

52 **b)** Eine **summenmäßige Begrenzung** der Haftung lehnt das BAG nicht generell ab. So sind auch bei grob fahrlässiger Schadensverursachung durch den Arbeitnehmer Haftungserleichterungen nicht ausgeschlossen, wenn der Verdienst des Arbeitnehmers in einem deutlichen Missverhältnis zum verwirklichten Schadensrisiko der Tätigkeit steht.[116] In der Reformdiskussion der Arbeitnehmerhaftung ist eine Haftungsobergrenze von drei Bruttomonatsverdiensten vorgeschlagen worden.[117] Hierbei handelt es sich allerdings nach derzeitiger Rechtslage nicht um eine absolute Obergrenze. So hat das BAG im Hinblick auf das erhebliche Verschulden ein deutliches Missverhältnis zwischen Schaden und Arbeitsentgelt in einem Fall verneint, in dem sich die Schadenshöhe auf etwa 3,5 Bruttomonatsgehälter belaufen hat.[118]

---

[109] LAG Köln 27. 9. 1989 NZA 90, 482.

[110] BAG 18. 4. 2002 AP 122 zu § 611 BGB Haftung des Arbeitnehmers = NZA 2003, 37.

[111] BAG 12. 10. 1989 AP 97 zu § 611 BGB Haftung des Arbeitnehmers = NZA 90, 97; 25. 9. 1997 AP 111 zu § 611 BGB Haftung des Arbeitnehmers = NZA 98, 310; 18. 1. 2007 AP 15 zu § 254 BGB = NZA 2007, 1230; a. A. BGH 11. 3. 1996 NJW 96, 1532 = ZIP 96, 763; vgl. auch LAG Köln 15. 9. 1998 BB 99, 852.

[112] BAG 18. 1. 2007 AP 15 zu § 254 BGB = NZA 2007, 1230 (Schaden in Höhe von 3,5 Bruttomonatsverdiensten nicht ohne Weiteres grobes Missverhältnis); 15. 11. 2001 AP 121 zu § 611 BGB Haftung des Arbeitnehmers = NZA 2002, 612; 12. 11. 1998 AP 117 zu § 611 BGB Haftung des Arbeitnehmers = NZA 99, 263; LAG Nürnberg 20. 3. 1996 NZA-RR 97, 3.

[113] BAG 23. 6. 1988 AP 94 zu § 611 BGB Haftung des Arbeitnehmers = NZA 89, 181.

[114] BAG 25. 9. 1997 AP 111 zu § 611 BGB Haftung des Arbeitnehmers = NZA 98, 310; LAG Rheinland-Pfalz 2. 11. 1995 BB 96, 1941 (Schaden ca. 37 000 DM, 2,15‰ BAK).

[115] BAG 18. 4. 2002 AP 122 zu § 611 BGB Haftung des Arbeitnehmers = NZA 2003, 37; BAG GS 27. 9. 1994 AP 103 zu § 611 BGB Haftung des Arbeitnehmers = NZA 94, 1083.

[116] Vgl. BAG 12. 4. 2002 AP 122 zu § 611 BGB Haftung des Arbeitnehmers = NZA 2003, 37; 12. 11. 1998 AP 117 zu § 611 BGB Haftung des Arbeitnehmers = NZA 99, 263; 23. 1. 1997, NZA 98, 140.

[117] Dazu *Peifer* AR-Blattei SD 870.1 RN 193 ff.

[118] BAG 18. 1. 2007 AP 15 zu § 254 BGB = NZA 2007, 1230.

c) Die Haftungsbeschränkung gilt auch dann, wenn der Schadensersatzanspruch auf die Vorschriften über den **Verzug oder die Unmöglichkeit** oder auf die Vorschriften über die **unerlaubte Handlung (§§ 823 ff. BGB)** gestützt wird. Eine unerlaubte Handlung kann vorliegen, wenn der Arbeitnehmer Gegenstände seines Arbeitgebers beschädigt, also insbesondere bei Verkehrsunfällen. Die Ansprüche aus Vertragsverletzung und unerlaubter Handlung stehen in Anspruchskonkurrenz. Immer dann, wenn die unerlaubte Handlung betrieblich veranlasst ist, greift die Haftungsbeschränkung ein. 53

d) Dagegen besteht keine Haftungsbegrenzung bei **vorsätzlich sittenwidriger Vermögensschädigung** (§ 826 BGB). Dies gilt insbesondere bei allen vorsätzlichen Straftaten gegen das Vermögen des Arbeitgebers. 54

5. Mitverschulden. Die Schadensersatzpflicht kann bei Mitverschulden des Verletzten **gemindert** sein (§ 254 BGB). 55

a) Das Mitverschulden kann sich daraus ergeben, dass ein Verschulden des Verletzten **bei der Entstehung des Schadens mitgewirkt** hat (§ 254 I BGB) oder dass er unterlassen hat, den drohenden Schaden abzuwenden oder den bereits eingetretenen zu mindern (§ 254 II BGB). Dabei ist zu berücksichtigen, dass der Arbeitgeber die Verantwortung für die Gestaltung der Arbeitsbedingungen und die Organisation des Betriebs trägt. Der Arbeitnehmer kann den vorgegebenen Arbeitsbedingungen in der Regel weder tatsächlich noch rechtlich ausweichen. Auf Grund des Weisungsrechts nach § 106 GewO bestimmt der Arbeitgeber die arbeitsvertraglich geschuldete Arbeitsleistung. Damit prägt die vom Arbeitgeber gesetzte Organisation des Betriebs das Haftungsrisiko für den Arbeitnehmer.[119] Hat der Arbeitnehmer bei der Entstehung eines Schadens fahrlässig, dagegen der Arbeitgeber vorsätzlich gehandelt, entfällt die Ersatzpflicht des nur fahrlässig handelnden Schädigers.[120] 56

b) Ein **Mitverschulden des Arbeitgebers** (§ 254 BGB) kann vorliegen, wenn er die notwendigen Anweisungen nicht erteilt,[121] erforderliche Überwachungen[122] nicht durchführt, mangelhaftes Arbeitsgerät oder Arbeitsmaterial zur Verfügung stellt,[123] die Arbeit nicht hinreichend organisiert,[124] den Arbeitnehmer überfordert oder überlastet. Namentlich bei erheblicher Verletzung der Arbeitszeitvorschriften kann die Haftung eines Kraftfahrers ausgeschlossen sein.[125] 57

Der Arbeitnehmer kann sich zur Haftungseinschränkung im Einzelfall auf ein **Mitverschulden von Vorgesetzten** berufen.[126] Einem Assistenzarzt in der Fachausbildung ist es deshalb nicht als grobe Fahrlässigkeit anzulasten, dass er sich den fachlichen Weisungen eines ihm vorgesetzten, höher qualifizierten und wesentlich erfahreneren Oberarztes nicht widersetzt hat, auch wenn diese grob falsch waren.[127] Dagegen kann sich ein Arbeitnehmer grundsätzlich nicht auf ein **Mitverschulden unterstellter Mitarbeiter** berufen.[128] 58

c) Ein Mitverschulden des Geschädigten kann weiterhin vorliegen, wenn der Geschädigte es unterlassen hat, auf die Gefahr des Eintritts eines **ungewöhnlich hohen Schadens** hinzuweisen. Voraussetzung ist jedoch, dass der Geschädigte die Gefahr erkannt hat oder hätte erkennen können.[129] Es soll ein Mitverschulden des Arbeitgebers begründen, wenn der Arbeitgeber den Arbeitnehmer bei Verlust eines Generalschlüssels nicht darauf hinweist, dass er die Schlösser austauschen werde und welche Kosten dabei in ungefährer Höhe entstehen.[130] 59

d) Ein Mitverschulden besteht bei Unterlassung der **Schadensabwendung** oder Minderung, wenn also der Geschädigte nicht durch geeignete, zumutbare Maßnahmen einen Schaden ver- 60

---

[119] BAG GS 27. 9. 1994 AP 103 zu § 611 BGB Haftung des Arbeitnehmers = NZA 94, 1083.

[120] BAG 19. 2. 1998 AP 8 zu § 254 BGB = NZA 98, 1051; BGH 8. 10. 1991 NJW 91, 3208.

[121] BAG 7. 7. 1970 AP 59 zu § 611 BGB Haftung des Arbeitnehmers.

[122] BAG 26. 1. 1971 AP 64 zu § 611 BGB Haftung des Arbeitnehmers = NZA 95, 565; 16. 2. 1995 AP 106 zu § 611 BGB Haftung des Arbeitnehmers = NZA 95, 565; vgl. auch bei Rückgriffsansprüchen LAG Berlin BB 74, 232.

[123] BAG 18. 12. 1970 AP 63 zu § 611 BGB Haftung des Arbeitnehmers.

[124] BAG 18. 1. 2007 AP 15 zu § 254 BGB = NZA 2007, 1230; 15. 11. 2001 AP 121 zu § 611 BGB Haftung des Arbeitnehmers = NZA 2002, 612; 16. 2. 1995 AP 106 zu § 611 BGB Haftung des Arbeitnehmers = NZA 95, 565.

[125] BAG 18. 1. 1972 AP 69 zu § 611 BGB Haftung des Arbeitnehmers; einschränkend: LAG Baden-Württemberg BB 71, 1055; *Kothe,* DB 82, 1617.

[126] HWK/*Krause* § 619 a BGB RN 41.

[127] BAG 4. 5. 2006 NZA 2006, 1428.

[128] BAG 25. 9. 1997 AP 111 zu § 611 BGB Haftung des Arbeitnehmers = NZA 98, 310.

[129] BGH VersR 64, 951.

[130] Hess. LAG 15. 1. 1998 LAGE § 249 BGB Nr. 12.

hindert oder in Grenzen gehalten hat.[131] Insoweit kann ein Mitverschulden gegeben sein, wenn die geschädigte Sache nicht vor weiterem Verfall geschützt wird, nicht vorläufig oder unverzüglich repariert wird usw.

61 **e)** Nach § 254 II 2 BGB hat der Geschädigte für das **Verhalten Dritter** einzustehen.[132] Nach h. M. gilt dies sowohl für die Schadensabwendungs- und Schadensminderungspflicht wie für die Entstehung. § 254 II 2 BGB ist als selbstständiger Absatz zu lesen. Erforderlich ist, dass zwischen dem Geschädigten und dem Schädiger bereits eine Rechtsbeziehung vorhanden ist, in deren Rahmen sich der Geschädigte das Verschulden eines Dritten zurechnen lassen muss (Rechtsgrundverweisung).[133] Bei der Schadensabwendungs- oder Schadensminderungspflicht muss sich der Geschädigte das Verhalten eines Dritten zurechnen lassen. Erfüllungsgehilfe i. S. von § 254 II 2 BGB ist derjenige, der vom Geschädigten zum Rechtsgüterschutz eingesetzt worden ist.[134] Hierzu gehören vor allem die gesetzlichen Vertreter oder Organvertreter einer juristischen Person (§ 31 BGB). Ein Mitverschulden eines gesetzlichen Vertreters einer juristischen Person soll dieser nicht zugerechnet werden, wenn ein Angestellter sich unter Verfälschung von Unterlagen mit Zustimmung des Geschäftsführers im Arbeitsvertrag Sonderleistungen verschafft hat.[135]

62 **6. Haftpflichtversicherung.** Ein Arbeitnehmer kann sich nicht auf die Haftungsbeschränkung berufen, wenn zu seinen Gunsten eine **gesetzlich vorgeschriebene Haftpflichtversicherung** (z. B. Kfz-Haftpflichtversicherung) eingreift.[136] Bei Bestehen einer Pflichtversicherung liegen Risiken vor, die der Gesetzgeber als so gefahrträchtig erachtet hat, dass er den Handelnden im Hinblick auf mögliche Gefahren für andere ohne Versicherungsschutz nicht tätig sehen will. Diese Tatsache überlagert gleichsam die Grundsätze der beschränkten Arbeitnehmerhaftung. Diese bei Bestehen einer gesetzlichen Pflichtversicherung geltenden Grundsätze können jedoch nicht auf den Fall übertragen werden, dass der Arbeitnehmer sich gegen das Risiko seiner betrieblichen Tätigkeit freiwillig selbst versichert hat. Eine freiwillig abgeschlossene private Haftpflichtversicherung haftet nur in dem Umfang, in dem der Arbeitnehmer selbst haftet.[137] Das gilt auch für eine D&O-Versicherung (Directors and Officiers Liability Insurance) leitender Angestellter.[138] Besteht keine Pflichtversicherung, hängt die Anwendung der Grundsätze der Arbeitnehmerhaftung nicht von der Zufälligkeit des Bestehens einer privaten Haftpflichtversicherung ab.[139]

63 Der Arbeitgeber ist gegenüber dem Arbeitnehmer zwar nicht verpflichtet, eine **Haftpflichtversicherung** bzw. für im Betrieb genutzte Firmenkraftfahrzeuge eine **Vollkaskoversicherung** abzuschließen, wenn sich dies nicht aus dem Arbeitsvertrag oder den das Arbeitsverhältnis gestaltenden normativen Bestimmungen ergibt. Haftet der Arbeitnehmer, der als Fahrer eines Kraftfahrzeugs seines Arbeitgebers einen Unfall verschuldet hat, nach den Grundsätzen über den innerbetrieblichen Schadensausgleich für den an dem Kraftfahrzeug des Arbeitgebers entstandenen Schaden anteilig, kann jedoch bei der Abwägung aller für den Haftungsumfang maßgebenden Umstände zu Lasten des Arbeitgebers ins Gewicht fallen, dass dieser für das Unfallfahrzeug keine Kaskoversicherung abgeschlossen hatte. Dies kann dazu führen, dass der Arbeitnehmer nur in Höhe einer Selbstbeteiligung haftet, die bei Abschluss einer Kaskoversicherung zu vereinbaren gewesen wäre.[140] Die Rücksichtnahmepflicht aus § 241 II BGB kann dem Arbeitgeber gebieten, wenn er sich ständig durch einen Kraftfahrer befördern lässt, für seine **eigenen Personenschäden** durch eine Versicherung Vorsorge zu treffen.[141] Zur Inanspruchnahme von Versicherungen.[142]

---

[131] Vgl. BAG 16. 2. 1995 AP 196 zu § 611 BGB Haftung des Arbeitnehmers = NZA 95, 565.

[132] Vgl. MünchKommBGB/*Oetker* § 254 RN 126 ff.; *Hager* NJW 89, 1640.

[133] BGH 1. 3. 1988 NJW 88, 2667; MünchKommBGB/*Oetker* § 254 RN 129.

[134] BGH 6. 2. 1962 NJW 62, 861.

[135] BAG 19. 4. 1974 AP 75 zu § 611 BGB Haftung des Arbeitnehmers.

[136] BAG 25. 9. 1997 AP 111 zu § 611 BGB Haftung des Arbeitnehmers = NZA 98, 310; 11. 1. 1966 AP 36 zu § 611 BGB Haftung des Arbeitnehmers; ebenso BGH 8. 12. 1971 AP 68 zu § 611 BGB Haftung des Arbeitnehmers.

[137] MünchKommBGB/*Henssler* § 619 a RN 39; ErfK/*Preis* § 619 a BGB RN 20; *Waltermann* RdA 2005, 98, 108.

[138] *Hanau* FS Lorenz S. 283, 289 ff.; MünchKommBGB/*Henssler* § 619 a RN 39; a. A. HWK/*Krause* § 619 a BGB RN 39; *Otto* FS 50 Jahre BAG S. 97, 114 ff.

[139] BAG 25. 9. 1997 AP 111 zu § 611 BGB Haftung des Arbeitnehmers = NZA 98, 310; 14. 10. 1993 EzA 28 zu § 611 BGB Gefahrgeneigte Arbeit.

[140] BAG 24. 11. 1987 AP 92 zu § 611 BGB Haftung des Arbeitnehmers = NZA 88, 584.

[141] Vgl. BGH 11. 11. 1969 AP 52 zu § 611 BGB Haftung des Arbeitnehmers.

[142] BGH 18. 3. 1986 NJW 86, 1813.

7. Gefahrgeneigtheit. a) Der **Begriff der gefahrgeneigten Arbeit** wurde ursprünglich entwickelt, um eine Haftungseinschränkung der Arbeitnehmer für besonders risikoreiche Arbeiten zu begründen. Die Gefahrgeneigtheit der Arbeit ist heute zwar nicht mehr Voraussetzung der Haftungsbeschränkung (vgl. RN 48 f.), wohl aber bei der Gesamtabwägung zu berücksichtigen. 64

b) Gefahrgeneigte Arbeit liegt vor, wenn die Eigenart der vom Arbeitnehmer zu leistenden Arbeit es mit großer Wahrscheinlichkeit mit sich bringt, dass auch einem sorgfältigen Arbeitnehmer gelegentlich Fehler unterlaufen, die für sich allein betrachtet zwar jedes Mal vermeidbar wären, mit denen aber angesichts der menschlichen Unzulänglichkeit als mit einem typischen Abirren der Dienstleistung erfahrungsgemäß zu rechnen ist.[143] Bei der Beurteilung, ob eine gefahrgeneigte Arbeit vorliegt, ist jeweils nach den Umständen des Einzelfalls darauf abzustellen, ob eine konkrete Gefahrenlage besteht.[144] Wenngleich auf die Gefahrenlage abgestellt werden muss, zählen zu den gefahrgeneigten Tätigkeiten insbesondere diejenigen des Kraftfahrers,[145] Maschinenmeisters, Straßenbahnführers, Kranführers, Lokomotivführers, eines Arbeitnehmers mit eilig zu fassenden weitreichenden Entschlüssen,[146] eines stark überlasteten Arbeitnehmers,[147] eines Arbeitnehmers mit Bauaufsicht.[148] Nimmt der Arbeitnehmer nur irrtümlich eine Notlage mit eilig zu fassenden Entscheidungen an, greift die Haftungsmilderung nur ein, wenn der Irrtum unverschuldet ist.[149] 65

Zu den gefahrgeneigten Tätigkeiten **gehören in der Regel nicht** die Arbeiten eines Kraftfahrers bei Nebenarbeiten (Ölwechsel oder Prüfung von Warenbegleitpapieren usw.), wenn für den Schaden ein nicht im Zusammenhang mit der gefahrgeneigten Arbeit stehender Umstand ursächlich ist, eines Geldtransportfahrers,[150] des Justitiars eines Unternehmens[151] oder des Bürovorstehers eines Wirtschaftsprüfers,[152] des Autors eines Hörfunkmanuskripts.[153] Die Arbeit desjenigen, der Personen mit gefahrgeneigter Arbeit Weisungen zu erteilen hat, ist deswegen noch nicht gefahrgeneigt. Etwas anderes kann dann gelten, wenn er die von Dritten manuell durchgeführte Arbeit zu planen hat.[154] Umstr. ist, ob die Arbeit eines Programmierers gefahrgeneigt ist.[155] Für die Gefahrgeneigtheit ist der **Arbeitnehmer beweispflichtig.**[156] 66

8. Unabdingbarkeit. Die Grundsätze über den innerbetrieblichen Schadensausgleich sind einseitig **zwingend.**[157] Sie können weder einzel- noch kollektivvertraglich zu Lasten des Arbeitnehmers abbedungen werden.[158] Hieran hat sich durch die zum 1. 1. 2002 in Kraft getretene Schuldrechtsreform nichts geändert.[159] 67

9. Mitwirkung Dritter. Beruht die Schädigung des Arbeitgebers sowohl auf dem Verhalten des Arbeitnehmers als auch eines Dritten, kommt dem Dritten eine zugunsten des Arbeitnehmers geltende **Haftungsbeschränkung nicht zugute.** Wird der Zweitschädiger vom Arbeitgeber in Anspruch genommen und verlangt der Dritte dann vom Arbeitnehmer Ausgleich nach §§ 426, 840 BGB, kann der Arbeitnehmer vom Arbeitgeber in dem Umfang Freistellung von der Haftung verlangen, wie seine Haftung nach den Grundsätzen der Arbeitnehmerhaftung eingeschränkt ist (dazu RN 73). 68

---

[143] Grundlegend: BAG 25. 9. 1957 AP 4 zu §§ 898, 899 RVO.

[144] BAG 26. 11. 1969, 11. 9. 1975, 11. 11. 1976, 12. 2. 1985 AP 22, 78, 80, 86 zu § 611 BGB Haftung des Arbeitnehmers.

[145] BAG 18. 12. 1970 AP 62 zu § 611 BGB Haftung des Arbeitnehmers.

[146] BAG 26. 11. 1969 AP 50 zu § 611 BGB Haftung des Arbeitnehmers.

[147] BAG 3. 2. 1970 AP 53 zu § 611 BGB Haftung des Arbeitnehmers.

[148] BAG 11. 11. 1976 AP 80 zu § 611 BGB Haftung des Arbeitnehmers.

[149] BAG 11. 9. 1975 AP 78 zu § 611 BGB Haftung des Arbeitnehmers.

[150] LAG Mannheim NJW 73, 1996.

[151] BGH 7. 10. 1969 AP 51 zu § 611 BGB Haftung des Arbeitnehmers.

[152] LAG Frankfurt 20. 1. 1988 DB 88, 1702.

[153] LAG Berlin 29. 10. 1989 DB 91, 1080.

[154] BAG 3. 8. 1971 AP 66 zu § 611 BGB Haftung des Arbeitnehmers; vgl. BAG 1. 12. 1988 AP 2 zu § 840 BGB = NZA 89, 796.

[155] Bejahend: *Bartsch* BB 86, 1500.

[156] LAG Berlin 28. 10. 1976 BB 77, 194.

[157] BAG 2. 12. 1999 AP 3 zu § 611 BGB Mankohaftung = NZA 2000, 715; MünchKommBGB/*Henssler* § 619 a RN 12; *Peifer* ZfA 1997, 69, 74; grundsätzlich auch HWK/*Krause* § 619 a RN 46; a. A. ErfK/*Preis* § 619 a BGB RN 11.

[158] BAG 5. 2. 2004 AP 126 zu § 611 BGB Haftung des Arbeitnehmers = NZA 2004, 649.

[159] Ebenso MünchKommBGB/*Henssler* § 619 a RN 13; *Krause* NZA 2003, 577, 585; *Otto* Jura 2002, 1, 8; *Peifer* AR-Blattei SD 870.1 (2003) RN 77 ff.; a. A. *Gotthardt* RN 195; ErfK/*Preis* § 619 a BGB RN 11.

69 **10.** Im **öffentlichen Dienst** bestanden besondere Haftungsbeschränkungen, die an das Beamtenrecht anknüpften (§ 14 BAT).[160] Der TVöD enthält keine Sonderregelungen mehr über die Arbeitnehmerhaftung.

70 **11. Ausschlussfristen.** Schadensersatzansprüche können tariflichen Ausschlussfristen unterliegen (dazu § 205). Ein Anspruch des Arbeitgebers gegen den Arbeitnehmer ist dabei regelmäßig erst dann im Sinne einer Ausschlussfrist fällig, wenn der Arbeitgeber ihn annähernd beziffern kann. Dies ist der Fall, wenn dem Arbeitgeber alle seinen Ersatzanspruch begründenden Tatsachen bekannt sind.[161]

III. Schädigung eines betriebsfremden Dritten durch den Arbeitnehmer

Langenbucher, Risikohaftung und Schutzpflichten im innerbetrieblichen Schadensausgleich, ZfA 97, 523; *Otten,* Rechtsstellung des Arbeitnehmers bei Beschädigung von Dritteigentum, DB 97, 1618.

71 **1. Außenhaftung. a)** Hat der Arbeitnehmer durch eine schädigende Handlung neben dem Arbeitgeber oder allein einen **betriebsfremden Dritten** geschädigt, haftet er diesem, sofern ein haftungsbegründender Tatbestand vorliegt, nach den allgemeinen Grundsätzen des BGB ohne irgendwelche besonderen Haftungsbeschränkungen (Außenhaftung).[162] Die von der Rechtsprechung erarbeiteten Grundsätze zur Haftungsbeschränkung wirken nur im Verhältnis zum Arbeitgeber.[163] Im Außenverhältnis haften Arbeitgeber und Arbeitnehmer als **Gesamtschuldner** (zum vereinbarten Haftungsausschluss RN 74).[164]

72 **b)** Aus dem Arbeitsvertrag folgen grundsätzlich **keine Schutzpflichten zugunsten Dritter.** Die Rechtsprechung des BGH ist freilich uneinheitlich. So kann ein Wachmann eines Bewachungsunternehmens nicht auf Schadensersatz in Anspruch genommen werden, weil er Diebstähle des bewachten Gutes durch Dritte nicht verhindert hat.[165] Andererseits soll ein Gärtnermeister grundsätzlich für die ihm übertragene ordnungsgemäße Wartung von Spielgeräten auf öffentlichen Spielplätzen haften. Er handele jedoch nicht fahrlässig, wenn er seine Tätigkeit nach den ihm erteilten Arbeitsanweisungen und betrieblichen Vorschriften ausrichte.[166]

73 **2. Freistellungsanspruch.** Haften Arbeitgeber und Arbeitnehmer im Außenverhältnis als Gesamtschuldner (§ 426 BGB), erlangt der Arbeitnehmer im Innenverhältnis zum Arbeitgeber einen Freistellungsanspruch (§ 257 BGB) von der Haftung, soweit der Arbeitgeber verpflichtet ist, den Schaden zu tragen.[167] Rechtsgrundlage dieses Anspruchs ist nach Auffassung des BAG die Fürsorgepflicht des Arbeitgebers,[168] nach zutreffender Auffassung des Schrifttums § 670 BGB.[169] Der Dritte kann den Freistellungsanspruch pfänden und sich zur Einziehung überweisen lassen, so dass er unmittelbar gegen den Arbeitgeber vorgehen kann. Der Freistellungsanspruch wandelt sich alsdann in einen Zahlungsanspruch um.[170] Hat der Arbeitnehmer bereits vollen Schadensersatz geleistet, kann er von seinem Arbeitgeber vollen oder teilweisen Ersatz fordern. Der Freistellungsanspruch wandelt sich dann in einen Erstattungsanspruch um.[171] Der

---

[160] Zur Haftung bei teils hoheitlicher, teils privater Betätigung: VGH Mannheim 25. 8. 1988 NJW 89, 997.

[161] BAG 27. 10. 2005 AP 5 zu § 310 BGB = NZA 2006, 257.

[162] HWK/*Krause* § 619 a BGB RN 58.

[163] BGH 19. 9. 1989 AP 99 zu § 611 BGB Haftung des Arbeitnehmers = NZA 90, 100; 21. 12. 1993 AP 104 zu § 611 BGB Haftung des Arbeitnehmers.

[164] Zum Ausgleich unter Gesamtschuldnern: BAG 24. 4. 1986 AP 7 zu § 426 BGB = NJW 86, 3104.

[165] BGH 16. 6. 1987 NJW 87, 2510.

[166] BGH 28. 4. 1987 NJW 88, 48.

[167] Vgl. früher bei gefahrgeneigter Arbeit BAG AP 4 zu §§ 898, 899 RVO; 18. 1. 1966 AP 37 zu § 611 BGB Haftung des Arbeitnehmers; 12. 2. 1985 AP 86 zu § 611 BGB Haftung des Arbeitnehmers = NZA 86, 91; BGH NJW 64, 1272; LAG Hamm ZTR 91, 260; zum Freistellungsanspruch wegen Strafverfolgung in der ehemaligen DDR: BAG 11. 8. 1988 AP 7 zu § 611 BGB Gefährdungshaftung = NZA 89, 54; allgemein zu Geldbußen: LAG Hamm NJW 91, 861; zu den Folgen der zum 1. 1. 2008 in Kraft getretenen Änderungen des § 81 II VVG, wonach der Versicherer berechtigt ist, seine Leistung in einem der Schwere des Verschuldens des Versicherungsnehmers entsprechenden Verhältnis zu kürzen, wenn der Versicherungsnehmer den Versicherungsfall grob fahrlässig herbeiführt, vgl. *Gross/Wesch* NZA 2008, 849.

[168] BAG 23. 6. 1988 AP 94 zu § 611 BGB Haftung des Arbeitnehmers.

[169] HWK/*Krause* § 619 a BGB RN 62; ErfK/*Preis* § 619 a BGB RN 26; offengelassen von MünchKomm-BGB/*Henssler* § 619 a RN 25.

[170] BAG 11. 2. 1969 AP 45 zu § 611 BGB Haftung des Arbeitnehmers; zu Freistellungsansprüchen wegen der Prozesskosten: BAG 24. 8. 1983 AP 5 zu § 249 BGB Vorteilsausgleichung = DB 83, 2781.

[171] HWK/*Krause* § 619 a BGB RN 62.

Umfang des Ersatzanspruchs bemisst sich nach der Höhe, nach der bei unmittelbarer Schädigung des Arbeitgebers der Schadensersatzanspruch herabgesetzt wäre. Dasselbe gilt, wenn die Schädigung des Dritten nicht nur auf ein rechtswidriges, schuldhaftes Verhalten des Arbeitnehmers, sondern auch auf ein Verhalten eines Erfüllungsgehilfen des Arbeitgebers zurückzuführen ist.[172] Das Risiko, dass der Freistellungsanspruch gegen den Arbeitgeber wegen dessen Insolvenz nicht realisierbar ist, geht zulasten des Arbeitnehmers als des Inhabers dieses Freistellungsanspruchs. Der Arbeitnehmer kann dann von dem Dritten voll in Anspruch genommen werden.[173]

3. Vereinbarung des Haftungsausschlusses. a) Haben Arbeitgeber und geschädigter Dritter vertraglich einen Haftungsausschluss vereinbart, könnte dieser dadurch zunichtegemacht werden, dass der Dritte den Arbeitnehmer in Anspruch nimmt und sich alsdann den Freistellungsanspruch des Arbeitnehmers gegen den Arbeitnehmer pfänden und überweisen lässt. Der BGH verhindert dieses Ergebnis, indem er einem in Allgemeinen Geschäftsbedingungen enthaltenen Haftungsausschluss auch Schutzwirkung zugunsten des Arbeitnehmers beimisst, also auch den Anspruch gegen den Arbeitnehmer ausschließt.[174] **74**

b) Werden **Arbeitgeber und Arbeitnehmer nach §§ 823 ff. BGB in Anspruch genommen,** steht dem Arbeitgeber gem. § 831 BGB gegenüber dem Dritten der Entlastungsbeweis zu. Gelingt der Entlastungsbeweis, kommt dieser dem Arbeitnehmer gegenüber dem Dritten nicht zugute. Andererseits kann der Arbeitnehmer gegen den Arbeitgeber einen Freistellungsanspruch haben. Haftet der Arbeitgeber im Außenverhältnis nach § 831 BGB, findet im Innenverhältnis **§ 840 II BGB keine Anwendung;** es gelten insoweit vielmehr die Grundsätze über den innerbetrieblichen Schadensausgleich.[175] **75**

IV. Schädigung eines Arbeitskollegen durch den Arbeitnehmer

1. Hat der **Arbeitnehmer** einen **in demselben Betrieb** beschäftigten Arbeitskollegen geschädigt, ist die Rechtslage bei Personen- und Sachschäden verschieden. **76**

2. Bei **Personenschäden** greifen die §§ 104 ff. SGB VII ein (§ 109). Hiernach sind Schadensersatzansprüche gegen einen in demselben Betrieb tätigen Betriebsangehörigen ausgeschlossen, wenn dieser den Arbeitsunfall durch eine betriebliche Tätigkeit verursacht hat (§ 105 SGB VII).[176] Der Haftungsausschluss erfasst bei den Personenschäden nicht nur immaterielle Schäden (Schmerzensgeld), sondern auch Vermögensschäden wegen der Verletzung oder Tötung des Versicherten. Eine Ausnahme gilt dann, wenn der Schädiger den Arbeitsunfall vorsätzlich oder auf einem nach § 8 II Nr. 1 bis 4 SGB VII versicherten Weg herbeigeführt hat (§ 109). **77**

3. Bei **Sachschäden** gelten die Vorschriften des SGB VII nicht. Der Arbeitnehmer ist daher grundsätzlich seinem geschädigten Arbeitskollegen zum vollen Schadensersatz verpflichtet. Soweit der Arbeitgeber jedoch verpflichtet wäre, den Schaden selbst zu tragen, wenn er selbst geschädigt worden wäre, erlangt der Arbeitnehmer einen Freistellungsanspruch gegen den Arbeitgeber.[177] Das LAG Düsseldorf hat angenommen, dass ein Arbeitnehmer, der mit dem Wagen seines Arbeitskollegen Auslieferungsfahrten vornimmt, weil das Betriebsfahrzeug defekt ist, stillschweigend einen Leihvertrag abschließt. Im Wege ergänzender Vertragsauslegung könne sich ergeben, dass er seinem verleihenden Kollegen nur nach den Grundsätzen des innerbetrieblichen Schadensausgleichs hafte.[178] **78**

V. Mankohaftung

Groeger, Neues zur Arbeitnehmerhaftung, FA 98, 38; *Lansnicker/Schwirtzek,* Neuordnung der Mankohaftung, BB 99, 259; *Mache,* Haftungsbeschränkungen auch bei der Mankohaftung?, AiB 95, 698; *Pauly,* Grundfragen der Mankohaftung, BB 96, 2038; *Ruff,* Mankohaftung im Arbeitsrecht, 2001; *Schwirtzek,* Die Mankohaftung im Arbeitsverhältnis, 2003.

---

[172] BAG 10. 6. 1969 AP 47 zu § 611 BGB Haftung des Arbeitnehmers.

[173] BGH 19. 9. 1989 AP 99 zu § 611 BGB Haftung des Arbeitnehmers = NZA 90, 100.

[174] BGH 21. 12. 1993 AP 104 zu § 611 BGB Haftung des Arbeitnehmers.

[175] MünchKommBGB/*Henssler* § 619 a BGB RN 25; HWK/*Krause* § 619 a BGB RN 62; ErfK/*Preis* § 619 a BGB RN 26.

[176] Zuletzt BAG 24. 6. 2004 AP 3 zu § 104 SGB VII.

[177] Ebenso *Peifer* AR-Blattei SD 870.1 RN 150.

[178] LAG Düsseldorf 25. 9. 1996 NZA-RR 97, 241 = BB 97, 474; krit. hierzu *Hübsch* BB 98, 690.

79 **1.** Als **Manko** bezeichnet man im Arbeitsrecht den Schaden, den ein Arbeitgeber dadurch erleidet, dass ein seinem Arbeitnehmer anvertrauter Warenbestand oder eine von ihm geführte Kasse eine Fehlmenge bzw. einen Fehlbetrag aufweist. Das Manko ist die Differenz zwischen Soll- und Istbestand. Die Mankohaftung des Arbeitnehmers kann auf einer **besonderen Mankovereinbarung** zwischen Arbeitgeber und Arbeitnehmer beruhen, kraft deren sich der Arbeitnehmer verpflichtet, dem Arbeitgeber ein entstandenes Manko zu ersetzen. Grundlage der Haftung können weiterhin die Vorschriften über Schadensersatz wegen Pflichtverletzung (§ 280 I BGB), über die unerlaubte Handlung (§§ 823 ff. BGB) und bei Arbeitnehmern, die eine besondere Vertrauensstellung haben, die §§ 675, 688 ff. BGB sein.

80 **2. Haftungsübernahme. a)** Ein **Vertrag zur Übernahme des Mankos** durch den Arbeitnehmer wurde zunächst wegen der bestehenden Vertragsfreiheit (§§ 241 I, 311 I BGB) als wirksam angesehen, wenn er eine sinnvolle, den Eigenarten des Betriebs und der Beschäftigung angepasste Beweislastverteilung enthielt oder eine vom Verschulden des Arbeitnehmers unabhängige Haftung für in seinem Arbeits- und Kontrollbereich aufkommende Fehlbeträge darstellte.[179]

81 Hiervon ist das BAG inzwischen teilweise abgerückt. Eine **vom Verschulden unabhängige Garantiehaftung** des Arbeitnehmers kann nicht wirksam vereinbart werden, wenn hierdurch zu Lasten des Arbeitnehmers von den zwingenden Grundsätzen der eingeschränkten Arbeitnehmerhaftung abgewichen wird. Eine Garantiehaftung ist nur bis zur Höhe der vereinbarten Mankovergütung zulässig.[180] Im Fall einer Mankovereinbarung ist der Arbeitgeber für die Abrede, den Schaden, das Verschulden des Arbeitnehmers und die haftungsbegründende Kausalität darlegungs- und beweispflichtig.[181] Dies gilt auch nach Inkrafttreten des § 619 a BGB.[182] Hieran ändert sich auch nichts, wenn Aufstellung und Auswertung der Inventuren durch Computer erfolgen.[183]

82 Die Begründung einer **Erfolgshaftung des Arbeitnehmers durch Mankoabrede** ohne besondere Mankovergütung oder über die Höhe des vereinbarten Mankogeldes hinaus ist unzulässig. Die Abrede wird regelmäßig dahin auszulegen sein, dass der Arbeitnehmer auch bei größeren Schäden nur bis zur Höhe des Mankogeldes haften soll.[184]

83 **b)** Von den echten Mankoabreden sind die sog. **Beweisvereinbarungen über das Manko** zu unterscheiden.[185] Diese besagen beispielsweise, dass der Arbeitnehmer sich auf die Unrichtigkeit solcher Inventuren nicht berufen kann, an denen er teilgenommen hat oder sich zu Unrecht geweigert hat, daran teilzunehmen. Auch diese sind unwirksam, soweit sie von den zwingenden Grundsätzen der eingeschränkten Arbeitnehmerhaftung abweichen.[186] Sie ändern an der gesetzlichen Haftung nichts. Mankogeldpauschalen, die 16 Euro im Monat nicht übersteigen, sind nicht steuerpflichtiger Arbeitslohn (Nr. 19.3 Abs. 1 Nr. 4 LStR).[187]

84 **3. Fehlt eine besondere Mankoabrede,** haftet der Arbeitnehmer wegen Verletzung des Arbeitsvertrags (§ 280 I BGB) oder unerlaubter Handlung (§§ 823 ff. BGB). In beiden Fällen muss der Arbeitgeber die schuldhafte Verursachung eines Fehlbestands nachweisen (§ 619 a BGB).[188]

85 **4. Haftungsbeschränkung. a)** Ist dem Arbeitnehmer die **Verwahrung und Verwaltung eines Waren- oder Kassenbestands** übertragen, kann er sich gegenüber dem Anspruch auf Schadensersatz wegen Pflichtverletzung (§ 280 I BGB) auf die Haftungsbeschränkungen bei betrieblich veranlasster Tätigkeit berufen (dazu allgemein RN 48 ff.). Die Pflichtverletzung des Arbeitnehmers kann sich bereits daraus ergeben, dass durch sein Verhalten dem Arbeitgeber ein

---

179 BAG AP 67 zu § 626 BGB; AP 53, 54 zu § 611 BGB Haftung des Arbeitnehmers; 29. 1. 1985 AP 87 zu § 611 BGB Haftung des Arbeitnehmers = NZA 86, 23.

180 BAG 2. 12. 1999 AP 3 zu § 611 BGB Mankohaftung = NZA 2000, 715; zust. MünchArbR/*Blomeyer* § 59 RN 86; HWK/*Krause* § 619 a BGB RN 52; krit. zu dieser neuen Rechtsprechung ErfK/*Preis* § 619 a BGB RN 29 ff. m. w. N.

181 BAG 17. 9. 1998 AP 2 zu § 611 BGB Mankohaftung = NZA 99, 141; 2. 12. 1999 AP 3 zu § 611 BGB Mankohaftung = NZA 2000, 715.

182 *Gotthardt* RN 194; *Schlodder,* Der Arbeitsvertrag im neuen Schuldrecht, 2004, S. 162 ff.

183 BAG 13. 2. 1974 AP 77 zu § 611 BGB Haftung des Arbeitnehmers.

184 BAG 2. 12. 1999 AP 3 zu § 611 BGB Mankohaftung = NZA 2000, 715.

185 Vgl. dazu BAG 13. 2. 1974 AP 77 zu § 611 BGB Haftung des Arbeitnehmers.

186 BAG 17. 9. 1998 AP 2 zu § 611 BGB Mankohaftung = NZA 99, 141.

187 Schmidt/*Drenseck* EStG § 19 RN 50 „Fehlgeldentschädigung".

188 BAG 17. 9. 1998 AP 2 zu § 611 BGB Mankohaftung = NZA 99, 141; 2. 12. 1999 AP 3 zu § 611 BGB Mankohaftung = NZA 2000, 715.

Schaden entstanden ist. Das Verschulden des Arbeitnehmers und insbesondere die den Grad des Verschuldens ausmachenden Tatsachen sind vom Arbeitgeber darzulegen und zu beweisen. § 280 I 2 BGB findet gem. § 619a BGB keine Anwendung.[189] Wegen der abgestuften Darlegungs- und Beweislast ist der Arbeitnehmer in der Regel gehalten, zu den schadensverursachenden Umständen vorzutragen, wenn er über die konkreten Umstände informiert ist.[190] Die Haftung des Arbeitnehmers kann wegen mitwirkenden Verschuldens (§ 254 BGB) des Arbeitgebers gemildert oder ausgeschlossen sein.

b) In jedem Mankohaftungsfall ist grundsätzlich zu prüfen, ob der Arbeitgeber seiner Pflicht zur Schadensverhütung oder -minderung nachgekommen ist.[191] Ein Verhalten anderer Arbeitnehmer muss er sich anrechnen lassen (§ 278 BGB). Die Rechtsprechung nimmt bei **Organisationsmängeln oder fehlender Überwachung**[192] **durch den Arbeitgeber** eine weitgehende Mitverursachung des Schadens an. Dies gilt insbesondere, wenn der Arbeitgeber den Arbeitnehmer veranlasst, die Schlüssel zum Warenaufbewahrungsort im Betrieb zurückzulassen, wenn Zweitschlüssel vorhanden sind, keine notwendigen Sicherungen für die Waren vorgenommen werden, dem Arbeitnehmer unzuverlässige Mitarbeiter zugewiesen werden, der Arbeitnehmer selbst überlastet wird oder der Arbeitgeber selbst erforderliche Kontrollen unterlässt oder keine regelmäßigen Inventuren vornimmt. 86

Bei einem Kassenmanko ist der **fehlende Geldbetrag,** bei einem Warenmanko der **Wiederbeschaffungspreis** einschließlich der Kosten, jedoch nicht der entgangene Verdienst aus dem Verkauf zu ersetzen, da ein Minderverdienst bei ausreichendem Warenangebot nicht ersichtlich ist.[193] 87

5. Zeugnis. Der Arbeitgeber soll nach Auffassung des BAG u. U. nach § 242 BGB einen Anspruch auf Ersatz eines Mankos verlieren, wenn er dem Arbeitnehmer ein Zeugnis erteilt, in dem diesem Gewissenhaftigkeit und Ehrlichkeit bescheinigt werden.[194] Dem kann nicht gefolgt werden. Auch die positive Beurteilung der Arbeitsleistung schließt eine spätere Geltendmachung von Schadensersatzansprüchen nicht aus. 88

6. Schuldanerkenntnis und Vergleich. a) Der Arbeitnehmer kann die Schuld anerkennen. Dies kann durch ein **konstitutives (abstrakte) Schuldanerkenntnis** (§ 781 BGB) erfolgen. Zu dessen Wirksamkeit bedarf es gem. § 781 Satz 1 BGB der Schriftform.[195] Das abstrakte Schuldanerkenntnis begründet eine neue Schuld mit der Folge, dass Einwendungen aus dem alten Schuldverhältnis entfallen.[196] Vorformulierte abstrakte Schuldversprechen oder -anerkenntnisse unterliegen der AGB-Kontrolle. Zu prüfen ist, ob sie unangemessen den anderen Vertragspartner benachteiligen, weil sie von Rechtsvorschriften so abweichen, dass sie mit dem wesentlichen Grundgedanken der gesetzlichen Regelung, von der sie abweichen, unvereinbar sind. Das ist anzunehmen, wenn dem Arbeitnehmer das Recht genommen wird, geltend zu machen, die dem Schuldversprechen oder dem -anerkenntnis zu Grunde liegende Forderung bestehe nicht.[197] 89

b) In Betracht kommt des Weiteren ein formfreier **Schuldbestätigungsvertrag** (§§ 241 I, 311 I BGB) und ein **deklaratorisches Schuldanerkenntnis.** Hierdurch soll eine bereits bestehende Schuld lediglich bestätigt werden. Der Zweck eines deklaratorischen Anerkenntnisvertrags besteht darin, das Schuldverhältnis insgesamt oder in einzelnen Punkten dem Streit oder der Ungewissheit der Parteien zu entziehen und es insoweit endgültig festzulegen. Im Unterschied zum Vergleich werden Streit oder Ungewissheit jedoch nicht durch gegenseitiges, sondern durch einseitiges Nachgeben des Schuldners beseitigt. Es handelt sich somit um einen kausalen einseitigen Feststellungsvertrag. Mit ihm regeln die Parteien ihre materiell-rechtlichen Beziehungen.[198] Durch Auslegung ist zu ermitteln, was die Parteien gewollt haben.[199] Erforder- 90

---

[189] *Gotthardt* RN 196 ff.; MünchKommBGB/*Henssler* § 619a RN 52; Staudinger/*Oetker* § 619a RN 3; ErfK/*Preis* § 619a BGB RN 41; *Schlodder,* Der Arbeitsvertrag im neuen Schuldrecht, S. 163.

[190] BAG 17. 9. 1998 AP 2 zu § 611 BGB Mankohaftung = NZA 99, 141.

[191] BAG 26. 1. 1971 AP 64 zu § 611 BGB Haftung des Arbeitnehmers.

[192] BAG 18. 6. 1970, 26. 1. 1971 AP 57, 64 zu § 611 BGB Haftung des Arbeitnehmers.

[193] LAG Düsseldorf 14. 5. 1974 DB 74, 2115.

[194] BAG 8. 2. 1972 AP 7 zu § 630 BGB.

[195] BGH 8. 12. 1992 NJW 93, 584.

[196] BAG 10. 10. 2002 AP 169 zu § 4 TVG Ausschlussfristen = NZA 2003, 329.

[197] BAG 15. 3. 2005 AP 7 zu § 781 BGB = NZA 2005, 682.

[198] BAG 10. 10. 2002 AP 169 zu § 4 TVG Ausschlussfristen = NZA 2003, 329; 15. 3. 2000 AP 24 zu §§ 22, 23 BAT Zuwendungs-TV = NZA 2000, 1004.

[199] Zur Abgrenzung von abstraktem und deklaratorischem Schuldanerkenntnis vgl. BAG 10. 10. 2002 AP 169 zu § 4 TVG Ausschlussfristen = NZA 2003, 329.

lich ist die Einigung über Streitpunkte und Ungewissheiten.[200] Die Wiederholung des Schuldgrundes spricht eher für einen Schuldbestätigungsvertrag, durch den dem Schuldner alle Einwendungen abgeschnitten sind, die ihm im Zeitpunkt der Abgabe bekannt waren oder mit denen er rechnete.[201]

91 **c)** Hat der Arbeitnehmer die Haftung wegen eines Mankos anerkannt, ist das Anerkenntnis nicht in jedem Fall deswegen anfechtbar, weil der Arbeitgeber mit einer **Strafanzeige gedroht** hat.[202] Vielmehr ist darauf abzustellen, ob die Drohung zu dem angestrebten Zweck unverhältnismäßig war. Hierbei sind alle Umstände des Einzelfalles zu würdigen. Anders ist es, wenn der Arbeitnehmer sich zugleich einer strafbaren Handlung bezichtigen soll.[203] Wird mit einer Strafanzeige gegen nahe Angehörige des Arbeitnehmers gedroht, kann das Ausnutzen der seelischen Zwangslage nach Meinung des BGH eine Anfechtung nicht rechtfertigen.[204]

92 **d)** Ein Schuldanerkenntnis unterbricht nach § 212 I Nr. 1 BGB die **Verjährung** und ist als Beweismittel zu würdigen (§ 286 ZPO). Es kann sich nach Widerruf die Beweislast umkehren, jedoch ist Entkräftung durch Beweis der Unrichtigkeit möglich.[205] Es verstößt in der Regel gegen Treu und Glauben, wenn sich ein Arbeitnehmer darauf beruft, der Arbeitgeber habe bei der Geltendmachung einer Schadensersatzforderung die gültige ein- oder zweistufige **Ausschlussfrist** nicht gewahrt, falls der Arbeitnehmer die Forderung zuvor deklaratorisch anerkannt hat. Dies gilt auch dann, wenn der Schuldner das deklaratorische Schuldanerkenntnis später anficht.[206]

93 **e)** Die Parteien können sich über **ein Manko vergleichen** (§ 779 BGB). Ein außergerichtlicher Vergleich kann sittenwidrig sein (§ 138 BGB), wenn ein auffälliges Missverhältnis des beiderseitigen Nachgebens besteht, das auf eine verwerfliche Gesinnung des Arbeitgebers schließen lässt. Bei der Bewertung des beiderseitigen Nachgebens kommt es darauf an, welcher Höchstschaden bei Abschluss des Vergleichs in Betracht gezogen und als Vergleichsrahmen angesehen wurde. Auf seine Beweisbarkeit kommt es nicht an.[207] Ein deklaratorisches Schuldanerkenntnis kann nichtig sein, wenn es gegen eine Verbotsnorm oder die guten Sitten verstößt; dies gilt auch dann, wenn es sich auf ein Gesetz oder sittenwidriges Ausgangsgeschäft bezieht und die Nichtigkeitsgründe bei seiner Abgabe noch fortbestehen.[208]

94 **f)** Der Gläubiger kann seine Forderung **erlassen.** An die Annahme eines konkludent erklärten Erlassvertrags sind strenge Anforderungen zu stellen.[209]

§ 54. Haftung des Arbeitgebers

Faecks, Haftungsausschluss im Betrieb – ein Beitrag zur Klärung einer Schnittstelle zwischen Arbeits- und Sozialrecht (§§ 104 ff. SGB VII), FS 25 Jahre Arbeitsgemeinschaft Arbeitsrecht im DAV, 2006, S. 1207; *Griese,* Haftung und Schmerzensgeld im Arbeitsverhältnis – rechtlich und rechtspolitisch, FS für Küttner, 2006, S. 165; *Kock,* Entsperrung der Haftungsprivilegierung gem. §§ 104 ff. SGB VII wegen Vorsatzes und bei sog. Hol- und Bringunfällen jetzt höchstrichterlich geklärt, NZS 2005, 18; *v. Koppenfels-Spies,* Der Risikobereich des Haftungsausschlusses gem. § 105 Abs. 1 SGB VII – Betrieb oder Unternehmen?, NZS 2006, 561; *Müller-Glöge,* „Die Gefährdungshaftung des Arbeitgebers" – Entwicklung und Stand der Rechtsprechung, FS für Dieterich, 1999, 387; *Rolfs,* Der Personenschaden des Arbeitnehmers, AR-Blattei SD 860.2 (2001); *ders.,* Aktuelle Entwicklungen beim unfallversicherungsrechtlichen Haftungsausschluss (§§ 104 ff. SGB VII), DB 2001, 2294; *Schwab,* Die Schadenshaftung im Arbeitsverhältnis – 2. Teil: Die Haftung des Arbeitgebers, NZA-RR 2006, 505; *Stoffels,* Haftung des Arbeitgebers, AR-Blattei SD 860.1 (1997).

I. Personenschäden

Frieges, Der Anspruch des Arbeitnehmers auf Ersatz selbstverschuldeter Eigenschäden, NZA 95, 403.

---

[200] BGH 24. 6. 1999 NJW 99, 2889.
[201] BGH 1. 12. 1994 NJW 95, 960.
[202] BAG 22. 10. 1998 AP 5 zu § 781 BGB = NZA 99, 417.
[203] LAG Frankfurt BB 71, 1280.
[204] BGH BB 88, 1549.
[205] BGH 24. 3. 1976 BGHZ 66, 250.
[206] BAG 10. 10. 2002 AP 169 zu § 4 TVG Ausschlussfristen = NZA 2002, 329.
[207] BAG 11. 9. 1984 AP 37 zu § 138 BGB = NJW 85, 2551; 30. 7. 1985 AP 39 zu § 138 BGB = NZA 86, 519; Thür. LAG 10. 9. 1998 ZTR 99, 183.
[208] BGH 3. 1988 NJW 88, 1781.
[209] BGH 22. 6. 1995 ZIP 95, 1195.

Bei Personenschäden hat der Arbeitnehmer grundsätzlich keinen Ersatzanspruch gegen den Arbeitgeber (§ 109). Insoweit gelten die §§ 104ff. SGB VII. Zur Haftung bei Mobbing § 33 RN 43aff. 1

II. Sach- und Vermögensschäden

1. Überblick. Der Arbeitgeber haftet für Sachschäden, die sein Arbeitnehmer bei der Arbeit ohne eigenes Verschulden erleidet, grundsätzlich nur dann, wenn den Arbeitgeber ein **Verschulden** trifft. Handelt es sich jedoch um Sachschäden, die in Vollzug einer **gefährlichen Arbeit entstanden und außergewöhnlich** sind, mit denen also der Arbeitnehmer nach der Art des Betriebs oder nach der Art der Arbeit nicht zu rechnen hat, ist der Arbeitgeber dem Arbeitnehmer zum Wertersatz bei Vernichtung oder Beschädigung seiner Sache verpflichtet.[1] 2

2. Einsatz des eigenen PKW. Beim Einsatz des eigenen PKW **im Betätigungsbereich des Arbeitgebers** hat der Arbeitgeber dem Arbeitnehmer die an dem Kraftwagen des Arbeitnehmers ohne Verschulden des Arbeitgebers entstandenen Unfallschäden ersetzen, wenn das Fahrzeug mit Billigung des Arbeitgebers ohne besondere Vergütung im Betätigungsbereich des Arbeitgebers eingesetzt war.[2] Um einen Einsatz im Betätigungsbereich des Arbeitgebers handelt es sich, wenn ohne den Einsatz des Arbeitnehmerfahrzeugs der Arbeitgeber ein eigenes Fahrzeug einsetzen und damit dessen Unfallgefahr tragen müsste.[3] 3

Der Ersatzanspruch des Arbeitnehmers wird durch sein **Mitverschulden** nicht von vornherein ausgeschlossen; das Mitverschulden ist jedoch in entspr. Anwendung von § 254 BGB zu berücksichtigen. Hierbei handelt es sich in analoger Anwendung von § 670 BGB um einen Aufwendungsersatzanspruch.[4] Ein Defekt am Fahrzeug, z.B. poröse Reifen[5] – oder ein eventuelles persönliches Fehlverhalten des Arbeitnehmers sind daher als Mitverschulden zu berücksichtigen. 4

Beschädigt ein Arbeitnehmer bei betrieblich veranlassten Arbeiten schuldhaft sein mit Billigung des Arbeitgebers eingesetztes Fahrzeug, gelten im Rahmen des Aufwendungsersatzanspruchs des Arbeitnehmers nach § 670 BGB die Grundsätze der beschränkten Arbeitnehmerhaftung auch dann, wenn über das Fahrzeug des Arbeitnehmers **mit dem Arbeitgeber ein Mietvertrag abgeschlossen** worden war.[6] 5

Wird der Privat-Pkw des Arbeitnehmers nicht während einer Dienstfahrt, sondern in der Zeit zwischen zwei am selben Tage durchzuführenden Dienstfahrten während des **Parkens** in der Nähe des Betriebs beschädigt, gehört auch dieses Vorhalten des Kraftwagens während der Innendienstzeit des Arbeitnehmers zum Einsatz im Betätigungsbereich des Arbeitgebers. Der anderweitig nicht ersetzte Sachschaden ist vom Arbeitgeber auszugleichen.[7] Der Arbeitgeber ist verpflichtet, die berechtigterweise auf das Betriebsgelände mitgebrachten Sachen des Arbeitnehmers durch zumutbare Maßnahmen vor Beschädigungen durch Dritte zu schützen. Wie weit diese Pflicht geht, ist im Einzelfall nach Treu und Glauben unter Berücksichtigung der betrieblichen und örtlichen Verhältnisse zu bestimmen. 6

Stellt der Arbeitgeber einen **Firmenparkplatz** zur Verfügung, hat er für dessen Verkehrssicherheit zu sorgen. Er hat die durch die Benutzung des Parkplatzes drohenden Gefahren für die abgestellten Fahrzeuge auf ein zumutbares Mindestmaß zurückzuführen.[8] Der Aufwendungsersatzanspruch des Arbeitnehmers erstreckt sich nicht auf den Verlust des Schadensfreiheitsbetrags in der Haftpflichtversicherung, wenn der Arbeitnehmer bei Benutzung seines eigenen Kraftwagens für dienstliche Zwecke einen Schaden erleidet (vgl. § 106 RN 32).[9] 7

3. Bußgelder und Strafen. Umstr. ist, in welchem Umfang der Arbeitnehmer Ersatz von Bußgeldern und Strafen verlangen kann, wenn er im Dienste seines Arbeitgebers unerlaubte Handlungen begeht. Zusagen des Arbeitgebers, dem Arbeitnehmer bei der Arbeitsausübung auferlegte Geldstrafen oder Geldbußen zu übernehmen, sind regelmäßig als Verstoß gegen die **guten Sitten nach § 138 BGB** nichtig. Ein als Kraftfahrer tätiger Arbeitnehmer trägt daher 8

[1] BAG GS 10. 11. 1961 AP 2 zu § 611 BGB Gefährdungshaftung = NJW 62, 411.
[2] BAG 8. 5. 1980 AP 6 zu § 611 BGB Gefährdungshaftung = NJW 81, 702.
[3] BAG 23. 11. 2006 AP 39 zu § 611 BGB Haftung des Arbeitgebers = NZA 2007, 870; 17. 7. 1997 AP 14 zu § 611 BGB Gefährdungshaftung = NZA 97, 1346.
[4] BAG 8. 5. 1980 AP 6 zu § 611 BGB Gefährdungshaftung = NJW 81, 702.
[5] BAG 23. 11. 2006 AP 39 zu § 611 BGB Haftung des Arbeitgebers = NZA 2007, 870.
[6] BAG 17. 7. 1997 AP 14 zu § 611 BGB Gefährdungshaftung = NZA 97, 1346.
[7] BAG 14. 12. 1995 AP 13 zu § 611 BGB Gefährdungshaftung = NZA 96, 417.
[8] BAG 25. 5. 2000 AP 8 zu § 611 BGB Parkplatz = NZA 2000, 1052.
[9] BAG 30. 4. 1992 AP 11 zu § 611 BGB Gefährdungshaftung = NZA 93, 262.

die Gefahr selbst, wegen einer verschuldeten Beteiligung an einem Verkehrsunfall strafrechtlich verfolgt zu werden.[10] Dagegen hat der Arbeitnehmer Anspruch auf Ersatz der **Verteidigungskosten,** wenn er schuldlos einen schweren Verkehrsunfall verursacht.[11] Dies gilt gleichermaßen, wenn der Arbeitnehmer wegen einer betrieblichen Tätigkeit Aufwendungen für seine Rechtsverteidigung macht; hat er schuldhaft gehandelt, ist entspr. § 254 BGB nur ein Teil vom Arbeitgeber zu tragen.

9 **4. Lenkzeitverstöße.** Ein Arbeitgeber, der bewusst in Kauf nimmt, dass es zu **Verstößen gegen Lenkzeiten** kommt, handelt sittenwidrig und ist seinem Arbeitnehmer zum Ersatz der durch die Strafverfolgung entstehenden Aufwendungen nach § 826 BGB verpflichtet. Dies gilt jedenfalls dann, wenn die Anordnung des Arbeitgebers sich konkret auf die zum Schaden führende Lenkzeitüberschreitung bezogen und der Arbeitgeber den Schaden i. S. des bedingten Vorsatzes mindestens billigend in Kauf genommen hat. Dabei genügt es, wenn der Arbeitgeber die Lenkzeitüberschreitung zwar nicht direkt vorgeschrieben, jedoch bewusst eine Fahrt mit bestimmten vorgeschriebenen Terminen angeordnet hat, die zwangsläufig zu unzulässigen Lenkzeitüberschreitungen führen musste.[12] Diese Grundsätze gelten regelmäßig auch für andere straf- und bußgeldbewehrte Handlungen, die der Arbeitnehmer auf Anordnung des Arbeitgebers begeht. Zu den erstattungsfähigen Aufwendungen gehören aber nur in Ausnahmefällen der Ersatz von Geldbußen, etwa wenn es dem Arbeitnehmer nicht zumutbar war, sich den (für ihn erkennbar) rechtswidrigen Weisungen zu widersetzen. Ansonsten hat die Rspr. dem Arbeitnehmer bisher einen Erstattungsanspruch für eine verfallene Kaution gewährt, wenn dieser im Ausland ein Kraftfahrzeug führen muss, die Durchführung der Strafverfolgungsmaßnahmen der dortigen Behörde unzumutbar ist und der Arbeitnehmer für das Risiko keine angemessene Vergütung erhält.[13]

10 **5. Aktienverluste.** Ein Unternehmen, welches **Aktien an Beschäftigte** ausgibt und verkauft, ist nicht zur allgemeinen Rechtsberatung der Arbeitnehmer dahin gehend verpflichtet, dass einmal erworbene Aktien auch bei einem Scheitern des geplanten Börsengangs nicht zurückgegeben werden können, denn der Erwerb von Aktien ist ein typisches Spekulationsgeschäft und erkennbar mit Risiken für den Käufer verbunden. Diese Risiken trägt regelmäßig der Aktienkäufer.[14]

§ 55. Nebenpflichten des Arbeitnehmers

Boemke, AR-Blattei SD 1228 Nebenpflichten des Arbeitnehmers (2002); *Busch/Dendorfer,* Abwerbung von Arbeitnehmern – Rechtliche Grundlagen und Regelungsmöglichkeiten, BB 2002, 301; *Schmiedl,* Mitarbeiterabwerbung durch Kollegen während des laufenden Arbeitsverhältnisses, BB 2003, 1120.

Übersicht

	RN		RN
I. Begriff und Inhalt	1 ff.	8. Kontrollen	25–28
1. Begriff	1, 2	9. Loyalitätspflichten	29
2. Inhalt	3–5	10. Meinungsfreiheit	30–34
3. Verhaltenspflichten	6–8	11. Nebentätigkeiten	35
4. Informationspflichten	9	12. Obhutspflichten	36
5. Tendenzbetriebe	10	13. Pressekontakte	37
II. Einzelne Nebenpflichten	11 ff.	14. Prozessbetrug	37 a
1. Abwerbung	11 a	15. Rauchverbot	38–40
2. Ärztliche Untersuchung	12	16. Schmiergeld	41–43
3. Alkoholverbot	13	17. Schutzpflichten	44
4. Anzeigen	14–16	18. Telefonnutzung	45–49
5. Betriebsfrieden	17	19. Unlauterer Wettbewerb	50
6. Internetnutzung	18–22	20. Verschwiegenheitspflicht	51–60
7. Kleidung	23, 24	21. Wettbewerbsverbot	61

[10] BAG 11. 8. 1988 AP 7 zu § 611 BGB Gefährdungshaftung des Arbeitgebers = NZA 88, 649; LAG Hamm 30. 7. 1990 NJW 91, 861; vgl. auch BAG 14. 11. 1991 AP 10 zu § 611 BGB Gefährdungshaftung = NZA 92, 691; LAG Köln 11. 3. 1993 LAGE § 670 BGB Nr. 11; LAG Hamm 20. 12. 1991 LAGE § 620 BGB Nr. 9.

[11] BAG 16. 3. 1995 AP 12 zu § 611 BGB Gefährdungshaftung = NZA 95, 836.

[12] BAG 25. 1. 2001 AP 14 zu § 611 BGB Haftung des Arbeitgebers = NZA 2001, 653.

[13] BAG 11. 8. 1988 AP 7 zu § 611 BGB Gefährdungshaftung = NZA 89, 54.

[14] BAG 28. 9. 2006 AP 42 zu § 242 BGB Auskunftspflicht.

I. Begriff und Inhalt

1. Begriff. Die Nebenpflichten des Arbeitnehmers werden auch heute noch verbreitet **Treuepflichten** genannt. Die Lehre von der Treuepflicht geht auf *Otto v. Gierke* und seine Lehre vom deutschrechtlichen Ursprung des Dienstvertrags zurück.[1] Der Inhalt des Arbeitsvertrags wird hiernach nicht ausschließlich durch die Regeln des BGB bestimmt.[2] In der Weimarer Zeit und bis etwa Mitte der 60er Jahre wurde das Arbeitsverhältnis als **personenrechtliches Gemeinschaftsverhältnis** verstanden, aus dem sich für den Arbeitgeber Fürsorgepflichten (§ 108) und den Arbeitnehmer Treuepflichten ergaben. Die Treuepflicht wurde zu einem wesentlichen Element der nationalsozialistischen Arbeitsverfassung (vgl. § 2 II AOG). Die Treuepflicht des Arbeitnehmers sollte darin bestehen, sich nach besten Kräften für die Interessen des Arbeitgebers und das Gedeihen des Betriebs einzusetzen und alles zu unterlassen, was dem Arbeitgeber oder dem Betrieb abträglich sein konnte.[3] Damit war nicht ohne Weiteres eine Treuepflicht i.S. von § 266 StGB verbunden.[4] 1

Seit Mitte der 70er Jahre hat sich die Rechtslehre und mit ihr die Rspr. zunehmend vom Begriff der Treuepflicht gelöst und anerkannt, dass aus dem Arbeitsvertrag wie bei allen Schuldverhältnissen eine Reihe von Nebenpflichten folgt. Die Bezeichnung dieser Pflichten als **Treuepflicht ist heute überholt.**[5] In § 241 II BGB ist inzwischen eine Rücksichtnahmepflicht als Nebenpflicht statuiert. Der Begriff der Treuepflicht hat für das Arbeitsverhältnis nur noch insoweit Bedeutung, als unter seinem Oberbegriff eine Reihe von Nebenpflichten des Arbeitnehmers zusammengefasst sind, die unter RN 11ff. im Einzelnen dargestellt sind. Dagegen lassen sich aus dem Treuepflichtgedanken keine weitergehenden Pflichten des Arbeitnehmers aus dem Arbeitsverhältnis ableiten. 2

2. Inhalt. a) Der Inhalt der Nebenpflichten ergibt sich aus dem jeweiligen Schuldverhältnis. Danach hat der Arbeitnehmer seine Verpflichtungen aus dem Arbeitsverhältnis so zu erfüllen, seine Rechte so auszulegen und die im Zusammenhang mit dem Arbeitsverhältnis stehenden Interessen des Arbeitgebers so zu wahren, wie dies von ihm unter Berücksichtigung seiner Stellung im Betrieb, seiner eigenen Interessen und der Interessen der anderen Arbeitnehmer des Betriebs **nach Treu und Glauben billigerweise verlangt werden kann.**[6] Er hat die Ordnung des Betriebs zu wahren und Unfallverhütungsvorschriften einzuhalten. Entsprechenden Weisungen des Arbeitgebers hat der Arbeitnehmer gem. § 106 Satz 2 GewO nachzukommen. 3

Die Nebenpflichten sind in den Arbeitsverhältnissen **unterschiedlich ausgestaltet.** Die Nebenpflichten sind i.d.R. größer in Arbeitsverhältnissen, die von besonderem Vertrauen getragen zu werden pflegen (Prokuristen, Handlungsbevollmächtigte, leitenden Angestellte). Gleiches gilt für Arbeitsverhältnisse, die auf persönlichen Beziehungen der Parteien beruhen oder bei Aufnahme des Arbeitnehmers in die häusliche Gemeinschaft. Geringere Rücksichtnahmepflichten bestehen dagegen z.B. in Aushilfs- und Eintagsarbeitsverhältnissen. Auch durch die Art der geschuldeten Arbeitsleistung können Inhalt und Umfang beeinflusst werden. So wird z.B. der kaufmännische Angestellte andere, zumeist auch weitergehende Pflichten haben als der gewerbliche Arbeiter in Großbetrieben. 4

b) Der Arbeitnehmer ist grundsätzlich nicht gehindert, **seine Interessen** mit den gesetzlich zulässigen Mitteln zu verfolgen, auch wenn dies nicht mit den Interessen des Arbeitgebers übereinstimmt. Er kann z.B. unter Kündigungsandrohung seinem Wunsch nach einer Erhöhung des Arbeitsentgelts Nachdruck verleihen. Zulässig ist weiterhin, sich mit seinen Arbeitskollegen zur Erreichung gemeinsamer Zwecke zusammentun oder einer Gewerkschaft beitreten. Der Arbeitnehmer braucht in seinem privaten Bereich nicht stets auf die Interessen des Arbeitgebers Rücksicht zu nehmen. Er kann eine anstrengende Urlaubsreise unternehmen, abends ausgehen, auch wenn er danach etwas weniger leistungsfähig ist (zur Kündigung wegen Schlechtleistung § 131 RN 46ff.). 5

3. Verhaltenspflichten. Der Arbeitnehmer hat sich gegenüber seinem Arbeitgeber grundsätzlich **loyal** zu verhalten. Es gibt allerdings keine allgemeine „Gehorsamspflicht".[7] Diese 6

---

[1] Vgl. MünchArbR/*Blomeyer* § 51 RN 1ff.; Staudinger/*Richardi* § 611 RN 374ff.

[2] *v. Gierke,* Deutsches Privatrecht III, 1917, 590ff.; dazu *Jobs* ZfA 72, 305ff.

[3] *Nikisch* Bd. I § 34 I 1; *Hueck/Nipperdey* Bd. I § 37.

[4] Bay. ObLG DB 57, 1131.

[5] Vgl. *Schwerdtner,* Fürsorgetheorie und Entgelttheorie im Recht der Arbeitsbedingungen, 1970, S. 79 bis 91.

[6] MünchKommBGB/*Müller-Glöge* § 611 RN 1074.

[7] *Zöllner*/Loritz/Hergenröder Arbeitsrecht § 14 IV.

Pflicht steht in einem im Einzelfall nur schwer zu lösenden Spannungsverhältnis zum Recht des Arbeitnehmers auf freien Meinungsäußerung aus Art. 5 I GG (dazu RN 30ff.). Bei wirtschaftlichen Schwierigkeiten des Arbeitgebers ist der Arbeitnehmer nicht verpflichtet, seinem Arbeitgeber einen Kredit einzuräumen[8] oder unbezahlt länger zu arbeiten.[9] Der Arbeitnehmer ist in diesen Fällen auch nicht verpflichtet, auf entstandene tarifliche Rechte zu verzichten.[10]

7 Das **außerdienstliche Verhalten** wird durch arbeitsrechtliche Nebenpflichten kaum begrenzt. Wie ein Arbeitnehmer sein Privatleben einrichtet, geht den Arbeitgeber im Grundsatz nichts an.[11] Der Arbeitnehmer hat seine private Lebensführung nicht an den Interessen des Arbeitgebers auszurichten.[12] Die Verpflichtungen des Arbeitnehmers gegenüber seinem Arbeitgeber enden grundsätzlich dort, wo sein privater Bereich beginnt. Die Gestaltung des privaten Lebensbereiches wird durch arbeitsvertragliche Pflichten nur insoweit eingeschränkt, als sich das private Verhalten auf den betrieblichen Bereich auswirkt und dort zu Störungen führt.[13] Berührt außerdienstliches Verhalten den arbeitsvertraglichen Pflichtenkreis nicht, ist der Arbeitgeber nicht berechtigt, seine Missbilligung über ihm bekannt gewordene Umstände aus der Privatsphäre des Arbeitnehmers durch den Ausspruch einer Kündigung zu äußern.[14] Der Arbeitnehmer darf allerdings nicht den Zielen des Unternehmens entgegenarbeiten.

8 Besonderheiten gelten im **öffentlichen Dienst.** Nach § 8 I 1 BAT hatte sich ein Angestellter so zu verhalten, wie es von Angestellten des öffentlichen Dienstes erwartet wird. Diese Bestimmung wird nicht verletzt, wenn sich eine Umschülerin zusammen mit ihrem Freund in einer Zeitschrift ablichten lässt, die softpornographischen Inhalt hat.[15] Begeht ein im öffentlichen Dienst Beschäftigter ein vorsätzliches Tötungsdelikt, ist es dem öffentlichen Arbeitgeber dagegen in der Regel unzumutbar, ihn weiterzubeschäftigen, ohne dass eine konkret messbare Ansehensschädigung nachgewiesen werden müsste.[16] An die Stelle des § 8 BAT ist im öffentlichen Dienst des Bundes § 41 des Tarifvertrags für den öffentlichen Dienst – Besonderer Teil Verwaltung (TVöD-BT-V) getreten. Für den Bereich der VKA gilt § 3 I1 TVöD-V, für die Länder gilt § 3 I TV-L. Alle diese Bestimmungen enthalten jedoch keine dem § 8 I 1 BAT entsprechende Regelung.

9 **4. Informationspflichten.** Den Arbeitnehmer treffen eine Reihe besonders ausgestalteter Informationspflichten. So muss der Arbeitnehmer gem. § 5 EFZG voraussehbare Arbeitsverhinderungen rechtzeitig mitteilen, insbesondere eine Krankheit unverzüglich anzeigen (§ 98 RN 113ff.) und gegebenenfalls eine ärztliche Arbeitsunfähigkeitsbescheinigung vorlegen (§ 98 RN 119). Im Falle der Geschäftsbesorgung hat er Bericht zu erstatten, Auskünfte erteilen und Rechenschaft abzulegen (vgl. §§ 675, 666, 259 BGB); drohende, eingetretene oder voraussehbare Schäden hat er anzeigen.

10 **5.** In **Tendenzbetrieben** bestehen besondere Nebenpflichten. Ein Arbeitnehmer in einem Tendenzunternehmen darf sich nicht zur Tendenz des Unternehmens in Gegensatz setzen.[17] Dies gilt auch für außerdienstliche Meinungsäußerungen.[18] In kirchlichen Einrichtungen können dem Arbeitnehmer wegen des Selbstbestimmungsrechts der Kirchen besondere Obliegenheiten seiner Lebensführung auferlegt werden (vgl. § 185 RN 1).[19]

II. Einzelne Nebenpflichten

11 Nachfolgend findet sich eine **alphabetische Aufstellung** der wichtigsten Nebenpflichten. Weitere Nebenpflichten, die sich auf die Arbeitszeit beziehen, sind bei § 45 RN 47 behandelt.

11a **1. Abwerbung.**[20] Der Arbeitnehmer darf, wenn er sich selbstständig machen will, alle erforderlichen vorbereitenden Maßnahmen treffen, um sofort nach der Beendigung seines Dienst-

[8] LAG München 6. 5. 1997 LAGE § 242 BGB Lohnstundung Nr. 1.
[9] BAG 12. 6. 2002 AP 8 zu § 612 a BGB = NZA 2002, 1389.
[10] BAG 15. 3. 2000 – 10 AZR 745/98.
[11] Staudinger/*Richardi* § 611 RN 388.
[12] ErfK/*Preis* § 611 BGB RN 709.
[13] HWK/*Thüsing* § 611 BGB RN 376.
[14] BAG 23. 6. 1994 AP 9 zu § 242 BGB Kündigung = NZA 94, 1080.
[15] ArbG Passau 11. 12. 1997 NZA 98, 427.
[16] BAG 8. 6. 2000 AP 163 zu § 626 BGB = NZA 2000, 1282.
[17] Zur Gewerkschaft: BAG 6. 12. 1979 AP 2 zu § 1 KSchG 1969 Verhaltensbedingte Kündigung; BGH 19. 1. 1998 AP 7 zu § 20 BetrVG 1972 = NJW 81, 2178.
[18] LAG Berlin 6. 12. 1982 EzA 11 zu § 1 KSchG Tendenzbetrieb.
[19] BVerfGE 70, 138 = AP 24 zu Art. 140 GG.
[20] *Busch/Dendorfer* BB 2002, 301; *Röder/Hahn,* Abwerbung von Arbeitnehmern, AR-Blattei SD 30; *Schmiedl* BB 2003, 1120.

verhältnisses mit dem geplanten eigenen Geschäftsbetrieb beginnen zu können (§ 57 RN 5). Es stellt keine Pflichtverletzung dar, wenn er seinen Arbeitskollegen mitteilt, er wolle sich selbstständig machen[21] oder von einem beabsichtigten Stellenwechsel erzählt und etwaige besondere Leistungen seines neuen Arbeitgebers herausstellt. Dagegen darf er nicht auf andere Mitarbeiter einwirken und sie veranlassen, Arbeit bei ihm oder bei seinem neuen Arbeitgeber aufzunehmen,[22] oder einem vertragsbrüchig gewordenen Arbeitskollegen bei einer konkurrierenden Tätigkeit des in Aussicht genommenen neuen Arbeitgebers helfen.[23] Ein derartiges Verhalten berechtigt zur ordentlichen, u. U. auch zur außerordentlichen Kündigung.[24] Zu Sperrabreden von Arbeitgebern vgl. § 58 RN 110ff.

2. Ärztliche Untersuchung. Der Arbeitgeber kann vom Arbeitnehmer das Einverständnis zu einer ärztlichen Untersuchung grundsätzlich nur verlangen, wenn dafür ein hinreichend begründeter Anlass besteht.[25] Ein Arbeitnehmer ist regelmäßig nicht ohne besondere Anhaltspunkte für einen Drogenmissbrauch verpflichtet, im laufenden Arbeitsverhältnis **routinemäßigen Blutuntersuchungen oder Drogenscreenings** zur Klärung, ob er alkohol- oder drogenabhängig ist, zuzustimmen.[26] Die Zustimmung kann allerdings bereits im Arbeitsvertrag erteilt werden, wenn der Arbeitgeber z. B. wegen der Gefährlichkeit der Tätigkeit hieran ein berechtigtes Interesse hat.[27] Dem allgemeinen Persönlichkeitsrecht des Arbeitnehmers und dem dadurch gewährleisteten Schutz vor der Erhebung und Weitergabe von Befunden über den Gesundheitszustand, die seelische Verfassung und den Charakter des Arbeitnehmers ist hinreichend Rechnung getragen, wenn die Begutachtung sich lediglich auf solche Umstände bezieht, die bei vernünftiger, lebensnaher Einschätzung die ernsthafte Besorgnis begründen, bei dem betreffenden Arbeitnehmer könne eine Alkohol- bzw. Drogenabhängigkeit vorliegen. 12

3. Alkoholverbot. Der Arbeitgeber kann grundsätzlich ein **allgemeines Alkoholverbot** erlassen.[28] Dies ist insbes. dann zulässig, wenn es bei bestimmten Arbeitnehmergruppen notwendig ist, z. B. Piloten oder Kraftfahrern. In Betriebs- oder Dienstvereinbarungen kann ein absolutes Alkoholverbot vereinbart werden.[29] Sofern das Zusammenwirken der Arbeitnehmer im Betrieb den Alkoholgenuss verbietet, besteht auch ohne ausdrückliche Anordnung ein Alkoholverbot. Der Arbeitgeber kann grundsätzlich nicht einseitig Alkoholtests einführen. Besteht ein Alkoholverbot, kann bei einem Verstoß hiergegen eine Kündigung gerechtfertigt sein (vgl. § 133 RN 12). 13

4. Anzeigen.[30] **a)** Erstattet der Arbeitnehmer **Strafanzeige gegen seinen Arbeitgeber,** ohne zuvor eine innerbetriebliche Klärung zu versuchen, kann darin eine kündigungsrelevante Verletzung arbeitsvertraglicher Nebenpflichten liegen. Handelt es sich bei den dem Arbeitgeber zur Last gelegten Vorfällen um schwerwiegende Vorwürfe und sind die betreffenden Straftaten vom Arbeitgeber selbst begangen worden, braucht der Arbeitnehmer jedoch i. d. R. nicht den Versuch der innerbetrieblichen Klärung zu unternehmen. Der Arbeitgeber kann grundsätzlich nicht mit Erfolg geltend machen, bestimmte Vorgänge gingen den Arbeitnehmer auf Grund seiner Stellung im Unternehmen („schlichter Kraftfahrer") nichts an. Das staatsbürgerliche Recht zur Erstattung von Strafanzeigen besteht unabhängig von der beruflichen oder sonstigen Stellung und ihrer sozialen Bewertung durch den Arbeitgeber oder Dritte. Für die Frage, ob die Erstattung der Strafanzeige einen Kündigungsgrund bilden kann, kommt es nicht entscheidend 14

---

[21] LAG Düsseldorf 15. 10. 1969 DB 69, 2353; LAG Saarbrücken 20. 1. 1965 BB 65, 457; LAG Rheinl.-Pfalz 7. 2. 1992 NZA 93, 265.

[22] LAG Schleswig-Holstein 6. 7. 1989 LAGE § 626 BGB Nr. 42; LAG Rheinl.-Pfalz 7. 2. 1992 NZA 93, 265; LAG Saarbrücken 20. 1. 1965 BB 65, 457.

[23] BAG AP 8 zu § 60 HGB.

[24] BAG 26. 6. 2008 DB 2008, 2544.

[25] MünchKommBGB/*Müller-Glöge* § 611 RN 1085; HWK/*Thüsing* § 611 BGB RN 385; einschränkend ErfK/*Preis* § 611 BGB RN 746.

[26] BAG 12. 8. 1999 AP 41 zu § 1 KSchG 1969 Verhaltensbedingte Kündigung; *Diller/Powietzka* NZA 2001, 1227, 1229f.; *v. Hoyningen-Huene* DB 95, 142, 145.

[27] *Diller/Powietzka* NZA 2001, 1227, 1231f.; ErfK/*Preis* § 611 BGB RN 746.

[28] Vgl. *Bährle* BuW 99, 518; *Ohm* AiB 98, 437; *Krasney* AuR 2000, 125; zu einem individuellen Alkoholverbot wegen Alkoholgefährdung vgl. BVerwG 11. 11. 1999 ZTR 2000, 239.

[29] BAG 23. 9. 1986 AP 20 zu § 75 BPersVG = NZA 87, 250.

[30] *Deiseroth,* Verfassungsrechtliche Vorgaben für das Kündigungsschutzrecht – Grundrechtsschutz bei Anzeigen gegenüber der Staatsanwaltschaft, AuR 2002, 161; *Gach/Rützel,* Verschwiegenheitspflicht und Behördenanzeigen von Arbeitnehmern, BB 97, 1959; *Lenze,* Bemerkungen zum Anrufen außenstehender Stellen, ZTR 92, 359; *Müller,* Whistleblowing – Ein Kündigungsgrund?, NZA 2002, 424.

darauf an, ob sie zu einer Verurteilung führt oder nicht.[31] Begibt sich ein Arbeitnehmer freiwillig oder nach einer Zeugenladung zur Staatsanwaltschaft, um dort Aussagen gegen seinen Arbeitgeber zu machen und auf Grund eigenen Antriebs Unterlagen zu übergeben, erfüllt er nach Auffassung des BVerfG nur von der Rechtsordnung aufgestellte Pflichten.[32] Eine Kündigung, die wegen dieses Vorgehens ausgesprochen wird, ist daher unwirksam (vgl. § 127 RN 66f.).

15 **b)** Will der Arbeitgeber den Arbeitnehmer zu **strafbaren Handlungen** anhalten, etwa zu Fahrten mit einem überladenen LKW, hat der Arbeitnehmer das Recht, die Arbeit zu verweigern. Eine Strafanzeige darf er nur dann erstatten, wenn sie notwendig ist, um eine gesetzmäßige Behandlung zu erreichen.[33] Dieselben Grundsätze gelten für die **Einleitung anderer behördlicher Verfahren,** z. B. bei Finanzämtern, Aufsichtsstellen für den Güterfernverkehr usw.[34] Hat ein Arbeitnehmer in seiner Eigenschaft als Betriebsratsmitglied zur Wahrung der Rechte des Betriebsrats eine Anzeige erstattet, ist seine Kündigung unwirksam.[35]

16 **c)** In §§ 16, 17 ArbSchG finden sich spezialgesetzliche Regelungen für Verletzungen des Arbeitsschutzes. Sind Beschäftigte auf Grund konkreter Anhaltspunkte der Auffassung, dass die vom Arbeitgeber getroffenen Maßnahmen und bereitgestellten Mittel nicht ausreichen, um die **Sicherheit und den Gesundheitsschutz bei der Arbeit** zu gewährleisten, und hilft der Arbeitgeber darauf gerichteten Beschwerden von Beschäftigten nicht ab, können sich diese gem. § 17 II ArbSchG an die zuständige Behörde wenden. Hierdurch dürfen den Beschäftigten keine Nachteile entstehen.[36]

17 **5. Betriebsfrieden.** Politische Gespräche im Betrieb stellen grundsätzlich keine **Störung des Betriebsfriedens** dar. Der Betrieb ist keine politische Exklave.[37] Innerhalb des Betriebs findet das Recht der freien Meinungsäußerung seine Schranken darin, dass das betriebliche Zusammenleben nicht gestört werden darf. Andererseits ist eine parteipolitische Propaganda oder sonstige Werbung in oder in unmittelbarer Nachbarschaft des Betriebs regelmäßig unzulässig und gibt dem Arbeitgeber nach vorheriger Abmahnung im Wiederholungsfall ein Recht zur Kündigung.[38] Dies gilt auch, wenn die politische Beeinflussung von Arbeitskollegen oder Dritten durch Plaketten an der Kleidung herbeigeführt werden soll (Anti-Atomkraft-Plakette;[39] Anti-Strauß-Plakette).[40] Inwieweit im Zusammenhang mit Wahlen das Abstellen von Privatwagen mit Parteipostern auf dem Firmenparkplatz zulässig ist, ist umstr. Dies wird dann unzulässig sein, wenn Interessen des Arbeitgebers gefährdet werden, etwa in Verkaufsbüros usw. Dem Betriebsrat ist eine parteipolitische Betätigung (§ 74 II BetrVG) vor allem auch in Betriebsversammlungen untersagt.[41] Eine Übertragung des Verbots auf alle Arbeitnehmer wird für unwirksam gehalten.[42] Werden politische Fragen in Betriebsversammlungen ausführlich erörtert, kann der Arbeitgeber u. U. die Vergütung entsprechend kürzen (§ 223).

18 **6. Internetnutzung. a)** Grundsätzlich darf der Arbeitnehmer das betriebliche Internet **nicht privat nutzen.**[43] Besteht kein ausdrückliches Verbot der privaten Nutzung des Internets, kann allenfalls eine seltene kurzfristige private Nutzung während der Arbeitszeit als noch hinnehmbar angesehen werden. Die Erlaubnis kann ausdrücklich durch den Arbeitgeber erfolgen, sie kann

---

[31] BAG 7. 12. 2006 AP 55 zu § 1 KSchG 1969 Verhaltensbedingte Kündigung = NZA 2007, 502.

[32] BVerfG 2. 7. 2001 AP 170 zu § 626 BGB = NZA 2001, 888; zur Kündigung nach einer aus Rachsucht erfolgten Anzeige BAG 3. 7. 2003 AP 45 zu § 1 KSchG 1969 Verhaltensbedingte Kündigung = NZA 2004, 427.

[33] LAG Köln 23. 2. 1996 BB 96, 2411.

[34] BAG 4. 7. 1991 RzK I 6a Nr. 74.

[35] Vgl. LAG Baden-Württemberg 3. 2. 1987 NZA 87, 756.

[36] Dazu Kollmer/*Oppenhauer* ArbSchG § 17 RN 13ff.

[37] Vgl. ErfK/*Dieterich* Art. 5 GG RN 43; MünchArbR/*v. Hoyningen-Huene* § 301 RN 54.

[38] BAG 13. 10. 1977 AP 1 zu § 1 KSchG 1969 Verhaltensbedingte Kündigung.

[39] BAG 2. 3. 1982 AP 8 zu Art. 5 Abs. 1 GG, Meinungsfreiheit = NJW 82, 2888; VG Hamburg NJW 79, 2164; BVerwG NJW 82, 118; 90, 2265; dazu *Vogel* BayVBl. 80, 584; ausf. *Hofmann,* Das Verbot parteipolitischer Betätigung im Betrieb, 1984.

[40] BAG 9. 12. 1982 AP 73 zu § 626 BGB = NJW 84, 1142; zuvor LAG Hamm NJW 81, 782; a. A. LAG Düsseldorf DB 81, 1986.

[41] BAG 13. 10. 1977 AP 1 zu § 1 KSchG 1969 Verhaltensbedingte Kündigung; 21. 2. 1978 AP 1 zu § 74 BetrVG 1972.

[42] LAG Köln EzA 6 zu § 74 BetrVG 1972.

[43] BAG 7. 7. 2005 AP 192 zu § 626 BGB = NZA 2006, 98; *Beckschulze* DB 2003, 2777; *Elschner* Rechtsfragen der Internet- und E-Mail-Nutzung am Arbeitsplatz, 2004, S. 39f.; *Ernst* NZA 2004, 585f.; *Kramer* NZA 2006, 194, 196; *Mengel* NZA 2005, 752, 753; *Müller-Thele* MDR 2006, 428, 429; – a. A. LAG Köln 11. 2. 2005, MDR 2006, 36.

aber auch auf einer Duldung der Privatnutzung durch den Arbeitgeber beruhen.[44] Die private Nutzung des Internets kann schließlich auch in einer Betriebsvereinbarung geregelt sein. Eine nicht näher konkretisierte Erlaubnis der privaten Internetnutzung erstreckt sich nicht auf eine grenzenlose, sondern nur zeitlich und inhaltlich angemessene Nutzung während der Arbeitszeit. Bei einer exzessiven privaten Nutzung des Internets während der Arbeitszeit kann der Arbeitnehmer nicht mit der Billigung durch den Arbeitgeber rechnen.[45] Das gilt insbesondere für das Aufrufen von Seiten mit pornografischem oder gewaltverherrlichendem Inhalt. Die unerlaubte – durch entsprechende Dienstvereinbarung und Dienstanweisung sogar verbotene – Installation einer Anonymisierungssoftware stellt eine erhebliche Verletzung der arbeitsvertraglichen (Rücksichtnahme-)Pflichten dar.[46]

b) Die Internetnutzung unterliegt grundsätzlich den **telekommunikationsrechtlichen Schutzbestimmungen** des TKG und seit dem 1. 3. 2007 des TMG. Dieses hat u. a. das bis zum 28. 2. 2007 geltende Teledienstedatenschutzgesetz (TDDSG) abgelöst.[47] Darf das Internet vom Arbeitnehmer **ausschließlich zu beruflichen Zwecken genutzt** werden, finden gem. § 11 I Nr. 1 TMG die Schutzvorschriften der §§ 12 ff. TMG keine Anwendung. Der Arbeitgeber als Gläubiger der Arbeitsleistung kann deshalb grundsätzlich den Datenverkehr des Arbeitnehmers kontrollieren. Er kann dabei den Inhalt von E-Mails lesen, und zwar auch dann, wenn der Arbeitnehmer das Internet verbotswidrig zu privaten Zwecken genutzt hat.[48] Der Datenschutz bestimmt sich in diesen Fällen nach § 28 BDSG. Für eine weitergehende Datenverarbeitung bedarf es der schriftlichen Einverständniserklärung des Arbeitnehmers, die auf einer freien Entscheidung des Betroffenen beruhen muss (§ 4 a I BDSG).[49] Ist die Einwilligung in Formulararbeitsverträgen enthalten, gelten die §§ 305 ff. BGB.[50] 19

c) Ist dem Arbeitnehmer die **private Nutzung des Internets erlaubt,** sei es ausdrücklich oder durch betriebliche Übung, gilt der Arbeitgeber als Anbieter der Dienste i. S. v. § 3 Nr. 6 TKG.[51] Bei der Mischnutzung ist jede Nutzung als privat anzusehen, es sei denn, der Arbeitgeber trennt die private Nutzung logisch oder technisch ab (z. B. getrennte E-Mail-Accounts).[52] Nach § 88 II TKG ist der Arbeitgeber zur Wahrung des Fernmeldegeheimnisses (Art. 10 I GG) verpflichtet. Die datenschutzrechtlichen Bestimmungen der §§ 91 ff. TKG gelten gem. § 91 I TKG, weil in diesem Fall Telekommunikationsdienste (§ 3 Nr. 24 TKG) geschäftsmäßig erbracht werden. Das geschäftsmäßige Erbringen von Telekommunikationsdiensten ist nach § 3 Nr. 10 TKG das nachhaltige Angebot von Telekommunikation für Dritte mit oder ohne Gewinnerzielungsabsicht. Entscheidend ist, dass das Angebot des Telekommunikationsdienstes auf eine gewisse Dauer angelegt und nicht auf den Einzelfall begrenzt ist. 20

Dürfen Mitarbeiter Telekommunikationsanlagen und damit das Internet privat nutzen, liegt ein **geschäftsmäßiges Angebot von Telekommunikationsdiensten** vor.[53] Dies entspricht dem Zweck dieser Regelungen, die einen umfassenden Schutz des Persönlichkeitsrechts (Art. 2 I GG) und des Fernmeldegeheimnisses (Art. 10 I GG) gewährleisten.[54] Dem Arbeitgeber ist deshalb nach § 88 III TKG untersagt, sich oder anderen über das für die geschäftsmäßige Erbringung der Telekommunikationsdienstleistung einschließlich des Schutzes ihrer technischen Systeme erforderliche Maß hinaus Kenntnis vom Inhalt oder den näheren Umständen der Telekommunikation zu verschaffen.[55] Verletzt der Arbeitgeber die Bestimmungen des Telekommunikationsrechts, kommt eine Strafbarkeit nach §§ 202 a, 206 StGB in Betracht.[56] Inwieweit Be- 21

---

[44] Zur betrieblichen Übung vgl. *F. A. Koch* NZA 2008, 911; *Waltermann* NZA 2007, 529.

[45] Vgl. BAG 7. 7. 2005 AP 192 zu § 626 BGB; *Hanau/Hoeren* Private Internetnutzung durch Arbeitnehmer, 2003, S. 24 und 29.

[46] BAG 12. 1. 2006 AP 54 zu § 1 KSchG 1969 Verhaltensbedingte Kündigung = NZA 2006, 980.

[47] *Besgen/Prinz,* Neue Medien und Arbeitsrecht, 2006, § 1 RN 45; *F. A. Koch* NZA 2008, 911, 912 ff.; *Mattl,* Die Kontrolle der Internet- und E-Mail-Nutzung am Arbeitsplatz, 2007; *Spindler/Schmitz/Geis* Teledienstegesetz, 2004, § 1 TDDSG RN 32.

[48] *Spindler/Schmitz/Geis* § 1 TDDSG RN 32.

[49] Vgl. hierzu *Däubler* Internet und Arbeitsrecht, 3. Aufl. 2004, RN 326 ff.; *Gola/Schomerus* BDSG 9. Aufl. § 4 a RN 6 ff.

[50] Besgen/Prinz/*Busse* § 10 RN 67.

[51] *Mengel* BB 2004, 2014, 2017; *Spindler/Schmitz/Geis* § 1 TDDSG RN 39; *Wolf/Mulert* BB 2008, 442, 445; ablehnend *Schimmelpfeng/Wenning* DB 2006, 2290, 2292 sowie *Haussmann/Krets* NZA 2005, 259, 260.

[52] Besgen/Prinz/*Busse* § 10 RN 97.

[53] Besgen/Prinz/*Busse* § 10 RN 20.

[54] BeckTKG-Komm/*Robert* Telekommunikationsgesetz, 2. Aufl., 2006, § 91 RN 9.

[55] Vgl. BeckTKG-Komm/*Bock* Telekommunikationsgesetz, 2. Aufl., 2006, § 88 RN 24.

[56] Vgl. dazu OLG Karlsruhe 10. 1. 2005 DuD 2005, 167 sowie *Schmidl* DuD 2005, 267.

weisverwertungsverbote bestehen, wenn der Arbeitgeber bei erlaubter Privatnutzung Daten ohne Einwilligung des Arbeitnehmers erhebt, ist noch nicht abschließend geklärt.[57] Nach der Rechtsprechung des EGMR verletzt die Überwachung der privaten E-Mail- und Internetnutzung am Arbeitsplatz das Recht aus Art. 8 I EMRK auf Achtung von Privatleben und Korrespondenz, wenn hierfür keine gesetzliche Grundlage vorhanden ist.[58]

22 **d)** Die Nutzung des Internets erlaubt die technische Überwachung des Arbeitnehmers. Der Betriebsrat hat damit nach § 87 I Nr. 6 BetrVG ein **erzwingbares Mitbestimmungsrecht.**[59] Das Mitbestimmungsrecht besteht insbesondere dann, wenn der Arbeitgeber die Möglichkeit hat, alle E-Mails zu kopieren oder auszudrucken. Im Allgemeinen wird das Mitbestimmungsrecht durch Betriebsvereinbarung ausgeübt werden. In der Betriebsvereinbarung können Umfang und Grenzen des Kontrollsystems geregelt werden. Die Regelungsgrenzen ergeben sich aus dem Grundsatz der Verhältnismäßigkeit.[60] Der Schutz des Persönlichkeitsrechts des Arbeitnehmers ist gegen die Interessen des Arbeitgebers an der Wahrung der Geschäfts- und Betriebsgeheimnisse, der geringen Kostenbelastung und der Funktionsfähigkeit betrieblicher Datennetze abzuwägen.

23 **7. Kleidung. a)** Grundsätzlich kann der Arbeitgeber **keinen Einfluss auf die Kleidung** seiner Arbeitnehmer nehmen, sofern diese nicht gezwungen sind, Schutzkleidung zu tragen (vgl. dazu auch § 45 RN 26). Er wird daher – soweit kein Publikumsverkehr besteht – nicht ohne Weiteres verhindern können, dass männliche Arbeitnehmer an heißen Tagen auch in kurzen Hosen zur Arbeit kommen.[61] Im Verkauf von Waren gehobenen Genres ist der Arbeitgeber berechtigt, die Arbeitnehmer anzuweisen, gepflegt, also in aller Regel nicht mit offenem Hemd, ohne Krawatte und Sakko zu erscheinen.[62] Das Tragen eines islamischen Kopftuchs allein rechtfertigt noch nicht die Kündigung einer Verkäuferin in einem Kaufhaus.[63] Dagegen kann der Arbeitgeber berechtigt sein, männlichen Arbeitnehmern das Tragen von auffälligem Ohrschmuck zu untersagen, wenn hierdurch das Ansehen und die Seriosität des Unternehmens beeinträchtigt sind. Überhaupt kann das Tragen von Schmuck aus arbeitsschutzrechtlichen Gründen verboten werden.[64]

24 **b)** Der Arbeitgeber kann allerdings bei Vorliegen eines berechtigten Interesses **Dienstkleidung** vorschreiben. Die Anordnung und die Ausgestaltung der Regelung unterliegen der **erzwingbaren Mitbestimmung des Betriebsrats** (§ 87 I Nr. 1 BetrVG).[65] Die Kosten für die Dienstkleidung können den Arbeitnehmern nicht auferlegt werden.[66] Wird Dienstkleidung getragen, kann vom Arbeitnehmer verlangt werden, dass er sein äußeres Erscheinungsbild anpasst.

25 **8. Kontrollen. a)** Der Arbeitnehmer muss sich vereinbarten Torkontrollen und Leibesvisitationen unterwerfen, die zur Aufrechterhaltung der betrieblichen Ordnung erforderlich sind.[67] Die Kontrollen können durch **Tarifvertrag, Betriebsvereinbarung**[68] **und Einzelarbeitsvertrag** eingeführt werden. Die einzelvertragliche Vereinbarung kann ausdrücklich und stillschweigend (konkludent) abgeschlossen werden. Eine konkludente Vereinbarung wird i. d. R. dann vorliegen, wenn sie branchen- oder zumindest betriebsüblich ist. Von der Durchführung der Torkontrolle müssen alle Arbeitnehmer gleichmäßig betroffen werden. Sofern nicht alle Arbeitnehmer kontrolliert werden, muss die Auswahl der zu Kontrollierenden sachlich begründet erfolgen. Jedoch kann ein Arbeitnehmer bei objektiv bestehendem Verdacht wiederholt untersucht werden. Die Handhabung der Kontrolle darf das Ehr- und Schamgefühl der Arbeitnehmer

---

[57] Für ein Verwertungsverbot *Elscher,* Rechtsfragen der Internet- und E-Mail-Nutzung am Arbeitsplatz, 2004, S. 311; unentschieden *Besgen/Prinz* § 2 RN. 53 ff.

[58] EGMR 3. 4. 2007 EuGRZ 2007, 415.

[59] Vgl. dazu *Kutzki/Hackemann* ZTR 2003, 375; *Lindemann/Simon* BB 2001, 1950.

[60] Vgl. BVerfG 19. 12. 1991 AP 24 zu § 611 BGB Persönlichkeitsrecht = NZA 92, 307.

[61] ArbG Mannheim BB 89, 1201.

[62] LAG Hamm 22. 10. 1991 DB 92, 280.

[63] BAG 10. 10. 2002 AP 44 zu § 1 KSchG 1969 Verhaltensbedingte Kündigung = NZA 2003, 483; bestätigt von BVerfG 30. 7. 2003 AP 134 zu Art. 12 GG = NZA 2003, 959.

[64] LAG Schleswig-Holstein 26. 10. 1995 BB 96, 222.

[65] BAG 13. 2. 2007 AP 40 zu § 87 BetrVG 1972 Ordnung des Betriebes = NZA 2007, 640; 8. 8. 1989 AP 15 zu § 87 BetrVG 1972 Ordnung des Betriebes = NZA 90, 320.

[66] BAG 1. 12. 1992 BAG AP 20 zu § 87 BetrVG 1972 Ordnung des Betriebes = NZA 93, 711.

[67] MünchKommBGB/*Müller-Glöge* § 611 RN 1066.

[68] BAG 13. 12. 2007 NZA 2008, 1008; 12. 8. 1999 AP 28 zu § 626 BGB Verdacht strafbarer Handlung = NZA 2000, 421.

nicht verletzen und ihre Zeit nicht unangemessen beanspruchen. Im Allgemeinen ist die Torkontrolle auf das Öffnen der mitgeführten Taschen und allenfalls das Abtasten der Oberbekleidung zu beschränken.[69]

In betriebsratspflichtigen Betrieben hat der Betriebsrat nach § 87 I Nr. 1 BetrVG ein erzwingbares **Mitbestimmungsrecht.**[70] Die Einführung (auch durch Betriebsvereinbarung) von Torkontrollen und Leibesvisitationen ist bei hinreichend begründetem Anlass zulässig. Hiervon ist auszugehen, wenn Diebstähle vorgekommen sind oder deren ernsthafte Gefahr wegen der Art des Betriebs (wertvolles Material, Waren, Maschinen usw.) besteht. 26

b) Arbeitgeber und Betriebsrat sind grundsätzlich auch befugt, eine **Videoüberwachung** im Betrieb einzuführen. Die Zulässigkeit des damit verbundenen Eingriffs in die Persönlichkeitsrechte der Arbeitnehmer richtet sich nach dem Grundsatz der Verhältnismäßigkeit. Die Angemessenheit von Videoüberwachungsmaßnahmen richtet sich maßgeblich nach deren Eingriffsintensität, die u. a. von der Anzahl der beobachteten Personen, der Dauer der Überwachung sowie vom Anlass für die Beobachtung abhängt. Erfolgt die Videoüberwachung in öffentlich zugänglichen Räumen, ist § 6b BDSG zu beachten.[71] Das BAG hat angenommen, eine Verletzung des Persönlichkeitsrechts des Arbeitnehmers komme in Betracht, wenn der Arbeitgeber etwa zur Verhütung von Diebstählen versteckte **Videokameras** in Kaufhäusern aufstelle.[72] Eine solche Maßnahme könne nur dann gerechtfertigt sein, wenn überwiegende Interessen des Arbeitgebers auf dem Spiel stehen. Das mag in Banken der Fall sein oder auch in Kaufhäusern, wo die konkrete Gefahr von Diebstählen besteht. Eine verdachtsunabhängige Videoüberwachung ist jedoch unverhältnismäßig.[73] Eine Ausnahme besteht dann, wenn wegen sich häufender Diebstähle eine Notlage entstanden ist. In diesem Falle kommt auch die Überwachung mit einer versteckten Videokamera in Betracht, wenn der Arbeitgeber keine andere Möglichkeit hat, die Pflichtverletzung nachzuweisen.[74] 27

c) Ob **Detektive** zur Überwachung von Arbeitnehmern eingesetzt werden können, ist umstritten.[75] Die überwiegende Meinung bejaht dies zu Recht. Die Schranken des Einsatzes ergeben sich aus dem Grundrechtsschutz des Arbeitnehmers (Art. 2 I GG). Es darf nicht in die Intimsphäre des Arbeitnehmers eingedrungen werden. Durch Detektive rechtmäßig ermittelte Daten dürfen im Prozess berücksichtigt werden. Der Einsatz von Detektiven ist mit erheblichen Kosten verbunden. Diese sind erstattungsfähig, wenn der Arbeitgeber anlässlich eines konkreten Verdachts gegen den Arbeitnehmer einem Detektiv die Überwachung des Arbeitnehmers überträgt und der Arbeitnehmer einer vorsätzlichen vertragswidrigen Handlung überführt wird.[76] 28

9. Loyalitätspflichten. Zu den arbeitsvertraglichen Nebenpflichten gehört, Stillschweigen über Verhaltensweisen des Arbeitgebers zu bewahren, wenn dieser durch die Offenbarung geschädigt werden könnte. Hieraus ist gefolgert worden, dass **ruf- oder kreditschädigende Äußerungen** selbst dann nicht an Dritte weitergegeben werden dürfen, wenn sie erweislich wahr sind, aber der Arbeitnehmer an der Weitergabe der Information kein berechtigtes Interesse hat. Bei Strafanzeigen hat der Arbeitnehmer sorgfältig zu prüfen, ob überhaupt eine strafbare Handlung vorliegt. Eine leichtfertige, unbegründete Strafanzeige ist eine schwere Pflichtverletzung und rechtfertigt i. d. R. eine fristlose Kündigung (§ 127 RN 66f.).[77] Wenn eine strafbare Handlung des Arbeitgebers vorliegt, durch die der Arbeitnehmer nicht betroffen wird, kann der Arbeitnehmer nach der Rechtsprechung des BVerfG den Ermittlungsbehörden Auskünfte erteilen.[78] Dies gilt erst recht, wenn sich die strafbare Handlung gegen den Arbeitnehmer richtet[79] 29

---

[69] Vgl. zu Taschenkontrollen im Supermarkt: BGH 3. 11. 1993 NJW 94, 188.

[70] BAG 13. 12. 2007 NZA 2008, 1008.

[71] Eingehend dazu BAG 26. 8. 2008 NZA 2008, 1187; 29. 6. 2004 AP 41 zu § 87 BetrVG 1972 Überwachung = NZA 2004, 1278.

[72] BAG 7. 10. 1987 AP 35 zu § 611 BGB Persönlichkeitsrecht = NZA 88, 92.

[73] BAG 29. 6. 2004 AP 41 zu § 87 BetrVG 1972 Überwachung = NZA 2004, 1278.

[74] BAG 27. 3. 2003 AP 36 zu § 87 BetrVG 1972 Überwachung = NZA 2003, 1193.

[75] Dazu *Lingemann/Göpfert* DB 97, 374.

[76] BAG 3. 12. 1985 BB 87, 689; 17. 9. 1998 AP 133 zu § 611 BGB Haftung des Arbeitnehmers = NZA 98, 1334.

[77] Vgl. BAG 3. 7. 2003 AP 45 zu § 1 KSchG 1969 Verhaltensbedingte Kündigung = NZA 2004, 427; LAG Köln 10. 6. 1994 LAGE § 626 BGB Nr. 78.

[78] BVerfG 2. 7. 2001 AP 170 zu § 626 BGB = NZA 2001, 888.

[79] ArbG Elmshorn AP 9 zu § 124a GewO; ArbG Krefeld AP 23 zu § 123 GewO; LAG Stuttgart, DB 64, 1451; vgl. das als „Schandurteil" besprochene Urteil des LAG Bad.-Württemberg 20. 10. 1976 EzA 8 zu § 1 KSchG Verhaltensbedingte Kündigung.

oder eine schwere Straftat vorliegt. Entsprechende Grundsätze gelten, wenn der Arbeitnehmer einen Arbeitskollegen anzeigt.[80]

30 **10. Meinungsfreiheit. a)** Die Loyalitätspflichten werden durch das Recht auf Meinungsäußerung begrenzt. Nach **Art. 5 I 1 GG** hat jeder das Recht, seine Meinung in Wort, Schrift und Bild frei zu äußern. Der Grundrechtsschutz besteht unabhängig davon, ob eine Äußerung rational oder emotional, begründet oder grundlos ist und ob sie von anderen für nützlich oder schädlich, wertvoll oder wertlos gehalten wird. Allein die Schmähkritik oder Formalbeleidigung scheidet von vornherein aus dem Schutzbereich des Grundrechts aus.[81] In diesen Fällen können auch strafbare Handlungen vorliegen (§§ 185 ff. StGB). Wird die Übernahme von Auszubildenden in ein Arbeitsverhältnis aus politischen Gründen verweigert, kann ein Verstoß gegen die Meinungsfreiheit des Auszubildenden vorliegen.[82]

31 **b)** Auch wenn eine Äußerung weder als Schmähung noch als Formalbeleidigung einzustufen ist, gilt das Grundrecht auf Meinungsfreiheit aus Art. 5 I GG **nicht schrankenlos.** Es ist gem. Art. 5 II 2 GG durch die allgemeinen Gesetze und das Recht der persönlichen Ehre beschränkt und muss in ein ausgeglichenes Verhältnis mit diesen gebracht werden.[83] Das Grundrecht der Meinungsfreiheit muss ferner zurücktreten, wenn sich die Äußerung als Angriff auf die Menschenwürde darstellt.[84] Einschränkungen der Meinungsfreiheit können sich aus Art. 12 GG ergeben, der die wirtschaftliche Betätigungsfreiheit des Arbeitgebers vor Störungen des Arbeitsablaufs und des Betriebsfriedens schützt.[85] Des Weiteren gehört die Pflicht zur gegenseitigen Rücksichtnahme auf die Interessen der anderen Vertragspartei (§ 241 II BGB) zu den allgemeinen Gesetzen i. S. d. Art. 5 II GG.[86] Die grundrechtsbeschränkenden Normen sind ihrerseits wieder im Licht der Meinungsfreiheit auszulegen und anzuwenden.[87] Hierbei kommt es insbesondere auf die Schwere der Beeinträchtigung des betroffenen Rechtsguts an. Die Auslegung darf den sprachlichen Kontext, in dem die Meinungsäußerung steht, sowie die für den Empfänger erkennbaren Begleitumstände, unter denen sie gefallen ist, nicht unberücksichtigt lassen. Einer Äußerung darf kein Sinn beigelegt werden, den sie nicht besitzt; bei mehrdeutigen Äußerungen muss eine ebenfalls mögliche Deutung mit überzeugenden Gründen ausgeschlossen werden.[88]

32 **c)** Besondere Anforderungen bestehen für Arbeitnehmer in **Tendenzunternehmen.** Dort hat der Arbeitnehmer auf die politische Zielsetzung Rücksicht zu nehmen.[89] Ein Rundfunkreporter kann sich nicht auf das Recht der freien Meinungsäußerung berufen, wenn er im Zusammenhang mit der Absetzung seines Beitrags in der Öffentlichkeit unwahre und ehrenrührige Behauptungen über seinen Arbeitgeber verbreitet.[90] Andererseits rechtfertigt die Benutzung des Wortes „NATO-Angriffskrieg" bei Verlesung der Nachrichten es nicht, einen Redakteur im Wege des Direktionsrechts bis auf Weiteres, also auf unabsehbare Zeit, zu suspendieren.[91] Eine auf politischen Motiven beruhende Aufforderung zum Boykott eines Presseunternehmens, der vornehmlich mit wirtschaftlichen Mitteln durchgesetzt werden soll, ist nicht durch das Grundrecht der freien Meinungsäußerung gedeckt.[92]

33 Hat sich ein Dritter durch Eindringen in den Betrieb **rechtswidrig Informationen verschafft,** hindert ihn dies grundsätzlich nicht, hierüber seine Meinung zu verbreiten. Dies gilt jedoch dann nicht, wenn sich der Publizierende die Informationen widerrechtlich durch Täuschung in der Absicht verschafft hat, sie gegen den Getäuschten zu verwerten.[93] In einem staat-

---

[80] LAG Frankfurt 14. 2. 1991 NZA 92, 124.

[81] BAG 6. 11. 2003 AP 46 zu § 1 KSchG 1969 Verhaltensbedingte Kündigung; 24. 6. 2004 AP 49 zu § 1 KSchG 1969 Verhaltensbedingte Kündigung = NZA 2005, 158.

[82] BVerfG 19. 5. 1992 AP 12 zu Art. 5 Abs. 1 GG Meinungsfreiheit = NJW 92, 2409.

[83] BVerfG 16. 10. 1998 AP 24 zu § 611 BGB Abmahnung = NZA 99, 77.

[84] BAG 14. 11. 2005 AP 198 zu § 626 BGB.

[85] BVerfG 10. 10. 1995 BVerfGE 93, 266, 289.

[86] BAG 24. 6. 2004 AP 49 zu § 1 KSchG 1969 Verhaltensbedingte Kündigung = NZA 2005, 158.

[87] BVerfG 16. 10. 1998 AP 24 zu § 611 BGB Abmahnung = NZA 99, 77.

[88] BVerfG 25. 8. 1994 NJW 94, 2943.

[89] Vgl. Gutachten zum Deutschen Juristentag 1972 von *Kübler; Buchner* ZfA 79, 335; *Lisken* NJW 80, 1503; BAG 2. 3. 1982 AP 8 zu Art. 5 Abs. 1 GG Meinungsfreiheit = DB 82, 2142.

[90] BAG 11. 8. 1982 AP 9 zu Art. 5 Abs. 1 GG Meinungsfreiheit = NJW 83, 1220.

[91] LAG Baden-Württemberg 2. 8. 2000 AuR 2001, 192.

[92] BVerfG 26. 2. 1969 AP 3 zu Art. 5 Abs. 1 GG Meinungsfreiheit.

[93] BVerfG 15. 1. 1987 AP 2 zu Art. 5 Abs. 1 GG Pressefreiheit = NJW 84, 1741.

lichen Krankenhaus, das zur religiösen Neutralität verpflichtet ist, kann einer Krankenschwester verboten werden, missionierend auf Patienten einzuwirken.[94]

Werkszeitungen genießen den Schutz der Pressefreiheit aus Art. 5 I 2 GG.[95] 34

11. Nebentätigkeiten (vgl. § 42). Der Arbeitnehmer darf durch Nebentätigkeiten während 35 des Arbeitsverhältnisses nicht in **Konkurrenz** zum Arbeitgeber treten oder sie in einem Umfang ausüben, dass er nicht mehr in der Lage ist, die geschuldete **Arbeitsleistung ordnungsgemäß zu erbringen** (§ 42 RN 4ff.). Es besteht grundsätzlich keine Verpflichtung des Arbeitnehmers, dem Arbeitgeber Auskünfte über den Inhalt zulässiger Nebentätigkeiten zu erteilen, es sei denn, dass dies tariflich[96] oder vertraglich besonders geregelt ist. Nach Maßgabe von § 15 IV BEEG kann die Nebentätigkeit in der Elternzeit beschränkt sein. Wird die Nebentätigkeit ohne Genehmigung ausgeführt, kann eine Abmahnung gerechtfertigt sein.[97] Teilzeitbeschäftigte bedürfen auch dann einer Nebentätigkeitsgenehmigung, wenn die zeitliche Beanspruchung durch die Nebentätigkeit die regelmäßige tarifliche Arbeitszeit eines Vollzeitbeschäftigten nicht überschreitet.[98] Nebentätigkeitsverbote sind nur insoweit wirksam, wie der Arbeitgeber daran ein berechtigtes Interesse hat (ausf. § 42 RN 4ff.).

12. Obhutspflichten. Den Arbeitnehmer trifft eine Obhuts- und Bewahrungspflicht wegen 36 der ihm **anvertrauten Materialien, Maschinen und Gerätschaften.** Etwaige Störungen muss er im Rahmen des ihm Möglichen und Zumutbaren beheben und seinen Arbeitgeber entsprechend informieren.

13. Pressekontakte. Die Kontaktaufnahme mit der Presse wegen **angeblicher Missstände** 37 **im Betrieb** ist erst dann zulässig, wenn der Arbeitnehmer alle geeigneten Möglichkeiten zur Mängelbeseitigung innerhalb des Betriebes ausgeschöpft hat. Gegebenenfalls ist also der Betriebsrat anzurufen. Die Androhung eines Angestellten, die Presse „über Geldgeschäfte im Zusammenhang mit Luxemburg" zu unterrichten, um eine personelle Maßnahme zu verhindern, stellt einen wichtigen Grund zur außerordentlichen Kündigung dar.[99] In Fragen des Arbeitsschutzrechts sind die hierfür zuständigen staatlichen Stellen einzuschalten; zur Durchsetzung individualvertraglicher Ansprüche werden zunächst die Gerichte in Anspruch genommen werden müssen. Zulässig ist die Kontaktaufnahme, wenn unter Abwägung der Interessen des Arbeitgebers an dem Schutz seiner Sphäre einerseits und den Interessen der Belegschaft oder des Einzelnen andererseits berechtigte Ansprüche oder schutzwerte Güter auf dem Spiel stehen.

14. Prozessbetrug. Ein Arbeitnehmer verletzt seine vertragliche Nebenpflichten aus § 241 37a II BGB, wenn er im Rechtsstreit um eine Kündigung **bewusst wahrheitswidrig vorträgt,** weil er befürchtet, mit wahrheitsgemäßen Angaben den Prozess nicht gewinnen zu können.[100]

15. Rauchverbot.[101] **a)** Die Auffassungen zu Rauchverboten haben sich in den letzten Jahr- 38 zehnten **grundlegend verändert.** Während der ersten Auflagen dieses Buchs wurde problematisiert, ob und in welchem Umfang der Raucher vor dem Weisungsrecht des Arbeitgebers geschützt

---

[94] ArbG Reutlingen 5. 1. 1993 BB 93, 1012.

[95] BVerfG 8. 10. 1996 AP 3 zu Art. 5 I GG Pressefreiheit = NJW 97, 386.

[96] Vgl. BAG 16. 11. 1989 AP 3 zu § 11 BAT = BB 90, 711.

[97] Vgl. hierzu BAG 30. 5. 1996 AP 2 zu § 611 BGB Nebentätigkeit = NZA 97, 145; 11. 12. 2001 AP 8 zu § 611 BGB Nebentätigkeit = NZA 2002, 965.

[98] BAG 30. 5. 1996 AP 2 zu § 611 BGB Nebentätigkeit = NZA 97, 145.

[99] BAG 11. 3. 1999 AP 149 zu § 626 BGB = NZA 99, 587.

[100] BAG 8. 11. 2007 EzA § 626 BGB 2002 Nr. 19.

[101] *Ahrens,* Rauchverbot, AR-Blattei SD 1310 (1999); *Berger-Delhey,* „Wo man raucht, da kannst Du ruhig harren; böse Menschen haben nie Zigarren?", ZTR 2003, 126; *Bergwitz,* Das betriebliche Rauchverbot, NZA-RR 2004, 169; *Bieler,* Rauchen am Arbeitsplatz BuW 98, 911; *Buchner,* Nichtraucherschutz am Arbeitsplatz – Die neue Schutzregelung des § 3a Arbeitsstättenverordnung, BB 2002, 2382; *Cosack,* Verpflichtung des Arbeitgebers bzw. Dienstherrn zum Erlass eines generellen Rauchverbots am Arbeitsplatz?, DB 99, 1450; *Düwell,* Nichtraucherschutz im Betrieb, AiB 2002, 400; *Entzer/Sauer,* Nichtraucherschutz im Hotel- und Gaststättengewerbe, BB 2008, 1116; *Hellmann,* Nichtraucherschutz an europäischen Arbeitsplätzen, EuroAS 98, 80; *Künzl,* Rauchen und Nichtraucherschutz im Arbeitsverhältnis, ZTR 99, 531; *ders.,* Nochmals: Das betriebliche Rauchverbot, BB 99, 2187; *Lorenz,* Nichtraucherschutz am Arbeitsplatz, DB 2003, 721; *ders.,* Kontra dem Tabakqualm am Arbeitsplatz, AuA 2002, 212; *Moderegger,* No Smoking? – Neuerungen der Arbeitsstättenverordnung, ArbRB 2003, 15; *Möllers,* Rechtsschutz des Passivrauchers, JZ 96, 1050; *Richardi/Vogel,* Inhalt und Reichweite der Mitbestimmungsrechte beim Erlass von Rauchverboten, PersV 98, 81; *Schillo/Behling,* Rauchen am Arbeitsplatz, DB 97, 2022; *Schmieding,* Nichtraucherschutz am Arbeitsplatz, ZTR 2004, 12; *Uhl/Polloczek,* Die Auswirkungen des neuen Passivrauchschutzgesetzes auf das Rauchen im Betrieb, BB 2008, 1114; *Wellenhofer-Klein,* Der rauchfreie Arbeitsplatz – Was bringt die Änderung der Arbeitsstättenverordnung?, RdA 2003, 155.

werden könne und müsse. Heute steht im Vordergrund der Betrachtung, in welchem Umfang der Nichtraucher vom Arbeitgeber Schutz vor dem Raucher verlangen kann.

39 **b)** Nach § 5 ArbStättVO i. d. F. vom 12. 8. 2004 mit spät. Änd. hat der Arbeitgeber die **erforderlichen Maßnahmen** zu treffen, damit die nicht rauchenden Beschäftigten in Arbeitsstätten wirksam vor den Gesundheitsgefahren durch Tabakrauch geschützt sind. Seit dem 1. 9. 2007 ist in § 5 I 2 ArbStättVO weiter bestimmt, dass – soweit erforderlich – der Arbeitgeber ein allgemeines oder auf einzelne Bereiche der Arbeitsstätte beschränktes Rauchverbot zu erlassen hat. In Arbeitsstätten mit Publikumsverkehr hatte der Arbeitgeber bis zum Jahre 2007 Schutzmaßnahmen nur insoweit zu treffen, als die Natur des Betriebs und die Art der Beschäftigung es zuließen. Der Gesetzgeber hatte damit dem Arbeitgeber einen weiten Ermessenspielraum eingeräumt, um den jeweiligen betrieblichen Gegebenheiten Rechnung zu tragen.[102] Durch die inzwischen erlassenen landesrechtlichen Nichtraucherschutzgesetze ist der Ermessensspielraum teilweise beseitigt worden.[103] Durch Tarifvertrag, Betriebsvereinbarung und Arbeitsvertrag kann ein weitergehendes Verbot während der Arbeitszeit oder des Aufenthalts im Betrieb eingeführt werden.

40 **c)** Der Arbeitgeber kann – vorbehaltlich der **Mitbestimmung des Betriebsrats**[104] – einseitig ein Rauchverbot zur Verhütung von Brandgefahr, zur Intensivierung der Arbeitsleistung, zur Vermeidung der Verunreinigung von Arbeitserzeugnissen oder der Belästigung der Mitarbeiter einführen.[105] Ob im Übrigen ein allgemeines Rauchverbot verhängt werden kann, ist umstr.[106] Ein Rauchverbot dürfte nach Treu und Glauben **allenfalls dann unzulässig** sein, wenn es eine bloße Schikane darstellt und nicht dem Schutz berechtigter Interessen des Betriebs, der Mitarbeiter oder des Arbeitgebers dient. In Kantinen kann ein Rauchverbot ausgesprochen werden.

41 **16. Schmiergeld.**[107] **a)** Schmiergelder sind **geldwerte Geschenke oder andere Vorteile,** durch die ein Dritter den Arbeitnehmer zu einem bestimmten Verhalten veranlassen oder ein solches Verhalten nachträglich entlohnen will.[108] Die Abgrenzung von Gelegenheitsgaben und Schmiergeldern kann im Einzelfall schwierig sein und hat nach Treu und Glauben unter Berücksichtigung der Verkehrssitte zu erfolgen. Das Angebot von Schmiergeldern hat der Arbeitnehmer grundsätzlich zurückzuweisen. Ob er auch seinen Arbeitgeber in jedem Fall zu benachrichtigen hat, ist umstritten, aber richtigerweise zu bejahen.[109] Denn der Arbeitgeber hat ein berechtigtes Interesse zu erfahren, von wem und gegen wen Bestechungsversuche unternommen werden, um sich hiergegen wirkungsvoll zu schützen.

42 **b)** Werden Schmiergelder, Geschenke oder sonstige Vorteile im geschäftlichen Verkehr zu Zwecken des Wettbewerbs angeboten, versprochen oder gewährt, um den Angestellten zu einem unlauteren Verhalten zu bewegen, oder vom Angestellten gefordert, entgegengenommen oder ein entsprechendes Versprechen angenommen, machen sich Bestechender wie Bestochener **strafbar** (§ 299 StGB). Die Zusage wie Gewährung sind **sittenwidrig.**[110] Es kann nicht auf Zahlung geklagt werden. Ebenso wenig besteht ein Anspruch auf Erstattung verauslagter Schmiergelder (§ 817 BGB).[111] Nimmt ein Arbeitnehmer Schmiergelder usw. entgegen, ist regelmäßig seine **fristlose Kündigung** gerechtfertigt (vgl. § 127 RN 116).[112] Außerdem ist der Arbeitnehmer zum Schadensersatz verpflichtet. Umstritten ist, inwieweit der Arbeitgeber die Herausgabe der gewährten Vorteile verlangen kann. Der BGH hat einen Herausgabeanspruch mit der Begründung anerkannt, alle Vorteile, die in der Geschäftsbesorgung ihre wirtschaftliche Rechtfertigung finden, gebührten dem Geschäftsherren, der auch die Gefahr einer Schädigung trage (§§ 675, 667

---

[102] Vgl. hierzu BAG 17. 2. 1998 AP 26 zu § 618 BGB = NZA 98, 1231; *Berger-Delhey* ZTR 2003, 126; *Bergwitz* NZA-RR 2004, 169; *Buchner* BB 2002, 2382; *Moderegger* ArbRB 2003, 15; *Lorenz* DB 2003, 721, 723; *Wellenhofer-Klein* RdA 2003, 155.

[103] Zur Gastronomie vgl. *Entzer/Sauer* BB 2008, 1116.

[104] Dazu BAG 15. 1. 2002 AP 12 zu § 87 BetrVG 1972 Gesundheitsschutz = NZA 2002, 995; 19. 1. 1999 AP 28 zu § 87 BetrVG 1972 Ordnung des Betriebes = NZA 99, 546.

[105] LAG Frankfurt BB 90, 781 = DB 90, 1193; LAG München NZA 91, 521 = ZTR 91, 169.

[106] Verneinend *Däubler* Arbeitsrecht 2, 6.2.2.1; bejahend MünchArbR/*Blomeyer* § 53 RN 11.

[107] *Sembdner,* Die Korruption und ihre Bekämpfung, PersV 97, 454.

[108] *Boemke* AR-Blattei SD 1228 RN 196.

[109] Verneinend: MünchArbR/*Blomeyer* § 53 RN 104.

[110] BGH 14. 12. 1972 AP 31 zu § 138 BGB = NJW 73, 363; zur Sittenwidrigkeit bei Auslandsgeschäften: BGH AP 3 zu § 12 UWG.

[111] BAG AP 16 zu § 670 BGB.

[112] BAG 15. 11. 2001 AP 175 zu § 626 BGB; 15. 11. 1995 AP 73 zu § 102 BetrVG 1972.

BGB).[113] Das BAG hat eine Pflicht zur Herausgabe nur dann bejaht, wenn das Schmiergeld im Zusammenhang mit dem Abschluss eines objektiv fremden Geschäfts erlangt wurde (§§ 687 II, 681, 667 BGB).[114]

c) Im öffentlichen Dienst darf ein Angestellter Belohnungen und Geschenke in Bezug auf seine dienstliche Tätigkeit nur mit **Erlaubnis seines Arbeitgebers** annehmen (§ 10 BAT, § 3 II TVöD, § 3 III TV-L).[115] Geschenke sind auch Vermächtnisse von Altenheimbewohnern oder Krankenhauspatienten usw. an das Pflegepersonal.[116] Zivildienstleistende dürfen wie Soldaten und Beamte Belohnungen und Geschenke in Bezug auf ihre dienstliche Tätigkeit nur mit Zustimmung des Dienstherren annehmen. Die Genehmigungspflicht umfasst auch die Annahme einer Erbschaft.[117] 43

17. Schutzpflichten. Der Arbeitnehmer ist verpflichtet, vom Betrieb, also auch vom Arbeitgeber als Inhaber des Betriebs, sowie anderen Arbeitnehmern **Schäden abzuwenden,** soweit dies möglich und zumutbar ist. Der Arbeitnehmer braucht sich nicht selbst in Gefahr zu begeben. Ihm wird lediglich ein zumutbarer Einsatz angesonnen. Gehen die Schädigungen von einem anderen Arbeitnehmer aus, also z. B. bei Diebstählen, Unterschlagungen, Verletzung der UVV usw., besteht nur bei Personen- oder erheblichen Sachschäden eine Informationspflicht gegenüber dem Arbeitgeber. Arbeitnehmer, die (auch) zur Beaufsichtigung des übrigen Personals eingestellt sind, sind dagegen weitergehend anzeigepflichtig.[118] Die Einschränkungen wollen einem Denunziantentum im Betrieb vorbeugen. In der älteren Rechtsprechung hat sich das BAG auf den Standpunkt gestellt, beleidigende Äußerungen von Arbeitskollegen über den Arbeitgeber, die im vertraulichen Bereich fallen, berechtigten nicht zur Kündigung, wenn der Gesprächspartner ohne vernünftigen Grund die Vertraulichkeit missachte und den Inhalt des Gesprächs dem Arbeitgeber mitteile.[119] Dagegen könne die Kündigung eines Denunzianten gerechtfertigt sein.[120] Das geht jedoch zu weit. 44

18. Telefonnutzung.[121] **a)** Ob der Arbeitnehmer das **Telefon seines Arbeitgebers nutzen** darf, richtet sich nach dem Inhalt des Arbeitsvertrags sowie möglicher betrieblicher Übungen (§ 111). Der Arbeitgeber kann die Benutzung der betrieblichen Telefonanlage für private Gespräche verbieten.[122] Grundsätzlich muss der Arbeitnehmer private Telefongespräche bezahlen. Bisweilen wird die Führung von Ortsgesprächen in angemessenem Umfang und von angemessener Dauer stillschweigend geduldet. Aber auch bei Bestehen eines Verbots privater Benutzung dienstlicher Telefone sind Ausnahmen möglich bei Notfällen und bei dienstlich veranlassten Privatgesprächen. Zu denken ist etwa an überraschend angeordnete Überstunden oder bei Verspätungen wegen sich hinziehender Sitzungen. 45

b) Moderne Telefonanlagen erlauben vielfältige Nutzungsmöglichkeiten, z. B. die Anstellung eines Lautsprechers zum **Mithören im Raum, Aufschalteinrichtungen, Anrufumleitung, Registrierung von Anrufen und Anzeige des Anrufenden** usw. Während das BAG die Auffassung vertreten hat, der Arbeitnehmer müsse die Unterbrechung von Gesprächen hinnehmen, wenn die Aufschaltanlage angemessene Zeit vorher durch einen Summton angekündigt werde,[123] hat das BVerfG entschieden, der grundrechtliche Schutz des gesprochenen Wortes könne nicht durch die bloße Kenntnis von einer Mithöranlage beseitigt werden. Die Benutzung eines Diensttelefons allein rechtfertige nicht den Schluss, damit sei dem Sprechenden eine Er- 46

---

[113] BGH 2. 4. 2001 NJW 2001, 2476.

[114] BAG 26. 2. 1971 AP 5 zu § 687 BGB; ausf. hierzu für den öffentlichen Dienst *B. Reinecke* ZTR 2007, 414.

[115] BAG 15. 11. 2001 AP 175 zu § 626 BGB.

[116] BAG 17. 4. 1984 AP 1 zu § 10 BAT.

[117] BVerwG 14. 12. 1995 ZTR 96, 426.

[118] Vgl. BAG 18. 6. 1970 AP 57 zu § 611 BGB Haftung des Arbeitnehmers; LAG Hamm 29. 7. 1994 BB 94, 2352; ArbG Hamburg DB 70, 739.

[119] BAG 30. 11. 1972 AP 66 zu § 626 BGB.

[120] BAG 21. 10. 1965 AP 5 zu § 1 KSchG Verhaltensbedingte Kündigung.

[121] *Foerste* JZ 98, 793; *Kopke,* Heimliches Mithören eines Telefongespräches, NZA 99, 917; *Linnenkohl/Gressierer,* Das Mithören von Telefonaten im Arbeitsverhältnis, AuA 99, 410; *Mengel,* Kontrolle der Telefonkommunikation am Arbeitsplatz, BB 2004, 1445; *Schulin/Babl,* Rechtsfragen der Telefondatenverarbeitung, NZA 86, 46; *Uhmann,* Mitarbeiterkontrolle – Was darf der Arbeitgeber? BuW 2002, 79; *Wedde,* Mobiltelefone und Arbeitsrecht, CR 95, 41.

[122] LAG Nürnberg 29. 1. 1987 LAGE § 87 BetrVG Kontrolleinrichtung Nr. 9.

[123] BAG 1. 3. 1973 AP 1 zu § 611 BGB Persönlichkeitsrecht = NJW 73, 1247; vgl. auch BAG 30. 8. 1995 AP 29 zu § 87 BetrVG 1972 Überwachung.

weiterung des Adressatenkreises gerade um den Arbeitgeber oder dessen Vertreter gleichgültig.[124] Ob eine Rechtfertigung des Eingriffs in das Persönlichkeitsrecht möglich ist, hat das BVerfG als eine Frage des einfachen Rechts nicht entschieden. Es hat lediglich ausgeführt, die Durchführung von Dienstgesprächen stelle noch keine Rechtfertigung dar. Im Allgemeinen wird daher die Verwendung von Aufschaltanlagen unzulässig sein, es sei denn, der Arbeitnehmer stimmt dem ausdrücklich zu. Der Hinweis unter Kollegen auf das Bestehen von Abhöranlagen enthält eine üble Nachrede, wenn dies nicht erweislich wahr ist.

47 **c)** Das **heimliche Mithörenlassen von Telefongesprächen** zwischen Arbeitnehmer und Arbeitgeber durch Einschalten des Raumlautsprechers ist grundsätzlich unzulässig. Es verletzt das Persönlichkeitsrecht des Gesprächspartners. Auf diese Weise erlangte Beweismittel dürfen deshalb nicht verwertet werden.[125] Dem entspricht die Rechtsprechung des BVerfG, das angenommen hat, in der gerichtlichen Verwertung von Kenntnissen und Beweismitteln, die unter Verstoß gegen das Persönlichkeitsrecht erlangt seien, liege regelmäßig ein Eingriff in das Grundrecht aus Art. 2 I i. V. m. Art. 1 I GG.[126]

48 **d)** Bei der Einführung der **automatisierten Telefondatenerfassung** im Betrieb hat der Betriebsrat ein erzwingbares Mitbestimmungsrecht nach § 87 I Nr. 6 BetrVG (§ 235). Eine Betriebsvereinbarung ist wirksam, auf deren Grundlage bei Dienstgesprächen und Privatgesprächen aus dienstlichem Anlass Datum und Uhrzeit des Gespräches, dessen Dauer sowie die Zielnummer erfasst werden und bei reinen Privatgesprächen nur Datum, Uhrzeit und Dauer des Gespräches registriert werden. Allerdings sind die erfassten Daten über (private) Telefongespräche personenbezogene Daten des Arbeitnehmers. Sie können auch personenbezogene Daten des Angerufenen sein; eine Betriebsvereinbarung stellt jedoch eine ausreichende Rechtsgrundlage für den Eingriff in die Rechte des Arbeitnehmers dar. Im Übrigen hat der Betriebsrat keine Kontrollrechte bei Eingriffen in die Rechte Dritter.[127] Bei bestimmten Arbeitnehmergruppen (Psychologe) darf die Zielnummer nicht erfasst werden.[128]

49 **e)** Dem Arbeitnehmer ist es verwehrt, zu einem Gespräch mit seinem Arbeitgeber ein aufnahmebereites **Tonbandgerät heimlich mitzuführen.** Die damit dokumentierte Bekundung des Misstrauens schließt eine künftige gedeihliche Zusammenarbeit aus und kann u. U. auch eine Kündigung rechtfertigen. Seinem Sicherheitsbedürfnis wegen des tatsächlich Besprochenen kann durch die Hinzuziehung eines Betriebsratsmitglieds oder eines Rechtsanwaltes Rechnung getragen werden.[129]

50 **19. Unlauterer Wettbewerb.** Ein Beschäftigter, der vor dem Ausscheiden aus seinem Arbeitsverhältnis unter Verwendung des Adressenmaterials seines Arbeitgebers ein Verabschiedungsschreiben an die bislang von ihm betreuten und ihm dabei durch ein Vertrauensverhältnis verbundenen Kunden richtet, handelt wettbewerbswidrig, wenn er direkt oder indirekt (hier u. a. durch die Angabe seiner privaten Adresse und Telefonnummer) auf seine zukünftige Tätigkeit als Wettbewerber oder für einen Wettbewerber hinweist.[130]

51 **20. Verschwiegenheitspflicht.**[131] **a)** Die Verschwiegenheitspflicht kann sich als **arbeitsvertragliche Nebenverpflichtung** aus dem Arbeitsvertrag ergeben. Daneben besteht eine gesetz-

---

[124] BVerfG 19. 12. 1991 NZA 92, 307; 9. 10. 2002 AP 34 zu § 611 Persönlichkeitsrecht = NJW 2002, 3619.

[125] BAG 29. 10. 1997 AP 27 zu § 611 BGB Persönlichkeitsrecht = NZA 98, 307; LAG Schleswig-Holstein 5. 4. 2005 RDV 2005, 274.

[126] BVerfG 9. 10. 2002 AP 34 zu § 611 BGB Persönlichkeitsrecht = NJW 2002, 3619; BVerfG 19. 12. 1991 NZA 92, 307.

[127] BAG 27. 5. 1986 AP 15 zu § 87 BetrVG 1972 Überwachung = NZA 86, 643; BVerwG NJW 82, 840; LAG Köln EzA 1 zu § 611 BGB Persönlichkeitsrecht; LAG Hamburg BB 86, 529; 89, 1053.

[128] BAG 13. 1. 1987 AP 3 zu § 23 BDSG = NZA 87, 515.

[129] LAG Rheinl.-Pfalz 18. 9. 1996 NZA 97, 826; zur Hinzuziehung Dritter vgl. *Kandaouroff/Rose* DB 2008, 1210.

[130] BGH 22. 4. 2004 AP 12 zu § 1 UWG = NJW 2004, 2385.

[131] *Berg,* Der Schutz von Betriebs- und Geschäftsgeheimnissen im öffentlichen Recht unter besonderer Berücksichtigung des Umweltinformationsgesetzes, GewArch 96, 177; *Grimm,* Die Verschwiegenheitspflicht, AR-Blattei, SD 770; *Kunz,* Wahrung von Betriebsgeheimnissen und arbeitsrechtliche Konsequenzen, BuW 98, 354; *Richters/Wodtke,* Schutz von Betriebsgeheimnissen aus Unternehmenssicht, NZA-RR 2003, 281; *Salger,* Regelungen zum Schutz von betrieblichem Know-how – die Sicherung von Betriebs- und Geschäftsgeheimnissen, DB 2005, 154; *Wertheimer,* Bezahlte Karenz oder entschädigungslose Wettbewerbsenthaltung des ausgeschiedenen Arbeitnehmers?, BB 99, 1600; *Wolff,* Der verfassungsrechtliche Schutz der Betriebs- und Geschäftsgeheimnisse, NJW 97, 98.

liche Pflicht zur Wahrung von Betriebsgeheimnissen. Nach **§ 17 I UWG** wird mit Freiheitsstrafe bis zu drei Jahren oder mit Geldstrafe bestraft, wer als eine bei einem Unternehmen beschäftigte Person ein Geschäfts- oder Betriebsgeheimnis, das ihr im Rahmen des Dienstverhältnisses anvertraut worden oder zugänglich geworden ist, während der Geltungsdauer des Dienstverhältnisses unbefugt an jemand zu Zwecken des Wettbewerbs, aus Eigennutz, zugunsten eines Dritten oder in der Absicht, dem Inhaber des Unternehmens Schaden zuzufügen, mitteilt. Der Umfang der vertraglichen Verschwiegenheitspflicht reicht weiter als der aus § 17 UWG. Während § 17 UWG nur den Geheimnisverrat untersagt, der zu Zwecken des Wettbewerbs, aus Eigennutz oder in Schädigungsabsicht erfolgt, hat der Arbeitnehmer nach § 242 BGB generell über sämtliche Angelegenheiten Stillschweigen zu bewahren, die ihm im Zusammenhang mit seiner Stellung im Betrieb bekannt geworden sind und an deren Geheimhaltung der Arbeitgeber ein berechtigtes Interesse hat.[132] Ein ausgeschiedener Mitarbeiter, der ein Geschäftsgeheimnis seines früheren Arbeitgebers schriftlichen Unterlagen entnimmt, die er während des früheren Dienstverhältnisses zusammengestellt und im Rahmen seiner früheren Tätigkeit befugtermaßen bei seinen privaten Unterlagen – etwa in einem privaten Adressbuch oder auf einem privaten PC – aufbewahrt hat, verschafft sich damit dieses Geschäftsgeheimnis unbefugt i. S. v. § 17 UWG.[133]

b) Die vertragliche Verschwiegenheitspflicht erstreckt sich auf alle **Geschäfts- und Betriebsgeheimnisse.** Dies sind alle Tatsachen, die in einem Zusammenhang mit dem Geschäftsbetrieb stehen, nur einem eng begrenzten Personenkreis bekannt und nicht offenkundig sind, nach dem Willen des Arbeitgebers und im Rahmen eines berechtigten wirtschaftlichen Interesses geheim gehalten werden sollen.[134] Die Geschäftsgeheimnisse beziehen sich mehr auf wirtschaftliche, die Betriebsgeheimnisse mehr auf technische Angelegenheiten.[135] Hierzu gehören z. B. technisches Know-how, auch wenn es nicht patentfähig ist, Warenbezugsquellen, Absatzgebiete, Kunden- und Preislisten,[136] Bilanzen, Inventuren, Kreditwürdigkeit, eigene Erfindungen des Arbeitnehmers, wenn sie im Rahmen des Arbeitsverhältnisses gemacht wurden; Wettbewerbsverstöße des Arbeitgebers[137] usw. Ein Geschäftsgeheimnis braucht keinen bestimmten Vermögenswert zu besitzen; es reicht aus, dass es sich für den Arbeitgeber nachteilig auswirken kann, wenn Dritte, insbesondere Wettbewerber, Kenntnis von den Daten erlangen.[138] Die Geheimnisse dürfen nur einem eng begrenzten Personenkreis bekannt sein. Dessen Größe ist unerheblich; eine zu große Personenzahl kann jedoch das Geheimnis sprengen. Allgemein bekannte und übliche Verfahren oder Tatsachen sind keine Geschäfts- und Betriebsgeheimnisse, auch wenn der Arbeitgeber sie als solche bezeichnet.[139] Das gilt auch für Patente nach Ablauf der Schutzfrist. 52

c) Weitergehende Verschwiegenheitspflichten bestehen für Mitglieder von **Vorständen und Aufsichtsräten** der AG. Schließlich sind **Betriebsräten** (§ 79 BetrVG), **Personalräten** und anderen Organen der Betriebsverfassung in ähnlichen Stellungen (Jugend- und Auszubildendenvertretern, Mitgliedern des Wirtschaftsausschusses, der Einigungsstelle usw., Arbeitnehmer-Aufsichtsratsmitgliedern – für letztere gelten auch die Vorschriften des AktG) besondere Verschwiegenheitspflichten auferlegt (§ 230). 53

d) Die Verschwiegenheitspflicht kann während des Bestands des Arbeitsverhältnisses vertraglich erweitert werden.[140] In der Vertragspraxis finden sich Klauseln, nach denen der Arbeitnehmer verpflichtet ist, über **alle mit dem Arbeitsverhältnis im Zusammenhang stehenden Tatsachen Stillschweigen** zu bewahren. Umfang und Grenzen derartiger vorformulierter Klauseln richten sich nach § 307 I BGB. Wirksamkeitsvoraussetzung solcher Klauseln ist Transparenz sowie ein berechtigtes betriebliches Interesse an der Geheimhaltung.[141] Verschwiegenheitsklauseln finden sich vor allem über persönliche Rechtsverhältnisse des Arbeitnehmers selbst, 54

---

[132] *Boemke* AR-Blattei SD 1228 RN 174 f.

[133] BGH 27. 4. 2006 NJW 2006, 3424.

[134] BAG 16. 3. 1982 AP 1 zu § 611 BGB Betriebsgeheimnis = NJW 83, 134; 15. 12. 1987 AP 5 zu § 611 BGB Betriebsgeheimnis = NZA 88, 502; *Richters/Wodtke* NZA-RR 2003, 281, 282.

[135] BAG 16. 3. 1982 AP 1 zu § 611 BGB Betriebsgeheimnis = NJW 83, 134; 15. 12. 1987 AP 5 zu § 611 BGB Betriebsgeheimnis = NZA 88, 502.

[136] BGH 27. 4. 2006 NJW 2006, 3424.

[137] LAG Berlin BB 70, 710.

[138] BGH 27. 4. 2006 NJW 2006, 3424.

[139] BAG 16. 3. 1982 AP 1 zu § 611 BGB Betriebsgeheimnis = NJW 83, 134; 15. 12. 1987 AP 5 zu § 611 BGB Betriebsgeheimnis = NZA 88, 502; BGH 15. 5. 1955 AP 1 zu § 17 UWG.

[140] Ebenso *Preis/Reinfeld* AuR 89, 362, 364; *Richters/Wodtke* NZA-RR 2003, 281, 283.

[141] LAG Hamm 5. 10. 1988 DB 89, 783.

z. B. seine Gehaltsbezüge.[142] Insoweit kann der Bruch der Verschwiegenheit eine ordentliche Kündigung rechtfertigen, wenn der Arbeitgeber an der Geheimhaltung ein berechtigtes Interesse hatte.[143]

55 **e)** Die Verschwiegenheitspflicht besteht nur, wenn der Arbeitgeber an deren Einhaltung ein **berechtigtes geschäftliches Interesse** hat. Das berechtigte geschäftliche Interesse ist objektiv zu beurteilen. Daher braucht über illegale Geheimnisse grundsätzlich keine Verschwiegenheit bewahrt zu werden. Aus der Rücksichtnahmepflicht (§ 241 II BGB) des Arbeitnehmers folgt jedoch, dass er solche Geheimnisse erst offenbaren darf, wenn er keine Abhilfe im Betrieb erreicht und öffentliche Interessen berührt werden.[144]

56 **f)** Die Verschwiegenheitspflicht **beginnt** grundsätzlich mit dem Abschluss des Arbeitsvertrags. Werden dem Arbeitnehmer Geschäfts- und Betriebsgeheimnisse schon im Rahmen der Vorverhandlungen bekannt, kann er bei deren Verletzung bereits schadensersatzpflichtig werden. Die Verschwiegenheitspflicht besteht bis zur **rechtlichen Beendigung** des Arbeitsverhältnisses.[145] Dies gilt auch dann, wenn es auf Grund einer außerordentlichen Kündigung des Arbeitnehmers oder Arbeitgebers geendet hat. Hat das Arbeitsverhältnis auf die außerordentliche Kündigung des Arbeitgebers geendet, kann die (vorzeitige) Beendigung der Verschwiegenheitspflicht im Rahmen des Schadensersatzanspruchs nach § 628 II BGB berücksichtigt werden.

57 **g)** Umstr. ist, ob und in welchem Umfang eine Verschwiegenheitspflicht **über das Ende des Arbeitsverhältnisses hinaus** besteht oder vertraglich erstreckt werden kann. Nach einer in der älteren Rechtsprechung des BAG vertretenen Auffassung besteht die Verschwiegenheitspflicht über Betriebs- und Geschäftsgeheimnisse auch nach rechtlicher Beendigung des Arbeitsverhältnisses.[146] Zumindest könne eine Erstreckung vertraglich vereinbart werden. Anders als im Falle der Pflicht zur Unterlassung jeglichen Wettbewerbs schränke eine nachvertragliche Pflicht, Betriebs- und Geschäftsgeheimnisse weiter zu wahren, die berechtigten Interessen eines Arbeitnehmers nicht unzulässig ein.[147] Überwiegend wird jedoch zu Recht die Auffassung vertreten, die nachvertragliche Verschwiegenheitspflicht über Betriebs- und Geschäftsgeheimnisse könne sich nur auf einzelne, konkret bezeichnete Geheimnisse beziehen. Nach Beendigung des Arbeitsverhältnisses könne der Arbeitnehmer – sofern kein wirksames nachvertragliches Wettbewerbsverbot vereinbart sei – das im Arbeitsverhältnis erworbene Erfahrungswissen zu eigenem Nutzen verwenden.[148] Die Grenze zu einem faktischen Wettbewerbsverbot darf nicht überschritten werden.[149] Für eine weitergehende Pflicht fehlt der Vertrag als Rechtsgrundlage. Unberührt bleiben die sich aus dem Gesetz ergebenden Schweigepflichten. Dem entspricht auch die neuere – allerdings etwas weitergehende – Rechtsprechung des BGH, wonach der aus einem Arbeitsverhältnis ausgeschiedene Arbeitnehmer in der Weitergabe und Verwertung der im Arbeitsverhältnis redlich erlangten Betriebsgeheimnisse grundsätzlich frei ist.[150]

58 **h) Bestand gegenüber Dritten.** Die Verschwiegenheitspflicht **besteht gegenüber jedermann.** Sie ist keine unzulässige Beschränkung des Rechts auf freie Meinungsäußerung, wenn sie sich auf Tatsachen bezieht (vgl. § 53). Die Verschwiegenheitspflicht besteht nicht, wenn die Offenbarung des Geheimnisses zur Durchsetzung eigener Rechte des Arbeitnehmers erforderlich ist.[151] Der Arbeitnehmer kann mithin Entbindung von der Schweigepflicht verlangen, um seinen Anwalt zu informieren[152] oder Schadensersatzansprüche gegen den Arbeitgeber durchzusetzen.[153] Er kann auf Freistellung von der Schweigepflicht klagen.[154] Der Arbeitnehmer

---

[142] BAG 26. 2. 1987 AP 2 zu § 79 BetrVG 1972 = NZA 88, 63.

[143] Vgl. LAG Düsseldorf DB 76, 1112.

[144] BAG 28. 9. 1972 AP 2 zu § 134 BGB; BGH 20. 1. 1981 AP 4 zu § 611 BGB Schweigepflicht.

[145] BGH 16. 11. 1954 AP 1 zu § 60 HGB.

[146] BGH 16. 11. 1954 AP 1 zu § 60 HGB.

[147] BAG 16. 3. 1982 AP 1 zu § 611 BGB Betriebsgeheimnis = NJW 83, 134; 15. 12. 1987 AP 5 zu § 611 BGB Betriebsgeheimnis = NZA 88, 502; vgl. auch BGH 20. 1. 1981 AP 4 zu § 611 BGB Schweigepflicht = NJW 81, 1089; 20. 1. 1981 NJW 81, 1366; 28. 1. 1993 NJW 93, 1786; bei Beamten: BVerwG NJW 83, 2343.

[148] BAG 19. 5. 1998 AP 11 zu § 611 BGB Treuepflicht = NZA 99, 200; 15. 6. 1993 AP 40 zu § 611 BGB Konkurrenzklausel = NZA 94, 502; BGH 16. 11. 1954 AP 1 zu § 60 HGB; MünchArbR/*Blomeyer* § 53 RN 72f.

[149] BAG 19. 5. 1998 AP 11 zu § 611 BGB Treuepflicht = NZA 99, 200.

[150] BGH 3. 5. 2001 EzA 4 zu § 611 BGB Betriebsgeheimnis = WM 2001, 1824.

[151] BAG 25. 8. 1966, 13. 2. 1969 AP 1, 3 zu § 611 BGB Schweigepflicht; einschränkend LAG Düsseldorf ZIP 82, 217.

[152] BAG 25. 8. 1966 AP 1 zu § 611 BGB Schweigepflicht; einschränkend LAG Düsseldorf ZIP 82, 217.

[153] BAG 13. 2. 1969 AP 3 zu § 611 BGB Schweigepflicht.

[154] BAG 13. 2. 1969 AP 3 zu § 611 BGB Schweigepflicht.

ist im Interesse der Wahrheitsfindung gehalten, über Kundenlisten, Umsätze usw. in einem Zivilprozess als Zeuge auszusagen, ohne dass er zuvor die Genehmigung seines Arbeitgebers einzuholen hat.

i) Der Arbeitgeber kann die Einhaltung der Verschwiegenheitspflicht im Wege einer **Unterlassungsklage** verfolgen, nach der dem Arbeitnehmer aufgegeben wird, die Weitergabe des Betriebs- oder Geschäftsgeheimnisses zu unterlassen. Im Antrag muss allerdings das Geheimnis genau bezeichnet werden.[155] **59**

j) Verletzt der Arbeitnehmer die Verschwiegenheitspflicht, macht er sich gemäß § 280 I BGB **schadensersatzpflichtig.** Der Schadensersatzanspruch kann im Wege der Lizenzanalogie berechnet werden, wenn der Arbeitnehmer ein Betriebsgeheimnis verraten hat.[156] Im Falle einer wettbewerbswidrigen Verletzung von Betriebsgeheimnissen hat der Verletzer grundsätzlich den gesamten unter Einsatz des geheimen Know-hows erzielten Gewinn herauszugeben.[157] **60**

21. Wettbewerbsverbot. Während des rechtlichen Bestehens eines Arbeitsverhältnisses ist dem Arbeitnehmer grundsätzlich jede Konkurrenztätigkeit zum Nachteil seines Arbeitgebers untersagt, auch wenn der Einzelarbeitsvertrag keine ausdrückliche Regelung enthält.[158] Will der Arbeitgeber den Arbeitnehmer nicht nur zur Verschwiegenheit über Betriebs- oder Geschäftsgeheimnisse zwingen, sondern Wettbewerbshandlungen verhindern, bedarf es wegen aller Abreden, durch die dieser in der Ausnutzung seines beruflichen Erfahrungswissens eingeschränkt wird, des Abschlusses eines Wettbewerbsverbots nach den Vorschriften der §§ 74ff. HGB (§ 58). Nachvertragliche **Verschwiegenheits- oder Treuepflichten** begründen für den Arbeitgeber regelmäßig gegen den ausgeschiedenen Arbeitnehmer **keine** Ansprüche auf **Unterlassung von Wettbewerbshandlungen.**[159] **61**

§ 56. Verpflichtung zur Unterlassung von Wettbewerb

1. Gliederung. Die Wettbewerbsbeschränkungen des Arbeitnehmers sind zu untergliedern in solche während des Bestandes des Arbeitsverhältnisses (§ 57) und solche nach seiner Beendigung (§ 58). Die neuere Entwicklung geht dahin, die zersplitterte gesetzliche Regelung der Wettbewerbsbeschränkungen für alle Arbeitnehmer einander anzugleichen. In § 110 GewO ist das nachvertragliche Wettbewerbsverbot für alle Arbeitnehmer vereinheitlicht. **1**

2. Grundgedanken. Für die Dauer des rechtlichen Bestandes des Arbeitsverhältnisses gilt der Grundsatz, dass der Arbeitnehmer die Ziele und Zwecke seines Arbeitgebers fördern und unterstützen muss (§ 53). Er hat sich demnach auch eines Wettbewerbes zu Lasten seines Arbeitgebers zu enthalten.[1] Dagegen ist er nach Beendigung des Arbeitsverhältnisses in der Verwertung seiner Arbeitskraft frei. Er kann dabei bis zur Grenze der guten Sitten seinem ehemaligen Arbeitgeber Wettbewerb machen sowie betriebliche Erfahrungen ausnutzen, es sei denn, dass dieses Recht vertraglich eingeschränkt ist. **2**

3. Gesetzliche Regelung. a) Während des Arbeitsverhältnisses gelten für Handlungsgehilfen die §§ 60, 61 HGB. Für sonstige Arbeitnehmer wird man diese Vorschriften entsprechend anwenden.[2] Nach Beendigung des Arbeitsverhältnisses galten für **(a)** Handlungsgehilfen §§ 74–75d HGB, **(b)** gewerbliche Angestellte § 133f GewO, **(c)** gewerbliche Arbeiter (§ 133g GewO), **(d)** die zu ihrer Berufsausbildung Beschäftigten (§ 5 BBiG), **(e)** die übrigen Arbeitnehmer §§ 138, 826 BGB, 1 UWG. Das BAG wandte für alle Arbeitnehmer §§ 74–75d HGB entspr. an. Diese Rechtslage ist durch § 110 GewO festgeschrieben. §§ 133f, 133g GewO sind aufgehoben. **3**

b) In den **neuen Bundesländern** gilt sowohl für das Wettbewerbsverbot während des Arbeitsverhältnisses als auch nach dessen Beendigung dieselbe Rechtslage wie in den Altbundesländern. Von den Vorschriften über das nachvertragliche Wettbewerbsverbot waren lediglich **4**

---

155 BAG 25. 4. 1989 AP 7 zu § 611 BGB Betriebsgeheimnis = NZA 89, 860.
156 BAG 24. 6. 1986 AP 4 zu § 611 BGB Betriebsgeheimnis = NZA 86, 781.
157 BGH 19. 3. 2008 – I ZR 225/06.
158 St. Rspr., vgl. BAG 26. 6. 2008 DB 2008, 2544.
159 BAG 15. 6. 1993 AP 40 zu § 611 BGB Konkurrenzklausel = NZA 94, 502; 19. 5. 1998 AP 11 zu § 611 BGB Treuepflicht = NZA 99, 200.
1 BAG 26. 3. 1965 AP 1 zu § 306 BGB; 17. 10. 1969 AP 7 zu § 611 BGB Treuepflicht.
2 Einschränkend BAG 16. 1. 1975 AP 8 zu § 60 HGB.

§§ 75 III, 75b Satz 2 HGB ausgenommen (EV Art. 8 i.V.m. Anl. 1 Kap. VIII Abschn. III Nr. 2). Diese Vorschriften wurden in den Altbundesländern als verfassungswidrig angesehen.

§ 57. Verpflichtung zur Unterlassung von Wettbewerb während des Arbeitsverhältnisses

Bauer/Diller, Wettbewerbsverbote, 4. Aufl., 2006; *Buchner,* AR-Blattei, D, Wettbewerbsverbot II, Das Wettbewerbsverbot während der Dauer des Arbeitsverhältnisses, SD 1830.2; *ders.,* Schriftenreihe der AR-Blattei, Wettbewerbsverbote; *Fischer,* Wettbewerbstätigkeit während des Kündigungsschutzprozesses, NJW 2009, 331; *Gaul,* Der erfolgreiche Schutz von Betriebs- und Geschäftsgeheimnissen, 1994; *Hoß,* Vorbereitung einer späteren Konkurrenztätigkeit, ArbRB 2002, 87; *Kempen/Kreuder,* Nebentätigkeit und arbeitsrechtliches Wettbewerbsverbot bei verkürzter Arbeitszeit, ArbuR 94, 214; *Krasshöfer-Pidde,* Das Wettbewerbsrecht, HAS 7; *Röhsler/Borrmann,* Wettbewerbsbeschränkungen für Arbeitnehmer und Handelsvertreter, 1981; *Salger/Breitfeld,* Regelungen zum Schutz von betrieblichem know-how – die Sicherung von Geschäfts- und Betriebsgeheimnissen, BB 2005, 154; *Wertheimer,* Nachvertragliche Wettbewerbsverbote bei Arbeitsverhältnissen, 1998.

Übersicht

	RN
I. Kaufmännische Angestellte	1 ff.
1. Persönlicher Geltungsbereich	1, 2
2. Zeitlicher Geltungsbereich	3, 4
II. Inhalt des Verbotes für Handlungsgehilfen	5 ff.
1. Handelsgewerbe	5, 6
2. Konkurrenzgeschäfte	7–10
III. Einwilligung des Arbeitgebers	11 ff.
1. Einwilligung	11
2. Vermutete Einwilligung	12
3. Rücknahme der Einwilligung	13
IV. Rechtsfolgen eines Wettbewerbsverstoßes	14 ff.
1. Wirksamkeit der Konkurrenzgeschäfte	14, 15
2. Schadensersatz	16
3. Eintrittsrecht	17, 18
4. Ausschluss des Eintrittsrechts	19
5. Auskunft	20
6. Verjährung	21–23
V. Beschäftigungs- und Konkurrenzverbot sonstiger Arbeitnehmer	24 ff.
1. Allgemeines	24
2. Gewerbebetrieb	25
3. Konkurrenztätigkeit	26
4. Rechtsfolgen	27

I. Kaufmännische Angestellte

1 **1. Persönlicher Geltungsbereich. a)** Nach § 60 I HGB darf der **Handlungsgehilfe** ohne Einwilligung seines Prinzipals weder ein Handelsgewerbe betreiben noch in dessen Handelszweig für eigene oder fremde Rechnung Geschäfte machen. Handlungsgehilfen sind Personen, die in einem Handelsgewerbe zur Leistung kaufmännischer Dienste angestellt sind (§ 59 HGB). Unerheblich ist, ob sie in Voll- oder Teilzeit arbeiten. Von dem Verbot werden nicht erfasst gesetzliche Vertreter von Handelsgesellschaften (vgl. § 14),[1] Prokuristen und Handlungsbevollmächtigte, mit denen kein Arbeitsverhältnis vereinbart worden ist,[2] sowie die zu ihrer Berufsausbildung beschäftigten Personen, also Auszubildende (§ 5 BBiG). Wegen der Auszubildenden hat das BAG seine Rspr. geändert und meint, dass die Verpflichtung zur Enthaltung des Wettbewerbs aus der Treuepflicht folge.[3] Mangels eines Arbeitsverhältnisses ist § 60 I HGB auf Handelsvertreter auch nicht entsprechend anwendbar.

2 **b)** Das BAG hat §§ 60ff. HGB auf sonstige Arbeitnehmer zunächst nicht entsprechend angewandt, weil es den **Gerechtigkeitswert** von § 61 HGB gering eingeschätzt hat. Es hat aber in § 60 HGB einen allgemeinen Rechtsgedanken gesehen, der seine Grundlage in der Treuepflicht des Arbeitnehmers hat.[4] Hiervon ist schon der dritte und später der neunte Senat abgerückt. Diese Rspr. hat es ausdrücklich aufgegeben.[5]

---

[1] MünchKommHGB/*v. Hoyningen-Huene* § 59 RN 80, 81.
[2] MünchKommHGB/*v. Hoyningen-Huene* § 60 RN 11.
[3] BAG 20. 9. 2006 AP 13 zu § 60 HGB = NZA 2007, 977.
[4] BAG 17. 10. 1969 AP 7 zu § 611 BGB Treuepflicht; LAG Frankfurt 28. 4. 1998 LAGE § 1 KSchG Verhaltensbedingte Kündigung Nr. 65; LAG Hamm 5. 4. 2000 MDR 2000, 1255.
[5] BAG 11. 4. 2000 NZA 2001, 94.

2. Zeitlicher Geltungsbereich. Das Verbot gilt nur, solange das Arbeitsverhältnis besteht. Dabei kommt es nach h.M. nicht auf den tatsächlichen,[6] sondern auf den **rechtlichen**[7] **Bestand** des Arbeitsverhältnisses an. Es gilt auch während der Weiterbeschäftigung auf Grund des Beschäftigungsanspruches oder der Suspendierung.[8] Ist der Arbeitnehmer berechtigt fristlos entlassen worden, so ist die Verpflichtung zur Wettbewerbsenthaltung beendet. Indes haftet er dem Arbeitgeber wegen des Wegfalls nach § 628 II BGB, jedoch nicht über die Grenzen, die auch durch ein nachvertragliches Wettbewerbsverbot erreicht werden könnten.[9] Hat der Arbeitgeber ohne Grund gekündigt, so kann der Arbeitnehmer nach vorzeitiger tatsächlicher Beendigung bei Inanspruchnahme aus dem Verbot die Einrede der Arglist erheben, es sei denn, dass er selbst an dem Arbeitsverhältnis festhält, also z. B. Kündigungsschutzklage erhebt, Gehaltsfortzahlung begehrt.[10] Der Gegenstandswert der Unterlassungsklage richtet sich nicht nach der Höhe der Karenzentschädigung sondern dem Interesse an der Unterlassung von Wettbewerb.[11] 3

Auf das **Ruhestandsverhältnis** ist § 60 I HGB nicht, auch nicht entsprechend anwendbar, selbst wenn der Arbeitgeber Ruhegeld zahlt.[12] Jedoch kann sich die Verpflichtung des Ruheständlers zur Wettbewerbsenthaltung aus der Treuepflicht ergeben. Dasselbe gilt bei aufrechterhaltener Ruhegeldanwartschaft. 4

II. Inhalt des Verbotes für Handlungsgehilfen

1. Handelsgewerbe. Dem Handlungsgehilfen ist das Betreiben eines Handelsgewerbes untersagt; es kommt nicht darauf an, ob das Handelsgewerbe unter §§ 1, 2 oder § 3 HGB fällt. In verfassungskonformer Auslegung von § 60 HGB ist das BAG zu dem Ergebnis gekommen, dass dem Handlungsgehilfen nur Handelsgewerbe derselben Art wie die des Prinzipals untersagt sind.[13] Dagegen ist ihm eine sonstige gewerbliche Tätigkeit erlaubt.[14] Auch § 112 I HGB verbietet dem Gesellschafter einer OHG ohne Einwilligung der Mitgesellschafter nur eine Teilnahme als persönlich haftender Gesellschafter an einer gleichartigen Gesellschaft. Hieraus folgt, dass kein konkurrierendes Gewerbe betrieben wird, wenn Arbeitnehmer und Arbeitgeber auf verschiedenen Handelsstufen miteinander Geschäfte machen.[15] Der Handlungsgehilfe betreibt dann ein Handelsgewerbe, wenn er das Gewerbe für eigene oder fremde Rechnung betreibt, sich als persönlich haftender Gesellschafter an einer Personengesellschaft beteiligt, ein anderer unter seinem Namen handelt, oder wenn er einen Strohmann vorschiebt, der im eigenen Namen handelt.[16] Kein Handelsgewerbe betreibt, wer Aktien einer konkurrierenden Aktiengesellschaft erwirbt[17] oder sich als Kommanditist oder stiller Gesellschafter an einer Gesellschaft beteiligt. 5

Erlaubt ist ihm dagegen ein **eigenes Handlungsgewerbe** vorzubereiten, soweit die Vorbereitung nicht schon den Betrieb eines eigenen Gewerbes darstellt.[18] Derartige Vorbereitungshandlungen können jedoch nach § 60 I 2. Alternative HGB verboten sein.[19] Zulässige Vorbereitungshandlungen sind: Mieten von Geschäftsräumen,[20] Erwerb von Waren, Einstellung von Arbeitnehmern, Gründung, Anmeldung und Bekanntmachung einer Handelsgesellschaft;[21] Abschluss eines Franchise-Vertrages,[22] jedoch nicht die Werbung von Kunden[23] oder der Erwerb eines Wa- 6

---

[6] MünchArbR/*Blomeyer* § 50 RN 7; MünchKommHGB/*v. Hoyningen-Huene* § 60 RN 12.
[7] BGH 16. 11. 1954 AP 1 zu § 60 HGB; BAG 26. 3. 1965 AP 1 zu § 306 BGB; 17. 10. 1969 AP 7 zu § 611 BGB Treuepflicht.
[8] BAG 30. 5. 1978 AP 9 zu § 60 HGB; LAG Kiel 24. 1. 1956 AP 2 zu § 60 HGB.
[9] BAG 17. 4. 1956 AP 8 zu § 628 BGB = SAE 76, 216 m. Anm. *v. Hadding*.
[10] BAG 25. 4. 1991 AP 104 zu § 626 BGB = NZA 92, 212; vgl. LAG Köln 4. 7. 1995 LAGE § 60 HGB Nr. 4; 26. 6. 2006 NZA-RR 2007, 73.
[11] Thüringer LAG 8. 9. 1998 FA 99, 60.
[12] MünchKommHGB/*v. Hoyningen-Huene* § 60 RN 23.
[13] BAG 25. 5. 1970, 12. 5. 1972, 7. 9. 1972 AP 4, 6, 7 zu § 60 HGB; zust. das neuere Schrifttum.
[14] *Baumbach/Hopt* § 60 RN 1; MünchArbR/*Blomeyer* § 50 RN 26; MünchKommHGB/*v. Hoyningen-Huene* § 60 RN 32. Aus der Treuepflicht kann sich ergeben, dass eine sonstige gewerbliche Tätigkeit untersagt ist, z. B. bei übermäßiger Inanspruchnahme.
[15] BAG 3. 5. 1983 AP 10 zu § 60 HGB.
[16] MünchKommHGB/*v. Hoyningen-Huene* § 60 RN 34.
[17] *Baumbach/Hopt* § 60 RN 1; a. A. LAG Köln 29. 4. 1994 NZA 95, 994.
[18] BGH 16. 11. 1954 AP 1 zu § 60 HGB; BAG 30. 1. 1963, 7. 9. 1972, 16. 1. 1975 AP 3, 7, 8 zu § 60 HGB; LAG Bremen 2. 7. 1998 ZTR 98, 423.
[19] BAG 30. 1. 1963, 7. 9. 1972 AP 3, 7 zu § 60 HGB.
[20] BAG 30. 1. 1963 AP 3 zu § 60 HGB.
[21] BAG 12. 5. 1972 AP 6 zu § 60 HGB; LAG Kiel 24. 1. 1956 AP 2 zu § 60 HGB.
[22] BAG 30. 5. 1978 AP 9 zu § 60 HGB.
[23] BAG 30. 1. 1963, 24. 4. 1970 AP 3, 5 zu § 60 HGB.

renzeichens.[24] Bisherige Arbeitnehmer seines Prinzipals darf er nicht abwerben; dagegen darf er diesen seinen Willen, sich selbstständig zu machen, offenbaren, sofern er sie nicht beeinflusst, Verträge mit ihm abzuschließen (vgl. § 55).[25] Unzulässig sind die Vorbereitungshandlungen dann, wenn bereits die Interessen des Unternehmens seines Prinzipals gefährdet werden,[26] also auch die Unterstützung Vertragsbrüchiger.[27]

7 **2. Konkurrenzgeschäfte. a)** Dem Handlungsgehilfen ist untersagt, **im Handelszweige seines Prinzipals** Geschäfte zu machen. Hierunter ist jede spekulative, auf Gewinn gerichtete Teilnahme am Geschäftsverkehr zu verstehen.[28] Von dem Verbot nicht erfasst wird die Befriedigung eigener, privater Bedürfnisse und die Anlegung eigener Vermögenswerte im Bereich der Tätigkeit seines Prinzipals, sowie Geschäfte mit dem Prinzipal[29] selbst. In welcher Form das „Geschäfte machen" erfolgt, ist unerheblich. Verboten ist demnach auch das Vorfühlen bei Kunden,[30] Versendung von Einladungen,[31] Versendung von Abschiedsbriefen zur Kundenabwerbung,[32] die Gewährung von Darlehen, die Beteiligung am Handelsgewerbe eines Konkurrenten,[33] die Tätigkeit im eigenen oder fremden Namen. Nicht unter den Geltungsbereich von § 60 HGB fallen Buchführungs-, Schreib- oder Verpackungsarbeiten; zwar können diese Handlungen Stützarbeiten für einen Konkurrenten darstellen und damit den wettbewerbsrechtlichen Interessen des Arbeitgebers zuwiderlaufen, jedoch fehlt diesen Handlungen der spekulative Charakter.[34]

8 Verboten ist nur eine **Konkurrenztätigkeit gegenüber dem Arbeitgeber.** Ist dieser konzernmäßig verbunden, besteht kein Verbot gegenüber der Muttergesellschaft oder den sonstigen Konzernunternehmen.[35] Die Beurteilung als qualifizierter rechtlicher oder faktischer Konzern ist nur für die Haftung von Bedeutung, nicht dagegen für das Wettbewerbsverbot.[36]

9 Bei der **Beurteilung,** ob eine Konkurrenztätigkeit vorliegt, kommt es auf den Zeitpunkt der Tätigkeit, nicht den der Einstellung an. Durch die Geschäftserweiterung des Arbeitgebers kann der Spielraum des Handlungsgehilfen eingeschränkt werden. Arbeitsvertraglich kann dem Arbeitnehmer jede gewerbliche Betätigung untersagt werden, soweit der Arbeitgeber hieran ein berechtigtes Interesse hat.[37] Zweifelhaft ist die Rechtslage, wenn der Arbeitgeber weitere Betriebe übernimmt oder sein Betrieb im Wege der Nachfolge auf einen Dritten übergeht. Bei einem fortführenden Betriebsübergang findet lediglich ein Betriebsinhaberwechsel statt, so dass eine Wettbewerbstätigkeit unzulässig ist. Gliedert der Arbeitgeber weitere Betriebsorganisationen ein, ist das Verbot des § 60 HGB restriktiv auszulegen, dass zwar eine Konkurrenztätigkeit untersagt, jedoch nicht die Einstellung eines eigenen bislang nicht konkurrierenden Handelsgewerbes verlangt werden kann.[38] Dies ergibt sich aus dem dem Wettbewerbsverbot zugrundeliegenden Gedanken der vertraglichen Nebenpflicht.

10 **b) Sonstige berufliche Nebentätigkeiten** sind dem Handlungsgehilfen erlaubt. Insoweit genießt er grundrechtlichen Schutz.[39] Eine Ausnahme von diesem Grundsatz kann nur dann gelten, wenn der Arbeitnehmer seinen Pflichten aus dem Arbeitsvertrag nicht mehr nachkommen kann.

---

[24] *Brüggemann/Würdinger* § 60 RN. 2.

[25] BAG 24. 4. 1970 AP 5 zu § 60 HGB; LAG Kiel 24. 1. 1956 AP 2 zu § 60 HGB; LAG Rheinl.-Pfalz 7. 2. 1992 LAGE § 626 BGB Nr. 64; LAG Hamburg 21. 12. 1999 – 2 SA 62/99 – Jur-CD; vgl. BGH 23. 3. 1977 AP 28 zu § 611 BGB Konkurrenzklausel; vgl. auch § 55 RN 11 a.

[26] BAG 24. 4. 1970, 12. 5. 1972 AP 5, 6 zu § 60 HGB.

[27] BAG 16. 1. 1975 AP 8 zu § 60 HGB; *Baumbach/Duden/Hopt* § 60 RN 3.

[28] BAG 30. 1. 1963, 24. 4. 1970 AP 3, 5 zu § 60 HGB; 15. 2. 1962 AP 1 zu § 61 HGB; Hess. LAG 28. 4. 1998 BB 98, 1899; vgl. BGH 17. 2. 1997 ZIP 97, 1063.

[29] BAG 3. 5. 1983 AP 10 zu § 60 HGB; zu Verfügungen über das Vermögen des Arbeitgebers: BAG 11. 8. 1987 AP 90 zu § 611 BGB Haftung des Arbeitnehmers = NZA 88, 200.

[30] BAG 24. 4. 1970 AP 5 zu § 60 HGB.

[31] LAG Berlin 28. 8. 2002 NZA-RR 2003, 362.

[32] BGH 22. 4. 2004 AP 12 zu § 1 UWG = NJW 2004, 2385.

[33] BAG 15. 2. 1962 AP 1 zu § 61 HGB m. krit. Anm. *Hefermehl; Brüggemann/Würdinger* § 60 RN 3.

[34] *Röhsler/Borrmann* S. 33.

[35] MünchKommHGB/*v. Hoyningen-Huene* § 60 RN 43.

[36] Vgl. BAG 24. 6. 1966 AP 2 zu § 74 a HGB.

[37] BAG 26. 8. 1976 AP 68 zu § 626 BGB; weitergehend *Schlegelberger/Schröder* § 60 RN 8.

[38] Weitergehend MünchKommHGB/*v. Hoyningen-Huene* § 60 RN 51 ff.

[39] BVerfG 15. 2. 1967 AP 37 zu Art. 12 GG; BAG 25. 5. 1970 AP 4 zu § 60 HGB; MünchKommHGB/*v. Hoyningen-Huene* § 60 RN 47.

III. Einwilligung des Arbeitgebers

1. Einwilligung. Der Handlungsgehilfe unterliegt dem Verbot des § 60 I HGB nicht, wenn der Arbeitgeber seine Einwilligung erteilt hat, dass der Handlungsgehilfe ein Handelsgewerbe betreibt oder Geschäfte in seinem Handelszweig macht.[40] Die Einwilligung ist eine Willenserklärung, die ausdrücklich oder stillschweigend vor, während und nach der verbotenen Tätigkeit abgegeben werden kann. Sie kann sich nur auf einzelne Konkurrenzgeschäfte wie auf jegliche Konkurrenztätigkeit beziehen. Eine konkludent erteilte Einwilligung ist insbesondere dann anzunehmen, wenn der Arbeitgeber trotz Kenntnis von Konkurrenzgeschäften nicht einschreitet, es sei denn, dass ihm dies nicht möglich ist.[41] Für Umfang und Grenzen der Einwilligung ist der Arbeitnehmer beweispflichtig.[42] 11

2. Vermutete Einwilligung. Betreibt der Handlungsgehilfe bereits bei seiner Einstellung ein Handelsgewerbe, so gilt die Einwilligung zum Weiterbetrieb als erteilt, wenn dem Arbeitgeber dies bekannt ist, nicht jedoch bereits dann, wenn der Arbeitgeber das Betreiben des Handelsgewerbes hätte kennen müssen.[43] Die Vermutung des § 60 II HGB gilt nicht für das „Geschäfte machen". 12

3. Rücknahme der Einwilligung. Die einmal erteilte Einwilligung kann nicht einseitig zurückgenommen werden;[44] jedoch kann der Widerruf vorbehalten sein. Die Ausübung des Widerrufsrechts erfolgt nach § 315 BGB. Hat der Arbeitgeber ein einzelnes Konkurrenzgeschäft genehmigt, so kann hieraus nicht auf die generelle Einwilligung zur Konkurrenztätigkeit geschlossen werden.[45] Eine unwiderruflich erklärte Einwilligung kann nur im Wege der Änderungskündigung beseitigt werden. 13

IV. Rechtsfolgen eines Wettbewerbsverstoßes

1. Wirksamkeit der Konkurrenzgeschäfte. Betreibt der Handlungsgehilfe ein verbotenes Gewerbe oder macht er verbotene Geschäfte, so sind diese, da er nur einer schuldrechtlichen Verpflichtung zuwiderhandelt, nicht nichtig, sondern wirksam. Der Arbeitgeber kann jedoch seinem Handlungsgehilfen ordentlich, zumeist nach § 626 BGB außerordentlich **kündigen** (§ 127).[46] I. d. R. wird er den Arbeitnehmer zuvor abmahnen müssen. 14

Er kann auch während des rechtlichen Bestandes des Arbeitsverhältnisses **Unterlassungsansprüche** geltend machen, wenn weitere Beeinträchtigungen zu besorgen sind.[47] Diese können auch im Wege der einstweiligen Verfügung verfolgt werden.[48] Zur Vorbereitung seiner Ansprüche kann er Auskunft begehren.[49] Eine Vertragsstrafe kann er nur begehren, wenn sie vertraglich vereinbart ist. Ob diese Vereinbarung gegen § 309 Nr. 6 BGB verstößt, ist umstr., aber zu verneinen. Insoweit bestehen Besonderheiten des Arbeitsrechts. Dagegen ist er nicht berechtigt, die vereinbarte Vergütung zu versagen.[50] 15

2. Schadensersatz. Der Arbeitgeber kann Schadensersatz fordern (§ 61 I HGB) wegen **(a)** des Betreibens eines Handelsgewerbes selbst, **(b)** des Abschlusses einzelner Geschäfte im Rahmen des Handelsgewerbes oder **(c)** verbotener Konkurrenztätigkeit. Der Arbeitgeber ist darlegungs- und beweispflichtig, dass ihm infolge der Konkurrenztätigkeit ein Schaden erwachsen ist. Er muss nachweisen, dass er selbst die verbotenen Geschäfte abgeschlossen hätte. Schaden ist nicht nur der tatsächlich erwachsene Schaden, sondern auch der entgangene Gewinn (§ 252 BGB), den der Arbeitgeber erzielt hätte, wenn er das Geschäft abgeschlossen hätte, dagegen 16

---

[40] Vgl. BAG 3. 5. 1983 AP 10 zu § 60 HGB.

[41] MünchKommHGB/*v. Hoyningen-Huene* § 60 RN 26.

[42] BAG 16. 6. 1973 AP 8 zu § 611 BGB Treuepflicht.

[43] MünchKommHGB/*v. Hoyningen-Huene* § 60 RN 28.

[44] H. M.; vgl. *Hueck/Nipperdey* § 38 I 1; *Baumbach/Hopt* § 60 RN 6; MünchKommHGB/*v. Hoyningen-Huene* § 60 RN 25.

[45] MünchKommHGB/*v. Hoyningen-Huene* § 60 RN 26.

[46] BAG 6. 8. 1987 AP 97 zu § 626 BGB; 16. 8. 1990 AP 10 zu § 611 BGB Treuepflicht = NZA 91, 141; LAG Köln 29. 4. 1994 ZA 95, 994; 26. 6. 2006 ZIP 2007, 93; 26. 6. 2008 – 2 AZR 190/07 – NZA 2008, 1415.

[47] BAG 17. 10. 1969 AP 7 zu § 611 BGB Treuepflicht.

[48] LAG Mannheim 20. 10, 1067 BB 68, 708; LAG Düsseldorf 1. 3. 1972 DB 72, 878; LAG Hamm EzA 1 zu § 935 ZPO.

[49] BAG 21. 10. 1970 AP 13 zu § 242 BGB Auskunftspflicht; 12. 5. 1972 AP 6 zu § 60 HGB; LAG Frankfurt 29. 7. 1969 BB 70, 709; LAG Hamm DB 71, 2415; LAG Nürnberg 23. 4. 1996 NZA-RR 97, 188.

[50] BGH 19. 10. 1987 ZIP 88, 47 = DB 88, 225.

nicht ein weitergehender Gewinn, den der Handlungsgehilfe, etwa aus besonderer Geschäftstüchtigkeit, erzielt hat. Schaden sind auch die Gehaltsaufwendungen des Arbeitgebers an sonst im Rahmen seines Unternehmens anderweitig beschäftigte Arbeitnehmer, sofern sie zur Aufdeckung und Verhinderung weiterer Wettbewerbsverstöße eingesetzt werden. Dies folgt aus dem normativen Schadensbegriff.[51] Gegen den Dritten erwachsen Schadensersatzansprüche nur dann, wenn die Voraussetzungen von § 826 BGB oder § 3 UWG (früher: § 1 UWG a. F.) vorliegen.[52]

17 **3. Eintrittsrecht. a)** Der Arbeitgeber kann statt des Schadensersatzes verlangen, dass der Handlungsgehilfe die für eigene Rechnung gemachten Geschäfte als **für Rechnung des Prinzipals** eingegangen gelten lässt bzw. die aus Geschäften für fremde Rechnung bezogene Vergütung herausgibt oder seinen Anspruch auf die Vergütung abtritt. Dem Arbeitgeber ist in diesen Fällen der Nachweis eines Schadens erspart. Die Ausübung des Eintrittsrechts erfolgt gegenüber dem Handlungsgehilfen. Sie kann nicht mehr nachträglich beseitigt werden; der Arbeitgeber kann also nicht erst Schadensersatz verlangen und später in die Geschäfte eintreten wollen. Das Eintrittsrecht ist eine sog. facultas alternativa; d. h. der Handlungsgehilfe kann dem Arbeitgeber nicht nach § 264 II BGB eine Frist zur Ausübung der Wahl setzen mit der Maßgabe, dass nach Fristablauf das Recht auf den Handlungsgehilfen übergeht.

18 **b)** Tritt der Arbeitgeber in die Geschäfte ein, so bleibt der zwischen dem Handlungsgehilfen und dem Dritten abgeschlossene **Vertrag** unberührt.[53] Vertragspartner des Dritten bleibt der Handlungsgehilfe. Bei Geschäften, die der Handlungsgehilfe für eigene Rechnung gemacht hat, muss dieser sich so behandeln lassen, als ob der Arbeitgeber sie gemacht hätte. Er muss also den Gewinn herausgeben, den er gemacht hat (nicht dagegen denjenigen, den der Arbeitgeber gemacht hätte), Auskunft erteilen über Inhalt und Durchführung des Geschäftes, Rechnung legen usw. Es gelten §§ 666, 667, 670, 687 II BGB.[54] Bei Geschäften, die der Handlungsgehilfe für fremde Rechnung gemacht hat, muss er seine Vergütung herausgeben oder seine Vergütungsansprüche abtreten, darüber Auskunft und Rechnung legen. Betreibt der Handlungsgehilfe ein eigenes Handelsgewerbe, kann der Arbeitgeber in alle[55] einzelnen Geschäfte eintreten, sofern sie in seinem Geschäftszweig liegen und er sie in gleichem Umfang gemacht hätte.[56] Tritt der Arbeitgeber in die Geschäfte ein, so muss er dem Handlungsgehilfen auch die Auslagen ersetzen.[57] Eine besondere Vergütung kann dieser nur verlangen, wenn er auch sonst eine zu beanspruchen hätte, z. B. ein Provisionsangestellter.

19 **4. Ausschluss des Eintrittsrechts.** Das Eintrittsrecht kann durch die Natur des verbotenen Geschäfts ausgeschlossen sein. Der Arbeitgeber kann nicht verlangen, an Stelle des Handlungsgehilfen die Rechte aus einem Gesellschaftsvertrag wahrzunehmen oder, sofern der Handlungsgehilfe gleichzeitig als Geschäftsführer einer GmbH tätig wird, die Arbeits-, Dienst- oder Gesellschaftsvergütung abzutreten.[58] Für Gesellschafter einer OHG lässt der BGH einen Anspruch auf Herausgabe des Gewinnanteils zu (§ 113 HGB).

20 **5. Auskunft.** Kann der Arbeitgeber mit hoher Wahrscheinlichkeit dartun, dass sein Arbeitnehmer ihm während des bestehenden Arbeitsverhältnisses unerlaubte Konkurrenz gemacht hat, so ist dieser verpflichtet, über die von ihm getätigten Geschäfte Auskunft zu erteilen und Rechnung zu legen.[59] Erst nach der Auskunftserteilung kann der Arbeitgeber eine sachgemäße Entscheidung treffen, ob er in die Geschäfte eintritt oder Schadensersatz wegen Nichterfüllung verlangt. Der Anspruch kann noch während des Prozesses erfüllt werden;[60] nach der Rspr. des BGH muss zum Zweck der Erfüllung geleistet werden.

21 **6. Verjährung.** Schadensersatz- und Eintrittsrechte verjähren in drei Monaten von dem Zeitpunkt ab, in welchem der Prinzipal oder sein Vertreter von dem Abschluss des Geschäftes, dagegen nicht notwendig auch von seinem Inhalt Kenntnis erlangt hat (§ 61 II HGB) oder ohne

---

[51] BAG 24. 4. 1970 AP 5 zu § 60 HGB.

[52] MünchKommHGB/*v. Hoyningen-Huene* § 61 RN 9.

[53] MünchKommHGB/*v. Hoyningen-Huene* § 61 RN 14; *Baumbach/Duden/Hopt* § 61.

[54] *Nikisch* § 39 III 3; MünchKommHGB/*v. Hoyningen-Huene* § 61 RN 24.

[55] MünchKommHGB/*v. Hoyningen-Huene* § 61 RN 14 ff.

[56] Vgl. BAG 15. 2. 1962 AP 1 zu § 61 HGB; *Hueck/Nipperdey* § 38 I 1; *Schlegelberger/Schröder* § 61 RN 6 c; *Brüggemann/Würdinger* § 61 RN 3; es ist derselbe Rechtsgedanke wie in § 687 II BGB.

[57] MünchKommHGB/*v. Hoyningen-Huene* § 60 RN 17.

[58] BAG 15. 2. 1962 AP 1 zu § 61 HGB; *Röhsler/Bormann* S. 54; a. A. MünchKommHGB/*v. Hoyningen-Huene* § 61 RN 19; für Gesellschafter der OHG § 113 I HGB.

[59] BAG 21. 10. 1970 AP 13 zu § 242 BGB Auskunftspflicht; 12. 5. 1972, 16. 1. 1975 AP 6, 8 zu § 60 HGB; 16. 6. 1976 AP 8 zu § 611 BGB Treuepflicht.

[60] BAG 4. 6. 1969 AP 14 zu § 611 BGB Lohnanspruch.

grobe Fahrlässigkeit erlangen müsste. Bei Abschluss mehrerer Geschäfte verjähren also die jeweils länger als drei Monate zurückliegenden. Dasselbe gilt bei dem Betreiben eines Handelsgewerbes mit der Maßgabe, dass die Verjährung vom Abschluss eines jeden einzelnen Geschäftes läuft.[61] Die Kenntnis seines gesetzlichen Vertreters muss sich der Arbeitgeber zurechnen lassen. Ohne Rücksicht auf die Kenntnis oder grob fahrlässige Unkenntnis verjähren die Ansprüche in fünf Jahren.

Die **Verjährungsfrist** gilt auch für konkurrierende Ansprüche aus §§ 826 BGB, 3 UWG (früher: § 1 UWG a.F.) gegen den Arbeitnehmer.[62] Dasselbe wird auch für Ansprüche auf Herausgabe des Erlöses nach § 687 BGB angenommen, denn § 61 HGB regelt die Rechtsfolgen allgemein.[63] Unterlassungsansprüche werden nach dem Wortlaut der Vorschrift nicht von der Verjährungsfrist erfasst.[64] Die kurze Verjährungsfrist gilt nicht, wenn der Arbeitnehmer zwar im Geschäftsbereich des Arbeitgebers Geschäfte macht, dabei aber nicht als Wettbewerber auftritt, sondern allein über das Vermögen des Arbeitgebers verfügt, um ihn zu schädigen.[65] Hat der Arbeitgeber Auskunfts- und Zahlungsansprüche im Wege der Stufenklage verfolgt, so beginnt die unterbrochene Verjährungsfrist für den Zahlungsanspruch erneut bei Auskunftserteilung.[66] 22

§ 61 II HGB soll für **technische Angestellte** keine analoge Anwendung finden können.[67] 23 Nach Meinung des BAG ist der Gerechtigkeitsgehalt der Vorschrift nicht überzeugend, da es sich im Grunde um einen Anspruch aus Vertragsverletzung und Geschäftsführung ohne Auftrag handele. Diese Rspr. wird zunehmend aufgegeben.[68]

V. Beschäftigungs- und Konkurrenzverbot sonstiger Arbeitnehmer

1. Allgemeines. Für sonstige Arbeitnehmergruppen, insbesondere gewerbliche Arbeitneh- 24 mer, fehlen §§ 60, 61 HGB entsprechende Vorschriften. Zum Berufsausbildungsverhältnis § 174 RN 31. Nach bislang h.M. war eine analoge Anwendung von §§ 60, 61 HGB auf Arbeitnehmer, die nicht Handlungsgehilfen sind, ausgeschlossen. Demgegenüber hat das BAG ausgeführt, dass der Arbeitsvertrag für die Dauer seines Bestandes ein Wettbewerbsverbot einschließt und zwar über den persönlichen und sachlichen Anwendungsbereich des § 60 HGB hinaus. Das für die kaufmännischen Angestellten geltende gesetzliche Verbot, im Handelszweig des Arbeitgebers für eigene oder fremde Rechnung Geschäfte zu machen, enthalte einen allgemeinen Rechtsgedanken, der seine Grundlage in der Treuepflicht des Arbeitnehmers habe.[69] Das BAG hat die handelsrechtliche Spezialregelung auf die allgemeine Treuepflicht zurückgeführt. Gleichwohl hat es die für Handlungsgehilfen geltende Wettbewerbsregelung nicht analog auf nichtkaufmännische Arbeitnehmer angewandt;[70] die entspr. Anwendung der Vorschrift des § 61 II HGB hat es abgelehnt.[71] Erst in neuerer Zeit bahnt sich eine Änderung an.[72]

2. Gewerbebetrieb. Nach § 60 I 1. Alternative ist dem Handlungsgehilfen nur der Betrieb 25 eines gleichartigen Handelsgewerbes,[73] nicht dagegen eines sonstigen Gewerbebetriebes untersagt. Der Gesetzgeber hat mit diesem Verbot nicht die Arbeitskraft des Handlungsgehilfen vollständig dem Prinzipal sichern wollen, sondern eine Wettbewerbsregelung angestrebt. Er wollte mit dem dem Handlungsgehilfen auferlegten Verbot, ein gleichartiges Handelsgewerbe zu betreiben, eine Interessenkollision zwischen dem Prinzipal und dem Handlungsgehilfen vermeiden. Eine Übertragung des in § 60 I 1. Alternative enthaltenen Rechtsgedankens auf nichtkaufmännische Angestellte kann demnach nicht zu einem schematischen Verbot eines Handelsgewerbes für einen nichtkaufmännischen Arbeitnehmer, z.B. einen Ingenieur führen. Vielmehr

---

[61] MünchKommHGB/*v. Hoyningen-Huene* § 61 RN 27; *Röhsler/Bormann* S. 61.

[62] BAG 28. 1. 1986 AP 2 zu § 61 HGB; 12. 5. 1972 AP 6 zu § 60 HGB; 11. 4. 2000 AP 3 zu § 61 HGB = NZA 2001, 94; vorher LAG Frankfurt 26. 10. 1998 – 10 Sa 6/98 – Jur-CD (dazu BAG 11. 4. 2000 AP 3 zu § 61 HGB = NZA 2001, 94.

[63] A. A. BAG 22. 8. 1966 AP 3 zu § 687 BGB m. zust. Anm. *Isele.*

[64] BAG 16. 1. 1975 AP 8 zu § 60 HGB.

[65] BAG 11. 8. 1987 AP 90 zu § 611 BGB Haftung des Arbeitnehmers = NZA 88, 200.

[66] BAG 28. 1. 1986 AP 2 zu § 61 HGB.

[67] BAG 16. 1. 1975 AP 8 zu § 60 HGB; anders noch BAG 12. 5. 1972 AP 6 zu § 60 HGB.

[68] BAG 11. 4. 2000 AP 3 zu § 61 HGB = NZA 2001, 94.

[69] BAG 17. 10. 1969, 16. 6. 1976 AP 7, 8 zu § 611 BGB Treuepflicht; BGH 16. 8. 1990 EWiR BGB § 626 Nr. 1/91.

[70] Für die Zeit nach Beendigung des Arbeitsverhältnisses wendet es die HGB-Vorschriften auf nichtkaufmännische Arbeitnehmer analog an (Einzelheiten unter § 58).

[71] BAG 16. 1. 1975 AP 8 zu § 60 HGB.

[72] MünchKommHGB/*v. Hoyningen-Huene* § 60 RN 9.

[73] BAG 25. 5. 1970, 12. 5. 1972, 7. 9. 1972 AP 4, 6, 7 zu § 60 HGB.

kann einem nichtkaufmännischen Arbeitnehmer nur das Betreiben eines solchen Gewerbes untersagt sein, das geeignet ist, die Interessen seines Arbeitgebers zu gefährden.

26 **3. Konkurrenztätigkeit.** Nach § 60 I 2. Alternative ist dem Handlungsgehilfen untersagt, für eigene oder fremde Rechnung im Handelszweig seines Prinzipals Geschäfte zu machen. Hierin ist der allgemeine Rechtsgedanke enthalten, dass dem Arbeitnehmer eine solche Betätigung untersagt sein soll, durch die die Interessen des Arbeitgebers unmittelbar beeinträchtigt werden.[74] Die Übertragung des Rechtsgrundsatzes auf nichtkaufmännische Arbeitnehmer muss mithin zu einem Verbot des Inhalts führen, dass dem Arbeitnehmer untersagt ist, selbstständig oder auf fremde Rechnung sich im Produktionsbereich seines Arbeitgebers zu betätigen. Dagegen ist ein Techniker (Ingenieur, Physiker oder Chemiker) nicht daran gehindert, privat ein technisches Verfahren zu entwickeln, durch das etwa die Produktionsmethoden seines Arbeitgebers unrentabel werden. Ob und inwieweit er etwaige Erfindungen seinem Arbeitgeber zur Ausnutzung überlassen muss, ist keine Frage des Wettbewerbs, sondern eine solche des Arbeitnehmererfindungsrechts (vgl. § 115).

27 **4. Rechtsfolgen.** Bei Verstößen gegen die sich aus der Treuepflicht ergebenden Beschäftigungs- und Wettbewerbsverbote kann der Arbeitgeber dieselben Rechte geltend machen, die ihm gegen einen Handlungsgehilfen zustehen. Dabei wird man auch dem Arbeitgeber entgegen der bisher noch h. M. das Eintrittsrecht zugestehen müssen.[75] Demgegenüber leitet das BAG bislang etwaige Herausgabeansprüche aus §§ 687 II, 681, 667 BGB ab. Das bedeutet, dass das Wissen des Arbeitnehmers von der Zugehörigkeit des Geschäftes zu einem fremden Rechtskreis vorausgesetzt wird.

§ 58. Wettbewerbsbeschränkungen nach Beendigung des Arbeitsverhältnisses

Allgemein, wegen des älteren Schrifttums Vorauflagen: *Armbrüster,* Wettbewerbsverbote im Kapitalgesellschaftsrecht, ZIP 97, 1269; *Bauer,* Aktuelle Probleme des nachvertraglichen Wettbewerbsverbots, Beil. 3 zu NZA 91, S. 29; *Bauer/Diller,* Wettbewerbsverbote, 4. Aufl., 2006; *dies.,* Indirekte Wettbewerbsverbote, DB 95, 426; *dies.,* Karenzentschädigung und bedingte Wettbewerbsverbote bei Organmitgliedern, BB 95, 1134; *dies.,* Zulässige und unzulässige Bedingungen in Wettbewerbsverboten, DB 97, 94; *dies.,* Wechselwirkungen zwischen Wettbewerbstätigkeit, Ruhestand und betrieblicher Altersversorgung, BB 97, 990; *dies.,* Nachvertragliche Wettbewerbsverbote durch die Schuldrechtsreform, NJW 2002, 1609; *Bengelsdorf,* Das örtlich zuständige Gericht bei Streitigkeiten aus einem nachvertraglichen Wettbewerbsverbot, DB 92, 1340; *Bergwitz,* Möglichkeiten des abberufenen GmbH-Geschäftsführers zur Befreiung vom Wettbewerbsverbot, GmbHR 2006, 1129; *Bohle,* Verträge mit juristischen Mitarbeitern und Mandantenschutzklauseln und Mandantenübernahmeklauseln, MDR 2003, 140; *Buchner,* Das Wettbewerbsverbot nach Beendigung des Arbeitsverhältnisses, AR-Blattei, SD 1830.3; *Diller,* Nachvertragliche Wettbewerbsverbote und AGB-Recht, NZA 2005, 250; *ders.,* Konkurrenztätigkeit des GmbH-Geschäftsführers während des Kündigungsprozesses, ZIP 2007, 201; *ders.,* Vertragsstrafen bei Wettbewerbsverboten: was nun, NZA 2008, 574; *ders.,* Anrechnung von Arbeitslosengeld auf Karenzentschädigung: Brutto oder Netto?, BB 2008, 1680; *ders.,*Vertragsstrafen bei Wettbewerbsverboten: was nun? Ein Werkstattbericht, NZA 2008, 574; *Dombrowski/Zettelmeyer,* Die Wertermittlung der Nutzungsvorteile von Firmenwagen im Rahmen der Karenzentschädigung nach § 74 II HGB, NZA 95, 155; *Driver-Polke/Melot de Beauregard,* Rechtswahl bei Aktienoptionsplänen und damit in Zusammenhang stehenden Nachvertraglichen Wettbewerbsverboten, BB 2004, 2350; *Düwell,* Das nachvertragliche Wettbewerbsverbot in der Gewerbeordnung, DB 2002, 2270; *Ebert,* Nachvertragliches Wettbewerbsverbot, ArbRB 2002, 118; *Edenfeld,* Nachvertragliche Wettbewerbsverbote im Europäischen Vergleich, ZfA 2004, 463; *Fischer,* Wettbewerbsverbot im internationalen Konzern bei Ausübung von Aktienoptionen durch Arbeitnehmer, DB 99, 1702; *Gaul,* Neues zum nachvertraglichen Wettbewerbsverbot, DB 95, 874; *Gaul/Khanian,* Zulässigkeit und Grenzen arbeitsrechtlicher Regelungen zu Wettbewerbsverboten, MDR 2006, 181; *A. C. Gravenhorst,* Die Zusage der Karenzentschädigung nach § 74 II HGB, NJW 2006, 3609; *Gutbrod,* Zulässigkeit des nachvertraglichen Wettbewerbsverbots ohne Karenzentschädigung, DB 90, 1806 (zu § 90 a HGB); *Heidenhain,* Nachvertragliches Wettbewerbsverbot des GmbH-Geschäftsführers, NZG 2002, 605; *Hoß,* Das nachvertragliche Wettbewerbsverbot während des Kündigungsschutzprozesses und im Aufhebungsvertrag, DB 97, 1818; *Hunold,* Rechtsprechung zum Nachvertraglichen Wettbewerbsverbot, NZA-RR 2007, 617; *Klebeck,* Räumliche und zeitliche Reichweite nachvertraglicher Wettbewerbsverbote, Der Personalleiter, 2008, 146; *Koch,* Das nachvertragliche Wettbewerbsverbot im einseitig vorformulierten Arbeitsvertrag, RdA 2006, 28; *Koenig/Steiner,* Die Vereinbarkeit nachvertraglicher Wettbewerbsverbote mit der Arbeitnehmerfreizügigkeit des EG-Vertrags, NJW 2002, 3583; *Mayer,* Das nachvertragliche Wettbewerbsverbot, Ausgestaltung und Grenzen von Wettbewerbsabreden, AiB 2005, 433; *Michalski/Römermann,*

[74] BAG 17. 10. 1969 AP 7 zu § 611 BGB Treuepflicht.
[75] *Buchner* unter C II 2; *Röhsler/Borrmann* S. 65.

Wettbewerbsbeschränkungen zwischen Rechtsanwälten, ZIP 94, 433; *Nave,* Karenzentschädigungspflicht bei Verwendung von Kundenschutzklauseln, NJW 2003, 3322; *Raffler/Weisgerber,* Verbot der geltungserhaltenden Reduktion auch bei nachvertraglichen Wettbewerbsverboten?, Der Personalleiter 2007/7, 186; *Reufels,* Grenzüberschreitende nachvertragliche Wettbewerbsverbote – Vereinbarkeit mit der Arbeitnehmerfreizügigkeit?, ArbRB 2003, 313; *ders.,* Nachvertragliche Wettbewerbsverbote mit Organmitgliedern, ArbRR 2008, 57; *Röhsler/Borrmann,* Wettbewerbsbeschränkungen für Arbeitnehmer und Handelsvertreter, 1981; *Römermann,* Nachvertragliche Wettbewerbsverbote bei Freiberuflern, BB 98, 1489; *Schramm,* Neue Herausforderungen bei der Gestaltung von Vertragsstrafenklauseln, NJW 2008, 1494; *Seuss,* Arbeitgeberwechsel von Know How Trägern, GRUR 2006, 126; *Spoerr/Brinker/Diller,* Wettbewerbsverbote zwischen Ärzten, NJW 97, 3056; *Thomas/Weidmann,* Wirksamkeit nachvertraglicher Wettbewerbsverbote in Fällen mit Auslandsbezug, DB 2004, 2694; *Thüsing,* Nachvertragliche Wettbewerbsverbote bei Vorständen und Geschäftsführern, NZG 2004, 9; *Wertheimer,* Nachvertragliche Wettbewerbsverbote, 1998; *ders.,* Abhängigkeit der Karenzentschädigungspflicht vom Abschlusszeitpunkt des nachvertraglichen Wettbewerbsverbots, BB 96, 1714; *ders.,* Wirksamkeit nachvertraglicher Wettbewerbsverbote bei nicht kündigungsbedingter Beendigung des Arbeitsverhältnisses, NZA 97, 522; *ders.,* Bezahlte Karenz oder entschädigungslose Wettbewerbsenthaltung des ausgeschiedenen Arbeitnehmers, BB 99, 1600.

Muster von Wettbewerbsvereinbarungen: ArbR-Formb. § 20 RN 2 ff.; *Grüll/Janert,* Die Konkurrenzklausel, 5. Aufl., 1993.

Übersicht

	RN
I. Allgemeines	1 ff.
1. Wettbewerbsfreiheit	1–3
2. Vereinbartes Wettbewerbsverbot	4
3. Allgemeine Rechtsgedanken	5
4. Entsprechende Anwendung	6–9 a
5. Arbeiter	10
6. Tarifvertrag	11, 12
7. Mandantenschutzklauseln	13
8. Handelsvertreter	14
9. Dienstnehmer	15–17 a
10. Freie Mitarbeiter	18, 19
11. Handelsgesellschaften	20, 21
II. Abschluss und Rechtsnatur des Wettbewerbsverbotes	22 ff.
1. Vereinbarung	22–26
2. Form	27–29
3. Inhalt	30
4. Unternehmensmehrheit	31–36
5. Rechtsnatur	37–40
6. Einseitig zwingendes Recht	41
7. Zeitliche Vereinbarung	42–44
8. Vorvertrag	45–48
9. Bedingtes Wettbewerbsverbot	49, 50
III. Rechtsmängel der Wettbewerbsvereinbarung	51 ff.
1. Rechtsmängel	51–53
2. Karenzentschädigung	54
3. Minderbesoldete	55
4. Minderjährige	56
5. Berufsausbildungsverhältnis	57
6. Ehrenwort	58
7. Garantie Dritter	59
8. Gute Sitten	60
9. Berechtigtes Interesse	61
10. Unbillige Erschwerung des Fortkommens	62, 63
11. Fortbestand der Rechtsgrundsätze	63 a
IV. Verpflichtung des Arbeitnehmers zur Wettbewerbsenthaltung	64 ff.
1. Umfang der Unterlassungsverpflichtung	64–67
2. Rechtsbehelfe des Arbeitgebers bei Verstoß	68–70
3. Rechte aus § 320 BGB	71
4. Auskunftsanspruch	72
V. Verpflichtung des Arbeitgebers zur Zahlung der Karenzentschädigung	73 ff.
1. Verpflichtung zur Zahlung einer Karenzentschädigung	73
2. Umfang der Karenzentschädigung	74, 75
3. Berücksichtigung sämtlicher Bezüge	76
4. Anrechnung anderweitigen Verdienstes	77–85
5. Auskunft	86
6. Steuer und Sozialversicherung	87–91
7. Pfändung	92
VI. Ausnahme von dem Gebot der Entschädigungspflicht	93 f.
1. Außerhalb Europas	93
2. Hochbesoldeter	94
VII. Wegfall des Wettbewerbsverbotes oder der Verpflichtung zur Zahlung einer Karenzentschädigung	95 ff.
1. Aufhebungsvertrag	95
2. Verzicht	96
3. Kündigung des Arbeitnehmers	97–99
4. Kündigung des Arbeitgebers	100–102
5. Aufhebungsvertrag	103
6. Ausgleichsklauseln	103 a
7. Allgemeine Vertragsrechte	104
VIII. Vertragsstrafe zur Sicherung des Wettbewerbsverbotes	105 ff.
1. Vereinbarung einer Vertragsstrafe	105
2. Vertragsstrafe bei Karenzentschädigung	106
3. Vertragsstrafe ohne Karenzentschädigung	107
4. Festsetzung der Vertragsstrafe	108
IX. Ansprüche gegen Dritte	109
X. Geheime Wettbewerbsklauseln	110 ff.
1. Geheime Wettbewerbs- oder Konkurrenzklauseln	110
2. Rechtswirksamkeit	111
3. Vertragsstrafe	112
4. Schadensersatz	113

I. Allgemeines

1 **1. Wettbewerbsfreiheit. a)** Nach Beendigung des Arbeitsverhältnisses unterliegt der Arbeitnehmer grundsätzlich **keinen** Wettbewerbsbeschränkungen. Er kann daher zu seinem ehemaligen Arbeitgeber bis zu den in § 3 UWG (früher: § 1 UWG a. F.), §§ 823 I, 826 BGB gesteckten Grenzen in Wettbewerb treten.[1] Aus **nachfolgender Treuepflicht** hat die Rspr. diesen Grundsatz nur dahin eingeschränkt, dass der Arbeitnehmer seinen ehemaligen Arbeitgeber nicht bei einem Kunden ausstechen darf, bei der nur noch der formale Abschluss des Vertrages aussteht.[2] Eine nachvertragliche Verschwiegenheitspflicht sowie eine nachvertragliche Treuepflicht des Arbeitnehmers begründen für den Arbeitgeber gegen den ausgeschiedenen Arbeitnehmer keine Ansprüche auf Unterlassung von Wettbewerbshandlungen.[3]

2 **b)** Im **Recht der EU** sind bislang keine Pläne bekannt, das Recht der Wettbewerbsverbote für Arbeitnehmer zu regeln. Nach Art. 20 der Handelsvertreterrichtlinie vom 18. 12. 1986 (ABl. EG L 382/17) werden Wettbewerbsverbote auf zwei Jahre begrenzt.[4]

3 **c)** Hat ein Arbeitnehmer nach Beendigung des Arbeitsverhältnisses **Ruhegeldansprüche** gegen den Arbeitgeber, so hat die Rspr. bis zum Jahre 1971 angenommen, dass der Arbeitgeber berechtigt ist, die Versorgungsansprüche zu widerrufen, wenn der Arbeitnehmer Konkurrenztätigkeit entfaltet.[5] Der BGH hat einen strengeren Standpunkt eingenommen und einen Widerruf nur unter den allgemeinen Voraussetzungen des Rechtsmissbrauchs angenommen.[6] Nach Inkrafttreten des BetrAVG hat sich die Rspr. des BAG geändert. Ist ein Arbeitnehmer mit einer unverfallbaren Versorgungsanwartschaft ausgeschieden, so ist er nicht bereits wegen der Versorgungsanwartschaft zur Unterlassung von Wettbewerb verpflichtet; vielmehr bedarf es dazu eines nachvertraglichen Wettbewerbsverbotes.[7] Etwas anderes kann nur in den Fällen des ruinösen Wettbewerbs gelten. Ist der Arbeitnehmer in den Ruhestand getreten und bezieht er bereits Versorgungsleistungen, hängt es von den Umständen des Einzelfalles ab, ob der Arbeitgeber für die Dauer der Wettbewerbstätigkeit die Versorgung einstellen kann. Das BAG hat dies bei einer Kleinpension verneint.[8] In einer weiteren Entscheidung, allerdings nicht von dem für die betriebliche Altersversorgung zuständigen Senat ist ausgesprochen, dass der Arbeitnehmer auch dann nicht zur Wettbewerbsenthaltung verpflichtet ist, wenn bei seiner Pensionierung die Ruhegeldbezüge erheblich aufgestockt werden. Solange der ehemalige Arbeitnehmer seine nachwirkende Verschwiegenheitspflicht nicht verletzte (§ 54), sei er auch berechtigt, Wettbewerb zu treiben.[9] Im Allgemeinen wird ein Widerruf der Versorgung nur in Betracht kommen, wenn durch die Konkurrenztätigkeit die finanziellen Grundlagen des Arbeitgebers erschüttert werden. Die Versorgung ist Abgeltung vorheriger Betriebstreue; der Arbeitnehmer hat vorgeleistet. Ein vertraglich vereinbartes Wettbewerbsverbot erlischt nicht deshalb, weil der Arbeitnehmer nach Beendigung des Arbeitsverhältnisses unter Bezug von betrieblicher Altersversorgung in den Ruhestand tritt.[10] Ein Übergangsgeld, das für die Zeit bis zum Eintritt des Versorgungsfalles versprochen worden ist und nicht dem Schutz des BetrAVG untersteht, kann von der Bedingung abhängig gemacht werden, dass der Begünstigte jede Tätigkeit unterlässt, die geeignet ist, dem Zahlungspflichtigen Konkurrenz zu machen.[11]

4 **2. Vereinbartes Wettbewerbsverbot.** Die Wettbewerbstätigkeit des Arbeitnehmers kann für die Zeit nach Beendigung des Arbeitsverhältnisses durch eine vertragliche Vereinbarung[12]

---

[1] BAG 19. 2. 1959 AP 10 zu § 74 HGB; BGH 28. 3. 1977 AP 28 zu § 611 BGB Konkurrenzklausel; BAG 15. 6. 1993 AP 40 zu § 611 BGB Konkurrenzklausel = NZA 94, 502; 19. 5. 1998 AP 11 zu § 611 BGB Treuepflicht = NZA 99, 200; LAG Frankfurt 9. 10. 1969 AP 9 zu § 17 UWG.

[2] BAG 24. 11. 1956 AP 4 zu § 611 BGB Fürsorgepflicht.

[3] BAG 19. 5. 1998 AP 11 zu § 611 BGB Treuepflicht = NZA 99, 200; LAG Hamm 21. 6. 2004 BB 2005, 164.

[4] Vgl. zu Provisionsansprüchen nach d. Handelsvertreterrichtlinien: EuGH 14. 12. 1996 EWS 97, 52.

[5] Die Einzelheiten gehören zum Recht der betriebl. Altersversorgung; vgl. BAG 10. 6. 1965, 7. 5. 1966 AP 100, 109 zu § 242 BGB Ruhegehalt; 14. 11. 1961 AP 1 zu § 139 BGB; 22. 10. 1969 AP 31 zu § 133 BGB.

[6] BGH 7. 1. 1971 AP 151 zu § 242 BGB Ruhegehalt.

[7] BAG 26. 2. 1976 AP 172 zu § 242 BGB Ruhegehalt.

[8] BAG 3. 4. 1990 AP 9 zu § 1 BetrAVG Treuebruch = NZA 90, 808.

[9] BAG 15. 6. 1993 AP 40 zu § 611 BGB Konkurrenzklausel = NZA 94, 502.

[10] BAG 30. 10. 1984 AP 46 zu § 74 HGB = NZA 85, 429; 26. 2. 1985 AP 30 zu § 611 BGB Konkurrenzklausel = NZA 85, 809; auch bei vorgezogenem Altersruhegeld: 3. 7. 1990 AP 61 zu § 74 HGB = NZA 91, 308.

[11] BGH 3. 7. 2000 NJW-RR 2000, 1277 = ZIP 2000, 1452.

[12] Zulässigkeit der Vereinbarung in einer Betriebsvereinbarung: LAG Hamm 2. 4. 1965 BB 65, 988.

eingeschränkt werden. Das gilt auch für während der Probezeit abgeschlossene Wettbewerbsverbote.[13] Eine derartige Vereinbarung verstößt nicht gegen das Grundrecht der **Freiheit der Berufswahl** (Art. 12 GG)[14] oder gegen das Gesetz gegen Wettbewerbsbeschränkungen.[15] Andererseits hat die Rechtsordnung dafür Vorsorge getroffen, dass es zu einem billigen Ausgleich zwischen den Interessen des Arbeitgebers an der ungestörten Entwicklung seines Unternehmens und denen des Arbeitnehmers an der freien Entfaltung seiner Arbeitskraft kommt. Die gesetzliche Regelung war unterschiedlich für die kaufmännischen Angestellten (§§ 74–75f HGB), die technischen Angestellten (§ 133f GewO a.F.) und die zu ihrer Berufsausbildung Beschäftigten (§ 12 BBiG), während für die sonstigen Arbeitnehmer eine gesetzliche Regelung des Wettbewerbsverbots fehlte. Obwohl die gesetzlichen Vorschriften für alle nichtkaufmännischen Angestellten seit jeher unzureichend waren, hat die Rspr. des BAG lange Zeit abgelehnt, die Bestimmungen der §§ 74–75f HGB auf andere Arbeitnehmer entsprechend anzuwenden.[16] Durch § 110 GewO sind die §§ 74 bis 75f HGB auf alle Arbeitsverhältnisse entsprechend anzuwenden.

3. Allgemeine Rechtsgedanken. Seit 1965 wurde der 3. Senat des BAG für Rechtsstreite 5
aus Wettbewerbsabreden zuständig. Dieser hat zunächst in den meisten nach § 75d HGB zugunsten der kaufmännischen Angestellten zwingenden Vorschriften allgemeine Rechtsgedanken gesehen und diese im Rahmen von § 133f GewO a.F. auch auf technische Angestellte angewandt.[17] Bei den übrigen Arbeitnehmern hat er die Wettbewerbsabreden an dem Gebot der guten Sitten gemessen, aber die Wertmaßstäbe aus §§ 74ff. HGB und § 133f GewO a.F. entnommen.[18] Diese Rspr. ist weniger im Ergebnis, als vielmehr in der rechtlichen Begründung angefochten worden.

4. Entsprechende Anwendung. a) Seit 1969 hat der 3. Senat des BAG §§ 74ff. HGB auch 6
auf Arbeitnehmer, die nicht kaufmännische Angestellte sind, entsprechend angewandt.[19] Wettbewerbsverbote sind mindestens insoweit nach §§ 74ff. HGB auszurichten, wie diese gem. § 75d HGB zwingendes Recht enthalten.

b) Ohne ausdrückliche Vereinbarung im Dienstvertrag unterliegt ein GmbH-Geschäftsführer 7
nur während der Amtszeit einem Wettbewerbsverbot, das ihm jede Teilnahme am geschäftlichen Verkehr im Geschäftsbereich der Gesellschaft untersagt.[20] Dagegen lehnen es die ordentlichen Gerichte ab, die §§ 74ff. HGB auch auf **Organvertreter juristischer Personen** entspr. anzuwenden.[21] Sie überprüfen Wettbewerbsverbote lediglich am Maßstab der guten Sitten (§ 138 BGB). Es wird nicht dadurch gegenstandslos, dass der Organvertreter von der Arbeit freigestellt wird.[22] Hat das Unternehmen an dem Wettbewerbsverbot kein berechtigtes Interesse, ist es nichtig.[23] Wird eine Karenzentschädigung gezahlt, wird ein Sittenverstoß angenommen, wenn die Grenzen der §§ 74ff. HGB überschritten werden. Jedoch braucht die Karenzentschädigung nicht § 74 II HGB zu entsprechen.[24] Aus der in einem Geschäftsführeranstellungsvertrag getroffenen Vereinbarung eines (nachvertraglichen) Wettbewerbsverbots ohne Karenzentschädigung kann – unabhängig von der Wirksamkeit oder Unwirksamkeit der Vereinbarung – jedenfalls ein Anspruch auf Karenzentschädigung nicht abgeleitet werden.[24a] Karenzentschädigungen unterfal-

---

[13] BAG 13. 7. 2005 AP 78 zu § 74 HGB; 28. 6. 2006 AP 80 zu § 74 HGB = NZA 2006, 1157.

[14] BAG AP 7, 20 zu Art. 12 GG; AP 3 zu § 133f GewO; AP 21 zu § 611 BGB Konkurrenzklausel; vgl. *Achterberg* JZ 75, 713; *Schwabe* JZ 76, 439; *Westhoff* RdA 76, 353.

[15] BAG 29. 4. 1966 AP 21 zu § 611 BGB Konkurrenzklausel; Bundeskartellamt 6. 8. 1962 AP 1 zu § 1 GWB.

[16] BAG AP 3, 4, 15 zu § 133f GewO; AP 7 zu Art. 12 GG; BVerfG 24. 4. 1991 AP 70 zu Art. 12 GG.

[17] BAG 28. 1. 1966 AP 18 zu § 74 HGB; 2. 12. 1966, 18. 2. 1967, 16. 12. 1968 AP 18, 19, 21 zu § 133f GewO.

[18] BAG 22. 11. 1965 AP 1 zu § 611 BGB Abwerbung; 29. 4. 1966 AP 21 zu § 611 BGB Konkurrenzklausel; 2. 2. 1968 AP 22 zu § 74 HGB.

[19] BAG AP 24, 26 zu § 611 BGB Konkurrenzklausel m. zust. Anm. *Wiedemann* und *Küchenhoff;* AP 23 zu § 133f GewO m. zust. Anm. *Hoffmann;* 2. 5. 1970, 22. 11. 1971 AP 26, 28 zu § 74 HGB.

[20] BGH 4. 3. 2002 NJW 2002, 1875; OLG Frankfurt 13. 5. 1997 GmbHR 98, 376.

[21] BGH 26. 3. 1984 NJW 84, 2366; OLG Frankfurt 6. 12. 1972 DB 73, 139; OLG Düsseldorf 8. 1. 1993 WiB 94, 115; 10. 3. 2000 NZG 2000, 737; Besonderheiten bei Geschäftsführer, der nur Angestellter ist: LG Köln 1. 10. 1975 AP 2 zu § 37 GmbHG; vgl. BSG 9. 8. 1990 NJW 91, 862 = NZA 91, 159; zu allem *Heidenhain* NZG 2002, 605; *Kamanabrou* ZGR 2002, 898; *Wichmann* GmbHR 93, 635.

[22] BGH 4. 3. 2002 NJW 2002, 1875.

[23] OLG Düsseldorf 3. 12. 1998 ZIP 99, 311; OLG Düsseldorf 10. 3. 2000 NZG 2000, 737.

[24] OLG Düsseldorf 10. 3. 2000 NZG 2000, 737; vgl. auch BGH 7. 7. 2008 NZG 2008, 753.

[24a] BGH 7. 7. 2008 – II ZR 81/07 – NZG 2008, 753.

len dem Pfändungsschutz und damit dem Aufrechnungsverbot.[25] Ein nachvertragliches Wettbewerbsverbot, das den Fremdgeschäftsführer einer GmbH für die Dauer eines Jahres auf dem Gebiet der Staaten Belgien, Deutschland, Luxemburg und der Niederlande den Wettbewerb im Geschäftsbereich der GmbH verbietet, stellt auch unter Berücksichtigung des Grundrechts der Berufsfreiheit trotz seiner weiten räumlichen Ausdehnung keine unangemessene Benachteiligung dar, sofern das Unternehmen Massengüter vertreibt.[26] Wird ein GmbH-Geschäftsführer mit einjähriger Kündigungsfrist sofort von der Arbeit freigestellt, ist er damit auch von allen Geschäftsgeheimnissen abgeschnitten. Damit soll auch das Interesse an einem nachvertraglichen Wettbewerbsverbot entfallen.[27] Auch sonst neigen die Oberlandesgerichte dazu, für ein Wettbewerbsverbot ein berechtigtes Interesse zu fordern und eine Beschränkung nach Zeit, Ort und Gegenstand.[28] Die bloße Aufhebung des Anstellungsvertrags und die darin getroffene Vereinbarung, dass Ansprüche aus dem Anstellungsvertrag und aus Anlass von dessen Beendigung erledigt seien, kann nicht ohne weiteres dahin ausgelegt werden, dass ein Wettbewerbsverbot aufgehoben sei.[29]

8 Zum **Nachteil des Organvertreters** wird § 75 a HGB entsprechend angewandt. Ist eine Karenzentschädigung vereinbart, so kann mangels entgegenstehender Vereinbarung die GmbH den Geschäftsführer in entsprechender Anwendung von § 75 a HGB aus dem Wettbewerbsverbot entlassen.[30] Ob auch § 75 HGB entsprechend angewandt werden kann, ist umstr., aber zu bejahen.[31] § 74 c HGB ist auf den Anspruch des Geschäftsführers einer GmbH auf Zahlung einer Karenzentschädigung für ein nachvertragliches Wettbewerbsverbot nicht entsprechend anwendbar.[32]

9 **c)** Im Wege des Vertrages können die §§ 74 ff. HGB auch auf **Organvertreter** angewandt werden. Ist in dem Arbeitsvertrag eines Arbeitnehmers ein Wettbewerbsverbot enthalten, bleibt dies auch wirksam, wenn dieser später Organvertreter wird. Wird ein Organvertreter Arbeitnehmer, bleibt er an das Wettbewerbsverbot gebunden, auch wenn dies nicht den Voraussetzungen von § 74 HGB entspricht. Erst nach dessen Ablauf kann der Arbeitnehmer sich auf den Schutz der §§ 74 ff. HGB berufen.

9a **d)** Schließt eine GmbH im Hinblick auf einen Kunden ein Wettbewerbsverbot, so ist auch der geschäftsführende Alleingesellschafter an dieses Wettbewerbsverbot gebunden.[33]

10 **5. Arbeiter.** Für Arbeiter galten die §§ 74 ff. HGB nicht. Nach § 110 GewO gelten die Vorschriften für alle Arbeitnehmer. Es wird aber ein strenger Maßstab angelegt werden müssen.

11 **6. Tarifvertrag.** Die Tarifpartner haben namentlich für nichtkaufmännische Angestellte das Recht der Wettbewerbsabreden geregelt. Soweit sie die Bestimmungen des HGB lediglich auf die Abreden mit **nicht-kaufmännischen Angestellten übertragen** haben, unterlag dies keinen rechtlichen Bedenken. Ob ein in einem Tarifvertrag enthaltenes Wettbewerbsverbot für allgemeinverbindlich erklärt werden kann, ist zweifelhaft.[34]

12 Ob Tarifverträge zum Nachteil der Arbeitnehmer von den Wettbewerbsregelungen des HGB abweichen können, war in der Vergangenheit umstr. Eine nachteilige Regelung gab es nur vorübergehend in einem Tarifvertrag für akademisch gebildete Angestellte in der chemischen Industrie. Grundsätzlich können die Tarifpartner von zwingendem Gesetzesrecht nicht abweichen. Der Gesetzgeber des Jahres 1914 hat das Spannungsverhältnis zwischen arbeitsrechtlicher Schutzgesetzgebung und Tarifautonomie noch nicht erkennen können.[35] Aus § 75 d HGB kann nicht gefolgert werden, dass abweichende Tarifverträge schlechthin unwirksam sind. Vielmehr folgt aus der Tarifautonomie, dass dann, wenn die Tarifpartner das Recht der Wettbewerbsbeschränkungen für nichtkaufmännische Angestellte umfassend geregelt haben oder noch

---

[25] OLG Rostock 9. 6. 1994 NJW-RR 95, 173.
[26] OLG Celle 13. 9. 2000 NZG 2001, 1131.
[27] OLG Köln 4. 2. 2000 NZG 2000, 740.
[28] OLG Düsseldorf 8. 1. 1993 NJW-RR 94, 35; 23. 10. 1996 GmbHR 98, 180; 10. 3. 2000 NZG 2000, 737; OLG Köln 4. 2. 2000 NZG 2000, 740.
[29] OLG Köln 25. 3. 1997 BB 97, 1328.
[30] BGH 17. 2. 1992 NJW 92, 1892; OLG Düsseldorf 22. 8. 1996 WiB 97, 84; Ausnahme, wenn Geschäftsführer sich auf Wettbewerbsverbot eingerichtet: BGH 4. 3. 2002 ZIP 2002, 709.
[31] OLG Schleswig-Holstein 17. 3. 2000 NZG 2000, 894; LG Frankfurt 20. 4. 1994 GmbHR 94, 803.
[32] BGH 28. 4. 2008 DStR 2008, 1394 = WM 2008, 1226.
[33] BGH 30. 11. 2004 NZG 2005, 274.
[34] *Herschel* DB 78, 1017.
[35] *Canaris* Anm. zu BAG 12. 11. 1971 AP 28 zu § 74 HGB.

regeln, diese Regelung den Vorrang hat. Das wird auch noch nach Einführung des § 110 GewO gelten.

7. **Mandantenschutzklauseln** kommen als sog. beschränkte oder allgemeine Mandantenschutzklauseln vor. Beschränkte Mandantenschutzklauseln (Abwerbungsverbote) verbieten es dem Angestellten lediglich, sich aktiv um Mandanten seines bisherigen Arbeitgebers zu bemühen, diese an sich zu ziehen und sie zu umwerben, wenn er sich selbstständig macht. Diese Abwerbungsverbote sind entschädigungslos zulässig und werden bei ihrer Verletzung ggf. standesrechtlich geahndet.[36] Allgemeine Mandantenschutzklauseln verbieten es einem Arbeitnehmer, nach Beendigung seines Arbeitsverhältnisses als Angestellter in einem anderen Arbeitsverhältnis oder als Selbstständiger Mandanten seines früheren Arbeitgebers zu betreuen. Sie sind wirksam; sie verstoßen nicht gegen die Berufsfreiheit.[37] Für allgemeine Mandantenschutzklauseln gelten die §§ 74ff. HGB, da sie die Erwerbstätigkeit des Angestellten in vergleichbarer Weise wie ein Wettbewerbsverbot einschränken.[38] Haben die Arbeitsvertragsparteien bereits zu einer Zeit eine allgemeine Mandantenschutzklausel vereinbart, in der sie noch für zulässig gehalten wurde, konnte sich der Arbeitnehmer nicht einfach von ihr lösen, sondern musste zuvor mit dem Arbeitgeber über die Zahlung einer Karenzentschädigung verhandeln. Mandantenschutzklauseln kommen vor allem bei steuerberatenden Berufen vor. Verstößt ein Steuerberater gegen eine Mandantenschutzklausel, so ist er seinem Arbeitgeber über die Wettbewerbsverstöße auskunftspflichtig. Er kann sich insoweit nicht auf die Verschwiegenheitspflicht des Standesrechts berufen.[39] Die arbeitsvertragliche Verpflichtung eines Steuerassistenten, im Falle des Ausscheidens für fünf Jahre 20% des Jahresumsatzes mit solchen Mandanten an den ehemaligen Arbeitgeber als Entschädigung abzuführen, die er von diesem übernommen hat, stellt als verdeckte Mandantenschutzklausel eine Umgehung von § 75d Satz 2 HGB dar.[40] Der ehemalige Arbeitgeber kann aus einer solchen Vereinbarung keine Ansprüche herleiten.[41] Bei Rechtsanwälten sind Mandantenschutzklauseln wegen Verstoßes gegen § 3 BRAO unwirksam.[42] 13

8. **Handelsvertreter.** Für Handelsvertreter besteht eine gesetzliche Sonderregelung des Wettbewerbsrechts in § 90a HGB. Die Vorschrift gilt auch in den beigetretenen Ländern. Eine Vereinbarung, die den Handelsvertreter nach Beendigung des Vertragsverhältnisses in seiner gewerblichen Tätigkeit beschränkt (Wettbewerbsabrede), bedarf der Schriftform und der Aushändigung einer vom Unternehmer unterzeichneten, die vereinbarten Bestimmungen enthaltenden Urkunde an den Handelsvertreter. Insoweit gelten die Ausführungen zu Wettbewerbsverboten mit Arbeitnehmern entspr. Nach § 90a I 3 HGB ist der Unternehmer verpflichtet, dem Handelsvertreter für die Dauer der Wettbewerbsbeschränkung eine angemessene Entschädigung zu zahlen. Das BVerfG hat entschieden, dass entschädigungslose Wettbewerbsverbote unwirksam sind.[43] 14

9. **Dienstnehmer.**[44] **a)** Für Dienstnehmer werden die **Vorschriften der §§ 74ff. HGB nicht entspr. angewandt.**[45] Es ist mithin ein Verbot zulässig, sich nach dem Ausscheiden aus der Gesellschaftspraxis nicht im Umkreis der Praxis niederzulassen (Besonderheiten bei Rechtsanwälten). Wettbewerbsverbote unterliegen aber einer Rechtmäßigkeitskontrolle nach § 138 BGB.[46] Niederlassungsverbote sind nur zulässig, soweit sie zeitlich auf zwei Jahre, räumlich und gegenständlich beschränkt sind. Dabei werden die Vorschriften der §§ 74ff. HGB vielfach als Beurteilungsmaßstab herangezogen. Verstößt ein Dienstnehmer gegen ein Wettbewerbsverbot, so können nicht die Bezüge gekürzt werden. Die Parteien können sich auch darauf beschränken zu vereinbaren, dass der ausgeschiedene Partner für mitgenommene Mandate einen Teil des 15

---

36 BAG 16. 7. 1971 AP 25 zu § 611 BGB Konkurrenzklausel.

37 BAG 27. 9. 1988 AP 35 zu § 611 BGB Konkurrenzklausel = NZA 89, 467.

38 BAG 16. 7. 1971, 26. 11. 1971 AP 25, 26 zu § 611 BGB Konkurrenzklausel; 9. 8. 1974 AP 27 zu § 611 BGB Konkurrenzklausel m. Anm. *Löwisch/Knigge.*

39 BAG 27. 9. 1988 AP 35 zu § 611 BGB Konkurrenzklausel = NZA 89, 467.

40 LAG Düsseldorf 28. 6. 2001 DB 2002, 150.

41 BAG 7. 8. 2002 AP 4 zu § 75d HGB = NZA 2002, 1282.

42 LAG Baden-Württemberg 14. 3. 1985 EWiR BGB § 611 7/85; vgl. BGH 28. 4. 1986 AnwBl. 86, 399.

43 BVerfG 27. 2. 1990 AP 65 zu Art. 22 GG = NZA 90, 389.

44 *Römermann* BB 98, 1489.

45 BGH 26. 3. 1984 ZIP 84, 954; 28. 4. 2008 DStR 2008, 1894 = WM 2008, 1226; BSG 9. 8. 1990 NJW 91, 862 = NZA 91, 159.

46 BGH 29. 10. 1990 NJW 91, 699; OLG Düsseldorf 18. 5. 1989 EWiR BGB § 138 Nr. 15/90 *(Schaub);* OLG Hamm 11. 1. 1988 ZIP 88, 1254.

Honorars abführt (ca. 25% über vier Jahre; Gewinnabführungs- bzw. Mandantenübernahmeklausel). Zu Organvertretern RN 7.

16 **b)** Wird die **Praxis eines freiberuflich Tätigen** (Steuerberater) veräußert, so werden regelmäßig auch Wettbewerbsverbote abgeschlossen. Diese dürfen nicht übermäßig lang sein, andernfalls sind sie sittenwidrig.[47] Bei Auseinandersetzung einer Steuer- und Wirtschaftsprüferpraxis wird ein über zwei Jahre hinausgehendes nachvertragliches Wettbewerbsverbot nicht in Betracht kommen.[48] Wird ein Wirtschaftsprüfer nach Verkauf seiner Praxis entgegen einem vertraglichen Wettbewerbsverbot für frühere Mandanten tätig, so kann der Käufer gegen ihn keine Ansprüche nach § 687 BGB geltend machen, wenn die Vertragsbeziehungen inzwischen beendet sind.[49]

17 **c)** Bei **Ärzten**[50] finden sich berufsrechtliche Wettbewerbsverbote bis zur Dauer von fünf Jahren. Der BGH hatte im sog. Laborärzte-Urteil über berufsrechtliche Wettbewerbsverbote für Praktikanten und Assistenten zu entscheiden. Er hat nur eine Karenzzeit von einem Jahr zugelassen.[51] Davon unabhängig sind die vertraglich vereinbarten Wettbewerbsverbote zu beurteilen. Bindungsfristen von drei bis fünf Jahren werden entgegen der h. M. verfassungswidrig sein. Sie laufen auf ein Berufsverbot im bisherigen Lebenskreis hinaus. Unwirksam sind auch Wettbewerbsverbote über einen Umkreis von 20 km der früheren Arztpraxis hinaus.[52] Bei Radiologen einer Gemeinschaftspraxis ist im Ergebnis eine Bindung bis zu zwei Jahren zugelassen worden. Eine Konkurrenzklausel stehe aber einer Tätigkeit als Teleradiologe nicht entgegen.[53]

17a **d)** Wird ein ausgeschiedener Gesellschafter einer Anwaltssozietät mit einem Wettbewerbsverbot belegt, so ist es nichtig, wenn die räumlichen, gegenständlichen und zeitlichen Grenzen eines nachvertraglichen Wettbewerbsverbots überschritten werden.[54]

18 **10. Freie Mitarbeiter. a)** Soweit freie Mitarbeiter als **Dienstnehmer** tätig sind, sind Wettbewerbsverbote zulässig (vgl. RN 15). Sie unterliegen jedoch einer Kontrolle nach § 138 BGB. Sie sind unwirksam, wenn für sie kein berechtigtes Interesse besteht. Wenn keine Karenzentschädigung vereinbart ist, kann eine übermäßige Bindung vorliegen, die zur Sittenwidrigkeit führt.

19 **b)** Sind freie Mitarbeiter **arbeitnehmerähnlich,** werden §§ 74ff. HGB entsprechend angewandt werden können. Das BAG hat es unentschieden gelassen.[55] Die ordentlichen Gerichte wenden die Grundgedanken von § 90a, § 74 HGB entsprechend an.[56] Das soll selbst noch bei einer Ein-Mann-GmbH gelten.[57] Für wirtschaftlich abhängige freie Mitarbeiter sind die Vorschriften der §§ 74ff. HGB entsprechend anzuwenden.[58]

20 **11. Handelsgesellschaften.**[59] **a)** Wettbewerbsverbote zwischen OHG-Gesellschaftern sind in **§§ 112ff. HGB** geregelt. Sie enden mit dem Ausschluss aus der Gesellschaft.[60] Wird bei Veräußerung des Gesellschaftsanteils eines Gesellschafters, der zugleich Arbeitnehmer der Gesellschaft ist, ein entschädigungsloses nachvertragliches Wettbewerbsverbot vereinbart, kann für die Klage des Arbeitnehmers auf Feststellung der Unverbindlichkeit des Wettbewerbsverbots der Rechtsweg zu den Gerichten für Arbeitssachen eröffnet sein. Die sachliche Zuständigkeit des Arbeitsgerichts ist zu bejahen, wenn der Arbeitnehmer Minderheitsgesellschafter (weniger als

---

[47] BGH 15. 3. 1989 AP 38 zu § 611 BGB Konkurrenzklausel; 28. 4. 1986 AP 57 zu Art. 12 GG; 29. 10. 1990 NJW 91, 699.

[48] BGH 29. 9. 2003 NJW 2004, 66.

[49] BGH 23. 3. 1988 AP 6 zu § 687 BGB.

[50] *Spoerr/Brinker/Diller* NJW 97, 3056.

[51] BGH 13. 6. 1997 NJW 97, 799.

[52] OLG München 22. 4. 1996 MedR 96, 567; bei Tierärzten 30 km: BGH 14. 7. 1997 WiB 97, 1028.

[53] OLG Hamm 19. 6. 2000 OLGR 2001, 52.

[54] BGH 18. 7. 2005 NJW 2005, 3061.

[55] BAG 21. 1. 1997 AP 44 zu § 611 BGB Konkurrenzklausel = NZA 97, 1284; so aber LAG Düsseldorf 26. 4. 1999 – 18 Sa 1941/98 – Juris CD – Arbeitsrecht.

[56] LAG Köln 2. 6. 1999 NZA-RR 2000, 19; OLG München 22. 1. 1997 NJW-RR 98, 393 = BB 97, 1015.

[57] OLG München 22. 1. 1997 BB 97, 1015 = DB 97, 923.

[58] BGH 10. 4. 2003 ZIP 2003, 998 = EWiR § 74 HGB 2/03.

[59] *Armbrüster* ZIP 97, 1269.

[60] OLG Düsseldorf 8. 6. 1989 AP 2 zu § 112 HGB; zur Konkurrenztätigkeit eines Kommanditisten: BGH 4. 12. 2001 NJW 2002, 1046; vgl. *Mayer* NJW 91, 23.

1%) und sein Ausscheiden aus der Gesellschaft mit der vom Erwerber veranlassten Aufhebung des Arbeitsverhältnisses verbunden worden ist.[61]

b) In den **Gesellschaftsverträgen** einer GmbH können auch Wettbewerbsverbote vorkommen.[62] Die für Gesellschafter und Geschäftsführungsorgane geltenden Wettbewerbsverbote schützen die Gesellschaft grundsätzlich nur vor Geschäften und Beteiligungen im selben Handelszweig, nicht vor branchenfremder Betätigung. Eine Besonderheit gilt für die Vorstandsmitglieder von Aktiengesellschaften. § 88 AktG hat eine doppelte Funktion. Er normiert nicht nur ein Wettbewerbsverbot, sondern will der AG auch die volle Arbeitskraft sichern. Die Bestimmung in einem Dienstvertrag, dass jede bezahlte oder unbezahlte anderweitige Tätigkeit der vorherigen Zustimmung des Vorsitzenden des Aufsichtsrats bedarf, ist verfassungskonform. Sie wird aber restriktiv dahin ausgelegt, dass nur solche Tätigkeiten der Einwilligung bedürfen, durch die die Erfüllung der Dienste beeinträchtigt wird. Das Wettbewerbsverbot beinhaltet nicht den ganzen Tätigkeitsbereich eines Konzerns; es kann sich aber später erweitern, wenn die Betätigung des Unternehmens sich erweitert.[63] 21

II. Abschluss und Rechtsnatur des Wettbewerbsverbotes

1. Vereinbarung. a) Nach § 74 HGB bedarf eine Vereinbarung, die den Handlungsgehilfen für die Zeit nach rechtlicher Beendigung[64] des Arbeitsverhältnisses in seiner gewerblichen Tätigkeit beschränkt, der **Schriftform** (§ 126 BGB)[65] und der **Aushändigung** einer vom Arbeitgeber unterzeichneten Urkunde, die die vereinbarten Bestimmungen enthält.[66] Die Vorschrift ist auf Abreden mit nichtkaufmännischen Arbeitnehmern entsprechend anzuwenden, weil der Zweck, Arbeitnehmer vor unüberlegten Handlungen zu bewahren, auch hier wirksam ist (§ 110 GewO). 22

b) Eine **Beschränkung** der gewerblichen Tätigkeit ist in allen Abreden zu sehen, durch die der Arbeitnehmer tatsächlich und/oder rechtlich gehindert wird, sein berufliches Erfahrungswissen zu nutzen. Hierzu gehören Versprechen, bestimmte Kundenanschriften nicht zu benutzen[67] oder besondere Schweigepflichten zu übernehmen, durch die die freie Verwertung der Arbeitskraft behindert wird (§ 53).[68] Eine Kundenschutzklausel, durch die sich ein Programmierer verpflichtet, bis zu zwei Jahren nach Beendigung des Projektes weder direkt noch indirekt für den jeweiligen Auftraggeber tätig zu werden, stellt in aller Regel ein Wettbewerbsverbot dar.[69] Keine Konkurrenztätigkeit ist gegeben, wenn der Arbeitnehmer auf einer anderen Handelsstufe tätig wird.[70] 23

c) Wettbewerbsverbote können aber auch dann gegeben sein, wenn der Arbeitnehmer mittelbar beschränkt wird. Hierzu zählen die sog. **Mandantenübernahmeklauseln,** bei denen der Arbeitnehmer verpflichtet wird,[71] für die Übernahme von Mandanten Teile des Honorars zu übertragen.[72] Zum Teil wird im Schrifttum danach unterschieden, ob der abzuführende Honoraranteil die Übernahme des Mandanten nicht mehr lohnt. Alsdann wird ein Wettbewerbsverbot angenommen. Bei einem abzuführenden Honoraranteil von 20–30% werde dagegen die Wettbewerbstätigkeit nicht mehr berührt. Unbedenklich sind dagegen Klauseln, in denen dem Arbeitnehmer für jedes Jahr der Wettbewerbsenthaltung eine Prämie in Aussicht gestellt wird. Allerdings mag von derartigen Klauseln ein Druck ausgehen. Der Arbeitnehmer wird aber nicht 24

---

[61] BAG 18. 8. 1997 AP 70 zu § 74 HGB = NZA 97, 1362.

[62] Vgl. BGH 3. 5. 1988 NJW 88, 2737; 16. 10. 1989 NJW-RR 90, 226 = BB 90, 11.

[63] OLG Frankfurt 5. 11. 1999 NZG 2000, 738.

[64] Vgl. § 57 RN 3; BGH 16. 11. 1954 AP 1 zu § 60 HGB; BAG 17. 10. 1969 AP 7 zu § 611 BGB Treuepflicht. Bei vorheriger Umwandlung in ein freies Mitarbeiterverhältnis: BAG 16. 1. 1970 AP 4 zu § 74 a HGB.

[65] Zur Einrede der Arglist bei Fehlen der Schriftform: BAG 26. 9. 1957 AP 2 zu § 74 HGB.

[66] BAG 23. 11. 2004 AP 75 zu § 74 HGB = NZA 2005, 411.

[67] BAG 19. 2. 1959 AP 10 zu § 74 HGB; 15. 12. 1987 AP 5 zu § 611 BGB Betriebsgeheimnis = NZA 88, 502; LAG Frankfurt 9. 1. 1969 AP 9 zu § 17 UWG.

[68] Vgl. BAG 26. 11. 1964 AP 1 zu § 133 g GewO; LAG Berlin 19. 5. 1998 – 13 Sa 280/98; § 55 RN 51–60.

[69] LAG Köln 2. 6. 1999 NZA-RR 2000, 19, 65.

[70] BAG 8. 3. 2006 AP 79 zu § 74 HGB = NZA 2006, 854.

[71] *Bauer/Diller* DB 95, 426.

[72] BAG 10. 12. 1985 AP 31 zu § 611 BGB Konkurrenzklausel = NZA 86, 568; LAG Düsseldorf 28. 6. 2001 DB 2002, 150; LAG Köln 14. 4. 2008 – 5 Sa 413/08 – BeckRS 2008, 56517; a. A. *Büsken* MDR 85, 899.

beschränkt, sondern bleibt frei, ob er die Prämie entgegennehmen will oder nicht. Anders ist dagegen wieder die Rechtslage, wenn der Arbeitnehmer während des bestehenden Arbeitsverhältnisses Vergütung erhält, die er zurückzahlen muss, wenn er nach Beendigung des Arbeitsverhältnisses eine Wettbewerbstätigkeit aufnimmt. In diesen Fällen gerät der Arbeitnehmer mit zunehmender Dauer in eine Abhängigkeit, so dass ein Wettbewerbsverbot vorliegt.[73]

25 **d)** Schließlich besteht ein **indirektes Wettbewerbsverbot,** wenn ein Arbeitsverhältnis durch Aufhebungsvertrag beendet wird und dieser unter der Bedingung steht, dass der Arbeitnehmer nicht zu einem bestimmten Konkurrenzunternehmen wechselt.[74]

26 **e)** Das Wettbewerbsverbot kann in der Weise abgeschlossen werden, dass dem Arbeitnehmer untersagt wird, in einem Konkurrenzunternehmen überhaupt **(allgemeine oder unternehmensbezogene Konkurrenzklausel)**[75] oder auf seinem bisherigen Arbeitsgebiet in einem Konkurrenzunternehmen **(partielle oder tätigkeitsbezogene Konkurrenzklausel)**[76] zu arbeiten oder ein solches zu gründen. Aber auch bei Abschluss eines nur tätigkeitsbezogenen Wettbewerbsverbotes darf der Arbeitnehmer in einem solchen Betrieb keine Arbeit aufnehmen, der nicht organisatorisch so gegliedert ist, dass die Verletzung des Wettbewerbsverbotes ausgeschlossen ist.[77] In jedem Fall muss das Wettbewerbsverbot hinreichend bestimmt sein.[78] Gegen unternehmensbezogene Wettbewerbsverbote werden gelegentlich nach §§ 305 ff. BGB Rechtsbedenken erhoben.

27 **2. Form. a)** Nach § 74 I HGB bedarf das Wettbewerbsverbot der **Schriftform;** d. h. die Vereinbarung muss von beiden Parteien auf derselben Urkunde (§ 126 II 1 BGB) oder bei Aufnahme mehrerer Urkunden von jeder Partei auf der für die Gegenseite bestimmten Urkunde unterzeichnet werden (§ 126 II 2 BGB). Unzureichend ist die Übersendung eines **Bestätigungsschreibens** oder die Überreichung einer Anlage zum Arbeitsvertrag. Die Bezugnahme in einem von beiden Parteien unterzeichneten Arbeitsvertrag auf eine in einer besonderen Urkunde enthaltene Wettbewerbsvereinbarung reicht nur aus, wenn das Wettbewerbsverbot selbst in der gehörigen Form unterschrieben ist[79] oder nach den Grundsätzen der Gesamturkunde die Wettbewerbsklausel fest mit dem unterschriebenen Arbeitsvertrag verbunden ist.[80] Elektronische Form nach § 126 a BGB ist nicht ausreichend, da das Wettbewerbsverbot zu den wesentlichen Arbeitsbedingungen gehört (§ 1 I NachwG).

28 **b)** Die das Wettbewerbsverbot enthaltende Urkunde ist in unmittelbarem Zusammenhang mit ihrer Vereinbarung dem Arbeitnehmer **auszuhändigen,** damit dieser sich jederzeit über seine Verpflichtung orientieren kann.[81] Erst mit der Aushändigung wird das Wettbewerbsverbot verbindlich. Zureichend ist die Aushändigung einer gerichtlichen oder notariellen Ausfertigung (§ 47 BeurkG), unzureichend die einer beglaubigten Abschrift. Zweckmäßig lässt sich der Arbeitgeber die Aushändigung bestätigen.

29 Welcher **Zeitraum** zwischen dem Abschluss des Wettbewerbsverbotes und Aushändigung der Vertragsurkunde liegen darf, ist nach den Umständen des Einzelfalles zu bestimmen. Wird die Aushändigung unangemessen verzögert, so kann der Arbeitnehmer deren Annahme verweigern. Nimmt er sie an, so wird der Mangel geheilt. Verweigert der Arbeitnehmer die ihm rechtzeitig angediente Urkunde, so muss er sich nach § 162 BGB so behandeln lassen, als ob sie rechtzeitig ausgehändigt worden wäre.[82] Aus Beweisgründen wird der Arbeitgeber allerdings versuchen, die Urkunde durch einen Gerichtsvollzieher zustellen zu lassen. Nur in Ausnahmefällen kann der Berufung auf Verletzung der Formvorschriften mit der Einrede der Arglist begegnet werden.[83] Wird das vereinbarte Wettbewerbsverbot dem Arbeitnehmer nicht vom Arbeitgeber ausgehän-

---

[73] Vgl. BGH 16. 11. 1972 NJW 73, 144.

[74] LAG Bremen 25. 2. 1994 LAGE § 74 HGB Nr. 9 = NZA 94, 889.

[75] Zur Zulässigkeit: BAG 18. 2. 1967, 16. 12. 1968 AP 19, 21 zu § 133 f GewO; LAG Düsseldorf 26. 4. 1999 – 18 Sa 1941/98 – Juris.

[76] Zur Zulässigkeit: BAG 30. 4. 1965 AP 17 zu § 133 f GewO; vgl. aber 30. 1. 1970 AP 24 zu § 133 f GewO.

[77] BAG 30. 1. 1970 AP 24 zu § 133 f GewO.

[78] LAG Düsseldorf 28. 8. 1996 BB 97, 319.

[79] Vgl. BGHZ 40, 255, 263; LAG Hamm 10. 1. 2005 NZA-RR 2005, 428, dazu *Gravenhorst* juris-PR-ArbR 15/2005 Anm. 5.

[80] BAG 30. 10. 1984 AP 46 zu § 74 HGB = NZA 85, 429.

[81] LAG Nürnberg 21. 7. 1994 NZA 95, 532.

[82] BGHZ 42, 333, 338; BGHZ 50, 39, 42; BGHZ 52, 25, 39.

[83] BAG 26. 9. 1957 AP 2 zu § 74 HGB; LAG Hamm 19. 9. 2003 – 7 Sa 863/03 – BeckRS 2003, 41733.

digt, kann sich der Arbeitnehmer daran halten und Karenzentschädigung verlangen. Dies gilt auch bei einem Betriebsübergang.[84]

3. Inhalt. In die Vertragsurkunde, die mit dem Arbeitsvertrag verbunden sein kann, sind **sämtliche Abreden,** in jedem Fall auch die Entschädigungspflicht in gesetzlichem Umfang aufzunehmen.[85] Ist keine Entschädigungspflicht vereinbart, ist das Verbot nichtig; ist sie nur mündlich oder in zu geringer Höhe vereinbart, so ist es unverbindlich, d. h. der Arbeitnehmer kann sich an das Wettbewerbsverbot halten und die mündlich vereinbarte Karenzentschädigung verlangen. Er kann aber auch in ein Konkurrenzunternehmen überwechseln. Die generelle Bezugnahme auf „die gesetzlichen Bestimmungen" ist unzureichend, vielmehr bedarf es einer Konkretisierung der Entschädigungspflicht.[86] Das BAG hat allerdings eine Wettbewerbsabrede, die hinsichtlich aller Einzelheiten auf die gesetzlichen Vorschriften verweist, dahin ausgelegt, dass die Parteien eine Karenzentschädigung in gesetzlicher Höhe vereinbaren wollten.[87] 30

4. Unternehmensmehrheit. a) Ob und inwieweit der Arbeitgeber dem Arbeitnehmer ein Wettbewerbsverbot auch für ihm **sonst gehörende Unternehmen** auferlegen kann, ist durch die Rspr. noch nicht geklärt.[88] 31

b) Geht ein Betrieb im Wege der **Universalsukzession** (vgl. § 116) auf einen Folgearbeitgeber über, so tritt dieser in die Rechte und Pflichten aus dem Arbeitsverhältnis und damit auch in das Wettbewerbsverbot ein. Ein Eintritt erfolgt auch in das nach Beendigung des Arbeitsverhältnisses allein noch bestehende Wettbewerbsverbot. 32

c) Wird der Betrieb des Arbeitgebers im Wege der **Einzelrechtsnachfolge** auf einen anderen Arbeitgeber übertragen, so bedurfte es vor Inkrafttreten des § 613a zur Übertragung der Rechte aus dem Wettbewerbsverbot eines **dreiseitigen Rechtsgeschäfts** zwischen dem Arbeitgeber, dem Betriebserwerber und dem Arbeitnehmer (§ 118), das auch konkludent abgeschlossen werden konnte.[89] So hat das BAG ausgeführt, dass dann, wenn ein Arbeitsverhältnis mit Zustimmung des Arbeitnehmers als ganzes auf einen Nachfolger des Arbeitgebers – auch formlos – übertragen werde, ein etwa bestehendes Wettbewerbsverbot rechtswirksam bleibt.[90] Der Umfang des Wettbewerbsverbotes richtet sich nach der bisherigen vertraglichen Abrede; jedoch musste auch bei dem Betriebsübernehmer ein berechtigtes geschäftliches Interesse an dessen Einhaltung gegeben sein.[91] Der alte Arbeitgeber konnte wegen mangelnden berechtigten Interesses die Rechte aus dem Wettbewerbsverbot nicht selbstständig geltend machen oder durch deren Abtretung darüber verfügen.[92] Diese Konstruktion ist auch nach Inkrafttreten von § 613a BGB noch von Bedeutung. 33

Geht ein Betrieb oder Betriebsteil durch Rechtsgeschäft auf einen anderen Inhaber über, so tritt dieser in die Rechte und Pflichten aus den im **Zeitpunkt des Überganges** bestehenden Arbeitsverhältnissen ein (§ 613a I BGB). Da ein Wettbewerbsverbot bereits während des Bestandes eines Arbeitsverhältnisses Wirkungen entfaltet, gehen die Rechte und Pflichten aus ihm nach § 613a BGB auf den Betriebsnachfolger über.[93] Gelegentlich wird dies im Schrifttum geleugnet. Dann würde aber die merkwürdige Situation eintreten, dass der Arbeitnehmer, der in die Dienste des Betriebsnachfolgers treten würde, von dem Wettbewerbsverbot des Betriebsveräußerers erfasst würde. Der Betriebserwerber bedarf aber eines berechtigten geschäftlichen Interesses an der Aufrechterhaltung des Wettbewerbsverbotes. Andernfalls wird dieses unwirksam. War bereits beim Betriebsveräußerer das berechtigte geschäftliche Interesse weggefallen, so ist zweifelhaft, ob das Wettbewerbsverbot als unverbindliches übergegangen ist oder als wirksames. Widerspricht der Arbeitnehmer dem Übergang seines Arbeitsverhältnisses, bleibt sein Arbeitsverhältnis bei dem Veräußerer bestehen. Dieser wird im Allgemeinen betriebsbedingt kündigen. Dies eröffnet aber dem Arbeitnehmer die Möglichkeit, von § 75 II HGB Gebrauch zu machen 34

---

[84] BAG 23. 11. 2004 AP 75 zu § 74 HGB = NZA 2005, 411.

[85] BAG 14. 8. 1975 AP 35 zu § 74 HGB; LAG Bremen 4. 5. 1966 BB 66, 1065; LAG Berlin 8. 5. 2003 – 16 Sa 261/03 – LAG Report 2003, 253.

[86] LAG Berlin 8. 5. 2003 – 16 Sa 261/03 – LAG Report 2003, 253.

[87] BAG 28. 6. 2006 AP 80 zu § 74 HGB = NZA 2006, 1157.

[88] Vgl. *Kracht* BB 70, 584.

[89] BAG 26. 9. 1963 AP 1 zu § 74a HGB; 28. 1. 1960 AP 18 zu § 74 HGB; 26. 11. 1971 AP 26 zu § 611 BGB Konkurrenzklausel.

[90] BAG 24. 10. 1972 AP 31 zu § 74 HGB.

[91] Vgl. BAG 26. 9. 1963 AP 1 zu § 74a HGB.

[92] BAG 28. 1. 1966 AP 18 zu § 74 HGB.

[93] MünchKommBGB/*Schaub* § 613a RN 7.

und sich von dem Wettbewerbsverbot zu lösen. Der Arbeitnehmer kann aber auch an dem Wettbewerbsverbot festhalten, wenn er in eine andere Branche überwechseln will.

35 Ist dagegen das Arbeitsverhältnis im Zeitpunkt des Betriebsübergangs bereits beendet, so kommt nach dem Wortlaut von § 613a BGB ein Übergang der Rechte und Pflichten aus dem Wettbewerbsverbot nicht in Betracht. Aber auch eine entspr. Anwendung von § 613a BGB ist nach der Interessenlage nicht möglich (bestr.).[94] Der alte Arbeitgeber bleibt aus dem Wettbewerbsverbot verpflichtet.

36 **d)** Wird der bisherige **Betriebsteil,** in dem der Arbeitnehmer gearbeitet hat, rechtlich verselbstständigt und ist der alte Arbeitgeber an der neuen Rechtsperson maßgeblich beteiligt, so bleibt das Wettbewerbsverbot unverändert bestehen.[95] Es bleibt mithin unverändert erhalten, wenn lediglich eine **betriebliche Umstrukturierung** vorliegt, die rechtlich und wirtschaftlich die Arbeitgeberrechte beim ursprünglichen Arbeitgeber belässt. Entsprechendes wird bei der Aufspaltung nach dem UmwG gelten (vgl. § 116).

37 **5. Rechtsnatur. a)** Die Wettbewerbsvereinbarung ist ein **gegenseitiger Vertrag,** auf den die Vorschriften der §§ 320ff. BGB anzuwenden sind.[96] Der Verpflichtung des Arbeitnehmers, sich des Wettbewerbes zu enthalten, steht die des Arbeitgebers gegenüber, dem Arbeitnehmer eine Karenzentschädigung zu zahlen. Der Arbeitnehmer kann mithin auch dann seine Leistung erbringen, wenn eine Wettbewerbsmöglichkeit für ihn nicht besteht. Der Arbeitgeber bleibt zur Zahlung der Karenzentschädigung verpflichtet, wenn der Arbeitnehmer wegen seines Gesundheitszustandes,[97] Aufgabe fernerer Berufstätigkeit,[98] Eintritt in den Ruhestand[99] oder aus sonstigen Gründen (z. B. Eintritt in die Bundeswehr als Berufssoldat, Durchführung einer zusätzlichen Ausbildung[100]) gar nicht in der Lage ist, Wettbewerb zu treiben.[101] Als einzige Ausnahme besteht der in § 74c I 3 HGB geregelte Fall, wonach der Anspruch auf die Karenzentschädigung bei Verbüßung einer Freiheitsstrafe ruht.[102] Trotz dieser heute wohl allgemein anerkannten Grundsätze ist dieses System der Gegenseitigkeit zum Nachteil des Arbeitnehmers nicht lückenlos durchgeführt. Die von dem Arbeitgeber zu zahlende Karenzentschädigung ist in ihrer Höhe davon abhängig, wie viel der Arbeitnehmer in einem Folgearbeitsverhältnis verdient.

38 **b)** Aus den Grundsätzen des gegenseitigen Vertrages folgt, dass dann, wenn der Arbeitnehmer das Wettbewerbsverbot verletzt, der Arbeitgeber die Einrede des nicht erfüllten Vertrages erheben kann (§ 320 BGB). Dies führt dazu, dass der Arbeitnehmer **keine Karenzentschädigung** verlangen kann. Kehrt dieser wieder zur Vertragstreue zurück, erwächst erneut ein Anspruch auf Karenzentschädigung.[103] Hat der Arbeitgeber in Unkenntnis der Wettbewerbstätigkeit Karenzentschädigung gezahlt, so kann er diese nach Maßgabe von § 346 bis § 348 BGB zurückverlangen (§ 326 IV BGB).[104] Der Arbeitgeber kann wegen der Wettbewerbsverletzung aber auch vom Vertrag zurücktreten oder Schadensersatz wegen Nichterfüllung verlangen. Der Rücktritt des Arbeitgebers bewirkt eine Befreiung von der Leistungspflicht nur für die Zukunft.

39 **c)** Gerät der Arbeitgeber mit der Zahlung der Karenzentschädigung in **Verzug,** so erlangt der Arbeitnehmer ebenfalls die Einrede des nicht erfüllten Vertrages (§ 320 BGB). Diese soll aber nicht das Recht umfassen, während des Verzuges Wettbewerb zu treiben.[105]

40 **d)** Noch nicht hinreichend geklärt ist das **Verhältnis von Wettbewerbsverbot und Arbeitsvertrag.** Ist das Wettbewerbsverbot nichtig, so bleibt der Arbeitsvertrag hiervon unberührt. Ist umgekehrt der Arbeitsvertrag nichtig, so ist die Rechtslage zweifelhaft. Nach § 139 BGB ist bei Teilnichtigkeit eines Rechtsgeschäftes das ganze Rechtsgeschäft nichtig, wenn nicht anzu-

---

[94] LAG Frankfurt 3. 5. 1993 NZA 94, 1033; *Röhsler/Borrmann* S. 128; a. A. *Seiter* AR-Blattei, D, Betriebsinhaberwechsel I, zu B VII 2c.

[95] BAG 18. 2. 1967 AP 19 zu § 133f GewO.

[96] BAG 20. 10. 1960, 18. 11. 1967, 5. 8. 1968, 5. 10. 1982, 10. 9. 1985 AP 16, 21, 24, 42, 49 zu § 74 HGB; 2. 12. 1968 AP 3 zu § 74a HGB; 8. 2. 1974, 9. 8. 1974 AP 4, 5 zu § 74c HGB.

[97] LAG Hamm 19. 9. 2003 – 7 Sa 863/03 – BeckRS 2003, 41733.

[98] BAG 18. 10. 1976 AP 1 zu § 74b HGB.

[99] BAG 30. 10. 1984 AP 46 zu § 74 HGB = NZA 85, 429; 3. 7. 1990 AP 61 zu § 74 HGB = NZA 91, 308; 26. 9. 1985 AP 30 zu § 611 BGB Konkurrenzklausel = NZA 85, 809.

[100] BAG 8. 2. 1974, 9. 8. 1974 AP 4, 5 zu § 74c HGB; a. A. LAG Frankfurt 28. 2. 1994 BB 95, 155.

[101] Vgl. BAG 23. 1. 1967 AP 1 zu § 74c HGB; 3. 8. 1960, 13. 11. 1967 AP 14, 21 zu § 74 HGB; 2. 12. 1968 AP 3 zu § 74a HGB; 18. 10. 1976 AP 1 zu § 74b HGB.

[102] LAG Stuttgart 7. 9. 1965 BB 65, 1456.

[103] BAG 10. 9. 1985 AP 49 zu § 74 HGB = NZA 86, 134.

[104] Zum früheren Recht: BAG 5. 8. 1968 AP 24 zu § 74 HGB.

[105] BAG 5. 10. 1982 AP 42 zu § 74 HGB.

nehmen ist, dass bei Kenntnis der Nichtigkeit die Wirksamkeit des anderen Teils gewollt war. Es bestände mithin eine gesetzliche Auslegungsregel zugunsten der Unwirksamkeit der Wettbewerbsvereinbarung.[106] Der Interessenlage entspricht dies kaum. Der Arbeitgeber kann auch bei Nichtigkeit des Arbeitsvertrages an der Einhaltung des Verbotes interessiert sein, während andererseits der Arbeitnehmer schon während des Bestandes des Rechtsverhältnisses wissen muss, ob er später einmal Karenzentschädigung erhält. Es wird daher im Allgemeinen davon auszugehen sein, dass Arbeitsvertrag und Wettbewerbsvereinbarung in ihrem rechtlichen Schicksal voneinander unabhängig sind; etwas anderes gilt nur dann, wenn der Arbeitsvertrag noch nicht in Vollzug gesetzt ist.[107]

6. Einseitig zwingendes Recht. Die Vorschriften der §§ 74ff. HGB enthalten zugunsten des Arbeitnehmers zwingendes Recht. Auf eine Vereinbarung, durch die von §§ 74 bis 75c HGB zum Nachteil des Arbeitnehmers abgewichen wird, kann sich der Arbeitgeber nicht berufen (§ 75d Satz 1 HGB). Das gilt auch von solchen Vereinbarungen, durch die die gesetzlichen Vorschriften über das Mindestmaß der Entschädigung durch Verrechnung oder auf sonstige Weise umgangen werden sollen (§ 75d Satz 2 HGB). Dabei muss den Schutzvorschriften nicht nur bei Abschluss der Wettbewerbsabrede, sondern auch in dem Zeitpunkt ihres Inkrafttretens genügt sein.[108] Wegen der Zulässigkeit etwaiger tariflicher Abweichung vgl. RN 11, 12. 41

7. Zeitliche Vereinbarung. a) Die Wettbewerbsvereinbarung kann bei **Einstellung,** während des Arbeitsvertrages, und zwar auch schon während des Probearbeitsverhältnisses,[109] oder nach seinem Ende abgeschlossen werden. Wird bei der Einstellung ein Wettbewerbsverbot vereinbart und der Arbeitsvertrag vor seinem Beginn gekündigt, so wird die Auslegungsregel bestehen, dass das Wettbewerbsverbot nur gilt, wenn der Arbeitnehmer seine Beschäftigung aufnimmt.[110] 42

b) Da der Arbeitnehmer nach **Beendigung des Arbeitsverhältnisses** nicht mehr in einem persönlichen Abhängigkeitsverhältnis zum bisherigen Arbeitgeber steht, brauchen zu diesem Zeitpunkt die Schutzvorschriften der §§ 74ff. HGB nicht mehr beachtet zu werden.[111] Dasselbe gilt, wenn der Arbeitgeber mit seinem Arbeitnehmer eine Konkurrenzklausel abschließt, der Arbeitnehmer aber nicht in Arbeitnehmereigenschaft, sondern etwa als Vermieter des Geschäftslokals handelt. 43

c) Zweifelhaft ist die Rechtslage, wenn das **Wettbewerbsverbot erst im Zusammenhang mit der Beendigung des Arbeitsverhältnisses** vereinbart wird. Teils wird vertreten, dass die Vorschriften der §§ 74ff. HGB unanwendbar seien, weil der Arbeitnehmer sich selbstständig machen wolle,[112] teils werden §§ 74ff. HGB uneingeschränkt angewandt,[113] weil es nicht auf die Absicht des Arbeitnehmers, sondern nur auf seine Lage ankommen könne. Der BGH hat ausgeführt, dass Wettbewerbsabreden zwischen Unternehmer und Handelsvertreter, die nach Vertragsende oder bei Vertragsbeendigung abgeschlossen werden, nicht unter den Schutz des § 90a HGB fallen.[114] Er hat aber die Rechtslage bei Arbeitnehmern ausdrücklich dahingestellt sein lassen. Das BAG hat bislang lediglich entschieden, dass ein ehemaliger Arbeitgeber mit seinem Handlungsgehilfen nach Beendigung des Arbeitsverhältnisses in einem Prozessvergleich ein entschädigungsloses Wettbewerbsverbot vereinbaren kann.[115] Im Übrigen wird aber nach richtiger Auffassung auch ein bei Beendigung des Arbeitsverhältnisses vereinbartes Wettbewerbsverbot den §§ 74ff. HGB unterfallen, da der Arbeitnehmer noch in einem Arbeitsverhältnis steht und seine Schutzbedürftigkeit bis zur rechtlichen Beendigung des Arbeitsverhältnisses fortbesteht. 44

---

[106] *Schlegelberger/Schröder* § 74 HGB RN 3b; MünchKommHGB/*v. Hoyningen-Huene* § 74a RN 32.

[107] LAG München 3. 12. 2008 – 11 Sa 538/08; *Röhsler/Borrmann* S. 73.

[108] BAG 28. 1. 1966 AP 18 zu § 74 HGB.

[109] BAG 24. 4. 1970 AP 25 zu § 74 HGB; 10. 5. 1971 AP 6 zu § 628 BGB; 2. 8. 1971 AP 25 zu § 615 BGB; 27. 4. 1982 AP 16 zu § 620 BGB Probearbeitsverhältnis; 28. 6. 2006 AP 80 zu § 74 HGB = NZA 2006, 1157; zur Kündigung des Probearbeitsverhältnisses vor seinem Beginn: BAG 19. 5. 1983 AP 25 zu § 123 BGB.

[110] BAG 26. 5. 1992 AP 63 zu § 74 HGB = NZA 92, 976.

[111] BAG 11. 3. 1968, 5. 8. 1968 AP 23, 24 zu § 74 HGB; 3. 5. 1994 AP 65 zu § 74 HGB = NZA 95, 72; LAG München 12. 2. 1986 DB 86, 2191.

[112] RGZ 67, 333; 101, 278; vgl. BAG 18. 8. 1997 AP 70 zu § 74 HGB = NZA 97, 1362.

[113] *Nikisch,* Arbeitsrecht, 2. Aufl., Bd. 1, S. 396; *Schlegelberger/Schröder* § 74 RN 3.

[114] BGHZ 51, 185.

[115] BAG 11. 3. 1968 AP 23 zu § 74 HGB.

45 **8. Vorvertrag.** Vielfach wird der Arbeitgeber bei Abschluss des Arbeitsvertrages noch nicht daran interessiert sein, eine Konkurrenzklausel zu vereinbaren, da er nicht weiß, ob der Arbeitnehmer, z. B. während der Probezeit, reüssiert oder auch späterhin den Erwartungen genügt.

46 Es ist zulässig, ein Wettbewerbsverbot dergestalt abzuschließen, dass es erst in Kraft treten soll, wenn ein **Arbeitsverhältnis über einen bestimmten Zeitpunkt** hinaus bestanden hat.[116] Gleichfalls ist ein Vorvertrag zulässig, nach dem sich der Arbeitnehmer verpflichtet, zu einem späteren Zeitpunkt ein inhaltlich genau bestimmtes Wettbewerbsverbot zu vereinbaren.

47 Der Vorvertrag ist jedoch dann unverbindlich, wenn er dazu dienen soll, die Verpflichtung des Arbeitgebers zur Zahlung einer Karenzentschädigung zu umgehen,[117] z. B. wenn der Arbeitgeber auch noch **nach Kündigung** des Arbeitsverhältnisses verlangen kann, eine Konkurrenzklausel abzuschließen. In diesen Fällen gerät der Arbeitnehmer in eine Zwickmühle; nimmt er eine Konkurrenztätigkeit auf, so kann der Arbeitgeber den Abschluss der Konkurrenzklausel verlangen; geht er in eine konkurrenzfreie Beschäftigung, so kann der Arbeitgeber auf deren Erhaltung verzichten.

48 Ist ein Wettbewerbsverbot bereits für die **Probezeit** vereinbart, wird das Arbeitsverhältnis aber bereits zuvor gekündigt, bedarf es der ergänzenden Auslegung des Vertrages dahingehend, ob das Wettbewerbsverbot noch in Kraft treten soll.[118] Ist ein Wettbewerbsverbot bereits für den Beginn des Arbeitsverhältnisses vereinbart, so wird es nicht mehr in Kraft treten, wenn der Arbeitnehmer die Stelle nicht antritt. Etwas anderes gilt dann, wenn er bereits zuvor in seine Tätigkeit eingewiesen worden ist.[119]

49 **9. Bedingtes Wettbewerbsverbot. a)** So wird eine Wettbewerbsabrede bezeichnet, die dem Arbeitgeber **entschädigungsfrei die Entscheidung vorbehält,** ob er das Wettbewerbsverbot in Anspruch nehmen will oder nicht.[120] Es ist aufschiebend bedingt, wenn dem Arbeitgeber das Recht vorbehalten ist, den Arbeitnehmer mit einem Wettbewerbsverbot zu belegen,[121] es ist resolutiv bedingt, wenn es von der Inanspruchnahme durch den Arbeitgeber abhängt. Beabsichtigt ist mit einer derartigen Abrede, dass die Pflicht zur Zahlung einer Karenzentschädigung erst mit der Verhinderung einer Konkurrenztätigkeit erwachsen soll. Durch ein bedingtes Wettbewerbsverbot wird der Arbeitnehmer in doppelter Weise belastet: Während des Bestandes des Arbeitsverhältnisses weiß er nicht, ob er sich auf ein Wettbewerbsverbot einrichten muss oder nicht. Dagegen kann der Arbeitgeber abwarten, ob er das Wettbewerbsverbot in Anspruch nimmt, bis er weiß, ob der Arbeitnehmer in eine Wettbewerbsbeschäftigung geht oder nicht. Die Wirkungen eines bedingten Wettbewerbsverbotes können durch vielfache Rechtskonstruktionen erzeugt werden; so kann schlicht die Karenzentschädigung bedingt zugesagt werden. Entspr. Wirkungen können aber auch erzielt werden, wenn dem Arbeitnehmer gesteigerte Auskunftspflichten während des Arbeitsverhältnisses auferlegt werden, die Wettbewerbstätigkeit von der Zustimmung des Arbeitgebers abhängig gemacht wird,[122] dem Arbeitgeber vorbehalten wird, den örtlichen Bereich des Wettbewerbsverbots zu bestimmen[123] oder gar das Wettbewerbsverbot auf die Fälle der Eigenkündigung des Arbeitnehmers beschränkt wird.[124]

50 **b)** Die **Rechtsfolgen eines bedingten Wettbewerbsverbots** hat das BAG im Laufe der Zeit unterschiedlich beurteilt. Zunächst hat es angenommen, dass bedingte Wettbewerbsverbote gegen § 75 a HGB verstoßen und der Arbeitgeber wenigstens für die Dauer eines Jahres Karenzentschädigung zahlen müsse.[125] Hiervon ist es wieder abgewichen. Es hat dann angenommen, dass bedingte Wettbewerbsverbote unverbindlich seien; der Arbeitnehmer könne sich von ihnen ohne weiteres lösen.[126] Die Konstruktion hat dann versagt, wenn der Arbeitnehmer das Verbot in Unkenntnis der Unverbindlichkeit eingehalten hat. Das BAG hat darauf im Wege der weite-

---

[116] Vgl. BAG 13. 7. 2005 AP 78 zu § 74 HGB.
[117] BAG 18. 4. 1969 AP 22 zu § 133 f GewO m. krit. Anm. *Nitschke*.
[118] BAG 19. 5. 1983 AP 25 zu § 123 BGB.
[119] BAG 3. 2. 1987 AP 54 zu § 74 HGB = NZA 87, 813.
[120] BAG 18. 4. 1969 AP 22 zu § 133 f GewO; 18. 11. 1967, 27. 6. 1973, 10. 8. 1973, 19. 1. 1978, 5. 10. 1982 AP 21, 32, 33, 36, 42 zu § 74 HGB; 19. 1. 1956 AP 1 zu § 75 a HGB; 2. 12. 1968 AP 3 zu § 74 a HGB; 5. 9. 1995 AP 67 zu § 74 HGB = NZA 96, 700; vgl. auch ArbG Köln 12. 1. 1985 DB 65, 443; LAG Mannheim 12. 7. 1963 AP 2 zu § 75 a HGB.
[121] BAG 13. 5. 1986 AP 51 zu § 74 HGB = NZA 86, 828.
[122] BAG 4. 6. 1985 AP 50 zu § 74 HGB = NZA 86, 640; wohl anders BAG 27. 9. 1988 AP 35 zu § 611 BGB Konkurrenzklausel = NZA 89, 467; 5. 9. 1995 AP 67 zu § 74 HGB = NZA 96, 700.
[123] BAG 5. 9. 1995 AP 67 zu § 74 HGB = NZA 96, 700.
[124] BAG 14. 7. 1981 AP 8 zu § 75 HGB; 10. 12. 1985 AP 31 zu § 611 BGB Konkurrenzklausel.
[125] BAG 18. 11. 1967 AP 21 zu § 74 HGB; 19. 1. 1956 AP 1 zu § 75 a HGB.
[126] BAG 2. 5. 1970 AP 26 zu § 74 HGB.

ren Rechtsfortbildung entschieden,[127] dass dem Arbeitnehmer i. d. R. bei Beginn der Karenzzeit ein (einmaliges) Wahlrecht zustehe, ob er sich von dem Wettbewerbsverbot lösen oder es einhalten und dann auch die zugesagte Karenzentschädigung verlangen wolle. Dies gilt sowohl bei suspensiven wie resolutiven Verboten. In weiteren Entscheidungen ist es auch hierüber hinausgegangen.[128] Der Arbeitnehmer kann die Ausübung des Wahlrechts bis zur gerichtlichen Entscheidung über die Wirksamkeit des Wettbewerbsverbotes hinausschieben, wenn die vorübergehende Einhaltung unter Berücksichtigung der Interessen des Arbeitgebers sinnvoll ist. Die Rspr. ist vom BAG weiter dahin modifiziert worden, dass sich der Arbeitnehmer ohne weitere Erklärung für die Einhaltung des Wettbewerbsverbotes entscheidet und seiner Unterlassungsverpflichtung nachkommt.[129] Bislang unentschieden ist der Fall, dass die teilweise Einhaltung des Wettbewerbsverbotes für den Arbeitgeber nicht von Interesse ist. Besteht Streit, ob die Kündigung des Arbeitgebers wirksam ist und hat der Arbeitnehmer Kündigungsschutzklage erhoben, so kann er sich noch bei Abweisung der Klage für die Einhaltung des Verbots entscheiden.[130] Die Ausübung des Wahlrechts kann auch konkludent erfolgen, indem der Arbeitnehmer eine Konkurrenztätigkeit aufnimmt.[131] Hat der Arbeitnehmer die Einhaltung des Wettbewerbsverbotes gewählt, so wird es hinfort für ihn verbindlich und der Arbeitgeber kann seine Einhaltung erzwingen.[132] Der Arbeitgeber kann nur unter den Voraussetzungen von § 75a HGB auf das Wettbewerbsverbot verzichten. Die Rspr. des BAG ist immer wieder auf Kritik gestoßen,[133] es wird vor allem eingewandt, der Arbeitnehmer habe des Schutzes davor bedurft, sich nicht zwischen zwei Stühle zu setzen; dagegen habe man ihm methodisch verfehlt ein Wahlrecht eingeräumt.

III. Rechtsmängel der Wettbewerbsvereinbarung

1. Rechtsmängel. a) Umstritten ist, in welchem Umfang Wettbewerbsverbote in Formulararbeitsverträgen der Inhaltskontrolle nach dem Recht der Allgemeinen Arbeitsbedingungen unterliegen. Es wird vertreten, dass Wettbewerbsverbote nicht der Inhaltskontrolle unterlägen, weil sie von § 307 III BGB ausgenommen seien und Besonderheiten des Arbeitsrechts (§ 310 IV BGB) bestünden;[134] nach andere Meinung sind die Vorschriften des HGB lex specialis.[135] Nach dritter Meinung ist der Prüfungszeitpunkt zwischen § 305 BGB und § 74a HGB unterschiedlich.[136] Nach § 305 BGB ist zu beurteilen, ob das Wettbewerbsverbot im Zeitpunkt des Abschlusses der Inhaltskontrolle standhält. Dagegen regelt § 74a HGB nur, ob das Wettbewerbsverbot im Zeitpunkt der Beendigung des Arbeitsverhältnisses noch dem HGB entspricht.[137] Wenn innerhalb einer im Arbeitsvertrag enthaltenen Vereinbarung unter der Überschrift Wettbewerbsverbot alle dieses Wettbewerbsverbot konstituierenden und ausgestaltenden Einzelelemente geregelt und keine Regelungen enthalten sind, die damit in keinem Zusammenhang stehen, so ist eine innerhalb dieser Vereinbarung vorgesehene Bedingung für das In-Kraft-Treten des Wettbewerbsverbots keine überraschende Klausel i. S. v. § 305c I BGB. Es mangelt insoweit an dem hierfür vorausgesetzten Überrumpelungs- oder Übertölpelungseffekt.[138] Das Gesetz unterscheidet zwischen dem **nichtigen** und dem **unverbindlichen Wettbewerbsverbot.** Aus einem nichtigen Wettbewerbsverbot kann keine Partei irgendwelche Rechte herleiten.[139] 51

b) Ist ein Wettbewerbsverbot **unverbindlich,** so hat dies die Bedeutung, dass der Arbeitgeber die Einhaltung der Unterlassungspflicht zunächst nicht erzwingen kann. Andererseits kann der Arbeitnehmer sich von dem Wettbewerbsverbot lösen; er verliert alsdann auch die Karenzentschädigung. Er kann sich aber auch für die Einhaltung des Wettbewerbsverbots entschließen. In 52

---

[127] BAG 19. 1. 1978 AP 36 zu § 74 HGB; vgl. auch LAG Hamm 21. 1. 1981 DB 81, 1243.
[128] BAG 24. 4. 1980 AP 37 zu § 74 HGB; 13. 5. 1986 AP 51 zu § 74 HGB = NZA 86, 828; 16. 12. 1986 AP 53 zu § 74 HGB.
[129] BAG 22. 5. 1990 AP 60 zu § 74 HGB = NZA 91, 263.
[130] BAG 16. 12. 1986 AP 53 zu § 74 HGB.
[131] LAG Hamm 21. 1. 1981 DB 81, 1243.
[132] BAG 5. 10. 1982 AP 42 zu § 74 HGB.
[133] *Grunsky,* 25 Jahre BAG, S. 153ff.; *Stefan* BB 80, 685.
[134] *Diller* NZA 2005, 250ff.
[135] LAG Bad.-Württemberg 30. 1. 2008 NZA-RR 2008, 508; *Thüsing/Leder* BB 2004, 42.
[136] *J. Koch* RdA 2006, 28.
[137] Vgl. BAG 28. 6. 2006 AP zu § 74 HGB = NZA 2006, 1157.
[138] BAG 13. 7. 2005 AP 78 zu § 74 HGB.
[139] BAG 13. 9. 1969 AP 24 zu § 611 BGB Konkurrenzklausel.

diesem Fall erhält er die zugesagte Karenzentschädigung.[140] Hat er sich einmal für die Einhaltung des Wettbewerbsverbotes entschieden, kann der Arbeitgeber hinfort auch seine Einhaltung erzwingen. Dem Arbeitnehmer steht also das unter RN 49ff. beschriebene Wahlrecht zu.

53 **c)** Häufig verwendet das Gesetz die Ausdrucksweise, dass das Wettbewerbsverbot nur **„insoweit unverbindlich"** ist. In diesen Fällen kann bei übermäßiger Bindung des Arbeitnehmers das Verbot mit den vom Gesetz vorgesehenen Grenzen abgemildert und mit einem für den Arbeitnehmer tragbaren und zumutbaren Inhalt aufrechterhalten werden.[141] D.h. im Streitfalle braucht nur geprüft zu werden, ob die bestimmte vom Arbeitnehmer aufgenommene oder beabsichtigte Tätigkeit unterhalb oder oberhalb der zulässigen Verbotsschwelle liegt. Soweit sie in dem rechtswirksam zu vereinbarenden Verbotsbereich liegt, ist der Arbeitnehmer an das Verbot gebunden und zur Unterlassung verpflichtet. Soweit sie in das Übermaß des Verbots fällt, ist die Wettbewerbsvereinbarung unwirksam.[142] Rechtstechnisch bedeutet dies eine Abwandlung der in § 139 BGB aufgestellten Regelung.

54 **2. Karenzentschädigung.** Wenngleich das Gesetz in § 74 II HGB bei **fehlender Entschädigungszusage** nur von einer Unverbindlichkeit der Konkurrenzklausel spricht, so ist dieser Ausdruck hier dem Begriff der Nichtigkeit synonym. Der Arbeitnehmer braucht sich nicht an das Verbot zu halten und kann keine Entschädigung verlangen.[143] Ist dagegen die Karenzentschädigung in einer zu geringen Höhe[144] oder unter Bedingungen (vgl. RN 49ff.) zugesagt, so können die unter RN 51ff. dargestellten Rechtsfolgen eintreten. Der Arbeitnehmer kann sich also an das Verbot halten und die vereinbarte [nicht die gesetzliche] Entschädigung verlangen,[145] während andererseits der Arbeitgeber die Verbotseinhaltung nicht erzwingen kann (Ausnahme bei Bedingungen). Das BAG hat bislang stets eine Rechtsfortbildung abgelehnt, die den Arbeitnehmer berechtigt, die gesetzliche Karenzentschädigung zu verlangen.[146] Wegen der Zusage der Karenzentschädigung sollte zur Vermeidung der Unverbindlichkeit auf den Gesetzeswortlaut abgestellt werden (mindestens die Hälfte, der von dem Handlungsgehilfen zuletzt bezogenen vertragsmäßigen Leistungen).[147] Verweist eine vertragliche Wettbewerbsklausel für alle Einzelheiten der vereinbarten Regelung auf die maßgebenden Vorschriften des HGB, so liegt darin die Zusage einer Karenzentschädigung in der gesetzlichen Mindesthöhe.[148]

55 **3. Minderbesoldete.** Nichtig war ein Wettbewerbsverbot mit den sog. Minderbesoldeten (§ 74a II 1 HGB). Das Gesetz ist mit Wirkung vom 1. 1. 2002 aufgehoben.

56 **4. Minderjährige.** Unwirksam ist ein Wettbewerbsverbot mit Minderjährigen (§ 74a II 1 HGB); auch dann, wenn der gesetzliche Vertreter zustimmt.[149] Es bleibt auch unwirksam, wenn der Minderjährige später volljährig wird. Es ist demnach ausgeschlossen, ein **[suspensiv befristetes]** Verbot für die Zeit seiner Volljährigkeit zu vereinbaren. Es bedarf des Neuabschlusses in den Formen von § 74 HGB nach Eintritt der Volljährigkeit.

57 **5. Berufsausbildungsverhältnis.** Nichtig ist eine Wettbewerbsabrede, die mit einem Arbeitnehmer abgeschlossen wird, mit dem ein Berufsausbildungsverhältnis besteht (§ 12 I 1 BBiG). Mit den in Berufsausbildung stehenden Personen kann nur in den letzten sechs Monaten des Ausbildungsverhältnisses eine Wettbewerbsvereinbarung getroffen werden, wenn sich der Auszubildende verpflichtet, ein Arbeitsverhältnis auf unbestimmte Dauer mit dem Ausbildenden einzugehen (vgl. § 12 I 2 BBiG). Vgl. §§ 16, 174.

58 **6. Ehrenwort.** Nichtig ist eine Vereinbarung, deren Einhaltung sich der Arbeitgeber auf Ehrenwort oder unter ähnlichen Versicherungen (z.B. an Eides statt) versprechen lässt (§ 74a II 1

---

[140] BAG 2. 12. 1968 AP 3 zu § 74a HGB; 18. 11. 1967, 2. 8. 1971, 19. 1. 1978, 5. 10. 1982 AP 21, 27, 36, 42 zu § 74 HGB; 13. 9. 1969 AP 24 zu § 611 BGB Konkurrenzklausel.

[141] BAG 13. 9. 1969 AP 24 zu § 611 BGB Konkurrenzklausel; 2. 2. 1968 AP 22 zu § 74 HGB; für technische Angestellte: 20. 4. 1961, 16. 12. 1968 AP 8, 21 zu § 133f GewO.

[142] BAG 16. 12. 1968 AP 21 zu § 133f GewO.

[143] Vgl. BAG 12. 12. 1956 AP 1 zu § 74 HGB; 13. 9. 1963 AP 24 zu § 611 BGB Konkurrenzklausel; 3. 5. 1994 AP 65 zu § 74 HGB = NZA 95, 72; LAG Berlin 8. 5. 2003 juris PR-ArbR 20/2003 Anm. 6 *(Gravenhorst)*.

[144] Z.B. als Differenz zwischen altem und neuem Gehalt: LAG Hamm 17. 4. 1980 DB 80, 1125.

[145] BAG 19. 2. 1959, 5. 8. 1966 AP 10, 19 zu § 74 HGB; wegen der Analogie zu Abreden mit nichtkaufmännischen Arbeitnehmern 13. 9. 1963 AP 24 zu § 611 BGB Konkurrenzklausel.

[146] BAG 22. 5. 1990 AP 60 zu § 74 HGB = NZA 91, 263; LAG Baden-Württemberg 27. 1. 1997 LAGE § 74 HGB Nr. 16.

[147] LAG Düsseldorf 10. 12. 2002 NZA-RR 2003, 570.

[148] BAG 28. 6. 2006 AP 80 zu § 74 HGB = NZA 2006, 1157.

[149] BAG 20. 4. 1965 AP 1 zu § 90a HGB; auch LAG Berlin 28. 3. 1963 AP 1 zu § 113 BGB.

HGB). Dabei ist belanglos, ob derartige Versicherungen in die Urkunde aufgenommen, vom Arbeitgeber verlangt oder vom Arbeitnehmer freiwillig erteilt werden. Im letzteren Fall wird der Arbeitgeber eine derartige Versicherung unverzüglich zurückweisen müssen; ob sein bloßes Schweigen als ausreichende Zurückweisung anzusehen ist, muss nach den Umständen des Einzelfalles beurteilt werden.

7. Garantie Dritter. Nichtig ist eine Vereinbarung, durch die sich ein Dritter (gesetzlicher Vertreter, Ehefrau usw.) verpflichtet, auf den Arbeitnehmer einzuwirken, dass dieser keinen Wettbewerb betreibt (§ 74a II, III HGB). Hiermit soll einer Umgehung der Schutzvorschriften und eine Einflussnahme Dritter auf den Arbeitnehmer, gleichgültig, ob dieser zur Eingehung eines Wettbewerbsverbotes in der Lage ist, vorgebeugt werden. Zulässig ist dagegen, wenn sich der Dritte **neben** dem Arbeitnehmer zur Einhaltung des Wettbewerbsverbotes verpflichtet. **59**

8. Gute Sitten. Nichtig ist ein Wettbewerbsverbot, wenn es gegen die guten Sitten verstößt (§§ 74a III HGB, 138 BGB). Wegen der durch das BAG vorgenommenen analogen Anwendung der HGB-Bestimmungen auf nichtkaufmännische Angestellte und der Regelung in § 110 GewO wird es nur noch in begrenztem Umfange dazu kommen, dass Wettbewerbsabreden als sittenwidrig angesehen werden. Die Bestimmungen der §§ 74 II, 74a HGB sind gegenüber § 138 BGB lex specialis.[150] Eine Überprüfung der Wettbewerbsabreden an dem Maßstab der guten Sitten ist daher nur noch dann notwendig, wenn der Konkurrenzklausel aus anderen als den in §§ 74 II, 74a HGB genannten Gründen Makel anhaften; z. B. wenn sie wucherisch oder sonst knebelnd abgefasst sind.[151] Anders ist es bei Wettbewerbsverboten mit Organvertretern (Vorständen, Geschäftsführern). Sie werden vom HGB an § 138 BGB gemessen (RN 7, 15). **60**

9. Berechtigtes Interesse. Unverbindlich ist ein Wettbewerbsverbot, soweit es nicht dem Schutz eines berechtigten legitimen[152] geschäftlichen Interesses des Prinzipals dient (§ 74a I 1 HGB). Dieser nur für Handlungsgehilfen normierte Rechtssatz gilt für alle Arbeitnehmer (vgl. § 110 GewO).[153] Ein **berechtigtes Interesse** liegt dann vor, wenn der Arbeitgeber wegen der Tätigkeit des Arbeitnehmers Anlass hat, dessen Konkurrenz zu fürchten, oder wenn das Verbot die Weitergabe geschäftlicher Geheimnisse und den Einbruch in den Kunden- und Lieferantenstamm verhindern soll. Kein berechtigtes Interesse ist anzuerkennen, wenn es den Arbeitnehmer von **künftigen Kunden** fernhalten,[154] seinen **Arbeitsplatzwechsel** erschweren[155] oder jede **Stärkung der Konkurrenz** verhindern soll.[156] Ein berechtigtes Interesse fehlt ebenfalls, wenn der Arbeitnehmer auf einem Bereich beschränkt wird, auf dem er bei seinem früheren Arbeitgeber nicht gearbeitet hat.[157] Hiervon besteht dann eine Ausnahme, wenn der Arbeitnehmer in Entwicklungsländern tätig wird[158] oder zu den leitenden Angestellten gehört und Kenntnisse aus seiner früheren technischen Tätigkeit in einer späteren kaufmännischen verwerten kann, wie es bei einem Direktionsassistenten der Fall ist.[159] Entsprechend der Definition der Unverbindlichkeit (RN 51ff.) kann sich nur der Arbeitnehmer, nicht dagegen der Arbeitgeber auf das mangelnde geschäftliche Interesse berufen.[160] Ein übermäßiges Wettbewerbsverbot ist zu reduzieren. **61**

10. Unbillige Erschwerung des Fortkommens. a) Eine Wettbewerbsvereinbarung ist ferner **unverbindlich,** soweit sie unter Berücksichtigung der gewährten Entschädigung nach Ort, Zeit oder Gegenstand eine unbillige Erschwerung des Fortkommens des Arbeitnehmers enthält (§ 74a I 2 HGB). Es hat eine Abwägung der auferlegten Beschränkungen und der gewährten Entschädigung stattzufinden.[161] Eine unbillige Fortkommensbeschwer wird häufig vor- **62**

---

[150] BAG 13. 9. 1969 AP 24 zu § 611 BGB Konkurrenzklausel; 2. 2. 1968 AP 22 zu § 74 HGB.

[151] BAG 2. 2. 1968 AP 22 zu § 74 HGB.

[152] BAG 26. 9. 1963 AP 1 zu § 74a HGB.

[153] Vgl. BAG 24. 6. 1966, 2. 12. 1968 AP 2, 3 zu § 74a HGB; 28. 1. 1966 AP 18 zu § 74 HGB; 2. 12. 1966, 18. 2. 1967, 16. 12. 1968 AP 18, 19, 21 zu § 133f. GewO; 9. 9. 1963 AP 22 zu § 611 BGB Konkurrenzklausel; 1. 8. 1995 AP 5 zu § 74a HGB = NZA 96, 310.

[154] Vgl. BAG 21. 3. 1964 AP 15 zu § 133f GewO; 1. 8. 1995 AP 5 zu § 74a HGB = NZA 96, 310; Hess. LAG 10. 2. 1997 LAGE § 74a HGB Nr. 1.

[155] BAG 16. 12. 1968 AP 21 zu § 133f GewO; 1. 8. 1995 AP 5 zu § 74a HGB = NZA 96, 310; auch 22. 11. 1965 AP 1 zu § 611 BGB Abwerbung; LAG Erfurt 11. 6. 2001 ZIP 2002, 587.

[156] BAG 1. 8. 1995 AP 5 zu § 74a HGB = NZA 96, 310.

[157] BAG 2. 12. 1966 AP 18 zu § 133f GewO; für eine allgemeine Konkurrenzklausel wird es daher i. d. R. an einem berechtigten Interesse fehlen.

[158] BAG 5. 12. 1966 AP 1 zu § 75b HGB.

[159] BAG 16. 12. 1968 AP 21 zu § 133f GewO.

[160] BAG 2. 12. 1968 AP 3 zu § 74a HGB.

[161] BAG 18. 2. 1967 AP 19 zu § 133f GewO.

liegen, wenn dem Arbeitnehmer in ganz Deutschland die Ausübung seines Berufes unmöglich gemacht, bei Spitzenkräften eine Auswanderung in den nichtdeutschen Sprachraum erzwungen wird oder – etwa im Chemiebereich – jede Beschäftigung in Konkurrenzunternehmen verboten ist, obwohl den Interessen des Arbeitgebers ausreichend Rechnung getragen ist, wenn nur eine der früheren Tätigkeit entsprechende Beschäftigung untersagt wird.[162] Ob ein für die Altbundesländer abgeschlossenes Wettbewerbsverbot auch in den neuen Bundesländern gelten soll, muss durch Auslegung ermittelt und alsdann hinsichtlich des Interesses überprüft werden.[163]

63 **b)** In **zeitlicher Hinsicht** kann eine Beschränkung bis zur Höchstdauer von zwei Jahren[164] stattfinden.[165] Wird die Frist überschritten, kann das Wettbewerbsverbot auf die zutreffende Dauer zurückgeführt werden.[166] Die Frist läuft von der **rechtlichen Beendigung** des Arbeitsvertrages. Dies gilt auch dann, wenn der Arbeitnehmer auf Grund des Beschäftigungsanspruchs (§ 110) weiterbeschäftigt worden ist. Hat der Arbeitnehmer zu Unrecht außerordentlich gekündigt, so folgt die Verpflichtung zur Unterlassung von Wettbewerb für Handlungsgehilfen bis zur rechtlichen Beendigung aus § 60 HGB, für sonstige Arbeitnehmer aus der Treuepflicht.[167] Hat der Arbeitgeber zu Unrecht fristlos gekündigt, beginnt die Frist mit der tatsächlichen Beendigung, da der Arbeitgeber aus seinem Vertragsbruch keine Vorteile ziehen darf, es sei denn, dass der Arbeitnehmer den Arbeitgeber am Vertrage festhält.[168] Hat er berechtigt fristlos gekündigt, so beginnt die Frist sofort, indes kann er Schadensersatzansprüche nach § 628 BGB haben.[169] Die Zweijahresfrist kann nur ausgenutzt werden, wenn hieran ein berechtigtes Interesse besteht. Bei der zurzeit herrschenden Innovation technischer Errungenschaften wird vielfach eine kürzere Frist zu einem ausreichenden Schutz des Arbeitgebers führen. Überschreitet die Wettbewerbsabrede die Grenze der Billigkeit, ist der Arbeitnehmer insoweit nicht daran gebunden. Er kann sich aber auf die längere Frist berufen.[170] Er kann auf Feststellung zur Berechtigung der Aufnahme einer bestimmten Tätigkeit klagen.

63a **11. Fortbestand der Rechtsgrundsätze.** Die vorstehenden Rechtsgrundsätze gelten auch nach Inkrafttreten des Schuldrechtsreformgesetzes. Eine geltungserhaltende Reduktion ist noch möglich, da das HGB Spezialregelungen enthält, die vorgehen.[171]

IV. Verpflichtung des Arbeitnehmers zur Wettbewerbsenthaltung

64 **1. Umfang der Unterlassungsverpflichtung. a)** Der Umfang der Verpflichtung des Arbeitnehmers zur Wettbewerbsenthaltung ergibt sich aus den zulässig getroffenen Vereinbarungen.[172] Diese sind nach §§ 133, 157 BGB auszulegen. Grundsätzlich kann dem Arbeitnehmer eine **selbstständige**[173] und/oder eine **abhängige gewerbliche Tätigkeit** untersagt werden. Dabei ist es sowohl zulässig, dem Arbeitnehmer jegliche Tätigkeit in einem Konkurrenzunternehmen zu verbieten als auch nur eine solche, die der früheren Tätigkeit entspricht (vgl. RN 22ff., RN 49). Jedoch muss der Umfang der Wettbewerbsverpflichtung eindeutig bestimmbar sein.[174] Wird ein Wettbewerbsverbot mit einem Arbeitnehmer auf bestimmte Erzeugnisse oder Produktionszweige beschränkt, so ist das i. d. R. dahin zu verstehen, dass dem Arbeitnehmer die Betätigung in einem Konkurrenzunternehmen nur insoweit verwehrt ist, wie er dort mit der Herstellung oder dem Vertrieb der geschützten Artikel befasst ist.[175] Verboten ist dem Arbeitnehmer alsdann die Aufnahme der Tätigkeit in einem Konkurrenzunternehmen wie auch die Aufrechterhaltung der Beschäftigung, wenn der neue Arbeitgeber später eine Konkur-

---

162 Vgl. insoweit auch den Manteltarifvertrag für akademisch gebildete Angestellte in der chemischen Industrie i. d. F. v. 2. 5. 2000.

163 LAG Berlin 23. 6. 1991 NZA 91, 674.

164 Bei tariflicher Verlängerung vgl. RN 11. In der Schweiz 3 Jahre (Art. 340 a).

165 Für nichtkaufmännische Angestellte: BAG 2. 12. 1966 AP 18 zu § 133 f GewO; 13. 9. 1969 AP 24 zu § 611 BGB Konkurrenzklausel.

166 LAG Düsseldorf 4. 3. 1997 NZA-RR 98, 58.

167 BAG 17. 10. 1969 AP 7 zu § 611 BGB Treuepflicht.

168 BGH 12. 3. 2003 NJW-RR 2003, 981 = EzA 2 zu § 89 a HGB m. Anm. *Gravenhorst.*

169 BAG 9. 5 1975 AP 8 zu § 628 BGB.

170 LAG Düsseldorf 4. 3. 1997 NZA-RR 98, 58.

171 LAG Hamm 14. 4. 2003 NZA-RR 2003, 513.

172 Zur Auslegung von Wettbewerbsabreden vgl. BAG 20. 10. 1960 AP 16 zu § 74 HGB.

173 Vgl. BAG 30. 1. 1970 AP 24 zu § 133 f GewO.

174 BAG 5. 9. 1995 AP 67 zu § 74 HGB = NZA 96, 700; zweifelhaft LAG Düsseldorf 28. 8. 1996 AP 15 zu § 74 HGB.

175 BAG 30. 4. 1965 AP 17 zu § 133 f GewO.

renztätigkeit aufnimmt. In einigen Tarifverträgen ist nur ein **partielles Wettbewerbsverbot** vorgesehen,[176] ein darüber hinausgehendes ist unwirksam. Aber auch bei Bestand eines nur partiellen Wettbewerbsverbotes muss in dem Konkurrenzunternehmen eine derartige räumliche, personelle und sachliche Trennung der Aufgabengebiete gewährleistet sein, dass das bestehende Verbot nicht umgangen wird, auch nicht in den sog. Kaffeegesprächen.[177] Bloße Beweisschwierigkeiten rechtfertigen aber nicht eine ergänzende Vertragsauslegung in ein allgemeines Wettbewerbsverbot.

b) Ist dem Arbeitnehmer eine **selbstständige** und abhängige[178] gewerbliche Tätigkeit untersagt, so sind ihm **gelegentliche,** einzelne Konkurrenzgeschäfte sowie deren Vorbereitung erlaubt. In diesen Fällen kommt es aber auf die Umstände des Einzelfalles an, insbesondere auf die Größenordnung des Geschäftes und die Gefährdung der Arbeitgeberinteressen. Verboten sind gleichfalls nur solche Geschäfte, die sich im **Geschäftsbild** des Arbeitgebers bewegen; bei Verbot einer Großhandelstätigkeit ist eine Einzelhandelstätigkeit erlaubt. Nicht verboten ist das Geschäftemachen mit dem Arbeitgeber.[179] Ist dem Arbeitnehmer nur eine abhängige Tätigkeit untersagt, so wird er im Allgemeinen sich **selbstständig** machen und Konkurrenz treiben dürfen.[180] **65**

c) Das Wettbewerbsverbot kann **räumlich** für einen bestimmten Bezirk oder, bei bestehendem Interesse, auch für die ganze BRD abgeschlossen werden. Ist es für die Altbundesländer abgeschlossen, kann sich im Wege der Auslegung ergeben, dass es nach dem Beitritt auch in den neuen Bundesländern gilt.[181] Rspr. im Rahmen der EU ist nicht bekannt. Hat sich der Arbeitnehmer verpflichtet, an **demselben Ort** kein Konkurrenzgeschäft zu betreiben, so darf er auswärts ein solches gründen und in den Verbotsraum liefern, es sei denn, dass die auswärtige Gründung nur der Verbotsumgehung dient. **66**

d) Ist dem Arbeitnehmer der **Eintritt in ein Konkurrenzunternehmen** untersagt, so darf er kein eigenes gründen; ist ihm jede direkte oder indirekte Beteiligung an einem Konkurrenzunternehmen verboten, so darf er weder selbstständig noch unselbstständig in dieses eintreten. Überhaupt sind alle Umgehungsgeschäfte verboten, z. B. wenn er seine Ehefrau vorschiebt oder einem sonstigen Dritten das Kapital zur Unternehmensgründung zur Verfügung stellt. **67**

2. Rechtsbehelfe des Arbeitgebers bei Verstoß. a) Verstößt der Arbeitnehmer gegen die ihm auferlegte Wettbewerbsbeschränkung, so kann der Arbeitgeber **Erfüllung verlangen;** der Erfüllungsanspruch kann durch **Klage auf Unterlassung** der Wettbewerbstätigkeit oder durch eine einstweilige Verfügung[182] geltend gemacht werden. Der Arbeitgeber kann ferner Ersatz des Schadens begehren, der ihm aus der verbotenen Wettbewerbstätigkeit erwächst. Die Vollstreckung der Unterlassungsverpflichtung erfolgt nach § 890 ZPO. Sie setzt die genaue Bezeichnung der zu unterlassenden Handlung voraus.[183] Ist ein Arbeitnehmer zur Wettbewerbsenthaltung verurteilt worden, so ist die Einstellung der Zwangsvollstreckung in den Rechtsmittelinstanzen nur geboten, wenn das Rechtsmittel hinreichende Aussicht auf Erfolg bietet.[184] Eine Einstellung findet nicht statt, wenn das Rechtsmittelgericht nicht vor Ablauf der Verbotsfrist entscheidet; etwas anderes gilt nur dann, wenn schon eine kursorische Prüfung ergibt, dass die Verurteilung zu Unrecht erfolgte.[185] Der Streitwert eines Antrags auf Unterlassung von Wettbewerb richtet sich nach dem Umfang des zu erwartenden Schadens durch den Wettbewerber. Der Schaden kann höher oder niedriger als die Karenzentschädigung sein.[186] **68**

b) Ein Rechtsmittel wird nicht deshalb unzulässig, weil während des Rechtsmittelzuges die Verbotsfrist abläuft. Für die **Zulässigkeit eines Rechtsmittels** ist der Zeitpunkt der Einlegung maßgebend.[187] Ist vor rechtskräftiger Entscheidung des Gerichtes die Verbotsfrist abgelaufen, so **69**

---

[176] Vgl. den MTV für die akademisch gebildeten Angestellten in der chemischen Industrie i. d. F. v. 2. 5. 2000.

[177] BAG 30. 1. 1970 AP 24 zu § 133 f GewO.

[178] Zu bloßem Verbot der abhängigen Tätigkeit: LAG Hamburg BB 69, 362.

[179] BAG 3. 5. 1983 AP 10 zu § 60 HGB.

[180] OLG Frankfurt 6. 12. 1972 DB 73, 139.

[181] LAG Berlin 23. 6. 1991 NZA 91, 674.

[182] LAG Mannheim 7. 9. 1967 BB 67, 1426.

[183] OLG Hamm 22. 8. 1979 NJW 80, 1289.

[184] BAG 6. 1. 1971 AP 3 zu § 719 ZPO.

[185] BAG 22. 6. 1972 AP 4 zu § 719 ZPO.

[186] LAG Nürnberg 25. 6. 1999 BB 99, 1929 = FA 2000, 195.

[187] BAG 12. 12. 1956 AP 1 zu § 91 a ZPO.

ist regelmäßig die Hauptsache erledigt (§ 91a ZPO). Bei einseitiger Erledigungserklärung ist, ohne dass es eines berechtigten Interesses des widersprechenden Beklagten bedarf, die Klage abzuweisen, wenn sie im Zeitpunkt des erledigenden Ereignisses nicht mehr zulässig oder begründet war.[188] Der Arbeitgeber kann auch noch in der Revisionsinstanz die Unterlassungsklage in eine Feststellungsklage ändern, wenn er hieran ein rechtliches Interesse hat.[189] Dies gilt vor allem dann, wenn der Arbeitgeber bereits ein nicht rechtskräftiges Unterlassungsurteil erstritten und aus ihm die Zwangsvollstreckung eingeleitet hatte.[190] Nach einer Mindermeinung ist eine Bestrafung nach § 890 ZPO auch noch möglich, wenn der Titel wegen Erledigung der Hauptsache aufgehoben worden ist, sofern noch vorher ein Verstoß vorgekommen ist.[191] In jedem Fall setzt eine Bestrafung nach § 890 ZPO Verschulden voraus.[192]

70 Hat ein Angestellter geltend gemacht, dass ein Wettbewerbsverbot unverbindlich ist, sich aber auf Verlangen des Arbeitgebers an das Wettbewerbsverbot gehalten, so kann der Arbeitgeber keine Rückzahlung der gezahlten **Karenzentschädigung** verlangen, wenn sich später die Unverbindlichkeit des Wettbewerbsverbots herausstellt.[193]

71 **3. Rechte aus § 320 BGB.** Solange der Arbeitnehmer gegen das Wettbewerbsverbot verstößt, kann der Arbeitgeber dem Anspruch des Arbeitnehmers auf Karenzentschädigung die Einrede des nicht erfüllten Vertrages entgegensetzen (§ 320 BGB); im Falle des verschuldeten Verstoßes geht der Anspruch auf Karenzentschädigung für die Dauer des Verstoßes unter. Der Arbeitgeber kann mit Schadensersatzansprüchen aufrechnen (§ 280 BGB).[194] Er kann aber auch gem. § 326 BGB vom Vertrage zurücktreten und sich damit von der weiteren Zahlung der Karenzentschädigung befreien. Bereits überzahlte Karenzentschädigungen sind nach § 346 bis § 348 BGB zurückzugewähren (§ 346 IV BGB).[195] Statt des Rücktrittsrechts kann der Arbeitgeber aber auch Schadensersatz statt der Leistung verlangen. Kehrt der Arbeitnehmer wieder zur Vertragstreue zurück, erwächst der Entschädigungsanspruch erneut, wenn nicht der Arbeitgeber zuvor zurückgetreten ist.[196] Vgl. RN 37ff.

72 **4. Auskunftsanspruch.** Der Arbeitgeber hat über die Konkurrenztätigkeit einen Auskunftsanspruch (RN 86). Wegen des Anspruches auf Vertragsstrafe unter RN 105.

V. Verpflichtung des Arbeitgebers zur Zahlung der Karenzentschädigung

73 **1. Verpflichtung zur Zahlung einer Karenzentschädigung.** Nach § 74 II HGB ist das Wettbewerbsverbot mit allen Gruppen von Arbeitnehmern (§ 110 GewO)[197] nur verbindlich, wenn der Arbeitgeber sich während der Verbotsdauer verpflichtet, für jedes Jahr des Verbotes mindestens die Hälfte der von dem Arbeitnehmer zuletzt bezogenen vertraglichen Leistungen zu erbringen.[198] Unzureichend ist eine Zusage auf die Hälfte der monatlich zuletzt erhaltenen Bezüge.[199] Verweist ein vertragliches Wettbewerbsverbot für alle Einzelheiten der vereinbarten Regelung auf die maßgeblichen Vorschriften des Handelsgesetzbuches, so liegt darin im Zweifel eine Zusage der Karenzentschädigung in der gesetzlichen Mindesthöhe.[200] Die Zahlungsverpflichtung ist die Gegenleistung für die vom Arbeitnehmer übernommene Unterlassungspflicht. Sie ist in den schriftlichen Vertrag aufzunehmen, ausreichend ist die Bezugnahme auf §§ 74, 74c HGB.[201] Die Zahlungspflicht obliegt dem Arbeitgeber. Zureichend ist die Zahlungsverpflich-

---

[188] BAG 5. 9. 1995 AP 67 zu § 75 HGB = NZA 96, 700.

[189] BAG 23. 11. 1966 AP 1 zu § 268 ZPO = NJW 67, 1376; 19. 5. 1967 AP 20 zu § 133f GewO = BB 67, 1168; 2. 2. 1968 AP 22 zu § 74 HGB; 6. 12. 1968, 5. 12. 1969 AP 8, 10 zu § 75b HGB.

[190] Vgl. BAG 23. 10 1965 AP 8 zu § 554a ZPO; OLG Hamm 28. 2. 1979 NJW 80, 1399 *(Lindacher); Zieres* NJW 72, 751.

[191] OLG Frankfurt 25. 11. 1976 NJW 77, 1204.

[192] BVerfG 25. 10. 1966 NJW 67, 195; 14. 7. 1981 NJW 81, 2457.

[193] BAG 24. 4. 1980 AP 37 zu § 74 HGB.

[194] BAG 20. 10. 1960, 5. 8. 1968 AP 16, 24 zu § 74 HGB; 19. 1. 1956 AP 1 zu § 75a HGB.

[195] Hierzu BAG 20. 10. 1960, 5. 8. 1966, 5. 8. 1968 AP 16, 19, 24 zu § 74 HGB.

[196] BAG 10. 9. 1985 AP 49 zu § 74 HGB = NZA 86, 134.

[197] BAG 13. 9. 1969 AP 24 zu § 611 BGB Konkurrenzklausel; zur entspr. Anwendung auf Geschäftsführer: LG Köln 1. 10. 1975 AP 2 zu § 37 GmbHG m. Anm. *Lepke.*

[198] BAG 5. 9. 1995 AP 67 zu § 74 HGB = NZA 96, 700; OLG Stuttgart 14. 8. 1970 BB 70, 1176 will diesen Grundsatz auch dann analog anwenden, wenn eine Brauerei mit den Angestellten des Verlegers ein Wettbewerbsverbot schließt.

[199] Hess. LAG 10. 2. 1997 LAGE § 74a HGB Nr. 1.

[200] BAG 28. 6. 2006 AP 80 zu § 74 HGB = NZA 2006, 1157.

[201] BAG 14. 8. 1975 AP 35 zu § 74 HGB.

tung des Konzerns, zu dem der Arbeitgeber gehört, nicht jedoch die eines sonstigen Dritten. Dieser kann sich nur neben dem Arbeitgeber als Gesamtschuldner oder Bürge verpflichten. Veräußert der Arbeitgeber sein Unternehmen, so tritt der Erwerber in die Verpflichtung ein (vgl. § 613a BGB; oben RN 31ff.). Die Aufrechterhaltung einer Versorgungsanwartschaft ersetzt nicht die Verpflichtung zur Zahlung einer Karenzentschädigung.[202]

2. Umfang der Karenzentschädigung. a) Die zuzusagende und zu zahlende Entschädigung muss für die Dauer des Verbotes **mindestens die Hälfte der vom Arbeitgeber zuletzt bezogenen vertragsmäßigen Leistungen** erreichen (§ 74 II HGB).[203] Dabei scheidet im Allgemeinen aus, dass der Arbeitgeber bereits während des Arbeitsverhältnisses die laufende Zahlung von Teilbeträgen für die Übernahme des Wettbewerbsverbotes übernimmt.[204] Vielmehr sind die zuletzt gezahlten Monats-, Wochen- oder Tagesbezüge durch Multiplikation mit 12, 52, 365 auf Jahresbezüge umzurechnen. Diesem Betrage sind die unter 3 genannten Bezüge hinzuzurechnen. Alsdann ist die Entschädigung monatlich zu je $^{1}/_{12}$ auszuzahlen.[205] Wechselnde oder nicht monatlich fällig werdende Bezüge sind nach dem Durchschnitt der Letzten drei Jahre in Ansatz zu bringen (§ 74 II 1 HGB). 74

b) Die Karenzentschädigung ist wie das Gehalt am Schluss eines jeden Monats (nicht Kalendermonats) seit Beendigung des Arbeitsverhältnisses **fällig;** dies auch dann, wenn sie für das ganze Jahr vereinbart ist (§ 74b I HGB). Die Vereinbarung längerer Zahlungsfristen ist unwirksam; wohl können kürzere Zahlungsziele vereinbart werden. Im Allgemeinen wird auch eine Zahlung für die ganze Dauer des Wettbewerbsverbotes im Voraus zulässig sein,[206] z.B. wenn sich der Arbeitnehmer selbstständig machen will. Eine Abzinsung ist kaum möglich. Die Karenzentschädigung unterliegt der kurzen **Verjährungsfrist** (§ 195 BGB).[207] In der Insolvenz sind Entschädigungsansprüche Insolvenzforderungen (§ 38 InsO) (vgl. § 93). Sie ist am Ort der Niederlassung des Arbeitgebers zu erfüllen (§ 269 BGB). Einer **tariflichen Verfallfrist** unterliegen je nach Formulierung der Verfallklausel nur die monatlich fällig werdenden Ansprüche, nicht aber das Stammrecht.[208] Eine Verfallklausel für alle beiderseitigen Ansprüche aus dem Arbeitsverhältnis und solchen, die mit dem Arbeitsverhältnis in Verbindung stehen, erfasst auch die monatlich fällig werdenden Ansprüche auf Karenzentschädigung.[209] Die Verfallfrist beginnt mit der Fälligkeit der Ansprüche i.d.R. auch dann, wenn nach dem Tarifvertrag ansonsten die Verfallfrist mit der Beendigung des Arbeitsverhältnisses zu laufen beginnt.[210] Nach Beendigung des Arbeitsverhältnisses kann der Arbeitnehmer durch Ausgleichsquittung die Karenzentschädigung erlassen.[211] Zweifelhaft dagegen bei Beendigung. Eine Ausgleichsquittung, die mit der Feststellung endet, dass dem Arbeitnehmer keine weiteren Ansprüche aus dem Arbeitsverhältnis sowie dessen Beendigung zustehen, enthält im Zweifel keinen Verzicht aus dem vertraglichen Wettbewerbsverbot.[212] Etwas anderes gilt, wenn eine derartige Ausgleichsklausel in einem gerichtlichen oder außergerichtlichen Vergleich enthalten ist.[213] 75

3. Berücksichtigung sämtlicher Bezüge. Im Rahmen der **Berechnung der Karenzentschädigung** sind sämtliche Einkommensbestandteile zu berücksichtigen, also auch [widerrufba- 76

---

[202] BAG 26. 2. 1976 EzA 50 zu § 242 BGB Ruhegeld.

[203] Das Wettbewerbsverbot bleibt unverbindlich, wenn der Arbeitgeber sich erst später bereit erklärt, die gesetzliche Karenzentschädigung zu zahlen (BAG 5. 8. 1966 AP 19 zu § 74 HGB).

[204] BAG 14. 7. 1981 AP 38 zu § 74 HGB.

[205] Außer Betracht bleiben noch nicht fällig gewordene Leistungsvergütungen (BAG 20. 4. 1967 AP 20 zu § 74 HGB); diese kann der Arbeitnehmer i.d.R. ungeschmälert nach seinem Ausscheiden begehren.

[206] Vgl. BAG 18. 2. 1967 AP 19 zu § 133f GewO (die Entschädigung wird jedoch nicht mehr unter der gesetzlichen Mindestentschädigung liegen dürfen; ob eine Abzinsung zulässig ist, erscheint zweifelhaft). Vgl. LAG Düsseldorf 19. 2. 1976 DB 76, 1113.

[207] BAG 3. 4. 1984 AP 44 zu § 74 HGB = NZA 84, 354.

[208] Vgl. BAG 18. 12. 1984 AP 87 zu § 4 TVG Ausschlussfristen = NZA 85, 219; 17. 6. 1997 AP 2 zu § 74b HGB = NZA 98, 258; 22. 6. 2005 AP 183 zu § 4 TVG Ausschlussfristen.

[209] BAG 17. 6. 1997 AP 2 zu § 74b HGB = NZA 98, 258.

[210] BAG 18. 1. 1969 AP 41 zu § 4 TVG Ausschlussfristen; 18. 12. 1984 AP 87 zu § 4 TVG Ausschlussfristen = NZA 85, 219; 24. 4. 1970 AP 25 zu § 74 HGB.

[211] Einschränkend BAG 7. 9. 2004 AP 11 zu § 75 HGB = NZA 2005, 1376; LAG Düsseldorf DB 74, 1915.

[212] BAG 20. 10. 1981 AP 39 zu § 74 HGB; 31. 7. 2002 AP 74 zu § 74 HGB = NZA 2003, 100; vgl. BAG 7. 9. 2004 AP 11 zu § 75 HGB = NZA 2005, 1376 = juris PR-ArbR 19/2005 *(Gravenhorst)*.

[213] BAG 31. 7. 2002 AP 74 zu § 74 HGB = NZA 2003, 100; 31. 7. 2002 AP 48 zu § 611 BGB Konkurrenzklausel.

re] Leistungszulagen,[214] Provisionen, 13. Gehalt,[215] Gratifikationen,[216] auch wenn ein Rechtsanspruch nicht besteht,[217] Naturalleistungen, Dienstwagen, feste Reisespesen, es sei denn, dass sie reiner Unkostenersatz[218] sind. Mit welchem Betrag die Nutzung des Dienstwagens zu berücksichtigen ist, ist umstritten. Es werden vertreten die Tabellen von *Sanden/Danner/Küppersbusch,* die Kostentabellen des ADAC sowie der Kostenvorteil nach dem Lohnsteuerrecht. Provisionen und wechselnde Bezüge, d.h. solche, die von wechselnden äußeren Umständen abhängen,[219] sind nach dem Durchschnitt der letzten drei Jahre, bzw. bei kürzerem Bestand des Arbeitsverhältnisses nach dem Zeitraum seines Bestandes zu berechnen (§ 74b II HGB). Zu berücksichtigen sind im Zeitpunkt der rechtlichen Beendigung des Arbeitsverhältnisses noch nicht fällige Provisionen, Tantiemen oder sonstige Gewinnbeteiligungen; es kommt nicht darauf an, wann der Anspruch fällig geworden ist oder tatsächlich ausgezahlt wird.[220] Nicht zu den vertragsmäßigen Bezügen gehören der Krankenversicherungszuschuss nach § 205 SGB V (früher: § 405 RVO) und die freiwillig vom Arbeitgeber ausgezahlten Beiträge einer ersetzenden Lebensversicherung (vgl. früher § 1 AnVNG).[221] Unberücksichtigt bleiben auch Vergütungen für freie oder gebundene Arbeitnehmererfindungen (§ 114), da diese Vergütungen für die Sonderleistung im Arbeitsverhältnis, nicht dagegen für die Arbeitsleistung gewährt werden.[222] Anders ist es dagegen, wenn das Gehalt erhöht wird, weil alsbald mit einer Abfindung gerechnet wird oder die Kreativität des Arbeitnehmers honoriert werden soll. Leistungen der betrieblichen Altersversorgung werden wegen der erbrachten Betriebstreue im Ganzen gezahlt. Sie bleiben unberücksichtigt, da sie erst im Ruhestand fällig werden. Dies gilt auch bei Direktversicherungen und Pensionskassenleistungen, auch wenn die Beiträge bereits während der aktiven Dienstzeit versteuert werden müssen. Dagegen sind Leistungen von Gehaltsumwandlungsversicherungen bei der Berechnung zu berücksichtigen. Es wird als ausreichend angesehen, wenn sich der Arbeitgeber verpflichtet, die nach dem Gesetz zu zahlende Mindestentschädigung zu zahlen. Unterschreitet die zugesagte Karenzentschädigung diese Mindesthöhe, so ist die Wettbewerbsabrede unverbindlich. Da die Höhe der Karenzentschädigung von der Vergütung in einem früheren Bezugszeitraum abhängt, bleiben Tariferhöhungen unberücksichtigt. Umgekehrt wirken sich gestiegene Lebenshaltungskosten und Tariferhöhungen bei der Anrechnung des Zwischenverdienstes aus. Gleichwohl wird zurzeit eine Anpassung der Karenzentschädigung noch nicht in Betracht kommen.[223]

77 **4. Anrechnung anderweitigen Verdienstes. a)** Auf die Karenzentschädigung müssen sich auch ohne besondere Vereinbarung[224] Handlungsgehilfen wie nichtkaufmännische Arbeitnehmer[225] anrechnen lassen, was sie durch **anderweitige Verwertung ihrer Arbeitskraft** erwerben oder zu erwerben böswillig unterlassen (§ 74c I 1 HGB). Dagegen ist § 74c HGB auf den Anspruch des Geschäftsführers einer GmbH auf Zahlung einer Karenzentschädigung für ein nachvertragliches Wettbewerbsverbot nicht entsprechend anzuwenden.[226] Anzurechnen ist alles, was auch bei der Berechnung der Karenzentschädigung (RN 76) zu berücksichtigen ist.[227] Die Unterlassung anderweitigen Erwerbs ist **böswillig,** wenn der Arbeitnehmer in Kenntnis der objektiven Umstände, also der Arbeitsmöglichkeit, Zumutbarkeit der Arbeit und Nachteilsfolge für den Arbeitgeber, vorsätzlich untätig bleibt oder gegen eine zu geringe Vergütung arbeitet.[228] Jedoch ist ihm unbenommen, während des Verbotszeitraumes noch eine weitere oder zusätzli-

---

[214] BAG 5. 8. 1966 AP 19 zu § 74 HGB; 21. 1. 1972 AP 30 a. a. O. m. Anm. *Thiele* und *Weschenfelder.*

[215] BAG 18. 10. 1976 AP 1 zu § 74b HGB.

[216] Zu Sondervergütungen: BAG 21. 12. 1972 AP 30 zu § 74 HGB; zu anteiligem 13. Gehalt: BAG 18. 10. 1976 AP 1 zu § 74b HGB.

[217] BAG 16. 11. 1973 AP 34 zu § 74 HGB; 18. 10. 1976 AP 1 zu § 74b HGB; unter Aufgabe früherer Rspr.; BAG 16. 5. 1969 AP 23 zu § 133f GewO.

[218] BAG 3. 4. 1984 AP 44 zu § 74 HGB = NZA 84, 354.

[219] BAG 5. 8. 1966 AP 19 zu § 74 HGB.

[220] BAG 9. 1. 1990 AP 59 zu § 74 HGB = NZA 90, 519; die frühere Rspr. ist aufgegeben: BAG 20. 4. 1967 AP 20 zu § 74 HGB.

[221] BAG 21. 7. 1981 AP 40 zu § 74 HGB.

[222] Ebenso *Bengelsdorf* DB 89, 1024.

[223] Vgl. ArbG Lübeck 6. 5. 1976 BB 76, 1320.

[224] BAG 21. 3. 1974 AP 3 zu § 74c HGB m. teilw. krit. Anm. *Reuter.*

[225] Zur analogen Anwendung auf technische Angestellte: BAG 16. 5. 1969 AP 23 zu § 133f. GewO.

[226] BGH 28. 4. 2008 ZIP 2008, 1379 = WM 2008, 1226.

[227] BAG 16. 11. 1973 AP 34 zu § 74 HGB; 9. 1. 1990 AP 59 zu § 74 HGB = NZA 90, 519.

[228] BAG 23. 1. 1967 AP 1 zu § 74c HGB; 18. 10. 1958, 18. 6. 1965 AP 1, 2 zu § 615 BGB Böswilligkeit; 18. 1. 1963 AP 22 zu § 615 BGB; LAG Düsseldorf 19. 8. 1968 BB 68, 1427.

che – gering besoldete – **Ausbildung** oder ein Studium durchzuführen,[229] sofern es vernünftigem Ermessen entspricht. Grundsätzlich nicht zu beanstanden ist auch, wenn der Arbeitnehmer[230] sich selbstständig macht, auch wenn er als Arbeitnehmer mehr verdient hätte oder eine Weiterbeschäftigung bei seinem bisherigen Arbeitnehmer nach Erreichen der vorgezogenen Altersgrenze ablehnt.[231] Sein Verhalten muss nur den Redlichkeitsmaßstäben genügen.[232] Im Allgemeinen kann eine berufsfremde Betätigung nicht verlangt werden.[233]

b) Anzurechnen ist **jedes anderweitige Einkommen**[234] aus selbstständiger Tätigkeit. Die Ermittlung von Einkünften aus unselbstständiger Tätigkeit bereitet im Allgemeinen keine Schwierigkeiten. Anzurechnen sind sämtliche Vergütungsbestandteile, die auch bei der Ermittlung der Höhe der Karenzentschädigung berücksichtigt werden. Auf das Jahr oder einen sonst längeren Zeitraum bezogene anrechnungsfähige Vergütungsteile sind je Monat, für den sie gezahlt werden, anteilig anzurechnen.[235] Von der Anrechnung ausgenommen sind solche Einkünfte, die der Arbeitnehmer sich auch während des Bestandes des Arbeitsverhältnisses beschafft hat oder hätte beschaffen können[236] oder Zinsgewinn aus Kapitaleinlagen.[237] **78**

Schwierigkeiten bereitet die Anrechnung von Einkünften aus **selbstständiger Tätigkeit.**[238] Wird in einem Gesellschaftsvertrag zugunsten des früheren Arbeitnehmers ein bestimmter Betrag für den Einsatz der Arbeitskraft ausgeworfen (Geschäftsführergehalt),[239] so ist nur dieses anzurechnen. Etwas anderes kann dann gelten, wenn das Gehalt unangemessen niedrig festgesetzt ist. In diesen Fällen kann ein böswilliges Unterlassen anderweitigen Einkommens gegeben sein. Ist dagegen kein Betrag für die Abgeltung der Arbeitskraft des früheren Arbeitnehmers ausgeworfen, so ist die Berechnung der anzurechnenden Einkünfte umstr. Teilweise wird vertreten, dass der Bruttogewinn unter Abzug der Geschäftsunkosten anzurechnen ist, also das steuerpflichtige Einkommen des Unternehmers.[240] Dieser Meinung, die auch der Rspr. des BAG zugrunde liegen mag, kann nicht gefolgt werden. Das Unternehmensergebnis wird auch durch den Kapitaleinsatz, Erfindungen usw. beeinflusst, woran der Arbeitgeber nicht partizipieren kann. Der anzurechnende Verdienst wird mithin in entspr. Anwendung der Methoden ermittelt werden, die im Steuerrecht zur Bewertung der Leistung des Unternehmers für das Unternehmen verwandt werden. Der anrechnungsfähige Gewinn kann jedoch nicht über den Unternehmensgewinn hinausgehen. Ein etwaiges Minuseinkommen des Unternehmens kommt auch dem Unternehmer zugute. Anders als bei der Anrechnung von Einkommen aus unselbstständiger Arbeit ist bei der Anrechnung von Einkünften aus selbstständiger Tätigkeit auf das Jahr abzustellen. **79**

c) Besondere Schwierigkeiten bereitet die Berechnung der Karenzentschädigung, wenn Sachleistungen berücksichtigt werden müssen. Grundsätzlich sind **Sachleistungen** als geldwerte Leistungen bei der Berechnung der Karenzentschädigung zu berücksichtigen. Bei der Überlassung von Dienstwagen wird vertreten, dass auf die Tabelle von *Sanden/Danner/Küppersbusch,*[241] die Tabelle des ADAC bzw. den Geldwertvorteil (vgl. § 8 EstG; LStR 8.1 (9, 10)) abzustellen sei. Das BAG hat eine Berechnung nach der ADAC-Tabelle für möglich gehalten.[242] Die Sach- **80**

---

[229] BAG 2. 12. 1968 AP 3 zu § 74a HGB; 23. 1. 1967 AP 1 zu § 74c HGB; zusammenfassend: BAG 8. 2. 1974 AP 4 zu § 74c HGB m. Anm. *Küchenhoff;* 9. 8. 1974 AP 5 zu § 74c HGB m. Anm. *Reinhardt,* 13. 11. 1975 AP 7 zu § 74c HGB; 13. 2. 1996 AP 18 zu § 74c HGB = NZA 96, 1039; a. A. LAG Frankfurt 28. 2. 1994 NZA 95, 632; vgl. zu allem *Bengelsdorf* BB 83, 905.

[230] BAG 13. 11. 1975 AP 7 zu § 74c HGB.

[231] BAG 18. 10. 1976 AP 1 zu § 74b HGB; 2. 6. 1987 AP 13 zu § 74c HGB = NZA 88, 130; 10. 1. 1989 AP 57 zu § 74 HGB = NZA 89, 797; 3. 7. 1990 AP 61 zu § 74 HGB = NZA 91, 308.

[232] BAG 13. 11. 1975 AP 7 zu § 74c HGB.

[233] LAG Mannheim 16. 6. 1966 BB 66, 943.

[234] Dagegen kein Altersruhegeld aus der gesetzlichen Sozialversicherung: BAG 3. 8. 1960 AP 14 zu § 74 HGB; 30. 10. 1984 AP 46 zu § 74 HGB = NZA 85, 429; wohl aber eine Tantieme: BAG 12. 12. 1956 AP 1 zu § 74 HGB; 16. 11. 1973 AP 34 zu § 74 HGB; 16. 5. 1969 AP 23 zu § 133f GewO; betriebliche Altersversorgung: OLG Stuttgart 18. 5. 1979 BB 80, 527; soweit vereinbart: BAG 26. 2. 1985 AP 30 zu § 611 BGB Konkurrenzklausel = NZA 85, 809; zur Anrechnung von Bezügen aus Beamtenverhältnissen: LAG Baden-Württemberg 10. 11. 1970 BB 71, 396.

[235] BAG 16. 11. 1973 AP 34 zu § 74 HGB.

[236] BAG 20. 4. 1967 AP 20 zu § 74 HGB; 16. 5. 1969 AP 23 zu § 133f GewO.

[237] BAG 20. 4. 1967 AP 20 zu § 74 HGB; *Gumpert* BB 70, 890.

[238] *Gumpert* BB 79, 1130; *Westerfelhaus* DB 75, 1185.

[239] BAG 26. 11. 1971 AP 29 zu § 74 HGB.

[240] *Röhsler/Borrmann* S. 89; *Schlegelberger/Schröder* § 74c RN 3a.

[241] Vgl. *Palandt* Anhang zu § 249 BGB.

[242] BAG 23. 6. 1994 AP 34 zu § 249 BGB = NZA 94, 1128; vgl. *Dombrowski/Zettelmeyer* NZA 95, 155.

leistungen sind aber auch bei den anzurechnenden Leistungen wieder zu berücksichtigen. Insoweit kann es zu erheblichen Berechnungsschwierigkeiten kommen, wenn die Nutzung des Kraftwagens nur eingeschränkt möglich ist.

81 **d)** Der Arbeitnehmer kann **monatlich Abschlagszahlungen auf die Karenzentschädigung** verlangen. Alsdann hat er aber auch monatlich über die Geschäftsentwicklung zu berichten. Am Schluss eines Jahres ist schließlich endgültig abzurechnen und eine Ausgleichung vorzunehmen.[243]

82 **e)** Noch nicht hinreichend geklärt ist, inwieweit sich der Arbeitnehmer **Sozialversicherungsleistungen** anrechnen lassen muss. Die Lit. leitet im Allgemeinen aus dem Wortlaut von § 74c I HGB ab, dass sich der Handlungsgehilfe nur anrechnen lassen müsse, was er durch anderweitige Verwendung seiner Arbeitskraft erwirbt.[244] Die Sozialversicherungsleistungen seien jedoch nicht durch Verwendung der Arbeitskraft erworben. Indes solle durch die Anrechnung verhindert werden, dass der Arbeitnehmer mehr als 110% bzw. 125% seines früheren Einkommens erreiche. Dem gemäß sei eine Anrechnung geboten, weil Arbeitslosengeld,[245] Übergangsgeld[246] und Kurzarbeitergeld in ursächlichem Zusammenhang mit dem Freiwerden der Arbeitskraft stünden. Anzurechnen ist das Überbrückungsgeld nach § 57 SGB III a. F.[247] Entspr. Gründe seien auch für die Anrechnung des Krankengeldes maßgebend. Das BAG hat die Anrechnungsmöglichkeit von Arbeitslosengeld bejaht.[248] Dagegen hat es die Anrechnung von Übergangsgeld verneint, das ein in der gesetzlichen Rentenversicherung versicherter Arbeitnehmer erhält, wenn er umgeschult wird.[249] In § 148 I 2 SGB III a. F. war nur die Anrechnung des Arbeitslosengeldes geregelt. Insoweit hat das BAG die Auffassung vertreten, dass der Gesetzgeber nach der Bejahung der Anrechnungsfähigkeit des Arbeitslosengeldes durch die Rspr. dessen Anrechnungsfähigkeit gesetzlich verdeutlicht, aber entspr. Möglichkeiten für andere Sozialleistungen nicht geschaffen habe. In einem obiter dictum hat es zu erkennen gegeben, dass es eher die teilweise Kürzung der Sozialleistungen für sinnvoll hält als die Entlastung des Arbeitgebers um die Gegenleistung des Wettbewerbsverbotes. Inzwischen ist § 148 SGB III aufgehoben; hierdurch hat sich aber an der Anrechnungsmöglichkeit nichts geändert. Wird anderweitiges Einkommen angerechnet, wird ein Bruttobetrag angerechnet; wird dagegen Arbeitslosengeld angerechnet, wird ein steuerfreier Nettobetrag angerechnet. Nicht anzurechnen sind die Sozialabgaben, die die Bundesagentur nach § 207 SGB III für den Arbeitslosen zahlt. Der anzurechnende Betrag ist nicht fiktiv um die Steuern zu erhöhen; dies widerspricht den Grundlagen der Einkommensbesteuerung.[250] Bejaht worden ist die Anrechnung des Überbrückungsgeldes, das von der Bundesagentur nach § 57 SGB III bezahlt wird.[251]

83 Nach Aufhebung von § 148 SGB III durch das Dritte Gesetz für moderne Dienstleistungen besteht keine Erstattungspflicht mehr.

84 **f)** Die Anrechnung erfolgt nur innerhalb gewisser **Grenzen.**[252] Die Anrechnung erfolgt nur, wenn die Karenzentschädigung unter Hinzurechnung des anderweitigen oder zu erzielenden Einkommens die letzten vertragsmäßigen Leistungen um mehr als $^1/_{10}$ übersteigen würde. Ist der Arbeitnehmer durch das Wettbewerbsverbot gezwungen worden, seinen Wohnsitz zu verlegen, so tritt an die Stelle des Betrages von $^1/_{10}$ der Betrag von $^1/_4$. Mit der erhöhten Freigrenze werden die Mehraufwendungen ausgeglichen, die der Arbeitnehmer durch den Umzug erleidet. Die Erhöhung tritt nicht ein, wenn der Arbeitnehmer innerhalb desselben Bereiches hat umziehen müssen, in dem er bislang gewohnt hat. Ein Zwang zur Wohnsitzverlegung besteht dann, wenn der Arbeitnehmer eine Arbeitsstelle außerhalb seines bisherigen Wohnortes antritt, weil er nur dort eine Tätigkeit ausüben kann, die nach Art, Vergütung und Aufstiegschance seiner bisherigen Tätigkeit

---

[243] BAG 2. 6. 1987 AP 13 zu § 74c HGB = NZA 88, 130.

[244] *Röhsler/Borrmann* S. 91; MünchKommHGB/*v. Hoyningen-Huene* § 74c RN 10.

[245] Verneinend LAG Düsseldorf 5. 8. 1981 DB 82, 287; ArbG Kassel 4. 10. 1977 BB 77, 1503. Vgl. *Diller* BB 2008, 1680.

[246] Verneinend ArbG Mannheim 24. 3. 1975 DB 76, 107; bejahend: ArbG Ludwigshafen 29. 3. 1976 DB 76, 1162.

[247] BAG 16. 11. 2005 AP 21 zu § 74c HGB.

[248] BAG 25. 6. 1985 AP 11 zu § 74c HGB = NZA 86, 194; 8. 11. 1994 AP 17 zu § 74c HGB = NZA 90, 975; krit. *Bauer/Hahn* DB 91, 2591; BGH 15. 4. 1991 NZA 91, 615; LAG Düsseldorf 21. 2. 1989 DB 89, 987; dazu *Plagemann* ZIP 91, 1121.

[249] BAG 7. 11. 1989 AP 15 zu § 74c HGB = NZA 90, 397.

[250] BAG 27. 11. 1991 AP 22 zu § 4 TVG Nachwirkung = NZA 92, 800.

[251] BAG 16. 11. 2005 AP 21 zu § 74c HGB.

[252] Zur Berechnung vgl. BAG 20. 4. 1967 AP 20 zu § 74 HGB; 2. 12. 1968 AP 3 zu § 74a HGB.

nahe kommt.[253] Die erhöhte Anrechnungsgrenze gilt nur dann, wenn das Wettbewerbsverbot für den Wohnsitzwechsel des Arbeitnehmers ursächlich ist. Sie gilt nicht, wenn am früheren Wohnsitz überhaupt keine Wettbewerbstätigkeit in Betracht gekommen wäre.[254] Anrechnungsfrei können Sondervergütungen für Mehraufwand bleiben.[255] Berechnungsbeispiele vgl. ArbR-Formb. § 20 RN 12.

g) Die Anrechnung erfolgt bei Einkünften aus unselbstständiger Tätigkeit auf jede fällige Monatsrate. Dagegen kommt es nicht auf einen **Gesamtvergleich** für die Dauer des Wettbewerbsverbotes zwischen anderweitigem Einkommen und Karenzentschädigung an.[256] Anders kann es dagegen bei Einkünften aus selbstständiger Tätigkeit sein (vgl. RN 77). **85**

5. Auskunft. Nach § 74 c II HGB ist der Arbeitnehmer verpflichtet, seinem Arbeitgeber auf Anforderung über die Höhe seines Erwerbes, nicht dagegen über die des erzielbaren Verdienstes Auskunft zu geben.[257, 258] Der Auskunftspflicht stehen auch nicht etwa Standespflichten zur Verschwiegenheit entgegen.[259] Der Arbeitnehmer ist vorleistungspflichtig, so dass eine Zug-um-Zug-Verurteilung ausscheidet.[260] Bei Zweifeln an der Richtigkeit der Auskunft muss sie der Arbeitnehmer belegen.[261] Zur Vorlage der Gewinn- und Verlustrechnung ist er bei selbstständiger Tätigkeit nicht verpflichtet, wenn er bereit ist, seinen Einkommensteuerbescheid vorzulegen.[262] Bis zur Erteilung der Auskunft hat der Arbeitgeber ein Leistungsverweigerungsrecht (§ 320 BGB).[263] Zur Ableistung einer eidesstattlichen Versicherung ist der Arbeitnehmer nicht verpflichtet.[264] Erteilt er eine unrichtige Auskunft, so kann er sich nach § 263 StGB strafbar machen. Der Arbeitgeber kann auf die Auskunftserteilung verzichten; das ist z. B. der Fall, wenn die Karenzentschädigung für den ganzen Verbotszeitraum im Voraus bezahlt wird.[265] Ein Auskunftsurteil wird nach § 888 ZPO vollstreckt. **86**

6. Steuer und Sozialversicherung. a) Macht sich ein Arbeitnehmer **selbstständig,** so unterliegt die Karenzentschädigung nicht der Umsatzsteuer. Nach § 1 UStG sind nur solche Leistungen umsatzsteuerpflichtig, die ein Unternehmer im Rahmen seines Unternehmens erbringt. Die Wettbewerbsenthaltung wird aber von dem Arbeitnehmer selbst erbracht. Das LAG hat eine Erstattungspflicht des Arbeitgebers verneint.[266] **87**

b) Die Karenzentschädigung stellt die **Gegenleistung für das Unterlassen der Konkurrenztätigkeit** dar. Sie ist daher keine Abfindung, die wegen Auflösung des Arbeitsverhältnisses steuerfrei ist. Nach § 24 Nr. 1 b EStG gehören zu den Einkünften Entschädigungen, die gewährt worden sind für die Aufgabe oder Nichtausübung einer Tätigkeit. Sie unterliegen nach § 34 EStG einem ermäßigten Steuersatz. Hierzu können auch Karenzentschädigungen von Arbeitnehmern und Organmitgliedern gehören.[267] In Zweifelsfällen kann eine Anrufungsauskunft nach § 42 e EStG erfolgen. Zweck der §§ 24, 34 EStG ist nicht die Privilegierung des Steuerpflichtigen. Vielmehr sollen die Nachteile ausgeglichen werden, wenn der Steuerpflichtige auf **88**

---

[253] BAG 17. 12. 1973, 23. 2. 1982 AP 2, 9 zu § 74 c HGB; 10. 9. 1985 AP 12 zu § 74 c HGB = NZA 86, 329; 8. 11. 1994 AP 17 zu § 74 c HGB = NZA 95, 631; 23. 2. 1999 AP 20 zu § 74 c HGB = NZA 99, 936.

[254] BAG 23. 2. 1982 AP 9 zu § 74 c HGB; 10. 9. 1985 AP 12 zu § 74 c HGB = NZA 86, 329; 8. 11. 1994 AP 17 zu § 74 c HGB = NZA 95, 631.

[255] LAG Tübingen 10. 11. 1970 BB 71, 396.

[256] BAG 16. 5. 1969 AP 23 zu § 133 f GewO; 21. 1. 1972 AP 34 zu § 74 HGB; *Mössner* RdA 69, 111; bei unregelmäßigen Einkünften soll es bei dem Gesamtvergleich bleiben: LAG Baden-Württemberg DB 73, 1707.

[257] Zum Auskunftsanspruch: vgl. BAG 28. 11. 1966 AP 1 zu § 268 ZPO; 26. 3. 1965 AP 1 zu § 306 BGB; 5. 8. 1968 AP 24 zu § 74 HGB; 22. 4. 1967 AP 12 zu § 242 BGB Auskunftspflicht; 16. 5. 1969 AP 23 zu § 133 f GewO; 25. 2. 1975 AP 6 zu § 74 c HGB.

[258] Dagegen besteht vor Beendigung des Arbeitsverhältnisses keine Auskunftspflicht über die künftige Tätigkeit: BAG 2. 12. 1968 AP 3 zu § 74 a HGB; 26. 10. 1978 AP 3 zu § 75 a HGB. Vgl. *Bengelsdorf* BB 79, 1150.

[259] BAG 27. 9. 1988 AP 35 zu § 611 BGB Konkurrenzklausel = NZA 89, 467.

[260] BAG 25. 2. 1975 AP 6 zu § 74 c HGB.

[261] BAG 12. 1. 1978 AP 8 zu § 74 c HGB.

[262] BAG 25. 2. 1975 AP 6 zu § 74 c HGB m. Anm. *Moritz;* krit. *Durchlaub* BB 76, 232.

[263] BAG 16. 5. 1969 AP 23 zu § 133 f GewO m. zust. Anm. *Diederichsen;* 12. 1. 1978 AP 8 zu § 74 c HGB.

[264] LAG Hamm 28. 1. 1974 DB 74, 972.

[265] BAG 5. 8. 1968 AP 24 zu § 74 HGB.

[266] LAG Hamm 1. 7. 1987 DB 87, 2418.

[267] BFH 13. 2. 1987 BStBl. 1987 II 386; 12. 6. 1996 NJW 97, 151.

Grund der Steuerprogression Nachteile erleiden würde. Im Allgemeinen wird daher nur dann ein ermäßigter Steuersatz vorkommen, wenn die Karenzentschädigung in einem Einmalbetrag oder mit Periodenverschiebung gezahlt wird. Da bei Arbeitnehmern aber eine monatliche Zahlung erfolgt, wird im Allgemeinen die Karenzentschädigung voll steuerpflichtig sein.[268]

89 **c)** Eine Karenzentschädigung unterliegt nicht der Beitragspflicht in der **Sozialversicherung** und der **Arbeitslosenversicherung.** Sie ist kein Arbeitsentgelt i. S. von § 14 SGB IV.

90 **d) Arbeitslosengeldansprüche** werden durch die Karenzentschädigung nicht ausgeschlossen. Nach §§ 117, 118 SGB III hat Anspruch auf Arbeitslosengeld, wer arbeitslos ist, sich bei der Agentur für Arbeit arbeitslos gemeldet und die Anwartschaftszeit erfüllt hat (vgl. § 23). Durch die Verpflichtung zur Wettbewerbsenthaltung wird die Verfügbarkeit auf dem Arbeitsmarkt nicht aufgehoben. Der Doppelbezug von Arbeitslosengeld und Karenzentschädigung widerspricht an sich den Grundsätzen der Arbeitslosenversicherung. Nach Ansicht des BSG liegt ein Verstoß gegen Art. 3 GG nicht vor, wenn die kumulierten Leistungen 110% der bisherigen Bezüge nicht überschreiten.[269]

91 **e)** Vorübergehend hatte der Arbeitgeber das Arbeitslosengeld zu erstatten. Die Regelung nach § 148 SGB III war teilweise verfassungswidrig.[270] Sie ist durch das Dritte Gesetz für moderne Dienstleistungen aufgehoben worden.

92 **7. Pfändung.** Karenzentschädigungen sind in gleicher Weise wie Arbeitseinkommen pfändbar (§§ 850 ff. ZPO). Soweit Unpfändbarkeit vorliegt, kann der Anspruch auch nicht abgetreten werden (§ 400 BGB) oder gegen ihn nicht aufgerechnet werden. Wird das Arbeitsverhältnis beendet und tritt das Wettbewerbsverbot erst nach Eröffnung des Insolvenzverfahrens über das Vermögen des Arbeitgebers in Kraft, so hat der Insolvenzverwalter gem. § 103 InsO ein Wahlrecht, ob er den Vertrag weiter erfüllen will. Verlangt er die Erfüllung, so ist die weitere Entschädigung eine Masseschuld (§ 55 InsO); bei Ablehnung einfache Insolvenzforderung.[271] Rückständige Karenzentschädigungen sind Insolvenzforderungen (§ 38 InsO, vgl. unten § 93).

VI. Ausnahme von dem Gebot der Entschädigungspflicht

93 **1. Außerhalb Europas.** In § 75 b Satz 1 HGB war vorgesehen, dass mit einem Gehilfen, der für eine Tätigkeit außerhalb Europas angenommen worden ist, die Verbindlichkeit eines Wettbewerbsverbotes nicht von der Zahlung einer Karenzentschädigung abhängig ist. Die Vorschrift ist mit Wirkung zum 1. 1. 2002 aufgehoben (Gesetz vom 21. 12. 2000, BGBl. I S. 1983).

94 **2. Hochbesoldeter.** Nach § 75 b Satz 2 HGB konnte mit sog. Hochbesoldeten ein Wettbewerbsverbot entschädigungslos vereinbart werden. Das BAG hat die Vorschrift in einer ständigen Rspr. für verfassungswidrig angesehen.[272] Die Vorschrift ist inzwischen aufgehoben.

VII. Wegfall des Wettbewerbsverbotes oder der Verpflichtung zur Zahlung einer Karenzentschädigung

95 **1. Aufhebungsvertrag.** Das Wettbewerbsverbot kann vor wie nach Beendigung des Arbeitsverhältnisses einverständlich aufgehoben werden.[273] Der Aufhebungsvertrag unterliegt keinen Formvorschriften.[274] Ein Aufhebungsvertrag ist nicht schon dann gegeben, wenn der Arbeitgeber auf die Einhaltung des Wettbewerbsverbotes verzichtet und der Arbeitnehmer zu diesem Verzicht schweigt. Vielmehr sind an die Auslegung einer die Verzichtserklärung akzeptierenden Willenserklärung strenge Anforderungen zu stellen. Dabei sind die Interessenlage und alle Umstände des Einzelfalles zu berücksichtigen. Aus der einvernehmlichen Auflösung des Arbeitsverhältnisses folgt nicht ohne weiteres, dass auch das Wettbewerbsverbot aufgehoben wird.[275]

---

[268] Vgl. BFH 17. 12. 1959 BStBl. 1960 III 72; 16. 3. 1993 DB 93, 1269.

[269] BSG 24. 9. 1992 SozR 3–4100 § 128 a Nr. 7.

[270] BVerfG 10. 11. 1998 AP 3 zu § 128 a AFG = NZA 99, 191; dazu *Diller/Dannecker* NJW 99, 897.

[271] LAG Hamm 28. 1. 1974 DB 74, 877.

[272] BAG 2. 10. 1975 AP 14 zu § 75 b HGB m. Anm. *Beitzke.*

[273] Vgl. BAG 16. 5. 1964 AP 1 zu § 157 BGB; 8. 3. 2006 AP 79 zu § 74 HGB = NZA 2006, 854.

[274] BAG 10. 1. 1989 AP 57 zu § 74 HGB = NZA 89, 797; vgl. bei einvernehmlicher Beendigung des Arbeitsvertrages: LAG Baden-Württemberg 22. 9. 1995 DB 96, 434.

[275] LAG Baden-Württemberg 22. 9. 1995 NZA-RR 96, 163.

2. Verzicht. Vor[276] Beendigung des Arbeitsverhältnisses kann der Arbeitgeber durch **einseitige Willenserklärung,** für die die Schriftform einzuhalten ist, auf das Wettbewerbsverbot verzichten (§ 75 a HGB). Die Vorschrift ist bei nichtkaufmännischen Arbeitnehmern entspr. Anwendbar (§ 110 GewO).[277] Der Verzicht hat die Wirkung, dass der Arbeitnehmer sofort von einem Wettbewerbsverbot befreit wird, der Arbeitgeber dagegen bis zum Ablauf eines Jahres nach Zugang der Verzichtserklärung auf die Karenzentschädigung verhaftet bleibt, auch wenn der Arbeitnehmer Konkurrenz treibt.[278] Der Verzicht kann mit der Kündigung oder einem Aufhebungsvertrag verbunden werden. Im Einzelfall mag sogar in einer außerordentlichen Kündigung des Arbeitgebers ein Verzicht enthalten sein.[279] Der Arbeitgeber kann bis zur rechtlichen Beendigung des Arbeitsverhältnisses abwarten. Der Verzicht kann nicht an einen Vorbehalt oder eine Bedingung geknüpft werden, durch die die Rechte des Arbeitgebers erweitert werden (§ 75 d 2 HGB), insbesondere der Grundsatz der bezahlten Karenz umgangen wird.[280] Mittels des Verzichtes ist eine einseitige **Herabsetzung der Verbotsdauer** nicht möglich. Um zu verhindern, dass der Arbeitgeber die Regelung von § 75 a HGB umgeht, sind Verpflichtungen des Arbeitnehmers, Auskunft über die künftige Berufstätigkeit zu geben, unwirksam.[281] Erteilt der Arbeitnehmer Auskünfte über seine künftige Berufstätigkeit, kann ein Verzicht gegen Treu und Glauben verstoßen.[282] Dasselbe gilt dann, wenn der Arbeitgeber den Rechtsschein erweckt, er werde nicht verzichten. Das Verzichtsrecht ist zum Nachteil des Arbeitgebers abdingbar. **96**

3. Kündigung des Arbeitnehmers. a) Das Wettbewerbsverbot wird unwirksam, wenn der Arbeitnehmer[283] aus wichtigem Grund das Arbeitsverhältnis **außerordentlich kündigt** und vor Ablauf eines Monats nach der Kündigung schriftlich erklärt, dass er sich an die Vereinbarung nicht gebunden erachte (§ 75 I HGB). Voraussetzung des Lossagerechts ist, dass für den Arbeitnehmer die Voraussetzungen einer außerordentlichen Kündigung (§ 626 BGB) bestehen. Hierzu gehört auch die Einhaltung der Frist von § 626 II BGB. Die Erklärung des Arbeitnehmers muss eindeutig sein.[284] Sie muss binnen Monatsfrist abgegeben werden und dem Arbeitgeber zugehen (§ 130 BGB). Die Frist beginnt mit der Kündigung. Dies gilt auch dann, wenn noch in einem Prozess über die Beendigung des Arbeitsverhältnisses gestritten wird.[285] Macht der Arbeitnehmer von seinem Lossagungsrecht Gebrauch, so wird das Wettbewerbsverbot unwirksam; der Arbeitgeber kann keine Unterlassung und der Arbeitnehmer keine Karenzentschädigung verlangen. **97**

b) Liegen die **Voraussetzungen eines wichtigen Grundes** nicht vor oder hat der Arbeitnehmer für die außerordentliche Kündigung die Frist des § 626 II BGB nicht eingehalten, so wird das Arbeitsverhältnis nicht beendet. Der Arbeitnehmer bleibt nach § 60 HGB zur Wettbewerbsenthaltung verpflichtet. Die Lossagungserklärung ist wirkungslos. **98**

c) Kündigt der Arbeitnehmer, so tritt das Wettbewerbsverbot in Kraft. **99**

4. Kündigung des Arbeitgebers. a) Kündigt der Arbeitgeber das Arbeitsverhältnis, so sind die **Rechtsfolgen** ebenfalls unterschiedlich. Nach § 75 II HGB wird das Wettbewerbsverbot in gleicher Weise unwirksam, wenn der Arbeitgeber das Arbeitsverhältnis ordentlich kündigt.[286] Es behält seine Wirksamkeit, wenn für die Kündigung ein erheblicher Anlass in der Person des Arbeitnehmers vorlag oder wenn er sich bei Ausspruch der Kündigung bereit erklärt, während der Verbotsdauer die vollen, zuletzt vom Arbeitnehmer bezogenen Vergütungen weiterzuzahlen. Ein erheblicher Anlass sind personen- oder verhaltensbedingte Gründe, die einen verständigen Arbeitgeber unter angemessener Berücksichtigung der schutzwürdigen Belange des Arbeitnehmers zu einer Kündigung veranlassen würden. Die nicht einseitig widerrufbare Zusage der vollen Karenzentschädigung muss vor oder bei Ausspruch der Kündigung mündlich oder schriftlich erfolgen.[287] **100**

---

[276] Vgl. BAG 3. 8. 1960, 13. 11. 1967 AP 14, 21 zu § 74 HGB; 19. 1. 1956 AP 1 zu § 75 a HGB.
[277] OLG Hamm 18. 3. 1991 ZIP 91, 1169 (bei Geschäftsführer).
[278] BAG 17. 2. 1987 AP 4 zu § 75 a HGB = NZA 87, 453; ArbG Stuttgart 30. 11. 1995 NZA-RR 96, 165.
[279] BGH 25. 6. 1990 NJW-RR 90, 1312 = EWiR HGB § 75 a Nr. 1/91.
[280] Vgl. hierzu BAG 2. 12. 1968 AP 3 zu § 74 a HGB; 13. 4. 1978 AP 7 zu § 75 HGB.
[281] BAG 2. 12. 1968 AP 3 zu § 74 a HGB.
[282] BAG 26. 10. 1978 AP 3 zu § 75 a HGB.
[283] Für technische Angestellte: vgl. BAG 18. 2. 1967 AP 19 zu § 133 f GewO.
[284] BAG 13. 4. 1978 AP 7 zu § 75 HGB.
[285] BAG 26. 1. 1973 AP 4 zu § 75 HGB.
[286] Vgl. BAG 26. 9. 1963 AP 1 zu § 75 HGB.
[287] *Röhsler/Borrmann* S. 121.

101 **b)** Kündigt der Arbeitgeber **berechtigt außerordentlich** wegen vertragswidrigen Verhaltens des Arbeitnehmers, so verliert nach dem Wortlaut von § 75 III HGB der Arbeitnehmer seinen Anspruch auf Karenzentschädigung. Kündigt der Arbeitgeber ohne einen erheblichen Anlass oder ohne Zusage der erhöhten Karenz, so erlangt (in gleicher Weise) der Arbeitnehmer ein Wahlrecht. Er kann also binnen Monatsfrist dem Arbeitgeber schriftlich erklären, er wolle sich nicht an das Verbot binden. Er kann sich jedoch auch an das Verbot halten und die Karenzentschädigung nach § 74b HGB verlangen. Umstr. ist, ob auf die erhöhte Karenzentschädigung § 74c HGB anwendbar ist. Da es sich um eine Karenzentschädigung handelt, gelten die allgemeinen Grundsätze.

102 Das BAG hält die Regelung für verfassungswidrig, dass der Arbeitnehmer im Falle seiner außerordentlichen Kündigung nur ein **Lossagerecht** erlangt, während dem Arbeitgeber im Falle der außerordentlichen Kündigung ein entschädigungsloses Wettbewerbsverbot eingeräumt wird.[288] Die infolge der Verfassungswidrigkeit von § 75 III HGB erwachsene Regelungslücke wird vom BAG durch entspr. Anwendung von § 75 I HGB geschlossen; d. h. im Falle der außerordentlichen Kündigung aus wichtigem Grund erlangt der Arbeitgeber gleichfalls ein Wahlrecht, ob er den Arbeitnehmer am Wettbewerbsverbot festhalten will oder nicht.[289] Hält er ihn fest, so ist er auch zur Zahlung einer Karenzentschädigung verpflichtet. Eine außerordentliche Kündigung des Arbeitgebers ist aber nur unter den Voraussetzungen von § 626 BGB zulässig. Sie kann unzulässig sein, wenn besondere Kündigungsschutzbestimmungen (§ 129) für den Arbeitnehmer bestehen. § 75 III HGB ist von den neuen Bundesländern nicht übernommen worden, so dass die Rechtslage der der Altbundesländer in der Rechtsfortbildung des BAG entspricht.

103 **5. Aufhebungsvertrag.** Nach herrschender Auffassung sind diese Vorschriften entsprechend anzuwenden, wenn das Arbeitsverhältnis durch ordentliche Kündigung oder **einverständliche Aufhebung** beendet wird, jedoch der die Auflösung Betreibende einen Grund zur außerordentlichen Kündigung hatte und bei Lösung des Arbeitsverhältnisses den Vertragsgegner darauf hinweist, dass er einen außerordentlichen Kündigungsgrund für sich beansprucht.[290] Werden dem Arbeitgeber die Kündigungsgründe erst kurz vor oder nach Beendigung des Arbeitsverhältnisses bekannt, so kann er binnen angemessener Frist noch nach § 75 III HGB die Verpflichtung zur Zahlung der Karenzentschädigung beseitigen.[291] Wird zunächst gekündigt, dann aber ein Aufhebungsvertrag wegen des Arbeitsverhältnisses geschlossen, so beginnt die Lossagefrist nach § 75 I HGB mit der Kündigung.[292]

103a **6. Ausgleichsklauseln.** Eine Allgemeine Ausgleichsklausel in einem außergerichtlichen Vergleich zur Beendigung eines Kündigungsrechtsstreits erfasst i. d. R. auch Ansprüche aus einem Wettbewerbsverbot. Eine anderweitige Auslegung kann sich aus Umständen vor oder bei Abschluss des Vergleichs oder dem Verhalten der Parteien danach ergeben.[293] Ob durch eine Ausgleichsklausel in einem gerichtlichen Vergleich ein nachvertragliches Wettbewerbsverbot und die Zahlung einer Karenzentschädigung aufgehoben worden sind, ist durch Auslegung gemäß den §§ 133, 157 BGB zu ermitteln. Klauseln in Prozessvergleichen sind i. d. R. nichttypische Erklärungen.[294] Abgeltungsklauseln in Aufhebungsverträgen sind im Interesse klarer Verhältnisse grundsätzlich weit auszulegen. Fehlt eine entsprechende Einschränkung, erfassen sie i. d. R. auch Ansprüche aus einem nachvertraglichen Wettbewerbsverbot. Das gilt auch dann, wenn ein Tarifvertrag für die Aufhebung des Wettbewerbsverbots Schriftform vorsieht.[295]

104 **7. Allgemeine Vertragsrechte.** Eine Möglichkeit zur Beendigung des Wettbewerbsverbotes kann sich schließlich dann ergeben, wenn die eine oder andere Partei mit den Verpflichtungen aus dem Wettbewerbsverbot in **Verzug** gerät. Dies folgt aus den Regeln des gegenseitigen Ver-

---

[288] BAG 26. 10. 1973 AP 5 zu § 75 HGB m. Anm. *Beitzke;* 23. 2. 1977 AP 6 zu § 75 HGB; dazu *Gumpert* BB 77, 847.

[289] BAG 19. 5. 1998 AP 10 zu § 75 HGB = NZA 99, 37; Ausnahme: Der Arbeitgeber braucht keine besondere Erklärung abzugeben, wenn er bereits zuvor verzichtet hat: BAG 17. 2. 1987 AP 4 zu § 75a HGB = NZA 87, 453.

[290] Hierzu BAG 11. 11. 1958 AP 1 zu § 611 BGB Konkurrenzklausel; 26. 9. 1963, 2. 12. 1963, 24. 9. 1965 AP 1–3 zu § 75 HGB; vor allem 18. 11. 1967, 24. 4. 1970 AP 21, 25 zu § 74 HGB; OLG Schleswig 17. 3. 2000 NZG 2000, 894; vgl. auch *Brinckmann* RdA 70, 39.

[291] BAG 2. 12. 1963 AP 2 zu § 75 HGB.

[292] BAG 26. 1. 1973 AP 4 zu § 75 HGB.

[293] BAG 31. 7. 2002 AP 48 zu § 611 BGB Konkurrenzklausel.

[294] BAG 8. 3. 2006 AP 79 zu § 74 HGB = NZA 2006, 854.

[295] BAG 19. 11. 2003 AP 50 zu § 611 BGB Konkurrenzklausel = NZA 2004, 554.

trages. Gerät der Arbeitgeber mit der Zahlung der Karenzentschädigung in Verzug, so kann der Arbeitnehmer unter den Voraussetzungen von §§ 280, 281 BGB Schadensersatz statt der Leistung verlangen oder auch vom vertraglichen Wettbewerbsverbot zurücktreten.[296] Dagegen kann er nicht die Einrede des nicht erfüllten Vertrages erheben und Wettbewerb treiben. Umgekehrt wird dem Arbeitnehmer bei Nichteinhaltung des Wettbewerbsverbotes die Erfüllung der Leistung teilweise unmöglich, so dass für den Arbeitgeber die Rechte aus § 326 BGB n. F. erwachsen.

VIII. Vertragsstrafe zur Sicherung des Wettbewerbsverbotes

1. Vereinbarung einer Vertragsstrafe. Die Einhaltung des Wettbewerbsverbotes kann durch die Vereinbarung von Vertragsstrafen gesichert werden (§ 75c HGB). Die Vorschrift ist lex specialis gegenüber § 309 Nr. 6 BGB. Im Übrigen ist bei Formulararbeitsverträgen das Recht der Allgemeinen Arbeitsbedingungen anwendbar. Für die Abrede ist die **Schriftform** erforderlich. Im Wege der Auslegung des Vertragsstrafenversprechens (§§ 133, 157 BGB) ist zu ermitteln, ob die Vertragsstrafe für jeden einzelnen Fall der Zuwiderhandlung während der Karenzzeit, für Zuwiderhandlungen während bestimmter, im Einzelnen festzulegender Zeiträume oder für Zuwiderhandlungen während der ganzen Karenzzeit geschuldet wird. Anhaltspunkte ergeben sich aus der Höhe der Vertragsstrafe. Im Allgemeinen wird im Wettbewerbsverbot festzulegen sein, was gewollt ist, anderenfalls greifen §§ 305c, 307 BGB ein.[297] Zweckmäßig werden sowohl die Pflichtverletzung als auch die zu leistende Strafe präzise bestimmt. Bei typischen Dauerverstößen (z. B. Tätigkeit für Wettbewerber, Beteiligung an einem Konkurrenzunternehmen) ist klarzustellen, wann eine Vertragsstrafe verwirkt sein soll. Um die mit einer Unterscheidung zwischen Einzelverstößen und Dauerverstößen vorkommenden Unschärfen zu vermeiden, sollte auf die einzelne Pflichtverletzung abgestellt werden. Dabei kann auch bei Einzelverstößen eine erhebliche Vertragsstrafe ausgeworfen sein, wenn der Arbeitnehmer schon durch einzelne Wettbewerbshandlungen die schutzwerten Belange des Arbeitgebers verletzen kann (z. B. Weitergabe von Betriebsgeheimnissen).[298] Ist die Vertragsstrafe für jeden Fall der Zuwiderhandlung vereinbart, so kann im Falle von Dauerverstößen die Auslegung ergeben, dass sie für jeden Monat der Zuwiderhandlung geschuldet wird.[299] Soll sich die Vertragsstrafe auf die gesamte Karenzzeit beziehen, wird sich im Allgemeinen ergeben, dass sie nur dann verwirkt ist, wenn der Arbeitnehmer während der ganzen Karenzzeit Wettbewerb treibt.[300] Die Auslegung kann aber auch ergeben, dass sie bei Einzelverstößen nur anteilig geschuldet wird. Ggf. kommt eine Herabsetzung nach § 340 BGB in Betracht.[301] 105

2. Vertragsstrafe bei Karenzentschädigung. Ist das Wettbewerbsverbot, wie im Regelfall, nur bei Vereinbarung einer Karenzentschädigung wirksam, so kann der Arbeitgeber bei Wettbewerbsverstoß für den jeweils betroffenen Zeitraum die Rechte aus § 340 BGB geltend machen. Er kann demnach Erfüllung verlangen (§ 340 I 1 BGB) oder auch statt der Erfüllung die vereinbarte Vertragsstrafe begehren (§ 340 I 1 BGB) und Ersatz eines auf dem Wettbewerbsverstoß beruhenden weiteren Schadens fordern (§ 340 II BGB). Verlangt er die Vertragsstrafe, so ist für die Vergangenheit der Anspruch auf Erfüllung ausgeschlossen (§ 340 I 2 BGB); dagegen können für die Zukunft im Falle weiterer Verstöße erneut Erfüllungsansprüche erhoben werden.[302] Eine Ausnahme kann dann gegeben sein, wenn die Vertragsstrafe für die ganze Karenzzeit geschuldet wird. In diesen Fällen kann bei Verlangen der Vertragsstrafe der Erfüllungsanspruch insgesamt untergehen. 106

3. Vertragsstrafe ohne Karenzentschädigung. Ist die Wettbewerbsvereinbarung auch ohne Vereinbarung einer Karenzentschädigung wirksam, gleichgültig, ob sie tatsächlich vereinbart und gewährt wird, so kann der Arbeitgeber nur die Vertragsstrafe fordern. Der Anspruch auf Erfüllung oder Ersatz eines weiteren Schadens ist ausgeschlossen (§ 75c II HGB).[303] Die Vorschrift ist nicht mehr anwendbar, da das BAG keine entschädigungslosen Wettbewerbsverbo- 107

---

[296] BAG 5. 10. 1982 AP 42 zu § 74 HGB; LAG Hamm 5. 1. 1995 DB 95, 1671.
[297] BAG 14. 8. 2007 AP 28 zu § 307 BGB = NZA 2008, 170.
[298] BAG 21. 5. 1971 AP 1 zu § 75c HGB.
[299] BAG 26. 9. 1963 AP 1 zu § 75 HGB.
[300] BAG 12. 12. 1956 AP 1 zu § 74 HGB; 26. 11. 1971 AP 26 zu § 611 BGB Konkurrenzklausel.
[301] BAG 30. 4. 1971 AP 2 zu § 340 BGB.
[302] Vgl. BAG 30. 4. 1971 AP 2 zu § 340 BGB; 26. 1. 1973 AP 4 zu § 75 HGB; a. A. LAG Baden-Württemberg 6. 11, 1972 DB 72, 2308 = DB 73, 40 *(Trinkner)* = NJW 73, 533.
[303] BAG 16. 1. 1970 AP 4 zu § 74a HGB.

te mehr anerkennt. Jedenfalls erscheint es ausgeschlossen, dass § 75 c II HGB noch auf die Fälle angewandt wird, in denen im Gesetz ursprünglich ein entschädigungsloses Wettbewerbsverbot zulässig war.

108 **4. Festsetzung der Vertragsstrafe.** Die Parteien müssen die Höhe der Vertragsstrafe festsetzen. Sie können nicht von vornherein die Festsetzung dem Gericht übertragen.[304] Der Arbeitnehmer kann vor Zahlung der Vertragsstrafe deren **Herabsetzung** begehren, wenn sie unverhältnismäßig hoch ist (§ 343 BGB). Bei der Abwägung ist jedes berechtigte Interesse der Parteien in Betracht zu ziehen:[305] Es sind also Schaden, Schwere und Dauer der Zuwiderhandlung, wirtschaftliche Verhältnisse, Fortkommenserschwerung usw. zu berücksichtigen. Es braucht kein angemessenes Verhältnis zwischen der Vertragsstrafe und der Höhe der Karenzentschädigung zu bestehen.[306] Auch kann es zur Vorbeugung sachgerecht sein, eine verhältnismäßig kurze Wettbewerbstätigkeit mit einer hohen Vertragsstrafe zu belegen. Ob und in welchem Umfang ein Handlungsgehilfe haftet, der sich zeitweise an das Wettbewerbsverbot gehalten und es zeitweise verletzt hat, entscheidet die Vertragsauslegung.[307]

IX. Ansprüche gegen Dritte

109 Der verbotsgeschützte Arbeitgeber kann gegen seinen Konkurrenten, der in Kenntnis der Wettbewerbsabrede seinen ehemaligen Arbeitnehmer beschäftigt, nur dann vorgehen, wenn die Voraussetzungen von § 3 UWG, §§ 826, 823 BGB vorliegen. Dies wird zumeist nur dann der Fall sein, wenn dieser dem Wettbewerbsverstoß in einer gegen die guten Sitten verstoßenden Weise Vorschub leistet, z. B. wenn er die Vertragsstrafe bezahlt.

X. Geheime Wettbewerbsklauseln

110 **1.** Von **geheimen Wettbewerbs- oder Konkurrenzklauseln** wird dann gesprochen, wenn sich zwei oder mehrere Arbeitgeber verpflichten, Arbeitnehmer, die bei einem von ihnen angestellt waren, nicht oder nur unter gewissen Voraussetzungen einzustellen,[308] z. B. Kaufhausunternehmen stellen Verkäuferinnen nicht unabhängig voneinander oder nur zu gleichem Gehalt ein. § 75 f HGB ist auf nichtkaufmännische Angestellte entspr. anzuwenden.[309] Jetzt § 110 GewO. Er gilt ferner bei Arbeitnehmerüberlassung.[310]

111 **2. Rechtswirksamkeit.** Das Gesetz verbietet derartige Abmachungen nicht schlechthin, sondern versagt ihnen lediglich den **Rechtsschutz,** indem es jedem Arbeitgeber den jederzeitigen Rücktritt eröffnet (§ 75 f HGB). Geheime Konkurrenzklauseln sind rechtswidrig, wenn sie gegen die guten Sitten verstoßen (§ 138 BGB).[311] Darüber hinaus wird ihnen die Rechtfertigung abzusprechen sein, wenn die vertragsschließenden Arbeitgeber daran kein **berechtigtes Interesse** haben. Die Einschränkung der Personalfluktuation oder die Wahrung des Lohn- und Gehaltsniveaus können nicht als berechtigtes Interesse anerkannt werden, da andernfalls der Arbeitgeber ein besonderes Arbeitskampfmittel in der Hand hätte. Vielmehr werden sie nur dann anzuerkennen sein, wenn derartige Klauseln aus echten wettbewerbsrechtlichen Gründen abgeschlossen werden.

112 **3. Vertragsstrafe.** Die Einhaltung unverbindlicher geheimer Wettbewerbsverbote kann nicht durch Vertragsstrafen gesichert werden.[312]

113 **4. Schadensersatz.** Wird einem Arbeitnehmer durch geheime Konkurrenzklauseln das Fortkommen wesentlich erschwert oder unmöglich gemacht, so kann er von seinem ehemaligen Arbeitgeber wegen Verletzung nachfolgender Fürsorgepflicht oder Verstoßes gegen die guten Sitten (§ 826 BGB) Schadensersatz verlangen. Er hat die Anspruchsvoraussetzungen darzulegen und zu beweisen, also den Bestand der Konkurrenzklausel, dass er ohne deren Bestand eingestellt worden wäre und sie ihn unbillig beschwert.

---

[304] BAG 25. 9. 1980 AP 7 zu § 339 BGB.

[305] Vgl. BAG 26. 9. 1963 AP 1 zu § 74 a HGB; 1. 10. 1963 AP 2 zu § 67 HGB.

[306] BAG 21. 5. 1971 AP 1 zu § 75 c HGB m. im Wesentlichen zust. Anm. *H. Westermann* = AP 5 zu § 339 BGB.

[307] BAG 30. 4. 1971 AP 2 zu § 340 BGB; auch 26. 1. 1973 AP 4 zu § 75 HGB.

[308] BGH 13. 10. 1972 AP 1 zu § 75 f HGB.

[309] BGH 30. 4. 1974 NJW 74, 1282; 27. 9. 1983 AP 2 zu § 75 f HGB.

[310] BGH 30. 4. 1974 NJW 74, 1330.

[311] *Brüggemann-Würdinger* a. a. O. § 75 f RN 1; *Schlegelberger/Schröder* § 75 f RN 1; vgl. auch BGH 11. 12. 1972 AP 1 zu § 339 BGB; 13. 10. 1972 AP 1 zu § 75 f HGB.

[312] OLG Frankfurt 18. 1. 1972 DB 72, 292; BGH 30. 4. 1972 NJW 74, 1282.

§ 59. Strafabreden

1. Allgemeines. Erfüllen die Parteien ihre arbeitsvertraglichen Pflichten nicht, können Schadensersatzansprüche entstehen (§§ 53, 54). Des Weiteren kann sich bei einer Pflichtverletzung des Arbeitnehmers für den Arbeitgeber ein Recht zur ordentlich, u. U. auch außerordentlich Kündigung ergeben (§§ 127, 133). Diese Rechtsfolgen entsprechen nicht immer der Interessenlage. Deshalb werden arbeitsvertraglichen Pflichten häufig durch **Vertragsstrafeabreden** oder **pauschalierte Schadensersatzversprechen** gesichert. Letzteres ist eine Abrede sui generis.[1] Die Vertragsstrafenabrede stellt einerseits ein Zwangsmittel gegenüber dem Schuldner dar, andererseits soll sie dazu dienen, dem Gläubiger bei Leistungsstörungen die Durchsetzung von Schadenersatzforderungen zu erleichtern und zu sichern. Besteht dagegen der alleinige Zweck einer Zahlungsvereinbarung darin, einer Vertragspartei den Schadensnachweis zu ersparen, liegt eine Vereinbarung über pauschalierten Schadensersatz vor, auf welche die §§ 339 ff. BGB keine Anwendung finden.[2] Ausgeschlossen sind Vertragsstrafenvereinbarungen mit den zu ihrer Berufsausbildung beschäftigten Personen (§ 12 II Nr. 2 BBiG). 1

2. Strafbefugnis. Allein auf Grund des Arbeitsvertrags steht dem Arbeitgeber eine Strafbefugnis nicht zu. Die früheren gesetzlichen Sonderbestimmungen über die Strafen im Arbeitsrecht[3] und die polizeiliche und ordnungsbehördliche Rückführung von Arbeitnehmern an den Arbeitsplatz (§ 127 d GewO i. d. F. vom 26. 7. 1900) sind **Rechtsgeschichte.** 2

3. Im **modernen Arbeitsrecht** finden sich zur Sicherung der arbeitsvertraglichen Erfüllungsansprüche vor allem Vertragsstrafenabreden (§ 60), Verwirkungsklauseln (§ 87 RN 25 ff.) sowie gelegentlich noch Betriebsbußordnungen (§ 61). 3

§ 60. Vertragsstrafe

Annuß, AGB-Kontrolle im Arbeitsrecht: Wo geht die Reise hin?, BB 2002, 458; *Boudon,* AGB-Kontrolle – neue Regeln für den Entwurf von Arbeitsverträgen, ArbRB 2003, 150; *Brors,* „Neue“ Probleme bei arbeitsvertraglichen Vertragsstrafeklauseln?, DB 2004, 1778; *Conein-Eikelmann,* Erste Rechtsprechung zur Wirksamkeit von Vertragsstrafeabreden nach der Schuldrechtsreform, DB 2003, 2546; *Diller,* Vertragsstrafen bei Wettbewerbsverboten: was nun?, NZA 2008, 574; *Dorndorf,* Besonderheiten des Arbeitsrechts nach § 310 Abs. 4 BGB, BAG-Festschrift, 2004, S. 19; *Gotthardt,* Der Arbeitsvertrag auf dem AGB-rechtlichen Prüfstand, ZIP 2002, 277; *Groß,* Vertragsstrafen des Arbeitnehmers und Grenzen ihrer Vereinbarungsfähigkeit, 2004; *Hansen,* Neuere Entwicklungen bei Vertragsstrafeversprechen im Arbeitsvertragsrecht – deutet sich ein Wandel der Rechtsprechung an?, ZGS 2003, 173; *Hauck,* Die Vertragsstrafe im Arbeitsrecht im Lichte der Schuldrechtsreform, NZA 2006, 816; *Hönn,* Zu den „Besonderheiten“ des Arbeitsrechts, ZfA 2003, 325; *Hoß,* Zulässigkeit von Vertragsstrafen im Arbeitsrecht, ArbRB 2002, 138; *Hümmerich,* Gestaltung von Arbeitsverträgen nach der Schuldrechtsreform, NZA 2003, 753; *Joost,* Betrachtungen zur Inhaltskontrolle vorformulierter Arbeitsverträge, BAG-Festschrift, 2004, S. 49; *Klose,* Nochmals: Sozialversicherungsbeiträge und lohnmindernde Vertragsstrafen, NZA 97, 872; *v. Koppenfels,* Vertragsstrafen im Arbeitsrecht nach der Schuldrechtsmodernisierung, NZA 2002, 598; *Lingemann,* Allgemeine Geschäftsbedingungen und Arbeitsvertrag, NZA 2002, 181; *Leder/Morgenroth,* Die Vertragsstrafe im Formulararbeitsvertrag, NZA 2002, 952; *Lohr,* Vertragsstrafen im Arbeitsverhältnis, MDR 2000, 429; *Marschner,* Die Berechnung von Sozialversicherungsbeiträgen bei lohnmindernden Vertragsstrafen, NZA 97, 300; *Müller-Glöge,* Strafversprechen im Arbeitsvertrag, FA 2000, 114; *Preis,* Arbeitsrecht, Verbraucherschutz und Inhaltskontrolle, NZA 2003, Sonderbeilage zu Heft 16, S. 19; *ders.,* Das erneuerte BGB und das Bundesarbeitsgericht, BAG-Festschrift, 2004, S. 123; *Preis/Stoffels,* Vertragsstrafe [2006], AR-Blattei, SD 1710; *Reichenbach,* Konventionalstrafe für den vertragsbrüchigen Arbeitnehmer, NZA 2003, 309; *Reichold,* Anmerkungen zum Arbeitsrecht im neuen BGB, ZTR 2002, 202; *Reinecke,* Kontrolle Allgemeiner Geschäftsbedingungen nach dem Schuldrechtsmodernisierungsgesetz, DB 2002, 583; *ders.,* Arbeitnehmerfreundlichste oder arbeitnehmerfeindlichste Auslegung Allgemeiner Arbeitsbedingungen?, AuR 2003, 414; *Reuter,* Inhaltskontrolle im Arbeitsrecht (§ 310 Abs. 4 BGB), BAG-Festschrift, 2004, S. 177; *Rolfs,* Arbeitsrechtliche Vertragsgestaltung nach der Schuldrechtsreform, ZGS 2002, 409; *Singer,* Arbeitsvertragsgestaltung nach der Reform des BGB, RdA 2003, 194; *Schramm,* Neue Herausforderungen bei der Gestaltung von Vertragsstrafenklauseln, NJW 2008, 1494; *Schulte/Möller,* Zulässigkeit von formularmäßig vereinbarten Vertragsstrafen in Arbeitsverträgen, BuW 2003,

---

[1] Dazu BAG 14. 12. 1966 AP 26 zu § 138 BGB; BGH 8. 10. 1969 NJW 70, 29; LAG Berlin AP 8 zu § 339 BGB; *Beuthien* FS für Larenz, 1973, S. 495.

[2] Vgl. BAG 16. 5. 1984 – 7 AZR 162/81 n. v.

[3] Vgl. §§ 134 b, 134 c, 139 GewO i. d. F. vom 26. 7. 1900; § 13 Vorl. LAO, § 80 II BRG von 1920; §§ 27, 28 AOG.

35; *Stoffels,* Der Vertragsbruch des Arbeitnehmers, 1994; *Thüsing,* Inhaltskontrolle von Formulararbeitsverträgen nach neuem Recht, Ein Blick auf die grundlegenden Weichenstellungen ein Jahr danach, BB 2002, 2666; *ders.,* Was sind die Besonderheiten des Arbeitsrechts?, NZA 2002, 591; *Thüsing/Bodenstedt,* Vertragsstrafen im Profifußball, AuR 2004, 369; *Weber,* Vertragsstrafe – Sicherung arbeitsvertraglicher Erfüllungsansprüche, AuA 99, 551; *Wensing/Niemann,* Vertragsstrafen in Formulararbeitsverträgen: § 307 BGB neben § 343 BGB?, NJW 2007, 401; *v. Westphalen,* AGB-Recht im Jahr 2002 – Einzelne Vertragstypen, NJW 2003, 1981.

Übersicht

	RN
I. Überblick	1 ff.
1. Selbstständiges und unselbstständiges Strafversprechen	1, 2
2. Mitbestimmung	3
II. Selbstständiges Strafversprechen	4 f.
1. Wirksamkeitsvoraussetzungen	4
2. Rechtsfolgen	5
III. Unselbstständiges Strafversprechen	6 ff.
1. Vereinbarung	6–8
2. Wirksamkeitsvoraussetzungen	9–16
3. Verwirkung	17
4. Verhältnis von Strafe und Verbindlichkeit	18
5. Nichterfüllung	19
6. Nicht gehörige Erfüllung	20
7. Mäßigung der Vertragsstrafe	21–24
8. Aufrechnung	25
IV. Pauschalierungsabrede	26 f.
1. Begriff	26
2. Zulässigkeit	27

I. Überblick

1 **1. Selbstständiges und unselbstständiges Strafversprechen.** Die Vertragsstrafe i. S. d. §§ 339 ff. BGB ist ein **unselbstständiges Strafversprechen.** Hierbei handelt es sich um ein Leistungsversprechen, das unter der aufschiebenden Bedingung der Nichterfüllung oder nicht gehörigen Erfüllung der dem Schuldner obliegenden Verpflichtungen steht.[1] Ein unselbstständiges Strafversprechen setzt eine Verpflichtung zur Leistung, d. h. eine wirksame Hauptverpflichtung voraus (Akzessorietät). Die Vertragsstrafe ist vom Gesetzgeber mit einer doppelten **Zielrichtung** geschaffen worden. Sie soll einmal als Druckmittel den Schuldner zur ordnungsgemäßen Erbringung der versprochenen Leistung anhalten. Zum anderen soll sie dem Gläubiger im Verletzungsfall die Möglichkeit einer erleichterten Schadloshaltung ohne Einzelnachweis eröffnen.[2]

2 Von der Vertragsstrafe ist das **selbstständige Strafversprechen** abzugrenzen. Es wird für den Fall der Vornahme oder Nichtvornahme einer Handlung versprochen, ohne dass sich der Schuldner zur Nichtvornahme oder Vornahme verpflichtet. Handeln oder Unterlassen werden mithin nur in Aussicht gestellt, ohne dass der Gläubiger die Möglichkeit hat, auf Erfüllung zu klagen. Es fehlt demnach eine erzwingbare Hauptverbindlichkeit.[3] Im Arbeitsrecht kommen selbstständige Strafversprechen bei Vorverhandlungen für den Fall des Nichtabschlusses eines Arbeitsvertrags in Betracht.[4] Der Ausdruck „Strafe" ist ungenau, weil die Nichtvornahme bzw. Vornahme einer Handlung, zu der man nicht verpflichtet ist, kein Unrecht ist und die Strafe keine Unrechtsfolge darstellt. Das selbstständige Strafversprechen ist mithin eine Art Entschädigung für nicht erfüllte Erwartungen, also eine Garantieleistung. Im Gesetz ist das selbstständige Strafversprechen in § 343 II BGB erwähnt.

3 **2. Mitbestimmung.** Vertragsstrafevereinbarungen können nach § 87 I Nr. 1 BetrVG mitbestimmungspflichtig sein, wenn sie als Sanktionsmittel zur **Ordnung des Betriebs** eingesetzt werden.

II. Selbstständiges Strafversprechen

4 **1. Wirksamkeitsvoraussetzungen.** Selbstständige Strafversprechen können für den Fall vereinbart werden, dass es nicht zum Abschluss eines Arbeitsvertrags kommt, oder in unbefristeten Arbeitsverhältnissen, wenn es vor Ablauf einer bestimmten Zeit gekündigt wird. Ein selbstständiges Strafversprechen ist unwirksam, wenn der Arbeitnehmer bei einem auf unbestimmte Zeit geschlossenen Arbeitsvertrag für den Fall einer vertraglich eingeräumten kürzeren fristge-

---

[1] *Preis/Stoffels* AR-Blattei SD 1710 RN 12.

[2] BGH 18. 11. 1982 NJW 83, 385; BAG 23. 5. 1984 AP 9 zu § 339 BGB = NZA 84, 255; 18. 9. 1991 AP 14 zu § 339 BGB = NZA 92, 215; 27. 5. 1992 EzA 8 zu § 339 BGB.

[3] BGHZ 82, 401.

[4] ErfK/*Müller-Glöge* §§ 339–345 BGB RN 2.

mäßen **Eigenkündigung eine „Abfindung" zahlen** soll. Denn hier verletzt der Arbeitnehmer durch die Eigenkündigung keine Vertragspflicht. Die Klausel enthält vielmehr eine unzulässige Kündigungsbeschränkung zulasten des Arbeitnehmers (§§ 622 VI, 134 BGB), und zwar auch dann, wenn der Arbeitgeber bei einer fristgerechten Kündigung seinerseits ebenfalls eine Abfindung zahlen soll, deren Betrag sogar höher ist.[5]

2. Rechtsfolgen. Wegen der Rechtsähnlichkeit mit der unselbstständigen Vertragsstrafe können einige Vorschriften der **§§ 339 ff. BGB entsprechend** angewandt werden. Hat keine der Parteien den Nichteintritt der in Aussicht genommenen Leistung zu vertreten (§ 276 BGB), entfällt auch die selbstständige Vertragsstrafe (§ 339 BGB entsprechend), es sei denn, dass ausdrücklich oder stillschweigend etwas anderes vereinbart wird. Die vereinbarte Strafe kann nach § 343 II BGB herabgesetzt werden, wenn sie unverhältnismäßig hoch ist. Durch die selbstständige Vertragsstrafe darf kein indirekter Rechtszwang zur Erfüllung gesetzlich verbotener Leistungen ausgeübt werden. 5

III. Unselbstständiges Strafversprechen

1. Vereinbarung. Das unselbstständige Strafversprechen setzt das Bestehen einer **Hauptverbindlichkeit** voraus, die gesichert werden soll. Vertragsstrafen bedürfen einer besonderen Vereinbarung. Sie kann im **Einzelarbeitsvertrag,** aber auch in einem **Tarifvertrag** enthalten sein.[6] 6

Nach der Rechtsprechung des BAG sind auch die Betriebspartner befugt, in einer **Betriebsvereinbarung** Vertragsstrafen zu regeln. Hierin darf allerdings ungünstigeren einzelvertraglichen Vertragsstrafenversprechen kein Vorrang eingeräumt werden.[7] Die Betriebsparteien können keine Vereinbarung treffen, durch die sich der Arbeitgeber verpflichtet, an den Betriebsrat im Falle der Verletzung von Mitbestimmungsrechten eine Vertragsstrafe zu bezahlen. Der Betriebsrat besitzt hierfür nicht die erforderliche Vermögens- und Rechtsfähigkeit.[8] 7

Mit **Auszubildenden** können nach § 12 II BBiG keine Vertragsstrafen vereinbart werden. Das Verbot gilt auch für die in § 26 BBiG genannten Personen, insbes. Anlernlinge, Volontäre und Praktikanten.[9] 8

2. Wirksamkeitsvoraussetzungen. a) Vertragsstrafen können in **vorformulierten Arbeitsverträgen** vereinbart werden. § 309 Nr. 6 BGB steht dem nicht entgegen.[10] Die Besonderheiten des Arbeitsrechts erfordern gem. § 310 IV 2 BGB die Möglichkeit, für den Fall des verschuldeten Vertragsbruchs Vertragsstrafen wirksam vereinbaren zu können.[11] Dies folgt mittelbar aus § 12 II Nr. 2 BBiG, der nur für Berufsausbildungsverhältnisse die Vereinbarung von Vertragsstrafen ausschließt. Zum anderen dient die Vertragsstrafe dem Arbeitgeber dazu, sich wirksam vor einem Vertragsbruch zu schützen, weil ihm regelmäßig der Nachweis eines konkreten Schadens nicht möglich sein wird.[12] Auch kann der Arbeitgeber nach § 888 III ZPO die Erfüllung der Arbeitspflicht nicht durch Zwangshaft oder Zwangsgeld durchsetzen. Hierin liegt eine Besonderheit des Arbeitsrechts.[13] 9

Die in Formulararbeitsverträgen vereinbarten Vertragsstrafen müssen der Kontrolle nach § 305 c I und 307 I 2 BGB standhalten. Sie dürfen **nicht an versteckter Stelle** stehen[14] und müssen klar und verständlich formuliert sein.[15] 10

---

[5] BAG 6. 9. 1989 AP 27 zu § 622 BGB = NZA 90, 147.

[6] Dazu *Groß*, Vertragsstrafen des Arbeitnehmers und Grenzen ihrer Vereinbarungsfähigkeit, 2004, S. 67; *Preis/Stoffels* AR-Blattei SD 1710 RN 4 ff.

[7] BAG 6. 8. 1991 AP 52 zu § 77 BetrVG 1972 = NZA 92, 177.

[8] BAG 29. 9. 2004 AP 81 zu § 40 BetrVG 1972 = NZA 2005, 123.

[9] ErfK/*Müller-Glöge* §§ 339–345 BGB RN 11.

[10] BAG 14. 8. 2007 AP 28 zu § 307 BGB = NZA 2008, 170; 4. 3. 2004 AP 3 zu § 309 BGB = NZA 2004, 727.

[11] Ebenso *Annuß,* BB 2002, 458, 463; *Gotthardt* RN 227; *Henssler* RdA 2002, 129, 138; *Hoß* ArbRB 2002, 138, 142; *Hümmerich* NZA 2003, 753, 762; *Leder/Morgenroth* NZA 2002, 952, 955; ErfK/*Müller-Glöge* §§ 339–345 BGB RN 8; ErfK/*Preis* §§ 305–310 BGB RN 97; *Stoffels,* AGB-Recht RN 903, im Erg. auch *Thüsing* NZA 2002, 591, 594; differenzierend nach einfachen Diensten und Diensten höherer Art: *Reinecke* DB 2002, 583, 586; *Reichenbach* NZA 2003, 309, 311; krit. *Däubler* NZA 2001, 1329, 1336; *v. Koppenfels* NZA 2002, 598, 599 ff.

[12] So bereits BAG 23. 5. 1984 AP 9 zu § 339 BGB = NZA 84, 255.

[13] BAG 4. 3. 2004 NZA 2004, 728.

[14] Dazu LAG Schleswig-Holstein 2. 2. 2005 NZA-RR 2005, 351.

[15] *Hümmerich* NZA 2003, 753, 762; ErfK/*Müller-Glöge* §§ 339–345 BGB RN 12; *Gotthardt* RN 325 ff.; zur Herabsetzung zu hoher Vertragsstrafen RN 15.

11 **b)** Die vereinbarte Vertragsstrafe muss nicht nur die zu leistende Strafe, sondern auch die sie auslösende Pflichtverletzung so **klar bezeichnen,** dass sich der Versprechende in seinem Verhalten darauf einstellen kann.[16] Das BAG legt an die Bestimmtheit einen sehr strengen Maßstab an.[17] Allgemeine Tatbestände ohne weitere Erläuterung, wie etwa „schuldhaft vertragswidriges Verhalten" oder „im Falle eines gravierenden Vertragsverstoßes" genügen nach der Rechtsprechung des BAG nicht dem Bestimmtheitsgebot.[18] Gleiches gilt für die Formulierung „Nichteinhaltung des Vertrags"[19] oder „low performance".[20] Die Bestimmtheit kann in diesen Fällen allerdings durch eine beispielhafte Nennung von Pflichtverstößen herbeigeführt werden.[21] Eine Vertragsstrafenregelung in einem Lizenzspielervertrag, die bei Vertragsverletzungen des Spielers als Vertragsstrafe einen Verweis, einen Ausschluss von Clubveranstaltungen sowie Geldbußen bis zur Höhe von einem Monatsgehalt – auch nebeneinander – vorsieht, verstößt nach Auffassung des LAG Düsseldorf gegen das Transparenzgebot des § 307 I 2 BGB und ist deshalb unwirksam.[22] Nicht hinreichend bestimmt ist nach Auffassung des BAG die Klausel in AGB, wonach der Arbeitgeber bei einer Verletzung des Wettbewerbsverbots „für jeden Fall der Zuwiderhandlung eine Vertragsstrafe in Höhe von zwei durchschnittlichen Brutto-Monatseinkommen verlangen (kann)" und „im Falle einer dauerhaften Verletzung der Verschwiegenheitspflicht oder des Wettbewerbsverbotes „jeder angebrochene Monat als eine erneute Verletzungshandlung (gilt)". Es sei nicht hinreichend klar (§ 307 I 2 BGB), wann eine sog. „dauerhafte Verletzung" vertraglicher Pflichten vorliege, die zu einer monatlich erneut fällig werdenden Vertragsstrafe führe, und wann ein einmaliger Vertragsverstoß gegeben sei, der den nur eine einmalige Vertragsstrafe auslöse.[23]

12 **c)** Der Arbeitgeber muss ein **berechtigtes Interesse** an der Vertragsstrafe haben, damit die Vereinbarung nicht unangemessen i. S. v. § 307 I BGB ist. Dies ist beim angestrebten Schutz vor einem Vertragsbruch regelmäßig anzunehmen,[24] gilt aber auch für die Nichtaufnahme der Arbeit nach einer unberechtigten Kündigung vor Dienstantritt.[25] Das berechtigte Interesse fehlt nach der Rechtsprechung des BAG, wenn eine Vertragsstrafe durch jegliches schuldhaftes vertragswidriges Verhalten des Arbeitnehmers, das den Arbeitgeber zur fristlosen Kündigung veranlasst, verwirkt wird. Eine solche Abrede ziele auf die Absicherung aller vertraglichen Pflichten und enthalte damit eine unangemessene „Übersicherung".[26] Unwirksam ist nach Auffassung des BAG auch eine Vereinbarung, die „im Falle eines gravierenden Vertragsverstoßes" eine Vertragsstrafe in Höhe des ein- bis dreifachen Monatsgehalts vorsieht, wobei die genaue Höhe vom Arbeitgeber nach der Schwere des Verstoßes festgelegt wird.[27] Ein Verstoß gegen § 307 II Nr. 1 BGB liegt bei einem verschuldensunabhängigen Vertragsstrafeversprechen vor.[28]

13 **d)** Die Strafabrede kann infolge der bestehenden Akzessorietät zur **Hauptverbindlichkeit unwirksam** sein, wenn diese ihrerseits nichtig ist (z. B. wegen Formmangels, Sittenwidrigkeit, Wuchers), wirksam angefochten oder vor ihrer Verwirkung, z. B. wegen Versäumung der Ausschlussfrist zur Geltendmachung des gesicherten Anspruchs erloschen ist.[29] Ein Strafversprechen ist unwirksam, wenn die Hauptverbindlichkeit auf eine vom Gesetz verbotene Leistung gerichtet ist (§ 344 BGB). Bei nachträglicher, vom Schuldner nicht zu vertretender Unmöglichkeit der Vertragserfüllung entfällt der Anspruch des Gläubigers auf eine vereinbarte Vertragsstrafe.[30] Die Vereinbarung einer Abfindung für den Fall der Kündigung des Geschäftsführeranstellungsvertrags aus wichtigem Grund stellt eine unzulässige Einschränkung des Rechts zur außeror-

---

[16] BAG 18. 8. 2005 AP 1 zu § 336 BGB = NZA 2006, 34.
[17] Krit. deshalb *Coester* FS Löwisch 2007 S. 57, 68; *Diller* NZA 2008, 574.
[18] BAG 21. 4. 2005 AP 3 zu § 307 BGB = NZA 2005, 1053; 18. 8. 2005 AP 1 zu § 336 BGB = NZA 2006, 34; abl. *Hanau* FS Konzen 2006, S. 249, 254.
[19] *v. Westphalen/Thüsing,* Vertragsrecht und AGB-Klauselwerke, Arbeitsverträge RN 171.
[20] Ebenso ErfK/*Müller-Glöge* §§ 339–345 BGB RN 15; a.A *Tschöpe* BB 2006, 213, 221.
[21] BAG 18. 8. 2005 AP 1 zu § 336 BGB = NZA 2006, 34.
[22] LAG Düsseldorf 1. 3. 2006 – 4 Sa 1568/05.
[23] BAG 14. 8. 2007 AP 28 zu § 307 BGB = NZA 2008, 170; krit. dazu *Diller* NZA 2008, 574.
[24] *Gotthardt* RN 325; einschränkend *v. Koppenfels* NZA 2002, 598, 601.
[25] BAG 4. 3. 2004 AP 3 zu § 309 BGB = NZA 2004, 728; *Conein-Eikelmann* DB 2003, 2546; a. A. LAG Baden-Württemberg 10. 4. 2003 DB 2003, 2551; differenzierend LAG Düsseldorf 8. 1. 2003 DB 2003, 2552.
[26] BAG 21. 4. 2005 AP 3 zu § 307 BGB = NZA 2005, 1053.
[27] BAG 18. 8. 2005 AP 1 zu § 336 BGB = NZA 2006, 34.
[28] *Reichenbach* NZA 2003, 309, 313.
[29] BAG 7. 11. 1969 AP 1 zu § 340 BGB; vgl. LAG Schleswig-Holstein DB 91, 975.
[30] BAG 4. 9. 1964 AP 3 zu § 339 BGB.

dentlichen Kündigung i.S. des § 626 I BGB dar. Sie ist wegen Verstoßes gegen § 134 BGB nichtig.[31]

Ist eine Vertragsstrafe für den Fall einer fristlosen Entlassung wegen eines vertragswidrigen Verhaltens vorgesehen, kann der gekündigte Arbeitnehmer im Rechtsstreit über die Vertragsstrafe nicht mehr geltend machen, die Kündigung sei unwirksam gewesen, wenn er keine Kündigungsschutzklage erhoben hat. Das klaglose Verstreichenlassen der Frist des § 4 KSchG bewirkt **gem. § 7 KSchG die Fiktion der Rechtswirksamkeit der Kündigung** und schafft damit einen Bindungstatbestand hinsichtlich der Frage **der Wirksamkeit der Kündigung** in anderen Prozessen. Ob die Vertragsverletzung schuldhaft erfolgt ist, bleibt aber im Rechtsstreit über die Vertragsstrafe zu prüfen.[32] Vertragsstrafeabreden sind unwirksam, wenn das Kündigungsrecht des Arbeitnehmers eingeschränkt wird (vgl. § 622 VI BGB). Deshalb kann die Zahlung einer Vertragsstrafe für den Fall einer fristgemäßen Kündigung durch den Arbeitnehmer nicht rechtswirksam vereinbart werden.[33] 14

e) Das **Interesse des Arbeitgebers** an der zusätzlichen Sicherung seines Erfüllungsanspruchs ist als schutzwürdig anerkannt. Dies folgt daraus, dass bei Vertragsbruch und sonstigen schweren Pflichtverstößen des Arbeitnehmers, die den Arbeitgeber zur fristlosen Kündigung berechtigen, der Schadensnachweis für den Arbeitgeber im Allgemeinen nur schwer oder überhaupt nicht zu erbringen ist, obwohl regelmäßig ein Vermögensschaden des Arbeitgebers eingetreten ist.[34] Der Arbeitgeber könnte ein Urteil, das den Arbeitnehmer zur Erfüllung der Arbeitspflicht verpflichtet, gem. § 888 III ZPO nicht vollstrecken.[35] Ein berechtigtes Interesse ist insbes. dann gegeben, wenn durch das strafbewehrte Verhalten dem Arbeitgeber typischerweise erhebliche Schäden drohen und deren Nachweis nur schwer möglich ist.[36] 15

f) Die vereinbarte Vertragsstrafe besteht im Allgemeinen in einer **Geldleistung,** sie kann aber auch in einer anderen Leistung bestehen. In allen Fällen finden die Vorschriften der §§ 339–341 BGB Anwendung. Jedoch ist dann, wenn die Strafe nicht in einer Geldleistung besteht, der Anspruch auf Schadensersatz aus der Hauptverbindlichkeit wegen Nicht- oder nicht gehöriger Erfüllung ausgeschlossen (§ 342 BGB). Die Strafe kann in das Ermessen einer Partei, dagegen nicht in das Ermessen eines staatlichen Gerichts gestellt werden.[37] 16

3. Verwirkung. Die Strafe ist verwirkt, wenn der Schuldner mit der geschuldeten Hauptverbindlichkeit in Verzug kommt (§ 339 I BGB). Die Verwirkung setzt mithin **Verschulden** voraus.[38] Einfache Fahrlässigkeit genügt. Ein Verzicht auf das Verschuldenserfordernis in AGB ist gem. § 307 II Nr. 1 BGB unwirksam.[39] Auch wenn die geschuldete Leistung in einem Unterlassen besteht, verwirkt der Schuldner die Vertragsstrafe grundsätzlich nur, wenn er die Zuwiderhandlung zu vertreten hat.[40] Den Schuldner trifft die Beweislast für das fehlende Verschulden (§ 286 IV BGB). Die Frage, in welchem Umfang bei **mehrfachen Verstößen** gegen eine strafbewehrte Verpflichtung Vertragsstrafen verwirkt sind, ist durch Auslegung der Vereinbarung zu beantworten und nicht nach festen Regeln für alle einschlägigen Fälle, wie sie etwa aus einem vorgegebenen Rechtsbegriff des Fortsetzungszusammenhangs abgeleitet werden könnten.[41] 17

4. Verhältnis von Strafe und Verbindlichkeit. Das Gesetz hat im Interesse des Schuldnerschutzes das Verhältnis der verwirkten Vertragsstrafe zu einem aus der Hauptverbindlichkeit resultierenden gesetzlichen Schadensersatzanspruch wegen zu vertretender Unmöglichkeit, Verzugs oder sonstiger Pflichtverletzung (§§ 280 BGB) besonders geregelt. Die Vertragsstrafe kann gem. § 340 II BGB als **Mindestbetrag eines Schadensersatzanspruchs** wegen Nichterfüllung verlangt werden; hierdurch soll eine Bereicherung des Gläubigers vermieden werden. Das Gesetz unterscheidet zwischen Strafversprechen für Nichterfüllung (§ 340 BGB) und für nicht gehörige Erfüllung (§ 341 BGB). Der zweite Fall ist bei verspäteter Leistung oder Schlechterfüllung gegeben. Bei Dauerpflichten (Unterlassung von Wettbewerbsverstößen) ist die Abgrenzung schwierig. In der Regel ist aus der Höhe der Strafe zu folgern, ob sie jeden einzelnen Wettbe- 18

---

[31] BGH 3. 7. 2000 NZA 2000, 945.
[32] BAG 23. 5. 1984 AP 9 zu § 339 BGB = NZA 84, 255; LAG München 13. 11. 1990 BB 91, 765.
[33] BAG 11. 3. 1971 AP 9 zu § 622 BGB; 9. 3. 1972 AP 12 zu § 622 BGB.
[34] Vgl. BAG 23. 5. 1984 AP 9 zu § 339 BGB = NZA 84, 255.
[35] BAG 4. 3. 2004 NZA 2004, 728.
[36] LAG Berlin 22. 5. 1997 NZA-RR 98, 53.
[37] BAG 25. 9. 1980 AP 7 zu § 339 BGB = NJW 81, 1799; BGH BB 78, 12; DB 81, 533.
[38] BAG 30. 11. 1994 AP 16 zu § 4 TVG = NZA 95, 695; BGH 25. 1. 2001 NJW 2001, 2622.
[39] *Hauck* NZA 2006, 816, 818; ErfK/*Müller-Glöge* §§ 339–345 BGB RN 28.
[40] BGH 29. 6. 1972 AP 6 zu § 339 BGB.
[41] BGH 25. 1. 2001 NJW 2001, 2622.

werbsverstoß oder das Interesse an der gesamten Unterlassung decken soll (zum Bestimmtheitserfordernis in AGB vgl. RN 11).[42]

19 **5. Nichterfüllung.** Hat der Schuldner die Strafe für den Fall der Nichterfüllung versprochen, entsteht der Anspruch mit der Verwirkung und ist sofort fällig. Erfüllbar ist der Anspruch, wenn der Gläubiger die Strafe verlangt (§ 340 I 1 BGB). Verlangt der Gläubiger die Vertragsstrafe, ist der **Erfüllungsanspruch ausgeschlossen** (§ 340 I 2 BGB). Die Wahl der Vertragsstrafe kann ausdrücklich oder konkludent, auch durch Klageerhebung erfolgen. Steht dem Gläubiger ein Schadensersatzanspruch statt der Leistung (§ 281 I BGB) zu, kann die Strafe ohne Schadensnachweis[43] als Mindestbetrag verlangt werden (§ 340 II 1 BGB). Die Geltendmachung eines weiteren Schadens ist nicht ausgeschlossen (§ 340 II 2 BGB). Hierauf ist die Vertragsstrafe anzurechnen.[44] Etwaige tarifliche Verfallfristen laufen i. d. R. ab Fälligkeit und Erfüllbarkeit der Vertragsstrafe.[45] Ist in einem Formulararbeitsvertrag die Vertragsstrafe für den Fall der Nichterfüllung zugesagt, ist diese nicht bereits bei nicht gehöriger Erfüllung verwirkt.[46]

20 **6. Nicht gehörige Erfüllung.** Hat der Schuldner die Strafe für den Fall nicht gehöriger Erfüllung der Hauptverbindlichkeit versprochen, kann der Gläubiger die verwirkte Strafe neben der Erfüllung verlangen (§ 341 I BGB). Vertragsstrafen wegen **Schlechtleistung** sind unwirksam, wenn hierdurch die Grundsätze über die eingeschränkte Arbeitnehmerhaftung beeinträchtigt werden.[47] An Vertragsstrafen wegen der Verletzung von **Nebentätigkeitsverboten** hat der Arbeitgeber nur ausnahmsweise ein berechtigtes Interesse, z. B. wenn die Nebentätigkeit bei einem Konkurrenzunternehmen erfolgt und dem Arbeitgeber hierdurch vorhersehbar ein schwer bezifferbarer Schaden entstehen kann.[48] Die Nichteinhaltung der Verpflichtung des Arbeitnehmers, eine **Arbeitsunfähigkeitsbescheinigung vorzulegen,** kann in der Regel nicht mit einer Vertragsstrafe bewehrt werden.[49] Nimmt der Gläubiger die Erfüllung der Hauptverbindlichkeit an, erlischt – auch bei Rechtsunkenntnis – die Strafe, wenn er sie sich nicht bei (strenge Anforderungen)[50] Annahme der Leistung vorbehält (§ 341 III BGB),[51] oder sie bereits rechtshängig ist.[52] Ein früherer oder späterer Vorbehalt ist unzureichend. § 341 III BGB ist abdingbar.[53] Hat der Gläubiger infolge nicht gehöriger Erfüllung einen Schadensersatzanspruch, kann er wiederum die Strafe als Mindestbetrag des Schadens verlangen (§ 341 II BGB). Die Vertragsstrafe ist aber nur auf den (auch geringeren) Verzugsschaden zu verrechnen, der vor ihrer Verwirkung entstanden ist. Ein später entstehender oder weitergehender Schaden kann daneben verlangt werden.

21 **7. Mäßigung der Vertragsstrafe. a)** Ist eine verwirkte **Strafe unverhältnismäßig hoch**, kann sie grundsätzlich auf Antrag oder Einrede[54] des Schuldners gem. § 343 I 1 BGB durch rechtsgestaltendes Urteil auf einen angemessenen Betrag herabgesetzt werden.[55] Der Antrag braucht nicht ausdrücklich gestellt zu werden; ausreichend ist jeder Vortrag, aus dem sich ergibt, dass eine Herabsetzung der Vertragsstrafe begehrt wird.

22 **b)** Unangemessen ist die Höhe einer vertragsmäßig ausbedungenen Vertragsstrafe insbesondere dann, wenn die Sanktion **außer Verhältnis zum Gewicht des Vertragsverstoßes** und zu dessen Folgen für den Vertragspartner steht.[56] Bei der Beurteilung der Angemessenheit ist jedes berechtigte Interesse des Gläubigers, nicht bloß sein Vermögensinteresse, in Betracht zu ziehen.[57] Namentlich in den Fällen arbeitnehmerseitigen Arbeitsvertragsbruchs ist die Verein-

---

[42] Vgl. BAG 26. 9. 1963 AP 1 zu § 75 HGB.
[43] LAG Baden-Württemberg 14. 5. 1963 AP 2 zu § 339 BGB.
[44] Vgl. BAG 23. 5. 1984 AP 9 zu § 339 BGB = NZA 84, 255.
[45] BAG 7. 11. 1969 AP 1 zu § 340 BGB = NJW 70, 1146.
[46] BAG 14. 6. 1975 AP 3 zu § 340 BGB.
[47] ErfK/*Müller-Glöge* §§ 339–345 BGB RN 22.
[48] ErfK/*Müller-Glöge* §§ 339–345 BGB RN 23.
[49] ArbG Hamburg 23. 11. 1992 NZA 93, 507; ErfK/*Müller-Glöge* §§ 339–345 BGB RN 23.
[50] BGH 10. 2. 1977 NJW 77, 897.
[51] BGH 10. 2. 1977 NJW 77, 897.
[52] BGH 24. 5. 1974 DB 74, 1331.
[53] BGH 11. 3. 1971 DB 71, 714.
[54] ErfK/*Müller-Glöge* §§ 339–345 BGB RN 32; der Antrag auf Herabsetzung ist in jeder Äußerung des Schuldners zu sehen, die Aufhebung oder Minderung der Vertragsstrafe zu erreichen (BGH NJW 68, 1625).
[55] BAG 23. 5. 1984 AP 9 zu § 339 BGB = NZA 84, 255.
[56] BGH 7. 5. 1997 NJW 97, 3233.
[57] Sächsisches LAG 25. 11. 1997 LAGE § 339 BGB Nr. 12 = DB 98, 684.

barung einer fühlbaren Strafe zulässig,[58] sie darf jedoch insbes. bei **Nichtantritt der Arbeit** das für die Dauer der vereinbarten Kündigungsfrist zu zahlende Gehalt nicht übersteigen.[59] Regelmäßig gilt insoweit eine Obergrenze von einem Monatsverdienst.[60] Eine höhere Strafe kommt nur ausnahmsweise in Betracht.[61] Das Fehlen eines Schadens rechtfertigt allein eine Herabsetzung nicht; entscheidend ist, welchen Schaden der Vertragsbruch hätte herbeiführen können.[62] Die Vereinbarung einer überhöhten Vertragsstrafe macht das Strafversprechen wegen der Herabsetzungsmöglichkeit (§ 343 I 1 BGB) nicht sittenwidrig (zu AGB vgl. RN 24).[63] Dies kann aber der Fall sein, wenn dem Schuldner bei einer Vielzahl von Verpflichtungen für jede einzelne kleine Vertragsverletzung eine Strafe auferlegt ist.[64] Ob die Vertragsstrafe unverhältnismäßig hoch ist, ist eine Tatfrage; revisibel ist nur, ob der Tatrichter von richtigen rechtlichen Gesichtspunkten ausgegangen ist und die für die Bemessung sprechenden Umstände widerspruchsfrei gewürdigt hat.[65]

c) Der Schuldner ist für die Unverhältnismäßigkeit der Höhe der vereinbarten Vertragsstrafe 23
darlegungs- und beweispflichtig.[66]

d) In **Formulararbeitsverträgen** scheidet die Herabsetzung einer unverhältnismäßig hohen 24
Vertragsstrafe (§ 343 I 1 BGB) aus. Hält die getroffene Vertragsstrafenvereinbarung wegen einer unverhältnismäßig hohen Strafe der Inhaltskontrolle nach § 307 I BGB nicht stand, ist sie **unwirksam.**[67] § 343 BGB ist auf Individualvereinbarungen zugeschnitten.[68] Er stellt die Gültigkeit der getroffenen Absprache nicht infrage. Dem Gericht wird vielmehr nur die Befugnis eingeräumt, eine bereits verwirkte Vertragsstrafe herabzusetzen, sofern die besonderen Umstände des Einzelfalls dies gebieten; zusätzlich bedarf es eines entsprechenden Antrags des Schuldners. Demgegenüber sind Vertragsstrafeklauseln in AGB typischerweise einseitig gestaltet. Sie unterliegen der Inhaltskontrolle nach § 307 BGB, die nicht erst an die verwirkte, sondern bereits an die vereinbarte Strafe anknüpft und von Amts wegen vorzunehmen ist. Darüber hinaus erstreckt sich die Angemessenheitsprüfung nach § 307 I BGB gerade nicht auf die Besonderheiten der jeweiligen Vertragsbeziehung. Sie hat vielmehr in erster Linie die allgemeinen Verhältnisse der üblicherweise an dem jeweiligen Vertrag Beteiligten zu berücksichtigen. Damit ändern sich aber zugleich die Rechtsfolgen. Ebenso wie unangemessene Geschäftsbedingungen allgemein als nichtig angesehen werden, führt der erhöhte Schuldnerschutz auch zur Unwirksamkeit überzogener Vertragsstrafeklauseln.[69]

8. Aufrechnung. Mit der Vertragsstrafe kann im Rahmen der Pfändungsfreigrenzen gegen 25
etwaige Nettorestlohnforderungen aufgerechnet werden. Sie wird jedoch bei bestehender Lohnpfändung zumeist im Range nachgehen (§ 406 BGB).

IV. Pauschalierungsabrede

1. Begriff. Die Vertragsstrafe ist von der Pauschalierungsabrede zu unterscheiden. Die un- 26
selbstständige Vertragsstrafe sichert eine Forderung. Die Pauschalierungsabrede enthält eine **Pauschalierung der Schadensersatzforderung** des Arbeitgebers oder Arbeitnehmers. Sie soll der Darlegungs- und Beweislast Rechnung tragen und diese erleichtern.

---

[58] BAG 1. 10. 1963 AP 2 zu § 67 HGB; 6. 10. 1993 – 5 AZR 636/92: Ein Monatsverdienst als „Faustformel"; auch BGH 1. 6. 1983 NJW 84, 919; 30. 9. 1993 EWiR § 339 BGB Nr. 2/93 = NJW 94, 45; zur Höhe vgl. LAG Düsseldorf DB 68, 90; ArbG Freiburg 11. 1. 1996 NZA-RR 97, 44; Sächsisches LAG 25. 11. 1997 LAGE § 339 BGB Nr. 12 = DB 98, 684.

[59] Vgl. BAG 4. 3. 2004 AP 3 zu § 309 BGB = NZA 2004, 728; Sächsisches LAG 25. 11. 1997 LAGE § 339 BGB Nr. 12 = DB 98, 684.

[60] Vgl. BAG 6. 10. 1993 – 5 AZR 636/92 n. v.; *Gotthardt* RN 327; ErfK/*Müller-Glöge* §§ 339–345 BGB RN 14; *Stoffels,* AGB-Recht RN 913; v. Westphalen/*Thüsing,* Vertragsrecht und AGB-Klauselwerke, Arbeitsverträge RN 170.

[61] Dazu ArbG Frankfurt a. M. 20. 4. 1999 NZA-RR 2000, 82.

[62] BAG 30. 11. 1994 AP 16 zu § 4 TVG = NZA 95, 695.

[63] RGZ 114, 307; LAG Baden-Württemberg 14. 5. 1963 AP 2 zu § 339 BGB.

[64] U. U. kann sie auch unbestimmt sein, dazu RN 11.

[65] ErfK/*Müller-Glöge* §§ 339–345 BGB RN 31; BGH LM 2 zu § 339 BGB; AP 1 zu § 74 a HGB; AP 1, 2 zu § 339 BGB; AP 2 zu § 67 HGB.

[66] LAG Berlin 19. 5. 1980 AP 8 zu § 339 BGB.

[67] BAG 4. 3. 2004 AP 3 zu § 309 BGB = NZA 2004, 728; BGH 18. 11. 1982 NJW 83, 385; 21. 3. 1990 NJW-RR 90, 1076; LAG Hamm 24. 1. 2003 DB 2003, 2549; LAG Baden-Württemberg 10. 4. 2003 DB 2003, 2551; *Gotthardt* RN 327.

[68] MünchKommBGB/*Kieninger* § 309 Nr. 6 RN 8.

[69] BGH 18. 11. 1982 NJW 83, 385.

27 **2. Zulässigkeit.** Pauschalierungsabreden wurden früher als zulässig angesehen.[70] Mit Inkrafttreten des § 309 Nr. 5 BGB kann hieran für Formulararbeitsverträge nur noch im Rahmen dieser Bestimmung festgehalten werden.[71] Eine gesetzliche Pauschalierung ist in § 61 ArbGG vorgesehen.

§ 61. Betriebsbußen

Übersicht

	RN		RN
I. Allgemeines	1 ff.	2. Tarifvertrag, Betriebsvereinbarung	16–18
1. Betriebliche Ordnungsstrafen	1	3. Tatbestandsvoraussetzungen	19
2. Betriebsbußen	2	4. Beispiele	20
3. Abgrenzung	3	III. Verhängung und Verteidigungsmöglichkeiten des Arbeitnehmers	21 ff.
4. Arten der Betriebsbuße	4, 5	1. Rechtswirksame Verhängung von Bußen	21–24
5. Die einzelnen Betriebsbußen	6–13	2. Rechtskontrolle	25, 26
6. Personalakte	14	3. Vollstreckung	27
II. Rechtsgrundlagen	15 ff.		
1. Übersicht	15		

I. Allgemeines

1 **1. Betriebliche Ordnungsstrafen** dienen der Aufrechterhaltung der Ordnung und Sicherheit des Betriebs. Sie werden seit rund einem Jahrhundert praktiziert und fanden durch das Arbeitsschutzgesetz von 1881 Eingang in § 134 GewO i. d. F. vom 26. 7. 1900, der inzwischen aber wieder aufgehoben worden ist. Auch in § 80 II Betriebsrätegesetz von 1920 sind sie noch erwähnt. Aus dem Regierungsentwurf zum BetrVG 1952[1] wurden sie gestrichen, weil ihre Anerkennung nicht für notwendig gehalten wurde.

2 **2. Betriebsbußen.** Sie unterscheiden sich von den **staatlichen Strafen und Bußen,** die zur Prävention und Aufrechterhaltung der öffentlichen Ordnung verhängt werden. Betriebsbußen sind Maßnahmen der betrieblichen Selbstverwaltung.[2] Ihre Verhängung setzt eine **Bußordnung** voraus.[3] Eine Betriebsbuße ist nur bei kollektivrechtlichem Bezug der Pflichtverletzung zulässig.[4] Betriebsbußen verstoßen nicht gegen das staatliche Rechtsprechungsmonopol (Art. 101, 103 III GG).[5] Neben der staatlichen Strafgewalt ist eine Schieds- oder Disziplinargerichtsbarkeit zulässig.[6]

3 **3. Abgrenzung.** Die **Betriebsbuße** ist von der **Vertragsstrafe** zu unterscheiden. Die Vertragsstrafe dient der Sicherung schuldrechtlicher Ansprüche aus dem Arbeitsverhältnis. Die Betriebsbuße hat pönalen Charakter und soll als Disziplinarmaßnahme die kollektive Sicherheit und Ordnung aufrechterhalten. Sie soll nicht nur ein pflichtgemäßes Verhalten des Arbeitnehmers bewirken, sondern auch begangenes Unrecht sanktionieren.[7] Während die Vertragsstrafe auch einen Schadensersatzanspruch sichert und dem Arbeitgeber zugutekommt, lässt die Betriebsbuße einen Schadensersatzanspruch unberührt. Die in einer Betriebsvereinbarung geregelte Bearbeitungsgebühr für Fälle der **Lohnpfändung** ist keine Betriebsbuße.[8]

4 **4. Arten der Betriebsbuße.** Als Betriebsbuße kommen in Betracht **Verwarnung, Verweis, Geldbuße** oder nach bestrittener, abzulehnender Auffassung die Entlassung aus dem Betrieb.

5 Unzulässig ist die **Anprangerung** am Schwarzen Brett.[9]

---

[70] *Heinze* NZA 94, 244.
[71] ErfK/*Müller-Glöge* §§ 339–345 BGB RN 4; *Gotthardt* RN 281.
[1] Vgl. § 61 d BT-Drucks. I Nr. 1546.
[2] BAG AP 1 zu § 56 BetrVG Betriebsbuße.
[3] BAG 30. 1. 1979 AP 2 zu § 87 BetrVG 1972 Betriebsbuße; GK-BetrVG/*Wiese* § 87 RN 255.
[4] Vgl. LAG Berlin 28. 9. 2004 SpuRt 2005, 75.
[5] BAG 28. 4. 1982 AP 4 zu § 87 BetrVG 1972 Betriebsbuße; siehe dazu auch *F. Baur* JZ 65, 163; *A. Arndt* NJW 65, 26; *Gaul* DB 65, 665; GK-BetrVG/*Wiese* § 87 RN 241.
[6] BVerfG AP 22, 23 zu Art. 103 GG.
[7] BAG 5. 2. 1986 AP 12 zu § 339 BGB = NZA 86, 782; GK-BetrVG/*Wiese* § 87 RN 240; siehe hierzu auch *Leinemann* AuR 70, 134.
[8] BAG 18. 7. 2006 AP 15 zu § 850 ZPO.
[9] GK-BetrVG/*Wiese* § 87 RN 260.

5. Die einzelnen Betriebsbußen. a) Die **Verwarnung** ist von dem Verlangen der Einhaltung individualvertraglicher oder kollektivvertraglicher Pflichten und der Abmahnung zu unterscheiden.[10] 6

Das **Verlangen, die Arbeitspflichten einzuhalten,** liegt vor, wenn der Arbeitgeber ohne Androhung von Rechtsfolgen für die Zukunft auf Einhaltung der individual- wie kollektivvertraglichen Pflichten besteht. Insoweit wird auch von Ermahnung oder Beanstandung gesprochen, z. B. wenn der Vorgesetzte auf Pünktlichkeit, Einhaltung des Rauchverbots usw. besteht. Derartige Ermahnungen sind mitbestimmungsfrei möglich. 7

Eine **Abmahnung** liegt vor, wenn der Arbeitgeber in einer für den Arbeitnehmer hinreichend deutlich erkennbaren Art und Weise Leistungsmängel beanstandet und damit den Hinweis verbindet, im Wiederholungsfalle sei der Inhalt oder der Bestand des Arbeitsverhältnisses gefährdet (dazu § 132). 8

b) Verwarnung und **Verweis** sind Rechtsinstitute, die Verstöße gegen die betriebliche Ordnung sanktionieren sollen; sie haben Strafcharakter. Unerheblich für die Abgrenzung von Abmahnung, Verwarnung, Verweis ist, ob sie zu den Personalakten genommen werden und beleidigenden Charakter haben. In allen Fällen kann auf deren Beseitigung aus der Personalakte geklagt werden (dazu § 132 RN 39 ff.).[11] Welches dieser drei Rechtsinstitute gewollt ist, ist nicht allein nach der Bezeichnung, sondern nach dem Wortlaut der Erklärung und dem verfolgten Zweck festzustellen.[12] Immer dann, wenn eine über den Warnzweck hinausgehende Sanktionsfunktion angestrebt wird, ist eine Betriebsbuße gegeben. Die Formalisierung einer vom Arbeitgeber ausgesprochenen Missbilligung deutet auf eine Betriebsbuße hin.[13] 9

c) Der **Verweis** wird i. d. R. schriftlich ausgesprochen und wie die Verhängung einer Geldbuße in der Personalakte vermerkt. Die Verwarnung kann auch mündlich erfolgen. 10

d) Die **Höhe der Geldbuße** braucht in der Bußordnung nicht bestimmt zu werden. Ausreichend ist die Normierung eines Bußrahmens. Eine verhältnismäßig hohe Geldbuße kann durch Urteil herabgesetzt werden. Umstr. ist, ob die Rechtsgrundlage in § 343 BGB oder in § 315 BGB zu sehen ist.[14] Als Höchstbetrag kommt ein halber Tagesverdienst, in schweren Fällen ein Tagesverdienst in Betracht. Betriebsbuße kann auch der Ausschluss von betrieblichen Vergünstigungen sein (Entziehung von Flugscheinen).[15] 11

e) Ob die **Entlassung aus dem Betrieb** als Betriebsbuße zulässig ist, wird in der oberstgerichtlichen Rechtsprechung unterschiedlich beantwortet.[16] Nach richtiger Meinung ist sie unzulässig, weil damit gegen die Kündigungsschutzbestimmungen verstoßen wird. Der Betriebsrat hat nach § 104 BetrVG die Möglichkeit, die Entlassung eines Arbeitnehmers zu verlangen. Auch dann kann aber in einem Kündigungsschutzprozess die Wirksamkeit der Kündigung voll überprüft werden. Gelegentlich wird eine Versetzung als Buße vorgesehen.[17] Auch hier § 2 KSchG vorrangig, wenn mit der Versetzung eine Änderung der vertragsgemäßen Beschäftigung erfolgt. 12

Im Recht der **Dienstordnungs-Angestellten** sind die außerordentliche Kündigung aus wichtigem Grund und die disziplinarische fristlose Dienstentlassung zwei voneinander zu trennende Rechtsinstitute, die nicht in einem Subsidiaritätsverhältnis stehen.[18] Der Anstellungsvertrag eines DO-Angestellten, der für die Dauer des Anstellungsvertrages aus der Unterstellung unter die Dienstordnung beurlaubt ist, kann nicht wirksam durch „Abbestellung" beendet werden, auch wenn diese Möglichkeit vertraglich vorgesehen ist; mit einer solchen Vereinbarung wird der gesetzliche (Änderungs-)Kündigungsschutz umgangen.[19] 13

---

[10] BAG 30. 1. 1979, 7. 11. 1979, 19. 7. 1983 AP 2, 3, 5 zu § 87 BetrVG 1972 Betriebsbuße; 17. 10. 1989 AP 12 zu § 87 BetrVG 1972 Betriebsbuße = NZA 90, 193; dazu *Heinze* NZA 90, 169.

[11] BAG 22. 2. 1978 AP 84 zu § 611 BGB Fürsorgepflicht; näher dazu RN 74 ff.

[12] Vgl. dazu BAG 6. 3. 2003 AP 30 zu § 611 BGB Abmahnung = NZA 2003, 1388; GK-BetrVG/*Wiese* § 87 RN 243.

[13] BAG 7. 11. 1979, 19. 7. 1983 AP 3, 5 zu § 87 BetrVG 1972 Betriebsbuße.

[14] Für § 343 BGB: *v. Hoyningen-Huene,* Die Billigkeit im Arbeitsrecht, 1978, S. 191; für § 315 *Söllner* JZ 66, 803.

[15] BAG 22. 10. 1985 AP 18 zu § 87 BetrVG 1972 Lohngestaltung = DB 86, 384.

[16] Verneinend: BAG 28. 4. 1982 AP 4 zu § 87 BetrVG 1972 Betriebsbuße; – bejahend: BVerwG 11. 11. 1960 AP 2 zu § 66 PersVG.

[17] Vgl. BAG 30. 10. 1986 AP 1 zu § 74 LPVG Berlin = NJW 87, 2462.

[18] BAG 25. 2. 1998 AP 69 zu § 611 BGB Dienstordnungs-Angestellte = NZA 98, 1182.

[19] BAG 9. 2. 2006 AP 75 zu § 611 BGB Dienstordnungs-Angestellte = NZA 2006, 1046.

14 **6. Personalakte.** Werden Betriebsbußen in die Personalakten aufgenommen, so sind sie wieder zu löschen, wenn der Arbeitnehmer sich längere Zeit einwandfrei geführt hat.

II. Rechtsgrundlagen

15 **1. Übersicht.** Das **Direktionsrecht** des Arbeitgebers kann nicht als Rechtsgrundlage für Betriebsbußen herangezogen werden.[20] Denn es gibt ihm keine Herrschaftsgewalt über den Arbeitnehmer. Nicht mehr vertreten wird auch die Auffassung des RAG, wonach die Betriebsbuße eine Vertragsstrafe darstellt.[21]

16 **2. Tarifvertrag, Betriebsvereinbarung.** Bußordnungen können durch **Tarifvertrag** oder Betriebsvereinbarung eingeführt werden. Nach § 1 I TVG sind die Tarifpartner für die Regelung betrieblicher und betriebsverfassungsrechtlicher Fragen zuständig. Nach h. M. werden hierunter die sog. Solidarnormen verstanden, die dem einzelnen Arbeitnehmer zugutekommen, aber auch sein Verhalten innerhalb des Betriebs regeln (§ 202 RN 17).

17, 18 Zulässig sind auch **Betriebsvereinbarungen** über Betriebsbußen (§ 87 I Nr. 1 BetrVG).[22] Dies wird im Wesentlichen damit begründet, dass bei einer Regelungskompetenz für die Ordnung des Betriebs im Wege der Betriebsvereinbarung auch die Sanktionen geregelt werden dürfen. Der Arbeitgeber kann gem. § 87 II BetrVG die Einführung einer Bußordnung verlangen.[23]

19 **3. Tatbestandsvoraussetzungen.** Die die Betriebsbuße **auslösenden Tatbestände** müssen abstrakt formuliert, klar bestimmt und eindeutig gefasst werden. Sie müssen im Übrigen den Formerfordernissen einer Betriebsvereinbarung genügen und im Betrieb bekannt gemacht werden.[24] Ihrem Inhalt nach können Betriebsbußordnungen nur Sanktionen an Verstöße gegen die betriebliche Ordnung, nicht aber an Arbeitsvertragsverletzungen knüpfen.[25]

20 **4. Beispiele.** Nach h. M. kommen vor allem **folgende Tatbestände** für die Sanktionierung durch Betriebsbußen in Betracht: Rauchen am Arbeitsplatz in feuergefährdeten Betrieben; Verteilung parteipolitischer Schriften; Verstöße gegen die Pflege von Maschinen oder Arbeitsplatz; Eigentumsdelikte usw.

III. Verhängung und Verteidigungsmöglichkeiten des Arbeitnehmers

21 1. Die **rechtswirksame Verhängung von Bußen** setzt voraus, dass **(a)** die Bußordnung wirksam geschaffen und bekanntgemacht ist; **(b)** die Bußtatbestände hinreichend bestimmt normiert sowie die Art der Bußen und ihre Höhe und klar geregelt sind; **(c)** ein rechtsstaatliches ordnungsgemäßes Verfahren eingehalten wird; **(d)** rechtliches Gehör gewährt und eine Vertretung zugelassen wird; **(e)** auch bei Verhängung der einzelnen Buße der Betriebsrat beteiligt wird.[26]

22 Die **Betriebsbuße ist verwirkt,** wenn der Arbeitnehmer rechtswidrig und schuldhaft gegen den Bußtatbestand verstößt. Das Verhalten des Arbeitnehmers kann gerechtfertigt sein, wenn ihm besondere Rechtfertigungsgründe zur Seite stehen, oder entschuldigt, wenn er nicht schuldfähig ist oder Entschuldigungsgründe hat. Wegen derselben Tat darf eine Betriebsbuße nur einmal verhängt werden (ne bis in idem). Die Betriebsbuße ist schriftlich zu begründen, um eine gerichtliche Nachprüfung zu ermöglichen.[27]

23 Die Betriebspartner können einen besonderen, aus Vertretern des Betriebsrats und des Arbeitgebers bestehenden Ausschuss bilden **(Ordnungsausschuss),** der für die Verhängung der Buße im konkreten Fall zuständig ist.[28] Können sich Arbeitgeber und Betriebsrat nicht einigen, entscheidet die Einigungsstelle. Dasselbe gilt, wenn kein besonderer Anlass besteht und Arbeitgeber und Betriebsrat sich nicht einigen können.[29]

---

[20] BAG 17. 10. 1989 AP 12 zu § 87 BetrVG 1972 Betriebsbuße = NZA 90, 193.
[21] Vgl. *Leinemann* AuR 70, 134 ff.
[22] BAG 17. 10. 1989 AP 12 zu § 87 BetrVG 1972 Betriebsbuße = NZA 90, 193; 5. 2. 1986 AP 12 zu § 339 BGB = NZA 86, 782; näher dazu *Richardi* § 87 RN 232 ff.
[23] Vgl. BAG AP 1 zu § 56 BetrVG Betriebsbuße; GK-BetrVG/*Wiese* § 87 RN 239.
[24] *Fitting* § 87 RN 81 f.
[25] BAG 17. 10. 1989 AP 12 zu § 87 BetrVG 1972 Betriebsbuße = NZA 90, 193; 5. 2. 1986 AP 12 zu § 339 BGB = NZA 86, 782.
[26] BAG 17. 10. 1989 AP 12 zu § 87 BetrVG 1972 Betriebsbuße = NZA 90, 193.
[27] *Fitting* § 87 RN 93; GK-BetrVG/*Wiese* § 87 RN 264.
[28] GK-BetrVG/*Wiese* § 87 RN 264.
[29] GK-BetrVG/*Wiese* § 87 RN 264.

Für die Verhängung der Betriebsbuße ist ein **rechtsstaatliches Verfahren** einzuhalten. Es ist rechtliches Gehör zu gewähren und eine Vertretung durch Angehörige, Gewerkschaftssekretäre und Rechtsanwälte zuzulassen. Für die Verfolgung durch Betriebsbußen besteht das Opportunitätsprinzip.[30] Die Betriebspartner können von einer Verhängung der Betriebsbuße absehen. 24

2. Rechtskontrolle. Die Betriebsbuße unterliegt der **gerichtlichen Kontrolle.**[31] 25

Bestand die Buße in einem Verweis oder einer Verwarnung, kann der Arbeitnehmer auf Feststellung klagen, dass die Buße nicht gerechtfertigt ist; bestand sie in einer Geldbuße, wird er bei deren Abzug auf Zahlung seines Verdienstes und vor deren Abzug im Wege negativer Feststellungsklage klagen. Im Rahmen des Prozesses sind die **Rechtmäßigkeit der Bußordnung** und die Einhaltung rechtsstaatlicher **Verfahrensgrundsätze** nachprüfbar. Umstritten ist, ob darüber hinaus die **verhängte Buße selbst** der gerichtlichen Nachprüfung unterliegt. Nach einer Meinung soll sich die gerichtliche Kontrolle darauf beschränken, ob die Buße in der Bußordnung vorgesehen und ob sie nach Lage der Sache keine offenbare Unbilligkeit darstellt.[32] Richtigerweise wird man die Gerichtskontrolle jedoch auch auf die Tatsachenermittlung und Angemessenheit der konkreten Bestrafung erstrecken,[33] denn die im Wege der Betriebsvereinbarung vereinbarte Bußordnung beinhaltet nicht den (unzulässigen) Ausschluss staatlicher Gerichtsbarkeit. Den Arbeitgeber trifft die Beweislast für die Rechtmäßigkeit der Bußordnung, die Einhaltung der wesentlichen Verfahrensgrundsätze, die Voraussetzungen des Bußtatbestands sowie die Angemessenheit der Strafe. 26

3. Vollstreckung. Die Betriebsbuße wird durch den Arbeitgeber vollstreckt. Nach h. M. sind bei Vollstreckung einer Geldbuße die **Pfändungsschutzbestimmungen** einzuhalten.[34] Dies rechtfertigt sich damit, dass auch Kriminalstrafen nur unter Berücksichtigung des Pfändungsschutzes beigetrieben werden. 27

---

[30] *Fitting* § 87 RN 93.
[31] *Fitting* § 87 RN 94; GK-BetrVG/*Wiese* § 87 RN 266.
[32] *Fitting* § 87 RN 94.
[33] Vgl. BAG 12. 9. 1967 AP 1 zu § 56 BetrVG Betriebsbuße; *Richardi* § 87 RN 246; GK-BetrVG/*Wiese* § 87 RN 266.
[34] *Koch* BB 54, 565; *Köst* BB 64, 691; *Sieg* RdA 54, 361; dagegen *Nikisch* Bd. III § 113 FN 125.

VI. Buch. Die Pflichten des Arbeitgebers aus dem Arbeitsvertrag

1. Abschnitt. Arbeitswissenschaftliche Grundlagen der Arbeitsvergütung

§ 62. Prinzipien der Lohnfindung

I. Lohnfindungssysteme

Es gibt mehrere denkbare Möglichkeiten für eine betrieblichen Lohnfindung: 1

1. Anforderungsbezogene Lohnfindung. Maßstab der Lohnfindung sind hier die fachlichen oder persönlichen Anforderungen an den Arbeitnehmer. 2

2. Kausale Lohnfindung. Bei der kausalen Lohnfindung ist die menschliche Arbeitsleistung Gegenstand und Maß der Entlohnung. Sie liegt den herkömmlichen Lohnsystemen zugrunde. 3

3. Finale Lohnfindung. Die finale Lohnfindung knüpft an Ergebnisgrößen des Unternehmens an. Sie wird daher zumeist bei der Berechnung von zusätzlichen Vergütungen angewandt, z. B. bei Tantiemen oder bei der Bewertung von betrieblichen Verbesserungsvorschlägen. Hier wird zumeist nur der Rationalisierungseffekt, nicht dagegen die gedankliche oder manuelle Leistung bewertet. 4

4. Marktbezogene Lohnfindung. Bei der marktbezogenen Lohnfindung wird berechnet, wie die in der Ware investierte Arbeit auf dem Markt bewertet wird. Es wird bei einem Produktionsergebnis aufgeschlüsselt, welcher Wert den Rohstoffen, der Maschinenleistung, der Arbeit usw. zuzuweisen ist. 5

5. Soziale Lohnfindung. Bei der sozialen Lohnfindung wird auf einen bestehenden Bedarf oder soziale Umstände, wie z. B. Unterhaltspflichten des Arbeitnehmers abgestellt. Solche Elemente enthielten insbes. die Regelungen im BAT, die je nach Familienstand unterschiedliche Ortzuschläge vorsahen. 6

II. Quantifizierung menschlicher Leistung

1. Quantifizierung der Arbeitsleistung. Bei der kausalen Lohnfindungsmethode stellt sich das Problem der Quantifizierung der Arbeitsleistung. Sie erfolgt durch den **Arbeitswert** und den **Zeitgrad** bzw. den **Leistungsgrad.** 7

2. Arbeitswert. Unter der Quantifizierung der Arbeit nach dem Arbeitswert versteht man die Bewertung nach dem **Schwierigkeitsgrad.** In der Praxis sind zwei Systeme, die **Punktbewertungsmethode** und das **Rangreihenbewertungssystem** üblich. Beim Punktbewertungssystem wird der Schwierigkeitsgrad durch Punkte ausgedrückt und einer bestimmten Punkthöhe eine bestimmte Vergütungshöhe zugeordnet. Bei der Rangreihenbewertungsmethode werden bestimmte Arbeitnehmergruppen gebildet, denen beispielhaft bestimmte Berufe zugeordnet werden.[1] Soll der Lohn eines Arbeitnehmers ermittelt werden, ist abstrakt aus den Beispielen der Schwierigkeitsgrad zu ermitteln und damit der Schwierigkeitsgrad der von dem Einzugruppierenden zu leistenden Arbeit zu vergleichen. Die Rangreihenbewertungsmethode findet sich vor allem im öffentlichen Dienst bei der Eingruppierung der Angestellten. Sie ist das kompliziertere System, weil gedanklich zwei Abstraktionsvorgänge notwendig sind. Gleichwohl ist sie das verbreitetste. Zu den Eingruppierungsgrundsätzen im öffentlichen Dienst vgl. § 184 RN 11 ff. 9 8

3. Zeitgrad und Leistungsgrad. Unter Zeitgrad versteht man die **Entlohnung nach Zeiteinheiten** und unter Leistungsgrad die **Effektivität** der menschlichen Arbeitsleistung. Während der unterschiedliche Arbeitswert in allen Lohnordnungen Berücksichtigung findet, unterscheiden sich Zeit-, Akkord-, Prämienlohn und Provision durch die Berücksichtigung des Leistungsgrades bei der Lohnbemessung. 9

---

[1] Vgl. z. B. Allgemeine Vergütungsordnung zum BAT (AVO) i. d. F. vom 25. 3. 1966 m. zahlr. Änd.

III. Durchschnittsverdienst

10 **Index der Tariflöhne und -gehälter[1), 2]**

JD	Arbeiter[2)]			Angestellte[3)]		
	Insges.	Männer	Frauen	Insges.	Männer	Frauen
	1995 = 100/2000 = 100					
Früheres Bundesgebiet						
1960	13,9	14,0	13,0	15,3	15,4	15,3
1965	19,2	19,3	18,3	21,0	21,0	21,0
1970	26,2	26,4	25,1	27,7	27,7	27,8
1975	43,2	43,2	43,0	44,4	44,3	44,7
1980	57,6	57,7	57,1	58,1	58,1	58,4
1985	69,2	69,2	68,7	69,5	69,6	69,6
1990	81,0	81,0	80,3	81,1	81,2	81,
1995	100,0	100,0	100,0	100,0	100,0	100,0
2000[4)]	100,0	100,0	100,0	100,0	100,0	100,0
2001	102,2	102,2	102,3	102,4	102,3	102,5
2002	104,4	104,3	104,7	104,7	104,6	104,8
2003	106,9	106,9	107,5	107,3	107,4	107,3
2004	109,0	108,9	109,8	109,5	109,5	109,5
2005	110,2	110,1	111,2	110,9	110,9	110,7
2006	111,9	111,7	113,6	112,1	112,2	111,8
2007	114,8	114,5	116,9	114,5	114,8	113,9
Neue Länder und Berlin-Ost			**2000 = 100**			
1995	85,7	86,0	82,9	85,3	85,0	85,6
1996	90,6	90,8	88,2	89,8	89,7	89,8
1997	94,0	94,2	91,6	92,3	92,5	92,2
1998	96,0	96,1	94,4	94,9	95,0	94,9
1999	98,3	98,4	97,3	98,0	97,9	98,0
2000	100,0	100,0	100,0	100,0	100,0	100,0
2001	102,0	101,8	102,6	102,8	102,6	103,2
2002	104,1	103,8	105,6	105,8	105,4	106,2
2003	106,7	106,4	109,3	109,0	108,4	109,4
2004	109,0	108,5	112,5	112,1	111,5	112,7
2005	110,3	109,8	114,5	113,6	113,1	113,9
2006	112,4	111,7	117,0	114,9	114,9	114,9
2007	114,1	114,4	119,5	116,1	116,5	115,8
Deutschland			**2000 = 100**			
1995	85,7	86,0	82,9	85,3	85,0	85,6
1996	90,6	90,8	88,2	89,8	89,7	89,8
1997	94,0	94,2	91,6	92,3	92,5	92,2
1998	96,0	96,1	94,4	94,9	95,0	94,9
1999	98,3	98,4	97,3	98,0	97,9	98,0
2000	100,0	100,0	100,0	100,0	100,0	100,0
2001	102,0	101,8	102,6	102,8	102,6	103,2
2002	104,1	103,8	105,6	104,8	104,7	105,0
2003	106,9	106,8	107,6	107,6	107,5	107,7
2004	109,0	108,9	110,0	109,8	109,7	110,1
2005	110,3	110,1	111,5	111,2	111,1	111,4
2006	111,9	111,7	113,9	112,5	112,5	112,4
2007	114,7	114,4	117,1	114,7	115,0	114,2

1) Gewerbliche Wirtschaft und Gebietskörperschaften
2) Tarifliche Wochenlöhne
3) Tarifliche Monatsgehälter
4) Ab 2000; 2000 = 100

[2] Auszug, s. BMAS, Statistisches Taschenbuch 2008, http://www.bmas.de.

Durchschnittliche Bruttostundenverdienste im Produzierenden Gewerbe[1), 3] 11

Arbeiter

JD[2)]	Männer	Frauen	Männer und Frauen		
	DM/€			%	2000 = 100[3)]
Früheres Bundesgebiet					
1950	1,41	0,85	1,28		4,7
1960[4)]	2,89	1,85	2,66	+ 9,9	9,9
1965	4,53	3,05	4,24	+ 10,1	15,5
1970	6,49	4,42	6,07	+ 13,2	22,3
1975	10,35	7,44	9,79	+ 7,9	35,4
1980	14,09	10,14	13,32	+ 6,8	47,8
1985	17,09	12,45	16,28	+ 3,9	58,0
1986	17,71	12,95	16,88	+ 3,7	60,0
1987	18,40	13,52	17,56	+ 4,0	62,3
1988	19,16	14,11	18,31	+ 4,3	64,9
1989	19,93	14,66	19,03	+ 3,9	67,5
1990	21,00	15,38	20,08	+ 5,5	71,0
1991	22,28	16,41	21,31	+ 6,1	75,3
1992	23,57	17,50	22,62	+ 6,1	79,4
1993	24,77	18,47	23,87	+ 5,5	83,3
1994	25,51	19,02	24,60	+ 3,1	86,1
1995	26,45	19,72	25,51	+ 3,7	89,3
1996[5)]	13,93	10,45	13,46	+ 3,2	92,4
1997	14,10	10,62	13,63	+ 1,3	93,6
1998	14,39	10,87	13,92	+ 2,1	95,2
1999	14,74	11,21	14,27	+ 2,5	97,5
2000	15,13	11,47	14,64	+ 2,6	100,0
2001	15,36	11,66	14,86	+ 1,5	101,5
2002	15,65	11,90	15,17	+ 2,1	103,3
2003	16,05	12,22	15,56	+ 2,6	105,8
2004	16,37	12,49	15,89	+ 2,1	107,9
2005	16,57	12,63	16,09	+ 1,3	109,1
2006	16,67	12,71	16,20	+ 0,7	109,8
Neue Länder					
1991	10,46	8,02	10,11		
1992	13,42	10,01	12,99	+ 28,5	
1993	15,53	11,42	15,06	+ 15,9	
1994	16,90	12,62	16,41	+ 9,0	
1995	18,17	13,63	17,62	+ 7,4	
1996[5)]	9,63	7,34	9,36	+ 3,9	90,3
1997	9,85	7,52	9,56	+ 2,1	92,9
1998	10,02	7,73	9,72	+ 1,7	94,8
1999	10,24	7,97	9,94	+ 2,3	97,2
2000	10,50	8,18	10,15	+ 2,1	100,0
2001	10,75	8,40	10,38	+ 2,3	102,5
2002	11,04	8,68	10,66	+ 2,7	105,3
2003	11,30	8,86	10,89	+ 2,2	107,8
2004	11,55	9,60	11,13	+ 2,2	110,4
2005	11,75	9,21	11,32	+ 1,7	111,0
2006	11,86	9,32	11,44	+ 1.1	112,0
Deutschland					
1996[5)]	13,20	9,97	12,76		92,2
1997	13,40	10,14	12,97	+ 1,6	93,6

[3] Auszug, s. BMAS, Statistisches Taschenbuch 2008, http://www.bmas.de.

JD[2]	Männer	Frauen	Männer und Frauen		
	DM/€			%	2000 = 100[3]
1998	13,69	10,38	13,24	+ 2,1	95,2
1999	14,04	10,71	13,60	+ 2,7	97,5
2000	14,46	10,59	13,98	+ 2,8	100,0
2001	14,73	11,13	14,23	+ 1,8	101,6
2002	15,05	11,37	14,56	+ 2,3	103,4
2003	15,43	11,65	14,93	+ 2,5	106,0
2004	15,74	11,90	15,24	+ 2,1	108,1
2005	15,95	12,03	15,45	+ 2,4	109,2
2006	16,05	12,11	15.55	+ 0,6	110,0

[1] Bis 1995: Industrie
[2] Auf die seit 1996 geltende Wirtschaftszweig-Klassifikation (WZ93) umgerechnet
[3] Index (mit konstanter Gewichtung) Jahresdurchschnitt 2000 = 100
[4] Ohne Berlin
[5] Ab 1996 in Euro

IV. Besondere Entlohnungsformen

12 **1. Indexlohn.** Der Indexlohn findet sich als Preisindexlohn und als Produktivitätsindexlohn. Beim Preisindexlohn wird der Lohn an den Preisindex geknüpft, so dass im Rahmen von Tarifverhandlungen etwaige Lohnerhöhungen automatisch an den Anstieg des Preisindexes geknüpft sind (vgl. auch § 83 RN 249ff.); beim Produktivitätsindexlohn wird dagegen der Lohn an den Produktivitätszuwachs geknüpft. Sie finden sich in Deutschland nicht.

13 **2. Flexible Entgeltregelungen.** Zu unterscheiden ist die inhaltliche und zeitliche Entgeltflexibilisierung. Inhaltliche Flexibilität ist gegeben, wenn ein Entgelt nicht in einer festen Leistung besteht, sondern mit variablen Größen verbunden ist. Dies ist der Fall bei Provisionen (§ 75), Tantiemen oder Gewinnbeteiligungen (§ 76), Index- und Spannungsklauseln (vgl. § 202 RN 6; § 83 RN 253). Zeitliche Flexibilität liegt vor, wenn eine Entgeltregelung zeitlich begrenzt ist, so dass sie anschließend entfallen oder veränderten Verhältnissen angepasst werden kann.

14 **3. Leistungsentlohnung.** Bei ihr soll die Leistung des Arbeitnehmers besonders vergütet werden. Das Entgelt orientiert sich am Leistungsergebnis. Die klassischen Formen der Leistungsentlohnung sind der Akkordlohn (§ 64) und die Prämienentlohnung (§ 65). Ein leistungsabhängiges Entgelt liegt aber auch vor, wenn periodisch oder individuell Leistungsbeurteilungen nach vorher festgelegten Maßstäben durchgeführt werden. Diese können in eine Zielvereinbarung (§ 77) aufgenommen werden.

§ 63. Arbeitswissenschaftliche Prinzipien des Zeitlohnes

I. Reiner Zeitlohn

1 Der Zeitlohn unterstellt in seiner reinen Form bei allen Arbeitnehmern, die Arbeiten des gleichen Arbeitswertes verrichten, denselben Leistungsgrad. Er wird im Rahmen der durch den Arbeitswert bedingten Vergütungsgruppe rein zeitbestimmt bemessen. Traditionell werden bei Arbeitern und Angestellten unterschiedliche Zeitabschnitte zugrunde gelegt. Während bei Arbeitern zumeist ein Stunden- oder Wochenlohn vereinbart wird, ist bei Angestellten im allgemeinen ein Monatsentgelt abzurechnen. Der Vorteil des Zeitlohns besteht für den Arbeitnehmer darin, dass er trotz schwankenden Leistungsgrades immer den gleichen Lohn erhält. Andererseits liegt darin für ihn der Nachteil, dass eine überdurchschnittliche Leistung nicht honoriert wird. Auf Arbeitgeberseite ist Nachteil des Zeitlohns neben dem fehlenden Leistungsanreiz, dass kalkulatorisch wegen des unterschiedlichen Leistungsgrades nicht durchgehend mit den gleichen Lohnkosten je Arbeitsstück gerechnet werden kann.

II. Zulagen

2 Den durch den Zeitlohn bedingten Lohnungerechtigkeiten versucht man durch die Gewährung von Lohnzulagen zu begegnen. In jedem Fall muss auch bei einem durch Zulagen modifizierten Zeitlohn der Tariflohn als Mindestlohn gezahlt werden, sofern beide Parteien tarifgebunden sind oder der Vergütungstarif allgemeinverbindlich ist (vgl. § 204). Die Lohnzulagen sind in ihrem Anknüpfungspunkt verschieden:

1. Erschwerniszulagen und Zulagen wegen ungünstiger Arbeitszeiten. Diese Zulagen sind im Allgemeinen für die Leistung von Mehrarbeit, Nachtarbeit, Schichtarbeit, Sonn- und Feiertagsarbeit sowie auf Grund besonders schmutziger und gefährlicher Arbeit usw. zu zahlen. Sie berücksichtigen also primär eine besondere **Arbeitsschwierigkeit,** nicht dagegen den Leistungsgrad (Einzelheiten § 69 RN 5 ff., 31 ff., 33 ff.). 3

2. Betriebliche Zulagen. Auch bei den allgemeinen betrieblichen Zulagen stehen nicht Leistungs-, sondern andere Gesichtspunkte im Vordergrund, auch wenn sie gelegentlich als Leistungszulagen bezeichnet werden. So handelt es sich i. d. R. nicht um eine echte Leistungszulage, wenn allen Arbeitnehmern ein Zuschlag gezahlt wird, sondern um eine Aufstockung des Tariflohnes. Erst recht kann nicht von einer Leistungszulage gesprochen werden, wenn sie aus sozialen Gründen (Familien-, Kinderzuschlag usw.) gezahlt wird (vgl. z. B. §§ 26, 29 BAT; §§ 8, 19 TVöD, s. auch RN 7). 4

3. Persönliche Zulagen. Persönliche Zulagen werden individuell an einzelne Arbeitnehmer gezahlt, ohne dass damit zwingend eine besondere Leistung des Arbeitnehmers honoriert wird. In Tarifverträgen werden als persönliche Zulagen gelegentlich Zulagen zur Entgeltsicherung bezeichnet, mit denen z. B. nach Änderungen des Vergütungssystems die bisher gezahlte Entgelthöhe garantiert werden soll.[1] 5

4. Leistungszulagen (§ 69 RN 24 ff.). Echte Leistungszulagen sind nur solche, die unmittelbar an das Arbeitsergebnis anknüpfen. Ein echtes Leistungsbewertungsschema lässt sich in der Weise erstellen, dass die Arbeit in solche des **Erstellens** (eigentliche Produktivarbeit) und **Erhaltens** (Rohstoffe, Werkzeuge) untergliedert wird. Beide Gruppen können nach Güte und Menge aufgeteilt werden. Alsdann schafft man ein Bewertungsschema und ordnet jeder Beurteilung eine bestimmte Punktezahl zu, aus deren Summe sich die Zulage errechnet. Bei einem Vorarbeiter kann die Zulage nach einer Bewertung der Arbeitskenntnis, Kunst der Menschenführung, Fähigkeit der Arbeitsunterweisung, der Arbeitsplanung und der Kenntnis der Verantwortung bemessen werden. Wegen der vielfältigen Anknüpfungspunkte und Bewertungsschemata im Übrigen muss auf die arbeitswissenschaftliche Literatur verwiesen werden. soll. 6

5. Sozialzulagen (§ 69 RN 39 ff.). Sozialzulagen knüpfen an eine bestimmte soziale Situation des Arbeitnehmers an. Sie werden zumeist als Verheirateten-, Kinder-, Alters-, Wohn- oder Ortszuschläge gewährt. 7

§ 64. Arbeitswissenschaftliche Prinzipien des Akkordlohnes

Allgemein: *Roggenkamp,* Systematische Leistungsbewertung, PersR 2006, 232; *Schwab,* Das Recht der Arbeit im Leistungslohn (Akkord und Prämie), AR Blattei SD 40.
Muster zur Akkordentlohnung: ArbR-Formb. § 51 RN 1 ff.

Übersicht

	RN
I. Allgemeines	1
II. Bezugsgrößen der Leistungsentlohnung	2 ff.
1. Stückakkord	3
2. Gewichtsakkord	4
3. Maßakkord	5
4. Flächenakkord	6
5. Pauschalakkord	7
III. Erscheinungsformen der Akkordvergütung	8 ff.
1. Allgemeines	8
2. Geld- und Zeitakkord	9–11
3. Einzel- und Gruppenakkord	12
IV. Methoden der Akkordvorgabebestimmung	13 ff.
1. Ausgehandelter Akkord	14
2. Faust- oder Meisterakkord	15
3. Schätzakkord	16
4. Arbeitswissenschaftlicher Akkord	17–32
V. Berechnungsprinzipien der Akkordvergütung	33 ff.
1. Geldakkord	33
2. Zeitakkord	34
3. Akkordrichtsatz	35
4. Mindestlohngarantien	36
5. Akkordlohnkurve	37
VI. Akkordrevision	38 ff.
1. Begriff	38
2. Ursprünglich unrichtige Akkordfestsetzung	39
3. Nachträgliche Änderung der Akkordgrundlage	40
4. Arbeitskontrolle	41

[1] Vgl. z. B. den Sachverhalt bei BAG 10. 8. 2000 AP 9 zu § 1 TVG Tarifverträge: Deutsche Bahn = NZA-RR 2001, 256.

I. Allgemeines

1 Zweck der Akkordvergütung ist es, die Entlohnung entsprechend der geleisteten **Arbeitsmenge** zu bemessen. Ihre Einführung ist daher nur dann sinnvoll, wenn der Arbeitsablauf in einer im Voraus bekannten und bestimmbaren Weise wiederholbar und der Arbeitnehmer überhaupt in der Lage ist, durch Steigerung seiner Arbeitsleistung die Arbeitsmenge zu beeinflussen. Dies ist in einem vollmechanisierten Betrieb, in dem der Arbeitsrhythmus vom Maschinenrhythmus abhängt, i. d. R. nur noch in den Fällen möglich, in denen der Arbeitnehmer die – einzelne – Maschine nach seinem Ermessen einstellen kann. Für den Arbeitgeber empfiehlt sich die Einführung von Akkordentlohnung nur dann, wenn die Bezugsgrößen der Leistungsentlohnung betriebswirtschaftlich von Interesse sind und der Leistungsgrad mit vertretbarem Aufwand hinreichend genau gemessen werden kann. In jedem Fall sollte im Interesse des Betriebsfriedens nur dann eine Leistungsentlohnung eingeführt werden, wenn sie für den Arbeitnehmer durchschaubar und von einem objektiven Dritten kontrollierbar ist. Nicht akkordfähig sind Arbeiten, wenn der Ablauf und das Verfahren prozessbedingt wechseln. Aus Gründen des **Gefahrenschutzes** ist Akkordarbeit für Schwangere **(§ 4 III Nr. 1 MuSchG),** Jugendliche **(§ 23 JArbSchG)** sowie für Fahrpersonal **(§ 3 FPersG)** verboten.

II. Bezugsgrößen der Leistungsentlohnung

2 Die Bezugsgröße beim Akkordlohn ist allein die **Arbeitsmenge.** Diese kann je nach den Verhältnissen der zu leistenden Arbeit und des Betriebes nach den verschiedensten Gesichtspunkten ausgewählt werden. Man unterscheidet im Wesentlichen:

3 **1. Stückakkord.** Hier wird die verarbeitete Stückzahl, z. B. Zahl der genähten Kleider, der gefertigten Kolbenringe usw. der Akkordlohnberechnung zugrunde gelegt.

4 **2. Gewichtsakkord.** Statt an die Zahl der gefertigten Arbeitsstücke kann an das Gewicht des beförderten Materials, z. B. beim Entladen von Waggons, angeknüpft werden.

5 **3. Maßakkord.** Bei ihm wird für die Akkordberechnung eine bestimmte Maßeinheit zugrunde gelegt, wenn z. B. eine Arbeiterin zu nähen hat, die Länge der Nähte der Akkordberechnung.

6 **4. Flächenakkord.** Beim Flächenakkord handelt es sich um einen speziellen Maßakkord. Hier wird die Größe einer bearbeiteten Fläche, z. B. beim Aufbringen des Wand- oder Deckenputzes, zur Berechnung verwandt.

7 **5. Pauschalakkord.** Von einem Pauschalakkord wird gesprochen, wenn die Arbeitsaufgabe nicht einheitlich ist, sondern die Akkordvorgabe sich auf eine größere Arbeitsaufgabe mit verschiedenen Arbeitsinhalten (z. B. das Aufreißen und anschließende Pflastern einer Straße) bezieht.

III. Erscheinungsformen der Akkordvergütung

8 **1. Allgemeines.** Bei der Unterscheidung der Akkorde nach Bezugsgrößen werden die Abgrenzungskriterien aus dem **Anknüpfungspunkt** und der Art der Arbeitsleistung gewonnen. Die Akkorde unterscheiden sich jedoch auch nach der Form der **Errechnung der Vergütung.**

9 **2. Geld- und Zeitakkord. a)** Beim **Geldakkord** wird einer bestimmten Leistungseinheit unmittelbar ein Geldbetrag gegenübergestellt. Wie diese Leistungseinheit ermittelt wird, ist für die Unterscheidung nach Geld- und Zeitakkord unerheblich. Der Geldakkord kann Stück-, Gewichts-, Maß-, Flächenakkord usw. sein, wenn die Leistungseinheit unmittelbar mit dem Geldfaktor multipliziert wird, z. B. je Arbeitsstück 1,50 Euro, je Naht 1,20 Euro, je qm Flächenputz 10 Euro usw.

10 **b)** Beim **Zeitakkord** wird dagegen für eine bestimmte Arbeitsleistung eine festgelegte Zeit als Verrechnungsfaktor vergütet; d. h. dem Arbeitnehmer wird z. B. für die Fertigung eines Arbeitsstücks, einer Naht usw. eine bestimmte Zeit vorgegeben, die er auch dann vergütet erhält, wenn er die Leistung in kürzerer oder längerer Zeit erbringt.

11 **c)** Der geschichtlich ältere Akkord ist der Geldakkord. In neuerer Zeit wird er zunehmend durch den Zeitakkord abgelöst; sein Vorteil liegt betriebswirtschaftlich darin, dass die Vorgabezeiten für die Arbeitsvorbereitung nutzbar gemacht werden können und bei tariflichen Lohnerhöhungen zutreffend ermittelte Akkordvorgaben nicht verändert zu werden brauchen.

12 **3. Einzel- und Gruppenakkord.** Beim **Einzelakkord** wird der Akkordlohn für die einzelnen Arbeitnehmer nach ihrem Leistungsergebnis bemessen; es werden also die von ihnen produzierten Arbeitsstücke, Nähte usw. honoriert. Seine betriebswirtschaftlichen Nachteile bestehen in der Vielzahl der notwendigen Kontroll- und Berechnungsvorgänge sowie der Möglichkeit der „verspäteten" Abrechnung von Akkordscheinen, also der Schaffung von **Schubladenakkorden.** Arbeitsphysiologisch nachteilig kann sich auswirken, dass der Einzelne zum Schaden seiner Gesundheit Pausen zur Steigerung seiner Arbeitsleistung nutzt. Beim **Gruppenakkord** wird die Entlohnung nach dem Leistungsergebnis einer Arbeitsgruppe[1] bemessen und alsdann auf das einzelne Gruppenmitglied repartiiert. Er wird vor allem dann gewählt, wenn eine Leistung betriebswirtschaftlich sinnvoll nur von mehreren Arbeitnehmern erbracht werden kann, z. B. das Verputzen eines Hauses. Beim **Gruppenakkord** wird dem Zettel- und Kontrollunwesen des Einzelakkords entgegengesteuert.

IV. Methoden der Akkordvorgabebestimmung

Hamann/Naumann, Zeitgliederung nach REFA und nach TGL 2860–56, AuA 91, 144.

13 Die Höhe der individuellen Akkordentlohnung hängt davon ab, in welchem Verhältnis das individuelle Leistungsquantum zur **Akkordvorgabe** steht. Nach der Ermittlung und Bestimmung der Akkordvorgabe unterscheidet man den **ausgehandelten,** den **Faust- oder Meisterakkord,** den **Schätzakkord** sowie den **arbeitswissenschaftlichen Akkord.**

14 **1. Ausgehandelter Akkord.** Beim ausgehandelten Akkord wird die Akkordvorgabe zwischen Arbeitgeber und Arbeitnehmer – je nach Stärke auf dem Arbeitsmarkt – frei vereinbart. Beim Geldakkord wird demnach der Arbeitsmengenpreis (Stück-, Flächen-, Maßpreis usw.), beim Zeitakkord die Zeitvorgabe je Arbeitsstück ausgehandelt. Die Vertragsparteien werden über die arbeitsnotwendige Zeit i. d. R. eine Vorstellung haben, diese ist aber nicht Inhalt der Akkordvereinbarung.

15 **2. Faust- oder Meisterakkord.** Beim Faust- oder Meisterakkord wird die Akkordvorgabe vom Arbeitgeber und Arbeitnehmer festgesetzt, wobei beide Vertragsteile i. d. R. nur eine grobe Vorstellung von der notwendigen Zeit haben; es wird „über den Daumen gepeilt".

16 **3. Schätzakkord.** Von Schätzakkord wird gesprochen, wenn die Zeitermittlung auf Erfahrung und kenntnisbegründetem Schätzen der arbeitsnotwendigen Zeiten für die Teilfunktionen einer Gesamtarbeitsaufgabe beruht. Der Schätzakkord wird in der Industrie zumeist dann angewandt, wenn kleinere Serien eine arbeitswissenschaftliche Ermittlung der Vorgabezeit betriebswirtschaftlich nicht rechtfertigen.

17 **4. Arbeitswissenschaftlicher Akkord.** Der arbeitswissenschaftliche Akkord steht heute im Vordergrund der betrieblichen Praxis. Bei ihm wird die arbeitsnotwendige Zeit methodisch nach abstrakten Bewertungsmaßstäben ermittelt. Es sind vier Systeme zu unterscheiden: das **Zeitermittlungsverfahren nach den vom Reichsausschuss für Arbeitszeitermittlung (REFA)** aufgestellten Grundsätzen, das **Bédaux-System,** das **Methods Time Measurement (MTM)** und die **Work-Faktor-Berechnung.**

18 **a) Vorgabezeitermittlung nach REFA.**[2] Der Zeitermittlung hat ein gründliches **Arbeitsstudium** vorauszugehen. Es muss die beste Arbeitsmethode am konkreten Werkstück mit den konkreten betrieblichen Mitteln festgestellt werden. Neben dieser Durchrationalisierung der Arbeit ist der Arbeitnehmer hinreichend zu unterweisen.

---

[1] Zur Gruppenarbeit s. auch §§ 181 ff.

[2] http://www.refaly.de; *Felix,* REFA. Methodenlehre der Betriebsorganisation, 1998; *Hujer,* REFA Methodenlehre der Betriebsorganisation, Betriebliche Statistik, 1997.

19 Im Rahmen der **Zeitstudie** ist der konkrete Arbeitsablauf klar zu gliedern. REFA empfiehlt hierfür nachfolgendes **Zeitgliederungsschema:**[3]

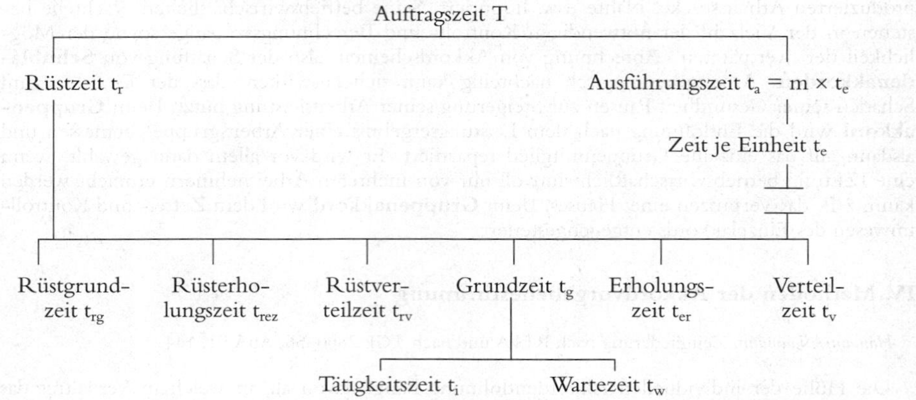

20 **Auftragszeit** ist die Zeit für das Ausführen eines Auftrages durch einen Menschen. Sie besteht aus Rüstzeit t_v und Ausführungszeit t_a.

21 Die **Rüstzeit** (t_v) umfasst alle Sollzeiten, die notwendig sind, um ein Arbeitssystem vorzubereiten, einen Auftrag durchzuführen und ggf. noch zusätzliche Zeiten, um Arbeitssysteme nach Erledigung des Auftrages in den ursprünglichen Zustand zurückzuversetzen.

22 **Erholungszeit** ist die Zeit, in der die Tätigkeit zum Abbau der tätigkeitsbedingten Arbeitsermüdung unterbrochen wird, die also notwendig ist zur Reproduktion der geistigen und körperlichen Spannkraft. Im Rahmen der Erholungszeitermittlung wird ein Erholungszeitzuschlag gegeben. Dieser ist das prozentuale Verhältnis von Erholungszeit t_{er} zur

Grundzeit t_g $\left(Z_{er} = \frac{t_{er}}{t_g} 100\%\right)$

Sowohl bei Tarifvertragsverhandlungen als auch in Verfahren vor den Einigungsstellen wird häufig darum gestritten, ob und inwieweit besondere Erholungszeitzuschläge zu gewähren sind.

23 **Verteilzeit** (t_v) ist die Summe der Soll-Zeiten aller Ablaufabschnitte, die zusätzlich zum planmäßigen Ausführen eines Arbeitsablaufs durch den Menschen anfällt. Sie besteht aus der sachlichen Verteilzeit (t_s) und der persönlichen Verteilzeit (t_p). Die Ermittlung der Verteilzeit erfolgt durch eine spezielle Verteilzeitstudie. Sie wird in der Auftragszeit durch einen Verteilungsprozentsatz (z_v) berücksichtigt

$$tv = \text{Grundzeit} \times \frac{z_v}{100}$$

24 Im Rahmen der Zeitstudie wird für jeden einzelnen Arbeitsablauf von einem besonders ausgebildeten Zeitstudienmann, also einem Sachverständigen, die aufgewandte Arbeitszeit gemessen. Die gemessenen Istzeiten können jedoch nicht unmittelbar dem Akkord zugrunde gelegt werden, sonst würde die am überdurchschnittlichen Arbeiter gewonnene Zeit zu einem zu straffen, die am unterdurchschnittlichen Arbeiter gewonnene Zeit zu einem überhöhten Akkord führen. Der Zeitstudienmann hat daher während der Zeitaufnahme den Leistungsgrad zu schätzen (zulässige Fehlerquote ± 5%) und die Istzeit auf die **Normalzeit** umzurechnen. Die Gleichung für die Errechnung lautet

$$\text{Normalzeit} = \frac{\text{Istzeit} \times \text{Leistungsgrad v. H.}}{100}$$

25 **Vorgabezeit** ist die **Soll-Zeit,** die ein Arbeitnehmer zur ordnungsmäßigen Ausführung der ihm übertragenen Arbeit unter den betriebsüblichen Bedingungen bei Normalleistung benötigt. **Normalleistung** ist die Leistung, die ein voll oder ausreichend geeigneter und geübter Arbeiter auf die Dauer und im Mittel der täglichen Schichtzeit ohne Gesundheitsschädigung erbringen

[3] REFA-Methodenlehre des Arbeitsstudiums Bd. 2 S. 42; *Hamann/Naumann* AuA 91, 144.

kann, wenn er die in der Vorgabezeit berücksichtigten Zeiten für persönliche Bedürfnisse und Erholung einhält.

Eine **Vorgabekalkulation** ist etwa nach folgendem Schema aufgebaut. 26

Zeitbegriff	Symbole	erwartete Ist-Zeit je		Soll-Zeit je Einheit	Soll-Zeit je Auftrag	Vorgabezeit des Auftrags
		Auftrag	Einheit			
Rüstgrundzeit .... Rüstverteilzeit	t_{rg}					
(Verteilprozentsatz 5%)	t_{rv}					
Rüstzeit	t_r					
Tätigkeitszeit (beeinflussbar)	t_{bt}					
Tätigkeitszeit (unbeeinflussbar)	t_{tu}					
Tätigkeitszeit	t_t					
Arbeitsablaufbedingte Wartezeit	t_w					
Grundzeit	t_g					
Verteilszeit (Verteilprozentsatz 5%)	t_v					
Zeit je Einheit	t_e					
Ausführungszeit (= m.te)	t_a					
Auftragszeit (= t_r + t_a)	T					

b) Bédaux-System. Das Bédaux-System ist ein von Bédaux entwickeltes System zur Ermittlung des Arbeitsentgelts als Prämienlohn sowie zur Rationalisierung der Fertigung. 27

Beim Bédaux-System wird die normale Arbeitsleistung je Minute (B-Punkt) durch Zeitstudie, Schätzung der individuellen Arbeitsgeschwindigkeit und Ermüdungszuschlag festgelegt. Die Festlegung erfolgt entsprechend einem Tempo, das bei 75 v. H. eines dem Arbeitnehmer auf lange Sicht über 8 Stunden hinweg zumutbaren Tempos liegt. Für eine Stunde werden 60 B-Punkte vorgegeben. Ein B ist diejenige Menge Arbeit, die ein geübter und geeigneter, nicht gehemmter Arbeitnehmer in einer Minute vollbringt, wenn er ein normales Arbeitstempo einhält und die Erholungspause in Anspruch nimmt, die ihm für die Tätigkeit zugebilligt werden muss, damit er nicht Raubbau an seiner Gesundheit treibt. Die Erholungszeiten werden in Prozentsätzen den gemessenen Istzeiten hinzugeschlagen. 60 B-Punkte werden mit dem entsprechenden Tariflohn der Lohngruppe entgolten. Von dem über 60 B-Punkte hinaus erzielten Verdienst erhält der Betrieb i. d. R. 25% als Äquivalent für die Lohngarantie von 60 B bei Minderleistung sowie den betrieblichen Organisationsaufwand. Teilweise wird auch bis 80 B voll entlohnt, um dann darüber zur Vermeidung von Schädigungen der Arbeitskraft, Maschinen und Überproduktionen Abschläge vorzunehmen, so dass die Lohnkurve degressiv verläuft. Im Rahmen des Bédaux-Systems sind Erziehungsprämien für Arbeitnehmer, in deren Abteilung keine 60 B erreicht werden, sowie Methodenzuschüsse bekannt. Letztere werden gewählt, wenn Arbeitnehmer aus organisatorischen Gründen keine 60 B erreichen. Daneben werden vielfach die Gruppenführer beteiligt. 28

c) MTM-System. Das MTM-System (Methods Time Measurement) beruht auf 1940 in der Westinghouse Electric Company in Toronto begonnenen Arbeiten. Der Arbeitsablauf wird in die Elementarbewegungen (Hand-, Arm-, Körper-, Bein- und Fußbewegungen sowie Blickvorgänge) zerlegt. Es werden 9 Grundbewegungen unterschieden. Jeder dieser Grundbewegungen wird ein vorbestimmter Normalzeitwert zugeordnet, der durch die Natur der Grundbewegung und der Umwelteinflüsse bedingt ist. Die für die Grundbewegung erforderlichen Arbeitszeiten werden 29

MTM-Normalzeitwerttabellen entnommen. Die Grundbewegungszeiten sind Normalzeiten. Sie werden auf Grund von Filmzeitstudien entwickelt. Das Verfahren zur Schätzung des Leistungsgrades heißt Levelling System. Die zu analysierende Leistung wird in die 4 Komponenten, Geschicklichkeit (Skill), Anstrengung (Efforts), Arbeitsbedingungen (Conditions) und Gleichmäßigkeit (Consistency) zerlegt. Die 4 Leistungskomponenten sind in jeweils 6 Bewertungsfaktoren und 2 Bewertungsuntergruppenfaktoren unterteilt.

30 Die Vorgabezeit wird aus den für die Elementarbewegungen notwendigen Zeiten zusammengerechnet, nachdem der Normalzeit bestimmte Erholungszuschläge hinzugerechnet worden sind.

31 Aus dem MTM-System wurden eine Vielzahl von Sonderverfahren abgeleitet. Die Standarddatensysteme sind vorwiegend Zeitbausteinsysteme. Sie werden mit höheren Entwicklungsnummern bezeichnet (MTM 2 bis MTM 5).

32 **d) Work-Faktor-Berechnung.** Auch bei der Work-Faktor-Berechnung werden Grundbewegungen unterschieden (Bewegen, Greifen, Loslassen, Verichten, Fügen, Demontieren, Ausführen sowie geistige Vorgänge). Diese Grundbewegungen werden in einer Tabelle unter Berücksichtigung von besonderen Einflüssen festgehalten und bewertet.

V. Berechnungsprinzipien der Akkordvergütung

33 **1. Geldakkord.** Beim Geldakkord wird die festgestellte Arbeitsmenge (Stückzahl, Gewicht, Maß usw.) mit dem Geldfaktor multipliziert; ist z. B. mit dem Arbeitnehmer ein Stückpreis von 0,50 Euro vereinbart, so erhält er bei Erstellung von zehn Arbeitsstücken 5 Euro.

34 **2. Zeitakkord.** Beim Zeitakkord wird dagegen die Akkordvergütung durch Multiplikation von Arbeitsmenge mal Vorgabezeit mal $^1/_{60}$ des **Akkordrichtsatzes** berechnet. Hat eine Arbeitnehmerin bei einer Vorgabezeit von 20 Minuten und einem Akkordsatz von 10 Euro in 15 Minuten einen Rock genäht, so beträgt der Stundenverdienst 4 mal 20 Minuten mal 10 Euro geteilt durch 60 = 13,33 Euro.

35 **3. Akkordrichtsatz.** Unter Akkordrichtsatz versteht man den Stundenverdienst eines Akkordarbeiters bei Normalleistung. Er besteht zumeist aus dem Grundlohn der die Tätigkeit kennzeichnenden Tariflohngruppe zuzüglich einem **Akkordrichtsatzzuschlag.** In neuerer Zeit ist jedoch lohnpolitisch streitig geworden, ob es gerechtfertigt ist, den tariflichen Grundlohn um einen Akkordrichtsatzzuschlag zu erhöhen; die Gegner dieses Zuschlages wenden vor allem ein, durch die fortschreitende Mechanisierung werde auch der Stundenlohnarbeiter zur Einhaltung einer gewissen Arbeitsgeschwindigkeit gezwungen, so dass die zuschlagmäßige Besserstellung des Akkordarbeiters nicht mehr zu rechtfertigen sei.[4]

36 **4. Mindestlohngarantien.** Neben dem Akkordrichtsatz normieren zahlreiche Tarifverträge für Akkordarbeiter eine Mindestlohngarantie **(Verdienstsicherungsklausel).** Diese soll verhindern, dass die Vergütung eines Akkordarbeiters bei Zurückbleiben der Leistung gegenüber der Normalleistung unter die garantierte Summe absinkt.

37 **5. Akkordlohnkurve.** Es besteht die Möglichkeit, den Akkordvertrag so abzuschließen, dass sich mit steigender Arbeitsmenge auch die Arbeitsvergütung linear erhöht. Es kann aber zweckmäßig sein, z. B. um einer Überlastung von Maschine und Mensch vorzubeugen, die Lohnkurve degressiv verlaufen zu lassen (vgl. auch RN 28). Je nach Verlauf der Entlohnungskurve spricht man von einer **linear, degressiv oder progressiv verlaufenden** Akkordlohnkurve.

VI. Akkordrevision

38 **1. Begriff.** Akkordrevision ist die Berichtigung des dem Arbeitnehmer vorgegebenen Leistungsquantums, i. d. R. die Berichtigung der Vorgabezeit. Die Notwendigkeit zur Akkordrevision ergibt sich in zwei Fällen, nämlich entweder wenn der Akkord von vornherein falsch gesetzt worden ist oder wenn er sich nachträglich ändert.

39 **2. Ursprünglich unrichtige Akkordfestsetzung.** Die häufigsten Fehlerquellen der arbeitswissenschaftlich ermittelten Zeitvorgabe resultieren aus einer nur mangelhaft durchgeführten Arbeitsstudie. Wird z. B. nicht die bestmögliche Arbeitsmethodik der Zeitaufnahme zugrunde gelegt, findet der Arbeitnehmer diese im Laufe der Zeit selbst. Dann wird mit dem Akkord die „Arbeitsverbesserung" honoriert. Arbeitsverbesserungen sollen jedoch im Rahmen des betrieblichen Vorschlagswesens abgegolten werden. Fehler können sich einschleichen, wenn das

[4] Vgl. Erfk/*Preis* § 611 BGB RN 392.

betriebliche Material oder Werkzeug nicht einheitlich war. Schließlich kann sich der Zeitnehmer bei der Beobachtung des Leistungsgrades verschätzen. Nach REFA ist von einem zulässigen Beurteilungsspielraum von ± 5% auszugehen. Wird die Zeitvorgabe bewusst unrichtig zum Nachteil des Arbeitnehmers festgesetzt, spricht man von einer **Akkordschere.**

3. Nachträgliche Änderung der Akkordgrundlage. Die arbeitswissenschaftlich ermittelte Zeitvorgabe wird unrichtig, wenn sich die Arbeitsmethodik, die materialmäßigen oder betrieblichen Voraussetzungen ändern. Die häufigsten, zumeist unbemerkten Änderungen treten durch die sog. **schleichende Rationalisierung** ein; so kann z. B. die Änderung eines Schmiermittels oder die veränderte chemische Zusammensetzung des Bearbeitungsgegenstandes zu einer Änderung der Arbeitsbedingungen führen. **40**

4. Arbeitskontrolle. Einführung und Aufrechterhaltung der Akkordentlohnung bedingen eine Arbeitskontrolle, um nicht nur eine Benachteiligung der Arbeitnehmer, sondern auch das „Fortlaufen" der Akkorde zu verhindern. Regelmäßig wird in der arbeitswissenschaftlichen Literatur das Führen einer **Akkordstatistik** empfohlen. **41**

§ 65. Arbeitswissenschaftliche Prinzipien des Prämienlohnes

Allgemein: *Greißel,* Produktivitätssteigerung durch leistungsbezogenes Entgelt für Führungskräfte gewerblicher Mitarbeiter, Leistung und Lohn, herausgegeben von der BdA, 1994; *Schwab* AR-Blattei SD 40 RN 16ff.

Muster zur Prämienentlohnung: ArbR-Formb. § 51 RN 13.

I. Allgemeines

1. Zweck. a) Der **Prämienlohn** soll die besondere Leistungserbringung des Arbeitnehmers honorieren. Die Prämien können an alle betriebswirtschaftlich relevanten, vom Arbeitnehmer zu beeinflussenden Bezugsgrößen geknüpft werden, z. B. Arbeitsmenge, Arbeitsqualität usw. Der Prämienlohn kann daher insbesondere auch dann vereinbart werden, wenn der Arbeitnehmer die Leistungsmenge nicht steuern kann. Er braucht jedoch nicht notwendig kausal ermittelt zu werden, sondern reicht auch in den Bereich finaler Lohnfindung (vgl. § 62 RN 4) hinein, wenn die Prämie am wirtschaftlichen Ergebnis der Arbeit orientiert wird, also z. B. als Nutzungs- oder Ersparnisprämie. Während beim an der Arbeitsmenge orientierten Akkord die Lohnkurve regelmäßig linear, und zwar proportional zur Leistungskurve steigt, wird nach den verschiedenen Prämiensystemen die Prämie entsprechend den betriebswirtschaftlichen, technischen und arbeitswissenschaftlichen Notwendigkeiten linear, progressiv oder degressiv gestaffelt; z. B. würde bei der Mengenprämie, wenn die Gefahr der Gesundheitsschädigung für den Arbeitnehmer oder die einer Maschinenüberlastung besteht, die Prämienkurve linear oder progressiv bis zur optimal wünschenswerten Leistung steigen, danach jedoch sinken oder nur noch degressiv steigen. Der Prämienlohn ist in seiner Ausgestaltung mithin weitaus flexibler als der Akkordlohn; er erfordert – richtig angewandt – jedoch sorgfältige Arbeitsstudien. Aus Gründen des **Gefahrenschutzes** ist der Prämienlohn für Schwangere **(§ 4 III Nr. 1 MuSchG),** Jugendliche **(§ 23 JarbSchG)** sowie für Fahrpersonal **(§ 3 FPersG)** verboten. 1

b) Wegen der Fülle der möglichen Anknüpfungspunkte finden sich in der Praxis gelegentlich auch Prämien, die nicht eine besondere Leistung honorieren, sondern Arbeits- und Verhaltensweisen, auf die der Arbeitgeber ohnehin Anspruch hat; z. B. **Anwesenheits- und Pünktlichkeitsprämien** (§ 79). Sie sind arbeitswissenschaftlich nicht wünschenswert, weil sie nicht dazu dienen, eine bessere Lohngerechtigkeit herbeizuführen. Sie sind aber auch bedenklich, weil von ihnen die Gefahr ausgeht, dass der Arbeitnehmer im Interesse der Prämienerhaltung berechtigte Fehlzeiten (Krankheiten, Mutterschutz) herabsetzt. 2

2. Prämienlohnsysteme. Die wichtigsten arbeitswissenschaftlich ausgebildeten Prämienlohnsysteme sind: **(1)** Der **Halsey-Lohn** garantiert einen Mindestlohn, der einer normalen Stückzeit entspricht. Unterschreitet der Arbeitnehmer die normale Stückzeit, so wird die ersparte Zeit nicht voll honoriert, sondern nur zu einem Bruchteil. Die übrige Zeit kommt dem Betrieb zugute. Bei der Überschreitung der Normalzeit trägt der Arbeitgeber den Mehraufwand. Die Lohnkurve verläuft linear. **(2)** Beim **Rowan-Lohn** verläuft dagegen die Lohnkurve degressiv, um einen starken Leistungsanreiz zu vermeiden. Für die normale Stundenleistung wird der normale Stundenlohn gezahlt. Bei Zeitunterschreitungen wird eine Prämie gezahlt, die sich aus dem Verhältnis der ersparten Zeit zur Normalzeit bei normalem Stundenlohn ergibt. **(3)** Bei dem von *Taylor* entwickelten **Differentiallohnsystem** wird bis zur Normalleistung der norma- 3 le Stundenlohn gezahlt, alsdann steigt die Vergütung überproportional. Es wird damit ein hoher Leistungsanreiz erzeugt. **(4)** Bei dem von Gantt entwickelten **Gantt-System** wird für alle unter der Normalleistung liegenden Leistungsgrade der Grundlohn garantiert. Bei Erreichen der Normalleistung wird die erste Prämie gezahlt; bei höherem Leistungsgrad steigt die Prämie alsdann überproportional.

II. Gliederung der Prämien nach der Bezugsgröße der Arbeitsleistung

4 **1. Allgemeines.** Ähnlich wie bei Akkord lassen sich die Prämien auf der Arbeitsseite nach der Bezugsgröße gliedern (vgl. § 64 RN 2ff.). In der Praxis knüpfen die Prämien zumeist nicht an eine, sondern an mehrere Bezugsgrößen an. Eine Mengenprämie wird i. d. R. mit einer Güteprämie gekoppelt, um zu verhindern, dass der Arbeitnehmer ohne Rücksicht auf die Qualität seiner Arbeit allein die Arbeitsmenge steigert. Anderseits ist es nicht empfehlenswert, die Prämien mit zu vielen Bezugsgrößen zu verknüpfen, da dann das System für den Arbeitnehmer wenig durchschaubar ist und betriebswirtschaftlich keine hinreichenden Resultate erzielt werden können. Die gebräuchlichsten Prämien sind:

5 **2.** Bei der **Mengenprämie** wird die Prämie an die quantitative Ausbringung der Arbeit geknüpft.

6 **3.** Die **Qualitäts- oder Güteprämie** dient dazu, den Arbeitnehmer durch die Entwicklung besonderer Umsicht anzureizen, den Ausschuss herabzusetzen. Insoweit reicht die Prämienfindung in den Bereich der finalen Lohnbestimmung hinein.

7 **4.** Die **Nutzungsprämie** will längere Stillstandszeiten u. U. wertvoller Maschinen verhindern und deren optimale Ausnutzung anreizen.

8 **5.** Die **Ersparnisprämie** prämiert die Ersparnis von Rohstoffen, Energie usw.

9 **6.** Die **Terminprämie** will den Arbeitnehmer an der pünktlichen Einhaltung von Lieferterminen interessieren und hohe Konventionalstrafen, z. B. in der Automobil-Zulieferindustrie vermeiden helfen.

10 **7.** Die **Anwesenheitsprämie** (vgl. § 79) will zur Vermeidung von Fehlzeiten anreizen. Viele Betriebe staffeln freiwillige soziale Leistungen (Gratifikationen) nach den Fehlzeiten.

11 **8.** Die **Pünktlichkeitsprämie** will schließlich den pünktlichen Arbeitsbeginn usw. sicherstellen.

III. Gliederung der Prämien nach der Leistungsseite des Arbeitgebers

12 **1. Selbstständiger Prämienlohn mit und ohne Mindestlohngarantie.** Es ist denkbar, dass die gesamte Arbeitsvergütung Prämienlohn ist. In diesen Fällen steigt oder sinkt die Arbeitsvergütung je nach der erbrachten Arbeitsleistung, es sei denn, dass eine **Mindestlohngarantie** das Absinken unter eine bestimmte Lohnhöhe verhindert. Die Tarifverträge enthalten erst in neuerer Zeit Prämienlohnsysteme. Der Tariflohn wirkt daher im Rahmen betrieblicher Prämienlohnsysteme als Mindestlohngarantie.

13 **2.** Der **kombinierte Prämienlohn** ist der zzt. häufigste. Er setzt sich zumeist aus dem Tariflohn (Zeit- oder Akkordlohn) und der betrieblichen Prämie zusammen.

14 **3. Geld- oder Zeitprämie.** Ähnlich wie beim Akkord kann die Prämie in Geld- und Zeiteinheiten vorgegeben werden. Anders als beim Zeitakkord findet sich jedoch die Zeitprämie kaum. Sie ist theoretisch denkbar nur in Fällen, bei denen die Bezugsgröße nach Zeiteinheiten messbar ist, also vor allem bei der Mengen- und Terminprämie. Dagegen hat die Zeitprämie keine Bedeutung für die Güte- oder Ersparnisprämie. Bei der Zeitprämie erfolgt die Prämienlohnberechnung in der Weise, dass eine wie beim Akkord zu ermittelnde Vorgabezeit bestimmt wird und dem Arbeitnehmer später die Istzeit im Verhältnis zur Vorgabezeit vergütet wird.

15 **4. Gruppen- oder Einzelprämie.** Die Prämie kann an die Arbeitsleistung des einzelnen Arbeitnehmers anknüpfen. In vollmechanisierten Betrieben findet sich jedoch zumeist die Gruppenprämie, bei der die Arbeitsleistung der Arbeitsgruppe prämiert und dann auf den einzelnen Arbeitnehmer repartiiert wird. Im Interesse der Überschaubarkeit für den Arbeitnehmer sollten die Gruppen nicht zu groß gewählt werden.

16 **5. Prämienkurve.** Von linearem, progressivem oder degressivem Prämienlohn spricht man je nach Ausgestaltung der Prämienlohnkurve, sie wächst linear, wenn sie proportional zur Bezugsgröße steigt; progressiv, wenn sie mit steigender Bezugsgröße stärker steigt; degressiv, wenn sie sich bei steigender Bezugsgröße abschwächt.

IV. Festlegung der Prämienleistungsnorm

1. Allgemeines. Auch im Prämienlohnsystem bedarf es der Festlegung dessen, was als Normalleistung angesehen wird und was als überdurchschnittliche Leistung zu bewerten und zu prämieren ist. Im Wesentlichen sind **drei Schemata der Normermittlung** zu unterscheiden. 17

2. Ausgehandelter Prämienleistungslohn. Beim ausgehandelten Prämienleistungslohn wird die Prämie wie beim ausgehandelten Akkord (§ 64 RN 14) oder Gedinge für ein bestimmtes Leistungsergebnis frei vereinbart. 18

3. Empirisch ermittelter Prämienleistungslohn. Bei dem empirisch ermittelten Prämienleistungslohn wird der Durchschnitt einer konkreten Arbeitsleistung **statistisch** ermittelt und hiernach die Prämie ausgerichtet. Die statistische Ermittlung der Durchschnittsleistung kann zu erheblichen Lohnungerechtigkeiten führen. Werden unzureichende statistische Unterlagen verwandt, kann ein mit niedrigem Durchschnittswert arbeitender Arbeitnehmer verhältnismäßig leicht eine Prämie erhalten, oder es kann umgekehrt das Leistungssoll eines ohnehin gut arbeitenden Arbeitnehmers heraufgesetzt werden. 19

4. Wissenschaftlicher Prämienleistungslohn. Diese Nachteile vermeidet der methodisch, arbeitskundlich ermittelte Prämienleistungslohn. Bei diesem wird wie bei der arbeitswissenschaftlich ermittelten Akkordvorgabezeit ein bestimmtes, objektives Bewertungsschema geschaffen. 20

V. Berechnung des Prämienlohnes

Zur Prämienlohnberechnung können wegen der verschiedenen Art der Systeme keine allgemeingültigen Formeln gegeben werden. Im Wesentlichen werden **zwei Methoden** unterschieden. Nach der einen erhält der Arbeitnehmer eine bestimmte Prämie **vorgegeben,** und es werden Abstriche gemacht, wenn es z. B. bei der Terminprämie zu Terminüberschreitungen kommt. Nach der anderen werden **Prämienkataloge** ausgearbeitet, und der Arbeitnehmer erhält die seiner Arbeitsleistungsgruppe entsprechende Prämie.[1] 21

---

[1] Vgl. ArbR-Formb. § 51 RN 15 ff.

2. Abschnitt. Die Arbeitsvergütung

§ 66. Arbeitsvergütung

Übersicht

	RN		RN
I. Allgemeines	1 ff.	2. Fehlende Rechtsgrundlage	14
1. Hauptleistungspflicht	1–4	3. Nachträgliche Entlohnung	15
2. Rechtsnatur	5, 6	4. Vergütungserwartung	16–21
3. Entgeltlose Arbeitsverträge	7	5. Leistungserwartung	22
II. Vergütungsvereinbarung	8 ff.	6. Mehrleistung	23
1. Vertrag	8–13	7. Ruhestandsbezüge	24

I. Allgemeines

1 **1. Hauptleistungspflicht.** Gem. **§ 611 I BGB** ist der Arbeitgeber zur Zahlung der vereinbarten oder der nach § 612 II BGB zu bestimmenden Vergütung an den Arbeitnehmer verpflichtet. Dabei handelt es sich um die im Gegenseitigkeitsverhältnis zur Arbeitspflicht des Arbeitnehmers stehende Hauptleistungspflicht des Arbeitgebers.

2 **a) Arbeitgeber** ist, wer den Arbeitsvertrag abgeschlossen hat. Näher zum Arbeitgeberbegriff § 17, zur Haftung von Gesellschaftern von Personengesellschaften sowie von Konzernunternehmen § 34.

3 **b) Vergütung** ist jeder als Gegenleistung für die Arbeitsleistung bestimmte geldwerte Vorteil, also auch Sachbezüge (§ 68). Nicht zur Arbeitsvergütung gehören Schadensersatzleistungen, z. B. für vorzeitige Vertragsbeendigung (§ 628 II BGB) oder Abfindungen. Keine Arbeitsvergütung sind Zinsen, die bei verspätet geleisteter Arbeitsvergütung zu zahlen sind (§ 71 RN 6 ff.). Vielmehr handelt es sich hierbei um einen gesetzlichen Ausgleich für die Vorenthaltung des Entgelts. Der BFH stuft Verzugszinsen für die Versteuerung als Einnahmen aus Kapitalvermögen ein,[1] in der Sozialversicherung begründen sie weder die Beitragspflicht noch einen Anspruch auf Insolvenzgeld.[2] Kein Entgelt sind ferner Zinsen, die auf Grund eines Arbeitnehmerdarlehens zu zahlen sind.[3] Problematisch ist, ob noch Vergütungsansprüche gegeben sind, wenn ein Entgeltanspruch im Wege der Schuldumschaffung in ein Vereinbarungsdarlehen (§ 607 BGB) umgewandelt wird,[4] wobei dies ohnehin nur wegen des Nettoauszahlungsbetrages in Betracht kommt.

4 **c)** Herkömmlicherweise wird die Vergütung von Arbeitern **Lohn,** von Angestellten **Gehalt** und von Künstlern **Gage** genannt. Die Vergütung der Seeleute bezeichnet das Gesetz als **Heuer** (§§ 30 ff., 78 I SeemG). Für die Arbeitsvergütung finden sich aber auch die Bezeichnungen Bezüge, Entgelt, Honorar, Entschädigung usw. In einigen Gesetzen ist der Begriff des Lohnes dem der Arbeitsvergütung synonym (z. B. im Sozialversicherungsrecht § 14 III SGB IV, im Lohnsteuerrecht § 2 LStDV, im Betriebsverfassungsrecht § 87 I Nr. 10 BetrVG).

5 **2. Rechtsnatur. a)** Ihrer Rechtsnatur nach ist die Arbeitsvergütung **Gegenleistung für die geleisteten Dienste;** dies gilt auch dann, wenn sie gelegentlich als Entschädigung bezeichnet wird. **Schadensersatz** kann sie nur dann sein, wenn sie wegen einer verschuldeten Pflichtverletzung des Arbeitgebers zu leisten ist, z. B. wenn er die Arbeitsleistung des Arbeitnehmers schuldhaft unmöglich gemacht hat. In Berufsausbildungsverhältnissen ist die Vergütung keine Gegenleistung, sondern eine Nebenpflicht mit Unterhaltsfunktion, die zugleich die Heranbildung eines ausreichenden Nachwuchses an qualifizierten Fachkräften gewährleisten soll und eine Mindestentloh-

---

[1] BFH 29. 9. 1981 NJW 82, 792; offen gelassen bei BFH 9. 5. 1989 BFH/NV 90, 283; vgl. auch BFH 15. 5. 1998 NZA-RR 98, 509.

[2] BSG 28. 2. 1985 ZIP 85, 626; 18. 9. 1991 NZA 92, 329; 15. 12. 1992 NZS 93, 322; a. A. *Uhlenbruck* DB 86, 645.

[3] Erfk/*Preis* § 611 BGB RN 427.

[4] Vgl. hierzu LAG Niedersachsen 30. 8. 2000 – 16 a Sa 378/00 – n. v.

nung für die vom Auszubildenden erbrachte Leistung darstellt.[5] Von der Arbeitsvergütung zu unterscheiden ist der **Auslagenersatz,** durch den dem Arbeitnehmer besondere, im Zusammenhang mit der Arbeitsleistung erwachsende Aufwendungen ersetzt werden (§ 86).

b) Aus dem Gegenseitigkeitsverhältnis folgen die **Rechte des Arbeitnehmers im Falle von Leistungsstörungen des Arbeitgebers. (1)** Erfüllt der Arbeitgeber seine Zahlungspflicht nicht, so erlangt der Arbeitnehmer die Einrede des nicht erfüllten Vertrages (§ 320 BGB; vgl. § 50). **(2)** Braucht der Arbeitnehmer die Arbeitsleistung nach § 275 I–III BGB nicht zu erbringen, so entfällt der Anspruch auf die Gegenleistung; bei einer Teilleistung wird der Anspruch gemindert (§ 326 I BGB). Ist der Arbeitgeber für den Umstand, dass der Arbeitnehmer nicht zu leisten braucht, ganz oder überwiegend verantwortlich, so behält der Arbeitnehmer seinen Entgeltanspruch (§ 326 BGB). 6

3. Entgeltlose Arbeitsverträge. Nur ganz ausnahmsweise sind Arbeitsverträge ohne die Verpflichtung des Arbeitgebers zur Zahlung einer Vergütung denkbar. Sie spielen in der Praxis kaum eine Rolle und kommen nur ganz vereinzelt vor, wenn z. B. der Sohn eines Firmeninhabers zur Information in einem befreundeten Betrieb arbeitet oder wenn die Tätigkeit zunächst nur einer Einarbeitung dient. Zumeist wird in diesen Fällen allerdings eher ein Praktikantenverhältnis vorliegen (§ 16 RN 9ff.). 7

II. Vergütungsvereinbarung

1. Vertrag. a) Regelmäßig wird über die vom Arbeitgeber zu zahlende Vergütung eine besondere **Vergütungsvereinbarung** getroffen. Diese kann ausdrücklich oder konkludent geschlossen werden. Eine konkludente Vergütungsvereinbarung kann z. B. vorliegen, wenn der Arbeitgeber dem Arbeitnehmer widerspruchslos eine Lohnabrechnung mit übertariflichem Lohn aushändigt. Nach **§ 2 I 2 Nr. 6 NachwG** ist die Vergütung einschließlich aller Bestandteile schriftlich niederzulegen. Sind die Parteien tarifgebunden oder wird im Arbeitsvertrag auf einen Tarifvertrag verwiesen, so richtet sich die Vergütung nach dem Tarifvertrag. Im Falle der Tarifbindung der Parteien darf die Vergütungsvereinbarung die tarifliche Vergütung nicht unterschreiten. In Ausnahmefällen kann die Vergütungsvereinbarung nach Grund und Höhe auch von einer Betriebsvereinbarung beeinflusst sein; Betriebsvereinbarungen enthalten aber regelmäßig wegen des Tarifvorbehaltes (§ 77 III BetrVG) keine Vergütungsregelungen. Aus dem Gleichbehandlungsgrundsatz folgt ein Anspruch, wenn vergleichbare Arbeitnehmer einen entsprechenden Vergütungsanspruch haben. Keine Anwendung findet der Gleichbehandlungsgrundsatz allerdings zwischen Tarifgebundenen und nicht Tarifgebundenen (s. hierzu § 206 RN 41). 8

b) Der **Grundsatz der Lohngleichheit** bei Männern und Frauen (§ 165) wurde für Tarifverträge und Betriebsvereinbarungen unmittelbar aus Art. 3 GG abgeleitet.[6] Nach richtiger Auffassung galt er aber auch für arbeitsvertragliche Einheitsregelungen, Gesamtzusagen, gebündelte Arbeitsverträge sowie bei Individualvereinbarungen. In jedem Fall ergibt er sich aus Art. 141 EG (vormals Art. 119 EWG-Vertrag); der Meinungsstreit um die Drittwirkung der Grundrechte ist im Lohnbereich überholt. Es war nie umstr., dass der Lohngleichheitssatz des EG-Vertrages auf den Einzelarbeitsvertrag einwirkt (§ 3). 9

c) Durch das arbeitsrechtliche EG-Anpassungsgesetz vom 13. 8. 1980 (BGBl. I S. 1308) wurde der Grundsatz der Lohngleichheit ausdrücklich in § 612 III BGB niedergelegt. Individual- oder Kollektivvereinbarungen, die dagegen verstießen, waren nach § 134 BGB unwirksam. Im Wege der ergänzenden Vertragsauslegung war zu ermitteln, ob allgemein für die benachteiligten Personengruppen eine Erhöhung der Vergütung erfolgt.[7] Durch Art. 3 Nr. 14 Gesetz zur Umsetzung europäischer Richtlinien zur Verwirklichung des Grundsatzes der Gleichbehandlung ist § 612 III BGB aufgehoben worden. Der Lohngleichheitssatz ergibt sich jetzt aus **§§ 1, 7 AGG.** Eine unterschiedliche Entlohnung von Männern und Frauen ist gem. **§ 8 I AGG** nur dann zulässig, wenn das Geschlecht wegen der Art der auszuübenden Tätigkeit oder der Bedingungen ihrer Ausübung eine wesentliche und entscheidende berufliche Anforderung darstellt (s. hierzu § 33 RN 44ff.). 10

---

[5] BAG 10. 2. 1981 AP 25 zu § 5 BetrVG 1972, 8. 12. 1982 AP 1 zu § 29 BBiG; 10. 4. 1991 AP 3 zu § 10 BBiG = NZA 91, 773; 25. 7. 2002 AP 11 zu § 10 BBiG; 15. 12. 2005 AP 15 zu § 10 BBiG; s. auch § 174 RN 60ff.

[6] BAG 17. 10. 1995 AP 132 zu § 242 BGB Gleichbehandlung = NZA 96, 656; 17. 11. 1998 AP 162 zu § 242 BGB Gleichbehandlung = NZA 99, 606.

[7] Vgl. BAG 23. 9. 1992 AP 1 zu § 612 BGB Diskriminierung = NZA 98, 891; 16. 6. 1993 AP 26 zu § 2 BeschFG 1985.

11 **d)** In zahlreichen Tarifverträgen waren sog. **Leichtlohngruppen** vorgesehen. In ihnen wurden nahezu ausschließlich Frauen beschäftigt. Da bei den Leichtlohngruppen an die geringere körperliche Beanspruchung angeknüpft wird, hat die Rspr. diese zunächst als rechtswirksam anerkannt.[8] Gleichwohl ist eine Diskriminierung der Frauenarbeit gegeben, weil von einer solchen Regelung ausschließlich oder überwiegend Personen eines Geschlechtes betroffen sind (mittelbare Diskriminierung, § 165 RN 12ff.). Der EuGH lässt Lohngruppen für leichte körperliche Arbeit nur zu, wenn ein kompensierender Anspruch bei typischen Frauenarbeiten geschaffen wird, wenn also möglichst auch Kriterien berücksichtigt werden, bei denen Frauen besonders geeignet sein können.[9] Das BAG hält für die Beurteilung, ob eine Arbeit leicht oder schwer ist, auch die Berücksichtigung der Umwelteinflüsse für erheblich (näher: § 165 RN 11). Erhalten alle männlichen Arbeitnehmer eine Zulage und werden nur weibliche ausgeschlossen, so spricht eine Vermutung dafür, dass die Frauen benachteiligt werden sollten, wenn nur für einen Teil der männlichen Arbeitnehmer Gründe der Bevorzugung bestehen.[10]

12 **e)** Nach § 1 AGG ist zudem eine Benachteiligung aus Gründen der Rasse oder wegen der ethnischen Herkunft, des Geschlechts, der Religion oder Weltanschauung, einer Behinderung, des Alters oder der sexuellen Identität ausgeschlossen (§ 33 RN 4ff.).

13 **f)** Grundsätzlich sind die Arbeitsvertragsparteien auf Grund des Gleichbehandlungsgrundsatzes nicht gehindert, die Höhe der Arbeitsvergütung frei zu vereinbaren. Insoweit gilt der Vorrang der **Vertragsfreiheit** (§ 31 RN 2). Allein die Tatsache, dass andere Arbeitnehmer bei gleicher Arbeitsleistung ein höheres Entgelt erhalten, löst noch keinen Anspruch auf eine entsprechende Vergütungserhöhung aus.[11] Anwendbar ist der Gleichbehandlungsgrundsatz (§ 112) dagegen dann, wenn der Arbeitgeber nach einem bestimmten erkennbaren und generalisierenden Prinzip Leistungen gewährt.[12] Ist eine unverhältnismäßig geringe Vergütung vereinbart, so kann diese nach **§ 138 II BGB (Wucher)** sittenwidrig sein (§ 36 RN 2ff.). Zu Berufsausbildungsverträgen vgl. § 174 RN 60ff.

14 **2. Fehlende Rechtsgrundlage.** Fehlt eine Rechtsgrundlage oder Vergütungsvereinbarung gem. Ziff. 1 oder ist diese nichtig,[13] so gilt die Vergütung als **stillschweigend vereinbart,** wenn die Dienstleistung den Umständen nach nur gegen eine Vergütung zu erwarten ist (§ 612 I BGB). Die Vergütungsvereinbarung ist ein essentieller Bestandteil des Arbeitsvertrages. Durch die Fiktion des § 612 I BGB wird vermieden, dass ein Vertrag mangels Einigung über die Vergütung unwirksam ist. Umstände, aus denen eine stillschweigende Vergütungsvereinbarung herzuleiten ist, sind die Verkehrssitte, Umfang und Dauer der Arbeitsleistung, deren regelmäßige Erbringung, volle oder überwiegende Beanspruchung der Arbeitskraft des Dienstverpflichteten usw. Entscheidend sind die **objektive Sachlage** und die Verhältnisse des Einzelfalles. Unerheblich ist dagegen, ob Arbeitnehmer oder Arbeitgeber **subjektiv** von der Vergütungspflichtigkeit der Dienstleistung ausgehen. Eine Anfechtung wegen Irrtums über die Vergütungspflichtigkeit scheidet daher aus. Darlegungs- und beweispflichtig für das Vorliegen der Umstände ist der Anspruchssteller; der Anspruchsgegner hat demgegenüber nachzuweisen, warum im konkreten Einzelfall die Arbeit unentgeltlich geleistet werden sollte. Dies kann z.B. der Fall sein bei verwandtschaftlichen Beziehungen, Gelegenheitsverrichtungen, **Gefälligkeitsschuldverhältnissen** oder echten Auftragsverhältnissen (§ 662 BGB). Gesellschaftliche Schuldverhältnisse oder Gefälligkeitsverrichtungen liegen dann vor, wenn dem Dienstnehmer der Wille zur rechtlichen Bindung fehlt; z.B. der Arbeitnehmer nimmt gelegentlich abends die Post mit und wirft sie am nächsten Briefkasten ein. Ein Gefälligkeitsschuldverhältnis ist im Zweifel dann nicht gegeben, wenn der Dienstverpflichtete eine Rechtspflicht seines Arbeitgebers übernimmt (z.B. Mitnahme eines Arbeitskollegen zur Montagestelle usw.).

15 **3. Nachträgliche Entlohnung.** Möglich ist, die Vergütung erst nach Ableistung der Dienste zu vereinbaren; z.B. wenn sich ergibt, dass die zu erbringende Arbeit umfangreicher ist als erwartet. Dasselbe gilt auf Grund der Vertragsfreiheit für Erhöhungen der Vergütung.[14] Denkbar

---

[8] BAG 15. 1. 1955 AP 4 zu Art. 3 GG.

[9] EuGH 1. 7. 1986 AP 13 zu Art. 119 EWG-Vertrag; s. auch § 165 RN 11.

[10] BAG 11. 9. 1974 AP 39 zu § 242 BGB Gleichbehandlung; 9. 9. 1981 AP 117 zu Art. 3 GG.

[11] BAG 9. 11. 1971 AP 36 zu § 242 BGB Gleichbehandlung; 23. 8. 1995 AP 134 zu § 242 BGB Gleichbehandlung = NZA 96, 829.

[12] Zur Abgrenzung zu individuell vereinbarten Entgelten vgl. BAG 19. 8. 1992 AP 102 zu § 242 BGB Gleichbehandlung = NZA 93, 171; näher hierzu § 112 RN 8ff.

[13] BAG 10. 3. 1960 AP 2 zu § 138 BGB; 5. 8. 1963 AP 20 zu § 612 BGB; 25. 1. 1989 AP 2 zu § 2 BeschFG 1985; 28. 9. 1994 AP 38 zu § 2 BeschFG 1985.

[14] BGH 15. 3. 1989 AP 40 zu § 612 BGB.

ist aber auch, dass die Vergütung aufschiebend bedingt vereinbart wird. Dies ist z.B. der Fall, wenn ein Arbeitnehmer zu Lebzeiten des Arbeitgebers nicht oder nur unzureichend entlohnt wird und ihm eine Vergütungszahlung für den Fall des Ablebens des Arbeitgebers in Aussicht gestellt wird. Derartige Abreden sind Verträge unter Lebenden und keine formbedürftigen Schenkungsversprechen von Todes wegen (§ 2301 BGB). Hierdurch wird der Vergütungsanspruch (konkludent) gestundet.[15] Lässt ein Arbeitnehmer sich für seine Dienstleistungen die Hofübergabe oder eine andere atypische Vergütung versprechen, so hat er später kein Wahlrecht zwischen der Hofübergabe oder einer Geldleistung, es sei denn die atypische Vergütung wird durch Gründe verhindert, die nicht vom Arbeitnehmer zu vertreten sind.[16] Häufig wird Arbeitnehmern (Pflegerinnen, Haushälterinnen usw.) eine testamentarische Bedenkung in Aussicht gestellt. Die Verjährung des Entgeltanspruchs beginnt in diesen Fällen erst mit dem Tode des Arbeitgebers bzw. der Feststellung der Unwirksamkeit des Testamentes.[17] Unterbleibt die testamentarische Bedenkung oder ist sie unwirksam, so kann sich gem. § 612 I BGB ein Anspruch auf angemessene Vergütung ergeben.[18] Durch die Zusage, geleistete Dienste im Wege der Erbfolge oder durch eine andere atypische Vergütung zu entgelten, ist der Arbeitgeber rechtlich nicht gehindert, unter Lebenden über sein Vermögen zu verfügen. Entzieht eine solche Verfügung einem beabsichtigten späteren finanziellen Ausgleich für die Arbeitsleistung die Grundlage, ist die Entgeltvereinbarung dahingehend auszulegen, dass damit die vereinbarte Stundung des Entgelts hinfällig wird.[19] Das Gleiche gilt bei einer Ablehnung, noch eine Vergütung im Wege der Erbeinsetzung zu leisten.[20] Daher beginnt diesen Fällen mit dem Wegfall der Stundungsabrede ab diesem Zeitpunkt der Lauf der Verjährungsfrist.[21]

4. Vergütungserwartung. Vielfach erbringen **Personen in verwandtschaftlichen oder** 16
quasi-familiären Beziehungen (Verlobte, Lebensgemeinschaft usw.) Arbeitsleistungen, ohne dass diese während des Bestandes des Verhältnisses besonders vergütet werden. Nach Auflösung derartiger Rechtsbeziehungen oder im Falle von Streitigkeiten wird über die Vergütungspflicht der Arbeit und die angemessene Vergütung gestritten. Ein Vergütungs- oder Nachzahlungsanspruch auf Vergütung ist gegeben,[22] wenn **(a)** auf Grund arbeitsvertraglicher Beziehungen – u.U. in Form einer schlüssigen Vertragsvereinbarung oder eines faktischen Arbeitsverhältnisses – eine Erwartung besteht,[23] dass durch eine in Zukunft erfolgende Übergabe eines Vermögens oder Vermögensbestandteiles die in der Vergangenheit geleisteten Dienste abgegolten werden sollen, **(b)** für die geleisteten Dienste entweder keine oder doch nur deutlich unterwertige Bezahlung erfolgt ist und **(c)** ein unmittelbarer Zusammenhang zwischen der unterwertigen oder fehlenden Zahlung und der Erwartung gegeben ist.

a) Eine **Vergütungserwartung** besteht z.B. dann, wenn eine Verlobte vereinbarungsgemäß 17
für den Betrieb des Vaters ihres Verlobten unentgeltlich Dienste leistet, weil die jungen Eheleute nach erfolgter Heirat den Betrieb übernehmen sollen.[24] Dagegen wird ein Anspruch aus fehlgegangener Vergütungserwartung verneint, wenn die Verlobte in Erwartung künftiger Eheschließung arbeitet und diese scheitert.[25] Bejaht wurde ein Anspruch, wenn eine Frau einem Mann in einem eheähnlichen Verhältnis den Haushalt führt und sie nach seinem Ableben Zuwendungen erhalten soll,[26] oder ein Arbeitnehmer in Erwartung künftiger Erbeinsetzung langjährig Dienste leistet.[27] Eine für die Anwendung von § 612 BGB ausreichende Vergütungserwartung ist bereits dann gegeben, wenn der Arbeitnehmer in einer dem Dienstberechtigten erkennbaren Erwar-

[15] BAG 30. 8. 1973 AP 28 zu § 612 BGB mit im Ergebnis zust. Anm. *Beuthien;* 30. 9. 1971 AP 27 zu § 612 BGB mit abl. Anm. *Beuthien;* 28. 9. 1977 AP 29 zu § 612 BGB mit im Ergebnis zust. Anm. *v. Hoyningen-Huene.*
[16] BAG 20. 9. 1978 AP 32 zu § 612 BGB.
[17] BAG 5. 8. 1963 AP 20 zu § 612 BGB; 30. 9. 1971 AP 27 zu § 612 BGB.
[18] BAG 5. 8. 1963 AP 20 zu § 612 BGB; 30. 9. 1971 AP 27 zu § 612 BGB.
[19] BAG 30. 8. 1973 AP 28 zu § 612 BGB; 28. 9. 1977 AP 29 zu § 612 BGB.
[20] BAG 28. 9. 1977 AP 29 zu § 612 BGB.
[21] BAG 5. 8. 1963 AP 20 zu § 612 BGB.
[22] BAG 14. 7. 1966 AP 24 zu § 612 BGB; LAG Köln 20. 4. 1990 LAGE § 612 BGB Nr. 4.
[23] Vgl. BAG 19. 7. 1973 AP 19 zu § 611 BGB Faktisches Arbeitsverhältnis m. Anm. *Buchner;* auch OLG Stuttgart 29. 6. 1977 NJW 77, 1779.
[24] BAG 15. 3. 1960 AP 13 zu § 612 BGB.
[25] LAG Rheinland-Pfalz 18. 11. 1998 MDR 99, 617 = NZA 2000, 1060 (LS).
[26] BAG 24. 9. 1960 AP 15 zu § 612 BGB; a.A. bei bloßem Eheversprechen: LAG Rheinland-Pfalz 22. 10. 1982 LAGE § 612 BGB Nr. 2 = DB 82, 2719.
[27] BAG 5. 8. 1963 AP 20 zu § 612 BGB; 18. 1. 1964 AP 22 zu § 612 BGB; bei Testierverbot: BAG 30. 9. 1971 AP 27 zu § 612 BGB.

tung späterer Vergütung arbeitet und dieser die Dienste gleichwohl entgegennimmt;[28] eine sichere Aussicht späterer Vergütung ist nicht Voraussetzung.[29] Bei einem Gesellschafter-Geschäftsführer einer GmbH besteht nicht die generelle Erwartung, dass er nur gegen Entgelt für diese tätig wird. Anders als ein Fremdgeschäftsführer kann er gegen eine angemessene oder deutlich unterwertige Vergütung oder sogar unentgeltlich tätig werden.[30]

18 **b)** Bei der Beurteilung, ob eine deutlich **unterwertige Vergütung** erfolgt ist, kann nicht allein auf den Vergleich zwischen der gezahlten und der üblichen Vergütung abgestellt werden, vielmehr sind alle Umstände des Einzelfalles zu berücksichtigen.[31] Hierzu gehört insbesondere die Leistungsfähigkeit des Dienstgebers. Liegt eine deutliche Unterbewertung vor, so ist im Falle des Fehlgehens der Vergütungserwartung eine Gesamtbewertung der geleisteten Dienste vorzunehmen.[32] In die Bewertung ist also auch die bereits vergütete Arbeitsleistung einzubeziehen.

19 **c)** Der unmittelbarere Zusammenhang zwischen der fehlenden oder unterwertigen Entgeltzahlung und der Erwartung liegt vor, wenn die Arbeitsleistung ohne die Vergütungserwartung nicht oder jedenfalls nicht in dem Umfang erfolgt wäre.[33] Letztlich geht es bei diesem Tatbestandsmerkmal um die **Kausalität** der Vergütungserwartung für die Arbeitsleistung.

20 **d) Anspruchsgrundlage** für den Zahlungsanspruch ist **§ 611 I BGB i. V. m. § 612 BGB**, weil die erbrachte Arbeitsleistung zu vergüten ist. Grundlage hierfür ist eine bestehender Arbeitsvertrag, bei dem lediglich eine fehlgeschlagene Vergütungsvereinbarung durch § 612 BGB ersetzt wird.[34] Weil es sich nicht um einen bereichungsrechtlichen Anspruch handelt, kommt auch ein Wegfall der Bereicherung gem. § 818 III BGB nicht in Betracht. Der Vergütungsanspruch ist als gestundet anzusehen und wird erst mit dem Fehlschlagen der Vergütungserwartung **fällig.**[35] Insoweit gilt dasselbe wie bei einer vereinbarten nachträglichen Entlohnung (RN 17). Der Anspruch **verjährt** wie jeder andere Anspruch auf Arbeitslohn nach drei Jahren (§ 195 BGB); die Verjährungsfrist beginnt gem. § 199 I BGB mit dem Schluss des Jahres zu laufen, in dem nach Fehlschlagen der Vergütungserwartung hätte abgerechnet werden müssen. **Steuerlich** begründet der arbeitsrechtlich bestehende Anspruch für sich genommen nicht die Feststellung, dass die zuerkannten Ansprüche Einkünfte aus nichtselbständiger Arbeit i. S. v. § 19 I 1 Nr. 1 EStG sind, vielmehr kommt es auf das tatsächliche Vorliegen der entsprechenden steuerrechtlichen Merkmale an.[36] Die Umstellung der Vergütungsansprüche, die in den neuen Bundesländern erworben worden sind, ist in Art. 7 § 1 II der Anlage I zum Staatsvertrag geregelt. Grundsätzlich wurden Forderungen im Verhältnis 2 : 1 umgestellt. Hiervon abweichend wurden Löhne und Gehälter in der Höhe der am 1. 5. 1990 geltenden Tarifverträge, die nach dem 30. 6. 1990 fällig werden, im Verhältnis 1 : 1 umgestellt. Ist in früherer Zeit ein Anspruch auf Freizeitausgleich für Mehrarbeit entstanden, so entstehen finanzielle Ausgleichsansprüche aus deren Surrogat, so dass eine Umstellung im Verhältnis 1 : 1 erfolgen kann.[37]

21 **e)** Der Dienstleistende hat in den Fällen der fehlgegangenen Vergütungserwartung die **Beweislast** für die von ihm behauptete Entgeltregelung und dafür, dass eine nachträgliche Entlohnung unterblieben ist.[38]

22 **5. Leistungserwartung.** Hat der Arbeitgeber dem Arbeitnehmer eine größere Vergütung (Überlassung eines Grundstückes) gewährt und beendet der Arbeitnehmer vorzeitig seinen Dienst, so wird gelegentlich von einer fehlgegangenen Leistungserwartung gesprochen. Insoweit soll der Arbeitnehmer zur Rückgewähr verpflichtet sein.[39] Allerdings kann die Geschäftsgrundlage für die Übereignung weggefallen sein. Dann folgt der Rückgewähranspruch aus § 812 BGB.

---

[28] BAG 14. 7. 1966 AP 24 zu § 612 BGB; vgl. auch LAG Köln 17. 6. 1999 AP 58 zu § 612 BGB = NZA-RR 2000, 580 (LS).

[29] BAG 24. 6. 1965 AP 23 zu § 612 BGB.

[30] OLG Frankfurt 10. 6. 1992 GmbHR 93, 358; LG Essen 6. 9. 2000 NZA-RR 2001, 412.

[31] BAG 14. 7. 1966 AP 24 zu § 612 BGB; 14. 5. 1969 AP 25 zu § 612 BGB.

[32] BAG 24. 6. 1965 AP 23 zu § 612 BGB.

[33] Vgl. LAG Köln 20. 4. 1990 LAGE § 612 BGB Nr. 4.

[34] Vgl. die unter FN 27 zitierten Entscheidungen des BAG, die als Anspruchsgrundlage § 612 nennen; Erfk/*Preis* § 612 BGB RN 22 f. m. w. N.; für eine Anwendbarkeit des Bereicherungsrechts: Staudinger/*Richardi* § 612 BGB RN 26; *Beuthin* RdA 69, 161 ff.; für ein faktisches Arbeitsverhältnis: *Canaris* DB 67, 165.

[35] BAG 5. 8. 1963 AP 20 zu § 612 BGB.

[36] BFH 8. 5. 2008 DB 2008, 1720 = NZA 2008, 994.

[37] BAG 20. 4. 1994 AP 10 zu § 1 TVG Tarifverträge: DDR = NZA 95, 234.

[38] BAG 19. 2. 1970 AP 26 zu § 612 BGB.

[39] LAG Schleswig-Holstein 25. 1. 1989 DB 89, 1975.

23 **6. Mehrleistung.** § 612 I BGB ist ferner entsprechend anzuwenden, wenn der Dienstleistende eine Mehrleistung gegenüber der vertraglich vereinbarten Leistung erbringt. Dies gilt sowohl bei quantitativer Mehrleistung[40] (Über- und Mehrarbeitsstunden) als auch bei qualitativer, also höherwertiger Leistung.[41] Jedoch muss auf Grund der arbeitsvertraglichen Treuepflicht (§ 55) für eine begrenzte Zeit z. B. bei Urlaub, Krankheit oder zur Erprobung auch eine höherwertige Dienstleistung erbracht werden. Bejaht worden ist z. B. ein Entgeltanspruch, wenn eine Schreibkraft eine schöpferische Leistung zum Buchmanuskript erbringt,[42] im Rahmen eines Beratervertrages eine außergewöhnliche Leistung erbracht wird, unabhängig davon, ob eine wesentliche Bereicherung zugeflossen ist,[43] die Leistung des Künstlers bei Ton- und Fernsehaufführungen verwandt worden ist,[44] der Arbeitnehmer die Geschäftsführung in einem Tochterunternehmen übernimmt.[45]

24 **7.** Zu den Leistungen mit Vergütungscharakter zählen ebenfalls die **Ruhestandsbezüge** im Rahmen der **betrieblichen Altersversorgung** (§ 83 RN 9).

§ 67. Bemessung der Arbeitsvergütung

Adam, Die Bestimmung des Umfangs, der zu vergütenden Arbeitszeit, ArbuR 2001, 481; *Fuchs,* Berechnung des Gehalts für einzelne Tage eines Monats, BB 72, 137; *Höck,* Die Festsetzung der Leistungsentgelte im Kommunalen Bereich, ZTR 2006, 409; *Junker,* AGB-Kontrolle von Arbeitsvertragsklauseln in der neueren Rechtsprechung des Bundesarbeitsgerichts, DB 2007, 1274; *Kreidler,* Möglichkeiten einer modernen BAT-Eingruppierungssystematik, ZTR 2004, 240; *Müller,* Die Umrechnung der Vergütung von der vereinbarten Vergütungsperiode auf Teilperioden, NZA 90, 769; *Müller-Uri,* Die Eingruppierung von Sekretärinnen, ZTR 2003, 495.

Übersicht

	RN
I. Allgemeines	1 ff.
1. Bemessung	1
2. Tarifvertrag	2, 3
II. Bemessung der Zeitvergütung	4 ff.
1. Zeitvergütung	4, 5
2. Eingruppierung	6–11
3. Änderung der Arbeit	12
4. Mitwirkung	13
5. Arbeitsmenge und Qualität	14
III. Bemessung der Akkordvergütung	15 ff.
1. Zulässigkeit	15–23
2. Akkordvorgabe	24, 25
3. Änderung	26
4. Minderleistung	27
5. Mischlöhner	28, 29
6. Arbeitsverpflichtung	30
IV. Bemessung der Prämienlohnvergütung	31 ff.
1. Begriff	31, 32
2. Rechtsgrundlagen	33
3. Zusatzprämie	34
4. Arbeitsverpflichtung	35
5. Arbeitsmängel	36
V. Tronc	37
VI. Bemessung des Gedingelohnes	38 ff.
1. Begriff	38
2. Rechtsgrundlage	39
3. Kündigung des Gedingevertrags	40
4. Fehlender Gedingevertrag	41
5. Gedingestreitigkeit	42
6. Gedingeinspektoren	43
7. Gedingekommission	44
8. Arbeitsgerichtliche Verfahren	45
VII. Bemessung der Vergütung bei fehlender Vereinbarung über die Höhe	46 ff.
1. Fehlende Vergütungsvereinbarung	46
2. Taxen	47
3. Übliche Vergütung	48, 49
4. Beweislast	50

I. Allgemeines

1 **1. Bemessung.** Grundsätzlich können die Arbeitsvertragsparteien die Bemessung der Arbeitsvergütung **frei vereinbaren.** Einschränkungen ergeben sich vor allem aus dem Grundsatz der Lohngleichheit (§ 66 RN 10) oder einer bestehenden Tarifbindung (§ 206). Gesamtzusagen unterliegen der Inhaltskontrolle nach § 307 BGB (§ 32). Die Vertragspartner können der Lohnfindung ein **kausales** oder **finales Lohnfindungssystem** (§ 62) zugrunde legen oder im Rahmen der kausalen Lohnfindung Zeit-, Akkord- oder Prämienlohn vereinbaren.

---

[40] BAG 10. 6. 1959 AP 5 zu § 7 AZO; 27. 5. 1993 AP 22 zu § 611 BGB Musiker = NZA 94, 708; 27. 6. 2002 AP 18 zu § 1 TVG Tarifverträge: Musiker.
[41] BAG 16. 2. 1978 AP 31 zu § 612 BGB.
[42] BAG 11. 11. 1970 AP 30 zu § 612 BGB.
[43] BGH LM 1, 4 zu § 612 BGB.
[44] Bühnenoberschiedsgericht Frankfurt 6. 12. 1962 AP 1 zu § 612 BGB Leistungsschutz.
[45] LG Essen 6. 9. 2000 NZA-RR 2001, 412.

2 **2. Tarifvertrag. a)** Besteht für die Arbeitsvertragsparteien **Tarifbindung,** so darf die vereinbarte Vergütung die tarifliche nicht unterschreiten. Theoretisch denkbar ist allerdings, dass z.B. einzelvertraglich eine Prämienentlohnung vereinbart ist, während auf Grund des Tarifvertrages für eine bestimmte Tätigkeit Stundenlohn vorgesehen ist. In diesen Fällen muss jeweils eine **doppelte Lohnberechnung** durchgeführt werden. Ist die vereinbarte Prämienentlohnung die höhere, so erhält der Arbeitnehmer diese; unterschreitet die vereinbarte Prämienentlohnung den Tariflohn, so erhält der Arbeitnehmer den letzteren. Schon aus betriebswirtschaftlichen Gründen empfiehlt es sich, Lohnvereinbarungen im Rahmen der tariflichen Lohnfindungssysteme zu treffen.

3 **b)** Auch dann, wenn eine **Tarifbindung nicht gegeben** ist, kann das tarifliche Entgelt eine Orientierungshilfe für den Wert der Arbeitsleistung darstellen. Das gilt insbesondere bei der Feststellung, ob ein Lohnwucher gem. § 138 II BGB vorliegt (s. hierzu § 36 RN 4ff.).

II. Bemessung der Zeitvergütung

Eingruppierung: *Busemann,* Der Betriebsrat als Eingruppierungskläger im Beschlussverfahren, NZA 96, 681; *Eyer/Mattioli,* Betriebliche Entgeltsysteme AuA 2008, 102; *Grobys,* Auswirkungen einer nachträglichen Arbeitszeitreduzierung auf das Arbeitsentgelt und andere Vertragsbestandteile, DB 2001, 758; *Schaub,* Das Entgeltrahmenabkommen der Metall- und Elektroindustrie und aktuelle Rechtsprechung zu den Übergangsvorschriften, RdA 2006, 374; *ders.,* Paradigmenwechsel im öffentlichen Dienst, PersV 2007, 278; *Thannheiser,* Stimmt die Abrechnung? – Eingruppierungsregeln bei Handel, Banken und Versicherungen, AiB 2001, 151.

4 **1. Zeitvergütung. a)** Die Zeitvergütung wird regelmäßig als Stunden-, Tages-, Wochen- oder Monatsvergütung vereinbart. Bei Umrechnung auf Teillohnperioden ist mangels anzuwendender tariflicher Vorschriften, Betriebsvereinbarungen oder besonderer einzelvertraglicher Vereinbarung von der Praxis des Arbeitgebers auszugehen, sofern diese grundsätzlich den Interessen beider Vertragsparteien gerecht wird. Bei der Zahlung von Monatsvergütungen ist es zulässig, wenn sie bei der Errechnung von Teilvergütungen durch 30 geteilt werden.[1] In der Praxis werden aber bei anteiligen Entgeltansprüchen regelmäßig die tatsächlich geleisteten Arbeitstage in Relation zu den im Monat möglichen Arbeitstagen gesetzt. Das ist nicht zu beanstanden, auch wenn das z.B. im Monat Februar verglichen mit dem Monat März zu einer erhöhten Tagesvergütung führt.[2] Soll ausgehend von einem Wochenlohn ein Monatsentgelt errechnet werden, wird in der Praxis zumeist das wöchentliche Entgelt mit 13 multipliziert (= ein Quartal) und dann durch 3 dividiert.

5 **b)** Im Interesse der Lohngerechtigkeit sind die Tarifvergütungen i.d.R. nach der **Rangreihenbewertungsmethode** gestaffelt (vgl. § 62 RN 8); d.h. die Tarife fassen immer verschiedene Arbeitnehmergruppen zusammen und ordnen diesen eine bestimmte Vergütung zu.

6 **2. Eingruppierung. a)** Die Tarifvertragsparteien können für die Eingruppierung von **Obersätzen** oder **Beispielen** ausgehen. Teilweise formulieren die Tarifverträge abstrakt, welche Anforderungen an die Arbeitnehmer bei einer bestimmten Vergütungsgruppe gestellt werden können. Alsdann sind neben dieser abstrakten Definition bestimmte Tätigkeiten aufgezählt, bei denen die Tarifvertragsparteien davon ausgehen, dass sie die Anforderungen der abstrakten Definition erfüllen. Die Tarifverträge können aber auch eine abstrakte Definition geben und dieser beispielhaft bestimmte Tätigkeiten zuordnen. Hier dienen die Beispiele nur dazu, den Arbeitswert der abstrakten Definition näher zu erläutern. Welche der beiden Methoden verwandt worden ist, ist im Wege der Auslegung zu ermitteln. Haben die Tarifvertragsparteien einer bestimmten Vergütungsgruppe bestimmte Berufe oder Tätigkeiten zugeordnet, so ist zunächst zu ermitteln, ob der Arbeitnehmer diese Berufe oder Tätigkeiten ausübt. Ist dies der Fall, bedarf es nicht mehr des Rückgriffs auf die abstrakten Merkmale. Nur dann, wenn die Tätigkeit dort nicht aufgezählt ist, ist auf die allgemeinen Merkmale zurückzugreifen.[3] Dasselbe gilt, wenn die

---

[1] BAG 28. 2. 1975 AP 1 zu § 628 BGB Teilvergütung; 21. 3. 1984 AP 22 zu § 611 BGB Bühnenengagementsvertrag; LAG Hamm 6. 9. 1974 EzA 17 zu § 611 BGB; s. auch *Müller* NZA 90, 769; *Fuchs* BB 72, 137; für Auszubildende s. § 18 I 2 BBiG.

[2] Anders *Müller* NZA 90, 769 (770), der das Entgelt pro Tag immer einheitlich festlegen will.

[3] Vgl. BAG 8. 2. 1984 AP 134 zu § 1 TVG Auslegung; 20. 6. 1984 AP 2 zu § 1 TVG Tarifverträge: Großhandel; 12. 3. 1986 AP 7 zu § 1 TVG Tarifverträge: Druckindustrie; 14. 5. 1986 AP 119 zu §§ 22, 23 BAT 1975; 29. 4. 1987 AP 17 zu § 1 TVG Tarifverträge: Druckindustrie; 21. 10. 1987 AP 19 zu § 1 TVG Tarifverträge: Druckindustrie; 2. 3. 1988 AP 9 zu § 1 TVG Tarifverträge: Banken; 28. 9. 1988 AP 22 zu § 1 TVG Tarifverträge: Druckindustrie = NZA 89, 851; 25. 9. 1991 AP 7 zu § 1 TVG Tarifverträge: Großhandel = NZA 92, 273; 26. 5. 1993 AP 29 § 1 TVG Tarifverträge: Druckindustrie; 21. 7. 1993 AP 10 zu § 1 TVG Tarifverträge: Luftfahrt = NZA 94, 710; 17. 1. 1996 AP 4 zu §§ 22, 23 BAT Sparkassenangestellte =

Tätigkeitsbeispiele unbestimmte Rechtsbegriffe enthalten, die nicht aus sich heraus ausgelegt werden können.[4] Aus dem Wortlaut oder dem Gesamtzusammenhang des Tarifvertrages kann sich aber auch ergeben, dass die Tarifvertragsparteien die Beispielstätigkeiten nur als Anhaltspunkt und Auslegungshilfe aufgenommen haben, die der Erläuterung der abstrakten Tätigkeitsmerkmale dienen sollen, und es deshalb auch bei Erfüllung der Merkmale der Beispielstätigkeit kumulativ auf die Erfüllung der allgemeinen Tätigkeitsmerkmale ankommen soll.[5] Enthält die tarifliche Regelung eine unbewusste Regelungslücke, so kommt eine richterliche Lückenausfüllung in Betracht.[6] Enthält der Tarifvertrag dagegen eine bewusste Regelungslücke, findet eine Lückenausfüllung nicht statt (Einzelheiten: § 198 RN 37 ff.).[7] Die Rspr. des BAG zu den einzelnen Tarifverträgen in der Privatwirtschaft[8] und im öffentlichen Dienst[9] ist außerordentlich umfangreich. In der Rspr. finden sich zahllose Entscheidungen zu den einzelnen Tatbestandsmerkmalen der Tarifverträge. Hier gilt der allgemeine Grundsatz, dass im Tarifvertrag verwendete Begriffe, soweit sie dort nicht definiert sind, von den Tarifvertragsparteien in dem Sinne gebraucht werden, wie es dem allgemeinen Sprachgebrauch und dem der beteiligten Kreise entspricht.[10] Im Zweifel werden in Gesetzen vorkommende Begriffe i. S. des Gesetzes und branchenspezifische Begriffe i. S. der Branche verwendet.[11]

b) Tarifverträge können die Einreihung in eine bestimmte Vergütungsgruppe von **subjektiven Merkmalen,** z. B. von der Ablegung entsprechender Prüfungen oder bestimmter Zeiten praktischer Tätigkeit abhängig machen.[12] Hat ein Arbeitnehmer die tariflich vorausgesetzte Prüfung für eine Tätigkeit nicht abgelegt, so kann er im allgemeinen die entsprechende Vergütung nicht verlangen, auch wenn er die Tätigkeit verrichtet. Ein Verstoß gegen den Gleichbehandlungsgrundsatz ist darin nicht zu sehen. Dies gilt auch nach Inkrafttreten von § 10 I 2 Nr. 1 AGG. Zur Frage der Lohngleichheit s. § 66 RN 10 ff., § 33 RN 44 ff. Ist der abgelegten Prüfung die Ausübung der Tätigkeit gleichgesetzt, erfolgt die Eingruppierung in dieselbe Vergütungsgruppe wie bei abgelegter Prüfung. Unzureichend ist allerdings eine Tätigkeit auf einem eng begrenzten Teilbereich.[13] 7

c) Die **Eingruppierung** eines Arbeitnehmers in eine bestimmte Vergütungsgruppe hat ebenso wie die Bezeichnung der Vergütung im Arbeitsvertrag oder in einer Eingruppierungsmitteilung grundsätzlich nur **deklaratorische Bedeutung.** Wird der Arbeitnehmer untertariflich eingruppiert, so erlangt er gleichwohl einen Vergütungsanspruch in Höhe des Arbeitswertes bei korrekter Eingruppierung.[14] Die Entlohnung des Arbeitnehmers hängt nicht vom Eingruppierungsakt ab. Der Arbeitnehmer kann unmittelbar auf **Leistung** des höheren Lohnes **klagen;** im Prozess ist er darlegungs- und beweispflichtig dafür, dass die von ihm vertragsgemäß verrichtete Arbeit tariflich höher zu bewerten ist.[15] Es können jedoch Beweiserleichterungen gegeben sein, wenn der Arbeitgeber gegen das NachwG verstoßen hat (§ 34 RN 47 ff.). Der Arbeitnehmer kann dann keine Verzugszinsen von der ihm bei richtiger Eingruppierung zustehenden 8

NZA-RR 96, 426; 25. 1. 2006 AP 22 zu § 1 TVG Tarifverträge: Großhandel; 8. 3. 2006 AP 3 zu § 1 TVG Tarifverträge: Telekom = NZA 2007, 159.

[4] BAG 21. 10. 1987 AP 19 zu § 1 TVG Tarifverträge: Druckindustrie; 25. 9. 1991 AP 7 zu § 1 TVG Tarifverträge: Großhandel = NZA 92, 273; 22. 6. 2005 NZA-RR 2006, 23.

[5] BAG 28. 9. 2005 AP 2 zu § 1 TVG Tarifverträge: Systemgastronomie; 8. 3. 2006 AP 3 zu § 1 TVG Tarifverträge: Telekom = NZA 2007, 159.

[6] BAG 13. 6. 1973 AP 123 zu § 1 TVG Auslegung; 11. 9. 1985 AP 106 zu §§ 22, 23 BAT 1975.

[7] BAG 16. 2. 2000 AP 8 zu § 1 TVG Tarifverträge: Dachdecker = NZA-RR 2001, 95.

[8] Vgl. die Beispiele in der 12. Auflage § 67 RN 13 ff.

[9] S. § 184.

[10] BAG 29. 9. 1976 AP 2 zu § 1 TVG Tarifverträge: Papierindustrie; 8. 2. 1984 AP 3 zu § 1 TVG Tarifverträge: Einzelhandel; 25. 1. 2006 AP 22 zu § 1 TVG Tarifverträge: Großhandel.

[11] BAG 7. 12. 1983 AP 82 zu §§ 22, 23 BAT 1975; 12 .3. 1986 AP 7 zu § 1 TVG Tarifverträge: Druckindustrie; 2. 3. 1988 AP 9 zu § 1 TVG Tarifverträge: Banken; 25. 2. 1987 AP 16 zu § 1 TVG Tarifverträge: Einzelhandel.

[12] Vgl. BAG 8. 2. 1984 AP 3 zu § 1 TVG Tarifverträge: Einzelhandel; 10. 12. 1986 AP 11 zu § 1 TVG Tarifverträge: Druckindustrie; 30. 11. 1988 AP 3 zu §§ 22, 23 BAT Datenverarbeitung; 5. 3. 1997 AP 9 zu § 12 AVR Caritasverband.

[13] BAG 24. 11. 1999 AP 11 zu § 51 TVAL II = NZA 2000, 329.

[14] Z. B. BAG 23. 9. 1954 AP 1 zu § 3 TOA; 23. 4. 1980 AP 2 zu § 1 TVG Tarifverträge: Brauereien; 28. 10. 1981 AP 54 zu §§ 22, 23 BAT 1975 m. Anm. *Zängl;* 30. 5. 1990 AP 31 zu § 75 BPersVG = NZA 90, 899; 16. 1. 1991 AP 3 zu § 24 MTA = NZA 91, 490; 3. 5. 1994 AP 2 zu § 99 BetrVG 1972 Eingruppierung = NZA 95, 484; 16. 2. 2000 AP 3 zu § 2 NachwG = NZA-RR 2001, 216.

[15] BAG 19. 3. 1980 AP 32 zu §§ 22, 23 BAT 1975; 24. 9. 1980 AP 36 zu §§ 22, 23 BAT 1975; 21. 7. 1993 AP 10 zu § 1 TVG Tarifverträge: Luftfahrt = NZA 94, 710.

Vergütung verlangen, wenn es am Verschulden des Schuldners fehlt, § 286 IV BGB. Im Bereich des öffentlichen Dienstes nimmt das BAG an, dass ein Verschulden des Arbeitgebers bei einer fehlerhaften Eingruppierung auf Grund der schwierigen und unübersichtlichen Rechtslage, der verwendeten unbestimmten Rechtsbegriffs sowie des bestehenden tatrichterlichen Beurteilungsspielraums nicht angenommen werden kann; die Beweislastregel in § 285 BGB (jetzt § 286 IV BGB) kehrt das BAG hier um.[16] Eine derartige generelle Beweislastumkehr ist in Anbetracht des unmissverständlichen Wortlauts des § 286 IV BGB allerdings problematisch. Darüber hinaus liegen Eingruppierungsstreitigkeiten nicht immer komplizierte, schwer auszulegende Tarifnormen zugrunde. Allenfalls kann im Einzelfall auf Grund des Vorliegens besonderer Schwierigkeiten bei der richtigen Eingruppierung angenommen werden, dass den Arbeitgeber kein Verschulden trifft. Ein fehlendes Verschulden ändert zudem nichts an der Verpflichtung zur Zahlung von Prozesszinsen nach § 291 BGB. Zu verzinsen ist dabei der Bruttodifferenzbetrag.[17]

9 **d)** Nach ständiger Rechtsprechung des BAG ist auch eine **Feststellungsklage** nach § 256 ZPO zulässig, aus welcher Vergütungsgruppe ein Arbeitnehmer zu entlohnen ist, wenn damit der Streit um die Lohnhöhe endgültig bereinigt wird.[18] Der Streitwert der Eingruppierungsfeststellungsklage (näher hierzu § 184 RN 37ff.) bemisst sich nach dem dreijährigen Unterschiedsbetrag der gewährten und verlangten Vergütungsgruppe (§ 42 IV 2 GKG, früher § 12 VII 2 ArbGG), ohne dass deshalb davon Abschläge zu machen sind,[19] weil nur ein Feststellungsantrag gestellt ist. Hat ein Arbeitnehmer Feststellung der Vergütung nach einer bestimmten Vergütungsgruppe verlangt und ist er damit rechtskräftig abgewiesen worden, entfaltet diese Entscheidung Rechtskraftwirkung auch für die Zukunft. Allerdings kann der Arbeitnehmer gleichwohl in einem weiteren Prozess Vergütung nach einer anderen höheren Vergütungsgruppe verlangen, wenn insoweit eine neue tarifliche Regelung erfolgt ist.[20] Denn die Rechtskraft eines früheren Urteils hindert eine neue, abweichende Entscheidung ausnahmsweise dann nicht, wenn dies durch eine nachträgliche Änderung des Sachverhalts veranlasst wird, weil sich entweder die tatsächlichen Grundlagen für die Eingruppierung geändert (bei einer Änderung der Tätigkeit) oder weil die Tarifvertragsparteien neue Eingruppierungsgrundsätze vereinbart haben.[21]

10 **e)** Die Eingruppierung hat nur dann **konstitutive Bedeutung,** wenn der Arbeitnehmer nach dem erkennbaren Willen der Vertragsparteien, gemessen an seiner Arbeit, höher eingruppiert werden soll als tariflich vorgesehen ist. In diesen Fällen wird die höhere Vergütungsgruppe zum Inhalt des Arbeitsvertrages gemacht. Darlegungs- und beweispflichtig hierfür ist der Arbeitnehmer. Im öffentlichen Dienst besteht eine Vermutung dafür, dass der öffentliche Arbeitgeber nur die tarifliche Vergütung zahlen will. Ist der Arbeitnehmer vom öffentlichen Arbeitgeber irrtümlich nach einer zu hohen Vergütungsgruppe entlohnt worden, so kann dies durch ihn korrigiert werden, ohne dass es dazu einer Änderungskündigung bedarf.[22] Die korrigierende Rückgruppierung (s. hierzu § 184 RN 43ff.) unterliegt der Mitwirkung/Mitbestimmung des Betriebs- bzw. Personalrats.[23] Sind dessen Rechte verletzt worden, ist die korrigierende Rückgruppierung unwirksam; da jedoch der öffentliche Arbeitgeber nur tarifgerecht entlohnen will,

[16] BAG 4. 10. 1981 AP 49 zu §§ 22, 23 BAT 1975 m. Anm. *Clemens*; 9. 2. 1983 AP 1 zu § 21 MTL II; 11. 6. 1997 AP 1 zu § 291 BGB.

[17] S. hierzu § 71 RN 6.

[18] Öffentlicher Dienst: BAG 23. 9. 1954 AP 1 zu § 3 TOA; 20. 1. 1960 AP 56 zu § 3 TOA; 28. 2. 1968 AP 22 zu § 611 BGB Direktionsrecht; 6. 6. 1973 AP 70 zu §§ 22, 23 BAT; 16. 10. 1974 AP 81 zu §§ 22, 23 BAT seither ständig; Privatwirtschaft: BAG 20. 4. 1988 AP 93 zu § 1 TVG Tarifverträge: Bau = NZA 89, 114 (LS); 25. 9. 1991 AP 7 zu § 1 TVG: Tarifverträge: Großhandel = NZA 92, 273; 21. 7. 1993 AP 10 zu § 1 TVG Tarifverträge: Luftfahrt = NZA 94, 710; 4. 8. 1993 AP 38 zu § 1 TVG Tarifverträge: Einzelhandel = NZA 94, 271; 26. 7. 1995 AP 8 zu § 12 AVR Caritasverband = NZA-RR 96, 218; 26. 7. 1995 AP 9 zu 3 1 TVG Tarifverträge: Großhandel = NZA 96, 714.

[19] LAG Berlin 7. 12. 1987 LAGE ArbGG 1979 § 12 Nr. 68 = MDR 88, 346; ArbGG-*Krönig* § 12 RN 41 m.w.N.

[20] BAG 12. 5. 1971 AP 13 zu § 322 ZPO; 10. 2. 1982 AP 57 zu §§ 22, 23 BAT 1975; Übersicht bei *Zimmerling* NZA 89, 418.

[21] LAG Niedersachsen 31. 3. 2000 ZTR 2000, 511 (LS); vgl. auch BAG 17. 4. 2002 AP 34 zu § 322 ZPO, zur Frage des Streitgegenstandes.

[22] BAG 30. 5. 1990 AP 31 zu § 75 BPersVG = NZA 90, 899; zur Darlegungs- und Beweislast: BAG 16. 10. 2002 AP 12 zu § 12 AVR Caritasverband; 5. 11. 2003 AP 2 zu § 22 BAT Rückgruppierung = NZA-RR 2004, 383.

[23] BAG 30. 5. 1990 AP 31 zu § 75 BPersVG = NZA 90, 899 unter Aufgabe der früheren Rspr.; 26. 8. 1992 AP 37 zu § 75 BPersVG = NZA 93, 469.

hat eine Klage des Arbeitnehmers auf die höhere Vergütung nur dann Erfolg, wenn er die Voraussetzungen der höheren Vergütungsgruppe nachweist.[24]

f) Besteht bei einem Arbeitgeber ein **bestimmtes Vergütungssystem,** wie z. B. bei den kirchlichen Arbeitgebern oder im öffentlichen Dienst, so wird die Auslegung des Arbeitsvertrages i. d. R. ergeben, dass eine Eingruppierung nach dem Vergütungssystem beabsichtigt war, auch wenn eine Vergütungsgruppe im Arbeitsvertrag festgelegt ist.[25] Der Arbeitnehmer hat mithin nicht nur Anspruch auf die im Arbeitsvertrag bezeichnete, sondern auf eine höhere Vergütung, sofern er die in dem jeweils gültigen Eingruppierungssystem (Erlass) genannten Voraussetzungen erfüllt.[26] 11

3. Änderung der Arbeit. Ändert sich nachträglich die vom Arbeitnehmer zu verrichtende Arbeit, indem entweder infolge der Rationalisierung der Arbeitswert (vgl. § 62 RN 7) steigt oder dem Arbeitnehmer eine höherwertige Arbeit zugewiesen wird,[27] so ist im Falle der Tarifbindung der Arbeitnehmer „höherzugruppieren". Auch die Höhergruppierung hat nur deklaratorische Bedeutung; d. h. die Arbeitsvergütung folgt automatisch dem höheren Arbeitswert. Bei fehlender Tarifbindung kann ein Anspruch auf höhere Entlohnung aus § 612 I BGB folgen, wenn dem Arbeitnehmer auf Dauer eine höherwertige Arbeit übertragen ist.[28] Andererseits ist der Arbeitgeber nicht berechtigt, dem Arbeitnehmer eine tariflich oder in der sozialen Anschauung geringer wertige Arbeit auf Dauer zuzuweisen, es sei denn, dass diese Befugnis vorbehalten ist. Der Vorbehalt kann aber nach § 307 BGB unwirksam sein (s. hierzu § 45 RN 38 f.). Im Falle einer Stellenvakanz ist der Arbeitnehmer im Rahmen eines Arbeitsvertrages und der Zumutbarkeit nach Treu und Glauben verpflichtet, vorübergehend ohne zusätzliche Vergütung höherwertige Tätigkeit zu verrichten.[29] 12

4. Mitwirkung. Der Betriebsrat hat sowohl bei der Ein- wie der (Um-)Höhergruppierung ein Mitwirkungsrecht (§ 241 RN 15 ff.). Dies erstreckt sich einerseits auf die Zuweisung höherwertiger Arbeit[30] und andererseits auf die Einreihung in die Vergütungsgruppe. Der Betriebsrat kann die Zustimmung zur Eingruppierung auch mit der Begründung verweigern, der Arbeitgeber wende den falschen Tarifvertrag an.[31] Ist eine Ein- oder Umgruppierung mangels Beteiligung des Betriebsrates unwirksam, so besteht für die Dauer der tatsächlichen Ausübung dieser Tätigkeit ein Anspruch auf entsprechende Vergütung.[32] Vielfach versuchen Betriebsräte, im Beschlussverfahren die Eingruppierung von Arbeitnehmern zu erzwingen.[33] 13

5. Arbeitsmenge und Qualität. Die Zeitvergütung ist sowohl von der Quantität wie der Qualität der geleisteten Arbeit unabhängig, da diese nicht zu den Bestimmungsfaktoren der Arbeitsvergütung gehören (§ 63 RN 1).[34] Hieraus folgt, dass der Arbeitgeber grundsätzlich verpflichtet bleibt, auch im Fall der Schlecht- oder Minderleistung die vereinbarte Vergütung zu zahlen. Er kann insbesondere bei einer trotz der Leistungsmängel erfolgten Weiterbeschäftigung des Arbeitnehmers nicht nach dem Ende des Arbeitsverhältnisses die teilweise Rückzahlung des vereinbarten und gezahlten Arbeitsentgelts verlangen.[35] Er hat lediglich die Möglichkeit, bei zu vertretender **Schlecht- oder Minderleistung** Schadensersatz zu fordern und mit dieser Forderung im Rahmen der Pfändungsfreigrenzen aufzurechnen (vgl. § 52). 14

---

[24] BAG 30. 5. 1990 AP 31 zu § 75 BPersVG = NZA 90, 899; 26. 8. 1992 AP 37 zu § 75 BPersVG = NZA 93, 469.

[25] Vgl. BAG 25. 11. 1987 AP 23 zu §§ 22, 23 BAT Lehrer; 10. 11. 1993 AP 4 zu § 1 TVG Tarifverträge: Landwirtschaft und Forstwirtschaft = NZA 94, 1094.

[26] Zu Vergütungserlassen: BAG 30. 1. 1980 AP 6 zu §§ 22, 23 BAT Lehrer; 13. 2. 1985 AP 12 zu §§ 22, 23 BAT Lehrer.

[27] Bei fehlender Vollmacht des Dienstvorgesetzten: vgl. BAG 28. 10. 1970 AP 34 zu §§ 22, 23 BAT; 10. 3. 1982 AP 7 zu § 75 BPersVG; 26. 3. 1997 AP 223 zu §§ 22, 23 BAT; 5. 5. 1999 AP 268 zu §§ 22, 23 BAT = NZA-RR 2000, 164.

[28] BAG 16. 2. 1978 AP 31 zu § 612 BGB; s. auch § 66 RN 23.

[29] BAG 4. 10. 1972 AP 2 zu § 24 BAT; 16. 2. 1978 AP 31 zu § 612 BGB; s. auch § 45 RN 32.

[30] BAG 14. 7. 1965 AP 5 zu § 1 TVG Tarifverträge: BAVAV; 16. 2. 1966 AP 6 zu § 1 TVG Tarifverträge: BAVAV; 1. 7. 1970 AP 11 zu § 71 PersVG; 14. 6. 1972 AP 54 zu §§ 22, 23 BAT; 10. 3. 1982 AP 7 zu § 75 BPersVG; 22. 5. 1985 AP 7 zu § 1 TVG Tarifverträge: Bundesbahn = NZA 86, 166; 28. 1. 1992 AP 36 zu § 75 BPersVG = NZA 92, 805.

[31] LAG Berlin 18. 6. 1996 NZA-RR 97, 56 = NZA 97, 736 (LS); vgl. auch § 241 RN 44.

[32] S. hierzu § 241 RN 54.

[33] Dazu *Busemann* NZA 96, 681.

[34] ErfK/*Preis* § 611 BGB RN 390; s. auch § 52 RN 5.

[35] BAG 6. 6. 1972 AP 71 zu § 611 BGB Haftung des Arbeitnehmers.

III. Bemessung der Akkordvergütung

Vgl. § 64. *Schwab,* Das Recht der Arbeit im Leistungslohn (Akkord und Prämie), AR-Blattei SD 40; http://www.refaly.de.

15 **1. Zulässigkeit. a)** Die Akkordvergütung ist eine **von der Arbeitsmenge abhängige Vergütung.** Im Interesse des Arbeitnehmerschutzes ist für bestimmte Arbeitnehmergruppen die Einführung der Akkordvergütung unzulässig, z.B. für Schwangere (§ 4 III MuSchG), Jugendliche (§ 23 JArbSchG) und Fahrpersonal (§ 3 FahrpersonalG). Beim Geldakkord wird die Arbeitsvergütung durch Multiplikation von Arbeitsmenge × Geldfaktor, beim Zeitakkord durch Multiplikation von Arbeitsmenge × Vorgabezeit × Geldfaktor ermittelt (vgl. § 64).

16 **b)** Die Tarifverträge suchen mit verschiedenen Systemen eine **Lohnsicherung** für den Arbeitnehmer zu erreichen. Die wichtigsten Lohnsicherungssysteme sind:

17 **(1)** Der Tarifvertrag setzt im Rahmen des Geldakkordes unmittelbar den **Geldfaktor** fest. Es wird z.B. bestimmt, wie viel für einen Quadratmeter Deckenputz oder die Verlegung von Wandfliesen zu bezahlen ist. Ändert sich der Tarifvertrag, so ändert sich damit auch automatisch die Höhe der Akkordvergütung. Dieses System ist mühselig und in zahlreichen Fällen wegen der Verschiedenheit der Arbeitsmenge undurchführbar.

18 **(2)** Im Tarifvertrag wird für die im Akkord arbeitenden Arbeitnehmer lediglich ein **Mindestverdienst** festgelegt,[36] der dem Stundenlohn entspricht oder in einem bestimmten Verhältnis zum Stundenlohn steht. In den Fällen der Verdienstsicherungsklausel sind die Parteien in der Vereinbarung des Geldfaktors frei; dieser muss lediglich so festgesetzt werden, dass der Arbeitnehmer bei Normalleistung zumindest den Mindestverdienst erreicht. Das Entgelt des Arbeitnehmers darf nicht unter die Mindestvergütung absinken. Dies gilt auch dann, wenn er eine **Minderleistung** erbringt. Wird der Tariflohn geändert, so ändert sich damit auch automatisch der Akkordverdienst.

19 **(3)** Der Tarifvertrag kann die Bemessung der Akkorde so vorschreiben, dass ein bestimmter **Bruchteil der Arbeitnehmer** des Betriebes einen Effektivverdienst erreicht, der über dem jeweiligen tariflichen Stundenlohn liegt. In diesen Fällen kann der einzelne Arbeitnehmer unter den tariflichen Mindestlohn absinken. Zugleich ist die Arbeitsvergütung abhängig vom Leistungsgrad der Belegschaft. Wird der Tariflohn geändert, so wirkt sich dies auch unmittelbar auf die Akkordvergütungen aus.

20 **(4)** Der Tariflohn kann weiter verobjektiviert werden, indem ein Arbeitnehmer bei **Normalleistung** einen bestimmten Akkordrichtsatz erreichen muss. Akkordrichtsatz ist zumeist der Tarifstundenlohn zuzüglich 15%. Auch in diesem Fall führt eine Änderung des Tariflohnes zur Veränderung der Akkordvergütung. Erzielt der Akkordarbeiter einen den Akkordrichtsatz übersteigenden Verdienst, so ist dieser Verdienst Tariflohn, wenn er auf dem Mindestakkordlohn aufbaut.[37] Ohne eine entsprechende tarifliche Regelung führt eine Erhöhung des Stundenlohns dabei nicht automatisch zu einer entsprechenden Erhöhung des Geldfaktors für den Akkordlohn.[38]

21 **(5)** Schließlich kann beim Zeitakkord der Geldfaktor in **Abhängigkeit vom tariflichen Stundenlohn** gebracht werden.

22 **(6)** Vielfach enthalten Tarifverträge eine **Verdienstsicherung** bei Leistungsminderung.[39]

23 Durch die unter (1)–(3) aufgezeigten Sicherungssysteme wird im Allgemeinen auch ein hinreichender Schutz gegen eine unzureichende Festsetzung der **Akkordvorgabe** erreicht; denn selbst bei unzureichender Festsetzung der Akkordvorgabe erhält der Arbeitnehmer zumindest den tariflich erwünschten Lohn.

24 **2. Akkordvorgabe.** Die Bestimmung der Akkordvorgabe (§ 64 RN 13ff.) kann auf Tarifvertrag, Betriebsvereinbarung oder Einzelvertrag beruhen. Hat der **Tarifvertrag,** wie unter

[36] Enthält die Verdienstsicherungsklausel keinen Hinweis, für welchen Zeitabschnitt die Mindestvergütung gelten soll, dann ist im Zweifel an den normalen Lohnbezugszeitraum anzuknüpfen; BAG 2. 10. 1973 AP 23 zu § 611 BGB Akkordlohn; vgl. BAG 5. 9. 1995 AP 18 zu § 1 TVG Tarifverträge: Textilindustrie = NZA 96, 434.

[37] BAG 27. 4. 1954 AP 2 zu § 611 BGB Akkordlohn; 28. 6. 1961 AP 15 zu § 611 BGB Akkordlohn; 20. 1. 1988 AP 10 zu § 1 TVG Tarifverträge: Textilindustrie.

[38] BAG 24. 7. 1958 AP 4 zu § 611 BGB Akkordlohn; 17. 11. 1959 AP 12 zu § 611 BGB Akkordlohn.

[39] Vgl. BAG 5. 9. 1995 AP 18 zu § 1 TVG Tarifverträge: Textilindustrie = NZA 96, 434; 21. 9. 1995 AP 5 zu § 28 BMT-G II (öffentlicher Dienst) = NZA 96, 1281; 21. 2. 2001 NZA 2002, 55 (LS).

RN 17 dargestellt, bereits die einzelne Bezugsgröße des Geldfaktors festgesetzt, so ist eine vollständige Absicherung der Vergütung erreicht. Im Übrigen wird tariflich zumeist nur die Methode der Bestimmung der Akkordvorgabe vereinbart (§ 64 RN 17). Liegt eine tarifliche Festsetzung der Akkordvorgabe bzw. ihrer Ermittlungsmethode (zum Vorrang des Tarifvertrages, vgl. § 235 RN 4 ff.) nicht vor, so hat der Betriebsrat ein **erzwingbares Mitbestimmungsrecht** bei der Festsetzung der Entlohnungsgrundsätze (§ 87 I Nr. 10, 11 BetrVG; § 235 RN 89 ff.).[40] Überlässt ein Tarifvertrag die Festlegung des Akkordrichtsatzes einer Vereinbarung zwischen Arbeitgeber und Betriebsrat und kommt es weder zu einer solchen Verinbarung noch zu einem Spruch der Einigungsstelle,[41] führt das nach Ansicht des BAG zu einer Festlegung durch das Gericht in entsprechender Anwendung der §§ 317, 319 BGB.[42] Ist die Ermittlung der Akkordvorgabe nicht tariflich oder im Wege der Betriebsvereinbarung auf Grund der wissenschaftlichen Methode vereinbart, so bedarf es zu ihrer Festsetzung eines Einzelvertrages bzw. können sich die maßgeblichen Regelungen auf Grund einer Betriebsübung oder des Gleichbehandlungsgrundsatzes ergeben. Kann auch insoweit die Akkordvorgabe nicht festgesetzt werden, kann der Arbeitgeber gem. § 315 BGB ein einseitiges Festsetzungsrecht haben. Die Festsetzung ist dann gem. § 315 III BGB durch das Gericht nachzuprüfen, wenn sie nicht der Billigkeit entspricht.

Besteht eine **Akkordrichtsatzklausel,** nach der der Arbeitnehmer bei Normalleistung den 25
Akkordrichtsatz verdienen muss, so kann der Arbeitnehmer, auch wenn der Arbeitgeber unter Zustimmung des Betriebsrates einen Akkord falsch angesetzt hat, vor dem Arbeitsgericht seinen tariflichen Lohn verlangen. Die Akkorde können mithin vor dem Arbeitsgericht auf ihre Richtigkeit überprüft werden.

3. Änderung. Ist die Akkordvorgabe auf Grund Einzel- oder Kollektivvertrages nach ar- 26
beitswissenschaftlichen Methoden festzusetzen, so kann die Festsetzung grundsätzlich jederzeit geändert werden, wenn sich herausstellen sollte, dass sie unrichtig war. Wenn die Arbeitsvertragsparteien eine zu hohe Zeitvorgabe vereinbart haben, z. B. weil sie bewusst von einer methodengerecht ermittelten Zeitvorgabe abweichen, ist die zu große Zeitvorgabe zum Inhalt des Arbeitsvertrages geworden und kann nur durch eine Änderungsvereinbarung oder eine Änderungskündigung beseitigt werden.[43] Ist eine Betriebsvereinbarung Grundlage des überhöhten Akkords, so kann etwa in Zeiten des Konjunkturrückganges nicht ohne weiteres von der Gegenseite die Herabsetzung der Akkorde verlangt werden. Vielmehr muss notfalls über die Einigungsstelle nachgewiesen werden, in welchem Umfang systemwidrige Zuschläge in den Akkorden vorhanden sind. Ist dies nicht möglich, besteht nur die Möglichkeit, dass die Einigungsstelle die Akkorde völlig neu bestimmt. Akkordvorgaben, die nicht auf Grund arbeitswissenschaftlicher Methode festgesetzt worden sind, können im Falle ihrer Vereinbarung nur im Wege der Änderungskündigung, im Falle der einseitigen Festsetzung gem. § 315 BGB auch durch einseitige Festsetzung des Arbeitgebers geändert werden. In jedem Falle unterliegt ihre Änderung jedoch der gerichtlichen Nachprüfung.

4. Minderleistung. Beim Akkordverdienst trägt der Arbeitnehmer das Risiko einer Minder- 27
leistung. Eine Ausnahme gilt dann, wenn die Minderleistung ihren Grund in der Sphäre des Arbeitgebers hat. Hat dieser die Minderleistung zu vertreten (§ 276 BGB), so resultiert der Vergütungsanspruch aus § 326 II BGB; hat er das von ihm bereitzustellende Arbeitsmaterial oder Gerät nicht bereitgestellt, so kann er in Annahmeverzug (§ 615 BGB) geraten. Dagegen ist für die Höhe der Akkordvergütung die **Arbeitsqualität** unerheblich, es sei denn, dass tariflich oder einzelvertraglich etwas anderes vereinbart worden ist. Ohne besondere Vereinbarung kann der Arbeitgeber bei **Schlechtleistung** des Arbeitnehmers nur mit Schadensersatzforderungen aufrechnen. Ist dagegen bestimmt, dass der Akkordlohnanspruch nur bei mängelfreier Arbeit („fach-, lot- und sachgerecht") erwächst, so trägt der Arbeitnehmer das Qualitätsrisiko. Er ist daher für die Mängelfreiheit der Arbeit darlegungspflichtig. Der Arbeitgeber, der dann einen niedrigeren Lohn zahlt, macht damit keinen Gegenanspruch wegen Schlechtleistung geltend und muss demzufolge auch nicht etwaige Ausschlussfristen für einen Schadensersatzanspruch wahren.[44]

5. Mischlöhner. Arbeitsvertraglich kann vereinbart werden, dass der Arbeitnehmer ver- 28
pflichtet ist, Akkord- oder Zeitlohnarbeit zu verrichten. Eine solche Zuweisungsmöglichkeit

---

[40] Vgl. BAG 16. 4. 2002 AP 9 zu § 87 BetrVG 1972 Akkord.

[41] Beides kann ja von den betroffenen Arbeitnehmern nicht erzwungen werden.

[42] BAG 29. 1. 1969 AP 20 zu § 611 BGB Akkordlohn m. abl. Anm. *Gaul;* zustimmend *Rüthers* SAE 70, 7; a. A. *Herschel* ArbuR 69, 223.

[43] Vgl. BAG 24. 7. 1958 AP 4 zu § 611 BGB Akkordlohn unter VI. 3. b) der Gründe.

[44] BAG 15. 3. 1960 AP 13 zu § 611 BGB Akkordlohn.

kann sich auch aus geltenden tarifvertraglichen Regelungen ergeben.[45] Ein Wechsel von Zeitlohn zu Akkordlohn und umgekehrt kann aber dem Mitbestimmungsrecht des Betriebsrates nach § 87 I Nr. 10 BetrVG (§ 235 RN 89ff.) unterliegen. Ist ein Arbeitnehmer dagegen für **Zeitlohnarbeiten eingestellt,** so kann er gegen seinen Willen nicht mit Akkordarbeiten beschäftigt werden. Bei Abschluss des Arbeitsvertrages kann sich aus einer betrieblichen Übung ergeben, dass bestimmte Arbeiten im Akkord verrichtet werden müssen. Ist ein Arbeitnehmer für die Verrichtung von Akkordarbeit eingestellt, so darf der Arbeitgeber ihm auf Grund des Direktionsrechts zwar vorübergehend nicht-verakkordierte Arbeit zuweisen. Er hat ihm jedoch sofern nichts Abweichendes vereinbart ist, den Durchschnittsakkordverdienst weiterzuzahlen (z. T. enthalten Tarifverträge für diese Fälle Ausgleichsregelungen[46]). Wird der Arbeitnehmer nach dem Inhalt des Arbeitsvertrages sowohl mit Akkordarbeit wie mit Zeitlohnarbeit beschäftigt, so steht die Zuweisung im Direktionsrecht des Arbeitgebers (vgl. § 45 RN 24a). Für den Fall, dass die in Akkordvergütung beschäftigten Arbeitnehmer keine Akkordarbeiten mehr verrichten können, sind in Tarifverträgen häufig Lohnsicherungssysteme vorgesehen.[47]

29 Die Umsetzung vom Einzel- in Gruppenakkord kann eine Versetzung sein, die mitbestimmungspflichtig ist.[48]

30 **6. Arbeitsverpflichtung.** Auch im Falle der Akkordvergütung muss der Arbeitnehmer mit **Normalleistung arbeiten.** Er darf nicht seine Arbeitskraft zurückhalten, weil er etwa auf einen höheren Verdienst keinen Wert legt.[49] Zur Kündigung wegen einer Minderleistung des Arbeitnehmers s. § 131 RN 46ff.

IV. Bemessung der Prämienlohnvergütung

31 **1. Begriff.** Zu unterscheiden sind die **individuellen Prämien,** die der Arbeitgeber als Sondervergütung für eine besonders befriedigende Erfüllung der Dienstobliegenheiten oder längere Betriebstreue zahlt und die **Prämienlohnsysteme.** Für die individuellen Prämien bestehen im allgemeinen keine Ordnungssätze. Bei ihrer Zahlung muss der Arbeitgeber den Gleichbehandlungsgrundsatz beachten und sich im Rahmen des billigen Ermessens halten (vgl. §§ 69, 112). Prämien, die ein Verlagsunternehmen seinen Zeitungsträgern für die Werbung neuer Abonnenten gewährt, sind nach Ansicht des BFH dann kein Arbeitslohn, wenn die Zeitungsträger weder rechtlich noch faktisch zur Anwerbung neuer Abonnenten verpflichtet sind.[50]

32 Als Prämienlohnsystem sind die Prämien eine Leistungsvergütung, mit der sowohl die **Arbeitsmenge** wie die **Arbeitsqualität** vergütet werden kann. Reine Prämienlohnsysteme kommen in der Praxis kaum vor. Zumeist wird eine Grundvergütung gezahlt, auf die ein Prämienlohnsystem (zumeist Mengen/Güteprämie) aufgestockt ist.[51] Im Entgeltrahmenabkommen für die Metallindustrie (ERA) ist eine Regelung des Prämienlohnes enthalten. Bei der Einführung der Prämienentlohnung hat der Betriebsrat ein erzwingbares Mitbestimmungsrecht (§ 235 RN 99).

33 **2. Rechtsgrundlagen.** Prämienlohnsysteme können kraft Tarifvertrag, Betriebsvereinbarung oder Einzelarbeitsvertrag vereinbart werden. Ausgeschlossen ist die Beschäftigung von Schwangeren und Jugendlichen im Prämienlohnsystem (§ 4 III MuSchG, § 23 JArbSchG) sowie von Fahrpersonal (§ 3 FahrpersonalG).

34 **3. Zusatzprämie.** Wird der Prämienlohn zusätzlich zum Zeit- oder Akkordlohn gezahlt, so trifft den Arbeitnehmer bei Minderleistung keine Minderung der Grundvergütung. Der Arbeitgeber ist für die richtige, systemgerechte Lohnberechnung verantwortlich.[52] Bei unrichtiger Berechnung zum Nachteil des Arbeitnehmers hat dieser einen Nachzahlungsanspruch; andererseits kann bei Überzahlung ein Anspruch des Arbeitgebers nach § 812 BGB bestehen (§ 74). Dieser kann aber wegen Wegfalls der Bereicherung des Arbeitnehmers gem. § 818 III BGB (§ 74 RN 8ff.) ausgeschlossen sein.

---

[45] Vgl. BAG 24. 8. 2004 AP 77 zu § 2 KSchG 1969 = NZA 2005, 51.

[46] Vgl. BAG 20. 2. 1963 AP 17 zu § 611 BGB Akkordlohn; 27. 1. 1988 AP 90 zu § 1 TVG Tarifverträge: Bau.

[47] Vgl. BAG 30. 11. 1983 AP 20 zu § 1 TVG Tarifverträge: Metallindustrie; 21. 2. 2001 NZA 2002, 55 (LS); 8. 11. 2006 AP 203 zu § 1 TVG Tarifverträge: Metallindustrie.

[48] BAG 22. 4. 1997 AP 14 zu § 99 BetrVG 1972 Versetzung = NZA 97, 1358.

[49] BAG 20. 3. 1969 AP 27 zu § 123 GewO.

[50] BFH 22. 11. 1996 NZA-RR 97, 161.

[51] Vgl. ArbR-Formb. § 51 RN 13.

[52] Zu Berechnungsfragen in der Papierindustrie: BAG 16. 5. 1995 AP 10 zu § 1 TVG Tarifverträge: Papierindustrie = NZA 96, 548.

4. Arbeitsverpflichtung. Wie der Akkordarbeiter genügt auch der Prämienlohnarbeiter seiner Arbeitspflicht, wenn er innerhalb der festgelegten Arbeitszeit seiner Arbeitsleistung nachkommt. Er darf jedoch seine Dienstleistung nicht zurückhalten. Zur Kündigung wegen einer Minderleistung des Arbeitnehmers s. § 131 RN 46 ff. **35**

5. Arbeitsmängel. Bei mit Mängeln behafteten Leistungen kann der Vergütungsanspruch bei Zahlung von Qualitätsprämien gemindert sein.[53] **36**

V. Tronc

Die Arbeitnehmer der Spielbanken werden meist aus einem Tronc (Gesamtspendenaufkommen) bezahlt. Hierbei verbucht der Arbeitgeber das eingenommene Bedienungsgeld in einer gemeinsamen Kasse und verteilt es nach einem festgelegten Schlüssel auf die einzelnen Arbeitnehmer. Die aus dem Tronc finanzierten Zahlungen sind keine steuerfreien Trinkgelder i. S. v. § 3 Nr. 51 EStG.[54] Die Aufteilung und Verteilung des Troncaufkommens unterfallen dem Mitbestimmungsrecht des Betriebsrats nach § 87 I Nr. 10 BetrVG.[55] Gem. § 7 SpielbG NW ist der Spielbankunternehmer berechtigt, dem Tronc vorab die Arbeitgeberanteile zur Sozialversicherung und die Beiträge zur gesetzlichen Unfallversicherung zu entnehmen.[56] Dagegen darf er dem Tronc nicht die Schwerbehindertenabgabe entnehmen[57] oder hieraus die Kosten für Sachmittel des Betriebsrats bestreiten.[58] **37**

VI. Bemessung des Gedingelohnes

1. Begriff. Das Gedinge ist die für den Bergbau typische, seinen Eigenheiten angepasste Form der Leistungsentlohnung. Die Ausbildung des Gedinges geht teilweise bis in das frühe Mittelalter zurück. **38**

2. Rechtsgrundlage für den Gedingevertrag sind die einschlägigen Manteltarifverträge.[59] In NRW ist das Gedinge in Anl. 6 des MTV für die Arbeiter des rheinisch-westfälischen Steinkohlebergbaus geregelt. Grundsätzlich wird der **Gedingevertrag** vor Ort zwischen den Vertretern der Gedingekameradschaft und dem Vertreter des Unternehmens, also regelmäßig dem Steiger, frei vereinbart (§ 53 MTV Nr. 4 Anl. 6). Er ist dem ausgehandelten Akkord (§ 64 RN 14) verwandt. Dem Gedingeabschluss ist, soweit die Voraussetzungen hierfür gegeben sind, eine Zeitkalkulation zugrunde zu legen, die in einen Gedingekalkulationsschein einzutragen ist (Anl. 6 Nr. 6). Eine Zeitkalkulation ist dann vorzunehmen, wenn die zu vergebenden Arbeiten übersehbar sind, sich in Arbeitsvorgänge aufgliedern lassen und die zur Ausführung notwendige Zeit für die einzelnen Arbeitsteilvorgänge sich durch Schätzen oder Messen im voraus ermitteln lässt (Anl. 6 Nr. 6). Nach Anl. 6 Nr. 9 ist das Gedinge so festzusetzen, dass der Gedingearbeiter bei normaler Arbeitsleistung den Tarifschichtlohn seiner Lohngruppe (Gedingerichtlohn) verdienen kann. Da die Arbeitsbedingungen im Berg nicht mit Sicherheit vorausgesehen werden können, erhält der Gedingearbeiter als Mindestlohn den tariflichen Schichtlohn seiner Lohngruppe. Das gilt nur dann nicht, wenn das Minderleistungsergebnis nachweislich auf einem Verschulden des Arbeitnehmers beruht und er hierauf hingewiesen worden ist (Anl. 6 Nr. 10). Das Gedinge wird in einen Gedingeschein eingetragen (Anl. 6 Nr. 5). **39**

3. Kündigung des Gedingevertrags. Ein Gedinge kann unter den Voraussetzungen von Anl. 6 Nr. 12, 13 gekündigt werden (Teilkündigung). Im übrigen kann seine Änderung nicht verlangt werden; gestalten sich die Arbeitsbedingungen günstiger, so kommt dies dem Bergmann zugute **(Bergmannsglück);** gestalten sie sich ungünstiger als vorausgesetzt, so trägt er das Risiko **(Bergmannspech).** Nur in Ausnahmefällen, bei wesentlicher Änderung der Verhältnisse, können im Unterschied zur früheren Rechtslage beide Seiten die Änderungen oder Aufhebung des Gedingevertrages verlangen (Anl. 6 Nr. 14). **40**

4. Fehlender Gedingevertrag. Kommt eine Vereinbarung über das Gedinge innerhalb bestimmter Frist nicht zustande (Anl. 6 Nr. 11), so hat jeder Gedingearbeiter bis zum Zeitpunkt **41**

---

[53] Vgl. BAG 17. 1. 1995 AP 12 zu § 1 TVG Tarifverträge: Holz = NZA 96, 101; 8. 11. 2006 AP 203 zu § 1 TVG Tarifverträge: Metallindustrie.

[54] BFH 18. 12. 2008 DB 2009, 207.

[55] BAG 9. 12. 2003 AP 1 zu § 33 BetrVG 1972 = NZA 2004, 746.

[56] BAG 11. 3. 1998 AP 20 zu § 611 BGB Croupier = NZA 99, 387; 11. 3. 1998 AP 19 zu § 611 BGB Croupier; für Rheinland-Pfalz: 3. 3. 1999 AP 21 zu § 611 BGB Croupier = NZA 99, 844.

[57] BAG 11. 3. 1998 AP 20 zu § 611 BGB Croupier = NZA 99, 387.

[58] BAG 14. 8. 2002 AP 2 zu § 41 BetrVG 1972 = NZA 2003, 626.

[59] Vgl. Manteltarifvertrag für die Arbeiter des rheinisch-westfälischen Steinkohlenbergbaus vom 21. 8. 1998.

des Gedingeabschlusses Anspruch auf den tariflichen Gedingerichtlohn; eine Ausnahme besteht wieder bei verschuldeter Minderleistung (Anl. 6 Nr. 11 II).

42 **5. Gedingestreitigkeit.** Zur Beilegung von Gedinge-, Akkord- und Prämienlohnstreitigkeiten haben die Tarifpartner ein besonderes Schlichtungsverfahren geschaffen. Für den rheinisch-westfälischen Steinkohlenbergbau ist das Verfahren im Tarifvertrag über allgemeine betriebliche Arbeitsbedingungen vom 12. 4. 1975 m. spät. Änd. geregelt.

43 **6. Gedingeinspektoren.** Zur Beratung beim Gedingeabschluss, zur Überprüfung abgeschlossener Gedinge und zur Beilegung von Streitigkeiten haben die Tarifparteien hauptamtliche Gedingeinspektoren bestellt (§ 27 TV – Betriebl. ArbBed.). Der Gedingeinspektor hat möglichst vor Ort unter Hinzuziehung der Gedingeparteien und des Betriebsrats die Gedingeverhältnisse zu überprüfen und den Parteien eine sachverständige Empfehlung zur Beilegung der Streitigkeiten zu erteilen (§ 28 IV TV – Betriebl. ArbBed.). Der Gedingeinspektor kann von den Arbeitsvertragsparteien und dem Betriebsrat angerufen werden. Für die Anrufung ist eine Schriftform einzuhalten.

44 **7. Gedingekommission.** Kommt es auf Grund der Empfehlung des Gedingeinspektors nicht zur Beilegung der Meinungsverschiedenheit, so kann die Gedingekommission angerufen werden, die aus zwei Vertretern der Werksleitung und zwei Vertretern der IG Bergbau und Energie besteht (§ 29 I TV – Betriebl. ArbBed.). Auch sie hat auf eine Beilegung der Streitigkeiten hinzuwirken.

45 **8. Arbeitsgerichtliche Verfahren.** Das Arbeitsgericht kann erst nach Durchführung des **Gedingeschlichtungsverfahrens** angerufen werden (§ 35 TV – Betriebl. ArbBed.). Gedingeinspektoren und Gedingekommissionen entscheiden keine Rechtsfragen. Hierfür ist das Arbeitsgericht sofort zuständig.

VII. Bemessung der Vergütung bei fehlender Vereinbarung über die Höhe

46 **1. Fehlende Vergütungsvereinbarung.**[60] Ist die Höhe der Vergütung nicht durch Gesetz, kollektiv- oder einzelvertraglich (ausdrücklich oder konkludent) bestimmt oder ist die Vergütungsvereinbarung unwirksam,[61] so ist bei dem Bestehen einer Taxe die taxmäßige Vergütung, in Ermangelung einer Taxe die übliche Vergütung als vereinbart anzusehen (§ 612 II BGB). Lässt sich eine übliche Vergütung für eine vergleichbare Arbeit nicht ermitteln, so ist nach § 316 BGB der Arbeitnehmer als der Forderungsberechtigte zur einseitigen Bestimmung der Vergütung berechtigt, wobei das Leistungsbestimmungsrecht nach billigem Ermessen (§ 315 I BGB) auszuüben ist.[62] Bei Unbilligkeit erfolgt die Bestimmung durch Urteil (§ 315 III BGB).[63] § 316 BGB ist aber dann nicht anzuwenden, wenn die Vergütung nach § 612 II BGB ermittelt werden kann[64] oder wenn sich aus der Auslegung des Arbeitsvertrages ergibt, dass § 316 BGB nicht gewollt ist, so dass die gesetzliche Auslegungsregelung nicht eingreift. In diesen Fällen kann eine ergänzende Vertragsauslegung erforderlich sein, mit der Folge, dass letztlich eine gerichtliche Festlegung erfolgt.[65]

47 **2. Taxen.** Unter Taxen sind die bundes- oder landesrechtlich festgesetzten Vergütungssätze zu verstehen. Zu unterscheiden sind die **primär dispositiven Taxen,** die nur Höchstsätze enthalten und durch Parteivereinbarung geändert werden können, und die **subsidiären Dispositiv-Taxen,** die erst eingreifen, wenn keine anderweitigen Vereinbarungen getroffen worden sind. Taxen werden im Arbeitsrecht nicht festgesetzt; sie gibt es nur bei der Festsetzung der Vergütung freier Berufe.[66]

48 **3. Übliche Vergütung.** Üblich ist diejenige Vergütung, die im Betrieb für eine vergleichbare Tätigkeit oder, sofern eine solche nicht gegeben ist, im gleichen Gewerbe am selben Ort für eine vergleichbare Tätigkeit gewährt wird.[67] Entscheidend ist nicht, welche Vergütung gezahlt wird. Besteht für einen betreffenden räumlichen und fachlichen Bereich ein Tarifvertrag, so ist

---

[60] S. auch § 66 RN 14.
[61] BAG 24. 11. 1993 AP 11 zu § 611 BGB Mehrarbeitsvergütung = NZA 94, 759; MünchKommBGB/*Müller-Glöge* § 612 RN 7; ErfK/*Preis* § 612 BGB RN 2.
[62] BAG 21. 11. 2001 AP 63 zu § 612 BGB = NZA 2002, 624.
[63] Vgl. BGH 24. 10. 1989 NJW-RR 90, 349; ErfK/*Preis* § 612 BGB RN 42.
[64] BAG 8. 3. 1989 AP 4 zu § 43 UrhG.
[65] Vgl. BGH 13. 3. 85 BGHZ 94, 98 = NJW 85, 1895; ErfK/*Preis* § 612 BGB RN 43.
[66] MünchKommBGB/*Müller-Glöge* § 612 RN 28 m. w. N.
[67] Vgl. BAG 26. 4. 2006 AP 63 zu § 138 BGB = NZA 2006, 1354.

regelmäßig die **tarifliche Vergütung** die übliche Vergütung.[67] Etwas anderes kann dann gelten, wenn für die betreffende Tätigkeit üblicherweise übertarifliche Vergütungen gezahlt werden oder, sofern nur wenige Arbeitsvertragsparteien tarifgebunden sind, üblicherweise eine geringere als die tarifliche Vergütung gewährt wird.[68]

Zur **ortsüblichen Vergütung** gehören auch die Sondervergütungen, wie z. B. das Weihnachtsgeld.[69] **49**

4. Beweislast. Der Arbeitnehmer hat die Darlegungs- und Beweislast für die Höhe der Vergütung und damit auch die übliche Vergütung.[70] **50**

§ 68. Sachbezüge

Bauer/Opolony, Arbeitsrechtliche Änderungen in der Gewerbeordnung, BB 2002, 1590; *Lembke,* Die Ausgestaltung von Aktienoptionsplänen in arbeitsrechtlicher Hinsicht, BB 2001, 1496; *Marschner,* Sachbezüge, AR-Blattei, SD 1380; *Salje,* Trinkgeld als Lohn. Zu den Grenzen kollektivvertraglicher Regelungen über Verteilung von Trinkgeld im Troncsystem, DB 89, 321; *Schöne,* Die Novellierung der Gewerbeordnung und die Auswirkungen auf das Arbeitsrecht, NZA 2002, 829; *Wisskirchen,* Novellierung arbeitsrechtlicher Vorschriften in der Gewerbeordnung, DB 2002, 1886.

Übersicht

	RN
I. Arbeitsrechtliche Grundsätze	1 ff.
1. Begriff	1–2
2. Sozialleistungen	3
3. Häusliche Gemeinschaft	4
4. Dienstwohnung	5
5. Dienstwagen	6–7 a
6. Personalrabatte	8–8 c
7. Trinkgeld	9
8. Naturalbezug und Entgeltfortzahlung	10
9. Gewährleistung für Sachleistungen	11
II. Steuerliche und sozialversicherungsrechtliche Behandlung von Sachbezügen	12 ff.
1. Sachzuwendungen i. S. des Steuerrechts	12, 12 a
2. Sozialversicherungsentgeltverordnung (SvEV)	13
3. Vorteile im eigenbetrieblichen Interesse	14
4. Gestellung von Kraftwagen	15–15 c
5. Sozialversicherung	16
6. Umsatzsteuer	17

I. Arbeitsrechtliche Grundsätze

Dienstwagen: *Fischer,* Der privat genutzte Dienstwagen und das Ende des Entgeltfortzahlungszeitraums, FA 2003, 105; *Haase,* Steuerfalle bei Zuschüssen zum Dienstwagen, NZA 2002, 1199; *Meier,* Möglichkeiten zum Entzug der Privatnutzung des Dienstwagens, NZA 97, 298; *ders.,* Konsequenzen aus dem unberechtigten Entzug eines Firmenwagens im Rahmen des Annahmeverzugs, NZA 99, 1083; *Nägele,* Der Dienstwagen, 2003; *ders.,* Probleme beim Einsatz von Dienstfahrzeugen, NZA 97, 1196; *ders.,* Schadensersatz für Entzug des privat genutzten Dienstwagens, BB 94, 2277; *Pauly,* Schadensersatz für Entzug des privat genutzten Dienstwagens AuA 96, 381; *ders.,* Zur Nutzungsentschädigung des Arbeitnehmers wegen Entzugs des privat genutzten Firmenwagens, AuR 99, 467.

1. Begriff. a) Sachbezüge, früher auch Naturalvergütung bezeichnet, sind **Leistungen des Arbeitgebers, die dem Arbeitnehmer als Gegenleistung für die geleisteten Dienste nicht in Geld** gewährt werden. Sachbezüge sind beispielsweise die Überlassung eines Dienstwagens zur privaten Nutzung (dazu RN 6), der Haustrunk in Brauereien, Deputate in der Landwirtschaft und im Bergbau, verbilligter Wohnraum, aber auch Aktienoptionen (dazu § 80 RN 3) oder zur privaten Nutzung überlassene Handys und Notebooks. Zu den Sachbezügen gehören nicht die bargeldlose Lohnzahlung sowie die Hingabe von Schecks oder Wechseln (hierzu § 70 RN 6). Die Vereinbarung von Sachbezügen als Teil des Arbeitsentgelts ist gemäß **1**

[67] Ständige Rspr. des BAG, vgl. z. B. BAG 27. 10. 1960 AP 21 zu § 611 BGB Ärzte und Gehaltsansprüche; 25. 1. 1989 AP 2 zu § 2 BeschFG 1985; 26. 9. 1990 AP 9 zu § 2 BeschFG 1985 = NZA 91, 247; 29. 1. 1992 AP 18 zu § 2 BeschFG 1985 = NZA 92, 1037; 21. 11. 2001 AP 63 zu § 612 BGB = NZA 2002, 624.

[68] Herkömmlich übertariflich: BAG 26. 5. 1993 AP 2 zu § 612 BGB Diskriminierung = NZA 92, 1049; 14. 6. 1994 AP 2 zu § 3 TVG Verbandsaustritt = NZA 95, 178; 28. 9. 1994 AP 38 zu § 2 BeschFG 1985; untertariflich: BAG 14. 6. 1994 AP 2 zu § 3 TVG Verbandsaustritt = NZA 95, 178.

[69] BAG 6. 12. 1990 AP 12 zu § 2 BeschFG 1985 = NZA 91, 350.

[70] BAG 29. 1. 1986 AP 115 zu §§ 22, 23 BAT 1975.

§ 107 II 1 GewO zulässig, wenn sie dem Interesse des Arbeitnehmers oder der Eigenart des Arbeitsverhältnisses entspricht. Maßgeblich ist nicht das individuelle Interesse des einzelnen Arbeitnehmers, sondern das verständige, objektive Interesse eines Arbeitnehmers in vergleichbarer Lage.[1] Die geleisteten Gegenstände müssen – soweit nichts anderes vereinbart ist – mittlerer Art und Güte sein (§ 243 I BGB).

1a Der Vereinbarung von Sachbezügen sind in § 107 II 5 GewO **zum Schutz des Arbeitnehmers Grenzen gesetzt:** Der Wert der vereinbarten Sachbezüge oder die Anrechnung der überlassenen Waren auf das Arbeitsentgelt darf die Pfändungsfreigrenzen für Arbeitsentgelt (§§ 850ff. ZPO) nicht übersteigen. In Berufsausbildungsverhältnissen dürfen die auf die Ausbildungsvergütung angerechneten Sachbezüge gem. § 17 II BBiG nicht mehr als 75% der Bruttovergütung ausmachen. Der Arbeitgeber darf dem Arbeitnehmer gemäß § 107 II 2 GewO keine Waren auf Kredit überlassen. Das Kreditierungsverbot soll eine Verschuldung des Arbeitnehmers gegenüber dem Arbeitgeber verhindern. Der Arbeitnehmer soll grundsätzlich seinen vollen Verdienst in bar erhalten und nicht in eine weitere Abhängigkeit zum Arbeitgeber geraten. Diese seit 1878 geltende Vorschrift (früher in § 115 II GewO a. F. enthalten) dient auch heute noch vernünftigen Zwecken des Gemeinwohls.[2] Die GewO enthält seit den zum 1. 1. 2003 in Kraft getretenen Änderungen keine Regelung der Rechtsfolgen bei Verstößen gegen § 107 II GewO. Da nach § 107 I GewO das Arbeitsentgelt grundsätzlich in Geld zu bezahlen ist und § 107 II GewO hierfür genau definierte Ausnahmen vorsieht, ist davon auszugehen, dass eine Vereinbarung, die gegen § 107 II GewO verstößt, gem. § 134 BGB nichtig ist[3] und insoweit den Anspruch auf Leistung des Arbeitsentgelts nicht erlöschen lässt.[4]

2 **b)** Die Leistung von Sachbezügen hat im Einzelfall **steuer- und sozialversicherungsrechtliche Vorteile.** Die Bewertung der vom Arbeitgeber gewährten Sachbezüge erfolgt seit 1. 1. 2007 nach Maßgabe der Sozialversicherungsentgeltverordnung (SvEV v. 21. 12. 2006 i. d. F. v. 18. 11. 2008 (BGBl. I S. 2220)), welche die bis dahin geltende SachbezV und ArEV abgelöst hat. Ob und inwieweit Sachbezüge steuerpflichtige Einnahmen bzw. sozialversicherungspflichtiges Arbeitsentgelt sind, richtet sich nach § 8 EStG. Nach § 1 SvEV sind dem Arbeitsentgelt nicht hinzuzurechnen einmalige Einnahmen, laufende Zulagen, Zuschläge, Zuschüsse sowie ähnliche Einnahmen, die zusätzlich zu Löhnen oder Gehältern gewährt werden, soweit sie lohnsteuerfrei sind. Dies gilt nicht für Sonntags-, Feiertags- und Nachtarbeitszuschläge, soweit das Entgelt, aus dem sie berechnet werden, mehr als 25 Euro für jede Stunde beträgt. Lohnsteuerfrei sind beispielsweise die vom Arbeitgeber gestattete private Nutzung eines zu dienstlichen Zwecken überlassenen Handys oder Notebooks (§ 3 Nr. 45 EStG) sowie Leistungen des Arbeitgebers zur Unterbringung und Betreuung von nicht schulpflichtigen Kindern der Arbeitnehmer in Kindergärten oder vergleichbaren Einrichtungen (§ 3 Nr. 33 EStG).

3 **2. Sozialleistungen. Kein Sachbezug** ist die Berechtigung des Arbeitnehmers, an betrieblichen Sozialeinrichtungen (z. B. Kantinennutzung) teilzunehmen. Sie ist bei der Berechnung des der Pfändung unterliegenden Einkommens nicht zu berücksichtigen. Dasselbe gilt zumeist für die Überlassung von spezieller Dienst- oder Arbeitskleidung[5] (vgl. § 85). Sachleistungen, die nur im Interesse des Arbeitgebers erfolgen, sind grundsätzlich keine Sachbezüge (dazu RN 14). Diese Leistungen sollen nicht die Tätigkeit des Arbeitnehmers vergüten.

4 **3. Häusliche Gemeinschaft.** Sachbezug kann auch die Aufnahme des Arbeitnehmers in die häusliche Gemeinschaft sein, also die Gewährung von Kost und Logis. Ist der Arbeitnehmer in die häusliche Gemeinschaft aufgenommen, obliegen dem Arbeitgeber besondere **Obhutspflichten** (§§ 617, 618 II, III BGB; § 62 II HGB; hierzu § 106).

5 **4. Dienstwohnung.** Die Überlassung von Wohnraum ist Sachbezug, wenn er im Rahmen des Arbeitsverhältnisses zur Abgeltung der Dienste zur Verfügung gestellt wird. Der Wert einer als Sachbezug zur Verfügung gestellten Unterkunft wird auf monatlich 204 Euro festgesetzt. Der Wert der Unterkunft vermindert sich bei Aufnahme des Beschäftigten in den Haushalt des Arbeitgebers oder bei Unterbringung in einer Gemeinschaftsunterkunft nach Maßgabe von § 2 III Nr. 1 bis 3 SvEV. Für eine als Sachbezug zur Verfügung gestellte Wohnung ist als Wert der ortsübliche Mietpreis unter Berücksichtigung der sich aus der Lage der Wohnung zum Betrieb

---

[1] *Bauer/Opolony* BB 2002, 1590, 1593; *Boemke* §§ 105–110 GewO, § 107 RN 18.
[2] BVerfG 24. 2. 1992 AP 5 zu § 115 GewO.
[3] Dazu näher *Bauer/Opolony* BB 2002, 1590, 1592ff.; *Boemke* §§ 105–110 GewO, § 107 RN 23, 30, 35, 39ff.
[4] HWK/*Lembke* § 107 GewO RN 43; ErfK/*Preis* § 107 GewO RN 7.
[5] Vgl. LAG Köln 20. 3. 1996 BB 92, 1891; HWK/*Lembke* § 107 GewO RN 27.

ergebenden Beeinträchtigungen anzusetzen. Ist im Einzelfall die Feststellung des ortsüblichen Mietpreises mit außergewöhnlichen Schwierigkeiten verbunden, kann die Wohnung mit 3,55 Euro je Quadratmeter monatlich, bei einfacher Ausstattung (ohne Sammelheizung oder ohne Bad oder Dusche) mit 2,88 Euro je Quadratmeter monatlich bewertet werden. Bestehen gesetzliche Mietpreisbeschränkungen, sind die durch diese Beschränkungen festgelegten Mietpreise als Werte anzusetzen (§ 2 IV SvEV). Werden Verpflegung, Unterkunft oder Wohnung verbilligt als Sachbezug zur Verfügung gestellt, ist gem. § 2 V SvEV der Unterschiedsbetrag zwischen dem vereinbarten Preis und dem Wert, der sich bei freiem Bezug ergeben würde, dem Arbeitsentgelt zuzurechnen. Zur Werkmietwohnung vgl. § 85.

5. Dienstwagen.[6] **a)** Der Arbeitgeber kann sich verpflichten, dem Arbeitnehmer einen 6
Dienstwagen auch zur **privaten Nutzung** zur Verfügung zu stellen. Die Überlassung eines Firmenwagens auch zur privaten Nutzung stellt einen geldwerten Vorteil und einen Sachbezug dar. Sie ist steuer- und abgabenpflichtiger Teil des geschuldeten Arbeitsentgelts.[7] Inhalt und Ausgestaltung dieser Verpflichtung unterliegen der vertraglichen Vereinbarung. Die Abrede kann konkludent erfolgen. Eine konkludente Vereinbarung der privaten Nutzungsmöglichkeit kann insbesondere dann vorliegen, wenn der Arbeitnehmer den Wagen auch am Wochenende mit nach Hause nehmen kann und privat nutzt, ohne dass der Arbeitgeber einen Kostenanteil fordert.[8]

b) Zur Vermeidung von Streitigkeiten sollte in der **Nutzungsvereinbarung** geregelt wer- 6a
den, welches Fahrzeug (Fabrikat, Kategorie, Ausstattung usw.) der Arbeitgeber schuldet, wem bei einer Neubeschaffung das Bestimmungsrecht wegen der Details (Farbe usw.) zusteht, zu welchem Zweck das Fahrzeug überlassen wird, wann das Nutzungsrecht endet, was im Falle des Streits um die Beendigung des Arbeitsverhältnisses geschehen soll und wer für die Unfallschäden haftet. Zugleich sollten die Grundlagen der steuerrechtlichen Behandlung der privaten Dienstwagennutzung vereinbart werden (dazu RN 15). Die Überlassung des Dienstwagens ist gleichfalls Sachbezug, soweit der Arbeitnehmer den Wagen auch für den Arbeitsweg zwischen Wohnung und Arbeitsstätte oder für private Zwecke benutzen kann (§ 8 II 3 EStG). Im Rahmen der Vertragsfreiheit (§ 105 GewO) kann für die Privatnutzung des Wagens ein Entgelt vereinbart werden. Stellt die Überlassung des Dienstwagens einen Sachbezug dar, ist dieser im Rahmen eines nachvertraglichen Wettbewerbsverbots bei der Berechnung der Karenzentschädigung zu berücksichtigen (§ 58). Ob der Bezug auch bei der Ruhegeldberechnung zu berücksichtigen ist, richtet sich nach der Versorgungszusage.[9]

Hat der Arbeitgeber dem Arbeitnehmer ein Dienstfahrzeug auch zur privaten Nutzung überlas- 6b
sen und wird die Lohnsteuer wegen des dem Arbeitnehmer zufließenden geldwerten Vorteils nach der sog. 1%-Regelung (§ 8 II 2 EStG) ermittelt (RN 15 a), kann der Arbeitgeber verpflichtet sein, dem Arbeitnehmer **Auskunft** über die tatsächlich mit der Fahrzeughaltung verbundenen Kosten zu erteilen (§ 8 II 4 EStG), damit dieser die wegen einer nur geringen Privatnutzung möglicherweise überzahlte Lohnsteuer vom Finanzamt erstattet verlangen kann.

c) Im Falle der **Erkrankung** endet das Recht zur Privatnutzung mit dem Ende des Entgelt- 6c
fortzahlungszeitraums, es sei denn, dass sich aus dem Vertrag etwas anderes ergibt.[10] Darf der Arbeitnehmer den Wagen auch privat nutzen, ist er dem Arbeitnehmer auch während des **Urlaubs** zu überlassen. Entsprechendes gilt während der **Mutterschutzfristen,** wenn die Parteien nicht ein entsprechendes Widerrufsrecht des Arbeitgebers vereinbart haben.[11] Soweit sich dieses Widerrufsrecht in einem vom Arbeitgeber gestellten Dienstwagenüberlassungsvertrag befindet, unterliegt es der Inhaltskontrolle nach § 308 Nr. 4 BGB.[12] Steht nach dem Willen der Parteien erkennbar die dienstliche Nutzung eines Firmenfahrzeugs im Vordergrund, kann nach vertraglicher Vereinbarung dem Arbeitnehmer die private Nutzungsmöglichkeit entzogen werden, wenn die Voraussetzungen für die Nutzung des Firmenfahrzeugs für Dienstreisen entfallen sind.[13] Eine

[6] Schrifttum siehe vor RN 1.
[7] BAG 5. 9. 2002 AP 1 zu § 280 BGB 2002; 16. 11. 1995 AP 4 zu § 611 BGB Sachbezüge = NZA 96, 415.
[8] LAG Rheinland-Pfalz 19. 11. 1996 NZA 97, 942.
[9] BAG 14. 8. 1990 AP 12 zu § 1 BetrAVG Berechnung = NZA 91, 104.
[10] LAG Köln 29. 11. 1995 LAGE § 616 BGB Nr. 8 = NZA-RR 96, 986; 22. 6. 2001 NZA-RR 2001, 523; *Nägele,* Der Dienstwagen, 2003, S. 141; a. A. *Fischer* FA 2003, 105, 107, der dem Herausgabeanspruch des Arbeitgebers das Besitzrecht aus § 868 BGB entgegenhält.
[11] Vgl. BAG 11. 10. 2000 AP 13 zu § 611 BGB Sachbezüge = NZA 2001, 445.
[12] Dazu BAG 11. 10. 2006 AP 6 zu § 308 BGB = NZA 2007, 87.
[13] BAG 17. 9. 1998 AuR 99, 111.

in einem Formularvertrag vereinbarte Beteiligung des Arbeitnehmers an den Leasingraten für den auch privat genutzten Dienstwagen für die Zeit nach Beendigung des Arbeitsverhältnisses bis zum Ablauf des Leasingvertrags ist unwirksam.[14]

6d **d)** Das Recht zur Benutzung des Dienstwagens endet mit dem **Ende des Arbeitsverhältnisses.** War dem Arbeitnehmer die Privatnutzung nicht gestattet, kann der Arbeitgeber jederzeit die Herausgabe verlangen, da der Arbeitnehmer nur Besitzdiener ist.[15] War dem Arbeitnehmer dagegen auch die Privatnutzung gestattet, kann er den Dienstwagen grundsätzlich bis zur rechtlichen Beendigung des Arbeitsverhältnisses nutzen. Es liegt ein Besitzmittlungsverhältnis i. S. § 868 BGB vor.[16]

6e Der in einem Formularvertrag vereinbarte **Widerrufsvorbehalt** für die Privatnutzung eines Dienstwagens ist nur wirksam, wenn die Sachgründe für den Widerruf angegeben sind (dazu § 32 RN 64).[17] In einem Ehegatten-Arbeitsverhältnis ist nach dessen Beendigung der Arbeitnehmer arbeitsrechtlich nicht zur Herausgabe des Dienstfahrzeugs verpflichtet, wenn die Überlassung in Wirklichkeit eine Unterhaltsleistung und keine arbeitsvertragliche Leistung war.[18]

6f Der Arbeitnehmer hat einen Anspruch auf **Nutzungsentschädigung,** wenn die rechtliche Beendigung des Arbeitsverhältnisses in Streit ist und der Arbeitgeber dem Arbeitnehmer vor der rechtlichen Beendigung den Wagen entzieht.[19] In diesem Fall kann der Arbeitnehmer die Gestellung des Dienstwagens in der Regel mangels Verfügungsgrundes nicht im Wege einer einstweiligen Verfügung durchsetzen, er ist vielmehr auf Schadensersatzsprüche verwiesen.[20] Für die Berechnung der Höhe der Nutzungsentschädigung ist nicht auf die im Schadensersatzrecht maßgebliche Tabelle von *Sanden/Danner/Küppersbusch* abzustellen, sondern auf die lohnsteuerliche Bewertung der privaten Nutzungsmöglichkeit.[21] Der Wert der privaten Nutzung eines Kraftfahrzeugs, das zu mehr als 50% betrieblich genutzt wird, beträgt gemäß § 6 I Nr. 4 EStG für jeden Kalendermonat 1% des inländischen Listenpreises im Zeitpunkt der Erstzulassung zuzüglich der Kosten für Sonderausstattungen einschließlich Umsatzsteuer. Sieht die Dienstwagenvereinbarung vor, dass der Dienstwagen bei berechtigter Freistellung während des Laufs der Kündigungsfrist zurückzugeben ist und dass während dieses Zeitraums ein anderes, nicht unbedingt gleichwertiges Fahrzeug zur Verfügung zu stellen ist und lehnt der Arbeitnehmer das Ersatzfahrzeug ab, steht ihm kein Schadensersatzanspruch zu.[22] Eine solche Vereinbarung hält bei hinreichend klarer Formulierung einer Inhaltskontrolle nach § 308 Nr. 4 bzw. § 307 I BGB stand.

7 **e)** Ist das ursprünglich überlassene Fahrzeug auf Grund Alters, Abnutzung oder wirtschaftlichen Totalschadens nicht mehr nutzbar, muss eine **Ersatzbeschaffung** erfolgen. Im Allgemeinen wird sich aus dem Überlassungsvertrag ergeben, welches Fahrzeug angeschafft werden muss. Ist die Ersatzbeschaffung nicht ausdrücklich geregelt, hat sie in den Grenzen des § 315 BGB zu erfolgen. Auf einen im Rahmen der Privatnutzung verursachten Unfall sind die Haftungserleichterungen nicht anzuwenden; sie gehören zum Privatbereich des Arbeitnehmers. Anders ist es dagegen bei Unfällen im Rahmen der betrieblichen Nutzung. Insoweit gelten die Grundsätze des innerbetrieblichen Schadensausgleichs (§ 54).[23] Betankt ein Arbeitnehmer den Dienstwagen statt mit Dieselkraftstoff mit Super Bleifrei, liegt nach Auffassung des LAG Rheinland-Pfalz kein grob fahrlässiges Fehlverhalten vor.[24]

7a **f)** Die konkrete Entscheidung des Arbeitgebers, ob und welchen Arbeitnehmern Dienstwagen überlassen werden und welche Kategorie sie haben, ist **nicht mitbestimmungspflichtig.** Allerdings kann eine Lohngestaltung i. S. von § 87 I Nr. 10 BetrVG vorliegen, wenn der Dienstwagen zur Privatnutzung überlassen wird.

---

[14] BAG 9. 9. 2003 AP 15 zu § 611 BGB Sachbezüge = NZA 2004, 484; LAG Köln 10. 3. 2008 – 14 Sa 1331/07.

[15] BAG 17. 9. 1998 AP 2 zu § 611 BGB Mankohaftung = NZA 99, 141.

[16] OLG Düsseldorf 12. 2. 1986 NJW 86, 2513.

[17] Dazu BAG 19. 12. 2006 – 9 AZR 294/06 z. V. v.; LAG Niedersachsen 17. 1. 2006 NZA-RR 2006, 289.

[18] LAG Köln 27. 1. 1999 NZA-RR 99, 572.

[19] BAG 27. 5. 1999 AP 12 zu § 611 BGB Sachbezüge = NZA 99, 1038; siehe dazu auch BAG 2. 12. 1999 – 8 AZR 849/98 n. v.; 25. 1. 2001 – 8 AZR 412/00 n. v. sowie BAG 5. 9. 2002 AP 1 zu § 280 BGB 2002.

[20] LAG Köln 5. 11. 2002 NZA-RR 2003, 300.

[21] BAG 27. 5. 1999 AP 12 zu § 611 BGB Sachbezüge = NZA 99, 1038.

[22] Sächs. LAG 9. 4. 1997 LAGE § 249 BGB Nr. 9 = BB 97, 1693.

[23] LAG Köln 15. 9. 1998 ZTR 99, 181.

[24] LAG Rheinland-Pfalz 7. 1. 2008 – 5 Sa 371/07 (Haftung des Arbeitnehmers in Höhe von 60% angemessen).

6. Personalrabatte. Zu der **vereinbarten Vergütung** i. S. v. § 611 BGB gehören alle Leistungen, die ein Arbeitnehmer als Gegenleistung für seine Arbeit erhält. Neben den laufenden Bezügen kann dies auch ein Anspruch auf Teilnahme am Personaleinkauf sein.[25] Zwar gilt diese Sozialleistung nicht unmittelbar die vom Arbeitnehmer geschuldete Arbeitsleistung ab. Sie erfolgt jedoch regelmäßig mit Rücksicht auf das Arbeitsverhältnis. Der Personalrabatt ist Belohnung für gezeigte Betriebstreue und dient der Bindung des Arbeitnehmers an das Unternehmen.[26] Mit der Einräumung von Personalrabatten soll die Motivation der Belegschaft und deren Identifikation mit den unternehmerischen Zielen gefördert werden. Darüber hinaus geht es um das eigenwirtschaftliche Interesse des Arbeitgebers, durch Personalkäufe in einem gewissen Umfang Produktabsatz und Umsatz zu sichern.[27] 8

Die Einräumung von Personalrabatten verpflichtet den Arbeitgeber, mit dem Arbeitnehmer die für den Bezug der Vergünstigung **erforderlichen Rechtsgeschäfte zu schließen.** Wird der Personalrabatt unternehmensübergreifend für Konzernprodukte eingeräumt, hat der Arbeitgeber dafür einzustehen, dass der Arbeitnehmer die preisermäßigten Waren oder Dienstleistungen auch erhält.[28] Auch der vergünstigte Erwerb von Flugleistungen, die den Unternehmensgegenstand des Arbeitgebers ausmachen, ist eine solche Leistung.[29] 8a

Die Einräumung eines Personalrabatts steht regelmäßig unter dem vertraglichen Vorbehalt, dass der **Arbeitgeber die preisgeminderten Waren selbst herstellt.**[30] Der Arbeitgeber hat i. d. R. kein Interesse daran, seiner Belegschaft Produkte von Fremdfirmen rabattiert anzubieten. Nur bei dem Angebot eigener Produkte ist es ihm möglich, Produkte zu unter dem Marktpreis liegenden Konditionen anzubieten und dennoch einen Gewinn zu erzielen. Auch der für die Mitarbeitermotivation erforderliche psychologische Zusammenhang zwischen Produkten aus eigener Produktion und dem Recht, eben diese Produkte erwerben und nutzen zu können, ist bei Fremdprodukten nicht mehr vorhanden.[31] Ein Anspruch des Arbeitnehmers auf verbilligten Bezug dieser Waren geht daher nicht ohne Weiteres nach § 613 a I 1 BGB bei einem (Teil-)Betriebsübergang über.[32] Der Erwerber ist grundsätzlich nicht zu finanziellen Ausgleichszahlungen verpflichtet. Sagt der Bodenbetrieb einer Fluggesellschaft seinen Mitarbeitern Flugvergünstigungen zu, ist er nach Einstellung des Flugbetriebs und Ausscheiden aus dem Konzern nicht verpflichtet, Flugscheine anderer Gesellschaften zu erwerben und seinen Mitarbeitern zur Verfügung zu stellen.[33] Dagegen besteht der Anspruch von Brauereibeschäftigten auf Haustrunk fort, wenn die Brauerei von Eigen- auf Fremdproduktion von Bier umstellt. Auch nach der Umstellung wird das Bier als eigenes Produkt verkauft. Die Änderung der Herstellungsverhältnisse ändert daran nichts.[34] 8b

Hat der Arbeitgeber seinem Arbeitnehmer einen Personalrabatt zugesagt, ohne sich den Widerruf vorzubehalten, kann er die Vergünstigung nicht mit der Begründung **einstellen,** die Gewährung freiwilliger Leistungen liege in seinem billigen Ermessen.[35] Steuerrechtlich werden Personalrabatte als Arbeitsentgelt bewertet.[36] Die in AGB über den Verkauf von Kraftfahrzeugen an Werksangehörige enthaltene Klausel, die den Arbeitnehmer zur Zahlung des ihm eingeräumten Preisnachlasses verpflichtet, wenn das Arbeitsverhältnis binnen eines Jahres nach Auslieferung endet, ist unangemessen (§ 307 I 1 BGB), weil sie eine unverhältnismäßige Kündigungserschwerung für den Arbeitnehmer enthält.[37] 8c

7. Trinkgeld.[38] Trinkgeld ist gemäß § 107 III 2 GewO ein Geldbetrag, den ein Dritter ohne rechtliche Verpflichtung dem Arbeitnehmer zusätzlich zu einer dem Arbeitgeber geschuldeten 9

---

[25] BAG 7. 9. 2004 AP 17 zu § 611 BGB Sachbezüge = NZA 2005, 941; MünchKommBGB/*Müller-Glöge* § 611 RN 708; ErfK/*Preis* § 611 BGB RN 519.
[26] MünchArbR/*Hanau* § 70 RN 6.
[27] BAG 7. 9. 2004 AP 17 zu § 611 BGB Sachbezüge = NZA 2005, 941.
[28] BAG 19. 2. 2008 AP 52 zu § 1 BetrAVG = NZA-RR 2008, 597.
[29] BAG 13. 12. 2006 NZA 2007, 325.
[30] BAG 7. 9. 2004 AP 17 zu § 611 BGB Sachbezüge = NZA 2005, 941.
[31] BAG 19. 2. 2008 AP 52 zu § 1 BetrAVG = NZA-RR 2008, 597.
[32] BAG 7. 9. 2004 AP 17 zu § 611 BGB Sachbezüge = NZA 2005, 941; 11. 12. 1996 AP 5 zu § 611 BGB Sachbezüge = NZA 97, 442.
[33] BAG 13. 12. 2006 NZA 2007, 325.
[34] Vgl. LAG Hamm 28. 4. 1999 – 14(6) Sa 2311/98; *Moll* FS 50 Jahre BAG S. 59, 71.
[35] BAG 14. 6. 1995 AP 1 zu § 611 BGB Personalrabatt = NZA 95, 1194; 11. 12. 1996 AP 5 zu § 611 BGB Sachbezüge = NZA 97, 442.
[36] BFH 2. 10. 1968 DB 69, 70; BStBl. II 1974, 413.
[37] Vgl. ErfK/*Preis* § 611 BGB RN 520; siehe dazu auch BAG 26. 5. 1993 AP 3 zu § 23 AGB-Gesetz = NZA 93, 1029.
[38] *Zumbansen/Sung-Kee Kim* BB 99, 2454.

Leistung zahlt. Hat der Arbeitnehmer Anspruch auf tarifliche Vergütung, kann diese – auch nicht teilweise – mit Trinkgeldern verrechnet werden. Freiwillig von Dritten gezahlte Trinkgelder sind steuerfrei (§ 3 Nr. 51 EStG). Kein Trinkgeld ist das insbesondere im Gaststättengewerbe verbreitete **Bedienungsgeld.**[39]

10 **8. Naturalbezug und Entgeltfortzahlung.** Während der Entgeltfortzahlung im Krankheitsfall sind Sachbezüge grundsätzlich als Teil des Arbeitsentgelts nach § 4 I EFZG weiter zu gewähren. Kann der Arbeitnehmer für die Zeit, in der ihm die Vergütung fortzuzahlen ist, die Naturalbezüge nicht entgegennehmen oder ist ihm die Entgegennahme nicht zumutbar, sind diese in Geld zu entrichten.[40] Der Wert bemisst sich nach der SvEV (dazu RN 13).[41] Keine Abgeltungspflicht besteht für dem Arbeitnehmer entgangene Trinkgelder im Falle der Erkrankung.[42] Für Auszubildende vgl. § 19 II BBiG; dazu § 174 RN 54.

11 **9. Gewährleistung für Sachleistungen.** Sachbezüge müssen, soweit nichts anderes vereinbart ist, nach § 107 II 4 GewO mittlerer Art und Güte sein (§ 243 I BGB). Sind die vom Arbeitgeber gelieferten Sachen mit Mängeln behaftet, stehen dem Arbeitnehmer die Rechte aus §§ 437ff. BGB zu.[43]

II. Steuerliche und sozialversicherungsrechtliche Behandlung von Sachbezügen

12 **1. Sachzuwendungen i. S. des Steuerrechts** sind die auf Grund des Dienstverhältnisses gewährten, aber nicht in Geld bestehenden Leistungen des Arbeitgebers (§ 8 II 1 EStG). Sie sind grundsätzlich steuerpflichtig, es sei denn, es lägen bloße Annehmlichkeiten wie z.B. Betriebsveranstaltungen oder Gelegenheitsgeschenke vor. Der **Wert von Sachbezügen** richtet sich grundsätzlich nach § 8 EStG. Für die Überlassung von Fahrzeugen gilt § 8 II 2ff. EStG. Ansonsten erfolgt eine Einzelbewertung des Sachbezugs mit dem üblichen Endpreis am Abgabeort (§ 8 II 1 EStG). Das ist der Preis, der im allgemeinen Geschäftsverkehr von Letztverbrauchern in der Mehrzahl der Verkaufsfälle am Abgabeort für gleichartige Waren oder Dienstleistungen tatsächlich gezahlt wird. Er schließt die Umsatzsteuer und sonstige Preisbestandteile ein. Bietet der Arbeitgeber die zu bewertende Ware oder Dienstleistung unter vergleichbaren Bedingungen in nicht unerheblichem Umfang fremden Letztverbrauchern zu einem niedrigeren als dem üblichen Preis an, ist dieser Preis anzusetzen (R 8.1 Abs. 2 Satz 4 LStR).

12a Hiervon abweichend werden einzelne Sachbezüge gemäß § 8 II 2ff. EStG pauschal bewertet. Maßgeblich ist insoweit die SvEV (RN 2).[44] Für Sachbezüge, die nach § 8 II 1 EStG bewertet werden, gilt nach § 8 II 9 EStG eine Freigrenze von 44 Euro monatlich.[45] **Zinsvorteile** aus Arbeitgeberdarlehen zum Zwecke der Anschaffung von Wohnungseigentum oder Kraftfahrzeugen sind steuerpflichtig. Die Zinsvorteile sind als Sachbezüge zu versteuern. Verpflichtet sich der Arbeitgeber gegenüber dem Darlehensgeber zur Zahlung von Zinsausgleichszahlungen, ist gleichfalls steuerpflichtiger Arbeitslohn anzunehmen.[46] Die frühere Anweisung der Finanzverwaltung, wonach Zinsersparnisse bei einer Darlehenssumme von bis zu 2600 Euro kein Lohn seien, ist in den LStR 2008 zunächst gestrichen und mit Erlass des BMF v. 1. 10. 2008 wieder eingeführt worden. Erhält ein Arbeitnehmer auf Grund seines Arbeitsverhältnisses vom Arbeitgeber verbilligt Waren, die nicht speziell für seine Arbeitnehmer, sondern für den allgemeinen Verkauf hergestellt oder bestimmt sind, gilt gem. § 8 III EStG als Wert nicht der tatsächliche Kaufpreis, sondern der i.d.R. höhere, im allgemeinen Geschäftsverkehr angebotene Endpreis, vermindert um 4%. Dabei ist ein Freibetrag von 1080 Euro zu berücksichtigen, § 8 III 2 EStG.

13 **2. Sozialversicherungsentgeltverordnung (SvEV).** In der SvEV (RN 2) sind für die **volle oder teilweise Verpflegung** sowie die freie oder verbilligte Unterkunft Sachbezugswerte festgesetzt. Die Sachbezugswerte gelten auch dann, wenn in Tarifvertrag, Betriebsvereinbarung oder Arbeitsvertrag andere Werte eingesetzt sind. Dies gilt nicht bei Barauszahlung. Der monatliche Sachbezugswert für die Verpflegung beträgt gem. § 2 I SvEV ab dem 1. 1. 2009 monatlich insgesamt 210 Euro, davon für Frühstück 46 Euro und für Mittagessen und Abendessen jeweils

[39] Zur Berücksichtigung der Mehrwertsteuer: BAG 7. 10. 1971 AP 6 zu § 611 BGB Kellner.
[40] Vgl. BAG 22. 9. 1960 AP 27 zu § 616 BGB.
[41] Ebenso ErfK/*Dörner* § 4 EFZG RN 12.
[42] Vgl. BAG 28. 6. 1995 AP 112 zu § 37 BetrVG 1972 = NZA 96, 252.
[43] Vgl. *Boemke* §§ 105–110 GewO, § 107 RN 35.
[44] Verordnung über die sozialversicherungsrechtliche Beurteilung von Zuwendungen des Arbeitgebers als Entgelt (Sozialversicherungsentgeltverordnung – SvEV) v. 21. 12. 2006 (BGBl. I S. 3385).
[45] Zur steuerlichen Behandlung von Gutscheinen und Tankkarten vgl. *Plenker/Schaffhausen* DB 2008, 1346.
[46] BFH 4. 5. 2006 NZA-RR 2007, 28.

82 Euro. Der Wert einer als Sachbezug zur Verfügung gestellten Unterkunft ist ab dem 1. 1. 2009 auf monatlich 204 Euro festgesetzt worden (§ 2 III 1 SvEV). Diese Werte sind bundeseinheitlich gleich. Werden Verpflegung, Unterkunft oder Wohnung verbilligt als Sachbezug zur Verfügung gestellt, ist der Unterschiedsbetrag zwischen dem vereinbarten Preis und dem Wert, der sich bei freiem Bezug ergeben würde, gem. § 2 V SvEV dem Arbeitsentgelt zuzurechnen.

3. Vorteile im eigenbetrieblichen Interesse. Kein Arbeitslohn sind nach der Rechtspre- 14
chung des BFH Vorteile, die sich bei objektiver Würdigung aller Umstände nicht als Entlohnung, sondern lediglich als notwendige Begleiterscheinung betriebsfunktionaler Zielsetzungen erweisen. Erforderlich ist, dass der Vorteil im ganz überwiegend eigenbetrieblichen Interesse gewährt wird. Eine Zuwendung erfolgt freilich nicht bereits deswegen im ganz überwiegend eigenbetrieblichen Interesse, weil für sie betriebliche Gründe sprechen, beim Arbeitgeber also Betriebsausgaben vorliegen. Denn eine betriebliche Veranlassung liegt jeder Art von Lohnzahlung zugrunde. Vielmehr muss sich aus den Begleitumständen wie Anlass, Art und Höhe des Vorteils, Auswahl der Begünstigten, freie oder nur gebundene Verfügbarkeit, Freiwilligkeit oder Zwang zur Annahme des Vorteils und seiner besonderen Geeignetheit für den jeweils verfolgten betrieblichen Zweck ergeben, dass diese Zielsetzung ganz im Vordergrund steht und ein damit einhergehendes eigenes Interesse des Arbeitnehmers, den betreffenden Vorteil zu erlangen, deshalb vernachlässigt werden kann. Hierzu gehören beispielsweise Vorsorgeuntersuchungen bei leitenden Angestellten[47] oder Zuwendungen bei Betriebsveranstaltungen,[48] die Überlassung eines Fahrzeugs bei Rufbereitschaft[49] oder Massagen, die einer spezifisch berufsbedingten Beeinträchtigung der Gesundheit der Arbeitnehmer vorbeugen bzw. ausgleichend entgegenwirken sollen (Arbeitnehmer an Bildschirmarbeitsplätzen).[50] Anders ist dagegen die Unterbringung in Erholungsheimen oder die Überlassung von Ferienhäusern[51] zu beurteilen. Stellt der Arbeitgeber Ferienhäuser zur Verfügung, kann er die ihm dafür entstehenden tatsächlichen Aufwendungen bei der Ermittlung des zu versteuernden Einkommens als Betriebsausgaben absetzen.[52] Die Übernahme der Kurkosten durch den Arbeitgeber wird als Arbeitslohn gewertet.[53]

4. Gestellung von Kraftwagen.[54] Überlässt der Arbeitgeber oder auf Grund des Dienstver- 15
hältnisses ein Dritter dem Arbeitnehmer einen Kraftwagen unentgeltlich zur privaten Nutzung, ist der darin liegende Sachbezug Arbeitsentgelt.[55] Steht dem Gesellschafter-Geschäftsführer einer GmbH ein Dienstwagen zur Verfügung, ist dabei nach den Regeln des Anscheinsbeweises davon auszugehen, dass er das Fahrzeug auch privat nutzt.[56] Für die **Besteuerung** bestehen zwei Grundmodelle:[57]

(1) Der Sachbezug ist mit dem Betrag zu bewerten, der dem Arbeitnehmer für die Gestellung 15a
und den Betrieb eines eigenen Kraftwagens des gleichen Typs an Aufwendungen entstanden wäre. Als private Nutzung gelten auch Fahrten zwischen Wohnung und Arbeitsstätte. Der private Nutzungsanteil wird für jeden Kalendermonat mit **1% des auf volle 100 Euro abgerundeten inländischen Bruttolistenpreises** (d. h. einschließlich Sonderausstattung und Umsatzsteuer) zum Zeitpunkt der Erstzulassung besteuert (§ 6 I Nr. 4 S. 2 i. V. m. § 8 II 2 EStG i. V. m. R 8.1. Abs. 9 Nr. 1 Satz 6 LStR). Dem Arbeitgeber eingeräumte Rabatte bleiben unberücksichtigt.[58] Für Fahrten zwischen Wohnung und Arbeitsstätte kommen noch 0,03% des Listenpreises je Entfernungskilometer hinzu (§ 8 II 3 i. V. m. § 6 I Nr. 4 Satz 2 EStG), wenn der Arbeitnehmer den Dienstwagen tatsächlich für die Fahrten zwischen Wohnung und Arbeitsstätte nutzt. Für eine solche Nutzung besteht ein Anscheinsbeweis, der durch die Vorlage einer auf den Arbeitnehmer ausgestellten Jahres-Bahnfahrkarte entkräftet werden kann.[59] Übernimmt der Arbeitgeber die Straßenbenutzungsgebühren (Vignetten, Mautgebühren) für die mit einem Firmenwagen unternommenen Privatfahrten seines Arbeitnehmers, liegt darin die Zuwendung

---

[47] BFH 17. 9. 1982 BStBl. 1983 II, 39.
[48] BFH 25. 5. 1992 DB 93, 1652.
[49] BFH 25. 5. 2000 DB 2000, 1941.
[50] BFH 30. 5. 2001 DB 2001, 2021.
[51] BFH 9. 4. 1997 NZA-RR 98, 82.
[52] BFH 9. 4. 1997 NZA-RR 98, 82.
[53] BFH 31. 10. 1986 BStBl. 1987 II, 142.
[54] Schrifttum siehe vor RN 1.
[55] Vgl. OFD Erfurt 29. 2. 1996 NZA 96, 926; FG Thüringen 4. 3. 1998 NZA-RR 99, 94.
[56] BFH 14. 8. 2006 – VI B 152/05.
[57] Näher dazu Küttner/*Thomas,* Personalbuch 2008, „Dienstwagen" RN 17 ff.; Schmidt/*Glanegger* EStG 27. Aufl. § 6 RN 419 ff.
[58] BFH 25. 5. 1992 NJW 93, 1095.
[59] BFH 28. 8. 2008 – VI R 52/07.

eines geldwerten Vorteils, der nicht von der Abgeltungswirkung der 1%-Regelung erfasst wird. Gleiches gilt für die mit einem auf den Arbeitnehmer ausgestellten ADAC-Euro-Schutzbrief verbundenen Beitragszahlungen des Arbeitgebers. Auch sie werden von der Abgeltungswirkung der 1%-Regelung nicht umfasst. Bei der Übernahme der Beiträge durch den Arbeitgeber handelt es sich vielmehr um Barlohnzahlungen.[60]

15b **(2)** Der Arbeitgeber kann eine Ermittlung der **tatsächlichen Kosten des Fahrzeugs** anhand von Einzelbelegen vornehmen. Die dienstlich und privat zurückgelegten Fahrtstrecken sind gesondert durch ein laufend zu führendes Fahrtenbuch nachzuweisen. Eine mit Hilfe eines Computerprogramms erzeugte Datei genügt den Anforderungen an ein ordnungsgemäßes Fahrtenbuch nur dann, wenn nachträgliche Veränderungen an den zu einem früheren Zeitpunkt eingegebenen Daten nach der Funktionsweise des verwendeten Programms technisch ausgeschlossen sind oder in ihrer Reichweite in der Datei selbst dokumentiert und offen gelegt werden. Kann der Arbeitnehmer den ihm überlassenen Dienstwagen auch privat nutzen und wird über die Nutzung des Dienstwagens ein ordnungsgemäßes Fahrtenbuch nicht geführt, so ist der zu versteuernde geldwerte Vorteil nach der 1%-Regelung zu bewerten. Eine Schätzung des Privatanteils anhand anderer Aufzeichnungen kommt nicht in Betracht.[61] Der zu versteuernde Privatanteil des Arbeitnehmers entspricht der Privatnutzung im Verhältnis zur Gesamtnutzung des Fahrzeuges. Stellt ein Arbeitgeber seinen Vorstandsmitgliedern für die Fahrten zwischen Wohnung und Arbeitsstätte einen büromäßig eingerichteten Dienstwagen unentgeltlich zur Verfügung, liegt für die Vorstandsmitglieder ein geldwerter Vorteil vor.[62]

15c **Erstattet der Arbeitgeber dem Arbeitnehmer für dessen Kfz sämtliche Kosten,** wendet er Barlohn und nicht einen Nutzungsvorteil nach § 8 II 2 EStG zu. Diese Vorschrift setzt voraus, dass der Arbeitgeber über die Nutzung des Fahrzeugs verfügen kann.[63]

16 **5. Sozialversicherung.** Für die Sozialversicherung sind die Bewertungen maßgebend, die sich aus § 17 SGB IV i. V. m. SvEV ergeben.

17 **6. Umsatzsteuer.** Die Gewährung von Sachbezügen kann für den Arbeitgeber der Umsatzsteuer unterliegen. Dagegen ist der Arbeitnehmer nicht umsatzsteuerpflichtig beim Verkauf von Jahreswagen.[64]

§ 69. Vergütungszuschläge und -zulagen

Übersicht

	RN
I. Allgemeines	1 ff.
1. Zuschläge und Zulagen	1
2. Anspruch	2
3. Mehrere Zuschläge	3
4. Tariflohnerhöhung	4
II. Mehrarbeitsvergütung	5 ff.
1. Begriffe	5–7
2. Anspruch auf Mehrarbeitsvergütung	8, 9
3. Qualitative Mehrarbeit	9 a–9 c
III. Überstunden	10 ff.
1. Begriff	10
2. Vergütung	11–17
3. Fehlende Vereinbarung	18, 19
4. Pfändung und Aufrechnung	20, 21
5. Darlegungs- und Beweislast	22–23 b
IV. Leistungszuschläge und Sozialzuwendungen	24 ff.
1. Leistungszuschläge	24–27
2. Zielvereinbarungen	28
3. Treueprämien	29
4. Mitbestimmung des Betriebsrats	30–30 b
V. Zuschläge für ungünstige Arbeitszeit	31 ff.
1. Allgemeines	31
2. Begriff ungünstige Arbeitszeit	31 a
3. Wechselschichtzuschläge	31 b
4. Nachtarbeitszuschläge	32–32 b
5. Sonn- und Feiertagszuschläge	32 c
VI. Erschwerniszulagen	33 ff.
1. Begriff der Erschwerniszulage	33–37
2. Betriebliche Übung	38
VII. Sozialzulagen	39 ff.
1. Arten der Sozialzulagen	39, 39 a
2. Verdienstsicherung	40
VIII. Sonstige Zulagen	41 ff.
1. Verrechnung von Zulagen	41
2. Funktionszulagen	42, 42 a
3. Ortszuschlag	43

[60] BFH 14. 9. 2005 DB 2005, 2612.
[61] BFH 16. 11. 2005 NJW 2006, 2063.
[62] BFH 27. 9. 1996 AP 6 zu § 611 BGB Sachbezüge = NJW 97, 967.
[63] BFH 6. 11. 2001 BB 2002, 338.
[64] BFH 18. 7. 1991 DB 91, 2019.

I. Allgemeines

1. Zuschläge und Zulagen sollen besondere Leistungen des Arbeitnehmers vergüten oder Erschwernisse bei der Arbeitsleistung ausgleichen. Mit diesen Leistungen werden häufig auch die sozialen Verhältnisse bei der Bemessung der Vergütung berücksichtigt. Bei Zulagen ist zwischen **„übertariflichen" und „außertariflichen" Zulagen** zu unterscheiden. Während eine „außertarifliche" Regelung Gegenstände betrifft, welche die einschlägigen tariflichen Bestimmungen überhaupt nicht vorsehen, knüpft eine „übertarifliche" Regelung an den tariflichen Gegenstand an, geht aber über die tariflich normierten Mindestbedingungen hinaus. Zahlt ein Arbeitgeber für Tagesarbeitsstunden eine Zulage, weil er andernfalls nicht genügend Personal für diese Arbeitszeiten findet und ist eine solche Zulage im Tarifvertrag nicht vorgesehen, handelt es sich um eine außertarifliche Zulage.[1] 1

2. Anspruch. Ein Rechtsanspruch auf Vergütungszuschläge kann kraft Gesetzes, kollektivrechtlicher oder einzelvertraglicher Vereinbarung bestehen. 2

3. Mehrere Zuschläge. Sind die Anspruchsvoraussetzungen für mehrere Zuschläge nebeneinander gegeben, sind sie regelmäßig auch kumulativ zu zahlen. Da die Zuschläge zumeist auf **tariflicher Regelung** beruhen, kommt es auf die Auslegung der Tarifverträge im Einzelfall an. Die **Mehrarbeitsvergütung** ist grundsätzlich aus der Gesamtvergütung zu berechnen.[2] Damit werden auch die übrigen Zuschläge berücksichtigt. 3

4. Tariflohnerhöhung. Da mit den Zuschlägen zumeist **Sonderzwecke** verfolgt werden, werden sie im Falle der Tariflohnerhöhung im Zweifel nicht aufgesaugt (vgl. dazu § 88 RN 22). Ob eine Zulage durch eine Arbeitsverhältnisse regelnde Anstaltssatzung oder eine RechtsVO gesenkt werden kann, ist zweifelhaft.[3] Zu tariflichen Effektivklauseln § 204 RN 51. 4

II. Mehrarbeitsvergütung

Hümmerich/Rech, Antizipierte Einwilligung in Überstunden durch arbeitsvertragliche Mehrarbeitsabgeltungsklauseln?, NZA 99, 1132; *Marschner,* Mehrarbeit, AR-Blattei SD 240.2; *Teschke-Bährle,* Überstunden und Mehrarbeit, Personal 94, 607.

1. Begriffe. Mehrarbeit ist die über die gesetzliche Arbeitszeit geleistete Arbeit, **Überstunden** liegen vor, wenn über die regelmäßige betrieblich geschuldete Arbeitszeit hinaus gearbeitet wird.[4] Gelegentlich wird unter Mehrarbeit auch solche verstanden, die der Arbeitnehmer über die von ihm geschuldete Arbeitsleistung hinaus erbringt.[5] Im Folgenden wird unter Mehrarbeit nur die über die gesetzliche Arbeitszeit hinausgehende Arbeit verstanden (§ 45 RN 55). 5

In den Arbeitsschutzgesetzen ist geregelt, in welchem Umfang Mehrarbeit **überhaupt zulässig** ist (§ 156). Die wichtigsten Arbeitszeit-Schutzbestimmungen sind im ArbZG und JArbSchG enthalten. Aus dem Inhalt des Arbeitsvertrags ergibt sich, ob und in welchem Umfang der Arbeitnehmer zur Arbeitsleistung verpflichtet ist (§ 45). Hiervon zu unterscheiden ist die Frage, ob und in welchem Umfang Mehrarbeit zu vergüten ist. 6, 7

2. Anspruch auf Mehrarbeitsvergütung. a) Das ArbZG ist bewusst als reines Arbeitsschutzgesetz konzipiert (vgl. § 155). Es regelt deshalb nicht, ob und wie der Arbeitgeber Mehrarbeitsstunden zu vergüten hat. Jugendliche sind vom **Geltungsbereich des ArbZG** ausgenommen (§ 18 II ArbZG). Für sie gilt das JArbSchG. Nach § 8 JArbSchG ist die Leistung von Mehrarbeit grundsätzlich unzulässig. Zur Mehrarbeit können sie grundsätzlich nur in Notfällen herangezogen werden (§ 21 JArbSchG). Wird ein Jugendlicher über die Arbeitszeit des § 8 JArbSchG hinaus zu Mehrarbeit herangezogen, ist diese durch entsprechende Verkürzung der Arbeitszeit innerhalb der folgenden fünf Wochen auszugleichen. Demgegenüber ist in § 17 III BBiG bestimmt, dass eine über die vereinbarte regelmäßige tägliche Arbeitszeit hinausgehende Beschäftigung besonders zu vergüten oder durch entsprechende Freizeit auszugleichen ist. Die Höhe der Mehrarbeitsvergütung ergibt sich regelmäßig aus einem Tarifvertrag, einer Betriebsvereinbarung oder dem Einzelarbeitsvertrag; fehlt eine Regelung, gilt § 612 BGB. 8

---

[1] BAG 7. 2. 2007 AP 17 zu § 1 TVG Tarifverträge: Bewachungsgewerbe = NZA 2007, 934.
[2] BAG 3. 4. 2001 AP 37 zu § 1 TVG Tarifverträge: Druckindustrie = NZA 2002, 453.
[3] BAG 17. 10. 1990 AP 9 zu § 611 BGB Lohnzuschläge = NZA 91, 489.
[4] Vgl. BAG 26. 11. 1992 AP 20 zu § 17 BAT = NZA 93, 659; ErfK/*Preis* § 611 BGB RN 486.
[5] Vgl. § 66 RN 21; BAG 29. 1. 2003 AP 66 zu § 612 BGB = NZA 2003, 1168; 21. 3. 2002 AP 17 zu § 1 TVG Tarifverträge: Musiker.

9 **b)** Hat ein Arbeitnehmer nach den getroffenen Vereinbarungen **über die gesetzlich zulässige Arbeitszeit hinaus** Mehrarbeit zu leisten, ist zwar die Verpflichtung zur Mehrarbeitsleistung nach § 3 ArbZG i. V. m. § 134 BGB nichtig.[6] Für die unzulässige Mehrarbeit besteht jedoch gem. § 612 I BGB ein **Vergütungsanspruch.** Das Beschäftigungsverbot bezweckt, die Arbeitsleistung und damit eine Überforderung des Arbeitnehmers zu verhindern, und nicht, den Vergütungsanspruch auszuschließen. Enthält der Arbeitsvertrag keine Regelung zur Vergütung von Überstunden, ist jedoch die Vergütung für die regelmäßige Arbeitszeit im Arbeitsvertrag bestimmt, sind Überstunden anteilig zu vergüten, § 612 II BGB. Der Anspruch auf Vergütung der über die gesetzliche Arbeitszeitgrenze hinaus geleisteten Arbeit wird nicht durch eine arbeitsvertragliche Regelung ausgeschlossen, nach der Überstunden durch das gezahlte Bruttogehalt abgegolten seien. Diese Regelung erfasst nur die im Rahmen des § 3 ArbZG liegenden arbeitszeitrechtlich zulässigen Überstunden und nicht die darüber hinausgehenden Arbeitsstunden.[7]

9a **3. Qualitative Mehrarbeit.** Ein Anspruch des Arbeitnehmers auf Mehrarbeitsvergütung kann auch bestehen, wenn er mit Billigung des Arbeitgebers **über die vertraglich geschuldete Tätigkeit hinaus Sonderleistungen** erbringt, die durch die vereinbarte Vergütung nicht abgegolten sind.[8] Solche qualitative Mehrarbeit liegt z. B. in der Erbringung urheberrechtlich geschützter Leistungen.[9] Ein Anspruch auf ein weitergehendes Entgelt besteht, wenn die Art der geleisteten Dienste nicht nach dem Arbeitsvertrag geschuldet und deshalb nicht bereits mit dem vereinbarten Entgelt vergütet ist.[10] Der Vergütungsanspruch folgt dann aus § 612 I BGB. Diese Vorschrift bildet nicht nur in den Fällen, in denen überhaupt keine Vergütungsvereinbarung getroffen wurde, die Rechtsgrundlage für den Anspruch auf Vergütung. Sie ist vielmehr auch anzuwenden, wenn über die vertraglich geschuldete und vergütete Tätigkeit hinaus Sonderleistungen erbracht werden und weder einzelvertraglich noch tarifvertraglich geregelt ist, wie diese Dienste zu vergüten sind.[11]

9b Hat beispielsweise ein **Redakteur einer Tageszeitung auch Fotografien zu fertigen,** handelt es sich hierbei nicht um Sonderleistungen, die durch die vereinbarte Vergütung nicht abgegolten ist. Das Fotografieren gehört vielmehr zu den vertraglich geschuldeten Tätigkeiten eines Zeitungsredakteurs.[12] Ist ein **Musiker in einem Kulturorchester** nach dem Arbeitsvertrag verpflichtet, „Trompete" zu spielen, hat er die deutsche (sog. Konzerttrompete) und die amerikanische (sog. Jazztrompete) zu spielen. Die amerikanische ist im Vergleich zur deutschen Trompete kein anderes Instrument, für das der Musiker eine zusätzliche Vergütung verlangen könnte.[13]

9c **Waschen und Umkleiden** sind in der Regel, sofern nichts anderes vereinbart ist, keine Hauptleistungspflichten des Arbeitnehmers, für die der Arbeitgeber nach § 611 BGB eine Vergütung zu gewähren hätte. Werden diese Tätigkeiten vom Arbeitnehmer verlangt, kann es sich zwar um Dienstleistungen nach § 612 I BGB handeln, diese sind regelmäßig aber nicht gegen eine Vergütung zu erwarten.[14] Zu **Dienstreisen** § 45 RN 61 a).

III. Überstunden

10 **1. Begriff.** Überstunden sind die auf Anordnung oder mit Billigung des Arbeitgebers **über die regelmäßige Arbeitszeit hinaus geleisteten Arbeitsstunden** (zur Darlegungs- und Beweislast RN 22). Der Begriff „Arbeit leisten" wird dabei – soweit nichts anderes vereinbart ist – ebenso wie der Begriff „arbeiten" ausschließlich für das aktive Tun verwandt. Urlaubszeiten, in denen der Arbeitnehmer davon gerade – unter Fortzahlung seiner Vergütung – befreit ist, gehören nach allgemeinem Sprachgebrauch ebenso wenig dazu wie Zeiten krankheitsbedingter Arbeitsunfähigkeit oder eines Sonderurlaubs.[15] Sollen Zeiten ohne Arbeitsleistung für weitere

---

[6] BGH 28. 1. 1986 NJW 86, 1486.

[7] BAG 28. 9. 2005 AP 7 zu § 307 BGB = NZA 2006, 149.

[8] MünchKommBGB/*Müller-Glöge* § 612 RN 19.

[9] *Buchner* GRUR 85, 1.

[10] HWK/*Thüsing* § 612 BGB RN 20.

[11] BAG 29. 1. 2003 AP 66 zu § 612 BGB; 21. 3. 2002 AP TVG § 1 Tarifverträge: Musiker Nr. 17; ErfK/*Preis* § 612 BGB RN 17.

[12] BAG 29. 1. 2003 AP 66 zu § 612 BGB.

[13] BAG 21. 3. 2002 AP 17 zu TVG § 1 Tarifverträge: Musiker.

[14] BAG 11. 10. 2000 AP 20 zu § 611 BGB Arbeitszeit; 22. 3. 1995 AP 8 zu § 611 BGB Arbeitszeit = NZA 96, 107.

[15] BAG 27. 8. 2008 – 5 AZR 647/07 z. V. v.

tarifliche Leistungen berücksichtigt werden, bedarf dies besonderer tariflicher oder gesetzlicher Regelungen.[16] Aus der bloßen Verschiebungen der Lage der Arbeitszeit ergeben sich keine Überstunden. Beträgt die vereinbarte regelmäßige wöchentliche Arbeitszeit 38,5 Stunden im Jahresdurchschnitt, leistet der Arbeitnehmer zuschlagspflichtige Überstunden regelmäßig erst dann, wenn die auf das Jahr bezogene Arbeitszeit von 38,5 Stunden/Woche überschritten wird und nicht bereits bei einer Mehrleistung in der einzelnen Woche, die durch Arbeitszeitverkürzung in der Folgezeit ausgeglichen wird.[17]

2. Vergütung. Eine ausdrückliche gesetzliche Regelung über die Höhe der Überstundenvergütung besteht nicht. Maßgeblich sind daher die **vertraglichen oder tarifvertraglichen Regelungen.** Ohne vertragliche oder tarifvertragliche Grundlage besteht für geleistete Überstunden kein Anspruch auf einen Zuschlag zum vereinbarten Arbeitslohn.[18] 11

Die Arbeitsvertragsparteien können ebenso wie die Tarifvertragsparteien[19] auch einen **bezahlten Freizeitausgleich** vereinbaren.[20] Ist der Arbeitgeber berechtigt, den Arbeitnehmer zum Ausgleich für die geleisteten Überstunden bezahlt von der Arbeit freizustellen, hat die Freistellungsanordnung billigem Ermessen i. S. v. § 315 BGB zu entsprechen. In diesen Fällen entsteht nur ausnahmsweise ein Vergütungsanspruch, etwa wenn der Freizeitausgleich wegen der Beendigung des Arbeitsverhältnisses nicht mehr möglich ist.[21] Mit Arbeitnehmern in Leitungspositionen, denen keine feste Arbeitszeit vorgegeben ist, kann vereinbart werden, dass der Arbeitnehmer durch entsprechende Gestaltung seines Arbeitsablaufs selbst für den erforderlichen Freizeitausgleich sorgt. Eine derartige Vereinbarung ist nur dann zu beanstanden, wenn dem Arbeitnehmer ein solcher Ausgleich nicht möglich ist.[22] Ein bereits entstandener Anspruch auf Überstundenvergütung kann nicht durch einseitige Freistellung von der Arbeit erfüllt werden, wenn keine Ersetzungsbefugnis vereinbart ist.[23] 12

Tarifverträge regeln oftmals im Einzelnen, ob und in welchem Umfang Überstunden zu vergüten und in welchem Umfang Zuschläge zu zahlen sind.[24] Dabei ist zu beachten, dass tarifliche Vergütungsvorschriften Inhaltsnormen sind, deren Anwendung beiderseitige Tarifbindung bzw. eine wirksame Bezugnahme auf den Tarifvertrag voraussetzt (§ 3 I TVG). Dagegen gehören tarifvertragliche Arbeitszeitregelungen zu den Betriebsnormen, die bereits dann anzuwenden sind, wenn allein der Arbeitgeber tarifgebunden ist (vgl. § 206 RN 22). Teilzeitbeschäftigte haben i. d. R. erst dann einen Anspruch auf Überstundenzuschläge, wenn die regelmäßige Arbeitszeit Vollzeitbeschäftigter überschritten wird, weil der Zweck dieser Zuschläge zumeist im Ausgleich der hierdurch entstehenden Belastungen liegt (vgl. § 43 RN 61).[25] 13

Tarifliche Überstundenzuschläge können auch dann anfallen, wenn Sonderschichten an freien Tagen angeordnet werden und die betriebliche Arbeitszeit nicht überschritten wird.[26] Wird dagegen ein in Vollzug einer tarifgerechten Betriebsvereinbarung über die flexible Gestaltung von Arbeitszeiten vor Ablauf des Ausgleichszeitraums entstandener sog. Plusstundensaldo durch Zahlung des Stundenlohns abgebaut, sind auf diese Stundenlöhne keine Überstundenzuschläge zu leisten.[27] Ist tarifvertraglich ein Anspruch auf Mehrarbeitszuschlag allein davon abhängig, dass über ein bestimmtes Zwei-Monats-Soll hinaus gearbeitet wird, stehen Zeiten des Erholungsurlaubs, des Sonderurlaubs und der Arbeitsunfähigkeit nicht der tatsächlichen Arbeitsleistung gleich.[28] 14

---

[16] BAG 11. 6. 2008 AP 19 zu § 1 TVG Tarifverträge: Bewachungsgewerbe.

[17] BAG 11. 11. 1997 AP 25 zu § 611 BGB Mehrarbeitsvergütung = NZA 98, 1011; 6. 8. 1998 AP 1 zu § 22 BMT-G II; zu Überstunden bei Teilzeitbeschäftigten vgl. BAG 5. 11. 2003 AP 6 zu § 4 TzBfG.

[18] Ebenso Staudinger/*Richardi* § 611 RN 603; ErfK/*Preis* § 611 BGB RN 612.

[19] Vgl. zu Tarifverträgen für die Metallindustrie: BAG 17. 1. 1995 NZA 95, 1000; zu Tarifverträgen des Großhandels BAG 16. 6. 2004 AP 20 zu § 1 TVG Tarifverträge: Großhandel.

[20] BAG 23. 1. 2001 AP 93 zu § 615 BGB = NZA 2001, 597; 4. 5. 1994 AP 1 zu § 1 TVG Tarifverträge: Arbeiterwohlfahrt = NZA 94, 1035.

[21] LAG Köln 2. 10. 1996 NZA 97, 1166.

[22] BAG 4. 5. 1994 AP 1 zu § 1 TVG Tarifverträge: Arbeiterwohlfahrt = NZA 94, 1035.

[23] BAG 18. 9. 2001 AP 37 zu § 611 BGB Mehrarbeitsvergütung = NZA 2002, 268.

[24] VGl. BAG 17. 12. 1992 AP 1 zu § 2 BAT SR 2 e II = NZA 93, 708; 21. 9. 1995 AP 8 zu § 1 TVG Tarifverträge: Musiker = NZA 97, 54; 5. 9. 1995 AP 5 zu § 1 TVG Tarifverträge: Bewachungsgewerbe = NZA 96, 266; 10. 3. 2004 – 4 AZR 126/03 n. v. zum Wach- und Sicherheitsgewerbe.

[25] EuGH 6. 12. 2007 AP 17 zu Art. 141 EG = NZA 2008, 31; BAG 5. 11. 2003 AP 6 zu § 4 TzBfG; 16. 6. 2004 AP 20 zu § 1 TVG Tarifverträge: Großhandel.

[26] BAG 18. 2. 1997 AP 6 zu § 1 TVG Tarifverträge: Bewachungsgewerbe = NZA 97, 1000.

[27] BAG 25. 10. 2000 AP 174 zu § 1 TVG Tarifverträge: Metallindustrie.

[28] BAG 27. 8. 2008 – 5 AZR 647/07 z. V. v.

15 Eine **Pauschalierung** der Über- und Mehrarbeitsstundenvergütung ist **einzelvertraglich** nur möglich, wenn diese günstiger als die anwendbare tarifliche Regelung ist (§ 4 III TVG).[29] Zum Teil ist die Überstundenvergütung auch durch tarifliche Regelungen für einzelne Arbeitnehmer ausgeschlossen (z.B. § 17 VI BAT). Zuweilen sind die Zuschläge entgeltgruppenabhängig (§ 8 TVöD). Dem liegt offenbar zugrunde, dass nach Auffassung der Tarifvertragsparteien mit einem höheren Tarifgehalt auch Überstunden abgegolten sind. Unzulässig sind vertragliche Vereinbarungen, die Überstundenvergütungen nach dem Ende des Arbeitsverhältnisses auszuschließen.[30]

16 Die Überstundenvergütung unterliegt grundsätzlich **Ausschlussfristen.**[31] Eine wirksame Geltendmachung erfordert, dass der Anspruch nach Grund und Höhe hinreichend deutlich bezeichnet wird. Der Gläubiger muss Erfüllung verlangen. Die Geltendmachung soll den Schuldner zur Prüfung veranlassen, ob er der Forderung entsprechen will.[32] Dem genügt ein Schreiben des Arbeitnehmers nicht, in dem er ganz allgemein den Ausgleich oder eine materielle Anerkennung für mehr als 700 geleistete Überstunden fordert.[33] Hat sich ein Arbeitnehmer am Ende des Arbeitsverhältnisses die Geltendmachung von Überstundenvergütung vorbehalten, tritt im Einzelfall nach Auffassung des LAG Berlin mangels zusätzlicher Umstände bis zum Ablauf der Verjährungsfrist keine Verwirkung ein.[34]

17 Für die **Verwirkung der Überstundenvergütung** gelten die allgemeinen Voraussetzungen (§ 73 RN 17ff.).

18 **3. Fehlende Vereinbarung.** Besteht keine ausdrückliche Regelung der Überstundenvergütung, gilt nach § 612 I BGB eine Vergütung als **stillschweigend vereinbart.** Der Arbeitnehmer hat dann Anspruch auf die vereinbarte Stundenvergütung. Denn der Arbeitgeber muss davon ausgehen, dass der Arbeitnehmer angeordnete Überstunden nur gegen eine Vergütung leistet.

19 Ein Anspruch auf Überstundenvergütung kann nach Auffassung des BAG auch dann bestehen, wenn der Arbeitgeber einen Arbeitnehmer allein deshalb von der Zuweisung von Überstunden ausnimmt, weil der Arbeitnehmer nicht bereit ist, auf tarifliche Vergütungsansprüche zu verzichten. Hierin liege eine **Maßregelung** im Sinne des § 612a BGB. Der Arbeitnehmer habe daher gemäß § 611 i.V.m. § 612a und § 615 Satz 1, §§ 293ff. BGB einen Zahlungsanspruch auf die entgangene Überstundenvergütung.[35]

20 **4. Pfändung und Aufrechnung. a)** Nach § 850a Nr. 1 ZPO ist **die Hälfte** des für die Leistung von Mehrarbeitsstunden gezahlten Arbeitsentgelts **unpfändbar.** In diesem Umfang findet gemäß § 394 BGB die Aufrechnung gegen die Überstundenvergütung nicht statt.

21 **b)** Erklärt der Arbeitgeber die Aufrechnung, trägt er die **Darlegungs- und Beweislast** dafür, dass seine Aufrechnung gegen den gemäß § 850 I ZPO nur nach Maßgabe der §§ 850a bis 850i ZPO pfändbaren Anspruch des Arbeitnehmers auf Lohn und Überstundenvergütung das Erlöschen oder den teilweisen Untergang dieser Forderungen bewirkt hat (§ 389 BGB). Wegen des Beibringungsgrundsatzes genügt hierfür nicht die Erklärung, die pfändbaren Teile des Arbeitseinkommens seien von Amts wegen zu ermitteln.[36]

22 **5. Darlegungs- und Beweislast.** Der Arbeitnehmer, der die Vergütung von Überstunden fordert, muss im Einzelnen darlegen, **an welchen Tagen und zu welchen Tageszeiten er über die übliche Arbeitszeit hinaus gearbeitet** hat.[37] Dazu muss er vortragen, von welcher Normalarbeitszeit er ausgeht und dass er tatsächlich gearbeitet hat. Ist streitig, ob Arbeitsleistungen erbracht wurden, hat der Arbeitnehmer darzulegen, welche (geschuldete) Tätigkeit er ausgeführt hat.[38] Dem Arbeitgeber obliegt, dem Vortrag substantiiert entgegenzutreten. Dies gilt auch, wenn der Arbeitgeber Filialen unterhält und sich die Personalabteilung räumlich weit

---

[29] Dazu BAG 17. 4. 2002 AP 40 zu § 611 BGB Mehrarbeitsvergütung = NZA 2002, 1340; *Hümmerich/Rech* NZA 99, 1132, 1135.

[30] BAG 24. 11. 1993 AP 11 zu § 611 BGB Mehrarbeitsvergütung = NZA 94, 759.

[31] Vgl. BAG 28. 9. 2005 AP 7 zu § 307 BGB = NZA 2006, 149; 17. 4. 2002 AP 40 zu § 611 BGB Mehrarbeitsvergütung = NZA 2002, 1340; 22. 2. 2001 ZTR 2002, 332; 7. 2. 1995 AP 54 zu § 1 TVG Tarifverträge: Einzelhandel = NZA 95, 1048.

[32] BAG 22. 2. 2001 ZTR 2002, 332.

[33] BAG 17. 4. 2002 AP 40 zu § 611 BGB Mehrarbeitsvergütung = NZA 2002, 1340.

[34] LAG Berlin 22. 11. 1996 NZA 97, 943.

[35] BAG 7. 11. 2002 AP 98 zu § 615 BGB = NZA 2003, 1139.

[36] BAG 5. 12. 2002 AP 32 zu § 394 BGB = NZA 2003, 802.

[37] BAG 3. 11. 2004 AP 49 zu § 611 BGB Mehrarbeitsvergütung.

[38] BAG 25. 5. 2005 AP 17 zu § 1 TVG Tarifverträge: Gebäudereinigung.

entfernt am Sitz des Unternehmens befindet.[39] Es handelt sich um eine organisatorische Frage, wie der Arbeitgeber sicherstellt, Informationen über den Betriebsablauf zu erhalten. Der Arbeitnehmer muss insbesondere dann darlegen, welche (geschuldete) Tätigkeit er ausgeführt hat, wenn streitig ist, ob Arbeitsleistung oder lediglich Bereitschaftsdienst angefallen ist.[40] Beträgt die individuelle regelmäßige wöchentliche Arbeitszeit 35 Stunden und kann diese Arbeitszeit nach einer Betriebsvereinbarung ungleichmäßig verteilt werden, hat der Arbeitnehmer im Prozess darzulegen, dass es sich um Überstunden handelte.[41] Erst anhand des konkreten Sachvortrags kann das Gericht feststellen, welche Tatsachen streitig sind. Sache des Arbeitnehmers ist es dann, im Einzelnen Beweis für die geleisteten Stunden anzutreten.[42]

Der Arbeitnehmer hat zur schlüssigen Klagebegründung des Weiteren darzulegen, dass die **23** **Überstunden vom Arbeitgeber angeordnet, gebilligt oder geduldet** wurden oder jedenfalls zur Erledigung der geschuldeten Arbeit **notwendig** waren.[43] Hierzu hat der Arbeitnehmer aufzuzeigen, dass ihm der Arbeitgeber Arbeit zugewiesen hat, die nur unter Überschreitung der regelmäßigen Arbeitszeit geleistet werden konnte und der Arbeitgeber hierbei die Erwartung ihrer baldigen Erledigung zum Ausdruck gebracht hat.[44] Es kann daher auch genügen, wenn der Arbeitgeber die vom Arbeitnehmer geleistete Überstundenarbeit kennt und mit deren Erbringung einverstanden ist oder ihre Leistung duldet.[45]

Diese Grundsätze gelten ferner, wenn die Arbeitsvertragsparteien bei projektbezogener Arbeitsleistung **fälschlich das Bestehen eines freien Mitarbeiterverhältnisses** angenommen **23a** haben.[46] Regelmäßig treten dabei zwar Anordnung, Billigung oder Duldung von Mehrarbeit hinter die Erforderlichkeit des zeitlichen Umfangs der Arbeitsleistung zurück, weil die Vertragsparteien von einer größeren Eigenständigkeit des Dienstverpflichteten ausgegangen sind. Ohne konkrete Darlegung der Arbeitszeiten kann sich der Arbeitgeber aber auch hier zum Umfang der Arbeitsleistung nicht näher einlassen. Die Erfüllung dieser Voraussetzungen nachträglich darlegen zu können, ist das Risiko dessen, der sich als freier Mitarbeiter rückwirkend auf den Arbeitnehmerstatus beruft.

Hat nach einer tariflichen Vorschrift die **Anordnung von Überstunden schriftlich** zu erfolgen, **23b** besteht eine Vergütungspflicht auch dann, wenn die schriftliche Anordnung unterblieben ist.[47] Eine anspruchsbegründete **Duldung** der Mehrarbeit ist gegeben, wenn Mehr- bzw. Überstunden tatsächlich geleistet wurden, sie nach dem festgestellten Sachverhalt sachdienlich waren und der Arbeitgeber von ihrer Leistung Kenntnis hatte und sie zugelassen hat.[48] Der Arbeitnehmer hat grundsätzlich keinen Anspruch auf nachträgliche Auskunftserteilung über die in der Vergangenheit geleistete Mehrarbeit.[49] In der Klagebegründung sind die Zeiträume genau zu bezeichnen, für die Überstundenvergütung verlangt wird.[50]

IV. Leistungszuschläge und Sozialzuwendungen

1. Leistungszuschläge werden zur Anerkennung besonderer Leistungen des Arbeitnehmers **24** erbracht.[51]

a) Sie können ihre **Rechtsgrundlage** in kollektivrechtlichen Vereinbarungen, Einzelverträgen **25** oder der betrieblichen Übung haben. Gelegentlich finden sich in Arbeitsverträgen des öffentlichen Dienstes Verweisungen auf das Beamtenrecht; darin vorgenommene Kürzungen können sich dann unmittelbar auswirken.[52] Richtet sich die Vergütung eines Angestellten nach der jeweiligen Besol-

---

[39] BAG 17. 4. 2002 AP 40 zu § 611 BGB Mehrarbeitsvergütung = NZA 2002, 1340.

[40] BAG 29. 5. 2002 NZA 2003, 120.

[41] BAG 25. 10. 2000 AP 174 zu § 1 TVG Tarifverträge: Metallindustrie.

[42] BAG 29. 5. 2002 AP 27 zu § 812 BGB = NZA 2002, 1328.

[43] BAG 25. 5. 2005 AP 17 zu § 1 TVG Tarifverträge: Gebäudereinigung; 17. 4. 2002 AP 40 zu § 611 BGB Mehrarbeitsvergütung = NZA 2002, 1340; 4. 5. 1994 AP 1 zu § 1 TVG Tarifverträge: Arbeiterwohlfahrt = NZA 94, 1035; 25. 11. 1993 AP 3 zu § 14 KSchG 1969 = NZA 94, 837.

[44] BAG 17. 4. 2002 AP 40 zu § 611 BGB Mehrarbeitsvergütung = NZA 2002, 1340.

[45] BAG 4. 5. 1994 AP 1 zu § 1 TVG Tarifverträge: Arbeiterwohlfahrt = NZA 94, 1035 m. w. N.

[46] BAG 29. 5. 2002 AP 27 zu § 812 BGB = NZA 2002, 1328.

[47] Vgl. BAG 17. 4. 1957 AP 1 zu § 2 TOA; LAG Hamm 31. 5. 1990 DB 90, 1623; ArbG Marburg 26. 4. 1991 NZA 92, 424; Hess. LAG 29. 10. 1992 DB 94, 382; BAG 15. 10. 1992 AP 19 zu § 17 BAT.

[48] LAG Bad.-Württemberg 20. 1. 1993 DB 93, 1479.

[49] LAG Hamm DB 67, 1900.

[50] BAG 5. 9. 1995 AP 5 zu § 1 TVG Tarifverträge: Bewachungsgewerbe = NZA 96, 266.

[51] BAG 8. 2. 1984 AP 1 zu § 31 BBankG.

[52] Vgl. BAG 14. 3. 2007 AP 45 zu § 1 TVG Bezugnahme auf Tarifvertrag = NZA 2008, 45; 8. 2. 1984 AP 1 zu § 31 BBankG.

dung eines entsprechenden Beamten einer bestimmten Besoldungsgruppe, ergibt sich die Höhe der Vergütung aus der jeweiligen im BGBl. veröffentlichten Anlage zum BBesG. Ein angestellter Hochschullehrer hat nur dann Anspruch auf Besoldung nach Besoldungsgruppe C 4, wenn er nach Abschluss eines Berufungsverfahrens zum C 4-Professor berufen wurde.[53] Die Bildung einer Versorgungsrücklage auf Grund von § 14a BBesG hat hierauf keinen Einfluss.[54] Möglich ist auch die tarifliche Vereinbarung einer Gesamtleistungszulage nach der tariflichen Lohnsumme bestimmter Lohngruppen.[55] Ist in einem Tarifvertrag die Zahlung eines Pauschbetrags für jede Schicht vorgesehen, bis sich die Tarifvertragsparteien über eine Leistungszulage geeinigt haben, ist der Pauschbetrag für jede Schicht zu zahlen, unabhängig davon, ob überhaupt und ggf. welche Leistung vom Arbeitnehmer in der Schicht erbracht worden ist.[56]

25a Es kann tariflich vorgesehen werden, dass die **Leistungsbeurteilung durch eine paritätische Kommission** vorgenommen wird. Die Entscheidung der paritätischen Kommission als Schiedsgutachterstelle i. S. d. § 317 BGB ist im arbeitsgerichtlichen Verfahren nur daraufhin zu überprüfen, ob sie im tariflich vorgesehenen Verfahren ergangen ist und ob ihre wertende und beurteilende Entscheidung grob unbillig i. S. v. § 319 BGB ist.[57] Ist tariflich bestimmt, dass der Höchstsatz einer Leistungszulage nur für besondere Leistungen zu zahlen ist, muss derjenige das Vorliegen besonderer Leistungen dartun und beweisen, der die Zulage beansprucht. Eine an die Belegschaft gerichtete Gesamtzusage einer Prämie für einen bestimmten Erfolg ist mangels Öffentlichkeit keine Auslobung i. S. von § 657 BGB.[58] Eine tarifliche Regelung, die Arbeitnehmer von einer neu eingeführten Leistungszulage ausschließt, wenn sie sich schon vorher in der tariflichen Verdienstsicherung wegen Alters befunden haben, ist zulässig und verstößt nicht gegen höherrangiges Recht.[59]

26 **b)** Eine Leistungszulage kann mangels Vorbehalt nicht einseitig **widerrufen** werden, und zwar auch nicht mit der Begründung, infolge Nachlassens der Leistung sei die Geschäftsgrundlage (§ 313 BGB) entfallen.[60] In der Bezeichnung einer Zulage als „freiwillige" Leistung kommt in der Regel nicht hinreichend deutlich zum Ausdruck, dass der Arbeitgeber diese Leistung „widerruflich" gewähren will (§ 305c II BGB). Diese Bezeichnung kann auch so verstanden werden, dass der Arbeitgeber damit verdeutlichen will, nicht durch sonstige Regelungen zu dieser Leistung verpflichtet zu sein.[61] Bei Tariflohnerhöhungen sind Leistungszulagen regelmäßig neben der Tariferhöhung grundsätzlich weiterzuzahlen.[62] Die **Anrechnung** ist allerdings möglich, wenn sich der Arbeitgeber die Anrechnung vorbehalten hat, was auch in einem Formulararbeitsvertrag möglich ist. Ist dem Arbeitnehmer nicht vertraglich ein selbstständiger Entgeltbestandteil neben dem jeweiligen Tarifentgelt zugesagt worden, kommt die Anrechnung auch ohne Vorbehalt in Betracht.[63] Häufig werden Zuschläge **ohne Anerkennung eines Rechtsanspruchs** gezahlt.[64] Hierdurch wird ein Anspruch für die Zukunft nicht begründet. Eine betriebliche Übung entsteht nicht. Zur AGB-Kontrolle vgl. § 32 RN 66ff. Werden Leistungszuschläge oder Sozialzuwendungen vom Arbeitgeber freiwillig erbracht, hat er grundsätzlich den Gleichbehandlungsgrundsatz zu beachten (§ 112). Frauen dürfen nicht anders als Männer behandelt werden (§ 612 III BGB; Art. 141 EG; dazu § 165 RN 3ff.).

27 **c)** Wird die Leistung unter einem **Widerrufsvorbehalt** gezahlt, besteht bis zur Ausübung des Widerrufsrechts ein Anspruch des Arbeitnehmers auf die Leistung. Der Widerruf einer Leistungszulage kann allerdings nicht nach freiem Ermessen erfolgen; er unterliegt in vorformulierten Arbeitsverträgen der Inhaltskontrolle nach § 308 Nr. 4 BGB (näher dazu § 32 RN 84).[65] Danach ist die Vereinbarung eines Widerrufsvorbehalts zulässig, soweit der im Gegenseitigkeitsverhältnis stehende widerrufliche Teil des Gesamtverdienstes unter 25% liegt und der Tariflohn nicht unterschritten wird. Sind darüber hinaus Zahlungen des Arbeitgebers widerruflich, die

---

[53] BAG 6. 12. 2006 AP 178 zu § 611 BGB Lehrer, Dozenten.
[54] BAG 6. 11. 2002 AP 27 zu § 611 BGB Lohnanspruch = NZA 2003, 1148.
[55] BAG AP 3 zu § 1 TVG Tarifverträge: Metallindustrie.
[56] BAG 12. 11. 1997 AP 1 zu § 1 TVG Tarifverträge: Deutsche Bahn = NZA 98, 320.
[57] BAG 22. 1. 1997 AP 146 zu § 1 TVG Tarifverträge: Metallindustrie = NZA 97, 837.
[58] LAG Bremen 18. 2. 1972 AP 1 zu § 657 BGB.
[59] BAG 26. 4. 2000 AP 16 zu § 4 TVG Verdienstsicherung = NZA 2001, 396.
[60] BAG 16. 7. 1976 AP 7 zu § 611 BGB Lohnzuschläge.
[61] Vgl. BAG 23. 10. 2002 AP 243 zu § 611 BGB Gratifikation = NZA 2003, 557.
[62] BAG 7. 2. 1995 AP 6 zu § 4 TVG Verdienstsicherung = NZA 95, 894.
[63] BAG 1. 3. 2006 AP 3 zu § 308 BGB = NZA 2006, 746.
[64] Vgl. BAG 6. 12. 1996 AP 187 zu § 611 BGB Gratifikation = NZA 96, 1027.
[65] BAG 17. 9. 2003 AP 39 zu § 4 TVG Übertariflicher Lohn und Tariflohnerhöhung; 10. 7. 1996 ZTR 97, 39; 13. 5. 1987 AP 4 zu § 305 BGB Billigkeitskontrolle = NZA 88, 95.

nicht eine unmittelbare Gegenleistung für die Arbeitsleistung darstellen, sondern Ersatz für Aufwendungen, die an sich der Arbeitnehmer selbst tragen muss, erhöht sich der widerrufliche Teil der Arbeitsvergütung auf bis zu 30% des Gesamtverdienstes.[66] Die widerrufliche Leistung muss des Weiteren nach Art und Höhe eindeutig sein. Die Vertragsklausel muss außerdem zumindest die Richtung angeben, aus der der Widerruf möglich sein soll (wirtschaftliche Gründe, Leistung oder Verhalten des Arbeitnehmers).[67]

2. Zielvereinbarungen. In der Praxis finden sich heute häufig Zielvereinbarungen. Zusätzlich zu der vereinbarten festen Arbeitsvergütung erhält der Mitarbeiter am Ende des Kalender- oder Geschäftsjahres einen Bonus, der dem **Grunde und der Höhe nach vom Erreichen vereinbarter Ziele abhängig ist.** Rechtsgrundlage ist regelmäßig eine arbeitsvertragliche Vereinbarung, gelegentlich finden sich auch tarifvertragliche Regelungen (näher dazu § 77). **28**

3. Treueprämien. Werden die Zuschläge als Treueprämien geleistet und ist deren **Rückzahlung für den Fall vorzeitiger Beendigung des Arbeitsverhältnisses** vorgesehen, gelten die unter § 78 dargestellten Grundsätze entsprechend. Wird dagegen die Treueprämie dergestalt vereinbart, dass sie erst zu einem späteren Zeitpunkt fällig wird, kann sie nicht etwa durch einen Widerruf beseitigt werden, wenn das Arbeitsverhältnis vorzeitig endet und die Leistung bereits verdient ist.[68] Dagegen ist die Vereinbarung über den Fälligkeitszeitpunkt wirksam.[69] **29**

4. Mitbestimmung des Betriebsrats. Gemäß § 87 I Nr. 10 BetrVG hat der Betriebsrat mitzubestimmen in Fragen der betrieblichen Lohngestaltung, insbesondere bei der Aufstellung von Entlohnungsgrundsätzen und bei der Einführung und Anwendung neuer Entlohnungsmethoden (§ 235 RN 89 ff.). Zweck des Mitbestimmungsrechts ist, das betriebliche Lohngefüge angemessen und durchsichtig zu gestalten und die betriebliche Lohn- und Verteilungsgerechtigkeit zu wahren. Gegenstand des Mitbestimmungsrechts ist nicht die konkrete Höhe des Arbeitsentgelts. Mitbestimmungspflichtig sind die Strukturformen des Entgelts einschließlich ihrer näheren Vollzugsformen. Mitbestimmungspflichtig ist auch die Änderung bestehender Entlohnungsgrundsätze durch den Arbeitgeber. Dabei kommt es für das Beteiligungsrecht des Betriebsrats nicht darauf an, auf welcher rechtlichen Grundlage die Anwendung der bisherigen Entlohnungsgrundsätze erfolgte, ob etwa auf der Basis bindender Tarifverträge, einer Betriebsvereinbarung, einzelvertraglicher Absprachen oder einer vom Arbeitgeber einseitig praktizierten Vergütungsordnung. In allen Fällen unterliegt ihre Änderung der Mitbestimmung.[70] **30**

Der Betriebsrat hat gemäß § 87 I Nr. 10 BetrVG bei der **Anrechnung einer Tariflohnerhöhung auf übertarifliche Zulagen** mitzubestimmen, wenn eine generelle Maßnahme vorliegt, sich durch die Anrechnung die bisher bestehenden Verteilungsrelationen ändern und für die Neuregelung innerhalb des vom Arbeitgeber mitbestimmungsfrei vorgegebenen Dotierungsrahmens ein Gestaltungsspielraum besteht. Die Anrechnung unterliegt daher nicht der Mitbestimmung, wenn sie das Zulagenvolumen völlig aufzehrt. Gleiches gilt, wenn die Tariferhöhung im Rahmen des rechtlich und tatsächlich Möglichen vollständig und gleichmäßig auf die übertarifliche Zulage angerechnet wird.[71] **30a**

Rechnet der Arbeitgeber dagegen eine Tariferhöhung nur teilweise auf die freiwilligen übertariflichen Zulagen an, hat er den Betriebsrat nach § 87 I Nr. 10 BetrVG zu beteiligen, da in diesem Fall **Raum für eine andere Verteilungsentscheidung** verbleibt. Dies gilt auch, wenn sich eine einheitliche Tariferhöhung aus einer prozentualen Erhöhung des künftigen Monatsentgelts und einem oder mehreren Pauschalbeträgen für einen bestimmten Zeitraum in der Vergangenheit zusammensetzt. Verletzt der Arbeitgeber in einem solchen Fall das Mitbestimmungsrecht des Betriebsrats, führt dies nach der vom Bundesarbeitsgericht in ständiger Rechtsprechung vertretenen Theorie der Wirksamkeitsvoraussetzung insgesamt zur Unwirksamkeit der Anrechnung.[72] **30b**

V. Zuschläge für ungünstige Arbeitszeit

1. Allgemeines. Bei der Berechnung der Zuschläge und Zulagen für ungünstige Arbeitszeiten wird nach einigen Tarifverträgen die **„übertarifliche Vergütung" zugrunde gelegt.** Dies ist zulässig. Die Tarifvertragsparteien sind befugt, mit tarifrechtlicher Wirkung festzulegen, **31**

---

[66] BAG 11. 10. 2006 AP 6 zu § 308 BGB = NZA 2007, 87.
[67] BAG 12. 1. 2005 AP 1 zu § 308 BGB = NZA 2005, 465.
[68] Vgl. ausführlich BAG 27. 7. 1972 AP 75 zu § 611 BGB Gratifikation.
[69] BAG 17. 10. 1972 AP 77 zu § 611 BGB Gratifikation.
[70] BAG 28. 2. 2006 AP 127 zu § 87 BetrVG 1972 Lohngestaltung = NZA 2006, 1426 m.w.N.
[71] BAG 21. 9. 1999 NZA 2000, 898.
[72] BAG 21. 1. 2003 AP 118 zu § 87 BetrVG 1972 Lohngestaltung m. w. N.

dass bei der Berechnung von tariflichen Leistungen von dem effektiven Verdienst des Arbeitnehmers ausgegangen werden soll und nicht von dem tariflichen Mindestverdienst.[73] Dabei ist freilich zwischen Verdiensten, die auf „übertariflichen" und „außertariflichen" Zulagen beruhen, zu unterscheiden. Während eine „außertarifliche" Regelung Gegenstände betrifft, die die einschlägigen tariflichen Bestimmungen überhaupt nicht vorsehen, knüpft eine „übertarifliche" Regelung an den tariflichen Gegenstand an, geht aber über die tariflich normierten Mindestbedingungen hinaus. Dient eine Leistung des Arbeitgebers einem besonderen Zweck, der keine Entsprechung im Tarifvertrag hat, liegt eine außertarifliche Leistung vor.[74]

31a **2. Begriff ungünstige Arbeitszeit.** Als Zuschläge für ungünstige Arbeitszeit werden **(a)** (Wechsel-)Schichtzuschläge,[75] **(b)** Nachtarbeitszuschläge (§ 6 V ArbZG),[76] **(c)** Sonn- und Feiertagszuschläge sowie Zuschläge an Heiligabend und Silvester[77] gezahlt (§ 105).[78] Die Zuschläge werden kollektiv- oder einzelvertraglich vereinbart. Zulässig sind auch Regelungen, wonach bei ungünstigen Arbeitsbedingungen die Arbeitszeit gekürzt werden kann.[79]

31b **3. Wechselschichtzuschläge.** Wesentliches Merkmal vom Wechselschichtarbeit ist, dass **Beginn und Ende der täglichen Arbeitszeit des Arbeitnehmers regelmäßig wechseln.** Ist dies nicht der Fall, kommt ein Anspruch auf eine Wechselschichtzulage nicht in Betracht. 24-Stunden-Schichten, die in Arbeit, Arbeitsbereitschaft und Bereitschaftsruhe aufgeteilt sind und bei denen Beginn und Ende der Arbeitszeit stets gleichbleibend sind, erfüllen dieses Merkmal nicht.[80] Schichtplankonforme Nachtarbeit nach einem rechtzeitig und mit Zustimmung des Betriebsrats für die Dauer eines Monats aufgestellten Schichtplan mit wöchentlichem Wechsel zwischen Früh- und Nachtschicht ist keine **„unregelmäßige Nachtarbeit".**[81] Die Leistung von **Abrufarbeit** schließt Schichtarbeit nicht aus. Die mit Schichtarbeit verbundenen Erschwernisse werden bei Abrufarbeit nicht bereits durch die vereinbarte Vergütung kompensiert. Dies gilt auch dann, wenn der Arbeitgeber bei der Aufstellung der Dienstpläne auf die Einsatzwünsche der Abruf-Mitarbeiter Rücksicht nimmt.[82]

32 **4. Nachtarbeitszuschläge. a)** Der **Begriff der Nachtarbeit** ist gesetzlich, zumeist aber auch tariflich definiert. Nach § 2 ArbZG ist Nachtzeit die Zeit von 23 bis 6 Uhr. Nachtarbeit i. S. des ArbZG ist jede Arbeit, die mehr als zwei Stunden der Nachtzeit umfasst. In Tarifverträgen finden sich vielfach Definitionen, nach denen Nachtarbeit die Zeit zwischen 20 (22) und 6 Uhr ist. Während die gesetzliche Definition arbeitsschutzrechtliche Bedeutung hat, kommt der tariflichen Begriffsbestimmung häufig auch eine weitergehende Bedeutung für die Vergütung zu. Eine Differenzierung zwischen Männern und Frauen bei der Nachtarbeit ist unzulässig.[83]

32a **b)** Nach § 6 V ArbZG hat der Arbeitgeber dem Nachtarbeitnehmer, sofern keine tarifvertraglichen Ausgleichsregelungen bestehen, für die während der Nachtarbeit geleisteten Arbeitsstunden eine angemessene Zahl bezahlter freier Tage oder einen **angemessenen Zuschlag** auf das ihm hierfür zustehende Bruttoarbeitsentgelt zu gewähren. Diese Regelung begründet eine Wahlschuld (§ 263 BGB).[84] Die Zahlung eines angemessenen Zuschlags für Nachtarbeit nach § 6 V ArbZG kann in unterschiedlicher Art und Weise erfolgen. Neben der Zahlung gesonderter Zuschläge kommt eine entsprechende Anhebung des Grundlohns in Betracht.[85] Hat das Arbeitsverhältnis geendet, kann die vom Arbeitnehmer geleistete Nachtarbeit ausschließlich durch Zahlung eines Zuschlags ausgeglichen werden.[86]

32b **c)** Die **Höhe des angemessenen Nachtzuschlags** richtet sich nach der Gegenleistung, für die sie bestimmt ist. Ein geringerer Ausgleich ist erforderlich, wenn in die Nachtarbeit Arbeitsbereitschaft fällt.[87] Nach der Art der Arbeitsleistung ist auch zu beurteilen, ob der vom Gesetz-

---

[73] BAG 7. 2. 2007 AP 17 zu § 1 TVG Tarifverträge: Bewachungsgewerbe = NZA 2007, 934.
[74] BAG 7. 2. 2007 AP 17 zu § 1 TVG Tarifverträge: Bewachungsgewerbe = NZA 2007, 934.
[75] BAG 28. 8. 1996 AP 8 zu § 36 BAT = NZA 97, 264; 9. 12. 1998 AP 15 zu § 33 a BAT = NZA 99, 998.
[76] Dazu BAG 27. 5. 2003 AP 5 zu § 6 ArbZG.
[77] BAG 13. 12. 2001 AP 7 zu § 35 BAT = NZA 2002, 1221.
[78] BAG 23. 9. 1992 AP 8 zu § 1 TVG Tarifverträge: Großhandel = NZA 93, 469.
[79] BAG 28. 11. 1984 AP 2 zu § 4 TVG Bestimmungsrecht = DB 85, 183.
[80] BAG 12. 3. 2008 AP 18 zu § 1 TVG Tarifverträge: Chemie.
[81] BAG 19. 9. 2007 AP 205 zu § 1 TVG Tarifverträge: Metallindustrie.
[82] BAG 24. 9. 2008 NZA 2008, 1424.
[83] EuGH 3. 2. 1994 EuZW 94, 253; 4. 12. 1997 EuZW 98, 352.
[84] BAG 31. 8. 2005 AP 8 zu § 6 ArbZG = NZA 2006, 324.
[85] BAG 31. 8. 2005 AP 8 zu § 6 ArbZG = NZA 2006, 324.
[86] BAG 24. 2. 1999 AP 17 zu § 3 TVG Verbandszugehörigkeit = NZA 99, 995.
[87] BAG 24. 2. 1999 AP 17 zu § 3 TVG Verbandszugehörigkeit = NZA 99, 995.

geber mit dem Lohnzuschlag verfolgte Zweck, im Interesse der Gesundheit des Arbeitnehmers Arbeit zu verteuern, zum Tragen kommt. Arbeitet der Arbeitnehmer im Dreischichtbetrieb und leistet er jede dritte Woche Nachtarbeit, ist regelmäßig ein Zuschlag von 25% des Stundenlohnes angemessen i. S. v. § 6 V ArbZG.[88] Für Angehörige eines Rettungsdienstes ist regelmäßig ein Nachtzuschlag in Höhe von 10% des Arbeitsverdienstes angemessen. Durch den Zuschlag soll für diesen Personenkreis nur die mit der Nachtarbeit verbundene Erschwernis abgegolten werden. Dabei ist zu berücksichtigen, dass im Rettungsdienst zu einem erheblichen Teil Arbeitsbereitschaft und damit auch Zeiten der Entspannung anfallen. Hinzu kommt, dass der ansonsten mit dem Zuschlag verbundene Zweck, Nachtarbeit einzuschränken, hier nicht erreichbar ist. Der Rettungsdienst dient der öffentlichen Sicherheit und dem Gesundheitsschutz der Bevölkerung.[89] Ein Nachtzuschlag für während der Rufbereitschaft geleistete Arbeit kommt in kommunalen Krankenhäusern gem. § 8 III 4 TVöD-K grundsätzlich nur in Frage, wenn der Arbeitnehmer tatsächlich während der Nachtstunden arbeitet.[90]

5. Sonn- und Feiertagszuschläge. Aus § 11 II ArbZG ergibt sich **kein gesetzlicher Anspruch auf Sonn- und Feiertagszuschläge.** Die Rechtsgrundverweisung des § 11 II ArbZG auf § 6 V ArbZG hat zur Folge, dass ein Arbeitnehmer, der an Sonn- und Feiertagen Nachtarbeit leistet, wegen dieser Nachtarbeit Anspruch auf eine angemessene Zahl bezahlter freier Tage oder einen angemessenen Zuschlag auf das ihm hierfür zustehende Arbeitsentgelt hat.[91] 32c

VI. Erschwerniszulagen

1. Der **Begriff der Erschwerniszulage** ist nicht eindeutig. Erschwerniszulagen werden kraft kollektiv- oder einzelvertraglicher Vereinbarung gezahlt. 33

a) Im Wege der **Auslegung** ist zu ermitteln, was jeweils mit dem Begriff Erschwerniszulage gemeint ist. Erschwerniszulagen werden gezahlt als Schmutzzulagen,[92] Zulagen für besonders gefährliche[93] oder gesundheitsschädigende Arbeit[94] (z. B. Säure,[95] Kälte-[96] und Hitzearbeiten), bei Lärm,[97] bei kontinuierlicher Schichtarbeit,[98] Nachtarbeit[99] und zeitversetzter Arbeit,[100] Zulagen unter besonderer psychischer Belastung,[101] als Psychiatriezulage,[102] Vollzugszulage,[103] Heimzulage,[104] Verwendung von Briefzustellwagen im Postdienst,[105] als Zuschlag zur Reinigung öffentlicher Toiletten[106] oder als Zulagen für weite Entfernung der Arbeitsstelle.[107] Der Arbeitgeber des öffentlichen Dienstes kann die Zahlung von Erschwerniszulagen von der formalen Zugehörigkeit zu bestimmten Dienststellen abhängig machen.[108] 34

---

[88] BAG 27. 5. 2003 AP 5 zu § 6 ArbZG.
[89] BAG 31. 8. 2005 AP 8 zu § 6 ArbZG = NZA 2006, 324.
[90] BAG 24. 9. 2008 – 6 AZR 259/08 z. V. v.
[91] BAG 11. 1. 2006 AP 2 zu § 11 ArbZG = NZA 2006, 372.
[92] BAG 10. 11. 2000 – 10 AZR 38/00 n. v. (Deutsche Bahn).
[93] BAG 7. 6. 1990 AP 3 zu § 29 MTB II = NZA 90, 946.
[94] BAG 16. 1. 1985 AP 10 zu § 33 BAT.
[95] BAG 13. 10. 1993 AP 1 zu § 29 MTL II Zulagen.
[96] BAG 22. 4. 1987 AP 4 zu § 21 TVAL II = NZA 87, 858.
[97] BAG 14. 3. 1984 AP 23 zu § 1 TVG Tarifverträge: Metallindustrie = DB 84, 1732.
[98] BAG 24. 9. 2008 – 10 AZR 634/7 z. V. v.; 26. 9. 2007 AP 58 zu § 1 TVG Bezugnahme auf Tarifvertrag = NZA 2008, 179; 24. 11. 1999 AP 25 zu § 1 TVG Tarifverträge: Druckindustrie = NZA 2000, 599; 11. 11. 1992 AP 1 zu § 1 TVG Tarifverträge: Steine-Erden = NZA 93, 704; 1. 9. 1993 AP 10 zu § 611 BGB Lohnzuschläge; 18. 5. 1994 AP 4 zu § 33 a BAT; 16. 2. 1994 AP 1 zu § 29 a MTL II = NZA 94, 852; 7. 9. 1994 AP 5 zu § 33 a BAT.
[99] BAG 2. 12. 1992 AP 10 zu § 1 TVG Tarifverträge: Textilindustrie = NZA 93, 660; bei unterbrochener Schichtarbeit: BAG 5. 10. 1999 AP 7 zu § 1 TVG Tarifverträge: Verkehrsgewerbe = NZA-RR 2000, 249.
[100] BAG 12. 1. 1994 AP 2 zu § 1 TVG Tarifverträge: Verkehrsgewerbe = NZA 95, 84.
[101] BAG 12. 6. 2002 ZTR 2002, 591.
[102] BAG 26. 9. 2001 AP 30 zu §§ 22, 23 BAT Zulagen.
[103] BAG 22. 1. 2003 – 10 AZR 258/02 n. v.; 24. 10. 2001 AP 31 zu §§ 22, 23 BAT Zulagen = NZA 2003, 50; 7. 6. 2000 ZTR 2001, 123.
[104] BAG 20. 3. 2002 AP 34 zu §§ 22, 23 BAT Zulagen; 26. 5. 1993 AP 2 zu § 12 AVR Diakonisches Werk = BB 93, 1664; 20. 4. 1994 AP 11 zu §§ 22, 23 a BAT Anlagen; 26. 5. 1993 AP 4 zu § 12 AVR Diakonisches Werk.
[105] BAG 19. 6. 1996 AP 9 zu § 10 TV Arb Bundespost = NZA 97, 100.
[106] BAG 15. 11. 2006 AP 18 § 1 TVG Tarifverträge: Gebäudereinigung.
[107] Zur Quotelung: BAG 11. 4. 1979 AP 7 zu § 1 TVG Tarifverträge: Metallindustrie.
[108] BAG 30. 11. 1982 AP 54 zu § 242 BGB Gleichbehandlung.

35 **b)** Eine übertarifliche Erschwerniszulage kann bei einem vereinbarten Widerrufsvorbehalt (§ 32 RN 84) **widerrufen** werden (§ 315 BGB), wenn ein neuer Tarifvertrag in Kraft tritt und dieser eine leistungsgerechte, neue Entlohnung beabsichtigt.[109]

36 **c)** Die **Entfernungszulagen** sind von den sog. **Aufwandsentschädigungen** oder **Auslösungen** zu unterscheiden. Die Auslandszulage als Trennungsentschädigung ist eine Entfernungszulage, mit der den Arbeitnehmern ein Anreiz gegeben werden soll, die Arbeit im Ausland aufzunehmen.[110] Während die Entfernungszulage eine besondere Arbeitsvergütung darstellt, ist die Aufwandsentschädigung oder Auslösung Ersatz des Mehraufwandes. Mit dem Auslandsverwendungszuschlag im öffentlichen Dienst wird eine besondere Verwendung vergütet.[111]

37 **d)** Bei der Einräumung von Erschwerniszulagen bestehen **Mitbestimmungsrechte des Betriebsrats** nach § 87 I Nr. 10 BetrVG.[112] Zulagen, die nur für die Dauer einer Tätigkeit unter besonderen Umständen gezahlt werden, aber nichts über die Stellung des Angestellten innerhalb des Vergütungsgefüges aussagen, sind keine mitbestimmungspflichtige Eingruppierung.[113]

38 **2. Betriebliche Übung.** Werden Zulagen über einen längeren Zeitraum gezahlt, kann hieraus bei ungerechtfertigter Zahlung nicht ohne Weiteres auf eine betriebliche Übung oder ein Änderungsangebot des Arbeitgebers geschlossen werden (näher hierzu § 111).[114]

VII. Sozialzulagen

39 **1. Arten der Sozialzulagen.** Sozialzulagen werden als Verheirateten-, Kinder-, Alters-, Wohn- oder **Ortszuschläge** gezahlt.[115] Sie sind in Tarifverträgen, Betriebsvereinbarungen und Arbeitsverträgen geregelt; insbesondere im öffentlichen Dienst wurde bis zum Inkrafttreten des TVöD auf die für Beamte geltenden Regelungen verwiesen.[116] Dem Ortszuschlag kommt eine soziale, familienstandsbezogene Ausgleichsfunktion zu.[117] Die Tarifvertragsparteien sind nicht verpflichtet, eine solche Sozialzulage zu gewähren.[118] Sozialzulagen sind Teil der Arbeitsvergütung.[119] Bei ihrer Gewährung sind insbesondere der Gleichbehandlungsgrundsatz und das Verbot der Benachteiligung wegen des Geschlechts zu beachten (§ 112). So verstößt es z. B. gegen Art. 3 II GG, wenn nur der Mann eine Ehefrauenzulage erhält,[120] die Gewährung einer Haushaltszulage für eine verheiratete Arbeitnehmerin einen Antrag voraussetzt, dagegen nicht für einen verheirateten männlichen Arbeitnehmer.[121] Allerdings ist es zulässig, bei Doppelverdienern nur demjenigen die Haushaltszulage zu gewähren, der den Haushalt überwiegend unterhält. Es ist zulässig, wenn ein Tarifvertrag den Arbeitgeber verpflichtet, einen Kinderzuschlag zu zahlen, dessen Höhe aber in sein Ermessen stellt. Dies ist nach § 315 BGB überprüfbar.[122]

39a Es verstößt nicht gegen Art. 3 GG, wenn die in **gleichgeschlechtlicher Gemeinschaft** Lebenden keinen Ortszuschlag erhalten.[123] Anderes gilt bei eingetragenen Lebenspartnerschaften nach dem LPartG (vgl. § 3 RN 32).[124]

---

[109] Vgl. BAG 30. 8. 1972 AP 6 zu § 611 BGB Lohnzuschläge.
[110] Vgl. BAG 30. 1. 1990 AP 41 zu § 87 BetrVG 1972 Lohngestaltung = NZA 90, 571; zu Rückzahlungsklauseln BAG 8. 7. 1987 – 5 AZR 201/86.
[111] BAG 25. 2. 1999 AP 1 zu § 4 TV Ang Ausland = NZA-RR 2000, 29.
[112] BAG 9. 5. 1995 AP 2 zu § 76 BetrVG 1972 Einigungsstelle = NZA 96, 206; 30. 1. 1990 AP 41 zu § 87 BetrVG 1972 Lohngestaltung = NZA 1990, 571.
[113] BAG 24. 6. 1986 NZA 87, 31.
[114] BAG 26. 5. 1993 AP 2 zu § 12 AVR Diakonisches Werk = BB 93, 1664.
[115] Ortszuschlag für Alleinerziehende: BAG AP 3, 4 zu § 29 BAT; weiterer Personen AP 2; bei mehrfacher Scheidung AP 5 = NZA 88, 547; AP 7 = BB 88, 1675; Aufnahme eines Kindes: AP 6 = NZA 89, 31 = BB 88, 1461; Rückzahlung: AP 8 = NZA 90, 504; Kapitalabfindung bei Scheidung: AP 64 zu § 611 BGB Dienstordnungsangestellte = NZA 88, 547; bei zivildienstleistendem Sohn: 16. 9. 1993 AP 10 zu § 29 BAT; bei eheähnlicher Lebensgemeinschaft: BVerwG 28. 10. 1993 ZTR 94, 174; bei Beschäftigung beider Ehegatten: 26. 5. 1994 AP 11 zu § 29 BAT.
[116] BAG AP 1 zu § 32 MTAng-BfA.
[117] BAG 17. 7. 2008 ZTR 2008, 613 m. w. N.
[118] BAG 30. 10. 2008 – 6 AZR 682/07 z. V. v.
[119] Vgl. aber BAG 24. 11. 1971 AP 3 zu § 1 TVG Tarifverträge: Versicherungsgewerbe.
[120] BAG 13. 11. 1985 AP 136 zu Art. 3 GG = DB 85, 2567.
[121] BAG 20. 4. 1977 AP 111 zu Art. 3 GG.
[122] BAG 28. 9. 1977 AP 4 zu § 1 TVG Tarifverträge: Rundfunk.
[123] BVerfG 21. 5. 1999 NZA 99, 878; BAG 15. 5. 1997 AP 2 zu § 29 BAT.
[124] BAG 26. 10. 2006 AP 49 zu § 611 BGB Kirchendienst = NZA 2007, 1179.

2. Verdienstsicherung. Einen breiten Raum nehmen Zulagen zur Verdienstsicherung ein, die gezahlt werden, um Entgeltkürzungen bei Erkrankung oder abnehmender Leistungsfähigkeit auszugleichen.[125] 40

VIII. Sonstige Zulagen

1. Verrechnung von Zulagen. Eine Verrechnung vertraglicher Zulagen mit den **neu eingeführten tariflichen Zulagen** ist grundsätzlich nur dann möglich, wenn beide Zulagen vergleichbare Zwecke verfolgen und die vertragliche Zulage widerruflich ausgestaltet ist. Erfolgt auf Grund einer Änderung der tariflichen Gehaltsstruktur eine Höhergruppierung, entspricht es billigem Ermessen, wenn der Arbeitgeber eine bisher im Hinblick auf die Tätigkeit des Angestellten gewährte – widerrufliche – Sonderzulage auf die Gehaltsdifferenz zwischen der alten und der neuen Tarifgruppe anrechnet.[126] 41

2. Funktionszulagen. Im **öffentlichen Dienst** werden namentlich für die Übertragung besonderer Funktionen Zulagen gezahlt. Dies ist z. B. der Fall bei der Gewährung von Fahrzulagen.[127] Diese sind aus sachlichem Grund widerruflich. Der Widerruf unterliegt der Mitbestimmung des Personalrats.[128] Werden die Funktionszulagen irrtümlich, ohne Vorliegen der Voraussetzungen gewährt, können sie eingestellt werden, da für den öffentlichen Dienst der Grundsatz des Normvollzugs gilt.[129] Die sog. Feuerwehrzulage steht nur Angestellten des feuerwehrtechnischen Dienstes zu.[130] Sie erhalten eine Wechselschichtzulage, wenn sie in je fünf Wochen durchschnittlich mindestens 40 Dienststunden in der dienstplanmäßigen Nachtschicht leisten.[131] Teilzeitbeschäftigte haben nur einen Anspruch auf anteilige Zahlung der Sicherungszulage.[132] Nimmt der Arbeitgeber bei außertariflichen Leistungen die Mitarbeiter eines Tarifgebiets von Zulagen aus, die er den Mitarbeitern eines anderen Tarifgebietes gewährt, kann ein sachlicher Grund für diese Ungleichbehandlung nicht allein aus dem Vorliegen unterschiedlicher Tarifgebiete hergeleitet werden. Maßgebend ist der Zweck der Zulagengewährung.[133] Die für eine Wechselschichtzulage erforderlichen Nachtdienststunden müssen tatsächlich geleistet werden.[134] Krankenpflegeschüler haben für die Zeit eines Blockunterrichts keinen Anspruch auf Zahlung der Schichtzulage.[135] 42

Im Anwendungsbereich des Personalvertretungsgesetzes Berlin unterliegt der Widerruf einer vertraglich vereinbarten Funktionszulage der **Mitbestimmung des Personalrats.** Ein Widerruf ohne vorherige Durchführung des Mitbestimmungsverfahrens ist unwirksam.[136] 42a

3. Der **Ortszuschlag** wird im Geltungsbereich des BAT regelmäßig durch Verweisung auf das Beamtenrecht geregelt (RN 39 sowie § 3 RN 32).[137] Sind beide Ehepartner im öffentlichen Dienst beschäftigt, wird regelmäßig nur der halbe Ortszuschlag gezahlt.[138] 43

---

[125] Vgl. BAG 26. 4. 2000 AP 16 zu § 4 TVG Verdienstsicherung = NZA 2001, 396 zur Alterssicherung bei neu eingeführter Leistungszulage; zur Lohnstandssicherung nach BMT-G II: BAG 2. 4. 1992 AP 4 zu § 28 BMT-G II; nach MTB II: BAG 23. 11. 1994 AP 1 zu § 37 MTB II = ZTR 95, 174; Lohnausgleich bei Fahrdienstuntauglichkeit: BAG 26. 11. 1992 AP 1 zu § 28 BMT-G II.

[126] BAG 7. 9. 1994 AP 11 zu § 611 BGB Lohnzuschläge = NZA 95, 430.

[127] BAG 30. 8. 2000 AP 172 zu § 1 TVG Tarifverträge: Metallindustrie.

[128] BAG 30. 5. 1990 AP 31 zu § 75 BPersVG = NZA 90, 899.

[129] BAG 30. 5. 1990 AP 31 zu § 75 BPersVG = NZA 90, 899; 7. 6. 1990 AP 6 zu §§ 22, 23 BAT Zulagen = NZA 90, 945; 19. 1. 1995 AP 2 zu § 10 TVAL II = NZA 96, 391.

[130] BAG 6. 8. 1997 AP 1 zu § 2 BAT-O SR 2 X = ZTR 98, 35.

[131] BAG 17. 9. 1997 AP 1 zu § 2 BAT SR 2 X = NZA 98, 436; *Rothländer* ZTR 97, 210.

[132] BAG 11. 12. 1996 AP 19 zu §§ 22, 23 BAT Zulagen = NZA 97, 661.

[133] BAG 23. 4. 1997 AP 22 zu §§ 22, 23 BAT Zulagen = NZA 97, 1177.

[134] BAG 7. 2. 1996 AP 9 zu § 33 a BAT = NZA 96, 885.

[135] BAG 28. 8. 1996 AP 11 zu § 33 a BAT = NZA 97, 324; zur Schichtdienstzulage in der Wohnungswirtschaft der neuen Bundesländer: BAG 15. 10. 1997 AP 1 zu § 1 TVG Tarifverträge: Wohnungswirtschaft.

[136] BAG 26. 1. 2005 AP 6 zu § 87 LPVG Berlin = NZA-RR 2005, 389.

[137] BAG 11. 11. 1981 AP 1 zu § 29 BAT; *Wigo Müller* AuR 93, 282.

[138] BAG 26. 5. 1994 AP 11 zu § 29 BAT; zum Ortszuschlag beim DRK: BAG 11. 11. 1997 AP 7 zu § 1 TVG Tarifverträge: DRK.

§ 70. Auszahlung der Arbeitsvergütung

Übersicht

	RN		RN
I. Empfangsberechtigter	1 ff.	III. Zahlungsfrist	9 ff.
1. Gläubiger und Forderungsabtretung	1	1. Fälligkeit	9
2. Geschäftsunfähigkeit	2	2. Naturalleistungen	10
3. Vollmacht	3	3. Abschläge	11
4. Erbe	4	4. Vorschüsse	12–19
II. Zahlungsart und Zahlungsort	5 ff.	5. Darlehensvertrag	20–22
1. Zahlungsart	5–7	6. Verzug	23
2. Ort	8	7. Bruchteilsauszahlungen	24
		IV. Währung	25

I. Empfangsberechtigter

1 **1. Gläubiger und Forderungsabtretung. Gläubiger** des Vergütungsanspruchs ist der Arbeitnehmer; sein Anspruch ist erfüllt, wenn er die Vergütung erhält. Wird auf Grund eines vorläufig vollstreckbaren Titels zur Abwendung der Zwangsvollstreckung gezahlt, bleibt die Erfüllung in der Schwebe, bis endgültig über die Forderung entschieden ist. Nur in Ausnahmefällen wird vereinbart, dass die Arbeitsvergütung teilweise unmittelbar einem **Dritten** zustehen soll, z. B. zur Sicherung des Unterhalts von Familienangehörigen. Die **Drittberechtigten** haben dann regelmäßig einen eigenen Erfüllungsanspruch (§ 328 BGB). Eine eingehende Lohnpfändung erfasst auch die Forderung des Drittberechtigten (§ 850 h I ZPO; vgl. § 89 RN 61). Häufiger ist, dass der Arbeitnehmer seine Forderung auf Arbeitsvergütung teilweise an Dritte abtritt (§ 387 BGB). Die **Abtretung** geht einer später eingehenden Lohnpfändung im Range vor (vgl. § 90 RN 10). Nach § 400 BGB kann eine Forderung nur abgetreten werden, soweit sie nicht der Pfändung unterworfen ist.[1]

2 **2. Geschäftsunfähigkeit.** Ist der Arbeitnehmer **geschäftsunfähig** (§ 104 BGB) oder in der **Geschäftsfähigkeit beschränkt** (§ 106 BGB), ist die Arbeitsvergütung an den gesetzlichen Vertreter zu zahlen. Hiervon gilt dann eine Ausnahme, wenn der Arbeitnehmer minderjährig ist und ermächtigt war, in Dienst oder Arbeit zu treten (§ 113 BGB; vgl. § 34 RN 36 ff.). In diesen Fällen ist die Vergütung an den Minderjährigen zu zahlen; eine Zahlung an den gesetzlichen Vertreter ist keine ordnungsgemäße Erfüllung. Dieser kann jedoch jederzeit die Ermächtigung zurücknehmen oder einschränken. Zumeist wird in dem Begehren, die Vergütung auszuzahlen, eine solche Beschränkung liegen. In Ausnahmefällen ist diese Beschränkung rechtsunwirksam, z. B., wenn ein Rechtsmissbrauch vorliegt. Es ist aber nicht ohne Weiteres rechtsmissbräuchlich, wenn ein von seinem gesetzlichen Vertreter getrennt lebender Minderjähriger durch „Entziehung" der Vergütungsforderungen gezwungen werden soll, nach Hause zurückzukehren.

3 **3. Vollmacht.** Der Arbeitnehmer kann einen **Dritten bevollmächtigen,** die Vergütung in Empfang zu nehmen. Die Wirksamkeit der Bevollmächtigung richtet sich nach §§ 164 ff. BGB. Da der Arbeitgeber darlegungs- und beweispflichtig dafür ist, dass durch die Zahlung an den Dritten die Entgeltforderung erloschen ist, hat er im Streitfall zu beweisen, dass der Arbeitnehmer einen Dritten zur Empfangnahme der Vergütung bevollmächtigt hat. Der Arbeitgeber braucht an Dritte nur zu zahlen, wenn der Arbeitnehmer ihm die Bevollmächtigung mitgeteilt oder der Dritte eine schriftliche Vollmachtsurkunde vorgelegt hat (§§ 167, 172 BGB). **Ehepartner, Verwandte** oder **Arbeitskollegen** des Arbeitnehmers sind nicht schlechthin bevollmächtigt, die Vergütung in Empfang zu nehmen. Wenn der Arbeitgeber regelmäßig die Arbeitsvergütung an den Vorarbeiter ausgezahlt hat, kann hierin eine **Duldungsvollmacht** des Arbeitnehmers gesehen werden. Zumeist ist der Vorarbeiter nur Bote des Arbeitgebers. Zu Gruppenarbeitsverhältnissen vgl. §§ 182, 183.

4 **4. Erbe.** Ist der Arbeitnehmer **verstorben,** geht die Vergütungsforderung nach den erbrechtlichen Bestimmungen auf die Erben über.

---

[1] BAG 21. 11. 2000 AP 2 zu § 400 BGB = NZA 2001, 654.

II. Zahlungsart und Zahlungsort

1. Zahlungsart. Ist **Barzahlung** vereinbart, hat der Arbeitnehmer die Vergütung grundsätzlich im Betrieb abzuholen **(Holschuld).**[2] Dies gilt auch für Montagearbeiter.[3] Etwas anderes kann für Naturalleistungen wegen der Art der geschuldeten Leistungen gelten; Deputate, Kohlen, usw. sind zumeist am Wohnsitz des Arbeitnehmers zu leisten. Wird das Arbeitsverhältnis beendet, hat der Arbeitgeber bei vereinbarter **Barzahlung** am letzten Arbeitstag die Vergütung zur Abholung bereitzuhalten. Häufig wird dies mit Schwierigkeiten verbunden sein. Der Arbeitgeber hat alsdann auf seine Gefahr und Kosten dem Arbeitnehmer die Restvergütung zu überweisen, da er sich in Schuldnerverzug befindet. 5

Bei vereinbarter Barzahlung kann der Arbeitnehmer Zahlungen durch **Scheck,** Wechsel, Wertpapiere oder Abtretung von Forderungen gegen Dritte zurückweisen. Hierdurch tritt keine Erfüllung ein (§ 362 I BGB). Vielmehr handelt es sich um Leistungen erfüllungshalber (§ 364 BGB). Die Erfüllung tritt erst bei Gutschrift auf dem Konto ein. Für Klagen eines Arbeitnehmers gegen seinen Arbeitgeber aus einem zwecks Bezahlung von Arbeitsentgelt begebenen Scheck des Arbeitgebers ist der Rechtsweg zu den Gerichten für Arbeitssachen nach § 2 I 1 Nr. 4a ArbGG eröffnet.[4] 6

Regelmäßig wird die **bargeldlose Lohnzahlung** vereinbart (§ 235 RN 57). In diesem Fall liegt eine **Schickschuld** vor.[5] Der Arbeitgeber hat dann den Lohn auf seine Gefahr und seine Kosten auf das vom Arbeitnehmer angegebene Konto zu überweisen (§ 270 I BGB). Der Arbeitgeber trägt das Risiko, dass die Überweisung fehlschlägt. Mit der vorbehaltlosen Gutschrift auf dem Konto des Arbeitnehmers ist die Lohnforderung erfüllt.[6] Ohne besonderen Rechtsgrund ist der Arbeitgeber nicht zur Tragung der bei dem Arbeitnehmer anfallenden Kosten verpflichtet.[7] Es ist aber von Verfassungs wegen nicht zu beanstanden, wenn dem Arbeitgeber die Bezahlung der Kontoführungsgebühren, etwa durch einen Einigungsstellenspruch, übertragen wird.[8] 7

2. Ort. Der **Erfüllungsort** für die Arbeitsvergütung (einschließlich des Ruhegeldes) ergibt sich aus den getroffenen Vereinbarungen oder den besonderen Umständen des Arbeitsverhältnisses (§ 269 BGB). Bei der Bestimmung des Erfüllungsorts besteht ein Mitbestimmungsrecht des Betriebsrats nach § 87 I Nr. 4 BetrVG. Ist hierdurch ein besonderer Erfüllungsort nicht bestimmt, ist Erfüllungsort der **Betriebssitz** des Arbeitgebers (§ 269 I, II BGB).[9] Der frühere § 115a GewO, der Lohn- und Abschlagszahlungen ohne Genehmigung der unteren Verwaltungsbehörde in Gast- oder Schankwirtschaften und in Verkaufsstellen verbot, ist zum 1. 1. 2003 außer Kraft getreten. 8

III. Zahlungsfrist

1. Fälligkeit. Die Arbeitsvergütung ist im Zeitpunkt der **Fälligkeit** auszuzahlen. Nach der abdingbaren Vorschrift des § 614 BGB ist die Vergütung nach der Leistung der Arbeit zu entrichten. Der Arbeitnehmer ist also grundsätzlich **vorleistungspflichtig.**[10] Ist die Vergütung nach Zeitabschnitten bemessen, so ist sie gemäß § 614 Satz 2 BGB nach Ablauf der einzelnen Zeitabschnitte zu zahlen (Wochen, Monate). Für kaufmännische Angestellte kann der Zeitabschnitt nicht über einen Monat erstreckt werden (§ 64 HGB); dies gilt jedoch nicht für Sondervergütungen, wie z. B. Tantiemen. Weitere gesetzliche Vorschriften bestehen in § 87c HGB für Provisionen (§ 76 RN 44). Leistungsentlohnung ist grundsätzlich nach Fertigstellung der Arbeit zu entrichten (§ 614 Satz 1 BGB);[11] jedoch haben die Arbeitnehmer zumeist einen Anspruch 9

---

[2] ErfK/*Preis* § 611 BGB RN 397.
[3] Anderes kann gelten bei einer abweichenden betrieblichen Übung.
[4] BAG 7. 11. 1996 AP 1 zu § 46 ArbGG 1979 = NZA 97, 228.
[5] ErfK/*Preis* § 611 BGB RN 398.
[6] Vgl. zu Wertstellungsklauseln: BGH NJW 89, 582; 17. 6. 1997 – XI ZR 239/96; 28. 10. 1998 NJW 99, 210.
[7] BAG 15. 12. 1976 AP 1 zu § 36 BAT; 31. 8. 1982 AP 2 zu § 87 BetrVG 1972 Auszahlung = NJW 83, 2184.
[8] BVerfG DB 87, 2361; BAG 5. 3. 1991 AP 11 zu § 87 BetrVG 1972 Auszahlung = NZA 91, 611; 24. 11. 1987 AP 6 zu § 87 BetrVG 1972 Auszahlung = NZA 88, 405.
[9] LAG Berlin 19. 5. 1960 AP 3 zu § 269 BGB; LAG Bad.-Württemberg 15. 2. 1958 AP 1 zu § 61 ArbGG 1953 Zwangsvollstreckung.
[10] ErfK/*Preis* § 614 BGB RN 1.
[11] HWK/*Krause* § 614 BGB RN 3.

auf Abschlagszahlungen. Bei der Festsetzung der Zahlungszeit und der Zahlungsabschnitte hat der Betriebsrat ein erzwingbares Mitbestimmungsrecht (§ 87 I Nr. 4 BetrVG).

10 **2. Naturalleistungen.** Unterkunft und Verpflegung sind wegen der Natur der Sache bereits mit Dienstbeginn zu entrichten. Deputate sind zu den vereinbarten Terminen oder den im Wege der Auslegung zu ermittelnden Zeitpunkten fällig.

11 **3. Abschläge** sind Geldzahlungen auf bereits verdientes, aber noch nicht abgerechnetes Entgelt.[12] Sie können bei der endgültigen Lohnabrechnung in Abzug gebracht werden, ohne dass es einer Aufrechnung oder der Berücksichtigung der Pfändungsfreigrenze bedarf. Im Falle der Vergütungsabtretung oder der Lohnpfändung sind Abschlagszahlungen über die Höhe der Pfändungsfreigrenze gegenüber dem Gläubiger unwirksam (§ 90 RN 33ff.).[13]

12 **4. Vorschüsse. a)** Hierunter versteht man Geldleistungen auf **noch nicht verdientes Entgelt.**[14] Insoweit unterscheiden sie sich von Abschlagszahlungen, bei denen das Entgelt bereits verdient, aber noch nicht abgerechnet ist. Bei Vorschüssen wird der Fälligkeitstermin der Arbeitsvergütung für kurze Zeit vorverlegt, um dem Arbeitnehmer die Überbrückung bis zur nächsten Zahlung und die Bestreitung des normalen Lebensunterhaltes zu ermöglichen. Bei einer Vorschussgewährung sind sich die Parteien darüber einig, dass der Arbeitnehmer Entgelt für eine Forderung erhält, die noch gar nicht entstanden ist. Beide Teile sind sich weiterhin darüber einig, dass der Vorschuss auf die Forderung zu verrechnen ist, wenn die Forderung unbedingt entsteht oder fällig wird.

13 **b)** Entsteht die Forderung nicht oder nicht zeitgerecht, ist der Arbeitnehmer verpflichtet, den erhaltenen **Vorschuss dem Arbeitgeber zurückzugewähren.**[15] Eine Vergütungsvereinbarung mit der Verpflichtung zur Rückzahlung nicht verdienter Provisionsvorschüsse verstößt nicht gegen die guten Sitten i. S. v. § 138 BGB.[16] Die Rückzahlungspflicht folgt aus der Vorschussvereinbarung und hat damit vertraglichen Charakter. Der Arbeitnehmer kann sich deshalb nicht auf den Entreicherungseinwand nach § 818 III BGB berufen.[17]

14 Da Vorschüsse **vorweggenommene Lohntilgungen sind,**[18] darf der Arbeitgeber grundsätzlich ohne Rücksicht auf die Pfändungsgrenzen (§ 394 BGB i. V. m. §§ 850a ff. ZPO) im Wege der Verrechnung Vorschüsse von der verdienten Vergütung in Abzug bringen.[19] Nach wohl überwiegender Meinung muss dem Arbeitnehmer bei der Auszahlung jedoch auch in diesem Fall noch ein Betrag zur Bestreitung des notwendigen Unterhalts verbleiben.[20] Ist in einem Tarifvertrag bestimmt, dass bestimmte Beträge nur vorschussweise zu gewähren sind, ist der Arbeitgeber bei bestehender Tarifbindung zwar zur Zahlung verpflichtet; jedoch bedarf es bei den einzelnen Zahlungen der Bestimmung, dass sie nur vorschussweise gewährt werden.[21]

15 Der Arbeitgeber ist **darlegungs- und beweispflichtig** für die Behauptung, eine Leistung sei als Vorschuss gewährt, weil er insoweit eine vorweggenommene Tilgung behauptet.[22] Verlangt ein Arbeitgeber Rückzahlung eines Vorschusses und wendet der Arbeitnehmer ein, er habe in dieser Höhe Leistungen zu beanspruchen, trägt er dafür die Darlegungs- und Beweislast.[23]

16 **c)** Ein **negatives Guthaben auf einem Arbeitszeitkonto** stellt einen Lohn- oder Gehaltsvorschuss des Arbeitgebers dar. Kann allein der Arbeitnehmer darüber entscheiden, ob und in welchem Umfang das negative Guthaben entsteht, hat er es im Falle der Vertragsbeendigung bei nicht rechtzeitigem Zeitausgleich finanziell auszugleichen. Dazu darf der Arbeitgeber eine Verrechnung mit Vergütungsansprüchen vornehmen.[24]

17 **d)** Hat der Arbeitgeber einen tarifvertraglich vorgesehenen **Vorschuss auf das Urlaubsgeld** gezahlt, entsteht jedenfalls nach dem Recht der ungerechtfertigten Bereicherung (§§ 812ff. BGB) ein Rückzahlungsanspruch, wenn der Umfang des Urlaubsgeldanspruchs von der Ur-

---

[12] BAG 11. 2. 1987 AP 11 zu § 850 ZPO = NZA 87, 485.
[13] ErfK/*Preis* § 614 BGB RN 25.
[14] HWK/*Krause* § 614 BGB RN 19.
[15] BAG 25. 9. 2002 AP 27 zu §§ 22, 23 BAT Zuwendungs-TV; 15. 3. 2000 AP 24 zu §§ 22, 23 BAT Zuwendungs-TV = NZA 2000, 1004.
[16] BAG 20. 6. 1989 AP 8 zu § 87 HGB = NZA 89, 843.
[17] BAG 25. 3. 1976 AP 9 zu § 65 HGB; HWK/*Krause* § 614 BGB RN 24.
[18] BAG 13. 12. 2000 AP 31 zu § 394 BGB = NZA 2002, 390.
[19] BAG 25. 9. 2002 AP 27 zu §§ 22, 23 BAT Zuwendungs-TV.
[20] ErfK/*Preis* § 614 BGB RN 21; a. A. Hess. LAG 4. 9. 1995 NZA 96, 482.
[21] BAG 11. 7. 1961 AP 2 zu § 614 BGB Gehaltsvorschuss.
[22] LAG München DB 90, 1292.
[23] BAG 28. 6. 1965 AP 3 zu § 614 BGB Gehaltsvorschuss.
[24] BAG 13. 12. 2000 AP 31 zu § 394 BGB = NZA 2002, 390.

laubsgewährung abhängig ist und der Urlaubsanspruch wegen einer vorzeitigen Beendigung des Arbeitsverhältnisses nur in einem geringeren Umfang als zunächst angenommen besteht. Dieser Anspruch unterliegt einer tariflichen Ausschlussfrist, innerhalb der „tarifliche Ansprüche" geltend zu machen sind.[25]

e) Vorschüsse sind nach objektiven Gesichtspunkten und nicht nach der Parteibezeichnung **vom Darlehen zu unterscheiden.** Ein Darlehen wird regelmäßig dann anzunehmen sein, wenn der Arbeitgeber dem Arbeitnehmer Geld zur Verfügung stellt, das nicht als Gegenleistung für erbrachte oder noch zu erbringende Arbeitsleistungen gegeben wird. **18**

f) Der Arbeitnehmer hat grundsätzlich keinen **Rechtsanspruch** auf Vorschusszahlung; Ausnahmen können sich aus **(a)** dem Gesetz (§ 65 i.V.m. § 87a I 2 HGB), **(b)** Tarifverträgen, **(c)** Betriebsvereinbarungen und **(d)** der Fürsorgepflicht des Arbeitgebers ergeben. Aus der vertraglichen Rücksichtnahmepflicht (§ 241 II BGB) folgt ein Anspruch nur in krassen Ausnahmefällen; der Arbeitnehmer soll nicht von einer Vergütung leben, für die er noch keine Arbeitsleistung erbracht hat. Ein Anspruch auf Vorschusszahlung kann ausnahmsweise gegeben sein, wenn der Arbeitnehmer in eine drückende Notlage geraten ist, die ohne erhebliche Schwierigkeiten anderweitig nicht zu beheben ist. **19**

5. Darlehensvertrag. Durch den Darlehensvertrag wird der Darlehensgeber verpflichtet, dem Darlehensnehmer einen Geldbetrag in der vereinbarten Höhe zur Verfügung zu stellen. Der Darlehensnehmer ist verpflichtet, einen geschuldeten Zins zu zahlen und bei Fälligkeit das zur Verfügung gestellte Darlehen zurückzuerstatten (§ 488 BGB). Für Arbeitgeberdarlehen gelten gemäß § 491 II 1 Nr. 2 BGB die Vorschriften über den **Verbraucherdarlehensvertrag** (§§ 491 ff. BGB) nicht, wenn der Arbeitgeber mit seinem Arbeitnehmer zu Zinsen abschließt, die unter den marktüblichen Sätzen liegen. Eine spätere Beendigung des Arbeitsverhältnisses ändert hieran nichts. Gleichwohl unterliegen Arbeitgeberdarlehen den Regeln der AGB-Kontrolle (§§ 305 ff. BGB), wenn der Arbeitgeber die Darlehensbedingungen stellt. Sieht eine Klausel vor, dass nach Beendigung des Arbeitsverhältnisses der marktübliche höhere Zinssatz zur Anwendung kommt, liegt darin keine unzumutbare Benachteiligung des Arbeitnehmers (§ 307 I BGB).[26] **20**

Für den Fall der **vorzeitigen Beendigung** des Arbeitsverhältnisses ist im Hinblick auf § 307 I BGB zu differenzieren. Die Fälligstellung des noch valutierten Darlehens dürfte für den Fall einer vom Arbeitnehmer schuldhaft veranlassten Beendigung des Arbeitsverhältnisses nicht unangemessen sein. Verursacht dagegen der Arbeitgeber die fristlose Kündigung des Arbeitsverhältnisses durch den Arbeitnehmer[27] oder beruht die Kündigung auf dringenden betrieblichen Erfordernissen oder Gründen in der Person des Arbeitnehmers, wird die sofortige Rückzahlungspflicht eine unangemessene Benachteiligung darstellen. Den Interessen des Arbeitgebers kann durch eine Zinsanpassungsklausel Rechnung getragen werden. Ist für den Fall der vorzeitigen Beendigung des Arbeitsverhältnisses eine Rückzahlungsvereinbarung nicht getroffen, wird das Darlehen nicht ohne Weiteres wegen Wegfalls der Geschäftsgrundlage (§ 313 BGB) zur Rückzahlung fällig.[28] Mit Darlehensforderungen kann nur innerhalb der Pfändungsfreigrenzen aufgerechnet werden; hat der Arbeitnehmer seine Lohnforderungen abgetreten, kann auch noch gegenüber dem Zessionar unter den Voraussetzungen von § 407 BGB aufgerechnet werden. **21**

Bezüglich der Geltung von **Ausschlussfristen** ist zu unterscheiden: Eine **tarifliche Ausschlussklausel,** nach der vertragliche Ansprüche aus dem Arbeitsverhältnis innerhalb bestimmter Fristen schriftlich geltend zu machen sind, erfasst nicht Zinsforderungen aus Arbeitgeberdarlehen.[29] Dagegen sind Ansprüche eines Bauarbeitgebers auf Rückzahlung von Darlehen, die mit Rücksicht auf das Arbeitsverhältnis niedriger als marktüblich zu verzinsen und an den Bestand des Arbeitsverhältnisses geknüpft sind, „Ansprüche, die mit dem Arbeitsverhältnis in Verbindung stehen" (§ 15 BRTV).[30] **22**

6. Verzug. Kommt der Arbeitgeber mit der Zahlung der Arbeitsvergütung in Verzug, hat der Arbeitnehmer u. U. ein Zurückbehaltungsrecht (vgl. § 50). Gelegentlich wird vertreten, dass der Arbeitnehmer in einer wirtschaftlichen Existenzkrise des Arbeitgebers verpflichtet ist, geringfügige Lohnrückstände zu stunden.[31] Zur Insolvenzanfechtung § 93 RN 31. **23**

---

[25] Vgl. BAG 1. 10. 2002 AP 37 zu § 253 ZPO = NZA 2003, 510.
[26] Vgl. BAG 23. 2. 1999 AP 4 zu § 611 BGB Arbeitnehmerdarlehen = NZA 99, 1212.
[27] Vgl. BAG 24. 2. 1964 AP 1 zu § 607 BGB.
[28] LAG Baden-Württemberg 15. 7. 1969 AP 3 zu § 607 BGB = BB 69, 1268.
[29] BAG 23. 2. 1999 AP 4 zu § 611 BGB Arbeitnehmerdarlehen = NZA 99, 1212.
[30] BAG 20. 2. 2001 AP 5 zu § 611 BGB Arbeitnehmerdarlehen; ferner BAG 19. 3. 2009 – 6 AZR 557/07.
[31] ArbG München 29. 5. 1995 EzA 1 zu § 242 BGB Lohnstundung.

24 **7.** Zu **Bruchteilsauszahlungen** für einzelne Tage eines Bemessungszeitraumes vgl. § 67 RN 4.

IV. Währung

25 Das Arbeitsentgelt ist gemäß § 107 I GewO in Euro zu berechnen und auszubezahlen. Dies gilt auch für ausländische Unternehmen aus Staaten, die nicht der Euro-Zone angehören. Bestehende Entgeltvereinbarungen in Deutscher Mark sind umzurechnen. 1 Euro entspricht 1,95 583 DM.

§ 71. Lohnabzüge

Berkowsky, Nettoentgeltklage bei Bruttoentgeltabrede, DB 2000, 1710; *Marschner,* Lohn XII Lohnabzüge, AR-Blattei.

Übersicht

	RN		RN
I. Allgemeines	1 ff.	4. Begriff der Arbeitsvergütung	55–59
1. Auszahlung	1	5. Steuerfreie Bezüge	60, 61
2. Steuer- und Beitragsabzug als öffentlich-rechtliche Pflicht	2, 2 a	6. Steuerpflichtige Einkunftsarten	62–64
3. Brutto- und Nettovergütung	3, 3 a	7. Werbungskosten	65–78
4. Lohnklage	4–8	8. Altersentlastungsbetrag	79
5. Zahlungsverzug im Arbeitsrecht	8 a–9	9. Sonderausgaben	80–91
II. Sozialversicherung	10 ff.	10. Außergewöhnliche Belastungen	92–96
1. Beitragszahlung	10–14	11. Lohnsteuerkarte	97
2. Beiträge	15–26	12. Lohnsteuerstreit	98–99
3. Beitragsabzug	27–35	13. Steuerschuldner	100
4. Beitragszuschüsse für Beschäftigte	36–39	14. Gesamtschuldner	101, 102
5. Nichtabführung von Beiträgen	40	15. Nachentrichtung von Lohnsteuern	103–107
6. Schaden	41	V. Nettolohnvereinbarung	108 ff.
7. Anspruchsgrundlage	42, 43	1. Vertragliche Vereinbarung	108–110
8. Verjährung	44, 45	2. Besonderheiten geringfügiger Beschäftigung	111, 112
III. Arbeitslosenversicherung	46	3. Änderung der Besteuerungsmerkmale	113, 114
IV. Lohnsteuer	47 ff.	4. Lohnsteuerjahresausgleich	115
1. Begriff	47	5. Lohnzuschläge	116
2. Kirchensteuer	48, 49		
3. Lohnsteuerabzug	50–54		

I. Allgemeines

Verzinsung arbeitsrechtlicher Vergütungsansprüche: *J. Griebeling,* Brutto oder Netto – die gesetzliche Verzinsung arbeitsrechtlicher Vergütungsansprüche, NZA 2000, 1249; *Gruss,* Zinsen bei Bruttoentgeltforderung, BB 98, 2167; *Kania,* Nichtarbeitsrechtliche Beziehungen zwischen Arbeitgeber und Arbeitnehmer, Diss. 1989, S. 69; *Lepke,* AR-Blattei, SD (D) 1860, Zinsen I; *Nägele/Stumpf,* Zinsen – aus der Brutto- oder Nettovergütung, FA 98, 366; *Pairan,* Brutto- und Netto-Verzugszinsen aus Bruttolohn, FA 2001, 98; *Schaller/Eppelein,* Brutto oder Netto – die gesetzliche Verzinsung arbeitsrechtlicher Vergütungsansprüche, NZA 2001, 193; *Walker,* Die Maßgeblichkeit des Bruttobetrages für die Verzinsung der Vergütung gem. § 288 I 1 BGB, FA 2001, 290.

Gesetz zur Beschleunigung fälliger Zahlungen: *Boemke,* Höhe der Verzugszinsen für Entgeltforderungen des Arbeitgebers, BB 2002, 96; *Däubler,* Neues Gesetz zur Beschleunigung fälliger Zahlungen AiB 2000, 521; *Henkel/Kesseler,* Die Neuregelung des Schuldnerverzugs durch das „Gesetz zur Beschleunigung fälliger Zahlungen", NJW 2000, 3089; *Kiesel,* Verzug durch Mahnung bei Geldforderungen trotz § 284 III BGB, NJW 2001, 108; *Löwisch,* Mahnverfahren statt Mahnung, NJW 2001, 127; *Schmidt-Kessel,* Die Zahlungsverzugsrichtlinie und ihre Umsetzung, NJW 2001, 97; *Treber,* Die prozessuale Behandlung des gesetzlichen Verzugszinses nach dem Gesetz zur Beschleunigung fälliger Zahlungen, NZA 2001, 187.

1 **1. Auszahlung.** Der Arbeitnehmer erhält i. d. R. nur die um die Abzüge gekürzte Arbeitsvergütung ausgezahlt. Die Lohnabzüge können auf **öffentlichem** und **privatem** Recht beruhen. Auf öffentlichem Recht beruht der Abzug von **Lohnsteuern** (§§ 38, 41 c EStG) und **Sozialversicherungsbeiträgen** (§§ 28 d ff. SGB IV; §§ 340 ff. SGB III; § 235 SGB V; §§ 157 ff. SGB VI; § 54 SGB XI). Auf privatrechtlicher Grundlage erfolgen Lohnabzüge wegen Schlechtleistung des Arbeitnehmers, Lohnverwirkung, Aufrechnung des Arbeitgebers usw. (vgl. §§ 52, 87).

2. Steuer- und Beitragsabzug als öffentlich-rechtliche Pflicht. Der Arbeitgeber ist zur Einbehaltung von Lohnsteuern und Sozialversicherungsbeiträgen verpflichtet. Er ist insoweit mit Verwaltungsaufgaben betraut, die er im Gemeininteresse erfüllen muss. Seine Inanspruchnahme stellt keinen unzulässigen Eingriff in seine Grundrechte (Art. 12, 14 GG) dar.[1] Unterlässt er vorsätzlich die Einbehaltung von Lohnsteuern, kann er sich wegen Steuerhinterziehung strafbar machen.[2] Führt der Arbeitgeber keine Sozialversicherungsbeiträge ab, macht er sich nach § 266a StGB strafbar.[3] Verletzt der Arbeitgeber die öffentlich-rechtlichen Lohnabzugsvorschriften zum **Nachteil des Arbeitnehmers,** stehen diesem Erstattungsansprüche, jedoch nach richtiger Auffassung keine Schadensersatzansprüche (§ 839 BGB, Art. 34 GG) gegen die **staatliche Stelle** zu, für die der Arbeitgeber den Lohnabzug durchgeführt hat, es sei denn, dass diese ihre Aufsichtspflichten verletzt hat. Die Abführung von Steuern und Sozialversicherungsbeiträgen begründet einen besonderen Erfüllungseinwand, den der Arbeitgeber einem Vergütungsanspruch des Arbeitnehmers entgegenhalten kann.[4] 2

Eine **Schwarzgeldabrede,** d.h. eine Abrede, die Arbeitsvergütung ohne Berücksichtigung von Steuern und Sozialversicherungsbeiträgen („schwarz") auszuzahlen, führt regelmäßig nicht zur Nichtigkeit des Arbeitsvertrags. Soll die Abführung von Steuern und Beiträgen vereinbarungsgemäß teilweise unterbleiben, ist nur diese Abrede und nicht die gesamte Vergütungsvereinbarung nichtig. Eine Schwarzgeldabrede stellt an sich keine Nettolohnvereinbarung dar.[5] Durch § 14 II 2 SGB IV wird allerdings eine Nettolohnvereinbarung fingiert. Liegt nicht nur eine Schwarzgeldabrede vor, sondern ein Dienstvertrag, der gegen das **SchwarzArbG verstößt,** ist die Vereinbarung insgesamt nichtig.[6] 2a

3. Brutto- und Nettovergütung. Unter einer **Bruttovergütung** wird üblicherweise das Arbeitsentgelt vor den gesetzlichen Abzügen verstanden.[7] Haben sich die Arbeitsvertragsparteien lediglich auf die Bezahlung eines bestimmten Betrages geeinigt, ist regelmäßig von einer Bruttovergütung auszugehen. Der Arbeitgeber hat dann die Steuern und Arbeitnehmeranteile zur Sozialversicherung einzubehalten und abzuführen. 3

Es bedarf einer besonderen, vom Arbeitnehmer zu beweisenden Vereinbarung, wenn der Arbeitgeber für ihn die öffentlichen Abzüge übernehmen soll.[8] In einem Tarifvertrag kann eine **Nettolohnvereinbarung** getroffen werden.[9] Eine Nettolohnabrede verpflichtet den Arbeitgeber nur, die Steuern des Arbeitnehmers im Innenverhältnis zu tragen, die der Arbeitgeber ansonsten für den Arbeitnehmer vom Bruttoentgelt abführen müsste (§ 38 III EStG). Für die Lohnsteuerberechnung hat der Arbeitgeber aus der für die Steuerklasse des Arbeitnehmers maßgebenden Lohnsteuertabelle den Bruttoarbeitslohn zu ermitteln, der, vermindert um die übernommenen Lohnabzüge, den ausgezahlten Nettobetrag ergibt.[10] Zu der Verpflichtung, den Arbeitnehmer von der Steuerlast freizustellen, die im Lohnabzugsverfahren anzusetzen ist, gehört nicht die sich aus dem Progressionsvorbehalt ergebende individuelle Steuerlast des Arbeitnehmers.[11] Auch im Falle einer Nettolohnvereinbarung steht der Anspruch auf Lohnsteuerjahresausgleich grundsätzlich dem Arbeitnehmer zu.[12] Haben die Parteien vereinbart, eine Auslösung werde steuerfrei gewährt, ist i.d.R. nicht anzunehmen, der Arbeitgeber wolle die Steuern tragen, wenn sich die Auslösung als steuerpflichtig erweise. Bei pauschal versteuertem Entgelt ist nicht ohne Weiteres anzunehmen, dass der Arbeitgeber eine Nettolohnvereinbarung treffen wollte.[13] Im Falle der Vereinbarung eines Nettoarbeitsentgelts ist der Arbeitnehmer so lange gesetzlich krankenversichert, wie das entsprechende Bruttoarbeitsentgelt nach Abzug der Arbeitnehmeranteile des Krankenversicherungsbeitrags die Versicherungspflichtgrenze nicht übersteigt.[14] 3a

---

[1] BFH 5. 7. 1963 AP 2 zu § 38 EStG.
[2] BGH DB 70, 1932 = NJW 70, 2034.
[3] BGH 16. 5. 2000 NJW 2000, 2993.
[4] BAG 30. 4. 2008 AP SGB IV § 28 Nr. 1 = NZA 2008, 884.
[5] BAG 26. 2. 2003 AP 24 zu § 134 BGB = NZA 2004, 313.
[6] BAG 24. 3. 2004 EzA 2 zu § 134 BGB 2002.
[7] BAG 24. 6. 2003 AP 63 zu § 242 BGB Betriebliche Übung = NZA 2003, 1145.
[8] BAG 27. 4. 2000 – 6 AZR 754/98 n. v.; 18. 1. 1974 AP 19 zu § 670 BGB.
[9] BAG 3. 4. 1974 AP 2 zu § 1 TVG Tarifverträge: Metallindustrie m. Anm. *Blomeyer.*
[10] Küttner/*Schlegel* Nettolohnvereinbarung RN 22.
[11] BAG 8. 9. 1998 AP 10 zu § 611 BGB Nettolohn = NZA 99, 769.
[12] LAG Hamm DB 60, 499 = BB 60, 484.
[13] LAG Rheinl.-Pfalz 18. 9. 1997 ZTR 98, 94.
[14] BSG 19. 12. 1995 NZS 96, 325.

4 **4. Lohnklage. a)** Da der Arbeitgeber grundsätzlich einen Bruttobetrag schuldet, ist eine Lohnklage **auf den Bruttobetrag zu richten.**[15] Zur schlüssigen Begründung einer Nettolohnklage hat der Kläger die für den Tag des Zuflusses des Arbeitsentgelts geltenden Besteuerungsmerkmale im Einzelnen darzulegen.[16] Die Höhe der im Arbeitsverhältnis geschuldeten Bruttovergütung kann regelmäßig durch Feststellungsklage geklärt werden.[17] Eine Sonderregelung der Nettolohnklage enthält § 1a AEntG, der eine Nettolohnklage in Höhe der sich im Jahr des Tätigwerdens ergebenden Vergütung zulässt.[18] Sind Teilbeträge auf die Bruttovergütung erbracht, ist der Klageantrag auf den Bruttobetrag abzüglich des geleisteten Nettobetrages zulässig. Erhaltenes Arbeitslosengeld ist netto abzuziehen.[19] Unzulässig, weil nicht hinreichend bestimmt (§ 253 II 2 Nr. 2 ZPO), ist ein Klageantrag auf einen bestimmten Bruttobetrag abzüglich eines nicht bezifferten Betrags Arbeitslosengeld[20] oder eines nicht näher bezifferten pfändbaren Nettobetrages an einen Dritten.[21] Wurde eine Nettolohnvereinbarung getroffen, kann der Arbeitnehmer keinen Bruttolohn fordern, weil er damit etwas beansprucht, was ihm nicht zusteht. Eine Nettolohnvereinbarung beschränkt sich von vornherein auf das um die gesetzlichen Lohnabzüge verminderte Arbeitsentgelt.[22]

4a **Nettolohnnachzahlungen** sind lohnsteuerrechtlich nicht laufender Arbeitslohn, sondern ein „sonstiger Bezug" i. S. v. § 38a I 3 EStG. Bezieht sich die Nachzahlung auf Lohnzahlungszeiträume, die in einem anderen Kalenderjahr als dem der Zahlung enden oder später als drei Wochen nach Ablauf der Kalenderjahres für Lohnzahlungszeiträume des abgelaufenen Jahres zufließen, ist die Nachzahlung als sonstiger Bezug im Jahr des Zuflusses zu besteuern (Nr. 39b 2 Abs. 2 Nr. 8 LStR). Für die einzubehaltende Lohnsteuer sind die zur Zeit des Zuflusses geltenden Besteuerungsmerkmale auf der Lohnsteuerkarte zugrunde zu legen.[23] Bezieht der Arbeitnehmer zum Zeitpunkt der Zahlung von dritter Seite Arbeitslohn, hat er dem Arbeitgeber eine weitere Lohnsteuerkarte nach Steuerklasse VI vorzulegen. Der sonstige Bezug ist nur dann auf der Grundlage der ersten Lohnsteuerkarte zu besteuern, wenn der Kläger zum Zahlungszeitpunkt keinen Arbeitslohn von einem anderen Arbeitgeber bezieht. Die Höhe der einzubehaltenden Lohnsteuer ist nach Maßgabe von § 39b III EStG zu ermitteln.[24]

5 **b)** Im Falle der **Zwangsvollstreckung** aus einem Bruttourteil ist der gesamte Betrag beizutreiben.[25] Alsdann haftet der Arbeitnehmer für die Abführung der Lohnabzüge. Der Gerichtsvollzieher hat gem. § 86 I GVO das für den Vollstreckungsort zuständige Finanzamt zu unterrichten, wenn er 40,00 Euro übersteigende Beträge an den Gläubiger abführt. Gleichzeitig benachrichtigt der Gerichtsvollzieher nach § 86 II GVO den zuständigen Sozialversicherungsträger, wenn er diesen vom Arbeitgeber erfährt. Anderenfalls erfragt er ihn beim Arbeitnehmer. Erst wenn ihm dieser bekannt ist, führt er den beigetriebenen Betrag an den Gläubiger ab und benachrichtigt zugleich den Sozialversicherungsträger. Die Sozialversicherungsbeiträge hat der Arbeitnehmer dann selbst abzuführen. Unterlässt er dies und führt der Arbeitgeber ab, so ist er diesem ohne Beschränkungen erstattungspflichtig.[26] Die Zwangsvollstreckung ist jedoch insoweit **einzustellen (§ 775 Nr. 5 ZPO),** wenn der Arbeitgeber durch Quittung nachweist, dass die öffentlichen Lohnabzüge abgeführt sind.[27] Ist in gerichtlichen Vergleichen nicht bestimmt, ob der Arbeitgeber einen Brutto- oder Nettobetrag zu erbringen hat, so ist dies grundsätzlich der Bruttobetrag. Zur Abfindung vgl. § 141.

6 **c)** Der Arbeitnehmer kann die **Verzugszinsen** nach § 288 I 1 BGB aus der in Geld geschuldeten **Bruttovergütung** verlangen.[28] Nur dann, wenn der Arbeitnehmer im Wege des Scha-

---

[15] BAG 21. 4. 1966 AP 13 zu § 611 BGB Lohnanspruch; *Berkowsky/Drews* DB 85, 2099; *dies.* DB 94, 1978; ErfK/*Preis* § 611 BGB RN 476; *Reichel* AuA 2003, Nr. 6, 18.

[16] BAG 26. 2. 2003 AP 13 zu § 611 BGB Nettolohn = NZA 2003, 922.

[17] BAG 28. 9. 2005 AP 66 zu § 611 BGB Ärzte, Gehaltsansprüche = NZA-RR 2006, 329.

[18] Dazu BAG 12. 1. 2005 AP 2 zu § 1a AEntG = NZA 2005, 627.

[19] BAG 24. 9. 2003 AP 1 zu § 151 BGB = NZA 2003, 1332.

[20] BAG 15. 11. 1978 AP 14 zu § 613a BGB.

[21] LAG Niedersachsen 18. 2. 1992 NZA 92, 713.

[22] BAG 8. 4. 1987 – 5 AZR 60/86 n. v.

[23] BFH 29. 5. 1998 BFH/NV 98, 1477.

[24] Vgl. dazu Küttner/*Huber* „Sonstige Bezüge" RN 5ff.

[25] BGH 21. 4. 1966 AP 13 zu § 611 BGB Lohnanspruch.

[26] LAG Berlin EWiR SGB IV § 28g Nr. 1/91; LAG Bad.-Württemberg 28. 4. 1993 NZA 94, 509; LAG Köln 13. 6. 2001 AR-Blattei ES 860.4 Nr. 4.

[27] BGH 21. 4. 1966 AP 13 zu § 611 BGB Lohnanspruch; BAG 14. 1. 1964 AP 20 zu § 611 BGB, Dienstordnungsangestellte.

[28] BAG GS 7. 3. 2001 AP 4 zu § 288 BGB = NZA 2001, 1195.

densersatzes eine Zinsforderung geltend macht, ist der Schaden darzulegen und zu beweisen. Dies führt regelmäßig dazu, dass nur von der Nettovergütung eine weitere Verzinsung verlangt werden kann. In Eingruppierungsstreitigkeiten des öffentlichen Dienstes können Arbeitnehmer wegen der bestehenden Schwierigkeiten bei der Anwendung der Vergütungsordnung regelmäßig keine Verzugszinsen oder einen weitergehenden Schaden geltend machen,[29] sondern nur Prozesszinsen (§ 291 BGB) verlangen.

d) Nach der Einführung des Euro können **Mahnbescheid** und **Klage** nur auf Euro gerichtet sein. 7

Ist eine in ausländischer Währung ausgedrückte Geldschuld im Inland zu zahlen, so hat eine Umrechnung zu erfolgen (§ 244 BGB).[30] 8

5. Zahlungsverzug im Arbeitsrecht.[31] Nach § 288 BGB ist eine Geldschuld während des Verzugs zu verzinsen. Der Verzugszinssatz beträgt pro Jahr fünf Prozentpunkte über dem Basiszinssatz. Der **Basiszinssatz** verändert sich zum 1. Januar und 1. Juli eines jeden Jahres um die Prozentpunkte, um welche die Bezugsgröße seit der letzten Veränderung des Basiszinssatzes gestiegen oder gefallen ist. Bei Rechtsgeschäften, an denen ein Verbraucher nicht beteiligt ist, beträgt der Zinssatz für Entgeltforderungen acht Prozentpunkte über dem Basiszinssatz. Der Gläubiger kann unabhängig hiervon aus einem anderen Rechtsgrund höhere Zinsen verlangen oder einen weitergehenden Schaden verlangen. 8a

Der Arbeitnehmer kann bei Zahlungsverzug **fünf Prozentpunkte über dem Basiszinssatz** verlangen. Er ist Verbraucher i. S. v. § 288 BGB.[32] Der Basiszinssatz wird jeweils im BAnz.[33] veröffentlicht. 8b

Dem **prozessualen Bestimmtheitsgebot** (§ 253 II 2 Nr. 2 ZPO) ist genügt, wenn der Kläger beantragt, an ihn x Euro brutto nebst Zinsen in Höhe von 5 Prozentpunkten über dem Basiszinssatz ab Verzugsbeginn/Rechtshängigkeit zu zahlen. Hier sind die Berechnungsfaktoren bezeichnet.[34] 9

II. Sozialversicherung

1. Beitragszahlung. Das **Beitragszahlungsverfahren**[35] wurde mit Wirkung vom 1. 1. 1989 durch das Meldepflichtgesetz vom 20. 12. 1988 (BGBl. I S. 2330) in das SGB IV eingefügt. Die Durchführung ist seit dem 1. 7. 2006 in der Verordnung über die Berechnung, Zahlung, Weiterleitung, Abrechnung und Prüfung des Gesamtsozialversicherungsbeitrags (Beitragsverfahrensverordnung – BeitrVV vom 3. 5. 2006, BGBl. I S. 1138) geregelt. 10

a) Die Beiträge in der Kranken- oder Rentenversicherung und der Pflegeversicherung sowie zur BA werden für die kraft Gesetzes versicherten Beschäftigten oder Hausgewerbetreibenden als **Gesamtsozialversicherungsbeitrag** (§ 28 d SGB IV) an die Krankenkasse als Einzugsstelle (§ 28 h SGB IV) gezahlt. Die Vorschriften der §§ 28 d ff. SGB IV gelten für alle Personen, die nach § 28 a SGB IV i. V. m. den auf diese Vorschrift verweisenden Regelungen der einzelnen Versicherungszweige zu melden sind (§ 35). Ein Gesamtsozialversicherungsbeitrag kann auch dann gegeben sein, wenn nur ein Beitrag zu einem Versicherungszweig oder nur ein Betrag des Arbeitgebers zu entrichten ist. Hierdurch soll gewährleistet werden, dass alle abzuführenden Beiträge im Rahmen des üblichen Einzugsverfahrens entrichtet werden. 11

b) Den Gesamtsozialversicherungsbeitrag hat der **Arbeitgeber** zu **zahlen** (§ 28 e I SGB IV). Hierdurch wird der Arbeitgeber als Schuldner festgestellt. In § 253 SGB V wird für die Krankenversicherung, in § 174 SGB VI für die Rentenversicherung, in § 54 SGB XI i. V. m. G vom 26. 5. 1994 (BGBl. I S. 1014) für die Pflegeversicherung und in § 348 SGB III für die Arbeitslosenversicherung auf § 28 e SGB IV verwiesen. In § 28 e II SGB IV ist Schuldnerschaft und Zahlungspflicht für die Sozialversicherungsbeiträge bei wirksamer (Sätze 1, 2) und unzulässiger Arbeitnehmerüberlassung (Sätze 3, 4) geregelt. § 28 e IV SGB IV begrenzt die Haftung auf die Beiträge und Säumniszuschläge, die infolge der Pflichtverletzung zu zahlen sind sowie die Zinsen für die gestundeten Beiträge. Hat der Arbeitgeber die Beiträge von einem zu geringen Ent- 12

---

[29] BAG 12. 3. 2008 AP 35 zu §§ 22, 23 BAT-O; 11. 6. 1997 AP 1 zu § 291 BGB = NZA 98, 188; 7. 10. 1981 AP 49 zu §§ 22, 23 BAT 1975.

[30] *Hanisch* ZIP 88, 341; vgl. dagegen BAG 26. 7. 1995 AP 7 zu § 157 BGB = NZA 96, 30.

[31] Schrifttum siehe vor RN 1.

[32] Vgl. BAG 23. 2. 2005 AP 9 zu § 55 InsO = NZA 2005, 694.

[33] Abrufmöglichkeit: http://www.bundesbank.de.

[34] BAG 1. 10. 2002 AP 37 zu § 253 ZPO.

[35] Dazu Spitzenverbände der Sozialversicherung NZS 2001, 411.

gelt berechnet, kann der Entgeltanspruch des Arbeitnehmers einer tariflichen Verfallfrist unterliegen. Gleichwohl bleibt der Arbeitgeber aber verpflichtet, im Rahmen der Verjährungsfristen die Beiträge nachzuzahlen.[36] Nach § 28e V SGB IV sind die Einzugsstellen ermächtigt, in ihren Satzungen zu regeln, unter welchen Voraussetzungen vom Arbeitgeber Vorschüsse auf den Gesamtsozialversicherungsbeitrag zu zahlen sind.[37]

13 **c) Arbeitgeber i. S. des Beitragsschuldners** ist derjenige, der einen anderen in persönlicher Abhängigkeit beschäftigt und das Unternehmerrisiko einschl. der Lohn- und Gehaltszahlungspflicht trägt.[38] Personengesellschaften sind als solche Arbeitgeber (OHG, KG, GBR).[39] Neben der Gesellschaft als Gesamthand haften aber die einzelnen Gesellschafter als Gesamtschuldner, Kommanditisten nur bis zur Höhe ihrer noch nicht erbrachten Einlagen. Bei einer juristischen Person ist nur diese Beitragsschuldner; nur ganz ausnahmsweise können Gesellschafter-Geschäftsführer einer Einmann-GmbH haften, wenn sich die Berufung auf die rechtliche Selbstständigkeit als Rechtsmissbrauch darstellt (vgl. § 14).[40] Im Falle einer Insolvenz kann das Unternehmen sowohl durch Liquidation beendet werden, als auch vorläufig fortgeführt werden, um einen besseren Verwertungserlös zu erzielen. Für die Dauer der Fortführung hat der Insolvenzverwalter Unternehmerpflichten wahrzunehmen. Rückständige Beiträge zur Unfallversicherung sind Insolvenzforderungen (§ 38 InsO); dasselbe gilt nach Inkrafttreten der InsO auch für die Kranken-, Renten- und Arbeitslosenversicherung.

13a Zur Zahlung des Gesamtsozialversicherungsbeitrags ist außer dem Arbeitgeber derjenige verpflichtet, der nach den Vorschriften der einzelnen Versicherungszweige **als Arbeitgeber gilt** oder Arbeitgeberpflichten zu erfüllen hat. Betreibt der Verleiher regelmäßig Arbeitnehmerüberlassung, hat er auch den Gesamtsozialversicherungsbeitrag zu zahlen (§ 28e I SGB IV). Für die Beitragsansprüche haftet jedoch der Entleiher öffentlichrechtlich wie ein selbstschuldnerischer Bürge (§ 28e II SGB IV, §§ 765, 773 I Nr. 1 BGB). Unerheblich ist, ob die Arbeitnehmerüberlassung gewerbsmäßig betrieben wird. Bei unerlaubter Arbeitnehmerüberlassung wird nach § 10 I 1 AÜG ein Arbeitsverhältnis zwischen Entleiher und Arbeitnehmer fingiert. Zahlt der Entleiher Vergütung, hat er auch den darauf entfallenden Gesamtsozialversicherungsbeitrag zu zahlen (§ 28e I SGB IV). Auch wenn ein Arbeitsverhältnis zwischen dem Entleiher und dem Arbeitnehmer fingiert wird, werden die Rechtsbeziehungen zwischen Verleiher und Arbeitnehmer nicht vollständig gelöst. Zahlt der Verleiher Lohn, haftet er auch auf dem Gesamtsozialversicherungsbeitrag.[41] Verleiher und Entleiher haften als Gesamtschuldner.

13b Beteiligt der **Chefarzt eines Universitätsklinikums** nach Maßgabe landesrechtlicher Vorschriften einen Mitarbeiter durch Barzuwendungen an der aus seiner Nebentätigkeit bezogenen Vergütung, kann die jeweilige Zuwendung nicht mit der Bruttovergütung des Mitarbeiters aus seinem Arbeitsverhältnis zum Krankenhausträger gleichgesetzt werden. Sie enthält vielmehr auch die sog. Arbeitgeberanteile zur Sozialversicherung. Der Arbeitgeber, d.h. das Klinikum bzw. das jeweilige Land ist deshalb berechtigt, im Rahmen einer nachträglichen Abrechnung der Vergütung den Gesamtsozialversicherungsbeitrag in Abzug zu bringen. Bei der gebotenen verständigen Würdigung der Zahlungen des Chefarztes unter Berücksichtigung von Treu und Glauben muss der Mitarbeiter erkennen, dass der Chefarzt mit der Zahlung keine weiteren Verpflichtungen begründen will, sondern dass eine vorläufige Zahlung vorliegt, die der Abrechnung im Einzelnen bedarf.[42]

14 **d)** Den Arbeitgeber trifft nach § 28f SGB IV eine umfassende **Aufzeichnungspflicht** sowie die Nachweisungspflicht bezüglich der Beitragsabrechnung und der Beitragszahlung.

15 **2. Beiträge.** Die Mittel der Sozialversicherung werden nach Maßgabe der besonderen Vorschriften für die einzelnen Versicherungszweige durch Beiträge der Versicherten, der Arbeitgeber und Dritter, durch staatliche Zuschüsse und durch sonstige Einnahmen aufgebracht (§ 20 SGB IV). Beläuft sich das Arbeitsentgelt auf einen Betrag zwischen 400,01 und 800,00 Euro, liegt eine Gleitzone zur Beitragsberechnung vor.

---

[36] Hess. LSG 11. 6. 1992 NZA 92, 1008; BSG 30. 8. 1994 ZTR 95, 288.

[37] Zum Beitragsabzug bei einem Statusfeststellungsverfahren BB 2001, 1483.

[38] BSGE 18, 190; 45, 279 = SozR 2200 § 723 Nr. 4; vgl. zum Begriff des versicherungspflichtigen Beschäftigungsverhältnisses: BVerfG 20. 5. 1996 NZA 96, 1063 = NZS 96, 522.

[39] BSGE 55, 3 = SozR 5486 Art. 4 § 2 Nr. 3.

[40] BSGE 45, 279 = SozR 2200 § 723 Nr. 4; dazu *Wickenhagen* DB 78, 1359; zur Verjährung bei Beitragsbetrug: BGH NZA 90, 311 = ZIP 90, 466; zur Bezahlung aus Krediten: LG Nürnberg NJW 88, 1856.

[41] BSGE 61, 209 = BB 87, 1183.

[42] BAG 28 9. 2005 AP 66 zu § 611 BGB Ärzte, Gehaltsansprüche = NZA-RR 2006, 329.

a) In den einzelnen Versicherungszweigen bestehen **Vorschriften über die Tragung der Beiträge.** In der Krankenversicherung sind §§ 249ff. SGB V, Unfallversicherung §§ 150ff. SGB VII, Rentenversicherung § 157 SGB VI und Pflegeversicherung § 54 SGB XI zu beachten. 16

In der **Krankenversicherung** tragen grundsätzlich Arbeitgeber und die versicherungspflichtigen Beschäftigten die nach dem Arbeitsentgelt bemessenen Beiträge je zur Hälfte (§ 249 I SGB V). Abweichend von diesem Grundsatz werden nach § 249 IV SGB V die Beiträge bei versicherungspflichtig Beschäftigten mit einem monatlichen Arbeitsentgelt innerhalb der Gleitzone (§ 20 II SGB V) vom Arbeitgeber in Höhe der Hälfte des Betrags, der sich ergibt, wenn der Beitragssatz der Krankenkasse auf das der Beschäftigung zugrunde liegende Arbeitsentgelt angewendet wird, im Übrigen vom Versicherten getragen. Der Arbeitgeber trägt den Beitrag allein für Beschäftigte, soweit Kurzarbeitergeld oder Winterausfallgeld zu zahlen ist (§ 249 II SGB V). Für geringfügig Beschäftigte hat der Arbeitgeber nach näherer Maßgabe von § 249b SGB V einen Beitrag in Höhe von 13%, für in Privathaushalten geringfügig Beschäftigte (§ 8a SGB IV) in Höhe von 5% zu bezahlen. 17

In der **Unfallversicherung** hat der Arbeitgeber den Beitrag allein zu zahlen (§§ 150ff. SGB VII).[43] 18

In der **Rentenversicherung** der Arbeiter und Angestellten werden die Beiträge grundsätzlich je zur Hälfte vom Arbeitnehmer und Arbeitgeber aufgebracht (§ 168 I Nr. 1 SGB VI). Für geringfügig Beschäftigte gilt nach § 172 III SGB VI ein Beitragssatz von 15%, in Privathaushalten 5% (§ 172 IIIa SGB VI). 19

In der **Pflegeversicherung** tragen Arbeitgeber und Arbeitnehmer die Beiträge je zur Hälfte (§ 58 I SGB XI). Zum Ausgleich der Belastungen für die Arbeitgeber haben die Länder einen Feiertag aufzuheben. Beiträge sind jeweils bis zur Beitragsbemessungsgrenze abzuführen. 20

Besonderheiten bestehen für **geringfügig Beschäftigte** (§ 43). 21

Rechengrößen der Sozialversicherung 21a

	2009			
	West		Ost	
	Monat	Jahr	Monat	Jahr
Beitragsbemessungsgrenze (Allgemeine Rentenversicherung)	5400 €	64 800 €	4550 €	54 600 €
Beitragsbemessungsgrenze (Knappschaft)	6650 €	79 800 €	5600 €	67 200 €
Beitragsbemessungsgrenze (Arbeitslosenversicherung)	5400 €	64 800 €	4550 €	54 600 €
Beitragsbemessungsgrenze (Kranken- und Pflegeversicherung)	3675 €	44 100 €	dto.	dto.
Bezugsgröße	2520 €	30 240 €	2135 €	25 650 €
Geringfügigkeitsgrenze	400 €		400 €	

b) Für die Beitragsberechnung ist das **Arbeitsentgelt** maßgebend. Der Begriff des Arbeitsentgelts ist für alle Zweige der Sozialversicherung einheitlich in § 14 SGB IV geregelt. Arbeitsentgelt sind alle laufenden oder einmaligen Einnahmen aus einer Beschäftigung, gleichgültig, ob ein Rechtsanspruch auf die Einnahmen besteht, unter welcher Bezeichnung oder in welcher Form sie geleistet werden und ob sie unmittelbar aus der Beschäftigung oder im Zusammenhang mit ihr erzielt werden. § 17 I SGB IV ermächtigt die Bundesregierung in Satz 1 Nr. 1, durch Rechtsverordnung mit Zustimmung des Bundesrats zur Wahrung der Belange der Sozialversicherung und der Arbeitsförderung, insbesondere zur Vereinfachung des Beitragseinzugs, zu bestimmen, dass einmalige Einnahmen oder laufende Zulagen, Zuschläge, Zuschüsse oder ähnliche Einnahmen, die zusätzlich zu Löhnen oder Gehältern gewährt werden, ganz oder teilweise nicht dem Arbeitsentgelt zuzurechnen sind. Nach § 17 I 2 SGB IV ist dabei eine möglichst weitgehende Übereinstimmung mit den Regelungen des Steuerrechts sicherzustellen. Dies ist 22

[43] Vgl. zu Spielbanken: BAG 1. 3. 1989 AP 14 zu § 611 BGB Croupier = NZA 89, 937.

durch die zum 1. 1. 2007 in Kraft getretene **Sozialversicherungsentgeltverordnung (SvEV)** vom 21. 12. 2006 (BGBl. I S. 3385) erfolgt (dazu § 68 RN 2).

22a Zum Arbeitsentgelt gehören die Gegenleistungen des Arbeitgebers oder eines Dritten für eine konkret zu ermittelnde Arbeitsleistung des Beschäftigten sowie solche Vergütungen, die zugleich einen Anreiz für weitere erfolgreiche Arbeit schaffen sollen, wie **Gratifikationen, Gewinnbeteiligungen** und sonstige Vorteile. Verlost etwa ein Arbeitgeber unter seinen Mitarbeitern Reisen, kann deren Wert Arbeitsentgelt und als solches beitragspflichtig sein, wenn die Zuwendungen trotz Verlosung und der damit verbundenen Glückskomponente wesentlich von dem Ziel mitbestimmt sind, den Arbeitnehmern neben dem laufend gezahlten Arbeitsentgelt eine zusätzliche Vergütung für geleistete Arbeit zukommen zu lassen und zugleich einen Anreiz für weitere erfolgreiche Arbeit zu schaffen.[44] **Sonderzahlungen, wie Urlaubs- oder Weihnachtsgeld,** sind Arbeitsentgelt.[45] Gleiches gilt für die **Entgeltfortzahlung** im Krankheitsfall und das **Urlaubsentgelt,**[46] pauschal versteuerte **Aufwandsentschädigungen,** die an Außendienstmitarbeiter als Pauschale gezahlt und erst nachträglich abgerechnet werden,[47] eine **Abfindung,** die wegen einer Rückführung auf die tarifliche Einstufung bei weiterbestehendem versicherungspflichtigen Beschäftigungsverhältnis[48] oder einer Verringerung der Wochenarbeitszeit bei fortbestehendem Beschäftigungsverhältnis[49] gezahlt wird. Zahlungen von rückständigem Arbeitsentgelt anlässlich einer einvernehmlichen Beendigung von Arbeitsverhältnissen oder ihrer gerichtlichen Auflösung im Kündigungsschutzprozess sind Arbeitsentgelt, selbst wenn sie von den Beteiligten **als „Abfindungen"** bezeichnet werden. Unerheblich ist, ob die Zahlung vor oder nach dem Ende des Arbeitsverhältnisses vereinbart wird.[50] Darüber hinaus gelten Einnahmen als im Zusammenhang mit einer Beschäftigung erzielt und sind damit als Arbeitsentgelt anzusehen, die aus einer selbstständigen Tätigkeit im Rahmen eines so genannten **einheitlichen Beschäftigungsverhältnisses** zufließen. Dazu gehören auch Prämien für Verbesserungsvorschläge.[51] Erstattet ein Arbeitgeber seinem Beschäftigten die **Kosten für den Erwerb eines Führerscheins,** ist diese Zuwendung nicht als Arbeitsentgelt beitragspflichtig, wenn auf Grund einer Gesamtbetrachtung das eigenbetriebliche Interesse des Arbeitgebers am Führerscheinerwerb deutlich überwiegt.[52] Das **Instrumentengeld,** das ein Arbeitgeber auf Grund eines Tarifvertrags an einen beschäftigten Musiker zahlt, der im Orchester ein eigenes Instrument verwendet, ist dagegen beitragspflichtiges Arbeitsentgelt.[53]

22b Zum Arbeitsentgelt gehören grundsätzlich auch **Sachbezüge.** Werden Sachbezüge, die nicht von den §§ 1 und 2 SvEV (Verpflegung, Wohnung und Unterkunft) erfasst werden, unentgeltlich zur Verfügung gestellt, ist gemäß § 3 I SvEV als Wert für diese Sachbezüge der um übliche Preisnachlässe geminderte übliche Endpreis am Abgabeort anzusetzen. Ggf. sind die nach § 8 II 8 EStG festgesetzten Durchschnittswerte maßgebend. Ansonsten bleiben auf Grund des Verweises in § 3 I 4 SvEV auf § 8 II 9 EStG Sachbezüge außer Ansatz, wenn die sich nach Anrechnung der vom Beschäftigten gezahlten Entgelte ergebenden Vorteile insgesamt 44 Euro im Kalendermonat nicht übersteigen. Gewährt der Arbeitgeber für den Erwerb eigener Waren und Dienstleistungen einen **Personalrabatt,** differenziert die SvEV in § 3 III danach, ob durch den Arbeitgeber eine Pauschalversteuerung nach § 40 I EStG erfolgt und der Arbeitgeber insoweit den Arbeitnehmeranteil zur Sozialversicherung übernommen hat oder ob eine solche Pauschalversteuerung nicht stattgefunden hat. Im Falle einer Pauschalversteuerung werden die bezogenen Waren und Dienstleistungen mit dem Durchschnittsbetrag angesetzt; dabei kann der Durchschnittsbetrag des Vorjahres zugrunde gelegt werden. Besteht das Beschäftigungsverhältnis nur während eines Teils des Kalenderjahres, ist für jeden Tag des Beschäftigungsverhältnisses der dreihundertsechzigste Teil des Durchschnittswerts anzusetzen. Ist eine Pauschalbesteuerung nicht erfolgt, gilt gem. § 8 III EStG als Wert nicht der tatsächliche Kaufpreis, sondern der um 4% verminderte Endpreis. Dabei ist ein Freibetrag von 1080 Euro zu berücksichtigen. Werden Sachbezüge, die nicht von der SvEV erfasst werden (Verpflegung, Wohnung und Unterkunft), **verbilligt zur Verfügung gestellt,** ist gem. § 3 II

[44] BSG 26. 10. 1988 SozR 2100 § 14 Nr. 19.
[45] BSG 28. 2. 1984 USK 8401.
[46] BSG 28. 1. 1999 AP 1 zu § 1 ArEV.
[47] BSG 26. 1. 2005 AP 11 zu § 611 BGB Aufwandsentschädigung.
[48] BSG 28. 1. 1999 AP 1 zu § 1 ArEV.
[49] BSG 28. 1. 1999 NZS 99, 358.
[50] BSG 3. 12. 2002 BSGE 91, 293.
[51] BSG 26. 3. 1998 NZA-RR 98, 510.
[52] BSG 26. 5. 2004 SozR 4–2400 § 14 Nr. 3.
[53] BSG 26. 5. 2004 ZTR 2004, 610.

SvEV als Wert der Unterschiedsbetrag zwischen dem vereinbarten Preis und dem Wert nach Absatz 1 anzusetzen.

Steuerfreie Aufwandsentschädigungen sowie die in § 3 Nr. 26 EStG genannten steuerfreien Einnahmen gelten gem. § 14 I 3 SGB IV nicht als Arbeitsentgelt. Hierzu gehören Einnahmen aus nebenberuflichen Tätigkeiten als Übungsleiter, Ausbilder, Erzieher, Betreuer oder vergleichbaren nebenberuflichen Tätigkeiten, aus nebenberuflichen künstlerischen Tätigkeiten oder der nebenberuflichen Pflege alter, kranker oder behinderter Menschen im Dienst oder im Auftrag einer inländischen juristischen Person des öffentlichen Rechts oder einer Einrichtung zur Förderung gemeinnütziger, mildtätiger und kirchlicher Zwecke bis zur Höhe von insgesamt 2100 Euro im Jahr (= 175 Euro im Monat). Nebenberuflichkeit ist dabei anzunehmen, wenn die Tätigkeit bezogen auf ein Jahr nicht mehr als ein Drittel eines vergleichbaren Vollzeiterwerbs in Anspruch nimmt.[54] **22c**

Ist ein **Nettoarbeitsentgelt** vereinbart, gelten als Arbeitsentgelt die Einnahmen des Beschäftigten einschl. der darauf entfallenden Steuern und seinem gesetzlichen Anteil entspr. Beiträge zur Sozialversicherung und seines Beitrages zur BA.[55] **22d**

Für die Feststellung der Versicherungspflicht und der Beitragshöhe ist das dem Arbeitnehmer zustehende Arbeitsentgelt und nicht das ihm tatsächlich geleistete Entgelt maßgeblich. Es gilt nach der Rechtsprechung des BSG das **Entstehungsprinzip** und nicht das Zuflussprinzip. Nur dadurch wird gewährleistet, dass bei Aufnahme der Beschäftigung und auch danach zu jeder Zeit mit hinreichender Sicherheit festgestellt werden kann, ob ein bestimmter Arbeitnehmer in seiner Beschäftigung der Versicherungspflicht unterliegt, weil etwa das Arbeitsentgelt die Geringfügigkeitsgrenze übersteigt. Bei der Beurteilung der Frage, ob die Geringfügigkeitsgrenze mit Sonderzahlungen überschritten wird und Versicherungspflicht eintritt, werden deshalb bei untertariflicher Bezahlung die zustehenden tariflichen Sonderzahlungen berücksichtigt.[56] Auf den Zufluss kommt es nur an, soweit dem Beschäftigten über das geschuldete Arbeitsentgelt hinaus überobligatorische Zahlungen zugewendet oder geleistet werden.[57] **22e**

Die Einzugsstelle kann vom Arbeitgeber Beiträge auch vom Arbeitsentgelt fordern, das der Arbeitnehmer vom Arbeitgeber wegen **Lohnverwirkung**[58] oder einer tariflichen **Ausschlussklausel** nicht mehr verlangen kann.[59] Nach der Rspr. des BAG kann der Arbeitgeber auch den Arbeitgeberanteil zur Sozialversicherung aus dem Tronc der Spielbank in Rheinland-Pfalz und NRW verwenden.[60] **22f**

c) Die **Beitragsansprüche** der Versicherungsträger **entstehen,** sobald ihre im Gesetz oder auf Grund eines Gesetzes bestimmten Voraussetzungen vorliegen (§ 22 I SGB IV). Einer Konkretisierung der Beitragsforderung durch einen Verwaltungsakt bedarf es nicht.[61] **23**

Im Falle der **Mehrfachbeschäftigung** kann es vorkommen, dass das Gesamteinkommen über der Beitragsbemessungsgrenze liegt. Nach § 22 II SGB IV sind die Arbeitsentgelte für die Beitragsberechnung nach dem Verhältnis ihrer jeweiligen Höhe so zu kürzen, dass die Beitragsbemessungsgrenzen der Krankenversicherung, Rentenversicherung und Arbeitslosenversicherung nicht überschritten werden. Die Aufteilung gilt nicht für die Unfallversicherung. Der Unfallversicherungsträger kann von jedem seinen Unfallversicherungsbeitrag entspr. dem im Betrieb erzielten Entgelt verlangen. Der Arbeitnehmer wird bei Mehrfachbeschäftigung gem. § 28o SGB IV gegenüber dem Arbeitgeber hinweispflichtig, andernfalls kann er zum Schadensersatz verpflichtet sein.[62] Die Fälligkeit der Beiträge ergibt sich aus § 23 SGB IV. **24**

d) Die **Beitragsforderungen verjähren** in vier Jahren nach Ablauf des Kalenderjahres, in dem sie fällig geworden sind (§ 25 I 1 SGB IV). Vorsätzlich vorenthaltene Beiträge verjähren gemäß § 25 I 2 SGB IV in 30 Jahren. Dies gilt auch dann, wenn der Vorsatz zu ihrer Vorenthaltung bei Fälligkeit der Beiträge noch nicht vorlag, er aber noch vor Ablauf der vierjährigen Verjährungsfrist eingetreten ist.[63] **25**

---

[54] *Plenker/Schaffhausen* DB 2003, 957, 958.
[55] BSG ZIP 89, 1276.
[56] BSG 14. 7. 2004 ZTR 2005, 387.
[57] BSG 7. 2. 2002 NJW 2002, 1972.
[58] BSG 21. 5. 1996 BB 96, 1891.
[59] BSG 30. 8. 1994 NZA 95, 701; 22. 6. 1994 NZA 95, 704; vgl. dazu *Peters-Lange* NZA 95, 657; *Klose* NZS 96, 9.
[60] BAG 11. 3. 1998 – 5 AZR 567/96; 3. 3. 1999 – 5 AZR 363/98 und 5 AZR 364/98.
[61] BSG 12. 12. 1995 USK 95 15.
[62] BAG 18. 11. 1988 AP 3 zu § 611 BGB Doppelarbeitsverhältnis = NZA 89, 389; nach früherem Recht BSG ZIP 88, 593.
[63] BSG 30. 3. 2000 NZA 2000, 876.

25a In § 26 SGB IV ist die Beanstandung **unrichtigen Beitragsabzugs und der Erstattungsanspruch** bei Beitragsüberzahlung geregelt. Das Verwaltungsverfahren ergibt sich aus den Gemeinsamen Grundsätzen für die Versicherung und Erstattung zu Unrecht gezahlter Beiträge zur Kranken-, Pflege-, Renten- und Arbeitslosenversicherung v. 31. 5. 2000 (ANBA 2000, 853 = BB 2000, 2420). Hat der Arbeitgeber irrtümlich eine Beitragspflicht (z. B. bei Geschäftsführer) angenommen, steht auch ihm der Erstattungsanspruch zu.[64] Im Übrigen steht der Anspruch zu Unrecht entrichteter Sozialversicherungsbeiträge nicht demjenigen zu, der die Beiträge an die Einzugsstelle abgeführt hat, sondern demjenigen, der die Beiträge getragen hat (§ 26 III SGB IV).[65] Der Antrag auf Beitragserstattung kann zurückgenommen werden.[66] Das von einem Arbeitgeber an seinen Ehegatten gezahlte Arbeitsentgelt, aus dem Beiträge gezahlt worden sind, bleibt auch insoweit beitragspflichtig, als es vom Finanzamt später nicht in vollem Umfang als Betriebsausgaben anerkannt wird.[67] Streitigkeiten um den Beitragsabzug sind öffentlich-rechtlicher Art; zuständig sind die Sozialgerichte.

26 **e)** Die **Meldungen und Beitragsnachweise** können nach Rücksprache mit der jeweiligen Krankenkasse durch E-Mail erfolgen.

27 **3. Beitragsabzug. a)** Nach § 28 g SGB IV hat der Arbeitgeber gegen den Beschäftigten einen **Anspruch auf den vom Beschäftigten zu tragenden Teil des Gesamtsozialversicherungsbeitrags.** Führt der Arbeitgeber die Sozialversicherungsbeiträge ab, begründet dies einen besonderen Erfüllungseinwand, den er einem Vergütungsanspruch des Arbeitnehmers entgegenhalten kann. Entsprechendes gilt für die abgeführten Steuern.[68] Legt der Arbeitgeber nachvollziehbar dar, dass er bestimmte Abzüge für Steuern oder Sozialversicherungsbeiträge einbehalten und abgeführt hat, kann der Arbeitnehmer die nach seiner Auffassung unberechtigt einbehaltenen und abgeführten Beträge nicht erfolgreich mit einer Vergütungsklage geltend machen. Er ist vielmehr auf die steuer- und sozialrechtlichen Rechtsbehelfe beschränkt, es sei denn, für den Arbeitgeber wäre auf Grund der für ihn zum Zeitpunkt des Abzugs bekannten Umstände eindeutig erkennbar gewesen, dass eine Verpflichtung zum Abzug nicht bestand. Andernfalls tritt die Erfüllungswirkung ein.[69]

28 **b)** Der Anspruch auf den vom Beschäftigten zu tragenden Teil des Gesamtsozialversicherungsbeitrags kann vom Arbeitgeber nur durch **Abzug vom Arbeitsentgelt** geltend gemacht werden (§ 28 g Satz 2 SGB IV). Ein unterbliebener Abzug darf nur bei den drei nächsten Lohn- und Gehaltszahlungen nachgeholt werden, danach nur dann, wenn der Abzug ohne Verschulden des Arbeitgebers unterblieben ist. Die Beschränkung des Erstattungsanspruchs des Arbeitgebers auf das Lohnabzugsverfahren und die Begrenzung der Nachholmöglichkeiten haben den Zweck, den Arbeitnehmer vor einer Aufhäufung der von ihm zu erstattenden Beitragsanteile und vor einer künftigen Erstattungsklage zu bewahren. Im laufenden Arbeitsverhältnis soll der Arbeitnehmer darauf vertrauen können, dass seine Entgeltansprüche für die Zukunft nicht mit Abzügen belastet werden, die weiter zurückliegende Abrechnungsperioden betreffen.

28a Das Nachholverbot bezweckt allerdings nicht den Schutz des Arbeitnehmers vor **verspäteter Lohnzahlung.** Der Arbeitgeber ist also im Regelfall auch bei verspäteter Entgeltzahlung und -abrechnung berechtigt, den Arbeitnehmeranteil des Gesamtsozialversicherungsbeitrags vom Arbeitsentgelt abzuziehen.[70] Ein Anspruch des Arbeitgebers auf Erstattung der Beiträge nach § 812 BGB ist im Anwendungsbereich des § 28 g SGB IV i. d. R. ausgeschlossen. Dies gilt auch dann, wenn der Arbeitnehmer inzwischen ausgeschieden ist.

28b Der Ausschluss der Beitragserstattung gilt nicht, wenn der Arbeitgeber **irrtümlich** und ohne Verschulden die Beiträge an den Arbeitnehmer auszahlt.[71] Erstattet der Arbeitgeber dem Arbeitnehmer den vom Arbeitnehmer zu tragenden Teil des Gesamtsozialversicherungsbeitrags vom Arbeitsentgelt, weil er der Auffassung ist, der Beitragsabzug sei zu Unrecht erfolgt, und stellt sich dann heraus, dass die Beiträge doch abzuführen waren, kann der Arbeitgeber vom Arbeitnehmer nach § 812 I 1 BGB Zahlung des dem Arbeitnehmer erstatteten Beitrags verlangen.[72]

---

64 OLG Köln ZIP 91, 603.
65 BAG 29. 3. 2001 AP 1 zu § 26 SGB IV = NZA 2003, 105.
66 BSG 6. 2. 1991 BB 92, 2435.
67 BSG 7. 2. 2002 NJW 2002, 1972.
68 BSG 29. 6. 2000 NZS 2001, 370; siehe dazu auch BAG GS 7. 3. 2001 AP 4 zu § 288 BGB = NZA 2001, 1195.
69 BAG 30. 4. 2008 NZA 2008, 884.
70 BAG 15. 12. 1993 AP 9 zu §§ 394, 395 RVO = NZA 94, 620.
71 LAG München 30. 3. 1988 NZA 89, 316.
72 BAG 1. 2. 2006 ZTR 2006, 319.

c) Ist der Abzug der Sozialversicherungsbeiträge vom Arbeitsentgelt **unterblieben,** kann er nur noch bei den drei nächsten Lohn- oder Gehaltszahlungen **nachgeholt** werden (§ 28g Satz 3 SGB IV). Der Beitragsabzug ist auch bei verspäteter Entgeltzahlung und Abrechnung berechtigt.[73] Der Arbeitgeber hat jedoch bei der Nachzahlung des Abzugs den Pfändungsschutz zu beachten (§ 394 Satz 1 BGB). Unter Lohn- oder Gehaltszahlung ist jede Zahlung zu verstehen, also auch Abschlagszahlungen, Nachzahlungen usw. 29

d) Eine **Ausnahme von der zeitlichen Begrenzung des Beitragsabzugs** besteht, wenn der frühere Abzug ohne Verschulden des Arbeitgebers unterblieben ist (§ 28g Satz 3 SGB IV). Schuldlos ist der Abzug z. B. dann unterblieben, wenn dies auf einer unzutreffenden Auskunft der Einzugsstelle (§ 28h II SGB IV) beruht (BT-Drucks. 11/2221 S. 24). Dagegen sind Irrtümer wegen der Versicherungspflicht in aller Regel verschuldet. Dies gilt, wenn ein Beitragsbescheid ergangen ist, es sei denn, dass dieser offensichtlich rechtswidrig ist.[74] Das gilt aber auch dann, wenn kein Bescheid ergangen ist, weil der Arbeitgeber bei unklarer Rechtslage Zweifel haben muss und sich notfalls erkundigen kann. Hat sich die Rspr. geändert und unterliegen nach ihr jetzt Bezüge der Beitragspflicht, die früher beitragsfrei waren, handelt der Arbeitgeber u. U. schuldlos.[75] Sein Vertrauensschutz endet, wenn er durch die Einzugsstelle auf die Beitragspflicht hingewiesen worden ist.[76] 30

e) Der **Ausschluss der Erstattung** greift nicht ein, wenn der **Beschäftigte** seinen Sorgfaltspflichten nach § 28o I SGB IV **vorsätzlich oder grob fahrlässig** nicht nachkommt. Hiernach hat der Beschäftigte dem Arbeitgeber die zur Durchführung des Meldeverfahrens und der Beitragszahlung erforderlichen Angaben zu machen und, soweit erforderlich, die Unterlagen vorzulegen. 31

Zu den erforderlichen Angaben gehört nach § 28o I 2. Halbs. SGB IV der Hinweis auf **mehrere geringfügige Beschäftigungen** gegenüber allen beteiligten Arbeitgebern. Bis zum 31. 3. 2003 war der Arbeitgeber auch dann zur Zahlung der Sozialversicherungsbeiträge verpflichtet, wenn ein in mehreren – für sich genommen versicherungsfreien – Arbeitsverhältnissen beschäftigter Arbeitnehmer ihm die Zweittätigkeit verschwiegen hatte.[77] Diese für Arbeitgeber missliche Rechtslage ist zum 1. 4. 2003 beseitigt worden. Wird bei einer Zusammenrechnung nach § 8 II 1 SGB IV festgestellt, dass die Voraussetzungen einer geringfügigen Beschäftigung nicht mehr vorliegen, tritt nach § 8 II 3 SGB IV die Versicherungspflicht nunmehr erst mit dem Tage der Bekanntgabe der Feststellung durch die Einzugsstelle oder einen Träger der Rentenversicherung ein. Allerdings gilt diese Haftungserleichterung nur für den sorgfältig handelnden Arbeitgeber, der seiner Erkundigungspflicht nachgeht und dies ggf. auch dokumentieren kann.[78] Das Privileg des § 8 II 3 SGB IV gilt nach Satz 4 dieser Bestimmung nicht, wenn es der Arbeitgeber vorsätzlich oder grob fahrlässig versäumt hat, den Beschäftigten nach weiteren Beschäftigungsverhältnissen zu befragen. Der Arbeitgeber haftet dann nach § 25 I 1 SGB IV vier Jahre rückwirkend für die Sozialversicherungsbeiträge, die sich aus der Zusammenrechnung ergeben. Da nach § 28g Satz 3 SGB IV ein unterbliebener Beitragsabzug nur rückwirkend für drei Monate nachgeholt werden kann, haftet der Arbeitgeber für den verbleibenden Zeitraum auch für den Arbeitnehmeranteil zu den Sozialversicherungsbeiträgen. Die abweichende Auffassung einiger LSG[79] ist durch die zum 1. 1. 2009 in Kraft getretene Neuregelung des § 8 II 4 SGB IV überholt. 31a

f) Die Erstattungsforderung **kann erlöschen,** wenn in einem Vergleich der Ausgleich aller Forderungen bestätigt wird, ohne dass bereits erkennbare Forderungen ausgenommen worden sind.[80] 32

Der Erstattungsanspruch des Arbeitgebers resultiert nicht aus dem Arbeitsverhältnis (Versicherungsverhältnis), sondern aus **öffentlich-rechtlichem Beitragsrecht.**[81] Für ihn sind mithin im 33

---

[73] BAG 15. 12. 1993 AP 9 zu §§ 394, 395 RVO = NZA 94, 620; vgl. ArbG Hameln 6. 11. 1996 NZA-RR 97, 418 (Vorschusszahlung ohne Abführung).

[74] BSG 7. 6. 1979 AP 4 zu §§ 394, 395 RVO.

[75] BAG AP 5 zu §§ 394, 395 RVO.

[76] BSGE 51, 31 = SozR 2200 § 1399 Nr. 13; vgl. BAG 8. 12. 1981 AP 5 zu §§ 394, 395 RVO = DB 82, 910.

[77] BSG 10. 9. 1987 NZA 88, 629; zu Schadenersatzansprüchen nach alter Rechtslage vgl. BAG 18. 11. 1988 AP 3 zu § 611 BGB = NZA 89, 389; 16. 3. 1994 – 8 AZR 112/93 – n. v.; 27. 4. 1995 NZA 95, 935.

[78] *Rittweger,* Leitfaden Mini-Job, Ich-AG und Familien-AG, 2. Aufl., RN 107.

[79] LSG Baden-Württemberg 9. 4. 2008 – L 5 R 2125/07; Bayer. LSG 22. 10. 2008 – L 13 KN 16/08.

[80] OLG Frankfurt 9. 12. 1995 EzA 20 zu § 611 BGB Aufhebungsvertrag m. Anm. *Stolz.*

[81] BSG 29. 6. 2000 NZS 2001, 370.

Streitfall die Sozialgerichte zuständig.[82] Regelmäßig wird der Arbeitgeber den entsprechenden Lohnanteil des Arbeitnehmers einfach einbehalten. Für die Zahlungsklage des Arbeitnehmers ist der Rechtsweg zu den Gerichten für Arbeitssachen gegeben ist, da die Abzugspflicht nur öffentlich-rechtliche Vorfrage ist.[83]

34, 35 **g)** Beruht die Abführung der Sozialversicherungsbeiträge auf einer **Gehaltsüberzahlung,** hat der Arbeitnehmer den Erstattungsanspruch oder – wenn ihm der Arbeitnehmeranteil bereits erstattet wurde – den Erstattungsbetrag auf Kosten des Arbeitgebers ohne Rechtsgrund erlangt. Er ist daher nach § 812 I 1 BGB verpflichtet, entweder den Erstattungsanspruch an den Arbeitgeber abzutreten oder ihm den erstatteten Betrag herauszugeben. Der Anspruch auf Erstattung zu Unrecht entrichteter Sozialversicherungsbeiträge steht nicht demjenigen zu, der die Beiträge an die Einzugsstelle abgeführt hat, sondern demjenigen, der die Beiträge getragen hat (§ 26 III SGB IV). Der Anspruch auf Erstattung der Arbeitnehmeranteile kann daher vom Arbeitnehmer verlangt werden.[84]

36 **4. Beitragszuschüsse für Beschäftigte. a)** Die Beitragszuschüsse sind in §§ 257, 258 SGB V geregelt. Nach § 257 I SGB V erhalten einen Beitragszuschuss freiwillig in der gesetzlichen Krankenversicherung Versicherte, die nur wegen **Überschreitung der Jahresarbeitsentgeltgrenze** versicherungsfrei sind. Beschäftigte können Arbeiter und Angestellte sein, da für beide Gruppen eine Jahresarbeitsentgeltgrenze gilt. Nach § 257 I 1 SGB V muss die Versicherungsfreiheit allein wegen Überschreitens der Jahresarbeitsentgeltgrenze (§ 6 I Nr. 1 SGB V) in der gesetzlichen Krankenversicherung bestehen. Die Versicherungsfreiheit nach § 6 I Nr. 2 bis 8 SGB V reicht nicht aus. Nach § 257 II SGB V sind auch solche Personen zuschussberechtigt, die nur wegen Überschreitens der Jahresarbeitsentgeltgrenze oder auf Grund von § 6 III a SGB V versicherungsfrei oder die von der Versicherungspflicht befreit und bei einem privaten Krankenversicherungsunternehmen versichert sind und für sich und ihre Angehörigen, die bei Versicherungspflicht des Beschäftigten nach § 10 SGB V versichert wären, Vertragsleistungen beanspruchen können, die der Art nach den Leistungen der gesetzlichen Krankenversicherung entsprechen. Im Falle des § 257 I SGB V muss daher der Beschäftigte in der gesetzlichen Krankenversicherung versichert, im Geltungsbereich des § 257 II Nr. 1 SGB V muss er in der privaten Krankenversicherung versichert sein. Das Versicherungsunternehmen muss dabei seit dem 1. 1. 2009 diese Krankenversicherung nach Art der Lebensversicherung betreiben und einen Basistarif i. S. d. § 12 I a VAG anbieten. In § 257 II a SGB V sind weitere Einzelheiten geregelt. Bei mehrfach Beschäftigten (§ 257 I 2 SGB V) sind die beteiligten Arbeitgeber anteilig nach dem Verhältnis der Höhe der jeweiligen Arbeitsentgelte zur Zahlung des Beitragszuschusses verpflichtet.

37 **b)** Ein Anspruch auf Beitragszuschuss entsteht ferner für **Empfänger von Vorruhestandsleistungen** (§ 257 III SGB V) sowie für **Teilnehmer an einer berufsfördernden Maßnahme zur Rehabilitation** (§ 258 SGB V), dagegen nicht für Bezieher von Übergangsversorgungsleistungen.[85]

38 **c)** Die **Höhe des Beitragszuschusses** ist nach § 257 I, II SGB V unterschiedlich begrenzt. Mitglieder der gesetzlichen Krankenversicherung, die freiwillig versichert sind, erhalten von ihrem Arbeitgeber als Beitragszuschuss die Hälfte des Beitrags, der bei Anwendung des um 0,9 Beitragssatzpunkte verminderten allgemeinen Beitragssatzes der gesetzlichen Krankenversicherung zu zahlen wäre. Für Mitglieder der privaten Krankenversicherung beträgt der Zuschuss die Hälfte des Betrags, der bei Anwendung des um 0,9 Beitragssatzpunkte verminderten allgemeinen Beitragssatzes und der nach § 226 I 1 Nr. 1 und § 232 a II SGB V bei Versicherungspflicht zugrunde zu legenden beitragspflichtigen Einnahmen als Beitrag ergibt, höchstens jedoch die Hälfte des Betrages, den der Beschäftigte für seine Krankenversicherung zu zahlen hat.

39 **d)** Von der gesetzlichen Regelung über die Beitragszuschüsse kann **nicht zuungunsten des Versicherten abgewichen** werden, wohl aber zu seinen Gunsten. Dies war früher ausdrücklich geregelt. Die Regelung ist mit Rücksicht auf § 32 I SGB I nicht in das Gesetz übernommen worden. In einem arbeitsgerichtlichen Vergleich kann für vergangene Zeiträume nicht wirksam verzichtet werden.[86] Der Zuschussanspruch unterliegt keinen tariflichen Ausschlussfris-

---

[82] BSG 7. 6. 1979 AP 4 zu §§ 394, 395 RVO.
[83] BAG 12. 10. 1977 AP 3 zu §§ 394, 395 RVO = NJW 78, 1766.
[84] BAG 29. 3. 2001 AP 1 zu § 26 SGB IV = NZA 2003, 105.
[85] BAG 21. 8. 1990 AP 1 zu § 2 BAT SR 2 h = NZA 91, 188; zum Beitragszuschuss von Rentnern vgl. BSG 27. 2. 1997 NZS 97, 428.
[86] BSGE 52, 152 = SozR 2200 § 405 Nr. 10; BSG 8. 10. 1998 NZA-RR 2000, 148.

ten; der Anspruch kann jedoch verwirken, und seine Geltendmachung kann gegen Treu und Glauben verstoßen.[87] Für den Anspruch auf den Beitragszuschuss ist der Rechtsweg zu den Sozialgerichten gegeben.[88]

5. Nichtabführung von Beiträgen. Führt der Arbeitgeber die Beiträge zur Sozialversicherung nicht oder nicht in der gesetzlich vorgeschriebenen Höhe ab, kann er gegenüber dem Arbeitnehmer schadensersatzpflichtig werden. Ein **Schaden** kann dem Arbeitnehmer nur in den Zweigen der Sozialversicherung entstehen, in denen die Entrichtung von Beiträgen Voraussetzung für die Gewährung von Leistungen ist. Das trifft für die Krankenversicherung, die Unfallversicherung und die Arbeitslosenversicherung nicht zu, denn der Leistungsanspruch gegen die Sozialversicherungsträger knüpft an den Tatbestand einer versicherungspflichtigen Beschäftigung an und setzt eine Beitragsleistung nicht voraus (§§ 2ff. SGB VII, §§ 25ff. SGB III). **40**

6. Schaden. Regelmäßig entsteht dem Versicherten lediglich in der Rentenversicherung ein Schaden. Der Schaden kann in dem Verlust des Rentenanspruchs bestehen, wenn die Rente wegen Nichterfüllung der Wartezeit abgelehnt wurde, oder in der Rentenminderung, wenn die teilweise Nichtabführung der Beiträge oder die zu geringe Beitragsabführung zu einer Minderfestsetzung führt. Dem Versicherten kann aber auch daraus ein Schaden erwachsen, dass er infolge nicht ordnungsmäßiger Abführung der Beiträge die versicherungsrechtlichen Voraussetzungen für die Gewährung von Maßnahmen zur Erhaltung, Besserung oder Wiederherstellung der Erwerbsfähigkeit nicht erfüllt und daher eigene Mittel aufwenden muss (§§ 9ff. SGB VI). Hat der Arbeitnehmer einen Schaden, erhöht sich aber, etwa wie bei Arbeitnehmern des öffentlichen Dienstes, dadurch die Zusatzversorgung, kann sich der Schädiger im Wege der Vorteilsausgleichung nicht hierauf berufen. Vielmehr ist der Arbeitnehmer gehalten, insoweit seinen Schadensersatzanspruch an den Träger der Zusatzversorgung abzutreten.[89] **41**

7. Anspruchsgrundlage. Der Schadensersatzanspruch des Arbeitnehmers kann auf **(a)** eine ausdrückliche arbeitsvertragliche oder kollektivvertragliche Vereinbarung über die Beitragszahlung durch den Arbeitgeber, **(b)** auf eine ausdrückliche oder stillschweigende Übernahme der Sorgepflicht für die Sozialversicherung des Arbeitnehmers, **(c)** auf eine Nebenpflichtverletzung und **(d)** auf unerlaubte Handlung gestützt werden.[90] Den Arbeitgeber trifft die arbeitsvertragliche Nebenpflicht zur ordnungsmäßigen Abführung der Sozialversicherungsbeiträge.[91] Unterlässt er die Beitragsabführung, macht er sich nach § 280 BGB schadensersatzpflichtig. Eine Haftung kann sich auch aus **unerlaubter Handlung** nach § 823 II BGB ergeben.[92] Hinsichtlich unberechtigt abgeführter Sozialversicherungsbeiträge behält der Arbeitnehmer nicht etwa seinen Erfüllungsanspruch, sondern erlangt einen Schadensersatzanspruch.[93] Der Geschäftsführer einer GmbH hat dafür zu sorgen, dass die Arbeitnehmerbeiträge zur Sozialversicherung ordnungsgemäß abgeführt werden.[94] Arbeitnehmerbeiträge zur Sozialversicherung können auch dann im Sinne des § 266a StGB vorenthalten sein, wenn für den betreffenden Zeitraum kein Lohn an die Arbeitnehmer ausgezahlt worden ist.[95] **42, 43**

8. Verjährung. Die Schadensersatzansprüche des Arbeitnehmers unterliegen der Verjährung; soweit sie auf die Verletzung der Fürsorgeverpflichtung gestützt werden, verjähren sie in drei Jahren[96] beginnend mit dem Einsetzen der Rentenleistungen,[97] soweit sie auf die Vorschriften der unerlaubten Handlung gestützt sind, in drei Jahren von dem Zeitpunkt an, in welchem der Arbeitnehmer von dem Schaden und der Person des Ersatzpflichtigen Kenntnis erlangt hat, ohne Rücksicht auf die Kenntnis in zehn Jahren seit Begehung der unerlaubten Handlung (§ 199 BGB). **44, 45**

---

[87] BSG 16. 4. 1985 AP 91 zu § 4 TVG Ausschlussfristen.

[88] GemSOGB AP 3 zu § 405 RVO = NJW 74, 2087; BAG 1. 6. 1999 AP 1 zu § 257 SGB V = NZA 99, 1174.

[89] BAG AP 4 zu § 249 BGB Vorteilsausgleichung; ArbG Frankfurt EWiR AVG § 118 Nr. 1 m. Anm. *Plagemann*.

[90] *Jacobi/Reufels* BB 2000, 771.

[91] BAG AP 4 zu § 72 ArbGG 1953 Divergenzrevision; AP 56, 76 zu § 611 BGB Fürsorgepflicht; AP 4 zu § 823 BGB; AP 1, 4, 14 zu § 823 BGB Schutzgesetz; AP 41 zu § 256 ZPO.

[92] BAG 12. 7. 1963 AP 4 zu § 823 BGB Schutzgesetz.

[93] BAG 30. 4. 2008 NZA 2008, 884.

[94] BGH 15. 10. 1996 AP 21 zu § 823 BGB Schutzgesetz = NJW-RR 97, 413.

[95] BGH 16. 5. 2000 AP 24 zu § 823 BGB Schutzgesetz = NJW 2000, 2993.

[96] Zum früheren Recht: BAG AP 41 zu § 256 ZPO.

[97] BAG 22. 7. 1959 u. 13. 10. 1961 AP 6, 8 zu § 198 BGB; LAG Hamm 27. 11. 1973 DB 74, 1072.

III. Arbeitslosenversicherung

46 Die **Versicherungspflicht in der Arbeitslosenversicherung** ergibt sich aus §§ 24 ff. SGB III (vgl. § 20).

IV. Lohnsteuer

Kommentare, Handbücher: Beck'sche Handbücher: Handbuch zur Lohnsteuer, erscheint jährlich; dazu Lohnsteuertabellen mit Einführungen in Arbeits-, Sozial- und Steuerrecht; *Kirchhof* (Hrsg.), Einkommensteuergesetz, 8. Aufl., 2008; *Klein/Flockermann/Gersch,* Handbuch zum Lohnsteuerrecht, Loseblatt; *Schmidt,* EStG, 27. Aufl., 2008.

47 **1. Begriff.** Das Lohnsteuerrecht ist Teil des Steuerrechts und gehört nicht zum Arbeitsrecht. Die wichtigsten Rechtsquellen des Lohnsteuerrechtes sind: **(a)** das Einkommensteuergesetz i. d. F. vom 19. 10. 2002 (BGBl. I S. 4210, ber. BGBl. 2003 I S. 179) m. spät. Änd., **(b)** Einkommensteuer-DurchführungsVO i. d. F. vom 10. 5. 2000 (BGBl. I S. 717) m. spät. Änd., **(c)** die Lohnsteuer-Durchführungsverordnung i. d. F. vom 10. 10. 1989 (BGBl. I S. 1848) m. spät. Änd., **(d)** die Lohnsteuerrichtlinien. Die LStR werden jährlich aktualisiert und sind Verwaltungsanordnungen, an die das Finanzamt gebunden ist, die aber im Verfahren vor den Finanzgerichten der Nachprüfung unterliegen. Sie enthalten im Interesse einer einheitlichen Anwendung des Lohnsteuerrechts durch die Finanzbehörden Erläuterungen der Rechtslage, Weisungen zur Auslegung des EStG und seiner DurchführungsVO sowie Weisungen zur Vermeidung unbilliger Härten und zur Verwaltungsvereinfachung.

48 **2. Kirchensteuer.** Nach Art. 137 VI WRV, der nach Art. 140 GG weiter gilt, sind die Kirchen und Religionsgemeinschaften berechtigt, „auf Grund der bürgerlichen Steuerlisten nach Maßgabe der landesrechtlichen Bestimmungen Steuern zu erheben". Entsprechend dieser Regelungskompetenz haben die Kirchen und Länder Normen über die Erhebung von **Kirchensteuern** geschaffen. Die Verpflichtung des Arbeitgebers, für seine Arbeitnehmer die Kirchenlohnsteuer einzubehalten und abzuführen, sowie seine Haftung bei Nichtabzug entspr. § 42 d EStG sind mit dem GG vereinbar.[98] Bei Pauschallohnbesteuerung kann aber ein Arbeitgeber nicht für Kirchensteuern in Anspruch genommen werden, wenn der Arbeitnehmer nachweislich nicht zu einer Kirche gehört.[99]

49 Die Kirchensteuergesetze von Westberlin gelten auch in Ostberlin Prot. I Nr. 5 zum EV. Im Übrigen ist mit dem EV ein **Kirchensteuergesetz für das Beitrittsgebiet** in Kraft getreten (EV Anl. II Kap. IV Abschn. I Nr. 5 (BGBl. 1990 II S. 1194)).

50 **3. Lohnsteuerabzug. a)** Die Einkommensteuer wird durch **Abzug vom Arbeitslohn** (Lohnsteuer) erhoben, wenn **(a)** der Arbeitnehmer in Deutschland einkommensteuerpflichtig ist, **(b)** die Einkünfte solche aus nicht selbstständiger Arbeit sind, der Steuerpflichtige also steuerrechtlich Arbeitnehmer ist, **(c)** die Einnahmen aus nicht selbstständiger Arbeit nicht ausnahmsweise von der Lohnsteuer befreit sind und **(d)** der Arbeitgeber verpflichtet ist, den Abzug der Lohnsteuern vorzunehmen (§ 38 I EStG). Der Abzug von Lohnsteuern muss vom laufenden Arbeitslohn erfolgen. In Ausnahmefällen kann er auch im Folgemonat nachgeholt werden (§§ 38, 41 c EStG). Da der Arbeitgeber beim Lohnsteuerabzug öffentlich-rechtliche Aufgaben erfüllt, sind die Arbeitsgerichte nicht befugt, die Berechtigung der Abzüge zu überprüfen. Allerdings sind die Grenzen des § 28 g Satz 3 und 4 SGB IV zu beachten.[100]

51 **b)** Arbeitnehmer sind **unbeschränkt steuerpflichtig,** wenn sie im Inland einen Wohnsitz oder ihren gewöhnlichen Aufenthalt haben; ferner deutsche Staatsangehörige, die im Inland weder einen Wohnsitz noch ihren gewöhnlichen Aufenthalt haben und bei einer inländischen juristischen Person des öffentlichen Rechts in einem Dienstverhältnis stehen und dafür Arbeitslohn aus einer inländischen öffentlichen Kasse beziehen. Unbeschränkt steuerpflichtig heißt, dass Einkünfte der Besteuerung unterliegen, gleichgültig, ob sie im In- oder Ausland erzielt werden (§ 1 EStG). Natürliche Personen, die im Inland weder einen Wohnsitz noch ihren gewöhnlichen Aufenthalt haben und nicht unbeschränkt steuerpflichtig sind, sind beschränkt steuerpflichtig. Der Besteuerung unterliegen nur die inländischen Einkünfte (§ 1 IV EStG). Inländische Einkünfte i. S. der beschränkten Einkommensteuerpflicht sind Einkünfte aus nicht

---

[98] BVerfG 17. 2. 1977 NJW 77, 1282; zum Kirchgeld BVerfG 23. 10. 1986 NJW 87, 943; zum Kirchgeld in glaubensverschiedenen Ehen: BVerwG 11. 11. 1988 NJW 89, 1747.
[99] BFH 7. 12. 1994 AuR 95, 199.
[100] BAG 30. 4. 2008 NZA 2008, 884.

selbstständiger Arbeit, die im Inland ausgeübt oder verwertet wird oder worden ist (§ 49 I Nr. 4 EStG), Einkünfte aus der Verwertung nicht selbstständiger Arbeit im Inland sowie Einkünfte, die aus öffentlichen Kassen mit Rücksicht auf ein gegenwärtiges oder früheres Dienstverhältnis gewährt werden.

c) Der **Begriff des Arbeitnehmers** wird in § 19 EStG vorausgesetzt. Nach § 1 I LStDV sind Arbeitnehmer Personen, die in öffentlichem oder privatem Dienst angestellt oder beschäftigt sind oder waren und die aus diesem Dienstverhältnis oder einem früheren Dienstverhältnis Arbeitslohn beziehen. Arbeitnehmer sind auch die Rechtsnachfolger dieser Personen, soweit sie Arbeitslohn aus dem früheren Dienstverhältnis ihres Vorgängers beziehen. Der arbeits- und steuerrechtliche Arbeitnehmerbegriff sind nicht deckungsgleich. So zählen zu den Arbeitnehmern steuerrechtlich auch Beamte und Richter (vgl. § 8), Vorstandsmitglieder von juristischen Personen des Privatrechts und ggf. deren Erben. Ist das Vorstandsmitglied zugleich auch Gesellschafter, gilt dies allerdings nur, wenn die Bezüge in einem üblichen Rahmen bestehen, andernfalls liegt eine verdeckte Gewinnausschüttung vor (vgl. §§ 27ff. KStG). **Künstler** sind dann Arbeitnehmer, wenn sie in der Betätigung ihres wirtschaftlichen Willens unter der Leitung eines Arbeitgebers stehen, in den geschäftlichen Organismus des Arbeitgebers eingegliedert sind und dessen Weisungen zu befolgen haben.[101] Bei **Arbeitsverträgen zwischen nahen Verwandten** werden scharfe Anforderungen an die steuerrechtliche Anerkennung gestellt, um einer Manipulation der Steuer vorzubeugen. Sie müssen ernstlich gewollt sein, die Vereinbarung muss klar und deutlich getroffen und tatsächlich durchgeführt werden. Das Gehalt muss angemessen sein und tatsächlich entnommen werden und darf nicht im gemeinsamen Haushalt Verwendung finden. Ein Indiz der Ernstlichkeit ist, wenn der Verwandte einen sonst anderweitig zu besetzenden Arbeitsplatz innehat. 52

d) Arbeitgeber sind nur dann zum Steuerabzug verpflichtet, wenn sie der deutschen Staatsgewalt unterliegen. Dies ist dann der Fall, wenn der Arbeitgeber im Inland einen Wohnsitz, seinen gewöhnlichen Aufenthalt, seine Geschäftsleitung, seinen Sitz, eine Betriebsstätte oder einen ständigen Vertreter hat (§ 38 I Nr. 1 EStG) oder einem Dritten Arbeitnehmer gewerbsmäßig zur Arbeitsleistung überlässt, ohne inländischer Arbeitgeber zu sein (§ 38 I Nr. 2 EStG). Ist der Arbeitgeber nicht verpflichtet, den Lohnsteuerabzug durchzuführen, wird der Arbeitnehmer zur Einkommensteuer veranlagt. 53

e) Wird Lohnsteuer nicht einbehalten, kann für den Arbeitgeber die Verpflichtung bestehen, den Arbeitnehmer **auf die Steuerpflicht hinzuweisen.**[102] 54

4. Begriff der Arbeitsvergütung. Der arbeitsrechtliche und der steuerrechtliche Begriff der Arbeitsvergütung sind nicht vollständig deckungsgleich. Nach § 19 EStG gehören zu den Einkünften aus nicht selbstständiger Arbeit Gehälter, Löhne, Gratifikationen, Tantiemen und Vorteile, die für eine Beschäftigung im öffentlichen oder privaten Dienst gewährt werden, sowie Wartegelder, Ruhegelder, Witwen- und Waisengelder und andere Bezüge und Vorteile aus früheren Dienstleistungen. Unerheblich ist, ob es sich um laufende oder um einmalige Bezüge handelt und ob ein Rechtsanspruch auf sie besteht. Der Begriff ist in § 2 LStDV näher konkretisiert. Hiernach sind **Arbeitslohn** alle Einnahmen, die dem Arbeitnehmer aus dem Dienstverhältnis oder einem früheren Dienstverhältnis zufließen. Der **Begriff der Einnahmen** ist unter wirtschaftlichen Gesichtspunkten zu bestimmen; es sind alle geldwerten Vermögensvorteile. Hierzu gehört auch das Optionsrecht auf den späteren **Erwerb von Aktien.**[103] 55

Verpflichtet sich der Arbeitgeber in einem arbeitsgerichtlichen Vergleich zu einer **Spendenzahlung,** ohne dass der Arbeitnehmer auf die Person des Spendenempfängers Einfluss nehmen kann, enthält diese Vereinbarung noch keine zu Einkünften aus nicht selbstständiger Arbeit führende Lohnverwendungsabrede.[104] 56

Zur steuerpflichtigen Arbeitsvergütung zählen insbesondere auch **Sachbezüge,** § 8 II EStG (§ 68 RN 12). Zu den Sachbezügen gehören Kost und Wohnung, Mahlzeiten im Betrieb, Gestellung von Kraftfahrzeugen, Zinsersparnisse, Bezug von Waren oder Dienstleistungen, Überlassung von Dienstkleidung.[105] Die Bewirtung eigener Arbeitnehmer durch den Arbeitgeber 57

---

[101] Vgl. Schreiben betr. Steuerabzug vom Arbeitslohn bei unbeschränkt einkommensteuer-(lohnsteuer-) pflichtigen Künstlern und verwandten Berufen v. 5. 10. 1990 (BStBl. I S. 638).
[102] BAG 18. 5. 1977 AP 2 zu § 611 BGB Nettolohn.
[103] BFH 23. 7. 1999 NZA-RR 2000, 37.
[104] BFH 23. 9. 1998 BB 99, 244.
[105] FG Düsseldorf 12. 12. 2000 NZA-RR 2001, 380.

außerhalb von herkömmlichen Betriebsveranstaltungen führt i. d. R. zum Zufluss von Arbeitslohn. Dies gilt insbesondere bei aufwendigen Arbeitsessen bei leitenden Angestellten.[106]

58 Besonderheiten können bestehen, wenn Arbeitnehmern **von dritter Seite Preisvorteile** gewährt werden.[107] Werden einem angestellten Geschäftsführer von einem Geschäftspartner seines Arbeitgebers veranstaltete, touristisch ausgestaltete Reisen zugewandt, kann dies Arbeitsvergütung sein.[108]

59 Zum Arbeitslohn zählen **Schadensersatzleistungen,** die dem Arbeitnehmer oder seinem Rechtsnachfolger als Ersatz für entgangenen oder entgehenden Arbeitslohn oder für die Aufgabe oder Nichtausübung einer Tätigkeit gewährt werden (§ 2 II Nr. 4 LStDV). Nicht zum Arbeitslohn gehören Schadensersatzleistungen, soweit der Arbeitgeber gesetzlich zur Zahlung verpflichtet ist.[109] **Arbeitslosengeld** und Leistungen zur Sicherung des Lebensunterhalts nach dem SGB II sind zwar nach § 3 Nr. 2 und 2b EStG steuerfrei, unterliegen aber nach § 32b EStG dem Progressionsvorbehalt. Übernimmt ein Arbeitgeber nicht aus ganz überwiegend eigenbetrieblichem Interesse die **Zahlung einer Geldbuße** und einer Geldauflage, die gegen einen bei ihm beschäftigten Arbeitnehmer wegen Verstößen gegen das Lebensmittelrecht verhängt worden sind, handelt es sich hierbei um Arbeitslohn. Ein Vorteil wird dann aus ganz überwiegend eigenbetrieblichem Interesse gewährt, wenn im Rahmen einer Gesamtwürdigung aus den Begleitumständen der Zuwendung zu schließen ist, dass der jeweils verfolgte betriebliche Zweck im Vordergrund steht. Die erforderliche Gesamtwürdigung hat insbesondere Anlass, Art und Höhe des Vorteils, Auswahl der Begünstigten, freie oder nur gebundene Verfügbarkeit, Freiwilligkeit oder Zwang zur Annahme des Vorteils und seine besondere Geeignetheit für den jeweils verfolgten betrieblichen Zweck zu berücksichtigen. Tritt das Interesse des Arbeitnehmers gegenüber dem des Arbeitgebers in den Hintergrund, kann eine Lohnzuwendung zu verneinen sein. Ist aber – neben dem eigenbetrieblichen Interesse des Arbeitgebers – ein nicht unerhebliches Interesse des Arbeitnehmers gegeben, liegt die Vorteilsgewährung nicht im ganz überwiegend eigenbetrieblichen Interesse des Arbeitgebers und führt zur Lohnzuwendung.[110]

60 **5. Steuerfreie Bezüge.** Aus sozialen Erwägungen sind einige Bezüge, die unter den Begriff des Arbeitslohns fallen, sowie Bezüge, die keinen Arbeitslohn darstellen, steuerfrei gestellt. Die wichtigsten steuerfreien Bezüge sind:

(a) Vor dem 1. 1. 2006 entstandene Ansprüche der Arbeitnehmer auf **Abfindungen** oder für Abfindungen wegen einer vor dem 1. 1. 2006 getroffenen Gerichtsentscheidung oder einer am 31. 12. 2005 anhängigen Klage, soweit die Abfindungen dem Arbeitnehmer vor dem 1. 1. 2008 zufließen (§ 52 IVa EStG). Die Höchstgrenze beträgt dann grundsätzlich 7200 Euro. Hat der Arbeitnehmer das 50. Lebensjahr vollendet und hat das Dienstverhältnis mindestens 15 Jahre bestanden, so beträgt der Höchstbetrag 9000 Euro, hat der Arbeitnehmer das 55. Lebensjahr vollendet und hat das Dienstverhältnis mindestens 20 Jahre bestanden, so beträgt der Höchstbetrag 11 000 Euro (§ 3 I Nr. 9 EStG in der zum 1. 1. 2006 aufgehobenen Fassung, die nach § 52 IVa EStG noch übergangsweise fortgilt).

(b) **Abfindungen zur Ablösung einer Ruhegeldanwartschaft** nach § 3 I BetrAVG; sie unterliegen der Besteuerung. Allerdings kann Steuerbefreiung im Rahmen der Höchstgrenzen für Entlassungsentschädigungen oder Steuervergünstigung nach §§ 24, 34 EStG bestehen. Besonderheiten sind bei Abfindungen gegen Lebensversicherungen oder Pensionskassen gegeben.[111]

(c) **Auslagenersatz** (§ 3 Nr. 50 EStG).

(d) **Arbeitgeberbeiträge** für die Zukunftssicherung des Arbeitnehmers, soweit der Arbeitgeber dazu nach sozialversicherungsrechtlichen oder anderen gesetzlichen Vorschriften oder nach einer auf gesetzlicher Ermächtigung beruhenden Bestimmung verpflichtet ist (§ 3 Nr. 62 EStG; § 2 II Nr. 3 LStDV; dazu R 3.62 LStR). Dasselbe gilt für Beiträge des Pensionssicherungsvereins (§ 3 Nr. 65 EStG) zugunsten eines Versorgungsberechtigten und seiner Hinterbliebenen an eine Pensionskasse sowie für die Ablösung von Verpflichtungen, die er im Insolvenzfall zu erbringen hat. Dagegen sind die vom PSVaG oder einem Rück-

---

[106] BFH 4. 8. 1994 BB 94, 2403; zu Aufwendungen bei Betriebsveranstaltungen: BFH 25. 5. 1992 NZA 93, 227.
[107] Vgl. *Bornhaupt* BB 93, 2493.
[108] BFH 5. 7. 1996 NJW 97, 216.
[109] BFH 20. 9. 1996 BStBl. 97 II S. 144.
[110] BFH 22. 7. 2008 DB 2008, 2627.
[111] BFM 15. 6. 1976 BB 76, 867 = DB 76, 1358.

versicherer zu gewährenden Leistungen steuerpflichtige Einkünfte als wäre der Sicherungsfall nicht eingetreten.

(e) Von **Altersversorgungsbezügen** bleiben ein nach einem Prozentsatz ermittelter, auf einen Höchstbetrag begrenzter Betrag (Versorgungsfreibetrag) und ein Zuschlag zum Versorgungsfreibetrag steuerfrei (§ 19 II EStG). Maßgeblich ist die Tabelle in § 19 II 3 EStG.

(f) **Aufwandsentschädigungen,** sofern sie aus öffentlichen Kassen gezahlt werden. Anders dagegen bei privatem Aufwendungsersatz (§ 3 Nr. 12 EStG), soweit es sich nicht um Auslagenersatz, fortlaufende Gelder, Auslösungen, Fehlgeldentschädigungen usw. handelt.[112]

(g) **Auslagenersatz** und sonstige durchlaufende Gelder, und zwar auch im Falle ihrer Pauschalierung (§ 3 Nr. 50 EStG). Durchlaufende Gelder oder Auslagenersatz liegen vor, wenn der Arbeitnehmer die Ausgaben für Rechnung des Arbeitgebers macht, wobei es gleichgültig ist, ob das im Namen des Arbeitgebers oder im eigenen Namen geschieht und über die Ausgaben im Einzelnen abgerechnet wird. Dabei sind die Ausgaben des Arbeitnehmers bei ihm so zu beurteilen, als hätte der Arbeitgeber sie selbst getätigt. Die Steuerfreiheit der durchlaufenden Gelder oder des Auslagenersatzes nach § 3 Nr. 50 EStG ist ausgeschlossen, wenn die Ausgaben durch das Dienstverhältnis des Arbeitnehmers veranlasst sind. Pauschaler Auslagenersatz führt regelmäßig zu Arbeitslohn. Ausnahmsweise kann pauschaler Auslagenersatz steuerfrei bleiben, wenn er regelmäßig wiederkehrt und der Arbeitnehmer die entstandenen Aufwendungen für einen repräsentativen Zeitraum von drei Monaten im Einzelnen nachweist (Nr. 3.50 LStR).

(h) **Eigenbetriebliches Interesse.**[113] Leistungen, die der Arbeitgeber im ganz überwiegenden betrieblichen Interesse erbringt und die sich nicht als Ertrag der nicht selbstständigen Arbeit des Arbeitnehmers darstellen, sind steuer- und beitragsfrei (§ 68 RN 14).[114]

(i) **Fehlgeldentschädigungen** (Mankogelder) bis zu 16 Euro monatlich (Nr. 19.3 Abs. 1 Nr. 4 LStR).

(j) **Fernsprechanschluss** in der Wohnung des Arbeitnehmers ist steuerpflichtig und beitragspflichtig, soweit der Arbeitgeber den auf den Arbeitnehmer entfallenden privaten Kostenanteil übernimmt. Die Übernahme der Grundgebühren ist steuerfrei, wie sie der beruflichen Nutzung des Fernsprechers entsprechen. Die berufliche Nutzung ist aus dem Zahlenverhältnis der beruflich und privat geführten Gespräche zu ermitteln. Aus Vereinfachungsgründen können ohne Einzelnachweis 20% des Rechnungsbetrags, höchstens 20 Euro monatlich steuerfrei ersetzt werden, wenn erfahrungsgemäß beruflich veranlasste Telekommunikationsaufwendungen anfallen.

(k) **Gelegenheitsgeschenke,** die aus besonderem Anlass gewährt werden, ihrer Art nach nicht außergewöhnlich sind (zur Hochzeit, Prüfung usw.) und zu keiner nennenswerten Bereicherung des Empfängers führen. Hierzu gehören Sachzuwendungen bis zu einem Wert von 40 Euro; Entsprechendes gilt für Speisen anlässlich eines außergewöhnlichen Ereignisses. Geldzuwendungen gehören stets zum Arbeitslohn (Nr. 19.6 LStR).

(l) **Kontoführungsgebühren,** die der Arbeitgeber bei einem Lohn- oder Gehaltskonto ersetzt, sind steuerpflichtig. Kontoführungsgebühren werden bis zu 16 Euro jährlich als Werbungskosten anerkannt.

(m) **Mobiltelefon,** das auch zur privaten Nutzung überlassen ist (§ 3 Nr. 45 EStG).

(n) **Reisekosten, Umzugskosten, Verpflegungsmehraufwendungen** (Auslösungen) im privaten und öffentlichen Dienst (§ 3 I Nr. 13, 16 EStG; Nr. 9.11 LStR).

(o) Steuerfrei sind **Zuschläge für tatsächlich geleistete Sonntags-, Feiertags- oder Nachtarbeit,** soweit der Grundstundenlohn 50 Euro nicht übersteigt (Einzelheiten § 3b EStG).[115]

In Vergleichen und vor Urteilen ist auf eine hinreichende **Klarstellung und Aufschlüsselung der Beträge** zu hinzuwirken, um Steuernachteile des Arbeitnehmers zu vermeiden. Eine unzulässige Umgehung der Besteuerung liegt in Vergleichen, durch die sich der Arbeitgeber verpflichtet, statt steuerpflichtiger Mehrarbeitsvergütung steuerfreie Auslösung zu zahlen. **61**

6. Steuerpflichtige Einkunftsarten. a) Der **Einkommensteuer unterliegen** die in § 2 I EStG aufgezählten Einkunftsarten (vgl. RN 55 ff.). Hierzu gehören auch die Einkünfte aus nicht **62**

[112] Zur Verfassungsmäßigkeit: BVerfG 11. 11. 1998 DB 99, 512.

[113] *Kreizberg,* Beitragspflicht für Essenszuschüsse, Arbeitgeber 89, 200; *Röckl/Platz/Berger-Delhey,* Die Betriebsveranstaltung, 1988.

[114] Vgl. LSG Bayern EWiR SGB IV § 14 Nr. 1/87; Einzelh. Abschn. 31 Abs. 6 LStR.

[115] BAG 19. 10. 2000 AP 11 zu § 611 BGB Haftung des Arbeitgebers = NZA 2001, 598.

selbstständiger Arbeit (§ 19 I EStG). Zur Ausgabe von Belegschaftsaktien.[116] Die in § 2 I EStG nicht erwähnten Einkunftsarten (z.B. Erbschaften, Lottogewinne, Auszahlung von Lebensversicherungen usw.) unterliegen nicht der Einkommensteuer.

63 **b)** Bei der **Ermittlung der Lohnsteuer** ist folgendes Verfahren anzuwenden: Bei den nicht selbstständig Beschäftigten sind Einkünfte der Überschuss der Einnahmen über die Werbungskosten (§ 2 II EStG). Werbungskosten sind Aufwendungen zur Erwerbung, Sicherung und Erhaltung der Einnahmen (§ 9 I 1 EStG). Bei den der Lohnsteuer unterliegenden Einkünften werden zunächst die Jahreseinnahmen aus nicht selbstständiger Arbeit (§§ 19 I, 24 Nr. 1, 2 EStG) um die steuerfreien Einnahmen (§ 3 EStG) gekürzt. Von dem Restbetrag werden die Werbungskosten abgezogen. Die abzugsfähigen Werbungskosten sind in § 9 EStG im Einzelnen geregelt. Aus der Summe der Einkünfte wird der Altersentlastungsbetrag und ggf. der Abzug nach § 13 III sowie die nach § 34c II, III EStG abgezogene Steuer herausgerechnet und so ergibt sich der Gesamtbetrag der Einkünfte (§ 2 III EStG). Der Gesamtbetrag der Einkünfte, vermindert um die Sonderausgaben und die außergewöhnlichen Belastungen, ist das Einkommen (§ 2 IV EStG). Das Einkommen vermindert um Sonderfreibeträge nach § 32 IV, VII EStG und sonstige vom Einkommen abzuziehende Beträge ist das zu versteuernde Einkommen. Aus ihm errechnet sich unter Anwendung der Steuertabelle die tarifliche Einkommens- bzw. Lohnsteuer.

64 **c)** Zu unterscheiden sind die Begriffe **Freibetrag, Freigrenze** und **Pauschalierung.** Ein Freibetrag ist von der Besteuerung schlechthin ausgenommen. Bei einer Freigrenze ist das gesamte Einkommen zu besteuern, wenn die Freigrenze überschritten wird. Bei der Pauschalierung werden anstelle der wirklichen Besteuerungsdaten fiktive gesetzt.

65 **7. Werbungskosten. a)** Sie sind bei der Einkunftsart abzuziehen, bei der sie entstanden sind. Ob sie notwendig waren, wird vom Finanzamt grundsätzlich nicht nachgeprüft, denn es ist nicht Sache der Finanzämter zu überwachen, wie jemand seinen Beruf ausübt. Werbungskosten sind Aufwendungen, die durch die Erzielung von steuerpflichtigen Einnahmen veranlasst sind.[117] Werbungskosten können während des Bestands des Arbeitsverhältnisses, aber auch vor Antritt einer Stelle entstehen **(vorweggenommene Werbungskosten),**[118] sofern sie nicht, wie etwa bei Vorstellungskosten, von einem Dritten getragen werden.

66–78 **b)** Die einzelnen Werbungskosten sind in § 9 EStG näher bestimmt.

79 **8. Altersentlastungsbetrag.** Nach § 24a EStG kann für Steuerpflichtige, die vor Beginn des Kalenderjahres, in dem sie Einkommen beziehen, das 64. Lebensjahr vollendet haben, ein Altersfreibetrag in Betracht kommen.

80–91 **9. Sonderausgaben.** Dies sind die in **§ 10 bis § 10f EStG** abschließend aufgezählten Aufwendungen, sofern sie keine Werbungskosten darstellen. Sie sind Kosten privater Lebensführung, die aus wirtschafts- und sozialpolitischen Gründen nicht der Besteuerung unterworfen werden.

92–96 **10. Außergewöhnliche Belastungen.** Abzugsfähig sind ferner außergewöhnliche Belastungen. Dies sind zwangsläufig entstehende Aufwendungen, die einem Steuerpflichtigen anders als der Mehrzahl der Steuerpflichtigen gleicher Einkommensverhältnisse erwachsen (§ 33 EStG). Die Einzelheiten ergeben sich aus §§ 33–33b EStG.

97 **11. Lohnsteuerkarte.** Der Arbeitgeber hat sich beim Lohnsteuerabzug wegen der steuerlich relevanten Daten (Steuerklasse, Kinderzahl, Freibeträge) ausschließlich an der Lohnsteuerkarte zu orientieren (§ 39b II, III EStG; dazu umfangreiche Darstellung Abschn. 114ff. LStR). Änderungen sind erst zu berücksichtigen, wenn sie auf der Lohnsteuerkarte eingetragen sind (§ 41c I EStG; dazu Abschn. 137 LStR).

98 **12. Lohnsteuerstreit. a)** Streiten Arbeitnehmer und Arbeitgeber über die **Berechtigung und Höhe des Lohnsteuerabzugs,** entscheiden hierüber unter Ausschluss des ordentlichen Rechtsweges ausschließlich die Finanzbehörden. Für Klagen auf Berichtigung unrichtiger Eintragungen in der Lohnsteuerbescheinigung sind nicht die Gerichte für Arbeitssachen, sondern die Finanzgerichte zuständig.[119] Besteht Streit, ob Lohnsteuer-Abzugsbeträge, die in der Lohnabrechnung vorgenommen worden sind, in der Lohnsteuerbescheinigung auszuweisen sind, ist der Finanzrechtsweg gegeben.[120]

---

[116] BFH 7. 4. 1989 EzA 8 zu § 611 BGB Nettolohn, Lohnsteuer.
[117] Schmidt/*Drenseck* § 9 RN 7.
[118] BFH BStBl. 1967 III 340; 1972 II 251; 1972 II 261.
[119] BAG 11. 6. 2003 AP 84 zu § 2 ArbGG 1979 = NZA 2003, 877.
[120] BFH 13. 12. 2007 DB 2008, 737; ausf. *Thomas* FS Küttner 2006 S. 239ff.

Nach § 42e EStG hat das Finanzamt der Betriebsstätte auf Anfrage eines Beteiligten darüber Auskunft zu geben, ob und inwieweit im einzelnen Fall die Vorschriften über die Lohnsteuern anzuwenden sind. Das Finanzamt ist verpflichtet, die sog. **Anrufungsauskunft** zu erteilen. Sie stellt keinen förmlichen Steuerbescheid dar, verhindert aber, dass der Arbeitgeber später wegen zu wenig einbehaltener und abgeführter Lohnsteuern vom Finanzamt in Anspruch genommen wird. Macht der Arbeitgeber in schwierigen Fällen, in denen ihm bei Anwendung der gebotenen Sorgfalt Zweifel über die Rechtslage kommen müssen, von der Möglichkeit der Anrufungsauskunft keinen Gebrauch, ist ein auf dieser Unterlassung beruhender Rechtsirrtum grundsätzlich nicht entschuldbar und steht der Inanspruchnahme des Arbeitgebers im Wege der Haftung nicht entgegen.[121] Hat der Arbeitgeber eine Anrufungsauskunft eingeholt und ist er danach verfahren, ist das Betriebsstätten-Finanzamt im Lohnsteuer-Abzugsverfahren daran gebunden.[122] Zu beachten ist, dass die Anrufungsauskunft immer nur für den konkreten Fall gilt; sie kann daher nicht auf vergleichbare betriebliche Fälle übertragen werden. Durch eine dem Arbeitgeber erteilte Auskunft ist das Finanzamt nicht gehindert, gegenüber dem Arbeitnehmer einen für diesen ungünstigeren Standpunkt einzunehmen.[123] **98a**

b) Streiten die Parteien im Prozess vor dem Arbeitsgericht über Berechtigung und Höhe des Lohnsteuerabzuges, ist der Rechtsstreit insoweit auszusetzen und die **Entscheidung des Finanzamts** einzuholen (§ 148 ZPO). Auch aus diesem Grunde empfiehlt es sich, tunlichst Bruttobeträge einzuklagen (RN 4), denn dann ist der Streit um die Steuerpflichtigkeit ausgeklammert und dem Vollstreckungsverfahren überlassen (vgl. RN 5). **99**

13. Steuerschuldner. Der **Arbeitnehmer** ist gemäß § 38 II 1 EStG Schuldner der Lohnsteuer. Die Lohnsteuer entsteht in dem Zeitpunkt, in dem der Arbeitslohn dem Arbeitnehmer zufließt, § 38 II 2 EStG (vgl. Nr. 38.2 LStR).[124] Der Arbeitgeber hat die Lohnsteuer einzubehalten und abzuführen (§ 38 III EStG).[125] Er haftet nach § 42d I Nr. 1 EStG für die Lohnsteuer, die er einzubehalten und abzuführen hat. Im Rahmen der Arbeitnehmerüberlassung haftet der Entleiher nach § 42d VI EStG neben dem Verleiher für die Abführung der Lohnsteuer. Reicht der vom Arbeitgeber dem Arbeitnehmer geschuldete Barlohn nicht aus, hat der Arbeitnehmer dem Arbeitgeber einen entsprechenden Betrag zur Verfügung zu stellen oder der Arbeitgeber den entsprechenden Teil der anderen Bezüge des Arbeitnehmers zurückzuhalten. Sofern dies nicht möglich ist, hat er das Betriebsstättenfinanzamt zu benachrichtigen (§ 38 IV EStG). **100**

14. Gesamtschuldner. Arbeitnehmer und Arbeitgeber haften für die Lohnsteuer als Gesamtschuldner (§ 42d III 1 EStG; dazu Nr. 42d.1 LStR). Damit steht es im Ermessen des Finanzamtes, gegen wen es Lohnsteuernachforderungen geltend machen will. Im Rahmen der Ermessensprüfung haben die Finanzämter davon auszugehen, dass nach dem Zweck des Lohnsteuerverfahrens, die Steuer an der Quelle schnell und billig abzuschöpfen, grundsätzlich der Arbeitgeber in Anspruch zu nehmen ist (vgl. Abschn. Nr. 42d.1 Abs. 4 LStR).[126] Dies ist dann unbillig, wenn die Steuer ebenso schnell und einfach beim Arbeitnehmer beigetrieben werden kann. Insoweit enthalten die LStR detaillierte Regelungen. **101**

Freie Mitarbeiter sind einkommensteuerpflichtig. Der Auftraggeber kann jedoch schadensersatzpflichtig werden, wenn er sie auf die bestehende Einkommensteuerpflicht nicht hinweist.[127] **102**

15. Nachentrichtung von Lohnsteuern. a) Hat der Arbeitgeber von den Einkünften des Arbeitnehmers **zu wenig Lohnsteuern einbehalten** und an das Finanzamt abgeführt, kann er nach Inanspruchnahme und Zahlung der Lohnsteuer gemäß § 426 I 1 BGB i. V. m. § 42d I Nr. 1 EStG vom Arbeitnehmer deren Erstattung verlangen. Dies gilt unabhängig davon, ob der Arbeitgeber freiwillig oder auf Grund eines Haftungsbescheids die Steuerforderung für den Arbeitnehmer erfüllt. Denn beim Einbehalt und der Abführung der Lohnsteuer erfüllt der Arbeitgeber eine fremde Schuld.[128] Im Verhältnis von Arbeitgeber und Arbeitnehmer zueinander ist grundsätzlich allein der Arbeitnehmer Schuldner der Steuerforderung.[129] Etwas anderes **103, 104**

---

[121] BFH 18. 8. 2005 NJW 2006, 172.

[122] BFH 16. 11. 2005 DB 2006, 255.

[123] BFH 28. 8. 1991 BStBl. 1992 II 107; zum Schadensersatz bei fehlerhafter Auskunft: BGH 16. 2. 1995 BB 95, 794.

[124] Optionsrecht auf Erwerb von Aktien: BFH 23. 7. 1999 NZA-RR 2000, 37; Gruppenkrankenversicherung: BFH 16. 4. 1999 NZA-RR 99, 535.

[125] BAG 16. 6. 2004 AP 9 zu § 611 BGB Lohnrückzahlung = NZA 2004, 1274.

[126] BFH BStBl. 1974 II 757.

[127] BAG 18. 5. 1977 AP 2 zu § 611 BGB Nettolohn.

[128] BAG 16. 6. 2004 AP 9 zu § 611 BGB Lohnrückzahlung = NZA 2004, 1274.

[129] BAG 20. 3. 1984 AP 22 zu § 670 BGB.

gilt nur, wenn ausnahmsweise der klar erkennbare Parteiwille dahin geht, die Steuerlast solle den Arbeitgeber treffen.[130] Der Freistellungsanspruch des Arbeitgebers gegen den Arbeitnehmer entsteht bereits in dem Zeitpunkt, in dem zu wenig Lohnsteuern einbehalten und an das Finanzamt abgeführt werden. Zu diesem Zeitpunkt ist er regelmäßig auch fällig (§ 271 BGB). Dagegen entsteht der Rückerstattungsanspruch des Arbeitgebers nach § 426 II 1 BGB gegen den Arbeitnehmer erst in dem Augenblick, in dem der Arbeitgeber freiwillig oder auf Grund eines Haftungsbescheides die Steuerforderung für den Arbeitnehmer erfüllt.

105 **b)** Ist zweifelhaft, ob dem Staat überhaupt eine **Steuernachforderung zusteht,** hat der Arbeitnehmer sich um die Nachversteuerung zu kümmern. Der Arbeitgeber muss ihn von den geltend gemachten Steuernachforderungen unterrichten, damit der Arbeitnehmer selbst die gebotenen Rechtsmittel einlegen kann.[131] Unterbleibt die Unterrichtung, besteht der Erstattungsanspruch, wenn die Nachversteuerung auf Grund eines Bescheides des Finanzamts erfolgt ist.[132] Unterliegt das Arbeitsverhältnis deutschem Arbeitsrecht, während sich die Besteuerung, etwa bei Repräsentanten deutscher Firmen im Ausland, nach ausländischem Recht richtet, kann auch bei unrichtiger Besteuerung ein Nachzahlungsanspruch des Arbeitgebers bestehen.[133]

106 Bewirkt die **fehlerhafte Lohnsteuerbescheinigung** des Arbeitgebers, dass der Arbeitnehmer zu einer überhöhten Einkommensteuer veranlagt wird, kann dem Arbeitnehmer gegen den Arbeitgeber ein Schadensersatzanspruch zustehen, dessen Erfüllung durch den Arbeitgeber nicht zum Lohnzufluss führt.[134]

107 **c)** Mit den Erstattungsansprüchen kann der Arbeitgeber im Rahmen der Pfändungsfreigrenzen gegen Vergütungsforderungen oder sonst dem Arbeitnehmer zustehenden Forderungen **aufrechnen.** Für eine Erstattungsklage sind wegen der zivilrechtlichen Natur die Arbeitsgerichte zuständig.[135] Die Erstattungsansprüche verjähren in 3 Jahren; sie können jedoch kürzeren tariflichen Verfallfristen unterliegen.[136] Die übergegangene Steuerforderung folgt ihrer eigenen Verjährungsfrist; sie wird der tariflichen Ausschlussfrist als öffentlich-rechtliche Forderung nicht unterliegen.[137] Verzögert der Arbeitgeber die Erhebung von Erstattungsansprüchen, können diese unter den allgemeinen Voraussetzungen verwirken (§ 73 RN 17 ff.). Umstritten ist, ob dem Arbeitgeber auch dann ein Anspruch zusteht, wenn er zum Zweck der **Steuerhinterziehung** in bewusstem Zusammenwirken mit dem Arbeitnehmer zu wenig Lohnsteuer abgeführt hat; z. B. vergütungspflichtiger Lohn wird als Auslösung bezeichnet. Nach richtiger Meinung ist die Hinterziehungsabrede nichtig, so dass der Erstattungsanspruch bereits im Zeitpunkt der Nichtabführung der Steuern entsteht. Für die Anwendung von § 817 BGB ist mithin kein Raum.[138] Hat der Arbeitgeber die Lohnsteuern **unrichtig abgezogen,** kann er wegen positiver Vertragsverletzung (§ 280 BGB) dem Arbeitnehmer schadensersatzpflichtig werden. Ein Schaden des Arbeitnehmers ist aber nicht bereits darin zu erblicken, dass er verspätet zum Steuerabzug herangezogen wird; vielmehr muss ein weitergehender Schaden aus dem verspäteten Steuerabzug entstanden sein.[139] Schaden kann grundsätzlich nur der erhöhte Steuerabzug sein.[140] Unter Umständen ist der Schadensersatzanspruch gemindert, wenn den Arbeitnehmer ein Mitverschulden trifft (§ 254 I BGB).[141] Verzichtet der Arbeitgeber freiwillig auf die Lohnsteuererstattung, obwohl die Rechtslage unstreitig ist und ihrer Verwirklichung keine Hindernisse entgegenstehen, so liegt hierin die Zuwendung eines geldwerten Vorteils, der als zusätzlicher Arbeitslohn zu versteuern ist.[142] Etwas anderes gilt dann, wenn die Rechtslage schwierig oder die Durchsetzung des Erstattungsanspruches zweifelhaft ist.

---

[130] BAG 18. 1. 1974 AP 19 zu § 670 BGB.
[131] BAG 23. 7. 1986 – 5 AZR 120/85 n. v.
[132] Näher dazu BAG 16. 6. 2004 AP 19 zu § 611 BGB Lohnrückzahlung = NZA 2004, 1274.
[133] Dazu BAG 23. 7. 1986 – 5 AZR 120/85 n. v.
[134] BFH 20. 9. 1996 NZA-RR 97, 121.
[135] BAG 14. 6. 1974 AP 20 zu § 670 BGB.
[136] BAG 19. 1. 1979 AP 21 zu § 670 BGB.
[137] Vgl. zur Sozialversicherung: BSG 16. 4. 1985 AP 91 zu § 4 TVG Ausschlussfristen.
[138] LAG Düsseldorf DB 60, 1395; a. A. LAG Leipzig in ARS 2, 86.
[139] BAG AP 4, 5, 7 zu § 670 BGB.
[140] LAG Berlin 12. 1. 1998 NZA-RR 98, 245.
[141] BAG 17. 3. 1960 AP 8 zu § 670 BGB.
[142] BGH 24. 4. 1961 AP 1 zu § 38 EStG.

V. Nettolohnvereinbarung

1. Vertragliche Vereinbarung. a) Die vom Arbeitgeber geschuldete Vergütung ist grundsätzlich eine **Bruttovergütung** (vgl. RN 3). Jedoch steht es den Parteien – auch Tarifparteien[143] – frei zu vereinbaren, dass die vom Arbeitgeber geschuldete Vergütung netto geschuldet sein soll.[144] Hierdurch wird die Steuerschuld gegenüber dem Finanzamt nicht geändert.[145] Voraussetzung für die bei einer **Nettolohnvereinbarung** aus § 42 d III 4 EStG abgeleitete Annahme, die Lohnsteuer sei durch den Arbeitgeber vorschriftsmäßig einbehalten und abgeführt worden, ist der Nachweis, dass der Arbeitgeber abredegemäß – ggf. neben den Arbeitnehmerbeiträgen zur Sozialversicherung – auch die Lohnsteuer des Arbeitnehmers tragen soll und der Arbeitnehmer den vorgeschriebenen Lohnsteuerabzug durch Übergabe einer Lohnsteuerkarte ermöglicht hat.[146] Eine Vereinbarung, durch die der Arbeitgeber die Steuerschuld übernimmt, muss den dahingehenden Willen klar erkennen lassen.[147] Sie ist noch nicht darin zu sehen, eine Auslösung werde steuerfrei gezahlt.[148] Gleiches gilt, wenn die Lohnsteuer beim Arbeitgeber nach § 40 I 1 Nr. 2 EStG pauschal erhoben wird.[149] Der Arbeitnehmer ist für die Nettolohnvereinbarung darlegungs- und beweispflichtig (oben RN 3).[150] Auch steuer- und sozialversicherungsrechtlich bestehen gegen sie keine Bedenken, indes ist sie für den Arbeitgeber unzweckmäßig (RN 3 a). Steuer- und sozialversicherungsrechtlich muss zum Nettolohn der dazugehörige Bruttoverdienst gesucht werden;[151] das geschieht in der Weise, dass man den Bruttolohn ermittelt, aus dem nach Abzug der Steuern und Sozialversicherungsbeiträge sich der vereinbarte Nettolohn ergibt.[152] Einzelheiten in Abschn. 122 LStR. **108**

b) Eine **Schwarzgeldabrede,** wonach die Arbeitsvergütung ohne Berücksichtigung von Steuern und Sozialversicherungsbeiträgen („schwarz") auszuzahlen ist, führt regelmäßig nicht zur Nichtigkeit des Arbeitsvertrags. Soll die Abführung von Steuern und Beiträgen vereinbarungsgemäß teilweise unterbleiben, ist nur diese Abrede und nicht die gesamte Vergütungsvereinbarung nichtig. Mit der Schwarzgeldabrede wird keine Nettolohnvereinbarung getroffen.[153] Deshalb fingiert § 14 II 2 SGB IV, dass in diesen Fällen ein Nettoarbeitsentgelt als vereinbart gilt. Für den nachträglichen Abzug der Arbeitnehmeranteile zur Sozialversicherung gilt § 28 g SGB IV.[154] **109**

c) Von der Nettolohnvereinbarung zu unterscheiden ist die öffentlich-rechtliche **Übernahme der Steuerschuld** durch den Arbeitgeber im **Pauschsteuerverfahren** (§§ 40–40 b EStG).[155] Die steuerrechtliche Verpflichtung des Arbeitgebers gegenüber dem Finanzamt ist von der arbeitsrechtlichen Verpflichtung gegenüber dem Arbeitnehmer zu trennen. Wer steuerrechtlich Steuerschuldner ist, sagt für sich genommen nichts darüber, wer arbeitsrechtlich die Steuer zu tragen hat.[156] Daher ergibt sich allein aus dem Arbeitsrecht, ob der Arbeitgeber gegenüber dem Arbeitnehmer verpflichtet ist, die Pauschalbesteuerung durchzuführen und die Pauschalsteuern zu tragen. Durch Auslegung des Arbeitsvertrags ist zu ermitteln, wer im Innenverhältnis die Steuern zu tragen hat.[157] **110**

2. Besonderheiten geringfügiger Beschäftigung. Von besonderer Bedeutung ist das Pauschalsteuerverfahren für **Teilzeitbeschäftigte,** wenn diese keine Steuerkarte vorlegen (§ 40 a EStG)[158] und bei **geringfügig Beschäftigten** (dazu § 44). Ferner kann eine Pauschalbesteue- **111, 112**

---

[143] BAG 3. 4. 1974 AP 2 zu § 1 TVG Tarifverträge: Metallindustrie m. Anm. *Blomeyer.*
[144] BAG 24. 6. 2003 AP 63 zu § 242 BGB Betriebliche Übung.
[145] BFH BStBl. 1961 III 170.
[146] BFH 28. 2. 1992 AP 5 zu § 611 BGB Nettolohn.
[147] BAG AP 15, 19 zu § 670 BGB; *Langguth* DStR 2002, 274.
[148] BAG 18. 1. 1974 AP 19 zu § 670 BGB.
[149] BSG 19. 6. 2001 NZA-RR 2002, 372.
[150] BFH BStBl. 1972 II 816.
[151] BFH BStBl. 1979 II 771.
[152] Vgl. BFH 13. 12. 2007 DB 2008, 737; LAG Niedersachsen 19. 6. 2008 – 4 Sa 20/08.
[153] BAG 26. 2. 2003 AP 24 zu § 134 BGB; zur Nichtigkeit bei einem Verstoß gegen das SchwarzArbG vgl. BAG 24. 3. 2004 EzA 2 zu § 134 BGB 2002.
[154] Dazu BGH 13. 5. 1992 NJW 92, 2240; BSG 22. 9. 1980 BSGE 64, 110; BFH 21. 2. 1992 BStBl. II 1992 S. 443.
[155] Dazu Abschn. 126 ff. LStR.
[156] BAG 24. 6. 2003 AP 63 zu § 242 BGB Betriebliche Übung; 22. 6. 1978 AP 1 zu § 40 a EStG; BFH 7. 2. 2002 BFHE 197, 554.
[157] BAG 5. 8. 1987 AP 2 zu § 40 a EStG = NZA 88, 157; LAG Köln 9. 10. 1997 NZA-RR 98, 244.
[158] BFH NJW 90, 2278; vgl. DB 90, 1465; BB 91, 603.

rung bei Leistungen des Arbeitgebers zu Zukunftssicherungen des Arbeitnehmers (§ 40 b EStG) in Betracht kommen. Hat ein Arbeitgeber jahrelang die Pauschallohnsteuer zu einer Direktversicherung des Arbeitnehmers im Innenverhältnis zwischen den Arbeitsvertragsparteien übernommen, kann er sich davon nicht einseitig lösen, wenn der Steuersatz erhöht wird.[159]

113 **3. Änderung der Besteuerungsmerkmale.** Ändern sich die Abzüge bei einer **Nettolohnvereinbarung,** ist durch Auslegung zu ermitteln, ob der Arbeitgeber das Risiko und ggf. den Vorteil einer geänderten Abgabenlast trägt. Ist nur eine Nettovergütung vereinbart und der Betrag nicht weiter konkretisiert, ist regelmäßig davon auszugehen, dass es den Parteien darauf ankommt, dass der Arbeitnehmer diesen Betrag erhalten soll, ganz gleich, wie hoch die Abgaben und Beiträge sind. Nur dann macht die Vereinbarung eines Nettoentgelts Sinn. Steuerermäßigungen kommen daher dem Arbeitnehmer zugute, Steuererhöhungen dem Arbeitnehmer.[160]

114 Schuldet der Arbeitgeber nettolohnbezogene Leistungen, hat er ihrer Berechnung – soweit keine besonderen Bemessungsbestimmungen getroffen sind – grundsätzlich die auf der Lohnsteuerkarte eingetragenen Lohnsteuermerkmale zugrunde zu legen. Der Arbeitgeber ist jedoch nicht verpflichtet, jede steuerrechtlich zulässige Steuerklassenwahl bei der Berechnung einer sich nach dem Nettoentgelt zu bemessenden Leistung zu berücksichtigen. Er kann dem Arbeitnehmer den Einwand des **Rechtsmissbrauchs** (§ 242 BGB) entgegenhalten. Das setzt über die finanzielle Mehrbelastung des Arbeitgebers das Vorliegen weiterer Umstände voraus, die eine Rechtsausübung als unredlich kennzeichnen. Die Rechtsausübung des Arbeitnehmers muss als solche zu missbilligen sein, weil sie der Verfolgung eines rücksichtslosen Eigennutzes zum Nachteil des Arbeitgebers dient. Die Wahl der Lohnsteuerklassenkombination IV/IV ist regelmäßig nicht missbräuchlich.[161] Bei einem rechtsmissbräuchlichen Verhalten des Arbeitnehmers kann der Arbeitgeber u. U. den Nettolohn entsprechend kürzen, weil die Grundlage der Vereinbarung entfallen ist.[162]

115 **4. Lohnsteuerjahresausgleich.** Er steht auch bei Nettolohnvereinbarung grundsätzlich dem Arbeitnehmer zu.[163] Stand es ihm frei, überhaupt einen Steuerfreibetrag zu beantragen, kann er das auch zum Jahresabschluss im Rahmen des Jahresausgleichs tun.

116 **5. Lohnzuschläge.** Bei Nettolohnvereinbarung sind Lohnzuschläge, Urlaubsabgeltungen, **Lohnerhöhungen** usw. vom Nettolohn zu berechnen. Wird zu wenig Lohnsteuer abgeführt, hat der Arbeitgeber keinen Erstattungsanspruch; dagegen steht dem Arbeitnehmer bei unmittelbarer Inanspruchnahme durch das Finanzamt ein Nachzahlungsanspruch gegen den Arbeitgeber zu. Im Prozess ist der Klageantrag auf den Nettobetrag zu richten (oben RN 4). Die Nettolohnvereinbarung bietet im Allgemeinen keine Vorteile, da für die Zwecke der Sozialversicherung immer der dazugehörige Bruttobetrag errechnet werden muss und sie zu erheblichen Streitigkeiten zwischen den Arbeitsvertragsparteien führt.

§ 72. Lohnabrechnung, Quittung und Ausgleichsquittung

Übersicht

	RN		RN
I. Lohnabrechnungen	1 ff.	2. Ausgleichsquittung	7–9
1. Anspruch	1	3. Unwirksamkeit	10–13
2. Kein Schuldanerkenntnis	2	4. Anfechtung nach § 119 I BGB	14
3. Inhalt der Abrechnung	3–5	5. Anfechtung nach § 123 BGB	15
II. Quittung und Ausgleichsquittung	6 ff.	6. Schuldanerkenntnis	16
1. Quittung	6		

I. Lohnabrechnungen

1 **1. Anspruch.** Nach § 108 GewO hat der Arbeitgeber dem Arbeitnehmer bei Zahlung des Arbeitsentgelts eine Abrechnung in Textform zu erteilen. Die Abrechnung bezweckt die **In-**

---

[159] LAG Hessen 6. 7. 1998 NZA-RR 99, 202; LAG Köln 25. 1. 2001 NZA-RR 2001, 568.

[160] Vgl. LAG Köln DB 91, 1229.

[161] BAG 13. 6. 2006 AP 29 zu § 1 TVG Altersteilzeit = NZA 2007, 275.

[162] Vgl. zum Rechtsmissbrauch bei der Berechnung des Zuschusses zum Mutterschaftsgeld BAG 18. 9. 1991 AP 10 zu § 14 MuSchG 1968 = NZA 92, 411.

[163] LAG Hamm DB 60, 499.

formation über die erfolgte Zahlung. Die Regelung dient der Transparenz. Der Arbeitnehmer soll erkennen können, warum er gerade den ausgezahlten Betrag erhält.[1] Dagegen regelt § 108 GewO keinen selbstständigen Abrechnungsanspruch zur Vorbereitung eines Zahlungsanspruchs.[2] Die Abrechnung muss mindestens Angaben über den Abrechnungszeitraum und die Zusammensetzung des Arbeitsentgelts enthalten. Hinsichtlich der Zusammensetzung sind insbesondere Angaben über Art und Höhe der Zuschläge, Zulagen, sonstige Vergütungen, Art und Höhe der Abzüge, Abschlagszahlungen sowie Vorschüsse erforderlich. Die Verpflichtung zur Abrechnung entfällt, wenn sich die Angaben gegenüber der letzten ordnungsgemäßen Abrechnung nicht geändert haben (§ 108 II GewO). Die Arbeitnehmer können gemäß § 82 II BetrVG verlangen, dass ihnen die Berechnung und Zusammensetzung ihres Arbeitsentgelts erläutert wird (also auch mündlich). Der Erbe hat jedenfalls dann keinen Anspruch gegen den Arbeitgeber des Erblassers, wenn diesem regelmäßig Abrechnungen erteilt worden sind.[3] Zu vermögenswirksamen Leistungen vgl. § 80 RN 21 ff.

2. Kein Schuldanerkenntnis. Die Lohnabrechnung ist grundsätzlich **weder ein abstraktes noch ein deklaratorisches Schuldanerkenntnis.**[4] Ein abstraktes, schuldbegründendes Schuldanerkenntnis i. S. v. § 781 BGB setzt voraus, dass der Arbeitgeber einen vom Grundverhältnis gelösten neuen Schuldgrund schaffen will. Ein sog. deklaratorisches (kausales) Schuldanerkenntnis erfordert den Abschluss eines Vertrags, der darauf gerichtet ist, das Schuldverhältnis insgesamt oder in einzelnen Punkten dem Streit oder der Ungewissheit der Parteien zu entziehen und es insoweit endgültig festzulegen.[5] Ob ein Schuldanerkenntnis vorliegt, ist durch Auslegung zu ermitteln. Mit der Lohnabrechnung teilt der Arbeitgeber dem Arbeitnehmer einseitig nur die Höhe des Lohns und sonstiger Ansprüche, wie etwa des Urlaubsanspruchs, mit. Die Lohnabrechnung hat nicht den Zweck, streitig gewordene Ansprüche endgültig festzulegen. Bei Irrtum kann grundsätzlich keine Seite die andere am Inhalt der Mitteilung festhalten. 2

3. Inhalt der Abrechnung. a) Aus der Abrechnung müssen sich mindestens der Abrechnungszeitraum und die Zusammensetzung des Arbeitsentgelts ergeben. Der Abrechnungszeitraum ist üblicherweise ein Monat, wobei gemäß § 614 BGB die Vergütung nach der Leistung zu entrichten ist. Bei **zeitbestimmter Entlohnung** ist es ausreichend, wenn die Zahl der geleisteten Stunden und der Stundensatz angegeben werden. Bei **leistungsabhängiger Entlohnung** ist grundsätzlich eine genaue Berechnung der Entlohnung vorzunehmen. Hierzu soll nach Auffassung des BAG nicht das Aufmaß einer Akkordarbeit auf Baustellen gehören, da die Arbeitnehmer es selbst vornehmen können.[6] Nach einer älteren Entscheidung des BAG soll dem Arbeitnehmer im öffentlichen Dienst nur dann ein Abrechnungsanspruch zustehen, wenn der Arbeitnehmer entschuldbar im Ungewissen über Bestehen und Umfang des Anspruches ist und der Arbeitgeber unschwer Auskunft erteilen kann.[7] Die Entscheidung ist schon für den öffentlichen Dienst bedenklich; sie ist so allgemein formuliert, als ob die Rechtsgrundsätze auch für die Privatwirtschaft gelten sollen. Sie entspricht weder den Gepflogenheiten des Arbeitslebens, noch dem Schutzbedürfnis der Arbeitnehmer und ist durch § 108 GewO überholt. In jedem Fall ist bei Umsatz- und Gewinnbeteiligungen ein Abrechnungsanspruch gegeben (§ 77). 3

b) Die Erteilung einer Lohnabrechnung hat nur dann einen Einfluss auf den Beginn einer **Ausschlussfrist,** wenn sie sich auf die Fälligkeit des Lohnanspruchs auswirkt. Dies ist dann der Fall, wenn der Anspruchsberechtigte die Höhe seiner Ansprüche nicht ohne die Abrechnung der Gegenseite erkennen kann.[8] Ist der Arbeitnehmer ohne Lohnabrechnung nicht in der Lage, die Höhe seiner Lohnforderungen zu berechnen, kann er einer tariflichen Verfallfrist mit der Einrede der Arglist begegnen; die Verfallfrist beginnt erst mit dem Zugang der Abrechnung oder Auskunft.[9] Hat der Arbeitnehmer längere Zeit widerspruchslos die Lohnzahlungen ohne Ab- 4, 5

[1] BAG 10. 1. 2007 AP 3 zu § 179 BGB = NZA 2007, 679.

[2] BAG 12. 7. 2006 AP 1 zu § 611 BGB Lohnabrechnung = NZA 2006, 1294.

[3] LAG Berlin NZA 90, 482.

[4] BAG 10. 3. 1987 AP 34 zu § 7 BUrlG Abgeltung = NZA 87, 557 (mit unzutreffendem Leitsatz, der von den Entscheidungsgründen nicht gedeckt ist); ebenso *Boemke,* GewO – Kommentar zu den §§ 110–110, § 108 RN 3; HWK/*Lembke* § 108 GewO RN 7.

[5] BAG 13. 3. 2002 EzA 22 zu § 253 ZPO = NZA 2002, 1112; 15. 3. 2000 AP 24 zu §§ 22, 23 BAT Zuwendungs-TV = NZA 2000, 1004.

[6] BAG 6. 11. 1985 AP 93 zu § 4 TVG Ausschlussfristen.

[7] BAG 15. 6. 1972 AP 14 zu § 242 BGB Auskunftspflicht m. krit. Anm. *Herschel.*

[8] BAG 14. 12. 2005 AP 281 zu § 1 TVG Tarifverträge: Bau = NZA 2006, 998; 27. 2. 2002 AP 162 zu § 4 TVG Ausschlussfristen.

[9] BAG 27. 11. 1984 AP 89 zu § 4 TVG Ausschlussfristen.

rechnung entgegengenommen, kann eine Abrechnung für die Vergangenheit nicht mehr verlangt werden.

II. Quittung und Ausgleichsquittung

Böhm, Aus für die Ausgleichsquittung/Ausgleichsklausel?, NZA 2008, 919; *Kibler,* Die Ausgleichsquittung im deutschen Arbeitsrecht, ZIAS 95, 51; *Kramer/Marhold,* Ausgleichsquittung, AR-Blattei, SD 290; *Marraud,* Die Bereinigung von Forderungen bei Auflösung des Arbeitsvertrages: Ausgleichsquittung und Vergleich, ZIAS 93, 256; *Marrand* u.a., Die Ausgleichsquittung im deutsch-französischen Rechtsvergleich, ZIAS 95, 38.

6 **1. Quittung.** Nach § 368 Satz 1 BGB hat der Gläubiger bei Empfang der Leistung auf Verlangen ein schriftliches Empfangsbekenntnis (Quittung) zu erteilen. Der Arbeitnehmer hat daher auf Verlangen den Lohn zu quittieren. Die Quittung kann bei Barzahlung in Lohnlisten oder in gesonderten Urkunden erfolgen. Sie ist reines Beweismittel, gegen das der Gegenbeweis zulässig ist. Hat der Arbeitnehmer eine Quittung vor Leistung erteilt, so ist diese entkräftet, wenn er die Vorauserteilung beweist. Einen weitergehenden Anspruch auf eine Quittung hat der Arbeitgeber nicht.

7 **2. Ausgleichsquittung. a)** Insbesondere bei Beendigung des Arbeitsverhältnisses werden verbreitet Ausgleichsquittungen verwendet.[10] Hierin bestätigen sich die Arbeitsvertragsparteien, keine Ansprüche[11] mehr aus dem Arbeitsverhältnis gegeneinander zu haben. Die Ausgleichsquittung kann unterschiedlichen Rechtscharakter haben:[12] Sie enthält einen **Vergleich,** wenn die Parteien über das Bestehen von Ansprüchen gestritten haben und der Streit im Wege gegenseitigen Nachgebens bereinigt worden ist (§ 779 BGB). Ein **Erlassvertrag** (§ 397 I BGB) ist dann anzunehmen, wenn die Parteien vom Bestehen einer bestimmten Schuld ausgehen, diese aber übereinstimmend als nicht mehr zu erfüllen betrachten. An die Feststellung eines Verzichtswillens sind hohe Anforderungen zu stellen. Ein Erlass liegt im Zweifel nicht vor. Selbst bei eindeutig erscheinender Erklärung des Gläubigers darf ein Verzicht nicht angenommen werden, ohne dass bei der Feststellung zum erklärten Vertragswillen sämtliche Begleitumstände berücksichtigt worden sind. Wenn feststeht, dass eine Forderung entstanden ist, verbietet dieser Umstand im Allgemeinen die Annahme, der Gläubiger habe sein Recht einfach wieder aufgegeben. Dem steht die Annahme nicht entgegen, eine Ausgleichsquittung sei im Interesse klarer Verhältnisse grundsätzlich weit auszulegen, denn das betrifft den Umfang der Ausgleichsklausel, wenn die Rechtsqualität dem Grunde nach geklärt ist.[13] Ein **deklaratorisches negatives Schuldanerkenntnis** ist anzunehmen, wenn die Parteien nur die von ihnen angenommene Rechtslage eindeutig dokumentieren und damit fixieren wollen.[14] Ein **konstitutives negatives Schuldanerkenntnis** liegt vor, wenn die Parteien durch die Ausgleichsquittung alle bekannten oder unbekannten Ansprüche zum Erlöschen bringen wollen.[15] Dies ist z.B. die Erklärung: „Hiermit sind sämtliche Ansprüche aus dem Arbeitsverhältnis und aus dessen Beendigung, gleich nach welchem Rechtsgrund sie entstanden sein mögen, abgegolten und erledigt."[16] **Minderjährige** können eine Ausgleichsquittung nur dann rechtswirksam unterzeichnen (§ 34 RN 36ff.), wenn sie ermächtigt waren, in Dienst oder Arbeit zu treten (§ 113 BGB).[17] Ausgleichsquittungen sind grundsätzlich zulässig, und zwar auch unter Berücksichtigung der **Inhaltskontrolle nach §§ 305 ff. BGB** (dazu § 32 RN 24 ff. und 60).

8 **b)** Der Gegenstand der Ausgleichsquittung ist durch **Auslegung** unter Berücksichtigung aller Umstände zu ermitteln.[18] Die Auslegung von Ausgleichsquittungen hat ausgehend vom Wortlaut, der nach dem Sprachgebrauch der jeweiligen Verkehrskreise zu bewerten ist, sämtliche den Parteien erkennbare Begleitumstände, die für den Erklärungsinhalt von Bedeutung sein können,

---

[10] Dazu *Preis/Bleser/Rauf* DB 2006, 2812.

[11] Ob auch sachenrechtliche Ansprüche erfasst werden, hängt von der Formulierung ab. Im Zweifel ist es nicht der Fall. Zu Sparbüchern vgl. ArbG Dortmund DB 70, 1545.

[12] BAG 28. 5. 2008 NZA 2008, 1066 m. w. N.

[13] BAG 7. 11. 2007 AP 2 zu § 397 BGB = NZA 2008, 355; kritisch hierzu *Böhm* NZA 2008, 919.

[14] BAG 28. 5. 2008 NZA 2008, 1066; 31. 7. 2002 AP 74 zu § 74 HGB = NZA 2003, 100.

[15] BAG 8. 3. 2006 AP 79 zu § 74 HGB = NZA 2006, 854; 28. 7. 2004 AP 177 zu § 4 TVG Ausschlussfristen = NZA 2004, 1097; 31. 7. 2002 AP 74 zu § 74 HGB = NZA 2003, 100.

[16] BAG 23. 2. 2005 AP 42 zu § 1 TVG Tarifverträge: Druckindustrie = NZA 2005, 1193.

[17] LAG Düsseldorf BB 61, 1238; vgl. ArbG Hamburg BB 65, 1369; LAG Hamm DB 71, 779.

[18] Dazu BAG 7. 11. 2007 AP 2 zu § 397 BGB = NZA 2008, 355; 11. 10. 2006 AP 4 zu § 5 EFZG; 7. 9. 2004 AP 11 zu § 75 HGB.

zu berücksichtigen. Hierzu gehören die Entstehungsgeschichte, das Verhalten der Parteien nach Vertragsschluss, der Zweck des Vertrages und die bei Vertragsschluss vorliegende Interessenlage. Von einem gerichtlichen Vergleich werden grundsätzlich solche Ansprüche erfasst, auf die sich der Vergleich nach der übereinstimmenden Vorstellung der Parteien erstreckt; nicht erfasst werden solche Forderungen, die objektiv außerhalb des von den Parteien Vorgestellten liegen und bei Vergleichsabschluss subjektiv unvorstellbar waren.[19] Ist in einem gerichtlichen Vergleich eine umfassende Ausgleichsquittung enthalten, werden hiervon alle Ansprüche erfasst, die nicht unmissverständlich als weiterbestehend bezeichnet werden.[20] Im Interesse klarer Verhältnisse sind Ausgleichsklauseln grundsätzlich weit auszulegen.[21]

Eine allgemeine, umfassende Ausgleichsklausel in einem **gerichtlichen Vergleich,** nach der **8a** sämtliche Ansprüche der Parteien aus dem Arbeitsverhältnis erledigt werden, erfasst regelmäßig auch Rückzahlungsansprüche des Arbeitgebers gegen den Arbeitnehmer aus einem neben dem Arbeitsverhältnis rechtlich selbstständigen **Darlehensvertrag.**[22] Dies gilt jedenfalls dann, wenn das Darlehen mit dem Arbeitsverhältnis verknüpft ist, etwa weil der Arbeitgeber mit Rücksicht auf das Arbeitsverhältnis Vergünstigungen gewährt, z. B. durch einen niedrigeren als marktüblichen Zinssatz. In diesem Fall steht das Arbeitgeberdarlehen im Zusammenhang mit dem Arbeitsverhältnis und kann damit von dem Vergleich erfasst werden.[23] Insoweit wird es auf die Umstände des Einzelfalles ankommen. Der Wortlaut einer allgemeinen Ausgleichsklausel in einem gerichtlichen Vergleich, wonach mit der Erfüllung der Vereinbarung sämtliche Ansprüche „hinüber und herüber" aus dem Arbeitsverhältnis und seiner Beendigung abgegolten und ausgeglichen sein sollen, umfasst auch Ansprüche aus einem **vertraglichen Wettbewerbsverbot.**[24] Sollen „alle Ansprüche aus dem Arbeitsverhältnis und dem Anlass seiner Beendigung abgegolten" sein, werden hiervon auch **Aktienoptionen** als Bestandteil der arbeitsvertraglichen Vergütungsregelung erfasst.[25]

In einer Ausgleichsquittung bei Ausscheiden aus dem Arbeitsverhältnis kann grundsätzlich auch **8b** auf den **allgemeinen oder besonderen Kündigungsschutz** verzichtet werden (dazu näher § 138 RN 6 a). Erforderlich ist allerdings, dass dies auch in der Erklärung deutlich zum Ausdruck kommt. Das ist nicht der Fall, wenn der Arbeitnehmer mit der zu unterzeichnenden Erklärung neben dem Klageverzicht zugleich den Erhalt der Arbeitspapiere quittiert. Eine solche Erklärung benachteiligt den Arbeitnehmer unangemessen i. S. v. § 307 I 1 BGB (dazu § 32 RN 60).

c) Hat der Arbeitnehmer in der Ausgleichsquittung erklärt, ihm stünden keine Ansprüche aus **9** dem Arbeitsverhältnis mehr zu, werden hiervon grundsätzlich **nicht erfasst** Ruhegeldansprüche und Anwartschaften,[26] als Schadensersatz geschuldete Versorgungsverschaffungsansprüche,[27] Zeugnisansprüche,[28] Ansprüche des Arbeitnehmers aus dem ArbNErfG[29] und – nach älterer Rechtsprechung – aus einem vertraglichen Wettbewerbsverbot (vgl. die Nachweise bei den einzelnen Rechtsinstituten).[30] Insoweit handelt es sich um Ansprüche, die erst bei und nach Beendigung des Arbeitsverhältnisses fällig werden. Ebenso wenig bezieht sich die Ausgleichsquittung auf sachenrechtliche Ansprüche,[31] weil der Anspruch auf Eigentumsherausgabe (§ 985 BGB) regelmäßig unabhängig vom Arbeitsverhältnis besteht. Das BAG hat in einer älteren Entscheidung die Auslegungsregel aufgestellt, dass ein Arbeitnehmer, der bei seinem Ausscheiden erklärt, keine Ansprüche aus dem Arbeitsverhältnis mehr zu haben, grundsätzlich lediglich den Empfang

[19] BAG 17. 4. 1970 AP 32 zu § 133 BGB.
[20] BAG 3. 5. 1978 AP 25 zu § 794 ZPO; LAG Hamm 28. 4. 1995 NZA-RR 96, 286.
[21] BAG 19. 11. 2003 AP 50 zu § 611 BGB Konkurrenzklausel.
[22] A. A. LAG Hamm 28. 4. 1995 NZA-RR 96, 286.
[23] OLG Düsseldorf 9. 7. 1997 NZA-RR 98, 1; siehe dazu auch BAG 19. 3. 2009 – 6 AZR 557/07 sowie 20. 2. 2001 AP 5 zu § 611 BGB Arbeitnehmerdarlehen, zu einer Ausschlussfrist.
[24] BAG 31. 7. 2002 AP 74 zu § 74 HGB = NZA 2003, 100; dazu auch BAG 8. 3. 2006 AP 79 zu § 74 HGB = NZA 2006, 854.
[25] BAG 28. 5. 2008 NZA 2008, 1066.
[26] BAG 9. 11. 1973 AP 163 zu § 242 BGB Ruhegehalt; 14. 8. 1990 AP 10 zu § 1 BetrAVG Invaliditätsrente = NZA 91, 147.
[27] BAG 17. 10. 2000 AP 56 zu § 1 BetrAVG Zusatzversorgungskassen = NZA 2001, 203.
[28] Vgl. BAG 16. 9. 1974 AP 9 zu § 630 BGB; siehe dazu auch LAG Düsseldorf 23. 5. 1995 NZA-RR 96, 42.
[29] BAG AP 4 zu § 9 ArbNErfG = BB 79, 1605 m. Anm. *Gumpert.*
[30] BAG 22. 10. 1981 AP 39 zu § 74 HGB m. Anm. *Stumpf* = NJW 82, 1479; anders bei einem gerichtlichen Vergleich BAG 8. 3. 2006 AP 79 zu § 74 HGB = NZA 2006, 854; 31. 7. 2002 AP 74 zu § 74 HGB = NZA 2003, 100.
[31] LAG Hamm 15. 1. 1980 DB 80, 643.

der Arbeitspapiere quittierte und möglicherweise die Richtigkeit der Lohnberechnung anerkenne.[32] Dagegen sind die drucktechnische Hervorhebung einer dem Wortlaut nach umfassenden Ausgleichsquittung sowie die separate Unterzeichnung durch den Arbeitnehmer ohne Zeitdruck Umstände, die i. d. R. der Annahme entgegenstehen, der Arbeitnehmer habe nur den Erhalt der Arbeitspapiere quittieren, nicht aber eine Abgeltung aller Ansprüche aus dem Arbeitsverhältnis bestätigen bzw. vereinbaren wollen. Dies gilt umso mehr, wenn der Arbeitnehmer den Erhalt der Arbeitspapiere bereits in einer vorangestellten Erklärung bestätigt und die folgende Ausgleichsquittung die Möglichkeit vorgesehen hat, noch offene Vergütungsansprüche zu benennen.[33]

10 **3. Unwirksamkeit. a)** Eine **Ausgleichsklausel** ist insoweit unwirksam wie in ihr auf unabdingbare gesetzliche Ansprüche (z. B. Urlaub, Urlaubsabgeltung – § 102 RN 160f.) oder auf Ansprüche, die in einem Tarifvertrag (§ 4 IV TVG; dazu § 204) oder einer Betriebsvereinbarung (§ 77 IV BetrVG; dazu § 231) geregelt sind, verzichtet wird.

11 **b)** Stellt sich nach Erteilung der Ausgleichsquittung heraus, dass **noch Forderungen** aus dem Arbeitsverhältnis bestehen, richtet sich nach ihrer Rechtsnatur, inwieweit diese noch erhoben werden können. Kam der Ausgleichsquittung lediglich die Qualität eines **negativen deklaratorischen Anerkenntnisses** zu, kann weiterhin Zahlung verlangt werden, wenn der Bestand der Forderung nachgewiesen wird, da es sich um eine bloße Wissenserklärung handelt.[34]

12 **c)** Ein **Vergleich** ist gemäß § 779 BGB unwirksam, wenn der nach dem Inhalt des Vergleiches als feststehend zugrunde gelegte Sachverhalt der Wirklichkeit nicht entspricht und der Streit oder die Ungewissheit bei Kenntnis der Sachlage nicht entstanden wäre.[35] Die Anfechtung eines Vergleichs richtet sich nach den allgemeinen Bestimmungen (§§ 119, 123 BGB).[36]

13 **d)** Ein **gesetzliches Widerrufsrecht** für Vergleiche oder Ausgleichsquittungen in Arbeitsverhältnissen besteht nicht, und zwar auch nicht nach §§ 312, 355 BGB. Denn das Arbeitsverhältnis ist keine besondere Vertriebsform, auf die sich diese Vorschriften beziehen.[37] Einzelne **Tarifverträge** sehen Widerrufsrechte vor, die allerdings recht unterschiedlich ausgestaltet sind. Vom Widerruf ist die **Anfechtung** (§ 143 BGB) zu unterscheiden. Zwar sind beides rechtsgestaltende Willenserklärungen. Eine Anfechtungserklärung kommt jedoch nur im Falle eines Irrtums (§ 119 BGB) sowie bei arglistiger Täuschung und Drohung (§ 123 BGB) in Betracht. Der Widerruf hat dagegen keine weiteren Voraussetzungen. Die Berufung auf eine vergleichsweise erteilte Ausgleichsquittung kann eine **unzulässige Rechtsausübung** darstellen. Das ist nach Auffassung des BAG anzunehmen, wenn der Arbeitnehmer durch eine vorsätzliche Vertragsverletzung (§ 280 BGB) und zugleich durch eine vorsätzliche unerlaubte Handlung seinem bisherigen Arbeitgeber einen Schaden zugefügt hat und der Arbeitgeber bei Vergleichsabschluss hiervon keine Kenntnis hatte.[38]

14 **4. Anfechtung nach § 119 I BGB.** Das in der Ausgleichsquittung enthaltene Rechtsgeschäft kann im Wege der Anfechtung beseitigt werden (§§ 142ff., 119ff. BGB). Nach § 119 I BGB ist die Anfechtung berechtigt, wenn der Erklärende darlegt und beweist, dass er sich über den Wortlaut seiner Erklärung bzw. den Inhalt seiner Willenserklärung geirrt hat (vgl. § 35 RN 14). Ein Inhaltsirrtum ist dann gegeben, wenn der Erklärende geglaubt hat, nur eine einfache Quittung zu unterschreiben.[39] Dagegen ist ein Irrtum regelmäßig dann nicht gegeben, wenn der Erklärende die Erklärung ungelesen unterschreibt.[40] In diesen Fällen geht die h. M. mit Recht entsprechend der allgemeinen Zivilrechtslehre davon aus, dass der Erklärende grundsätzlich alles, was er unterzeichnet, gegen sich gelten lassen will.[41] Umstritten ist, inwieweit sich der deutschen Sprache nur mangelhaft mächtige **ausländische Arbeitnehmer** eine Ausgleichsquittung entgegenhalten lassen müssen. Da eine schriftliche Erklärung grundsätzlich eine solche

---

[32] BAG 20. 8. 1990 AP 3 zu § 9 LohnFG.

[33] BAG 28. 7. 2004 AP 177 zu § 4 TVG Ausschlussfristen = NZA 2004, 1097.

[34] LAG München 24. 4. 1997 BB 98, 269; LAG Köln 22. 11. 1996 NZA-RR 97, 123; vgl. *Reinecke* NJW 70, 886.

[35] Vgl. LAG Frankfurt 6. 10. 1969 NJW 70, 1703; auch BAG 17. 4. 1970 AP 32 zu § 133 BGB.

[36] Vgl. dazu auch Hess. LAG 1. 4. 2003 – 13 Sa 1240/02 n. v.

[37] So zum Aufhebungsvertrag BAG 27. 11. 2003 AP 2 zu § 312 BGB.

[38] BAG 9. 3. 1972 AP 10 zu § 242 BGB Unzulässige Rechtsausübung – Verwirkung.

[39] BAG 27. 8. 1970 AP 33 zu § 133 BGB; Hess. LAG 1. 4. 2003 – 13 Sa 1240/02 n. v.

[40] In Ausnahmefällen kann der Arbeitnehmer natürlich eine feste Vorstellung über den Inhalt der im Betrieb verwandten Quittungen haben; vgl. BAG 27. 8. 1970 AP 33 zu § 133 BGB.

[41] BAG 27. 8. 1970 AP 33 zu § 133 BGB; dies gilt auch für ausl. Arbeitnehmer: LAG Berlin 17. 4. 1978 EzA 3 zu § 397 BGB.

unter Abwesenden ist, wird die in der Ausgleichsquittung enthaltene Willenserklärung des Arbeitgebers mit dem Zugang wirksam. Unterzeichnet der ausländische Arbeitnehmer die Quittung und musste der Arbeitgeber erkennen, dass er sie nicht verstanden hat, muss der Arbeitgeber durch einen Dolmetscher sicherstellen, dass bei dem Arbeitnehmer nicht der Geschäftswille fehlt.[42]

5. Anfechtung nach § 123 BGB. Nach § 123 BGB kann das in der Ausgleichsquittung **15**
enthaltene Rechtsgeschäft angefochten werden, wenn der Erklärende durch arglistige Täuschung oder durch widerrechtliche Drohung zu ihrer Angabe bestimmt worden ist. Eine arglistige Täuschung liegt dann vor, wenn dem Erklärenden vorgespiegelt wird, er unterschreibe nur eine einfache Quittung, eine rechtswidrige Drohung, wenn die Aushändigung der Arbeitspapiere von deren Unterzeichnung abhängig gemacht wird oder für den Fall der Nichtunterzeichnung widerrechtlich die Einleitung eines Strafverfahrens angedroht wird.

6. Schuldanerkenntnis. Das in der Ausgleichsquittung liegende konstitutive Schuldaner- **16**
kenntnis kann nach § 812 II BGB wegen **ungerechtfertigter Bereicherung** zurückgefordert werden, wenn der Anerkennende nachweist, dass er von dem Nichtbestand der Forderung ausgegangen ist, sie aber tatsächlich noch besteht. Ausgeschlossen ist der Rückforderungsanspruch, wenn er nur mit der Möglichkeit ihres Bestandes gerechnet hat.

§ 73. Einreden und Einwendungen gegen den Anspruch auf Arbeitsvergütung

Übersicht

	RN
I. Verjährung	1 ff.
1. Inkrafttreten der Verjährungsvorschriften	1
2. Regelverjährungsfrist	2, 3
3. Beginn der Verjährungsfrist	4–7
4. Verjährungshöchstfrist	8–10
5. Neubeginn der Verjährung	11, 11 a
6. Hemmung	12–12 d
7. Wirkung der Verjährung	13, 13 a
8. Unzulässige Rechtsausübung	14
II. Verzicht und Ausgleichsquittung	15 f.
1. Erlassvertrag	15
2. Ausgleichsquittung	16
III. Verwirkung	17 ff.
1. Begriff	17
2. Unzulässige Rechtsausübung	18–19
3. Ausschluss der Verwirkung	20
4. Tarifbindung	21

I. Verjährung

Bereska, Modernisierung des Schuldrechts, Verjährungsrecht, AnwBl. 2001, 404; *Däubler,* Das Schuldrecht – ein erster Überblick, NJW 2001, 3729; *B. Heß,* Das neue Schuldrecht – In-Kraft-Treten und Übergangsregelungen, NJW 2002, 253; *Mansel,* Die Neuregelung des Verjährungsrechts, NJW 2002, 89; *Peters,* Die Einrede der Verjährung als ein den Rechtsstreit in der Hauptsache erledigendes Ereignis, NJW 2001, 2289.

1. Inkrafttreten der Verjährungsvorschriften. Mit der zum 1. 1. 2002 in Kraft getretenen **1**
Schuldrechtsreform ist auch das Verjährungsrecht geändert worden. Hierzu gibt es in Art. 229 EGBGB Übergangsregelungen. In § 5 befindet sich die allgemeine Überleitungsvorschrift zum Gesetz zur Modernisierung des Schuldrechts. In § 6 die spezielle Überleitungsvorschrift zum Verjährungsrecht und in § 7 Überleitungsvorschriften zu den Zinsvorschriften nach dem Gesetz zur Modernisierung des Schuldrechts. Nach Art. 229 § 6 I 1 EGBGB findet neues Verjährungsrecht auf sämtliche Ansprüche Anwendung, die am 1. 1. 2002 bestehen und nach altem Recht noch nicht verjährt sind.[1] Daraus folgt, dass Ansprüche, die bereits nach altem Recht verjährt sind, verjährt bleiben. Auch die Wirkungen der Verjährung richten sich nach altem Recht. Die Übergangsregelung hat einen weiten Anwendungsbereich. Erfasst werden davon alle Ansprüche aus dem Arbeitsverhältnis und auch Bereicherungsansprüche. Das Schuldrechtsmodernisierungsgesetz geht mit § 199 BGB von einem subjektiven System für den Beginn der Verjährungsfrist aus. Die Verjährung beginnt mit dem Schluss des Jahres, in dem der Anspruch entstanden ist und der Gläubiger von den den Anspruch begründenden Umständen und der Person des

---

[42] LAG Baden-Württemberg 16. 3. 1967 DB 67, 867; LAG Düsseldorf 2. 11. 1971 DB 71, 2318; vgl. auch LAG Hamm 2. 1. 1976 DB 76, 923; Kasseler Handbuch/*Braasch* 1.2 RN 147.

[1] Vgl. BAG 28. 5. 2008 NZA-RR 2008, 639.

Schuldners Kenntnis erlangt oder ohne grobe Fahrlässigkeit hätte erlangen können. Nach Art. 229 § 6 I 2, 3 EGBGB bestimmen sich die Fristabläufe vor dem 1. 1. 2002 nach bisherigem Recht. Dies gilt auch dann, wenn nach bisherigem Recht die Verjährung unterbrochen war. Hemmungstatbestände des neuen Rechts, die das frühere Recht nicht kannte, greifen erst ab dem 1. 1. 2002 ein. Laufende Verjährungsfristen werden nach der Grundregel des Art. 229 § 6 I 1 EGBGB aufgewertet.

2 **2. Regelverjährungsfrist. a)** Die **regelmäßige Verjährungsfrist** beträgt drei Jahre (§ 195 BGB). Sie gilt für alle Ansprüche, für die keine besondere Verjährungsfrist vorgesehen ist. Die Regelverjährung gilt unabhängig davon, ob es sich um Primär- oder Sekundäransprüche, also Schadensersatzansprüche handelt. In § 195 BGB gehen die Sonderverjährungsfristen auf.

3 **b) Besondere Verjährungsfristen** gelten nach §§ 196, 197 BGB. Ansprüche auf Übertragung des Eigentums an einem Grundstück, sowie auf Begründung, Übertragung oder Aufhebung eines Rechts an einem Grundstück oder auf Änderung des Inhalts eines solchen Rechts sowie die Ansprüche auf die Gegenleistung verjähren in zehn Jahren. Eine dreißigjährige Verjährungsfrist gilt für **(1)** Herausgabeansprüche aus Eigentum und anderen dinglichen Rechten, **(2)** familien- und erbrechtliche Ansprüche, **(3)** rechtskräftig festgestellte Ansprüche, **(4)** Ansprüche aus vollstreckbaren Vergleichen oder vollstreckbaren Urkunden und **(5)** für Ansprüche, die durch die im Insolvenzverfahren erfolgte Feststellung vollstreckbar geworden sind. Soweit erb- und familienrechtliche Ansprüche regelmäßig wiederkehren, bewendet es bei der regelmäßigen Verjährungsfrist von drei Jahren (§ 197 II BGB).

4 **3. Beginn der Verjährungsfrist. a)** Der Beginn der regelmäßigen Verjährungsfrist hängt von einem **objektiven** und einem **subjektiven Merkmal** ab. Die regelmäßige Verjährungsfrist beginnt mit dem Schluss des Jahres, in dem der Anspruch entstanden ist (§ 199 I Nr. 1 BGB). Der Anspruch entsteht regelmäßig mit seiner Fälligkeit.[2] Für Schadensersatzansprüche gilt allerdings der von der Rechtsprechung entwickelte Grundsatz der Schadenseinheit.[3] Dieser Grundsatz besagt, dass ein Schadensersatzanspruch auch wegen der noch nicht eingetretenen Schäden mit der Verwirklichung der ersten Schadensbegründung insgesamt beginnt, soweit es später zu weiteren Schäden kommt und diese voraussehbar waren.

5 **b)** Als **zweite subjektive Voraussetzung** des Verjährungsbeginns bestimmt § 199 I Nr. 2 BGB, dass der Gläubiger von den den Anspruch begründenden Umständen und der Person des Schuldners Kenntnis erlangt oder ohne grobe Fahrlässigkeit hätte erlangen können. Die gesetzliche Formulierung knüpft an den ehemaligen § 852 BGB an. Kenntnis ist positive Kenntnis. Grob fahrlässig handelt, wer die im Verkehr erforderliche Sorgfalt nach den gesamten Umständen in ungewöhnlich hohem Maße verletzt und unbeachtet lässt, was jedem Angehörigen des jeweiligen Berufskreises einleuchten muss. Es handelt sich um einen subjektiven Verschuldensmaßstab. Der Gegenstand der Kenntnis bzw. fahrlässigen Unkenntnis muss sich auf alle Merkmale des Anspruchs beziehen. Hierzu gehören die eigene Anspruchsberechtigung, das Vertretenmüssen des Schuldners und die Person des Schuldners. Insoweit bedarf es der Kenntnis bzw. grob fahrlässigen Unkenntnis des Namens und der Anschrift des Schuldners, so dass eine Klagezustellung möglich ist.[4] Der Eintritt der Verjährung wird nicht durch eine unzutreffende rechtliche Würdigung der bekannten tatsächlichen Umstände verhindert.[5] Die Verjährungsvoraussetzungen eines Schadensersatzanspruchs gegenüber mehreren Gesamtschuldnern sind selbstständig und unabhängig voneinander zu prüfen. Dies gilt auch dann, wenn zum einen Organe und Mitarbeiter eines in der Rechtsform einer juristischen Person betriebenen Unternehmens, zum anderen dieses Unternehmen selbst haftungsrechtlich in Anspruch genommen werden.[6]

6 **c)** Der **Gläubiger** muss sich u. U. die Kenntnis anderer zurechnen lassen. Dabei ist zu differenzieren. Ist der Gläubiger geschäftsfähig, kommt es entsprechend § 166 I BGB auf die Kenntnis einer anderen Person (Wissensvertreter) an, wenn dieser die Geschäfte zur selbstständigen Erledigung übertragen sind. Darüber hinaus ist bei juristischen Personen und Behörden beim Unterlassen eines Mindestmaßes an aktenmäßiger Erfassung und eines Informationsaustauschs über verjährungsrelevante Tatsachen von grob fahrlässiger Unkenntnis auszugehen.[7]

---

[2] BAG 12. 1. 2005 AP 162 zu § 611 BGB Lehrer, Dozenten; BGH 19. 12. 1990 NJW 91, 836.
[3] AnwKom-BGB/*Mansel* § 199 RN 20.
[4] Dazu BGH 18. 1. 2000 NJW 2000, 953.
[5] ErfK/*Preis* §§ 194–218 BGB RN 9.
[6] BGH 12. 12. 2000 NJW 2001, 964.
[7] AnwKom-BGB/*Mansel* § 199 RN 61.

d) Der Schuldner, der die Einrede der Verjährung erhebt, trägt die **Darlegungs- und Beweislast** für die Tatsachen, aus denen der Verjährungseintritt zu folgern ist. Hierzu gehört auch die Kenntnis oder grob fahrlässige Unkenntnis nach § 199 I Nr. 2 BGB. 7

4. Verjährungshöchstfrist. a) Da der Beginn der Regelverjährungsfrist auch von subjektiven Merkmalen abhängt, bedarf es der **Normierung von Verjährungshöchstfristen.** Schadensersatzansprüche, die auf der Verletzung des Lebens, des Körpers, der Gesundheit oder der Freiheit beruhen, verjähren ohne Rücksicht auf ihre Entstehung und die Kenntnis oder grob fahrlässige Unkenntnis in 30 Jahren von der Begehung der Handlung, der Pflichtverletzung oder sonstigen, den Schaden auslösenden Ereignissen an (§ 199 II BGB). Sonstige Schadensersatzansprüche verjähren **(1)** ohne Rücksicht auf die Kenntnis oder grob fahrlässige Unkenntnis in zehn Jahren von ihrer Entstehung an, und **(2)** ohne Rücksicht auf die Entstehung und die Kenntnis oder grob fahrlässige Unkenntnis in 30 Jahren von der Begehung der Handlung, der Pflichtverletzung oder den sonstigen, den Schaden auslösenden Ereignissen an. Maßgebend ist die früher endende Frist. Hierdurch wird verhindert, dass z. B. nach einem Verkehrsunfall mit Fahrerflucht keine Verjährung eintritt. 8

b) Andere Ansprüche als Schadensersatzansprüche verjähren ohne Rücksicht auf die Kenntnis oder grob fahrlässige Unkenntnis in zehn Jahren von ihrer Entstehung an (§ 199 IV BGB). 9

c) Geht der Anspruch auf ein **Unterlassen,** tritt an die Stelle der Entstehung die Zuwiderhandlung (§ 199 V BGB). 10

5. Neubeginn der Verjährung. a) Die Verjährung **beginnt erneut** (frühere Unterbrechung), wenn **(1)** der Schuldner dem Gläubiger gegenüber den Anspruch durch Abschlagszahlung, Zinszahlung, Sicherheitsleistung oder in anderer Weise anerkennt, oder **(2)** eine gerichtliche oder behördliche Vollstreckungshandlung vorgenommen oder beantragt wird (§ 212 I BGB). Mit dem Anerkenntnis, dem Vollstreckungsantrag oder der Vollstreckungshandlung beginnt die Verjährungsfrist erneut zu laufen. Es kommt mithin nicht auf den Abschluss des Zwangsvollstreckungsverfahrens an. 11

b) Der erneute Beginn der Verjährung infolge einer Vollstreckungshandlung **gilt als nicht eingetreten,** wenn **(1)** die Vollstreckungshandlung auf Antrag des Gläubigers oder wegen Mangels der gesetzlichen Voraussetzungen aufgehoben wird (§ 212 II BGB) oder **(2)** der Antrag auf Vornahme einer Vollstreckungshandlung zurückgewiesen wird (§ 212 III BGB). 11a

6. Hemmung. a) Eine Reihe von Tatbeständen, die früher zur Unterbrechung der Verjährung geführt haben, führt nach dem Schuldrechtsmodernisierungsgesetz zur Hemmung der Verjährung. Die Tatbestände ergeben sich aus **§ 203 bis § 208 BGB.** 12

b) Hemmung bei Verhandlungen (§ 203 BGB). Die Verjährung ist gehemmt, wenn zwischen dem Schuldner und dem Gläubiger Verhandlungen über den Anspruch oder die den Anspruch begründenden Umstände schweben. Der Begriff „Verhandlungen“ ist weit auszulegen. Für ein Verhandeln genügt **jeder Meinungsaustausch** über den Schadensfall zwischen dem Berechtigten und dem Verpflichteten, sofern nicht sofort und eindeutig jeder Ersatz abgelehnt wird. Verhandlungen schweben schon dann, wenn der Schuldner Erklärungen abgibt, die dem Geschädigten die Annahme gestatten, der Verpflichtete lasse sich auf Erörterungen über die Berechtigung von Schadensersatzansprüchen ein. Nicht erforderlich ist, dass dabei eine Vergleichsbereitschaft oder eine Bereitschaft zum Entgegenkommen signalisiert wird.[8] Durch § 203 BGB ist die Einrede der Arglist, d. h., der Gläubiger sei durch den Schuldner von der Erhebung der Klage abgehalten worden, weitgehend überholt. Die Festlegung des Zeitpunkts der Beendigung der Verhandlung kann Schwierigkeiten bereiten, wenn die Verhandlungsgespräche einschlafen, ohne dass eine eindeutige Erklärung eines Beteiligten abgegeben wird. Hier endet die Hemmung, wenn der nächste Verhandlungsschritt nach Treu und Glauben zu erwarten gewesen wäre (BT-Drucks. 14/6040, S. 112). Die Verjährung tritt frühestens drei Monate nach dem Ende der Hemmung ein (§ 203 Satz 2 BGB). Diese Zeit ist ausreichend, um noch Klage erheben zu können. 12a

c) Hemmung durch Rechtsverfolgung (§ 204 BGB). In 14 Nrn. sind im Gesetz die einzelnen Hemmungstatbestände der Rechtsverfolgung aufgezählt. Die Hemmung endet sechs Monate nach der rechtskräftigen Entscheidung oder anderweitiger Beendigung des eingeleiteten Verfahrens. Gerät das Verfahren dadurch in Stillstand, dass die Parteien es nicht betreiben, tritt an die Stelle der Beendigung des Verfahrens die letzte Verfahrensbehandlung der Parteien, des Ge- 12b

---

[8] Vgl. BGH 26. 10. 2006 NJW 2007, 587.

richts oder der sonst mit dem Verfahren befassten Stelle. Die Hemmung beginnt erneut, wenn eine der Parteien das Verfahren weiterbetreibt (§ 204 II BGB).

12c d) Die **Verjährung von Ansprüchen** ist gehemmt, **(1)** solange der Schuldner auf Grund einer Vereinbarung mit dem Gläubiger (nicht Kraft Gesetzes) vorübergehend zur Verweigerung der Leistung berechtigt ist (§ 205 BGB), **(2)** solange der Gläubiger innerhalb der letzten sechs Monate der Verjährungsfrist durch höhere Gewalt an der Rechtsverfolgung gehindert ist, **(3)** solange die Ehe zwischen Ehegatten besteht oder sonstige familienrechtliche Beziehungen bestehen (§ 207 BGB), **(4)** bei Verletzung der sexuellen Selbstbestimmung (§ 208 BGB).

12d **e)** Der Zeitraum, während dessen die Verjährung gehemmt ist, wird in die Verjährungsfrist **nicht eingerechnet** (§ 209 BGB). Diese verlängert sich um die Dauer der Hemmung.

13 **7. Wirkung der Verjährung. a)** Nach Eintritt der Verjährung ist der Schuldner berechtigt, die **Leistung zu verweigern.** Das zur Befriedigung eines verjährten Anspruchs Geleistete kann nicht zurückgefordert werden, auch wenn in Unkenntnis der Verjährung geleistet worden ist. Das Gleiche gilt bei einem Anerkenntnis (§ 214 BGB).

13a **b)** Nach § 390 BGB kann eine **Forderung,** der eine Einrede der Verjährung entgegensteht, **nicht aufgerechnet** werden. Hiervon macht § 215 BGB eine Ausnahme. Die Verjährung schließt die Aufrechnung und die Geltendmachung eines Zurückbehaltungsrechts nicht aus, wenn der Anspruch in dem Zeitpunkt noch nicht verjährt war, in dem erstmals aufgerechnet oder die Leistung verweigert werden konnte. Diese Bestimmung entspricht weitgehend § 390 Satz 2 a. F. BGB.

14 **8. Unzulässige Rechtsausübung.** Die Erhebung der Verjährungseinrede kann eine unzulässige Rechtsausübung (§ 242 BGB) darstellen, wenn der Schuldner den Gläubiger durch sein Verhalten von der Erhebung der Klage abgehalten oder ihn nach objektiven Maßstäben zu der Annahme veranlasst hat, es werde auch ohne Rechtsstreit eine vollständige Befriedigung seines Anspruchs zu erzielen sein. Der Schuldner setzt sich in **Widerspruch zu seinem eigenen Verhalten**, wenn er zunächst den Gläubiger zur Untätigkeit veranlasst und später aus der Untätigkeit einen Vorteil herleiten will, indem er sich auf Verjährung beruft. Dies ist anzunehmen, wenn der Schuldner durch positives Tun oder durch ein pflichtwidriges Unterlassen einen entsprechenden Irrtum beim Gläubiger erregt hat. Bloßes Schweigen und Untätigkeit begründet keine unzulässige Rechtsausübung. Dies lässt nur dann einen Rückschluss auf die uneingeschränkte Leistungsbereitschaft des Schuldners zu, wenn sich aus den gesamten Umständen klar und eindeutig ergibt, dass er die Forderung trotz des Eintritts der Verjährung erfüllen werde.[9] Es gibt keine Nebenpflicht des Arbeitgebers aus dem Arbeitsvertrag, den Arbeitnehmer auf die drohende Verjährung seiner Ansprüche hinzuweisen.[10] In der Einrede der Verjährung kann eine unzulässige Rechtsausübung gesehen werden, wenn der Schuldner den Rechtsschein erweckt, eine anstehende Streitfrage solle durch Musterprozesse geklärt werden.[11] Die Einrede der Arglist steht auch solchen Arbeitnehmern zu, denen gegenüber der Arbeitgeber eine Verzichtserklärung nicht abgegeben hat.[12] Dagegen ist dem Schuldner nicht bereits dann die Einrede der Verjährung verwehrt, wenn der Gläubiger mit Rücksicht auf Ansehen und Stellung des Schuldners in der Öffentlichkeit mit einer pünktlichen Erfüllung seiner Ansprüche rechnen muss.[13] Steht der Verjährungseinrede der Einwand der unzulässigen Rechtsausübung entgegen, ist die Klage unverzüglich nach Behebung des Hindernisses zu erheben.[14] Der Einwand des Rechtsmissbrauchs gegen die Erhebung der Einrede der Verjährung ist nur erfolgreich, wenn das Verhalten des Schuldners ursächlich für die Fristversäumnis des Gläubigers geworden ist.[15]

II. Verzicht und Ausgleichsquittung

15 **1. Erlassvertrag.** Der Arbeitnehmer kann seinen Anspruch auf Arbeitsvergütung grundsätzlich erlassen (§ 397 BGB). Dies gilt nach Auffassung des BAG nach Entstehung des Anspruchs auch dann, wenn er unabdingbar ist, wie z. B. der Anspruch auf Entgeltfortzahlung im Krank-

[9] BAG 7. 11. 2007 AP 23 zu § 196 BGB = NZA-RR 2008, 399.
[10] BAG 7. 5. 1986 AP 12 zu § 4 BAT.
[11] BAG 29. 1. 1975 AP 11 zu § 242 BGB Unzulässige Rechtsausübung.
[12] Vgl. BAG 28. 5. 1964 AP 6 zu § 242 BGB Unzulässige Rechtsausübung.
[13] BAG 29. 7. 1966 AP 115 zu § 242 BGB Ruhegehalt; für öffentliche Arbeitgeber auch BAG AP 25 zu § 256 ZPO.
[14] BAG 24. 11. 1958 AP 42 zu § 3 TOA.
[15] BAG 18. 3. 1997 AP 1 zu § 217 BGB = NZA 97, 1232.

heitsfall.[16] Ausnahmen sollen für Ansprüche auf Urlaubsabgeltung (§§ 7, 13 BUrlG) und solche von Heimarbeitern (§ 23 HAG) bestehen. **Tarifliche Ansprüche** kann der Arbeitnehmer nur in einem von den Tarifpartnern gebilligten Vergleich erlassen (§ 4 TVG; hierzu § 204). Entsprechendes gilt für Ansprüche aus einer Betriebsvereinbarung (§ 77 IV BetrVG; dazu § 231). Der Erlassvertrag kann ausdrücklich oder stillschweigend geschlossen werden. Kein Erlassvertrag oder Verzicht auf eine Forderung liegt in der bloßen Nichterhebung von Ansprüchen. Es müssen vielmehr noch besondere Umstände hinzutreten, die einen derartigen Schluss rechtfertigen.

2. Zur **Ausgleichsquittung** vgl. § 72 RN 7, zu Verfallfristen § 205. **16**

III. Verwirkung

Kossens, Verwirkung, AR-Blattei SD 1720.

1. Begriff. Die Verwirkung ist im Arbeitsverhältnis von Bedeutung, wenn es um die späte **17**
Geltendmachung eines Rechts geht.

2. Unzulässige Rechtsausübung. a) Die Verwirkung ist ein Unterfall der unzulässigen **18**
Rechtsausübung (§ 242 BGB), die aus der Unzulässigkeit des widersprüchlichen Verhaltens folgt (venire contra factum proprium). Bei der unzulässigen Rechtsausübung steht das anstößige Verhalten des Rechtsträgers bei der Erhebung des Rechts im Vordergrund der Beurteilung. Die Verwirkung soll dem **Bedürfnis nach Rechtsklarheit** dienen.[17] Es ist aber nicht der Zweck der Verwirkung, Schuldner, denen gegenüber die Gläubiger längere Zeit ihre Rechte nicht geltend gemacht haben, von ihrer Pflicht zur Leistung vorzeitig zu befreien. Deshalb kann allein der Zeitablauf die Verwirkung eines Rechts nicht rechtfertigen.

Die Verwirkung setzt voraus, dass der Berechtigte ein Recht längere Zeit nicht geltend **18a**
macht, obwohl er dazu in der Lage war **(sog. Zeitmoment),** und der Verpflichtete sich mit Rücksicht auf das gesamte Verhalten des Berechtigten darauf einrichten durfte und sich darauf eingerichtet hat, dieser werde sein Recht auch künftig nicht mehr geltend machen **(sog. Umstandsmoment).** Zum Zeitablauf müssen daher besondere Umstände sowohl im Verhalten des Berechtigten als auch des Verpflichteten hinzukommen, die es rechtfertigen, die späte Geltendmachung des Rechts mit Treu und Glauben unvereinbar und für den Verpflichteten als unzumutbar anzusehen. Der Berechtigte muss unter Umständen untätig geblieben sein, die den Eindruck erwecken konnten, dass er sein Recht nicht mehr geltend machen wolle, so dass der Verpflichtete sich darauf einstellen durfte, nicht mehr in Anspruch genommen zu werden.[18] Das Ausbleiben von Mahnungen begründet noch keine Vertrauensposition des Schuldners.[19] Die Inanspruchnahme von Vertrauen setzt die Kenntnis des Schuldners von einem möglichen Anspruch eines Dritten voraus. Fehlt es hieran, kann der Schuldner auf das Ausbleiben einer entsprechenden Forderung allenfalls allgemein, nicht aber konkret hinsichtlich eines bestimmten Anspruchs vertrauen. Den Schutz vor unbekannten Forderungen hat das Verjährungsrecht zu gewährleisten, nicht aber Treu und Glauben.[20]

Es können nicht nur **Ansprüche** (Lohn-, Urlaubsansprüche, Ansprüche auf Bezahlung von **18b**
Überstunden[21] usw.), sondern auch **Gestaltungsrechte, Kündigungsrechte** wie Kündigungsgründe[22] usw. verwirken. Das ist nach der Neufassung des § 4 Satz 1 KSchG praktisch nur noch für eine mündliche Kündigung von Relevanz.[23] Auch das Widerspruchsrecht nach § 613a VI BGB kann verwirken.[24] Ein Dienstnehmer handelt rechtsmissbräuchlich, wenn er sich nachträglich darauf beruft, Arbeitnehmer gewesen zu sein, obwohl er als **freier Mitarbeiter** tätig sein wollte und sich jahrelang allen Versuchen des Dienstgebers widersetzt hat, zu ihm in ein Ar-

---

[16] BAG 20. 8. 1980 AP 11, 12 zu § 6 LohnFG; ablehnend ErfK/*Dörner* § 12 EFZG RN 6; *Vogelsang* RN 869.

[17] BAG 24. 5. 2006 NZA 2006, 1364.

[18] BAG 25. 4. 2001 AP 46 zu § 242 BGB Verwirkung = NZA 2001, 966; 31. 8. 2005 AP 8 zu § 6 ArbZG = NZA 2006, 324; 24. 5. 2006 NZA 2006, 1364; 10. 10. 2007 EzAÜG § 10 AÜG Verwirkung Nr. 4.

[19] BAG 28. 5. 2002 EzA 2 zu § 242 BGB Verwirkung.

[20] BAG 24. 5. 2006 NZA 2006, 1364.

[21] BAG AP 4 zu § 242 BGB Verwirkung.

[22] BAG 20. 8. 1998 ZTR 1998, 565; 15. 8. 2002 AP 42 zu § 1 KSchG 1969 Verhaltensbedingte Kündigung.

[23] Vgl. zur Prozessverwirkung BAG 20. 5. 1988 AP 5 zu § 242 BGB Prozessverwirkung = NZA 89, 16; LAG Köln ZIP 90, 1294.

[24] Vgl. BAG 20. 3. 2008 BB 2008, 2072.

beitsverhältnis zu treten.[25] Der Verwirkung unterliegt auch das Recht des Arbeitnehmers, die Rechtsunwirksamkeit einer **Versetzung** geltend zu machen.[26] Der **Zeugnisanspruch** kann gleichfalls verwirken (§ 146 RN 11).[27] Die Verwirkung ist von Amts wegen zu prüfen; der Schuldner braucht sich auf sie im Prozess nicht zu berufen.

19 **b)** Bei tarifgebundenen Arbeitnehmern verfallen die **Ansprüche auf Überstundenabgeltung** im Allgemeinen nach Ablauf der tariflichen Ausschlussfristen. Die Abgeltungsansprüche der übrigen Arbeitnehmer verwirken nach Ablauf einer entsprechenden Frist, wenn das Umstandsmoment erfüllt ist. Während des Laufes tariflicher Verfallfristen verwirken Ansprüche grundsätzlich nicht.[28]

20 **3. Ausschluss der Verwirkung.** Die Verwirkung tariflicher Rechte ist nach § 4 IV 2 TVG ausgeschlossen. Dies gilt auch für Ansprüche des Arbeitgebers. Unberührt hiervon bleibt der Einwand der unzulässigen Rechtsausübung. Eine entsprechende Rechtslage besteht für Rechte aus einer Betriebsvereinbarung (§ 77 IV BetrVG). Verzichtet der Arbeitgeber im Rahmen einer Betriebsvereinbarung auf betriebsbedingte Kündigungen, wenn die Arbeitnehmer regelmäßig Mehrarbeit leisten, soll es eine unzulässige Rechtsausübung darstellen, wenn ein Arbeitnehmer für die Laufzeit des Kündigungsverzichts die Mehrarbeit stillschweigend erbringt und die Ansprüche auf Mehrarbeitsvergütung nachträglich doch noch geltend macht.[29]

21 **4. Tarifbindung.** Die Verwirkung tariflicher Rechte ist nur ausgeschlossen, wenn der Tarifvertrag kraft Tarifbindung oder Allgemeinverbindlichkeitserklärung den Arbeitsvertrag gestaltet (§§ 206, 207). Übertarifliche Ansprüche sowie Ansprüche von Arbeitsvertragsparteien, die die Geltung eines Tarifvertrags nur einzelvertraglich vereinbart haben, werden hiervon nicht erfasst.[30] Ansprüche aus nachwirkenden Tarifverträgen unterliegen gleichfalls dem Ausschluss der Verwirkung.[31]

§ 74. Rückzahlung von Arbeitsvergütung

Berger-Delhey, Die Rückforderung überzahlten Arbeitsentgelts im öffentlichen Dienst, PersV 92, 475; *Bitter,* Abschlags-, Voraus-, Vorschuß-, Vorbehalts- und Überzahlung des Entgelts, AR-Blattei SD 1145; *Groß,* Brutto oder Netto? Die Rückzahlung von Arbeitsentgelt in zivil-, steuer- und sozialversicherungsrechtlicher Sicht, ZIP 87, 5; *Hromadka,* Irrtümliche Überzahlung von Lohn, Geschichtliche Rechtswissenschaft. Freundesgabe für Alfred Söllner zum 60. Geburtstag; *Möller,* Die Rückforderung überzahlten Arbeitsentgelts, ZTR 89, 306; *Mummenhoff,* Rückzahlung, AR-Blattei SD 1340; *Reckendrees,* Rückforderung zuviel gezahlter Bezüge bei Arbeitnehmern des öffentlichen Dienstes trotz Wegfalls der Bereicherung, ZTR 99, 115; *Schwab,* Verwirkung des Anspruchs des Arbeitgebers auf Rückerstattung von Lohnüberzahlungen, BB 95, 2212.

Übersicht

	RN		RN
I. Überzahlung	1 ff.	4. Rückzahlungsvereinbarung	12
1. Rückzahlungsanspruch	1–7	5. Pfändung und Aufrechnung	13
2. Ausschluss	8–11	6. Lohnvorschüsse	14
3. Rückabwicklung gegenseitiger Verträge	11 a	II. Rückwirkende Lohnminderung	15

I. Überzahlung

1 **1. Rückzahlungsanspruch. a)** Hat der Arbeitgeber irrtümlich eine zu hohe Arbeitsvergütung gezahlt, ist der Arbeitnehmer nach **§§ 812 ff. BGB** zur Rückzahlung verpflichtet.[1] Die Rückzahlungsverpflichtung besteht insbesondere, wenn **(1)** der Arbeitgeber sich verrechnet hat, **(2)** er irrtümlich glaubt, auf Grund tariflicher Vorschrift zur Leistung verpflichtet zu sein,[2]

---

[25] BAG 11. 12. 1996 AP 36 zu § 242 BGB Unzulässige Rechtsausübung-Verwirkung.
[26] BAG 12. 12. 2006 NZA 2007, 396.
[27] BAG 16. 10. 2007 AP 33 zu § 630 BGB = NZA 2008, 298; 4. 10. 2005 AP 32 zu § 630 BGB = NZA 2006, 436; 17. 2. 1988 AP 17 zu § 630 BGB = NZA 88, 427.
[28] ErfK/*Preis* § 611 BGB RN 471.
[29] LAG Bad.-Württemberg 22. 1. 1998 NZA-RR 2000, 86.
[30] Wiedemann/*Wank* § 4 RN 698 ff.
[31] Wiedemann/*Wank* § 4 RN 700 f.; a. A. Däubler/*Zwanziger* § 4 RN 1073, 1061.
[1] BAG 19. 1. 1999 AP 1 zu § 70 BAT-O = NZA 99, 1040.
[2] BAG 1. 6. 1995 AP 16 zu § 812 BGB = NZA 96, 135.

(3) im öffentlichen Dienst, wenn der Arbeitgeber den Arbeitnehmer irrtümlich in eine zu hohe tarifliche Lohngruppe eingruppiert hat.[3] Der Verwalter einer Hauseigentümergemeinschaft ist ohne Ermächtigung der Gemeinschaft nicht nach § 27 II Nr. 5 WEG berechtigt, Klage auf Rückzahlung zu erheben.[4]

b) Rückzahlungsansprüche des Arbeitgebers aus Bereicherungsrecht (§§ 812 ff. BGB) können **1a** auch bestehen, wenn ein Arbeitsverhältnis von den Vertragsparteien irrtümlich als **freies Mitarbeiterverhältnis** behandelt worden ist und der Arbeitgeber deshalb ein Honorar bezahlt hat, das höher war, als die tarifvertraglichen Arbeitsentgeltansprüche aus dem Arbeitsverhältnis.[5] Der Rückzahlungsanspruch umfasst in diesem Fall die Summendifferenz zwischen sämtlichen Honorarzahlungen und sämtlichen Vergütungsansprüchen. In die vorzunehmende Verrechnung ist auch ein etwaiger tariflicher Abfindungsanspruch einzubeziehen.[6] Der Arbeitgeber muss darlegen und im Streitfalle beweisen, dass für die Leistungen an den Arbeitnehmer ein Rechtsgrund (teilweise) gefehlt hat. Das umfasst die Tatsachen, aus denen die zutreffende Eingruppierung des Arbeitnehmers folgt. Die Rückforderung seitens des Arbeitgebers ist nicht rechtsmissbräuchlich, wenn sie sich auf den Zeitraum beschränkt, für den der Arbeitnehmer das Bestehen des Arbeitsverhältnisses geltend gemacht hat. Mit der Klageerhebung gibt der Arbeitnehmer zu erkennen, dass er das Rechtsverhältnis nicht nach den Regeln der freien Mitarbeit, sondern nach Arbeitsrecht behandelt wissen will.[7]

Nach § 814 BGB kann das zum Zwecke der Erfüllung einer Verbindlichkeit Geleistete nicht **1b** zurückgefordert werden, wenn der Leistende gewusst hat, dass er zur Leistung nicht verpflichtet war. Erforderlich ist die **positive Kenntnis der Rechtslage** zum Zeitpunkt der Leistung. Nicht ausreichend ist die Kenntnis der Tatsachen, aus denen sich das Fehlen einer rechtlichen Verpflichtung ergibt. Der Leistende muss wissen, dass er nach der Rechtslage nichts schuldet.[8] Das ist nur der Fall, wenn er aus den ihm bekannten Tatsachen auch eine im Ergebnis zutreffende rechtliche Schlussfolgerung zieht, wobei allerdings eine entsprechende „Parallelwertung in der Laiensphäre" genügt.[9] Beruht die Unkenntnis auf grober Fahrlässigkeit, schließt das den Rückforderungsanspruch nicht aus.

Berechnet der Arbeitgeber die Vergütung fehlerhaft, obwohl ihm die maßgeblichen Berech- **2** nungsgrundlagen bekannt waren oder hätten bekannt sein müssen, entsteht sein Rückzahlungsanspruch bei überzahlter Vergütung im Zeitpunkt der Überzahlung und wird auch zugleich **fällig** (§ 271 I BGB). Auf die Kenntnis des Arbeitgebers von seinem Rückzahlungsanspruch kommt es in einem solchen Fall nicht an. Sind dem Arbeitgeber die Grundlagen der Berechnung bekannt, fallen Fehler bei der Berechnung der Vergütung regelmäßig in seine Sphäre, weil sie von ihm eher durch Kontrollmaßnahmen entdeckt werden können als vom Empfänger der Leistung.[10] Ein anderer Fälligkeitszeitpunkt ergibt sich, wenn es dem Gläubiger auf Grund praktischer Umstände unmöglich ist, seinen Anspruch geltend zu machen. Bei Rückzahlungsansprüchen ist dies der Fall, wenn der Gläubiger nicht in der Lage ist, die tatsächlichen Voraussetzungen seines Anspruchs zu erkennen und diesen wenigstens annähernd zu beziffern. Dann wird der Rückzahlungsanspruch erst mit der Kenntnis des Gläubigers von den für die Rückforderung maßgeblichen Tatsachen fällig. Dies ist beispielsweise anzunehmen, wenn der Arbeitgeber Entgeltfortzahlung leistet, weil er keine Kenntnis davon hat, dass der Arbeitnehmer an einer Fortsetzungserkrankung (§ 3 I 2 EFZG) leidet[11] oder wenn der öffentliche Arbeitgeber den vollen Ortszuschlag für Verheiratete weiterzahlt, obwohl die Ehefrau des Arbeitnehmers ohne Wissen des Arbeitgebers eine Tätigkeit im öffentlichen Dienst aufgenommen hat und der Arbeitnehmer deshalb nur noch einen geringeren Ortszuschlag beanspruchen kann.[12]

---

[3] BAG 17. 5. 2001 AP 2 zu § 70 BAT-O = NZA 2002, 910.
[4] BAG 11. 8. 1998 AP 22 zu § 812 BGB.
[5] BAG 8. 11. 2006 NZA 2007, 321; 9. 2. 2005 AP 12 zu § 611 BGB Lohnrückzahlung = NZA 2005, 814; 29. 5. 2002 AP 27 zu § 812 BGB = NZA 2002, 1328; 14. 3. 2001 AP 35 zu § 1 TVG Tarifverträge: Rundfunk = NZA 2002, 155.
[6] BAG 29. 5. 2002 AP 27 zu § 812 BGB = NZA 2002, 1328.
[7] BAG 8. 11. 2006 NZA 2007, 321.
[8] BAG 6. 6. 2007 AP 37 zu § 1 TVG Tarifverträge: Lufthansa.
[9] BAG 8. 11. 2006 NZA 2007, 321; 1. 2. 2006 ZTR 2006, 319; 9. 2. 2005 AP 12 zu § 611 BGB Lohnrückzahlung = NZA 2005, 814; 28. 1. 1999 ZTR 99, 471; 1. 6. 1995 AP 16 zu § 812 BGB = NZA 96, 135.
[10] BAG 10. 3. 2005 AP 38 zu § 70 BAT = NZA 2005, 812; 19. 2. 2004 AP 3 zu § 70 BAT-O.
[11] BAG 19. 3. 1986 AP 67 zu § 1 LohnFG.
[12] BAG 16. 11. 1989 AP 8 zu § 29 BAT.

3 Nach § 812 I 1 1. Alt. BGB ist derjenige, der durch Leistung etwas ohne rechtlichen Grund erlangt hat, zur Herausgabe verpflichtet. Bei Entgeltüberzahlungen bezieht sich der Rückzahlungsanspruch grundsätzlich auf den **Bruttobetrag.**[13] Dieser unterliegt regelmäßig öffentlichrechtlichen Abzügen. Die arbeitsrechtliche Vergütungspflicht beinhaltet nicht nur die Nettoauszahlung, sondern umfasst auch die Leistungen, die nicht in einer unmittelbaren Auszahlung an den Arbeitnehmer bestehen.[14] Der Arbeitnehmer schuldet dem Arbeitgeber bei einer Überbezahlung somit auch die Arbeitnehmeranteile, die der Beschäftigte in allen Zweigen der **Sozialversicherung** zu tragen hat (vgl. § 346 I 1 SGB III, § 249 I SGB V, § 168 I Nr. 1 SGB VI, § 58 I SGB XI). Fehlt es an der Leistungspflicht des Arbeitgebers gegenüber dem Arbeitnehmer, erlangt dieser nicht nur durch die Auszahlung des Nettolohns, sondern auch durch die Abführung der Arbeitnehmeranteile an die Sozialversicherung eine Leistung ohne Rechtsgrund (§ 812 I 1 BGB). Der Arbeitnehmer hat nach § 818 I BGB das Erlangte herauszugeben. Kann dieses nicht herausgegeben werden, hat der Bereicherungsschuldner den Wert zu ersetzen (§ 818 II BGB). Im Falle einer Arbeitsentgeltüberzahlung erlangt der Arbeitnehmer den Erstattungsanspruch nach § 26 II SGB IV, der gem. § 26 III SGB IV allein ihm zusteht. Dementsprechend hat der Arbeitgeber gegen den Arbeitnehmer nur einen Anspruch auf Abtretung dieses gegen den Sozialversicherungsträger bestehenden Anspruchs. Ist dessen Übertragung auf den Arbeitgeber nicht möglich, weil dem Arbeitnehmer von der Einzugsstelle die zu Unrecht entrichteten Sozialversicherungsbeiträge bereits ausgezahlt wurden, hat er den Wert des Anspruchs zu ersetzen. Nur in diesem Falle ist ein Zahlungsantrag begründet.[15] Hat der Arbeitnehmer die Überzahlung zur Tilgung von Schulden verwandt, sind die ersparten Zinsen erlangt.[16] Der Wert der vom Arbeitgeber für Rechnung des Arbeitnehmers an das Finanzamt entrichteten **Lohnsteuer** ist gleichfalls vom Arbeitnehmer herauszugeben.[17]

4 Verletzt der Arbeitnehmer seine **Informationspflichten** und kommt es dadurch zu Überzahlungen, ist er dem Arbeitgeber zur Rückzahlung verpflichtet. Dies ist z. B. der Fall, wenn der Arbeitnehmer nach der Zuerkennung der Erwerbsunfähigkeitsrente im öffentlichen Dienst ohne Information des Arbeitgebers weiter gearbeitet hat, obwohl das Arbeitsverhältnis nach § 59 BAT/§ 33 TVöD beendet war.[18] Der Rückzahlungsanspruch umfasst alle Entgeltbestandteile, die über das reine Arbeitsentgelt hinausgehen.[19] Ist die Rente wegen Erwerbsunfähigkeit rückwirkend bewilligt worden, wird für den Rückwirkungszeitraum kein Anspruch bestehen. Entsprechendes gilt im öffentlichen Dienst für die Unterrichtungspflichten des Arbeitnehmers in Bezug auf den Ortszuschlag.[20]

5 Hat der Arbeitgeber **Vorschüsse** gezahlt (§ 70 RN 12), die nicht mehr durch Arbeitsleistungen des Arbeitnehmers gedeckt werden, folgt die Rückzahlungsverpflichtung aus der Vorschussvereinbarung. Diese beinhaltet ohne Rücksicht auf eine etwaige Bereicherung die Verpflichtung zur Rückzahlung.[21] Bei zu hoher Vorschusszahlung hat der Arbeitgeber darzulegen und ggf. zu beweisen, dass eine Verrechnung nicht mehr möglich war.[22] Der Einwand, es seien Vorschüsse gezahlt worden, ist der Einwand vorweggenommener Erfüllung.[23] Der Anspruch auf Rückzahlung von Vorschüssen verjährt in drei Jahren (§ 195 BGB).[24] Dasselbe gilt auch für Ansprüche wegen ungerechtfertigter Bereicherung (irrtümliche Überzahlung).[25] Regelmäßig gelten kürzere tarifliche Verfallfristen (§ 205).[26]

6 **c)** Mit dem Rückzahlungsanspruch aus Vertrag oder ungerechtfertigter Bereicherung kann ein solcher aus **unerlaubter Handlung** (§§ 823 ff. BGB) konkurrieren.[27] Dies ist der Fall,

---

[13] BAG 11. 10. 2006 AP 4 zu § 5 EFZG.
[14] BAG 29. 3. 2001 AP 1 zu § 26 SGB IV = NZA 2003, 105.
[15] BAG 9. 4. 2008 EzA 3 zu § 4 TVG Gaststättengewerbe; 19. 2. 2004 AP 3 zu § 70 BAT-O.
[16] BGH 6. 3. 1998 ZIP 98, 1110.
[17] BAG 19. 1. 1999 AP 1 zu § 70 BAT-O = NZA 99, 1040.
[18] Vgl. dazu BAG 11. 10. 2006 AP 4 zu § 5 EFZG.
[19] BAG 30. 4. 1997 AP 20 zu § 812 BGB = NZA 98, 199.
[20] Dazu BAG 16. 11. 1989 AP 8 zu § 29 BAT.
[21] BAG 28. 6. 1965 AP 3 zu § 614 BGB Gehaltsvorschuss; 25. 3. 1976 AP 9 zu § 65 HGB.
[22] LAG Berlin BB 71, 1413.
[23] LAG München BB 90, 1068.
[24] Vgl. zum alten Verjährungsrecht BAG 15. 3. 2000 AP 24 zu §§ 22, 23 BAT Zuwendungs-TV = NZA 2000, 1004.
[25] Vgl. zur Zahlung von Urlaubsgeld, wenn es später zum Verfall des Urlaubsanspruchs kommt, BAG 1. 10. 2002 AP 37 zu § 253 ZPO = NZA 2003, 567.
[26] BAG 8. 9. 1998 AP 56 zu § 72 a ArbGG 1979 = NZA 99, 223.
[27] BAG 27. 3. 1990 AP 1 zu § 1 BetrAVG Überzahlung = NZA 90, 776.

wenn dem Arbeitnehmer eine vertragliche Informationspflicht obliegt, die er verletzt hat. Dies gilt vor allem im Bereich der betrieblichen Altersversorgung, wenn es dem Arbeitnehmer/Pensionär obliegt, den Arbeitgeber über anrechnungsfähige anderweitige Versorgungsbezüge zu informieren.

Eine **Besonderheit für Rückzahlungsansprüche** ergibt sich nach dem Schuldrechtsmodernisierungsgesetz. Hat der Arbeitgeber vorgeleistet und kommt es nicht mehr zur Arbeitsleistung des Arbeitnehmers, folgt der Rückzahlungsanspruch aus § 326 IV BGB. Dieser richtet sich nach Rücktrittsrecht. 7

2. Ausschluss. Der Rückzahlungsanspruch ist ausgeschlossen, wenn der **Arbeitnehmer nicht mehr bereichert ist (§ 818 III BGB).** Das ist der Fall, wenn das Erlangte ersatzlos weggefallen ist und kein Überschuss mehr zwischen dem vorhandenen Vermögen und demjenigen Vermögen besteht, das auch ohne die ursprüngliche Bereicherung vorhanden wäre. § 818 III BGB dient dem Schutz des „gutgläubig" Bereicherten, der das rechtsgrundlos Empfangene im Vertrauen auf das (Fort-)Bestehen des Rechtsgrundes verbraucht hat und der nicht über den Betrag einer wirklichen (noch bestehenden) Bereicherung hinaus zur Herausgabe oder zum Wertersatz verpflichtet werden soll.[28] Es kommt deshalb darauf an, ob der Empfänger die Beträge restlos für seine laufenden Lebensbedürfnisse verbraucht oder sich damit noch in seinem Vermögen vorhandene Werte oder Vorteile verschafft hat. Letzteres ist etwa der Fall bei anderweitigen Ersparnissen oder Anschaffungen. Auch die infolge Tilgung eigener Schulden mittels des rechtsgrundlos erlangten Geldes eintretende Befreiung von Verbindlichkeiten zählt zu den bestehen bleibenden Vermögensvorteilen, die einem Wegfall der Bereicherung grundsätzlich entgegenstehen.[29] Die rechtsgrundlose Zahlung muss für diesen Vermögensvorteil ursächlich gewesen sein.[30] Für vom Arbeitgeber rechtsgrundlos nach Beendigung des Arbeitsverhältnisses erbrachte Leistungen gilt nichts anderes.[31] Zur Darlegung des „endgültigen" Wegfalls der Bereicherung genügt deshalb nicht die Angabe des Bereicherungsschuldners über die mit seiner Lebensführung regelmäßig verbunden Aufwendungen. Diese Ausgaben hätte er auch ohne die Leistungen des Bereicherungsgläubigers getätigt.[32] 8

Der **Bereicherte hat den Wegfall der Bereicherung zu beweisen,** weil es sich um eine rechtsvernichtende Einwendung handelt.[33] Hierzu hat er im Falle einer Gehaltsüberzahlung darzulegen und im Streitfall zu beweisen, dass sich sein Vermögensstand in Folge der Gehaltsüberzahlung nicht verbessert hat. Er hat daher im Einzelnen vorzutragen, dass er weder Aufwendungen erspart hat, die er ohnehin gemacht hätte, noch Schulden getilgt und dadurch seinen Vermögensstand verbessert hat. Dabei können ihm Erleichterungen zugutekommen. Bei kleineren und mittleren Arbeitseinkommen und einer gleichbleibend geringen Überzahlung des laufenden Arbeitsentgelts besteht die Möglichkeit des Beweises des ersten Anscheins für den Wegfall der Bereicherung.[34] Diese Erleichterung der Darlegungs- und Beweislast kommt für den Arbeitnehmer aber nur dann in Betracht, wenn erfahrungsgemäß und typischerweise anzunehmen ist, dass die Überzahlung für den laufenden Lebensunterhalt, insbesondere für konsumtive Ausgaben verbraucht wurde. Eine solche Annahme setzt voraus, dass es sich um Überzahlungen in relativ geringer Höhe handelt. Je höher die Überzahlung im Verhältnis zum Realeinkommen ist, um so weniger lässt sich annehmen, die zusätzlichen Mittel seien für den Lebensunterhalt verbraucht worden.[35] Sind nennenswerte andere Einkünfte vorhanden, kann auf eine typische Lebenssituation, die zum Verbrauch der zusätzlichen Mittel führt, nicht geschlossen werden.[36] 9

Soll allein auf Grund eines **Erfahrungssatzes** jeder individuelle Sachvortrag entbehrlich sein, wird eine Nettoüberzahlung nicht die relative Größenordnung von 10% des Nettozahlbetrags übersteigen dürfen.[37] In Fällen dieser Art ist davon auszugehen, dass der Arbeitnehmer das erhöhte Einkommen zur Deckung laufender Lebensbedürfnisse verwendet hat, die keine bleibenden Vermögensveränderungen zu seinen Gunsten bewirkt haben. Ist die geleistete Nettoüber- 10

---

[28] BAG 23. 5. 2001 AP 25 zu § 812 BGB; BGH 17. 6. 1992 NJW 92, 2415.
[29] BGH 17. 6. 1992 NJW 92, 2415.
[30] BAG 9. 2. 2005 AP 12 zu § 611 BGB Lohnrückzahlung = NZA 2005, 814.
[31] BAG 11. 8. 1998 AP 22 zu § 812 BGB = NZA 99, 36.
[32] BAG 19. 1. 1999 AP 1 zu § 70 BAT-O = NZA 99, 1040.
[33] BAG 23. 5. 2001 AP 25 zu § 812 BGB; BGH 17. 6. 1992 NJW 92, 2415.
[34] BAG 6. 6. 2007 AP 37 zu § 1 TVG Tarifverträge: Lufthansa; 9. 2. 2005 AP 12 zu § 611 BGB Lohnrückzahlung = NZA 2005, 814; 18. 1. 1995 AP 13 zu § 812 BGB = NZA 96, 27.
[35] BAG 23. 5. 2001 AP 25 zu § 812 BGB.
[36] BAG 23. 5. 2001 AP 25 zu § 812 BGB; 18. 1. 1995 AP 13 zu § 812 BGB = NZA 96, 27.
[37] Dieser Wert ist Verwaltungsvorschriften für die Behandlung von Überzahlungen im öffentlichen Dienst entnommen, vgl. Rundschreiben des BMI v. 27. 4. 1998 BMBl. S. 311.

zahlung größer als 10% oder kann aus der wirtschaftlichen Lebenssituation nicht auf den Verbrauch der Überzahlung geschlossen werden, bedarf es substantiierten Sachvortrags des Bereicherungsschuldners. Der Erwerb eines Vermögenswerts steht dabei der Annahme der Entreicherung nicht entgegen, wenn der Bereicherte den Vermögensvorteil in jedem Fall auch ohne die Überzahlung – notfalls unter Einschränkung des Lebensstandards – erworben hätte, so dass die Überzahlung für den Vermögensvorteil nicht ursächlich war. Kann der Arbeitnehmer dartun, wie sich seine Vermögensverhältnisse im fraglichen Überzahlungszeitraum verändert haben, begrenzt diese Vermögensveränderung zugleich das Maß seiner möglichen Bereicherung.[38]

11 Die Einrede der Entreicherung aus § 818 III BGB ist bei **verschärfter Haftung des Bereicherten** nach §§ 819 I, 820 I BGB ausgeschlossen. Die verschärfte Haftung des Bereicherungsschuldners nach § 819 BGB setzt seine positive Kenntnis des Mangels des rechtlichen Grundes voraus; das Kennenmüssen genügt nicht. Nach § 820 I BGB haftet der Empfänger verschärft, wenn der mit der Leistung bezweckte Erfolg als unsicher oder der spätere Wegfall des Rechtsgrundes als möglich angesehen wurde.

11a **3. Rückabwicklung gegenseitiger Verträge.** Bei der Rückabwicklung gegenseitiger Verträge erfolgt grundsätzlich eine **Saldierung der beiderseitigen Leistungen.** Es bestehen nicht wechselseitige Bereicherungsansprüche, sondern nur der Anspruch auf den sich ergebenden Saldo. Danach wäre gegenüber dem Bereicherungsanspruch des Arbeitgebers der Wert der Arbeitsleistung gem. § 818 II BGB zugunsten des Arbeitnehmers zu berücksichtigen. Gemäß § 817 Satz 2 BGB ist jedoch z.B. die Rückforderung des Wertes der Arbeitsleistung ausgeschlossen, wenn mit der Erbringung der Arbeitsleistung vorsätzlich gegen das Verbot der Ausübung der Heilkunde ohne Approbation verstoßen wurde. Nach Treu und Glauben kommt im Einzelfall eine Einschränkung des Ausschlusses der Rückforderung in Betracht.[39] Da die Saldotheorie nur für die Abwicklung von beiderseitig bereits erbrachten Leistungen aus einem unwirksamen gegenseitigen Vertrag gilt, greift sie nicht ein, wenn ein Bauunternehmer Beiträge an die ZVK abführt, denn in diesem Fall erfolgt die Zahlung nicht auf Grund eines Vertrags, sondern wegen einer tariflichen Verpflichtung.[40]

12 **4. Rückzahlungsvereinbarung.** Zwischen den Arbeitsvertragsparteien kann nach älterer Rechtsprechung des BAG vereinbart werden, dass der Arbeitnehmer **ohne Rücksicht auf den Wegfall der Bereicherung** zur Rückzahlung überzahlter Beträge verpflichtet sei.[41] Eine solche Klausel in Formulararbeitsverträgen dürfte heute nicht mehr der Inhaltskontrolle nach § 307 I BGB standhalten.[42] Die einseitige Erklärung des Arbeitnehmers auf einem vom Arbeitgeber vorgelegten Formblatt, er wisse, dass er alle überhöhten Bezüge zurückzahlen müsse, die er infolge unterlassener, verspäteter oder fehlerhafter Meldungen erhalten habe, enthält allerdings keine Vereinbarung über den Ausschluss der Einrede der Entreicherung.[43]

13 **5. Pfändung und Aufrechnung** (§ 87 RN 8ff., § 89). Der Arbeitgeber kann **nur gegen Nettoentgeltansprüche** des Arbeitnehmers die Aufrechnung erklären. Zur Abführung der Sozialversicherungsbeiträge bleibt er verpflichtet. Die Aufrechnung gegen unpfändbare Forderungen ist nach § 394 BGB ausgeschlossen. Der Arbeitgeber ist grundsätzlich nicht berechtigt, gegen Bruttogehaltsansprüche des Arbeitnehmers mit Rückforderungsansprüchen dergestalt aufzurechnen, dass er die Bruttobeträge „brutto gegen brutto" voneinander abzieht.[44] Nur ausnahmsweise kann er bei einer Überzahlung Bruttoentgeltbestanteile gegen Bruttolohnforderungen aufrechnen, weil dies wirtschaftlich gleichwertig ist.[45] Ein tarifliches Schriftformerfordernis für die Geltendmachung der Forderung zur Wahrung der Ausschlussfrist steht der Aufrechnung nicht entgegen.[46]

14 **6.** Zu **Lohnvorschüssen** und Abschlagszahlungen vgl. § 70 RN 12ff.; zu Provisionsrückzahlungen § 75 RN 39.

---

[38] BAG 25. 4. 2001 AP 46 zu § 242 BGB Verwirkung = NZA 2001, 966.
[39] BAG 3. 11. 2004 AP 25 zu § 134 BGB = NZA 2005, 1409.
[40] BAG 23. 4. 2008 AP 300 zu § 1 TVG Tarifverträge: Bau.
[41] BAG 8. 2. 1964 AP 2 zu § 611 BGB Lohnrückzahlung.
[42] Näher zur AGB-Kontrolle solcher Klauseln *Bieder* DB 2006, 1318.
[43] BAG 18. 9. 1986 AP 5 zu § 812 BGB.
[44] Vgl. LAG Nürnberg 2. 3. 1999 NZA-RR 99, 626.
[45] Ebenso ErfK/*Preis* § 611 BGB RN 450.
[46] BAG 1. 2. 2006 ZTR 2006, 319.

II. Rückwirkende Lohnminderung

Einzel- oder **kollektivvertragliche** Vereinbarungen,[47] nach denen sich der Lohnanspruch rückwirkend für den Fall vorzeitiger Beendigung des Arbeitsverhältnisses vermindern soll, sind grundsätzlich unwirksam (§ 307 I BGB). Das gilt auch dann, wenn sich der Arbeitgeber den Widerruf der Vergütung, etwa bei Umsatzprovisionen oder Gewinnbeteiligungen, vorbehalten hat. Sie verstoßen auch gegen das Verbot einseitiger Kündigungserschwerungen aus § 622 VI BGB (§ 126 RN 42), wenn sie für den Fall der Kündigung des Arbeitnehmers vereinbart sind. 15

[47] Vgl. BAG 7. 12. 1962 AP 28 zu Art. 12 GG (betr. Betriebsvereinbarung); 13. 9. 1974 AP 84 zu § 611 BGB Gratifikation.

3. Abschnitt. Sonderformen der Vergütung

§ 75. Provision

Zum Schrifttum vgl. die Kommentare zum HGB; *Fröhlich,* Beteiligung am wirtschaftlichen Erfolg im Arbeitsverhältnis, ArbRB 2006, 246; *Schwab,* Das Recht der Arbeit im Leistungslohn, AR-Blattei SD 40; *Zorn,* Provision im Arbeitsvertrag, AuA 2007, 658.

Übersicht

	RN
I. Allgemeines	1 ff.
1. Begriff der Provision	1–6
2. Provisionsansprüche im Arbeitsverhältnis	7–10
3. Gliederung der gesetzlichen Regelung	11
II. Entstehung des Provisionsanspruchs	12 ff.
1. Voraussetzungen	12
2. Bestand des Arbeitsverhältnisses	13–16
3. Geschäftsabschluss zwischen Unternehmer und Dritten	17–19
4. Kausalzusammenhang	20–23
5. Werbung von neuen Kunden für gleichartige Geschäfte	24
6. Bezirksvertretung	25–30
7. Ausschluss des Provisionsanspruchs	31
8. Abweichende vertragliche Vereinbarungen	32, 33
III. Unbedingte Entstehung des Provisionsanspruchs	34 ff.
1. Gliederung von § 87 a HGB	34
2. Erwerb von Provisionsansprüchen durch Ausführung seitens des Arbeitgebers	35, 36
3. Abweichende Vereinbarungen	37, 38
4. Wegfall des Provisionsanspruchs bei Nichtausführung des Geschäftes durch Dritten	39
5. Erwerb des Provisionsanspruchs trotz Nichtausführung des Geschäftes	40–43
IV. Fälligkeit des Provisionsanspruchs	44
V. Abtretung, Pfändung, Insolvenz	45
VI. Verjährung, Ausschlussfristen	46
VII. Höhe des Provisionsanspruchs	47 ff.
1. Vertrag	47–49
2. Berechnung der Provision	50, 51
VIII. Abrechnung der Provisionsforderung	52 ff.
1. Allgemeines und Gliederung	52, 53
2. Abrechnung	54
3. Buchauszug	55–57
4. Mitteilung wesentlicher Umstände	58
5. Einsichtnahme in die Geschäftsbücher	59

I. Allgemeines

1 **1. Begriff der Provision.** Die Provision ist eine Erfolgsvergütung. Sie ist zumeist eine in Prozenten ausgedrückte Beteiligung an dem Wert solcher Geschäfte, die durch den Provisionsberechtigten zustande kommen **(Vermittlungsprovision)** oder die mit Kunden eines bestimmten Bezirkes oder einem vorbehaltenen Kundenstamm abgeschlossen werden **(Bezirksprovision).** Entlohnt wird der durch die Tätigkeit des Arbeitnehmers bedingte geschäftliche Erfolg. Maßgeblich ist die Gestaltung der Vergütungsregelung, auf die Bezeichnung als Erfolgsvergütung oder Provision kommt es nicht an.[1]

2 Hiervon zu unterscheiden ist die **Umsatzprovision.** Sie ist die Beteiligung an dem Wert sämtlicher Geschäfte eines Unternehmens oder einer Abteilung.[2] Auf sie finden im Allgemeinen die gesetzlichen Vorschriften über die Provision keine Anwendung.[3] Vielmehr nähert sie sich in der rechtlichen Struktur der Tantieme (§ 76).[4] Eine zusätzlich zum Gehalt gezahlte Umsatzbeteiligung ist keine widerrufbare Sonderleistung sondern Teil des Entgelts. Wird vereinbart, dass die Umsatzbeteiligung im Folgejahr in monatlichen Raten ausgezahlt wird, so handelt es sich um eine Fälligkeitsregelung. Die Zahlungspflicht besteht auch dann, wenn das Arbeitsverhältnis beendet worden ist.[5] Der Arbeitnehmer kann sich bei der **Abrechnung** der Umsatzprovision,

---

[1] BAG 13. 12. 1965 AP 3 zu § 65 HGB; 12. 1. 1973 AP 4 zu § 87 a HGB.

[2] LAG Düsseldorf 24. 6. 1969 DB 69, 1296.

[3] LAG Baden-Württemberg 31. 1. 1966 BB 66, 369; OLG Karlsruhe 29. 1. 1965 BB 66, 1169.

[4] Allerdings kann die Bezirksprovision mit der Umsatzprovision identisch sein, wenn ein Unternehmer nur Geschäfte in einem Bezirk macht.

[5] BAG 8. 9. 1998 AP 6 zu § 87 a HGB = NZA 99, 420.

vorbehaltlich besonderer Vereinbarung, nicht auf die Auskunftsvorschrift des § 87 c HGB, sondern nur auf die allgemeinen Vorschriften berufen.[6] Der Arbeitgeber hat jedoch dem vertraglich am Umsatz beteiligten Arbeitnehmer nach § 242 BGB **Auskunft** in entsprechender Anwendung des § 259 BGB zu erteilen, wenn die durch Tatsachen gestützte Besorgnis gerechtfertigt ist, dass der Arbeitgeber den Arbeitnehmer bei der Zuteilung der Aufträge benachteiligt hat.[7]

Häufig wird ein **Provisionsvorschuss** vereinbart, der eine Vorleistungspflicht des Arbeitgebers begründet, aber ggfs. auf Grund der Provisionsvereinbarung zurückzugewähren sein kann, wenn der Arbeitnehmer keine entsprechenden Provisionsansprüche verdient.[8] Solche Vereinbarungen können auch in Allgemeinen Geschäftsbedingungen enthalten sein und sind nicht etwa gem. §§ 305 c, 307 I BGB unwirksam.[9] Sie können aber nach § 138 BGB nichtig sein, wenn der Arbeitnehmer überhaupt nicht in der Lage ist, durch Provisionsansprüche die monatlichen Abschlagszahlungen zu erreichen.[10] 3

Ebenso finden sich aber auch Vereinbarungen, die ein **garantiertes Mindestgehalt** vorsehen, das im Fall eines Minderumsatzes nicht zurückzuzahlen ist. Wird einem Provisionsberechtigten ein bestimmter monatlicher Betrag garantiert, so ist im Zweifel ausgeschlossen, dass Minderverdienste in einem Monat mit Verdienstspitzen in einem anderen Monat verrechnet werden.[11] 4

Bei **Arbeitnehmerüberlassungsverträgen** berechnet die Verleihfirma häufig eine Provision, wenn der Arbeitnehmer später übernommen wird. Durch **§ 9 Nr. 3 AÜG** in der seit dem 1. 1. 2004 geltenden Fassung hat der Gesetzgeber die Zulässigkeit entsprechender Vereinbarungen ausdrücklich klargestellt[12] (zum Meinungsstreit auf Grund der früheren Rechtslage s. die 12. Aufl. § 76 RN 3 a). 5

Für **Handelsvertreter** besteht die Richtlinie 86/653/EWG des Rates vom 18. 12. 1986 (ABl. Nr. L 382, S. 17) zur Koordinierung der Mitgliedstaaten betreffend die selbstständigen Handelsvertreter. Der EuGH hat Art. 7 Abs. 2 der Richtlinie, wonach bei einer Bezirksprovision darauf abzustellen ist, ob der Kunde einem bestimmten Bezirk angehört, dahin ausgelegt, dass ein Handelsvertreter, dem ein bestimmter Bezirk zugewiesen ist, auch für solche Geschäfte einen Provisionsanspruch hat, die ohne seine Mitwirkung mit seinem Bezirk angehörenden Kunden geschlossen wurden (s. RN 30). Art. 17, 18 der RL, wonach dem Handelsvertreter nach Beendigung des Dienstverhältnisses gewisse Ausgleichsansprüche zustehen, sind auch dann anzuwenden, wenn der Handelsvertreter seine Tätigkeit in einem Mitgliedstaat ausübt, der Unternehmer aber seinen Sitz in einem Drittland hat und der Vertrag vereinbarungsgemäß dem Recht dieses Landes unterliegt.[13] Nach der Rechtsprechung des EuGH enthalten die Art. 17, 18 zwingendes Recht, das nicht z. B. durch die Vereinbarung des kalifornischen Rechts abbedungen werden kann. 6

2. Provisionsansprüche im Arbeitsverhältnis. a) Eine Provisionszusage erfolgt bei Arbeitsverhältnissen zumeist dann, wenn ein Leistungsanreiz gegeben werden soll oder die Arbeitsleistung, etwa bei einem Außendienstmitarbeiter, nicht hinlänglich überwacht werden kann. Die Provision ist die typische Vergütung des **Handelsvertreters.** Nach § 65 HGB kann jedoch auch einem **Handlungsgehilfen** allein oder neben einem Fixum eine Provision zugesagt werden. Entsprechendes gilt für alle **sonstigen Arbeitnehmergruppen.** Die alleinige Zusage einer Provision kann jedoch dann sittenwidrig sein (§ 138 BGB), wenn voraussehbar ist, dass der Arbeitnehmer keinen angemessenen Verdienst erreicht oder er das Risiko schwieriger Geschäfte allein tragen muss.[14] Eine arbeitsvertragliche Vereinbarung, nach der ein angestellter Außendienstmitarbeiter neben seinem Fixum Provisionen nach Erreichen einer Jahressollvorgabe erhält, kann bei Fehlen einer Regelung für den Fall unterjähriger Beschäftigung durch Ver- 7

---

[6] Auskunftsanspruch richtet sich nach der allgemeinen Regel des § 259 BGB: BAG 25. 6. 1964 AP 3 zu § 242 BGB Auskunftspflicht.

[7] BAG 21. 11. 2000 AP 35 zu § 242 BGB Auskunftspflicht = NZA 2001, 1093.

[8] BAG 20. 6. 1989 AP 8 zu § 87 HGB = NZA 89, 843 (auch zur Frage der Verwirkung des Rückzahlungsanspruchs); vgl. LAG Baden-Württemberg 30. 9. 1970 BB 71, 354 = DB 70, 2328, das eine sog. Verrechnungsgarantie entsprechend auslegt.

[9] LAG Rheinland-Pfalz 21. 12. 2006 – 11 Sa 686/06 – n. v.

[10] LAG Berlin 3. 11. 1986 AP 14 zu § 65 HGB; BAG 20. 6. 1989 AP 8 zu § 87 HGB = NZA 89, 843.

[11] BAG 22. 9. 1975 AP 8 zu § 65 HGB.

[12] BGH 7. 12. 2006 NZA 2007, 571 = NJW 2007, 764.

[13] EuGH 9. 11. 2000 NJW 2001, 2007 (Ingmar GB); dazu *Freitag/Leible* NJW 2001, 287.

[14] LAG Berlin 3. 11. 1986 AP 14 zu § 65 HGB; vgl. auch BAG 20. 6. 1989 AP 8 zu § 87 HGB = NZA 89, 843; *Schiek* BB 97, 310.

tragsauslegung zu ergänzen sein. Eine Ergänzung ist in jedem Fall geboten, wenn der Arbeitsvertrag ohne sie gegen § 622 VI BGB verstoßen würde.[15] Ist in einem Tarifvertrag vorgesehen, dass das Monatsgehalt einem bestimmten Betrag entsprechen muss, so ist es ausreichend, wenn dieses Entgelt durch Fixum und Garantieprovision erreicht ist.[16] Wenn arbeitsvertraglich neben einer festen untertariflichen Vergütung auch Provisionszahlungen vereinbart sind, führt die Sicherung eines monatlichen festen Betrages (so genanntes „Fixum") in Höhe des tariflichen Gehalts durch § 5 Nr. 6 MTV für den Hessischen Einzelhandel nur dazu, dass monatlich unter Einbeziehung der Provisionszahlungen mindestens das tarifliche Gehalt geschuldet ist, nicht aber, dass zusätzlich zu den Provisionen eine feste Vergütung in Höhe des Tarifgehaltes gezahlt werden muss.[17] Die Provisionsvereinbarung kann unter der Bedingung abgeschlossen werden, dass ein Provisionsanspruch nur entsteht, wenn die vermittelten Geschäfte der Höhe nach die Summe eines Festgehaltes und der Reisekostenpauschale des Arbeitnehmers übersteigen.[18] Schließen zwei Verkäufergruppen eine sog. Topfvereinbarung, um ihre unterschiedlich hohen Provisionseinkünfte auszugleichen, und wird diese später gekündigt, kann sich auf Grund einer ergänzenden Vertragsauslegung ein Anspruch auf Anhebung der Vergütung ergeben.[19] Zum Provisionsanspruch bei **Arbeitsunfähigkeit** s. § 98 RN 97, zur Berücksichtigung von Provisionsansprüchen bei der Berechnung des **Urlaubsentgelts** s. § 102 RN 125.

8 **b)** Regelungen für die Provision können sich in **Tarifverträgen** und gelegentlich in **Betriebsvereinbarungen** finden. Begründen derartige Regelungen für den Arbeitnehmer einen Anspruch, so kann dieser hierauf nur mit Zustimmung der Tarifvertragsparteien (§ 4 TVG) oder des Betriebsrats (§ 77 IV BetrVG) verzichten.[20] Zu den **Mitbestimmungsrechten des Betriebsrats** nach § 87 I Nr. 10, 11 BetrVG s. § 235 RN 98, 115.

9 **c)** Wird eine Provisionsvereinbarung geschlossen, finden nach § 65 HGB für Handlungsgehilfen die **§§ 87 I, III, 87a–c HGB** entsprechende Anwendung. Für sonstige auf Provisionsbasis tätige Arbeitnehmer fehlt zwar eine entsprechende Regelung, für sie ist der Verweis des § 65 HGB aber entsprechend anzuwenden.[21] Die in Bezug genommenen Vorschriften dürfen dabei nicht schematisch übertragen werden, vielmehr sind die rechtlichen und wirtschaftlichen Unterschiede zwischen einem Handelsvertreter und einem angestellten Handlungsgehilfen zu beachten.[22] Auch wenn § 65 HGB (für Versicherungs- und Bausparkassenvertreter) nicht auf § 92 HGB verweist, ist die Bestimmung dennoch für Handlungsgehilfen entsprechend anwendbar; insoweit handelt es sich um ein Redaktionsversehen.[23] Die gesetzlichen Vorschriften sind für Arbeitnehmer in gleichem Umfang wie bei einem Handelsvertreter unabdingbar.[24] Für den Handlungsgehilfen sind die Vorschriften über die Bezirksvertretung (§ 87 II HGB) und Inkassoprovision (§ 87 IV HGB) nicht in Bezug genommen. Daraus folgt, dass dem Handlungsgehilfen derartige Provisionen nicht kraft Gesetzes, sondern allein bei einer entsprechenden Vereinbarung zustehen.[25] Ein Ausgleichsanspruch nach § 89b HGB ist für den Handlungsgehilfen ebenfalls nicht vorgesehen.[26] Die Bestimmung gilt für Arbeitnehmer nur dann, wenn die Vertragsparteien einen Ausgleichsanspruch vereinbart haben.[27]

10 **d)** Für den **Provisionsvertreter** können sich Nebenpflichten aus dem Arbeitsverhältnis ergeben. So schuldet der Provisionsvertreter Auskunft, wenn er verbotswidrig Geschäfte für ein Konkurrenzunternehmen vermittelt hat.[28]

11 **3. Gliederung der gesetzlichen Regelung.** § 87 HGB regelt den Begriff des provisionspflichtigen Geschäftes und den Zeitpunkt, zu dem für den Arbeitnehmer ein noch von der Ausführung abhängiger Provisionsanspruch entsteht (RN 12); § 87a I–III HGB bestimmt, wann der Anspruch unbedingt erwächst (RN 34); § 87a IV HGB regelt seine Fälligkeit (RN 44),

[15] BAG 20. 8. 1996 AP 9 zu § 87 HGB = NZA 96, 1151.
[16] BAG 29. 10. 1986 AP 14 zu § 1 TVG Tarifverträge: Einzelhandel.
[17] BAG 19. 1. 2000 AP 73 zu § 1 TVG Tarifverträge: Einzelhandel = NZA 2000, 1300.
[18] BAG 8. 12. 1982 AP 5 zu § 1 TVG Tarifverträge: Versicherungsgewerbe.
[19] BAG 3. 6. 1998 AP 57 zu § 612 BGB = NZA 99, 306.
[20] LAG Baden-Württemberg 19. 4. 1996 NZA-RR 97, 432.
[21] ErfK/*Schaub/Oetker* § 65 HGB RN 5.
[22] Vgl. BAG 4. 7. 1972 AP 6 zu § 65 HGB.
[23] BAG 25. 10. 1967 AP 3 zu § 92 HGB.
[24] BAG 12. 4. 1962 AP 1 zu § 65 HGB; 17. 5. 1962 AP 2 zu § 65 HGB.
[25] BAG 13. 12. 1965 AP 3 zu § 65 HGB.
[26] BAG 3. 6. 1958 AP 1 zu § 89b HGB.
[27] Zur Berechnung bei einer entsprechenden Vereinbarung: BAG 21. 5. 1985 AP 10 zu § 89b HGB.
[28] Vgl. BGH 3. 4. 1996 NJW 96, 2097 für einen Handelsvertreter.

§ 87b HGB seine Höhe (RN 45), § 87c HGB seine Abrechnung durch den Arbeitgeber (RN 51).

II. Entstehung des Provisionsanspruchs

12 **1. Voraussetzungen** für einen Provisionsanspruch des Arbeitnehmers sind: **(1)** das Bestehen eines Arbeitsverhältnisses (RN 13), **(2)** der Abschluss eines Geschäftes zwischen dem Arbeitgeber und einem Dritten (RN 17), **(3)** ein Ursachenzusammenhang zwischen der Tätigkeit des Arbeitnehmers und dem Geschäftsabschluss (RN 20ff., 24) oder **(4)** das Bestehen einer Bezirksvertretung (RN 25ff.). Der Arbeitnehmer hat diese Voraussetzungen im Streitfall darzulegen und zu beweisen. Dabei können ihm jedoch Erfahrungssätze zu Hilfe kommen.

13 **2. Bestand des Arbeitsverhältnisses. a)** Ein Provisionsanspruch entsteht grundsätzlich nur, wenn im Zeitpunkt des Geschäftsabschlusses ein **rechtswirksamer Arbeitsvertrag** oder zumindest ein sog. fehlerhaftes Arbeitsverhältnis[29] besteht, bei dem eine Provisionszusage erfolgt ist.[30] Wird das von einem Provisionsvertreter vermittelte Geschäft nicht von seinem Arbeitgeber, sondern von einem mit diesem im wirtschaftlichen Zusammenhang stehenden Unternehmen abgeschlossen, für das der Arbeitnehmer auch arbeiten muss, so ist es treuwidrig, wenn die Verprovisionierung verweigert wird.[31] Hat eine Versicherungsgesellschaft einen Vertretervertrag mit einer 20-jährigen Schülerin abgeschlossen, weil der ursprünglich mit deren Vater geplante Vertrag wegen dessen schlechten Leumundes nicht zustande kam, und übt der Vater abredegemäß allein die Tätigkeit aus, so liegt ein nichtiges Scheingeschäft vor (§ 117 BGB). Es erwachsen mithin keine Rückzahlungsansprüche gegen die Schülerin, wenn zu Unrecht Provisionsvorschüsse an den Vater gezahlt worden sind.[32] Gegen den Geschäftsgegner erlangt der Handlungsgehilfe keine Provisionsansprüche.

14 **b)** Will ein Arbeitgeber die **Provisionszusagen** seiner Außendienstmitarbeiter **ändern** und übersendet er ihnen deshalb Formulartexte, in denen ohne Ankündigung oder drucktechnische Hervorhebung zeitliche Grenzen für Provisionsansprüche eingeführt werden, so kann er die stillschweigende Fortsetzung der Vertretertätigkeit seiner Mitarbeiter nicht ohne weiteres als Annahme seines Änderungsangebotes verstehen.[33] Dem dürfte nunmehr auch die Bestimmung des § 308 Nr. 5 BGB entgegenstehen. Klauseln in allgemeinen Geschäftsbedingungen, die den Arbeitgeber berechtigen, Entgeltregelungen **einseitig** zu verändern, sind an § 308 Nr. 4 BGB zu messen. Daher muss zum einen der Widerrufsgrund genannt werden und zum anderen muss der widerrufliche Teil des Entgelts unter 25% der Gesamtvergütung liegen.[34] Zur Zuweisung eines anderen Verkaufsbezirks s. RN 27.

15 **c)** Da grundsätzlich die Befristung einzelner Vertragsabreden zulässig ist (vgl. § 38 RN 78ff.), kann die **Provisionsabrede** im Arbeitsvertrag **befristet** werden. Sofern es sich um allgemeine Geschäftsbedingungen handelt, greifen die allgemeinen Grundsätze über die Inhaltskontrolle (s. hierzu § 32 RN 35ff.). Ansonsten gilt der Grundsatz der Vertragsfreiheit, der allerdings insbesondere durch die §§ 134, 138, 242 BGB Einschränkungen unterliegt (s. hierzu § 38 RN 80). Die frühere Rechtsprechung des BAG stellte dagegen zur Kontrolle der Befristung einzelner Arbeitsbedingungen auf die Umgehung des Kündigungsschutzes ab und hielt befristete Provisionsvereinbarungen jedenfalls dann für zulässig, wenn die Provision nur etwa 15% des Gesamtverdienstes ausmachte.[35] Diese Rechtsprechung hat das BAG nach dem Inkrafttreten des Schuldrechtsmodernisierungsgesetzes aufgegeben.[36]

16 **d) Nach Beendigung des Arbeitsverhältnisses** besteht nach § 87 III Nr. 1 HGB ein Provisionsanspruch, wenn der Arbeitnehmer das Geschäft vermittelt, eingeleitet und so vorbereitet hat, dass es überwiegend auf seine Tätigkeit zurückzuführen ist, und wenn der Abschluss innerhalb einer angemessenen Frist nach Beendigung des Arbeitsverhältnisses erfolgt. **Vermittelt** hat der Arbeitnehmer es dann, wenn die Vertragsbeziehungen im Wesentlichen festliegen und nur

[29] S. § 36 RN 51, häufig auch als „faktisches Arbeitsverhältnis" bezeichnet.

[30] Zur Auslegung als Provisionszusage vgl. BAG 2. 3. 1973 AP 36 zu § 133 BGB.

[31] BAG 20. 5. 1976 AP 10 zu § 65 HGB; vgl. auch BGH 30. 1. 1981 AP 4 zu § 87 HGB = NJW 81, 1785 sowie 4. 12. 1986 DB 87, 888 jeweils für den Fall der wirtschaftlichen Identität zwischen zwei Firmen.

[32] BAG 22. 9. 1992 AP 2 zu § 117 BGB = NZA 93, 837.

[33] BAG 30. 7. 1985 AP 13 zu § 65 HGB = NZA 86, 474.

[34] BAG 11. 10. 2006 AP 6 zu § 308 BGB = NZA 2007, 87; s. auch § 32 RN 84.

[35] BAG 21. 4. 1993 AP 34 zu § 2 KSchG 1969 = NZA 94, 476.

[36] BAG 27. 7. 2005 AP 6 zu § 307 BGB = NZA 2006, 40.

noch die abschließenden Erklärungen ausstehen.[37] Bei **bloßer Geschäftsvorbereitung** (Kundenbesuch, Musterübersendung usw.) erwächst nur dann eine Provisionspflicht, wenn das Geschäft überwiegend auf die Tätigkeit des Arbeitnehmers zurückzuführen ist. Dies ist aus einer vergleichenden Betrachtung der Geschäftsursache zu ermitteln.[38] Die **Angemessenheit der Frist** ergibt sich aus der Art und Bedeutung des Geschäftes.[39] Bei Saisonwaren muss der Abschluss i. d. R. innerhalb der Saison erfolgen. Nach § 87 III Nr. 2 HGB erwächst nach Beendigung des Arbeitsverhältnisses ein Provisionsanspruch, wenn das Angebot des Dritten zum Abschluss des Geschäftes, für das dem Vertreter Provision zusteht, vor Beendigung des Vertragsverhältnisses dem Vertreter oder dem Unternehmen zugegangen ist. Voraussetzung ist ein annahmefähiges Angebot. Die Bestimmung erfasst auch Provisionsansprüche eines Bezirksvertreters, weil sie anders als § 87 III Nr. 1 HGB weder eine Tätigkeit noch eine überwiegende Verursachung des Geschäftsabschlusses durch den Provisionsberechtigten voraussetzt.[40]

17 **3. Geschäftsabschluss zwischen Unternehmer und Dritten. a)** Der Arbeitnehmer erhält die Provision nicht für seine **Tätigkeit,** sondern für die **Herbeiführung eines Erfolges.** Gegenüber einem Handelsvertreter ist der Unternehmer grundsätzlich berechtigt, den Abschluss des angebahnten oder vermittelten Geschäftes abzulehnen (er kann sich allerdings schadensersatzpflichtig machen, wenn er gegen seine Mitteilungsverpflichtungen nach § 86 a II HGB verstößt).[41] Diese Grundsätze können auf das Arbeitsverhältnis mit Rücksicht auf das dem Arbeitgeber zustehende Weisungsrecht und die Fürsorgepflicht nicht uneingeschränkt übertragen werden. Zwar hat der Arbeitnehmer schon auf Grund der dem Arbeitgeber zustehenden Vertragsfreiheit keinen Anspruch auf Abschluss des Geschäftes. Der Arbeitgeber hat aber die Obliegenheit, den Arbeitnehmer rechtzeitig zu informieren, wenn er bestimmte Geschäfte nicht abschließen will. Schließt der Arbeitgeber grundlos ein Geschäft nicht ab, hat der Arbeitnehmer gem. § 280 I BGB Anspruch auf Schadensersatz. Das Gleiche gilt, wenn der Arbeitgeber sich verpflichtet hat, bestimmte Produkte herzustellen, die der provisionsberechtigte Arbeitnehmer verkaufen soll, dann aber nicht in der Lage ist, diese Produkte bereitzustellen.[42]

18 **b)** Der Provisionsanspruch ist nur für solche Geschäfte gegeben, mit deren **Vermittlung oder Abschluss** der Arbeitnehmer betraut war. Das abgeschlossene Geschäft braucht nicht in jeder Hinsicht mit dem identisch zu sein, das von dem Arbeitnehmer zu vermitteln war; es muss nur nach seinem Zweck eine Identität zwischen dem in Auftrag gegebenen und vermittelten Geschäft bestehen. Ein Provisionsanspruch des Handlungsgehilfen für eine Eigenbestellung besteht dagegen nicht, weil kein Vertrag mit einem Dritten (§ 87 I HGB) vorliegt, es sei denn die Vertragsparteien haben etwas anderes vereinbart.[43]

19 **c) Abgeschlossen** ist das Geschäft dann, wenn der **Vertrag zwischen Arbeitgeber und Drittem rechtswirksam** zustande gekommen ist. Bei **Sukzessivlieferungsverträgen** werden alle Nachlieferungen provisionspflichtig, wenn diese schon fest vereinbart waren; dagegen nur die einzelnen Lieferungen, wenn bei Abschluss eines Rahmenvertrages über sie jeweils neue Lieferverträge abgeschlossen werden müssen.[44] Bei sog. Aufbauversicherungen, bei denen sich die Versicherungssummen in regelmäßigen Zeitabständen erhöhen, wenn der Versicherungsnehmer nicht widerspricht, sind die Erhöhungen wie bei Sukzessivlieferungsverträgen provisionspflichtig, weil die Erhöhungen bereits mit dem Vertragsabschluss vereinbart worden sind.[45] Etwas anderes gilt aber, wenn eine Erhöhung durch eine neuerliche werbende Tätigkeit erzielt wurde, die von einem Dritten geleistet wurde.[46] Ist das **Geschäft nichtig oder wirksam angefochten,** entsteht kein Provisionsanspruch.[47] Dagegen entsteht ein Anspruch, wenn das Geschäft auf Grund eines gesetzlichen oder vereinbarten Kündigungs- oder Rücktrittsrechts wieder beseitigt wird; in diesem Fall kann der Provisionsanspruch aber gem. § 87 a II HGB entfallen.

---

[37] MünchKommHGB/*v. Hoyningen-Huene* § 87 HGB RN 107.
[38] MünchKommHGB/*v. Hoyningen-Huene* § 87 HGB RN 108.
[39] *Baumbach/Hopt* § 87 HGB RN 43.
[40] *Baumbach/Hopt* § 87 HGB RN 44; MünchKommHGB/*v. Hoyningen-Huene* § 87 RN 104.
[41] BGH 12. 12. 1957 BGHZ 26, 161; 9. 11. 1967 BGHZ 49, 39 = AP 1 zu § 86 a HGB; 7. 2. 1974 DB 74, 718; 22. 1. 1987 NJW-RR 87, 873; *Baumbach/Hopt* § 87 HGB RN 9.
[42] BAG 27. 2. 1974 AP 2 zu § 306 BGB.
[43] MünchKommHGB/*v. Hoyningen-Huene* § 87 HGB RN 23; *Baumbach/Hopt* § 87 HGB RN 15, § 84 RN 23; a. A. *Schnitzler* DB 65, 463.
[44] MünchKommHGB/*v. Hoyningen-Huene* § 87 HGB RN 59; *Baumann/Hopt* § 87 HGB RN 38.
[45] BAG 28. 2. 1984 AP 5 zu § 87 HGB.
[46] Vgl. BGH 24. 4. 1986 NJW-RR 86, 1477 = DB 86, 2431.
[47] MünchKommHGB/*v. Hoyningen-Huene* § 87 HGB RN 25.

Bei **aufschiebend bedingtem Geschäftsabschluss** entsteht Provisionspflicht mit dem Eintritt der Bedingung (oder bei treuwidriger Verhinderung gem. § 162 I BGB), dies auch dann, wenn die Bedingung erst nach Beendigung des Arbeitsverhältnisses eintritt. Bei einem **auflösend bedingten Abschluss** erwächst der Provisionsanspruch sofort, kann aber mit dem Eintritt der Bedingung entfallen (es sei denn der Arbeitgeber hat den Eintritt der Bedingung treuwidrig herbeigeführt, § 162 II BGB). Bedarf es zum wirksamen Geschäftsabschluss einer **behördlichen Genehmigung,** so wird das Geschäft erst mit Erteilung der Genehmigung provisionspflichtig. Erfolgt die Genehmigung nach Ende des Vertragsverhältnisses, entsteht der Provisionsanspruch nur, wenn der Genehmigung Rückwirkung zukommt, nicht dagegen, wenn sie lediglich Wirkung für die Zukunft hat.[48] Ob das Geschäft für den Arbeitgeber **gewinnbringend** ist, ist für die Entstehung der Provision generell unerheblich.

4. Kausalzusammenhang. a) Für die Entstehung der Provisionspflicht ist nicht erforderlich, dass der Arbeitnehmer das Geschäft selbst vermittelt oder abgeschlossen hat. Es reicht aus, wenn es auf die Tätigkeit des Arbeitnehmers zurückzuführen ist. Das ist es dann, wenn es ohne die Tätigkeit nicht zustande gekommen wäre.[49] Die Tätigkeit muss sich im Rahmen des Arbeitsvertrages halten (RN 18); daher erwächst keine Provisionspflicht, wenn der Arbeitnehmer ein Geschäft vorgeschlagen, aber der Arbeitgeber ein völlig anderes abgeschlossen hat.[50] Unerheblich ist, ob der Arbeitgeber von der Tätigkeit seines Arbeitnehmers Kenntnis hatte;[51] jedoch kann dieser schadensersatzpflichtig werden, wenn der Arbeitgeber das Geschäft ohne kalkulatorische Berücksichtigung der Provision abgeschlossen hat, weil ihn der Arbeitnehmer nicht rechtzeitig unterrichtet hat. **20**

b) Eine alleinige oder auch nur überwiegende Ursächlichkeit der Tätigkeit des Arbeitnehmers für das Geschäft ist nicht erforderlich, **Mitursächlichkeit** genügt.[52] Es reicht aus, wenn er die Verhandlungen in Gang gebracht hat, der Kunde zunächst einzelne Stücke bestellt und später zusätzliche Bestellungen oder Nachbestellungen unter Umgehung des Handlungsgehilfen aufgegeben hat oder der Kunde bereits den Abschluss des Geschäfts beabsichtigte, das der Vertreter vermittelt hat. Etwas Anderes gilt aber, falls der Dritte bereits ohne die Tätigkeit des Arbeitnehmers uneingeschränkt zum Abschluss entschlossen war. Ausreichend kann sein, wenn der Arbeitnehmer seinen Arbeitgeber durch Dritte für das Geschäft hat empfehlen lassen oder noch weitere Umstände zum Geschäftsabschluss mitgewirkt haben. Ob eine Mitursächlichkeit gegeben ist, beurteilt sich danach, was vom Arbeitnehmer nach den Vertragsbedingungen an Mitwirkung erwartet werden kann.[53] Unzureichend ist das bloße Ausfüllen des Vertragsformulars, eine Tätigkeit als bloße Schreibhilfe oder Dolmetscher.[54] Ein unmittelbarer **zeitlicher Zusammenhang** zwischen Tätigkeit des Arbeitnehmers und Geschäftsabschluss braucht nicht zu bestehen, die Tätigkeit muss lediglich noch fortwirken. Für die Ursächlichkeit seiner Tätigkeit ist der Arbeitnehmer **darlegungs- und beweispflichtig.**[55] **21**

c) Ist das Geschäft auf die **Tätigkeit mehrerer unabhängig oder zusammen arbeitender Handlungsgehilfen** zurückzuführen, so erwirbt grundsätzlich jeder Anspruch auf die volle Provision, es sei denn es bestehen abweichende Abreden.[56] Eine stillschweigende Teilungsabrede ist dann anzunehmen, wenn der Arbeitgeber die Vertreter von vornherein und für diese klar erkennbar in ein Vertriebssystem eingebunden hat, bei dem mitursächliche Beiträge vom System vorgegeben sind. Wie die Verteilung zu erfolgen hat (z. B. nach Tätigkeitsbeiträgen oder nach § 420 BGB) muss nach Treu und Glauben entschieden werden. **22**

d) Es kann auch vereinbart werden, dass der Arbeitnehmer auch für solche Geschäfte Provision erhalten soll, an denen er **nicht mitgewirkt** hat. In diesem Fall kann er hierauf auch Anspruch im Fall der Arbeitsunfähigkeit haben. **23**

5. Werbung von neuen Kunden für gleichartige Geschäfte. Ohne besondere Mitwirkung des Arbeitnehmers werden provisionspflichtig alle Geschäfte des Arbeitgebers mit einem **24**

---

48 MünchKommHGB/*v. Hoyningen-Huene* § 87 HGB RN 29.
49 MünchKommHGB/*v. Hoyningen-Huene* § 87 HGB RN 31.
50 U. U. können jedoch Ansprüche nach §§ 612 BGB, 354 HGB analog gegeben sein.
51 Vgl. OLG Nürnberg 23. 12. 1958 BB 59, 391.
52 BAG 4. 11. 1968 AP 5 zu § 65 HGB; 22. 1. 1971 AP 2 zu § 87 HGB; LAG Hamm 23. 6. 1993 BB 93, 2236 (LS); *Baumbach/Hopt* § 87 HGB RN 11.
53 BAG 22. 1. 1971 AP 2 zu § 87 HGB.
54 LAG Mannheim 10. 3. 1971 DB 71, 1016; *Baumbach/Hopt* § 87 HGB RN 15.
55 Vgl. für den Handelsvertreter BGH 2. 3. 1989 NJW-RR 89, 865.
56 LAG Hamm 23. 6. 1993 BB 93, 2236.

Dritten, wenn der Arbeitnehmer diesen als Kunden neu geworben hat und Geschäfte gleicher Art abgeschlossen werden (§ 87 I 1 2. Fall HGB). Neu geworben sind solche Kunden, die zuvor noch nicht in Geschäftsverbindung mit dem Arbeitgeber oder mit diesem auf anderem Gebiet in Geschäftsverbindung standen, aber für die vom Handlungsgehilfen zu vermittelnden Geschäfte durch diesen dem Arbeitgeber zugeführt wurden. Provisionspflichtig sind nur Geschäfte gleicher Art; es soll die bei der Werbung entfaltete Tätigkeit abgegolten werden. Hat der Arbeitgeber neue Waren oder Dienstleistungen in sein Vertriebsprogramm aufgenommen, so sind die bereits früher geworbenen Kunden nicht neu. War die Geschäftsbeziehung abgebrochen worden, kann der Vertreter den Kunden neu zuführen.[57]

25 **6. Bezirksvertretung.** § 65 HGB verweist nicht auf § 87 II HGB, so dass grundsätzlich für Arbeitnehmer kein Anspruch auf eine Bezirksprovision besteht. Allerdings kann mit einem Arbeitnehmer vereinbart werden, dass er Provision für sämtliche Geschäfte mit Kunden eines bestimmten Bezirkes oder mit einem bestimmten Kundenkreis erhält, auch wenn er an deren Zustandekommen nicht beteiligt ist.[58]

26 Die Zuweisung eines **bestimmten Verkaufsbezirkes** beinhaltet noch nicht die Einräumung einer Bezirksprovision.[59] Im Interesse der Rechtsklarheit sollten sowohl der Verkaufsbezirk als auch die Provision eindeutig geregelt werden. Ihre Gewährung beruht auf der Überlegung, dass dem Arbeitnehmer die Bearbeitung des gesamten Geschäftes in diesem Bezirk übertragen ist.

27 Eine **Bezirksänderung** ist nur bei Vorbehalt im Wege des Direktionsrechts möglich. Nach der früheren Rechtsprechung des BAG war die Vereinbarung eines entsprechenden Widerrufsvorbehaltes zulässig, sofern sie nicht zu einer Umgehung des Kündigungsschutzes führte. Ferner hatte die Ausübung des Widerrufsrechtes nach billigem Ermessen zu erfolgen.[60] Nach Inkrafttreten des Schuldrechtsmodernisierungsgesetzes sind entsprechende Regelungen an § 308 Nr. 4 BGB zu messen.[61] Weil die Änderung des Bezirks unmittelbar auf die Verdienstchancen des Arbeitnehmers einwirkt, müssen insoweit die Grundsätze über die Zulässigkeit solcher Vertragsklauseln gelten, die einseitige Änderungen der Entgeltregelungen erlauben (s. hierzu RN 14).

28 Die Zuweisung eines anderen Verkaufsbezirks kann eine mitbestimmungspflichtige Versetzung sein, wenn damit ein wesentlicher Teil der Aufgaben entzogen wird.[62]

29 **Provisionspflichtig** werden alle mit Kunden des Bezirkes oder des zugewiesenen Kundenkreises während des Bestandes des Arbeitsverhältnisses abgeschlossenen Geschäfte, auf die sich die Tätigkeit des Arbeitnehmers erstrecken soll. Unerheblich ist, wo die Geschäftsverhandlungen geführt wurden. Hat der auftraggebende Kunde mehrere Filialen, so kommt es darauf an, von welcher Filiale der Auftrag erteilt wird; es erwächst mithin kein Anspruch, wenn die Lieferung nach außerhalb des Bezirkes erfolgen soll.[63] Im Falle der Erkrankung oder des Urlaubs des Arbeitnehmers ist die Bezirksprovision weiterzuzahlen.[64] Allerdings ist die Bezirksprovision aus der Durchschnittsberechnung des § 11 I 1 BUrlG herauszunehmen, weil sie ohnehin während der Krankheit weitergezahlt wird und nicht doppelt berücksichtigt werden darf.[65]

30 Der **EuGH** hat die für Handelsvertreter geltende Richtlinie 86/653/EWG dahin ausgelegt, dass für den Begriff Kunde, der diesem Bezirk angehört, im Falle einer juristischen Person der Ort ihrer tatsächlichen geschäftlichen Tätigkeit maßgebend ist. Übt das Unternehmen die Tätigkeit an mehreren Orten aus oder wird der Handelsvertreter in mehreren Hoheitsgebieten tätig, können für die Feststellung des Schwerpunkts des vorgenommenen Geschäfts andere Elemente berücksichtigt werden. Hierzu gehört der Ort, an dem die Verhandlungen mit dem Handelsvertreter geführt wurden, der Ort an dem die Ware geliefert wird und der Ort der Niederlassung, die die Bestellungen aufgegeben hat.[66]

---

[57] MünchKommHGB/*v. Hoyningen-Huene* § 87 HGB RN 44.

[58] BAG 13. 12. 1965 AP 3 zu § 65 HGB; zur ergänzenden Vertragsauslegung bei einer 1977 getroffenen Provisionsvereinbarung für Inlandsgeschäfte nach Beitritt der neuen Bundesländer: LAG Düsseldorf 25. 3. 1992 NZA 92, 839 = LAGE § 157 BGB Nr. 1.

[59] LAG Hamm 2. 10. 1991 LAGE § 65 HGB Nr. 1 = BB 92, 142 (LS); vgl. auch LAG Bad.-Württemberg 19. 4. 1996 NZA-RR 97, 432.

[60] BAG 7. 10. 1982 AP 5 zu § 620 BGB Teilkündigung = NJW 83, 2285 (LS).

[61] Vgl. für die Befristungskontrolle BAG 27. 7. 2005 AP 6 zu § 307 BGB = NZA 2006, 40.

[62] BAG 2. 4. 1996 AP 34 zu § 95 BetrVG 1972 = NZA 97, 112.

[63] Vgl. OLG Nürnberg 21. 3. 2001 NJW-RR 2002, 601 (Verlegung aus dem Bezirk).

[64] BAG 3. 6. 1958 AP 1 zu § 89b HGB; vgl. auch § 98 RN 97.

[65] BAG 11. 4. 2000 AP 48 zu § 11 BUrlG = NZA 2001, 153; s. § 102 RN 125.

[66] EuGH 12. 12. 1996 – Rs. C-104/95 – EWS 97, 52.

7. Ausschluss des Provisionsanspruchs. Nach § 87 I 2 HGB ist ein Provisionsanspruch ausgeschlossen, wenn die Provision noch dem ausgeschiedenen Arbeitnehmer zusteht. Hierzu siehe unter RN 16. Bei Vereinbarung einer Bezirksprovision ergibt sich dies aus § 87 II 2 HGB. 31

8. Abweichende vertragliche Vereinbarungen. a) Die **Regelung des § 87 HGB** ist für Handelsvertreter abdingbar, für Arbeitnehmer dagegen nur insoweit, als nicht gegen allgemeine Grundsätze des Arbeitsrechts verstoßen wird.[67] Zur Anrechnung der Provision auf das Festgehalt oder ein Tarifentgelt s. RN 7. Die Regelung des § 87 III HGB **(Überhanganspruch)** ist für Handelsvertreter abdingbar,[68] nicht aber für Arbeitnehmer, weil diese keinen Ausgleichsanspruch nach § 89b HGB haben.[69] 32

b) Der Ausschluss von aus § 87 I 1 HGB folgenden **Überhangprovisionen** ist als unzulässig anzusehen. Überhangprovisionen sind solche, die erst nach der Beendigung des Arbeitsverhältnisses oder nach Zuständigkeit des Arbeitnehmers für einen bestimmten Bereich fällig werden, weil erst zu diesem Zeitpunkt das Geschäft ausgeführt wird. Da der Arbeitnehmer keinen Ausgleichsanspruch (§ 89b HGB) erlangt, verliert er bei dem Ausschluss von Überhangprovisionen einen Teil der Vergütung für bereits geleistete Arbeit. Das BAG hat die Vereinbarung des Ausschlusses in seiner bisherigen Rechtsprechung einer gerichtlichen Billigkeitskontrolle unterzogen. Es hat einen Ausschluss dann zugelassen, wenn hierfür ein sachlicher Grund bestand.[70] Ein solcher konnte z. B. gegeben sein, wenn dem Arbeitnehmer zu Beginn des Vertragsverhältnisses Provisionen aus Verträgen gezahlt werden, die der Vorgänger zustandegebracht hat, dem Arbeitnehmer vergleichbar § 89b HGB eine Abfindung gezahlt wird oder erhebliche Nacharbeiten des Geschäfts notwendig waren. Dagegen war eine Provisionsgarantie nur zureichend, wenn sie in etwa den verzögerten Provisionsfluss ausgeglichen hat. Bei der Beurteilung der Wirksamkeit des Ausschlusses von Überhangprovisionen war auf den Vertragsabschluss abzustellen, denn die Wirksamkeit des Vertrages kann nicht ex post festgestellt werden. In einer neueren Entscheidung hat das BAG jetzt ausdrücklich offengelassen, ob an der Rechtsprechung zur Abdingbarkeit des Anspruchs auf Überhangprovision festgehalten wird. Wenn ein sog. Überhanganspruch nach § 87 III HGB für nach dem Ausscheiden abgeschlossene Geschäfte nicht ausgeschlossen werden könne (s. RN 32), dürfte dies auch für Überhangprovisionen gelten. Jedenfalls scheitere eine solche Klausel in allgemeinen Geschäftsbedingungen an § 307 II Nr. 1 BGB.[71] Der BGH hat angenommen, dass der Ausschluss von Überhangprovisionen für Geschäfte, die **verspätet ausgeführt** werden, gem. § 87a III 1, V HGB unwirksam ist, weil ein Geschäft auch dann gem. § 87a III 1 HGB nicht so ausgeführt wird wie es geschlossen worden ist, wenn die Ausführung verspätet erfolgt. Eine entsprechende Klausel in Allgemeinen Geschäftsbedingungen ist daher nach § 307 BGB (vormals § 9 AGBG) unwirksam.[72] Überhangprovisionen sind bei der Berechnung der Obergrenzen des Ausgleichsanspruches nach § 87b II HGB zu berücksichtigen.[73] 33

III. Unbedingte Entstehung des Provisionsanspruchs

1. Gliederung von § 87a HGB. § 87a HGB bestimmt, wann und in welchem Umfang der nach § 87 HGB entstandene Provisionsanspruch unbedingt wird. § 87a I, II HGB behandelt Geschäfte, die der Arbeitgeber ausführt, § 87a III HGB solche, die er nicht ausführt. 34

2. Erwerb von Provisionsansprüchen durch Ausführung seitens des Arbeitgebers. 35
a) Der Provisionsanspruch wird zum unbedingten, wenn der Arbeitgeber das Geschäft ausführt (§ 87a I 1 HGB). Bis zur **Ausführung des Geschäftes** durch den Dritten bleibt der Provisionsanspruch jedoch auflösend bedingt. Ausgeführt hat der Arbeitgeber das Geschäft, wenn er die ihm nach dem Vertrag obliegende Leistung erbracht hat. War er Verkäufer, so ist das Geschäft auch ausgeführt, wenn der Dritte Gewährleistungsansprüche hat; war er Käufer, dann liegt in der Hingabe von Wechseln noch keine Ausführung (arg. § 364 II BGB), sondern erst in deren Einlösung. Ausgeführt ist das Geschäft auch, wenn der Arbeitgeber im Einvernehmen mit

---

[67] Vgl. LAG Berlin 3. 11. 1986 AP 14 zu § 65 HGB, wenn der Arbeitnehmer den Provisionsabschlag nicht verdienen kann, s. auch RN 7.

[68] MünchKommHGB/*v. Hoyningen-Huene* § 87 HGB RN 114.

[69] BAG 20. 8. 1996 AP 9 zu § 87 HGB = NZA 96, 1151; vgl. auch BAG 20. 2. 2008 AP 11 zu § 87 HGB = NZA 2008, 1124.

[70] BAG 17. 5. 1962 AP 2 zu § 65 HGB; 4. 7. 1972 AP 6 zu § 65 HGB; 20. 7. 1973 AP 7 zu § 65 HGB; 28. 2. 1984 AP 5 zu § 87 HGB; 30. 7. 1985 AP 13 zu § 65 HGB = NZA 86, 474.

[71] BAG 20. 2. 2008 AP 11 zu § 87 HGB = NZA 2008, 1124.

[72] BGH 10. 12. 1997 NJW-RR 98, 629 = DB 98, 720.

[73] BGH 23. 10. 1996 ZIP 96, 2165.

dem Dritten oder, sofern er hierzu kraft vertraglicher oder gesetzlicher Vorschrift berechtigt ist, auch ohne dessen Einverständnis an Stelle der ihm obliegenden Leistung zu deren Abgeltung eine andere erbracht hat, wenn er also z. B. Schadensersatz geleistet oder aufgerechnet hat usw. Entscheidend ist, ob die Ersatzleistungen das ursprüngliche Erfüllungsinteresse decken. Keine Ausführung liegt jedoch dann vor, wenn vertraglich die alte Verpflichtung aufgehoben und statt derer eine neue begründet wird (anstelle der Lieferung eines Fahrzeuges X ein Fahrzeug Y). Im letzteren Falle erwächst der Provisionsanspruch jedoch nach § 87a III 1 HGB.

36 **b)** Die **volle Geschäftsausführung** ist gegeben, wenn die gesamte Leistung, eine **teilweise Ausführung,** wenn nur ein Teil erbracht ist. Die Provision ist bei ganzer oder teilweiser Geschäftsausführung durch den Arbeitgeber von der Leistung zu berechnen, die der Dritte schuldet. Hat der Arbeitgeber das Geschäft nur teilweise ausgeführt, dann bleibt der Provisionsanspruch für die Teilleistung bestehen, auch wenn das Geschäft nicht mehr ganz ausgeführt wird. Der Arbeitnehmer hat nicht die Möglichkeit, die Teilleistung nach § 266 BGB zurückzuweisen. Ob das Arbeitsverhältnis im Zeitpunkt der Geschäftsausführung noch besteht, ist unerheblich (zur Wirksamkeit abweichender Vereinbarungen vgl. RN 33). Ist z. B. in Vertrag über zehn Benzinlieferungen geschlossen, so behält der Arbeitnehmer den Anspruch für alle Lieferungen, selbst wenn diese erst nach Beendigung des Arbeitsverhältnisses ausgeführt werden; anders, wenn nur ein Rahmenvertrag über Benzinlieferungen vermittelt worden war und über jede neue Lieferung ein neuer Kaufvertrag abzuschließen ist (vgl. RN 19). In diesen Fällen erwächst nur ein Provisionsanspruch für die während des Arbeitsverhältnisses abgeschlossenen Lieferverträge.

37 **3. Abweichende Vereinbarungen** über die Entstehung des Provisionsanspruchs bei Ausführung durch den Arbeitgeber sind nur eingeschränkt zulässig (vgl. RN 32f.). Zugunsten des Arbeitnehmers kann vereinbart werden, dass die Provision bereits mit Geschäftsabschluss unbedingt entsteht. Eine derartige Abrede liegt jedoch nicht in der Vereinbarung einer **Abschlussprovision.**

38 Zulässig sind ferner Vereinbarungen, nach denen der Provisionsanspruch erst **nach der Leistung des Arbeitgebers** unbedingt erwachsen soll. In jedem Fall erwächst er jedoch im Zeitpunkt der Leistung durch den Dritten (§ 87a I 3 HGB), auch wenn der Arbeitgeber für die Ausführungsleistung des Dritten Sicherheit leisten muss.[74] Dies ist immer der späteste Entstehungszeitpunkt. Die Teilprovision für ein durch den Dritten teilweise ausgeführtes Geschäft (§ 87a I 3 HGB) kann nicht ausgeschlossen werden. § 87a I 4 HGB, der das in beschränktem Umfang zuließ, ist (mit Wirkung zum 1. 1. 1990) aufgehoben worden. Weist der Arbeitgeber die Leistung des Dritten unberechtigt zurück (er darf jedoch nach § 266 BGB Teilleistungen ablehnen), so entsteht der Provisionsanspruch gem. § 162 I BGB. Soll der Provisionsanspruch erst mit der Ausführung des Geschäftes durch den Dritten erwachsen, so hat der Arbeitnehmer einen unabdingbaren[75] Anspruch auf einen **Provisionsvorschuss,** sobald der Unternehmer das Geschäft ganz oder teilweise ausgeführt hat (§ 87a I 2 HGB). Die Höhe des Provisionsvorschusses ist nach den Umständen des Einzelfalles zu bestimmen. Sind Vereinbarungen nicht getroffen, steht das Bestimmungsrecht nach § 316 BGB im Zweifel dem Arbeitnehmer zu, wobei die Bestimmung nach billigem Ermessen (§ 315 BGB) zu erfolgen hat[76]

39 **4. Wegfall des Provisionsanspruchs bei Nichtausführung des Geschäftes durch Dritten.** Der Provisionsanspruch entfällt grundsätzlich, wenn feststeht, dass der Dritte nicht leistet (§ 87a II HGB).[77] Dies steht fest, wenn das Geschäft nichtig oder wirksam angefochten worden ist. Eine bereits gezahlte Provision ist zurückzuzahlen. Bei dem **Rückzahlungsanspruch** handelt es sich um einen vertraglichen Anspruch aus einem Rückabwicklungsverhältnis, auf den die §§ 346ff. BGB Anwendung finden,[78] und nicht etwa die §§ 812ff. BGB, so dass die Einrede des Wegfalls der Bereicherung (§ 818 III BGB) ausscheidet. § 87a II HGB ist aber nicht (auch nicht analog) anwendbar, wenn ein Provisionsanspruch von vornherein nicht entstanden ist, weil das Geschäft nicht wirksam abgeschlossen wurde (z. B. auf Grund einer Anfechtung); in diesem Fall sind die §§ 812ff. BGB einschlägig.[79] Leistet der Dritte nur teilweise nicht, so bleibt der Anspruch auf Teilprovision bestehen. Bei **Abzahlungskäufen** ist die Provision grundsätzlich zurückzugewähren, wenn der Arbeitgeber die Ware zurücknimmt (vgl. § 503 BGB). Sind bereits

---

74 BGH 20. 10. 1982 BGHZ 85, 134 = NJW 83, 629.

75 BAG 16. 2. 1962 AP 1 zu § 87a HGB.

76 Vgl. für den Handelsvertreter MünchKommHGB/*v. Hoyningen-Huene* § 87a HGB RN 25.

77 Vgl. BGH 20. 6. 1984 BGHZ 91, 370 = NJW 84, 2881.

78 *Baumbach/Hopt* § 87a HGB RN 19; MünchKommHGB/*v. Hoyningen-Huene* § 87a HGB RN 37; vgl. auch BGH 12. 11. 1962 BB 63, 8; *Jestaedt* VersR 81, 613.

79 BAG 14. 3. 2000 AP 6 zu § 611 BGB Lohnrückzahlung = NZA 2000, 827.

einige Raten gezahlt, bleibt insoweit der Provisionsanspruch bestehen. Die Feststellung, dass der Dritte nicht leistet, muss nach objektiven Gesichtspunkten getroffen werden. Zwar kann der Arbeitgeber nach freiem Ermessen bestimmen, ob er **klageweise** gegen den Dritten vorgehen will. Ergreift er jedoch keine Maßnahmen, obwohl diese erfolgreich gewesen wären, tritt der Verlust des Provisionsanspruchs nicht ein. Der Arbeitgeber braucht nur dann nicht klageweise gegen den Dritten vorzugehen, wenn ihm das nicht zumutbar ist (vgl. unten RN 42). Im Wege der Vereinbarung können nähere Bestimmungen getroffen werden, wann feststehen soll, dass der Dritte nicht leistet. Insbesondere kann vereinbart werden, dass der Arbeitgeber nicht klageweise vorzugehen braucht. Gelegentlich werden bei einem Provisionsangestellten sämtliche Provisionen in eine laufende Rechnung übernommen. Alsdann sollen Rückzahlungsansprüche des Arbeitgebers gegen Provisionsverdienste verrechnet werden. In einer älteren Entscheidung hat das BAG Zweifel an der Zulässigkeit einer solchen Vereinbarung geäußert.[80] Jedenfalls ist eine Verrechnung unzulässig, wenn dadurch kein angemessenes monatliches Entgelt mehr gewährleistet ist (vgl. hierzu RN 7). Häufig finden sich Vereinbarungen, wonach für etwaige Provisionsrückforderungsansprüche eine Sicherheitsrücklage in Höhe eines bestimmten Prozentsatzes der Provisionsansprüche gebildet wird (Stornoreserve).

5. Erwerb des Provisionsanspruchs trotz Nichtausführung des Geschäftes. Der Ar- **40**
beitnehmer erwirbt den Provisionsanspruch auch dann, wenn feststeht, dass der Arbeitgeber ein rechtswirksam abgeschlossenes Geschäft ganz oder teilweise nicht oder nicht vertragsgemäß ausführt, es sei denn, dass der Anspruch bereits zuvor nach § 87a II HGB untergegangen ist (§ 87a III HGB). Eine **Nichtausführung** des Geschäftes liegt vor, wenn der Arbeitgeber die ihm obliegende Leistung gänzlich unterlässt; eine nicht dem Geschäftsabschluss entsprechende Ausführung liegt vor, wenn der Arbeitgeber die Leistung nicht in der Weise und zu der Zeit erbringt, wie er sie nach dem Vertrag mit dem Dritten hätte erbringen müssen, also z. B. dann, wenn der Arbeitgeber unvollständig, mangelhaft[81] oder verspätet leistet. Welche Folgerungen der Dritte aus der Nichtleistung zieht, ist für den Provisionsanspruch unerheblich. Unerheblich ist auch, aus welchen Gründen der Arbeitgeber das Geschäft nicht ausführt, ob also der ursprüngliche Vertrag aufgehoben, gestundet oder aus sonstigen Gründen nicht ausgeführt wird.[82] Nur unter den Voraussetzungen von § 87a III 2 HGB entfällt der Provisionsanspruch, wenn und soweit dies auf Umständen beruht, die vom Unternehmer nicht zu vertreten sind. Die Vorschrift ist neu gefasst worden durch das Gesetz zur Durchführung der EG-Richtlinie zur Koordinierung des Rechts der Handelsvertreter vom 23. 10. 1989 (BGBl. I S. 1910). Die beiden Hauptfälle ergeben sich aus der früheren Fassung des Gesetzes. Danach entfiel der Provisionsanspruch, **(a)** wenn dem Arbeitgeber die Ausführung des Geschäftes aus Gründen **nachträglich unmöglich** wird (§ 275 I BGB), die er nicht zu vertreten hat, oder **(b)** wenn ihm seine Ausführung nicht zumutbar ist, weil in der Person des Dritten ein wichtiger Grund für die Nichtausführung besteht. Die frühere Fassung ist erweitert worden, um die Abgrenzungsschwierigkeiten zwischen nachträglicher Unmöglichkeit und Unzumutbarkeit zu beseitigen.

Der nachträglichen Unmöglichkeit steht das nachträgliche Unvermögen gleich (§ 275 BGB). **41**
War das Geschäft **ursprünglich unmöglich,** so ist der Anspruch nach § 275 BGB ausgeschlossen. Der Arbeitnehmer kann einen Anspruch nach § 280 BGB erlangen. Der Arbeitgeber hat Vorsatz und Fahrlässigkeit zu vertreten (§ 276 BGB); für seine Erfüllungsgehilfen hat er einzustehen (§ 278 BGB). Darüber hinaus haftet er, wenn die Umstände, auf denen die Nichtausführung des Geschäfts beruhen, dem unternehmerischen oder betrieblichen Risikobereich zuzuordnen sind.[83] Im Falle der nachträglichen Unmöglichkeit oder des Unvermögens zur Leistung entfällt der Provisionsanspruch, wenn dies durch den Arbeitgeber nicht zu vertreten ist (z. B. Material- oder Transportsperre). Hat der Arbeitnehmer selbst die Unmöglichkeit oder das Unvermögen zu vertreten oder hat keine der Parteien die Unmöglichkeit (Unvermögen) zu vertreten, so entfällt der Provisionsanspruch.

Dem Arbeitgeber ist die Geschäftsausführung **unzumutbar,** wenn es nach Treu und Glauben **42**
nicht gerechtfertigt ist, ihn an dem Geschäft festzuhalten. Unzumutbar ist die Geschäftsausführung z. B. bei Insolvenz oder Insolvenzverdacht des Dritten, nicht dagegen bei dessen schlichten Annullierungsversuchen,[84] es sei denn, dass er sonst die Geschäftsverbindung abzubrechen

---

[80] BAG 25. 3. 1976 AP 9 zu § 65 HGB.

[81] BGH 27. 1. 1972 BGHZ 58, 140 = NJW 72, 629.

[82] BAG 14. 11. 1966 AP 4 zu § 65 HGB (Geschäftsveräußerung).

[83] Vgl. BGH 5. 3. 2008 ZIP 2008, 1080 = DB 2008, 1152 (LS).

[84] BGH LM 4, 5 zu § 87a HGB; zu Versicherungsvertretern BAG 25. 10. 1967 AP 3 zu § 92 HGB; BGH 19. 11. 1982 DB 83, 2135; LAG Frankfurt 20. 1. 1981 NJW 82, 254.

droht.[85] Den Arbeitgeber trifft eine **Nachbearbeitungspflicht.**[86] Insoweit können allerdings Ausnahmen bestehen bei Massengütern des täglichen Bedarfs.[87] Zumutbar bleibt das Geschäft bei fehlerhafter oder Verschlechterung der Kalkulation. Bei einer drohenden Stornogefahr muss er dem Arbeitnehmer eine Stornogefahrmitteilung zukommen lassen, um ihm Gelegenheit zu geben, sich für die Aufrechterhaltung des Vertrages einzusetzen;[88] nach Beendigung des Arbeitsverhältnisses ist dem Arbeitgeber dies nicht zuzumuten.[89] Beweispflichtig für die nicht zu vertretende Unmöglichkeit oder die Unzumutbarkeit der Geschäftsausführung ist der Arbeitgeber.[90]

43 Unzulässig sind Vereinbarungen, nach denen unter weiteren Voraussetzungen der Provisionsanspruch entfallen soll (§ 87a V HGB). Das gilt vor allem für eine Abrede, dass Provision nur für tatsächlich ausgeführte Geschäfte gezahlt wird.

IV. Fälligkeit des Provisionsanspruchs

44 Der nach § 87 HGB entstandene und nach § 87a HGB unbedingt gewordene Anspruch wird am letzten Tag des Monats fällig, in dem nach § 87c I HGB über ihn abzurechnen ist (§ 87a IV HGB). Über die unbedingt gewordenen Ansprüche ist unverzüglich, spätestens bis zum Ende des Folgemonats abzurechnen (§ 87c I 2 HGB). Der **Abrechnungszeitraum** beträgt einen Monat, kann aber vertraglich auf drei Monate erstreckt werden (§ 87c I 1 HGB). Der Provisionsanspruch wird mithin spätestens am Ende des Monats fällig, der dem Monat der Ausführung folgt oder, sofern der Abrechnungszeitraum auf drei Monate erstreckt wurde, spätestens am Ende des vierten Monats nach der Ausführung. **Verzug** tritt erst gem. § 284 I BGB auf Anmahnung, nicht aber gem. § 284 II BGB ein, da die Leistung nicht kalendermäßig bestimmt ist.[91]

V. Abtretung, Pfändung, Insolvenz

45 Provisionsansprüche können wie jeder andere Vergütungsanspruch abgetreten und gepfändet werden.[92] Der unter den Voraussetzungen des § 87 HGB erworbene, aufschiebend bedingte Anspruch ist bereits im Zeitpunkt der Entstehung als zukünftige Forderung abtretbar und pfändbar. In der Insolvenz des Arbeitgebers sind Provisionsansprüche wie die übrigen Vergütungsansprüche zu behandeln.

VI. Verjährung, Ausschlussfristen

46 Die Provisionsforderung verjährt gem. § 195 BGB in drei Jahren. Für den Beginn der Verjährungsfrist gilt § 199 BGB (s. hierzu § 73 RN 4ff.). Eine Auskunftsklage hemmt die Verjährung von Provisionsansprüchen nicht,[93] wohl aber eine Stufenklage gem. § 254 ZPO.[94] Provisionsansprüche können auch von Ausschlussfristen erfasst werden.[95] Das gilt – trotz § 87c V HBG – auch für Abrechnungs- und Auskunftsrechte.[96] Verfallfristen für den Anspruch laufen zumeist ab Fälligkeit.[97]

VII. Höhe des Provisionsanspruchs

Scherer, Nachforderung von Provision – Verzicht durch widerspruchslose Hinnahme von Abrechnungen?, BB 96, 2205.

47 **1. Vertrag. a)** Für die **Höhe der Provision** ist die getroffene Vereinbarung maßgebend. Sie kann ausdrücklich oder stillschweigend erfolgen. Dagegen wird sie kaum jemals dem Arbeit-

[85] BGH 13. 7. 1959 DB 59, 940; BAG 9. 12. 1966 AP 2 zu § 87a HGB.
[86] BAG 25. 10. 1967 AP 3 zu § 92 HGB; bei Versicherungsvertretern BGH 19. 11. 1982 DB 83, 2135; OLG Köln 18. 5. 1977 NJW 78, 327.
[87] BAG 21. 10. 1971 AP 3 zu § 87a HGB = NJW 72, 45.
[88] LAG Baden-Württemberg 28. 9. 2000 – 21 Sa 23/00 – n. v.
[89] LAG Hessen 20. 1. 1981 NJW 82, 254; anders OLG Köln 18. 5. 1977 NJW 78, 327.
[90] Vgl. für den Handelsvertreter BGH 2. 3. 1989 NJW-RR 89, 865.
[91] BGH 19. 4. 1962 BB 62, 543.
[92] *Treffer* MDR 98, 384.
[93] Vgl. zum alten Verjährungsrecht BAG 5. 9. 1995 AP 16 zu § 196 BGB = NZA 96, 251.
[94] Vgl. BAG 28. 1. 1986 AP 2 zu § 61 HGB = NJW 86, 2527.
[95] Vgl. BAG 27. 11. 1984 AP 89 zu § 4 TVG Ausschlussfristen.
[96] BAG 23. 3. 1982 AP 18 zu § 87c HGB.
[97] Vgl. BAG 18. 1. 1969 AP 41 zu § 4 TVG Ausschlussfristen.

nehmer überlassen.[98] Ein Provisionsanspruch kann für bestimmte Geschäfte überhaupt ausgeschlossen werden; es kann auch z. B. im Automobilhandel die Provision von der Differenz zwischen Alt- und Neuwagenpreis berechnet werden.[99] Der Provisionssatz kann in Prozenten vom Geschäftswert (X% von Y), aber auch nach Stückzahl oder Gewicht der verkauften Ware (X € je Stück, je to) usw. berechnet werden. Liegt eine Vereinbarung nicht vor oder ist sie nichtig,[100] so gilt nach § 87b I HGB die **übliche Provision** als vereinbart, d. h. die Provision, die von vergleichbaren Unternehmen für Geschäfte dieser Art am Sitz des Arbeitsverhältnisses an Arbeitnehmer gezahlt wird.[101] Die Üblichkeit kann durch ein Gutachten der Industrie- und Handelskammer ermittelt werden. Ist dies nicht möglich, liegt andererseits aber ein wirksamer Arbeitsvertrag vor, so hat der Arbeitnehmer nach § 316 BGB ein Bestimmungsrecht (§§ 315, 316 BGB).[102]

b) Die **nachträgliche Änderung des Provisionssatzes** ist nur durch Vertrag (s. hierzu RN 14) oder Änderungskündigung möglich. Die jahrelange widerspruchslose Hinnahme der Provisionsabrechnungen kann nicht als ein ständig sich wiederholendes negatives Schuldanerkenntnis ausgelegt werden, dass dem Vertreter Ansprüche auf Erteilung eines Buchauszuges und auf Zahlung weitergehender Provisionen nicht zustehen (vgl. jetzt § 308 Nr. 5 BGB).[103] Zur Befristung der Provisionsvereinbarung s. RN 14. Werden Verdienstchancen eines Abonnentenwerbers dadurch verschlechtert, dass aus Kundenwerbungen gewonnenes Adressmaterial nicht mehr an ihn, sondern an ein Call Center weitergegeben werden, kann hierin eine Umgehung des Änderungskündigungsschutzes oder eine Verletzung des billigen Ermessens liegen. Das ist aber nicht der Fall, wenn die Verdienstminderung nur 20% beträgt.[104] **48**

Zur Frage, ob der Arbeitgeber sich wegen der Provisionsstaffel eine **Teilkündigung** (Widerruf) vorbehalten kann, s. RN 14. In jedem Fall ist eine einseitige Änderung ohne Vorbehalt unwirksam. **49**

2. Berechnung der Provision. Die in § 87b II, III HGB enthaltenen Berechnungsvorschriften sind nur anwendbar, wenn der Provisionssatz in Prozenten ausgedrückt ist, nicht dagegen bei Stückprovision. § 87b II HGB behandelt die Provisionsberechnung bei sich in einmaliger Leistung erschöpfenden Austauschverträgen, § 87b III HGB behandelt Dauerverträge. Zwar sind in § 87b III HGB nur Gebrauchsüberlassungs- und Nutzungsverträge erwähnt; seine Regelung passt aber für sämtliche Dauerverträge mit fest nach Zeitabschnitten bemessenem Entgelt.[105] Bei **einfachen Austauschverträgen** (§ 87b II HGB) ist die Provision von dem Entgelt zu berechnen, das der Dritte oder der Unternehmer zu entrichten hat. Besteht das Entgelt in einer Warenlieferung, so ist diese zu normalem Preis umzurechnen. Sinkt der Wert der Sachen, so ist der ursprüngliche Wert maßgebend.[106] Überhaupt sind die ursprünglich vereinbarten Entgelte, nicht dagegen spätere Preisherabsetzungen entscheidend. Bei der Provisionsberechnung sind Nachlässe für Barzahlung, Treue- und Mengenrabatte nicht abzusetzen. Das gilt nur dann nicht, wenn von vornherein ein geringerer Preis vereinbart war.[107] In gleicher Weise sind sonstige Nebenkosten (Fracht, Verpackung, Zoll, Steuern, Versicherungen usw.) nicht abzuziehen, es sei denn, dass sie gesondert in Rechnung gestellt werden. Der Gesetzgeber geht von der Vorstellung aus, dass sie im Preis einkalkuliert sind. Die Umsatzsteuer, die lediglich auf Grund steuerrechtlicher Vorschriften gesondert ausgewiesen ist, gilt nicht als gesondert in Rechnung gestellt (§ 87b II 3 HGB). Danach ist bei der Berechnung der Provision die Umsatzsteuer nicht abzuziehen, es sei denn, dass eine andere Vereinbarung getroffen wurde.[108] **50**

Bei **Gebrauchsüberlassungs- und Nutzungsverträgen** ist zu unterscheiden zwischen solchen von bestimmter und solchen von unbestimmter Dauer. Bei Verträgen mit bestimmter Dauer ist die Provision vom Entgelt für die Gesamtdauer zu berechnen, auch wenn das Arbeitsverhältnis vor Auslaufen des Vertrages endet (§ 87b III 1 HGB). Bei Verträgen von unbestimm- **51**

---

[98] Vgl. BGH 15. 2. 1971 AP 3 zu § 87 HGB.
[99] BAG 24. 9. 1965 AP 1 zu § 87b HGB.
[100] Vgl. hierzu *Trinkhaus* DB 67, 859 (861).
[101] Vgl. BGH 2. 3. 1961 LM 1 zu § 87b HGB.
[102] BGH 2. 3. 1961 LM 1 zu § 87b HGB.
[103] BGH 29. 11. 1995 AP 19 zu § 87c HGB = NJW 96, 588; vgl. dazu *Scherer* BB 96, 2205.
[104] BAG 7. 8. 2002 AP 81 zu § 315 BGB = FA 2003, 29.
[105] *Baumbach/Hopt* § 87b HGB RN 13.
[106] RGZ 121, 125.
[107] *Baumbach/Hopt* § 87b HGB RN 8.
[108] Zur Vertragsauslegung: BAG 23. 3. 1982 AP 18 zu § 87c HGB; vgl. zu den früheren Bedienungsprozenten im Gaststättengewerbe: BAG 7. 10. 1971 AP 6 zu § 611 BGB Kellner.

ter Dauer erhält der Arbeitnehmer zunächst eine **Erstprovision,** berechnet von dem Entgelt, das der Dritte bis zu seiner ersten Kündigungsmöglichkeit zu zahlen hat. Besteht der Vertrag noch weiter, so hat der Arbeitnehmer Anspruch auf **Folgeprovisionen,** die entsprechend zu berechnen sind (§ 87b III 2 HGB). Hat der Dritte zunächst den Vertrag gekündigt, die Kündigung aber zurückgenommen, so besteht nur dann Anspruch auf Folgeprovision, wenn der Arbeitnehmer die Rücknahme verursacht hat. Hat der Arbeitgeber den Vertrag zum ersten Kündigungstermin gekündigt, so entfällt der Anspruch auf Folgeprovision nur dann, wenn der Unternehmer die Beendigung des Vertragsverhältnisses nicht zu vertreten hat. Das folgt schon aus dem Grundsatz (vgl. §§ 162 BGB, 87a III HGB), dass der Unternehmer durch sein Verhalten nicht treuwidrig die Entstehung des Provisionsanspruchs vereiteln darf.[109]

VIII. Abrechnung der Provisionsforderung

Kukat, Der Anspruch des Handelsvertreters auf Erteilung eines Buchauszugs gem. § 87c HGB, DB 2002, 1646; *Seetzen,* Die Kontrollrechte des Handelsvertreters nach § 87c HGB und ihre Durchsetzung, WM 85, 213.

52 **1. Allgemeines und Gliederung.** Zur Sicherung und Aufklärung des Provisionsanspruches sind dem Provisionsberechtigten, solange der Provisionsanspruch besteht,[110] unabdingbar vier Ansprüche eingeräumt: **(1)** Abrechnung (RN 54), **(2)** Erteilung eines Buchauszuges (RN 55), **(3)** Mitteilung über wesentliche Umstände (RN 58), **(4)** Einsichtnahme in die Geschäftsbücher (RN 59).

53 Gegenüber diesen Ansprüchen hat der Arbeitgeber **kein Zurückbehaltungsrecht** wegen etwaiger Gegenansprüche, es sei denn, dass er der Erfüllung seiner Verpflichtung nicht ohne Erfüllung der Pflichten des Arbeitnehmers nachkommen kann. Die Auskunftsansprüche sind nicht selbstständig abtretbar, sondern nur im Zusammenhang mit der Provision.[111] Der Arbeitgeber kann dann dem Zessionar die Leistung verweigern, wenn seine berechtigten Interessen gefährdet werden, z.B. wenn der Arbeitnehmer einem Konkurrenten seines Arbeitgebers Provisions- und Auskunftsansprüche abgetreten hat, um diesem Einblick in die Geschäftsunterlagen zu verschaffen. In der Insolvenz des Arbeitgebers sind sie nach h. M. gegen den Insolvenzverwalter geltend zu machen.[112] Die Vollstreckung der Ansprüche erfolgt i. d. R. nach § 887 ZPO.[113] Eine Vollstreckung nach § 888 ZPO kann in Betracht kommen, wenn der Unternehmer keine Bücher geführt hat oder wenn wegen der Besonderheit des EDV-Systems die Abrechnung durch einen Dritten nur mit unverhältnismäßigen Schwierigkeiten erstellt werden kann.[114]

54 **2. Abrechnung.** Der Arbeitgeber hat über alle nach § 87 HGB provisionspflichtigen Geschäfte, auch wenn sie noch nicht ausgeführt sind (§ 87a HGB) oder die Provision noch nicht fällig geworden ist, monatlich schriftlich abzurechnen (§ 87c I 1 HGB). Der Abrechnungszeitraum kann auf drei Monate erstreckt werden. Die Abrechnung hat unverzüglich, spätestens bis zum Ende des auf den Geschäftsabschluss folgenden Monats zu erfolgen (§ 87c I 2 HGB); zur Meidung des Verzuges (§ 286 II Nr. 1 BGB) auch dann, wenn der Arbeitnehmer keine Abrechnung gefordert hat. In sie sind die Namen der Kunden oder – bei Verständlichkeit – deren Kennziffern, Art und Menge der verkauften Waren,[115] Geschäftswert, Geschäftsausführung, Provisionshöhe und Fälligkeit aufzunehmen, so dass der Arbeitnehmer sie mit seinen Unterlagen vergleichen kann. Über alle Provisionsansprüche ist **monatlich gleichzeitig abzurechnen.** Ein zusammenfassender Abrechnungsanspruch ist nur dann nicht gegeben, wenn der Arbeitgeber jedes Geschäft einzeln abgerechnet hat, wenn er z.B. dem Arbeitnehmer Durchschläge der Auftragsbestätigung, der Rechnung, der Versandbestätigung und der einzelnen Provision erteilt. Bestreitet der Arbeitgeber, dass überhaupt Geschäfte angefallen sind, so muss der Arbeitnehmer deren Abschluss nachweisen. Erteilt der Arbeitgeber eine Abrechnung, weist der Arbeitnehmer

---

[109] MünchKommHGB/*v. Hoyningen-Huene* § 87b HGB RN 40; ebenso *Baumbach/Hopt* § 87b HGB RN 16, der § 87a III HGB analog anwenden will.

[110] Vgl. BAG 16. 2. 1969 AP 3 zu § 87c HGB.

[111] Zur Pfändung vgl. BAG 16. 2. 1969 AP 3 zu § 87c HGB.

[112] OLG Naumburg 22. 11. 1995 NJW-RR 96, 993; *Baumbach/Hopt* § 87c HGB RN 7; a. A. OLG Koblenz 6. 10. 1964 NJW 65, 257.

[113] BGH 26. 4. 2007 NJW-RR 2007, 1475; OLG Hamm 19. 11. 1993 NJW-RR 94, 489; OLG Köln 3. 5. 1995 NJW-RR 96, 100; OLG Nürnberg 28. 7. 1998 BB 99, 150; OLG Düsseldorf 21. 6. 1999 NJW-RR 2000, 1298; *Baumbach/Hopt* § 87c HGB RN 12; LAG Saarbrücken 6. 1. 1965 DB 65, 187.

[114] OLG Hamm 19. 11. 1993 NJW-RR 94, 489; *Baumbach/Hopt* § 87c HGB RN 12.

[115] BAG 25. 6. 1964 AP 3 zu § 242 BGB Auskunftspflicht.

jedoch ihre Unvollständigkeit nach, so kann er die Rechte aus § 87c II–IV HGB oder die nach §§ 259, 260 BGB geltend machen, denn der Abrechnungsanspruch ist eine Art der Rechnungslegung. Eine Abrede, nach der Provisionsabrechnungen bei Schweigen des Arbeitnehmers als genehmigt gelten, ist nach § 87c V HGB unwirksam.[116] Weigert sich der Arbeitgeber, eine Abrechnung zu erteilen, so kann der Arbeitnehmer auch sofort auf Provisionszahlung klagen; er riskiert jedoch, dass er zu wenig Provision verlangt, wenn ihm die Geschäfte nicht voll bekannt sind. Zweckmäßig wird eine **Stufenklage** nach § 254 ZPO erhoben, um eine etwa für den Provisionsanspruch laufende Verjährungs- oder Verfallfrist (s. RN 46) zu unterbrechen. Die Verjährungsfrist für den Abrechnungsanspruch beträgt gem. § 196 drei Jahre. Die Klage auf Rechnungslegung oder Erteilung eines Buchauszuges unterbricht nicht die Verjährung der Provisionsforderung.[117] Die erteilte Abrechnung ist ein Schuldanerkenntnis (§ 781 BGB).

3. Buchauszug. Nach § 87c II HGB kann der Arbeitnehmer bei der Abrechnung, also sobald und solange ein Abrechnungsanspruch besteht, einen schriftlichen Buchauszug über alle nach § 87 HGB provisionspflichtigen Geschäfte verlangen. Zur Begründung des Anspruchs ist ausreichend, wenn der Arbeitnehmer darlegt, dass nach den vertraglichen Vereinbarungen provisionspflichtige Geschäfte zustande gekommen sein können.[118] Der Inhalt des Buchauszug-Anspruchs ergibt sich aus seinem Zweck, dem Arbeitnehmer eine Abrechnungsgrundlage für seinen Provisionsanspruch zu beschaffen. In den Buchauszug sind daher alle sich aus den Handelsbüchern ergebenden Umstände aufzunehmen, die für die Berechnung des Provisionsanspruchs von Bedeutung sind.[119] Rechnungskopien samt Tippstreifen sind unzureichend.[120] Ist der Arbeitgeber nicht zur Führung von Handelsbüchern verpflichtet, so hat er dem Arbeitnehmer zumindest eine geordnete Zusammenstellung der provisionspflichtigen Geschäfte zu erteilen. 55

Der Anspruch ist **ausgeschlossen,** wenn der Arbeitgeber bei jedem Einzelgeschäft einen Einzelbuchauszug erteilt oder wenn die Parteien sich über die Richtigkeit der Abrechnung geeinigt haben.[121] Behauptet und beweist der Arbeitnehmer, dass der Buchauszug unvollständig ist, so kann er dessen Ergänzung beanspruchen. Außerdem kann er die Rechte aus § 260 BGB geltend machen. Nach Verurteilung zur Erteilung eines Buchauszuges kann bei dessen Unvollständigkeit im Vollstreckungsverfahren nur die Ergänzung durch einen Vereidigten Buchsachverständigen oder einen Wirtschaftsprüfer verlangt werden, damit der Arbeitgeber durch immer neue Ansprüche nicht übermäßig belastet wird.[122] Etwas anderes gilt aber bei schweren Mängeln, die den Buchauszug unbrauchbar machen.[123] Die jahrelange widerspruchslose Hinnahme der Provisionsabrechnungen des Unternehmens kann nicht als ein sich ständig wiederholendes negatives Schuldanerkenntnis dahingehend ausgelegt werden, dass dem Arbeitnehmer Ansprüche auf Erteilung eines Buchauszuges oder auf Zahlung weiterer Provisionen nicht zustehen.[124] 56

Erteilt der Arbeitgeber auf Verlangen des Arbeitnehmers keinen Buchauszug oder nur verspätet, so wird er **schadensersatzpflichtig.** Die Provisionsansprüche können auch gegebenenfalls nach § 287 ZPO geschätzt werden. Die Verjährung des Anspruchs auf Buchauszug beginnt, wenn der Anspruch fällig und vom Arbeitnehmer geltend gemacht werden kann.[125] Der Anspruch kann von einer tariflichen Verfallklausel erfasst werden. Die Verfallfrist beginnt mit der Erteilung der Abrechnung.[126] Die Erteilung eines Buchauszugs wird nach § 887 ZPO vollstreckt. Das gilt grundsätzlich auch dann, wenn der Schuldner seinen Sitz im Ausland hat. Nur ausnahmsweise kann in diesem Fall nach § 888 ZPO vollstreckt werden, etwa weil der Schuldner Widerstand leistet und Maßnahmen nach § 892 ZPO erforderlich werden.[127] 57

---

[116] BAG 16. 2. 1973 AP 13 zu § 87c HGB; 23. 3. 1982 AP 18 zu § 87c HGB; BGH 29. 11. 1995 AP 19 zu § 87c HGB = NJW 96, 588, unter Aufgabe früherer Rspr.; a. A. LAG Bad.-Württemberg 31. 3. 1981 AP 17 zu § 87c HGB.

[117] BAG 30. 4. 1971 AP 15 zu § 9 ArbGG 1953 (m. krit. Anm. *Grunsky*); 5. 9. 1995 AP 16 zu § 196 BGB = NZA 96, 251.

[118] Vgl. BGH 7. 10. 1977 AP 14 zu § 87c HGB.

[119] BGH 11. 7. 1980 AP 16 zu § 87c HGB = NJW 81, 457; 21. 3. 2001 NJW 2001, 2333; OLG Saarbrücken 23. 5. 2001 NJW-RR 2002, 391; OLG München 26. 3. 2002 NJW-RR 2002, 1034.

[120] BGH 23. 10. 1981 DB 82, 376.

[121] BGH 11. 7. 1980 AP 16 zu § 87c HGB = NJW 81, 457.

[122] OLG Nürnberg 28. 7. 1998 BB 99, 150.

[123] BGH 20. 2. 1964 AP 1 zu § 87c HGB; *Baumbach/Hopt* § 87c HGB RN 20.

[124] BGH 29. 11. 1995 AP 19 zu § 87c HGB = NJW 96, 588, unter Aufgabe früherer Rspr.

[125] BGH 11. 7. 1980 AP 16 zu § 87c HGB = NJW 81, 457.

[126] BAG 23. 3. 1982 AP 18 zu § 87c HGB = DB 82, 2249; s. auch RN 46.

[127] OLG Hamm 27. 3. 1998 InVo 99, 32; OLG Düsseldorf 21. 1. 2004 InVo 2004, 385; weitergehend: OLG Frankfurt 14. 12. 2000 InVo 2001, 183; 31. 1. 2002 InVo 2002, 518.

58 **4. Mitteilung wesentlicher Umstände.** §§ 65, 87c III HGB normieren keine allgemeine Rechenschaftspflicht für den Arbeitgeber. Vielmehr dient der Anspruch auf Mitteilung über alle Umstände, die für den Provisionsanspruch, seine Fälligkeit und seine Berechnung wesentlich sind, allein der Ergänzung von § 87c II HGB, wenn z.B. nicht alle für die Provisionsberechnung wesentlichen Umstände aus den Handelsbüchern zu ersehen sind.[128] Der Provisionsberechtigte muss daher im Prozess darlegen und beweisen, über was er Auskunft begehrt und warum diese Auskunft für die Provisionsberechnung wesentlich ist.[129]

59 **5. Einsichtnahme in die Geschäftsbücher.** Weigert sich der Arbeitgeber, einen Buchauszug zu erteilen oder bestehen objektiv begründete Zweifel an der Richtigkeit oder Vollständigkeit der Abrechnung oder des Buchauszuges, so kann der Arbeitnehmer gem. § 87c IV HGB verlangen, dass Einsicht in die Geschäftsbücher und Geschäftsunterlagen gewährt wird.[130] Die Einsichtnahme ist auf alle Geschäftsurkunden zu erstrecken, die für die Erstellung eines ordnungsgemäßen Buchauszuges notwendig sind.[131] Soweit das Recht zur Einsichtnahme reicht, ist auch die Anfertigung schriftlicher Notizen zu gestatten. Der Arbeitgeber kann bestimmen, ob er dem Arbeitnehmer oder einem von diesem zu bestimmenden Wirtschaftsprüfer oder vereidigten Buchsachverständigen die Einsicht gestattet. Erlaubt er dem Arbeitnehmer selbst die Bucheinsicht, so kann dieser eine Person seines Vertrauens, also auch einen buchsachverständigen Gewerkschaftssekretär hinzuziehen. Erlaubt der Arbeitgeber nur einem Wirtschaftsprüfer die Einsichtnahme, so darf der vom Arbeitnehmer ausgewählte nur dann zurückgewiesen werden, wenn gegen dessen Unparteilichkeit Bedenken bestehen. Die Einsichtnehmenden unterliegen gegenüber Dritten der Schweigepflicht. Die Einsichtnahme hat am Geschäftsort zu erfolgen. Die Kosten der Einsichtnahme trägt der Arbeitnehmer. Er kann aber im Wege des Schadensersatzes (§ 280 BGB) Kostenerstattung verlangen, wenn sich die Unrichtigkeit der Abrechnung oder des Auszugs ergibt bzw. sich der Arbeitgeber mit der Erteilung eines richtigen oder vollständigen Buchauszuges im Verzug befand.[132] Die Verjährungsfrist für das Einsichtsrecht beginnt mit dem Ende des Jahres, in dem der Buchauszug erteilt worden ist.[133]

§ 76. Gewinnbeteiligung

Fröhlich, Beteiligung am wirtschaftlichen Erfolg im Arbeitsverhältnis, ArbRB 2006, 246; *Krause,* Die Mitarbeitergesellschaft – Modell mit Zukunft, AuA 97, 222; *Kropp,* Aktienoptionen statt finanzielle Gewinnbeteiligung: Wann und in welcher Höhe werden sie aufwandswirksam, DStR 2002, 1919, 1960; *Lingemann/Gotham,* Freiwillige Leistungen des Arbeitgebers – gibt es sie noch?, DB 2007, 1757; *Loritz,* Variable erfolgsbezogene Vergütungen der Mitarbeiter, AuA 97, 224; *Niehues,* Tantieme – Einbehalt und Verlust Tantiemen, DB 96, 993; *Ricken,* Gewinnbeteiligungen im Arbeitsverhältnis, NZA 99, 236; *Wagner,* Ergebnisorientierte variable Vergütungen, BB 97, 150.

1 **1. Begriff.** Die Gewinnbeteiligung (oder **Tantieme**) bezieht sich anders als die Provision nicht auf bestimmte Geschäfte, sondern auf den geschäftlichen Erfolg des Arbeitgebers als Ganzes. Sie ist Teil des Arbeitsentgelts. Sie wird einzelnen Arbeitnehmern, i.d.R. leitenden Angestellten, wegen ihrer für das Unternehmen besonders wichtigen Tätigkeit als zusätzliche Vergütung gezahlt, um sie am Geschäftsergebnis zu interessieren. Von ihr zu unterscheiden ist die an die gesamte Belegschaft zur Anerkennung ihrer Dienste gezahlte Jahresabschlussvergütung oder die aus sozialpolitischen Gründen (Sozialpartnerschaft) gezahlte **Ergebnisbeteiligung** (vgl. § 80), durch die eine stärkere Verbundenheit der Arbeitnehmer mit dem Unternehmen erreicht werden soll; für diese gelten i.d.R. eigene Rechtsgrundsätze. Wird eine Mindestgewinnbeteiligung garantiert, so ändert sich dadurch nichts an ihrem Rechtscharakter; andererseits ist sie auch dann zu bezahlen, wenn in dem Jahr kein Gewinn erwirtschaftet wird.[1] Von der Gewinnbeteiligung zu unterscheiden sind die Aktienoptionen, die Mitarbeitern eingeräumt werden, um sie am Unternehmen zu interessieren (vgl. § 80 RN 3ff.).

---

[128] Vgl. BGH 20. 2. 1964 AP 1 zu § 87c HGB.
[129] Zum Antrag vgl. auch OLG Hamm 10. 2. 1967 DB 67, 592.
[130] Zur Anspruchskonkurrenz BGH 24. 6. 1971 AP 12 zu § 87c HGB.
[131] OLG München 13. 8. 1964 NJW 64, 2257.
[132] BGH 16. 5. 1960 BGHZ 32, 302 (306/307) = NJW 60, 1662; BAG 13. 10. 1965 AP 3 zu § 65 HGB; MünchKommHGB/*v. Hoyningen-Huene* § 87c HGB RN 78.
[133] Vgl. BGH 1. 12. 1978 AP 15 zu § 87c HGB = NJW 79, 764.
[1] LAG Berlin 7. 10. 1975 DB 76, 636; vgl. LG Hannover 3. 1. 1983 ZIP 83, 448.

2. Rechtsgrundlage. Grundlage des Anspruchs auf Gewinnbeteiligung kann der Arbeitsvertrag, aber auch ein Tarifvertrag oder eine Betriebsvereinbarung sein. 2

3. Berechnung. Die an einzelne Arbeitnehmer gezahlte Tantieme wird zumeist in Prozenten des jährlichen **Reingewinns,**[2] seltener vom **Rohgewinn** vereinbart, der für das ganze Unternehmen oder einen Unternehmensteil (Filiale, Betriebsabteilung usw.) erzielt worden ist. Wird sie vom **Umsatz** gezahlt (Umsatztantieme, Umsatzbonus), liegt eine Zwischenform zwischen Tantieme und Provision vor (§ 75 RN 2). Eine Umsatzbeteiligung kann Provisionscharakter haben.[3] Daher ist auch eine Vereinbarung zwischen einem Gastwirt und einer Serviererin wegen Verstoßes gegen die guten Sitten (§ 138 BGB) unwirksam, wenn eine Umsatzprovision von den Zechschulden der Gäste nur dann gezahlt werden soll, wenn diese beitreibbar sind.[4] Sieht ein Arbeitsvertrag eine Leistungsprämie vor, die der Schuldner nach näher bezeichneten Voraussetzungen nach seinem freien Ermessen verweigern darf, so bedeutet das in der Regel nicht, dass die Zahlung im Belieben des Schuldners steht. Vielmehr ist eine unbillige Entscheidung unverbindlich.[5] Ist über die Höhe der Tantieme nichts vereinbart, so ist die für gleichartige Fälle übliche oder angemessene zu zahlen (§ 612 II BGB). Ihre Bestimmung kann dem Arbeitgeber nach **billigem Ermessen** überlassen bleiben (§ 315 BGB).[6] Offenbar unbillig ist eine vertragliche Leistungsbestimmung dann, wenn sie in so grober Weise gegen die Interessen einer Partei verstößt, dass sich ihre Unbilligkeit einem unbefangenen Dritten aufdrängen muss. Die einem leitenden Angestellten zugesagte Beteiligung am Jahresgewinn des von ihm geführten Betriebs erlischt, wenn der Angestellte während des ganzen Geschäftjahres arbeitsunfähig war und keine Entgeltfortzahlung beanspruchen kann.[7] 3

4. Bezugnahme von Vorstandsregelungen. Für die Berechnung der Tantieme kann vertraglich auf die für Vorstands- und Aufsichtsratsmitglieder von Aktiengesellschaften geltende Regelung (§§ 87, 113 III AktG) verwiesen werden. Bei und Aufsichtsratsmitgliedern kann im Interesse der Erhaltung des Grundkapitals nur zu deren Nachteil von § 113 III AktG abgewichen werden; anders ist es dagegen bei Angestellten oder Geschäftsführern einer GmbH. Besteht für die zugesagte Gewinnbeteiligung noch keine Bemessungsgrundlage, so erfolgt deren Bestimmung nach § 315 BGB.[8] Mangels anderer Vereinbarung ist für die Feststellung des Reingewinns die nach kaufmännischen Grundsätzen erstellte Handelsbilanz nach Vornahme sämtlicher Abschreibungen und Rücklagen, nicht die davon abweichende Steuerbilanz maßgebend.[9] Bei mitarbeitenden Gesellschaftern dürfen die Gesellschaftergehälter vom Gewinn abgesetzt werden, es sei denn, dass ihre Vergütung unangemessen hoch ist (verdeckte Gewinnentnahme). Unzulässig ist die Absetzung fiktiver Mietkosten für das Geschäftslokal, es sei denn, dass etwas anderes vereinbart ist.[10] Bei willkürlicher oder böswilliger Bilanzierung (willkürl. Abschreibungen) kann der Angestellte zwar nicht auf Berichtigung, wohl aber auf Auszahlung der ihm bei ordnungsgemäßer Bilanzierung zustehenden Beträge klagen.[11] Verluste aus Vorjahren können ohne besondere Vereinbarung auf den Gewinn nicht angerechnet werden.[12] Ebenfalls müssen Verluste unberücksichtigt bleiben, die erst nach Bilanzierung entstehen, freilich können hierfür angemessene Rücklagen gewinnmindernd ausgewiesen werden.[13] 4

5. Auswirkungen auf das Arbeitsverhältnis. Wenn auch der Tantiemeberechtigte am Geschäftsergebnis beteiligt wird, bleibt er doch Arbeitnehmer und kann, von Fällen des Missbrauchs abgesehen, die Geschäftsleitung nicht wegen **mangelnder Geschäftsführung** zur Rechenschaft ziehen.[14] Seine Forderung unterliegt der **dreijährigen Verjährung** (§ 195 BGB), beginnend mit dem Schluss des Jahres, in dem die Bilanz für das tantiemepflichtige Geschäftsjahr 5

---

[2] Zum Begriff: LAG Düsseldorf 13. 10. 1960 DB 60, 1337; LAG Niedersachsen 6. 2. 2006 NZA-RR 2006, 369 = LAGE § 611 BGB 2002 Tantieme Nr. 1.

[3] BAG 12. 1. 1973 AP 4 zu § 87 a HGB.

[4] LAG Hamm 3. 10. 1979 DB 80, 597.

[5] BAG 16. 3. 1982 AP 5 zu § 87 a HGB.

[6] BAG 22. 12. 1970 AP 2 zu § 305 BGB Billigkeitskontrolle.

[7] BAG 8. 9. 1998 AP 214 zu § 611 BGB Gratifikation = NZA 99, 824.

[8] Für einen GmbH-Geschäftsführer: BGH 9. 5. 1994 NJW-RR 94, 1055 = DB 94, 1351.

[9] BAG 7. 7. 1960 AP 2 zu § 242 BGB Auskunftspflicht; zu stillen Reserven LAG Baden-Württemberg 30. 4. 1970 DB 70, 934.

[10] BAG 4. 6. 1969 AP 14 zu § 611 BGB Lohnanspruch.

[11] RAG 37, 44; vgl. auch LAG Frankfurt 10. 3. 1992 – 7 Sa 1019/91 – n. v.

[12] Vgl. LAG Düsseldorf 13. 10. 1960 DB 60, 1367 (LS).

[13] BAG 3. 6. 1958 AP 9 zu § 59 HGB.

[14] BAG 13. 4. 1978 AP 1 zu § 611 BGB Tantieme.

festgestellt wird oder hätte festgestellt werden können.[15] Es gelten ferner allgemeine Lohnsicherungsbestimmungen; insbesondere hat der Arbeitnehmer bei Arbeitsunfähigkeit Anspruch auf ihre Fortzahlung.

6 **6. Auskunftsanspruch.** Der Inhalt des Gewinnbeteiligungsvertrages schließt regelmäßig die Nebenverpflichtung (§§ 157, 242 BGB) des Arbeitgebers ein, dem anspruchsberechtigten Arbeitnehmer die erforderliche Auskunft über Bestehen und Umfang seines Rechts zu erteilen; also Informationen über Umstände, die der Arbeitnehmer entschuldbarerweise sich nicht beschaffen kann, die der Arbeitgeber hingegen unschwer im Wege der Rechnungslegung dartun kann.[16] Inhalt und Umfang des Auskunftsanspruchs bestimmen sich nach § 242 BGB unter Berücksichtigung der Verkehrsübung. Grundsätzlich ist der Arbeitgeber auch ohne eine besondere Vereinbarung verpflichtet, Bilanzen, Gewinn und Verlustrechnungen vorzulegen.[17] Ist dem Arbeitgeber allerdings, etwa bei Verfeindung der Parteien, die Vorlage der Bilanz an den Arbeitnehmer nicht zuzumuten, so hat er diese einem unparteiischen Wirtschaftsprüfer oder Buchsachverständigen vorzulegen.[18]

7 **7. Fälligkeit.** Der Anspruch auf die Tantieme wird fällig, sobald die Bilanz festgestellt ist[19] oder bei ordnungsmäßigem Geschäftsgang hätte festgestellt sein können. Beginnt oder endet das Arbeitsverhältnis im Laufe des Geschäftsjahres, so ist bei Fehlen einer entsprechenden Vereinbarung keine Zwischenbilanz aufzustellen. Vielmehr ist auch in diesen Fällen die Jahresbilanz maßgeblich, jedoch mindert sich der Anspruch auf den dem Zeitraum der Beschäftigung entsprechenden Gewinnanteil (pro rata temporis).[20] Eine Vereinbarung, wonach der Tantiemeanspruch bei Ausscheiden des Arbeitnehmers entfällt, ist als unzulässige Kündigungserschwerung rechtswidrig, weil es sich bei der Tantieme um einen Teil des Entgelts für die vertragliche geschuldete Arbeitsleistung handelt.[21] Das gilt auch dann, wenn die Tantieme erst im Folgejahr augezahlt werden soll.[22]

8 Ist ein Arbeitnehmer, dem eine Erfolgsvergütung zugesagt worden ist, während des ganzen Jahres arbeitsunfähig krank, so erlischt der Anspruch auf die Erfolgsvergütung, soweit kein Anspruch auf Entgeltfortzahlung besteht (§§ 275, 323 BGB).[23] Erfolgsbeteiligungen gelten den Gesamteinsatz des Arbeitnehmers ab. Zur Berücksichtigung bei der Berechnung des Urlaubsentgelts s. § 102 RN 125 f.[24]

9 **8. Mitbestimmung. a)** Der Betriebsrat kann bei der Einführung von Gewinnbeteiligungen ein Mitbestimmungsrecht nach **§ 87 I Nr. 10, 11 BetrVG** haben.[25] Dabei ist der Dotierungsrahmen mitbestimmungsfrei.

10 **b)** Beruht der Anspruch auf einer **Betriebsvereinbarung,** so ist ein Erlass nur mit Zustimmung des Betriebsrats zulässig (§ 77 IV 2 BetrVG). Dasselbe gilt bei der Anrechnung von Tariflohnerhöhungen. Von Ansprüchen aus einer Betriebsvereinbarung können einzelne Arbeitnehmer nicht ausgenommen werden, auch wenn die Leistungen als „freiwillig" bezeichnet werden.[26]

11 **9. Steuern.** Der gewinnabhängige Tantiemeanspruch eines leitenden Angestellten ist keine Gewinnbeteiligung i. S. des § 24 Nr. 1 lit. b EStG.[27]

---

[15] BAG 10. 12. 1973 AP 7 zu § 196 BGB (zuvor besteht keine Klagemöglichkeit).

[16] BAG 17. 11. 1958 AP 18 zu § 3 KSchG; 30. 1. 1960 AP 1 zu § § 242 BGB Auskunftspflicht; 7. 7. 1960 AP 2 zu § 242 BGB Auskunftspflicht; BGH 28. 10. 1953 BGHZ 10, 385.

[17] ArbG Bochum 30. 7. 1970 DB 71, 729; LAG Bremen 29. 10. 1971 DB 71, 2265 (Hiernach hat der Arbeitgeber ein Wahlrecht, ob er die Bücher dem Arbeitnehmer oder einem Wirtschaftsprüfer vorlegen will); a. A. LAG Rheinland-Pfalz 25. 4. 1996 DB 97, 1139 (LS).

[18] BAG 7. 7. 1960 AP 2 zu § 242 BGB Auskunftspflicht.

[19] LAG Baden-Württemberg 31. 3. 1969 DB 69, 1023; LAG Berlin 7. 10. 1975 DB 76, 636.

[20] BAG 3. 6. 1958 AP 9 zu § 59 HGB.

[21] Vgl. hierzu BAG 12. 1. 1973 AP 4 zu § 87 a HGB; 27. 4. 1982 AP 16 zu § 620 BGB Probearbeitsverhältnis; 8. 9. 1998 AP 6 zu § 87 a HGB = NZA 99, 420.

[22] Für eine Umsatzbeteiligung: BAG 8. 9. 1998 AP 6 zu § 87 a HGB = NZA 99, 420.

[23] BAG 8. 9. 1998 AP 214 zu § 611 BGB Gratifikation = NZA 99, 824.

[24] BAG 24. 2. 1972 AP 10 zu § 11 BUrlG.

[25] BAG 25. 4. 1995 AP 130 zu § 242 BGB Gleichbehandlung = NZA 95, 1063

[26] BAG 20. 1. 1998 AP 73 zu § 77 BetrVG 1972 = NZA 98, 1237.

[27] BFH 10. 10. 2001 BFHE 197, 51 = DB 2002, 769.

§ 77. Zielvereinbarungen

Albrecht, Zielvereinbarungen im öffentlichen Dienst, PersR 2001, 406; *Annuß,* Arbeitsrechtliche Aspekte von Zielvereinbarungen in der Praxis, NZA 2007, 290; *Bauer,* Zielvereinbarungen auf dem arbeitsrechtlichen Prüfstand, FA 2002, 295; *Bauer/Diller/Göpfert,* Zielvereinbarungen auf dem arbeitsrechtlichen Prüfstand, BB 2002, 882; *Beckerle,* Leistungszulagen und Leistungsprämien, ZTR 96, 156; *Behrens/Rinsdorf,* Beweislast für die Zielerreichung bei Vergütungsansprüchen aus Zielvereinbarungen, NZA 2003, 364; *dies.,* Am Ende nicht am Ziel? – Probleme mit der Zielvereinbarung nach einer Kündigung, NZA 2006, 830; *Berwanger,* Zielvereinbarungen und ihre rechtlichen Grundlagen, BB 2003, 1499; *ders.,* Noch einmal: Zielvereinbarungen auf dem Prüfstand, BB 2004, 551; *Brors,* Die individualarbeitsrechtliche Zulässigkeit von Zielvereinbarungen, RdA 2004, 273; *Däubler,* Zielvereinbarungen und AGB-Kontrolle, ZIP 2004, 2209; *ders.,* Zielvereinbarungen als Mitbestimmungsproblem, NZA 2005, 793; *Deborg,* Zielvereinbarung mit Chefärzten, ArztR 2003, 4; *Deich,* Arbeitsvertragliche Gestaltung von Zielvereinbarungen, 2005; *Eyer/Haussmann,* Leistungsentgelt nach TVöD erfolgreich einführen, 2006; *Gaul/Rauf,* Bonusanspruch trotz unterlassener Zielvereinbarung – oder: Von den Risiken arbeitgeberseitiger Untätigkeit, DB 2008, 869; *Geffken,* Zielvereinbarungen – Eine Herausforderung für Personalwesen und Arbeitsrecht, NZA 2000, 1033; *Gehlhaar,* Rechtsfolgen unterbliebener Zielvereinbarungen und Zielvorgaben – eine Übersicht, NZA-RR 2007, 113; *Göpfert,* Zielvereinbarungen, AuA 2003, Heft 1 S. 28; *Heiden,* Entgeltrelevante Zielvereinbarungen aus arbeitsrechtlicher Sicht, 2007; *ders.,* Grenzen der Entgeltvariabilisierung am Beispiel zielvereinbarungsgestützter Vergütung, DB 2006, 2401; *C. S. Hergenröder,* Zielvereinbarungen, AR-Blattei SD 1855 (2004); *Hidalgo/Rid,* Wie flexibel können Zielsysteme sein?, BB 2005, 2686; *Horcher,* Inhaltskontrolle von Zielvereinbarungen, BB 2007, 2065; *Hoß,* Zielvereinbarungen, ArbRB 2002, 154; *Klein,* Anspruch auf variable Vergütung trotz abredewidrig unterbliebener Ziele, NZA 2006, 1129; *Köppen,* Rechtliche Wirkungen arbeitsrechtlicher Zielvereinbarungen, DB 2002, 374; *Hümmerich,* Zielvereinbarungen in der Praxis, NJW 2006, 2294; *Kolmhuber,* Konfliktfälle bei Zielvereinbarungen, ArbRB 2003, 117; *Lindemann/Simon,* Flexible Bonusregelungen im Arbeitsvertrag, BB 2002, 1807; *Lischka,* Arbeitsrechtliche Zielvereinbarungen, 2005; *dies.,* Führen und Entlohnen mit Zielvereinbarungen, BB 2007, 552; *Mauer,* Zielbonusvereinbarungen als Vergütungsgrundlage im Arbeitsverhältnis, NZA 2002, 540; *Mohnke,* Zielvereinbarungen im Arbeitsverhältnis, 2006; *Moll/Reufels,* Ziel-Tantiemen ohne Ziele, FS für Bartenbach, 2004, S. 559; *Pelzer,* Arbeitsrechtliche Zielvereinbarungen, 2008; *Plander,* Die Rechtsnatur arbeitsrechtlicher Zielvereinbarungen, ZTR 2002, 155; *ders.,* Zustandekommen, Wirksamkeit und Rechtsfolgen arbeitsrechtlicher Zielvereinbarungen, ZTR 2002, 402; *Reiserer,* Zielvereinbarung – ein Instrument der Mitarbeiterführung, NJW 2008, 609; *Rieble/Gutzeit,* Individualrechtliche Kontrolle erfolgsabhängiger Vergütungsformen, AR der Gegenwart, Band 37 (2000), S. 41 ff.; *Riesenhuber/v. Steinau-Steinrück,* Zielvereinbarungen, NZA 2005, 785; *Röder,* Fallstricke bei der Gestaltung zielvereinbarungsgestützter Vergütungssysteme, FS 50 Jahre Arbeitsgemeinschaft Arbeitsrecht im DAV, 2006, S. 139; *Schmiedl,* Variable Vergütung trotz fehlender Zielvereinbarung?, BB 2004, 329; *ders.,* Variable Vergütung trotz fehlender Zielvereinbarung – neue höchstrichterliche Rechtsprechung, BB 2006, 2417; *Trittin/Fischer,* Mitbestimmung bei individuellen Zielen – Zu den Rechten des Betriebsrats bei Zielvereinbarungen, AuR 2006, 261.

Übersicht

	RN
I. Allgemeines	1 ff.
1. Überblick	1, 2
2. Begriffliches	3–5
3. Rechtsnatur des Zielbonus	6
II. Vereinbarung der Ziele	7 ff.
1. Zwei Vereinbarungen	7
2. Rahmenvereinbarung	8–12
III. Störfälle	13 ff.
1. Allgemeines	13
2. Unterbliebene konkrete Vereinbarung	14–19
3. Ausbleiben der Arbeitsleistung	20, 21
4. Beendigung des Arbeitsverhältnisses	22
5. Stichtagsregelung	23
6. Feststellung der Zielerreichung	24
IV. Mitbestimmung des Betriebsrats	25

I. Allgemeines

1. Überblick. In der Praxis finden sich heute häufig Zielvereinbarungen. Zusätzlich zu der vereinbarten festen Arbeitsvergütung erhält der Mitarbeiter am Ende des Kalender- oder Geschäftsjahres einen Bonus, der dem **Grunde und der Höhe nach vom Erreichen vereinbarter Ziele abhängig ist.** Oftmals wird die Erreichung persönlicher Ziele mit unternehmerischen Zielen verbunden. Zweck solcher Zielbonussysteme ist die Förderung der Mitarbeitermotivation. Rechtsgrundlage ist regelmäßig eine arbeitsvertragliche Vereinbarung, gelegentlich finden sich auch tarifvertragliche Regelungen. 1

In **bestehenden Arbeitsverhältnissen** kann der Arbeitgeber nicht einseitig im Wege des Direktionsrechts einen Teil des vereinbarten festen Arbeitsentgelts von der Erreichung bestimm- 2 ter Ziele abhängig machen.[1] Hierzu bedarf es vielmehr vertraglicher Regelungen. Häufig werden Rahmenvereinbarungen über die Bonuszahlung im Arbeitsvertrag getroffen, welche die Höhe, Fälligkeit sowie Regelungen beim Ausscheiden aus dem Unternehmen und ggf. die Freiwilligkeit oder ein Widerrufsrecht zum Gegenstand haben.[2]

3 **2. Begriffliches.** Zielvereinbarungen sind von einseitigen Zielvorgaben des Arbeitgebers zu **unterscheiden.**

4 **a)** Bei der **Zielvereinbarung** wird über die zu erreichenden Ziele und die daran anknüpfenden Zahlungen eine einvernehmliche Regelung getroffen. Diese Vereinbarung unterliegt grundsätzlich keiner allgemeinen Billigkeits- oder Inhaltskontrolle nach §§ 307 ff. BGB, soweit sie Regelungen zur Höhe des Entgelts für erbrachte Arbeitsleistungen enthält.[3] Als Entgeltregelung muss die Vereinbarung allerdings nach § 307 III 2 i. V. m. § 307 I 2 BGB dem Transparenzgebot entsprechen.

5 **b)** Bei der **Zielvorgabe** legt der Arbeitgeber dagegen die zu erreichenden Ziele einseitig fest. Diese Zielfestsetzung durch den Arbeitgeber unterliegt gem. § 315 BGB der Billigkeitskontrolle.[4] Ist arbeitsvertraglich vereinbart, dass der Mitarbeiter in Abhängigkeit vom Erreichen jährlich neu festgelegter Ziele einen Bonus erhält, ist durch Auslegung festzustellen, ob hiernach der Arbeitgeber die Ziele einseitig bestimmen kann oder die Ziele von den Arbeitsvertragsparteien einvernehmlich vereinbart werden.

6 **3. Rechtsnatur des Zielbonus.** Die auf Grund einer Zielvereinbarung zu erbringende Leistung, deren Höhe vom Erreichen persönlicher und unternehmensbezogener Ziele abhängt, ist keine Sondervergütung, sondern laufendes Arbeitsentgelt, das für ein bestimmtes Jahr bezahlt wird.[5] Laufendes Arbeitsentgelt ist der Bruttoverdienst des Arbeitnehmers, den dieser aus dem Arbeitsverhältnis als Gegenleistung für geleistete Arbeit für bestimmte Zeitabschnitte erhält.[6] Die Zahlung des Bonus ist durch die Zielerreichung aufschiebend bedingt (§ 158 BGB).

II. Vereinbarung der Ziele

7 **1. Zwei Vereinbarungen.** Zielvereinbarungen erfolgen üblicherweise zweiteilig. Im Arbeitsvertrag oder einer Ergänzungsvereinbarung wird eine **Rahmenregelung** getroffen, die später **Jahr für Jahr konkretisiert** wird.[7] Die Rahmenvereinbarung enthält die Grundsätze, nach denen in der Folge konkrete Ziele vereinbart werden. Der Rahmenvereinbarung kommt eine zentrale Bedeutung zu, weil sie spätere Konflikte verhindern oder zumindest begrenzen kann.

8 **2. Rahmenvereinbarung. a)** In der Rahmenvereinbarung sollte zunächst das **„Ob" zielabhängiger Vergütung** vereinbart werden. Dabei kann die Höhe der maximalen Bonuszahlung bestimmt werden. Des Weiteren sollte klargestellt werden, in welchem Verhältnis diese Vergütung zur Grundvergütung steht, ob also die Grundvergütung von der zielabhängigen Vergütung der Höhe nach beeinflusst wird oder nicht.

9 **b)** Grundsätzlich können die Arbeitsvertragsparteien bis zur **Grenze der Sittenwidrigkeit** (§ 138 BGB) eine zielabhängige Vergütung vereinbaren.[8] Der Grundwertung des § 65 HGB ist zu entnehmen, dass der Arbeitgeber nicht verpflichtet ist, stets ein festes Gehalt zu zahlen.[9] Ist die Zielerreichung von der Arbeitsleistung des Arbeitnehmers abhängig und kann ein durchschnittlicher Arbeitnehmer unter gewöhnlichen Umständen eine Vergütung erzielen, die mindestens zwei Drittel der üblichen bzw. tariflichen Vergütung für vergleichbare Tätigkeiten entspricht,[10] ist die Entgeltvereinbarung nicht sittenwidrig.[11] Eine Vereinbarung ist jedoch un-

---

[1] Ebenso *Berwanger* BB 2003, 1499, 1501; *Mauer* NZA 2002, 540, 543; *Riesenhuber/v. Steinau/Steinrück* NZA 2005, 785, 787.

[2] Dazu *Lindemann/Simon* BB 2002, 1807, 1808; *Mauer* NZA 2002, 540, 541 f.

[3] BAG 12. 12. 2007 AP 7 zu § 280 BGB = NZA 2008, 409; *Annuß* NZA 2007, 290; *Heiden* DB 2005, 2401.

[4] BAG 12. 12. 2007 AP 7 zu § 280 BGB = NZA 2008, 409; *Annuß* NZA 2007, 290.

[5] Ebenso BSG 23. 3. 2006, NZA-RR 2007, 101; *Hidalgo/Rid* BB 2005, 2686, 2688; *Riesenhuber/v. Steinau-Steinrück* NZA 2005, 785; *Schmiedl* BB 2006, 2417, 2418.

[6] BAG 26. 9. 2001 AP 55 zu § 4 EFZG = NZA 2002, 387; ErfK/*Dörner* § 4 a EFZG RN 5.

[7] *Röder,* FS 50 Jahre Arbeitsgemeinschaft Arbeitsrecht im DAV, S. 139, 143.

[8] Vgl. dazu *Heiden* DB 2006, 2401 ff.

[9] Vgl. HWK/*Diller* § 65 HGB RN 5; MünchKommHGB/*v. Hoyningen-Huene* § 65 RN 11.

[10] Vgl. zu dieser Grenze BAG 26. 4. 2006 AP 63 zu § 138 BGB = NZA 2006, 1354; 24. 3. 2004 AP 59 zu § 138 BGB = NZA 2004, 971.

[11] *Annuß* NZA 2007, 290, 291; ähnlich *Hergenröder* AR-Blattei SD RN 59 f.; *Rieble/Gutzeit* S. 43 ff.; enger *Brors* RdA 2004, 273, 275.

wirksam, wenn der Arbeitnehmer aus von ihm nicht beeinflussbaren Gründen kein die Grenzen der Sittenwidrigkeit überschreitendes Entgelt erzielen kann.[12] Weitere Schranken für die Ausgestaltung variabler Vergütungsvereinbarungen bestehen nicht. Auch aus § 307 BGB ergibt sich in Formularvereinbarungen keine weitere Grenze.[13] Die Inhaltskontrolle ist keine Preiskontrolle.[14]

c) Weiterhin kann geregelt werden, welche Ziele vereinbart werden können. Üblicherweise **10** werden **persönliche und unternehmensbezogene Ziele** vereinbart.[15] Die persönlichen Ziele können ganz unterschiedlich bestimmt werden. Sie reichen von konkret messbaren „harten" Zielen (z. B. Abschluss eines Projekts zu einem bestimmten Zeitpunkt, erzielter Umsatz, Akquisitionserfolge) bis zu sog. „weichen Zielen" (Personalführungskompetenz, Teamfähigkeit, Kundenzufriedenheit usw.) oder Gruppenzielen. Unternehmensbezogene Ziele sind zumeist auf wirtschaftliche Kennziffern bezogen, wie Umsatz oder Gewinn (ebit = earnings before interest and taxis).

Wichtig ist die Regelung eines **Verfahrens,** nach dem später die konkreten Ziele vereinbart **11** werden. Hier ist sinnvollerweise auch zu regeln, was zu geschehen hat, wenn eine Vereinbarung über die jeweiligen Ziele nicht zustande kommt, weil hierüber kein Einvernehmen erzielt wird. Denkbar ist insoweit die Vereinbarung eines Schlichtungs- oder Mediationsverfahrens.[16] Erscheint dies zu aufwendig, können die Arbeitsvertragsparteien dem Arbeitgeber das Recht einräumen, die Zielvorgaben nach billigem Ermessen einseitig festzulegen.[17] Diese Vorgabe des Arbeitgebers unterliegt dann der Kontrolle nach § 315 III BGB.

Durch Vereinbarung ist zu klären, ob der Bonus nur bei **voller Zielerreichung** verlangt **12** werden kann oder auch bei teilweiser Zielerreichung ein Anspruch auf anteilige Bonuszahlung besteht.[18] Soll auch bei nicht voller Zielerreichung ein Bonusanspruch bestehen, sind Zielerreichungsgrade zu definieren. Häufig wird der Grad der Zielerreichung nach Prozenten, Punkten oder Noten ermittelt.

III. Störfälle

1. Allgemeines. Bei Zielvereinbarungen kann es zu ganz unterschiedlichen Störfällen kom- **13** men. Diese resultieren teilweise aus unvollständigen Rahmenvereinbarungen, beruhen aber auch auf dem oftmals schwer zu beurteilenden Rechtscharakter des vereinbarten Bonus.

2. Unterbliebene konkrete Vereinbarung. a) Schwierigkeiten entstehen, wenn die Ar- **14** beitsvertragsparteien zwar eine Rahmenvereinbarung über abzuschließende konkrete Ziele getroffen haben, später aber eine solche Vereinbarung über zu erreichende Ziele nicht zustande kommt. Dies kann auf **mangelndem Konsens** beruhen, aber auch auf **Vergesslichkeit.**[19] Allein das Fehlen einer Zielvereinbarung zwischen Arbeitgeber und Arbeitnehmer lässt den entsprechenden Vergütungsanteil nicht ohne Weiteres entfallen.[20] Ansonsten hätte es der Arbeitgeber in der Hand, durch die Verweigerung einer Zielvereinbarung den Anspruch des Arbeitnehmers auf den Bonus zu beseitigen. Maßgeblich ist die jeweilige vertragliche Vereinbarung. Dabei ist stets zu prüfen, ob die Arbeitsvertragsparteien die Rahmenvereinbarung über Zielvereinbarungen stillschweigend aufgehoben und damit bewusst von der Festlegung von Zielen abgesehen haben. Dies kann insbesondere dann anzunehmen sein, wenn ein in Aussicht gestellter Bonus im Vergleich zur nicht erfolgsabhängigen Vergütung des Arbeitnehmers gering ist und der Arbeitnehmer während mehrerer Zielperioden die vereinbarten Ziele deutlich verfehlt hat. In einem solchen Fall kann die unterbliebene Festlegung von Zielen trotz des damit verbundenen Verzichts auf den in Aussicht gestellten Bonus auch im Interesse des Arbeitnehmers liegen, wenn dieser z. B. befürchtet, der Arbeitgeber könnte an seinen Leistungen zweifeln oder gar das Arbeitsverhältnis auf Grund einer Minderleistung beenden wollen, wenn er vereinbarte Ziele wieder nicht erreicht.[21] Wegen der Rechtsfolgen unterbliebener Zielvereinbarungen ist im Übrigen nach den Gründen für das Nichtzustandekommen der Zielvereinbarung zu unterscheiden:

---

[12] Vgl. *Heiden* DB 2006, 2401, 2403 ff.
[13] *Annuß* NZA 2007, 290, 291; *Hümmerich* NJW 2006, 2294, 2295; a. A. *Brors* RdA 2004, 273, 279 f.
[14] BAG 31. 8. 2005 AP 8 zu § 6 ArbZG = NZA 2006, 324.
[15] *Bauer* FA 2002, 295; *Lindemann/Simon* BB 2002, 1807.
[16] Vgl. *Bauer/Diller/Göpfert* BB 2002, 883, 886; *Mauer* NZA 2002, 540, 549.
[17] *Röder,* FS 50 Jahre Arbeitsgemeinschaft Arbeitsrecht im DAV, S. 139, 148.
[18] Hierzu *Bauer/Diller/Göpfert* BB 2002, 883, 886.
[19] Dazu *Gaul/Rauf* DB 2008, 869; *Hümmerich* NJW 2006, 2294, 2297.
[20] BSG 23. 3. 2006 NZA-RR 2007, 101; LAG Düsseldorf 28. 7. 2006 DB 2006, 2635.
[21] BAG 12. 12. 2007 AP 7 zu § 280 BGB = NZA 2008, 409.

15 **b)** Ist vereinbart, dass der **Arbeitnehmer den Abschluss einer Vereinbarung verlangen muss,** und ist dies unterblieben, besteht kein Anspruch.[22] Der Arbeitnehmer hat in diesem Fall die vertraglichen Voraussetzungen für einen Bonusanspruch nicht erfüllt.

16 **c)** Hat der Arbeitnehmer den **Arbeitgeber vergeblich zum Abschluss einer Zielvereinbarung aufgefordert,** steht dem Arbeitnehmer nach Auffassung des BSG nach dem Rechtsgedanken der treuwidrigen Bedingungsvereitelung (§ 162 I BGB) bzw. nach § 315 BGB ein Anspruch auf den Zielbonus zu.[23] Dabei setzt die Anwendung des § 315 BGB voraus, dass die Rahmenzielvereinbarung Anhaltspunkte für ein Bestimmungsrecht des Arbeitgebers enthält. So hat der BGH entschieden, eine einem Geschäftsführer zugesagte Tantieme, für deren Höhe die Gesellschaft noch eine „Bemessungsgrundlage" zu erarbeiten habe, sei, solange dies nicht geschehen sei, gem. § 315 BGB nach billigem Ermessen zu bestimmen.[24]

17 Naheliegender erscheint ein **Schadensersatzanspruch** nach § 286 I, § 280 II BGB wegen Verletzung der vertraglich vereinbarten Pflicht zum Abschluss einer konkreten Zielvereinbarung.[25] Dies setzt freilich ein Verschulden des Arbeitgebers voraus. Ein schuldhaftes Verhalten dürfte zu bejahen sein, wenn der Arbeitgeber sich nicht auf Verhandlungen einlässt oder völlig überzogene Ziele vorschlägt.[26] In diesem Fall ist bei der Bestimmung der Höhe des Schadensersatzanspruchs nach § 254 BGB ein etwaiges Verschulden des Arbeitnehmers beim Scheitern der Vereinbarung zu berücksichtigen.[27]

18 **d)** Bei der **Schadensberechnung** nach § 252 Satz 2 BGB ist der für den Fall der Zielerreichung zugesagte Bonus Grundlage für die Ermittlung des zu ersetzenden Schadens. Ohne Bedeutung ist, ob und ggf. in welchem Umfang der Arbeitnehmer in vorhergehenden Zielperioden die vereinbarten Ziele erreicht hat. Zielvereinbarungen müssen zwar nicht stets die in Aussicht gestellte Bonuszahlung auslösen. Sie verfehlen jedoch ihren Motivationszweck und werden ihrer Anreizfunktion nicht gerecht, wenn die festgelegten Ziele vom Arbeitnehmer von vornherein nicht erreicht werden können. Auch kann sich ein Arbeitgeber der in der Rahmenvereinbarung zugesagten Bonuszahlung nicht dadurch entziehen, dass er vom Arbeitnehmer Unmögliches verlangt und nur bereit ist, Ziele zu vereinbaren, die kein Arbeitnehmer erreichen kann. Dem ist bei der Ermittlung des Schadens nach § 287 I ZPO Rechnung zu tragen. Besondere Umstände, welche die Zielerreichung ausschließen, hat der Arbeitgeber darzutun und ggf. nachzuweisen.[28]

19 **e)** Ist es **Aufgabe des Arbeitgebers,** ein Gespräch über die Zielvereinbarung anzuberaumen, erfüllt er diese vertragliche Nebenpflicht jedoch nicht, besteht ein Bonusanspruch. Streitig ist allerdings, wie sich die Höhe des Bonus bemisst. Zum Teil wird auf die Höhe der letzten Bonuszahlung abgestellt,[29] nach anderer Auffassung ist die Vergütungshöhe nach billigem Ermessen zu bestimmen (§ 315 III BGB).[30] Weiterhin wird in Anwendung des Rechtsgedankens des § 162 I BGB die Auffassung vertreten, dem Arbeitnehmer sei die Vergütung zuzusprechen, die er bei voller Zielerreichung verlangen könnte. Da der Arbeitgeber die Initiative zur Zielerreichung nicht ergriffen habe, sei auch die mit der Zielvereinbarung bezweckte Motivation des Mitarbeiters unterblieben.[31] Die besseren Gründe sprechen auch in diesem Fall für einen Schadensersatzanspruch des Arbeitnehmers nach § 280 BGB. Gibt der Arbeitgeber keine Ziele vor, verletzt er eine Pflicht aus dem Arbeitsvertrag. Ist für die Festlegung von Zielen eine Zeit nach dem Kalender bestimmt und gibt der Arbeitgeber dem Arbeitnehmer keine Ziele vor, bedarf es für den Verzug des Arbeitgebers auch keiner Mahnung des Arbeitnehmers (§ 286 II Nr. 1 BGB).[32] Ein etwaiges Mitverschulden des Arbeitnehmers ist nach § 254 BGB bei der Schadensbemessung zu berücksichtigen.

20 **3. Ausbleiben der Arbeitsleistung.** Zielvereinbarungsboni sind gemäß § 3 I, § 4 I EFZG grundsätzlich auch im Rahmen der Entgeltfortzahlung bei **Arbeitsunfähigkeit** zu leis-

[22] *Röder,* FS 50 Jahre Arbeitsgemeinschaft Arbeitsrecht im DAV, S. 139, 149.
[23] BSG 23. 3. 2006 NZA-RR 2007, 101; *Klein* NZA 2006, 1129, 1130.
[24] BGH 9. 5. 1994 NJW-RR 94, 1055.
[25] Vgl. BAG 10. 12. 2008 DB 2009, 513; 12. 12. 2007 AP 7 zu § 280 BGB = NZA 2008, 409; LAG Köln 23. 5. 2002 NZA-RR 2003, 305; ErfK/*Preis* § 611 BGB RN 504; *Ullrich* SAE 2008, 316.
[26] BAG 10. 12. 2008 DB 2009, 513; *Klein* NZA 2006, 1129, 1131; *Moll/Reufels* FS für Bartenbach S. 559, 567.
[27] BAG 12. 12. 2007 AP 7 zu § 280 BGB = NZA 2008, 409.
[28] BAG 12. 12. 2007 AP 7 zu § 280 BGB = NZA 2008, 409; *Ullrich* SAE 2008, 316.
[29] So wohl BSG 23. 3. 2006 NZA-RR 2007, 101.
[30] *Riesenhuber/v. Steinau-Steinrück* NZA 2005, 785, 791.
[31] LAG Düsseldorf 28. 7. 2006 DB 2006, 2635.
[32] BAG 12. 12. 2007 AP 7 zu § 280 BGB = NZA 2008, 409.

ten.[33] Sofern mit dem Bonus nicht weitergehende Zwecke, wie Honorierung der Betriebstreue, verfolgt werden,[34] kommt eine Kürzung nach § 4a EFZG nicht in Betracht.[35] Bei länger als sechs Wochen andauernder Erkrankung ist allerdings wegen des Entgeltcharakters der Bonuszahlung eine anteilige Kürzung zulässig.[36]

Eine Kürzung des Bonus wegen Fehlzeiten auf Grund des **Mutterschutzes** scheidet aus, weil hierin eine unzulässige Diskriminierung wegen des Geschlechts läge (Art. 141 EG).[37] Deshalb ist eine Vergütungsregelung, die dazu führt, dass Mutterschutzfristen nicht in die Bemessungsgrundlage eines ergebnisbezogenen Entgelts einbezogen werden, unwirksam.[38] Eine Kürzung wegen der Inanspruchnahme von **Elternzeit** ist dagegen möglich. Da die Elternzeit sowohl von der Mutter als auch vom Vater in Anspruch genommen werden kann, liegt in der Kürzung keine Benachteiligung wegen des Geschlechts.[39] 21

4. Beendigung des Arbeitsverhältnisses.[40] Der vereinbarte Zielbonus ist bei einem **Ausscheiden vor dem Fälligkeitstermin** anteilig entsprechend der Beschäftigungszeit auszuzahlen, wenn er als arbeitsleistungsbezogene Sonderzahlung vereinbart ist.[41] Der Bestand des Arbeitsverhältnisses am Ende des Jahres wird bei arbeitsleistungsbezogenen Sonderzahlungen nicht vorausgesetzt. 22

5. Problematisch sind **Stichtagsregelungen,** die den Anspruch auf die Sonderzahlung daran knüpfen, dass das Arbeitsverhältnis über den Auszahlungszeitpunkt hinaus noch bis zu einem bestimmten Stichtag ungekündigt fortbesteht.[42] Nach der bisherigen Rechtsprechung des BAG sind solche Klauseln auch dann zulässig, wenn der Grund für die Beendigung des Arbeitsverhältnisses vor Ablauf der Bindungsfrist nicht im Verantwortungsbereich des Arbeitnehmers liegt, wie das z.B. bei einer betriebsbedingten Kündigung der Fall ist.[43] Eine Sonderzahlung, die auch in Erwartung weiterer engagierter Tätigkeit und Betriebstreue gezahlt wird, kann ihren Zweck, künftige Betriebstreue zu belohnen und den Arbeitnehmer zu reger und engagierter Mitarbeit zu motivieren, bei bereits ausgeschiedenen oder alsbald ausscheidenden Arbeitnehmern nicht erfüllen. Diese Grundsätze dürften bei außerordentlich hohen Bonuszahlungen nicht anwendbar sein, weil es bei typisierender Betrachtung kaum interessengerecht ist, dem Arbeitnehmer im Falle einer nicht in seinen Verantwortungsbereich fallenden Kündigung des Arbeitgebers einen ganz wesentlichen Teil seiner Vergütung vorzuenthalten. Das BAG hat diese Frage bislang offengelassen. Es hat aber angedeutet, dass viel dafür spreche, dass in Fällen, in denen die Sonderzahlung mindestens 25% der Gesamtvergütung ausmache, der mit der Sonderzahlung verfolgte Zweck einer zusätzlichen Vergütung bei der Abwägung der Interessen der Arbeitsvertragsparteien maßgebend sei und die Zielsetzung, künftige Betriebstreue zu belohnen und den Arbeitnehmer zu reger und engagierter Mitarbeit zu motivieren, dahinter zurückzutreten habe.[44] 23

6. Feststellung der Zielerreichung. Besteht Streit über die Frage, ob der Arbeitnehmer die vereinbarten Ziele erreicht hat, was insbesondere in Bezug auf „weiche" Ziele in Betracht kommt, unterliegt die konkrete Leistungsbestimmung des Arbeitgebers der Kontrolle nach § 315 BGB.[45] Der Arbeitgeber ist im Streitfall dafür **darlegungs- und beweispflichtig,** dass für die von ihm vorgenommene Leistungsbestimmung billigem Ermessen entspricht.[46] 24

IV. Mitbestimmung des Betriebsrats

Bei der Einführung eines generellen Zielvereinbarungssystems besteht nach § 87 I Nr. 10 BetrVG ein Mitbestimmungsrecht des Betriebsrats (dazu § 235 RN 89ff.). Dieses betrifft die **Verteilungsgrundsätze,** nicht den Umfang der auszuzahlenden Boni. Beim Einsatz techni- 25

---

[33] Vgl. *Annuß* NZA 2007, 290, 293; *Mauer* NZA 2002, 540, 544; a. A. *Bauer/Diller/Göpfert* BB 2002, 882.

[34] Hierzu BAG 7. 8. 2002 AP 2 zu § 4a EFZG = NZA 2002, 1284.

[35] *Annuß* NZA 2007, 290, 293; a. A. *Lindemann/Simon* BB 2002, 1807, 1813; unentschieden *Mauer* NZA 2002, 540, 544f.

[36] Vgl. *Annuß* NZA 2007, 290, 293; *Däubler* ZIP 2004, 2209, 2213f.; *Mauer* NZA 2002, 540, 544.

[37] Vgl. EuGH 21. 10. 1999 AP 220 zu § 611 BGB Gratifikation = NZA 99, 1325.

[38] BAG 2. 8. 2006 AP 72 zu § 612 BGB = NZA 2006, 1411.

[39] Vgl. EuGH 21. 10. 1999 AP 14 zu Art. 119 EG-Vertrag = NZA 99, 1325.

[40] Ausf. hierzu *Behrens/Rinsdorf* NZA 2006, 830.

[41] *Annuß* NZA 2007, 290, 294.

[42] Vgl. *Mauer* NZA 2002, 540, 545; *Riesenhuber/v. Steinau-Steinrück* NZA 2005, 785, 790.

[43] Zuletzt BAG 28. 3. 2007 AP 265 zu § 611 BGB Gratifikation = NZA 2007, 687 m. w. N.

[44] BAG 24. 10. 2007 AP 32 zu § 307 BGB = NZA 2008, 40.

[45] *Bauer/Diller/Göpfert* BB 2002, 883, 884f.

[46] *Mauer* NZA 2002, 548; *Riesenhuber/v. Steinau-Steinrück* NZA 2005, 785, 791 sowie allgemein MünchKommBGB/*Gottwald* § 315 RN 53.

scher Überwachungseinrichtungen besteht ein Mitbestimmungsrecht aus § 87 I Nr. 6 BetrVG (dazu § 235 RN 63ff.). Ob ein Mitbestimmungsrecht aus § 87 I Nr. 11 BetrVG besteht, soweit in dem Zielvereinbarungssystem ein arbeitsleistungsbezogenes Entgelt geregelt werden soll, ist umstritten.[47] Neben den Mitbestimmungsrechten aus § 87 BetrVG können sich Unterrichtungsansprüche des Betriebsrats aus § 80 II BetrVG ergeben.

§ 78. Sondervergütungen (Gratifikationen)

Adam, Die Sondervergütung im Arbeitsrecht, ZTR 98, 438; *Bauer/Krets,* „Miles & More" auf dem arbeitsrechtlichen Prüfstand, BB 2002, 2066; *Beckers,* Jahressonderzahlung – Wegfall der Zahlungsverpflichtung – Zulässigkeit von Bindungs- und Rückzahlungsklauseln, NZA 97, 129; *Boemke,* Weihnachtsgratifikation unter Freiwilligkeitsvorbehalt im Erziehungsurlaub, JuS 2001, 95; *Braun,* Zuwendungen beim Arbeitgeberwechsel – Die Billigung im Sinne des § 1 Abs. 2 Nr. 2 TV Zuwendung, ZTR 2000, 547; *Coulin,* Neuere Rechtsprechung zur Rückzahlung von Zuwendungen im öffentlichen Dienst, PersR 99, 121; *Gaul,* Berechnung leistungs- oder erfolgsbezogener Jahressonderzahlungen bei Betriebsratsmitgliedern, BB 98, 101; *ders.,* Der Abschied vom Freiwilligkeitsvorbehalt, FS für Hromadka, 2008, S. 99; *Gragert,* Aus für Miles & More im Arbeitsverhältnis? NJW 2006, 3762; *Heinze,* Rechtliche Einordnung der Vergünstigungen aus Miles & More-Bonusprogramm, DB 96, 2490; *Freihube,* Neue Spielregeln für arbeitsvertragliche Vereinbarungen von Sonderzahlungen, DB 2008, 124; *Freitag,* Über die Freiwilligkeit freiwilliger Leistungen, NZA 2002, 294; *ders.,* Gewährung und Abbau von Sonderzahlungen FS für Richardi, 2007, S. 237; *Kamanabrou,* Grundfragen bei jährlich wiederkehrenden Sonderzuwendungen im Arbeitsrecht, Jura 99, 455; *Kock,* „Meine Meilen, Deine Meilen": Dienstlich erlangte Bonuspunkte aus Kundenbindungsprogrammen, DB 2007, 462; *Lipke,* Gratifikation, HzA Gruppe 3 (2005); *Marschner,* Entscheidung des Bundesverfassungsgerichts zur sozialversicherungsrechtlichen Behandlung von sog. Einmalzahlungen, ZTR, 2000, 399; *Mayer U.,* Abbau finanzieller Sonderzuwendungen, AiB 98, 441; *Moderegger,* Gratifikationen: Flexibel oder starr?, ArbRB 2006, 367; *Mölders,* Arbeitsrechtliche Rahmenbedingungen für Cafeteria-Systeme, DB 96, 213; *Müll,* Die Sonderzuwendung nach dem Zuwendungs-Tarifvertrag, ZTR 99, 451; *Reiserer,* Freiwilligkeits- und Widerrufsvorbehalt bei Gratifikationen, DB 97, 426; *Röhsler,* Die Gratifikation, AR-Blattei SD 820 (2001); *Schiefer,* Die schwierige Handhabung der Jahressonderzahlungen, NZA-RR 2000, 561; *Schulte,* Ist Arbeitsschutz eine Frage der Gleichbehandlung, DB 98, 204; *Schwarze,* Sonderzahlung: Ausfall und Kürzungen bei Fehlzeiten, NZA 96, 571; *Speiger,* Die Reduzierung von Gratifikationsleistungen durch betriebliche Übung, NZA 98, 510; *Swoboda/Kinner,* Mitarbeitermotivation durch arbeitsvertragliche Sonderzahlung, BB 2003, 418; *Thüsing,* Das Mitbestimmungsrecht des Betriebsrats bei der Ausgestaltung freiwilliger Jahressonderzahlungen, DB 97, 1130; *Tofall,* Zeiten ohne Arbeitsleistung, ZTR 97, 446; *Tschöpe/Fleddermann,* Das Einmaleins des Gratifikationsrechts, AuA 2002, 256; *Weber/Ehrich,* Der Gleichbehandlungsgrundsatz bei freiwilligen Leistungen des Arbeitgebers, ZIP 97, 1681; *Wiedemann,* Gleichbehandlung bei Gratifikationen, RdA 2000, 97.

Übersicht

	RN
I. Begriff	1ff.
1. Überblick	1, 2
2. Gratifikation	3
3. Dreizehntes Gehalt	4, 5
4. Bonuspunkte (Miles & More)	6, 7
5. Leistung mit Mischcharakter	8
6. Entgelt	9
II. Rechtsgrundlage	10ff.
1. Allgemeines	10
2. Tarifvertrag	11–19
3. Betriebsvereinbarungen	20–22
4. Einzelvertragliche Vereinbarung	23–25
5. Betriebliche Übung	26–30
6. Gleichbehandlungsgrundsatz	31–34
7. Freiwilligkeitsvorbehalt	35, 36
8. Widerrufsrecht	37
III. Höhe der Gratifikation	38
IV. Ausschlusstatbestände	39ff.
1. Arbeitsunfähigkeit	39–41
2. Mutterschutz	42–44
3. Elternzeit	45
4. Pflege kranker Kinder	46
5. Wehr- und Zivildienst	47
6. Kurzarbeit	48
7. Teilzeitarbeitsverhältnis	49
8. Beendigung des Arbeitsverhältnisses	50–56
9. Streik	57
10. Insolvenz	58
11. Sonstiges	59
V. Rückzahlungsklauseln	60ff.
1. Regelungsklarheit	60–62
2. Beendigung des Arbeitsverhältnisses	63, 64
3. Bindungsfrist	65–70
4. Berechnung der Bindungsfrist	71
5. Unwirksamkeit	72
6. Umgehung	73
7. Pfändungsfreigrenzen	74
VI. Mitbestimmung	75ff.
1. Topftheorie	75, 76
2. Ablösung einer Gesamtzusage	77–79
3. Kündigung einer Betriebsvereinbarung	80, 81
VII. Sonstiges	82, 83

[47] Dahin tendieren *Annuß* NZA 2008, 290, 296; *Trittin/Fischer* AuR 2006, 261, 263; dagegen *Preis,* Der Arbeitsvertrag, II Z 5 RN 46.

I. Begriff

1. Überblick. Sondervergütungen sind alle Leistungen des Arbeitgebers, die er aus bestimmtem Anlass oder zu bestimmten Terminen **zusätzlich zu dem vertraglich zugesagten laufenden Arbeitsentgelt** erbringt.[1] Die Gestaltung von Sondervergütungen ist außerordentlich vielgestaltig. Hierzu gehören insbesondere betriebliche Sozialleistungen, ferner Urlaubsgeld (dazu § 102 RN 137ff.) und Weihnachtsgeld, Jubiläumsgratifikationen (zur betrieblichen Übung in diesem Zusammenhang RN 28),[2] Treueprämien sowie Jahresabschlussboni. 1

Sonderzuwendungen sind auch Leistungen des Arbeitgebers im sog. **Cafeteria-System.** Hierunter versteht man ein Entgeltmodell, das – entsprechend der Menüwahl in einer Cafeteria – die Auswahl zwischen verschiedenen Angeboten innerhalb eines bestimmten Budgets erlaubt. Die Beschäftigten erhalten durch Cafeteria-Systeme kein höheres Arbeitsentgelt, sondern die Möglichkeit der individuellen Auswahl und damit Optimierung des Brutto- und insbesondere Nettoentgelts. 2

2. Gratifikation. Eine verbreitete Form der Sonderleistung ist die Gratifikation. Das ist eine Leistung, die der Arbeitgeber aus **bestimmten Anlässen** (Weihnachten, Urlaub, Geschäfts- und Dienstjubiläen usw.) zusätzlich zur Arbeitsvergütung gewährt. Wird vom Arbeitgeber kein anderweitiger Zweck angegeben, soll die Zahlung eines **Weihnachtsgeldes** zu den anlässlich des Weihnachtsfestes entstehenden besonderen Aufwendungen des Arbeitnehmers beitragen und seine in der Vergangenheit geleisteten Dienste zusätzlich honorieren.[3] Die Leistung eines Arbeitgebers zum Ende eines Kalenderjahres kann aber auch vergangenheits- und zukunftsbezogene Elemente miteinander verknüpfen und sowohl bisherige Dienste und Betriebstreue belohnen als auch zu künftiger Betriebstreue anreizen (dazu RN 5). Der Arbeitnehmer muss in diesen Fällen die Gratifikation jedoch nicht ohne Weiteres zurückzahlen, wenn er das Arbeitsverhältnis alsbald kündigt.[4] Dies kommt nur dann in Betracht, wenn die Rückzahlung besonders vereinbart ist (vgl. RN 60ff.). Gratifikationen sind Entgelt und keine Schenkung (dazu RN 9).[5] Sie können nicht zur Auffüllung einer untertariflichen Bezahlung herangezogen werden. Bei der Bemessung der Gratifikationen kann sowohl auf den Gewinn des Betriebs als auch auf besondere Leistungen des Arbeitnehmers abgestellt werden. 3

3. Dreizehntes Gehalt. Von der Gratifikation und anderen Sonderzahlungen sind das sog. 13. Monatsgehalt oder sonstige in das Vergütungsgefüge eingebaute Sonderleistungen zu unterscheiden, durch die **allein die Arbeitsleistungen in der Vergangenheit abgegolten** werden sollen. Das 13. Monatsgehalt ist Teil der als Gegenleistung für die Arbeitsleistung geschuldeten Vergütung und in das vertragliche Austauschverhältnis von Arbeitsleistung und Vergütung eingebunden.[6] Solche „arbeitsleistungsbezogenen" Sonderzahlungen werden als Vergütungsbestandteile in den jeweiligen Abrechnungszeiträumen verdient, jedoch erst am vereinbarten Auszahlungstermin fällig.[7] 4

Ob eine Sonderzuwendung eine Gegenleistung für erbrachte Arbeitsleistung ist oder sowohl vergangene als auch zukünftige Betriebstreue belohnen soll, ist im Wege der **Auslegung der jeweiligen Vereinbarung** festzustellen.[8] Die Bezeichnung der Sonderzuwendung allein ist dafür nicht ausreichend.[9] Maßgeblich sind vielmehr die Voraussetzungen in der Zusage, von deren Erfüllung die Leistung abhängig gemacht ist.[10] Soll allein die bewiesene Betriebstreue belohnt werden, kommt dies i. d. R. dadurch zum Ausdruck, dass der Anspruch erst entsteht, wenn der Ar- 5

---

[1] BAG 24. 11. 2004 EzA 4 zu § 4 TVG Bankgewerbe.

[2] BAG 28. 5. 2008 NZA 2008, 941; 28. 6. 2006 AP 74 zu § 242 BGB Betriebliche Übung = NZA 2006, 1174; 10. 7. 1996 AP 194 zu § 611 BGB Gratifikation = NZA 97, 506 (Berücksichtigung von Dienstzeiten in der ehemaligen DDR).

[3] BAG 10. 12. 2008 DB 2009, 514; 23. 5. 2007 AP 24 zu § 1 TVG Tarifverträge: Großhandel; 8. 11. 1978 AP 100 zu § 611 BGB Gratifikation.

[4] BAG 10. 7. 1974 AP 83 zu § 611 BGB Gratifikation.

[5] BAG 23. 10. 2002 AP 243 zu § 611 BGB Gratifikation = NZA 2003, 557.

[6] BAG 25. 11. 1998 AP 212 zu § 611 BGB Gratifikation = NZA 99, 766; 16. 3. 1994 AP 162 zu § 611 BGB Gratifikation = NZA 94, 747.

[7] BAG 18. 8. 1999 AP 22 zu §§ 22, 23 BAT ZuwendungsTV = NZA 2000, 148; 17. 4. 1996 AP 24 zu § 611 BGB Kirchendienst = NZA 97, 55.

[8] BAG 10. 12. 2008 DB 2009, 514; 19. 4. 1995 AP 173 zu § 611 BGB Gratifikation = NZA 95, 1098.

[9] BAG 21. 5. 2003 EzA 8 zu § 611 BGB 2002 Gratifikation, Prämie; 11. 11. 1971 AP 71 zu § 611 BGB Gratifikation.

[10] BAG 11. 10. 1995 AP 133 zu § 1 TVG Tarifverträge: Metallindustrie = NZA 96, 542; 16. 3. 1994 AP 162 zu § 611 BGB Gratifikation = NZA 94, 747.

beitnehmer innerhalb des Bezugszeitraums eine bestimmte Zeitdauer dem Betrieb angehört hat und zu einem bestimmten Stichtag noch Arbeitnehmer ist. Soll auch die zukünftige Betriebstreue belohnt werden, wird dies zumeist dadurch sichergestellt, dass der Anspruch nur besteht, wenn der Arbeitnehmer am Ende des Bezugszeitraums in einem ungekündigten Arbeitsverhältnis steht oder noch nach dem Bezugszeitraum bis zu einem bestimmten Stichtag des folgenden Jahres dem Betrieb angehört.[11] Wird die Zahlung zugesagt, ohne weitere Voraussetzungen des Anspruchs zu benennen, ist im Zweifel davon auszugehen, dass lediglich eine zusätzliche Vergütung für geleistete Arbeit innerhalb des Bezugszeitraums bezweckt wird.[12] War lediglich die Entlohnung vergangener Dienste gewollt, entsteht ein Anspruch entsprechend der zurückgelegten Zeit im Jahr.[13]

6 **4. Bonuspunkte (Miles & More).** Keine Sonderzuwendungen sind Bonusmeilen für dienstlich veranlasste und vom Arbeitgeber bezahlte Flüge (Miles & More). Der Arbeitnehmer ist daher entsprechend § 667 Alt. 2 BGB verpflichtet, seinem Arbeitgeber die aus einem Vielfliegerprogramm erworbenen **Vorteile herauszugeben.** Der Arbeitgeber kann vom Arbeitnehmer verlangen, dass der Arbeitnehmer die dienstlich erworbenen Bonusmeilen im Interesse des Arbeitgebers einsetzt. Es gilt der Grundsatz, dass demjenigen, für dessen Rechnung und damit auch auf dessen Kosten ein anderer Geschäfte führt, die gesamten Vorteile aus dem Geschäft gebühren.

7 Eine **abweichende Regelung** muss vereinbart sein. Eine solche Vereinbarung kann sich zwar auch aus betrieblicher Übung ergeben. Allein die Leistung an einzelne Arbeitnehmer lässt jedoch noch nicht auf einen zurechenbaren objektiven Bindungswillen des Arbeitgebers schließen, er wolle allen Arbeitnehmern oder zumindest allen Arbeitnehmern einer abgrenzbaren Gruppe die Leistung zukommen lassen.[14] Diese Grundsätze erlangen auch Bedeutung für PayBack-Punkte, die beispielsweise beim Betanken des Dienstfahrzeugs erworben werden können oder Bonus-Punkte für Hotelübernachtungen. Auch hierdurch erlangen die teilnehmenden Arbeitnehmer die Möglichkeit, Prämien zu erwerben. Diese Prämien stehen nach den aufgestellten Grundsätzen dem Arbeitgeber zu.[15]

8 **5. Leistung mit Mischcharakter.** Die Sonderzuwendung kann Mischcharakter haben;[16] sie kann **Sonderzuwendung und zugleich Arbeitsentgelt** sein (z. B. Mehr- und Überstundenabgeltung). Die Sonderleistung kann vergangenheits- und zukunftsbezogene Elemente miteinander verknüpfen und sowohl die Belohnung bisheriger Dienste und erwiesener Betriebstreue bezwecken als auch als Anreiz für künftige Betriebstreue dienen. Bei solchen Sondervergütungen wird die Belohnung künftiger Betriebstreue in der Regel dadurch sichergestellt, dass der Anspruch auf die Sonderzahlung den Fortbestand des Arbeitsverhältnisses über einen Stichtag hinaus bis zum Ende eines dem Arbeitnehmer noch zumutbaren Bindungszeitraums voraussetzt und der Arbeitnehmer die Sondervergütung zurückzuzahlen hat, wenn das Arbeitsverhältnis vor Ablauf der Bindungsdauer endet.[17] Ist der Arbeitnehmer im Zeitpunkt der Fälligkeit nicht mehr in den Diensten des Arbeitgebers, behält er einen anteiligen Anspruch auf die Pauschalvergütung für bislang geleistete Dienste. Diese ist unter Berücksichtigung aller Umstände notfalls gemäß § 287 ZPO zu schätzen.

9 **6. Entgelt.** Sonderzuwendungen haben Entgeltcharakter. Sie sind auch bei freiwilliger Zahlung selbst dann **kein Geschenk,** wenn sie vom Arbeitgeber so bezeichnet werden.[18] Nur ausnahmsweise stellen Bar- oder Naturalleistungen des Arbeitgebers ein Geschenk dar, wenn die Beziehung zur bisherigen Arbeitsleistung fehlt. Das kann z. B. der Fall sein, wenn eine Mitarbeiterin aus Anlass der Geburt eines Kindes, zum Einzug in eine neue Wohnung usw. eine besondere Leistung erhält. Für die Zusage einer Sonderzuwendung ist daher nicht die Form des § 518 BGB einzuhalten; sie kann allerdings grundsätzlich auch nicht wegen groben Undanks zurückgefordert werden.

---

[11] BAG 23. 5. 2007 AP 24 zu § 1 TVG Tarifverträge: Großhandel.

[12] BAG 21. 5. 2003 EzA 8 zu § 611 BGB 2002 Gratifikation, Prämie; 19. 4. 1995 AP 173 zu § 611 BGB Gratifikation = NZA 95, 1098; LAG Düsseldorf 27. 6. 1996 NZA-RR 96, 441.

[13] BAG 21. 5. 2003 EzA 8 zu § 611 BGB 2002 Gratifikation, Prämie; 8. 11. 1978 AP 100 zu § 611 BGB Gratifikation; 24. 10. 1990 AP 135 zu § 611 BGB Gratifikation = NZA 91, 91; LAG München BB 90, 1563; LAG Düsseldorf 27. 6. 1996 NZA-RR 96, 441.

[14] BAG 11. 4. 2006 AP 1 zu § 667 BGB = NZA 2006, 1089; dazu *Gragert* NJW 2006, 3762; *Kock* DB 2007, 462.

[15] *Gragert* NJW 2006, 3762, 3764.

[16] Dazu BAG 21. 5. 2003 EzA 8 zu § 611 BGB 2002 Gratifikation, Prämie.

[17] Vgl. BAG 28. 3. 2007 AP 265 zu § 611 BGB Gratifikation = NZA 2007, 687.

[18] BAG 23. 10. 2002 AP 243 zu § 611 BGB Gratifikation = NZA 2003, 557.

II. Rechtsgrundlage

1. Allgemeines. Auf die Zahlung einer Sonderzuwendung besteht weder kraft Gesetzes, Gewohnheitsrechts noch der Fürsorgepflicht des Arbeitgebers ein Rechtsanspruch. Für sie muss stets eine **besondere Rechtsgrundlage** vorliegen. 10

2. Tarifvertrag. a) In den meisten Wirtschaftszweigen sind tarifliche Regelungen über Sonderzuwendungen üblich. Die Entstehung des Anspruchs kann von der Zurücklegung von Wartezeiten abhängig gemacht werden.[19] Im Zweifel soll mit einer tariflichen Sonderzahlung vorwiegend oder jedenfalls auch **im Bezugszeitraum geleistete Arbeit** zusätzlich vergütet werden.[20] Sie ergänzt vielfach die fest in das Vergütungsgefüge eingebauten Entgelte. Ansprüche aus einem Gratifikations-Tarifvertrag entstehen grundsätzlich nur dann, wenn das Arbeitsverhältnis vom tariflichen Geltungsbereich erfasst wird (§ 203) und die Arbeitsvertragsparteien tarifgebunden (§§ 206, 207) sind. Häufig werden die Tarifverträge auch arbeitsvertraglich in Bezug genommen (§ 207). Wird der Tarifvertrag aufgehoben oder abgeändert, entfaltet er im Allgemeinen Nachwirkungen (§ 203). Während des Weiterbeschäftigungsanspruchs besteht ein Anspruch auf eine zeitanteilige Jahressonderzahlung, wenn diese nach dem maßgeblichen Tarifvertrag als auf den Weiterbeschäftigungszeitraum entfallende Arbeitsvergütung anzusehen ist[21] oder der Arbeitgeber den Arbeitnehmer auf Grund der Verurteilung zur Weiterbeschäftigung beschäftigt, auch wenn dies nicht einvernehmlich geschieht (§ 125 RN 6, 23).[22] 11

b) Tarifverträge können die **Anrechnungsfähigkeit** freiwillig gezahlter Gratifikationen vorsehen.[23] Im Wege der Auslegung ist zu ermitteln, welche freiwilligen Leistungen anrechnungsfähig sind. Wenn der Tarifvertrag die Anrechnung von betrieblichen Sozialleistungen auf tarifliche Sonderleistungen zulässt, kann eine anlässlich einer Betriebszugehörigkeit von zehn Jahren einmalig gezahlte Sonderzuwendung nicht angerechnet werden.[24] Bestimmt ein Tarifvertrag, dass auf die tarifliche Jahressonderzahlung alle betrieblichen Leistungen wie Weihnachtsgratifikationen, Jahresabschlussvergütungen, Jahresprämien, Ergebnisbeteiligungen, Tantiemen, dreizehnte Monatsentgelte und dergleichen angerechnet werden können, stellt eine auf Grund betrieblicher Übung einmal jährlich zu zahlende „Treueprämie", deren Höhe sich nach der Dauer der Betriebszugehörigkeit richtet, eine solche anrechenbare Leistung dar.[25] 12

c) Für Angestellte des **öffentlichen Dienstes** galt bis zum Inkrafttreten des TVöD (zur Neuregelung insoweit RN 19) der TVZuwendung vom 12. 10. 1973/TVZuwendung Ang-Ost 10. 12. 1990.[26] Anspruchsberechtigt sind danach Arbeitnehmer, die am 1. 12. in einem Arbeitsverhältnis stehen und regelmäßig eine bestimmte Zeit bei demselben Arbeitgeber[27] beschäftigt waren. Der Anspruch entfällt grundsätzlich, wenn der Arbeitnehmer bis zum 31. 3. des Folgejahres ausscheidet (§ 1 I Nr. 2 TVZuwendung).[28] Ausnahmen bestehen dann, wenn der Arbeitnehmer wegen Erreichens der Altersgrenze, Berufs- oder Erwerbsunfähigkeit (§ 1 II TVZuwendung) oder Krankheit[29] ausscheidet, sofern das Arbeitsverhältnis bis zum 30. 11. bestanden hat. 13

Bei einem **Wechsel des Arbeitgebers** besteht der Zuwendungsanspruch nach § 1 II Nr. 2 TVZuwendung, wenn der Angestellte im unmittelbaren Anschluss an das Arbeitsverhältnis zu einem anderen Arbeitgeber des öffentlichen Dienstes in ein Arbeitsverhältnis übertritt und der bisherige Arbeitgeber das Ausscheiden aus diesem Grunde billigt. Ein unmittelbarer Anschluss 14

---

[19] BAG 13. 5. 2004 AP 256 zu § 611 BGB Gratifikation; 8. 12. 1993 AP 40 zu § 1 TVG Tarifverträge: Einzelhandel; 17. 12. 1993 AP 148 zu § 611 BGB Gratifikation = NZA 93, 464.

[20] BAG 21. 5. 2003 EzA 8 zu § 611 BGB 2002 Gratifikation, Prämie; 29. 8. 1979 AP 102 zu § 611 BGB Gratifikation.

[21] BAG 10. 3. 1987 AP 1 zu § 611 BGB Weiterbeschäftigung = NZA 87, 373.

[22] BAG 1. 3. 1990 AP 7 zu § 611 BGB Weiterbeschäftigung = DB 90, 1287.

[23] Vgl. BAG 3. 3. 1993 AP 151 zu § 611 BGB Gratifikation = NZA 93, 805; 18. 3. 1981 AP 107 zu § 611 BGB Gratifikation.

[24] BAG 10. 2. 1993 AP 149 zu § 611 BGB Gratifikation = NZA 93, 803.

[25] BAG 3. 3. 1993 AP 151 zu § 611 BGB Gratifikation = NZA 93, 805.

[26] Bei Verweisung: BAG 5. 8. 1992 AP 4 zu §§ 22, 23 BAT ZuwendungsTV = NZA 93, 143.

[27] Vgl. BAG 8. 12. 1976 AP 90 zu § 611 BGB Gratifikation; zur Unterbrechung des Arbeitsverhältnisses BAG 16. 5. 1982 AP 111 zu § 611 BGB Gratifikation.

[28] BAG 31. 1. 1979 AP 101 zu § 611 BGB Gratifikation; zur Änderung des Vertrags: BAG 23. 1. 1985 AP 122 zu § 611 BGB Gratifikation; 29. 8. 1991 AP 2 zu §§ 22, 23 BAT ZuwendungsTV = NZA 92, 519; 11. 1. 1995 AP 10 zu §§ 22, 23 BAT ZuwendungsTV = NZA 95, 953; zum Verschulden: BAG 23. 1. 1992 AP 1 zu BMT-G II ZuwendungsTV = NZA 92, 1086.

[29] BAG 12. 3. 1997 AP 19 §§ 22, 23 BAT ZuwendungsTV = NZA 97, 1293.

eines Arbeitsverhältnisses liegt vor, wenn das eine Arbeitsverhältnis durch das andere in einem zeitlichen und sachlichen Zusammenhang abgelöst wird.[30] Der alte Arbeitgeber muss ggf. auch nachträglich die Billigung des Wechsels erklären.[31] Wechselt der Arbeitnehmer aus dem öffentlichen Dienst zu einem kirchlichen Arbeitgeber, kann er die Gratifikation behalten, wenn der kirchliche Arbeitgeber eine dem BAT entsprechende Regelung anwendet. Dies ist z. B. bei dem BAT-KF der Fall.[32] Die Zuwendung ist zurückzuzahlen, wenn der Arbeitnehmer nicht von einem Arbeitgeber des öffentlichen Dienstes zu einem anderen Arbeitgeber des öffentlichen Dienstes wechselt. Ein in der Rechtsform einer GmbH betriebenes Krankenhaus, dessen alleiniger Gesellschafter ein Landkreis ist, ist kein Arbeitgeber des öffentlichen Dienstes im Sinne der tariflichen Bestimmungen des TVZuwendung. Ist eine GmbH Gastmitglied in einem kommunalen Arbeitgeberverband, wird sie dadurch nicht zu einem „sonstigen Mitglied eines Arbeitgeberverbandes, der der Vereinigung der kommunalen Arbeitgeberverbände angehört", i. S. d. Protokollnotiz Nr. 2 Buchst. a zu § 1 TVZuwendung Ang-O.[33]

15 Die **Höhe der Zuwendung** richtet sich nach dem Tarifvertrag, in dessen Geltungsbereich das Arbeitsverhältnis am 1. 12. fiel. Fiel das Arbeitsverhältnis bis zum 30. 11. des Kalenderjahres in den Bereich des BAT, galt zum Stichtag des 1. 12. aber der TV-Zuwendung Ang-O, ist die Höhe der Zuwendung nach § 2 TV-Zuwendung Ang-O entsprechend der fiktiven Urlaubsvergütung für den Monat September und nicht nach der in diesem Monat tatsächlich nach BAT (West) gezahlten höheren Vergütung zu berechnen.[34] Bei der Berechnung der Höhe der Zuwendung bleiben Vertragsänderungen nur dann ohne Auswirkung, wenn das Arbeitsverhältnis vor und nach der Vertragsänderung eine Einheit darstellt.[35] Deshalb können Zeiten ohne Arbeitsverdienst außer Betracht bleiben (§ 2 II TVZuwendung). Dies gilt auch während der Dienste von Soldaten auf Zeit[36] oder der Elternzeit.[37] Die Regelung des § 2 I Unterabs. 1 Zuwendungs-TV, wonach die jährliche Zuwendung 100 v. H. der Urlaubsvergütung beträgt, die dem Angestellten zugestanden hätte, wenn er während des ganzen Monats September Erholungsurlaub gehabt hätte, verstößt nicht gegen höherrangiges Recht. Dies gilt auch, wenn ein in der Vergangenheit vollzeitbeschäftigter Arbeitnehmer für die Zeit von August bis November auf Grund eines Änderungsvertrags halbtags beschäftigt wird.[38]

16 Haben Arbeitsvertragsparteien außerhalb des öffentlichen Dienstes **auf die Tarifverträge des öffentlichen Dienstes verwiesen,** muss im Wege der Auslegung entschieden werden, ob der Zuwendungsanspruch auch bei einem Wechsel in den öffentlichen Dienst aufrechterhalten werden soll. Im Zweifel bleibt er nur bestehen, wenn der Wechsel innerhalb derselben Arbeitgeberorganisation erfolgt.[39] Ein Angestellter, der in einem in privater Rechtsform (GmbH) betriebenen Krankenhaus beschäftigt ist und auf dessen Arbeitsverhältnis auf Grund arbeitsvertraglicher Vereinbarung der TVZuwendung Anwendung findet, muss deshalb die Zuwendung zurückzahlen, wenn er zum 31. 3. des Folgejahres ausscheidet und ein Arbeitsverhältnis bei einem Arbeitgeber des öffentlichen Dienstes aufnimmt. Es liegt kein Wechsel von einem Arbeitgeber des öffentlichen Dienstes zu einem anderen Arbeitgeber des öffentlichen Dienstes vor. Dies gilt auch dann, wenn das Krankenhaus vor einem Betriebsübergang nach § 613 a BGB in öffentlich-rechtlicher Form betrieben wurde.[40] Für **Dienstordnungsangestellte** kann die Gratifikation eigenständig geregelt werden.[41]

17 Gegenüber dem **Rückzahlungsanspruch** aus § 1 V TVZuwendung, der auch die vom Arbeitgeber an das Finanzamt abgeführte Lohnsteuer erfasst, ist die Einrede des Wegfalls der Berei-

---

[30] BAG AP 1 zu §§ 22, 23 BAT ZuwendungsTV = BB 90, 369; zum Übergang in ein Beamtenverhältnis: BAG 9. 6. 1993 AP 5 zu §§ 22, 23 BAT ZuwendungsTV = BB 93, 2024; 6. 11. 1996 AP 17 zu §§ 22, 23 BAT ZuwendungsTV = NZA 97, 659.

[31] BAG 8. 2. 1978, 14. 9. 1983 AP 94, 117 zu § 611 BGB Gratifikation.

[32] LAG Köln 8. 3. 1996 NZA-RR 97, 57.

[33] BAG 26. 1. 2005 EzA 15 zu § 611 BGB 2002 Gratifikation, Prämie.

[34] BAG 27. 6. 2001 AP 25 zu §§ 22, 23 BAT ZuwendungsTV.

[35] BAG 20. 12. 1995 AP 13 zu §§ 22, 23 BAT ZuwendungsTV.

[36] BAG 24. 1. 1996 AP 7 zu § 6 ArbPlatzSchutzG.

[37] BAG 26. 3. 1997 AP 20 zu §§ 22, 23 BAT ZuwendungsTV = NZA 97, 1004.

[38] BAG 18. 8. 1999 AP 22 zu §§ 22, 23 BAT ZuwendungsTV = NZA 2000, 148.

[39] BAG 7. 2. 1996 AP 23 zu § 611 BGB Kirchendienst = NZA 96, 990; 23. 6. 1993 AP 5 zu §§ 22, 23 BAT ZuwendungsTV; 6. 12. 1990 AP 3 zu § 1 TVG Bezugnahme auf Tarifvertrag = NZA 91, 394.

[40] BAG 24. 1. 2001 EzA 162 zu § 611 BGB Gratifikation, Prämie; 26. 1. 2005 EzA 15 zu § 611 BGB 2002 Gratifikation, Prämie.

[41] BAG 25. 6. 1975 AP 44 zu § 611 BGB Dienstordnungs-Angestellte; vgl. auch BAG 24. 1. 1963 AP 29 zu Art. 12 GG.

cherung ausgeschlossen. Mit der Verwendung des Begriffs „in voller Höhe" haben die Tarifvertragsparteien zunächst klargestellt, dass ein Entreicherungseinwand nach § 818 III BGB ausscheidet.[42] Bei einer Rückforderung der Zuwendung im Wege des Einbehalts von Arbeitsvergütung sind die Pfändungsgrenzen zu beachten.[43] Hat der Angestellte in einem vorhergehenden Berufsausbildungsverhältnis die für Auszubildende tariflich vorgesehene, niedrigere Zuwendung nach dem TVZuwendung Azubi erhalten, muss er diese nach bestandener Prüfung ungeachtet des Zeitpunkts und der Gründe des Ausscheidens aus einem nachfolgenden Arbeitsverhältnis nicht nach § 1 V TVZuwendung Ang. zurückzahlen.[44]

Im Bereich der **Kirchen** und ihrer Einrichtungen gelten Richtlinien, die dem Zuwendungs- 18
TV entsprechen. Die Änderung kirchlicher Gratifikationsordnungen unterliegt der gerichtlichen Billigkeitskontrolle. Sie können aber noch kurz vor Entstehung des Anspruchs geändert werden.[45] Wechselt ein Arbeitnehmer aus dem Bereich der Kirchen in den öffentlichen Dienst, fällt im Allgemeinen der Gratifikationsanspruch weg.[46] Wird in einem Prozessvergleich zur Beendigung eines Kündigungsschutzprozesses vereinbart, dass das Arbeitsverhältnis auf Grund einer arbeitgeberseitigen, fristgerechten, betriebsbedingten Kündigung sein Ende findet, kann darin kein Aufhebungsvertrag gesehen werden.[47]

Seit dem 1. 1. 2007 haben im öffentlichen Dienst Beschäftigte einen Anspruch auf eine **Jah-** 19
ressonderzahlung nach § 20 TVöD. Für das Jahr 2006 ist bei der Berechnung der Jahressonderzahlung die Übergangsvorschrift in § 20 TVÜ-Bund zu beachten. Im Bereich der VKA gibt es in § 20 TVÜ-VKA Übergangsvorschriften für die Jahre 2005 und 2006. Für den Bereich der Länder gilt § 20 TV-L sowie die Übergangsvorschrift in § 21 TVÜ-Länder.

3. Betriebsvereinbarungen. Betriebsvereinbarungen über die Gratifikationsgewährung sind 20
in der Praxis häufig. Sie sind – soweit sie über **Verteilungsgrundsätze** hinausgehen (§ 87 I Nr. 10 BetrVG) – allerdings nur wirksam, wenn eine tarifliche Regelung nicht üblich ist (§ 77 III BetrVG).[48] Der Gratifikationsanspruch kann durch Beendigung der Betriebsvereinbarung entfallen. Nach § 77 VI BetrVG entfaltet eine Betriebsvereinbarung nur dann **Nachwirkung** (dazu § 231 RN 57ff.), wenn sie vor der Einigungsstelle hätte erzwungen werden können und die Nachwirkung nicht ausgeschlossen ist. Schließen die Betriebspartner jährlich eine Betriebsvereinbarung über die für das Kalenderjahr zu zahlende Weihnachtsgratifikation und vereinbaren sie dabei jeweils ausdrücklich, dass es sich um eine freiwillige Leistung handelt, aus deren Zahlung keine Ansprüche für künftige Jahre hergeleitet werden können, hat die Leistungszusage keine Nachwirkung für das folgende Kalenderjahr. Die Nachwirkung ist im Zweifel auch für den Fall abbedungen, dass Verhandlungen über eine neue Regelung scheitern, der Arbeitgeber jedoch im folgenden Jahr gekürzte Gratifikationsbeträge freiwillig auszahlt.[49]

Auch wenn in der Vergangenheit jährlich Betriebsvereinbarungen über eine Weihnachtsgrati- 21
fikation in Höhe von 100% eines Monatslohns geschlossen wurden und eine Betriebsvereinbarung sodann für zwei Jahre eine Gratifikation in Höhe von je 70%, für die darauf folgenden Jahre in Höhe von je 130% vorsieht, sind die Betriebsparteien nicht gehindert, die für das vierte Jahre vorgesehene Gratifikation jedenfalls vor dem Zeitpunkt einvernehmlich **abzusenken,** von dem an die Entstehung von Ansprüchen pro rata temporis für dieses Jahr in Frage kommt. Eine solche Regelung verstößt nicht gegen das Rückwirkungsverbot, denn sie greift nicht in bestehende Besitzstände ein.[50]

Ist eine Betriebsvereinbarung unwirksam, kann sie nicht ohne Weiteres in ein Vertragsangebot 22
des Arbeitgebers **umgedeutet** werden. Etwas anderes gilt nur dann, wenn Umstände dafür gegeben sind, dass der Arbeitgeber sich an sein Verhalten binden wollte (§ 231 RN 8).

4. Einzelvertragliche Vereinbarung. Sonderzuwendungen können auch **arbeitsvertrag-** 23
lich vereinbart werden. Die einzelvertragliche Vereinbarung bedarf keiner besonderen Form. Sie kann auch konkludent zustande kommen. Sofern die Regelung in AGB enthalten ist, gelten die §§ 305ff. BGB (vgl. § 32). Unklarheiten bei der vertraglichen Gestaltung gehen daher gemäß

42 BAG 15. 3. 2000 AP 24 zu §§ 22, 23 BAT ZuwendungsTV = NZA 2000, 1004.
43 BAG 25. 9. 2002 AP 27 zu §§ 22, 23 BAT ZuwendungsTV = NZA 2003, 617.
44 BAG 16. 11. 2005 EzA 9 zu § 611 BGB 2002 Ausbildungsbeihilfe.
45 BAG 17. 4. 1996 AP 24 zu § 611 BGB Kirchendienst = NZA 97, 55.
46 BAG 7. 2. 1996 AP 23 zu § 611 BGB Kirchendienst = NZA 96, 890.
47 BAG 16. 9. 1998 AP 48 zu § 794 ZPO = NZA 99, 270.
48 BAG 24. 1. 1996 AP 8 zu § 77 BetrVG 1972 Tarifvorbehalt = NZA 96, 948.
49 BAG 17. 1. 1995 AP 7 zu § 77 BetrVG 1972 Nachwirkung = NZA 95, 1010.
50 BAG 23. 1. 2008 AP 40 zu § 77 BetrVG 1972 Betriebsvereinbarung = NZA 2008, 709.

§ 305c II BGB zu Lasten des Arbeitgebers.[51] Der Anspruch kann durch Aufhebungsvertrag, Kündigung oder Änderungskündigung aufgehoben und geändert werden. Dagegen ist eine Teilkündigung regelmäßig unzulässig.

24 Vielfach gewähren Arbeitgeber Gratifikationen auf Grund von **Gesamtzusagen.** Eine Gesamtzusage ist die an alle Arbeitnehmer oder einen nach abstrakten Merkmalen bestimmten Teil von ihnen in allgemeiner Form gerichtete ausdrückliche Erklärung des Arbeitgebers, zusätzliche Leistungen erbringen zu wollen (dazu § 111 RN 35ff.). Wegen der Verteilungsgrundsätze hat der Betriebsrat ein erzwingbares Mitbestimmungsrecht.[52]

25 Sagt der Arbeitgeber über **Intranet** den Mitarbeitern, die im abgelaufenen Geschäftsjahr zur Belegschaft gehörten, eine Sonderzahlung zu, gehören mangels anderer Anhaltspunkte zu den Adressaten der Zusage auch solche Arbeitnehmer, die während des Geschäftsjahres im Wege des Betriebsübergangs ausgeschieden sind, jedoch mit Wissen und Willen des früheren Arbeitgebers weiterhin Zugriff auf dessen Intranet haben. Dieser Anspruch kann nicht durch eine später nachgeschobene Stichtagsregelung beseitigt werden.[53]

26 **5. Betriebliche Übung. a)** Ein Gratifikationsanspruch kann auch durch betriebliche Übung entstehen. Unter einer betrieblichen Übung ist die **regelmäßige Wiederholung bestimmter Verhaltensweisen** des Arbeitgebers zu verstehen, aus denen die Arbeitnehmer schließen können, ihnen solle eine Leistung oder eine Vergünstigung auf Dauer eingeräumt werden. Aus diesem als Vertragsangebot auszulegenden Verhalten des Arbeitgebers, das von den Arbeitnehmern stillschweigend angenommen wird (§ 151 BGB), entstehen vertragliche Ansprüche auf die üblich gewordenen Leistungen (näher dazu § 111).

27 **b)** Eine betriebliche Übung ist nach der Rechtsprechung bei der Gewährung von jährlich an die Belegschaft geleisteten Gratifikationen regelmäßig nach **dreimaliger Zahlung** anzunehmen, falls nicht besondere Umstände hiergegen sprechen oder der Arbeitgeber bei jeder Zahlung einen Bindungswillen für die Zukunft ausgeschlossen hat.[54] Besondere Umstände, die gegen eine Bindung für die Zukunft sprechen, sind z. B. Gratifikationen in einem im Aufbau befindlichen Unternehmen.[55] Keine betriebliche Übung entsteht nach Auffassung des BAG, wenn der Arbeitgeber zwar dreimal hintereinander zahlt, aber jeweils in unterschiedlicher Höhe. In diesem Fall hat der Arbeitnehmer nur für das jeweils laufende Jahr Anspruch auf die Gratifikation.[56]

28 **c)** Bei **Jubiläumszuwendungen** ist auf Art, Dauer und Intensität der Leistungen abzustellen. Als Bezugsperiode sind dabei nur Zeiträume zu betrachten, in denen die Jubiläumszuwendungen tatsächlich vom Arbeitgeber erbracht wurden. Jahre, in denen sie weder anfiel noch gezahlt wurde, können weder zugunsten noch zulasten berücksichtigt werden. Unerheblich ist, ob der betreffende Arbeitnehmer selbst bisher schon in die Übung einbezogen worden ist. Eine Mitteilung über die an andere Arbeitnehmer erfolgten Zahlungen gegenüber den übrigen Arbeitnehmern ist für das Entstehen einer betrieblichen Übung ebenso wenig erforderlich, wie eine allgemeine Veröffentlichung im Betrieb. Es ist von dem allgemeinen Erfahrungssatz auszugehen, dass derartige begünstigende Leistungen allgemein bekannt werden.[57] Wie lange die Übung bestehen muss, damit die Arbeitnehmer berechtigt erwarten können, sie werde fortgesetzt, hängt davon ab, wie häufig die Leistungen erbracht worden sind. Dabei kommt es auf die Zahl der Anwendungsfälle im Verhältnis zur Belegschaftsstärke an. Ferner sind in die Bewertung der Relation von Anzahl der Wiederholungen und Dauer der Übungen auch Art und Inhalt der Leistungen einzubeziehen. Bei für den Arbeitnehmer weniger wichtigen Leistungen sind an die Zahl der Wiederholungen höhere Anforderungen zu stellen als bei bedeutsameren Leistungsinhalten.[58]

29 **d)** Da durch betriebliche Übung ein **vertraglicher Anspruch** des Arbeitnehmers entsteht, kann der Anspruch grundsätzlich nur durch Änderungskündigung oder Vereinbarung beseitigt werden. Die betriebliche Übung besteht auch für neu begründete Arbeitsverhältnisse, sofern der

---

[51] BAG 26. 1. 2005 AP 260 zu § 611 BGB Gratifikation.

[52] BAG 11. 2. 1992 AP 50 zu § 76 BetrVG 1972 = NZA 92, 702.

[53] BAG 22. 1. 2003 AP 247 zu § 611 BGB Gratifikation = NZA 2003, 576.

[54] BAG 16. 4. 1997 AP 53 zu § 242 BGB Betriebliche Übung = NZA 98, 423.

[55] RAG 29, 209.

[56] BAG 28. 2. 1996 AP 192 zu § 611 BGB Betriebliche Übung = NJW 96, 3166.

[57] BAG 28. 5. 2008 NZA 2008, 941; 28. 7. 2004 AP 257 zu § 611 BGB Gratifikation = NZA 2004, 1152.

[58] BAG 28. 5. 2008 NZA 2008, 941; 28. 6. 2006 AP 74 zu § 242 BGB Betriebliche Übung = NZA 2006, 1174; 28. 7. 2004 AP 257 zu § 611 BGB Gratifikation = NZA 2004, 1152.

Arbeitgeber gegenüber den neu eintretenden Arbeitnehmern nicht ausdrücklich Leistungen aus der betrieblichen Übung ausschließt.[59]

e) Das BAG hat weiter angenommen, eine betriebliche Übung werde durch eine **geänderte betriebliche Übung** einvernehmlich geändert, wenn der Arbeitgeber über einen Zeitraum von drei Jahren zu erkennen gebe, er gedenke eine betriebliche Übung anders zu handhaben und der Arbeitnehmer über diesen Zeitraum nicht widerspricht (näher dazu § 111 RN 27f.).[60] Von einer Annahmeerklärung kann der Arbeitgeber nach der Rechtsprechung des BAG nicht nur dann ausgehen, wenn der Arbeitnehmer ausdrücklich sein Einverständnis erklärte, sondern auch, wenn er nach der Verkehrssitte das Schweigen des Arbeitnehmers als Zustimmung zu der geänderten betrieblichen Übung ansehen darf. Das ist dann anzunehmen, wenn er davon ausgehen darf, der Arbeitnehmer werde der Änderung widersprechen, wenn er mit dieser nicht einverstanden sei. Ebenso wie bei der Begründung eines Anspruchs aus betrieblicher Übung kommt es nach dieser Rechtsprechung nicht auf einen tatsächlich vorhandenen Verpflichtungswillen an, soweit ein entsprechender Rechtsbindungswille des Arbeitnehmers jedenfalls aus objektiver Sicht des Erklärungsempfängers erkennbar ist.[61] Die Annahme einer geänderten betrieblichen Übung in Bezug auf die Zahlung eines Weihnachtsgelds nur noch unter dem Vorbehalt der Freiwilligkeit der Leistung erfordert jedoch, dass der Arbeitgeber klar und unmissverständlich erklärt, die bisherige betriebliche Übung einer vorbehaltlosen Zahlung solle beendet und durch eine Leistung ersetzt werden, auf die in Zukunft kein Rechtsanspruch mehr bestehe.[62] Diese Grundsätze gelten allerdings nur dann, wenn der Anspruch auch durch eine betriebliche Übung begründet worden ist. Ist dagegen Grundlage der Leistungsgewährung keine betriebliche Übung, sondern die Bezugnahme auf tarifliche Regelungen, kann eine betriebliche Übung nicht entstehen und demzufolge auch nicht durch eine gegenläufige betriebliche Übung beendet werden.[63] Ob eine bestehende betriebliche Übung durch Abschluss einer Betriebsvereinbarung geändert oder aufgehoben werden kann, war umstritten. Insoweit gelten die Grundsätze des BAG GS (vgl. § 231 RN 37). 30

6. Gleichbehandlungsgrundsatz. a) Erbringt der Arbeitgeber nach von ihm gesetzten allgemeinen Regeln freiwillig Sonderzahlungen, ist er an den Grundsatz der Gleichbehandlung gebunden (näher dazu § 112). Bei freiwilligen Leistungen muss der Arbeitgeber deshalb die Anspruchsvoraussetzungen so abgrenzen, dass ein Teil der Arbeitnehmer von der Vergünstigung nicht sachwidrig oder willkürlich ausgeschlossen wird. Eine **sachfremde Benachteiligung einzelner Arbeitnehmer** liegt nicht vor, wenn sich nach dem Zweck der Leistung Gründe ergeben, die es unter Berücksichtigung aller Umstände rechtfertigen, diesen Arbeitnehmern die den anderen Arbeitnehmern gewährte Leistung vorzuenthalten. Die Zweckbestimmung einer Sonderzahlung ergibt sich vorrangig aus den tatsächlichen und rechtlichen Voraussetzungen, von deren Vorliegen und Erfüllung die Leistung abhängig gemacht wird. Die Bezeichnung ist nicht maßgeblich. Sie kann allenfalls als ein zusätzliches Indiz, nicht jedoch als ausschlaggebendes oder gar alleiniges Merkmal für einen bestimmten Zweck herangezogen werden.[64] 31

b) Eine am **Motivationszweck** der Gratifikation orientierte Differenzierung danach, ob das Arbeitsverhältnis am Auszahlungstag noch – ggf. ungekündigt – besteht oder nicht, ist grundsätzlich sachlich gerechtfertigt (zu Ausnahmen RN 52). Dies gilt auch dann, wenn mit der Gratifikation gleichzeitig in der Vergangenheit geleistete Dienste für den Betrieb zusätzlich vergütet werden sollen, wie die anteilige Gewährung an Arbeitnehmer, deren Arbeitsverhältnis erst im Laufe des Bezugsjahres begonnen hat, zeigt. Gratifikationen sollen, unabhängig davon, inwieweit mit ihnen auch eine künftige Betriebstreue bewirkt oder honoriert werden soll, den Arbeitnehmer jedenfalls auch für die Zukunft zu reger und engagierter Mitarbeit motivieren. Eine solche motivierende Wirkung kann eine Sonderzahlung gegenüber bereits ausgeschiedenen oder alsbald ausscheidenden Arbeitnehmern nicht mehr entfalten. Dass der Arbeitnehmer die fehlende Fortsetzung des Arbeitsverhältnisses im Falle eines Betriebsteilübergangs nicht zu vertreten hat und nur wegen des Übergangs seines Arbeitsverhältnisses daher nicht mehr in der 32

---

[59] BAG 10. 8. 1988 AP 32 zu § 242 BGB Betriebliche Übung = NZA 89, 57.

[60] BAG 28. 5. 2008 NZA 2008, 941; 26. 3. 1997 AP 50 zu § 242 BGB Betriebliche Übung = NZA 97, 1007.

[61] BAG 28. 5. 2008 NZA 2008, 941.

[62] BAG 4. 5. 1999 AP 55 zu § 242 BGB Betriebliche Übung = NZA 99, 1162.

[63] BAG 24. 11. 2004 AP 70 zu § 242 BGB Betriebliche Übung = NZA 2005, 349.

[64] St. Rspr., zuletzt BAG 10. 12. 2008 NZA 2009, 258; 28. 3. 2007 AP 265 zu § 611 BGB Gratifikation = NZA 2007, 687; 12. 10. 2005 AP 259 zu § 611 BGB Gratifikation = NZA 2005, 1418.

Lage sind, Betriebstreue zu erbringen, zwingt den Arbeitgeber nicht dazu, die Leistung auch ihm zu gewähren, wenn Zweck der Zahlung die Motivation der Mitarbeiter sein soll.[65]

33 **c)** Nicht nur ein Verstoß gegen den Gleichbehandlungsgrundsatz, sondern eine **Maßregelung i. S. d. § 612 a BGB** kann nach Auffassung des BAG darin liegen, dass der Arbeitgeber vom Adressatenkreis einer freiwilligen Leistung diejenigen Mitarbeiter ausnimmt, dies zuvor in zulässiger Weise ihre vertraglichen Rechte ausgeübt haben, z. B. einer vom Arbeitgeber verlangten Verlängerung der Arbeitszeit ohne Lohnausgleich nicht zugestimmt haben.[66] Ob dies auch dann gilt, wenn ein Arbeitgeber eine Sonderzahlung, deren Höhe sich nach der Zahl der Anwesenheitstage berechnet und die im Hinblick auf Rückzahlungsklauseln auch die Betriebstreue für die Zukunft bezweckt, nur solchen Arbeitnehmern gewährt, die neue, verschlechternde Arbeitsverträge unterschrieben haben, hat das BAG offengelassen. Es hat allerdings in diesem Fall einen Verstoß gegen den arbeitsrechtlichen Gleichbehandlungsgrundsatz bejaht.[67] Unzulässig ist eine unmittelbare oder **mittelbare Geschlechtsdiskriminierung** (§ 165). Der Ausschluss **geringfügig Beschäftigter** von tarifvertraglich vereinbarten Jahressonderzahlungen stellt eine mittelbare Diskriminierung von Frauen dar, wenn er im Ergebnis prozentual erheblich mehr Frauen als Männer trifft.[68] Bei der Gewährung oder Bemessung einer freiwilligen Gratifikation kann dagegen grundsätzlich auch auf das **Leistungsverhalten** eines Arbeitnehmers abgestellt werden.[69]

34 **d)** Umstr. ist, ob und inwieweit **zwischen Arbeitern und Angestellten differenziert** werden darf. Das BAG hat darauf abgestellt, welcher Zweck mit der Gratifikation verfolgt werde. Solle schlicht eine besondere Honorierung aus Anlass des **Weihnachtsfestes** erfolgen, sei eine Differenzierung unzulässig.[70] Möglich sei eine Differenzierung jedoch dann, wenn durch die Gratifikation höhere tarifliche Leistungen der anderen Gruppe ausgeglichen werden sollen oder eine stärkere Betriebsbindung erreicht werden soll.[71] Begründet der Arbeitgeber die Begünstigung der Angestellten mit der Absicht, diese stärker an sich zu binden, hat er zugeschnitten auf seinen Betrieb darzulegen, aus welchen Gründen eine stärkere Bindung der Angestellten einem objektiven, wirklichen Bedürfnis entspricht.[72] Weiterhin hat das BAG eine unterschiedlich hohe Gratifikation bei Arbeitern und Angestellten für möglich gehalten, wenn die geringere Zahlung an gewerbliche Arbeitnehmer wegen erhöhter Krankheitszeiten erfolgte.[73] Diese Entscheidung ist allerdings durch das BVerfG aufgehoben worden.[74] Das BAG hat in einer anderen Entscheidung angenommen, dass die Tarifvertragsparteien des Baugewerbes mit tariflichen Regelungen, die Arbeitern kein anteiliges 13. Monatseinkommen gewähren, wenn sie ihr Arbeitsverhältnis vor dem 30. 11. des laufenden Kalenderjahres selbst kündigen, während Angestellten ein solcher tariflicher Anspruch bei einer fristgerechten Eigenkündigung zusteht, nicht gegen den Gleichheitsgrundsatz des Art. 3 I GG verstoßen. Es liege im Gestaltungsspielraum der Tarifvertragsparteien, mit diesen unterschiedlichen Regelungen dem Interesse der Arbeitgeber, Eigenkündigungen von Arbeitern vor dem Stichtag entgegenzuwirken, mehr Bedeutung beizumessen als bei Angestellten.[75] Entsprechendes gilt, wenn durch die Sonderzahlung besonders qualifizierte Angestellte, die auf dem Arbeitsmarkt faktisch nicht zu finden seien, begünstigt werden.[76] Gewährt der Arbeitgeber allen Arbeitern Gratifikationen, kann er allerdings nicht eine Gruppe (Obstsortierer) ausschließen.[77]

35 **7. Freiwilligkeitsvorbehalt.** Der Arbeitgeber kann eine Sonderzahlung einmalig gewähren, ohne dadurch eine Rechtspflicht zur Leistung für die Zukunft zu begründen.[78] Dies muss aller-

---

[65] BAG 14. 2. 2007 AP 264 zu § 611 BGB Gratifikation = NZA 2007, 558; 28. 3. 2007 AP 265 zu § 611 BGB Gratifikation = NZA 2007, 687; 24. 10. 2007 AP 32 zu § 307 BGB = NZA 2008, 40.
[66] BAG 12. 6. 2002 AP 8 zu § 612 a BGB = NZA 2002, 1389.
[67] BAG 30. 7. 2008 NZA 2008, 1412.
[68] EuGH 9. 9. 1999 AP 11 zu Art. 119 EG-Vertrag = NZA 2000, 647.
[69] LAG Hamm 5. 11. 1997 BB 98, 428.
[70] BAG 25. 1. 1984 AP, 68 zu § 242 BGB Gleichbehandlung = NZA 84, 323.
[71] BAG 30. 3. 1994 AP 113 zu § 242 BGB Gleichbehandlung = NZA 94, 786.
[72] BAG 12. 10. 2005 AP 259 zu § 611 BGB Gratifikation = NZA 2005, 1418.
[73] BAG 19. 4. 1995 AP 172 zu § 611 BGB Gratifikation = NZA 96, 133.
[74] BVerfG 1. 9. 1997 AP 202 zu § 611 BGB Gratifikation = NZA 97, 1339.
[75] BAG 18. 10. 2000 AP 235 zu § 1 TVG Tarifverträge: Bau.
[76] BAG 19. 3. 2003 AP 248 zu § 611 BGB Gratifikation = NZA 2003, 724.
[77] BAG 27. 10. 1998 AP 211 zu § 611 BGB Gratifikation = NZA 99, 700.
[78] Dazu *Schmiedl* NZA 2006, 1195; *Strick* NZA 2005, 723; mit Recht anders bei laufender Vergütung BAG 25. 4. 2007 AP 7 zu § 308 BGB = NZA 2007, 853.

dings für den Arbeitnehmer hinreichend deutlich werden. Ist bereits im Arbeitsvertrag oder später bei der Leistung der Sonderzahlung klar und verständlich darauf hingewiesen, dass es sich bei näher bezeichneten Leistungen, wie z. B. Weihnachts- oder Urlaubsgeld sowie bei Bonuszahlungen, um freiwillige Leistungen handelt, „die **ohne Anerkennung einer Rechtspflicht gewährt** werden und auch bei wiederholter Zahlung keinen Rechtsanspruch für die Zukunft begründen," kann das dem Entstehen vertraglicher Ansprüche auf diese Leistungen entgegenstehen (zur AGB-Kontrolle § 32 RN 66ff.).[79] Der Arbeitgeber kann dann jedes Jahr neu entscheiden, ob und unter welchen Voraussetzungen eine Gratifikation gezahlt werden soll. Ein Anspruch für ein bestimmtes Jahr entsteht erst entweder mit der vorbehaltlosen Zusage, in diesem Jahr eine Gratifikation zahlen zu wollen, oder mit der tatsächlichen Zahlung der Gratifikation nach Maßgabe des arbeitsrechtlichen Gleichbehandlungsgrundsatzes.[80] Gewährt der Arbeitgeber auf Grund einer abstrakten Regelung eine freiwillige Leistung nach einem erkennbar generalisierenden Prinzip und legt er gemäß dem mit der Leistung verfolgten Zweck die Anspruchsvoraussetzungen für die Leistung fest, darf er einzelne Arbeitnehmer von der Leistung nur ausnehmen, wenn dies sachlichen Kriterien entspricht (dazu RN 31ff.).[81] Der Anspruch besteht auch für Gekündigte, sofern er nicht ausgeschlossen worden ist. Stellt der Betriebsratsvorsitzende die Zahlung einer Gratifikation in Aussicht, wird der Arbeitgeber nur dann gebunden, wenn der Betriebsratsvorsitzende als Vertreter oder Erklärungsbote gehandelt hat.[82]

Die Möglichkeit, jedes Jahr neu darüber entscheiden zu können, ob eine Einmalzahlung ausgebracht werden soll, besteht freilich nicht, wenn der Arbeitgeber eine Leistung lediglich als **„freiwillige Leistung"** bezeichnet.[83] Die Vereinbarung einer „freiwilligen, jederzeit widerruflichen Zulage" beinhaltet die Regelung einer Leistung, zu welcher der Arbeitgeber weder gesetzlich, noch tarifvertraglich oder betriebsverfassungsrechtlich verpflichtet ist.[84] Erst mit der Zusage der Leistung wird ein individualrechtlicher Anspruch auf diese Leistung begründet. Der Hinweis auf die Freiwilligkeit der Leistung steht dem nicht entgegen. Damit drückt der Arbeitgeber lediglich aus, nicht aus anderen Gründen zu der Leistung verpflichtet zu sein. Soweit abweichend hiervon angenommen wird, eine solche Klausel sei unklar, weshalb der Vorbehalt insgesamt entfalle,[85] wird die Klausel nicht hinreichend ausgelegt, sondern sofort die Unklarheitenregel des § 305c II BGB angewandt. Durch die wiederholte Gewährung „freiwilliger" Leistungen kann für den Arbeitnehmer aus betrieblicher Übung ein Anspruch auf künftige Leistungen entstehen. Der einfache Freiwilligkeitsvorbehalt schließt dies nicht aus.[86] In diesem Fall kann sich der Arbeitgeber nur durch einen wirksamen Widerrufsvorbehalt von der Leistungspflicht lösen. Dazu genügt jedoch nicht der Vorbehalt des „jederzeitigen Widerrufs" (dazu § 32 RN 84). 36

8. Widerrufsrecht. Die Bezeichnung von Zuwendungen als „freiwillige Sozialleistung" lässt in der Regel nicht den Schluss zu, die entsprechende Zusage des Arbeitgebers stehe unter einem Widerrufsvorbehalt.[87] 37

III. Höhe der Gratifikation

Besteht ein Rechtsanspruch auf die Gratifikation, richtet sich deren Höhe nach der ausdrücklich oder stillschweigend hierüber **getroffenen Vereinbarung** oder der bisherigen Übung. In der Rechtsgrundlage kann bestimmt werden, ob und in welchem Umfang Zulagen und sonstige 38

---

[79] BAG 30. 7. 2008 NZA 2008, 1173; 24. 10. 2007 AP 32 zu § 307 BGB = NZA 2008, 40; 23. 10. 2002 AP 243 zu § 611 BGB Gratifikation = NZA 2003, 557.

[80] St. Rspr. vgl. BAG 25. 9. 2002 AP 241 zu § 611 BGB Gratifikation; 12. 1. 2000 AP 223 zu § 611 BGB Gratifikation = NZA 2000, 944.

[81] BAG 26. 9. 2007 AP 205 zu § 242 BGB Gleichbehandlung = NZA 2007, 1424; 27. 10. 1978 AP 97 zu § 611 BGB Gratifikation = DB 79, 752.

[82] BAG 13. 3. 1964 AP 34 zu § 611 BGB Gratifikation.

[83] BAG 23. 10. 2002 AP 243 zu § 611 BGB Gratifikation = NZA 2003, 557; 11. 4. 2000 AP 227 zu § 611 BGB Gratifikation = NZA 2001, 24.

[84] BAG 1. 3. 2006 AP 3 zu § 308 BGB = NZA 2006, 746; 22. 1. 2003 AP 247 zu § 611 BGB Gratifikation = NZA 2003, 576; 23. 10. 2002 AP 243 zu § 611 BGB Gratifikation = NZA 2003, 557; LAG Düsseldorf 30. 11. 2005 LAGE § 305c BGB 2002 Nr. 4.

[85] Vgl. LAG Brandenburg 13. 10. 2005 DB 2006, 160; Küttner/*Kania,* Personalbuch 2008, Widerrufsvorbehalt/Freiwilligkeitsvorbehalt RN 13.

[86] Vgl. BAG 19. 5. 2005 AP 71 zu § 242 BGB Betriebliche Übung; *Bepler* RdA 2005, 323, 325; a. A. LAG Sachsen-Anhalt 14. 3. 2006 – 8 Sa 377/05.

[87] BAG 23. 10. 2002 AP 243 zu § 611 BGB Gratifikation = NZA 2003, 557.

Vergütungen zu berücksichtigen sind.[88] Ist eine tarifliche Sonderzuwendung jeweils zur Hälfte im Juni bzw. November auszuzahlen, ist ohne besondere Bestimmung der Tarifvertragsparteien in der Regel vom tariflichen Monatsgrundlohn des jeweiligen Auszahlungsmonats auszugehen.[89] Richtet sich die Höhe der Sonderzahlung nach der Höhe des Monatsverdienstes, ist in die Berechnung der Sonderzahlung bei einem außertariflichen Angestellten das ihm zustehende Monatsgehalt und nicht das höchste Gehalt eines Tarifangestellten einzustellen.[90] Bestimmt sich die Höhe der Gratifikation nach der Betriebszugehörigkeit, ist die Zeit der Berufsausbildung im Zweifel mitzuzählen.[91] Ob der Arbeitgeber die Höhe der Sonderzahlung verringern kann, wenn er Verluste erwirtschaftet, hängt von der Rechtsgrundlage der Gratifikationszahlung ab. Tarifliche oder vertragliche Ansprüche ohne Widerrufsvorbehalt können im Falle wirtschaftlicher Verlusten grundsätzlich nicht einseitig geändert werden.

IV. Ausschlusstatbestände

39 **1. Arbeitsunfähigkeit.** Ob der Arbeitnehmer Anspruch auf eine Gratifikation hat, wenn er **längere Zeit arbeitsunfähig** ist, richtet sich nach der zugrunde liegenden Vereinbarung. Dem Arbeitgeber steht es grundsätzlich frei, im Einzelnen zu bestimmen, welche Zeiten ohne tatsächliche Arbeitsleistung sich anspruchsmindernd oder anspruchsausschließend auf die Sonderzahlung auswirken sollen, soweit dem gesetzliche Regelungen nicht entgegenstehen. Entsprechendes gilt für tarifvertragliche Regelungen.[92] Auch Zeiten ohne tatsächliche Arbeitsleistung, für die ein gesetzlicher Anspruch auf Fortzahlung des Arbeitsentgeltes besteht, können sich gemäß § 4a EFZG anspruchsmindernd auf eine freiwillige Sonderzahlung auswirken (§ 79).

40 Ist für den Fall einer **lang andauernden Arbeitsunfähigkeit** der Gratifikationsanspruch nicht ausgeschlossen, entsteht er in voller Höhe.[93] Aus dem Zweck der Sonderzuwendung, die Leistung zusätzlich zu vergüten, kann eine Einschränkung nicht ohne Weiteres abgeleitet werden. Haben die Tarifvertragsparteien lediglich die Teilnahme am Grundwehr- oder Ersatzdienst als Ausschlusstatbestand normiert, erfolgt kein Ausschluss bei Arbeitsunfähigkeit.[94] Haben die Tarifvertragsparteien allein einen Ausschlusstatbestand für unbezahlten Urlaub und unentschuldigtes Fehlen geschaffen, wirkt sich eine lang andauernde Arbeitsunfähigkeit gleichfalls nicht auf den Gratifikationsanspruch aus.[95] Wird die Leistung für die Dauer des Krankengeldbezugs ausgeschlossen, ist davon auch der Bezug von Verletztengeld erfasst.[96] Dagegen besteht kein Anspruch auf eine Gratifikation, wenn diese aus dem Durchschnittsverdienst mehrerer Monate berechnet werden soll, in denen der Arbeitnehmer keinen Verdienst erzielt hat.[97] Meldet sich ein Arbeitnehmer bei langjähriger und auf nicht absehbare Zeit fortbestehender Arbeitsunfähigkeit nach Aussteuerung durch die Krankenkasse arbeitslos und verzichtet der Arbeitgeber gegenüber der Agentur für Arbeit auf das Direktionsrecht aus dem Arbeitsverhältnis, werden die zwischen Arbeitnehmer und Arbeitgeber bestehenden Bindungen so gelockert, dass das Arbeitsverhältnis auf Grund langjähriger Erkrankung nur noch formaler Natur ist. Ein Anspruch auf tarifliche Sonderzuwendungen besteht dann nicht.[98]

41 Wird ein 13. Monatsgehalt als **arbeitsleistungsbezogene Sonderzahlung** vereinbart, entsteht für Zeiten, in denen bei Arbeitsunfähigkeit infolge Krankheit kein Entgeltfortzahlungsanspruch mehr besteht, auch kein anteiliger Anspruch auf das 13. Monatsgehalt. Arbeitsleistungsbezogene Sonderzahlungen ohne tatsächliche Arbeitsleistung sind nur dann fortzuzahlen, wenn

---

[88] BAG 21. 12. 1994 AP 183 zu § 1 TVG Tarifverträge: Bau = NZA 95, 1005.
[89] BAG 10. 7. 1996 AP 4 zu § 1 TVG Tarifverträge: Verkehrsgewerbe = NZA 97, 552.
[90] BAG 28. 3. 2007 NZA-RR 2007, 587.
[91] BAG 5. 11. 1980 AP 126 zu § 1 TVG Auslegung.
[92] Vgl. BAG 25. 4. 2007 NZA-RR 2007, 474; 31. 7. 2002 AP 3 zu § 1 TVG Tarifverträge: Wohnungswirtschaft.
[93] BAG 5. 8. 1992 AP 143 zu § 611 BGB Gratifikation = NZA 93, 130 unter Aufgabe der älteren Rspr.; BAG 24. 3. 1993 AP 152 zu § 611 BGB Gratifikation; 8. 12. 1993 AP 159 zu § 611 BGB Gratifikation = NZA 94, 421; 22. 5. 1995 AP 123 zu § 1 TVG Tarifverträge: Metallindustrie = NZA 95, 951; 11. 10. 1995 AP 133 zu § 1 TVG Tarifverträge: Metallindustrie = NZA 96, 542; 15. 3. 2000 – 10 AZR 115/99.
[94] BAG 2. 9. 1992 – 10 AZR 596/90 n. v.; vgl. ArbG Neumünster 19. 8. 1993 BB 94, 360.
[95] BAG 23. 6. 1993 – 10 AZR 177/92 – n. a. v.
[96] BAG 25. 4. 2007 NZA-RR 2007, 474.
[97] BAG 5. 8. 1992 AP 144 zu § 611 BGB Gratifikation = NZA 93, 143; vgl. auch BAG 24. 3. 1993 AP 155 zu § 611 BGB Gratifikation = NZA 93, 1042; 27. 7. 1994 – 10 AZR 314/93 – n. a. v.
[98] BAG 10. 4. 1996 AP 3 zu § 1 TVG Tarifverträge: Bergbau = NZA 97, 498; 11. 2. 1998 BB 98, 2367; 27. 1. 1999 – 10 AZR 3/98 n. v.; siehe dazu auch BAG 15. 3. 2000 – 10 AZR 115/99.

auf Grund gesetzlicher, tarifvertraglicher oder arbeitsvertraglicher Regelungen Entgeltfortzahlung zu leisten ist. Damit entfällt nach dem Ende des Anspruchs auf Entgeltfortzahlung bei Arbeitsunfähigkeit infolge Krankheit gemäß § 3 I EFZG regelmäßig auch ein Anspruch auf arbeitsleistungsbezogene Sonderzahlungen, weil für die weitere Dauer der Arbeitsunfähigkeit keine Arbeitsleistungs- und Vergütungspflichten mehr bestehen.[99] Einer gesonderten Kürzungsvereinbarung bedarf es in diesem Falle nicht.[100]

2. Mutterschutz. Die rechtliche Behandlung **mutterschutzrechtlicher Beschäftigungsverbote** beim Bezug von Jahressonderzahlungen ist uneinheitlich erfolgt. Während das BAG in seiner älteren Rechtsprechung angenommen hat, Fehlzeiten auf Grund der Mutterschutzfristen der §§ 3, 6 MuSchG seien für die Zahlung einer tariflichen Jahresleistungsprämie der tatsächlichen Arbeitsleistung gleichzusetzen,[101] entschied der Zehnte Senat am 12. 7. 1995 unter Aufgabe seiner früheren Rechtsprechung, die Zeiten der Beschäftigungsverbote nach §§ 3 und 6 MuSchG seien nicht als Zeiten tatsächlicher Arbeitsleistung zu behandeln.[102] Gegen diese Rechtsprechung ist zu Recht eingewandt worden, sie verstoße gegen das Diskriminierungsverbot des Art. 141 EG.[103] Dementsprechend hat der Neunte Senat entschieden, eine Tarifregelung, nach der der Anspruch auf das „Urlaubsgeld" entfällt, wenn eine werdende Mutter sich vor der Geburt entscheide, die Schutzfrist nach § 3 II MuSchG in Anspruch zu nehmen, anstatt weiter zu arbeiten, verstoße gegen die in Art. 6 IV GG festgelegte Schutzpflicht. Der Verstoß habe zur Folge, dass der Anspruch auf die tarifliche Jahressonderleistung „Urlaubsgeld" auch bei Inanspruchnahme der Schutzfrist erhalten bleibe.[104] 42

Ist der Anspruch auf eine Jahressonderzahlung nach der zugrunde liegenden Regelung davon abhängig, dass der Arbeitnehmer im Berechnungszeitraum eine bestimmte Anzahl an Tagen **tatsächlich gearbeitet** hat, sei die Zeit der Beschäftigungsverbote während der Mutterschutzfristen nicht als Zeit einer tatsächlichen Arbeitsleistung zu berücksichtigen, wenn die Arbeitnehmerin während der Elternzeit schwanger werde. Insoweit sei zu beachten, dass der Begriff der „Beschäftigung" grundsätzlich nicht gleichbedeutend mit dem Begriff der „Tätigkeit" sei. Während der Begriff der Beschäftigung auf den rechtlichen Bestand des Arbeitsverhältnisses in seiner vertraglichen Ausformung abstelle, wobei Zeiten von Nichtarbeit, wie Krankheit oder Urlaub und Elternzeit eingeschlossen seien, meine der Begriff der Tätigkeit nur diejenigen Zeiten, in denen das Arbeitsverhältnis bestehe und nicht ruhe.[105] 43

Ein Anspruch auf ein **13. Monatsgehalt,** das als Teil der im Austauschverhältnis zur Arbeitsleistung stehenden Vergütung vereinbart ist, besteht dagegen auch nach Rechtsprechung des BAG für die Zeiten, in denen allein auf Grund der Beschäftigungsverbote nach §§ 3 II, 6 I MuSchG keine Arbeitsleistung erbracht wird.[106] Denn die Vergütungspflicht des Arbeitgebers wird während dieser Zeiten trotz fehlender Arbeitsleistung nicht in vollem Umfange aufgehoben. Der Arbeitgeber bleibt vielmehr nach Maßgabe des § 14 MuSchG zur Zahlung eines Zuschusses zum Mutterschaftsgeld verpflichtet.[107] Dies rechtfertigt den Schluss, dass sich die Zeiten der Beschäftigungsverbote nach §§ 3 II, 6 I MuSchG nicht anspruchsmindernd auf ein 13. Monatsgehalt auswirken, das als arbeitsleistungsbezogene Sonderzahlung vereinbart ist.[108] Dem entspricht auch die Rechtsprechung des EuGH. Danach untersagt Art. 141 EG Regelungen, die Arbeitnehmerinnen vollständig von der Gewährung einer freiwillig als Sonderzuwendung zu Weihnachten gezahlten Gratifikation ausschließen, ohne im Jahr der Gewährung der Gratifikation geleistete Arbeit oder Mutterschutzzeiten (Beschäftigungsverbote) zu berücksichtigen, wenn diese Leistung eine Vergütung für in diesem Jahr geleistete Arbeit sein soll.[109] 44

3. Elternzeit. Der Anspruch auf eine Sonderzahlung entfällt, wenn nach der maßgeblichen Vereinbarung **Ruhenszeiten den Anspruch ausschließen** und sich der Arbeitnehmer wäh- 45

---

[99] BAG 21. 3. 2001 AP 1 zu § 4b EntgeltFG = NZA 2001, 785; 25. 11. 1998 AP 212 zu § 611 BGB Gratifikation.

[100] BAG 21. 3. 2001 AP 1 zu § 4b EntgeltFG = NZA 2001, 785.

[101] BAG 12. 5. 1993 AP 156 zu § 611 BGB Gratifikation = NZA 93, 1002; 12. 5. 1993 – 10 AZR 552/91 – n. a. v.

[102] BAG 12. 7. 1995 AP 182 zu § 611 BGB Gratifikation = NZA 95, 1165.

[103] Vgl. ErfK/*Preis* § 611 BGB RN 541.

[104] BAG 20. 8. 2002 AP 10 zu Art. 6 Abs. 4 GG Mutterschutz = NZA 2003, 333.

[105] BAG 4. 12. 2002 AP 245 zu § 611 BGB Gratifikation.

[106] BAG 25. 11. 1998 AP 212 zu § 611 BGB Gratifikation = NZA 99, 766.

[107] BAG 24. 2. 1999 AP 213 zu § 611 BGB Gratifikation = NZA 99, 772.

[108] BAG 2. 8. 2006 AP 72 zu § 612 BGB = NZA 2006, 1411.

[109] EuGH 21. 10. 1999 AP 14 zu Art. 119 EG-Vertrag = NZA 99, 1325; BAG 10. 12. 2008 NZA 2009, 258.

rend des ganzen Bezugszeitraums in Elternzeit befindet.[110] Weder der arbeitsrechtliche Gleichbehandlungsgrundsatz noch das europarechtliche Lohngleichheitsgebot für Männer und Frauen (Art. 141 EG) verbieten, von der Gewährung einer Weihnachtsgratifikation Arbeitnehmer auszunehmen, deren Arbeitsverhältnisse wegen Elternzeit ruhen.[111] Übt eine Angestellte des öffentlichen Dienstes während der Elternzeit bei demselben Arbeitgeber eine zulässige Teilzeittätigkeit mit entsprechend verringerter Arbeitsvergütung aus, behält sie den Anspruch auf eine Zuwendung nach dem Zuwendungs-TV, der entsprechend ihrem vor Antritt der Elternzeit erzielten Verdienst zu errechnen ist.[112]

46 **4. Pflege kranker Kinder.** Eine tarifliche Regelung, nach der in den Fällen des Ausscheidens, der Neueinstellung, des Ruhens des Arbeitsverhältnisses, des unbezahlten Sonderurlaubs und des **Krankengeldbezugs** ein anteiliger Anspruch auf $^1/_{12}$ der Sonderzahlungen (13. und 14. Monatsgehalt) für jeden vollen Monat im Kalenderjahr, in dem die Arbeitnehmer gearbeitet haben, entsteht, ist dahingehend auszulegen, dass nicht schon der Bezug von Krankengeld gemäß § 45 SGB V für einen Arbeitstag wegen der Pflege eines erkrankten Kindes den Arbeitgeber zur Kürzung der vollen Sonderzahlungen berechtigt. Eine andere Auslegung wäre gemessen an Art. 6 II GG verfassungsrechtlich bedenklich.[113]

47 **5. Wehr- und Zivildienst.** Das BAG hat anerkannt, dass die Ableistung des Grundwehrdienstes zur Kürzung führen kann.[114] Es verstößt jedoch weder gegen § 6 ArbPlSchG noch gegen den arbeitsrechtlichen Gleichbehandlungsgrundsatz, wenn die tarifliche Sonderzuwendung für Arbeitnehmer, die als Soldat auf Zeit gedient haben, für die Monate der Dienstzeit gekürzt wird, für Arbeitnehmer, die Grundwehrdienst leisten, jedoch nicht.[115]

48 **6. Kurzarbeit.** Ein Anspruch auf Sonderzahlungen kann entfallen, wenn sich ein Arbeitnehmer in Kurzarbeit befindet.[116] Im Falle von Kurzarbeit kann im Tarifvertrag eine Kürzung im Verhältnis zur erbrachten Arbeitsleistung vorgesehen werden.[117]

49 **7. Teilzeitarbeitsverhältnis.** Wird ein **Vollzeitarbeitsverhältnis in ein Teilzeitarbeitsverhältnis geändert,** bestimmt sich die Höhe der Gratifikation nach dem für die Bemessung maßgeblichen Stichtag.[118] Im Teilzeitarbeitsverhältnis ist nur eine zeitanteilige Kürzung der Gratifikation möglich. Eine tarifliche Regelung, die eine Kürzung des Weihnachtsgelds um 1000 DM einheitlich für Voll- und Teilzeitbeschäftigte vorsieht, führt daher zu einer Benachteiligung der Teilzeitbeschäftigten i. S. d. § 4 I TzBfG, wenn der auf diese Weise errechnete Betrag unter der Summe liegt, die dem Anteil der Teilzeitarbeit im Verhältnis zur Vollzeitarbeit entspricht. Der Verstoß gegen das Benachteiligungsverbot führt zur Unwirksamkeit dieser tariflichen Berechnungsweise und damit zur Wiederherstellung der tariflichen Grundregelung, wonach Teilzeitbeschäftigte einen Anspruch auf ein Weihnachtsgeld haben, das sich nach dem Verhältnis ihrer vertraglichen Arbeitszeit zur tariflichen Arbeitszeit eines entsprechenden Vollzeitbeschäftigten bemisst.[119]

50 **8. Beendigung des Arbeitsverhältnisses. a)** Die Höhe der Gratifikation hängt bei einer Beendigung des Arbeitsverhältnisses vom Inhalt der zugrunde liegenden Vereinbarung sowie vom Zweck der Leistung ab. Soll die Sonderzahlung ausschließlich im Bezugszeitraum erbrachte **Arbeitsleistung zusätzlich honorieren** (13. Monatsgehalt), entsteht der Anspruch auf sie bereits im Laufe des Bezugszeitraums entsprechend der zurückgelegten Zeitdauer und Arbeitsleistung und wird lediglich zu einem anderen Zeitpunkt insgesamt fällig. Der Arbeitnehmer hat in einem solchen Fall beim Ausscheiden aus dem Arbeitsverhältnis während des Bezugszeitraums einen Anspruch auf die anteilige Sonderzahlung entsprechend dem Wert der von ihm erbrach-

---

110 BAG 10. 12. 2008 NZA 2009, 258; 19. 4. 1995 AP 173 zu § 611 BGB Gratifikation = NZA 96, 1098; 10. 5. 1995 AP 174 zu § 611 BGB Gratifikation = NZA 95, 1096; 24. 5. 1995 AP 175 zu § 611 BGB Gratifikation = NZA 96, 31; LAG Köln 13. 3. 1997 NZA-RR 97, 417.

111 EuGH 21. 10. 1999 AP 14 zu Art. 119 EG-Vertrag sowie im Anschluss daran BAG 12. 1. 2000 AP 223 zu § 611 BGB Gratifikation = NZA 2000, 944; 21. 5. 2008 AP 1 zu § 15 BEEG = NZA 2008, 955.

112 BAG 12. 1. 2000 AP 23 zu §§ 22, 23 BAT ZuwendungsTV; 12. 2. 2003 AP 37 zu § 15 BErzGG.

113 BAG 31. 7. 2002 AP 3 zu § 1 TVG Tarifverträge: Wohnungswirtschaft.

114 Vgl. BAG 8. 11. 1962 AP 1 zu § 6 ArbPlatzSchutzG; 28. 8. 1985 – 5 AZR 625/84 – n. a. v.

115 BAG 24. 1. 1996 AP 7 zu § 6 ArbPlatzSchutzG.

116 BAG 19. 4. 1995 BB 95, 2116; 10. 5. 1995 AP 171 zu § 611 BGB Gratifikation = NZA 95, 1106.

117 BAG 9. 10. 1979 AP 105 zu § 611 BGB Gratifikation.

118 BAG 18. 8. 1999 AP 22 zu §§ 22, 23 BAT ZuwendungsTV = NZA 2000, 148; 31. 10. 1975 AP 87 zu § 611 BGB Gratifikation.

119 BAG 24. 5. 2000 AP 79 zu § 2 BeschFG 1985 = NZA 2001, 216.

ten Teilleistung und einen Anspruch auf die Sonderzahlung in voller Höhe, wenn das Arbeitsverhältnis nicht vor Ablauf des Bezugszeitraums endet.[120]

b) Eine Sonderleistung kann aber auch **vergangenheits- und zukunftsbezogene Elemente miteinander verknüpfen** und sowohl die Belohnung bisheriger Dienste und erwiesener Betriebstreue bezwecken als auch als Anreiz für künftige Betriebstreue dienen. In diesem Fall kann der Anspruch davon abhängig gemacht werden, dass der Arbeitnehmer während des gesamten Bezugszeitraums oder während eines bestimmten Teils dieses Bezugszeitraums im Arbeitsverhältnis gestanden hat. Der Anspruch entfällt dann insgesamt, wenn der Arbeitnehmer vor Fälligkeit oder vor dem Stichtag ausscheidet.[121] Scheidet er wegen des Ablaufs einer **Befristung** vorzeitig aus, steht dem nicht entgegen, dass außerdem verlangt wird, dass das Arbeitsverhältnis auch „ungekündigt" fortbesteht.[122] Die Arbeitsvertragsparteien können die Anspruchsvoraussetzungen einer Sonderzahlung auch so gestalten, dass nicht jede Beendigung des Arbeitsverhältnisses vor Ablauf der Bindungsfrist den Anspruch auf die Sonderzahlung hindert. Vereinbaren sie, dass nur Gründe für die Beendigung des Arbeitsverhältnisses den Anspruch auf die Sonderzahlung ausschließen oder eine Rückzahlungspflicht des Arbeitnehmers auslösen, die im Verantwortungsbereich des Arbeitnehmers liegen, und dieser die Sonderzahlung nur dann nicht beanspruchen kann, wenn er selbst gekündigt oder eine Kündigung des Arbeitgebers veranlasst hat, steht eine betriebsbedingte Kündigung oder der Ablauf eines befristeten Arbeitsvertrags dem Anspruch auf die Sonderzahlung nicht entgegen.[123] 50a

c) Der Arbeitgeber kann bei Gewährung einer Sonderzahlung **Arbeitnehmer, die im Laufe des Bezugsjahres ausgeschieden sind,** auch dann von der Leistung ausnehmen, wenn er den im Laufe des Bezugsjahres neu eingetretenen Arbeitnehmern die Leistung anteilig gewährt. Eine Gratifikation soll unabhängig davon, inwieweit mit ihr auch eine künftige Betriebstreue bewirkt oder honoriert werden soll, den Arbeitnehmer jedenfalls auch für die Zukunft zu reger und engagierter Mitarbeit motivieren. Eine solche motivierende Wirkung kann eine Sonderzahlung gegenüber bereits ausgeschiedenen oder alsbald ausscheidenden Arbeitnehmern nicht mehr entfalten. Schon diese am Motivationszweck orientierte Differenzierung danach, ob das Arbeitsverhältnis am Auszahlungstag noch – ggf. ungekündigt – besteht oder nicht, ist sachlich gerechtfertigt.[124] Anderes ist jedoch zu entscheiden, wenn eine in AGB enthaltene Stichtagsregelung bestimmt, dass die Sonderzahlung für das zurückliegende Jahr bei einem am **1. 4. des Auszahlungsjahres gekündigten Arbeitsverhältnis** entfällt. Eine solche Klausel benachteiligt den Arbeitnehmer unangemessen i. S. v. § 307 I 1 BGB, weil sie nicht unterscheidet zwischen Zahlungen, die überhaupt keine Bindung des Arbeitnehmers rechtfertigen, und Zahlungen, die eine Bindung des Arbeitnehmers bis zum 31. 3. des Folgejahres oder darüber hinaus rechtfertigen könnten.[125] Insoweit ist es naheliegend, auch auf Stichtagsregelungen die zu Rückzahlungsklauseln entwickelten Grundsätze heranzuziehen. Das BAG hat dies in einer neueren Entscheidung ausdrücklich offengelassen.[126] Nach früherer Rechtsauffassung konnten Arbeitnehmer grundsätzlich ausgeschlossen werden, wenn sie eine erhebliche Arbeitsvertragsverletzung, insbesondere eine Treuepflichtverletzung begangen hatten. Diese Rechtsgrundsätze sind nicht mehr anwendbar. Der Arbeitgeber kann nach § 394 BGB gegen den unpfändbaren Teil einer Gratifikation nicht aufrechnen. Wird eine Gratifikation nachträglich aufgestockt, ist ebenso wie bei Lohnnachzahlungen eine Differenzierung der Arbeitnehmer nach ihrem früheren Verhalten ausgeschlossen.[127] Der Anspruch besteht auch bei Annahmeverzug des Arbeitgebers.[128] 51

d) Gerechtfertigt ist der Ausschluss von Arbeitnehmern, die vom Arbeitgeber aus **personen- oder verhaltensbedingten Gründen** gekündigt wurden[129] oder selbst gekündigt haben.[130] 52

---

[120] BAG 28. 3. 2007 AP 265 zu § 611 BGB Gratifikation = NZA 2007, 687.

[121] BAG 27. 10. 1978 AP 96 zu § 611 BGB Gratifikation; bei Kündigung zum Stichtag: BAG 26. 10. 1983 AP 118 zu § 611 BGB Gratifikation; 19. 3. 1994 AP 161 zu § 611 BGB Gratifikation = NZA 94, 651; 8. 3. 1995 AP 184 zu § 611 BGB Gratifikation = NZA 96, 418; 4. 5. 1999 AP 214 zu § 611 BGB Gratifikation = NZA 99, 1053.

[122] BAG 23. 5. 2007 AP 24 zu § 1 TVG Tarifverträge: Großhandel.

[123] BAG 28. 3. 2007 AP 265 zu § 611 BGB Gratifikation = NZA 2007, 687.

[124] BAG 14. 2. 2007 AP 264 zu § 611 BGB Gratifikation = NZA 2007, 558; 10. 12. 2008 DB 2009, 514.

[125] BAG 24. 10. 2007 AP 32 zu § 307 BGB = NZA 2008, 40.

[126] BAG 24. 10. 2007 AP 32 zu § 307 BGB = NZA 2008, 40.

[127] BAG 14. 2. 1974 AP 79 zu § 611 BGB Gratifikation.

[128] BAG 18. 1. 1963 AP 22 zu § 615 BGB.

[129] BAG 29. 3. 1965 AP 52 zu § 611 BGB Gratifikation.

[130] BAG 10. 1. 1991 AP 136 zu § 611 BGB Gratifikation = NZA 91, 689.

Ebenso können Arbeitnehmer, die infolge einer **betriebsbedingten Kündigung** aus dem Arbeitsverhältnis ausscheiden, vom Bezug von Gratifikationen ausgeschlossen werden. Auch wenn der Arbeitnehmer in diesem Fall die Beendigung des Arbeitsverhältnisses nicht zu vertreten hat, ist der Ausschluss zulässig.[131] Eine Sonderzahlung kann ihren Zweck, künftige Betriebstreue zu belohnen und den Arbeitnehmer zu reger und engagierter Mitarbeit zu motivieren, bei bereits ausgeschiedenen oder alsbald ausscheidenden Arbeitnehmern nicht erfüllen.[132] Sieht andererseits eine Sonderzuwendungsregelung eine höhere Zahlung für solche Arbeitnehmer vor, die „von betriebsbedingten Kündigungen betroffen" sind, schließt dies nicht solche Arbeitnehmer ein, die auf Grund eines betriebsbedingt veranlassten dreiseitigen Aufhebungsvertrags in eine Transfergesellschaft wechseln.[133]

52a **e)** Der Grundsatz der Zulässigkeit des Ausschlusses betriebsbedingt gekündigter Arbeitnehmer von Sonderzahlungen bedarf jedoch bei **besonders hohen Bonuszahlungen** der Einschränkung. Es erscheint kaum interessengerecht, dem Arbeitnehmer im Falle einer nicht in seinen Verantwortungsbereich fallenden betriebsbedingten Kündigung durch den Arbeitgeber einen ganz wesentlichen Teil seiner Vergütung vorzuenthalten, mag auch das Ziel, künftige Betriebstreue zu belohnen und den Arbeitnehmer zu reger und engagierter Mitarbeit zu motivieren, nicht mehr zu erreichen sein. Daher neigt das BAG nunmehr dazu, ohne dies jedoch ausdrücklich entschieden zu haben, in Fällen, in denen die Sonderzahlung mindestens 25% der Gesamtvergütung ausmacht, dem mit der Sonderzahlung verfolgte Zweck einer zusätzlichen Vergütung bei der Abwägung der Interessen der Arbeitsvertragsparteien und damit bei der Beurteilung der Wirksamkeit einer Bindungsklausel Vorrang einzuräumen und die Zielsetzung, künftige Betriebstreue zu belohnen und den Arbeitnehmer zu reger und engagierter Mitarbeit zu motivieren, dahinter zurücktreten zu lassen.[134] Bestimmt ein Tarifvertrag, dass ein Anspruch auf eine anteilige Jahressonderzahlung auch dann besteht, wenn das Arbeitsverhältnis auf Grund betriebsbedingter Kündigung in der zweiten Kalenderjahreshälfte endet, kann diese Regelung dahingehend ausgelegt werden, dass ein Anspruch gleichfalls besteht, wenn die betriebsbedingte Kündigung erst im Folgejahr zu einer Beendigung des Arbeitsverhältnisses führt.[135]

53 **f)** Sieht ein Tarifvertrag einen Anspruch auf betriebliche Sonderzahlungen für Arbeitnehmer vor, die jeweils **am Auszahlungstag in einem Arbeitsverhältnis** stehen, und legt er zugleich fest, dass als Auszahlungstag in diesem Sinne der 1. 12. gilt, handelt es sich um eine Stichtagsregelung. Bestimmt der Tarifvertrag ferner, dass es dem Arbeitgeber in diesem Fall unbenommen ist, die Erfüllung der Zahlung vorher zu bewirken, begründet eine betriebsübliche Leistung der Sonderzahlung im November in der Regel keine abweichende Regelung des maßgeblichen Stichtags. Im Fall einer Kündigung des Arbeitsverhältnisses zum 30. 11. besteht für das Jahr des Ausscheidens deshalb in der Regel kein Anspruch auf Sonderzahlung.[136]

54 **g)** Sollen nur solche Arbeitnehmer eine Gratifikation erhalten, deren Arbeitsverhältnis an einem bestimmten **Stichtag ungekündigt** ist, kann eine treuwidrige Vereitelung dieses Anspruchs i. S. v. § 162 BGB angenommen werden, wenn der Arbeitgeber die Kündigung allein deshalb unter Überschreiten der tariflichen bzw. gesetzlichen Mindestfristen für die ordentliche Kündigung vorfristig ausgesprochen hat, um den Zuwendungsanspruch des Arbeitnehmers auszuschließen. Das ist jedoch nicht der Fall, wenn die Kündigung im Rahmen einer Massenentlassung zur Durchführung einer betriebsverfassungsrechtlich durch Abschluss eines Interessenausgleichs umgesetzten unternehmerischen Entscheidung erklärt wird.[137]

55 **h)** Macht eine tarifliche Regelung den Anspruch auf eine Jahressonderzahlung davon abhängig, dass das Arbeitsverhältnis an einem Stichtag ungekündigt ist, steht ein vor dem Stichtag abgeschlossener **Aufhebungsvertrag** einer Kündigung des Arbeitsverhältnisses nicht gleich.[138]

56 **i)** Besteht nur ein anteiliger Anspruch im Falle der Kündigung oder der einvernehmlichen Aufhebung, gilt dies nicht bei einer Beendigung durch Befristung.[139] Arbeitnehmer, die mit

---

[131] BAG 19. 11. 1992 AP 147 zu § 611 BGB Gratifikation = NZA 93, 353; 6. 10. 1993 AP 157 zu § 611 BGB Gratifikation = NZA 94, 465; 4. 5. 1999 AP 214 zu § 611 BGB Gratifikation = NZA 99, 1053.

[132] BAG 28. 3. 2007 AP 265 zu § 611 BGB Gratifikation = NZA 2007, 687.

[133] BAG 24. 10. 2007 NZA 2008, 131.

[134] BAG 24. 10. 2007 AP 32 zu § 307 BGB = NZA 2008, 40.

[135] BAG 14. 11. 2001 AP 235 zu § 611 BGB Gratifikation = NZA 2002, 337.

[136] BAG 13. 5. 2004 AP 256 zu § 611 BGB Gratifikation.

[137] BAG 4. 5. 1999 AP 214 zu § 611 BGB Gratifikation = NZA 99, 1053.

[138] BAG 7. 10. 1992 AP 146 zu § 611 BGB Gratifikation = NZA 93, 948.

[139] BAG 24. 11. 1988 AP 127 zu § 611 BGB Gratifikation = NZA 89, 351.

einem **befristeten Arbeitsvertrag** beschäftigt sind, der vor dem für eine Jahressonderzahlung maßgebenden Stichtag endet, haben daher auch dann keinen Anspruch auf eine anteilige Jahressonderzahlung, wenn eine solche für Arbeitnehmer, die auf Grund einer betriebsbedingten Kündigung vor dem Stichtag ausscheiden, vorgesehen ist.[140] Macht eine tarifvertragliche Regelung den Anspruch auf eine Jahressonderzuwendung allerdings davon abhängig, dass das Arbeitsverhältnis am Stichtag „ungekündigt" ist, steht eine Befristung des Arbeitsverhältnisses einer Kündigung nicht gleich.[141] Dies gilt auch dann, wenn der Arbeitnehmer ein Angebot des Arbeitgebers zur Fortsetzung des Arbeitsverhältnisses nicht angenommen hat.[142] Es handelt sich um unterschiedliche Beendigungstatbestände. Eine Kündigung ist eine einseitig gestaltende Willenserklärung, die zur Beendigung des Arbeitsverhältnisses führt. Der Ablauf einer Befristung beruht dagegen auf einer von Anfang an bestehenden vertraglichen Übereinkunft. Es ist keine weitere Handlung oder Erklärung erforderlich, um das Arbeitsverhältnis zu beenden. Weder nach dem allgemeinen Sprachgebrauch noch nach der im Rechtsleben üblichen Verwendung der Begriffe sind die beiden Sachverhalte gleichbedeutend oder wenigstens vergleichbar.[143] Macht der Arbeitgeber die Sonderzahlung davon abhängig, dass das Arbeitsverhältnis über einen Stichtag hinaus fortbesteht, besteht kein Anspruch auf die Gratifikation, wenn das Arbeitsverhältnis zuvor durch Fristablauf endet. Unerheblich ist insoweit, wenn in der Vereinbarung über die Sonderzahlung verlangt wird, dass das Arbeitsverhältnis „ungekündigt" fortbesteht, auch wenn Kündigung und Befristung nicht gleichzusetzen sind.[144]

9. Streik. Beteiligt sich ein Arbeitnehmer an einem rechtmäßigen Streik, führt dies zum Ruhen des Arbeitsverhältnisses. Er verliert für diesen Zeitraum seinen Anspruch auf Arbeitsentgelt. Der Arbeitgeber kann zusätzlich berechtigt sein, tarifliche Sonderleistungen anteilig zu mindern. Ob dem Arbeitgeber eine Minderungsbefugnis zusteht, richtet sich nach den tariflichen Anspruchsvoraussetzungen und Ausschlusstatbeständen. Eine Maßregelungsklausel, nach der das Arbeitsverhältnis „durch die Arbeitskampfmaßnahme als nicht ruhend" gilt, steht der Minderung einer tariflichen Jahresleistung entgegen, deren Höhe „für Zeiten unbezahlter Arbeitsbefreiung" gekürzt wird.[145] Verbietet ein Tarifvertrag allgemein die Maßregelung oder Schlechterstellung von Arbeitnehmern wegen deren Teilnahme am Arbeitskampf, wird hierdurch regelmäßig **kein Anspruch auf Arbeitsentgelt für Streikzeiten** begründet. Streikzeiten mindern deshalb den Anspruch auf eine Monatspauschale, die anstelle einer prozentualen Tariflohnerhöhung für die ersten Monate der Geltung des neu abgeschlossenen Tarifvertrags gezahlt wurde.[146] 57

10. Insolvenz. Der Anspruch auf eine Gratifikation wird durch Eröffnung des Insolvenzverfahrens über das Vermögen des Arbeitgebers **nicht beseitigt.**[147] Es kann allerdings ein Grund für eine Änderungskündigung der vertraglich vereinbarten Sonderzahlung vorliegen, wenn diese der Sicherung dient und auch die übrigen Gläubiger zur Sanierung beitragen. 58

11. Sonstiges. Der Arbeitgeber darf bei der Gewährung von Sonderleistungen zwischen **Pensionären und aktiven Arbeitnehmern** unterscheiden.[148] Der vertragliche Ausschluss von Sonderzahlungen ist weiterhin gerechtfertigt, wenn **mehrere Unternehmen einen Betrieb** führen, von denen nur das eine Unternehmen Gratifikationen zahlt,[149] **Zeitungszusteller** keine Gratifikation erhalten, wohl dagegen Innendienstarbeitnehmer, weil die Zusteller Trinkgelder erhalten,[150] oder **Arbeitnehmerinnen nach § 10 MuSchG kündigen.**[151] Erhält der Arbeitgeber von einem Dritten **arbeitsplatzgebundene Mittel** für die Zahlung einer Weihnachtsgratifikation, gebietet es der Gleichbehandlungsgrundsatz nicht, auch den auf andere Arbeitsplätzen beschäftigten Arbeitnehmern eine entsprechende Gratifikation aus eigenen Mitteln zu gewäh- 59

---

[140] BAG 6. 10. 1993 AP 157 zu § 611 BGB Gratifikation = NZA 94, 465; zu einer Rückzahlungsklausel vgl. RN 43.
[141] BAG 14. 12. 1993 AP 160 zu § 611 BGB Gratifikation = NZA 94, 463.
[142] BAG 4. 12. 2002 AP 17 zu § 1 TVG Tarifverträge: Großhandel = NZA 2003, 1296.
[143] BAG 28. 3. 2007 AP 265 zu § 611 BGB Gratifikation = NZA 2007, 687.
[144] BAG 23. 5. 2007 AP 24 zu § 1 TVG Tarifverträge: Großhandel.
[145] BAG 13. 2. 2007 AP 18 zu § 1 TVG Tarifverträge: Presse = NZA 2007, 573.
[146] BAG 17. 6. 1997 AP 150 zu Art. 9 GG Arbeitskampf = NZA 98, 47.
[147] BAG 17. 4. 1957 AP 5 zu § 611 BGB Gratifikation.
[148] Zu Firmenjubiläum: LAG Düsseldorf 12. 3. 1987 NZA 87, 706.
[149] BAG 19. 11. 1992 AP 145 zu § 611 BGB Gratifikation = NZA 93, 405.
[150] BAG 19. 4. 1995 AP 124 zu § 242 BGB Gleichbehandlung = NZA 95, 985.
[151] BAG 17. 7. 1969 AP 67 zu § 611 BGB Gratifikation; vgl. dazu LAG Berlin DB 82, 233; LAG Rheinl.-Pfalz DB 81, 2082.

ren.[152] Der Ausschluss von Leistungen ist dagegen willkürlich, wenn der Arbeitgeber den an Hochschulen beschäftigten **wissenschaftlichen Mitarbeitern** Gratifikationen zahlt, nicht dagegen den studentischen Hilfskräften.[153] Übersteigen die Gratifikationszahlungen die Grenzen der zumutbaren Belastung des Arbeitgebers, können diese nach älterer Rspr. zu § 242 BGB auf ein zumutbares Maß zurückgeführt werden.[154] Diese Rechtsprechung ist jedoch abzulehnen. Ggf. hat der Arbeitgeber eine betriebsbedingte Änderungskündigung auszusprechen. Ein **Sanierungstarifvertrag** kann auch bereits entstandene tarifliche Ansprüche rückwirkend beseitigen, soweit die betroffenen Arbeitnehmer nicht auf den Fortbestand dieser Ansprüche vertrauen durften.[155]

V. Rückzahlungsklauseln

60 **1. Regelungsklarheit.** Häufig verbindet der Arbeitgeber die Zahlung von Gratifikationen mit einem Rückzahlungsvorbehalt, um den Arbeitnehmer an das Unternehmen zu binden und zu verhindern, dass der Arbeitnehmer unmittelbar nach Erhalt der Zahlung aus dem Arbeitsverhältnis ausscheidet. Derartige Rückzahlungsvorbehalte dürfen den Arbeitnehmer nicht in unzulässiger Weise in seiner durch Art. 12 GG garantierten Berufsfreiheit behindern. Sie unterliegen in AGB einer Inhaltskontrolle nach § 307 BGB.[156] Dabei ist ein genereller, typisierender Maßstab anzulegen. Dieser schließt nach der Rechtsprechung des BAG eine Berücksichtigung individueller Besonderheiten wie die Höhe der einem Arbeitnehmer konkret zustehenden Bonuszahlung oder die von ihm einzuhaltende ordentliche Kündigungsfrist aus. Die §§ 305 ff. BGB missbilligen bereits das Stellen inhaltlich unangemessener AGB, nicht erst den unangemessenen Gebrauch einer Klausel im konkreten Einzelfall.[157] Rückzahlungsklauseln müssen **eindeutig gefasst** sein.[158] Ein bloßer Freiwilligkeitsvorbehalt löst eine Rückzahlungsverpflichtung nicht aus.[159] Für vorformulierte Rückzahlungsklauseln ist das Transparenzgebot aus § 307 I 2 BGB zu beachten.[160] Die Klausel muss daher die Voraussetzungen für die Rückzahlungspflicht hinreichend konkret bezeichnen.

61 Eine Rückzahlungsverpflichtung besteht beispielsweise, wenn der Tarifvertrag bestimmt, dass ein Anspruch nur besteht, wenn das **Arbeitsverhältnis nicht bis zum 31. 3. des Folgejahres gekündigt** wird. Auch wenn eine ausdrückliche Rückzahlungsvereinbarung fehlt, hängt in diesem Falle das Behaltendürfen von dem Fortbestand des Arbeitsverhältnisses ab.[161] Sieht ein Tarifvertrag vor, dass das Weihnachtsgeld zurückzuzahlen ist, wenn der Arbeitnehmer vor dem 31. 3. des Folgejahres infolge eigener Kündigung oder durch Arbeitgeberkündigung ausscheidet, wird hiervon nicht der Fall des Ausscheidens aus dem Arbeitsverhältnis durch Ablauf einer Befristung erfasst.[162] Kann ein Arbeitsverhältnis nur zum Quartalsende ordentlich gekündigt werden, ist eine zum 1. 4. ausgesprochene Kündigung i. d. R. dahin auszulegen, dass sie zum 31. 3. wirken soll.[163] Die Rückzahlungsvorbehalte erstrecken sich regelmäßig nicht auf die Fälle, in denen ein Auszubildender dem Arbeitgeber mitteilt, er beabsichtige nach Beendigung des Ausbildungsvertrags nicht, ein Arbeitsverhältnis zu begründen.[164]

62 Unzulässig sind Rückzahlungsvorbehalte, wenn Gegenstand der Zahlung **ausschließlich Entgelt für bereits geleistete Arbeit** ist.[165] Durch Auslegung der vertraglichen Vereinbarung ist dies festzustellen.[166] Dabei ist zu berücksichtigen, dass nach der Rechtsprechung des BAG ein wesentliches Indiz für eine Leistung mit Mischcharakter die Rückzahlungspflicht bei Beendigung des Arbeitsverhältnisses innerhalb einer näher bestimmten Bindungsfrist ist (dazu RN 8).[167]

---

[152] BAG 21. 5. 2003 AP 251 zu § 611 BGB Gratifikation = NZA 2003, 1274.
[153] BAG 6. 10. 1993 AP 107 zu § 242 BGB Gleichbehandlung = NZA 94, 257.
[154] BAG 29. 10. 1961 AP 7 zu § 322 ZPO.
[155] BAG 22. 10. 2003 AP 21 zu § 1 TVG Rückwirkung = NZA 2004, 444.
[156] BAG 24. 10. 2007 AP 32 zu § 307 BGB = NZA 2008, 40.
[157] BAG 24. 10. 2007 AP 32 zu § 307 BGB = NZA 2008, 40.
[158] BAG 21. 5. 2003 AP 250 zu § 611 BGB Gratifikation = NZA 2003, 1032; 14. 6. 1995 AP 176 zu § 611 BGB Gratifikation = NZA 95, 1034; LAG Hamm 28. 1. 2000 NZA-RR 2000, 539.
[159] LAG Rheinland-Pfalz 19. 4. 1996 BB 96, 2521 = DB 96, 2632.
[160] BAG 24. 10. 2007 AP 32 zu § 307 BGB = NZA 2008, 40.
[161] LAG Rheinland-Pfalz 5. 2. 1997 NZA-RR 98, 215.
[162] BAG 4. 12. 2002 AP 17 zu § 1 TVG Tarifverträge: Großhandel.
[163] BAG 25. 9. 2002 AP 27 zu §§ 22, 23 BAT ZuwendungsTV = NZA 2003, 617.
[164] BAG 12. 11. 1966 AP 56 zu § 611 BGB Gratifikation.
[165] BAG 13. 9. 1974 AP 84 zu § 611 BGB Gratifikation; ErfK/*Preis* § 611 BGB RN 548.
[166] *Bauer,* Arbeitsrechtliche Aufhebungsverträge, 7. Aufl., IV RN 239 f.
[167] Zutr. HWK/*Thüsing* § 611 BGB RN 113.

Bei vorformulierten Vereinbarungen liegt unter Berücksichtigung der Unklarheitenregel aus § 305 c II BGB eine zulässige Rückzahlungsklausel nur vor, wenn sich aus dem Gesamtinhalt des Arbeitsvertrags mit hinreichender Klarheit ergibt, dass die Leistung, die mit einem Rückzahlungsvorbehalt versehen ist, nicht nur Entgelt für geleistete Arbeit darstellt.

2. Beendigung des Arbeitsverhältnisses. Die Rückzahlungspflicht wird regelmäßig durch eine Beendigung des Arbeitsverhältnisses ausgelöst. Von der **zugrunde liegenden Vereinbarung** hängt ab, welche konkreten Beendigungstatbestände die Rückzahlungspflicht auslösen. Ob im Fall der einverständlichen Aufhebung des Arbeitsvertrags oder der billigend entgegengenommenen Kündigung der vorbehaltene Rückzahlungsanspruch entsteht, muss nach dem Wortlaut und Zweck der Rückzahlungsklausel entschieden werden. 63

Ist nur für den Fall der **Kündigung des Arbeitnehmers** die Rückzahlungspflicht vorbehalten, wird sie bei Abschluss eines Aufhebungsvertrags nicht ausgelöst.[168] Hat sich der Arbeitgeber die Rückzahlung für den Fall der Kündigung vorbehalten, gilt dies auch bei einer Beendigung des Arbeitsverhältnisses auf Grund betriebsbedingter Kündigung,[169] nicht aber bei Abschluss eines Aufhebungsvertrags.[170] Dasselbe soll gelten, wenn der Arbeitgeber verpflichtet ist, eine Abfindung zu zahlen.[171] Besteht eine Rückzahlungspflicht nur im Falle einer Kündigung des Arbeitsverhältnisses, wird hiervon die Beendigung eines **befristeten Arbeitsverhältnisses** durch Fristablauf nicht erfasst.[172] 64

3. Bindungsfrist. a) Das BAG hat für die einzelvertraglich vereinbarten Rückzahlungsvorbehalte bei Weihnachtsgratifikationen Rechtsgrundsätze aufgestellt, die immer dann Anwendung finden, wenn nicht wegen der besonderen Umstände des Einzelfalles eine andere Beurteilung gerechtfertigt ist. Werden diese Grenzwerte überschritten, liegt bei Klauseln in AGB eine **unzulässige Beeinträchtigung der Berufsausübungsfreiheit** vor § 307 I BGB i. V. m. Art. 12 I GG.[173] Eine Rückführung auf die noch zulässige Bindungsdauer scheidet nach § 306 II BGB aus.[174] 65

b) Nach diesen Grundsätzen sind Rückzahlungsvorbehalte bei Weihnachtsgratifikationen **bis zu einem Betrag von 100 Euro**[175] und solche, die sich über den 30. 6. des Folgejahres erstrecken, grundsätzlich unwirksam. Die Untergrenze sollte im Hinblick auf den Preisanstieg der vergangenen zwei Jahrzehnte auf mindestens 150 Euro angehoben werden. 66

c) Bei Weihnachtsgratifikationen **bis zur Höhe eines Monatsbezugs** (aber weniger als ein Monatsbezug) im Auszahlungsmonat[176] sind Bindungen bis zur Dauer von drei Monaten,[177] d.h. bis zum Ablauf des 31. 3. des Folgejahres,[178] bei **einem Monatsbezug und mehr** bis nach dem 31. 3. zulässig. Ein Angestellter mit einer Kündigungsfrist von sechs Wochen zum Quartalsende kann daher i.d.R. bis zum 30. 6. gebunden werden.[179] Erhält der Arbeitnehmer eine Sonderzahlung in Höhe einer Monatsvergütung, kann sich der Arbeitgeber die Rückforderung für den Fall vorbehalten, dass der Arbeitnehmer nicht über die folgenden drei Monate hinaus bis zum nächstzulässigen Kündigungstermin bleibt.[180] Bei Geltung der gesetzlichen Kündigungsfristen des § 622 BGB kann der Arbeitnehmer dann zu dem nächstmöglichen Termin 67

---

[168] LAG Berlin 10. 11. 1967 AP 65 zu § 611 BGB Gratifikation; LAG München BB 91, 1571; LAG Hamm 12. 2. 1999 NZA-RR 99, 514; vgl. dazu *Bauer,* Arbeitsrechtliche Aufhebungsverträge, 7. Aufl., IV RN 236.

[169] BAG 4. 9. 1985 AP 123 zu § 611 BGB Gratifikation = NZA 86, 255; 4. 5. 1999 AP 214 zu § 611 BGB Gratifikation = NZA 99, 1035; 14. 11. 2001 AP 235 zu § 611 Gratifikation = NZA 2002, 337.

[170] LAG Düsseldorf 5. 12. 1974 BB 75, 562.

[171] LAG Düsseldorf DB 75, 988.

[172] BAG 28. 3. 2007 AP 265 zu § 611 BGB Gratifikation = NZA 2007, 687; 4. 12. 2002 AP 17 zu § 1 TVG Tarifverträge: Großhandel = NZA 2003, 1296.

[173] BAG 28. 4. 2004 AP 255 zu § 611 BGB Gratifikation = NZA 2004, 924; 21. 5. 2003 AP 250 zu § 611 BGB Gratifikation = NZA 2003, 1032; 9. 6. 1993 AP 150 zu § 611 Gratifikation = NZA 93, 935.

[174] ErfK/*Preis* § 611 BGB RN 547.

[175] BAG 21. 5. 2003 AP 250 zu § 611 BGB Gratifikation = NZA 2003, 1032.

[176] BAG 28. 4. 2004 AP 255 zu § 611 BGB Gratifikation = NZA 2004, 924; 20. 3. 1974 AP 82 zu § 611 BGB Gratifikation.

[177] BAG 21. 5. 2003 AP 250 zu § 611 BGB Gratifikation = NZA 2003, 1032.

[178] BAG 24. 10. 2007 AP 32 zu § 307 BGB = NZA 2008, 40; 25. 4. 2007 AP 29 zu §§ 22, 23 BAT Zuwendungs-TV = NZA 2007, 875; 21. 5. 2003 AP 250 zu § 611 BGB Gratifikation = NZA 2003, 1032; 9. 6. 1993 AP 150 zu § 611 BGB Gratifikation = NZA 93, 935; bei Zahlungen von Prämien besteht Dreimonatsfrist: BAG 28. 1. 1981 AP 106 zu § 611 BGB Gratifikation.

[179] BAG 27. 10. 1978 AP 99 zu § 611 BGB Gratifikation; 9. 6. 1993 AP 150 zu § 611 BGB Gratifikation = NZA 93, 935.

[180] BAG 24. 10. 2007 AP 32 zu § 307 BGB = NZA 2008, 40.

nach dem 31. 3., d. h. zum 30. 4. kündigen.[181] Für die Bindungswirkung ist unschädlich, wenn die Gratifikation bereits im November bezahlt wird.[182] Bestimmt eine Rückzahlungsklausel, dass der Arbeitnehmer die Gratifikation zurückzahlen muss, wenn er vor dem 31. 3. des Folgejahres durch Eigenkündigung ausscheidet, ist eine Kündigung zum 31. 3. unschädlich.[183] Erhält ein Arbeitnehmer eine Gratifikation, die ein Monatsgehalt übersteigt, aber ein **zweifaches Monatsgehalt nicht erreicht,** kann er durch eine Rückzahlungsklausel jedenfalls dann nicht über den 30. 6. des folgenden Jahres gebunden werden, wenn er bis dahin mehrere Kündigungsmöglichkeiten hatte.[184]

68 **d)** Hat der Arbeitnehmer Anspruch auf eine Gratifikation in Höhe eines Monatsgehalts, die **jeweils zur Hälfte am 30. 6. und am 30. 11. ausgezahlt** wird, und ist er verpflichtet, die Gratifikation zurückzuzahlen, wenn er bis zum 31. 3. des auf die Auszahlung folgenden Kalenderjahres ausscheidet, ist für die Beurteilung der Bindungsdauer nicht auf die zugesagte Gesamtsumme und den Auszahlungszeitpunkt des zweiten Teilbetrags abzustellen, sondern auf die Fälligkeitszeitpunkte der beiden Teilleistungen. Die Teilleistungen können nicht wie eine einheitliche Leistung behandelt werden. Das hat zur Folge, dass durch die Zahlung eines halben Monatsgehalts im Juni eine Bindungswirkung von drei Monaten ausgelöst wird. Die Zahlung im November in Höhe eines halben Monatsgehalts kann den Arbeitnehmer nur bis zum 31. 3. binden, so dass er mit Ablauf dieses Datums ausscheiden kann.[185]

69 **e)** Erhält der Arbeitnehmer kein volles Monatsgehalt als Weihnachtsgratifikation, weil er erst im Laufe des Jahres eingetreten ist, ist bei der Berechnung der Bindungsfrist von dem **tatsächlich ausgezahlten Betrag** auszugehen.[186] Zahlt ein Arbeitgeber ein tariflich verankertes und darüber hinaus ein freiwilliges Weihnachtsgeld unter Rückzahlungsvorbehalt, ist bei der Beurteilung der zulässigen Dauer der Bindungsfrist nicht von der Gesamtsumme, sondern allein von dem freiwillig gezahlten Weihnachtsgeld auszugehen.[187] Entsprechende Fristen gelten für sonstige Gratifikationen, insbesondere Urlaubsgratifikationen.[188] Eine Verlängerung der Bindungsfrist kann mithin nicht dadurch erzielt werden, dass der Arbeitgeber einen Vorschuss auf eine erst in Zukunft fällig werdende Gratifikation auszahlt.[189]

70 **f)** Für **tarifvertraglich** vereinbarte Rückzahlungsvorbehalte hat das BAG eine weitergehende Bindung auch dann zugelassen, wenn der Tarifvertrag nur kraft Vereinbarung auf das Arbeitsverhältnis Anwendung findet.[190] Es vertritt die Auffassung, dass die Tarifpartner einen sachgemäßen Gebrauch von dem ihnen eingeräumten Beurteilungsspielraum machen. Dagegen kann im Wege der Betriebsvereinbarung grundsätzlich nicht von den Bindungsgrenzen abgewichen werden.[191]

71 **4. Berechnung der Bindungsfrist.** Sie rechnet regelmäßig von der **Auszahlung**[192] und kann selbst dann nicht verlängert werden, wenn der Arbeitgeber nur eine Bindung entsprechend den Kündigungsfristen erreicht.[193] Wird jedoch eine die Monatsvergütung übersteigende Gratifikation gezahlt, kann eine anteilige Rückzahlungsvereinbarung je nach Dauer des Arbeitsverhältnisses vereinbart werden.[194] Werden die Gratifikationen frühzeitig (Weihnachtsgratifikation im November, Urlaubsgeld im Mai) gezahlt, bleibt es allerdings auch bei der Bindung bis zum März bzw. September.[195]

---

181 BAG 28. 4. 2004 AP 255 zu § 611 BGB Gratifikation = NZA 2004, 924.
182 BAG 21. 5. 2003 AP 250 zu § 611 BGB Gratifikation = NZA 2003, 1032.
183 LAG Düsseldorf 28. 1. 1998 LAGE § 611 BGB Gratifikation Nr. 40; anders dagegen LAG Düsseldorf 25. 3. 1997 LAGE § 611 BGB Gratifikation Nr. 37; vgl. zum 1. 4.: LAG Rheinland-Pfalz 15. 12. 1995 DB 96, 2632.
184 BAG 24. 10. 2007 AP 32 zu § 307 BGB = NZA 2008, 40.
185 BAG 21. 5. 2003 AP 250 zu § 611 BGB Gratifikation = NZA 2003, 1032.
186 BAG 25. 6. 1970 AP 70 zu § 611 BGB Gratifikation.
187 LAG Düsseldorf BB 73, 1357 = DB 73, 1953.
188 BAG 15. 3. 1973 AP 78 zu § 611 BGB Gratifikation.
189 BAG 6. 12. 1963 AP 28 zu § 611 BGB Gratifikation.
190 BAG 23. 2. 1967 AP 57 zu § 611 BGB Gratifikation.
191 BAG 16. 11. 1967 AP 63 zu § 611 BGB Gratifikation; zur Konkurrenz von Rückzahlungsklauseln in Tarifvertrag und Betriebsvereinbarung: BAG 9. 11. 1969 AP 68 zu § 611 BGB Gratifikation: Tarifliche Rückzahlungspflicht ist maßgeblich.
192 BAG 22. 2. 1968 AP 64 zu § 611 BGB Gratifikation.
193 BAG 17. 10. 1968 AP 66 zu § 611 BGB Gratifikation.
194 BAG 13. 11. 1969 AP 69 zu § 611 BGB Gratifikation; vgl. auch BAG 12. 10. 1967 AP 62 zu § 611 BGB Gratifikation.
195 BAG 21. 5. 2003 AP 250 zu § 611 BGB Gratifikation = NZA 2003, 1032; 15. 3. 1973 AP 78 zu § 611 BGB Gratifikation.

5. Unwirksamkeit. Sind zu lange Rückzahlungsfristen vereinbart worden, sind diese nichtig. Die folgt für Rückzahlungsklauseln in AGB aus § 307 I BGB. Eine geltungserhaltende Reduktion findet nicht statt (§ 306 II BGB). Im Zweifel ist anzunehmen, dass nicht die Gratifikationszusagen überhaupt, sondern **nur die zu lange Bindung nichtig** ist.[196] Werden die rechtlich zulässigen Bindungsfristen vom Arbeitnehmer nicht eingehalten, muss er die (Brutto-) Gratifikation zurückzahlen, ohne dass ihm ein Sockelbetrag von 100 Euro verbleibt.[197] Bestimmt ein Tarifvertrag, dass eine Zuwendung unter bestimmten Voraussetzungen „in voller Höhe" zurückzuzahlen ist, umfasst die Rückzahlungsverpflichtung auch die vom Arbeitgeber an das Finanzamt abgeführte Lohnsteuer.[198] Werden die Gratifikationen zurückgezahlt, stellen sie steuerrechtlich „negatives Einkommen" dar; d.h. die Rückzahlung ist vom laufenden Einkommen abzuziehen. Beitragsrechtlich kann der Arbeitgeber Erstattung der zu viel entrichteten Sozialversicherungsbeiträge verlangen (§ 26 SGB IV).[199] 72

6. Umgehung. Die Rechtsprechung zu den Rückzahlungsvorbehalten kann nicht dadurch umgangen werden, dass der Arbeitgeber die teilweise Auszahlung der Gratifikation von dem Bestand des Arbeitsverhältnisses im kommenden Jahr abhängig macht[200] oder dass der Arbeitgeber ein Darlehen gewährt, das nur dann zurückgezahlt werden soll, wenn der Arbeitnehmer vor einem bestimmten Termin kündigt.[201] 73

7. Pfändungsfreigrenzen. Mit dem Gratifikations-Rückzahlungsanspruch kann der Arbeitgeber nur im Rahmen der Pfändungsfreigrenzen aufrechnen.[202] Die Vereinbarung, dass eine **Gratifikation als Vorschuss** gezahlt wird, ist unwirksam.[203] 74

VI. Mitbestimmung

1. Topftheorie. a) Mangels Bestehen einer Sozialeinrichtung scheidet ein **Mitbestimmungsrecht** nach § 87 I Nr. 8 BetrVG aus. Nach § 87 I Nr. 10 BetrVG hat der Betriebsrat ein erzwingbares Mitbestimmungsrecht bei Fragen der betrieblichen Lohngestaltung, insbesondere bei der Aufstellung von Entlohnungsgrundsätzen und der Einführung und Anwendung von Entlohnungsmethoden (§ 235 RN 89 ff.). Das Mitbestimmungsrecht bezieht sich auf die Verteilungsgrundsätze.[204] 75

b) Ob der Betriebsrat bei der Einführung von Sondervergütungen ein **Vetorecht** hat, ist in Rechtsprechung und Literatur umstritten.[205] 76

2. Ablösung einer Gesamtzusage. Ist die Gratifikationszusage in einer Gesamtzusage enthalten und soll diese durch eine Betriebsvereinbarung abgelöst werden, sind **zwei Fallgestaltungen** zu unterscheiden. 77

a) Hat der Betriebsrat den Verteilungsgrundsätzen einer Gratifikationsregelung weder durch Regelungsabrede noch durch Betriebsvereinbarung zugestimmt, war die Einführung **betriebsverfassungsrechtlich rechtswidrig.** Auf eine rechtswidrige Leistungsgewährung kann grundsätzlich kein Vertrauenstatbestand erwachsen. Wird die Gesamtzusage in eine Betriebsvereinbarung überführt, erlangt der Betriebsrat wegen der Verteilung ein erzwingbares Mitbestimmungsrecht. Dies kann nach Auffassung des BAG dazu führen, dass der Dotierungsrahmen überschritten wird.[206] 78

b) Hat der Betriebsrat der Einführung der Gratifikation durch eine Regelungsabrede zugestimmt, war das Verhalten des Arbeitgebers **betriebsverfassungsrechtlich rechtmäßig.** Nach der Rechtsprechung des Großen Senats des BAG gilt im Verhältnis des Arbeitsvertrags zu einer Betriebsvereinbarung das Günstigkeitsprinzip. Bei kollektiven Begründungstatbeständen wie Gesamtzusage, Einheitsregelung und betrieblicher Übung ist das Günstigkeitsprinzip kollektiv- 79

---

[196] BAG 12. 12. 1962 AP 25 zu § 611 BGB Gratifikation.
[197] BAG 11. 6. 1964 AP 36 zu § 611 BGB Gratifikation.
[198] BAG 5. 4. 2000 AP 224 zu § 611 BGB Gratifikation = NZA 2000, 1008; 15. 3. 2000 AP 24 zu §§ 22, 23 BAT ZuwendungsTV = NZA 2000, 1004.
[199] BSG 28. 2. 1967 AP 59 zu § 611 BGB Gratifikation.
[200] Vgl. dazu auch ArbG Hamburg DB 71, 341.
[201] ArbG Berlin BB 75, 1304.
[202] BAG 25. 9. 2002 AP 27 zu §§ 22, 23 BAT ZuwendungsTV = NZA 2003, 617.
[203] ArbG Bochum DB 71, 1262, 2366.
[204] BAG 14. 8. 2001 AP 85 zu § 77 BetrVG 1972 = NZA 2002, 276; *Thüsing* DB 97, 1130.
[205] Vgl. BAG 8. 12. 1981 DB 82, 1276; 30. 3. 1982 DB 82, 1590; 17. 12. 1985 AP 5 zu § 87 BetrVG 1972 Tarifvorrang; *Matthes* NZA 87, 289, 293.
[206] BAG 14. 6. 1994 AP 69 zu § 87 BetrVG 1972 Lohngestaltung = NZA 95, 543.

rechtlich zu bestimmen.[207] Danach sind umstrukturierende Betriebsvereinbarungen, bei denen der Dotierungsrahmen unberührt bleibt und nur die Mittel anderweitig verteilt werden, zulässig, auch wenn einzelne Arbeitnehmer geringere Leistungen erhalten. Wird eine Betriebsvereinbarung im Zuge eines Betriebsübergangs nach § 613a I 2 BGB zum individualrechtlichen Inhalt des Arbeitsverhältnisses, gilt im Verhältnis zu der neuen Betriebsvereinbarung das Ablöseprinzip, so dass es auf einen Günstigkeitsvergleich nicht ankommt.[208]

80 **3. Kündigung einer Betriebsvereinbarung. a)** Kündigt der Arbeitgeber die Betriebsvereinbarung, um die **Ansprüche vollständig zu beseitigen,** entfaltet diese keine Nachwirkung nach § 77 BetrVG. Will der Arbeitgeber dagegen die Gratifikationen teilweise aufrechterhalten, werden die Mitbestimmungsrechte des Betriebsrats bei der Verteilung berührt. Insoweit besteht eine Nachwirkung der Betriebsvereinbarung.[209]

81 **b)** Kündigt der Arbeitgeber die Betriebsvereinbarung, ohne über die **Weitergewährung** bereits entschieden zu haben, entfallen die Ansprüche der Arbeitnehmer. Will der Arbeitgeber später eine neue Gratifikationszusage einführen, besteht ein Mitbestimmungsrecht des Betriebsrats.[210]

VII. Sonstiges

82 Der **Anspruch** auf eine Gratifikation ist in den Grenzen des § 850a ZPO unpfändbar (§ 92) und verjährt in drei Jahren (§ 195 BGB).

83 Er ist des Weiteren **steuer- und beitragspflichtig.** Nach § 19 I Nr. 1 EStG gehören zu den Einkünften aus nicht selbstständiger Arbeit Gehälter, Löhne, Gratifikationen, Tantiemen und andere Bezüge und Vorteile. Die Versteuerung sonstiger Bezüge erfolgt nach Maßgabe von § 39b III EStG. Gratifikationen sind Arbeitsentgelt i. S. von § 14 SGB IV.

§ 79. Anwesenheitsprämie

Adam, Die Sondervergütung im Arbeitsrecht, ZTR 98, 438; *Dörner,* Die Anrechnungsbestimmungen des § 4a I EntgeltFG und des § 10 I BUrlG und die Tarifautonomie, NZA 98, 561; *Kania/Wackerbarth,* Die Anwesenheitsprämie, AR-Blattei SD 90; *Patterson-Baysal,* Einführung einer rechtmäßigen Anwesenheitsprämie, FA 2000, 309; *Preis,* Das arbeitsrechtliche Beschäftigungsförderungsgesetz 1996, NJW 96, 3369; *Töfall,* Zeiten ohne Arbeitsleistung und Jahressonderzahlungen, ZTR 97, 446.

Übersicht

	RN		RN
I. Überblick	1 f.	2. Sondervergütung	5–10
1. Zweck	1	3. Krankheitsbedingte Fehlzeiten	11–13
2. Formen	2	4. Kürzung	14–18
II. Rechtsgrundlagen	3 ff.	5. Tarifvorrang	19
1. Allgemeines	3, 4	6. Arbeitsvertrag	20

I. Überblick

1 **1. Zweck.** Mit der Anwesenheitsprämie wird versucht, insbesondere den **Missbrauch bei der Entgeltfortzahlung** im Krankheitsfall einzuschränken. Anwesenheitsprämien sind Sondervergütungen, mit deren Zusage dem Arbeitnehmer der Anreiz geboten wird, die Zahl seiner berechtigten oder unberechtigten Fehltage im Bezugszeitraum möglichst gering zu halten.[1] Sie werden nicht als Gegenleistung für Arbeitsleistungen in bestimmten Zeitabschnitten, sondern als weitergehende zusätzliche Leistung erbracht.[2] Die Höhe der Sondervergütung kann sich am Umsatz oder Gewinn orientieren (zur Rechtsentwicklung 11. Aufl. RN 4f.).

2 **2. Formen.** Die in der Praxis vorkommenden Formen der Anwesenheitsprämie sind **vielgestaltig.** Es gibt Regelungen, nach denen Prämien zur laufenden Vergütung oder auch einmalig

[207] BAG GS 16. 9. 1986 AP 17 zu § 77 BetrVG 1972 = NZA 87, 168.
[208] BAG 14. 8. 2001 AP 85 zu § 77 BetrVG 1972 = NZA 2002, 276.
[209] BAG 26. 10. 1993 AP 6 zu § 77 BetrVG 1972 Nachwirkung = NZA 94, 572.
[210] BAG 26. 10. 1993 DB 94, 987; 17. 1. 1995 DB 95, 1410.
[1] BAG 25. 7. 2001 AP 1 zu § 4a EntgeltFG.
[2] BAG 26. 9. 2001 AP 55 zu § 4 EntgeltFG.

gezahlt werden, so z. B., wenn Weihnachtsgratifikationen fehlzeitabhängig berechnet werden. Es finden sich aber auch Prämienordnungen, nach denen die Prämien entfallen, wenn der Arbeitnehmer im Abrechnungszeitraum krankheitsbedingte Fehlzeiten hat.

II. Rechtsgrundlagen

1. Allgemeines. Nach **§ 4 a EFZG** ist eine Vereinbarung über die Kürzung von Leistungen, die der Arbeitgeber zusätzlich zum laufenden Arbeitsentgelt erbringt (Sondervergütungen), auch für Zeiten der Arbeitsunfähigkeit infolge Krankheit zulässig. Die Kürzung darf für jeden Tag der Arbeitsunfähigkeit infolge Krankheit ein Viertel des Arbeitsentgelts, das im Jahresdurchschnitt auf einen Arbeitstag entfällt, nicht überschreiten. Diese Vorschrift bezweckt, Arbeitgeber von beschäftigungsfeindlichen hohen Lohnzusatzkosten zu entlasten und damit die Schaffung von mehr Arbeitsplätzen zu ermöglichen. Sie schreibt im Wesentlichen die Rechtsprechung des BAG seit der Entscheidung vom 15. 2. 1990 fest.[3] 3

§ 4 a EFZG enthält **keine Rechtsgrundlage für eine Kürzung.** Diese Bestimmung stellt lediglich klar, dass bei vorhandener Kürzungsmöglichkeit diese auch bei Krankheit möglich ist.[4] Die Kürzung von Sondervergütungen wegen krankheitsbedingter Fehlzeiten stellt deshalb keine Maßregelung i. S. v. § 612 a BGB dar.[5] Vereinbarungen i. S. v. § 4 a EFZG sind einzelvertragliche Vereinbarungen, Gesamtzusagen, betriebliche Übungen, Tarifverträge und Betriebsvereinbarungen. Durch die Vereinbarung kann nicht vom zwingenden Gesetzesrecht der §§ 3, 4, 12 EFZG abgewichen werden.[6] 4

2. Sondervergütung. a) Durch § 4 a EFZG sind Vereinbarungen über die Kürzung von Sondervergütungen erlaubt. Das sind nach der Legaldefinition des § 4 a EFZG Leistungen, die der Arbeitgeber **zusätzlich zum laufenden Arbeitsentgelt erbringt.** Das Arbeitsentgelt selbst kann mithin nicht gekürzt werden.[7] Der gesetzliche Begriff der Sondervergütung ist unklar. Durch das Adjektiv ‚zusätzlich' wird klargestellt, dass sowohl freiwillige Leistungen als auch solche, auf die ein normativer Rechtsanspruch besteht, gekürzt werden können. 5

b) Ob es sich um eine Sondervergütung i. S. v. § 4 a EFZG handelt oder um nicht kürzungsfähiges laufendes Entgelt, richtet sich nach dem **Zweck der Leistung.** Zu den Sondervergütungen i. S. d. § 4 a EFZG gehören alle Leistungen des Arbeitgebers, die nach ihrem Zweck nicht als Gegenleistung für die erbrachte Arbeitsleistung angesehen werden können, sondern zusätzlich geleistet werden.[8] Unerheblich ist, wann die Sondervergütung gezahlt wird, ob es sich also um Einmalzahlungen am Jahresende oder um Zusatzleistungen zum monatlich abgerechneten Entgelt handelt. Auch Zuschläge auf den tariflichen Stundenlohn können deshalb bei entsprechender Leistungsbestimmung Sondervergütungen i. S. v. § 4 a EFZG darstellen. Ist eine allgemeine Leistungszulage ohne Kürzungsmöglichkeit vereinbart, kann sie auch bei längerer Krankheit nicht gekürzt werden.[9] Soll eine Einmalzahlung in der Vergangenheit geleistete Dienste, wie beim echten 13. Gehalt abgelten, liegt keine Sondervergütung vor.[10] 6

Gewährt der Arbeitgeber eine **Anwesenheitsprämie für ein Quartal** nur dann, wenn in diesem Zeitraum kein krankheitsbedingter Fehltag liegt, enthält die der Leistungsgewährung zugrunde liegende Vereinbarung eine Kürzungsmöglichkeit für eine Sondervergütung i. S. d. § 4 a EFZG. Dem Arbeitnehmer steht deshalb bei krankheitsbedingten Fehlzeiten nur ein der gesetzlichen Kürzungsmöglichkeit entsprechender, anteiliger Anspruch auf die Anwesenheitsprämie zu.[11] 7

Sondervergütungen können auch **Wege- und Fahrgelder** sein. Wenn sie die entstehenden Kosten abgelten, sind sie jedoch Aufwendungsersatz und gehören damit nicht zum Entgelt.[12] Soweit sie im Falle der Pauschalierung eine versteckte Zuwendung darstellen, sind sie kürzungsfähige Sondervergütung. 8

c) Zahlt der Arbeitgeber ohne Rechtspflicht und ohne jegliche Bindung für die Zukunft ein **Weihnachtsgeld als freiwillige Leistung** (dazu § 78 RN 35) und differenziert er dabei unter 9

---

[3] BAG 15. 2. 1990 AP 15 zu § 611 BGB Anwesenheitsprämie = NZA 90, 601.
[4] LAG Schleswig-Holstein 7. 1. 2004 – 3 Sa 426/03; ErfK/*Dörner* § 4 a EFZG RN 2.
[5] ErfK/*Dörner* § 4 a EFZG RN 2.
[6] BAG 26. 9. 2001 AP 55 zu § 4 EntgeltFG.
[7] Dazu BAG 26. 9. 2001 AP 55 zu § 4 EntgeltFG.
[8] HWK/*Schliemann* § 4 a EFZG RN 2.
[9] Vgl. ErfK/*Dörner* § 4 a EFZG RN 8; MünchKommBGB/*Müller-Glöge* § 4 a EFZG RN 10.
[10] MünchKommBGB/*Müller-Glöge* § 4 a EFZG RN 7.
[11] BAG 25. 7. 2001 AP 1 zu § 4 a EntgeltFG.
[12] ErfK/*Dörner* § 4 a EFZG RN 8.

anderem danach, in welchem Umfang die Arbeitnehmer in der Vergangenheit Arbeitsleistungen erbracht haben oder Fehlzeiten aufwiesen, ist das nicht zu beanstanden. Einer vorherigen „Vereinbarung" i. S. v. § 4a Satz 1 EFZG bedarf es insoweit nicht, weil die Sonderzahlung freiwillig ohne Rechtspflicht erfolgt und deshalb ein Anspruch der Arbeitnehmer bis zu einer Zusage oder der Zahlung nicht besteht. Erfolgt die Zahlung mit einer § 4a Satz 2 EFZG entsprechenden Differenzierung unter Freiwilligkeitsvorbehalt, können die Arbeitnehmer allenfalls hoffen, nicht aber darauf vertrauen, dass auch künftig wieder entsprechende Sonderzahlungen erfolgen werden. Erfüllen sich diese Hoffnungen nicht, müssen sie ohnehin damit rechnen, dass der Arbeitgeber entsprechend § 4a Satz 2 EFZG differenzieren wird.[13]

10 **d)** Nach dem Gesetzeswortlaut des § 4a EFZG sind die sog. **Kleingratifikationen** nicht geschützt. Nach der früheren Rechtsprechung des BAG konnten sie allerdings nicht wegfallen.[14] Da durch das Gesetz lediglich eine vorhandene Kürzungsmöglichkeit erhalten werden sollte, ist davon auszugehen, dass Kleingratifikationen nach wie vor geschützt sind.[15]

11 **3. Krankheitsbedingte Fehlzeiten.** § 4a EFZG regelt nur eine Kürzungsmöglichkeit bei krankheitsbedingten Fehlzeiten. Auf die **Ursache der Krankheit** kommt es nicht an, so dass nach dem Gesetzeswortlaut auch eine Kürzungsmöglichkeit bei Arbeitsunfällen besteht.[16] Wegen der Verweisung in § 9 EFZG kommt auch eine Kürzung bei den dort vorgesehenen Rehabilitationsleistungen in Betracht.

12 Keine Kürzungsmöglichkeit besteht bei bloßer Arbeitsverhinderung (§ 616 BGB).[17] Eine tarifliche Regelung, nach der in den Fällen des Ausscheidens, der Neueinstellung, des Ruhens des Arbeitsverhältnisses, des unbezahlten Sonderurlaubs und des Krankengeldbezugs ein anteiliger Anspruch auf 1/12 der Sonderzahlungen (13. und 14. Monatsgehalt) für jeden vollen Monat im Kalenderjahr, in dem die Arbeitnehmer gearbeitet haben, entsteht, ist dahin auszulegen, dass nicht schon der Bezug von **Krankengeld gem. § 45 SGB V** für einen Arbeitstag wegen der Pflege eines erkrankten Kindes den Arbeitgeber zur Kürzung der vollen Sonderzahlungen berechtigt.[18]

13 Nicht geregelt ist, ob auch bei **mutterschutzrechtlichen Beschäftigungsverboten** eine Kürzungsmöglichkeit besteht.[19] Dies ist im Hinblick auf die Rahmenrichtlinie 2000/78/EG zu verneinen.[20]

14 **4. Kürzung.** Nach § 4a Satz 2 EFZG darf die Kürzung für jeden Tag der Arbeitsunfähigkeit infolge Krankheit ein Viertel des Arbeitsentgelts, das im Jahresdurchschnitt auf einen Arbeitstag entfällt, nicht überschreiten. Die gesetzliche Obergrenze hängt damit von **vier Berechnungsfaktoren** ab. **(1)** Zunächst ist das Entgelt zu bestimmen, das **(2)** in einem bestimmten Zeitraum verdient worden ist. **(3)** Die Summe ist auf den arbeitstäglichen Verdienst umzurechnen. **(4)** Ein Viertel des Tagesverdienstes bildet die Obergrenze.

15 **a)** Bei dem **Begriff des Entgelts** kann auf das laufende Entgelt, aber auch auf das Entgelt unter Einbeziehung der Sondervergütung abgestellt werden. Das Gesetz verwendet nur den Begriff des Arbeitsentgelts. Es fehlt das in Satz 1 verwandte Adjektiv ‚zusätzlich'. Insoweit wird es einer eindeutigen Abmachung in der Kürzungsregelung bedürfen. Wird richtigerweise[21] auf das gesamte Arbeitsentgelt einschließlich der zusätzlichen Vergütung abgestellt, erhöht sich die Kürzungsmöglichkeit.

16 **b)** Maßgeblich ist das im Jahresdurchschnitt verdiente Arbeitsentgelt. Bei dem **Jahresdurchschnitt** kann auf das laufende Kalenderjahr oder das vorangegangene Zeitjahr abgestellt werden. Auch insoweit wird es sinnvollerweise eindeutiger Vereinbarungen bedürfen. Fehlt eine vertragliche Regelung, ist auf das vorangegangene Zeitjahr abzustellen, da der Gesetzgeber regelmäßig das Kalenderjahr besonders kennzeichnet.[22]

---

[13] BAG 7. 8. 2002 AP 2 zu § 4a EntgeltFG = NZA 2002, 1284.
[14] BAG 15. 2. 1990 AP 15 zu § 611 BGB Anwesenheitsprämie = NZA 90, 601.
[15] Ebenso ErfK/*Dörner* § 4a EFZG RN 7; a. A. HWK/*Schliemann* § 4a EFZG RN 8; *Vogelsang* RN 594.
[16] BAG 15. 12. 1999 AP 221 zu § 611 BGB Gratifikation = NZA 2000, 1062.
[17] ErfK/*Dörner* § 4a EFZG RN 9.
[18] BAG 31. 7. 2002 AP 3 zu § 1 TVG Tarifverträge: Wohnungswirtschaft.
[19] Dazu BAG 12. 5. 1993 AP 156 zu § 611 BGB Gratifikation = NZA 93, 1002.
[20] Ebenso LAG Bremen 9. 12. 2004 LAGE § 14 MuSchG Nr. 12; HWK/*Schliemann* § 4a EFZG RN 17.
[21] Ebenso ErfK/*Dörner* § 4a EFZG RN 13; MünchKommBGB/*Müller-Glöge* § 4a EFZG RN 15; a. A. HWK/*Schliemann* § 4a EFZG RN 24; *Vogelsang* RN 584.
[22] Ebenso ErfK/*Dörner* § 4a EFZG RN 12; MünchKommBGB/*Müller-Glöge* § 4a EFZG RN 14; *Vogelsang* RN 583.

Die **Umrechnung** auf den arbeitstäglichen Verdienst erfolgt nach den üblichen Methoden. Bei der Fünf-Tage-Woche ergibt sich der Divisor durch Multiplikation von 52 Wochen × 5 = 260. Gelegentlich werden die Urlaubswochen abgezogen, so dass sich verbreitet ein Divisor von 230 ergibt. Dies erscheint unrichtig, weil auch während des Urlaubs Entgeltfortzahlung geleistet werden muss.[23] Bei Arbeitnehmern mit schwankenden Bezügen (Teilzeitarbeit, Abrufarbeit, Leistungsentlohnung) ist auf die allgemeinen Grundsätze der Umrechnung, wie sie auch im Urlaubsrecht vorkommen, abzustellen (§ 102 RN 47). **17**

Beträgt das Monatsgehalt **beispielsweise** 2500 Euro und die jährliche Sondervergütung gleichfalls 2500 Euro, gilt bei einem Arbeitnehmer, der in der Fünf-Tage-Woche beschäftigt ist, folgende Kürzungsmöglichkeit: Jahresentgelt (13 × 2500 Euro) i. H. v. 32 500 Euro geteilt durch 260 Arbeitstage ergibt einen Tagesverdienst von 125 Euro. Ein Viertel hiervon beträgt 31,25 Euro. Um diesen Betrag darf die Sondervergütung für jeden krankheitsbedingten Abwesenheitstag gekürzt werden, bis sie aufgebraucht ist. Das ist nach 80 Fehltagen der Fall. **18**

5. Tarifvorrang. Das Gesetz enthält keine ausdrückliche Regelung für Vorschriften in Tarifverträgen. Insoweit ist eine verfassungskonforme Auslegung geboten. Enthält ein Tarifvertrag eine anderweitige Obergrenze, hat diese den Vorrang, unabhängig davon, ob sie für den Arbeitnehmer günstiger oder ungünstiger ist. Allerdings kann auch insoweit von (tarif)nichtdispositivem Gesetzesrecht nicht abgewichen werden. Künftige Regelungen müssen § 4 a EFZG beachten.[24] **19**

6. Arbeitsvertrag. Enthält ein Arbeitsvertrag andere Kürzungsmöglichkeiten, sind diese unwirksam, soweit sie für den Arbeitnehmer ungünstiger sind. **20**

§ 80. Miteigentum und Vermögensbildung

Barthel, Vermögensbildung für Arbeitnehmer, Arbeitgeber 99, 46; *Böker,* Grundlagen der Arbeitnehmerkapitalbeteiligung, 2004; *Buder,* Die Mitarbeiterbeteiligung durch Aktienoptionen und Belegschaftsaktien, 2004; *Düwell,* Die stärkere Beteiligung der Arbeitnehmer am Produktivvermögen, ZTR 99, 1; *Fröhlich,* Beteiligung am wirtschaftlichen Erfolg im Arbeitsverhältnis, ArbRB 2006, 246; *Grimm/Walk,* Das Schicksal erfolgsbezogener Vergütungsformen beim Betriebsübergang, BB 2003, 577; *Kuhny,* Änderung des Fünften Vermögensbildungsgesetzes durch das Dritte Vermögensbeteiligungsgesetzes, FA 98, 312; *Loritz,* Die Koppelung des Arbeitsentgelts an den Unternehmenserfolg, RdA 98, 257; *Schartau,* Einkommen der Zukunft – Vermögensbildung und Mitarbeiterkapitalbeteiligung in NRW, AiB 2001, 145; *Swoboda/Kinner,* Mitarbeitermotivation durch arbeitsvertragliche Sonderzahlung, BB 2003, 418; *Tofaute,* Arbeitnehmerbeteiligung am Produktivkapital, WS I-Mitteilungen 98, 371; *Wagner,* Kapitalbeteiligung von Mitarbeitern und Führungskräften, 1999; *ders.,* Formen der Mitarbeiterbeteiligung, BB 2000, 42; *ders.,* Schaffung neuer Arbeitsplätze in Europa durch Mitarbeiterkapitalbeteiligung, ZIP 2001, 1483; *ders.,* Rechtliche Fragen des Investivlohnes, Beil. 11 zu BB 98; *Zimmer,* Mitarbeiterbeteiligung für kleine und mittlere Unternehmen, FA 2001, 38; *ders.,* Fragen der Mitarbeiterbeteiligung und Reformvorschläge, FA 2001, 100.

Übersicht

	RN
I. Überblick	1
II. Schuldrechtliche Formen der Mitarbeiterbeteiligung	2 ff.
1. Arten und Rechtsgrundlagen	2
2. Aktienoptionspläne	3–6 a
3. Belegschaftsaktien	7
III. Recht der Vermögensbildung	8 f.
1. Übersicht	8
2. Mitarbeiterbeteiligung	9
IV. Bergmannsprämiengesetz (BergPG)	10 ff.
1. Zweck	10
2. Anspruchsberechtigte	11
3. Prämie	12
4. Auszahlung der Bergmannsprämie	13
V. Wohnungsbau-Prämiengesetz (WoPG)	14 ff.
1. Zweck	14
2. Anspruchsberechtigte	15
3. Prämienbegünstigung nach § 2 I WoPG	16, 17
4. Sonderausgabenabzug	18
5. Höhe der Prämie	19
6. Ausländischer Bausparer	20
VI. Voraussetzung der Förderung nach dem 5. VermBG	21 ff.
1. Voraussetzung der Förderung	21
2. Begünstigter Personenkreis	22, 23
3. Arten vermögenswirksamer Leistungen	24–33

[23] Ebenso ErfK/*Dörner* § 4 a EFZG RN 14; HWK/*Schliemann* § 4 a EFZG RN 21; *Vogelsang* RN 586.
[24] ErfK/*Dörner* § 4 a EFZG RN 16 f.

	RN
4. Beteiligungs-Sondervermögen	34
5. Überweisung	35
6. Leistungen zu Gunsten Dritter	36
7. Insolvenzschutz	37
VII. Vereinbarungen vermögenswirksamer Leistungen aus dem Vermögen des Arbeitgebers	38 ff.
1. Allgemeines	38
2. Tarifvertrag	39
3. Betriebsvereinbarung	40
4. Arbeitsvertrag	41
5. Gleichbehandlungsgrundsatz	42
6. Verzug	43
VIII. Vermögenswirksame Anlage von Teilen des Arbeitslohns	44 ff.
1. Allgemeines	44
2. Abschlusszwang	45
3. Abschluss	46
4. Ausnahmen vom Abschlusszwang	47
5. Terminbestimmung für die Anlage	48
6. Behandlung mehrerer gleichzeitiger oder aufeinanderfolgender Arbeitsverhältnisse	49
IX. Mitarbeiterbeteiligung	50 f.
1. Rechtsgrundlage	50
2. Steuerliche Grundlagen der Mitarbeiterbeteiligung	51
X. Arbeitnehmer-Sparzulage	52 ff.
1. Allgemeines	52
2. Anspruch auf Arbeitnehmer-Sparzulage	53
3. Höhe der Arbeitnehmer-Sparzulage	54
4. Rechtsnatur	55
5. Festsetzung der Arbeitnehmer-Sparzulage	56
6. Kontrolle der Auszahlung	57
7. Rückzahlung	58

I. Überblick

1 Die Bildung von Miteigentum und die Förderung der Vermögensbildung von Arbeitnehmern haben sich im Laufe der vergangenen Jahre stark verändert.[1] Heute stehen insbesondere Altersversorgungssysteme, wie die sog. Riester-Rente, Aktienoptionspläne sowie die „klassische" Vermögensbildung nach dem 5. VermBG im Vordergrund. Zur Vermögensbeteiligung der Arbeitnehmer wurde ein **steuerlicher Anreiz** in § 19a EStG geschaffen. Diese Regelung ist zum 1. 4. 2009 durch das Mitarbeiterkapitalbeteiligungsgesetz vom 7. 3. 2009 (BGBl. I S. 451) außer Kraft getreten. Das Investmentgesetz ist hierdurch um die §§ 90l–90r ergänzt worden.

II. Schuldrechtliche Formen der Mitarbeiterbeteiligung

Annuß/Lembke, Aktienoptionspläne der Konzernmutter und arbeitsrechtliche Bindungen, BB 2003, 2230; *Baeck/Diller,* Arbeitsrechtliche Probleme bei Aktienoptionen und Belegschaftsaktien, DB 98, 1405; *Bauer/Göpfert/v. Steinrück-Steinau,* Aktienoptionen bei Betriebsübergang, ZIP 2001, 1129; *Buder,* Die Mitarbeiterbeteiligung durch Aktienoptionen und Belegschaftsaktien, 2004; *Busch,* Aktienoptionspläne – arbeitsrechtliche Fragen, BB 2000, 1294; *Fach,* Die Zulässigkeit von Bindungsklauseln im Rahmen von Aktienoptionsprogrammen, 2007; *Helmert,* Aktienoptionen für Mitarbeiter aus der Sicht des Arbeitsrechts, 2006; *Johanns,* Die arbeitsrechtliche Problematik von Aktienoptionsprogrammen, 2005; *Kau/Kukat,* Aktienoptionspläne und Mitbestimmung des Betriebsrats, BB 99, 2505; *Kempe,* Zielvereinbarungen – Ende der Mitarbeiterbeurteilung?, AuA 2002, 166; *Lembke,* Die Ausgestaltung von Aktienoptionsplänen in arbeitsrechtlicher Hinsicht, BB 2001, 1469; *Leuzinger,* Aktienoptionen im Arbeitsverhältnis, 2005; *Lingemann/Diller/Mengel,* Aktienoptionen im internationalen Konzern ein arbeitsrechtsfreier Raum, NZA 2000, 1191; *Lipinski/Melms,* Die Gewährung von Aktienoptionen durch Dritte, z.B. eine Konzernmutter – von Dritten geleistetes Arbeitsentgelt?, BB 2003, 150; *Mauroschat,* Aktienoptionsprogramme, 2005; *Mechlem/Melms,* Verfall- und Rückzahlungsklauseln bei Aktienoptionsplänen, DB 2000, 1614; *Nehls/Sudmeyer,* Zum Schicksal von Aktienoptionen bei Betriebsübergang, ZIP 2002, 201; *Piran,* Betriebsübergang – Aktienoptionsplan, DB 2003, 1066; *Oetker,* Hauptversammlungsautonomie und Mitbestimmung des Betriebsrates bei Aktienoptionsplänen, FS 50 Jahre BAG, 2004, S. 1017; *Pohl,* Mitarbeiterbeteiligung, AiB 2000, 673; *Pulz,* Personalbindung mit Aktienoptionen, BB 2004, 1107; *ders.,* Personalbindung durch aktienorientierte Vergütung, 2003; *Reim,* Aktienoptionen aus AGB-rechtlicher Sicht, ZIP 2006, 1075; *Röder/Göpfert,* Aktien statt Gehalt, BB 2001, 2002; *Schanz,* Mitarbeiterbeteiligungsprogramme, NZA 2000, 626; *Schnitker/Grau,* Übergang und Anpassung von Rechten aus Aktienoptionsplänen bei Betriebsübergang nach § 613a BGB, BB 2002, 2497; *Seibt,* Arbeitsrechtliche Aspekte des Wertpapiererwerbs- und Übernahmegesetzes, DB 2002, 529; *v. Steinau-Steinrück,* Die Grenzen des § 613a BGB bei Aktienoptionen im Konzern, NZA 2003, 473; *Urban-Crell/Manger,* Konzernweite Aktienoptionspläne und Betriebsübergang, NJW 2004, 125; *Willemsen/Müller-Bonanni,* Aktienoptionen beim Betriebsübergang, ZIP 2003, 1177.

2 **1. Arten und Rechtsgrundlagen.** Die Mitarbeiterbeteiligung kann vor allem in Form einer **gesellschaftsrechtlichen Beteiligung** erfolgen. Hierbei sind zwei Arten zu unterscheiden. Ist der Arbeitnehmer Aktionär, Mitgesellschafter oder sonstiger Fremdkapitalgeber seines

[1] Zur Entwicklung 11. Aufl. § 82.

Beschäftigungsunternehmens, ist für seine Beteiligung am Unternehmen ausschließlich Gesellschaftsrecht oder Schuldrecht maßgebend. Hat der Arbeitnehmer eine entsprechende Stellung mit Rücksicht auf das Arbeitsverhältnis erworben, ist ihm also z. B. ein Vorzugskurs zum Erwerb der Aktien angeboten worden, liegen zwei Rechtsbeziehungen vor. Für das Arbeitsverhältnis ist das Arbeitsrecht maßgebend. Für das Beteiligungsverhältnis gilt Gesellschaftsrecht und Schuldrecht. Im Rahmen der Mitarbeiterbeteiligung kann der Arbeitnehmer auch an Verlusten beteiligt werden.[2] Nach § 310 IV BGB findet das Recht der **Allgemeinen Geschäftsbedingungen** auf das Individualarbeitsrecht, nicht aber auf das Gesellschaftsrecht Anwendung.

2. Aktienoptionspläne. a) Sie dienen der **rechtsgeschäftlichen Einräumung von mittelbaren oder unmittelbaren Bezugsrechten** von unternehmenseigenen Aktien.[3] Der Aktienoptionsplan berechtigt den Begünstigten, gegen Zahlung eines zuvor festgelegten Optionspreises innerhalb einer bestimmten Frist, die nach § 193 II Nr. 4 AktG mindestens zwei Jahre betragen muss, unter den festgelegten Bedingungen Aktien der Gesellschaft zu erwerben. Gelegentlich werden Wandelschuldverschreibungen als vertragliche Gestaltungsmittel gewählt. Sie beinhalten das Versprechen des Arbeitgebers, zu einem festgelegten Kurs nach einer bestimmten Wartezeit an einem bestimmten Stichtag einen bestimmten Betrag an den Arbeitnehmer zu erbringen. Der Arbeitnehmer kann nach der Festlegungsfrist von der Aktienoption Gebrauch machen, wenn der Kurs inzwischen gestiegen ist, oder das Optionsrecht verfallen lassen, wenn der Kurs gefallen ist. Wird einem Arbeitnehmer im Rahmen seines Arbeitsverhältnisses ein nicht handelbares Bezugsrecht auf den späteren Erwerb von Aktien zu einem bestimmten Übernahmepreis gewährt, liegt darin zunächst nur die Einräumung einer Chance. Ein geldwerter Vorteil fließt dem Berechtigten erst zu, wenn er die Option ausübt und der Kurswert der Aktien den Übernahmepreis übersteigt.[4] 3

b) Dem Arbeitnehmer kann im **Arbeitsvertrag oder in einer Betriebsvereinbarung** das Recht eingeräumt werden, auf der Grundlage des im Unternehmen bestehenden Aktienoptionsplans Aktienoptionen zu erhalten. Dem Betriebsrat können über den Kreis der Begünstigen Auskunftsansprüche zustehen.[5] 4

c) Bei der Einräumung von Beteiligungsrechten kann der Arbeitgeber **nicht willkürlich** bestimmte Arbeitnehmergruppen von der Beteiligung ausnehmen. Insoweit gelten die allgemeinen Grundsätze (dazu § 112). 5

d) Die Befugnis zur Ausübung der Bezugsrechte kann an das **Bestehen eines ungekündigten Arbeitsverhältnisses** unabhängig davon geknüpft werden, aus welchen Gründen das Arbeitsverhältnis geendet hat. Es muss auch nicht danach unterschieden werden, ob das Arbeitsverhältnis vor Ablauf der Wartezeit oder erst nach Ablauf der Wartezeit im Ausübungszeitraum gekündigt wird oder endet. Die Bindung der Befugnis zur Ausübung der Bezugsrechte an ein ungekündigtes Arbeitsverhältnis ist nicht unangemessen i. S. v. § 307 I 1 BGB.[6] Die vom BAG für Gratifikationen entwickelten Rechtsgrundsätze (dazu § 78) können bezüglich der Zulässigkeit von Bindungsfristen und Verfallklauseln nicht uneingeschränkt auf Aktienoptionen übertragen werden. Dagegen spricht entscheidend § 193 II Nr. 4 AktG. Ein ausgeschiedener Arbeitnehmer wird bei der gebotenen typisierenden Betrachtung nicht unangemessen benachteiligt, wenn er von einem erst nach der Beendigung des Arbeitsverhältnisses steigenden Aktienkurs nicht finanziell profitiert. Dies gilt grundsätzlich auch für den Fall der betriebsbedingten Kündigung des Arbeitgebers.[7] Dem Arbeitnehmer wird in diesem Fall keine bereits erdiente Vergütung, sondern nur eine Verdienstchance entzogen. Der Grundsatz, dass bereits erdienter Lohn nicht mehr entzogen werden darf, wird dadurch nicht durchbrochen.[8] 6

e) Schließt der Arbeitnehmer eine Vereinbarung über die Gewährung von Aktienoptionen nicht mit seinem Arbeitgeber, sondern mit einem anderen **Konzernunternehmen** ab, werden Ansprüche aus dieser Vereinbarung nicht Bestandteil des Arbeitsverhältnisses mit dem konzernangehörigen Arbeitgeber. Eine eigene Verpflichtung des Arbeitgebers kann jedoch begründet 6a

---

[2] BAG 10. 10. 1999 AP 47 zu § 138 BGB = NJW 91, 860.
[3] HWK/*Thüsing* § 611 BGB RN 125 ff.
[4] BFH 24. 1. 2001 NJW 2001, 2200.
[5] Dazu LAG Nürnberg 22. 1. 2002 DB 2002, 488; *Kau/Kukat* BB 99, 2505.
[6] BAG 28. 5. 2008 NZA 2008, 1066.
[7] *Pulz*, Personalbindung durch aktienkursorientierte Vergütung, S. 136; *Baeck/Diller* DB 98, 1405, 1408; *Lembke* BB 2001, 1469, 1474.
[8] BAG 28. 5. 2008 NZA 2008, 1066.

werden, wenn die Arbeitsvertragsparteien die Teilnahme des Arbeitnehmers an dem Aktienoptionsprogramm eines anderen Konzernunternehmens ausdrücklich oder konkludent vereinbaren. In diesem Fall kann der Arbeitnehmer auch von seinem Arbeitgeber die Zuteilung von Aktienoptionen nach den von dem anderen Konzernunternehmen aufgestellten Verteilungsgrundsätzen verlangen. Es ist dann Sache des Arbeitgebers, die Erfüllbarkeit der eingegangenen Verpflichtung sicherzustellen.[9] Hat eine Muttergesellschaft der Arbeitgeberin oder ein **Konzernunternehmen** in einem Aktienoptionsplan eigenständig und ausschließlich Verpflichtungen gegenüber Arbeitnehmern übernommen, die im Betrieb eines anderen zum Konzern gehörenden Unternehmens beschäftigt sind, gehen diese Verpflichtungen im Falle der Veräußerung des Betriebs nicht auf den Betriebserwerber über, da sie nicht Gegenstand des Arbeitsverhältnisses mit dem Betriebsveräußerer waren.[10] Jedoch sind auch in diesem Fall Konstellationen möglich, in denen sich der Arbeitgeber allein oder zusammen mit der emittierenden Gesellschaft gegenüber dem bezugsberechtigten Arbeitnehmer selbst verpflichtet, diesem zum festgelegten Preis die Aktien zu verschaffen oder die Performance-Abschläge zu zahlen. Das ist anzunehmen, wenn die Bezugsrechte vom Arbeitgeber bzw. von seinem Rechtsvorgänger im Rahmen des Arbeitsverhältnisses zugesagt worden sind. Der Arbeitgeber ist dann nach Maßgabe der weiteren Ausübungsbedingungen zur Zahlung der Performance-Abschläge verpflichtet.[11]

7 **3. Belegschaftsaktien.** Sind Belegschaftsaktien ausgegeben worden, kann auch im Fall der Beendigung des Arbeitsverhältnisses die **Übertragbarkeit** der Aktien nicht beschränkt werden. Es dürfen keine Unterschiede zwischen Aktionären und Belegschaftsaktionären gemacht werden.[12] Die Ausgabe von Belegschaftsaktien dient regelmäßig dem Ziel, die Bindung der Arbeitnehmer an das Unternehmen zu festigen. Die Verfolgung dieses Zwecks liegt im Interesse der Gesellschaft und rechtfertigt den Bezugsrechtsausschluss.[13] Überlässt der Arbeitgeber Wertpapiere an seine Arbeitnehmer gegen einen fest und unabänderlich bezifferten Preisnachlass, bemisst sich der geldwerte Vorteil nach diesem im Überlassungsangebot bezifferten Preisnachlass.[14]

III. Recht der Vermögensbildung

8 **1. Übersicht.** Zu den **Vermögens- und Kapitalbildungsgesetzen** der Arbeitnehmer werden gezählt: **(a)** Gesetz über Bergmannsprämien (BergPG) i. d. F. vom 12. 5. 1969 (BGBl. I S. 434) zul. geänd. 19. 7. 2006 (BGBl. I S. 1657) nebst BergPDV i. d. F. vom 20. 12. 1977 (BGBl. I S. 3136); **(b)** Wohnungsbau-Prämiengesetz (WoPG) i. d. F. vom 30. 10. 1997 (BGBl. I S. 2678) zul. geänd. 20. 12. 2008 (BGBl. I S. 2850); das G gilt nach Maßgabe des § 10 für unterschiedliche Zeiträume; für frühere Anlagen vgl. ältere F. nebst WoPDV i. d. F. vom 30. 10. 1997 (BGBl. I S. 2684); **(c)** Fünftes Gesetz zur Förderung der Vermögensbildung der Arbeitnehmer (5. VermBG) i. d. F. vom 4. 3. 1994 (BGBl. I S. 406) mit spät. Änd. nebst VermBDV vom 20. 12. 1994 (BGBl. I S. 3904) mit spät. Änd. **(d)** Für Beamte gilt das Gesetz über vermögenswirksame Leistungen für Beamte, Richter, Berufssoldaten und Soldaten auf Zeit i. d. F. vom 16. 5. 2002 (BGBl. I S. 1778).

9 **2. Mitarbeiterbeteiligung.** Durch das 1. VermögensbeteiligungsG vom 22. 12. 1983 wurde § 19 a EStG eingeführt. Die Vorschrift wurde in der Folgezeit wiederholt geändert und ist zum 1. 4. 2009 außer Kraft getreten (BGBl. I S. 451). Durch das 3. VermögensbeteiligungsG vom 7. 9. 1998 wurde die Vermögensbeteiligung ausgebaut. Erhält ein Arbeitnehmer im Rahmen seines Arbeitsverhältnisses unentgeltlich oder verbilligt eine Kapitalbeteiligung am Unternehmen seines Arbeitgebers oder eines Dritten, war dieser Vermögensvorteil insoweit steuerfrei, als der zugewendete Betrag nicht höher als die halbe Beteiligung war und nicht mehr als 135 Euro im Kalenderjahr ausmachte (Übergangsregelung in § 52 XXXV EStG).

IV. Bergmannsprämiengesetz (BergPG)

10 **1. Zweck** des BergPG ist, für die besonderen Gefahren und Schwierigkeiten, die mit einer Untertagearbeit verbunden sind, eine zusätzliche Prämie zu gewähren. Das BergPG gehört zwar

[9] BAG 16. 1. 2008 NZA 2008, 836.
[10] BAG 12. 2. 2003 AP 243 zu § 613 a BGB = NZA 2003, 487; dazu *Annuß/Lembke* BB 2003, 2230; *Grimm/Walk* BB 2003, 577; *Lipinski/Melms* BB 2003, 150; *v. Steinau-Steinrück* NZA 2003, 473; *Willemsen/Müller-Bonanni* ZIP 2003, 1177.
[11] BAG 28. 5. 2008 NZA 2008, 1066.
[12] OLG München 14. 11. 1988 DB 89, 214.
[13] BGH 15. 5. 2000 ZIP 2000, 1162.
[14] BFH 4. 4. 2001 BB 2001, 2304.

nicht zu den Vermögensbildungsgesetzen im engeren Sinne. Es ist jedoch zum Vorbild der VermBG geworden.

2. Anspruchsberechtigte. Anspruchsberechtigt sind entsprechend dem Gesetzeszweck **Arbeitnehmer des Bergbaus,** die unter Tage beschäftigt werden; ausgenommen sind die in § 5 II, III BetrVG (§ 1 BergPG) näher bezeichneten leitenden Angestellten. **Unternehmen des Bergbaus** sind solche, die bergbehördlicher Aufsicht unterstellte Betriebe unterhalten und **Bergbauspezialgesellschaften,** die ständig Schachtbau oder andere bergbauliche Aufschließungs- und Verrichtungsarbeiten durchführen (§ 1 BergPDV). 11

3. Die **Prämie** beträgt 2,50 Euro und wird für jede unter Tage verfahrene volle Schicht gewährt (§ 2 BergPG). Der Begriff der vollen Schicht ergibt sich aus §§ 2 bis 6 BergPDV. 12

4. Die **Auszahlung der Bergmannsprämie** erfolgt durch den Bergbau-Arbeitgeber aus dem Lohnsteueraufkommen (§ 3 BergPG). Die Prämien gelten nicht als Arbeitslohn im Sinne des Arbeitsrechtes, des EStG und der Sozialversicherungsgesetze (§ 4 BergPG). Sie werden im Falle der Erkrankung nicht weitergezahlt und unterliegen nicht der Lohnsteuer oder der Sozialversicherung. 13

V. Wohnungsbau-Prämiengesetz (WoPG)

1. Zweck des WoPG ist die Vermögensbildung und die Schaffung von Wohnraum für die Bevölkerung. 14

2. Anspruchsberechtigte. Anspruchsberechtigt sind unbeschränkt einkommensteuerpflichtige Personen (§ 1 EStG), die Aufwendungen zur Förderung des Wohnungsbaues machen, sofern die Aufwendungen nicht vermögenswirksame Leistungen darstellen, für die Anspruch auf Arbeitnehmersparzulage nach § 13 des 5. VermBG besteht und das maßgebende Einkommen des Prämienberechtigten nicht die Einkommensgrenze überschritten hat (§ 1 WoPG). Die Einkommensgrenze beträgt 25 600 Euro, für Ehegatten 51 200 Euro. Eine Erhöhung bei unterhaltspflichtigen Kindern war letztmals für den Veranlagungszeitraum 1989 vorgesehen. Maßgebend ist das zu versteuernde Einkommen, das der unbeschränkten Steuerpflicht unterliegt. 15

3. Prämienbegünstigung nach § 2 I WoPG. Prämienbegünstigt sind **(a)** Beiträge an öffentliche oder private Bausparkassen zur Erlangung von Baudarlehen, wenn sie nicht vor Ablauf der Festlegungsfrist von 7 Jahren zurückgezahlt, abgetreten oder beliehen werden. Prämienunschädlich ist die Auszahlung oder ihre Beleihung, wenn die Beiträge unverzüglich und unmittelbar zum Wohnungsbau verwandt werden (Einzelheiten § 2 II WoPG); **(b)** Aufwendungen für den Erwerb von Anteilen an Bau- und Wohnungsgenossenschaften; **(c)** Beiträge auf Grund von allgemeinen oder Sparverträgen mit festgelegten Sparraten, die für die Dauer von 3 bis 6 Jahren abgeschlossen werden, wenn die eingezahlten Beiträge und Prämien zum Bau oder Erwerb von Wohnraum oder Dauerwohnrechten verwendet werden; **(d)** Beiträge auf Grund von Verträgen mit Wohnungs- oder Siedlungsunternehmen (§ 2 I WoPG). 16, 17

4. Sonderausgabenabzug. Der Prämienberechtigte konnte für jedes Kalenderjahr wählen, ob er eine Prämie nach dem WoPG oder den Sonderausgabenabzug nach § 10 EStG erhalten will (§ 2b I WoPG). Nach § 10 V Nr. 3 EStG i. V. m. § 52 XXIV 5 EStG ist der Anspruch auf Sonderausgabenabzug letztmalig für den Veranlagungszeitraum 2005 vorgesehen. 18

5. Höhe der Prämie. Die Prämie bemisst sich auf 8,8% der im Kalenderjahr geleisteten prämienbegünstigten Aufwendungen. Die Aufwendungen des Prämienberechtigten sind nur bis zu 512 Euro, bei Verheirateten bis zu 1024 Euro prämienbegünstigt (Einzelheiten § 3 WoPG). 19

6. Ein **ausländischer Bausparer** kann ein Bauspardarlehen für wohnungswirtschaftliche Maßnahmen in seinem Heimatland erhalten (G über eine Wiedereingliederungshilfe im Wohnungsbau für rückkehrende Ausländer vom 18. 2. 1986 (BGBl. I S. 280)). 20

VI. Voraussetzung der Förderung nach dem 5. VermBG

BMF, Schreiben v. 16. 7. 1997, Anwendungen des 5. VermBG ab 1996, Beil. 13 zu DB 97; *Kuhny,* Änderung des Fünften Vermögensbildungsgesetzes durch das Dritte Vermögensbeteiligungsgesetz, FA 98, 312; *Rieble,* Wegfall der steuerlichen Sperrfrist für die Vermögensbildung von Arbeitnehmern – Handlungsbedarf für die Arbeitsvertragsparteien?, BB 2002, 731; *Schneider,* Neue Chancen für die Mitarbeiterbeteiligung, Personal 98, 460; *Schoen,* Das 5. VermBG, BB 87, 894; *Troglauer/Nieber,* Verbesserte Vermögensbildung für Arbeitnehmer, AiB 98, 487.

1. Die **Voraussetzung der Förderung** ergeben sich aus dem Fünften Gesetz zur Förderung der Vermögensbildung der Arbeitnehmer (Fünftes Vermögensbildungsgesetz – 5. VermBG) vom 21

4. 3. 1994 (BGBl. I S. 406) zul. geänd. 7. 3. 2009 (BGBl. I S. 451). Zu seiner Durchführung ist die Verordnung zur Durchführung des Fünften Vermögensbildungsgesetzes (VermBDV 1994) vom 20. 12. 1994 (BGBl. I S. 3904) mit spät. Änd. ergangen. Voraussetzung der Förderung der Vermögensbildung nach dem 5. VermBG ist, dass **(a)** die Begünstigten Arbeitnehmer sind oder zu einem Personenkreis gehören, für die das Gesetz entsprechend gilt (§ 1 II, IV 5. VermBG); **(b)** vermögenswirksame Leistungen im Sinne von § 2 5. VermBG erbracht werden und **(c)** die vermögenswirksamen Leistungen zwischen dem Begünstigten und dem Dienstberechtigten vereinbart werden (§§ 10, 11 5. VermBG).

22 **2. Begünstigter Personenkreis. a)** Begünstigt werden **Arbeitnehmer** einschließlich der zu ihrer Berufsausbildung beschäftigten Personen (§ 1 II 5. VermBG). Als Arbeitnehmer gelten auch die in Heimarbeit (§ 10) beschäftigten Personen (§ 1 II 2 5. VermBG). Begünstigt sind auch ausländische Arbeitnehmer. Das 5. VermBG gilt für die in § 1 IV genannten **öffentlichen Bediensteten** entsprechend. Ob jedoch der öffentliche Arbeitgeber zusätzlich vermögenswirksame Leistungen erbringt, ist nach dem Gesetz über vermögenswirksame Leistungen für Beamte, Richter, Berufssoldaten und Soldaten auf Zeit i. d. F. vom 15. 12. 1998 (BGBl. I S. 3646) mit spät. Änd. zu beurteilen. **Nicht zu den Arbeitnehmern** gehören die gesetzlichen Vertreter juristischer Personen und die durch Gesetz, Satzung oder Gesellschaftsvertrag zur Vertretung von Personalgesellschaften berufenen Personen (§ 1 III 5. VermBG).

23 **b)** Vermögenswirksame Leistungen können auch für die in § 3 5. VermBG genannten **Angehörigen des Arbeitnehmers** erbracht werden.

24 **3. Arten vermögenswirksamer Leistungen.** Es sind acht Gruppen von vermögenswirksamen Leistungen zu unterscheiden:

25 **a)** Zur **ersten Gruppe** zählen alle Leistungen, die der Arbeitgeber für den Arbeitnehmer als Sparbeiträge auf Grund von Sparverträgen über Wertpapiere oder andere Vermögensbeteiligungen erbringt (§ 2 I Nr. 1, § 4 5. VermBG).

26 **b)** Zur **zweiten Gruppe** der vermögenswirksamen Leistungen zählen alle Leistungen, die der Arbeitgeber für den Arbeitnehmer auf Grund eines Wertpapierkaufvertrags (§ 2 I Nr. 2, § 5 5. VermBG) erbringt.

27 **c)** Zur **dritten Gruppe** zählen Aufwendungen des Arbeitnehmers auf Grund eines Beteiligungsvertrags oder eines Beteiligungskaufvertrags (§§ 2 I Nr. 3, §§ 6, 7 5. VermBG). Ein Beteiligungsvertrag ist ein Vertrag zwischen dem Arbeitnehmer und dem Arbeitgeber über die Begründung von Rechten i. S. von § 2 I Nr. 1 lit. g bis l, IV 5. VermBG für den Arbeitnehmer am Unternehmen des Arbeitgebers mit der Vereinbarung, die vom Arbeitnehmer für die Begründung geschuldete Geldsumme mit vermögenswirksamen Leistungen zu verrechnen oder mit anderen Beträgen zu zahlen.

28 **d)** In der **vierten Gruppe** sind Aufwendungen des Arbeitnehmers auf Grund WoPG vorgesehen; die Voraussetzungen einer Prämie nach dem WoPG brauchen nicht vorzuliegen (§ 2 I Nr. 4 5. VermBG).

29 **e)** Zur **fünften Gruppe** zählen Aufwendungen des Arbeitnehmers zum Bau, Erwerb oder zur Erweiterung eines Wohngebäudes oder einer Eigentumswohnung, zum Erwerb eines Dauerwohnrechts im Sinne des WEG an einer im Inland belegenen Wohnung, zum Erwerb eines im Inland belegenen Grundstücks zum Zwecke des Wohnungsbaus oder zur Erfüllung von Verpflichtungen, die im Zusammenhang mit den vorgezeichneten Vorhaben angegeben werden (§ 2 I Nr. 5 5. VermBG). Es handelt sich hierbei um Leistungen, die unmittelbar in den Erwerb oder den Bau fließen oder zur Schuldtilgung verwandt werden.

30 **f)** Bei der **sechsten Gruppe** handelt es sich um Leistungen des Arbeitgebers als Beträge des Arbeitnehmers auf Grund eines Sparvertrags (§ 2 I Nr. 6, § 8 5. VermBG).

31 **g)** Bei der **siebten Gruppe** handelt es sich um Leistungen des Arbeitgebers für den Arbeitnehmer als Aufwendungen des Arbeitnehmers zu Kapitalversicherungen auf den Erlebens- oder Todesfall (§ 2 I Nr. 7, § 9 5. VermBG).

32 **h)** Zur **achten Gruppe** zählen Aufwendungen des Arbeitnehmers, der nach § 18 II, III 5. VermBG die Mitgliedschaft in einer Genossenschaft oder einer Gesellschaft mbH gekündigt hat, zur Erfüllung von Verpflichtungen aus der Mitgliedschaft, die nach dem 31. 12. 1994 fortbestehen oder entstehen. Im Interesse eines verbesserten Anlageschutzes der Arbeitnehmer sind seit dem 1. 1. 1994 die Möglichkeiten für vermögenswirksame Leistungen nach dem 5. VermBG eingeschränkt worden. Den Arbeitnehmern wurde daher die Möglichkeit eingeräumt, die Verträge zu kündigen. In der Folgezeit ist um den Umfang des Kündigungs-

rechts gestritten worden. Der BGH hat dieses Kündigungsrecht in Grundsatzentscheidungen geklärt.[15]

i) Nach § 11 II 5. VermBG gelten auch **angelegte Teile des Arbeitslohnes** als vermögenswirksame Leistungen im Sinne des Gesetzes. 33

4. Beteiligungs-Sondervermögen. Bereits durch das 2. VermögensbeteiligungsG wurde in § 2 5. VermBG ein Beteiligungssondervermögen vorgesehen zum Erwerb von Anteilen an Sondervermögen nach den §§ 46 bis 65 und 83 bis 86 des Investmentgesetzes sowie von ausländischen Investmentanteilen, die nach dem Investmentgesetz öffentlich vertrieben werden dürfen (§ 2 I Nr. 1 Buchst. c 5. VermBG). Diese Regelung ist durch den zum 1. 4. 2009 in Kraft getretenen § 2 I Nr. 1 Buchst. d 5. VermBG ergänzt worden, wonach auch der Erwerb von Anteilen an einem Mitarbeiterbeteiligungs-Sondervermögen nach §§ 901 ff. Investmentgesetz gefördert wird. 34

5. Überweisung. Erbringt der Arbeitgeber vermögenswirksame Leistungen für den Arbeitnehmer, so hat er sie besonders gekennzeichnet und aufgeschlüsselt nach zulagebegünstigten und sonstigen Beträgen unmittelbar an das Unternehmen oder Institut zu überweisen, bei dem die Anlage erfolgen soll (§ 3 II 5. VermBG). Das Institut hat seinerseits dem Arbeitgeber die Art der Anlage, den Eingang der vermögenswirksamen Leistungen und die zulagebegünstigten Beträge zu bestätigen (§ 3 II 5. VermBG). Bei laufenden Überweisungen genügt die Bestätigung der ersten Überweisung. Hiermit soll eine wechselseitige Kontrolle erreicht werden, denn der Arbeitgeber nimmt bei der Berechnung der Zulage Aufgaben des Staates wahr. Für eine vom Arbeitnehmer gewählte Anlage nach § 2 I Nr. 5 5. VermBG hat der Arbeitgeber auf Verlangen des Arbeitnehmers die vermögenswirksamen Leistungen an den Arbeitnehmer zu überweisen, wenn dieser dem Arbeitgeber eine schriftliche Bestätigung seines Gläubigers vorgelegt hat, dass die Anlage bei ihm die Voraussetzungen des § 2 I Nr. 5 erfüllt. Der Arbeitgeber hat die Richtigkeit der Bestätigung nicht zu prüfen (§ 3 III 5. VermBG). 35

6. Leistungen zu Gunsten Dritter. Die vermögenswirksamen Leistungen können auch zu Gunsten Dritter und zwar bestimmter naher Angehöriger des Arbeitnehmers angelegt werden (§ 3 I 5. VermBG). 36

7. Insolvenzschutz. Der Arbeitgeber hat vor der Anlage vermögenswirksamer Leistungen in eigenem Unternehmen in Zusammenarbeit mit dem Arbeitnehmer Vorkehrungen zu treffen, die der Absicherung der angelegten vermögenswirksamen Leistungen bei einer während der Sperrfrist eintretenden Zahlungsunfähigkeit des Arbeitgebers dienen **(§ 2 V a 5. VermBG).** Der Insolvenzschutz bleibt hinter dem durch das BetrAVG gewährten Insolvenzschutz bei Leistungen der betrieblichen Altersversorgung zurück. 37

VII. Vereinbarungen vermögenswirksamer Leistungen aus dem Vermögen des Arbeitgebers

1. Allgemeines. Der Arbeitgeber kann zur Erbringung zusätzlicher vermögenswirksamer Leistungen auf Grund Tarifvertrags, Betriebsvereinbarung, bindender Festsetzungen oder Einzelarbeitsvertrag verpflichtet sein (§ 10 5. VermBG). 38

2. Tarifvertrag. Form, Inhalt und Abschluss vermögenswirksamer Tarifverträge bestimmen sich nach den Vorschriften des TVG (§ 199). Der Arbeitgeber kann gemäß § 10 V 5. VermBG auf tarifvertraglich vereinbarte vermögenswirksame Leistungen die betrieblichen Sozialleistungen anrechnen, die dem Arbeitnehmer in dem Kalenderjahr bisher schon als vermögenswirksame Leistungen erbracht worden sind. Ob während des Laufes von Lohntarifverträgen auf Grund der Friedenspflicht Arbeitskämpfe um vermögenswirksame Leistungen unzulässig sind, ist umstritten.[16] 39

3. Betriebsvereinbarung. Form, Voraussetzung und Abschluss der Betriebsvereinbarungen richten sich nach dem BetrVG (§ 231). Der Betriebsrat hat keinen Rechtsanspruch auf Abschluss einer Betriebsvereinbarung über vermögenswirksame Leistungen; diese gehören zu den sog. freiwilligen Leistungen (§ 88 Nr. 3 BetrVG). Eine Betriebsvereinbarung ist auch zulässig, soweit vermögenswirksame Leistungen tarifüblich geregelt werden.[17] Anders als bei Tarifverträgen können Betriebsvereinbarungen jedoch alternativ vermögenswirksame Leistungen oder Bar- 40

---

[15] BGH 12. 10. 1992 ZIP 92, 1761; 24. 5. 1993 ZIP 93, 1089 = BB 93, 1393.

[16] Vgl. § 201; verneinend *Kittner/Basten,* Vermögensbildung, Schriftenreihe der AR-Blattei, 1981 (S. 94).

[17] *Fitting* § 88 RN 25; *Richardi* § 88 RN 29; a. A. GK-BetrVG/*Wiese* § 88 RN 25.

leistungen vorsehen.[18] Der Arbeitgeber kann bei derartigen Vereinbarungen die erbrachten Leistungen im Falle der Geltung eines Tarifvertrags nicht auf die tariflichen Leistungen anrechnen. Die Betriebsvereinbarungen über die Form der vermögenswirksamen Leistungen können geändert werden. Im Allgemeinen sind dafür die Formvorschriften einer abändernden Betriebsvereinbarung einzuhalten.[19]

41 **4. Arbeitsvertrag.** Der Abschluss richtet sich nach §§ 145 ff. BGB. Der Abschluss ist formlos wirksam; es empfiehlt sich aber die Einhaltung der Schriftform. Umstritten ist, inwieweit die vermögenswirksamen Leistungen zur **Betriebsbindung** benutzt werden können.

42 **5. Gleichbehandlungsgrundsatz.** Der Arbeitgeber ist nach den Grundsätzen der Gleichbehandlung (§ 112) gehalten, bei der Gewährung vermögenswirksamer Leistungen die Arbeitnehmer nicht sachwidrig ungleich zu behandeln.

43 **6. Verzug.** Kommt ein Arbeitgeber mit der Abführung vermögenswirksamer Leistungen in Verzug, ist er zum Schadensersatz verpflichtet.[20] Nach den Grundsätzen des Vertrags mit Schutzwirkung zugunsten Dritter sind nach Auffassung des BAG auch die Bezugsberechtigten aus einem Versicherungsvertrag anspruchsberechtigt.[21]

VIII. Vermögenswirksame Anlage von Teilen des Arbeitslohns

44 **1. Allgemeines.** Nach § 11 5. VermBG kann der Arbeitnehmer Teile seines Arbeitslohns vermögenswirksam anlegen. Diese Möglichkeit hat er sowohl dann, wenn er bereits zusätzliche Leistungen bezieht, als auch dann, wenn der Arbeitgeber zusätzliche Leistungen nicht leistet. Die Anlage von Teilen des Arbeitslohns verstößt nicht gegen die tarifliche Unabdingbarkeit, da sie lediglich eine **Lohnverwendungsabrede** enthält.

45 **2. Abschlusszwang.** Auf **schriftliches Verlangen** des Arbeitnehmers ist der Arbeitgeber nach näherer Maßgabe von § 11 5. VermBG verpflichtet, einen Vertrag über die vermögenswirksame Anlage von Teilen des Arbeitslohnes abzuschließen. Für das Verlangen werden regelmäßig die von der Finanzverwaltung herausgegebenen Formblätter verwandt. Werden sie nicht benutzt, so muss das Verlangen folgenden **Voraussetzungen** genügen: **(a)** Einhaltung der Schriftform (§ 126 BGB); **(b)** Erklärung, einen Teil des zukünftigen Arbeitslohnes vermögenswirksam anzulegen; **(c)** Entscheidung, ob ein einmaliger Betrag oder monatliche Raten festgelegt werden sollen; **(d)** Bestimmungen der Höhe der einmaligen oder jeweiligen Anlage. Die Art der Anlage und bei welchem Institut die Anlage erfolgen soll, kann der Arbeitnehmer noch bei Vertragsabschluss bestimmen. **Minderjährige** sind gemäß § 113 BGB zum Verlangen berechtigt.

46 **3. Abschluss.** Dem Arbeitgeber muss vor Abschluss des Vertrags die notwendige Zeit zur **Prüfung des Antrags** und zur technischen Vorbereitung des Vertrags bleiben. Regelmäßig wird er zur Prüfung und Vorbereitung seiner Buchhaltung die Zeitspanne einer Abrechnungsperiode beanspruchen können. **Unterlässt** er den Vertragsabschluss oder den rechtzeitigen Vertragsabschluss, wird er nach § 280 BGB schadensersatzpflichtig. Schaden ist der Verlust der Sparzulage.

47 **4. Ausnahmen vom Abschlusszwang.** Der Arbeitgeber ist nur dann verpflichtet, dem Verlangen nachzukommen, wenn **(a)** entweder monatlich mindestens 13 Euro oder vierteljährlich 39 Euro oder nur einmal im Kalenderjahr ein Betrag von mindestens 39 Euro festgelegt werden soll. Einem Verlangen auf anderweitige Festlegung oder einer Aufteilung auf mehrere Stellen braucht der Arbeitgeber nicht nachzukommen; **(b)** das Verlangen rechtzeitig vor dem vom Arbeitgeber bestimmten Termin gestellt ist; **(c)** wenn der Arbeitnehmer nicht bereits einmal im Kalenderjahr ein entsprechendes Verlangen gestellt hat (§ 11 II–IV 5. VermBG).

48 **5. Terminbestimmung für die Anlage.** Der Arbeitgeber kann einen Termin bestimmen, bis zu dem die einmalige Anlage im Kalenderjahr verlangt werden kann (§ 11 IV 5. VermBG). Der Betriebs- bzw. Personalrat hat dabei nach § 11 IV 2 5. VermBG ein erzwingbares Mitbestimmungsrecht. Im öffentlichen Dienst kann bestimmt werden, dass nur bis Mitte Oktober gestellte Anträge berücksichtigt werden.[22] Die Terminbestimmung ist **jedes Jahr erneut** in geeigneter Form **bekannt zu machen.** Die Verletzung der Bekanntmachungspflicht führt zu Schadenser-

---

[18] Vgl. BAG AP 1 zu § 4 1. VermBG.
[19] Für einen Sonderfall: BAG 28. 11. 1989 AP 6 zu § 88 BetrVG 1972 = NZA 90, 559.
[20] LAG Düsseldorf DB 68, 2221; LAG Frankfurt NZA 84, 230.
[21] BAG 5. 3. 1981 AP 2 zu § 1 TVG Tarifverträge: Vermögenswirksame Leistungen m. Anm. *Stumpf* = DB 81, 2546.
[22] BVerwG ZBR 73, 166.

satzansprüchen. Abweichend von der Terminbestimmung des Arbeitgebers kann eine Festlegung verlangt werden, wenn **(a)** Arbeitgeber und Arbeitnehmer dies vereinbaren, **(b)** Teile des Arbeitslohnes angelegt werden sollen, den der Arbeitnehmer im letzten Lohnzahlungszeitraum des Kalenderjahres erzielt; das kann sowohl die letzte **Kalenderlohnperiode** des Jahres sein als auch die letzte **Beschäftigungslohnperiode.** Jedoch muss auch in diesen Fällen das Verlangen angemessene Zeit vorher gestellt werden, damit die Buchhaltung sich hierauf einrichten kann; **(c)** wenn Teile besonderer Zuwendungen festgelegt werden sollen, die im Zusammenhang mit dem Weihnachtsfest oder dem Jahreswechsel gezahlt werden (§ 11 IV 5. VermBG).

6. Wegen der **Behandlung mehrerer gleichzeitiger oder aufeinanderfolgender Arbeitsverhältnisse** vgl. § 3 3. VermBG DV. 49

IX. Mitarbeiterbeteiligung

1. Rechtsgrundlage der Mitarbeiterbeteiligung ist das 5. VermBG sowie §§ 901 ff. Investmentgesetz. Beide Rechtsgrundlagen sind miteinander verzahnt und ergänzen sich. 50

2. Steuerliche Grundlagen der Mitarbeiterbeteiligung. Die Mitarbeiterbeteiligung stellte eine **Sachzuwendung des Arbeitgebers** dar (vgl. § 19a EStG). Der Arbeitgeber konnte seine Aufwendungen wie jede durch das Arbeitsverhältnis veranlasste Zahlung als Betriebsausgaben absetzen. Der Arbeitnehmer erhielt die Hälfte des steuerrechtlichen Vorteils, höchstens jedoch 135 Euro steuerfrei. Diese Regelung gilt übergangsweise weiter (§ 52 XXXV EStG). Ab 1. 4. 2009 gilt im Übrigen § 3 Nr. 39 EStG. 51

X. Arbeitnehmer-Sparzulage

1. Allgemeines. Durch das 5. VermBG sollen vor allem einkommensschwächere Bevölkerungskreise gefördert werden. Der Kreis der Anspruchsberechtigten ist daher begrenzt; es werden Sparzulagen gewährt, dagegen ist ein Abzug bei der Einkommensteuer nicht möglich, so dass Höherverdienende die Steuerprogression nicht ausnutzen können. 52

2. Ein **Anspruch auf Arbeitnehmer-Sparzulage** besteht (§ 13 I 5. VermBG) **(a)** für vermögenswirksame Leistungen eines Kalenderjahres. Erfolgen die Zahlungen erst im neuen Jahr bzw. schon im alten Jahr, so ist bei regelmäßig vorkommenden Einnahmen entsprechend dem **Zuflussprinzip** darauf abzustellen, zu welchem Jahr sie wirtschaftlich gehören (§ 11 I EStG). Weihnachtsvergütungen oder Jahresabschlussprämien gelten nur dann als wiederkehrende Einnahmen, wenn auf sie ein Rechtsanspruch besteht; **(b)** bei nach § 2 I Nr. 4 und 5 5. VermBG angelegten Leistungen, wenn der zu versteuernde Einkunftsbetrag des Arbeitnehmers, der Einkünfte aus nicht selbstständiger Arbeit im Sinne von § 19 I EStG bezieht, im Kalenderjahr der vermögenswirksamen Leistungen 17 900 Euro oder bei einer Zusammenveranlagung von Ehegatten nach § 26b EStG 35 800 Euro nicht übersteigt. Der zu **versteuernde Einkommensbetrag** ist das Einkommen nach Abzug aller Werbungskosten, Sonderausgaben, außergewöhnlichen Belastungen, Kinderfreibeträgen und sonstigen Freibeträgen, § 23 I EStG (vgl. § 71). 53

3. Die **Höhe der Arbeitnehmer-Sparzulage** beträgt seit 1. 4. 2009 20% der vermögenswirksamen Leistungen, die nach § 2 I Nr. 1–3, II–IV 5. VermBG angelegt werden, soweit sie 400 Euro nicht übersteigen. Die Arbeitnehmer-Sparzulage beträgt 9% der nach § 2 I Nr. 4 und 5 5. VermBG angelegten Leistungen, soweit sie 470 Euro nicht übersteigen. 54

4. Rechtsnatur. Die **vermögenswirksamen Leistungen** sind gem. § 2 VII 5. VermBG arbeitsrechtlich Bestandteil des Lohns oder Gehalts. Sie gehören zum Entgelt im Sinne der Steuer- und Sozialgesetzgebung. Der Anspruch auf vermögenswirksame Leistungen ist nicht übertragbar, mithin auch nicht pfändbar (§ 399 BGB, § 851 ZPO), weil sonst der Inhalt verändert würde (§ 92 RN 42). Demgegenüber gilt die **Arbeitnehmer-Sparzulage** nicht als Bestandteil des Arbeitsentgelts im Sinne des Arbeitsrechts, Steuer- oder Sozialversicherungsrechtes (§ 13 III 5. VermBG). Hieraus folgt, dass im Fall der Berechnung von Gratifikationen, Beihilfen usw. von der Höhe des Arbeitsentgelts auszugehen ist und die Sparzulage unberücksichtigt bleibt. Im Sinne des Vollstreckungsrechts ist jedoch die Arbeitnehmer-Sparzulage bei der Berechnung des pfändbaren Einkommens zu berücksichtigen (vgl. § 92 RN 42).[23] 55

5. Die **Festsetzung der Arbeitnehmer-Sparzulage** ist regelmäßig mit der Einkommensteuer zu beantragen (§ 14 IV 5. VermBG; § 6 DV VermBG). Der Arbeitnehmer hat den Antrag nach amtlichem Vordruck spätestens bis zum Ablauf des zweiten Kalenderjahres nach 56

[23] *Ottersbach* Rpfleger 90, 57.

dem Kalenderjahr zu stellen, in dem die vermögenswirksamen Leistungen angelegt worden sind. Die Auszahlung ist in § 7 DV VermBG geregelt.

57 6. Zur **Kontrolle der Auszahlung** bestehen umfangreiche Bescheinigungs- und Mitteilungspflichten (§ 15 5. VermBG; § 8 DV VermBG).

58 **7. Rückzahlung.** Hat der Arbeitnehmer die Arbeitnehmer-Sparzulage **zu Unrecht bezogen,** so hat er sie zurückzuzahlen (§ 15 III 5. VermBG; § 8 DV VermBG). Andererseits kann er ihre Nachzahlung begehren, wenn er sie zu Unrecht nicht oder in zu geringer Höhe erhalten hat.

4. Abschnitt. Altersteilzeit und Altersversorgung

§ 81. Altersteilzeit

Übersicht

	RN
I. Begriff und Zweck	1
II. Förderungsvoraussetzungen	2 ff.
1. Voraussetzungen auf Seiten des Arbeitnehmers	3
2. Anspruchsvoraussetzungen auf Seiten des Arbeitgebers	4, 5
III. Verpflichtung des Arbeitgebers	6
IV. Verringerung und Verteilung der Arbeitszeit	7 ff.
1. Kontinuitätsmodell	8
2. Blockmodell	9–11
3. Wöchentliche Arbeitszeiten	12
4. Verlängerung	13
V. Erstattungsbetrag	14
VI. Beendigung des Erstattungsanspruchs	15 ff.
1. Altersgrund	16
2. Altersruhegeld	17
3. Renten	18
4. Fehlende Neueinstellung	19
5. Ruhen	20
6. Einkommen	21
VII. Altersteilzeitarbeitsverhältnis	22 ff.
1. Rechtsnatur und Inhalt	22–26
2. Irrtum über die sozialrechtlichen Folgen	27
3. Urlaub, Krankheit	28–30
4. Kündigungsschutz	31–35
5. Arbeitgeberwechsel	36
6. Mitwirkungspflichten	37
7. Betriebsverfassungsrechtliche Stellung/Betriebsgröße	38, 39

Kommentare und Monographien: *Doleczik/Oser/Schaefer,* Altersteilzeit, 1998; *Drespa/Meyer/Slawik,* Altersteilzeit von Arbeitnehmern in öffentlichen Verwaltungen, Einrichtungen, Unternehmen und Sparkassen, 2001; *Gussone/Voelzke,* Altersteilzeitrecht, 2000; *Langenbrinck/Litzka,* Altersteilzeit im öffentlichen Dienst für Angestellte und Arbeiter, 2004; *Nimscholz/Oppermann/Ostrowicz,* Altersteilzeit, Handbuch für die Personal- und Abrechnungspraxis, 5. Aufl., 2006; *Oppermann/Ostrowicz,* Betriebliche Altersregelungen, 1999; *Rittweger/Petri/Schweigert,* Altersteilzeit, 2. Aufl., 2002; *Stief,* Altersteilzeit in der Praxis, 2006.

Aufsätze nach 2001: zuvor vgl. die 11. Aufl.: *Abeln/Gaudernack,* Keine Altersrente nach Altersteilzeit bei völliger Freistellung schon während der Arbeitsphase im so genannten Blockmodell, BB 2005, 43; *Ahlbrecht/Ickenroth,* Altersteilzeit im Blockmodell – Rechtlicher Rahmen und Sonderprobleme, BB 2002, 2440; *dies.,* Altersteilzeit – aktuelle Einzelfragen der betrieblichen Praxis, Personal 2003, Nr. 2, 53; *v. Ahsen/Nölle,* Risiko Altersteilzeit?, DB 2003, 1384; *Anaelewski,* Auswirkungen des Altersteilzeitgesetzes auf die ehrenamtlichen Richter an Arbeits- und Landesarbeitsgerichten, NZA 2002, 655; *Baldringer/Jordans,* Altersteilzeit in der Insolvenz, Betriebsübergang und Sicherung von Wertguthaben, ArbuR 2005, 429; *Bichlmeier,* ATZ, Arbeitskonten und die Insolvenz des Arbeitgebers, AiB 2003, 236; *Birk,* Die Befristung von Altersteilzeitverträgen auf einen vorgezogenen Renteneintritt, NZA 2007, 244; *Debler,* Altersteilzeit – „Störfälle und andere unvorhersehbare Ereignisse“, NZA 2001, 1285; *Eisenreich/Schweig,* Ist die betriebsbedingte Kündigung eines Arbeitnehmers in Altersteilzeit während der Freistellungsphase möglich?, BB 2003, 1434; *Eich,* Erwerberhaftung für Ansprüche aus einem Altersteilzeitarbeitsverhältnis im Blockmodell bei Betriebsübergang in der Insolvenz, FS Hromadka 2008, 53; *Engesser Means/Claus,* Eintritt in Altersteilzeit bei Arbeitgeberwechsel, NZA 2006, 293; *Gaul/Süßbrich,* Verschärfung der Insolvenzsicherung bei Altersteilzeit, ArbRB 2004, 149; *Frank,* Regelungsbedarf und Haftungsfallen in Wertkontenmodellen, NZA 2008, 152; *Glatzel,* Altersteilzeitgesetz, AR-Blattei SD 50; *Gussone,* Altersteilzeit als Beschäftigungssicherung, AiB 2002, 513; *Hampel,* Die Änderung des Altersteilzeitgesetzes durch Hartz III und IV, DB 2004, 706; *Hanau,* Entgeltverzicht, Entgeltstundung, Arbeitszeitkonten und Altersteilzeit in der Insolvenz, ZIP 2002, 2028; *ders.,* Noch einmal: Die Befristung von Altersteilzeitverträgen auf einen vorgezogenen Renteneintritt, NZA 2007, 848; *ders.,* Neue Altersteilzeit, NZA 2009, 225; *Hanau/Veit,* Neues Gesetz zur Verbesserung der Rahmenbedingungen für die Absicherung flexibler Arbeitszeitregelungen und zur Änderung anderer Gesetze, NJW 2009, 182; *Hoß,* Regelung von Störfällen in der Altersteilzeit, ArbRB 2002, 28; *ders.,* Neue Spielregeln für die Altersteilzeit, ArbRB 2004, 146; *Kallhoff,* Umbau des Altersteilzeitgesetzes im Rahmen von Hartz III, NZA 2004, 692; *Kerschbaumer,* Neuregelungen zur Altersteilzeit ab dem 1. Juli 2004, AiB 2004, 325; *Kolmhuber,* Die Durchsetzung der Insolvenzsicherung gem. § 8 a Abs. 4 ATZG, ArbRB 2004, 354; *Kovacs/Koch,* Neue Berechnungsmethode zur Ermittlung der Aufstockungsbeträge nach dem Altersteilzeitgesetz ab 1. 7. 2004, NZA 2004, 585; *Langenbrinck,* Neuere Entwicklungen in der Altersteilzeit, ZTR 2004, 222; *Langohr-Plato,* Altersbedingte Beendigung des Arbeits-/Dienstverhältnisses, ZAP Fach 18, 533; *Langohr-Plato/Morisse,* Insolvenzschutz von Wertguthaben aus Altersteilzeit, BB 2002, 2330; *Lelley/Brier,* Zur Anwendbarkeit des BGB § 613 a Abs 1 S 1 aus Altersteilzeitarbeitsverhältnisse in der Freistellungsphase, EwiR 2008, 611; *Medla,* Kollektivrechtliche Beteiligungsrechte des Altersteilzeitarbeitnehmers in der Einstellungsphase, FA 2002, 2;

Moderegger, Aufhebungsvereinbarung oder Altersteilzeitvertrag?, ArbRB 2002, 177; *Melms/Schwarz,* Die verpasste Rente nach Altersteilzeit, DB 2006, 2010; *Nicolai,* Haftung für Altersteilzeitansprüche nach Betriebsübergang, FA 2005, 168; *Nimscholz,* Altersteilzeit in der Insolvenz, ZIP 2002, 1936; *Oberhofer/Wroblewski,* Die Altersteilzeit und das BAG in der Insolvenz, ZinsO 2005, 695; *Oberthür,* Die vollständige Freistellung in der Altersteilzeit – ein riskantes Trennungsmodell, NZA 2005, 377; *Podewin,* Die Insolvenzsicherung von Zeitguthaben bei der Altersteilzeit im Blockmodell, FA 2004, 107; *dies.,* Die Insolvenzsicherung von Wertguthaben in Arbeitszeitkonten – Parallelen und Unterschiede von § 7d SGB IV und § 8a AltTZG, RdA 2005, 295; *Rolfs,* Altersteilzeit – „Störfall" – Blockmodell, RdA 2004, 371; *ders.,* Insolvenzschutz für Wertguthaben aus Altersteilzeit, NZS 2004, 561; *Schrader/Straube,* Die Behandlung von Entgeltansprüchen aus einem Altersteilzeitverhältnis nach Insolvenzeröffnung und nach einem Betriebsübergang, ZinsO 2005, 184 (Teil 1), 234 (Teil 2); *Schweig/Eisenreich,* Ist die betriebsbedingte Kündigung eines Arbeitnehmers in Altersteilzeit während der Freistellungsphase möglich?, BB 2003, 1434; *Schreiner,* Die Befristung von Altersteilzeitverträgen auf einen vorgezogenen Renteneintritt, NZA 2007, 846; *Süllwold,* Altersteilzeit, ZBVR 2003, 188; *Weishaupt,* Altersteilzeit: Weiterzahlung einer noch in der Arbeitsphase widerrufenen Zulage in der Freistellungsphase?, ZTR 2003, 435; *Wiezer,* Insolvenzsicherung von Arbeitszeitkonten, AuA 2005, 105; *Wurm,* Betriebsratsaufgaben und Rechte rund um die Teilzeitbeschäftigung, ZBVR 2003, 182; *Zetl,* Auswirkungen der Neuregelung des Altersteilzeitgesetzes auf tarifliche und kirchliche Regelungen, ZMV 2004, 293; *Zwanziger,* Struktur, Probleme und Entwicklung des Altersteilzeitrechts – ein Überblick, RdA 2005, 226.

Muster: ArbR-Formb. § 15 RN 21; Gesamtbetriebsvereinbarung bei der Daimler-Benz AG, NZA 98, 868; *Pulte,* Altersteilzeit, 2001; *Reichling/Wolf,* Mustervertrag zum Alterteilzeitgesetz, NZA 1997, 422.

I. Begriff und Zweck

1 In Art. 1 des Gesetzes zur Förderung des gleitenden Übergangs in den Ruhestand vom 23. 7. 1996 (BGBl. I S. 1078) war das Altersteilzeitgesetz vom 23. 7. 1996 enthalten. Das ATG ist inzwischen bereits mehrfach geändert worden, zuletzt durch Gesetz vom 20. 12. 2007 (BGBl. I S. 3150). Wegen der verschiedenen Übergangsregelungen s. §§ 15a ff. ATG. Das ATG ermöglicht Arbeitnehmern ab vollendetem 55. Lebensjahr die freiwillige Vereinbarung der Verringerung ihrer Arbeitszeit auf die Hälfte. Damit können sie nach Maßgabe von § 237 SGB VI vom Erwerbsleben in den Ruhestand gleiten. Die Bundesagentur für Arbeit fördert durch Erstattungsleistungen die Altersteilzeitarbeit älterer Arbeitnehmer, die ihre Arbeitszeit ab Vollendung des 55. Lebensjahres **spätestens ab 31. 12. 2009** vermindern und damit die Anstellung eines arbeitslosen Arbeitnehmers ermöglichen (§§ 1 II, 3 I Nr. 2 ATG). Auf diese Weise soll eine Entlastung des Arbeitsmarktes erreicht werden. Das ATG regelt nicht die individualrechtlichen Ansprüche des Arbeitnehmers, sondern fast ausschließlich das Rechtsverhältnis zwischen Arbeitgeber und der Bundesagentur für Arbeit.

II. Förderungsvoraussetzungen

2 Die Bundesagentur fördert den gleitenden Übergang älterer Arbeitnehmer vom Erwerbsleben in den Ruhestand durch Erstattungsleistungen nach § 4 ATG, wenn folgende Voraussetzungen erfüllt sind:

3 **1. Voraussetzungen auf Seiten des Arbeitnehmers.** Der Arbeitnehmer muss zu dem nach § 2 ATG begünstigten Personenkreis gehören. **(1)** Er muss das 55. Lebensjahr vollendet haben. **(2)** Er muss nach dem 14. 2. 1996 eine Vereinbarung mit dem Arbeitgeber schließen, nach der die Arbeitszeit auf die Hälfte der bisherigen wöchentlichen Arbeitszeit reduziert wird und Versicherungspflichtigkeit im Sinne der §§ 24ff. SGB III vorliegt.[1] Bisherige wöchentliche Arbeitszeit ist gem. § 6 II 1 ATG die vor dem Übergang in die Altersteilzeit geltende Arbeitszeit und nicht etwa eine durchschnittliche Arbeitszeit. Das gilt auch dann, wenn der Arbeitgeber vor dem Übergang in die Alterteilzeit von einer bestehenden Aufstockungsmöglichkeit Gebrauch gemacht hat.[2] Missbräuchen durch eine vorübergehende Anhebung der Arbeitszeit vor Beginn der Altersteilzeit wird durch die in § 6 II 2 ATG festgelegte Höchstgrenze für die Ermittlung der bisherigen wöchentlichen Arbeitszeit vorgebeugt. Die Notwendigkeit eines Änderungsvertrages gewährleistet, dass der Arbeitnehmer frei entscheiden kann, ob er in Altersteilzeit geht. Eine völlige Freistellung von der Arbeit erfüllt die Voraussetzungen des § 2 I Nr. 2 ATG nicht.[3] Die Versicherungspflichtigkeit soll gewährleisten, dass der Arbeitnehmer im Falle der Arbeitslo-

---

[1] Vgl. BAG 26. 6. 2001 AP 2 zu § 3 ATG = NZA 2002, 44; 10. 2. 2004 AP 15 zu § 119 BGB = NZA 2004, 606; zur Berechnung der Durchschnittsarbeitszeit: BAG 1. 10. 2002 AP 1 zu § 6 ATG = NZA 2003, 1341.

[2] BAG 14. 8. 2007 AP 2 zu § 6 ATG = NZA 2008, 1194.

[3] BAG 10. 2. 2004 AP 15 zu § 119 BGB = NZA 2004, 606.

sigkeit Anspruch auf Arbeitslosengeld hat. Unterschiedliche Zugangsvoraussetzungen für Männer und Frauen sind nicht möglich.[4] Verringert der Arbeitnehmer seine Arbeitszeit, ohne einen Altersteilzeitvertrag abzuschließen, erlangt er keinen Anspruch auf den Aufstockungsbetrag.[5] **(3)** Ferner muss der Arbeitnehmer in den letzten fünf Jahren vor der Altersteilzeitarbeit mindestens 1080 Kalendertage in einer versicherungspflichtigen Beschäftigung nach dem SGB III gestanden haben. Nicht erforderlich ist, dass die gesamte Versicherungszeit bei demselben Arbeitgeber zurückgelegt worden ist. **(4)** Die Vereinbarung über Altersteilzeit muss sich zeitlich bis zu dem Zeitpunkt erstrecken, bis eine Rente wegen Alters beansprucht werden kann. Das notwendige Mindestalter ergibt sich für langjährig Versicherte aus §§ 36, 236 SGB VI, für schwerbehinderte Menschen aus §§ 37, 236a SGB VI,[6] für die Altersrente bei Arbeitslosigkeit oder nach Altersteilzeit aus § 237 SGB VI und für die Altersrente bei Frauen aus § 237a SGB VI. Wegen der Schwierigkeit der Bestimmung der Altersgrenze kann es sich empfehlen, eine Auskunft über den frühestmöglichen Rentenbeginn einzuholen.

2. Anspruchsvoraussetzungen auf Seiten des Arbeitgebers. a) Aufstockungsbetrag. 4
Der Arbeitgeber muss das Regelarbeitsentgelt, das der Arbeitnehmer aus der reduzierten Arbeitszeit erhält, um mindestens 20% aufgestockt haben (§ 3 Nr. 1a). Der bisher geltende Mindestgesamtnettobetrag von 70% ist mit dem 1. 7. 2004 entfallen. Regelarbeitsentgelt für die Altersteilzeit ist gem. § 6 II 1 ATG das auf einen Monat entfallende vom Arbeitgeber regelmäßig zu zahlende sozialversicherungspflichtige Arbeitsentgelt, soweit es die Beitragsbemessungsgrenze nach SGB III nicht überschreitet. Damit bleiben steuer- und sozialversicherungsfreie Zuschläge (§ 1 Nr. 1 SvEV, § 3b EStG), wie z. B. Sonn- und Feiertagszuschläge außer Betracht. Bei der Ermittlung des förderrechtlich anerkannten Aufstockungsbetrages sind zudem gem. § 6 I 2 ATG Entgeltbestandteile, die nicht laufend gezahlt werden, wie z. B. Weihnachtsgeld, Urlaubsgeld, nicht berücksichtigungsfähig (sofern mit der Altersteilzeit vor dem 1. 7. 2004 begonnen wurde, ist die bis zum diesem Zeitpunkt geltende Fassung des ATG anzuwenden, § 15g ATG).[7] Der Arbeitgeber muss zusätzlich Beiträge zur gesetzlichen Rentenversicherung mindestens in Höhe des Beitrags entrichtet haben, der auf 80% des Regelarbeitsentgelts für die Alterszeitarbeit, begrenzt auf den Unterschiedsbetrag zwischen 90% der monatlichen Beitragsbemessungsgrenze und der Regelarbeitsentgeltgrenze, entfällt, höchstens bis zur Beitragsbemessungsgrenze (§ 3 Nr. 1b ATG).

b) Zusätzliche Voraussetzungen für den Erstattungsanspruch des Arbeitgebers. Der 5
Arbeitgeber erhält den Aufstockungsbetrag und die erhöhten Rentenversicherungsbeiträge erstattet, wenn **(1)** er aus Anlass des Übergangs des Arbeitnehmers in die Altersteilzeitarbeit **(a)** einen bei der Agentur für Arbeit arbeitslos gemeldeten Arbeitnehmer oder einen Arbeitnehmer nach Abschluss der Ausbildung auf dem freigemachten oder auf einem in diesem Zusammenhang durch Umsetzung freigewordenen Arbeitsplatz versicherungspflichtig im Sinne des SGB III beschäftigt oder **(b)** einen Auszubildenden versicherungspflichtig im Sinne des SGB III beschäftigt, sofern der Arbeitgeber nicht mehr als 50 Arbeitnehmer ausschließlich der zu ihrer Berufsbildung Beschäftigten beschäftigt. Im Falle (1) (a) wird bei Arbeitgebern mit nicht mehr als 50 Arbeitnehmern[8] unwiderleglich vermutet, dass der Arbeitnehmer auf dem freigemachten oder auf einem in diesem Zusammenhang durch Umsetzung freigewordenen Arbeitsplatz beschäftigt wird (§ 3 I Nr. 2a ATG). Für die Berechnung der Beschäftigtenzahl gilt § 7 I ATG. Hiernach ist das letzte Kalenderjahr maßgebend. Bei der Feststellung der Beschäftigtenzahl bleiben schwerbehinderte Menschen, Gleichgestellte und Auszubildende außer Ansatz. Teilzeitbeschäftigte werden nur anteilig berücksichtigt. Durch die Wiederbesetzung braucht sich nicht das Arbeitszeitvolumen zu erhöhen. Möglich ist z. B. die Einstellung eines bei der Agentur für Arbeit gemeldeten Arbeitslosen auf einem Altersteilzeitplatz als Teilzeit- oder Vollzeitkraft oder die Einstellung eines bei der Agentur für Arbeit gemeldeten Arbeitslosen auf zwei Altersteilzeitplätzen. Die Wiederbesetzung muss in sachlichem und zeitlichem Zusammenhang mit dem Übergang des älteren Arbeitnehmers in die Altersteilzeit erfolgen. Im Allgemeinen muss die Beset-

---

[4] EuGH 20. 3. 2003 – Rs. C 187/00 – NZA 2003, 506; 11. 9. 2003 – C-77/02; BAG 20. 8. 2002 AP 6 zu § 1 TVG Tarifverträge: Süßwarenindustrie = NZA 2003, 861.

[5] BAG 20. 8. 2002 AP 39 zu 611 BGB = NZA 2003, 510.

[6] Zum Diskriminierungsverbot: BAG 18. 11. 2003 AP 4 zu § 81 SGB IX = NZA 2004, 545; 27. 4. 2004 AP 1 zu § 8 ATG = DB 2004, 2534; *Zwanziger* RdA 2005, 235.

[7] Zur Neuregelung der Berechnungsmethode: *Kovacs/Koch* NZA 2004, 585.

[8] In der Praxis der BA wird dieses Privileg auch auf selbständige Organisationseinheiten mit nicht mehr als 50 Arbeitnehmern innerhalb eines größeren Unternehmens angewandt, s. hierzu ErfK/*Rolfs* § 3 ATG RN 8.

zung innerhalb von drei Monaten erfolgen (§ 5 II 2 ATG). **(2)** Weitere Voraussetzung ist die Einhaltung des Überforderungsschutzes (§ 3 I Nr. 3 ATG). Es muss die freie Entscheidung des Arbeitgebers beim Abschluss von Vereinbarungen über Altersteilzeitarbeit sichergestellt sein, soweit mehr als 5% der Arbeitnehmer des Betriebes Altersteilzeitarbeit in Anspruch nehmen (vgl. § 7 ATG). In die danach bestehende Entscheidungsfreiheit des Arbeitgebers darf auch nicht durch Tarifvertrag eingegriffen werden.[9] Hierdurch sollen vor allem Kleinbetriebe und Betriebe mit überdurchschnittlich vielen älteren Arbeitnehmern vor einer finanziellen Überforderung geschützt werden. Für die Berechnung der Zahl der Arbeitnehmer nach § 3 I Nr. 3 ATG ist der Durchschnitt der letzten zwölf Kalendermonate vor dem Beginn der Altersteilzeitarbeit maßgebend (§ 7 ATG).

III. Verpflichtung des Arbeitgebers

6 Das ATG regelt keine Verpflichtung zum Abschluss von Altersteilzeitverträgen. Sie kann in Tarifverträgen und Betriebsvereinbarungen enthalten sein.[10] Entsprechende Tarifnormen sind keine Betriebsnormen im Sinne von § 3 II TVG.[11] Im Tarifvertrag können für den Arbeitgeber Gründe zur Ablehnung des Wunsches auf Teilzeitarbeit normiert sein. Stellt der Tarifvertrag die Entscheidung über die vom Arbeitnehmer verlangte Vertragsänderung in das Ermessen des Arbeitgebers, hat der Arbeitgeber nach billigem Ermessen (§ 315 I BGB) zu entscheiden.[12] Ansprüche können sich auch aus dem Gleichbehandlungsgrundsatz ergeben. Der Arbeitgeber kann eine Stichtagsregelung treffen, wonach er nur bis zu einem bestimmten Zeitpunkt eingehende Anträge berücksichtigen will. Diese Regelung muss er allerdings im Betrieb bekanntgeben, um einen willkürlichen Ausschluss einzelner Arbeitnehmer auszuschließen.[13] Ein Arbeitgeber, der den Wunsch des Arbeitnehmers auf Abschluss eines Altersteilzeitvertrages zu Unrecht ablehnt, kann zum **rückwirkenden Abschluss** eines Altersteilzeitvertrages verurteilt werden.[14] Nach Inkrafttreten des Schuldrechtsmodernisierungsgesetzes ab dem 1. 1. 2002 ist der rückwirkende Abschluss eines Vertrages gem. § 275 I BGB (anders als nach § 306 BGB a. F.)[15] nicht mehr von vornherein nichtig.[16] Nicht möglich ist es aber, durch die rückwirkende Vereinbarung eines Altersteilzeitverhältnisses die Förderung nach dem ATG sowie die Steuer- und Sozialversicherungsfreiheit des Aufstockungsbeitrages herbeizuführen.[17]

IV. Verringerung und Verteilung der Arbeitszeit

7 Die Verringerung der Arbeitszeit kann im Kontinuitätsmodell oder im Blockmodell erfolgen.

8 **1. Kontinuitätsmodell.** Beim Kontinuitätsmodell vermindert sich die bisherige Arbeitszeit. Es wird weiter bis zum Ende der Altersteilzeitvereinbarung gearbeitet. Die Verteilung der Arbeitszeit bleibt den Vertragspartnern überlassen, um den jeweiligen betrieblichen Interessen gerecht zu werden. Es kann mithin eine durchgehende Halbtagsbeschäftigung und ein Wechsel von Arbeits- und Freistellungsphasen im täglichen, wöchentlichen, monatlichen oder Jahresrhythmus erfolgen.

9 **2. Blockmodell.** In der Praxis weitaus häufiger[18] findet sich das Blockmodell. Es ist z. B. denkbar, dass ein Arbeitnehmer ein Jahr arbeitet und dann ein Jahr aussetzt. Während der Zeit, in der er arbeitet, erhält er bereits das verminderte Entgelt. Der Arbeitnehmer tritt mit seinen vollen Arbeitsleistungen im Hinblick auf die anschließende Freistellungsphase in Vorleistung. Er erarbeitet sich einen Anspruch auf Vergütungszahlung sowie auf Freistellung in der Freistellungsphase.[19]

---

[9] BAG 15. 4. 2008 AP 39 zu § 1 TVG Altersteilzeit = NZA-RR 2008, 547.

[10] Vgl. BAG 12. 12. 2000 AP 1 zu § 3 ATG = NZA 2001, 1209; Altersteilzeit für sächs. Grundschullehrer: BAG 3. 12. 2002 AP 2 zu § 1 TVG Altersteilzeit = NZA-RR 2003, 613.

[11] BAG 18. 9. 2001 AP 3 zu § 3 ATG = NZA 2002, 1161.

[12] BAG 12. 12. 2000 AP 1 zu § 3 ATG = NZA 2001, 1209.

[13] BAG 15. 4. 2008 AP 39 zu § 1 TVG Altersteilzeit = NZA-RR 2008, 547.

[14] BAG 23. 1. 2007 AP 8 zu § 2 ATG = NZA 2007, 1236.

[15] S. z. B. BAG 28. 6. 2000 AP 6 zu § 1 KSchG 1969 Wiedereinstellung = NZA 2000, 1097; LAG Hamm 23. 2. 2001 DB 2001, 1890.

[16] BAG 27. 4 2004 AP 12 zu § 8 TzBfG = NZA 2004, 1225.

[17] *Zwanziger* RdA 2005, 236; *Abeln/Gaudernack* BB 2005, 46.

[18] Laut ErfK/*Rolfs* § 2 ATG RN 9 wird das Blockmodell in mehr als 90% aller Fälle gewählt.

[19] BAG 19. 10. 2004 AP 5 zu § 55 InsO = NZA 2005, 408; a. A. *Oberhofer/Wroblewski* ZInsO 2005, 696, die von einer ungleichmäßigen Arbeitszeit bei gleichmäßiger Bezahlung ausgehen.

In der **Insolvenz** des Arbeitgebers sind in der Freistellungsphase fällig werdende Vergütungsansprüche (einschließlich der Aufstockungsbeiträge) daher gem. § 108 II InsO Insolvenzforderungen, soweit die zugrunde liegende Arbeitsleistung vor Insolvenzeröffnung erbracht wurde.[20] Soweit die Arbeitnehmer Vergütungsansprüche geltend machen, die auf einer Arbeitsleistung nach Insolvenzeröffnung beruhen, sind sie Massegläubiger gem. § 55 I Nr. 2 InsO. Dabei erfolgt die Zuordnung der Arbeitsphase zu dem entsprechenden Zeitraum der Freistellungsphase zeitversetzt „spiegelbildlich", d. h. beispielsweise ist der Entgeltanspruch für die ersten drei Monate der Freistellungsphase in den ersten drei Monaten der Arbeitsphase erarbeitet[21] (zum Betriebsübergang in der Insolvenz s. auch RN 36). Das Gleiche gilt für die Aufstockungsleistungen des Arbeitgebers, die ebenfalls Entgelt im Sinne von §§ 611, 612 BGB sind.[22] 10

Ein im Blockmodell angespartes Wertguthaben muss **gegen den Fall der Insolvenz** des Arbeitgebers **gesichert** werden (§ 8a ATG). Aus § 8a ATG folgt ein einklagbarer Anspruch des Arbeitnehmers auf Insolvenzsicherung, und zwar ohne Verrechnung des monatlichen Aufstockungsbetrages.[23] Wegen der Sicherung besteht Gestaltungsfreiheit. Die Regelung des § 7e SGB IV in der ab dem 1. 1. 2009 geltenden Fassung[24] findet gem. § 8a I 2 2. Hs. ATG keine Anwendung, wohl aber die Regelungen in § 7d SGB IV über die Führung und Verwaltung von Wertguthaben[25] (s. auch § 160 RN 59ff.). Als Sicherung kommen Bankbürgschaften oder die Verpfändung von Wertpapieren usw. in Betracht. Kommt der Arbeitgeber seinen Verpflichtungen insoweit nicht nach, kann er gem. § 8a IV ATG zur Sicherheitsleistung verpflichtet werden. Ein Anspruch des Arbeitnehmers auf Schadensersatz gegenüber dem Geschäftsführer einer insolventen GmbH besteht in diesem Fall aber grundsätzlich nicht. Vertragliche Ansprüche kommen nur in Betracht, sofern ausnahmsweise eine persönliche Haftung des Organs eingreift (s. § 15 RN 13ff.). Eine deliktische Haftung gem. § 823 I BGB scheidet aus, weil das erworbene Wertguthaben kein sonstiges Recht im Sinne von § 823 I BGB ist, so dass lediglich eine Einstandpflicht gem. § 826 BGB oder § 823 II BGB i. V. m. § 263 StGB bei einem vorsätzlichen Verhalten bestehen kann.[26] Eine Haftung nach § 823 II BGB i. V. m. § 266 I StGB scheidet aus, weil den Geschäftsführer insoweit keine Vermögensbetreuungspflicht für den Arbeitnehmer trifft.[27] Auch § 7d I SGB VI (in der bis zum 31. 12. 2008 geltenden Fassung) war kein Schutzgesetz, dessen Verletzung eine Haftung des Geschäftsführers für nicht abgesicherte Wertguthaben auslöst.[28] Tarifliche oder gesetzliche Regelungen, die eine Verpflichtung zur Insolvenzsicherung begründen, sind kein Schutzgesetz im Sinne von § 823 II BGB.[29] **Endet das Arbeitsverhältnis vorzeitig,** kann der Arbeitnehmer Ausgleichsansprüche haben.[30] 11

3. Wöchentliche Arbeitszeiten. Sieht die Altersteilzeitvereinbarung **unterschiedliche wöchentliche Arbeitszeiten** oder eine **unterschiedliche Verteilung der wöchentlichen Arbeitszeit** vor, sind die Voraussetzungen der Altersteilzeit nach § 2 I Nr. 2 ATG auch dann gegeben, wenn **(1)** die wöchentliche Arbeitszeit im Durchschnitt eines Zeitraumes von drei 12

---

[20] BAG 19. 10. 2004 AP 5 zu § 55 InsO = NZA 2005, 408; 23. 2. 2005 AP 1 zu § 108 InsO = NZA 2005, 1016 (LS); 19. 12. 2006 AP 19 zu § 3 ATG = DB 2007, 1707; 30. 10. 2008 – 8 AZR 54/07 – (für einen Betriebsübergang in der Insolvenz während der Freistellungsphase).

[21] Vgl. BAG 24. 6. 2003 AP 1 zu § 4 ATG = DB 2004, 258; 19. 10. 2004 AP 5 zu § 55 InsO = NZA 2005, 408; 31. 1. 2008 AP 340 zu § 613a BGB = NZA 2008, 705; *Zwanziger* RdA 2005, 230; das LAG Niedersachsen spricht hier geometrisch genauer von einer Parallelverschiebung, s. Urteil vom 1. 7. 2004 – 5 Sa 1326/04; abw. LAG Schleswig-Holstein 10. 1. 2006 NZA-RR 2006, 293.

[22] BAG 11. 4. 2006 AP 7 zu § 2 ATG = NZA 2006, 926.

[23] LAG Hamm 12. 12. 2007 NZA-RR 2008, 462; zur Frage des vollstreckungsfähigen Inhalts eines entsprechenden Urteilstenors s BAG 30. 10. 2006 AP 1 zu § 704 ZPO = NZA 2007, 647.

[24] Gem. Gesetz zur Verbesserung der Rahmenbedingungen für die Absicherung flexibler Arbeitszeitregelungen und zur Änderung anderer Gesetze (Flexi-II-Gesetz) vom 21. 12. 2008 (BGBl. I S. 2940); s. hierzu *Hanau/Veit* NJW 2009, 182.

[25] *Hanau* NZA 2009, 225 (226).

[26] BAG 16. 8. 2005 AP 24 zu § 1 TVG Altersteilzeit = NZA 2006, 1057; 16. 8. 2005 AP 25 zu § 1 TVG Altersteilzeit = NZA 2006, 1052; 13. 12. 2005 AP 1 zu § 8a ATG = NZA 2006, 729; 13. 2. 2007 AP 40 zu § 611 BGB Haftung des Arbeitgebers = NZA 2008, 121.

[27] BAG 21. 11. 2006 AP 3 zu § 8a ATG = NZA 2007, 693; 13. 2. 2007 AP 40 zu § 611 BGB Haftung des Arbeitgebers = NZA 2008, 121.

[28] BAG 21. 11. 2006 AP 3 zu § 8a ATG = NZA 2007, 693; 13. 2. 2007 AP 40 zu § 611 BGB Haftung des Arbeitgebers = NZA 2008, 121.

[29] LAG Hamm 6. 5. 2004 – 8 Sa 2220/03; *Rolfs* NZS 2004, 568; a. A. wohl *Zwanziger* RdA 2005, 240; offen gelassen von BAG 16. 8. 2005 AP 24 zu § 1 TVG Altersteilzeit = NZA 2006, 1057.

[30] BAG 18. 11. 2003 AP 1 zu § 12 ATG = NZA 2004, 1223, zum TV ATZ (für den öffentlichen Dienst).

Jahren oder bei Regelung in einem Tarifvertrag, auf Grund eines Tarifvertrages in einer Betriebsvereinbarung oder in einer Regelung der Kirchen und der öffentlich-rechtlichen Religionsgesellschaften im Durchschnitt eines Zeitraumes von bis zu sechs Jahren die Hälfte der bisherigen wöchentlichen Arbeitszeit nicht überschreitet und der Arbeitnehmer versicherungspflichtig im Sinne des SGB III ist und **(2)** das Arbeitsentgelt für die Altersteilzeitarbeit sowie der Aufstockungsbetrag nach § 3 I Nr. 1 fortlaufend gezahlt wird (§ 2 II ATG).

13 **4. Verlängerung.** Gem. § 2 III ATG kann der Verteilzeitraum auf maximal 10 Jahre verlängert werden. Jedoch ist die Erstattung auf 6 Jahre begrenzt.

V. Erstattungsbetrag

14 Die Bundesagentur erstattet dem Arbeitgeber, wenn die Anspruchsvoraussetzungen von § 3 ATG vorliegen, den Aufstockungsbetrag und den Beitrag in der gesetzlichen Rentenversicherung in den Grenzen von § 3 (§ 4 I ATG).[31] Soweit Arbeitnehmer von der gesetzlichen Rentenversicherung befreit sind, gewährleistet § 4 II ATG, dass auch dieser Personenkreis in die Altersteilzeit einbezogen werden kann.

VI. Beendigung des Erstattungsanspruchs

15 Der Anspruch auf Zuschuss erlischt oder ruht, wenn die Voraussetzungen von § 5 ATG eintreten.

16 **1. Altersgrund.** Der Anspruch erlischt, wenn der Arbeitnehmer die Altersteilzeitarbeit beendet hat (§ 5 I Nr. 1 ATG).

17 **2. Altersruhegeld.** Der Anspruch erlischt mit Ablauf des Kalendermonats vor dem Kalendermonat, für den der Arbeitnehmer Rente wegen Alters oder, wenn er von der Versicherungspflicht in der gesetzlichen Rentenversicherung befreit ist, das 65. Lebensjahr vollendet hat oder eine der Rente vergleichbare Leistung einer Versicherungs- oder Versorgungseinrichtung oder eines Versicherungsunternehmens beanspruchen kann; dies gilt nicht für Renten, die vor dem für den Versicherten maßgebenden Rentenalter in Anspruch genommen werden können (§ 5 I Nr. 2 ATG).

18 **3. Renten.** Der Anspruch erlischt mit Beginn des Kalendermonats, für den der Arbeitnehmer eine Rente wegen Alters, eine Knappschaftsausgleichsleistung, eine ähnliche Leistung öffentlich-rechtlicher Art oder, wenn er von der Versicherungspflicht in der gesetzlichen Rentenversicherung befreit ist, eine vergleichbare Leistung einer Versicherungs- oder Versorgungseinrichtung oder eines Versicherungsunternehmens bezieht (§ 5 I Nr. 3 ATG).

19 **4. Fehlende Neueinstellung.** Der Anspruch auf Zuschuss besteht nicht, solange der Arbeitgeber auf dem freigemachten oder durch Umsetzung freigewordenen Arbeitsplatz keinen Arbeitnehmer beschäftigt, der bei der Agentur für Arbeit arbeitslos gemeldet war (§ 5 II 1 ATG). Im Falle der Wiederbesetzung eines Arbeitsplatzes werden die Leistungen erst nach einer Suchfrist von drei Monaten eingestellt (§ 5 II 2 ATG). Die Leistungen werden unabhängig von einem etwaigen Ausscheiden des auf dem freigewordenen Arbeitsplatz beschäftigten Arbeitnehmers weitergewährt, wenn dieser vier Jahre (im Kontinuitätsmodell) bzw. zwei Jahre (im Blockmodell) beschäftigt war.[32]

20 **5. Ruhen.** Der Anspruch auf Leistungen ruht während der Zeit, in der der Arbeitnehmer neben seiner Altersteilzeitarbeit Beschäftigungen oder selbstständige Tätigkeiten oberhalb der Geringfügigkeitsgrenze des § 8 SGB IV ausübt (§ 5 III ATG). Daher ist auch eine vertragliche Vereinbarung, die Nebentätigkeiten verbietet, wegen des berechtigten Interesses des Arbeitgebers hieran zulässig.[33] Der Anspruch auf die Leistungen ruht ferner während der Zeit, in der der Arbeitnehmer über die Altersteilzeit hinaus Mehrarbeit leistet, die den Umfang der Geringfügigkeitsgrenze des § 8 SGB IV überschreitet. Der Anspruch erlischt, wenn er 150 Tage geruht hat.

21 **6. Einkommen.** Nach § 5 V ATG findet § 48 I Nr. 3 SGB X keine Anwendung. Hier ist bestimmt, dass ein Verwaltungsakt mit Wirkung vom Zeitpunkt der Änderung der Verhältnisse aufgehoben werden soll, wenn nach Antragstellung oder Erlass des Verwaltungsaktes Einkommen oder Vermögen erzielt wird, das zum Wegfall oder der Minderung des Anspruches geführt haben würde.

---

[31] Zur Berücksichtigung der Kirchensteuer BAG 29. 7. 2003 AP 8 zu § 3 ATG = NZA 2004, 308.
[32] ErfK/*Rolfs* § 5 ATG RN 1.
[33] *Zwanziger* RdA 2005, 234/235.

VII. Altersteilzeitarbeitsverhältnis

1. Rechtsnatur und Inhalt. Es ist ein normales Teilzeitarbeitsverhältnis in Form eines (nachträglich) befristeten Arbeitsverhältnisses. Es kann auch als Job-Sharing- oder Abrufarbeitsverhältnis geschlossen werden. Nach § 8 III ATG kann die Vereinbarung über die Altersteilzeit die Beendigung auf den Zeitpunkt vorsehen, in dem der Arbeitnehmer Anspruch auf eine Altersrente wegen Alters hat. Auch bei einer solchen Vereinbarung ist eine **Befristung** anzunehmen und nicht etwa eine auflösende Bedingung.[34] § 8 III ATG enthält einen gesetzlichen Befristungsgrund für Vereinbarungen, die eine Beendigung mit dem Zeitpunkt vorsehen, zu dem der Arbeitnehmer eine Rente wegen Alters (§ 33 II SGB VI) in Anspruch nehmen kann.[35] Hierunter fallen auch Vereinbarungen, die auf einen vorgezogenen Renteneintritt (§ 33 II Nr. 2–6 SGB VI) abstellen.[36] Entsprechendes gilt für Vereinbarungen, die eine Beendigung mit dem Zeitpunkt vorsehen, zu dem der Arbeitnehmer oder Leistungen einer befreienden Lebensversicherung in Anspruch nehmen kann.[37] In § 41 Satz 2 SGB VI ist der Fall der Altersteilzeitarbeit nicht erfasst, so dass die Fiktion einer Befristung auf das Erreichen der Regelaltersgrenze nicht gilt. Führt die Beendigung des Teilzeitarbeitsverhältnisses auf Grund des Fristablaufs zu einem Anspruchsverlust beim Arbeitslosengeld, ergibt sich hieraus kein Schadenersatzanspruch des Arbeitnehmers, sofern die Altersteilzeitvereinbarung die Voraussetzungen des § 8 III ATG erfüllt, weil den Arbeitgeber in diesem Fall im Allgemeinen keine Nebenpflichten hinsichtlich der Vermögensinteressen des Arbeitnehmers treffen.[38] Gem. §§ 14 IV, 21 TzBfG ist die Einhaltung der **Schriftform** erforderlich. 22

Eine **auflösende Bedingung** gem. § 21 TzBfG liegt dagegen insoweit vor, als neben einem bestimmten Enddatum eine Bestimmung in den Altersteilzeitvertrag aufgenommen wird, nach der das Arbeitsverhältnis mit Ablauf des Kalendermonats endet, in dem der Arbeitnehmer die frühestmögliche gesetzliche Rente in Anspruch nehmen kann, und bei Vertragsschluss noch ungewiss war, ob der Arbeitnehmer die Voraussetzungen für die Inanspruchnahme einer vorzeitigen Altersrente erfüllen würde.[39] Eine solche Bestimmung in allgemeinen Geschäftsbedingungen kann als eine überraschende Klausel gem. § 305c I BGB unwirksam sein, wenn sie von den im Rahmen der Vertragsverhandlungen geweckten Erwartungen deutlich abweicht und der Arbeitnehmer mit dieser nach den Umständen nach vernünftigerweise nicht zu rechnen brauchte. Jedenfalls ist eine solche Regelung, die weitere Beendigungstatbestände vor Ablauf der vereinbarten Zeitbefristung vorsieht, am Transparenzgebot des § 307 I 2 BGB zu messen. Die vorzeitige Beendigungsmöglichkeit muss im Vertragstext deutlich erkennbar hervorgehoben werden.[40] 23

Das Arbeitsverhältnis besteht auch während der Freistellungsphase im Blockmodell weiter. Da ein Ruhen des Arbeitsverhältnisses nur anzunehmen ist, wenn eine vollständige Freistellung der Vertragsparteien von den beiderseitigen Hauptpflichten erfolgt, **ruht** es auf Grund der fortbestehenden Vergütungspflicht auch **während der Freistellungsphase nicht.**[41] Die Sozialversicherungspflicht besteht fort.[42] Zur Berücksichtigung der Arbeitnehmer in der Freistellungsphase bei der Ermittlung der Beschäftigtenzahl gem. § 23 I KSchG s. RN 39. 24

Der Arbeitgeber schuldet neben dem – reduzierten – Entgelt[43] die Zahlung eines **Aufstockungsbetrages.** Dieser kann durch Tarifvertrag oder Arbeitsvertrag über den für die Förderung gem. § 3 I Nr. 1a ATG erforderlichen Betrag von 20% hinaus erhöht werden. Der Aufstockungsbetrag ist gem. § 3 Nr. 28 EStG steuerfrei.[44] Er ist kein Arbeitsentgelt i. S. v. § 14 SGB IV.[45] 25

---

[34] Vgl. BAG 14. 8. 2002 AP 20 zu § 620 BGB Altersgrenze = NZA 2003, 1397; 27. 4. 2004 AP 1 zu § 8 ATG = DB 2004, 2534.

[35] Zur analogen Anwendung der früheren Fassung des § 8 III ATG: BAG 27. 4. 2004 AP 1 zu § 8 ATG.

[36] *Schreiner* NZA 2007, 846 (847).

[37] BAG 16. 11. 2005 AP 2 zu § 8 ATG = NZA 2006, 535.

[38] BAG 16. 11. 2005 AP 2 zu § 8 ATG = NZA 2006, 535.

[39] BAG 8. 8. 2007 AP 4 zu § 21 TzBfG = NZA 2008, 1208 (LS).

[40] BAG 8. 8. 2007 AP 4 zu § 21 TzBfG = NZA 2008, 1208 (LS).

[41] BAG 15. 3. 2005 AP 31 zu § 7 BUrlG = NZA 2005, 994; 31. 1. 2008 AP 340 zu § 613a BGB = NZA 2008, 705.

[42] BSG 24. 9. 2008 – B 12 KR 27/07 R – SozR 4–0000.

[43] Hierzu gehört auch eine Vorhandwerkerzulage, s. BAG 24. 6. 2003 AP 1 zu § 4 ATG = DB 2004, 258.

[44] Zur Berücksichtigung eines auf der Lohnsteuerkarte eingetragenen Freibetrages im Rahmen der Regelung in § 5 TV ATZ vgl. BAG 17. 1. 2006 AP 1 zu § 5 ATG = NZA 2006, 1001.

[45] BSG 17. 4. 2007 NZA 2008, 98.

26 Erhöht sich beim Arbeitnehmer wegen der Altersteilzeit gem. § 32b II Nr. 1g EStG der Steuersatz (Progressionsvorbehalt), so besteht insoweit kein Ersatzanspruch des Arbeitnehmers,[46] es sei denn, die Arbeitsvertragsparteien haben etwas anderes vereinbart. Eine bloße Nettolohnabrede ist hierfür aber nicht ausreichend.[47] Eine **Änderung der Lohnsteuerklasse** während des Altersteilzeitarbeitsverhältnisses ist für die Berechnung des Aufstockungsbetrages beachtlich, sofern sie nicht rechtsmissbräuchlich erfolgte. Ein Rechtsmissbrauch liegt vor, wenn für die Änderung kein sachlicher Grund besteht und sie nur deshalb erfolgt ist, um die Zuschusspflicht des Arbeitgebers zu erhöhen.[48] Beweispflichtig für die Umstände, die eine Treuwidrigkeit begründen, ist der Arbeitgeber.[49] Regelmäßig nicht als treuwidrig anzusehen ist die Wahl der Lohnsteuerklassen IV/IV bei Ehegatten, auch wenn sie bezogen auf das Gesamteinkommen der Ehegatten steuerlich nicht optimal ist.[50] Um sich aus der Wahl der Steuerklasse für ihn entstehende Nachteile zu vermeiden, besteht für den Arbeitgeber die Möglichkeit, die für die Berechnung des Aufstockungsbeitrages maßgebliche Lohnsteuerklasse vertraglich festzulegen. In welchem Umfang der Arbeitgeber etwaige Nachteile bei sozialrechtlichen Gesetzesänderungen ausgleichen muss, hängt von den getroffenen Vereinbarungen ab.[51]

27 **2. Irrtum über die sozialrechtlichen Folgen.** Ein Irrtum über die sozialrechtlichen Folgen einer Altersteilzeitvereinbarung ist kein Inhaltsirrtum, der zur Anfechtung nach § 119 BGB berechtigt.[52] Nehmen beide Arbeitsvertragsparteien irrtümlich an, der Arbeitnehmer könne nach dem Ende der Altersteilzeit unmittelbar Rente beanspruchen, kann eine Anpassung des Vertrages nach den Regeln über die Störung der Geschäftsgrundlage (§ 313 BGB) in Betracht kommen.[53] Eine Rückkehr zum alten Arbeitsverhältnis kann hierauf aber regelmäßig nicht gestützt werden, weil nach § 313 BGB nicht stärker in die Geschäftsgrundlage eingegriffen werden darf, als es durch die Anpassung an die fälschlicherweise angenommenen Umstände geboten ist.[54] Schlägt der Arbeitgeber vor, das Arbeitsverhältnis im Rahmen einer Altersteilzeitvereinbarung zu beenden, müssen die von ihm dabei gemachten Angaben über die versorgungsrechtlichen Folgen richtig sein. Anderenfalls verletzt er eine ebenpflicht aus dem Arbeitsverhältnis und kann sich schadensersatzpflichtig machen.[55]

28 **3. Urlaub, Krankheit.** Während des Urlaubs oder der Erkrankung hat der Arbeitgeber die Altersteilzeitvergütung einschließlich des Aufstockungsbetrages und die Beträge für die gesetzliche Rentenversicherung weiterzuzahlen.

29 Der Anspruch auf **Entgeltfortzahlung** im Krankheitsfall besteht im Rahmen des § 3 I 1 und 2 EFZG (sechs Wochen). Nach Ablauf des Entgeltfortzahlungszeitraums erhält der Arbeitnehmer Krankengeld gem. §§ 44ff. SGB V von der Krankenkasse. Die Leistungen berechnen sich gem. § 47 II 4, 5 SGB V auch in der Arbeitsphase des Blockmodells nach dem tatsächlich zugeflossenen – reduzierten – Entgelt, aber ohne die Aufstockungsbeträge. Der Aufstockungsbetrag wird gem. § 10 I 1 ATG (auch bei privat Versicherten) unmittelbar von der Bundesagentur an den Arbeitnehmer geleistet; das gilt aber nur bei einer nach Wiederbesetzung des Arbeitsplatzes geförderten Altersteilzeit, also nicht während der Arbeitsphase im Blockmodell, weil hier ja eine Ersatzeinstellung erst in der Freistellungsphase erfolgt. In der Praxis leistet der Arbeitgeber zumeist die Aufstockungen und erhält nach der Wiederbesetzung Ersatz von der Bundesagentur und trägt damit dann aber auch das Risiko der Wiederbesetzung des Arbeitsplatzes.[56] Fällt die Erkrankung beim Blockmodell in die Freistellungsphase, ist das Entgelt fortzuentrichten, allerdings nicht gem. § 3 EFZG sondern auf Grund der vereinbarten Freistellung, die durch die in der Arbeitsphase erbrachte Vorleistung verdient ist.[57] Da der Entgeltzahlungsanspruch daher auch über den Entgeltfortzahlungszeitraum des § 3 EFZG hinaus bestehen kann, ruht insoweit gem. § 49 I Nr. 6 SGB V der Anspruch auf Krankengeld.

---

[46] BAG 25. 6. 2002 AP 4 zu § 3 ATG = NZA 2003, 859.
[47] *Zwanziger* RdA 2005, 232 m. w. N.
[48] BAG 9. 9. 2003 AP 2 zu § 4 ATG = DB 2004, 821.
[49] BAG 9. 9. 2003 AP 18 zu § 1 TVG Tarifverträge: Deutsche Bahn = NZA 2004, 496.
[50] BAG 13. 6. 2006 AP 29 zu § 1 TVG Altersteilzeit = NZA 2007, 275.
[51] BAG 20. 6. 2000 NZA 2002, 56 (LS) = DB 2000, 1414 (LS).
[52] BAG 10. 2. 2004 AP 15 zu § 119 BGB = NZA 2004, 606.
[53] *Melms/Schwarz* DB 2006, 2010, 2012ff.
[54] BAG 10. 2. 2004 AP 15 zu § 119 BGB = NZA 2004, 606.
[55] BAG 10. 2. 2004 AP 15 zu § 119 BGB = NZA 2004, 606.
[56] *Rittweger* § 10 ATG RN 13; ErfK/*Rolfs* § 10 ATG RN 4.
[57] *Debler* NZA 2001, 1285, 1286.

Wegen des **Urlaubs** gelten im Kontinuitätsmodell keine Besonderheiten. Dasselbe gilt während der Arbeitsphase im Blockmodell. Wird der Urlaub hier bis zum Ende der Arbeitsphase nicht vollständig in Anspruch genommen, ist er zu diesem Zeitpunkt nicht etwa gem. § 7 IV BUrlG abzugelten, weil das Arbeitsverhältnis ja noch nicht beendet ist.[58] Der Anspruch verfällt dann regelmäßig gem. § 7 III BUrlG nach Ablauf des Übertragungszeitraums.[59] Soweit die Inanspruchnahme des Urlaubs allerdings deshalb unmöglich war, weil der Arbeitnehmer erkrankt war (s. hierzu § 102 RN 26, 107), darf das nach der neuesten Rspr. des EuGH[60] gem. Art. 7 der Richtlinie 2003/88/EG nicht zu einem Verlust des Urlaubsanspruchs führen; dieser ist vielmehr bei Beendigung des Arbeitsverhältnisses abzugelten. Das kann aber nur für den vierwöchigen Jahresurlaub nach Art. 7 I der Richtlinie 2003/88/EG gelten. Während der Freistellungsphase müssten an sich zusätzliche Urlaubsansprüche erworben werden, weil es für das Entstehen des Urlaubsanspruchs nur auf den rechtlichen Bestand des Arbeitsverhältnisses und nicht auf das tatsächliche Erbringen der Arbeitsleistung ankommt (s. § 102 RN 26 m. w. N.). Da aber in diesem Zeitraum eine Arbeitsverpflichtung des Arbeitnehmers von vornherein nicht entstehen kann, wird hierfür auch ein Urlaubsanspruch nicht begründet. Im Übrigen erwirbt der Arbeitnehmer den Anspruch auf Freistellung und Vergütungszahlung in der Freistellungsphase nicht nur durch seine Arbeitsleistung in diesem Zeitraum, sondern in gleicher Weise auch („spiegelbildlich“[61]) für die in dieser Phase gewährten Urlaubszeiträume. Im Jahr des Übergangs von der Arbeitsphase in die Freistellungsphase entsteht daher nur ein anteiliger Urlaubsanspruch, und zwar auch bei einem Übergang in der zweiten Jahreshälfte.[62] Urlaubsabgeltungsansprüche nach § 7 IV BUrlG können für die Freistellungsphase nicht entstehen.[63] 30

4. Kündigungsschutz. Arbeitnehmer im Altersteilzeitverhältnis genießen den allgemeinen und besonderen Kündigungsschutz. § 8 I ATG bestimmt darüber hinaus, dass die Berechtigung zur Inanspruchnahme von Altersteilzeitarbeit keinen die Kündigung sozial rechtfertigenden Grund im Sinne von § 1 II 1 KSchG darstellt. Ebenso wenig kann sie im Rahmen der sozialen Auswahl nach § 1 III 1 KSchG bei einer betriebsbedingten Kündigung berücksichtigt werden. Der Altersteilzeitvertrag kann als befristeter Vertrag nach § 15 III TzBfG nur dann ordentlich gekündigt werden, wenn dies ausdrücklich vereinbart ist[64] oder wenn das Insolvenzverfahren eröffnet wurde (§ 113 Satz 1 InsO). 31

a) Für das **Kontinuitätsmodell** ergeben sich sonst keine kündigungsrechtl. Besonderheiten.[65] 32

b) Im **Blockmodell** ist die Situation wegen der in der Arbeitsphase angesparten Vergütungsansprüche komplizierter: Die Stilllegung eines Betriebes stellt kein **dringendes betriebliches Erfordernis** dar, das nach § 1 II KSchG die Kündigung eines Arbeitnehmers, der sich bereits in der Freistellungsphase im Blockmodell befindet, sozial rechtfertigen kann, weil der Arbeitnehmer seine volle, vertraglich geschuldete Arbeitsleistung bereits erbracht hat. Dies gilt auch bei einer Kündigung durch den Insolvenzverwalter.[66] Demgegenüber wird die Möglichkeit einer betriebsbedingten Kündigung während der Arbeitsphase bejaht.[67] Eine **verhaltensbedingte** ordentliche oder außerordentliche **Kündigung** ist dagegen auch in der Freistellungsphase möglich, sofern die Gründe so schwerwiegend sind, dass sie die Kündigung trotz der Freistellung gem. § 1 II KSchG sozial rechtfertigen oder einen wichtigen Grund gem. § 626 I BGB darstellen.[68] Denkbar sind dabei Verstöße gegen Nebenpflichten, die von der Erbringung der Arbeitsleistung unabhängig sind,[69] z. B. der Verrat von Geschäftsgeheimnissen.[70] Ob auch eine Kündi- 33

---

[58] BAG 15. 3. 2005 AP 31 zu § 7 BUrlG = NZA 2005, 994; 10. 5. 2005 AP 88 zu § 7 BUrlG Abgeltung = NZA 2005, 1432 (LS); LAG Hamburg 26. 6. 2002 AP 2 zu § 2 ATG = NZA-RR 2003, 238.

[59] BAG 15. 3. 2005 AP 31 zu § 7 BUrlG = NZA 2005, 994.

[60] EuGH 20. 1. 2009 – C-350/06 (Schultz-Hoff) u. C-520/06 (Stringer u. a.) – NJW 2009, 495; so jetzt auch BAG 24. 3. 2009 – 9 AZR 983/07.

[61] Vgl. BAG 24. 6. 2003 AP 1 zu § 4 ATG; 19. 10. 2004 AP 5 zu § 55 InsO = NZA 2005, 408.

[62] A. A. LAG Niedersachsen 19. 5. 2005 – 4 Sa 646/05 – n. v.

[63] So auch z. B. die Regelung in § 7 Satz 1 TV ATZ (für den öffentlichen Dienst); vgl. auch LAG Hamburg 26. 6. 2002 AP 2 zu § 2 ATG = NZA-RR 2003, 238.

[64] ErfK/*Rolfs* § 8 ATG RN 1.

[65] *Stück* NZA 2000, 752.

[66] BAG 5. 12. 2002 AP 124 zu § 1 KSchG 1969 Betriebsbedingte Kündigung = NZA 2003, 789; a. A. *Schweig/Eisenreich* BB 2003, 1434.

[67] BAG 16. 6. 2005 AP 13 zu § 3 ATG = NZA 2006, 270; LAG Düsseldorf 27. 5. 2003 NZA-RR 2003, 635.

[68] ErfK/*Rolfs* § 8 ATG RN 2, 3; APS/*Preis* § 8 ATG RN 6.

[69] *Stück* NZA 2000, 751.

[70] ErfK/*Rolfs* § 8 ATG RN 3.

gung auf Grund von früheren Vorfällen, die erst in der Freistellungsphase zur Kenntnis des Arbeitgebers gelangt sind und das Vertrauensverhältnis zerstören, ausgesprochen werden kann,[71] ist fraglich. Auf ein derartiges Vertrauen dürfte es angesichts der fehlenden Arbeitsverpflichtung im allgemeinen nicht mehr ankommen. Jedenfalls ist die Tatsache der Freistellung von der Arbeitsleistung stets bei der erforderlichen Interessenabwägung zu berücksichtigen.[72] Eine **personenbedingte Kündigung** (z. B. wegen langanhaltender Erkrankung) wird in der Freistellungsphase ausscheiden, weil sich personenbedingte Gründe wegen der bereits vollumfänglich erbrachten Arbeitsleistung regelmäßig nicht mehr auf das Arbeitsverhältnis auswirken können.[73]

34 Die Möglichkeit der Beendigung des Arbeitsverhältnisses durch Kündigung des Arbeitnehmers oder den Abschluss eines Aufhebungsvertrages ist nicht ausgeschlossen; ebenso endet das Altersteilzeitverhältnis, falls der Arbeitnehmer vor Ablauf der Befristung stirbt.[74]

35 Von der Frage der Vertragsbeendigung, insbesondere der Wirksamkeit einer Kündigung, zu unterscheiden ist die Frage der **Auswirkung auf bereits angesparte Vergütungsansprüche.** Das ATG enthält hierzu keine Regelungen. Das während der Freistellungsphase zu zahlende Entgelt ist Gegenleistung für die während der Arbeitsphase über die verringerte Arbeitszeit hinausgehende Arbeit.[75] Der Arbeitnehmer erbringt also eine Vorleistung.[76] Daher können die in der Arbeitsphase erarbeiteten und nur für die Freistellungsphase angesparten Ansprüche durch eine spätere Kündigung nicht mehr zum Erlöschen gebracht werden.[77] Etwas anderes kann gem. § 242 BGB (Rechtsmissbrauch) in Anlehnung an die im Betriebsrentenrecht entwickelten Grundsätze (s. § 83 RN 334) allenfalls dann gelten, wenn sich die frühere Arbeitsleistung des Arbeitnehmers mit Blick auf seine Vertragsverstöße rückblickend als wertlos erweist.[78] Nach dem Tod des Arbeitnehmers können im Blockmodell evtl. bereits erarbeitete aber noch nicht fällige Ansprüche auf die Erben übergehen.[79] Die Situation ist nicht vergleichbar mit der bei einer Abfindungsvereinbarung, bei der im allgemeinen kein Anspruch entsteht, wenn der Arbeitnehmer vor Fälligkeit der Abfindung verstirbt (s. § 244 RN 57 m. w. N.). Dort ist der Anspruch nämlich nicht lediglich vertagt, sondern entsteht im allgemeinen nur, sofern das Arbeitsverhältnis bis zu diesem Zeitpunkt nicht aus anderen Gründen vorzeitig beendet worden ist. Für alle Fälle einer vorzeitigen Vertragsbeendigung kann vereinbart werden, dass kein Anspruch auf Vergütungszahlung für die folgenden Monate mehr besteht, sondern nur auf Zahlung der Differenz zwischen der bisher geleisteten Vergütung und dem Arbeitsentgelt, das ohne die Altersteilzeitregelung in der Phase der Vorleistung gezahlt worden wäre.[80] Bei der Berechnung dieses Differenzanspruchs können auch die zugeflossenen Aufstockungsleistungen berücksichtigt werden.[81] Ein tarifliches Sterbegeld gem. § 23 III TVöD) bemisst sich nach der Altersteilzeitvergütung.[82]

36 **5. Arbeitgeberwechsel.** Bei einem Betriebsübergang tritt der neue Arbeitgeber § 613 a I 1 BGB in die Rechte und Pflichten aus dem Altersteilzeitvertrag mit dem bisherigen Arbeitgeber ein.[83] Das gilt auch bei einem Übergang während der Freistellungsphase im Blockmodell.[84] Bei einer Betriebsübernahme nach Insolvenzeröffnung während der Arbeitsphase im Blockmodell haftet der Übernehmer nur für die ab der Insolvenzeröffnung entstandenen Masseforderungen (s. auch RN 10), da die Regelungen in § 613 a I 1 und II BGB über die für die Haftung des Erwerbers nicht für Ansprüche anzuwenden sind, die dem insolvenzrechtlichen Grundsatz der

[71] So LAG Schleswig-Holstein 18. 1. 2005 NZA-RR 2005, 367.

[72] Vgl. BAG 5. 4. 2001 AP 34 zu § 619 a BGB Verdacht strafbarer Handlung = NZA 2001, 837.

[73] *Stück* NZA 2000, 751.

[74] Regelungsvorschläge für den Altersteilzeitvertrag zur Behandlung diese Fälle finden sich bei *Kerschbaumer/Tiefenbacher* ArbuR 98, 58 ff.; vgl. auch § 9 III TV ATZ.

[75] BAG 4. 10. 2005 AP 16 zu § 3 ATG = NZA 2006, 506.

[76] BAG 19. 10. 2004 AP 5 zu § 55 InsO = NZA 2005, 408.

[77] ErfK/*Rolfs* § 8 ATG RN 2; APS/*Preis* § 8 ATG RN 5.

[78] A. A. APS/*Preis* § 8 ATG RN 5.

[79] *Stief* S. 81; a. A. unter Hinweis auf die Rspr. des BAG zum Abfindungsanspruch: *Rittweger* in Rittweger/Petri/Schweigert B. RN 43.

[80] So z. B. § 9 III TV ATZ (für den öffentlichen Dienst); vgl. für den Fall des Todes des Arbeitnehmers während der Arbeitsphase: BAG 12. 5. 2005 AP 1 zu § 41 BAT-O = NZA 2006, 50; weitere Beispiele für solche tariflichen Regelungen bei *Debler* NZA 2001, 1289

[81] BAG 14. 10. 2003 AP 9 zu § 3 ATG = NZA 2004, 860; *Zwanziger* RdA 2005, 238; a. A. *Rolfs* RdA 2004, 372.

[82] BAG 12. 5. 2005 AP 1 zu § 41 BAT-O = NZA 2006, 50.

[83] BAG 19. 10. 2004 AP 5 zu § 55 InsO = NZA 2005, 408.

[84] BAG 31. 1. 2008 AP 340 zu § 613 a BGB = NZA 2008, 705; BAG 30. 10. 2008 – 8 AZR 54/07.

gleichmäßigen Gläubigerbefriedigung unterliegen.[82] Findet ein Arbeitgeberwechsel auf Grund einer Vereinbarung statt, ohne dass ein Betriebsübergang vorliegt, ist es möglich, den Eintritt des neuen Arbeitgebers in die Altersteilzeitvereinbarung vertraglich zu regeln.[83]

6. Mitwirkungspflichten. Das Gesetz enthält eine Reihe von Mitwirkungspflichten von Arbeitgeber und Arbeitnehmer bei der Durchführung der Teilzeitarbeit. Die Mitwirkungspflichten des Arbeitgebers gegenüber der Bundesagentur ergeben sich aus §§ 60ff. SGB I, 11 ATG. Der Arbeitnehmer hat dem Arbeitgeber Änderungen der ihn betreffenden Verhältnisse, die für die Leistungen der Bundesagentur an den Arbeitgeber von Bedeutung sind, unverzüglich mitzuteilen. Erbringt eine Ausgleichskasse oder eine gemeinsame Einrichtung statt des Arbeitgebers Leistungen an den Arbeitnehmer, so besteht die Mitteilungspflicht gegenüber diesen Einrichtungen (§ 11 I 2 ATG). Der Arbeitnehmer ist der Bundesagentur zur Erstattung der an den Arbeitgeber erbrachten Leistungen verpflichtet, wenn er vorsätzlich oder grob fahrlässig Angaben gemacht hat, die unrichtig oder unvollständig sind, oder wenn er seiner Mitteilungspflicht nicht nachgekommen ist (§ 11 II ATG). 37

7. Betriebsverfassungsrechtliche Stellung/Betriebsgröße. Für Arbeitnehmer im Kontinuitätsmodell und in der Arbeitsphase im Blockmodell bestehen keine Besonderheiten. 38

Die in der **Freistellungsphase** der Altersteilzeit befindlichen Arbeitnehmer sind bei **Betriebsratswahlen** dagegen nicht wahlberechtigt und auch nicht wählbar, weil sie dem Betrieb nicht mehr angehören und eine Rückkehr in die Betriebsorganisation nicht vorgesehen ist.[84] Aus diesem Grund dürften sie auch bei der Ermittlung der Beschäftigtenzahl gem. **§ 23 I KSchG** nicht zu berücksichtigen sein, und zwar – anders als z.B. nach § 21 VII BEEG – unabhängig davon, ob tatsächlich gem. § 3 I Nr. 2 ATG eine Ersatzeinstellung erfolgt ist. Eine etwaige **Mitgliedschaft im Betriebsrat** erlischt mit dem Übergang in die Freistellungsphase.[85] Ferner sind Arbeitnehmer in der Freistellungsphase bei der für die Anzahl der Betriebsratsmitglieder maßgeblichen **Belegschaftsstärke nach § 9 BetrVG** nicht zu berücksichtigen.[86] Ein Arbeitnehmervertreter im Aufsichtsrat einer nach § 76 BetrVG 1952 mitbestimmten Aktiengesellschaft ist während der Freistellungsphase im Blockmodell der Altersteilzeit bis zum Ende seines Arbeitsverhältnisses nicht mehr beschäftigter Arbeitnehmer. Ist er der einzige Vertreter seiner Arbeitnehmergruppe, endet mit Beginn der Freistellungsphase seine Mitgliedschaft im Aufsichtsrat.[87] 39

§ 82. Grundlagen der Altersversorgung

Übersicht

	RN
I. Quellen	1
II. Entwicklung der gesetzlichen Rentenversicherung	2ff.
1. Grundlagen	2–7
2. Rentenreform 2004	8–11
3. Träger der Rentenversicherung	12
III. Versicherungspflicht	13ff.
1. Gesetzliche Grundlage	13–17
2. Befreiung von der Versicherungspflicht nach § 5 SGB VI	18
3. Befreiung von der Versicherungspflicht nach § 6 SGB VI	19
4. Freiwillige Versicherung	20–22
5. Europarecht	23
IV. Rentenarten in der gesetzlichen Rentenversicherung	24ff.
1. Allgemeine Voraussetzungen	24
2. Renten wegen Alters, Erwerbsminderung, Berufs- und Erwerbsunfähigkeit	25–38
3. Hinterbliebenenrente (§ 46 SGB VI)	39–44
4. Flexibilisierung der Lebensarbeitszeit	45–49
5. Hinzuverdienstgrenze	50–55
6. Rentenformel	56–61
7. Gesamtleistungsbewertung	62–67
8. Auskunft	68
9. Eigentumsschutz	69
10. Verschämte Armut	70
V. Kapitalgedeckte Altersversorgung	71ff.
1. Grundlage	71
2. Geförderter Personenkreis	72
3. Grundsätze der Förderung	73

[82] BAG 19. 12. 2006 AP 19 zu § 3 ATG = DB 2007, 1707; 30. 10. 2008 – 8 AZR 54/07.
[83] Zu den sozialrechtlichen Fragen s. *Engesser Means/Claus* NZA 2006, 293.
[84] *Rieble/Gutzeit* BB 98, 641; ErfK/*Rolfs* § 8 ATG RN 11; a. A. *Natzel* NZA 98, 1265.
[85] *Fitting* § 24 BetrVG RN 38; *Zwanziger* RdA 2005, 237.
[86] BAG 16. 4. 2003 AP 1 zu § 9 BetrVG 2002 = NZA 2003, 1345.
[87] BAG 25. 10. 2000 AP 32 zu § 76 BetrVG 1952 = NZA 2001, 461; dazu *Haag/Gräter/Dangelmeier* DB 2001, 702.

	RN		RN
4. Förderfähige Anlageformen	74	7. Unterstützungskassen	88
5. Wohneigentum	75	8. Entgeltumwandlung	89
6. Förderkonzept	76	9. Beitragsorientierte Leistungszusage	90, 91
7. Höhe der Zulage	77, 78	10. Pensionsfonds	92
8. Sonderausgabe	79	VII. Besteuerung der Alterseinkünfte	93 ff.
VI. Formen der betrieblichen Altersversorgung	80 ff.	1. Gleichheit der Besteuerung	93
1. Formenreichtum	80	2. Besteuerung der Vorsorgeaufwendungen in der Ansparphase	94–96
2. Höherversicherung	81	3. Günstigkeitsprüfung	97
3. Direktversicherung	82	4. Auszahlungsphase	98, 99
4. Überbetriebliche Einrichtungen	83, 84	5. Ertragsanteilbesteuerung	100
5. Direktzusage	85		
6. Pensionskassen	86, 87		

I. Quellen

1 Die Altersversorgung der in abhängiger Arbeit Beschäftigten wird im Idealfall aus drei Quellen gespeist:

(1) der gesetzlichen Rentenversicherung;[1]

(2) einer betrieblichen Altersversorgung;[2]

(3) der Eigenvorsorge. In früheren Jahren dachte man hierbei vor allem an die Eigenvorsorge durch Lebensversicherungen, Eigenheimbau und Ersparnisse. Nach Inkrafttreten des AVmG sollen die Eigenmittel vor allem in die kapitalgedeckte Altersversorgung fließen (RN 71 ff.).

II. Entwicklung der gesetzlichen Rentenversicherung

2 **1. Grundlagen.** In der gesetzlichen Rentenversicherung sind im wesentlichen folgende Entwicklungsphasen zu verzeichnen:

3 **a)** Am **Beginn der ersten Phase** steht das Gesetz zur Neuregelung des Rechts der Rentenversicherung der Arbeiter (ArVNG) und der Angestellten (AnVNG) vom 23. 2. 1957 (BGBl. I S. 45, 88) sowie der knappschaftlichen Rentenversicherung (KnVNG) vom 21. 5. 1957 (BGBl. I S. 533 m. spät. Änd.). Kernstück war die Rentenformel, mit der das Prinzip der individuellen lohn- und beitragsbezogenen Lebensstandardsicherung durchgesetzt wurde. Die **zweite Phase** der Entwicklung beginnt im Zusammenhang mit der Wirtschaftskrise Mitte der siebziger Jahre. Diese Phase ist dadurch gekennzeichnet, dass der Ausbau der gesetzlichen Rentenversicherung zurückgedrängt wurde.

4 **b)** Am **Beginn der dritten Phase** der Entwicklung stehen das am 18. 12. 1989 verabschiedete Rentenreformgesetz 1992 (BGBl. I S. 2261 m. spät. Änd.), die Einordnung des bisher in der RVO, dem AVG, dem RKG und sonstigen Gesetzen geregelten Rentenrechts in das SGB VI, die Einführung des Rentenrechts im Beitrittsgebiet durch das Renten-Überleitungsgesetz (RÜG) vom 25. 7. 1991 (BGBl. I S. 1606 m. spät. Änd.)[3] und das Rentenreformgesetz 1999 (RRG 1999) vom 16. 12. 1997 (BGBl. I S. 2998). Die Rentenüberleitung war teilweise verfassungswidrig.[4]

5 **c)** Das **RRG 1999** ist u. a. durch das Gesetz zur Änderung des Versorgungsreformgesetzes 1998 und anderer Gesetze vom 21. 12. 1998 (BGBl. I S. 3834) und das Gesetz zu Korrekturen in der Sozialversicherung und zur Sicherung der Arbeitnehmerrechte vom 19. 12. 1998 (BGBl. I S. 3843) geändert worden. Im Wesentlichen wurde das Inkrafttreten hinausgeschoben, bis ein anderes Konzept erarbeitet werden konnte. Das Konzept war politisch sehr umstritten.

---

[1] Wegen der Entwicklung des Standard-Rentenniveaus s. die Angaben des Statistischen Bundesamtes, http://www.destatis.de; wegen des durchschnittlichen Rentenzugangsalters, der durchschnittlichen Rentenzahlbeträge und wegen der Höhe der Arbeitnehmerbeiträge zur Sozialversicherung s. die Angaben des Verbandes Deutscher Rentenversicherungsträger, http://www.vdr.de; vgl. auch das gemeinsame Datenangebot der Statistischen Ämter des Bundes und der Länder, http://www.statistik-portal.de sowie die Aufstellungen in der 11. Aufl. § 80 RN 9 ff.

[2] Statistiken zur Verbreitung der betrieblichen Altersversorgung s. http://www.aba-online.de.

[3] Hierzu: *Marschner* ZTR 99, 352; *ders.* NJW 99, 2479; *Udke* AuA 99, 317.

[4] BVerfG 28. 4. 1999 BVerfGE 100, 1 = NJW 99, 2493; BVerfGE 100, 59 = NJW 99, 2501; BVerfGE 100, 138 = NJW 99, 2505; BVerfGE 100, 104 = NJW 99, 2512.

d) Die **Rentenreform 2001**[5] ist im Wesentlichen enthalten im 6
- Gesetz zur Reform der gesetzlichen Rentenversicherung und zur Förderung eines kapitalgedeckten Altersvorsorgevermögens (Altersvermögensgesetz – AVmG) vom 26. 6. 2001 (BGBl. I S. 1310).
- Gesetz zur Ergänzung des Gesetzes zur Reform der gesetzlichen Rentenversicherung und zur Förderung eines kapitalgedeckten Altersvorsorgevermögens (Altersvermögensergänzungsgesetz – AVmEG) vom 21. 3. 2001 (BGBl. I S. 403). Das zustimmungsfreie Altersvermögensergänzungsgesetz enthält Regelungen zur Rentenanpassung, die Regelung für Kindererziehungszeiten und zur Hinterbliebenenversorgung.
- Gesetz zur Verbesserung des Hinterbliebenenrechts vom 17. 7. 2001 (BGBl. I S. 1598).
- Gesetz zur Reform der Renten wegen verminderter Erwerbsfähigkeit vom 20. 12. 2000 (BGBl. I S. 1827).

Das SGB VI ist am 19. 2. 2002 (BGBl. I S. 754) neu gefasst worden. 7

2. Rentenreform 2004. a) Die **Beitragsentwicklung** in der gesetzlichen Rentenversiche- 8
rung ist ständig in der politischen Diskussion. Bereits durch das Altersvermögensergänzungsgesetz wurde eine Senkung des Beitragssatzes angestrebt. Für den Bereich der Alterssicherung wird empfohlen, den Beitragsanstieg bis zum Jahr 2020 auf 20% und bis zum Jahr 2030 auf 22% zu begrenzen. Das Ziel soll erreicht werden durch Anhebung der Regelaltersgrenze von 65 auf 67 Jahre und durch Einführung eines Nachhaltigkeitsfaktors bei der Bemessung der Rentenanpassung. Die Anhebung der Regelaltersgrenze von 65 soll um einen Monat für jeden Geburtsjahrgang ab 1946 und ganz für ab 1969 Geborene abgeschlossen sein. Gleichzeitig soll auch die Altersgrenze für langjährig Versicherte (vorgezogene Altersrente) sukzessive vom 62. auf das 64. Lebensjahr angehoben werden. Die Umsetzung ist nunmehr durch das RV-Altersgrenzenanpassungsgesetz vom 20. 4. 2007 (BGBl. I S. 554) erfolgt. Durch die Anhebung der Altersgrenze wird über die Abschläge bei vorzeitigem Ausscheiden ein Absinken des Rentenniveaus erreicht. Durch die Einführung des Nachhaltigkeitsfaktors soll die Entwicklung des Rentenniveaus in Abhängigkeit von der Veränderung der Rentner-Beitragszahler-Relation und unter Berücksichtigung der durchschnittlichen Renten- und Beitragshöhe gedämpft werden. Ferner soll die Rentenanpassung vom 1. 7. auf den 1. 1. des Folgejahres verschoben werden. Das Bruttorentenniveau soll von derzeit 48% bis zum Jahre 2030 auf 41,6% und bis zum Jahre 2040 auf 40,1% sinken.

b) Zur **Finanzierung der gesetzlichen Rentenversicherung** hat die BReg. ein Re- 9
formpaket entwickelt. Es sieht vor kurzfristige finanzwirksame Maßnahmen für einen stabilen Beitragssatz (2. und 3. SGB VI-Änderungsgesetz vom 27. 12. 2003, BGBl. I S. 3013, 3019; 4. SGB VI-Änderungsgesetz vom 29. 4. 2004, BGBl. I S. 678) sowie mittel- und langfristige Maßnahmen durch das Gesetz zur nachhaltigen Sicherung der Finanzierungsgrundlagen der gesetzlichen Rentenversicherung (RV-Nachhaltigkeitsgesetz vom 21. 7. 2004, BGBl. I S. 1791, BT-Drucks. 15/2562 vom 26. 2. 2004). Die Rentenanpassungsformel wurde durch einen Nachhaltigkeitsfaktor (s. RN 56ff.) ergänzt. Die Rentendynamik orientiert sich künftig an der beitragspflichtigen Bruttolohn- und Gehaltssumme. Hierdurch sollen die Anpassungen des aktuellen Rentenwertes geringer ausfallen, wenn sich das Zahlenverhältnis von Rentnern zu Beitragszahlern auf Grund der Bevölkerungsentwicklung und auch der Arbeitsmarktsituation verschlechtert. Die Bewertung von Anrechnungszeiten wird begrenzt und eingeschränkt. Eine weitere Maßnahme ist die Neuordnung der einkommenssteuerrechtlichen Behandlung von Altersvorsorgeaufwendungen und Altersbezügen (Alterseinkünftegesetz, s. RN 93ff.).[6]

c) Seit dem 1. 1. 2004 zahlen Rentner den **vollen Krankenversicherungsbeitrag** auf ihre 10
Betriebsrenten. Ab. 1. 4. 2004 müssen alle Rentner den **vollen Beitrag zur Pflegeversicherung** zahlen. Das gilt auch für Leistungen, die als einmalige Kapitalleistungen gewährt werden[7] (§ 229 SGB V). Die Rentenanpassung zum 1. 7. 2004 fiel aus. Für das Jahr 2005 ist im RV-Nachhaltigkeitsgesetz eine neue Rentenanpassungsformel vorgesehen. Sie soll dem immer ungünstigeren Verhältnis von Beitragszahlern und Rentnern Rechnung tragen. Der Nachhaltigkeitsfaktor bewirkt, dass bei steigendem Anteil von Rentnern in der Bevölkerung die Anpassung der Renten gedämpft wird. Erhöht sich die Zahl der Beschäftigten, beeinflusst das die Rentenanpassung positiv. Die Frührente wird gestoppt. Hinfort soll es keinen Rentenbeginn mit 60 für eine Altersrente nach Altersteilzeit oder Arbeitslosigkeit mehr geben. Vom 1. 1. 2009 an wird

---

[5] Hierzu: Sozialpolitische Umschau v. 12. 12. 2001; *Langenbrinck* ZTR 2001, 337.
[6] Broschüre „Die neue Rentenreform 2004" unter http://www.vdr.de.
[7] Zur Verfassungsgemäßheit *Reiserer/Barth* BB 2006, 714.

der mit Abschlag frühestmögliche Renteneintritt das vollendete 63. Lebensjahr sein. Vom 1. 1. 2006 an wird über einen Zeitraum von drei Jahren eine schrittweise monatliche Anhebung der Altersgrenze erfolgen. Die pauschale Höherbewertung der Berufsausbildung soll entfallen. Nach 2008 wird eine Hochschulausbildung nicht mehr bei der Rentenberechnung berücksichtigt.

11 **d)** Das BVerfG hatte mit Urteil vom 6. 3. 2002[8] entschieden, dass die **unterschiedliche Besteuerung** von Beamtenpensionen und Renten aus der gesetzlichen Rentenversicherung mit dem Gleichheitsgrundsatz des Grundgesetzes nicht vereinbar ist. Diesen Vorgaben soll durch das Alterseinkünftegesetz Rechnung getragen werden (s. RN 93ff.).

12 **3. Träger der Rentenversicherung** waren bisher die Landesversicherungsanstalten, die Bundesversicherungsanstalt für Angestellte sowie die Bundesknappschaft. Nach dem Gesetz zur Organisationsreform der gesetzlichen Rentenversicherung vom 9. 12. 2004 (RVOrgG, BGBl. I S. 3424) werden die Aufgaben der gesetzlichen Rentenversicherung mit Wirkung vom 1. 10. 2005 von neuen Rentenversicherungsträgern,[9] nämlich den Regionalträgern der Deutschen Rentenversicherung, der Deutschen Rentenversicherung Bund und der Deutschen Rentenversicherung Knappschaft-Bahn-See, wahrgenommen (s. §§ 125ff., 274d SGB VI).[10]

III. Versicherungspflicht

13 **1. Gesetzliche Grundlage.** Die Sozialversicherung umfasst nach § 2 I SGB IV Personen, die kraft Gesetzes oder Satzung (Versicherungspflicht) oder auf Grund freiwilligen Beitritts oder freiwilliger Fortsetzung der Versicherung (Versicherungsberechtigung) versichert sind. In allen Zweigen der Sozialversicherung sind nach Maßgabe der besonderen Vorschriften für einzelne Versicherungszweige versichert **(1)** Personen, die gegen Arbeitsentgelt oder zu ihrer Berufsausbildung beschäftigt werden, **(2)** behinderte Menschen in beschützenden Werkstätten und **(3)** Landwirte (§ 2 II SGB IV). Aus dem SGB VI ergibt sich für die gesetzliche Rentenversicherung:

14 **a) Versicherungspflichtig** sind **(1)** Personen, die gegen Arbeitsentgelt oder zu ihrer Berufsausbildung beschäftigt sind, **(2)** behinderte Menschen in beschützenden Werkstätten, Heimen und Anstalten, **(3)** Personen, die in Einrichtungen der Jugendhilfe für eine Erwerbstätigkeit befähigt werden, **(4)** Auszubildende, die in einer außerbetrieblichen Einrichtung im Rahmen eines Berufsausbildungsverhältnisses ausgebildet werden, **(5)** Mitglieder geistlicher Orden (§ 1 SGB VI).

15 **b)** Versicherungspflichtig sind ferner die in § 2 SGB VI aufgezählten **selbstständig Tätigen.** Hierzu gehören Lehrer, Pflegepersonal, Hebammen, Seelotsen, Künstler und Publizisten nach näherer Bestimmung des Künstlersozialversicherungsgesetzes, Hausgewerbetreibende, Küstenschiffer und Handwerker. Im Unterschied zum früheren Recht endet für selbstständig tätige Handwerker die Versicherungspflicht nicht mehr mit der Zahlung des 216ten Pflichtbeitrages. Allerdings kann ab diesem Zeitpunkt die Befreiung von der Versicherung beantragt werden (§ 6 I Nr. 4 SGB VI).

16 **c)** Versicherungspflichtig sind gem. § 3 Satz 1 Nr. 1–3 SGB VI außerdem Personen **in der Zeit, (1)** für die ihnen Kindererziehungszeiten anzurechnen sind,[11] **(2)** in der sie einen Pflegebedürftigen im Sinne des § 14 SGB XI nicht erwerbsmäßig wenigstens 14 Stunden wöchentlich in seiner häuslichen Umgebung pflegen, **(3)** in der sie auf Grund gesetzlicher Pflicht mehr als drei Tage Wehrdienst oder zivilen Ersatzdienst leisten, **(4)** die Bezieher von **Lohnersatzleistungen.** Hierzu gehören die Bezieher von Krankengeld (§ 44 SGB V), Verletztengeld (§ 45 SGB VII), Versorgungskrankengeld (§ 16 BVG), Übergangsgeld (§ 20 SGB VI) und Arbeitslosengeld (§§ 129ff. SGB III), wenn sie im letzten Jahr vor dem Beginn des Leistungsbezuges versicherungspflichtig waren. Bezieher von Lohnersatzleistungen, die diese Voraussetzungen nicht erfüllen, können von der Versicherungspflicht auf Antrag Gebrauch machen (§ 4 III Nr. 1 SGB VI); **(5)** gem. § 3 Satz 1 Nr. 3a SGB VI die Bezieher von Arbeitslosengeld II (§ 19 SGB II); **(6)** Personen, die Vorruhestandsgeld beziehen (§ 3 Satz 1 Nr. 4 SGB VI).

17 **d)** Auf **Antrag versicherungspflichtig (§ 4 SGB VI)** sind **(1)** Entwicklungshelfer, **(2)** Deutsche, die für eine begrenzte Zeit außerhalb des Geltungsbereiches des SGB VI beschäf-

---

[8] BVerfGE 105, 73 = NJW 2002, 1103.

[9] Anschriften und Informationen unter http://www.deutsche-rentenversicherung-bund.de.

[10] Zur Reform *Ruland/Dünn* NZS 2005, 113.

[11] Vgl. BVerfG 7. 7. 1992 BVerfGE 87, 1 = NJW 92, 2213; 12. 3. 1996 BVerfGE 94, 241 = NJW 96, 2293; 2. 7. 1998 NJW 98, 2963 = BB 98, 1592.

tigt sind, **(3)** Personen, die für eine begrenzte Zeit im Ausland beschäftigt sind und die Staatsangehörigkeit eines Staates haben, in dem die Verordnung Nr. 1408/71/EWG anzuwenden ist, wenn sie **(a)** die allgemeine Wartezeit (§§ 50 I 1, 51 I, IV, 52 SGB VI) erfüllt haben und **(b)** nicht nach den Rechtsvorschriften eines anderen Staates, in dem die VO Nr. 1408/71 anzuwenden ist, pflichtversichert sind, **(4)** Personen, die nicht nur vorübergehend selbstständig tätig sind, wenn sie die Versicherungspflicht innerhalb von fünf Jahren nach der Aufnahme der selbstständigen Tätigkeit oder dem Ende der Versicherungspflicht auf Grund dieser Tätigkeit beantragen, **(5)** die Bezieher von Lohnersatzleistungen, die nicht nach § 3 Satz 1 Nr. 3 SGB VI versicherungspflichtig sind (RN 16), **(6)** bestimmte Personenkreise, die keinen Anspruch auf Krankengeld haben (§ 4 III 1 Nr. 2 SGB VI).

2. Befreiung von der Versicherungspflicht nach § 5 SGB VI. Versicherungsfrei sind Beamte und Richter, sonstige Beschäftigte von Körperschaften, Anstalten oder Stiftungen des öffentlichen Rechts, wenn ihnen nach beamtenrechtlichen Vorschriften und Grundsätzen Anwartschaften auf Versorgung erwachsen sowie satzungsmäßige Mitglieder geistlicher Genossenschaften, die Anspruch auf Versorgung haben (§ 5 SGB VI). **18**

3. Befreiung von der Versicherungspflicht nach § 6 SGB VI. Von der Versicherungspflicht befreit werden die in § 6 SGB VI aufgezählten Personen. Hierzu gehören insbesondere Angestellte und Selbstständige in berufständischen Versicherungen. Antragspflichtversicherte Beschäftigte können grundsätzlich nur dann wegen ihrer Zwangsmitgliedschaft bei berufsständischen Versorgungswerken von der Angestelltenversicherungspflicht befreit werden, wenn sie nach der Satzung des Versorgungswerkes einkommensbezogene Beiträge zu entrichten haben, die eine mit den Leistungen der gesetzlichen Rentenversicherung vergleichbare Versorgung sicherstellen.[12] **19**

4. Die Berechtigung zur **freiwilligen Versicherung** ergibt sich aus § 7 SGB VI. **20**

a) Personen, die nicht versicherungspflichtig sind, können sich von der **Vollendung des 16. Lebensjahres** an freiwillig versichern. Dies gilt auch für Deutsche, die ihren gewöhnlichen Aufenthalt außerhalb des Geltungsbereiches des SGB VI haben. **21**

b) Ausgeschlossen ist eine freiwillige Versicherung für Personen, die versicherungsfrei oder von der Versicherung befreit sind. Dies gilt nur dann nicht, wenn sie die allgemeine Wartezeit (§§ 50 I 1, 51 I, IV, 52 SGB VI) erfüllt haben. Ferner ist eine freiwillige Versicherung nicht möglich nach bindender Bewilligung einer Vollrente. **22**

5. Europarecht. In den einzelnen EU-Mitgliedsstaaten bestehen unterschiedliche Rentensysteme.[13] Zum Teil wird eine Grundrente gezahlt. Zum Teil bestehen beitragsbezogene Rentensysteme. **23**

IV. Rentenarten in der gesetzlichen Rentenversicherung

1. Allgemeine Voraussetzungen. Der Rentenanspruch entsteht grundsätzlich nur, wenn zuvor Beiträge gezahlt wurden und bestimmte versicherungsrechtliche Mindestvoraussetzungen erfüllt sind. Aus der gesetzlichen Rentenversicherung werden gem. § 33 SGB VI gezahlt **(1)** Rente wegen Alters, **(2)** Rente wegen verminderter Erwerbsfähigkeit sowie Rente wegen Berufs- und Erwerbsunfähigkeit (§ 240 SGB VI) und **(3)** Rente wegen Todes. Jede weitere Rentenart ist weiter untergliedert. **24**

2. Renten wegen Alters, Erwerbsminderung, Berufs- und Erwerbsunfähigkeit. a) Eine **Rente wegen Alters** hat nur der Versicherte selbst, wenn er ein bestimmtes Lebensalter erreicht hat, eine Mindestversicherungszeit zurückgelegt hat und weitere versicherungsrechtliche Voraussetzungen erfüllt, die bei den verschiedenen Altersrenten unterschiedlich sind (§§ 33 II, 35 ff. SGB VI). **25**

b) Anspruch auf **Regelaltersrente** haben Versicherte, die die Regelaltersgrenze vollendet und die allgemeine Wartezeit von fünf Jahren erfüllt haben. Die Wartezeit kann belegt sein mit Beitragszeiten (Pflichtbeitragszeiten einschl. Kindererziehungszeiten, Zeiten mit freiwilligen Beiträgen), Ersatzzeiten (insbesondere Zeiten des Kriegsdienstes, der Kriegsgefangenschaft, Verfolgung, Vertreibung, Wehr- und Zivildienstzeiten) sowie Zeiten aus dem durchgeführten Versor- **26**

---

[12] BSG 7. 11. 1991 NZA 92, 478 = NJW 92, 1717.

[13] Zum Vergleich der Altersrente in den einzelnen EU-Staaten *Thurau* Lohn + Gehalt 98, Juni S. 55; zur Altersicherung in Schweden, Frankreich und in den Niederlanden *Veil,* Soziales und gerechtes Europa 2001, S. 92; zum belgischen Alterssicherungssystem *Bieber/Volker* DRV 2007, 462.

gungsausgleich. Nach § 35 Satz 1 SGB VI i.d. Fassung nach dem RV-Altersgrenzenanpassungsgesetz vom 20. 4. 2007 (BGBl. I S. 554)[14] wird die Regelaltersgrenze (für die Geburtsjahrgänge ab 1964) mit Vollendung des 67. Lebensjahres erreicht. Für vor dem 1. 1. 1947 Geborene bleibt es gem. § 235 II SGB VI bei der bisherigen Regelaltersgrenze (Vollendung des 65. Lebensjahres). Das Gleiche gilt nach § 235 II Satz 2 SGB VI für Versicherte, die vor dem 1. 1. 1955 geboren sind und vor dem 1. 1. 2007 Altersteilzeitarbeit nach dem ATG vereinbart haben. Für die Geburtsjahrgänge 1947 bis 1963 gilt folgende gestaffelte Regelaltersgrenze:

Versicherte Geburtsjahr	Anhebung um Monate	auf Alter Jahr	Monat
1947	1	65	1
1948	2	65	2
1949	3	65	3
1950	4	65	4
1051	5	65	5
1952	6	65	6
1953	7	65	7
1954	8	65	8
1955	9	65	9
1956	10	65	10
1957	11	65	11
1958	12	66	0
1959	14	66	2
1960	16	66	4
1961	18	66	6
1962	20	66	8
1963	22	66	10

Neben der Regelaltersrente darf unbeschränkt hinzu verdient werden (§§ 35, 34 SGB VI).

27 **c) Altersrente für langjährig Versicherte (§ 36 SGB VI).** Anspruchsberechtigt waren bisher Versicherte, die das 62. Lebensjahr (bzw. das 63. Lebensjahr, vgl. § 236 I SGB VI) vollendet und die Wartezeit von 35 Jahren erfüllt haben. Diese Altersgrenze wurde gem. § 241 I 2 SGB VI i.V.m. Anlage 21 vom Jahr 2000 an stufenweise auf das 65. Lebensjahr angehoben. Nach § 36 Satz 1 SGB VI i.d. Fassung nach dem RV-Altersgrenzenanpassungsgesetz vom 20. 4. 2007 sind nunmehr anspruchsberechtigt Versicherte, die die Regelaltersgrenze erreicht und die Wartezeit von 35 Jahren erfüllt haben. Gem. § 35 Satz 2 SGB VI kann die Rente auch schon nach Vollendung des 63. Lebensjahres in Anspruch genommen werden. Für vor dem 1. 1. 1964 Geborene gilt die Übergangsregelung des § 236 SGB VI. Auf die Wartezeit werden alle rentenrechtlichen Zeiten angerechnet. Das sind neben den auf die allgemeine Wartezeit anzurechnenden Zeiten auch beitragsfreie Zeiten sowie Berücksichtigungszeiten wegen Kindererziehung und Pflege. Neben dieser Altersrente darf nur beschränkt hinzu verdient werden (§§ 34 II, 302 V SGB VI). Durch das RV-Altersgrenzenanpassungsgesetz wurde als neue Rentenart die **Altersrente für besonders langjährig Versicherte** eingeführt, die eine Wartezeit von 45 Jahren und die Vollendung des 65. Lebensjahres voraussetzt (§ 38 SGB VI).

28 **d) Altersrente für Frauen.** Die bisherige Regelung in § 39 SGB VI, die auf die Vollendung des 60. Lebensjahres abstellte, ist aufgehoben. Es besteht noch eine Überleitungsbestimmung in § 237a SGB VI. Schwerpunkt der Rentenreform 2001 ist die kindbezogene Höher-

[14] Zu den Auswirkungen der neuen Altersgrenzen auf betriebliche Altersversorgungsregelungen: *Reichenbach/Grüneklee* DB 2006, 2234; *Höfer/Witt/Kuchem* BB 2007, 1445.

bewertung von Beitragszeiten bei der Rentenberechnung. Um die rentenrechtlichen Folgen geringer Entgelte abzumildern, werden die Rentenanwartschaften von Erziehungspersonen, die während der ersten zehn Lebensjahre des Kindes erwerbstätig sind, diese Tätigkeit aber wegen der Kindererziehung vor allem in Form von Teilzeitarbeit ausüben und deshalb unterdurchschnittlich verdienen, bei der Rentenberechnung nach den Grundsätzen der so genannten Rente nach Mindesteinkommen ab 1992 aufgewertet. Es erfolgt eine Erhöhung der individuellen Entgeltpunkte um 50% auf maximal 100% des Durchschnittseinkommens, wenn insgesamt 25 Jahre mit rentenrechtlichen Zeiten vorliegen (§§ 57, 70f. SGB VI). Es soll ein Anreiz ausgeübt werden, kindererziehungsbedingte Lücken möglichst kurz zu halten. Für Erziehungspersonen, die wegen gleichzeitiger Erziehung von zwei oder mehr Kindern unter zehn Jahren regelmäßig auch keine Teilzeitbeschäftigung aufnehmen können und deshalb eine Höherbewertung von Beitragszeiten nicht erhalten, wird als Ausgleich nach Auslaufen der Kindererziehungszeit vom 4. bis zum 10. Lebensjahr des Kindes eine rentenrechtliche Gutschrift von Entgeltpunkten ab 1992 gewährt. Diese Gutschrift entspricht regelmäßig der höchstmöglichen Förderung bei der kindbezogenen Höherbewertung von Beitragszeiten für erwerbstätige Erziehungspersonen in Höhe eines Drittels Entgeltpunkt pro Jahr.

e) Altersrente für schwerbehinderte Menschen (§ 37 SGB VI). Anspruchsberechtigt **29**
sind Versicherte, die das 65. Lebensjahr vollendet haben, bei Rentenbeginn anerkannte schwerbehinderte Menschen sind und die Wartezeit von 35 Jahren vollendet haben. Die Rente kann gem. § 37 Satz 2 SGB VI auch schon nach Vollendung des 62. Lebensjahres in Anspruch genommen werden. Zu den Übergangsregelungen für vor dem 1. 1. 1964 Geborene vgl. § 236a SGB VI. Anerkannte schwerbehinderte Menschen sind Personen mit einem Grad der Behinderung von wenigstens 50%, sofern sie im Geltungsbereich dieses Gesetzes ihren Wohnsitz haben, sich hier gewöhnlich aufhalten oder hier regelmäßig ihre Beschäftigung ausüben (vgl. § 178). Die Schwerbehinderung wird i. d. R. durch den Bescheid festgestellt und durch den Schwerbehindertenausweis nachgewiesen.

f) Das **Recht der Berufs- und Erwerbsminderung** ist durch das Gesetz zur Reform der **30**
Renten wegen verminderter Erwerbsfähigkeit geändert worden.[15] Das Gesetz ist am 1. 1. 2001 in Kraft getreten. Es wird als Vorschaltgesetz zur Rentenreform bezeichnet. Auf Grund der Reform werden Renten wegen Berufs- und Erwerbsunfähigkeit grundsätzlich nur noch bis zum 31. 12. 2000 gezahlt. Ein Anspruch auf Zahlung einer Erwerbs- oder Berufsunfähigkeitsrente bleibt aber bis zum Erreichen der Regelaltersgrenze erhalten, wenn dieser am 31. 12. 2000 bestand und die Leistungbewilligungsvoraussetzungen weiterhin gegeben sind (§ 302b SGB VI). Nach einer weiteren Übergangsregelung in § 240 I Nr. 1 SGB VI haben vor dem 2. 1. 1961 Geborene unabhängig von dem zeitlichen Umfang, in dem sie täglich noch erwerbstätig sein können, Anspruch auf Rente wegen teilweiser Erwerbsminderung, wenn sie berufsunfähig sind. Wegen der Rechtslage bei Berufs- und Erwerbsfähigkeit wird auf die früheren Auflagen verwiesen. Die Begriffe sind beseitigt worden, weil wegen der konkreten Betrachtungsweise des BSG arbeitsmarktpolitische Aspekte berücksichtigt wurden und eine ungleiche Behandlung eintrat, wenn es um die Frage der Verweisungstätigkeit bei Versicherten ging. Versicherte mit geringer Qualifikation konnten unbegrenzt verwiesen werden, dagegen höher Qualifizierte kaum.

g) Nach § 43 SGB VI i. d. F. des Reformgesetzes gibt es nur noch **Renten wegen Er- 31**
werbsminderung. Sie gliedern sich in die Rente wegen teilweiser Erwerbsminderung und wegen voller Erwerbsminderung. Teilweise erwerbsgemindert sind Versicherte, die wegen Krankheit oder Behinderung auf nicht absehbare Zeit außerstande sind, unter den üblichen Bedingungen des allgemeinen Arbeitsmarktes mindestens sechs Stunden täglich erwerbstätig zu sein (§ 43 I 2 SGB VI). Voll erwerbsgemindert sind Versicherte, die wegen Krankheit und Behinderung auf nicht absehbare Zeit außerstande sind, unter den üblichen Bedingungen des Arbeitsmarktes mindestens drei Stunden täglich erwerbstätig zu sein. Voll erwerbsgemindert sind auch Versicherte, die in den letzten fünf Jahren vor Eintritt der Erwerbsunfähigkeit mindestens drei Jahre Pflichtbeiträge für eine versicherte Beschäftigung oder Tätigkeit haben und die wegen Art oder Schwere der Behinderung nicht auf dem allgemeinen Arbeitsmarkt tätig sein können, sowie Versicherte, die bereits vor Erfüllung der allgemeinen Wartezeit voll erwerbsgemindert waren, in der Zeit der Eingliederung in den allgemeinen Arbeitsmarkt (§ 43 II 2 SGB VI). Nicht erwerbsgemindert ist, wer unter den üblichen Bedingungen des allgemeinen Arbeitsmarktes mindestens sechs Stunden täglich erwerbstätig sein kann; dabei ist die jeweilige Ar-

[15] BT-Drucks. 14/4230 vom 15. 11. 2000. Hierzu: *Marschner* ZTR 2001, 15; *Leopold* BB 2001, 208; *Zetl* ZMV 2001, 120.

beitsmarktlage nicht zu berücksichtigen (§ 43 III SGB VI). Hieraus folgt, dass bei einem Leistungsvermögen unter drei Stunden volle Erwerbsminderung besteht. Bei einem Leistungsvermögen über sechs Stunden besteht keine Erwerbminderung. Bei einem Leistungsvermögen zwischen drei und sechs Stunden kommt es auf den allgemeinen Arbeitsmarkt an. Insoweit knüpft das Gesetz an die konkrete Betrachtungsweise des BSG zur Berufsunfähigkeit an. Es kommt grundsätzlich jede Tätigkeit in Betracht, die auf dem Arbeitsmarkt vorhanden ist. Dagegen ist nicht entscheidend, ob dem Versicherten eine entsprechende Stelle vermittelt werden kann. Der Versicherte muss einen sozialen Abstieg in Kauf nehmen. Die Rentenversicherung wird mit dem Beschäftigungsrisiko belastet. Daher regelt § 224 SGB VI, dass die Bundesagentur für Arbeit den Trägern der Rentenversicherung einen Ausgleichsbetrag zahlt zum Ausgleich der Aufwendungen, die der Rentenversicherung für Renten wegen voller Erwerbsminderung entstehen, bei denen der Anspruch auch von der jeweiligen Arbeitsmarktlage abhängig ist.

32 **Anspruch auf Rente** wegen teilweiser bzw. voller Erwerbsminderung besteht, wenn der Berechtigte **(1)** teilweise bzw. voll erwerbsgemindert ist, **(2)** in den letzten fünf Jahren vor Eintritt der Erwerbsminderung drei Jahre Pflichtbeiträge für eine versicherte Beschäftigung oder Tätigkeit bestanden hat und **(3)** vor Eintritt der Erwerbsminderung die allgemeine Wartezeit zurückgelegt ist. Die Rente wird gem. § 102 II SGB VI auf Zeit geleistet, längstens befristet auf drei Jahre. Die Befristung kann wiederholt werden. Nach einer Gesamtdauer der Befristung von neun Jahren ist davon auszugehen, dass die Minderung der Erwerbsfähigkeit nicht behoben werden kann, so dass eine – unabhängig von der jeweiligen Arbeitsmarktlage zustehende – Rente unbefristet zu bewilligen ist.

33 Der **Zugangsfaktor für die Rentenberechnung** richtet sich gem. § 77 SGB VI nach dem Alter bei Rentenbeginn. Er beträgt bei Rente wegen Alters wegen Erreichens der Regelaltersgrenze 1,0. Er vermindert sich bei Renten wegen verminderter Erwerbsfähigkeit für jeden Kalendermonat, für den eine Rente vor Ablauf des Kalendermonats des Erreichens der Regelaltersgrenze Vollendung des 65. Lebensjahres in Anspruch genommen wird, um 0,003, höchstens aber um 0,108 = 10,8% (36 × 0,003, s. aber die Übergangsregelung in § 264c SGB VI). Hiermit soll auch erreicht werden, dass der Bezieher einer Altersrente nicht in eine Rente wegen Erwerbsminderung ausweichen kann.

34 **h)** Bestand am 31. 12. 2000 Anspruch auf eine Rente wegen Berufsunfähigkeit oder Erwerbsunfähigkeit, besteht der jeweilige Anspruch bis zum Erreichen der Regelaltersgrenze weiter, solange die **Voraussetzungen** vorliegen, die für die Bewilligung der Leistungen maßgebend waren. Bei befristeten Renten gilt dies auch für einen Anspruch nach Ablauf der Frist. Bestand am 31. 12. 2000 Anspruch auf eine Rente wegen Erwerbsunfähigkeit, entsteht aus Anlass der Rechtsänderung kein Anspruch auf eine Rente wegen voller Erwerbsminderung. Eine weitere Übergangsregelung gilt für Renten, die nach dem bis zum 31. 12. 1956 geltenden Recht festgestellt worden sind (§ 302b II SGB VI).

35 Nach § 33 TVöD (vormals §§ 59 I 1 BAT, 56 BMTG, 62 MTArb) endet im **öffentlichen Dienst** das Arbeitsverhältnis, wenn durch den Bescheid eines Rentenversicherungsträgers festgestellt wird, dass der Angestellte erwerbsgemindert ist. Das Arbeitsverhältnis endet mit Ablauf des Monats, in dem der Bescheid zugestellt wird. Der Arbeitnehmer hat den Arbeitgeber unverzüglich zu unterrichten. Eine Beendigung tritt dann nicht ein, wenn nach dem Bescheid des Rentenversicherungsträgers eine befristete Rente wegen verminderter Erwerbsfähigkeit gewährt wird. Nach der Rspr. des BAG endet das Arbeitsverhältnis nicht, wenn der Arbeitnehmer den Rentenantrag bis zum Ablauf der Widerspruchsfrist entweder zurücknimmt[16] oder wenn er ihn beschränkt und anstelle der unbegrenzten Erwerbsunfähigkeitsrente lediglich eine Zeitrente beantragt.[17] Hat der Arbeitgeber Entgeltfortzahlung im Krankheitsfall geleistet und wird vom Rentenversicherungsträger die Rente rückwirkend bewilligt, so wird er Rückzahlung der Entgeltfortzahlung in Höhe der anteiligen Rente verlangen können, weil er rechtsgrundlos gezahlt hat.

36 **i) Altersrente wegen Arbeitslosigkeit.** Diese war in § 38 SGB VI geregelt. § 38 ist aufgehoben durch Art. 1 Nr. 16 RRG 1999 vom 16. 12. 1997 (BGBl. I S. 2998) m. W. vom 1. 1. 2000. Nunmehr gilt § 237 SGB VI, der für Versicherte, die vor dem 1. 1. 1952 geboren sind, unter bestimmten Voraussetzungen eine Rente ab Vollendung des 60. Lebensjahres vorsieht. Für nach dem 31. 12. 1936 Geborene erhöht sich die Altersgrenze nach Maßgabe der Anlage 19.

---

[16] BAG 11. 3. 1998 AP 8 zu § 59 BAT = NZA 98, 1180.
[17] BAG 23. 2. 2000 AP 25 zu § 1 BeschFG 1985 = NZA 2000, 821.

j) Altersrente nach Altersteilzeit. Gem. § 237 I Nr. 3 Buchst. b SGB VI können Versicherte, die ihre Arbeitszeit auf Grund des ATG (s. § 80) für mindestens 24 Kalendermonate vermindert haben, ebenfalls ab Vollendung des 60. Lebensjahres (für die Jahrgänge bis 1951) oder zu dem in Anlage 19 geregelten Zeitpunkt (s. § 237 III SGB VI) Altersrente in Anspruch nehmen. Voraussetzung ist eine mindestens 24-monatige Minderung der Arbeitszeit und Gewährung der in § 3 I Nr. 1 ATG geregelten Leistungen. An diesen Voraussetzungen für den Rentenbezug kann es auch dann fehlen, wenn die Erfüllung der vereinbarten Altersteilzeit an der Insolvenz des Arbeitgebers gescheitert ist.[18] Für den Anspruch auf Altersrente wegen Arbeitslosigkeit oder nach Altersteilzeitarbeit können Zeiten der Arbeitslosigkeit und der Teilzeitarbeit auch nicht etwa zusammengerechnet werden.[19] **37**

k) Rente für Bergleute (§ 45 SGB VI). Versicherte haben bis zum Erreichen der Regelaltersgrenze Anspruch auf Rente für Bergleute, wenn sie **(1)** im Bergbau vermindert berufsfähig sind, **(2)** in den letzten fünf Jahren vor Eintritt der im Bergbau verminderten Berufsfähigkeit drei Jahre knappschaftliche Pflichtbeitragszeiten haben und **(3)** vor Eintritt der im Bergbau verminderten Berufsfähigkeit die allgemeine Wartezeit in der knappschaftlichen Rentenversicherung erfüllt haben (§ 45 I SGB VI). Unter bestimmten Voraussetzungen besteht auch ein Anspruch für Bergleute, die das 50. Lebensjahr vollendet haben (§ 45 III SGB VI). **38**

3. Hinterbliebenenrente (§ 46 SGB VI). Das Recht der Hinterbliebenenversorgung ist durch das Gesetz zur Verbesserung des Hinterbliebenenrentenrechts vom 17. 7. 2001 (BGBl. I S. 1598) neu geregelt worden. Für Hinterbliebenenfälle, die vor Inkrafttreten der Reform eingetreten sind, und für Ehepaare, bei denen ein Ehegatte vor dem 1. 1. 2002 verstorben ist oder vor dem 2. 1. 1962 geboren ist, gilt das bisherige Recht mit Maßgaben weiter (§§ 303ff. SGB VI). Weitere Änderungen ergeben sich aus dem Altersvermögensergänzungsgesetz vom 21. 3. 2001 (BGBl. I S. 403). Seit dem 1. 1. 2005 sind auch die Partner einer eingetragenen **Lebensgemeinschaft** in die Hinterbliebenenversorgung einbezogen (§ 46 IV SGB VI). **39**

a) Witwen- und Witwerrente (§ 46 SGB VI). Anspruch auf eine kleine Witwen- oder Witwerrente haben Witwen und Witwer, die nach dem Tode des versicherten Ehegatten nicht wieder geheiratet haben, wenn der Verstorbene die allgemeine Wartezeit von fünf Jahren mit Beitragszeiten, Ersatzzeiten und Zeiten aus einem durchgeführten Versorgungsausgleich erfüllt hat. Der Anspruch besteht längstens für 24 Kalendermonate nach Ablauf des Monats, in dem der Versicherte gestorben ist. Die Witwe oder der Witwer haben Anspruch auf die große Witwen(r)rente bei Erziehung eines eigenen Kindes oder eines Kindes des/der verstorbenen Versicherten, das das 18. Lebensjahr noch nicht vollendet hat bzw. bei behinderten Kindern auch nach dem 18. Lebensjahr oder bei Vollendung des 47. Lebensjahres oder bei Erwerbsminderung. Überlebende Ehegatten, die wieder geheiratet haben, haben Anspruch auf eine kleine oder große Witwen(r)rente, wenn die neue Ehe aufgelöst oder für nichtig erklärt worden ist (§ 46 III SGB VI). Auf die Rente wird, wenn bestimmte Freibeträge überschritten sind, eigenes Einkommen angerechnet. Witwen und Witwer haben keinen Anspruch auf Witwen- oder Witwerrente, wenn die Ehe nicht mindestens ein Jahr gedauert hat, es sei denn, dass nach den besonderen Umständen des Falles die Annahme nicht gerechtfertigt ist, dass es der alleinige oder überwiegende Zweck der Heirat war, einen Anspruch auf Hinterbliebenenversorgung zu begründen. Es handelt sich um eine widerlegbare gesetzliche Vermutung (BR-Drucks. 764/00, S. 104). Es müssen dann aber besondere Umstände vorliegen, die trotz kurzer Ehedauer nicht auf eine Versorgungsehe schließen lassen (§ 46 IIa SGB VI). Ist ein Rentensplitting erfolgt, so ist gem. § 46 IIb SGB VI ein Anspruch auf Witwen-/Witwerrente ausgeschlossen. **40**

In der Hinterbliebenenversorgung werden nach der Rentenreform **Kindererziehungszeiten** berücksichtigt. Der der Witwen-/Witwerrente zu Grunde liegende allgemeine Versorgungssatz von 60% wird auf 55% abgesenkt (§ 67 SGB VI) und die Rente für jedes erzogene Kind um einen Zuschlag erhöht (§ 78a SGB VI). Aus § 88a SGB VI ergibt sich eine Obergrenze der Rente. Bei der Anrechnung von Einkünften auf die Hinterbliebenenversorgung (§ 97 SBG VI) werden alle Einkunftsarten einschließlich der Vermögenseinkünfte angerechnet (§§ 18a und b SGB IV, s. aber die Übergangsregelung in § 114 SGB IV). Die bisherige Beschränkung der Anrechnung aus Erwerbstätigkeit sowie aus Versichertenrenten der Rentenversicherung und Versorgungsbezüge war sozialpolitisch unbefriedigend. **41**

Ehegatten können durch gemeinsame Erklärung auf Hinterbliebenenversorgung verzichten, wenn sie statt dessen ein **Rentensplitting** durchführen (§ 120a SGB VI). Durch das Renten- **42**

---

[18] BSG 17. 4. 2007 NZA 2007, 1418.
[19] BSG 17. 4. 2007 NZA 2007, 1418.

splitting will der Gesetzgeber einem veränderten Partnerschaftsverhältnis Rechnung tragen. Die während der Ehe erworbenen Rentenanwartschaften werden geteilt (§ 120a SGB VI).

43 **b) Waisenrente (§ 48 SGB VI).** Anspruch auf Halbwaisenrente haben Kinder des Verstorbenen, wenn sie noch einen unterhaltspflichtigen Elternteil haben und der verstorbene Versicherte die allgemeine Wartezeit von fünf Jahren erfüllt hat. Anspruch auf Vollwaisenrente besteht, wenn die Waise keinen unterhaltspflichtigen Elternteil mehr hat und die vorausgegangene Wartezeit von fünf Jahren zurückgelegt ist. Kinder sind neben den leiblichen und adoptierten Kindern auch in den Haushalt aufgenommene Stiefkinder, Pflegekinder sowie Enkel und Geschwister, die der Verstorbene in seinen Haushalt aufgenommen und überwiegend unterhalten hat. Die Waisenrente wird grundsätzlich bis zur Vollendung des 18. Lebensjahres geleistet. Über das 18. Lebensjahr hinaus wird sie längstens bis zur Vollendung des 27. Lebensjahres geleistet, wenn die Waise sich in Schul- oder Berufsausbildung befindet, ein freiwilliges soziales Jahr leistet oder wegen körperlicher, geistiger oder seelischer Behinderung nicht im Stande ist, sich selbst zu unterhalten. Wird vor Vollendung der Schul- und Berufsausbildung diese durch die Ableistung des Wehr- oder Zivildienstes unterbrochen, so verlängert sich der Bezugszeitraum entspr. Überschreitet die Waisenrente bestimmte Freibeträge, so wird eigenes Einkommen angerechnet (§ 97 SGB VI).

44 **c) Erziehungsrente (§ 47 SGB VI).** Bei der Erziehungsrente handelt es sich nicht um eine Hinterbliebenenrente, sondern um eine Rente aus der eigenen Versicherung. Anspruch auf Erziehungsrente haben Versicherte, deren Ehe nach dem 30. 6. 1977 geschieden wurde und deren geschiedener Ehegatte gestorben ist, wenn sie ein eigenes Kind oder eines des geschiedenen Ehegatten erziehen, selbst nicht wieder geheiratet haben und wenn bis zum Tode des geschiedenen Ehegatten die allgemeine Wartezeit von fünf Jahren erfüllt worden ist. Anspruch auf Erziehungsrente besteht bis zum Erreichen der Regelaltersgrenze auch für verwitwete Ehegatten, für die ein Rentensplitting unter Ehegatten durchgeführt wurde, wenn sie ein eigenes Kind oder des Verstorbenen erziehen, nicht wieder geheiratet haben und bis zum Tod des Ehegatten die allgemeine Wartezeit erfüllt haben (§ 47 III SGB VI). Die Erziehungsrente wird in Höhe der Erwerbsunfähigkeitsrente gezahlt. Auf die Erziehungsrente wird eigenes Einkommen angerechnet, wenn bestimmte Freigrenzen überschritten sind (§ 97 SGB VI).

45 **4. Flexibilisierung der Lebensarbeitszeit. a)** Zunächst war vom Jahre 2001 an vorgesehen, die Altersgrenzen von 60 bis 63 Jahren bis zur damaligen Regelaltersgrenze von 65 Jahren anzuheben. Bis zum Jahre 2004 sollte die Anhebung in jährlichen Stufen von drei Monaten, anschließend in jährlichen Stufen von sechs Monaten erfolgen. Die Regelaltersgrenze von 65 Lebensjahren wäre bei Männern im Jahre 2006 und von Frauen und Arbeitslosen im Jahre 2012 erreicht worden. Die Altersgrenze für Berufs- und Erwerbsunfähige sowie Schwerbehinderte blieb unberührt.

46 Durch das **Gesetz zur Förderung eines gleitenden Übergangs in den Ruhestand** vom 23. 7. 1996 (BGBl. I S. 1078) und das **WFG** vom 25. 9. 1996 (BGBl. I S. 1461, ber. S. 1806) ist die Anhebung der Altersgrenze vorgezogen worden. Die Anhebung der Altersgrenzen erfolgt, um die Frühverrentungspraxis einzudämmen.

47 Nimmt ein Versicherter vor Erreichen der Regelaltersgrenze Rente in Anspruch, muss für jeden Monat der vorzeitigen Inanspruchnahme beim Zugangsfaktor ein Abschlag von 0,003 in Kauf genommen werden (vgl. § 77 SGB VI). Zur Vermeidung von Nachteilen, die bei vorzeitiger Inanspruchnahme einer vorgezogenen Rente entstehen, können nach § 187a SGB VI Ausgleichsbeträge gezahlt werden. Die bisherigen vorzeitigen Altersrenten können bis zu drei Jahren vor der jeweils maßgeblichen Altersgrenze in Anspruch genommen werden, jedoch nicht vor den jetzigen Altersgrenzen. Wird die Altersrente trotz erfüllter Wartezeit erst nach Erreichen der Regelaltersgrenze in Anspruch genommen, so erhöht sich die Rente für jeden Monat des Hinausschiebens um 0,005.

48 **b) Gleitender Ruhestand durch Teilrente (§ 42 SGB VI).** Durch den Bezug einer Teilrente soll der gleitende Übergang in den Ruhestand ermöglicht werden. Die Teilrente kann in Höhe von einem Drittel, der Hälfte oder von $^2/_3$ der zustehenden Vollrente bezogen werden. Je geringer die Teilrente ist, umso größer ist die Hinzuverdienstmöglichkeit. Wird vor der vorgesehenen Altersgrenze statt der Vollrente eine Teilrente bezogen, wird der Zugangsfaktor bei der späteren Vollrente gesenkt. Durch Verzicht auf einen Teil der Vollrente über das das Erreichen der Regelaltersgrenze kann die Minderung wieder ausgeglichen werden. Das Überschreiten der Hinzuverdienstgrenze bewirkt lediglich, dass die jeweils niedrigere Teilrente gewährt wird. Von dem Erreichen der Regelaltersgrenze an ist der Hinzuverdienst nicht mehr begrenzt.

Als flankierende Maßnahme zur Teilrente bestehen **zwei arbeitsrechtliche Besonderheiten: (1)** Arbeitnehmer, die eine Teilrente beanspruchen wollen, können von ihrem Arbeitgeber verlangen, dass er mit ihnen die Möglichkeit einer Teilzeitbeschäftigung erörtert (§ 42 III SGB VI). **(2) Kündigungen** sind unwirksam, wenn sie darauf abstellen, dass der Arbeitnehmer von einem bestimmten Lebensjahr an eine Altersrente in Anspruch nehmen kann (§ 41 Satz 1 SGB VI). Eine **Vereinbarung,** die die Beendigung des Arbeitsverhältnisses eines Arbeitnehmers ohne Kündigung zu einem Zeitpunkt vorsieht, zu dem der Arbeitnehmer vor Erreichen der Regelaltersgrenze eine Rente wegen Alters beantragen kann, gilt dem Arbeitnehmer gegenüber als auf das Erreichen der Regelaltersgrenze abgeschlossen, es sei denn, dass die Vereinbarung innerhalb der letzten drei Jahre vor diesem Zeitpunkt abgeschlossen oder von dem Arbeitnehmer innerhalb der letzten drei Jahre vor diesem Zeitpunkt bestätigt worden ist (§ 41 Satz 2 SGB VI). Eine Vereinbarung in diesem Sinne ist nur eine einzelvertragliche Vereinbarung, nicht dagegen ein Tarifvertrag[20] oder eine Betriebsvereinbarung.[21] Das bedeutet allerdings nicht, dass kollektivrechtliche Altersgrenzen ohne weiteres zulässig sind. Vielmehr ermöglicht es § 41 Satz 2 SGB VI dem Arbeitnehmer, sich in der genannten Zeitspanne entweder für das Weiterarbeiten oder den Bezug einer Rente zu entscheiden.[22] Eine Sonderregelung für die **Altersteilzeitarbeit** enthält § 8 III ATG (s. § 81 RN 22). 49

5. Hinzuverdienstgrenze. a) Nach Erreichen der Regelaltersgrenze bestehen keine Hinzuverdienstgrenzen mehr. Dies gilt sowohl dann, wenn zu diesem Zeitpunkt die Regelaltersrente in Anspruch genommen wird, als auch dann, wenn zuvor eine Rente beansprucht worden ist (§ 34 I SGB VI). 50

b) Bis zum Erreichen der Regelaltersgrenze darf neben einer Altersrente nur eingeschränkt hinzuverdient werden. Wird eine Vollrente beansprucht, darf die Geringfügigkeitsgrenze von 400,– € nicht überschritten werden (§ 34 III Nr. 1 SGB VI). Hiervon gilt nur insoweit eine Ausnahme, dass zweimal jährlich diese Grenze überschritten werden darf, § 34 II 1 SGB VI (z. B. durch Urlaubs- und Weihnachtsgeld). 51

Bezieher von Teilrenten können noch in einem gesetzlich vorgesehenen Rahmen hinzuverdienen. Die Hinzuverdienstgrenzen betragen für die ab 1. 1. 2001 zugebilligten Teilrenten wegen Alters bei einem Drittel/der Hälfte der Vollrente/bei zwei Dritteln der Vollrente das 0,25-fache/0,19-fache/das 0,13 der monatlichen Bezugsgröße, vervielfältigt mit der Summe der Entgeltpunkte der letzten drei Kalenderjahre vor Beginn der ersten Rente wegen Alters, mindestens mit 1,5 Entgeltpunkten (§ 34 III Nr. 2 SGB VI). Das entspricht etwa dem Durchschnittswert aller Versicherten. Wird die Hinzuverdienstgrenze überschritten, bleibt der Anspruch auf die jeweils niedrigere Teilrente erhalten. Erst wenn auch die höchste Hinzuverdienstgrenze (bei einer Teilrente von einem Drittel der Vollrente) überschritten ist, entfällt der Rentenanspruch insgesamt. 52

c) Die Hinzuverdienstgrenzen bei einer Rente wegen einer **Rente wegen verminderter Erwerbsfähigkeit** ergeben sich aus § 96a SGB VI. Die Anrechnungsvorschrift des § 94 SGB VI ist mit Wirkung vom 1. 1. 2008 entfallen. 53

d) Die **Hinterbliebenenrente** wird voll gezahlt, wenn die eigene Rente oder eigenes anrechenbares Einkommen einen bestimmten Freibetrag nicht übersteigt (§ 97 SGB VI, s. auch RN 41). Ansprüche von Versicherten auf Versorgung ihrer Hinterbliebenen unterliegen nicht dem Eigentumsschutz des Art. 14 GG. Die Anrechnung von Erwerbs- und Erwerbsersatzeinkommen auf Hinterbliebenenrenten ist verfassungsrechtlich nicht zu beanstanden.[23] 54

e) Bei **Waisen- und Erziehungsrenten** findet nach Maßgabe des § 97 SGB VI eine Anrechnung anderweitigen Einkommens statt. 55

6. Rentenformel. a) Die Rentenformel i. d. F. des Rentenversicherungsnachhaltigkeitsgesetzes (§ 68 V SGB VI) lautet: 56

$$AR_t = AR_{t-1} \times \frac{BE_{t-1}}{BE_{t-2}} \times \frac{100 - AVA_{2010} - RVB_{t-1}}{100 - AVA_{2010} = RVB_{t-2}} \times \left(\left(\frac{RQ_{t-1}}{RQ_{t-2}}\right) \times \alpha + 1\right)$$

Dabei sind:

AR_t = zu bestimmender aktueller Rentenwert ab dem 1. Juli,
AR_{t-1} = bisheriger aktueller Rentenwert

---

[20] BAG 20. 10. 1993 AP 3 zu § 41 SGB IV = NZA 94, 128; 1. 12. 1993 AP 4 zu § 41 SGB VI = NZA 94, 369 jew. zu § 41 IV 3 SGB VI a. F.
[21] ErfK/*Rolfs* § 41 SGB VI RN 15.
[22] KassKomm/*Gürtner* § 41 SGB VI RN 17.
[23] BVerfG 18. 2. 1998 BVerfGE 97, 271 = NJW 98, 3109; dazu *Schuler-Harms* NJW 98, 3095.

BE_{t-1} = Bruttolohn- und -gehaltssumme je durchschnittlich beschäftigten Arbeitnehmer im vergangenen Kalenderjahr,
BE_{t-2} = Bruttolohn- und -gehaltssumme je durchschnittlich beschäftigten Arbeitnehmer im vorvergangenen Kalenderjahr unter Berücksichtigung der Veränderung der beitragspflichtigen Bruttolohn- und -gehaltssumme je durchschnittlich beschäftigten Arbeitnehmer ohne Beamte einschließlich der Bezieher von Arbeitslosengeld
AVA_{2010} = Altersvorsorgeanteil für das Jahr 2010 in Höhe von 4 vom Hundert,
RVB_{t-1} = durchschnittlicher Beitragssatz in der Rentenversicherung der Arbeiter und der Angestellten im vergangenen Kalenderjahr,
RVB_{t-2} = durchschnittlicher Beitragssatz in der Rentenversicherung der Arbeiter und der Angestellten im vorvergangenen Kalenderjahr.
RQ_{t-1} = Rentnerquotient im vergangenen Kalenderjahr.
RQ_{t-2} = Rentnerquotient im vorvergangenen Kalenderjahr.

57 b) Für die **Rentenberechnung** gelten nach § 63 SGB VI folgende Grundsätze: **(1)** Die Höhe der Rente richtet sich nach der Höhe des während des Versicherungslebens durch Beiträge versicherten Arbeitsentgelts. Es gilt insoweit der Grundsatz der Lohn- und Beitragsbezogenheit. **(2)** Die in den einzelnen Kalenderjahren durch Beiträge versicherten Arbeitsentgelte werden in Entgeltpunkte (EP) umgerechnet. Dabei ergibt ein Arbeitseinkommen in Höhe des Durchschnittsarbeitsentgelts eines Kalenderjahres einen EP. **(3)** Für beitragsfreie Zeiten werden Entgeltpunkte angerechnet, deren Höhe von der Höhe des in der übrigen Zeit versicherten Arbeitsentgelts und Arbeitseinkommens abhängt. Das bewirkt, dass die Bewertung beitragsfreier Zeiten von der Gesamtleistung an Beiträgen während des Gesamtversicherungslebens abhängt. **(4)** Das Sicherungsziel der jeweiligen Rente wird durch den Rentenartfaktor (RAF) bestimmt. **(5)** Bei vorzeitiger Inanspruchnahme einer Altersrente oder bei Hinausschieben der Altersrente werden Vor- und Nachteile einer unterschiedlichen Rentenbezugsdauer durch einen Zugangsfaktor vermieden. **(6)** Der Monatsbetrag (MR) wird ermittelt, in dem die unter Berücksichtigung des Zugangsfaktors ermittelten persönlichen EP (PEP) mit dem Rentenartfaktor (RAF) mit dem aktuellen Rentenwert vervielfältigt werden. **(7)** Der aktuelle Rentenwert wird entspr. der Entwicklung des Durchschnittsentgeltes unter Berücksichtigung der Veränderung bei Beiträgen zur Rentenversicherung jährlich angepasst (Nettolohnprinzip).

58 **c) Ermittlung von EP.** Zur Ermittlung der EP wird das versicherte Arbeitsentgelt des Einzelnen bis zur Beitragsbemessungsgrenze für jedes Kalenderjahr durch das Durchschnittsentgelt aller Versicherten für dasselbe Kalenderjahr geteilt (§ 70 SGB VI). Für das Jahr des Rentenbeginns und das vorausgegangene Jahr werden vorläufige Durchschnittsentgelte zur Ermittlung der EP hinzugezogen. Hat z. B. ein Arbeitnehmer im Jahre 1990 bei einem durchschnittlichen Arbeitsverdienst von 6101 DM (= 3119,39 €) denselben Betrag verdient, so erhält er einen EP. Hat er nur die Hälfte verdient, so erhält er auch nur 0,5 EP. Für jeden Monat an Kindererziehungszeiten werden 0,0833 EP gutgeschrieben. Wenn die EP für jedes Kalenderjahr ermittelt worden sind, werden sie für das gesamte Versicherungsleben zusammengezählt (§ 66 SGB VI). Die Summe der EP spiegelt den Lebensstandard des einzelnen Versicherten wieder. Die Rente kann nur den Lebensstandard sichern, der auch durch Beitragszeiten usw. versichert worden ist.

59 **d) Ermittlung von persönlichen Entgeltpunkten (PEP).** Wird eine Altersrente früher oder später in Anspruch genommen, so werden die Vor- und Nachteile durch einen Zugangsfaktor (ZF) ausgeglichen (§ 77 SGB VI). Der ZF beträgt 1.00, wenn eine Altersrente mit Erreichen der maßgeblichen Regelaltersgrenze bewilligt wird (Zugang) oder bei einem vorzeitigen Rentenanspruch aus bestimmten Gründen Vorteile nicht vorliegen bzw. nicht auszugleichen sind. Dies ist der Fall bei Renten wegen verminderter Erwerbsfähigkeit und Altersrenten für schwerbehinderte Menschen. Wird die Altersrente vorzeitig in Anspruch genommen, so ist sie für jeden Kalendermonat um 0,003 niedriger als 1. Wird die Altersrente trotz erfüllter Wartezeit nicht in Anspruch genommen, so erhöht sich der Zugangsfaktor für jeden Kalendermonat um 0,005. Bei Renten wegen verminderter Erwerbsfähigkeit und bei Erziehungsrenten für jeden Kalendermonat, für den eine Rente vor Ablauf des Kalendermonats der Vollendung des 63. Lebensjahres in Anspruch genommen wird, vermindert sich der Zugangsfaktor um 0,003. Die Abschläge beim Zugangsfaktor können etwa durch tarifliche Regelungen ausgeglichen werden, nach denen der Arbeitgeber bei vorzeitiger Versetzung in den Ruhestand einen Ausgleich zahlt.[24] Werden die ZF mit den EP verknüpft, so ergeben sich die persönlichen EP (PEP). Hat

[24] *Löwisch* BB 2000, 821.

ein Versicherter 45 EP und nimmt er seine Rechte erst ein Jahr später in Anspruch, so beträgt sein ZF 1,050. Sein PEP beträgt 45 × 1,060 = 47,25 PEP.

e) Rentenartfaktor. Die verschiedenen Renten haben unterschiedliche Versicherungsziele. 60
Zur Gewährleistung des Sicherungszieles dient der Rentenartfaktor (RAF; § 67 SGB VI). Der RAF beträgt bei der Regelaltersgrenzenrente, der Erziehungsrente und bei der Rente wegen voller Erwerbsminderung 1,0, da diese Renten eine volle Absicherung erreichen sollen. Der RAF bei der teilweisen Erwerbsminderung beträgt 0,5. Die Hinterbliebenenrente soll nach dem Tode des Versicherten den entfallenden Unterhalt absichern. Hieraus ergibt sich die Tabelle der RAF. Er beträgt bei den kleinen Witwen(r)renten bis zum Ende des 3. Kalendermonats nach Ablauf des Monats, in dem der Ehegatte verstorben ist, 1,0, danach 0,25; bei den großen Witwen(r)renten bis zum Ende des 3. Kalendermonats nach Ablauf des Monats, in dem der Ehegatte verstorben ist, 1,0, danach 0,55; bei der Halbwaisenrente 0,1 und der Vollwaisenrente 0,2.

f) Aktueller Rentenwert (AR) ist der Betrag, der einer monatlichen Rente wegen Alters 61
entspricht, die sich aus Beiträgen auf Grund eines Durchschnittsentgeltes für das Kalenderjahr ergibt (§ 68 SGB VI). Die Stellung der Rentner im Erwerbsgefüge wäre nicht vollständig gesichert, wenn sie nicht mehr an der Einkommensentwicklung teilnähme. Seit 1957 sind sowohl die Renten als auch die Rentenanwartschaften dynamisiert. Bis zum 31. 12. 1991 erfolgt die Rentenanpassung nach der bisherigen Rentenformel. Ab 1992 werden die Renten jährlich zum 1. Juli angepasst. Die Anpassung erfolgt jedoch als Nettoanpassung. Wie im voraufgegangenen Jahr wird der Rentenbetrag brutto angepasst; bei der Anpassung werden jedoch die Belastungen aktiver Arbeitnehmer durch Steuern und Sozialversicherung berücksichtigt, so dass sich eine Nettoanpassung ergibt. Mit der Rentenreform 2001 ist der Gesetzgeber zur lohnbezogenen Anpassung zurückgekehrt.[25] Veränderungen der Steuer- und Abgabenbelastung, die nicht die Altersicherung betreffen, bleiben unberücksichtigt. Die mit dem Rentenreformgesetz 1992 geschaffene Formel zur Fortschreibung ist so modifiziert, dass die Rentenanpassung durch Steuerrechtsänderungen nicht mehr tangiert wird und Veränderungen bei den Beitragssätzen zur Sozialversicherung, die nicht die Altervorsorge betreffen, unberücksichtigt bleiben. Da langfristig ein angemessener Lebensstandard nur mit einer zusätzlichen Altervorsorge erreicht werden kann, werden die Aufwendungen in der Anpassungsformel berücksichtigt. Die Berechnung des aktuellen Rentenwerts ist durch die Reform 2004 erneut geändert. Der aktuelle Rentenwert wird in § 68 I SGB VI als Betrag definiert, der einer monatlichen Rente wegen Alters der Rentenversicherung der Arbeiter und der Angestellten entspricht, wenn für ein Kalenderjahr Beiträge auf Grund des Durchschnittsentgelts gezahlt worden sind. Für die neuen Bundesländer gilt § 255 a SGB VI ein geringerr Betrag. Ab 1. 7. 2008 beträgt der aktuelle Rentenwert in den alten Bundesländern 26,56 Euro und in den neuen Bundesländern 23,34 Euro. Er verändert sich zum 1. Juli eines jeden Jahres, indem der bisherige mit den Faktoren für die Veränderung **(1)** der Bruttolohn- und -gehaltssumme je durchschnittlich beschäftigten Arbeitnehmer, **(2)** des Beitragssatzes zur Rentenversicherung der Arbeiter und der Angestellten und **(3)** dem Nachhaltigkeitsfaktor vervielfältigt wird.

7. Gesamtleistungsbewertung. a) Die **Höhe der Rente** ist nicht nur vom Umfang der 62
während des Versicherungslebens erbrachten Beiträge abhängig. Vielmehr werden auch bestimmte beitragsfreie oder beitragsgeminderte Zeiten bei der Rentenberechnung berücksichtigt (§ 71 SGB VI). Bei den beitragsfreien Zeiten handelt es sich um Anrechnungszeiten, Zurechnungszeiten und Ersatzzeiten. Sind während dieser Zeiten Beiträge in geringerer Höhe entrichtet worden, so dürfen die beitragsgeminderten Zeiten nicht zu einer Rentenminderung führen. Vielmehr erhalten sie denjenigen Wert, den sie auch erhalten hätten, wenn keine Beiträge gezahlt worden wären (§ 71 II SGB VI).

Für die **Bewertung beitragsfreier und beitragsgeminderter Zeiten** ist die vom Versi- 63
cherten individuell erbrachte Gesamtleistung an Beiträgen maßgebend. Für den Gesamtleistungswert ist grundsätzlich der Zeitraum vom 17. Lebensjahr bis zum Eintritt des Versicherungsfalles maßgebend (§ 72 SGB VI). Der Gesamtleistungswert wird ermittelt, indem aus allen Beitragszeiten (Pflichtbeiträgen und freiwilligen Beiträgen) im Gesamtzeitraum der Durchschnittswert errechnet wird. Versicherungsrechtliche Lücken mindern grundsätzlich die Leistung. Beitragsfreie und beitragsmindernde Zeiten, in denen nur niedrigere Beiträge geleistet wurden, mindern dagegen nicht. Besondere zu berücksichtigende Zeiten der Kindererziehung und der Pflege steigern die Werte für beitragsfreie und beitragsgeminderte Zeiten.

---

[25] *Hansen* Arbeitgeber 2001, 16.

64 **b) Anrechnungszeiten** sind insbesondere solche, in denen der Versicherte wegen Krankheit arbeitsunfähig gewesen ist, wegen Schwangerschaft oder Mutterschaft während der Schutzfrist nach dem MuSchG eine Beschäftigung oder selbstständige Tätigkeit nicht ausgeübt hat oder bei der Agentur für arbeitssuchend gemeldet war (§ 58 SGB VI). Sie werden nach Maßgabe des § 58 SGB VI rentenwirksam.

65 **c) Zurechnungszeit** ist die Zeit, die bei einer Rente wegen Erwerbminderung oder einer Rente wegen Todes hinzugerechnet wird, wenn der Versicherte das 60. Lebensjahr noch nicht vollendet hat (§ 59 SGB VI).

66 **d)** Die **Zeiten der Erziehung eines Kindes** bis zu dessen vollendetem zehnten Lebensjahr ist bei einem Elternteil eine Berücksichtigungszeit, soweit die Voraussetzungen für die Anrechnung einer Kindererziehungszeit auch in dieser Zeit vorliegen (§ 57 SGB VI).

67 **e)** Die **Gesamtleistung an Beiträgen** ergibt die EP. Zusätzlich werden für Berücksichtigungszeiten wegen Kindererziehung und Pflege EP in die Gesamtleistung einbezogen.

68 **8. Auskunft.** Versicherte, die das 27. Lebensjahr vollendet haben, erhalten jährlich eine schriftliche Renteninformation. Nach Vollendung des 54. Lebensjahres wird diese alle drei Jahre durch eine Rentenauskunft ersetzt. Besteht ein berechtigtes Interesse, kann die Rentenauskunft auch jüngeren Versicherten erteilt werden oder in kürzeren Abschnitten erfolgen (§ 109 SGB VI).

69 **9. Eigentumsschutz.** Die Sozialversicherungsrenten unterliegen – mit Ausnahme der Hinterbliebenenrente – dem Eigentumsschutz des Art. 14 GG.[26]

70 **10. Verschämte Armut.** Bestand kein Anspruch auf eine hinreichende Sozialversicherungsrente, waren die Versicherungsberechtigten gezwungen, Sozialhilfe in Anspruch zu nehmen. Die Sozialhilfeträger konnten insoweit gem. § 91 BSHG Rückgriff gegen Unterhaltsverpflichtete nehmen. Im Interesse einer Vorbeugung gegen die versteckte Armut hat der Gesetzgeber durch das AltersvermögensG vom 26. 6. 2001 (BGBl. I S. 1310) das Gesetz über eine bedarfsorientierte Grundsicherung im Alter und bei Erwerbsminderung (GSiG) erlassen, das am 1. 1. 2003 in Kraft getreten ist.[27] Durch das EinordnungsG vom 27. 12. 2003 (BGBl. I S. 3022) wurden die entsprechenden Regelungen zum 1. 1. 2005 in das SGB XII integriert (§§ 41 bis 43). Um vornehmlich älteren Menschen die Furcht vor dem Gang zum Sozialamt zu nehmen, wurde der Rückgriff auf Unterhaltsverpflichtete in § 43 II SGB XII (vormals § 2 I GSiG) ganz erheblich eingeschränkt.

V. Kapitalgedeckte Altersversorgung

Blomeyer, Die Riester-Rente nach dem Altersvermögensgesetz (AVmG), NZA 2001, 913; *Feudner,* Zur Mitbestimmung bei der Durchführung des Altersvermögensgesetzes, DB 2001, 2047; *Körner,* Unisex-Tarif und Entgeltgleichheitsgrundsatz bei der Riester-Eichel-Rente, NZA 2004, 760; *Laux,* Vorsorgeaufwendungen und Altersvorsorgebeiträge 2004, Beil 4 zu BB 2004; *Loritz,* Risiken für Arbeitgeber bei den geplanten kapitalgedeckten Altersvorsorgemodellen und bei sonstigen Investitionen der Arbeitnehmer außerhalb der arbeitsrechtlichen Leistungsbeziehungen, ZfA 2001, 183; *Perreng,* Die zusätzliche Altersversorgung im Rahmen der Rentenreform, AiB 2001, 261; *Recktenwald,* Wegfall der Beitragsfreiheit bei Entgeltumwandlung einerseits, Zeitwertkonten, Wohn-Riester, Förderung der Mitarbeiterbeteiligung andererseits: Bleibt die betriebliche Altersversorgung im Förderdschungel attraktiv?, BetrAV 2007, 8; *Rombach,* Altersvermögensgesetz 1. 1. 2001, BetrAV 2001, 494.

71 **1. Grundlage.** Wegen der Absenkung der Leistungen der gesetzlichen Rentenversicherung ist durch das AVmG vom 26. 6. 2001 (BGBl. I S. 1310) die kapitalgedeckte Altersversorgung zum Ausgleich der Renteneinbußen (sog. Riester-Rente) eingeführt worden. Sie ist eine Kombination aus Zulage und Steuerbefreiung. Dabei kommt immer die günstigere Variante zum Zuge. Gefördert werden Anlageformen, die im Alter eine ergänzende lebenslange Rente (sog. Leibrente) zahlen und als Mindestleistung wenigstens die eingezahlten Beiträge garantieren. Die Förderung ist unabhängig davon, ob die zusätzliche Altersvorsorge im Rahmen der betrieblichen Altersvorsorge oder der privaten Altersvorsorge aufgebaut wird. Die Tarifvertragsparteien können im Rahmen tariflicher Regelungen diese Altersversorgung mitgestalten.

72 **2. Geförderter Personenkreis.** Zum Kreis der Begünstigten ist in § 10 a I EStG aufgeführt. Hierzu gehören insbes. alle Personen, die Pflichtbeiträge zur gesetzlichen Rentenversicherung zahlen (vgl. RN 13 ff.).

[26] BVerfG 28. 2. 1980 BVerfGE 53, 257 = NJW 80, 692; 16. 7. 1985 BVerfGE 69, 272 = NJW 86, 39.
[27] *Münder* NJW 2002, 3661 ff.

3. Grundsätze der Förderung. In Art. 7 AVmG ist das Gesetz über die Zertifizierung von Altersvorsorgeverträgen (Altersvorsorgeverträge-Zertifizierungsgesetz – AltZertG) enthalten. Zertifizierungsbehörde ist die Bundesanstalt für Finanzdienstleistungsaufsicht (§ 2 AltZertG). Die Zertifizierungsbehörde prüft nicht die Qualität der angebotenen Verträge (§ 2 III AltZertG). Das Zertifikat bescheinigt lediglich, dass die Voraussetzungen der Förderung gegeben sind. Die Zertifizierungsvoraussetzungen ergeben sich aus § 1 AltZertG. Grundsätzlich müssen die Anlagen bis zum 60. Lebensjahr oder bis zum Beginn der Altersrente gebunden sein, die Anlageformen müssen ab Auszahlungsbeginn eine lebenslange steigende oder gleich bleibende Leibrente zusichern, zu Beginn der Auszahlungsphase müssen mindestens die eingezahlten Beiträge und während der Auszahlungsphase die laufenden monatlichen Zahlungen zugesagt sein. 73

4. Förderfähige Anlageformen. Förderfähig ist die betriebliche Altersversorgung in Form von Direktversicherungen, Pensionskassen- und Pensionsfondsversorgung sowie als private kapitalgedeckte Altersversorgung durch Fonds- und Banksparpläne. Fonds- und Banksparpläne müssen mit Auszahlungsplänen und einer Restverrentungspflicht versehen sein. 74

5. Wohneigentum. Der Zulageberechtigte kann das in einem Altersvorsorgevertrag gebildete und nach § 10a oder §§ 79ff. EStG geförderte Kapital in Höhe von insgesamt mindestens 10 000 Euro unmittelbar für die Anschaffung oder Herstellung (bis zum Beginn der Auszahlungsphase auch Entschuldung) einer zu eigenen Wohnzwecken dienenden Wohnung in einem im Inland gelegenen Haus oder einer im Inland gelegenen, zu eigenen Wohnzwecken dienenden eigenen Eigentumswohnung verwenden (Altersvorsorge-Eigenheimbetrag). Die Förderungsmöglichkeiten sind durch das mit 1. 8. 2008 dem in Kraft getretenen Eigenheimrentengesetz (EigRent, BGBl. I S. 1509) erheblich erweitert worden. Einzelheiten §§ 92a, 92b EStG. 75

6. Förderkonzept. Der Altersvorsorgeaufwand setzt sich aus Eigenbeiträgen und Zulagen zusammen. Der Berechtigte braucht nur seine Eigenbeiträge zu zahlen. Die staatliche Zulage wird vom zuständigen Finanzamt nach Antrag des Berechtigten auf amtlichen Vordruck auf den begünstigten Vertrag gutgeschrieben (§§ 89, 90 EStG). Die Höhe der Zulage ist abhängig vom Familienstand (§§ 83 bis 85 EStG). Bei höheren Einkommen oder Eigenbeiträgen, die Mindesteigenbeträge übersteigen, kann es günstiger sein, den Altersversorgungsaufwand im Rahmen des Sonderabgabenabzugs geltend zu machen. Ist der Sonderabgabenabzug für den Steuerpflichtigen günstiger als der Anspruch auf die Zulage nach §§ 79ff. EStG, so wird dies vom Finanzamt im Rahmen eines Günstigkeitsvergleichs überprüft. Die Differenz wird dem Konto gutgeschrieben. Als Sonderausgabenabzug geltend gemacht werden können in den Veranlagungszeiträumen 2002 und 2003 525 Euro, 2004 und 2005 bis zu 1050 Euro, 2006 und 2007 1575 Euro, ab dem Veranlagungszeitraum 2008 bis zu 2100 Euro (§ 10a I 1 EStG). Der Aufbau der Altersversorgung erfolgt aus nicht versteuertem Einkommen. Daher unterliegen die späteren Auszahlungen der Steuerpflicht. 76

7. Höhe der Zulage. a) Die Zulage setzt sich zusammen aus einer Grundzulage und einer Kinderzulage. Die **Grundzulage** beträgt in den Jahren 2002 und 2003 38 Euro, 2004 und 2005 76 Euro, 2006 und 2007 114 Euro und ab dem Jahre 2008 jährlich 154 Euro (§ 84 EStG). Die **Kinderzulage** beträgt für jedes Kind, für das dem Zulageberechtigten Kindergeld ausgezahlt wird, in den Jahren 2002 und 2003 46 Euro, 2004 und 2005 92 Euro, 2006 und 2007 138 Euro, ab dem Jahr 2008 jährlich 185 Euro (§ 85 EStG). Die Zulage wird gekürzt, wenn der Zulageberechtigte nicht den Mindesteigenbetrag leistet. Dieser beträgt in den Jahren 2002 und 2003 1%, 2004 und 2005 2%, 2006 und 2007 3%, ab dem Jahr 2008 jährlich 4% (§ 86 EStG). Weitere Einzelheiten ergeben sich aus § 86. 77

b) Ein **Alleinverdiener-Ehepaar mit zwei Kindern** und 25 564,50 Euro Bruttoverdienst erhält im Jahre 2008 für eigene Aufwendungen in Höhe von 344,58 Euro vom Staat eine Zulage von 678 Euro (154 Euro + 154 Euro + 185 Euro + 185 Euro) jährlich. Es erreicht so eine jährliche Sparleistung von 1022,58 Euro. Das sind 4% von 25 564,50 Euro. Eine **allein erziehende Angestellte mit einem Kind,** die während der Elternzeit kein rentenversicherungspflichtiges Einkommen bezieht, erhält im Jahre 2008 für einen Mindesteigenbetrag von 60 Euro eine jährliche Sparleistung von 339 Euro (154 Euro + 185 Euro) und erreicht eine jährliche Sparleistung von 399 Euro. Die staatliche Zulage macht dabei über 80% aus. 78

8. Sonderausgabe. Der Sonderausgabenabzug ist in § 10a EStG geregelt. Zur Durchführung ist die VO zur Durchführung der steuerlichen Vorschriften des Einkommensteuergesetzes zur Altersvorsorge (Altervorsorge-Durchführungsverordnung – AltvDV) vom 17. 12. 2002 (BGBl. I S. 4544), neugefasst am 28. 2. 2005 (BGBl. I S. 487), zuletzt geändert durch VO vom 8. 1. 2009 (BGBl. I S. 31), ergangen. 79

VI. Formen der betrieblichen Altersversorgung

Allgemein: *Czogalla,* Rentenreform 2001: Die Regelungen des Altersvermögens- und Altersvermögensergänzungsgesetzes, ZfPR 2001, 162; *Felleisen,* Formen der betrieblichen Altersversorgung, DSWR 2002, 100; *Gohdes,* Beitrags- oder Leistungszusage? Prüfkriterien für die Auswahl unter Angelsächsischen Kriterien, BetrAV 99, 188; *Hanau/Arteaga,* Sofortprogramm zur Förderung der betrieblichen Altersversorgung, DB 99, 898; *Neuffer,* Innovative Alterssicherungsmodelle – Mitarbeiterbeteiligung, Beitrags- und Leistungsorientierung, BetrAV 99, 181; *Reichel,* Betriebliche Altersversorgung für geringfügig Beschäftigte, BetrAV 2001, 529; *Schmeisser/Blömer,* Modelle der betrieblichen Altersversorgung, DStR 99, 334; *Wiesner,* Grundlegende Neuordnung der betrieblichen Altersversorgung, BetrAV 99, 184.
Direktversicherung: s. § 84 vor RN 36.
Pensionskassen: s. § 84 vor RN 27.
Pensionsfonds: s. § 84 vor RN 91.
Unterstützungskassen: s. § 84 vor RN 1.
Entgeltumwandlung: s. § 84 vor RN 59.
Beitragsorientierte Leistungszusage: s. § 84 vor RN 80.

80 **1. Formenreichtum.** Die betriebliche Altersversorgung zeichnet sich durch einen besonderen Formenreichtum aus. Welche Form der Altersversorgung der Unternehmer wählt, hängt von dem angestrebten Versorgungsziel, aber auch von betriebswirtschaftlichen und steuerrechtlichen Erwägungen ab.[28] Für den Arbeitnehmer ist von Interesse, dass er bei geringster Einschränkung seiner Mobilität eine möglichst hohe Versorgung erzielt. Das Recht der betrieblichen Altersversorgung zeichnet sich durch seine Komplexität aus, so dass Arbeitnehmer wie Arbeitgeber im Streitfall meistens des Rates von Spezialisten bedürfen. Auf dem Gebiet der betrieblichen Altersversorgung betätigen sich eine Reihe von Beratungsinstituten und als Verband die Arbeitsgemeinschaft für Betriebliche Altersversorgung e. V., Heidelberg (ABA). Deren Publikationsorgan sind die ABA-Mitteilungen.

81 **2. Höherversicherung.** Sie war im System der gesetzlichen Rentenversicherung eine Versicherung eigener Art. Sie wurde mit Ablauf des 31. 12. 1991 durch das RRG 1999 vom 16. 12. 1997 (BGBl. I S. 2998), geändert am 19. 12. 1998 (BGBl. I S. 3843) abgeschafft. Nach § 234 SGB VI a. F. blieb jedoch auch nach diesem Zeitpunkt weiterhin zur Höherversicherung berechtigt, wer vor dem 1. 1. 1992 von dem Recht der Höherversicherung Gebrauch gemacht hat oder vor dem 1. 1. 1942 geboren ist und damit bei Inkrafttreten des SGB VI bereits das 50. Lebensjahr vollendet hat.

82 **3. Direktversicherung.** Versicherungsverträge mit Lebensversicherungsgesellschaften können vom Arbeitgeber zugunsten einzelner oder mehrerer Arbeitnehmer oder der gesamten Belegschaft abgeschlossen werden (Einzel- oder Gruppenversicherungsverträge). Rechtliche Einzelheiten s. § 84 RN 36ff. Die Form des Versicherungsabschlusses ist für alle Betriebe geeignet; die Mittel des Arbeitgebers müssen jedoch aus dem Betrieb ausgeschieden werden. Der Arbeitnehmer kann an den Versicherungsprämien beteiligt werden; im Falle seiner Beteiligung ist dem Arbeitnehmer ein nicht entziehbares Anwartschaftsrecht einzuräumen. Kapitallebensversicherungen werden vor allem gewählt, um Anpassungsverpflichtungen nach § 16 BetrAVG vorzubeugen. Zur Abdeckung innerbetrieblicher Ruhegelder werden häufig **Rückdeckungsversicherungen** abgeschlossen. Werden diese später aufgelöst, so bleibt hiervon die Ruhegeldverpflichtung unberührt.[29] Gelegentlich tritt der Arbeitgeber die Ansprüche aus der Rückdeckungsversicherung an den Arbeitnehmer ab oder verpfändet die Bezugsrechte zur Sicherung der Versorgungsanwartschaften.[30]

83 **4. Überbetriebliche Einrichtungen** können von mehreren Arbeitgebern auf Grund vertraglicher Vereinbarung geschaffen werden, um Arbeitnehmern eine zusätzliche Altersversorgung zu gewähren. Größere Bedeutung haben überbetriebliche Einrichtungen auf Grund von §§ 1, 4 II TVG. Hier stehen zwei Gestaltungsformen zur Verfügung. Es wird entweder eine gemeinsame Einrichtung der Unternehmen für die Zusatzversorgung (ZV) vereinbart oder es wird eine gemeinsame Einrichtung geschaffen, um die Sicherstellung der ZV durch die angeschlossenen Arbeitgeber zu gewährleisten. Die Ausgestaltung der ZV für den Arbeitnehmer kann versicherungsrechtlich, aber auch nur verwaltungsmäßig erfolgen. Bei der versicherungsrechtlichen Ausgestaltung wird tariflich eine ZV-Kasse geschaffen, die von Beiträgen der Arbeitgeber [und Arbeitnehmer] gespeist wird. Der Beitragssatz besteht zumeist in einem Prozentsatz

---

[28] Zur Verbreitung der betrieblichen Altersversorgung vgl. *Kortmann* BetrAV 2007, 503.
[29] BAG 14. 7. 1972 AP 2 zu § 242 BGB Ruhegehalt-Lebensversicherung = DB 72, 2068.
[30] *Blomeyer* BetrAV 99, 293 = VersR 99, 653.

der Bruttolohnsumme. Andererseits erhalten die Arbeitnehmer einen Rechtsanspruch auf die Leistungen der Kasse. Derartige ZVK unterliegen als Versicherungsvereine auf Gegenseitigkeit der staatlichen Aufsicht. Sie haben nach § 65 VAG aus den Beiträgen einen Deckungsstock zu bilden und ihn gem. § 68 I VAG anzulegen.

Bei der verwaltungsmäßigen Konstruktion, die gewählt wird, um die Finanzmittel im Unternehmen zu halten und die staatliche Aufsicht auszuschließen, werden der gemeinsamen Einrichtung nur verwaltungsmäßige Aufgaben zugewiesen. Dagegen werden Mittel im Unternehmen gesammelt. Der Arbeitnehmer erlangt nur Ansprüche gegen seinen Arbeitgeber. Nach diesem System arbeiten der Bochumer, Duisburger und Essener Verband, die gemeinsame Richtlinien für die Versorgung höherer Bergbauangestellten, Angestellten des Speditionsgewerbes wie auch der Eisen- und Stahlindustrie herausgeben. 84

5. Direktzusage. Beim innerbetrieblichen Ruhegeld verspricht der Arbeitgeber ein Ruhegeld aus seinen Mitteln. Er haftet für die Erfüllung der Zusage nicht nur mit dem Betriebs-, sondern seinem gesamten Vermögen. Beim deckungslosen Zahlungsverfahren erfolgt die Zahlung aus dem laufenden Betriebsgewinn. Regelmäßig erfolgen jedoch Rückstellungen in der Bilanz; beim **Kapitaldeckungsverfahren** erfolgt die Rückstellung bei Ausscheiden des Arbeitnehmers; beim **Anwartschaftsdeckungsverfahren** werden laufend Rückstellungen nach versicherungsmathematischer Berechnung vorgenommen. Welche dieser Formen gewählt wird, hängt von der Betriebsliquidität und steuerrechtlichen Erwägungen ab. Das innerbetriebliche Ruhegeld steht im Vordergrund der betrieblichen Altersversorgung, da die Rückstellungen im Betrieb des Arbeitgebers verbleiben und zur Eigenfinanzierung verwandt werden können. Es ist jedoch wegen der langfristigen Belastung für Kleinbetriebe wenig geeignet. Zu Rückdeckungsversicherungen vgl. RN 82. 85

6. Pensionskassen werden zur Ruhegeldgewährung nur von Großbetrieben eingesetzt. Pensionskassen sind rechtsfähige Versorgungseinrichtungen, die betriebliche Altersversorgung gewähren und dem Arbeitnehmer oder seinen Hinterbliebenen auf ihre Leistungen einen Rechtsanspruch einräumen (§ 1b III 1 BetrAVG). Sie werden in der Privatwirtschaft i.d.R. als Versicherungsvereine auf Gegenseitigkeit (VVaG), im öffentlichen Dienst als Versicherungsanstalten des öffentlichen Rechts betrieben. Nach dem Geschäftsumfang werden Firmen- (Betriebs-), Konzern- und Gruppenpensionskassen unterschieden. Die Pensionskassen betreiben ein Versicherungsgeschäft und unterliegen der Versicherungsaufsicht der Bundesanstalt für Finanzdienstleistungen (§ 1 VAG). Rechtlich erwächst ein Dreiecksverhältnis. Der Arbeitnehmer kann freiwillig Mitglied der Pensionskasse werden; er kann jedoch auch durch den Arbeitsvertrag zum Beitritt verpflichtet werden. Er gehört ihr grundsätzlich nur während des Bestandes des Arbeitsverhältnisses an. Das Rechtsverhältnis des Arbeitnehmers zur Pensionskasse wird durch das VAG und besondere Satzungen und Richtlinien geregelt. Die Leistungen der Pensionskasse werden zumeist vom Arbeitgeber finanziert; es kann aber auch eine Beteiligung der Arbeitnehmer erfolgen. Die Mittel der Pensionskasse müssen unter Berücksichtigung der Vorschriften des VAG angelegt werden. Sie scheiden daher aus dem Unternehmen aus und die Anlage unterliegt der Versicherungsaufsicht. Zwischen Arbeitgeber und Arbeitnehmer ist der Arbeitsvertrag maßgebend. Er ist verpflichtet, dem Arbeitnehmer den Zugang zur Pensionskasse zu verschaffen; ihm obliegen Beratungs- und Aufklärungspflichten. Für Leistungen haftet grundsätzlich die Pensionskasse. Den Arbeitgeber kann eine Einstandspflicht treffen (s. § 84 RN 27ff.). 86

Keine Pensionskassen sind die gemeinsamen Einrichtungen, die lediglich einheitliche Versorgungsrichtlinien gewährleisten wollen (RN 83), sowie Umlage- oder Ausgleichskassen, die den Arbeitgebern die gewährten Leistungen ersetzen. 87

7. Unterstützungskassen sind rechtsfähige Versorgungseinrichtungen, die auf ihre Leistungen keinen Rechtsanspruch einräumen (§ 1b IV BetrAVG). Sie werden i.d.R. als eingetragener Verein (e.V.), GmbH und seltener als Stiftung errichtet. Durch den Ausschluss des Rechtsanspruchs unterscheiden sie sich von den Pensionskassen. Der historisch bedingte Ausschluss des Rechtsanspruchs (s. § 84 RN 3) bewirkt, dass sie nicht der Versicherungsaufsicht unterliegen (§ 1 I, II VAG). Je nach ihrem Wirkungsbereich werden Firmen-, Konzern und Gruppen-Unterstützungskassen unterschieden. Auch bei der Leistungsgewährung durch eine Unterstützungskasse besteht ein Dreiecksverhältnis (vgl. § 84 RN 1ff.). 88

8. Entgeltumwandlung. Durch die Rspr. sind gehaltsumwandelnde Lebensversicherungen als Form der betrieblichen Altersversorgung zugelassen worden. Bei ihr wurden Gehaltsbestandteile des Arbeitnehmers auf Direktzusagen eingezahlt. Diese Versorgungsform ist durch Art. 8 Rentenreformgesetz 1999 (s. RN 5) mit Wirkung vom 1. 1. 1999 in das BetrAVG eingefügt worden. Nach § 1 V BetrAVG i.d.F. RRG 1999 liegt betriebliche Altersversorgung auch vor, 89 wenn künftige Entgeltansprüche in eine wertgleiche Anwartschaft auf Versorgungsleistungen umgewandelt werden (Entgeltumwandlung). Die Begriffsbestimmung der Entgeltumwandlung ist durch das AVmG (s. RN 6) nach § 1 II Nr. 3 BetrAVG übernommen worden. Der Insolvenzschutz für ab 1999 eingetretene Sicherungsfälle wurde gem. §§ 7 III, 31 BetrAVG pro Monat grundsätzlich auf das Dreifache der monatlichen Bezugsgröße gem. § 18 SGB IV eingeschränkt, um den Pensions-Sicherungs-Verein vor Missbrauch zu schützen. Die Obergrenze beträgt 2009 in den alten Bundesländern 7560 Euro und in den neuen Bundesländern 6405 Euro. Der Vorteil der Entgeltumwandlung für den Arbeitgeber liegt darin, dass sich die Liquidität des Unternehmens bei der Entgeltumwandlung über unmittelbare Versorgungszusagen mit Pensionsrückstellungsbildung oder über Unterstützungskassen verbessert, da bei diesen Durchführungswegen Finanzierungseffekte entstehen. Dagegen sind Direktversicherungen und Pensionskassenzusagen liquiditätsneutral, weil Versicherungsprämien zu zahlen sind. Für den Arbeitnehmer kann die Entgeltumwandlung attraktiv sein, weil er auf Einkommensteile, die einer höheren Steuer und Sozialabgabe unterliegen, verzichtet und dafür Betriebsrente erlangt. Diese wird im Allgemeinen mit einer geringeren Steuer und nur noch mit Beiträgen zur Krankenversicherung der Rentner und der Pflegeversicherung belastet sein. Entgegen der ursprünglichen Planung ist die Beitragsfreiheit der mittels Entgeltumwandlung geleisteten Beiträge über den 31. 12. 2008 erhalten geblieben. Durch das AVmG ist § 1a in das BetrAVG eingefügt worden. Hiernach kann der Arbeitnehmer vom Arbeitgeber verlangen, dass von seinen künftigen Entgeltansprüchen bis zu 4% der jeweiligen Beitragsbemessungsgrenze in der Rentenversicherung der Arbeiter und Angestellten durch Entgeltumwandlung für seine Altersversorgung verwendet werden. Einzelheiten § 84 RN 59ff.

90 **9. Beitragsorientierte Leistungszusage.** Nach § 1 II Nr. 1 BetrAVG liegt betriebliche Altersversorgung auch vor, wenn der Arbeitgeber sich verpflichtet, bestimmte Beiträge in eine Anwartschaft auf Alters-, Invaliditäts- und Hinterbliebenenversorgung umzuwandeln (beitragsorientierte Leistungszusage). Diese Zusage ist dadurch gekennzeichnet, dass dem Arbeitnehmer nicht nur die spätere Versorgungszusage gegeben wird, sondern auch der Beitrag genannt wird, den der Arbeitgeber zur Finanzierung der Versorgung aufwendet. Wird die Versorgung über eine Direktversicherung oder eine Pensionskasse als Durchführungsweg abgewickelt, wird der Beitrag an die Lebensversicherung oder die Pensionskasse abgeführt. Bei der unmittelbaren Versorgungszusage oder der Unterstützungskasse ist die Beitragszusage nur ein kalkulatorischer Wert. Bei der beitragsorientierten Zusage wird nur der Arbeitgeber belastet, weil der Arbeitnehmer nicht auf Entgeltbestandteile verzichtet. Allerdings begrenzt die Zusage im Gegensatz zu den herkömmlichen Versorgungsformen den Aufwand des Arbeitgebers. Einzelheiten § 84 RN 80ff.

91 Durch § 1 II Nr. 2 BetrAVG wurde die **Beitragszusage mit Mindestleistung** in das Gesetz eingefügt. Bei ihr verpflichtet sich der Arbeitgeber, Beiträge zur Finanzierung von Leistungen der betrieblichen Altersversorgung an einen Pensionsfonds, eine Pensionskasse oder eine Direktversicherung zu zahlen und für Leistungen zur Altersversorgung das planmäßig zuzurechnende Versorgungskapital auf der Grundlage der gezahlten Beiträge (Beiträge und die daraus erzielten Erträge), mindestens die Summe der zugesagten Beiträge, soweit sie nicht rechnungsmäßig für einen biometrischen Risikoausgleich verbraucht wurden, hierfür zur Verfügung zu stellen (§ 1 II Nr. 2 BetrAVG). Einzelheiten § 84 RN 84ff.

92 **10. Pensionsfonds.** Die Rechtsgrundlagen des Pensionsfonds ergeben sich aus dem VAG. Der Pensionsfonds ist eine rechtsfähige Versorgungseinrichtung, die im Wege des Kapitaldeckungsverfahrens je nach Ausgestaltung der zu Grunde liegenden Pensionspläne beitragsbezogen mit der Zusage einer Mindestleistung oder leistungsbezogen ausschließlich Altersversorgungsleistungen für einen oder mehrere Arbeitgeber zu Gunsten von Arbeitnehmern erbringt, die Höhe der Altersversorgungsleistungen oder die Höhe der für diese Leistungen zu entrichtenden Beiträge nicht für alle im Pensionsplan vorgesehenen Leistungsfälle zusagt und verpflichtet ist, in jedem Fall die Altersversorgungsleistung als lebenslange Altersrente zu erbringen (§ 112 VAG, s.a. § 1b III BetrAVG). Die Erlaubnis zum Betreiben einer Pensionskasse wird nur Aktiengesellschaften und Pensionsfondsvereinen auf Gegenseitigkeit erteilt (§ 113 II Nr. 3 VAG). Die Versorgungsverpflichtung aus einem Pensionsfonds ist beim Trägerunternehmen nicht in der Handels- und Steuerbilanz auszuweisen. Es wird damit die Möglichkeit geschaffen, durch Auslagerung der Pensionsverpflichtung die Handels- und Steuerbilanz zu verbessern. Der Pensionsfonds hat temporär eine größere Freiheit bei der Vermögensanlage als die Pensionskasse und eine Direktversicherung. Die BReg. ist ermächtigt, Richtlinien für die Vermögensanlage zu erlassen (§ 115 II VAG). Die Eigenkapitalausstattung wird aufsichtsbehördlich überwacht. Da es

sich um eine versicherungsförmige Durchführungsform der betrieblichen Altersversorgung handelt, ist die Aufsicht der Bundesanstalt für Finanzdienstleistungen übertragen. Die Verpflichtung zur Beitragsleistung ergibt sich aus Pensionsplänen. Das Kursrisiko der Anlage liegt mithin beim Arbeitnehmer. Im Falle der Leistungszusage besteht für den Arbeitnehmer im Versorgungsfall ein Rechtsanspruch auf die vom Arbeitgeber zugesagte Versorgungsleistung. Soweit sich die Pensionsfondsbeiträge als nicht ausreichend erweisen, sind sie anzupassen. Etwaige Nachschüsse sind als Betriebsausgaben nach § 4e EStG abzugsfähig. Einzelheiten § 84 RN 91ff.

VII. Besteuerung der Alterseinkünfte

Birk, Die Besteuerung des „Gegenwerts" in der betrieblichen Altersversorgung – Zu den steuerlichen Folgen des Ausstiegs aus einem Versorgungssystem der betrieblichen Altersversorgung, BB 2004, 974; *Blumenstein,* Änderung des Gesetzes zur Verbesserung der betrieblichen Altersversorgung im Rahmen des Entwurfes eines Alterseinkünftegesetzes, BetrAV 2004, 236; *Eckerle,* Die Reform der betrieblichen Altersversorgung durch das Alterseinkünftegesetz, BB 2004, 2549; *Flore,* Das Alterseinkünftegesetz – Was kommt auf die Anwaltschaft zu?, AnwBl. 2004, 343; *Förster,* Neue steuerrechtliche Rahmenbedingungen für Betriebsrenten durch das Alterseinkünftegesetz, BetrAV 2004, 592; *Heubeck/Seybold,* Zur Besteuerung der betrieblichen Altersversorgung nach dem Alterseinkünftegesetz, DB 2007, 592; *Halsch,* Neue steuerliche Rahmenbedingungen für die betriebliche Altersvorsorge, BetrAV 2004, 311; *Höfer,* Die Neuregelung des Betriebsrentengesetzes durch das Alterseinkünftegesetz, DB 2004, 1426; *Hügelschäffer,* Aktuelle steuerrechtliche Fragen in der Zusatzversorgung des öffentlichen und kirchlichen Dienstes, BetrAV 2005, 351; *Meier/Bätzel,* Auslagerung von Pensionsrückstellungen auf einen Pensionsfonds – Motive und Gestaltungsoptionen unter Beachtung der Änderungen durch das Alterseinkünftegesetz, DB 2004, 1437; *Melchior,* Das Alterseinkünftegesetz im Überblick, DStR 2004, 1061; *Myßen,* Die steuerlichen Neuregelungen durch das Alterseinkünftegesetz, BetrAV 2004, 415; *Niermann,* Alterseinkünftegesetz – Die steuerlichen Änderungen in der betrieblichen Altersversorgung, DB 2004, 1449; *Nürnberger/Perreng,* Die künftige Besteuerung von Alterseinkünften – Die neuen Regelungen zur privaten und betrieblichen Vorsorge, SozSich 2004, 146; *Pohl,* Neue steuerliche Behandlung der Direktversicherung – erste Erfahrungen der Praxis mit dem Alterseinkünftegesetz, BetrAV 2005, 537; *Preißen/Sieben,* Alterseinkünftegesetz, 2004, *Recktenwald/Krüger,* Geförderte betriebliche Altersversorgung – Ein Vergleich zwischen Eichel-, Riester- und Rürup-Förderung, BetrAV 2005, 336; *Risthaus,* Die Änderungen in der privaten Altersversorgung durch das Alterseinkünftegesetz, DB 2004, 1329 und 1383; *Wellisch/Näth,* Änderungen bei der betrieblichen Altersversorgung durch das Alterseinkünftegesetz unter Berücksichtigung des BMF-Schreibens vom 17. 11. 2004, BB 2005, 18.

1. Gleichheit der Besteuerung. Das BVerfG hat in einem Urteil vom 6. 3. 2002[31] entschieden, dass die Besteuerung der Beamtenpensionen und der Renten aus der gesetzlichen Rentenversicherung nach gleichen Grundsätzen erfolgen müsse. Die volle Gleichbehandlung wird erst im Jahre 2040 erreicht. Bei der Gleichstellung der beiden Grundversorgungssysteme befolgt das Gesetz zur Neuordnung der einkommensteuerrechtlichen Behandlung von Altersvorsorgeaufwendungen und Altersbezügen (Alterseinkünftegesetz – AltEinkG) vom 5. 7. 2004 (BGBl. I S. 1427) das Gebot der intertemporären Leistungsfähigkeit. Hiernach darf das Lebenseinkommen nur einmal besteuert werden. Es wird das **Prinzip der nachgelagerten Besteuerung** eingeführt. Altersversorgungsbeiträge werden steuerlich sukzessiv stärker entlastet, während gleichzeitig die darauf beruhenden Renten nach und nach stärker besteuert werden. Dabei wird die weitgehende Steuerfreiheit in der Anspar- und Durchführungsphase in der späteren Auszahlungsphase nachgeholt. Das Prinzip der nachgelagerten Besteuerung der Altersbezüge führt in einigen Teilbereichen zur Änderung der betrieblichen Altersversorgung. Bislang bestand bei der **Direktversicherung** und der **Pensionskasse** die Möglichkeit der Pauschalbesteuerung des Arbeitgeberanteils (§ 40 b EStG). Das gilt nur noch für vor dem 1. 1. 2005 erteilte Versorgungszusagen (vgl. § 52 Abs. 52a EStG). Gleichzeitig hat der Gesetzgeber gem. § 3 Nr. 63 EStG nunmehr die Steuerfreiheit des Arbeitgeberanteils (auch für eine Direktversicherung) bis 4% der Beitragsbemessungsgrenze und ein zusätzliches Freistellungsvolumen von 1800 Euro eingeführt. **93**

2. Besteuerung der Vorsorgeaufwendungen in der Ansparphase. a) Aktiv Erwerbstätige können ab dem Veranlagungszeitraum 2005 als **Sonderausgaben** abziehen (§ 10 I Nr. 2a EStG) **(1)** Beiträge zu der gesetzlichen Rentenversicherung, **(2)** Beiträge zu den landwirtschaftlichen Alterskassen, **(3)** Beiträge zu den berufsständischen Versorgungseinrichtungen, die vergleichbare Leistungen wie die gesetzliche Rentenversicherung erbringen. Neben der Abzugsmöglichkeit wegen der Grundversorgung besteht ein zweiter zusätzlicher Bereich, der als Anreiz für die private Altersversorgung des Steuerbürgers gedacht ist. Nach § 10 I 2b EStG besteht eine Abzugsmöglichkeit für Beiträge des Steuerpflichtigen zum Aufbau einer eigenen kapitalgedeckten Altersversorgung, wenn der Vertrag nur die Zahlung einer monatlichen auf das Leben des **94**

[31] BVerfGE 105, 73 = NJW 2002, 1103.

Steuerpflichtigen bezogenen lebenslangen Leibrente nicht vor Vollendung des 60. Lebensjahres oder die ergänzende Absicherung des Eintritts der Berufsunfähigkeit (Berufsunfähigkeitsrente), der verminderten Erwerbsfähigkeit (Erwerbsminderungsrente) oder von Hinterbliebenen (Hinterbliebenenrente) vorsieht.

95 **b) Gemeinsame Voraussetzung des Abzugs** nach § 10 I Nr. 2a und b EStG ist, dass die Vorsorgeaufwendungen nicht in unmittelbarem wirtschaftlichen Zusammenhang mit steuerfreien Einnahmen stehen und geleistet werden an **(a)** Versicherungsunternehmen, die ihren Sitz oder Geschäftsleitung in einem Mitgliedstaat der Europäischen Gemeinschaft haben und das Versicherungsgeschäft im Inland betreiben dürfen, bzw. an Versicherungsunternehmen, denen die Erlaubnis zum Geschäftsbetrieb im Inland erteilt ist, an **(b)** berufsständische Versorgungseinrichtungen, an **(c)** einen Sozialversicherungsträger oder an **(d)** einen Anbieter i. S. d. § 80 EStG (§ 10 II EStG). Denkbar ist, dass ein amerikanisches Unternehmen die Verträge über ein Tochterunternehmen durchführt, das seinen Sitz in der EU hat.

96 **c)** In § 10 III EStG wird die absolute und die prozentuale **Höhe der abziehbaren Altersversorgungsbeiträge** geregelt. Vorsorgeaufwendungen sind bis zu einem Höchstbetrag von 20000 Euro abzugsfähig. Bei zusammen veranlagten Ehegatten verdoppelt sich der Höchstbetrag. Im Kalenderjahr 2005 sind 60% der ermittelten Vorsorgeaufwendungen anzusetzen. Der sich danach ermittelte Betrag vermindert sich um den nach § 3 Nr. 62 EStG steuerfreien Arbeitgeberanteil zur gesetzlichen Rentenversicherung und einem diesem gleichgestellten Zuschuss des Arbeitgebers. Der Vomhundertsatz der abzugsfähigen Vorsorgeaufwendungen erhöht sich in den folgenden Kalenderjahren um je 2 Prozentpunkte, so dass die Aufwendungen ab dem Kalenderjahr 2025 – im Rahmen des Höchstbetrages – voll abzugsfähig sind.

97 **3. Günstigkeitsprüfung.** Der schrittweise Übergang zur vollständigen Freistellung der Altersvorsorgeaufwendungen kann für bestimmte Personengruppen zu Schlechterstellungen führen. Das gilt vor allem für Bezieher kleinerer Einkommen, weil diese die Sozialversicherungsbeiträge vollständig als Sonderausgaben absetzen können (vgl. dazu § 10 IVa EStG).

98 **4. Auszahlungsphase. a)** Der **nachgelagerten Besteuerung** unterfallen Leibrenten und andere Leistungen aus der gesetzlichen Rentenversicherung, den landwirtschaftlichen Alterskassen, den berufsständischen Versorgungseinrichtungen und allen privaten Leibrentenversicherungen. Spiegelbildlich zu den Vorsorgeaufwendungen werden diese Leistungen ab dem Veranlagungszeitraum 2005 nachgelagert besteuert. Wegen des Verbots der Zweifachbesteuerung wird in der Übergangsphase bis zum Veranlagungszeitraum 2040 berücksichtigt, dass ein Teil der Rentenbeiträge aus versteuertem Einkommen geleistet wurde. Die Besteuerung setzt daher im Veranlagungszeitraum 2005 mit 50% bei allen Besitzstandsrenten und Neurenten der erstmaligen Auszahlung 2005 ein. Der Besteuerungsanteil wird für jeden späteren Neurentnerjahrgang bis 2020 um 2% und danach um jeweils 1% angehoben, so dass ab 2040 eine volle Besteuerung erfolgt.

99 **b)** Von Versorgungsbezügen, insbesondere Beamtenpensionen bleiben ein nach einem Vomhundertsatz ermittelter, auf einen Höchstbetrag begrenzter (Versorgungsfreibetrag) und ein Zuschlag zum Versorgungsfreibetrag **steuerfrei** (§ 19 II EStG). Entscheidend ist der Renteneintrittsjahrgang. Das Jahr, in dem die erste Rentenzahlung erfolgt, führt zur Eingruppierung in eine Rentenkohorte. Der maßgebende Vomhundertsatz, der Höchstbetrag des Versorgungsfreibetrags und der Zuschlag zum Versorgungsfreibetrag sind aus einer Tabelle zu § 19 EStG zu entnehmen.

100 **5. Ertragsanteilbesteuerung.** In allen Fällen, in denen Ansparleistungen aus versteuertem Einkommen erbracht werden, wird nach § 22 Nr. 1 Satz 3a aa EStG eine Ertragsanteilbesteuerung durchgeführt. Auch diese wird durch eine Tabelle in § 22 EStG erfasst.

§ 83. Der Betriebsrentenanspruch

Kommentare und Handbücher: ABA, Handbuch der betrieblichen Altersversorgung, 3 Bde. mit mehreren Teilbänden; *Ahrend/Förster/Rößler,* Steuerrecht der betrieblichen Altersversorgung, Loseblatt; *Andresen/Rößler/Rühmann,* Betriebliche Altersversorgung im 21. Jahrhundert, FS für Wolfgang Förster zum 60. Geburtstag, 2001; *Andresen/Förster/Rößler/Rühmann,* Arbeitsrecht der betrieblichen Altersversorgung, Loseblatt; *Blomeyer/Rolfs/Otto,* Betriebsrentengesetz, Kommentar, 4. Aufl., 2006; *Drols,* Handbuch betriebliche Altersversorgung 2. Aufl., 2005; *Förster/Rühmann/Cisch/Schumann,* Betriebsrentengesetz, Kommentar, 11. Aufl., 2005; *Griebeling,* Betriebliche Altersversorgung, AR-Blattei, SD 460.2; *ders.,* Betriebliche Altersversorgung, APP 1996; *Griebeling/Griebeling,* Betriebliche Altersversorgung, 2. Aufl., 2003; *Heubeck/Höhne/Paulsdorff/Rau/Weinert,* Kommentar zum Gesetz zur Verbesserung der betrieblichen Altersversorgung, 2. Aufl., seit 1982; *Höfer,* Gesetz zur Verbesserung der betrieblichen Altersversorgung, 8. Aufl. Loseblatt, Stand 2008; *ders.,* Das neue Betriebsrentenrecht, 2003; *Kemper/Kisters-Kölkes,* Arbeitsrechtliche Grundzüge der betrieblichen Altersversorgung 5. Aufl., 2008; *Kemper/Kisters-Kölkes/Berenz/Bode/Pühler,* BetrAVG, Kommentar, 3. Aufl., 2008; *Langohr-Plato,* Rechtshandbuch betriebliche Altersversorgung, 4. Aufl., 2007; *Paulsdorff,* Kommentar zur Insolvenzsicherung der betrieblichen Altersversorgung, 2. Aufl., 1996; *Rühle,* Betriebliche Altersversorgung und Mitbestimmung, 1994; *Schmitt/Kunert,* Neue Wege der betrieblichen Altersversorgung, 3. Aufl., 2005; *Schoden,* BetrAVG Betriebliche Altersversorgung, 2003; *Steinmeyer,* Betriebliche Altersversorgung und Arbeitsverhältnis, 1991.

Allgemeines Aufsatzschrifttum grundsätzlich seit 2000, sonst frühere Auflagen: *Baumeister/Merten,* Rente ab 67 – Neue Altersgrenzen in der gesetzlichen und zusätzlichen Altersvorsorge, DB 2007, 1306; *Blomeyer,* Ansätze zu einer Dogmatik des Betriebsrentenrechts, RdA 2000, 279; *Cisch/Kruip,* Die Auswirkungen der Anhebung der Altersgrenzen in der gesetzlichen Rentenversicherung auf die betriebliche Altersversorgung, BB 2007, 1162; *Herrmann/Höscher,* Eine strategische Ausgestaltung verhilft der betrieblichen Altersversorgung zu neuem Glanz, Personal. Sonderheft Betriebliche Altersvorsorge, 2002, 12; *Höfer,* Gesetz zur Förderung der betrieblichen Altersversorgung – Anmerkungen zum Regierungsentwurf vom 8. 8. 2007 – DB 2007, 1922; *Höfer/Witt/Kuchem,* Die Anpassung betrieblicher Versorgungsregelungen an die neuen Altersgrenzen in der Rentenversicherung, BB 2007, 1445; *Höfer,* Auswertung der Umfrage zur betrieblichen Altersversorgung, BB 2007, 885; *Jaeger,* Outsourcing von Pensionsrückstellungen, BB 2000, 1518; *Kollroß,* Betriebliche Altersversorgung in der Unternehmenspraxis, DZWIR 2002, 309; *Kortmann,* Die betriebliche Altersversorgung in Privatwirtschaft und öffentlichem dienst, BetrAV 2007, 503; *Reichenbach/Grüneklee,* Rente erst mit 67: Anpassungsbedarf für betriebliche Versorgungsregelungen?, DB 2006, 2234; *Reinecke,* Schutz des Arbeitnehmers im Betriebsrentenrecht: Informationspflichten des Arbeitgebers und Kontrolle von Versorgungsvereinbarungen, DB 2006, 555; *ders.,* Hinweis-, Informations- und Beratungspflichten im Betriebsrentenrecht nach der Reform des Versicherungsvertragsrechts, RdA 2009, 13; *Ziemann,* Klagen nach Eintritt des Versorgungsfalles, ArbRB 2002, 93.

Zur Änderung des BetrAVG durch das
Rentenreformgesetz (RRG) vom 22. 12. 1997 (BGBl. I S. 2997)
Altersvermögensgesetz (AVmG) vom 26. 6. 2001 (BGBl. I S. 1310)
Schuldrechtsmodernisierungsgesetz vom 26. 11. 2001 (BGBl. I S. 3138) und
Hüttenknappschaftliche Zusatzversicherungs-Neuregelungs-Gesetz (HZVNG) vom 21. 6. 2002 (BGBl. I S. 2167): s. die Nachweise in der Vorauflage.

Zu steuerrechtlichen Änderungen: s. § 82 vor RN 93.

Alterseinkünftegesetz: *Baumeister,* Änderungen in der betrieblichen Altersversorgung durch das Alterseinkünftegesetz, BetrAV 2004, 606; *Blumenstein,* Änderung des Gesetzes zur Verbesserung der betrieblichen Altersversorgung im Rahmen des Entwurfes eines Alterseinkünftegesetzes, BetrAV 2004, 236; *Flore,* Das Alterseinkünftegesetz – Was kommt auf die Anwaltschaft zu?, AnwBl. 2004, 343; *Förster/Cisch,* Die Änderungen im Betriebsrentengesetz durch das Alterseinkünftegesetz und deren Bedeutung für die Praxis, BB 2004, 2126; *Höfer,* Die Neuregelung des Betriebsrentengesetzes durch das Alterseinkünftegesetz, DB 2004, 1426; *Kolmhuber,* Änderungen zum 1. 1. 2005: Betriebsrentengesetz, ArbRB 2004, 374; *Kümmerle/Keller,* Das Alterseinkünftegesetz, AiB 2005, 26; *Langohr-Plato/Teslau,* Das Alterseinkünftegesetz und seine arbeitsrechtlichen Konsequenzen für die betriebliche Altersversorgung, NZA 2004, 1297 (Teil I) und 1353 (Teil II); *Matthießen,* Die betriebliche Altersversorgung nach der Reform durch das Alterseinkünftegesetz zum 1. 1. 2005, ArbuR 2005, 81; *Meier/Bätzel,* Auslagerung von Pensionsrückstellungen auf einen Pensionsfonds – Motive und Gestaltungsoptionen unter Beachtung der Änderungen durch das Alterseinkünftegesetz, DB 2004, 1437; *Melchior,* Das Alterseinkünftegesetz im Überblick, DStR 2004, 1061; *Perreng,* Das Alterseinkünftegesetz, AiB 2005, 148; *Preißen/Sieben,* Alterseinkünftegesetz, 2004, *Recktenwald/Krüger,* Geförderte betriebliche Altersversorgung – Ein Vergleich zwischen Eichel-, Riester- und Rürup-Förderung, BetrAV 2005, 336; *Risthaus,* Die Änderungen in der privaten Altersversorgung durch das Alterseinkünftegesetz, DB 2004, 1329 und 1383; *Rolfs,* Die Übertragung von Versorgungsanwartschaften und der Irrtum über den Umfang der Anwartschaft, NZA 2005, 745; *Schnitker/Grau,* Neue Rahmenbedingungen für das Recht der betrieblichen Altersversorgung durch das Alterseinkünftegesetz, NJW 2005, 10; *Steinmeyer,* Gleichbehandlung und private und betriebliche Alterssicherung – eine unendliche Geschichte?, NZA 2004, 1257.

Betriebliche Altersversorgung im Internet:
- http://www.aba-online.de: Website der Arbeitsgemeinschaft für betriebliche Altersversorgung e. V.
- http://www.forum-bav.de: Website des Forums Betriebliche Altersversorgung in Europa e. V.
- http://www.vdr.de: Informationen des Verbandes Deutscher Rentenversicherungsträger
- http://www.ipv.de: Website des Industrie Pensions Vereins e. V.
- http://www.gdv.de: Website des Gesamtverbandes der Deutschen Versicherungswirtschaft e. V.
- http://www.psvag.de: Website des Pensions-Sicherungs-Vereins
- http://www.bda-online.de: Website der Bundesvereinigung der Deutschen Arbeitgeberverbände

Übersicht

	RN
I. Begriff und Rechtsnatur	1 ff.
1. Begriff	1–5
2. Voraussetzungen und Rechtsnatur	6–10
3. Gesetzliche Regelung	11–29
II. Begründung der Ruhegeldverpflichtung	30 ff.
1. Grundsatz	30–32
2. Einzelvertrag	33, 34
3. Ruhegeldordnung (Pensionsordnung, Gesamtzusage, arbeitsvertragliche Einheitsregelung)	35
4. Betriebliche Übung	36–39
5. Gleichbehandlung	40–47
6. Tarifliche Ruhegeldregelungen	48–51
7. Betriebsvereinbarung	52
8. Steuerrechtliche Erwägungen	53
III. Allgemeine inhaltliche Grenzen der Ruhegeldregelungen	54 ff.
1. Vertragsfreiheit	54
2. Grundrechte	55–73
3. Gleichbehandlungsgrundsatz	74
4. Bindung an billiges Ermessen	75
5. Pflichtmitgliedschaft in einem Betriebsrentenfonds	76
IV. Voraussetzungen des Ruhegeldanspruchs	77 ff.
1. Allgemeines	77, 78
2. Bestand des Arbeitsverhältnisses im Versorgungsfall/unverfallbare Anwartschaft	79–106
3. Versetzung in den Ruhestand	107–109
4. Wartezeit, Unverfallbarkeitsfrist	110, 111
5. Altersgrenze	112
6. Invalidität	113–117
7. Flexible Altersgrenze	118–125
V. Ruhegeldanwartschaft	126 ff.
1. Begriff	126–129
2. Einzelvertragliches Anwartschaftsrecht	130
3. Gesamtvertragliches Anwartschaftsrecht	131–138
4. Betriebliche Übung und Gleichbehandlungsgrundsatz	139
5. Betriebsvereinbarung	140–149
6. Tarifvertrag	150, 151
7. Wert der unverfallbaren Versorgungsanwartschaft	152–168
8. Dokumentation der unverfallbaren Ruhegeldanwartschaft	169
9. Abfindung der unverfallbaren Versorgungsanwartschaft	170–175
10. Verfallbare Versorgungsanwartschaft	176
11. Übertragung von Anwartschaften und Ruhegeldverbindlichkeiten (Portabilität)	177–188
12. Betriebsübergang, Ausgliederung nach dem UmwG	189
VI. Ruhegeldberechtigte, Ruhegeldverpflichtete und der Versorgungsausgleich	190 ff.
1. Allgemeines, insbesondere Haftungsfragen auch in Gesellschaften	190–204
2. Nebenpflichten, insbesondere Auskunfts- und Informationspflichten	205–207
3. Ruhegeldberechtigte	208–216
4. Versorgungsausgleich	217–221
5. Formen	222
6. Wertausgleich	223–232
7. Statische und dynamische Versorgungsanwartschaften	233
8. Durchführung des Wertausgleichs	234–244
9. Ausschluss des Wertausgleichs	245
10. Schuldrechtlicher Versorgungsausgleich	246
11. Vereinbarungen über den Versorgungsausgleich	247
VII. Einzelne Pflichten des Arbeitgebers, insbesondere die Ruhegeldanpassung	248 ff.
1. Art und Höhe des Ruhegeldes	248
2. Wertsicherungs- und Spannenklauseln	249–254
3. Ruhegeldanpassung	255–258
4. Anpassungsverpflichtung nach § 16 I BetrAVG	259–283
5. Anpassung nach Art. 8 RRG 1999	284–294
6. Anpassung nach dem AVmG	295
7. Durchführung der Anpassung	296
8. Anpassungsklage	297
9. Darlegungs- und Beweislast	298
10. Verdeckte Anrechnung der Sozialversicherungsrenten	299
11. Offene Anrechung	300–302
12. Maximierungs- oder Höchstbegrenzungsklauseln	303
13. Anrechnungsverbot	304–314
14. Ruhegeldauszehrung	315
15. Herabsetzung	316
VIII. Pflichten des Arbeitnehmers aus dem Ruhestandsverhältnis	317 ff.
1. Hauptpflichten	317
2. Nebenpflichten	318–320
3. Wettbewerbsverbot	321
IX. Ruhegeldforderung	322 ff.
1. Pfändung	322
2. Abtretung, Verpfändung, Aufrechnung	323
3. Überzahlung	324
4. Insolvenz	325
5. Fälligkeit, Verjährung, Verwirkung, Verfallfristen	326
6. Aufhebungsvertrag, Vergleich	327
7. Sozialversicherungsrechtliche und steuerrechtliche Behandlung von Abfindungen	328, 329
X. Beendigung des Ruhestandsverhältnisses	330 ff.
1. Allgemeines	330
2. Einzelvertrag, Gesamtzusage	331
3. Kollektivvertragliche Rechtsgrundlage	332
4. Widerrufserklärung	333

	RN
5. Widerruf wegen Konkurrenztätigkeit oder sonstiger Treuepflichtverletzungen	334–337
6. Widerruf wegen wirtschaftlicher Schwierigkeiten des Arbeitgebers	338–344
7. Überversorgung	345
XI. Besonderheiten einer Ruhegeldzusage mit Widerrufsvorbehalt	346 ff.
1. Allgemeines	346
2. Begriff allgemeiner oder spezieller Widerrufsvorbehalte	347
3. Inhalt des allgemeinen Widerrufsvorbehalts	348
4. Widerruf nach freiem Belieben	349
5. Widerruf nach billigem Ermessen	350, 351
6. Wirkung des allgemeinen Widerrufsvorbehalts	352
7. Spezielle Vorbehalte	353
8. Widerrufsvorbehalt bei Unterstützungskassen	354
9. Widerrufserklärung	355
XII. Jeweiligkeitsklausel	356 ff.
1. Zweck	356
2. Bestimmtheitsgrundsatz	357
3. Grenzen	358
XIII. Mitbestimmung des Betriebsrats	359 ff.
1. Rechtsgrundlagen	359
2. Mitbestimmung nach § 87 I Nr. 10 BetrVG	360–366
3. Mitbestimmung nach § 87 I Nr. 8 BetrVG	367–369

I. Begriff und Rechtsnatur

Persönlicher Geltungsbereich: *Doetsch,* Besonderheiten der Versorgung von Gesellschafter-Geschäftsführern und -Vorständen, BetrAV 2005, 33; *Heeke,* Grenzenloser Schutz des BetrAV – Anwendbarkeit bei Zuwendungen für GmbH-Fremd-Geschäftsführer auf ausländischer Rechtsgrundlage, GmbHR 2004, 177; *Mahlow,* Pensionszusagen an Gesellschafter-Geschäftsführer, BetrAV 2000, 101; *Probst,* Erfordernis eines zehnjährigen Erdienungszeitraums bei Versorgungszusagen an beherrschende Gesellschafter-Geschäftsführer, BetrAV 2002, 647; vgl. dazu auch Merkblatt des PSVag 300/M1 Insolvenzsicherung für Versorgungszusagen an (Mit-)Unternehmer (persönlicher und sachlicher Geltungsbereich des BetrAVG) (Stand: 1/2005; http://www.psvag.de).

1. Begriff. a) Betriebliche Altersversorgung sind gem. § 1 I 1 BetrAVG aus Anlass eines Arbeitsverhältnisses zugesagte Leistungen der Alters-, Invaliditäts- oder Hinterbliebenenversorgung. Die **Legaldefinition** ist in Anlehnung an Rspr. und Schrifttum formuliert (BT-Drucks. VII/1281 S. 22). In der Rspr. war bereits vor Inkrafttreten des BetrAVG die betriebliche Altersversorgung definiert worden als freiwillige Maßnahme des Arbeitgebers für die Altersversorgung der Mitarbeiter in Anerkennung längerer Betriebszugehörigkeit und in Erwartung weiterer Betriebstreue, die die gesetzliche und private Vorsorge für das Alter ergänzen soll.[1] Sie setzt ebenso wie das gesetzliche Rentenversicherungsrecht die Übernahme bestimmter biometrischer Risiken voraus, nämlich des „Langlebigkeitsrisikos", des Todesfallrisikos (Hinterbliebenenversorgung) und das Invaliditätsrisikos.[2] Auf die Bezeichnung der Leistung kommt es nicht an, ebenso wenig wie darauf, aus welchen Gründen und aus welchem Anlass die Versorgungsleistung versprochen wurde.[3] 1

b) Leistungen der betrieblichen Altersversorgung sind i. d. R. Geldleistungen in Form laufender Renten und/oder einmaliger Kapitalzahlungen[4] bzw. ratenweise ausgezahlter Kapitalleistungen[5] sowie Sach- und Nutzungsleistungen.[6] Nutzungsrechte oder Sachleistungen sind dann betriebliche Altersversorgungsleistungen, wenn **(a)** mit den Leistungen unabhängig vom Bedarf die Versorgung der Mitarbeiter oder ihrer Hinterbliebenen für den Fall des Ausscheidens aus dem Arbeitsleben angestrebt wird, **(b)** Geldleistungen erbracht werden, wenn der Berechtigte die Sachleistungen nicht mehr nutzen oder der Verpflichtete sie nicht mehr erbringen kann und **(c)** die Anwartschaften bei vorzeitigem Ausscheiden aufrechterhalten werden.[7] Zu den Sachleistungen der betrieblichen Altersversorgung können gehören Kohlendeputate,[8] Wohnrechte bei Werkswohnungen, Barabgeltungen von Deputaten.[9] 2

---

[1] BAG 10. 3. 1972 AP 156 zu § 242 BGB Ruhegehalt; BGH 28. 9. 1981 AP 12 zu § 7 BetrAVG.

[2] Vgl. BAG 12. 12. 2006 AP 45 zu § 1 BetrAVG = DB 2007, 2043.

[3] BAG 28. 10. 2008 – 3 AZR 317/07.

[4] BAG 30. 9. 1986 AP 16 zu § 1 BetrAVG = NZA 87, 456; LAG Hamm 13. 8. 1996 DB 96, 1986 = BB 96, 2412; zur Einbeziehung von Kapitalleistungen in die Beitragspflicht zur Sozialversicherung: *Reiserer/Barth* DB 2006, 714.

[5] *Höfer/Küpper* DB 2006, 2064 (2065).

[6] BAG 24. 10. 1979 AP 4 zu § 611 BGB Deputat; 12. 12. 2006 AP 45 zu § 1 BetrAVG = DB 2007, 2043 (verbilligter Strombezug); LAG Düsseldorf 5. 5. 1977 DB 77, 2054.

[7] Vgl. Merkblatt des PSVaG 300/M 4, Ziff. 1.2 Stand 1/2005 (http://www.psvag.de).

[8] Vgl. die Nachweise in FN 6.

[9] BAG 11. 8. 1981 AP 11 zu § 16 BetrAVG = NJW 82, 957; 2. 12. 1986 AP 9 zu § 611 BGB Deputat.

3 **c)** Von den Leistungen der betrieblichen Altersversorgung sind **sonstige Sozialleistungen** zu unterscheiden, die nicht der Versorgung der Arbeitnehmer dienen und damit auch nicht insolvenzgeschützt sind. Die Abgrenzung wird sich im Allgemeinen durch die Auslegung des Versorgungsvertrages ergeben. Zu den sonstigen Sozialleistungen gehören Leistungen, die nicht freiwillig aus Anlass des Arbeitsverhältnisses gewährt werden, sondern zur Abgeltung vertraglicher Ansprüche (z. B. Kaufpreisrenten, Ausgleichsleistungen nach § 89 b HGB) dienen; Versorgungsleistungen Dritter; Leistungen, die nicht durch den Eintritt eines Versorgungsfalles bedingt sind oder nicht der Altersversorgung dienen. Hierzu gehören Übergangsgelder,[10] Gnadenbezüge, Treueprämien, Jubiläumszuwendungen, Zuschüsse zu Krankengeldern, Beihilfen im Krankheitsfall,[11] Kuren, Operationen, Todesfällen, Weihnachtsgelder, Abfindungen.[12] Ausnahmen können bei Weihnachtsgeldern bestehen, wenn sie für Rentner vorgesehen sind und Versorgungswert haben,[13] sowie bei Gewinnbeteiligungen, wenn sie der Altersversorgung dienen, grundsätzlich erst bei Eintritt des Versorgungsfalles auszahlbar werden und durch die Gewinnbeteiligung die Betriebstreue des Arbeitnehmers abgegolten werden soll.[14] Versorgungsleistungen können ferner vorliegen, wenn der Witwe eines Gesellschafters ein lebenslanger Vorweggewinn zugewandt wird.[15] Gehaltsumwandelnde Lebensversicherungsverträge sind Leistungen der betrieblichen Altersversorgung;[16] in § 1 II Nr. 3 BetrAVG ist die Entgeltumwandlung nunmehr ausdrücklich in das Gesetz aufgenommen (vgl. § 83 RN 59 ff.). Werden Organvertretern juristischer Personen bei ihrem Ausscheiden Leistungen zugesichert, kann ihnen Versorgungswert mit Erreichen der Altersgrenze zukommen.[17]

4 **d)** Betriebliche Altersversorgung liegt nur vor, wenn sie wegen eines bestimmten **biologischen Vorganges** erbracht wird, also bei Eintritt der Altersgrenze, der Invalidität oder des Todes des Versorgungsberechtigten im Rahmen der Hinterbliebenenversorgung.[18] Ferner stellt das BAG auf den **(Versorgungs-)Zweck** der Leistungen ab.[19] Der Begriff des Hinterbliebenen ist nicht eng auszulegen. Hinterbliebene kann auch eine Lebensgefährtin sein,[20] jedoch kann die Leistung an diese nicht erzwungen werden, wenn der Arbeitgeber sonst nur Leistungen an Ehepartner oder Kinder erbringt.[21]

5 **e)** Das Arbeitsverhältnis (Dienstverhältnis) muss für die Zusage **kausal** sein, die Zusage muss **aus Anlass des Arbeitsverhältnisses** erteilt sein. Nicht erforderlich ist, dass die Zusage in Erwartung einer zukünftigen oder in Anerkennung einer erbrachten Betriebstreue ausgesprochen wird und im Hinblick auf die Begründung oder die Verlängerung des Arbeitsverhältnisses erfolgt; auch eine nach Beendigung des Arbeitsverhältnisses versprochene Rente kann daher betriebliche Altersversorgung sein.[22] Keine betriebliche Altersversorgung ist gegeben, wenn die Zusage aus verwandtschaftlichen, freundschaftlichen oder ähnlichen Beziehungen erfolgt.[23] Erteilt eine GmbH der als Geschäftsführerin angestellten Ehefrau des beherrschenden Gesellschafters unmittelbar nach der Anstellung eine unverfallbare Versorgungszusage, so ist dies in aller Regel durch das Gesellschaftsverhältnis veranlasst.[24]

---

[10] BAG 5. 2. 1981 AP 188 zu § 242 BGB Ruhegehalt; 26. 4. 1988 AP 45 zu § 7 BetrAVG = NZA 89, 182 (LS).
[11] BAG 12. 12. 2006 AP 45 zu § 1 BetrAVG = DB 2007, 2043.
[12] BAG 28. 1. 1986 AP 18 zu § 59 KO = NZA 87, 126.
[13] BAG 19. 5. 1981 AP 13 zu § 16 BetrAVG = NJW 82, 350.
[14] BAG 30. 10. 1980 AP 4 zu § 1 BetrAVG m. Anm. *Hilger* = NJW 81, 1470; 30. 9. 1986 AP 16 zu § 1 BetrAVG = NZA 87, 456; 18. 3. 2003 AP 108 zu § 7 BetrAVG = NZA 2004, 848; zum Steuerrecht: BFH 29. 11. 1972 BFHE 107, 509 = BB 73, 230; 8. 2. 1973 BFHE 108, 227 = DB 73, 601; 30. 1. 1974 BFHE 112, 125 = DB 74, 1267.
[15] BGH 10. 4. 1989 AP 12 zu § 128 HGB = NJW-RR 89, 866.
[16] BAG 26. 6. 1990 AP 11 zu § 1 BetrAVG Lebensversicherung = NZA 91, 144.
[17] BGH 16. 3. 1981 AP 7 zu § 10 BetrAVG = NJW 81, 2410; 28. 9. 1981 AP 12 zu § 7 BetrAVG.
[18] BAG 26. 4. 1988 AP 45 zu § 7 BetrAVG = NZA 89, 182 (LS) m. w. N.
[19] Vgl. BAG 8. 5. 1990 AP 58 zu § 7 BetrAVG = NZA 90, 931; 26. 6. 1990 AP 11 zu § 1 BetrAVG Lebensversicherung = NZA 91, 144; 10. 8. 1993 AP 41 zu § 1 BetrAVG Zusatzversorgungskasse = NZA 94, 757; 25. 10. 1994 AP 31 zu § 1 BetrAVG = NZA 95, 373.
[20] Vgl. BAG 1. 4. 1965 AP 28 zu § 133 BGB.
[21] ArbG Herford 16. 11. 1973 DB 74, 193.
[22] BAG 8. 5. 1990 AP 58 zu § 7 BetrAVG = NZA 90, 931.
[23] BGH 28. 9. 1981 AP 12 zu § 7 BetrAVG; BAG 8. 5. 1990 AP 58 zu § 7 BetrAVG = NZA 90, 931; LAG Köln 19. 7. 2002 NZA-RR 2003, 259 = LAGE § 7 BetrAVG Nr. 14; vgl. auch BFH 27. 6. 1989 BFHE 157, 405 = NJW 90, 1686.
[24] BFH 16. 12. 1992 BFHE 170, 175 = BB 93, 918 = BetrAV 93, 226.

2. Voraussetzungen und Rechtsnatur. Die betriebliche Altersversorgung wird vom Arbeitgeber freiwillig nach Eintritt eines Versorgungsfalles zur Sicherung eines angemessenen Lebensstandards und zur Abgeltung erbrachter Betriebstreue gewährt. 6

a) Die Gewährung von Leistungen der betrieblichen Altersversorgung beruht auf einem freien, **nicht erzwingbaren Entschluss** des Arbeitgebers. Etwas anderes kann dann gelten, wenn ein Tarifvertrag eine betriebliche Altersversorgung vorsieht und der Arbeitgeber tarifgebunden oder der Tarifvertrag für allgemeinverbindlich (§ 207) erklärt worden ist. Eine weitere Ausnahme besteht im Rahmen der Entgeltumwandlung (§ 1a I 1 BetrAVG, s. § 84 RN 59ff.). Der Arbeitgeber kann grundsätzlich frei entscheiden, ob er eine betriebliche Altersversorgung einführt, welchen Durchführungsweg er wählt, welche Personenkreise er in die Altersversorgung aufnimmt[25] und welche Leistungen er nach von ihm aufgestellten Leistungsvoraussetzungen erbringt, insbes. welche Mittel er aufwenden will.[26] Zu beachten sind dabei insbes. der Gleichbehandlungsgrundsatz, die Mindestnormen des BetrAVG sowie die Mitbestimmungsrechte des Betriebsrates. 7

b) Im Allgemeinen werden die Leistungen der betrieblichen Altersversorgung zur **Ergänzung** einer anderweitig vom Arbeitnehmer erzielten Versorgung für den Eintritt eines Versorgungsfalles gewährt. Im Schrifttum wird insoweit von der Ergänzungsfunktion der betrieblichen Altersversorgung gesprochen. Begriffsnotwendig ist das nicht. Denkbar sind auch Versorgungssysteme, in denen der Arbeitgeber die volle Versorgung des Arbeitnehmers übernimmt. 8

c) Unter den Schlagworten **Fürsorgetheorie, Entgelttheorie** und **Mischtheorie**[27] wird darum gestritten, ob die betriebliche Altersversorgung aus Fürsorge oder zur Abgeltung der Dienste des Arbeitnehmers geleistet wird. Der Prinzipienstreit ist nicht abstrakt zu entscheiden; vielmehr ist im Wege der Auslegung der einzelnen Versorgungszusage zu ermitteln, welches Prinzip im Vordergrund steht (Mischtheorie). Eine Versorgungsordnung, die für einen Arbeitnehmer ohne Wartezeit Versorgungsleistungen vorsieht, hat stark fürsorgerischen Charakter; eine solche, die die Versorgungsleistungen nach Dienstdauer und Vergütungshöhe orientiert, stärker Entgeltcharakter. Das BAG ist zu Recht davon ausgegangen, dass die Versorgung sowohl Fürsorge- als auch Entgeltcharakter hat. Es wird jedoch regelmäßig der Begriff der Fürsorge vermieden, sondern von Versorgung gesprochen. Der Entgeltcharakter kommt vor allem zum Ausdruck bei der Unverfallbarkeit, da nach längerer Dienstdauer die Erwartung des Arbeitnehmers, eine Versorgung zu erhalten, nicht mehr enttäuscht werden kann,[28] in den Entscheidungen zur Ruhegeldanpassung,[29] zum Widerruf der Ruhegeldleistungen wegen Treuebruchs[30] und vor allem auch in den Entscheidungen über die Mitbestimmung des Betriebsrats.[31] Der Fürsorgecharakter manifestiert sich z.B. durch Leistungen an Hinterbliebene. Auch nach Auffassung des BGH hat die betriebliche Altersversorgung (für Vorstandsmitglieder und Geschäftsführer juristischer Personen) Fürsorge- und Entgeltcharakter.[32] 9

d) Wird die betriebliche Altersversorgung (auch) zur **Abgeltung erbrachter Betriebstreue** gewährt, so folgt daraus gleichzeitig, dass sie grundsätzlich **keine Schenkung** darstellt,[33] auch wenn die Zusage erst nach Eintritt des Pensionsfalles oder an die Witwe des Arbeitnehmers[34] erteilt wird. Ein formbedürftiges Schenkungsversprechen (§ 518 BGB) ist sie nur dann, wenn sie überwiegend mit Rücksicht auf familiäre Verhältnisse[35] oder zur Absicherung einer in einem eheähnlichen Verhältnis lebenden Frau[36] erfolgt. Die Ruhegeldzusage unterscheidet sich vom 10

---

[25] BAG 12. 6. 1975 AP 1 zu § 87 BetrVG 1972 Altersversorgung; vgl. auch BAG 11. 11. 1986 AP 4 zu § 1 BetrAVG Gleichberechtigung = NZA 87, 449.

[26] BAG 10. 3. 1972 AP 156 zu § 242 BGB Ruhegehalt; 12. 6. 1975 AP 1 zu § 87 BetrVG 1972 Altersversorgung.

[27] *Blomeyer/Rolfs/Otto* Einl. RN 22ff. m. w. N.

[28] BAG 10. 3. 1972 AP 156 zu § 242 Ruhegehalt.

[29] BAG 17. 1. 1980 AP 7 zu § 16 BetrAVG; 17. 1. 1980 AP 8 zu § 16 BetrAVG; st. Rspr.

[30] S. die Nachweise bei RN 334.

[31] S. z. B. BAG 12. 6. 1975 AP 1 zu § 87 BetrVG Altersversorgung; st. Rspr.

[32] BGH 7. 1. 1971 BGHZ 55, 274 = AP 151 zu § 242 BGB Ruhegehalt; 28. 5. 1973 BGHZ 61, 31 = AP 6 zu § 242 BGB Ruhegehalt – Geldentwertung; 23. 10. 1977 BGHZ 65, 190 = BB 75, 1502, 1239; 4. 5. 1981 AP 9 zu § 1 BetrAVG Wartezeit = NJW 81, 2409; 28. 9. 1981 AP 12 zu § 7 BetrAVG.

[33] Zur Abgrenzung: vgl. BAG 19. 6. 1959 AP 2 zu § 518 BGB = NJW 59, 1746; BFH 27. 6. 1989 BFHE 157, 405 = NJW 90, 1686.

[34] BAG 13. 9. 1965 AP 102 zu § 242 BGB Ruhegehalt.

[35] BAG 19. 6. 1959 AP 2 zu § 518 BGB.

[36] BAG 23. 4. 1959 AP 1 zu § 518 BGB.

Leibrentenversprechen (§§ 759ff. BGB); sie ist kein abstraktes Versprechen, sondern wird wegen eines Arbeitsverhältnisses erteilt.[37]

11 **3. Gesetzliche Regelung. a)** Eine umfassende gesetzliche Regelung der betrieblichen Altersversorgung besteht nicht; vielmehr sind ihre **wesentlichen Rechtsgrundsätze** von der Rspr. und dem Schrifttum entwickelt worden. Das Gesetz zur Verbesserung der betrieblichen Altersversorgung vom 19. 12. 1974 (Betriebsrentengesetz, BGBl. I S. 3610, zuletzt geändert am 21. 12. 2008, BGBl. I S. 2940) enthält keine umfassende Kodifikation der betrieblichen Altersversorgung, sondern gewisse Mindestregelungen, die nicht unterschritten werden dürfen. Es war durch Art. 33 des RRG 1999 geändert worden. Durch die Änderung sollte ein Ausgleich für das Abschmelzen der gesetzlichen Sozialversicherung geschaffen und den Arbeitgebern ein Anreiz gegeben werden, Versorgungszusagen zu erteilen. Durch Art. 9 AVmG wurde ein Anspruch der Arbeitnehmer auf Entgeltumwandlung eingeführt, die Versorgung durch einen Pensionsfonds geschaffen und eine neue Systematik des Gesetzesaufbaus eingeführt. Weiter ergeben sich zahlreiche Änderungen durch das Hüttenknappschaftliches Zusatzversicherungs-Neuregelungs-Gesetz (HZvNG) vom 21. 6. 2002 (BGBl. I S. 2167).

12 **b) Persönlicher Geltungsbereich.**[38] Die Vorschriften der §§ 1 bis 16 BetrAVG gelten für **Arbeitnehmer** (§ 8); gem. § 17 I 1 BetrAVG sind das sind **Arbeiter** und **Angestellte** einschließlich **der zu ihrer Berufsausbildung Beschäftigten.** Die genannten Vorschriften sind nach § 17 I 2 BetrAVG entsprechend anzuwenden auf Personen, die nicht Arbeitnehmer sind, wenn ihnen Leistungen der betrieblichen Altersversorgung aus Anlass ihrer Tätigkeit für ein Unternehmen gewährt werden. Aus der Methodik des Gesetzes ergibt sich, dass nicht sämtliche Personen, denen Leistungen der Altersversorgung gewährt werden, von § 17 I 2 BetrAVG erfasst werden. Wäre dies gesetzlich beabsichtigt gewesen, wäre es überflüssig gewesen, die Vorschrift in zwei Sätze zu gliedern. Es bestand von vornherein Einigkeit darüber, dass § 17 I 2 BetrAVG zu weit gefasst ist (s. RN 14ff.).[39] Nach § 17 I 3 BetrAVG besteht ein Anspruch auf Entgeltumwandlung gem. § 1 a I BetrAVG nur für Arbeitnehmer, die in der gesetzlichen Rentenversicherung pflichtversichert sind. Hierzu gehören auch die geringfügig Beschäftigten, auch wenn sie auf die Versicherung verzichtet haben.

13 Der Arbeitnehmerbegriff wird in § 17 I 1 BetrAVG nicht wirklich definiert. Das BetrAVG hat vielmehr den allgemeinen arbeitsrechtlichen Arbeitnehmerbegriff übernommen[40] (s. §§ 8ff.). Ferner werden erfasst die zur Berufsausbildung beschäftigten Personen. Für den Begriff der für ihre Berufsausbildung beschäftigten Personen gilt ebenfalls die allgemeine arbeitsrechtliche Begriffsbildung (§§ 16, 174). Zur Arbeitnehmereigenschaft von Volontären und Praktikanten siehe § 16.

14 Nach § 17 I 2 BetrAVG unterliegen dem Schutzbereich des Gesetzes aber auch **sonstige Personen,** die persönlich für ein Unternehmen tätig werden und ähnlich wie ein Arbeitnehmer sozial schutzbedürftig sind. Hierzu gehören die arbeitnehmerähnlichen Personen (s. § 10)[41], insbes. Heimarbeiter, Zwischenmeister und Hausgewerbetreibende (s. § 11)[42] sowie die sog. Einfirmenvertreter im Sinne von § 92 a HGB.[43] Über den Kreis der arbeitnehmerähnlichen Personen hinaus werden vom Schutzbereich des Gesetzes aber auch sonstige Selbständige erfasst, die aus Anlass ihrer Tätigkeit für ein Unternehmen Versorgungszusagen erhalten haben. Regelmäßig können diese Personenkreise auf die Geschicke des Unternehmens keinen Einfluss nehmen und sind von fremdem Risiko abhängig.[44] Hierzu gehören[45] selbständige Handwerker, Architekten, Ingenieure, Statiker, Ärzte, Unternehmensberater, freie Mitarbeiter, Rechtsanwälte,[46] Wirtschaftsprüfer, Steuerberater und Handelsvertreter. Voraussetzung ist aber stets, dass die Zusage **aus Anlass** der Tätigkeit für ein Unternehmen erfolgt. Die Tätigkeit muss also ebenso wie bei einem Arbeitnehmer (s. RN 5) **kausal** sein. Sie muss auf Grund einer **vertraglichen Beziehung** zu dem Unternehmen erbracht werden; es reicht nicht aus, wenn die Tätigkeit dem Unternehmen lediglich wirtschaftlich zugute kommt.[47] Aus anderen Gründen erteilte

---

[37] Vgl. BAG 8. 5. 1990 AP 58 zu § 7 BetrAVG = NZA 90, 931.
[38] Schrifttum s. vor RN 1.
[39] Grundlegend BGH 28. 4. 1980 BGHZ 77, 94 = AP 1 zu § 17 BetrAVG = NJW 80, 2254.
[40] BAG 25. 1. 2001 AP 38 zu § 1 BetrAVG = NZA 2001, 959.
[41] *Höfer* § 17 RN 5570; *Blomeyer/Rolfs/Otto* § 17 RN 84ff.
[42] ErfK/*Steinmeyer* § 17 BetrAVG RN 8.
[43] *Höfer* § 17 RN 5577; *Blomeyer/Rolfs/Otto* § 17 RN 87.
[44] Vgl. Merkblatt des PSVag 300/M 1 1/2005 (http://www.psvag.de).
[45] *Höfer* § 17 RN 5579; *Blomeyer/Rolfs/Otto* § 17 RN 87.
[46] BGH 13. 7. 2006 DB 2006, 1951 = ZIP 2006, 1786.
[47] BAG 20. 4. 2004 AP 33 zu § 17 BetrAVG = NZA 2005, 927.

Zusagen (z. B. verdeckte Gewinnausschüttungen) werden durch das BetrAVG nicht geschützt. Versorgungszusagen werden daher insoweit nicht erfasst, als dem Berechtigten aus Gründen, die außerhalb des Dienstverhältnisses liegen, Vergünstigungen eingeräumt werden, die deutlich über das Maß dessen hinausgehen, was unter vergleichbaren Verhältnissen Fremdkräften im Rahmen des Üblichen zugebilligt worden wäre.[48]

Umstr. war insbesondere, inwieweit **Organmitglieder juristischer Personen** und **Unternehmergeschäftsleute** in den Schutzbereich des Gesetzes einbezogen werden. Nach der Rspr. des BGH gelten hierfür folgende Grundsätze:[49] Entscheidend für die Abgrenzung ist der Vergleich mit einem sozial unabhängigen und selbst verantwortlichen Einzelkaufmann, der mit seinen Entnahmen für Unterhalt und Versorgung keine Einkünfte aus einer fremden Tätigkeit, sondern die Früchte seines Kapitaleinsatzes und seiner Tätigkeit für das eigene Unternehmen zieht. Mithin unterfallen solche Personen nicht § 17 I 2 BetrAVG, die vermögens- und einflussmäßig mit dem Unternehmen, für das sie arbeiten, so stark verbunden sind, dass sie es wirtschaftlich als ihr eigenes betrachten können, und zwar gleichgültig, wie ihr Dienstverhältnis steuer- oder sozialversicherungsrechtlich (§ 14 RN 11ff.) zu beurteilen sein mag.[50] Hieraus folgt im Einzelnen: 15

Einzelunternehmer scheiden aus dem Schutzzweck des BetrAVG aus, weil sie sich selbst keine Versorgungszusage erteilen können. Außerdem verträgt sich ihre Einbeziehung nicht mit der Eigenverantwortlichkeit für Kapital und Arbeitseinsatz.[51] 16

In **Personengesellschaften** fallen persönlich haftende Gesellschafter mit organschaftlicher Geschäftsführungs- und Vertretungsbefugnis unabhängig von ihrer Beteiligung wegen ihrer unbeschränkten persönlichen Haftung nicht unter § 17 I 2 BetrAVG und nehmen deswegen nicht am Insolvenzschutz teil.[52] Eine Ausnahme kann dann gelten, wenn der Gesellschafter im Innenverhältnis nur angestellter Gesellschafter ist, worauf eine fehlende oder geringfügige Kapitalbeteiligung in Verbindung mit einer Haftungsfreistellung hindeuten kann. Bei 10% Beteiligung hat der BGH aber bereits eine Ausnahme verneint.[53] Ein Kommanditist ist dagegen nur dann wie ein Unternehmer zu behandeln, wenn er eine mehrheitliche Kapitalbeteiligung besitzt und eine entsprechende Leitungsmacht hat.[54] 17

In einer **Kapitalgesellschaft** fallen Allein- oder Mehrheitsgesellschafter nicht unter § 17 I 2 BetrAVG.[55] Sie können das Unternehmen als ihr eigenes betrachten. Als Mehrheitsgesellschafter gilt, wer zumindest über 50% der Kapitalanteile verfügt. 18

Minderheitsgesellschafter einer Kapitalgesellschaft ohne Leitungsmacht unterstehen grundsätzlich § 17 BetrAVG.[56] Etwas anderes gilt für einen Minderheitsgesellschafter, der zusammen mit einem oder mehreren Organvertretern über die Mehrheit verfügt, wenn keiner der Organvertreter eine Minderheitsbeteiligung besitzt. In diesem Fall können die Organvertreter eine gemeinsame Leitungsmacht ausüben und der Gesellschaft ihren Dienst aufzwingen.[57] Ist dies nicht der Fall, ist selbst ein Minderheitsgesellschafter mit einem beträchtlichen Kapitalanteil insolvenzgeschützt.[58] Dagegen genießt er dann nicht den Schutz des Gesetzes, wenn er zusammen mit einem anderen Gesellschafter über eine institutionell gefestigte Mehrheitsmacht ver- 19

---

[48] BGH 28. 9. 1981 AP 7 zu § 17 BetrAVG; BAG 25. 1. 2001 AP 38 zu § 1 BetrAVG = NZA 2001, 959.

[49] Zusammenfassend insbesondere *Fleck* Beil. 3 zu WM 81.

[50] BGH 28. 4. 1980 BGHZ 77, 94 = AP 1 zu § 17 BetrAVG = NJW 80, 2254; 9. 6. 1980 AP 4 zu § 17 BetrAVG = WM 80, 822; BAG 14. 7. 1980 AP 3 zu § 17 BetrAVG = DB 80, 1993.

[51] BGH 28. 4. 1980 BGHZ 77, 94 = AP 1 zu § 17 BetrAVG = NJW 80, 2254; 9. 6. 1980 BGHZ 77, 233 = AP 2 zu § 17 BetrAVG = NJW 80, 2257; 25. 9. 1989 BGHZ 108, 330 = AP 19 zu § 17 BetrAVG = NJW 90, 49.

[52] BGH 9. 6. 1980 BGHZ 77, 233 = AP 2 zu § 17 BetrAVG = NJW 80, 2257; 9. 6. 1980 AP 4 zu § 17 BetrAVG; 4. 5. 1981 AP 9 zu § 1 BetrAVG Wartezeit = NJW 81, 2409.

[53] BGH 9. 6. 1980 BGHZ 77, 233 = AP 2 zu § 17 BetrAVG = NJW 80, 2257; 1. 6. 1981 AP 7 zu § 17 BetrAVG; 2. 4. 1990 NJW-RR 90, 800.

[54] Vgl. BGH 28. 4. 1980 BGHZ 77, 94 = AP 1 zu § 17 BetrAVG = NJW 80, 2254; 4. 5. 1981 AP 9 zu § 1 BetrAVG Wartezeit = NJW 81, 2409; 1. 2. 1999 NJW 99, 1263.

[55] BGH 28. 4. 1980 BGHZ 77, 94 = AP 1 zu § 17 BetrAVG = NJW 80, 2254; 9. 6. 1980 AP 4 zu § 17 BetrAVG; 6. 4. 1981 AP 12 zu § 16 BetrAVG = NJW 81, 2059.

[56] BAG 16. 4. 1997 AP 25 zu § 17 BetrAVG = NZA 98, 101; BGH 2. 6. 1997 AP 26 zu § 17 BetrAVG = NZA 97, 1055.

[57] BGH 9. 6. 1980 BGHZ 77, 233 = AP 2 zu § 17 BetrAVG = NJW 80, 2257; BAG 14. 7. 1980 AP 3 zu § 17 BetrAVG; BGH 9. 3. 81 AP 6 zu § 17 BetrAVG; 16. 3. 1981 AP 7 zu § 10 BetrAVG = NJW 81, 2410; 25. 9. 1989 BGHZ 108, 330 = AP 19 zu § 17 BetrAVG = NJW 90, 49.

[58] BGH 28. 4. 1980 BGHZ 77, 94 = AP 1 zu § 17 BetrAVG = NJW 80, 2254.

fügt. Verwandtschaftliche Beziehungen allein sind unschädlich, weil es keinen Erfahrungssatz gibt, dass Familienangehörige stets gleichgerichtete Interessen verfolgen.[59]

20 Ebenso kann ein **Vorstandsmitglied oder Geschäftsführer** in den Schutzbereich des § 17 I 2 BetrAVG einbezogen sein.[60] Diese Personen sind zwar keine Arbeitnehmer (§ 15 RN 6), ihre Versorgungsbezüge haben aber existenzsichernde Funktion.[61] Sie unterfallen dagegen nicht § 17 I 2 BetrAVG, wenn sie über die Kapital- und Stimmenmehrheit verfügen oder Vorzugsaktien besitzen, die ihnen bei Satzungsänderungen mehr als 50% der Stimmen im Aufsichtsrat oder in der Gesellschaftsversammlung[62] gewährleisten. Die Altersversorgung ist aber dann nicht aus Anlass der Tätigkeit für ein Unternehmen im Sinne von § 17 I 2 BetrVG gewährt, wenn eine GmbH nur ihren Gesellschaftern Altersversorgung gewährt und wenn deren Art und Höhe bei Beschäftigten, die nicht Gesellschafter sind, wirtschaftlich nicht vertretbar wäre.[63]

21 Bei einer **GmbH & Co. KG** kommt es, sofern die GmbH keinen eigenen Geschäftsbetrieb entfaltet, auf die wirtschaftliche Einheit von GmbH und KG an.[64] Für die Mehrheit wird auf die zusammengerechneten unmittelbaren und mittelbaren Beteiligungen an der KG abgestellt, soweit es um die Geschäftsführung und Insolvenzsicherung geht. Unerheblich ist, ob zur umfassenden Leitungsmacht noch die Bestellung zum Prokuristen in der KG hinzukommt.[65] Der Minderheitsgesellschafter einer GmbH & Co. KG verliert den Insolvenzschutz nicht bereits deshalb, weil seine Ehefrau Geschäftsführerin der GmbH ist.[66] Ist für die Tätigkeit in der GmbH noch eine besondere Versorgung gewählt worden, kommt es darauf an, ob die Tätigkeit Ausfluss der Tätigkeit für die KG ist oder nicht. Führen GmbH und KG deutlich getrennte Unternehmen, kann der Geschäftsführer einer GmbH unter § 17 I 2 BetrAVG fallen.

22 War der Mitarbeiter während des Beschäftigungszeitraums **zeitweise Arbeitnehmer** und übte er **zeitweise Tätigkeiten i. S. v. § 17 I 2 BetrAVG** aus, ist die Gesamttätigkeit für den Betriebsrentenanspruch, insbesondere für die Unverfallbarkeit, zusammenzurechnen und nicht etwa in verschiedene Zeitabläufe aufzuspalten.[67] Ist ein Versorgungsberechtigter **teilweise unternehmerisch und zeitweise als Arbeitnehmer** (oder gem. § 17 I 2 BetrAVG) tätig geworden, dann ergibt sich der insolvenzgesicherte Rentenanteil aus einer Gegenüberstellung des Zeitraumes vom Beginn der Betriebszugehörigkeit bis zum Eintritt des Versorgungsfalles mit der Summe der als Arbeitnehmer verbrachten Zeiten (s. § 84 RN 109). Ist die Versorgungszusage mit Rücksicht auf die Gesellschaftertätigkeit höher festgesetzt, kann ein Abschlag angemessen sein.[68]

23 **Steuerlich** kann die Versorgungszusage an einen Geschäftsführer eine verdeckte Gewinnausschüttung sein.[69] Die Erteilung einer Pensionszusage an den Gesellschafter-Geschäftsführer einer Kapitalgesellschaft setzt im Allgemeinen die Einhaltung einer Probezeit voraus, um die Leistungsfähigkeit des neu bestellten Geschäftsführers beurteilen zu können; ansonsten ist eine verdeckte Gewinnausschüttung anzunehmen. Handelt es sich um eine neu gegründete Kapitalgesellschaft, ist die Zusage erst dann zu erteilen, wenn die künftige wirtschaftliche Entwicklung der Gesellschaft abgeschätzt werden kann.[70]

---

[59] BGH 28. 4. 1980 BGHZ 77, 94 = AP 1 zu § 17 BetrAVG = NJW 80, 2254; 16. 3. 1981 AP 7 zu § 10 BetrAVG = NJW 81, 2410; zur Treuhandstellung für Ehefrau: BGH 28. 1. 1991 DB 91, 1231 = NJW-RR 91, 746.

[60] OLG Hamm 14. 6. 2007 – 27 U 178/06 – OLGR Hamm 2008, 288; Schrifttum s. vor RN 1.

[61] BGH 2. 6. 1997 AP 26 zu § 17 BetrAVG = NZA 97, 1055.

[62] BGH 16. 3. 1981 AP 7 zu § 10 BetrAVG = NJW 81, 2410; BAG 16. 4. 1997 AP 25 zu § 17 BetrAVG = NZA 98, 101.

[63] BAG 25. 1. 2000 AP 38 zu § 1 BetrAVG = NZA 2001, 969; s. auch RN 14.

[64] BGH 28. 4. 1980 BGHZ 77, 94 = AP 1 zu § 17 BetrAVG = NJW 80, 2254; 25. 9. 1989 BGHZ 108, 330 = AP 19 zu § 17 BetrAVG = NJW 90, 49.

[65] BGH 28. 4. 1980 BGHZ 77, 94 = AP 1 zu § 17 BetrAVG = NJW 80, 2254; 9. 6. 1980 BGHZ 77, 233 = AP 2 zu § 17 BetrAVG = NJW 80, 2257.

[66] OLG Köln 22. 9. 1988 AP 16 zu § 17 BetrAVG.

[67] BAG 21. 8. 1990 AP AP 1 zu 3 1 BetrAVG Unverfallbarkeit = NZA 91, 311; 31. 7. 2007 NZA-RR 2008, 32.

[68] BGH 28. 4. 1980 BGHZ 77, 94 = AP 1 zu § 17 BetrAVG = NJW 80, 2254; 9. 6. 1980 BGHZ 77, 233 = AP 2 zu § 17 BetrAVG = NJW 80, 2257; BAG 14. 7. 1980 AP 3 zu § 17 BetrAVG; BGH 16. 2. 1981 AP 5 zu § 17 BetrAVG; 4. 5. 1981 AP 9 zu § 1 BetrAVG Wartezeit = NJW 81, 2409.

[69] Vgl. BFH 24. 1. 1996 BFHE 180, 272 = DB 96, 1853 = BetrAV 96, 284; 15. 10. 1997 BFHE 184, 444 = NJW 98, 1887 = BetrAV 98, 88; 29. 10. 1997 BFHE 184, 487 = NJW 98, 2079 = BetrAV 98, 92; 23. 7. 2003 BFHE 203, 114 = NJW 2004, 391 = BetrAV 2004, 87 (Versorgungsfall 70. Lebensjahr); dazu *Otto,* BetrAV 98, 280.

[70] BFH 24. 4. 2002 BFHE 199, 144 = DB 2002, 1973 = BetrAV 2003, 160.

c) Der **zeitliche Geltungsbereich** des BetrAVG ergibt sich aus §§ 26 ff. BetrAVG. Wegen der durch das RRG 1999 und des AVmG eingeführten Neuregelungen gelten lange Übergangsfristen, die jeweils im Zusammenhang erläutert sind. 24

d) Örtlich galt das BetrAVG zunächst für den Bereich der **Altbundesländer.** Nach Art. 8 i. V. m. Anl. I Kap. VIII, Sachgebiet A, Abschn. III Nr. 16 trat das BetrAVG am 1. 1. 1992 in den **neuen Bundesländern** in Kraft.[71] Es gilt für alle Versorgungszusagen, die nach dem 31. 12. 1991 erteilt werden. Erteilt ist eine Zusage, wenn Ansprüche auf Leistungen der betrieblichen Altersversorgung einzelvertraglich begründet werden oder kollektivrechtlich entstehen.[72] Nicht ausreichend ist das bloße Weitergewähren von Leistungen,[73] die bloße Erfüllung einer Rechtspflicht oder die Beschreibung der Folgen einer Rechtslage.[74] Das gilt auch für Verträge, die nach der Einheit (3. 10. 1990) aber vor dem 1. 1. 1992 abgeschlossen wurden.[75] Zweckmäßig werden früher erteilte Zusagen danach bestätigt. Verspricht der Erwerber eines Betriebes aus dem Beitrittsgebiet einem dort beschäftigten Arbeitnehmer nach dem 31. 12. 1991 Leistungen der betrieblichen Altersversorgung, so sind bei der Prüfung der Unverfallbarkeit auch Beschäftigungszeiten im übernommenen Betrieb vor dem 3. 10. 1990 zu berücksichtigen.[76] 25

In der **ehemaligen DDR** galt die „Anordnung zur Einführung einer Zusatzrentenversorgung für die Arbeiter und Angestellten in den wichtigsten volkseigenen Betrieben" vom 9. 3. 1954 (GBl. DDR I S. 301) (AO 54), die für Arbeitnehmer in Schlüsselwirtschaftszweigen eine zusätzliche Altersversorgung vorsah.[77] Es war umstr., ob diese Zusatzversorgung eine Sozialversicherungsleistung darstellt oder eine besondere Form der betrieblichen Altersversorgung. Das BAG hat seine Zuständigkeit für Streitigkeiten nach der AO 54 und die Eigenschaft als betriebliche Altersversorgung bejaht.[78] Nach den Bestimmungen des Einigungsvertrages behält der Arbeitnehmer die bis zum 31. 12. 1991 erworbenen Ansprüche. Dagegen kann er neue nicht mehr erwerben.[79] Hat er bis dahin keinen Anspruch, erwirbt er weder einen Voll- noch Teilrentenanspruch.[80] Insbesondere genügt es nicht, wenn der Arbeitnehmer zum Stichtag Übergangsgeld oder (nach DDR-Recht) Vorruhestandsgeld bezogen hat; notwendig ist vielmehr, dass er zu diesem Zeitpunkt in den Ruhestand getreten war.[81] Die einzelnen Ruhegeldraten unterfallen der kurzen Verjährungsfrist von drei Jahren (§ 18 a Satz 2 BetrAVG i. V. m. § 195 BGB).[82] Die Treuhandanstalt hat Versorgungen nach der AO 54 abgefunden. Für die Zeit nach dem 31. 12. 1991 konnte ohne Verstoß gegen höherrangiges Recht auf Leistungen nach der AO 54 verzichtet werden.[83] 26

Das BSG hat angenommen, dass für Streitigkeiten über die Anordnung über die berufsbezogene Zuwendung an Ballettmitglieder in staatlichen Einrichtungen der DDR nicht der Rechtsweg zu den Gerichten der Sozialgerichtsbarkeit, sondern derjenige zu den Gerichten für Arbeitssachen eröffnet ist.[84] Seit dem 1. 1. 1992 bestehen jedoch keine Ansprüche und Anwartschaften mehr. Sie wurden durch den Einigungsvertrag aufgehoben.[85] 27

Die Anwendbarkeit des BetrAVG für Arbeitsverhältnisse mit Auslandsberührung richtet sich nach den Bestimmungen des **internationalen Arbeitsrechts** (s. § 6). Umstr. ist, in welchem 28

---

[71] Schrifttum s. vor RN 1.
[72] BAG 21. 1. 2008 AP 11 zu Einigungsvertrag Anlage I Kap VIII = NZA-RR 2008, 426.
[73] BAG 24. 3. 1998 AP 39 zu § 16 BetrAVG = NZA 98, 1059; LAG Köln 13. 4. 2000 NZA-RR 2001, 159.
[74] BAG 21. 1. 2008 AP 11 zu Einigungsvertrag Anlage I Kap VIII = NZA-RR 2008, 426.
[75] BAG 21. 1. 2008 AP 11 zu Einigungsvertrag Anlage I Kap VIII = NZA-RR 2008, 426; a. A. *Höfer* ART RN 1506.
[76] BAG 19. 12. 2000 AP 10 zu § 1 BetrAVG Unverfallbarkeit = NZA 2002, 615.
[77] Ausführlich *Höfer* ART RN 1463 ff.
[78] BAG 29. 4. 1994 AP 26 zu § 2 ArbGG 1979 = NZA 94, 962; 27. 2. 1996 AP 4 zu Einigungsvertrag Anl. II Kapitel VIII = NZA 96, 978; a. A. LAG Berlin 26. 8. 1992 AuA 93, 62 = NZA 93, 476 (LS).
[79] BAG 27. 2. 1996 AP 4 zu Einigungsvertrag Anl. II Kap. VIII = NZA 96, 978; vgl. auch BAG 14. 9. 1999 AP 9 zu Einigungsvertrag Anl. II Kap. VIII = NZA 2000, 595.
[80] BAG 27. 2. 1996 AP 4 zu Einigungsvertrag Anl. II Kap. VIII = NZA 96, 978; 17. 12. 1996 AP 5 zu Einigungsvertrag Anl. II Kap. VIII = NZA 97, 767; 29. 7. 1997 AP 6 zu Einigungsvertrag Anl. II Kap. VIII = NZA-RR 98, 175.
[81] BAG 29. 7. 1997 AP 6 zu Einigungsvertrag Anl. II Kap. VIII = NZA-RR 98, 175; 14. 9. 1999 AP 9 zu Einigungsvertrag Anl. II Kap. VIII = NZA 2000, 595.
[82] Vgl. BAG 25. 1. 2000 AP 10 zu Einigungsvertrag Anl. II Kap. VIII = NZA 2001, 504.
[83] BAG 11. 5. 1999 AP 8 zu Einigungsvertrag Anl. II Kap. VIII = NZA 2000, 99; LAG Sachsen 25. 3. 1998 NZA-RR 98, 552.
[84] BSG 24. 8. 1994 AP 27 zu § 2 ArbGG 1979.
[85] BAG 24. 3. 1998 AP 7 zu Einigungsvertrag Anl. II Kap. VIII = NZA 98, 99.

Umfang der **Insolvenzschutz** des BetrAVG für solche Arbeitnehmer gilt, die im Ausland bei ausländischen Unternehmen arbeiten (vgl. § 84 RN 112).

29 **e) Schein- und Umgehungsgeschäfte.** Steuerliche Anreize zur Gewährung von Versorgungsleistungen können zu Schein- und Umgehungsgeschäften führen. Dies gilt insbesondere für Mitgesellschafter, geschäftsführende Gesellschafter usw. Das BAG hat Vereinbarungen der Mitgesellschafter untereinander oder der Geschäftsführer untereinander keine Bedeutung im Verhältnis zur Gesellschaft beigemessen.[86]

II. Begründung der Ruhegeldverpflichtung

Gleichbehandlung/AGG: *Birk,* Diskriminierung von Frauen und älteren Arbeitnehmern in der betrieblichen Altersversorgung bei beitragsorientierter Gestaltung?, BetrAV 2003, 197; *Cisch/Böhm,* Das Allgemeine Gleichbehandlungsgesetz und die betriebliche Altersversorgung in Deutschland, BB 2007, 602; *Langohr-Plato/Stahl,* Anwendbarkeit des Allgemeinen Gleichbehandlungsgesetzes in der betrieblichen Altersversorgung, NJW 2008, 2378; *Lingemann/Müller,* Die Auswirkungen des Allgemeinen Gleichbehandlungsgesetzes auf die Arbeitsvertragsgestaltung, BB 2007, 2006; *Reichel/Hess,* Betriebliche Altersversorgung für geringfügig Beschäftigte, BetrAV 2001, 529; *Reichenbach/Grüneklee,* Stellt das AGG die betriebliche Altersversorgung auf den Kopf?, BetrAV 2006, 708; *Rengier,* Betriebliche Altersversorgung und Allgemeines Gleichbehandlungsgesetz, NZA 2006, 1251; *Rolfs,* „Für die betriebliche Altersversorgung gilt das Betriebsrentengesetz" – Über das schwierige Verhältnis von AGG und BetrAVG, NZA 2008, 553; *Thum,* AGG und betriebliche Altersversorgung – Anpassungsbedarf für versorgungsordnungen?, BB 2008, 2291; *Thüsing,* Auswirkungen des AGG auf die betriebliche Altersversorgung, BetrAV 2006, 704.

30 **1. Grundsatz.** Ohne einen besonderen Rechtsgrund ist der Arbeitgeber **nicht verpflichtet,** seinen Arbeitnehmern Ruhegeld zu zahlen.[87] Der Arbeitgeber kann sich unmittelbar verpflichten; er kann aber auch einen rechtlich selbstständigen Versorgungsträger einschalten (Unterstützungs-, Pensionskasse, Pensionsfonds oder Lebensversicherung). Grundsätzlich steht es dem Arbeitgeber frei, ob er eine Versorgungszusage erteilt (RN 7). Die Zusage muss den Mindestnormen des Gesetzes genügen. Die grundsätzliche Freiheit des Arbeitgebers, ob er eine betriebliche Altersversorgung begründet, ist durch das Altersvermögensgesetz vom 26. 6. 2001 (BGBl. I S. 1310) eingeschränkt worden: ab 1. 1. 2002 haben Arbeitnehmer (nicht die in § 17 I 2 BetrVG genannten Personen, s. § 17 I 3 BetrVG) gem. § 1a I BetrAVG einen Anspruch auf betriebliche Altersversorgung durch Entgeltumwandlung. Der Arbeitnehmer kann verlangen, dass von seinem Gehalt bis zu maximal 4% der Beitragsbemessungsgrenze der Rentenversicherung zu Gunsten von Aufwendungen für betriebliche Altersversorgung eingesetzt werden.

31 Der Grundsatz, dass es dem Arbeitgeber freisteht, ob er Versorgungsleistungen erbringen will, gilt auch bei der Versorgung von **Organmitgliedern juristischer Personen,** also Geschäftsführern und Vorständen.[88] Sie haben gem. § 17 I 3 BetrVG keinen Anspruch auf eine Altersversorgung durch Entgeltumwandlung.

32 Als **Rechtsgrundlagen für eine Ruhegeldverpflichtung** kommen in Betracht:

33 **2. Einzelvertrag.** Der Anspruch bzw. eine Anwartschaft auf Ruhegeld kann im Wege des Einzelvertrages ausdrücklich oder konkludent begründet werden. Insoweit gelten die **allgemeinen Regeln des Vertragsrechts** (§§ 145ff. BGB). Eine einzelvertragliche Versorgungszusage setzt mithin ein **Vertragsangebot** des Arbeitgebers voraus. Das Angebot braucht nicht bis in alle Einzelheiten konkretisiert zu sein. Ausreichend ist eine sog. Blankettzusage. Es muss aber wirklich eine Zusage und nicht nur ein unverbindliches Angebot oder eine Ankündigung vorliegen.[89] Es ist durch Auslegung zu ermitteln, ob der Arbeitgeber eine Zusage lediglich in Aussicht stellt oder bereits einen rechtsgeschäftlichen Bindungswillen hat. Gewährt der Arbeitgeber Leistungen der betrieblichen Altersversorgung auf Grund eines mit dem Arbeitnehmer zu schließenden Versorgungsvertrages, ist er nach der ihm obliegenden Fürsorgepflicht gehalten, dem Arbeitnehmer den Abschluss des Vertrages zum frühest möglichen Zeitpunkt anzubieten.[90] Im Allgemeinen ist davon auszugehen, dass eine **Vertragsannahme** durch die Arbeitnehmer auch ohne ausdrückliche Erklärung vorliegt, da die Zusage regelmäßig günstige Sozialleistungen

---

[86] BAG 9. 1. 1990 AP 6 zu § 35 GmbHG = NZA 90, 525.

[87] BGH 18. 12. 1954 AP 1 zu § 242 BGB Ruhegehalt = NJW 55, 501; BAG 12. 6. 1975 AP 1 zu § 87 BetrVG 1972 Altersversorgung; *Höfer* ART RN 207; *Ahrend* u. a. Teil I RN 38.

[88] Schrifttum s. vor RN 1 und vor RN 30; BGH 18. 12. 1954 AP 1 zu § 242 BGB Ruhegehalt = NJW 55, 501.

[89] Vgl. VAG 13. 3. 1975 AP 167 zu § 242 BGB Ruhegehalt.

[90] LAG Hamm 13. 7. 1999 NZA-RR 99, 658 = DB 2000, 327.

zum Inhalt hat (§ 151 BGB).[91] Das Versorgungsversprechen ist zu seiner Wirksamkeit nach dem BetrAVG nicht formbedürftig,[92] es kann also auch konkludent erteilt werden. Es handelt sich wegen des Zusammenhangs mit dem Arbeits- oder Dienstverhältnis (s. RN 5, 14) auch nicht etwa um eine nach § 518 I BGB formbedürftige Schenkung. Zwar ist nach § 6a I Nr. 3 EStG zur Erlangung der Steuervorteile die Schriftform notwendig; dies hat aber vertragsrechtlich wegen der Rechtsnatur der Versorgungszusage keine Bedeutung.[93] Da Ruhegeldverträge Jahrzehnte laufen, ist im Interesse der Rechtsklarheit dringend die Einhaltung der Schriftform zu empfehlen. Der Ruhegeldvertrag wird Teil des Arbeitsvertrages. Für die **Auslegung** der Versorgungszusagen gelten die allgemeinen Grundsätze. Im Interesse des Arbeitnehmerschutzes kann der Arbeitgeber bei mehrdeutigen Verträgen an einer für ihn ungünstigen Auslegung festgehalten werden, wenn er bei seinen Arbeitnehmern das Vertrauen in eine bestimmte Regelung erweckt hat (Unklarheitenregel).[94] Bei mehreren möglichen Auslegungen ist derjenigen der Vorzug zu geben, bei welcher der Vertragsnorm eine tatsächliche Bedeutung zukommt.[95] Die **Unklarheitenregel** war für das allgemeine Zivilrecht in § 5 AGBG niedergelegt. Sie folgt jetzt bei allgemeinen Geschäftsbedingungen auch für das Arbeitsrecht aus § 305c II BGB. Verspricht der Arbeitgeber die Versorgung wie bei einem Arbeitnehmer des öffentlichen Dienstes, so haftet er unabhängig von der Versicherungsmöglichkeit bei der VBL.[96] Verspricht der Arbeitgeber, eine Lebensversicherung nach einer Betriebszugehörigkeit von z. B. 10 Jahren abzuschließen, so erteilt er damit eine Versorgungszusage.[97] Wird in einer Versorgungszusage ausdrücklich oder stillschweigend auf generelle Versorgungsgrundsätze verwiesen, so werden diese auch dann zum Inhalt des Arbeitsvertrages, wenn sie der Arbeitnehmer nicht zur Kenntnis nimmt.[98]

Bei einer sog. **Blankettzusage** behält sich der Arbeitgeber das Recht vor, die Einzelheiten einseitig zu bestimmen. Der Arbeitgeber hat die vollständigen Vertragsbedingungen sodann gem. § 315 I BGB nach billigem Ermessen festzulegen. Die Bestimmung unterliegt der gerichtlichen Billigkeitskontrolle.[99] Bei der Ausfüllung der Blankettzusage ist maßgebend, welche Vorstellungen und Erwartungen durch die Zusage erweckt wurden.[100] Bestimmt der Arbeitgeber die Voraussetzungen nicht, so erfolgt die Bestimmung durch Urteil (§ 315 III 2 BGB). **34**

3. Ruhegeldordnung (Pensionsordnung, Gesamtzusage, arbeitsvertragliche Einheitsregelung). Der Arbeitgeber kann seinen Willen, unter bestimmten Voraussetzungen Ruhegeld zu gewähren, durch eine einseitige Erklärung an die Belegschaft zum Ausdruck bringen (Gesamtzusage) oder durch Abschluss zahlreicher Einzelverträge nach vorausbestimmtem Plan (arbeitsvertragliche Einheitsregelung, gebündelte Einzelverträge). Unstreitig ist, dass hierdurch der Arbeitgeber verpflichtet wird. Umstr. ist die dogmatische Begründung des Versprechens. Die vorherrschende Ansicht sieht in der Gesamtzusage zu Recht ein Vertragsangebot an jeden einzelnen Arbeitnehmer.[101] Es gilt aber nur für Personen, die zum Zeitpunkt der Zusage oder ihrer Erneuerung in einem Arbeitsverhältnis stehen.[102] Wird die Zusage durch Aushang am schwarzen Brett veröffentlicht oder durch sonstige Mitteilungen (z. B. im Intranet), werden alle zum Zeitpunkt der erneuten oder aufrechterhaltenen Mitteilung Beschäftigten erfasst. Der Arbeitnehmer kann dieses Vertragsangebot ausdrücklich annehmen, z. B. mit einer Bestätigung auf der Ruhegeldordnung. Die Annahme kann aber auch konkludent erfolgen. Da die Gesamtzusage ihm nur Vorteile bringt, ist eine ausdrückliche Annahmeerklärung nicht erforderlich (§ 151 **35**

[91] Vgl. BAG 12. 6. 1957 AP 24 zu § 242 BGB Ruhegehalt; 13. 3. 1975 AP 167 zu § 242 BGB Ruhegehalt; 10. 12. 2002 AP 252 zu § 611 BGB Gratifikation = NZA 2003, 1360 (LS).

[92] BGH 20. 12. 1993 AP 5 zu § 1 BetrAVG Unverfallbarkeit = NZA 94, 367.

[93] Vgl. BAG 10. 3. 1972 AP 156 zu § 242 BGB Ruhegehalt; *Höfer* ART RN 219.

[94] BAG 25. 5. 1973 AP 160 zu § 242 BGB Ruhegehalt = ArbuR 73, 246; 27. 1. 1998 AP 38 zu § 1 BetrAVG Unterstützungskasse = NZA 99, 267; 23. 9. 2003 AP 93 zu § 77 BetrVG 1972 = NZA 2005, 72 (LS).

[95] BGH 18. 5. 1998 NJW 98, 2966.

[96] BAG 15. 5. 75 AP 7 zu § 242 BGB Ruhegehalt-VBL; 29. 7. 1986 AP 16 zu § 1 BetrAVG Zusatzversorgungskassen.

[97] BAG 19. 4. 1983 AP 1 zu § 1 BetrAVG Lebensversicherung.

[98] BAG 9. 11. 1978 AP 179 zu § 242 BGB Ruhegehalt.

[99] BAG 17. 5. 1966 AP 110 zu § 242 BGB Ruhegehalt; 13. 3. 1975 AP 167 zu § 242 BGB Ruhegehalt; 23. 11. 1978 AP 181 zu § 242 BGB Ruhegehalt; 2. 2. 1988 AP 25 zu § 5 BetrAVG; 19. 11. 2002 NZA 2003, 1424 (LS) = EzA 85 zu § 1 BetrAVG; zur Gewährung nach billigem Ermessen: BAG 25. 4. 1995 AP 1 zu § 2 RuhegeldG Hamburg = NZA 96, 427.

[100] BAG 23. 11. 1978 AP 181 zu § 242 BGB Ruhegehalt; 19. 7. 2005 AP 42 zu § 1 BetrAVG = DB 2006, 343.

[101] BAG 24. 1. 2006 AP 1 zu § 313 BGB = DB 2006, 1621.

[102] *Löwisch/Diller* BB 2007, 830.

BGB; vgl. RN 33).[103] Nach anderer Auffassung enthält die Gesamtzusage die Ausübung eines Gestaltungsrechts, mit der der Arbeitgeber seine vertragliche Fürsorgepflicht konkretisiert.[104] In einem Fall hat das BAG in der Gesamtzusage einen kraft Gewohnheitsrechts wirksamen einseitigen Verpflichtungstatbestand gesehen.[105] Die Lehre von der Gesamtzusage als einseitigem Verpflichtungstatbestand unterscheidet sich von den übrigen Begründungen dadurch, dass es eines Zuganges der Gesamtzusage an jeden einzelnen Arbeitnehmer nicht bedarf. Die Rspr. hat Gesamtzusagen bzw. die arbeitsvertragliche Einheitsregelung nach den Regeln des Einzelarbeitsvertrages behandelt. Es gelten daher dieselben Grundsätze bezüglich der Einhaltung der Formerfordernisse, der Auslegung, des Blankettangebotes. Nur wegen der Änderung von Gesamtzusagen und arbeitsvertraglichen Einheitsregelungen bestehen Besonderheiten (RN 131 ff.; § 231 RN 37). Dabei können dem Betriebsrat erzwingbare Mitbestimmungsrechte zustehen (RN 359 ff.; § 235). Erfolgt die Zusage einer Leistung bei einer Gesamtzusage widerruflich, kann auch der Widerruf in derselben Form erfolgen. Erforderlich ist hierbei eine Verlautbarung in einer Form, die die den einzelnen Arbeitnehmer typischerweise in die Lage versetzt, von der Erklärung Kenntnis zu nehmen; eine tatsächliche Kenntnisnahme ist nicht erforderlich. Eine abweichende Vereinbarungist nach § 307 I BGB ausgeschlossen.[106]

36 **4. Betriebliche Übung** (§ 111).[107] **a)** Zahlt der Arbeitgeber bei Versetzung seiner Arbeitnehmer in den Ruhestand Ruhegelder, so wird zumeist im Zeitpunkt der Pensionierung eine **Ruhegeldzusage** erteilt. Die Zusage kann ausdrücklich oder konkludent erfolgen. Eine konkludente Zusage wird häufig in der Aufnahme der Zahlungen zu sehen sein. Das Ruhestandsverhältnis richtet sich nach der ausdrücklich oder konkludent erteilten Zusage, so dass die betriebliche Übung zur Anspruchsbegründung insoweit ausscheidet.

37 **b)** Die betriebliche Übung ist nunmehr in § 1 b I 4 BetrAVG als Begründungstatbestand ausdrücklich anerkannt. Als **Anspruchsbegründung** kommt sie vor allem in Betracht, wenn der Arbeitgeber – ohne besondere Zusage im Zeitpunkt der Pensionierung – unter bestimmten Voraussetzungen jedem oder einer bestimmten Gruppe von Arbeitnehmern bei ihrem Ausscheiden Ruhegeld zahlt und ein verständiger Arbeitnehmer nach Treu und Glauben mit Rücksicht auf die Verkehrssitte aus dem Verhalten des Arbeitgebers schließen durfte, auch er werde Ruhegeld erhalten.[108] Dasselbe gilt, wenn der Arbeitgeber ein in der Versorgungsordnung nicht vorgesehenes 13. Ruhegehalt zahlt.[109] Aus betrieblicher Übung können sich auch Ansprüche auf eine bestimmte Berechnungsweise der Betriebsrente[110] oder auf eine Anpassung der Rente über § 16 BetrAVG hinaus[111] ergeben. Tritt ein Arbeitgeber einem Verband bei, dessen satzungsgemäßes Ziel es ist, einheitliche Ruhegeldrichtlinien festzusetzen und deren Durchführung zu überwachen und hat er den Beitritt seinen Arbeitnehmer bekannt gegeben, so erwächst hieraus die Verpflichtung gegenüber den Arbeitnehmern, auch nach den Verbandsrichtlinien zu verfahren.[112] Ob der Arbeitgeber einen Verpflichtungswillen für die Zukunft hatte, ist für die Entstehung einer betrieblichen Übung grundsätzlich unerheblich. Entscheidend ist allein, ob die Arbeitnehmer bzw. die Betriebsrentner aus dem Verhalten des Arbeitgebers schließen durften, ihnen werde eine entsprechende Leistung auch künftig gewährt. Der Wille des Arbeitgebers braucht nur darauf gerichtet zu sein, freiwillige Zahlungen zu erbringen. Da die betriebliche Übung zu typisierten Leistungsbedingungen führt, ist das Verhalten des Arbeitgebers nach objektiven Kriterien auszulegen und es kommt nicht auf die speziellen Kenntnisse des einzelnen Versorgungsanwärters oder -empfängers an.[113] Der Arbeitgeber kann das Entstehen einer betrieblichen Übung nach st. Rspr. des BAG durch einen sog. Freiwilligkeitsvorbehalt verhindern, mit dem er deutlich macht, dass für die Zukunft kein Rechts-

---

[103] BAG 24. 1. 2006 AP 1 zu § 313 BGB = DB 2006, 1621.
[104] *Söllner,* Einseitige Leistungsbestimmungen im Arbeitsverhältnis, 1966, S. 32 ff., 100 ff.; *Bötticher* in Anm. zu AP 110 zu § 242 BGB Ruhegehalt.
[105] BAG 12. 3. 1963 AP 90 zu § 242 BGB Ruhegehalt.
[106] BAG 24. 1. 2006 AP 1 zu § 313 BGB = DB 2006, 1621.
[107] Ausf. *Reinecke* BB 2004, 1625; *Gelhaar* BB 2008, 835.
[108] BAG 18. 7. 1968 AP 8 zu § 242 BGB Betriebliche Übung; 5. 2. 1971 AP 10 zu § 242 BGB Betriebliche Übung; 29. 10. 1985 AP 2 zu § 1 BetrAVG Betriebliche Übung = NZA 86, 786; 25. 6. 2002 AP 50 zu § 16 BetrAVG = NZA 2003, 875; BGH 17. 2. 1969 AP 137 zu § 242 BGB Ruhegehalt.
[109] BAG 30. 10. 1984 AP 1 zu § 1 BetrAVG Betriebliche Übung m. Anm. *Hromadka* = NJW 85, 531; 12. 12. 2006 AP 77 zu § 242 BGB Betriebliche Übung = DB 2007, 2435; 31. 7. 2007 AP 79 zu § 242 BGB Betriebliche Übung = NZA-RR 2008, 263.
[110] BAG 19. 7. 2005 AP 42 zu § 1 BetrAVG = DB 2006, 343.
[111] Vgl. BAG 20. 6. 2000 – 3 AZR 842/98 – n. v.; 29. 4. 2003 NZA 2004, 1182 (LS).
[112] BAG 5. 12. 1961 AP 80 zu § 242 BGB Ruhegehalt.
[113] BAG 31. 7. 2007 AP 79 zu § 242 BGB Betriebliche Übung = NZA-RR 2008, 263.

bindungswille besteht.[114] Will der Arbeitgeber erkennbar nur eine irrtümlich angenommene Verpflichtung erfüllen, weil er glaubt, zur Leistung verpflichtet zu sein, erwächst keine betriebliche Übung.[115] Das gilt z. B., wenn der Arbeitgeber in die Berechnung des Ruhegeldes entgegen dem Wortlaut der Versorgungszusage das tarifliche Urlaubsgeld einbezieht, aber jeweils ausdrücklich auf die Versorgungszusage Bezug nimmt.[116] Für den öffentlichen Dienst gilt insoweit die Auslegungsregel, dass sich der öffentliche Arbeitgeber nur verpflichten will, die tariflich und gesetzlich geschuldeten Leistungen zu erbringen (s. § 111 RN 13). Hat der Vorstand einer Anstalt des öffentlichen Rechts aber in einem internen Beschluss festgelegt, dass jeder Arbeitnehmer von einer bestimmten Eingruppierung an nach vierjähriger Beschäftigung eine Versorgungszusage erhält und hat er sich acht Jahre daran gehalten, so erwächst ein Anspruch aus betrieblicher Übung.[117] Eine betriebliche Übung kann für die Zukunft durch eine nicht formbedürftige Erklärung des Arbeitgebers beendet werden; bereits entstandene Rechte sind hiervon aber nicht betroffen (s. § 111 RN 23ff.). Im Falle einer Betriebsübung kann der Arbeitgeber mangels Einhaltung der Schriftform (§ 6a EStG) keine steuerlichen Vergünstigungen geltend machen.

c) Der **Verpflichtungstatbestand bei betrieblicher Übung** ist dogmatisch umstr. (s. § 111 RN 2ff.). Teilweise wird in ihr ein schuldrechtlicher Verpflichtungstatbestand, teilweise eine Vertrauenshaftung gesehen. Umstr. ist, ob zwischen einer Betriebsübung auf Erteilung einer Versorgungszusage und einer solchen auf Ruhegeldgewährung zu unterscheiden ist. Die Unterscheidung hat vor allem Bedeutung für den Lauf der Unverfallbarkeitsfrist. Eine Unterscheidung ist in der Rspr. des BAG stets abgelehnt worden; z. B. ist immer sofort eine Klage auf Ruhegeldleistung zugelassen worden.[118] Die Unverfallbarkeitsfrist läuft seit dem Zeitpunkt, in dem der Arbeitgeber nicht mehr die Wahl hat, ob er Ruhegeldleistungen erbringen will.[119] **38**

Aus einer betrieblichen Übung, die sich auf die Altersversorgung abhängiger Arbeitnehmer erstreckt, erwächst einem **Organmitglied einer juristischen Person** kein Anspruch.[120] **39**

5. Gleichbehandlung (s. auch RN 55ff.; § 112).[121] **a)** Der Gleichbehandlungsgrundsatz als Begründungstatbestand von Ruhegeldansprüchen ist nunmehr in § 1b I 4 BetrAVG ausdrücklich anerkannt. Hieraus resultiert ein Anspruch, wenn der Arbeitgeber ein **typisiertes Verhalten** an den Tag gelegt hat, er werde allen oder einer Gruppe von Arbeitnehmern Ruhegeld gewähren. Dann darf er einen einzelnen Arbeitnehmer, auch leitenden Angestellten oder eine Gruppe von Arbeitnehmern nicht aus sachfremden Gründen von der Ruhegeldgewährung ausschließen.[122] Eine Differenzierung ist sachfremd, wenn es für sie keine billigenswerte Gründe gibt. Billigenswert sind Gründe, die auf vernünftigen, einleuchtenden Erwägungen beruhen und gegen keine verfassungsrechtlichen oder sonstigen übergeordneten Wertentscheidungen verstoßen.[123] Ob der Arbeitgeber die zweckmäßigste oder gerechteste Lösung gewählt hat, ist dagegen nicht zu überprüfen.[124] Der Ausschluss einer Gruppe von Arbeitnehmern ist nur dann mit dem Gleichbehandlungsgrundsatz vereinbar, wenn er nach dem **Zweck der Leistung** gerechtfertigt ist.[125] Der Leistungszweck ist dabei auf Grund der Besonderheiten der jeweiligen Versorgungsleistungen zu ermitteln.[126] Bildet der Arbeitgeber Gruppen von begünstigten und benachteiligten Arbeitnehmern, muss diese **Gruppenbildung** sachlichen Kriterien entspre- **40**

---

[114] BAG 19. 5. 2005 AP 71 zu § 242 BGB Betriebliche Übung = NZA 2005, 889 m. w. N.; a. A. *Gelhaar* BB 2008, 835 (836ff.).

[115] Vgl. BAG 7. 8. 1967 AP 121 zu § 242 BGB Ruhegehalt; 22. 1. 2002 AP 4 zu § 77 BetrVG 1972 Betriebsvereinbarung = NZA 2002, 1224; 21. 1. 2003 AP63 zu § 1 BetrAVG Zusatzversorgungskassen = NZA 2004, 1119 (LS);s. auch § 111 RN 12.

[116] BAG 23. 4. 2002 AP 22 zu § 1 BetrAVG Berechnung = DB 2002, 2603.

[117] BAG 16. 7. 1996 AP 7 zu § 1 BetrAVG Betriebliche Übung = NZA 97, 664.

[118] Vgl. BAG 5. 2. 1971 AP 10 zu § 242 BGB Betriebliche Übung; 29. 10. 1985 AP 2 zu § 1 BetrAVG Betriebliche Übung = NZA 86, 786.

[119] BAG 19. 6. 1980 AP 8 zu § 1 BetrAVG Wartezeit; 29. 10. 1985 AP 2 zu § 1 BetrAVG Betriebliche Übung = NZA 86, 786; s. hierzu auch RN 86ff.

[120] BGH 17. 2. 1969 AP 137 zu § 242 BGB Ruhegehalt; s. auch BGH 20. 12. 1993 AP 5 zu § 1 BetrAVG Unverfallbarkeit = NZA 94, 367.

[121] Schrifttum s. vor RN 30.

[122] BAG 20. 7. 1993 AP 11 zu § 1 BetrAVG Gleichbehandlung = NZA 94, 125; 25. 4. 1995 AP 25 zu § 1 BetrAVG Gleichbehandlung = NZA 96, 84; 9. 12. 1997 AP 40 zu § 1 BetrAVG Gleichbehandlung = NZA 98, 1173; 17. 2. 1998 AP 37 zu § 1 BetrAVG Gleichbehandlung = NZA 98, 762.

[123] BAG 10. 12. 2002 AP 56 zu § 1 BetrAVG Gleichbehandlung = NZA 2004, 321.

[124] BAG 18. 9. 2001 AP 179 zu § 242 BGB Gleichbehandlung = NZA 2002, 148.

[125] BAG 20. 7. 1993 AP 11 zu § 1 BetrAVG Gleichbehandlung = NZA 94, 125.

[126] BAG 19. 6. 2001 AP 50 zu § 1 BetrAVG Gleichbehandlung = NZA 2002, 557.

chen.[127] Der Differenzierungsgrund darf der Versorgungsordnung nicht widersprechen.[128] Problematisch ist, ob die Unterscheidungsmerkmale für eine Gruppenbildung nur zu berücksichtigen sind, soweit sie den Arbeitnehmern erkennbar waren oder rechtzeitig – d. h. spätestens, wenn der Arbeitnehmer Gleichbehandlung verlangt – vom Arbeitgeber **offen gelegt** worden sind.[129] Die Frage ist zu verneinen,[130] weil es für das objektive Vorliegen einer sachgerechten Differenzierung auch nur auf die objektiven Umstände ankommen kann.[131] Eine nicht erfolgte Offenlegung kann allenfalls Schadensersatzansprüche des Arbeitnehmers (z. B. auf Ersatz ansonsten unnötiger Prozesskosten) rechtfertigen.[132] Darlegungs- und beweispflichtig für die Differenzierungsgründe ist der Arbeitgeber.[133]

41 **b)** Ob ein typisiertes Verhalten des Arbeitgebers vorliegt, ist **nach den Umständen des Einzelfalles zu beurteilen.** Gewährt ein Arbeitgeber einer Anzahl von Arbeitnehmern betriebliche Invaliditätsrente, die die allgemeine Versorgungsordnung nicht vorsieht und macht ein einzelner Arbeitnehmer wegen des Gleichbehandlungsgrundsatzes Ansprüche geltend, so muss der Arbeitgeber darlegen, wie er die Begünstigten abgegrenzt hat und warum der Klagende nicht dazu gehört.[134] Nicht verboten ist die Besserstellung einzelner Arbeitnehmer (s. § 112 RN 5 ff.). Ein typisiertes Verhalten liegt nicht vor, wenn der Arbeitgeber einzelnen Arbeitnehmern aus besonderem Anlass Ruhegeld gewährt und die anderen ausschließt, z. B. wenn besondere Dienste, Verbesserungsvorschläge usw. honoriert werden sollen.[135]

42 **c) Keine sachlich gerechtfertigten Differenzierungsmerkmale** zwischen einzelnen Arbeitnehmern oder Arbeitnehmergruppen sind die in Art. 3 GG, § 75 BetrVG aufgezählten Eigenschaften. Hieraus folgt, dass es sachfremd ist, bei Versorgungszusagen zwischen Männern und Frauen zu unterscheiden (s. auch RN 55 ff.), bei ihnen unterschiedliche Regelungen für die Anrechnung von Dienstjahren zu schaffen, das Alter für die Aufnahme in ein Versorgungswerk unterschiedlich festzusetzen.[136] Sachlich ungerechtfertigt ist, einen der beschäftigten Ehepartner von der Versorgung auszuschließen, weil der andere eine betriebliche Altersversorgung mit einer Hinterbliebenenversorgung erwirbt[137] oder einen Arbeitnehmer auszuschließen, der noch in einem zweiten Arbeitsverhältnis steht.[138] Um eine mittelbare Diskriminierung von Frauen auszuschließen, kann der Arbeitgeber gehalten sein, bestimmte Regelungen Frauen nicht entgegenzusetzen.[139] Unabhängig von Art. 3 GG, § 75 BetrVG können sich **Differenzierungsverbote** aus allgemeinen Grundsätzen des Arbeitsrechts ergeben (§ 112). Grundsätzlich nicht möglich ist eine Differenzierung zwischen **Voll- und Teilzeitbeschäftigten** (s. auch § 4 I 1 TzBfG)[140] oder zwi-

---

[127] BAG 25. 4. 1995 AP 25 zu § 1 BetrAVG Gleichbehandlung = NZA 96, 84; 17. 2. 1998 AP 37 zu § 1 BetrAVG Gleichbehandlung = NZA 98, 762.

[128] BAG 9. 12. 1997 AP 40 zu § 1 BetrAVG Gleichbehandlung = NZA 98, 1173.

[129] So BAG (3. Senat) 22. 12. 1970 AP 2 zu § 305 BGB Billigkeitskontrolle; BAG (5. Senat) 5. 3. 1980 AP 44 zu § 242 Gleichbehandlung = NJW 80, 2374; BAG (3. Senat) 20. 7. 1993 AP 11 zu § 1 BetrAVG Gleichbehandlung = NZA 94, 125; BAG 19. 3. 2002 – 3 AZR 229/01 – n. v. (Differenzierungsgrund muss sich aus der Versorgungsordnung ergeben); offen gelassen bei BAG (10. Senat) 8. 3. 1995 AP 184 zu § 611 BGB Gratifikation = NZA 96, 418; BAG (10. Senat) 21. 5. 2003 AP 251 zu § 611 BGB Gratifikation = NZA 2003, 1274; BAG (2. Senat) 3. 7. 2003 AP 73 zu § 2 KSchG 1969 = DB 2004, 655.

[130] So jetzt auch der 3. Senat des BAG: BAG 21. 8. 2007 AP 60 zu § 1 BetrAVG Gleichbehandlung = NZA-RR 2008, 649; einschränkend aber BAG 19. 8. 2008 NZA 2009, 196, wo eine Festlegung in einer allgemeinen Ordnung gefordert wird.

[131] HzA/*Lipke* Gruppe 3 RN 167 unter Hinweis auf die Rspr. zum Nachschieben von Kündigungsgründen; vgl. auch die Rspr. zum Befristungsgrund nach § 14 TzBfG, der grundsätzlich auch dann berücksichtigt werden kann, wenn er im Vertrag nicht offen gelegt wird: BAG 26. 7. 2000 AP 4 zu § 1 BeschFG 1996 = NJW 2001, 532; 15. 8. 2001 AP 5 zu § 21 BErzGG = NZA 2002, 85; auch das BVerfG stellt für die Frage der Verfassungsgemäßheit einer Norm nicht auf die subjektive Willkür des Gesetzgebers, sondern auf die objektive (Un-)Angemessenheit der Norm ab, s. BVerfG 26. 4. 1978 BVerfGE 48, 227 = DB 78, 1356.

[132] So *Krebs* SAE 99, 289, 290.

[133] BAG 12. 10. 2005 AP 259 zu § 611 BGB Gratifikation = NZA 2005, 1418.

[134] BAG 12. 6. 1990 AP 25 zu § 1 BetrAVG = NZA 90, 973; 12. 11. 1991 AP 17 zu § 1 BetrAVG Gleichbehandlung = NZA 92, 837.

[135] BAG 11. 11. 1986 AP 4 zu § 1 BetrAVG Gleichberechtigung = NZA 87, 449; 28. 7. 1992 AP 18 zu § 1 BetrAVG Gleichbehandlung = NZA 93, 215.

[136] BAG 6. 4. 1982 AP 1 zu § 1 BetrAVG Gleichbehandlung = NJW 82, 2013.

[137] BAG 10. 1. 1989 AP 5 zu § 1 BetrAVG Hinterbliebenenversorgung = NZA 89, 683.

[138] BAG 22. 11. 1994 AP 24 zu § 1 BetrAVG Gleichbehandlung = NZA 95, 733.

[139] BAG 14. 10. 1986 AP 11 zu Art. 119 EWG-Vertrag = NZA 87, 445.

[140] BAG 6. 4. 1982 AP 1 zu § 1 BetrAVG Gleichbehandlung; 28. 7. 1992 AP 18 zu § 1 BetrAVG Gleichbehandlung = NZA 93, 215; 7. 3. 1995 AP 26 zu § 1 BetrAVG Gleichbehandlung = NZA 96, 48; 16. 1. 1996 AP 222 zu Art. 3 GG = NZA 96, 607; s. auch RN 67 ff.

schen Teilzeitkräften mit unterschiedlicher Arbeitszeit.[141] Zur Herausnahme von **geringfügig Beschäftigten** aus einer als Gesamtversorgung ausgestalten Zusatzversorgung des öffentlichen Dienstes s. RN 71.

d) Eine Differenzierung kann insbesondere bei einem unterschiedlichen Interesse an der Fortdauer der Betriebstreue der betroffenen Arbeitnehmergruppen[142] sowie bei einem typischerweise unterschiedlichen Versorgungsbedarf[143] in Betracht kommen. Im Einzelnen ist eine Differenzierung als **sachlich gerechtfertigt** angesehen worden bei unterschiedlicher Ruhegeldgewährung an Arbeitnehmer verschiedener Betriebe[144] oder wegen der Refinanzierbarkeit der Versorgung nur für eine Gruppe von Arbeitnehmern,[145] wenn Arbeitnehmer von früher selbstständigen Unternehmen nach der Übernahme differenziert behandelt werden,[146] ABM-Arbeitskräfte mit einem auf ein Jahr befristeten Arbeitsvertrag ausgeschlossen werden,[147] gem. § 613a BGB übernommenen Arbeitnehmern bei der Gewährung von Versorgungsleistungen auf Grund der eigenen Versorgungsordnung nur die Dienstjahre seit Übernahme angerechnet werden,[148] nur Arbeitnehmern, die angeworben werden sollen, Ruhegelder gezahlt werden.[149] Leistungen einer betrieblichen Altersversorgung dürfen ferner davon abhängig gemacht werden, ob für den Beschäftigungsbetrieb des jeweiligen Arbeitnehmers eine Betriebsvereinbarung über Regelungen zur flexiblen Gestaltung der Arbeitszeit gilt.[150] Der Arbeitgeber kann auch eine Anreizfunktion für das Ausscheiden von älteren Arbeitnehmern schaffen und deshalb nur diesen zusätzliche Leistungen versprechen.[151] Die Herausnahme von **befristet beschäftigten Arbeitnehmern** ist gem. § 4 II 1 TzBfG sachlich gerechtfertigt, weil die betriebliche Altersversorgung (unter anderem) die Förderung der Betriebstreue bezweckt, woran der Arbeitgeber bei nur vorübergehender Beschäftigung nicht interessiert ist.[152] 43

e) Eine Ungleichbehandlung bei der betrieblichen Altersversorgung, die allein an den Status von **Arbeitern und Angestellten** anknüpft, ist unwirksam. Versorgungsschuldner konnten jedoch bis einschließlich 30. 6. 1993 darauf vertrauen, eine allein an den unterschiedlichen Status von Arbeitern und Angestellten anknüpfende Differenzierung sei noch zulässig.[153] Der Arbeitgeber darf dagegen dem **unterschiedlichen Versorgungsbedarf** der einzelnen Arbeitnehmergruppen Rechnung tragen, weil dies mit den Zwecken der Altersversorgung übereinstimmt. Er ist mithin in der Lage, nur geringer verdienenden Versorgungsleistungen zuzuwenden, weil die anderen Eigenvorsorge betreiben können.[154] 44

Das BAG lässt eine Differenzierung zwischen **Außendienst- und Innendienstmitarbeitern** bei der betrieblichen Altersversorgung nur zu, wenn dies nach dem Zweck der Leistung gerechtfertigt ist. Allein der höhere Verdienst von Außendienstmitarbeitern ist kein hinreichender Differenzierungsgrund,[155] ebenso wenig wie die Unterschiede in der Art der Arbeitsleistung und in der Vergütungsstruktur[156] wohl aber die Absicht, eine der Gruppen enger an das Unternehmen zu binden.[157] 45

---

[141] Vgl. BAG 28. 7. 1992 AP 18 zu § 1 BetrAVG Gleichbehandlung = NZA 93, 215; 7. 3. 1995 AP 26 zu § 1 BetrAVG Gleichbehandlung = NZA 96, 48; BVerfG 27. 11. 1997 AP 2 zu § 3 RuhegeldG Hamburg = NZA 98, 247.

[142] BAG 11. 11. 1986 AP 4 zu § 1 BetrAVG Gleichberechtigung = NZA 87, 449; 20. 7. 1993 AP 11 zu § 1 BetrAVG Gleichbehandlung = NZA 94, 125.

[143] BAG 22. 11. 1994 AP 24 zu § 1 BetrAVG Gleichbehandlung = NZA 95, 733.

[144] BAG 5. 12. 1957 AP 13 zu § 242 BGB Gleichbehandlung; s. auch § 112 RN 15f.

[145] BAG 19. 6. 2001 AP 50 zu § 1 BetrAVG Gleichbehandlung = NZA 2002, 557.

[146] Vgl. BAG 25. 8. 1976 AP 41 zu § 242 BGB Gleichbehandlung; dazu *Wiese* RdA 79, 432.

[147] BAG 13. 12. 1994 AP 23 zu § 1 BetrAVG Gleichbehandlung = NZA 95, 886.

[148] BAG 30. 8. 1979 AP 16 zu § 613a BGB.

[149] BAG 20. 11. 1996 AP 31 zu § 1 BetrAVG Gleichbehandlung = NZA 97, 312; 9. 12. 1997 AP 40 zu § 1 BetrAVG Gleichbehandlung = NZA 98, 1173.

[150] BAG 18. 9. 2007 AP 33 zu § 77 BetrVG 1972 Betriebsvereinbarung = NZA 2008, 56.

[151] BAG 18. 9. 2001 AP 179 zu § 242 BGB Gleichbehandlung = NZA 2002, 148.

[152] BAG 20. 8. 2002 AP 9 zu § 1 BetrAVG Überversorgung = NZA 2003, 1112 (LS); 19. 4. 2005 AP 7 zu § 1 TVG Tarifverträge: Deutsche Post = NZA 2005, 840 (LS); s. hierzu auch *Ars/Teslau* NZA 2006, 297.

[153] BAG 10. 12. 2002 AP 56 zu § 1 BetrAVG Gleichbehandlung = NZA 2004, 321.

[154] BAG 9. 12. 1997 AP 40 zu § 1 BetrAVG Gleichbehandlung = NZA 98, 1173; 10. 12. 2002 AP 56 zu § 1 BetrAVG Gleichbehandlung = NZA 2004, 321.

[155] BAG 17. 2. 1998 AP 37 zu § 1 BetrAVG Gleichbehandlung = NZA 98, 762.

[156] BAG 9. 12. 1997 AP 40 zu § 1 BetrAVG Gleichbehandlung = NZA 98, 1173.

[157] BAG 20. 7. 1993 AP 11 zu § 1 BetrAVG Gleichbehandlung = NZA 94, 125; 17. 2. 1998 AP 37 zu § 1 BetrAVG Gleichbehandlung = NZA 98, 762.

46 Zulässig ist eine Differenzierung **zwischen Mitarbeitern mit leitenden Aufgaben und sonstigen Mitarbeitern.** Dem Arbeitgeber bleibt es unbenommen, einen bestimmten Personenkreis wegen seiner Bedeutung für das Unternehmen in besonderem Maße zu entlohnen.[158]

47 **f)** Besondere Probleme können erwachsen, wenn zwischen Arbeitnehmern bzw. Arbeitnehmergruppen durch **Stichtage** differenziert wird, wenn also z. B. Versorgungserhöhungen nur nach einem bestimmten Stichtag gewährt werden, nur nach einem Stichtag eingetretene Arbeitnehmer überhaupt versorgt werden oder nach einem bestimmten Stichtag eingestellte Arbeitnehmer nicht mehr versorgt werden. Insoweit hat das BAG eine Differenzierung nach Stichtagen zugelassen, wenn hierfür ein sachlich gerechtfertigter Grund besteht.[159] Finanzielle Erwägungen können es rechtfertigen, einen Stichtag festzulegen, ab dem eine Altersversorgung eingeführt wird, um so das Inkrafttreten einer Versorgungsordnung und den Kreis der Begünstigten festzulegen.[160] Ferner kann ein Stichtag festgelegt werden, ab dem bei einer neu eingeführten Versorgung bereits zurückgelegte Beschäftigungszeiträume anzurechnen sind.[161] Sachlich gerechtfertigt ist auch, die Arbeitnehmer, die ein bestimmtes Lebensalter bei Begründung des Arbeitsverhältnis überschritten haben, von der Versorgung auszuschließen. Insoweit liegt auch kein Verstoß gegen § 75 BetrVG vor, da die Versorgungsleistungen angespart werden müssen.[162] Zur Frage, ob der Arbeitgeber die Versorgung neu eintretender Arbeitnehmer einstellen kann, hat das BAG bislang nicht entschieden. Die Frage ist aber zu bejahen, weil es dem Arbeitgeber frei steht, ein Versorgungswerk zu schließen.

48 **6. Tarifliche Ruhegeldregelungen** waren bislang in der Privatwirtschaft selten.[163]

49 **a)** Sie kommen zzt. vor allem in Firmentarifverträgen, in der Bauwirtschaft sowie für Hafenarbeiter,[164] im Bäcker- und Lackiererhandwerk sowie in der Land- und Forstwirtschaft und bei Ersatzkassen[165] vor. Nimmt ein Arbeitnehmer eine Arbeit außerhalb des örtlichen Geltungsbereich eines Tarifvertrages auf, kann der Anspruch auf Altersversorgung entfallen.[166] Dasselbe gilt, wenn der fachliche Geltungsbereich wechselt.[167] Eine große Rolle spielen tarifliche Ruhegeldregelungen im öffentlichen Dienst. Grundsätzlich können nur die der Tarifbindung unterliegenden Arbeitnehmer (§§ 206, 207) Ansprüche aus dem Tarifvertrag herleiten. Im öffentlichen Dienst werden die Versorgungstarifverträge aber nahezu ausnahmslos vertraglich in Bezug genommen (§ 208). Nach dem AVmG werden die Tarifverträge auch in der Privatwirtschaft eine erhebliche Bedeutung erlangen. Ein Anspruch auf Entgeltumwandlung tariflicher Vergütung besteht nur, wenn der Tarifvertrag das zulässt. Bei Fehlen einer Öffnungsklausel können nur außer- und übertarifliche Leistungen umgewandelt werden. Tarifverträge können auch den Ausschluss bestimmter Personengruppen vorsehen, wenn hierfür sachliche Gründe bestehen.[168] Zur Auslegung von Tarifverträgen s. § 198 RN 22 ff. Verweist ein Arbeitsvertrag wegen der betrieblichen Altersversorgung auf Regelungen eine Tarifvertrages, ist dies regelmäßig als ein dynamischer Verweis auf das jeweils geltende Tarifrecht anzusehen.[169]

50 **b)** Die **Allgemeinverbindlicherklärung von Versorgungstarifverträgen** ist zulässig. Sie geschieht regelmäßig im Baugewerbe. Hier wird die zusätzliche Altersversorgung über Zusatzversorgungskassen gezahlt. Die Tarifverträge gelten mit unmittelbarer und zwingender Wirkung für das Verhältnis der Einrichtung zu den tarifgebundenen Arbeitgebern und Arbeitnehmern. Verschmelzen mehrere Unternehmen zu einer neuen Gesellschaft, die nicht unter den betriebli-

---

[158] BAG 11. 11. 1986 AP 4 zu § 1 BetrAVG Gleichberechtigung = NZA 87, 449; 17. 2. 1998 AP 37 zu § 1 BetrAVG Gleichbehandlung = NZA 98, 762.

[159] BAG 6. 6. 1974 AP 165 zu § 242 BGB Ruhegehalt; 8. 12. 1977 AP 176 zu § 242 BGB Ruhegehalt; 11. 9. 1980 AP 187 zu § 242 BGB Ruhegehalt.

[160] BAG 11. 9. 1980 AP 187 zu § 242 BGB Ruhegehalt = NJW 81, 2773.

[161] BAG 16. 8. 2005 AP 8 zu § 1 TVG Gleichbehandlung = NZA-RR 2006, 253.

[162] BAG 14. 1. 1986 AP 5 zu § 1 BetrAVG Gleichbehandlung = NZA 87, 23.

[163] *Dieterich,* Zusatzversorgung durch Tarifvertrag und Betriebsvereinbarung in der gewerblichen Wirtschaft, Sozialrecht und Tarifrecht, Verhandlungen des Deutschen Sozialrechtsverbandes, 1983, 112; *Stiefermann* BetrAV 2001, 305.

[164] Vgl. BAG 17. 12. 1991 AP 6 zu § 1 BetrAVG Berechnung; 6. 10. 1992 AP 15 zu § 9 BetrAVG = NZA 93, 701.

[165] Vgl. BAG 30. 7. 1985 AP 13 zu § 1 BetrAVG Zusatzversorgungskassen.

[166] Vgl. BAG 24. 4. 2001 AP 243 zu § 1 TVG Tarifverträge: Bau = NZA 2002, 912.

[167] Vgl. BAG 9. 11. 1999 AP 5 zu § 3 TVG Verbandsaustritt = NZA 2000, 730.

[168] BAG 19. 3. 2002 AP 53 zu § 1 BetrAVG Gleichbehandlung = DB 2002, 2731.

[169] BAG 27. 6. 2006 AP 49 zu § 1 BetrAVG Ablösung = NZA 2006, 1285.

chen Geltungsbereich des Baugewerbes fallen, so erlischt die Mitgliedschaft in der Zusatzversorgungskasse.[170]

c) Besondere Probleme können erwachsen, wenn **bei bestehenden individualvertraglichen Zusagen** eine tarifliche Altersversorgung eingeführt wird. Der Tarifvertrag kann vorsehen, dass er hinter den individualvertraglichen Leistungen zurücktritt,[171] tarifliche Leistungen auf individualvertragliche Leistungen angerechnet werden.[172] Die Individualpartner können jedoch auch eine Anpassung vornehmen.[173] 51

7. Betriebsvereinbarung. Als Rechtsgrundlage der betrieblichen Altersversorgung kann auch eine Betriebsvereinbarung in Betracht kommen. Auf den Abschluss einer Betriebsvereinbarung hat der Betriebsrat keinen Anspruch; die Einführung der betrieblichen Altersversorgung gehört zur freiwilligen Mitbestimmung (§ 88 BetrVG). Lediglich wegen der Verteilungsgrundsätze bei einer eingeführten Altersversorgung kann ein erzwingbares Mitbestimmungsrecht bestehen (§ 87 I Nr. 8, 10, 11 BetrVG; dazu RN 359 ff.). In der Betriebsvereinbarung muss der Grundsatz der Gleichbehandlung beachtet werden;[174] zulässig ist es einzelne Entgeltbestandteile (z. B. Provisionen von Außendienstmitarbeitern) aus der Berechnung des rentenfähigen Arbeitsverdienstes herauszunehmen, wenn es hierfür sachliche Gründe gibt.[175] Die Betriebsvereinbarung erfasst das Arbeitsverhältnis normativ (§ 231). Aus der Rechtsquellentheorie folgt, dass einzelvertragliche Versorgungsabsprachen einer Betriebsvereinbarung vorgehen, sofern sie günstiger sind (§ 231 RN 36 f.). Ist die einzelvertragliche Regelung ungünstiger, so wird diese durch die Betriebsvereinbarung verdrängt. Verweist ein Arbeitsvertrag wegen der betrieblichen Altersversorgung auf Regelungen durch Betriebsvereinbarung, ist dies im Zweifel als ein dynamischer Verweis auf die jeweils geltenden Betriebsvereinbarungen auszulegen.[176] Ist über die betriebliche Altersversorgung ein Tarifvertrag geschlossen oder ist er üblich, so entfaltet dieser, unabhängig davon, ob er günstiger oder ungünstiger ist, Sperrwirkung für die Betriebsvereinbarung (§ 77 III BetrVG; dazu § 231 RN 21 ff.). Keine Sperrwirkung besteht, wenn ein Firmentarifvertrag pauschal auf zwischen dem Unternehmer und einem Versicherungsunternehmen ausgehandelte Versicherungsrichtlinien verweist.[177] Betriebsvereinbarungen werden wie Tarifverträge ausgelegt (§ 231 RN 12).[178] Erteilt ein Arbeitgeber seinen außertariflichen Angestellten über eine konzerneinheitlich bestehende Versorgungsordnung individuelle Versorgungszusagen, die über die Konzernbetriebsvereinbarung hinausgehen, so hat der Betriebsrat ein Auskunftsrecht über die angewandten Grundsätze. Für den Abschluss einer Zusatzbetriebsvereinbarung ist der (Gesamt-)Betriebsrat des betreffenden Unternehmens zuständig, solange nicht der Konzernbetriebsrat von seinem Mitbestimmungsrecht Gebrauch macht.[179] 52

8. Steuerrechtliche Erwägungen. Für die Erteilung von Versorgungszusagen sind vielfach steuerrechtliche Erwägungen maßgebend. Insoweit sollte vor Erteilung jeweils ein Steuerberater oder Wirtschaftsprüfer konsultiert werden. Dies gilt insbesondere auch bei Zusagen an Gesellschafter-Geschäftsführer einer GmbH.[180] 53

III. Allgemeine inhaltliche Grenzen der Ruhegeldregelungen

1. Vertragsfreiheit. Aus dem Grundsatz der Vertragsfreiheit folgt, dass die inhaltliche Ausgestaltung der Ruhegeldzusage grundsätzlich den vertragschließenden Parteien überlassen bleibt. Der Betriebsrat kann ein erzwingbares Mitbestimmungsrecht nach § 87 I Nr. 8, 10, 11 BetrVG haben (RN 359 ff.). Die Versorgungsordnungen unterliegen jedoch der gerichtlichen Rechts- 54

---

[170] BAG 5. 10. 1993 AP 42 zu § 1 BetrAVG Zusatzversorgungskassen = NZA 94, 848.
[171] BAG 6. 4. 1982 AP 7 zu § 242 BGB Ruhegehalt-Zusatzversorgung = BAGE 38, 244.
[172] BAG 19. 7. 1983 AP 1 zu § 1 BetrAVG Zusatzversorgungskassen = NJW 84, 751; 11. 2. 1992 AP 33 zu § 1 BetrAVG Zusatzversorgungskasse = NZA 92, 1042.
[173] BAG 25. 2. 1986 AP 15 zu § 1 BetrAVG Zusatzversorgungskassen.
[174] BAG 20. 7. 93 AP 11 zu § 1 BetrAVG Gleichbehandlung = NZA 94, 125.
[175] BAG 17. 2. 1998 AP 38 zu § 1 BetrAVG Gleichbehandlung = NZA 98, 782.
[176] BAG 27. 6. 2006 AP 49 zu § 1 BetrAVG Ablösung = NZA 2006, 1285.
[177] BAG 18. 3. 1976 AP 4 zu § 87 BetrVG 1972 Altersversorgung.
[178] S. Nachweise bei § 231 RN 12.
[179] BAG 19. 3. 1981 AP 14 zu § 80 BetrVG 1972.
[180] Vgl. BFH 17. 5. 1995 BFHE 178, 203 = NJW 96, 477 = BetrAV 95, 245; dazu *Förster* BetrAV 96, 72; *Goecke* BetrAV 96, 73; *Höfer* BetrAV 96, 76; s. a. BFH 9. 11. 2005 BFHE 211, 287 = NJW-RR 2006, 255 = BetrAV 2006, 188.

und Billigkeitskontrolle.[181] Das Institut der Vertragsfreiheit kann nur dort funktionieren, wo gleich starke Vertragspartner einander gegenüberstehen. Das BAG bezieht arbeitsvertragliche Einheitsregelungen,[182] Betriebsvereinbarungen (§ 231) und Satzungen[183] in die **Billigkeitskontrolle** ein. Mit Inkrafttreten des Schuldrechtsmodernisierungsgesetzes sind die **§§ 305 ff. BGB** anzuwenden, soweit es sich um vertragliche Einheitsregelungen und Satzungen handelt.[184] § 2 II 2 des am 18. 8. 2006 in Kraft getretenen Allgemeinen Gleichbehandlungsgesetzes **(AGG)**[185] stellt klar, dass die auf Grundlage des BetrAVG geregelten **Benachteiligungsverbote** gelten. Daraus folgt aber nicht gleichzeitig, dass die im AGG geregelten Benachteiligungsverbote im Bereich der betrieblichen Altersversorgung nicht anwendbar sind.[186] Die Bestimmung ist bereits vom Wortlaut her nicht hinreichend klar, um anzunehmen, dass sie eine Bereichsausnahme für das Betriebsrentenrecht enthält. Vielmehr enthält sie eine Kollisionsregel: Soweit das BetrAVG Aussagen hinsichtlich bestimmter Unterscheidungen enthält, die einen Bezug zu den in § 1 AGG erwähnten Merkmalen aufweisen, hat das AGG gegenüber diesen Bestimmungen keinen Vorrang. Es bleibt vielmehr bei den Regelungen des BetrAVG, z. B. soweit sie an das Alter anknüpfen.[187] Die Vorschriften des arbeitsrechtlichen Teils des AGG gelten aber nicht für die von § 17 I Satz 2 BetrAVG erfassten Selbständigen und Organmitglieder, weil § 6 III AGG nur arbeitnehmerähnliche Personen erfasst.[188]

55 **2. Grundrechte.** Alle Ruhegeldregelungen müssen die Grundrechte beachten. Dies folgt für kollektivvertragliche Regelungen aus deren Normencharakter,[189] für individualrechtliche Gestaltungsformen aus der Drittwirkung der Grundrechte, zumindest aber aus deren Geltung im Rahmen von § 138 BGB.[190] Hieraus folgt, dass in Ruhegeldregelungen weibliche Arbeitnehmer,[191] Gewerkschaftsmitglieder[192] oder ausländische Arbeitnehmer[193] nicht schlechter behandelt werden dürfen, als die übrigen Arbeitnehmer. Aus verfassungsrechtlicher Sicht ist es nicht zu beanstanden, dass ein Gericht Einbußen im Bereich der betrieblichen Altersversorgung bei einem Arbeitnehmer billigt, der eine schwerwiegende Pflichtverletzung im Arbeitsverhältnis (rechtskräftige Verurteilung wegen geheimdienstlicher Tätigkeit) begangen hat.[194] Aus Art. 3 GG (Art. 141 EG) ergeben sich vor allem folgende Probleme.

56 **(1)** Nach der Rspr. des BVerfG war der Ausschluss der Witwerversorgung verfassungswidrig. Der Gesetzgeber war aufgerufen, innerhalb einer Übergangszeit eine Anpassung der gesetzlichen Sozialversicherung vorzunehmen.[195] Inzwischen ist das Gesetz zur Neuordnung der Hinterbliebenenrente sowie zur Anerkennung von Kindererziehungszeiten in der gesetzlichen Rentenversicherung (Hinterbliebenenrenten- und Erziehungszeiten-Gesetz – HEZG) vom 11. 7. 1985 (BGBl. I S. 1450) ergangen. Wenn nicht schon durch Art. 3 GG, so ist doch spätestens nach Inkrafttreten von §§ 611 a, 612 III BGB der Ausschluss der Witwerversorgung gesetzlich ausgeschlossen. Das BAG versteht die betriebliche Altersversorgung als Abgeltung der Betriebstreue. Damit beinhaltet der Ausschluss männlicher Hinterbliebener von der Hinterbliebenenversorgung eine Lohndiskriminierung der Frau. Alle Tatbestände, durch die männliche Hinterbliebene von der Hinterbliebenenversorgung ausgeschlossen werden oder deren Versorgung unter erschwerten Voraussetzungen erfolgt,[196] sind mithin unwirksam (§ 134 BGB). Die erwachsene

---

[181] BAG 26. 10. 1973 AP 161 zu § 242 BGB Ruhegehalt; 18. 12. 1975 AP 170 zu § 242 BGB Ruhegehalt.
[182] BAG 6. 6. 1974 AP 165 zu § 242 BGB Ruhegehalt.
[183] BAG 14. 11. 1974 AP 1 zu § 242 BGB Ruhegehalt-Zusatzversorgung.
[184] *Schaub,* FS Blomeyer, 2003, S. 335.
[185] BT-Drucks. 16/1780 S. 32.
[186] S. hierzu die Literaturnachweise vor RN 30.
[187] BAG 11. 12. 2007 AP 1 zu § 2 AGG = NZA 2008, 532; *Rolfs* NZA 2008, 553; *Preis/Temming* NZA 2008, 1209; *Thum* BB 2008, 2291.
[188] *Cisch/Döhm* BB 2007, 602, 603.
[189] Für Tarifverträge BAG 15. 1. 1955 AP 4 zu Art. 3 GG = NJW 55, 684; 17. 10. 1995 AP 132 zu § 242 Gleichbehandlung = NZA 96, 656; s. auch § 200 RN 14 ff.; für Betriebsvereinbarungen: BAG 28. 3. 1958 AP 28 zu Art. 3 GG; s. auch § 231 RN 8.
[190] Vgl. BAG 25. 1. 1963 AP 77 zu Art. 3 GG; für Einheitsregelung: BAG 18. 7. 72 AP 158 zu § 242 BGB Ruhegehalt.
[191] Vgl. BAG 28. 3. 1958 AP 28 zu Art. 3 GG; 6. 4. 1982 AP 1 zu § 1 BetrAVG Gleichbehandlung = NJW 82, 2013.
[192] Vgl. BAG 29. 11. 1967 AP 13 zu Art. 9 GG.
[193] Vgl. Art. 48 II EWG-Vertrag; Übereinkommen Nr. 111 der Internationalen Arbeitsorganisation, sowie § 75 BetrVG.
[194] BVerfG 28. 6. 2000 NZA 2000, 999 = DB 2001, 339.
[195] Vgl. BVerfG 12. 3. 1975 BVerfGE 39, 169 = NJW 75, 919.
[196] BAG 19. 11. 2002 AP 13 zu § 1 BetrAVG Gleichberechtigung = NZA 2003, 380.

Regelungslücke wird dergestalt geschlossen, dass auch Männer versorgungsberechtigt sind; da die Gleichberechtigung seit Inkrafttreten des GG und des EG-Vertrages gilt, bleibt nach Auffassung des BAG kein Raum für Übergangs- und Anpassungsfristen.[197]

(2) Streitig geworden ist, ob das **vorgezogene Altersruhegeld von Frauen** in der gesetzlichen Rentenversicherung der Gleichberechtigung der Geschlechter und dem Gleichheitssatz genügt. Das BSG hat das bejaht.[198] Das BAG hat im Anschluss an das Barber-Urteil des EuGH[199] angenommen, dass **unterschiedliche Altersgrenzen** gegen Art. 141 EG verstoßen.[200] Auf Art. 141 EG kann sich ein Mann nur berufen, soweit bei der Berechnung der Betriebsrente Zeiten nach dem Erlass des **Barber**-Urteils vom 17. 5. 1990 zu berücksichtigen sind. Der Wert der unverfallbaren Versorgungsanwartschaft nach § 2 BetrAVG (s. RN 152ff.) ist für Beschäftigungszeiten vor und nach dem 17. 5. 1990 unterschiedlich zu ermitteln.[201] Bleibt ein männlicher Arbeitnehmer aber länger als bis zur für Frauen geltenden Altersgrenze (z.B. Vollendung des 60. Lebensjahres) betriebstreu, ist bei der Berechnung der auf die Beschäftigungszeit bis zum 17. 5. 1990 entfallenden Teilrente die tatsächliche Beschäftigungszeit bis zu diesem Stichtag fiktiv um die Zeit, die der Arbeitnehmer nach Vollendung des 60. Lebensjahres noch im Arbeitsverhältnis gestanden hat, zu erhöhen; bei der Berechnung der auf die Beschäftigungszeit nach dem 17. 5. 1990 (Nach-Barber-Zeit) entfallenden Teilrente findet dieser Zeitraum dagegen keine Berücksichtigung.[202] Es ist ferner statthaft, wenn eine Versorgungsordnung zwar eine einheitliche Altersgrenze vorsieht, für Frauen aber – bezogen auf den Zeitraum bis zum 17. 5. 1990 – einen niedrigeren versicherungsmathematischen Abschlag regelt.[203] Soweit ein Betriebsrentenanspruch auf Zeiten vor dem 17. 5. 1990 beruht, ist ein Arbeitgeber nicht aus Gründen der Gleichbehandlung verpflichtet, einem schwerbehinderten Arbeitnehmer ebenso wie einer Arbeitnehmerin die Möglichkeit zu geben, betriebliche Altersrente mit Vollendung des 60. Lebensjahres ohne Abschläge in Anspruch zu nehmen.[204] Nach Inkrafttreten des SGB VI wurden die Altersgrenzen zunächst stufenweise vereinheitlicht. Inzwischen ist die Altersgrenze einheitlich. Für bestimmte Jahrgänge gelten aber gem. § 237a SGB VI Übergangsfristen (s. § 82 RN 28). 57

(3) Für die betriebliche Altersversorgung hat der EuGH **unterschiedliche Altersgrenzen für Männer und Frauen** als eine Geschlechtsdiskriminierung angesehen.[205] 58

(3.1) In der **Rechtssache Barber**[206] hatte ein Mann geltend gemacht, er sei diskriminiert, weil er bei vorzeitiger Entlassung aus dem Arbeitsverhältnis die vorgezogene Betriebsrente erst mit Vollendung des 55. Lebensjahres verlangen könne, eine Frau dagegen schon mit Vollendung des 50. Lebensjahres. Der EuGH zählt Leistungen der betrieblichen Altersversorgung zum Entgelt. Daraus folgt, dass nach Art. 141 EG unterschiedliche Altersgrenzen unzulässig sind. 59

(3.2) In der **Ten Oever Entscheidung**[207] hatte ein Mann seit dem Tode seiner Frau am 13. 10. 1988 eine Witwerrente verlangt und diese am 8. 10. 1990 eingeklagt. Der beklagte Arbeitgeber hatte eine Witwenversorgung erst ab 1. 1. 1989 eingeführt. Der EuGH zählt auch die Hinterbliebenenversorgung zum Entgelt. Er hat aber darüber hinaus klargestellt, dass die Gleichbehandlung auf dem Gebiet der betrieblichen Renten nur für Leistungen geltend gemacht werden können, die für Beschäftigungszeiten nach dem 17. 5. 1990, dem Tage des Erlasses des Barber-Urteils, geschuldet werden, vorbehaltlich der Ausnahme, die für Arbeitnehmer oder deren anspruchsberechtigte Angehörige vorgesehen ist, die vor diesem Zeitpunkt nach 60

---

[197] BAG 5. 9. 1989 AP 8 zu § 1 BetrAVG Hinterbliebenenversorgung = NZA 90, 271; vgl. EuGH 17. 5. 1990 (Barber) AP 20 zu Art. 119 EWG-Vertrag = NZA 90, 775.

[198] Bejahend BSG 17. 2. 1982 BSGE 53, 107 = AP 1 zu § 25 AVG; 9. 9. 1982 BB 83, 64; vgl. auch EuGH 16. 2. 1982 NJW 82, 2726; verneinend EuGH 17. 5. 1990 (Barber) AP 20 zu Art. 119 EWG-Vertrag = NZA 90, 775.

[199] EuGH 17. 5. 1990 AP 20 zu Art. 119 EWG-Vertrag = NZA 90, 775.

[200] BAG 18. 3. 1997 AP 32 zu § 1 BetrAVG = NZA 97, 824; 3. 6. 1997 AP 35 zu § 1 BetrAVG Gleichbehandlung = NZA 97, 1043.

[201] BAG 3. 6. 1997 AP 35 zu § 1 BetrAVG Gleichbehandlung = NZA 97, 1043; näher zur Berechnung *Höfer* ART RN 738ff.

[202] LAG Niedersachsen 10. 11. 2006 LAGE § 2 BetrAVG Nr. 12.

[203] BAG 23. 9. 2003 AP 14 zu § 1 BetrAVG Gleichberechtigung = DB 2004, 2645.

[204] BAG 23. 5. 2000 AP 47 zu § 1 BetrAVG Gleichbehandlung = NZA 2001, 47.

[205] EuGH 19. 5. 1990 (Barber) AP 20 zu Art. 119 EWG-Vertrag = NZA 90, 775; vgl. *Ahrend/Beucher* BetrAV 93, 253; *Höfer* BB Beil. 94, Nr. 15, 1; *ders.* BetrAV 95, 119; *ders.* NJW 96, 297; *Griebeling* NZA 96, 449; allgemein zu den Auswirkungen der EuGH-Rechtsprechung: *Langohr-Plato* AuA 2001, 29.

[206] EuGH 17. 5. 1990 AP 20 zu Art. 119 EWG-Vertrag = NZA 90, 775.

[207] EuGH 6. 10. 1993 AP 49 zu Art. 119 EWG-Vertrag = NZA 93, 1125; vgl. *Borchardt* BetrAV 93, 259; *Kollatz* NJW 96, 1658.

dem anwendbaren innerstaatlichen Recht Klage erhoben oder einen entsprechenden Rechtsbehelf eingelegt haben.

61 **(3.3)** In der **Moroni-Entscheidung**[208] wird der Begriff der betrieblichen Altersversorgung näher umschrieben und der zeitliche Geltungsbereich der Barber- und Ten Oever-Entscheidung erneut bestätigt.

62 **(3.4)** Im **Fall Neath**[209] geht es erneut um den zeitlichen Geltungsbereich des Barber-Urteils und im zweiten Problemkreis um die Auswirkungen des Lohngleichheitssatzes auf versicherungsförmige Leistungen. In dem behandelten Rentensystem sind die Beiträge für weibliche Arbeitnehmer höher als für Männer. Die Veränderlichkeit und die Ungleichheit geht auf versicherungsmathematische Faktoren zurück. Der EuGH hat ausgeführt: Nach ständiger Rspr. umfasst der Begriff des Entgelts in Art. 141 EG alle gegenwärtigen und künftigen in bar oder in Sachleistungen gewährten Vergütungen, vorausgesetzt, dass sie der Arbeitgeber dem Arbeitnehmer wenigstens mittelbar auf Grund des Dienstverhältnisses gewährt, wobei der Umstand, dass bestimmte Leistungen nach Beendigung des Arbeitsverhältnisses gewährt werden, nicht ausschließt, dass sie den Charakter eines Entgelts im Sinne von Art. 141 EG haben. Ferner heißt es in der Entscheidung: Die Verwendung je nach Geschlecht unterschiedlicher versicherungsmathematischer Faktoren im Rahmen der durch Kapitalansammlung erfolgten Finanzierung von betrieblichen Versorgungssystemen mit feststehenden Leistungen fällt nicht in den Anwendungsbereich von Art. 141 EG.

63 Im **Fall Dietz**[210] befasst sich der EuGH mit den Auswirkungen der Barber-Entscheidung und stellt insbesondere fest, dass die zeitliche Beschränkung der Wirkung dieses Urteils nicht für den Anspruch auf Anschluss an ein Betriebsrentensystem gilt. In der **Entscheidung Magorrian u. a.**[211] ist ausgeführt, dass die Dienstzeit teilzeitbeschäftigter Arbeitnehmer, die auf Grund ihres Geschlechtes mittelbar diskriminiert worden sind, ab dem 8. 4. 1976 – dem Tag des Erlasses des Urteils Defrenne – für die Berechnung der ihnen zustehenden Zusatzleistungen zu berücksichtigen sind. Hat ein Mitgliedstaat der EG unterschiedliche Rentenzugangsalter für Männer und Frauen beibehalten, können die Renten je nach dem Geschlecht unterschiedlich berechnet werden.[212]

64 **(3.5)** Im **zweiten Protokoll zu Art. 119 (jetzt Art. 141 EG) des Vertrages zur Gründung der EG** vom 7. 2. 1992 (BGBl. II S. 1253) heißt es: „I. S. des Artikels 119 EG-Vertrag gelten Leistungen auf Grund eines betrieblichen Systems der sozialen Sicherheit nicht als Entgelt, sofern und soweit sie auf Beschäftigungszeiten vor dem 17. 5. 1990 zurückgeführt werden können, außer im Fall von Arbeitnehmern oder deren anspruchsberechtigten Angehörigen, die vor diesem Zeitpunkt eine Klage bei Gericht oder ein gleichwertiges Verfahren nach geltendem einzelstaatlichen Recht anhängig gemacht haben."

65 In Art. 6 des Abkommens zwischen den Mitgliedstaaten der EG mit Ausnahme des Vereinigten Königreiches Großbritannien und Nordirland über die Sozialpolitik hat Art. 119 (jetzt Art. 141 EG) eine veränderte Fassung erhalten. Art. 119 ist ein Abs. 3 angefügt worden: „Dieser Art. hindert einen Mitgliedstaat nicht daran, zur Erreichung der Berufstätigkeit der Frauen oder zur Verhinderung bzw. zum Ausgleich von Benachteiligungen in ihrer beruflichen Laufbahn spezifische Vergünstigungen beizubehalten oder zu beschließen."

66 **(3.6)** Mit drei Entscheidungen vom 28. 9. 1994 hat der EuGH sich zur Rückwirkung und zum Besitzstand geäußert. Im **Fall Coloroll**[213] heißt es im Leitsatz 3: „Für zwischen der Feststellung der Diskriminierung durch den Gerichtshof und dem Inkrafttreten der Maßnahme zu ihrer Beseitigung zurückgelegten Beschäftigungszeiten erfordert eine ordnungsgemäße Durchführung des Grundsatzes des gleichen Entgeltes, dass den benachteiligten Arbeitnehmern dieselben Vergünstigungen gewährt werden, wie sie den übrigen Arbeitnehmern zugute kamen. Für Beschäftigungszeiten nach dem Inkrafttreten der genannten Maßnahmen steht Art. 119 EGV (jetzt Art. 141 EG) dagegen einer Wiederherstellung der Gleichheit durch Kürzung der Vergünstigungen, die den bevorzugten Arbeitnehmern zugute kamen, nicht entgegen. Was schließlich vor dem 17. 5. 1990, dem Tag des Erlasses des Urteils in der Rechtssache Barber, liegende Beschäftigungszeiten angeht, so sah das Gemeinschaftsrecht keine Verpflichtung vor, die Maßnahmen rechtfertigen könnte, durch die den bevorzugten Arbeitnehmern gewährte Ver-

---

[208] EuGH 14. 12. 1993 AP 54 zu Art. 119 EWG-Vertrag = NZA 94, 165.
[209] EuGH 22. 12. 1993 DB 94, 484 = BetrAV 94, 23.
[210] EuGH 24. 10. 1996 AP 75 zu Art. 119 EWG-Vertrag = NZA 97, 83.
[211] EuGH 11. 12. 1997 AP 8 zu Art. 119 EG-Vertrag = NZA 98, 361 (Magorrian und Cunningham).
[212] EuGH 30. 4. 1998 BetrAV 98, 260 = BB 98, 2008 (De Vriendt).
[213] EuGH 28. 9. 1994 NZA 94, 1073 = BetrAV 94, 243.

günstigungen nachträglich eingeschränkt werden." In der **Entscheidung Vroege**[214] waren unterschiedliche Zugangsvoraussetzungen für Männer und Frauen zum Betriebsrentensystem geschaffen. Der EuGH hat ausgeführt, dass das dem Vertrag über die EU beigefügte Protokoll Nr. 2 zu Art. 119 (jetzt Art. 141 EG) des Vertrages zur Gründung der europäischen Gemeinschaft keine Auswirkungen auf den Anspruch auf Anschluss an ein Betriebsrentensystem habe; dieser richte sich weiterhin nach dem Urteil vom 13. 5. 1986 in der Rechtssache 170/84 (Bilka). Die **Fälle Smith**[215] **und van den Akker**[216] befassen sich schließlich mit der Angleichung des Rentenalters für Männer und Frauen.

(4) Umstr. war, in welchem Umfang **Teilzeitbeschäftigte** von der betrieblichen Altersversorgung ausgeschlossen werden dürfen. Das BAG ging in seiner Rspr. bis 1978 zunächst davon aus, dass Teilzeitbeschäftigte grundsätzlich von der betrieblichen Altersversorgung ausgenommen werden dürfen.[217] **67**

Nach Art. 141 EG gilt für Männer und Frauen jedoch der **Grundsatz der Lohngleichheit.** **68** Lohn im Sinne von Art. 141 EG ist auch die betriebliche Altersversorgung. Damit sind alle Regelungen unwirksam, durch die Personen eines Geschlechtes schlechter behandelt werden als Personen des anderen Geschlechtes. Der EuGH hat angenommen, dass der Ausschluss von Teilzeitbeschäftigten von der betrieblichen Altersversorgung eine Frauendiskriminierung darstellen kann. Sind sie ausgeschlossen gewesen, so können sie eine Nachversicherung rückwirkend bis zum Tag der Verkündung des Urteils Defrenne II (8. 4. 1976) verlangen.[218] In aller Regel sind Teilzeitbeschäftigte nämlich Frauen. Nach Art. 141 EG ist auch die mittelbare Diskriminierung unwirksam. Hieraus folgt, wenn Teilzeitbeschäftigte von der betrieblichen Altersversorgung ausgeschlossen sind, ist festzustellen, **(a)** ob von dem Ausschluss vor allem Personen eines Geschlechtes erfasst werden, **(b)** ob diese wegen ihrer biologischen oder funktionalen Verhältnisse erfasst werden, **(c)** ob für deren Ausschluss objektivierbare, wirtschaftliche Gründe bestehen, **(d)** ob der Ausschluss verhältnismäßig und erforderlich ist. Ist das nicht der Fall, ist der Ausschluss unwirksam. In späteren Entscheidungen haben der 4. und 5. Senat des BAG ausgeführt, dass der EuGH auf die biologischen und funktionalen Unterschiede zwischen Männer und Frauen nicht mehr zurück gekommen sei, so dass diese Merkmale nicht mehr zu prüfen seien.

Inzwischen hat das BAG angenommen, dass der **Gleichbehandlungsgrundsatz in § 2 I** **69** **BeschFG/jetzt § 4 TzBfG** konkretisiert sei. Das unterschiedliche Arbeitspensum der Voll- und Teilzeitbeschäftigten rechtfertige allein keinen Ausschluss der Teilzeitbeschäftigten von der betrieblichen Altersversorgung. Die für den Ausschluss maßgeblichen Gründe müssten anderer Art sein, etwa die Arbeitsleistung, die Qualifikation, Berufserfahrung oder unterschiedliche Anforderungen.[219] Teilzeitbeschäftigte können nicht von der Zusatzversorgung des öffentlichen Dienstes ausgeschlossen werden. Das gilt auch dann, wenn sich die Tarifvertragsparteien einer Regelung der Rechtsverhältnisse der Teilzeitbeschäftigten enthalten.[220] Dabei sind die Entscheidungen nicht mehr auf Art. 119 EGV (jetzt Art. 141 EG), sondern auf § 2 BeschFG gestützt.[221] Nunmehr ist § 4 I 1 TzBfG einschlägig. Das BVerfG hat entschieden, dass die Rückwirkung der Rspr. des BAG keinen Vertrauensschutz der Arbeitgeber verletzt; diese hätten nicht auf die Wirksamkeit diskriminierender Regelungen vertrauen können.[222] Zulässig ist dagegen, dass Teilzeitbeschäftigten nur entsprechend ihrer Arbeitsleistung Ruhegeldleistungen erbracht werden.[223] Das BVerfG hat ferner entschieden, dass unterhalbzeitig beschäftigte Arbeitnehmer nicht von der zusätzlichen Altersversorgung nach dem Hamburger Ruhegeldgesetz ausgeschlossen werden dürfen.[224]

---

[214] EuGH 28. 9. 1994 BetrAV 94, 252.

[215] EuGH 28. 9. 1994 AP 58 zu Art. 119 EWG-Vertrag = NZA 94, 1126; vgl. *Höfer* BB 94, 2139.

[216] EuGH 28. 9. 1994 BetrAV 94, 257; s. hierzu *Blomeyer* NZA 95, 49.

[217] Vgl. BAG 1. 6. 1978 BB 79, 1403 = BetrAV 79, 200.

[218] EuGH 10. 2. 2000 AP 14 zu § 1 BetrAVG Teilzeit = NZA 2000, 313 (Deutsche Telekom, zuvor Deutsche Bundespost/Lilli Schröder; ebenso Sievers und Schrage/Deutsche Post AG); vgl. auch *Lörcher* ArbuR 2000, 168.

[219] BAG 28. 7. 1992 AP 18 zu § 1 BetrAVG Gleichbehandlung = NZA 93, 215; 25. 10. 1994 AP 40 zu § 2 BeschFG 1985 = NZA 95, 730.

[220] BAG 29. 8. 1989 AP 6 zu § 2 BeschFG 1985 = NZA 90, 37.

[221] BAG 28. 7. 1992 AP 18 zu § 1 BetrAVG Gleichbehandlung = NZA 93, 215; 25. 10. 1994 AP 40 zu § 2 BeschFG 1985 = NZA 95, 730; 7. 3. 1995 AP 26 zu § 1 BetrAVG = NZA 96, 48; dazu BVerfG 5. 8. 1998 AP 56 zu Art. 101 GG = NZA 98, 1245; BAG 16. 1. 1996 AP 222 zu Art. 3 GG = NZA 96, 607; 12. 3. 1996 AP 1 zu § 24 TV Arb Bundespost = NZA 96, 939; dazu *Kiefer* ZTR 95, 51.

[222] BVerfG 28. 9. 1992 AP 15 zu Art. 20 GG = NZA 93, 213; 5. 8. 1998 AP 56 zu Art. 101 GG = NZA 98, 1245; 19. 5. 1999 NZA 99, 815 = DB 99, 1611.

[223] BAG 27. 9. 83 AP 9 zu § 1 BetrAVG; 25. 10. 1994 AP 40 zu § 2 BeschFG 1985 = NZA 95, 730.

[224] BVerfG 27. 11. 1997 BVerfGE 97, 35 = AP 2 zu § 3 RuhelgeldG Hamburg = NZA 98, 247.

70 **(5)** Für den Ausschluss geringfügig beschäftigter Teilzeitbeschäftigter von der betrieblichen Altersversorgung gelten folgende **Rechtsgrundsätze:** Der **EuGH** hat für den Bereich der Sozialversicherung entschieden:[225] „Art. 4 Abs. 1 der Richtlinie 79/7/EWG des Rates vom 19. 12. 1978 zur schrittweisen Verwirklichung des Grundsatzes der Gleichbehandlung von Männern und Frauen im Bereich der sozialen Sicherheit steht einer nationalen Regelung, die Beschäftigungen mit regelmäßig weniger als 15 Stunden in der Woche und einem Arbeitsentgelt, das ein Siebtel der monatlichen Bezugsgröße nicht übersteigt, von der gesetzlichen Rentenversicherung ausschließt, nicht entgegen, selbst wenn sie erheblich mehr Frauen als Männer trifft, da der nationale Gesetzgeber in vertretbarer Weise davon ausgehen konnte, dass die fraglichen Rechtsvorschriften erforderlich waren, um ein sozialpolitisches Ziel zu erreichen, das mit einer Diskriminierung auf Grund des Geschlechtes nichts zu tun hat."

71 Die Herausnahme von **geringfügig Beschäftigten** aus einer als Gesamtversorgung ausgestalten Zusatzversorgung des öffentlichen Dienstes hat das BAG für rechtmäßig erklärt.[226] Ob das auch noch nach der Neuregelung der geringfügigen Beschäftigungsverhältnisse ab dem 1. 4. 1999 gilt, ist fraglich, weil der Differenzierungsgrund der vollständig fehlenden rentenrechtlichen Grundsicherung nunmehr entfallen ist.[227] Inzwischen sind auch die geringfügig Beschäftigten in den Geltungsbereich der Zusatzversorgung des öffentlichen Dienstes einbezogen (s. § 84 RN 176).

72 **(6)** Zur **Unterscheidung** im Rahmen der betrieblichen Altersversorgung **zwischen Arbeitern und Angestellten** vgl. RN 44. Zur Herausnahme **befristet Beschäftigter** vgl. RN 43.

73 **(7)** Soweit bestimmte Arbeitnehmergruppen, z.B. Frauen oder Teilzeitbeschäftigte zu Unrecht von der betrieblichen Altersversorgung ausgeschlossen worden sind, steht ihnen ein **Erfüllungsanspruch** zu. Dabei ist zwischen der arbeitsrechtlichen **Grundverpflichtung** auf Gewährung einer Altersversorgung und dem **Durchführungsweg** zu unterscheiden. Kann die geschuldete Altersversorgung nicht auf dem vorgesehenen Durchführungsweg erbracht werden, so hat der Arbeitgeber auf Grund seiner Einstandspflicht erforderlichenfalls selbst die Versorgungsleistungen zu erbringen.[228]

74 **3. Gleichbehandlungsgrundsatz** (s. auch RN 40 ff., § 112). Besteht ein Ruhegeldversprechen, so führt der Gleichbehandlungsgrundsatz zur gleichmäßigen Ausgestaltung der Höhe der Leistungsansprüche. Voraussetzung ist aber auch hier, dass wirklich gleich gelagerte Fälle vorliegen. Der Arbeitgeber kann wegen jeden sachlich vernünftigen Anknüpfungspunkts eine differierende Ausgestaltung des Ruhegeldversprechens vornehmen. Er kann grundsätzlich Stichtagsregelungen einführen (vgl. RN 47).

75 **4. Bindung an billiges Ermessen.** Hat der Arbeitgeber eine Ruhegeldzusage erteilt, ohne darin eine konkrete Leistungsbestimmung vorzunehmen, so erfolgt diese gem. § 315 BGB durch eine Vertragspartei (s. RN 34).[229] Zur Billigkeitskontrolle bei der Anrechnung anderweitiger Versorgung vgl. RN 304 ff.

76 **5. Pflichtmitgliedschaft in einem Betriebsrentenfonds.** Arbeitgeber- und Arbeitnehmerorganisationen können die Pflichtmitgliedschaft in einem Betriebsrentenfonds vorschreiben. Ein derartiger Tarifvertrag kann auch für allgemeinverbindlich erklärt werden.[230]

IV. Voraussetzungen des Ruhegeldanspruchs

77 **1. Allgemeines. a)** Die Ruhegeldregelung kann vorsehen, dass das Ruhegeld gezahlt wird, obwohl der Arbeitnehmer noch tätig ist. Im Allgemeinen wird der Anspruch auf Ruhegeld jedoch an **Bedingungen** geknüpft, nämlich: **(a)** dass das Arbeitsverhältnis im Zeitpunkt des Versorgungsfalles noch besteht (RN 79 ff.), bzw. dass beim Ausscheiden eine unverfallbare An-

---

[225] EuGH 14. 12. 1995 (Inge Nolte) AP 48 zu § 2 BeschFG 1985 = NZA 96, 129; 14. 12. 1995 (Ursula Megner u. a.) NZA 96, 131 = DB 96, 43.

[226] BAG 27. 2. 1996 AP 28 zu § 1 BetrAVG Gleichbehandlung = NZA 96, 992; vgl. *Fodor* DB 99, 800.

[227] *Höfer* ART RN 705 f.

[228] BAG 7. 3. 1995 AP 26 zu § 1 BetrAVG = NZA 96, 48; 14. 12. 1999 AP 54 zu § 1 BetrAVG Zusatzversorgungskassen = NZA 2000, 1348.

[229] Vgl. BAG 17. 5. 1966 AP 110 zu § 242 BGB Ruhegehalt; 13. 3. 1975 AP 167 zu § 242 BGB Ruhegehalt; 23. 11. 1978 AP 181 zu § 242 BGB Ruhegehalt; 19. 11. 2002 NZA 2003, 1424 (LS) = EzA 85 zu § 1 BetrAVG; zur Gewährung nach billigem Ermessen: BAG 25. 4. 1995 AP 1 zu § 2 RuhegeldG Hamburg = NZA 96, 427.

[230] EuGH 21. 9. 1999 (Brentjens Handelsonderneming BV/Stichting Betriebspensionsfonds) AP 2 zu Art. 85 EG-Vertrag = NZA 2000, 201.

wartschaft besteht; **(b)** der Arbeitnehmer in den Ruhestand versetzt wird (RN 107 ff.); **(c)** er eine gewisse Wartezeit zurückgelegt hat (RN 110 ff.); **(d)** er die Altersgrenze erreicht hat (RN 112); **(e)** er dienst-, arbeits-, erwerbs- oder berufsunfähig bzw. vermindert erwerbsfähig ist (RN 113).

b) Sind die **Bedingungen der Ruhegeldzahlung nicht eingetreten,** so schuldet der Arbeitgeber grundsätzlich keine Zahlungen. Vor Eintritt sämtlicher Bedingungen spricht man von einer **Ruhegeldanwartschaft** (vgl. RN 126). **78**

2. Bestand des Arbeitsverhältnisses im Versorgungsfall/unverfallbare Anwartschaft. **79**
a) In **älteren Versorgungsordnungen** ist regelmäßig die Bestimmung enthalten, dass der Arbeitnehmer nur dann Leistungen der betrieblichen Altersversorgung erhält, wenn das Arbeitsverhältnis bei Eintritt in den Ruhestand noch besteht. Derartige Bestimmungen sind zumeist unwirksam.

Das **BAG** hat in einer grundlegenden Entscheidung vom 10. 3. 1972[231] ausgesprochen, dass einem Arbeitnehmer, der mehr als 20 Jahre einem Betrieb angehört hat und dem vor dem 65. Lebensjahr vom Arbeitgeber ordentlich gekündigt wird, die bis zu seinem Ausscheiden erdiente Anwartschaft erhalten bleibt. Es hat in der Folgezeit die **Unverfallbarkeitslehre** weiter ausgebaut. Nach ihr war die Versorgungsanwartschaft auch dann aufrechtzuerhalten, wenn der Arbeitnehmer selbst gekündigt hatte oder das Arbeitsverhältnis im gegenseitigen Einvernehmen beendet worden war.[232] Jedoch ist es bei dem Grundsatz verblieben, dass sich nur solche Arbeitnehmer auf die Unverfallbarkeit berufen konnten, die nach dem 1. 1. 1969 von ihrem Arbeitgeber unmissverständlich die Aufrechterhaltung der Versorgungsanwartschaft verlangt hatten oder solche, die – auch ohne entsprechendes Verlangen – nach dem 10. 3. 1972 ausgeschieden waren.[233] Bei vor Inkrafttreten des BetrAVG i. d. F. von 1974 abgegeben Zusagen war es zulässig, für die Unverfallbarkeit der Anwartschaft neben einer 12-jährigen Betriebszugehörigkeit zu verlangen, dass die Versorgungszusage drei Jahre bestanden hat.[234] Das Gleiche galt, wenn die zugesagte Unverfallbarkeit an die Vollendung des 45. Lebensjahres und eine zwanzigjährige Betriebszugehörigkeit geknüpft war.[235] **80**

Die beschriebene Rspr. kann auf die Renten nach der AO 54 in der ehemaligen DDR (s. RN 26) nicht angewandt werden.[236] **81**

b) Durch das **Gesetz zur Verbesserung der betrieblichen Altersversorgung** vom 19. 12. 1974 (BGBl. I S. 3610 m. spät. Änd.) ist die **Unverfallbarkeit** gesetzlich geregelt worden. Aus ihr ergibt sich, unter welchen Voraussetzungen eine Versorgungsanwartschaft unverfallbar wird, nicht aber, wann sie verfällt;[237] für den Arbeitnehmer günstigere Vereinbarungen sind daher möglich.[238] Die Regelung verstößt nicht gegen die Verfassung.[239] Die **gesetzliche Regelung über die Unverfallbarkeit** (§§ 1 bis 4, 18 BetrAVG) gilt für alle Fälle, in denen der Arbeitnehmer nach dem Inkrafttreten des Gesetzes aus den Diensten seines Arbeitgebers ausgeschieden ist (§ 26 BetrAVG). Da dem Gesetz keine echte Rückwirkung zukommt bleibt es für Altfälle bei den im Wege der richterlichen Rechtsfortbildung entwickelten Rechtsgrundsätzen (s. RN 80) über die Unverfallbarkeit.[240] Die Unverfallbarkeit ist durch das AVmG mit Wirkung vom 1. 1. 2002 neu geregelt worden. Ein Arbeitnehmer, dem Leistungen der Alters-, Invaliditäts- oder Hinterbliebenenversorgung aus Anlass seines Arbeitsverhältnisses (betriebliche Altersversorgung) zugesagt worden sind, behielt vor Inkrafttreten des AVmG seine Anwartschaft, wenn sein Arbeitsverhältnis vor Eintritt des Versorgungsfalles endete, sofern er in diesem Zeitpunkt mindestens das 35. Lebensjahr vollendet hatte und entweder die Versorgungszusage für ihn mindestens zehn Jahre bestanden hat oder der Beginn der Betriebszugehörigkeit mindestens zwölf Jahre zurücklag und die Versorgungszusage für ihn mindestens 3 Jahre bestanden hat (§ 1 I 1 BetrAVG). Diese Voraussetzungen galten auch für die Unverfallbarkeit **82**

---

231 BAG 10. 3. 1972 AP 156 zu § 242 BGB Ruhegehalt m. Anm. *Weitnauer.*
232 Vgl. BAG AP 2–14 zu § 242 BGB Ruhegehalt-Unverfallbarkeit.
233 Vgl. BAG 13. 10. 1976 AP 15 zu § 242 BGB Ruhegehalt-Unverfallbarkeit.
234 BAG 12. 6. 1990 AP 25 zu § 1 BetrAVG = NZA 90, 973.
235 BAG 11. 12. 2001 AP 11 zu § 1 BetrAVG Unverfallbarkeit = DB 2002, 2335.
236 BAG 27. 2. 1996 AP 4 zu Einigungsvertrag Anl. II Kap. VIII = NZA 96, 978.
237 LAG Hessen 21. 8. 1996 NZA-RR 97, 218.
238 *Blomeyer/Rolfs/Otto* § 1 b BetrAVG RN 6; *Höfer* § 1 b RN 2688; s. zu verschiedenen Gestaltungsmöglichkeiten: *Vogel/Vieweg* BetrAV 2005, 144.
239 BVerfG 30. 1. 1978 AP 1 zu § 1 BetrAVG = NJW 78, 2023.
240 Vgl. BAG 13. 2. 1975 AP 9 zu § 242 BGB Ruhegehalt-Unverfallbarkeit; 20. 5. 1976 AP 12 zu § 242 BGB Ruhegehalt-Unverfallbarkeit.

von Invaliditätsrenten.[241] Auf die Dauer der Betriebszugehörigkeit wurden Zeiten eines Berufsausbildungsverhältnisses angerechnet (§ 17 I BetrAVG). Nach Inkrafttreten des AVmG blieb einem Arbeitnehmer, dem Leistungen aus der betrieblichen Altersversorgung zugesagt worden sind, die Anwartschaft erhalten, wenn das Arbeitsverhältnis vor Eintritt des Versorgungsfalls, jedoch nach Vollendung des 30. Lebensjahres endete und die Versorgungszusage zu diesem Zeitpunkt mindestens fünf Jahre bestanden hat (unverfallbare Versorgungsanwartschaft), § 1b I 1 BetrAVG. Ist die Versorgungszusage bereits vor dem 1. 1. 2001 erteilt, so enthält § 30f BetrAVG eine Übergangsregelung. Die Anwartschaft bleibt erhalten, wenn das Arbeitsverhältnis vor Eintritt des Versorgungsfalles, jedoch nach Vollendung des 35. Lebensjahres endet und die Versorgungszusage zu diesem Zeitpunkt **(1)** mindestens zehn Jahre oder **(2)** bei mindestens zwölfjähriger Betriebszugehörigkeit mindestens drei Jahre bestanden hat; in diesen Fällen bleibt die Anwartschaft auch erhalten, wenn die Zusage ab dem 1. 1. 2001 fünf Jahre bestanden hat und bei Beendigung des Arbeitsverhältnisses das 30. Lebensjahr vollendet ist. Weil es ausreicht, dass die Unverfallbarkeitsfrist bei Beendigung des Arbeitsverhältnisses erreicht ist, gilt dies auch, wenn das Arbeitsverhältnis zum 31. 12. 2005 beendet worden ist.[242] Die Übergangsregelung findet gem. § 30f Satz 2 BetrAVG keine Anwendung bei einer Entgeltumwandlung nach § 1b V BetrAVG. **Seit dem 1. 1. 2009** gilt nunmehr eine **neue Altersgrenze,** nämlich die **Vollendung des 25. Lebensjahres.**[243] Gleichzeitig wurde eine Übergangsregelung für in dem Zeitraum vom 1. 1. 2001 bis zum 31. 12. 2008 erteilte Zusagen eingefügt (§ 30f II BetrAVG).

83 In den **neuen Bundesländern** ist das BetrAVG erst am 1. 1. 1992 für solche Zusagen in Kraft getreten, die danach erteilt wurden (s. RN 25).

84 **c) Leistungen der Alters-, Invaliditäts- oder Hinterbliebenenversorgung** im Sinne der Unverfallbarkeitsregeln sind sämtliche geldwerten Leistungen, die dem Arbeitnehmer oder seinen Hinterbliebenen zur Sicherung des Unterhalts bei Eintritt des Versorgungsfalles zugesagt werden (RN 1 ff.).

85 **d)** Damit die Regelungen des BetrAVG über die Unverfallbarkeit gelten, muss die Versorgungszusage aus **Anlass des Arbeitsverhältnisses** erteilt sein, bei Nichtarbeitnehmern im Sinne von § 17 I 2 BetrAVG aus Anlass der Tätigkeit für das Unternehmen. Die Versorgungszusage muss ihren Grund im Arbeits-/Dienstverhältnis haben (vgl. RN 5, 14).

86 **e)** Der **Begriff der Versorgungszusage** im Sinne des BetrAVG ist nicht identisch mit dem des Rechtsbegründungsaktes (Einzelzusage, Gesamtzusage, Tarifvertrag, Betriebsvereinbarung usw.). Bei den kollektivrechtlichen Begründungstatbeständen fehlt eine Zusage nach § 145 BGB. Versorgungszusage im Sinne von § 1 BetrAVG sind alle Tatbestände, die zu einer Verpflichtung des Arbeitgebers oder seines Versorgungswerkes führen, Leistungen der betrieblichen Altersversorgung zu erbringen. Für den Lauf der Unverfallbarkeitsfrist ist entscheidend, **wann** die **Versorgungszusage erteilt** worden ist.

87 **(1)** Eine **Einzelzusage** ist erteilt, wenn der Arbeitgeber dem Arbeitnehmer ein Angebot gemacht hat, Leistungen der betrieblichen Altersversorgung zu erbringen, und der Arbeitnehmer dieses Angebot ausdrücklich oder konkludent angenommen hat (RN 33). Besondere Probleme ergeben sich, wenn der Arbeitgeber Leistungen der betrieblichen Altersversorgung nur in Aussicht gestellt hat. Hier sind verschiedene Fallgestaltungen zu unterscheiden.[244] **(a)** Der Arbeitgeber stellt dem Arbeitnehmer die Gewährung von betrieblichen Versorgungsleistungen nur **in Aussicht.** Er bleibt aber frei, ob und wann er eine Zusage erteilt.[245] Eine Versorgungszusage kommt erst dann zustande, wenn dem Arbeitgeber keine Entscheidungsfreiheit mehr verbleibt. **(b)** Der Arbeitgeber erklärt gegenüber dem Arbeitnehmer, dass er ihm nach Ablauf einer **Vorschaltzeit** oder unter der Bedingung, dass das Arbeitsverhältnis nach Ablauf einer bestimmten Zeit noch besteht, eine Versorgungszusage erteilt. In diesem Falle hat der Arbeitgeber seine Freiheit verloren, ob und wann er eine Versorgungszusage gewährt. Das Erstarken einer Anwartschaft zum Vollrecht hängt nur noch vom Fortbestand des Arbeitsverhältnisses und vom Eintritt des Versorgungsfalles ab. Die Unverfallbarkeitsfrist läuft nach feststehender Rspr. des BAG ab

---

[241] BAG 24. 6. 1998 AP 11 zu § 1 BetrAVG Invaliditätsrente = NZA 99, 318; anders zuvor LAG Hamm 11. 2. 1997 DB 97, 985 = LAGE § 1 BetrAVG Invalidität Nr. 1.

[242] BAG 14. 1. 2009 – 3 AZR 529/07.

[243] Eingeführt durch das Gesetz zur Förderung der zusätzlichen Altersvorsorge und zur Änderung des Dritten Buchs Sozialgesetzbuch vom 10. 12. 2007 (BGBl. I S. 2838).

[244] *Höfer* § 1b RN 2734 ff.

[245] LAG Hamm 2. 12. 1980 DB 81, 945 = BetrAV 81, 57 = LAGE § 1 BetrAVG Nr. 1; *Höfer* § 1b RN 2737.

Inaussichtstellung der Gewährung von Altersversorgungsleistungen.[246] **(c)** Hiervon zu unterscheiden sind **aufschiebend bedingte Zusagen,** bei denen dem Arbeitgeber ein Entscheidungsspielraum bleibt. Das ist dann anzunehmen, wenn die Bedingung der Ruhegeldgewährung an Umstände anknüpft, die zur freien Disposition des Arbeitgebers stehen. In diesen Fällen hängt der Eintritt der Bedingung nicht nur vom bloßen Fortbestand des Arbeitsverhältnisses ab.[247] Ruhegeld wird also z. B. unter der Bedingung zugesagt, dass der Arbeitnehmer zum Prokuristen ernannt wird, in den Außen- oder Innendienst einer Versicherung versetzt wird usw. In diesen Fällen läuft die Unverfallbarkeitsfrist erst dann, wenn die Bedingung eintritt, § 158 I BGB. Denkbar sind auch Bedingungen, die nicht in der Person des Begünstigten liegen, z. B. das Erreichen eines bestimmten Betriebsergebnisses oder das Zustandekommen einer geplanten Unternehmensänderung.[248] Wird die Gewährung der Altersversorgung von der Bedingung abhängig gemacht, dass dem Arbeitnehmer ein Text der Versorgungsordnung ausgehändigt wird, so läuft die Unverfallbarkeitsfrist grundsätzlich erst ab Aushändigung. Soweit in einer derartigen Regelung eine rechtsgeschäftliche Schriftformvereinbarung nach § 127 BGB zu sehen ist, kann diese allerdings mündlich oder auch konkludent wieder aufgehoben werden.[249] Zudem kann sich aus dem Grundsatz der Gleichbehandlung (RN 40 ff.) ergeben, dass der Arbeitgeber die Freiheit verloren hat, die Ruhegeldordnung zurückzuhalten. Dies ist z. B. der Fall, wenn er die Ruhelohnordnung unterschiedslos nach Ablauf bestimmter Fristen aushändigt.

(2) Bei **Gesamtzusagen** (arbeitsvertraglichen Einheitsrichtlinien, gebündelten Vertragszusagen) ist die die Unverfallbarkeitsfrist in Lauf setzende Versorgungszusage erteilt, wenn sie der Arbeitgeber im Betrieb bekannt gemacht hat. Ist ein Arbeitnehmer in diesem Zeitpunkt noch nicht im Betrieb beschäftigt, so gilt die Zusage als erteilt, wenn der Arbeitnehmer eingestellt wird. Auch bei Gesamtzusagen kann die Situation eintreten, dass der Arbeitgeber Versorgungsleistungen nur in Aussicht stellt, indem er z. B. erklärt, dass für die Altersversorgung etwas getan werde. Gewährt dann der Arbeitgeber in der Folgezeit Ruhegeldleistungen, so kann sich eine Ruhegeldzusage evtl. aus dem Gleichbehandlungsgrundsatz ergeben. Ist in der Gesamtzusage nur eine bestimmte Gruppe von Arbeitnehmern berücksichtigt, dann gilt die Zusage erst dann als erteilt, wenn der Arbeitnehmer die Gruppenvoraussetzungen erfüllt.[250] Wird dagegen in der Gesamtzusage die Gewährung von Versorgungsleistungen davon abhängig gemacht, dass das Arbeitsverhältnis eine bestimmte Zeit bestanden hat, so hat der Arbeitgeber keinen Entscheidungsspielraum mehr, so dass die Unverfallbarkeitsfrist sofort läuft.[251] Entsprechendes gilt bei Gewährung von Versorgungsleistungen über eine Unterstützungskasse.[252] Bislang nicht entschieden hat das BAG zu Vorschaltzeiten bei Abwicklung der Altersversorgung über Pensionskassen und Lebensversicherungen. Hier müssen die vorstehenden Grundsätze entsprechend gelten. **88**

(3) Bei **betrieblichen Übungen** ist nicht zu unterscheiden zwischen Übungen auf Erteilung einer Versorgungszusage und der Gewährung von Versorgungsleistungen (RN 36, 37). Die Unverfallbarkeitsfrist läuft, wenn der Arbeitgeber nicht mehr frei ist, ob er Leistungen erbringen will.[253] Besteht die Betriebsübung bei Eintritt des Arbeitnehmers, ist Zusagezeitpunkt im Zweifel der Beginn des Arbeitsverhältnisses.[254] **89**

(4) Bei Versorgungsleistungen auf Grund des **Gleichbehandlungsgrundsatzes** beginnt die Unverfallbarkeitsfrist, wenn der Arbeitgeber aus unsachlichen Gründen differenziert hat, also sobald die Zusage unter Beachtung des Gleichbehandlungsgrundsatzes hätte erteilt werden müssen.[255] **90**

(5) Bei **Betriebsvereinbarungen** ist die Versorgungszusage mit Abschluss der Betriebsvereinbarung oder, sofern der Arbeitnehmer dann noch nicht beschäftigt war, mit dem Eintritt in **91**

---

[246] BAG 7. 7. 1977 AP 3 zu § 1 BetrAVG Wartezeit; 13. 7. 1978 AP 4 zu § 1 BetrAVG Wartezeit; 21. 8. 1980 AP 7 zu § 1 BetrAVG Wartezeit = NJW 81, 1855; 24. 2. 2004 AP 2 zu § 1 b BetrAVG = NZA 2004, 789; BGH 4. 6. 1981 AP 9 zu § 1 BetrAVG Wartezeit = NJW 81, 2409.

[247] BAG 20. 4. 1982 AP 12 zu § 1 BetrAVG Wartezeit = NJW 83, 414.

[248] *Höfer* § 1 b RN 2741.

[249] *Höfer* § 1 b RN 2746 f.

[250] Vgl. BAG 7. 7. 1977 AP 3 zu § 1 BetrAVG Wartezeit; 20. 4. 1982 AP 12 zu § 1 BetrAVG Wartezeit = NJW 83, 414.

[251] BAG 7. 7. 1977 AP 3 zu § 1 BetrAVG Wartezeit.

[252] BAG 13. 7. 1978 AP 4 zu § 1 BetrAVG Wartezeit; 20. 3. 1980 AP 5 zu § 1 BetrAVG Wartezeit = NJW 80, 2428; 21. 8. 1980 AP 7 zu § 1 BetrAVG Wartezeit = NJW 81, 1855.

[253] BAG 19. 6. 1980 AP 8 zu § 1 BetrAVG Wartezeit.

[254] *Höfer* § 1 b RN 2768.

[255] *Blomeyer/Rolfs/Otto* § 1 b RN 139; *Höfer* § 1 b RN 2770.

den Betrieb erteilt. Etwas anderes kann dann gelten, wenn in der Betriebsvereinbarung nur bestimmte Gruppen von Arbeitnehmern bedacht sind. In diesen Fällen ist die Versorgungszusage erst erteilt, wenn der Arbeitnehmer den bedachten Gruppen angehört. Wird eine Betriebsvereinbarung rückwirkend in Kraft gesetzt, so läuft für bestehende Arbeitsverhältnisse die Unverfallbarkeitsfrist seit Beginn der Betriebsvereinbarung.[256] Wird dagegen die Betriebsvereinbarung erst zu einem späteren Zeitpunkt in Kraft gesetzt, so beginnt auch erst ab diesem Zeitpunkt die Unverfallbarkeitsfrist.

92 **(6)** Für **Tarifverträge** gilt das Gleiche wie für Betriebsvereinbarungen. Dies gilt auch, soweit Tarifabschluss und Zeitpunkt des Inkrafttretens auseinander fallen.[257]

93 **f)** Voraussetzung für den Eintritt der Unverfallbarkeit ist ab dem 1. 1. 2009 die **Vollendung des 25. Lebensjahres** (bis zum 31. 12. 2008: des 30. Lebensjahres). Die vor Inkrafttreten des AVmG am 1. 1. 2002 geltende Altersgrenze des 35. Lebensjahres wirkte sich gegenüber Frauen benachteiligend aus, weil sie zumeist vor Gründung einer Familie keine unverfallbaren Versorgungsanwartschaften erlangen konnten. Das BAG sieht aber keine hinreichenden tatsächlichen Anhaltspunkte für eine mittelbare Diskriminierung.[258] Darüber hinaus wäre eine mittelbare Benachteiligung durch sachliche einleuchtende Gründe, die nichts mit der Geschlechtszugehörigkeit zu tun haben, gerechtfertigt.[259] Damit ist die Neuregelung der Altersgrenze erst recht als wirksam anzusehen. Insoweit liegt auch kein Verstoß gegen die Richtlinie 2000/78/EG vor, weil Art. 6 II der Richtlinie Altersgrenzen für die Mitgliedschaft in betrieblichen Systemen der sozialen Sicherheit ausdrücklich zulässt. Entsprechendes gilt auch gem. § 10 I 3 Nr. 4 AGG. Für die Fristberechnung gilt § 187 II 2 i. V. m. § 188 II BGB.

94 Das Gesetz hat eine Altersgrenze aus **steuerrechtlichen Erwägungen** vorausgesetzt. Nach § 6a II Nr. 1 EStG kann der Arbeitgeber erst von einem bestimmten Lebensalter des Arbeitnehmers an Rückstellungen vornehmen. Infolge der Altersgrenzen kann der Arbeitgeber wenigstens teilweise vor Eintritt der Unverfallbarkeit die Anwartschaft durch regelmäßige Rückstellungen vorfinanzieren.

95 **g)** Die betriebliche Altersversorgung wird unverfallbar, wenn die **Versorgungszusage fünf Jahre bestanden** hat. Das Gesetz beruht auf der Erwägung, dass nach einer Vertragsdauer von fünf Jahren das Vertrauen des Arbeitnehmers, eine Altersversorgung erdient zu haben, nicht mehr enttäuscht werden darf. Die Frist muss im Zeitpunkt des Ausscheidens des Arbeitnehmers zurückgelegt sein. Zeiträume mit einer Teilzeitbeschäftigung zählen unabhängig vom Umfang uneingeschränkt mit.[260] Für den Lauf der Unverfallbarkeitsfrist kommt es allein auf den rechtlichen Bestand des Arbeitsverhältnisses an, unerheblich ist, ob das Arbeitsverhältnis auch tatsächlich vollzogen wurde.[261] Zeiten des Erziehungsurlaubs (jetzt: Elternzeit) sind daher anzurechnen (s. RN 100). Die Unverfallbarkeitsfrist kann auch noch ablaufen, wenn der Insolvenzverwalter das Arbeitsverhältnis fortsetzt.[262] Die Fristberechnung richtet sich nach §§ 187 ff. BGB. Vor Ablauf der Frist wird die Versorgungsanwartschaft nicht unverfallbar, auch wenn nur wenige Tage fehlen. Eine Ausnahme gilt dann, wenn der Arbeitnehmer auf Grund einer Vorruhestandsregelung nach dem VRG[263] ausgeschieden und ohne das vorherige Ausscheiden die Wartezeit und die sonstigen Voraussetzungen für den Bezug von Leistungen der betrieblichen Altersversorgung hätte erfüllen können (§ 1b I 2 BetrAVG). Diese Ausnahmeregelung kann auf Beendigungsvereinbarungen außerhalb des VRG nicht übertragen werden.[264]

96 Nach § 1b I 3 BetrAVG wird der Ablauf der Fünf-Jahresfrist nicht durch eine **Änderung der Versorgungszusage** oder durch eine **Übernahme** durch eine andere Person unterbrochen. Die Vorschrift galt entspr. auch für die Drei-Jahresfrist der 2. Fallgestaltung, die durch das AVmG beseitigt worden ist. Insoweit lag lediglich ein Redaktionsversehen vor.[265] **Änderung**

---

[256] BAG 6. 3 1984 AP 10 zu § 1 BetrAVG.

[257] *Blomeyer/Rolfs/Otto* § 1b RN 42 ff.; *Höfer* § 1b RN 2784.

[258] BAG 18. 10. 2005 AP 13 zu § 1 BetrAVG Unverfallbarkeit = NZA 2006, 1159.

[259] BAG 18. 10. 2005 AP 13 zu § 1 BetrAVG Unverfallbarkeit = NZA 2006, 1159; LAG Hamm 19. 12. 1989 DB 90, 590 = BetrAV 90, 84 = LAGE § 1 BetrAVG Nr. 13.

[260] Vgl. BAG 6. 4. 1982 AP 1 zu § 1 BetrAVG Gleichbehandlung = NJW 82, 2013.

[261] BAG 20. 2. 2001 AiB 2003, 123 = EzA 2 zu § 1 BetrAVG Wartezeit.

[262] BAG 15. 12. 1987 AP 18 zu § 1 BetrAVG = NZA 88, 397.

[263] Das VRG war befristet und ist für die Zeit ab dem 1. 1. 1989 nur noch anzuwenden, wenn die Voraussetzungen für den Anspruch erstmals vor diesem Zeitpunkt vorgelegen haben; s. hierzu *Höfer* § 1b RN 2698 ff.

[264] LAG Köln 11. 11. 2005 NZA-RR 2006, 266.

[265] BAG 12. 2. 1981 AP 5 zu § 1 BetrAVG = NJW 82, 463.

der Versorgungszusage ist jede Erhöhung oder Herabsetzung oder einseitige Beeinflussung des Inhalts der Versorgungszusage. Für den Lauf der Unverfallbarkeitsfrist ist mithin unerheblich, ob später noch eine Zusage auf Hinterbliebenenversorgung erteilt wird, Rentenleistungen auf Kapitalleistungen umgestellt werden usw.

Problematisch ist, ob auch dann die Unverfallbarkeitsfrist ab „Erstzusage" läuft, wenn später, **97**
etwa im Zusammenhang mit Beförderungen, **weitere Versorgungszusagen** erteilt werden. Das BAG hat dies bejaht, wenn der Arbeitgeber sukzessive mehrere Direktversicherungen für den Arbeitnehmer abschließt[266] oder in der Versorgungsordnung vorgesehen ist, dass der Arbeitgeber unter bestimmten zeitlichen Voraussetzungen genau bezeichnete Einzelzusagen zu erteilen hat.[267] Dasselbe gilt für die Fälle, in denen der Rechtsbegründungsakt der Versorgungszusage geändert wird oder neben die bisherige Versorgung eine weitere Versorgung gesetzt wird. Zur Entgeltumwandlung vgl. § 84 RN 59ff.

Umstr. ist die Rechtslage, wenn neben die ursprüngliche Versorgung eine weitere in einem **98**
anderen Durchführungsweg tritt, wenn also z.B. neben die Versorgung über eine Unterstützungskasse eine weitere Direktzusage des Arbeitgebers tritt. Auch in diesem Falle hat das BAG keinen unterschiedlichen Zeitpunkt für den Beginn der Unverfallbarkeitsfrist angenommen.[268] Etwas anderes gilt aber, wenn eine neue, weitere Zusage erteilt wird und kein sachlicher Zusammenhang der Neuzusage mit der Altzusage vorliegt; es ist daher möglich, für einen Arbeitnehmer verschiedene Versorgungszusagen mit unterschiedlichen Unverfallbarkeitsfristen zu erteilen.[269]

Die Frist wird gem. § 1b I 3 BetrAVG nicht unterbrochen, wenn ein anderer Arbeitgeber im **99**
Wege der **Gesamt- oder Einzelrechtsnachfolge** in die Versorgungsverpflichtung eintritt.[270] Diese Rechtslage ergibt sich bereits aus den Grundsätzen über die Rechtsnachfolge (insbes. § 613a BGB), so dass der Vorschrift in diesen Fällen nur deklaratorische Bedeutung zukommt. Eigenständige Bedeutung hat sie für die Fälle der Schuld- und Vertragsübernahme.[271]

Die **Fünf-Jahresfrist wird unterbrochen,** wenn das Arbeitsverhältnis beendet wird.[272] **100**
Wird im Anschluss daran ein neues Arbeitsverhältnis begründet, so muss die Frist bis zum Eintritt der Unverfallbarkeit grundsätzlich erneut zurückgelegt werden. Es kann aber vertraglich vereinbart werden, dass eine vorausgegangene Zusagedauer angerechnet werden muss, das Arbeitsverhältnis also so behandelt werden soll, als ob es niemals unterbrochen gewesen wäre.[273] Dies ist aus Gründen der Vertragsfreiheit möglich. Bei einem Beendigungsvergleich mit Wiedereinstellungsvereinbarung kann sich das sogar im Wege einer ergänzenden Vertragsauslegung ergeben.[274] Die erwachsenen Versorgungsanwartschaften und Ansprüche sind allerdings nur in besonderen Fällen insolvenzgeschützt (s. § 84 RN 119). Zeiten des gesetzlichen Erziehungsurlaubs (jetzt Elternzeit) lassen den Bestand des Arbeitsverhältnisses unberührt. Sie führen nur zum Ruhen. Hieraus folgt für die betriebliche Altersversorgung, dass Zeiten des Erziehungsurlaubs/der Elternzeit die Unverfallbarkeitsfristen nicht unterbrechen. Jedoch können Zeiten des Erziehungsurlaubs/der Elternzeit von Steigerungen einer Anwartschaft ausgenommen werden.[275]

h) Die Versorgungszusage wurde unverfallbar, wenn der Beginn der **Betriebszugehörigkeit** **101**
mindestens zwölf Jahre zurücklag und die Versorgungszusage mindestens drei Jahre bestanden hat. Auch die dreijährige Zusagefrist wurde nicht unterbrochen, wenn die Zusage geändert wurde.[276] Betriebszugehörigkeit ist die Eingliederung des Arbeitnehmers in den Betrieb des Arbeitgebers; für die Betriebszugehörigkeit unerheblich ist, in welcher Rechtsstellung der Ar-

---

[266] BAG 12. 2. 1981 AP 5 zu § 1 BetrAVG = NJW 82, 463; dazu *Abt* BB 80, 1054.

[267] BAG 15. 12. 1981 AP 10 zu § 1 BetrAVG Wartezeit m. Anm. *Blomeyer.*

[268] BAG 28. 4. 1981 AP 11 zu § 1 BetrAVG Wartezeit m. Anm. *Höfer* u. a.

[269] BAG 28. 4. 92 BetrAV 92, 229; zust. *Diefenbach* BB 93, 1445, 1452 sowie BetrAV 93, 161, 168; kritisch *Höfer* § 1b RN 2792ff.

[270] BAG 8. 2. 1983 AP 35 zu § 613a BGB = NJW 84, 1254; 20. 7. 1993 AP 4 zu § 1 BetrAVG Unverfallbarkeit = NZA 94, 121.

[271] *Blomeyer/Rolfs/Otto* § 1b RN 131.

[272] BAG 14. 8. 1980 AP 6 zu § 1 BetrAVG; 9. 3. 1982 AP 13 zu § 1 BetrAVG Wartezeit.

[273] S. die in der vorigen FN genannten Entscheidungen des BAG; vgl. auch BGH 15. 6. 1994 NJW 94, 2960 = BetrAV 94, 275; zur Vertragsauslegung: BAG 29. 9. 1987 AP 17 zu § 1 BetrAVG = NZA 88, 311.

[274] BAG 14. 8. 1980 AP 6 zu § 1 BetrAVG Wartezeit.

[275] BAG 15. 2. 1994 AP 12 zu § 1 BetrAVG Gleichberechtigung = NZA 94, 794; zur Vereinbarkeit mit Art. 9 I Buchst. g der Richtlinie 2006/54/EG *Rolfs* NZA 2008, 553 (554).

[276] BAG 12. 2. 1981 AP 5 zu § 1 BetrAVG = NJW 82, 463; zu Sonderprobleme bei Altzusagen vor Inkrafttreten des BetrAVG: BAG 12. 6. 1990 AP 25 zu § 1 BetrAVG = NZA 90, 973.

beitnehmer dem Betrieb angehört hat (Auszubildender, leitender Angestellter usw.). Die weiteren Einzelheiten sind inzwischen nicht mehr von Bedeutung.[277]

102 Nach einer Reihe von Gesetzen ist der Arbeitgeber verpflichtet, bei der **Bemessung der Betriebszugehörigkeit** solche Zeiten zu berücksichtigen, in denen der Arbeitnehmer im Interesse der Allgemeinheit oder aus sonstigen schützenswerten Interessen einer Erwerbstätigkeit nicht nachgehen konnte. Die Anrechnung kann in den Altfällen noch von Bedeutung sein. Eine Verpflichtung zur Anrechnung der Betriebszugehörigkeit kann sich ergeben aus dem ArbPlSchG, dem Soldatenversorgungsgesetz, den Gesetzen über den Bergmannsversorgungsschein in NRW und im Saarland (§ 180),[278] dem Eignungsübungsgesetz, dem MuSchG und dem Abgeordnetengesetz. Wird ein Arbeitnehmer unerlaubt zur Arbeitsleistung überlassen, so kann die Überlassungszeit anzurechnen sein.[279]

103 Die Parteien können **vertraglich die Anrechnung von Vordienstzeiten** vereinbaren. Dies ist allgemein anerkannt. Insoweit gilt das zur Fünfjahresfrist Ausgeführte (s. RN 100). Anzurechnen können auch Zeiten bei einer Vorgründungsgesellschaft einer GmbH (§ 34 RN 5ff.) sein.[280] Zu den Auswirkungen der Anrechnung von früheren Betriebszugehörigkeitszeiten auf den Insolvenzschutz (§ 7 BetrAVG) s. § 84 RN 119.

104 Haben die Parteien die Anrechnung von Vordienstzeiten vereinbart, so stellt sich die Frage, ob die Berücksichtigung der Vordienstzeiten nur **im Rahmen der Bemessung der Höhe der Altersversorgung** gewollt ist oder auch bei der Berechnung der **Unverfallbarkeitsfrist.** Namentlich dann, wenn die Versorgungszusage bereits vor der Rspr. über die Unverfallbarkeit oder dem Inkrafttreten des BetrAVG erteilt worden ist, war vielfach für den Arbeitgeber nicht erkennbar, welche Bedeutung die Anrechnung erlangen konnte. Das BAG hat die infolge der Änderung der Rechtslage erwachsene Vertragslücke im Wege ergänzender Vertragsauslegung geschlossen.[281] Es hat den Grundsatz aufgestellt, dass anzurechnende Beschäftigungszeiten, die von einer Versorgungszusage begleitet waren, in aller Regel auch als Zeiten der Betriebszugehörigkeit für die Unverfallbarkeit zu bewerten sind. Ist einem Arbeitnehmer eine Versorgung nach beamtenrechtlichen Grundsätzen zugesagt, so hat die Festsetzung des Dienstalters im Allgemeinen nur Bedeutung für die Wartezeit und die Steigerungssätze, dagegen bei rückwirkender Festsetzung nicht für die Unverfallbarkeitsfrist.[282]

105 **i)** Der Arbeitnehmer kann die in der Versorgungszusage vorgesehenen Wartefristen (s. RN 110) auch dann noch erfüllen, wenn die **Unverfallbarkeitsfristen abgelaufen** sind (§ 1 b I 5 BetrAVG). Der Zweck des Gesetzes besteht darin zu verhindern, dass der Arbeitgeber durch lange materielle Wartezeiten die Unverfallbarkeit unterläuft. Das gilt auch dann, wenn das Arbeitsverhältnis wegen Erwerbsunfähigkeit des Arbeitnehmers vorzeitig beendet wurde, eine betriebliche Invalidenrente jedoch mit Rücksicht auf die nicht erfüllte Wartezeit ausscheidet. Bei Erreichen der Altersgrenze entsteht dann eine zeitanteilig gekürzte Altersrente.[283] Unverfallbarkeitsfrist und Wartefrist sind mithin streng zu unterscheiden. Die Parteien sind frei, welche Wartezeiten sie als Voraussetzung für die Erbringung von Versorgungsleistungen vereinbaren. In dieser Hinsicht werden sie durch das BetrAVG nicht begrenzt.[284] Insoweit besteht das Vorstellungsbild, dass der Arbeitgeber gleichsam die Versorgung übernommen hat (§ 1 b I BetrAVG). Sind jedoch die Unverfallbarkeitsfristen abgelaufen, so kann der Arbeitnehmer auch noch in der Folgezeit die Wartezeit bis zum Eintritt eines Versorgungsfalles erfüllen. Sieht also z. B. eine Versorgungsordnung vor, dass nach einer Wartezeit von 20 Jahren mit Eintritt des 65. Lebensjahres Versorgungsleistungen erbracht werden, so kann ein nach dem 45. Lebensjahr eintretender Arbeitnehmer die Versorgungsvoraussetzungen nicht mehr erfüllen. Er erwirbt also keine Versorgungsanwartschaft.[285] Wird dagegen die Gewährung von Versorgungsleistungen nicht an das 65. Lebensjahr geknüpft, so kann der Arbeitnehmer auch noch in höherem Lebensalter Versorgungsansprüche erwerben.[286]

---

[277] S. noch 9. Aufl. § 81 RN 101.

[278] Die Rechtsprechung ist in § 180 erläutert; vgl. insbesondere BAG AP 13–16 zu § 9 Bergmanns-VersorgScheinG NRW; AP 22–24 a. a. O.; AP 26 = NZA 89, 302; AP 27 = NZA 89, 301.

[279] BAG 18. 2. 2003 AP 5 zu § 13 AÜG = DB 2003, 2181.

[280] BAG 21. 8. 1990 AP 1 zu § 1 BetrAVG Unverfallbarkeit = NZA 91, 311.

[281] BAG 25. 1. 1979 AP 2 zu § 1 BetrAVG; 16. 3. 1982 AP 6 zu § 1 BetrAVG; 29. 6. 1982 AP 7 zu § 1 BetrAVG.

[282] BAG 23. 4. 1986 AP 7 zu § 1 BetrAVG Vordienstzeiten = NZA 86, 468.

[283] BAG 18. 3. 1986 AP 16 zu § 1 BetrAVG Wartezeit = NZA 86, 715.

[284] BAG 25. 1. 1979 AP 2 zu § 1 BetrAVG; *Cisch/Böhm* BB 2007, 602, 607; kritisch unter Hinweis auf das AGG: *Thüsing* BetrAV 2006, 704, 706.

[285] BAG 25. 1. 1979 AP 2 zu § 1 BetrAVG.

[286] BAG 7. 7. 1977 AP 1 zu § 1 BetrAVG Wartezeit; 7. 7. 1977 AP 2 zu § 1 BetrAVG Wartezeit.

j) Für die Beurteilung der Unverfallbarkeit im Rahmen der Ermittlung des Versorgungsausgleichs ist auf den **Zeitpunkt der letzten mündlichen Verhandlung** in den Tatsacheninstanzen abzustellen.[287] **106**

3. Versetzung in den Ruhestand. a) Im Allgemeinen tritt der Arbeitnehmer bei Eintritt des Versorgungsfalles nicht automatisch in den Ruhestand. Sofern eine auflösende Befristung oder Bedingung des Arbeitsverhältnisses nicht erfolgt ist,[288] bedarf es zur Versetzung in den Ruhestand einer **Einigung der Parteien** oder einer **Kündigung.** Das BAG hat entschieden, dass nach § 41 SGB VI a. F. auch kollektivrechtliche Vereinbarungen unwirksam sind, wenn sie eine Beendigung des Arbeitsverhältnisses vor der Regelaltersgrenze vorsehen. § 41 SGB VI a. F. ist darauf geändert worden. (Eine weitere Anpassung ist mit dem RV-Altersgrenzenanpassungsgesetz vom 20. 4. 2007 (BGBl. I S. 554) erfolgt.) Es war umstr., ob die alten Altersregelungen wieder aufleben. Das BAG hat dies bejaht (s. auch § 40 RN 47 ff.). Da im Rahmen der betrieblichen Altersversorgung zumeist eine Einigung über die Versetzung in den Ruhestand vorliegen muss, wird dem Meinungsstreit für die betriebliche Altersversorgung keine größere Bedeutung zukommen. Ist in einer Ruhegeldregelung vorgesehen, dass „Ruhegeld nach Vollendung des 65. Lebensjahres gezahlt wird“, so ist darin regelmäßig keine Befristung des Arbeitsverhältnisses zu sehen. Das Gesetz verlangt für den Rentenbezug nicht zwingend die Beendigung des Arbeitsverhältnisses. Zumeist wird aber die Auslegung der Versorgungszusage ergeben, dass die Ruhegeldzahlung nur dann einsetzen soll, wenn der Arbeitnehmer in den Ruhestand tritt. Es kommt jedoch auf die Umstände des Einzelfalles an. Haben die Parteien vereinbart, das Arbeitsverhältnis solle vor Vollendung des 65. Lebensjahres enden, wenn der Arbeitnehmer eine Rente wegen Alters beantragen kann, so kann er nach § 41 SGB VI lediglich die Fortführung bis zum Erreichen der Regelaltersgrenze verlangen.[289] **107**

b) In Versorgungsordnungen ist vorgesehen, dass der Arbeitnehmer mit **Eintritt der Berufs- oder Erwerbsunfähigkeit** in den Ruhestand tritt. In der gesetzlichen Rentenversicherung sind die Begriffe durch den der verminderten Erwerbsfähigkeit abgelöst (§ 82 RN 30 ff., s. auch RN 113). Die teilweise und volle verminderte Erwerbsfähigkeit stimmt nicht mit der Berufs- und Erwerbsunfähigkeit überein. Es ist daher fiktiv festzustellen, ob Berufs oder Erwerbsunfähigkeit besteht. Auch insoweit bedurfte es vor Inkrafttreten des AVmG der Auslegung der Versorgungsordnung, ob die Festsetzung des Eintritts der Berufs- oder Erwerbsunfähigkeit durch den gesetzlichen Rentenversicherungsträger den Versorgungsfall auslöst. Dies wird zumeist nicht der Fall sein, da der gesetzliche Rentenversicherungsträger den wirklichen Eintritt der Berufs- oder Erwerbsunfähigkeit nicht überprüft. Zumeist wird eine Auslegungsregel bestehen, dass es einer Versetzung in den Ruhestand bedarf. Die Versorgungsordnung kann vorgesehen, dass Versorgungsfall nicht schon der Eintritt der Berufs- oder Erwerbsunfähigkeit ist, sondern dass darüber hinaus die Versetzung in den Ruhestand, also eine Beendigung des Arbeitsverhältnisses erforderlich ist.[290] In diesem Fall kann eine vorgeschriebene Warte- oder Rentensteigerungszeit auch von berufs- und erwerbsunfähigen Arbeitnehmern noch bis zur Beendigung des Arbeitsverhältnisses erfüllt werden.[291] Andererseits erhält der Arbeitnehmer auch während der Dauer des Arbeitsverhältnisses kein Ruhegeld, selbst wenn er fortlaufend krank ist.[292] Die Betriebsrente wird bei vorzeitigem Ausscheiden nach § 2 BetrAVG berechnet. Das kann dazu führen, dass die zwischen Versorgungsfall und fester Altersgrenze fehlende Betriebstreue zweifach anspruchsmindernd berücksichtigt wird.[293] **108**

c) Der Arbeitgeber kann verpflichtet sein, den Arbeitnehmer in den Ruhestand zu versetzen, also das Arbeitsverhältnis zu beenden, wenn die Arbeitnehmer betriebsüblich mit **Erreichen der Altersgrenze** in den Ruhestand treten. Die Versorgungsordnung kann vorsehen, dass bei einer rückwirkenden Zuerkennung einer Rente wegen Eintritts der Erwerbsunfähigkeit (jetzt: Rente wegen (teilweiser) Erwerbsminderung) insoweit keine Ansprüche auf Zahlung einer Be- **109**

---

[287] BGH 29. 9. 1982 NJW 83, 37 = DB 82, 2627.

[288] Diese kann in einer kollektivvertraglichen Regelung vorgesehen sein: BAG 25. 3. 1971 AP 5 zu § 57 BetrVG; 21. 4. 1977 AP 1 zu § 60 BAT; vgl. § 40 RN 46.

[289] BAG 18. 2. 2003 AP 15 zu § 41 SGB VI = NJW 2003, 3005.

[290] BAG 5. 6. 1984 AP 3 zu § 1 BetrAVG Invaliditätsrente.

[291] BAG 15. 10. 1985 AP 4 zu § 1 BetrAVG Invaliditätsrente = NZA 86, 608; 14. 1. 1986 AP 6 zu § 1 BetrAVG Invaliditätsrente; 9. 1. 1990 AP 23 zu § 1 BetrAVG Wartezeit = NZA 90, 526; *Höfer/Küpper* Anm. zu AP 2 u. 3 zu § 1 BetrAVG Invaliditätsrente, unter 2. c).

[292] LAG Köln 15. 3. 1994 EWiR § 7 SGB IV Nr. 1/94 = BB 94, 1640 (LS).

[293] BAG 21. 8. 2001 AP 36 zu § 2 BetrAVG = NZA 2002, 1395; s. auch RN 124 f.

triebsrente bestehen, als der Arbeitnehmer für diesen Zeitraum vom Arbeitgeber Zuschüsse zum Krankengeld erhalten hatte.[294]

110 **4. Wartezeit, Unverfallbarkeitsfrist.** Es ist zwischen der Wartezeit und der Unverfallbarkeitsfrist zu unterscheiden. Nach der Wartezeit oder Wartefrist richtet sich, ob überhaupt ein Anspruch auf betriebliche Altersversorgung erwächst; nach der Unverfallbarkeitsfrist richtet sich, ob die Anwartschaft bei einer vorzeitigen Beendigung des Arbeitsverhältnisses erhalten bleibt.[295] Regelmäßig wird Ruhegeld nur dann gezahlt, wenn der Arbeitnehmer gewisse Mindestdienstzeiten zurückgelegt hat. Das gilt auch bei einer Rente wegen (teilweiser) Erwerbsminderung.[296] Üblich sind Wartezeiten von 5 bzw. 15 Jahren. Aber auch Wartezeiten von 20 Jahren sind nicht unbillig.[297] Kann der Arbeitnehmer bei Begründung des Arbeitsverhältnisses diese nicht zurücklegen, so erwächst keine Versorgungsanwartschaft (s. RN 105). Im Zweifel ist aber nicht anzunehmen, dass die Wartezeit bis zum Erreichen der Altersgrenze zurückgelegt sein muss.[298] Ist die Wartefrist länger als die Unverfallbarkeitsfrist, so kann der Arbeitnehmer die Wartezeit auch dann noch zurücklegen, wenn er nach Ablauf der Unverfallbarkeitsfrist ausscheidet.[299] Ist die Wartezeit kürzer als die Unverfallbarkeitsfrist und scheidet der Versorgungsberechtigte mit Ablauf der Wartezeit aus, so ist die Anwartschaft noch verfallbar. Verlangt eine Versorgungszusage z. B. für den Rentenanspruch eine Dienstzeit von mindestens fünf Jahren und verweist wegen der Unverfallbarkeit auf die gesetzlichen Bestimmungen, so werden damit nicht die gesetzlichen Verfallbarkeitsfristen abgekürzt.[300] Auf die Wartezeit werden gelegentlich Dienstzeiten vor Erreichen eines bestimmten Lebensalters[301] bzw. nach Vollendung des 65. Lebensjahres[302] oder während der Berufsausbildung nicht angerechnet. Dies ist nicht zu beanstanden.[303] Unzulässig ist, zwischen Männern und Frauen zu differenzieren, so dass z. B. Frauen wegen ihrer früheren Pensionierung die Wartezeit nach Vollendung des 50. Lebensjahres, Männer dagegen nach Vollendung des 55. Lebensjahres nicht mehr zurücklegen können.[304] Dienstzeiten, die bei einem anderen Arbeitgeber zurückgelegt worden sind, werden grundsätzlich nur dann berücksichtigt, wenn dies in der Ruhegeldregelung vorgesehen oder auf Grund gesetzlicher Vorschriften vorgeschrieben ist, vgl. die Rechtslage bei den Unverfallbarkeitsfristen RN 103, 104. Es kann tariflich geregelt werden, ob frühere Dienstzeiten als freier Mitarbeiter zu berücksichtigen sind oder nicht.[305] Zulässig ist ferner, nur tatsächlich geleistete Dienstzeiten zu berücksichtigen (qualifizierte Wartezeit).[306] Versorgungsordnungen sehen außerdem häufig **Höchstaltersgrenzen** für die Aufnahme in ein Versorgungswerk vor.[307] Derartige Regelungen verstoßen nicht gegen das Diskriminierungsverbot wegen des Alters gem. § 7 I i. V. m. § 1 AGG, § 10 I 3 Nr. 4 AGG lässt sie vielmehr ausdrücklich zu.[308]

111 Da während des Erziehungsurlaubs, jetzt **Elternzeit,** das Arbeitsverhältnis nicht beendet wird, sondern ruht, kann auch in dieser Zeit die Wartezeit weiterlaufen.[309] Dasselbe gilt für Ruhegehaltssteigerungen. Es stellt jedoch nach Ansicht des BAG keine Frauendiskriminierung dar, wenn die Zeiten der Elternzeit aus den Steigerungen einer Anwartschaft auf Leistungen der Altersversorgung[310] oder aus der Wartezeit[311] herausgerechnet werden.

---

[294] BAG 26. 3. 1991 AP 29 zu § 1 BetrAVG Unterstützungskassen = NZA 91, 849.
[295] Vgl. BGH 25. 1. 1993 DB 93, 873 = BB 93, 679 = BetrAV 93, 217.
[296] Vgl. BAG 19. 12. 2000 AP 24 zu § 1 BetrAVG Wartezeit = DB 2002, 226.
[297] BAG 9. 3. 1982 AP 13 zu § 1 BetrAVG Wartezeit; LAG Frankfurt 20. 4. 88 DB 88, 2650 (25 Jahre).
[298] BAG 3. 5. 1983 AP 4 zu § 128 HGB = NJW 83, 2283.
[299] BAG 28. 2. 1989 AP 16 zu § 6 BetrAVG = NZA 89, 935.
[300] BGH 25. 1. 1993 DB 93, 873 = BB 93, 679 = BetrAV 93, 217.
[301] Vgl. BAG 14. 1. 1986 AP 5 zu § 1 BetrAVG Gleichbehandlung = NZA 87, 23.
[302] BAG 8. 12. 1972 AP 5 zu § 242 BGB Ruhegehalt-Unterstützungskassen; 7. 7. 1977 AP 2 zu § 1 BetrAVG Wartezeit.
[303] Vgl. BAG 9. 3. 1982 AP 13 zu § 1 BetrAVG Wartezeit; 14. 1. 1986 AP 5 zu § 1 BetrAVG Gleichbehandlung = NZA 87, 23.
[304] BAG 31. 8. 1978 AP 1 zu § 1 BetrAVG Gleichberechtigung; LAG Frankfurt 29. 6. 1984 DB 85, 286.
[305] BAG 18. 2. 2003 AP 39 zu § 1 Tarifverträge: Rundfunk = NZA-RR 2004, 97.
[306] BAG 20. 2. 2001 AiB 2003, 123 = EzA 2 zu § 1 BetrAVG Wartezeit.
[307] Zur Zulässigkeit vgl. BAG 31. 8. 1978 AP 1 zu § 1 BetrAVG Gleichberechtigung.
[308] *Thum* BB 2008, 2291 (2292 f.).
[309] *Doetsch* DB 92, 1239, 1242.
[310] BAG 15. 2. 1994 AP 12 zu § 1 BetrAVG Gleichberechtigung = NZA 94, 794; *Hoppach* DB 92, 1672; *Oster* BetrAV 92, 246.
[311] *Höfer* § 1 b RN 2869 unter Hinweis auf die Rspr. des BAG zu tariflichen Sonderzahlungen, s. BAG 28. 9. 94 AP 165 zu § 611 BGB Gratifikation = NZA 95, 176.

5. Altersgrenze.[312] Regelmäßig wird Ruhegeld nur dann gezahlt, wenn männliche Arbeitnehmer nach Vollendung des 65. und weibliche Arbeitnehmer nach Vollendung des 60. Lebensjahres aus dem Dienst ausscheiden. Zur Unzulässigkeit der unterschiedlichen Altersgrenzen s. RN 58. Ein Verstoß gegen das Gleichberechtigungsgebot kann insbes. auch darin liegen, dass Frauen nicht die Möglichkeit gegeben wird, auch über die für sie vorgesehene niedrigere Altersgrenze hinaus tätig zu bleiben und die entsprechende Dienstzeit angerechnet zu erhalten.[313] In der gesetzlichen Rentenversicherung sind die Altersgrenzen inzwischen vereinheitlicht. Es gelten aber Übergangsregelungen (s. RN 57, § 82 RN 28).[314] Vereinbarungen, die eine Beendigung des Arbeitsverhältnisses auf das 65. Lebensjahr vorsehen, können jetzt u. U. als auf die Regelaltersgrenze abgeschlossen anzusehen sein.[315] Eine Ruhegeldordnung kann für Personen beiderlei Geschlechtes eine niedrigere Altersgrenze als in der gesetzlichen Rentenversicherung vorsehen. Sofern es sich um Personen handelt, die üblicherweise über dieses Alter hinaus arbeiten, wird es sich bei den erwachsenden Bezügen regelmäßig nicht um betriebliche Altersversorgung, sondern um Übergangsgelder handeln, die keinen Insolvenzschutz genießen.[316] Zulässig ist die Vereinbarung, dass Ruhegeld schon während des Bestandes des Arbeitsverhältnisses gezahlt wird. Zur flexiblen Altersgrenze s. RN 118. 112

6. Invalidität. Nach den meisten Ruhegeldregelungen wird Ruhegeld auch dann gezahlt, wenn der Arbeitnehmer zur Arbeitsleistung nicht mehr in der Lage ist. Die Ruhegeldregelungen verwenden die Begriffe Erwerbs- und Berufsunfähigkeit, verminderte Erwerbsfähigkeit, Invalidität, Arbeits- und Dienstunfähigkeit. Was mit diesen Begriffen gemeint ist, muss nach den Umständen des Einzelfalles bestimmt werden. Im Allgemeinen wird man die Begriffe Erwerbs- und Berufsunfähigkeit im Sinne der Sozialversicherungsgesetze vor Inkrafttreten des AVmG ab dem 1. 1. 2001 (§§ 43, 44 SGB VI) auslegen können (§ 82 RN 30ff.).[317] Sofern neuere Versorgungsordnungen nach wie vor die alten Begriffe verwenden, spricht wegen des typischerweise gewollten Gleichklangs von gesetzlichen und betrieblichen Leistungsvoraussetzungen viel dafür, den Begriff „Erwerbsunfähigkeit" im Sinne von voller Erwerbsminderung und den Begriff „Berufsunfähigkeit„ im Sinne von teilweiser Erwerbsminderung auszulegen.[318] Arbeits- bzw. Dienstunfähigkeit wird dagegen bereits dann vorliegen, wenn der Arbeitnehmer die geschuldete oder eine ihm zumutbare andere betriebliche Arbeitsleistung nicht mehr erbringen kann. In diesen Fällen wird zumeist, aber nicht notwendig Berufsunfähigkeit/verminderte Erwerbsfähigkeit vorliegen (§ 82 RN 30ff.). 113

Die Parteien können in einem **Versorgungsvertrag** die Voraussetzungen näher bestimmen, unter denen eine Erwerbs- oder Berufsunfähigkeitsrente – jetzt: Rente wegen verminderter Erwerbsfähigkeit – entsteht. Der Versorgungsfall kann wirksam mit einem Lebensalter gekoppelt sein. Wirksam sind also Bedingungen, dass eine Rente nur dann gezahlt wird, wenn die Berufs- und Erwerbsunfähigkeit nach einem bestimmten Lebensalter eintritt.[319] Dagegen kann nicht zur Voraussetzung gemacht werden, dass das Arbeitsverhältnis bei Eintritt der Invalidität noch besteht, weil das gegen die zwingenden Unverfallbarkeitsvoraussetzungen gem. § 1 b I (i. V. m. § 17 III 3) BetrAVG verstieße.[320] Die Rente kann davon abhängig gemacht werden, dass das **Arbeitsverhältnis beendet** ist, um so Doppelleistungen des Arbeitgebers (Zuschuss zum Krankengeld/Rente) auszuschließen.[321] Eine Vertragsbeendigung kann für den Arbeitnehmer allerdings nach der neuen Rechtslage bei den gesetzlichen Invalidenrenten, die grundsätzlich nur zeitlich befristet geleistet werden (s. § 82 RN 32), problematisch sein.[322] Es verstößt nicht gegen 114

312 *Blomeyer,* Neues Altersgrenzenrecht – Konsequenzen für betriebliche Versorgungsregelungen, NZA 91, 449; *Eichenhofer,* Gleiches Pensionsalter für Mann und Frau nach EG-Recht, ZAS 91, 145.

313 *Höfer* ART RN 854.

314 Zur Anpassung betrieblicher Versorgungsregelungen an die neuen Altersgrenzen in der Rentenversicherung *Reichenbach/Grüneklee* DB 2006, 2234; *Cisch/Kruip* BB 2007, 1162; *Höfer/Witt/Kuchem* BB 2007, 1445.

315 S. RN 155.

316 Vgl. BGH 16. 3. 1981 AP 10 zu § 7 BetrAVG = NJW 81, 2410; 28. 9. 1981 AP 12 zu § 7 BetrAVG; BAG 2. 8. 1983 AP 19 zu § 7 BetrAVG; 24. 6. 1986 AP 33 zu § 7 BetrAVG = NZA 87, 309; vgl. auch BAG 6. 3. 1986 AP 1 zu § 620 BGB Altersgrenze.

317 BAG 19. 4. 1983 AP 6 zu § 6 BetrAVG; 24. 6. 1998 AP 11 zu § 1 BetrAVG Invaliditätsrente = NZA 99, 318; 14. 12. 1999 AP 12 zu § 1 BetrAVG Invaliditätsrente = NZA 2001, 326.

318 *Höfer* ART RN 865 f.

319 BAG 20. 10. 1987 AP 7 zu § 1 BetrAVG Invaliditätsrente = NZA 88, 394.

320 BAG 24. 6. 1998 AP 11 zu § 1 BetrAVG Invaliditätsrente = NZA 99, 318; anders LAG Hamm 11. 2. 1997 DB 97, 985.

321 BAG 5. 6. 1984 AP 3 zu § 1 BetrAVG Invaliditätsrente.

322 Regelungsvorschläge bei *Höfer* ART RN 848.

den Gleichbehandlungsgrundsatz, wenn ein Tarifvertrag den Versorgungsfall bei von der gesetzlichen Rentenversicherung befreiten Arbeitnehmern anders als bei den übrigen Begünstigten nicht an den vom gesetzlichen Rentenversicherer genannten Tag des Versicherungsfalles knüpft, sondern an das Ende des Arbeitsverhältnisses.[323] Die Zahlung einer Berufsunfähigkeitsrente/Rente wegen verminderter Erwerbsfähigkeit kann ferner davon abhängig gemacht werden, dass die Ansprüche des Arbeitnehmers auf Vergütungsfortzahlung im Krankheitsfalle[324] oder auf Zahlung eines Zuschusses zum Krankengeld[325] erschöpft sind.

115 Sieht eine Ruhegeldordnung vor, dass ein Ruhegehalt gezahlt wird, wenn ein Arbeitnehmer **infolge Erwerbsunfähigkeit ausscheidet,** so erwächst auch dann ein Anspruch, wenn dem Arbeitnehmer wegen Arbeitsunfähigkeit gekündigt wird und diese in die Erwerbsunfähigkeit/verminderte Erwerbsfähigkeit einmündet.[326] Dasselbe gilt, wenn wegen betriebsbedingter Gründe gekündigt wird, die Erwerbsunfähigkeit/verminderte Erwerbsfähigkeit aber später **rückwirkend** auf einen Zeitpunkt vor der Kündigung festgestellt wird[327] oder der Arbeitnehmer aus gesundheitlichen Gründen ausscheidet und später (rückwirkend) die Berufsunfähigkeit/verminderte Erwerbsfähigkeit festgestellt wird.[328] Dabei kommt es auf die **Form der Vertragsbeendigung** nicht an. Stimmt ein schwerbehinderter Arbeitnehmer einem Auflösungsvertrag zu, weil er sich nicht mehr ausreichend leistungsfähig fühlt und führt sein Leiden schließlich zur Anerkennung der Berufsunfähigkeit, so sind damit die Voraussetzungen der betrieblichen Invaliditätsrente erfüllt.[329]

116 Zur Erfüllung der **Wartezeit** bei rückwirkender Feststellung der Berufs- und Erwerbsunfähigkeit RN 115. Anspruchsberechtigt kann auch ein Arbeitnehmer werden, der mangels Ablauf der Wartezeit keinen Anspruch auf Berufs- oder Erwerbsunfähigkeitsrente/Rente wegen verminderter Erwerbsfähigkeit hat, bei dem aber die Wartezeit bei Bezug des vorgezogenen Altersruhegeldes abgelaufen ist.

117 Für die **Berechnung** der Invalidenrente kommt es in erster Linie auf die getroffenen Vereinbarungen an. Die Invaliditätsrente eine vorzeitig ausgeschiedenen Arbeitnehmers ist nach § 2 I BetrAVG zu berechnen. Die fehlende Betriebstreue wird dabei im Falle einer aufsteigend berechneten Rente mehrfach anspruchsmindernd berücksichtigt, und zwar einmal weil die Rente nur bis zum Eintritt des Versorgungsfalls aufsteigend berechnet wird und zum anderen weil sie bezogen auf das Erreichen der Regelaltersgrenze ratierlich gekürzt wird.[330] Etwas anderes gilt dann, wenn die Versorgungsregelung eine andere Berechnungsweise vorsieht. Aus der Festlegung einer aufsteigenden Berechnung der Vollrente folgt aber noch nicht, dass auch die Rente des vorzeitig Ausgeschiedenen aufsteigend zu berechnen ist. Hierdurch wird nur die Rente desjenigen festgelegt, der bis zum Versorgungsfall im Betrieb bleibt, ohne damit aber gleichzeitig eine Regelung über die Berechnung der Rente im Falle des vorzeitigen Ausscheidens zu treffen.[331]

118 **7. Flexible Altersgrenze.**[332] **a)** Nach § 6 Satz 1 BetrAVG ist als flankierende Maßnahme zur flexiblen Altersgrenze (§ 82 RN 45) vorgesehen, dass allen Arbeitnehmern, die das Altersruhegeld aus der gesetzlichen Rentenversicherung (auch vor Erreichen der Regelaltersgrenze) als Vollrente in Anspruch nehmen, auf ihr Verlangen die Leistungen der betrieblichen Altersversorgung zu gewähren sind, wenn die **Wartezeit** (RN 110) erfüllt ist und die **Anspruchsvoraussetzungen** der Ruhegeldgewährung im Übrigen vorliegen. Gemeint sind die Renten nach §§ 36 bis 40 SGB VI. Kein Anspruch nach § 6 BetrAVG besteht, wenn nur eine Teilrente nach § 42 SGB VI bezogen wird. § 6 Satz 1 BetrAVG ist nicht entsprechend anzuwenden, wenn der Arbeitnehmer von der gesetzlichen Rentenversicherung befreit ist.[333] In der Praxis werden diese Arbeitnehmer aber häufig in gleicher Weise wie Pflichtversicherte behandelt.[334]

---

[323] BAG 18. 9. 2007 NZA-RR 2008, 156.

[324] BAG 6. 6. 1989 AP 8 zu § 1 BetrAVG Invaliditätsrente.

[325] Vgl. BAG 26. 3. 1991 AP 69 zu § 1 BetrAVG Unterstützungskassen = NZA 91, 849.

[326] BAG 30. 6. 1972 AP 4 zu § 242 BGB Ruhegehalt-Unterstützungskassen.

[327] LAG Hamm 27. 1. 1975 DB 75, 1754 = BetrAV 75, 227.

[328] BAG 14. 8. 1990 AP 10 zu § 1 BetrAVG Invaliditätsrente = NZA 91, 147.

[329] BAG 13. 7. 1982 AP 1 zu § 1 BetrAVG Invaliditätsrente = NJW 83, 359; vgl. BAG 14. 8. 1990 AP 10 zu § 1 BetrAVG Invaliditätsrente = NZA 91, 147.

[330] BAG 21. 8. 2001 AP 36 zu § 2 BetrAVG = NZA 2002, 1395.

[331] BAG 15. 2. 2005 AP 31 zu § 1 BetrAVG Berechnung = NZA-RR 2005, 671 (LS).

[332] Zur Berechnung der Betriebsrente: *Berenz* DB 2001, 2346 (Leistungen des PSVaG); *Blomeyer* ZIP 2001, 225; *Grabner/Bode* BB 2001, 2425; *Höfer* DB 2001, 2045; *ders.* BetrAV 2001, 454; *Löwisch* BetrAV 2000, 439; *Schipp* NZA 2002, 1113.

[333] LAG Rheinl.-Pfalz 24. 7. 1990 NZA 91, 939 = BetrAV 91, 44; *Höfer* § 6 RN 4132; *Blomeyer/Rolfs/Otto* § 6 RN 22, 37 ff.

[334] *Blomeyer/Rolfs/Otto* § 6 RN 40.

Anspruchsberechtigt sind auch solche Arbeitnehmer, deren Versorgungsanwartschaft bei ihrem Ausscheiden aufrechterhalten wurde[335] oder die einen Versorgungsanspruch haben, auch wenn die Wartezeit noch nicht abgelaufen ist.[336] Wird die Betriebsrente über Unterstützungs- oder Pensionskassen gewährt, so hat der Arbeitgeber dafür Sorge zu tragen, dass die Kassen der flexiblen Altersgrenze Rechnung tragen. 119

b) Kein Altersruhegeld aus der **gesetzlichen Rentenversicherung** sind die Bergmannsrente (§ 45 II SGB VI), die als Sonderform der Berufsunfähigkeitsrente/Rente wegen verminderter Erwerbsfähigkeit gewährt wird, die Überbrückungsgelder der Seemannskasse und die Leistungen aus einer befreienden Lebensversicherung (RN 118) sowie das Altersgeld für Landwirte (§ 2 II GAL).[337] Zu den Leistungen der gesetzlichen Rentenversicherung gehören die gesetzlichen Renten des SGB VI, also das flexible Altersruhegeld, das allen Versicherten ab dem 63. Lebensjahr und schwerbehinderten Menschen ab dem 60. Lebensjahr sowie nach früherem Recht Frauen ab dem 60. Lebensjahr (§ 82 RN 28)[338] und Arbeitslosen ab dem 60. Lebensjahr (§ 82 RN 36) gewährt wird. 120

c) Darüber hinaus müssen die sonstigen Voraussetzungen der Ruhegeldgewährung erfüllt sein. Nur der Arbeitnehmer kann den Antrag auf vorgezogenes Altersruhegeld stellen. Eine auflösende Bedingung, nach der das Arbeitsverhältnis endet, wenn der Arbeitnehmer vorgezogenes Altersruhegeld beanspruchen kann, ist nach § 41 SGB VI unwirksam (RN 107). 121

d) Die **betriebliche Altersversorgung fällt weg,** sobald die Altersrente aus der gesetzlichen Rentenversicherung wieder wegfällt oder auf einen Teilbetrag beschränkt wird. Die Altersrente aus der gesetzlichen Rentenversicherung fällt weg (ruht), wenn der Arbeitnehmer in einem Umfang gegen Entgelt tätig wird, der die gesetzlichen Hinzuverdienstgrenzen (§ 34 SGB VI) überschreitet. Nimmt der Arbeitnehmer nach Überschreiten der Hinzuverdienstgrenzen die gesetzliche Altersrente wieder in vollen Umfang in Anspruch, ist ihm auf sein Verlangen auch wieder die volle betriebliche Altersversorgung zu gewähren. Durch das Rentenreformgesetz 1992 ist ein gleitender Übergang in den Ruhestand ermöglicht worden, indem ein Arbeitnehmer eine Teilrente beansprucht (§ 82 RN 48). Nach § 6 Satz 2 BetrAVG kann die vorzeitige betriebliche Altersleistung eingestellt werden, wenn die gesetzliche Altersrente auf einen Teilbetrag beschränkt wird. Der Bezug einer Teilrente berechtigt den Arbeitnehmer nicht zum Bezug der vorzeitigen betrieblichen Altersversorgung, so dass folgerichtig der Bezug der Teilrente zum Wegfall führt. Die betriebliche Altersversorgung entfällt jedoch nicht mehr, wenn der Arbeitnehmer nach Erreichen der Regelaltersgrenze Teilrente beansprucht, weil § 6 BetrAVG auf den vorzeitigen Bezug abstellt. 122

e) Der ausgeschiedene Arbeitnehmer ist verpflichtet, die Aufnahme oder Ausübung einer Tätigkeit gegen Entgelt dem Arbeitgeber bzw. der Versorgungseinrichtung **mitzuteilen** (§ 6 Satz 3 BetrAVG). Bei Verletzung dieser Nebenpflicht wird er schadensersatzpflichtig und kann dem Schadensersatzanspruch nicht die Einrede der Entreicherung (§ 818 III BGB) entgegenhalten.[339] Dies gilt auch, wenn er seine Pflicht nur fahrlässig verletzt hat. Zur Kontrolle kann der Arbeitgeber mit dem Arbeitnehmer vereinbaren, dass dieser verpflichtet ist, die jeweiligen Rentenbescheide vorzulegen. 123

f) Beansprucht der Arbeitnehmer das vorgezogene Altersruhegeld, so wird er Versorgungsbezüge in aller Regel nicht nur **vorzeitig** sondern **auch länger** als ein erst mit Erreichen der Regelaltersgrenze ausscheidender Arbeitnehmer erhalten. Das BetrAVG enthält keine Vorschrift über die Höhe des vorgezogenen Altersruhegeldes. Maßgebend sind die in den Versorgungsordnungen enthaltenen besonderen Berechnungsvorschriften.[340] Im Schrifttum wird wegen der kürzeren Dienstzeit eine Kürzung nach der **ratierlichen Methode** und wegen des längeren Bezugszeitraumes auch ein **versicherungsmathematischer Abschlag** für zulässig gehalten. Der Arbeitgeber hat Gestaltungsermessen, wie er dem vorzeitigen und längeren Bezug Rechnung tragen will; das Gestaltungsermessen muss nur der Billigkeit entsprechen, transparent sein 124

---

335 BAG 21. 6. 1979 AP 2 zu § 6 BetrAVG = DB 79, 1945; zur Berechnung des Anwartschaftswertes: BAG 12. 3. 1991 AP 9 zu § 1 BetrAVG Besitzstand = NZA 91, 771; krit.: *Benzig/Neumann* ArbuR 92, 78.

336 BAG 28. 2. 1989 AP 16 zu § 6 BetrAVG = NZA 89, 935.

337 Einzelheiten bei *Höfer* § 6 RN 4130 ff.

338 BAG 25. 10. 1988 AP 15 zu § 6 BetrAVG = NZA 89, 299.

339 BAG 27. 3. 1990 AP 1 zu § 1 BetrAVG Überzahlung = NZA 90, 776.

340 BAG 8. 5. 1990 AP 18 zu § 6 BetrAVG = NZA 91, 15; 29. 7. 1997 AP 23 zu § 6 BetrAVG = NZA 98, 543; 29. 7. 1997 AP 24 zu § 6 BetrAVG = NZA 98, 544; 28. 5. 2002 AP 29 zu § 6 BetrAVG = ArbuR 2002, 437 (LS).

und vor Versetzung des Arbeitnehmers in den Ruhestand getroffen werden.[341] Auf den Grund des Ausscheidens kommt es dabei nicht an.[342] Im Allgemeinen wird wegen des vorzeitigen Ausscheidens und längeren Bezugs der Versorgungsleistungen ein versicherungsmathematischer Abschlag bis 0,5% je Monat,[343] teilweise auch bis 0,7%[344] für zulässig gehalten.

125 Hat der Arbeitgeber vor Versetzung des Arbeitnehmers in den Ruhestand dem vorzeitigen Ausscheiden in der Versorgungsordnung keine Rechnung getragen, so ist er wegen des vorzeitigen Rentenbezuges regelmäßig nur zur **Kürzung der Versorgungsbezüge** nach der ratierlichen Berechnungsmethode (RN 152) berechtigt.[345] Eine Ausnahme gilt dann, wenn der Arbeitgeber insolvent geworden ist. In diesem Fall ist nach Ansicht des BAG anstelle der ratierlichen Kürzung auch eine Kürzung nach versicherungsmathematischen Grundsätzen (0,4 bis 0,5% monatlich) zulässig.[346] Folgt der Anspruch auf vorgezogene Altersrente aus einer unverfallbaren Versorgungsanwartschaft und sieht die Versorgungsordnung keine Bestimmung über die Höhe des vorgezogenen Altersruhegeldes vor, so ist daher eine **doppelte Kürzung** möglich. Zum einen erfolgt eine ratierliche Kürzung wegen der **vorzeitigen Beendigung des Arbeitsverhältnisses** (dazu RN 152). Die Kürzung auf Grund der fehlenden Betriebstreue folgt bei einem vorzeitigem Ausscheiden mit einer unverfallbaren Anwartschaft aus § 2 BetrAVG, bei einem Ausscheiden zum Zeitpunkt der vorgezogenen Inanspruchnahme der Altersrente aus dem Rechtsgedanken dieser Vorschrift.[347] Zum anderen erfolgt eine Kürzung wegen des **vorzeitigen Bezuges des Ruhegeldes.** Besonderheiten sollen nach Ansicht des BAG in Gesamtversorgungssystemen gelten.[348] Der arbeitsrechtliche Gleichbehandlungsgrundsatz verpflichtet einen Arbeitgeber nicht, dieselbe Rentenberechnung vorzunehmen, wenn ein Arbeitnehmer von der flexiblen Altersrente Gebrauch macht oder mit einer unverfallbaren Versorgungsanwartschaft ausscheidet und dann von der flexiblen Altersrente Gebrauch macht.[349] Verweist eine Versorgungsordnung für alle Einzelheiten auf das Beamtenversorgungsrecht, enthält aber keine Regelung für den Fall, dass der Arbeitnehmer von der Möglichkeit der flexiblen Altersgrenze Gebrauch macht, so ergibt die Auslegung, dass Arbeitnehmer, die bereits die Höchstpension erreicht haben, keine Kürzungen mehr hinnehmen müssen. Alle anderen Arbeitnehmer verlieren durch das vorzeitige Ausscheiden allein die noch fehlenden Steigerungsbeträge.[350]

V. Ruhegeldanwartschaft

Allgemein: *Annuß,* Der Eingriff in den Arbeitsvertrag durch Betriebsvereinbarung, NZA 2001, 756; *Arnold,* Übergang von Pensionsverbindlichkeiten im Licht der Änderung des Umwandlungsgesetzes, DB 2008, 986; *Gaul/Kühnreich,* Änderungen von Versorgungszusagen nach Betriebsübergang bzw. Umwandlung, NZA 2002, 495; *Hambach,* Gesetzliche Unverfallbarkeit von Versorgungsanwartschaften und Betriebsübergang, NZA 2000, 291; *Klemm,* Abfindung und Übertragung von Versorgungsanwartschaften aus betrieblicher Altersvorsorge im Lichte des Altersvermögensgesetzes, NZA 2002, 416; *Langohr-Plato,* Kündigung von Betriebsvereinbarungen über betriebliche Altersversorgung, BetrAV 2000, 544; *Neufeld,* Besonderheiten der betrieblichen Altersversorgung bei der übertagenden Sanierung, BB 2008, 2346; *Roßmanith,* Die Kündigung von Betriebsvereinbarungen über die beteriebliche Altersversorgung, DB 99, 634.

Übertragbarkeit: *Buttler,* Die neue Portabilität in der Praxis, AuA 2007, 358; *Doetsch,* Übertragung von Pensionsverpflichtungen bei der Unternehmensliquidation, BetrAV 2000, 412; *Förster/Cisch,* Die Änderungen im Betriebsrentengesetz durch das Alterseinkünftegesetz und deren Bedeutung für die Praxis, BB 2004, 2126; *Höfer,* Die Neuregelung des Betriebsrentengesetzes durch das Alterseinkünftegesetz, DB 2004, 1426; *Kock/Otto,* Die Übertragung einer Direktzusage analog § 4 Abs. 3 BetrAVG, BB 2004, 1162; *Matthießen,* Die betriebliche Altersversorgung nach der Reform durch das Alterseinkünftegesetz zum 1. 1. 2005, ArbuR 2005, 815; *Reichel/Volk,* Portabilität von Versorgungsanwartschaften in der betrieblichen Altersversorgung, DB 2005, 886; *Reichenbach/Jocham,* Zeitgleiche Änderung der Versorgungszusage bei Übertragung von Ver-

[341] BAG 28. 5. 2002 AP 29 zu § 6 BetrAVG = ArbuR 2002, 437 (LS).

[342] BAG 17. 9. 2008 – 3 AZR 1061/06 – DB 2009, 296 (LS).

[343] Vgl. BAG 29. 4. 2008 NZA 2008, 1417 – bei einem Verzicht auf eine ratierliche Kürzung analog § 2 I BetrAVG: 0,6%.

[344] Vgl. *Blomeyer/Rolfs/Otto* § 6 RN 120ff.

[345] BAG 1. 6. 1978 AP 1 zu § 6 BetrAVG = NJW 79, 124; 11. 9. 1980 AP 3 zu § 6 BetrAVG; 24. 6. 1986 AP 12 zu § 6 BetrAVG = NZA 87, 200; 13. 3. 1990 AP 17 = NZA 90, 692; 24. 7. 2001 AP 27 zu § 6 BetrAVG = NZA 2002, 672 („unechter versicherungsmathematischer Abschlag"); 12. 12. 2006 AP 32 zu § 1 BetrAVG Berechnung = NZA-RR 2007, 434; dazu *Blomeyer* ZIP 2001, 225; *Heubeck/Oster* BetrAV 2001, 230.

[346] BAG 20. 4. 1982 AP 4 zu § 6 BetrAVG = NJW 83, 1015; *Höfer* § 6 RN 4292; kritisch: *Blomeyer/Rolfs/Otto* § 6 RN 186.

[347] BAG 24. 7. 2001 AP 27 zu § 6 BetrAVG = NZA 2002, 672.

[348] BAG 24. 6. 1986 AP 12 zu § 6 BetrAVG = NZA 87, 200.

[349] BAG 23. 1. 2001 AP 26 zu § 6 BetrAVG = DB 2002, 1168.

[350] BAG 10. 1. 1984 AP 8 zu § 6 BetrAVG = BB 84, 1620.

sorgungsverpflichtungen, BB 2008, 1786; *Rolfs,* Die Übertragung von Versorgungsanwartschaften und der Irrtum über den Umfang der Anwartschaft, NZA 2005, 745; *Schnitker/Grau,* Neue Rahmenbedingungen für das Recht der betrieblichen Altersversorgung durch das Alterseinkünftegesetz, NJW 2005, 10; *Steinmeyer,* Portabilität von Anwartschaften und Leistungen, FS Adresen (2006), 259.

1. Begriff. a) Vor Eintritt der Bedingungen, von denen die Ruhegeldzahlung abhängig ist, besteht eine **Ruhegeldanwartschaft.** Sie ist ein aufschiebend bedingter Versorgungsanspruch, der mit Eintritt der Bedingung zum Vollrecht erstarkt. **126**

b) Eine Versorgungsanwartschaft kann **geändert** werden. Die Änderung zugunsten der Arbeitnehmer kann durch dieselben Rechtsakte wie die Begründung erfolgen. Insbesondere kann eine Rechtsänderung zugunsten der Arbeitnehmer eintreten durch Einzelzusage, betriebliche Übung oder Erweckung eines sonstigen Vertrauenstatbestandes, auf Grund dessen die Arbeitnehmer darauf vertrauen können, im Versorgungsfall eine höhere Leistung zu erhalten. Ein verbesserndes Vertragsangebot nimmt der Arbeitnehmer an, ohne dass es einer besonderen Annahmeerklärung bedarf (§ 151 BGB, s. RN 33). **127**

c) Zweifelhaft ist, ob der Arbeitnehmer auf eine Versorgungsanwartschaft **verzichten,** sie erlassen oder zu seinem Nachteil abändern kann. Soweit die Versorgungsanwartschaft auf **Tarifvertrag oder Betriebsvereinbarung** beruht, kann sie aus kollektivrechtlichen Gründen nicht durch Individualvertrag erlassen oder verschlechtert werden (§ 4 TVG, § 77 BetrVG). Allerdings kann der Arbeitnehmer gem. § 77 IV 2 BetrVG mit Zustimmung des Betriebsrates auf Rechte aus einer Betriebsvereinbarung verzichten. Die Zustimmung kann formlos erteilt werden.[351] Nach § 17 III 3 BetrAVG kann von den Vorschriften des BetrAVG nicht zum Nachteil des Arbeitnehmers abgewichen werden. Hieraus lässt sich ein allgemeines Verschlechterungsverbot oder Aufhebungsverbot nicht ableiten. Dagegen leitet das BAG Verschlechterungs- und Aufhebungsverbote aus § 3 BetrAVG ab. Versorgungsanwartschaften, die nicht abgefunden werden dürfen, können auch nicht wirksam erlassen werden (s. RN 175). **128**

d) Dagegen ist die Rspr. beständig davon ausgegangen, dass Versorgungszusagen auch zum **Nachteil der Arbeitnehmer geändert** werden können. Versorgungszusagen und Versorgungsordnungen laufen i. d. R. Jahrzehnte; sie bedürfen daher der Anpassung an wirtschaftliche und rechtliche Eckdaten. Die Rspr. hat eine Änderung von Versorgungszusagen zum Nachteil der Arbeitnehmer nicht zugelassen, wenn ein Eingriff in Besitzstände vorlag; im Übrigen hat sie die Änderung einer gerichtlichen Billigkeitskontrolle unterzogen. Sie hat eine Änderung zum Nachteil stets nur für zulässig erachtet, wenn hierfür ein sachlich gerechtfertigter Grund bestand.[352] Der rechtstechnische Weg der Änderung ist bei den einzelnen Rechtsbegründungsakten der Versorgung unterschiedlich. **129**

2. Einzelvertragliches Anwartschaftsrecht. Beruht die Anwartschaft auf einer vorbehaltlos erteilten Einzelzusage, so kann sie im Wege einer einvernehmlichen Vertragsänderung (§ 311 BGB) jederzeit geändert oder – (zumindest solange sie noch abfindbar ist (RN 128, 170 ff.) – aufgehoben werden. Zum Nachteil des Arbeitnehmers kann aber nicht in bereits erdiente Besitzstände (RN 142, 152) eingegriffen werden (§§ 3 I, 17 III 3 BetrAVG).[353] Arbeitet ein Arbeitnehmer auf die Erklärung des Arbeitgebers, er wolle die Ruhegeldvereinbarung aufheben oder ändern, weiter, so kann hierin regelmäßig noch keine konkludente Zustimmung gesehen werden.[354] Etwas Anderes gilt dann, wenn besondere Umstände vorliegen, die nach Treu und Glauben einen ausdrücklichen Widerspruch erwarten lassen, wie z. B. bei einem Personalleiter, der die vorgeschlagene Änderung selbst im Betrieb vertritt und durchsetzen soll.[355] Stimmt der Arbeitnehmer einer Änderung nicht zu, so kann eine Änderung der Anwartschaft nur im Wege der Änderungskündigung (§ 137) erzwungen werden, für die jedoch der allgemeine oder besondere Kündigungsschutz gilt (§ 137 RN 13). Eine Teilkündigung wegen der Versorgungsanwartschaft ist nicht möglich (s. § 123 RN 8 ff.). Durch Tarifvertrag oder Betriebsvereinbarung **130**

---

[351] BAG 3. 6. 1997 AP 69 zu § 77 BetrVG 1972 = NZA 98, 382.

[352] BAG 30. 1. 1970 AP 142 zu § 242 BGB Ruhegehalt = NJW 70, 1620; 17. 1. 1980 AP 185 zu § 242 BGB Ruhegehalt = NJW 80, 1976; 21. 8. 1980 AP 7 zu § 1 BetrAVG Wartezeit = NJW 81, 1855; 19. 6. 1980 AP 8 zu § 1 BetrAVG Wartezeit = DB 81, 431; 30. 10. 1980 AP 3 zu § 1 BetrAVG = NJW 81, 1632.

[353] BAG 22. 9. 1987 AP 13 zu § 17 BetrAVG = NZA 88, 470; a. A. LAG Köln 19. 2. 1986 NZA 86, 718 = DB 86, 1344.

[354] Zur konkludenten Änderung vgl. § 34 RN 25; s. insbes. BAG 8. 7. 1960 AP 2 zu § 305 BGB; 17. 7. 1965 AP 101 zu § 242 BGB Ruhegehalt; 21. 8. 1967 AP 122 zu § 242 BGB Ruhegehalt; 10. 5. 1971 AP 152 zu § 242 BGB Ruhegehalt; 12. 2. 1985 AP 12 zu § 1 BetrAVG.

[355] BAG 17. 7. 1965 AP 101 zu § 242 BGB Ruhegehalt; 12. 2. 1985 AP 12 zu § 1 BetrAVG.

kann eine einzelvertragliche Anwartschaft grundsätzlich weder zum Nachteil des Arbeitnehmers geändert noch aufgehoben werden, weil kollektivrechtliche Vereinbarungen nur Mindestbedingungen setzen.[356]

131 **3. Gesamtvertragliches Anwartschaftsrecht. a)** Beruht die Anwartschaft auf einer vorbehaltlos erteilten **Gesamtzusage,** so kann der Arbeitgeber die Zusage nicht einseitig ändern, da sie zum **Inhalt des Arbeitsvertrages** geworden ist. Dem Arbeitgeber stehen zur Änderung der Ruhegeldordnung dieselben Möglichkeiten wie bei dem einzelvertraglichen Anwartschaftsrecht zu. Dies wird namentlich in Großbetrieben nur von akademischer Bedeutung sein.

132 **b)** In der älteren Lit. und Rspr. ist angenommen worden, nach den Grundsätzen des Ordnungsprinzips sei auch eine Änderung von Gesamtzusagen und arbeitsvertraglichen Einheitsregelungen durch **Tarifvertrag und Betriebsvereinbarung** möglich (§ 204 RN 62). Die Rspr. des für Fragen der betrieblichen Altersversorgung zuständigen 3. Senats des BAG hat dahingestellt sein lassen, ob diesen Grundsätzen zu folgen ist.[357] Sie hatte erkannt, dass Gesamtzusagen und arbeitsvertragliche Einheitsregelungen zwar formaljuristisch Rechtsbegründungsakte des Individualrechts sind, gleichzeitig aber einen stark kollektivrechtlichen Einschlag haben. Zu dem Zeitpunkt, in dem im Wege der arbeitsvertraglichen Einheitsregelung in zahlreichen Großbetrieben die betriebliche Altersversorgung eingeführt worden ist, stand ein betriebsverfassungsrechtliches Instrumentarium überhaupt noch nicht zur Verfügung, um Versorgungssysteme zu regeln. Nach der Rspr. konnten Gesamtzusagen und arbeitsvertragliche Einheitsregelungen (gebündelte Verträge) auch durch Betriebsvereinbarung zum Nachteil der Arbeitnehmer geändert werden.[358] Die Betriebsvereinbarungen wurden dabei einer gerichtlichen Billigkeitskontrolle unterzogen.[359] In betriebsverfassungsrechtlichen Organstreitigkeiten (Betriebsrat/Arbeitgeber) unterschied das Gericht zwischen einer strukturellen Billigkeitskontrolle, bei der also ähnlich wie bei einem Normenkontrollverfahren überprüft wird, ob die Gesamtversorgung der Billigkeit entspricht. In Individualstreitigkeiten um die Zulässigkeit der Änderung wurde neben der strukturellen Überprüfung eine individuelle Prüfung angestellt und untersucht, ob die Änderungen im Einzelfall zu Härten führen, die durch die Änderung nicht beabsichtigt waren. Insoweit mussten die Betriebsvereinbarungen Besitzstandsregelungen oder Härteklauseln zum Ausgleich enthalten.

133 Die vorstehend skizzierten Rechtsgrundsätze wurden durch **Entscheidungen des 6. Senates** in Frage gestellt. Der 6. Senat hatte zunächst entschieden, die Auslegung ergebe, dass eine Betriebsvereinbarung eine Gesamtzusage oder arbeitsvertragliche Einheitsregelung nur dann ändern könne, wenn sie das deutlich sage.[360] In einer weiteren Entscheidung hat er einer ändernden Betriebsvereinbarung nur in den Fällen der erzwingbaren Mitbestimmung Wirkungen beigemessen.[361] Hierauf haben der 5., 2. und 3. Senat eine Entscheidung des Großen Senats zu der Frage herbeigeführt, in welchem Umfang arbeitsvertragliche Einheitsregelungen durch Betriebsvereinbarung geändert werden können.

134 **c)** Der Große Senat hat zunächst auf die Vorlage des 5. Senats entschieden.[362] Die Entscheidung betrifft nur die Frage, auf welche Weise Änderungen möglich sind, also die rechtlich mögliche **Regelungstechnik,** nicht dagegen das Problem, in welchem Ausmaß Änderungen zulässig sind, also die Zulässigkeit des **Regelungsinhalts.** Kommt eine verschlechternde Ablösung an sich in Betracht, ist auf einer zweiten Stufe weiter zu prüfen, ob die Neuregelung bei der Ablösung der durch die Gesamtzusage geschaffenen Ordnung die Gebote des Vertrauensschutzes und der Verhältnismäßigkeit wahrt.[363] Im Hinblick auf die **Regelungstechnik** gilt Folgendes (s. auch § 231 RN 37): Vertragliche Ansprüche auf Grund einer Einheitsregelung oder einer Gesamtzusage können durch eine nachfolgende Betriebsvereinbarung beschränkt werden, wenn die Neuregelung **bei kollektiver Betrachtung** insgesamt **nicht ungünstiger** ist. Ist die Regelung für die Belegschaft insgesamt nicht ungünstiger, ist es unschädlich wenn einzelne Arbeit-

---

[356] BAG 24. 11. 1977 AP 177 zu § 242 BGB Ruhegehalt = NJW 78, 1969.

[357] Vgl. BAG 30. 1. 1970 AP 142 zu § 242 BGB Ruhegehalt = NJW 70, 1620.

[358] BAG 30. 1. 1970 AP 142 zu § 242 BGB Ruhegehalt = NJW 70, 1620; 5. 2. 1971 AP 10 zu § 242 BGB Betriebliche Übung = NJW 71, 1422; 25. 3. 1971 AP 5 zu § 57 BetrVG = NJW 71, 1629; 8. 12. 1981 AP 1 zu § 1 BetrAVG Ablösung; 8. 12. 1981 AP 1 zu § 1 BetrAVG Unterstützungskasse = NJW 82, 1773.

[359] BAG 30. 1. 1970 AP 142 zu § 242 BGB Ruhegehalt = NJW 70, 1620; 8. 12. 1981 AP 1 zu § 1 BetrAVG Ablösung; 8. 12. 1981 AP 1 zu § 1 BetrAVG Unterstützungskasse = NJW 82, 1773.

[360] BAG 4. 3. 1982 AP 3 zu § 77 BetrVG 1972.

[361] BAG 12. 8. 1982 AP 4 zu § 77 BetrVG 1972 = NJW 83, 68.

[362] BAG GS 16. 9. 1986 AP 17 zu § 77 BetrVG 1972 = NZA 87, 168.

[363] BAG 17. 6. 2003 AP 44 zu § 1 BetrAVG Ablösung = NZA 2004, 1110.

nehmer schlechter gestellt werden.[364] Für die Arbeitnehmer ungünstigere Regelungen sind zulässig, soweit der Arbeitgeber wegen eines vorbehaltenen Widerrufs oder Wegfalls der Geschäftsgrundlage die Kürzung oder Streichung einer Sozialleistung verlangen kann. Darüber hinaus kann die arbeitsvertragliche Vereinbarung einen **Vorbehalt** enthalten, wonach spätere betriebliche Regelungen den Vorrang haben sollen. Dieser Vorbehalt kann ausdrücklich, bei entsprechenden Begleitumständen auch stillschweigend erfolgen.[365] Ein stillschweigender Vorbehalt wird vor allem dann vorliegen, wenn die vertragliche Einheitsregelung nicht schriftlich abgefasst worden ist und sich aus den Umständen, wie es zu dieser Regelung gekommen ist, ergibt, dass eine etwaige Ablösung durch kollektivrechtliche Regelungen möglich sein soll. Es muss für die Mitarbeiter **erkennbar** werden, dass die gewährten Leistungen nur unter dem Vorbehalt der Ausübung des Mitbestimmungsrechts, also einer Betriebsvereinbarung, gewährt werden sollen. Ein derartiger **Änderungsvorbehalt** kann sich vornehmlich dann aus den Umständen ergeben, wenn bei der Bekanntgabe der vertraglichen Einheitsregelung darauf hingewiesen wird, dass diese auf einer mit dem Betriebsrat abgestimmten Regelung beruht und die Leistungsgewährung im Einvernehmen mit dem Betriebsrat beschlossen wurde.[366] Umstritten ist, in welchem Umfang der Arbeitgeber Vertrauensschutz in die früher bestehenden Änderungsmöglichkeiten besitzt. Das BAG hat jedenfalls den Vertrauensschutz bis zu dem Zeitraum bejaht, in dem die Entscheidung des 6. Senats vom 12. 8. 1982[367] bekannt wurde.[368] Im Hinblick auf den zulässigen **Regelungsinhalt** gelten die für ändernde Betriebsvereinbarungen geltenden Grundsätze[369] (RN 141 ff.).

d) Hat ein Arbeitgeber ein Versorgungswerk durch Gesamtzusage errichtet und will dieser eine verschlechternde Neuregelung schaffen, weil die **Geschäftsgrundlage** (§ 313 BGB) weggefallen ist, so ist für die Neuregelung die **Möglichkeit einer Betriebsvereinbarung** gegeben. Der Betriebsrat darf seine Mitwirkung an einer Neuregelung nicht verweigern. Notfalls kann die Einigungsstelle entscheiden. Die Geschäftsgrundlage einer Versorgungszusage ist weggefallen, wenn sich die zugrunde gelegte Rechtslage nach der Erteilung der Zusage ganz wesentlich und unerwartet geändert hat, und dies beim Arbeitgeber zu erheblichen Mehrbelastungen führt (Äquivalenzstörung).[370] Dabei muss es sich nicht um einen einzigen gesetzgeberischen Eingriff handeln. Die Geschäftsgrundlage kann auch durch eine Vielzahl von nicht oder nicht in diesem Umfang vorhersehbaren Verschiebungen gestört sein.[371] Bei Gesamtversorgungszusagen ist ein Festhalten an der Zusage nicht mehr zumutbar und kann eine Anpassung wegen Äquivalenzstörung verlangt werden, wenn der ursprüngliche Dotierungsrahmen auf Grund von Änderungen der Rechtslage um mehr als 50% überschritten wird.[372] Dabei ist bei Gesamtzusagen auf die Entwicklung der wirtschaftlichen Belastung in der Zeit zwischen der Schaffung des Versorgungssystems und der verlangten Anpassung gem. § 313 BGB abzustellen.[373] Die Geschäftsgrundlage ist auch weggefallen, wenn die unveränderte Versorgungszusage zu einer gegenüber dem ursprünglichen Versorgungsziel zu einer planwidrigen Überversorgung führt (näher hierzu RN 345).[374] **135**

Eine Gesamtzusage oder arbeitsvertragliche Einheitsregelung kann u. U. einer Änderung durch eine nachfolgende Betriebsvereinbarung zugänglich sein, wenn sie eine **Jeweiligkeitsklausel** (s. RN 356 ff.) oder einen Änderungsvorbehalt enthält. Die Jeweiligkeitsklausel kann ausdrücklich oder konkludent enthalten sein. Das BAG hat ausgeführt, dass der Verweis auf die Richtlinien des Bochumer Verbandes (s. auch RN 37), die für einen ganzen Wirtschaftszweig die Versorgung vereinheitlichen wollen, eine stillschweigende Jeweiligkeitsklausel darstellt mit **136**

---

[364] BAG 17. 6. 2003 AP 44 zu § 1 BetrAVG Ablösung = NZA 2004, 1110.

[365] BAG GS 16. 9. 1986 AP 17 zu § 77 BetrVG 1972 = NZA 87, 168.

[366] BAG 3. 11. 1987 AP 25 zu § 77 BetrVG 1972 = NZA 88, 509; 23. 10. 2001 AP 33 zu § 1 BetrAVG Ablösung = NZA 2003, 986; 10. 12. 2002 AP 249 zu § 611 BGB Gratifikation = NZA 2004, 271; BAG 10. 12. 2002 AP 252 zu § 611 BGB Gratifikation = NZA 2003, 1360 (LS).

[367] BAG 12. 8. 1982 AP 4 zu § 77 BetrVG 1972 = NJW 83, 68.

[368] BAG 20. 11. 1990 AP 14 zu § 1 BetrAVG Ablösung = NZA 91, 477; hierzu *Heither* BB 92, 145 ff.; *Höfer* ART RN 355 f.

[369] BAG 24. 1. 2006 AP 50 zu § 1 BetrAVG Ablösung.

[370] BAG 9. 7. 1985 AP 6 zu § 1 BetrAVG Ablösung = NZA 86, 517; 23. 9. 1997 AP 26 zu § 1 BetrAVG Ablösung = NZA 98, 719; 19. 2. 2008 AP 5 zu § 313 BGB = NZA-RR 2008, 600.

[371] BAG 25. 7. 2000 BetrAV 2003, 466; 19. 2. 2008 AP 5 zu § 313 BGB = NZA-RR 2008, 600.

[372] BAG 19. 2. 2008 AP 5 zu § 313 BGB = NZA-RR 2008, 600.

[373] BAG 19. 2. 2008 AP 5 zu § 313 BGB = NZA-RR 2008, 600; s. auch RN 345.

[374] BAG 23. 9. 1997 AP 26 zu § 1 BetrAVG Ablösung = NZA 98, 719; 28. 7. 1998 AP 4 zu § 1 BetrAVG Überversorgung = NZA 99, 444.

der Folge, dass die jeweils maßgebende Fassung dieser Leistungsordnung gelten soll.[375] Zum ausdrücklichen oder stillschweigenden Änderungsvorbehalt durch nachfolgende Betriebsvereinbarung s. RN 134.

137 **e)** Grundsätzlich werden von einer abändernden Betriebsvereinbarung nicht bereits **ausgeschiedene** (§ 2 V BetrAVG) oder bereits **im Ruhestand lebende Arbeitnehmer** erfasst,[376] jedenfalls können nach Eintritt des Versorgungsfalls – auch für Hinterbliebene – nur noch geringfügige Verschlechterungen gerechtfertigt sein.[377] Etwas anderes gilt nur dann, wenn die Ruhelohnordnung eine Jeweiligkeitsklausel enthält (s. RN 356ff.). Dies kann bereits dann gewollt sein, wenn in einer Leistungsordnung aktive Arbeitnehmer und Pensionäre in gleicher Weise bedacht werden.[378] Ist eine planwidrige Überversorgung eingetreten, kann der Arbeitgeber die zulässigen Anpassungsregelungen einer Betriebsvereinbarung auch den mit einer unverfallbaren Versorgungsanwartschaft ausgeschiedenen Arbeitnehmern entgegenhalten.[379]

138 **f) Tarifverträge** gehen einzel- oder gesamtvertraglich begründeten Anwartschaftsrechten vor, soweit sie günstiger sind. Dies folgt aus deren Unabdingbarkeit. Dagegen können Tarifverträge einzel- oder gesamtvertragliche Anwartschaftsrechte grundsätzlich wegen des bestehenden Günstigkeitsprinzips nicht verschlechtern. Soweit die Tarifpartner eine betriebliche Altersversorgung einführen, können sie wegen der bestehenden Versorgungsansprüche verschiedene Anrechnungsmethoden regeln (s. RN 51).

139 **4. Betriebliche Übung und Gleichbehandlungsgrundsatz.** Auf Grund betrieblicher Übung bzw. des Gleichbehandlungsgrundsatzes bestehende Anwartschaftsrechte gehören zum individualvertraglichen Bereich. Sie können unter den gleichen Voraussetzungen widerrufen werden wie ausdrücklich einzelvertraglich zugesagte Betriebsrenten.[380] Das gilt auch für eine Abänderung durch eine Betriebsvereinbarung (s. RN 131ff.).[381] Zur Beseitigung der Betriebsübung im Ganzen s. § 111 RN 23ff.

140 **5. Betriebsvereinbarung.**[382] Ruhegeldanwartschaften aus Betriebsvereinbarungen sind wegen deren Unabdingbarkeit zum Nachteil des Arbeitnehmers einzelvertraglich nicht änderbar, solange die Betriebsvereinbarung besteht.

141 **a)** Dagegen stehen sie grundsätzlich zur Disposition einer **nachfolgenden Betriebsvereinbarung,** da sie nicht einzelvertraglich Bestandteil der Arbeitsverhältnisse geworden sind. Es gilt der Grundsatz lex posterior derogat legi priori. Allerdings unterliegen ändernde Betriebsvereinbarungen der gerichtlichen Rechtskontrolle (§ 231). Sie müssen die Maßstäbe der **Verhältnismäßigkeit** und des **Vertrauensschutzes** beachten. Der Eingriff muss umso milder sein, je weniger der Arbeitnehmer noch einen anderweitigen Ausgleich erzielen kann. Der Arbeitgeber muss die Änderungsgründe im Prozess quantifizieren. Bei **Einschränkungen** von **Versorgungsanwartschaften während des laufenden Arbeitsverhältnisses** unterscheidet das BAG **drei Arten von Eingriffen** und ordnet ihnen je nach ihrer Intensität die für ihre Wirksamkeit erforderlichen Rechtfertigungsgründe zu:[383]

142 **aa)** In den zum Zeitpunkt der Neuregelung erdienten und nach § 2 I BetrAVG zu errechnenden Teilbetrag **(erdiente Besitzstände)** kann nur ausnahmsweise bei ganz zwingenden Gründen, eingegriffen werden. Solche Gründe liegen vor, wenn sich die Geschäftsgrundlage der ursprünglichen Versorgungsregelung wesentlich geändert hat oder gänzlich weggefallen ist. Darüber hinaus sind Kürzungen möglich, soweit eine **planwidrig eingetretene Überversorgung**

---

[375] BAG 10. 8. 1982 AP 7 zu § 5 BetrAVG.

[376] BAG 16. 3. 1956 AP 1 zu § 57 BetrVG; 17. 12. 1958 47 zu § 242 BGB Ruhegehalt; 25. 10. 1988 AP 1 zu § 1 BetrAVG Betriebsvereinbarung = NZA 89, 522; 13. 5. 1997 AP 65 zu § 77 BetrVG 1972 = NZA 98, 160; dazu *Waltermann* NZA 98, 505; offen gelassen von BAG 12. 10. 2004 AP 23 zu § 1 BetrAVG Hinterbliebenenversorgung = NZA 2005, 580 sowie BAG 31. 7. 2007 AP 79 zu § 242 BGB Betriebliche Übung = NZA-RR 2008, 263.

[377] BAG 12. 10. 2004 AP 23 zu § 1 BetrAVG Hinterbliebenenversorgung = NZA 2005, 580.

[378] LAG Niedersachsen 26. 10. 2000 LAGE § 611 BGB Gratifikation Nr. 64.

[379] BAG 28. 7. 1998 AP 4 zu § 1 BetrAVG Überversorgung = NZA 99, 444.

[380] BAG 30. 10. 1984 AP 1 zu § 1 BetrAVG Betriebliche Übung = NZA 85, 531; 18. 3. 2002 AP 41 zu § 1 BetrAVG Ablösung = NZA 2004, 1099.

[381] BAG 5. 2. 1971 AP 10 zu § 242 BGB Betriebliche Übung = NJW 71, 1422.

[382] Zur Kündigung von Betriebsvereinbarungen über betriebliche Altersversorgung *Langohr-Plato* BetrAV 2000, 544; *Roßmanith* DB 99, 634.

[383] BAG 17. 4. 1985 AP 4 zu § 1 BetrAVG Unterstützungskassen = NZA 86, 57; 16. 7. 1996 AP 21 zu § 1 BetrAVG Ablösung = NZA 97, 533.

abgebaut werden soll;[384] für die Beurteilung, ob dies vorliegt, ist auf den in der Versorgungsordnung angestrebten Versorgungsgrad abzustellen.[385]

bb) Für einen Eingriff in geschützte Zuwächse, die sich dienstzeitunabhängig allein aus variablen Berechnungsfaktoren ergeben und die zum Zeitpunkt der Neuregelung bereits anteilig erdient waren **(erdiente Dynamik),** bedarf es triftiger Gründe. Diese bestimmt das BAG ähnlich wie die wirtschaftlichen Gründe, die es dem Arbeitgeber erlauben, eine Anpassung der laufenden Betriebsrenten gem. § 16 BetrAVG zu verweigern (s. RN 277ff.). Ein Eingriff ist möglich, wenn ein Fortbestand der bisherigen Versorgungsregelung den Bestand des Unternehmens des Versorgungsschuldners langfristig gefährdet. Das ist dann anzunehmen, wenn unveränderte Versorgungsverbindlichkeiten voraussichtlich nicht aus den Erträgen des Unternehmens finanziert werden können und für deren Ausgleich auch keine ausreichenden Wertzuwächse des Unternehmens zur Verfügung stehen.[386] Wirtschaftlich triftige Gründe fehlen, wenn bereits nach der vereinbarten Dynamisierungsregelung bei einer langfristigen Substanzgefährdung des Unternehmens eine Erhöhung der Versorgungsanwartschaften unterbleiben darf.[387] 143

cc) Eingriffe in dienstzeitabhängige, also noch nicht erdiente Zuwachsraten **(dienstzeitabhängige Steigerungsbeträge)** können aus sachlich-proportionalen Gründen erfolgen. Erforderlich ist ein sachlicher, willkürfreier und anerkennenswerter Grund. Dabei darf das Vertrauen der Arbeitnehmer nicht über Gebühr beeinträchtigt werden. Die sachlichen Gründe sind gegenüber den Interessen der Arbeitnehmer abzuwägen; nicht erforderlich ist ein Sanierungsplan.[388] Sachlich proportionale Gründe liegen bereits dann vor, wenn ein unabhängiger Sachverständiger Feststellungen getroffen hat, die einen dringenden Sanierungsbedarf begründen.[389] Sachliche Gründe liegen ferner vor, wenn nach Erlass der alten Versorgungsordnung Änderungen der Sach- und Rechtslage eingetreten sind, die bei grundsätzlichem Festhalten am Versorgungsziel Kürzungen nahe legen. Zu diesen Änderungen gehören z. B. die Einführung einer vorgezogenen Altersgrenze, des gesetzlichen Insolvenzschutzes,[390] u. U. Änderungen des Sozialversicherungsrechts.[391] Rechtfertigungsgründe können außerdem eine angestrebte Vereinheitlichung der Altersversorgung mehrerer Betriebe im Unternehmen oder eines Konzerns[392] sowie die Verwirklichung des Gleichbehandlungsgrundsatzes sein.[393] 144

Die **Abgrenzung** zwischen den Eingriffen auf der zweiten und dritten Stufe kann im Einzelfall Probleme bereiten: Versorgungszusagen knüpfen häufig für Festlegung des Rentenanspruchs an die Zahl der Dienstjahre und das zuletzt gezahlte Gehalt an. Dabei wird auch für die Bewertung der früheren Beschäftigungszeiträume nicht das damals erzielte (niedrigere) sondern das zuletzt erzielte Entgelt zugrunde gelegt. Erdiente Dynamik ist hier die Aussicht auf Aufwertung der Vergangenheit (früherer Beschäftigungszeiträume) für den Fall künftiger Gehaltssteigerungen.[394] Die bis zur Neuregelung zeitanteilig erdiente Quote des Endgehalts ist dann eine erdiente Dynamik. Weniger schutzbedürftig sind dagegen rein dienstzeitabhängige Bemessungsfaktoren, wie z. B. ein jährlich zu erdienender Festbetrag oder ein jährlich anzurechnender Prozentsatz von einem anderen Faktor, z. B. dem Endgehalt.[395] Eine endgültige Feststellung der Eingriffsstufe lässt sich dabei u. U. erst bei Ausscheiden des Arbeitnehmers mit Sicherheit treffen.[396] Allein die Veränderung des Berechnungsfaktors Endgehalt, das z. B. auf einen bestimmten Zeitpunkt festgeschrieben wird, bedeutet nicht in allen Fällen einen Eingriff in die erdiente Dynamik, wenn z. B. zwar in den Faktor „Engehalt“ verschlechternd eingegriffen wird, gleich- 145

---

[384] BAG 23. 10. 1990 AP 13 zu § 1 BetrAVG Ablösung = NZA 91, 242; BAG 9. 4. 1991 AP 15 zu § 1 BetrAVG Ablösung = NZA 91, 730; BAG 28. 7. 1998 AP 4 zu § 1 BetrAVG Überversorgung = NZA 99, 444; BAG 22. 10. 2002 AP 10 zu § 1 BetrAVG Überversorgung.

[385] BAG 28. 7. 1998 AP 4 zu § 1 BetrAVG Überversorgung = NZA 99, 444.

[386] BAG 11. 12. 2001 AP 36 zu § 1 BetrAVG Ablösung = NZA 2003, 1414.

[387] BAG 21. 8. 2001 AP 8 zu § 1 BetrAVG Betriebsvereinbarung = NZA 2002, 575.

[388] BAG 19. 4. 2005 AP 9 zu § 1 BetrAVG Betriebsvereinbarung = NZA-RR 2005, 598.

[389] BAG 18. 9. 2001 AP 34 zu § 1 BetrAVG Ablösung = NZA 2002, 1164; zur Ablösung eines Rentnerweihnachtsgeldes: BAG 18. 2. 2003 AP 38 zu § 1 BetrAVG Ablösung = NZA 2004, 98.

[390] *Höfer* ART RN 601.

[391] Einschränkend aber BAG 18. 2. 2003 AP 38 zu § 1 BetrAG Ablösung = NZA 2004, 98 (für sich genommen nicht ausreichend sind die Belastungen auf Grund des Rentenreformgesetzes 1992).

[392] BAG 8. 12. 1981 AP 1 zu § 1 BetrAVG Ablösung.

[393] BAG 26. 8. 1997 AP 14 zu § 1 BetrAVG Besitzstand = NZA 98, 605.

[394] *Neef* FS 50 Jahre BAG, S. 81, 85, 86.

[395] *Griebeling/Griebeling* RN 845; *Langohr-Plato* BB 2000, 1885, 1887.

[396] BAG 11. 12. 2001 AP 36 zu § 1 BetrAVG Ablösung = NZA 2003, 1414; 11. 12. 2001 AP 43 zu § 1 BetrAVG Unterstützungskassen = NZA 2003, 1407.

zeitig jedoch die Möglichkeit eröffnet wird, nach anderen Berechnungsmaßstäben (z. B. über eine festbetrags- oder beitragsorientierte Zusage bzw. Rentenbausteine) Zuwächse zu erwerben. Der Besitzstand aus einer erdienten Dynamik ist bereits dann aufrechterhalten, wenn der Arbeitnehmer im Versorgungsfall zumindest den Betrag erhält, den er zu einem bestimmten Stichtag bei Aufrechterhaltung der Dynamik der betreffenden Bemessungsfaktoren erreicht hatte, bzw. wenn er jedenfalls nicht weniger erhält, als er bis zum Ablösungsstichtag unter Berücksichtigung seines tatsächlich erworbenen Endgehalts erworben hat, also berechnet nach § 2 I BetrAVG ohne entsprechende Anwendung der Abänderungssperre des § 2 V BetrAVG.[397]

146 Soweit das BAG eine Verschlechterung zum Nachteil der Arbeitnehmer bei sog. Beinahe-Pensionären nicht zugelassen hat,[398] ist diese Rspr. überholt. Nicht von ändernden Betriebsvereinbarungen erfasst werden die Anwartschaften bereits ausgeschiedener Arbeitnehmer. Dies ist gerechtfertigt, weil sie nach Auffassung des BAG auf die Zusammensetzung des Betriebsrats keinen Einfluss mehr haben.[399] Zur Erfassung von **ausgeschiedenen oder bereits im Ruhestand lebenden Arbeitnehmern** s. auch RN 137. Zu Einschränkungen der **Hinterbliebenenversorgung** vgl. RN 208.

147 Betriebsvereinbarungen können durch eine **Gesamtversorgungszusage** abgelöst werden, soweit diese günstiger ist.[400]

148 **b)** Grundsätzlich kann eine Betriebsvereinbarung **mit einer Frist von drei Monaten gekündigt** werden (§ 77 V BetrVG). Sofern der Regelungstatbestand der erzwingbaren Mitbestimmung unterliegt, entfaltet die Betriebsvereinbarung gem. § 77 VI BetrVG Nachwirkung, d. h. ihre Normen gelten fort, bis sie durch eine nachfolgende, auch individualvertragliche Abmachung ersetzt werden. Dagegen entfalten freiwillige Betriebsvereinbarungen keine Nachwirkung. Indes können auf Grund freiwilliger Betriebsvereinbarung entstandene Rechte nicht entzogen werden. Für die Zukunft kann ein Vertrauenstatbestand für die Arbeitnehmer erwachsen sein, dass sie nicht ersatzlos wegfallen.[401] Für die Kündigung von Betriebsvereinbarungen besteht kein Kündigungsschutz. Die Grundsätze des Vertrauensschutzes begrenzen aber die Kündigungswirkungen. Soweit hiernach Versorgungsbesitzstände unangetastet bleiben, ist deren Rechtsgrundlage weiterhin die gekündigte Betriebsvereinbarung.[402]

149 **c)** Ob ein (Firmen-)**Tarifvertrag** eine günstigere Betriebsvereinbarung abändern kann, ist umstritten, wird aber zumeist abgelehnt (§ 204 RN 33 ff.). Eine Änderung ist möglich, wenn die Betriebsvereinbarung auf einen Tarifvertrag verweist.[403]

150 **6. Tarifvertrag.** Ruhegeldanwartschaften aus einem Tarifvertrag können während des Bestandes des Tarifvertrages wegen dessen Unabdingbarkeit nach § 4 III TVG nicht zum Nachteil des Arbeitnehmers beseitigt werden.[404] Nach Ablauf oder Aufhebung des Tarifvertrages entfaltet dieser Nachwirkung (§ 4 V TVG).

151 Der Versorgungstarifvertrag selbst kann auch durch einen nachfolgenden Tarifvertrag zum Nachteil der Arbeitnehmer geändert werden, und zwar auch im Hinblick auf die Versorgungsanwartschaften bereits ausgeschiedener Arbeitnehmer (vgl. § 17 III BetrAVG). Die Regelungsbefugnis der Tarifvertragsparteien erstreckt sich zudem grundsätzlich auch auf Betriebsrentner.[405] Die Änderung unterliegt nicht der gerichtlichen Billigkeitskontrolle. Vielmehr ist der Tarifvertrag nur darauf zu überprüfen, ob er gegen das Grundgesetz, zwingendes Gesetzesrecht, die

---

[397] BAG 11. 12. 2001 AP 36 zu § 1 BetrAVG Ablösung = NZA 2003, 1414; 11. 12. 2001 AP 43 zu § 1 BetrAVG Unterstützungskassen = NZA 2003, 1407.

[398] BAG 26. 10. 1962 AP 87 zu § 242 BGB Ruhegehalt.

[399] BAG 25. 10. 1988 AP 1 zu § 1 BetrAVG Betriebsvereinbarung = NZA 89, 522; kritisch *Blomeyer/Otto* Anh. § 1 RN 103 f. m. w. N.; einschränkend für Beihilfen im Krankheitsfall: BAG 13. 5. 1997 AP 65 zu § 77 BetrVG 1972 = NZA 98, 160.

[400] LAG Hamm 2. 7. 1991 DB 91, 2091 = LAGE § 77 BetrVG 1972 Nr. 13.

[401] BAG 18. 4. 1989 AP 2 zu § 1 BetrAVG Betriebsvereinbarung = NZA 90, 67; 10. 3. 1992 AP 5 zu § 1 BetrAVG Betriebsvereinbarung = NZA 93, 234; 7. 7. 1992 AP 11 zu § 1 BetrAVG Besitzstand = NZA 93, 179; vgl. *Roßmanith* DB 99, 637.

[402] BAG 11. 5. 1999 AP 6 zu § 1 BetrAVG Betriebsvereinbarung = NZA 2000, 322; 17. 8. 1999 AP 79 zu § 77 BetrVG 1972 = NZA 2000, 498; 21. 8. 2001 AP 8 zu § 1 BetrAVG Betriebsvereinbarung = NZA 2002, 575.

[403] BAG 30. 1. 1973 AP 164 zu § 242 BGB Ruhegehalt.

[404] Zur Änderung durch einen verschlechternden Tarifvertrag: BAG 1. 6. 1970 AP 143 zu § 242 BGB Ruhegehalt.

[405] BAG 27. 2. 2007 AP 44 zu § 1 BetrAVG = NZA 2007, 1371; 27. 3. 2007 AP 68 zu § 1 BetrAVG Zusatzversorgungskassen = NZA-RR 2008, 82; 21. 8. 2007 AP 69 zu § 1 BetrAVG Zusatzversorgungskassen = NZA 2008, 182; 17. 6. 2008 NZA 2008, 1244.

guten Sitten oder tragende Grundsätze des Arbeitsrechts verstößt (s. § 200 RN 12ff.). Eine Billigkeitskontrolle wie bei Betriebsvereinbarungen findet nicht statt.[406] Vorhandene Besitzstände dürfen aber nicht völlig unberücksichtigt gelassen werden. Eingriffe müssen den aus dem Rechtsstaatsprinzip (Art. 20 III GG) folgenden Grundsätzen der **Verhältnismäßigkeit** und des **Vertrauensschutzes** Rechnung tragen.[407] Das gilt auch für die Überprüfung tariflicher Eingriffe in Versorgungsanwartschaften bereits ausgeschiedener Arbeitnehmer.[408] Unter diesen Voraussetzungen sind auch tarifliche Eingriffe in laufende Betriebsrenten für die Zukunft denkbar. Da die Tarifvertragsparteien grundsätzlich nicht in bereits entstandene Ansprüche eingreifen dürfen, [409] können sie in die zum Zeitpunkt des Versorgungsfalls geschuldete Ausgangsrente (die bei Beendigung des Arbeitsverhältnisses erdiente Rente) nur verschlechtern soweit bereits vor Entstehung des Anspruchs Anhaltspunkte dafür bestanden, dass die Tarifvertragsparteien verschlechternd eingreifen würden.[410] Das BAG hat in diesem Zusammenhang offen gelassen, ob hier daneben auch ein Eingriff nach den Grundsätzen über die Störung der Geschäftsgrundlage (§ 313 BGB) möglich ist. Das vom BAG für Eingriffe in Versorgungsanwartschaften durch verschlechternde Betriebsvereinbarungen entwickelte dreistufige Prüfungsschema (s. RN 141ff.) kann auf Tarifverträge auf Grund der Tarifautonomie (Art. 9 III GG) nicht übertragen werden.[411] Wird nicht in einen erdienten Besitzstand eingegriffen und sind die Nachteile nicht schwerwiegend, so reichen sachliche Gründe (z. B. Eindämmung von Überversorgungen, veränderte Gerechtigkeitsvorstellungen oder Veränderungen im Sozialversicherungsrecht) aus.[412] Ist ein Tarifvertrag danach unwirksam und erwächst damit eine Tariflücke, so ist eine solche Ergänzungsauslegung zu wählen, die dem Regelungssystem am nächsten kommt und keine ergänzende oder zweckändernde rechtspolitische Entscheidung erforderlich macht.[413] Die Versorgungstarifverträge, die eine sog. **planmäßige Überversorgung** im öffentlichen Dienst beseitigt haben, sind wirksam[414] (vgl. unten § 84 RN 164ff.). Eine planmäßige Überversorgung liegt vor, wenn die Versorgungsberechtigten mehr erhalten als eine volle Sicherung ihres Lebensstandards, wobei den Tarifvertragsparteien im Rahmen der Festlegung der maßgeblichen Vollversorgung, die nicht etwa 100% des fiktiven Nettoeinkommens betragen muss, einen Beurteilungs- und Bewertungsspielraum haben.[415] Bei der Beurteilung einer Gesamtzusage ist insoweit auf den Zeitpunkt der Zusageerteilung und nicht etwa auf den Beginn des Arbeitsverhältnisses abzustellen.[416]

7. Wert der unverfallbaren Versorgungsanwartschaft.[417] **a)** In § 2 BetrAVG ist geregelt, **152**
mit welchem Wert die Versorgungsanwartschaft mindestens[418] aufrecht zu erhalten ist, wenn der Arbeitnehmer nach dem Eintritt ihrer Unverfallbarkeit aus den Diensten des Arbeitgebers scheidet. Auf den Grund des Ausscheidens kommt es dabei nicht an.[419] Der Wert ergibt sich im Wege des **Quotierungsverfahrens.** Dieses ist auch dann anzuwenden, wenn der Arbeitnehmer bei vorzeitiger Beendigung des Arbeitsverhältnisses nach der konkreten Versorgungsordnung bereits die Höchstpension verdient hat.[420] Der Quotient entspricht dem Verhältnis der bis zum Ausscheidezeitpunkt erreichten Betriebszugehörigkeit zu der bis zur festen Altersgrenze theoretisch erreichbaren Betriebszugehörigkeit. Änderungen der Versorgungsregelung oder der Be-

---

[406] BAG 21. 8. 2007 AP 69 zu § 1 BetrAVG Zusatzversorgungskassen = NZA 2008, 182; 17. 6. 2008 NZA 2008, 1244.

[407] BAG 14. 12. 1982 AP 1 zu § 1 BetrAVG Besitzstand; 24. 8. 1993 AP 19 zu § 1 BetrAVG Ablösung = NZA 94, 807; 28. 7. 2005 AP 47 zu § 1 BetrAVG Ablösung = NZA 2006, 335; *Houben* AuR 2007, 239.

[408] BAG 13. 12. 2005 AP 49 zu § 2 BetrAVG = DB 2006, 1013.

[409] BAG 11. 10. 2006 AP 24 zu § 1 TVG Rückwirkung = NZA 2007, 634

[410] BAG 27. 2. 2007 AP 44 zu § 1 BetrAVG = NZA 2007, 1371; 21. 8. 2007 AP 69 zu § 1 BetrAVG Zusatzversorgungskassen = NZA 2008, 182.

[411] BAG 28. 7. 2005 AP 47 zu § 1 BetrAVG Ablösung = NZA 2006, 335; 27. 6. 2006 AP 12 zu § 1 BetrAVG Überversorgung = DB 2007, 2491.

[412] BAG 28. 7. 2005 AP 47 zu § 1 BetrAVG Ablösung = NZA 2006, 335; 27. 6. 2006 AP 12 zu § 1 BetrAVG Überversorgung = DB 2007, 2491.

[413] BAG 14. 12. 1982 AP 1 zu § 1 BetrAVG Besitzstand.

[414] BAG 3. 9. 1991 AP 3 zu § 1 BetrAVG Überversorgung = NZA 92, 515; vgl. auch BAG 24. 8. 1993 AP 19 zu § 1 BetrAVG Ablösung = NZA 94, 807.

[415] BAG 25. 5. 2004 AP 11 zu § 1 BetrAVG Überversorgung = DB 2005, 1801 (LS); 27. 6. 2006 AP 12 zu § 1 BetrAVG Überversorgung = DB 2007, 2491; 27. 3. 2007 AP 68 zu § 1 BetrAVG Zusatzversorgungskassen = NZA-RR 2008, 82.

[416] BAG 13. 11. 2007 AP 3 zu § 313 BGB = NZA-RR 2008, 520.

[417] Schrifttum s. vor RN 126.

[418] BAG 21. 6. 1979 AP 1 zu § 2 BetrAVG; BGH 18. 3. 1982 NJW 82, 2873.

[419] BAG 17. 9. 2008 – 3 AZR 1061/06 – DB 2009, 296 (LS).

[420] BAG 12. 3. 1985 AP 9 zu § 2 BetrAVG = NZA 86, 135.

messungsgrundlagen, die nach dem Ausscheiden des Arbeitnehmers eintreten, bleiben gem. § 2 V BetrAVG unberücksichtigt. Grundsätzlich ist das Quotierungsverfahren für alle Durchführungsformen der betrieblichen Altersversorgung gleich. Bei Direktversicherungen und Pensionskassen können jedoch Ersatzverfahren stattfinden. Die Berechnungsformel, dargestellt am Beispiel eines im 25. Lebensjahr eingetretenen und im 45. Lebensjahr ausgeschiedenen Arbeitnehmers bei fester Altersgrenze mit Eintritt des 65. Lebensjahres lautet:[421]

$$\frac{45-25}{65-25} = \frac{\text{Erreichte Betriebszugehörigkeit}}{\text{erreichbare Betriebszugehörigkeit}} = \frac{20}{40} = \frac{1}{2}$$

153 Mit diesem Quotienten werden die für den Versorgungsfall zustehenden Leistungen gekürzt, auch wenn sich nach dem Ausscheiden das Todes- oder Invaliditätsrisiko erhöht. Die Methode wird als **ratierliche Methode, pro rata temporis Methode,** oder **m/n-tel Prinzip** bezeichnet. Diese Berechnungsmethode führt dazu, dass jüngere Arbeitnehmer bei ansonsten gleichen Voraussetzungen geringere Rentenanwartschaften erwerben als solche, die erst in einem höheren Lebensalter eingestellt werden. Hierin liegt möglicherweise eine mittelbare Diskriminierung wegen des (geringeren) Lebensalters. Diese ist aber gem. Art. 2 II Buchst. b der Richtlinie 2000/78/EG gerechtfertigt, weil ein jüngerer Arbeitnehmer die Erwartung einer längeren Betriebstreue bei seinem Ausscheiden in einem höheren Maße enttäuscht und weil er in höherem Maße die Möglichkeit hat, weitere Rentenansprüche zu erwerben.[422]

154 Vom Quotierungsverfahren kann **zugunsten der Arbeitnehmer** abgewichen werden. Die abweichende Vereinbarung, für deren Vorliegen der Arbeitnehmer darlegungs- und beweispflichtig ist, muss deutlich,[423] nicht aber unbedingt ausdrücklich[424] getroffen werden. Anstelle einer zeitratierlichen Kürzung kann auch eine aufsteigende Berechnung vorgesehen sein, d. h. eine Regelung, wonach die Betriebsrentenanwartschaft entsprechend den in Aussicht gestellten Steigerungssätzen nur bis zum Ausscheiden vor Erreichen der festen Altersgrenze ansteigen soll.[425]

155 **b)** Der **Teilwert der Versorgungsanwartschaft** ist abhängig von der festen Altersgrenze. Der Begriff der festen **Altersgrenze** ist im Gegensatz zu dem der flexiblen Altersgrenze gedacht. Er war vom Gesetz auf das 65. Lebensjahr festgesetzt. Nunmehr gelten die Änderungen auf Grund des RV-Altersgrenzenanpassungsgesetzes (s. § 82 RN 26). Sofern Versorgungsordnungen generell auf die gesetzlichen Altersgrenzen verweisen, gelten nunmehr die neuen Altersgrenzen. Entsprechendes gilt aber auch bei Regelungen, die ausdrücklich eine „feste Altersgrenze" mit Vollendung des 65. Lebensjahres normieren. Denn auch solche Regelungen wollten erkennbar auf die (seit 1916) geltende Altersgrenze nach gesetzlichen Rentenrecht abstellen; auch hier war ein Parallelität von gesetzlichen und betrieblichem Leistungsvoraussetzungen beabsichtigt.[426] Enthält die Versorgungsordnung keine feste Altersgrenze, ergibt sich die Maßgeblichkeit der neuen Regelaltersgrenze unmittelbar aus der gesetzlichen Regelung des § 2 I 1.[427] An die Stelle der Regelaltersgrenze tritt nach § 2 I 1 2. Hs. BetrAVG ein früherer Zeitpunkt, wenn dieser in der Versorgungsregelung als feste Altersgrenze vorgesehen ist,[428] spätestens der Zeitpunkt, in dem der Arbeitnehmer ausscheidet und gleichzeitig eine Altersrente aus der gesetzlichen Rentenversicherung für besonders langjährig Versicherte (§ 38 SGB VI, s. § 82 RN 27) in Anspruch nimmt. Häufig wird für Frauen eine feste Altersgrenze (vorgezogen) auf das 60. Lebensjahr festgesetzt.[429] Diese verstößt nicht zum Nachteil der Frauen gegen den Gleichberechtigungsgrundsatz, wenn diese in den Ruhestand treten können, aber nicht müssen.[430] Dagegen liegt insoweit eine Benachteiligung der Männer vor (vgl. RN 55, 112). Zu den Auswirkungen bei der Berechnung der Anwartschaft s. RN 58. Im SGB VI wurde die Alters-

---

421 Vgl. BAG 12. 11. 1991 AP 26 zu § 2 BetrAVG = NZA 92, 466.

422 *Cisch/Böhm* BB 2007, 602 (608 f.); *Rolfs* NZA 2008, 553 (555 f.); kritisch *Rengier* NZA 2006, 1251 (1256).

423 BAG 4. 10. 1994 AP 22 zu § 2 BetrAVG = NZA 95, 788.

424 BGH 13. 1. 2003 NJW 2003, 2908 = DB 2003, 881.

425 BAG 24. 7. 2001 AP 27 zu § 6 BetrAVG = NZA 2002, 672.

426 *Höfer* § 2 RN 3119.5 ff.; *Höfer/Witt/Kuchem* BB 2007, 1445 (1450); a. A. *Cisch/Kruip* BB 2007, 1162 (1163); *Reichenbach/Grüneklee* DB 2006, 2234; wohl auch *Baumeister/Merten* DB 2007, 1306 (1308 f.); s. auch RN 112.

427 *Höfer/Witt/Kuchem* BB 2007, 1445 (1450).

428 Zur Zulässigkeit BAG 17. 9. 2008 BetrAV 2009, 165.

429 BAG 25. 10. 1988 AP 15 zu § 6 BetrAVG = NZA 89, 299; 21. 8. 1990 AP 19 zu § 6 BetrAVG = NZA 91, 507.

430 BAG 12. 1. 1985 AP 2 zu § 1 BetrAVG Gleichberechtigung = NZA 86, 607.

grenze zunächst stufenweise angeglichen (s. § 82 RN 28). Inzwischen gelten gleiche Altersgrenzen, und eine Begünstigung besteht nur für ältere Jahrgänge. Die feste Altersgrenze wird noch nicht dadurch verschoben, dass Arbeitnehmer zu einem früheren Zeitpunkt als dem 65. Lebensjahr oder der sonst festgesetzten Grenze Ruhegeld verlangen können. Kann ein Arbeitnehmer die geforderte Wartezeit erst nach Erreichen der Regelaltersgrenze vollenden, so ist bei seinem vorzeitigen Ausscheiden zur Berechnung des Teilwertes nicht auf das Erreichen der Regelaltersgrenze, sondern auf den Ablauf der Wartezeit abzustellen.[431] Sieht eine Versorgungsordnung vor, dass die Betriebsrente zusammen mit der Sozialversicherungsrente eine bestimmte Obergrenze nicht übersteigen darf, so hängt vom Sinn und Zweck der **Höchstbegrenzungsklausel** ab, wie sie sich bei vorzeitigem Ausscheiden des Arbeitnehmers auf die Berechnung der Teilrente auswirkt. Nach Ansicht des BAG ist die Gesamtversorgung an der Höchstgrenze zu messen und der entsprechend geminderte Betrag zeitanteilig zu kürzen, wenn es sich um ein Gesamtversorgungssystem wie bei einer Beamten ähnlichen Versorgung handelt. In diesen Fällen wird demnach die bei Erreichen der Altersgrenze zu erdienende Betriebsrente durch die Höchstbegrenzungsklausel beschnitten und dann zeitanteilig gekürzt. Stellt dagegen die Höchstbegrenzungsklausel einen reinen Berechnungsfaktor zur Vermeidung von Überversorgungen dar, so wird die bei Erreichen der Altersgrenze erreichbare Rente quotiert und erst danach die Höchstbegrenzungsklausel angewandt.[432] Das BAG ging bisher von einer Auslegungsregel aus, dass Voll- und Teilrenten im Zweifel zunächst ohne die Höchstbegrenzungsklausel zu berechnen sind und erst danach die Höchstbegrenzungsklausel angewandt wird.[433] Diese Rspr. hat das BAG nunmehr aufgegeben und ausgeführt, Höchstbegrenzungsklauseln dienten nicht oder jedenfalls nicht vorwiegend dazu, eine Überversorgung zu verhindern. Sie könnten auch eine Aussage darüber treffen, welche Höchstrente bei Betriebstreue bis zur festen Altersgrenze angemessen sein solle; dann seien sie Teil der Definition der Vollrente und daher schon bei der Berücksichtigung des Ausgangspunktes für Kürzungen wegen vorzeitigen Ausscheidens und vorzeitiger Inanspruchnahme von Betriebsrenten heranzuziehen.[434] Es ist also jeweils im Wege der Auslegung zu ermitteln, ob die Höchstgrenze Teil der Berechnung der erreichbaren Vollrente oder Obergrenze auch für die Teilrente sein soll. In keinem Fall können für die Bewertung der Sozialversicherungsrente und der Betriebsrente unterschiedliche Zeitpunkte festgesetzt werden.[435]

c) In § 2 I 2 BetrAVG ist das **Quotierungssystem bei vorzeitigen Leistungsfällen begrenzt.** Es soll vermieden werden, dass ein ausgeschiedener Arbeitnehmer im Fall einer später eingetretenen Invalidität (bzw. seine Hinterbliebenen im Falle seines Todes) vor Erreichen der Altersgrenze eine höhere betriebliche Versorgungsleistung erhält als ein Arbeitnehmer, der den entsprechenden Versorgungsfall als Betriebsangehöriger erleidet (bzw. dessen Hinterbliebene).[436] 156

Beispiel: Sieht eine Versorgungsordnung vor, dass nach zehnjähriger Wartezeit ein Anspruch von 30 Euro besteht und dieser Anspruch sich in den nächsten 5 Jahren um jährlich 20 Euro und ab 16. Betriebszugehörigkeitsjahr um jährlich 30 Euro erhöht, so könnten sich ohne die ratierliche Berechnungsmethode bei einem mit 45 Jahren eingetretenen und mit 57 Jahren ausgeschiedenen Arbeitnehmer, der im 58. Lebensjahr verunglückt, folgende Berechnungen ergeben: Hinterbliebenenrente des Ausgeschiedenen 30 + (5 × 20) + (5 × 30) = 280 Euro Maximalrente. Reduziert auf die zurückgelegte Betriebszeit $^{12}/_{20}$ × 280 = 168 Euro. Demgegenüber stellte sich die Betriebsrente des bis zum Eintritt der Invalidität im Betrieb verbliebenen Arbeitnehmers auf 30 Euro + (3 × 20 = 60) = 90 Euro.

Das Gesetz fingiert daher in diesen Fällen den Versorgungsfall auf den Zeitpunkt des Ausscheidens.

d) In § 2 II–V b BetrAVG wird die Wertberechnung der unverfallbaren Versorgungsanwartschaft an die Rechtslage bei **Direktversicherungen, Pensions- und Unterstützungskassen, Pensionsfonds, Entgeltumwandlung und Beitragszusage mit Mindestleistung** angepasst. 157

[431] BAG 3. 5. 1983 AP 4 zu § 128 HGB = NJW 83, 2283.
[432] BAG 25. 10. 1983 AP 2 zu § 2 BetrAVG; 10. 1. 1984 AP 4 zu § 2 BetrAVG = NZA 84, 354; 24. 6. 1986 AP 12 zu § 6 BetrAVG = NZA 87, 200; 8. 5. 1990 AP 18 zu § 6 BetrAVG = NZA 91, 15; 12. 11. 1991 AP 26 zu § 2 BetrAVG = NZA 92, 466; 28. 7. 1998 AP 4 zu § 1 BetrAVG Überversorgung = NZA 99, 444.
[433] BAG 24. 6. 1986 AP 12 zu § 6 BetrAVG = NZA 87, 200; 8. 5. 1990 AP 18 zu § 6 BetrAVG = NZA 91, 15.
[434] BAG 21. 3. 2006 AP 51 zu § 2 BetrAVG = NZA 2006, 1220.
[435] BAG 20. 3. 1984 AP 15 zu § 5 BetrAVG.
[436] BT-Drucks 7/1281, S. 25.

158 Bei der **Direktversicherung** kann sich ergeben, dass der Wert der Versorgungsanwartschaft hinter dem nach dem Quotierungsverfahren zu errechnenden Wert zurückbleibt. Namentlich bei geringerer Laufzeit des Versicherungsvertrages sind die ratierlichen Ansprüche häufig noch nicht ausfinanziert, zumal die Abschluss- und Verwaltungskosten des Versicherers gedeckt werden müssen. Die Versicherung kann nicht gezwungen werden, den Wert der ratierlichen Ansprüche zu finanzieren. Der Arbeitnehmer erlangt einen **Ergänzungsanspruch** gegen den Arbeitgeber (§ 2 II 1 BetrAVG). Der Arbeitgeber hat aber eine Wahlmöglichkeit, die Ansprüche des vorzeitig ausscheidenden Arbeitnehmers auf die von dem Versicherer auf Grund des Versicherungsvertrages zu erbringende Versicherungsleistung zu beschränken (§ 2 II 2 BetrAVG).[437] Die Beschränkung ist möglich, wenn **(1)** spätestens nach drei Monaten seit dem Ausscheiden des Arbeitnehmers das Bezugsrecht unwiderruflich ist und eine Abtretung oder Beleihung des Rechtes aus dem Versicherungsvertrag durch den Arbeitgeber und Beitragsrückstände nicht vorhanden sind, **(2)** vom Beginn der Versicherung, frühestens jedoch vom Beginn der Betriebszugehörigkeit an, nach dem Versicherungsvertrag die Überschussanteile nur zur Verbesserung der Versicherungsleistung zu verwenden sind und **(3)** der ausgeschiedene Arbeitnehmer nach dem Versicherungsvertrag das Recht zur Fortsetzung mit eigenen Beiträgen hat.

159 Nach der **ersten sozialen Auflage** müssen die Rechte aus dem Versicherungsvertrag nach Erfüllung der Unverfallbarkeitsfristen unwiderruflich dem Arbeitnehmer zustehen. Etwaige Beleihungen des Versicherungsvertrages müssen rückgängig gemacht werden. Die Bezugsrechtsgestaltung erfolgt durch Erklärung des Arbeitgebers gegenüber dem Unternehmen der Versicherungswirtschaft und dem Arbeitnehmer. Die Erklärung muss dem Versicherungsunternehmen spätestens drei Monate nach dem Ausscheiden des Arbeitnehmers zugegangen sein. Die Dreimonatsfrist wird nach §§ 187ff. BGB berechnet.

160 Nach der **zweiten sozialen Auflage** müssen die Überschussanteile der Versicherung vom Versicherungsbeginn, frühestens jedoch vom Beginn der Betriebszugehörigkeit an zur Leistungserhöhung verwandt werden. Auf Grund des aufsichtsrechtlich vorgeschriebenen Rechnungszinsfußes von 3,5% können die Überschussanteile beträchtlich sein, weil die Versicherungen zum Teil bis zu 7,5% erwirtschaften.

161 Nach der **dritten sozialen Auflage** muss dem Arbeitnehmer nach dem Versicherungsvertrag das Recht eingeräumt sein, die Versicherung nach seinem Ausscheiden mit eigenen Beiträgen fortzuführen. Ausreichend ist, wenn dieses Recht dem Arbeitnehmer mit seinem Ausscheiden eingeräumt ist. Der Vorteil des Arbeitnehmers liegt darin, dass er die bisherige Versorgungsplanung fortsetzen kann und Abschluss- und Verwaltungskosten für einen neuen Versicherungsvertrag spart. Darüber hinaus führt die Aufrechterhaltung zu einer günstigeren Prämienkalkulation.

162 Der Arbeitgeber kann sein Verlangen nur innerhalb von drei Monaten seit dem Ausscheiden des Arbeitnehmers diesem und dem Versicherer mitteilen (§ 2 II 3 BetrAVG, s. § 84 RN 54). Der Arbeitnehmer ist in der Verfügung über die Versicherung beschränkt (vgl. § 2 II 4–6 BetrAVG, s. § 84 RN 55). Werden die sozialen Auflagen nicht erfüllt, steht dem Arbeitgeber ein Wahlrecht nicht zu und es bleibt bei der ratierlichen Berechnungsmethode nebst Ergänzungsanspruch.

163 Die **Rechtslage bei Pensionskassen** (§ 2 III BetrAVG) entspricht im Wesentlichen derjenigen bei Direktversicherungen. Auch bei **Pensionsfonds** richtet sich der Ergänzungsanspruch gegen den Arbeitgeber (§ 2 IIIa BetrAVG). Bei einer unverfallbaren Anwartschaft aus **Entgeltumwandlung** tritt an die Stelle der ratierlichen Berechnungsmethode der Wert der bis zum Ausscheiden umgewandelten Entgeltbestandteile. Entsprechendes gilt bei der beitragsorientierten Leistungszusage (§ 2 Va BetrAVG). An die Stelle der ratierlichen Berechnungsmethode tritt bei einer **Beitragszusage mit Mindestleistung** das dem Arbeitnehmer planmäßig zuzurechnende Versorgungskapital auf der Grundlage der bis zu seinem Ausscheiden geleisteten Beiträge (§ 2 Vb BetrAVG). Wegen der Einzelheiten muss auf die Spezialliteratur verwiesen werden.[438]

164 **e)** Nach § 2 V BetrAVG bleiben bei der Berechnung des Wertes einer unverfallbaren Versorgungsanwartschaft **Veränderungen der Versorgungsordnung und der Bemessungsgrundlagen** für die Leistungen der betrieblichen Altersversorgung, soweit sie nach dem Ausscheiden des Arbeitnehmers eintreten, außer Betracht; dies gilt auch für die Bemessungsgrundlagen und die maßgebenden rechtlichen Grundlagen[439] anderweitiger bei der Berechnung zu berücksichtigender Versorgungsbezüge. Veränderungen von Regelungen über versicherungsmathematische

[437] BAG 29. 7. 1986 AP 3 zu § 1 BetrAVG Lebensversicherung = NZA 87, 349.
[438] *Blomeyer/Rolfs/Otto* § 2 RN 300ff.; *Höfer* § 2 RN 3277ff., 3480ff.
[439] BAG 21. 3. 2006 AP 51 zu § 2 BetrAVG = NZA 2006, 1220.

Abschläge bei vorzeitiger Inanspruchnahme der Betriebsrente werden ebenfalls erfasst, und zwar unabhängig davon, ob die Abschläge erhöht oder abgesenkt werden.[440] Es wird also gleichsam der Wert der Versorgungsanwartschaft auf den Zeitpunkt des Ausscheidens festgeschrieben. Dies hat seinen Rechtsgrund darin, dass Arbeitgeber wie Arbeitnehmer möglichst bald ihren Wert erkennen sollen. Besondere Schwierigkeiten können sich ergeben, wenn eine Rente aus der gesetzlichen Sozialversicherung bei Anrechnungs- oder Maximierungsklauseln zu berücksichtigen ist. Nach § 2 V 2 BetrAVG ist daher ein vereinfachtes Berechnungsverfahren (Näherungsverfahren) entspr. den Erlassen der obersten Finanzbehörden der Länder betreffend die Anrechnung der Sozialversicherungsrenten bei der Berechnung von Pensionsrückstellungen vorgesehen, und zwar zuletzt BMF-Schreiben vom 16. 12. 2005 (BStBl. I 1056 = BB 2006, 321).[441] § 2 V 2 BetrAVG räumt dem Arbeitgeber ein Wahlrecht ein.[442] Das Wahlrecht entfällt, wenn der Arbeitnehmer die für die individuelle Berechnung erforderlichen sozialversicherungsrechtlichen Daten bekannt gibt.[443] Bei der individuellen Berechnung der Sozialversicherungsrente sind Zeiten bis zum Ausscheiden des Arbeitnehmers nach der tatsächlichen Rentenbiographie und fiktive Zeiten bis zur festen Altersgrenze grundsätzlich nach dem letzten Einkommen beim Ausscheiden zu berechnen.[444] Seit der Rentenreform 1992 orientiert sich die Sozialversicherungsrente nach den persönlichen Entgeltpunkten und dem aktuellen Rentenwert (vgl. § 82 RN 56 ff.). Das **Näherungsverfahren** geht von folgender Grundformel aus: Sozialrente = $EP_x \cdot AR \cdot ZF_x$.

EP_x sind die im Alter maßgebenden Entgeltpunkte, AR der am Bilanzstichtag aktuelle Rentenwert und ZF_x der im Alter x maßgebende Zugangsfaktor. **165**

Als maßgebende Bezüge gelten die für die Beitragsbemessung in der Sozialversicherung maßgebenden Bruttobezüge. Gemeint ist das dem Grunde nach beitragspflichtige Entgelt in der gesetzlichen Rentenversicherung. Begrenzt sind die maßgebenden Bezüge durch die Beitragsbemessungsgrenze.[445] **166**

Die Versicherungsjahre berücksichtigen sowohl die mit Beitragszahlung belegten Zeiten als auch Ersatzzeiten und andere anrechnungsfähige Zeiten ohne oder mit geminderter Beitragszahlung. **167**

Zum aktuellen Rentenwert in der gesetzlichen Rentenversicherung s. § 68 SGB VI (s. hierzu auch § 82 RN 61). **168**

8. Dokumentation der unverfallbaren Ruhegeldanwartschaft. Der Arbeitnehmer hat gegen den Arbeitgeber bzw. seinen sonstigen Versorgungsträger gem. § 4 a BetrVG (bis zum 31. 12. 2004: § 2 VI BetrAVG) einen einklagbaren Anspruch auf Auskunft.[446] Hierdurch soll der Arbeitnehmer über den Wert seiner Versorgungsanwartschaft informiert werden. § 2 VI BetrAVG regelte nur einen Auskunftsanspruch des ausgeschiedenen Arbeitnehmers. Daher ergab sich hieraus kein Anspruch bei einem Betriebsübergang, weil das Arbeitsverhältnis in diesem Fall ja mit dem Übernehmer fortbesteht.[447] Es kann aber gem. § 242 BGB ein Auskunftsanspruch gegenüber dem Veräußerer bestehen, wenn es nicht oder nicht ohne besondere Erschwernisse möglich ist, beim Erwerber eine zuverlässige Auskunft zu erhalten und der Veräußerer die Auskunft ohne größeren Aufwand erteilen kann.[448] Nunmehr normiert § 4 a I BetrAVG einen Anspruch auch für noch für im Unternehmen tätige Arbeitnehmer, verlangt aber gleichzeitig ein berechtigtes Interesse. Ein berechtigtes Interesse liegt vor, wenn das Arbeitsverhältnis beendet ist, mit der Folge, dass eine unverfallbare Anwartschaft entstanden ist, bzw. wenn eine Beendigung beabsichtigt ist sowie dann, wenn der Arbeitnehmer eine (weitere) Altersvorsorge plant.[449] Ferner besteht ein Anspruch nach einem Betriebsübergang, wenn bei dem Betriebserwerber Regelungen bestehen, die eine anderweitige Fortführung der erworbenen Anwartschaften vorse- **169**

---

[440] BAG 17. 8. 2004 AP 46 zu § 2 BetrAVG = DB 2005, 563.

[441] *Schmidt/Alt* BB 2006, 296; *Bruggemann/Kasper* BetrAV 2006, 16.

[442] Vgl. BAG 12. 11. 1991 AP 26 zu § 2 BetrAVG = NZA 92, 466; 9. 12. 1997 AP 27 zu § 2 BetrAVG = NZA 98, 1171.

[443] BAG 9. 12. 1997 AP 27 zu § 2 BetrAVG = NZA 98, 1171; 21. 3. 2006 AP 51 zu § 2 BetrAVG = NZA 2006, 1220.

[444] BAG 21. 3. 2006 AP 51 zu § 2 BetrAVG = NZA 2006, 1220.

[445] BMF-Schreiben vom 16. 12. 2005 RN 9 (BStBl. I 1056 = BB 2006, 321).

[446] Der Betriebsrat hat keinen Anspruch auf eine Abschrift, *Blomeyer/Rolfs/Otto* § 4 a RN 21; a. A. LAG Bad.-Württemb. 23. 1. 1991 DB 91, 2495 = BB 91, 2227 (LS).

[447] BAG 22. 5. 2007 AP 5 zu § 1 BetrAVG Auskunft = NZA 2007, 1285, auch ablehnend wegen eines Anspruchs auf Grund des § 613 a V BGB.

[448] BAG 22. 5. 2007 AP 1 zu § 613 a BGB Unterrichtung = NZA 2007, 1283.

[449] *Höfer* DB 2004, 1426, 1429.

hen.[450] Darüber hinaus bestehen jetzt zusätzliche Auskunftspflichten mit Blick auf die in § 4 BetrAVG geregelte Übertragungsmöglichkeit der Altersversorgung (Portabilität). Der Arbeitnehmer kann gem. § 4a I Nr. 2 BetrAVG Auskunft verlangen, wie hoch der Übertragungswert bei einer Übertragung nach § 4 III BetrAVG ist. Außerdem besteht gem. § 4a II BetrAVG ein Anspruch gegen den neuen Arbeitgeber bzw. dem Versorgungsträger auf Mitteilung, in welcher Höhe aus dem Übertragungswert ein Anspruch auf Altersversorgung und ob eine Invaliditäts- oder Hinterbliebenenversorgung bestehen würde. Dieser Auskunftsanspruch bezieht sich ebenfalls allein auf die in § 4 III BetrAVG genannten versicherungsförmigen Versorgungszusagen,[451] und zwar sowohl für bereits abgeschlossene Verträge als auch für potentiell durch den neuen Arbeitgeber abzuschließende Verträge, bei denen der Übertragungswert eingesetzt werden könnte.[452] Die Auskunft selbst stellt kein abstraktes oder deklaratorisches Schuldanerkenntnis dar,[453] insoweit gelten die gleichen Grundsätze wie zur Vorgängerregelung in § 2 VI BetrAVG. Der Arbeitgeber kann sich gem. § 280 I BGB schadensersatzpflichtig machen, wenn er eine fehlerhafte Auskunft gibt und diese vom Arbeitnehmer zur Grundlage weiterer Dispositionen gemacht wird.[454] Hat der Arbeitgeber eine fehlerhafte Auskunft gegeben, so ist der Auskunftsanspruch erfüllt. Der Arbeitnehmer muss dann auf Feststellung klagen, in welcher Höhe ihm ein Versorgungsanspruch zusteht.[455]

170 **9. Abfindung der unverfallbaren Versorgungsanwartschaft.**[456] **a)** Die Abfindung unverfallbarer Versorgungsanwartschaften ist durch das Alterseinkünftegesetz neu geregelt worden. Nach § 3 I BetrAVG kann eine nach § 1b I bis III und V BetrAVG unverfallbare Versorgungsanwartschaft nur nach Maßgabe der Absätze 2 bis 6 abgefunden werden. Im Wege des Umkehrschlusses ergibt sich, dass **grundsätzlich ein Abfindungsverbot** besteht. Dieses betrifft aber nicht Vereinbarungen, die dem Arbeitnehmer bis zum Eintritt des Versorgungsfalles ein **Wahlrecht** einräumen, ob er eine Kapitalzahlung oder eine laufende Leistung in Anspruch nehmen will. Entscheidet sich der Arbeitnehmer hier für eine Kapitalzahlung, erfüllt der Arbeitgeber mit der Auszahlung den entsprechenden Anspruch.[457] Nach bisherigem Recht betraf das gesetzliche Abfindungsverbot nur das Stadium der Anwartschaft und die Zeit nach Eintritt des Versorgungsfalles.[458] Nach der Neufassung des § 3 BetrAVG gilt das Abfindungsverbot auch für **laufende Betriebsrenten,** die ab dem 1. 1. 2005 erstmals gezahlt werden (s. § 30g II BetrAVG). Vom Abfindungsverbot nicht erfasst wird die Umgestaltung der betrieblichen Altersversorgung, wenn die neuen Versorgungsleistungen wirtschaftlich gleichwertig sind.[459] Zulässig ist ferner ein Vergleich über die tatsächlichen Voraussetzungen eines Rentenanspruchs, wenn die Parteien hierüber gestritten haben (sog. Tatsachenvergleich).[460]

171 **b)** Der Arbeitgeber kann eine Versorgungsanwartschaft gem. § 3 II BetrAVG **ohne Zustimmung des Arbeitnehmers** abfinden, wenn der Monatsbetrag der aus der Anwartschaft resultierenden laufenden Leistung bei Erreichen der vorgesehenen Altersgrenze eins vom Hundert der monatlichen Bezugsgröße, bei Kapitalleistungen zwölf Zehntel der monatlichen Bezugsgröße nach § 18 SGB IV nicht übersteigen würde. Der Grenzwert beträgt 2009 in den alten und in den neuen Bundesländern 25,20 Euro (1% von 2520 Euro).[461] Entsprechendes gilt für die Abfindung einer laufenden Leistung (§ 3 II 2 BetrAVG). Das nach § 3 I 2 BetrAVG a. F. geltende Abfindungsrecht des Arbeitnehmers besteht nicht mehr. Unklar ist nach dem Gesetzeswortlaut, zu welchem Zeitpunkt die Bemessungsgrößen anzuwenden sind. Nach richtiger Auffassung wird auf den Zeitpunkt des Ausscheidens abzustellen sein, weil sonst eine Manipulationsmöglichkeit eröffnet würde.

---

[450] BAG 22. 5. 2007 AP 5 zu § 1 BetrAVG Auskunft = NZA 2007, 1285.

[451] *Höfer* § 4a RN 3841.

[452] *Höfer* § 4a RN 3842.

[453] BAG 8. 11. 1983 AP 3 zu § 2 BetrAVG; 12. 3. 1991 ZIP 91, 1446 (n. a. v.); 9. 12. 1997 AP 27 zu § 2 BetrAVG = NZA 98, 1171.

[454] BAG 8. 11. 1983 AP 3 zu § 2 BetrAVG = DB 84, 836, unter II 3c der Gründe.

[455] BAG 9. 12. 1997 AP 27 zu § 2 BetrAVG = NZA 98, 1171.

[456] Schrifttum s. vor RN 126.

[457] LAG Hessen 23. 9. 1998 NZA-RR 99, 497; LAG Niedersachsen 9. 12. 2008 – 11 Sa 1580/07 – n.v.; *Förster/Cish* BB 2004, 2126 (2132); *Langohr-Plato/Teslau* NZA 2004, 1297 (1300); *Blomeyer/Rolfs/Otto* § 3 BetrAVG RN 35.

[458] BAG 21. 3. 2000 AP 9 zu § 3 BetrAVG = NZA 2001, 1308 m. w. N.

[459] BAG 20. 11. 2001 AP 12 zu § 3 BetrAVG = DB 2002, 2333.

[460] BAG 18. 12. 1984 AP 8 zu § 17 BetrAVG = NZA 86, 95; 23. 8. 1994 AP 3 zu § 3 BetrAVG = NZA 95, 421; weitergehend OLG Frankfurt 22. 2. 2007 NZA-RR 2007, 317.

[461] Bei den Bezugsgrößen soll hier generell nicht zwischen den alten und neuen Bundesländern unterschieden werden, s. BT-Drucks. 15/2150, S. 53.

Unzulässig ist die Abfindung gem. § 3 II 3 BetrAVG, wenn der Arbeitnehmer von seinem Recht auf Übertragung der Anwartschaft Gebrauch macht. Das Recht des Arbeitnehmers auf Portabilität nach § 4 III BetrAVG (RN 182) geht der Abfindung vor.[462]

Nach § 3 III BetrAVG ist die Anwartschaft **auf Verlangen des Arbeitnehmers** abzufinden, wenn die Beiträge zur gesetzlichen Rentenversicherung erstattet worden sind. Ein Einverständnis des Arbeitgebers ist anders als nach der Vorgängerreglung des § 3 I 3 Nr. 3 BetrAVG nicht erforderlich. Die Vorschrift betrifft ausländische Arbeitnehmer, die in ihr Heimatland zurückkehren und sich von der deutschen Rentenversicherung auszahlen lassen.[463] **172**

Gem. § 3 IV (vormals § 3 I 4) BetrAVG kann der Teil der Anwartschaft, der während eines Insolvenzverfahrens erdient worden ist, ohne Zustimmung des Arbeitnehmers abgefunden werden, wenn die Betriebstätigkeit vollständig eingestellt und das Unternehmen liquidiert worden ist. Eine vollständige Einstellung liegt vor, wenn die Verfolgung des Betriebszwecks durch die Gemeinschuldnerin endgültig aufgegeben wird.[464] Eine Fortführung des Betriebes oder Betriebsteils im Wege des Beriebsübergangs gem. § 613a BG steht dem Abfindungsrecht des Insolvenzverwalters nach Ansicht des LAG Baden-Württemberg nicht entgegen.[465] Die Bagatellgrenzen des § 3 II gelten hier nicht, zumal es hier ohnehin um nur geringe Teilanwartschaften gehen wird. **173**

c) Für die **Berechnung der Abfindung** verweist § 3 V BetrAVG auf die Bestimmung des § 4 V BetrAVG für die Berechnung des Übertragungswertes. **174**

d) Eine Abfindung über die Voraussetzungen nach § 3 BetrAVG hinaus ist unzulässig. Hieraus hat das BAG gefolgert, dass auch **Erlassverträge** im Zusammenhang mit der Beendigung des Arbeitsverhältnisses unwirksam sind (s. RN 128).[466] Da § 3 BetrAVG Abfindungen von Anwartschaften nur verbietet, wenn sie in einem Zusammenhang mit einer **Beendigung** des Arbeitsverhältnisses stehen, bleiben Erlassverträge während des bestehenden Arbeitsverhältnisses unberührt.[467] Es ist aber mit dem Schutzzweck des § 613a I 1 BGB unvereinbar, wenn Arbeitnehmern allein aus Gründen des **Betriebsübergangs** ein Verzicht auf Anwartschaften zugemutet wird; hierin liegt eine Umgehung des § 613a I 1 BGB.[468] Eine Abfindung einer unverfallbaren Versorgungsanwartschaft ist steuerpflichtig.[469] **175**

10. Die **verfallbare Versorgungsanwartschaft** erlischt mit dem Ausscheiden des Arbeitnehmers aus dem Unternehmen. Dies gilt auch, wenn die Versorgungsordnung eine Härteklausel enthält.[470] Unterlag das Arbeitsverhältnis dem Bestandsschutz des KSchG, so kann der Wert der verfallbaren Anwartschaft im Rahmen der Abfindungsbemessung nach §§ 9, 10 KSchG berücksichtigt werden.[471] Ist eine solche Abfindung zuerkannt worden, scheidet daneben ein Schadensersatzanspruch gem. § 628 II oder § 280 I BGB aus.[472] Ansprüche des Arbeitnehmers nach § 812 BGB scheiden generell aus, wie sich schon § 1b BetrAVG ergibt.[473] **176**

11. Übertragung von Anwartschaften und Ruhegeldverbindlichkeiten (Portabilität).[474] In Anbetracht der veränderten wirtschaftlichen Rahmenbedingungen mit geänderten Erwerbsbiografien besteht ein zunehmendes Bedürfnis, trotz häufigerer Arbeitsplatzwechsel einheitliche Betriebsrentenansprüche zu gewährleisten, um eine Zerstückelung der Versorgungsansprüche zu vermeiden.[475] **177**

a) § 4 BetrAVG enthält eine **Ausnahme** von dem Grundsatz, dass der Arbeitgeber oder seine Versorgungseinrichtung bei Ausscheiden des Arbeitnehmers die unverfallbare Versorgungsanwartschaft aufrechterhalten muss. Durch das Alterseinkünftegesetz vom 5. 7. 2004 (BGBl. I **178**

---

[462] BT-Drucks. 15/2150, S. 52.
[463] Gem. Gesetz zur Förderung der Rückkehrbereitschaft von Ausländern vom 28. 11. 1983 (BGBl. I S. 1377).
[464] LAG Baden-Württemberg 3. 7. 2007 NZA-RR 2008, 153 = LAGE § 3 BetrAVG Nr. 3.
[465] Urt. v. 3. 7. 2007 NZA-RR 2008, 153 = LAGE § 3 BetrAVG Nr. 3
[466] BAG 22. 9. 1987 AP 13 zu § 17 BetrAVG = NZA 88, 470.
[467] BAG 14. 8. 1990 AP 4 zu § 3 BetrAVG = NZA 91, 174; 21. 1. 2003 AP 13 zu § 3 BetrAVG = NZA 2004, 331; 14. 6. 2005 AP 14 zu § 3 BetrAVG = DB 2006, 959.
[468] BAG 12. 5. 1992 AP 14 zu § 1 BetrAVG Betriebsveräußerung = NZA 1992, 1080.
[469] BFH 24. 4. 1991 BFHE 164, 279 = DB 91, 1500 = BetrAV 91, 203.
[470] BAG 29. 3. 1983 AP 8 zu § 1 BetrAVG = DB 83, 1879.
[471] BAG 31. 3. 1969 AP 1 zu § 242 BGB Ruhegehalt-Lebensversicherung; 28. 11. 1968 AP 19 zu § 1 KSchG Betriebsbedingte Kündigung; 12. 6. 2003 AP 16 zu § 628 BGB = BB 2003, 2747.
[472] BAG 12. 6. 2003 AP 16 zu § 628 BGB.
[473] Vgl. LAG Düsseldorf 11. 11. 1976 DB 77, 683 = BetrAV 77, 167.
[474] Literaturnachweise s. vor RN 126.
[475] BT-Drucks. 15/2150 S. 51.

S. 1427) sind die Mitnahmemöglichkeiten von Versorgungsanwartschaften bei einem Arbeitgeberwechsel erheblich erweitert worden. Grundsätzlich sind Anwartschaften zum Schutz der Arbeitnehmer und des Pensions-Sicherungs-Vereins aG gem. § 4 I BetrAVG nach wie vor nicht beliebig übertragbar. Von diesem Grundsatz lässt das Gesetz in § 4 II bis IV BetrAVG Ausnahmen zu. Die Regelung betrifft nur den Übergang von Versorgungsverpflichtungen im Wege der Einzelrechtsnachfolge und dient nicht dazu, die Regelungen des UmwG über die Wirkungen der Gesamtrechtsnachfolge zu begrenzen.[476]

179 Nach § 4 II BetrAVG kann nach Beendigung eines Arbeitsverhältnisses eine Übertragung im **Einvernehmen** zwischen Arbeitnehmer sowie altem und neuem Arbeitgeber stattfinden. Das gilt für alle Durchführungswege. Insoweit bestehen zwei alternative Möglichkeiten:

180 **aa)** Gem. § 4 II Nr. 1 kann der neue Arbeitgeber die die bestehende Zusage mit **unveränderten Leistungsinhalt** übernehmen. Hierbei handelt es sich um eine schuldbefreiende Übernahme gem. §§ 414, 415 BGB. Diese Möglichkeit dürfte wohl nur bei konzerninternen Arbeitgeberwechseln von Bedeutung sein, weil der Arbeitgeber sonst ein „fremdes" Versorgungssystem übernehmen müsste.[477] Soweit dadurch der Inhalt der Versorgungszusage nicht geändert wird, kann zur Erfüllung auch ein anderer Durchführungsweg gewählt werden.[478] Ungeklärt ist, ob die Versorgungsverpflichtung mit Zustimmung des Versorgungsberechtigten generell dahingehend abgeändert werden kann, dass die übernommene Versorgungsverpflichtung sich künftig nach einer anderen Versorgungszusage des neuen Arbeitgebers richtet.[479]

181 **bb)** § 4 II Nr. 2 BetrAVG ermöglicht die **Übertragung des kapitalisierten Anwartschaftswerts.** Übertragen wird nicht die Versorgungszusage als solche, sondern lediglich der Wert der unverfallbaren Anwartschaft. Die Anwartschaft ist hierfür zunächst in einen bezifferbaren Kapitalbetrag umzurechnen, und zwar nach Maßgabe des § 4 V BetrAVG (s. RN 185). Anschließend übernimmt der neue Arbeitgeber den Wert der Anwartschaft, indem er gegenüber dem Arbeitnehmer eine wertgleiche Versorgungszusage erteilt. Auch hierin liegt für den alten Arbeitgeber eine schuldbefreiende Übernahme gem. §§ 414, 415 BGB. Die Zusage des ehemaligen Arbeitgebers erlischt, § 4 VI BetrAVG. Die zeitliche Grenze von einem Jahr gem. § 4 III 1 BetrAVG gilt hier nicht. Regelmäßig wird vereinbart werden, dass der neue Arbeitgeber dem früheren Arbeitgeber den Übertragungswert erstattet, Wirksamkeitsvoraussetzung für die Übertragung ist das aber nicht.[480] Indem das Gesetz in § 4 II Nr. 2 2. Hs. BetrAVG für die übertragene Anwartschaft auf die entsprechende Geltung der Vorschriften über die Entgeltumwandlung verweist, wird klargestellt, dass die übertragene Versorgungsanwartschaft beim neuen Arbeitgeber unverfallbar bleibt (§ 1b V BetrAVG) und dass grundsätzlich eine jährliche Rentenanpassung von mindestens einem Prozent erfolgen muss (§ 16 V i. V. m. III Nr. 1 BetrAVG). Zweifelhaft ist, ob die zweite Rechtsfolge wirklich beabsichtigt war oder ob insoweit sogar eine teleologische Reduktion geboten ist.[481] Auf die Fälle des Betriebsübergangs nach **§ 613a BGB** ist § 4 II BetrAVG nicht anzuwenden,[482] da es hier gerade nicht zu einer Beendigung des Arbeitsverhältnisses kommt. Der Übertragungsanspruch muss innerhalb eines Jahres nach Beendigung des Arbeitsverhältnisses gegenüber dem bisherigen Arbeitgeber geltend gemacht werden.

182 Gem. **§ 4 III BetrAVG** besteht für den Arbeitnehmer ein **Anspruch** auf Mitnahme des bei dem ehemaligen Arbeitgeber bzw. dessen Versorgungseinrichtung aufgebauten Betriebsrentenkapitals zu einem neuen Arbeitgeber bzw. dessen Versorgungseinrichtung. Dieser Anspruch gilt gem. § 30b BetrAVG aber nur für nach dem 31. 12. 2004 erteilte Zusagen. Darüber hinaus bezieht er sich nur auf Zusagen, die über einen **Pensionsfonds,** eine **Pensionskasse** oder eine **Direktversicherung** durchgeführt worden sind (§ 4 III 1 Nr. 1 BetrAVG). Und der Übertragungswert darf nach § 4 III 1 Nr. 1 BetrAVG die Beitragsbemessungsgrenze in der allgemeinen Rentenversicherung nicht übersteigen (2008: 63 600 Euro, 2009: 64 800 Euro).[483] Bei einem höheren Übertragungswert besteht auch kein Anspruch auf eine teilweise Mitnahme der Anwartschaft, weil das zu einer Zerstückelung der betrieblichen Altersversorgung führen würde.[484] Der neue Arbeitge-

[476] BAG 11. 3. 2008 DB 2008, 2369.
[477] *Höfer* DB 2004, 1426, 1427; *Reichel/Volk* DB 2005, 886, 887.
[478] *Schnitker/Grau* NJW 2005, 10 (11).
[479] Bejahend: *Reichenbach/Jocham* BB 2008, 1786.
[480] *Höfer* DB 2004, 1426, 1427.
[481] *Schnitker/Grau* NJW 2005, 10, 12.
[482] Für eine analoge Anwendung: *Schnitker/Grau* NJW 2005, 10, 12.
[483] Dieser Wert gilt für die neuen Bundesländer; bei der Beitragsbemessungsgrenze soll hier generell nicht zwischen den alten und neuen Bundesländern unterschieden werden, s. BT-Drucks. 15/2150 S. 53.
[484] BT-Drucks. 15/2150, S. 53; *Förster/Cisch* BB 2004, 2126, 2128; *Merten* BetrAV 2004, 18, 21.

ber kann die Versorgung auch bei dem Versorgungsträger des ehemaligen Arbeitgebers fortführen. Im Fall einer versicherungsförmigen Lösung (Direktversicherung, Pensionskasse) richtet sich der Anspruch auf Übertragung gem. § 4 III 2 BetrAVG gegen den Versorgungsträger. In § 4 III 4 BetrVG verweist das Gesetz – ebenso wie im Fall des § 4 II Nr. 2 BetrVG (s. RN 181) – auf die Regelungen über die Entgeltumwandlung.

Um die Übertragung nicht zu behindern, bestimmt § 3 Nr. 55 EStG, dass aus der Übertra- **183** gung nach § 4 II Nr. 2 und III BetrAVG keine steuerlichen Folgen gezogen werden und stellt den vom bisherigen Arbeitgeber gezahlten Übertragungswert steuerfrei, wenn die betriebliche Altersversorgung beim ehemaligen und neuen Arbeitgeber über einen Pensionsfonds, eine Pensionskasse oder eine Direktversicherung durchgeführt wird.

Beibehalten wurde die bisherige Regelung in § 4 III (jetzt § 4 IV) BetrAVG, durch die eine **184** **Unternehmensliquidation** erleichtert werden soll, um sog. Rentnergesellschaften zu verhindern. Die Regelung gilt jetzt **für alle Durchführungswege** der betrieblichen Altersversorgung. Voraussetzung der Übernahme ist, dass die Betriebstätigkeit eingestellt und das Unternehmen liquidiert wird. Im Unterschied zu der Regelung für das Insolvenzverfahren (§ 7 I 3 Nr. 3 BetrAVG) wird keine vollständige Einstellung der Betriebstätigkeit verlangt, weil die Übernahme noch im Abwicklungsstadium erfolgen muss. Liegen die Voraussetzungen der Übernahme nach § 4 III BetrAVG vor, verzichtet das Gesetz auf die allgemeinen schuldrechtlichen Voraussetzungen der §§ 414ff. BGB. Die Übernahme kann damit auch gegen den Willen des Arbeitnehmers erfolgen.

Der für die Übertragung nach § 4 II Nr. 2 und III BetrAVG zugrunde zulegende **Übertra- 185** **gungswert** ist in § 4 V BetrAVG festgelegt. Bei einer Direktzusage oder einer Unterstützungskassenzusage entspricht er dem Barwert der nach § 2 BetrAVG bemessenen künftigen Versorgungsleistung im Zeitpunkt der Übertragung.[485] Bei einer über einen Pensionsfonds, eine Pensionskasse oder eine Direktversicherung durchgeführten Altersversorgung entspricht der Übertragungswert dem gebildeten Kapital im Zeitpunkt der Übertragung.

b) Problematisch ist, inwieweit neben § 4 BetrAVG weitere Möglichkeiten der **Schuld- 186** **übernahme** bestehen.

Verfallbare Versorgungsanwartschaften können von jedem Träger ohne die Beschrän- **187** kungen des § 4 BetrAVG übernommen werden. Dasselbe gilt für solche Versorgungsanwartschaften, die nur kraft vertraglicher Vereinbarung unverfallbar geworden sind. Allerdings ist auch in diesen Fällen die Zustimmung des Arbeitnehmers erforderlich. Übernimmt ein neuer Versorgungsträger eine verfallbare oder vertraglich unverfallbare Versorgungsanwartschaft, so muss er die bisherigen Dienstjahre anrechnen.

Für **bereits erwachsene Ruhegeldverbindlichkeiten** hat das BAG hat entschieden, dass die- **188** se auch mit Zustimmung des Ruheständlers nur übernommen werden können, wenn sich der Träger der gesetzlichen Insolvenzsicherung (PSVaG) einverstanden erklärt. § 4 BetrAVG diene der Sicherung der Haftungsmasse und dem Schutz des PSVaG vor unerwünschten Haftungsrisiken.[486] In einer weiteren Entscheidung hat es ausgeführt, dass jedenfalls eine nicht insolvenzgeschützte Ruhegeldverbindlichkeit oder Ruhegeldanwartschaft übernommen werden kann.[487]

12. Betriebsübergang, Ausgliederung nach dem UmwG. Mit dem **Betriebsübergang 189** tritt der neue Arbeitgeber nach § 613a I 1 BGB an die Stelle des bisherigen Anwartschaftsverpflichteten. Er haftet uneingeschränkt für die Erfüllung der bereits entstandenen und weiter anwachsenden Anwartschaften.[488] Der Lauf der gesetzlichen Unverfallbarkeitsfristen wird durch den Betriebsübergang nicht unterbrochen (klarstellend § 1b I 3 BetrAVG).[489] Kann der Betriebserwerber die übernommenen Arbeitnehmer nicht weiter in der bisherigen Form versichern, muss er gleichwertige Leistungen erbringen.[490] Eine Vereinbarung, wonach der Veräußerer alleiniger Schuldner aller Versorgungsverpflichtungen bleibt, ist unwirksam.[491] Zum

---

[485] Näher *Höfer* DB 2004, 1426 (1428, 1429).

[486] BAG 17. 3. 1987 AP 4 zu § 4 BetrAVG = NZA 88, 21; weitergehend noch BAG 26. 6. 1980 AP 1 zu § 4 BetrAVG = NJW 81, 189.

[487] BAG 4. 8. 1981 AP 2 zu § 4 BetrAVG.

[488] BAG 24. 3. 1977 AP 6 zu § 613a BGB = NJW 77, 1791; 22. 6. 1978 AP 12 zu § 613a BGB; 12. 5. 1992 AP 14 zu § 1 BetrAVG Betriebsveräußerung = NZA 92, 1080.

[489] BAG 8. 2. 1983 AP 35 zu § 613a BGB = NJW 84, 1254; 20. 7. 1993 AP 4 zu § 1 BetrAVG Unverfallbarkeit = NZA 94, 121.

[490] BAG 18. 9. 2001 AP 230 zu § 613a BGB = NZA 2002, 1391; 13. 11. 2007 AP 336 zu § 613a BGB = NZA 2008, 600.

[491] Vgl. BAG 14. 7. 1981 AP 27 zu § 613a BGB = NJW 82, 1607.

Anwartschaftsverzicht beim Betriebsübergang s. RN 175. Beim Veräußerer tariflich geregelte Ansprüche auf eine Altersversorgung können nicht gem. § 613a I 3 BGB im Wege der sog. Über-Kreuz-Ablösung durch eine beim Erwerber bestehende Betriebsvereinbarung abgelöst werden;[492] hierfür fehlt es schon an der erforderlichen Kongruenz beim Umfang der erzwingbaren Regelungsmacht der Tarifpartner einerseits und der Betriebspartner andererseits.[493] Erfolgt der Betriebsübergang während des bestehenden Arbeitsverhältnisses, tritt der Erwerber auch in die Anpassungsverpflichtung nach § 16 BetrAVG ein.[494] Wird das Arbeitsverhältnis nach der Insolvenzeröffnung **vom Insolvenzverwalter fortgeführt**, ist der in diesem Zeitraum erdiente Teil der Versorgungsanwartschaft Masseforderung.[495] Erfolgt ein **Betriebsübergang im Rahmen eines Insolvenzverfahrens,** sind die bis zur Insolvenzeröffnung erdienten Anwartschaften im Rahmen der Insolvenz geltend zu machen. Insoweit muss der PSVaG eintreten. Der Erwerber haftet hierfür nicht. Soweit nämlich der haftungsrechtliche Teil des § 613a BGB mit den auf eine gleichmäßige Gläubigerbefriedigung gerichteten Grundsätzen des Insolvenzverfahrens nicht vereinbart werden kann, ist eine teleologische Reduktion geboten, weil die Aufrechterhaltung der Ansprüche auf betriebliche Altersversorgung ansonsten zu Lasten der übrigen Insolvenzgläubiger ginge.[496] Für die nach Betriebsübergang erdienten sowie die in dem Zeitraum zwischen Insolvenzeröffnung und Betriebsübergang erdienten Anwartschaften haftet nach § 613 II BGB der Betriebserwerber.[497] Versorgungsverpflichtungen können durch eine **umwandlungsrechtliche Ausgliederung** (s. hierzu § 116) übertragen werden, und zwar auch auf eine sog. Rentnergesellschaft (vgl. RN 263). Hierzu bedarf es keiner Zustimmung der Versorgungsempfänger.[498] Der Versorgungsverpflichtete muss die Gesellschaft, auf die Versorgungsverbindlichkeiten ausgegliedert werden sollen, so ausstatten, dass nicht nur die laufenden Betriebsrenten sondern auch die Anpassungen nach § 16 BetrAVG geleistet werden können. Eine unzureichende Ausstattung der Rentnergesellschaft führt zwar nicht zur Unwirksamkeit der partiellen Geamtrechtsnachfolge, kann aber Schadensersatzansprüche gegenüber dem übertragenden Rechtsträger auslösen.[499]

VI. Ruhegeldberechtigte, Ruhegeldverpflichtete und der Versorgungsausgleich

Hinterbliebenenversorgung: *Rengier,* Gleichstellung eingetragener Lebenspartner in der betrieblichen Hinterbliebenenversorgung, BB 2005, 2574; *Rolfs,* „Für die betriebliche Altersversorgung gilt das Betriebsrentengesetz" – Über das schwierige Verhältnis von AGG und BetrAVG, NZA 2008, 553.

Versorgungsausgleich: *Bergner,* Die neue Barwert-Verordnung und ihre Auswirkungen auf den Versorgungsausgleich in der Praxis, NJW 2003, 1625; *Borth,* Versorgungsausgleich in anwaltschaftlicher und familiengerichtlicher Praxis, 3. Aufl., 1998; *Glockner/Uebelhack,* Die betriebliche Altersversorgung im Versorgungsausgleich, 1993; *Wilhelm,* Die Reform des Versorgungsausgleichs – eine Herausforderung für den Produktanbieter, BetrAV 2009, 735. Vgl. die BGB-Kommentare.

190 **1. Allgemeines, insbesondere Haftungsfragen auch in Gesellschaften. a)** Der Arbeitgeber hat die **Hauptpflicht,** die versprochene Versorgung zu erbringen. Schuldner ist derjenige, der die Ruhegeldgewährung zugesagt hat. Er haftet mit seinem gesamten[500] und nicht nur dem Betriebsvermögen.

191 Im Falle einer **Betriebsnachfolge**[501] tritt der Übernehmer nicht in bereits **bestehende Ruhestandsverhältnisse** ein.[502] Etwas anderes kann dann gelten, wenn der Betriebsübernehmer bestehende Schulden übernimmt (§§ 414ff. BGB, s. RN 188) oder eine Firmennachfolge (§ 25 HGB) vorliegt. Dagegen tritt der Betriebsnachfolger in bestehende **Versorgungsanwartschaften** ein (s. RN 189). Der Arbeitnehmer behält seinen Arbeitsplatz; er erhält aber einen neuen Schuldner. Zu Besonderheiten bei der Unterstützungskasse s. § 84 RN 21.

---

[492] BAG 6. 11. 2007 AP 337 zu § 613a BGB = NZA 2008, 542.
[493] BAG 13. 11. 2007 AP 336 zu § 613a BGB = NZA 2008, 600.
[494] BAG 21. 2. 2006 AP 58 zu § 16 BetrAVG = NZA 2007, 931.
[495] BAG 15. 12. 1987 AP 18 zu § 1 BetrAVG = NZA 88, 397.
[496] BAG 17. 1. 1980 AP 18 zu § 613a BGB = NJW 80, 1124.
[497] BAG 19. 5. 2005 AP 283 zu § 613a BGB = NZA-RR 2006, 373; *Neufeld* BB 2008, 2346 (2349); a. A. *Moll* Anm. zu BAG AP 148 zu § 613a BGB.
[498] BAG 11. 3. 2008 AP 17 zu § 131 UmwG.
[499] BAG 11. 3. 2008 DB 2008, 2369; *Arnold* DB 2008, 986.
[500] BAG 5. 11. 1965 AP 104 zu § 242 BGB Ruhegehalt; 8. 7. 1972 AP 157 zu § 242 BGB Ruhegehalt; 13. 3. 1975 AP 167 zu § 242 BGB Ruhegehalt.
[501] Hierzu: *Hambach* NZA 2000, 291.
[502] BAG 24. 3. 1977 AP 6 zu § 613a BGB = NJW 77, 1791; s. auch § 118 RN 14.

b) Umstr. war die **Haftung eines ausgeschiedenen Gesellschafters einer Personengesellschaft.** Inzwischen ist das Nachhaftungsbegrenzungsgesetz erlassen, so dass die richterliche Nachhaftungsbegrenzung überholt ist. Wegen der früher geltenden Rechtsgrundsätze wird auf die 11. Aufl. verwiesen (dort § 81 RN 191). **192**

c) Die **Nachhaftungsbegrenzung** ergibt sich aus dem Nachhaftungsbegrenzungsgesetz vom 18. 3. 1994 (BGBl. I S. 560). **193**

In § 159 HGB ist die Nachhaftungsbegrenzung im Falle der **Auflösung der Gesellschaft** geregelt. Das Gesetz sieht hier keine Enthaftung sondern nur eine Verjährung in fünf Jahren vor, weil den Gläubigern in diesem Fall die Gesellschaft selbst nicht als Haftungsobjekt verbleibt. Gehen die Gesellschaftsanteile ohne Liquidation auf eine Person über, so haftet der Übernehmer für die Schulden der Gesellschaft nicht nur als früherer Gesellschafter, sondern auch als neuer Schuldner der Gesellschaftsgläubiger.[503] **194**

Die bisherige Enthaftungsrechtsprechung bezog sich auch nicht auf die Auflösung einer Gesellschaft, sondern nur auf das Ausscheiden eines Gesellschafters. **195**

In § 160 I HGB ist die Nachhaftung im Falle des **Ausscheidens eines Gesellschafters** geregelt. Scheidet ein Gesellschafter aus der Gesellschaft aus, so haftet er für ihre bis dahin begründeten Verbindlichkeiten, wenn sie vor Ablauf von fünf Jahren nach dem Ausscheiden fällig werden und daraus Ansprüche gegen ihn gerichtlich geltend gemacht sind;[504] bei öffentlich-rechtlichen Verbindlichkeiten genügt zur Geltendmachung der Erlass eines Verwaltungsaktes. In § 160 I HGB ist eine Ausschlussfrist und nicht eine bloße Verjährung geregelt. Nach Ablauf der Fünfjahresfrist erlischt die Verbindlichkeit. Die Ausschlussfrist gilt für alle Gesellschaftsverbindlichkeiten, auch wenn sie auf unerlaubten Handlungen z. B. des ausscheidenden Gesellschafters beruhen. Die Fünfjahresfrist beginnt mit dem Ende des Tages, an dem das Ausscheiden in das Handelsregister des für den Sitz der Gesellschaft zuständigen Gerichtes eingetragen wird (§ 160 I 2 HGB).[505] Hierdurch kann es zu Härten für den Gläubiger kommen, wenn die Forderungen erst kurz vor Ablauf der Fünfjahresfrist fällig werden. Diesen versucht § 160 I 3 HGB durch die Verweisung auf die Hemmungs- und Unterbrechungsvorschrift des Verjährungsrechts Rechnung zu tragen. Einer gerichtlichen Geltendmachung bedarf es nicht, wenn der Gesellschafter die Forderungen schriftlich anerkennt. Für die Wahrung der Fünfjahresfrist ist die Inanspruchnahme des Gesellschafters und nicht der Gesellschaft maßgebend. Klage und Urteil gegen die Gesellschaft wahrt nicht die Frist gegen die Gesellschafter. **196**

Die **Enthaftung des auch geschäftsleitenden Kommanditisten** ergibt sich aus § 160 III HGB. Wird der Komplementär einer KG Kommanditist, so gilt die Nachhaftungsbegrenzung des § 160 I, II HGB entsprechend. Im Unterschied zur Nachhaftungsrechtsprechung gilt die Enthaftung aber auch dann, wenn er in der Gesellschaft oder einem ihrer als Gesellschafter angehörenden Unternehmen geschäftsführend tätig wird (§ 160 II 2 HGB). **197**

Wird eine **Handelsgesellschaft** unter Lebenden erworben und haftet der Erwerber für die früheren Geschäftsverbindlichkeiten, so haftet der frühere Geschäftsinhaber für diese Verbindlichkeiten nur, wenn sie vor Ablauf von fünf Jahren fällig und daraus Ansprüche gegen ihn geltend gemacht sind. Bei öffentlich-rechtlichen Verbindlichkeiten genügt zur Geltendmachung der Erlass eines Verwaltungsaktes (§ 26 I HGB). Die Fünfjahresfrist beginnt gem. § 26 I 2 HGB im Falle des § 25 I HGB mit dem Ende des Tages, an dem der neue Inhaber die Firma in das Handelsregister des Gerichtes der Hauptniederlassung eingetragen wird, im Falle des § 25 III HGB mit dem Ende des Tages, an dem die Übernahme kundgemacht wird. **198**

Tritt jemand als persönlich haftender Gesellschafter oder als Kommanditist in das Geschäft eines Einzelkaufmanns ein, haftet die Gesellschaft unabhängig davon, ob sie das Geschäft fortführt, für all im betrieb des Geschäfts entstandenen Verbindlichkeiten des früheren Geschäftsinhabers (§ 28 I HGB). Wird Tritt der frühere Geschäftsinhaber als **Kommanditist** in eine KG ein, indem er sein bisheriges Geschäft als Einzelkaufmann in die Gesellschaft einbringt, so ist für die Begrenzung seiner Haftung § 26 HGB entsprechend mit der Maßgabe anzuwenden, dass die in § 26 I HGB bestimmte Frist mit dem Ende des Tages beginnt, an dem die Gesellschaft in das Handelsregister eingetragen wird. Hier liegt kein Anwendungsfall des § 160 BGB vor sondern ein Fall des § 28 III HGB.[506] Insoweit gilt allerdings für die Fälle, in denen die Verbindlichkeit **199**

[503] BGH 10. 12. 1990 BGHZ 113, 132 = AP 1 zu § 27 HGB; BAG 24. 3. 1998 AP 16 zu § 128 HGB = NZA 99, 145.

[504] Vgl. auch LAG Düsseldorf 14. 12. 2000 NZA-RR 2001, 406 = LAGE § 259 ZPO Nr. 2.

[505] Anders (mit der Kenntnis des Gläubigers vom Ausscheiden): *Altmeppen* NJW 2000, 2529, 2536; s. hierzu *Hofmeister* NJW 2003, 93 ff.

[506] BAG 27. 6. 2006 NZA-RR 2008, 35.

vor dem 26. 3. 1994 entstanden ist, die Übergangsregelung des Art. 37 I EGHGB. Entstehenszeitpunkt ist dabei die Erteilung der Versorgungszusage, unabhängig davon, wann der Versorgungsanspruch erdient wurde. Für Versorgungsansprüche ist Art. 37 II EGHGB nicht anwendbar, weil es sich nicht um Ansprüche aus einem fortbestehenden Arbeitsverhältnis handelt.[507]

200 In § 736 II BGB ist die Nachhaftungsbegrenzung für **Gesellschafter einer BGB-Gesellschaft** geregelt. Das Gesetz verweist sinngemäß auf die Regelungen für die OHG, insbes. § 160 HGB. In der amtlichen Begründung wird darauf verwiesen, dass die GbR noch in erheblichem Umfang als Unternehmensträgerin für die freiberuflich Tätigen und minderkaufmännisch Tätigen Zusammenschlüsse Anwendung findet (BT-Drucks. 12/6559 S. 13).

201 Umgekehrt haftet, wer in eine bürgerlich-rechtliche Gesellschaft eintritt, für vorher begründete Verbindlichkeiten nur kraft besonderer Vereinbarung mit dem Gläubiger.[508] Die Haftung für Verbindlichkeiten der Gesellschaft kann nicht durch einen Namenszusatz oder einen anderen, den Willen, nur beschränkt für diese Verpflichtungen einzustehen, verdeutlichenden Hinweis beschränkt werden, sondern nur durch eine individualvertragliche Vereinbarung ausgeschlossen werden.[509]

202 **d)** Problematisch ist die **Haftung für Versorgungsansprüche im Konzern.** Die Muttergesellschaft wird die Haftung für Versorgungsschulden konzernangehöriger Unternehmen dann übernehmen müssen, wenn ein Beherrschungs- und Gewinn- und Verlustabführungsvertrag besteht[510] oder die Konzernobergesellschaft das abhängige Unternehmen dauernd und umfassend führt.[511] Es galten insoweit bisher die Grundsätze des qualifizierten faktischen Konzerns.[512] Voraussetzung war, dass das herrschende Unternehmen die Konzernleitung in einer Weise ausübt, die kein Rücksicht auf die belange der abhängigen Gesellschaft nimmt, ohne dass sich die dadurch zugefügten Nachteile durch andere Maßnahmen kompensieren ließen. In diesen Fällen wird im Allgemeinen davon auszugehen sein, dass der Versorgungsschuldner keine angemessenen Rücklagen hat ansammeln können. Nach der neueren Rechtsprechung des BGH gelten aber nunmehr für die Haftung der **Gesellschafter** die Grundsätze über die **Ausfallhaftung wegen existenzvernichtenden Eingriffs** (s. hierzu § 34 RN 13f., § 15 RN 13).

203 Erteilt die Muttergesellschaft eines Konzerns dem Arbeitnehmer einer beherrschten Tochtergesellschaft eine Versorgungszusage, so kann diese gehalten sein, im Falle der Liquidation der Muttergesellschaft die Versorgungslasten zu übernehmen.[513]

204 Wird eine Aktiengesellschaft in eine GmbH umgewandelt, können die Betriebsrentner keine Sicherheitsleistung nach dem UmwG verlangen, wenn der Insolvenzschutz erhalten bleibt.[514]

205 **2. Nebenpflichten, insbesondere Auskunfts- und Informationspflichten. a)** Neben der Hauptpflicht können **Nebenpflichten** bestehen, etwa Aufklärungs- und Belehrungspflichten (vgl. auch § 106 RN 39, § 122 RN 7f.),[515] z.B. wenn für die Ruhegeldzahlung besondere Anträge usw. notwendig sind.[516] Ein Arbeitgeber muss neu eingestellte Arbeitnehmer über **bestehende Versorgungsmöglichkeiten** belehren.[517] Er muss auf die Vorteile einer rückwirkenden Versicherung hinweisen.[518] Die Belehrungspflicht erstreckt sich dagegen nicht auf die Zweckmäßigkeit der Versorgungsauswahl. Berät der Arbeitgeber den Arbeitnehmer aber bei dessen Versorgungsplanung, so muss die Belehrung richtig, eindeutig und vollständig sein, andernfalls wird er

---

[507] BAG 27. 6. 2006 NZA-RR 2008, 35.
[508] BGH 30. 4. 1779 BGHZ 74, 240 = NJW 79, 1821.
[509] BGH 27. 9. 1999 BGHZ 142, 315 = NJW 99, 3438.
[510] Vgl. BAG 19. 5. 1981 AP 13 zu § 16 BetrAVG = NJW 82, 350.
[511] BAG 6. 10. 1992 AP 5 zu § 1 BetrAVG Konzern = NZA 93, 316.
[512] BGH 16. 9. 1985 BGHZ 95, 330 = NJW 86, 188; 23. 9. 1991 BGHZ 115, 187 = NJW 91, 3142; BAG 8. 3. 1994 AP 6 zu § 303 AktG = NZA 94, 931; 1. 8. 95 AP 8 zu § 303 AktG = NZA 96, 311.
[513] BAG 13. 7. 1973 AP 1 zu § 242 BGB Ruhegehalt-Konzern.
[514] BAG 30. 7. 1996 AP 1 zu § 374 AktG = NZA 97, 436.
[515] *Reinecke* RdA 2005, 129; *ders.* DB 2006, 555; *Jeske* ZTR 88, 292.
[516] Bei unterlassener Aufklärung: BAG 17. 12. 1991 AP 32 zu § 1 BetrAVG Zusatzversorgungskassen = NZA 92, 973; BGH 5. 7. 1973 BGHZ 61, 118 = NJW 73, 1688; *Hofmann* NJW 74, 1641.
[517] Vgl. BAG 22. 11. 1963 AP 6 zu § 611 BGB Öffentlicher Dienst.
[518] BAG 13. 12. 1988 AP 22 zu § 1 BetrAVG Zusatzversorgungskassen = NZA 89, 690 (LS) = BB 89, 1274; 17. 12. 1991 AP 32 zu § 1 BetrAVG Zusatzversorgungskassen = NZA 92, 973; vgl. zur gesetzlichen Sozialversicherung LSG Niedersachsen 24. 1. 1990 NZA 90, 456 (LS).

schadensersatzpflichtig.[519] Führt der Arbeitgeber Modellrechnungen durch, welche Zusatzversorgung am günstigsten für den Arbeitnehmer ist, haftet er auf Schadensersatz, wenn er sich verrechnet.[520] Der Arbeitgeber muss darauf verweisen, wenn ein Tarifvertrag wegen fehlenden Geltungsbereichs nicht mehr anwendbar ist.[521] Erteilt der Arbeitgeber **fehlerhafte Auskünfte** über die Höhe des Ruhegeldes und wählt der Arbeitnehmer daraufhin eine für ihn objektiv ungünstigere Versorgungsalternative, muss der Arbeitgeber den Arbeitnehmer so stellen, als habe er die günstigere Variante gewählt.[522] Dagegen braucht der Arbeitgeber den Arbeitnehmer im Falle der **Beendigung eines Arbeitsverhältnisses** vor Eintritt eines Versorgungsfalles im Allgemeinen nicht über die Auswirkungen zu belehren, weil jeder Vertragspartner grundsätzlich selbst für die Wahrnehmung seiner Rechte zu sorgen hat.[523] Etwas anderes gilt nach § 242 BGB dann, wenn er die Beendigung des Arbeitsverhältnisses veranlasst hat und für den Arbeitnehmer ein Vertrauenstatbestand erwachsen ist, der Arbeitgeber werde sich um die Versorgung kümmern bzw. auch die Interessen des Arbeitnehmers wahren.[524] In diesen Fällen darf der Arbeitgeber den Arbeitnehmer zwar für detaillierte Auskünfte an den Träger einer Zusatzversorgung verweisen, er muss aber wenigstens das Problembewusstsein des Arbeitnehmers insbes. für außergewöhnliche Risiken wecken (also auf etwaige hohe Einbußen bei der Rente hinweisen) und ihn so beraten, dass er sich sachgerecht erkundigen kann.[525] Verstößt der Arbeitgeber gegen bestehende Aufklärungs- und Hinweispflichten, kann der sich gem. § 280 I BGB **schadensersatzpflichtig** machen; der Arbeitnehmer ist gem. § 249 BGB so zu stellen, als sei die Hinweis- und Aufklärungspflicht nicht verletzt. Eine etwaige falsche Information oder Beratung hat der Arbeitnehmer **darzulegen und zu beweisen.**[526] Macht er eine pflichtwidrig unterlassene Aufklärung geltend, muss der Arbeitnehmer die Tatsachen beweisen, aus denen sich die Informationspflicht ergibt. Besteht eine solche Informationspflicht, muss der Arbeitgeber beweisen, dass er sie erfüllt hat.[527] Beweispflichtig für die haftungsausfüllende Kausalität ist der Arbeitnehmer. Nach der Rechtsprechung des BAG gilt insoweit aber eine Vermutung dafür, dass der Arbeitnehmer bei sachgerechter Belehrung seine Interessen in vernünftiger Weise gewahrt und sich nicht rentenschädigend verhalten hätte.[528] U. U. kann auch ein **Mitverschulden** des Arbeitnehmers zu berücksichtigen sein, wenn er Maßnahmen unterlassen hat, die zu einer Begrenzung des Rentenschadens geführt hätten.[529]

b) Der Arbeitgeber hat das Ruhegeld an den Berechtigten zu zahlen. **Erfüllungsort** für die Verpflichtung des Arbeitgebers ist grundsätzlich der Ort, an dem die Arbeitsleistung zu erbringen war, weil Betriebsrentenansprüche auf dem Arbeitsverhältnis beruhen[530] (s. auch § 70 RN 7 f.). Grundsätzlich wird der Arbeitgeber keine Überweisung ins Ausland vorzunehmen haben.[531] **206**

---

[519] BAG 24. 5. 1974 AP 6 zu § 242 BGB Ruhegehalt-VBL; 17. 4. 1984 AP 2 zu § 1 BetrAVG Zusatzversorgungskassen = NZA 85, 184 (LS); 18. 12. 1984 AP 3 zu § 1 BetrAVG Zusatzversorgungskassen = NZA 85, 459 (LS); 15. 10. 1985 AP 12 zu § 1 BetrAVG Zusatzversorgungskassen; 13. 12. 1988 AP 23 zu § 1 BetrAVG Zusatzversorgungskassen = NZA 89, 512.

[520] BAG 21. 11. 2000 AP 1 zu § 1 BetrAVG Auskunft = NZA 2002, 618.

[521] LAG Köln 18. 1. 2001 – 6 Sa 657/00 – EzA-SD 2001, 7 (LS).

[522] BAG 21. 11. 2000 AP 1 zu § 1 BetrAVG Auskunft = NZA 2002, 618; LAG Hessen 22. 8. 2001 MDR 2002, 650 = NZA-RR 2002, 323 (LS).

[523] BAG 18. 9. 1984 AP 6 zu § 1 BetrAVG Zusatzversorgungskassen = NZA 85, 712 (LS); 13. 11. 1984 AP 5 zu § 1 BetrAVG Zusatzversorgungskassen = NZA 85, 712 (LS); 23. 5. 1989 AP 28 zu § 1 BetrAVG Zusatzversorgungskassen; 3. 7. 1990 AP 24 zu § 1 BetrAVG = NZA 90, 971; 17. 10. 2000 AP 116 zu § 611 BGB Fürsorgepflicht = NZA 2001, 206; 11. 12. 2001 AP 2 zu § 1 BetrAVG Auskunft = NZA 2002, 1150.

[524] BAG 23. 5. 1989 AP 28 zu § 1 BetrAVG Zusatzversorgungskassen; 3. 7. 1990 AP 24 zu § 1 BetrAVG = NZA 90, 971; 17. 10. 2000 AP 116 zu § 611 BGB Fürsorgepflicht = NZA 2001, 206.

[525] BAG 17. 10. 2000 AP 116 zu § 611 BGB Fürsorgepflicht = NZA 2001, 206.

[526] BAG 9. 7. 1991 ZTR 92, 116; 17. 10. 2000 AP 116 zu § 611 BGB Fürsorgepflicht = NZA 2001, 206; *Reinecke* DB 2006, 555 (559).

[527] BAG 22. 11. 1963 AP 6 zu § 611 BGB Öffentlicher Dienst; 17. 10. 2000 AP 116 zu § 611 BGB Fürsorgepflicht = NZA 2001, 206; vgl. auch BAG 15. 10. 1985 AP 12 zu § 1 BetrVG Zusatzversorgungskassen; anders BGH 16. 10. 1984 NJW 85, 264 (für anwaltliche Belehrungs- und Ausklärungspflichten); 28. 9. 1989 NJW-RR 90, 28 (Haftung eines Ingenieurbüros).

[528] BAG 17. 10. 2000 AP 116 zu § 611 BGB Fürsorgepflicht = NZA 2001, 206.

[529] BAG 12. 12. 2002 AP 25 zu § 611 BGB Haftung des Arbeitgebers = NZA 2003, 687 (LS).

[530] BAG 26. 9. 2000 AP 61 zu § 72 a ArbGG 1979 Grundsatz = NZA 2001, 286; 20. 4. 2004 AP 21 zu § 38 ZPO Internationale Zuständigkeit = NZA 2005, 297.

[531] LAG Köln 2. 2. 1983 DB 83, 779.

207 Der **Zeitpunkt der Auszahlung** richtet sich nach der Versorgungsordnung. Für die Umstellung des Zahlungstermins einer Betriebsrente vom Anfang auf das Ende des Monats genügen sachliche Gründe.[532]

208 **3. Ruhegeldberechtigte.**[533] **a)** Oft sehen Versorgungszusagen eine **Hinterbliebenenversorgung** vor.[534] Wird einem Arbeitnehmer eine Hinterbliebenenversorgung zugesagt, so ist das insoweit ein Vertrag zugunsten eines Dritten. Nach dem Tode des Arbeitnehmers ist der Hinterbliebene nach § 328 I BGB berechtigt, die Versorgung zu verlangen.[535] Soweit nur eine Witwen- und Waisenversorgung geregelt ist, verstößt das gegen Art. 3 GG, Art. 141 EG (RN 56), so dass eine Anpassung der Versorgungszusagen erfolgen muss. Ansonsten ist der Ausschluss der Witwerversorgung unwirksam (§ 134 BGB). Im Wege ergänzender Vertragsauslegung wird die Versorgungslücke dahin geschlossen, dass auch der Witwer Versorgungsleistungen erhält. Das Vertrauen des Arbeitgebers auf die Wirksamkeit des Ausschlusses ist nicht schutzwürdig.[536] Die Hinterbliebenenversorgung kann davon abhängig gemacht werden, dass der Hinterbliebene das 50. Lebensjahr vollendet hat.[537] Einschränkungen der Hinterbliebenenversorgung durch nachfolgende Betriebsvereinbarungen müssen sich an den Grundsätzen des Vertrauensschutzes und der Verhältnismäßigkeit messen lassen. Das vom BAG entwickelte 3-Stufen-Schema (s. RN 141 ff.) gilt hier nicht.[538] Allein die Umstrukturierung der bestehenden betrieblichen Altersversorgung rechtfertigt es nicht, Leistungen nur noch im Fall des Todes eines Versorgungsanwärters („Anwärtertod") und nicht mehr beim Tod eines Betriebsrentners („Rentnertod") zu gewähren.[539] Für den Ausschluss von Hinterbliebenen, die den Arbeitnehmer erst nach dessen Eintritt in den Ruhestand geheiratet haben, reichen sachliche Gründe aus.[540] Ist nach der Satzung eines berufsständischen Versorgungswerks den Angehörigen eines Mitglieds nach dessen Tode eine Hinterbliebenenrente zu gewähren, so soll nach Ansicht des BVerwG nicht aus Art. 3 GG folgen, dass ein entsprechender Anspruch auch dem Partner einer gleichgeschlechtlichen Lebensgemeinschaft zusteht.[541] Dasselbe hat das BVerwG für die Satzung eines ärztlichen Versorgungswerkes angenommen, die Partnern einer eingetragenen Lebensgemeinschaft nach dem **LPartG** keine Hinterbliebenenrente zuerkannte, und dabei auch einen Verstoß gegen § 7 AGG verneint.[542] Auch der BGH hat entschieden, dass keine Benachteiligung wegen der sexuellen Identität vorliege, wenn Lebenspartner nach dem LPartG gem. der Satzung der Versorgungsanstalt des Bundes und der Länder anders als Verheiratete von einer Hinterbliebenenversorgung ausgeschlossen sind.[543] Der EuGH hat aber nunmehr in seiner **Maruko**-Entscheidung[544] festgestellt, dass die Herausnahme von Lebenspartnerschaften nach dem LPartG aus der Hinterbliebenenversorgung im Rahmen eines berufständischen Pflichtversorgungssystems gegen Art. 1 i.V.m. Art. 2 der Richtlinie 2000/78/EG verstößt, sofern die Lebenspartnerschaft nach nationalem Recht Personen des gleichen Geschlechts in eine Situation versetzt, die in Bezug auf die Hinterbliebenenversorgung mit der Situation von Ehepartnern vergleichbar ist. In diesem Fall nimmt der EuGH eine unmittelbare Diskriminierung wegen der sexuellen Ausrichtung an.[545] Damit dürfte eine generelle Herausnahme von Lebenspartnerschaften aus einer Hinterbliebenenversorgung allein auf Grund der formellen Unterscheidung zwischen Ehe und Lebenspartnerschaft nicht mehr zulässig sein,[546] zumal das LPartG den gleichgeschlechtlichen Lebenspartner dem Ehepartner weitgehend gleichgestellt hat und Lebenspartner seit dem 1. 1. 2005 auch in der gesetzlichen Rentenversicherung gem. § 46 IV SGB IV nicht mehr von Leistungen der Hinterbliebenenversorgung ausgeschlossen sind (s. § 82 RN 39). Zwar bindet die Richtlinie 2000/78/EG private Arbeitgeber nicht unmittelbar, sondern bedarf der Umsetzung in nationales

---

532 BAG 23. 9. 1997 AP 23 zu § 1 BetrAVG Ablösung = NZA 98, 541.
533 Schrifttum s. vor RN 190.
534 Zum potentiellen Kreis der Begünstigten BAG 18. 11. 2008 NZA-RR 2009, 294.
535 BAG 21. 10. 1966 AP 116 zu § 242 BGB Ruhegehalt; 5. 9. 1972 AP 159 zu § 242 BGB Ruhegehalt.
536 BAG 5. 9. 1989 AP 8 zu § 1 BetrAVG Hinterbliebenenversorgung = NZA 90, 271.
537 BAG 19. 2. 2002 AP 22 zu § 1 BetrAVG Hinterbliebenenversorgung = NZA 2002. 2339.
538 BAG 26. 8. 1997 AP 27 zu § 1 BetrAVG Ablösung = NZA 98, 817.
539 BAG 21. 11. 2000 AP 21 zu § 1 BetrAVG Hinterbliebenenversorgung = NZA 2002, 851.
540 BAG 26. 8. 1997 AP 27 zu § 1 BetrAVG Ablösung = NZA 98, 817.
541 BVerwG 29. 2. 2000 NJW 2000, 2038.
542 BVerwG 25. 5. 2007 BVerwGE 129, 129 = NJW 2008, 246.
543 BGH 14. 2. 2007 NJW-RR 2007, 1441.
544 EuGH 1. 4. 2008 AP 9 zu Richtlinie 2000/78/EG = NZA 2008, 459.
545 So auch schon *Rolfs* NZA 2008, 553 (559); a. A. z. B. *Rengier* BB 2005, 2574 (2577), der eine mittelbare Diskriminierung annimmt.
546 *Thum* BB 2008, 2291 (2295).

Recht (vgl. § 3 RN 65). Diese ist aber mit dem AGG nunmehr erfolgt, so dass jetzt von einem Verstoß gegen § 7 I i. V. m. § 1 AGG auszugehen ist,[547] für die Zeit vor Inkrafttreten des AGG folgt dies aus dem Gleichbehandlungsgrundsatz.[548] Rechtsfolge ist gem. der in § 2 I Nr. 2 und § 8 II AGG enthaltenen Wertung ein Anspruch des Lebenspartners auf die vorenthaltene Leistung.[549] Voraussetzung ist, dass am 1. 1. 2005 noch ein Rechtsverhältnis zwischen dem Versorgungsberechtigten und dem Versorgungsschuldner bestand. Hierfür genügt es, wenn der Arbeitnehmer mit Betriebsrentenansprüchen oder unverfallbaren Versorgungsanwartschaften ausgeschieden ist; ein Arbeitsverhältnis muss am Stichtag nicht bestehen.[550] Zumindest sind Ansprüche aber dann ausgeschlossen, wenn der Arbeitnehmer vor dem 1. 1. 2005 verstorben ist. Eine Bestimmung, wonach die Bezüge des verstorbenen Arbeitnehmers für den Rest des Sterbemonats und weitere drei Monate vorrangig an die unterhaltsberechtigten Kinder zu zahlen sind, die mit dem Verstorbenen in einem Haushalt lebten, verstößt weder gegen das Verbot der Benachteiligung nichtehelicher Kinder (Art. 6 V GG) noch gegen den allgemeinen Gleichheitssatz.[551]

Grundsätzlich zulässig sind sog. **Spätehenklauseln.**[552] Durch diese sollen erheblich jüngere Ehepartner (25 Jahre jüngere Ehefrau) oder erst nach Eintritt des Ruhestandes geheiratete Ehepartner[553] von der Versorgung ausgeschlossen werden. Dem steht auch § 1 AGG nicht entgegen, weil eine damit verbundene Ungleichbehandlung wegen des Alters gem. § 10 I AGG objektiv und angemessen durch ein legitimes Ziel gerechtfertigt ist.[554] Zweck einer Spätehenklausel ist, einen Anreiz für sog. Versorgungsehen auszuschließen. Die Hinterbliebenenversorgung kann ferner davon abhängig gemacht werden, dass die Ehe eine bestimmte Mindestzeit bestanden hat.[555] Wirksam sind auch sog. **Getrenntlebendklauseln,** nach denen getrennt lebende Ehegatten von der Versorgung ausgeschlossen werden.[556] Problematisch ist die Zulässigkeit von **Altersabstandsklauseln.** Im Fall einer Versorgungsordnung, die eine Hinterbliebenenversorgung ausschließt, wenn der Ehepartner mehr als 15 Jahre jünger ist als der verstorbene ehemalige Arbeitnehmer, hat das BAG angenommen, es sei angesichts der Mangold-Entscheidung des EuGH[557] zweifelhaft, ob eine solche Regelung mit der Richtlinie 2000/78/EG vereinbar sei und einen Vorlagebeschluss an den EuGH erlassen.[558] Der EuGH hat entschieden, dass es sich bei den zugrunde liegenden Versorgungsrichtlinien nicht um eine Maßnahme zu Umsetzung der RL 2000/78/EG handele und die Umsetzungsfrist zum Todeszeitpunkt des Arbeitnehmers noch nicht abgelaufen gewesen sei, so dass der Anwendungsbereich des Gemeinschaftsrechts nicht betroffen sei.[559] Nunmehr sind derartige Bestimmungen an § 10 des am 18. 8. 2006 in Kraft getretenen AGG zu messen.[560] Zulässig sind danach zur Erreichung eines legitimen Zieles erforderliche und angemessene Differenzierungen. Fraglich ist aber, ob das Interesse des Arbeitgebers an einer zeitlichen Begrenzung der finanziellen Belastungen einen völligen Leistungauschluss rechtfertigt oder nur eine nach dem Altersabstand gestaffelte Leistungsminderung.[561] Eine **Kombination von Spätehenklausel und Altersabstandsklausel**, wonach die Ehe mindestens 10 Jahre bestanden haben muss, wenn sie nach Vollendung des 50. Lebensjahres des verstorbenen Ehepartners geschlossen wurde, ist nach der bisherigen Rspr. des BAG zulässig und verstößt nicht gegen die Richtlinie 2000/78/EG.[562] 209

[547] *Höfer* ART RN 910.2.

[548] So jetzt auch BAG 14. 1. 2009 – 3 AZR 20/07 – BetrAV 2009, 85.

[549] Vgl. BAG 11. 12. 2007 AP 1 zu § 2 AGG = NZA 2008, 532.

[550] Offengelassen von BAG 14. 1. 2009 – 3 AZR 20/07.

[551] BAG 20. 8. 2002 AP 55 zu § 1 BetrAVG Gleichbehandlung = NZA 2003, 1044.

[552] BAG 18. 7. 1972 AP 158 zu § 242 BGB Ruhegehalt = NJW 72, 2327; 9. 11. 1978 AP 179 zu § 242 BGB Ruhegehalt; dazu BVerfG 11. 9. 1979 AP 182 zu § 242 BGB Ruhegehalt; einschränkend LAG Hessen 12. 3. 1997 NZA-RR 98, 5 = DB 97, 2182.

[553] BAG 26. 8. 1997 AP 27 zu § 1 BetrAVG Ablösung = NZA 98, 817; zu Altersgrenzen der Witwe: BAG 19. 2. 2002 AP 22 zu § 1 BetrAVG Hinterbliebenenversorgung = NZA 2002, 2339.

[554] *Rolfs* NZA 2008, 553 (558).

[555] BAG 11. 8. 1987 AP 4 zu § 1 BetrAVG Hinterbliebenenversorgung = NZA 88, 158; LAG Hamm 17. 12. 1991 DB 92, 535 = LAGE § 1 BetrAVG Hinterbliebenenversorgung Nr. 2.

[556] BAG 6. 9. 1979 AP 183 zu § 242 BGB Ruhegehalt; dazu BVerfG 29. 2. 1980 – 1 BvR 1231/79; BAG 28. 3. 1995 AP 14 zu § 1 BetrAVG Hinterbliebenenversorgung = NZA 95, 1032; a. A. LAG Düsseldorf 18. 3. 1976 DB 76, 1068.

[557] EuGH 22. 11. 2005 – C-144/04 – zu § 14 III TzBfG.

[558] BAG 27. 6. 2006 AP 6 zu § 16 BetrAVG = NZA 2006, 1276; hierzu *Thüsing* BetrAV 2006, 704, 707.

[559] EuGH 23. 9. 2008 (Bartsch) NZA 2008, 1119; kritisch hierzu *Rolfs* EuZA 2009, 235.

[560] Zur Frage des zeitlichen Anwendungsbereichs *Bauer/Arnold* NJW 2008, 3377 (3380 ff.), die auf den Erwerb der Versorgungsanwartschaften abstellen.

[561] S. hierzu *Preis/Temming* NZA 2008, 1209 (1215 f.); *Bauer/Arnold* NJW 2008, 3377 (3380).

[562] BAG 28. 7. 2005 AP 25 zu § 1 BetrAVG Hinterbliebenenversorgung = DB 2006, 2018.

Sie dürfte gem. § 10 Satz 1, 2 und 3 Nr. 4 AGG auch nicht gegen das AGG[563] verstoßen, weil hierfür einleuchtende Risikoerwägungen vorliegen.[564] Anerkannt sind auch Klauseln, bei denen ein Versorgungsausschluss bei Verdacht der **Versorgungsehe** besteht (vgl. für die gesetzliche Rente § 46 II a SGB VI). Darlegungs- und beweispflichtig ist der Arbeitgeber; jedoch kann der Versorgungsberechtigte den Verdacht erschüttern.[565] Bei Dienstordnungsangestellten wird zumeist die Regelung in § 19 I 2 Nr. 2 BeamtVG gelten, wonach bei einer Dauer der Ehe von unter einem Jahr widerlegbar vermutet wird, dass eine Versorgungsehe vorlag.[566] Eine Regelung, die die Hinterbliebenenversorgung davon abhängig macht, dass der Verstorbene den Unterhalt überwiegend bestritten hat **(„Haupternährerklausel")**, stellt eine nach § 612 III BGB/Art. 141 EG unzulässige Entgeltdiskriminierung wegen des Geschlechts dar und verstößt nunmehr auch gegen die Regelung des § 7 i. V. m. § 1 AGG. Die Leistungen sind ohne diese Einschränkung zu gewähren.[567] Das gilt erst recht für eine Regelung, die für Witwen früherer Arbeitnehmer ohne weitere Voraussetzungen betriebliche Witwenrente, für Witwer früherer Arbeitnehmerinnen aber nur dann Witwerrente in Aussicht stellt, wenn diese den Unterhalt bestritten haben.[568] **Wiederverheiratungsklauseln** hält das BAG für wirksam, und zwar auch dann, wenn die Versorgungsordnung für den Fall der Scheidung der zweiten Ehe kein Wiederaufleben der Leistungsansprüche vorsieht.[569] Insoweit bestehen nach § 46 SGB IV auch in der gesetzlichen Rentenversicherung keine Ansprüche der Hinterbliebenen. Zulässig ist ferner die Anrechnung einer Hinterbliebenenversorgung auf eine eigene Betriebsrente im Rahmen der Versorgung durch eine einheitliche Unterstützungskasse, sofern das nicht zum völligen Wegfall einer Betriebsrente führt.[570]

210 Zweifelhaft ist, ob der Versorgungsberechtigte, wenn er ein **Bestimmungsrecht** bei seiner Hinterbliebenenversorgung hat, auch einen mit ihm in **eheähnlicher Gemeinschaft** lebenden Partner bedenken kann. Im Allgemeinen wird dies nur bei Lebensversicherungen möglich sein, da in Direktzusagen regelmäßig nur der Versorgungsberechtigte, sein Ehegatte oder die Kinder als Berechtigte vorgesehen sind. Ein Bestimmungsrecht des Versorgungsberechtigten hat das BAG dann verneint, wenn dadurch die Ansprüche eines noch lebenden Ehepartners im Rahmen der Hinterbliebenenversorgung beeinträchtigt werden.[571] Hat der Verstorbene nicht rechtzeitig die Scheidung der Ehe durchgesetzt, kann dies nicht zur Schädigung des Arbeitgebers führen. Das BSG hat entschieden, dass eine freie Lebensgefährtin aus der Versicherung des männlichen Pensionärs keine Witwenrente erhält.[572] Die Rechtslage wird sich bei einem bestehenden Bestimmungsrecht nach der Einführung des LPartG für gleichgeschlechtliche Partnerschaften grundlegend geändert haben.[573]

211 Ein die Hinterbliebenenversorgung auslösender Versorgungsfall ist der Tod des Arbeitnehmers; dies auch dann, wenn der Versorgungsberechtigte **Selbstmord** begangen hat.[574] Teilweise bestimmen Versorgungszusagen für den Fall des Suizids einen Wegfall der Hinterbliebenenleistungen. Die Zulässigkeit derartiger „Selbstmordklauseln" ist zweifelhaft[575] und jedenfalls für einen auf eine Erkrankung (z. B. eine Depression) zurückzuführenden Suizid zu verneinen.[576] Die Versorgungsordnung kann vorsehen, dass Ansprüche nicht bestehen, wenn der Hinterblie-

[563] Zur Anwendbarkeit des AGG auf die betriebliche Altersversorgung: BAG 11. 12. 2007 AP 1 zu § 2 AGG = NZA 2008, 532; *Cisch/Böhm* BB 2007, 602; *Reichenbach/Grüneklee* BetrAV 2006, 708; *Rengier* NZA 2006, 1251; *Thüsing* BetrAV 2006, 704; s. auch RN 55.

[564] *Rolfs* NZA 2008, 553 (558).

[565] BAG 4. 7. 1989 AP 7 zu § 1 BetrAVG Hinterbliebenenversorgung = NZA 90, 273.

[566] S. hierzu: BVerwG 27. 10. 1966 BVerwGE 25, 221 = MDR 67, 326; OVG Hamburg 28. 10. 2004 NVwZ-RR 2006, 196; LAG Niedersachsen 25. 11. 2005 – 3 Sa 667/05B – m. w. N.

[567] BAG 19. 11. 2002 AP 13 zu § 1 BetrAVG Gleichberechtigung = NZA 2003, 380; *Blomeyer/Rolfs/Otto* Anh. § 1 RN 73; *Rolfs* NZA 2008, 553 (555); anders noch: BAG 5. 9. 1989 AP 8 zu § 1 BetrAVG Hinterbliebenenversorgung = NZA 90, 271 unter II 1 c der Gründe; LAG Hamm 8. 12. 1998 NZA-RR 99, 431 = DB 99, 915; zweifelnd (und für eine Gesamtbetrachtung): BAG 26. 9. 2000 VersR 2001, 1308 = NZA 2002, 54 (LS).

[568] BAG 19. 11. 2002 AP 13 zu § 1 BetrAVG Gleichberechtigung = NZA 2003, 380; 11. 12. 2007 AP 1 zu § 2 AGG = NZA 2008, 532.

[569] BAG 16. 4. 1997 AP 16 zu § 1 BetrAVG Hinterbliebenenversorgung = DB 97, 1575.

[570] LAG Berlin NZA-RR 2007, 29.

[571] BAG 16. 8. 1983 AP 2 zu § 1 BetrAVG Hinterbliebenenversorgung = NJW 84, 1712 (LS).

[572] BSG 4. 3. 1982 BSGE 53, 137 = NJW 82, 1894.

[573] *Scheuring* ZTR 2001, 289.

[574] Vgl. BAG 12. 2. 1975 AP 22 zu § 1 TVG Tarifverträge: Bau; 29. 1. 1991 AP 13 zu § 1 BetrAVG Hinterbliebenenversorgung.

[575] Bejahend: LAG Nürnberg 25. 1. 1996 – 8 Sa 349/94; LAG Rheinland-Pfalz 16. 9. 1996 DB 97, 1140 = BetrAV 97, 286.

[576] *Höfer* ART RN 894.

bene schuldhaft den **Tod des Arbeitnehmers herbeiführt.** Fehlt eine solche Regelung (wie sie z. B. auch § 105 SGB VI für die gesetzliche Rente enthält), kann dem Hinterbliebenen bei einer vorsätzlichen Tötung der Einwand des Rechtsmissbrauchs entgegengehalten werden.[577]

b) Im Rahmen der Hinterbliebenenversorgung können vor allem **drei Streitfälle** auftreten: **(a)** Ist der Arbeitnehmer im Zeitpunkt der Versorgungszusage unverheiratet, dagegen bei Eintritt des Todes verheiratet, so entsteht dann kein Anspruch auf Hinterbliebenenversorgung, wenn es sich um eine Einzelzusage handelt und in ihr eine Hinterbliebenenversorgung nicht vorgesehen war. War dagegen Rechtsbegründungsakt ein Versorgungswerk, in dem eine Hinterbliebenenversorgung vorgesehen ist, so erwächst grundsätzlich auch ein Anspruch auf Hinterbliebenenversorgung. Zweifelhaft ist, ob in einer allgemeinen Versorgungsordnung vorgesehen werden kann, dass solchen Arbeitnehmern keine Hinterbliebenenversorgung gewährt wird, die vor Eintritt eines Versorgungsfalles mit einer unverfallbaren Versorgungsanwartschaft ausscheiden. Eine derartige Bedingung wird wegen Verstoßes gegen den Gleichbehandlungsgrundsatz unwirksam sein. Zudem wird der Grundsatz der Unverfallbarkeit ausgehöhlt.[578] **(b)** Ist in der Versorgungszusage die versorgungsberechtigte Witwe namentlich benannt, so ist eine andere Frau, die der Arbeitnehmer nach dem Tode oder nach Scheidung von der benannten Frau geheiratet hat, nicht versorgungsberechtigt. Ist dagegen die erste Frau nicht namentlich benannt, sondern nur eine Hinterbliebenenversorgung zugesagt, so ist auch der Ehepartner, der im Zeitpunkt des Todes des Versorgungsberechtigten gelebt hat, bedacht.[579] **(c)** Ist dagegen die im Zeitpunkt der Versorgungszusage bestehende Ehe bei Eintritt des Versorgungsfalles der Hinterbliebenenversorgung geschieden, so ist zu unterscheiden zwischen den Fällen, in denen die Ehe vor Einführung des Versorgungsausgleiches geschieden worden ist und den späteren. Ist die Ehe vor Einführung des Versorgungsausgleiches geschieden worden, so kann sich ergeben, dass der geschiedenen Ehefrau keine Versorgungsansprüche zustehen.[580] Gelegentlich ist in Versorgungsordnungen vorgesehen, dass der geschiedenen Ehefrau auch bei Wiederverheiratung Unterhaltsleistungen gewährt werden können. Hat dagegen ein Versorgungsausgleich stattgefunden, so kann die geschiedene Ehefrau keine Ansprüche mehr geltend machen. 212

Eine Versorgungsordnung (für die gesetzliche Rente vgl. § 46 SGB VI) kann bestimmen, dass eine Witwen- oder Witwerversorgung endet, wenn der Hinterbliebene wieder heiratet **(„Wiederverheiratungsklausel“).** Ist kein Wiederaufleben des Anspruches vorgesehen, wenn die zweite Ehe endet, ist dies nach den Wertmaßstäben der Art. 3, 6 GG nicht zu beanstanden.[581] 213

In der gesetzlichen Rentenversicherung ist es verfassungsrechtlich nicht zu beanstanden, wenn Erwerb- oder Erwerbsersatzeinkommen auf die gesetzliche Hinterbliebenenrente angerechnet wird.[582] Das Gleiche wird auch in der betrieblichen Altersversorgung gelten. 214

c) Ist ein Arbeitnehmer **nach Eintritt der Unverfallbarkeit** aus dem Arbeitsverhältnis **ausgeschieden,** so haben auch seine Hinterbliebenen Anspruch auf Hinterbliebenenversorgung. Deren Ansprüche werden unter den Voraussetzungen des § 1 b BetrAVG unverfallbar. Die Höhe der Hinterbliebenenversorgung richtet sich nach dem Versorgungswerk. Fehlen irgendwelche Vereinbarungen, ist eine ratierliche Kürzung nach § 2 BetrAVG zulässig.[583] 215

d) Zur **Besteuerung der Hinterbliebenenversorgung** vgl. BVerfG 9. 11. 1988 AP 6 zu § 1 BetrAVG Hinterbliebenenversorgung. 216

4. Versorgungsausgleich.[584] Er dient dem Ziel, eine gleichmäßige Beteiligung des geschiedenen Ehegatten an den während der Ehe erworbenen Versorgungsanwartschaften zu erreichen, also den Gedanken des Zugewinnausgleichs auch wegen der Versorgungsanwartschaften und Aussichten sicherzustellen. Der Versorgungsausgleich erfolgt unabhängig davon, ob Unterhaltsansprüche bestehen. Es besteht die Auslegungsregel, dass der Arbeitgeber weder die Nachteile des Versorgungsausgleichs ausgleichen will noch mögliche Vorteile ausnutzt (s. hierzu auch RN 311). Im September 2009 tritt eine **Reform des Versorgungsausgleichs** in Kraft.[585] Danach sollen 217

---

[577] Auf Grund der besonderen Umstände des konkreten Falls verneinend: LAG Düsseldorf 8. 9. 1989 DB 91, 234 = LAGE § 1 BetrAVG Rechtsmissbrauch Nr. 2.

[578] Vgl. BAG 21. 11. 2000 AP 21 zu § 1 BetrAVG Hinterbliebenenversorgung = NZA 2002, 851.

[579] BAG 7. 9. 1956 AP 17 zu § 242 BGB Ruhegehalt; LAG Hamm 29. 7. 1997 BB 97, 1928 = LAGE § 1 BetrAVG Hinterbliebenenversorgung Nr. 5.

[580] BAG 21. 10. 1966 AP 116 zu § 242 BGB Ruhegehalt zu § 242 BGB Ruhegehalt.

[581] BAG 16. 4. 1997 AP 16 zu § 1 BetrAVG Hinterbliebenenversorgung.

[582] BVerfG 18. 2. 1998 BVerfGE 97, 271 = NJW 98, 3109.

[583] BAG 15. 12. 1998 AP 17 zu § 1 BetrAVG Hinterbliebenenversorgung = NZA 99, 488.

[584] Schrifttum s. vor RN 190.

[585] G zur Strukturreform des Versorgungsausgleichs (VAStrRefG) v. 3. 4. 2009 (BGBl. I S. 700); hierzu *Wilhelm* BetrAV 2009, 735.

künftig alle während der Ehezeit erworbenen auszugleichenden Leistungen im Regelfall systemintern geteilt werden, so dass der ausgleichsberechtigte Ehepartner auch bei der betrieblichen Altersversorgung eine eigene Anwartschaft erwirbt. Eine externe Teilung soll als Ausnahmefall aber möglich sein, z. B. bei einer entsprechenden Vereinbarung der Eheleute und bei zum Zeitpunkt der Scheidung noch verfallbaren Anwartschaften. Derzeit erfolgt der Versorgungsausgleich im Wesentlichen nach folgenden Grundsätzen:

218 Nach § 1587 I BGB findet zwischen den geschiedenen Ehegatten ein Versorgungsausgleich statt, soweit für einen oder beide in der Ehezeit **Anwartschaften** oder **Aussichten auf eine Versorgung** wegen Alters-, Berufs- oder Erwerbsunfähigkeit/verminderter Erwerbsfähigkeit begründet oder aufrechterhalten worden sind. Dies gilt auch, soweit es sich um bereits laufende **Renten** handelt. Nicht erfasst werden Anwartschaften, die auf eine **Kapitalleistung** gerichtet sind,[586] und zwar auch dann, wenn der Arbeitgeber sich das Recht vorbehalten hat, das Anrecht zu verrenten, hiervon aber bis zum Ende der Ehezeit keinen Gebrauch gemacht hat.[587]

219 **Ausgleichspflichtig** sind mithin Versorgungen (auch ausländische)[588] und Versorgungsanwartschaften wegen Alters-, Berufs- oder Erwerbsunfähigkeit/verminderter Erwerbsfähigkeit. Hierzu gehören Versorgungsanwartschaften oder Aussichten aus der gesetzlichen Rentenversicherung, der betrieblichen Altersversorgung (§ 1 BetrAVG), der privaten Rentenversicherung, der berufsständischen Versorgungseinrichtungen, der Beamtenversorgung und der Zusatzversorgung für Arbeitnehmer im öffentlichen Dienst. Erfasst werden auch Ausgleichzahlungen, die für die mit einem vorgezogenen Ruhestand einhergehende Kürzung der gesetzlichen Rente zugesagt worden sind.[589] Von einer Versorgungsanwartschaft wird dann gesprochen, wenn es sich um eine rechtlich gesicherte Anwartschaft handelt, von einer Versorgungsaussicht, wenn noch keine rechtlich gesicherte Anwartschaft vorliegt, aber bei normalem Lauf der Dinge später mit einer Versorgung, etwa bei Gewährung durch eine Unterstützungskasse, gerechnet werden kann. Durch Verweisung auf § 1 BetrAVG ist klargestellt, dass sämtliche Leistungen der betrieblichen Altersversorgung (RN 1) ausgleichspflichtig sind, auch wenn die Erwartung nach § 1 b IV BetrAVG keinen Rechtsanspruch begründet.[590] Dies gilt nach der Rspr. des BGH nicht für Kapitallebensversicherungen, auch wenn sie wegen der Befreiung von der gesetzlichen Angestelltenversicherungspflicht abgeschlossen werden.[591]

220 **Nicht versorgungsausgleichspflichtig** sind Anwartschaften oder Aussichten, die weder mit Hilfe des Vermögens noch durch Arbeit der Ehegatten begründet oder aufrechterhalten worden sind (§ 1587 I 2 BGB). Durch Arbeit sind diejenigen Versorgungsanwartschaften oder Aussichten begründet, die dem Ehegatten allein als Folge seiner Beschäftigung zustehen. Mit Hilfe des Vermögens sind Versorgungsanwartschaften geschaffen, die ausschließlich oder zusätzlich aus anderen Mitteln entstehen. Nicht ausgleichspflichtig sind mithin wegen ihres überwiegenden Entschädigungscharakters Unfallrenten, Renten nach dem BVersG, BEG, InfektionsschutzG, HHG, LAG usw. Rentenanwartschaften und Aussichten, die auf Grund beitragsloser Zeiten (Ersatzzeiten) erworben sind, sind jedoch ausgleichspflichtig.

221 Ausgleichspflichtig sind nur **während der Ehezeit** erworbene Versorgungen, Anwartschaften oder Aussichten. Nach § 1587 II BGB gilt als Ehezeit die Zeit vom Beginn des Monats, in dem die Ehe geschlossen worden ist, bis zum Ende des Monats, der dem Eintritt der Rechtshängigkeit des Scheidungsantrages vorausgeht. Das Ende der Ehezeit im Sinne des Versorgungsausgleichs wurde vorverlegt, um eine feste Stichtagsregelung für Auskünfte gegenüber dem Familiengericht zu schaffen.

222 **5. Formen.** Der Versorgungsausgleich erfolgt in zwei Formen, nämlich dem Wertausgleich (§ 1587 a BGB) und dem schuldrechtlichen Versorgungsausgleich (§ 1587 f BGB). Der schuldrechtliche Versorgungsausgleich ist subsidiär; er findet nur statt, wenn der Wertausgleich aus tatsächlichen oder rechtlichen Gründen nicht möglich ist.

223 **6. Wertausgleich.** Er erfolgt nach § 1587 a BGB.

224 **a)** Ausgleichspflichtig ist der Ehegatte mit den **in der Ehezeit entstandenen werthöheren Versorgungsanwartschaften oder Aussichten.** Zu statischen Versorgungsanwartschaften s. RN 233. Eine dynamische Versorgungsanwartschaft i. S. v. § 1587 a BGB liegt schon dann vor,

[586] BGH 9. 11. 1983 BGHZ 88, 386 = NJW 84, 299; 5. 2. 2003 BGHZ 153, 393 = NJW 2003, 1320.
[587] BGH 8. 6. 2005 NJW-RR 2005, 1379 = MDR 2006, 32.
[588] BGH 24. 2. 1982 NJW 82, 1939.
[589] BGH 2. 7. 2008 NJW 2008, 3063.
[590] BGH 18. 12. 1985 NJW-RR 86, 365 = FamRZ 86, 339.
[591] BGH 9. 11. 1983 BGHZ 88, 386 = NJW 84, 299 BB; zur Berücksichtigung beim Zugewinnausgleich: BGH 27. 10. 1976 BGHZ 67, 262 = NJW 77, 101; 15. 1. 1992 BGHZ 117, 70 = NJW 92, 1103.

wenn eine Anpassungsverpflichtung nach § 16 BetrAVG besteht, sofern die Ermessentscheidung des Arbeitgebers in einem angemessenen Vergleichzeitraum zu Wertsteigerungen geführt haben, die mit der Entwicklung einer Vergleichrente Schritt halten konnten und dies auch unter Berücksichtigung aller hierfür bedeutsamen Umstände für die Zukunft erwartet werden kann.[592] Dem ausgleichsberechtigten Ehegatten steht die Hälfte des Wertunterschiedes zu (§ 1587a I BGB). Der Anspruch geht grundsätzlich auf Übertragung (§ 1587b I BGB) oder auf Begründung von Rentenanwartschaften (§ 1587b II BGB) durch Richterspruch. Unter den Voraussetzungen von § 1587b III BGB konnte der Anspruch auch auf Zahlung gehen. § 1587b III 1 BGB ist jedoch wegen Verstoßes gegen das Rechtsstaatsprinzip nichtig.[593] Insoweit galt für eine Übergangszeit das Gesetz zur Regelung von Härten im Versorgungsausgleich vom 21. 2. 1983 (BGBl. I S. 105). Dies ist durch das Gesetz über weitere Maßnahmen auf dem Gebiet des Versorgungsausgleichs vom 8. 12. 1986 (BGBl. I S. 2317) geändert worden (RN 237).

b) Die **Ermittlung des Wertunterschiedes** für die einzelnen Versorgungsarten ist in § 1587a II BGB geregelt. Die Wertermittlung basiert auf der Feststellung, welche konkrete Versorgungsleistung aus den jeweiligen in der Ehezeit erworbenen Anwartschaften oder Aussichten zu gewähren wäre, wenn im Zeitpunkt des Eintritts der Rechtshängigkeit des Scheidungsantrages der Versorgungsfall eingetreten wäre. Für die gesetzliche Rentenversicherung und die betriebliche Altersversorgung gelten folgende Grundsätze: **225**

c) Für die **gesetzliche Rentenversicherung** wird fingiert, dass mit Eintritt der Rechtshängigkeit des Scheidungsantrages der Versorgungsfall wegen des Altersruhegeldes eingetreten ist. Es wird der Betrag zugrunde gelegt, der sich am Ende der Ehezeit aus den auf die Ehezeit entfallenden Entgeltpunkten ohne Berücksichtigung des Zugangsfaktors als Vollrente wegen Alters ergibt (vgl. § 82 RN 33).[594] Für die Bewertung außer Betracht bleibt, ob die Wartezeit für das Altersruhegeld erfüllt ist (§ 1587a VII BGB). Zur Ermittlung des auf die Ehezeit entfallenden Rentenbetrages wird das aus allen Versicherungsjahren ermittelte Altersruhegeld entspr. dem Verhältnis der Versicherungsjahre und -werte in der Ehe zu allen Versicherungsjahren und -werten aufgeteilt. Der zuständige Rentenversicherungsträger teilt diesen Betrag zu. **226**

d) Unverfallbare Leistungen, Anwartschaften oder Aussichten der betrieblichen Altersversorgung (§ 1b BetrAVG) werden nach § 1587a II Nr. 3 BGB bewertet. Der in den Versorgungsausgleich einzubeziehende Teil wird ähnlich § 2 BetrAVG nach einer pro rata temporis Regelung berechnet. **227**

Zu unterscheiden ist zwischen den Fällen, bei denen die Betriebszugehörigkeit bei Eintritt der Rechtshängigkeit des Scheidungsantrages noch andauert und solchen, in denen die Betriebszugehörigkeit zu diesem Zeitpunkt bereits beendet ist. **228**

Dauert die Betriebszugehörigkeit bei Eintritt der Rechtshängigkeit des Scheidungsantrages **noch an,** wird die zugesagte Versorgungsleistung, die für das Erreichen der in der Versorgungsordnung vorgesehenen Altersgrenze vorgesehen ist, gem. § 1587a II Nr. 1 Satz 1a) BGB im Verhältnis der in die Ehezeit fallenden Betriebszugehörigkeit zu der insgesamt möglichen Betriebszugehörigkeit gekürzt.[595] Hierdurch sollen unterschiedliche Steigerungsraten der Versorgungsleistung ausgeglichen werden. Richtet sich die betriebliche Altersversorgung nach einem Prozentsatz des letzten, vor Erreichen der Altersgrenze erzielbaren Einkommens, so sind bei der Festsetzung der vollen Versorgungsbezüge die Bemessungsgrundlagen zu Grunde zu legen, die im Zeitpunkt der Rechtshängigkeit des Scheidungsantrages gelten. Hieraus folgt, dass bei Anrechnung der Renten der gesetzlichen Rentenversicherung auf die betriebliche Altersversorgung die hochgerechnete Rente in die Berechnung Eingang findet, die der Arbeitnehmer erhalten würde, wenn er unter Beibehaltung der Bemessungsgrundlage bis zum Erreichen der festen Altersgrenze weiter versichert wäre. Steht damit die Höhe der zugrunde zu legenden Versorgungsleistungen fest, so wird dieser Betrag im Verhältnis der in die Ehezeit fallenden Betriebszugehörigkeit zu der Zeit vom Beginn der Betriebszugehörigkeit bis zu der in der Versorgungsregelung vorgesehenen Altersgrenze ratierlich gekürzt. **229**

Ist das **Arbeitsverhältnis** bei Leistungen, unverfallbaren Anwartschaften oder Aussichten auf betriebliche Altersversorgung bei Rechtshängigkeit des Scheidungsantrages **beendet,** so erfolgt die Bewertung des Versorgungsausgleichs nach Maßgabe von § 1587a II Nr. 3 Satz 1b) BGB. Hier ist zu unterscheiden: Ist der Versorgungsfall bereits eingetreten, so steht die Versorgungs- **230**

---

592 BGH 17. 1. 2007 NJW 2007, 2477; 6. 2. 2008 NJW 2008, 1813.

593 BVerfG 27. 1. 1983 BVerfGE 63, 88 = NJW 83, 1417.

594 Zu Vordienstzeiten BGH 8. 6. 1983 NJW 84, 234 = FamRZ 83, 1001.

595 Bei vorzeitiger Beendigung vor Scheidung: BGH 7. 2. 1990 BGHZ 110, 224 = NJW 90, 1480.

leistung für den Zeitpunkt der Rechtshängigkeit des Scheidungsantrages fest. Ist der Leistungsfall noch nicht eingetreten, besteht aber eine unverfallbare Versorgungsanwartschaft oder Aussicht, so liegt entweder die Bescheinigung des Arbeitgebers nach § 4a (vormals § 2 VI) BetrAVG vor, in welcher Höhe diese Anwartschaft bei Erreichen der Altersgrenze zu einer Versorgungsleistung führt. Fehlt die Bescheinigung, so kann das Familiengericht eine Auskunft nach § 53b II FGG beim Arbeitgeber einholen. Der festgestellte Betrag der bereits fälligen oder künftigen Versorgungsleistung wird im Verhältnis der in die Ehezeit fallenden Betriebszugehörigkeit zu der der Versorgung zugrundeliegenden gesamten Betriebszugehörigkeit gekürzt.

231 **e) Besonderheiten** bestehen für den Versorgungsausgleich, wenn der Versorgungsanspruch gegen eine Zusatzversorgungsanstalt des öffentlichen Dienstes gerichtet ist (§ 1587a II Nr. 3 Satz 2 BGB).[596]

232 **f)** Verfallbare Versorgungsanwartschaften werden gem. § 1587a II Nr. 3 Satz 3 BGB im **schuldrechtlichen Versorgungsausgleich** ausgeglichen.

233 **7. Statische und dynamische Versorgungsanwartschaften.** Versorgungsanwartschaften oder Aussichten, deren Wert nicht oder nicht in gleicher Weise steigt wie der Wert der gesetzlichen Rentenversicherung oder der Beamtenversorgung, werden nach § 1587a III BGB bewertet. Zu unterscheiden sind die Fälle, bei denen die Renten aus einem Deckungskapital oder einer Deckungsrücklage gezahlt werden, und diejenigen, bei denen die Leistungen nicht oder nicht ausschließlich aus einem Deckungskapital oder einer Deckungsrücklage gezahlt werden. Zweck der Regelung ist, statische und dynamische Versorgungsanwartschaften und Aussichten vergleichbar zu machen.[597] Für die Umrechnung gilt die VO zur Ermittlung des Barwertes einer auszugleichenden Versorgung nach § 1587a III Nr. 2 und II BGB (BarwertVO vom 24. 6. 1977, BGBl. I S. 1014, zul. geänd. am 2. 6. 2008, BGBl. I S. 969; Neuregelung ab 1. 9. 2009, s. RN 217).

234 **8. Durchführung des Wertausgleichs.** Er erfolgt nach § 1587b BGB und dem Gesetz zur Regelung von Härten im Versorgungsausgleich (VAHRG vom 21. 2. 1983, BGBl. I S. 105, zul. geänd. am 17. 12. 2008, BGBl. I S. 2586; Neuregelung ab 1. 9. 2009, s. RN 217).

235 **a)** Hat ein Ehegatte in der Ehezeit Rentenanwartschaften in der gesetzlichen Rentenversicherung erworben (§ 1587a II Nr. 2 BGB) und übersteigen diese die Anwartschaften des anderen Ehegatten, so überträgt das Familiengericht auf diesen Rentenanwartschaften in Höhe der Hälfte des Wertunterschiedes (§ 1587b I BGB). Die Einzelheiten richten sich nach den Vorschriften über die gesetzliche Rentenversicherung **(Rentensplitting).**

236 **b)** Hat ein Ehegatte in der Ehezeit eine Anwartschaft aus einem öffentlichen Dienstverhältnis[598] oder aus einem Arbeitsverhältnis mit Anspruch auf Versorgung nach beamtenrechtlichen Vorschriften oder Grundsätzen (§ 1587a II Nr. 1 BGB) gegen eine öffentlich-rechtliche Körperschaft erworben und übersteigt diese Anwartschaft allein oder mit einer anderen Rentenanwartschaft die Anwartschaft des anderen Ehegatten, so begründet das Familiengericht für diesen Rentenanwartschaften in Höhe der Hälfte des Wertausgleiches in der Rentenversicherung (§ 1587b II BGB); sog. **Quasi-Splitting.**[599] Der Grund der Regelung besteht darin, dass regelmäßig der andere Ehegatte mit den Ansprüchen gegen den öffentlichen Arbeitgeber nichts anfangen kann.

237 **c)** Soweit der Wertausgleich nicht im Wege des Rentensplittings oder Quasi-Splittings möglich war, sah **§ 1587b III 1 BGB** vor, dass der ausgleichspflichtige Ehegatte für den Berechtigten als Beiträge zur Begründung von Rentenanwartschaften auf eine bestimmte Rente in einer gesetzlichen Rentenversicherung den Betrag zu zahlen hat, der erforderlich ist, um den Wertunterschied auszugleichen. Das BVerfG hat § 1587b III 1 BGB durch Urteil vom 27. 1. 1983 für unvereinbar mit dem Rechtsstaatsprinzip und nichtig erklärt.[600] Hiervon wurde vor allem der Versorgungsausgleich in der betrieblichen Altersversorgung betroffen. Durch das Gesetz zur Regelung von Härten im Versorgungsausgleich (VAHRG) vom 21. 2. 1983 (BGBl. I S. 105) sollte die erwachsene Regelungslücke geschlossen werden. Nach § 2 VAHRG wurde ein modifizierter schuldrechtlicher Versorgungsausgleich eingeführt. Auch dieser wurde für verfassungs-

596 BGH 26. 5. 1982 BGHZ 84, 158, 180ff. = NJW 82, 1989.
597 Vgl. BGH 12. 4. 1989 NJW 89, 2812 = DB 89, 1472.
598 Zum Versorgungsausgleich bei ausstehender Nachversicherung eines entlassenen Beamten: BGH 21. 9. 1988 NJW 89, 35 = MDR 89, 50.
599 Zum Verlust der Beamtenversorgung: BGH 7. 6. 1989 NJW 89, 2811 = FamRZ 89, 1058.
600 BVerfG 27. 1. 1983 BVerfGE 63, 88 = NJW 83, 1417.

widrig erklärt.[601] Durch ein Gesetz über weitere Maßnahmen auf dem Gebiet des Versorgungsausgleiches vom 8. 12. 1986 (BGBl. I S. 2317, zuletzt geändert am 19. 4. 2006, BGBl. I S. 866) ist das VAHRG geändert worden. Es sieht nunmehr folgende **Ausgleichsmöglichkeiten** in einer bestimmten Rangfolge vor.

(1) An erster Stelle kann der Versorgungsträger eine **Realteilung auf freiwilliger Basis** einführen (§ 1 II VAHRG).[602] Bei der Ausgestaltung der Realteilung ist den Versorgungsträgern ein weiterer Ermessensspielraum eingeräumt. So können Abschläge für erhöhte Verwaltungskosten wie auch Teilung nach versicherungsmathematischen Grundsätzen vorgesehen werden. 238

(2) Ist mangels Bestimmungen in der Versorgungsordnung keine Realteilung möglich, hat das Familiengericht zu prüfen, ob bei einem öffentlich-rechtlichen Versorgungsträger die **Grundsätze des Quasi-Splittings oder der Beitragszahlung** möglich sind (§ 1 III, § 3b I Nr. 1 VAHRG). 239

(3) In § 3b I Nr. 2 VAHRG ist die Möglichkeit des **Ausgleiches betrieblicher Versorgungsrechte durch Beitragszahlung** vorgesehen. Im Gegensatz zur verfassungswidrigen Regelung des § 1587 III 1 BGB darf das Familiengericht aber nur dann eine Beitragszahlung anordnen, soweit dem Verpflichteten dies nach seinen wirtschaftlichen Verhältnissen zumutbar ist. Das Familiengericht kann Ratenzahlungen zulassen. Eine feste Höchstgrenze für den Versorgungsausgleich des Beitragszahlers ist nicht vorgesehen.[603] 240

(4) Nach § 1587l BGB kann ein Ehegatte wegen seiner künftigen Ausgleichsansprüche von dem anderen eine **Abfindung** verlangen, wenn dieser hierdurch nicht unbillig belastet wird. Der Abfindungsanspruch entspricht dem Ziel des 1. EheRG, die Eheleute nach der Scheidung endgültig auseinander zu setzen, was bei dem schuldrechtlichen Versorgungsausgleich wegen der bestehenden wechselseitigen Verpflichtungen nicht gelungen ist. 241

(5) An letzter Stelle ist der **schuldrechtliche Versorgungsausgleich nach § 1587f BGB** (s. RN 246) vorgesehen. Bei diesem erlangt der Berechtigte bei Eintritt des Versorgungsfalles keinen von der Person des Verpflichteten unabhängigen eigenen Rentenanspruch, sondern gegen den Verpflichteten einen schuldrechtlichen Anspruch auf Gewährung einer Ausgleichsrente in Höhe der Hälfte des jeweils übersteigenden Betrages (§ 1587g BGB). Ist der Ausgleichspflichtige verstorben, kann der Berechtigte in den Fällen des schuldrechtlichen Versorgungsausgleichs von dem Versorgungsträger der auszugleichenden Versorgung, von dem er, wenn die Ehe bis zum Tode des Verpflichteten fortbestanden hätte, eine Hinterbliebenenversorgung erhielte, bis zur Höhe dieser Hinterbliebenenversorgung die Ausgleichsrente nach § 1587g BGB verlangen (§ 3a VAHRG). Bei der sog. Verlängerung des schuldrechtlichen Versorgungsausgleiches ist eine an die Witwe oder den Witwer des Verpflichteten zu zahlende Hinterbliebenenversorgung in Höhe der ermittelten und gezahlten Ausgleichsrente zu kürzen (§ 3a IV VAHRG).[604] 242

d) Das Familiengericht kann auf Antrag eine **andere Ausgleichung** zulassen, wenn die gesetzlich vorgeschriebene Ausgleichung wirtschaftlich unzweckmäßig ist, weil sie nicht zur Rentensteigerung des Berechtigten führt. 243

e) Zur **Durchführung des Versorgungsausgleiches** sind außer den geschiedenen Ehegatten und deren Prozessbevollmächtigten auch die zuständigen Behörden, die Rentenversicherungsträger, der Arbeitgeber, die Versicherungsgesellschaften und sonstigen Stellen zu Auskünften an die Familiengerichte über Grund und Höhe von Versorgungsanwartschaften verpflichtet (§ 53b II FGG). Erteilt ein Rentenversicherungsträger eine fehlerhafte Auskunft, kann er zum Schadensersatz verpflichtet sein.[605] 244

9. Ausschluss des Wertausgleichs. Er ist ausgeschlossen, wenn er nach § 1587c BGB grob unbillig ist. Der Ausgleichsanspruch erlischt mit dem Tode des Berechtigten (§ 1587e II BGB), dagegen nicht mit dem Tode des Verpflichteten. 245

10. Der **schuldrechtliche Versorgungsausgleich** findet in den in § 1587f BGB aufgezählten Fällen statt. Dieser ist durchzuführen, wenn **(1)** keine Anwartschaften der gesetzlichen Rentenversicherung mehr begründet werden können, weil die Höchstgrenzen erreicht sind; 246

[601] BVerfG 8. 4. 1986 BVerfGE 71, 364 = NJW 86, 1321.

[602] Zur nachträglichen Einführung der Realteilung: BGH 1. 7. 1992 NJW-RR 92, 1283 = BetrAV 93, 83.

[603] Vgl. OLG Düsseldorf 5. 11. 1987 BetrAV 88, 228 = FamRZ 88, 404; OLG Braunschweig 12. 11. 1987 BetrAV 88, 229 = FamRZ 88, 406.

[604] Zur Verfassungsmäßigkeit des § 3a VAHRG vgl. BVerfG 23. 6. 1993 BVerfGE 89, 48 = NJW 93, 2923.

[605] BGH 9. 10. 1997 BGHZ 137, 11 = NJW 98, 138.

(2) Rentensplitting oder Quasi-Splitting nach § 1587 b V BGB ausgeschlossen ist; **(3)** der Ausgleichsverpflichtete seine Verpflichtung zur Begründung von Rentenanwartschaften nach § 1587 b III BGB nicht erfüllt hat; **(4)** im Zeitpunkt der Scheidung die betriebliche Altersversorgung noch verfallbar ist; **(5)** das Familiengericht den schuldrechtlichen Versorgungsausgleich angeordnet hat oder die Ehegatten ihn vereinbart haben. Der Ausgleich erfolgt durch Zahlung einer Geldrente durch den Ausgleichsverpflichteten in Höhe der Hälfte des Wertes des ausgleichspflichtigen Betrages oder durch Abtretungen der Renten oder Versorgungen in entspr. Höhe. Auszumachen ist der Bruttobetrag. Krankenversicherungsbeiträge sind nicht vorweg abzuziehen.[606] Ferner ist eine Abfindung der künftigen Versorgung möglich (§§ 1587 g, l BGB). Der schuldrechtliche Versorgungsausgleich kann nach § 1587 h ausgeschlossen sein oder nach § 1587 k erlöschen. Zum verlängerten schuldrechtlichen Versorgungsausgleich unter RN 242.

247 **11. Vereinbarungen über den Versorgungsausgleich. (a)** Nach § 1408 BGB können die Ehegatten ihre güterrechtlichen Verhältnisse durch **Ehevertrag** regeln. In diesem Ehevertrag kann auch der Versorgungsausgleich ausgeschlossen werden. Der Ausschluss ist jedoch unwirksam, wenn innerhalb eines Jahres nach Vertragsschluss ein Antrag auf Scheidung der Ehe gestellt wird (§ 1408 II 2 BGB). **(b)** Im Zusammenhang mit dem Scheidungsverfahren können **über den Versorgungsausgleich Vereinbarungen** getroffen werden (§ 1587 o BGB). Durch die Vereinbarungen können keine Rentenanwartschaften übertragen werden. Umgekehrt kann der Ausschluss des Wertausgleichs nach § 1587 b I, II BGB vereinbart werden, in welcher Höhe Beiträge zur Begründung von Rentenanwartschaften geleistet werden oder in welcher Höhe der schuldrechtliche Versorgungsausgleich eintreten soll. Indes muss dem Ausgleichsberechtigten ein entspr. Äquivalent versprochen werden. Die Vereinbarung bedarf der notariellen Beurkundung und der Genehmigung durch das Familiengericht.

VII. Einzelne Pflichten des Arbeitgebers, insbesondere die Ruhegeldanpassung

Ruhegeldanpassung: *Bode/Grabner,* Teuerungsanpassung Prüfungszeitraum 97/2000, DB 2000, 142 = BetrAV 2000, 97; *dies.,* Prüfungszeitraum 98/2001, DB 2001, 198 = BetrAV 2001, 129; *dies.,* Prüfungszeitraum 1999/2002, DB 2002, 270 = BetrAV 2002, 146; *dies.,* Prüfungszeitraum 2000/2003, DB 2003, 282 = BetrAV 2003, 105; *dies.,* Prüfungszeitraum 2001/2004, DB 2004, 252 = BetrAV 2004, 118; *dies.,* Prüfungszeitraum 2002/2005 DB 2005, 162 = BetrAV 2005, 115; *Bode/Obenberger/Jäckels* Prüfungszeitraum 2003/2006, DB 2006, 214 = BetrAV 2006, 112; *Drochner/Hill/Übelhack,* Betriebsrentenanpassung – eine unendliche Geschichte, FS Kemper, 2005, S. 125; *Förster/Weppler,* Beurteilung der wirtschaftlichen Lage bei der Rentenanpassungsprüfung nach § 16 BetrAVG auf der Basis von IFRS?, BB 2006, 773; *Höfer/Küpper,* Ratenweise Auszahlung einer Kapitalleistung der betrieblichen Altersversorgung, DB 2006, 2064; *Kelwing/Hellkamp,* Mehr Spielraum bei der Anpassung von Betriebsrenten nach § 16 BetrAVG?, VersR 2008, 743; *Kolmhuber,* Anpassungsprüfung laufender Betriebsrenten – Grundbegriffe, nachholende Anpassung, Anpassungsstau, Teilanpassung, ArbRB 2003, 310; *Langohr-Plato,* Die rechtlichen Rahmenbedingungen der Anpassungsprüfung laufender Betriebsrenten nach § 16 BetrAVG, BB 97, 1634; auch BB 99, 2134; BB 2002, 406; *Neef,* Die wirtschaftliche Lage des Arbeitgebers gem. § 16 BetrAVG, NZA 2003, 993; *ders.,* Der Prüfungszeitraum für die Anpassung von Betriebsrenten, FS Richardi, 2007, S. 305; *Petersen/Bechtoldt/Krazeisen,* Teuerungsanpassung der Betriebsrenten in 2007, DB 2007, 284 = BetrAV 2007, 125; *dies.,* Teuerungsanpassung der Betriebsrenten in 2008, DB 2008, 237 = BetrAV 2008, 121; *Reichenbach/Grüneklee,* Betriebliche Altersversorgung – Zeitgemäße Weiterentwicklung der Nettolohnobergrenze im Rahmen von § 16 BetrAVG, DB 2006, 446; *Rhiel,* Zur Diskussion gestellt: Ist die Einrechnung künftiger Rentenanpassungen in eine Pensionsrückstellung nach IAS oder US-GAAP nicht doch ein Denkfehler, BetrAV 2000, 267; *Richardi,* Anpassungsprüfung und Anpassungsentscheidung bei Betriebsrenten nach § 16 BetrAVG, FS für Hilger/Stumpf, S. 601; *Rößler,* Zur Anpassungsprüfungspflicht des Arbeitgebers nach § 16 BetrAV, NZA-RR 2007, 1; *Vienken,* Rechtsfolgen einer zu Unrecht unterbliebenen Betriebsrentenanpassung, DB 2003, 994; *Weigl,* Die Betriebsrentenanpassung im Konzern, ZIP 97, 354.

Anrechnungsverbot: *Löwe/Schneider,* Zur Anrechnung einer betrieblichen Altersversorgung auf den Ausgleichsanspruch des Handelsvertreters, ZIP 2003, 1129.

248 **1. Art und Höhe des Ruhegeldes** richten sich grundsätzlich nach der Versorgungszusage. Rechtlich zulässig ist eine einmalige Kapitalzahlung im Zeitpunkt des Versorgungsfalles als auch die Gewährung laufender Renten. Die Bemessung der Renten kann erfolgen **(a)** nach festen Beträgen, **(b)** nach Prozentsätzen des letzten Einkommens, wobei zusätzlich die Prozentsätze entsprechend der Betriebszugehörigkeit gestaffelt sind (halbdynamische Ruhegeldzusage), **(c)** nach Prozentsätzen des Einkommens eines vergleichbaren noch aktiven Arbeitnehmers, wobei gleichfalls die Prozentsätze entsprechend der Betriebszugehörigkeit gestaffelt werden können

---

[606] OLG Karlsruhe 12. 7. 1991 BetrAV 92, 83 = FamRZ 91, 1322.

(dynamische Ruhegeldzusage), **(d)** nach der Höhe der gebildeten Rückstellungen, dem erwirtschafteten Betriebsergebnis usw. Bei Bemessung des Ruhegeldes in Prozentsätzen des letzten Einkommens usw. ist klarzustellen, welche Einkommensbestandteile berücksichtigt werden sollen.[607] Richtet sich die Betriebsrente nach dem monatlichen Durchschnittsverdienst, ist der Durchschnitt nur aus Zeiten mit Entgelt zu bilden.[608] Erhält der Arbeitnehmer einen Prozentsatz seines Einkommens als Ruhegehalt, so dürfen solche Einkommensbestandteile nicht außer Acht gelassen werden, für die er Beiträge zu einer Versorgungseinrichtung geleistet hat.[609] Ob die Überlassung eines Geschäftswagens zur Privatnutzung zu berücksichtigen ist, hängt von der Auslegung der Versorgungszusage ab.[610] **Darlegungs- und beweispflichtig** für die Höhe des Rentenanspruchs ist der Ruhegeldberechtigte als Anspruchsteller. Er kann aber von seinem Arbeitgeber nach den allgemeinen Rechtsgrundsätzen der §§ 241, 242 BGB eine **nachprüfbare Rentenberechnung** verlangen. Verlangt er dann Zahlung gem. der vom Arbeitgeber erstellten Berechnung, hat er seiner Darlegungspflicht Genüge getan. Es ist dann Sache des Arbeitgebers, der sich an der Berechnung nicht festhalten lassen will, darzulegen, warum seine eigene Berechnung unrichtig sein soll.[611]

2. Wertsicherungs- und Spannenklauseln[612] sollen dem veränderten Lohn/Preisgefüge im Zeitpunkt des Versorgungsfalles Rechnung tragen. **249**

a) Wertsicherungsklauseln liegen dann vor, wenn die Höhe des Ruhegeldes vom Preis oder Wert andersartiger Güter oder Leistungen abhängig sein soll, z. B. wenn ein Ruhegeld in Höhe von x Euro, zumindest in Höhe des Preises für 1 t Weizen usw. zugesagt wird. Wertsicherungsklauseln aus der Zeit vor der Währungsreform wurden mit dem 1. 7. 1947 unwirksam.[613] Neue Wertsicherungsklauseln bedurften nach § 3 WährG der Zustimmung der für die Erteilung von Devisengenehmigungen zuständigen Stelle (§ 49 II AWG). **250**

Durch das **EuroEG** ist § 3 WährG aufgehoben worden. Das **Indexierungsverbot** war bis zum 13. 9. 2007 in § 2 Preisangaben- und Preisklauselgesetz (PreisAngG) enthalten. Seit dem 14. 9. 2007 gilt das Preisklauselgesetz (PrKG).[614] Gem. § 1 I PrKG sind nur automatische Wertsicherungsklauseln verboten. Zulässig sind dagegen die in § 1 II PrKG aufgezählten Klauseln. Nach § 3 I Nr. 1 Buchst. a) PrKG sind ferner Klauseln zulässig, die wiederkehrende Zahlungen auf Lebenszeit des Gläubigers betreffen, sofern der geschuldete Betrag durch die Änderung eines von dem Statistischen Bundesamt oder einem Statistischen Landesamt ermittelten Preisindexes für die Gesamtlebenshaltung oder eines vom Statistischen Amt der Europäischen Gemeinschaft ermittelten Verbraucherpreisindexes bestimmt werden soll. § 3 II PrKG erlaubt hierfür außerdem Klauseln, nach denen der geschuldete Betrag von der künftigen Einzel- oder Durchschnittsentwicklung von Löhnen, Gehältern, Ruhegehältern oder Rentenabhängig abhängt. Die durch das Bundesamt für Wirtschaft und Ausfuhrkontrolle nach § 2 des bis zum 13. 9. 2007 geltenden PreisAngG erteilten Genehmigungen gelten gem. § 9 PrKG fort. **251**

Für die **ehemalige DDR** waren im Staatsvertrag vom 18. 5. 1990 besondere Regelungen enthalten (Art. 3 der Anlage I). Auf Grund des EV galt diese Regelung, die im Wesentlichen mit § 3 WährG übereinstimmt, nach dem 3. 10. 1990 weiter.[615] Jetzt gelten keine Besonderheiten mehr. **252**

b) Spannungsklauseln (oder Spannenklausseln) sind solche, die an gleichartige Leistungen, also an vergleichbare Beamten- oder Angestelltengehälter und Pensionen sowie Altersrenten aus **253**

---

[607] Vgl. bei Wechsel von Voll- und Teilzeitarbeit: BAG 27. 9. 1983 AP 9 zu § 1 BetrAVG; BAG 3. 11. 1998 AP 41 zu § 1 BetrAVG Gleichbehandlung = NZA 99, 999; zu Beitragsleistungen: BAG 14. 12. 1982 AP 1 zu § 1 BetrAVG Besitzstand; Jahreszuwendungen, Sonderzuwendungen: BAG 30. 10. 1984 AP 7 zu § 1 BetrAVG Zusatzversorgungskassen = NZA 85, 625 (LS); Bruttoarbeitsentgelt und Arbeitnehmererfindungen: BAG 9. 7. 1985 AP 10 zu § 2 BetrAVG; zu vermögenswirksamen Leistungen: LAG Hamm 6. 4. 1982 DB 82, 1523.

[608] Hess. LAG 26. 1. 2000 NZA-RR 2000, 656 = DB 2000, 1923.

[609] BAG 30. 11. 1970 AP 148 zu § 242 BGB Ruhegehalt.

[610] BAG 14. 8. 1990 AP 12 zu § 1 BetrAVG Berechnung = NZA 91, 104; 21. 8. 2001 AP 10 zu § 77 BetrVG 1972 Auslegung = NZA 2002, 394.

[611] BAG 27. 6. 2006 NZA-RR 2008, 35.

[612] Ausführliche Darstellung bei *Elbel,* Zur Verwendung der Preisindizes für die Lebenshaltung in Wertsicherungsklauseln, NJW 99 Beil. zu Heft 48.

[613] Vgl. Ergänzungsgesetze zu MRG 51 sowie § 16 UmstG; BGH 3. 11. 1966 AP 120 zu § 242 BGB Ruhegehalt.

[614] S. hierzu *Kirchhoff* DNotZ 2007, 913.

[615] Hierzu *Dürkes* BB 92, Heft 16.

der Sozialversicherung anknüpfen.[616] Sie waren genehmigungsfrei, wenn die Gleichläufigkeit gewährleistet ist, sich also nicht nur Erhöhungen, sondern auch Kürzungen der Vergleichsgröße auswirken sollen.[617] War die Gleichläufigkeit nicht gewährleistet, so konnte sich der Arbeitgeber nicht schlechthin auf die Unwirksamkeit der Spannenklausel berufen. Vielmehr konnte der Arbeitnehmer verlangen, dass die Gleichläufigkeit noch nachträglich hergestellt wird. Erweist sich die Spannungsklausel wegen überproportionaler Steigerung der Vergleichsbezüge als ungeeignet, so konnte nach den Grundsätzen über den Wegfall der Geschäftsgrundlage eine Anpassung verlangt werden.[618] Verweisen Spannenklauseln auf beamtenrechtliche Versorgungs- oder Besoldungsregeln, so sind diese nach der Rspr. des BGH bis zu der Grenze heranzuziehen, von der ab ihre Anwendung auf Nichtbeamte sinnwidrig wird.[619] Soll durch die Verweisung die Versorgung der beamtenrechtlichen angenähert werden, so schuldet der Arbeitgeber neben der monatlichen Rente die dem Beamten zustehende jährliche Sonderzuwendung. Dies gilt insbesondere, wenn nach der Klausel der Arbeitnehmer Ruhegeld nach den jeweils für Beamte maßgebenden Grundsätzen erhalten soll.[620] Ist das Ruhegehalt mit einer bestimmten beamtenrechtlichen Besoldungsgruppe gekoppelt und soll durch diese Klausel der Gläubiger nicht nur vor einer Entwertung des Geldes geschützt, sondern auch an der Erhöhung des Lebensstandards beteiligt werden, so sind Klauseln, die vor dem Erlass der Sonderzuwendungsgesetze des Bundes und der Länder 1964/65 vereinbart wurden, im Wege der ergänzenden Vertragsauslegung dahin auszulegen, dass die jährlichen Zuwendungen wie Gehaltserhöhungen zu berücksichtigen sind.[621] Die ergänzende Vertragsauslegung verbietet sich aber, wenn in einer Spannenklausel aus dem Jahre 1970 die Parteien auf ein genau beziffertes Grundgehalt Bezug genommen haben.[622] Als nicht berücksichtigungsfähig wurde ein Stellenplan-Anpassungszuschlag angesehen, durch den bestimmte pensionierte Beamte an einer Stellenaufwertung beteiligt wurden.[623] Verweist eine Spannungsklausel auf eine bestimmte Tarifgruppe und werden nachträglich in ihr Dienstaltersstufen eingeführt, so entsteht eine im Wege ergänzender Vertragsauslegung zu schließende Regelungslücke.[624] Keine genehmigungsbedürftige Wertsicherungsklausel liegt vor, wenn im Falle des Kaufkraftschwundes die Parteien zunächst über die Anpassung verhandeln wollen und im Falle des Scheiterns der Vertragsverhandlungen die Neufestsetzung durch einen Sachverständigen erfolgen soll (sog. **Loyalitätsklauseln**).[625]

254 Das PrKG definiert **Spannungsklauseln** als Klauseln, bei denen die in ein Verhältnis zueinander gesetzten Güter oder Leistungen im Wesentlichen gleichartig oder zumindest vergleichbar sind (§ 1 II Nr. 2 PrKG). Für sie gilt das Verbot in § 1 I PrKG nicht. Zulässig ist daher weiterhin insbesondere das Abstellen auf die Gehälter vergleichbarer Personengruppen, die Beamtenbesoldung, die Beamtenversorgung oder die Sozialversicherungsrenten.

255 **3. Ruhegeldanpassung.**[626] **a)** Von Ruhegeldanpassung wird dann gesprochen, wenn der **Arbeitgeber verpflichtet oder berechtigt** ist, das Ruhegeld veränderten wirtschaftlichen Verhältnissen anzugleichen. Eine ruhegeldsteigernde Anpassung kommt in Betracht, wenn das allgemeine Einkommensniveau erheblich gestiegen oder im Zeitpunkt des Pensionsfalles ein erheblicher Währungsverlust eingetreten ist. Umgekehrt kann aber auch eine ruhegeldmindernde Anpassung bei grundlegender Veränderung der wirtschaftlichen Lage des Unternehmens in Frage kommen (s. RN 338 ff.).

256 Bei Dauerschuldverhältnissen besteht die Gefahr, dass eine Geldsummenschuld durch den **Geldwertschwund** entwertet wird. Dies hat die Rspr. bis zum Jahre 1973 hingenommen. In

---

[616] BAG 10. 4. 1970 AP 1 zu § 3 WährG; BGH 24. 11. 1951 BB 52, 88 = LM 2 zu § 133 (A) BGB; 17. 9. 1954 BGHZ 14, 306 = WM 55, 74; 17. 3. 1970 AP 3 zu § 3 WährG; 17. 12. 1973 NJW 74, 273 = DB 74, 229; zur Auslegung von Spannenklauseln: BGH 28. 10. 1996 NJW 97, 261 = DB 97, 152; vgl. auch *Boysen* BetrAV 99, 263; *Mittenzwei* BB 91, 829; *Rieble* BB 2001, 2578.

[617] BGH 17. 9. 1954 BGHZ 14, 306 = WM 55, 74; BAG 10. 4. 1970 AP 1 zu § 3 WährG.

[618] BGH 17. 12. 1973 NJW 74, 273 = DB 74, 229.

[619] Vgl. BGH 16. 10. 1975 AP 4 zu § 242 BGB Ruhegehalt-Beamtenversorgung.

[620] BAG 16. 10. 1975 AP 4 zu § 242 BGB Ruhegehalt-Beamtenversorgung; BGH 8. 10. 1979 AP 6 zu § 242 BGB Ruhegehalt-Beamtenversorgung = NJW 80, 1741.

[621] BAG 10. 1. 1975 AP 3 zu § 242 BGB Ruhegehalt-Beamtenversorgung; 20. 10. 1975 AP 2 zu § 242 BGB Ruhegehalt-Wertsicherung; BGH 8. 10. 1979 AP 6 zu § 242 BGB Ruhegehalt-Beamtenversorgung = NJW 80, 1741.

[622] BAG 16. 10. 1975 AP 1 zu § 242 BGB Ruhegehalt-Wertsicherung.

[623] BAG 9. 3. 1978 AP 4 zu § 242 BGB Ruhegehalt-Wertsicherung.

[624] BAG 13. 10. 1976 AP 3 zu § 242 BGB Ruhegehalt-Wertsicherung.

[625] BGH 24. 6. 1963 AP 2 zu § 3 WährG.

[626] Schrifttum s. vor RN 248.

diesem Jahr hat das BAG in vielkritisierten Entscheidungen festgestellt, dass der Arbeitgeber zur Anpassung von Ruhgeldverbindlichkeiten verpflichtet ist, wenn die Lebenshaltungskosten um 40% (Opfergrenze) gestiegen sind und ihm die Anpassung zumutbar ist.[627] Dieser Rspr. hat sich der BGH angeschlossen.[628]

Durch das **BetrAVG** ist eine gesetzliche Regelung (§ 16 BetrAVG) eingeführt worden. Durch das RRG (1999), das AVmG (2001) und das HZvNG (2002) (s. RN 11) ist § 16 BetrAVG mehrfach geändert worden. Seither bestehen mehrere Anpassungsmodelle. **257**

b) Soll das Ruhegeld in **Prozentsätzen des letzten Einkommens** berechnet werden, so wird die **Ruhegeldanwartschaft** gestiegenem Einkommen angepasst **(Halbdynamisierung).** Wird es jeweils in Prozentsätzen des Einkommens eines vergleichbaren noch aktiven Arbeitnehmers berechnet, so ist auch das **Ruhegeld** dynamisiert. Verspricht der Arbeitgeber als Ruhegeld die Differenz zwischen einem bestimmten Gehalt und der Sozialversicherungsrente und hebt er das Gehalt zunächst an, während er später davon absieht, so kann dies unbillig sein.[629] Auch in sonstigen Fällen kann in der Ruhegeldzusage die Verpflichtung des Arbeitgebers enthalten sein, dass er bei Veränderung der Umstände, insbesondere bei allgemeiner Steigerung des Einkommensniveaus oder der Lebenshaltungskosten, zur Ruhegeldanpassung verpflichtet ist. Da die Anpassung nicht automatisch eintritt, sind derartige „Dynamisierungsklauseln" keine genehmigungspflichtigen Wertsicherungsklauseln (s. RN 245 ff.). Eine Anpassungspflicht kann sich im Wege ergänzender Vertragsauslegung ergeben, wenn mit der Ruhegeldzusage ein gewisser Lebensstandard sichergestellt werden soll. Auch auf Grund betrieblicher Übung konnte eine Anpassungsverpflichtung erwachsen, wenn der Arbeitgeber schon vor Inkrafttreten von § 16 BetrAVG in regelmäßigen Abständen eine Anpassung der Versorgungsverpflichtung vorgenommen hat.[630] Sind nähere Einzelheiten der Verpflichtung zur Anpassung in einer solchen Zusage nicht enthalten, so bestimmt der Arbeitgeber Maßstab, Umfang und Zeitpunkt der Ruhegelderhöhung. Auf Grund betrieblicher Übung erwachsene Anpassungsverpflichtungen werden jedoch nicht über die gesetzliche Verpflichtung hinausgehen.[631] Indes unterliegt die Bestimmung des Arbeitgebers gem. § 315 BGB der Billigkeitskontrolle (RN 54). **258**

4. Anpassungsverpflichtung nach § 16 I BetrAVG. a) Nach § 16 I BetrAVG hat der Arbeitgeber **alle drei Jahre** eine Anpassung der laufenden Leistungen der betrieblichen Altersversorgung zu prüfen und hierüber nach billigem Ermessen zu entscheiden; dabei sind insbesondere die Belange des Versorgungsempfängers und die wirtschaftliche Lage des Arbeitgebers zu berücksichtigen. Der Arbeitgeber kann vertragliche Verpflichtungen eingehen, die zugunsten der Versorgungsempfänger von der gesetzlichen Regelung abweichen. Insbesondere kann vereinbart werden, dass der Arbeitgeber unabhängig von der Belastbarkeit des Unternehmens zum vollen Ausgleilch des Geldwertverlustes verpflichtet sein soll. Eine solche Verpflichtung auf Grund einer betrieblichen Übung kann aber nur angenommen werden, wenn das Verhalten des Arbeitgebers deutlich auf einen entsprechenden Verpflichtungswillen hinweist.[632] **259**

In den **neuen Bundesländern** sind laufende Betriebsrenten nur anzupassen, wenn die Zusagen auf Leistungen der betrieblichen Altersversorgung nach dem 31. 12. 1991 erteilt wurden. Für die bis zum 31. 12. 1991 erteilten Zusagen schließt der Einigungsvertrag sowohl eine auf § 16 BetrAVG als auch eine auf § 242 BGB gestützte Anpassung aus (s. RN 25).[633] **260**

b) Der Arbeitgeber hat allein **laufende Leistungen** der betrieblichen Altersversorgung (RN 1) anzupassen. Unerheblich ist, ob der Versorgungsfall während der Beschäftigungszeit oder nach ihrer Beendigung bei aufrechterhaltenen unverfallbaren Versorgungsanwartschaften eingetreten ist und ob ob es Alters- oder Invaliditätsrenten sind.[634] Nicht anzupassen sind **Versorgungsanwartschaften,** auch wenn sie nach § 1 BetrAVG unverfallbar geworden **261**

---

[627] BAG 30. 3. 1973 AP 4 zu § 242 BGB Ruhegehalt-Geldentwertung = NJW 73, 959; 30. 3. 1973 AP 5 zu § 242 BGB Ruhegehalt-Geldentwertung = BetrAV 73, 137 = NJW 73, 1296 (LS).

[628] BGH 28. 5. 1973 BGHZ 61, 31 = AP 6 zu § 242 BGB Ruhegehalt-Geldentwertung = NJW 73, 1599.

[629] BAG 18. 12. 1975 AP 170 zu § 242 BGB Ruhegehalt; vgl. auch BAG 20. 3. 1984 AP 15 zu § 5 BetrAVG.

[630] BAG 3. 12. 1985 AP 18 zu § 16 BetrAVG = NZA 86, 787.

[631] BAG 3. 12. 1985 AP 18 zu § 16 BetrAVG = NZA 86, 787; 3. 2. 1987 AP 20 zu § 16 BetrAVG = NZA 87, 666.

[632] BAG 25. 4. 2006 NZA-RR 2007, 310.

[633] BAG 24. 3. 1998 AP 39 zu § 16 BetrAVG = NZA 98, 1059.

[634] Bei Dienstnehmern: BGH 23. 5. 1977 AP 8 zu § 242 BGB Ruhegehalt-Geldentwertung; 6. 4. 1981 AP 12 zu § 16 BetrAVG = NJW 81, 2059.

sind.[635] Während der Anwartschaftszeit eingetretene Entwertungen sind nach Beginn der Rentenzahlungen nicht zu berücksichtigen.[636] Laufende Leistungen sind regelmäßig wiederkehrende, lebenslänglich oder temporär laufende Leistungen. Keine Anpassungspflicht besteht bei **einmaligen Kapitalzahlungen,** auch wenn sie in Raten erbracht werden. Insoweit kann der Arbeitnehmer dem Währungsverfall durch die Anlage des Kapitals Rechnung tragen. Bei der Abgrenzung von laufenden Leistungen und Kapitalzahlungen können sich Schwierigkeiten ergeben. Laufende Leistungen werden immer dann gegeben sein, wenn sie vorübergehend zur Unterhaltsdeckung verwandt werden sollen, dagegen Kapitalzahlungen, wenn sie über den Unterhaltsbedarf hinaus zur Ansammlung von Kapital dienen. Werden laufende Leistungen kapitalisiert, so müssen sämtliche Einflussfaktoren berücksichtigt werden. Hierzu gehört auch eine mögliche Anpassung an den Geldwertschwund.[637] Werden Einmalzahlungen bei Tariflohnerhöhungen vereinbart, kommt es auf den Wortlaut des Tarifvertrags an, ob eine Anpassungspflicht besteht.[638] Nicht anpassungspflichtig sind in **Naturalien** zu leistende Renten, da durch § 16 BetrAVG der Geldwertverfall ausgeglichen werden soll. Die Anpassungsverpflichtung erwächst jedoch, wenn sie in eine Geldleistung umgewandelt werden.[639] Nicht als laufende Leistungen gelten dagegen gem. § 16 VI BetrAVG[640] monatliche Raten im Rahmen eines **Auszahlungsplans,** also einer Ratenzahlungsvereinbarung über eine bestimmte Kapitalsumme. Erst recht keine laufende Leistungen sind viertel- oder halbjährliche Raten eines Auszahlungsplans. Umstr. ist, ob § 16 VI BetrVG nur Auszahlungspläne im Sinne des § 1 I 1 Nr. 4 AltZertG (Pläne, die eine Auszahlung bis zur Vollendung des 85. Lebensjahres in gleich bleibenden oder steigenden Raten vorsehen) erfasst.[641] Teilweise wird vertreten, dass eine Anpassungsüberprüfungspflicht außerhalb eines Auszahlungsplans im Sinne des § 1 I 1 Nr. 4 AltZertG dann besteht, wenn die Ratenzahlungen über einen Zeitraum von mehr als zehn Jahren gestreckt werden.[642] Werden **mehrere Versorgungsleistungen** nebeneinander gewährt, hängt die Frage, ob sie bei der Anpassung einheitlich oder getrennt zu behandeln sind, von der Auslegung der Versorgungszusagen und der ihnen zugrundeliegenden Versorgungsregelungen ab (vgl. hierzu auch RN 98 für den Lauf der Unverfallbarkeitsfrist); § 16 BetrAVG verbietet es jedenfalls grundsätzlich nicht, mehrere Versorgungsleistungen zusammenzufassen und als Einheit zu betrachten.[643]

262 **c)** Die Anpassungsverpflichtung besteht **bei allen Formen der betrieblichen Altersversorgung** (§ 1 BetrAVG).[644] Ausgenommen ist gem. § 16 III Nr. 3 BetrAVG lediglich die Beitragszusage mit Mindestleistung. Nach der Definition von § 1 I 1 BetrAVG gehört auch die Höherversicherung in der gesetzlichen Rentenversicherung zur Altersversorgung. Der Gesetzgeber hat ihrer nicht gedacht, weil ihre Rentenleistungen ohnehin nicht verfallbar sind. Andererseits waren sie nicht dynamisiert. Nach richtiger Auffassung wird der Arbeitgeber sie anpassen müssen; es besteht kein rechtfertigender Grund, den Arbeitgeber bei Erbringung laufender Leistungen über eine Lebensversicherung zur Anpassung zu verpflichten, nicht aber, wenn er dasselbe Ergebnis über die gesetzliche Sozialversicherung erzielt.[645]

263 **d) Anpassungsverpflichteter ist der Arbeitgeber.** Maßgebend ist der rechtliche Arbeitgeberbegriff (§ 17). Arbeitgeber i. S. v. § 16 BetrAVG ist der Partner des Arbeitsverhältnisses, den die Pflichten aus der Versorgungszusage treffen.[646] Nicht maßgebend ist der für die Altersversorgung durchgeführte Versorgungsweg, so dass es bei der Zahlung durch eine Unterstützungskasse nicht auf deren wirtschaftliche Lage sondern auf die des Arbeitgebers ankommt.[647] Bei Mitgliedsunternehmen des Bochumer oder Essener Verbandes werden zwar die Anpassungen durch den Verband festgelegt. Dieser darf aber verschiedenen Branchen der Unternehmen Rechnung

---

[635] BAG 15. 9. 1977 AP 5 zu § 16 BetrAVG = NJW 77, 2370; allgem. Ans. in der Lit. vgl. *Blomeyer/Rolfs/Otto* § 16 RN 43 m. w. N.; a. A. anscheinend BGH 23. 5. 1977 AP 8 zu § 242 BGB Ruhegehalt-Geldentwertung.
[636] BAG 1. 7. 1976 AP 2 zu § 16 BetrAVG.
[637] Zu Schadensersatzrenten BGH 8. 1. 1981 BGHZ 97, 187 = NJW 81, 818.
[638] BAG 11. 12. 2001 AP 21 zu § 1 BetrAVG Berechnung = NZA 2002, 1348.
[639] BAG 11. 8. 1981 AP 11 zu § 16 BetrAVG = NJW 82, 957.
[640] Eingefügt durch das AVmG (2001) und geändert durch das HZvNG (2002); vgl. auch RN 11.
[641] So *Höfer* § 16 RN 5510. 1; a. A. *Blomeyer/Rolfs/Otto* § 16 RN 343.
[642] *Höfer/Küpper* DB 2006, 2064 (2065).
[643] BAG 30. 8. 2005 AP 56 zu § 16 BetrAVG = DB 2006, 732.
[644] *Blomeyer/Rolfs/Otto* § 16 RN 58; *Höfer* § 16 RN 5136 ff.
[645] *Schaub* RdA 80, 155 (159); *Höfer* § 16 RN 5140; a. A. *Blomeyer/Otto* 3. Aufl. § 16 RN 65.
[646] BAG 28. 7. 2005 AP 59 zu § 16 BetrAVG = NZA 2006, 1008 (LS).
[647] BAG 25. 4. 2006 NZA-RR 2007, 310.

tragen.[648] Gehört der Arbeitgeber einem **Konzern** an, so kann nur ganz ausnahmsweise auf andere konzernangehörige Unternehmen abgestellt werden (s. auch RN 202),[649] z. B. wenn der Arbeitgeber infolge von Beherrschungsverträgen oder Gewinn- und Verlustabführungsverträgen abhängig ist[650] oder das herrschende Unternehmen das beherrschte Unternehmen wie in einem qualifizierten faktischen Konzern dauernd und umfassend geführt hat und die Leitungsmacht in einer Weise ausgeübt hat, die keine angemessene Rücksicht auf die eigenen Belange der abhängigen Gesellschaft nimmt.[651] In einer weiteren Entscheidung ist die Rspr. zusammengefasst. Hiernach ist bei der Anpassungsentscheidung dann auf die wirtschaftliche Lage des herrschenden Unternehmens abzustellen (sog. Berechnungsdurchgriff), wenn zwei Voraussetzungen erfüllt sind: **(a)** Zwischen dem Versorgungsschuldner und dem herrschenden Unternehmen muss eine verdichtete Konzernverbindung bestehen. Diese Voraussetzung ist erfüllt, wenn ein Beherrschungs- oder Ergebnisabführungsvertrag besteht. Es reicht aber auch aus, wenn ein Unternehmen die Geschäfte des Versorgungsschuldners tatsächlich umfassend und nachhaltig führt (qualifiziert faktischer Konzern). **(b)** Weiter ist für einen Berechnungsdurchgriff erforderlich, dass die Konzernleitungsmacht in einer Weise ausgeübt worden ist, die auf die Belange des abhängigen Tochterunternehmens keine angemessene Rücksicht genommen und so die mangelnde Leistungsfähigkeit des Versorgungsschuldners verursacht hat.[652] In einer neueren Entscheidung verweist das BAG[653] allerdings darauf, dass die Voraussetzungen eines Berechnungsdurchgriffs in Anbetracht der neueren Rspr. des BGH[654] zur Durchgriffshaftung bei existenzgefährdenden Eingriffen zu überprüfen sein werden. Übernimmt eine Konzernobergesellschaft sämtliche Geschäftsanteile eines notleidenden Unternehmens, so muss sich die Obergesellschaft in einem angemessenen Umfang an der Sanierung beteiligen. Sie wird in der Regel die Hauptlast der Sanierung zu tragen haben. Die Entscheidung führt aber nicht dazu, dass die Obergesellschaft bis zur eigenen wirtschaftlichen Erschöpfung Finanzierungsbeiträge leisten muss.[655] Bei einer Sanierung durch **Unternehmensverschmelzung** sind nicht etwa noch solange unterschiedliche Anpassungsentscheidungen zu treffen, wie die Leistungsbeiträge der Ursprungsunternehmen noch voneinander unterschieden werden können. Ferner beschränkt sich die Anpassungsverpflichtung nach Ansicht des BAG nicht auf den Drei-Jahres-Zeitraum seit dem Wirksamwerden der Verschmelzung.[656] Bei einer Verschmelzung während des für die Prognose maßgeblichen repräsentativen Zeitraums kommt es auch auf die wirtschaftliche Entwicklung der beiden ursprünglich selbständigen Unternehmen bis zur Verschmelzung an.[657] Hat ein anderes Konzernunternehmen die Produktion übernommen, so erwächst nicht ohne weiteres das Vertrauen der Rentner, es habe auch die Anpassungsverpflichtung übernommen werden sollen.[658] Eine Anpassungsverpflichtung besteht auch bei einer späteren, zum Anpassungsstichtag noch nicht absehbaren Betriebsstilllegung.[659] Anpassungsverpflichtet ist auch ein Unternehmen, das liquidiert wurde und dessen einzig verbleibender Gesellschaftszweck die Abwicklung einer Versorgungsverpflichtung ist **(Rentnergesellschaft).**[660] Auch die Ab-

---

[648] BAG 27. 8. 1996 AP 22 zu § 1 BetrAVG Ablösung = NZA 97, 535; 9. 11. 1999 AP 30 zu § 1 BetrAVG Ablösung = NZA 2001, 221; 19. 2. 2002 AP 40 zu § 1 BetrAVG Unterstützungskassen = NZA-RR 2004, 368; zur Unwirksamkeit einer Satzungsänderung: BAG 25. 7. 2000 AP 31 zu § 1 BetrAVG Ablösung = DB 2002, 2444 (LS).

[649] BAG 19. 5. 1981 AP 13 zu § 16 BetrAVG = NJW 82, 350; zu Auswirkungen von wirtschaftlichen Problemen des Konzerns auf Tochterunternehmen BAG 10. 2. 2009 – 3 AZR 727/07.

[650] BAG 14. 2. 1989 AP 22 zu § 16 BetrAVG = NZA 89, 844; 28. 4. 1992 AP 25 zu § 16 BetrAVG = NZA 93, 72.

[651] BAG 28. 4. 1992 AP 25 zu § 16 BetrAVG = NZA 93, 72; 14. 12. 1993 AP 29 zu § 16 BetrAVG = NZA 94, 551; 4. 10. 1994 AP 32 zu § 16 BetrAVG = NZA 95, 368.

[652] BAG 4. 10. 1994 AP 32 zu § 16 BetrAVG = NZA 95, 368.

[653] BAG 25. 4. 2006.

[654] BGH 17. 10. 2001 BGHZ 149, 10 = NJW 2001, 3622; 24. 6. 2002 BGHZ 151, 181 = NJW 2002, 3024; 16. 7. 2007 BGHZ 173, 246 = NJW 2007, 2689; das BAG hat sich dieser Rspr. angeschlossen, s. BAG 14. 12. 2004 AP 32 zu § 611 BGB Haftung des Arbeitgebers = NZA 2005, 818; 28. 5. 2005 AP 59 zu § 16 BetrAVG = NZA 2006, 1008 (LS); s. hierzu auch § 34 RN 13f., § 15 RN 13.

[655] BAG 16. 3. 1993 AP 18 zu § 7 BetrAVG Widerruf = NZA 93, 941.

[656] BAG 31. 7. 2007 AP 65 zu § 16 BetrAVG = DB 2008, 135, anders noch die Vorinstanz: LAG Niedersachsen 11. 11. 2005 NZA-RR 2006, 152 = LAGE § 16 BetrAVG Nr. 10; kritisch *Höfer* § 16 RN 5306. 6f.

[657] BAG 31. 7. 2007 AP 65 zu § 16 BetrAVG = DB 2008, 135.

[658] BAG 25. 6. 2002 AP 51 zu § 16 BetrAVG = BetrAV 2003, 271 = NZA 2003, 520 (LS).

[659] BAG 17. 10. 1995 AP 34 zu § 16 BetrAVG = NZA 96, 1038; vgl. auch BAG 25. 6. 2002 AP 51 zu § 16 BetrAVG = BetrAVG 2003, 271 = NZA 2003, 520 (LS).

[660] BAG 23. 10. 1996 AP 36 zu § 16 BetrAVG = NZA 97, 1111.

wicklungsgesellschaft braucht nicht in die Vermögenssubstanz einzugreifen.[661] Die Verpflichtung zur Anpassungsprüfung trifft auch einen Erben, wenn der Erblasser seinen Betrieb stillgelegt und nicht mehr am Wirtschaftsverkehr teilgenommen hat. Ein Eingriff in die Vermögenssubstanz ist nicht zumutbar.[662] Da bei einem **Betriebsübergang** gem. § 613a BGB nur die bestehenden Arbeitsverhältnisse übergehen, trifft die Rentenzahlungspflicht und damit auch die Rentenanpassungspflicht den Übernehmer nur dann, wenn der Betriebsübergang vor Beendigung des Arbeitsverhältnisses stattfindet.[663]

264 Wird die Versorgung über eine **selbstständige Versorgungseinrichtung** (Pensionskasse, Unterstützungskasse,[664] Lebensversicherung) erbracht, so kann der Arbeitgeber den Anpassungsbedarf entweder unmittelbar decken oder den Versorgungsträger zur Anpassung durch höhere Dotierung befähigen. Nach § 3 BetrAVG kann eine unverfallbare Versorgungsanwartschaft ausnahmsweise durch eine einmalige **Abfindung** abgelöst werden (s. RN 170ff.). Ist die Abfindung erfolgt, so besteht keine Anpassungsverpflichtung mehr, da der Barwert dem Arbeitnehmer zugeflossen ist und dem Arbeitgeber nicht zugemutet werden kann, den Währungsverfall auszugleichen. Ist die Versorgung gem. **§ 4 BetrAVG übernommen** worden (RN 177ff.), so wird damit auch die Anpassungsverpflichtung übernommen. Im öffentlichen Dienst (vgl. § 18 BetrAVG) wurden Gesamtversorgungsrenten gezahlt, deren Höhe vom dynamisierten versorgungsfähigen Entgelt und der Beschäftigungszeit abhing. War dagegen der Arbeitnehmer mit einer unverfallbaren Versorgungsanwartschaft aus dem öffentlichen Dienst ausgeschieden, so konnte er allein Anspruch auf eine nicht dynamisierte Versichertenrente haben.[665] Die Anpassungsverpflichtung kann **durch Tarifvertrag abbedungen** werden (§ 17 III BetrAVG).

265 Seit jeher war umstr., ob auch der **PSVaG** zur Anpassung verpflichtet war. Die Verpflichtung ist bejaht worden, wenn sie bereits in der Ruhegeldzusage enthalten war.[666] Im Übrigen ist aber eine Anpassungsverpflichtung nach § 16 I BetrAVG zu verneinen, weil § 16 BetrAVG nur den Arbeitgeber als Anpassungspflichtigen bezeichnet.[667] Dies gilt auch, wenn die Zusage von variablen Größen abhängt.[668] Es ergäben sich Wertungswidersprüche, wenn ein notleidender Betrieb nicht anzupassen vermag, andererseits im Insolvenzfall der PSVaG anpassen müsste. Der PSVaG refinanziert sich durch Beiträge. Er wäre dabei immer zur Anpassung in der Lage. Eine Anpassungspflicht des PSVaG kann ausnahmsweise dann in Betracht kommen, wenn für den Pensionär bei erheblichem Geldwertschwund die Opfergrenze überschritten ist. Insoweit wird die Rspr. zu § 242 BGB weitergelten.[669]

266 **e)** Der Arbeitgeber hat alle drei Jahre eine Anpassung zu prüfen und hierüber nach billigem Ermessen zu entscheiden. Das Anpassungsverfahren ist mithin in zwei Abschnitte zerlegt, die **Anpassungsprüfung** und die **Anpassungsentscheidung.**

267 Der **Drei-Jahresrhythmus** begann mit dem Inkrafttreten des Gesetzes, d.h. hatte der Arbeitgeber innerhalb der Letzten drei Jahre vor Inkrafttreten des BetrAVG eine Anpassung nicht vorgenommen, war unmittelbar nach Inkrafttreten des Gesetzes die Überprüfung vorzunehmen.[670] Wurde die Überprüfung nicht vorgenommen, so hatte sie unverzüglich zu erfolgen. Der weitere Drei-Jahresrhythmus beginnt alsdann mit der Überprüfung; eine ungerechtfertigte Bevorzugung des Arbeitgebers wird darin nicht zu sehen sein, da im Rahmen der Höhe der Anpassung ein Ausgleich erzielt wird, wenn die Anpassung innerhalb des ersten Zeitraumes erfolgt. Dagegen können bei darüber hinausgehender Verspätung Nachzahlungsansprüche erwachsen. Hat der Arbeitgeber in den letzten drei Jahren vorher eine Anpassung vorgenommen, so ist diese wiederum bei der Höhe der Anpassung zu berücksichtigen.

---

661 BAG 9. 11. 1999 AP 40 zu § 16 BetrAVG = NZA 2000, 1057; 25. 6. 2002 AP 51 zu § 16 BetrAVG = BetrAVG 2003, 271 = NZA 2003, 520 (LS).

662 BAG 9. 11. 1999 AP 40 zu § 16 BetrAVG = NZA 2000, 1057.

663 BAG 28. 7. 2005 AP 59 zu § 16 BetrAVG = NZA 2006, 1008 (LS); 21. 2. 2006 AP 58 zu § 16 BetrAVG = BetrAV 2006, 684.

664 S. hierzu BAG 25. 4. 2006 NZA-RR 2007, 310.

665 Vgl. BAG 1. 7. 1976 AP 1 zu § 18 BetrAVG; 5. 2. 1981 AP 2 zu § 18 BetrAVG.

666 BAG 30. 8. 1979 AP 3 zu § 7 BetrAVG; 22. 3. 1983 AP 14 zu § 16 BetrAVG = NJW 83, 2902.

667 BAG 22. 3. 1983 AP 14 zu § 16 BetrAVG = NJW 83, 2902; 5. 10. 1993 AP 28 zu § 16 BetrAVG = NZA 94, 459; LAG Köln 15. 6. 1988 BB 89, 357 = BetrAV 89, 200; vgl. Antwort der BReg. auf die Anfrage des Abg. *Blüm* DB 76, 2019.

668 BAG 4. 4. 2000 AP 32 zu § 2 BetrAVG.

669 BAG 30. 3. 1973 AP 4 zu § 242 BGB Ruhegehalt-Geldentwertung = NJW 73, 959; 30. 3. 1973 AP 5 zu § 242 BGB Ruhegehalt-Geldentwertung = BetrAV 73, 137 = NJW 73, 1296 (LS).

670 BAG 1. 7. 1976 AP 1 zu § 16 BetrAVG = NJW 76, 1861; 1. 7. 1976 AP 2 zu § 16 BetrAVG; 16. 12. 1976 AP 4 zu § 16 BetrAVG = NJW 77, 828.

Sind Versorgungszahlungen nach dem 1. 1. 1975 aufgenommen worden, so **begann** die Drei-Jahresfrist mit dem Tag, von dem ab erstmals laufende Leistungen beansprucht werden konnten, mindestens jedoch mit dem Tage, an dem alle Leistungsvoraussetzungen erfüllt waren. Ist zu diesem Zeitpunkt der Arbeitnehmer noch nicht in den Ruhestand versetzt worden, so läuft auch nicht die Drei-Jahresfrist. Der Drei-Jahresrhythmus zwingt nicht zu starren, individuellen Prüfungsterminen. Der Arbeitgeber kann die in einem Jahr fälligen Anpassungsprüfungen **gebündelt** zu einem bestimmten Zeitpunkt innerhalb oder am Ende des Jahres vornehmen.[671] In einer neueren Entscheidung führt das BAG aus, durch den gemeinsamen Anpassungsstichtag dürfe sich die erste Anpassung um höchstens sechs Monate verzögern.[672] Wegen der Auswirkungen der Anpassungsüberprüfung auf die Bilanzen wird häufig ein Zeitpunkt im Zusammenhang mit dem Bilanzabschlusstermin gewählt. Der Prüfungstermin kann verkürzt werden; indes darf dadurch eine Benachteiligung der Arbeitnehmer nicht eintreten. Dies kann z. B. der Fall sein, wenn die Anpassungsprüfung wegen der schlechten wirtschaftlichen Verhältnisse des Unternehmens vorgezogen wird, sich aber bereits eine Besserung der Lage abzeichnet. 268

Die Anpassungsüberprüfung hat alle drei Jahre zu erfolgen, ohne Rücksicht darauf, ob auch eine **materielle Opfergrenze,**[673] also ein bestimmter Inflationsindex überschritten ist. Insoweit ist die frühere Rspr.[674] überholt; der Kaufkraftverlust ist durch den Dreijahresrhythmus ersetzt. 269

f) Der **Ermittlung des Anpassungsbedarfs** legt das BAG den Preisindex zu Grunde,[675] der für die Lebenshaltung von Vier-Personen-Arbeitnehmerhaushalten mit mittlerem Einkommen vom Statistischen Bundesamt ermittelt und veröffentlicht wird.[676] Es hat seine frühere Rspr. nur dahin modifiziert, dass nicht mehr von dem Basisjahr 1962 sondern von dem Basisjahr 1970, später 1985 und zuletzt 1995 auszugehen ist. Wird der Anpassungsbedarf anhand des Preisindexes ermittelt, so ist entgegen der teilweise in der Lit. vertretenen Auffassung[677] kein Abschlag von 1 bis 2% wegen Voraussehbarkeit der Geldentwertung vorzunehmen.[678] 270

Bei der Ermittlung des Anpassungsbedarfs unberücksichtigt bleibt der bis zum Versorgungsfall eingetretene Geldwertschwund, da andernfalls die Versorgungsanwartschaften dynamisiert würden.[679] 271

g) Steht auf Grund der Anpassungsprüfung fest, dass ein Anpassungsbedarf besteht, so hat der Arbeitgeber nach § 16 I BetrAVG die **Anpassungsentscheidung nach billigem Ermessen** zu treffen. Entscheidend ist immer nur, ob die Anpassungsentscheidung des Arbeitgebers **im Ergebnis** billigem Ermessen entspricht. Eine unzulängliche Berechnungsmethode macht die Entscheidung für sich genommen noch nicht fehlerhaft.[680] Die wirtschaftliche Lage des Arbeitgebers wird zukunftsbezogen beurteilt, weil der Geldabfluss erst in der Zukunft erfolgt und die Chancen des Unternehmens in die Betrachtung einbezogen werden sollen.[681] Bei der **Berücksichtigung der Belange des Versorgungsempfängers** sind nicht die individuellen Verhältnisse, sondern abstrahierend die Entwicklung der Lebenshaltungskosten zu berücksichtigen. BAG[682] und BGH[683] lassen daher auch grundsätzlich die Vermögens- und Einkommensverhältnisse des Ruheständlers außer acht. Hieraus folgt, dass bei aufrechterhaltenen Versorgungsan- 272

---

[671] BAG 28. 4. 1992 AP 24 zu § 16 BetrAVG = NZA 93, 69; 23. 5. 2000 AP 43 zu § 16 BetrAVG = NZA 2002, 554; 21. 8. 2001 AP 47 zu § 16 BetrAVG = NZA 2003, 561; 10. 9. 2002 AP 52 zu § 16 BetrAVG = NZA 2003, 880 (LS); 30. 8. 2005 AP 56 zu § 16 BetrAVG = DB 2006, 732.

[672] BAG 25. 4. 2006 DB 2007, 580 unter C. I. der Gründe.

[673] BAG 6. 12. 1976 AP 4 zu § 16 BetrAVG .

[674] BAG 30. 3. 1973 AP 4 zu § 242 BGB Ruhegehalt-Geldentwertung = NJW 73, 959; 30. 3. 1973 AP 5 zu § 242 BGB Ruhegehalt-Geldentwertung = BetrAV 73, 137 = NJW 73, 1296 (LS).

[675] BAG 6. 12. 1976 AP 4 zu § 16 BetrAVG = NJW 77, 828; 15. 9. 1977 AP 5 zu § 16 BetrAVG = NJW 77, 2370; 17. 1. 1980 AP 7 zu § 16 BetrAVG = NJW 80, 1181; 17. 1. 1980 AP 8 zu § 16 BetrAVG; 25. 9. 1980 AP 10 zu § 16 BetrAVG = NJW 81, 190; zust. BGH 5. 10. 1978 AP 6 zu § 16 BetrAVG.

[676] Veröffentlichungen des Stat. Bundesamtes: Fachserie 17 Reihe 7. Sie können im Internet unter http://www.destatis.de oder telefonisch (06 11/75–24 05) bestellt werden.

[677] S. die Nachweise bei BAG 6. 12. 1976 AP 4 zu § 16 BetrAVG = NJW 77, 828

[678] BAG 6. 12. 1976 AP 4 zu § 16 BetrAVG = NJW 77, 828.

[679] BAG 15. 9. 1977 AP 5 zu § 16 BetrAVG = NJW 77, 2370.

[680] BAG 20. 5. 2003 AP 1 zu § 1 BetrAVG Auslegung = NZA 2004, 944 (LS); 30. 8. 2005 AP 56 zu § 16 BetrAVG = DB 2006, 732.

[681] BAG 23. 4. 1985 AP 16 zu § 16 BetrAVG = NZA 85, 499.

[682] BAG 31. 1. 1984 AP 15 zu § 16 BetrAVG = NZA 84, 357; so auch schon die Rspr. des BAG vor Inkrafttreten des BetrAVG: BAG 30. 3. 1973 AP 4 zu § 242 BGB Ruhegehalt-Geldentwertung = NJW 73, 959 unter V. 5. der Gründe.

[683] BGH 28. 5. 1973 AP 6 zu § 242 BGB Ruhegehalt-Geldentwertung = NJW 73, 1599.

wartschaften nach Eintritt des Pensionsfalles jeder einzelne Arbeitgeber im Falle des früheren Stellenwechsels für sich den Anpassungsbedarf zu prüfen hat.

273 **h)** Umstr. war, inwieweit der Arbeitgeber bei der Anpassungsentscheidung die **Sozialversicherungsrente** berücksichtigen darf. Das Schrifttum hat die Auffassung vertreten, dass der betrieblichen Altersversorgung Ergänzungsfunktion zur Sozialversicherungsrente zukomme. Zweck der Anpassung könne mithin nur sein, den Betriebsrentner davor zu bewahren, dass die Gesamtversorgung durch Verteuerung an Kaufkraft verliere. Steige die Gesamtversorgung durch die gesetzlich vorgeschriebene Anpassung der Sozialversicherungsrente stärker als die Verteuerung, verlange die Billigkeit keine Anpassung der Betriebsrenten. Dieser Meinung ist das BAG nicht gefolgt.[684] Es geht von der sog. **Abkopplungstheorie** aus, nach der die Sozialversicherungsrente grundsätzlich unberücksichtigt bleibt. Um zu verhindern, dass die Summe von Sozialversicherungsrente und Betriebsrente über das Einkommen der noch aktiven Arbeitnehmer ansteigt, sind im Schrifttum die sog. absolute und relative Obergrenze entwickelt worden. Absolute Versorgungsobergrenze ist das Einkommen eines vergleichbaren Arbeitnehmers. Relative Versorgungsobergrenze ist dagegen das sich im Zeitpunkt der Versetzung in den Ruhestand ergebende Verhältnis zwischen der sich aus Betriebsrente und Sozialversicherungsrente ergebenden Gesamtversorgung und dem letzten Gehalt. Das BAG hat beide Begrenzungen verworfen.[685]

274 Es bejaht demgegenüber eine sog. **reallohnbezogene Obergrenze.**[686] Es hat ausgeführt, dass dann, wenn sogar die aktive Belegschaft, auf deren Arbeitskraft das Unternehmen dringend angewiesen ist, keinen vollen Teuerungsausgleich erhält, auch die Betriebsrentner sich mit einer entsprechend geringeren Anpassungsrate begnügen müssen. Das gelte jedenfalls bis zum 31. 12. 1998.[687] Für die Ermittlung der reallohnbezogenen Obergrenze kommt es ebenso wie beim Anpassungsbedarf auf die Entwicklung vom Rentenbeginn bis zum Anpassungsstichtag an;[688] das gilt nach Ansicht des BAG auch nach der ab dem 1. 1. 1999 geltenden Fassung des § 16 BetrAVG.[689]

275 Bei dem Vergleich ist auf die Netto-Durchschnittsverdienste innerhalb eines Unternehmens oder eines typischen Teils der Belegschaft abzustellen. Bei der Gruppenbildung hat der Arbeitgeber einen weitgehenden Entscheidungsspielraum. Der Arbeitgeber darf u. a. die Gesamtkonzeption des Versorgungswerkes, die Praktikabilität der in Betracht kommenden Modelle und den mit ihnen jeweils verbundenen Verwaltungsaufwand berücksichtigen, muss jedoch auch den Interessen der Versorgungsberechtigten Rechnung tragen; insbesondere müssen klare, verdienstbezogene Abgrenzungskriterien die Gruppenbildung als sachgerecht erscheinen lassen.[690] Durch die Regelung in § 16 II Nr. 2 BetrAVG n. F. ist der Gestaltungsspielraum des Arbeitgebers nicht etwa eingeschränkt worden. Die Bestimmung verlangt nicht generell ein Abstellen auf Anstieg der Nettolöhne vergleichbarer Arbeitnehmergruppen im Unternehmen. Der Arbeitgeber kann auch eine andere Berechnungsart wählen. In diesem Fall ist aber noch eine Billigkeitskontrolle erforderlich, die Fiktion des § 16 II Nr. 2 BetrAVG n. F. greift nicht.[691] § 16 II Nr. 2 BetrAVG n. F. steht daher auch nicht einer konzernweit ermittelten, einheitlichen reallohnbezogenen Obergrenze entgegen.[692] Im Rahmen des Bochumer Verbandes hat das BAG eine Klausel gebilligt, nach der die reallohnbezogene Obergrenze branchenweit zu betrachten ist.[693] Durch Arbeitszeitverkürzungen ohne Lohnausgleich kann die Reallohngrenze absinken.[694] Dies wird auch der Betriebsrentner

---

[684] BAG 15. 9. 1977 AP 5 zu § 16 BetrAVG = NJW 77, 2370; 11. 8. 1981 AP 11 zu § 16 BetrAVG = NJW 82, 957 jew. m. Nachw. zur Literatur.

[685] Zur absoluten Versorgungsobergrenze: BAG 17. 1. 1980 AP 7 zu § 16 BetrAVG = NJW 80, 1181; 17. 1. 1980 AP 8 zu § 16 BetrAVG; 11. 8. 1981 AP 11 zu § 16 BetrAVG = NJW 82, 957; zur relativen Versorgungsobergrenze: BAG 25. 9. 1980 AP 10 zu § 16 BetrAVG = NJW 81, 190; 11. 8. 1981 AP 11 zu § 16 BetrAVG = NJW 82, 957.

[686] BAG 11. 6. 1981 AP 11 zu § 16 BetrAVG = NJW 82, 957; 14. 2. 1989 AP 23 zu § 16 BetrAVG = NZA 89, 675; 21. 8. 2001 AP 47 zu § 16 BetrAVG = NZA 2003, 561.

[687] BAG 21. 8. 2001 AP 47 zu § 16 BetrAVG = NZA 2003, 561.

[688] BAG 21. 8. 2001 AP 47 zu § 16 BetrAVG = NZA 2003, 561.

[689] BAG 30. 8. 2005 AP 56 zu § 16 BetrAVG = DB 2006, 732; a. A. *Neef* FS Richardi (2007), S. 305, 310 ff.

[690] BAG 23. 5. 2000 AP 44 zu § 16 BetrAVG = NZA 2001, 1076; ebenso für die ab dem 1. 1. 1999 geltende Fassung des § 16 BetrAVG: BAG 30. 8. 2005 AP 56 zu § 16 BetrAVG = DB 2006, 732.

[691] BAG 9. 11. 1999 AP 30 zu § 1 BetrAVG Ablösung = NZA 2001, 221; 20. 5. 2003 AP 1 zu § 1 BetrAVG Auslegung = NZA 2004, 944 (LS); 30. 8. 2005 AP 56 zu § 16 BetrAVG = DB 2006, 732.

[692] BAG 30. 8. 2005 AP 56 zu § 16 BetrAVG = DB 2006, 732.

[693] BAG 9. 11. 1999 AP 30 zu § 1 BetrAVG Ablösung = NZA 2001, 221.

[694] *Gumpert* BB 84, 1688; *Ahrend* u. a. Teil I RN 706.

hinzunehmen haben. Erfolgt dagegen ein voller Lohnausgleich, kommt dies auch dem Betriebsrentner zugute. So wird am besten dem Versorgungsgedanken Rechnung getragen.

Rechenbeispiel: Betrug die Versorgungsrente im Dezember 1999 X DM, so hatte die Anpassungsprüfung am 1. 1. 2003 stattzufinden. Am 1. 12. 1999 betrug der Preisindex für Lebenshaltung 105,2 (Basisjahr 1995) und am 1. 12. 2002 110,4 (Jahresdurchschnitt 110,69. Damit ergibt sich (110,4 : 105,2 – 1) × 100 = 4,9% Teuerungsrate, so dass die Anfangsleistung um 4,9% zu erhöhen war. Das entspricht bei einer Anfangsleistung von 300 Euro einem Betrag von 14,70 Euro. Betrug in dem gleichen Zeitraum die Steigerung des Netto-Einkommens weniger als 4,9%, so ist dies die Obergrenze der Anpassung. 276

i) Bei der Anpassung ist die **wirtschaftliche Lage des Arbeitgebers** zu berücksichtigen. Der Arbeitgeber darf bei der Anpassungsentscheidung die für seine wirtschaftliche Lage maßgebenden Kriterien wie Gewinn, Umsatz, Rendite, Auftragslage, Beschäftigungsstand und Investitionsbedarf gewichten und in seine Betrachtung einbeziehen. Bei Arbeitgebern, die dem Essener oder Bochumer Verband angehören und bei denen auf Verbandsebene die Anpassung geregelt ist, bedarf es zur Einschränkung der Anpassung einer entsprechenden Satzungsänderung.[695] Das BAG hat erstmals in Entscheidungen vom 23. 4. 1985 zur wirtschaftlichen Lage des Arbeitgebers ausführlich Stellung genommen.[696] Es ist dabei verblieben, dass der Begriff der wirtschaftlichen Lage nicht mit dem der wirtschaftlichen Notlage identisch ist.[697] In jedem Fall haben die Erhaltung des Betriebes und die Sicherung der Arbeitsplätze den Vorrang vor der Befriedigung des Anpassungsbedarfs.[698] Die Substanz des Unternehmens muss erhalten bleiben; seine Wettbewerbsfähigkeit darf nicht gefährdet werden.[699] Die Arbeitsplätze dürfen nicht durch langfristige Auszehrung gefährdet werden.[700] Eine übermäßige, die Anpassung ausschließende Belastung ist dann gegeben, wenn der Teuerungsausgleich nicht aus dem Wertzuwachs des Unternehmens und dessen Erträgen in der Zeit nach dem Anpassungsstichtag aufzubringen ist. Dabei sind aber auch die Vorteile zu berücksichtigen, die das Unternehmen auf Grund der Rückstellungen in der Bilanz erzielt. Es muss eine angemessene Eigenkapitalverzinsung erhalten bleiben.[701] Diese besteht aus einem Basiszins, der der Umlaufrendite öffentlicher Anleihen entspricht, sowie einem für alle Unternehmen einheitlichen Risikozuschlag von 2%.[702] Wertzuwächse sind nur zu berücksichtigen, wenn sie zu bilanzieren sind.[703] Scheingewinne und betriebswirtschaftlich überhöhte Abschreibungen werden nicht berücksichtigt.[704] Ein Anpassungsbedarf kann sogar dann unbefriedigt bleiben, wenn der Arbeitgeber der aktiven Belegschaft unverändert Weihnachtsgratifikationen gewährt.[705] Für die Beurteilung ist nicht allein retrospektiv auf die Entwicklung des Unternehmens in der Vergangenheit, sondern auf die zukünftige Entwicklung abzustellen. Die zurückliegende Entwicklung liefert lediglich die erforderlichen Anhaltspunkte für die langfristig zu erstellende Prognose.[706] Soweit der Arbeitgeber eine Prognose zu erstellen hat, steht ihm ein gewisser Beurteilungsspielraum zu. Für seine Einschätzung der zukünftigen Entwicklung muss aber eine durch Tatsachen gestützte Wahrscheinlichkeit sprechen. Maßgeblicher Prognosezeitpunkt ist der Anpassungsstichtag. Die Prognose muss realitätsgerecht und vertretbar sein.[707] Zur reallohnbezogenen Obergrenze s. RN 274f. 277

---

[695] BAG 25. 7. 2000 AP 31 zu § 1 BetrAVG Ablösung = DB 2000, 1624.

[696] AP 16 zu § 16 BetrAVG = NZA 85, 499; AP 17 zu § 16 BetrAVG = NZA 85, 496.

[697] So schon BAG 19. 5. 1981 AP 13 zu § 16 BetrAVG = NJW 82, 350; 31. 1. 1984 AP 15 zu § 16 BetrAVG = NZA 84, 357.

[698] BAG 19. 5. 1981 AP 13 zu § 16 BetrAVG = NJW 82, 350; vgl. auch BAG 17. 1. 1980 AP 8 zu § 16 BetrAVG; 19. 5. 1981 AP 15 zu § 16 BetrAVG = NZA 84, 357; 14. 12. 1993 AP 29 zu § 16 BetrAVG = NZA 94, 551.

[699] BAG 18. 2. 2003 AP 53 zu § 16 BetrAVG = DB 2003, 2606; zu den Besonderheiten bei gewerkschaftlichen Arbeitgebern: BAG 13. 12. 2005 AP 37 zu § 16 BetrAVG = BetrAV 2006, 1687.

[700] BAG 14. 2. 1989 AP 22 zu § 16 BetrAVG = NZA 89, 844; 28. 4. 1992 AP 24 zu § 16 BetrAVG = NZA 93, 69; 9. 11. 1999 AP 40 zu § 16 BetrAVG = NZA 2000, 1057; 23. 1. 2001 AP 46 zu § 16 BetrAVG = NZA 2002, 560.

[701] BAG 23. 5. 2000 AP 45 zu § 16 BetrAVG = NZA 2001, 1251; 23. 5. 2000 AP 43 zu § 16 BetrAVG = NZA 2002, 554.

[702] BAG 23. 5. 2000 AP 45 zu § 16 BetrAVG = NZA 2001, 1251; 23. 1. 2001 AP 46 zu § 16 BetrAVG = NZA 2002, 560.

[703] BAG 18. 2. 2003 AP 53 zu § 16 BetrAVG = DB 2003, 2606.

[704] BAG 17. 4. 1996 AP 35 zu § 16 BetrAVG = NZA 97, 155.

[705] BAG 19. 5. 1981 AP 13 zu § 16 BetrAV = NJW 82, 350.

[706] BAG 23. 4. 1985 AP 17 zu § 16 BetrAVG = NZA 85, 496; 17. 4. 1996 AP 35 zu § 16 BetrAVG = NZA 97, 155; 23. 1. 2001 AP 46 zu § 16 BetrAVG = NZA 2002, 560.

[707] BAG 23. 5. 2000 AP 43 zu § 16 BetrAVG = NZA 2002, 554; 25. 4. 2006 NZA-RR 2007, 310.

278 Das BAG hat die Grundsätze in seiner Entscheidung vom 17. 4. 1996 zusammengefasst:[708] Bei der **Beurteilung der wirtschaftlichen Lage** sind danach insbes. folgende Grundsätze zu berücksichtigen **(1)** die wirtschaftliche Entwicklung des Unternehmens in der Zeit vor dem Anpassungsstichtag, soweit daraus Schlüsse für die weitere Entwicklung gezogen werden können; nicht vorhersehbare Rahmenbedingungen und sonstige unerwartete, spätere Veränderungen bleiben unberücksichtigt; **(2)** für eine zuverlässige Prognose ist auf einen Dreijahreszeitraum abzustellen; **(3)** am Anpassungsstichtag absehbarer Investitionsbedarf, auch für Rationalisierungen und Erneuerung der Betriebsmittel ist zu berücksichtigen; **(4)** Scheingewinne bleiben unberücksichtigt; **(5)** die Betriebssteuern verringern die verwendungsfähigen Mittel; **(6)** eine angemessene Eigenkapitalverzinsung ist notwendig.

279 Eine Anpassungsverpflichtung besteht auch für sog. **Rentnergesellschaften** (s. RN 263).

280 Bei der Anpassungsprüfung ist nicht allein auf die Belastung auf Grund einer Erhöhung der Rente des Arbeitnehmers abzustellen, der eine Anpassung begehrt, maßgeblich ist Mehraufwand, der sich infolge einer für alle betroffenen Betriebsrentner vorzunehmende Anpassung ergibt.[709]

281 **j)** Umstritten war die Rechtslage bei der sog. **nachholenden und nachträglichen Anpassung.** Die nachholende Anpassung betrifft die Höhe des Anpassungsbedarfs; der Arbeitgeber hat nicht nur die Teuerung der letzten drei Jahre, sondern den Kaufkraftverlust seit Rentenbeginn auszugleichen.[710] Die Nachholung führt zur Erhöhung der künftig laufenden Leistungen, nicht dagegen der vor der Anpassungsverpflichtung fälligen Rentenzahlungen. Davon zu unterscheiden ist die nachträgliche Anpassung. Diese muss dann erfolgen, wenn der Arbeitnehmer eine Anpassungsentscheidung des Arbeitgebers mit Erfolg angreift und der Arbeitgeber daher ab dem Stichtag rückwirkend höhere Rentenleistungen erbringen muss. Durch eine nachträgliche Anpassung soll die Betriebsrente, bezogen auf einen früheren Anpassungsstichtag unter Berücksichtigung der damaligen wirtschaftlichen Lage des Unternehmens erhöht werden.[711] Hält der Versorgungsempfänger die Anpassungsentscheidung des Arbeitgebers für unrichtig, muss er das grundsätzlich vor dem nächsten Anpassungsstichtag gegenüber dem Arbeitgeber geltend machen. Ohne eine solche rechtzeitige Rüge erlischt der Anspruch auf nachträgliche Anpassungsentscheidung, und zwar unabhängig davon, warum die Anpassung versagt worden ist.[712] Etwas anderes gilt, falls der Arbeitgeber keine Anpassungsentscheidung getroffen hat. Sein Schweigen gilt als Erklärung, nicht anpassen zu wollen. Diese Erklärung gilt als nach drei Jahren als abgegeben und kann daher bis zum übernächsten Anpassungstermin noch gerügt werden.[713] Hat der Versorgungsberechtigte die Anpassungsentscheidung des Arbeitgebers nach § 16 BetrAVG rechtzeitig gerügt, muss er grundsätzlich bis zum Ablauf des nächsten auf die Rügefrist folgenden Anpassungszeitraum Klage erheben. Anderenfalls verwirkt das Klagerecht.[714] Das RRG 1999 hat die nachholende Anpassung durch Einfügung von § 16 IV BetrAVG weitgehend eingeschränkt (s. RN 286ff.).

282 Nach der Rspr. des BAG haftet der Arbeitgeber für die Erfüllung der Ruhegeldverpflichtungen nicht nur mit dem Betriebsvermögen (s. RN 190). Das gilt grundsätzlich auch für die Anpassung. Werden die Erben eines ehemals einzelkaufmännisch tätigen früheren Arbeitgebers in Anspruch genommen, kommt es aber für die Bewertung der Leistungsfähigkeit nur auf die Erträge und Wertzuwächse des dem Unternehmen gewidmeten Vermögens an.[715]

283 **k)** Für die **erste Anpassung nach § 16 BetrAVG** hat das BAG[716] ausgeführt, dass zahlreiche Arbeitgeber mit Rücksicht auf die im Schrifttum vertretene Gesamtversorgungstheorie zu einer O-Anpassung gekommen seien. Es hat daher eine erneute Anpassungsprüfung postuliert. Insoweit hat es aber ausgeführt, dass es wegen der Zahl der Anpassungsfälle, der vielfach be-

---

[708] BAG 17. 4. 1996 AP 35 zu § 16 BetrAVG = NZA 97, 155; vgl. dazu *Neef* NZA 2003, 993.

[709] BAG 15. 12. 1976 AP 3 zu § 16 BetrAVG.

[710] BAG 1. 7. 1976 AP 1 zu § 16 BetrAVG = NJW 76, 1861; 28. 4. 1992 AP 24 zu § 16 BetrAVG = NZA 93, 69; 28. 4. 1992 AP 25 zu § 16 BetrAVG = NZA 93, 72 (die hiergegen eingelegte Verfassungsbeschwerde war erfolglos: BVerfG 12. 2. 1993 AP 25 a zu § 16 BetrAVG); BAG 28. 4. 1992 AP 26 zu § 16 BetrAVG = NZA 93, 74; 17. 4. 1996 AP 35 zu § 16 BetrAVG = NZA 97, 155; 21. 8. 2001 AP 47 zu § 16 BetrAVG = NZA 2003, 561.

[711] BAG 17. 4. 1996 AP 35 zu § 16 BetrAVG = NZA 97, 155.

[712] BAG 17. 8. 2004 AP 55 zu § 16 BetrAVG = NZA-RR 2005, 672 (LS); 21. 8. 2007 NZA-RR 2008, 198.

[713] BAG 17. 4. 1996 AP 35 zu § 16 BetrAVG = NZA 97, 155.

[714] BAG 25. 4. 2006 AP 60 zu § 16 BetrAVG = BetrAV 2007, 89.

[715] BAG 9. 11. 1999 AP 40 zu § 16 BetrAVG = NZA 2000, 1057.

[716] BAG 15. 9. 1977 AP 5 zu § 16 BetrAVG = NJW 77, 2370.

drängten wirtschaftlichen Lage der Arbeitgeber und der bedrückenden arbeitsmarktpolitischen Situation seit 1975 billigem Ermessen entspreche, wenn der Kaufkraftverlust lediglich zur Hälfte ausgeglichen wird. Das Hälftelungsprinzip habe ursprünglichen Gerechtigkeitsgehalt und komme in §§ 420, 426 I, 920 I BGB, § 736 I 2 HGB zum Ausdruck und sei auch im Rahmen von § 16 BetrAVG zu berücksichtigen. Für die Folgeanpassungen hat das BAG dagegen im Allgemeinen die Zulässigkeit des Hälftelungsprinzips verneint.[717]

5. Anpassung nach Art. 8 RRG 1999.[718] **a)** Nach **§ 16 II BetrAVG** gilt die **Anpassungsverpflichtung nach § 16 I BetrAVG als erfüllt,** wenn die Anpassung nicht geringer ist als der Anstieg **(1)** des Preisindexes für die Lebenshaltung von 4-Personen-Haushalten von Arbeitern und Angestellten mit mittlerem Einkommen oder **(2)** der Nettolöhne vergleichbarer Arbeitnehmergruppen des Unternehmens im Prüfungszeitraum. Zweck dieser Regelung ist, eine weitere Rechtsfortbildung durch die Rspr., insbesondere eine höhere Anpassung zu verhindern, und den Anpassungsmaßstab zu konkretisieren. Mit Wirkung vom 1. 1. 2003 (s. die Übergangsregelung in § 30c IV BetrAVG) ist an die Stelle des Preisindexes für die Lebenshaltung von 4-Personen-Haushalten von Arbeitern und Angestellten mit mittlerem Einkommen der **Verbraucherpreisindex für Deutschland** getreten. Der Arbeitgeber hat unwiderlegbar seine Anpassungsverpflichtung erfüllt, wenn er einen der beiden Prüfungsmaßstäbe wählt, sofern er überhaupt zur Anpassung verpflichtet ist. Die Möglichkeit, die Anpassung wegen der wirtschaftlichen Verhältnisse zu verweigern, hat nicht ausgeschlossen werden sollen. Mit der ursprünglichen Gesetzesformulierung Preisindex für die Lebenshaltung von 4-Personen-Arbeitnehmerhaushalten ist die bisherige Rspr. des BAG bestätigt worden. Die Anpassungsverpflichtung gilt ferner als erfüllt, wenn die Nettolöhne von vergleichbaren Arbeitern und Angestellten des Unternehmens überschritten werden **(Reallohnbezogene Obergrenze).** Es ist damit auf durchschnittliche Nettolohnentwicklungen abzustellen. Unklar ist der Begriff des Prüfungszeitraumes. Nach dem Wortlaut kann man zu dem Ergebnis kommen, dass dies der Dreijahreszeitraum vor dem jeweiligen Prüfungsstichtag ist. Die Gesetzesmaterialien stützen dieses Auslegungsergebnis nicht.[719] Nach der Rspr. zur nachholenden Anpassung war jeweils auf die Entwicklung vom Rentenbeginn bis zum Anpassungsstichtag abzustellen (RN 281). Da die Neuregelung § 16 IV BetrAVG, die den Arbeitgeber unter bestimmten Voraussetzungen von einer nachholenden Anpassung befreit, als Ausnahmetatbestand konzipiert ist, muss der Gesetzgeber in § 16 II BetrAVG von dem Prüfungszeitraum von der Zusage bis zur Anpassung ausgegangen sein. Sonst hätte es der Ausnahme nicht bedurft.[720] Daher reicht der Prüfungszeitraum auch nach der Neufassung des § 16 BetrAVG zum 1. 1. 1999 sowohl für den Anpassungsbedarf als auch für die reallohnbezogene Obergrenze vom Rentenbeginn bis zum Anpassungsstichtag.[721] 284

b) Nach **§ 16 III BetrAVG entfällt die Anpassungsverpflichtung nach § 16 I BetrAVG,** wenn **(1)** der Arbeitgeber sich verpflichtet, die laufenden Leistungen jährlich um wenigstens eins vom Hundert anzupassen, oder **(2)** die betriebliche Altersversorgung über eine Direktversicherung oder über eine Pensionskasse durchgeführt wird, ab Rentenbeginn sämtliche auf den Rentenbestand entfallende Überschussanteile zur Erhöhung der laufenden Leistungen verwendet werden und zur Berechnung der garantierten Leistung der nach § 65 I Nr. 1 lit. a VAG festgesetzte Höchstzinssatz zur Berechnung der Deckungsrückstellung nicht überschritten wird. **(3)** Die Verpflichtung zur Anpassung entfällt, wenn eine Beitragszusage mit Mindestleistung erteilt worden ist (§ 16 III Nr. 3 BetrAVG). Die Anpassung nach § 16 III BetrAVG ist davon unabhängig, ob der Arbeitgeber sie aus den Erträgen erwirtschaften kann. Hat der Arbeitgeber die Abwahl gewählt, muss er auch dann anpassen, wenn er sonst nicht zur Anpassung verpflichtet wäre. Zweck der gesetzlichen Regelung ist, die Belastungen aus der Anpassung zu reduzieren. 285

Die **Abwahl der Anpassungsverpflichtung** nach § 16 I Nr. 1 BetrAVG, die bei allen Durchführungswegen möglich ist, kann durch einzelvertragliche Regelung, arbeitsvertragliche Einheitsregelung oder Gesamtzusage erfolgen. Da § 16 III Nr. 1 BetrAVG eine **Mindestanpassung** regelt, können die Parteien auch einen höheren Prozentsatz festlegen. Ist die Ruhegeldzusage in einer Betriebsvereinbarung enthalten, bedarf es einer ablösenden Betriebsvereinbarung; 286

[717] BAG 17. 1. 1980 AP 7 zu § 16 BetrAVG = NJW 80, 1181.

[718] Vgl. *Heubeck* BB 96, 955; *Höfer* BetrAVG, BB 98, 2362 = BetrAV 98, 269.

[719] Vgl. BT-Drucks. 13/8011 S. 207.

[720] *Höfer* § 16 RN 5200.

[721] BAG 30. 8. 2005 AP 56 zu § 16 BetrAVG = DB 2006, 732; für den Bochumer Verband: BAG 25. 4. 2006 DB 2006, 2639; a. A. *Neef* FS Richardi (2007), S. 305, 312ff.

unzureichend ist dagegen eine individualvertragliche Ablösung der Betriebsvereinbarung, da die pauschale Anpassung nicht günstiger zu sein braucht. Für den Fall künftiger höherer Inflationsraten stellt sich die Frage, ob u. U. nicht doch gem. § 242 oder § 313 BGB (Störung der Geschäftsgrundlage) ausnahmsweise eine zusätzliche Anpassung geboten sein kann. Inflationsrisiken waren dem Gesetzgeber bei Einführung des § 16 II Nr. 1 BetrAVG aber bewusst. Außerdem schließt die Norm umgekehrt auch die Berücksichtigung wirtschaftlicher Probleme des Arbeitgebers aus. Eine zusätzliche Anpassung zugunsten des Arbeitnehmers wird daher ebenso wie eine Verweigerung der Mindestanpassung durch den Arbeitgeber allenfalls in extremen Situationen in Betracht kommen. Für den Arbeitgeber kann die Anpassungspflicht gem. § 16 III Nr. 1 BetrAVG nur bei einer wirtschaftlichen Notlage entfallen.[722]

287 Wird die Anpassungsverpflichtung durch eine Mindestanpassung vereinbart, so gilt die Abwahl ab dem Zeitpunkt der Vereinbarung. Wird die Mindestanpassung für die Zeit vor der Neuregelung vereinbart, so hat sie nicht die Wirkungen einer Abwahl, sondern nur einer Mindestverpflichtung des Arbeitgebers. Den Anpassungszeitpunkt innerhalb der Jahresfrist regelt das Gesetz nicht. Ausgehend von einer jährlichen Anpassungspflicht dürfte die erste Erhöhung grundsätzlich nach 12-monatigem Rentenbezug vorzunehmen sein. Der Arbeitgeber wird aber ebenso wie bei der Anpassung gem. § 16 I BetrAVG (s. RN 268) berechtigt sein, im Interesse einer Reduzierung des Verwaltungsaufwands für alle betroffenen Arbeitnehmer einen einheitlichen Anpassungsstichtag innerhalb des Kalenderjahres festzulegen.[723]

288 Die **Mindestanpassung** gilt nur für laufende Leistungen, die auf Zusagen beruhen, die nach dem 31. 12. 1998 erteilt sind (§ 30 c BetrAVG). Ferner gilt sie, falls zwar die Zusage vor dem 1. 1. 1999 erteilt wurde, das Arbeitsverhältnis aber erst nach diesem Zeitpunkt beginnt.[724] Dies gilt für alle Durchführungswege der betrieblichen Altersversorgung. Dies ist aus fiskalpolitischen Gründen so geregelt, weil ein sofortiger Rückstellungsbedarf erwächst, der zu erheblichen Steuerausfällen geführt hätte. Eine Neuzusage ist nicht schon dann gegeben, wenn der Durchführungsweg der Versorgung geändert wird oder eine bestehende Zusage bestätigt wird (vgl. RN 96 ff.).

289 Wird die Abwahl gem. § 16 III Nr. 2 BetrAVG durch eine **Überschussverwendung** vorgenommen, so braucht der Arbeitgeber dann nicht mehr bei Direktversicherungen oder Pensionskassenversorgungen einen Teuerungsausgleich zu erbringen. Vielmehr hat er seine Pflichten durch die Prämienzahlung erfüllt.

290 **c)** Nach § 16 IV 1 BetrAVG ist der Arbeitgeber nicht verpflichtet, die Anpassung zu einem späteren Zeitpunkt nachzuholen, wenn nach § 16 I BetrAVG die Anpassung zu Recht (s. RN 272 ff.) unterblieben oder nicht in vollem Umfang durchgeführt worden ist (zu Recht unterbliebene Anpassung). Durch die Vorschrift wird die Rspr. zur **nachholenden Anpassung** begrenzt. Da die Vorschrift nach **§ 30 c II BetrAVG** nicht für vor dem 1. 1. 1999 zu Recht unterbliebene Anpassungen gilt, ist die bisherige Rspr. für frühere Zusagen noch von Belang.

291 **d)** Die Anpassung **gilt nur dann als zu Recht unterblieben,** wenn **(1)** der Arbeitgeber dem Arbeitnehmer die wirtschaftliche Lage des Unternehmens schriftlich darlegt, **(2)** der Versorgungsempfänger nicht binnen drei Kalendermonaten nach Zugang der Mitteilung schriftlich widersprochen hat, **(3)** er auf die Rechtsfolgen eines nicht fristgemäßen Widerspruchs hingewiesen worden ist. § 16 IV 2 BetrAVG enthält eine unwiderlegliche Vermutung.[725]

292 Der Arbeitgeber muss die **wirtschaftliche Lage schriftlich darlegen.** Nach dem Zweck der Vorschrift muss die unzureichende Lage dargelegt werden, so dass der Versorgungsempfänger die Entscheidung nachvollziehen kann. Die Darlegung muss eine Prognose der künftigen wirtschaftlichen Lage gemessen an der Ertragslage und einer angemessenen Eigenkapitalverzinsung enthalten. Erforderlich ist aber nicht etwa eine in alle Details gehende Darlegung. Macht der Arbeitgeber irreführende Angaben, die geeignet sind, den Arbeitnehmer von einem Widerspruch abzuhalten, greift die Vermutung nicht ein. Die Schriftform ist aus Beweisgründen gewählt.

293 Für die Berechnung der **Widerspruchsfrist** gilt § 188 II BGB.[726] Versäumt der Arbeitnehmer die Widerspruchsfrist, muss er die Verfristung hinnehmen. An den Inhalt des Widerspruchs stellt das Gesetz keine besonderen Anforderungen. Daher ist eine Begründung nicht erforder-

---

[722] *Höfer* § 16 RN 5429.
[723] *Höfer* § 16 RN 5432.
[724] *Blomeyer/Rolfs/Otto* § 16 RN 299.
[725] *Vienken* DB 2003, 994, 995.
[726] A. A. *Vienken* DB 2003, 994, 996; *Blomeyer/Rolfs/Otto* § 16 RN 105, die auf den letzten Tag des dritten Monats nach Zugang der Mitteilung abstellen.

lich.[727] Hiermit wäre der Arbeitnehmer, der wirtschaftliche Situation zumeist nicht beurteilen kann, auch überfordert.

Der Arbeitgeber kann sich auf den Ausschluss der nachholenden Anpassung nur dann berufen, wenn er den Rentner schriftlich[728] über die Rechtsfolgen eines nicht fristgemäßen Widerspruchs belehrt hat. 294

6. Anpassung nach dem AVmG. Soweit betriebliche Altersversorgung durch **Entgeltumwandlung** finanziert wird, ist der Arbeitgeber verpflichtet, die Leistungen mindestens um 1% anzupassen oder im Fall der Durchführung über eine Direktversicherung oder eine Pensionskasse sämtliche Überschussanteile, also nicht nur die auf den Rentenbestand entfallenden, zur Erhöhung der laufenden Renten zu verwenden (§ 16 V BetrAVG). Der Arbeitgeber kann die Anpassung nicht bei unzureichender wirtschaftlicher Lage verweigern. Die Regelung gilt nach § 30c III BetrAVG nur für nach dem 31. 12. 2000 erteilte Zusagen. 295

7. Durchführung der Anpassung. Der Arbeitgeber wird die Anpassung regelmäßig durch eine **Erklärung** gegenüber den Versorgungsberechtigten bekannt geben. Für die Anpassungsbeschlüsse des Bochumner Verbandes gilt die Unklarheitenregel gem. § 305c II BGB entsprechend, bestehende Unklarheiten gehen also zu Lasten der Arbeitgeber.[729] 296

8. Anpassungsklage. Hat der Arbeitgeber keine oder eine unbillige Anpassungsentscheidung getroffen, so kann der Pensionär hiergegen Klage erheben. Das Gesetz verlangt eine Billigkeitsentscheidung des Arbeitgebers, die in entsprechender Anwendung des § 315 II und III BGB zu treffen und durch die Gerichte zu überprüfen ist.[730] Ansprüche des Arbeitnehmers auf eine höhere Anpassung bestehen nicht schon dann, wenn die vom Arbeitgeber angewandte Berechnungsmethode fehlerhaft ist. entscheidend ist allein, ob das Berechnungsergebnis der Billigkeit entspricht.[731] Bei einer Anpassungsklage ist kein bezifferter Leistungsantrag notwendig. Dem Bestimmtheitsgrundsatz des § 253 II Nr. 2 ZPO ist genügt, wenn der Kläger den anspruchsbegründenden Sachverhalt und einen Mindestbetrag der Anpassung angibt.[732] Der Arbeitnehmer kann aber auch unmittelbar einen Zahlungsantrag stellen. Ist die Anpassung über den ersten Drei-Jahreszeitraum verzögert worden, kann auch eine rückwirkende Anpassung in Betracht kommen.[733] 297

9. Darlegungs- und Beweislast. Darlegungs- und beweispflichtig für alle die Anpassungsentscheidung beeinflussenden Umstände ist der Arbeitgeber.[734] Er hat darzulegen und zu beweisen, dass seine Anpassungsentscheidung billigem Ermessen entspricht und sich in den Grenzen des § 16 BetrAVG hält.[735] Das erfordert eine konkrete Darlegung der wirtschaftlichen Verhältnisse, die eine Anpassung ausschließen. Nicht ausreichend ist die bloße Mitteilung von Verlusten, die sich aus Handelsbilanzen oder Betriebsergebnisberechnungen ergeben, vielmehr bedarf es der Vorlage von Bilanzen und Gewinn- und Verlustrechnungen. Macht der Arbeitgeber im Prozess ein berechtigtes Interesse an der **Geheimhaltung** geltend, ist ihm die Möglichkeit einzuräumen, die entsprechenden Unterlagen unter Wahrung der Vertraulichkeit vorzulegen. Für die Dauer der Erörterung von Geschäftsgeheimnissen, Betriebsgeheimnissen, Erfindungs- oder Steuergeheimnissen ist gem. § 52 Satz 2 ArbGG, § 172 Nr. 2 GVG auf Antrag die Öffentlichkeit auszuschließen.[736] Ferner kommt nach § 52 Satz 4 ArbGG, § 173 III GVG die Verhängung eines strafbewehrten (§ 353d Nr. 2 StGB) Schweigegebotes an die Prozessbeteiligten in Betracht. 298

---

[727] *Blomeyer/Rolfs/Otto* § 16 RN 106; a. A. *Höfer* § 16 RN 5493; ErfK/*Steinmeyer* § 16 BetrAVG RN 55.

[728] ErfK/*Steinmeyer* § 16 BetrAVG RN 53; *Höfer* § 16 RN 5490; *Blomeyer/Rolfs/Otto* § 16 RN 104; abw. *Vienken* DB 2003, 994, 996, der die Einhaltung der Schriftform nicht als Wirksamkeitsvoraussetzung ansieht.

[729] BAG 12. 6. 2007 AP 8 zu § 305c BGB = NZA-RR 2008, 616 (LS); 21. 8. 2007 NZA-RR 2008, 198.

[730] BAG 6. 12. 1976 AP 4 zu § 16 BetrAVG = NJW 77, 828; 23. 4. 1985 AP 17 zu § 16 BetrAVG = NZA 85, 496; 10. 9. 2002 AP 52 zu § 16 BetrAVG = NZA 2003, 880 (LS); a. A. zur entspr. Anwendbarkeit des § 315 BGB Teile der Lit., s. die Nachw. bei *Blomeyer/Rolfs/Otto* § 16 RN 280f.

[731] BAG 30. 8. 2005 AP 56 zu § 16 BetrAVG = DB 2006, 732.

[732] BAG 17. 10. 1995 AP 34 zu § 16 BetrAVG = NZA 96, 1038.

[733] Vgl. BAG 17. 4. 1996 AP 35 zu § 16 BetrAVG = NZA 97, 155.

[734] BAG 20. 5. 2003 AP 1 zu § 1 BetrAVG Auslegung = NZA 2004, 944 (LS).

[735] BAG 31. 7. 2007 AP 65 zu § 16 BetrAVG = DB 2008, 135.

[736] Vgl. BAG 23. 4. 1985 AP 16 zu § 16 BetrAVG = NZA 85, 499; für die Güteverhandlung vor dem ArbG kann die Öffentlichkeit nach § 52 Satz 3 ArbGG auch aus bloßen Zweckmäßigkeitsgründen ausgeschlossen werden.

299 **10. Verdeckte Anrechnung der Sozialversicherungsrenten.** Ein betriebliches Ruhegeld kann in der Weise zugesagt werden, dass nur ein solcher Versorgungssatz zu zahlen ist, der zusammen mit der durchschnittlich zu erwartenden Sozialversicherungsrente eine bestimmte Gesamtversorgung ergibt. Es wird also eine durchschnittliche Versorgungslücke geschätzt. Eine derartige Berechnung entspricht dem Entgeltprinzip am ehesten, weil bei Staffelung der betrieblichen Rente nach der Dauer der Betriebszugehörigkeit diese dem länger Beschäftigten voll zugute kommt. Sie trägt auch der Abkopplungstheorie bei der Anpassung weitgehend Rechnung. Andererseits ist die verdeckte Anrechnung wenig elastisch, da sie bei Änderungen der Sozialversicherungsrente nicht ohne weiteres eine Anpassung der betrieblichen Ruhegelder erlaubt. Im Zusammenhang mit der Rentenreform von 1957 kam es zu einer Überversorgung der Ruheständler, so dass sich die Frage der Begrenzung der Gesamtversorgung ergab.[737] Macht der Arbeitgeber von seinem Recht Gebrauch, die Anrechnung anderweitiger Versorgungsbezüge zu bestimmen, so ist er an die einmal getroffene Bestimmung gebunden, bis sich die Verhältnisse ändern.[738]

300 **11.** Eine **offene Anrechnung** ist dann gegeben, wenn ein Ruhegeld in Höhe einer angestrebten Gesamtversorgung zugesagt wird und auf dieses anderweitige Versorgungsbezüge angerechnet werden.[739] Eine Anrechnung ist nur möglich, wenn sie in der Versorgungsordnung vorgesehen ist.[740] Die Berechnungsweise entspricht dem Versorgungsprinzip, da u. U. einem Ruheständler mit langer Betriebszugehörigkeit geringere betriebliche Leistungen zufließen können als einem nur kürzer Beschäftigten, der nur eine geringe anzurechnende Sozialversicherungsrente aus Vordienstzeiten besitzt. Die Sozialversicherungsrenten werden im Zweifel nach ihrem Bruttobetrag angerechnet. Wenn bei einer **Gesamtversorgungsobergrenze** nicht die Brutto-, sondern die Nettoversorgung maßgebend sein soll, muss dies in der Versorgungsordnung Ausdruck finden.[741] Eine offene Anrechnung von Sozialversicherungsrenten (vgl. § 53 SGB I i. V. m. §§ 394, 400 BGB) ist zulässig, denn der Arbeitgeber rechnet nicht mit der Sozialversicherungsrente des Arbeitnehmers auf, sondern berücksichtigt sie nur bei der Bemessung seiner Leistungen.[742] Im Rahmen eines Gesamtversorgungssystems kann die gesetzliche Altersrente auch angerechnet werden, soweit sie auf Kindererziehungszeiten beruht.[743] Angerechnet werden können bei dem Arbeitgeber oder einem früheren Arbeitgeber verdiente Sozialversicherungsrenten.[744] Allerdings kann auch vorgesehen sein, dass z. B. nur im öffentlichen Dienst erdiente Sozialversicherungsrenten angerechnet werden.[745] Zur Berücksichtigung der Minderung der gesetzlichen Rente ihm Rahmen eines Versorgungsausgleichs s. RN 311.

301 Im Falle von **Nachzahlungen** aus der Sozialversicherung sind die Anrechnungsklauseln im Zweifel dahin auszulegen, dass diese bis zu deren Erschöpfung auf das laufende betriebliche Ruhegeld anzurechnen sind.[746] Ist eine Anrechnung in der Ruhegeldordnung vorgesehen, so haben aus Gründen der wechselseitigen vertraglichen Rücksichtspflicht Ruheständler und Arbeitgeber gemeinsam das Erforderliche zu unternehmen, wenn der Rentenversicherungsträger die Bewilligung einer Rente nach Ansicht des Arbeitgebers zu Unrecht abgelehnt hat.[747]

---

[737] Mit der Anpassung infolge der Rentenreform beschäftigen sich: äußerste Gesamtversorgungsgrenze bei 85% des vergleichbaren Bruttoarbeitseinkommens: BAG 10. 4. 1962 AP 83 zu § 242 BGB Ruhegehalt = NJW 62, 1740; keine Anpassung nach zweijähriger Untätigkeit: BAG 21. 11. 1961 AP 82 zu § 242 BGB Ruhegehalt = NJW 62, 885; bei Kapitalzahlungen auf Grund teilweise eigener Beitragszahlung der Arbeitnehmer: BAG 26. 10. 1962 AP 87 zu § 242 BGB Ruhegehalt; bei einer Lebensversicherung: BAG 9. 6. 1964 AP 93 zu § 242 BGB Ruhegehalt; Rechtslage bei Anpassungsvorbehalt: BAG 11. 8. 1964 AP 98 zu § 242 BGB Ruhegehalt; bei freiwilligen Ruhegeldern: BAG 11. 11. 1960 AP 55 zu § 242 BGB Ruhegehalt = NJW 61, 334.

[738] BAG 21. 6. 1971 AP 13 zu § 315 BGB.

[739] Zur Anpassung von Gesamtversorgungssystemen bei sinkendem Rentenniveau in der gesetzlichen Rentenversicherung *Steinmeyer* RdA 2002, 345.

[740] BAG 16. 8. 1988 AP 29 zu § 5 BetrAVG = NZA 89, 180; 5. 9. 1989 AP 32 zu § 5 BetrAVG = NZA 90, 269.

[741] BAG 10. 3. 1992 AP 39 zu § 5 BetrAVG = NZA 92, 935; 5. 10. 1999 AP 51 zu § 1 BetrAVG Zusatzversorgungskassen = NZA 2000, 839; 14. 12. 1999 AP 12 zu § 1 BetrAVG Invaliditätsrente = NZA 2001, 326.

[742] BAG 18. 3. 1966 AP 108 zu § 242 BGB Ruhegehalt = NJW 66, 1238 m. w. N.

[743] BAG 5. 12. 1995 AP 40 zu § 5 BetrAVG.

[744] BAG 17. 5. 1988 AP 27 zu § 5 BetrAVG = NZA 88, 692.

[745] BAG 16. 8. 1988 AP 29 zu § 5 BetrAVG = NZA 89, 180.

[746] BAG 18. 3. 1966 AP 108 zu § 242 BGB Ruhegehalt = NJW 66, 1238.

[747] BAG 13. 8. 1970 AP 146 zu § 242 BGB Ruhegehalt.

Der Ruheständler ist über die Höhe der anderweitigen Bezüge **auskunftspflichtig.** Verletzt er seine Auskunftspflicht, erwächst für den Arbeitgeber ein Rückzahlungsanspruch nach § 812 BGB und u. U. ein Schadensersatzanspruch. 302

12. Maximierungs- oder Höchstbegrenzungsklauseln bestimmen, dass die Gesamtversorgung des Ruheständlers einen bestimmten Prozentsatz des letzten Einkommens oder das eines vergleichbaren Arbeitnehmers nicht überschreiten darf.[748] Die Maximierungsklauseln bewirken, dass das betriebliche Ruhegeld um den Betrag gekürzt wird, um den die Summe von Sozialversicherungsrente und Ruhegeld die Klausel übersteigt.[749] Bei einer Gesamtversorgung dürfen die Leistungen der betrieblichen Altersversorgung wegen der Anpassung der Sozialversicherungsrente auch dann nicht den bei der Pensionierung festgesetzten Betrag unterschreiten, wenn die Gesamtversorgung selbst dynamisiert ist.[750] Maximierungsklauseln können mit der offenen oder verdeckten Anrechnung der Sozialversicherungsrente kombiniert werden. Zur Berechnung bei vorzeitigem Ausscheiden und vorgezogener Inanspruchnahme von Betriebsrenten s. RN 155. 303

13. Anrechnungsverbot.[751] **a)** Nach dem BetrAVG bleibt die Vereinbarung aller **Anrechnungsmethoden** (RN 299ff.) weiterhin zulässig. Das BetrAVG hat wegen der Vielgestaltigkeit der Formen nur einzelne Anrechnungsarten verhindert. Die Regelung geht der Kontrolle nach §§ 307ff. BGB als Spezialregelung vor. Nach **§ 5 II 1 BetrAVG** dürfen Leistungen der betrieblichen Altersversorgung durch Anrechnung oder Berücksichtigung anderer Versorgungsbezüge nicht gekürzt werden, soweit sie auf eigenen Beiträgen des Versorgungsempfängers beruhen. Der Zweck des Anrechnungsverbotes geht dahin, den Arbeitgeber nicht durch die Eigenvorsorge des Arbeitnehmers zu entlasten. Insoweit wurde die Rspr. des BAG übernommen.[752] Von dem gesetzlichen Anrechnungsverbot bestehen gem. § 5 II 2 BetrAVG zwei Ausnahmen. Es gilt nicht für Renten aus der gesetzlichen Rentenversicherung, soweit diese auf Pflichtbeiträgen beruhen und nicht für sonstige Versorgungsbezüge, die mindestens zur Hälfte auf Beiträgen oder Zuwendungen des Arbeitgebers beruhen. Häufig verweisen Versorgungsregelungen insoweit auf das Beamtenversorgungsrecht, so dass **§ 55 BeamtVG** anzuwenden ist. Diese Bestimmung bezweckt neben einer Vermeidung von Doppelzahlungen aus öffentlichen Kassen auch die Vermeidung einer Doppelversorgung von Systemwechslern aus einem Angestelltenverhältnis in ein Beamtenverhältnis.[753] Sie sieht eine Anrechnung vor, wenn der Dienstherr brutto (ohne Berücksichtigung etwaiger steuerlicher Auswirkungen)[754] mindestens die Hälfte der Beiträge oder Zuschüsse in dieser Höhe geleistet hat. Entscheidend ist dabei allein, ob der Arbeitgeber mindestens die Hälfte der Beiträge Hierunter fallen auch Leistungen, die nicht auf Grund einer gesetzlichen oder vertraglichen Verpflichtung erbracht wurden, freiwillige Zuschüsse genügen.[755] 304

§ 5 II 1 BetrAVG enthält nur einzelne **Anrechnungsverbote.**[756] Das BAG geht daher von einer Regelungslücke des Gesetzes aus. Es leitet weitere Anrechnungsverbote aus dem Grundsatz der Gleichbehandlung ab. Eine Anrechnung anderweitiger Versorgungsleistungen ist dann unzulässig, wenn sich der Arbeitgeber aus sachfremden Gründen anderweitige Versorgungsleistungen zunutze macht. Sachlich gerechtfertigt ist im Allgemeinen die Anrechnung solcher Versorgungsleistungen, mit denen das gleiche Versorgungsziel wie bei den Arbeitgeberleistungen verfolgt wird. Dies gilt dann nicht, wenn sie der Arbeitnehmer durch Eigenleistungen erkauft hat. 305

b) Das Anrechnungsverbot betrifft nur in einer Versorgungszusage enthaltene Anrechnungsklauseln. Nicht vereinbarte Anrechnungen sind ohnehin unzulässig.[757] Ist die Anrechnung vorge- 306

---

[748] Bei den Maximierungsklauseln kommt es in besonderer Weise darauf an, den Begriff des Arbeitseinkommens zu definieren; zur Anrechnung, wenn der Pensionär schon früher eine Rente bezogen hat: BAG 27. 6. 1966 AP 114 zu § 242 Ruhegehalt.

[749] BAG 12. 11. 1991 AP 26 zu § 2 BetrAVG = NZA 92, 466.

[750] BAG 13. 7. 1978 AP 2 zu § 5 BetrAVG = NJW 79, 831.

[751] Schrifttum s. vor RN 248.

[752] S. z. B. BAG 26. 10. 1973 AP 161 zu § 242 Ruhegehalt = DB 72, 294 m. w. N.

[753] BAG 18. 9. 2007 NZA-RR 2008, 320.

[754] BVerwG 28. 11. 1990 NVwZ 91, 681; BAG 21. 11. 2006 AP 18 zu § 1 BetrAVG Beamtenversorgung = NZA 2007, 832 (LS).

[755] BAG 22. 2. 2000 AP 13 zu § 1 BetrAVG Beamtenversorgung = NZA 2001, 541; 21. 11. 2006 AP 18 zu § 1 BetrAVG Beamtenversorgung = NZA 2007, 832 (LS).

[756] BT-Drucks. 7/2843 S. 8.

[757] BAG 10. 8. 1982 AP 6 zu § 5 BetrAVG; 16. 8. 1988 AP 29 = NZA 89, 180; 5. 9. 1989 AP 32 zu § 5 BetrAVG = NZA 90, 269; 10. 8. 1993 AP 41 zu § 1 BetrAVG Zusatzversorgungskassen = NZA 94, 757.

sehen, so ist im Zweifel die Bruttorente anzurechnen; der Krankenversicherungsbeitrag bleibt mithin unberücksichtigt.[758]

307 Darüber hinaus gibt es **gesetzliche Bestimmungen,** die die Anrechnung bestimmter Leistungen kraft Gesetzes verbieten. Hierzu gehören § 83 BVersG, § 123 SGB IX,[759] § 2 II 2 SGB XII.[760]

308 **Versorgungsbezüge** im Sinne von § 5 II BetrAVG sind die Einkünfte des Versorgungsempfängers, die den in § 1 I BetrAVG genannten Versorgungszwecken dienen, die also zum Bestreiten seines Lebensunterhaltes während der Zeit dienen, während der Arbeitseinkünfte infolge von Alter oder Invalidität nicht oder nur verringert zur Verfügung stehen.[761] Hierzu gehören nicht Leistungen der Krankenversicherungsträger, weil sie einen Ersatz für das Arbeitseinkommen des Arbeitnehmers darstellen.[762] Auch eine Anrechnung von Einkünften aus selbständiger oder unselbständiger Tätigkeit des Versorgungsberechtigten fällt nicht unter das Verbot des § 5 II 1 BetrAVG,[763] ebenso wie eine Karenzentschädigung aus einem Wettbewerbsverbot.[764] Von einer **eigenen Beitragsleistung** des Arbeitnehmers ist dann auszugehen, wenn ihm die Aufwendungen wirtschaftlich zuzurechnen sind. Sind sie durch Dritte finanziert worden, so sind sie dem Arbeitnehmer nicht zuzuweisen. Andere Versorgungsbezüge, die auf eigenen Beiträgen des Versorgungsempfängers beruhen, sind Versorgungsleistungen von Berufsverbänden, Zusatzversorgungskassen, Versorgungskassen eines früheren Arbeitgebers, Lebensversicherungen, freiwillige Höher- oder Weiterversicherung. Anrechnungsfähig sind dagegen Versorgungsbezüge nach dem Beamtengesetz,[765] dem Regelungsgesetz,[766] die Abgeordnetenversorgung[767] oder anderweitige Versorgungsleistungen.[768] Wird in einer Versorgungsordnung die Anrechnung von Bezügen nachträglich eingeführt, so darf nicht in bereits erdiente Besitzstände (s. RN 141 ff.) eingegriffen werden.[769] Ist einem Arbeitnehmer (leitender Arzt) eine Gesamtversorgung unter Anrechnung anderweitiger Einkünfte zugesagt worden, so sind jedenfalls auf die Gesamtversorgung solche Versorgungsleistungen nicht anrechenbar, die er aus dem Liquidationsrecht im Krankenhaus erzielt hat.[770]

309 **c)** Kein Anrechnungsverbot besteht gem. § 5 II 2 BetrAVG für Renten aus der **gesetzlichen Rentenversicherung,** soweit sie auf Pflichtbeiträgen beruhen. Dies ergibt sich bereits aus § 5 II 1 BetrAVG. Renten der gesetzlichen Rentenversicherung sind solche der Arbeiter-, Angestellten- und Knappschaftsversicherung[771] wegen Berufs-, Erwerbsunfähigkeit/verminderter Erwerbsfähigkeit oder Alters sowie ausländische Renten.[772] Pflichtbeiträge sind alle Beiträge, die auf Grund gesetzlicher Verpflichtung geleistet werden; dies gilt auch dann, wenn der Arbeitnehmer die Möglichkeit hatte, sich von der gesetzlichen Pflichtversicherung befreien zu lassen, aber die Pflichtversicherung gewählt hat. Unerheblich ist, in welchem Arbeitsverhältnis die Beiträge geleistet sind, ob die Beiträge also auch in früheren Arbeitsverhältnissen mit anderen Arbeitgebern entrichtet wurden,[773] oder ob erst durch freiwillige Beiträge die Wartezeit für die Rente erfüllt wurde.[774] Besondere Berechnungsschwierigkeiten können sich ergeben, wenn die Rente aus der gesetzlichen Rentenversicherung teilweise auf freiwilligen Beiträgen beruht. Dann sind die entsprechenden Rententeile herauszurechnen.[775]

---

[758] BAG 10. 3. 1992 AP 39 zu § 5 BetrAVG = NZA 92, 935.
[759] Vgl. BAG 30. 10. 1974 AP 1 zu § 33 SchwBeschG 1961; 10. 5. 1978 AP 1 zu § 42 SchwbG.
[760] *Blomeyer* BetrAV 80, 144.
[761] *Blomeyer/Rolfs/Otto* § 5 RN 61; anders BAG 25. 10. 1983 AP 14 zu § 5 BetrAVG = NZA 84, 229: „alle Einnahmen des Arbeitnehmers, die Versorgungsfunktion haben und durch Leistungen der betrieblichen Altersversorgung ergänzt werden können"; ähnlich *Höfer* § 5 RN 3886.
[762] BAG 25. 10. 1983 AP 14 zu § 5 BetrAVG = NZA 84, 229.
[763] BAG 9. 7. 1991 AP 37 zu § 5 BetrAVG = NZA 1992, 65; 21. 10. 2003 ZTR 2004, 386.
[764] BAG 26. 2. 1985 AP 30 zu § 611 BGB Konkurrenzklausel = NZA 85, 809.
[765] BAG 27. 4. 1978 AP 1 zu § 5 BetrAVG; 10. 8. 1982 AP 6 zu § 5 BetrAVG.
[766] BAG 10. 8. 1982 AP 6 zu § 5 BetrAVG; 10. 8. 1982 AP 7 zu § 5 BetrAVG.
[767] BAG 23. 9. 2003 AP 46 zu § 5 BetrAVG = NZA 2004, 850.
[768] BAG 20. 11. 1990 AP 36 zu § 5 BetrAVG = NZA 91, 850.
[769] BAG 9. 5. 1989 AP 24 zu § 1 BetrAVG Unterstützungskassen.
[770] BAG 8. 3. 1988 AP 6 zu § 1 BetrAVG Beamtenversorgung = NZA 89, 104.
[771] Zu Leistungszuschlägen (Hauerzulage): BAG 8. 4. 1986 AP 22 zu § 5 BetrAVG.
[772] BAG 27. 11. 1984 AP 19 zu § 5 BetrAVG = NZA 85, 665 (LS); 24. 4. 1990 AP 41 zu § 5 BetrAVG = NZA 90, 936; anders BGH 9. 4. 1986 NJW-RR 86, 940.
[773] St. Rspr. des BAG, vgl. BAG 17. 5. 1988 AP 27 zu § 5 BetrAVG = NZA 88, 692 m. w. N.
[774] BAG 19. 2. 1976 AP 171 zu § 242 BGB Ruhegehalt; 24. 4. 1990 AP 41 zu § 5 BetrAVG = NZA 90, 936.
[775] Vgl. BAG 24. 4. 1990 AP 41 zu § 5 BetrAVG = NZA 90, 936.

Anrechenbar ist auch der Anteil der gesetzlichen Rentenversicherung, der auf Anerkennung von **Kindererziehungszeiten** beruht (§§ 56, 249 SGB VI).[776] 310

Hat sich die Rente auf Grund eines durchgeführten **Versorgungsausgleiches** (RN 217) vermindert, so wird im Allgemeinen von der Rente auszugehen sein, die ohne den Versorgungsausgleich erzielt worden wäre. Sieht ein Gesamtversorgungssystem die Berücksichtigung der gesetzlichen Rente vor, ist die vom Arbeitnehmer erdiente und nicht die in Folge des Versorgungsausgleichs geminderte oder erhöhte gesetzliche Rente anzurechnen.[777] Regelt eine Versorgungszusage, dass die betriebliche Rente sowie die gesetzliche Rente einen bestimmten Betrag nicht überschreiten dürfen, ist für die Berechnung der gesetzlichen Rente grundsätzlich nicht auf eine infolge eines Versorgungsausgleichs gezahlte geminderte Rente abzustellen, sondern auf die Rente, die der Arbeitnehmer ohne den Versorgungsausgleich bezogen hätte.[778] 311

Nicht angerechnet werden dürfen das Altersgeld für Landwirte,[779] der frühere Kinderzuschuss (§ 1262 RVO, § 39 AVG),[780] der Kindergeld-Ausgleichsbetrag und die auf eigenen Beiträgen beruhende Krankentagegeldversicherung.[781] Angerechnet werden können dagegen die in der Sozialversicherung enthaltenen Beitragsteile zur Krankenversicherung,[782] Verletzten- und Krankengelder.[783] 312

d) Angerechnet werden dürfen Versorgungsbezüge, soweit sie zur Hälfte auf **Beiträgen oder Zuschüssen des Arbeitgebers** beruhen. Hierzu gehören vor allem Renten aus befreienden Lebensversicherungen.[784] Ist die befreiende Lebensversicherung auf einen Kapitalbetrag abgeschlossen, so kann deren Umrechnung auf Rentenbeträge vereinbart werden. Es ist aber wohl auch wirksam, wenn in diesen Fällen die Anrechnung einer fiktiven Sozialversicherungsrente vereinbart wird. 313

e) Das BAG hat zunächst die Auffassung vertreten, dass **Unfallrenten** auf die betriebliche Altersversorgung nicht angerechnet werden dürfen. Eine Anrechnung verstoße gegen das Gleichbehandlungsgebot, weil der Unfallgeschädigte ein Sonderopfer erbracht habe.[785] In der Folgezeit hat es diese Rspr. zunächst bei Maximierungsklauseln und schließlich überhaupt[786] eingeschränkt. Danach darf die Unfallrente angerechnet werden, soweit sie dazu bestimmt ist, Verdienstminderungen zu ersetzen. Anrechnungsfrei bleibt sie dagegen, soweit sie immaterielle Schäden und sonstige Opfer ausgleicht. Enthält die Versorgungsordnung insoweit keine Aufteilung, ist ein Aufteilungsschlüssel im Wege ergänzender Auslegung zu gewinnen. In solchen Fällen ist anrechnungsfrei derjenige Teil der Verletztenrente, der der Grundrente eines Versorgungsberechtigten nach dem BVersG bei vergleichbarer Minderung der Erwerbsfähigkeit entspricht, wie sie der Grundrente eines Versehrten entspricht, der nach dem BVersG versorgt wird.[787] Dieser Betrag ist dem Arbeitnehmer aber dann nicht zu belassen, wenn der Arbeitgeber neben dem Ruhegehalt einen Unfallausgleich entsprechend § 35 BeamtVG gewährt, der in seiner Höhe dem anrechnungsfreien Betrag der Unfallrente entspricht.[788] Das BAG hat aber auch andere Aufteilungsschlüssel zugelassen, z. B. dass die Hälfte der Unfallrente anrechnungsfrei bleibt, sofern es hierdurch nicht zu unbilligen Ergebnissen kommt.[789] Dagegen sind Hinterbliebenenrenten aus der gesetzlichen Unfallversicherung in vollem Umfang anrechenbar.[790] Sieht die Versorgungszusage eine Versorgung wie für Landesbeamte vor, so schließt dies die Anrech- 314

---

776 BAG 5. 12. 1995 AP 40 zu § 5 BetrAVG.

777 BAG 20. 3. 2001 AP 3 zu § 1 BetrAVG Gesamtversorgung = NZA 2002, 273; *Höfer* § 5 RN 3920.

778 LAG Niedersachsen 25. 10. 2002 NZA-RR 2004, 41 = LAGE § 1 BetrAVG Nr. 23.

779 Vgl. BAG 5. 9. 1989 AP 32 zu § 5 BetrAVG = NZA 90, 269; *Höfer* § 5 RN 3936.

780 BAG 21. 8. 1980 AP 5 zu § 5 BetrAVG; differenzierend BAG 16. 8. 1988 AP 28 = NZA 89, 314.

781 BAG 25. 10. 1983 AP 14 zu § 5 BetrAVG = NZA 84, 229.

782 BAG 22. 9. 1969 AP 140 zu § 242 BGB Ruhegehalt.

783 BAG 19. 7. 1983 AP 9 zu § 5 BetrAVG.

784 Vgl. zum HambRGG: BAG 3. 7. 1990 AP 1 zu § 26 RuhegeldG Hamburg = NZA 91, 66.

785 BAG 17. 1. 1980 AP 3 zu § 5 BetrAVG = NJW 80, 1975; dazu BVerfG 15. 7. 1980 AP 4 zu § 5 BetrAVG.

786 BAG 24. 3. 1987 AP 24 zu § 5 BetrAVG = NZA 88, 57 m. w. N.

787 BAG 19. 7. 1983 AP 8 zu § 5 BetrAVG = NJW 84, 83; 19. 7. 1983 AP 9 zu § 5 BetrAVG; 8. 11. 1983 AP 12 zu § 5 BetrAVG; 24. 3. 1987 AP 24 zu § 5 BetrAVG = NZA 88, 57; 2. 2. 1988 AP 25 zu § 5 BetrAVG = NZA 88, 611; 23. 2. 1988 AP 26 = NZA 88, 609; 6. 6. 1989 AP 30 = NZA 90, 274; die gegen diese Rspr. gerichteten Verfassungsbeschwerden hat das BVerfG nicht zur Entscheidung angenommen: BVerfG 9. 2. 1990 – 1 BvR 1349/83 – sowie 1 BvR 1169/83.

788 BAG 19. 3. 2002 AP 45 zu § 5 BetrAVG = DB 2003, 246.

789 BAG 10. 4. 1984 AP 17 zu § 5 BetrAVG.

790 BAG 6. 8. 1985 AP 21 zu § 5 BetrAVG = NZA 86, 748.

nung einer gesetzlichen Unfallrente auf die Gesamtversorgung auch dann nicht aus, wenn die einschlägigen Beamtengesetze eine solche Anrechnung nicht vorsehen.[791]

315 **14. Ruhegeldauszehrung.** Hierzu kann es dann kommen, wenn die betriebliche Altersversorgung bei der offenen Anrechnung der Sozialversicherung oder auch den Maximierungsklauseln (RN 299 ff.) in Höhe eines Prozentsatzes des letzten Einkommens zugesagt ist und infolge der Dynamisierung der Sozialversicherungsrenten diese den Prozentsatz des letzten Einkommens erreichen.[792] Nach § 5 I BetrAVG dürfen die bei Eintritt des Versorgungsfalles festgesetzten Leistungen der betrieblichen Altersversorgung nicht mehr dadurch gemindert oder entzogen werden, dass Beträge, um die sich andere Versorgungsbezüge nach diesem Zeitpunkt durch Anpassung an die wirtschaftliche Entwicklung erhöhen, angerechnet oder bei Maximierungsklauseln berücksichtigt werden.[793] Ausgezehrt werden dürfen mithin nicht die betrieblichen Versorgungsleistungen, die aus Anlass des Versorgungsfalles festgesetzt werden. Schwierigkeiten erwachsen dann, wenn etwa bei Gewährung eines Ruhegeldes aus Anlass der Berufsunfähigkeit/teilweise verminderter Erwerbsfähigkeit diese später wegfällt oder ein 2. Versorgungsfall (Erwerbsunfähigkeit, Altersruhegeld) hinzutritt. Bei Wegfall der Berufsunfähigkeit/verminderter Erwerbsfähigkeit (z. B. durch Umschulungsmaßnahmen) wird i. d. R. auch die betriebliche Altersversorgung eingestellt, so dass für die Auszehrung auf den 2. Versorgungsfall abzustellen ist. Etwas anderes kann dann gelten, wenn die betriebliche Altersversorgung während der Berufsunfähigkeit/verminderten Erwerbsfähigkeit nicht mehr gesteigert wurde. In diesem Fall wird ebenso wie bei dem Eintritt eines zusätzlichen Versorgungsfalls auf jeden Versorgungsfall separat abgestellt werden müssen. Die betriebliche Altersversorgung darf nicht durch solche Steigerungen anderweitiger Versorgungsbezüge gemindert werden, die auf der wirtschaftlichen Entwicklung beruhen, dagegen sind Steigerungen auf Grund von Änderungen des anderweitigen Versorgungssystems anrechnungsfähig. Unzulässig ist mithin die Berücksichtigung von Rentenanpassungen. Dies gilt auch dann, wenn durch die betriebliche Altersversorgung und Sozialversicherungsrente das frühere Nettoeinkommen überschritten wird. Das Auszehrungsverbot ist tarifdispositiv.[794]

316 **15. Herabsetzung.** Der Arbeitgeber ist nicht zur Herabsetzung des Ruhegeldes berechtigt, weil er die Gesamtversorgung für übersetzt hält. Er kann mithin nicht einseitig Anrechnungs- oder Maximierungsklauseln einführen. Auf Grund und im Rahmen gerichtlicher Billigkeitskontrolle kann eine Herabsetzung von übersetzten Ruhegeldern nicht erfolgen. Die Billigkeitskontrolle hat ihren Rechtsgrund in der Möglichkeit einseitiger Leistungsbestimmung durch den Arbeitgeber. Dann darf sie aber nicht zum Nachteil des Arbeitnehmers eingesetzt werden.[795] Im Wege der Vereinbarung kann eine Überversorgung abgebaut werden.[796]

VIII. Pflichten des Arbeitnehmers aus dem Ruhestandsverhältnis

317 **1. Hauptpflichten.** Nach Beendigung des Arbeitsverhältnisses hat der Ruheständler keine Hauptpflichten mehr; das Ruhegeld hat er bereits während des Bestandes des Arbeitsverhältnisses verdient.

318 **2. Nebenpflichten.** Sie obliegen dem Ruheständler dagegen ebenso wie dem aktiven Arbeitnehmer. Insbesondere hat er Anzeige- und Auskunftspflichten wegen der Höhe seiner Sozialversicherungsrente; vor allem muss er die Sozialversicherungsrente bei offener Anrechnung beantragen (RN 300), wenn ihm der Arbeitgeber, z. B. bei Dienstunfähigkeit, vorab Ruhegeld bewilligt hat.[797]

319 Bezieht der Ruheständler eine Unfallrente, muss er einen etwaigen Schadensersatzanspruch gegen einen Dritten, der den Eintritt des Versorgungsfalles verursacht hat, nach den Grundsätzen der Drittschadensliquidation an den Arbeitgeber abtreten, und zwar bis zur Höhe der ausgelösten Versorgungsleistungen.[798]

---

[791] BAG 19. 3. 2002 AP 45 zu § 5 BetrAVG = DB 2003, 246.

[792] Vgl. BAG 5. 10. 1999 AP 51 zu § 1 BetrAVG Zusatzversorgungskassen = NZA 2000, 839.

[793] BAG 13. 7. 1978 AP 2 zu § 5 BetrAVG = NJW 79, 831; vgl. zur Auszehrung: BAG 6. 6. 1968 AP 131 zu § 242 Ruhegehalt; 19. 7. 1968 AP 129 zu § 242 BGB Ruhegehalt; 18. 12. 1975 AP 170 zu § 242 Ruhegehalt; 1. 7. 1976 AP 174 zu § 242 BGB Ruhegehalt.

[794] BAG 5. 10. 1999 AP 51 zu § 1 BetrAVG Zusatzversorgungskassen = NZA 2000, 839.

[795] BAG 10. 5. 1971 AP 152 zu § 242 BGB Ruhegehalt.

[796] BAG 9. 11. 1999 AP 8 zu § 1 BetrAVG Überversorgung = NZA 2001, 98.

[797] BAG 13. 8. 1970 AP 146 zu § 242 BGB Ruhegehalt.

[798] *Höfer* ART RN 962; anders: LAG Hamm 31. 5. 1977 DB 78, 213.

Verletzt der Ruheständler seine Auskunfts- und Informationspflicht, und kommt es dadurch zu einer Überzahlung, so wird er schadensersatzpflichtig. Gegenüber dem Schadensersatzanspruch kann er sich nicht auf die Einrede der Entreicherung (§ 818 III BGB) berufen.[799] 320

3. Wettbewerbsverbot.[800] Grundsätzlich unterliegt der Arbeitnehmer nach Beendigung des Arbeitsverhältnisses keinen Wettbewerbsbeschränkungen. Eine Unterlassung des Wettbewerbs kann der Arbeitgeber vom Ruheständler oder Anwartschaftsberechtigten nur verlangen, wenn er mit ihm ein Wettbewerbsverbot vereinbart hat.[801] Die Anrechnung der Betriebsrente auf eine Karenzentschädigung ist nur dann möglich, wenn dies vereinbart ist.[802] Problematisch ist, inwieweit für Betriebsrentner die Schutzvorschriften der § 110 GewO, §§ 74 ff. HGB nach Beendigung des Arbeitsverhältnisses (s. § 58) einzuhalten sind.[803] Zwar ist nicht zu verkennen, dass sich auch der Ruheständler in einem gewissen Abhängigkeitsverhältnis befindet. Der Grad der Abhängigkeit ist aber nicht so groß wie bei einem aktiven Arbeitnehmer, so dass eine analoge Anwendung von § 110 GewO, §§ 74 ff. HGB nicht geboten ist. Eine andere Frage ist, ob der Arbeitgeber im Falle einer Wettbewerbstätigkeit während des Ruhestandsverhältnisses das zugesagte Ruhegeld widerrufen kann (RN 334). 321

IX. Ruhegeldforderung

1. Pfändung. Ruhegelder genießen denselben Pfändungsschutz wie sonstiges Arbeitseinkommen (§ 850 II ZPO). Durch das am 31. 3. 2007 in Kraft getretene Gesetz zum Pfändungsschutz der Altersvorsorge (BGBl. I S. 683) hat der Gesetzgeber in den neu eingefügten §§ 851 c und 851 d ZPO auch für die private Altersvorsorge Selbständiger einen Pfändungsschutz geregelt.[804] Sozialversicherungsrenten sind nur in Ausnahmefällen pfändbar (§§ 54 ff. SGB I). Leistungen nach dem SGB (Sozialversicherungsrenten) und betriebliches Ruhegeld sind unter den Voraussetzungen von § 850 e Nr. 2 a ZPO zusammenzurechnen (§ 92 RN 56). Erhält der Arbeitnehmer im Rahmen einer Gesamtversorgung zu den Leistungen einer rechtlich selbständigen Pensionskasse einen Zuschuss des Arbeitgebers, sind beide Leistungen ohne Zusammenrechnungsbeschluss des Vollstreckungsgerichts zusammenzurechnen.[805] 322

2. Abtretung, Verpfändung, Aufrechnung. Soweit Ruhegeld unpfändbar ist, kann es nicht abgetreten oder verpfändet werden (§§ 400, 1274 II BGB). Insoweit ist auch eine Aufrechnung durch den Arbeitgeber unzulässig (§ 394 Satz 1 BGB), es sei denn, dass dieser mit einer Schadensersatzforderung wegen vorsätzlicher Nachteilszufügung aufrechnet (§ 87 RN 12). Es ist anhand der Umstände des Einzelfalles zu entscheiden, ob und inwieweit der den gesetzlichen Aufrechnungsgrenzen zu entnehmende Sozialschutz gegenüber den schützenswerten Interessen des Geschädigten zurücktreten muss. Hierbei sind die Interessen des Versorgungsberechtigten und seiner Angehörigen sowie die Interessen der Allgemeinheit auf der einen und das Ausgleichsinteresse des geschädigten Arbeitgebers auf der anderen Seite miteinander abzuwägen. Die individuellen Interessen des Schädigers müssen jedenfalls zurücktreten, wenn der vorsätzlich verursachte Schaden so hoch ist, dass er ihn unter normalen Verhältnissen nicht ausgleichen kann (Wechselreiterei eines Bankdirektors). Im Interesse der Allgemeinheit ist im Allgemeinen die Grenze aus § 850 d ZPO zu entnehmen.[806] Die Aufrechnung gegen noch nicht fällige Ruhegelder ist beschränkt auf die bereits fälligen sowie die in den nächsten sechs Monaten fällig werdenden Ansprüche, weil der Ruhegeldberechtigte Vorauszahlungen regelmäßig nur bis zu einem halben Jahr anzunehmen hat.[807] Von der Aufrechnung ist die Verrechnung von Vorschüssen (§ 70 RN 12) zu unterscheiden. 323

3. Überzahlung. Hat der Arbeitgeber das Ruhegeld überzahlt, ist der Arbeitnehmer nach § 812 BGB zur Rückzahlung verpflichtet. 324

4. Insolvenz. Zur Sicherung bei Insolvenz des Arbeitgebers vgl. § 84 RN 104 ff. 325

---

[799] BAG 27. 3. 1990 AP 1 zu § 1 BetrAVG Überzahlung = NZA 90, 776.

[800] Hierzu: *Bauer/Diller* BB 97, 990; *Gaul* BB 80, 57; *ders.* BB 84, 346; *Götz* FS Schiedermair, 1976, S. 203 ff.; *Schaub* BB 72, 223.

[801] Vgl. BAG 7. 5. 1966 AP 109 zu § 242 BGB Ruhegehalt = NJW 66, 1985; 26. 2. 1976 AP 172 zu § 242 BGB Ruhegehalt.

[802] BAG 26. 2. 1985 AP 30 zu § 611 BGB Konkurrenzklausel = NZA 85, 809.

[803] Ausf. *Bauer/Diller* BB 97, 990 ff.

[804] S. hierzu *Stöber* NJW 2007, 1242.

[805] BAG 14. 8. 1990 AP 10 zu § 1 BetrAVG Invaliditätsrente = NZA 90, 147.

[806] BAG 18. 3. 1997 AP 30 zu § 394 HGB = NZA 97, 1108.

[807] BGH 28. 10. 1971 AP 1 zu § 387 BGB = NJW 72, 154; BAG 16. 12. 1986 AP 1 zu § 8 BetrAVG; BGH 15. 3. 2006 NJW-RR 2006, 1185 = DB 2006, 1206.

326 **5. Fälligkeit, Verjährung, Verwirkung, Verfallfristen.** Betriebsrenten werden nach Zeitabschnitten geleistet. Sie werden daher nach dem Rechtsgedanken des § 614 BGB – wie Entgeltansprüche – im Zweifel erst nach Ablauf der einzelnen Zeitabschnitte **fällig.**[808] Erst ab diesem Zeitpunkt tritt Verzug ein und beginnt der Lauf der Verjährungsfrist. Die einzelnen Ruhegeldforderungen der Arbeitnehmer **verjähren** in drei Jahren (§ 195 BGB i. V. m. § 18a Satz 2 BetrAVG).[809] Für das Ruhegeldstammrecht gilt eine Verjährungsfrist von 30 Jahren (§ 18a Satz 1 BetrAVG). Das gilt auch für einen Anspruch auf Einhaltung eines bestimmten Durchführungsweges.[810] Zum Ruhegeld gehören auch Ansprüche aus der AO 54 (RN 26).[811] Der auf die Ruhegeldrate entfallende Anpassungsbetrag verjährt auch dann in drei Jahren, wenn der Arbeitgeber die Anpassungsentscheidung nicht mitgeteilt hat.[812] Eine **Verwirkung** des Stammrechts kommt nur in Ausnahmefällen in Betracht, wenn der Ruheständler den Eindruck erweckt hat, er werde seine Rechte endgültig nicht mehr geltend machen.[813] Die Auslegung wird im Allgemeinen ergeben, dass **Verfallfristen** das Ruhegeldstammrecht nicht erfassen.[814] Auch die einzelne Rate wird nur ausnahmsweise dann erfasst werden, wenn das im Tarifvertrag deutlich zum Ausdruck gebracht wird. Die Fälligkeit tritt nämlich erst nach Beendigung des Arbeitsverhältnisses ein, während die Verfallfristen auf Ansprüche aus dem Arbeitsverhältnis zugeschnitten sind.[815] Der Zweck der Verfallfristen, Ansprüche aus dem Arbeitsverhältnis schnell zu bereinigen, trifft weder auf das Stammrecht noch auf die einzelnen Raten zu. Daher erfassen Ausschlussfristen auch nicht einen Anspruch auf Einhaltung eines bestimmten Durchführungsweges.[816]

327 **6. Aufhebungsvertrag, Vergleich.** Ob der Arbeitnehmer Ruhegeldverbindlichkeiten des Arbeitgebers vertraglich aufheben kann, ist umstr. Rechtsbedenken gegen den Erlass oder den Vergleich über bereits erwachsene Ruhegeldforderungen werden nicht zu erheben sein. Nach § 17 III BetrAVG sind die Schutznormen des BetrAVG zum Nachteil des Arbeitnehmers unabdingbar. Hieraus sind Einwendungen gegen einen Erlassvertrag nicht abzuleiten. Nach § 3 BetrAVG ist die Abfindung von Ruhegeldanwartschaften nur in Ausnahmefällen möglich (vgl. RN 128, 170 ff.). Hieraus folgt, dass auch ein Erlass oder ein Vergleich über die Versorgungsanwartschaft im Zusammenhang mit der Beendigung des Arbeitsverhältnisses unwirksam ist. Vereinbarungen zwischen Arbeitgeber und Arbeitnehmer über die Verrechnung künftiger Rentenansprüche mit Ansprüchen auf eine Abfindung nach §§ 9, 10 KSchG sind nichtig (§ 3 BetrAVG, § 134 BGB).[817] Dagegen kann während des fortbestehenden Arbeitsverhältnisses auch eine Versorgungsanwartschaft erlassen werden (s. RN 175). Wirksam sind dagegen sog. **Tatsachenvergleiche,** bei denen sich die Vertragspartner über die Voraussetzungen eines Ruhegeldanspruches einigen.[818] Dagegen hat der BGH entschieden, dass unverfallbare Versorgungsansprüche eines Sparkassendirektors nicht durch eine Vertragsklausel entzogen werden können, wonach er alle Versorgungsansprüche verliert, wenn er seine Wiederbestellung ablehnt.[819] Ein Vergleich, der die Abfindung einer Versorgungsanwartschaft durch einen Kapitalbetrag vorsieht,

---

[808] BAG 31. 7. 2007 NZA 2008, 320 (LS) = DB 2008, 1505.

[809] Nach früherem Recht galt die 2-jährige Verjährungsfrist des § 196 I Nr. 8 BGB a. F., s. BAG 29. 7. 1966 AP 115 zu § 242 BGB Ruhegehalt; 25. 1. 2000 NZA 2001, 504 = DB 2000, 1234; für Organmitglieder juristischer Personen galt gem. § 197 BGB a. F. eine Verjährungsfrist von 4 Jahren, vgl. auch BGH 7. 12. 1961 BGHZ 36, 142 = NJW 62, 340; 14. 5. 1964 NJW 64, 1620 = BetrAV 64, 132.

[810] BAG 12. 6. 2007 AP 47 zu § 1 BetrAVG = NZA-RR 2008, 537.

[811] BAG 25. 1. 2000 NZA 2001, 504 = DB 2000, 1234.

[812] LAG Hamm 19. 3. 1991 NZA 91, 938 = DB 91, 1121.

[813] Vgl. BAG 5. 11. 1965 AP 103 zu § 242 BGB Ruhegehalt; 10. 12. 1965 AP 105 zu § 242 BGB Ruhegehalt.

[814] BAG 12. 1. 1974 AP 5 zu § 242 BGB Ruhegehalt-VBL; 24. 5. 1974 AP 6 zu § 242 BGB Ruhegehalt-VBL; 15. 5. 1975 AP 7 zu § 242 BGB Ruhegehalt-VBL; 13. 7. 1978 AP 4 zu § 1 BetrAVG Wartezeit; 29. 11. 1979 AP 3 zu § 242 BGB Ruhegehalt-Zusatzversorgung; 13. 7. 1982 AP 1 zu § 1 BetrAVG Invaliditätsrente = NJW 83, 359; 19. 7. 1983 AP 1 zu § 1 BetrAVG Zusatzversorgungskassen = NJW 84, 751; 18. 12. 1984 AP 3 zu § 1 BetrAVG Zusatzversorgungskassen; 27. 2. 1990 AP 107 zu § 4 TVG Ausschlussfristen = NZA 90, 627.

[815] BAG 29. 3. 1983 AP 11 zu § 70 BAT; 19. 4. 1983 AP 6 zu § 6 BetrAVG; 27. 2. 1990 AP 107 zu § 4 TVG Ausschlussfristen = NZA 90, 627; LAG Hamm 15. 6. 1999 NZA-RR 99, 600 = DB 99, 1806; anders noch BAG 19. 7. 1983 AP 1 zu § 1 BetrAVG Zusatzversorgungskassen = NJW 84, 751; noch weitergehend *Höfer* ART RN 991, der Ausschlussfristen gem. § 17 III 3 BetrAVG generell für unzulässig hält.

[816] BAG 12. 6. 2007 AP 47 zu § 1 BetrAVG = NZA-RR 2008, 537.

[817] BAG 24. 3. 1998 AP 8 zu § 3 BetrAVG = NZA 98, 1280.

[818] BAG 18. 12. 1984 AP 8 zu § 17 BetrAVG = NZA 86, 95; 23. 8. 1994 AP 3 zu § 3 BetrAVG = NZA 95, 421.

[819] BGH 29. 5. 2000 NZA 2001, 266 = BetrAV 2000, 488.

kann gegen die guten Sitten verstoßen und damit unwirksam sein, wenn ein grobes Missverhältnis des beiderseitigen Nachgebens besteht.[820] Ruhegeldanwartschaften und Ruhegelder werden von **Ausgleichsquittungen** nicht erfasst, es sei denn, dass sie ausdrücklich in Bezug genommen werden.[821] Die Auslegungsregel, wonach allgemeine Ausgleichsklauseln im Zweifel Ansprüche auf betriebliche Altersversorgung nicht mit umfassen, ist auch dann anzuwenden, wenn der Verzicht auf einen als Schadensersatz geschuldeten Versorgungsverschaffungsvertrag in Rede steht.[822]

7. Sozialversicherungsrechtliche und steuerrechtliche Behandlung von Abfindungen. a) Die Spitzenverbände der Kranken- und Rentenversicherungsträger vertreten die Auffassung, dass die beitragsrechtliche Beurteilung von Abfindungen von der **Anspruchsgrundlage** abhängt. Kapitalleistungen (allgemeine Abfindungen für bereits erworbene Ansprüche von Betriebsrenten) stellen keine beitragspflichtigen Versorgungsbezüge dar. Anders ist es dagegen bei laufenden Rentenzahlungen (vgl. § 229 SGB V).[823] **328**

b) Nach § 24 Nr. 1 a EStG gehören zu den **Einkünften** des § 2 I EStG auch Entschädigungen, die als Ersatz entgangener oder entgehender Einnahmen gewährt werden. Zahlungen, die nicht an die Stelle weggefallener Einkommen treten, sondern arbeitsrechtlich Erfüllungsleistungen sind, gehören nicht zu den Entschädigungen. Demgemäß muss an die Stelle der bisherigen Entgelteinnahmen tretende Ersatzleistung auf einer neuen Rechtsgrundlage beruhen.[824] **329**

X. Beendigung des Ruhestandsverhältnisses

1. Allgemeines. Zu unterscheiden sind die Fälle, in denen ein Rechtsanspruch auf Ruhegeld besteht (RN 331 ff.) und in denen dieser ausgeschlossen ist (RN 346 ff.). In § 1 V RegEntw. zum BetrAVG[825] war vorgesehen, dass die Berechtigung zum Entzug oder zur Minderung von Versorgungsanwartschaften und Ansprüchen durch die Beendigung des Arbeitsverhältnisses unberührt bleibt. Diese Vorschrift ist auf Vorschlag des Ausschusses für Arbeit und Sozialordnung gestrichen worden, da es ihrer nicht bedarf, wenn der Arbeitgeber aus allgemeinen Rechtsgrundsätzen die Versorgung kürzt oder einstellt.[826] Das BAG hat daraus abgeleitet, dass insoweit eine weitere richterliche Rechtsfortbildung möglich ist.[827] **330**

2. Einzelvertrag, Gesamtzusage. Mit dem Eintritt in den Ruhestand hat der Arbeitnehmer seine Hauptpflichten aus dem Arbeitsverhältnis erfüllt. Da die Ruhegeldzusage der Alterssicherung des Versorgungsberechtigten dient, ergibt sich im Wege der Auslegung, dass das Ruhestandsverhältnis auf die Lebenszeit des Arbeitnehmers bzw. der sonstigen Versorgungsberechtigten befristet ist. Hieraus folgt wiederum, dass eine **ordentliche Kündigung** des Ruhestandsverhältnisses ausgeschlossen ist.[828] In Ausnahmefällen ist aber ein Widerruf der Versorgungszusage möglich (vgl. RN 333). **331**

3. Kollektivvertragliche Rechtsgrundlage. Beruht die Versorgungsverpflichtung auf einer kollektivrechtlichen Rechtsgrundlage, so ist wegen der zwingenden Wirkung von Tarifverträgen und Betriebsvereinbarungen (§§ 204, 231) während des Bestandes des Arbeitsverhältnisses eine einzelvertragliche Aufhebung der Versorgungszusage nicht möglich. Dies gilt aber auch noch nach Beendigung des Arbeitsverhältnisses. Allerdings ist umstr., wie dies zu begründen ist. Für Tarifverträge wird eine offene Rechtsfortbildung bejaht.[829] Für Ruheständler ist die Regelungszuständigkeit der Betriebspartner verneint worden.[830] Zudem wird durch kollektivrechtliche Regelungen ein Ruhegeldanspruch schon deswegen nicht aufgehoben werden können, weil hierdurch in Besitzstände eingegriffen würde. Von vorstehenden Fragen ist zu unterscheiden, wie weit die Partner von Kollektivregelungen Ruhegeld und Versorgungsanwartschaften abändern können (vgl. RN 126 ff.). **332**

---

[820] BAG 30. 7. 1985 AP 39 zu § 138 BGB = NZA 86, 519.

[821] BAG 9. 11. 1973 AP 163 zu § 242 BGB Ruhegehalt; 27. 2. 1990 AP 13 zu § 1 BetrAVG Vordienstzeiten = NZA 90, 689; LAG Hamm 24. 11. 1998 DB 99, 491 = LAGE § 1 BetrAVG Nr. 19.

[822] BAG 17. 10. 2000 AP 56 zu § 1 BetrAVG Zusatzversorgungskassen = NZA 2001, 203.

[823] Vgl. hierzu BAG 12. 12. 2006 AP 1 zu § 256 SGB V = NZA 2007, 1105.

[824] BFH 25. 8. 1993 BFHE 172, 338 = NJW 94, 1752 m. w. Nachw.

[825] BT-Drucks. VII/1281.

[826] BT-Drucks. VII/2843 S. 7.

[827] BAG 18. 10. 1979 AP 1 zu § 1 BetrAVG Treuebruch = NJW 80, 1127.

[828] BGH 2. 11. 1967 DB 68, 271 = BB 68, 129; 13. 12. 1999 NJW 2000, 1197 = DB 2000, 1328.

[829] Vgl. *Wiedemann,* TVG, 6. Aufl., § 1 RN 307.

[830] BAG 16. 3. 1956 AP 1 zu § 57 BetrVG; 25. 10. 1988 AP 1 zu § 1 BetrAVG Betriebsvereinbarung = NZA 89, 522.

333 **4. Widerrufserklärung.** Der Widerruf ist eine einseitige empfangsbedürftige Willenserklärung.[831] Zum Zugang des Widerrufs bei einer Gesamtzusage s. RN 35. Eine Widerrufsfrist gilt nicht. Das Widerrufsrecht unterliegt lediglich der Verwirkung. Ein Hinauszögern des Widerrufs nach Bekanntwerden des Gründe kann aber bei der Abwägung zu berücksichtigen sein und dafür sprechen, dass der Versprechende die Verfehlungen als nicht so schwerwiegend angesehen hat.[832] Der Betriebsrat hat bei der Ausübung eines kollektiven Widerrufs ein Mitbestimmungsrecht, wenn der Dotierungsrahmen verändert wird (RN 359 ff.). Dagegen besteht kein Mitbestimmungsrecht bei Widerruf wegen grober Treuwidrigkeit. In diesen Fällen regelt das BetrVG auch keine Anhörungspflicht.

334 **5. Widerruf wegen Konkurrenztätigkeit oder sonstiger Treuepflichtverletzungen.**[833] **a)** Vor Inkrafttreten des BetrAVG hat das BAG einen **Widerruf der Versorgungsanwartschaft oder der Versorgung** zugelassen, wenn der Versorgungsberechtigte in grober Weise (wichtiger Grund) gegen seine Verpflichtungen verstoßen hatte und die Beanspruchung von Versorgung gegen Treu und Glauben verstieß.[834] Der BGH hatte schon zu dieser Zeit einen höheren Bewertungsmaßstab bei Pflichtverletzungen der Dienstnehmer.[835] Nach Inkrafttreten des BetrAVG hat das BAG seine Rspr. nicht mehr aufrechterhalten. In Anlehnung an die Rspr. des BGH hat auch das BAG ausgesprochen, dass der Arbeitgeber Versorgungsansprüche nur noch dann widerrufen kann, wenn die Verfehlungen so schwer wiegen, dass die Berufung auf die Versorgungszusage arglistig erscheint.[836] Das gilt auch für Verstöße des Betriebsrentners gegen ein bestehendes Wettbewerbsverbot (s. RN 321). Der Widerruf einer Versorgungszusage darf nicht zu dem einfachsten und schnellsten Mittel gemacht werden, einen etwaigen Schadensersatzanspruch des Arbeitgebers zu befriedigen.[837] Weitergehende vertragliche Vorbehalte sind unwirksam.[838] In älteren Entscheidungen hat das BAG den Einwand der Arglist für durchgreifend gehalten, wenn eine fristlose Kündigung möglich gewesen ist, bevor die Versorgungsanwartschaft unverfallbar wurde und der Arbeitgeber diese Möglichkeit nur deshalb nicht rechtzeitig genutzt hat, weil der Arbeitnehmer seine Verfehlungen verheimlichen konnte.[839] Später hat es einen Widerruf insbes. dann für möglich gehalten, wenn der Arbeitnehmer über lange Zeit seine Pflichten aus dem Arbeitsverhältnis verletzt hat und sich seine erbrachte **Betriebstreue rückschauend betrachtet** als **wertlos** (oder zumindest erheblich entwertet[840]) erweist, zum Beispiel weil der Arbeitnehmer seine Stellung jahrelang dazu missbraucht hat, dem Arbeitgeber Schaden zuzufügen. Dabei ist weder die Schädigung als solche noch die Schadenshöhe für sich genommen entscheidend; es ist vielmehr eine Gesamtwürdigung aller Vorgänge erforderlich, die zu dem Schaden geführt haben.[841] Ein wichtiger Grund im Sinne von § 626 BGB, der dem Arbeitgeber das Recht zur außerordentlichen Kündigung geben würde, reicht nicht dabei noch nicht ohne weiteres aus, den Widerruf zu rechtfertigen.[842] Der BGH hat sich weitgehend an die Formulierungen des BAG angeschlossen.[843]

---

[831] *Blomeyer/Rolfs/Otto* Anh. § 1 RN 489; anders BAG 25. 1. 2000 – 3 AZR 871/98 – n. v.; wonach die Regeln über empfangsbedürftige Willenserklärungen entsprechend anzuwenden seien.

[832] BGH 13. 12. 1999 NJW 2000, 1197 = DB 2000, 1328.

[833] Hierzu *Blomeyer* ZIP 91, 1113; *Rose* DB 93, 1286 (für leitende Angestellte und Organmitglieder); zur Verfassungsgemäßheit vgl. BVerfG 28. 6. 2000 = NZA 2000, 999.

[834] BAG 7. 5. 1966 AP 109 zu § 242 BGB Ruhegehalt; 10. 2. 1968 AP 2 zu § 119 BGB; 3. 4. 1970 AP 141 zu § 242 BGB Ruhegehalt.

[835] BGH 7. 1. 1971 AP 151 zu § 242 BGB Ruhegehalt = BGHZ 55, 274 = NJW 71, 1127.

[836] BAG 18. 10. 1979 AP 1 zu § 1 BetrAVG Treuebruch = NJW 80, 1127; 19. 6. 1980 AP 2 zu § 1 BetrAVG Treuebruch = NJW 81, 188; 11. 5. 1982 AP 4 zu § 1 BetrAVG Treuebruch; 8. 2. 1983 AP 5 zu § 1 BetrAVG Treuebruch; 8. 2. 1983 AP 7 zu § 1 BetrAVG Treuebruch = NJW 84, 141.

[837] BAG 19. 6. 1980 AP 2 zu § 1 BetrAVG Treuebruch = NJW 81, 188; 8. 2. 1983 AP 7 zu § 1 BetrAVG Treuebruch = NJW 84, 141; 8. 5. 1990 AP 10 zu § 1 BetrAVG Treuebruch = NZA 90, 807.

[838] BAG 8. 2. 1983 AP 7 zu § 1 BetrAVG Treuebruch = NJW 84, 141; 8. 5. 1990 AP 10 zu § 1 BetrAVG Treuebruch = NZA 90, 807.

[839] BAG 18. 10. 1979 AP 1 zu § 1 BetrAVG Treuebruch = NJW 80, 1127; 19. 6. 1980 AP 2 zu § 1 BetrAVG Treuebruch = NJW 81, 188; 8. 2. 1983 AP 5 zu § 1 BetrAVG Treuebruch.

[840] So BGH 13. 12. 1999 NJW 2000, 1197 = DB 2000, 1328; 11. 3. 2002 DB 2002, 1207.

[841] BAG 11. 5. 1982 AP 4 zu § 1 BetrAVG Treuebruch; 8. 5. 1990 AP 10 zu § 1 BetrAVG Treuebruch = NZA 90, 807.

[842] BAG 8. 2. 1983 AP 7 zu § 1 BetrAVG Treuebruch = NJW 84, 141.

[843] BGH 22. 6. 1981 AP 3 zu § 1 BetrAVG Treuebruch = NJW 81, 2407; 25. 11. 1996 AP 12 zu § 1 BetrAVG Treuebruch = NZA-RR 97, 147; 13. 12. 1999 NJW 2000, 1197 = DB 2000, 1328; 17. 12. 2001 NZA 2002, 511; 11. 3. 2002 DB 2002, 1207; noch einschränkender: OLG München 25. 1. 2005 DB 2005, 2198.

b) Auf **Unterlassung von Wettbewerb** kann der Arbeitgeber den Ruheständler oder Versorgungsanwartschaftsberechtigten nur dann in Anspruch nehmen, wenn er mit ihm ein Wettbewerbsverbot vereinbart hat (RN 321). 335

c) Wegen einer **Konkurrenztätigkeit** des **Anwartschaftsberechtigten** kann der Arbeitgeber die Anwartschaft oder den Anspruch nicht widerrufen.[844] Ansonsten würde das Mitnahmerecht bei unverfallbaren Versorgungsanwartschaften eingeschränkt. Bei der Konkurrenztätigkeit eines **Betriebsrentners** ist ein Widerruf der Versorgungszusage dagegen möglich, sofern die Voraussetzungen eines Rechtsmissbrauchs vorliegen.[845] Es macht einen Unterschied, ob ein Versorgungsanwartschaftsberechtigter Konkurrenz treibt oder ein Versorgungsberechtigter bereits Versorgungsbezüge erhält, aber gleichwohl seinem Arbeitgeber Konkurrenz macht. Das BAG stellt auf die Umstände des Einzelfalles ab. Berechtigt ist ein Widerruf bei ruinösem Wettbewerb, wenn die Versorgungsleistungen hoch sind, unberechtigt dagegen, wenn der Arbeitnehmer nur gemaßregelt werden soll oder die Versorgungsleistungen minimal sind, also weit unter einer Karenzentschädigung liegen.[846] Zur Aufrechnung mit Schadensersatzforderungen s. RN 323. 336

d) Das BAG hat zunächst angenommen, dass ein Widerruf, der die o. g. Voraussetzungen noch nicht erfülle, gleichwohl eine **beschränkte Wirkung** entfalten könne; es könnten die Zeiträume bei der Berechnung der Betriebsrente außer Betracht bleiben, in denen ein Arbeitnehmer seine Stellung missbraucht habe, dem Arbeitgeber Schaden zuzufügen.[847] Später hat das BAG Zweifel geäußert, ob hieran festzuhalten sei.[848] Eine solche teilweise Aufrechterhaltung eines unwirksamen Widerrufs wäre kaum praktikabel und gäbe ihm einen disziplinarischen Charakter. Nicht ausgeschlossen ist es dagegen, wenn der Arbeitgeber die Versorgungszusage nur **teilweise widerruft,** obwohl die Voraussetzungen für einen (vollständigen) Widerruf vorliegen, zumal er ja nicht verpflichtet ist, überhaupt von seinem Widerrufsrecht Gebrauch zu machen. 337

6. Widerruf wegen wirtschaftlicher Schwierigkeiten des Arbeitgebers. Der Arbeitgeber hat regelmäßig die Ruhegeldgewährung in der Erwartung zugesagt, hierzu wirtschaftlich in der Lage zu sein. Andererseits hat sich der Arbeitnehmer auf das Ruhegeld eingestellt und kann dessen Verlust nicht mehr ausgleichen. 338

a) Die **frühere Rspr.** hat eine **Einstellung oder Kürzung** wegen wirtschaftlicher Schwierigkeiten nach folgenden Grundsätzen für möglich gehalten: **(1)** Der Arbeitgeber musste sich den Widerruf vertraglich vorbehalten haben. **(2)** Der allgemeine Vorbehalt **(Steuervorbehalt),** die zugesagten Leistungen zu kürzen oder einzustellen, wenn die wirtschaftliche Lage des Unternehmens sich nachhaltig verschlechtert, enthielt nur den Hinweis auf Kürzungs- oder Widerrufsmöglichkeiten wegen Wegfalls der Geschäftsgrundlage. **(3)** Bei Wegfall der Geschäftsgrundlage war der Widerruf allgemein anerkannt. **(4)** Der Wegfall der Geschäftsgrundlage wegen wirtschaftlicher Schwierigkeiten war gleichbedeutend mit dem Sicherungsfall der wirtschaftlichen Notlage nach § 7 I 3 Nr. 5 BetrAVG a. F.[849] 339

Eine Einstellung oder Kürzung war nach der früheren Rspr. des BAG[850] zulässig, wenn der Bestand des Unternehmens (nicht nur des Betriebes) gefährdet war. Die **wirtschaftliche Notlage** hatte der Arbeitgeber durch eine betriebswirtschaftliche Analyse nachzuweisen. Die Ruhegeldeinstellung oder Kürzung zusammen mit anderen sachdienlichen Maßnahmen mussten geeignet sein, die Sanierung des Unternehmens herbeizuführen. Voraussetzung war ein **Sanierungsplan,** der eine gerechte Verteilung der Sanierungslasten vorsah und geeignete Wege zur Überwindung der Unternehmenskrise aufzeigte. Vor dem Widerruf war der Träger der Insolvenzsicherung einzuschalten. Ferner mussten die Mitbestimmungsrechte des Betriebsrates (§ 87 I Nr. 8, 10 BetrVG; dazu RN 359 ff.) gewahrt sein. Wegen der Einzelheiten vgl. d. 11. Aufl. § 81 RN 336. Mit der 340

---

[844] BAG 26. 2. 1976 AP 172 zu § 242 BGB Ruhegehalt.

[845] BGH 7. 1. 1971 BGHZ 55, 274 = AP 151 zu § 242 BGB Ruhegehalt = NJW 71, 1127; BAG 3. 4. 1990 AP 9 zu § 1 BetrAVG Treuebruch = NZA 90, 808; weitergehend die frühere Rspr. des BAG: BAG 14. 11. 1961 AP 1 zu § 139 BGB; 10. 6. 1965 AP 100 zu § 242 BGB Ruhegehalt; 7. 5. 1966 AP 109 zu § 242 BGB Ruhegehalt; 22. 10. 1969 AP 31 zu § 133 BGB.

[846] BAG 3. 4. 1990 AP 9 zu § 1 BetrAVG Treuebruch = NZA 90, 808 (34,50 DM Monatsrente).

[847] BAG 19. 6. 1980 AP 2 zu § 1 BetrAVG Treuebruch = NJW 81, 188.

[848] BAG 8. 2. 1983 AP 7 zu § 1 BetrAVG Treuebruch = NJW 84, 141.

[849] Zusammenfassend BAG 26. 4. 1988 AP 3 zu § 1 BetrAVG Geschäftsgrundlage = NZA 89, 305; dazu *Blomeyer* ArbuR 89, 189.

[850] Zusammenfassend BAG 16. 3. 1993 AP 18 zu § 7 BetrAVG Widerruf = NZA 93, 941 m. w. N.; zuletzt BAG 24. 1. 2001 AP 23 zu § 7 BetrAVG Widerruf = NZA 2001, 1306.

Streichung des § 7 I 3 Nr. 5 BetrAVG zum 1. 1. 1999 ist eine wirtschaftliche Notlage kein sachlicher Grund für den Widerruf einer Betriebsrente mehr.[851]

341 Versorgungsbeschränkungen waren nur insoweit und solange zulässig, wie sie unabdingbar notwendig sind. Es musste das jeweils **mildeste Mittel** gewählt werden, u. U. eine bloß vorübergehende Kürzung oder eine Stundung.[852] Wegen der Einzelheiten vgl. 11. Aufl. § 81 RN 337.

342 Dieselben Grundsätze waren entscheidend, wenn der Arbeitgeber für die Gewährung der Ruhegelder einen besonderen **Versorgungsfonds** geschaffen hatte und aus dessen Erträgen die Ruhegelder nicht mehr gewährt werden konnten. In diesen Fällen musste er entweder selbst gewähren oder die Fondsmittel aufstocken.[853] Forderungen auf rückständige betriebliche Versorgungsleistungen waren im Konkurs des früheren Arbeitgebers, ebenso wie rückständige Lohnforderungen des Arbeitnehmers, nach Maßgabe und in Grenzen der §§ 59 I Nr. 3 d), 61 Nr. 1 d) KO bevorrechtigt. Derartige Vorrechte bestehen nach der InsO (§ 93) nicht mehr. Vgl. im Übrigen zur Insolvenzsicherung unter § 84 RN 104 ff.

343 Nach der früheren Rspr. des BAG konnten auch **Ruhegeldanwartschaften** infolge wirtschaftlicher Schwierigkeiten widerrufen werden, weil auch die aufschiebend bedingten Verpflichtungen gegenüber aktiven Arbeitnehmern die Liquiditätsposition eines Unternehmens berühren könne und Gesellschafter bzw. Kreditgeber Zurückhaltung bei der Zurverfügungstellung neuer Mittel üben könnten.[854]

344 **b)** Mit dem Wegfallen des Sicherungsfalles der wirtschaftlichen Notlage sowie der Eintrittspflicht des PSVaG in § 7 I 3 Nr. 5 BetrAVG a. F. auf Grund des **RRG 1999** hat der Gesetzgeber klargestellt, dass das von der Rspr. aus den Grundsätzen über den Wegfall der Geschäftsgrundlage entwickelte **Recht zum Widerruf** insolvenzgeschützter betrieblicher Versorgungsrechte **wegen wirtschaftlicher Notlage** für ab dem 1. 1. 1999 eingetretene Sicherungsfälle (§ 31 BetrAVG) **nicht mehr besteht.** Ein solches Recht kann auch nicht auf die in einer Versorgungsordnung aufgenommenen steuerunschädlichen Vorbehalte gestützt werden.[855]

345 **7. Überversorgung.** Ein Widerruf von Ruhegeldern wegen Überversorgung wird im Allgemeinen nicht in Betracht kommen. Dies gilt insbesondere dann, wenn die Überversorgung auf der unterschiedlichen steuerlichen Belastung von Ruheständlern und aktiven Arbeitnehmern beruht (vgl. RN 300 ff.). Etwas anderes gilt bei planwidrigen Überversorgungen, wenn eine Störung der Geschäftsgrundlage gem. § 313 BGB vorliegt.[856] Eine planmäßige Überversorgung liegt vor, wenn die Versorgungsberechtigten mehr erhalten als eine volle Sicherung ihres Lebensstandards, wenn also die sog. Vollversorgung überschritten wird. Bei der Festlegung der maßgeblichen Vollversorgung besteht ein Beurteilungsspielraum. Für die Beurteilung einer Gesamtzusage ist insoweit auf den Zeitpunkt der Zusageerteilung und nicht etwa auf den Beginn des Arbeitsverhältnisses abzustellen.[857] Eine Störung dcr Geschäftsgrundlage löst ein Leistungsbestimmungsrecht des Arbeitgebers aus, das er nach billigem Ermessen auszuüben hat. Der Arbeitgeber darf in die geltende Vereinbarung nur soweit eingreifen, als dies durch die Anpassung an der Grundlagen der ursprünglichen Vereinbarung geboten ist.[858] Nicht zu beanstanden ist dabei eine Festlegung, die den ursprünglich gewollten Versorgungsgrad wieder herstellt.[859] Zur Änderung von Versorgungsanwartschaften, s. auch RN 126 ff., insbes. RN 151 . Bei einem Eingriff in laufende Betriebsrenten ist das für den Eingriff in Versorgungsanwartschaften entwickelte dreistufige Prüfungsschema (RN 141 ff.) nicht übertragbar. Vielmehr gelten allein die Grundsätze des § 313 BGB, wobei zu berücksichtigen ist, dass ausgeschiedene Arbeitnehmer bereits ihre vollständige Arbeitsleistung (Gegenleistung) erbracht haben. Soweit es um einen Eingriff in ein komplexes Versorgungssystem geht, ist eine gerichtliche Bestimmung nach § 313 III BGB ist nicht möglich, sondern nur eine Überprüfung der getroffenen Anpassungsentscheidung.[860]

---

[851] BAG 17. 6. 2003 AP 24 zu § 7 BetrAVG Widerruf = DB 2004, 324; 31. 7. 2007 AP 27 zu § 7 BetrAVG Widerruf = DB 2007, 2849 (LS); 31. 7. 2007 NZA 2008, 320 (LS) = DB 2008, 1505.

[852] BAG 18. 5. 1977 AP 175 zu § 242 BGB Ruhegehalt = NJW 77, 1982.

[853] BAG 9. 11. 1973 AP 162 zu § 242 BGB Ruhegehalt.

[854] BAG 18. 5. 1977 AP 175 zu § 242 BGB Ruhegehalt = NJW 77, 1982; 24. 11. 1977 AP 177 zu § 242 BGB Ruhegehalt = NJW 78, 1069.

[855] BAG 17. 6. 2003 AP 24 zu § 7 BetrAVG Widerruf = DB 2004, 324.

[856] Vgl. BAG 12. 3. 1996 AP 1 zu § 3 RuhegeldG Hamburg = NZA-RR 97, 99; 28. 7. 1998 AP 4 zu § 1 BetrAVG Überversorgung = NZA 99, 444; vgl. hierzu auch *Schipp* RdA 2007, 340.

[857] BAG 13. 11. 2007 AP 3 zu § 313 BGB = NZA-RR 2008, 520.

[858] BAG 28. 7. 1998 AP 9 zu § 79 LPVG Baden-Württemberg = NZA 99, 780; 18. 2. 2003 AP 15 zu § 41 SGB VI = NJW 2003, 3005.

[859] BAG 13. 11. 2007 AP 3 zu § 313 BGB = NZA-RR 2008, 520.

[860] BAG 13. 11. 2007 AP 3 zu § 313 BGB = NZA-RR 2008, 520.

XI. Besonderheiten einer Ruhegeldzusage mit Widerrufsvorbehalt

1. Allgemeines. Der Arbeitgeber behält sich bei Ruhegeldzusagen häufig den jederzeitigen 346 Widerruf vor oder schließt einen Rechtsanspruch aus, um seine Zusage der Veränderung wirtschaftlicher Verhältnisse anzupassen. Sein Interesse kollidiert mit dem des Arbeitnehmers, eine möglichst sichere Erwartung für die Altersversorgung zu erhalten. Man unterscheidet allgemeine und spezielle Widerrufsvorbehalte sowie solche nach freiem Belieben oder billigem Ermessen. Die Formulierung der Widerrufsvorbehalte wird zumeist auch von steuerrechtlichen Überlegungen beeinflusst; steuerbegünstigte Rückstellungen sind gem. § 6a I Nr. 2 EStG i. V. m. Abschnitt R 41 Abs. 4 der Einkommensteuer-Richtlinien (EStR 2001) nur bei bestimmten Vorbehalten zulässig. Der Widerruf unterliegt nach § 308 I Nr. 3, 4 BGB der AGB-Kontrolle.

2. Begriff allgemeiner oder spezieller Widerrufsvorbehalte. Von **allgemeinen Wi-** 347 **derrufsvorbehalten** wird gesprochen, wenn keine fest umrissenen Widerrufstatbestände geschaffen werden, sondern dem Arbeitgeber ganz allgemein ein Widerrufsrecht eingeräumt ist. **Spezielle Vorbehalte** sind demgegenüber solche, bei denen die Voraussetzungen des Widerrufes näher umschrieben sind. In der Praxis finden sich regelmäßig nur noch die in den EStR enthaltenen Mustervorbehalte, da diese in jedem Fall steuerunschädlich sind. Derartige Widerrufsvorbehalte werden von der Rspr. aber allein noch dahin ausgelegt, dass sie einen Hinweis auf den Wegfall der Geschäftsgrundlage enthalten.[861]

3. Inhalt des allgemeinen Widerrufsvorbehalts. In allgemeinen Vorbehalten kann dem 348 Arbeitgeber der Widerruf nach **freiem Belieben** oder nach **billigem Ermessen** vorbehalten sein. Welche dieser Vertragsgestaltungen gewollt ist, muss im Wege der Auslegung ermittelt werden. Zumeist indizieren folgende Formulierungen einen Vorbehalt nach freiem Belieben: „Ein Rechtsanspruch auf die Leistungen besteht nicht, freiwillig und ohne Rechtsanspruch; jederzeitiger Widerruf vorbehalten; die Leistungen sind unverbindlich." Die Rspr. wendet auf die Widerrufsvorbehalte § 315 BGB analog an. Danach ist im Zweifel die Leistung nach billigem Ermessen zu bestimmen; d. h. im Zweifel ist nur von einem nach billigem Ermessen auszuübenden Vorbehalt auszugehen.[862] Für einen weitergehenden Vorbehalt trägt der Arbeitgeber die Darlegungs- und Beweislast. Dieser wird im Allgemeinen aber § 308 BGB widersprechen.

4. Widerruf nach freiem Belieben. Hat sich der Arbeitgeber den Widerruf nach freiem 349 Belieben vorbehalten, so heißt dies nicht, dass er einfach seine Leistungen einstellen oder eine Zusage widerrufen kann. Dies ist mit dem Gedanken einer Altersversorgung unvereinbar. Schon aus allgemeinen Rechtsgründen folgt, dass ein Widerruf nicht rechtsmissbräuchlich oder willkürlich erfolgen darf.[863] Darüber ist die Rspr. aber hinaus gegangen. So lässt sie einen Widerruf nur noch bei sachlich begründetem Anlass zu.[864] Dem Widerrufsvorbehalt nach freiem Belieben kommt damit rechtlich keine Bedeutung mehr zu. Besonderheiten können aber gelten, wenn das Ruhegeld erst bei oder nach Beendigung des Arbeitsverhältnisses zugesagt wird (s. RN 352).

5. Widerruf nach billigem Ermessen. Bei einem Widerrufsvorbehalt nach billigem Er- 350 messen hat sich der Arbeitgeber „gleichsam wie ein Unparteiischer seine Interessen und die Belange des Arbeitnehmers zu vergegenwärtigen, sie gegeneinander abzuwägen und danach seine Entscheidung zu treffen".[865] Auch insoweit ist im Laufe der Zeit der Widerruf eingeschränkt worden auf die Fälle der wirtschaftlichen Notlage (s. aber RN 344 zum Wegfall dieses Widerrufsgrundes) der groben Treuwidrigkeit oder des Wettbewerbs, so dass dem Widerrufsrecht nur geringe Bedeutung zukommt.

Liegt der Ruhegeldzusage eine **arbeitsvertragliche Einheitsregelung** (RN 35) zugrunde, so 351 braucht der Arbeitgeber bei der mit dem Widerruf bezweckten Änderung der Zusage nicht seine Interessen gegen das Individualinteresse des einzelnen Arbeitnehmers abzuwägen, sondern kann auf das Gesamtinteresse der Belegschaft abstellen.[866] Schon im Interesse des Betriebsfriedens ist es legitim, das Vereinheitlichungsinteresse in den Vordergrund zu stellen. Anders ist es bei Ausübung

---

[861] BAG 26. 4. 1988 AP 3 zu § 1 BetrAVG Geschäftsgrundlage = NZA 89, 305.

[862] BAG 14. 12. 1956 AP 18 zu § 242 BGB Ruhegehalt; 23. 10. 1962 AP 86 zu § 242 BGB Ruhegehalt; 17. 5. 1973 AP 6 zu § 242 BGB Ruhegehalt-Unterstützungskassen = NJW 73, 1946.

[863] BAG 14. 12. 1956 AP 18 zu § 242 BGB Ruhegehalt.

[864] Vgl. bei Unterstützungskassen BAG 5. 7. 1979 AP 9 zu § 242 BGB Ruhegehalt-Unterstützungskassen = NJW 80, 79; bei Hinterbliebenenversorgung BAG 8. 6. 1982 AP 1 zu § 1 BetrAVG Hinterbliebenenversorgung.

[865] BAG 14. 12. 1956 AP 18 zu § 242 BGB Ruhegehalt.

[866] BAG 11. 8. 1964 AP 98 zu § 242 BGB Ruhegehalt.

des Widerrufs gegenüber Ruheständlern; hier müssen die Individualinteressen abgewogen werden, weil das Auslaufen der Verpflichtung vom Arbeitgeber abgewartet werden kann. Aus der gebotenen Interessenabwägung folgt auch der zulässige Umfang des Widerrufs, ob etwa nur eine Kürzung, Stundung oder völlige Einstellung des Ruhegeldes in Betracht kommt.

352 **6. Wirkung des allgemeinen Widerrufsvorbehalts.** Der allgemeine Widerrufsvorbehalt beinhaltet rechtlich im Allgemeinen nur den Vorbehalt, unter den Voraussetzungen des Wegfalls der Geschäftsgrundlage eine Versorgungsordnung zu ändern. Dies gilt vor allem, wenn der Arbeitnehmer inzwischen in den Ruhestand getreten ist.[867] Dies hat seinen Grund darin, dass der Arbeitnehmer im Vertrauen auf die Zusage beim Arbeitgeber geblieben ist und dieser den Verlust nicht mehr ausgleichen kann. Daher kam im Allgemeinen ein Widerruf nur wegen wirtschaftlicher Schwierigkeiten des Unternehmers in Betracht (RN 339 ff.). Inzwischen ist aber auch diese Widerrufsmöglichkeit weggefallen (s. RN 344). Besonderheiten gelten, wenn die Zusage erst nach dem Ausscheiden des Arbeitnehmers oder etwa seiner Witwe erteilt wurde. In diesen Fällen ist ein vorausgegangener Vertrauenstatbestand nicht erwachsen und kann der Arbeitgeber ein legitimes Interesse daran haben, die wirtschaftliche Belastung erst zu überprüfen.[868] Bei aktiven Arbeitnehmern ist zu unterscheiden zwischen solchen mit unverfallbaren und verfallbaren Versorgungsanwartschaften. Bei unverfallbaren Versorgungsanwartschaften wird i. d. R. nur ein Widerruf wie bei Ruheständlern in Betracht kommen. Die vor Inkrafttreten des BetrAVG erarbeiteten Rechtsgrundsätze werden nur noch für verfallbare Versorgungsanwartschaften gelten.

353 **7. Spezielle Vorbehalte.** Der in speziellen Vorbehalten vorgesehene Widerruf ist nur dann möglich, wenn seine Tatbestandsvoraussetzungen vorliegen. Die in den EStR vorgesehenen allgemeinen und speziellen Mustervorbehalte haben nur deklaratorische Bedeutung.[869] Der Widerruf ist in diesen Fällen auch ohne Vorbehalt aus allgemeinen Rechtsgründen zulässig. Insoweit kann auf die Ausführungen unter RN 330 ff. verwiesen werden.

354 **8. Widerrufsvorbehalt bei Unterstützungskassen.** Dem Widerrufsvorbehalt kommt bei Unterstützungskassen etwas größere Bedeutung zu, nachdem das BVerfG die frühere Rspr. des BAG insoweit als zu weitgehend angesehen hat (s. § 84 RN 3).

355 **9. Widerrufserklärung.** Sie ist eine einseitige, empfangsbedürftige, rechtsgestaltende Willenserklärung (s. RN 333). Sie ist formlos gültig. Zum Zugang des Widerrufs bei einer Gesamtzusage s. RN 35.

XII. Jeweiligkeitsklausel

356 **1. Zweck.** Der Arbeitgeber kann eine einmal erteilte Ruhegeldzusage nicht einseitig ändern. Ist der Arbeitnehmer in den Ruhestand getreten, so wird er nach h. M. selbst von Änderungen der Ruhegeldordnung auf Grund von Betriebsvereinbarungen nicht mehr erfasst (s. RN 137). Um einerseits deren Versteinerung zu verhindern, andererseits aber auch dem Vereinheitlichungsinteresse des Arbeitgebers zu dienen, wurden als besondere Art der Widerrufsvorbehalte die sog. Jeweiligkeitsklauseln entwickelt. Sie sollen dazu dienen, eine einheitliche Ruhegeldordnung für aktive Arbeitnehmer und Ruheständler aufrechtzuerhalten.[870]

357 **2. Bestimmtheitsgrundsatz.** Jeweiligkeitsklauseln müssen klar und eindeutig formuliert werden (§ 305 c BGB). Eine stillschweigende Jeweiligkeitsklausel ist nur in Ausnahmefällen anzunehmen. Dies ist z. B. der Fall, wenn auf eine Versorgungsregelung für einen ganzen Wirtschaftszweig (Bochumer Verband) verwiesen ist[871] oder wenn in einer Leistungsordnung aktive Arbeitnehmer und Pensionäre (wegen eines Weihnachtsgeldes) in gleicher Weise bedacht werden.[872] Soweit die Arbeitsvertragsparteien auf bestimmte Versorgungsordnungen, wie z. B. Richtlinien einer Unterstützungskasse, Bezug nehmen, handelt es sich in der Regel um eine dynamische Verweisung.[873] Es ist ausreichend, wenn die Jeweiligkeitsklausel in eine Gesamtzusage oder kollektivvertragliche Regelung aufgenommen wird. In diesen Fällen hat der Ruhe-

---

867 Vgl. BAG 21. 7. 1964 AP 97 zu § 242 BGB Ruhegehalt.

868 Vgl. BAG 2. 10. 1962 AP 84 zu § 242 BGB Ruhegehalt; 13. 9. 1965 AP 102 zu § 242 BGB Ruhegehalt.

869 BAG 25. 4. 1988 AP 3 zu § 1 BetrAVG Geschäftsgrundlage = NZA 89, 305.

870 BAG 23. 9. 1997 AP 23 zu § 1 BetrAV Ablösung = NZA 98, 541; 20. 2. 2001 ZTR 2002, 92 = NZA 2002, 54 (LS).

871 Vgl. BAG 10. 8. 1982 AP 7 zu § 5 BetrAVG.

872 LAG Niedersachsen 26. 10. 2000 LAGE § 611 BGB Gratifikation Nr. 64.

873 BAG 21. 1. 1992 AP 24 zu § 1 BetrAVG Ablösung = NZA 92, 659; 23. 9. 1997 AP 23 zu § 1 BetrAVG Ablösung = NZA 98, 541; 11. 12. 2001 AP 36 zu § 1 BetrAVG Ablösung = NZA 2003, 1414; 12. 10. 2004 NZA 2005, 1320 (LS) = DB 2005, 1338 (LS).

ständler Rechte nur unter dem Vorbehalt der Klausel erworben. Hat sich ein Ruheständler vertraglich einer Jeweiligkeitsklausel unterworfen, so muss er auch Änderungen kraft Betriebsvereinbarungen hinnehmen.[874] Ist in einer Betriebsvereinbarung auf einen Tarifvertrag verwiesen, so entfalten auch Tarifänderungen Wirksamkeit.[875] Eine betriebliche Altersversorgung, die sich nach tarifvertraglichen Vorschriften richtet, steht in der Regel auch dann unter dem Vorbehalt einer Änderung des Tarifvertrags, wenn der Versorgungsfall bereits eingetreten ist. Die Jeweiligkeitsklausel gilt über das Ende des Arbeitsverhältnisses hinaus auch noch nach dem Eintritt des Arbeitnehmers in den Ruhestand.[876]

3. Grenzen. Gleichwohl ist die Klausel nicht schrankenlos zulässig. Problematisch ist, ob eine Jeweiligkeitsklausel einem Arbeitnehmer entgegengesetzt werden kann, der mit einer unverfallbaren Versorgungsanwartschaft ausgeschieden ist (§§ 17 II, 2 V BetrAVG).[877] Hierfür spricht, dass Jeweiligkeitsklauseln auch noch nach Eintritt in den Ruhestand gelten (s. RN 357). Im Übrigen unterliegt die auf Grund der Jeweiligkeitsklausel herbeigeführte Änderung der gerichtlichen Billigkeitskontrolle.[878] Es gelten die Grundsätze der Verhältnismäßigkeit und des Vertrauensschutzes.[879] Eine Unterwerfung unter unbekannte spätere Regelungen deckt nur solche Bedingungen, mit deren Aufstellung billiger- und gerechterweise gerechnet werden konnte. **358**

XIII. Mitbestimmung des Betriebsrats

Bachmann, Mitbestimmung bei Umstrukturierung betrieblicher Sozialeinrichtungen, NZA 2002, 1130; *Kemper,* Entgeltumwandlung und Mitbestimmung, BetrAV 2002, 751; *Perreng,* Mitbestimmungsrechte des Betriebsrates bei Entgeltumwandlung, FS Kemper, 2005, S. 347; *Reinecke,* Zur Mitbestimmung des Betriebsrats in der betrieblichen Altersversorgung; ArbuR 2004, 328; *Schnitker/Grau,* Mitbestimmungsrechte des Betriebsrats bei der Einführung einer betrieblichen Altersversorgung im Wege der Entgeltumwandlung nach § 1 a BetrAVG, BB 2003, 1061.

1. Rechtsgrundlagen. Mitbestimmungsrechte des Betriebsrats können sich im Rahmen der betrieblichen Altersversorgung aus § 87 I Nr. 8 und Nr. 10 BetrVG ergeben. Mangels einer Sozialeinrichtung scheidet ein Mitbestimmungsrecht bei Direktzusagen und Versicherungen nach § 87 I Nr. 8 BetrVG aus.[880] Das Mitbestimmungsrecht steht unter dem Vorbehalt des Gesetzes und des Tarifvertrages (§ 235 RN 4 ff.). **359**

2. Mitbestimmung nach § 87 I Nr. 10 BetrVG. a) Das BAG hat in drei Entscheidungen vom 12. 6. 1975[881] zum Mitbestimmungsrecht des Betriebsrats bei **Direktzusagen und Versicherungen** Stellung genommen. **Mitbestimmungsfrei** ist demnach, **(a)** ob der Arbeitgeber überhaupt Mittel für die betriebliche Altersversorgung einsetzen, sie einschränken oder aufheben will. Diese Entscheidungsfreiheit beinhaltet – vorbehaltlich des Gleichbehandlungsgrundsatzes – auch das Recht zu bestimmen, inwieweit noch Versorgungsleistungen im Rahmen neu begründeter Arbeitsverhältnisse gewährt werden. In jedem Fall müssen jedoch die einzelnen Rechtsbegründungsakte der Versorgungszusagen entsprechend geändert werden; **(b)** in welchem Umfang er Mittel einsetzen will; **(c)** welche Form der Versorgungszusage er wählt; **(d)** wie der Arbeitgeber den Kreis der begünstigten Arbeitnehmer abstrakt abgrenzen will. Eine weitere Grenze der Mitbestimmung sieht das BAG in § 75 BetrVG; danach sind Arbeitgeber und Betriebsrat an die Grundsätze von Recht und Billigkeit gebunden und müssen die freie Entfaltung der im Betrieb beschäftigten Arbeitnehmer schützen. **360**

b) Nach § 87 I Nr. 10 BetrVG hat der Betriebsrat mitzubestimmen bei der Aufstellung von **Versorgungsgrundsätzen** und Einführung, Anwendung und Änderung von **Versorgungsmethoden** (vgl. § 235 RN 89 ff.). Mitbestimmungspflichtig ist die **Gestaltung des Leistungsplanes,**[882] soweit nicht in den Dotierungsrahmen des Arbeitgebers eingegriffen wird. Will **361**

---

[874] BAG 23. 9. 1997 AP 23 zu § 1 BetrAVG Ablösung = NZA 98, 541.
[875] BAG 30. 11. 1973 AP 164 zu § 242 BGB Ruhegehalt.
[876] BAG 24. 8. 1993 AP 19 zu § 1 BetrAVG Ablösung = NZA 94, 807; 23. 9. 1997 AP 23 zu § 1 BetrAV Ablösung = NZA 98, 541; 20. 2. 2001 ZTR 2002, 92 = NZA 2002, 54 (LS).
[877] Vgl. hierzu *Höfer* ART RN 545 ff.
[878] BAG 8. 12. 1981 AP 1 zu § 1 BetrAVG Unterstützungskassen = NJW 82, 1773; 8. 12. 1981 AP 1 zu § 1 BetrAVG Ablösung; 8. 10. 1991 AP 38 zu § 5 BetrAVG = NZA 92, 655.
[879] BAG 8. 10. 1991 AP 38 zu § 5 BetrAVG = NZA 92, 655.
[880] BAG 18. 3. 1976 AP 4 zu § 87 BetrVG 1972 Altersversorgung.
[881] AP 1 zu § 87 BetrVG Altersversorgung; AP 2 zu § 87 BetrVG Altersversorgung; AP 3 zu § 87 BetrVG Altersversorgung.
[882] BAG 12. 6. 1975 AP 1 zu § 87 BetrVG Altersversorgung; 12. 6. 1975 AP 2 zu § 87 BetrVG Altersversorgung; 12. 6. 1975 AP 3 zu § 87 BetrVG Altersversorgung.

der Betriebsrat eine Änderung des Leistungsplanes erreichen, so hat er regelmäßig darzulegen, an welcher anderen Stelle Leistungen gekürzt werden können. Insoweit hat der Betriebsrat ein Initiativrecht; es kann notfalls das erzwingbare Einigungsstellenverfahren durchgeführt werden (§ 232). Das Mitbestimmungsrecht des Betriebsrats wird nicht dadurch ausgeschöpft, dass die grundlegenden Fragen der betrieblichen Altersversorgung im Wege der Betriebsvereinbarung geregelt werden, dagegen die Ausarbeitung der Einzelgrundsätze einem Beratungsinstitut für betriebliche Altersversorgung übertragen wird. Die Einzelgrundsätze sind dann unwirksam, ohne dass regelmäßig ein Vertrauenstatbestand für die Arbeitnehmer erwächst.[883]

362 Besteht nur **teilweise ein Mitbestimmungsrecht** des Betriebsrats, so ist zu differenzieren. Soweit es sich um mitbestimmungspflichtige Gegenstände handelt, hat der Betriebsrat ein Mitbestimmungsrecht, wenn dem Arbeitgeber ein Regelungsspielraum zusteht. Ist ein Teil der Betriebsvereinbarung wegen fehlender Mitbestimmung unwirksam, so ist nicht gem. § 138 BGB zwingend die ganze Betriebsvereinbarung unwirksam.[884]

363 Bezogen auf die **einzelnen Fallgruppen** unterliegt das Mitbestimmungsrecht des Betriebsrats engeren Grenzen. Kein Mitbestimmungsrecht besteht, wenn **(a)** der Arbeitgeber nur in Einzelfällen Ruhegeldzusagen erteilt hat, **(b)** es sich um Ruhegeldzusagen für leitende Angestellte (§ 5 BetrVG) handelt oder **(c)** bereits Ruhegeldansprüche erwachsen sind; denn der Ruheständler unterliegt nicht mehr der Gestaltungsbefugnis von Betriebsvereinbarungen (RN 137), es sei denn, dass Jeweiligkeitsklauseln in der Ruhegeldordnung enthalten sind (RN 356ff.).

364 Beruht die Ruhegeldordnung auf einer **arbeitsvertraglichen Einheitsregelung** oder einer **Gesamtzusage,** so unterliegt die erstmalige Einführung nicht der erzwingbaren Mitbestimmung. Umstr. ist, ob bei der Freiheit des Arbeitgebers, welche Gruppen er in die Altersversorgung einbezieht, das Mitbestimmungsrecht des Betriebsrats soweit geht, dass er eine anderweitige Verteilung der Mittel auf die einzelnen Gruppen durchsetzen kann. Nach richtiger Ansicht ist die Verteilung der Mittel auf die einzelnen Gruppen mitbestimmungspflichtig, da nicht die Frage des „Ob der Einbeziehung", sondern des „Einsatzes der Mittel" zur Entscheidung steht. Soll dagegen eine bereits bestehende Ruhegeldordnung geändert werden, so ergeben sich weitere Schranken des Mitbestimmungsrechts. Ist der Arbeitnehmer mit einer unverfallbaren Versorgungsanwartschaft aus dem Betrieb ausgeschieden, so bleiben nach § 2 V BetrAVG Änderungen der Versorgungsregelung und der Bemessungsgrundlage außer Betracht. Das Mitbestimmungsrecht kann sich daher nur auf Versorgungsanwartschaften noch im Betrieb befindlicher Arbeitnehmer beziehen. Einzelvertragliche Ruhegeldzusagen ohne Widerrufsvorbehalte können nur im Wege des Änderungsvertrages oder des Widerrufs geändert oder beseitigt werden (RN 330ff.), Ruhegeldzusagen mit Widerrufsvorbehalt können einseitig ebenfalls nur in Ausnahmefällen geändert werden (s. RN 346ff.). Zur Abänderung arbeitsvertraglicher Einheitsregelungen durch Betriebsvereinbarung s. RN 134.

365 **c)** Ist die betriebliche Altersversorgung durch eine **Direktversicherung** geregelt, so hat der Betriebsrat bei Ausübung seiner Mitbestimmungsrechte nicht nur sein Verhältnis zum Arbeitgeber und die Rechte der einzelnen Arbeitnehmer, sondern auch die Rechtsbeziehung zwischen Arbeitgeber und Versicherung zu beachten. Mitbestimmungspflichtig sind der Leistungsplan und die Regelungen über die Heranziehung der Arbeitnehmer zu Versicherungsbeiträgen. Nicht mitbestimmungspflichtig ist die Auswahl des Versicherungsunternehmens, mit dem der Arbeitgeber die Versicherungsverträge abschließt.[885]

366 **d)** Streitig ist, ob Mitbestimmungsrechte des Betriebsrates bei einer nach **§ 1 a BetrAVG** erzwingbaren betrieblichen Altersversorgung aus **Entgeltumwandlung** bestehen.[886] Da es sich hierbei gem. § 1 II Nr. 3 BetrVG um eine betriebliche Altersversorgung handelt, dürften insoweit prinzipiell die allgemeinen Grundsätze (s. RN 359ff.) gelten. Dem Betriebsrat steht daher ein (Teil-)Mitbestimmungsrecht wegen der Gestaltung des Leistungsplanes zu. Insgesamt besteht jedoch nur ein geringer Spielraum für Mitbestimmungsrechte des Betriebsrates. Kein Mitbestimmungsrecht kommt im Hinblick auf den einzubeziehenden Personenkreis in Betracht, weil § 1a BetrAVG in diesem Punkt eine zwingende gesetzliche Regelung enthält. Wegen des Durchführungsweges sind zudem die Vorgaben nach § 1a I Satz 2u. 3 BetrAVG zu beachten, wobei allerdings auch eine Betriebsvereinbarung als Vereinbarung über die Durchführung des

---

[883] BAG 4. 5. 1982 AP 6 zu § 87 BetrVG 1972 Altersversorgung = NJW 83, 2159.
[884] BAG 26. 9. 2000 DB 2000, 2075 = BB 2000, 2159.
[885] BAG 16. 2. 1993 AP 19 zu § 87 BetrVG 1972 Altersversorgung = NZA 93, 953; 29. 7. 2003 AP 18 zu § 87 BetrVG 1972 Sozialeinrichtung = NZA 2004, 1344.
[886] *Höfer* ART RN 1094ff. sowie die Nachweise vor RN 359.

Anspruchs im Sinne von § 1a Satz 2 BetrAVG anzusehen ist.[892] Ferner scheiden Mitbestimmungsrechte gem. § 87 I BetrVG insoweit aus, als die Entgeltumwandlung tariflich geregelt ist, der Tarifvertrag also mehr als eine bloße Öffnungsklausel (s. § 17 V BetrAVG) enthält.

3. Mitbestimmung nach § 87 I Nr. 8 BetrVG. a) Wird die betriebliche Altersversorgung 367
durch **Pensions-** oder **Unterstützungskassen** bzw. **Pensionsfonds** durchgeführt, so hat der Betriebsrat ein erzwingbares Mitbestimmungsrecht nach § 87 I Nr. 8 BetrVG. Die Kassen sind Sozialeinrichtungen (s. § 235 RN 75 ff.).

b) Das Mitbestimmungsrecht des Betriebsrats kann in der sog. ein- oder zweistufigen Lösung 368
verwirklicht werden.[893] Das Mitbestimmungsrecht besteht bei Sozialeinrichtungen nicht gegenüber der Sozialeinrichtung, sondern gegenüber dem Arbeitgeber. Übt der Betriebsrat ein Mitbestimmungsrecht aus, so muss der Arbeitgeber dafür sorgen, dass die Sozialeinrichtung dem nachkommt (zweistufige Lösung).[894] Dies kann erhebliche organisatorische und verwaltungsmäßige Schwierigkeiten machen. Im Rahmen der einstufigen Lösung werden die Organe paritätisch von Betriebsrat und Arbeitgeber besetzt. Der Betriebsrat überträgt seinen Organmitgliedern (mind. 3) als Betriebsausschuss die Regelung der betrieblichen Altersversorgung (§§ 28, 27 BetrVG). Der Ausschuss nimmt alsdann die Rechte des Betriebsrates wahr (vgl. § 220 RN 11 ff.). In der Praxis hat sich ferner ein Modell herausgebildet, wonach der Arbeitgeber die Organe der Sozialeinrichtung besetzt, deren Handlungen aber an die Zustimmung eines Betriebsausschusses gebunden werden.

Betreiben mehrere Trägerunternehmen eine **gemeinsame Unterstützungskasse,** besteht 369
kein Mitbestimmungsrecht der Betriebsräte nach § 87 I Nr. 8 BetrVG. Bestimmen die satzungsgemäßen Organe der Gruppenunterstützungskasse über Form, Ausgestaltung und Verwaltung, so haben die Betriebsräte der einzelnen Unternehmen ein Mitbestimmungsrecht bei der Abstimmung in den Organen (s. auch § 84 RN 26).[895] Werden die Mitbestimmungsrechte verletzt, so ist der Widerruf zur Änderung eines Leistungsplanes unwirksam.

§ 84. Besondere Durchführungswege und Insolvenzschutz

Übersicht

	RN
I. Besonderheiten bei Ruhegeldern durch Unterstützungskassen	1 ff.
1. Begriff	1
2. Rechtsverhältnis Arbeitnehmer/Unterstützungskasse	2–11
3. Rechtsverhältnis Arbeitgeber/Arbeitnehmer	12–16
4. Rechtsverhältnis Unterstützungskasse/Trägerunternehmen	17–22
5. Rückgedeckte Unterstützungskasse	23–25
6. Mitbestimmung	26
II. Besonderheiten bei Ruhegeldgewährung durch Pensionskassen	27 ff.
1. Begriff	27, 28
2. Rechtsverhältnis Arbeitnehmer/Pensionskasse	29–32
3. Rechtsverhältnis Arbeitgeber/Arbeitnehmer	33
4. Rechtsverhältnis Trägerunternehmen/Pensionskasse	34
5. Mitbestimmung	35
III. Direktversicherung	36 ff.
1. Begriff	36–39
2. Beitragszahlung	40–45
3. Bezugsberechtigung	46–52
4. Unverfallbarkeit	53–55
5. Anpassung	56
6. Einstandspflicht des Arbeitgebers	57
7. Mitbestimmungsrecht des Betriebsrats	58
IV. Entgeltumwandlungszusage	59 ff.
1. Begriff	59
2. Anspruch auf Entgeltumwandlung	60–63
3. Entgelt	64–66
4. Wertgleichheit	67–69
5. Unverfallbarkeit	70–73
6. Anpassungspflicht bei Entgeltumwandlung	74
7. Entgeltumwandlung und Abfindung von Anwartschaften	75
8. Insolvenzschutz	76
9. Mitbestimmung	77
10. Anspruch auf staatliche Förderung der Entgeltumwandlung	78, 79

[892] *Höfer* ART RN 1088.
[893] BAG 13. 7. 1978 AP 5 zu § 87 BetrVG 1972 Altersversorgung = NJW 79, 2534.
[894] Vgl. BAG 10. 9. 2002 AP 37 zu § 1 BetrAVG Ablösung = DB 2003, 1525.
[895] BAG 22. 4. 1986 AP 13 zu § 1 BetrVG 1972 Altersversorgung = NZA 86, 574; 9. 5. 1989 AP 18 zu § 1 BetrVG 1972 Altersversorgung = NZA 89, 889.

	RN
V. Beitragsorientierte Versorgungszusage	80 ff.
1. Begriff	80, 81
2. Einstandspflicht	82
3. Beitragszusage	83
4. Beitragszusage mit Mindestleistung	84–89
5. Insolvenz	90
VI. Pensionsfonds	91 ff.
1. Begriff	91–94
2. Rechtsverhältnis Arbeitnehmer/Arbeitgeber	95–97
3. Rechtsverhältnis Arbeitgeber/Pensionsfonds	98, 99
4. Rechtsverhältnis Arbeitnehmer/Pensionsfonds	100
5. Mitbestimmung des Betriebsrats	101
6. Betriebsübergang	102
7. Insolvenz	103
VII. Insolvenzschutz	104 ff.
1. Geschichte und Rechtsgrundlagen	104–106
2. Insolvenzschutz von Versorgungsansprüchen	107–109
3. Gesicherte Versorgungsleistungen	110–117
4. Insolvenzsicherung von Versorgungsanwartschaften	118–123
5. Sicherungsfälle	124, 125
6. Einzelne Sicherungsfälle	126–133
7. Versicherungsanspruch gegen den Träger der Insolvenzsicherung	134–136
8. Versicherungsanspruch bei Versorgungsanwartschaften	137–140
9. Vertrauensschutz	141
10. Anspruchsbeschränkungen	142–148
11. Träger der Insolvenzsicherung	149
12. Mittel zur Insolvenzsicherung	150–154
13. Melde-, Auskunfts- und Mitteilungspflichten	155–162
14. Rechtsstreitigkeiten	163
VIII. Grundzüge der Altersversorgung im öffentlichen Dienst	164 ff.
1. Entwicklung und Neuregelung der Altersversorgung	164–169
2. Rspr. des BVerfG und deren Auswirkungen	170–173
3. Rechtsverhältnisse	174–177
4. Leistungen der Zusatzversorgung	178–184
5. Anpassung	185
6. Nebenpflichten	186, 187
7. Bisherige Regelung und Besitzstand	188–199
8. Übergangsregelungen des ATV	200–202
9. Versorgungsanwartschaft	203–210
10. Privatisierung und Altersversorgung	211–216

I. Besonderheiten bei Ruhegeldern durch Unterstützungskassen

Allgemein: *Berenz,* Übergang des Vermögens einer Unterstützungskasse auf den PSVaG bei Insolvenz des Trägerunternehmens – Systematik des § 9 Abs. 3 BetrAVG, DB 2006, 1006; *Birk,* Betriebliche Altersversorgung durch Unterstützungskassen, AR-Blattei SD 460.3; *Powietzka,* Die Unterstützungskasse bei Betriebsübergang und Unternehmenskauf, BetrAV 2009, 34.

Rückgedeckte Unterstützungskassen: *Blomeyer,* Verpfändung der Rückdeckungsversicherung, BetrAV 99, 17; *Pophal,* Aktuelle Fragen zur rückgedeckten Unterstützungskasse, BetrAV 2003, 412.

1 **1. Begriff.** Unterstützungskassen sind rechtsfähige Versorgungseinrichtungen, die an Angehörige des Trägerunternehmens einmalige und/oder laufende Leistungen der betrieblichen Altersversorgung (§ 82 RN 1) ohne Rechtsanspruch gewähren (§ 1 b IV BetrAVG). Zumeist wird die Unterstützungskasse als eingetragener Verein oder als GmbH gegründet. Die Rechtsform einer Stiftung wird nur selten verwandt. Gründung, Satzung und die Rechtsverhältnisse der Unterstützungskasse im Innen- und Außenverhältnis richten sich nach BGB, HGB und GmbHG. Empfehlenswert ist, die Rechtsverhältnisse der Kasse in der **Satzung,** dagegen Voraussetzungen und Umfang der Leistungen in einer besonderen **Leistungsordnung (Leistungsplan)** zu regeln. Träger der Unterstützungskasse können ein oder mehrere Arbeitgeber sein; möglich ist, dass die Unternehmen verbunden (Konzernkasse) oder auch unabhängig sind (Gruppenunterstützungskasse). Zuwendungsempfänger der Leistungen müssen die Arbeitnehmer der Trägerunternehmen sein. Charakteristisch für die Leistungen der Unterstützungskasse ist der Ausschluss des Rechtsanspruches der Versorgungsberechtigten. Hierdurch soll zum einen erreicht werden, dass sie nicht der Versicherungsaufsicht des Bundesaufsichtsamtes für das Versicherungswesen unterliegen (Beschluss des BAV: BetrAV 78, 9) und zum anderen die Mittel wieder im Trägerunternehmen angelegt werden können. Bei der Unterstützungskasse ist zwischen **drei Rechtsbeziehungen** zu unterscheiden, nämlich zwischen **(1)** Arbeitnehmer und Unterstützungskasse, **(2)** Arbeitnehmer und Arbeitgeber, **(3)** Unterstützungskasse und Arbeitgeber/Trägerunternehmen.

2 **2. Rechtsverhältnis Arbeitnehmer/Unterstützungskasse (Leistungsverhältnis).** Der Arbeitnehmer hat gegen die Unterstützungskasse keinen Rechtsanspruch auf Leistungsgewährung.

3 **a)** Aus historischen Gründen und zur Vermeidung der Versicherungsaufsicht ist der **Rechtsanspruch ausgeschlossen.** Gleichwohl sind die Versorgungsaussichten der Arbeitnehmer nicht

ungeschützt. Nach § 1b IV BetrAVG werden sie unverfallbar; nach § 1587 BGB werden sie auch im Rahmen des Versorgungsausgleiches berücksichtigt (§ 83 RN 217ff.). Nach der Rspr. des BAG kommt dem Ausschluss des Rechtsanspruches nur die Bedeutung eines Widerrufsvorbehaltes zu.[1] Diese Einschränkung folgt aus dem Entgeltcharakter der Altersversorgung und dem Vertrauensschutz. Hieraus ergibt sich, dass ein einzelner Arbeitnehmer nicht vom Leistungsbezug ausgeschlossen werden kann.[2] Der Arbeitgeber ist lediglich berechtigt, bei Bestehen allgemeiner Widerrufsgründe (§ 83 RN 330f.) die Leistungen zu widerrufen und die Versorgung unter Mitwirkung des Betriebsrates veränderten wirtschaftlichen Verhältnissen anzupassen.[3] Diese Rspr. hält das BVerfG in einer Entscheidung vom 19. 10. 1983 teilweise für zu weitgehend.[4] Es hat ausgeführt, dass ein unverhältnismäßiger Eingriff in die Vertragsfreiheit vorliege, wenn ein Widerruf unverfallbarer Versorgungsanwartschaften aus der Zeit vor Inkrafttreten des BetrAVG nur unter den strengen Voraussetzungen des BetrAVG zugelassen werde. Das BAG hat seine Rspr. daraufhin modifiziert; dabei hat es zwischen den sog. Alt- und Neufällen unterschieden. In den Altfällen, in denen die Versorgungsanwartschaft nach den Grundsätzen der Rspr. (§ 83 RN 80)[5] unverfallbar geworden ist, war ein Widerruf der Versorgungsleistungen bereits dann wirksam, wenn hierfür ein triftiger Grund vorlag.[6] Der Widerruf war mithin bereits vor Eintritt einer wirtschaftlichen Notlage gerechtfertigt; andererseits reichte eine bloße Lästigkeit der Verpflichtung nicht aus. Ein triftiger Grund war dann gegeben, wenn die ungekürzten Versorgungsleistungen langfristig die Substanz des Trägerunternehmens gefährden könnten und mildere Mittel zur Sanierung des Unternehmens nicht ausreichen. In den sog. Neufällen hat das BAG eine **Stufentheorie** (s. im Einzelnen § 83 RN 141ff.) entwickelt.[7] **(1)** In den erdienten und nach § 2 I BetrVG zu errechnenden Teilbetrag **(erdiente Besitzstände)** kann nur ausnahmsweise bei ganz zwingenden Gründen, eingegriffen werden. **(2)** Die gehaltsabhängigen, jährlichen Steigerungssätze sind bereits erdient; sie können nur aus triftigem Grund widerrufen werden; **(3)** die zeitabhängigen Steigerungen können dagegen aus sachlichem Grund widerrufen werden. Ein sachlicher Grund ist noch nicht dann gegeben, wenn die Unterstützungskasse selbst kein hinreichendes Vermögen besitzt. Insoweit sind die Vermögensverhältnisse des Trägerunternehmens maßgebend.[8] Bei fehlender Dotierung muss die Unterstützungskasse auf den Träger einzuwirken versuchen. Auch diese Rspr. ist durch eine Entscheidung des BVerfG 14. 1. 1987 – für Altfälle – teilweise für verfassungswidrig erklärt worden.[9] Das BVerfG hat angenommen, dass das BAG zu strenge Anforderungen an den Widerruf von Versorgungsleistungen gestellt und dem Vertrauen des Arbeitgebers auf die Widerrufsmöglichkeit nicht hinreichend Rechnung getragen hat. Der Widerruf von Leistungen einer Unterstützungskasse in Versorgungsfällen, die zwar unter Geltung des BetrAVG eingetreten seien, deren tatsächliche und rechtliche Grundlagen aber vor Inkrafttreten des BetrAVG gelegt worden seien, setze keine wirtschaftliche Notlage im Sinne von § 7 I 3 Nr. 5 (a. F.) BetrAVG voraus.[10] Erforderlich war aber eine vorherige Einschaltung des PSVaG.[11]

---

[1] BAG 31. 5. 1968 AP 127 zu § 242 BGB Ruhegehalt; 31. 10. 1969 AP 1 zu § 242 BGB Ruhegehalt-Unterstützungskassen = NJW 70, 1145; 17. 5. 1973 AP 6 zu § 242 BGB Ruhegehalt-Unterstützungskassen = NJW 73, 1946; 28. 4. 1977 AP 7 zu § 242 BGB Ruhegehalt-Unterstützungskassen; 10. 11. 1977 AP 8 zu § 242 BGB Ruhegehalt-Unterstützungskassen; 5. 7. 1977 AP 9 zu § 242 BGB Ruhegehalt-Unterstützungskassen = NJW 80, 79; 17. 4. 1985 AP 4 zu § 1 BetrAVG Unterstützungskassen = NZA 86, 57; 18. 4. 1989 AP 23 zu § 1 BetrAVG Unterstützungskassen NZA 89, 845; 17. 11. 1992 AP 13 zu § 1 BetrAVG Besitzstand = NZA 93, 938.

[2] BAG 31. 10. 1969 AP 1 zu § 242 BGB Ruhegehalt-Unterstützungskassen = NJW 70, 1145.

[3] BAG 8. 12. 1981 AP 1 zu § 1 BetrAVG Ablösung.

[4] BVerfG 19. 10. 1983 BVerfGE 65, 196 = AP 2 zu § 1 BetrAVG Unterstützungskassen = NJW 84, 476.

[5] Grundlegend BAG 10. 3. 1972 AP 156 zu § 242 BGB Ruhegehalt.

[6] BAG 5. 6. 1984 AP 3 zu § 1 BetrAVG Unterstützungskassen = NZA 85, 22; 23. 4. 1985 AP 6 zu § 1 BetrAVG Unterstützungskassen = NZA 86, 60.

[7] BAG 17. 4. 1985 AP 4 zu § 1 BetrAVG Unterstützungskassen = NZA 86, 57; 23. 4. 1985 AP 6 zu § 1 BetrAVG Unterstützungskassen = NZA 86, 60; 22. 4. 1986 AP 8 zu § 1 BetrAVG Unterstützungskassen = NZA 86, 746; 11. 9. 1990 AP 8 zu § 1 BetrAVG Besitzstand = NZA 91, 176; 17. 11. 1992 AP 13 zu § 1 BetrAVG Besitzstand = NZA 93, 938; 11. 12. 2001 AP 43 zu § 1 BetrAVG Unterstützungskassen = NZA 2003, 1407.

[8] BAG 28. 4. 1977 AP 7 zu § 242 BGB Ruhegehalt-Unterstützungskassen; 10. 11. 1977 AP 8 zu § 242 BGB Ruhegehalt-Unterstützungskassen; 5. 7. 1977 AP 9 zu § 242 BGB Ruhegehalt-Unterstützungskassen = NJW 80, 79.

[9] BVerfG 14. 1. 1987 BVerfGE 74, 129 = AP 11 zu § 1 BetrAVG Unterstützungskassen.

[10] Zur Abschaffung dieses Widerrufsgrundes vgl. § 83 RN 344.

[11] BAG 24. 1. 1989 AP 15 zu § 7 BetrAVG Widerruf = NZA 89, 682.

4 Auch wenn nach der Rspr. des BAG der Ausschluss des Rechtsanspruches nur noch einen **Widerrufsvorbehalt** darstellt, ändert sich auch steuerrechtlich nichts an dem Begriff der Unterstützungskasse.[12]

5 **b)** Die Unterstützungskasse kann die Gewährung von Versorgungsleistungen davon abhängig machen, dass das **Arbeitsverhältnis zum Trägerunternehmen zehn Jahre** besteht.[13] Sie darf ihre Leistungen nicht deswegen widerrufen, weil ein Träger der Sozialhilfe diese zum teilweisen Ausgleich für von ihm getragene Pflegeleistungen in Anspruch nimmt.[14] Eine Unterstützungskasse muss die in ihrer Satzung vorgesehene Versorgung bei Invalidität auch dann gewähren, wenn der Arbeitnehmer mit einer unverfallbaren Versorgungsanwartschaft ausgeschieden und der Versorgungsfall bei einem Folgearbeitgeber eingetreten ist.[15]

6 **c)** Da die Unterstützungskasse auf ihre Leistungen keinen Rechtsanspruch gewährt, bedurfte die **Unverfallbarkeitsregelung** (§ 83 RN 79 ff.) einer besonderen konstruktiven Ausgestaltung. Nach Eintritt der Unverfallbarkeitsvoraussetzungen werden die ausgeschiedenen Arbeitnehmer denjenigen gleichgestellt, die im Betrieb verblieben sind (§ 1 b IV 1 BetrAVG). Das Gesetz vermeidet hier wegen des formalen Ausschlusses des Rechtsanspruchs (s. RN 3) den Begriff der Anwartschaft. Faktisch wird aber die bis zum Ausscheiden erworbene Anwartschaft aufrecht erhalten. Da der Arbeitnehmer regelmäßig nicht zur Unterstützungskasse angemeldet wird, bestimmt § 1 b IV 2 BetrAVG für die Berechnung der Unverfallbarkeitsfrist, dass die Versorgungszusage in dem Zeitpunkt als erteilt gilt, von dem an der Arbeitnehmer zum Kreis der Begünstigten der Kasse gehört. Die Unverfallbarkeitsfrist kann durch Vorschaltzeiten nicht verändert werden.[16] Wegen der Berechnung des Wertes der Versorgungsanwartschaft ist nach § 2 IV BetrAVG zunächst darauf abzustellen, was ein im Betrieb verbliebener Arbeitnehmer erhält. Alsdann ist entsprechend der ratierlichen Berechnungsmethode der Wert der Anwartschaft zu bestimmen.

7 **d)** Auch bei Leistungen durch Unterstützungskassen ist nach § 16 BetrAVG die Versorgung **veränderten Verhältnissen anzupassen.**

8 **e)** Bei der **verschlechternden Änderung** einer Unterstützungskassenversorgung wirken sich die verschiedenen Rechtsbeziehungen wiederum aus.

9 Da der Ausschluss des Rechtsanspruches die Bedeutung eines Widerrufsvorbehaltes hat (RN 4), kann die Versorgungsordnung an sich **widerrufen** und durch eine andere ersetzt werden oder zum Nachteil des Versorgungsberechtigten geändert werden.[17] Wird die Versorgungsordnung widerrufen und durch eine andere ersetzt, so hat der Betriebsrat ein erzwingbares Mitbestimmungsrecht, da es einer neuen Verteilung der Ruhegelder bedarf.[18] Bei Widerruf aus wirtschaftlichen Gründen nach altem Recht[19] war zuvor der PSVaG einzuschalten.[20]

10 Der **Eingriff in die Versorgungsansprüche und in die Versorgungsanwartschaften** ist nicht beliebig zulässig. Vielmehr bedarf es dazu eines Grundes. Auf Seiten des Arbeitgebers ist zu berücksichtigen, ob sich die Verhältnisse, die im Zeitpunkt der Zusage bestanden, verändert haben. Auf Seiten der Arbeitnehmer ist der Stärke der rechtlichen Position der Rentner und Anwartschaftsberechtigten Rechnung zu tragen. Das BAG hat für die Rechtskontrolle der Änderung ein Dreistufenmodell entwickelt (RN 3) und dies systematisch unter Berücksichtigung der Rspr. des BVerfG fortgeschrieben.

---

[12] BFH 5. 11. 1992 BFHE 169, 369 = DB 93, 663 = BetrAV 93, 220.

[13] BAG 8. 12. 1972 AP 5 zu § 242 BGB Ruhegehalt-Unterstützungskassen; 7. 7. 1977 AP 2 zu § 1 BetrAVG Wartezeit.

[14] BAG 10. 7. 1980 AP 11 zu § 242 BGB Ruhegehalt-Unterstützungskassen = NJW 81, 840.

[15] BAG 14. 8. 1980 AP 12 zu § 242 BGB Ruhegehalt-Unterstützungskassen.

[16] BAG 7. 7. 1977 AP 3 zu § 1 BetrAVG Wartezeit; 13. 7. 1978 AP 4 zu § 1 BetrAVG Wartezeit; 20. 3. 1980 AP 5 zu § 1 BetrAVG Wartezeit = NJW 80, 2428; 21. 8. 1980 AP 7 zu § 1 BetrAVG Wartezeit = NJW 81, 1855.

[17] BAG 17. 4. 1985 AP 4 zu § 1 BetrAVG Unterstützungskassen = NZA 86, 57; 22. 4. 1986 AP 8 zu § 1 BetrAVG Unterstützungskassen = NZA 86, 746; 18. 4. 1989 AP 23 zu § 1 BetrAVG Unterstützungskassen = NZA 89, 845.

[18] BAG 13. 7. 1978 AP 5 zu § 87 BetrVG 1972 Altersversorgung; 8. 12. 1981 AP 1 zu § 1 BetrAVG Unterstützungskassen; 5. 6. 1984 AP 3 zu § 1 BetrAVG Unterstützungskassen = NZA 85, 22; 26. 4. 1988 AP 16 zu § 87 BetrVG 1972 Altersversorgung = NZA 89, 219.

[19] S. § 83 RN 338 ff.; zum neuen Recht s. § 83 RN 344.

[20] BAG 24. 1. 1989 AP 15 zu § 7 BetrAVG Widerruf = NZA 89, 682.

f) Die Unterstützungskasse wird von ihrer Leistungspflicht befreit, wenn die entsprechenden Ansprüche des Arbeitnehmers gegen den Arbeitgeber erloschen sind, z. B. auf Grund eines Vergleichs (s. auch § 83 RN 327).[21] 11

3. Rechtsverhältnis Arbeitgeber/Arbeitnehmer (Valutaverhältnis). Zwischen Arbeitgeber und Arbeitnehmer besteht die Versorgungszusage. 12

a) Die **Versorgungszusage** kann eine Einzel- oder Gesamtzusage sowie eine Beitragszusage sein und auf einer betrieblichen Übung (§ 83 RN 36 ff.) oder dem Gleichbehandlungsgrundsatz (§ 83 RN 40 ff.) beruhen. Für die Auslegung der Versorgungszusage gilt die sog. Unklarheitenregelung (§ 305 c BGB). Bleiben nach Auslegung der Bestimmungen zum Geltungsbereich der Versorgungsrichtlinie Zweifel, welches von mehreren Auslegungsergebnissen gilt, muss sich der Arbeitgeber an der für ihn ungünstigeren Auslegung festhalten lassen.[22] Neben den Individualzusagen kommt eine Betriebsvereinbarung oder ein Tarifvertrag in Betracht. Im Allgemeinen wird die Versorgungszusage zum Inhalt haben, dass der Arbeitnehmer nach Maßgabe der Richtlinien der Unterstützungskasse versorgt wird. Sagt der Arbeitgeber eine geringere Versorgung zu, so wird die Zusage zumeist wegen Verstoßes gegen den Gleichbehandlungsgrundsatz unwirksam sein; sagt er eine höhere Versorgung zu, so haftet er für die Anteile der betrieblichen Altersversorgung, die über die Richtlinien hinausgehen, selbst. 13

b) Da der Arbeitgeber Versorgung durch eine Unterstützungskasse zusagt, muss der Arbeitnehmer sich grundsätzlich zunächst an die Unterstützungskasse halten.[23] Weigert sich die Unterstützungskasse zu zahlen, so hat das BAG zunächst angenommen, dass der Arbeitgeber in entspr. Anwendung von §§ 437 I, 440 I, 325 I BGB a. F. haftet.[24] Diese Begründung findet sich in neueren Urteilen nicht mehr. Die Gewährleistungstheorie ist durch die sog. **Einheitstheorie** abgelöst worden. Nach ihr ist die Unterscheidung zwischen Unterstützungskasse und Arbeitgeber nur deklaratorisch. Arbeitgeber und Unterstützungskasse werden als eine wirtschaftliche Einheit behandelt. Die Unterstützungskasse ist nur der verlängerte Arm, durch den die Unterstützungsleistungen erbracht werden.[25] Zutreffenderweise dürfte darauf abzustellen sein, dass der Arbeitgeber die Versorgung zugesagt hat und auf Grund der Versorgungszusage **für die Leistung einzustehen** hat, wie sich auch aus § 1 I 3 BetrAVG ergibt. Die Verpflichtung des Arbeitgebers, wegen des nicht ausreichenden Vermögens einer Unterstützungskasse für den Ausfall von Versorgungsleistungen gegenüber seinen Arbeitnehmern einstehen zu müssen, erfüllt nicht die Voraussetzungen für eine Pensionsrückstellung nach § 6 a EStG. Das gilt auch für die Versorgungsverpflichtungen des Erwerbers eines Betriebes, auf den die Arbeitsverhältnisse mit den durch eine Unterstützungskasse begünstigten Arbeitnehmern übergegangen sind.[26] 14

c) Der Theorienstreit hat Bedeutung für das **Haftungssystem.** Die Rspr. hat zunächst angenommen, dass der Arbeitnehmer sich zunächst einmal an die Unterstützungskasse zu halten habe. Dies kann bei der Einstandspflicht des Arbeitgebers nur noch bedingt richtig sein. Geht es um die Frage des Rechtsgrundes des Ruhegeldanspruches, wird im Allgemeinen der Arbeitgeber zu verklagen sein; geht es dagegen nur um Berechnungsfragen, also die Auslegung der Versorgungsordnung, hat sich der Arbeitnehmer an die Unterstützungskasse zu halten. Das BVerfG hat die Rspr. des BAG gebilligt, nach der der Arbeitgeber für die Leistungen der Unterstützungskasse einstehen muss.[27] Die Haftung des Arbeitgebers erstreckt sich auch auf Prozesskosten, die in Rechtsstreitigkeiten zwischen dem Arbeitnehmer und der Unterstützungskasse erwachsen sind.[28] 15

Der Arbeitgeber ist verpflichtet, den Arbeitnehmer über die Versorgungsmöglichkeiten aufzuklären. Bei einer Verletzung von **Aufklärungspflichten** kann der Arbeitgeber schadenser- 16

---

[21] LAG Frankfurt 8. 3. 1989 NZA 89, 638.

[22] BAG 27. 1. 1998 AP 38 zu § 1 BetrAVG Unterstützungskassen = NZA 99, 267.

[23] BAG 31. 8. 1956 AP 16 zu § 242 BGB Ruhegehalt; 31. 5. 1968 AP 127 zu § 242 BGB Ruhegehalt; 5. 9. 1972 AP 159 zu § 242 BGB Ruhegehalt.

[24] BAG 25. 7. 1969 AP 2 zu § 242 BGB Ruhegehalt-Unterstützungskassen; 12. 2. 1971 AP 3 zu § 242 BGB Ruhegehalt-Unterstützungskassen; vgl. auch BAG 27. 6. 1969 AP 2 zu § 242 BGB Ruhegehalt-VBL = NJW 69, 2165.

[25] BAG 17. 5. 1973 AP 6 zu § 242 BGB Ruhegehalt-Unterstützungskassen = NJW 73, 1946; 28. 4. 1977 AP 7 zu § 242 BGB Ruhegehalt-Unterstützungskassen; 10. 11. 1977 AP 8 zu § 242 BGB Ruhegehalt-Unterstützungskassen; 5. 7. 1977 AP 9 zu § 242 BGB Ruhegehalt-Unterstützungskassen = NJW 80, 79; 5. 6. 1984 AP 3 zu § 1 BetrAVG Unterstützungskassen = NZA 85, 22.

[26] BFH 16. 12. 2002 BFHE 201, 201 = DB 2003, 914.

[27] BVerfG 16. 2. 1987 AP 12 zu § 1 BetrAVG Unterstützungskassen; 16. 2. 1987 AP 13 zu § 1 BetrAVG Unterstützungskassen = BetrAV 87, 425.

[28] LAG Hamm 20. 7. 1983 BB 83, 1923 = BetrAV 83, 236.

satzpflichtig sein. Er trägt die Beweislast dafür, dass ein etwaiger Schaden auch bei hinreichender Aufklärung entstanden wäre.[29] Es gilt die Vermutung, dass der Arbeitnehmer sich bei zutreffender Aufklärung interessengerecht verhalten hätte,[30] also von der Versorgungsmöglichkeit Gebrauch gemacht hätte.

17 **4. Rechtsverhältnis Unterstützungskasse/Trägerunternehmen (Deckungsverhältnis).** Hauptinhalt der Rechtsbeziehungen zwischen Unterstützungskasse und Trägerunternehmen ist die Gewährung von Zuwendungen an die Kasse, damit diese ihre satzungsmäßigen Zwecke erfüllen kann.

18 **a)** Im Allgemeinen werden zwischen Arbeitgeber und Unterstützungskasse besondere **Vereinbarungen über die Dotierung** bestehen. Notwendig ist das nicht. Hat eine Unterstützungskasse im Auftrage des Arbeitgebers Leistungen an die Versorgungsberechtigten erbracht, so steht ihr jedenfalls ein Aufwendungsersatzanspruch nach § 670 BGB zu.[31] Dann ist es aber auch nur folgerichtig, dass sie einen Anspruch auf Vorschuss für die zu erbringenden Ruhegeldleistungen erlangt (§ 669 BGB).

19 Die Zuwendungen an die Unterstützungskasse sind gem. § 4 d EStG im Rahmen bestimmter Höchstbeträge als Betriebsausgaben abzugsfähig.

20 Zumeist bestimmt die Satzung, dass einer ihrer Organvertreter vom Arbeitgeber ernannt wird, der Leistungsplan der Zustimmung des Arbeitgebers bedarf und das Kassenvermögen im Unternehmen des Kassenträgers anzulegen ist.

21 **b)** Geht ein Betrieb nach § 613 a BGB auf einen **Betriebsnachfolger** über, so geht nicht gleichzeitig die Unterstützungskasse über.[32] Nach § 613 a I 1 BGB tritt der neue Inhaber in die Rechte und Pflichten aus den im Zeitpunkt des Übergangs bestehenden Arbeitsverhältnissen ein. Hieraus folgt: **(1)** Sind im Zeitpunkt des Betriebsüberganges die Versorgungsberechtigten bereits ausgeschieden, so haftet der Betriebsveräußerer weiter.[33] Eine Haftungsübertragung ist nach Maßgabe von § 4 II BetrAVG möglich (§ 83 RN 177 ff.). Dagegen muss der Betriebserwerber in die Versorgungsanwartschaften der noch aktiven Arbeitnehmer eintreten. **(2)** Umstr. ist das Rechtsverhältnis Arbeitnehmer/Unterstützungskasse im Falle der Betriebsnachfolge. Wird die Unterstützungskasse nicht an den Betriebsnachfolger veräußert, so behalten die im Zeitpunkt des Betriebsüberganges bereits ausgeschiedenen Arbeitnehmer ihre Versorgungsansprüche gegen die Unterstützungskasse. Die aktive Belegschaft ist dagegen auf den Betriebserwerber übergegangen; der Betriebsveräußerer wird nach § 613 a II BGB von der Haftung frei. Nach der Rspr. des BAG wird die Unterstützungskasse zum gleichen Zeitpunkt und in gleichem Umfang frei;[34] das muss nach der Einheitstheorie so sein (RN 14). Wird die Unterstützungskasse dagegen veräußert, muss sie für die Ansprüche der Ausgeschiedenen wie der übergegangenen weiterhaften.[35] Weitere Einzelheiten § 118.

22 **c)** Verlässt ein Arbeitgeber eine **Gruppenunterstützungskasse,** so muss er die laufenden Rentenzahlungen der Arbeitnehmer übernehmen. Die Unterstützungskasse wird von der Haftung frei.[36] Wenn eine Unterstützungskasse mehrere Trägerunternehmen hat (Konzern- oder Gruppenkassen) und nur bei einem der Trägerunternehmen ein Versicherungsfall im Sinne von § 7 I BetrAVG eintritt, genießen nur die Arbeitnehmer dieses Trägerunternehmens Insolvenzschutz.[37]

23 **5. Rückgedeckte Unterstützungskasse.**[38] **a)** Arbeitgeber und Unterstützungskassen treffen bereits in der Anwartschaftszeit auf betriebliche Altersversorgung Vorsorge für die späteren Versorgungsleistungen. Eine Rückdeckungsversicherung wird vom Arbeitgeber oder der Unter-

---

[29] BAG 17. 10. 2000 AP 116 zu § 611 BGB Fürsorgepflicht = NZA 2001, 206.

[30] Vgl. BAG 17. 4. 2002 AP 6 zu § 2 NachwG = NZA 2002, 1096; 10. 2. 2004 AP 15 zu § 119 BGB = NZA 2004, 606.

[31] Vgl. BAG 17. 5. 1973 AP 6 zu § 242 BGB Ruhegehalt-Unterstützungskassen = NJW 73, 1946; 28. 4. 1977 AP 7 zu § 242 BGB Ruhegehalt-Unterstützungskassen.

[32] BAG 5. 5. 1977 AP 7 zu § 613 a BGB.

[33] St. Rspr. d. BAG, vgl. BAG 11. 11. 1986 AP 61 zu 3 613 a BGB = NZA 87, 559 m. w. N.; 28. 2. 1989 AP 20 zu § 1 BetrAVG Unterstützungskassen = NZA 89, 681.

[34] BAG 15. 3. 1979 AP 15 zu § 613 a BGB = NJW 79, 2533.

[35] BAG 28. 2. 1989 AP 20 zu § 1 BetrAVG Unterstützungskassen = NZA 89, 681; *Schaub* NZA 87, 1 (2).

[36] BAG 3. 2. 1987 AP 17 zu § 1 BetrAVG Unterstützungskassen = NZA 89, 22; 22. 10. 1991 AP 17 zu § 7 BetrAVG Widerruf = NZA 92, 934; 11. 2. 1992 AP 32 zu § 1 BetrAVG Unterstützungskassen = NZA 92, 931.

[37] BAG 24. 1. 1980 AP 10 zu § 242 BGB Ruhegehalt-Unterstützungskassen.

[38] Schrifttum s. vor RN 1.

stützungskasse mit dem Versicherungsunternehmen abgeschlossen, um die Risiken der betrieblichen Altersversorgung abzusichern. Die Definition der kongruenten Rückdeckungsversicherung ergibt sich aus § 4 IV BetrAVG in der bis zum 31. 12. 1999 geltenden Fassung. Eine **kongruent rückgedeckte Unterstützungskasse** ist eine Versorgungseinrichtung, die sich die Mittel für ihre Versorgungsleistungen, die einem Leistungsempfänger oder Leistungsanwärter in Aussicht gestellt werden, in voller Höhe durch Abschluss einer Versicherung verschafft. Der Arbeitnehmer ist Versicherter. Er oder seine Hinterbliebenen erlangen kein Bezugsrecht gegen das Versicherungsunternehmen. Bezugsberechtigter ist das Unternehmen bzw. die Unterstützungskasse. Es liegt damit keine Direktversicherung sondern ein reines Finanzierungsinstrument vor. Der Arbeitnehmer hat nur Ansprüche aus der Versorgungszusage.

b) Der Arbeitgeber kann die Rückdeckungsversicherung an den Arbeitnehmer **verpfänden.** 24
Aber auch im Falle der Verpfändung bleibt der Arbeitgeber nach Maßgabe der Pfandvorschriften Bezugsberechtigter.

c) Eine **rückgedeckte Unterstützungskasse** fand sich in § 4 III, IV BetrAVG a. F. Hatte 25
ein Unternehmer eine Versorgungszusage erteilt, war es in der Vergangenheit nur schwer möglich, das Unternehmen stillzulegen. Dem sollte durch die durch das RRG eingeführten Vorschriften Rechnung getragen werden. Wurde die Betriebstätigkeit eingestellt und das Unternehmen liquidiert, konnte eine Versorgungsleistung auf Grund einer Zusage oder einer unverfallbaren Anwartschaft oder eine Versorgungsleistung, die durch eine Unterstützungskasse zu erbringen ist, von einer durch ein Unternehmen der Lebensversicherung oder eine Pensionskasse kongruent gedeckten Unterstützungskasse ohne Zustimmung des Versorgungsberechtigten übernommen werden. Nunmehr gelten auch für die rückgedeckte Unterstützungskasse die Regelungen des § 4 II, IV BetrAVG n. F. (s. § 83 RN 179 ff.).

6. Mitbestimmung. Der Betriebsrat hat ein Mitbestimmungsrecht bei Form, Ausgestaltung 26
und Verwaltung der Sozialeinrichtung (§ 87 I Nr. 8 BetrVG). Dagegen bezieht es sich nicht auf die Einrichtung. Insoweit kann nur eine freiwillige Betriebsvereinbarung abgeschlossen werden (§ 88 Nr. 2 BetrVG). Der Arbeitgeber kann die Mittel, die er für die Altersversorgung zur Verfügung stellt, mitbestimmungsfrei kürzen. Das führt allerdings dann dazu, dass über die verbleibenden Mittel ein neuer Verteilungsplan aufgestellt werden muss, der der Mitbestimmung unterliegt.[39] Bei Gruppenkassen, deren satzungsmäßige Organe über Form, Ausgestaltung und Verwaltung mehrheitlich entscheiden, haben die Betriebsräte kein Mitbestimmungsrecht nach § 87 I Nr. 8 BetrVG, weil kein Betriebsrat nach seinem Zuständigkeitsbereich die Gruppenkasse erfassen kann. Die Betriebsräte haben jedoch nach § 87 I Nr. 10 BetrVG Mitbestimmungsrechte, soweit das Abstimmungsverhalten ihres Unternehmens bei Beschlüssen der satzungsmäßigen Unterstützungskassen-Organe über Fragen des Leistungsplanes festzulegen ist (s. auch § 83 RN 369). Wird der Betriebsrat eines Unternehmens übergangen, so führt dies nicht zur Unwirksamkeit der Beschlüsse der Organe der Gruppenkasse.[40] Im Verhältnis zwischen Arbeitgeber und Arbeitnehmer hat die Entscheidung der Unterstützungskasse nur dann keine Bedeutung, wenn sich feststellen lässt, dass die Beachtung des Mitbestimmungsrechts für die Betroffenen eine nachteilige Änderung der Leistungsrichtlinien ganz oder teilweise verhindert hätte. Insoweit trifft den Arbeitgeber eine Ausfallhaftung.[41]

II. Besonderheiten bei Ruhegeldgewährung durch Pensionskassen

Blumenstein, Neues Abkommen zur Übertragung von Direktversicherungen oder Versicherungen in einer Pensionskasse bei Arbeitgeberwechsel, DB 2006, 218; *Laars,* Aktuelle aufsichtsrechtliche Fragen im Rahmen der Umsetzung der Pensionsfondsrichtlinie, BetrAV 2004, 714; *Rühmann,* Übertragung und Abfindung von Versorgungsanwartschaften durch Pensionskassen, BetrAV 2003, 302; *Schwind,* Novellierung des Versicherungsaufsichtsgesetzes – Auswirkungen auf die Pensionskassen, BetrAV 2005, 638.

1. Begriff. a) Die Pensionskasse ist eine rechtlich selbständige Versorgungseinrichtung, die 27
dem Arbeitnehmer oder seinen Hinterbliebenen auf ihre Leistungen einen Rechtsanspruch gewährt (§ 1 b III 1 BetrAVG). Sie kann von einem oder mehreren Unternehmern getragen werden. Wie bei den Unterstützungskassen werden **Betriebs-, Konzern- und Gruppenkassen** unterschieden (§ 83 RN 86). Sie sind unter staatlicher Aufsicht stehende Lebensversicherungs-

[39] BAG 10. 3. 1992 AP 34 zu § 1 BetrAVG Unterstützungskassen = NZA 92, 949.
[40] BAG 22. 4. 1986 AP 13 zu § 87 BetrVG 1972 Altersversorgung = NZA 86, 574; 9. 5. 1989 AP 18 zu § 1 BetrVG 1972 Altersversorgung = NZA 89, 889.
[41] BAG 9. 5. 1989 AP 18 zu § 1 BetrVG 1972 Altersversorgung = NZA 89, 889.

unternehmen (s. die gesetzliche Definition der Pensionskasse in § 118a VAG), die in der Rechtsform einer AG, zumeist aber in der eines VVaG gegründet werden (§ 7 VAG). Für den öffentlichen Dienst sind sie zumeist als Anstalten öffentlichen Rechts errichtet und werden dann als Zusatzversorgungsanstalt bezeichnet (RN 164 ff.). In der Privatwirtschaft sind es wegen ihres begrenzten Wirkungskreises häufig kleinere Vereine (§ 53 VAG), für die rechtliche Erleichterungen gelten.

28 **b)** Der **Bestand des Deckungsstocks** und das übrige gebundene Vermögen eines Versicherungsunternehmens (gebundenes Vermögen) sind unter Berücksichtigung der Art der betriebenen Versicherungsgeschäfte und der Unternehmensstruktur so anzulegen, dass möglichst große Sicherheit und Rentabilität bei jederzeitiger Liquidität des Versicherungsunternehmens unter Wahrung angemessener Umschau und Streuung erreicht wird. Das gebundene Vermögen darf nur nach Maßgabe des § 54 VAG im Gebiet der Mitgliedstaaten der Vertragsstaaten des EU angelegt werden. Von der Körperschaftssteuer sind Pensionskassen befreit, wenn die Voraussetzungen des KStG sowie der KStD vorliegen.

29 **2. Rechtsverhältnis Arbeitnehmer/Pensionskasse. a)** Der Arbeitnehmer kann zu Beiträgen an die Pensionskasse herangezogen werden. Diese sind **aus dem versteuerten Einkommen**[42] zu entrichten. Die Beiträge, die der Arbeitgeber an die Pensionskasse entrichtet, sind aber gem. § 3 Nr. 63 EStG bis zu 4% der Beitragsbemessungsgrenze in der allgemeinen Rentenversicherung lohnsteuerfrei. Die Mitgliedschaft in der Pensionskasse kann vom Bestand eines Arbeitsverhältnisses zum Trägerunternehmen abhängig gemacht werden. Ohne besondere Satzungsbestimmungen werden die Mitgliedschaften auf Grund von aufeinander folgenden Arbeitsverhältnissen zu mehreren Mitgliedern einer Gruppenpensionskasse nicht zusammengerechnet.[43] Die Satzung kann vorsehen, dass die Mitgliedschaft unabhängig von dem Eintritt der Unverfallbarkeit aufrechterhalten werden kann.[44] Ein Verlust auch der verfallbaren Versorgungsanwartschaft ist generell ausgeschlossen, soweit sie auf eigenen Beiträgen des Arbeitnehmers beruht. In den Versicherungsbedingungen einer Pensionskasse kann das Recht des Versicherungsnehmers ausgeschlossen sein, die Versicherung zu kündigen und Auszahlung der Prämienreserve zu verlangen; eine solche Regelung verstößt nicht gegen Art. 2 und Art. 12 GG.[45] Mit Eintritt des Versorgungsfalles erlangt der Arbeitnehmer einen **Rechtsanspruch** auf Versorgungsleistungen. **Begrenzungsklauseln** (§ 83 RN 299 ff.) sind insoweit unzulässig, wie sie den Teil der Kassenrente beschneiden, der auf Beiträgen der versicherten Arbeitnehmer beruht.[46] Sieht die Satzung vor, dass der Arbeitnehmer Ruhegeld entspr. der jeweiligen Satzung erhalten soll, so unterliegen spätere Satzungsänderungen der gerichtlichen Billigkeitskontrolle.[47] Ob eine Betriebsvereinbarung in das Versicherungsverhältnis eingreifen kann, ist zweifelhaft,[48] wird vom BAG allerdings für die Fälle der erzwingbaren Mitbestimmung bejaht.[49] Verneint hat das BAG die Anwendung von § 9 III BergmannsversorgungsscheinG NRW, nach dem Betriebszugehörigkeitszeiten angerechnet werden müssen.[50] Das BAG hat den EuGH angerufen, ob Art. 141 EG dahin ausgelegt werden kann, dass Pensionskassen als Arbeitgeber anzusehen sind und **Gleichbehandlung** von Mann und Frau bei Leistungen der betrieblichen Altersversorgung schulden, obwohl den benachteiligten Arbeitnehmern gegenüber ihren unmittelbaren Versorgungsschuldnern, den Arbeitgebern als Parteien der Arbeitsverträge, ein insolvenzgeschützter, die Diskriminierung ausschließender Anspruch zusteht.[51] Der EuGH hat Art. 141 EG dahin ausgelegt, dass die Pensionskasse die Gleichberechtigung beachten muss.[52] Dem hat sich das BAG angeschlossen.[53] Die sich danach ergebenden Ansprüche richten sich also sowohl gegen die Pensionskasse als auch gegen den Arbeitgeber (§ 1 I 3 BetrAVG).[54]

---

[42] Zur Beitragsbemessung: BAG 30. 11. 1970 AP 148 zu § 242 BGB Ruhegehalt.
[43] OLG Köln 11. 4. 1994 DB 95, 463 = BB 94, 1640 (LS).
[44] BAG 4. 5. 1993 AP 1 zu § 1 BetrAVG Pensionskasse = NZA 94, 361.
[45] BAG 13. 5. 1997 AP 2 zu § 1 BetrAVG Pensionskasse = NZA 98, 482.
[46] BAG 17. 1. 1969 AP 1 zu § 242 BGB Ruhegehalt-Pensionskassen.
[47] BAG 14. 11. 1974 AP 1 zu § 242 BGB Ruhegehalt-Zusatzversorgung.
[48] Offen gelassen für Tarifverträge von BGH 23. 2. 1977 AP 8 zu § 242 BGB Ruhegehalt-VBL.
[49] BAG 26. 5. 1981 AP 6 zu § 242 BGB Ruhegehalt-Zusatzversorgung.
[50] BAG 23. 3. 1999 AP 3 zu § 1 BetrAVG Pensionskasse = NZA 99, 1213.
[51] BAG 23. 3. 1999 AP 4 zu § 1 BetrAVG Pensionskasse = NZA 2000, 90.
[52] EuGH 9. 10. 2001 – Rs. C-379/99 (Barmer Ersatzkasse/Menauer) – AP 4 zu § 1 BetrAVG Pensionskasse = NZA 2001, 1301.
[53] BAG 19. 11. 2002 AP 13 zu § 1 BetrAVG Gleichberechtigung = NZA 2003, 380.
[54] BAG 7. 9. 2004 AP 15 zu § 1 BetrAVG Gleichberechtigung = NZA 2005, 1239.

b) Sind die **Unverfallbarkeitsvoraussetzungen** (§ 83 RN 82ff.) erfüllt, darf die Versorgungsanwartschaft nicht mehr verfallen. Die Pensionskasse hat mithin bei Eintritt der Leistungsvoraussetzungen Leistungen zu erbringen. Als Zeitpunkt des Beginns der Berechnung der Unverfallbarkeitsfrist gilt der Versicherungsbeginn,[55] frühestens jedoch der Beginn der Betriebszugehörigkeit (§ 1b III 2 BetrAVG). Hierdurch soll, etwa bei Stellenwechslern, die bei derselben Pensionskasse versichert waren, die rückwirkende Versicherung beibehalten werden und gleichzeitig verhindert werden, dass sogleich eine unverfallbare Versorgungsanwartschaft erwächst. 30

c) Wegen der **Berechnung des Wertes der Versorgungsanwartschaft** (§ 2 III BetrAVG) gelten die Ausführungen zu Lebensversicherungen (RN 54ff.) sinngemäß. 31

d) Auch bei Leistungsgewährung durch Pensionskassen besteht eine **Anpassungsverpflichtung** für den Arbeitgeber nach § 16 BetrAVG. Hierzu können auch etwaige Überschüsse verwandt werden bzw. sind diese, wenn sie den Arbeitnehmern zustehen, zu berücksichtigen. Wegen der Besonderheiten nach Art. 8 RRG vgl. § 83 RN 286. 32

3. Rechtsverhältnis Arbeitgeber/Arbeitnehmer. Zwischen Arbeitgeber und Arbeitnehmer kann z.B. auf Grund des Gleichbehandlungsgrundsatzes (§ 83 RN 40ff., RN 55ff.) die Verpflichtung des Arbeitgebers bestehen, den Arbeitnehmer zur Pensionskasse anzumelden. Allein aus dem Beitritt des Arbeitgebers zur Pensionskasse folgt aber noch keine solche Verpflichtung.[56, 57] Im Übrigen bestehen wegen der Gewährung der Versorgungsbezüge keine unmittelbaren Rechtsbeziehungen.[58] Etwas anderes kann dann gelten, wenn der Arbeitgeber die Voraussetzungen des Anspruches durch treu- oder pflichtwidrige Maßnahmen vereitelt oder den Anschein erweckt hat, er werde notfalls selbst Leistungen erbringen.[59] Hat der Arbeitgeber die Versorgung wie bei einem Arbeitnehmer des öffentlichen Dienstes versprochen, so haftet er unabhängig von der Versicherungsmöglichkeit bei der VBL.[60] 33

4. Rechtsverhältnis Trägerunternehmen/Pensionskasse. Das Trägerunternehmen ist zumeist verpflichtet, regelmäßig genau festgelegte Leistungen an die Pensionskasse zu erbringen oder den sich aus der versicherungstechnischen Bilanz ergebenden Fehlbetrag zu ersetzen. Als Betriebsausgaben abzugsfähig sind nach § 4c EStG nur solche Beträge, auf die die Pensionskasse einen Anspruch hat. 34

5. Mitbestimmung. Die Verwaltung von Betriebs-, Unternehmens- oder Konzernkassen unterliegt der erzwingbaren Mitbestimmung des Betriebsrats (§ 87 I Nr. 8 BetrVG). Vgl. § 83 RN 367ff., § 235. 35

III. Direktversicherung

Blumenstein, Neues Abkommen zur Übertragung von Direktversicherungen oder Versicherungen in einer Pensionskasse bei Arbeitgeberwechsel, DB 2006, 218; *Böhm,* Direktversicherung in der Insolvenz des Arbeitgebers, BB 2007, 1502; *Bürkle,* Mitteilungspflichten des Lebensversicherungsunternehmens gegenüber Arbeitnehmern im Rahmen der Direktversicherung, BB 2003, 2007; *Furtmayr,* Die beitragsrechtliche Bewertung von Direktversicherungen, NZS 2002, 250; *Höreth/Schiegl,* Auswirkungen des Alterseinkünftegesetzes auf die Direktversicherung, BB 2004, 2101; *Janca,* Der Lebensversicherungsvertrag im Insolvenzverfahren, ZInsO 2003, 449; *Pohl,* Neue steuerliche Behandlung der Direktversicherung- erste Erfahrungen der Praxis mit dem Alterseinkünftegesetz, BetrAV 2005, 537; *Raulf/Gunia,* Zwang zur geschlechtsneutralen Kalkulation in der betrieblichen Altersversorgung, NZA 2003, 534; *Stahlschmidt,* Direktversicherungen und Rückdeckungsversicherungen in der Unternehmensinsolvenz, NZI 2006, 375; *Schneider,* Versicherungen – wie hoch ist die Rendite?, BB 97, 2649; *Steinmeyer,* Gleichbehandlung – Forderung nach Unisex-Tarifen, BetrAV 2003, 688; *Westhelle/Micksch,* Die insolvenzrechtliche Abwicklung der Direktversicherung, ZIP 2003, 2054.

1. Begriff. a) Eine **Direktversicherung** liegt nach § 1b II 1 BetrAVG vor, wenn der Arbeitgeber auf das Leben des Arbeitnehmers eine Lebensversicherung abgeschlossen hat und der Arbeitnehmer oder seine Hinterbliebenen wegen der Leistung des Versicherers ganz oder teilweise bezugsberechtigt sind. Die Begriffsbestimmung ist etwas zu eng.[61] Betriebliche Altersver- 36

---

55 Abw. *Höfer* § 1b RN 3027, der auf den Zeitpunkt der Abrede über die Pensionskassenzusage abstellt.
56 Vgl. BAG 12. 7. 1968 AP 128 zu § 242 BGB Ruhegehalt.
57 Zur Beweislast bei Schadensersatzansprüchen bei Nichtanmeldung BAG 28. 7. 1972 AP 7 zu § 282 BGB.
58 BAG AP 18 zu § 52 RegelungsG; AP 16 zu § 242 BGB Ruhegehalt.
59 Vgl. BAG 12. 7. 1968 AP 128 zu § 242 BGB Ruhegehalt.
60 BAG 15. 5. 1975 AP 7 zu § 242 BGB Ruhegehalt-VB; s. auch § 83 RN 73.
61 *Höfer* ART RN 137.

sorgung liegt auch dann vor, wenn sie auf das Leben der Hinterbliebenen abgeschlossen wird oder als Unfallzusatz-, Invaliditätszusatzversicherung sowie selbstständige Berufsunfähigkeits-/verminderte Erwerbsfähigkeits- oder Unfallversicherung abgeschlossen wird.[62] Beteiligte der Versicherung sind **(a)** der Versicherungsnehmer, **(b)** der Versicherte, **(c)** der Bezugsberechtigte aus der Versicherung und **(d)** der Versicherer. Wird die Lebensversicherung zur betrieblichen Altersversorgung eingesetzt, so ist der Arbeitgeber Versicherungsnehmer und der Arbeitnehmer bzw. seine Hinterbliebenen Versicherte und ein Versicherungsunternehmen Versicherer. Es ist zwischen dem Rechtsverhältnis des Arbeitgebers und Versicherungsnehmers zum Versicherer **(Deckungsverhältnis)** auf der einen Seite und dem Rechtsverhältnis zwischen dem Arbeitnehmer und dem Arbeitgeber **(Versorgungsverhältnis, Valutaverhältnis)** auf der anderen Seite zu unterscheiden. Das Rechtsverhältnis des Arbeitgebers zum Versicherer richtet sich ausschließlich nach dem Versicherungsvertrag. Das Rechtsverhältnis zwischen Arbeitgeber und Arbeitnehmer im Hinblick auf die sich aus der Versicherung ergebenden Rechte und Pflichten richtet sich nach dem zwischen den Arbeitsvertragsparteien geltenden Rechtsbeziehungen. Daher kann die Wahrnehmung von Rechten auf Grund des Versicherungsvertrage wirksam sein, obwohl der Arbeitgeber diese Rechte auf Grund des Versorgungsverhältnisses nicht ausüben dürfte. Dies kann zu arbeitsvertraglichen Schadensersatzansprüchen führen.[63]

37 **Keine betriebliche Altersversorgung** ist gegeben, wenn der Arbeitnehmer den Versicherungsvertrag abschließt, auch wenn ihm der Arbeitgeber die Beiträge erstattet[64] oder wenn eine reine Beitragszusage vorliegt, der Arbeitgeber also nur zusätzliche Zahlungen während des aktiven Arbeitslebens erbringen will.[65] Ebenfalls liegt keine betriebliche Altersversorgung vor, wenn der Arbeitgeber Versicherungen abschließt, um das Risiko der von ihm selbst eingegangenen Versorgungsverpflichtung auf eine Versicherung auszulagern (Rückdeckungsversicherung)

38 **b)** Der Arbeitgeber kann je nach dem Umfang der von den Arbeitnehmern geleisteten Arbeitszeit **Gruppen von Arbeitnehmern** bilden, denen er Versorgungsleistungen in unterschiedlicher Höhe gewährt.[66]

39 **c)** Nach §§ 159 II, 179 III VVG wird die auf das Leben oder für den Unfall eines Dritten abgeschlossene Versicherung nur mit der ausdrücklichen schriftlichen **Einwilligung des Dritten** wirksam. Hierdurch sollen Spekulationen auf das Leben Dritter verhindert werden.[67] Ob dieser Zweck auch für die betriebliche Altersversorgung gilt, ist zweifelhaft. Teilweise wird vertreten, dass bei einer Gruppenversicherung eine teleologische Einschränkung zu machen sei und es ausreiche, wenn der Arbeitnehmer über den Vertrag und seine wesentlichen Inhalt unterrichtet worden sei.[68] Vorsorglich sollte auch der Arbeitgeber insoweit die Einwilligung erteilen lassen; notwendig ist sie in jedem Fall, wenn der Arbeitgeber selbst partiell bezugsberechtigt ist (RN 50), weil er dann beim Eintritt des versicherten Ereignisses selbst Vorteile ziehen könnte.[69]

40 **2. Beitragszahlung. a)** Der Arbeitgeber ist Versicherungsnehmer des Versicherungsvertrages. Er schuldet dem Versicherer die Beiträge (vgl. § 1 II Nr. 2 BetrAVG). Wegen der unterschiedlichen Lebenserwartung von Männern und Frauen sind die **Beiträge regelmäßig unterschiedlich hoch.** Die Verwendung je nach Geschlecht unterschiedlicher versicherungsmathematischer Faktoren im Rahmen der durch Kapitalansammlung erfolgenden Finanzierung von betrieblichen Versorgungssystemen mit feststehenden Leistungen fällt nicht in den Anwendungsbereich von Art. 141 EG.[70] Auch das am 18. 8. 2006 in Kraft getretene Allgemeine Gleichbehandlungsgesetz (AGG) enthält in § 20 II für Prämien und Leistungen eine Ausnahme von dem Verbot der unterschiedlichen Behandlung wegen des Geschlechts nach § 19 I Nr. 2 AGG, sofern die Berücksichtigung des Geschlechts bei einer auf relevanten und genauen versi-

---

[62] *Höfer* ART RN 140.

[63] BAG 8. 6. 1993 AP 3 zu § 1 BetrAVG Unverfallbarkeit = NZA 94, 507; BGH 19. 6. 1996 AP 25 zu § 1 BetrAVG Lebensversicherung = NJW 96, 2731.

[64] BAG 10. 3. 1992 AP 17 zu § 1 BetrAVG Lebensversicherung = NZA 93, 25.

[65] BAG 7. 9. 2004 AP 15 zu § 1 BetrAVG Gleichberechtigung = NZA 2005, 1239; 13. 11. 2007 AP 49 zu § 1 BetrAVG (LS).

[66] BAG 5. 10. 1993 AP 20 zu § 1 BetrAVG Lebensversicherung = NZA 94, 315.

[67] BGH 9. 12. 1998 BGHZ 140, 167 = NJW 99, 950; vgl. zur Gruppenlebensversicherung: BGH 7. 5. 1997 NJW 97, 2381.

[68] *Blomeyer/Rolfs/Otto* Anh. § 1 RN 702; *Höfer* ART RN 169; anders aber BGH 7. 5. 1997 NJW 97, 2381.

[69] *Höfer* ART RN 170.

[70] EuGH 22. 12. 1993 DB 94, 484 = BetrAV 94, 23 (Neath); 28. 9. 1994 NZA 94, 1073 = BetrAV 94, 243 (Coloroll).

cherungsmathematischen und statistischen Daten beruhenden Risikobewertung ein bestimmender Faktor ist.[71] Da §§ 10a, 2 II, 3 Nr. 63 EStG lediglich auf § 1 I Nr. 4 und nicht auch auf § 1 I Nr. 2 AltZertG verweisen, sind Unisex-Tarife auch keine Voraussetzung für eine steuerliche Förderung. Es verstößt nicht gegen den Gleichbehandlungsgrundsatz, wenn eine Sozialeinrichtung der Post nur ehemaligen Beamten die Prämien für die Direktversicherung zahlt, anderen Arbeitnehmern aber nicht.[72]

b) Der Arbeitgeber kann als Versicherungsnehmer nach §§ 174ff. VVG die **Beitragszahlung einstellen.** Ob er auch gegenüber dem Arbeitnehmer hierzu berechtigt ist, beurteilt sich nach dem zwischen ihm und dem Arbeitnehmer bestehenden Versorgungsvertrag. Regelmäßig wird bei Abschluss des Versicherungsvertrages ausdrücklich oder konkludent eine Versorgungszusage erteilt.[73] Der Arbeitgeber kann die in der Versicherung angesammelten Deckungsmittel abtreten, verpfänden oder beleihen. Liegen die Voraussetzungen für eine Unverfallbarkeit vor, ist er aber gem. § 1b II 3 BetrAVG bei Eintritt des Versicherungsfalles verpflichtet, den Arbeitnehmer so zu stellen, als ob die Abtretung und Beleihung nicht erfolgt wäre. Außerdem hat der Arbeitgeber nach § 1 I 3 BetrAVG für die Erfüllung der von ihm zugesagten Leistungen auch dann einzustehen, wenn die Durchführung nicht unmittelbar über ihn erfolgt. 41

c) Gerät der Arbeitgeber mit der Beitragszahlung in **Verzug,** so schuldet er dem Arbeitnehmer Schadensersatz nach § 286 BGB. Der **Insolvenzschutz** richtet sich nach § 7 I 2 Nr. 1 und II 1 Nr. 2 BetrAVG. Der Schutz setzt aber voraus, dass der Arbeitgeber die Ansprüche aus dem Versicherungsvertrag abgetreten oder beliehen hat. Wird der Arbeitgeber während des Verzugs insolvent und hat die Versicherung die Direktversicherung ruhend gestellt, so genießt der Arbeitnehmer keinen Insolvenzschutz.[74] Der Arbeitgeber hat den Arbeitnehmer zu benachrichtigen, damit dieser – aus dem Insolvenzgeld – selbst die Beiträge entrichten kann.[75] Vor Kündigung der Direktversicherung mit unwiderruflicher Bezugsberechtigung des Arbeitnehmers ist der Versicherer gem. § 242 BGB verpflichtet, den Arbeitnehmer rechtzeitig über den Prämienverzug des Arbeitgebers zu unterrichten, damit er die Möglichkeit hat, den Versicherungsschutz durch eigene Beitragsleistungen zu erhalten.[76] 42

d) Die vom Arbeitgeber getragenen Prämien gehören zum **Arbeitslohn** und sind daher vom Arbeitnehmer zu versteuern. Tariflich kann bestimmt werden, dass die Beiträge für Zeiten ohne Entgeltansprüche vom Arbeitnehmer zu zahlen sind.[77] 43

e) Selbst wenn der Arbeitgeber Versicherungsnehmer ist, kann der **Arbeitnehmer zu Beiträgen herangezogen werden.** Dies setzt § 2 II 1 BetrAVG voraus, wenn dort allein auf die Beiträge des Arbeitgebers abgestellt wird. Soweit der Arbeitnehmer an der Versicherung beteiligt ist, handelt es sich um eine Eigenvorsorge, die im Falle des Stellenwechsels nicht verfallen kann und die vom Arbeitgeber nicht nach § 16 BetrAVG anzupassen ist. Vielfach vereinbaren Arbeitnehmer und Arbeitgeber, dass Teile der Arbeitsvergütung des Arbeitnehmers zur Beitragszahlung in einer Lebensversicherung verwandt werden (sog. **gehaltsumwandelnde Lebensversicherung**). Umstr. war, ob derartige Lebensversicherungen noch zur betrieblichen Altersversorgung gehörten und damit Insolvenzschutz genossen.[78] Das BAG hat dies zu Recht bejaht.[79] Inzwischen enthält das Gesetz insoweit in § 1 II Nr. 4 BetrAVG eine Klarstellung. Bei gehaltsumwandelnden Lebensversicherungen ist im Zweifel anzunehmen, dass der Arbeitgeber dem Arbeitnehmer von vornherein ein unentziehbares Bezugsrecht zuwendet.[80] Dies ist nunmehr durch § 1b V BetrAVG ausdrücklich klargestellt (s. RN 70). Haben die Arbeitsvertragsparteien die ursprüngliche Entgeltvereinbarung dahin geändert, dass in Zukunft anstelle eines 44

---

[71] Die Regelung entspricht den europarechtlichen Vorgaben gem. Art. 4 II der Richtlinie zur Anwendung des Grundsatzes der Gleichbehandlung von Frauen und Männern beim Zugang zu Gütern und Dienstleistungen und bei der Versorgung mit diesen (Unisex-Richtlinie) vom 13. 12. 2004, Richtlinie 2004/113/EG; zu Unisex-Tarifen s. auch *Steinmeyer* NZA 2004, 1257ff.

[72] BAG 20. 11. 1996 AP 31 zu § 1 BetrAVG Gleichbehandlung = NZA 97, 312.

[73] Zur Zusage nach Vorschaltzeit: BAG 19. 4. 1983 AP 1 zu § 1 BetrAVG Lebensversicherung.

[74] BAG 17. 11. 1992 AP 1 zu § 7 BetrAVG Lebensversicherung = NZA 93, 843; *Blomeyer/Rolfs/Otto* § 7 RN 58; a. A. *Höfer* § 7 RN 4413, 4415.

[75] BAG 17. 11. 1992 AP 1 zu § 7 BetrAVG Lebensversicherung = NZA 93, 843.

[76] OLG Düsseldorf 17. 12. 2002 NJW-RR 2003, 1539 = BB 2003, 2019.

[77] BAG 15. 12. 1998 AP 25 zu § 1 TVG Tarifverträge: Lufthansa = NZA 99, 834.

[78] S. die Nachweise bei *Höfer* § 1 RN 2553.

[79] BAG 26. 6. 1990 AP 11 zu § 1 BetrAVG Lebensversicherung = NZA 91, 144.

[80] BAG 8. 6. 1993 AP 3 zu § 1 BetrAVG Unverfallbarkeit = NZA 94, 507; vgl. OLG Düsseldorf 6. 3. 1992 NJW-RR 92, 798 = DB 92, 1981 (LS).

Teiles des monatlichen Barlohns vom Arbeitgeber eine Versicherungsprämie auf einen Lebensversicherungsvertrag zugunsten des Arbeitnehmers gezahlt werden soll, entstehen insoweit keine pfändbaren Ansprüche auf Arbeitseinkommen.[81] Zu Entgeltumwandlungszusagen vgl. RN 59ff.

45 **f)** Werden **Sonderzuwendungen** des Arbeitgebers ganz oder zum Teil für eine Direktversicherung verwandt, so sind sie nicht beitragspflichtig zur Kranken-, Pflege- und Rentenversicherung sowie zur Arbeitsförderung.[82] Kapitalauszahlung aus befreiender Lebensversicherung führt nicht zum Ruhen des Arbeitslosengeldanspruches.[83]

46 **3. Bezugsberechtigung.** Dem Arbeitnehmer oder seinen Hinterbliebenen kann auf Grund des Versicherungsvertrages ein widerrufliches oder unwiderrufliches Bezugsrecht zustehen. Hierüber entscheidet der Arbeitgeber. Hiervon zu unterscheiden ist jedoch die Verpflichtung des Arbeitgebers gegenüber dem Arbeitnehmer auf Grund des Versorgungsvertrages.

47 **a)** Hat der Arbeitgeber ein **widerrufliches Bezugsrecht** bestellt und dieses vor Eintritt des Versicherungsfalles widerrufen, so erlangt der Arbeitnehmer auf Grund des Versicherungsvertrages keine Ansprüche gegen den Versicherer. Nach einer Auslegungsregel kann jede Verpfändung, Beleihung oder Abtretung den Widerruf der Versicherungsberechtigung bedeuten.[84] Die Widerrufsmöglichkeit aus dem Versicherungsvertrag kann durch die zwischen Arbeitgeber und Arbeitnehmer bestehende Versorgungszusage eingeschränkt sein. Nach §§ 1b II 1, 2 BetrAVG ist der Widerruf des Bezugsrechts bzw. seine auflösende Bedingung gegenüber dem Arbeitnehmer relativ unwirksam. Hieraus folgt: Der Arbeitgeber kann zwar versicherungsrechtlich über die Bezugsberechtigung verfügen; er haftet jedoch wegen des Widerrufs auf Schadensersatz (§ 1 I 3 BetrAVG) und muss dem Arbeitnehmer im Wege der Naturalrestitution eine beitragsfreie Versicherungsanwartschaft verschaffen, deren Wert dem widerrufenen Bezugsrecht bei Beendigung des Arbeitsverhältnisses entspricht.[85] Der Widerruf hat Verfügungscharakter.[86] Hat der Arbeitgeber ein widerrufliches Bezugsrecht widerrufen, so fällt es im Falle seines Ablebens in seinen Nachlass.[87]

48 **b)** Der Arbeitgeber kann dem Arbeitnehmer die **Bezugsberechtigung** aus dem Versicherungsvertrag **unwiderruflich zuwenden.** In diesem Falle kann der Arbeitgeber weder versicherungsrechtlich noch arbeitsrechtlich die Bezugsberechtigung widerrufen. Eine Beleihung kann im Allgemeinen nur mit Zustimmung des Arbeitnehmers erfolgen.[88] Der Arbeitnehmer erlangt ein unwiderrufliches Bezugsrecht, das er auch wirtschaftlich durch Beleihung, Verpfändung usw., nutzen kann. Dies wird allerdings i. d. R. vertraglich ausgeschlossen sein, da dadurch die Zielsetzung einer betrieblichen Altersversorgung unterlaufen würde. Die Einräumung eines unwiderruflichen Bezugsrechts an einen Gesellschafter/Geschäftsführer kann eine anfechtbare Rechtshandlung im Konkurs sein.[89]

49 Von einem **eingeschränkt unwiderruflichen Bezugsrecht** wird dann gesprochen, wenn der Arbeitgeber ein unwiderrufliches Bezugsrecht zuwendet, sich aber bis zum Eintritt der Unverfallbarkeit die Versicherungsleistungen vorbehält. Insoweit findet keine Billigkeitskontrolle statt.[90] Das eingeschränkt widerrufliche Bezugsrecht dient dazu, die Verpflichtung des Arbeitgebers zur Entrichtung eines Insolvenzsicherungsbeitrages zu begrenzen (vgl. § 10 III Nr. 2 BetrAVG).[91] Die Beleihung des Bezugsrechts durch den Arbeitgeber ist möglich.[92] Nach der Rspr. des BGH bedeutet die in den Versicherungsbedingungen getroffene Vereinbarung eines Widerrufsrechts bei „vorzeitigem Ausscheiden" des Arbeitnehmers, dass sich der Arbeitgeber der weiteren Betriebstreue des Arbeitnehmers vergewissern wolle. Erfasst würden danach nur solche Beendigungsgründe, die neben der freiwilligen Aufgabe des Arbeitsplatzes auch sonst auf die

---

[81] BAG 17. 2. 1998 AP 14 zu § 850 ZPO = NZA 98, 707.

[82] Vgl. die arbeits- und sozialversrechtlichen Hinweise in BB 98, 2215; DB 98, 2017; 2221.

[83] BSG 24. 4. 1997 BetrAV 98, 229 = BB 98, 1011 (LS).

[84] *Prölss/Martin/Kollhosser* § 13 ALB 86 RN 14; einschränkend bei Sicherungsabtretung: BGH 18. 10. 1989 BGHZ 109, 67 = NJW 90, 256.

[85] BAG 28. 7. 1987 AP 4 zu § 1 BetrAVG Lebensversicherung = NZA 88, 159; zur Insolvenz s. dagegen RN 51.

[86] BGH 28. 9. 1988 NJW-RR 89, 21 = BB 88, 2279 = BB 96, 1688 (LS).

[87] BGH 8. 5. 1996 NJW 96, 2230.

[88] BGH 19. 6. 1996 AP 25 zu § 1 BetrAVG Lebensversicherung = NJW 96, 2731.

[89] OLG Düsseldorf 5. 7. 1996 BetrAV 96, 286 = ZIP 96, 1476.

[90] BAG 23. 10. 1990 AP 14 zu § 1 BetrAVG Lebensversicherung = NZA 91, 848.

[91] BAG 23. 10. 1990 AP 14 zu § 1 BetrAVG Lebensversicherung = NZA 91, 848.

[92] BAG 17. 10. 1995 AP 2 zu § 7 BetrAVG Lebensversicherung = NZA 96, 880; BGH 19. 6. 1996 AP 25 zu § 1 BetrAVG Lebensversicherung = NJW 96, 2731.

Person oder das betriebliche Verhalten des Arbeitnehmers zurückzuführen seien. Insolvenzbedingte Betriebseinstellungen würden nicht erfasst, so dass das Bezugsrecht, auch wenn die Voraussetzungen der Unverfallbarkeit noch nicht vorlägen, in der **Insolvenz** des Arbeitgebers zum Vermögen des Bezugsberechtigten gehöre.[93] Das BAG folgt dieser Rspr. nicht und hat die Frage dem gemeinsamen Senat der obersten Gerichthöfe zur Entscheidung vorgelegt.[94] Die Rspr. des BGH führt zu einer Privilegierung der Direktversicherung gegenüber anderen Durchführungswegen in der Insolvenz. Die vorgenommene Auslegung der Vertragsklauseln mag allenfalls für eine insolvenzbedingte Kündigung zutreffen, zweifelhaft ist aber, ob bei derartigen Vertragsklauseln generell angenommen werden kann, dass der Widerruf in allen Fällen der arbeitgeberseitigen Kündigung ausgeschlossen sein soll. Vielmehr geht es dem Arbeitgeber gerade darum, bei einer vorzeitigen Vertragsbeendigung vor Eintritt der Unverfallbarkeitsvoraussetzungen auch die Möglichkeit zu wahren, zusätzliche Liquidität aus dem Rückkaufswert der Lebensversicherung zu erlangen.[95] Das BetrAVG differenziert bei der Frage der Unverfallbarkeit der Ansprüche gerade nicht nach dem Beendigungsgrund für das Arbeitsverhältnis.

c) Die Bezugsberechtigung kann zwischen Arbeitgeber und Arbeitnehmer **aufgespalten** 50
sein; dies kommt vor allem wegen der Überschussanteile der Versicherung vor. Insoweit kann vereinbart sein, dass dem Arbeitnehmer zwar ein unentziehbares Bezugsrecht wegen der Versicherungsleistung, nicht aber wegen der Überschussanteile zustehen soll. Im Zweifel ist aber davon auszugehen, dass dem Arbeitnehmer auch die Überschussanteile zustehen sollen, wenn ihm die Kapitalleistung zusteht und die Überschussanteile und Sondergewinne zur Erhöhung der Versicherungssumme verwendet werden sollen.[96] Schließlich ist eine Aufspaltung denkbar, wenn der Arbeitnehmer an den Beitragsleistungen beteiligt ist, soweit die Versicherungsleistung auf den eigenen Beitragsleistungen beruht. Eine Beteiligung des Arbeitnehmers an den Beitragsleistungen ist rechtlich möglich, sofern nur der Arbeitgeber Versicherungsnehmer bleibt. Das Gesetz setzt die Wirksamkeit der Beteiligung des Arbeitnehmers voraus, wenn es in § 2 II 1 BetrAVG ausdrücklich von dem vom Arbeitgeber zu finanzierenden Beitragsanteil spricht.

d) Die Bezugsberechtigung kann von besonderer Bedeutung in der **Insolvenz** des Arbeitge- 51
bers werden. **(1)** Nach § 165 VVG kann der Versicherungsnehmer das Versicherungsverhältnis jederzeit für den Schluss der laufenden Versicherungsperiode kündigen, wenn laufende Prämien zu entrichten sind. Das Kündigungsrecht wird nach Insolvenzeröffnung durch den Insolvenzverwalter ausgeübt (§§ 80 I, 148 InsO). **(2)** Die Ansprüche des Versicherungsnehmers aus Versicherungsverträgen (Kündigungsrecht, Rückkaufwert, Widerruf einer Drittbegünstigung usw.) gehören bei Insolvenz über das Vermögen grundsätzlich zur Masse. Dies gilt auch im Rahmen der betrieblichen Altersversorgung[97] und bei der Gehaltsumwandlung.[98] Für die Wirksamkeit des Widerrufs kommt es allein auf das Rechtsverhältnis zwischen Versicherung und Versicherungsnehmer (Arbeitgeber) an; verstößt der Widerruf gegen die im Verhältnis Arbeitnehmer/Arbeitgeber geltenden Regeln, ergibt sich hieraus lediglich eine Schadensersatzanspruch des Arbeitnehmers,[99] der jedoch nicht zur Aussonderung berechtigt. Der Insolvenzverwalter wird daher regelmäßig widerrufliche Bezugsrechte für die Insolvenzmasse ausnützen müssen, und haftet hierfür nicht etwa nach § 60 InsO.[100] **(3)** Nicht zur Insolvenzmasse gehören jedoch

---

[93] BGH 8. 6. 2005 NJW-RR 2005, 1412 = BetrAV 2005, 786; 3. 5. 2006 DB 2006, 1488 = VersR 2006, 1059; zustimmend *Höfer* § 7 RN 4428.4.

[94] BAG 22. 5. 2007 AP 8 zu § 1b BetrAVG = NZA 2007, 1169; s. ferner OLG Hamm 24. 1. 2006 NZA-RR 2006, 428 = ZIP 2006, 719; LAG Hamm 15. 2. 2006 – 3 Sa 2064/05 – n. v.; *Böhm* BB 2007, 1502.

[95] OLG Hamm 24. 1. 2006 NZA-RR 2006, 428 = ZIP 2006, 719.

[96] LAG Hamm 10. 11. 1987 AP 5 zu § 1 BetrAVG Lebensversicherung; 20. 1. 1998 NZA 98, 825 = BB 98, 542.

[97] BAG 26. 2. 1991 AP 15 zu § 1 BetrAVG Lebensversicherung = NZA 91, 845; 28. 3. 1995 AP 22 zu § 1 BetrAVG Lebensversicherung = NZA 96, 36.

[98] BAG 17. 10. 1995 AP 23 zu § 1 BetrAVG Lebensversicherung = NZA-RR 96, 343; 8. 6. 1999 AP 26 zu § 1 BetrAVG Lebensversicherung = NZA 99, 103; BGH 18. 7. 2002 NJW 2002, 3253 = DB 2002, 2104.

[99] BAG 8. 6. 1999 AP 26 zu § 1 BetrAVG Lebensversicherung = NZA 99, 103.

[100] BAG 26. 2. 1991 AP 15 zu § 1 BetrAVG Lebensversicherung = NZA 91, 845; 28. 3. 1995 AP 23 zu § 1 BetrAVG Lebensversicherung = NZA-RR 96, 343; BGH 4. 3. 1993 NJW 93, 1994 = ZBetrAV93, 219; OLG Hamm 15. 11. 1990 ZIP 90, 1603 = BetrAV 91, 47 (LS); soll auch bei gehaltsumwandelnder Lebensversicherung gelten: LAG München 22. 7. 1987 AP 6 zu § 1 BetrAVG Lebensversicherung = ZIP 88, 1070; zu einem Sonderfall, dass der Arbeitgeber das Geld verwahrt: LAG Köln 19. 8. 1994 NZA 95, 427 = BetrAV 95, 227 (LS); zu den lohnsteurrechtlichen Folgen BFH 5. 7. 2007 BFHE 218, 320 = NZA-RR 2008, 81.

Rechte aus Lebensversicherungen mit (gemäß den Regelungen des Versicherungsverhältnisses) unwiderruflicher Drittbegünstigung.[101] Hier stehen die Rechte aus dem Versicherungsvertrag von vornherein mit dinglicher Wirkung dem Arbeitnehmer zu. Das gilt auch für ein eingeschränkt widerrufliches Bezugsrecht, sofern die tatbestandlichen Voraussetzungen des Widerrufsvorbehalts nicht eingetreten sind[102] bzw. wegen der Unverfallbarkeit der Anwartschaft nicht mehr eintreten können.[103] S. hierzu auch RN 49. Nach § 177 I VVG kann der Versicherungsberechtigte in den Versicherungsvertrag eintreten, wenn über das Vermögen des Versicherungsnehmers das Insolvenzverfahren eröffnet worden ist oder wenn sonstige Vollstreckungsmaßnahmen vorgenommen werden. Vielfach werden im Rahmen der betrieblichen Altersversorgung unwiderrufliche Bezugsrechte eingeräumt, die durch Vorbehalte eingeschränkt sind (eingeschränkt unwiderrufliche Bezugsrechte, RN 49). **(4)** Der Versorgungsvertrag kann auch so ausgestaltet sein, dass im Falle der Beendigung des Arbeitsverhältnisses der Versicherungsvertrag auf den Arbeitnehmer übergeht. Dies gilt auch im Falle der Insolvenz des Arbeitgebers. Nach den allgemeinen Bedingungen für Lebensversicherungen ist der Eintritt des Arbeitnehmers gegenüber der Versicherung nur wirksam, wenn dieser die Abtretung der Rechte aus der Versicherung angezeigt worden sind; bis zur Anzeige kann sie mit befreiender Wirkung an den bisherigen Versicherungsnehmer zahlen.[104]

52 **e)** Dem Arbeitnehmer kann die **Bestimmung des Bezugsberechtigten** für den Fall seines vorzeitigen Versterbens übertragen sein. Nach §§ 166ff. VVG ergeben sich Auslegungsregeln für die Bestimmung des Bezugsberechtigten. Je nach Ausgestaltung des Versicherungsvertrages kann nur die derzeitige Ehefrau des Versicherungsberechtigten bezugsberechtigt sein.[105] Der Arbeitnehmer kann – bei einer entsprechenden Vereinbarung – auch einen Lebenspartner nach dem LPartG oder eine/n Lebensgefährtin/en benennen.[106]

53 **4. Unverfallbarkeit. a)** Die Unverfallbarkeitsfrist läuft **ab dem Zeitpunkt der Versorgungszusage.** Als Erteilung der Versorgungszusage gilt der Versicherungsbeginn, frühestens jedoch der Beginn der Betriebszugehörigkeit (§ 1 b II 4 BetrAVG). Zögert der Arbeitgeber den Abschluss des Versicherungsvertrages hinaus, so läuft nach dem Wortlaut von § 1 b II 4 BetrAVG die Unverfallbarkeitsfrist nicht. Das BAG hat jedoch darauf hingewiesen, dass der Arbeitgeber eine vom Gesetzeszweck nicht gedeckte Bindung des Arbeitnehmers nicht erreichen soll. Es gibt in diesen Fällen einen unmittelbaren Anspruch gegen den Arbeitgeber selbst.[107] Hat der Arbeitgeber zugunsten des Arbeitnehmers eine Lebensversicherung abgeschlossen und erhöht er diese oder schließt er auch in unregelmäßigen Abständen weitere Versicherungen ab, so läuft die Unverfallbarkeitsfrist im Allgemeinen ab erster Versicherung (§ 1 b I 3 BetrAVG, s. § 83 RN 96ff.).[108] Sind die **Unverfallbarkeitsvoraussetzungen** eingetreten (s. § 83 RN 82ff.), so ist der Arbeitgeber verpflichtet, das Bezugsrecht des Versorgungsberechtigten nicht mehr zu widerrufen. Ein gleichwohl erfolgter Widerruf ist zwar wirksam. Der Arbeitgeber kann sich hierdurch aber schadensersatzpflichtig machen. Durch diese Konstruktion soll gewährleistet werden, dass die Direktversicherung weiter betrieblichen Finanzierungen nutzbar gemacht werden kann.

54 **b)** Für die **Berechnung des Wertes** der unverfallbaren Versorgungsanwartschaft stehen zwei verschiedene Methoden zur Verfügung. **(1)** Mit der Beendigung des Arbeitsverhältnisses wird im Allgemeinen das Versicherungsverhältnis beendet. Aus dem Versicherungsvertrag ergibt sich ein bestimmter Anwartschaftswert. Andererseits wird nach § 2 II 1 BetrAVG der Anwartschaftswert nach dem **Quotierungsverfahren** (§ 83 RN 152) berechnet. Dabei kann sich ergeben, dass der Versicherungswert geringer ist als der nach dem BetrAVG zu berechnende Anwartschaftswert. In diesen Fällen haftet der Arbeitgeber auf einen Ergänzungsanspruch. Die Anwendung des Quotierungsverfahrens bereitet dann Schwierigkeiten, wenn dem Arbeitnehmer nach

---

[101] BGH 17. 2. 1966 BGHZ 45, 162 (165) = NJW 66, 1071; BAG 26. 6. 1990 AP 10 zu § 1 BetrAVG Lebensversicherung = NZA 91, 60; 22. 5. 2007 AP 8 zu § 1 b BetrAVG = NZA 2007, 1169.

[102] BAG 31. 7. 2007 NZA-RR 2008, 32.

[103] BGH 3. 5. 2006 DB 2006, 1488 = VersR 2006, 1059; BAG 22. 5. 2007 AP 8 zu § 1 b BetrAVG = NZA 2007, 1169.

[104] KG Berlin 29. 1. 1988 BetrAV 88, 224 = NJW-RR 89, 539.

[105] BGH 29. 1. 1981 AP 4 zu § 242 BGB Ruhegehalt-Lebensversicherung = NJW 81, 984.

[106] Vgl. *Höfer* ART RN 138, 905ff.; einschränkend noch ArbG Herford 16. 11. 1973 BB 74, 186.

[107] BAG 7. 7. 1977 AP 3 zu § 1 BetrAVG Wartezeit = DB 77, 1704; 19. 4. 1983 AP 1 zu § 1 BetrAVG Lebensversicherung.

[108] BAG 12. 2. 1981 AP 5 zu § 1 BetrAVG = NJW 82, 463; dazu BVerfG 15. 3. 1982 AP 5 a zu § 1 BetrAVG.

dem Arbeitsvertrag auch die Überschussanteile der Versicherung zustehen sollen. Insoweit hat das BAG die Auffassung vertreten, dass diese dem Arbeitnehmer nach Zuweisung der Versicherung zustehen.[109] **(2)** Der Arbeitgeber kann sich durch Erfüllung bestimmter, in § 2 II 2 BetrAVG genannter sozialer Auflagen von diesem Ergänzungsanspruch befreien (sog. **versicherungsförmige Lösung**). Hierzu gehört vor allem, dass die Bezugsberechtigung unwiderruflich ist (bzw. unwiderruflich gestellt ist), dem Arbeitnehmer die Überschussanteile zustehen und er nach dem Versicherungsvertrag das Recht zur Fortsetzung der Versicherung mit eigenen Beiträgen hat (s. § 83 RN 158–161). Der Arbeitgeber hat insoweit ein Wahlrecht und ist nicht an Billigkeits- oder Günstigkeitsgesichtspunkte gebunden.[110] Für die Erklärung gilt gem. § 2 II 3 BetrAVG eine Frist von drei Monaten nach Ausscheiden des Arbeitnehmers. Die rechtzeitige Erklärung gegenüber dem Arbeitnehmer hat konstitutive Bedeutung; str. ist, ob das auch für die Erklärung gegenüber der Versicherung gilt.[111] Wird die Frist nicht gewahrt, ist nach § 2 II 1 BetrAVG zu verfahren. Hat der Arbeitnehmer die Versicherungsnehmerstellung übernommen und vereinbart er später mit einem neuen Arbeitgeber, dass die Versicherungsnehmerstellung auf diesen übergehen soll, kann der Versicherer die erforderliche Zustimmung zur Übernahme nur in Ausnahmefällen verweigern, und zwar nur dann, wenn er hierdurch in erheblichem Umfang in seinen Interessen beeinträchtigt wird. Er kann nicht verlangen, dass die Altersversorgung in eine Beitragszusage mit Mindestleistung gem. § 2 II Nr. 2 BetrAVG umgewandelt wird.[112]

c) Um zu gewährleisten, dass die Versicherung gem. dem Versorgungszweck verwendet wird, **55**
regelt das Gesetz in § 2 II 4–6 BetrVG **Verfügungsbeschränkungen** für den ausgeschiedenen Arbeitnehmer. Soweit der wirtschaftliche Wert der Direktversicherung auf Beiträgen des Arbeitgebers beruht, kann der Arbeitnehmer ihn nicht abtreten, beleihen oder den Rückkaufswert in Anspruch nehmen. Das gilt auch für den Anspruch auf Überschussbeteiligung.[113] Im Falle der Kündigung wird die Versicherung in eine prämienfreie Versicherung umgewandelt (§ 2 II 5 Halbs. 2 BetrAVG). Abweichend von § 176 I VVG darf der Versicherer den Rückkaufswert nicht auszahlen (§ 2 II 6 BetrAVG). Die Verfügungsbeschränkungen gem. § 2 II 2–4 BetrAVG stellen ein gesetzliches Verbot im Sinne von § 134 BGB dar. Leistet der Versicherer gleichwohl an den Arbeitnehmer, ist er gem. § 812 I 1 Alt. 1 zur Rückforderung berechtigt. § 817 Satz 2 BGB steht nicht entgegen, das sich das Verbot gegen den Arbeitnehmer und nicht gegen die Versicherung richtet.[114] Soweit gem. § 3 BetrAVG ausnahmsweise eine Abfindung der Anwartschaft zulässig ist (s. § 83 RN 170 ff.), geht diese Regelung als lex specialis den Einschränkungen in § 2 II 4–6 BetrAVG vor (s. jetzt § 2 II 7 BetrAVG).[115]

5. Anpassung. Auch für die laufenden Leistungen einer Direktversicherung gilt die Anpas- **56**
sungspflicht nach § 16 BetrAVG. Die Anpassungsüberprüfungspflicht entfällt aber für ab dem 1. 1. 1999 beginnende Rentenzahlungen gem. § 16 III Nr. 2 BetrAVG, wenn ab Rentenbeginn sämtliche auf den Rentenbeginn entfallenden Überschussanteile zur Erhöhung der laufenden Leistungen verwendet werden. Umstr. ist, ob dies auch schon vor Inkrafttreten des RRG galt.[116]

6. Einstandspflicht des Arbeitgebers. Erbringt die Lebensversicherung keine Leistungen, **57**
so kann der Arbeitgeber dafür einstehen müssen, wenn die versicherungsrechtlichen Bestimmungen mit der Versorgungszusage des Arbeitgebers nicht übereinstimmen (§ 1 I 3 BetrAVG).

7. Ein **Mitbestimmungsrecht des Betriebsrats** kann nach § 87 I Nr. 10 BetrVG bestehen. **58**
Mitbestimmungspflichtig sind der Leistungsplan und die Heranziehung der Arbeitnehmer zu Beiträgen. Nicht mitbestimmungspflichtig ist dagegen die Auswahl der Versicherungsunternehmen (s. § 83 RN 365).

IV. Entgeltumwandlungszusage

Aufsätze: *Blomeyer,* Rechtsfragen der Entgeltumwandlung und Lösungsansätze, NZA 2000, 281; *ders.,* Der Entgeltumwandlungsanspruch des Arbeitnehmers in individual- und kollektivrechtlicher Sicht, BetrAV 2001, 501; *Deist/Lange,* Entgeltumwandlung und Zillmerung, BetrAV 2008, 26; *Döring/Grau,* Neue Gefahren bei der Entgeltumwandlung – Gezillmerte Versicherungstarife in der betrieblichen Altersversorgung, BB 2007, 1564; *Eder,* Regelung zur Entgeltumwandlung im Bereich der katholischen Kirche, ZTR 2002, 410;

[109] BAG 29. 7. 1986 AP 3 zu § 1 BetrAVG Lebensversicherung = NZA 87, 349.
[110] *Höfer* § 2 RN 3203.
[111] So *Blomeyer/Rolfs/Otto* § 2 RN 240; a. A. *Höfer* § 2 RN 3207.
[112] Vgl. OLG Karlsruhe 17. 2. 2006 NZA-RR 2006, 318 = NJW-RR 2006, 817.
[113] LG Tübingen 7. 5. 1996 NZA-RR 97, 148.
[114] ErfK/*Steinmeyer* § 2 BetrAVG RN 33; *Blomeyer* BetrAV 79, 110; abweichend *Höfer* § 2 RN 3275.
[115] *Höfer* § 2 RN 3262; ErfK/*Steinmeyer* § 2 BetrAVG RN 33.
[116] So *Blomeyer/Rolfs/Otto* § 16 RN 312 ff.; abweichend *Höfer* § 16 RN 5403, 5451.

Frey, Tarifpolitik und Entgeltumwandlung, BetrAV 2001, 425; *Grabner,* Entgeltumwandlung in der betrieblichen Altersversorgung, Klarstellungen und Zweifelsfragen im Rahmen der neuen Gesetzesregelungen, BetrAV 2003, 17; *Grabner/Bode,* Betriebliche Altersversorgung aus Entgeltumwandlung, DB 2001, 481; *Hanau/Arteaga/Rieble/Veit,* Entgeltumwandlung. Direktversicherung, Direktzusage, Unterstützungskasse, Pensionskasse, Pensionsfonds, 2. Aufl., 2006; *Hartsoe,* Zur Wertgleichheit der Beitragszusage mit Mindestleistung bei Entgeltumwandlung, BetrAV 2005, 629, *Heither,* Ergänzende Altersvorsorge durch Direktversicherung nach Gehaltsumwandlung, Diss. 1998; *Herrmann,* Zillmerung in der Lebensversicherung und kein Ende; VersR 2009, 7; *Höfer/Höfer/Greiwe,* Einführung und Umsetzung der Entgeltumwandlung, Sonderheft Betriebliche Altersversorgung, 2002, 18; *Hopfner,* Grenzen der Inhalts- und Preiskontrolle bei der Entgeltumwandlung, DB 2007, 1810; *Huber,* Wertgleichheit einer Entgeltumwandlung beim Pensionsfonds, BetrAV 2008, 33; *Kemper,* Entgeltumwandlung und Mitbestimmung, BetrAV 2002, 751; *Klaes,* Ist die Riesterrente pfändbar, AuA 8/03 S. 36; *Kemper,* Entgeltumwandlung und Mitbestimmung, BetrAV 2002, 751; *Klemm,* Fragen der Entgeltumwandlung nach dem Altersvermögensgesetz, NZA 2002, 1123; *Langohr-Plato,* Der Rechtsanspruch des Arbeitnehmers auf Entgeltumwandlung, ZAP Fach 17, 705; *Müller,* Riester versus Deferred Compensation, Personal 2002 Nr. 9, 35; Nr. 10, 45; *Müller/Straßburger,* Anwendbarkeit des Widerrufsrechtsnach §§ 312, 355 BGB auf Entgeltumwandlungsvereinbarungen, BetrAV 2004, 239; *Neuroth,* Die betriebliche Altersversorgung, Chance für Unternehmen, AuA 2003 Nr. 5, 10; *Niermann,* Arbeitnehmerfinanzierte betriebliche Altersversorgung, BetrAV 2000, 182; *Perreng,* Mitbestimmungsrechte des Betriebsrates bei Entgeltumwandlung, FS Kemper, 2005, S. 347; *Raulf/Gunia,* Zwang zur geschlechtsneutralen Kalkulation in der betrieblichen Altersversorgung?, NZA 2003, 534; *Reich/Rutzmoser,* Wertgleichheit bei entgeltumwandlungen in der betrieblichen Altersversorgung, DB 2007, 2314; *Reinecke,* Schutz des Arbeitnehmers im Betriebsrentenrecht: Informationspflichten des Arbeitgebers und Kontrolle von Versorgungsvereinbarungen, DB 2006, 555; *Rieble,* Tarifliche Bestimmung des Versorgungsträgers für die Entgeltumwandlung, BetrAV 2006, 240; *Sachse,* Die große Vielfalt, AuA 2001, 416; *Schack,* Der neue Chemietarifvertragsabschluss über die betriebliche Altersversorgung, BetrAV 2005, 720; *Schliemann,* Tarifrecht für die Entgeltumwandlung bei Betriebsrenten, DB 2001, 255; *Schnitker/Grau,* Mitbestimmungsrechte bei der Einführung einer betrieblichen Altersversorgung im Wege der Entgeltumwandlung nach § 1 a BetrAVG, BB 2003, 1061; *Schuler,* Gehaltsumwandlung in betriebliche Altersversorgungsleistung, DStR 2001, 2129; *Schwintowski,* Unwirksamkeit einer Entgeltumwandlung bei Absicherung der Versorgungszusage durch gezillmerte Lebensversicherung, BetrAV 2007, 444; *Veit,* Zulässigkeit der Zillmerung bei Entgeltumwandlung, VersR 2008, 324; *Vogel/Vieweg,* Entgeltumwandlung zwischen Selbstverantwortung und Fürsorge, BetrAV 2006, 43.

59 **1. Begriff.**[117] Durch das RRG 1999 war § 1 V BetrAVG eingefügt worden. Eine entsprechende Vorschrift ist nunmehr in § 1 II Nr. 3 BetrAVG i. d. F. des AVmG enthalten. Nach der Legaldefinition liegt betriebliche Altersversorgung auch vor, wenn künftige Entgeltansprüche in eine wertgleiche Anwartschaft auf Versorgungsleistungen umgewandelt werden. Zugleich wurde ein Anspruch des Arbeitnehmers auf Entgeltumwandlung eingeführt (§ 1 a BetrAVG). Diese Regelung verstößt nicht gegen Art. 12 I, Art. 3 II GG sowie das Entgeltgleichheitsgebot des Art. 141 EG.[118]

60 **2. Anspruch auf Entgeltumwandlung. a)** Der Arbeitnehmer kann vom Arbeitgeber verlangen (er ist nicht verpflichtet), dass von seinen künftigen Entgeltansprüchen bis zu **4%** der jeweiligen Beitragsbemessungsgrenze in der gesetzlichen Rentenversicherung der Arbeiter und Angestellten (2009: 64 800 Euro) durch Entgeltumwandlung für seine betriebliche Altersversorgung verwendet werden (§ 1 a I 1 BetrAVG). Es ist eine gesetzliche Höchstgrenze, von der im Wege der Vereinbarung abgewichen werden kann. Arbeitnehmer im Sinne des § 1 a sind nur Personen, die auf Grund der Beschäftigung oder Tätigkeit bei dem Arbeitgeber, gegen den sich der Anspruch richtet, in der gesetzlichen Rentenversicherung pflichtversichert sind (§ 17 I 3 BetrAVG). Geringfügig Beschäftigte (§ 5 SGB VI), die auf die Versicherungsfreiheit verzichtet haben, sind in der gesetzlichen Rentenversicherung pflichtversichert; sie sind mithin anspruchsberechtigt. Haben sie nicht verzichtet, haben sie auch keinen Anspruch auf Entgeltumwandlung. Soweit die Pflichtversicherung gegeben ist, zählen hierzu alle Formen des Arbeitsverhältnisses (Voll- und Teilzeit usw.). Der Anspruch besteht, auch wenn keine staatliche Förderung geltend gemacht wird. Verpflichtet ist der konkrete Arbeitgeber; dies können mehrere sein. Das BetrAVG kennt keine Kleinbetriebsklausel. Der Anspruch ist ausgeschlossen, soweit eine durch Entgeltumwandlung finanzierte betriebliche Altersversorgung besteht (§ 1 a II BetrAVG). Damit ist gleichzeitig gesagt, dass andere Formen der Altersversorgung dem Anspruch nicht entgegenstehen. Der Arbeitgeber kann auch zum **rückwirkenden Abschluss** eines entsprechenden Vertrages verurteilt werden.[119] Nach Inkrafttreten des Schuldrechtsmodernisierungsgesetzes ab

---

[117] Teilweise findet sich auch die Bezeichnung „Barlohnverzicht", „Gehaltsumwandlung" oder „Deferred Compensation".

[118] BAG 12. 6. 2007 AP 1 zu § 1 a BetrAVG = NZA-RR 2007, 650.

[119] BAG 12. 6. 2007 AP 1 zu § 1 a BetrAVG = NZA-RR 2007, 650.

dem 1. 1. 2002 ist der rückwirkende Abschluss eines Vertrages gem. § 275 I BGB (anders als nach § 306 BGB a. F.)[120] nicht mehr von vornherein nichtig.[121]

b) Macht der Arbeitnehmer den Anspruch geltend, muss er **jährlich einen Betrag** in Höhe von mindestens einem Hundertsechzigstel der Bezugsgröße nach § 18 I SGB IV für seine betriebliche Altersversorgung verwenden. Das sind 2009 (30240 : 160 =) 189,00 Euro. Da der Gesetzgeber neben der Bezugsgröße nicht auch die Bezugsgröße Ost genannt hat, folgt aus der Systematik des SGB IV, dass eine einheitliche Bezugsgröße gilt.[122] Arbeitgeber und Arbeitnehmer können einvernehmlich den Mindestbetrag unterschreiten. Soweit der Arbeitnehmer Teile seines regelmäßigen Entgelts für betriebliche Altersversorgung verwendet, kann der Arbeitgeber verlangen, dass während eines laufenden Kalenderjahres gleich bleibende monatliche Beträge verwendet werden (§ 1 a I 5 BetrAVG). 61

c) Soweit Entgeltansprüche auf einem **Tarifvertrag** beruhen, kann für diese eine Entgeltumwandlung nur vorgenommen werden, soweit dies durch Tarifvertrag vorgesehen oder durch Tarifvertrag zugelassen ist (§ 17 V BetrAVG). Durch Tarifvertrag vorgesehen oder zugelassen bedeutet, dass der Tarifvertrag die Entgeltumwandlung zulässt oder eine Öffnungsklausel für Betriebsvereinbarungen enthält. Der Tarifvorrang greift nur ein, wenn Arbeitgeber und Arbeitnehmer tarifgebunden sind (§ 206). Ausreichend ist eine Tarifbindung kraft Allgemeinverbindlichkeit (§ 207). Gilt ein Tarifvertrag nur kraft arbeitsvertraglicher Inbezugnahme (§ 208), so beruht der Entgeltanspruch nicht auf tariflicher Grundlage.[123] Dasselbe gilt für übertarifliche Entgeltbestandteile, auch sie können für die Entgeltumwandlung genutzt werden. Der Anspruch auf Entgeltumwandlung ist nach § 17 III 1 BetrAVG tarifdispositiv. Er kann auch durch Tarifvertrag ausgeschlossen oder inhaltlich umgestaltet werden. Der Tarifvorbehalt in § 17 V BetrAVG gilt nach § 30h BetrAVG nur für Zusagen, die nach dem 29. 6. 2001 erteilt worden sind. 62

d) Die **Durchführung des Anspruchs auf Entgeltumwandlung** wird durch Vereinbarung geregelt (§ 1 a I 2 BetrAVG). Es kann sich um einen Tarifvertrag, eine Betriebsvereinbarung oder eine Einzelvereinbarung handeln. Zweckmäßig wird derselbe Durchführungsweg gewählt, der der bisherigen Altersversorgung zu Grunde lag. Kommt eine Vereinbarung nicht zustande, erfolgt die Durchführung über eine Pensionskasse oder einen Pensionsfonds, wenn der Arbeitgeber dazu bereit ist. Der Arbeitgeber ist berechtigt, den Versorgungsträger zu bestimmen. Ist er nicht bereit, kann der Arbeitnehmer verlangen, dass der Arbeitgeber für ihn eine Direktversicherung abschließt (§ 1 a I 3 Halbs. 2 BetrAVG). Verlangt der Arbeitnehmer den Abschluss einer Direktversicherung, ist der Arbeitgeber zur Auswahl berechtigt.[124] Der Arbeitnehmer ist nicht berechtigt, den Versicherungsträger auszuwählen.[125] 63

3. Entgelt. a) Aus dem BetrAVG ergibt sich kein besonderer Begriff des Entgelts. Da in den Geltungsbereich des BetrAVG auch sonstige Personengruppen einbezogen worden sind (§ 17 BetrAVG), geht der Begriffsumfang über den rein arbeitsrechtlichen Entgeltbegriff hinaus. Ein Entgelt im Sinne von § 1 II Nr. 3 BetrAVG liegt mithin auch vor, wenn ein Arbeitnehmer, Freiberufler oder Organmitglied die für seine Dienste erbrachte Gegenleistung in eine Versorgungszusage umtauscht. Dagegen kommt es für den Anspruch auf Entgeltumwandlung auf den rein arbeitsrechtlichen Entgeltbegriff an, da gem. § 17 I 3 i. V. m. § 1 a I BetrAVG nur versicherungspflichtig Beschäftigte anspruchsberechtigt sind. 64

b) Entgelt können **Geld-, Sach- und Nutzungsleistungen** sein.[126] Eine Entgeltumwandlung ist mithin auch in der Form möglich, dass der Arbeitnehmer auf eine mietfreie Werkswohnung verzichtet und hierfür ein Versorgungsversprechen erhält. 65

c) Es können **nur künftige Ansprüche** umgewandelt werden. Ein künftiger Anspruch ist dann gegeben, wenn er dem Grunde nach schon besteht, aber noch nicht fällig ist. Die Beschränkung auf künftige Ansprüche hat steuerrechtliche Gründe. Sobald das Entgelt dem Arbeitnehmer zugeflossen ist, wird es steuerpflichtig. Entgeltumwandlung ist auch möglich, wenn eine geplante und objektiv vorauszusehende Entgelterhöhung in eine Versorgungsleistung umgewandelt wird. Im Umwandlungszeitpunkt muss bereits eine Rechtsgrundlage für den betroffenen Entgelt- 66

---

[120] S. z. B. BAG 28. 6. 2000 AP 6 zu § 1 KSchG 1969 Wiedereinstellung = NZA 2000, 1097; LAG Hamm 23. 2. 2001 DB 2001, 1890.
[121] BAG 27. 4 2004 AP 12 zu § 8 TzBfG = NZA 2004, 1225.
[122] *Höfer* § 1 a RN 2624; s. auch § 83 RN 171.
[123] *Blomeyer/Rolfs/Otto* § 17 RN 226; *Höfer* § 1 a RN 2619.
[124] BT-Drucks. 14/4595 vom 14. 11. 2000 S. 162.
[125] BAG 19. 7. 2005 NZA-RR 2003, 372 = DB 2005, 2252.
[126] *Rieble* BetrAV 2001, 584 (586).

anspruch bestanden haben; bloße Chancen auf einen höheren Verdienst genügen dagegen nicht.[127] Entgeltumwandlung kann ferner vorliegen, wenn der Arbeitnehmer bei der Einstellung gegen Versorgungsleistung auf einen Teil des Entgelts verzichtet. Nach dem Wortlaut ist zweifelhaft, ob ein bereits fälliger, aber noch nicht ausgezahlter Entgeltbestandteil in eine Versorgungsleistung umgewandelt werden kann. Das ist bei zweckgerichteter Auslegung zu bejahen.[128]

67 **4. Wertgleichheit. a)** Nach § 1 II Nr. 3 BetrAVG müssen der **Entgeltverzicht** und die **Anwartschaft auf Versorgungsleistungen** wertgleich sein. Der Wertvergleich ist zwischen dem Bruttoentgelt des Arbeitnehmers und der Versorgungsleistung anzustellen.[129] Dagegen ist ein Abstellen auf das Nettoentgelt unzulässig, weil dies von den individuellen Verhältnissen des Arbeitnehmers geprägt ist, die von der erbrachten Gegenleistung unabhängig sind (z. B. die Steuerklasse). Andererseits braucht der Arbeitgeber das Bruttoentgelt nicht um eingesparte Sozialversicherungsbeiträge aufzustocken. Jedoch ist es möglich, dass der Arbeitgeber überproportionale Versorgungsleistungen erbringt. Durch das BetrAVG soll die Altersversorgung nicht erschwert, sondern erleichtert werden. Sagt der Arbeitgeber eine zu geringe Versorgungsleistung zu, erwächst für den Arbeitnehmer ein Ergänzungsanspruch.[130] Die Wertgleichheit ist aber keine Tatbestandsvoraussetzung für das Vorliegen einer betrieblichen Altersversorgung und damit die Anwendbarkeit des BetrAVG.[131]

68 **b)** Das Gesetz definiert den **Begriff** der Wertgleichheit nicht näher. Bei der Direktversicherung und der Pensionskassenversorgung ist der Verzichtsbetrag zur Höhe der Beitragsleistung an den Versicherer in Relation zu setzen. Dabei müssen dem Arbeitnehmer auch die Überschussanteile zugute kommen, weil er diese durch den Entgeltverzicht erworben hat (§ 1 b V 1 Nr. 1 BetrAVG). Lebensversicherungsverträge sind zumeist so gestaltet, dass mit den eingezahlten Beiträgen zunächst die Versicherungs- und Abschlusskkosten getilgt werden, bevor sie dann zu einem Aufbau eines Deckungskapitals für die Altersversorgung führen **(Zillmerung).** Das führt dazu das die garantierte Rückzahlungsleistung bei Kündigung bzw. Kapitalabfindung in den ersten Jahren nicht die Summe der eingezahlten Beiträge erreicht. Nach Ansicht des LAG München verstößt dies gegen das Gebot der Wertgleichheit nach § 1 II Nr. 3 BetrAVG, gegen die Grundgedanken der ab dem 1. 1. 2005 geltenden Portabilitätsregelungen gem. § 4 BetrAVG (§ 83 RN 177 ff.) und stellt eine unangemessene Benachteiligung gem. § 307 I 2, II Nr. 1 BGB dar.[132] Demgegenüber ist nach der Rspr. des BGH ein Mindestrückkaufswert in Höhe der Hälfte des mit den Rechnungsgrundlagen der Prämienkalkulation berechneten ungezillmerten Deckungskapitals als ausreichend anzusehen.[133] Da das ungezillmerte Deckungskapital i. d. R. bei 80–90% der Beitragsumme liegt, beträgt die Untergrenze für die Wertgleichheit ca. 45% der aufgewendeten Beiträge.[134] Richtigerweise dürfte selbst bei einer unzulässigen Zillmerung nicht von einer Unwirksamkeit der Vereinbarung sondern von einem Erfüllungsanspruch auf eine wertgleiche Leistung auszugehen sein.[135] Hierfür sprechen auch die gesetzlichen Wertungen in § 1 a III BetrVG i. V. m. §§ 10 a § 82 II EStG, § 1 I Nr. 8 AltZertG, die eine Förderung bei einer Verteilung der Abschluss- und Vertriebskosten über einen Zeitraum von 5 Jahren zulassen. Ausgleichsansprüche setzen aber voraus, dass der Vertrag tatsächlich vorzeitig beendet wurde.[136] Nunmehr schreibt § 169 III VVG in der ab dem 1. 1. 2008 geltenden Fassung eine Gleichverteilung der Abschluss- und Vertriebskosten auf 5 Jahre vor.[137] Bei einer derartigen Gestaltung ist eine Zillmerung als zulässig anzusehen.[138] Bei Direktzusagen und Unterstützungskassen ist die

---

[127] BAG 8. 6. 1999 AP 26 zu § 1 BetrAVG Lebensversicherung = NZA 99, 1103.
[128] *Heither* (vor RN 59) S. 74; *Höfer* § 1 RN 2560; a. A. *Blomeyer* BetrAV 2001, 430, 435.
[129] *Höfer* § 1 RN 2562.
[130] *Dötsch/Förster/Rühmann* DB 98, 258, 259.
[131] *Bepler* BetrAV 2000, 19, 25; *Hartsoe* BetrAV 2005, 629.
[132] LAG München 15. 3. 2007 NZA 2007, 813 = LAGE § 1 BetrAVG Nr. 24; anders LAG Köln 13. 8. 2008 DB 2009, 237; s. auch *Reinecke* DB 2006, 555 (562); ablehnend ArbG Siegburg 27. 2. 2008 Zinso 2008, 1038; *Hopfner* DB 2007, 1810; *Döring/Grau* BB 2007, 1564; *Veit*, VersR 2008, 324 (326); *Huber* BetrAV 2008, 33; vgl. ferner ArbG Stuttgart 17. 1. 2005 BetrAV 2005, 692, das einen Schadensersatzanspruch wegen fehlenden Hinweises annimmt.
[133] BGH 12. 10. 2005 BGHZ 164, 297 = NJW 2005, 3559; vgl. BVerfG 26. 7. 2005 BVerfGE 114, 1 = NJW 2005, 2363; dazu *Knappmann* NJW 2005, 2892.
[134] *Kollroß/Frank* DB 2007, 1146 (1147).
[135] *Döring/Grau* BB 2007, 1564 (1566 f.).
[136] LAG München 11. 7. 2007 NZA 2008, 362 (für einen Schadensersatzanspruch wegen nicht hinreichender Aufklärung).
[137] Zur Neuregelung *Frank* VersR 2008, 298 (309 f.).
[138] *Veit* VersR 2008, 324 (326).

Ermittlung der Wertgleichheit ebenfalls umstritten. Überwiegend wird im Schrifttum eine versicherungsmathematische Ermittlung der Wertgleichheit verlangt.[139] Zum Teil wird aus der Entstehungsgeschichte gefolgert, dass der Gesetzgeber nicht von den Grundsätzen der Versicherungsmathematik ausgegangen sei, weil ein entsprechender Hinweis im Gesetzgebungsverfahren zum RRG gestrichen worden sei.[140] Nach richtiger Ansicht wird ein Vergleich nach versicherungsmathematischen Grundsätzen notwendig sein; die im Gesetzgebungsverfahren vorgenommene Streichung diente lediglich der „Vereinfachung"[141] und wird nur die Bedeutung haben, dass ein Rückgriff auf § 3 II BetrAVG ausgeschlossen werden sollte. Der dabei zugrunde zu legende Mindestrechnungszinsfuß wird am Kapitalmarktzins auszurichten sein. Stattdessen kann auch eine Mindestversorgungsleistung vereinbart werden verbunden mit der Zusage, alternativ an der möglicherweise besseren Entwicklung eines Wirtschaftsgutes (z. B. von Wertpapieren) teilzuhaben.[142]

c) Zu der Frage, ob trotz der höheren Lebenserwartung von Frauen **geschlechtsneutrale Rechnungsgrundlagen („Unisex-Tarife")** zugrunde gelegt werden *müssen,* vgl. RN 40; auf jeden Fall *dürfen* sie im Interesse der Lohngleichheit zugrunde gelegt werden.[143] 69

5. Unverfallbarkeit. a) Nach § 1b V BetrAVG werden die Versorgungsanwartschaften **sofort unverfallbar.** Es besteht ein Vertrag zugunsten Dritter zwischen Arbeitgeber und Versorgungsträger. Die Vorschrift gilt nach § 30f BetrAVG für alle nach dem 1. 1. 2001 erteilten Versorgungszusagen. Bei Versorgungszusagen vor dem 1. 1. 2001 waren nach der Rspr. die Zusagen bei einer Entgeltumwandlung vertraglich sofort unverfallbar (vgl. RN 44). Die vertragliche Unverfallbarkeit löste keinen Insolvenzschutz aus. Dieser musste durch eine Versicherung geschaffen werden. Dies geschah überwiegend durch Abschluss einer Rückdeckungsversicherung und Verpfändung der Rückdeckungsversicherung an den Arbeitnehmer. 70

b) Wird die Entgeltumwandlung **später aufgestockt,** so ist wegen des Laufs der Unverfallbarkeitsfrist zu unterscheiden. Liegen zwei getrennte Entgeltumwandlungszusagen vor, so läuft für jede die Unverfallbarkeitsfrist gesondert. Wird dagegen die erste Zusage nur aufgestockt, so läuft die Unverfallbarkeitsfrist ab der ersten Zusage. Ob das eine oder andere gewollt ist, muss durch Auslegung an Hand der Umstände des Einzelfalles entschieden werden (s. RN 53 sowie § 83 RN 96ff.). 71

c) Hat der Arbeitgeber eine Versorgungszusage erteilt und erfolgt daneben eine Entgeltumwandlung, so wird für jede Zusage im Zweifel eine **eigene Unverfallbarkeitsfrist** laufen. Dies ergibt sich aus der Bewertung der Interessenlage, weil der Arbeitgeber nur bei der Entgeltumwandlung keine eigenen Mittel aufwendet. 72

d) Scheidet der Arbeitnehmer bei einer Entgeltumwandlung **vorzeitig aus dem Arbeitsverhältnis** aus, so wird die ratierlich berechnete Versorgungsanwartschaft nach § 2 Va BetrAVG ersetzt. An deren Stelle tritt die vom Zeitpunkt der Zusage auf betriebliche Altersversorgung bis zum Ausscheiden des Arbeitnehmers erreichte Anwartschaft auf Leistungen aus den bis dahin umgewandelten Entgeltteilen. Das bedeutet, dass bei vorzeitigem Ausscheiden die durch Entgeltumwandlung erworbene Anwartschaft dem Kapitalbetrag entspricht, der durch die tatsächlich geleisteten Beiträge einschließlich Zinsen und Zinseszinsen entstanden ist. Nach der Übergangsregelung des § 30g BetrAVG gilt die Regelung nur für nach dem 1. 1. 2001 erteilte Zusagen. Für Altzusagen gilt die ratierliche Berechnungsmethode. 73

6. Anpassungspflicht bei Entgeltumwandlung. Soweit betriebliche Altersversorgung durch Entgeltumwandlung finanziert wurde, ist der Arbeitgeber verpflichtet, die laufenden Leistungen um mindestens 1% zu erhöhen. Werden die Leistungen über eine Direktversicherung oder eine Pensionskasse ausgezahlt, ist der Arbeitgeber verpflichtet, sämtliche Überschussanteile und nicht nur die auf den Rentenbestand entfallenden zur Erhöhung der laufenden Renten zu verwenden (§ 16 V BetrAVG). Die Übergangsregelung ergibt sich aus § 30c BetrAVG. 74

7. Entgeltumwandlung und Abfindung von Anwartschaften. Eine nach § 1b BetrAVG unverfallbare Versorgungsanwartschaft kann im Fall der Beendigung des Arbeitsverhältnisses nur unter den Voraussetzungen des § 3 BetrAVG abgefunden werden. § 3 BetrAVG ist im Interesse der Aufrechterhaltung der Versorgungsanwartschaft eine Verbotsnorm, die zur Un- 75

---

[139] *Blomeyer* NZA 2000, 281, 283; *Hartsoe* BetrAV 2005, 629, 631; *Höfer* § 1 RN 2569.
[140] *Dötsch/Förster/Rühmann* DB 98, 258.
[141] So *Blomeyer* NZA 2000, 281, 283 unter Hinweis auf BT-Drucks. 13/8671 S. 148.
[142] *Höfer* § 1 RN 2571.
[143] *Höfer* § 1 RN 2577.

wirksamkeit der Abfindungsregelung führt. Von der Verbotsnorm nicht erfasst wird die Abfindung bei fortbestehendem Arbeitsverhältnis oder die Abfindung von Rentenleistungen (s. im Einzelnen § 83 RN 170 ff.).

76 **8. Insolvenzschutz.** Der gesetzliche Insolvenzschutz ist durch das HZvNG dadurch erweitert worden, dass gem. § 7 V 3 Halbs. 2 BetrAVG (in der Fassung nach dem AltEinkG nunmehr § 7 V 3 Nr. 1) für die Entgeltumwandlung die Zweijahresfrist (unwiderlegbare Missbrauchsvermutung, vgl. RN 147) für nach dem 1. 1. 2002 gegebene Zusagen ausnahmsweise nicht gilt.

77 **9. Mitbestimmung.** Zu der Frage, inwieweit der Betriebsrat ein erzwingbares Mitbestimmungsrecht bei betrieblicher Altersversorgung aus Entgeltumwandlung hat, s. § 83 RN 366.

78 **10. Anspruch auf staatliche Förderung der Entgeltumwandlung. a)** Der Arbeitnehmer kann gem. § 1 a III BetrAVG verlangen, dass die Voraussetzungen für eine Förderung nach §§ 10 a, 82 II EStG erfüllt werden, wenn die betriebliche Altersversorgung über einen Pensionsfonds, eine Pensionskasse oder eine Direktversicherung durchgeführt wird. Förderungsfähig sind nur die genannten Durchführungswege. Es besteht mithin kein Anspruch, wenn der Durchführungsweg der Direktzusage oder Unterstützungskasse gewählt wird. Der Anspruch auf Förderung besteht nur, wenn der Arbeitnehmer einen Anspruch auf Entgeltumwandlung nach § 1 a I BetrAVG hat. Hieraus folgt im Umkehrschluss, dass ältere Verträge der Gehaltsumwandlung nicht gefördert werden.

79 **b)** Nach §§ 10 a I 1, 79 EStG ist die **staatliche Förderung grundsätzlich beschränkt** auf die in der deutschen gesetzlichen Rentenversicherung Pflichtversichten. Kein Anspruch besteht bei Auslandstätigkeit und dortiger Versicherung. Es besteht also teilweise Übereinstimmung mit dem in § 1 a I 1 und § 17 I 3 BetrAVG genannten Personenkreis. Es sollen die durch die Absenkung der gesetzlichen Renten Betroffenen gefördert werden. Der Arbeitnehmer kann verlangen, dass die Beiträge zur Entgeltumwandlung aus individuell versteuertem Entgelt geleistet werden (§§ 10 a, 82 II EStG, § 1 I 1 Nr. 4 AltZertG), für das Beiträge entrichtet wurden. Voraussetzung für die steuerliche Förderung ist, dass eine lebenslange Alterversorgung i. S. v. § 1 I 1 Nr. 4 AltZertG vorliegt. Der Arbeitnehmer kann wählen, ob er nach § 3 Nr. 63 EStG die Lohnsteuerfreiheit oder die staatliche Förderung beansprucht. Was günstiger ist, kann nur im Einzelfall unter Berücksichtigung der individuellen Verhältnisse beurteilt werden.

V. Beitragsorientierte Versorgungszusage

Blumenstein, Vergleichende Darstellung der beitragsorientierten Leistungszusage und der Beitragszusage mit Mindestleistung, FS Kemper, 2005, S. 25; *Birk,* Diskriminierung von Frauen und älteren Arbeitnehmern in der betrieblichen Altersversorgung bei beitragsorientierter Gestaltung?, BetrAV 2003, 197; *Blomeyer,* Neue arbeitsrechtliche Rahmenbedingungen für die Betriebsrente, BetrAV 2001; *Friedrich/Kovac/Werner,* Beitragsorientierte Leistungszusage und Beitragszusage mit Mindestleistung – strikt getrennt oder doch eng miteinander verwandt?, BB 2007, 1557; *Hartsoe,* Zur Wertgleichheit der Beitragszusage mit Mindestleistung bei Entgeltumwandlung, BetrAV 2005, 629; *Karst/Paulweber,* Wandel der Unverfallbarkeitssystematik in der betrieblichen Altersversorgung für beitragsorientierte Zusagen mit variablen Überschussanteilen, BB 2005, 1498; *Langohr-Plato/Teslau,* Die Beitragszusage mit Mindestleistung, DB 2003, 661; *Schwark/Raulf,* Beitragszusage mit Mindestleistung bei Direktzusagen in der betrieblichen Altersversorgung, BetrAV 2003, 307; *dies.,* DB 2003, 940; *Übelhack,* Beitragszusagen mit Mindestleistung – eine neue Zusageform für Betriebsrenten, FS Blomeyer, 2003, S. 467.

80 **1. Begriff. a)** Im angelsächsischen Sprachraum werden Leistungszusagen als defined benefit und Beitragszusagen als defined contribution unterschieden. Die Wirtschaft erstrebt die reine Beitragszusage, bei der die Verpflichtung des Arbeitgebers sich in der Beitragszahlung erschöpft. Die beitragsorientierte Versorgungszusage ist durch Art. 8 RRG 1999 in das Betriebsrentenrecht eingeführt worden (§ 1 VI BetrAVG). Sie findet sich nunmehr nach der Änderung durch das AVmG in § 1 II Nr. 1 BetrAVG. Trotz des geringfügig unterschiedlichen Wortlauts ergibt sich hierdurch keine Änderung der Rechtslage. Bei der **beitragsorientierten Leistungszusage** verpflichtet sich der Arbeitgeber, bestimmte Beiträge in eine Anwartschaft auf Alters-, Invaliditäts- oder Hinterbliebenenversorgung umzuwandeln. Eine reine Direktzusage ist gegeben, wenn der Arbeitgeber dem Arbeitnehmer im Versorgungsfall eine Rente in Höhe von x Euro zusagt. Eine beitragsorientierte Zusage ist gegeben, wenn er auch seinen Versorgungsaufwand verspricht. Die beitragsorientierte Zusage des § 1 II Nr. 1 BetrAVG gehört noch zum defined benefit; sie ist noch keine reine Beitragszusage, wie sich aus der Legaldefinition ergibt.

81 **b)** Auf die beitragsorientierte Leistungszusage sind die **Vorschriften des BetrAVG** in vollem Umfang anzuwenden. Sie ist **bei allen Durchführungswegen,** also der Direktzusage, der Un-

terstützungskassenversorgung, der Direktversicherung und der Pensionskasse rechtlich möglich. Bei der Direktversicherung und der Pensionskasse war schon bisher eine Beitragszusage üblich. Bei der Direktzusage und der Unterstützungskassenversorgung ist der dem Arbeitnehmer mitgeteilte Beitrag nur ein kalkulatorischer Wert, der z. B. dem Betrag entspricht, den der Arbeitgeber bei Einkauf in eine Versicherung aufzuwenden hätte. Gleichwohl gibt es kein gesetzliches Wertgleichheitsgebot; der Arbeitgeber kann den Beitrag und die diesem entsprechende Leistung frei kalkulieren.

2. Einstandspflicht. Den Arbeitgeber trifft sowohl bei der Direktzusage wie bei der Unterstützungskassenversorgung, der Pensionskasse sowie der Direktversicherung eine **Einstandspflicht** für die Leistungen. Der Arbeitnehmer hat nach der Rspr. des BAG einen **Erfüllungsanspruch** auf Leistung.[144] Nunmehr folgt dies für alle Durchführungswege aus § 1 I 3 BetrAVG. 82

3. Beitragszusage. Eine reine Beitragszusage ist im BetrAVG noch nicht geregelt. Eine solche Zusage ist zwar rechtlich möglich, sie unterfällt aber nicht dem BetrAVG. Es handelt sich nicht um eine betriebliche Altersversorgung, weil der Arbeitgeber keine künftige Versorgungsleistung verspricht.[145] 83

4. Beitragszusage mit Mindestleistung. a) Bei der zum 1. 1. 2002 in das BetrAVG aufgenommenen Beitragszusage mit Mindestleistung (§ 1 II Nr. 2 BetrAVG) ist der **Arbeitgeber verpflichtet,** Beiträge zur Finanzierung von Leistungen der betrieblichen Altersversorgung an einen Pensionsfonds, eine Pensionskasse oder eine Direktversicherung zu zahlen. Erforderlich ist also ein versicherungsförmiger Durchführungsweg. Direktzusagen sind nach dem Gesetzeswortlaut nicht erfasst, weil die genannten Durchführungsformen nicht beispielhaft, sondern abschließend aufgezählt sind.[146] Der Arbeitgeber ist verpflichtet, für Leistungen zur Altersversorgung das planmäßig zuzurechnende Versorgungskapital auf der Grundlage der gezahlten Beiträge (Beiträge und die daraus erzielten Erträge), mindestens die Summe der zugesagten Beiträge, soweit sie nicht rechnungsmäßig für einen biometrischen Risikoausgleich verbraucht wurden, zur Verfügung zu stellen. Die Beitragszusage mit Mindestleistung ist eine Mischform;[147] sie ist Beitragszusage und wegen der Mindestleistung Leistungszusage. 84

b) Das **Rechtsverhältnis zwischen Arbeitgeber und Arbeitnehmer** ist nur unvollkommen geregelt. Das gilt insbes. für die Verpflichtung des Arbeitgebers zur Beitragsleistung. Kommt der Arbeitgeber mit der Beitragsleistung in Verzug, so stellt sich die Frage, ob die Beiträge einklagbar sind oder ob sich die Verschaffungspflicht auf das sich aus den Beiträgen ergebende Versorgungskapital (vgl. § 1 I 3 BetrAVG) beschränkt. Die vom Arbeitgeber erteilte Zusage der Versorgung, die Bestandteil des Arbeitsverhältnisses geworden ist, spricht für eine Einklagbarkeit. Für die Mindestleistung muss der Arbeitgeber eine Garantiehaftung übernehmen, obwohl er auf das Verhalten des externen Versorgungsträgers nicht einwirken kann. Bei der Versorgung durch Lebensversicherungen und Pensionskassen kommt es auf das versicherungsmathematisch berechnete Deckungskapital und nicht auf die Summe der zugesagten Beiträge an. Insoweit fehlt der Verwaltungskostenanteil. Die Beitragszusage mit Mindestleistung kann mit einer Entgeltumwandlung verbunden werden. Zwar ist die Aufzählung der beitragsorientierten Leistungszusage und die Entgeltumwandlung in § 1 II BetrAVG mit dem Wort „oder" verbunden. Aber die Berechnungsvorschrift des § 2 Vb BetrAVG nimmt ausdrücklich die Entgeltumwandlung in Bezug und auch § 16 III Nr. 3 Halbs. 2 i. V. m. § 16 V BetrVG setzen die Kombination voraus.[148] 85

c) Auch die Regelung des **Rechtsverhältnisses zwischen Arbeitnehmer und Versorgungsträger** weist Lücken auf. Bei der Versorgung durch Lebensversicherungen und Pensionskassen ist ein Anspruch des Arbeitnehmers nicht ausdrücklich geregelt. Es ist wohl davon auszugehen, dass in dem Vertrag des Arbeitgebers mit dem Versorgungsträger ein Vertrag zu Gunsten Dritter enthalten ist. Scheidet ein Arbeitnehmer vorzeitig aus dem Betrieb aus, beschränkt sich der Anspruch auf die Berechnung der Anwartschaft nach § 2 Vb BetrAVG. Das Gesetz enthält keine Regelungen, wie sich die Anwartschaft weiter entwickelt. 86

---

[144] S. z. B. BAG 7. 3. 1995 AP 26 zu § 1 BetrAVG Gleichbehandlung = NZA 96, 48; 29. 8. 2000 AP 55 zu § 1 BetrAVG Zusatzversorgungskassen = NZA 2001, 163; 18. 9. 2001 AP 230 zu § 613a BGB = NZA 2002, 1391.

[145] BAG 7. 9. 2004 AP 15 zu § 1 BetrAVG Gleichberechtigung = NZA 2005, 1239.

[146] *Karst/Paulweber* BB 2005, 1498, 1501, 1502; a. A. *Höfer* § 1 RN 2538 ff.

[147] *Reinecke* NJW 2001, 3511, 3512.

[148] *Höfer* DB 2001, 1145, 1146; *Reinecke* NJW 2001, 3511, 3514.

87 **d)** Eine **Regelung der Unverfallbarkeit** wäre an sich entbehrlich, weil bei der Beitragszahlung an einen externen Versorgungsträger mit der Zahlung ein unentziehbares Anwartschaftsrecht entsteht. In § 1b BetrAVG erscheint denn auch die Beitragszusage mit Mindestleistung nicht. Gleichwohl enthält § 2 Vb BetrVG eine Berechnungsvorschrift. Danach tritt an Stelle der ratierlich berechneten Anwartschaft das dem Arbeitnehmer planmäßig zuzurechnende Versorgungskapital auf der Grundlage der bis zu seinem Ausscheiden geleisteten Beiträge (Beiträge und die bis zum Eintritt des Versorgungsfalles erzielten Erträge), mindestens die Summe der bis dahin zugesagten Beiträge, soweit sie nicht rechnungsmäßig für einen biometrischen Risikoausgleich verbraucht wurden. Die Regelung ersetzt die ratierliche Berechnungsmethode. Sie hat zur Folge, dass bei vorzeitigem Ausscheiden der unverfallbare Teil der Versorgungsanwartschaft nicht zu ermitteln ist.

88 **e)** Die **Verpflichtung zur Anpassung entfällt** bei Beitragszusagen mit Mindestleistung (§ 16 III Nr. 3 BetrAVG). Diese Regelung beruht darauf, dass das planmäßig zuzurechnende Versorgungskapital Ertragschancen bietet. Die Vorschrift gilt gem. § 16 III Nr. 3 Halbs. 2 i.V.m. § 16 V BetrAVG unabhängig davon, ob es sich um eine vom Arbeitgeber finanzierte Zusage oder um eine Entgeltumwandlung handelt.[149] Die Anpassung ist auch dann ausgeschlossen, wenn das Versorgungskapital auf die Mindestleistung zurückfällt.

89 **f)** Bei einem **vorzeitigen Rentenbezug** stellt sich die Frage, in welchem Umfang Abschläge vorgenommen werden können. Da das Haftungsvolumen sich nur auf die Summe der gezahlten bzw. zugesagten Beiträge und die daraus erzielten Erträge bezieht, werden versicherungsmathematische Abschläge möglich sein.[150]

90 **5. Insolvenz.** Bei reinen Beitragszusagen ohne Minderleistungsgarantie besteht im Allgemeinen kein Insolvenzrisiko, weil mit der Erbringung der Beiträge diese aus dem Vermögen des Arbeitgebers ausscheiden. Ein Insolvenzrisiko besteht nur wegen der Rückstände. Bei Beitragszusagen mit Mindestleistung besteht wegen der vom Arbeitgeber zu übernehmenden Haftung ein Insolvenzschutz nach § 7 II 5 Halbs. 2 BetrAVG. Nach einer Meinung ist die Haftung auf die Mindestleistung beschränkt.[151] Nach anderer Ansicht werden auch die erzielten Erträge vom Insolvenzschutz umfasst.[152] Der letzten Meinung ist zuzustimmen. In § 7 II 5 BetrAVG wird auf § 2 Vb BetrAVG verwiesen.

VI. Pensionsfonds

Andresen, Pensionsfonds als neue Gestaltungsform für Unternehmen – mehr Wettbewerb in der betrieblichen Altersversorgung, BetrAV 2001, 444; *Bätzel,* Pensionsfonds – ein neuer attraktiver Durchführungsweg für die betriebliche Altersversorgung, Personal. Sonderheft Betriebliche Altersversorgung, 2002, 23; *Baumeister,* Umsetzung der Pensionsfonds-Richtlinie der EU durch die 7. Novelle des Versicherungsaufsichtsgesetzes, DB 2005, 2076; *Blomeyer,* Neue arbeitsrechtliche Rahmenbedingungen für die Betriebsrente, BetrAV 2001, 430; *Förster/Rühmann/Recktenwald,* Auswirkungen des Altersvermögensgesetzes auf die betriebliche Altersversorgung, BB 2001, 1406; *Friedrich/Weigel,* Übertragung von Pensionsverpflichtungen auf einen Pensionsfonds, DB 2003, 2564; *Gohdes/Haferstock/Schmidt,* Pensionsfonds nach dem AVmG aus heutiger Sicht, DB 2001, 1558; *Grabner/Brandl,* Zur Insolvenzsicherung von Pensionsfonds, DB 2002, 945; *Hessling,* Die Pensionsfondsrichtlinie und ihr Einfluss auf Deutschland, BetrAV 2000, 622; *Heubeck,* Pensionsfonds-Grenzen und Möglichkeiten, DB 2001 Beil. 5, S. 2; *Höfer,* Lohnsteuerfreie Übertragung der Geschäftsführerversorgung einer GmbH, DB 2003, 413; *Kolvenbach/Pott,* Pensionsfonds, Personal, Sonderheft. Betriebliche Altersversorgung, 2002, 31; *Meier/Bätzel,* Auslagerung von Pensionsrückstellungen auf einen Pensionsfonds, BetrAV 2004, 1437; *Mühlberger/Schwinger/Paulweber,* Durchbruch für den Pensionsfonds nach der 7. VAG-Novelle?, DB 2006, 635; *Oecking,* Bilanzierung des neuen Durchführungsweges Pensionsfonds beim Arbeitgeber, BetrAV 2003, 43; *Sudowe,* Entrichtung der Beiträge an den Pensions-Sicherungs-Verein durch den Pensionsfonds, BetrAV 2003, 603; *Ulbrich/Nattermann,* Pensionsfonds vs. Pensionskasse – ein praktischer Vergleich, DZWir 2002, 449; *Zeppenfeld/Rößler,* Pensionsfonds: verbesserte Rahmenbedingungen für nationale und internationale Arbeitgeber und Anbieter, BB 2006, 1221.

Zur Entwicklung der Pensionsfonds: s. die Nachweise in der 11. Aufl. § 82 vor RN 94 sowie dort RN 94, 95.

91 **1. Begriff. a)** Durch das AVmG wurde ab dem 1. 1. 2002 der Pensionsfonds als neuer Durchführungsweg eingeführt, um die Auslagerung von Pensionsverpflichtungen zu erleichtern. Der Begriff des Pensionsfonds ergibt sich aus § 112 VAG (s. § 82 RN 92). Der Pensionsfonds ist

---

[149] *Friedrich/Kovac/Werner* DB 2007, 1557 (1559).
[150] Vgl. *Höfer* § 6 RN 4231; *Blomeyer/Rolfs/Otto* § 6 RN 172f.
[151] *Höfer* § 6 RN 4498.
[152] *Langohr-Plato/Teslan* DB 2003, 661, 665.

wie die Pensionskasse, die Unterstützungskasse und der Lebensversicherer (bei der Direktversicherung) ein externer Versorgungsträger im Sinne von § 1 I 2 BetrAVG. Pensionsfonds können mit einer Leistungs- oder mit einer Beitragszusage verbunden werden. Sie lassen sich auch mit einer Entgeltumwandlung durchführen.[153]

b) Der Pensionsfonds **unterscheidet sich von der Pensionskasse** insoweit, als Versicherung und Kapitalanlage auch durch Dritte erfolgen können, und durch die Liberalisierung der Anlageschutzregelungen (§ 82 RN 92). Er unterscheidet sich von der **fondsgebundenen Lebensversicherung;** diese ist Versicherung mit Übernahme des Erlebensfallrisikos und des Lebensrisikos. Andererseits trägt der Versicherte das Risiko der Performance. 92

c) Die Versorgung über einen Pensionsfonds kann mit einer **beitragsorientierten Zusage** oder mit einer **Leistungszusage** verbunden werden (RN 80 ff.). Die Leistungszusage wird in der Praxis kaum vorkommen, weil der Arbeitgeber das Anlagerisiko trägt, wenn der Pensionsfonds die Leistungen nicht erwirtschaftet. Ferner ist eine Beteiligung des Arbeitnehmers im Wege der Entgeltumwandlung (RN 59 ff.) möglich. 93

d) Die **Tarifvertragsparteien** können die Mitgliedschaft in einem Pensionsfonds verbindlich vorschreiben. Ein derartiger Tarifvertrag kann auch für allgemeinverbindlich erklärt werden.[154] 94

2. Rechtsverhältnis Arbeitnehmer/Arbeitgeber. a) Der Pensionsfondszusage liegt eine Versorgungsvereinbarung zwischen den Arbeitsvertragsparteien zugrunde. Die Versorgung wird mit Abführung der Beiträge an den Pensionsfonds unverfallbar. Für die Berechnung des Werts der unverfallbaren Versorgungsanwartschaft wird die ratierliche Berechnungsmethode gelten, da in § 2 III BetrAVG nur die Pensionskasse und nicht der Pensionsfonds erwähnt ist. Wegen des Ergänzungsanspruchs bestimmt § 2 IIIa BetrAVG, dass sich der zu finanzierende Teilanspruch, soweit er über die auf Grund des Pensionsplans erforderliche Deckungsrückstellung hinausgeht, gegen den Arbeitgeber richtet. 95

b) Die **Abfindung der Versorgungsanwartschaft** ist in § 3 BetrAVG nicht besonders erwähnt. Es gelten daher die unter § 83 RN 170 ff. dargestellten Grundsätze. 96

c) Wegen der **Übertragung der Versorgungsanwartschaft** gilt § 4 BetrAVG. Insbes. ist § 4 III BetrAVG anwendbar, der eine Übertragung auf Verlangen des Arbeitnehmers vorsieht (s. § 83 RN 177 ff.). 97

3. Rechtsverhältnis Arbeitgeber/Pensionsfonds. a) Der Arbeitgeber ist zu **Beiträgen** an den Pensionsfonds verpflichtet. Das gilt sowohl für den beitrags- wie den leistungsorientierten Pensionsfonds. Nach § 115 II VAG kann die BReg. Einzelheiten regeln, um die dauernde Erfüllbarkeit (Solvabilität) zu gewährleisten. Die dauernde Erfüllbarkeit kann auch bei einer dauernden Unterdeckung gewährleistet sein, wenn diese 5% des Betrags der Rückstellungen nicht übersteigt und die Belange der Versorgungsanwärter und Empfänger gewährleistet sind (§ 115 II 3 VAG). Hieraus wird zu folgern sein, dass über die Beitragsausgestaltung Vereinbarungen möglich sind und dass in einer gewissen Bandbreite durch Nachschüsse eine gewisse Flexibilität erreicht werden kann. 98

b) Die Versorgungsverpflichtung aus einer Pensionsfondszusage wird nach den Grundsätzen ordnungsgemäßer Buchführung **nicht in der Handels- und Steuerbilanz ausgewiesen.** Für den Fall einer Ausfallhaftung des Arbeitgebers besteht für Kapitalgesellschaften lediglich eine Ausweispflicht der mittelbaren Verpflichtung im Anhang des handelsrechtlichen Jahresabschlusses. Namentlich Unternehmen, die sich am internationalen Kapitalmarkt finanzieren, können über die Auslagerung von Pensionsverpflichtungen eine verbesserte Eigenkapitalquote erreichen. 99

4. Rechtsverhältnis Arbeitnehmer/Pensionsfonds. Die Vereinbarung zwischen Arbeitgeber und Pensionsfonds ist ein Vertrag zugunsten Dritter. Der Arbeitnehmer ist Berechtigter der Leistungen des Pensionsfonds. Diese richten sich nach dem Leistungsplan. Der Leistungsanspruch ist in § 112 I VAG festgeschrieben. 100

5. Mitbestimmung des Betriebsrats. S. § 83 RN 359 ff. 101

6. Betriebsübergang. Bei einem Betriebsübergang haftet der Veräußerer weiterhin für die Erfüllung der Versorgungszusage gegenüber den bereits ausgeschiedenen Arbeitnehmern. Der Erwerber tritt gem. § 613a BGB nur in das Versorgungsverhältnis mit den noch betriebsangehörigen Arbeitnehmern ein, sofern sie dem Betriebsübergang nicht widersprechen. Ist die Erfül- 102

---

[153] *Blomeyer* BetrAV 2001, 430, 433.
[154] EuGH 21. 9. 1999 (Albany International BV/Stichting Betriebspensionsfonds Textilindustrie) AP 1 zu Art. 85 EG-Vertrag = DB 2000, 826.

lung der Versorgungszusage mit dem bisherigen Versorgungsträger nicht möglich, etwa weil die Belegschaft nicht mehr dem satzungsmäßigen Geltungsbereichs eines Versicherungsvereins a. G. angehört, kann der Erwerber die Versorgung mit Zustimmung der Arbeitnehmer über einen anderen Versorgungsträger durchführen.

103 **7. Insolvenz.** Der Insolvenzschutz des § 7 BetrAVG greift ein, weil der Arbeitgeber für die Erfüllung aus dem Sondervermögen einstehen muss. Insoweit gelten die Regelungen in § 7 I 2 Nr. 2 (s. RN 116) und § 7 II BetrAVG (s. RN 123).

VII. Insolvenzschutz

Aufsätze (ältere Literatur s. Voraufl.): *Berenz,* Neue Rahmenbedingungen für die Insolvenzsicherung, BetrAV 2001, 507; *ders.,* Berechnung von vorzeitigen betrieblichen Altersversorgungsleistungen bei Insolvenzsicherung durch den PSVaG, DB 2001, 2346; *ders.,* Insolvenzsicherung der Betrieblichen Altersversorgung: Systematik des Anspruchsübergangs auf den PSVAG, DB 2004, 1098; *ders,* Der Schutz des PSVaG gem. § 7 Abs 5 BetrAVG vor mißbräuchlicher Inanspruchnahme seiner Leistungen, BetrAV 2005, 518; *ders.,* Übergang des Vermögens einer Unterstützungskasse auf den PSVaG bei Insolvenz des Trägerunternehmens – Systematik des § 9 Abs. 3 BetrAVG, DB 2006, 1006; *ders.,* Cotractual Trust Arrangements (CTA) und die gesetzliche Insolvenzsicherung der betrieblichen Altersversorgung durch den PSVaG, DB 2006, 2125; *Bode/Bergt/Oberberger,* Doppelseitige Treuhand als Instrument der privatrechtlichen Insolvenzsicherung, DB 2000, 1864; *Fischer/Thomas-Meyer,* Privatrechtlicher Insolvenzschutz für Arbeitnehmeransprüche aus deferred compensation, DB 2000, 1861; *Herrmann,* Mögliche Auswirkungen einer Neugestaltung der Insolvenzsicherung für den Pensionsfonds, BetrAV 2002, 738; *Hoppenrath,* Pensionsfonds und Insolvenzsicherung, BetrAV 2001, 114; *ders.,* Zur Zukunft der Insolvenzsicherung der betrieblichen Altersversorgung durch den PSVaG, BetrAV 2003, 32; *ders.,* Die Insolvenzsicherung der betrieblichen Altersversorgung nach geltendem Recht, BetrAV 2002, 731; *ders.,* Perspektiven der Insolvenzsicherung, BetrAV 2005, 412; *Hoppenrath/Berenz,* Das neue Finanzierungsverfahren des PSVaG, DB 2007, 630; *Hundt u.a.,* Der PSVaG in seiner vielfältigen Gestalt als Element der sozialen Sicherung, BetrAV 2006, 209; *Langsdorff,* Mögliche Auswirkungen einer Neugestaltung der Insolvenzsicherung für die Durchführungswege Pensionskasse und rückgedeckte Unterstützungskasse, BetrAV 2002, 742; *Neufeld,* Besonderheiten der betrieblichen Altersversorgung bei der übertragenden Sanierung, BB 2008, 2346; *Schulte,* Vermögensübergang auf den PSVaG nach dem Betriebsrentengesetz, BetrAV 2007, 527; *Verhaegen,* Entwicklungen im Bereich der betrieblichen Altersversorgung in Europa unter besonderer Berücksichtigung des Entwurfs einer Pensionsfondsrichtlinie, BetrAV 2003, 5; *Wenderoth,* Betriebliche Altersversorgung: Verfassungsrechtliche Zulässigkeit rückwirkend erhobener Beiträge zur Insolvenzsicherung nach § 30 i BetrAVG?, DB 2007, 2713; *Westhelle/Micksch,* Die insolvenzrechtliche Abwicklung der Direktversicherung, ZIP 2003, 2054.

104 **1. Geschichte und Rechtsgrundlagen. a)** Der Nachteil der betrieblichen Altersversorgung bestand darin, dass die Versorgungsberechtigten die Leistungen verloren, wenn der Arbeitgeber notleidend wurde. Durch das Gesetz zur Verbesserung der betrieblichen Altersversorgung vom 19. 12. 1974 (BGBl. I S. 3610) wurde in den §§ 7 bis 15 ein Insolvenzschutz eingeführt. Durch Art. 91 des Einführungsgesetzes zur Insolvenzordnung (EGInsO) vom 5. 10. 1994 (BGBl. I S. 2911) wurde der Insolvenzschutz umfassend geändert. Das EGInsO ist am 1. 1. 1999 in Kraft getreten. Der Insolvenzschutz ist durch das Rentenreformgesetz 1999 (BGBl. 1997 I S. 2998, 3026) und durch das AVmG geändert. Wegen rückständiger Versorgungsansprüche sind Leistungsempfänger einfache Insolvenzgläubiger nach § 38 InsO.

105 Neben der **gesetzlichen Insolvenzsicherung** ist ein **privatrechtlicher Insolvenzschutz** möglich. Dieser kann dadurch erreicht werden, dass der Arbeitgeber für die Versorgungsverpflichtungen Rückdeckungsversicherungen abschließt und diese an den Versorgungsberechtigten verpfändet.

106 **b) Rechtsgrundlagen der Insolvenzsicherung** sind §§ 7 bis 15 BetrAVG, das VVG sowie die Vorschriften des PSVaG. Die Satzung des PSVaG i. d. F. vom 12. 4. 2005 und die von ihm erlassenen allgemeinen Versicherungsbedingungen für die Insolvenzsicherung der betrieblichen Altersversorgung (AIB) i. d. F. 2. 12. 2005[155] sind gegenüber dem Gesetzesrecht nachrangiges Recht. Die Merkblätter des PSVaG informieren in allgemeiner Form über die Insolvenzsicherung auf Grund des BetrAVG. Sie haben nicht den Rechtscharakter von Verwaltungsrichtlinien. Die Rechtsvorschriften des PSVaG können mithin nur ergänzenden Charakter haben. Tarifverträge oder Betriebsvereinbarungen können weder zum Nachteil noch zum Vorteil von §§ 7 bis 15 BetrAVG abweichen.

107 **2. Insolvenzschutz von Versorgungsansprüchen. a)** Nach § 7 I 1 BetrAVG haben Versorgungsempfänger, deren Ansprüche aus einer unmittelbaren Versorgungszusage des Arbeitge-

[155] S. http://www.psvag.de: Website des Pensions-Sicherungs-Vereins.

bers nicht erfüllt werden, weil über das Vermögen des Arbeitgebers oder über seinen Nachlass das Insolvenzverfahren eröffnet worden ist, und ihre Hinterbliebenen gegen den Träger der Insolvenzsicherung einen **Anspruch** in Höhe der Leistung, die der Arbeitgeber auf Grund der Versorgungszusage zu erbringen hätte, wenn das Insolvenzverfahren nicht eröffnet worden wäre. Der Insolvenzschutz hängt mithin von **zwei Voraussetzungen** ab: **(1)** Es muss sich um Versorgungsansprüche eines Arbeitnehmers oder einer gleichgestellten Person handeln; **(2)** die Versorgungsansprüche müssen Leistungen der betrieblichen Altersversorgung sein. Deren Legaldefinition ergibt sich aus § 1 BetrAVG (§ 83 RN 1ff.). Nicht gesichert sind sonstige Leistungen wie Übergangsgelder[156] oder Leistungen eines Vorstandsmitgliedes bei Nichtverlängerung von Dienstverträgen oder Leistungen vor einer normalen Altersgrenze.[157]

b) Ein Versorgungsanspruch ist dann gegeben, wenn **sämtliche Bedingungen für die Entstehung des Anspruches** eingetreten sind. Unerheblich ist, ob die Versorgungsleistungen bereits fällig geworden sind. Insolvenzgesichert sind mithin auch Versorgungsansprüche solcher Arbeitnehmer und gleichgestellter Personen (§ 17 BetrAVG), die die Altersgrenze erreicht haben oder bei denen ein sonstiger Versorgungsfall eingetreten ist, die aber das Arbeits-/Dienstverhältnis fortsetzen.[158] Kein Versorgungsanspruch besteht, wenn der Versorgungsberechtigte die Möglichkeit hat, vorgezogenes Altersruhegeld zu beziehen, aber dieses noch nicht in Anspruch genommen hat. Insolvenzgesichert sind auch die Versorgungsansprüche von Hinterbliebenen. Der Insolvenzschutz der Hinterbliebenen richtet sich nach § 7 I 1 BetrAVG, wenn bereits ein Versorgungsempfänger vorhanden ist, von dem sich die Rechte ableiten. Dagegen richtet sich der Insolvenzschutz der Hinterbliebenen nach den Grundsätzen des Insolvenzschutzes bei Versorgungsanwartschaften, wenn der Anspruchsberechtigten verstirbt, bevor er Versorgungsbezüge beziehen konnte. Der Versorgungsanspruch der Hinterbliebenen beruht auf dem Rentenstammrecht des Arbeitnehmers und teilt auch im Rahmen des Insolvenzschutzes das rechtliche Schicksal der Hauptrente.[159] **108**

c) Gesicherte Versorgungsberechtigte sind Arbeitnehmer, denen auf Grund einer unmittelbaren Versorgungszusage (Direktzusage) Leistungen der betrieblichen Altersversorgung zugesagt worden sind, sowie deren Hinterbliebene, wenn eine Hinterbliebenenversorgung zugesagt war. Gesichert sind weiter Personen, denen aus Anlass ihrer Tätigkeit für ein Unternehmen Leistungen der betrieblichen Altersversorgung zugesagt worden sind. Hierzu gehören insbesondere GmbH-Gesellschafter-Geschäftführer, soweit sie keinen beherrschenden Einfluss haben (s. § 83 RN 14ff.). Hat der Status zwischen Arbeitnehmer, geschütztem Dienstnehmer bzw. Unternehmer gewechselt, so ist die Versorgungszusage entsprechend der Dauer der Versorgungszusage aufzuteilen.[160] Insolvenzschutz besteht nur für den Anteil, der dem Status als Arbeitnehmer bzw. nach § 17 BetrAVG gleichgestelltem Rechtsverhältnis entspricht. **109**

3. Gesicherte Versorgungsleistungen. a) In § 7 BetrAVG sind die gesicherten Versorgungsleistungen enumerativ aufgezählt. Der Gesetzgeber ist von der Vorstellung ausgegangen, dass ein **Sicherungsbedarf** nur dann besteht, wenn nach einer abstrakt typischen Abgrenzung mit einem Ausfall der Versorgungsleistungen zu rechnen ist. Nur in diesem Falle ist es angemessen, den Arbeitgeber mit Beiträgen zur Insolvenzsicherung zu belasten. **110**

b) Insolvenzgesichert sind die **Ansprüche aus einer unmittelbaren Versorgungszusage** des Arbeitgebers (§ 7 I 1 BetrAVG). Arbeitgeber ist derjenige, der die Versorgungszusage abgegeben hat und die Versorgungsleistungen erbringt. Ist nach der Versorgungszusage die Versorgungsverpflichtung auf einen Dritten übergegangen, so ist ein Insolvenzschutz nur dann gegeben, wenn der Betrieb im Wege der Betriebsnachfolge (§ 613a BGB) auf einen Dritten übergegangen ist, oder der Dritte die Versorgungsverpflichtung nach § 4 BetrAVG wirksam übernommen hat (s. § 83 RN 177ff.). **111**

Problematisch kann die Rechtslage in **konzerngebundenen Unternehmen** sein. Vor allem in der Exportwirtschaft werden vielfach Arbeitnehmer von Mutterunternehmen unter Auflösung des Arbeitsvertrages zu einem Tochterunternehmen versetzt. Allein die Versorgungslasten **112**

---

[156] BAG 26. 4. 1988 AP 45 zu § 7 BetrAVG; 3. 11. 1998 AP 36 zu § 1 BetrAVG = NZA 99, 594.

[157] BGH 16. 3. 1981 AP 10 zu § 7 BetrAVG = NJW 81, 2410; 28. 9. 1981 AP 12 zu § 7 BetrAVG; BAG 2. 8. 1983 AP 19 zu § 7 BetrAVG; 24. 6. 1986 AP 33 zu § 7 BetrAVG = NZA 87, 309.

[158] BGH 9. 6. 1980 BGHZ 77, 233 = AP 2 zu § 17 BetrAVG = NJW 80, 2257; 16. 6. 1980 AP 7 zu § 7 BetrAVG = NJW 80, 2471; 28. 9. 1981 AP 12 zu § 7 BetrAVG; BAG 5. 10. 1982 AP 13 zu § 7 BetrAVG; 26. 1. 1999 AP 91 zu § 7 BetrAVG = NZA 99, 711.

[159] BAG 12. 6. 1990 AP 10 zu § 1 BetrAVG Hinterbliebenenversorgung = NZA 91, 20; ErfK/*Steinmeyer* § 7 BetrAVG RN 11.

[160] BGH 9. 6. 1980 BGHZ 77, 233 = AP 2 zu § 17 BetrAVG = NJW 80, 2257.

sollen weiterhin unter Anrechnung der Dienstzeiten beim Tochterunternehmen von Mutterunternehmen erbracht werden. Das BAG hat immer dann einen Insolvenzschutz bejaht, wenn noch arbeitsrechtliche Restbeziehungen zwischen Mutterunternehmen und Arbeitnehmer bestehen.[161]

113 **c) Leistungen aus einer Direktversicherung** sind teilweise insolvenzgeschützt. Tritt der Versorgungsfall ein, so erlangt der Arbeitnehmer einen unmittelbaren Leistungsanspruch gegen den Versicherer (§ 335 BGB). Insoweit bedarf es keines Insolvenzschutzes. Notwendig ist dieser nur, wenn der Arbeitgeber Ansprüche aus der Direktversicherung abgetreten oder beliehen hat und seiner Verpflichtung, diese nach Eintritt der Unverfallbarkeit wieder herzustellen, wegen des Insolvenzverfahrens nicht nachkommt (§ 7 I 2 Nr. 1 BetrAVG). Ansprüche aus einer Direktversicherung des Arbeitnehmers sind mithin nur dann gesichert, wenn der Arbeitgeber sie vor Eintritt des Versicherungsfalles durch Abtretung, Beleihung, Verpfändung in irgendeiner Form beeinträchtigt hat. Wird der mit der Beitragszahlung in Verzug (s. auch RN 42) geratene Arbeitgeber insolvent und hat die Versicherung die Direktversicherung ruhend gestellt, so genießt der Arbeitnehmer keinen Insolvenzschutz.[162] Das BAG hat bei einem sog. eingeschränkt unwiderruflichem Bezugsrecht aus einer Direktversicherung (s. RN 49) angenommen, dass der Arbeitnehmer den Insolvenzschutz noch nicht verliert, weil er der Beleihung zugestimmt hat. Das BAG versagt den Insolvenzschutz nur dann, wenn ein Missbrauchsfall des § 7 V BetrAVG vorliegt.[163] Nicht gesichert sind Forderungen nach Eintritt des Versicherungsfalles. Insoweit hat der Versorgungsberechtigte einen unmittelbaren Anspruch erworben, über den der Arbeitgeber versicherungsrechtlich nicht verfügen kann. Schutzbedürftig ist der Versorgungsberechtigte ferner dann nicht, wenn er ein unwiderrufliches Bezugsrecht hat, über das der Arbeitgeber einseitig nicht verfügen kann.

114 Nach dem Wortlaut von § 7 I BetrAVG sind nicht gesichert Versorgungsberechtigte, deren Bezugsrecht der Arbeitgeber vor Eintritt des Versicherungs- bzw. Versorgungsfalles **widerrufen** hat. War der Widerruf wegen Fehlens der Widerrufsvoraussetzungen unwirksam, kann dieser am Insolvenzschutz nichts ändern. War der Widerruf wegen Eintritt der Unverfallbarkeitsvoraussetzungen im Versorgungsverhältnis mit dem Arbeitnehmer vertragswidrig, so erlangt dieser einen Schadensersatzanspruch (vgl. RN 47), der aus dem Vermögen des Arbeitgebers zu befriedigen ist. Er steht der unmittelbaren Versorgungszusage gleich und unterliegt dem Insolvenzschutz.[164]

115 **d)** Keinen Insolvenzschutz genießen **Leistungen der Pensionskasse.** Der Arbeitnehmer erlangt gegen die Pensionskasse einen unmittelbaren Versicherungsanspruch. Über diesen ist der Arbeitgeber nicht berechtigt, ohne Zustimmung des Arbeitnehmers zu verfügen. Die Leistungen brauchen also ebenso wenig insolvenzgesichert zu werden wie Direktversicherungsleistungen.

116 **e)** Insolvenzgesichert sind **Leistungen einer Unterstützungskasse oder eines Pensionsfonds,** wenn diese die nach ihrer Versorgungsregelung vorgesehene Versorgung nicht erbringen, weil über das Vermögen oder den Nachlass eines Arbeitgebers, der der Unterstützungskasse oder dem Pensionsfonds Zuwendungen leistet (Trägerunternehmen), das Insolvenzverfahren eröffnet worden ist (§ 7 I 2 Nr. 2 BetrAVG). Bei Gruppenunterstützungskassen ist die Insolvenz des jeweiligen Arbeitgebers des Anspruchsberechtigten maßgeblich.[165] Dasselbe wird auch bei Pensionsfonds gelten.

117 Der Insolvenzschutz setzt nach dem Gesetzeswortlaut voraus, dass die Unterstützungskasse oder der Pensionsfonds die nach der Versorgungsregelung vorgesehenen Versorgungsleistungen nicht erbringt, weil über das Vermögen oder den Nachlass des Arbeitgebers, der der Unterstützungskasse oder Pensionsfonds Zuwendungen leistet, ein Insolvenzfall eingetreten ist. Das BAG legt § 7 I BetrAVG jedoch erweiternd aus. Eine den Insolvenzschutz auslösende Beeinträchtigung der Versorgungsansprüche sei schon dann gegeben wenn die zweckbestimmte Verwendung vorhandener Mittel aus Rechtsgründen nicht gewährleistet sei, auch wenn die Unterstützungskasse über ausreichendes Vermögen verfüge.[166] Auch in der Lit. wird die Ansicht vertreten,

---

[161] BAG 6. 8. 1985 AP 24 zu § 7 BetrAVG; 25. 10. 1988 AP 46 zu § 7 BetrAVG = NZA 89, 177; vgl. LAG Köln 25. 6. 1999 NZA-RR 2000, 42 = LAGE § 7 BetrAVG Nr. 11.

[162] BAG 17. 11. 1992 AP 1 zu § 7 BetrAVG Lebensversicherung = NZA 93, 843; *Blomeyer/Rolfs/Otto* § 7 RN 60; a. A. *Höfer* § 7 RN 4413, 4415.

[163] BAG 17. 10. 1995 AP 2 zu § 7 BetrAVG Lebensversicherung = NZA 96, 880.

[164] ErfK/*Steinmeyer* § 7 BetrAVG RN 18.

[165] BAG 24. 1. 1980 AP 10 zu § 242 BGB Ruhegehalt-Unterstützungskassen.

[166] BAG 12. 2. 1991 AP 13 zu § 9 BetrAVG = NZA 91, 723.

aus dem Gesetzeszusammenhang mit § 8 Ia und § 9 III und IIIa BetrAVG ergebe sich, dass die Leistungspflicht des PSVaG in der Insolvenz des Arbeitgebers auch dann einsetze, wenn die Unterstützungskasse oder der Pensionsfonds voll leiste.[167] Der PSVaG müsse die Leistungspflicht bei einem Pensionsfond dann auf diesen übertragen.[168]

4. Insolvenzsicherung von Versorgungsanwartschaften. a) Personen, die bei Eröffnung des Insolvenzverfahrens oder eines gleichgestellten Sicherungsfalles eine nach § 1b BetrAVG unverfallbare Versorgungsanwartschaft haben, und ihre Hinterbliebenen erhalten bei Eintritt eines Versorgungsfalles einen **Anspruch gegen den Träger der Insolvenzsicherung,** wenn die Anwartschaft auf einer unmittelbaren Versorgungszusage oder einer wegen der Leistungen widerruflichen Direktversicherung beruht. Diesen Personen gleichgestellt sind diejenigen Personen, die eine Versorgungsaussicht gegen eine Unterstützungskasse oder eine Versorgungsanwartschaft gegen einen Pensionsfonds haben. Die **Leistungsvoraussetzungen** bei Eintritt eines Versorgungsfalles sind mithin **(1)** eine gesetzlich unverfallbare Versorgungsanwartschaft, **(2)** eine gesicherte Leistungsanwartschaft und **(3)** der Eintritt eines Sicherungsfalles. 118

b) Insolvenzgesichert sind nur nach dem Gesetz **unverfallbare Versorgungsanwartschaften.** Es müssen die Voraussetzungen der Unverfallbarkeit (jetzt: § 1b BetrAVG) vorliegen (s. § 82 RN 82ff.).[169] Auch die auf Grund der Rspr. des BAG unverfallbaren Versorgungsanwartschaften auf Grund des Gesetzes werden erfasst, weil die Unverfallbarkeit aus allgemeinen Rechtsgrundsätzen abgeleitet worden ist.[170] Endet das Arbeitsverhältnis durch eine Eigenkündigung und beginnt nach drei Monaten ein neues Arbeitsverhältnis, so sind die gesetzlichen Unverfallbarkeitsfristen unterbrochen, auch wenn eine Rückkehrvereinbarung geschlossen worden ist.[171] Entscheidend ist allein die rechtliche Beendigung des Arbeitsverhältnisses, während das Ruhen des Arbeitsverhältnisses nicht schadet.[172] Nicht gesichert sind die auf Grund Vertrages unverfallbaren Versorgungsanwartschaften.[173] Dies folgt aus Wortlaut, Gesetzesgeschichte und Normzweck. Eine erweiternde Auslegung ist ausgeschlossen, da das zur Belastung eines Dritten, nämlich der Solidargemeinschaft der Arbeitgeber führen würde. Auf Grund Vertrages unverfallbar sind auch solche Anwartschaften, die wegen der Anrechnung von Vordienstzeiten unverfallbar geworden sind.[174] Von diesem Rechtsgrundsatz besteht jedoch nach der Rspr. dann eine Ausnahme, wenn angerechnete Vordienstzeiten von einer Versorgungszusage begleitet waren und an das Arbeitsverhältnis heranreichen, das eine neue Versorgungsanwartschaft begründet.[175] Vereinbarungen, auf Grund derer Dienstzeiten nach Beendigung des Arbeitsverhältnisses berücksichtigt werden sollen (Nachdienstzeitenvereinbarungen), binden den PSVaG nur in Ausnahmefällen, etwa bei einer Regelung, die einem ruhend gestellten Arbeitsverhältnis gleichkommt.[176] Wegen der Veränderungssperre gem. § 7 II 3i.V.m. § 2 V BetrAVG besteht kein Insolvenzschutz für eine vertraglich zugesagte Dynamisierung von Versorgungsleistungen, wenn der Insolvenzfall eingetreten ist, als nur eine Versorgungsanwartschaft bestand.[177] 119

c) Gesichert sind **Versorgungsanwärter.** Das sind solche Arbeitnehmer, die in den Diensten des Arbeitgebers verblieben sind und die Fristen für den Eintritt der Unverfallbarkeit zurückgelegt haben. Bei der Berechnung der Versorgungsanwartschaft ist von dem bis zur festen Altersrente erreichbaren Versorgungsanspruch auszugehen. Eine Weiterarbeit über die feste Altersgrenze hinaus kann den Versorgungsanspruch nicht mindern.[178] 120

---

[167] *Höfer* § 7 RN 4432, 4392, 4441; wohl auch *Blomeyer/Rolfs/Otto* § 7 RN 68.

[168] *Höfer* § 7 RN 4441.

[169] BAG 20. 4. 2004 AP 33 zu § 17 BetrAVG = NZA 2005, 927.

[170] BGH 16. 6. 1980 AP 7 zu § 7 BetrAVG = NJW 80, 2471; 16. 3. 1981 AP 10 zu § 7 BetrAVG = NJW 81, 2410; 7. 7. 1986 AP 34 zu § 7 BetrAVG; BAG 16. 10. 1980 AP 8 zu § 7 BetrAVG; 20. 1. 1987 AP 38 zu § 7 BetrAVG = NJW 88, 1044; zur Verfassungsgemäßheit BVerfG 10. 3. 1988 AP 38a–c zu § 7 BetrAVG.

[171] BAG 21. 1. 2003 AP 1 zu § 1b BetrAVG = NZA 2004, 152.

[172] BAG 25. 4. 2006 AP 111 zu § 7 BetrAVG = NZA 2007, 408 (LS).

[173] BAG 3. 8. 1978 AP 1 zu § 7 BetrAVG = NJW 79, 446; 22. 11. 1994 AP 83 zu § 7 BetrAVG = NZA 95, 887; 28. 3. 1995 AP 84 zu § 7 BetrAVG = NZA 96, 258.

[174] BAG 22. 2. 2000 AP 9 zu § 1 BetrAVG Unverfallbarkeit = NZA 2001, 1310.

[175] BAG 11. 1. 1983 AP 17 zu § 7 BetrAVG = NJW 84, 1199; 26. 9. 1989 AP 53 = NZA 90, 189; 26. 9. 1989 AP 54 zu § 7 BetrAVG = NZA 90, 348; 28. 3. 1995 AP 84 zu § 7 BetrAVG = NZA 96, 258; 22. 2. 2000 AP 9 zu § 1 BetrAVG Unverfallbarkeit = NZA 2001, 1310; BGH 24. 10. 1996 NZA-RR 97, 263; *Blomeyer/Rolfs/Otto* § 7 RN 139; ablehnend *Höfer* § 1b RN 2723ff.

[176] BAG 10. 3. 1992 AP 73 zu § 7 BetrAVG = NZA 92, 932; 30. 5. 2006 ArbuR 2006, 2002.

[177] BAG 4. 4. 2000 AP 32 zu § 2 BetrAVG = DB 2000, 774 (LS).

[178] BAG 14. 12. 1999 AP 95 zu § 7 BetrAVG = NZA 2000, 1001.

121 **d)** Gesichert sind **Versorgungsanwartschaften,** wenn sie auf einer Direktversicherung beruhen und der Arbeitnehmer hinsichtlich der Leistungen widerruflich bezugsberechtigt ist oder die Ansprüche aus dem Versicherungsvertrag durch den Arbeitgeber beliehen oder an Dritte abgetreten sind. Insoweit gilt dasselbe wie im Rahmen des § 7 I 2 Nr. 1 BetrAVG (s. RN 113). Ein Sicherungsbedürfnis besteht nur bei widerruflichen Bezugsrechten. Aber auch insoweit ist der Träger der Insolvenzsicherung dann nicht zur Leistung verpflichtet, wenn das Bezugsrecht des Versorgungsberechtigten weder vor noch im Insolvenzverfahren widerrufen worden ist.[179] In diesem Fall erlangt der Versorgungsberechtigte die Leistungen vom Versicherer. Kein Sicherungsbedürfnis besteht bei unwiderruflichen Bezugsrechten, da der Arbeitgeber ohne Zustimmung des Arbeitnehmers nicht darüber verfügen kann.[180] In § 7 II BetrAVG nicht besonders erwähnt ist der gegen den Arbeitgeber gerichtete Ergänzungsanspruch des § 2 II BetrAVG, wenn der Deckungsstock des Versicherers hinter der ratierlichen Versorgungskurve zurückbleibt. Er wird einem Versorgungsanspruch auf Grund unmittelbarer Versorgungszusagen gleichstehen. Er ist mithin als solcher insolvenzgesichert.[181]

122 **e)** Keinen Insolvenzschutz genießen **Versorgungsanwartschaften gegen Pensionskassen,** da der Arbeitnehmer einen Rechtsanspruch gegen die Pensionskasse erlangt.

123 **f)** Insolvenzgesichert sind **Versorgungsaussichten gegenüber Unterstützungskassen und Versorgungsanwartschaften gegen Pensionsfonds,** wenn ein Versorgungsfall bei einem Trägerunternehmen eintritt. Bei Gruppenunterstützungskassen kommt es auf die Insolvenz bei demjenigen Trägerunternehmen an, bei denen der Arbeitnehmer tätig ist (s. RN 116). Für die Höhe des Anspruchs gilt gem. § 7 II 3, 4 BetrAVG das Quotierungsprinzip. Bei Pensionsfonds mit Leistungszusagen gelten gem. § 7 II 5 BetrAVG für die Höhe des Anspruches die Regelungen für unmittelbare Versorgungszusagen entsprechend, bei Beitragszusagen mit Mindestleistungen verweist das Gesetz für die Höhe des Anspruches auf § 2 Vb BetrAVG.

124 **5. Sicherungsfälle. a)** Die eine Einstandspflicht des Trägers der Insolvenzsicherung auslösenden Sicherungsfälle sind enumerativ in **§ 7 I, II BetrAVG** aufgezählt. Die Vorschrift enthält keine Generalklausel. In anderen Fällen ist ein Insolvenzschutz nicht gegeben. Es sind zwei Gruppen zu unterscheiden. Die erste Gruppe enthält Sicherungsfälle, in denen das Unternehmen liquidiert wird, also zumeist bei Eröffnung des Insolvenzverfahrens und Abweisung des Insolvenzverfahrens mangels Masse. Die zweite Gruppe enthält die Sicherungsfälle, bei denen das Unternehmen fortgeführt wird. Die Eröffnung des Insolvenzverfahrens setzt voraus, dass ein Eröffnungsgrund gegeben ist (§ 16 InsO). Allgemeiner Eröffnungsgrund ist die Zahlungsunfähigkeit (§ 17 InsO). Beantragt der Schuldner die Eröffnung des Insolvenzverfahrens, ist ferner die drohende Zahlungsunfähigkeit Eröffnungsgrund (§ 18 InsO). Bei juristischen Personen ist ferner die Überschuldung Eröffnungsgrund (§ 19 InsO).

125 **b)** Der Sicherungsfall muss **beim Arbeitgeber** eingetreten sein. Der Begriff des Arbeitgebers geht über den allgemeinen Arbeitgeberbegriff hinaus. Arbeitgeber im Sinne von § 7 BetrAVG ist, wer selbst oder über Versorgungseinrichtungen Leistungen der betrieblichen Altersversorgung zusagt und erbringt.[182] Arbeitgeber im Sinne des BetrAVG können alle Personen sein, für die eine der in § 17 BetrAVG genannten Personen tätig wird. Insoweit muss der Arbeitgeberbegriff spiegelbildlich zu § 17 BetrAVG ausgelegt werden. Ferner kann derjenige Arbeitgeber sein, der **Versorgungspflichten übernommen** hat (§ 4 BetrAVG, § 613a BGB). Erbringt bei einem **Schuldbeitritt** (z. B. gem. § 38 III HGB) der Mithaftende auf Grund seiner Insolvenz keine Leistungen, muss sich der Versorgungsberechtigte an seinen früheren Arbeitgeber halten. Erst wenn dieser insolvent ist, muss der PSVaG eintreten.[183] Nur bei einer **gesetzlichen Enthaftung** des früheren Arbeitgebers kann § 7 I BetrAVG erweiternd ausgelegt werden mit der Folge, dass der gesetzlich ausschließlich haftende Versorgungsschuldner als Arbeitgeber i. S. v. § 7 I BetrAVG anzusehen ist. Das Gesetz eröffnet dagegen nicht die Möglichkeit, durch eine Haftungsbegrenzung in einer Betriebsvereinbarung oder einer individualrechtlichen Vereinbarung den Insolvenzschutz zulasten des PSVaG zu erhöhen.[184] Arbeitgeber im Sinne von § 7 BetrAVG können zudem nur Rechtssubjekte sein, über deren Vermögen ein Insolvenzverfahren eröffnet werden kann. Dies sind natürliche und juristische Personen sowie Handelsgesellschaften.

---

179 Vgl. OLG Düsseldorf 30. 1. 2001 NZA-RR 2001, 601.
180 BAG 10. 3. 1992 AP 73 zu § 7 BetrAVG.
181 *Höfer* § 2 RN 3197.
182 BAG 6. 8. 1985 AP 24 zu § 7 BetrAVG.
183 BAG 23. 1. 1990 AP 56 zu § 7 BetrAVG = NZA 90, 685.
184 BAG 27. 6. 2006 NZA-RR 2008, 35.

In § 11 II InsO sind die Sicherungsfälle erweitert. Ein Insolvenzverfahren kann auch über das Vermögen einer Gesellschaft des bürgerlichen Rechtes eröffnet werden. Gleichwohl wird hierdurch kein Sicherungsfall gegen den Träger der Insolvenzsicherung ausgelöst. Arbeitgeber bei einer Gesellschaft bürgerlichen Rechtes sind alle Gesellschafter. Der Träger der Insolvenzsicherung braucht erst dann einzutreten, wenn alle Gesellschafter insolvent geworden sind.

6. Einzelne Sicherungsfälle. a) Sicherungsfall ist die **Eröffnung des Insolvenzverfahrens** (§ 7 I 1, II 1 BetrAVG). Die Eröffnung des Insolvenzverfahrens setzt einen entsprechenden Antrag voraus. Die Antragsberechtigten ergeben sich aus §§ 13 bis 15 InsO. Das Insolvenzverfahren wird aber nur eröffnet, wenn das Vermögen des Schuldners voraussichtlich ausreicht, die Kosten des Verfahrens zu decken, ansonsten wird Antrag gem. § 26 InsO mangels Masse abgewiesen. Der Zeitpunkt der Insolvenzeröffnung ergibt sich aus dem Eröffnungsbeschluss des Insolvenzgerichtes (§ 27 II Nr. 3 InsO). Ist die Stunde der Eröffnung nicht angegeben, so gilt als Zeitpunkt der Eröffnung die Mittagsstunde des Tages, an dem der Beschluss erlassen worden ist (§ 27 III InsO). **126**

b) Sicherungsfall ist ferner die **Abweisung des Antrages** auf Eröffnung des Insolvenzverfahrens mangels Masse (§ 7 I 4 Nr. 1 BetrAVG). Nach § 26 InsO weist das Insolvenzgericht den Antrag auf Eröffnung des Insolvenzverfahrens zurück, wenn das Vermögen des Schuldners voraussichtlich nicht ausreichen wird, um die in § 54 InsO aufgezählten Kosten des Verfahrens zu decken. Der Sicherungsfall tritt mit Verkündung des Beschlusses ein (§ 26 InsO). **127**

c) Sicherungsfall ist außerdem der **außergerichtliche Vergleich** (Stundungs-, Quoten- oder Liquidationsvergleich) des Arbeitgebers mit seinen Gläubigern zur Abwendung eines Insolvenzverfahrens, wenn ihm der Träger der Insolvenzsicherung zustimmt (§ 7 I 4 Nr. 2 BetrAVG). Im Unterschied zum bisherigen Recht ist die Eröffnung des Vergleichsverfahrens zur Abwendung des Konkurses nicht mehr erwähnt (§ 7 I 3 Nr. 2 BetrAVG a. F.). Das war nicht notwendig, weil das gerichtliche Vergleichsverfahren im Insolvenzverfahren aufgegangen ist. Ferner sind die Worte „nach vorausgegangener Zahlungseinstellung“ durch die „zur Abwendung eines Insolvenzverfahrens“ ersetzt. Die bisherige Regelung ist den Bedürfnissen der Praxis nicht gerecht geworden (RegEntw BT-Drucks. 12/3808 zu Art. 94 Nr. 2 EG InsO). Das Gesetz geht davon aus, dass ein außergerichtlicher Vergleich, der aus einer Vielzahl von Einzelverträgen mit den Gläubigern besteht, nur zustande kommt, wenn vor dem Zeitpunkt der Zahlungseinstellung eine Vereinbarung unter Einbeziehung des Trägers der Insolvenzsicherung zustande kommt. Der PSVaG ist aber nicht gesetzlicher Vertreter der Arbeitnehmer und kann nicht für diese handeln.[185] Ein Stundungsvergleich wird im Allgemeinen nur eine geringe Rolle spielen, weil er nicht die zur Abwendung des Insolvenzverfahrens notwendige finanzielle Entlastung bringt. Ein Liquidationsvergleich kommt in Betracht, wenn mit einer hohen Quote zu rechnen ist oder weil Gesellschafter und Dritte freiwillige Zuwendungen leisten. Der Quotenvergleich kommt in Betracht, wenn die Reorganisation des Unternehmens bewirkt werden soll. **128**

Die **Zustimmung des PSVaG** ist eine rechtsgeschäftliche Erklärung an den Versorgungsschuldner, Leistungen der betrieblichen Altersversorgung zu übernehmen. Die Erklärung erfolgt nicht gegenüber den Versorgungsgläubigern. Ein Rechtsanspruch auf Zustimmung des PSVaG besteht nicht.[186] Etwas Anderes ergibt sich auch nicht aus der Streichung des Widerrufsgrunds der wirtschaftlichen Notlage (§ 7 I 3 Nr. 5 BetrAVG in der bis zum 31. 12. 1998 geltenden Fassung). Auch hier bestand kein Rechtsanspruch des Versorgungsschuldners gegen den PSVaG auf Zustimmung. Das BAG hat vor Ausübung des Widerrufs wegen wirtschaftlicher Notlage eine Klage gegen den Träger der Insolvenzsicherung für notwendig gehalten, wenn dieser eine wirtschaftliche Notlage nicht anerkennen wollte. Dies ist aber nur geschehen, um zu verhindern, dass der Versorgungsberechtigte seine Ansprüche gegen den Arbeitgeber nicht durchsetzen konnte, weil dieser sich auf die wirtschaftliche Notlage berief; der Träger der Insolvenzsicherung aber nicht leistete, weil er die wirtschaftliche Notlage verneinte.[187] **129**

d) Weiterer Sicherungsfall ist die **vollständige Beendigung der Betriebstätigkeit** im Geltungsbereich des BetrAVG, wenn ein Antrag auf Eröffnung des Insolvenzverfahrens nicht gestellt worden ist und ein Insolvenzverfahren offensichtlich mangels Masse nicht in Betracht kommt (§ 7 I 4 Nr. 3 BetrAVG). **130**

---

[185] BAG 9. 11. 1999 AP 96 zu § 7 BetrAVG = NZA 2000, 1290.

[186] *Blomeyer/Rolfs/Otto* § 7 RN 103; *Höfer* § 7 RN 4359; a. A. *Diller* ZIP 97, 768; s. zu den Entscheidungskriterien des PSVaG, PSVaG-Merkblatt 110/M 1, Stand 3.02, im Internet unter http://www.psvag.de.

[187] S. z. B. BAG 6. 12. 1979 AP 4 zu § 7 BetrAVG = NJW 80; 2598; 20. 1. 1987 AP 12 zu § 7 BetrAVG Widerruf = NZA 87, 664; 16. 4. 1997 AP 19 zu § 7 BetrAVG Widerruf = NZA 98, 255.

131 Voraussetzung des Sicherungsfalles ist, dass ein Antrag auf Eröffnung des Insolvenzverfahrens nicht gestellt ist, weil seine Eröffnung offensichtlich mangels Masse nicht in Betracht kommt. Das Tatbestandsmerkmal entspricht § 183 I 1 Nr. 3 SGB III. Unter den gleichen Voraussetzungen werden der Anspruch auf Insolvenzgeld und der Sicherungsfall gegenüber dem PSVaG ausgelöst. Offensichtlich ist ein Sachverhalt, wenn er ohne weitere Nachprüfung erkennbar ist. Auf die Kenntnis des Arbeitnehmers oder des PSVaG kommt es nicht an.[188]

132 Die Beendigung der Betriebstätigkeit muss vollständig sein. Träger der betrieblichen Altersversorgung ist nicht der Betrieb sondern der Arbeitgeber. Sicherungsfall ist nicht die Beendigung der Betriebstätigkeit eines von mehreren Betrieben, sondern die Einstellung der unternehmerischen Tätigkeit durch den konkreten Arbeitgeber.[189] Dagegen ist die Betriebsstilllegung nicht Voraussetzung für die Gewährung von Insolvenzgeld. Denkbar ist also, dass der Sicherungsfall auch dann gegeben ist, wenn der Betrieb nach einem Inhaberwechsel fortgeführt wird. Eine vollständige Beendigung der Betriebstätigkeit kann auch dann gegeben sein, wenn der Betrieb stillgelegt und noch Erhaltungs- und Abwicklungsarbeiten gemacht werden. Erhaltungsarbeiten dienen der Erhaltung von Betriebsanlagen. Abwicklungsarbeiten sind solche, die der Auflösung des Betriebes, aber nicht mehr der Durchführung des Betriebszweckes dienen, also z. B. das Räumen der Werkstatt. Solange aber noch Aufträge abgewickelt werden, ist eine vollständige Einstellung der Betriebstätigkeit nicht gegeben.

133 e) Das **Tatbestandsmerkmal der wirtschaftlichen Notlage** (§ 7 I 3 Nr. 5 BetrAVG in der bis zum 31. 12. 1998 geltenden Fassung) ist nach § 7 I BetrAVG n. F. nicht übernommen. Durch die Rspr. des BAG war der Widerruf wegen wirtschaftlicher Notlage praktisch zu einem außergerichtlichen Vergleich entwickelt worden.[190] Der Widerrufsgrund ist damit praktisch in § 7 I 4 Nr. 2 BetrAVG n. F. aufgegangen.

134 **7. Versicherungsanspruch gegen den Träger der Insolvenzsicherung. a)** Nach § 7 I, II BetrAVG entsteht ein Versicherungsanspruch gegen den Träger der Insolvenzsicherung in Höhe der Leistung, die der Arbeitgeber auf Grund der Versorgungszusage zu erbringen hätte, wenn das Insolvenzverfahren nicht eröffnet worden wäre. Eine Einstandspflicht des PSVaG scheidet aus, soweit Rentenansprüche gegen den Arbeitgeber rechtskräftig abgewiesen worden sind, weil es dann an der nach § 7 I und II erforderlichen Ursächlichkeit fehlt.[191] Der Anspruch gegen den Träger der Insolvenzsicherung entsteht mit Beginn des Kalendermonats, der auf den Eintritt des Sicherungsfalles folgt (§ 7 Ia BetrAVG i. d. F. des RRG). Der Anspruch endet nicht mit dem Tod des Begünstigten (s. RN 109), sondern erst mit Ablauf seines Sterbemonats, wenn die Versorgungszusage nichts anderes bestimmt. Die durch das RRG zum 1. 1. 1999 eingeführte Vorschrift soll der Verwaltungsvereinfachung dienen, weil Ruhegelder i. d. R. ungeteilt für einen ganzen Monat zu zahlen sind (Begr. zu Art. 8 Nr. 8 RegEntw BT-Drucks. 13/8011 S. 199). Bei den Sicherungsfällen des § 7 I 1 (Insolvenz) sowie § 7 I 4 Nr. 1 und 3 (Abweisung des Insolvenzeröffnungsantrags mangels Masse, außergerichtlicher Vergleich) erfasst der Anspruch gegen den PSVaG gem. § 7 Ia 3 BetrAVG auch rückständige Versorgungsleistungen, soweit sie bis zu zwölf (bis 31. 12. 2008: sechs) Monate vor Entstehung der Leistungspflicht des PSVaG entstanden sind. Insoweit hat das Gesetz die Rspr. des BGH aufgenommen.[192]

135 **b)** Die Versorgungsempfänger haben Anspruch in Höhe der Leistung, **die der Arbeitgeber** auf Grund der Versorgungszusage **zu erbringen hätte,** wenn das Insolvenzverfahren nicht eröffnet worden wäre. Der Träger der Insolvenzsicherung wird im Allgemeinen diejenigen Leistungen weiter zu zahlen haben, die der Arbeitgeber zuvor erbracht hat. Der Träger der Insolvenzsicherung ist auch verpflichtet, vorgezogene Altersleistungen zu erbringen (§ 6 BetrAVG). Dagegen ist wegen der **Anpassungsverpflichtung** nach § 16 BetrAVG zu unterscheiden. Besteht lediglich eine Anpassungsverpflichtung nach § 16 BetrAVG, so ist der PSVaG nicht zur Anpassung verpflichtet.[193] Als Anpassungsverpflichteter ist nur der Arbeitgeber in § 16 BetrAVG angesprochen. Ist die wirtschaftliche Lage des Arbeitgebers schlecht, braucht er nicht anzupassen. Dann kann erst recht keine Anpassungsverpflichtung bestehen, wenn der Träger der

---

[188] BAG 9. 12. 1997 AP 90 zu § 7 BetrAVG = NZA 98, 941.

[189] *Blomeyer/Rolfs/Otto* § 7 RN 111; *Höfer* § 7 RN 4373.

[190] Vgl. BAG 6. 12. 1979 AP 4 zu § 7 BetrAVG = NJW 80, 2598; 20. 1. 1987 AP 12 zu § 7 BetrAVG Widerruf = NZA 87, 664; 16. 4. 1997 AP 19 zu § 7 BetrAVG Widerruf = NZA 98, 255.

[191] BAG 23. 3. 1999 AP 29 zu § 322 ZPO = NZA 99, 652.

[192] BGH 14. 7. 1980 BGHZ 78, 73 = AP 5 zu § 7 BetrAVG = NJW 80, 2468; zur Verfassungsgemäßheit s. BVerfG 10. 4. 1981 AP 11 zu § 7 BetrAVG.

[193] BAG 22. 3. 1983 AP 14 zu § 16 BetrAVG = NJW 83, 2902; 3. 12. 1987 AP 20 zu § 16 BetrAVG = NZA 87, 666.

Insolvenzsicherung wegen eines Sicherungsfalles einspringen muss. Sagt der Arbeitgeber eine dynamische Rente zu, ist also bereits in der Versorgungszusage eine Anpassung der Versorgungsleistung nach bestimmten Kriterien unabhängig von § 16 BetrAVG vorgesehen, so ist auch der Träger der Insolvenzsicherung verpflichtet, diese Anpassung vorzunehmen.[194] Für die Ansprüche gegen den PSVaG gelten dieselben Regeln wie für die Leistungen des Arbeitgebers (s. § 83 RN 322ff.), z.B. auch im Hinblick auf die Verjährung.[195]

c) Für **Nichtarbeitnehmer** im Sinne von § 17 BetrAVG bedarf der Umfang der Versorgungsleistungen u.U. einer Korrektur. Nach der Rspr. des BGH werden unangemessen hohe Versorgungsleistungen als verdeckte Gewinnausschüttungen behandelt und auf ein angemessenes Maß reduziert.[196] Zum Statuswechsel s. RN 109. **136**

8. Versicherungsanspruch bei Versorgungsanwartschaften. a) Nach § 7 II BetrAVG erhalten **Anwartschaftsberechtigte und ihre Hinterbliebenen** bei Eintritt des Versorgungsfalles nach Maßgabe der einzelnen Versorgungswege einen Versorgungsanspruch. Der Anspruch wird der Höhe nach so berechnet, als ob der Anwartschaftsberechtigte im Zeitpunkt des Insolvenzverfahrens ausgeschieden wäre. Insoweit realisiert das Gesetz eine Gleichstellung zwischen den ausgeschiedenen und noch aktiven Arbeitnehmern. Besonderheiten bestehen bei Pensionsfonds (s. RN 123). **137**

b) Ist ein Arbeitnehmer bei **Eintritt des Insolvenzverfahrens** bereits aus dem Arbeitsverhältnis **ausgeschieden,** so ist die gesetzlich unverfallbare Versorgungsanwartschaft, wie sie nach § 1b I, V BetrAVG aufrechtzuerhalten war, insolvenzgesichert. Grundsätzlich kein Insolvenzschutz besteht für vertragliche, tarifliche oder betriebsverfassungsrechtliche Verbesserungen der Unverfallbarkeit (vgl. RN 119). Steht der Arbeitnehmer noch in Diensten des Arbeitgebers, so berechnet das Gesetz den insolvenzgesicherten Teil der Versorgungsanwartschaft, als ob der Arbeitnehmer zum Insolvenzstichtag ausgeschieden wäre. **138**

c) Der Versicherungsanspruch gegen den Träger der Insolvenzsicherung besteht in **Höhe des Unterschiedsbetrages** zwischen der sich nach dem Versicherungsbetrag ergebenden **Sollversicherung** und der **Istversicherung.** Nach § 7 II 4 BetrAVG ist die Sollversicherung auf den Insolvenzstichtag zurückzurechnen. Ist ein Arbeitnehmer mit einer unverfallbaren Versorgungsanwartschaft ausgeschieden, so ist der Ergänzungsanspruch nach § 2 II 1 BetrAVG nicht insolvenzgesichert.[197] Dieser ist in der Verweisungskette in § 7 II auf § 2 II BetrAVG nicht in Bezug genommen. **139**

d) Die **Höhe des Versicherungsanspruches** gegen den Träger der Insolvenzsicherung richtet sich bei Unterstützungskassen und Pensionsfonds wie bei der unmittelbaren Versorgungszusage nach dem Quotierungsverfahren (§ 7 II 3 BetrAVG). Diese Berechnungsgrundsätze stehen nicht zur Disposition der Arbeitsvertragsparteien, der Betriebspartner oder der Tarifvertragsparteien. Ein Verzicht auf eine zeitratierliche Kürzung bindet den PSVaG nicht.[198] **140**

9. Vertrauensschutz. Problematisch ist, in welchem Umfang Versorgungs- und Anwartschaftsberechtigte Vertrauensschutz genießen, wenn der PSVaG zu Unrecht seine Leistungs- und Einstandspflicht bejaht hat.[199] Nach Ansicht des BGH kann er seine Leistungen einstellen. Aus Gründen des Vertrauensschutzes haftet er aber dem Versorgungsberechtigten für den Schaden, der ihm daraus entstanden ist, dass er auf die Gültigkeit der Zusage vertraut hat.[200] **141**

10. Anspruchsbeschränkungen. Es bestehen in folgenden Fällen Anspruchsbeschränkungen: **142**

a) Im Falle von **laufenden Versorgungsleistungen** ist der Anspruch gem. § 7 III 1 BetrAVG auf das Dreifache der im Zeitpunkt der ersten Fälligkeit geltenden Beitragsbemessungsgrenze für Monatsbezüge in der gesetzlichen Rentenversicherung (§ 18 SGB IV, das sind **143**

---

[194] BAG 30. 8. 1979 AP 3 zu § 7 BetrAVG; 22. 3. 1983 AP 14 zu § 16 BetrAVG = NJW 83, 2902; 3. 12. 1985 AP 18 zu § 16 BetrAVG = NZA 86, 787; 3. 12. 1987 AP 20 zu § 16 BetrAVG = NZA 87, 666; 15. 2. 1994 AP 82 zu § 7 BetrAVG = NZA 94, 943; 26. 1. 1999 AP 91 zu § 7 BetrAVG = NZA 99, 711; 8. 6. 1999 AP 92 zu § 7 BetrAVG = NZA 99, 1215.

[195] LAG Köln 4. 11. 1998 BB 99, 591 = ARSt. 99, 163 (LS).

[196] BGH 28. 4. 1980 BGHZ 77, 94 AP 1 zu § 17 BetrAVG = NJW 80, 2254; 9. 6. 1980 BGHZ 77, 233 = AP 2 zu § 17 BetrAVG = NJW 80, 2257; 14. 7. 1980 AP 3 zu § 17 BetrAVG; 16. 2. 1981 AP 5 zu § 17 BetrAVG; 16. 3. 1981 AP 10 zu § 7 BetrAVG = NJW 81, 2410; BAG 4. 5. 1981 AP 9 zu § 1 BetrAVG Wartezeit = NJW 81, 2409; BGH 28. 9. 1981 AP 12 zu § 7 BetrAVG.

[197] Vgl. BAG 12. 3. 1991 AP 68 zu § 7 BetrAVG = NZA 92, 132.

[198] BAG 14. 12. 1999 AP 97 zu § 7 BetrAVG = NZA 2001, 33.

[199] Für eine Erfüllungshaftung *Nassall* BB 86, 588, 590.

[200] BGH 3. 2. 1986 AP 4 zu § 9 BetrAVG; *Blomeyer/Rolfs/Otto* § 9 RN 16; *Höfer* § 7 RN 4666.

für die alten Bundesländer damit: 2006, 2007: 7350 Euro, 2008: 7455 Euro, 2009 7560 Euro; für die neuen Bundesländer: 2006: 6195 Euro, 2007, 2008: 6300 Euro, 2009: 6405 Euro[201]) beschränkt. Höhere Versorgungsbezüge erschienen dem Gesetzgeber nicht mehr sozial schutzbedürftig. Maßgebend ist nicht die Fälligkeit der Versorgungsansprüche sondern der Zeitpunkt, in dem der Anspruch gegen den PSVaG erstmals fällig wird.[202] Bei Versorgungsanwartschaften fallen erste Fälligkeit und erstmalige Leistungspflicht des PSVaG zusammen. Im Falle von **Kapitalzahlungen** gilt die Begrenzung der Insolvenzsicherung mit der Maßgabe, dass 10% des Kapitalbetrages als Jahresbetrag einer laufenden Leistung angesehen werden (§ 7 III 2 BetrAVG). Die Höchstgrenze der **Hinterbliebenenrente** bemisst sich nach dem gem. Versorgungszusage auszuzahlenden Betrag (meist ein bestimmter Prozentsatz der Arbeitnehmerrente) und nicht etwa dem Pensionsanspruch des verstorbenen Arbeitnehmers.[203] Im Falle einer **Entgeltumwandlung** (§ 1 II Nr. 3 BetrAVG) behält der Arbeitnehmer seine Versorgungsanwartschaft nach § 1 b V BetrAVG. Nach § 7 II 1 BetrAVG besteht Insolvenzschutz. Der Insolvenzschutz tritt aber erst nach zwei Jahren ein (vgl. § 7 V 3 BetrAVG), es sei denn, dass die Grenzwerte (§ 7 V 3 Nr. 1 BetrAVG) beachtet sind (s. RN 147).

144 **b)** Der Anspruch gegen den Insolvenzträger vermindert sich in dem Umfang, in dem der Arbeitgeber und der sonstige Träger der Versorgung noch **Leistungen erbringt** (§ 7 IV 1 BetrAVG). Das gilt auch insoweit, als der Anspruch auf Grund einer wirksam erklärten Aufrechnung erlischt, weil auch hierdurch eine Erfüllung eintritt.[204] Nach Übergang des Anspruchs auf den PSVaG (§ 9 II BetrAVG) kann der Arbeitnehmer aber nicht mehr wirksam aufrechnen. Wird im Insolvenzverfahren ein Insolvenzplan bestätigt, vermindert sich der Anspruch auf Leistungen gegen den Träger der Insolvenzsicherung insoweit, als nach dem Insolvenzplan der Arbeitgeber oder sonstige Träger der Versorgungen einen Teil der Leistungen selbst zu erbringen hat (§ 7 IV 2 BetrAVG, sog. vertikale Aufteilung). Sieht der Insolvenzplan vor, dass der Arbeitgeber oder sonstige Träger der Versorgung die Leistungen der betrieblichen Altersversorgung von einem bestimmten Zeitpunkt selbst zu erbringen hat, entfällt der Anspruch auf Leistungen gegen den Träger der Insolvenzsicherung von diesem Zeitpunkt an (§ 7 IV 3 BetrAVG, sog. horizontale Aufteilung). Hierdurch werden die Interessen des Trägers der Insolvenzsicherung berücksichtigt, der an einer richtigen Verteilung der Masse interessiert ist. Ferner wird den Interessen des Insolvenzsichereres dadurch genügt, dass gem. § 7 IV 5 BetrAV eine Besserungsklausel in den Insolvenzplan aufgenommen werden soll, wonach die Leistungen bei einer nachhaltigen Besserung der wirtschaftlichen Lage des Arbeitgebers wieder von diesem bzw. einem sonstigen Versorgungsträger übernommen werden sollen.

145 Die Regelungen in § 7 IV 2 und 3 BetrAVG gelten gem. § 7 IV 4 für den außergerichtlichen Vergleich (§ 7 I 3 Nr. 2 BetrAVG) entsprechend.

146 Im Allgemeinen wird der Insolvenzverwalter nach Eintritt des Insolvenzfalles die Arbeitsverhältnisse der Arbeitnehmer kündigen. Damit enden auch Versorgungsanwartschaften. Denkbar ist jedoch, dass der Insolvenzverwalter das Unternehmen mit der Belegschaft fortführt. Geschieht das auf Grund derselben Arbeitsverträge, so wachsen die Versorgungsanwartschaften weiter an. Insoweit erwachsen **Masseschulden,** die aus der Insolvenzmasse befriedigt werden müssen.[205] Kommt es später zu einem Betriebsübergang, tritt der Erwerber in die Anwartschaften ein.[206]

147 **c) Kein Anspruch** gegen den Träger der Insolvenzsicherung besteht, wenn nach den Umständen des Falles die Annahme gerechtfertigt ist, dass es der alleinige oder überwiegende Zweck der Versorgungszusage oder ihrer Verbesserung oder der für die Direktversicherung in § 1 II 3 BetrAVG genannten Tatbestände gewesen ist, den Träger der Insolvenzsicherung in Anspruch zu nehmen. Da in vielen Fällen dem Insolvenzträger ein derartiger Nachweis nicht gelingen wird, stellt das Gesetz zwei Vermutungen auf: Nach § 7 V 2 BetrAVG ist die Annahme insbesondere dann gerechtfertigt, wenn bei Erteilung oder Verbesserung der Versorgungszusage wegen der wirtschaftlichen Lage des Arbeitgebers zu erwarten war, dass die Zusage nicht erfüllt wird.[207] Dabei

---

[201] Zur Differenzierung zwischen den alten und neuen Bundesländern: *Höfer* § 7 RN 4518.

[202] BGH 21. 3. 1983 AP 16 zu § 7 BetrAVG = NJW 84, 980.

[203] BGH 11. 10. 2004 AP 110 zu § 7 BetrAVG = NZA 2005, 113; *Höfer* § 7 RN 4509 f.; *Blomeyer/Rolfs/Otto* § 7 RN 268.

[204] *Blomeyer/Rolfs/Otto* § 7 RN 271; *Höfer* § 7 RN 4528.

[205] BAG 15. 12. 1987 AP 18 zu § 1 BetrAVG = NZA 88, 397; 20. 10. 1987 AP 6 zu § 1 BetrAVG Besitzstand = NZA 88, 396.

[206] BAG 19. 5. 2005 AP 283 zu § 613 a BGB = NZA-RR 2006, 373.

[207] BAG 19. 2. 2002 AP 4 zu § 7 BetrAVG Missbrauch = NZA 2003, 282; 19. 11. 2003 AP 1 zu § 129 InsO = NZA 2000, 208.

kommt es auf die objektive Beurteilung der wirtschaftlichen Lage des Arbeitgebers im Zeitpunkt der Zusage an.[208] Der Arbeitgeber hat bei der Beurteilung seiner wirtschaftlichen Verhältnisse, insbesondere im Falle der Anpassungsüberprüfung nach § 16 BetrAVG einen Beurteilungsspielraum.[209] § 7 V 2 begründet eine widerlegbare Vermutung, die der Arbeitnehmer im Rahmen des § 7 V 1 BetrAVG entkräften kann. Da der Arbeitnehmer den Insolvenzschutz nur dann verliert, wenn er an der missbräuchlichen Maßnahme des Arbeitgebers beteiligt war,[210] kann er darlegen (und ggf. beweisen), dass er den missbilligten Zweck der Maßnahme nicht erkennen konnte.[211] Demgegenüber begründet § 7 V 3 BetrAVG eine unwiderlegbare Vermutung.[212] Danach werden Zusagen und Verbesserungen von Zusagen aus den beiden letzten Jahren vor dem Eintritt des Insolvenzfalles grundsätzlich nicht berücksichtigt. In der bis zum 31. 12. 1005 geltenden Fassung galt die Vermutung nach dem Gesetzeswortlaut nur für Zusagenverbesserungen. Das BAG hat aber angenommen, dass die Vermutung erst recht bei einer erstmaligen Erteilung einer Versorgungszusage gelten müsse.[213] Insoweit hat sich also durch die Neufassung des § 7 V BetrAVG keine materielle Änderung ergeben. Ausnahmen von der Vermutung gelten ab dem 1. 1. 2005 aber nunmehr für ab dem 1. 1. 2002 gegebene Entgeltumwandlungszusagen im Rahmen der gesetzlichen Höchstgrenzen nach § 1 a 1 BetrAVG (§ 7 V 3 Nr. 1 BetrAVG) sowie für im Rahmen von Übertragungen (§ 4 BetrAVG) gegebene Zusagen, soweit der Übertragungswert die Beitragsbemessungsgrenze (2007: 63 000) in der gesetzlichen Rentenversicherung nicht übersteigt (§ 7 V 3 Nr. 2 BetrAVG). Zunächst hatte das BAG angenommen, dass der PSVaG gem. § 7 V BetrAVG auch nicht an eine Rentenanpassung nach § 16 BetrAVG auf Grund einer gerichtlichen Entscheidung gebunden sei.[214] Für die ab dem 1. 1. 1999 bis zum 21. 12. 2004 geltende Fassung des § 7 V 3 BetrAVG hat das BAG entschieden, dass eine „vereinbarte" Verbesserung nicht angenommen werden könne, wenn eine Betriebsrentenanpassung gem. § 16 BetrAVG durch streitiges Urteil erfolgt sei.[215] Nachdem die Formulierung „vereinbart" sich in der ab dem 1. 1. 2005 geltenden Fassung von § 7 V 3 BetrAVG nicht mehr findet, dürfte wieder die ursprüngliche Rechtslage gelten, d. h. auch durch gerichtliches Urteil erfolgte Anpassungen fallen generell unter den Anwendungsbereich des § 7 V BetrAVG.

d) Schließlich können die Leistungen des Insolvenzträgers **eingeschränkt** werden, wenn der Insolvenzfall auf kriegerische Ereignisse, Naturkatastrophen oder Kernenergie zurückzuführen ist (§ 7 VI BetrAVG). **148**

11. Träger der Insolvenzsicherung. Dies ist der vom Bundesverband Deutscher Arbeitgeberverbände, dem Bundesverband der Deutschen Industrie und dem Verband der Lebensversicherungsunternehmen gegründete **Pensions-Sicherungs-Verein,** Versicherungsverein auf Gegenseitigkeit (PSVaG) mit Sitz in 50969 Köln, Berlin-Kölnische-Allee 2–4.[216] Nach Erteilung der Erlaubnis zur Aufnahme des Geschäftsbetriebes durch das Bundesaufsichtsamt für Versicherungswesen in Berlin ist er rechtsfähig (§ 15 VAG). Seine **Organe** sind die Mitgliederversammlung, der Aufsichtsrat und der Vorstand. Daneben ist noch ein Beirat vorgesehen, der sich zu je 1/3 aus Vertretern der Mitgliedsbetriebe, der Arbeitnehmer von Mitgliedsbetrieben und von Lebensversicherern zusammensetzt. Für den Fall, dass der Pensions-Sicherungs-Verein aufgelöst oder ihm die Erlaubnis zum Geschäftsbetrieb entzogen wird, trifft § 14 II BetrAVG Vorsorge dafür, dass ein Ersatzträger vorhanden ist. **149**

12. Mittel zur Insolvenzsicherung. Diese werden von denjenigen Arbeitgebern aufgebracht, die Versorgungsleistungen gewähren, die durch die Insolvenzsicherung abgesichert sind (§ 10 I BetrAVG). Übernimmt ein Unternehmen im Insolvenzverfahren einen Betrieb, ist er nur beitragspflichtig in Höhe der Anwartschaften, für die er haftet.[217] Es verstößt nicht gegen Art. 3 I GG, wenn das Gesetz in § 10 I BetrAVG Arbeitgeber, die ihre betriebliche Altersversorgung im Wege einer kongruent rückgedeckten Unterstützungskasse organisieren, der Beitrags- **150**

[208] BAG 8. 5. 1990 AP 58 zu § 7 BetrAVG = NZA 90, 93.
[209] BAG 29. 11. 1988 AP 21 zu § 16 BetrAVG = NZA 89, 426.
[210] BAG 26. 6. 1990 AP 11 zu § 1 BetrAVG Lebensversicherung = NZA 91, 144; 17. 10. 1995 AP 2 zu § 7 BetrAVG Lebensversicherung = NZA 96, 880.
[211] BAG 19. 2. 2002 AP 4 zu § 7 BetrAVG Missbrauch = NZA 2003, 282.
[212] BAG 24. 6. 1986 AP 33 zu § 7 BetrAVG = NZA 87, 309; 24. 11. 1998 AP 3 zu § 7 BetrAVG Missbrauch = NZA 99, 650.
[213] BAG 24. 11. 1998 AP 3 zu § 7 BetrAVG Missbrauch = NZA 99, 650.
[214] BAG 26. 4. 1994 AP 30 zu § 16 BetrAVG = NZA 95, 73.
[215] BAG 18. 3. 2003 AP 105 zu § 7 BetrAVG = DB 2004, 84.
[216] Internetadressen: http://www.ipv.de und http://www.psvag.de.
[217] OVG Münster 30. 9. 1997 NZA 98, 764 = BetrAV 98, 54 (LS).

pflicht zur Insolvenzversicherung unterwirft, während es Arbeitgeber, die den Durchführungsweg einer Pensionskasse oder einer Direktversicherung mit unwiderruflichem Bezugsrecht wählen, von der Beitragspflicht ausnimmt, weil dort die Deckungsmittel der staatlichen Aufsicht unterliegen.[218] Zum 1. 1. 2007 wurde das Finanzierungsverfahren vom Rentenrestumlageverfahren auf vollständige Kapitaldeckung umgestellt und die Finanzierung der bislang nicht ausfinanzierten unverfallbaren Anwartschaften geregelt (s. § 10 II BetrAVG sowie die Übergangsregelung in § 30 i BetrAVG).[219]

151 **a)** Um die lückenlose Erfassung der betreffenden Arbeitgeber zu gewährleisten, haben sämtliche, entsprechend gesicherte Versorgungsbezüge gewährende Arbeitgeber nach § 11 I BetrAVG innerhalb von drei Monaten seit Gewährung von Neuzusagen den **Pensions-Sicherungs-Verein zu informieren.**[220] Entsprechende **Benachrichtigungspflichten** sind normiert für Kammern und Berufsverbände, denen Arbeitgeber angehören müssen (§ 11 VI BetrAVG). Schließlich sind auch die Finanzämter in die Erfassung eingeschaltet (§ 11 VII BetrAVG). Die Auskünfte und Informationen sind im Interesse der Verwaltungsvereinfachung auf **Vordrucken** des Pensions-Sicherungs-Vereins zu erteilen. Von besonderer Bedeutung ist die jeweilige Angabe der Betriebsnummer, unter der der Betrieb des Arbeitgebers beim Arbeitsamt im Zusammenhang mit dem Meldeverfahren nach der DEÜV geführt wird.

152 **b)** Nach § 17 II BetrAVG sind **nicht insolvenzfähige juristische Personen des öffentlichen Rechts** von der Beitragspflicht ausgenommen.[221] Dasselbe gilt für juristische Personen, deren Zahlungsfähigkeit kraft Gesetzes durch eine Gebietskörperschaft abgesichert ist.[222] Industrie- und Handelskammern fallen nicht hierunter.[223] Die Zahlungsfähigkeit eines kommunalen Unternehmens, das in der Rechtsform des privaten Rechts geführt wird, wird nicht im Sinne des § 17 II BetrAVG gesichert, wenn die Gewährsträgerhaftung der Kommune in einer kündbaren rechtsgeschäftlichen Vereinbarung festgelegt ist.[224] Wandelt eine Kommune einen Eigenbetrieb in eine Aktiengesellschaft um, erwächst auch die Beitragspflicht zum PSVaG.[225]

153 **c)** Obwohl der PSVaG eine juristische Person des Privatrechts darstellt, ist sein **Verhältnis zum einzelnen Arbeitgeber öffentlich-rechtlich konzipiert.** Er gehört zu den sog. mit öffentlichen Befugnissen ausgestatteten beliehenen Personen. Er erlässt mithin Beitragsbescheide und erklärt sie für vollstreckbar.[226] Die Verwaltungsakte richten sich nach dem VwVfG. Gegen seine Bescheide hat der Arbeitgeber den Rechtsweg zu den **Verwaltungsgerichten.**

154 **d)** Sowohl die **Beiträge**[227] als auch **Erstattungsansprüche** bei erfolgreicher Anfechtung des Bescheides[228] waren nach der Rspr. des BVerwG bei Streit um die Versicherungspflichtigkeit und verspäteten Entrichtungen nicht zinspflichtig. Mit Wirkung vom 1. 1. 1999 ist § 10 a BetrAVG eingefügt worden, der nunmehr neben **Zinsverpflichtungen** (§ 10 a II und III BetrAVG) auch **Säumniszuschläge** bei Verstößen gegen die Meldepflicht (§ 10 a I BetrAVG) normiert. Nach der Rspr. des BVerwG betrug die **Verjährungsfrist** für die Beiträge entspre-

---

[218] VG Düsseldorf 6. 12. 2005 BetrAV 2006, 297.

[219] G zur Änderung des Betriebsrentengesetzes und anderer Gesetze v. 2. 12. 2006, BGBl. I S. 2742; s. hierzu *Hoppenrath/Berenz* BetrAV 2007, 630; zur Verfassungsgemäßheit der Erhebung eines Einmalbeitrages durch den PSVaG VG Neustadt 11. 2. 2008 DB 2008, 878; VG Stuttgart 24. 4. 2008 DB 2008, 1580; hierzu *Powietzka* BB 2008, 1292; *Rolfs/de Groot* DB 2009, 61; zur Heranziehung solcher Arbeitgeber, deren Rechtsbeziehungen zum PSVaG vor Inkrafttreten des § 30 i BetrAVG geendet haben, s. *Wenderoth* DB 2007, 2713.

[220] Vgl. Merkblatt 210/M 21 (Stand: 8.05) sowie Merkblatt 210/M 21 a (Stand 1.05); im Internet unter http://www.psvag.de.

[221] Zur Beitragspflicht einer Rechtsanwaltskammer: VG Düsseldorf 15. 9. 1978 BB 79, 216; einer Rundfunkanstalt: BVerwG 15. 1. 1987 BVerwGE 75, 318 = NJW 87, 3017; BVerfG 18. 4. 1994 NJW 94, 2348 = BB 95, 412 (keine Beitragspflicht); nach Beendigung der Sicherungspflicht für in der davor liegende Zeiträume: VG Schleswig-Holstein 10. 10. 1990 AP 2 zu § 10 BetrAVG = BetrAV 91, 50 (LS).

[222] Keine rückwirkende Befreiung bei Absicherung durch Landesgesetz: BVerwG 18. 12. 1986 BVerwGE 75, 292 = NJW-RR 87, 1313.

[223] BVerwG 10. 12. 1981 BVerwGE 64, 248 = NJW 83, 59.

[224] BVerwG 16. 4. 1980 ZIP 80, 466; vgl. OVG Bremen 20. 5. 1980 ZIP 80, 467 (Kreditanstalt).

[225] BVerwG 13. 7. 1999 AP 5 zu § 10 BetrAVG = NZA 99, 1217.

[226] BVerwG 10. 12. 1981 BVerwGE 64, 248 = NJW 83, 59; 22. 11. 1994 BVerwGE 97, 117 = NZA 95, 374; zur Beitragsberechnung: BVerwG 14. 3. 1991 BVerwGE 88, 79 = ZIP 91, 668; 28. 6. 1994 VersR 95, 940.

[227] BVerwG 27. 9. 1990 ZIP 91, 179 = ZTR 91, 211 (LS).

[228] BVerwG 4. 5. 1994 NJW 94, 3116 = ZIP 94, 1127; 22. 11. 1994 BVerwGE 107, 304 = NJW 99, 1201; s. auch OVG Nordrhein-Westfalen 30. 9. 1997 BB 98, 377 (LS).

chend § 269 II Nr. 2 AO vier Jahre[229] und für Erstattungsansprüche entsprechend § 228 AO fünf Jahre.[230] Nunmehr verjähren beide Ansprüche gem. § 10a IV 1 BetrAVG in sechs Jahren; die Verjährungsfrist beginnt mit Ablauf des Kalenderjahres, in dem die Beitragspflicht entstanden bzw. der Erstattungsanspruch fällig geworden ist (§ 10a IV 2). Gem. § 10a IV 3 BetrAVG gelten für die Verjährung die Vorschriften des BGB (s. §§ 203ff. BGB).

13. Melde-, Auskunfts- und Mitteilungspflichten.[231] **a)** Im Insolvenzfalle bestehen für Arbeitgeber, Versorgungsträger und Insolvenzverwalter weitgehende **Aufklärungspflichten** gegenüber dem Pensions-Sicherungs-Verein (§ 11 III–V BetrAVG). Er kann die Auskunftspflichten im Wege des Verwaltungsaktes konkretisieren.[232] **155**

Der PSVaG wird weitgehend durch Streitverkündungen in bestehende Rechtsstreitigkeiten einbezogen.[233] **156**

Damit der PSVaG bei der Abwicklung der einzelnen Versorgungsfälle die Erfahrung von Lebensversicherungsunternehmen oder Pensionskassen ausnutzen kann, wird er von den Leistungsverpflichtungen gegenüber den Versorgungsberechtigten frei, wenn sich ihm gegenüber ein Lebensversicherer oder eine Pensionskasse verpflichtet, dem Versorgungsberechtigten die Leistungen an Stelle des insolvent gewordenen Arbeitgebers bzw. seiner Versorgungseinrichtung zu erbringen (§ 8 BetrAVG). Der Träger der Insolvenzsicherung hat die gegen ihn gerichteten Ansprüche auf den Pensionsfonds, dessen Trägerunternehmen die Eintrittspflicht nach § 7 BetrAVG ausgelöst hat, wenn die zuständige Aufsichtsbehörde hierzu die Genehmigung erteilt. Diese kann nur binnen Monatsfrist beantragt werden (Einzelheiten § 8 Ia BetrAVG). **157**

Der PSVaG teilt den Versorgungsberechtigten bei Eintritt des Versicherungsfalles von Amts wegen den Versorgungsträger und die Höhe der Versorgungsansprüche bzw. der Versorgungsanwartschaft mit (§ 9 I 1 BetrAVG). Unterbleibt die Mitteilung, so hat der Versorgungsberechtigte seine Ansprüche binnen Jahresfrist anzumelden (§ 9 I BetrAVG). Hat der Berechtigte einen Anwartschaftsausweis erhalten, ist der PSVaG nur durch die Verjährungsvorschriften für lange zurückliegende Zeiten geschützt.[234] **158**

b) Im Falle des **Eintritts des Versicherungsfalles** gehen die Ansprüche des Versorgungsberechtigten gegen den Arbeitgeber bzw. Versorgungsträger insoweit auf den PSVaG über, wie dieser zu leisten verpflichtet ist. Der Übergang tritt mit Eröffnung des Insolvenzverfahrens kraft Gesetzes ein, ansonsten, wenn der PSVaG dem Berechtigten die Ansprüche mitgeteilt hat (§ 9 II BetrAVG). Danach kann der Versorgungsberechtigte seine Ansprüche nur noch gegen den PSVaG geltend machen.[235] Hierdurch soll gewährleistet werden, dass der PSVaG an etwaigen Insolvenzverfahren teilnimmt und die Ansprüche verfolgen kann. Stellt sich der PSVaG auf den Standpunkt, er brauche nach § 7 BetrAVG nicht zu leisten, muss er die Forderung zurückübertragen.[236] Der Versorgungsberechtigte kann in diesem Fall alternativ die Erteilung einer Ermächtigung zur Prozessführung im eigenen Namen (Prozessstandschaft) geltend machen.[237] Mit der Forderung gehen etwaige Sicherungsrechte über (§§ 412, 401 BGB).[238] Die mit Eröffnung des Insolvenzverfahrens übergegangenen Anwartschaften werden im Insolvenzverfahren als unbestimmte Forderungen nach § 45 InsO geltend gemacht. Es sind ausschließlich zivilrechtliche Forderungen, die nicht durch Leistungsbescheid erhoben werden können.[239] Da sie vorzeitig sofort fällig werden, muss der PSVaG eine Abzinsung der Forderung hinnehmen. Das BAG hat eine solche von 5,5% nicht beanstandet; jedenfalls hat es die steuerrechtliche Abzinsung nicht übernommen.[240] Die kapitalisierten Ansprüche unterliegen der 30-jährigen Verjährung (s. jetzt § 18a 1 BetrAVG).[241] **159**

---

[229] BVerwG 4. 10. 1994 BVerwGE 97, 1 = NJW 95, 1913.
[230] BVerwG 17. 8. 1995 BVerwGE 99, 101 = NJW 96, 1073.
[231] Vgl. Merkblatt 210/M 21 (Stand: 8.05) sowie Merkblatt 210/M 21a (Stand 1.05); im Internet unter http://www.psvag.de.
[232] BVerwG 22. 11. 1994 BVerwGE 97, 117 = NZA 95, 374.
[233] Vgl. BAG 15. 1. 1985 AP 3 zu § 67 ZPO; 16. 9. 1986 AP 4 zu § 67 ZPO.
[234] BAG 21. 3. 2000 AP 19 zu § 9 BetrAVG = NZA 2000, 835.
[235] BAG 12. 4. 1983 AP 2 zu § 9 BetrAVG.
[236] BGH 8. 3. 1982 AP 1 zu § 9 BetrAVG = NJW 83, 120; BAG 12. 4. 1983 AP 2 zu § 9 BetrAVG.
[237] *Höfer* § 9 RN 4711.
[238] BAG 12. 12. 1989 AP 11 zu § 9 BetrAVG = NZA 90, 475; 23. 1. 1990 AP 56 zu § 7 BetrAVG = NZA 90, 685; BGH 13. 5. 1993 NJW 93, 2935 = NZA 94, 365.
[239] VG Frankfurt 13. 6. 1989 ZIP 89, 1473 = EWiR BetrAVG § 7 Nr. 6/89.
[240] BAG 11. 10. 1988 AP 2 zu § 69 KO = NZA 89, 303.
[241] Ebenso nach der früheren Rechtslage: s. BAG 7. 11. 1989 AP 10 zu § 9 BetrAVG = NZA 90, 524.

160 Eine **Abfindung von Anwartschaften** ist gem. § 8 II 1 BetrAVG ohne Zustimmung des Arbeitnehmers möglich, wenn die Voraussetzungen nach § 3 II, III BetrAVG erfüllt sind (s. § 82 RN 171f.). Diese Einschränkung gilt ab dem 1. 1. 2005 entsprechend für die Abfindung einer laufenden Leistung (§ 8 II 2 BetrAVG). Eine Abfindung ist darüber hinaus möglich, wenn sie an ein Unternehmen der Lebensversicherungswirtschaft oder Pensionskassen gezahlt wird (Einzelheiten § 8 II BetrAVG).

161 **c)** Das **Vermögen einer Unterstützungskasse** und deren Verbindlichkeiten gehen mit dem Tag des Eintritts des Sicherungsfalles[242] auf den PSVaG über, wenn das Trägerunternehmen insolvent wird (§ 9 III BetrAVG). Das gilt auch, wenn Träger der deutschen Unterstützungskasse ein ausländisches Unternehmen ist.[243] Hat die Unterstützungskasse mehrere Trägerunternehmen, so hat der PSVaG gem. § 9 III 3 BetrAVG einen Anspruch auf Zahlung eines Betrages, der dem Teil des Vermögens der Kasse entspricht, der auf das Trägerunternehmen entfällt, bei dem der Sicherungsfall eingetreten ist.[244] Der Vermögensübergang tritt neben dem Forderungsübergang nach § 9 II BetrAVG ein[245] und erfasst auch das Grundvermögen (z. B. Werkswohnungen).[246] Er tritt auch dann ein, wenn die Unterstützungskasse noch über hinreichende finanzielle Mittel verfügt, um die bestehenden Versorgungsverbindlichkeiten zu erfüllen.[247] Überschießendes Vermögen hat des PSVaG gem. § 9 III 2 BetrAVG satzungsgemäß zu verwenden. Die Regelungen über den Übergang des Vermögens der Unterstützungskasse gelten grundsätzlich für alle Sicherungsfälle. Bei einem außergerichtlichen Vergleich gem. § 7 I 4 Nr. 2 BetrAVG finden sie keine Anwendung, es sei denn es handelt sich um einen Liquidationsvergleich, wenn also eine Beendigung der Tätigkeit des Trägerunternehmens erfolgt (§ 9 III 4 BetrAVG). Die Rechtslage bei Unterstützungskassen findet entsprechende Anwendung auf einen Pensionsfonds, wenn die zuständige Aufsichtsbehörde die Genehmigung für die Übertragung der Leistungspflicht durch den Träger der Insolvenzsicherung nach § 8 I a BetrAVG nicht erteilt hat (§ 9 III a BetrAVG).

162 **d)** In einem Insolvenzplan, der die Fortführung des Unternehmens oder eines Betriebes vorsieht, kann für den Träger der Insolvenzsicherung eine **besondere Gruppe** gebildet werden (Einzelheiten § 9 IV BetrAVG).

163 **14. Rechtsstreitigkeiten** zwischen dem Arbeitnehmer und dem Pensions-Sicherungs-Verein sind vor den Arbeitsgerichten auszutragen (§ 2 I Nr. 5 ArbGG), da die Ansprüche in einem Arbeitsverhältnis ihren Grund haben. Zuständig ist das Arbeitsgericht in Köln. Die Arbeitsgerichte sind gleichfalls zuständig für Ansprüche des PSVaG nach § 9 III BetrAVG.[248] Insoweit ist § 2 I Nr. 5 ArbGG an die Rspr. angepasst worden. Gegen den PSVaG braucht in aller Regel keine Leistungsklage erhoben zu werden. Ausreichend ist eine Feststellungsklage (§ 256 ZPO), auch wenn eine Leistungsklage möglich ist (ArbV-Hdb. § 21 RN 24), da der PSVaG Feststellungsurteilen nachkommt.[249] Ist die Klage des Versorgungsberechtigten auf Gewährung von Insolvenzschutz abgewiesen, so kann auch der Hinterbliebene keinen Insolvenzschutz verlangen.[250]

VIII. Grundzüge der Altersversorgung im öffentlichen Dienst

Allgemein: *Berger/Kiefer,* Das Versorgungsrecht für die Arbeitnehmer im öffentlichen Dienst, Loseblattausgabe; *Bergmann,* Weitere Entwicklungen der Zusatzversorgung des öffentlichen Dienstes nach der Systemumstellung (Die Änderungstarifverträge Nr. 1 und Nr. 2 zum Tarifvertrag Altersversorgung (ATV)/Altersvorsorge – TV-Kommunal (ATV-Kommunal), ZTR 2003, 478; *Bünger,* Abschaffung der Gesamtversorgung für Arbeitnehmer im öffentlichen Dienst, AnwBl. 2002, 697; *Bergmann,* Weitere Entwicklungen in der Zusatzversorgung des öffentlichen Dienstes nach der Systemumstellung, ZTR 2003, 478; *Eder,* Regelung zur Entgeltumwandlung, im Bereich der Katholischen Kirche, ZTR 2002, 410; *Furtmayr/Wegner,* Die Zusatzversorgung im öffentlichen Dienst – der heimliche Abschied von der Geamtversorgung, BetrAV 2007, 543*Gilbert/Hesse,* Die Versorgung der Angestellten und Arbeiter des öffentlichen Dienstes, Loseblattausgabe; *Graf,* Praktische Auswirkungen des Alterseinkünftegesetzes für die Zusatzversorgung des öffentlichen Dienstes, BetrAV 2004, 611; *Hebler,* Obiter dict(ator)um, Zum Beschluss des BVerfG,

[242] *Berenz* DB 2006, 1006; *Schulte* BetrAV 2007, 527 (528).
[243] BAG 12. 2. 1991 AP 13 zu § 9 BetrAVG = NZA 91, 723.
[244] BAG 22. 10. 1991 AP 14 zu § 9 BetrAVG.
[245] BAG 6. 10. 1992 AP 16 zu § 9 BetrAVG = NZA 93, 455.
[246] *Schulte* BetrAV 2007, 527 (528).
[247] BAG 12. 2. 1991 AP 13 zu § 9 BetrAVG = NZA 91, 723; *Schulte* BetrAV 2007, 527 (528).
[248] BAG 11. 11. 1986 AP 6 zu § 2 ArbGG 1979.
[249] BAG 22. 9. 1987 AP 5 zu § 1 BetrAVG Besitzstand = NZA 88, 732; 23. 4. 2002 AP 54 zu § 1 BetrAVG Gleichbehandlung = NZA 2003, 232 (LS).
[250] BAG 12. 6. 1990 AP 10 zu § 1 BetrAVG Hinterbliebenenversorgung = NZA 91, 20.

ZTR 2000, 337; *Hock,* Rote Karte für § 3 lit. n BAT?, ZTR 2000, 151; *Höfer/Niermann,* Lohnt sich der Ausstieg aus der umlagefinanzierten Zusatzversorgung?, 2003, 534; *Hoffmann,* Der Tarifvertrag Versorgungsbetriebe, ZTR 2001, 54; *Hügelschäffer,* Beseitigung der steuerlichen Hemmnisse für die grenzüberschreitende betriebliche Altersversorgung, Auswirkungen auf die Zusatzversorgung, ZTR 2001, 547; *ders.,* Aktuelle steuerrechtliche Fragen in der Zusatzversorgung des öffentlichen und kirchlichen Dienstes, BetrAV 2005, 351; *ders.,* Neue Vorschläge aus Brüssel zur Verbesserung der Portabilität – Eine Bewertung aus Sicht der Zusatzversorgung des öffentlichen und kirchlichen Dienstes, BetrAV 2006, 36; *Koenig,* Freiwillige Zusatzversorgung und EG Beihilfenrecht, ZTR 2002, 568; *Kühn/Kontusch,* Neuberechnung der Startgutschriften für Rentenanwärter im öffentlichen Dienst?, ZTR 2004, 181; *Kurz,* Bundes-Pensions-Service für Post und Telekommunikation e. V. – Entwicklung, gegenwärtiger Status, Zukunft, ZTR 2002, 415; *Kutzki,* BAT-News – Auf was sich die Praxis einstellen muss, ZTR 2001, 550; *Langenbrinck,* Auswirkungen von Entwicklungen im Steuerrecht auf die betriebliche Altersversorgung des öffentlichen Dienstes, ZTR 2007, 529; *Lassner,* Die Altersversorgung des öffentlichen Dienstes, PersR 2004, 23; *Mühlstädt,* Portabilität in der Zusatzversorgung des öffentlichen Dienstes im Vergleich zur gesetzlichen Regelung in § 4 BetrAVG, FS Kemper, 2005, S. 303; *Preis/Temming,* Verfassungsrechtliche Probleme der neuen betrieblichen Altersversorgung im öffentlichen Dienst, ZTR 2003, 262; *v. Puskas,* Zukunftsgerechte Finanzierung der Zusatzversorgung, ZTR 2000, 193; *ders.,* Die freiwillige Versicherung in der Zusatzversorgung des öffentlichen und kirchlichen Dienstes, ZTR 2002, 512; BetrAV 2002, 516; *Rengier,* Ablösung des Gesamtversorgungssystems durch die Altersvorsorge-Tarifverträge vom 1. 3. 2002; NZA 2004, 817; *ders.,* Klagen gegen die Änderung der Zusatzversorgung durch die Altersvorsorgetarifverträge vom 1. 3. 2002, ZTR 2005, 129; *Roggenkamp,* Die neue Betriebsrente im öffentlichen Dienst, PersR 2002, 411; *Schaub,* Die Neuregelung der Altersversorgung im öffentlichen Dienst, NZA 2002, 1119; *Schipp,* Ausstieg aus der Zusatzversorgung, RdA 2001, 150; *Schmid,* Bericht der Leitung der Fachvereinigung öffentlich-rechtliche Altersversorgungseinrichtungen, BetrAV 2000, 302; *Schmidt,* Betriebliche Altersvorsorge im öffentlichen Dienst durch private Versicherungsunternehmen, VersR 2007, 760; *Stebel,* Bericht über aktuelle Entwicklungen der Zusatzversorgung des öffentlichen Dienstes, BetrAV 2000, 304; *Stephan,* Die Neuregelung des Betriebsrentenrechts für den öffentlichen Dienst, ZTR 2001, 103; *dies.,* Neuordnung der betrieblichen Altersversorgung im öffentlichen Dienst, ZTR 2002, 49, 150; *Stürmer,* Tarifvertragliche Betriebsrenteneinrichtungen und Europäisches Wettbewerbsrecht, Auswirkungen auf die deutsche Zusatzversorgung, ZTR 2000, 293; *ders.,* Entwicklung der Zusatzversorgung in Deutschland im internationalen Vergleich, BetrAV 2000, 526; *ders.,* Die Übertragbarkeit von Versorgungsanwartschaften im öffentlichen Dienst, BetrAV 2004, 346; *Wein,* Aktuelle Rechtsprechung in der Zusatzversorgung des öffentlichen Dienstes, BetrAV 2007, 537; *Zetl,* Einführungshinweise zur neuen Zusatzversorgung, ZMV 2002, 219.

Privatisierungen: *Pühler,* Privatisierung öffentlicher Einrichtungen – Rahmenbedingungen für die betriebliche Altersversorgung, PersV 2005, 204; *Wegner-Wahnschaffe,* Zusatzversorgung und Privatisierung, ZTR 98, 485; *Willemsen,* Arbeitsrechtliche Fragen der Privatisierung und Umstrukturierung öffentlicher Rechtsträger, FS 50 Jahre BAG, 2004, S. 287.

Altersversorgung im Internet: http://www.vbl.de.

1. Entwicklung und Neuregelung der Altersversorgung. a) Zusatzversorgungseinrichtung. (1) Die Altersversorgung im öffentlichen Dienst ist **außerordentlich vielgestaltig.** Die Hauptversorgungsform ist die Pflichtversicherung der Arbeitnehmer durch den öffentlichen Arbeitgeber bei einer Zusatzversorgungseinrichtung, die für den öffentlichen Dienst regelmäßig in der Rechtsform einer Anstalt des öffentlichen Rechts geführt wird. Von besonderer Bedeutung ist die Zusatzversorgung für Arbeitnehmer bei der Versorgungsanstalt des Bundes und der Länder, Karlsruhe. Die Zusatzversorgung der Arbeitnehmer wird durch Tarifverträge, aber auch die Beteiligungsvereinbarungen der Arbeitgeber mit der VBL oder vergleichbaren Einrichtungen sichergestellt. Die Versorgungssysteme des öffentlichen Dienstes zeichnen sich ferner durch ein Verbundsystem aus, nach dem Versicherungszeiten durch Vereinbarungen zwischen den einzelnen Versorgungsanstalten aufeinander angerechnet werden können. 164

(2) Die **Finanzierung der Altersversorgung** erfolgt in der Privatwirtschaft regelmäßig nach einem Anwartschaftsdeckungsverfahren. Es werden Rückstellungen gebildet oder eine versicherungsförmige Versorgung gewählt. Dagegen beruht die Finanzierung der Zusatzversorgung auf dem Generationenvertrag. Der öffentliche Arbeitgeber zahlt für die Versorgung der Arbeitnehmer Umlagen, die an dem zu erwartenden Aufwand orientiert sind (vgl. §§ 75, 76 VBL-Satzung a. F., jetzt §§ 61 ff.).[251] 165

Als monatliche Umlage ist ein bestimmter Vomhundertsatz des zusatzversorgungsfähigen Entgelts des Versicherten zu entrichten. Das zusatzversorgungspflichtige Entgelt entspricht – von einigen Ausnahmen abgesehen – dem steuerpflichtigen Arbeitsentgelt. Der Umlagesatz wird für einen Deckungsabschnitt von fünf Jahren festgesetzt. Er ist so zu bemessen, dass die in dieser Zeit voraussichtlich zu erbringenden Leistungen durch die von den beteiligten Arbeitgebern zu zahlenden Umlagen, die Vermögenserträge sowie aus dem Anstaltsvermögen selbst finanziert 166

[251] Schrifttum s. vor RN 164.

werden können. Der Umlagesatz betrug seit dem 1. 1. 1999 für Versicherungen aus dem alten Bundesgebiet 7,7%, für Versicherungen aus dem Beitrittsgebiet, die erst am 1. 1. 1997 begonnen haben, 1%, bzw. seit Inkrafttreten der Änderungstarifverträge 1,2%. Seit dem 1. 1. 1999 werden die Arbeitnehmer wieder an der Finanzierung der Zusatzversorgung beteiligt.[252] Bis zu einem Umlagesatz von 5,2% trug der Arbeitgeber die Umlage allein. Die darüber hinausgehenden Aufwendungen wurden zur Hälfte vom Arbeitgeber durch eine Umlage und zur Hälfte vom Arbeitnehmer durch einen Beitrag zur Umlage getragen. Der Beitrag des Arbeitnehmers betrug mithin 1,25%. Durch die 41. Satzungsänderung wurde die Umlage zum 1. 1. 2002 auf 7,86% und der Beitrag des Arbeitnehmers auf 1,41% erhöht, § 64 VBL-Satzung.

167 **(3) Freiwillige Versicherung.** Nach § 26 I ATV wird den Pflichtversicherten die Möglichkeit eröffnet, durch Entrichtung eigener Beiträge unter Inanspruchnahme der steuerlichen Förderung (Sonderabgabenabzug, Zulage) bei der Zusatzversorgungseinrichtung nach deren Satzungsvorschriften eine zusätzliche **kapitalgedeckte Altersvorsorge** im Rahmen der betrieblichen Altersversorgung aufzubauen. Nach Beendigung der Pflichtversicherung kann die freiwillige Versicherung – unabhängig davon, ob eine steuerliche Förderung möglich ist, – längstens bis zum Eintritt des Versicherungsfalles (§ 5 ATV) fortgesetzt werden. Die Fortsetzung ist innerhalb einer Ausschlussfrist von drei Monaten nach Beendigung der Pflichtversicherung geltend zu machen. Die freiwillige Versicherung wird in zwei Formen angeboten, als VBLextra, die sich an das Punktemodell der Pflichtversicherung (VBLklassik) anlehnt sowie als fondsgebundene VBLdynamik (Beitragszusage mit Mindestleistung). Bei der Fondsanlage (VBLdynamik) gibt es die Anlagealternativen Chance A und R; die erste ist ein Aktienfonds, die zweite ein Rentenfonds mit entsprechend geringerem Risiko.

168 **b) Entwicklung der Zusatzversorgung. (1) Alte Bundesländer.** Die Zusatzversorgung und damit die Rechte und Pflichten der Arbeitnehmer und Arbeitgeber ergaben sich **(a)** im Bereich des Bundes, der Länder und der Gemeinden aus dem Versorgungstarifvertrag (VersTV) vom 4. 11. 1966 in der jeweiligen Fassung. Im VersTV wird der Anspruch auf Versorgung garantiert, aber Art und Höhe nicht umfassend geregelt. Die materielle Ausgestaltung der Zusatzversorgung war in der Satzung der VBL geregelt, die durch den Verwaltungsrat beschlossen wird, in dem die Arbeitnehmerseite jedoch nicht paritätisch vertreten ist; bei der Satzung der VBL handelt es sich um allgemeine Versicherungsbedingungen;[253] **(b)** im Bereich bestimmter Gemeinden aus dem Versorgungstarifvertrag für die Arbeitnehmer kommunaler Verwaltungen und Betriebe (VersTV-G) vom 6. 3. 1967 m. spät. Änd. Für die Beschäftigten vieler Gemeinden gilt der VersTV-G. In ihm ist nicht nur der Anspruch der Beschäftigten, sondern sind auch die Anspruchsvoraussetzungen geregelt. Daneben bestehen zahlreiche weitere Versorgungstarifverträge.

169 **(2) Neue Bundesländer.**[254] Durch den Tarifvertrag zur Einführung der Zusatzversorgung im Tarifgebiet Ost (TV EZV-O) vom 1. 2. 1996 ist mit Wirkung vom 1. 1. 1997 die Zusatzversorgung im öffentlichen Dienst eingeführt worden.

170 **2. Rechtsprechung des BVerfG und deren Auswirkungen. a)** Das Leistungsrecht der Zusatzversorgung war Gegenstand mehrerer **Entscheidungen des BVerfG.** Mit Beschluss vom 15. 7. 1998 wurde der Gesetzgeber zur Neuregelung des § 18 BetrAVG verpflichtet.[255] In § 18 BetrAVG ist die unverfallbare Versorgungsanwartschaft geregelt. Im Beschluss vom 25. 8. 1999 sind die satzungsrechtlichen Regelungen zur Berechnung der Zusatzrente von Teilzeitbeschäftigten für verfassungswidrig erachtet worden.[256] In der Halbanrechnungsentscheidung vom 22. 3. 2000 hat das BVerfG ein Strukturelement der bisherigen Zusatzversorgung in Frage gestellt.[257] Die Zusatzversorgung war als Gesamtversorgung ausgestaltet. Die Grundversorgung wurde durch Leistungen der Zusatzversorgung so aufgestockt, dass beide Leistungen eine bestimmte Höhe der Gesamtversorgung erreichten. Diese betrug nach 40 Jahren 91,75% des letzten Nettoeinkommens.[258] Im Rahmen der gesamtversorgungsfähigen Zeit wurden rentenversi-

---

[252] Zur Zulässigkeit nach dem Hamburger RGG: BAG 28. 5. 2002 AP 1 zu § 2 a RuhegeldG Hamburg = NZA 2003, 1198.

[253] BGH 23. 9. 1999 BGHZ 142, 103 = NZA 99, 1164 = NJW 99, 3558 m.w.N.

[254] Schrifttum siehe vor RN 164.

[255] BVerfG 15. 7. 1998 BVerfGE 98, 365 = AP 26 zu § 18 BetrAVG = NZA 99, 194.

[256] BVerfG 25. 8. 1999 VersR 99, 1518 = FamRZ 99, 1575.

[257] BVerfG 22. 3. 2000 AP 27 zu § 18 BetrAVG = NZA 2000, 996; dazu *Hebler* ZTR 2000, 337; s. hierzu auch BAG 29. 1. 2008 NZA-RR 2008, 438; BVerfG 18. 4. 2008 DVBl. 2008, 780 = ZTR 2008, 374.

[258] Zur Verfassungsgemäßheit der zum 1. 1. 1985 eingeführten Obergrenze von 91, 75% des fiktiven Nettoarbeitsentgelts s. BVerfG 6. 11. 1991 BB 91, 2531 = BetrAV 93, 27, vgl. auch § 83 RN 151.

cherungspflichtige Zeiten außerhalb des öffentlichen Dienstes zur Hälfte und Pflichtversicherungszeiten im öffentlichen Dienst voll berücksichtigt. Das BVerfG hat dies nur bis zum 31. 12. 2000 für mit Art. 3 I GG vereinbar erachtet. Es hat gleichzeitig gerügt, dass das Satzungsrecht der VBL eine Komplexität erreicht habe, die es dem einzelnen Versicherten kaum mehr ermögliche zu überschauen, welche Leistungen er erhalte. Die Grenze des verfassungsmäßig Zulässigen sei erreicht; es hat den Satzungsgeber aufgefordert, eine Neuregelung vorzunehmen.

b) Bereits in der **Tarifrunde 2000** haben sich die Tarifpartner darauf geeinigt, unverzüglich Verhandlungen aufzunehmen, um eine dauerhafte Finanzierbarkeit der Zusatzversorgung des öffentlichen Dienstes sicherzustellen. Es war beabsichtigt, einen Systemwechsel vorzunehmen. Für die **Arbeitgeberseite** stand im Vordergrund der Überlegungen **(1)** ein einfaches, transparentes und übersichtliches Leistungsrecht, **(2)** Unabhängigkeit der Leistungshöhe von externen Bezugssystemen, **(3)** ausschließliche Berücksichtigung der Betriebstreue im öffentlichen Dienst, **(4)** kalkulierbares und steuerbares Finanzierungssystem, **(5)** Leistungsbegrenzungen, **(6)** Eröffnung von Flexibilisierungsmöglichkeiten sowie **(7)** Beibehaltung der Arbeitnehmerbeteiligung. Von **Gewerkschaftsseite** wurde gefordert **(1)** Sicherung eines angemessenen Versorgungsniveaus, **(2)** Berücksichtigung sozialer Komponenten, **(3)** Stabilisierung der wirtschaftlichen Belastungen des Arbeitnehmers, **(4)** Nutzung der steuerlichen Möglichkeiten und **(5)** Erhaltung der Wettbewerbsfähigkeit der Zusatzversorgung im Rahmen der betrieblichen Altersversorgung. **171**

c) Die Tarifvertragsparteien haben sich auch in Ausfüllung des Beschlusses des BVerfG vom 22. 3. 2000 am 13. 11. 2001 auf einen Altersvorsorgeplan geeinigt, der zugleich Geschäftsgrundlage des **Tarifvertrages über die betriebliche Altersversorgung der Beschäftigten des öffentlichen Dienstes** (Tarifvertrag Altersversorgung – ATV) vom 1. 3. 2002 und des inhaltsgleichen Altersvorsorge-TV-Kommunal (ATV K) vom 1. 3. 2002 ist. Das bisherige Gesamtversorgungssystem wurde mit Ablauf des 31. 12. 2000 geschlossen und durch ein Punktemodell ersetzt,[259] in dem diejenigen Leistungen zugesagt werden, die sich ergeben würden, wenn eine Gesamtbeitragsleistung von 4 v. H. des zusatzversorgungspflichtigen Entgelts vollständig in ein kapitalgedecktes System eingezahlt würde. Das Jahr 2001 wird im Rahmen des Übergangsrechts berücksichtigt. Durch den Änderungstarifvertrag Nr. 1 vom 31. 1. 2003 wurde in § 37 a ATV Änderungen im Abrechnungsverband Ost eingeführt, insbesondere der Arbeitnehmerbeitrag ab 1. 1. 2003 auf 0,2% ab 1. 1. 2004 auf 0,5% des zusatzversorgungspflichtigen Entgelts erhöht. Der Änderungstarifvertrag Nr. 2 enthält Änderungen für besonders geschützte Personenkreise. **172**

d) Die **Satzung der VBL** ist zum 1. 1. 2001 neu gefasst und danach wiederholt geändert worden. Mit der Satzungsänderung vom 19. 10. 2001 (BAnz. Nr. 239 vom 21. 12. 2001) wird im Wesentlichen die Neuregelung des Erwerbsminderungsrechts in der gesetzlichen Rentenversicherung umgesetzt. Mit Satzungsänderung vom 20. 12. 2001 (BAnz. Nr. 1 vom 3. 1. 2002) werden die ersten Folgerungen aus dem Altersvorsorgeplan 2001 gezogen. Sie enthält Regelungen zur Anpassung und zur Unverfallbarkeit. Die Satzungsänderung vom 1. 2. 2002 enthält Regelungen zur Finanzierung der Zusatzversorgung. Die Änderungstarifverträge Nr. 1 und 2 sind durch Satzungsänderungen vom 24. 2. 2003 und 26. 6. 2003 in die VBL-Satzung aufgenommen. In der Folgezeit sind weitere Änderungen erfolgt.[260] **173**

3. Rechtsverhältnisse. a) Das Rechtsverhältnis **zwischen Arbeitgeber und** der **VBL** beruht nach § 20 VBL-Satzung auf einer Beteiligungsvereinbarung. Es handelt sich hierbei um einen Gruppenversicherungsvertrag; Versicherungsnehmer sind die beteiligten Arbeitgeber.[261] Der Satzung der VBL kommt die Bedeutung privatrechtlicher Allgemeiner Geschäftsbedingungen in der Formallgemeiner Versicherungsbedingungen zu.[262] **174**

b) Der **Arbeitnehmer** ist gegenüber der **VBL** genau wie bei einer Direktversicherung Versicherter und Bezugsberechtigter. Ansprüche gegenüber der VBL entstehen erst mit Eintritt des Versicherungsfalles.[263] **175**

---

[259] Zur Rechtmäßigkeit der Systemumstellung: LG Karlsruhe 30. 1. 2004 BetrAV 2004, 283 (LS) = ZTR 2004, 316 (LS); OLG Karlsruhe 22. 9. 2005 ZTR 2005, 588; BAG 27. 3. 2007 AP 68 zu § 1 BetrAVG Zusatzversorgungskassen = NZA-RR 2008, 82.

[260] Die aktuelle Fassung findet sich im Internet unter http://www.vbl.de.

[261] BGH 16. 3. 1988 BGHZ 103, 370 = NJW 88, 3151 (LS).

[262] St. Rspr. des BGH, s. BGH 22. 5. 1967 BGHZ 48, 35 = AP 1 zu § 242 BGB Ruhegehalt-VBL = NJW 67, 2057; 16. 3. 1988 BGHZ 103, 370 = NJW 88, 3151 (LS); 23. 6. 99 BGHZ 142, 103 = NJW 99, 3558; 20. 9. 2006 NJW 2006, 3774.

[263] *Blomeyer/Rolfs/Otto* § 18 RN 11.

176 **c)** Die Rechtsbeziehungen **zwischen Arbeitgeber und Arbeitnehmer** beruhen auf arbeitsrechtlichen Regeln. Im allgemeinen besteht eine **Versicherungspflicht** auf Grund tariflicher Bestimmungen. Arbeitnehmer, die zu einem bei der VBL beteiligten Arbeitgeber in einem Arbeitsverhältnis stehen, sind bei der VBL pflichtversichert (§ 2 ATV), wenn **(1)** sie das 17. Lebensjahr vollendet haben **(2)** vom Beginn der Pflichtversicherung bis zur Vollendung des 65. Lebensjahres die Wartezeit von 60 Umlagemonaten erfüllen können und **(3)** bei denen auf Grund eines Tarifvertrages oder bei nicht tarifgebundenen Arbeitnehmern auf Grund eines arbeitsvertraglich in Bezug genommenen Tarifvertrages die Pflicht zur Versicherung besteht. Geringfügig Beschäftigte gem. § 8 I Nr. 1 SGB IV sind seit dem 1. 1. 2003 ebenfalls zu versichern (vgl. die Übergangsregelung in § 36 ATV), nicht dagegen kurzfristig Beschäftigte gem. § 8 I Nr. 2 SGB IV (s. Satz 1 Nr. 8 der Anlage 2 zum ATV). Die Pflichtversicherung beginnt frühestens mit der Anmeldung durch den Arbeitgeber; sie endet mit der Abmeldung, spätestens mit dem Wegfall ihrer Voraussetzungen. Besonderheiten bestehen für die für ein befristetes Arbeitsverhältnis eingestellten Beschäftigten mit einer wissenschaftlichen Tätigkeit an Hochschulen oder Forschungseinrichtungen (§ 2 II ATV). Sind sie auf ein nicht mehr als fünf Jahre befristetes Arbeitsverhältnis eingestellt und haben sie bisher keine Pflichtversicherungszeiten, sind sie auf ihren Antrag von der Pflichtversicherung zu befreien. Der Antrag ist innerhalb von zwei Monaten nach Beginn des Arbeitsverhältnisses zu stellen. Zugunsten der befreiten Beschäftigten werden Versorgungsanwartschaften auf eine freiwillige Versicherung begründet, die aus den Beiträgen des Arbeitgebers finanziert werden.

177 Verweisen die Arbeitsverträge eines privaten Unternehmens, das nicht Mitglied der Zusatzversorgungskasse werden kann, pauschal auf die Regeln des BAT, also auch auf § 46 BAT (§ 25 TVöD), liegt hierin für sich genommen noch keine Zusage einer Zusatzversorgung.[264] Das gilt erst recht bei einem Verweis auf einzelne Tarifbestimmungen, in denen die Altersversorgung nicht geregelt ist.[265] Auch allein der Beitritt des Arbeitgebers zu einer Zusatzversorgungskasse begründet für sich genommen noch keinen Anspruch des Arbeitnehmers auf Beteiligung am Versorgungswerk. Der Anspruch kann aber auf Grund des Gleichbehandlungsgrundsatzes und des Vertrauensschutzes dann bestehen, wenn der Arbeitgeber den Beitritt im Betrieb verlautbart und praktiziert.[266]

178 **4. Leistungen der Zusatzversorgung. a)** Die Zusatzversorgung zahlt **(1)** Altersrenten **(2)** Erwerbsminderungsrenten, **(3)** Hinterbliebenenrenten sowie **(4)** Sterbegelder. Der Versicherungsfall tritt bei Versicherten i. d. R. an dem Tag ein, von dem an auf Grund des Bescheides des gesetzlichen Rentenversicherungsträgers seine Altersrente als Vollrente oder seine Rente wegen verminderter Erwerbsfähigkeit beginnt (§ 5 ATV). Hinterbliebenenrenten werden beim Tod des Versicherten oder des Rentenberechtigten gezahlt. Betriebsrenten werden erst nach Erfüllung der Wartezeit von 60 Kalendermonaten gewährt. Dabei wird jeder Kalendermonat berücksichtigt, für den mindestens für einen Tag Aufwendungen für die Pflichtversicherung nach §§ 16, 18 erbracht wurden. Die Wartezeit gilt als erfüllt, wenn der Versicherungsfall durch einen Arbeitsunfall eingetreten ist (§ 6 II ATV).

179 **b) Höhe der Zusatzrente.** Die **monatliche Betriebsrente** errechnet sich aus der Summe der bis zum Beginn der Betriebsrente (§ 5 Satz 4 ATV) erworbenen Versorgungspunkte (§ 8 ATV), multipliziert mit dem Messbetrag von 4 Euro (§ 7 ATV). Die Betriebsrente wegen teilweiser Erwerbsminderung beträgt die Hälfte der Betriebsrente, die sich bei voller Erwerbsminderung ergeben würde. Die Betriebsrente mindert sich nach § 7 III ATV für jeden Monat, für den der Zugangsfaktor nach § 77 SGB VI herabgesetzt ist (§ 82 RN 33), um 0,3%, höchstens jedoch um 10,8%. Bei dem Prozentsatz von 4% wird unterstellt, dass für jeden Versicherten ein Beitrag von 4% seines zusatzversorgungspflichtigen Entgelts entrichtet und am Kapitalmarkt angelegt worden wäre. Damit ergibt sich folgende Grundformel für die Rentenberechnung: Zusatzrente = Summe aller Versorgungspunkte × Messbetrag. Der Messbetrag dient der Umrechnung der Versorgungspunkte in Geld.

180 **c)** Die **Anzahl der Versorgungspunkte** für ein Kalenderjahr ergibt sich aus dem Verhältnis eines Zwölftels des zusatzversorgungspflichtigen Jahresentgelts zum Referenzentgelt von 1000 Euro, multipliziert mit dem Altersfaktor (§ 8 ATV). Der **Altersfaktor** beinhaltet eine jährliche Verzinsung von 3,25% während der Anwartschaftsphase und von 5,25% während des Rentenbezugs. Der Altersfaktor ist aus einer § 8 ATV beigefügten Tabelle ablesbar. Damit ergibt sich folgende Rechenformel: Versorgungspunkte = (Individuelles Jahresarbeitsentgelt: Re-

[264] BAG 29. 7. 1986 AP 16 zu § 1 BetrAVG Zusatzversorgungskassen.
[265] BAG 23. 2. 1988 AP 17 zu § 1 BetrAVG Zusatzversorgungskassen = NZA 88, 614.
[266] BAG 10. 3. 1992 AP 134 zu § 1 BetrAVG Zusatzversorgungskassen = NZA 93, 263.

ferenzentgelt × Altersfaktor). Die Rentenhöhe ist damit abhängig von der gesamten Erwerbsbiographie im öffentlichen Dienst.

d) Das **Referenzentgelt** ist ein statischer Wert, der festgelegt werden muss. Das Referenzentgelt und der Messbetrag stehen in einem inneren Zusammenhang. Die Rechenformel lautet: Messbetrag = (Referenzentgelt × 4): 1000. **181**

e) Der **Altersfaktor** ergibt sich aus einer Tabelle in § 8 ATV. Die für einen Beitrag zu erwerbenden Versorgungspunkte werden umso höher bewertet, je jünger der Arbeitnehmer ist. Der Altersfaktor wurde unter Beachtung versicherungsmathematischer Gesetzmäßigkeiten ermittelt. Da Verzinsungseffekte berücksichtigt werden, ist bei jüngeren Menschen der Verzinsungseffekt höher. Für die Erarbeitung des Altersfaktors waren biometrische Gesetzmäßigkeiten maßgebend. **182**

f) Die **Leistungshöhe** wird durch eine soziale Komponente nach § 9 ATV und durch einen Bonus nach § 19 ATV beeinflusst. In § 9 ATV ist vorgesehen, dass für jeden vollen Kalendermonat ohne Arbeitsentgelt, in dem das Arbeitsverhältnis nach § 15 BErzGG (jetzt: § 15 BEEG) ruht, Versorgungspunkte berücksichtigt werden, die sich bei einem zusatzversorgungspflichtigen Entgelt von 500 Euro ergeben würden. Ferner werden Versorgungspunkte gut gebracht, wenn ein Versicherungsfall wegen teilweiser oder voller Erwerbsminderung vor Vollendung des. 60. Lebensjahres eintritt. Schließlich erhalten am 1. 1. 2002 bereits 20 Jahre Pflichtversicherte besondere Versorgungspunkte. Nach § 19 ATV stellt die Zusatzversorgungseinrichtung jährlich für das vorangehende Geschäftsjahr fest, in welchem Umfang aus Überschüssen Bonuszahlungen geleistet werden können. **183**

g) Berechnungsbeispiel: Bei einem individuellen Jahresarbeitsentgelt von 25 000 Euro und einem angenommenen Referenzentgelt von 10 000 Euro ergibt sich ein Messbetrag von (10 000 × 0,4 =) 40 Euro. Bei einer Beitragsentrichtung im Alter von 27 Jahren ergibt sich aus der Tabelle ein Altersfaktor von 2,2. Damit ergeben sich die Versorgungspunkte: (25 000 : 10 000) × 2,2 = 5,5. Die monatliche Rente beträgt mithin: Versorgungspunkte × Messbetrag. 5,50 × 40 Euro = 220 Euro geteilt durch 12 = monatlicher Rentenbaustein von 18,33 Euro. **184**

5. Anpassung. Die Betriebsrenten werden, beginnend ab dem Jahre 2002, zum 1. Juli eines jeden Jahres um 1% dynamisiert (§ 11 ATV).[267] Die dynamisierte Rente wird additiv gezahlt. **185**

6. Nebenpflichten. a) Der Arbeitgeber des öffentlichen Dienstes hat umfangreiche **Aufklärungs- und Informationspflichten** über die Zusatzversorgung (§ 83 RN 205). Er muss gegenüber der VBL zutreffende Angaben über das zusatzversorgungspflichtige Entgelt machen.[268] Verspricht er eine Zusatzversorgung über eine Versorgungseinrichtung, muss er für den Abschluss des Versicherungsvertrages einstehen, wenn die Zusatzversorgungseinrichtung den Zugang des Versicherungsantrages bestreitet oder sonstige Versicherungshindernisse eintreten.[269] Ein Anspruch auf Verschaffung der Zusatzversorgung besteht nicht, wenn die Arbeitnehmer sich weigern, die übrigen tariflichen Bedingungen zu übernehmen.[270] Hat ein öffentlicher Arbeitgeber die Abmeldebescheinigung aus der Zusatzversorgung fehlerhaft ausgefüllt, kann auch dann Berichtigung verlangt werden, wenn die Fristen gegenüber der VBL abgelaufen sind und diese sich bereit erklärt hat, die Rentenangelegenheit nochmals zu überprüfen. **186**

b) Der Zusatzversorgungseinrichtung sind alle für die Prüfung des Anspruchs auf Betriebsrente **notwendigen Angaben** zu machen und die erforderlichen Nachweise beizubringen. Werden die Verpflichtungen nicht erfüllt, kann die Betriebsrente zurückbehalten werden (Einzelheiten § 20 ATV). Pflichtversicherte erhalten jeweils nach Ablauf eines Jahres Versicherungsnachweise über die erworbenen Rentenanwartschaften (§ 21 ATV). In § 21 II ATV sind Ausschlussfristen für die Erhebung von Ansprüchen geregelt. **187**

---

[267] Zur Rechtmäßigkeit einer solchen Dynamisierungsregelung vgl. BAG 27. 3. 2007 AP 68 zu § 1 BetrAVG Zusatzversorgungskassen = NZA-RR 2008, 82; BGH 17. 9. 2008 DB 2008, 2547.

[268] BAG 14. 10. 1998 AP 47 zu § 1 BetrAVG Zusatzversorgungskassen = NZA 99, 876.

[269] BAG 23. 2. 1988 AP 18 zu § 1 BetrAVG Zusatzversorgungskassen = NZA 89, 64; 10. 3. 1992 AP 34 zu § 1 BetrAVG Zusatzversorgungskasse = NZA 93, 263; falsche Berechnung der Umlagemonate, wenn zu früh Erwerbsunfähigkeitsrente beantragt: LAG Nürnberg 24. 4. 1991 NZA 92, 81; Versorgungsverschaffungsantrag nach Betriebsübergang außerhalb des Tarifrechts: BAG 18. 9. 2001 AP 230 zu § 613 a BGB = NZA 2002, 1391; vgl. auch Oberschiedsgericht VBL 2. 5. 1989 ZTR 89, 403.

[270] BAG 25. 2. 1999 AP 1 zu § 37 BetrAVG = NZA 99, 986.

188 **7. Bisherige Regelung und Besitzstand. a) Leistungsvoraussetzungen der Zusatzversorgungseinrichtungen.** Die Leistungsvoraussetzungen der Versorgungsrente: **(a)** Erfüllung der Wartezeit; diese beträgt grundsätzlich 60 Beitrags-/Umlagemonate. Sie gilt bei Arbeitsunfall als erfüllt (§ 38 VBL-Satzung a. F.). **(b)** Eintritt eines Versicherungsfalls. Der Versicherungsfall entspricht bei Versicherten in der gesetzlichen Rentenversicherung grundsätzlich denen der gesetzlichen Rentenversicherung (vgl. § 39 VBL-Satzung a. F.). **(c)** Anspruch auf **Gesamtversorgung/Versorgungsrente.** Dieser besteht, wenn bei Eintritt des Versicherungsfalles Versicherungspflicht bei der Zusatzversorgungseinrichtung besteht und die Wartezeit erfüllt ist. Dagegen ist nur ein Anspruch auf Versicherungsrente gegeben, wenn der Versicherungsfall eintritt und nur eine freiwillige Weiterversicherung oder eine beitragsfreie Versicherung bestand. Dies ist zumeist bei vorzeitiger Beendigung des Arbeitsverhältnisses der Fall. In diesem Fall wird der versicherungsmathematische Gegenwert der zur Zusatzversorgungseinrichtung entrichteten Beiträge/Umlagen bezahlt **(Versicherungsrente). (d)** Antragstellung gegenüber der VBL.[271]

189 Die **Versicherungsrente** unterscheidet sich elementar von der **Versorgungsrente.** Sie ist abhängig von der Summe der während des Versicherungsverlaufs gezahlten Beiträge bzw. ab 1. 1. 1978 vom erzielten Entgelt. Sie ist nicht dynamisierbar. Sie wird nach der Staffel der §§ 44, 44a VBL-Satzung a. F. gezahlt. Die nicht dynamisierbare Versicherungsrente ist i. d. R. wesentlich niedriger als die dynamisierte Versorgungsrente. Eine Ausnahme ist dann gegeben, wenn lange Beitragszeiten in der gesetzlichen Rentenversicherung bestehen und verhältnismäßig kurze Zeiten der Pflichtversicherung in der VBL.

190 **b) Gesamtversorgung.** Die Versorgungsrente richtet sich nach der versorgungsfähigen Zeit und dem versorgungsfähigen Entgelt.

191 **aa)** Die **gesamtversorgungsfähige Zeit** wird errechnet aus der Zahl der Monate, in denen für den Versicherten Pflichtbeiträge bzw. Umlagen an die zuständige Versorgungseinrichtung gezahlt worden sind, zuzüglich der Hälfte der übrigen Versicherungszeiten, also der Beitrags-, Ersatz-, Ausfall- und ggf. Zurechnungszeiten. Hierzu gehören anders als bei Beamten keine Tropendienstzeiten.[272] Die Gesamtmonatszahl wird durch 12 geteilt. Es ergeben sich gesamtversorgungsfähige Jahre. Seit 1992 werden mithin nicht mehr nur volle Jahre zugrunde gelegt (§ 42 VBL-Satzung a. F.). Der Steigerungssatz beträgt für jedes Jahr der gesamtversorgungsfähigen Zeit 1,875% insgesamt jedoch höchstens 75% (Brutto-Versorgungssatz). Eine Ausnahme besteht dann, wenn die Zusatzversorgungszeit erst nach dem 50. Geburtstag des Versicherten begonnen wurde. In diesem Falle erhält der Versicherte für jedes festgestellte Jahr 1,6% (§ 41 VBL-Satzung).

192 **bb)** Das **gesamtversorgungsfähige Entgelt** ist das dynamisierte, d. h. an die wirtschaftliche Entwicklung angepasste beitragspflichtige bzw. umlagepflichtige Entgelt des Monatsdurchschnitts der letzten drei Kalenderjahre vor Eintritt des Versicherungsfalles (z. B. Entgelt 1999 × Anpassungsfaktor, Entgelt 2000 × Anpassungsfaktor usw.). Der Anpassungsfaktor richtet sich nach Erhöhung oder Verminderung der Versorgungsbezüge der Versorgungsempfänger des Bundes, deren Versorgungsbezüge ein Ortszuschlag nicht zu Grunde liegt. Der Divisor beträgt für drei Jahre 36, obwohl im Rahmen des beitrags- bzw. umlagepflichtigen Entgelts das 13. Monatsgehalt (Sonderzuwendung anlässlich des Weihnachtsfestes) berücksichtigt wird (§ 43 VBL-Satzung a. F.).

193 **Versorgungsrentner** haben von ihren Bezügen keine Sozialversicherungsbeiträge zu entrichten; die gesetzliche Sozialversicherungsrente wird nur nach ihrem Ertragswert besteuert. Im Jahre 1967 lag die durchschnittliche Belastung eines aktiven Arbeitnehmers bei 18% Abzügen, im Jahre 1981 bei 31%. Dies hat dazu geführt, dass zahlreiche Rentner höhere Einnahmen als im aktiven Dienst erzielten. Durch ÄndTV zum VersTV und VersTV-G wurde die Überversicherung abgeschmolzen. Im Prinzip ist die Gesamtversorgung auf einen Prozentsatz des fiktiven Nettoarbeitsentgelts gekürzt worden. Das fiktive Nettoarbeitsentgelt ist dadurch zu errechnen, dass von dem gesamtversorgungsfähigen Entgelt Lohnsteuer nach Lohnsteuerklasse III/0 sowie Beiträge zur gesetzlichen Krankenversicherung, Rentenversicherung und Arbeitslosenversicherung abgezogen werden (vgl. § 23 VersTV-G, § 41 II a–c VBL-Satzung). In den Besitzstandsregelungen des Tarifvertrages ist vorgesehen, dass derjenige Teil der Zusatzversorgungsrente, der nach der neuen Rentenformel zu kürzen wäre, als Ausgleichsrente weitergezahlt wird. Die Be-

[271] Oberschiedsgericht VBL 25. 3. 1991 ZTR 91, 469.

[272] BAG 4. 6. 1985 AP 10 zu § 1 BetrAVG Zusatzversorgungskassen; s. auch BVerfG 5. 3. 1986 AP 10a zu § 1 BetrAVG Zusatzversorgungskassen.

sitzstandsrente wird jedoch nicht an wirtschaftliche Verhältnisse angepasst und allmählich aufgesogen. Der Abbau der Überversorgung ist rechtswirksam.[273]

194 **cc) Anpassung der Versorgungsrente.** Die Gesamtversorgungsrente wird zu dem selben Zeitpunkt wie die Bezüge der Versorgungsempfänger des Bundes, deren Versorgungsbezügen ein Ortszuschlag nicht zugrunde liegt, erhöht (§ 56 VBL-Satzung a. F.).[274] Bislang wurde die Versorgungsrente bei Beginn als Differenzbetrag zwischen der Rente aus der gesetzlichen Rentenversicherung und der Gesamtversorgung errechnet. Im Laufe der Bezugsdauer entwickelten sich beide Renten unabhängig voneinander, also die Rente aus der gesetzlichen Rentenversicherung entsprechend dem Rentenanpassungsgesetz und die Versorgungsrente entsprechend den Veränderungen der Beamtenversorgung. Die Summe beider Renten braucht daher nicht mehr mit dem Betrag der dynamisierten Gesamtversorgung überein zu stimmen. Um diesem Ergebnis abzuhelfen, wurde ab 1. 12. 1981 die sog. Spitzanrechnung eingeführt. Nunmehr wird bei der Anpassung der gesetzlichen Rente die Versorgungsrente um den Betrag gekürzt, um den die gesetzliche Rente angehoben wird. Andererseits wird bei jeder Veränderung der Beamtenversorgung die Gesamtversorgung wie bisher verändert und die Versorgungsrente unter Anrechnung der aktuellen gesetzlichen Rente wieder entsprechend angepasst. Durch dieses System wird sichergestellt, dass eine Versorgungsrente in der Höhe zu zahlen ist, die zusammen mit der gesetzlichen Rente einen Betrag in Höhe der jeweiligen Gesamtversorgung ergibt.

195 Die **Satzungen der Zusatzversorgungseinrichtungen** können vorsehen, dass aufgetretene Überzahlungen unabhängig vom Wegfall der Bereicherung zurück gezahlt werden müssen.[275] Nur in besonderen Einzelfällen kann die VBL unter Vertrauensschutzgesichtspunkten nach § 242 BGB daran gehindert sein, eine unterbliebene Anrechnung von gesetzlichen Renten nachzuholen.[276]

196 **dd)** Für den **Personalrat** können bei dem Abbau der Überversorgung Mitbestimmungsrechte erwachsen.[277]

197 **c) Mindest- und Besitzstandsrenten. aa)** Erreicht die Versorgungsrente nicht den Betrag der Versicherungsrente, so wird diese als **Versorgungsrente** gezahlt (§ 40 IV VBL-Satzung a. F.). Dies geschieht, weil während des Beschäftigungsverhältnisses durch eigene Beitragsleistung eine Anwartschaft aufgebaut wurde, die mindestens dem versicherungsmathematischen Gegenwert der eingezahlten Beiträge entsprechen muss. Der Wert beträgt pro Jahr 15% (monatlich 1,25% der eingezahlten Beiträge bzw. ab 1. 1. 1978 0,03125% der erzielten Entgelte).

198 **bb)** In bestimmten Fällen der Gesamtversorgung wird mindestens das **beamtenrechtliche Mindestruhegeld** gezahlt (§ 41 IV VBL-Satzung a. F.).

199 **cc)** War der Arbeitnehmer bereits am 31. 12. 1966 bei einer Zusatzversorgungseinrichtung versichert, kann die **Zusatzversorgungsleistung** nach damaligem Satzungsrecht zu berechnen sein (§ 92 VBL-Satzung a. F.).

200 **8. Übergangsregelungen des ATV.** Das bisherige Versorgungssystem ist zum 31. 12. 2000 geschlossen worden. Es bedurfte daher der Überführung des alten Rechts in das neue Versorgungssystem.[278]

201 **a) Am 31. 12. 2001 Versorgungsrentenberechtigte.** Die Versorgungsrenten, die sich ohne Berücksichtigung von Nichtzahlungs- und Ruhensregelungen ergeben, und die Ausgleichsbeträge nach dem bis zum 31. 12. 2000 geltenden Zusatzversorgungsrecht werden für die am 31. 12. 2001 Versorgungsrentenberechtigten und versorgungsrentenberechtigten Hinterbliebenen zum 31. 12. 2001 festgestellt. Die insoweit festgestellten Versorgungsrenten werden als Besitzstands-

---

[273] BGH 16. 3. 1988 AP 25 zu § 1 BetrAVG Zusatzversorgungskassen = NJW 88, 3151 (LS); BAG 24. 4. 1990 AP 43 zu § 1 BetrAVG Zusatzversorgungskassen; vgl. BAG 3. 9. 1991 AP 3 zu § 1 BetrAVG Überversorgung = NZA 92, 515; 17. 11. 1992 ZTR 93, 167 (n. a. v.); 24. 8. 1993 AP 19 zu § 1 BetrAVG Ablösung = NZA 94, 807; 19. 11. 2002 AP 40 zu § 1 BetrAVG Ablösung = NZA 2004, 264; BVerfG 6. 11. 1991 BB 91, 2531 = BetrAV 93, 27; s. auch BAG 25. 5. 2004 AP 11 zu § 1 BetrAVG Überversorgung; zur Verfassungsmäßigkeit vgl. auch BVerfG 3. 12. 1998 NZA-RR 99, 204 = BetrAV 99, 225 (LS).

[274] Zur Berücksichtigung von Einmalzahlungen: BAG 4. 6. 1985 AP 8 zu § 1 BetrAVG Zusatzversorgungskassen = NZA 86, 360; Jahreszuwendungen: BAG 30. 10. 1984 AP 7 zu § 1 BetrAVG Zusatzversorgungskassen = NZA 85, 625 (LS).

[275] BGH 28. 1. 1998 NJW-RR 98, 1425 = BB 98, 958 (LS).

[276] Oberschiedsgericht der VBL 8. 9. 1997 ZTR 98, 231; 10. 1. 1998 ZTR 98, 232.

[277] BAG 28. 7. 1998 AP 9 zu § 79 LPVG Baden-Württemberg = NZA 99, 780.

[278] Zur Rechtmäßigkeit der sehr komplexen Überleitungsvorschriften: LG Karlsruhe 30. 1. 2004 BetrAV 2004, 283 (LS) = ZTR 2004, 316 (LS).

renten weitergezahlt und nach § 11 I ATV dynamisiert. Die abbaubaren Ausgleichsbeträge werden nicht dynamisiert. Stirbt ein Versorgungsrentenberechtigter, gelten die Vorschriften des Punktemodells für Hinterbliebene entsprechend (§ 30 ATV).

202 **b) Am 31. 12. 2001 Versicherungsrentenberechtigte.** Für Versicherungsrentenberechtigte und versicherungsrentenberechtigte Hinterbliebene, deren Versicherungsrente spätestens am 31. 12. 2001 begonnen hat, wird die am 31. 12. 2001 maßgebende Versicherungsrente festgestellt und als Besitzstandsrente weitergezahlt und nach § 11 I ATV dynamisiert (§ 31 ATV).

203 **9. Versorgungsanwartschaft. a) Unverfallbare Versorgungsanwartschaften. aa)** Auch im öffentlichen Dienst werden unter den **Voraussetzungen von § 1b BetrAVG** Versorgungsanwartschaften unverfallbar. Wechselt ein Beamter in ein Arbeitsverhältnis zu einem privaten Arbeitgeber, so brauchten Beamtenzeiten bei der Berechnung der Unverfallbarkeitsfrist nicht berücksichtigt zu werden.[279] Indes hatte die Ausgestaltung der unverfallbaren Versorgungsanwartschaften in § 18 BetrAVG eine besondere Anpassung an die Verhältnisse des öffentlichen Dienstes gefunden, bei der gelegentlich angeführt wurde, dass sie eine wesentliche Verschlechterung gegenüber der Privatwirtschaft enthalte und deshalb zu Rechtsbedenken Anlass gebe.[280]

204 § 18 BetrAVG war zunächst durch Art. 8 RRG 1999 geändert worden. Die Regelungen sind wesentlich vereinfacht worden.

205 Das BVerfG hatte in drei Entscheidungen[281] die gesamte Regelung des **§ 18 BetrAVG a. F.** für **verfassungswidrig** erklärt. Dasselbe wird aber nach der Begründung auch für § 18 BetrAVG i. d. F. des RRG gelten. Die Ungleichbehandlung der Verfallbarkeit von betrieblichen Altersrenten in der Privatwirtschaft und im öffentlichen Dienst verletzt den allgemeinen Gleichheitssatz. Art. 12 I GG schützt Arbeitnehmer vor einem Verfall von betrieblichen Versorgungsanwartschaften, soweit dadurch die freie Wahl eines anderen Arbeitsplatzes in unverhältnismäßiger Weise eingeschränkt wird. In den Entscheidungsgründen war dem Gesetzgeber aufgegeben worden, bis zum 31. 12. 2000 eine Neuregelung vorzunehmen. Der öffentliche Arbeitgeber ist aber nicht angehalten, die Regelungen der Privatwirtschaft auf den öffentlichen Dienst zu übertragen. Da für die öffentlichen Kassen erhebliche Zusatzbelastungen erwachsen, können Nachzahlungsansprüche ausgeschlossen werden. Durch das Erste Gesetz zu Änderung des Gesetzes zur Verbesserung der betrieblichen Altersversorgung vom 21. 12. 2000 (BGBl. I S. 1914) ist **§ 18 BetrAVG mit Wirkung zum 1. 1. 2001 völlig neu gestaltet** worden.

206 **bb)** Nach § 18 I BetrAVG werden vom **persönlichen Geltungsbereich** erfasst alle Personen, die einem Zusatzversorgungssystem angehören. In § 18 II BetrAVG wird geregelt, wie der Wert der unverfallbaren Versorgungsanwartschaft zu berechnen ist. Der monatliche Betrag der Zusatzrente beträgt für jedes Jahr der auf Grund des Arbeitsverhältnisses bestehenden Pflichtversicherung bei einer Zusatzversorgungseinrichtung 2,25%, höchstens jedoch 100% der Leistung, die bei dem höchstmöglichen Versorgungssatz zugestanden hätte. Der Wert wird in zwei Rechenschritten ermittelt. **Im ersten Schritt** wird die Vollleistung ermittelt. Sie ist nichts anderes als die Versorgungsrente, die dem Arbeitnehmer fiktiv mit Erreichen des 65. Lebensjahres zugestanden hätte. Sie errechnet sich aus der Differenz zwischen der Gesamtversorgung und der Grundversorgung. Als Grundversorgung wird immer eine nach dem Näherungsverfahren ermittelte fiktive Rente der gesetzlichen Rentenversicherung in Abzug gebracht (§ 18 II Nr. 1 lit. f BetrAVG). **Im zweiten Schritt** wird die Vollleistung mit 2,25% pro Jahr der Pflichtversicherung (versicherte Betriebszugehörigkeit) multipliziert.[282] Im Allgemeinen wirkt sich die Neuregelung gegenüber dem früheren Recht für den Arbeitnehmer günstig aus. Da bei der Berechnung der Vollrente auf die Regelaltersgrenze abgestellt wird, enthält § 18 II Nr. 2 BetrAVG eine Abschlagsregelung für den Fall des vorzeitigen Renteneintritts. Nach § 18 IV BetrAVG ist eine jährliche Anpassung vorgesehen. Die Übergangsregelungen folgen aus § 30 d BetrAVG. Bei Personen, die Anspruch auf eine Vollversorgung nach beamtenrechtlichen Vorschriften haben und deswegen in der gesetzlichen Rentenversicherung versicherungsfrei sind (z. B. Dienstordnungsangestellte), dürfen die Ansprüche für eine unverfallbare Versorgungsanwartschaft nicht hinter dem Rentenanspruch zurück bleiben, der sich ergeben hätte, wenn der Arbeitnehmer für die

---

[279] BAG 29. 8. 1989 AP 21 zu § 18 BetrAVG = NZA 90, 61.

[280] Vgl. BAG 12. 2. 1985 AP 12 zu § 18 BetrAVG; 22. 3. 1988 AP 17 zu § 18 BetrAVG = NZA 89, 213; 29. 8. 1989 AP 22 zu § 18 BetrAVG = NZA 90, 192 (LS).

[281] BVerfG 15. 7. 1998 BVerfGE 98, 365 = AP 26 zu § 18 BetrAVG = NZA 99, 194.

[282] Zur Unwirksamkeit der für rentenferne Jahrgänge in der VBL-Satzung getroffene Übergangsregelung BGH 14. 11. 2007 BGHZ 174, 127 = BetrAV 2008, 203; 5. 11. 2008 NJW-RR 2009, 361; 5. 11. 2008 NJW-RR 2009, 366.

Zeit der versicherungsfreien Beschäftigung in der gesetzlichen Rentenversicherung nachversichert worden wäre (§ 18 IX BetrAVG).[283]

cc) Nach § 17 III BetrAVG kann auch in **Tarifverträgen** von den Regelungen des § 18 BetrAVG nicht abgewichen werden. **207**

b) Übergangsregelungen für Anwartschaften der Versicherten. aa) Für die Versicherten werden die Anwartschaften (Startgutschriften) nach dem am 31. 12. 2000 geltenden Recht der Zusatzversorgung entsprechend den §§ 33 und 34 ATV ermittelt. Die Anwartschaften werden alsdann in Versorgungspunkte umgerechnet, indem der Anwartschaftsbetrag durch den Messbetrag von vier Euro geteilt wird. Die Versorgungspunkte werden einem Versorgungskonto gutgeschrieben (Einzelheiten § 32 ATV). **208**

bb) Höhe der Anwartschaften für am 31. 12. 2001 schon und am 1. 1. 2002 noch Pflichtversicherte. Die Anwartschaften dieses Personenkreises berechnen sich nach § 18 II BetrAVG, soweit sich aus § 33 II ATV nichts anderes ergibt. **209**

cc) Höhe der Anwartschaften für am 1. 1. 2002 beitragsfrei Versicherte. Die Startgutschriften der am 1. 1. 2002 beitragsfrei Versicherten werden gem. § 34 ATV nach der am 31. 12. 2001 geltenden Versicherungsrentenberechnung ermittelt. **210**

10. Privatisierung und Altersversorgung.[284] **a) Methoden der Privatisierung.** Die **Privatisierung öffentlicher Einrichtungen** kann nach verschiedenen Methoden erfolgen. Im Allgemeinen wird ein Betriebsübergang nach § 613a BGB (§ 117) oder eine Umwandlung nach dem UmwG erfolgen (Einzelheiten § 116). Bei der Privatisierung öffentlicher Einrichtungen erwachsen vor allem Probleme wegen der unterschiedlichen Finanzierungssysteme (s. RN 165). **211**

Wird eine Privatisierung im Wege des **Betriebsüberganges nach § 613a BGB** vollzogen, muss der private Arbeitgeber in die Arbeitsverträge nach § 613a I 1 BGB eintreten. Er haftet für die entstandenen und die weiter entstehenden Anwartschaften. Gem. § 613a I 1 und 2 BGB gelten die anzuwendenden Tarifverträge weiter. Im Allgemeinen werden die tariflichen Versorgungsregelungen in das Arbeitsverhältnis zwischen dem privaten Arbeitgeber und dem übernommenen Arbeitnehmer übertragen. Der private Arbeitgeber haftet mithin in dem Umfang wie der Arbeitnehmer bislang Anspruch auf Versorgung hatte. Andererseits hat er wegen der Versorgungsansprüche kein Deckungskapital und kann sich regelmäßig nicht an der Zusatzversorgungseinrichtung beteiligen. **212**

b) Satzung der VBL. aa) Mit den Regelungen in §§ 19 II, 20 III VBL-Satzung soll die **Privatisierung erleichtert** werden. Insoweit bestehen folgende Möglichkeiten: **(1)** Nach § 19 II 1 lit. e VBL-Satzung kann an der VBL eine sonstige juristische Person des Privatrechts beteiligt werden, wenn sie das für einen öffentlichen Arbeitgeber geltende Tarifrecht oder ein Tarifrecht wesentlich gleichen Inhalts anwendet (s. § 19 III VBL-Satzung). Weitere Voraussetzungen erbeben sich aus den Ausführungsbestimmungen zu § 19 II 1 lit. e. Erforderlich ist eine überwiegende Beteiligung oder maßgebender gesellschaftsrechtlicher Einfluss einer juristischen Person des öffentlichen Rechts, die Wahrnehmung von Aufgaben, die sonst einer juristischen Person des öffentlichen Rechts obliegen würden sowie eine Versicherungspflicht für mindestens 20 Beschäftigte. **(2)** Nach § 20 III VBL-Satzung kann die VBL eine besondere Beteiligung zulassen, wenn kein wesentlich gleiches Tarifrecht mehr angewandt wird oder die öffentliche Hand an dem privaten Arbeitgeber nicht mehr überwiegend beteiligt ist. Die Zulassung der Beteiligung steht aber im Ermessen der VBL. Nach beiden vorgeschilderten Möglichkeiten (1) und (2) setzt die Beteiligung des privaten Arbeitgebers nach den Ausführungsbestimmungen zu § 20 III VBL-Satzung aber voraus, dass dieser die unwiderrufliche Verpflichtungserklärung einer oder mehrerer juristischer Personen des öffentlichen Rechts, deren Insolvenzfähigkeit durch Gesetz ausgeschlossen ist, beibringt, im Falle einer Beendigung der Beteiligung für alle finanziellen Verpflichtungen einzustehen oder zur jeweiligen Umlage einen Zuschlag von 15% zahlt. Die finanziellen Grundlagen der Zusatzversorgungseinrichtung dürfen nicht berührt werden. **(3)** In der Beteiligungsvereinbarung kann nach den Ausführungsbestimmungen zu § 20 III VBL-Satzung die Zahlung eines bestimmten Ausgleichsbetrags vorgesehen werden.[285] **(4)** Schließlich kann eine besondere Beteiligungsvereinbarung abgeschlossen werden, wenn der Arbeitgeber **213**

---

[283] Zum Nachversicherungsanspruch von Beamten bei der VBL: BAG 20. 3. 2001 AP 16 zu § 1 BetrAVG Beamtenversorgung = DB 2001, 2612 (LS); 20. 3. 2001 AP 28 zu § 18 BetrAVG = NZA 2002, 444.

[284] Schrifttum s. vor RN 164.

[285] Einzelheiten: Abs. (1) 1 Nr. 2 lit. b), Abs. (1) 2 der Ausführungsbestimmungen zu § 20 III VBL-Satzung, s. http://www.vbl.de.

von einem Beteiligten Aufgaben und bisher pflichtversicherte Arbeitnehmer übernommen hat.[286]

214 Wird eine öffentlich-rechtliche Versicherungsanstalt durch Umwandlung in eine Aktiengesellschaft privatisiert und werden die bis dahin bei ihr beschäftigten Arbeitnehmer im Wege der Dienstleistungsüberlassung zur Verfügung gestellt, so ist deren Anmeldung bei der VBL wirksam. Jedoch wird dadurch die Geschäftsgrundlage der Beteiligungsvereinbarung berührt. Der Beteiligungsvertrag hat zur Grundlage, dass auch jüngere Arbeitnehmer nachrücken.[287]

215 **bb)** Eine **Ausnahme von der Transformation des Tarifrechts** nach § 613a I 2 BGB besteht dann, wenn die Rechte und Pflichten bei dem neuen Inhaber durch Rechtsnormen eines anderen Tarifvertrages oder durch eine andere Betriebsvereinbarung geregelt sind (§ 613a I 3 BGB). Die Verdrängung findet auch dann statt, wenn die Regelungen bei dem neuen Arbeitgeber eine wesentliche Verschlechterung enthalten. In Betracht wird im Allgemeinen nur ein Tarifvertrag kommen. Wegen der Einzelheiten s. § 119.

216 **cc)** Schließlich kann der private Arbeitgeber die **Versorgung übernehmen.** Dagegen ist er für neu eintretende Arbeitnehmer völlig frei, ob und in welchem Umfang er die Altersversorgung aufrechterhält. Dies ist vielfach im Krankenhausbereich erfolgt. Auch insoweit bestehen verschiedene Modelle: **(1)** Denkbar ist eine Abwicklung über eine Direktzusage, die aber regelmäßig wegen der Kostenbelastung und des Haftungsrisikos nicht in Betracht kommt. **(2)** Nach dem zweiten Modell schließt der private Arbeitgeber eine gleichwertige Direktversicherung auf das Leben des Arbeitnehmers ab (vgl. RN 36ff.). **(3)** Schließlich kann sich der Arbeitgeber die Mittel durch eine kongruent rückgedeckte Unterstützungskasse (s. RN 23) beschaffen.

[286] Abs. (3) der Ausführungsbestimmungen zu § 20 III VBL-Satzung.
[287] BGH 7. 5. 1997 BGHZ 135, 333 = NJW 97, 2519 = NZA 97, 827.

5. Abschnitt. Werkwohnung

§ 85. Werkwohnung

Allgemein: *Gaßner,* Rechtsanwendung beim doppeltypischen Vertrag am Beispiel der Werkdienstwohnung, AcP 186, 325; *Kania,* Nichtarbeitsrechtliche Beziehungen zwischen Arbeitgeber und Arbeitnehmer, 1990; *Willemsen,* Einbeziehung nicht-arbeitsrechtlicher Verträge in das Arbeitsverhältnis, FS Wiedemann (2002), 645.

Internetadresse: http://www.bmj.bund.de.

Übersicht

	RN
I. Allgemeines	1 ff.
1. Unterscheidung	1
2. Werkmietwohnungen	2, 3
3. Werkdienstwohnungen	4
II. Rechtsgrundlagen	5
III. Werkmietwohnung	6 ff.
1. Vertragsabschluss und -inhalt	6
2. Mietzins	7–10
3. Beendigung des Mietverhältnisses	11–19
IV. Werkdienstwohnung	20 ff.
1. Vertragsabschluss und -inhalt	20–22
2. Mietzins	23
3. Beendigung des Vertragsverhältnisses	24
V. Beteiligungsrechte der Arbeitnehmervertretungen	25
VI. Rechtsstreitigkeiten	26 f.
1. Werkwohnungen	26
2. Werkdienstwohnungen	27
VII. Abzugsverfahren	28

I. Allgemeines

1 **1. Unterscheidung.** Werk- bzw. Dienstwohnung ist der Oberbegriff für die Überlassung von Wohnraum durch den Arbeitgeber in Zusammenhang mit einem Arbeitsverhältnis. Entsprechend der gesetzlichen Regelung im BGB wird dabei nach Werkmietwohnungen und Werkdienstwohnungen unterschieden. Das Werkwohnungsrecht ist zuletzt durch das Mietrechtsreformgesetz vom 19. 6. 2001 (BGBl. I S. 1149) geändert worden. Es bestehen noch Besonderheiten gegenüber den Wohnraummietverhältnissen bei den Kündigungsfristen (§ 576 BGB) und der Ausübung des Widerspruchsrechts nach einer Kündigung (§ 576 a BGB). Wie im allgemeinen Mietrecht wird auch der vertraglich begründete Besitz einer Dienstwohnung vom Schutz des Art. 14 I GG erfasst.[1]

2 **2. Werkmietwohnungen.** Dabei handelt es sich um Wohnraum, der mit Rücksicht auf das Bestehen des Arbeitsverhältnisses vermietet worden ist bzw. wird. Für Werkmietwohnungen sind regelmäßig 3 Voraussetzungen kennzeichnend **(a)** Arbeitsvertrag und Mietvertrag bestehen getrennt **nebeneinander.** Nicht erforderlich ist, dass sie gleichzeitig abgeschlossen werden. **(b)** Der Mietvertrag muss aus **Anlass** des Arbeitsvertrags abgeschlossen sein. Nicht notwendig ist, dass der Arbeitsvertrag die alleinige Ursache des Mietvertragsabschlusses ist.[2] In der Rspr. wird jedoch überwiegend ein maßgebender Einfluss des Arbeitsvertragsschlusses auf die Begründung des Mietverhältnisses verlangt,[3] allerdings findet diese Sichtweise im Gesetz keine Stütze. Aus diesem Grund liegt ein Werkmietvertrag vor, wenn die Arbeitsleistung im Rahmen einer Teilzeittätigkeit erbracht wird.[4] Wird der Mietvertrag vor Abschluss des Arbeitsvertrags vereinbart, wird nur in Ausnahmefällen eine Werkmietwohnung vorliegen, etwa wenn die Vermietung im Hinblick auf einen bevorstehenden Arbeitsvertragsschluss erfolgt. **(c)** Es muss sich um **Wohnraum** i. S. d. §§ 549 ff. BGB handeln, wobei bereits die Überlassung eines Zimmers ausreichend sein kann. Unerheblich ist, ob der Arbeitgeber oder ein Dritter Eigentümer oder Vermieter der Wohnung ist. Zu unterscheiden sind die **werkseigenen Betriebswohnungen,** bei

---

[1] BVerfG 26. 5. 1993 NJW 93, 2035.
[2] LG Aachen 25. 11. 1983 WM 85, 149.
[3] BAG 2. 11. 1999 AP 68 zu § 2 ArbGG 1979 = NZA 2000, 277.
[4] LG Köln 27. 3. 1996 ZMR 96, 666 – Hausmeister im Nebenberuf; anders LG Aachen 14. 2. 1991 MDR 91, 542.

denen der Arbeitgeber zugleich Eigentümer und Vermieter ist, und **werksfremde Betriebswohnungen,** die vom Betriebsinhaber zur Unterbringung von Betriebsangehörigen angemietet oder nach Gesetz oder Vereinbarung des Arbeitgebers mit dem Vermieter für Arbeitnehmer zur Verfügung zu halten sind.

3 Die Werkmietwohnungen werden ihrerseits untergliedert in **(a) einfache Werkmietwohnungen** und **(b) funktionsgebundene Werkmietwohnungen.** Um letztere handelt es sich, wenn das Dienst- oder Arbeitsverhältnis seiner Art nach die Überlassung des Wohnraumes, der in unmittelbarer Beziehung oder Nähe zur Stätte der Dienstleistung steht, erfordert (§ 576 I Nr. 2 BGB). Dies kann z. B. bei einem Pförtner oder Hausmeister der Fall sein.

4 **3. Werkdienstwohnungen.** Im Gegensatz zu Werkmietwohnungen wird hier der Wohnraum im Rahmen des Arbeitsverhältnisses überlassen, üblicherweise zur besseren Erfüllung der Arbeitsleistung. Es besteht neben dem Arbeitsvertrag kein Mietvertrag, sondern nur ein einheitliches (gemischtes) Vertragsverhältnis, auf das im wesentlichen Arbeitsrecht Anwendung findet. Die mietrechtlichen Vorschriften sind nur sinngemäß heranzuziehen. Voraussetzung für eine Werkdienstwohnung ist, dass der Arbeitnehmer vertraglich zum Bezug der überlassenen Wohnung verpflichtet ist.[5] Dabei ist entscheidend, ob das Bewohnen des überlassenen Wohnraums arbeitsvertraglich (ausdrücklich oder konkludent) vereinbart worden ist. Unerheblich ist, ob neben dem Arbeitsvertrag ein gesonderter Mietvertrag ausgestellt worden ist. Nicht notwendig ist auch, dass die Überlassung der Wohnung Teil der Arbeitsvergütung ist.

II. Rechtsgrundlagen

5 Das Recht der Werkwohnungen ist im Wesentlichen in den §§ 576 bis 576b BGB geregelt. Für öffentlich geförderte Werkwohnungen galten Sondervorschriften, die aber zwischenzeitlich außer Kraft getreten sind. Besonderheiten gelten für **Bergarbeiterwohnungen,** die aus Mitteln der Kohlenabgabe auf Grund des G zur Förderung des Bergarbeiterwohnungsbaues im Kohlenbergbau i. d. F. v. 25. 7. 1997 (BGBl. I S. 1942), zul. geänd. 8. 12. 2007 (BGBl. I S. 2812) errichtet und an Wohnungsberechtigte im Kohlenbergbau vermietet sind. Sie sind nicht an einen bestimmten Betrieb oder Arbeitgeber gebunden, sondern allein an die Zugehörigkeit des Wohnberechtigten (§ 4) zum Bergbau. Nach Erlöschen der Wohnungsberechtigung gelten allgemeinen Bestimmungen des Mietrechts und nicht die §§ 576–576b BGB.

III. Werkmietwohnung

6 **1. Vertragsabschluss und -inhalt.** Für Inhalt und Abschluss des Werkmietvertrags gelten keine rechtlichen Besonderheiten. Da zwei gesonderte Verträge abgeschlossen werden, fällt das Mietverhältnis nicht unter die Nachweispflicht des Arbeitgebers. In Formularmietverträgen getroffene Vereinbarungen unterliegen dem Recht der Allgemeinen Geschäftsbedingungen (dazu § 32) insb. der Inhaltskontrolle des § 307 BGB. So dürfen grundsätzlich die nach dem Gesetz dem Vermieter obliegenden **Schönheitsreparaturen** formularmäßig nach dem Grad der Abnutzung dem Mieter auferlegt werden. Die Ausführung der Schönheitsreparaturen nach einem „starren" Fristenplan ist aber unzulässig.[6] Auch eine Klausel, wonach die Mieträume bei Beendigung des Mietverhältnisses unabhängig vom Zeitpunkt der Vornahme der letzten Schönheitsreparaturen renoviert zu übergeben sind, benachteiligt den Mieter unangemessen.[7] Eine Kostenquotenklausel zu Schönheitsreparaturen bei Vertragsende, die die Selbstvornahme des Mieters nicht untersagt, ist dagegen grundsätzlich wirksam.[8] Jedoch benachteiligt ein formularmäßiger Fristenplan für die vom Mieter vorzunehmenden Schönheitsreparaturen diesen i. S. d. § 307 I 2; II Nr. 1 BGB unangemessen, wenn die Fristen allein durch die Angabe eines Jahreszeitraums ohne jeden Zusatz bezeichnet sind.[9] Ebenso ist eine formularmäßige Abgeltungsklausel, die den Mieter zur zeitanteiligen Entschädigung für „angelaufene Renovierungsintervalle" verpflichtet, wegen Verstoßes gegen das Transparenzgebot unwirksam.[10] Eine Festlegung auf eine bestimmte Ausführungsart bei den Schönheitsreparaturen kann unwirksam sein.[11] Bei **In-**

---

[5] Ähnlich LAG Hamm 8. 2. 1996 PersR 96, 324 = NZA-RR 96, 480.
[6] BGH 5. 4. 2006 NJW 2006, 2113.
[7] BGH 12. 9. 2007 NJW 2007, 3776.
[8] BGH 6. 10. 2004 NZM 2004, 903.
[9] BGH 5. 4. 2006 NJW 2006, 1728. – sog. starre Berechnungsgrundlage; zu einer angemessenen Klausel BGH 26. 9. 2007 NJW 2007, 3632; 13. 7. 2005 NJW 2005, 3416.
[10] BGH 5. 3. 2008 NJW 2008, 1438.
[11] BGH 18. 6. 2008 NJW 2008, 2499; 28. 3. 2007 NJW 2007, 1743.

standhaltungsreparaturen dürfen die Kosten für vom Mieter schuldlos verursachte Bagatellreparaturen (75–100 Euro) nur dem Mieter auferlegt werden, wenn **(a)** bei einem Zusammentreffen innerhalb eines bestimmten Zeitraumes ein angemessener Höchstbetrag vereinbart wird und **(b)** Teile der Mietsache betroffen sind, die dem häufigen Zugriff des Mieters unterliegen.[12] Ist streitig, ob vermietete Räume infolge des Mietgebrauchs beschädigt worden sind, trägt der Vermieter die Beweislast dafür, dass die Schadensursache im Obhutbereich des Mieters entstand. Eine in seinen eigenen Verantwortungsbereich fallende Schadensursache muss der Vermieter ausräumen.[13] Der Betriebsrat hat ein erzwingbares Mitbestimmungsrecht (§ 87 I Nr. 9 BetrVG) bei Vergabe der Wohnung, Entwurf von Mustermietverträgen, Erstellung der Hausordnung sowie Festlegung der Berechnungsfaktoren für den Mietzins (vgl. § 235 RN 82).

2. Mietzins. a) Vereinbarung. Bei Begründung des Mietvertrags unterliegt die Höhe des 7
Mietzinses freier Vereinbarung. Mietpreisbindungen bestehen nur für öffentlich geförderten Wohnraum nach näherer Maßgabe des § 28 WoFG. Die Miete kann ansonsten als Staffel- und als Indexmiete vereinbart werden. Bei der **Staffelmiete** wird die Miete in vorher festgelegten Zeiträumen um bestimmte Beträge erhöht (§ 557a BGB). Die Staffelmiete bedarf der schriftlichen Vereinbarung. In der Vereinbarung ist die jeweilige Miete oder die jeweilige Erhöhung in einem Geldbetrag auszuweisen. Sie muss jeweils mindestens ein Jahr unverändert bleiben. Während der Staffelmiete ist ein Mieterhöhungsverlangen ausgeschlossen. Das Kündigungsrecht des Mieters kann für höchstens vier Jahre ausgeschlossen werden. Bei der **Indexmiete** können die Parteien schriftlich vereinbaren, dass die Miete durch den vom Statistischen Bundesamt ermittelten Preisindex für die Lebenshaltung aller privaten Haushalte in Deutschland bestimmt wird (§ 557b I BGB). Während der Geltung einer Indexmiete muss die Miete grundsätzlich für ein Jahr unverändert bleiben. Ausnahmen gelten lediglich bei Modernisierungen und der Veränderung der Betriebskosten (§§ 557b, 559 bis 560 BGB). Die Betriebskosten trägt regelmäßig der Arbeitnehmer.[14]

b) Erhöhung. Einseitige Mieterhöhungen sind unzulässig, ebenso eine aus diesem Grund 8
erklärte Kündigung (§ 573 I 2 BGB). Der Vermieter kann die Zustimmung zu einer Erhöhung der Miete bis zur **ortsüblichen Vergleichsmiete** verlangen, wenn die Miete in dem Zeitpunkt, zu dem die Erhöhung eintreten soll, seit 15 Monaten unverändert ist. Das Mieterhöhungsverlangen kann frühestens ein Jahr nach der letzten Mieterhöhung geltend gemacht werden. Erhöhungen wegen Modernisierungen und Nebenkosten bleiben unberücksichtigt (§ 558 BGB). Das Mieterhöhungsverlangen bedarf der Textform (§ 126b BGB). Zur Begründung des Mieterhöhungsverlangens kann Bezug genommen werden (§ 558a BGB) auf **(1)** einen Mietspiegel (§§ 558c, 558d BGB). Der einfache Mietspiegel wird von der Gemeinde oder Interessenvertretern der Mieter und Vermieter gemeinsam erstellt; **(2)** einen qualifizierten Mietspiegel.[15] Er wird nach wissenschaftlichen Grundsätzen erstellt und wird von der Gemeinde oder den Interessenvertretern von Mietern und Vermietern anerkannt (§ 558d BGB). Der qualifizierte Mietspiegel ist im Abstand von zwei Jahren der Marktentwicklung anzupassen. Ist dies erfolgt, wird vermutet, dass die im qualifizierten Mietspiegel bezeichneten Entgelte die ortsübliche Vergleichsmiete wiedergeben; **(3)** eine Auskunft aus der Mietdatenbank. Anstelle eines einfachen oder qualifizierten Mietspiegels können sich die Gemeinden künftig für die Einrichtung einer Mietdatenbank entscheiden; **(4)** auf das mit Gründen versehene Gutachten eines öffentlich bestellten vereidigten Sachverständigen. Ein Mieterhöhungsverlangen ist schließlich möglich bei **Modernisierung** und bei **Veränderung von Betriebskosten.**

Ist der Wohnraum vom Arbeitgeber im Hinblick auf den Bestand des Arbeitsverhältnisses 9
verbilligt überlassen worden, ist dieser Umstand auch bei einem Mieterhöhungsverlangen zu berücksichtigen. Besteht ein Mietspiegel für Werkwohnungen, ist auf diesen abzustellen. Ansonsten ist ein Abschlag auf die ortübliche Vergleichsmiete vorzunehmen.[16] Ist der Mietvorteil in der Vergangenheit konkret beschrieben worden, ist dessen Höhe nominal von der ortüblichen Vergleichsmiete abzusetzen, ansonsten ist er zu schätzen.[17] Kein Abschlag ist vorzunehmen, wenn das Arbeitsverhältnis zum Zeitpunkt des Mieterhöhungsverlangens nicht mehr besteht oder das Hausgrundstück auf einen Dritten übergeht.[18]

---

[12] BGH 15. 5. 1991 NJW 91, 1750; 7. 6. 1989 NJW 89, 2247 = BGHZ 108, 1.
[13] BGH 18. 5. 1994 NJW 94, 2019.
[14] BAG 27. 10. 1998 – 9 AZR 534/97 – n. v.
[15] Zur Beifügung BGH 12. 12. 2007 NJW 2008, 573.
[16] AG Frankfurt 3. 9. 2000 ZMR 2002, 55; LG München 17. 7. 2001 WuM 2001, 495.
[17] BayObLG München 22. 2. 2001 NZM 2001, 373 = NJW-RR 2001, 873.
[18] LG Wiesbaden 8. 11. 2001 ZMR 2002, 278 – Verzicht auf Betriebskosten.

10 **c) Aufrechnung, Pfändung.** Arbeitgeber und Arbeitnehmer können im Mietvertrag eine Aufrechnungsvereinbarung schließen, nach der die Miete bei der Gehalts- bzw. Lohnzahlung einbehalten wird.[19] Eine solche Vereinbarung verstößt nicht gegen § 107 II GewO.[20] Wegen der Rechtsfragen zum Rechtsweg bei Streitigkeiten um den Mietzins RN 26, zur Aufrechnung mit der Vergütung § 88 RN 2 sowie bei Pfändung des Vergütungsanspruches und der Mietzinsforderung des Arbeitgebers vgl. § 90 RN 32.

11 **3. Beendigung des Mietverhältnisses. a) Grundsatz.** Ein Mietverhältnis über Wohnraum kann unter den Voraussetzungen von § 575 BGB befristet abgeschlossen werden. Ist das Mietverhältnis auf unbestimmte Zeit eingegangen, kann es ordentlich gekündigt werden. Die Kündigung des Mietverhältnisses bedarf der schriftlichen Form (§ 568 BGB). Der Vermieter soll den Mieter auf die Möglichkeit der Form und die Frist des Widerspruchs nach § 574 bis § 574b BGB hinweisen. Der unterlassene Hinweis führt nicht zur Unwirksamkeit der Kündigung, sondern nur zu einer verlängerten Widerspruchsfrist (§ 574b II 2 BGB). Der Vermieter kann nur kündigen, wenn er ein berechtigtes Interesse an der Beendigung des Mietverhältnisses hat (§ 573 BGB). Als solches kommen insbesondere Pflichtverletzungen des Mieters (§ 573 II Nr. 1 BGB) oder Eigenbedarf des Vermieters (§ 573 II Nr. 2 BGB) in Betracht. Unter den Voraussetzungen des § 569 BGB ist eine außerordentliche Kündigung möglich. Ein wichtiger Grund zur Kündigung ist z. B. die nachhaltige Störung des Hausfriedens. Störer können sowohl der Mieter wie der Vermieter sein. Gegenüber einer Kündigung kann der Mieter unter den Voraussetzungen des § 574 BGB Widerspruch erheben. Die Kündigungsschutzrechte stehen dem Arbeitnehmer auch dann zu, wenn der Arbeitgeber als Hauptmieter den Wohnraum von einem Dritten angemietet und lediglich an den Arbeitnehmer untervermietet hat.[21]

12 **b) Kündigungsfrist.** Die Kündigung ist spätestens am dritten Werktag eines Kalendermonats zum Ablauf des übernächsten Monats zulässig. Sie beträgt daher für den Mieter drei Monate (§ 573c BGB). Die Kündigungsfrist für den Vermieter verlängert sich nach fünf und acht Jahren seit der Überlassung des Wohnraums um jeweils drei Monate.

13 **c) Kündigung des Mietverhältnisses während des Arbeitsverhältnisses.** Während des Bestandes des Arbeitsverhältnisses kann, sofern das Kündigungsrecht nicht ausdrücklich oder konkludent ausgeschlossen ist, die Werkmietwohnung nur nach den allgemeinen Mietvorschriften des BGB (RN 11) gekündigt werden (h. M.). Besonderheiten gelten bei Arbeitnehmern, deren Arbeitsverhältnis nach § 1 ArbPlSchG ruht. Nach § 3 ArbPlSchG bleibt die Verpflichtung des Vermieters durch die Einberufung des Arbeitnehmers zum Wehrdienst unberührt.[22] Bei verheirateten Arbeitnehmern darf die durch den Wehrdienst bedingte Abwesenheit nicht zu ihrem Nachteil berücksichtigt werden. Dasselbe gilt für ledige Arbeitnehmer, wenn sie den Wohnraum aus besonderen Gründen, etwa zur Unterstellung von Möbeln, während des Wehrdiensts benötigen (§ 3 II 2 ArbPlSchG).

14 **d) Kündigung nach Beendigung des Arbeitsverhältnisses. aa) Grundsatz.** Nach Beendigung des Arbeitsverhältnisses kann eine Werkmietwohnung gleichfalls unter den allgemeinen Voraussetzungen gekündigt werden (dazu RN 11). Ob die Beendigung des Arbeitsverhältnisses allein als Kündigungsgrund für das Mietverhältnis ausreicht, ist umstr. Nach richtiger Ansicht müssen allerdings noch weitere betriebliche Gründe hinzutreten, z. B. positive Auswirkungen auf den Betriebsablauf durch Weitervermietung an einen anderen Arbeitnehmer, eine kollektivrechtlich begründete Pflicht zur Überlassung von verbilligtem Wohnraum nur an Betriebsangehörige oder Umwandlung der Räume in Geschäfts- bzw. Büroräume. Allerdings sind die Kündigung des Miet- und Arbeitsverhältnisses zu unterscheiden. Sie können gleichzeitig ausgesprochen werden. Im Wege der Auslegung ist dann zu ermitteln, ob sich die Kündigung sowohl auf das Miet- wie das Arbeitsverhältnis bezieht. Im Allgemeinen beinhaltet die Kündigung des Arbeitsverhältnisses aber nicht zugleich die des Mietverhältnisses. Ist das Arbeitsverhältnis bereits wirksam beendet, entfällt das Mitbestimmungsrecht des Betriebsrats bei der Kündigung des Mietverhältnisses, da der Arbeitnehmer nicht mehr vom Betriebsrat vertreten wird.[23]

15 **bb) Abgekürzte Beendigungsmöglichkeit.** In § 576 BGB ist für den Vermieter einer Werkwohnung eine gegenüber den allgemeinen Kündigungsfristen abgekürzte Beendigungsmöglichkeit vorgesehen, wenn das Mietverhältnis auf unbestimmte Zeit oder durch die Beendi-

---

[19] BAG 15. 5. 1974 AP 2 zu § 387 BGB = DB 74, 1965; 1. 8. 1959 AP 1 zu § 392 BGB.
[20] So bereits BAG 15. 5. 1974 AP 2 zu § 387 BGB = DB 74, 1965 zu § 115 GewO a. F.
[21] BayObLG 30. 8. 1995 MDR 96, 41; AG Augsburg 25. 3. 1998 ZMR 99, 176.
[22] Vgl. LAG Frankfurt 21. 7. 1966 AP 2 zu § 565b BGB = NJW 67, 300.
[23] OLG Frankfurt 14. 8. 1992 AP 6 zu § 87 BetrVG 1972 Werkmietwohnungen = PersR 94, 223.

gung des Arbeitsverhältnisses auflösend bedingt (wg. § 572 II BGB) abgeschlossen worden ist. Für auf Zeit eingegangene Mietverhältnisse gilt sie nicht. Die Norm stellt aber keinen eigenständigen Kündigungsgrund dar, sondern schafft nur zu Gunsten des Vermieters eine kürzere Kündigungsfrist, der bei Vorliegen der Voraussetzungen des § 576 BGB ein Wahlrecht hat, ob er die Beendigung mit der in § 576 BGB vorgesehenen oder der gesetzlichen Kündigungsfrist (§ 573c BGB) vornimmt. Die Kündigung nach § 576 BGB kann wirksam erst nach der (tatsächlichen) Beendigung des Arbeitsverhältnisses ausgesprochen werden, d.h. nach Zugang der außerordentlichen Kündigung oder Ablauf der Kündigungs- bzw. Auslauffrist. Wird sie vorzeitig erklärt, ist sie nicht unwirksam, der Vermieter kann aber nicht die abgekürzte Kündigungsfrist des § 576 BGB in Anspruch nehmen, insoweit gilt § 573c BGB.[24] Nach der Gegenauffassung rechnet die Kündigungsfrist des § 576 BGB erst ab Beendigung des Arbeitsverhältnisses. Die Kündigung nach § 576 BGB muss nicht in unmittelbarem zeitlichen Anschluss an die Beendigung des Arbeitsverhältnisses ausgesprochen werden. Unerheblich ist auch, ob der Arbeitnehmer Kündigungsschutzklage erhoben hat, da nicht die rechtliche, sondern die tatsächliche Beendigung maßgeblich ist. Die Kündigung unterliegt den Formvorschriften des § 568 BGB.

cc) Werkmietwohnung. Gewöhnliche Werkmietwohnungen können nach § 576 I Nr. 1 BGB spätestens am 3. Werktag eines Kalendermonats für den Ablauf des übernächsten Monats gekündigt werden, sofern das Mietverhältnis noch keine 10 Jahre bestand und der Wohnraum für einen anderen zur Dienstleistung Verpflichteten benötigt wird. Ausreichend sind vernünftige und nachvollziehbare Gründe, warum der Wohnraum einem anderen Arbeitnehmer überlassen wird. Ist die Wohnung länger überlassen, gelten die allgemeinen Fristen des § 573c BGB. **Funktionsgebundene Werkmietwohnungen** können spätestens am 3. Werktag eines Kalendermonats für den Ablauf desselben Monats gekündigt werden, wenn das Dienstverhältnis seiner Art nach die Überlassung von Wohnraum erfordert hat, der in unmittelbarer Beziehung oder Nähe zur Arbeitsstätte steht, und der Wohnraum aus dem gleichen Grund für einen anderen zur Dienstleistung Verpflichteten benötigt wird (§ 576 I Nr. 2 BGB). Angaben zur Person des Nachmieters sind bei beiden Tatbestandsalternativen des § 576 I BGB nicht erforderlich. Fällt der **3. Werktag** auf einen Sonnabend, muss die Kündigung an diesem Tag zugehen; § 193 BGB gilt nicht (str.). Vereinbarungen, durch die zum Nachteil des Vermieters von § 576 BGB abgewichen wird, sind unwirksam (§ 576 II BGB). 16

dd) Scheidung. Besonderheiten gelten bei einer Ehescheidung des Mieters einer Werkwohnung. Nach § 4 HausratsV soll das Familiengericht die Wohnung nur dem Ehegatten des Arbeitnehmers zuweisen, wenn der Arbeitgeber einverstanden ist. Die Zuweisung kann nach der Rspr. aber auch gegen den Willen des Vermieters/Arbeitgebers an den nicht beschäftigten Ehegatten erfolgen, wenn dessen Belange gegen über denen des Vermieters überwiegen, was insbesondere bei einer fehlenden gleichwertigen Ersatzwohnraummöglichkeit der Fall sein soll.[25] 17

e) Widerspruchsrecht. Der Mieter hat bei Kündigung von gewöhnlichen (nicht bei funktionsgebundenen) Werkmietwohnungen grundsätzlich ein Widerspruchsrecht gegen die Kündigung gem. §§ 574 bis 574c BGB. Bei der Anwendung §§ 574 bis 574c BGB sind wegen der Zweckbindung auch die Belange des Dienstberechtigten zu berücksichtigen. Das Widerspruchsrecht ist ausgeschlossen, wenn der Vermieter eine funktionsgebundene Werkwohnung gekündigt hat (§ 576a II Nr. 1 BGB). Es ist ferner ausgeschlossen, wenn der Mieter/Arbeitnehmer das Arbeitsverhältnis gelöst hat, ohne dass ihm der Arbeitgeber hierzu einen gesetzlich begründeten Anlass gegeben hat (wichtiger Grund) oder wenn der Mieter/Arbeitnehmer durch sein **Verhalten** dem Arbeitgeber einen gesetzlich begründeten Anlass zur Auflösung des Arbeitsverhältnisses gegeben hat. Dies ist bei Vorliegen eines **wichtigen** (§ 626 BGB) oder **verhaltensbedingten Grundes** (§ 1 II 1 KSchG, str.), hingegen nicht bei einer personenbedingten Kündigung der Fall.[26] Ist streitig, ob ein gesetzlich begründeter Anlass zur Kündigung bestand, kann das Amtsgericht während des Kündigungsschutzverfahrens den Mietrechtsstreit nach § 148 ZPO aussetzen, ansonsten muss es selbst über den Kündigungsgrund befinden. 18

f) Räumung. Nach §§ 721, 794a ZPO können dem Arbeitnehmer nach einer wirksamen Kündigung der Werkwohnung Räumungsfristen bewilligt werden. Zuständig ist das Amtsgericht (§ 29a ZPO).[27] 19

---

[24] LG Köln 27. 3. 1996 ZMR 96, 666.

[25] AG Kerpen 11. 12. 1996 FamRZ 97, 1344; AG Ludwigshafen 22. 2. 1995 FamRZ 95, 1207; zur Zuweisung bei ausgeschiedenen Arbeitnehmern AG Duisburg-Hamborn 20. 11. 2001 FamRZ 2002, 1715.

[26] Vgl. BAG 28. 11. 1957 AP 4 zu § 20 MietSchG; LG Aachen 17. 2. 1967 DB 67, 735 = BB 67, 541.

[27] Vgl. auch LG Essen 4. 6. 1971 NJW 71, 2315.

IV. Werkdienstwohnung

20 **1. Vertragsabschluss und -inhalt. a) Einheitlicher Vertrag.** Bei Werkdienstwohnungen besteht ein einheitlicher Vertrag über die Arbeitsleistung und die Überlassung des Wohnraums. Der Arbeitnehmer ist vertraglich zum Bezug der Werkdienstwohnung verpflichtet; eine entsprechende Abrede muss aber ausdrücklich getroffen werden.[28] Die Verpflichtung zum Wohnungsbezug und ggf. die Höhe der hierfür zu zahlenden Vergütung muss der Arbeitgeber in einen Nachweis nach § 2 I NachwG aufnehmen, da es sich um wesentliche Bedingungen des Arbeitsverhältnisses handelt. Der Abschluss eines Werkmietvertrags ist aber nach allgemeinen Grundsätzen formfrei möglich. Bei der Verpflichtung zum Bewohnen der zugewiesenen Räume handelt es sich um keine formbedürftige Nebenabrede gem. § 2 III TVöD, da die Hauptleistungspflicht betroffen ist.[29]

21 **b) Vertragsänderungen.** Der Arbeitnehmer kann von der Verpflichtung zum Bewohnen der Wohnräume durch Änderungsvertrag entbunden werden. Stimmt der Arbeitgeber einem entsprechenden Antrag nicht zu, kann die Entbindung auch durch das Gericht vorgenommen werden, wenn die Aufrechterhaltung des bisherigen Vertragsinhalts zu einer besonderen Härte für den Arbeitnehmer führen würde.[30] Die arbeitsvertragliche Verpflichtung zum Bewohnen einer Werkdienstwohnung kann aber nicht selbständig unter Fortbestand des Arbeitsverhältnisses gekündigt werden, dies wäre eine unzulässige Teilkündigung.[31] Die Eigenschaft als Werkdienstwohnung und die vertragliche Pflicht zum Bezug der Wohnräume entfallen, wenn der Arbeitgeber nicht mehr Haupt- oder Zwischenvermieter der Wohnung ist.

22 **c) Ergänzende Vorschriften.** Die mietrechtlichen Vorschriften sind nicht direkt, sondern nur entsprechend anzuwenden; die Ausführungen unter RN 6 gelten daher sinngemäß auch für Werkdienstwohnungen. Insbesondere kann der Arbeitgeber bei Zuweisung einer mit Mängeln behafteten Dienstwohnung oder fehlender Mängelbeseitigung schadensersatzpflichtig werden,[32] bei erheblichen Mängeln kommt ein Zurückbehaltungsrecht auch hinsichtlich der Arbeitsleistung in Betracht.

23 **2. Mietzins.** Bei Werkdienstwohnungen muss eine Vergütung für das Bewohnen der Räume besonders vereinbart werden. Fehlt es an einer Abrede, wird grundsätzlich die Überlassung der Wohnung als Teil der Arbeitsvergütung anzusehen sein. Ist hingegen eine besondere Vergütung vertraglich vereinbart, kann diese nicht einseitig vom Arbeitgeber/Vermieter geändert werden, vielmehr hat sie regelmäßig in Form einer Änderungskündigung oder durch Änderungsvertrag zu erfolgen, ein Mieterhöhungsverlangen ist unzulässig.[33] Die Vereinbarung einer Index- bzw. Staffelmiete (RN 7) ist aber auch bei einer Werkdienstwohnung zulässig. Im Bereich des öffentlichen Dienstes richtete sich die Dienstwohnungsvergütung nach den jeweils geltenden bundes- oder landesrechtlichen Vorschriften (§ 65 BAT; § 60 a BMT-G II),[34] eine besondere Vereinbarung war daher nicht erforderlich. Zur Zahlung der Nebenkosten ist der Arbeitnehmer hingegen ohne besondere Vereinbarung verpflichtet.

24 **3. Beendigung des Vertragsverhältnisses.** Da ein selbständiger Mietvertrag neben dem Arbeitsvertrag nicht besteht, entfällt das Nutzungsrecht des Arbeitnehmers an der Werkdienstwohnung grundsätzlich mit der Beendigung des Arbeitsvertrages. Die Vorschriften des Mietrechts sind daher auch nicht entsprechend anzuwenden. Das Gesetz macht hiervon nur dann eine Ausnahme, wenn **(a)** der Arbeitnehmer den Wohnraum ganz oder überwiegend mit Einrichtungsgegenständen ausgestattet hat, oder **(b)** er mit seinen Familienangehörigen in dem Wohnraum einen eigenen Hausstand führt (§ 576 b BGB). Dies kann auch ein kinderloses Ehepaar sein. In diesen Fällen gilt die Kündigungsfrist über die funktionsgebundene Werkmietwohnung (RN 16) entsprechend, die Sozialklausel ist nicht anzuwenden. Jedoch kommt auch bei Werkmietwohnungen die Einräumung einer Räumungsfrist in Betracht.

---

[28] Zu einer entspr. Änderungskündigung BAG 26. 6. 2008 – 2 AZR 147/07 – n. v.
[29] LAG Niedersachsen 21. 9. 1999 EzBAT § 65 Nr. 7; a. A. LAG Köln 1. 10. 1999 ZTR 2000, 225.
[30] LAG Niedersachsen 9. 2. 2001 LAGE § 315 BGB Nr. 10 – ruhestörender Lärm.
[31] BAG 23. 8. 1989 AP 3 zu § 565 e BGB = NZA 90, 191.
[32] BVerwG 21. 9. 2000 NJW 2001, 1878.
[33] ArbG Hannover 14. 1. 1990 BB 91, 554.
[34] Vgl. BAG 18. 9. 2007 AP 10 zu § 310 BGB; 29. 11. 1985 AP 1 zu § 65 BAT.

V. Beteiligungsrechte der Arbeitnehmervertretungen

Grundsätzlich ist der Arbeitgeber nicht verpflichtet, Werkwohnungen zur Verfügung zu stellen. Unberührt bleibt die Möglichkeit, durch eine freiwillige Betriebsvereinbarung (§ 88 BetrVG) eine entsprechende Verpflichtung zu übernehmen. Werden die Werkwohnungen als Sozialeinrichtung unterhalten, hat der **Betriebsrat** bei Form, Ausgestaltung und Verwaltung gemäß § 87 I Nr. 8 BetrVG ein erzwingbares Mitbestimmungsrecht (§ 235 RN 75). Daneben ist der Betriebsrat bei Zuweisung und Kündigung von Wohnräumen, sowie bei der allgemeinen Festsetzung der Nutzungsbedingungen (einschließlich des Mietzinses) nach § 87 I Nr. 9 BetrVG zu beteiligen (§ 235 RN 82). Für die **Personalvertretungen** bestehen vergleichbare Mitbestimmungsrechte nach dem BPersVG und die Landespersonalvertretungsgesetzen (§ 269 RN 45). 25

VI. Rechtsstreitigkeiten

1. Werkwohnungen. Rechtsstreitigkeiten aus dem Mietverhältnis gehören stets vor die Amtsgerichte (§ 29 a ZPO).[35] Streiten die Parteien im Rahmen einer Lohnklage auch über die Höhe des Mietzinses, sind für die Vergütungsansprüche die Arbeitsgerichte und für eine etwaige **Widerklage** wegen mietrechtlicher Streitgegenstände die Amtsgerichte nach § 29 a ZPO ausschließlich zuständig.[36] Die Widerklage ist abzutrennen und nach den §§ 17, 17 a GVG an das Amtsgericht zu verweisen. Wird gegenüber einer Lohnforderung mit Ansprüchen aus dem Mietverhältnis **aufgerechnet,** hat das Arbeitsgericht über die Klageforderung durch Vorbehaltsurteil (§ 302 ZPO) zu entscheiden und im Übrigen den Rechtsstreit wegen der Gegenforderung an das Amtsgericht zu verweisen.[37] 26

2. Werkdienstwohnungen. Für Streitigkeiten über eine Werkdienstwohnung ist wegen des einheitlichen Vertragschlusses stets der Rechtsweg zu den ArbG gegeben,[38] selbst wenn Gegenstand der Klage die Räumung der überlassenen Wohnung ist. 27

VII. Abzugsverfahren

Die Überlassung einer werkeigenen Wohnung ist bei der Berechnung der Sozialversicherungsabgaben und der Lohnsteuer als Sachbezug nach § 2 IV SvEV zu berücksichtigen, wenn der Preis, zu dem die Wohnung überlassen wird, den ortsüblichen Mietpreis unterschreitet oder kostenlos erfolgt (§ 14 SGB IV). Übersteigt die Verbilligung 44 Euro mtl. nicht, besteht insoweit Steuerfreiheit (§ 8 II 9 EStG, LStR 31 III). Gleiches gilt bei einer Zuwendung durch verbilligte Überlassung eines Grundstücks, Einräumung eines Wohnrechts unter dem marktüblichen Wert, Zinszuschüssen, einem Mieterlass[39] oder der Übernahme von Aufwendungen für die Herstellung oder Herrichtung der Wohnung. Wird die Sachleistung des Arbeitgebers vom Finanzamt für die Versteuerung mit einem bestimmten Betrag bewertet, ist dieser auch im Verhältnis zwischen Arbeitgeber und Arbeitnehmer für das Lohnabzugsverfahren verbindlich.[40] 28

---

[35] BAG 24. 1. 1990 AP 16 zu § 2 ArbGG 1979 = NZA 90, 539.

[36] BAG 22. 7. 1998 AP 55 zu § 36 ZPO = NZA 98, 1190; LAG München 10. 3. 1998 LAGE § 17 GVG Nr. 1; a. A. LAG Baden-Württemberg 25. 7. 1997 LAGE § 2 ArbGG 1979 Nr. 26.

[37] BAG 28. 11. 2007 AP 11 zu § 2 ArbGG 1979 Zuständigkeitsprüfung = NZA 2008, 843; zurückhaltender noch BAG 23. 8. 2001 AP 2 zu § 17 GVG = NZA 2001, 1158.

[38] BAG 2. 11. 1999 AP 68 zu § 2 ArbGG 1979 = NZA 2000, 277; LAG Berlin 14. 9. 1993 LAGE § 2 ArbGG 1979 Nr. 15.

[39] BFH 7. 11. 2006 DStRE 2007, 405 – Mietnachlass.

[40] LAG Köln 11. 3. 1998 NZA-RR 99, 262.

6. Abschnitt. Aufwendungsersatz

§ 86. Ersatz von Auslagen

Bauer/Krets, „Miles & More" auf dem arbeitsrechtlichen Prüfstand, BB 2002, 2066; *Kock,* Meine Meilen, Deine Meilen, DB 2007, 462; *Plenker/Schaffhausen,* Ausgesuchte Zweifelsfragen zum neuen Reisekostenrecht, DB 2008, 1822; *Popp,* Handbuch Reisekostenrecht, 2007; *Reichold,* Geschäftsbesorgung im Arbeitsverhältnis, NZA 94, 488; *Stoffels,* Haftung des Arbeitgebers, AR-Blattei, SD 860.1.

Übersicht

	RN		RN
1. Allgemeines	1	8. Arbeitskleidung	19–22
2. Abgrenzung	2	9. Bereitstellung häuslicher Räume und Arbeitsmittel	23
3. Erstattungsfähige Auslagen	3, 4	10. Vereinbarung, Pauschalierung	24, 25
4. Persönliche Aufwendungen	5	11. Vorschuss	26
5. Eigenschäden des Arbeitnehmers	6–12	12. Darlegungs- und Beweislast	27
6. Umzugskosten	13–15		
7. Montagearbeit	16–18		

1 **1. Allgemeines.** Der Arbeitgeber ist dem Arbeitnehmer zum Ersatz von Aufwendungen verpflichtet. Die Verpflichtung folgt aus § 670 BGB, der bei Arbeitsverhältnissen, die eine Geschäftsbesorgung zum Gegenstand haben, unmittelbar (§ 675 BGB), in den übrigen Fällen entsprechend anzuwenden ist.[1] Aufwendungen sind freiwillige Vermögensopfer, die der Arbeitnehmer als Folge einer Arbeitgeberweisung erleidet oder die er nach den Umständen im Rahmen seiner arbeitsvertraglichen Pflichten für erforderlich halten durfte. Nicht erforderlich ist, dass die Aufwendungen objektiv notwendig waren; ausreichend ist vielmehr, wenn der Arbeitnehmer sie nach verständigem Ermessen subjektiv für notwendig halten durfte.[2] Sonderregeln bestehen für den Auslagenersatz des Betriebsrats für seine Amtsführung (§ 222).

2 **2. Abgrenzung.** Der Anspruch auf Ersatz der Aufwendungen ist **kein Lohnanspruch.**[3] Die allgemeinen Vorschriften der Lohnsicherung (Lohnpfändung, Insolvenz usw.) sind daher nicht anwendbar,[4] vielmehr bestehen eigene Regelungen (§ 850a Nr. 3 ZPO). Der Anspruch auf Aufwendungsersatz fällt unter die regelmäßige Verjährungsfrist von 3 Jahren (§ 195 BGB).[5] Ob er einer tariflichen oder vertraglichen Verfallfrist unterliegt, ist von der Formulierung der Klausel abhängig. Betrifft diese „Ansprüche aus dem Arbeitsverhältnis" bzw. solche, die damit zusammenhängen, wird auch der Anspruch auf Aufwendungsersatz von der Ausschlussfrist erfasst.[6] Hingegen ist eine Bestimmung, die nur für Ansprüche auf „Arbeitsvergütung" gilt, nicht einschlägig. Die vom Arbeitgeber als Aufwendungsersatz gewährten Beträge unterliegen grundsätzlich nicht der Lohnsteuer und der Sozialversicherungspflicht (arg. § 2 LStDVO; Abschn. 22 LStR); Besonderheiten gelten bei pauschalem Auslagenersatz. Für die Abgrenzung zwischen Arbeitsvergütung und Aufwendungsersatz ist die vom Arbeitgeber gewählte oder von den Parteien vereinbarte Bezeichnung der Leistung unerheblich. Vielmehr kommt es auf ihre inhaltliche Ausgestaltung und den objektiven Leistungszweck an.[7] Zur Entgeltfortzahlung von Aufwendungsersatz § 98 RN 101.

3 **3. Erstattungsfähige Auslagen. a) Voraussetzungen.** Wer im Interesse des Arbeitgebers und auf dessen Wunsch Aufwendungen macht, die durch keine Vergütung abgegolten werden, kann Ersatz dieser Aufwendungen verlangen. Im Allgemeinen ist jede Leistung von Vermö-

---

[1] BAG (GS) 10. 11. 1961 AP 2 zu § 611 BGB Gefährdungshaftung = NJW 62, 411; BAG 21. 8. 1985 AP 19 zu § 618 BGB = NZA 86, 324; 1. 2. 1963 AP 10 zu § 670 BGB = NJW 63, 1221; 21. 9. 1966 AP 2 zu § 675 BGB = NJW 67, 414.

[2] ErfK/*Preis* § 611 BGB RN 692.

[3] BAG 10. 2. 1988 AP 64 zu § 37 BetrVG 1972 = NZA 89, 112.

[4] Zur Pfändung: MünchKommBGB/*Müller-Glöge* § 611 RN 891.

[5] BAG 15. 10. 1965 AP 5 zu § 196 BGB = NJW 66, 268.

[6] Vgl. BAG 1. 12. 1967 AP 17 zu § 670 BGB = NJW 68, 862.

[7] BAG 15. 7. 1992 AP 19 zu § 46 BPersVG = NZA 93, 661.

genswerten zur Ausführung des Auftrags als Aufwendung des Beauftragten anzusehen. Aufwendungen des Arbeitnehmers sind erstattungsfähig, wenn sie **(1)** vom Arbeitgeber gefordert worden sind oder der Arbeitnehmer sie den Umständen nach für erforderlich halten durfte, **(2)** in Zusammenhang mit den Arbeitspflichten erfolgt sind, **(3)** durch die gewährte Arbeitsvergütung nicht abgedeckt werden und **(4)** eine Kostenübernahmeverpflichtung des Arbeitnehmers nicht besteht.[8] Die für die Erbringung der Arbeitsleistung notwendigen Betriebsmittel hat der Arbeitgeber zur Verfügung zu stellen. Nur was zur selbstverständlichen Einsatzpflicht des Arbeitnehmers bei der Arbeit gehört, wird durch die Vergütungszahlung ausgeglichen.[9] Zur Möglichkeit abweichender Vereinbarungen und Pauschalierungen RN 24. Als erstattungsfähig wurden angesehen Fahrtkosten zu auswärtigen Arbeitsstellen,[10] Dienstfahrten, Reisespesen, Kosten des Autotelefons, Auslagen zur Beschaffung von Handwerkszeug, sofern der Arbeitnehmer nicht selbst dafür zu sorgen hat (z. B. Kamm des Friseurs), Kosten für die Reparatur des Arbeitsmaterials (z. B. Musikinstrumente).[11] Erstattungspflichtig sind auch die Kosten für auf einer Dienstfahrt gestohlenes Reisegepäck.[12] Bei Zusage der Erstattung der Fahrtkosten für öffentliche Verkehrsmittel kann der Arbeitnehmer auch Erstattung der PKW-Kosten bis zu deren Höhe verlangen.[13] Benutzt der Arbeitnehmer seinen eigenen PKW, kann er nur seine Aufwendungen, also die Benzinkosten, und nicht die Kilometerpauschale verlangen, es sei denn, dass besondere Abreden bestehen. Wird dem Arbeitnehmer zur Begleichung von Aufwendungen eine Kreditkarte ausgehändigt, so kann er u. U. hieraus neben dem Arbeitgeber in Anspruch genommen werden, wenn dieser insolvent wird.[14] Der Arbeitnehmer ist auch ohne besondere Absprache zur Erstattung von etwaigen Vergünstigungen aus einer Dienstreise bzw. der Übernahme der entsprechenden Aufwendungen durch den Arbeitgeber verpflichtet (z. B. bei Bonusmeilen[15]).

b) Mitbestimmungsrechte des Betriebsrats. Betriebliche Regelungen über die Höhe des 4
Aufwendungsersatzes bei Geschäftsreisen und über entsprechende Pauschalbeträge sind nicht mitbestimmungspflichtig. Dies gilt auch dann, wenn die betrieblichen Spesensätze die Pauschbeträge übersteigen, die lohnsteuerfrei bleiben. Etwas anderes gilt nur, soweit aus Anlass von Geschäftsreisen Beträge gezahlt werden, die nicht den Zweck haben, entstandene Kosten in pauschalierter Form abzugelten. Solche betrieblichen Leistungen sind im Zweifel Vergütung, deren Regelung nach § 87 I Nr. 10 BetrVG mitbestimmungspflichtig ist.[16]

4. Persönliche Aufwendungen. Nicht erstattungspflichtig sind die persönlichen, von seinem 5
Lohn zu bestreitenden Aufwendungen des Arbeitnehmers.[17] Hierzu gehören i. d. R. Kosten der Arbeitskleidung (dazu RN 19) und der Beköstigung, Fahrtkosten zwischen Privatwohnung und Arbeitsstelle,[18] Umzugskosten, die infolge des Dienstantritts entstehen (vgl. auch RN 13) sowie für Versicherungen in Zusammenhang mit der Berufstätigkeit; zur Erstattungsfähigkeit von Vorstellungskosten § 26 RN 5. Gleichfalls nicht erstattungsfähig sind Aufwendungen, mit denen ein gesetzes- oder sittenwidriger Zweck verfolgt wird.

5. Eigenschäden des Arbeitnehmers. Die Vorschriften über den Aufwendungsersatz wer- 6–12
den entsprechend angewandt, wenn der Arbeitnehmer bei Ausführung der Arbeit Schäden erleidet, die nicht vom Arbeitgeber zu vertreten sind (dazu § 54). Bei Schäden an seiner Person wird regelmäßig ein Arbeitsunfall vorliegen, so dass eine Haftung des Arbeitgebers ausgeschlossen ist (§ 109 RN 55).

6. Umzugskosten. a) Vereinbarung. Grundsätzlich braucht der Arbeitgeber ohne eine be- 13
sondere Vereinbarung Umzugskosten des Arbeitnehmers nicht zu tragen, da diese Kosten der privaten Lebensführung des Arbeitnehmers sind. Ausnahmen bestehen bei der Begründung von Arbeitsverhältnissen im öffentlichen Dienst, wenn an deren Begründung ein dringliches dienstliches Interesse besteht oder der Arbeitnehmer versetzt bzw. abgeordnet worden ist (vgl. § 2 I

---

[8] Grundlegend BAG 1. 2. 1963 AP 10 zu § 670 BGB = NJW 63, 1221.
[9] BAG 16. 10. 2007 AP 34 zu § 670 BGB = NZA 2008, 1012; 14. 10. 2003 AP 32 zu § 670 BGB = NZA 2004, 604.
[10] BAG 21. 1. 1993 AP 1 zu § 17 TV Arb Bundespost; LAG Köln 24. 10. 2006 NZA-RR 2007, 345 – Leiharbeitnehmer.
[11] BAG 13. 2. 1992 AP 19 zu § 611 BGB Musiker = NZA 92, 746.
[12] LAG Nürnberg 24. 9. 1997 NZA-RR 98, 199.
[13] ArbG Herne 28. 3. 1973 DB 73, 875.
[14] BAG 30. 4. 1975 AP 1 zu § 67 KO = NJW 75, 2359.
[15] BAG 11. 4. 2006 AP 1 zu § 667 BGB = NZA 2006, 1089.
[16] BAG 27. 10. 1998 AP 99 zu § 87 BetrVG 1972 Lohngestaltung = NZA 99, 381.
[17] MünchKommBGB/*Müller-Glöge* § 611 RN 890.
[18] BAG 19. 1. 1977 AP 5 zu § 42 BAT.

TVöD/§ 44 BAT).[19] Als Anspruchsgrundlagen kommen für den Arbeitnehmer ansonsten eine Betriebsvereinbarung, betriebliche Übung, der Gleichbehandlungsgrundsatz sowie eine einzelvertragliche Zusage in Betracht. Umzugskosten sind aber nach § 670 BGB zu erstatten, wenn der Arbeitgeber mit dem Arbeitnehmer das Bewohnen besonderer Räumlichkeiten (Werkdienstwohnung, vgl. § 85 RN 20) vereinbart oder die Verlegung seines Wohnsitzes verlangt und der Arbeitsnehmer diesem Wunsch entspricht. Wird der Arbeitnehmer an einen anderen Ort versetzt oder der Betriebssitz verlegt, ist der Arbeitgeber zur Erstattung der Umzugskosten verpflichtet, wenn dem Arbeitnehmer ein tägliches Pendeln zum Arbeitsort nicht zumutbar ist, dabei kann als Anhaltspunkt auf die Pendelzeiten in § 121 IV SGB III zurückgegriffen werden. Eine gesetzliche Erstattungspflicht besteht aber nicht, wenn die Versetzung (ausschließlich) auf einem Wunsch des Arbeitnehmers beruht oder mit der Übertragung einer Beförderungsstelle verbunden ist. Wird ein Arbeitnehmer in das Ausland versetzt, ist die Zusage der Umzugskostenerstattung nach der Rspr. im Zweifel dahin auszulegen, dass sie auch den Rückumzug umfasst.[20] Die Erstattungspflicht besteht in Höhe der notwendigen Umzugskosten, verbreitet ist die Bezugnahme auf die Umzugskostenvergütung im öffentlichen Dienst nach dem BUKG, auf die bei Fehlen einer anderweitigen Vereinbarung auch in der Privatwirtschaft zurückgegriffen werden kann.

14 **b) Rückzahlungsverpflichtung.** Arbeitgeber und Arbeitnehmer können aus Anlass der Umzugskostenerstattung eine Rückzahlungsverpflichtung der gezahlten Beträge für den Fall der Beendigung des Arbeitsverhältnisses vereinbaren. Ohne entsprechende Vereinbarung ist der Arbeitnehmer auch bei einer Eigenkündigung nicht zur Rückzahlung der Umzugskosten verpflichtet. Formularmäßige Rückzahlungsvereinbarungen unterliegen der AGB-Kontrolle nach den §§ 305 ff. BGB. Eine Vereinbarung über die Rückzahlungspflicht ist nur zulässig, wenn der Arbeitgeber nicht bereits nach § 670 BGB zur Erstattung der Umzugskosten verpflichtet war.[21] Verpflichtet sich der Arbeitgeber zur Umzugskostenerstattung, darf der Arbeitnehmer nicht für eine unangemessen lange Zeit zur Rückzahlung verpflichtet werden, wenn er das Arbeitsverhältnis löst. Als zulässige Bindungsdauer ist in der Vergangenheit ein Zeitraum von längstens zwei bis drei Jahren angesehen worden.[22] Eine dreijährige Bindung kommt in Betracht, wenn die Umzugskosten nicht mehr als ein Monatsgehalt ausmachen und der Stellenwechsel auch im Interesse des Arbeitnehmers lag.[23] Rückzahlungsklauseln, die sich innerhalb des genannten Zeitraums bewegen, sind aber nur für den Fall der Beendigung des Arbeitsverhältnisses aus einem vom Arbeitnehmer zu vertretenen Grund als wirksam anzusehen. Aus diesem Grund entfällt eine Rückgewährpflicht, wenn das Arbeitsverhältnis durch eine betriebs- oder personenbedingte Kündigung endet.[24] Bei einem Aufhebungsvertrag oder der Eigenkündigung des Arbeitsnehmers ist auf den Anlass der Lösung abzustellen. Verstößt eine formularmäßige Rückzahlungsvereinbarung gegen diese Grundsätze, ist sie nach § 307 I, II BGB unwirksam, eine geltungserhaltende Reduktion scheidet aus.[25] Sie gelten auch bei der Gewährung der Umzugskosten in Form eines Darlehns.[26] Bisher hat die Rspr. – anders als bei der Rückzahlung von Aus- und Weiterbildungskosten – bei der Rückzahlung von Umzugskosten keine anteilige Staffelung der Rückzahlungsbeträge verlangt.[27]

15 **c) Besteuerung.** Umzugskostenvergütungen aus öffentlichen Kassen sind steuerfrei (§ 3 Nr. 13 EStG); gleiches gilt auch in der Privatwirtschaft bei einem dienstlich veranlassten Umzug bis zur Höhe der Beträge, die im öffentlichen Dienst nach dem BUKG gezahlt werden könnten (§ 3 Nr. 16 EStG). Ist der Umzug beruflich veranlasst, können die nicht vom Arbeitgeber übernommenen Aufwendungen als Werbungskosten abzugsfähig sein (§ 9 I 1 EStG, LStR 41 I). Hierzu ist erforderlich, dass entweder durch den Umzug die Entfernung zwischen Wohnung und Arbeitsstätte erheblich, d. h. regelmäßig mehr als eine Stunde verkürzt wird und die ver-

---

[19] BAG 16. 1. 1985 AP 9 zu § 44 BAT; 7. 9. 1982 AP 7 zu § 44 BAT; einschränkend LAG Hamm 21. 11. 2002 NZA-RR 2003, 501 zu § 44 I BAT-KF.

[20] BAG 26. 7. 1995 AP 7 zu § 157 BGB = NZA 96, 30.

[21] Zum früheren Recht: BAG 21. 3. 1973 AP 4 zu § 44 BAT – unzulässige Kündigungsbeschränkung.

[22] BAG 18. 2. 1981 AP 6 zu § 44 BAT; LAG Düsseldorf 3. 12. 1971 DB 1972, 97 (jeweils 2 Jahre); LAG Schleswig-Holstein 15. 12. 1972 AP 1 zu § 611 BGB Umzugskosten (3 Jahre); LAG Düsseldorf 23. 12. 1971 DB 72, 979; 3. 12. 1971 DB 72, 1587 (5 Jahre unzulässig).

[23] BAG 24. 2. 1975 AP 50 zu Art. 12 GG.

[24] LAG Düsseldorf 1. 4. 1975 EzA 1 zu § 157 BGB (Betriebsbedingte Kündigung).

[25] Anders die Rspr. vor Inkrafttreten des § 307 BGB vgl. LAG Schleswig-Holstein 15. 12. 1972 AP 1 zu § 611 BGB Umzugskosten.

[26] LAG Düsseldorf 23. 12. 1971 DB 72, 97; 3. 12. 1971 DB 72, 1587.

[27] BAG 24. 2. 1975 AP 50 zu Art. 12 GG.

bleibende Wegezeit als üblich angesehen wird, der Umzug im ganz überwiegenden Interesse des Arbeitgebers oder in Zusammenhang mit der Begründung oder Aufgabe einer beruflich veranlassten doppelten Haushaltsführung erfolgt.

7. Montagearbeit. a) Tarifvertrag. Für den Aufwendungsersatz bei Montagearbeiten oder auswärtigen Beschäftigungen gelten besondere tarifliche Regelungen. Diese sind nach den einzelnen Wirtschaftszweigen gelegentlich unterschiedlich, sie beruhen auf denselben Grundprinzipien. 16

b) Nah- und Fernauslösung. Besondere Bedeutung hat der von Arbeitgeberseite gekündigte und sich in der Nachwirkung befindliche Bundestarifvertrag für die besonderen Arbeitsbedingungen der Montagearbeiter in der Eisen-, Metall- und Elektroindustrie vom 17. Dezember 1997 i. d. F. vom 20. Juni 2001 sowie der Tarifvertrag über Auslösungssätze und Fahrtkosten zum Bundesmontagetarifvertrag (BMTV) vom 20. Juni 2001 Der BMTV ist auf das Arbeitsverhältnis der Arbeitnehmer anzuwenden, die auf einer außerbetrieblichen Arbeitsstelle arbeiten.[28] Die Fernauslösung ist eine pauschalierte Aufwandsentschädigung, die nicht zum fortzuzahlenden Arbeitsentgelt zählt.[29] Nach dem BMTV hat der Monteur auch dann Anspruch auf Fernauslösung, wenn er keine besonderen Aufwendungen für seine Wohnung am Heimatort[30] hat, sofern er sich nur mangels Rückkehrmöglichkeit eine Wohnung am Montageort beschaffen muss.[31] Andererseits hat er auch Anspruch auf Fernauslösung, wenn die tariflichen Voraussetzungen erfüllt sind, er aber gleichwohl täglich nach Hause fährt.[32] Dies gilt auch für die arbeitsfreien Tage. Für den Anspruch auf Heimfahrt kommt es auf die Entfernung zwischen Montageort und Wohnort an, wobei von dem jeweiligen Ortsmittelpunkt auszugehen ist.[33] Hat der Arbeitnehmer einen Anspruch auf den „Preis für die Eisenbahnfahrt zweiter Klasse", ist hierunter der volle Fahrpreis 2. Klasse ohne Berücksichtigung von Vergünstigungen („Bahncard") und Sondertarifen zu verstehen.[34] Der Anspruch auf Wochenendfahrgeld nach § 6.3 BMTV setzt die tatsächliche Durchführung der Wochenendheimfahrt nicht voraus.[35] Ob ein Montagearbeiter nach einem Montagetarifvertrag Nah- oder Fernauslösung erhält, hängt davon ab, ob ihm die tägliche Rückkehr zu seiner Wohnung zumutbar ist. Dies ist u. a. der Fall, wenn bei Benutzung öffentlicher Verkehrsmittel (nicht: Taxi) der Zeitaufwand für Hin- und Rückweg 3 1/2 Stunden nicht übersteigt. Bei der Berechnung sind notwendige Wartezeiten an der Montagestelle bis zum Schichtbeginn und nach Schichtende bis zum Antritt des Rückwegs nur mit zu berücksichtigen, wenn sie jeweils 30 Minuten übersteigen.[36] Bei auswärtiger Übernachtung eines Monteurs ist ein Einzelzimmer ohne Hinzutreten besonderer Umstände nicht erforderlich.[37] Für das Baugewerbe gilt § 7 BRTV-Bau (§ 186 RN 7), die bisherige Regelung in den §§ 42, 44 BAT ist nicht in den TVöD übernommen worden. 17

c) Gesetzlicher Aufwendungsersatz. Ist eine tarifliche Regelung erschöpfend, kommt ein weitergehender Anspruch aus § 670 BGB nicht in Betracht.[38] Untertarifliche Auslösungen können aber nicht durch übertarifliche Bezahlung in anderen Bereichen ausgeglichen werden.[39] 18

8. Arbeitskleidung. a) Einteilung. Zu unterscheiden sind **(1) Schutzkleidung,** die bei bestimmten Tätigkeiten an bestimmten Arbeitsplätzen an Stelle oder über der sonstigen Kleidung zum Schutz gegen Witterungsunbilden und andere gesundheitliche Gefahren oder außer- 19

---

[28] BAG 11. 11. 1997 AP 156 zu § 1 TVG Tarifverträge: Metallindustrie = NZA 98, 947.

[29] BAG 18. 9. 1991 AP 82 zu § 37 BetrVG 1972 = NZA 92, 936; zum Güterkraftverkehrsgewerbe BAG 23. 9. 1997 AP 6 zu § 1 TVG Tarifverträge: Verkehrsgewerbe = NZA 98, 781.

[30] Vgl. zur Begriffsbestimmung: BAG 26. 6. 1985 AP 14 zu § 1 TVG Auslösung.

[31] BAG 13. 5. 1974 AP 3 zu § 1 TVG Auslösung. Zur Zahlung von Auslösung bei Heimfahrt vgl. BAG 11. 11. 1981 AP 4 zu § 1 TVG Auslösung.

[32] BAG 25. 8. 1982 AP 9 zu § 1 TVG Auslösung; bei unzumutbarer täglicher Heimfahrt BAG 23. 10. 1991 AP 26 zu § 1 TVG Auslösung = NZA 92, 420; 28. 6. 1989 AP 22 zu § 1 TVG Auslösung = NZA 90, 236.

[33] BAG 13. 5. 1987 AP 17 zu § 1 TVG Auslösung = NZA 87, 673.

[34] Vgl. BAG 7. 2. 1995 AP 190 zu § 1 TVG Tarifverträge: Bau = NZA 95, 842; zur Fahrtkostenerstattung im Gerüstbaugewerbe: 11. 11. 1997 AP 4 zu § 1 TVG Tarifverträge: Gerüstbau = NZA 98, 891.

[35] BAG 25. 1. 2006 AP 197 zu § 1 TVG Tarifverträge: Metallindustrie.

[36] BAG 13. 12. 1994 AP 27 zu § 1 TVG Auslösung = NZA 95, 1111; 7. 12. 1988 AP 21 zu § 1 TVG Auslösung = NZA 90, 356; zur Abgrenzung im Güterverkehr: BAG 10. 5. 1994 AP 3 zu § 1 TVG Tarifverträge: Verkehrsgewerbe = NZA 95, 652.

[37] LAG Hamm 20. 9. 2006 AiB 2007, 305 – keine Übernachtung im gemeinsamen Doppelbett.

[38] BAG 4. 12. 1974 AP 20 zu § 1 TVG Tarifverträge: Bau.

[39] BAG 12. 4. 1972 AP 13 zu § 4 TVG Günstigkeitsprinzip = NJW 72, 1775.

gewöhnliche Verschmutzung getragen werden muss;[40] **(2) Dienstkleidung,**[41] die zur besonderen Kenntlichmachung im dienstlichen Interesse an Stelle anderer Kleidung während der Arbeit getragen wird; **(3) Berufskleidung,** die sich für bestimmte Berufe als zweckmäßig erwiesen oder für sie üblich geworden ist (z. B. Zimmerleute, Kellner, Friseure) und **(4) Arbeitskleidung im engeren Sinne,** die von Arbeitnehmern zur Schonung der Privatkleidung getragen wird.

20 **b) Schutzkleidung.** Eine Verpflichtung des Arbeitgebers, dem Arbeitnehmer Arbeitskleidung im weiteren Sinne zur Verfügung zu stellen, ist gesetzlich nicht geregelt. Persönliche Schutzkleidung, die auf Grund von Unfallverhütungsvorschriften für den Arbeitnehmer bereitzustellen ist, hat der Arbeitgeber anzuschaffen. Aus dem Normzweck des § 618 BGB folgt, dass die Kosten für die Schutzausrüstung dem Arbeitgeber zur Last fallen. Diese Kostentragungspflicht kann wegen § 619 BGB nicht im Voraus ganz oder teilweise abbedungen werden. Vereinbarungen, die eine Kostenbeteiligung des Arbeitnehmers vorsehen, sind nur dann zulässig, wenn der Arbeitgeber dem Arbeitnehmer über seine gesetzliche Verpflichtung hinaus Vorteile bei der Benutzung oder Verwendung der Schutzausrüstung anbietet und der Arbeitnehmer von diesem Angebot freiwillig Gebrauch macht.[42] Gegen eine pauschale Festsetzung von Höchstbeträgen für die Erstattung von Schutzkleidung, die vom Arbeitnehmer angeschafft wird, bestehen keine Bedenken, wenn die vorgesehenen Beträge für die Schutzkleidung ausreichend bemessen sind.[43] Entsprechende Grundsätze gelten bei der übrigen Schutzkleidung. Aus der allgemeinen Fürsorgepflicht (vgl. § 107) wird eine Verpflichtung des Arbeitgebers hergeleitet werden können (§ 618 I BGB, § 62 I HGB), diese anzuschaffen und dem Arbeitnehmer kostenfrei zu überlassen.[44] Stellt der Arbeitgeber die Kleidung nicht zur Verfügung, hat der Arbeitnehmer einen entsprechenden Aufwendungsersatzanspruch.[45] Der Arbeitgeber bleibt Eigentümer der Schutzkleidung und der Arbeitnehmer hat sie bei Beendigung des Arbeitsverhältnisses oder, wenn er sie nicht mehr benötigt, zurückzugeben; er haftet für schuldhaft verursachte Beschädigungen. Soweit der Arbeitgeber verpflichtet ist, Schutzkleidung zu beschaffen, muss er sie auf seine Kosten auch reinigen lassen.[46] Nach § 34 V ArbStättVO hat der Arbeitgeber dem Arbeitnehmer für Lüftung, Trocknung und Aufbewahrung seiner Arbeitskleidung einen angemessenen Ort zur Verfügung zu stellen.

21 **c) Dienstkleidung.** Auch für die Erst- bzw. Ersatzbeschaffung und Unterhaltung von Dienstkleidung muss der Arbeitgeber wegen der mit ihrer Einführung verbundenen betrieblichen Interessen aufkommen.[47] Ob und ggf. in welchem Umfang die Arbeitnehmer hierzu einen Kostenbeitrag leisten müssen, ist abhängig davon, ob sie auch berechtigt sind, die Dienstkleidung außerhalb der Arbeitszeiten zu nutzen. Eine eindeutige Aussage des BAG hierzu fehlt allerdings. Der Anteil des Arbeitgebers wird dabei umso größer sein müssen, wenn das Tragen der Dienstkleidung in der Freizeit wegen ihres besonderen Erscheinungsbildes für den Arbeitnehmer von einem nur geringen Gebrauchswert ist. Kostenübernahmeregelungen können ohne weiteres in einen Tarifvertrag aufgenommen werden. Tarifliche Regelungen bestehen im Einzelhandel, für Musiker und im Gaststättengewerbe. Bei der Einführung einer einheitlichen Dienstkleidung zur Verbesserung des Erscheinungsbildes des Arbeitgebers hat der Betriebsrat ein erzwingbares Mitbestimmungsrecht (§ 87 I Nr. 1 BetrVG). Das BAG hat die Übernahme von Kosten in einer Betriebsvereinbarung aber als unzulässige Lohnverwendungsabrede angesehen, für die den Betriebsparteien regelmäßig die Zuständigkeit fehlt.[48] Eine einzelvertragliche Regelung darf wegen § 307 BGB nicht zu einer unangemessenen Benachteiligung der Arbeitnehmer führen, insbesondere kann es geboten sein, einen Beitrag einkommensabhängig auszugestalten. Entsprechende Grundsätze gelten für die Beteiligung des Arbeitnehmers an den Kosten für die Reinigung und die Wiederbeschaffung der vom Arbeitgeber gestellten Berufsbeklei-

---

[40] Vgl. BAG 3. 5. 1983 AP 8 zu § 33 BAT.

[41] BAG 13. 2. 2003 AP 1 zu § 21 AVR Caritasverband = NZA 2003, 1196; 19. 5. 1998 AP 31 zu § 670 BGB = NZA 99, 38.

[42] BAG 21. 8. 1985 AP 19 zu § 618 BGB = NZA 86, 324; 18. 8. 1982 AP 18 zu § 618 BGB; 10. 3. 1976 AP 17 zu § 618 BGB.

[43] BAG 21. 8. 1985 AP 19 zu § 618 BGB = NZA 86, 324.

[44] BAG 18. 8. 1982 AP 18 zu § 618 BGB.

[45] BAG 19. 5. 1998 AP 31 zu § 670 BGB = NZA 99, 38.

[46] LAG Düsseldorf 26. 4. 2001 NZA-RR 2001, 409.

[47] BAG 1. 12. 1992 AP 20 zu § 87 BetrVG 1972 Ordnung des Betriebes = NZA 93, 711; teilweise enger für die Ersatzbeschaffung BAG 19. 5. 1998 AP 31 zu § 670 BGB = NZA 99, 38 (Croupier); vgl. auch LAG Berlin ZTR 91, 34 zur Dienstkleidung eines Transsexuellen.

[48] BAG 13. 2. 2007 AP 40 zu § 87 BetrVG 1972 Ordnung des Betriebes = NZA 2007, 640; 1. 12. 1992 AP 20 zu § 87 BetrVG 1972 Ordnung des Betriebes = NZA 93, 711.

dung.[49] Schließlich kann der Arbeitgeber auf Grund betrieblicher Übung (§ 111) oder des Gleichbehandlungsgrundsatzes zur Kostenübernahme für Dienstkleidung verpflichtet sein.

d) Sonstige Arbeitskleidung. Für die Beschaffung von anderer als Schutz- oder Dienstkleidung muss der Arbeitgeber die Kosten nur übernehmen, wenn dies besonders vereinbart worden ist. 22

9. Bereitstellung häuslicher Räume und Arbeitsmittel. Vielfach sind Arbeitnehmer, insbesondere im Außendienst, vertraglich verpflichtet, häusliche Räume zur Verfügung zu stellen. Sie benötigen regelmäßig Computer und die Einrichtung von Kommunikationsmöglichkeiten mit dem Betrieb und Kunden um Aufträge entgegenzunehmen, Berichte zu schreiben usw. Dies gilt vor allem für Telearbeitnehmer (§ 164 RN 31). Daneben kann auch die Bereitstellung von Räumlichkeiten für die Lagerung von Waren erforderlich sein. Ein Aufwendungsersatzanspruch der Arbeitnehmer (§ 670 BGB) besteht dann, wenn der Arbeitnehmer im Interesse des Arbeitgebers Aufwendungen macht, die er ohne das Arbeitsverhältnis nicht machen würde, die Aufwendungen nicht ganz unerheblich sind und nicht bereits mit der Vergütung abgegolten werden.[50] Die Anschaffung und Betriebskosten kommunikationstechnischer Hilfsmittel wird der Arbeitgeber zu ersetzen haben, ein möglicher Kostenanteil des Arbeitnehmers ist abhängig von den Möglichkeiten einer Privatnutzung. Ist der Arbeitnehmer zur Arbeitsleistung in eigenen Räumen verpflichtet, kann er bei Fehlen einer Vereinbarung einen Betrag verlangen, der den tatsächlichen Mietkosten entspricht. Stehen die Räume in seinem Eigentum, richtet sich der Betrag nach dem örtlichen Mietrecht abzüglich des Gewinns für die Vermietung und dem Anteil für Erhaltungsaufwendungen. Für gelegentliche Hilfeleistungen von Familienangehörigen hat der Arbeitnehmer hingegen keinen Ersatzanspruch, da deren Tätigkeit mit dem Arbeitsvertrag und der Pflichtenstellung des Arbeitnehmers in keiner Beziehung steht. Stellt der Arbeitgeber dem Arbeitnehmer entgegen einer vertraglichen Zusage die für die Ausübung der Tätigkeit erforderliche Einrichtung nicht zur Verfügung, ist der Arbeitnehmer zu deren Anschaffung nach vergeblicher Aufforderung berechtigt und kann vom Arbeitgeber Ersatz der entstandenen Aufwendungen verlangen.[51] 23

10. Vereinbarung, Pauschalierung. a) Tarifvertrag. Eine Regelung über die Kostentragung und die Pauschalierung des Aufwendungsersatzes, insbesondere in Tarifverträgen ist als Inhaltsnorm regelmäßig wirksam.[52] So ist z. B. im allgemein verbindlichen Rahmentarifvertrag für das Baugewerbe der Anspruch auf Fahrtkosten pauschaliert (§ 7 BRTV-Bau). Zu Einzelfragen für die Auslösung von Montagearbeitern RN 16. Auch im öffentlichen Dienst werden Aufwandsentschädigungen regelmäßig pauschaliert.[53] Vielfach ist auf die Beamtengesetze Bezug genommen. In diesen sind die Reisekostenstufen gestrichen worden. Sofern im Tarifvertrag noch auf diese verwiesen wird, sind die tariflichen Regelungen lückenhaft geworden. Diese Lücken können nicht durch die Rechtsprechung gefüllt werden.[54] Auch die Fahrtkosten für Personalratsmitglieder können pauschaliert werden.[55] 24

b) Einzelvertrag. § 670 BGB hat dispositiven Charakter. Die Ansprüche des Beauftragten können daher durch ausdrückliche oder stillschweigende Vereinbarung erweitert oder eingeschränkt werden. Auch einzelvertragliche Pauschalierungen von Aufwendungsersatz sind grundsätzlich zulässig. Sie empfehlen sich bei regelmäßig anfallendem Aufwendungsersatz, da hierdurch für beide Seiten Arbeitserleichterungen bei der Nachweisführung und Nachprüfung geschaffen und Streitigkeiten vermieden werden. Formularmäßige Vereinbarungen über die Übernahme von Auslagen unterliegen der AGB-Kontrolle (dazu § 32 RN 35ff.). Hat der Arbeitgeber grundsätzlich die Aufwendungen des Arbeitnehmers zu tragen, sind Vereinbarungen, mit denen die Kostenlast auf den Arbeitnehmer übertragen werden, regelmäßig als unangemessene Benachteiligung i. S. d. § 307 I 2, II Nr. 1 BGB anzusehen. Dies gilt auch für Vereinbarungen über Pauschalbeträge, bei denen zu erwarten ist, dass sie die Höhe des Ersatzbetrags bei einer auf den Vertragsschluss bezogenen Betrachtung nicht erreichen werden. An die Stelle einer unwirksamen Regelung tritt der gesetzliche Aufwendungsanspruch (§ 670 BGB). Insoweit besteht kaum Raum für formularmäßige Abreden. Bei echten Individualvereinbarungen findet 25

[49] Dazu BAG 17. 2. 2009 – 9 AZR 676/07– z. V. b.
[50] BAG 14. 10. 2003 – 9 AZR 657/02 – n. v.
[51] LAG Köln 18. 3. 2004 MDR 2005, 281.
[52] BAG 21. 7. 1993 AP 9 zu § 1 TVG Tarifverträge: Versicherungsgewerbe.
[53] Vgl. BAG 21. 8. 1997 AP 7 zu § 611 BGB Aufwandsentschädigung = NZA 98, 209.
[54] BAG 20. 7. 2000 AP 1 zu § 2 BMT-G II SR 2g = NZA 2001, 559.
[55] BAG 27. 7. 1994 AP 14 zu § 46 BPersVG = NZA 95, 799.

weder eine AGB-Kontrolle noch eine richterliche Billigkeitskontrolle statt. Die Auslagenpauschalierung ist insbesondere bei Kostensteigerungen anzupassen; eine Regelung über die pauschalierte Auslagenerstattung kann auch befristet werden. Wird der Arbeitnehmer tatsächlich nicht beschäftigt, hat er i. Zw. keinen Erstattungsanspruch, es sei denn, dass die Aufwendungen auch während der Arbeitsfreistellung entstehen, z. B. die festen Kosten für einen Dienstwagen. Zweckmäßig ist es, die Auslagenpauschale getrennt von der Vergütung auszuweisen, da in jedem Fall bei Lohnpfändung oder bei Berechnung öffentlicher Abgaben (Lohnsteuern, Sozialversicherung usw.) eine Trennung erfolgen muss.

26 **11. Vorschuss.** Soweit der Arbeitnehmer Ersatz der Aufwendungen beanspruchen kann, hat er einen klagbaren Anspruch auf Vorschuss (§§ 675, 669 BGB). Gewährt der Arbeitgeber keinen Vorschuss, obwohl Aufwendungen zur Erfüllung der Arbeitspflicht notwendig sind, gerät er unter den allgemeinen Voraussetzungen in Annahmeverzug. Ohne entsprechende Absprache ist der Arbeitnehmer ansonsten nicht berechtigt, den Arbeitgeber rechtsgeschäftlich zu verpflichten oder zu seinen Lasten Aufwendungen zu tätigen.

27 **12. Darlegungs- und Beweislast.** Ist der Aufwendungssatz nicht pauschaliert, hat der Arbeitnehmer nach allgemeinen Grundsätzen Notwendigkeit und Höhe der einzelnen Auslagen darzulegen und zu beweisen. Der Arbeitnehmer ist aber bei der Geltendmachung von pauschalierter Auslösung nicht verpflichtet, den Ort der auswärtigen Übernachtung sowie den Namen desjenigen, bei dem er übernachtet hat, anzugeben oder eine Bescheinigung über die Gewährung einer Übernachtung beizufügen.[56]

---

[56] BAG 29. 7. 1992 AP 155 zu § 1 TVG Tarifverträge: Bau.

7. Abschnitt. Die Sicherung der Arbeitsvergütung

§ 87. Schutz der Arbeitsvergütung

Da die Arbeitsvergütung die Existenzgrundlage des Arbeitnehmers darstellt, bedarf sie ihres besonderen Schutzes in der Rechtsordnung. Ihrer Sicherung und damit dem Lebensunterhalt des Arbeitnehmers dienen Beschränkungen bei 1

1. der Lohnpfändung (vgl. §§ 89ff.);
2. Verfügungen über die Lohnforderung der Arbeitnehmer (vgl. § 88 RN 1);
3. Aufrechnung durch den Arbeitgeber (vgl. § 88 RN 8);
4. Ausübung des Zurückbehaltungsrechts durch den Arbeitgeber (vgl. § 88 RN 18);
5. Anrechnung anderweitiger Leistungen auf die Lohnforderung (vgl. § 88 RN 21);
6. der Lohneinbehaltung (vgl. § 88 RN 23);
7. der Lohnverwirkung (vgl. § 88 RN 25);
8. Straf- und Bußabreden (vgl. §§ 59ff.);
9. Lohnverwendungsabreden (vgl. § 88 RN 28);
10. Behandlung der Arbeitsvergütung in der Insolvenz des Arbeitgebers (vgl. §§ 93, 94).

§ 88. Die wichtigsten Lohnsicherungen

Übersicht

	RN		RN
I. Verfügungsverbote	1ff.	III. Zurückbehaltungsrecht	18ff.
1. Abtretung und Erlass	1–3	1. Begriff	18
2. Vereinbarte Abtretungsverbote	4, 5	2. Zulässigkeit	19, 20
3. Rechtsfolgen	6	IV. Sonstige Lohnsicherungen	21ff.
4. Arbeitgeberschutz	7	1. Lohnanrechnung	21, 22
II. Aufrechnung	8ff.	2. Lohneinbehaltung (Kaution)	23
1. Voraussetzungen	8	3. Bürgschaft	24
2. Ausschluss der Aufrechnung	9–11	4. Lohnverwirkung	25–27
3. Treu und Glauben	12	5. Lohnverwendungsabreden	28
4. Verjährung und Ausschlussfristen	13	V. Truckverbot	29ff.
5. Lohnsteuer	14	1. Begriff	29
6. Prozessuales	15, 16	2. Sachbezüge	30
7. Warenlieferung	17	3. Kreditierungsverbot	31
		4. Unwirksamkeit	32

I. Verfügungsverbote

Müller-Glöge, Pfändung und Abtretung von Arbeitnehmerbezügen im Prozess, Beil. 22 zu DB 87.

1. Abtretung und Erlass. a) Zulässigkeit. Die Arbeitsvergütung kann grundsätzlich abgetreten werden. Aus § 611 BGB ist anders als für die Arbeitsleistung ein Abtretungsverbot für die Arbeitsvergütung nicht herzuleiten. Jedoch verstößt eine formularmäßige Sicherungsabtretung aller Ansprüche des Kreditnehmers aus seinem Arbeitsverhältnis gegen § 307 I BGB, da sie den Arbeitnehmer unangemessen benachteiligt.[1] Im Übrigen gelten für die Wirksamkeit einer Abtretung die allgemeinen zivilrechtlichen Grundsätze. Die Abtretung künftiger Forderungen ist zulässig. Allerdings muss eine Vorausabtretung insbesondere hinreichend bestimmt oder bestimmbar sein und das Verbot der Übersicherung beachten.[2] Dazu muss eine formularmäßig erklärte Abtretung der Arbeitsvergütung regelmäßig eine zeitliche und betragsmäßige Begren- 1

[1] BGH 7. 7. 1992 AP 6 zu § 398 BGB = NJW 92, 2626.

[2] BGH 7. 7. 1992 AP 6 zu § 398 BGB = NJW 92, 2626; 27. 4. 1995 NJW 95, 2289 – Freigabeklausel; 22. 6. 1989 AP 5 zu § 398 BGB = NJW 89, 2383; BAG 27. 6. 1968 AP 3 zu § 398 BGB = NJW 68, 2078.

zung und eine Freigabeklausel enthalten. Eine Vorausabtretung von „sonstigen Entgeltansprüchen" erfasst nicht eine Abfindung wegen des Verlusts des Arbeitsplatzes.[3] Lohnabtretungsklauseln in Ratenkreditverträgen sind nach § 307 I BGB nur wirksam, wenn sie Zweck und Umfang der Abtretung sowie die Voraussetzungen, unter denen der Verwender von ihnen Gebrauch machen darf (dazu § 498 I BGB), hinreichend eindeutig bestimmen und zu einem vernünftigen, die schutzwürdigen Belange beider Vertragspartner angemessen berücksichtigenden Interessenausgleich führen. Als unzulässig angesehen ist daher eine Klausel, der nicht zweifelsfrei entnommen werden konnte, ob die Vorausabtretung nur die Ansprüche aus dem Kreditvertrag oder auch solche aus anderen Rechtsgründen sichern soll.[4] Eine allgemeine Gehaltsabtretung soll im Regelfall dahin auszulegen sein, dass sie auch etwaige Lohnsteuererstattungsansprüche erfasst.[5] Die Vorausabtretung ist schließlich unwirksam, wenn sie an eine Gesellschaft erfolgt, die geschäftsmäßig Rechtsberatung und Einziehung fremder Forderungen betreibt, ohne im Besitz der erforderlichen Erlaubnis nach dem Rechtsberatungsgesetz zu sein.[6]

2 **b) Fehlende Verfügungsmöglichkeit.** Soweit die Arbeitsvergütung unpfändbar ist (§ 92), kann sie nicht abgetreten (§ 400 BGB) oder verpfändet werden (§ 1274 II BGB). Mit dem gesetzlichen Abtretungsverbot soll der Arbeitnehmer auch gegen seinen Willen davor geschützt werden, dass er durch eine Abtretung seiner Lohnansprüche die für seinen Lebensunterhalt erforderlichen Gelder verliert. Ihm sollen unter allen Umständen die für unpfändbar erklärten Beträge verbleiben, damit ihm die Lebensgrundlage nicht gänzlich entzogen wird. Das Abtretungsverbot dient zugleich dem Schutz Dritter, denen der Schuldner gegenüber unterhaltspflichtig ist oder die ihm gegenüber unterhaltspflichtig werden können, sowie der Entlastung der staatlichen Sozialkassen. Die Vorschrift ist zwingend und nicht abdingbar; entgegenstehende Vereinbarungen sind nach § 134 BGB nichtig.[7] Hat ein Arbeitnehmer seinem Arbeitgeber die Abtretung seiner pfändbaren Vergütung an einen Darlehensgläubiger angezeigt und den Arbeitgeber gebeten, die Darlehensraten zu überweisen, sind von diesem Auftrag nicht die unpfändbaren Beträge erfasst.[8] In demselben Umfang wie eine Abtretung ist auch eine unwiderruflichen **Inkassozession** oder **Einzugsermächtigung,** d.h. eine Ermächtigung an einen Dritten, die Forderung in eigenem Namen und für eigene Rechnung einzuziehen, rechtsunwirksam.[9] Wirksam ist hingegen die Bevollmächtigung eines Dritten, die Arbeitsvergütung für den Arbeitnehmer einzuziehen. Eine **Ausnahme** von dem Abtretungsverbot gilt dann, wenn die Forderung an einen Dritten abgetreten wurde, der dem Arbeitnehmer Leistungen in Höhe der abgetretenen Forderung erbracht hat.[10] In diesem Fall stehen dem Arbeitnehmer gleichwertige Leistungen zum Bestreiten seines Lebensunterhalts zur Verfügung, dem durch § 400 BGB bezweckten Schutz des Arbeitnehmers ist daher ausreichend Rechnung getragen. Als gleichwertige Leistung gilt jedoch nicht die Überlassung von Wohnraum, insoweit verhindert § 400 BGB auch die Vorausabtretung von unpfändbaren Vergütungsansprüchen an den Vermieter[11] (vgl. auch § 107 II 5 GewO). Die Abtretung von unpfändbaren Lohnansprüchen zwischen Ehegatten kann nicht durch den Verweis auf höhere Unterhaltsleistungen als wirtschaftliche gleichwertige Gegenleistung gerechtfertigt werden. Das Abtretungsverbot ist aber unwirksam, solange der AG grundlos keinen Lohn zahlt und ein Dritter dem AN gegen Gehaltsabtretung die zur Existenz notwendigen Mittel zur Verfügung stellt.[12] Für einen Streit über die Ermittlung der pfändbaren Anteile von abgetretenem Arbeitslohn ist der Rechtsweg zu den Arbeitsgerichten nicht gegeben.[13] Beruft sich der Zedent auf eine Erhöhung der Pfändungsfreigrenze (§ 850f I ZPO), entscheidet über den Umfang der Abtretung das Prozessgericht, nicht das Vollstreckungsgericht.[14]

---

[3] LAG Düsseldorf 29. 6. 2006 DB 2006, 2691; LAG Köln 27. 3. 2006 NZA-RR 2006, 365.
[4] BGH 22. 6. 1989 AP 5 zu § 398 BGB = NJW 89, 2383.
[5] BFH 4. 12. 1979 AP 4 zu § 398 BGB.
[6] BAG 24. 3. 1993 AP 7 zu § 134 BGB.
[7] BGH (GS) 10. 12. 1951 BGHZ 4, 153.
[8] BAG 23. 11. 1988 AP 1 zu § 400 BGB = NZA 89, 1501.
[9] BGH (GS) 10. 12. 1951 BGHZ 4, 163.
[10] BAG 21. 11. 2000 AP 2 zu § 400 BGB = NZA 2001, 654; 23. 11. 1988 AP 1 zu § 400 BGB = NZA 89, 1501; 24. 1. 1964 AP 1 zu § 30 KO; 24. 2. 1961 AP 22 zu § 63 HGB = NJW 61, 985; BGH 9. 11. 1994 BGHZ 127, 354, 356; einschränkend LAG Berlin 25. 6. 1976 EzA 4 zu § 399 BGB; a. A. LAG Hamm 13. 10. 1988 EWiR 90, 133 bei einzelvertraglichem Ausschluss der Abtretung.
[11] BAG 21. 11. 2000 AP 2 zu § 400 BGB = NZA 2001, 654; a. A. LG Hagen 22. 7. 1988 NJW 88, 3213.
[12] BAG 2. 6. 1966 AP 8 zu § 399 BGB = NJW 66, 1727.
[13] BAG 24. 2. 2002 AP 5 zu § 850e ZPO = NZA 2002, 868.
[14] BGH 28. 5. 2003 NJW-RR 2003, 1367 = MDR 2003, 1192.

c) Erlassvertrag. Die Grenzen des Erlassvertrags (§ 397 BGB) über Arbeitsvergütung sind im Allgemeinen besonders geregelt. Dies gilt für Ansprüche aus dem Tarifvertrag (§ 4 TVG), einer Betriebsvereinbarung (§ 77 IV BetrVG) sowie für Ansprüche auf Entgeltfortzahlung im Krankheitsfall (§ 12 EFZG) oder Urlaubsentgelt (§ 13 BUrlG). Nach bestrittener, aber richtiger Ansicht ist ein Erlassvertrag oder ein in einer Ausgleichsquittung enthaltener Verzicht über die unpfändbare Arbeitsvergütung unwirksam;[15] insoweit enthalten die §§ 394, 400, 1274 II BGB eine allgemeine Schutznorm. 3

2. Vereinbarte Abtretungsverbote. a) Tarifvertrag und Betriebsvereinbarung. In kollektivrechtlichen Vereinbarungen kann die Abtretung von künftigen Vergütungsansprüchen ausgeschlossen werden (anders für bereits entstandene).[16] Etwas anderes kann für Dienstvereinbarungen gelten, wenn keine Rechtsgrundlage in den PersVG enthalten ist.[17] Durch kollektivrechtliche Abtretungsverbote soll der Arbeitnehmer gegen unbedachte Verfügungen und/oder der Arbeitgeber gegen Belastungen bei der Vergütungsabrechnung geschützt werden. Ist Letzteres der Fall, sind Abtretungen an den Arbeitgeber wirksam. Ein unzulässiger Eingriff zu Lasten des Arbeitnehmers liegt nicht vor, da der Anspruch von vornherein als unabtretbar entsteht. Von einem Lohnabtretungsverbot in einer Betriebsvereinbarung werden auch solche Arbeitnehmer erfasst, die erst nach Abschluss der Betriebsvereinbarung in den Betrieb eingetreten sind.[18] Ein nachträglich in einer Betriebsvereinbarung vereinbartes Abtretungsverbot wirkt mit seinem In-Kraft-Treten auch gegenüber einer bereits bestehenden Vorausabtretung.[19] 4

b) Einzelvertrag. Die Abtretung einer Forderung kann auch durch einzelvertragliche Abrede ausgeschlossen werden. Ein formularmäßiger Ausschluss in Allgemeinen Geschäftsbedingungen wird regelmäßig nach § 307 I, II BGB unwirksam sein. Entsteht für den Arbeitgeber infolge der Abtretung ein Mehraufwand, so begründet das gegenüber dem Zessionar noch nicht den Einwand der unzulässigen Rechtsausübung.[20] Hat der Arbeitnehmer gegen ein einzelvertraglich begründetes Abtretungsverbot verstoßen, genehmigt der Arbeitgeber aber nachträglich die abredewidrige Verfügung, liegt hierin eine einvernehmliche Aufhebung des Abtretungsverbots, der keine Rückwirkung zukommt. Bis zur Aufhebung des Abtretungsverbots erfolgte Pfändungen der Arbeitsvergütung bleiben daher wirksam.[21] 5

3. Rechtsfolgen. Eine entgegen dem gesetzlichen (RN 2) oder einem vereinbarten (RN 4f.) Abtretungsverbot vorgenommene Abtretung ist nichtig. Leistet der Arbeitgeber gleichwohl an den Zessionar, so ist diese Leistung unwirksam; er muss den unpfändbaren Teil der Vergütung an den Arbeitnehmer zahlen; es sei denn, dass dem Anspruch die Einrede der Arglist entgegengesetzt werden kann. Gegen den Dritten kann ein Anspruch nach § 812 I 1. Alt. BGB bestehen. Zur vertraglichen Aufhebung des Abtretungsverbots RN 5. 6

4. Arbeitgeberschutz. Hat der Arbeitnehmer seine Vergütungsforderung wirksam abgetreten, ist der Arbeitgeber vor einer doppelten Inanspruchnahme wie folgt geschützt. **(a)** Der Arbeitgeber ist dem neuen Gläubiger nur gegen Aushändigung einer vom Arbeitnehmer ausgestellten Urkunde zur Zahlung verpflichtet (§ 410 BGB). Ausreichend ist die Vorlage einer Fotokopie.[22] Hat der Arbeitnehmer aber eine Urkunde über die Abtretung dem Arbeitgeber übergeben, kann dieser auch gegenüber dem Arbeitnehmer schuldbefreiend an den Gläubiger leisten (§ 409 BGB). Unberührt bleibt aber die Verpflichtung des Arbeitgebers, die Wirksamkeit einer vorformulierten Abtretung zu beurteilen.[23] **(b)** Der Arbeitgeber kann dem neuen Gläubiger die Einwendungen entgegensetzen, die zzt. der Abtretung der Forderungen gegen den bisherigen Gläubiger begründet waren (§ 404 BGB). Der Arbeitgeber kann im Rahmen von § 406 BGB auch gegenüber den neuen Gläubigern mit Gegenforderungen aufrechnen.[24] Die Aufrechnung ist jedoch ausgeschlossen, wenn an dem Anspruch, mit dem aufgerechnet wird, ein 7

---

[15] Vgl. LAG Rostock 29. 6. 2006, 1 Sa 52/06, n. v.; LAG Berlin 17. 2. 1997 NZA-RR 97, 371.

[16] BAG 2. 6. 1966 AP 8 zu § 399 BGB; 20. 12. 1957 AP 1 zu § 399 BGB; LAG Berlin 25. 6. 1976 EzA 4 zu § 399 BGB; *Denck* ArbuR 79, 109.

[17] BAG 26. 1. 1983 AP 1 zu § 75 LPVG Rheinland-Pfalz.

[18] BAG 5. 9. 1960 AP 4 zu § 399 BGB.

[19] LAG Düsseldorf 16. 10. 1975 DB 76, 440.

[20] BGH 20. 12. 1956 AP 1 zu § 398 BGB = NJW 57, 498.

[21] BGH 1. 2. 1978 BGHZ 70, 299 = NJW 78, 813 – keine Anwendung der §§ 182, 184 BGB.

[22] BAG 27. 6. 1968 AP 3 zu § 398 BGB = NJW 68, 2078; LAG Frankfurt 11. 9. 1987 DB 88, 612; a. A. Küttner/*Griese*, Lohnabtretung, RN 11.

[23] BGH 22. 6. 1989 BGHZ 108, 98 = NJW 89, 2383.

[24] BGH 9. 4. 1990 NJW 90, 2544.

Leistungsverweigerungsrecht besteht.[25] **(c)** Der neue Gläubiger muss eine Leistung, die der Arbeitgeber nach der Abtretung an den Arbeitnehmer bewirkt sowie jedes Rechtsgeschäft, das nach der Abtretung zwischen Arbeitgeber und Arbeitnehmer geschlossen wird, gegen sich gelten lassen, es sei denn, dass der Arbeitgeber die Abtretung bei der Leistung oder der Vornahme des Rechtsgeschäfts kennt (§ 407 BGB). **(d)** Schließlich besteht noch ein Schutz, wenn der Arbeitnehmer seine Forderung mehrfach abtritt (§ 408 BGB).[26]

II. Aufrechnung

8 **1. Voraussetzungen.** Die Aufrechnung ist die wechselseitige Tilgung zweier sich gegenüberstehender Forderungen durch Verrechnung. Sie kann erfolgen durch einseitige, empfangsbedürftige, rechtsgestaltende und damit bedingungsfeindliche Willenserklärung eines Schuldners, der zugleich Gläubiger ist (§§ 387, 388 BGB) oder durch Aufrechnungsvertrag. Ein zulässiger, insbesondere nicht gegen das Truckverbot (§ 107 II GewO, dazu RN 31) verstoßender Aufrechnungsvertrag ist gegeben, wenn die Parteien in einem Werkwohnungsvertrag vereinbaren, der Arbeitgeber solle die Miete von der pfändbaren Arbeitsvergütung einbehalten.[27] Die Aufrechnung erfolgt durch einseitige, empfangsbedürftige und bedingungsfeindliche Willenserklärung (§ 388 BGB), deren Zugang bewirkt, dass die Forderungen, soweit sie sich decken, in dem Zeitraum als erloschen gelten, in welchem sie sich zur Aufrechnung geeignet gegenüberstanden (§ 389 BGB). Die Aufrechnung setzt voraus, dass **(a)** zwei Personen einander Leistungen schulden (Gegenseitigkeit), **(b)** die ihrem Gegenstande nach gleichartig sind, **(c)** Fälligkeit der Forderung, mit der aufgerechnet wird, und **(d)** Erfüllbarkeit der Gegenforderung. Durch das EuroEG war sichergestellt, dass DM und Euro gegeneinander aufgerechnet werden konnten. Aufgerechnet werden kann auch mit einer unechten ausländischen Valutaforderung. Besteht die Forderung, mit der aufgerechnet wird, in Wahrheit nicht, kann die Aufrechnungserklärung aber eine Anerkennung der Forderung im Umfang der Aufrechnung bedeuten.[28] Dasselbe gilt, wenn der Gläubiger einer Klage Unterlagen über das Bestehen einer Gegenforderung beifügt und erklärt, diese setze er von der Klageforderung ab.[29]

9 **2. Ausschluss der Aufrechnung. a) Bruttolohnansprüche.** Grundsätzlich kann der Arbeitgeber nur gegenüber den abgerechneten Netto-Lohnforderungen des Arbeitnehmers aufrechnen, eine Aufrechnung gegen die Bruttolohnforderung ist mangels Gleichartigkeit der zur Aufrechnung stehenden Forderung unzulässig, es sei denn die Höhe der Abzüge ist bekannt.[30] Eine Ausnahme besteht nur bei der Verrechnung von überzahlter Bruttovergütung, da hier die zur Aufrechnung stehende Forderung gleichartig ist.

10 **b) Gesetzliche Aufrechnungsbeschränkungen.** Die Aufrechnung ist unzulässig, wenn die Gegenforderung aus einer vorsätzlich begangenen unerlaubten Handlung entstanden (§ 393 BGB), unpfändbar (§ 394 BGB, dazu § 92) oder wenn sie durch Kollektiv- oder Einzelvertrag ausgeschlossen ist. Der Ausschluss der Aufrechnung kann sich im Wege der Vertragsauslegung ergeben.[31] Dies gilt insbesondere bei noch nicht fälligen Forderungen, z. B. Ruhegeld. Ist die Aufrechnung durch Vertrag ausgeschlossen, bleibt sie es auch, wenn der Vertrag später beendet ist.[32] Ist die Abtretung ausgeschlossen (§ 399 BGB), bleibt die Aufrechnung insoweit zulässig, wie die Gegenforderung gepfändet werden kann (arg. §§ 393, 349 BGB, 851 II ZPO).[33] Unzulässig ist die Aufrechnung von Ansprüchen wegen Lohnüberzahlung gegen Ansprüche auf vermögenswirksame Leistungen.[34] § 394 BGB ist aus Gründen des Arbeitnehmerschutzes entsprechend auf den **Aufrechnungsvertrag** anzuwenden, soweit er sich auf noch nicht fällige Lohnforderungen bezieht.[35] Ob sich der Zessionar einer Lohnforderung auf das Aufrechnungsverbot des § 394 BGB berufen kann, ist nach dem Zweck des Verbots zu beurteilen,[36] aber im Regelfall wohl zu bejahen.

---

[25] BGH 9. 10. 2000 AP 88 zu § 615 BGB = NZA 2001, 36
[26] BGH 9. 11. 1988 NJW 89, 899.
[27] BAG 15. 5. 1974 AP 2 zu § 387 BGB; 1. 8. 1959 AP 1 zu § 392 BGB.
[28] BGH 8. 6. 1989 BGHZ 107, 395 = NJW 89, 2469.
[29] BGH 8. 6. 1989 BGHZ 107, 395 = NJW 89, 2469.
[30] BAG 22. 3. 2000 – 4 AZR 120/99 – n. v.; 13. 11. 1980 – 5 AZR 572/78 – n. v.
[31] BGH 20. 12. 1979 ZIP 80, 110.
[32] BGH 12. 1. 2000 NJW-RR 2000, 530; 28. 10. 1971 AP 1 zu § 387 BGB; BAG 18. 3. 1997 AP 30 zu § 394 BGB = NZA 97, 1108; 16. 12. 1986 AP 1 zu § 8 BetrAVG.
[33] LAG Frankfurt 2. 3. 1971 DB 72, 243; a. A. ArbG Hannover 15. 6. 1966 BB 66, 942.
[34] ArbG Berlin 7. 3. 1972 AP 27 zu § 394 BGB.
[35] LAG Hamm 15. 3. 1973 MDR 73, 617 = DB 73, 1080.
[36] Vgl. BAG 28. 6. 1984 AP 1 zu § 115 SGB X = NZA 85, 186.

Hat der Arbeitnehmer seine Vergütungsforderung (im Voraus) **abgetreten,** kann der Arbeitgeber auch gegenüber dem Neugläubiger aufrechnen, es sei denn, dass der Arbeitgeber bei dem Erwerb der Forderung von der Abtretung Kenntnis hatte oder seine Forderung später als die abgetretene Forderung fällig geworden ist (§ 406 BGB).[37] Zulässig ist auch die Aufrechnung, wenn beide Forderungen gleichzeitig fällig werden.[38] Treffen Aufrechnungen und Lohnpfändungen zusammen, gilt § 392 BGB. Hiernach ist die Aufrechnung gegen den Pfändungsgläubiger unter den gleichen Voraussetzungen wie bei der Abtretung unzulässig. Auch eine entsprechende Aufrechnungsvereinbarung geht unter den Voraussetzungen von § 392 BGB einer späteren Pfändung vor.[39] 11

3. Treu und Glauben. Die Berufung auf das Aufrechnungsverbot kann gegen Treu und Glauben verstoßen. Dies ist regelmäßig der Fall, wenn die Forderung, gegen die aufgerechnet wird, auf einer vorsätzlich unerlaubten Handlung[40] oder einer vorsätzlichen Vertragverletzung[41] des Arbeitnehmers beruht (str.); der durch § 394 Satz 1 BGB bezweckte Schutz tritt dann zurück. Im Interesse der Allgemeinheit darf der Geschädigte regelmäßig jedoch durch Aufrechnung nicht so weit in Vergütungsansprüche eingreifen, dass der Arbeitnehmer auf Sozialhilfeleistungen angewiesen ist. Ihm muss deshalb das Existenzminimum verbleiben, das dem bei der Pfändung von Unterhaltsansprüchen (§ 850d ZPO) entspricht und unter Berücksichtigung sonstiger Einkünfte zu ermitteln ist.[42] Darlegungspflichtig ist insoweit der Aufrechnende. Nach zweifelhafter Auffassung des BAG soll der Arbeitgeber bei vorsätzlicher Schadenszufügung berechtigt sein, gegen unpfändbare Lohnforderungen in vollem Umfange aufrechnen, wenn der Arbeitnehmer bereits ausgeschieden ist.[43] Gegen eine Forderung aus einer vorsätzlich begangenen unerlaubten Handlung ist die Aufrechnung mit einer Forderung aus einer ebenfalls vorsätzlich begangenen unerlaubten Handlung unzulässig.[44] Beruht der Schadenseintritt nur auf einem grob fahrlässigen Handeln des Arbeitnehmers, ist § 394 BGB ohne Einschränkung anwendbar.[45] Die Aufrechnung gegenüber einer Forderung aus einem Aufhebungsvertrag (Vergleich) mit abgetretenen Schadensersatzansprüchen eines Dritten kann ohne einen zuvor erklärten Vorbehalt rechtsmissbräuchlich sein.[46] 12

4. Verjährung und Ausschlussfristen. Ausgeschlossen ist eine Aufrechnung mit Forderungen, denen eine Einrede entgegensteht (§ 390 BGB). Nach § 215 BGB schließt die Verjährung die Aufrechnung aber nicht aus, wenn der Anspruch in dem Zeitpunkt noch nicht verjährt war, in dem erstmals aufgerechnet werden konnte. Während des Laufs einer Ausschlussfrist kann mit Gegenansprüchen aufgerechnet werden. Ist hingegen die Forderung, mit der aufgerechnet werden soll, bereits verfallen, scheidet die Aufrechnung aus.[47] Haben Arbeitgeber oder Arbeitnehmer rechtzeitig die Aufrechnung erklärt, muss die Aufrechnungserklärung eine vorgesehene Form für die Geltendmachung der Verfallfrist nicht einhalten, da die Forderung auf Grund der erklärten Aufrechnung bereits erloschen ist.[48] Jedoch muss die Aufrechnungserklärung hinreichend die aufgerechnete Forderung bestimmen und individualisieren, andernfalls ist sie unwirksam. Wegen einer Aufrechnung gegenüber Forderungen auf Urlaubsentgelt und Abgeltung vgl. § 102 RN 154. 13

5. Lohnsteuer. Hat der Arbeitgeber den Lohnsteuerabzug unrichtig durchgeführt und wird er vom Finanzamt in Anspruch genommen, kann er mit dem Erstattungsanspruch (§§ 670, 426 BGB; vgl. § 71 RN 47ff.) gegen die Lohnforderungen aufrechnen. Dagegen ist eine Aufrechnung gegen den Erstattungsanspruch aus einem Lohnsteuerjahresausgleich des Arbeitnehmers durch den Arbeitgeber ausgeschlossen, da es an der Gegenseitigkeit fehlt; der Arbeitgeber führt den Lohnsteuerausgleich nur für das Finanzamt durch. Zu Sozialversicherungsansprüchen vgl. § 71 RN 10ff. 14

---

[37] BGH 9. 4. 1990 NJW 90, 2544.
[38] BAG 14. 12. 1966 AP 26 zu § 138 BGB = NJW 67, 751; BGH 9. 6. 1960 BGHZ 32, 367.
[39] BAG 10. 10. 1966 AP 2 zu § 392 BGB; 1. 8. 1959 AP 1 zu § 392 BGB.
[40] BAG 18. 3. 1997 AP 30 zu § 394 BGB = NZA 97, 1108.
[41] BAG 28. 8. 1964 AP 9 zu § 394 BGB; 31. 3. 1960 AP 5 zu § 394 BGB; a. A. BGH 22. 4. 1964 AP 4 zu § 394 BGB; zweifelnd auch BGH 4. 12. 1968 AP 12 zu § 394 BGB.
[42] BAG 18. 3. 1997 AP 30 zu § 394 BGB = NZA 97, 1108; 16. 6. 1960 AP 8 zu § 394 BGB.
[43] BAG 28. 8. 1968 AP 9 zu § 394 BGB = NJW 65, 70.
[44] OLG Celle 9. 6. 1980 NJW 81, 766.
[45] ArbG Köln 22. 5. 2002 MDR 2002, 1258.
[46] LAG Nürnberg 8. 10. 2004 AR-Blattei ES 270 Nr. 11.
[47] BAG 15. 11. 1967 AP 3 zu § 390 BGB = NJW 63, 813; 13. 1. 1962 AP 2 zu § 390 BGB.
[48] BAG 1. 2. 2006 – 5 AZR 395/05 – n. v.; a. A. LAG Düsseldorf 22. 7. 1971 DB 72, 242.

15 **6. Prozessuales. a) Grundsatz.** Der Aufrechnende ist stets darlegungs- und ggf. beweispflichtig für die Voraussetzungen der Aufrechnung (RN 8). Wird gegen Arbeitseinkommen aufgerechnet, hat er darüber hinaus vorzutragen, dass die Aufrechnung unter Beachtung der Pfändungsschutzvorschriften erfolgt ist.[49] Wird in einer arbeitsgerichtlichen Streitigkeit mit einer Forderung aufgerechnet, für die nach den § 2 I, II, § 3 ArbGG der Rechtsweg zu den Arbeitgerichten gegeben ist, unterliegt die Entscheidung über die Aufrechnung keinen zuständigkeitsrechtlichen Bedenken. Wird dagegen mit einer Forderung aufgerechnet, für die der Rechtsweg zu den Arbeitsgerichten nicht gegeben ist, ist zu differenzieren. Hat der Beklagte die Aufrechnung erklärt, wird aber die Klage bereits aus anderen Gründen abgewiesen, bedarf es keines Eingehens mehr auf die zur Aufrechnung gestellte Gegenforderung. Auch eine Vorabentscheidung nach den §§ 17, 17a GVG ist nicht erforderlich, da über die rechtswegfremde Gegenforderung nicht mit Rechtskraftwirkung (§ 322 II ZPO) entschieden wird.

16 **b) Rechtswegfremde Gegenforderungen.** Kommt es auf den Bestand der zur Aufrechnung gestellten Gegenforderung an, ist eine Entscheidung der Arbeitsgerichte zulässig, wenn diese rechts- bzw. bestandskräftig festgestellt oder unbestritten bzw. anerkannt ist.[50] Darüber hinaus kann über eine zur Aufrechnung gestellte rechtswegfremde Gegenforderung jedenfalls dann von den Arbeitsgerichten entschieden werden, wenn die Gegenforderung die Voraussetzungen des § 2 III ArbGG erfüllt, sie also von dem Beklagten als Widerklage vor die ArbG gebracht werden könnte und keine ausschließliche Zuständigkeit eines anderen Gerichts besteht.[51] Ansonsten fehlt es den ArbG an einer Entscheidungskompetenz. Hieran ändert auch § 17 II 1 GVG nichts, da die Aufrechnung kein „rechtlicher Gesichtspunkt" ist, sondern ein selbständiges Gegenrecht, das dem durch die Klage bestimmten Streitgegenstand einen weiteren selbständigen Gegenstand hinzufügt. Nach Ansicht des BAG kann das Arbeitsgericht über die Klageforderung durch Vorbehaltsurteil (§ 302 ZPO) entscheiden und nach dessen Rechtskraft den Rechtsstreit wegen der Gegenforderung an das zuständige Gericht verweisen, das im Nachverfahren entscheidet.[52]

17 **7. Warenlieferung.** Wegen der Behandlung von **Lohnüberzahlungen, Vorschüssen, Darlehen** und **Abschlagszahlungen** vgl. § 70 RN 10ff. und § 74. Nicht aufgerechnet werden kann mit Forderungen wegen verbotswidrig kreditierter Waren (§ 107 II GewO), da deren Beitreibung schlechthin ausgeschlossen ist (dazu RN 31f.).

III. Zurückbehaltungsrecht

18 **1. Begriff.** Der Schuldner kann nach § 273 BGB seine Leistung verweigern, bis der Gläubiger seiner ihm obliegenden Leistungspflicht nachgekommen ist. Das Zurückbehaltungsrecht ist Ausprägung des allgemeinen Gedankens von Treu und Glauben, nach dem treuwidrig handelt, wer fordert, ohne seinerseits zu leisten, obwohl er dazu verpflichtet ist. Das Zurückbehaltungsrecht setzt voraus, **(a)** eine erfüllbare Schuld, **(b)** einen fälligen Gegenanspruch, **(c)** Konnexität der Ansprüche zueinander, d.h. der Gegenanspruch muss aus demselben rechtlichen Verhältnis herrühren und **(d)** den Zugang der Erklärung über die Ausübung des Zurückbehaltungsrechts gegenüber dem anderen Vertragsteil. Ein formularmäßiger Ausschluss des Zurückbehaltungsrechts ist nach § 309 Nr. 2 BGB unwirksam.[53]

19 **2. Zulässigkeit.** Dem Arbeitnehmer steht nach § 273 BGB ein Zurückbehaltungsrecht an seiner Arbeitsleistung zu, wenn der Arbeitgeber seine Lohnzahlungspflicht nicht erfüllt. Die Ausübung des Zurückbehaltungsrechts hat dabei unter Beachtung des Grundsatzes von Treu und Glauben (§ 242 BGB) zu erfolgen. Danach darf der Arbeitnehmer die Arbeit nicht verweigern, wenn der Lohnrückstand verhältnismäßig geringfügig ist, nur eine kurzfristige Verzögerung der Lohnzahlung zu erwarten ist, dem Arbeitgeber ein unverhältnismäßig hoher Schaden entstehen kann oder der Lohnanspruch auf andere Weise gesichert ist.[54] Ausreichend ist regelmäßig das Ausbleiben der Vergütung für einen Abrechnungszeitraum (§ 614 BGB). Bei ordnungsgemäßer Ausübung des Zurückbehaltungsrechts ist eine auf die Leistungsverweigerung gestützte Kündigung regelmäßig unwirksam.[55] Die Ausübung des Zurückbehaltungsrechts ist

[49] BAG 5. 12. 2002 AP 32 zu § 394 BGB = NZA 2003, 802.
[50] Vgl. BVerwG 31. 3. 1993 NJW 93, 2255; offen gelassen von BAG 22. 7. 1998 AP 55 zu § 36 ZPO = NZA 98, 1190.
[51] BAG 23. 8. 2001 AP 2 zu § 17 GVG = NZA 2001, 1158.
[52] BAG 28. 11. 2007 AP 11 zu § 2 ArbGG 1979 Zuständigkeitsprüfung = NZA 2008, 843.
[53] ErfK/*Preis* §§ 305–310 BGB RN 98.
[54] BAG 25. 10. 1984 AP 3 zu § 273 BGB = NZA 85, 355.
[55] BAG 9. 5. 1996 AP 5 zu § 273 BGB = NZA 96, 1085.

aber ausgeschlossen, wie auch eine Aufrechnung nach § 394 BGB unzulässig wäre.[56] Es kann daher kein Zurückbehaltungsrecht wegen einer mit einer Einrede behafteten Forderung ausgeübt werden; verjährte Ansprüche des Schuldners begründen nur dann ein Zurückbehaltungsrecht, wenn die Verjährung noch nicht eingetreten war, als der Anspruch des Gläubigers entstanden ist.[57] Eine Ausnahme gilt dann, wenn das Zurückbehaltungsrecht gerade diejenige Forderung sichert, gegen die sich die Aufrechnung richtet.[58] Die Ausübung eines Zurückbehaltungsrechts setzt voraus, dass die Leistung noch zurückgehalten werden kann. Eine Zug-um-Zug-Verurteilung ist deshalb ausgeschlossen, wenn die Leistung auf Grund eines vorläufig vollstreckbaren Titels bereits bewirkt worden ist.[59]

Soll wegen einer **Gegenforderung** das Zurückbehaltungsrecht ausgeübt werden, ist § 394 BGB entsprechend anwendbar. Im Unterschied zur Aufrechnung ist die Ausübung des Zurückbehaltungsrechts auch wegen ungleichartiger Forderungen möglich. Begrifflich scheidet die entsprechende Anwendung von § 394 BGB aus, wenn die Zurückbehaltung wegen Ansprüchen auf Herausgabe von Werkzeug, Arbeitsgerät usw. erfolgt. Kein Zurückbehaltungsrecht besteht an Arbeitspapieren. Der Arbeitgeber hat ein Zurückbehaltungsrecht wegen der Entgeltfortzahlung, wenn der Arbeitnehmer keine Arbeitsunfähigkeitsbescheinigung vorlegt.[60] 20

IV. Sonstige Lohnsicherungen

1. Lohnanrechnung. Von der Aufrechnung und dem Zurückbehaltungsrecht zu unterscheiden ist die Lohnanrechnung. Bei ihr rechnet der Arbeitgeber eigene Leistungen oder Leistungen eines Dritten auf den Vergütungsanspruch des Arbeitnehmers an. Durch sie sollen Doppelleistungen vermieden werden. Die Lohnanrechnung tritt nicht automatisch ein, sondern gibt dem Arbeitgeber nur ein Leistungsverweigerungsrecht, das im gerichtlichen Verfahren nur auf eine entsprechende Einrede zu berücksichtigen ist. Zu einer Anrechnung ist der Arbeitgeber nur berechtigt, wenn sie vertraglich oder im Gesetz vorgesehen ist. Die wichtigsten gesetzlichen Anrechnungsbestimmungen beziehen sich auf die Anrechnung anderweitigen Einkommens bei **(a)** Annahmeverzug (§ 615 Satz 2 BGB, § 11 KSchG; § 95 RN 9ff.), **(b)** verschuldeter Unmöglichkeit der Arbeitsleistung (§ 326 II BGB), **(c)** Karenzentschädigung im Falle des Wettbewerbsverbots (§ 74c HGB; vgl. § 58 RN 77), **(d)** im Krankheitsfalle (§ 616 I 2, § 617 I 3 BGB, dazu § 98). Da die Anrechnung begrifflich keine Aufrechnung oder kein Zurückbehaltungsrecht darstellt, scheidet die unmittelbare oder entsprechende Anwendung von § 394 BGB aus 21

Lohnanrechnungen auf freiwillige Vergütungsbestandteile erfolgen vielfach im Zusammenhang mit (rückwirkenden) **Tariflohnerhöhungen**. Nach der Rspr. des BAG kann der Arbeitgeber regelmäßig eine nachträglich für bestimmte Monate vereinbarte Tariflohnerhöhung auf die in diesen Monaten bereits geleisteten übertariflichen Zulagen durch ausdrückliche oder konkludente Erklärung anrechnen. Die Tilgungsbestimmung nach § 366 I BGB kann durch eine, auch stillschweigend mögliche, Vereinbarung der Parteien offen gehalten und dem Schuldner vorbehalten werden. Hiervon ist bei dem mit einer freiwilligen übertariflichen Zulage verbundenen Anrechnungsvorbehalt jedenfalls insoweit auszugehen, wie eine Tariflohnerhöhung sich auf einen bestimmten in der Vergangenheit liegenden Zeitraum bezieht. Erfolgt die Anrechnung, tritt der erhöhte Tariflohn zum gewährten Entgelt nur so weit hinzu, wie er dieses übersteigt, dh., der übertarifliche Lohnbestandteil verringert sich um den Betrag der Tariflohnerhöhung. Bei rückwirkenden Tariflohnerhöhungen stellt sich damit erst nachträglich heraus, dass ein als übertariflich angesehener Bestandteil des Lohns in Wahrheit Tariflohn war. Hierin erschöpft sich die Bedeutung der Tariflohnerhöhung. Rechtsgrund der geleisteten Zahlungen bleibt die vertragliche Lohnvereinbarung;[61] zur AGB-Kontrolle § 32 RN 57 und zum Mitbestimmungsrecht des Betriebsrats bei Lohnanrechnungen § 235 RN 106. 22

2. Lohneinbehaltung (Kaution). Von einer Lohneinbehaltung im technischen Sinne wird dann gesprochen, wenn der Arbeitgeber berechtigt ist, die Arbeitsvergütung ganz oder teilweise einzubehalten. Sie unterscheidet sich von der Aufrechnung oder der Ausübung eines Zurückbehaltungsrechts dadurch, dass bei ihr eine Gegenforderung nicht besteht. Die Lohneinbehaltung 23

---

[56] BAG 16. 10. 1967 AP 11 zu § 394 BGB = NJW 68, 565.
[57] BGH 16. 6. 1967 AP 1 zu § 273 BGB = NJW 67, 1902.
[58] BGH 27. 9. 1990 BB 90, 2223 = DB 90, 2317.
[59] BGH 11. 6. 2003 BGHZ 155, 141.
[60] BAG 1. 10. 1997 AP 5 zu § 5 EntgeltFG = NZA 98, 369.
[61] BAG 27. 8. 2008 – 5 AZR 821/07 – n. v.; 1. 3. 2006 AP 40 zu § 4 TVG Übertarifliche Lohn- u. Tariflohnerhöhung = NZA 2006, 688.

ist nur dann zulässig, wenn sie vertraglich vereinbart worden ist. Derartige Vereinbarungen erfolgen zumeist entweder, um für den Arbeitnehmer zu sparen oder um den Arbeitgeber wegen künftiger Gegenforderungen abzusichern (Kautionen). Nach vorherrschender Auffassung ist die Lohneinbehaltungsabrede nur im Rahmen der Pfändungsfreigrenze zulässig; sie ist u. U. für den Arbeitnehmer eine Verfügung gegen die aus §§ 394, 400, 1274 II BGB sich ergebende Schutznorm (oben RN 2). Die gleichen Begrenzungen gelten für sonstige Schadensersatzansprüche (z. B. Mankobeträge, Übernahme von Leasingraten usw.). Hat der Arbeitgeber weitergehende Einbehaltungen vorgenommen, kann der Arbeitnehmer jederzeit deren Auszahlung begehren. Der Verfall einer durch den Arbeitnehmer gestellten Kaution für den Fall fristgerechter Kündigung kann als Kündigungserschwerung nicht wirksam vereinbart werden.[62]

24 **3. Bürgschaft.** Eine formularmäßige Bürgschaft zur Sicherung aller künftigen Forderungen aus einem Arbeitsverhältnis benachteiligt die bürgende Privatperson entgegen den Geboten von Treu und Glauben regelmäßig unangemessen.[63]

25, 26 **4. Lohnverwirkung.** Lohnverwirkung ist eine Vereinbarung, wonach unter bestimmten Voraussetzungen der Anspruch auf Arbeitsvergütung erlöschen soll. Sie ist ein aufschiebend bedingter Erlassvertrag (§ 397 BGB). Von der Lohnverwirkung zu unterscheiden ist die Verwirkung (§ 73 RN 17), d. h., die illoyale verspätete Geltendmachung einer Forderung[64] oder der Verzicht. Die Lohnverwirkung wird zumeist als Entschädigung für den Arbeitgeber oder als Buße für den Arbeitnehmer vereinbart. Grundsätzlich sind Lohnverwirkungsabreden zulässig. Mit Eintritt der Verwirkungsvoraussetzung erlischt auch die tarifliche[65] Forderung des Arbeitnehmers, ohne dass es darauf ankommt, dass der Arbeitgeber sie geltend macht, ein Schaden bei ihm eingetreten ist oder er Kostenersatzansprüche hat.

27 Die Vereinbarung der Lohnverwirkung ist **unwirksam,** wenn sie sich auf unpfändbare Forderungen erstreckt; dies ergibt sich aus dem für unpfändbare Forderungen bestehenden Verfügungsverbot für Arbeitnehmer (oben RN 1) oder gegen die guten Sitten verstößt (§ 138 BGB).

28 **5. Lohnverwendungsabreden.** Lohnverwendungsabreden sind Vereinbarungen zwischen Arbeitgeber und Arbeitnehmer, die Arbeitsvergütung zu Gunsten bestimmter Personen oder zu bestimmten Zwecken ganz oder teilweise zu verwenden. Grundsätzlich sind derartige Vereinbarungen zulässig. Lohnverwendungsabreden sind aber unwirksam, wenn sie den Arbeitnehmer sittenwidrig binden (§ 138 BGB) oder in die private Lebensführung eingegriffen wird. Lohnverwendungsabreden über den unpfändbaren Teil der Arbeitsvergütung sind aber unzulässig. In Tarifverträgen und Betriebsvereinbarungen können Lohnverwendungsnormen nur insoweit vereinbart werden, wie eine Beitragsleistung der Arbeitnehmer zu Sozialeinrichtungen geschaffen wird.[66] Der Arbeitnehmer kann aber nicht gezwungen werden, die Kosten für ein Kantinenessen zu tragen, wenn er an der Kantinenverpflegung nicht teilnehmen will.[67] Schließlich sind kollektivrechtliche Vereinbarungen, durch die der Arbeitnehmer zur Anlage vermögenswirksamer Leistungen aus seiner Arbeitsvergütung gezwungen wird, unwirksam.

V. Truckverbot

Bauer/Opolony, Arbeitsrechtliche Änderungen in der Gewerbeordnung, BB 2002, 1590; *Düwell,* Neues Arbeitsrecht in der Gewerbeordnung, ZTR 2002, 461; *Schöne,* Die Novellierung der Gewerbeordnung und die Auswirkungen auf das Arbeitsrecht, NZA 2002, 829; *Schönleiter/Viethen,* Die Dritte GewO-Novelle, GewArch 2003, 129; *Wisskirchen,* Novellierung arbeitsrechtlicher Vorschriften in der Gewerbeordnung, DB 2002, 1886.

29 **1. Begriff.** Zu Beginn der Industrialisierung wurden Arbeitnehmern in Anrechnung auf die Vergütung Waren geliefert, vielfach zu überhöhten Preisen und auf Kredit. Zur Begegnung der daraus entstehenden Abhängigkeit dient das Truckverbot, das aber nach der Änderung der GewO[68] nur noch geringe Bedeutung hat. Es soll verhindern, dass der Arbeitnehmer durch die Annahme anderer als Geldleistungen seinen Geldlohnanspruch gegenüber dem Arbeitgeber wegen § 364 BGB verliert. Der Arbeitnehmer soll davor geschützt werden, die empfangenen Waren erst zu verkaufen, um aus dem Erlös seinen Lebensunterhalt bestreiten zu können. Sys-

---

[62] BAG 11. 3. 1971 AP 9 zu § 622 BGB.
[63] BAG 27. 4. 2000 AP 1 zu § 765 BGB = NZA 2000, 940.
[64] BAG 18. 11. 1960 AP 1 zu § 4 TVG Vertragsstrafe = NJW 61, 698.
[65] BAG 18. 11. 1960 AP 1 zu § 4 TVG Vertragsstrafe = NJW 61, 698.
[66] Vgl. BAG 5. 12. 1958 AP 1 zu § 4 TVG Ausgleichskasse = NJW 59, 595.
[67] BAG 11. 7. 2000 AP 16 zu § 87 BetrVG 1972 Sozialeinrichtung = NZA 2001, 462.
[68] Zum alten Recht vgl. BAG 6. 12. 1978 AP 4 zu § 115 GewO; 20. 4. 1974 AP 1 zu § 115 GewO.

tematisch schafft § 107 II GewO in Satz 1 die Möglichkeit zur Vereinbarung von Sachbezügen, Satz 2 enthält ein Kreditierungsverbot, während die Sätze 3, 4 die Anrechnung des Warenbezugs zum Selbstkostenpreis auf das Arbeitsentgelt erlaubt. § 107 II 5 GewO legt schließlich fest, dass der Wert der Sachbezüge oder der gelieferten Waren die Höhe des pfändbaren Teils der Arbeitsvergütung nicht übersteigen darf. Die den Vertragsparteien durch den § 107 II GewO auferlegten Begrenzungen sind verfassungsrechtlich unbedenklich.[69]

2. Sachbezüge. Die Arbeitsvertragsparteien können vereinbaren, dass ein Teil der Arbeits- **30**
vergütung in Form von Sachbezügen zu gewähren ist. Zum Begriff des Sachbezugs § 68 RN 1 ff., zu den Sachbezügen zählt nicht die Nutzung von Sozialeinrichtungen und der vom Arbeitgeber zu leistende Aufwendungsersatz (§ 85). § 107 II 1 GewO gestattet entsprechende Vereinbarungen nur, wenn der Sachbezug im Interesse des Arbeitnehmers liegt oder der Eigenart des Arbeitsverhältnisses entspricht. Bei der Bestimmung des Arbeitnehmerinteresses soll nach überwiegender Ansicht ein abstrakt objektiver Maßstab anzulegen sein,[70] jedoch sind nach dem auf den einzelnen Arbeitnehmer abstellenden Gesetzeswortlaut auch Individualinteressen berücksichtigungsfähig. Nach der Gesetzesbegründung (BT-Drucks. 14/8796 S. 24) fallen unter Eigenart des Arbeitsverhältnisses die in bestimmten Branchen üblichen Deputate (Bezug von Bier, Tabak- und Gastronomiewaren); für Berufsausbildungsverhältnisse wird § 107 II 2 GewO durch § 17 II BBiG als lex specialis verdrängt. Die Gewährung eines in zulässiger Weise vereinbarten Sachbezugs führt zum Erlöschen des entsprechenden Teils der Arbeitsvergütung.

3. Kreditierungsverbot. Nach § 107 II 2 GewO darf der Arbeitgeber dem Arbeitnehmer **31**
weder eigene noch fremde Waren kreditieren. Das Kreditierungsverbot will eine Verschuldung und damit eine weitere wirtschaftliche Abhängigkeit des Arbeitnehmers vom Arbeitgeber verhindern.[71] Nicht unter das Kreditierungsverbot fällt der Verkauf eines Grundstücks auf Kredit, da es sich bei Waren nur um bewegliche Sachen handelt sowie die Überlassung eines Dienstwagens zur privaten Nutzung.[72] Unzulässig ist danach die Kreditierung des Kaufpreises für an Arbeitnehmer gelieferte Kraftfahrzeuge durch den Arbeitgeber.[73] Dagegen ist die Finanzierung über ein Kreditinstitut möglich.[74] Zu Werkwohnungen vgl. RN 2. Uneingeschränkt zulässig ist auch der Verkauf von Waren gegen Barzahlung. Ebenso kann eine Anrechnung von bezogenen Waren auf die Arbeitsvergütung erfolgen, wenn diese zu den durchschnittlichen Selbstkosten erfolgt. Als Arbeitgeber gilt das Unternehmen, der Verkauf von Gegenständen konzernverbundener Unternehmen fällt nicht unter § 107 II 3 GewO. Die Beschaffenheit der Waren muss mittlerer Art und Güte entsprechen, es sei denn, die Arbeitsvertragsparteien haben ausdrücklich eine andere Vereinbarung getroffen. § 107 II 5 GewO legt fest, dass der Wert der vereinbarten Sachbezüge oder des verbilligten Warenbezugs den Wert des pfändbaren Arbeitseinkommens nicht übersteigen darf. Entgegen dem insoweit missverständlichen Gesetzeswortlaut müssen dem Arbeitnehmer in dem jeweiligen Abrechnungszeitraum nach Abzug der Summen aus Sach- und Warenbezug die unpfändbaren Vergütungsbestandteile entweder in bar oder auf seinem Konto zur Verfügung stehen. Freiwillige zusätzliche Leistungen des Arbeitgebers fallen nicht unter das Kreditierungsverbot.[75] Ein über die zu beanspruchende Vergütung hinaus gewährtes Arbeitgeberdarlehen fällt nicht unter das Kreditierungsverbot.

4. Unwirksamkeit. Bei der Neuregelung des Truckverbots hat der Gesetzgeber auf die Auf- **32**
nahme von Rechtsfolgen bei Zuwiderhandlungen verzichtet, die §§ 117 ff. GewO a. F. sind ersatzlos entfallen. Ein Verstoß gegen § 107 II 1 GewO führt dazu, dass die vereinbarte Arbeitsvergütung durch die Gewährung des Sachbezugs nicht getilgt wird. Werden Waren über den durchschnittlichen Selbstkosten an den Arbeitnehmer verkauft, entfällt die Anrechnungsmöglichkeit, der Arbeitgeber bleibt zur Leistung des auf die Arbeitsvergütung angerechneten Warenbezugs verpflichtet. Allerdings ist der Arbeitnehmer ggf. zum Wertersatz für den Sachbezug oder zur Kaufpreiszahlung für die bezogenen Waren verpflichtet. Ein Verstoß gegen das Kreditierungsverbot führt zur Unwirksamkeit der abgeschlossenen Vereinbarung, der Arbeitgeber kann kreditierte Forderungen nicht klageweise oder auf sonstige Weise (Aufrechnung usw.) geltend machen (vgl. § 118 GewO a. F.). Der Arbeitnehmer kann jederzeit die Arbeitsvergütung erneut fordern, muss allerdings die kreditierten Waren an den Arbeitgeber herauszugeben.

---

[69] Zu § 115 GewO: BVerfG 24. 2. 1992 AP 5 zu § 115 GewO = NJW 92, 2143.
[70] ErfK/*Preis* § 107 GewO RN 4.
[71] BAG 23. 9. 1992 AP 1 zu § 611 BGB Arbeitnehmerdarlehen = NZA 93, 936.
[72] BAG 24. 3. 2009 – 9 AZR 733/07 – z. V. b.
[73] BAG 20. 4. 1974 AP 1 zu § 115 GewO = NJW 74, 1887; OLG Hamm 26. 5. 1989 NJW 90, 55.
[74] BGH 12. 5. 1975 AP 3 zu § 115 GewO = NJW 75, 1515.
[75] BAG 23. 9. 1992 AP 1 zu § 611 BGB Arbeitnehmerdarlehen = NZA 93, 936.

§ 89. Das Lohnpfändungsverfahren

Schrifttum neben den Kommentaren zur ZPO; *Bengelsdorf,* Pfändung und Abtretung von Lohn, 2. Aufl., 2002; *Boewer,* Handbuch Lohnpfändung, 2. Aufl., 2008; *Brox/Walker,* Zwangsvollstreckungsrecht, 8. Aufl., 2008; *Diepold/Hintzen,* Musteranträge für Pfändung und Überweisung, 8. Aufl., 2005; *Helwich/Frankenberg,* Pfändung des Arbeitseinkommens und Verbraucherinsolvenz, 5. Aufl., 2007; *Lackmann,* Zwangsvollstreckungsrecht, 8. Aufl., 2007; *Riedel,* Lohnpfändung in der Personalpraxis, 3. Aufl., 2005; *Stöber,* Forderungspfändung, 14. Aufl., 2005; *Wilikonsky,* Lohnpfändung und Drittschuldnerklage, 2. Aufl., 2004.

Aufsätze: *Becker,* Pfändungsschutz bei Arbeitseinkommen und anderen Forderungen, JuS 2004, 780; *Bengelsdorf,* Praxisrelevante Gesetzesänderungen im Lohnpfändungsrecht, FA 2002, 366; *Denecke,* Lohnpfändung in Betrieb und gerichtlicher Praxis, AuA 2008, 296: *Frank,* Zeitwertkonten und ihre Bedeutung für andere Rechtsgebiete DB 2007, 1640; *Hintzen,* Die Entwicklung im Zwangsvollstreckungsrecht seit 2006, Rpfleger 2008, 452; *Müller-Glöge,* Pfändung und Abtretung von Arbeitnehmerbezügen im Prozess, Beil. 22 zu DB 87; *Neumann,* Lohnpfändung und Verpfändung, AR-Blattei Lohnpfändung I; AR-Blattei SD 1130; *Reiter,* Lohnpfändung und Lohnabrechnung, FA 2007, 258; *Schubert,* Rechtsgrundlagen der Pfändungsfreigrenzen, FA 2008, 69.

Muster: ArbR-Formb. § 30.

Übersicht

RN
I. Vorbemerkung ... 1
II. Pfändungsantrag ... 2 ff.
1. Zuständigkeit ... 2
2. Form ... 2 a
3. Parteibezeichnung ... 3
4. Bezeichnung des Drittschuldners ... 4
5. Zu vollstreckende Forderung ... 5–7
6. Beizufügende Unterlagen ... 8
7. Zu pfändende Forderung ... 9–14
8. Pfändung und Überweisung ... 15
9. Zustellung des Pfändungs- und Überweisungsbeschlusses ... 16, 17
10. Sonstige Anträge ... 18
III. Pfändungs- und Überweisungsbeschluss ... 19 ff.
1. Entscheidung ... 19
2. Inhalt ... 20
3. Wirkung ... 21–24
4. Bedeutung des Pfändungspfandrechts ... 25–28
IV. Vorpfändung ... 29 ff.
1. Zweck ... 29
2. Voraussetzungen ... 30
3. Durchführung der Vorpfändung ... 31
4. Wirkung ... 32, 33
5. Mehrmalige Vorpfändung ... 34
6. Rechtsbehelfe ... 35
7. Kosten ... 36
RN
V. Auskunftspflichten des Drittschuldners ... 37 ff.
1. Pflicht des Arbeitgebers ... 37
2. Voraussetzungen der Erklärungspflicht ... 38
3. Frist ... 39
4. Inhalt der Erklärung ... 40–45
5. Obliegenheit des Drittschuldners ... 46–48
VI. Drittschuldnerklage ... 49 ff.
1. Verwertung der Forderung ... 49–51
2. Klage ... 52
3. Voraussetzungen ... 53
4. Streitverkündung ... 54
5. Hinterlegung bei mehrfacher Pfändung ... 55
6. Einwendungen ... 56–58
VII. Lohnschiebungsverträge ... 59 ff.
1. Allgemeines ... 59
2. Lohnbegrenzungsvertrag (§ 850 h I ZPO) ... 60–62
3. Verschleiertes Arbeitseinkommen (§ 850 h II ZPO) ... 63–69
4. Festsetzung der Vergütung bei verschleiertem Arbeitseinkommen ... 70
5. Darlegungs- und Beweislast ... 71
6. Einwendungen des Drittschuldners ... 72

I. Vorbemerkung

1 Arbeitnehmer bestreiten aus ihrem Arbeitseinkommen regelmäßig ihren Lebensunterhalt. Daneben stellen ihre Bezüge vielfach ihre einzige Kreditgrundlage dar. Erfüllt der Arbeitnehmer seine Kreditverpflichtungen gegenüber Dritten nicht mehr, bestehen unter den Beteiligten vielfach widerstreitende Interessen. Der Gläubiger legt Wert darauf, möglichst schrankenlos auf die Einkünfte seines Schuldners Zugriff nehmen zu können; der Arbeitnehmer wiederum will möglichst große Teile seiner Einkünfte zur freien Verfügung behalten. Der Arbeitgeber muss befürchten, dass seine Arbeitnehmer die Arbeit nur wenig motiviert verrichten, wenn ihnen nur unzureichende Einkünfte verbleiben. Schließlich hat zwar die öffentliche Hand ein Interesse daran, dass die Schulden bezahlt werden, möchte aber eine eigene Inanspruchnahme durch den Eintritt einer Hilfsbedürftigkeit beim Arbeitnehmer vermeiden. Die Regelungen in der ZPO über die Pfändung des Arbeitseinkommens sollen die widerstreitenden Interessen ausgleichen. Der Staat erlaubt dem Gläubiger grundsätzlich einen der Höhe nach begrenzten Zugriff auf das

Arbeitseinkommen des Arbeitnehmers. Dabei entstehen mit dem Erlass des Pfändungs- und Überweisungsbeschlusses vollstreckungsrechtliche Beziehungen zwischen **(1)** dem Gläubiger und dem Arbeitnehmer, **(2)** dem Arbeitnehmer und seinem Arbeitgeber und **(3)** dem Gläubiger und dem Arbeitgeber. Das Gesetz nennt denjenigen, der die Vollstreckung betreibt, **Gläubiger,** denjenigen, gegen den die Vollstreckung betrieben wird, **Schuldner** und den Arbeitgeber des Schuldners **Drittschuldner.** Besondere Probleme entstehen, wenn der Arbeitgeber den Arbeitslohn seines Arbeitnehmers auf ein Bankkonto überweist und die Forderungen des Arbeitnehmers gegen die Bank gepfändet werden, wenn also die Bank Drittschuldner wird. Das Pfändungsrecht der ZPO gilt nicht nur für die Pfändung der Vergütung der Arbeitnehmer, sondern auch für die Pfändung der Bezüge der Beamten, Pensionäre und wirtschaftlich abhängigen Handelsvertreter. Vorvertragliche Fragen des Vermieters nach einer Pfändung des Arbeitseinkommens sowie sonstigen Zwangsvollstreckungsmaßnahmen sollen zulässig sein.[1]

II. Pfändungsantrag

1. Zuständigkeit. Die Lohnpfändung setzt einen Antrag bei dem zuständigen Gericht voraus. Zuständig für den Erlass des Pfändungs- und Überweisungsbeschlusses ist grundsätzlich das Amtsgericht, in dessen Bezirk der Arbeitnehmer seinen allgemeinen Gerichtsstand hat, der durch seinen Wohnsitz bestimmt wird (§§ 13, 828 II ZPO). Hat ein Arbeitnehmer keinen Wohnsitz, so ist das Gericht des jeweiligen Aufenthaltsorts zuständig und, sofern dieser nicht bekannt ist, das Gericht des letzten Wohnsitzes[2] (§ 16 ZPO). Letztlich ist für Personen, die im Inland keinen Wohnsitz haben, das Gericht zuständig, in dessen Bezirk sich Vermögen derselben befindet (§ 23 ZPO). Namentlich bei Grenzarbeitnehmern und im Inland wohnsitzlosen ausländischen Arbeitnehmern kann daher der Pfändungs- und Überweisungsbeschluss beim Amtsgericht beantragt werden, in dessen Bezirk die Lohnforderung durch den Arbeitgeber zu erfüllen ist. Dies ist regelmäßig der Betriebssitz (vgl. § 70 RN 5). Zu den beizufügenden Unterlagen RN 8 und zu weiteren begleitenden Anträgen RN 18. **2**

2. Form. Der Antrag ist schriftlich oder zu Protokoll des Urkundsbeamten der Geschäftsstelle (§ 496 ZPO) einzureichen. Anwaltszwang besteht nicht. Soll wegen einer Lohnforderung ein Pfändungs- und Überweisungsbeschluss beantragt werden, werden durch das Amtsgericht Kostenvorschüsse nicht erhoben (§ 11 GKG). Für das Pfändungsverfahren kann auf Antrag Prozesskostenhilfe (§ 114 ZPO) bewilligt werden.[3] War bereits im Erkenntnisverfahren Prozesskostenhilfe bewilligt, wird das Vollstreckungsverfahren nur erfasst, wenn dies im Beschluss besonders ausgesprochen ist (§ 119 ZPO). **2a**

3. Parteibezeichnung. Der Pfändungsantrag muss die genaue Bezeichnung des Gläubigers und Schuldners nach Berufsstand, Vor- und Zuname sowie Anschrift enthalten. Ausreichend ist es aber, wenn zweifelsfrei erkennbar ist, welche Person gemeint ist.[4] Dies kann in kleineren Betrieben eher der Fall sein als in Großunternehmen. Das Vollstreckungsgericht prüft die Richtigkeit der Bezeichnungen nicht nach. Fehler, namentlich in der Bezeichnung des Schuldners, können zur Unwirksamkeit des Beschlusses führen; der Drittschuldner braucht dann keine Beträge abzuführen und der Gläubiger läuft Gefahr, dass ihm vor einer erneuten Pfändung ein anderer Gläubiger zuvorkommt. Die Rechtsprechung stellt mit Recht strenge Anforderungen an die Bezeichnungslast des Gläubigers. Der Drittschuldner wird durch bei ihm eingehende Pfändungs- und Überweisungsbeschlüsse erheblich belastet. Ihm kann daher nicht zugemutet werden, noch besondere Anstrengungen zu unternehmen, um den Schuldner zu ermitteln. Zudem hat er mit den zu vollstreckenden Forderungen in aller Regel nichts zu tun. Als unwirksam sind Pfändungs- und Überweisungsbeschlüsse angesehen worden, in denen der Name des Schuldners verwechselt,[5] ein falscher Name angegeben,[6] oder eine fehlerhafte Adresse mitgeteilt worden ist.[7] Namensänderungen des Schuldners infolge Verheiratung oder Scheidung können unschädlich sein, wenn die Veränderung dem Drittschuldner noch nicht mitgeteilt ist oder dieser zweifelfrei die Identität des Betroffenen ermitteln kann. Ohne Auswirkungen bleibt es auch, wenn Datum und Aktenzeichen des Vollstreckungstitels falsch angegeben sind.[8] In diesem Fall **3**

[1] OLG Koblenz 6. 5. 2008 NJW 2008, 3073 – zweifelhaft.
[2] LG Hamburg 29. 1. 2002 Rpfleger 2002, 467.
[3] Zur Beiordnung eines Rechtsanwalts bei Unterhaltstiteln BGH 29. 3. 2006 FamRZ 2006, 856.
[4] Vgl. zur Angabe des Gläubigers BGH 21. 12. 1966 NJW 67, 821; KG 8. 3. 1994 FamRZ 95, 311.
[5] BAG 12. 7. 1962 AP 4 zu § 850 ZPO.
[6] BAG 12. 7. 1962 AP 4 zu § 850 ZPO; LAG Hamm 2. 9. 1965 BB 65, 1189.
[7] LAG Rheinland-Pfalz 13. 6. 1968 BB 68, 709.
[8] LAG Düsseldorf 15. 5. 1968 DB 68, 1456.

ist es zureichend, wenn sich aus dem Beschluss ergibt, dass wegen einer Hauptforderung, Zinsen und Kosten Vollstreckung beantragt wird.

4 **4. Bezeichnung des Drittschuldners.** Der Pfändungsantrag hat zu seiner Wirksamkeit die genaue Bezeichnung des Drittschuldners mit Namen und Anschrift zu enthalten. Seine unrichtige Bezeichnung ist bei Offenkundigkeit des wahren Sachverhalts unschädlich, wenn der objektive Wortlaut des Beschlusses jedenfalls die Person des Schuldners und Art der gepfändeten Forderung zweifelsfrei bezeichnet.[9] Wird der Drittschuldner falsch bezeichnet, ist zu unterscheiden. Ist eine andere als die bezeichnete Person Arbeitgeber, ist die Pfändung unwirksam,[10] ansonsten ist die Bezeichnung auszulegen. Umstritten ist die richtige Bezeichnung des Drittschuldners, wenn ein Arbeitnehmer in einer **Zweigniederlassung** (§ 21 ZPO) beschäftigt wird. Nach der hier vertretenen Ansicht ist als Drittschuldner die juristische Person zu bezeichnen und dieser zuzustellen, während nach anderer Ansicht die Zweigniederlassung anzugeben und an diese zuzustellen ist.[11] Jedoch muss die Zustellung an diejenige Niederlassung erfolgen, in der der Arbeitnehmer beschäftigt wird. Dies folgt aus der entsprechenden Anwendung der in § 21 ZPO enthaltenen Rechtsgedanken. Durch eine Parallelpfändung am Hauptsitz und in der Niederlassung kann der Gläubiger aber Unsicherheiten vermeiden.

5 **5. Zu vollstreckende Forderung. a) Bezeichnung.** Der Pfändungsantrag hat die Forderung zu bezeichnen, wegen der die Vollstreckung erfolgen soll. In der Regel erfolgt der Pfändungsantrag wegen der titulierten Hauptforderung, der Zinsen und erwachsenden Kosten. Zulässig ist eine Beschränkung auf Teilbeträge.

6 **b) Fälligkeit.** Grundsätzlich muss die zu vollstreckende Forderung fällig sein. An der Fälligkeit besteht dann kein Zweifel, wenn der Schuldner zu einer bestimmten Leistung verurteilt oder sich zu ihr in einer vollstreckungsfähigen Urkunde (§ 794 ZPO) verpflichtet hat. Ist der Arbeitnehmer zu einer zukünftigen Leistung verurteilt (§§ 257 ff. ZPO), ist die Pfändung erst nach Eintritt der Fälligkeit möglich. Ausnahmsweise können Vollstreckungstitel über **zukünftige Leistungen** vollstreckt werden (§ 850 d III ZPO). Dies ist der Fall bei Unterhaltsansprüchen, die Verwandten, Ehegatten, Lebenspartner, früheren Ehegatten oder unehelichen Kindern und deren Erziehungsberechtigten kraft Gesetzes zustehen, sowie bei Ansprüchen auf Rente, die aus Anlass einer Verletzung des Körpers oder der Gesundheit zu zahlen ist. Eine entsprechende Anwendung wegen sonstiger Forderungen ist unzulässig. Zur Rangwahrung durchgeführte Vorratspfändungen zukünftig fällig werdender Forderungen sind nur dann zulässig, wenn bereits wegen fälliger Ansprüche die Pfändung erfolgen muss. Die gesetzliche Einschränkung rechtfertigt sich daraus, dass nur bei bereits vorliegender Säumnis die Gefahr besteht, dass der Arbeitnehmer auch in Zukunft nicht zahlen wird.[12] Bei zukünftig fällig werdenden Ansprüchen wird dem Arbeitnehmer der pfändbare Lohnbetrag erst bei Fälligkeit abgezogen, die Wirkungen der Pfändung aber treten bereits mit der Zustellung ein.

7 **c) Unterhaltsansprüche.** Soll die Pfändung wegen gesetzlicher Unterhaltsansprüche[13] erfolgen (§ 850 d I ZPO), braucht der Gläubiger sich nicht mit den gesetzlichen Pfändungsfreigrenzen abzufinden. Vielmehr kann er beim Vollstreckungsgericht beantragen, dass die Pfändungsgrenzen anderweitig festgesetzt werden.[14] Hierzu sollten allerdings die dem Gläubiger bekannten Tatsachen (Familienstand, Unterhaltsverpflichtungen) im Antrag mitgeteilt werden (dazu auch RN 18). Zu den durch § 850 d I ZPO privilegierten Forderungen zählen nicht solche aus einem schuldrechtlichem Versorgungsausgleich.[15]

8 **6. Beizufügende Unterlagen.** Dem Pfändungsantrag (RN 1) ist eine Ausfertigung des Titels (§§ 704, 794 ZPO), der mit der Vollstreckungsklausel versehen ist (§ 724 ZPO), und der Zustellungsnachweis beizufügen (§ 750 ZPO). Einer Vollstreckungsklausel bedarf es nur in den Fällen der §§ 796 und 929 ZPO nicht.

9 **7. Zu pfändende Forderung. a) Bezeichnung.** Der Pfändungsantrag hat die Forderung zu bezeichnen, in die vollstreckt werden soll. Besteht sie nicht, ist die Pfändung nichtig.[16] Die

---

[9] BAG 5. 11. 1972 AP 7 zu § 850 ZPO; LAG Köln 25. 11. 1993 NZA 94, 912 = BB 94, 944; LG Leipzig 1. 10. 1997 DGVZ 98, 91.

[10] LAG Baden-Württemberg 18. 11. 1966 AP 3 zu § 832 ZPO = BB 67, 30 = DB 67, 166 (ARGE).

[11] *Bengelsdorf* RN 30.

[12] Vgl. OLG Düsseldorf 22. 7. 1983 WM 83, 1069; a. A. AG Bocholt 10. 11. 1966 MDR 67, 222.

[13] Zu überjährigen Ansprüchen BGH 21. 12. 2004 FamRZ 2005, 440.

[14] Dazu BGH 18. 7. 2003 NJW 2003, 2918 – zumindest Sozialhilfeniveau.

[15] BGH 5. 7. 2005 FamRZ 2005, 1564; 5. 11. 2004 FamRZ 2005, 198 – Neufestsetzung.

[16] BGH 12. 12. 2001 NJW 2002, 755 – Abtretung und spätere Zurückabtretung.

Forderung und ihr Rechtsgrund müssen so eindeutig bezeichnet werden, dass sie zumindest nach verständiger Auslegung von anderen Forderungen unterschieden werden können.[17] Bei der Pfändung von Bankguthaben braucht aber eine Kontonummer nicht angegeben zu werden; vielmehr kann sich hieraus eine vom Gläubiger nicht gewünschte Beschränkung auf das angegebene Konto ergeben. Ist dem Beschluss jedoch zu entnehmen, dass die Guthaben sämtlicher von dem Drittschuldner geführten Konten des Schuldners der Pfändung unterworfen sein sollen, führt die Angabe einer Kontonummer nicht zu einer Beschränkung der Pfändung auf das bezeichnete Konto.[18] Als unzureichend werden aber Formulierungen wie z. B. „aus jedem Rechtsgrund" bzw. „aus Verträgen und sonstigen Rechtsgründen" oder „aus Bankverbindungen" angesehen.[19] Als ausreichend gelten hingegen „Ansprüche des Schuldners auf Auszahlung gegenwärtiger und künftiger Salden",[20] „Zahlung des gesamten Arbeitseinkommens"[21] sowie „Zahlung aller jetzigen und zukünftigen Bezüge an/aus Arbeitseinkommen".[22] Bei Rückständen und zwischenzeitlich fällig werdenden Forderungen sollte bei der Bezeichnung eine entsprechende Klarstellung erfolgen.[23] Die rechtlich fehlerhafte Qualifizierung der zu pfändenden Forderung ist unschädlich. Ein Pfändungs- und Überweisungsbeschluss, der entsprechend dem Wortlaut von § 850 ZPO auf die Pfändung von Arbeitsvergütungen gerichtet ist, erfasst auch die Werklohnforderung aus einem freien Mitarbeiterverhältnis.[24] Ist die Bestimmung der gepfändeten Forderung unzureichend, kann die ganze Pfändung unwirksam sein. Der BFH hat angenommen, dass die zu pfändende Forderung nicht hinreichend bestimmt ist, wenn in einem Pfändungs- und Überweisungsbeschluss zur Kennzeichnung der gepfändeten Forderung lediglich die Steuernummer des Schuldners und Erstattungsansprüche für bestimmte Jahre angegeben sind.[25] Dagegen hat er die Pfändung von Umsatzsteuerersatzansprüchen als hinreichend bestimmt angesehen.[26] Der Bestand der Forderung wird durch das Vollstreckungsgericht nicht nachgeprüft; jedoch ist der Antrag unzulässig, wenn sich bereits aus dem Vorbringen des Gläubigers ergibt, dass die Forderung nicht besteht oder unpfändbar ist.

b) Vertragsverhältnis. Voraussetzung der Lohnpfändung ist nicht, dass ein rechtswirksames Arbeitsverhältnis zwischen dem Schuldner und dem Drittschuldner besteht. Vielmehr können Forderungen auf Arbeitseinkommen auch aus sog. faktischen Arbeitsverhältnissen entstehen.[27] Ist ein Arbeitsverhältnis zwischen Schuldner und Drittschuldner noch nicht begründet worden, ist die Pfändung wirkungslos. Etwas anderes kann nur dann gelten, wenn zwischen Schuldner und Drittschuldner bereits ein Vorvertrag besteht und mit der Entstehung von Lohnansprüchen gerechnet werden kann.[28] **10**

c) Rückstände. Die Pfändung kann sich auf rückständige Forderungen aus Arbeitseinkommen beziehen. I. d. R. wird jedoch das Arbeitseinkommen bei Fälligkeit ausgezahlt; Rückstände bestehen nur dann, wenn der Anspruch auf Arbeitsvergütung streitig oder der Arbeitgeber zahlungsunfähig ist. In diesen Fällen wird sich nur in Ausnahmefällen die Einleitung eines Lohnpfändungsverfahrens lohnen. Ist der Anspruch bereits erfüllt, geht eine etwaige Lohnpfändung ins Leere. Dies gilt auch dann, wenn die Arbeitsvergütung auf ein Bank- oder Postscheckkonto des Schuldners überwiesen worden ist. Im Falle bereits erfolgter Überweisung muss der Anspruch des Schuldners gegen das Bankinstitut gepfändet werden. **11**

d) Zukünftige Vergütung. Die Lohnpfändung bezieht sich auf die erst nach der Pfändung fällig werdenden Bezüge (§ 833 ZPO),[29] ein besonderer Ausspruch hinsichtlich der zukünftig fällig werdenden Vergütung ist entbehrlich. Die Pfändung bleibt wirksam, wenn dem Schuldner eine andere Funktion übertragen, das Gehalt erhöht wird oder er in den Ruhestand tritt und ein **12**

---

[17] BAG 10. 2. 1962 AP 3 zu § 850 ZPO = NJW 62, 1221; BGH 8. 5. 2001 NJW 2001, 2976; 26. 1. 1983 BGHZ 86, 337 = NJW 83, 886; 22. 11. 1979 NJW 80, 584; 28. 2. 1975 AP 4 zu § 829 ZPO = NJW 75, 980.

[18] BGH 28. 4. 1988 NJW 88, 2543.

[19] BGH 7. 4. 2005 MDR 2005, 1135; Übersicht bei *Stöber* RN 509 ff.

[20] LG Oldenburg 30. 11. 1981 ZIP 82, 51.

[21] LAG Frankfurt 10. 12. 1987 DB 88, 1456 = NZA 88, 660.

[22] BAG 10. 2. 1962 AP 3 zu § 850 ZPO = NJW 62, 1221.

[23] Zu eng aber LAG Bremen 17. 9. 2001 NZA-RR 2002, 186.

[24] BAG 15. 1. 1975 AP 8 zu § 850 ZPO.

[25] BFH 1. 6. 1989 NJW 90, 2645.

[26] BFH 12. 7. 2001 Rpfleger 2001, 603.

[27] LAG Düsseldorf 5. 12. 1968 DB 69, 931; vgl. auch § 35.

[28] BGH 21. 12. 2002 NJW 2003, 1457.

[29] BAG 23. 2. 1983 AP 4 zu § 850 c ZPO; BGH 26. 6. 2008 NJW-RR 2008, 1441.

betriebliches Ruhegeld erhält.[30] Ohne Einfluss auf die Pfändung bleibt, wenn die Rechtsform des Arbeitgebers geändert wird oder er sich mit einem anderen zusammenschließt. Nach einem Betriebsübergang bleiben die Pfandverstrickung und die Rangfolge von Lohnpfändungen erhalten. Es ist nicht erforderlich, neue Pfändungs- und Überweisungsbeschlüsse gegen den Betriebserwerber zu erwirken.[31] Dagegen wird die Pfändung wirkungslos, wenn der Arbeitnehmer in den Ruhestand tritt und die Altersversorgung von einer rechtlich selbständigen Betriebsunterstützungs- oder Pensionskasse gezahlt wird. Ist die gepfändete Forderung **vorausabgetreten,** geht die Pfändung ins Leere,[32] ist die Vorausabtretung noch nicht offen gelegt, muss der Arbeitgeber auf die Pfändung abführen. Werden künftige, fortlaufende Vergütungsansprüche eines Schuldners gegen den Drittschuldner, die voraus abgetreten sind, gepfändet und zur Einziehung überwiesen, so entsteht ein Pfandrecht, wenn die Forderungen zurück abgetreten werden.[33] Die Vorausabtretung an ein Inkassoinstitut kann unwirksam sein, wenn dieses unerlaubte Rechtsberatung betreibt.[34]

13 **e) Ausscheiden aus dem Arbeitsverhältnis.** Die Bezüge müssen aus dem bei der Pfändung bestehenden Arbeitsverhältnis herrühren. Der Pfändungs- und Überweisungsbeschluss wird gegenstandslos, wenn das Arbeitsverhältnis beendet wird und Schuldner und Drittschuldner nicht innerhalb von neun Monaten ein neues Arbeitsverhältnis begründen (§ 833 II ZPO). Nur in diesem Fall besteht die Pfändung mit dem früheren Umfang und Rang fort.[35] Maßgeblich ist die rechtliche Beendigung, ein Ruhen der Hauptpflichten aus dem Arbeitsverhältnis lässt die Pfändung unberührt. Tritt der Schuldner erst nach Ablauf von neun Monaten zum Drittschuldner in ein erneutes Arbeitsverhältnis, bedarf es daher grundsätzlich einer erneuten Pfändung. Der erste Pfändungs- und Überweisungsbeschluss erfasst die Vergütungsansprüche nicht, selbst wenn beide Arbeitsverhältnisse in einem inneren Zusammenhang stehen.[36] Auf die Begründung eines neuen Arbeitsverhältnisses bei einem anderen (auch konzernverbundenen) Arbeitgeber ist § 833 II ZPO nicht anzuwenden. Daher entfaltet die Pfändung auch keine Wirkungen mehr, wenn der Schuldner von einer Arbeitsgemeinschaft zu einem Mitglied der Arbeitsgemeinschaft wechselt, sofern die Pfändung nur der Arbeitsgemeinschaft zugestellt war.[37]

14 **f) Sachbezüge.** Pfändbar sind grundsätzlich nur Geldbezüge. Ansprüche auf Naturalbezüge sind unpfändbar, da sie zweckgebunden sind und ihre Pfändung den Inhalt der Leistung verändern würde (§ 399 BGB, §§ 850 I, 851 ZPO).

15 **8. Pfändung und Überweisung.** Der Pfändungsantrag muss den Antrag auf Pfändung und (regelmäßig) Überweisung der Ansprüche des Schuldners enthalten. Nach § 835 ZPO ist die gepfändete Forderung dem Gläubiger nach seiner Wahl zur Einziehung oder an Zahlungs Statt zum Nennwert zu überweisen. Die Überweisung an Zahlungs Statt ist in der Praxis nicht üblich, da mit der Überweisung die Forderung, wegen der die Pfändung erfolgt, in Höhe der überwiesenen Forderung erlischt; d. h., bei der Überweisung an Zahlungs Statt trägt der Gläubiger das Risiko der Einziehung der überwiesenen Forderung. Regelmäßig wird eine Forderung daher nur zur Einziehung überwiesen (dazu auch RN 26).

16 **9. Zustellung des Pfändungs- und Überweisungsbeschlusses. a) Verfahren.** Die Pfändung wird erst mit der Zustellung des Pfändungs- und Überweisungsbeschlusses an den Drittschuldner wirksam (§ 829 III ZPO). Für diese hat der Gläubiger selbst zu sorgen (§ 829 II 1 ZPO). Sie kann sowohl durch die Post als auch den Gerichtsvollzieher erfolgen. Der Gläubiger kann durch Übersendung des Pfändungs- und Überweisungsbeschlusses an die Gerichtsvollzieherverteilungsstelle den Gerichtsvollzieher selbst beauftragen (§§ 192–194 ZPO); er kann für die Beauftragung jedoch die Vermittlung der Geschäftsstelle des Vollstreckungsgerichts in Anspruch nehmen (§ 192 III ZPO). Die Geschäftsstelle leitet darauf den Beschluss an die zuständige Gerichtsvollzieherverteilungsstelle (auch außerhalb des eigenen Gerichtsbezirks) weiter,

[30] LAG Hamm 29. 9. 1975 DB 76, 440.
[31] LAG Frankfurt 22. 7. 1999 AP 6 zu § 832 ZPO = NZA 2000, 615; LAG Hamm 29. 8. 1975 DB 76, 440.
[32] BAG 24. 3. 1993 AP 7 zu § 134 BGB = NZA 93, 792; LAG Hamm 15. 10. 1991 NZA 92, 855 = BB 92, 928; vgl. BGH 11. 12. 1986 NJW 87, 1268; 14. 5. 1975 BGHZ 64, 312 = MDR 75, 752.
[33] BAG 17. 2. 1993 AP 4 zu § 832 ZPO = NZA 93, 813; krit. *Tiedtke* ZIP 93, 1452.
[34] BAG 24. 3. 1993 AP 7 zu § 134 BGB = NZA 93, 792.
[35] *Bengelsdorf* RN 123.
[36] Zur Rechtslage vor dem 1. 1. 1999: BAG 24. 3. 1993 AP 7 zu § 134 BGB = NZA 93, 792; 3. 10. 1957 AP 2 zu § 832 ZPO; 31. 12. 1956 AP 1 zu § 832 ZPO; 24. 3. 1993 AP 7 zu § 134 BGB = NZA 93, 792.
[37] LAG Baden-Württemberg 18. 11. 1966 AP 3 zu § 832 ZPO.

insoweit obliegt ihr die Auswahl des zuständigen Gerichtsvollziehers. Wird der Pfändungs- und Überweisungsbeschluss nur einem Gesamtschuldner zugestellt, ist in der Regel nur die gegen diesen gerichtete Forderung gepfändet. Besteht der Drittschuldner aus einer Gesamthand (OHG, KG), ist der Pfändungs- und Überweisungsbeschluss allen Gesellschaftern zuzustellen, bei der GbR genügt die Zustellung an einen vertretungsberechtigten Gesellschafter (§ 170 III ZPO). Die Pfändung wird mit Zustellung des letzten Pfändungs- und Überweisungsbeschlusses wirksam.[38] Dem Schuldner ist der Beschluss erst nach seiner Zustellung an den Drittschuldner mit einer Abschrift der Zustellungsurkunde zuzustellen[39] (§ 829 II 2 ZPO), eine unterbliebene oder fehlerhafte Zustellung an den Schuldner berührt die Wirksamkeit der Pfändung aber nicht (arg. § 829 III ZPO).

b) Drittschuldner. Die Zustellung an den Drittschuldner erfolgt in der Praxis regelmäßig durch den Gerichtsvollzieher, weil nur dann ein Drittschuldner zur Beantwortung der Fragen nach § 840 ZPO aufgefordert werden kann. An den Schuldner übersendet der Gerichtsvollzieher den Pfändungs- und Überweisungsbeschluss durch die Post. Für die Zustellung gelten §§ 166ff. ZPO; eine öffentliche Zustellung ist allerdings ausgeschlossen, da der Drittschuldner nicht Partei ist. Nach der ab 1. 7. 2002 geltenden Fassung von § 178 II ZPO ist eine Ersatzzustellung wegen einer möglichen Interessenkollision unwirksam, wenn diese an eine Person erfolgt ist, die an dem Rechtsstreit als Gegner beteiligt ist. Der Begriff des Rechtsstreits ist weit auszulegen; wird daher an den Drittschuldner durch Übergabe des Schriftstücks an den Schuldner zugestellt, ist die Zustellung unwirksam.[40] Zur Zustellung in einer Geschäftsniederlassung oben RN 4. 17

10. Sonstige Anträge. Soll die Zustellung des Pfändungs- und Überweisungsbeschlusses durch den Gerichtsvollzieher erfolgen, so wird der Gläubiger beantragen, dass dem Drittschuldner die Fragen nach § 840 ZPO vorgelegt werden. Daneben sind die nach § 836 III ZPO herauszugebenden Urkunden im Antrag aufzunehmen.[41] Für den **Unterhaltsgläubiger** kann es empfehlenswert sein, gemäß § 850d ZPO die anderweitige Festsetzung des pfändbaren Betrags zu beantragen. In diesem Falle sollte er jedoch Angaben darüber machen, welche sonstigen Unterhaltspflichten der Schuldner zu erfüllen hat, da sonst zu befürchten ist, dass der Schuldner mit der Erinnerung (§ 766 ZPO) die Erhöhung des Pfändungsfreibetrags verfolgt. Dasselbe gilt für den Gläubiger einer Forderung aus vorsätzlich unerlaubter Handlung[42] (§ 850f II ZPO). Bezieht der Schuldner noch **anderweitiges Einkommen,** sollte dies bei dem Antrag auf Lohnpfändung bereits dem Gericht mitgeteilt werden. Anschließend kann gemäß § 850e ZPO eine Zusammenrechnung der Einkünfte erfolgen. Verdient der Schuldner **mehr** als 2985 Euro monatlich, 678,70 Euro wöchentlich, 131,25 Euro täglich,[43] kann der Gläubiger schließlich eine Festsetzung des Pfändungsfreibetrags gemäß § 850f III ZPO beantragen; einen entsprechenden Antrag wird er dann stellen, wenn unter Berücksichtigung der Interessen des Schuldners und des Gläubigers eine Erhöhung des pfändbaren Betrags zu erwarten ist. 18

III. Pfändungs- und Überweisungsbeschluss

1. Entscheidung. Das Vollstreckungsgericht entscheidet über den Antrag auf Lohnpfändung ohne vorherige Anhörung des Schuldners oder Drittschuldners (§ 834 ZPO). Einer solchen bedarf es nicht, weil für die zu vollstreckende Forderung ein Vollstreckungstitel (§§ 704, 794 ZPO) besteht, Lohnschiebungen zu befürchten sind und Streitigkeiten zwischen Gläubiger und Drittschuldner über den Bestand der gepfändeten Forderung vor Gericht ausgetragen werden müssen.[44] Beim Vollstreckungsgericht ist für den Erlass der **Rechtspfleger** funktionell zuständig (§ 20 Nr. 17 RPflG). Für die Auslegung des Beschlusses kommt es allein auf den objektiven Sinn seines Wortlauts an. Er muss aus sich selbst verständlich sein.[45] Maßgebend für die Beurteilung der Rechtmäßigkeit eines Pfändungs- und Überweisungsbeschlusses ist die Sach- und Rechtslage zum Zeitpunkt der Entscheidung über das gegen den Beschluss eingelegte Rechts- 19

---

[38] BGH 18. 5. 1998 NJW 98, 2904.
[39] Vgl. BGH 14. 2. 2003 NJW 2003, 1530 – öffentliche Zustellung bei Vorlage aktueller Auskünfte von Post und Meldeamt.
[40] OLG Celle 5. 2. 2002 DGVZ 2003, 8.
[41] BGH 28. 6. 2006 FamRZ 2006, 1272.
[42] Dazu BGH 5. 4. 2005 NJW 2005, 1663 – VB; 26. 9. 2002 NJW 2003, 515.
[43] Beträge nach der Pfändungsfreigrenzenbekanntmachung 2007 vom 22. 1. 2007 (BGBl. I S. 64).
[44] *Kahlke* NJW 91, 2688; a. A. *Hoeren* NJW 91, 410.
[45] BAG 12. 7. 1962 AP 4 zu § 850 ZPO.

mittel, nicht diejenige zur Zeit der Pfändung oder der Einlegung der dagegen gerichteten Erinnerung.[46] Das Rechtsschutzbedürfnis für einen Pfändungs- und Überweisungsbeschluss kann nicht mit Rücksicht auf eine gerichtsbekannte eidesstattliche Versicherung des Schuldners und das ihr zugrunde liegende Vermögensverzeichnis verneint werden.[47] Hat der Gläubiger auf die Rechte aus dem Pfändungs- und Überweisungsbeschluss verzichtet, können die Beteiligten dessen Aufhebung beim Vollstreckungsgericht beantragen.[48]

20 **2. Inhalt.** Mit dem Pfändungsbeschluss wird einem Drittschuldner verboten, an den Schuldner zu zahlen (Arrestatorium), und dem Schuldner geboten, sich jeder Verfügung über die Forderungen, insbesondere ihrer Einziehung, zu enthalten (Inhibitorium) (§ 829 I ZPO). Mit dem Pfändungsbeschluss ist regelmäßig der Überweisungsbeschluss verbunden. Etwas anderes gilt nur dann, wenn die Vollstreckung auf Grund eines Arrestbefehls erfolgt. Durch den Überweisungsbeschluss wird dem Gläubiger die angebliche Forderung des Schuldners gegen den Drittschuldner entweder zur Einziehung oder an Zahlungs Statt überwiesen (§ 835 ZPO, vgl. RN 15). Die mit der Pfändung eines Hauptrechts verbundene Beschlagnahme erstreckt sich ohne weiteres auch auf alle Nebenrechte, die im Falle einer Abtretung des Hauptrechts nach §§ 412, 401 BGB auf den Gläubiger übergehen.[49] Der Pfändungs- und Überweisungsbeschluss wird wirksam, wenn er dem Drittschuldner zugestellt wird (RN 16).

21 **3. Wirkung.** Die Wirkung der Pfändung besteht in der Pfandverstrickung und dem Pfandrecht des Gläubigers.

22 **a) Pfandverstrickung.** Sie ist die dem Staat über die Forderung des Schuldners zustehende Verfügungsmacht, soweit sie für die Zwangsvollstreckung erforderlich ist. Die Pfandverstrickung entsteht durch jede ordnungsgemäße Pfändung; unerheblich ist, ob sie zulässig war, der Vollstreckungstitel oder der materielle (titulierte) Anspruch noch besteht. Sie entsteht nicht, wenn die Pfändung selbst unwirksam ist. Dies kann z. B. der Fall sein, wenn der Pfändungs- und Überweisungsbeschluss von einer absolut unzuständigen Stelle (Gerichtsvollzieherverteilungsstelle statt Vollstreckungsgericht) erlassen ist worden ist oder die Lohnansprüche einer Person, die nicht der deutschen Gerichtsbarkeit unterliegt, gepfändet wurden.

23 **b) Pfandrecht.** Mit der Pfändung erwirbt der Gläubiger grundsätzlich ein Pfandrecht an der gepfändeten Forderung (§ 804 I ZPO). Die Lohnpfändung ist neben dem vertragsmäßigen (§ 1204 BGB) und dem gesetzlichen Pfandrecht (§ 1257 BGB) die dritte Art der Entstehung eines bürgerlich-rechtlichen Pfandrechts. Hieraus sind zwei Schlussfolgerungen zu ziehen. **(1)** Das Pfändungspfandrecht entsteht dann nicht, wenn die Pfändungsvoraussetzungen nicht gegeben sind, z. B. der Vollstreckungstitel oder die Vollstreckungsklausel sind nichtig, die Forderung ist unpfändbar usw. **(2)** Auf das Pfandrecht sind die Vorschriften des BGB über das Pfandrecht an Forderungen entsprechend anzuwenden, soweit die ZPO keine besondere Regelung enthält. Das Forderungspfandrecht ist akzessorischer Natur, d. h., es entsteht nur dann, wenn die durch sie zu sichernde Forderung besteht. Entsprechend entsteht das Lohnpfändungspfandrecht nur dann, wenn die zu vollstreckende Forderung besteht. Besteht die zu vollstreckende Forderung nicht oder erlischt sie, so entsteht auch das Pfändungspfandrecht nicht oder erlischt (§§ 1204, 1257 BGB). Der Arbeitgeber ist deshalb nicht mehr zu Lohnabzügen verpflichtet, wenn die zu vollstreckende Forderung befriedigt ist.

24 **Ausländische Pfändungs- und Überweisungsbeschlüsse,** die im Ausland zugestellt werden, entfalten mangels Rechtsgrundlage keine Wirkung im Inland.[50]

25 **4. Bedeutung des Pfändungspfandrechts. a) Rangverhältnis.** Sie besteht in seinen privatrechtlichen Wirkungen. Es gewährt dem Gläubiger wie das vertragliche Pfandrecht ein Recht an der gepfändeten Forderung, das späteren vertraglichen Pfandrechten oder späteren Lohnpfändungen im Range vorgeht (§ 804 II, III ZPO). Es gilt das Prinzip, wer zuerst kommt, mahlt zuerst. Sind Pfändungs- und Überweisungsbeschlüsse zu Gunsten mehrerer Unterhaltungsgläubiger ergangen, kann das Amtsgericht anordnen, dass sie mit gleichem Rang zu behandeln sind. Der Drittschuldner braucht dieser Anordnung nur nachzukommen, wenn er noch keine Zahlungen geleistet hat.[51] Treffen Pfändungsgläubiger, Gläubiger und Drittschuldner eine Stundungsvereinbarung, ist diese gegenüber einem nachrangigen Pfändungsgläubiger unwirk-

[46] BGH 23. 10. 2008 MDR 2009, 105.
[47] BGH 27. 6. 2003 FamRZ 2003, 1652 = WM 2003, 1875.
[48] BGH 7. 3. 2002 NJW 2002, 1788.
[49] Zur Kontenpfändung BGH 8. 11. 2005 NJW 2006, 217; 18. 7. 2003 ZIP 2003, 1771.
[50] BAG 19. 3. 1996 AP 2 zu § 328 ZPO = NZA 97, 334.
[51] BAG 6. 2. 1991 AP 10 zu § 850 d ZPO = NZA 91, 506.

sam. An diesen ist deshalb auszuzahlen, wenn die vorrangige Forderung hätte getilgt sein können.[52]

b) Übergang der Sachbefugnis. Durch das Bewirken der Pfändung (§ 829 III ZPO) entfällt die Sachbefugnis des Schuldners über die Forderung zu verfügen, da der Gläubiger ein Pfandrecht an der gepfändeten Forderung erwirbt (§ 804 I ZPO). Der Schuldner kann nicht mehr Leistung an sich allein verlangen (§§ 804 II ZPO, 1282 BGB). Zwar findet anders als bei der Abtretung kein Gläubigerwechsel statt, vielmehr wird durch die Überweisung zugunsten des Gläubigers die fehlende rechtsgeschäftliche Einziehungsermächtigung ersetzt (§ 836 I ZPO). Der ursprüngliche Forderungsinhaber ist danach nicht mehr zu Maßnahmen zur Verwertung der Forderung berechtigt, welche das Einziehungsrecht des Pfändungsgläubigers beeinträchtigen (§ 1285 II BGB).[53] Entsprechende **Verfügungen des Schuldners** zum Nachteil des Gläubigers (z. B. Einziehung, Abtretung, Erlass, Aufrechnung, Vergleich) sind diesem gegenüber unwirksam. Zur Klagebefugnis des Arbeitnehmers § 91 RN 2. 26

c) Verwertungsmöglichkeit. Die Verwertung der gepfändeten Forderung erfolgt durch Überweisung zur Einziehung oder an Zahlungs Statt. Der Gläubiger erlangt durch den Beschluss die Befugnis, für den Schuldner die Lohnforderung einzuklagen. Ihm kommen alle Vorrechte der gepfändeten Forderung zugute.[54] Welche Forderungen dem Pfändungs- und Überweisungsbeschluss unterliegen vgl. § 92. Wird die Zwangsvollstreckung eingestellt, darf der Drittschuldner nur noch an den Gläubiger und den Vollstreckungsschuldner gemeinsam leisten oder muss die geschuldete Leistung hinterlegen.[55] 27

d) Übergabe von Unterlagen. Hat der Gläubiger Ansprüche des Schuldners auf gegenwärtiges und künftiges Arbeitseinkommen pfänden und sich zur Einziehung überweisen lassen, hat der Schuldner außer den laufenden Lohnabrechnungen regelmäßig auch die letzten drei Lohnabrechnungen aus der Zeit vor Zustellung des Pfändungs- und Überweisungsbeschlusses an den Gläubiger herauszugeben (§ 836 III ZPO).[56] 28

IV. Vorpfändung

1. Zweck. Die Durchführung des Lohnpfändungsverfahrens beansprucht häufig nicht unerhebliche Zeit. Zur Vermeidung von Zwischenverfügungen des Schuldners über seinen Arbeitslohn und vorherige Lohnzahlung des Arbeitgebers dient die Vorpfändung (§ 845 ZPO). 29

2. Voraussetzungen. Die Vorpfändung setzt einen vollstreckbaren Schuldtitel (vorläufig vollstreckbares Urteil, Vergleich, vollstreckbares Schuldanerkenntnis usw.) sowie die besonderen Voraussetzungen der Zwangsvollstreckung voraus. Nicht notwendig ist, dass der Vollstreckungstitel bereits mit der Vollstreckungsklausel[57] versehen oder bereits zugestellt ist (§ 845 I 3 ZPO). Zu den besonderen Vollstreckungsvoraussetzungen gehören der Ablauf des bestimmten Kalendertags (§ 751 I ZPO), die Sicherheitsleistung (§ 751 II ZPO) und die Erfüllung oder das Angebot der Gegenleistung (§§ 756, 765 ZPO). In den Fällen des § 720a ZPO ist die Sicherheitsleistung entbehrlich.[58] 30

3. Durchführung der Vorpfändung. Notwendig ist **(a)** die Benachrichtigung des Drittschuldners und Schuldners, dass die Pfändung unmittelbar bevorsteht; **(b)** die genaue Bezeichnung des Gläubigers, Schuldners und Drittschuldners (RN 3); **(c)** die Bezeichnung des Vollstreckungstitels und der zu pfändenden Forderung (RN 9ff.);[59] **(d)** Darlegungen, dass die Vollstreckungsvoraussetzungen (RN 30) vorliegen; **(e)** die Aufforderung an den Drittschuldner, nicht mehr an den Schuldner zu zahlen; **(f)** die Aufforderung an den Schuldner, sich der Verfügung über die Forderung, insbesondere ihrer Einziehung, zu enthalten; **(g)** die Zustellung der Vorpfändung durch den Gerichtsvollzieher. Der Gerichtsvollzieher hat die Benachrichtigung an Drittschuldner und Schuldner mit den Aufforderungen selbst anzufertigen, wenn er von dem Gläubiger hierzu beauftragt worden ist (§ 845 I 2 ZPO). Unwirksam ist die Übersendung durch die Post oder per Telefax. Mängel bei der Benachrichtigung und Aufforderung durch den Gerichtsvollzieher führen zur Unwirksamkeit der Vorpfändung. Die Vorpfändung wird wirksam 31

---

[52] BAG 24. 10. 1979 AP 6 zu § 829 ZPO; 17. 1. 1975 AP 5 zu § 829 ZPO = NJW 75, 1575.
[53] BAG 20. 8. 1996 AP 7 zu § 767 ZPO = NZA 97, 563.
[54] BAG 18. 2. 1971 AP 9 zu § 850d ZPO = NJW 71, 2094.
[55] BGH 17. 12. 1998 BGHZ 140, 253 = NJW 99, 953.
[56] BGH 20. 12. 2006 NJW 2007, 606.
[57] Gilt auch bei Rechtsnachfolge: RG 71, 179; BGH JR 56, 186.
[58] KG 18. 11. 1980 MDR 81, 412.
[59] BGH 7. 4. 2005 MDR 2005, 1135; 8. 5. 2001 NJW 2001, 2976.

mit Zustellung an den Drittschuldner. Unschädlich ist dagegen, wenn die Zustellung der Vorpfändung an den Schuldner unterbleibt.

32 **4. Wirkung. a) Monatsfrist.** Seit Zustellung an den Arbeitgeber wirkt die Vorpfändung wie eine Arrestpfändung (§ 930 ZPO), sofern die Pfändung binnen einer Frist von einem Monat nachgeholt wird. Die Frist beginnt mit dem Tage, an dem die Benachrichtigung zugestellt ist. Nach Zugang der Vorpfändung darf der Arbeitgeber nicht mehr an den Schuldner zahlen, der Schuldner nicht mehr über sein Arbeitseinkommen verfügen. Eine gleichwohl erfolgende Zahlung durch den Drittschuldner oder eine Abtretung der Forderung durch den Arbeitnehmer ist gegenüber dem Gläubiger rechtsunwirksam. Erfolgt die Lohnpfändung innerhalb einer Frist von einem Monat seit Zustellung der Vorpfändung, so genießt sie den Rang der Vorpfändung. Die rangwahrende Wirkung beschränkt sich bei einer endgültigen Pfändung wegen weiterer Forderungen auf die vorgepfändete Forderung.[60] Unterbleibt die Lohnpfändung, wird die Vorpfändung unwirksam. Das durch die Vorpfändung entstehende Pfandrecht ist daher auflösend bedingt durch eine nachfolgende wirksame Pfändung des Arbeitseinkommens.

33 **b) Umfang der Vorpfändung.** Nach ihrem Inhalt ist die Vorpfändung eine durch den Gläubiger selbst verwirklichte Zwangsvollstreckungsmaßnahme, die durch das Unterbleiben der rechtzeitigen Pfändung auflösend bedingt ist. Hieraus folgt, dass die Vorpfändung immer nur Wirkungen im Rahmen der gesetzlichen Grenzen der Pfändbarkeit entfaltet. Dagegen ist keine Durchbrechung der Pfändungsgrenze nach § 850 c ZPO zugunsten unterhaltsberechtigter Gläubiger (§ 850 d ZPO) möglich.[61] Zur Auskunftspflicht des Drittschuldners RN 38.

34 **5. Mehrmalige Vorpfändung.** Die Vorpfändung kann mehrmals wiederholt werden. Dies empfiehlt sich dann, wenn die Monatsfrist für die Lohnpfändung nicht eingehalten wird oder Zweifel an der Wirksamkeit der vorausgehenden Vorpfändung bestehen. Der Rang der Lohnpfändung bestimmt sich nach dem Zeitpunkt der Zustellung der letzten (wirksamen) Vorpfändung.

35 **6. Rechtsbehelfe.** Da die Vorpfändung bereits eine Maßnahme der Zwangsvollstreckung ist, sind bereits die in der Zwangsvollstreckung bestehenden Rechtsbehelfe (§§ 766, 767 ZPO) gegeben.

36 **7. Kosten.** Sie sind nur dann gemäß § 788 ZPO erstattungsfähig, wenn sie nach den Umständen des Einzelfalls notwendig waren.[62] Wird die Frist des § 845 ZPO versäumt, war die Vorpfändung nutzlos und besteht regelmäßig kein Kostenerstattungsanspruch;[63] etwas anderes kann gelten, wenn von der Vornahme der Pfändung entweder auf Grund einer Zahlung des Schuldners oder anderen nachvollziehbaren Gründen abgesehen worden ist.

V. Auskunftspflichten des Drittschuldners

Muster: ArbR-Formb. § 30 RN 17.

37 **1. Pflicht des Arbeitgebers.** Grundsätzlich ist der Arbeitgeber verpflichtet, die Bezüge seines Arbeitnehmers vertraulich zu behandeln. Andererseits ist der Gläubiger daran interessiert, über das Einkommen seines Schuldners eine möglichst erschöpfende Auskunft zu erhalten. § 840 ZPO begründet für den Gläubigers eine Auskunftspflicht des Drittschuldners für die Tatsachen, aus denen der Gläubiger erkennen kann, ob weitere Maßnahmen zur Durchsetzung seines Anspruchs Erfolg versprechend sind. Die Auskunftspflicht des Drittschuldners ist mit Art. 3, 12 GG vereinbar[64] und besteht unabhängig von den bereits in § 836 III ZPO geregelten Mitwirkungspflichten des Schuldners zur Auskunftserteilung und Herausgabe von Urkunden (z. B. Lohnabrechnungen). Die Auskunftspflicht besteht unabhängig von der Existenz der gepfändeten Lohnforderung.

38 **2. Voraussetzungen der Erklärungspflicht.** Der Gläubiger kann den Drittschuldner zur Auskunft über die gepfändete Forderung auffordern. Voraussetzung des Auskunftsverlangens ist **(a)** der Erlass des Beschlusses zur Pfändung einer angeblichen Forderung auf Arbeitseinkommen; unzureichend ist die bloße Vorpfändung;[65] **(b)** die Zustellung des Pfändungsbeschlusses; **(c)** Aufnah-

---

[60] BGH 8. 5. 2001 NJW 2001, 2976.
[61] LAG Frankfurt 25. 11. 1988 DB 89, 1732; *Reiter* AuA 2004, 32.
[62] OLG München 29. 12. 1993 MDR 94, 843; 4. 7. 1973 NJW 73, 2070; LAG Köln 9. 11. 1994 BB 95, 1248; 12. 1. 1993 NZA 93, 1152.
[63] LAG Köln 12. 1. 1993 NZA 93, 1152.
[64] BGH 19. 10. 1999 NJW 2000, 651.
[65] BGH 4. 4. 1977 BGHZ 68, 289 = NJW 77, 1199.

me des Verlangens in die Zustellungsurkunde. Da bei Zustellung des Pfändungsbeschlusses durch die Post eine Aufnahme des Verlangens undurchführbar ist, trifft den Drittschuldner nur dann eine Auskunftspflicht, wenn ihm der Pfändungsbeschluss durch den Gerichtsvollzieher zugestellt wurde (§ 840 I, II ZPO).

3. Frist. Der Schuldner hat sich binnen einer Frist von zwei Wochen seit Zustellung des Pfändungsbeschlusses zu erklären. Hieraus folgt, dass keine Erklärungspflicht mehr besteht, wenn der Gläubiger das Verlangen – durch gesondertes Schreiben – erst zwei Wochen nach Zustellung des Pfändungsbeschlusses stellt. Auch bei einer späteren Veränderung der Bezüge ist der Drittschuldner nicht verpflichtet, eine neue oder weitere Auskunft zu erteilen.[66] Der Drittschuldner kann die Auskunft bei Zustellung des Pfändungsbeschlusses oder binnen einer Frist von zwei Wochen seit seiner Zustellung zu Protokoll des Gerichtsvollziehers[67] oder schriftlich unmittelbar an den Gläubiger erteilen. Die Erklärung muss innerhalb der Frist zugehen.[68] Der Drittschuldner ist für die rechtzeitige Erfüllung ggf. darlegungs- und beweispflichtig. **39**

4. Inhalt der Erklärung. Die Erklärung hat sich soweit zu erstrecken, wie die Aufforderung des Gläubigers reicht, sie kann daher auf einzelne Fragen zu den in § 840 I Nr. 1–3 ZPO genannten Punkten beschränkt werden. **40**

a) Anerkenntnis. Nach § 840 I Nr. 1 ZPO hat sich der Drittschuldner zu erklären, ob und inwieweit er die Forderung als begründet anerkenne und Zahlung zu leisten bereit sei. Die Anerkennung ist weder ein konstitutives noch ein deklaratorisches Schuldanerkenntnis,[69] sondern eine reine Wissenserklärung ohne einen selbstständigen Verpflichtungswillen. Der Drittschuldner verliert deshalb durch die Anerkennung nicht die Befugnis zur Aufrechnung oder kann sie widerrufen, wenn ihm Einwendungen bekannt werden. Er ist jedoch dafür darlegungs- und beweispflichtig, dass die Einwendungen auch vorliegen.[70] Die Erklärung kann auch mit einem Vorbehalt versehen werden. Ist zugleich mit der Pfändung die Forderung dem Gläubiger zur Einziehung überwiesen worden, führt dies zum Neubeginn der Verjährungsfrist[71] (§ 212 I Nr. 1 BGB) und hindert bei bereits bestehenden und fälligen Forderungen den Ablauf der tariflichen Verfallfrist. Anders ist es dagegen, wenn die gepfändete Forderung dem Gläubiger nicht zugleich überwiesen worden ist, denn in diesem Fall steht dem Gläubiger die Forderung noch nicht zu. Der Drittschuldner wird die Anerkennung der gepfändeten Forderung verweigern, wenn die Pfändung rechtsunwirksam ist oder die gepfändete Forderung nicht besteht oder erloschen ist, weil etwa kein Vertragsverhältnis mit dem Schuldner besteht oder dieses bereits beendet ist. In diesem Fall sollte der Drittschuldner die Weigerung der Anerkennung kurz begründen. **41**

b) Andere Anspruchsteller. Nach § 840 I Nr. 2 ZPO hat sich der Drittschuldner zu erklären, ob und welche Ansprüche andere Personen an die Forderungen stellen. Hier wird er angeben, ob und welche Ansprüche er zur Aufrechnung stellt oder ob die Forderung bereits verpfändet oder abgetreten ist. Dritte sind nach Namen und Anschrift anzugeben. **42**

c) Bestehende Pfändungen. Nach § 840 I Nr. 3 ZPO hat der Drittschuldner schließlich anzugeben, ob und wegen welcher Ansprüche die Forderung des Schuldners bereits durch andere Gläubiger gepfändet ist. Unzureichend ist die bloße Angabe der Gesamtsumme.[72] Nachrangige Lohnpfändungen braucht er später nicht mitzuteilen; er ist lediglich gehalten, Mitteilungen zu machen, wenn er später von mitzuteilenden Tatsachen erfährt, wenn ihm z. B. eine frühere Lohnabtretung offen gelegt worden ist. **43**

d) Zusätzliche Angaben. Weitere Auskünfte braucht der Drittschuldner nicht zu geben; es besteht also keine Auskunftsverpflichtung über Bruttolohn, Lohnsteuern, Sozialversicherungsbeiträge, Mehrarbeitsverdienste oder über den Familienstand des Arbeitnehmers usw.[73] Der Auskunftspflicht des Drittschuldners bedarf es auch nicht, da der Schuldner gem. § 836 III ZPO verpflichtet ist, die notwendigen Auskünfte über die gepfändete Forderung zu erteilen. Gibt der Gläubiger hingegen freiwillig weitergehende Auskünfte, müssen diese zutreffend sein, ansonsten **44**

---

66 Umstr. BGH 1. 12. 1982 BGHZ 86, 23 = NJW 83, 687.
67 LAG Köln 24. 4. 1995 AP 6 zu § 840 ZPO; LAG Niedersachsen 28. 11. 1973 NJW 74, 768.
68 OLG Düsseldorf 3. 12. 1979 WM 80, 202.
69 BGH 10. 10. 1977 AP 1 zu § 840 ZPO = NJW 78, 44; 8. 9. 1997 DStR 97, 1776; LAG Berlin 13. 8. 1990 DB 91, 1336.
70 BGH 10. 10. 1977 AP 1 zu § 840 ZPO = NJW 78, 44; *Benöhr* NJW 76, 174.
71 Zu § 208 BGB a. F. BGH 27. 4. 1978 NJW 78, 1914.
72 LAG Niedersachsen 28. 11. 1973 NJW 74, 768.
73 LAG Düsseldorf 14. 2. 1995 AP 7 zu § 840 ZPO.

kann er gegenüber dem Gläubiger ggf. schadenersatzpflichtig werden;[74] Gleiches gilt gegenüber dem Schuldner, wenn der Gläubiger unbefugt Tatsachen aus dem Arbeitsverhältnis weitergibt. Der Drittschuldner muss der Auskunft auch keine Belege beifügen.

45 Der Drittschuldner kann vom Gläubiger keine **Erstattung der Kosten** verlangen, die ihm durch die Auskunft entstehen.[75] Zum Ersatz von Bearbeitungskosten für die Lohnpfändung § 90 RN 8.

46 **5. Obliegenheit des Drittschuldners. a) Durchsetzung.** Die Auskunft ist eine Obliegenheit des Drittschuldners. Nach h.M. kann daher nicht auf Auskunft geklagt werden.[76] Auch die Kosten für ein anwaltliches Aufforderungsschreiben des Gläubigers sind nicht erstattungsfähig.[77]

47 **b) Schadensersatzpflicht.** Nach § 840 II ZPO ist der Drittschuldner zum Ersatz des Schadens verpflichtet, der dem Gläubiger aus der schuldhaften Nichterfüllung der Auskunftspflicht entsteht. Auch verspätete, unrichtige oder unvollständige Auskunft macht schadensersatzpflichtig. Der Drittschuldner hat zu beweisen, dass ihn an dem Unterbleiben der Auskunft kein Verschulden trifft.[78] Der Schaden kann darin bestehen, dass der Gläubiger nicht anderweitig nach Befriedigung gesucht hat oder Prozesskosten für einen erfolglosen Prozess gegen den Drittschuldner aufgewandt hat.[79] Dagegen sind solche Vermögensschäden nicht nach § 840 ZPO zu ersetzen, die der Gläubiger erleidet, weil er bei seinen sonstigen wirtschaftlichen Dispositionen außerhalb der Befriedigung der titulierten Forderung auf die Richtigkeit einer falschen oder unvollständigen Drittschuldnererklärung vertraut hat.[80] Demgemäß besteht kein Schadensersatzanspruch, wenn der Schuldner, etwa wegen einer langfristigen Erkrankung, keine pfändbaren Vergütungsansprüche mehr hatte.[81] War bereits bei Klageerhebung gegen den Drittschuldner die Zahlungsklage nicht begründet, scheidet eine Erklärung nach § 91a ZPO aus, der Gläubiger muss ggf. zu einer bezifferten Schadensersatzklage übergehen.[82]

48 **c) Kosten der Rechtsverfolgung.** Das BAG hatte zunächst entschieden, dass im Rahmen des Schadensersatzanspruches wegen der besonderen Kostenerstattungsregelung in § 12a I ArbGG keine Erstattung der aufgewendeten Anwaltskosten für die vergebliche Klage gegen den Drittschuldner verlangt werden kann.[83] Diese Rspr. hat es 1990 aufgegeben, weil der Verspätungsschaden nicht mit den Erstattungsforderungen des Prozesses identisch ist.[84] Macht der Gläubiger ggf. nach einer Klageänderung lediglich Schadensersatzansprüche gegen den Drittschuldner gelten, sind je nach der Rechtsnatur der gepfändeten Forderung die Arbeitsgerichte[85] bzw. die Sozialgerichte[86] zuständig. Für die weiteren Anwaltskosten in einem Schadenersatzprozess vor dem ArbGG gilt jedoch die eingeschränkte Kostenerstattung nach § 12a ArbGG.[87] Allerdings kann der Gläubiger die ihm in einem Drittschuldnerprozess entstandenen notwendigen Kosten, soweit sie nicht beim Drittschuldner beigetrieben werden können, nach § 788 ZPO gegen den Schuldner festsetzen lassen. Zu diesen Kosten gehören auch die Anwaltskosten in einem vor dem ArbG geführten Verfahren gegen den Drittschuldner.[88]

---

[74] LAG Köln 24. 4. 1995 AP 6 zu § 840 ZPO; Zöller/*Stöber* § 840 RN 16; a. A. OLG Düsseldorf 28. 11. 1995 VersR 97, 705.

[75] BAG 31. 10. 1984 AP 4 zu § 840 ZPO = NZA 85, 289; zustimmend *Petersen* BB 86, 188.

[76] BGH 17. 4. 1984 BGHZ 91, 126 = NJW 84, 1901; 4. 4. 1977 BGHZ 68, 289 = NJW 77, 1199; zur Rechtswegzuständigkeit: BAG 31. 10. 1984 AP 4 zu § 840 ZPO = NZA 85, 289; LAG Hamm 12. 2. 1988 BB 89, 634 = NZA 89, 528.

[77] BGH 4. 6. 2006 FamRZ 2006, 1195; 25. 9. 1986 BGHZ 98, 261; 17. 4. 1984 BGHZ 91, 126.

[78] BGH 4. 2. 1981 AP 3 zu § 840 ZPO = NJW 81, 990.

[79] Vgl. BGH 25. 9. 1986 BGHZ 98, 291 = NJW 87, 64; OLG Düsseldorf 28. 11. 1995 VersR 97, 705; LAG Hamm 7. 3. 2001 NZA-RR 2002, 151.

[80] LG Detmold 30. 10. 1980 ZIP 80, 1080; vgl. LAG Düsseldorf 14. 2. 1995 MDR 95, 1044 (Anerkenntnis trotz Unpfändbarkeit).

[81] LAG Hamm 27. 9. 1990 MDR 91, 88 = DB 90, 2228.

[82] BGH 5. 5. 1994 NJW 94, 2895; 28. 1. 1981 AP 2 zu § 840 ZPO = NJW 81, 990; 14. 5. 1979 MDR 79, 1000.

[83] Vgl. nur BAG 31. 10. 1984 AP 4 zu § 840 ZPO = NZA 85, 289.

[84] BAG 16. 5. 1990 AP 6 zu § 840 ZPO = NZA 91, 27; LAG Düsseldorf 14. 2. 1995 AP 7 zu § 840 ZPO.

[85] BAG 23. 9. 1960 AP 3 zu § 61 ArbGG 1953 Kosten = NJW 61, 92.

[86] BSG 12. 2. 1998 AP 8 zu § 840 ZPO.

[87] ArbG Gießen 27. 2. 2002 FA 2002, 149.

[88] BGH 20. 12. 2005 AP 9 zu § 840 ZPO = NJW 2006, 1141.

VI. Drittschuldnerklage

Muster: ArbR-Formb. § 30 RN 11.

1. Verwertung der Forderung. a) Überweisung an Zahlungs Statt. Ist dem Gläubiger die Forderung des Schuldners gegen den Drittschuldner an Zahlungs Statt überwiesen worden, ist damit die Forderung des Schuldners gegen den Drittschuldner auf den Gläubiger übergegangen (§ 836 I ZPO, § 398 BGB). Zugleich ist in Höhe des Forderungsübergangs die Forderung des Gläubigers gegen den Schuldner erfüllt (§ 835 II ZPO). Der Gläubiger ist nunmehr allein berechtigt, die Forderung gegen den Drittschuldner zu verfolgen. 49

b) Einziehung. Ist dem Gläubiger die Forderung des Schuldners gegen den Drittschuldner nur zur Einziehung überwiesen worden, so erlangt er ein Pfandrecht an der Forderung des Schuldners gegen den Drittschuldner, auf Grund dessen er bei Fälligkeit seiner Forderung diese einziehen kann (§§ 829, 835, 836, 803, 804 ZPO, §§ 1273, 1279, 1282, 611 BGB). Der Gläubiger kann sich auf alle Vorrechte der gepfändeten Forderung berufen.[89] Der Gläubiger kann gegen den Drittschuldner auf Zahlung klagen, wenn dieser seinen Verpflichtungen nicht nachkommt. Andererseits ist der Gläubiger gegenüber dem Schuldner verpflichtet, unverzüglich die **Beitreibung einer fälligen Lohnforderung** vorzunehmen (§ 842 ZPO). Unterlässt er die Einziehung, haftet er dem Schuldner auf Ersatz des Schadens, der durch die Verzögerung der Einziehung entsteht.[90] Ein Schaden kann z.B. dann entstehen, wenn der Drittschuldner den gepfändeten Lohn bei Fälligkeit nicht auszahlt und später insolvent wird. In diesem Falle kann der Schuldner gegenüber dem Gläubiger mit seiner Schadensersatzforderung aufrechnen. 50

Bei der Pfändung und Überweisung von Arbeitsvergütung ist namentlich zu beachten, dass für die Vergütungsforderungen häufig kurze **tarifliche Verfallfristen** laufen. Die Forderung erlischt, wenn sie nicht innerhalb der Verfallfrist geltend gemacht wird. Den Ablauf der Verfallfristen muss sich der Gläubiger entgegenhalten lassen (§§ 1275, 404 BGB). Versäumt er schuldhaft die Verfallfrist, so kann gleichfalls in Höhe der nicht beigetriebenen Forderung ein aufrechenbarer Schadensersatzanspruch für den Schuldner entstehen. Hat der Schuldner den Gläubiger auf den Ablauf der Verfallfrist nicht hingewiesen (§ 836 III ZPO), kann der Gläubiger ihm den Einwand des Mitverschuldens entgegenhalten (§ 254 BGB). 51

2. Klage. Gegen den Drittschuldner ist eine Leistungsklage zu erheben. Es ist zulässig, auf zukünftige Leistungen zu klagen, wenn die Besorgnis besteht, dass sich der Drittschuldner der Abführung des pfändbaren Einkommens entzieht.[91] Für die Drittschuldnerklage zuständig ist bei Arbeitnehmern oder arbeitnehmerähnlichen Personen[92] das Arbeitsgericht; der Gläubiger kann die gepfändete und an Zahlungs Statt oder zur Einziehung überwiesene Forderung nur in gleichem Umfang wie der Schuldner geltend machen (§ 90 RN 27). 52

3. Voraussetzungen. Den Gläubiger trifft die Darlegungs- und Beweislast, dass **(a)** er einen vollstreckungsfähigen Titel gegen den Schuldner besitzt, **(b)** die Forderung des Schuldners gegen den Drittschuldner gepfändet und an Zahlungs statt oder zur Einziehung überwiesen worden ist; ist der Pfändungs- und Überweisungsbeschluss aufgehoben, entfällt die Drittschuldnerklage,[93] **(c)** der Pfändungs- und Überweisungsbeschluss zugestellt worden ist, **(d)** der Schuldner eine Forderung gegen den Drittschuldner besitzt. Im Allgemeinen wird die ausgeübte Berufstätigkeit darzulegen sein.[94] Während die Voraussetzungen zu (a) bis (c) durch Vorlage der entsprechenden Urkunden nachgewiesen werden können, bereitet der Nachweis zu (d) erhebliche praktische Schwierigkeiten. Allerdings hat der Gläubiger nach § 836 III ZPO gegen den Schuldner einen klagbaren Anspruch auf Auskunft über Bestand und Höhe der Forderung gegen den Drittschuldner; ferner kann sich der Gläubiger Auskünfte verschaffen, indem er den Schuldner zur eidesstattlichen Versicherung treibt. Beide Wege sind langwierig und oft mit erheblichen Kosten verbunden. Zureichend ist, wenn der Gläubiger Darlegungen über die Art der vom Schuldner ausgeübten Berufstätigkeit macht und den regelmäßigen Verdienst angibt. Dann allerdings obliegt es dem Drittschuldner Darlegungen über vom Normalfall abweichende Umstände zu machen. 53

---

[89] BAG 18. 12. 1971 AP 9 zu § 850 d ZPO = NJW 71, 2094.
[90] LAG Hamm 15. 6. 1988 LAGE § 611 BGB Fürsorgepflicht Nr. 15 = DB 88, 1703.
[91] LAG Hamm 7. 1. 1992 LAGE § 259 ZPO Nr. 1 = BB 92, 784.
[92] BGH 23. 2. 1977 AP 15 zu § 850 h ZPO = NJW 71, 2094.
[93] LAG Hamm 2. 4. 1980 ZIP 80, 749.
[94] LAG Hamburg 3. 3. 1986 NZA-RR 86, 743.

54 **4. Streitverkündung.** Nach § 841 ZPO ist der Gläubiger im Falle der Rechtsverfolgung gegen den Drittschuldner verpflichtet, dem Schuldner den Streit zu verkünden, es sei denn, dass die Streitverkündung durch Zustellung im Ausland oder durch öffentliche Zustellung erfolgen müsste. Durch die Streitverkündung wird erreicht, dass ein zwischen Gläubiger und Drittschuldner ergehendes Urteil auch gegenüber dem Schuldner bindend wird (§§ 68, 74 ZPO).[95] Unterbleibt die Streitverkündung, so kann der Gläubiger schadensersatzpflichtig werden. Er ist darlegungs- und beweispflichtig, dass der Prozess auch im Falle der Streitverkündung verloren gegangen wäre. Dem Schuldner steht es frei, auf Seiten des Gläubigers oder des Drittschuldners dem Prozess beizutreten. Er kann damit selbst für die ordnungsgemäße Prozessführung Sorge tragen, indem er Tatsachen vorträgt und Beweisanträge stellt (§§ 66ff. ZPO). Der Gläubiger darf die Verteidigung des Schuldners nicht durchkreuzen. War bereits ein Rechtsstreit über die Lohnforderung anhängig, so kann der Gläubiger an Stelle des Schuldners mit Zustimmung des Drittschuldners den Rechtsstreit übernehmen (§ 265 II 2 ZPO). Er kann jedoch auch nach § 64 ZPO durch eine gegen beide Parteien gerichtete Klage die Hauptintervention erklären.

55 **5. Hinterlegung bei mehrfacher Pfändung.** Ist eine Geldforderung für mehrere Gläubiger gepfändet, ist der Drittschuldner berechtigt und auf Verlangen des Gläubigers, dem die Forderung überwiesen wurde, verpflichtet, unter Anzeige der Sachlage und unter Aushändigung der ihm zugestellten Beschlüsse an das Amtsgericht, dessen Beschluss ihm zuerst zugestellt ist, den Schuldbetrag zu hinterlegen (§ 853 ZPO). Der Drittschuldner kann mit der Vollstreckungsgegenklage geltend machen, die Forderung sei einem anderen Gläubiger zur Einziehung überwiesen.[96] Weitere Einzelheiten unter § 90 RN 11.

56 **6. Einwendungen. a) Gepfändete Forderung.** Der Drittschuldner kann gegenüber dem Zahlungsverlangen des Gläubigers alle Einwendungen erheben (§ 90 RN 25), die ihm zurzeit der Pfändung gegen die gepfändete Forderung zustehen (§§ 1275, 412, 404 BGB); er kann auch mit eigenen Forderungen aufrechnen (§§ 1275, 412, 406 BGB).

57 **b) Pfändung.** Der Drittschuldner kann gegen seine Inanspruchnahme im Einziehungsprozess zwar nicht eine bloße Fehlerhaftigkeit des Pfändungs- und Überweisungsbeschlusses geltend machen, wohl aber dessen Nichtigkeit, d. h. wenn der Pfändungs- und Überweisungsbeschluss offensichtlich fehlerhaft (z. B. Fehlen der funktionelle Zuständigkeit, nicht hinreichend bestimmte Bezeichnung, Fehlen des Drittschuldnerverbots) ist.[97] Dies gilt auch dann, wenn gegen den Beschluss eine Erinnerung nach § 766 ZPO zulässig wäre (umstr.). Ist der Pfändungs- und Überweisungsbeschluss aber nur anfechtbar (z. B. Verstoß gegen Pfändungsverbot oder -beschränkung[98]), gilt er nach § 836 II ZPO zu Gunsten des Drittschuldners dem Schuldner gegenüber so lange als rechtsbeständig, bis er aufgehoben wird und die Aufhebung zu seiner Kenntnis gelangt. Er darf dann nicht mehr leisten, wenn die Zwangsvollstreckung eingestellt worden ist, braucht sich daher auch nicht auf eine Auseinandersetzung mit dem Gläubiger einlassen. Der Schutz des § 836 II ZPO versagt jedoch dann, wenn mehrere Pfändungsgläubiger die Forderung beanspruchen. In diesem Falle muss der Drittschuldner im Verhältnis zu den verschiedenen Forderungsprätendenten die Rechtswirksamkeit der Pfändungs- und Überweisungsbeschlüsse prüfen.

58 **c) Vollstreckungstitel.** Versagt sind dem Drittschuldner Einwendungen gegen die titulierten Forderungen selbst. Zur Erhebung von Einwendungen ist hier allein der Schuldner berechtigt. Dies gilt auch dann, wenn er auf Grund eines sittenwidrigen Ratenvertrags ergangen ist.[99] Jedoch kann der Drittschuldner auf Grund seiner Fürsorgeverpflichtung gegenüber dem Schuldner gehalten sein, diesen auf mögliche Einwendungen hinzuweisen. Ebenso wenig sind im Drittschuldnerprozess Einwendungen des Drittschuldners gegen die Festsetzung des pfändbaren Betrags nach § 850d ZPO möglich. Insoweit können nur Einwendungen nach § 850g ZPO erhoben werden.[100]

VII. Lohnschiebungsverträge

59 **1. Allgemeines.** Häufig versuchen Schuldner die Realisierung der Ansprüche des Gläubigers zu verhindern. Wechselt der Schuldner häufig die Arbeitsstelle oder verdient er nicht mehr als das

[95] *Werres* NJW 84, 208.
[96] BAG 20. 8. 1996 AP 7 zu § 767 ZPO = NZA 97, 563.
[97] BAG 15. 2. 1989 AP 9 zu § 829 ZPO = NZA 89, 821; BGH 16. 2. 1979 BGHZ 66, 79 = NJW 76, 851.
[98] Vgl. die Nachweise bei Zöller/*Stöber* § 829 RN 26f.
[99] BAG 7. 12. 1988 AP 8 zu § 829 ZPO = NZA 89, 339; vgl. dazu *Blanke* ArbuR 90, 185.
[100] LAG Düsseldorf 6. 3. 2001 AP 12 zu § 850d ZPO = NZA-RR 2002, 35; LAG Frankfurt 23. 6. 1989 DB 90, 639.

pfändungsgeschützte Arbeitseinkommen, ist der Gläubiger weitgehend schutzlos. Grundsätzlich kann in der Zwangsvollstreckung nur auf Arbeitseinkommen des Schuldners Zugriff genommen werden, dass dieser tatsächlich bezieht. § 850h I ZPO ermöglicht davon abweichend unter den dort genannten weiteren Voraussetzungen auch auf Einkommen Zugriff zu nehmen, das tatsächlich einem Dritten zufließt. Darüber hinaus gilt gemäß Abs. 2 dieser Vorschrift für Leistungen, die der Schuldner tatsächlich unentgeltlich oder gegen eine unverhältnismäßig geringe Vergütung erbringt, im Verhältnis zum Gläubiger eine angemessene Vergütung als geschuldet. § 850h ZPO dient damit dem Gläubigerschutz; es soll verhindert werden, dass durch unlautere Vereinbarungen Schuldnereinkommen dem Gläubigerzugriff entzogen wird. Der durch § 850h ZPO vermittelte Schutz steht nur dem Pfändungsgläubiger und nicht dem Abtretungsberechtigten zu.[101]

2. Lohnbegrenzungsvertrag (§ 850h I ZPO). a) Voraussetzungen. Er liegt vor, wenn **(a)** ein Schuldner einem Dienstberechtigten tatsächlich Arbeit oder Dienste leistet. Unerheblich ist, ob der Schuldner mit dem Dienstgeber einen schriftlichen Arbeits- oder Dienstvertrag abgeschlossen hat; **(b)** die Dienstleistung ganz oder teilweise an den Drittberechtigten (z. B. einem Familienangehörigen) vergütet werden soll. Unerheblich ist, ob der Drittberechtigte selbst einen unmittelbaren Anspruch auf die Vergütung erlangt (§ 328 BGB) oder ob der Schuldner nur die Auszahlung an den Drittberechtigten verlangen kann. Nicht erfasst werden jedoch die Fälle, in denen der Schuldner seinen Anspruch auf Vergütung an einen Dritten abgetreten hat. In diesen Fällen kann eine Gläubigeranfechtung nach dem AnfG begründet sein. Vergütung ist jede vermögenswirksame Leistung. Erfüllt ein angestellter Geschäftsführer einer Vertriebs-GmbH vertragliche Verpflichtungen seiner Arbeitgeberin gegenüber den Vertragspartnern, ohne dass er selbst mit den Vertragspartnern seiner Arbeitgeberin vertragliche Verpflichtungen eingegangen ist, kommt eine Anwendung des § 850h I ZPO nicht in Betracht.[102] Der BGH wendet darüber hinaus § 850h I ZPO bei einer für den Gläubiger ungünstigen Lohnsteuerklassenwahl des Schuldners analog an. Der Gläubiger kann beim Vollstreckungsgericht beantragen, dass der Drittschuldner bei der Berechnung des pfändbaren Teils des Arbeitsentgelts das sich unter Berücksichtigung der günstigeren Steuerklasse ergebende Nettoeinkommen zugrunde zu legen hat. Eine entsprechende Anordnung ist begründet, wenn der Schuldner nachträglich eine ungünstigere Steuerklasse wählt oder diese für das folgende Kalenderjahr beibehält und hierfür objektiv kein sachlich rechtfertigender Grund gegeben ist. Die Beibehaltung einer zuvor getroffenen Lohnsteuerklasse kann im laufenden Kalenderjahr eine Anordnung nur rechtfertigen, wenn die Wahl in Gläubigerbenachteiligungsabsicht vorgenommen worden ist.[103] 60

b) Pfändung. Die Lohnpfändung umfasst die Ansprüche des Drittberechtigten gegen den Drittschuldner. Der Gläubiger kann sich aber auch die Ansprüche des Drittberechtigten gegen den Drittschuldner pfänden und zur Einziehung überweisen lassen. Dies wird dann zweckmäßig sein, wenn dem Drittberechtigten die gesamte Vergütung ausgezahlt werden soll. Zur Pfändung der Ansprüche des Drittberechtigten bedarf es keines besonderen Vollstreckungstitels oder der Umschreibung der Vollstreckungsklausel. Sie erfolgt auf Grund des Titels gegen den Schuldner. Der Pfändungs- und Überweisungsbeschluss ist dem Drittschuldner sowie dem Schuldner und dem Drittberechtigten zuzustellen; jedoch ist die Zustellung an den Drittberechtigten und den Schuldner nicht Wirksamkeitsvoraussetzung der Pfändung. 61

c) Rechtsbehelfe. Der Drittberechtigte kann sich mit einer gegen den Gläubiger gerichteten Klage nach § 771 ZPO verteidigen. Hierfür ist der Rechtsweg zu den Gerichten für Arbeitssachen gegeben, wenn der Schuldner seine Dienste entweder als Arbeitnehmer oder zumindest arbeitnehmerähnliche Person erbringt. Für den Drittschuldner ist es in der Regel empfehlenswert, den gepfändeten Betrag zu hinterlegen. 62

3. Verschleiertes Arbeitseinkommen (§ 850h II ZPO). § 850h II 2 ZPO schützt das Interesse des Vollstreckungsgläubigers an der Durchsetzung seiner Forderung gegen einen Schuldner, der für einen Dritten arbeitet oder sonst Dienste leistet, ohne eine entsprechende angemessene Vergütung zu erhalten. Das Gesetz behandelt diesen Dritten beim Vollstreckungszugriff des Gläubigers so, als ob er dem Schuldner zu einer angemessenen Vergütung verpflichtet sei. Die Vorschrift ist analog anzuwenden, wenn der Insolvenzverwalter fiktives Arbeitseinkommen zur Masse zieht.[104] Der Anspruch nach § 850h II ZPO setzt voraus: 63

---

[101] LAG Frankfurt 7. 9. 1990 DB 91, 1388; LAG Schleswig-Holstein 27. 8. 1971 AP 13 zu § 850h ZPO; ArbG Münster 9. 9. 1961 AP 7 zu § 850h ZPO.

[102] BAG 23. 4. 1996 AP 19 zu § 850h ZPO = NZA 97, 61.

[103] BGH 4. 10. 2005 FamRZ 2006, 37 = MDR 2006, 352.

[104] BAG 12. 3. 2008 AP 20 zu § 850h ZPO = NZA 2008, 779.

64 **a) Wirksame Pfändung.** Die angeblichen Ansprüche des Schuldners gegen den Drittschuldner müssen gepfändet und zur Einziehung überwiesen sein. Freilich ist für § 850h II ZPO charakteristisch, dass im Innenverhältnis zwischen Schuldner und Drittschuldner keine Vergütungsansprüche oder nur unverhältnismäßig geringe Vergütungsansprüche bestehen. Das Gesetz fingiert mit Zugang des Pfändungs- und Überweisungsbeschlusses an den Drittschuldner jedoch zugunsten des Gläubigers eine Vergütungsforderung. Der normale Pfändungs- und Überweisungsbeschluss umfasst auch den fingierten Anspruch nach § 850h II ZPO.[105] Die Pfändung wirkt nicht für die Vergangenheit und umfasst damit nicht fiktiv aufgelaufene Lohn- oder Gehaltsrückstände, sondern nur die im Zeitpunkt der Pfändung bestehenden realen Nachzahlungsansprüche für zurückliegende Zeiträume.[106]

65 **b) Dienstleistung.** Der Schuldner muss dem Drittschuldner in einem „ständigen Verhältnis" Arbeit oder Dienste leisten. Der Begriff beinhaltet eine gewisse Regelmäßigkeit und Dauer, wobei eine Teilzeitbeschäftigung genügt, nicht jedoch eine nur einmal, gelegentliche oder aushilfsweise Beschäftigung. Es kann ein Arbeits-, Dienst- oder Gesellschaftsvertrag sein; es kann aber auch jegliche Rechtsbeziehung fehlen, also nur ein faktisches Verhältnis vorliegen.

66 Umstritten ist, ob § 850h II ZPO auch dann anzuwenden ist, wenn die Dienstleistung auf Grund **familienrechtlicher Verpflichtung** geleistet wird,[107] also der Ehegatte gemäß § 1356 BGB seiner ehelichen Verpflichtung genügt oder ein zum Hausstand gehörendes Kind gemäß § 1619 BGB Dienste leistet. Zum Teil wird insoweit die Auffassung vertreten, dass § 850h II ZPO nur insoweit anzuwenden sei, als der durch Gesetz gebotene Rahmen der Dienstleistung überschritten werde.[108] Die h. M. misst der gesetzlichen Mitarbeitungspflicht nur Bedeutung für das **Innenverhältnis** zwischen Schuldner und Drittschuldner bei, während § 850h II ZPO gerade das Außenverhältnis zwischen Gläubiger und Drittschuldner regelt, wenn Dienste ohne vertragliche Abrede erbracht werden;[109] das BAG folgt im Wesentlichen der h. M. Es verneint nur dann die Vergütungspflicht, wenn die Mitarbeit die Erfüllung der Unterhaltspflicht gegenüber dem anderen Ehegatten darstellt.[110] Auch der mitarbeitende Ehegatte hat einen Taschengeldanspruch. Dieser ist nur bedingt pfändbar.[111] Wird im Rahmen einer nicht ehelichen Lebensgemeinschaft für den anderen Partner die Haushaltsführung übernommen, ist in aller Regel nicht von einem Arbeitsverhältnis auszugehen. Andererseits müssen Hausarbeiten regelmäßig vergütet werden, so dass § 850h II ZPO im Allgemeinen eingreift. Da gesetzliche Unterhaltspflichten nicht bestehen, wird sich eine Beschränkung der Haftung nicht ergeben.[112]

67 **c) Üblichkeit einer Vergütung.** Die Dienstleistung des Schuldners gegenüber dem Drittschuldner muss üblicherweise vergütet werden. Dies ist danach zu beurteilen, ob dann, wenn der Schuldner sie nicht leistet, eine fremde Arbeitskraft hinzugezogen werden muss. Eine üblicherweise zu vergütende Dienstleistung kann daher auch dann vorliegen, wenn die Dienste auf Grund familienrechtlicher Mitarbeit geleistet werden. Unerheblich ist, ob bei den beteiligten Kreisen (z. B. Handwerker) die unentgeltliche Mitarbeit im Erwerbsgeschäft des Ehegatten üblich ist. Es kommt allein darauf an, **ob der Dienstleistung Vermögenswert zukommt;** indes wird ein nur vereinzelt im Geschäft tätiger Ehegatte zumeist unentgeltlich tätig sein.[113]

68 **d) Unentgeltlichkeit bzw. unverhältnismäßig geringe Vergütung.** Der Anspruch ist nur begründet, wenn der Schuldner die Dienste dem Drittschuldner gegenüber unentgeltlich oder gegen eine unverhältnismäßig geringe Vergütung leistet. Hierzu muss die gewährte Vergütung mit der üblicherweise für eine derartige Arbeitsleistung zu zahlende Vergütung in Vergleich gesetzt werden.[114] Ein dem Schuldner vom Drittschuldner gewährter geldwerter Vorteil bleibt bei der Ermittlung des höheren pfändbaren fiktiven Arbeitseinkommens unberücksichtigt.[115] Eine Gläubigerbenachteiligungsabsicht braucht nicht vorzuliegen.[116] Gewährte Vergütung ist alles, was

---

105 Vgl. RAG 19, 169 ff.
106 BAG 12. 3. 2008 AP 20 zu § 850h ZPO = NZA 2008, 779.
107 Vgl. *Fenn* FamRZ 73, 628.
108 Vgl. LAG Bremen 27. 2. 1963 AP 9 zu § 850h ZPO.
109 LAG Frankfurt 9. 2. 1965 AP 11 zu § 850h ZPO; LAG Rheinland-Pfalz 13. 10. 1959 AP 6 zu § 850h ZPO; ArbG Kaiserslautern 8. 10. 1958 AP 2 zu § 850h ZPO.
110 BAG 4. 5. 1977 AP 16 zu § 850h ZPO = NJW 78, 343.
111 BGH 21. 1. 1998 NJW 98, 1553.
112 Ebenso LAG Köln 3. 11. 1988 NZA 89, 686.
113 LAG Frankfurt 9. 2. 1965 AP 11 zu § 850h ZPO.
114 BAG 24. 5. 1965 AP 10 zu § 850h ZPO = BB 65, 1027 = DB 65, 1406.
115 BAG 23. 4. 2008 AP 21 zu § 850h ZPO = NZA 2008, 896.
116 BGH 4. 7. 1968 AP 12 zu § 850h ZPO.

der Schuldner erhält (Taschengeld, Unterkunft, Verpflegung usw.). Die übliche Vergütung wird regelmäßig die tarifliche sein.[117] Es kann aber auch eine übertarifliche sein, wenn in dem betreffenden Geschäftszweig allgemein übertarifliche Löhne und Gehälter gezahlt werden. Zumeist wird eine verhältnismäßige Minderentlohnung vorliegen, wenn die gewährte Vergütung 20 bis 30 v. H. hinter der üblichen Vergütung zurückbleibt;[118] nach der Rspr. ist stets eine fallbezogene Prüfung aller Umstände des Einzelfalls erforderlich.[119] Teilweise wird auch darauf abgestellt, ob die geleistete Vergütung in einem offensichtlichen Missverhältnis zur üblichen Vergütung steht.[120] Liegt ein Missverhältnis zwischen gewährter und üblicher Vergütung nicht vor, ist § 850h II ZPO nicht anwendbar.[121] Nicht § 850 II ZPO, sondern § 850 I ZPO ist anzuwenden, wenn der Schuldner durch die Wahl einer ungünstigen Steuerklasse oder der Nichteintragung von Steuerfreibeträgen eine unverhältnismäßig niedrige Nettovergütung ausbezahlt erhält, da Abs. 2 nur auf die Höhe des Bruttoverdienstes abstellt[122] (str.).

Eine unentgeltliche Dienstleistung liegt auch dann vor, wenn der Schuldner in Erwartung einer **künftigen Gegenleistung,** etwa in der Hoffnung auf zukünftige Geschäftsbeteiligung, Erbeinsetzung usw. arbeitet (§ 66 RN 16). Entgeltlich kann die Dienstleistung dann sein, wenn der Schuldner mit ihr seiner gesetzlichen Unterhaltspflicht genügt, z. B. wenn er in dem Landwirtschaftsbetrieb seiner nahezu arbeitsunfähigen Eltern arbeitet[123] oder sonst eine eigene Schuld abarbeitet. Im letzteren Falle liegt eine Vergütungs- und Aufrechnungsvereinbarung vor. 69

4. Festsetzung der Vergütung bei verschleiertem Arbeitseinkommen. Liegen die Voraussetzungen von § 850h II ZPO vor, wird zugunsten des Gläubigers eine angemessene Vergütung unterstellt, die auf seine Leistungsklage gegen den Drittschuldner, für die bei Arbeitnehmern und arbeitnehmerähnlichen Personen das Arbeitsgericht zuständig ist,[124] deklaratorisch festgestellt wird. Da es allein darauf ankommt, den pfändbaren Betrag festzustellen, braucht das Gericht nicht nach brutto und netto aufzuschlüsseln.[125] Bei der Bemessung der angemessenen Vergütung ist auf alle Umstände des Einzelfalls abzustellen. Ausgangspunkt wird wiederum der Tariflohn sein.[126] Bei Bemessung sind alsdann zu berücksichtigen die Art der Arbeits- oder Dienstleistung, die verwandtschaftlichen oder sonstigen Beziehungen zwischen Schuldner und Drittschuldner und die wirtschaftliche Leistungsfähigkeit des Drittschuldners.[127] Verdienstmindernd wirkt sich regelmäßig aus, wenn der Schuldner in einem wenig leistungsfähigen Familienbetrieb mitarbeitet. Außer Betracht bleibt bei der Bemessung der Vergütung das besondere Vertrauensverhältnis zwischen Schuldner und Drittschuldner, weil dieser etwa ohne Rücksicht auf Überstunden anpackt oder wegen der Familienbeziehung besonders vertrauenswürdig ist.[128] Der Gläubiger soll keine besonderen Vorteile aus dem Vertrauensverhältnis ziehen, sondern soll lediglich auf eine verkehrsübliche Vergütung Zugriff nehmen können. Unerheblich für die Bemessung der Vergütung ist die Art der zu vollstreckenden Forderung. Die Stellung als Unterhaltsgläubiger ist auf die Bemessung der Vergütung ohne Einfluss. Sie kann sich lediglich bei der Berechnung des unpfändbaren Teils des fiktiven Arbeitseinkommens auswirken.[129] Der gewährte Unterhalt ist auf den unpfändbaren Teil der Forderung anzurechnen; dem Drittschuldner gewährte Vorschüsse (§ 70 RN 12 ff.) werden ebenfalls auf den unpfändbaren Teil angerechnet. 70

5. Darlegungs- und Beweislast. Der Gläubiger ist für Anspruchsgrund und Anspruchshöhe darlegungs- und beweispflichtig; insbesondere Art und zeitlicher Umfang der Arbeitsleistung müssen dargelegt werden.[130] Allerdings ist der Schuldner nach § 836 III ZPO zu einer Erklä- 71

---

[117] LAG Hamburg 3. 3. 1986 NZA 87, 68.
[118] LAG Hamm 22. 9. 1992 LAGE § 850h ZPO Nr. 4 = DB 93, 1428; LAG Düsseldorf 29. 6. 1955 BB 55, 1140.
[119] BAG 22. 10. 2008 – 10 AZR 703/07 – NZA 2009, 163.
[120] ArbG Wilhelmshaven 12. 10. 1959 BB 60, 50.
[121] ArbG Herford 16. 1. 1959 BB 59, 232.
[122] Ähnlich LG Detmold 7. 6. 2002 Rpfleger 2002, 630; a. A. LG Koblenz 5. 3. 2002 JurBüro 2002, 324 (Rechtsmissbrauch).
[123] Vgl. RAG ARS 42, 53; dagegen BAG 4. 5. 1977 AP 16 zu § 850h ZPO = NJW 78, 343.
[124] BGH 23. 2. 1977 AP 15 zu § 850h ZPO = NJW 77, 853; einschränkend *Fenn* AcP 167, 189.
[125] LAG Düsseldorf 2. 1. 1962 DB 62, 608.
[126] Gelegentlich wird bei allgemeinverbindlichen Tarifverträgen vertreten, es sei in jedem Fall der Tariflohn festzusetzen. Dies ist bedenklich, da nur eine Vergütung fingiert wird; a. A. LAG Hamm 22. 9. 1992 DB 93, 1428 = BB 93, 795.
[127] ArbG Dortmund 10. 10. 1991 DB 91, 2600.
[128] A. A. LAG Bremen 11. 1. 1961 DB 62, 476.
[129] BAG 23. 4. 2008 AP 21 zu § 850h ZPO = NZA 2008, 896.
[130] BAG 3. 8. 2005 NZA 2006, 175.

rung über Art und Umfang der Dienste verpflichtet. Für die Dienstleistung kann eine tatsächliche Vermutung sprechen, wenn der arbeitsfähige Ehemann keiner Beschäftigung nachgeht und die Drittschuldnerin nur ein kleines Einzelhandelsgeschäft betreibt.[131] Hat jedoch der Gläubiger nachgewiesen, dass der Schuldner bei dem Drittschuldner in einem ständigen Verhältnis arbeitet oder Dienste leistet, geht die Darlegungs- und Beweislast für Art und Umfang der Dienste sowie die gewährte Vergütung auf den Drittschuldner über. Hingegen bleibt diese beim Gläubiger, soweit es um die fehlende Angemessenheit der gezahlten Vergütung geht, was insbesondere bei einer fehlenden tariflichen Vergütung von Bedeutung sein kann. Wie bei der normalen Lohnpfändung ist dem Schuldner gemäß § 841 ZPO der Streit zu verkünden.[132] Betreiben mehrere Gläubiger die Zwangsvollstreckung, ist die Vergütung nach § 850 h II ZPO für alle in derselben Höhe festzusetzen.

72 **6. Einwendungen des Drittschuldners.** Nach der Rspr. kann der Drittschuldner gegenüber dem Gläubiger einwenden, der fingierte Vergütungsanspruch sei vorrangig gepfändet, auch wenn der andere Gläubiger keine Drittschuldnerklage erhebt.[133] Dieser Ansicht ist nicht zu folgen, da § 850 h II ZPO nur im Verhältnis zwischen Gläubiger und Drittschuldner und nicht gegenüber vorrangigen Pfandgläubigern eine Vergütung fingiert. Hat ein nachrangiger Gläubiger Klage erhoben, kann er den Betrag verlangen, der sich ergibt aus der Summe der pfändbaren Anteile, welche der Drittschuldner unter Berücksichtigung der angemessenen Vergütung richtigerweise seit der Ersatzpfändung hätte einbehalten müssen, abzüglich der Beträge, die den vorrangigen Gläubigern hiernach zugestanden hätten.[134] Der Drittschuldner kann gegen die Forderung des Gläubigers aus § 850 h II ZPO nicht aufrechnen, da lediglich zugunsten des Gläubigers eine solche fingiert wird.[135] Die fiktiven Vergütungsansprüche unterliegen der gesetzlichen Verjährungsfrist nach § 195 BGB, jedoch nicht tariflichen Verfallfristen.[136] Die von einem Gläubiger gegen einen zahlungsunwilligen Drittschuldner aufgewandten Prozesskosten können gegen den Schuldner nach § 788 ZPO festgesetzt werden, wenn die Drittschuldnerklage als Maßnahme der Zwangsvollstreckung notwendig war.[137]

§ 90. Die Behandlung des Pfändungs- und Überweisungsbeschlusses durch den Arbeitgeber

Übersicht

	RN
I. Rechtsstellung des Arbeitgebers	1 ff.
1. Wirkung der Pfändung	1
2. Auskunft	2
3. Feststellung des gepfändeten Betrags	3–5
4. Zahlung	6
5. Erstattung von Lohnpfändungskosten	7, 8
6. Parteivereinbarungen	9
7. Konkurrenz von Pfändung und Abtretung	10
II. Mehrfache Pfändung	11 ff.
1. Hinterlegung	11
2. Zweckmäßigkeit der Hinterlegung	12
3. Verpflichtung zur Hinterlegung	13
4. Verlangen des Schuldners	14
5. Durchführung	15
6. Wirkung	16
7. Auszahlung	17
8. Verteilungsverfahren	18
III. Schutz des guten Glaubens	19 ff.
1. Umfang	19
2. Unkenntnis von einem Pfändungs- und Überweisungsbeschluss	20
3. Bestehender Pfändungs- und Überweisungsbeschluss	21–23
4. Änderung des Pfändungsbeschlusses	24

[131] LAG Düsseldorf 10. 3. 1994 NZA 94, 1056; LAG Hamm 24. 11. 1992 DB 93, 1428; ArbG Kaiserslautern 8. 10. 1958 AP 2 zu § 850 h ZPO; a. A. LAG Hamm 30. 10. 1987 LAGE § 850 h ZPO Nr. 1 = BB 88, 1754.

[132] LAG Baden-Württemberg 30. 4. 1958 AP 3 zu § 850 h ZPO.

[133] BAG 15. 6. 1994 AP 18 zu § 850 h ZPO = NZA 96, 47; BGH 15. 11. 1990 AP 17 zu § 850 h ZPO = NJW 91, 495.

[134] BGH 15. 11. 1990 AP 17 zu § 850 h ZPO = NJW 91, 495.

[135] H. M. LAG Düsseldorf 22. 2. 1972 DB 72, 1028; LAG Bremen 27. 2. 1963 AP 9 zu § 850 h ZPO; LAG Rheinland-Pfalz 13. 10. 1959 AP 6 zu § 850 h ZPO.

[136] LAG Düsseldorf 10. 3. 1994 DB 94, 2508 = NZA 94, 1056.

[137] OLG Koblenz 24. 9. 1990 ZIP 91, 120.

	RN
IV. Einwendungen und Einreden des Arbeitgebers	25 ff.
1. Einwendungen gegen den Pfändungs- und Überweisungsbeschluss	25
2. Einwendungen gegen die gepfändete Forderung	26
3. Keine Einwendungen gegen die zu vollstreckende Forderung	27
V. Aufrechnung des Drittschuldners	28 ff.
1. Aufrechnung mit Forderungen gegen den Gläubiger	28
2. Aufrechnung mit Forderungen gegen den Schuldner	29–31
3. Aufrechnungsvereinbarung	32
4. Abschlagszahlung, Vorschüsse, Darlehen	33–37

I. Rechtsstellung des Arbeitgebers

1. Wirkung der Pfändung. Die Bewirkung der Pfändung und Überweisung hat vier Rechtsfolgen: **(a)** Der Drittschuldner darf, soweit die Pfändung reicht, nicht mehr an den Schuldner zahlen; **(b)** der Gläubiger kann über die gepfändete und überwiesene Forderung verfügen, sie also einziehen, abtreten usw.; **(c)** der Arbeitnehmer kann über die gepfändete Forderung nicht mehr verfügen. Eine Verfügung gegenüber dem Gläubiger ist unwirksam; **(d)** die Erklärungsfrist nach § 840 ZPO beginnt zu laufen. Hieraus ergeben sich die Verpflichtungen des Arbeitgebers. 1

2. Auskunft. Der Arbeitgeber hat sich bei Zustellung des Pfändungsbeschlusses oder binnen einer Frist von zwei Wochen über die ihm nach § 840 ZPO gestellten Fragen zu erklären. Die Einzelheiten sind in § 89 RN 37 erörtert. 2

3. Feststellung des gepfändeten Betrags. a) Drittschuldner. Ob und ggf. in welcher Höhe durch die Pfändung das Arbeitseinkommen gepfändet worden ist, hat der Arbeitgeber/Drittschuldner festzustellen. Der Pfändungsbeschluss enthält grundsätzlich nur die Erklärung, dass das gesamte Einkommen des Schuldners gepfändet sei und dem Drittschuldner verboten werde, an den Schuldner zu zahlen. Im Übrigen enthält er lediglich die Wiedergabe der gesetzlichen Vorschriften, welche Forderungen von der Pfändung ausgenommen sind und wie sich der Pfändungsfreibetrag des Schuldners errechnet. Die Prüfung der Rechtswirksamkeit des Beschlusses und ggf. die Berechnung des pfändbaren Betrags ist dem Arbeitgeber überlassen; zum Vertrauensschutz RN 19. 3

b) Festsetzung der Pfändungsfreigrenzen. Ausnahmsweise enthält der Pfändungsbeschluss eine gerichtliche Entscheidung über die Höhe des pfändbaren Betrages, wenn das Vollstreckungsgericht die Pfändungsfreigrenzen anderweitig festgesetzt hat. Dies ist auf Antrag des Gläubigers zulässig, wenn dieser die Vollstreckung wegen eines Anspruches auf Unterhalt oder auf Schadensersatz wegen vorsätzlich begangener unerlaubter Handlung des Schuldners betreibt (§§ 850d, 850f II ZPO) oder wenn dieser mehr als 2985 Euro netto monatlich (wöchentlich 678,70 Euro, täglich 131,25 Euro[1]) verdient (§ 850f III ZPO); auf Antrag des Schuldners, wenn besondere Bedürfnisse eine Erhöhung des Pfändungsfreibetrags rechtfertigen (§ 850f I ZPO). Die Festsetzung von abweichenden Pfändungsfreigrenzen führt nicht zum Wegfall der allgemeinen Prüfungspflicht des Drittschuldners (RN 3). 4

c) Offensichtliche Unrichtigkeit. Erkennt der Arbeitgeber, dass der Pfändungs- und Überweisungsbeschluss offensichtlich unrichtig ist, wird er schon im Eigeninteresse seinen Arbeitnehmer und das Vollstreckungsgericht entspr. informieren. Der Arbeitgeber ist berechtigt, nach § 766 ZPO Erinnerung wegen der Art und Weise der Zwangsvollstreckung einzulegen; verpflichtet hierzu ist er aber nicht. Ebenso wenig ist er befugt, zugunsten seines Arbeitnehmers eine Erhöhung des Pfändungsfreibetrags zu beantragen, selbst wenn die Voraussetzungen nach § 850f I ZPO vorliegen. Es besteht für den Arbeitgeber auch grundsätzlich keine Verpflichtung den Arbeitnehmer über die vollstreckungsrechtlichen Rechtsbehelfe aufzuklären, da sich die Fürsorgepflicht nicht auf das Rechtsverhältnis zwischen Schuldner und Gläubiger erstreckt; insoweit bleibt die Rechtswahrnehmung dem Schuldner überlassen.[2] Allerdings kann der Arbeitgeber den Arbeitnehmer über die Möglichkeit eines Antrags nach § 850i ZPO informieren. 5

4. Zahlung. Den unpfändbaren Betrag hat der Arbeitgeber seinem Arbeitnehmer auszuzahlen. Den gepfändeten Lohnbetrag hat er dem Gläubiger an dessen Wohn oder Geschäftssitz zu übersenden (§ 270 BGB). Zahlt er dem Arbeitnehmer die Vergütung ohne Berücksichtigung des Pfändungs- und Überweisungsbeschlusses weiter, ist diese Zahlung dem Gläubiger gegen- 6

---

[1] Beträge nach der Pfändungsfreigrenzenbekanntmachung 2007 v. 22. 1. 2007 (BGBl. I S. 64).

[2] BAG 13. 11. 1991 AP 13 zu § 850 ZPO = NZA 92, 384.

über unwirksam, d. h., dieser kann weiterhin Zahlung von ihm begehren. Der Arbeitgeber erlangt jedoch in diesem Fall einen Anspruch nach § 812 BGB gegen seinen Arbeitnehmer. Der Arbeitgeber kann gegenüber dem Arbeitnehmer auf Einwendungen verzichten, sie andererseits aber dem Gläubiger entgegensetzen.[3] Zahlt der Arbeitgeber versehentlich an den Vollstreckungsgläubiger, weil er irrtümlich davon ausgeht, dass die gepfändete und zur Einziehung überwiesene Forderung besteht, kann er den gezahlten Betrag wieder von diesem herausverlangen; Gleiches gilt bei einer versehentlichen Zahlung an einen nachrangigen Gläubiger.[4]

7 **5. Erstattung von Lohnpfändungskosten. a) Zwangsvollstreckungskosten.** Ungeklärt ist, ob und ggf. in welcher Form der Arbeitgeber Ersatz für den Bearbeitungsaufwand einer Lohnpfändung erlangen kann. Gegenüber dem Gläubiger befindet sich der Arbeitnehmer/Schuldner spätestens seit seiner Verurteilung in Verzug. Die Bearbeitungskosten sind prozessual betrachtet Kosten der Zwangsvollstreckung, die gemäß § 788 ZPO der Schuldner zu tragen hat. Diese Vorschrift gilt aber nur im Verhältnis zwischen Gläubiger und Schuldner, nicht aber für Aufwendungen des Drittschuldners. Die Möglichkeit einer Drittschadensliquidation der beim Drittschuldner entstandenen Bearbeitungskosten durch den Gläubiger und der damit verbundenen Abtretung der für die Bearbeitung entstandenen und nachgewiesenen Aufwendungen an den Arbeitgeber hat das BAG verneint.[5]

8 **b) Vereinbarung.** Ohne eine Vereinbarung über die Erstattung von Bearbeitungskosten für eine Lohnpfändung ist der Arbeitgeber nicht berechtigt, den Arbeitnehmer an den entsprechenden Aufwendungen zu beteiligen. Diese kann im Arbeitsvertrag oder in einer kollektivrechtlichen Vereinbarung (Tarifvertrag, Betriebsvereinbarung) enthalten sein. Soweit die Erstattungspflicht an konkret entstandene und erforderliche Beträge anknüpft (z. B. Portokosten), ist sie uneingeschränkt zulässig. Ebenso können pauschale Bearbeitungskosten in Tarifverträgen und Individualvereinbarungen festgelegt werden. In Betriebsvereinbarungen[6] und formularmäßig vereinbarte Beträge sind grundsätzlich unzulässig. Ist eine Kostenpauschale wirksam vereinbart oder lassen sich die Kosten errechnen, ist dem Drittschuldner eine Aufrechnung gegenüber dem unpfändbaren Teil der Lohnforderung verschlossen. Er kann gegenüber dem Gläubiger aufrechnen; für diesen sind es Kosten der Zwangsvollstreckung, die er, wie die übrigen Vollstreckungskosten gegenüber dem Arbeitnehmer, beitreiben kann. Kosten für eine Auskunft nach § 840 ZPO kann der Drittschuldner nicht ersetzt verlangen.[7]

9 **6. Parteivereinbarungen.** Hat sich der Arbeitgeber gegenüber dem Gläubiger durch Vertrag oder Prozessvergleich zur monatlichen Zahlung der pfandfreien Bezüge des Arbeitnehmers verpflichtet, so entfällt die Verpflichtung im Zweifel, wenn das Arbeitsverhältnis beendet wird.[8] Haben Arbeitgeber, Schuldner und Gläubiger vereinbart, dass geringere Beträge eingehalten werden als dem Gläubiger unter Berücksichtigung der Pfändungstabelle zustehen, so wird diese Vereinbarung zumeist dahin auszulegen sein, dass sie außer Kraft treten soll, wenn weitere Pfändungen erfolgen.[9] Ein nachrangig pfändender Gläubiger braucht eine Stundungsvereinbarung nur gegen sich gelten lassen, wenn er ihr zustimmt.[10]

10 **7. Konkurrenz von Pfändung und Abtretung.** Häufig treffen Lohnpfändungen mit (stillen) Abtretungen der Lohnforderung an Gläubiger wegen der Sicherung von Krediten zusammen. Die Vorausabtretung von Lohnforderungen ist zulässig, sofern sie nur hinreichend bestimmt ist.[11] Sie ist aber nur im Rahmen des gesetzlichen Pfändungsschutzes wirksam. Damit gehen in aller Regel auch nachrangige Pfändungen wegen Unterhaltsansprüchen teilweise vor. Der Arbeitgeber hat ab dem Zeitpunkt der Offenlegung der Zession an den Zessionar zu zahlen, wenn diese vorrangig ist. Für zurückliegende Zeiten wird der Drittschuldner durch § 407 BGB geschützt. Der Zessionar hat jedoch einen Bereicherungsanspruch gegen den Pfändungsgläubiger. Dieser darf aber etwaige Vollstreckungskosten abziehen.[12] Der Arbeitgeber kann auch

[3] BGH 22. 12. 1971 BGHZ 58, 25 = NJW 72, 428; *Reinicke* NJW 72, 793.
[4] BGH 13. 6. 2002 BGHZ 151, 127 = NJW 2002, 2871; 8. 11. 1981 BGHZ 82, 28 = NJW 82, 173.
[5] Anders BAG 18. 7. 2006 AP 15 zu § 850 ZPO = NZA 2007, 462.
[6] BAG 18. 7. 2006 AP 15 zu § 850 ZPO = NZA 2007, 462.
[7] BAG 31. 10. 1984 AP 4 zu § 840 ZPO = NZA 85, 289.
[8] BAG 7. 5. 1968 AP 14 zu § 794 ZPO.
[9] *Mahnkopf* RdA 85, 289.
[10] BAG 17. 1. 1975 AP 5 zu § 829 ZPO = NJW 75, 1575.
[11] BAG 24. 10. 1979 AP 6 zu § 829 ZPO; 27. 6. 1968 AP 3 zu § 398 BGB = NJW 68, 2078; 14. 12. 1966 AP 26 zu § 138 BGB = NJW 67, 751; BGH 22. 9. 1965 NJW 65, 2197; dazu *Siegel* BB 97, 103.
[12] BGH 25. 3. 1976 BGHZ 66, 150 = NJW 76, 1090.

bei einer Zession keine Erhöhung der Freigrenzen zu Gunsten des Arbeitnehmers beim Vollstreckungsgericht beantragen.[13]

II. Mehrfache Pfändung

1. Hinterlegung. Bei mehrfacher Pfändung besteht für den Drittschuldner die Gefahr, dass er irrtümlich an einen nicht oder schlechter Berechtigten die Pfandsumme auskehrt und damit zweimal zahlen muss. Nach § 853 ZPO ist der Drittschuldner bei mehrfacher Pfändung berechtigt, auf Verlangen eines Gläubigers sogar verpflichtet, die gepfändete Summe bei dem Amtsgericht, dessen Beschluss ihm zuerst zugestellt wurde, zu hinterlegen. Hat nur ein Gläubiger gepfändet, ist eine Hinterlegung nicht zulässig. § 853 ZPO greift auch nicht ein, wenn dieselbe Forderung teils gepfändet und teils abgetreten wurde.[14] In diesen Fällen kann der Arbeitgeber bei Bestehen berechtigter Zweifel, wem die Vergütungsforderung zusteht (Gläubigerungewissheit), über das Rangverhältnis und die Leistungshöhe den gepfändeten Betrag nach § 372 Satz 2 BGB hinterlegen. Vorrausetzung ist, dass der Drittschuldner aus einem in der Person des Gläubigers liegenden Grund oder infolge einer nicht auf Fahrlässigkeit beruhenden Ungewissheit über die Person des Gläubigers seine Verbindlichkeit nicht oder nicht mit Sicherheit erfüllen kann. Allerdings besteht für den Arbeitgeber bei Zweifeln zunächst eine Erkundigungspflicht; nur wenn ihm unter Berücksichtigung aller Umstände die Auszahlung nicht zugemutet werden kann, ist die Hinterlegung zulässig. Liegen die Voraussetzungen des § 372 Satz 2 BGB nicht vor, ist die Hinterlegung unzulässig, daneben können Schadensersatzansprüche bestehen.[15] 11

2. Zweckmäßigkeit der Hinterlegung. Der Drittschuldner wird nicht in jedem Fall der mehrfachen Pfändung oder Forderungsabtretung hinterlegen. Damit sind nicht unerhebliche Kosten verbunden, die die Schuld des Arbeitnehmers vergrößern, zumal das Verteilungsverfahren häufig längere Zeit in Anspruch nimmt, wodurch die Zinsforderung der Gläubiger weiter anwächst. Eine Hinterlegung nach § 853 BGB wird daher zumeist nur bei nicht eindeutiger Rechtslage erfolgen. Die Kosten der Hinterlegung kann der Drittschuldner von der gepfändeten Summe abziehen. 12

3. Verpflichtung zur Hinterlegung. Der Drittschuldner ist auf Verlangen eines auch nachrangigen Gläubigers, dem die Forderung nicht nur gepfändet, sondern auch überwiesen wurde, verpflichtet, die Pfandsumme zu hinterlegen. Das Verlangen kann formell gestellt werden; es wird jedoch zweckmäßig zugestellt. Jeder Gläubiger, dem der Anspruch überwiesen wurde, ist bei einer Weigerung des Drittschuldners berechtigt, Klage auf Hinterlegung zu erheben (§ 856 I ZPO). Jeder Pfandgläubiger, also auch derjenige, dem nicht überwiesen wurde, kann sich dem Rechtsstreit als Streitgenosse anschließen (§ 856 II ZPO); auf Verlangen des Drittschuldners sind die Pfandgläubiger, die sich dem Rechtsstreit nicht angeschlossen haben, beizuladen (§ 856 III ZPO). Sie sind notwendige Streitgenossen (§ 62 ZPO). Die Entscheidung, die in dem Hinterlegungsprozess getroffen wird, ist für alle Gläubiger, die sich angeschlossen haben oder beigeladen worden sind, wirksam (§ 856 IV ZPO), dagegen nicht gegenüber dem Schuldner. In dem Hinterlegungsprozess wird der Drittschuldner mit dem Einwand, er zahle nur an den Bestberechtigten, nicht gehört. Andererseits kann er auch weiter an den Bestberechtigten zahlen; er trägt jedoch das Risiko, dass ihm ein Fehler unterlaufen ist. Klagt der Bestberechtigte auf Leistung und ein nachrangiger Gläubiger auf Hinterlegung, kann der Drittschuldner die Leistungsklage durch Hinterlegung abwenden. Hinterlegt er nicht, ist er zur Leistung zu verurteilen. Er kann aber auch noch nachträglich hinterlegen, muss jedoch seinen Hinterlegungseinwand gegenüber dem Leistungsurteil nach § 767 ZPO verfolgen. 13

4. Verlangen des Schuldners. Da infolge der Lohnpfändung zugunsten des Pfandgläubigers ein Pfandrecht entsteht, kann auch der Schuldner gemäß § 804 ZPO, § 1281 BGB gleichfalls die Hinterlegung der Pfandsumme verlangen. 14

5. Durchführung. Die Hinterlegung erfolgt zu Gunsten der beteiligten Gläubiger (§§ 372, 1281 BGB) bei dem Amtsgericht, dessen Pfändungs- und Überweisungsbeschluss dem Drittschuldner zuerst zugestellt worden ist. Sind gleichzeitig Pfändungs- und Überweisungsbeschlüsse mehrerer Amtsgerichte zugestellt worden, so hat der Drittschuldner gem. § 35 ZPO die Wahl, und zwar auch dann, wenn ein Amtsgericht, dessen Beschluss zugestellt wurde, seine Zuständigkeit zu Unrecht angenommen hat. Ist die Hinterlegung an das unzuständige Amtsgericht erfolgt, 15

---

[13] BAG 6. 2. 1991 AP 2 zu § 850f ZPO = NZA 91, 561.
[14] H. M.; RGZ 144, 393; OLG Köln 8. 4. 1998 OLGR 98, 302 = EWiR 98, 877.
[15] *Bengelsdorf* RN 634.

so ist der Drittschuldner gemäß § 139 ZPO zu belehren und ihm Gelegenheit zu einem Verweisungsantrag zu geben (§ 281 ZPO). Bei der Hinterlegung hat der Drittschuldner dem Amtsgericht die Sachlage anzuzeigen (§ 853 ZPO), d.h. vollständige Auskunft über Schuld, Pfändungen und Hinterlegung zu geben, und die zugestellten Pfändungs- und Überweisungsbeschlüsse einzureichen. Ein Verstoß gegen die Anzeigepflicht macht die Hinterlegung unwirksam, die Anzeige kann aber nachgeholt werden. Eine Benachrichtigung des Gläubigers ist nicht vorgeschrieben, aber zweckmäßig. § 374 II BGB ist nicht entspr. anzuwenden.

16 **6. Wirkung.** Durch die ordnungsgemäß vorgenommene Hinterlegung wird der Drittschuldner gegenüber dem Arbeitnehmer von der Pflicht zur Vergütungszahlung frei. Die Pfändungspfandrechte entstehen nunmehr an dem Rückforderungsanspruch des Arbeitnehmers gegen die Hinterlegungsstelle. Hat der Arbeitgeber nach § 372 BGB hinterlegt, tritt die befreiende Wirkung der Hinterlegung nur ein, wenn er auf das Recht der Rücknahme verzichtet hat (§ 378 BGB).

17 **7. Auszahlung.** Reicht der hinterlegte Betrag zur Befriedigung sämtlicher Gläubiger aus, so ordnet das Amtsgericht die Auszahlung an. Die Gläubiger können sich auch dann, wenn der hinterlegte Betrag nicht zur Befriedigung aller ausreicht, über die Art der Verteilung einigen. Der Auszahlungsberechtigte muss das Einverständnis der übrigen Gläubiger nachweisen, wobei für die Form § 13 HinterlO zu beachten ist. In den übrigen Fällen tritt das Verteilungsverfahren ein (§ 872 ZPO).

18 **8. Verteilungsverfahren.** Das Amtsgericht hat nach Eingang der Anzeige über die Sachlage an jeden der beteiligten Gläubiger die Aufforderung zu erlassen, binnen zwei Wochen eine Berechnung der Forderung an Kapital, Zinsen, Kosten und Kostennebenforderungen einzureichen (§ 873 ZPO). Nach Ablauf der Erklärungsfrist wird ein **Teilungsplan** angefertigt (§ 874 I ZPO). Von dem Bestand der Masse werden vorweg die Kosten abgezogen; hat sich ein Gläubiger bis zur Erstellung des Teilungsplanes nicht geäußert, wird seine Forderung an Hand der Anzeige und der überreichten Unterlagen berechnet (§ 874 II, III ZPO). Anschließend wird ein Termin zur Verhandlung über den Teilungsplan bestimmt, zu dem die Gläubiger und der Schuldner geladen werden (§ 875 ZPO). Werden in dem Termin Einwendungen gegen den Teilungsplan nicht erhoben, so wird er zur Auszahlung gebracht (§ 876 ZPO). Erfolgt ein **Widerspruch,** so haben sich sämtliche Gläubiger sofort zu erklären. Wird der Widerspruch als begründet anerkannt oder erfolgt eine Einigung der Gläubiger, so wird der Teilungsplan entsprechend berichtigt und zur Auszahlung gebracht. Wird der Widerspruch von den beteiligten Gläubigern nicht als begründet anerkannt, so erfolgt die Auszahlung des Teilungsplanes nur insoweit, als er durch den Widerspruch nicht betroffen ist. Der widersprechende Gläubiger hat alsdann binnen einer Frist von einem Monat, die mit dem Terminstag beginnt, dem Gericht nachzuweisen, dass er gegen die beteiligten Gläubiger Klage erhoben hat. Versäumt er die Frist, so wird der Teilungsplan gleichwohl ausgeführt; der Gläubiger behält jedoch das Recht, nach den Vorschriften über die ungerechtfertigte Bereicherung (§§ 812ff. BGB) gegen den Gläubiger zu klagen, der nach seiner Auffassung zu Unrecht berücksichtigt worden ist (§ 878 ZPO). Für die **Widerspruchsklage** zuständig ist das Amtsgericht bzw. das Landgericht. Das Prozessgericht hat alsdann die Verteilung durch Urteil zu bestimmen (§ 880 ZPO). Erscheint ein Gläubiger im Verteilungstermin nicht, so wird angenommen, dass er mit der Ausführung des Verteilungsplanes einverstanden ist bzw. einen Widerspruch gegen den Verteilungsplan als ungerechtfertigt ansieht (§ 877 ZPO).

III. Schutz des guten Glaubens

19 **1. Umfang.** Der Drittschuldner genießt nur einen beschränkten Schutz des guten Glaubens. Ein solcher besteht, wenn er von dem Pfändungs- und Überweisungsbeschluss keine Kenntnis hat und das Arbeitsentgelt deshalb an den Arbeitnehmer auszahlt (RN 20). Daneben kann der Drittschuldner regelmäßig bis zu einer abändernden oder aufhebenden gerichtlichen Entscheidung auf die Rechtmäßigkeit eines bestehenden Pfändungs- und Überweisungsbeschluss vertrauen (RN 21). Kein Vertrauensschutz besteht, wenn der Drittschuldner eine fehlerhafte Berechnung der Pfändungsbeträge durchführt (RN 22).

20 **2. Unkenntnis von einem Pfändungs- und Überweisungsbeschluss.** Nach §§ 804 ZPO, 1275 BGB finden auf das Verhältnis zwischen Gläubiger und Drittschuldner die Vorschriften entsprechende Anwendung, die bei einer Abtretung zwischen dem Erwerber und dem Verpflichteten gelten. Der Gläubiger muss eine Zahlung an den Schuldner sowie jedes Rechtsgeschäft, das nach der Pfändung zwischen dem Schuldner und dem Drittschuldner über die

Forderung erfolgt, gegen sich gelten lassen, es sei denn, dass der Drittschuldner die Lohnpfändung bei der Zahlung oder der Vornahme des Rechtsgeschäfts kannte (§ 407 I BGB). Dem Drittschuldner kann insbesondere die Kenntnis von der Lohnpfändung fehlen, wenn der Pfändungs- und Überweisungsbeschluss im Wege der Ersatzzustellung zugestellt worden ist und der Zustellungsempfänger ihn nicht an den Arbeitgeber weitergeleitet hat; für die fehlende Weiterleitung trägt Letzterer die Beweislast.[16] Ist die Zustellung an den Vertreter des Arbeitgebers oder einen für die Entscheidung in Lohnpfändungsangelegenheiten zuständigen Mitarbeiter vorgenommen worden, erfolgt eine Wissenszurechnung. Hat der Drittschuldner in Unkenntnis der Pfändung die Leistungshandlung vorgenommen, ist er nach Erlangung der Kenntnis verpflichtet, den Eintritt des Leistungserfolgs (der Zahlung) zu verhindern,[17] z. B. durch fernmündlichen oder -schriftlichen Rückruf der Überweisung oder das Anbringen einer Schecksperre. Ist der Lohnanspruch des Schuldners mehrfach gepfändet worden oder hat der Schuldner seine Lohnforderung im Wege der verdeckten Zession abgetreten und hat der Arbeitgeber auf die nachrangige Lohnpfändung gezahlt, so muss der vorrangige Zessionar oder Pfändungsgläubiger die Zahlung gemäß § 408 BGB gegen sich gelten lassen.

3. Bestehender Pfändungs- und Überweisungsbeschluss. a) Unwirksamkeit und Fehlerhaftigkeit. Nach § 836 II ZPO gilt ein Überweisungsbeschluss, auch wenn er mit Unrecht erlassen ist, zugunsten des Drittschuldners dem Schuldner gegenüber solange als rechtsbeständig, bis er aufgehoben wird und die Aufhebung zur Kenntnis (grobfahrlässige Unkenntnis ist unschädlich) des Drittschuldners gelangt. Damit soll der Drittschuldner, der nach einem ihm zugestellten Pfändungs- und Überweisungsbeschluss verfährt, bei seiner Aufhebung vor Ansprüchen des Schuldners für die Zeit vor Bekannt werden des Aufhebungsbeschlusses geschützt werden. § 836 II ZPO ist § 409 BGB nachgebildet. Der Arbeitgeber soll von der Last befreit werden, die Wirksamkeit des Überweisungsbeschlusses nachzuprüfen. Er kann sich auf ihn selbst dann verlassen, wenn er z. B. gegen die Pfändungsschutzbestimmungen verstößt.[18] Hat der Drittschuldner auf den Pfändungs- und Überweisungsbeschluss keine Leistungen erbracht, bedarf es keines Gutglaubensschutzes, wenn der Pfändungs- und Überweisungsbeschluss geändert wird. Vielmehr ist dann die wahre Rechtslage entscheidend, wenn eine Drittschuldnerklage erhoben wird. Der Gutglaubensschutz besteht auch bei einer ihm unbekannten Rangänderung unter den Pfändungsgläubigern.[19] Kein Vertrauensschutz besteht aber, wenn der Überweisungsbeschluss ohne Wirkung (z. B. fehlende bzw. fehlerhafte Zustellung an den Drittschuldner; die gepfändete Forderung besteht nicht[20]) oder wegen eines offensichtlichen Rechtsmangels unwirksam ist (z. B. bei Fehlen der funktionellen Zuständigkeit,[21] einer ungenügenden Bezeichnung des Pfändungsgegenstandes/Drittschuldners oder Fehlen des Drittschuldnerverbots). Der Drittschuldner kann schließlich keinen Vertrauensschutz in Anspruch nehmen, wenn er von der Aufhebung des Pfändungs- und Überweisungsbeschlusses sichere Kenntnis hatte, etwa weil ihm ein formloser Beschluss von der Einstellung der Zwangsvollstreckung vorgelegt wird;[22] die Darlegungs- und Beweislast liegt insoweit beim Schuldner.[23] 21

b) Mehrfachpfändungen. Der Gutglaubensschutz ist gleichwohl unvollkommen; er gilt nämlich nur im Verhältnis zwischen Drittschuldner und Schuldner. Ist die Lohnforderung mehrfach gepfändet worden, trifft den Drittschuldner im Verhältnis zu den Pfändungsgläubigern grundsätzlich die volle Prüfungspflicht. Die Rspr. wendet § 836 II ZPO aber auch zugunsten des Drittschuldners gegenüber einem Pfändungsgläubiger des Schuldners ein, da dieser an die Stelle des Schuldners getreten ist.[24] Dasselbe gilt, wenn die gepfändete Forderung nicht dem Schuldner, sondern einem Dritten zusteht.[25] 22

c) Wahlmöglichkeit des Drittschuldners. Der Überweisungsbeschluss gilt nur zugunsten des Drittschuldners dem Schuldner gegenüber als rechtsbeständig. Hieraus folgt, dass sich der Drittschuldner nicht auf § 836 II ZPO berufen muss. Er kann sich auch auf eine Auseinander- 23

---

[16] LAG Berlin 8. 10. 1968 AP 1 zu § 407 BGB.

[17] BGH 27. 10. 1988 AP 10 zu § 829 BGB = NJW 89, 905.

[18] BAG 30. 9. 1965 AP 5 zu § 850 ZPO = NJW 66, 222; BGH 9. 6. 1976 BGHZ 66, 394 = NJW 76, 1453; einschränkend jedoch BGH 22. 9. 1994 BGHZ 127, 146 = NJW 94, 3225.

[19] BAG 16. 5. 1990 AP 21 zu § 554 ZPO = NZA 90, 825.

[20] BGH 26. 5. 1987 NJW 88, 495.

[21] BGH 17. 12. 1992 BGHZ 121, 98 = NJW 93, 735.

[22] RGZ 128, 81.

[23] BGH 9. 6. 1976 BGHZ 66, 394 = NJW 76, 1453.

[24] BGH 9. 6. 1976 BGHZ 66, 394 = NJW 76, 1453.

[25] BGH 26. 5. 1987 NJW 88, 495.

setzung mit dem Gläubiger einlassen und weiterhin an den Schuldner auszahlen. War der Pfändungs- und Überweisungsbeschluss tatsächlich fehlerhaft, ist die Klage des Gläubigers abzuweisen. Stellt das Gericht jedoch seine Fehlerfreiheit fest, ist die Zahlung des Drittschuldners dem Gläubiger gegenüber unwirksam und er ist zur Auszahlung des gepfändeten Betrags an den Gläubiger zu verurteilen. In zweifelhaften Fällen empfiehlt es sich daher für den Drittschuldner, sich auf den Schutz aus § 836 ZPO zu berufen und dem Schuldner die Initiative zu überlassen oder den Betrag ggf. zu hinterlegen.

24 **4. Änderung des Pfändungsbeschlusses.** Ändern sich die Voraussetzungen für die Bemessung des unpfändbaren Teils des Arbeitseinkommens, kann das Vollstreckungsgericht auf Antrag des Gläubigers, des Schuldners oder eines kraft Gesetzes unterhaltsberechtigten Dritten den Pfändungsbeschluss entsprechend ändern (§ 850 g Satz 1 ZPO). Ob auch der Drittschuldner antragsberechtigt ist, ist umstr.; nach richtiger Auffassung aber zu verneinen, da seine Interessen nicht betroffen sind. Zumeist stellt der vollstreckende Unterhaltsgläubiger den Antrag auf Herabsetzung des Pfändungsfreibetrages, wenn die bisherige Vollstreckung nicht zum Erfolg geführt hat. Der Drittschuldner kann nach dem Inhalt des früheren Pfändungsbeschlusses mit befreiender Wirkung leisten, bis ihm der Änderungsbeschluss zugestellt wird (§ 850 g Satz 3 ZPO). Dies gilt auch, wenn er auf andere Weise, etwa durch Mitteilung des Gläubigers, von der Änderung des Pfändungsbeschlusses erfahren hat. Wird durch Beschluss des Vollstreckungsgerichts die Pfändungsfreigrenze nachträglich zu Gunsten des Schuldners geändert, weil bei seinem Erlass wesentliche Umstände nicht berücksichtigt worden sind, so verstößt der Gläubiger noch nicht dadurch gegen Treu und Glauben, dass er sich auf die fehlende Rückwirkung des Beschlusses, die sich allerdings im Wege der Auslegung ergeben kann,[26] beruft.[27]

IV. Einwendungen und Einreden des Arbeitgebers

25 **1. Einwendungen gegen den Pfändungs- und Überweisungsbeschluss.** Ist der Pfändungs- und Überweisungsbeschluss mit Rechtsmängeln behaftet, so kann der Arbeitgeber diese nur im Wege der Erinnerung nach § 766 ZPO geltend machen.[28] Ob er sie auch im Rahmen der Drittschuldnerklage erheben kann, ist umstr. Da die Pfändungsakte Hoheitsakte darstellen, kann das Arbeitsgericht in sie nicht eingreifen. Lediglich die Nichtigkeit des Pfändungs- und Überweisungsbeschlusses ist vom Arbeitsgericht zu berücksichtigen.[29] Der Arbeitgeber ist im Rahmen der Drittschuldnerklage mit solchen Einwendungen ausgeschlossen, durch die der Pfändungs- und Überweisungsbeschluss in seinem Umfang verändert würde. Einwendungen gegen die unrichtige Festsetzung der Pfändungsfreigrenze sind daher nur nach § 766 ZPO zu verfolgen.[30]

26 **2. Einwendungen gegen die gepfändete Forderung.** Gegenüber der gepfändeten Lohnforderung kann der Arbeitgeber dieselben Einwendungen und Einreden erheben, die zurzeit der Lohnpfändung gegen den bisherigen Gläubiger begründet waren (§ 804 ZPO, §§ 1205, 404 BGB). Er kann also z. B. einwenden, die Forderung sei bereits vor Pfändung abgetreten,[31] erfüllt, verjährt[32] oder infolge Ablaufs einer tariflichen Verfallfrist verfallen. Verjährung und Verfallfrist können auch noch nach Überweisung der Forderung auf den Gläubiger ablaufen. Dem Drittschuldner steht der Einwand der Verjährung bzw. des Ablaufs der tariflichen Verfallfrist dann nicht zu, wenn er die gepfändete Vergütung weiter an den Schuldner ausgezahlt hat; insoweit liegt ein Anerkenntnis vor.[33] Der Arbeitgeber kann sich gegenüber dem Gläubiger auf die gegenüber dem Arbeitnehmer begründete Einwendung berufen; andererseits kann er gegenüber dem Arbeitnehmer auf sie verzichten.[34] Ein die Verjährung hemmendes Leistungsverweigerungsrecht wird weder durch die Unpfändbarkeit des Vermögens noch durch den Vorrang anderer Gläubiger begründet.[35] Zur Aufrechnung vgl. RN 28. Hatte der Arbeitnehmer seine

---

[26] BAG 9. 12. 1961 AP 8 zu § 850 d ZPO = NJW 62, 510.
[27] BAG 11. 1. 1961 AP 4 zu § 850 d ZPO = NJW 61, 1180.
[28] BGH 22. 6. 1977 BGHZ 69, 144 = NJW 77, 1881.
[29] BGH 16. 2. 1976 BGHZ 66, 79 = NJW 76, 851; BAG 15. 2. 1989 AP 9 zu § 829 ZPO = NZA 89, 821; 22. 6. 1972 AP 3 zu § 829 ZPO; 11. 1. 1961 AP 4 zu § 850 d ZPO = NJW 61, 1180; LAG Düsseldorf 6. 3. 2001 AP 12 zu § 850 d ZPO; LAG Schleswig-Holstein 31. 1. 1963 AP 1 zu § 829 ZPO.
[30] BAG 9. 12. 1961 AP 8 zu § 850 d ZPO = NJW 62, 510; 11. 1. 1961 AP 4 zu § 850 d ZPO = NJW 61, 1180; LAG Düsseldorf 6. 3. 2001 AP 12 zu § 850 d ZPO = DB 2001, 1424.
[31] LAG Köln 6. 2. 1985 DB 85, 1647.
[32] BGH 20. 11. 1997 BGHZ 137, 193 = NJW 98, 1058.
[33] LAG Köln 9. 7. 1991 NZA 92, 82.
[34] BGH 22. 12. 1971 BGHZ 58, 25 = NJW 72, 428.
[35] BGH 20. 11. 1997 BGHZ 137, 193 = NJW 98, 1058.

Lohnforderung abgetreten, kann der Zessionar nach h. M. gegenüber dem Pfändungsgläubiger nach § 771 ZPO vorgehen.[36] Der Arbeitgeber kann aber nicht einwenden, ein Dritter habe an dem gepfändeten Recht oder der gepfändeten Forderung ein die Veräußerung hinderndes Recht.[37]

3. Keine Einwendungen gegen die zu vollstreckende Forderung. Gegen die zu vollstreckende Forderung hat der Drittschuldner keine Einwendungen; er kann also nicht geltend machen, die Forderung sei vor Erlass des Pfändungs- und Überweisungsbeschlusses erloschen, gestundet oder gegen sie sei aufgerechnet worden.[38] Etwaige Einwendungen kann allein der Schuldner durch Wiederaufnahme des Verfahrens, Abänderungs- (§ 323 ZPO) oder Vollstreckungsgegenklage (§ 767 ZPO) geltend machen. Dem Drittschuldner steht auch die Geltendmachung von Einwendungen gegen eine titulierte Forderung nicht zu, da er im Drittschuldnerprozess nicht Rechte des Schuldners an dessen Stelle erheben kann, zulässig ist lediglich der Arglisteinwand.[39] Der Drittschuldner kann aber einwenden, dass die Forderung nach Erlass des Pfändungs- und Überweisungsbeschlusses erloschen sei, etwa durch Abführungen an ihn. Diese Einwendungen sind jedoch dann ausgeschlossen, wenn der Schuldner sie bereits erfolglos mit der Vollstreckungsklage erhoben hat. 27

V. Aufrechnung des Drittschuldners

1. Aufrechnung mit Forderungen gegen den Gläubiger. Sind dem Gläubiger die Lohnforderungen des Schuldners zur Einziehung oder an Zahlungs Statt überwiesen worden, kann der Drittschuldner mit Forderungen, die ihm gegen den Gläubiger zustehen, aufrechnen, sobald er die ihm gebührende Leistung fordern und die gepfändete Forderung erfüllen kann (§ 387 BGB). Andererseits kann auch der Gläubiger die ihm überwiesene Forderung gegen eine Forderung des Drittschuldners unter den Voraussetzungen von § 387 BGB aufrechnen. Wenngleich bei der Überweisung zur Einziehung Forderungsinhaber der Schuldner bleibt, ist die Gegenseitigkeit der Forderungen gewahrt, da der Gläubiger allein verfügungsberechtigt ist und ihm der Erlös zugute kommt.[40] 28

2. Aufrechnung mit Forderungen gegen den Schuldner. a) Aufrechnungslage. Steht dem Drittschuldner eine Forderung gegen den Schuldner zu, so wird durch die Lohnpfändung bei Vorliegen der Voraussetzungen von § 387 BGB die Aufrechnung gegenüber dem Gläubiger nur dann ausgeschlossen, wenn **(a)** er seine Forderung erst nach der Beschlagnahme erworben hat oder **(b)** seine Forderung erst nach der Beschlagnahme und später als die in Beschlag genommene Forderung fällig geworden ist (§§ 804 ZPO, 1275, 406, 392, 387 BGB). Der Arbeitgeber kann insbesondere auch noch nach Zustellung des Pfändungs- und Überweisungsbeschlusses aufrechnen, wenn seine Forderung nicht später als die gepfändete Vergütungsforderung fällig wird,[41] was insbesondere bei Verrechnung mit Miet- oder Darlehensforderungen von Bedeutung ist. Keine Aufrechnungsmöglichkeit besteht wegen fehlender Gegenseitigkeit, wenn die Gegenforderung nicht dem Drittschuldner, sondern einer rechtlich selbständigen Einrichtung des Drittschuldners zusteht (z. B. Pensions- oder Unterstützungskasse usw.). Die Aufrechnung erfolgt durch einseitige, empfangsbedürftige Willenserklärung (§ 388 BGB) vor Zustellung des Pfändungs- und Überweisungsbeschlusses gegenüber dem Arbeitnehmer, ansonsten gegenüber dem Gläubiger. Eine Aufrechnungserklärung braucht nicht ausdrücklich erklärt zu werden, ausreichend ist, wenn der Drittschuldner den Einwand der Aufrechnung erhebt. 29

b) Insolvenzgeld. Der Drittschuldner kann gegenüber der Lohnforderung grundsätzlich insoweit aufrechnen, wie diese pfändbar ist (§ 394 BGB). Die Aufrechnung gegen Lohnforderungen, die wegen Beantragung von Insolvenzgeld (§ 94) kraft Gesetzes auf die BA übergegangen sind, ist nur unter Beachtung von § 394 Satz 1 BGB, §§ 850 ff. ZPO zulässig. Bei uneingeschränkter Zulässigkeit der Aufrechnung müsste der Arbeitnehmer das erhaltene Insolvenzgeld wegen Erlöschen der Lohnforderung und damit Wegfall der Anspruchsvoraussetzungen an die BA zurückzahlen. Ein solches Ergebnis widerspräche dem Schutzzweck nach § 394 Satz 1 BGB, 30

[36] Zweifelnd KG 8. 11. 1972 MDR 73, 233; hiergegen *Blomeyer* RdA 74, 6, 7.
[37] BGH 21. 9. 2006 WM 2006, 2229.
[38] BAG 7. 12. 1988 AP 8 zu § 829 ZPO = NZA 89, 339; dazu *Blanke* ArbuR 90, 185.
[39] BAG 7. 12. 1988 AP 8 zu § 829 ZPO = NZA 89, 339; 4. 11. 1963 AP 2 zu § 829 ZPO; a. A. LAG Baden-Württemberg 18. 12. 1985 NJW 86, 1709.
[40] BAG 19. 11. 1962 AP 1 zu § 77 g ZPO.
[41] BAG 1. 8. 1959 AP 1 zu § 392 BGB.

§§ 886 ff. ZPO, da dem Arbeitnehmer durch Aufrechnung die Lebensgrundlage gänzlich entzogen würde.[42]

30a **c) Unzulässigkeit der Aufrechnung.** Ausnahmen gelten für Forderungen des Drittschuldners aus vorsätzlicher Vertragsverletzung oder unerlaubter Handlung (dazu § 87 RN 12). Betreibt der Gläubiger die Zwangsvollstreckung wegen Unterhaltsansprüchen nach § 850 d ZPO, kann sich bei zulässiger Aufrechnung des Drittschuldners ergeben, dass ein weiterer Teil noch zugunsten der Unterhaltsgläubiger pfändbar ist. Ist kraft Tarifvertrags, Betriebsvereinbarung oder Einzelarbeitsvertrag die Aufrechnung des Arbeitgebers gegenüber dem Arbeitnehmer ausgeschlossen, so gilt der Ausschluss auch im Falle der Lohnpfändung.

31 **Ausgeschlossen** ist die Aufrechnung auch, wenn der Drittschuldner bei dem Erwerb seiner Forderung von der Lohnpfändung bereits Kenntnis hatte. Dies ist z. B. der Fall, wenn der Arbeitgeber nach Pfändung infolge Schlechtleistung des Arbeitnehmers eine Schadensersatzforderung[43] erwirbt oder den Lohn überzahlt. Keine Aufrechnungsmöglichkeit besteht auch, wenn die Forderung erst nach Pfändung und später als das gepfändete Arbeitseinkommen fällig geworden ist. Hat der Arbeitgeber seinem Arbeitnehmer eine größere Schadensersatzforderung gestundet oder ratenweise Bezahlung vereinbart, so kann im Falle der Lohnpfändung nicht die gesamte Forderung, sondern nur der jeweils fällige Teil zur Aufrechnung gestellt werden. Zum Zusammentreffen mit Darlehensforderungen vgl. RN 37.

32 **3. Aufrechnungsvereinbarung.** Haben Arbeitgeber und Arbeitnehmer bereits vor der Lohnpfändung eine Aufrechnungsvereinbarung getroffen, muss der Gläubiger diese gegen sich gelten lassen, wenn sich die Arbeitsvertragsparteien im Rahmen von § 392 BGB gehalten haben.[44] Betrifft die Aufrechnungsvereinbarung teilweise unpfändbare Ansprüche, ist sie insoweit unwirksam. Ist dem Arbeitnehmer eine **Werkwohnung** (§ 85) überlassen, muss vereinbart werden, dass die monatliche Mietzinsforderung gegen die (pfändbaren) monatlich entstehenden Vergütungsansprüche aufgerechnet wird. Wird sie erst nach der Vergütung fällig, entfällt die Aufrechnungsmöglichkeit (RN 29). Hatte ein Arbeitnehmer **Inkassoberechtigung** und war er befugt, die ihm zustehenden Prozente von dem eingenommenen Geld zurückzubehalten (Kellner, Taxifahrer, Provisionsvertreter usw.), so verliert der darin enthaltene Aufrechnungsvertrag mit der Lohnpfändung seine Wirksamkeit.[45] Der Arbeitgeber muss daher notfalls unter Kündigungsandrohung den Arbeitnehmer zunächst zur vollständigen Aushändigung des eingenommenen Geldes auffordern, den pfändbaren Betrag an den Gläubiger abführen und den Rest wieder an den Schuldner auskehren.

33 **4. Abschlagszahlung, Vorschüsse, Darlehen.** Die Leistungen sind nicht nach der Parteibezeichnung, sondern nach objektiven Kriterien zu unterscheiden. Einzelheiten s. § 70 RN 10 ff.

34 Nicht abgerechnete Lohnabschlagszahlungen und **Lohnvorschüsse** werden bei nachfolgendem Pfändungs- und Überweisungsbeschluss grundsätzlich auf den pfändungsfreien Betrag des Abrechnungszeitraums angerechnet, für den sie erbracht worden sind; wann sie gezahlt worden sind, ist unerheblich.[46]

35 Nach Eingang einer Lohnpfändung kann der Arbeitgeber daher auch mehrfach **Abschlagszahlungen** bis zur Pfändungsfreigrenze ohne Berücksichtigung der Gläubiger erbringen. Die Summe der für einen Abrechnungszeitraum erbrachten Leistungen darf nur nicht den pfändbaren Betrag übersteigen.

36 Nach Lohnpfändung darf der Arbeitgeber **Vorschüsse** an den Arbeitnehmer zahlen. Er darf sie lediglich nicht mehr gegenüber dem pfändbaren Teil der Lohnforderung aufrechnen. Allerdings ist grundsätzlich eine Aufrechnung gegenüber dem unpfändbaren Teil der Lohnforderung zulässig, da die Vorschüsse der Befriedigung der Lebensbedürfnisse dienen. Jedoch muss dem Arbeitnehmer der pfändungsfreie Teil seines Lohnes ausgezahlt werden. Im Allgemeinen ist die Aufrechnung mit Vorschüssen nur bis zur **Grenze des notwendigen Unterhalts** (§ 850 d ZPO) zulässig.[47]

---

[42] LAG Hamm 7. 5. 1999 LAGE § 394 BGB Nr. 3 = NZA-RR 2000, 231.

[43] Zur Aufrechnung mit Schadensersatzforderungen: BGH 22. 11. 1979 NJW 80, 584.

[44] BAG 10. 10. 1966 AP 2 zu § 392 BGB = NJW 67, 459; 1. 8. 1959 AP 1 zu § 392 BGB; BGH 29. 1. 1968 NJW 68, 835.

[45] BAG 22. 5. 1965 AP 4 zu § 611 BGB Kellner = NJW 66, 469.

[46] BAG 11. 2. 1987 AP 11 zu § 850 ZPO = NZA 87, 485; a. A. *Stöber* RN 1266; vgl. auch *Behr* JurBüro 98, 121.

[47] *Denck* BB 79, 480.

Bei einem an den Arbeitnehmer gewährten **Darlehen** ist die Aufrechnung zulässig, wenn die Fälligkeit der Rückzahlungsraten bereits vor Lohnpfändung vereinbart war, dagegen unzulässig, wenn das Darlehen erst nach der Pfändung gekündigt oder seine Fälligkeit vereinbart wird. Werden die Rückzahlungsraten gleichzeitig mit den Vergütungsansprüchen fällig, so geht die Aufrechnung vor. Dagegen geht die Lohnpfändung vor, wenn das Darlehen erst nach der Vergütung zur Rückzahlung fällig wird. Grundsätzlich wird ein Darlehen weder durch Lohnpfändung noch durch vorzeitige Beendigung des Arbeitsverhältnisses zur Rückzahlung fällig.[48] 37

§ 91. Die Stellung des Schuldners in der Lohnpfändung

1. Vorbemerkung. Der Arbeitnehmer hat eine Doppelstellung; er ist Gläubiger der Lohnforderung und zugleich Schuldner des Gläubigers, der in seinen Lohn vollstreckt. 1

2. Verhältnis zum Arbeitgeber (Drittschuldner). a) Arbeitsvertrag. Der Arbeitnehmer bleibt auch im Fall der Lohnpfändung Vertragspartei des Drittschuldners. Hieraus folgt, dass er auch weiterhin befugt ist, den Arbeitsvertrag entsprechend den vertraglichen Abmachungen zu beenden oder inhaltlich zu ändern. Ihm ist lediglich die Verfügung über den gepfändeten Teil seines Lohnes entzogen. Der Arbeitnehmer kann jedoch den Arbeitgeber grundsätzlich auf Erfüllung der gepfändeten Forderung an die Pfändungsgläubiger und, sofern die Forderung danach noch nicht aufgezehrt ist, auf Auszahlung des Restbetrags an sich verklagen.[1] Beendet er das Arbeitsverhältnis, wird der Pfändungs- und Überweisungsbeschluss wirkungslos. Über Ausnahmen bei späterer Neubegründung vgl. § 89 RN 13. Der Eingang von Lohnpfändungen begründet nicht ohne weiteres das Recht des Arbeitgebers, das Arbeitsverhältnis zu kündigen. Hierzu § 133 RN 36. 2

b) Nettovergütung. Die Pfändung erfasst immer nur den Nettolohn; der Arbeitgeber bleibt also verpflichtet, Lohnsteuern und Sozialversicherungsbeiträge von der gesamten Arbeitsvergütung abzuführen. 3

3. Verhältnis zum Gläubiger. a) Abgrenzung. Im Verhältnis zum Gläubiger sind **zwei Fragen** zu unterscheiden, **(a)** ob und was er diesem schuldet und **(b)** in welchem Umfang sein Lohn gepfändet werden kann. 4

b) Verteidigungsmöglichkeiten gegen die vollstreckte Forderung. Ob und was der Arbeitnehmer schuldet, ist bereits in einem anderen Verfahren, das mit einem der in §§ 704, 794 ZPO genannten Titel endete, festgestellt. Wird die Vollstreckung auf Grund eines Urteils betrieben, so sind Einwendungen gegen die vollstreckte Forderung in der Regel nicht gegeben. 5

Dem Arbeitnehmer stehen gegen die vollstreckte Forderung folgende **Verteidigungsmöglichkeiten** offen: **(a)** Erfolgt die Vollstreckung auf Grund eines vorläufig vollstreckbaren, aber noch nicht rechtskräftigen Urteils, kann er gegen das Urteil das gegebene Rechtsmittel einlegen und bei dessen späterer Aufhebung Schadensersatz nach § 717 ZPO verlangen. **(b)** Wird die Vollstreckung auf Grund eines rechtskräftigen Urteils betrieben, ist der Arbeitnehmer mit allen Einwendungen ausgeschlossen, die er im Vorverfahren hätte geltend machen können. Dies gilt nur dann nicht, wenn er die Rechtsmittelfrist versäumt hat und die Voraussetzungen der Wiedereinsetzung in den vorigen Stand vorliegen und das Urteil schließlich aufgehoben wird oder wenn die Voraussetzungen einer Nichtigkeits- (§§ 578, 579 ZPO) bzw. Restitutionsklage (§ 578 ZPO) vorliegen und das Urteil aufgehoben wird oder wenn das Urteil erschlichen ist. Bis zur Aufhebung oder vorläufigen Einstellung der Zwangsvollstreckung kann die Vollstreckung aber weiterbetrieben werden. **(c)** Ist der Arbeitnehmer rechtskräftig zu künftig fällig werdenden, wiederkehrenden Leistungen verurteilt worden, kann er bei wesentlicher Veränderung der Verhältnisse nach Erlass des Urteils eine Abänderungsklage nach § 323 ZPO erheben. **(d)** Sind Einwendungen gegen die festgestellte Forderung erst nach Erlass des Urteils entstanden (teilweise Abzahlung, Erlass der Schuld usw.), kann eine Vollstreckungsklage (§ 767 ZPO) bei dem Prozessgericht des 1. Rechtszuges, von dem das Urteil erlassen worden ist, erhoben werden. 6

c) Verteidigungsmöglichkeiten gegen den Pfändungs- und Überweisungsbeschluss. Einwände gegen die **Rechtswirksamkeit** des Pfändungs- und Überweisungsbeschlusses sind vom Arbeitnehmer im Wege der Erinnerung an das Vollstreckungsgericht anzubringen (§ 766 ZPO). Mit dieser kann z.B. gerügt werden, der Pfändungs- und Überweisungsbeschluss sei rechtsfehlerhaft, weil die Beteiligten nicht hinreichend bestimmt, die Pfändungsfreigrenzen unrichtig festgesetzt, unpfändbare Forderungen erfasst seien (Urlaubsentgelt, Urlaubsabgeltung) 7

---

[48] LAG Baden-Württemberg 15. 7. 1969 AP 3 zu § 607 BGB.

[1] BGH 5. 4. 2001 NJW 2001, 2178 auch zur richtigen Abfassung der Klageanträge.

oder er nicht rechtswirksam zugestellt worden sei. Will der Arbeitnehmer eine **Erhöhung der Pfändungsfreigrenzen** erreichen, so kann er einen Antrag nach § 850f I ZPO stellen. In Ausnahmefällen kann gemäß § 765a ZPO die **Aufhebung** oder **einstweilige Einstellung der Zwangsvollstreckung** erreicht werden, wenn die Vollstreckungsmaßnahmen unter voller Würdigung des Schutzbedürfnisses des Gläubigers wegen ganz besonderer Umstände eine Härte bedeutet, die mit den guten Sitten nicht vereinbar ist. Für die Verfahren zu (b) und (c) ist das Amtsgericht als Vollstreckungsgericht zuständig.

8 **4. Bargeldlose Lohnzahlung. a) Pfändung nach Überweisung.** Hat der Arbeitgeber im Falle der bargeldlosen Lohnzahlung die Arbeitsvergütung des Arbeitnehmers bereits auf dessen Bank- oder Postscheckkonto überwiesen, geht der Pfändungs- und Überweisungsbeschluss ins Leere. Von diesem werden allenfalls die künftig fällig werdenden Beträge erfasst.

9 **b) Pfändungsschutz von Bankguthaben.**[2] **aa) Voraussetzungen.** Für die Pfändung von Bankguthaben aus Arbeitseinkommen besteht nach § 850k ZPO ein besonderer Pfändungsschutz. Hierdurch soll gewährleistet werden, dass dem Schuldner unpfändbares Arbeitseinkommen auch bei bargeldloser Zahlung der Arbeitsvergütung zur Verfügung steht. Denn mit der Überweisung der Bezüge auf das Konto des Arbeitnehmers endet der für das Arbeitseinkommen bestehende Pfändungsschutz. § 850k ZPO hindert – anders als § 55 SGB I – die kontoführende Bank nicht an der kontokorrentmäßigen Verrechnung des auf das Girokonto ihres Kunden überwiesenen pfändungsfreien Arbeitseinkommens.[3] Pfändungsschutz hinsichtlich des überwiesenen Arbeitseinkommens kann der Arbeitnehmer nur durch einen auf Aufhebung der Pfändung des Guthabens bis zur Höhe des pfändungsfreien Betrags gerichteten Antrag beim Vollstreckungsgericht erreichen. Im Pfändungsbeschluss sind die pfändungsfreien Beträge zu beziffern, da die Bank diese nicht kennen kann.[4] Soll ein bei einem Geldinstitut gepfändetes Guthaben eines Schuldners, der eine natürliche Person ist, dem Gläubiger überwiesen werden,[5] so darf erst **zwei Wochen nach Zustellung des Überweisungsbeschlusses** an den Drittschuldner aus dem Guthaben an den Gläubiger geleistet oder der Betrag hinterlegt werden (§ 835 III 2 ZPO). Zweck dieser Regelung ist, den Schuldner in den Stand zu setzen, den besonderen Pfändungsschutz nach § 850k ZPO geltend zu machen. Der Pfändungsschutz gilt für Konten natürlicher Personen bei Banken und Sparkassen, unerheblich welcher Art und welcher Herkunft die Geldeinnahmen sind. Nach dem Wortlaut von § 835 III 2 ZPO gilt die Auszahlungssperre auch für einmalige Zahlungseingänge. Dagegen sind nach § 850k ZPO nur wiederkehrende Einkünfte geschützt.[6] Teilweise wird wegen der engeren Fassung von § 850k ZPO in § 835 ZPO ein Redaktionsversehen angenommen.[7] Dem ist nicht zu folgen. In der Begründung des Regierungsentwurfs heißt es ausdrücklich, dass der zeitliche Aufschub für alle Guthaben natürlicher Personen gilt, denn die Geldinstitute könnten im Geschäftsverkehr Konten, auf die Arbeitseinkommen überwiesen werden, nicht besonders behandeln.[8] Ggf. kann Vollstreckungsschutz für einmalige Leistungen auch nach § 765a ZPO in Anspruch genommen werden. Dies gilt auch dann, wenn das Guthaben auf dem Konto aus der Überweisung von unpfändbarem Arbeitseinkommen eines (Mit-)Konteninhabers (z.B. bei Eheleuten oder Lebenspartnern) herrührt.[9] Auch während der 2-Wochensperre bleiben die Pfändungs- und Überweisungswirkungen erhalten. Nur die Verfügungsbefugnis und die Pflicht des Drittschuldners sind aufgehoben. Zahlt das Geldinstitut ohne Rücksicht auf die Sperre, ist die Zahlung gegenüber dem Benachteiligten rechtsunwirksam mit der Folge, dass es erneut leisten muss. Innerhalb der Sperrfrist sind nach dem Zweck auch Aufrechnungserklärungen des Bank-Drittschuldners unwirksam.[10] Zahlt die Bank auf Grund eines unwirksamen Pfändungs- und Überweisungsbeschlusses an einen Dritten, kann der Konteninhaber Rückzahlung von dem Dritten verlangen (§ 816 II BGB).[11]

---

[2] *Kohte/Busch,* Kontenpfändungsschutz in der Insolvenz, ZVI 2006, 142; *Scholz-Löhnig,* Der Zugriff von Kreditinstituten auf Arbeitseinkommen unterhalb der Pfändungsfreigrenze, WM 2004, 1116.

[3] BGH 22. 3. 2005 NJW 2005, 1863.

[4] LG Köln 15. 1. 1985 ZIP 85, 642 = JurBüro 85, 1271.

[5] Zur Pfändung von Girokonten: BGH 13. 3. 1981 BGHZ 80, 172 = NJW 81, 1611; zur fehlerhaften Angabe von Kontennummern BGH 28. 4. 1988 NJW 88, 2543.

[6] BGH 30. 5. 1988 NJW 88, 2670.

[7] *Zöller/Stöber* § 850k RN 5; Musielak/*Becker* § 850k RN 4.

[8] BT-Drucks. 8/693 S. 47 zu Art. 1 Nr. 4 = BR-Drucks. 193/77 S. 47 zu Art. 1 Nr. 4.

[9] BGH 27. 3. 2008 NJW 2008, 1678; 4. 7. 2007 NJW 2007, 2703.

[10] Zur Kontenüberziehung: OVG Münster 20. 3. 1984 NJW 87, 90; OVG Lüneburg 31. 7. 1986 NJW 87, 91.

[11] BGH 15. 5. 1986 NJW 86, 2430.

bb) Rechtsbehelfe. Nach § 850k ZPO hat der Schuldner drei Rechtsbehelfe. Er kann **(1)** Antrag auf Aufhebung der Kontenpfändung (RN 11), **(2)** Antrag auf Vorabaufhebung (RN 12) und **(3)** Antrag auf einstweilige Anordnung gemäß § 850k III ZPO i. V. m. § 732 II ZPO stellen. 10

(1) Nach § 850k I ZPO ist bei Überweisung von Einkünften der in §§ 850–850b ZPO genannten Art (§ 92) auf das Konto bei einem Geldinstitut die Pfändung des Guthabens auf Antrag des Schuldners vom **Vollstreckungsgericht insoweit aufzuheben,** wie das Guthaben dem der Pfändung nicht unterworfenen Teil der Einkünfte für die Zeit von der Pfändung bis zum nächsten Zahlungstermin entspricht. Der Antrag kann auch für zukünftige Zahlungseingänge gestellt werden.[12] Für den Schuldnerschutz ist ausreichend, dass die genannten Einkünfte auf das Konto überwiesen werden. Nicht notwendig ist, dass derartige Überweisungen bereits längere Zeit oder regelmäßig erfolgt sind oder dass sie die Einzigen darstellen.[13] Der Wortlaut ist daher über den Schutzzweck erweitert. Zahlungstermin ist der Soll-Gutschriftstag, da der Schuldner bis zur nächsten voraussichtlichen Verfügbarkeit geschützt werden soll. Die Entscheidung erfolgt durch das Vollstreckungsgericht (funktionell zuständig ist der Rechtspfleger, § 20 Nr. 17 RPflG) nach vorheriger Anhörung des Gläubigers. 11

(2) Der Antrag auf **Vorabaufhebung** ist gemäß § 850k II ZPO zulässig, wenn der Schuldner glaubhaft macht, dass wiederkehrende Einkünfte i. S. von §§ 850–850b ZPO auf das Konto überwiesen werden und dass er sie bis zum nächsten Zahlungstermin dringend braucht, um sowohl seinen eigenen Unterhalt zu decken als auch Unterhaltsgläubiger voll zu befriedigen. 12

cc) Kosten. Die Kosten des Verfahrens nach § 850k ZPO können abweichend vom Grundsatz des § 788 I ZPO vom Vollstreckungsgericht ganz oder teilweise dem Gläubiger auferlegt werden (§ 788 III ZPO). 13

§ 92. Der Lohnpfändungsschutz

Schrifttum siehe die Nachweise vor § 89 RN 1; **Muster:** ArbR-Formb. § 30.

Übersicht

	RN
I. Pfändbares Arbeitseinkommen	1 ff.
1. Vorbemerkung	1
2. Arbeitseinkommen	2, 3
3. Nebeneinkommen	4
4. Zahlungsweise	5
5. Gesamtes Arbeitseinkommen	6
6. Naturalbezug	7
II. Pfändbarkeit einzelner Arbeiteinkommen	8 ff.
1. Pfändbarkeit	8
2. Abfindungen (§§ 9, 10 KSchG, 112, 113 BetrVG)	9
3. Altersteilzeit, Vorruhestand	10
4. Arbeitnehmererfindungen	11
5. Arbeitslosengeld, Kurzarbeitergeld, Winterausfallgeld	12
6. Aufwendungsersatz	13
7. Ausländische Streitkräfte	14
8. Gewinnbeteiligung	15
9. Heimarbeiter	16
10. Heirats- und Geburtsbeihilfen	17
11. Jubiläumszuwendungen	18
12. Karenzentschädigungen	19
13. Kindergeld	20
14. Krankenbezüge	21–23
15. Lohnsteuerjahresausgleich	24, 25
16. Mehrarbeit (Überstunden)	26
17. Mutterschutz	27
18. Nebenbeschäftigung	27 a
19. Prozente	28
20. Renten/Ruhegelder	29–33
21. Sozialleistungsansprüche	34–39
22. Urlaubsvergütung	40, 41
23. Vermögenswirksame Leistungen, Entgeltumwandlung	42
24. Vorschuss	43
25. Weihnachtsgratifikation, Sonderzuwendung	44
III. Berechnung des pfändbaren Einkommens	45 ff.
1. Berechnung des Nettoeinkommens	45, 46
2. Vollstreckung bevorrechtigter Forderungen	47
3. Vollstreckung nicht bevorrechtigter Forderungen bei Nettoeinkommen bis 2851 Euro monatlich	48
4. Vollstreckung nicht bevorrechtigter Forderungen bei höherem Nettoeinkommen	49
5. Anpassung der unpfändbaren Beträge	49 a
6. Unterhaltspflichten des Schuldners	50–52
7. Teillohnperioden	53–55
8. Mehrere Einkommen	56
9. Bar- und Naturalbezüge	57
10. Zusammentreffen mehrerer Pfändungen usw.	58

[12] KG 21. 2. 1992 OLGZ 92, 380 = Rpfleger 92, 307 = JurBüro 93, 26.
[13] Zu einmaligen Leistungen: LG Oldenburg 2. 9. 1982 Rpfleger 83, 33.

I. Pfändbares Arbeitseinkommen

1 **1. Vorbemerkung.** Das in Geld zahlbare Arbeitseinkommen kann nur nach Maßgabe der §§ 850a bis 850k ZPO gepfändet werden (§ 850 I ZPO). Hat der Arbeitgeber bereits an den Arbeitnehmer ausgezahlt, so verhindert § 811 Nr. 8 ZPO eine Kahlpfändung, d.h. der Gerichtsvollzieher hat dem Schuldner jedenfalls den Betrag zu belassen, der den unpfändbaren Einkünften entspricht. Zur bargeldlosen Lohnzahlung vgl. § 91 RN 8ff. Die Pfändungsschutzvorschriften sind im öffentlichen Interesse erlassene soziale Schutzbestimmungen. Hieraus folgt, dass sie unabdingbar, also im Voraus nicht verzichtbar sind.

2 **2. Arbeitseinkommen.** Der Begriff deckt sich im Wesentlichen mit dem der Einkünfte aus nicht selbstständiger Arbeit (§ 19 I EStG). Arbeitseinkommen sind Vergütungen für Dienstleistungen aller Art, die die Erwerbstätigkeit des Schuldners vollständig oder zu einem wesentlichen Teil in Anspruch nehmen.[1] Geschützt wird das Einkommen der physischen Person für die eigene Arbeitsleistung bzw. der Ersatzansprüche dafür; geschützt sind daher auch Beamte, Soldaten und die Bezüge von Organvertretern.[2] Unerheblich ist, ob diese ihren Lebensunterhalt allein oder zusammen mit anderen verdienen. Der Begriff des Arbeitseinkommens ist weit auszulegen; das Gesetz enthält in § 850 II, III ZPO keine abschließende Regelung, sondern nur eine beispielhafte Aufzählung.

3 **Nicht** zum Arbeitseinkommen zählen das Einkommen für Sachleistungen, die fremde Arbeitsleistung oder Kapitaleinkünfte sowie das Entgelt für freie Arbeitnehmererfindungen.[3] Kein Arbeitsentgelt sind die Sozialleistungen, die aus einem Arbeitsverhältnis folgen (Kurzarbeiter-, Arbeitslosen- und Insolvenzgeld).

4 **3. Nebeneinkommen.** Arbeitseinkommen, das einem Schuldner aus einer Tätigkeit zufließt, die ihn unwesentlich in Anspruch nimmt (arg. § 850 II ZPO), unterliegt keinem besonderen Pfändungsschutz.[4] Hat z.B. ein Handelsvertreter noch eine Nebenvertretung, die ihn nur wenig beansprucht, sind die sich daraus ergebenden Bezüge in vollem Umfang pfändbar.

5 **4. Zahlungsweise.** Für die Begriffsbestimmung des Arbeitseinkommens unerheblich ist, ob es fortlaufend oder in einem Betrag gezahlt wird. Für den Pfändungsschutz fortlaufender Bezüge gelten die §§ 850a bis 850g ZPO; nicht wiederkehrend zahlbare Vergütungen, etwa Entlohnung eines Heimarbeiters oder Provision für die Vermittlung eines Geschäfts, werden nur auf **Antrag** nach § 850i ZPO geschützt. Antragsberechtigt sind der Schuldner sowie solche Personen, die aus der Vergütung ihren Unterhalt beziehen, nicht jedoch der Drittschuldner. **Zuständig** für die Entscheidung ist regelmäßig das Vollstreckungsgericht.[5] Bei unregelmäßigen Provisionseinnahmen des Schuldners ist der für die Bestimmung des pfändungsfreien Betrags festzulegende Zeitraum auf insgesamt drei Monate zu bestimmen.[6]

6 **5. Gesamtes Arbeitseinkommen.** Durch die Pfändung wird das gesamte in Geld zahlbare Arbeitseinkommen ohne Rücksicht auf die Benennung oder Berechnungsart erfasst (§ 850 IV ZPO), also Lohn, Gehälter, Entgeltfortzahlung im Falle der Erkrankung, Prämien, Tantiemen, Provisionen usw. Hierzu zählen auch die nach der Pfändung fällig werdenden Bezüge (§ 832 ZPO) oder das Einkommen, das der Schuldner infolge einer Versetzung in eine andere Tätigkeit oder nach einer Gehaltserhöhung bezieht (§ 833 ZPO). § 832 ZPO stellt eine Ausnahme von dem Grundsatz dar, wonach die Pfändung künftige Ansprüche nur erfasst, wenn dies ausdrücklich angeordnet wird. Die im Rahmen eines Arbeitsverhältnisses nach bestimmten Zeiträumen entstehenden Forderungen sollen auch durch einen einzigen Pfändungs- und Überweisungsbeschluss erfasst werden können.[7] Erfasst wird schließlich ein etwaiges verschleiertes Arbeitseinkommen (§ 850h II ZPO, dazu § 89 RN 59).

7 **6. Naturalbezug.** Nicht erfasst wird nicht in Geld zahlbares Arbeitseinkommen. Der Anspruch des Arbeitnehmers auf Naturallohn (§ 68; Kohlen, Lebensmittel, Unterkunft oder Verpflegung) ist unpfändbar, da er zweckgebunden ist (§ 851 ZPO). Jedoch wird die Naturalleistung bei der Berechnung des Pfändungsbetrags in der Weise berücksichtigt, dass ihr Wert der

---

[1] Vgl. BAG 10. 2. 1962 AP 3 zu § 850 ZPO = NJW 62, 1221.
[2] BGH 8. 12. 1977 AP 9 zu § 850 ZPO = NJW 78, 756 (Vorstand); *Timm* ZIP 81, 10.
[3] BGH 29. 11. 1984 BGHZ 93, 82 = NJW 85, 1031.
[4] Vgl. aber OLG Hamm 17. 5. 1955 AP 3 zu § 850a ZPO.
[5] Zur Zuständigkeit des Insolvenzgerichts bei einem Antrag nach § 765a ZPO: BGH 15. 11. 2007 NJW-RR 2008, 496.
[6] AG Michelstadt 24. 6. 2002 JurBüro 2002, 549.
[7] BGH 26. 6. 2008 NJW-RR 2008, 1441.

Barvergütung hinzuzurechnen ist und aus dem Gesamtbetrag der pfändbare Betrag bis zur Höhe der Barvergütung entnommen wird. Geht der Anspruch auf Naturalleistungen in einen Geldersatzanspruch über, so wird er wiederum durch die Pfändung erfasst (§ 850e Nr. 3 ZPO).

II. Pfändbarkeit einzelner Arbeitseinkommen

Helwich, Die Pfändung des Arbeitseinkommens nach Inkrafttreten von Hartz IV, JurBüro 2005, 174; *Merten,* Verwertbarkeit und Pfändbarkeit der betrieblichen Altersversorgung im Lichte von Hartz IV, BetrAV 2004, 721; *Neugebauer,* Hartz IV – Auswirkungen auf die Pfändbarkeit von Arbeitseinkommen, MDR 2005, 911.

1. Pfändbarkeit. Es sind drei Gruppen von pfändungsgeschützten Vergütungsansprüchen zu unterscheiden. **(a) Absolut unpfändbare Bezüge** (§ 850a ZPO). Hierbei handelt es sich zumeist um Beträge, die für einen bestimmten Zweck als Aufwendungsersatz oder als Anreiz für eine weitere Beschäftigung gezahlt werden. **(b) Bedingt pfändbare Bezüge** (§ 850b ZPO). Sie können durch Blankettbeschluss[8] gepfändet werden, wenn **(1)** die Vollstreckung in das sonstige bewegliche Vermögen des Schuldners zu einer vollständigen Befriedigung des Gläubigers nicht geführt hat oder voraussichtlich nicht führen wird und **(2)** nach den Umständen des Falls, insbesondere nach der Art des beizutreibenden Anspruches und der Höhe der Bezüge, die Pfändung der Billigkeit entspricht. Das Vollstreckungsgericht soll vor seiner Entscheidung, ob es die Pfändung in bedingt pfändbare Bezüge zulässt, die Beteiligten hören. **(c) Relativ pfändbare Bezüge.** Das ist das Arbeitseinkommen im Übrigen (§ 850c ZPO). Die wichtigsten Arbeitseinkommen, insbesondere die absolut und relativ unpfändbaren Bezüge, werden im Folgenden in alphabetischer Form behandelt. 8

2. Abfindungen (§§ 9, 10 KSchG, 112, 113 BetrVG). Sie sind eine Entschädigung für den Verlust des Arbeitsplatzes; vollstreckungsrechtlich gehören sie zum Arbeitseinkommen gem. § 850 I ZPO.[9] Sie werden daher von einem Pfändungs- und Überweisungsbeschluss erfasst. Wenn es sich um einmalige Summen handelt, besteht nur Pfändungsschutz nach § 850i ZPO (RN 5).[10] 9

3. Altersteilzeit, Vorruhestand. Leistungen, die der Arbeitnehmer während der Altersteilzeit erhält, sind als Arbeitseinkommen uneingeschränkt pfändbar. Auch Vorruhestandsleistungen unterliegen als Arbeitseinkommen der Pfändung. 10

4. Arbeitnehmererfindungen. Vergütungen für gebundene Arbeitnehmererfindungen sind wie das übrige Arbeitseinkommen pfändbar (§§ 829, 835 ZPO). Sie unterliegen dem Pfändungsschutz für Arbeitsvergütungen.[11] Ein besonderer Pfändungsschutz besteht nicht. Handelt es sich dagegen um eine Vergütung für eine freie Erfindung, die der Arbeitnehmer dem Arbeitgeber zur Ausnutzung übertragen hat, sind die §§ 850ff. ZPO nicht anzuwenden.[12] 11

5. Arbeitslosengeld, Kurzarbeitergeld, Winterausfallgeld. Entgeltersatzleistungen nach den §§ 116ff. SGB III und SGB II sind nur beschränkt pfändbar (§ 54 SGB I, vgl. RN 34), zum Zusammentreffen von Arbeitsentgelt und Sozialleistungen RN 56. Die für 1-Euro-Jobs zu zahlende „Entschädigung für Mehraufwendungen" soll wie Arbeitseinkommen pfändbar sein.[13] 12

6. Aufwendungsersatz. Nach § 850a Nr. 3 ZPO sind als Aufwendungsersatz gezahlte Leistungen unpfändbar, soweit sie den Rahmen des Üblichen nicht überschreiten. Unerheblich ist, ob sie im Voraus gezahlt oder nachträglich ersetzt werden und ob sie pauschal abgegolten werden. Zu den in § 850a Nr. 3 ZPO genannten Leistungen zählen **(a) Aufwandsentschädigungen,** wie z.B. Reise-[14] und Umzugskosten, Kilometergeld für einen Angestellten zum Besuch von Baustellen,[15] Tage- und Bürogeld sowie Repräsentationskosten (umstr.).[16] **(b) Auslösungen** sind alle Beträge, die für die durch eine auswärtige Beschäftigung erwachsenden besonderen 13

---

[8] BGH 5. 4. 2005 FamRZ 2005, 1083.

[9] BAG 13. 11. 1991 AP 13 zu § 850 ZPO = NZA 92, 384; 12. 9. 1979 AP 10 zu § 850 ZPO = NJW 80, 800; 13. 7. 1959 AP 1 zu § 850 ZPO.

[10] BAG 12. 9. 1979 AP 10 zu § 850 ZPO = NJW 80, 800; LAG Schleswig-Holstein 13. 12. 2005 NZA-RR 2006, 371; LAG Niedersachsen 14. 11. 2003 NZA-RR 2004, 490.

[11] BGH 12. 12. 2003 NJW-RR 2004, 644 – Lizenzgebühren.

[12] BGH 29. 11. 1984 BGHZ 93, 82 = NJW 85, 1031; BAG 30. 7. 2008 AP 1 zu § 287 ZPO = NJW 2009, 167.

[13] LG Görlitz 15. 5. 2006 FamRZ 2007, 299; dagegen zu Recht *Harks* Rpfleger 2007, 588.

[14] BAG 8. 12. 1982 AP 5 zu § 1 TVG Tarifverträge: Versicherungsgewerbe.

[15] LAG Düsseldorf 15. 1. 1970 DB 70, 256.

[16] BAG 30. 6. 1971 AP 4 zu § 850a ZPO (sofern sie sich im Rahmen des LStR halten).

Aufwendungen gezahlt werden. **(c)** Entgelt für **selbstgestelltes Arbeitsmaterial,** da insoweit der Arbeitnehmer zur Fortsetzung der Tätigkeit für Ersatz sorgen muss. **(d) Gefahren-, Schmutz- und Erschwerniszulagen;** hierunter fallen nicht Nacht-[17] oder Schichtzulagen. Der Aufwendungsersatz überschreitet zumeist den Rahmen des Üblichen, wenn höhere Beträge als steuerunschädlich oder tariflich oder betrieblich vorgesehen, gezahlt werden.[18] Namentlich **Nahauslösungen** werden vielfach der Pfändung unterworfen sein. **(e)** Erstattungsansprüche von **Betriebsratsmitgliedern** nach § 40 BetrVG.

14 **7. Ausländische Streitkräfte.** Die Vollstreckung in Ansprüche des bei den ausländischen Streitkräften beschäftigten Personals erfolgt nach Art. 35 Zusatzabkommen zum Nato-Truppenstatut vom 3. 8. 1959 (BGBl. 1961 II S. 1183, 1218).[19]

15 **8. Gewinnbeteiligung.** Sie zählt als Arbeitseinkommen (§ 850 I ZPO), das nur dem relativen Pfändungsschutz unterliegt. Gewinnbeteiligungen sind im Zeitpunkt ihrer Auszahlung der normalen Arbeitsvergütung hinzuzuzählen und nach § 850 c ZPO pfändbar.

16 **9. Heimarbeiter.** Nach § 27 HAG gilt für an Heimarbeiter zu zahlende „Arbeitsvergütung" (dies kann auch ein Werklohn sein) der Pfändungsschutz entsprechend. Wird die Vergütung fortlaufend ausgezahlt, so gilt § 850 c ZPO; wird sie nur als Einmalbetrag gezahlt, gilt § 850 i ZPO (vgl. oben RN 5). Wird die Vergütung je nach Ablieferung der Stücke bezahlt, sind die Beträge zur Anwendung der Tabelle auf Wochen- oder Monatsbezüge umzurechnen. Der Pfändungsschutz gilt entsprechend für Hausgewerbetreibende und Zwischenmeister.

17 **10. Heirats- und Geburtsbeihilfen.** Werden sie aus Anlass der Hochzeit oder der Geburt eines Kindes des Arbeitnehmers gezahlt, sind sie ohne Rücksicht auf die Höhe absolut unpfändbar, es sei denn, dass die Vollstreckung wegen einer Forderung erfolgt, die gerade aus Anlass der Heirat oder der Geburt entstanden ist (§ 850 a Nr. 5 ZPO).

18 **11. Jubiläumszuwendungen.** Beträge, die aus Anlass eines Betriebsjubiläums oder Dienstjubiläums (Treuegelder) gewährt werden, sind, soweit sie den Rahmen des Üblichen nicht überschreiten, absolut unpfändbar (§ 850 a Nr. 2 ZPO). Bei einer Sonderzuwendung handelt es sich nicht um unpfändbares Treuegeld, wenn mit der Sonderzahlung auch eine Honorierung der Betriebstreue bezweckt ist.[20] Erfolgt die Vollstreckung wegen gesetzlicher Unterhaltsforderungen, sind Treuegelder zur Hälfte unpfändbar (§ 850 d ZPO).

19 **12. Karenzentschädigungen.** Ist der Arbeitnehmer vertraglich zur Einhaltung eines Wettbewerbsverbots verpflichtet, sind die hierfür von seinem früheren Arbeitgeber gezahlten Entschädigungsbeträge wie die Arbeitsvergütung pfändbar[21] (§ 850 III ZPO). Werden sie als einmalige Leistung in Form einer Abfindung gewährt, gilt § 850 i ZPO.

20 **13. Kindergeld.** Der Anspruch auf Kindergeld kann nur wegen gesetzlicher Unterhaltsansprüche eines Kindes, das bei der Festsetzung des Kindergeldes berücksichtigt wird, gepfändet werden (§ 76 I 1 EStG). Der Gesetzgeber hat dem Umstand, dass für Kinder des Schuldners als zweite und weitere Unterhaltsberechtigte regelmäßig Kindergeld gezahlt wird, bei der Bemessung des pauschalierten pfändungsfreien Betrags in der Tabelle zu § 850 c I ZPO Rechnung getragen.[22] Das Kindergeld wird auch bei den Einkünften des Schuldners regelmäßig nicht berücksichtigt.[23] Das Kindergeld stellt eine Sozialleistung i. S. d. § 55 I SGB I dar[24] (RN 34 ff.). Unpfändbar ist das Kindergeld für behinderte volljährige Kinder in vollstationärer Unterbringung (§§ 76 I 2, 66 I 2 EStG). Unterschiede bei der Höhe der Pfändungsfreigrenzen bestehen für die Vollstreckung von Zahl- bzw. Zählkindern (vgl. § 76 I 3 EStG). Drittschuldner ist grundsätzlich die örtlich zuständige Familienkasse der Arbeitsverwaltung (§ 70 EStG). Für Beschäftigte im öffentlichen Dienst ist Drittschuldner die Körperschaft, Anstalt oder Stiftung des öffentlichen Rechts, die als Familienkasse Kindergeld festsetzt und auszahlt (§ 72 EStG). Der Pfändungsbeschluss kann als Blankettbeschluss für die Bestimmung der Höhe des pfändbaren Kindergeldbetrags auf § 76 EStG Bezug nehmen. Der Erstattungsanspruch aus der Einkommensteuerverlangung für die nicht vollständige steuerliche Freistellung durch das Kindergeld ist nach § 46 AO pfändbar.

---

[17] LAG Frankfurt 25. 11. 1988 DB 89, 1732.
[18] BAG 11. 1. 1961 AP 4 zu § 850 d ZPO = NJW 61, 1180.
[19] *Schmitz* BB 66, 1351; *Maier* NJW 65, 895.
[20] BAG 30. 7. 2008 AP 1 zu § 287 ZPO = NJW 2009, 167.
[21] OLG Rostock 9. 6. 1994 NJW-RR 95, 173.
[22] BGH 5. 4. 2005 NJW-RR 2005, 1010.
[23] BGH 4. 10. 2005 FamRZ 2006, 203.
[24] Zur Kontenpfändung: LG Köln 28. 3. 2006 FamRZ 2007, 571.

14. Krankenbezüge. a) Entgeltfortzahlung und Krankengeld. Im Falle der Erkrankung beziehen Arbeitnehmer zumeist Entgeltfortzahlung im Krankheitsfalle (§ 98), die wie Arbeitseinkommen (§ 850 I ZPO) pfändbar ist. Das im Anschluss an die Entgeltfortzahlung von der Krankenkasse gezahlte Krankengeld ist im Rahmen von § 54 SGB I pfändbar (RN 34). Der pfändbare und damit abtretbare Teil des Krankengeldanspruches darf aber nicht nach der Tagestabelle zu § 850c ZPO bestimmt werden.[25] 21

b) Private Krankenversicherung. Laufende oder einmalige[26] Bezüge aus privaten Krankenversicherungen, die ausschließlich oder zu einem wesentlichen Teil zu Unterstützungszwecken gewährt werden, sind nur bedingt pfändbar, wenn die Versicherungssumme 3579 Euro nicht übersteigt (§ 850b I Nr. 4 ZPO). Sie beruhen auf einem besonderen Versicherungsvertrag. Dagegen sind Leistungen, die über den Unterstützungszweck hinausgehen, unbeschränkt pfändbar (u. U. eine Tagegeldversicherung). Unpfändbar sind dagegen Erstattungsforderungen des Schuldners gegen die Krankenkasse (ärztliche Behandlung, Heil- und Hilfsmittel), da es sich insoweit um Auslagenersatz handelt. 22

c) Zuschuss. Gewährt der Arbeitgeber zum Krankengeld einen besonderen Krankengeldzuschuss, so ist dieser Anspruch pfändbar. Dabei sind Krankengeld und Zuschuss zusammenzurechnen und der pfändbare Betrag allein dem Zuschuss zu entnehmen. Freiwillige Leistungen, auf die ein Rechtsanspruch nicht besteht, sind kein Arbeitsentgelt. 23

15. Lohnsteuerjahresausgleich.[27] **a) Erstattung durch den Arbeitgeber.** Nach § 42b EStG ist der Arbeitgeber berechtigt, seinen unbeschränkt einkommensteuerpflichtigen Arbeitnehmern, die während des abgelaufenen Kalenderjahres ständig in einem Dienstverhältnis gestanden haben, die für das Ausgleichsjahr einbehaltene Lohnsteuer insoweit zu erstatten, als sie die auf den Jahresarbeitslohn entfallende Jahreslohnsteuer übersteigt (vgl. LStR Nr. 143). Führt der Arbeitgeber den Lohnsteuerjahresausgleich durch, so gehört nach h. M. der Erstattungsanspruch vollstreckungsrechtlich zum Arbeitseinkommen.[28] Er wird daher von der Pfändung umfasst. Er kann allerdings auch gesondert am Jahreswechsel gepfändet werden. Inwieweit der Erstattungsanspruch am Pfändungsschutz teilnimmt, ist umstritten. Zum Teil wird die Anwendung der §§ 850ff. ZPO überhaupt verneint;[29] zum Teil wird zumeist $^{3}/_{10}$ für unpfändbar gehalten,[30] nach richtiger Meinung wird die Erstattung als einmalige, nicht wiederkehrende Vergütung im Sinne § 850i ZPO angesehen, die nur dann besonderen Pfändungsschutz genießt, wenn der Arbeitnehmer ihn beantragt. 24

b) Finanzverwaltung. Führt das Finanzamt den Lohnsteuerjahresausgleich durch, muss der Erstattungsanspruch gegenüber dem Finanzamt gepfändet werden (§ 46 AO). Wegen des Grundsatzes der Abschnittsbesteuerung ist die Pfändung für Ansprüche künftiger Jahre nicht zulässig. Der Lohnsteuererstattungsanspruch für das Jahr 2008 kann daher erst 2009 gepfändet werden. Nach § 46 VI AO dürfen ein Pfändungs- und Überweisungsbeschluss oder eine Pfändungs- und Einziehungsverfügung nicht erlassen werden, bevor der Anspruch entstanden ist. Der Anspruch ist entstanden, sobald das Steuerjahr abgelaufen und die Überzahlung eingetreten ist. Ein entgegen diesem Verbot erwirkter Pfändungs- und Überweisungsbeschluss oder eine erwirkte Pfändungs- und Einziehungsverfügung sind nichtig. Auch eine noch im laufenden Steuerjahr vorgenommene Vorpfändung (§ 89 RN 29) fällt unter das Verbot des § 46 VI AO. Zulässig ist aber die Ausfertigung und Übergabe der Vorpfändung an den Gerichtsvollzieher noch im laufenden Steuerjahr; lediglich die Zustellung an die Finanzbehörde darf erst am ersten Arbeitstag des neuen Jahres erfolgen. Umstritten ist, inwieweit auf Erstattungsansprüche gegenüber dem Finanzamt ein Pfändungsschutz anzuwenden ist. Nach h. M. soll kein Pfändungsschutz bestehen.[31] Indes wird Pfändungsschutz gewähren müssen, wenn das Arbeitseinkommen unter den Pfändungsgrenzen gelegen hat. In jedem Fall ist wie bei der Durchführung der Erstattung durch den Arbeitgeber § 850i ZPO anzuwenden, da der Umfang des Pfändungsschutzes nicht davon abhängt, wer den Lohnsteuerausgleich durchführt. Der Pfändungsgläubiger eines Lohnsteuererstattungsanspruches ist aber nicht berechtigt, für den Vollstreckungsschuldner die Veranlagung zur Einkommensteuer zu beantragen, gegen einen Steuerbescheid Einspruch ein- 25

---

[25] BSG 13. 5. 1992 BSGE 70, 280 = NJW 93, 811.
[26] LG Oldenburg 2. 9. 1982 JurBüro 83, 778 = Rpfleger 83, 33.
[27] Schrifttum siehe vor RN 8.
[28] LAG Hamm 12. 2. 1988 DB 89, 488 = BB 89, 634 = NZA 89, 529; a. A. *Stöber* RN 377.
[29] LAG Hamm 6. 11. 1964 BB 65, 668; vgl. BFH 28. 4. 1961 NJW 61, 1887.
[30] *Wais* BB 69, 1441; *Schüler* DB 73, 182, a. A. *Quardt* NJW 58, 518.
[31] BFH 26. 9. 1995 BFH/NV 96, 281; *Stöber* RN 380; *Bengelsdorf* RN 112.

zulegen oder Klage zu erheben.[32] Nach Ansicht des BFH handelt es sich bei der Antragstellung insoweit um ein höchstpersönliches Gestaltungsrecht, das nicht von einem Dritten (dem Vollstreckungsgläubiger) ausgeübt werden kann.[33] Im Pfändungs- und Überweisungsbeschluss kann angeordnet werden, dass der Schuldner die Lohnsteuerkarte herauszugeben hat (§ 836 III ZPO),[34] was aber wegen des fehlenden Antragsrechts für den Gläubiger ohne Wert ist. Ist zweifelhaft, ob der Arbeitgeber oder das Finanzamt den Jahresausgleich vornimmt, muss sowohl der Erstattungsanspruch gegenüber dem Arbeitgeber wie auch gegenüber dem Finanzamt gepfändet werden. Wird der Erstattungsanspruch beim Finanzamt gepfändet, sind nicht die Arbeitsgerichte, sondern die Finanzgerichte zuständig.

26 **16. Mehrarbeit (Überstunden).** Mehrarbeit im Sinne von § 850a ZPO ist jede über die gesetzliche, tarifliche oder betriebliche Arbeitszeit hinaus geleistete Arbeit in einem Arbeitsverhältnis. Mehrarbeit kann auch die sonst nicht zu leistende Sonn- und Feiertagsarbeit sein.[35] Die Mehrarbeitsvergütung (Grundlohn und Zuschläge) ist zur Hälfte, bei Vollstreckung für Unterhaltsforderungen (§ 850d I ZPO) zu $^1/_4$ unpfändbar. Der Arbeitgeber hat also bei Festsetzung des Pfändungsfreibetrags durch das Gericht (§ 850d ZPO) die Mehrarbeitsstundenvergütung herauszurechnen. Wird für die Mehrarbeit eine Pauschale gezahlt, gilt der Pfändungsschutz entsprechend. Umstritten ist, ob die Mehrarbeitsvergütung dem Arbeitnehmer brutto oder netto verbleiben muss. Im ersten Fall ist die Hälfte der Bruttovergütung dem Arbeitnehmer auszuzahlen; die darauf entfallenden Lohnsteuern und Sozialversicherungsabgaben sind alsdann vom pfändbaren Betrag abzusetzen. Nach richtiger Meinung soll dem Arbeitnehmer nur die Hälfte des **Nettobetrags** verbleiben. Vereinzelt ist auch die Auffassung vertreten worden, dass im Falle einer Nebenbeschäftigung (nicht bei Schwarzarbeit) die dort erzielte Vergütung Mehrarbeit im Sinne von § 850a ZPO ist.[36]

27 **17. Mutterschutz.** Der vom Arbeitgeber fortzuzahlende Mutterschutzlohn ist Arbeitseinkommen (§ 850 I ZPO). Die laufenden Geldleistungen der Krankenkassen sind dagegen nach § 54 SGB I beschränkt pfändbar. Der Anspruch auf Elterngeld oder vergleichbare Leistungen ist unpfändbar (§ 54 III SGB I, dazu RN 34ff.).

27a **18. Nebenbeschäftigung** vgl. unter RN 26 u. RN 4.

28 **19. Prozente.** Darf der Arbeitnehmer Teile kassierten Geldes (z.B. Trinkgelder) für sich behalten, so werden auch diese von der Lohnpfändung erfasst. Der Arbeitgeber muss deren Herausgabe notfalls unter Androhung einer fristlosen Kündigung vom Arbeitnehmer zum Zwecke einer korrekten Berechnung der gepfändeten Vergütung verlangen.[37]

29 **20. Renten/Ruhegelder. a) Sozialversicherungsrenten** sind nach § 54 SGB I beschränkt pfändbar (unter RN 34). Den in Deutschland lebenden Angehörigen von Stationierungsstreitkräften gezahlte Renten unterliegen nicht der Pfändung.[38] Versorgungsleistungen eines berufsständischen Versorgungswerks unterliegen entgegen § 851 ZPO der Pfändung, selbst wenn ihre Abtretbarkeit ausgeschlossen ist.[39]

30 **b) Private Rentenzahlungen.** Renten, die (auch) auf vertraglicher Grundlage[40] wegen einer Verletzung des Körpers oder der Gesundheit zu entrichten sind, sind bedingt pfändbar (oben RN 8). Hierzu gehören Renten, die wegen eines Verkehrsunfalls gezahlt werden, z.B. § 843 BGB, § 7 HaftpflichtG, § 13 StVG. Pfändbar ist auch der Anspruch auf Ersatz des immateriellen Schadens bei Verletzung des Körpers, der Gesundheit, der Freiheit oder der sexuellen Selbstbestimmung (§ 253 II BGB). Im Falle des Zusammentreffens mit Arbeitseinkommen ist eine Zusammenrechnung möglich, soweit die Rente wegen Erwerbsminderung gezahlt wird.

31 **Unterhaltsrenten sowie Ersatzansprüche** wegen Entziehung gesetzlicher Unterhaltsansprüche sind bedingt pfändbar (§ 850b Nr. 2 ZPO).

---

[32] BFH 29. 2. 2000 BFHE 191, 311 = NJW 2001, 462; 18. 8. 1998 BFHE 187, 1 = NJW 99, 1056.

[33] Dieser Sichtweise folgt nunmehr auch der BGH 27. 3. 2008 NJW 2008, 1675 unter Aufgabe von BGH 12. 2003 NJW 2004, 954 = MDR 2004, 535.

[34] LG Berlin 4. 7. 1994 NJW 94, 3303; LG Münster 11. 5. 1995 MDR 96, 528 = Rpfleger 97, 222; a. A. LG Potsdam 28. 5. 2002 Rpfleger 2002, 530; LG Münster 9. 8. 2002 Rpfleger 2002, 632.

[35] OLG Hamm 17. 5. 1955 AP 3 zu § 850a ZPO.

[36] OLG Hamm 17. 5. 1955 AP 3 zu § 850a ZPO = BB 56, 209; vgl. RN 4.

[37] LAG Düsseldorf 8. 6. 1972 DB 72, 1540.

[38] LG Stuttgart 15. 1. 1986 NJW 86, 1442.

[39] BGH 25. 8. 2004 NJW 2004, 3770.

[40] BGH 25. 1. 1978 BGHZ 70, 206 = NJW 78, 950; BFH 19. 1. 2006 BFH/NV 2006, 1044.

c) Lebensversicherungen. Versicherungen, die ausschließlich auf den Todesfall des Versicherungsnehmers und nicht auf das Erreichen einer bestimmten Altersgrenze abgeschlossen sind, sind bedingt pfändbar, wenn die Versicherungssumme 3579 € nicht übersteigt[41] (§ 850b I Nr. 4 ZPO). Ist dies der Fall, sind sie unbeschränkt pfändbar,[42] selbst wenn der Versicherungsnehmer zwischen einer Kapitalleistung und einer Versorgungsrente wählen kann.[43] Bei mehreren Versicherungen wird der Freibetrag nur einmal gewährt. Vereinbaren Arbeitgeber und Arbeitnehmer im Wege der Gehaltsumwandlung, dass anstelle der monatlichen Vergütung ein Teil als Prämie auf eine Versicherung gezahlt wird, so entstehen keine pfändbaren Ansprüche auf Arbeitseinkommen.[44] Private Versicherungsrenten von selbstständig oder freiberuflich tätig gewesenen Personen genießen nicht den Pfändungsschutz für Arbeitseinkommen.[45] 32

d) Private Altersvorsorge. Durch das Gesetz zum Pfändungsschutz der Altersvorsorge vom 26. 3. 2007[46] (BGBl. I S. 368) sind Ansprüche auf Renten aus Kapitallebensversicherungen und privater Rentenversicherungen einem besonderen Pfändungsschutz unterstellt worden. Nach § 851 c I ZPO unterliegen entsprechende Ansprüche unter den dort genannten Voraussetzungen dem gleichen Pfändungsschutz wie Arbeitseinkommen. Der Pfändungsschutz des Vorsorgevermögens wird in § 850c II ZPO geregelt. Die Höhe des pfändungsgeschützten Vorsorgekapitals ist progressiv ausgestaltet. Mit zunehmendem Alter erhöhen sich nicht nur der absolute Betrag, der unpfändbar ist, sondern auch die Annuitäten, die pfändungssicher akkumuliert werden können. Entsprechend § 850c II 1 ZPO wird auch ein über den Grundfreibetrag hinausgehender Anteil des Vorsorgekapitals vor einer Pfändung geschützt, um dem Versicherten einen Anreiz zu geben, für eine finanzielle Absicherung im Alter zu sorgen. 33

21. Sozialleistungsansprüche.[47] Der Pfändungsschutz von Sozialleistungsansprüchen ist in § 54 I SGB I geregelt. Wegen der mangelhaften Abstimmung zu den Vorschriften über die Verrechnung, Aufrechnung und Abtretung bereitet die Vorschrift in der Praxis erhebliche Schwierigkeiten. 34

a) Übersicht. Es sind fünf Schutzbereiche von § 54 SGB I zu unterscheiden. **(a)** Ansprüche auf Dienst- und Sachleistungen sind gemäß Abs. 1 unpfändbar. **(b)** Unpfändbar sind auch **(1)** Ansprüche auf Elterngeld und vergleichbare Leistungen der Länder; **(2)** Mutterschaftsgeld nach § 13 MuSchG, soweit das Mutterschaftsgeld nicht aus einer Teilzeitbeschäftigung während der Elternzeit herrührt oder an Stelle von Arbeitslosenhilfe gewährt wird, bis zur Höhe des Elterngeldes; **(3)** Geldleistungen, die dafür bestimmt sind, den durch einen Körper- oder Gesundheitsschaden bedingten Mehraufwand auszugleichen (§ 54 III SGB I). **(c)** Ansprüche auf einmalige Geldleistungen (RN 37) sind nach § 54 II SGB I nur im Rahmen der Billigkeit pfändbar. **(d)** Ansprüche auf laufende Geldleistungen (RN 38) sind wie Arbeitseinkommen ohne Abschlag für Minderbedarf pfändbar[48] (§ 54 IV SGB I). Ein Anspruch des Leistungsberechtigten auf Geldleistungen für Kinder kann nur wegen gesetzlicher Unterhaltsansprüche eines Kindes, das bei der Festsetzung der Geldleistungen berücksichtigt wird, gepfändet werden (vgl. § 54 V SGB I). Die Pfändung der Sozialleistungsansprüche erfolgt nach §§ 828 f. ZPO. 35

b) Einmalige Geldleistungen. Der Pfändungsschutz von sozialrechtlichen Ansprüchen auf einmalige Geldleistungen ist nicht § 850i ZPO, sondern § 850b ZPO nachgebildet.[49] Ansprüche auf einmalige Sozialleistungen sind daher bedingt pfändbar, soweit dies der Billigkeit entspricht. Ein Anspruch auf eine einmalige Geldleistung ist dann gegeben, wenn der Leistungsträger nur einmalig verpflichtet ist, einen Geldbetrag auszuzahlen. Unerheblich ist dagegen, ob die Auszahlungsmodalität in Raten (§ 71 SGB VII), erfolgt. Hierzu zählen insbesondere Beitragsrückerstattungen, Kapital- und Rentenabfindungen, und ggf. Sterbegelder. Soweit derartige Leistungen zweckgebunden sind, so dass eine Pfändung nach §§ 851 ZPO, 399 BGB ausschei- 36

---

[41] BGH 12. 12. 2007 NJW-RR 2008, 412.

[42] BFH 12. 6. 1991 BFHE 164, 339; BGH 12. 12. 2001 NJW 2002, 755; a. A. BSG 29. 1. 1997 SozR 3–4220 § 6 Nr. 4.

[43] BFH 31. 7. 2007 FamRZ 2007, 2068.

[44] BAG 17. 2. 1998 AP 14 zu § 850 ZPO = NZA 98, 707.

[45] BGH 15. 11. 2007 NJW-RR 2008, 496.

[46] Dazu *Bengelsdorf* FA 2007, 336; *Hasse* VersR 2007, 870; *Hellwich* JurBüro 2007, 286; *Holzer* ZVI 2007, 113; *Stöber* NJW 2007, 1242; *Tavakoli*, NJW 2008, 3259.

[47] *Sauer/Meiendresch,* Zur Pfändbarkeit von Pflegegeldansprüchen, NJW 96, 765; *Kohte,* Praktische Fragen der Sozialleistungspfändung, NJW 92, 393; *Niewenhuis,* Nochmals: Zur Pfändung künftiger Rentenansprüche, NJW 92, 2007.

[48] BGH 12. 12. 2003 FamRZ 2004, 439 = MDR 2004, 471.

[49] BT-Drucks. VII/868 S. 32.

den müsste, enthält § 54 II SGB I eine Spezialregelung. Die Billigkeitsprüfung wird durch das Vollstreckungsgericht angestellt. Zur Konkretisierung der Billigkeitsprüfung sind in § 54 II SGB I eine Reihe von Tatbestandsmerkmalen aufgeführt, die im Einzelfall zu berücksichtigen sind.

37 **c) Laufende Geldleistungen.** Ansprüche auf laufende Geldleistungen (vgl. §§ 48–50, 53 IV, 51 II SGB I) sind alle wiederkehrend zahlbaren Leistungen, auf ihre tatsächliche Auszahlung kommt es nicht an. Wiederkehrende Geldleistungen, insbesondere Sozialleistungen mit Lohnersatzfunktion (Arbeitslosen-, Kurzarbeiter-, Insolvenz- und Schlechtwettergeld) können wie Arbeitseinkommen unter Beachtung der Grenzen des § 850c ZPO gepfändet werden.[50] Auch künftige Altersrenten können gepfändet werden, wenn nur eine Rechtsbeziehung zwischen Schuldner und Drittschuldner besteht, aus der das künftige Recht nach seinem Inhalt und der Person des Drittschuldners bestimmt werden kann.[51] Ohne Bedeutung sind das Bestehen einer rentenrechtlichen Anwartschaft und das Alter des Schuldners. Allerdings ist das Antragsrecht ein höchstpersönliches Recht, das nicht der Pfändung der Rentenansprüche folgt. Nicht vor ihrem Entstehen pfändbar sind solche Ansprüche, bei denen lediglich eine Erwartung auf ihre Entstehung besteht (z.B. Krankengeld, Erwerbsunfähigkeitsrenten). Die Pfändbarkeit von Ansprüchen gegen die Pflegekassen ist für alle Kassen und Leistungen unterschiedlich zu beantworten.[52]

38 **d) Verfahren.** Die Pfändung erfolgt auf Antrag des Gläubigers durch Beschluss des Vollstreckungsgerichts. Schuldner ist der Leistungsberechtigte, während Drittschuldner regelmäßig der Leistungsträger ist. Bei Forderungen auf Kurzarbeitergeld, Wintergeld oder Winterausfallgeld soll der Arbeitgeber Drittschuldner (§§ 173, 214 SGB III) sein.[53] Hängt die Zulässigkeit einer Pfändung eines Anspruches auf Geldleistungen davon ab, ob die Pfändung der Billigkeit entspricht, muss der Gläubiger Tatsachen zu den Billigkeitsgründen im Rahmen des ihm Zumutbaren angeben. Umstr. aber zu verneinen ist, ob der Leistungsträger vor der Entscheidung über die Pfändung gehört werden muss. Zwischenverfügungen des Leistungsberechtigten sind nach allgemeinem Vollstreckungsrecht unwirksam. Treffen Sozialleistungsansprüche mit Ansprüchen auf Arbeitslohn zusammen, erfolgt für die Berechnung der pfändbaren Bezüge auf Antrag des Gläubigers eine Zusammenrechnung, wenn der Anspruch überhaupt pfändbar ist und eine Gesamtabwägung ergibt, dass die Zusammenrechnung der Billigkeit entspricht (§ 850e ZPO). Der unpfändbare Geldbetrag ist der Leistung zu entnehmen, die die wesentliche Lebensgrundlage des Schuldners darstellt.

39 **e) Kontenpfändung.** Werden Sozialleistungen auf ein Konto des Schuldners überwiesen, so gilt § 55 SGB I. Danach ist die Forderung, die durch die Gutschrift entsteht, für die Dauer von sieben Tagen seit der Gutschrift der Überweisung unpfändbar. Für diesen Zeitraum ist auch eine Aufrechnung des Geldinstituts unzulässig (§ 394 BGB). Das Kreditinstitut ist dem Schuldner innerhalb dieses Zeitraums zur Leistung aus dem insoweit geschützten Guthaben aber nur verpflichtet, wenn der Schuldner nachweist oder der Bank sonst bekannt ist, dass das Guthaben vom Pfändungsschutz des § 55 SGB I erfasst ist. Ist dies der Fall, muss der überwiesene Betrag auch ausgezahlt werden, wenn das Konto des Schuldners einen Debetsaldo aufweist.[54] Darüber hinaus sind bei Empfängern laufender Geldleistungen die Gutschriftsbeträge auch nach Ablauf der sieben Tage insoweit nicht der Pfändung unterworfen, als ihr Betrag dem unpfändbaren Teil der Leistungen für die Zeit von der Pfändung bis zum nächsten Zahlungstermin entspricht (§ 55 IV SGB I). Nach einem von der Bundesregierung vorgelegten Gesetzentwurf eines „Gesetzes zur Reform des Kontopfändungsschutzes“ [55] soll es dem Schuldner ermöglicht werden, bargeldlos Gelder zu erhalten, die pfandfrei bleiben, damit der Schuldner seinen notwendigen Lebensunterhalt bestreiten kann. Ob das Gesetz noch in der bis 2009 dauernden Legislaturperiode verabschiedet wird, war bei Redaktionsschluss noch nicht absehbar.

40 **22. Urlaubsvergütung.**[56] **a) Urlaubsentgelt und -abgeltung.** Das während des Urlaubs vom Arbeitgeber fortzuzahlende Entgelt (Urlaubsentgelt, §§ 7 I, 11 BUrlG) und die nach Beendigung des Arbeitsverhältnisses entstehende Urlaubsabgeltung (§ 7 IV BUrlG) stellen Ar-

---

[50] LG Dortmund 19. 5. 1981 ZIP 81, 783.

[51] BGH 10. 10. 2003 NJW 2003, 3774; 21. 11. 2002 NJW 2003, 1457.

[52] Vgl. *Sauer/Meiendresch* NJW 96, 765.

[53] Vgl. LG Dortmund 19. 5. 1981 ZIP 81, 783.

[54] OVG Hamburg 1. 9. 1986 NJW 88, 157; vgl. auch BGH 30. 5. 1988 NJW 88, 2670; nach BGH 20. 12. 2006 NJW 2007, 604 ist § 850k ZPO entsprechend anwendbar.

[55] Abgedruckt in ZVI 2007, 484: dazu *Bitter* WuM 2008, 141; *Ernst* JurBüro 2008, 509; *Fölsch/Janca* ZRP 2007, 253; *Goebel* ZVI 2007, 294; *Jäger* ZVI 2007, 544; *Schumacher* ZVI 2007, 455.

[56] *Pfeifer*, Pfändung urlaubsrechtlicher Ansprüche, NZA 96, 738.

beitseinkommen des Schuldners dar. Da das BAG den Urlaub als Freistellung von der Arbeit versteht, ist das zu zahlende Entgelt nichts anderes als die vereinbarte Arbeitsvergütung. Dies gilt nach Ansicht des Gerichts auch für den anstelle des Urlaubs tretenden Abgeltungsanspruch. Urlaubentgelt und -abgeltung sind damit im Rahmen des Pfändungsschutzes pfändbar (§ 102 RN 154)[57] und werden von einem auf Arbeitseinkommen lautenden Pfändungs- und Überweisungsbeschluss erfasst. Dies gilt gleichermaßen für den Urlaubsentschädigungsanspruch im Baugewerbe (§ 8 Nr. 8 BRTV-Bau). Wird die Urlaubsabgeltung nach Beendigung des Arbeitsverhältnisses gezahlt, ist sie bei monatlicher Abrechnung nicht dem letzten Monat seines Bestehens, sondern dem Folgemonat zuzurechnen.[58]

b) Urlaubsgeld. Das zusätzlich gezahlte Urlaubsgeld ist absolut unpfändbar, soweit es den Rahmen des Üblichen nicht übersteigt (§ 850a Nr. 2 ZPO). In welcher Höhe ein Urlaubsgeld üblich ist, muss nach den Gepflogenheiten des Wirtschaftszweigs, insbesondere den tariflichen und betrieblichen Regelungen entschieden werden. Darlegungen zu konkreten urlaubsbedingten Mehraufwendungen sind nicht erforderlich.[59] 41

23. Vermögenswirksame Leistungen, Entgeltumwandlung. Hat der Arbeitnehmer mit seinem Arbeitgeber vereinbart, dass dieser monatlich Teile seiner Arbeitsvergütung vermögenswirksam anlegt (§ 11 I 5. VermBG, dazu § 80 RN 55), sind diese Beträge unpfändbar (§§ 851 I ZPO, 399 BGB, 2 VII 2 5. VermBG), dies gilt auch für die Arbeitnehmer-Sparzulage (§ 13 III 2 5. VermBG). Der Gläubiger kann den Rückzahlungsanspruch des Sparvertrags pfänden. Auf Grund des Pfandrechts hat er keine Möglichkeit, die vorzeitige Beendigung des Vertrags zu erreichen, da die Kündigungsmöglichkeit dem Schuldner vorbehalten ist.[60] Ist die Arbeitsvergütung gepfändet, bevor der Arbeitnehmer mit seinem Arbeitgeber die vermögenswirksame Anlage eines Teils seines Arbeitseinkommens vereinbart hat, geht die Lohnpfändung im Rang vor; Vereinbarungen über die Anlage von vermögenswirksamen Leistungen sind dem Gläubiger gegenüber unwirksam. Angelegt werden können nur etwaige Überschüsse oder mit Einverständnis des Arbeitnehmers unpfändbare Beträge. Ist der Arbeitgeber kraft Gesetzes oder kollektivrechtlicher Vereinbarung verpflichtet, zusätzliche vermögenswirksame Leistungen an den Arbeitnehmer zu erbringen, sind diese Leistungen zweckbestimmt und ebenso nach § 851 ZPO unpfändbar. Die Leistungen sind nach umstr. Ansicht bei der Berechnung des pfändbaren Einkommens nicht zu berücksichtigen, da der Arbeitnehmer sie sich vorzeitig nicht beschaffen kann und der Pfändungsschutz seinem Existenzminimum dienen soll. Die **Arbeitnehmer-Sparzulage** gilt nach § 13 III, IV 5. VermBG zwar nicht als Arbeitseinkommen, unterliegt aber wegen der Regelung in § 13 III 2 5. VermBG gleichfalls nicht der Pfändung.[61] Schließt der Arbeitgeber für den Arbeitnehmer eine Direktversicherung ab, wonach ein Teil der künftigen Entgeltansprüche durch Entgeltumwandlung für seine betriebliche Altersversorgung verwendet wird, liegt insoweit kein pfändbares Arbeiteinkommen vor.[62] 42

24. Vorschuss. Ihn darf der Arbeitgeber ohne Rücksicht auf die Pfändungsgrenzen im Wege der Verrechnung von der verdienten Vergütung in Abzug bringen; insoweit bedarf es auch keiner Aufrechnungserklärung.[63] Allerdings muss die Leistung eindeutig als Vorschuss vereinbart worden sein. 43

25. Weihnachtsgratifikation, Sonderzuwendung. Nach § 850a Nr. 4 ZPO sind Weihnachtsgratifikationen, auf die ein Rechtsanspruch besteht, wegen ihrer Zweckbindung bis zur Hälfte des monatlichen Arbeitseinkommens, höchstens aber bis zum Betrag von 500 Euro unpfändbar. Bei Vollstreckung wegen gesetzlicher Unterhaltsansprüche ist darüber hinaus auch die Hälfte des unpfändbaren Gratifikationsbetrags unpfändbar (§ 850d ZPO). Ein Rechtsanspruch auf eine Gratifikation besteht bei einer tarif- bzw. einzelvertraglichen Vereinbarung, einer Regelung in einer Betriebsvereinbarung oder auf Grund betrieblicher Übung bzw. Gleichbehandlung. Er besteht auch dann, wenn der Arbeitgeber die Gratifikation freiwillig unter Widerrufs- 44

---

[57] BAG 28. 8. 2001 AP 80 zu § 7 BUrlG Abgeltung = NZA 2002, 323 – Urlaubsabgeltung; 20. 6. 2000 AP 28 zu § 7 BUrlG = NJW 2001, 460 = NZA 2001, 100 – Urlaubsentgelt.

[58] BAG 28. 8. 2001 AP 80 zu § 7 BUrlG Abgeltung = NZA 2002, 323.

[59] LAG Nürnberg 7. 11. 2006 LAGE § 850a ZPO 2002 Nr. 1; zur Berechnung des unpfändbaren Teils des Einkommens LAG Berlin NZA-RR 2000, 657; allgemein *Beetz* ZVI 2008, 244.

[60] A. A. LG Essen 15. 11. 1972 MDR 73, 323; AG Hildesheim 31. 1. 1973 DB 73, 1807; *Brych* DB 74, 2055.

[61] Zur Pfändbarkeit nach dem 3. VermBG: BAG 23. 7. 1976 AP 1 zu § 12 3. VermBG = NJW 77, 75.

[62] BAG 30. 7. 2008 AP 1 zu § 287 ZPO; 17. 2. 1998 AP 14 zu § 850 ZPO = NZA 98, 707.

[63] BAG 15. 12. 2000 AP 31 zu § 394 BGB; 15. 3. 2000 AP 24 zu §§ 22, 23 BAT Zuwendungs-TV; einschränkend LAG Rheinland-Pfalz 24. 4. 2007 – 9 SaGa 1/07 – n. v. – § 850d ZPO anwendbar.

vorbehalt zahlt, aber für das betreffende Jahr eine Gratifikation verbindlich in Aussicht gestellt hat. Liegt der Auszahlungszeitpunkt der Zuwendung im Zeitraum November/Dezember, ist dies stets als Indiz für eine Leistung des Arbeitgebers auf die zu Weihnachten typischerweise erhöhten Aufwendungen des Schuldners anzusehen. Die Verbindung der Gratifikationsgewährung mit Rückzahlungsvorbehalten bei einem vorzeitigen Ausscheiden des Arbeitnehmers im Folgejahr oder eine ergebnisorientierte Höhe des Anspruchs sind für den Pfändungsschutz des § 850 a Nr. 4 ZPO unerheblich.[64] Bezieht der Arbeitnehmer Tage- oder Wochenlohn, ist die Vergütung zur Berechnung der unpfändbaren Weihnachtsgratifikation auf einen monatlichen Bezug umzurechnen. Umstritten ist, ob die unpfändbare Gratifikation brutto oder netto an den Arbeitnehmer auszuzahlen ist. Richtigerweise handelt es sich jedoch bei dem in § 850 a Nr. 4 ZPO genannten Betrag um den Bruttobetrag. Der nach Abzug des unpfändbaren Betrags noch pfändbare Teil der Weihnachtsgratifikation wird dem Arbeitseinkommen im Auszahlungsmonat zugeschlagen. Die Pfändbarkeit kann nicht durch eine Vereinbarung zwischen Arbeitgeber und Arbeitnehmer ausgeschlossen werden.[65] Auch bei der Rückforderung einer Zuwendung durch Einbehalt der Arbeitsvergütung sind die Pfändungsfreigrenzen zu beachten;[66] etwas anderes gilt nur, wenn die Gratifikation nur als Vorschuss (RN 43) gezahlt worden ist.

III. Berechnung des pfändbaren Einkommens

Helwich, Die neuen Pfändungsfreigrenzen ab 1. Juli 2005, JurBüro 2005, 342; *Nußbaum,* Die Unterhaltsvollstreckung in Arbeitseinkommen, FamRB 2004, 405.
Muster: ArbR-Formb. § 30 RN 18.

45 **1. Berechnung des Nettoeinkommens. a) Abzugsfähige Beträge.** Bei der Berechnung des pfändbaren und pfändungsfreien Betrags hat der Arbeitgeber die Gesamtbezüge aus dem Arbeitsverhältnis zusammenzurechnen. Zur Zusammenrechnung mehrerer Einkünfte vgl. unter RN 56. Die pfändbaren Teile des Arbeitseinkommens werden anhand des Nettolohns ermittelt. Als Nettolohn ist gem. § 850 e Nr. 1 ZPO der Betrag anzusehen, der vom Gesamteinkommen (Bruttoeinkommen) nach Abzug der nach § 850 a ZPO der Pfändung entzogenen Beträge und nach Abzug der Beträge verbleibt, die unmittelbar auf Grund steuerlicher oder sozialrechtlicher Vorschriften zur Erfüllung gesetzlicher Verpflichtungen des Schuldners abzuführen sind.[67] Dementsprechend sind abzuziehen, **(1)** die **absolut** oder **bedingt pfändbaren Bezüge** (oben RN 8). Bei Vollstreckung für bevorrechtigte Forderungen ist zu beachten, dass nur ein Teil der absolut pfändbaren Bezüge pfandfrei sind; sie sind daher dann nur teilweise abzuziehen. Die bedingt unpfändbaren Bezüge sind dann nicht abzusetzen, wenn ein entsprechender Beschluss des Vollstreckungsgerichts vorliegt (§ 850 e ZPO); **(2)** die **Steuern und Sozialversicherungsbeiträge;** hat der Schuldner vor der Pfändung aber eine schlechtere Steuerklasse gewählt, kann auf Antrag des Gläubigers angeordnet werden, dass dieser insoweit pfänden kann, als das Arbeitseinkommen nach Steuerklasse IV zu berechnen ist und pfändbar wäre.[68] Unberücksichtigt bleiben Steuern, die vom Arbeitgeber einbehalten werden, weil sie der Arbeitnehmer wegen seines Wohnsitzes im Ausland unmittelbar entrichten muss. Insoweit kommt nur eine Erhöhung des pfändungsfreien Betrags nach § 850 f I ZPO in Betracht;[69] **(3)** den Sozialversicherungsbeiträgen **gleichgestellte Beträge,** die der Schuldner zum Zwecke der Weiterversicherung oder an eine Ersatzkasse oder an ein Unternehmen der privaten Krankenversicherung leistet, soweit letztere den Rahmen des Üblichen nicht überschreiten. Diese sind gleichfalls abzuziehen.

46 **b) Nicht abzugsfähige Beträge.** Soweit die Bezüge unpfändbar sind, stehen sie dem Schuldner zu. Nicht abzugsfähig sind Beiträge für Berufsorganisationen (Gewerkschaftsbeiträge), Beiträge zur betrieblichen Altersversorgung sowie Prämien für Lebensversicherungsverträge. Sonderausgaben sind grundsätzlich nicht abzugsfähig, es sei denn, dass das Vollstreckungsgericht auf Antrag des Schuldners nach § 850 f I ZPO etwas anderes bestimmt hat.

47 **2. Vollstreckung bevorrechtigter Forderungen.** Ist das pfändbare Nettoeinkommen gemäß RN 45 ermittelt worden, so ist zu unterscheiden, ob die Vollstreckung wegen bevorrechtigter oder anderer Forderungen erfolgt. Bei Vollstreckung bevorrechtigter Forderungen hat das

---

[64] A. A. *Bengelsdorf* RN 358; *Boewer/Bommermann* RN 493.
[65] BAG 4. 3. 1961 AP 21 zu § 611 BGB Gratifikation.
[66] BAG 25. 9. 2002 AP 27 zu §§ 22, 23 BAT Zuwendungs-TV = NZA 2003, 617.
[67] LAG Berlin 14. 1. 2000 LAGE § 850 e ZPO Nr. 3 = NZA-RR 2000, 657.
[68] LG Krefeld 17. 6. 2002 JurBüro 2002, 547; LG Köln 29. 9. 1995 Rpfleger 96, 120.
[69] BAG 15. 10. 1985 AP 1 zu § 850 e ZPO = NJW 86, 2208.

Vollstreckungsgericht gemäß § 850 d ZPO mit Bindungswirkung[70] die Höhe des pfändungsfreien Betrags festgesetzt. Dieser gilt grundsätzlich für den gesamten Abrechnungszeitraum. Ändern sich nachträglich die Verhältnisse, darf der Drittschuldner bis zur Zustellung (§ 90 RN 24) des nachfolgenden Beschlusses nach dem ursprünglichen Beschluss vorgehen (§ 850 g ZPO).

3. Vollstreckung nicht bevorrechtigter Forderungen bei Nettoeinkommen bis 2851 Euro monatlich. Erfolgt die Zwangsvollstreckung für nicht bevorrechtigte Forderungen, ist das Nettoeinkommen nach unten abzurunden, und zwar bei Auszahlung für Monate auf einen durch 10 Euro, bei Auszahlung für Wochen auf einen durch 5 Euro oder bei Auszahlung für Tage auf einen durch 50 Cent teilbaren Betrag. Der pfändbare Betrag bis zu einem Nettoeinkommen von 2851 Euro monatlich, 658 Euro wöchentlich, 131,58 Euro täglich ist einer der ZPO beigefügten Tabelle zu entnehmen. Hat der Schuldner Unterhaltspflichten zu erfüllen, so ergeben sich die Pfändungsfreibeträge bis zur Unterhaltsleistung für fünf Personen gleichfalls aus der Tabelle. Bei weiteren Unterhaltsberechtigten kann der Schuldner ihre Berücksichtigung durch besonderen Beschluss nach § 850 f I ZPO erreichen. Der sich aus der Tabelle ergebende pfändbare Betrag ist an den Gläubiger, der Rest an den Schuldner auszuzahlen, und zwar neben dem nach RN 45 unpfändbaren Betrag. 48

4. Vollstreckung nicht bevorrechtigter Forderungen bei höherem Nettoeinkommen. Übersteigt das Nettoeinkommen die in der jeweiligen zu § 850 c ZPO ergangenen Pfändungsfreigrenzenbekanntmachung genannten Beträge, ist es insoweit voll pfändbar (§ 850 c II ZPO). Der Gläubiger, der nicht wegen einer Forderung nach den §§ 850 d, 850 f II ZPO vollstreckt, ist darüber hinaus berechtigt, beim Vollstreckungsgericht zu beantragen, den sich aus § 850 c II ZPO ergebenden Freibetrag angemessen zu kürzen. 49

5. Anpassung der unpfändbaren Beträge. Die unpfändbaren Beträge ändern sich jeweils zum 1. Juli eines jeden zweiten Jahres, erstmals zum 1. Juli 2003,[71] entsprechend der im Vergleich zum jeweiligen Vorjahreszeitraum sich ergebenden prozentualen Entwicklung des Grundfreibeitrags nach § 32 a EStG (Einzelheiten § 850 c II a ZPO). 49a

6. Unterhaltspflichten des Schuldners. a) Gesetzliche Unterhaltspflichten. Der Pfändungsfreibetrag des Schuldners erhöht sich, wenn er **(1)** gesetzliche Unterhaltspflichten hat und **(2)** diesen Verpflichtungen auch nachkommt.[72] Umfang und Grenzen der gesetzlichen Unterhaltspflicht bestimmen sich nach dem BGB[73] und den §§ 5, 12 LPartG.[74] Unberücksichtigt bleiben ausschließlich auf vertraglicher Grundlage begründete Unterhaltsansprüche. Unterhalt an Lebensgefährten außerhalb des LPartG können im Rahmen von § 850 c ZPO nicht berücksichtigt werden. Insoweit kommen allenfalls Beschlüsse nach § 850 f I ZPO in Betracht.[75] 50

b) Ehegatte. Zur Ermittlung der Unterhaltspflichten gegenüber dem Ehegatten oder Lebenspartner kann der Arbeitgeber grundsätzlich von den Eintragungen auf der Lohnsteuerkarte ausgehen.[76] Bei Steuerklasse III kann daher unterstellt werden, dass der Arbeitnehmer verheiratet ist und Unterhalt gewährt. Die Steuerklasse IV deutet darauf hin, dass der Arbeitnehmer verheiratet ist und der Ehegatte selbst Einkünfte bezieht. Grundsätzlich ist jedoch auch in diesen Fällen von einer Unterhaltsgewährung auszugehen. Für die Wahl der Lohnsteuerklasse kann der Drittschuldner grundsätzlich von der zum Zeitpunkt der Pfändung eingetragenen Lohnsteuerklasse ausgehen; zu den Rechtsfolgen einer für den Gläubiger ungünstigen Wahl der Lohnsteuerklasse durch den Schuldner § 89 RN 60. Die vollen Freibetragserhöhungen stehen dem höher verdienenden Ehegatten auch dann zu, wenn der weniger verdienende Ehegatte ebenfalls zum Familienunterhalt beiträgt.[77] Aber auch der weniger verdienende Ehegatte kann sich auf die vollen Freibeträge berufen.[78] Den Interessen des Gläubigers wird Rechnung getragen, wenn das Vollstreckungsgericht durch einen Beschluss nach § 850 c IV ZPO nach billigem Ermessen bestimmt, inwieweit eine selbstverdienende Person unberücksichtigt bleibt.[79] Ein nach § 850 c IV ZPO ergangener Beschluss wirkt nur für den Vollstreckungsgläubiger, zu dessen Gunsten er 51

---

[70] LAG Schleswig-Holstein 18. 1. 2006 NZA-RR 2006, 309.
[71] Zur Wirksamkeit BGH 4. 10. 2005 FamRZ 2006, 37.
[72] BAG 9. 12. 1965 AP 2 zu § 850 c ZPO = NJW 66, 903.
[73] BAG 26. 11. 1986 AP 8 zu § 850 c ZPO = NZA 87, 488.
[74] Dazu *Bengelsdorf* FA 2002, 366; *Powietzka* BB 2002, 146.
[75] LG Schweinfurt 17. 10. 1983 NJW 84, 374.
[76] LAG Frankfurt 1. 3. 1985 BB 85, 2246; LAG Rheinland-Pfalz 19. 4. 1966 BB 66, 741.
[77] BAG 21. 1. 1975 AP 3 zu § 850 c ZPO = NJW 75, 1296; 9. 12. 1965 AP 2 zu § 850 c ZPO.
[78] BAG 23. 2. 1983 AP 4 zu § 850 c ZPO.
[79] BGH 5. 4. 2005 FamRZ 2005, 1085; 21. 12. 2004 FamRZ 2005, 438.

ergangen ist.[80] Tragen beide verdienenden Ehegatten zum Unterhalt der Kinder bei, so steht im Interesse der familienfreundlichen Auslegung (Art. 6 I GG) beiden die Erhöhung des Pfändungsfreibetrags zu; dies selbst dann, wenn sie auf eine Schuld als Gesamtschuldner haften.[81]

52 **c) Kinder.** Bei der Anzahl der unterhaltsberechtigten Kinder sind die Eintragungen auf der Lohnsteuerkarte allein nicht ausreichend. Nach § 39 III EStG werden auf der Lohnsteuerkarte die Zahl der Kinderfreibeträge bei den Steuerklassen I–IV angegeben; der Kinderfreibetrag kann den Zähler 0,5 und 1,0 haben. Der Drittschuldner ist daher zur Befragung des Schuldners verpflichtet, in Zweifelsfällen muss er sich auch geeignete Unterlagen vorlegen lassen. Er kann sich aber auf die Auskunft des Arbeitnehmers verlassen, wenn er etwa im Rahmen von § 840 ZPO die Unterhaltspflichten dem Gläubiger mitteilt und die Angaben von diesem hingenommen werden oder keine greifbaren Anhaltspunkte bestehen, dass die Auskunft unrichtig ist. In keinem Fall ist ihm zuzumuten, Ermittlungen darüber anzustellen, ob der Arbeitnehmer auch seinen Unterhaltspflichten nachkommt,[82] regelmäßig muss der Gläubiger diesen Umstand gegenüber dem Vollstreckungsgericht geltend machen. Weiß der Drittschuldner allerdings, dass der Schuldner seine Unterhaltspflicht nicht erfüllt, ist er berechtigt, entsprechend zu verfahren.

53 **7. Teillohnperioden. a) Während des Arbeitsverhältnisses.** Hat der Arbeitnehmer nicht an allen Tagen des Lohnzahlungszeitraumes gearbeitet und für die Ausfalltage keinen Verdienstanspruch erlangt, so vermindert sich das Nettoeinkommen für die Lohnperiode. Für die Berechnung des pfändbaren Betrags ist aber weiterhin der Lohnzahlungszeitraum und nicht der Bemessungszeitraum ausschlaggebend.[83]

54 **b) Bei Beendigung des Arbeitsverhältnisses.** Hat dagegen das Arbeitsverhältnis während des Lohnzahlungszeitraumes sein Ende gefunden, so werden im Wesentlichen zur Berechnung des pfändbaren Betrags zwei Methoden vertreten. Nach der einen ist vom bisherigen Lohnzahlungszeitraum auszugehen und fiktiv aus der bisherigen Arbeitsvergütung der Monats-(Wochen-)Verdienst zu bestimmen, der pfändbare Betrag zu errechnen und anteilmäßig auf die gearbeiteten Tage zu verteilen. Nach der anderen, wohl gerechteren Methode ist das erzielte Nettoeinkommen durch die Zahl der Tage zu teilen, an denen vereinbarungsgemäß zu arbeiten war, und für jeden einzelnen Tag der pfändbare Betrag zu errechnen.

55 **c) Nachzahlungen.** Werden dem Arbeitnehmer Vergütungen nachgezahlt, ist der pfandfreie Betrag entsprechend den einzelnen Lohnzahlungszeiträumen zu ermitteln. Die Nachzahlungen sind keine einmaligen Bezüge.[84]

56 **8. Mehrere Einkommen.** Bezieht der Arbeitnehmer von demselben Arbeitgeber mehrere Einkommen (z. B. Hauptarbeitsverhältnis/Geringfügige Beschäftigung), sind diese Einkünfte zusammenzurechnen und der pfändbare Betrag zu errechnen. Bezieht dagegen der Arbeitnehmer Arbeitseinkommen (§ 850 I ZPO) von unterschiedlichen Arbeitgebern, muss die Zusammenrechnung auf Antrag des Gläubigers durch das Vollstreckungsgericht erfolgen (§ 850e Nr. 2 ZPO).[85] Dasselbe gilt grundsätzlich auch bei Zusammentreffen von Arbeitseinkommen und Leistungen nach dem SGB[86] (§ 850e Nr. 2a ZPO). Allerdings sind Ansprüche auf Arbeitseinkommen mit Sozialleistungen oder Ansprüche auf verschiedene Sozialleistungen untereinander nicht zusammenzurechnen, soweit diese der Pfändung nicht unterworfen sind.[87] Ist die Zusammenrechnung zulässig, muss der Zusammenrechnungsbeschluss die Höhe der Sozialleistungen angeben.[88] Er wirkt nur gegenüber dem Vollstreckungsgläubiger, zu dessen Gunsten die Anordnung ergangen ist. Er hat keine Wirkung im Verhältnis zwischen Abtretungsgläubiger und Vollstreckungsgläubiger.[89] Bei der Abtretung mehrerer Arbeitseinkommen entscheidet über eine Zusammenrechnung nach § 850e Nr. 2 ZPO das Prozessgericht.[90]

---

[80] BAG 20. 6. 1984 AP 6 zu § 850c ZPO = NZA 85, 126.

[81] BAG 21. 1. 1975 AP 3 zu § 850c ZPO = NJW 75, 1296.

[82] *Liese* DB 90, 2065.

[83] ArbG Münster 10. 7. 1990 BB 90, 1708 = DB 90, 2332.

[84] ArbG Wetzlar 11. 8. 1988 AP 1 zu § 850i ZPO; zur Urlaubsabgeltung BAG 28. 8. 2001 AP 80 zu § 7 BUrlG Abgeltung = NZA 2002, 323.

[85] BAG 24. 4. 2002 AP 5 zu § 850e ZPO = NZA 2002, 868; *Grunsky* ZIP 83, 908.

[86] A. A. LAG Hamm 16. 8. 2006 ZIP 2007, 348 – kein Beschluss nach § 850e Nr. 2, 2a ZPO erforderlich bei Leistungen nach § 216b SGB III und einem Zuschuss des Arbeitgebers; dazu *Klein/Humberg* ZVI 2007, 54.

[87] BGH 5. 4. 2005 FamRZ 2005, 1244.

[88] LAG Düsseldorf 18. 6. 1985 LAGE § 850 ZPO Nr. 1 = DB 86, 649.

[89] BAG 23. 4. 1996 AP 3 zu § 850e ZPO = NZA 97, 63.

[90] BGH 31. 10. 2003 NZA 2004, 119.

9. Bar- und Naturalbezüge. Bezieht der Arbeitnehmer neben der Barvergütung Naturalbezüge (Privatnutzung eines Dienstfahrzeugs), so ist der Wert der Naturalbezüge dem Nettoeinkommen hinzuzurechnen. Nach der einen Auffassung ist von dem ortsüblichen Wert der Naturalbezüge auszugehen.[91] Nach anderer von den Richtsätzen des Sozialversicherungs- oder Steuerrechts.[92] Letzterer Meinung ist der Vorzug zu geben, da damit für den Drittschuldner eine größere Sicherheit erreicht werden kann (§ 850e Nr. 3 ZPO). Der in Geld zahlbare Betrag ist insoweit pfändbar, als der nach § 850c ZPO unpfändbare Teil des Gesamteinkommens durch den Wert der dem Schuldner verbleibenden Naturalleistungen gedeckt ist (§ 850e Nr. 3 Satz 2 ZPO). 57

10. Zusammentreffen mehrerer Pfändungen usw. Bei der Lohnpfändung ist zu unterscheiden zwischen **(a)** dem unpfändbaren, dem Schuldner verbleibenden Betrag, **(b)** dem den Unterhaltsberechtigten zustehenden Betrag und **(c)** dem allen Gläubigern zum Zugriff zustehenden Betrag. Der bevorrechtigt pfändende Gläubiger muss zunächst auf den ihm offen stehenden Betrag zugreifen. Bei einem Zusammentreffen von früheren Lohnpfändungen nach § 850c ZPO und einer erweiterten Lohnpfändung nach § 850d ZPO gebührt dem Unterhaltsgläubiger jedenfalls die Differenz aus dem weitergehenden Pfändungszugriff.[93] Wegen des allen Gläubigern zustehenden Betrags entscheidet der Rang (§ 804 ZPO). Hat der Schuldner einen Bevorrechtigten durch Abtretung eines Einkommensteils gesichert, so wirkt das wie bei einer Pfändung. Das Vollstreckungsgericht (Rechtspfleger; § 20 Nr. 17 RPflG) hat die Verrechnung auf Antrag des bevorrechtigten Gläubigers oder sonstigen Beteiligten vorzunehmen. Nicht antragsberechtigt ist der Drittschuldner. Bis zur Zustellung eines entspr. Beschlusses kann der Drittschuldner nach Maßgabe der ihm bekannten Pfändungen, Abtretungen usw. mit befreiender Wirkung leisten (§ 850e Nr. 4 ZPO). 58

§ 93. Arbeitsrecht in der Insolvenz

Kommentare und größere Schriften zur InsO: *Andres/Leithaus,* Insolvenzordnung, 2006; *Beck/Depré,* Praxis der Insolvenz, 2003; *Braun* (Hrsg.), Insolvenzordnung, 3. Aufl., 2007; *Ettwig,* Betriebsbedingte Kündigung in der Insolvenz, 2000; *Caspers,* Personalabbau in der Insolvenz, 1998; *Gottwald* (Hrsg.), Insolvenzrechts-Handbuch, 3. Aufl., 2006; *Grunsky/Moll,* Arbeitsrecht und Insolvenz, 1997; Hamburger Kommentar zum Insolvenzrecht, Hrsg. *A. Schmidt,* 2. Aufl., 2007; *Hess,* Insolvenzrecht, Großkommentar, 3 Bde., 2007; *Hess/Obermüller,* Insolvenzplan, Restschuldbefreiung und Verbraucherinsolvenz, 3. Aufl., 2003; *Hess/Weiß/Wienberg,* Insolvenzordnung, 3. Aufl., 2006; *Jaeger,* Großkommentar zur Insolvenzordnung, Hrsg. *Henckel* und *Gerhardt,* 2003ff.; *Kreft* (Hrsg.), Insolvenzordnung, 5. Aufl. 2008; *Kübler/Prütting,* Kommentar zur Insolvenzordnung, Loseblatt, Stand 2008; Münchener Kommentar zur Insolvenzordnung, 2. Aufl., 2007, 2008, Hrsg. *Kirchhof/Lwowski/Stürner; Nerlich/Römermann,* Insolvenzordnung, Loseblatt, Stand 2008; *Schrader/Straube,* Insolvenzarbeitsrecht, 2008; *Uhlenbruck,* Insolvenzordnung, 12. Aufl., 2003; *Wimmer,* Frankfurter Kommentar zur Insolvenzordnung, 4. Aufl., 2006; *Zwanziger,* Das Arbeitsrecht der Insolvenzordnung, 3. Aufl., 2006.

Aufsätze: *Annuß,* Der Betriebsübergang in der Insolvenz – § 613a BGB als Sanierungshindernis?, ZInsO 2001, 49; *Berkowsky,* Aktuelle arbeitsrechtliche Fragen in Krise und Insolvenz, NZI 2008, 532, 422, 288, 278, 155, 20; *ders.,* NZI 2007, 645, 504, 386, 278; *ders.,* Der arbeitsrechtliche Zeugnisanspruch in der Insolvenz, NZI 2008, 224; *Boemke,* Maßgebliche Kündigungsfrist in der Insolvenz, NZI 2001, 460; *Fischer,* Einseitige inhaltliche Veränderung eines Arbeitsvertrages durch den Insolvenzverwalter, FA 2002, 337; *Graf/Wunsch,* Aktieneinsicht im Insolvenzverfahren, ZIP 2001, 1800; *Grote,* Die Änderungen des Insolvenzrechts durch das Insolvenzrechtsänderungsgesetz, NJW 2001, 3665; *Häsemeyer,* Der Arbeitnehmerüberlassungsvertrag im Insolvenzverfahren des Verleihers – Freistellung des Entleihers von der Bürgenhaftung für Sozialversicherungsbeiträge der Leiharbeitnehmer?, KTS 2006, 99; *Henkel,* Zur Anwendbarkeit von § 113 InsO bei Neu-Einstellungen durch den Insolvenzverwalter ZIP 2008, 1265; *Holzer,* Die Auswahl des Insolvenzverwalters als Justizverwaltungsakt, ZIP 2006, 2208; *Lakies,* Arbeitsrechtliche Vorschriften in der neuen Insolvenzordnung, BB 98, 2636; 99, 206; *ders.,* Arbeitsrechtliche Bedeutung des vorläufigen Insolvenzverwalters, FA 99, 40; *Lauer,* Die Gratwanderung bei der Freistellung der Arbeitnehmer im Insolvenzverfahren, ZIP 2006, 983; *Müller,* Praktische Probleme der seit 1. 10. 1996 geltenden arbeitsrechtlichen Vorschriften der Insolvenzordnung, NZA 98, 1315; *Neef/Schrader,* Arbeitsrechtliche Neuerungen im Insolvenzfall, 1998; *Peters-Lange,* Die Betriebsfortführung im Insolvenzeröffnungsverfahren, ZIP 99, 421; *Plössner,* Arbeitsrechtliche Regelungen der neuen InsO, AuA 99, 100; *Reinhart,* Die neue Insolvenzordnung, MDR 99, 203; *Schaub,* Das Insolvenzverfahren, AuA 97, 218; *ders.,* Arbeitsrecht in der Insolvenz, DB 99, 217; *Schlegel,* Insolvenzantrag und Eigenverwaltungsantrag bei drohender Zahlungsunfähigkeit, ZIP 99, 954; *Schmidt/Lambertz,* Die Recht-

[91] LAG Hamm 10. 4. 1991 LAGE § 850e ZPO Nr. 2 = BB 91, 1496.
[92] LAG Niedersachsen 19. 12. 2006 LAGE § 850e ZPO 2002 Nr. 1.
[93] LAG Köln 22. 5. 1997 NZA 98, 280.

sprechung zum Insolvenzarbeitsrecht im Kalenderjahr 2006, ZInsO 2007, 699 und 800; *Smid,* Grundzüge des neuen Insolvenzrechts, 3. Aufl., 1998; *ders.,* Das neue Insolvenzrecht, Probleme, Widersprüche Chancen, BB 99, 1; *ders.,* Der Erhalt von Arbeitsplätzen in der Insolvenz des Arbeitgebers nach neuem Recht, NZA 2000, 113; *Steindorf/Regh,* Arbeitsrecht in der Insolvenz, 2002; *Vendolsky,* Gläubigerbenachteiligung (§ 129 InsO: Pfändbarkeit des Überziehungskredits sowie vorgerichtliche Nachweisobliegenheit des Insolvenzverwalters (§ 93 ZPO)), ZIP 2005, 786; *Wolf,* Neues Insolvenzrecht, Arbeitgeber 99, 27; *Zwanziger,* Aktuelle Rechtsprechung des Bundesarbeitsgerichts in Insolvenzsachen, BB 2003, 630; *ders.,* BB 2005, 1386, 1682; *ders.,* BB 2006, 1682; *ders.,* BB 2008, 946; *ders.,* Insolvenzanfechtung und Arbeitsentgelt, BB 2007, 41.

Europäisches Insolvenzrecht: *Ehricke,* Die neue deutsche Insolvenzordnung und grenzüberschreitende Konzerninsolvenzen, EWS 2002, 101; *Graf,* EU-Insolvenzverordnung und Arbeitsverhältnis, ZAS 2002, 173; *Paulus,* Änderungen des deutschen Insolvenzrechts durch die Europäische Insolvenzrechtsverordnung, ZIP 2002, 729.

Übersicht

	RN
I. Rechtsgrundlagen	1, 2
II. Eröffnungsverfahren	3 ff.
1. Antragsrecht und Antragspflicht	3–6
2. Eröffnungsgrund	7, 8
3. Sicherungsmaßnahmen im Insolvenzverfahren	9
4. Entscheidung über den Eröffnungsantrag	10–14
5. Berichtstermin und Gläubigerversammlung	15
III. Das eröffnete Insolvenzverfahren	16 ff.
1. Zweck	16
2. Fortbestehen des Arbeitsverhältnisses	17
3. Insolvenzgläubiger	18
4. Aus- und Absonderung	19–25
5. Gläubigerversammlung und Gläubigerausschuss	26
6. Abtretung von Entgeltansprüchen	27
IV. Arbeitnehmerforderungen in der Insolvenz	28 ff.
1. Allgemeines	28
2. Insolvenzforderungen	29–31
3. Masseverbindlichkeiten	32–36
4. Masseunzulänglichkeit	37, 38
5. Neumasseverbindlichkeiten	39–42
6. Haftung des Insolvenzverwalters	43–46
7. Sozialversicherung	47
V. Sonderkündigungsrecht	48 ff.
1. Allgemeines	48
2. Insolvenzverwalter	49
3. Vereinbarter Kündigungsausschluss	50
4. Dienstverhältnis	51
5. Kündigung	52
6. Schadensersatz	53
7. Klagefrist	54
8. Zeugnis	55
VI. Interessenausgleich und Kündigungsschutz	56 ff.
1. Vermutung der Betriebsbedingtheit	56
2. Soziale Auswahl	57
3. Wesentliche Änderung der Sachlage	58
VII. Beschlussverfahren zum Kündigungsschutz	59 ff.
1. Allgemeines	59
2. Verfahrensfragen	60
3. Kosten	61
4. Klage des Arbeitnehmers	62–64
VIII. Betriebsübergang	65
IX. Interessenausgleich und Sozialplan	66
X. Altersteilzeit	67

I. Rechtsgrundlagen

1 Das Insolvenzrecht wird durch die am 1. 1. 1999 in Kraft getretene **Insolvenzordnung** vom 5. 10. 1994 (BGBl. I S. 2866, zuletzt geändert durch das MoMiG vom 23. 10. 2008 (BGBl. I S. 2026)) geregelt.

2 **Gemeinschaftsrechtlich** ist grundsätzlich die Verordnung (EG) des Rates über Insolvenzverfahren (Nr. 1346/2000) vom 29. 5. 2000 (ABl. EG Nr. L 160 S. 1), die am 31. 5. 2002 in Kraft getreten ist, zu beachten. Für Arbeitsverhältnisse ergeben sich aus dieser Verordnung jedoch keine besonderen Rechtsfolgen, weil nach Art. 10 der VO für die Wirkungen des Insolvenzverfahrens auf einen Arbeitsvertrag und auf das Arbeitsverhältnis ausschließlich das Recht des Mitgliedstaats gilt, das auf den Arbeitsvertrag anzuwenden ist. Entscheidend sind damit die Kollisionsnormen, nach denen sich auch ansonsten das anwendbare Recht bestimmt (Art. 27 ff. EGBGB, dazu § 6 RN 4 ff.).[1] Von arbeitsrechtlicher Bedeutung ist allerdings die Richtlinie 80/987/EWG des Rates vom 20. 10. 1980 über den Schutz der Arbeitnehmer bei Zahlungsunfähigkeit des Arbeitgebers (ABl. Nr. L 283 S. 23) sowie die Änderungsrichtlinie 2002/74/EG vom 23. 9. 2002 (ABl. Nr. L 270 S. 10).[2] Das **internationale Insolvenzrecht** ist in den §§ 335 ff. InsO geregelt.

---

[1] MünchKommInsO/*Reinhart* Art. 10 EuInsVO RN 2.
[2] Dazu EuGH 17. 1. 2008 NZA 2008, 287.

II. Eröffnungsverfahren

Schmahl, Zur Ausübung des Insolvenzantragsrechts der gesetzlichen Krankenkassen, NZS 2003, 239.

1. Antragsrecht und Antragspflicht. a) Das Insolvenzverfahren wird **auf Antrag eingeleitet.** Antragsberechtigt sind der Gläubiger und der Schuldner. Der Antrag kann zurückgenommen werden, bis das Insolvenzverfahren eröffnet oder der Antrag rechtskräftig abgewiesen ist (§ 13 InsO). Das Antragsrecht der Gläubiger ist in § 14 InsO, das der Vertretungsorgane in § 15 InsO geregelt. Wird im Rahmen von Arbeitsvertragsverhandlungen nicht auf eine drohende Insolvenz des Arbeitgebers hingewiesen, kann es zu Schadensersatzforderungen aus Verschulden bei Vertragsschluss kommen (§§ 280, 311 BGB). Der gesetzliche Vertreter einer juristischen Person haftet nur in Ausnahmefällen persönlich. Das ist z. B. der Fall, wenn er einen Vertrauenstatbestand erweckt, er wolle persönlich einstehen, oder wenn er betrügerisch das Bestehen einer Insolvenzsicherung vorspiegelt.[3] Für Geschäftsführer einer GmbH ist § 64 GmbHG maßgeblich. 3

b) **Örtlich zuständig** ist ausschließlich das Insolvenzgericht, in dessen Bezirk der Schuldner seinen allgemeinen Gerichtsstand hat (§ 3 InsO). 4

c) Die **Entscheidungen des Insolvenzgerichts** unterliegen nur in den Fällen einem Rechtsmittel, in denen die InsO die sofortige Beschwerde vorsieht (§ 6 InsO). Maßnahmen des Insolvenzgerichts, welche die Entscheidung über die Eröffnung des Verfahrens lediglich vorbereiten, sind grundsätzlich nicht beschwerdefähig. Eine Ausnahme von diesem Grundsatz gilt allerdings dann, wenn die Anordnung des Insolvenzgerichts in das Grundrecht des Betroffenen auf Unverletzlichkeit der Wohnung (Art. 13 GG) eingegriffen hat. In diesen Fällen erfordert das Gebot des effektiven Rechtsschutzes (Art. 19 IV GG) die Möglichkeit einer gerichtlichen Überprüfung des Eingriffs.[4] 5

d) Zu dem Insolvenzantrag ist der Schuldner zu hören. Ist der Antrag zulässig, hat der Schuldner die **Auskünfte** zu geben, die zur Entscheidung über den Antrag notwendig sind (§ 20 InsO). Das Insolvenzgericht kann schon im Eröffnungsverfahren **Sicherungsmaßnahmen** anordnen (§ 21 InsO). 6

2. Eröffnungsgrund. a) Die Eröffnung des Insolvenzverfahrens setzt voraus, dass im Zeitpunkt der Eröffnung ein Eröffnungsgrund gegeben ist (§ 16 InsO).[5] Allgemeiner Eröffnungsgrund ist die **Zahlungsunfähigkeit.** Derjenige Schuldner ist zahlungsunfähig, der nicht in der Lage ist, die fälligen Zahlungen zu erbringen (§ 17 InsO). Der Schuldner, dagegen nicht der Gläubiger, können die Eröffnung des Insolvenzverfahrens auch beantragen, wenn die Zahlungsunfähigkeit droht (§ 18 InsO). Der Schuldner droht zahlungsunfähig zu werden, wenn er ersichtlich nicht in der Lage sein wird, die bestehenden Zahlungspflichten im Zeitpunkt der Fälligkeit zu erfüllen (§ 18 II InsO). Bei einer juristischen Person ist neben der Zahlungsunfähigkeit die Überschuldung Eröffnungsgrund (§ 19 I InsO). 7

b) **Überschuldung** i. S. v. § 19 II InsO liegt vor, wenn das Vermögen des Schuldners die bestehenden Verbindlichkeiten nicht mehr deckt. Bei der Bewertung des Vermögens des Schuldners ist die Fortführung des Unternehmens zugrunde zu legen, wenn diese nach den Umständen überwiegend wahrscheinlich ist (§ 19 II InsO). Es ist damit eine zweistufigen Überschuldensprüfung vorzunehmen. Dabei kann eine positive Fortführungsprognose allerdings für sich allein eine Insolvenzreife des Schuldners nicht ausräumen. Sie ist vielmehr lediglich für die Bewertung seines Vermögens nach Fortführungs- oder Liquidationswerten von Bedeutung.[6] Aus dem Aufbau der Norm des § 19 II InsO folgt ohne Weiteres, dass die Überschuldungsprüfung nach Liquidationswerten in Satz 1 den Regelfall und die nach Fortführungswerten in Satz 2, die eine positive Fortbestehensprognose voraussetzt, den Ausnahmefall darstellt. Aus dem Gesetzeswortlaut des § 19 II 2 InsO ergibt sich des Weiteren, dass eine günstige Fortführungsprognose sowohl den Fortführungswillen des Schuldners bzw. seiner Organe als auch die objektive – grundsätzlich aus einem aussagekräftigen Unternehmenskonzept (sog. Ertrags- und Finanzplan) herzuleitende – Überlebensfähigkeit des Unternehmens voraussetzt.[7] 8

3. Sicherungsmaßnahmen im Insolvenzverfahren. Nach § 21 InsO hat das Insolvenzgericht alle Maßnahmen zu treffen, die erforderlich erscheinen, um bis zur Entscheidung über 9

---

[3] BAG 15. 12. 2005 AP 36 zu § 611 BGB Haftung des Arbeitgebers = NZA 2006, 734.
[4] BGH 4. 3. 2004 NJW 2004, 2015.
[5] BGH 27. 7. 2006 NJW 2006, 3553.
[6] BGH 5. 2. 2007 NJW-RR 2007, 759.
[7] BGH 9. 10. 2006 BB 2007, 125.

den Antrag eine dem Gläubiger nachteilige Veränderung in der Vermögenslage des Schuldners zu verhüten (§ 21 InsO). Wird gemäß § 21 II Nr. 2 1. Alt InsO ein **sog. starker vorläufiger Verwalter** bestellt, rückt dieser in die Arbeitgeberfunktion ein, denn nach § 22 I InsO geht im Falle eines allgemeinen Verfügungsverbots die Verwaltungs- und Verfügungsbefugnis über das Vermögen des Schuldners auf den vorläufigen Verwalter über.[8] Wird ein vorläufiger Verwalter bestellt, dem Schuldner jedoch nicht gemäß § 21 II Nr. 2 1. Alt InsO ein allgemeines Verfügungsverbot auferlegt – **sog. schwacher vorläufiger Verwalter** – verbleiben die Arbeitgeberfunktionen beim Schuldner. Dieser ist daher nach wie vor kündigungsbefugt. Das gilt auch dann, wenn das Insolvenzgericht nach § 21 II Nr. 2 2. Alt. InsO bestimmt, dass Verfügungen des Schuldners über Gegenstände seines Vermögens nur noch mit Zustimmung des vorläufigen Verwalters wirksam sind.[9] Begründet in diesem Fall der Schuldner ohne Zustimmung des vorläufigen Insolvenzverwalters ein Dienstverhältnis, besteht dies nach Auffassung des BGH gem. § 108 InsO fort, weil der Zustimmungsvorbehalt den Abschluss rechtswirksamer Verpflichtungsgeschäfte durch den Schuldner während des Eröffnungsverfahrens nicht verhindere.[10]

10 **4. Entscheidung über den Eröffnungsantrag. a)** Das Insolvenzgericht weist den Antrag auf Eröffnung des Insolvenzverfahrens ab, wenn das Vermögen des Schuldners voraussichtlich nicht ausreichen wird, um die Kosten des Verfahrens zu decken (§ 26 InsO). **Kosten des Insolvenzverfahrens** sind **(1)** die Gerichtskosten für das Insolvenzverfahren, **(2)** die Vergütung und die Auslagen des vorläufigen Insolvenzverwalters, des Insolvenzverwalters und der Mitglieder des Gläubigerausschusses (§ 54 InsO). Die Schuldner, bei denen das Verfahren mangels Masse abgewiesen wird, sind in ein Schuldnerverzeichnis einzutragen (§ 26 II InsO).

11 **b)** Wird das Insolvenzverfahren eröffnet, ernennt das Insolvenzgericht einen Insolvenzverwalter. Der **Eröffnungsbeschluss** enthält Name und Gewerbe des Schuldners, Name und Anschrift des Insolvenzverwalters sowie die Stunde der Eröffnung. In der ersten Gläubigerversammlung können die Gläubiger einen anderen Insolvenzverwalter wählen (§ 57 InsO). Der Eröffnungsbeschluss ist gem. § 30 II InsO den Gläubiger und Schuldnern des Schuldners sowie dem Schuldner selbst zuzustellen. In der Praxis wird zumeist der Verwalter nach § 8 III InsO beauftragt, die Zustellungen an die Schuldner und Gläubiger durchzuführen.[11] Darüber hinaus ist der Eröffnungsbeschluss nach § 30 I InsO öffentlich bekannt zu machen (§ 9 InsO). Zum 1. 3. 2002 ist die VO zu öffentlichen Bekanntmachungen im Insolvenzverfahren im Internet vom 12. 2. 2002 (BGBl. I S. 677) in Kraft getreten (www.insolvenzbekanntmachungen.de). Durch die Eröffnung des Insolvenzverfahrens geht die Verwaltungs- und Verfügungsbefugnis über das Vermögen auf den Verwalter über (§ 80 InsO). Die Gläubiger haben ihre Forderungen beim Verwalter anzumelden (§ 174 InsO).

12 **c)** Bei der **Auswahl des Insolvenzverwalters** räumt § 56 I InsO dem zuständigen Insolvenzrichter ein weites Auswahlermessen ein. Hierdurch soll vorrangig eine Entscheidung unter angemessener Berücksichtigung der unterschiedlichen Interessen der Gläubiger und des Schuldners ermöglicht werden. Zu berücksichtigen sind ferner die durch Art. 3 I GG geschützten Interessen der als Insolvenzverwalter geeigneten Bewerber. Für diese besteht im Rahmen der Bestellung zum Insolvenzverwalter ein Anspruch auf pflichtgemäße Ermessensausübung. Jeder Bewerber um das Amt des Insolvenzverwalters muss eine faire Chance haben, entsprechend seiner Eignung berücksichtigt zu werden.[12] Wird ein Bewerber von der Justizverwaltungsbehörde als generell persönlich und fachlich geeignet angesehen, zum Insolvenzverwalter bestellt zu werden, ist er in eine Liste einzutragen. Die Aufnahme in die Liste kann ihm nicht verweigert werden; ein weitergehendes Auswahlermessen besteht nicht. Ein Ermessen des zuständigen Insolvenzrichters besteht erst dann, wenn es darum geht, aus dem Kreis der in der Liste geführten Kandidaten denjenigen auszuwählen, den er im Einzelfall für am Besten geeignet hält, um ihm das Amt des Insolvenzverwalters zu übertragen. Die Auswahl und Bestellung eines Insolvenzverwalters ist als Justizverwaltungsakt nach §§ 23 ff. EGGVG überprüfbar.[13]

---

[8] MünchKommInsO/*Haarmeyer* § 22 RN 62; Gottwald/*Heinze/Bertram* § 103 RN 19.

[9] BAG 10. 10. 2002 AP 1 zu § 21 InsO = NZA 2003, 909.

[10] BGH 18. 7. 2002 NJW 2002, 3326; ebenso MünchKommInsO/*Haarmeyer* § 24 RN 13; *Kirchhof* in HK-InsO § 24 RN 10; offengelassen von BAG 10. 4. 2008 NZA 2008, 1127.

[11] HambKomm/*J.-S. Schröder* § 27 RN 29.

[12] BVerfG 23. 5. 2006 NJW 2006, 2613; dazu *Lüke* ZIP 2007, 701; *Römermann* ZIP 2006, 1332; *Vallendar* NJW 2006, 2583.

[13] BGH 19. 12. 2007 NJW-RR 2008, 717; dazu *Laws* NZI 2008, 279.

d) Stellt sich **nach Eröffnung des Insolvenzverfahrens** heraus, dass die Insolvenzmasse nicht ausreicht, um die Kosten des Verfahrens zu decken, stellt das Insolvenzgericht das Verfahren ein. Die Einstellung unterbleibt, wenn ein ausreichender Geldbetrag vorgeschossen wird (§ 207 InsO). 13

e) Sind dagegen die Kosten des Insolvenzverfahrens gedeckt, reicht die Insolvenzmasse jedoch nicht aus, um die fälligen sonstigen Masseverbindlichkeiten zu erfüllen, hat der Insolvenzverwalter gemäß § 208 InsO dem Gericht **Masseunzulänglichkeit** anzuzeigen (dazu RN 37ff.). Gleiches gilt, wenn die Masse voraussichtlich nicht ausreichen wird. Auch nach Masseunzulänglichkeit hat der Verwalter die Masse weiter zu verwerten. Nach Anzeige der Masseunzulänglichkeit ist die Vollstreckung von Masseverbindlichkeiten unzulässig (§ 210 InsO). Für die Erfüllung der Masseverbindlichkeiten greift der Verteilungsschlüssel des § 209 InsO. 14

5. Berichtstermin und Gläubigerversammlung. Im Eröffnungsbeschluss bestimmt das Gericht den **Berichtstermin,** der längstens innerhalb von drei Monaten stattfinden muss (§ 29 InsO). Im Berichtstermin beschließt die Gläubigerversammlung über den Fortgang des Insolvenzverfahrens. Der Verwalter hat über die wirtschaftliche Lage des Schuldners und ihre Ursachen zu berichten (§ 156 InsO). Er hat darüber hinaus darzulegen, ob Aussichten bestehen, das Unternehmen des Schuldners im Ganzen oder in Teilen zu erhalten. Weiter hat er mitzuteilen, welche Möglichkeiten für einen Insolvenzplan bestehen. Nach § 157 InsO beschließt alsdann die **Gläubigerversammlung,** ob das Unternehmen des Schuldners stillgelegt oder fortgeführt werden soll. 15

III. Das eröffnete Insolvenzverfahren

1. Zweck. Das Insolvenzverfahren dient dazu, die **Gläubiger eines Schuldners gemeinschaftlich zu befriedigen,** indem das Vermögen des Schuldners verwertet und der Erlös verteilt oder in einem Insolvenzplan eine abweichende Regelung, insbesondere zum Erhalt des Unternehmens getroffen wird (§ 1 InsO). Nach § 35 InsO erfasst das Insolvenzverfahren das gesamte Vermögen, das dem Schuldner zur Zeit der Eröffnung des Verfahrens gehört und das er während des Verfahrens erlangt (Insolvenzmasse). Einen Neuanfang kann der Schuldner dadurch erreichen, dass er eine Restschuldbefreiung anstrebt (§§ 286ff. InsO) oder der Insolvenzplan eine Haftungsbeschränkung vorsieht. 16

2. Fortbestehen des Arbeitsverhältnisses. Gemäß **§ 108 InsO** bestehen im Fall der Eröffnung eines Insolvenzverfahrens Arbeitsverhältnisse mit Wirkung für die Insolvenzmasse fort. § 103 InsO findet keine Anwendung.[14] Der Insolvenzverwalter hat jedoch nach § 113 InsO ein Sonderkündigungsrecht (dazu RN 48ff.). Bezüglich der Entgeltansprüche ist zu unterscheiden zwischen Forderungen für die Zeit vor und nach der Insolvenzeröffnung (dazu RN 28ff.). 17

3. Insolvenzgläubiger. Die Insolvenzmasse dient zur Befriedigung der persönlichen Gläubiger, die einen zur Zeit der Eröffnung des Insolvenzverfahrens begründeten Vermögensanspruch gegen den Schuldner haben (Insolvenzgläubiger § 38 InsO). Familienrechtliche Unterhaltsansprüche und familienrechtliche Erstattungsansprüche der Mutter eines nichtehelichen Kindes gegen den Schuldner können im Insolvenzverfahren nur geltend gemacht werden, soweit der Schuldner als Erbe des Verpflichteten haftet (§ 40 InsO). Nicht fällige Forderungen gelten als fällig (§ 41 I InsO). 18

4. Aus- und Absonderung. a) Wer auf Grund eines dinglichen oder persönlichen Rechts geltend machen kann, dass ein **Gegenstand nicht zur Vermögensmasse** gehört, kann die Aussonderung des Gegenstandes verlangen (§ 47 InsO). Ist der Gegenstand vor Eröffnung des Insolvenzverfahrens vom Schuldner oder nach Eröffnung vom Insolvenzverwalter unberechtigt veräußert worden und ist das Surrogat noch vorhanden, kann Ersatzaussonderung geltend gemacht werden (§ 48 InsO). 19

b) Bei einer uneigennützigen (Verwaltungs-) **Treuhand** hat der Treugeber im Falle der Insolvenz des Treuhänders nach § 47 InsO ein Aussonderungsrecht am Treugut.[15] 20

aa) Für eine Aussonderung auf Grund eines Treuhandverhältnisses ist es nach dem auch insoweit maßgeblichen Bestimmtheitserfordernis geboten, das Treugut – soweit es sich um vertretbare Gegenstände handelt – vom eigenen Vermögen des Treuhänders getrennt zu halten. Die **Zuordnung des Treuguts** wird in der Regel nach dinglichen Gesichtspunkten vorgenommen, weil das dingliche Recht im Grundsatz ein absolutes Herrschaftsrecht bezeichnet. Auch die 21

[14] *Marotzke* in HK-InsO § 108 RN 2.
[15] BGH 20. 12. 2007 NJW 2008, 1152.

Forderung auf Zahlung einer Geldsumme kann jedoch Gegenstand der Aussonderung sein, wenn sich das Treugut bestimmbar in der Masse befindet.[16] Voraussetzung hierfür ist ein Treuhandverhältnis, das nicht nur schuldrechtliche Beziehungen aufweist, sondern auch eine vollzogene dingliche Komponente besitzt.[17]

22 **bb)** Eine **Aussonderungsbefugnis bezüglich eines Kontoguthabens** besteht nur dann, wenn es sich um ein ausschließlich zur Aufnahme von treuhänderisch gebundenen Fremdgeldern bestimmtes Konto handelt. Das Treugut gehört dann zwar rechtlich zum Vermögen des Treuhänders. Wegen der im Innenverhältnis auf Grund des Treuhandvertrags bestehenden Beschränkung der Rechtsmacht des Treuhänders ist der treuhänderisch übertragene Gegenstand jedoch sachlich und wirtschaftlich dem Vermögen des Treugebers zuzuordnen. Der Treuhänder muss das Treugut unmittelbar aus dem Vermögen des Treugebers übertragen erhalten haben.[18] Eine Ausnahme von dem Grundsatz der Unmittelbarkeit der Vermögensübertragung gilt nach der Rechtsprechung des BGH, wenn von dritter Seite Geld auf ein sogenanntes Anderkonto eingezahlt oder überwiesen wird, das offenkundig zu dem Zweck bestimmt ist, fremde Gelder zu verwalten.[19] Ein im Rahmen einer uneigennützigen (Verwaltungs-)Treuhand eingerichtetes Sonderkonto berechtigt den Treugeber in der Insolvenz des Treuhänders zur Aussonderung gemäß § 47 InsO.[20] Dafür ist eine Publizität des Treuhandkontos wie bei einem Anderkonto nicht zwingend erforderlich, es genügt vielmehr, dass das Konto offen ausgewiesen oder sonst nachweisbar ausschließlich zur Aufnahme von treuhänderisch gebundenen Fremdgeldern bestimmt ist.[21] In diesem Fall erstreckt sich das Treuhandverhältnis auch auf von dritter Seite eingegangene Zahlungen, sofern die ihnen zugrunde liegenden Forderungen nicht in der Person des Treuhänders, sondern unmittelbar in der Person des Treugebers entstanden sind. Ist ein Vermögensgut unmittelbar vom Treugeber an den Treuhänder gelangt, handelt es sich um Treugut, auch wenn die Treuhand nicht offenkundig ist. Ist umgekehrt der Treugutcharakter offenkundig, braucht der betreffende Gegenstand nicht unmittelbar aus dem Vermögen des Treugebers zu stammen.[22]

23 **cc)** Nicht der Aussonderung unterliegen vom Arbeitgeber auf einem besonderen Bankkonto für die Abgeltung von **Arbeitszeitguthaben** der Arbeitnehmer bereitgestellte Gelder, wenn der Arbeitgeber selbst Inhaber des Kontos ist. Nach der Kontoinhaberschaft bestimmt sich grundsätzlich, zu wessen Haftungsmasse die Einlageforderung gehört.[23]

24 **c)** Gläubiger, denen ein Recht auf Befriedigung aus Gegenständen zusteht, die der Zwangsvollstreckung in das **unbewegliche Vermögen** unterliegen (unbewegliche Gegenstände), sind nach Maßgabe des Gesetzes über die Zwangsversteigerung und die Zwangsverwaltung zur abgesonderten Befriedigung berechtigt (§ 49 InsO).

25 **d)** Nach § 50 InsO sind die Pfandgläubiger zur **abgesonderten Befriedigung** berechtigt. Gleiches gilt für sonstige Sicherungsgläubiger. Ferner sind absonderungsberechtigt die in § 51 InsO genannten Gläubiger. Hierzu gehören Gläubiger, denen nach Maßgabe von § 51 Nr. 2 und 3 InsO ein Zurückbehaltungsrecht zusteht. Die Befriedigung erfolgt nach §§ 166 bis 173 InsO. Sofern die Gläubiger mit der Absonderung ausfallen, sind sie mit dem Rest nach Maßgabe des § 52 InsO an dem Insolvenzverfahren beteiligt. Die Verwertung erfolgt durch den Verwalter. Der Absonderungsberechtigte hat einen pauschalierten Kostenersatz zu leisten.

26 **5. Gläubigerversammlung und Gläubigerausschuss.** Neben dem Insolvenzverwalter besteht die **Gläubigerversammlung.** Im Eröffnungsbeschluss bestimmt das Insolvenzgericht Termin für eine Gläubigerversammlung (§ 29 InsO). Sie beschließt auf der Grundlage des Berichtes des Insolvenzverwalters über den Fortgang des Insolvenzverfahrens. Vor der ersten Gläubigerversammlung kann das Insolvenzgericht den **Gläubigerausschuss** einsetzen (§ 67 InsO).

27 **6. Abtretung von Entgeltansprüchen.**[24] Hat der Schuldner vor der Eröffnung des Insolvenzverfahrens eine Forderung für die spätere Zeit auf Bezüge aus einem Dienstverhältnis oder

---

[16] BGH 7. 7. 2005 ZIP 2005, 1465.
[17] BGH 20. 12. 2007 NJW 2008, 1152.
[18] BAG 24. 9. 2003 AP 1 zu § 47 InsO = NZA 2004, 980; offengelassen von BGH 24. 6. 2003 NJW 2003, 3414.
[19] BGH 8. 2. 1996 NJW 96, 1543.
[20] BAG 19. 7. 2007 AP 14 zu § 55 InsO.
[21] BGH 24. 6. 2003 ZIP 2003, 1404.
[22] BAG 19. 7. 2007 AP 14 zu § 55 InsO.
[23] BAG 24. 9. 2003 AP 1 zu § 47 InsO.
[24] *Berger-Delhey* ZTR 98, 500.

an deren Stelle tretende laufende Bezüge abgetreten oder verpfändet, ist diese Verfügung nur wirksam, soweit sie sich auf die Bezüge für die Zeit vor Ablauf von zwei Jahren nach dem Ende des zur Zeit der Eröffnung des Verfahrens laufenden Kalendermonats bezieht (§ 114 I InsO). § 114 I InsO enthält eine Ausnahmevorschrift zu § 91 I InsO, der jeweils gesondert zu prüfen ist.[25] Soweit der Arbeitgeber gegen den Arbeitnehmer-Schuldner in der Frist Forderungen hatte, kann er diese auch gegenüber dem Zessionar aufrechnen (§ 114 II InsO). Die §§ 95 und 96 Nr. 2 bis 4 InsO bleiben unberührt. Ist vor der Eröffnung des Insolvenzverfahrens die Lohn- und Gehaltsforderung für die Zukunft gepfändet worden, so ist diese Verfügung nur wirksam, soweit sie sich auf die Bezüge für den zzt. der Eröffnung des Verfahrens laufenden Kalendermonat bezieht. Ist die Eröffnung des Insolvenzverfahrens nach dem fünfzehnten Tag des Monats erfolgt, ist die Verfügung auch für den folgenden Monat wirksam (§ 114 III InsO).

IV. Arbeitnehmerforderungen in der Insolvenz

Berscheid, Rang übergeleiteter Arbeitnehmeransprüche nach der InsO, InsO 98, 259; *Braun/Wierzioch,* Arbeitsentgeltansprüche, Rangrücktritt und Haftung des vorläufigen Insolvenzverwalters nach der Insolvenzordnung, DB 98, 2217; *Hess,* Die Vorausverfügung über Vergütungsansprüche der Arbeitnehmer in der Insolvenz (§ 114 InsO), Insolvenz II AR-Blattei SD 115, 2; *Lakies,* Arbeitsrechtliche Vorschriften der neuen Insolvenzordnung, BB 98, 2638; *ders.,* Die Vergütungsansprüche der Arbeitnehmer in der Insolvenz, NZA 2001, 521; *Lauer,* Die Gratwanderung bei der Freistellung der Arbeitnehmer im Insolvenzverfahren, ZIP 2006, 983; *v. Olshausen,* Die Haftung des Insolvenzverwalters für die Nichterfüllung von Masseverbindlichkeiten und das Gesetz zur Modernisierung des Schuldrechts (§ 311 a Abs. 2 BGB n. F.), ZIP 2002, 237; *Plagemann,* Sozialversicherungsbeiträge in der Insolvenz, NZS 2000, 525; *Runkel,* Rechtsfolgen der Masseunzulänglichkeit, NZI 2000, 49; *Schulte,* Arbeitnehmeransprüche in der Insolvenz, ArbRB 2003, 184; *Steder,* Behandlung des Arbeitseinkommens und sonstiger laufender Bezüge im eröffneten Insolvenzverfahren, ZIP 99, 1874; *Zwanziger,* Insolvenzanfechtung und Arbeitsentgelt, ZIP 2007, 42.

1. Allgemeines. Bei der insolvenzrechtlichen Behandlung von Entgeltforderungen der Arbeitnehmer in der Insolvenz des Arbeitgebers ist zu **unterscheiden** zwischen Forderungen, die für Zeiträume nach der Eröffnung des Insolvenzverfahrens geschuldet werden (Masseverbindlichkeiten i. S. v. § 55 I Nr. 1 und 2 InsO), und sonstigen Entgeltansprüchen (Insolvenzforderungen i. S. v. § 38 InsO). Gem. § 119 InsO ist es unzulässig, den Rang von Forderungen für vor Insolvenzeröffnung erbrachte Leistungen durch Vereinbarungen zu Lasten der übrigen Gläubiger zu verbessern.[26] 28

2. Insolvenzforderungen. a) Lohn- und Gehaltsforderungen aus der **Zeit vor der Insolvenzeröffnung** sind nach § 38 InsO Insolvenzforderungen. Der Arbeitnehmer kann seine Ansprüche nach § 87 InsO nur im Rahmen des Insolvenzverfahrens verfolgen und muss diese gemäß § 174 InsO beim Insolvenzverwalter anmelden. Der Anmeldung sollen die Urkunden beigefügt werden, aus denen sich die Forderung ergibt (§ 174 InsO). Der Insolvenzverwalter hat jede angemeldete Forderung in eine Tabelle einzutragen (§ 175 InsO). In einem Prüftermin wird geprüft, ob die Forderung besteht (§ 176 InsO). Meldet ein Gläubiger eine Forderung an, die eine Masseforderung ist, hat der Verwalter ihn hierauf hinzuweisen, anderenfalls kann er schadensersatzpflichtig werden. Masseforderung sind nicht zur Tabelle anzumelden, sondern im Wege der Zahlungsklage durchzusetzen. Bei Versäumung der Anmeldefrist sind Nachtragsanmeldungen möglich, aber mit besonderen Kosten verbunden (§ 177 InsO). Wird eine Zahlungsverpflichtung durch den Insolvenzverwalter nicht mehr erfüllt, entsteht für den Arbeitnehmergläubiger kein Zurückbehaltungsrecht an dem überlassenen Dienst-PKW.[27] 29

b) Macht der Arbeitnehmer Insolvenzforderungen geltend, ist eine gegen den Verwalter gerichtete **Zahlungsklage unzulässig.**[28] Behauptet der Kläger allerdings eine Masseverbindlichkeit (dazu RN 32), liegt jedoch in Wahrheit eine Insolvenzforderung vor, ist die Klage nicht unzulässig, sondern unbegründet.[29] Bei einer zunächst gegen den Schuldner gerichteten Zahlungsklage kann der Arbeitnehmer nach Insolvenzeröffnung den nach § 240 ZPO unterbrochenen Rechtsstreit aufnehmen, wenn die klagweise verfolgte Forderung zuvor zur Tabelle angemeldet, geprüft und vom Verwalter bestritten wurde. Gem. § 180 II InsO hat der Arbeitnehmer dann den Klagantrag umzustellen und auf Feststellung der Forderung zur Tabelle zu klagen.[30] 30

---

[25] BGH 11. 5. 2006 NJW 2006, 2485.
[26] BAG 23. 2. 2005 AP 1 zu § 108 InsO.
[27] LAG Niedersachsen 8. 7. 2005 NZA-RR 2006, 40.
[28] BAG 19. 1. 2006 AP 13 zu § 55 InsO.
[29] BAG 27. 9. 2007 AP 5 zu § 38 InsO.
[30] Gottwald/*Heinze/Bertram* § 106 RN 160.

31 c) **Leistet der Schuldner** nach einem Antrag auf Eröffnung des Insolvenzverfahrens Vergütung, die ein Arbeitnehmer im Insolvenzverfahren nur als Insolvenzforderung geltend machen könnte, kann der Insolvenzverwalter diese Rechtshandlung grundsätzlich auch dann **anfechten** und die Rückzahlung zur Insolvenzmasse verlangen, wenn er selbst als vorläufiger Insolvenzverwalter der Zahlung zugestimmt hat.[31] Weiß ein Arbeitnehmer, dem der Arbeitgeber in der Krise noch Zahlungen auf rückständige Lohnforderungen erbringt, dass der Arbeitgeber auch anderen Arbeitnehmern noch Lohn schuldet, rechtfertigt dies noch keine Anfechtung nach § 130 InsO.[31a]

32 **3. Masseverbindlichkeiten. a)** Nur unter den in § 55 InsO aufgeführten Voraussetzungen sind Zahlungsansprüche der Arbeitnehmer als Masseverbindlichkeiten gem. § 53 InsO vorweg zu berichtigen. Während § 38 InsO Ausfluss des in § 1 Satz 1 InsO formulierten Ziels des Insolvenzverfahrens ist, dh. die gemeinschaftliche Befriedigung der Gläubiger bezweckt und als den Regelfall vorsieht, hat **§ 55 InsO Ausnahmecharakter.** Das kommt in § 55 I Nr. 2 2. Alt. InsO deutlich zum Ausdruck, soweit es dort heißt, die Verbindlichkeit müsse „für" und nicht „in der Zeit" nach der Eröffnung des Insolvenzverfahrens erfüllt werden. Es kommt damit nicht allein auf die vereinbarte Leistungszeit, sondern auf die Zwecksetzung an. Dies ergibt sich aus dem Sinn und Zweck des § 55 I Nr. 2 InsO und aus dessen systematischem Zusammenhang mit § 108 III InsO. Grundsätzlich können nur solche Leistungsansprüche, die in einem zumindest teilweise synallagmatischen Verhältnis zu der erbrachten Arbeitsleistung stehen, als Masseforderung anerkannt werden, weil sie eine Gegenleistung für die der Masse nach Eröffnung des Insolvenzverfahrens zugute gekommene Arbeitsleistung darstellen. Entscheidend ist, ob ein Entgelt im weitesten Sinne für die Zeit nach Eröffnung des Insolvenzverfahrens geschuldet wird. Das ist für die laufende Arbeitsvergütung regelmäßig zu bejahen. Gegenleistungen, die wie z.B. Gratifikationen, nur vom Bestand des Arbeitsverhältnisses zu einem bestimmten Stichtag abhängen, gehören gleichfalls dazu.[32] Dasselbe gilt für Gehaltsansprüche eines GmbH-Geschäftsführers, der nicht Gesellschafter ist.[33] Besteht ein zeitanteiliger Anspruch auf eine Einmalzahlung und ist hinsichtlich des Entstehens des Anspruchs eine Zuordnung zu einzelnen Kalendermonaten möglich, kommt es für die Höhe der Masseforderung darauf an, wie viele Monate der Zeit nach Insolvenzeröffnung zugeordnet werden können.[34]

33 **b)** Arbeitsentgeltforderungen sind nach **§ 55 I Nr. 1 InsO** Masseverbindlichkeiten, wenn sie durch **Handlungen des Insolvenzverwalters** oder in anderer Weise durch die Verwaltung, Verwertung und Verteilung der Insolvenzmasse begründet werden, ohne zu den Kosten des Verfahrens zu gehören. Von dieser Vorschrift werden insbesondere Arbeitsverhältnisse erfasst, die der Insolvenzverwalter im Rahmen seiner Tätigkeit selbst begründet hat. Wird eine Abfindungsforderung durch eine Vereinbarung vor dem Zeitpunkt der Eröffnung des Insolvenzverfahrens begründet, liegt allerdings auch für den Zeitraum nach Eröffnung des Insolvenzverfahrens keine Masseverbindlichkeit i. S. v. § 55 I Nr. 1 InsO vor.[35]

34 **c)** Nach **§ 55 I Nr. 2 Alt. 2 InsO** sind Masseverbindlichkeiten Verbindlichkeiten aus gegenseitigen Verträgen, soweit deren **Erfüllung für die Zeit nach Eröffnung des Insolvenzverfahrens erfolgen** muss. Hierzu gehören alle Arbeitsentgeltansprüche, die aus der Beschäftigung von Arbeitnehmern nach der Verfahrenseröffnung durch den Insolvenzverwalter erwachsen, und zwar in der Höhe, die sich aus dem jeweiligen Arbeitsvertrag ergibt, sowie alle sonstigen Ansprüche, die sich aus dem Fortbestand des Arbeitsverhältnisses ergeben. Das Bestehen einer Masseverbindlichkeit ist nicht stets davon abhängig, dass der Arbeitnehmer die Arbeitsleistung erbringt.[36] Der Vergütungsanspruch wird zwar gemäß § 611 BGB grundsätzlich durch die tatsächliche Leistung der geschuldeten Dienste erworben, setzt diese aber nicht zwingend voraus. Legt der Insolvenzverwalter den Betrieb unmittelbar mit Verfahrenseröffnung still und stellt er die Arbeitnehmer frei, bleibt er gemäß § 615 i. V. m. § 611 BGB zur Vergütung der Arbeitnehmer verpflichtet.[37] Ist im Arbeitsvertrag ein regelmäßiges Arbeitsentgelt vereinbart, entstehen diese Entgeltansprüche nach Ablauf der Zeitabschnitte, nach denen die Vergütung zu bemessen

[31] BAG 27. 10. 2004 AP 2 zu § 129 InsO = NZA 2005, 473.
[31a] BGH 19. 2. 2009 – IX ZR 62/08.
[32] BAG 27. 9. 2007 AP 5 zu § 38 InsO.
[33] BAG 23. 1. 2003 ZIP 2003, 485; 22. 11. 2005 AP 5 zu § 615 BGB Anrechnung = NZA 2006, 736.
[34] BAG 19. 7. 2007 AP 14 zu § 55 InsO.
[35] BAG 19. 1. 2006 AP 13 zu § 55 InsO; 31. 7. 2002 AP 1 zu § 38 InsO = NZA 2002, 1332.
[36] BAG 19. 7. 2007 AP 14 zu § 55 InsO.
[37] BAG 6. 9. 2006 AP 118 zu § 615 BGB = NZA 2007, 36.

ist (§ 614 Satz 2 BGB). Fallen diese Zeitabschnitte in die Zeit nach Eröffnung des Insolvenzverfahrens, ist § 55 I Nr. 2 Alt. 2 einschlägig.[38]

d) Ansprüche aus einem Arbeitsverhältnis, die von einem **vorläufigen Insolvenzverwalter** begründet worden sind, auf den die Verfügungsbefugnis über das Vermögen des Schuldners übergegangen ist (sog. starker Insolvenzverwalter, § 22 I 1 i. V. m. § 21 II Nr. 2 1. Alt. InsO), gelten nach der Eröffnung des Verfahrens als Masseverbindlichkeiten, wenn der vorläufige Verwalter für das von ihm verwaltete Vermögen die Gegenleistung in Anspruch genommen hat (§ 55 II 2 InsO). § 55 II 2 InsO ist eine Sonderregelung zu § 108 III InsO, wonach Ansprüche für die Zeit vor der Eröffnung des Insolvenzverfahrens nur als Insolvenzforderungen geltend gemacht werden können.[39] Zweck des § 55 II InsO ist, den vorläufigen Insolvenzverwalter mit begleitendem allgemeinen Verfügungsverbot rechtsgeschäftlich handlungsfähig zu machen.[40] Erforderlich ist, dass der Verwalter weiter die Arbeitsleistung beansprucht. Stellt er die Arbeitnehmer frei, werden keine Masseverbindlichkeiten begründet. Bei den Annahmeverzugsansprüchen der Arbeitnehmer handelt es sich dann gem. § 108 III InsO um Insolvenzforderungen nach § 38 InsO (RN 29).[41] Die von Insolvenzverwaltern kritisierte Regelung des § 55 II 2 InsO[42] hat in der Praxis nur geringe Bedeutung, weil die Insolvenzgerichte zumeist einen vorläufigen Verwalter nach § 22 II InsO bestellen und einen allgemeinen Zustimmungsvorbehalt nach § 21 II Nr. 2 2. Alt. InsO anordnen. In diesem Fall findet § 55 II 2 InsO keine, auch keine analoge Anwendung.[43] 35

e) Masseverbindlichkeiten sind gem. § 53 InsO **vorweg zu befriedigen.** Das bedeutet, dass die Masseverbindlichkeiten gegenüber dem Insolvenzverwalter geltend zu machen und unabhängig von einem Verteilungsverfahren vor allen Insolvenzgläubigern aus der Insolvenzmasse zu befriedigen sind.[44] Sie werden weder zur Tabelle angemeldet, noch im Prüfungstermin geprüft. Erfüllt der Insolvenzverwalter einen Masseanspruch nicht, kann der Gläubiger seine Forderung durch Leistungs- oder Feststellungsklage geltend machen und, sobald ein Titel vorliegt, in die Insolvenzmasse vollstrecken. Die §§ 87, 89 und 91 InsO finden insoweit keine Anwendung.[45] 36

4. Masseunzulänglichkeit. a) Stellt sich im Laufe des Prozesses heraus, dass die Masse zwar ausreicht, um die Kosten des Insolvenzverfahrens zu decken, nicht jedoch, um die fälligen sonstigen Masseverbindlichkeiten zu erfüllen, hat der Insolvenzverwalter gem. § 208 I InsO dem Insolvenzgericht Masseunzulänglichkeit anzuzeigen. Gleiches gilt nach § 208 I 2 InsO bei drohender Masseunzulänglichkeit. Das Gericht hat die Anzeige der Masseunzulänglichkeit öffentlich bekannt zu machen; den Massegläubigern ist sie besonders zuzustellen. Die Wirkungen treten mit der Anzeige und öffentlichen Bekanntmachung ein. Auf die Zustellung an die Massegläubiger kommt es nicht an.[46] Das Gericht hat die Masseunzulänglichkeit nicht nachzuprüfen, die Anzeige ist **für das Gericht vielmehr bindend.**[47] Als Ausgleich dafür enthält die InsO eine verschärfte Haftung des Insolvenzverwalters für nicht erfüllbare Masseverbindlichkeiten nach § 61 InsO. Im Schadensersatzprozess hat der Insolvenzverwalter gem. § 61 S. 2 InsO zu beweisen, dass er bei Begründung der Masseverbindlichkeit nicht erkennen konnte, dass die Masse voraussichtlich nicht zur Erfüllung ausreichen würde.[48] Masseverbindlichkeiten sind bei Masseunzulänglichkeit nach der in § 209 InsO vorgesehenen Rangordnung zu berichtigen: **(1)** Die Kosten des Insolvenzverfahrens; **(2)** Masseverbindlichkeiten, die nach der Anzeige der Masseunzulänglichkeit begründet worden sind, und **(3)** die übrigen Masseverbindlichkeiten.[49] 37

b) Sobald der Insolvenzverwalter die Masseunzulänglichkeit nach § 208 I 1 InsO angezeigt hat, ist die Vollstreckung wegen einer Masseverbindlichkeit i. S. v. § 209 I Nr. 3 InsO unzulässig (§ 210 InsO).[50] Nach diesem Zeitpunkt kann eine solche Masseverbindlichkeit auch **nicht mehr im Wege der Leistungsklage verfolgt** werden. Der Klage auf Leistung fehlt dann das 38

[38] BAG 27. 9. 2007 AP 5 zu § 38 InsO.
[39] Gottwald/*Heinze/Bertram* § 106 RN 7.
[40] BGH 18. 7. 2002 NJW 2002, 3326.
[41] Gottwald/*Heinze/Bertram* § 106 RN 8; ErfK/*Müller-Glöge* Einl. InsO RN 41.
[42] Vgl. MünchKommInsO/*Hefermehl* § 55 RN 161 m.w.N.
[43] BGH 18. 7. 2002 NJW 2002, 3326.
[44] MünchKommInsO/*Hefermehl* § 53 RN 12.
[45] HambKomm/*Büchler/Jarchow* § 53 RN 3; *Lohmann* in HK-InsO § 53 RN 6ff.
[46] BAG 21. 7. 2005 AP 50 zu § 113 BetrVG 1972 = NZA 2006, 162.
[47] BGH 3. 4. 2003 NJW 2003, 2454.
[48] Vgl. BGH 6. 5. 2004 NJW 2004, 3334.
[49] Zur Rangordnung: BAG 31. 3. 2004 AP 3 zu § 209 InsO = NZA 2004, 1093.
[50] Ganz h. M., vgl. BGH 13. 4. 2006 NJW 2006, 2997; MünchKommInsO/*Hefermehl* § 208 RN 65.

Rechtsschutzbedürfnis.[51] Ansprüche sind im Wege der Feststellungsklage geltend zu machen.[52] Eine bereits anhängige Klage eines Altmassegläubigers ist nach Anzeige der Masseunzulänglichkeit auf eine Feststellungsklage umzustellen (§ 264 Nr. 3 ZPO).[53] Neumasseverbindlichkeiten i. S. v. § 209 I Nr. 2 InsO können dagegen regelmäßig gegen die Masse vollstreckt werden und in diesem Umfang auch Gegenstand einer zulässigen Leistungsklage sein.[54] Stellt sich allerdings im Laufe des Verfahrens heraus, dass die vorhandene Masse auch die Ansprüche nach § 209 I Nr. 2 InsO nicht mehr voll abdecken kann und auch für sie nur eine anteilige Erfüllung infrage kommt, ist eine vergleichbare Interessenlage gegeben wie im Falle des vom Gesetz geregelten Vollstreckungsverbots des § 210 InsO. In diesem Fall bleibt die Leistungsklage so lange zulässig, bis der Insolvenzverwalter die erneute Masseunzulänglichkeit im Prozess einwendet oder eine erneute Anzeige der Masseunzulänglichkeit auch bezüglich der Ansprüche nach § 209 I Nr. 2 InsO abgibt und diese veröffentlicht wird. Ist bereits ein Leistungsurteil ergangen, kann der Insolvenzverwalter eine Vollstreckungsgegenklage gemäß § 767 II ZPO erheben und in dieser die erneute Masseunzulänglichkeit geltend machen.[55]

39 **5. Neumasseverbindlichkeiten. a)** Zu den Neumasseverbindlichkeiten i. S. v. § 209 I Nr. 2 InsO gehören insbesondere die **in § 209 II InsO aufgeführten Verbindlichkeiten.** Die in § 209 II Nr. 1 InsO genannten Verbindlichkeiten spielen dabei im Arbeitsrecht nur eine geringe Rolle, denn die Vorschrift setzt das Bestehen eines Wahlrechts des Verwalters i. S. v. § 103 InsO voraus. Bei bereits in Vollzug gesetzten Arbeitsverhältnissen hat der Verwalter jedoch kein Wahlrecht über deren Erfüllung oder Nichterfüllung. Diese bestehen vielmehr nach § 108 InsO mit Wirkung für die Insolvenzmasse fort und sind nach Maßgabe von § 113 InsO kündbar.[56]

40 **b)** Als Neumasseverbindlichkeit des zweiten Ranges gelten nach **§ 209 II Nr. 2 InsO** allerdings auch Verbindlichkeiten aus einem Dauerschuldverhältnis für die Zeit nach dem ersten Termin, zu dem der Verwalter nach der Anzeige der Masseunzulänglichkeit kündigen konnte. Leitgedanke dieser Regelung ist, dass unter den in § 209 II Nr. 2 InsO aufgeführten Voraussetzungen die Entstehung der Verbindlichkeiten dem Insolvenzverwalter zugerechnet werden kann.[57] Benötigt der Verwalter den Arbeitnehmer noch, um die Abwicklung des masseunzulänglichen Verfahrens fortzuführen, wird er so behandelt, als hätte er eine neue Masseverbindlichkeit erst begründet, denn es stand in seiner Macht, den Eintritt dieser Verbindlichkeit durch rechtzeitige Kündigung zu verhindern.[58] Die bis dahin entstandenen Verbindlichkeiten, im Arbeitsverhältnis insbesondere Vergütungsansprüche, sind als Altmasseverbindlichkeiten nach § 209 I Nr. 3 InsO zu berichtigen.

41 **c)** Für die Frage der **frühesten Kündigungsmöglichkeit** ist die objektive Lage entscheidend. Gemeint ist nicht ein tatsächliches, sondern ein rechtliches Können. Der Insolvenzverwalter hat zunächst die (formellen) Voraussetzungen, die andernfalls die Unwirksamkeit der Kündigung zur Folge hätten, wie die Anhörung des Betriebsrats nach § 102 BetrVG oder die Einholung der Zustimmung des Integrationsamts zur Kündigung gem. § 85 SGB IX, herbeizuführen. Ferner hat er bei Eingreifen der §§ 111 ff. BetrVG vor der Kündigung Interessenausgleichsverhandlungen zu führen, da er sonst die Masse mit Nachteilsausgleichsansprüchen gem. § 113 BetrVG belasten würde.[59]

42 **d) Kündigt der Verwalter** zu dem in § 209 II Nr. 2 InsO genannten ersten Termin, entstehen nach § 209 II Nr. 3 InsO Neumasseverbindlichkeiten, soweit der Verwalter nach der Anzeige der Masseunzulänglichkeit während der Kündigungsfrist die Arbeitsleistung in Anspruch nimmt. Stellt der Insolvenzverwalter dagegen den Arbeitnehmer frei, sind die hierdurch entstehenden Annahmeverzugsansprüche nach § 209 I Nr. 3 InsO nachrangige Masseforderungen. Eine vom Insolvenzverwalter erklärte „Freistellung unter Anrechnung von Urlaub" erfüllt nicht die Anforderungen von § 209 II Nr. 3 InsO. Ein Arbeitnehmer, der von seiner Arbeitspflicht freigestellt wird und daraufhin nicht mehr arbeitet, erbringt keine Gegenleistung. Dass er gleichwohl für die Zeiten seiner Nichtbeschäftigung Anspruch auf Entgelt hat, ändert daran

---

[51] BAG 31. 3. 2004 ZInsO 2005, 50.
[52] BAG 22. 11. 2005 AP 5 zu § 615 BGB Anrechnung = NZA 2006, 736.
[53] MünchKommInsO/*Hefermehl* § 208 RN 65.
[54] BGH 13. 4. 2006 NJW 2006, 2997.
[55] BAG 31. 3. 2004 AP 3 zu § 209 InsO = NZA 2004, 1093.
[56] BAG 15. 6. 2004 AP 4 zu § 209 InsO = NZA 2005, 354.
[57] MünchKommInsO/*Hefermehl* § 209 RN 30.
[58] BAG 21. 7. 2005 AP 50 zu § 113 BetrVG 1972 = NZA 2006, 162.
[59] BAG 21. 7. 2005 AP 50 zu § 113 BetrVG 1972 = NZA 2006, 162; 31. 3. 2004 AP 3 zu § 209 InsO = NZA 2004, 1093; *Landfermann* in HK-InsO § 209 RN 15 f.

nichts.[60] Kündigt der Verwalter nicht und beschäftigt er die Arbeitnehmer zunächst weiter, entstehen gemäß § 209 II Nr. 2 InsO Neumasseverbindlichkeiten i. S. v. § 209 I Nr. 2 InsO. Erfolgt später eine Kündigung und Freistellung der Arbeitnehmer, ändert sich hieran nichts. Die Ansprüche erhalten dadurch nicht den Rang des § 209 I Nr. 3 InsO.[61] Begründet der Insolvenzverwalter nach Anzeige der Masseunzulänglichkeit Ansprüche auf Nachteilsausgleich, sind diese Neumasseverbindlichkeiten.[62]

6. Haftung des Insolvenzverwalters. a) Gemäß § 60 I InsO ist der Insolvenzverwalter allen Beteiligten zum Schadenersatz verpflichtet, wenn er **schuldhaft die Pflichten verletzt, die ihm nach der InsO obliegen,** wobei er für die Sorgfalt eines ordentlichen und gewissenhaften Insolvenzverwalters einzustehen hat. Er ist verpflichtet, die Ansprüche der Massegläubiger vorab aus der Masse zu befriedigen. Vor der Befriedigung einzelner Massegläubiger hat der Verwalter zu prüfen, ob, in welchem Umfang und in welcher Reihenfolge Masseverbindlichkeiten zu befriedigen sind und ob die Masse überhaupt ausreicht, um alle Masseforderungen zu bedienen. Er hat sich einen Überblick über die Aktiva und Passiva zu verschaffen und dann zu entscheiden, inwieweit Forderungen befriedigt werden können, ohne andere – ggf. vorrangig oder gleichrangig zu befriedigende – Gläubiger zu benachteiligen.[63] 43

b) Kann eine **Masseverbindlichkeit,** die durch eine Rechtshandlung des Insolvenzverwalters begründet worden ist, aus der Insolvenzmasse **nicht voll erfüllt werden,** ist der Verwalter den Massegläubigern zum Schadensersatz verpflichtet (§ 61 InsO). Für eine Schadensersatzklage wegen der Begründung einer arbeitsrechtlichen Masseverbindlichkeit ist der Rechtsweg zu den Arbeitsgerichten gegeben.[64] Die Haftung ist auf das negative Interesse begrenzt. Der Arbeitnehmer ist so zu stellen, wie er stünde, wenn der Insolvenzverwalter nicht pflichtwidrig Masseverbindlichkeiten begründet hätte, die aus der Insolvenzmasse nicht voll erfüllt werden können.[65] § 61 InsO regelt ausschließlich die Haftung des Insolvenzverwalters für die pflichtwidrige Begründung von Masseverbindlichkeiten. Aus der Vorschrift ist kein Anspruch auf Ersatz eines Schadens herzuleiten, der auf einem späteren Verhalten des Insolvenzverwalters beruht. Sie legt keine insolvenzspezifischen Pflichten für die Zeit nach Begründung einer Verbindlichkeit fest. Die persönliche Haftung des Insolvenzverwalters beschränkt sich nach § 61 Satz 1 InsO auf die Forderungen sog. Neumassegläubiger, die hinsichtlich dieser Forderungen überhaupt erst durch seine Rechtshandlung zu Massegläubigern geworden sind.[66] Der Begründung einer neuen Verbindlichkeit steht gleich, wenn der Verwalter die Erfüllung eines Rechtsgeschäfts wählt (§ 103 InsO) oder von der möglichen Kündigung eines Dauerschuldverhältnisses absieht. Eine Haftung tritt nicht ein, wenn der Verwalter bei der Begründung der Verbindlichkeit nicht erkennen konnte, dass die Masse voraussichtlich zur Erfüllung nicht ausreichen werde (§ 61 S. 2 InsO). Aus dem Wortlaut des Gesetzes ergibt sich, dass der Verwalter darlegungs- und beweispflichtig für den Haftungsausschluss ist.[67] 44

c) Ansprüche der Insolvenzgläubiger auf Ersatz eines Schadens, den die Gläubiger gemeinschaftlich durch eine Verminderung des zur Insolvenzmasse gehörenden Vermögens vor oder nach der Eröffnung des Insolvenzverfahrens erlitten haben (Gesamtschaden), können während der Dauer des Verfahrens **nur vom Insolvenzverwalter geltend gemacht werden.** Richten sich die Schadensersatzansprüche gegen den Verwalter, so können sie nur von einem neu bestellten Verwalter geltend gemacht werden (§ 92 InsO). 45

d) Für den **vorläufigen Insolvenzverwalter** gelten nach § 21 II Nr. 1 InsO die §§ 56, 58 bis 66 InsO entsprechend. 46

7. Sozialversicherung. Die Behandlung der Sozialversicherungsbeiträge in der Insolvenz weist zahlreiche Besonderheiten auf.[68] Hinzuweisen ist insbesondere darauf, dass nach bisheriger Rechtsprechung des BGH die Sozialversicherungsbeiträge auch hinsichtlich der Arbeitnehmeranteile kein zugunsten der Sozialversicherungsträger aussonderungsfähiges Treugut sind, weil sie nach dieser Rechtsprechung in vollem Umfang aus dem Vermögen des Arbeitgebers geleistet 47

[60] BAG 14. 6. 2004 AP 4 zu § 209 InsO = NZA 2005, 354.

[61] BAG 21. 7. 2005 AP 50 zu § 113 BetrVG 1972 = NZA 2006, 162; 31. 3. 2004 AP 3 zu § 209 InsO = NZA 2004, 1093.

[62] BAG 30. 5. 2006 AP 5 zu § 209 InsO = NZA 2006, 1122.

[63] BAG 25. 1. 2007 AP 1 zu § 60 InsO.

[64] BGH 16. 11. 2006 ZIP 2007, 94.

[65] BAG 19. 1. 2006 AP 1 zu § 61 InsO = NZA 2006, 860.

[66] BAG 1. 6. 2006 AP 2 zu § 61 InsO = NZA 2007, 94.

[67] Vgl. BGH 6. 5. 2004 NJW 2004, 3334.

[68] *Plagemann* NZS 2000, 525.

werden.[69] Sie können damit der Insolvenzanfechtung unterliegen. Nach dem zum 1. 1. 2008 neu in § 28e I SGB IV eingefügten Satz 2 gilt jedoch nunmehr die Zahlung des vom Beschäftigten zu tragenden Teils des Gesamtsozialversicherungsbeitrags als aus dem Vermögen des Beschäftigten erbracht. Diese Neuregelung entfaltet keine Rückwirkung.[70]

V. Sonderkündigungsrecht

Berkowsky, Das neue Insolvenzkündigungsrecht, NZI 99, 129; *Berscheid,* Aktuelle Probleme bei der Beendigung von Arbeitsverhältnissen im Insolvenzeröffnungsverfahren nach der Verfahrenseröffnung, FS Uhlenbruck, 2000; *Boemke,* Schwerbehinderung und Namensliste in der Insolvenz, NZI 2005, 209; *Düwell,* Änderungs- und Beendigungskündigung nach dem neuen Insolvenzrecht, Kölner Schrift zur Insolvenzordnung, 2. Aufl., 2000, S. 1433; *Fischer,* Die Änderungskündigung in der Insolvenz, NZA 2002, 536; *Gerhardt,* Die Kündigung von Arbeitsverhältnissen durch den vorläufigen Insolvenzverwalter, Gedächtnisschrift für Heinze, 2005, S. 221; *Giesen,* Das neue Kündigungsschutzrecht in der Insolvenz, ZIP 98, 46; *Heinze,* Ein insolvenzspezifisches Arbeitsrecht, FS Gaul, 1997, S. 185; *Henkel,* Zur Anwendbarkeit von § 113 InsO bei Neu-Einstellungen durch den Insolvenzverwalter ZIP 2008, 1265; *Koch,* Statt Kündigungsschutz ein kollektives Kündigungsverfahren, BB 98, 213; *Lakies,* Zu den arbeitsrechtlichen Vorschriften der InsO, RdA 97, 146; *Müller,* Praktische Probleme der seit 1. 10. 1996 geltenden arbeitsrechtlichen Vorschriften der Insolvenzordnung, NZA 98, 1315; *Nägele,* Kündigungsschutz in der Insolvenz, ArbRB 2002, 206; *Seifert,* Die betriebsbedingte Freistellung von Arbeitnehmern durch den Insolvenzverwalter, DZWIR 2002, 4007; *Zeuner,* Zur kündigungsschutzrechtlichen Bedeutung des Interessenausgleichs nach § 1 Abs. 5 KSchG und §§ 125 Abs. 1 Satz 1, 128 Abs. 2 InsO, FS Zöllner, 1998, S. 1011; *Zwanziger,* Insolvenzordnung und materielle Voraussetzungen betriebsbedingter Kündigungen, BB 97, 42ff.; *ders.,* Nachtrag, BB 97, 626.

48 **1. Allgemeines.** Nach § 113 InsO kann ein Dienstverhältnis, bei dem der Schuldner der Dienstberechtigte ist, vom Insolvenzverwalter und vom anderen Teil ohne Rücksicht auf eine **vereinbarte Vertragsdauer** oder einen vereinbarten **Ausschluss des Rechts zur ordentlichen Kündigung** gekündigt werden. Die Kündigungsfrist beträgt drei Monate zum Monatsende, wenn nicht eine kürzere Frist maßgeblich ist.[71] § 113 InsO soll notwendige Kündigungen nach Eröffnung des Insolvenzverfahrens ohne Rücksicht auf die vereinbarte Vertragsdauer oder einen vereinbarten Ausschluss des Rechts zur ordentlichen Kündigung beschleunigen.[72] Die Kündigung durch den Insolvenzverwalter bedarf allerdings wie jede andere Kündigung im Anwendungsbereich des KSchG der sozialen Rechtfertigung.[73] Der Verwalter hat des Weiteren den Betriebsrat nach § 102 BetrVG zu unterrichten. Das Sonderkündigungsrecht aus § 113 InsO gilt während der gesamten Dauer des Insolvenzverfahrens und muss nicht unverzüglich nach Insolvenzeröffnung ausgeübt werden.[74]

49 **2. Insolvenzverwalter.** Das Sonderkündigungsrecht aus § 113 InsO steht nur dem Insolvenzverwalter zu und **nicht auch dem vorläufigen Insolvenzverwalter.** Der sog. starke vorläufige Insolvenzverwalter (§ 22 I InsO) ist zwar kündigungsbefugt. § 113 InsO gilt nach dem klaren Wortlaut des Gesetzes jedoch nur für den Insolvenzverwalter und ist auf eine Kündigung durch einen „starken" vorläufigen Verwalter nicht analog anwendbar.[75] Die Zustimmung des Insolvenzgerichts zur Unternehmensstilllegung ist keine Wirksamkeitsvoraussetzung für die Kündigung der Arbeitsverhältnisse durch den starken vorläufigen Insolvenzverwalter wegen der von ihm beabsichtigten Stilllegung.[76]

50 **3. Vereinbarter Kündigungsausschluss.** § 113 InsO erfordert eine **„Vereinbarung"** über die Vertragsdauer bzw. über den Kündigungsausschluss. Das kann eine einzelvertragliche Vereinbarung oder eine tarifvertragliche Regelung sein.[77] Tarifvertraglich unkündbare Arbeitsverhältnisse sind daher nach Insolvenzeröffnung ordentlich kündbar. Das ist mit Art. 9 III GG vereinbar.[78] § 113 InsO gilt nicht, wenn die ordentliche Kündigung – wie bei Betriebsratsmitgliedern nach § 15 I KSchG – von Gesetzes wegen ausgeschlossen ist. [79] Bedarf die ordentliche Kündigung der **behördlichen Zustimmung,** wie bei schwerbehinderten Menschen nach §§ 85 und 91 SGB IX

---

[69] Zusammenfassend BGH 8. 12. 2005 NJW 2006, 1348.
[70] BGH 27. 3. 2008 NJW 2008, 1535; dazu *Leithaus/Krings* NZI 2008, 393.
[71] BAG 3. 12. 1998 AP 1 zu § 113 InsO = NZA 99, 425.
[72] ErfK/*Müller-Glöge* § 113 InsO RN 1; MünchKommInsO/*Löwisch/Caspers* § 113 RN 1.
[73] BAG 20. 9. 2006 AP 316 zu § 613a BGB = NZA 2007, 387.
[74] HWK/*Annuß* § 113 InsO RN 4.
[75] BAG 20. 1. 2005 AP 18 zu § 113 InsO = NZA 2006, 1352.
[76] BAG 27. 10. 2005 AP 4 zu § 22 InsO = NZA 2006, 727.
[77] BAG 6. 7. 2000 AP 6 zu § 113 InsO = NZA 2001, 23; 16. 6. 2005 AP 13 zu § 3 ATG = NZA 2006, 270.
[78] BAG 22. 9. 2005 AP 1 zu § 323 UmwG = NZA 2006, 658; 16. 6. 1999 AP 3 zu § 113 InsO = NZA 99, 1331.
[79] BAG 17. 11. 2005 AP 60 zu § 15 KSchG 1969 = NZA 2006, 370.

(dazu § 89 III SGB IX), Schwangeren und Wöchnerinnen nach § 9 MuSchG, Arbeitnehmern in Elternzeit nach § 18 BEEG, hat der Insolvenzverwalter die Zustimmung einzuholen.

4. Dienstverhältnis. Die Vorschrift des § 113 InsO gilt zunächst für alle **Arbeitnehmer**. Da § 113 InsO für „Dienstverhältnisse" und nicht nur für Arbeitsverhältnisse gilt, findet diese Bestimmung auch auf Dienstverträge von **Organen juristischer Personen** Anwendung.[80] Dabei ist zu beachten, dass von der Kündigung des Dienstverhältnisses, für die der Insolvenzverwalter zuständig ist, die Abberufung zu unterscheiden ist. Diese obliegt auch in der Insolvenz dem jeweiligen Gesellschaftsorgan.[81] Auf geschäftsführende Gesellschafter von Personengesellschaften ist § 113 InsO nicht anwendbar, wenn diese – wie in aller Regel – auf der Grundlage des Gesellschaftsvertrags ihre Tätigkeit verrichten.[82] **Berufsausbildungsverhältnisse** unterfallen nicht dem Anwendungsbereich des § 113 InsO, weil für sie nach Ablauf der Probezeit (§ 20 BBiG) gem. § 22 II Nr. 1 BBiG das Recht zur ordentlichen Kündigung von Gesetzes wegen ausgeschlossen ist.[83] Der Insolvenzverwalter kann das Ausbildungsverhältnis daher nur aus wichtigem Grund kündigen. Die Eröffnung des Insolvenzverfahrens stellt dabei nur dann einen wichtigen Grund zur Kündigung dar, wenn der Betrieb stillgelegt wird oder sonstige Gründe vorliegen, die eine Fortsetzung der Ausbildung unmöglich erscheinen lassen. Die Kündigung hat dann unter Beachtung der Auslauffrist des § 113 InsO zu erfolgen.[84] In **befristeten Arbeitsverhältnissen** besteht das Kündigungsrecht des Insolvenzverwalters nach § 113 InsO. § 15 III TzBfG enthält nur eine gesetzliche Auslegungsregel, die § 113 InsO nicht vorgeht.[85] Zu den befristeten Arbeitsverhältnissen gehören auch **Altersteilzeitarbeitsverhältnisse.**[86] 51

5. Kündigung. § 113 InsO gilt sowohl für **Beendigungs- als auch Änderungskündigungen.**[87] Der Insolvenzverwalter darf ein Arbeitsverhältnis auch dann mit der kurzen Kündigungsfrist des § 113 InsO kündigen, wenn der Insolvenzschuldner mit seiner Zustimmung, die er als vorläufiger Insolvenzverwalter erteilt hat, zuvor unter Einhaltung der ordentlichen Kündigungsfrist zu einem späteren Zeitpunkt gekündigt hat. Darin liegt keine unzulässige „Wiederholungskündigung" oder **„Nachkündigung".**[88] 52

6. Schadensersatz. Nach § 113 S. 3 InsO ist der durch die vorzeitige Kündigung des Insolvenzverwalters entstandene Schaden zu ersetzen. Im Falle vereinbarter Unkündbarkeit ist dieser **Schadensersatzanspruch** als Verfrühungsschaden auf die ohne die vereinbarte Unkündbarkeit maßgebliche längste ordentliche Kündigungsfrist beschränkt. Die §§ 9, 10 KSchG finden keine entsprechende Anwendung.[89] Der Abschluss eines Aufhebungsvertrags zwischen Insolvenzverwalter und Arbeitnehmer begründet keinen Schadensersatzanspruch nach § 113 S. 3 InsO.[90] 53

7. Klagefrist. Will ein Arbeitnehmer geltend machen, dass die Kündigung seines Arbeitsverhältnisses durch den Insolvenzverwalter unwirksam ist, so muss er gem. § 4 KSchG innerhalb von **drei Wochen** nach Zugang der Kündigung Klage beim Arbeitsgericht erheben (dazu § 138). Die Klage ist gegen den Insolvenzverwalter zu richten, auch wenn dieser den Betrieb nach der Kündigung veräußert.[91] 54

8. Zeugnis. Nach § 109 GewO hat der Arbeitnehmer bei Beendigung des Arbeitsverhältnisses einen Anspruch auf Erteilung eines Zeugnisses. Dies gilt auch nach der Eröffnung des Insolvenzverfahrens (dazu § 146 RN 5). 55

VI. Interessenausgleich und Kündigungsschutz

Betriebsänderung: *Annuß,* Die Betriebsänderung in der Insolvenz, NZI 99, 344; *Berscheid,* Auskunftsanspruch und Prüfungsmaßstab bei der über einen Interessenausgleich mit Namensliste getroffenen Sozialaus-

---

[80] HWK/*Annuß* § 113 InsO RN 3; ErfK/*Müller-Glöge* § 113 InsO RN 3.

[81] KR/*Weigand* §§ 113, 120ff. InsO RN 15.

[82] MünchKommInsO/*Löwisch/Caspers* § 113 RN 10.

[83] KDZ/*Däubler* § 113 InsO RN 10; ErfK/*Müller-Glöge* § 113 InsO RN 3; KR/*Weigand* §§ 113, 120ff. InsO RN 55; a. A. *Andres/Leithaus* § 113 RN 5; AnwK-ArbR/*Roesner* § 113 InsO RN 21.

[84] ErfK/*Müller-Glöge* § 113 InsO RN 3; KR/*Weigand* §§ 113, 120ff. InsO RN 56; *Zwanziger* § 113 RN 13.

[85] BAG 6. 7. 2000 AP 6 zu § 113 InsO = NZA 2001, 23.

[86] BAG 16. 6. 2005 AP 13 zu § 3 ATG = NZA 2006, 270.

[87] *Zwanziger* § 113 RN 5.

[88] BAG 26. 7. 2007 AP 324 zu § 613a BGB = NZA 2008, 112; 22. 5. 2003 AP 12 zu § 113 InsO = NZA 2003, 1086.

[89] BAG 16. 5. 2007 AP 24 zu § 113 InsO.

[90] BAG 25. 4. 2007 AP 23 zu § 113 InsO.

[91] BAG 17. 1. 2002 NZA 2002, 999.

wahl, ZInsO 99, 511; *Eisenbeis,* Betriebsänderung in der Insolvenz – „leichtes Spiel" für den Verwalter, FA 99, 74; *Friese,* Das kollektive Kündigungsschutzverfahren in der Insolvenz nach § 126 InsO, ZInsO 2001, 350; *Kocher,* Statt Kündigungsschutz ein kollektives Kündigungsverfahren. Der Interessenausgleich in der neuen InsO, BB 98, 213; *Lakies,* Interessenausgleich und Betriebsänderung, BB 99, 206; *Pakirnus,* Kündigung in der Insolvenz: Sozialauswahl und ausgewogene Personalstruktur nach § 125 Abs. 1 S. 1 Nr. 2, DB 2006, 2742; *Richardi,* Individualrechtsschutz vor Betriebspartnerherrschaft, NZA 99, 617.

Arbeitsgerichtliches Beschlussverfahren: *Lakies,* Das Beschlussverfahren zum Kündigungsschutz nach § 126 InsO, NZI 2000, 345; *Prütting,* Arbeitsgerichtliches Beschlussverfahren in der Insolvenz, FS für Uhlenbruck, 2000.

56 **1. Vermutung der Betriebsbedingtheit.** Ist eine **Betriebsänderung i. S. v. § 111 BetrVG** geplant und kommt zwischen Insolvenzverwalter und Betriebsrat ein Interessenausgleich zustande, in dem die Arbeitnehmer, denen gekündigt werden soll, namentlich bezeichnet sind, wird gem. § 125 I Nr. 1 InsO vermutet, dass die Kündigung der Arbeitsverhältnisse der bezeichneten Arbeitnehmer durch dringende betriebliche Erfordernisse, die einer Weiterbeschäftigung in diesem Betrieb oder einer Weiterbeschäftigung zu unveränderten Arbeitsbedingungen entgegenstehen, bedingt ist. Die Voraussetzungen des § 111 BetrVG müssen vorliegen. Ein freiwilliger Interessenausgleich ohne Betriebsänderung ist nicht ausreichend.[92] In Bezug auf die Namensliste gelten die zu § 1 V KSchG entwickelten Grundsätze (dazu § 136). Die Vermutung bewirkt, dass der Arbeitnehmer die Darlegungs- und Beweislast trägt, dass die Kündigung nicht betriebsbedingt ist.[93] Nach der Formulierung des Gesetzes wird auch die Änderungskündigung erfasst.[94]

57 **2. Soziale Auswahl.** § 125 I Nr. 2 InsO bewirkt eine **Einschränkung der gerichtlichen Überprüfungsmöglichkeiten** der getroffenen sozialen Auswahl. Die soziale Auswahl kann nur im Hinblick auf die Dauer der Betriebszugehörigkeit, das Lebensalter und die Unterhaltspflichten und auch insoweit nur auf grobe Fehlerhaftigkeit nachgeprüft werden. Anderes als in § 1 III KSchG ist die Schwerbehinderung nicht in § 125 I Nr. 2 InsO aufgeführt. Das ist auch aus verfassungsrechtlichen Gründen nicht geboten, weil Schwerbehinderte über §§ 85 ff. SGB IX geschützt sind, wobei hier § 89 III SGB IX zu beachten ist.[95] Die Sozialauswahl ist nicht als grob fehlerhaft anzusehen, wenn eine ausgewogene Personalstruktur erhalten oder geschaffen wird.[96] § 125 I Nr. 2 InsO geht insoweit über den Regelungsgehalt des § 1 V KSchG hinaus und erlaubt auch aktive Eingriffe in die bestehenden Betriebsstrukturen zur Steigerung der Leistungsfähigkeit des Betriebs. Die soziale Auswahl ist grob fehlerhaft, wenn ein evidenter ins Auge springender Fehler vorliegt.[97]

58 **3. Wesentliche Änderung der Sachlage.** Die Vermutungswirkung des § 125 I 1 InsO greift nach Satz 2 dieser Bestimmung nicht ein, wenn sich die Sachlage nach Zustandekommen des Interessenausgleichs wesentlich geändert hat.

VII. Beschlussverfahren zum Kündigungsschutz

59 **1. Allgemeines.** Hat der Betrieb keinen Betriebsrat oder kommt aus anderen Gründen innerhalb von drei Wochen nach Verhandlungsbeginn oder schriftlicher Aufforderung zur Aufnahme von Verhandlungen ein **Interessenausgleich nach § 125 I InsO** nicht zustande, obwohl der Verwalter den Betriebsrat rechtzeitig und umfassend unterrichtet hat, kann der Insolvenzverwalter beim Arbeitsgericht beantragen, festzustellen, dass die Kündigung der Arbeitsverhältnisse bestimmter im Antrag bezeichneter Arbeitnehmer durch dringende betriebliche Erfordernisse bedingt und sozial gerechtfertigt ist. Die soziale Auswahl der Arbeitnehmer kann nur im Hinblick auf die Dauer der Betriebszugehörigkeit, das Lebensalter und die Unterhaltspflichten nachgeprüft werden. Zweck des Gesetzes ist es zu verhindern, dass die Verhandlungen über den Interessenausgleich überhaupt nicht aufgenommen oder verzögert werden. Der Gesetzgeber hat nicht den Weg gewählt, bei Nichteinigung über die zu Entlassenden die Einigungsstelle einzuschalten, sondern er wahrt den Rechtsschutz, indem er dem Insolvenzverwalter ein besonderes Verfahren in die Hand gibt. Auch hier wird wieder die soziale Auswahl auf die Kerndaten begrenzt. Von § 126 InsO werden nur Kündigungen von Arbeitnehmern erfasst,

---

[92] ErfK/*Gallner* § 125 InsO RN 3; Stahlhacke/*Vossen* RN 2169 a; KR/*Weigand* § 125 InsO RN 6.
[93] BAG 18. 6. 2002 AP 1 zu § 112 BetrVG 1972 Namensliste.
[94] APS/*Dörner* § 125 InsO RN 19; ErfK/*Gallner* § 125 InsO RN 1.
[95] *Boemke* NZI 2005, 209; ErfK/*Gallner* § 125 InsO RN 12; a. A. *Zwanziger* § 125 RN 119.
[96] BAG 23. 11. 2000 AP 6 zu § 1 KSchG 1969 Betriebsbedingte Kündigung = NZA 2001, 601.
[97] BAG 20. 9. 2006 AP 316 zu § 613 a BGB = NZA 2007, 387.

deren Arbeitsverhältnisse unter den Schutz des KSchG fallen.[98] **Sonstige Unwirksamkeitsgründe,** wie sie sich aus § 102 I 3 BetrVG und Sonderkündigungsschutzvorschriften (z. B. § 85 SGB IX, § 9 MuSchG, § 18 BEEG) oder tarifvertraglichen „Unkündbarkeitsregelungen" ergeben können, bleiben unberücksichtigt.[99]

2. Verfahrensfragen. Für die Durchführung des Verfahrens gelten die **Regeln des Beschlussverfahrens** entsprechend. Das Verfahren ist mithin beim Arbeitsgericht anhängig zu machen. Das Beschlussverfahren zum Kündigungsschutz gem. § 126 InsO ist auch dann zulässig, wenn die Kündigung der im Antrag bezeichneten Arbeitnehmer schon vor Einleitung des Verfahrens erfolgt ist.[100] Der Antrag ist beschleunigt zu behandeln (§§ 126 II, 122 II InsO, § 61 a ArbGG). Der Vorsitzende kann ein Güteverfahren ansetzen (§ 80 II ArbGG). Haben die Betriebspartner einen Interessenausgleich nach § 125 InsO abgeschlossen, ist ein späteres Beschlussverfahren zum Kündigungsschutz nach § 126 InsO gleichwohl zulässig, wenn wegen einer weiteren Betriebsänderung ein Interessenausgleich nicht zustande kommt.[101] Gegen den Beschluss des Arbeitsgerichtes ist die Beschwerde an das Bundesarbeitsgericht gegeben, wenn sie vom Arbeitsgericht zugelassen worden ist. Eine Nichtzulassungsbeschwerde ist nicht vorgesehen.[102] Die Einschränkung dient der Verfahrensbeschleunigung. Beteiligte des Verfahrens sind der Insolvenzverwalter, der Betriebsrat und die im Antrag bezeichneten Arbeitnehmer, soweit sie nicht mit der Beendigung des Arbeitsverhältnisses oder den geänderten Arbeitsbedingungen einverstanden sind. Der Antrag im Beschlussverfahren ist nach § 61 a ArbGG beschleunigt zu behandeln. Es ist also innerhalb von zwei Wochen nach Antragseinreichung Termin zur Anhörung der Beteiligten anzusetzen. Im Beschlussverfahren gilt das Amtsermittlungsprinzip. Dies gilt auch vorliegend. Die gerichtliche Überprüfung erstreckt sich auch auf die Kündigungsbefugnis des vorläufigen Insolvenzverwalters. 60

3. Kosten. Im Beschlussverfahren werden **Gerichtskosten** nicht erhoben. Im Verfahren erster Instanz besteht keine Kostenerstattungspflicht auf Entschädigung wegen Zeitversäumnis oder auf Erstattung der Kosten für die Hinzuziehung eines Prozessbevollmächtigten. Dagegen gelten im Verfahren vor dem Bundesarbeitsgericht die Vorschriften der ZPO über die Erstattung der Kosten des Rechtsstreites entsprechend. Der Gesetzgeber wollte gewährleisten, dass der beteiligte Arbeitnehmer im Falle des Obsiegens in jedem Fall einen Kostenerstattungsanspruch hat. 61

4. Klage des Arbeitnehmers. a) Kündigt der Insolvenzverwalter einem Arbeitnehmer, der in dem Antrag nach § 126 InsO, also im Beschlussverfahren zum Kündigungsschutz bezeichnet ist, und erhebt der Arbeitnehmer Klage auf Feststellung, dass das Arbeitsverhältnis durch die Kündigung nicht aufgelöst oder die Änderung der Arbeitsbedingungen sozial ungerechtfertigt ist, ist die im Beschlussverfahren zum Kündigungsschutz ergehende Entscheidung bindend. Es gilt also der **Vorrang des Beschlussverfahrens.** Die bindende Wirkung muss nur dann zurücktreten, wenn sich die Sachlage nach Schluss der letzten mündlichen Verhandlung wesentlich geändert hat (§ 127 InsO). 62

b) In § 127 II InsO werden das Beschlussverfahren zum Kündigungsschutz und die Klage des Arbeitnehmers koordiniert. Hat der Arbeitnehmer schon vor Rechtskraft der Entscheidung im Beschlussverfahren zum Kündigungsschutz seine **Feststellungsklage** erhoben, ist die Verhandlung über die Klage auf Antrag des Verwalters bis zu diesem Zeitpunkt auszusetzen. 63

c) Der Insolvenzverwalter kann nach dem Scheitern der Verhandlungen über den Interessenausgleich von sich aus das **Beschlussverfahren zum Kündigungsschutz** einleiten. Er kann aber auch zunächst Kündigungen aussprechen und abwarten, welche Arbeitnehmer Klage erheben. Alsdann kann er das Beschlussverfahren zum Kündigungsschutz einleiten, und zwar begrenzt auf diejenigen Arbeitnehmer, die Klage erhoben haben. Die von den Arbeitnehmern erhobenen Kündigungsschutzklagen selbst werden wiederum auf Antrag des Insolvenzverwalters ausgesetzt. 64

VIII. Betriebsübergang

§ 613 a BGB findet auch im Insolvenzverfahren Anwendung. Durch § 128 InsO wird jedoch die übertragende Sanierung erleichtert (näher dazu § 117 RN 33 f.). Eine Kündigung wegen des Betriebsübergangs ist gem. § 613 a IV BGB unwirksam (dazu § 134 RN 47 ff.). 65

---

[98] ErfK/*Gallner* § 126 InsO RN 1; *Rieble* NZA 2007, 1393, 1394.
[99] BAG 29. 6. 2000 AP 2 zu § 126 InsO = NZA 2000, 1180.
[100] BAG 29. 6. 2000 AP 2 zu § 126 InsO = NZA 2000, 1180.
[101] BAG 20. 1. 2000 AP 1 zu § 126 InsO = NZA 2001, 170.
[102] BAG 14. 8. 2001 AP 44 zu § 72 a ArbGG 1979 Divergenz.

IX. Interessenausgleich und Sozialplan

66 Zur Betriebsänderung und zum Sozialplan enthalten die **§§ 121 ff. InsO Sonderreglungen** (dazu § 244 RN 95 ff.).

X. Altersteilzeit

67 Wird Altersteilzeitarbeit im **Blockmodell** geleistet, sind die in der Arbeitsphase für die Zeit vor der Insolvenzeröffnung erarbeiteten Ansprüche Insolvenzforderungen. Die für die Zeit danach erarbeiteten Ansprüche sind dagegen Masseforderungen. Zahlungen, die der Arbeitgeber während der Freistellungsphase „spiegelbildlich" zu dem Teil der Arbeitsphase zu leisten hat, für den Masseforderungen entstanden sind, sind ebenfalls Masseforderungen. Die Masseforderungen umfassen sowohl das fortzuzahlende hälftige Arbeitsentgelt als auch den Aufstockungsbetrag (näher dazu § 81 RN 9).[103]

§ 94. Insolvenzgeld

Braun, Neue Entwicklungen beim Insolvenzgeld, ZIP 2003, 2001; *ders.,* Insolvenzgeld, AR-Blattei SD 918; *Gebauer,* Vorfinanzierung und Insolvenzgeld, ZinsO 2002, 716; *Heinrich,* Zweimal Insolvenzgeld oder Insolvenzplan auf Risiko der Arbeitnehmer?, NZI 2006, 83; *Nimscholz,* Auswirkungen einer Insolvenz auf Altersteilzeitbeschäftigungsverhältnisse, ZInsO 2005, 522; *Peters-Lange,* Konsequenzen der EuGH-Rechtsprechung für den Insolvenzgeldanspruch nach §§ 183 ff. SGB III, ZIP 2003, 1877; *dies.,* Der Einfluss der neueren EuGH-Rechtsprechung auf das deutsche Insolvenzgeldrecht, info also 2007, 51; *Peters-Lange/Gagel,* Arbeitsförderungsrechtliche Konsequenzen aus § 1 a KSchG, NZA 2005, 740; *Schaub,* Insolvenzgeld, NZI 99, 215.

Übersicht

	RN
I. Rechtsgrundlagen	1
II. Anspruchsvoraussetzungen	2 ff.
1. Übersicht	2
2. Arbeitnehmer	3
3. Arbeitgeber	4
4. Insolvenzereignis	5–9
5. Arbeitsentgelt	10–17
6. Anspruchszeitraum	18
7. Weiterarbeit	19
8. Anfechtbare Rechtshandlung	20
9. Ausland	21
III. Pflichten des Insolvenzverwalters, Arbeitgebers und Arbeitnehmers	22 ff.
1. Allgemeine Auskunftspflicht	22
2. Auskunft gegenüber dem Insolvenzverwalter	23
3. Information durch Arbeitgeber	24
4. Pflichten des Insolvenzverwalters	25
IV. Umfang der Leistung	26 ff.
1. Höhe des Insolvenzgelds	26–28
2. Vorschuss	29
3. Gewährung des Insolvenzgelds an Dritte	30, 31
4. Antrag	32

I. Rechtsgrundlagen

1 Der Schutz des Arbeitnehmers bei Zahlungsunfähigkeit des Arbeitgebers war ursprünglich in der Richtlinie des Rates zur Angleichung der Rechtsvorschriften der Mitgliedstaaten über den Schutz der Arbeitnehmer bei Zahlungsunfähigkeit des Arbeitgebers (80/987/EWG) vom 20. 10. 1980 (ABl. EG Nr. L 283 v. 28. 10. 1980 S. 23) geregelt. Die Richtlinie ist durch die §§ 141 a ff. AFG in das nationale Recht umgesetzt worden. Nach Inkrafttreten der InsO ist das Konkursausfallgeld durch das Insolvenzgeld ersetzt worden (§§ 183 ff. SGB III). Die Regelungen werden weiterhin ergänzt durch die Insolvenzgeld-Kosten-VO v. 5. 5. 1999 (BGBl. I S. 867) zul. geänd. durch VO vom 28. 5. 2004 (BGBl. I S. 1045), die der Erstattung der Aufwendungen der BA dient.[1] Das Insolvenzgeld wird durch die Erhebung einer monatlichen Umlage bei den insolvenzfähigen nicht-öffentlichen Arbeitgebern finanziert.[2] Der Einzug der Insol-

[103] BAG 19. 10. 2004 AP 5 zu § 55 InsO = NZA 2005, 408.

[1] BSG 29. 5. 2008 – B 11 a AL 61/06 R – NZA-RR 2008, 661; 21. 10. 1999 SozR 3–4100 § 186 b Nr. 1.

[2] Zur Umlage VO zur Höhe der Pauschale für die Kosten des Einzugs der Umlage für das Insolvenzgeld und der Prüfung der Arbeitgeber v. 2. 1. 2009 (BGBl. I S. 4) sowie VO zur Festsetzung des Umlagesatzes für das Insolvenzgeld für das Kalenderjahr 2009 v. 2. 1. 2009 (BGBl. I S. 6); dazu BG 2008, 418.

venzgeldumlage erfolgt seit dem 1. Januar 2009 durch die Krankenkassen zusammen mit dem Gesamtsozialversicherungsbeitrag. Die Bemessung der Umlage richtet sich nach der in der gesetzlichen Rentenversicherung geltenden Bemessungsgrundlage (2009: 0,1%, weitere Einzelheiten §§ 358–361 SGB III). Nachdem zeitweise zweifelhaft war, ob die deutschen Vorschriften über die Insolvenzgeldsicherung den europäischen Vorgaben vollständig entsprachen, ist die Richtlinie 80/987/EWG durch die Richtlinie 2002/74/EG des Europäischen Parlaments und des Rates vom 23. 9. 2002 (ABl. EG Nr. L 270 v. 8. 10. 2002 S. 10) angepasst worden.[3] Die Richtlinie 2002/74/EG ist durch die Richtlinie 2008/94/EG des Europäischen Parlaments und des Rates vom 22. 10. 2008 (ABl. EG Nr. L 283 v. 28. 10. 2008 S. 36) neu gefasst worden. Ziel der Neufassung war die Regelung für den Insolvenzgeldbezug von Arbeitnehmern, die bei zahlungsunfähigen Unternehmen beschäftigt sind, die in mehreren Mitgliedstaaten tätig sind[4] (Art. 9, 10) und die Einbeziehung der Arbeitnehmer in prekären Beschäftigungsverhältnissen (befristet und in Teilzeit Beschäftigte sowie Leiharbeitnehmer, Art. 2). Die Arbeitsverwaltung hat zur Durchführung der Bestimmungen über das Insolvenzgeld „Sammelweisungen Insolvenz" zum Insolvenzgeld (§§ 183 bis 189, 208 SGB III) mit Gesetzestext und Anlagen erlassen.[5]

II. Anspruchsvoraussetzungen

1. Übersicht. Arbeitnehmer haben Anspruch auf Insolvenzgeld, wenn sie für die letzten dem Insolvenzereignis vorausgehenden drei Monate des Arbeitsverhältnisses noch Ansprüche auf Arbeitsentgelt haben und rechtzeitig einen entsprechenden Antrag gestellt haben (§ 183 SGB III). 2

2. Arbeitnehmer. Maßgeblich ist nicht der arbeitsrechtliche, sondern der sozialversicherungsrechtliche Arbeitnehmerbegriff. Dies ergibt sich aus der Zuordnung des Insolvenzgelds zu den Entgeltersatzleistungen des SGB III für die bei Fehlen einer anderweitigen Regelung der Beschäftigtenbegriff in § 7 I SGB IV maßgeblich ist.[6] Nicht erforderlich ist jedoch das Bestehen eines versicherungspflichtigen Beschäftigungsverhältnisses, anspruchsberechtigt sind dementsprechend auch Personen, die nach § 8 SGB IV in einem geringfügigen Arbeitsverhältnis stehen oder nach § 27 SGB III in der Arbeitslosenversicherung versicherungsfrei sind. Zu den Arbeitnehmern gehören auch Auszubildende (§§ 14 SGB III, 7 II SGB IV) und Heimarbeiter (§§ 13 SGB III, 12 II SGB IV), nicht dagegen Hausgewerbetreibende und Zwischenmeister.[7] Handelsvertreter sind Arbeitnehmer, wenn sie nicht selbstständige Gewerbetreibende sind. Gesellschafter und Geschäftsführer einer GmbH sind nur anspruchsberechtigt, wenn ihre Beschäftigung die allgemeinen Begriffsmerkmale des § 7 SGB IV erfüllt.[8] Die Möglichkeit, Weisungen kraft ihrer gesellschaftlichen Beteiligung (Stimmenmehrheit bzw. Sperrminorität) verhindern zu können, schließt jedoch eine Weisungsabhängigkeit aus.[9] Vorstandsmitglieder von Aktiengesellschaften haben unabhängig von einer möglichen Kapitalbeteiligung wegen ihrer fehlenden Weisungsabhängigkeit keinen Anspruch auf Insolvenzgeld.[10] Den Arbeitnehmern gleichgestellt sind deren **Erben** (§ 183 III SGB III). Keinen Anspruch auf Insolvenzgeld hat ein Arbeitnehmer, der erst nach Eröffnung des Insolvenzverfahrens mit dem Verwalter ein Arbeitsverhältnis begründet.[11] 3

3. Arbeitgeber. Arbeitgeber ist derjenige, der das Arbeitsentgelt aus dem im maßgeblichen Insolvenzgeldzeitraum bestehenden Arbeitsverhältnis schuldet. Dies ist regelmäßig der Vertragspartner des Beschäftigten. Bei juristischen Personen des Privatrechts oder deren Vorgesellschaften sind diese Arbeitgeber, ebenso bei den Handelsgesellschaften. Bei der GbR ist Arbeitgeber die Gesamtheit der Gesellschafter (§ 17). Maßgeblich für die Insolvenzgeldversicherung ist allerdings nicht der Eintritt des Insolvenzereignisses bei einem oder den Gesellschaftern, sondern nur bei dem Vertragspartner des Arbeitnehmers. Bei erlaubter oder nicht erlaubnispflichtiger Arbeit- 4

[3] Die RL 74/2002/EG hat keine unmittelbare Wirkung für einen vor dem 8. 10. 2005 eingetretenen Insolvenzfall, EuGH 17. 1. 2008 NJW 2008, 1057 = NZA 2008, 287.

[4] Dazu bereits EuGH 16. 10. 2008 – C-310/07 – NZA 2008, 1345.

[5] Im Internet unter http://www.arbeitsagentur.de unter dem Stichwort „DA Insolvenzgeld" abrufbar.

[6] BSG 30. 1. 1997 SozR 3–4100 § 141 b Nr. 17 = BB 97, 1642; 8. 12. 1994 SozR 3–4100 § 168 Nr. 18 = NJW-RR 95, 993; 7. 9. 1988 SozR 4100 § 141 b Nr. 41 = DB 89, 936.

[7] BSG 27. 11. 1980 SozR 4100 § 141 b Nr. 15 = ZIP 81, 134.

[8] BSG 4. 7. 2007 SozR 4–2400 § 7 Nr. 8 = ZIP 2007, 2185.

[9] BSG 30. 1. 1997 SozR 3–4100 § 141 b Nr. 17 = BB 97, 1642; 8. 12. 1994 SozR 3–4100 § 168 Nr. 18; ähnlich EuGH 11. 9. 2003 NZA 2003, 1083 („beherrschender Einfluss" erforderlich).

[10] BSG 22. 4. 1987 SozR 4100 § 141 a Nr. 8 = ZIP 87, 924.

[11] BSG 17. 5. 1989 SozR 4100 § 141 b Nr. 46 = NZA 89, 773.

nehmerüberlassung ist Arbeitgeber der Verleiher (§ 1 AÜG). Fehlt die Erlaubnis, kommt ein Arbeitsverhältnis zwischen Entleiher und Leiharbeitnehmer zu Stande, weshalb die Insolvenz des Entleihers zu Ansprüchen auf Insolvenzgeld führt. Gleiches wird auch für die Insolvenz des Verleihers gelten, da nach Ansicht des BSG bei tatsächlicher Durchführung der unerlaubten Arbeitnehmerüberlassung ein faktisches Arbeitsverhältnis zwischen Verleiher und Leiharbeitnehmer entsteht.[12] Im Falle des Betriebsübergangs (§ 613 a BGB) haftet der bisherige Arbeitgeber neben dem neuen Inhaber für Verpflichtungen, soweit sie vor dem Zeitpunkt des Übergangs entstanden sind und vor Ablauf von einem Jahr nach diesem Zeitpunkt fällig werden. Ansprüche auf Insolvenzgeld können sowohl bei Insolvenz des Veräußerers als auch bei einer späteren Insolvenz des Erwerbers entstehen.[13]

5 **4. Insolvenzereignis. a) Bedeutung.** Voraussetzung für die Gewährung von Insolvenzgeld ist das Vorliegen eines Insolvenzereignisses (§ 183 I SGB III). Dies ist entweder **(1)** die Eröffnung des Insolvenzverfahrens, **(2)** die Abweisung des Antrags auf Eröffnung des Insolvenzverfahrens mangels Masse oder **(3)** die vollständige Beendigung der Betriebstätigkeit im Inland, wenn ein Antrag auf Eröffnung des Insolvenzverfahrens nicht gestellt worden ist und ein Insolvenzverfahren offensichtlich mangels Masse nicht in Betracht kommt. Nach dem Insolvenzereignis richtet sich der Dreimonatszeitraum des Insolvenzgelds und die zweimonatige Antragsfrist. Zwischen den Insolvenzereignissen besteht kein Rangverhältnis. Hieraus folgt, dass die Fristen seit Eintritt des frühesten Insolvenzereignisses rechnen. Ist zunächst der Antrag auf Eröffnung des Insolvenzverfahrens abgelehnt worden und später wegen der Einzahlung eines Vorschusses das Insolvenzverfahren eröffnet worden, rechnen die Fristen gleichwohl seit der Ablehnung mangels Masse. Bei mehreren Insolvenzereignissen entscheidet regelmäßig das zeitlich Erste, wenn sie alle in der Person der Arbeitgeberin vorliegen.[14] Wird der Betrieb von einem insolventen Arbeitgeber übernommen, können für die weiter beschäftigten Arbeitnehmer bei einem späteren Eintritt eines Insolvenzereignisses beim Betriebserwerber ein weiteres Mal Ansprüche auf Insolvenzgeld entstehen.[15] Ein neues Insolvenzereignis tritt jedoch nicht ein, solange die auf dem vorhergehenden, Insolvenzgeld auslösenden Insolvenzereignis beruhende Zahlungsunfähigkeit des Arbeitgebers andauert.[16] Die vorgenommene Bestätigung eines Insolvenzplans (§§ 218 ff. InsO) und die Aufhebung des Insolvenzverfahrens durch das Insolvenzgericht ist allein für die Annahme der Wiedererlangung der Zahlungsfähigkeit des Arbeitgebers nicht ausreichend.[17] Von einer Fortdauer der bereits eingetretenen Zahlungsunfähigkeit ist jedenfalls dann auszugehen, wenn die im Insolvenzplan vorgesehene Überwachung der Planerfüllung andauert.[18]

6 **b) Voraussetzungen. aa) Eröffnungsbeschluss.** Wird das Insolvenzverfahren eröffnet, ergeht ein Eröffnungsbeschluss (§ 27 II InsO), der die Bezeichnung des Schuldners enthält, Namen und Anschrift des Insolvenzverwalters sowie die Stunde der Eröffnung des Insolvenzverfahrens. Der Eröffnungsbeschluss ist nach §§ 30 I, 9 InsO öffentlich bekannt zu machen und auszugsweise im Bundesanzeiger zu veröffentlichen. Allerdings stand bis zum Inkrafttreten der Änderung der Richtlinie RL 2002/74/EG am 8. 10. 2002 § 183 I Nr. 3 SGB III nicht in Einklang mit den Vorgaben der Art. 3 II, 4 II der Richtlinie 80/987/EWG vom 20. 10. 1980, da nicht der Zeitpunkt der Eröffnung des Insolvenzverfahrens, sondern der Tag der entsprechenden Antragstellung für die Berechnung der Ansprüche der Insolvenzgeldsicherung maßgeblich war.[19] Nunmehr haben die Mitgliedsstaaten aber nach Art. 4 II der Richtlinie die Möglichkeit, den Beginn des 3-Monats-Zeitraums für die Insolvenzgeldsicherung selbst festzulegen. § 183 SGB III kann daher nicht dahin ausgelegt werden, dass maßgebendes Insolvenzereignis der Antrag auf Eröffnung des Insolvenzverfahrens ist.[20] Der Anspruch auf Insolvenzgeld entfällt nicht, wenn der Eröffnungsbeschluss nachträglich im Beschwerdeverfahren aufgehoben wird[21] (str.).

---

[12] BSG 25. 3. 1982 SozR 4100 § 141 b Nr. 23 = ZIP 82, 976; teilweise enger aber BSG 20. 4. 1984 SozR 4100 § 141 b Nr. 32 = BB 85, 665 (Beschränkung auf „gutgläubige Leiharbeitnehmer").

[13] BSG 28. 6. 1983 SozR 4100 § 141 b Nr. 27 = ZIP 83, 1224.

[14] BSG 30. 10. 1991 SozR 3–4100 § 141 b Nr. 3 = NZA 92, 1151.

[15] BSG 28. 6. 1983 SozR 4100 § 141 b Nr. 27 = ZIP 83, 1224.

[16] BSG 27. 8. 1998 SozR 3–4100 § 141 e Nr. 3 = NZA 99, 166; 11. 1. 1989 SozR 4100 § 141 b Nr. 43 = NZA 89, 485; 1. 12. 1978 SozR 4100 § 141 b Nr. 6.

[17] BSG 21. 11. 2002 SozR 3–4300 § 183 Nr. 3 = ZIP 2003, 445.

[18] BSG 29. 5. 2008 – B 11 a AL 57/06 R – = ZIP 2008, 1989.

[19] EuGH 15. 5. 2003 AP 8 zu EWG-Richtlinie Nr. 80/987 = NJW 2003, 2371 = NZA 2003, 713 dazu auch BSG 18. 12. 2003 SozR 4–4100 § 141 b Nr. 1; *Peters-Lange* ZIP 2003, 1877.

[20] BSG 18. 12. 2003 SozR 4–4100 § 141 b Nr. 1.

[21] *Gagel/Peters-Lange* § 183 RN 34 f. m. w. Nachw.

bb) Abweisung des Antrags. Wird der Insolvenzantrag abgewiesen, besteht ein Anspruch auf Insolvenzgeld nur, wenn die Abweisung mangels Masse (§ 26 InsO) erfolgt ist. Eine solche Entscheidung trifft das Insolvenzgericht, wenn das Vermögen des Schuldners voraussichtlich nicht ausreichen wird, um die Kosten des Verfahrens zu decken. Die Abweisung des Antrags aus anderen Gründen steht der Abweisung mangels Masse nicht gleich, da in anderen Fällen die Vermögensverhältnisse des Schuldners nicht geprüft werden. Die Abweisung mangels Masse wird nicht öffentlich bekannt gemacht, sondern nur in das bei Gericht geführte Schuldnerverzeichnis eingetragen. Nach § 184 IV SGB III ist der Arbeitgeber zu einer unverzüglichen Mitteilung an den Betriebsrat oder, wenn ein Betriebsrat nicht gebildet ist, an die Arbeitnehmer, verpflichtet. 7

cc) Betriebseinstellung. Insolvenzereignis ist schließlich die vollständige Betriebseinstellung. Der Zweck dieser Regelung besteht darin, bei offensichtlicher Überschuldung des Arbeitgebers das Insolvenzgericht zu entlasten und eine Kostenbelastung der Arbeitnehmer zu vermeiden.[22] § 183 I Nr. 3 SGB III stellt nur einen Auffangtatbestand für die Fälle dar, in denen zum Zeitpunkt der Betriebseinstellung kein zulässiger Antrag auf Eröffnung des Insolvenzverfahrens gestellt worden ist. Liegt ein solcher vor, kann die Bewilligung des Insolvenzgelds nicht auf die Nr. 3 gestützt werden.[23] Erforderlich ist, dass die Masselosigkeit im Zeitpunkt der Betriebseinstellung vorliegt, also vorher oder gleichzeitig eingetreten ist.[24] Keine vollständige Betriebseinstellung ist bei Inhaberwechsel gegeben.[25] Der vollständigen Betriebseinstellung stehen Abwicklungsarbeiten nicht entgegen.[26] Auch Entscheidungen ausländischer Insolvenzgerichte können für die Insolvenzgeldentscheidung der Arbeitsverwaltung maßgebend sein. 8

c) Antragsrücknahme. Das Insolvenzverfahren wird nur auf Antrag eröffnet; antragsberechtigt sind die Gläubiger und der Schuldner (§ 13 I InsO). Die Rücknahme des Antrags auf Eröffnung eines Insolvenzverfahrens führt zu unterschiedlichen Konsequenzen bei der Bewilligung von Insolvenzgeld. Bis zum Erlass des Eröffnungsbeschlusses kann der Antrag zurückgenommen werden, nach diesem Zeitpunkt nicht mehr (§ 13 II InsO). Bedeutung hat die Antragsrücknahme daher nur bei § 183 I Nr. 2 und 3 SGB III. Wird der Antrag nach dem Erlass eines Beschlusses des Insolvenzgerichts zurückgenommen, in dem die Eröffnung mangels Masse abgewiesen wird, so soll hierdurch seine anspruchsbegründende Wirkung für das Insolvenzgeld nicht nachträglich entfallen.[27] Durch eine Antragsrücknahme entfällt zugleich seine Sperrwirkung für die Bewilligung von Insolvenzgeld nach § 183 I Nr. 3 SGB III (RN 8). Wegen der Antragsfrist für das Insolvenzgeld (RN 32) sollte daher der Antrag auf Insolvenzgeld bei einer Betriebseinstellung stets vorsorglich und unabhängig vom Vorliegen der Voraussetzungen der § 183 I Nr. 1, 2 SGB III gestellt werden. 9

5. Arbeitsentgelt. a) Begriff. Durch das Insolvenzgeld soll nach dem Erarbeitensprinzip das im Insolvenzgeldzeitraum erarbeitete (Netto-)Arbeitsentgelt gesichert werden. Hingegen kommt es nicht darauf an, ob der Anspruch in diesem Zeitraum fällig oder bezifferbar geworden ist.[28] Zu den nach den §§ 183ff. SGB III geschützten Ansprüchen auf Arbeitsentgelt gehören daher alle Ansprüche aus dem Arbeitsverhältnis, die im weitesten Sinne als Gegenleistung für die Arbeitsleistung im Anspruchszeitraum erbracht werden bzw. sich diesem zuordnen lassen. Hierzu zählen Auslösungen, Zuschläge, Gewinnbeteiligungen,[29] Tantiemen,[30] Anwesenheitsprämien und Urlaubsentgelt bzw. zusätzliches Urlaubsgeld.[31] Ist der Anspruch von einer unterbliebenen Mitwirkung des Arbeitgebers abhängig, führt das Unterlassen des Arbeitgebers nicht, dass der Arbeitnehmer diesen Vergütungsanteil nicht beanspruchen kann.[32] Geschützt sind auch solche Ansprüche, die anstelle des Arbeitsentgeltes während eines bestehenden Arbeitsverhältnisses zu erbringen sind, z. B. Ansprüche aus Annahmeverzug oder Schadenersatzansprüche, wenn es der 10

---

[22] BSG 22. 9. 1993 SozR 3–4100 § 141 b Nr. 7 = ZIP 93, 1716.

[23] BSG 30. 10. 1991 SozR 3–4100 § 141 b Nr. 3 = NZA 92, 1151; 17. 7. 1979 SozR 4100 § 141 b Nr. 12 = DB 79, 2332.

[24] BSG 17. 7. 1979 SozR 4100 § 141 b Nr. 11.

[25] BSG 30. 4. 1981 SozR 4100 § 141 b Nr. 18; zur Haftungsbeschränkung BAG 20. 6. 2002 AP 10 zu § 113 InsO = NZA 2003, 222.

[26] BSG 5. 6. 1981 SozR 4100 § 141 b Nr. 19 = ZIP 81, 1112.

[27] Gagel/*Peters-Lange* § 183 RN 34; Niesel/*Roeder* § 183 RN 35.

[28] BSG 23. 3. 2006 SozR 4–4300 § 183 Nr. 6.

[29] Vgl. BAG 21. 5. 1980 AP 9 zu § 59 KO = NJW 81, 77.

[30] BAG 21. 5. 1980 AP 10 zu § 59 KO = NJW 81, 79.

[31] BSG 1. 12. 1976 SozR 4100 § 141 b Nr. 2 = AP 1 zu § 141 b AFG.

[32] BSG 23. 3. 2006 SozR 4–4300 § 183 Nr. 6 – Entgelt aus einer Zielvereinbarung.

Arbeitgeber versäumt hat, rechtzeitig Zuschüsse zum Kurzarbeitergeld zu beantragen.[33] Auch für rückwirkende Lohnerhöhungen kann je nach Ausgestaltung der Anspruchsvoraussetzungen Insolvenzgeld zu bewilligen sein. Kein Arbeitsentgelt sind Nebenkosten wie Verzugszinsen, Finanzierungskosten, Kosten der Rechtsverfolgung und Vollstreckungskosten.[34] Unerheblich ist, ob die Bezüge steuer- oder sozialversicherungspflichtig sind. Auch Schadenersatzansprüche aus der Zeit vor Begründung des Arbeitsverhältnisses zählen nicht zum Arbeitsentgelt, selbst wenn sie im Anspruchszeitraum liegen.[35] Anspruch auf Insolvenzgeld hat ein Arbeitnehmer auch dann, wenn er neben dem zahlungsunfähig gewordenen Arbeitgeber Dritte auf das Arbeitsentgelt, das ihm der Arbeitgeber schuldig geblieben ist, in Anspruch nehmen kann. Dies gilt aber nicht im umgekehrten Fall, wenn also der Arbeitgeber gegenüber dem Arbeitnehmer die Schuld eines Dritten in der Weise übernimmt, dass der Rechtsgrund unverändert bleibt.[36]

11 **b) Einschränkung: Ansprüche wegen oder nach Beendigung des Arbeitsverhältnisses.** Nicht gesichert sind Ansprüche die der Arbeitnehmer wegen der Beendigung des Arbeitsverhältnisses oder für die Zeit nach Beendigung des Arbeitsverhältnisses erwirbt (§ 184 I Nr. 1 SGB III). Maßgeblich ist dessen rechtliche Beendigung. Die Einschränkung betrifft vorrangig Abfindungen, die wegen der Beendigung des Arbeitsverhältnisses zu zahlen sind (RN 14). Der von § 141 a AFG abweichende Wortlaut des § 184 I Nr. 1 SGB III steht auch der Einbeziehung von Entgeltansprüchen entgegen, die erst nach dem Ende des Arbeitsverhältnisses entstehen, z. B. Ansprüche nach § 8 I EFZG.[37] Nicht vom Insolvenzgeld umfasst sind auch die Urlaubsabgeltung[38] und Schadensersatzansprüche nach § 113 InsO.[39] Gleiches gilt für den Schadenersatz nach § 628 II BGB,[40] den ein fristlos kündigender Arbeitnehmer zu beanspruchen hat, weil der Arbeitgeber die Vergütung nicht gezahlt hat. Ist der 3-Monats-Zeitraum noch nicht ausgeschöpft, ist es für den Arbeitnehmer vorteilhafter, wenn er von seinem Zurückbehaltungsrecht Gebrauch macht und zunächst vom Ausspruch der Kündigung absieht. Nicht gesichert sind schließlich Leistungen der betrieblichen Altersversorgung. Die Sicherung erfolgt insoweit über den Pensionssicherungsverein (dazu § 84 RN 104 ff.).

12 **c) Durchsetzbarkeit. aa)** Der Anspruch auf Arbeitsentgelt muss bestehen und durchsetzbar sein.[41] Einreden und Einwendungen des Arbeitgebers gegen den Vergütungsanspruch des Arbeitnehmers können die Bewilligung von Insolvenzgeld ausschließen oder schmälern. Dies gilt insbesondere für einen Anspruchsverlust durch tarifliche oder einzelvertragliche Ausschlussfristen oder eine Aufrechnung des Arbeitgebers gegen Ansprüche aus dem Insolvenzgeldzeitraum, der von der Arbeitsverwaltung bei der Festsetzung des Insolvenzgelds zu berücksichtigen ist. Gleiches gilt bei anderen Einreden wie z. B. den Verzicht, den Vergleich, die Verjährung oder den Einwand rechtsmissbräuchlichen Verhaltens (§ 242 BGB). Hingegen steht eine Stundung der Bewilligung von Insolvenzgeld nicht entgegen.

13 **bb) Arbeitsgerichtliche Urteile.** Ihnen kommt für die Feststellung der Ansprüche aus dem Arbeitsverhältnis im Insolvenzgeldzeitraum wegen der beschränkten Rechtskraftwirkungen nur in geringem Umfang Bedeutung zu. Grundsätzlich ist daher eine abweichende Beurteilung der Arbeitsverwaltung über das Bestehen des Arbeitsverhältnisses und die Höhe der sich auf den Insolvenzgeldzeitraum ergebenden Arbeitsvergütung möglich. Lediglich Urteile, in denen ein Arbeitsverhältnis zwischen Arbeitnehmer und insolventem Arbeitgeber oder ein Anspruch auf Arbeitsentgelt verneint wird, entfalten auch gegenüber der Arbeitsverwaltung Rechtswirkungen.[42] Ein Versäumnisurteil, das der Arbeitnehmer über die Vergütung im Anspruchszeitraum erstritten hat, erlangt aber nur dahingehende Bedeutung, dass bei Vorliegen der Tatsachen, die der Schlüssigkeitsprüfung des Arbeitsgerichts zugrunde gelegen haben, die Vergütungsforderung

---

[33] BSG 17. 7. 1979 SozR 4100 § 141 b Nr. 12 = DB 79, 2332.

[34] BSG 18. 1. 1990 SozR 3–4100 § 141 b Nr. 1 = ZIP 90, 524; 28. 2. 1985 SozR 4100 § 141 b Nr. 35 = ZIP 85, 626.

[35] BSG 9. 5. 1995 SozR 3–4100 § 141 b Nr. 15 = NZA-RR 96, 151 – Verschulden bei Vertragsschluss.

[36] BSG 2. 11. 2000 SozR 3–4100 § 141 b Nr. 22 = NZA-RR 2001, 553.

[37] Anders noch BSG 23. 8. 1989 SozR 4100 § 141 b Nr. 48 zu § 6 LFZG a. F.

[38] BSG 20. 2. 2002 SozR 3–4300 § 184 Nr. 1 = AP 1 zu § 184 SGB III; BAG 25. 3. 2003 AP 4 zu § 55 InsO = NZA 2004, 43; *Gagel* ZIP 2000, 257; a. A. zum früheren Recht BSG 3. 12. 1996 SozR 3–4100 § 141 b Nr. 16 = ZIP 97, 1040; 27. 9. 1994 SozR 3–4100 § 141 b Nr. 11.

[39] BSG 29. 2. 1984 SozR 4100 § 141 b Nr. 31 = ZIP 84, 1249.

[40] BSG 29. 2. 1984 SozR 4100 § 141 b Nr. 31 = ZIP 84, 1249.

[41] BSG 20. 6. 1995 SozR 3–4100 § 141 b Nr. 15 = ZIP 95, 1534; 27. 9. 1994 SozR 3–4100 § 141 b Nr. 10 = ZIP 94, 1965; 8. 4. 1992 SozR 3–4100 § 141 a Nr. 1 = NZA 92, 1150.

[42] BSG 8. 4. 1992 SozR 3–4100 § 141 a Nr. 1 = NZA 92, 1150.

besteht.[43] Hat der Arbeitnehmer gegen eine ausgesprochene Kündigung keine Kündigungsschutzklage erhoben und fand auf das Arbeitsverhältnis das KSchG Anwendung, ist die Arbeitsverwaltung wegen der Fiktionswirkung in den §§ 4, 7 KSchG insoweit an den Beendigungszeitpunkt gebunden.[44]

d) Einzelfälle. aa) Abfindungen. Abfindungen, die wegen der Beendigung des Arbeitsverhältnisses gezahlt werden sind nach § 184 I Nr. 1 SGB III nicht insolvenzgeldgeschützt. Dies gilt unabhängig davon, ob die Abfindung bereits im Arbeitsvertrag vorgesehen oder erst im Zusammenhang mit der Beendigung des Arbeitsverhältnisses vereinbart wird.[45] Unerheblich ist auch ihre Rechtsgrundlage (Tarifvertrag, Betriebsvereinbarung), ebenso ob sie den Verlust des sozialen Besitzstandes entschädigen soll oder in ihr umgewandeltes Arbeitsentgelt für die Zeit nach Beendigung des Arbeitsverhältnisses enthalten ist. Vereinbaren die Parteien die Umwandlung von laufendem Arbeitsentgelt in eine Abfindung, unterliegt diese grundsätzlich dem Insolvenzschutz, soweit die umgewandelten Bezüge dem Insolvenzgeldzeitraum zuzuordnen sind. Auch nach der Neufassung der RL 80/987/EWG durch die RL 2008/94/EG bleibt es unverändert den Mitgliedstaaten überlassen, ob sie eine Entlassungsentschädigung durch Insolvenzgeld schützen.[46] Dies hat die Bundesrepublik bisher nicht getan. Für Abfindungen nach § 1a KSchG wird vertreten, dass diese auf Grund einer richtlinienkonformen Auslegung als gesetzliche Ansprüche insolvenzgeldgeschützt sind.[47] 14

bb) Arbeitszeitguthaben. Bei Arbeitszeitkonten war streitig, ob die Guthaben nach dem Erarbeitensprinzip oder dem Fälligkeitsprinzip geschützt sind. Das BSG hat sich für das Erarbeitensprinzip entschieden und ausgeführt, dass das Guthaben nur für den Ausfallzeitraum geschuldet wird, wenn es in diesem Zeitraum erarbeitet worden oder bestimmungsgemäß zu verwenden ist.[48] Nach der Neufassung des § 183 I 4 SGB III gilt für Zeiten, in denen auch während der Freistellung eine Beschäftigung gegen Arbeitsentgelt besteht, der auf Grund schriftlicher Vereinbarung zur Bestreitung des Lebensunterhalts im jeweiligen Zeitraum bestimmte, d.h. fällige Betrag (sog. Lebensunterhaltsprinzip). Das erarbeitete Arbeitszeitguthaben und zur Auszahlung bestimmte Guthaben ist dementsprechend bei Bestehen einer schriftlichen Abrede dem Auszahlungszeitraum zuzuordnen. Fehlt diese, ist auch eine mündliche Vereinbarung ausreichend, da anzunehmen ist, dass der Gesetzgeber das Schriftformerfordernis lediglich zur Verhinderung von Manipulationen bei der Bemessung des geschützten Arbeitsentgelts vorgesehen hat. Bei einem Insolvenzereignis während einer **Altersteilzeit** im Blockmodell ist umstr., ob neben dem Arbeitsentgelt und den Aufstockungsbeiträgen auch die Differenz zum vollen Arbeitsentgelt im Insolvenzgeldzeitraum geschützt ist. Die Frage wird nach der Neufassung des § 184 I 4 SGB III zu bejahen sein.[49] Allerdings ist nicht zu verkennen, dass wegen der Vorleistungspflicht des Arbeitnehmers die Insolvenzgeldsicherung ggf. nur einen geringen Zeitraum abdeckt. 15

cc) Gratifikationen, Sonderzuwendungen, Urlaubsgeld. Sie sind vom Insolvenzgeld erfasst, wenn sie sich ganz oder teilweise dem Insolvenzgeldzeitraum zuordnen lassen. Nicht allein entscheidend ist, wann die Zuwendung fällig und bezifferbar wird, weil sonst die Beteiligten die Möglichkeit hätten, durch Vereinbarungen über die Fälligkeit den Insolvenzschutz zu Lasten der Arbeitsverwaltung herbeizuführen.[50] Die danach erforderliche Zuordnung orientiert sich am Leistungszweck. Soll die erbrachte Arbeitsleistung bzw. Betriebszugehörigkeit im Auszahlungsjahr honoriert werden, ist die Zuwendung anteilig auf den Insolvenzgeldzeitraum zu verteilen; dies wird dann anzunehmen sein, wenn eine anteilige Leistungsgewährung bei Ein- und Austritt im laufenden Jahr in den Bedingungen für die Sonderzuwendung vorgesehen ist.[51] Eine auf Grund tariflicher Regelung oder betrieblicher Übung allen an einem Stichtag in einem ungekündigten Arbeitsverhältnis stehenden Arbeitnehmern grundsätzlich ungekürzt zustehende Jahressonderzahlung ist nicht einzelnen Monaten zuzuordnen.[52] Kann eine eindeutige Zuordnung (z.B. beim Zusammentreffen von mehreren Leistungszwecken) nicht erfolgen, ist die Zuwen- 16

[43] BSG 30. 7. 1981 SozR 1500 § 141 Nr. 9 = ZIP 82, 78.
[44] BSG 11. 1. 1989 SozR 4100 § 141k Nr. 5 = ZIP 90, 1099; 12. 8. 1987 NZA 88, 180.
[45] BSG 3. 12. 1996 SozR 3–4100 § 141b Nr. 16 = ZIP 97, 1040.
[46] Zur RL 2002/74/EG: EuGH 7. 9. 2006 AP 1 zu Richtlinie 80/987/EWG = SozR 4–6084 Art. 3 Nr. 3.
[47] *Gagel/Peters-Lange* NZA 2005, 740, 743f.
[48] BSG 25. 6. 2002 SozR 3–4100 § 141b Nr. 24 = AP 3 zu § 141a AFG.
[49] Gagel/*Peters-Lange* § 183 RN 125; dazu auch *Nimscholz* ZInsO 2005, 522.
[50] BSG 27. 9. 1994 SozR 3–4100 § 141b Nr. 11.
[51] BSG 12. 8. 1987 NZA 88, 179.
[52] BSG 21. 7. 2005 SozR 4–4300 § 183 Nr. 5; 2. 11. 2000 SozR 3–4100 § 141b Nr. 21.

dung nur geschützt, wenn sie im Insolvenzgeldzeitraum fällig wird.[53] Durch eine dem Arbeitgeber gewährte Stundung wird der Fälligkeitstermin einer Sonderzuwendung nicht verschoben.[54] Die gleichen Grundsätze gelten auch für das (zusätzliche) Urlaubsgeld. Diese ist es insolvenzgeldrechtlich nur zu berücksichtigen, soweit es für die Zeit der Urlaubstage in den letzten drei Monaten vor dem Insolvenzereignis vom Arbeitgeber zu zahlen gewesen wäre.[55] Wird es urlaubsunabhängig gezahlt, ist es nur dann berücksichtigungsfähig, wenn es sich nach den dargestellten Grundsätzen ganz oder anteilig den dem Insolvenzereignis vorausgehenden drei Monaten zuordnen lässt.[56]

17 **dd) Provisionen.** Sie sind nach dem Erarbeitensprinzip durch Insolvenzgeld gesichert, wenn nach den arbeitsvertraglichen Regelungen der Provisionsanspruch in dem Insolvenzgeldzeitraum entsteht. Der Zeitpunkt der Entstehung ist insbesondere bei Provisionen entscheidend, bei denen es nach dem Arbeitsvertrag nicht darauf ankommt, ob der Erfolg durch eine Arbeitsleistung herbeigeführt wurde. Bei tätigkeits- und erfolgsabhängigen Provisionen hat der Arbeitnehmer die ihm aus der Provisionsabrede entstandene arbeitsvertragliche Pflicht zu dem Zeitpunkt erfüllt, in dem der Abschluss des Geschäfts erfolgt, d. h. „der Auftrag hereingebracht" ist.[57] Der Provisionsanspruch ist auch dann vom Insolvenzgeld umfasst, wenn der letzte Akt der geschuldeten Leistung im Insolvenzzeitraum erbracht wird. Unerheblich ist, wenn er unter der aufschiebenden Bedingung der späteren Erfüllung steht. Insolvenzschutz besteht dann auch, wenn die Ausführung des Geschäfts wegen der Insolvenz unterbleibt.

18 **6. Anspruchszeitraum.** Geschützt ist das Arbeitsentgelt für die letzten drei Monate vor Eintritt des Insolvenzereignisses; die einzel- oder kollektivvertragliche Verlegung des Fälligkeitszeitpunktes zur Erlangung von Insolvenzgeld ist gegenüber der BA unwirksam.[58] Ebenso können bloße Fälligkeitsvereinbarungen ohne Veränderung des Rechtsgrunds eine Änderung in der zeitlichen Zuordnung der Sonderzuwendung nicht herbeizuführen.[59] Die Frist wird nach § 187 I BGB berechnet, der Insolvenzeröffnungstag bleibt außer Betracht.[60] War das Arbeitsverhältnis vor dem Insolvenztag bereits beendet, endet die Frist mit dem Ende des Arbeitsverhältnisses. Geschützt sind stets die letzten drei Monate des Arbeitsverhältnisses, selbst wenn das Insolvenzereignis erst mit zeitlichem Abstand auf die Beendigung des Arbeitsverhältnisses folgt. Ist z. B. das Arbeitsverhältnis am 25. 7. beendet worden und das Insolvenzereignis erst am 30. 8. eingetreten, sind die Ansprüche vom 26. 4. bis 25. 7. gesichert.[61] Sind auch für weiter zurückliegende Zeiten Entgeltansprüche rückständig und werden vom Gemeinschuldner noch Zahlungen erbracht, erfordert die Richtlinie, dass zunächst die ungesicherten Forderungen getilgt werden.[62] Kein Insolvenzschutz besteht für Zeiten nach Eintritt des Insolvenzereignisses. Der Arbeitnehmer trägt insoweit das Risiko des Entgeltausfalls, weil er das Arbeitsverhältnis fortsetzen oder wegen Zahlungsverzugs außerordentlich kündigen kann.[63]

19 **7. Weiterarbeit.** Hat ein Arbeitnehmer in Unkenntnis eines Insolvenzergebnisses weitergearbeitet oder die Arbeit aufgenommen, besteht der Anspruch für die dem Tag der Kenntnisnahme vorausgehenden drei Monate des Arbeitsverhältnisses (§ 183 II SGB III).[64]

20 **8. Anfechtbare Rechtshandlung.** Kein Anspruch besteht für solche Ansprüche, die der Arbeitnehmer durch eine nach der Insolvenzordnung anfechtbare Rechtshandlung oder durch eine Rechtshandlung erlangt hat, die bei Eröffnung des Insolvenzverfahrens anfechtbar wäre (§ 184 I Nr. 2 SGB III). Ein Anfechtungsrecht kann in Betracht kommen nach den §§ 132 I, 133 I, II und 146 InsO. Bezweckt ist mit der Regelung eine gleichmäßige Befriedigung aller Gläubiger. Nach § 184 I Nr. 3 SGB III besteht kein Anspruch auf Insolvenzgeld, wenn der Insolvenzverwalter wegen eines Rechts zur Leistungsverweigerung nicht erfüllt. Die Vorschrift betrifft § 146 II InsO, wonach der Insolvenzverwalter die Erfüllung einer Leistungspflicht ver-

[53] BSG 18. 1. 1990 SozR 3–4100 § 141 b Nr. 1 = NZA 90, 544; 7. 9. 1988 SozR 4100 § 141 b Nr. 42.
[54] BSG 21. 7. 2005 SozR 4–4300 § 183 Nr. 5; 2. 11. 2000 SozR 3–4100 § 141 b Nr. 21.
[55] BSG 1. 12. 1976 SozR 4100 § 141 b Nr. 2.
[56] BSG 23. 3. 2006 ZIP 2006, 1882.
[57] BSG 24. 3. 1983 SozR 4100 § 141 b Nr. 26 = ZIP 83, 965; 18. 12. 1980 SozR 4100 § 141 b Nr. 17.
[58] BSG 18. 3. 2004 SozR 4–4300 § 183 Nr. 3.
[59] BSG 21. 7. 2005 SozR 4–4300 § 183 Nr. 5; 2. 11. 2000 SozR 3–4100 § 141 b Nr. 21.
[60] BSG 22. 5. 1995 SozR 3–4100 § 141 k Nr. 2 = ZIP 95, 935; 3. 10. 1989 SozR 4100 § 141 b Nr. 50.
[61] BSG 23. 10. 1984 SozR 4100 § 141 b Nr. 33 = AP 8 zu § 141 b AFG; maßgeblich ist die Beendigung des Arbeitsverhältnisses und nicht die Beschäftigungsaufgabe BSG 25. 8. 2008 – B 11 AL 64/08 B – z. V. b.
[62] EuGH 14. 7. 1998 AP 4 zu EWG-RL Nr. 80/987 = NZA 98, 1109 (Regeling/Bestuur).
[63] BSG 3. 12. 1996 SozR 3–4100 § 141 b Nr. 16 = ZIP 97, 1040.
[64] BSG 30. 4. 1996 NZA-RR 97, 270.

weigern kann, die auf einer anfechtbaren Handlung beruht, auch wenn der Anfechtungsanspruch verjährt ist.

9. Ausland. § 183 I SGB III beschränkt bei Insolvenzereignissen im Ausland die Ansprüche auf Insolvenzgeld auf die in Deutschland beschäftigten Arbeitnehmer ausländischer Unternehmen. Diese Regelung steht nach der Änderung der Richtlinie 80/987/EWG vom 20. 10. 1980 und dem Inkrafttreten der Richtlinie RL 2002/74/EG vom 23. 9. 2002 am 8. 10. 2002 in Übereinstimmung mit dem europäischen Recht. Nach dem neu eingefügten Art. 8a der Richtlinie ist bei einem Unternehmen, das in zumindest zwei Mitgliedsstaaten tätig ist, die Einrichtung desjenigen Mitgliedsstaats zuständig, in dessen Hoheitsgebiet die betreffenden Arbeitnehmer ihre Arbeit gewöhnlich verrichten oder verrichtet haben. Zuvor hatte das BSG unmittelbar aus der Richtlinie einem in Frankreich wohnenden und beschäftigten Franzosen Ansprüche aus der deutschen Insolvenzsicherung zuerkannt, wenn über das Vermögen des Arbeitgebers das Insolvenzverfahren in Deutschland eröffnet worden ist und eine registrierte Niederlassung in Frankreich nicht bestanden hat.[65] Die Insolvenzsicherung von Arbeitnehmern deutscher Unternehmen mit einem Arbeitsort innerhalb eines anderen Mitgliedstaats der EU richtet sich daher nach dem Rechts des anderen Mitgliedstaats. Dabei können die Mitgliedstaaten für die betragsmäßige Höhe der Insolvenzsicherung Höchstgrenzen festlegen.[66] Es bleibt abzuwarten, ob der Gesetzgeber die Richtlinie 2008/94/EG (RN 1) zum Anlass nimmt, das nationale Recht in Hinblick auf grenzüberschreitende Sachverhalte zumindest klarstellend anzupassen. Für die nicht unter den Geltungsbereich der Richtlinie fallenden Arbeitnehmer deutscher Unternehmen im Ausland besteht nach § 183 I SGB III auch dann kein Anspruch auf Leistungen der deutschen Insolvenzsicherung, wenn sie nach dem dort geltenden nationalen Recht keine Ansprüche auf vergleichbare Leistungen haben. Unerheblich ist auch, ob die dortige Niederlassung nach ausländischem Recht registriert ist. 21

III. Pflichten des Insolvenzverwalters, Arbeitgebers und Arbeitnehmers

1. Allgemeine Auskunftspflicht. Der Arbeitgeber,[67] der Insolvenzverwalter, die Arbeitnehmer sowie sonstige Personen, die Einblick in die Arbeitsentgeltunterlagen hatten, sind verpflichtet, der Arbeitsverwaltung auf Verlangen alle Auskünfte zu erteilen, die für die Erbringung des Insolvenzgelds erforderlich sind (§ 316 SGB III). 22

2. Auskunft gegenüber dem Insolvenzverwalter. Der Arbeitgeber und die Arbeitnehmer sowie sonstige Personen, die Einblick in die Arbeitsentgeltunterlagen hatten, sind verpflichtet, dem Insolvenzverwalter auf Verlangen alle Auskünfte zu erteilen, die er für die Insolvenzbescheinigung benötigt (§ 316 II SGB III). 23

3. Information durch Arbeitgeber. Der Arbeitgeber ist verpflichtet, einen Beschluss des Insolvenzgerichts über die Abweisung des Antrags auf Insolvenzeröffnung mangels Masse dem Betriebsrat oder den Arbeitnehmern unverzüglich bekannt zu geben (§ 183 IV SGB III). 24

4. Pflichten des Insolvenzverwalters. Der Insolvenzverwalter hat auf Verlangen der Arbeitsverwaltung für jeden Arbeitnehmer, für den ein Anspruch auf Insolvenzgeld in Betracht kommt, die Höhe des Arbeitsentgelts für die letzten der Eröffnung des Insolvenzverfahrens vorausgehenden drei Monate des Arbeitsverhältnisses sowie die Höhe der gesetzlichen Abzüge und der zur Erfüllung der Ansprüche auf Arbeitsentgelt erbrachten Leistungen zu bescheinigen. Er hat auch zu bescheinigen, inwieweit die Ansprüche auf Arbeitsentgelt gepfändet, verpfändet oder abgetreten sind. Dabei hat er den von der BA vorgesehenen Vordruck zu benutzen (§ 314 SGB III). 25

IV. Umfang der Leistung

1. Höhe des Insolvenzgelds. a) Nettovergütung. Das Insolvenzgeld wird in Höhe des rückständigen Nettoarbeitsentgelts der letzten drei dem Insolvenzereignis vorausgehenden Monate des Arbeitsverhältnisses erbracht, das sich nach Abzug der jeweils anfallenden Steuern und der gesetzlichen Sozialversicherungsbeiträge ergibt. Durch „Hartz III" ist § 185 I SGB III geändert worden, als maßgebliches Bruttoarbeitsentgelt, aus dem das Insolvenzgeld berechnet wird, 26

---

[65] BSG 29. 6. 2000 SozR 3–4100 § 141a Nr. 2; dazu auch EuGH 17. 9. 1997 NZA 97, 1155.

[66] EuGH 16. 7. 1998 AP 3 zu EWG-Richtlinie Nr. 80/987 = NZA 98, 1047.

[67] Zur Haftung eines Geschäftsführers gegenüber der BA wegen verspäteter Insolvenzantragstellung auf Ersatz des geleisteten Insolvenzgelds BGH 18. 12. 2007 BGHZ 175, 58 = NZA-RR 2008, 195.

gilt höchstens ein Entgelt i. H. d. monatlichen Beitragsbemessungsgrenze in der Arbeitslosenversicherung (§ 341 IV SGB III).[68]

27 **b) Sozialversicherung.** Die Arbeitsverwaltung übernimmt auch die fälligen Pflichtbeiträge zur Kranken- und Rentenversicherung sowie zur sozialen Pflegeversicherung und Beiträge zur BA (§ 208 SGB III). Damit wird gewährleistet, dass der Arbeitnehmer durch die Insolvenz keine sozialversicherungsrechtlichen Nachteile erleidet.

28 **c) Versteuerung.** Ist der Arbeitnehmer im Inland einkommensteuerpflichtig, ohne dass Steuern durch Abzug vom Arbeitslohn erhoben werden, oder ist er im Inland nicht einkommensteuerpflichtig, ist das Entgelt um die Einkommensteuer zu mindern (§ 185 SGB III). Erhält der Arbeitnehmer Insolvenzgeld, kann er vom Arbeitgeber oder Insolvenzverwalter nicht Zahlung des Teils des Bruttolohnes verlangen, der als Lohnsteuer abzuführen gewesen wäre.[69]

29 **2. Vorschuss.** Die Arbeitsverwaltung kann einen Vorschuss auf das Insolvenzgeld zahlen, wenn **(a)** die Eröffnung des Insolvenzverfahrens über das Vermögen des Arbeitgebers beantragt ist, **(b)** das Arbeitsverhältnis beendet ist und **(c)** die Voraussetzungen für den Anspruch auf Insolvenzgeld mit hinreichender Wahrscheinlichkeit erfüllt werden. Durch das Tatbestandsmerkmal der Beendigung des Arbeitsverhältnisses soll eine Vorfinanzierung über einen längeren Zeitraum und eine Insolvenzverschleppung vermieden werden. Die Arbeitsverwaltung bestimmt die Höhe des Vorschusses nach pflichtgemäßem Ermessen. Hierbei ist auch zu berücksichtigen, dass das Insolvenzgeld als Sozialleistung den Unterhalt des Arbeitnehmers sicherstellen soll (§ 19 I Nr. 5 SGB I). Die Grenzen des § 51 SGB I brauchen nicht eingehalten werden. Wird Insolvenzgeld nur in geringerer Höhe zuerkannt, ist die Überzahlung später zu erstatten (§ 186 SGB III).

30 **3. Gewährung des Insolvenzgelds an Dritte.**[70] **a) Verfügungen des Arbeitnehmers.** Soweit der Arbeitnehmer vor seinem Antrag auf Insolvenzgeld Ansprüche auf Arbeitsentgelt einem Dritten übertragen hat, steht der Anspruch auf Insolvenzgeld dem Dritten zu (§ 188 I SGB III). Erfasst wird der gesetzliche Forderungsübergang bei Gewährung von Sozialleistungen wie die Lohnabtretung. Der Arbeitnehmer hat daher die Möglichkeit, seine Entgeltforderung an eine Bank zu verkaufen. Diese ist in Höhe des Insolvenzgelds gesichert. Ist die Arbeitsvergütung des Arbeitnehmers gepfändet, erstreckt sich die Pfändung auch auf das Insolvenzgeld (§ 188 I, II SGB III). Die am Insolvenzgeld bestehenden Pfandrechte erlöschen, wenn die Ansprüche auf die Arbeitsverwaltung übergegangen sind und diese Leistungen erbracht hat (§ 188 III SGB III). Hat sie von der Abtretung oder Pfändung nichts erfahren, kann sie an den Arbeitnehmer mit befreiender Wirkung leisten (§ 407 BGB).

31 **b) Vorfinanzierung.** In § 188 IV SGB III ist die Vorfinanzierung des Insolvenzgelds geregelt. Durch die Vorfinanzierung soll eine (vorläufige) Weiterarbeit der Arbeitnehmer und damit eine Betriebsfortführung ermöglicht werden. In der Vergangenheit ist die Vorfinanzierung vielfach missbräuchlich verwandt worden, z. B. um ein überschuldetes Unternehmen am Markt zu halten oder zur Finanzierung der Auslaufproduktion. Nach dem gegenüber dem AFG geänderten Recht ist die Vorfinanzierung nach § 188 IV SGB III zwar grundsätzlich zulässig, aber von der Zustimmung der Arbeitsverwaltung abhängig.[71] So hat der neue Gläubiger oder Pfandgläubiger ohne deren Zustimmung keinen Anspruch auf Insolvenzgeld für Ansprüche auf Arbeitsentgelt, die ihm vor dem Insolvenzereignis zur Vorfinanzierung abgetreten oder verpfändet worden sind. Die Arbeitsverwaltung darf der Abtretung oder Verpfändung nur zustimmen, wenn die Prognose gerechtfertigt ist, dass durch die Vorfinanzierung der Arbeitsentgelte ein erheblicher Teil der Arbeitsplätze erhalten bleibt. Bei der Zustimmung handelt es sich um eine gebundene Erlaubnis, d. h. die Arbeitsverwaltung muss die Zustimmung bei Vorliegen der gesetzlichen Voraussetzungen erteilen. Ein Ermessensspielraum besteht nicht, wohl aber ein Beurteilungsspielraum für die Prognosenentscheidung hinsichtlich der erforderlichen Anzahl der zu erhaltenden Arbeitsplätze. Die Zustimmung ist regelmäßig vor der Abtretung oder Verpfändung abzugeben, kann auch nachträglich erteilt werden. Ihre Verweigerung kann ggf. vor den Sozialgerichten gerichtlich überprüft werden.

---

[68] Die Beschränkung halten *Moll/Henke* EWiR 2004, 775 unter Hinweis auf EuGH 4. 3. 2004 SozR 4–6084 Art. 3 Nr. 2 = AP 10 zu EWG-Richtlinie Nr. 80/987 gemeinschaftsrechtlich für bedenklich; zur Übergangsvorschrift in § 434j XII Nr. 5 SGB III: BSG 5. 12. 2006 SozR 4–4300 § 183 Nr. 7.

[69] BAG 11. 2. 1998 AP 19 zu § 611 BGB Lohnanspruch = NZA 98, 710; 17. 4. 1985 AP 15 zu § 611 BGB Lohnanspruch = NZA 86, 191.

[70] Schrifttum vor RN 1.

[71] Zum früheren Recht: BSG 30. 4. 1996 SozR 3–4100 § 141 k Nr. 3 = NZA 96, 1120.

4. Antrag. Das Insolvenzgeld ist innerhalb einer Ausschlussfrist von zwei Monaten nach dem Insolvenzereignis beim AA zu beantragen (§§ 323 I 1, 324 III, 327 III SGB III). Nach Ansicht des BSG steht die Richtlinie 80/987/EWG der Anwendung der in § 324 III SGB III enthaltenen Ausschlussfrist nicht entgegen.[72] 32

[72] BSG 17. 10. 2007 SozR 4–4300 § 324 Nr. 4; zum Gemeinschaftsrecht EuGH 18. 9. 2003 AP 9 zu EWG-Richtlinie Nr. 80/987 = SozR 4–4300 § 324 Nr. 1.

8. Abschnitt. Arbeitsvergütung ohne Arbeitsleistung

§ 95. Annahmeverzug des Arbeitgebers

Bayreuther, Böswilliges Unterlassen eines anderen Erwerbs im gekündigten Arbeitsverhältnis, NZA 2003, 1365; *Boecken/Topf,* Kündigungsschutz: Zurück zum Bestandsschutz durch Ausschluss des Annahmeverzuges, RdA 2004, 19; *Dollmann,* Chancen und Risiken im Umgang mit dem allgemeinen Weiterbeschäftigungsanspruch in Bestandsschutzstreitigkeiten, BB 2003, 2681; *Fischer,* Annahmeverzug bei Ablehnung einer Änderungskündigung und Widerspruch gegen einen Betriebsübergang, FS für Hromadka, 2008, S. 83; *Gravenhorst,* Die Anrechnung anderweitigen Erwerbs im Annahmeverzug des Arbeitgebers, 2007; *Groeger,* Die Geltendmachung des Annahmeverzugslohnanspruchs, NZA 2000, 793; *Günzel,* Differenzlohnanspruch bei Neuaufnahme eines Arbeitsverhältnisses, FA 2000, 247; *Klar,* Einvernehmliche Freistellung und Anrechnung anderweitigen Verdienstes, NZA 2004, 576; *Klein,* Die Offenbarungspflicht des Arbeitnehmers bei Annahmeverzug des Arbeitgebers, NZA 98, 1208; *Krause,* Nach der Kündigung: Weiterbeschäftigung, Freistellung, Annahmeverzug, NZA 2005, Beil. 1 S. 51; *Kühn,* Zur Methode der Anrechnung anderweitigen Erwerbs nach § 615 S. 2 BGB, 2008; *Nägele/Böhm,* Zweifelhafte Rechtsprechung zur Berechnung des Annahmeverzugslohnes, ArbRB 2006, 317; *Nägele,* Freistellung und anderweitiger Erwerb, NZA 2008, 1039; *Nübold,* Die Methode der Anrechnung anderweitigen Verdienstes nach § 615 Satz 2 BGB, RdA 2004, 31; *Opolony,* Möglichkeiten des Arbeitgebers zur Minimierung des Verzugslohnrisikos, DB 98, 1714; dazu *Löwisch* DB 98, 2118; *Opolony,* Aktuelles zum Annahmeverzugslohn im Rahmen von Kündigungsschutzverfahren, BB 2004, 1386; *Preis/Hamacher,* Das Recht der Leistungsstörungen im Arbeitsverhältnis, Jura 98, 11; *Ricken,* Annahmeverzug und Prozessbeschäftigung während des Kündigungsrechtsstreits, NZA 2005, 323; *Sandmann,* Böswilliges Unterlassen anderweitigen Verdienstes während des Annahmeverzugs des Arbeitgebers, RdA 2005, 247; *Schaub,* Annahmeverzug, AR-Blattei SD 80 (2000); *Schier,* Kündigungsschutzstreitigkeiten und Annahmeverzugslohn, BB 2006, 2578; *Schirge,* Böswilliges Unterlassen anderweitigen Erwerbs nach § 615 Satz 2 BGB im gekündigten Arbeitsverhältnis, DB 2000, 1278; *Schulze,* Änderungskündigung und Annahmeverzug, NZA 2006, 1145; *Spirolke,* Der – böswillig unterlassene – anderweitige Erwerb i. S. der §§ 615 BGB, 11 KSchG, NZA 2001, 707; *Tschöpe,* Weiterbeschäftigung während des Kündigungsrechtsstreits: Neue Trends beim Annahmeverzug des Arbeitgebers, DB 2004, 434.

Übersicht

	RN
I. Allgemeines	1 ff.
1. Überblick	1–3
2. Gegenstand des Annahmeverzugsanspruchs	4
II. Abdingbarkeit	5 ff.
1. Grundsatz	5, 6
2. Grenzen	7, 8
3. Ausgleichsquittung	9
III. Abgrenzung zum Schuldnerverzug	10–12
IV. Freistellung von der Arbeitspflicht	13 ff.
1. Auslegung der Erklärungen	13–15 a
2. Annahmeverzug	16–18
V. Allgemeine Voraussetzungen des Annahmeverzugs	19 ff.
1. Erfüllbares Arbeitsverhältnis	19–24
2. Angebot der Arbeitsleistung	25–27
VI. Annahmeverzug bei der Beendigung des Arbeitsverhältnisses	28 ff.
1. Arbeitgeberkündigung	28–32
2. Arbeitsunfähigkeit zum Kündigungstermin	33
3. Auswirkungen eines Auflösungsantrags	34
4. Eigenkündigung des Arbeitnehmers	35
5. Aufhebungsvertrag	36
6. Betriebsübergang	37
7. Kündigung eines freien Dienstverhältnisses	38, 39
VII. Leistungsfähigkeit und Leistungswilligkeit	40 ff.
1. Grundsätze	40, 41
2. Leistungsfähigkeit	42–49
3. Leistungswilligkeit	50–53
4. Darlegungs- und Beweislast	54, 55
VIII. Ablehnung der Arbeitsleistung	56 ff.
1. Allgemeines	56
2. Leistung Zug um Zug	57
3. Unzumutbarkeit der Weiterbeschäftigung	58
IX. Beendigung des Annahmeverzugs	59 ff.
1. Allgemeines	59
2. Aufforderung zur Arbeit	60
3. Beendigung des Arbeitsverhältnisses	61
4. Angebot der Prozessbeschäftigung	62
5. Rücknahme der Kündigung	63
6. Entbindung von der Weiterbeschäftigungspflicht	64
7. Änderungskündigung	65
X. Vergütungsfortzahlung	66 ff.
1. Lohnausfallprinzip	66, 67
2. Zuschläge	68, 69
3. Besondere Vergütungsbestandteile	70–72
4. Verzugszinsen	73–75
5. Ausschlussfristen	76–82
6. Verjährung	83

	RN
XI. Anrechnungsfragen	84 ff.
1. Verhältnis von § 615 Satz 2 BGB zu § 11 KSchG	84–86
2. Anderweitiger Verdienst	87–96
3. Gesamtanrechnung	97–100
4. Böswillig unterlassener Verdienst	101–115
5. Sozialleistungen	116–119
6. Zusammentreffen mehrerer Anrechnungstatbestände	120, 121
XII. Prozessuale Fragen	122–126

I. Allgemeines

1. Überblick. Nach § 293 BGB kommt der Arbeitgeber in Annahmeverzug, wenn er die ihm **angebotene Leistung nicht annimmt.** Der Annahmeverzug setzt voraus, dass 1

(1) ein erfüllbares Arbeitsverhältnis vorliegt (unten RN 19 ff.);

(2) die Arbeitsleistung tatsächlich (§ 294 BGB) oder unter gewissen Umständen wörtlich (§ 295 BGB) angeboten wird, in Ausnahmefällen ist nach § 296 BGB überhaupt kein Angebot notwendig (unten RN 25, 29 ff.);

(3) der Arbeitnehmer im Zeitpunkt des Angebots nicht außerstande ist, die Arbeitsleistung zu bewirken (§ 297 BGB; unten RN 40 ff.);

(4) der Arbeitgeber die ihm angebotene Leistung nicht angenommen, seine erforderliche Mitwirkungshandlung unterlassen oder bei Zug-um-Zug-Verpflichtung die Gegenleistung nicht angeboten hat (§ 298 BGB; unten RN 57).

Der Arbeitgeber kann auch **teilweise mit der Annahme der Dienste in Verzug** geraten. 2
Das ist dann der Fall, wenn er die Annahme der Dienste nicht generell ablehnt, aber weniger Arbeitsleistung annimmt, als der Arbeitnehmer schuldet, der Arbeitgeber also den Umfang der Arbeitsleistung rechtswidrig einschränkt.[1]

Wegen des grundsätzlich bestehenden **Fixschuldcharakters der Arbeitsleistung** (§ 49 3
RN 6) bewirkt der Annahmeverzug des Arbeitgebers immer zugleich die Unmöglichkeit der Arbeitsleistung (§ 275 I BGB) des Arbeitnehmers (dazu § 49).[2] Beruht diese Unmöglichkeit der Leistung auf der Unwilligkeit des Arbeitgebers oder auf Annahmeunmöglichkeit, kommt § 615 BGB zur Anwendung. Denn diese Bestimmung ist eine Gefahrtragungsregel, die dem Arbeitnehmer seinen Arbeitsentgeltanspruch erhält, wenn der Arbeitgeber die Arbeitsleistung nicht annehmen will oder schuldlos nicht annehmen kann.[3] Dies wird durch den neu eingefügten § 615 Satz 3 BGB bestätigt (dazu § 101 RN 9). Kann der Arbeitnehmer zur vorgesehenen Leistungszeit die Arbeitsleistung nicht erbringen, weil er die tarifvertraglich bzw. gesetzlich vorgeschriebene Ruhezeit einzuhalten hatte, ist die Erbringung der Arbeitsleistung objektiv unmöglich (§ 275 I BGB). Bei objektiver Unmöglichkeit zur Erbringung der Arbeitsleistung entsteht kein Annahmeverzug des Arbeitgebers. Fällt beispielsweise die Arbeit in einer Tagschicht aus, weil der Arbeitnehmer in der vorangegangenen Nacht im Rahmen der Rufbereitschaft Arbeitsleistungen erbracht und die zwingende gesetzliche Ruhezeit nach § 5 ArbZG einzuhalten hat, handelt es sich um eine von keiner Seite zu vertretende Unmöglichkeit. In diesem Fall entfällt gem. § 326 I BGB der Anspruch auf die Gegenleistung.[4]

2. Gegenstand des Annahmeverzugsanspruchs. Kommt der Arbeitgeber mit der An- 4
nahme der Arbeitsleistung in Verzug, kann der Arbeitnehmer nach § 615 BGB für die infolge des Verzugs nicht geleistete Arbeit die vereinbarte Vergütung verlangen, ohne zur Nachleistung verpflichtet zu sein. Rechtsfolge des § 615 Satz 1 BGB ist, dass der Arbeitnehmer seinen Vergütungsanspruch in Art und Umfang wie vertraglich vereinbart „behält". **§ 615 BGB ist damit keine eigenständige Anspruchsgrundlage,** sondern hält den ursprünglichen Vergütungsanspruch, der sonst nach den §§ 275, 326 I BGB untergegangen wäre, im Falle des Annahmeverzugs aufrecht.[5] Der Arbeitnehmer behält den ursprünglichen Erfüllungsanspruch. Es handelt sich nicht um einen Schadensersatzanspruch. Verschulden des Arbeitgebers ist deshalb nicht Voraussetzung des Annahmeverzugsanspruchs.[6] Die Annahmeverzugsvergütung unterliegt dem Steuer-

---

[1] BAG 7. 11. 2002 AP 100 zu § 615 BGB = NZA 2003, 1139.

[2] *Picker* JZ 85, 693, 699, sowie *ders.*, FS für Kissel, 1994, S. 813 ff.

[3] So im Ergebnis die heute h. M. im Schrifttum, vgl. Staudinger/*Richardi* § 615 RN 34; ErfK/*Preis* § 615 BGB RN 7; MünchArbR/*Boewer* § 78 RN 12; Erman/*Belling* § 615 RN 61; dem folgend BAG 18. 5. 1999 AP 7 zu § 1 TVG Tarifverträge: Betonsteingewerbe = NZA 99, 1166.

[4] BAG 13. 12. 2007 NZA-RR 2008, 418.

[5] BAG 19. 3. 2008 AP Nr 11 zu § 305 BGB = NZA 2008, 757; 18. 9. 2002 AP 99 zu § 615 BGB; 5. 9. 2002 AP 1 zu § 280 BGB n. F. = NZA 2003, 973; HWK/*Krause* § 615 BGB RN 4; ErfK/*Preis* § 615 BGB RN 1, a. A. Staudinger/*Richardi* § 615 RN 9.

[6] Staudinger/*Richardi* § 615 RN 1.

und Sozialversicherungsrecht wie jeder Vergütungsanspruch. Sofern nicht ausnahmsweise eine Nettolohnvereinbarung besteht, hat der Arbeitnehmer gegen den Arbeitgeber Anspruch auf die Zahlung der vereinbarten Bruttovergütung.[7] Der Arbeitnehmer muss sich auf seine Ansprüche aus Annahmeverzug nach § 615 Satz 2 BGB den Wert desjenigen anrechnen lassen, was er infolge des Unterbleibens der Arbeitsleistung erspart oder durch anderweitige Verwendung seiner Dienste erwirbt oder zu erwerben böswillig unterlässt (näher dazu RN 84ff.).

II. Abdingbarkeit

5 **1. Grundsatz.** § 615 Satz 1 BGB kann ebenso wie auch die Anrechnungsmöglichkeit nach Satz 2 vor wie nach Entstehung des Anspruchs **einzelvertraglich abbedungen** werden.[8] Dies folgt mittelbar aus § 619 BGB. Nach dieser Bestimmung können die dem Dienstberechtigten nach §§ 617, 618 BGB obliegenden Verpflichtungen nicht im Voraus durch Vertrag aufgehoben oder beschränkt werden. Wenn danach die §§ 617, 618 BGB unabdingbar sind, kann von den anderen Vorschriften dieses Abschnitts abgewichen werden.[9] In Arbeitsverhältnissen mit Leiharbeitnehmern können Annahmeverzugsansprüche gemäß § 11 IV 2 AÜG nicht vertraglich abbedungen werden. Eine Abbedingung kann auch durch Kollektivverträge erfolgen.[10]

6 Die Abbedingung des § 615 BGB setzt eine **zweifelsfreie, vom Arbeitgeber zu beweisende Vereinbarung** voraus. Die Klausel in Tarifverträgen und einzelvertraglichen Vereinbarungen „Bezahlt wird nur die Zeit, in der wirklich gearbeitet wird", will nur Vergütung von Arbeitsversäumnissen, die ihren Grund in der Person des Beschäftigten (vgl. § 97) haben, ausschließen. Sie hat daher nur für § 616, nicht für § 615 Bedeutung.[11] Der Anspruch kann auch von einer Ausgleichsquittung erfasst werden.[12] Haben die Parteien über die Wirksamkeit einer außerordentlichen Kündigung gestritten und als Endzeitpunkt des Arbeitsverhältnisses einen Zeitpunkt nach Ausspruch der außerordentlichen Kündigung gewählt, ohne zugleich die Vergütungsansprüche zu regeln, werden diese durch eine gerichtlich vereinbarte Ausgleichsquittung in aller Regel beseitigt.[13] Wird das Arbeitsverhältnis rückwirkend aufgehoben, entfällt damit auch der Anspruch auf Entgelt. Der Sozialversicherungsträger braucht sich jedoch rückwirkende Änderungen nicht entgegenhalten zu lassen.[14]

7 **2. Grenzen.** § 615 BGB ist **nicht grenzenlos abdingbar.** Auch wenn die Rechtsfolgen des § 615 BGB grundsätzlich arbeitsvertraglich abbedungen werden können, kann das Annahmeverzugsrisiko während des Kündigungsschutzprozesses gleichwohl nicht durch arbeitsvertragliche Vereinbarung von vornherein ausgeschlossen werden. Nach zutreffender Auffassung im Schrifttum darf der Ausschluss von Annahmeverzugsansprüchen nicht „unbillig" sein.[15] § 615 BGB ist wegen seines hohen Gerechtigkeitsgehalts gesetzliches Leitbild i. S. v. § 307 II Nr. 1 BGB (vgl. § 32 RN 56a, 58).[16] Der Arbeitgeber darf deshalb das ihn treffende Entgeltrisiko nicht generell auf den Arbeitnehmer bzw. die Agentur für Arbeit verlagern. Mit den § 615 BGB zugrunde liegenden Gerechtigkeitsvorstellungen ist es nicht vereinbar, durch einen vollständigen Ausschluss des § 615 BGB eine diametral andere Entgeltrisikoverteilung zu vereinbaren.[17] Der Kündigungsschutz darf durch den Ausschluss von Annahmeverzugsansprüchen nicht unterlaufen werden, indem der Arbeitgeber durch arbeitsvertragliche Vereinbarung von der Zahlung der Annahmeverzugsvergütung befreit wird.[18]

8 Inwieweit ein **teilweiser Ausschluss von Annahmeverzugsansprüchen** nach einer für den Arbeitnehmer erfolgreichen Kündigungsschutzklage vertraglich vereinbart werden kann, ist

---

[7] BAG 19. 10. 2000 AP 11 zu § 611 BGB Haftung des Arbeitgebers = NZA 2001, 598.

[8] BAG 12. 1. 2007 NZA 2007, 384; 5. 9. 2002 AP 1 zu § 280 BGB n. F. = NZA 2003, 973; Staudinger/*Richardi* § 615 RN 9ff.

[9] Ebenso BAG 5. 9. 2002 AP 1 zu § 280 BGB n. F. = NZA 2003, 973; MünchKommBGB/*Henssler* § 615 RN 10; HWK/*Krause* § 615 BGB RN 107; ErfK/*Preis* § 615 BGB RN 8; Staudinger/*Richardi* § 615 RN 9.

[10] BAG 8. 12. 1982 AP 58 zu § 616 BGB = NJW 83, 1179.

[11] BAG 18. 5. 1999 AP 7 zu § 1 TVG Tarifverträge: Betonsteingewerbe = NZA 99, 1166; 9. 3. 1983 AP 31 zu § 615 BGB Betriebsrisiko.

[12] BAG 10. 5. 1978 AP 25 zu § 794 ZPO.

[13] BAG 10. 5. 1978 AP 25 zu § 794 ZPO.

[14] BAG 17. 4. 1986 AP 40 zu § 615 BGB = NZA 87, 17.

[15] ErfK/*Preis* § 615 BGB RN 8.

[16] BAG 7. 12. 2005 AP 4 zu § 12 TzBfG = NZA 2006, 423; MünchKommBGB/*Henssler* § 615 RN 11.

[17] Staudinger/*Richardi* § 615 RN 10; MünchKommBGB/*Henssler* § 615 RN 10; kritisch hierzu *Boecken/Topf* RdA 2004, 19, 24; *Wank* NZA 2003 Beil. zu Heft 21, S. 3, 8.

[18] MünchArbR/*Boewer* § 78 RN 5; HWK/*Krause* § 615 BGB RN 107; ErfK/*Preis* § 615 BGB RN 8; Staudinger/*Richardi* § 615 RN 14.

noch nicht geklärt. So ist beispielsweise eine Klausel vorstellbar, die vorsieht, dass der Arbeitgeber im Falle des Annahmeverzugs nach einer unwirksamen Kündigung nur die laufende Arbeitsvergütung, nicht aber Sonderzahlungen oder Gratifikationen zu bezahlen hat. Eine Umgehung des Kündigungsschutzes kann hierin nicht gesehen werden. Auch dürfte keine Abweichung von wesentlichen Grundgedanken der gesetzlichen Regelung im Sinne von § 307 II Nr. 1 BGB vorliegen, weil der Arbeitnehmer den wesentlichen Teil der Arbeitsvergütung erhält.[19]

3. Ausgleichsquittung. Der Annahmeverzugsanspruch kann von einer Ausgleichsquittung erfasst werden.[20] Wird in einem gerichtlichen Vergleich ein späterer als der in der Kündigung angegebene Beendigungszeitpunkt vereinbart, ohne dass zugleich etwas über die Entgeltzahlungspflicht für diesen Zeitraum geregelt wird, fehlt eine klare und unmissverständliche Abrede über Annahmeverzugsansprüche. Das hat zur Folge, dass der Arbeitnehmer keinen Verzugslohn mehr verlangen kann, wenn der Vergleich eine allgemeine Ausgleichsklausel enthält. Ist in dem Vergleich – wie üblich – bestimmt, dass mit dem Vergleich **alle gegenseitigen Ansprüche aus dem Arbeitsverhältnis, gleich aus welchem Rechtsgrund, abgegolten** sind, werden hiervon auch die Annahmeverzugsansprüche erfasst. Denn die Ausgleichsklausel hat den Zweck, das streitige Rechtsverhältnis abschließend zu regeln. Dieser Zweck wird nur erreicht, wenn alle Verpflichtungen, die nicht von dieser Klausel erfasst werden sollen, ausdrücklich und unmissverständlich im Vergleich selbst bezeichnet werden. Dies gilt auch für solche Ansprüche, die sich erst aus den Bedingungen des Vergleiches selbst ergeben.[21] 9

III. Abgrenzung zum Schuldnerverzug

Der Arbeitgeber kann mit der Leistung der Arbeitsvergütung ausnahmsweise in Schuldnerverzug geraten, wenn er infolge einer Kündigung des Arbeitsverhältnisses keine Entgeltzahlungen mehr erbringt, obwohl er bei Anwendung der **erforderlichen Sorgfalt hätte erkennen können, dass die Kündigung unwirksam** ist. Beruht die Kündigung auf einem vertretbaren Rechtsstandpunkt, handelt der kündigende Arbeitgeber so lange nicht fahrlässig, wie er auf die Wirksamkeit seiner Kündigung vertrauen durfte.[22] Dieses Vertrauen auf die Wirksamkeit der Kündigung kann jedoch im Laufe des Kündigungsrechtsstreits seine Berechtigung verlieren, z. B. nach Durchführung einer Beweisaufnahme, die zu dem Ergebnis geführt hat, dass keine Kündigungsgründe vorliegen.[23] Hält der Arbeitgeber in einem solchen Fall die Entgeltzahlungen weiterhin zurück, gerät er bezüglich der Vergütung in Schuldnerverzug. 10

Der Arbeitgeber schuldet dann **Ersatz des Verzugsschadens.** Dieser kann in der durch die Nachzahlungen aus dem Vorjahr entstehenden „progressionsbedingten" erhöhten Steuerbelastung bestehen. Die Höhe des Schadens errechnet sich dabei durch einen Vergleich der steuerlichen Lage bei verspäteter Zahlung mit der bei rechtzeitiger Zahlung. Zu den zu erstattenden Kosten gehören grundsätzlich auch die Kosten für die Einschaltung eines Steuerberaters, der die Höhe des Schadens ermittelt.[24] Dagegen kann die Vermögenseinbuße, die der Arbeitnehmer im Falle der Nichtbeschäftigung dadurch erleidet, dass der Steuerbefreiungstatbestand des § 3b EStG für Sonntags-, Feiertags- und Nachtarbeit keine Anwendung findet, dem Arbeitgeber regelmäßig nicht als zu ersetzender Schaden zugerechnet werden.[25] Kann der Briefzusteller auf Grund einer unwirksamen Kündigung des Arbeitgebers seine Tour in den Weihnachtstagen nicht bedienen und deshalb Trinkgelder nicht kassieren, kann er dies im Wege des Schadensersatzes (§ 280 BGB) gegenüber seinem Arbeitgeber geltend machen. Dies setzt aber voraus, dass der Arbeitgeber bei Anwendung der im Verkehr erforderlichen Sorgfalt hätte erkennen können, dass die Kündigung unwirksam ist.[26] 11

Die **Darlegungs- und Beweislast** für die Entschuldigungsgründe, die den Eintritt des Verzuges hindern, trägt nach § 286 IV BGB der Schuldner, mithin der kündigende Arbeitgeber, der keine Arbeitsvergütung mehr bezahlt.[27] Er hat darzulegen und ggf. zu beweisen, dass aus seiner Sicht Kündigungsgründe vorlagen, die einen sorgfältig abwägenden Arbeitgeber zur 12

---

[19] Zweifelnd Hümmerich/Spiriolke/*Regh*, Arbeitsrechtliches Mandat, 3. Aufl., § 6 RN 112.
[20] BAG 10. 5. 1978 AP 25 zu § 794 ZPO.
[21] BAG 10. 5. 1978 AP 25 zu § 794 ZPO.
[22] BAG 13. 6. 2002 AP 97 zu § 615 BGB = NZA 2003, 44.
[23] BAG 22. 3. 2001 – 8 AZR 536/00.
[24] BAG 20. 6. 2002 NZA 2003, 268.
[25] BAG 19. 10. 2000 AP 11 zu § 611 BGB Haftung des Arbeitgebers = NZA 2001, 598.
[26] LAG Hamburg 13. 2. 2008 AuR 2008, 228.
[27] BAG 20. 6. 2002 NZA 2003, 268; vgl. auch BAG 17. 2. 1994 AP 2 zu § 286 BGB = NZA 94, 693.

Kündigung veranlassen konnten, so dass er auf die Wirksamkeit der Kündigung vertrauen durfte.[28]

IV. Freistellung von der Arbeitspflicht

13 **1. Auslegung der Erklärungen. a)** Eine Freistellungsvereinbarung führt zur **Aufhebung der Arbeitspflicht** des Arbeitnehmers. Soll die Freistellungsvereinbarung einen Entgeltanspruch unabhängig von den gesetzlichen, tarifvertraglichen oder arbeitsvertraglichen Voraussetzungen begründen, bedarf dies einer besonderen Regelung.[29] Von einem Fortbestehen des Anspruchs auf Arbeitsvergütung, unabhängig von der Arbeitsfähigkeit und über sechs Wochen hinaus, ist auch bei dauernder unwiderruflicher Freistellung von der Arbeitspflicht nur dann auszugehen, wenn dies von den Parteien ausdrücklich vereinbart worden ist. Die Annahme einer weitergehenden Zahlungspflicht des Arbeitgebers widerspräche den Interessen der Vertragsparteien. Durch eine von Rechtsvorschriften unabhängige Vergütungspflicht des Arbeitgebers würden im Wesentlichen die Sozialversicherungsträger entlastet, weil der Arbeitnehmer nach Ablauf des gesetzlichen Entgeltfortzahlungszeitraums von sechs Wochen (§ 3 I EFZG) grundsätzlich gem. §§ 44 ff. SGB V Krankengeld beziehen kann.[30] Besteht die Leistungsunfähigkeit des Arbeitnehmers über das Ende des Entgeltfortzahlungszeitraums hinaus fort, schuldet der Arbeitgeber keine Vergütung wegen Annahmeverzugs (§ 297 BGB, dazu RN 40 ff.). Die Beweislast für die Arbeitsunfähigkeit hat der Arbeitgeber als Gläubiger der Arbeitsleistung zu tragen.[31]

13a Wird der Arbeitnehmer nach Ausspruch einer ordentlichen Kündigung vom Arbeitgeber für die Dauer der Kündigungsfrist **unter Anrechnung bestehender Urlaubsansprüche** von der Arbeit freigestellt, ist der Inhalt dieser Erklärung durch Auslegung (§§ 133, 157 BGB) zu ermitteln.[32] Dabei ist insbesondere bei Außendienstmitarbeitern zu berücksichtigen, dass die Freistellung der Erhaltung des Kundenstamms dient. Der Außendienstmitarbeiter wird von weiteren Kundenkontakten und dem betrieblichen Geschehen ausgeschlossen, um Abwerbungen zu verhindern sowie Betriebs- und Geschäftsgeheimnisse zu wahren. Der Arbeitgeber erreicht dieses Ziel mit einem Verzicht auf die Arbeitsleistung des Außendienstmitarbeiters. Im eigenen Interesse nimmt er in Kauf, dass er für die Dauer der unterbleibenden Beschäftigung Annahmeverzugsentgelt nach § 615 Satz 1 BGB schuldet.[33] Zu Freistellungsklauseln in Arbeitsverträgen vgl. § 32 RN 72.

14 **b)** Stellt der Arbeitgeber den Arbeitnehmer für die Zeit der Kündigungsfrist von der Arbeitspflicht frei, kann hierin theoretisch auch die Gewährung von **Urlaub für den gesamten Zeitraum** liegen.[34] Dies dürfte freilich eher selten anzunehmen sein, weil dieses Vorgehen nicht interessengerecht ist. Der Arbeitnehmer dürfte in dieser Zeit nach § 8 BUrlG keiner dem Urlaubszweck widersprechenden Erwerbstätigkeit nachgehen. Der Arbeitgeber wäre im Falle einer die Dauer der Kündigungsfrist andauernden Erkrankung des Arbeitnehmers gemäß § 7 IV BUrlG zur Abgeltung dieses verlängerten Urlaubsanspruchs verpflichtet, weil nach § 9 BUrlG die Tage der Arbeitsunfähigkeit nicht auf den Urlaubsanspruch angerechnet werden.

15 **c)** In der Freistellungserklärung kann des Weiteren das Angebot des Arbeitgebers auf Abschluss eines **Erlassvertrags** i. S. v. § 397 BGB liegen, durch den die arbeitsvertraglich vereinbarte Arbeitspflicht des Arbeitnehmers aufgehoben werden soll. Dieses Angebot kann der Arbeitnehmer nach § 151 BGB annehmen. Eine Anrechnung eines etwaigen Zwischenverdienstes des Arbeitnehmers ist in diesen Fallgestaltungen ausgeschlossen.[35] Macht der Arbeitnehmer geltend, der Arbeitgeber habe ihm über eine Freistellungserklärung hinaus einen Erlassvertrag angeboten, mit dem nicht nur der Beschäftigungsanspruch entfallen, sondern auch die Arbeitspflicht vertraglich erlassen werden sollte, sind besondere Anhaltspunkte erforderlich.[36]

15a **d)** Eine Freistellung führt nach der neueren Rechtsprechung des BSG nicht zur Beendigung des **sozialversicherungsrechtlichen Beschäftigungsverhältnisses.** Der Begriff der Beschäftigung setzt voraus, dass ein Rechtsverhältnis (z. B. ein Arbeitsverhältnis) vorliegt, das die Erbrin-

---

[28] BAG 13. 6. 2002 AP 97 zu § 615 BGB = NZA 2003, 44.
[29] Zur Gestaltung von Freistellungsvereinbarungen vgl. *Kramer* DB 2008, 2538.
[30] BAG 29. 9. 2004 AP 23 zu § 3 EntgeltFG = NZA 2005, 104; 23. 1. 2008 NZA 2008, 595.
[31] BAG 23. 1. 2008 NZA 2008, 595.
[32] BAG 6. 9. 2006 AP 118 zu § 615 BGB = NZA 2007, 36.
[33] BAG 14. 8. 2007 AP 38 zu § 7 BUrlG = NZA 2008, 473.
[34] Vgl. BAG 14. 3. 2006 AP 32 zu § 7 BUrlG.
[35] BAG 19. 3. 2002 EzA 108 zu § 615 BGB; mit Recht kritisch dazu *Castendiek* ZIP 2002, 2189.
[36] BAG 14. 8. 2007 NZA 2008, 473.

gung von Arbeit in persönlicher Abhängigkeit zum Inhalt hat, und fordert zum anderen, dass dieses Rechtsverhältnis auch vollzogen wird. Von einem „Vollzug" ist nicht allein bei tatsächlicher Erbringung der vertraglich geschuldeten Arbeitsleistung auszugehen. Eine Beschäftigung besteht vielmehr auch dann, wenn bei Beendigung des Arbeitsverhältnisses im Rahmen eines arbeitsgerichtlichen Vergleichs der sich hieraus ergebende Beendigungszeitpunkt auch das Ende der sozialversicherungsrechtlichen Beschäftigung bestimmt. Gleiches gilt, wenn das vereinbarte Ende des Arbeitsverhältnisses zeitlich nach dem Vergleichsabschluss liegt und der Arbeitnehmer für die Zeit bis dahin von jeglicher Arbeitspflicht freigestellt wurde.[37] Damit ist die gegenteilige Auffassung der Sozialversicherungsträger, wonach im Fall der einvernehmlichen unwiderruflichen Freistellung das sozialversicherungsrechtliche Beschäftigungsverhältnis endet, überholt.[38]

2. Annahmeverzug. Die Erklärung des Arbeitgebers, er stelle den Arbeitnehmer für die Dauer der Kündigungsfrist unter Anrechnung noch offener Urlaubsansprüche von der Arbeit frei, wird unter Beachtung der wirtschaftlichen und rechtlichen Interessen beider Vertragsparteien in der Regel so auszulegen sein, dass der Arbeitgeber den Urlaubsanspruch des Arbeitnehmers dadurch erfüllt, dass er dem Arbeitnehmer das Recht einräumt, die konkrete **Lage des Urlaubs innerhalb der Kündigungsfrist selbst zu bestimmen.**[39] Ist der Arbeitnehmer damit nicht einverstanden, weil er ein Annahmeverweigerungsrecht geltend macht,[40] hat er dies dem Arbeitgeber unverzüglich mitzuteilen. Unterbleibt eine solche Mitteilung, kann der Arbeitgeber davon ausgehen, der Arbeitnehmer lege die Urlaubszeit innerhalb der Kündigungsfrist selbst fest. Ein späteres Urlaubsabgeltungsverlangen des Arbeitnehmers wäre rechtsmissbräuchlich (§ 242 BGB) und deshalb nicht begründet.[41] Dabei ist freilich zu beachten, dass dieses Vorgehen zu Problemen führt, wenn der Arbeitgeber das Arbeitsverhältnis während der Kündigungsfrist außerordentlich kündigt. Hier ist fraglich, ob der Arbeitnehmer seinen Urlaub schon genommen hat oder für sich entschieden hatte, den Urlaub an das Ende der Kündigungsfrist zu legen. In diesem Fall stünde dem Arbeitnehmer nach der außerordentlichen Kündigung ein Urlaubsabgeltungsanspruch zu. Diesen Schwierigkeiten kann der Arbeitgeber durch eine konkrete Urlaubserteilung für einen bestimmten Zeitraum verbunden mit einer weitergehenden Freistellung begegnen. 16

In der Freistellung von der Arbeitspflicht ist regelmäßig die Erklärung des Arbeitgebers zu sehen, die Annahme der vom Arbeitnehmer geschuldeten Arbeitsleistung werde abgelehnt. Durch diese Erklärung gerät der Arbeitgeber gemäß § 293 BGB in **Annahmeverzug.** Die einseitige Freistellung von der Arbeit ist, soweit keine besonderen Umstände vorliegen, regelmäßig nicht anders zu beurteilen, als wenn der Arbeitgeber den Arbeitnehmer von der Arbeit nach Hause schickt, weil er ihn nicht mehr beschäftigen will.[42] Der Beginn des Annahmeverzugs ist auf Grund der Freistellungserklärung und der zeitlichen Festlegung der Arbeitspflicht hinreichend klar bestimmt.[43] In diesem Fall bedarf es keines wörtlichen Angebots (§ 295 Satz 1 BGB) der Arbeitsleistung durch den Arbeitnehmer, denn der Arbeitgeber lässt erkennen, unter keinen Umständen zur Weiterbeschäftigung des Arbeitnehmers bereit zu sein. 17

Bei einer unwiderruflichen Freistellung unter dem Vorbehalt der Anrechnung etwaigen anderweitigen Verdienstes kann der Arbeitnehmer regelmäßig davon ausgehen, in der Verwertung seiner Arbeitsleistung frei und nicht mehr an **vertragliche Wettbewerbsverbote** (§ 60 HGB) gebunden zu sein. Einen abweichenden Willen hat der Arbeitgeber in der Freistellungserklärung zum Ausdruck zu bringen. Ist die Freistellungserklärung des Arbeitgebers dahingehend auszulegen, dass abweichend von § 615 Satz 2 BGB eine Anrechnung anderweitigen Verdienstes nicht erfolgen soll, kann der Arbeitnehmer redlicherweise nicht ohne ausdrückliche Erklärung des Arbeitgebers annehmen, der Arbeitgeber habe auf die Einhaltung des vertraglichen Wettbewerbsverbots verzichtet.[44] 18

---

[37] BSG 24. 9. 2008 – B 12 KR 22/07 R und B 12 KR 27/07 R z. V. v.

[38] Besprechungsergebnis der Spitzenverbände der Krankenkassen, des Verbandes deutscher Rentenversicherungsträger und der Bundesagentur für Arbeit über die Fragen des gemeinsamen Beitragseinzugs am 5./6. 7. 2005 (abrufbar unter http://www.vdr.de); krit. dazu bereits *Bauer/Krieger* DB 2005, 2242; *Lindemann/Simon* BB 2005, 2462; *Schlegel* NZA 2005, 972.

[39] BAG 14. 3. 2006 AP 32 zu § 7 BUrlG.

[40] Dazu *Leinemann/Linck* § 7 RN 52; ErfK/*Dörner* § 7 BUrlG RN 12f.

[41] BAG 6. 9. 2006 AP 118 zu § 615 BGB = NZA 2007, 36.

[42] BAG 6. 9. 2006 AP 118 zu § 615 BGB = NZA 2007, 36.

[43] HWK/*Krause* § 615 BGB RN 39.

[44] BAG 6. 9. 2006 AP 118 zu § 615 BGB = NZA 2007, 36; im Wesentlichen zust. *Bayreuther* Anm. AP 118 zu § 615 BGB; kritisch dazu *Bauer* NZA 2007, 409, 410; *Nägele* NZA 2008, 1039.

V. Allgemeine Voraussetzungen des Annahmeverzugs

19 **1. Erfüllbares Arbeitsverhältnis. a)** Grundsätzlich muss ein für den Arbeitnehmer erfüllbares Arbeitsverhältnis vorliegen, das auf Grund eines **rechtswirksamen Arbeitsvertrags** zustande gekommen ist. Unerheblich ist, ob es sich um ein Vollzeit- oder Teilzeitarbeitsverhältnis handelt. Anspruch auf Annahmeverzugsvergütung haben deshalb auch geringfügig Beschäftigte i. S. v. § 8 SGB IV. Gleiches gilt für kurzfristig beschäftigte Aushilfskräfte.[45]

20 **b)** Ist der Arbeitgeber tarifvertraglich verpflichtet, **Auszubildende nach erfolgreicher Prüfung in ein Arbeitsverhältnis zu übernehmen** und kommt er dieser Verpflichtung nicht nach, besteht kein Annahmeverzugsanspruch des Arbeitnehmers. In diesem Fall ist kein Arbeitsverhältnis zustande gekommen. Die unterbliebene Erfüllung der Tarifvorschrift führt nicht ohne weitere rechtsgeschäftliche Erklärungen zum Entstehen eines Arbeitsverhältnisses. Der Arbeitgeber wird allein zum Abschluss eines Arbeitsvertrags verpflichtet, sofern nicht ein in den Tarifnormen genannter Ausnahmetatbestand vorliegt. Gibt der Arbeitgeber keine Willenserklärung zum Abschluss eines Vertrags ab, können keine Ansprüche aus einem Arbeitsverhältnis entstehen. Gleichwohl erhält der Arbeitnehmer in diesen Fällen im Ergebnis sein entgangenes Arbeitsentgelt. Der Arbeitgeber gerät nämlich mit dem Vertragsangebot in Verzug, wenn er der tariflichen Verpflichtung nicht nachkommt. Er ist deshalb die entgangene Arbeitsvergütung als Verzugsschaden nach § 286 I, § 280 I, §§ 249, 251 BGB zu ersetzen.[46]

21 **c)** Ist der Arbeitsvertrag unwirksam, aber auf Grund der Eingliederung des Arbeitnehmers in den Betrieb in Vollzug gesetzt worden (**fehlerhaftes Arbeitsverhältnis,** vgl. § 36 RN 51 f.), kann der Arbeitgeber in Verzug geraten, bis er sich auf die Unwirksamkeit beruft und so das Arbeitsverhältnis mit ex nunc-Wirkung beendet.[47]

22 **d)** Ein erfüllbares Arbeitsverhältnis besteht auch dann, wenn der Arbeitnehmer nach einer Kündigung oder Befristung bis zur Entscheidung über deren Wirksamkeit auflösend bedingt **weiterbeschäftigt** wird und sich später die Wirksamkeit des Auflösungstatbestands herausstellt.[48] Dasselbe gilt, wenn der Arbeitnehmer auf Grund des besonderen Weiterbeschäftigungsanspruchs nach § 102 V BetrVG weiterbeschäftigt wird.[49]

23 **e)** Erklärt der Arbeitgeber mit Zustimmung des Arbeitnehmers die **Rücknahme der Kündigung** (dazu § 123 RN 54), gehen die Arbeitsvertragsparteien, sofern keine abweichende Regelung erfolgt, von der Unwirksamkeit der Kündigung und damit auch für die Frage des Annahmeverzugs vom Fortbestand des Arbeitsverhältnisses aus.[50] Dagegen entstehen keine Annahmeverzugsansprüche, wenn der Arbeitnehmer nur zur Abwendung der Zwangsvollstreckung weiterbeschäftigt wird und sich später die Wirksamkeit der Kündigung herausstellt.[51] Zahlt der Arbeitgeber ohne Weiterbeschäftigung vorläufig unter dem Vorbehalt der Unwirksamkeit der Kündigung den Verzugslohn und stellt sich später heraus, dass das Arbeitsverhältnis zu Recht beendet worden ist, kann er gemäß §§ 812 I, 818 II BGB vom Arbeitnehmer Rückzahlung der Vergütung verlangen.

24 **f)** § 615 BGB findet keine Anwendung, wenn der Arbeitnehmer in **Heimarbeit** (§ 163) beschäftigt wird, sofern die Leistung auf Grund eines Werk- oder Werklieferungsvertrags erfolgt.[52]

25 **2. Angebot der Arbeitsleistung.** Gem. § 293 BGB kommt der Arbeitgeber in Annahmeverzug, wenn er die ihm angebotene Leistung nicht annimmt. Im **ungekündigt bestehenden Arbeitsverhältnis** gerät der Arbeitgeber – anders als nach einer Kündigung (dazu RN 28) – regelmäßig erst nach einem Arbeitsangebot des Arbeitnehmers in Annahmeverzug. Ein Angebot der Arbeitsleistung ist im Arbeitsverhältnis grundsätzlich nicht nach § 296 BGB entbehrlich, weil für die Einteilung der Arbeit durch den Arbeitgeber keine Zeit nach dem Kalender bestimmt ist, sondern der Arbeitgeber die Lage der Arbeitszeit im Grundsatz jederzeit bestimmen

---

[45] MünchArbR/*Boewer* § 76 RN 13; HWK/*Krause* § 615 BGB RN 12.

[46] BAG 12. 11. 1997 AP 2 zu § 611 BGB Übernahme ins Arbeitsverhältnis = NZA 98, 1013.

[47] BAG 29. 8. 1984 AP 27 zu § 123 BGB = NZA 1985, 58; MünchKommBGB/*Henssler* § 615 RN 14; ErfK/*Preis* § 615 BGB RN 9.

[48] Vgl. BAG 12. 9. 1985 AP 7 zu § 102 BetrVG 1972 Weiterbeschäftigung = NZA 86, 424; 15. 1. 1986 AP 66 zu § 1 LohnFG = NZA 86, 561; 4. 9. 1986 AP 22 zu § 611 BGB Beschäftigungspflicht = NZA 87, 376; 1. 3. 1990 AP 7 zu § 611 BGB Weiterbeschäftigung = NZA 90, 696.

[49] Dazu BAG 9. 7. 2003 AP 14 zu § 102 BetrVG 1972 Weiterbeschäftigung = NZA 2003, 1191.

[50] BAG 17. 4. 1986 AP 40 zu § 615 BGB = NZA 87, 17.

[51] BAG 10. 3. 1987 AP 1 zu § 611 BGB Weiterbeschäftigung = NZA 87, 373.

[52] Erman/*Belling* § 615 RN 5.

kann.[53] Das gilt auch, wenn sich der Arbeitgeber mit der Annahme der Dienste nur teilweise in Verzug befindet, weil er die Annahme der Dienste nicht generell ablehnt, sondern weniger Arbeitsleistung annimmt, als der Arbeitnehmer schuldet, der Arbeitgeber also den Umfang der Arbeitsleistung rechtswidrig einschränkt.[54] Auch wenn der Arbeitgeber von einem vermeintlichen Recht Gebrauch macht, die Arbeitszeitdauer flexibel zu bestimmen, kommt § 296 BGB nicht zur Anwendung.[55]

Nach § 294 BGB hat der Arbeitnehmer dem Arbeitgeber grundsätzlich seine Arbeitsleistung **in eigener Person, zur richtigen Zeit, am richtigen Ort** und **in richtiger Weise anzubieten.** **25a** Der Arbeitnehmer muss sich daher zur vertraglich vereinbarten Zeit an den vereinbarten Arbeitsort begeben und die nach dem Vertrag geschuldete Arbeitsleistung anbieten. Das Angebot muss die vertragsgemäße Leistung betreffen. Das Angebot einer anderen, nicht vertragsgemäßen Arbeit begründet keinen Annahmeverzug. Verlangt der Arbeitnehmer nicht ausschließlich eine bestimmte Tätigkeit, ist davon auszugehen, dass er außer der bisher verrichteten auch alle anderen vertragsgemäßen Tätigkeiten anbietet.[56] Bestehen Meinungsverschiedenheiten über den zeitlichen Umfang der zu erbringenden Arbeit, braucht der Arbeitnehmer nicht erneut am Arbeitsplatz zu erscheinen. Es genügt dann ein wörtliches Angebot (§ 295 BGB) des Arbeitnehmers mit der Erklärung, er wolle in bestimmtem Umfang über die angeordnete Arbeitszeit hinaus arbeiten.[57] Dass das BAG dem Arbeitgeber in Einzelfällen nach § 242 BGB versagt hat, sich auf ein fehlendes wörtliches Angebot zu berufen, steht dem nicht entgegen.[58] Der Einwand treuwidrigen Verhaltens war jeweils durch die konkreten Umstände bedingt. Hierdurch ist jedoch nicht die grundsätzliche Anwendbarkeit des § 295 BGB in Frage gestellt worden. Weist der Arbeitgeber ein Arbeitsangebot zu Recht zurück, gerät er erst dann in Annahmeverzug, wenn der Arbeitnehmer ein neues tatsächliches Arbeitsangebot macht. Verspätet sich der Arbeitnehmer, liegt kein rechtswirksames Angebot vor, wenn dem Arbeitgeber nicht zugemutet werden kann, jetzt noch die Arbeitsleistung in Empfang zu nehmen. Ein tatsächliches Arbeitsangebot belegt i. d. R. den ernsthaften Leistungswillen des Arbeitnehmers; dem Arbeitgeber ist in diesem Fall regelmäßig der Einwand abgeschnitten, der Arbeitnehmer habe nicht arbeiten wollen.[59] Das tatsächliche Arbeitsangebot enthält aber keine Aussage zur Leistungsfähigkeit des Arbeitnehmers (dazu RN 42 ff.).

Leiharbeitnehmer müssen ihre Dienste an sich dem Leiharbeitgeber anbieten; ausreichend **26** ist aber, wenn sie es im Betrieb des Entleihers tun. Eine Ausnahme gilt nach § 11 V AÜG, wenn der Betrieb des Entleihers von einem Arbeitskampf betroffen ist.

Sowohl das wörtliche Angebot wie die Ablehnung der Leistung sind **geschäftsähnliche** **27** **Handlungen.** Sie werden nur wirksam, wenn sie zugehen.[60] Die Erklärungen können ausdrücklich oder konkludent erfolgen; sie müssen aber eindeutig sein. Hieran fehlt es z. B., wenn der Arbeitnehmer nur darauf hinweist, er sei erwerbsunfähig.[61]

VI. Annahmeverzug bei der Beendigung des Arbeitsverhältnisses

1. Arbeitgeberkündigung. In Rechtsprechung und Schrifttum werden an die Begründung **28** des Annahmeverzugs nach Ausspruch einer Kündigung durch den Arbeitgeber **unterschiedliche Anforderungen** gestellt.

a) Nach Auffassung des **Zweiten und Neunten Senats des BAG** bedarf es nach einer **29** Kündigung durch den Arbeitgeber zur Begründung des Annahmeverzugs keines Angebots des Arbeitnehmers. In diesen Fällen sei ein Angebot gem. § 296 Satz 1 BGB entbehrlich. Die nach dem Kalender bestimmte Mitwirkungshandlung des Arbeitgebers bestehe darin, dem Arbeitnehmer einen funktionsfähigen Arbeitsplatz zur Verfügung zu stellen. Der Arbeitgeber müsse den Arbeitseinsatz des Arbeitnehmers fortlaufend planen und durch Weisungen hinsichtlich Ort und Zeit näher konkretisieren.[62] Der Fünfte Senat hat zuletzt offengelassen, ob er dem

---

[53] BAG 30. 4. 2008 AP 183 zu § 611 BGB Lehrer, Dozenten = NZA-RR 2008, 551.
[54] BAG 7. 11. 2002 AP 100 zu § 615 BGB = NZA 2003, 1139.
[55] BAG 25. 4. 2007 AP 121 zu § 615 BGB = NZA 2007, 801.
[56] BAG 27. 8. 2008 – 5 AZR 16/08 z. V. v.
[57] BAG 25. 4. 2007 AP 121 zu § 615 BGB = NZA 2007, 801.
[58] Vgl. dazu BAG 21. 4. 1999 AP 5 zu § 4 MuSchG 1968 = NZA 99, 1044; ebenso BAG 18. 9. 2002 AP 99 zu § 615 BGB.
[59] BAG 10. 5. 1973 AP 27 zu § 615 BGB.
[60] BAG 21. 3. 1985 AP 35 zu § 615 BGB = NZA 86, 778.
[61] BAG 20. 10. 1981 AP 4 zu § 59 BAT = DB 82, 1332.
[62] Vgl. BAG 9. 8. 1984 AP 34 zu § 615 BGB; 21. 3. 1985 AP zu § 615 BGB; 18. 12. 1986 AP 2 zu § 297 BGB; 19. 1. 1999 AP 79 zu § 615 BGB = NZA 99, 925; 7. 11. 2002 AP 98 zu § 615 BGB.

folgt.[63] Im **Schrifttum** hat diese Rechtsprechung zum Teil Zustimmung gefunden,[64] sie hat aber auch bis heute anhaltende Kritik erfahren.[65] Gegen diese Rechtsprechung wird im Wesentlichen eingewandt, § 296 Satz 1 BGB sei nicht anwendbar, weil die Mitwirkungshandlung des Arbeitgebers nicht kalendermäßig bestimmt sei. Der Arbeitgeber müsse erst dann einen funktionsfähigen Arbeitsplatz zur Verfügung stellen, wenn der Arbeitnehmer im Betrieb erscheine. Die Mitwirkungshandlung des Arbeitgebers sei nicht nach dem Kalender bestimmt, sondern durch das Erscheinen des Arbeitnehmers am Arbeitsplatz.

30 **b)** Die Begründung des Annahmeverzugs nach vorangegangener Kündigung durch den Arbeitgeber steht **nicht in Einklang mit der Begründung des Annahmeverzugs** im ungekündigt fortbestehenden Arbeitsverhältnis. Insoweit ist die Rechtsprechung des BAG allerdings auch uneinheitlich. Während es 1969 noch entschieden hat, bei einer rechtswidrig angeordneten Kurzarbeit für den gesamten Betrieb oder eine Betriebsabteilung komme der Arbeitgeber nach § 296 Satz 1 BGB ohne ein Angebot der Arbeitsleistung durch den Arbeitnehmer in Annahmeverzug,[66] verlangt der Zweite Senat im fortbestehenden Arbeitsverhältnis zu Recht grundsätzlich ein tatsächliches Angebot i. S. v. § 294 BGB (vgl. RN 25). Durch die Rechtsprechung zur Entbehrlichkeit eines wörtlichen Leistungsangebotes nach vorausgegangener unwirksamer Kündigung des Arbeitgebers sei die bisherige Rechtsprechung zum grundsätzlichen Erfordernis eines tatsächlichen Angebotes in den Fällen, in denen das Arbeitsverhältnis ungekündigt fortbestehe, nicht überholt. Das Erfordernis eines tatsächlichen Angebotes (§ 294 BGB) entspreche vielmehr der Gesetzeslage, wonach der Schuldner dem Gläubiger die Leistung so, wie sie zu bewirken ist, tatsächlich anbieten müsse.[67] Demgegenüber fordern der Erste und früher auch der Fünfte Senat zur Begründung des Annahmeverzugs weder ein tatsächliches noch zwingend ein wörtliches Angebot des Arbeitnehmers, wenn der Arbeitgeber zuvor erklärt hat, er werde die Leistung nicht annehmen. Eines Angebots bedürfe es nicht, wenn offenkundig sei, dass der Gläubiger auf seiner Ablehnung beharren werde. In einem solchen Fall wäre selbst ein wörtliches Angebot „reine Förmelei". Auf sein Fehlen könne sich der Gläubiger dann nach § 242 BGB nicht zu berufen.[68]

31 **c)** Wenn für die Anwendung des § 296 BGB eine nach dem Kalender bestimmte **Mitwirkungshandlung des Arbeitgebers** maßgebend sein soll, hat dies im gekündigten wie im ungekündigten Arbeitsverhältnis zu gelten. Der Begriff der Mitwirkungshandlung ist in § 295 und § 296 BGB gleich.[69] Auch im fortbestehenden Arbeitsverhältnis hat der Arbeitgeber dem Arbeitnehmer täglich einen funktionsfähigen Arbeitsplatz zur Verfügung zu stellen und ihm Arbeit zuzuweisen. Bei folgerichtiger Anwendung der zu § 296 BGB ergangenen Rechtsprechung erübrigten sich in den Fällen des Annahmeverzugs im ungekündigt fortbestehenden Arbeitsverhältnis Überlegungen zur Erforderlichkeit eines tatsächlichen oder wörtlichen Angebots nach §§ 294, 295 BGB.[70]

32 **d)** Gegen die Anwendung des § 296 Satz 1 BGB zur Begründung des Annahmeverzugs nach einer Kündigung spricht jedoch, dass die **Mitwirkungshandlung des Arbeitgebers nicht nach dem Kalender bestimmt** ist. Der Arbeitgeber hat dem Arbeitnehmer erst dann Arbeit zuzuweisen, wenn der Arbeitnehmer im Betrieb erscheint. Auch wenn § 296 BGB nach einer Kündigung durch den Arbeitgeber nicht anwendbar ist, bedarf es in diesen Fällen gleichwohl zur Begründung des Annahmeverzugs keines Angebots des Arbeitnehmers. Ein Angebot ist nach einer Kündigung durch den Arbeitgeber entbehrlich, weil der Arbeitgeber dem Arbeitnehmer mit Ablauf der Kündigungsfrist bzw. mit Zugang der außerordentlichen Kündigung die Arbeitsmöglichkeit entzieht.[71] Der Arbeitgeber gibt mit dem Ausspruch der Kündigung deutlich

---

[63] BAG 7. 12. 2005 AP 114 zu § 615 BGB = NZA 2006, 425.

[64] Vgl. MünchArbR/*Boewer* § 78 RN 24; *Konzen* Anm. zu BAG AP 34, 35 zu § 615 BGB; *v. Maydell* Anm. zu BAG EzA 44 zu BGB § 615; Staudinger/*Richardi* § 615 RN 66.

[65] Vgl. Soergel/*Kraft* 12. Aufl. § 615 RN 25; *Kaiser* Anm. zu BAG EzA 70 zu BGB § 615; HWK/*Krause* § 615 BGB RN 39 ff.; *Löwisch* Anm. zu BAG EzA 66 zu BGB § 615; Staudinger/*Löwisch* § 296 RN 5; *Stahlhacke* AuR 92, 8; kritisch auch MünchKommBGB/*Henssler* § 615 RN 25 ff.; nur aus Gründen der Rechtssicherheit zust. ErfK/*Preis* § 615 BGB RN 30.

[66] BAG 10. 7. 1969 AP 2 zu § 615 BGB Kurzarbeit; ebenso jetzt 5. Senat 25. 4. 2007 AP 121 zu § 615 BGB = NZA 2007, 801.

[67] BAG 29. 10. 1992 EzA 77 zu BGB § 615 zu II 2 der Gründe.

[68] BAG 21. 4. 1999 AP 5 zu § 4 MuSchG 1968 = NZA 99, 1044; ebenso BAG 18. 9. 2002 AP 99 zu § 615 BGB.

[69] *Stahlhacke* AuR 92, 8; ErfK/*Preis* § 615 BGB RN 31.

[70] So folgerichtig *v. Maydell* Anm. zu BAG EzA 44 zu BGB § 615.

[71] BAG 5. 11. 2003 AP 106 zu § 615 BGB.

zu erkennen, dass er ab dem Zeitpunkt der Beendigung des Arbeitsverhältnisses dem Arbeitnehmer keinen funktionsfähigen Arbeitsplatz mehr zur Verfügung stellen will.[72] Der Arbeitgeber erwartet nach Ausspruch einer Kündigung kein Arbeitsangebot des Arbeitnehmers. Diese Besonderheiten rechtfertigt eine einschränkende Auslegung der §§ 294, 295 BGB nach Ausspruch einer Kündigung durch den Arbeitgeber mit der Folge, dass der Arbeitgeber nach einer Kündigung auch ohne Angebot der Arbeitsleistung in Annahmeverzug gerät.[73] Das entspricht im Übrigen der Rechtsprechung des BGH zum Annahmeverzug nach einer unberechtigten Kündigung eines Dienstverhältnisses (dazu RN 38f.).

2. Arbeitsunfähigkeit zum Kündigungstermin. Ist der Arbeitnehmer zum Kündigungstermin arbeitsunfähig erkrankt, ist zur Begründung des Annahmeverzugs nach der Rechtsprechung des BAG eine Anzeige der Wiederherstellung der Arbeitsfähigkeit nicht erforderlich.[74] Es sei nicht einsehbar, warum der Arbeitgeber, der unwirksam gekündigt habe und deshalb Nachzahlung der Vergütung schulde, einen Vorteil daraus ziehen solle, dass der Arbeitnehmer zufällig zur Zeit der Kündigung arbeitsunfähig sei. Dies sei unerheblich, weil der Gläubiger nach § 296 BGB ohnehin grundsätzlich über die Leistungsfähigkeit des Schuldners im Unklaren gelassen werde. Dem kann nicht gefolgt werden. Erforderlich ist vielmehr, dass der Arbeitnehmer dem Arbeitgeber das Ende der Arbeitsunfähigkeit und damit des Leistungshindernisses anzeigt, damit der Arbeitgeber dem Arbeitnehmer Arbeit zuweisen kann, § 295 Satz 2 BGB.[75] Auch wenn man dem BAG folgt, besteht für den Arbeitgeber die Möglichkeit, den Arbeitnehmer zur Anzeige der Wiederherstellung der Arbeitsfähigkeit aufzufordern. Kommt der Arbeitnehmer dieser Aufforderung nicht nach, kann er keine Rechte aus dem Annahmeverzug herleiten.[76] 33

3. Auswirkungen eines Auflösungsantrags. Der Annahmeverzug besteht in der Regel auch dann fort, wenn der Arbeitnehmer nach §§ 9, 10 KSchG die Auflösung des Arbeitsverhältnisses gegen Zahlung einer Abfindung beantragt hat.[77] Allerdings können sich unter Umständen aus der Begründung des Auflösungsantrags Anhaltspunkte für einen fehlenden Leistungswillen i. S. v. § 297 BGB ergeben. Das kann z. B. angenommen werden, wenn ein arbeitsunfähiger Arbeitnehmer zur Begründung des Auflösungsantrags u. a. ausführt, das Arbeitsverhältnis sei völlig zerrüttet und könne unter keinen Umständen mehr fortgeführt werden, weshalb er sich unverzüglich nach seiner Wiedergenesung um eine neue Arbeitsstelle bemühen werde.[78] Bei der Begründung eines Auflösungsantrags ist daher wegen dieser Folgewirkungen eine gewisse Sorgfalt angebracht. 34

4. Eigenkündigung des Arbeitnehmers. Ein **Angebot nach §§ 294, 295 BGB** ist ebenfalls erforderlich, wenn der Arbeitnehmer nach einer Eigenkündigung mit Erfolg deren Unwirksamkeit (z. B. wegen fehlender Schriftform, § 623 BGB) geltend macht und Annahmeverzugsvergütung verlangt.[79] Anders ist die Rechtslage, wenn der Arbeitgeber unzutreffend behauptet, der Arbeitnehmer habe das Arbeitsverhältnis gekündigt. Macht der Arbeitgeber zu Unrecht geltend, das Arbeitsverhältnis sei durch eine Kündigung des Arbeitnehmers beendet und übersendet er dem Arbeitnehmer unter Hinweis auf die Beendigung die Arbeitspapiere, meldet ihn bei der Krankenkasse ab und hält an seiner falschen Rechtsansicht auch im Prozess fest, bringt er damit hinreichend deutlich zum Ausdruck, er wolle dem Arbeitnehmer keine Arbeit mehr zuweisen. Der Arbeitgeber gerät unter diesen Umständen in Annahmeverzug, ohne dass es eines Angebots der Arbeitsleistung durch den Arbeitnehmer bedarf.[80] 35

5. Aufhebungsvertrag. Ist das Zustandekommen eines Aufhebungsvertrags zwischen den Arbeitsvertragsparteien streitig, bedarf es zur Begründung des Annahmeverzugs des Arbeitgebers 36

---

[72] Ebenso *Konzen* Anm. zu BAG AP 34, 35 zu § 615 BGB; MünchArbR/*Boewer* § 78 RN 24; Staudinger/*Richardi* § 615 RN 66.

[73] So bereits ausdrücklich *Blomeyer* Anm. zu BAG AP 26, 31 zu § 615 BGB.

[74] Vgl. BAG 9. 8. 1984, 21. 3. 1985 AP 34, 35 zu § 615 BGB; 14. 11. 1985 AP 39 zu § 615 BGB = NZA 86, 637; 19. 4. 1990, 24. 10. 1991, 24. 11. 1994 AP 45, 50, 60 zu § 615 BGB; 26. 9. 2007 AP Nr 13 zu § 615 BGB Böswilligkeit = NZA 2008, 1063.

[75] Ebenso BBDW/*Dörner* § 11 RN 12; *Bauer/Hahn* NZA 91, 216ff.; *Kaiser* Anm. zu BAG EzA 70 zu § 615 BGB; *Löwisch* DB 86, 2034ff.; *Stahlhacke* AuR 92, 8ff.; zusammenfassend ErfK/*Preis* § 615 BGB RN 51ff.

[76] HWK/*Krause* § 615 BGB RN 59.

[77] BAG 18. 1. 1963 AP 22 zu § 615 BGB; 19. 9. 1991 RzK I 13b Nr. 18; ebenso MünchArbR/*Boewer* § 78 RN 30; ErfK/*Preis* § 615 BGB RN 47; ArbRBGB/*Matthes* § 615 RN 50.

[78] BAG 24. 9. 2003 NZA 2003, 1387.

[79] BAG 16. 1. 2003 AP 2 zu § 67 SeemG.

[80] BAG 21. 3. 1996 RzK I 13b Nr. 30.

in der Regel eines **tatsächlichen Angebots** der Arbeitsleistung durch den Arbeitnehmer.[81] Hierdurch hat der Arbeitnehmer zu verdeutlichen, dass er weiterhin zu den vertraglichen Bedingungen arbeiten möchte. Vertritt der Arbeitgeber nach Verhandlungen mit dem Arbeitnehmer die Auffassung, das Arbeitsverhältnis sei einvernehmlich beendet worden, beendet er das Arbeitsverhältnis – anders als bei einer Kündigung – nicht durch einseitige Erklärung. Ein wörtliches Angebot nach § 295 BGB genügt aus diesem Grunde regelmäßig nicht. Es wäre nur dann ausreichend, wenn dem Arbeitnehmer im Einzelfall, etwa nach einem Hausverbot, ein tatsächliches Angebot nicht zumutbar wäre. Auf die Rechtsprechung zur Begründung des Annahmeverzugs nach einer Kündigung des Arbeitsverhältnisses durch den Arbeitgeber kann bei einem Streit über das Zustandekommen eines Aufhebungsvertrags ebenso wie nach einer unwirksamen Eigenkündigung des Arbeitnehmers[82] nicht abgestellt werden, weil der Arbeitgeber in diesen Fällen dem Arbeitnehmer nicht durch einseitige gestaltende Willenserklärung die Arbeitsmöglichkeit entzieht.

37 **6. Betriebsübergang.** Erhebt ein Arbeitnehmer im Falle eines Betriebsübergangs gegenüber dem früheren Betriebsinhaber **erfolgreich Kündigungsschutzklage,** muss der Erwerber den gegenüber dem früheren Inhaber eingetretenen Annahmeverzug gegen sich gelten lassen. Gleiches gilt für eine dem Veräußerer gegenüber erklärte Geltendmachung von Ansprüchen. Dies folgt aus dem Schutzzweck des § 613 a I 1 BGB. Der Eintritt des Erwerbers in die Rechte und Pflichten des bisherigen Arbeitgebers bezweckt auch die Zurechnung von Handlungen des Veräußerers, die als Tatbestandsmerkmale für spätere Rechtsfolgen von Bedeutung sind.[83]

38 **7. Kündigung eines freien Dienstverhältnisses.** Nach der außerordentlichen Kündigung eines Dienstverhältnisses (z. B. eines GmbH-Geschäftsführers) ist zur Begründung des Annahmeverzugs gemäß § 295 BGB **grundsätzlich ein wörtliches Angebot erforderlich.** Die Kündigung enthält regelmäßig die Erklärung des Dienstberechtigten, er werde weitere Dienstleistungen des Verpflichteten nicht annehmen.[84] Ein wörtliches Angebot kann in der Klage auf Gehaltsfortzahlung gesehen werden.[85] Das Angebot ist allerdings dann nicht erforderlich, wenn die verpflichtete Gesellschaft erkennen lässt, dass sie unter keinen Umständen bereit ist, den Geschäftsführer weiter zu beschäftigen. Dies ist jedenfalls dann anzunehmen, wenn der Geschäftsführer abberufen wird und ein neuer an die Stelle des früheren Geschäftsführers berufen wird.[86] Entsprechendes gilt für ein Dienstverhältnis nach § 627 BGB.[87]

39 Hat ein **GmbH-Geschäftsführer selbst die außerordentliche Kündigung** seines Anstellungsvertrags erklärt und seine Tätigkeit für die GmbH eingestellt, kann er sich später nicht mehr darauf berufen, sein Anstellungsvertrag bestehe mangels Wirksamkeit der Kündigung fort. Er würde sich damit treuwidrig (§ 242 BGB) in unlösbaren Widerspruch zu seinem eigenen früheren Verhalten setzen. Annahmeverzugsansprüche des Geschäftsführers gegen die GmbH bestehen deshalb nicht.[88]

VII. Leistungsfähigkeit und Leistungswilligkeit

40 **1. Grundsätze.** Gemäß § 297 BGB kommt der Gläubiger nicht in Verzug, wenn der Schuldner zur Zeit des Angebots oder, im Falle des § 296 BGB, zu der für die Handlung des Gläubigers bestimmten Zeit **außerstande ist, die Leistung zu bewirken.** Der Annahmeverzug des Arbeitgebers ist damit ausgeschlossen, wenn der Arbeitnehmer nicht leistungsfähig[89] oder nicht leistungswillig[90] ist.

41 Entfällt das Leistungsvermögen des Arbeitnehmers, wird die vertraglich geschuldete **Leistung unmöglich.**[91] Ist dem Arbeitnehmer die Arbeitsleistung aus Gründen unmöglich, die keine der beiden Parteien zu vertreten hat, verliert er nach § 326 I BGB grundsätzlich den Vergütungsan-

---

[81] BAG 7. 12. 2005 AP 114 zu § 615 BGB = NZA 2006, 425; HWK/*Krause* § 615 BGB RN 41; *Richardi/Annuß* NJW 2000, 1231, 1233.
[82] Dazu BAG 16. 1. 2003 AP 2 zu § 67 SeemG.
[83] BAG 21. 3. 1991 AP 49 zu § 615 BGB = NZA 91, 726.
[84] BGH 13. 3. 1986 NJW-RR 86, 794.
[85] BGH 28. 10. 1996 NZA-RR 97, 329.
[86] BGH 9. 19. 2000 AP 88 zu § 615 BGB = NZA 2001, 36.
[87] BAG 12. 7. 2006 AP 5 zu § 627 BGB = NZA 2006, 1094.
[88] BGH 8. 11. 1999 AP 14 zu § 611 BGB Organvertreter.
[89] BAG 24. 9. 2003 NZA 2003, 1387; 29. 10. 1998 AP 77 zu § 615 BGB = NZA 99, 377.
[90] BAG 19. 5. 2004 AP 108 zu § 615 BGB = NZA 2004, 1064; 5. 11. 2003 AP 106 zu § 615 BGB; 24. 9. 2003 NZA 2003, 1387.
[91] BAG 5. 11. 2003 AP 106 zu § 615 BGB.

spruch. Das hat u. a. zur Folge, dass der Arbeitnehmer für die Dauer der Arbeitsunfähigkeit keinen Anspruch auf Annahmeverzugsvergütung hat. Dem Arbeitnehmer stehen stattdessen bei krankheitsbedingter Arbeitsunfähigkeit Entgeltfortzahlungsansprüche zu. Diese bestehen jedoch gemäß § 3 I EFZG nur für die Dauer von sechs Wochen und bei Fortsetzungserkrankungen nur nach näherer Maßgabe des § 3 I 2 EFZG (dazu auch RN 48 a).

2. Leistungsfähigkeit. Der Arbeitnehmer ist i. S. v. § 297 BGB außer Stande die Leistung zu bewirken, wenn er an der Erbringung der Arbeitsleistung rechtlich oder tatsächlich gehindert ist oder die Arbeitsleistung unmöglich ist. 42

a) Kann der Arbeitnehmer wegen eines **gesetzlichen Beschäftigungsverbots** nicht beschäftigt werden, kommt der Arbeitgeber nicht in Annahmeverzug. Dies hat das BAG für ein bergrechtliches Beschäftigungsverbot bestätigt.[92] Gleiches gilt für mutterschutzrechtliche Beschäftigungsverbote nach §§ 3 ff. MuSchG. Schwangere Arbeitnehmerinnen haben in diesen Fällen allerdings nach § 11 MuSchG Anspruch auf Mutterschutzlohn, wenn der Arbeitgeber sie auch nicht unter Berücksichtigung des bei mutterschutzrechtlichen Beschäftigungsverboten erweiterten Direktionsrechts beschäftigen kann (§ 168 RN 20).[93] Annahmeverzugsansprüche scheiden des Weiteren aus bei fehlender Approbation eines Arztes,[94] fehlender Arbeitsgenehmigung eines ausländischen Arbeitnehmers nach § 284 SGB III oder dem Entzug der Fahrerlaubnis bei einem Kraftfahrer.[95] 43

b) Ein Arbeitnehmer ist nicht stets schon dann leistungsunfähig i. S. v. § 297 BGB, wenn er aus Gründen in seiner Person **nicht mehr alle Arbeiten verrichten kann,** die zu den vertraglich vereinbarten Tätigkeiten gehören. Sonst bliebe außer Acht, dass der Arbeitgeber gemäß § 106 GewO sein Weisungsrecht nach billigem Ermessen auszuüben und auch die Interessen des Arbeitnehmers zu berücksichtigen hat. Ist es dem Arbeitgeber möglich und zumutbar, dem krankheitsbedingt nur eingeschränkt leistungsfähigen Arbeitnehmer leidensgerechte Arbeiten zuzuweisen, ist die Zuweisung anderer nicht leidensgerechter Arbeiten unbillig. Unterlässt der Arbeitgeber die ihm mögliche und zumutbare Zuweisung leidensgerechter und vertragsgemäßer Arbeit, steht die Einschränkung der Leistungsfähigkeit des Arbeitnehmers dem Annahmeverzug des Arbeitgebers nicht entgegen.[96] Nach älterer Rechtsprechung gerät der Arbeitgeber auch dann in Annahmeverzug, wenn er den Arbeitnehmer zwar nicht mehr vertragsgemäß beschäftigen kann (z. B. wegen Entzugs der Fahrerlaubnis), jedoch auf Grund der Fürsorgepflicht gehalten ist, ihn vorübergehend mit anderen, nicht vertragsgemäßen Arbeiten zu beschäftigen.[97] Dies kann jedoch nur dann gelten, wenn der Arbeitnehmer eine solche Arbeit konkret anbietet, weil der Arbeitgeber wissen muss, zu welchen Vertragsänderungen der Arbeitnehmer bereit ist. Ein allgemeines Arbeitsangebot des Arbeitnehmers genügt hierfür regelmäßig nicht.[98] 44

Entsprechendes gilt, wenn ein Arbeitnehmer auf Grund seiner **Behinderung** außerstande ist, seine arbeitsvertraglich geschuldete Leistung zu erbringen. Der Arbeitgeber ist jedoch nach § 81 IV Nr. 1, 4 und 5 SGB IX zur behinderungsgerechten Ausgestaltung eines Arbeitsplatzes verpflichtet. Er macht sich schadensersatzpflichtig, wenn er diese Pflichten schuldhaft verletzt. Er schuldet dann allerdings die entgangene Vergütung nicht als Annahmeverzugslohn, sondern als Schadensersatz nach § 280 BGB i. V. m. § 81 IV SGB IX, es sei denn, die behinderungsgerechte Einrichtung des Arbeitsplatzes wäre ihm unzumutbar oder sie wäre mit unverhältnismäßigen Aufwendungen verbunden (§ 81 IV 3 SGB IX).[99] 45

c) Ein **tatsächliches Leistungshindernis** kann bei starker Alkoholisierung des Arbeitnehmers bestehen, wenn er wegen Trunkenheit nicht mehr in der Lage ist zu arbeiten.[100] Gleiches kann bei einem Hausverbot gelten, das ein Kunde des Arbeitgebers dem Arbeitnehmer erteilt hat. So besteht nach einem Urteil des LAG Bremen kein Annahmeverzug, wenn ein Arbeitnehmer, der bei einem Dritten Ware konfektioniert und verpackt, im Pausenraum dieses Betriebs in ein Handwaschbecken uriniert und deshalb vom Auftraggeber seines Arbeitgebers ein 46

---

[92] BAG 15. 6. 2004 AP 25 zu § 611 BGB Bergbau = NZA 2005, 462.
[93] Dazu BAG 21. 4. 1999 AP 5 zu § 4 MuSchG 1968 = NZA 99, 1044.
[94] BAG 6. 3. 1974 AP 29 zu § 615 BGB.
[95] BAG 18. 12. 1986 AP 2 zu § 297 BGB = NZA 87, 377.
[96] BAG 27. 8. 2008 – 5 AZR 16/08 z. Vv.; 8. 11. 2006 AP 120 zu § 615 BGB; 24. 9. 2003 AP 3 zu § 151 BGB = NZA 2003, 1332; 6. 12. 2001 EzA 9 zu § 1 KSchG Interessenausgleich.
[97] BAG 18. 12. 1986 AP 2 zu § 297 BGB = NZA 87, 377.
[98] BAG 27. 8. 2008 – 5 AZR 16/08 z. V. v.
[99] BAG 4. 10. 2005 AP 9 zu § 81 SGB IX = NZA 2006, 442.
[100] LAG Schleswig-Holstein 28. 11. 1988 NZA 89, 472.

Hausverbot erhält.[101] Der Annahmeverzug wird freilich durch das Hausverbot dann nicht ausgeschlossen, wenn der Arbeitgeber den Arbeitnehmer anderweitig einsetzen kann.[102]

47 **d)** Für die Beurteilung des Leistungsvermögens sind die **objektiven Umstände** maßgeblich. Unerheblich ist die subjektive Einschätzung des Arbeitnehmers. Ist ein Arbeitnehmer aus gesundheitlichen Gründen objektiv nicht in der Lage, die vereinbarte Leistung zu erbringen, kann das fehlende Leistungsvermögen nicht allein durch den Willen des Arbeitnehmers ersetzt werden, trotz objektiver Leistungsunfähigkeit einen Arbeitsversuch zu unternehmen.[103]

48 Die Leistungsfähigkeit i. S. v. § 297 BGB ist nicht bereits durch eine vom Arbeitnehmer vorgelegte **ärztliche Empfehlung zum Wechsel des Arbeitsplatzes** ausgeschlossen. Dies kann nur dann angenommen werden, wenn sich aus der Bescheinigung zugleich ergibt, dass dem Arbeitnehmer die Arbeitsleistung am bisherigen Arbeitsplatz objektiv unmöglich ist. Ansonsten ist der Arbeitgeber nach einem Urteil des Neunten Senats des BAG nur verpflichtet zu prüfen, ob der Arbeitnehmer auf einen leidensgerechten Arbeitsplatz umgesetzt werden kann. Sei dem Arbeitgeber das nicht möglich oder überlasse er dem Arbeitnehmer die Wahl zwischen dem bisherigen Arbeitsplatz und einem anderen, habe es damit sein Bewenden, wenn sich der Arbeitnehmer für die Arbeit auf dem belastenden Arbeitsplatz entscheide. Der Arbeitgeber könne die Beschäftigung nicht aus Fürsorgegründen ablehnen.[104] Das gilt jedoch nicht, wenn Arbeitsunfähigkeit i. S. v. des EFZG vorliegt, weil der Arbeitgeber dann vom Arbeitnehmer keine Arbeitsleistung verlangen kann und demzufolge auch nicht entgegenzunehmen braucht.[105] Der Vergütungsanspruch eines Arbeitnehmers entfällt, wenn der **Zeitraum für die Entgeltfortzahlung im Krankheitsfall abgelaufen** ist und der Arbeitnehmer aus gesundheitlichen Gründen weiterhin nicht in der Lage ist, die vertragsgemäße Arbeit zu erbringen. Daran ändert gem. § 297 BGB auch das Angebot der Arbeitsleistung durch den Arbeitnehmer nichts.[106]

49 **e)** Umstritten ist, ob der Arbeitgeber nach längerer Arbeitsunfähigkeit vom Arbeitnehmer eine Arbeitsfähigkeitsbescheinigung **(sog. „Gesundschreibung")** verlangen kann, wenn der Arbeitnehmer wieder seine Arbeitsleistung anbietet. Eine Rechtsgrundlage hierfür kann sich aus tariflichen Bestimmungen, wie etwa § 9 Nr. 1 Abs. 6 MTV-Metall NRW ergeben. Auch dürften entsprechende vertragliche Vereinbarungen zulässig sein.[107] Besteht keine ausdrückliche Regelung, ist ein Anspruch auf eine Arbeitsfähigkeitsbescheinigung in der Regel ohne Hinzutreten besonderer Umstände zu verneinen.[108] Solche besonderen Umstände hat das LAG Berlin zutreffend in einem Fall angenommen, in dem eine Arbeitnehmerin deutlich über die Hälfte der Arbeitstage eines Kalenderjahres arbeitsunfähig war und bereits mehrere ärztliche Bescheinigungen vorlagen, die eine dauernde Einschränkung der Leistungsfähigkeit der Arbeitnehmerin attestierten. Hinsichtlich des Beweiswerts einer ärztlichen „Arbeitsfähigkeitsbescheinigung" und seiner Erschütterung gelten die vom Bundesarbeitsgericht zur ärztlichen Arbeitsunfähigkeitsbescheinigung entwickelten Grundsätze entsprechend.[109] Da der Eintritt des Annahmeverzugs nicht von einem Verschulden des Arbeitgebers abhängt, gerät der Arbeitgeber auch dann in Annahmeverzug, wenn er irrtümlich annimmt, der Arbeitnehmer sei außer Stande, die Arbeitsleistung zu erbringen.[110]

50 **3. Leistungswilligkeit.** Die in § 297 BGB nicht ausdrücklich genannte Voraussetzung der Leistungswilligkeit ergibt sich daraus, dass ein leistungsunwilliger Arbeitnehmer sich selbst außer Stand setzt, die Arbeitsleistung zu bewirken.[111] Der Arbeitnehmer ist i. S. v. § 297 BGB außer Stande, die Leistung zu bewirken, wenn er leistungsunwillig ist. Die subjektive Leistungsbereitschaft ist eine von dem Leistungsangebot und dessen Entbehrlichkeit unabhängige Voraussetzung. Sie muss während des **gesamten Verzugszeitraums** vorliegen.[112] Das Erfordernis der

---

[101] LAG Bremen 24. 8. 2000 NZA-RR 2000, 632; *Schmiegel/Robrecht* FS Löwisch S. 355.
[102] BAG 18. 9. 2008 – 2 AZR 1060/06; Hess. LAG 26. 4. 2000 NZA-RR 2000, 633.
[103] Vgl. BAG 29. 10. 1998 AP 77 zu § 615 BGB = NZA 99, 377.
[104] Vgl. BAG 17. 2. 1998 AP 27 zu § 618 BGB = NZA 99, 33.
[105] *Annuß* Anm. zu BAG EzA 89 zu § 615 BGB.
[106] BAG 27. 8. 2008 NZA 2008, 1410.
[107] Vgl. *Preis*, Der Arbeitsvertrag II G 30 RN 17.
[108] So etwa LAG Berlin 10. 5. 2001 NZA-RR 2002, 23; LAG Berlin 9. 12. 2004 DB 2005, 264; LAG Düsseldorf 17. 7. 2003 DB 2003, 2603; MünchKommBGB/*Henssler* § 615 BGB RN 31.
[109] BAG 11. 10. 2006 AP 4 zu § 5 EntgeltFG; LAG Düsseldorf 17. 7. 2003 DB 2003, 2603.
[110] BAG 10. 5. 1973 AP 27 zu § 615 BGB.
[111] BAG 19. 5. 2004 AP 108 zu § 615 BGB = NZA 2004, 1064.
[112] BAG 13. 7. 2005 AP 112 zu § 615 BGB = NZA 2005, 1348; 19. 5. 2004 AP 108 zu § 615 BGB = NZA 2004, 1064.

Leistungsbereitschaft bezieht sich auf die **vertraglich geschuldete Tätigkeit.** Der Arbeitnehmer muss unabhängig von der den Annahmeverzug begründenden Kündigung bereit sein, die vertraglich vereinbarte Tätigkeit auszuführen. Der Leistungswille fehlt zwar nicht schon dann, wenn ein Arbeitnehmer eine bestimmte Tätigkeit nicht von sich aus angeboten, wohl aber dann, wenn er sie abgelehnt hat. Hat der Arbeitnehmer eine bestimmte, an sich mögliche Arbeit abgelehnt, kann der Annahmeverzug nicht darauf gestützt werden, der Arbeitgeber hätte diese Arbeit anbieten müssen. Das gilt auch dann, wenn eine Beendigungskündigung des Arbeitgebers rechtskräftig mit der Begründung für unwirksam erklärt worden ist, der Arbeitgeber hätte trotz der Ablehnung seitens des Arbeitnehmers die entsprechende Arbeit im Wege der Änderungskündigung anbieten müssen. Der gem. § 297 BGB für den Annahmeverzug vorausgesetzte Leistungswille ist von der Wirksamkeit einer Kündigung unabhängig.[113]

Der Leistungsbereitschaft steht entgegen, wenn der Arbeitnehmer die Forderung nach **51** **„Rücknahme der Kündigung"** zur Bedingung der Arbeitsaufnahme macht.[114] Denn der Arbeitnehmer hat kein berechtigtes Interesse daran, bei einer Ungewissheit über die Wirksamkeit der Kündigung seine Arbeitsbereitschaft davon abhängig zu machen, dass der Arbeitgeber seinen Rechtsstandpunkt insgesamt aufgibt.

Auf fehlenden Leistungswillen kann des Weiteren hindeuten, wenn der Arbeitnehmer im **52** Kündigungsschutzprozess geltend macht, das **Arbeitsverhältnis sei völlig zerrüttet** und könne unter keinen Umständen mehr fortgeführt werden, weshalb der Arbeitnehmer eine neue Arbeitsstelle suche.[115] Hat der Arbeitnehmer während des Annahmeverzugs eine **andere Stelle angetreten,** kann hieraus allein nicht auf fehlenden Leistungswillen geschlossen werden. Hierzu ist der Arbeitnehmer unter Beachtung des Verbots von Konkurrenztätigkeit gem. § 11 Nr. 2 KSchG gehalten. Auch wenn der Arbeitnehmer ein neues, nur unter Einhaltung einer Kündigungsfrist zu beendendes Arbeitsverhältnis abgeschlossen hat und vorübergehend einer Arbeitsweisung nicht Folge leisten kann, ist ihm dies nicht anzulasten. Den erzielten Zwischenverdienst muss er sich allerdings anrechnen lassen. Der Leistungswille folgt nicht allein aus der Erhebung einer Kündigungsschutzklage. Legt der Arbeitgeber Umstände dar, die den Schluss erlauben, der Arbeitnehmer sei nicht gewillt gewesen zu arbeiten, steht dem selbst ein wörtliches Angebot nicht entgegen.[116]

Aus einer **unwirksamen Eigenkündigung** kann nicht ohne Weiteres auf fehlenden Leis- **53** tungswillen des Arbeitnehmers geschlossen werden. Die Leistungsbereitschaft besteht in diesen Fällen jedenfalls dann, wenn sie gegenüber dem Arbeitgeber ausdrücklich bekundet wird oder einer entsprechenden Feststellungsklage des Arbeitnehmers entnommen werden kann.[117] Ob Entsprechendes auch bei **formnichtigen mündlichen Aufhebungsverträgen** gilt, ist umstritten. Während das Thüringer LAG die Auffassung vertritt, mit der Zustimmung zu einem Aufhebungsvertrag dokumentiere der Arbeitnehmer, ab dem darin bestimmten Beendigungszeitpunkt nicht mehr die Arbeitsleistung erbringen zu wollen,[118] hat das LAG Niedersachsen angenommen, Leistungsbereitschaft bestehe jedenfalls dann, wenn der Arbeitnehmer erklärt habe, er brauche Arbeit.[119]

4. Darlegungs- und Beweislast. Der Arbeitgeber trägt die Darlegungs- und Beweislast für **54** die tatsächlichen Voraussetzungen der fehlenden Leistungsfähigkeit und Leistungswilligkeit im Sinne von § 297 BGB.[120] Hierbei handelt es sich hierbei um eine **Einwendung des Arbeitgebers.**[121] Da der Arbeitgeber über den Gesundheitszustand des Arbeitnehmers im Annahmeverzugszeitraum regelmäßig keine näheren Kenntnisse hat, können an seinen Vortrag zum Leistungsunvermögen keine hohen Anforderungen gestellt werden. Es genügt, wenn der Arbeitgeber Indizien vorträgt, aus denen auf Arbeitsunfähigkeit geschlossen werden kann. In Betracht kommen insbesondere Krankheitszeiten des Arbeitnehmers vor und nach dem Verzugszeitraum.

Hat der Arbeitgeber solche Indizien vorgetragen, ist es **Sache des Arbeitnehmers, die In- 55 dizwirkung zu erschüttern.** Der Arbeitnehmer muss sich gemäß § 138 II ZPO konkret erklären. Er hat darzutun, warum aus dem Vortrag des Arbeitgebers nicht auf Leistungsunvermö-

---

113 BAG 27. 8. 2008 – 5 AZR 16/08 z. V. v.
114 BAG 13. 7. 2005 AP 112 zu § 615 BGB = NZA 2005, 1348; a. A. KR/*Spilger* § 11 KSchG RN 24.
115 BAG 24. 9. 2003 NZA 2003, 1387.
116 BAG 19. 5. 2004 AP 108 zu § 615 BGB = NZA 2004, 1064.
117 BAG 21. 11. 1996 RzK I 13 b Nr. 31.
118 Thüringer Landesarbeitsgericht 27. 1. 2004 ArbRB 2004, 198.
119 LAG Niedersachsen 11. 10. 2004 LAGReport 2005, 170.
120 BAG 23. 1. 2008 NZA 2008, 595.
121 BAG 19. 5. 2004 AP 108 zu § 615 BGB = NZA 2004, 1064.

gen geschlossen werden kann. Hierzu kann er etwa darlegen, warum die zugrunde liegenden Erkrankungen keine Aussagekraft für den Annahmeverzugszeitraum haben, oder konkrete Umstände für eine Ausheilung von Krankheiten bzw. ein Abklingen der Beschwerden vortragen. Naheliegend ist es, die behandelnden Ärzte von der Schweigepflicht zu entbinden. Der Arbeitgeber ist dann für die Leistungsunfähigkeit beweispflichtig. Er kann sich auf das Zeugnis der den Arbeitnehmer behandelnden Ärzte und auf ein Sachverständigengutachten berufen. Trägt der Arbeitnehmer dagegen nichts vor oder lässt er sich nicht substantiiert ein, gilt die Behauptung des Arbeitgebers, der Arbeitnehmer sei auch während des Verzugszeitraums leistungsunfähig gewesen, gemäß § 138 III ZPO als zugestanden.[122]

VIII. Ablehnung der Arbeitsleistung

56 **1. Allgemeines.** Der Arbeitgeber gerät in Annahmeverzug, wenn er die ihm angebotene **Arbeitsleistung nicht annimmt** und nur bereit ist, den Arbeitnehmer mit anderen als nach dem Vertrag geschuldeten Arbeiten zu beschäftigen und damit ein neues Arbeitsverhältnis zu begründen.[123] Verlangt der Arbeitgeber allerdings in Ausübung seines Direktionsrechts (§ 106 GewO) in rechtlich einwandfreier Art und Weise eine bestimmte Arbeit, kommt er nicht in Annahmeverzug, wenn der Arbeitnehmer diese Arbeit ablehnt und stattdessen eine andere, ebenfalls vertragsgemäße Arbeit anbietet.[124] Der Eintritt des Annahmeverzugs hängt nicht von einem Verschulden des Arbeitgebers ab. Er entsteht deshalb auch dann, wenn der Arbeitgeber irrtümlich annimmt, der Arbeitnehmer sei nicht leistungsfähig.[125]

57 **2. Leistung Zug um Zug.** Ist der Arbeitnehmer nach § 298 BGB nur dazu verpflichtet, **Zug um Zug** gegen eine Leistung des Arbeitgebers zu arbeiten, gerät der Arbeitgeber auch in Verzug, wenn er zwar bereit ist, die Arbeit entgegenzunehmen, aber die von ihm verlangte Gegenleistung nicht anbietet.[126] § 298 BGB gilt nicht nur für die Einrede des nicht erfüllten Vertrags (§ 320 BGB), sondern auch für alle Fälle des Zurückbehaltungsrechts (§ 273 BGB).[127] Die Regelung des § 298 BGB ist z. B. anwendbar, wenn der Arbeitgeber dem Arbeitnehmer vereinbarte Vorschüsse auf Auslagen, Fahrtkosten usw. nicht geleistet hat (§ 85). Gleiches gilt, wenn der Arbeitnehmer wegen nicht unerheblicher **Lohnrückstände** die Einrede des nicht erfüllten Vertrages erhebt (§ 320 I BGB).[128] Der Arbeitnehmer ist dann nicht mehr vorleistungspflichtig (§ 614 BGB).[129] Der Arbeitgeber hat nunmehr die rückständige Gegenleistung (Arbeitsvergütung) zu erbringen. Erst dann hat der Arbeitnehmer seine Arbeit zu leisten. In der Einrede des nicht erfüllten Vertrags liegt regelmäßig die konkludente Erklärung des Arbeitnehmers, er verweigere die Arbeitsleistung nur solange, wie der Arbeitgeber das rückständige Arbeitsentgelt nicht bezahlt. Solange der Arbeitnehmer wirksam ein Zurückbehaltungsrecht ausübt, endet gem. § 298 BGB nicht der Annahmeverzug des Arbeitgebers.

58 **3. Unzumutbarkeit der Weiterbeschäftigung.** Der Arbeitgeber gerät ausnahmsweise trotz einer unwirksamen Kündigung nicht in Annahmeverzug, wenn ihm die Weiterbeschäftigung unter Berücksichtigung der dem Arbeitnehmer zurechenbaren Umstände nach Treu und Glauben unzumutbar ist.[130] Nicht jedes Verhalten des Arbeitnehmers, das den Arbeitgeber zur fristlosen Kündigung aus wichtigem Grund i. S. d. § 626 I BGB berechtigt, begründet für den Arbeitgeber das Recht, die Arbeitsleistung des Arbeitnehmers abzulehnen, wenn sich die Kündigung aus anderen Gründen als unwirksam erweist. Die Weiterbeschäftigung ist vielmehr nur bei **besonders groben Vertragsverstößen** unzumutbar. Die Annahme der Leistung muss zu einer konkreten Gefährdung von Rechtsgütern des Arbeitgebers, seiner Familienangehörigen oder anderer Arbeitnehmer führen, deren Schutz Vorrang vor den Interessen des Arbeitnehmers an der Erhaltung seines Verdienstes hat.[131] Dies hat das BAG nach einem Totschlagsversuch einer

---

[122] BAG 5. 11. 2003 AP 106 zu § 615 BGB.
[123] BAG 7. 11. 2002 AP 98 zu § 615 BGB; 14. 11. 1985 AP 39 zu § 615 BGB = NZA 86, 637.
[124] BAG 30. 4. 2008 AP 183 zu § 611 BGB Lehrer, Dozenten = NZA-RR 2008, 551.
[125] BAG 10. 5. 1973 AP 27 zu § 615 BGB.
[126] BGH 15. 11. 1996 NJW 97, 581; MünchKommBGB/*Henssler* § 615 RN 39.
[127] BAG 26. 9. 2007 AP 13 zu § 615 BGB Böswilligkeit.
[128] BAG 25. 10. 2007 AP 333 zu § 613 a BGB = NZA-RR 2008, 367; MünchArbR/*Blomeyer* § 49 RN 57; HWK/*Krause* § 615 BGB RN 48, 64.
[129] Vgl. HWK/*Krause* § 614 BGB RN 15.
[130] BAG GS 26. 4. 1956 AP 5 zu § 9 MuSchG; BAG 11. 11. 1976 AP 8 zu § 103 BetrVG 1972; 29. 10. 1987 AP 42 zu § 615 BGB.
[131] Der Rspr. Zust. MünchArbR/*Boewer* § 78 RN 34; *Kraft* Anm. zu BAG EzA 17 zu § 103 BetrVG 1972; Staudinger/*Richardi* § 615 RN 86.

Schwangeren gegen den Arbeitgeber bejaht.[132] Dasselbe gilt bei dem dringenden Verdacht des sexuellen Missbrauchs von Kleinkindern in einer Kindertagesstätte durch einen Erzieher.[133]

IX. Beendigung des Annahmeverzugs

1. Allgemeines. Die Beendigung des Annahmeverzugs ist gesetzlich nicht besonders geregelt. Er endet deshalb nicht von selbst, sondern nur, wenn seine **Voraussetzungen entfallen.**[134] Der Annahmeverzug endet für die Zukunft (ex nunc), wenn der Arbeitgeber wieder bereit ist, die geschuldete Arbeitsleistung im Rahmen des bisherigen Vertragsverhältnisses entgegenzunehmen. Bereits eingetretenen Rechtsfolgen bleiben bestehen.[135] 59

2. Aufforderung zur Arbeit. Besteht kein Einvernehmen zur Fortsetzung des Arbeitsverhältnisses, muss der Arbeitgeber den Arbeitnehmer **zur Arbeitsleistung auffordern**[136] und dies mit der Erklärung verbinden die Arbeitsleistung als Erfüllung des fortbestehenden Arbeitsvertrags anzusehen.[137] Der Arbeitnehmer ist dann verpflichtet, die Arbeit wieder zu leisten. Eine Ausnahme gilt nur dann, wenn dem Arbeitnehmer die Wiederaufnahme der Arbeit wegen des vorausgegangenen Verhaltens des Arbeitgebers unzumutbar ist und er nunmehr seinerseits das Arbeitsverhältnis kündigt. Der Annahmeverzug endet nicht, wenn der Arbeitgeber lediglich bereit ist, den Arbeitnehmer neu zu denselben oder geänderten Bedingungen einzustellen.[138] 60

3. Beendigung des Arbeitsverhältnisses. Der Annahmeverzug wird beseitigt, wenn das Arbeitsverhältnis beendet wird. Eine unwirksame außerordentliche Kündigung ist ggf. **in eine ordentliche Kündigung umzudeuten,** sofern die Voraussetzungen von § 140 BGB vorliegen (dazu § 123 RN 77). Ist im Rechtsstreit über die außerordentliche Kündigung die Umdeutung unterblieben, kann sich der Arbeitgeber im Prozess über die Vergütungsfortzahlung nicht auf eine mögliche Umdeutung berufen.[139] 61

4. Angebot der Prozessbeschäftigung. Der Annahmeverzug **endet nicht,** wenn der Arbeitgeber den Arbeitnehmer während des Kündigungsschutzprozesses zu einer Prozessbeschäftigung unter Aufrechterhaltung der Kündigung auffordert. In diesem Fall nimmt der Arbeitgeber die Arbeitsleistung des Arbeitnehmers nicht als Erfüllung des bestehenden Arbeitsvertrags entgegen.[140] Der Annahmeverzug wird ebenso wenig durch ein vom Arbeitnehmer neu begründetes Arbeitsverhältnis beendet. Dies folgt aus § 615 S. 2 BGB bzw. § 11 Nr. 1 KSchG. Der Annahmeverzug des Arbeitgebers endet nur dann, wenn er mit dem Angebot der Weiterbeschäftigung klarstellt, dass er zu Unrecht gekündigt hat. [141] Die Ablehnung des Angebots zur Weiterbeschäftigung kann jedoch ein böswilliges Unterlassen anderweitigen Erwerbes darstellen (dazu RN 105). 62

5. Rücknahme der Kündigung. Die erklärte Rücknahme der Kündigung durch den Arbeitgeber führt gleichfalls **nicht ohne Weiteres zur Beendigung** des Annahmeverzugs. Da der Arbeitgeber dem Arbeitnehmer Arbeit zuweisen muss, endet der Annahmeverzug bei einer vom Arbeitgeber erklärten Rücknahme der Kündigung nur dann, wenn der Erklärung des Arbeitgebers mit hinreichender Deutlichkeit die Aufforderung zu entnehmen ist, der Arbeitnehmer möge zu einem bestimmten Zeitpunkt an einem bestimmten Ort die Arbeit wieder aufzunehmen. Das kann u. U. angenommen werden, wenn der Arbeitnehmer vor der Kündigung seine Tätigkeit an einem bestimmten Ort zu festen Arbeitszeiten ausgeübt hat. Anders ist die Rechtslage, wenn der Arbeitnehmer vor der Kündigung unterschiedliche Tätigkeiten zu schwankenden Arbeitszeiten ausgeübt hat. In dem entschiedenen Fall hatte eine Verkäuferin einer Bäckereikette mit zahlreichen Verkaufsstellen vor Ausspruch der Kündigung an verschiedenen Orten zu wechselnden Arbeitszeiten gearbeitet. Hier war unklar, wann und wo sich die Arbeitnehmerin zur Arbeit einfinden sollte.[142] 63

---

[132] BAG GS 26. 4. 1956 AP 5 zu § 9 MuSchG.

[133] LAG Berlin 27. 11. 1995 NZA-RR 96, 283.

[134] BAG 19. 1. 1999 AP 79 zu § 615 BGB = NZA 99, 925.

[135] HWK/*Krause* § 615 BGB RN 68.

[136] BAG 19. 1. 1999 AP 79 zu § 615 BGB = NZA 99, 925; 27. 1. 1994 AP 32 zu § 2 KSchG 1969.

[137] BAG 26. 9. 2007 AP 13 zu § 615 BGB Böswilligkeit = NZA 2008, 1063; 24. 9. 2003 AP 9 zu § 615 BGB Böswilligkeit = NZA 2004, 90; 17. 4. 1986 AP 40 zu § 615 BGB = NZA 87, 17.

[138] BAG 10. 4. 1963 AP 23 zu § 615 BGB.

[139] BAG 19. 2. 1970 AP 12 zu § 11 KSchG.

[140] BAG 26. 9. 2007 AP 13 zu § 615 BGB Böswilligkeit = NZA 2008, 1063; 13. 7. 2005 AP 112 zu § 615 BGB = NZA 2005, 1348; 24. 9. 2003 AP 9 zu § 615 BGB Böswilligkeit = NZA 2004, 90; 19. 1. 1999 AP 79 zu § 615 BGB = NZA 99, 925; 14. 11. 1985 AP 39 zu § 615 BGB = NZA 86, 637.

[141] BAG 5. 11. 2003 AP 106 zu § 615 BGB.

[142] BAG 19. 1. 1999 AP 79 zu § 615 BGB = NZA 99, 925.

64 **6. Entbindung von der Weiterbeschäftigungspflicht.** Hat der Arbeitnehmer einen Weiterbeschäftigungsanspruch nach § 102 V BetrVG geltend gemacht und wird der Arbeitgeber von der Beschäftigungspflicht durch das Arbeitsgericht entbunden, bleibt er **gleichwohl zur Fortzahlung der Vergütung verpflichtet,** wenn sich im Kündigungsschutzprozess herausstellt, dass die Kündigung sozial ungerechtfertigt war.[143] In dem summarischen Verfahren nach § 102 V BetrVG bzw. nach §§ 935, 940 ZPO wird nur über die Verpflichtung des Arbeitgebers zur vorläufigen Weiterbeschäftigung entschieden. Die Rechtmäßigkeit der Beendigung des Arbeitsverhältnisses und die dadurch bedingte Beendigung der Arbeitspflicht ist nicht Gegenstand dieses Verfahrens. Das gilt auch dann, wenn der Arbeitgeber zunächst wegen fehlender Erfolgsaussicht der Kündigungsschutzklage von der Weiterbeschäftigung entbunden worden ist.

65 **7. Änderungskündigung.** Hat der Arbeitgeber dem Arbeitnehmer statt einer nach dem Ultima-Ratio-Prinzip ausreichenden Änderungskündigung eine (unwirksame) Beendigungskündigung erklärt, endet der Annahmeverzug erst dann, wenn der Arbeitgeber dem Arbeitnehmer die ursprünglich geschuldete Tätigkeit wieder anbietet.[144]

X. Vergütungsfortzahlung

66 **1. Lohnausfallprinzip. a)** Das im Annahmeverzug fortzuzahlende Entgelt ist nach dem Lohnausfallprinzip zu bemessen. Der Arbeitgeber hat die Vergütung zu zahlen, die der Arbeitnehmer **bei Weiterarbeit erzielt hätte.** Dabei sind alle Entgeltbestandteile zu berücksichtigen.[145] Nicht erfasst werden nur solche Leistungen, die davon abhängig sind, dass der Arbeitnehmer tatsächlich arbeitet oder dass ihm tatsächlich Aufwendungen entstehen.[146] Von der Annahmeverzugsforderung sind wie von der laufenden Arbeitsvergütung Steuern und Sozialversicherungsbeiträge abzuziehen. Im Bereich der Spielbanken kann die Annahmeverzugsvergütung aus dem Tronc befriedigt werden.[147]

67 **b)** Weiterzuzahlen sind bei zeitlohnbestimmter Arbeit die regelmäßige Stunden-, Tage-, Wochen- oder Monatsvergütung einschließlich zwischenzeitlich eingetretener Verdiensterhöhungen. Hätte der Arbeitnehmer bei Weiterarbeit auch **Überstunden** geleistet, schuldet der Arbeitgeber auch die Überstundenvergütung.[148] Mangelt es bei schwankender Vergütung an hinreichend konkreten Vereinbarungen oder festen Anhaltspunkten für die Frage des mutmaßlich erzielten Entgelts, ist gem. § 287 II ZPO zu schätzen. Dabei kann die vom Arbeitnehmer bis zum Eintritt des Annahmeverzugs erzielte Vergütung einen Anhaltspunkt liefern.[149] Die Schätzung obliegt grundsätzlich dem Tatsachengericht. Seine Entscheidung ist vom Bundesarbeitsgericht nur dahin zu überprüfen, ob sie auf falschen oder unsachlichen Erwägungen beruht oder ob sie wesentlichen Tatsachenstoff außer Acht lässt.[150]

68 **2. Zuschläge.** Zum nachzuzahlenden Arbeitsverdienst gehören auch Zuschläge, soweit diese Teil der vereinbarten Vergütung sind und Entgeltcharakter haben. Damit hat der Arbeitgeber auch die tariflichen **Spät-, Nacht- und Wechselschichtzuschläge** zu vergüten. Anders als Zulagen, die eine bestimmte tatsächliche Mehrbelastung abgelten sollen, wie etwa Schmutzzulagen, Essenszuschüsse, Aufwendungs- oder Spesenersatz, haben die Zeitzuschläge Entgeltcharakter (dazu RN 71). Sie fallen grundsätzlich nicht nur an, wenn tatsächlich Spät- oder Nachtarbeit geleistet wurde. Etwas anderes gilt nur, wenn die Tarifvertragsparteien selbst dies vereinbart haben (vgl. § 4 IV EFZG).[151]

69 Bei Sonntags-, Feiertags- und Nachtschichtzuschlägen ist freilich zu beachten, dass diese gemäß § 3b I EStG **nur steuerfrei** sind, wenn sie für tatsächlich geleistete Arbeit gezahlt werden. Bei Nichtleistung dieser steuerlich begünstigten Arbeit sind die Zuschläge wie die sonstige Arbeitsvergütung zu versteuern. Wegen des Steuernachteils hat der Arbeitnehmer grundsätzlich

---

[143] LAG Rheinl.-Pfalz EzA 35 zu § 615 BGB.
[144] BAG 27. 1. 1994 AP 32 zu § 2 KSchG 1969 = NZA 94, 840.
[145] BAG 18. 9. 2002 AP 99 zu § 615 BGB; 18. 9. 2001 AP 37 zu § 611 BGB Mehrarbeitsvergütung = NZA 2002, 268.
[146] BAG 19. 3. 2008 AP 11 zu § 305 BGB = NZA 2008, 757.
[147] BAG 28. 4. 1993 AP 16 zu § 611 BGB Croupier = NZA 94, 85; LAG Köln 21. 3. 1996 NZA-RR 97, 163.
[148] BAG 7. 11. 2002 AP 100 zu § 615 BGB = NZA 2003, 1139; 18. 9. 2001 AP 37 zu § 611 BGB Mehrarbeitsvergütung = NZA 2002, 268; KR/*Spilger* § 11 KSchG RN 27.
[149] BAG 18. 9. 2001 AP 37 zu § 611 BGB Mehrarbeitsvergütung = NZA 2002, 268.
[150] BAG 11. 8. 1998 – 9 AZR 410/97 n. v.
[151] BAG 18. 9. 2002 AP 99 zu § 615 BGB.

keinen Schadensersatzanspruch.[152] Bei der durch die nicht steuerfreie Auszahlung der Zuschläge für Sonntags-, Feiertags- und Nachtarbeit bewirkten Vermögenseinbuße handelt es sich nicht um einen Verzugsschaden nach § 286 i. V. m. § 280 I BGB. Denn die Vermögenseinbuße entsteht nicht durch die verspätete Entgeltzahlung, sondern dadurch, dass der Arbeitnehmer tatsächlich nicht beschäftigt worden ist. Die durch den Verlust des Steuervorteils eintretende Vermögenseinbuße kann dem Arbeitgeber auch nicht normativ zugerechnet werden. Zweck der dem Arbeitgeber trotz Ausspruchs einer Kündigung unter bestimmten Voraussetzungen auferlegten Weiterbeschäftigungspflicht ist nicht der Erhalt von Steuervorteilen des Arbeitnehmers. Schutzzweck ist vielmehr die Wahrung des ideellen Beschäftigungsinteresses des Arbeitnehmers und nicht in erster Linie die Sicherung der Vergütung oder gar die Wahrung der steuerlichen Interessen des Arbeitnehmers.

3. Besondere Vergütungsbestandteile. a) Der Verzugslohn umfasst auch entgangene **Provisionen.** Haben die Parteien nicht ausdrücklich vereinbart, wie der Verdienstausfall zu berechnen ist, ist dessen Höhe nach § 287 II ZPO zu schätzen. Das BAG orientiert sich hierbei zum einen an der Höhe der geleisteten Vorauszahlungen, weil diese Anhaltspunkte für die gemeinsame Vorstellung der Parteien über die erwartete Provisionshöhe geben. Zum andern sind die in der Vergangenheit erzielten Provisionen zu berücksichtigen.[153] 70

b) Neben Provisionen gehören zur weiterzuzahlenden Arbeitsvergütung: **Gefahren-, Erschwernis- und Funktionszulagen,**[154] **Gratifikationen,**[155] **Prämien,**[156] **Tantiemen oder Umsatzbeteiligungen,**[157] **Spesen** oder solche Spesen, die neben einem auffallend geringen Gehalt gezahlt werden, um Lohnsteuern und Sozialversicherungsbeiträge zu sparen; ggf. ist nach § 287 II ZPO zu schätzen, inwieweit die Spesen echten, nicht weiterzuzahlenden Aufwendungsersatz darstellen und inwieweit Arbeitsvergütung. Während des Annahmeverzugs sind dagegen solche Zulagen nicht weiterzuzahlen, die an die **tatsächliche Arbeitsleistung** anknüpfen (Schmutzzulagen)[158] oder während des Verzugs nicht anfallende Auslagen abgelten sollen. Dazu können Essenszuschüsse gehören, die nur eine bestimmte reale Mehrbelastung ausgleichen sollen.[159] Die Rechtslage ist derjenigen bei Lohnfortzahlung im Krankheitsfalle vergleichbar (dazu § 98 RN 93ff.). **Sachbezüge** sind mit dem nach der SvEV festgesetzten Satz abzugelten. 71

c) Dienstwagen. Entzieht der Arbeitgeber dem Arbeitnehmer unberechtigt einen auch zur **privaten Nutzung überlassenen Dienst-PKW,** kann der Arbeitnehmer Schadensersatz in Geld in Höhe der steuerlichen Bewertung der privaten Nutzungsmöglichkeit (vgl. § 6 I Nr. 4 EStG) verlangen.[160] Der Wert der privaten Nutzung eines Kraftfahrzeugs beläuft sich für jeden Kalendermonat auf 1% des inländischen Listenpreises im Zeitpunkt der Erstzulassung zuzüglich der Kosten für Sonderausstattungen einschließlich Umsatzsteuer. Im Arbeitsverhältnis kann der Wert einer längerfristigen Gebrauchsmöglichkeit nicht anhand der Tabelle von *Sanden/Danner/Küppersbusch* bemessen werden, weil der auch zur privaten Nutzung überlassene Dienst-PKW dem Arbeitnehmer nicht zur uneingeschränkten Nutzung zur Verfügung steht, sondern vorrangig zur dienstlichen Nutzung.[161] 72

4. Verzugszinsen. Gerät der Arbeitgeber in Annahmeverzug, weil er nach Ausspruch einer Kündigung die Gehaltszahlungen an den Arbeitnehmer einstellt, schuldet er nach § 288 I i. V. m. § 286 II Nr. 2 BGB Verzugszinsen, wenn er den Verzug zu vertreten hat. Den Zahlungsverzug hat der Arbeitgeber nach § 276 I BGB zu vertreten, wenn er bei Anwendung der erforderlichen Sorgfalt hätte erkennen können, dass die Kündigung unwirksam war (dazu RN 10ff.).[162] 73

Der Arbeitnehmer kann nach der Entscheidung des Großen Senats des BAG vom 7. 3. 2001 die Verzugszinsen nach § 288 BGB aus der in Geld geschuldeten **Bruttovergütung** beanspru- 74

[152] BAG 19. 10. 2000 AP 11 zu § 611 BGB Haftung des Arbeitgebers = NZA 2001, 598.
[153] BAG 11. 8. 1998 BB 98, 1796; Sächsisches LAG 13. 1. 1999 LAGE § 4 EFZG Nr. 4.
[154] BAG 18. 6. 1958 AP 6 zu § 615 BGB.
[155] BAG 18. 1. 1963 AP 22 zu § 615 BGB.
[156] LAG Düsseldorf DB 65, 598.
[157] LAG Köln 6. 8. 2004 LAGReport 2005, 126.
[158] Vgl. BAG 30. 5. 2001 EzA 104 zu § 615 BGB; LAG Frankfurt BB 56, 305.
[159] BAG 19. 3. 2008 AP 11 zu § 305 BGB = NZA 2008, 757.
[160] Vgl. BAG 5. 9. 2002 AP 11 zu § 280 BGB 2002 = NZA 2003, 973; Sächsisches LAG 13. 1. 1999 LAGE § 4 EFZG Nr. 4.
[161] BAG 19. 12. 2006 AP 21 zu § 611 BGB Sachbezüge = NZA 2007, 809; BAG 27. 5. 1999 AP 12 zu § 611 BGB Sachbezüge = NZA 99, 1038.
[162] BAG 13. 6. 2002 AP 97 zu § 615 BGB = NZA 2003, 44.

chen.[163] Bezieht der Arbeitnehmer während des Annahmeverzugs Arbeitslosengeld, sind die vom Arbeitgeber geschuldeten Bruttobeträge ab Fälligkeit zu verzinsen (§§ 286, 288 I BGB), wobei nach § 11 Nr. 3 KSchG ein bezogenes Arbeitslosengeld ab dem Zeitpunkt des tatsächlichen Zuflusses auszunehmen ist.[164]

75 Kommt es zu einer Nachzahlung aus dem Vorjahr, kann die einmalige Zahlung zusammen mit der Zahlung der laufenden Arbeitsvergütung im Steuerjahr zu einer „progressionsbedingten" **erhöhten Steuerbelastung** führen. Denn die Arbeitsvergütung ist grundsätzlich im Steuerjahr des Zuflusses zu versteuern.

76 **5. Ausschlussfristen. a)** Der Annahmeverzugsanspruch unterliegt tariflichen Verfallfristen.[165] Die Ausschlussfrist beginnt grundsätzlich mit **Fälligkeit** des Anspruchs zu laufen. Der Annahmeverzugsanspruch wird fällig, als wären die Dienste wirklich geleistet worden.[166]

77 **b)** Fordert die Verfallklausel nur die **Geltendmachung der Ansprüche,** beinhaltet die Kündigungsschutzklage die wirksame Geltendmachung von Ansprüchen aus Annahmeverzug. Dabei wird nicht zwischen formlosem und schriftlichem Verlangen unterschieden.[167] Das Gesamtziel der Kündigungsschutzklage ist in der Regel nicht auf den Erhalt des Arbeitsplatzes beschränkt, sondern zugleich auch auf die Sicherung der Ansprüche gerichtet, die durch den Verlust der Arbeitsstelle möglicherweise verlorengehen. Mit der Erhebung einer Kündigungsschutzklage ist der Arbeitgeber ausreichend vom Willen des Arbeitnehmers unterrichtet, die durch die Kündigung bedrohten Einzelansprüche aus dem Arbeitsverhältnis aufrechtzuerhalten.[168]

78 Mit der Kündigungsschutzklage werden nur solche Ansprüche geltend gemacht, die für den Arbeitgeber erkennbar mit dem Fortbestand des Arbeitsverhältnisses im Normalfall verbunden sind. Zahlungsansprüche, die zusätzlich auf eine **unrichtige Eingruppierung** gestützt werden, bedürfen auch dann zur Wahrung der Ausschlussfrist einer gesonderten, hierauf gestützten Geltendmachung, wenn sie während des Kündigungsrechtsstreits fällig werden.[169]

79 **c)** Verlangt eine **tarifvertragliche Verfallklausel die gerichtliche Geltendmachung** des Anspruchs, genügt die Kündigungsschutzklage hierfür nicht.[170] Die gerichtliche Verfolgung von Vergütungsansprüchen setzt die Einreichung einer Klage voraus, deren Streitgegenstand diese Ansprüche sind. Gegenstand einer Kündigungsschutzklage ist demgegenüber die Wirksamkeit einer Kündigung. Sie enthält auch dann keine gerichtliche Geltendmachung von Zahlungsansprüchen, wenn diese vom Bestehen des Arbeitsverhältnisses abhängen.[171] Gleiches gilt für den Weiterbeschäftigungsantrag. Mit ihm verfolgt ein Arbeitnehmer das Ziel, trotz des Streits über das Bestehen des Arbeitsverhältnisses für die Dauer des Bestandsrechtsstreits zu den im Antrag formulierten Bedingungen tatsächlich vom Arbeitgeber beschäftigt zu werden. Angaben zur Dauer der Arbeitszeit und zur Höhe des Arbeitsentgelts dienen der Konkretisierung der Bedingungen, zu denen die Weiterbeschäftigung erfolgen soll. Sie ersetzen aber nicht die auf Zahlung gerichtete Klage.[172] Einzelne Tarifverträge sehen allerdings vor, dass im Falle der Erhebung einer Kündigungsschutzklage die Ausschlussfrist von dem Zeitpunkt an zu laufen beginnt, zu dem das Weiterbestehen des Arbeitsverhältnisses rechtskräftig festgestellt wird (z. B. § 15 BRTV-Bau).[173]

80 **d)** Ist eine **zweistufige Ausschlussfrist tarifvertraglich vereinbart** und beginnt die zweite Stufe mit der schriftlichen Ablehnung des zuvor geltend gemachten Anspruchs, stellt der vom Arbeitgeber vor der Antragstellung im Kündigungsschutzprozess schriftsätzlich angekündigte Klageabweisungsantrag eine schriftliche Ablehnung der mit der Kündigungsschutzklage vom Arbeitnehmer geltend gemachten Annahmeverzugsansprüche dar. Eine ausdrückliche schriftliche Ablehnungserklärung ist nicht erforderlich, wenn die Verfallklausel nur eine schriftliche

---

[163] BAG GS 7. 3. 2001 AP 4 zu § 288 BGB = NZA 2001, 1195.

[164] BAG 19. 3. 2008 AP 11 zu § 305 BGB = NZA 2008, 757; im Ergebnis auch BAG 13. 6. 2002 AP 97 zu § 615 BGB = NZA 2003, 44.

[165] St. Rspr., vgl. BAG 26. 4. 2006 AP 188 zu § 4 TVG Ausschlussfristen = NZA 2006, 845.

[166] BAG 5. 11. 2003 AP 1 zu § 3 NachwG = NZA 2004, 102.

[167] BAG 9. 11. 2001 EzA 145 zu § 4 TVG Ausschlussfristen; 7. 11. 1991 AP 6 zu § 209 BGB = NZA 92, 1025; 9. 8. 1990 AP 46 zu § 615 BGB = NZA 91, 226.

[168] BAG 19. 3. 2008 AP 11 zu § 305 BGB = NZA 2008, 757; 10. 7. 2003 EzA 168 zu § 4 TVG Ausschlussfristen; 13. 2. 2003 AP 244 zu § 613 a BGB.

[169] BAG 14. 12. 2005 AP 281 zu § 1 TVG Tarifverträge: Bau = NZA 2006, 998.

[170] BAG 8. 8. 2000 AP 151 zu § 4 TVG Ausschlussfristen = NZA 2000, 1236.

[171] BAG 26. 4. 2006 AP 188 zu § 4 TVG Ausschlussfristen = NZA 2006, 845.

[172] BAG 8. 8. 2000 AP 151 zu § 4 TVG Ausschlussfristen = NZA 2000, 1236.

[173] Vgl. dazu BAG 26. 2. 2003 AP 13 zu § 611 BGB Nettolohn = NZA 2003, 922.

Ablehnung verlangt.[174] Ebenso wie der Arbeitgeber einer Kündigungsschutzklage entnehmen muss, dass der Arbeitnehmer Zahlungsansprüche, die sich aus dem fortbestehenden Arbeitsverhältnis ergeben, geltend machen will, hat der Arbeitnehmer den Klageabweisungsantrag dahin zu verstehen, dass der Arbeitgeber diese Ansprüche zurückweist und ihre Erfüllung ablehnt. Mit dem Klageabweisungsantrag macht der Arbeitgeber hinreichend deutlich, dass er entgegen der Auffassung des Klägers die Kündigung für wirksam hält und von einer Beendigung des Arbeitsverhältnisses durch die Kündigung ausgeht. Damit lehnt er zugleich die mit der Kündigungsschutzklage vom Arbeitnehmer geltend gemachten Entgeltansprüche ab, die vom Fortbestehen des Arbeitsverhältnisses abhängen.

e) Nach Auffassung des Ersten Senats des BAG ist eine Regelung in einer **Betriebsvereinbarung,** die von den Arbeitnehmern bereits während eines laufenden Kündigungsschutzprozesses die gerichtliche Geltendmachung von Annahmeverzugsansprüchen verlangt, die vom Ausgang des Kündigungsschutzprozesses abhängen, unverhältnismäßig und deshalb unwirksam.[175] 81

f) Ist in einem vom Arbeitgeber vorformulierten **Formulararbeitsvertrag** bestimmt, dass von der Gegenseite abgelehnte Ansprüche binnen einer Frist von drei Monaten einzuklagen sind, um deren Verfall zu verhindern, genügt die Erhebung der Kündigungsschutzklage, um das Erlöschen der vom Ausgang des Kündigungsrechtsstreits abhängigen Annahmeverzugsansprüche des Arbeitnehmers zu verhindern. Will der Arbeitgeber als Verwender von AGB erreichen, dass der Arbeitnehmer bereits vor dem rechtskräftigen Abschluss des Kündigungsschutzverfahrens, in Unkenntnis von dessen Ergebnis und unter Inkaufnahme eines unnötigen Kostenrisikos, eine bezifferte Leistungsklage binnen bestimmter Frist jeweils nach Fälligkeit der Annahmeverzugsansprüche und etwaiger anderer Ansprüche erhebt, muss er dies klar und deutlich zum Ausdruck bringen (vgl. § 307 I 2 BGB). Etwaige, ggf. auf die Rechtsprechung des BAG zu zweistufigen Ausschlussfristen in Tarifverträgen (RN 80) zurückgehende Auslegungszweifel gehen nach der Unklarheitenregel (§ 305 c II BGB) zulasten des Arbeitgebers.[176] 81a

g) Knüpft eine Verfallklausel den Beginn der Ausschlussfrist an die **Fälligkeit** der Ansprüche, gelten während des Annahmeverzugs dieselben Fälligkeitstermine wie bei ungestörtem Verlauf des Arbeitsverhältnisses.[177] 82

6. Verjährung. Annahmeverzugsansprüche unterliegen gemäß § 195 BGB der allgemeinen Verjährungsfrist von drei Jahren. Die Verjährung wird durch die Erhebung einer Kündigungsschutzklage nicht gehemmt (§ 204 I Nr. 1 BGB), weil die Annahmeverzugsansprüche nicht Streitgegenstand der Kündigungsschutzklage sind.[178] Wird auf die Verfassungsbeschwerde eines Arbeitnehmers die letztinstanzliche Abweisung einer Kündigungsschutzklage vom Bundesverfassungsgericht aufgehoben, liegt keine „höhere Gewalt" i. S. d. § 206 BGB (= § 203 II BGB a. F.) vor. Die Verfassungsbeschwerde hemmt die Verjährungsfrist für vom Ausgang des Kündigungsschutzprozesses abhängige Annahmeverzugsansprüche nicht, wenn der Kläger keine Anstrengungen zur Wahrung der Verjährungsfrist unternommen hat, obwohl er dazu in der Lage war.[179] 83

XI. Anrechnungsfragen

1. Verhältnis von § 615 Satz 2 BGB zu § 11 KSchG. Nach § 615 Satz 2 BGB muss sich der Arbeitnehmer auf den Annahmeverzugslohn den Wert desjenigen anrechnen lassen, was er infolge des Unterbleibens der Arbeitsleistung erspart oder durch anderweitige Verwendung seiner Dienste erwirbt oder zu erwerben böswillig unterlässt. Soweit Annahmeverzugsansprüche für die Zeit nach Ablauf der Kündigungsfrist bzw. nach einer außerordentlichen fristlosen Kündigung in Streit stehen, bestimmt sich die Anrechnung nach dem weitgehend inhaltsgleichen § 11 KSchG. **§ 11 KSchG ist lex specialis gegenüber § 615 Satz 2 BGB.** § 615 Satz 2 BGB wird durch § 11 KSchG verdrängt, wenn Ansprüche des Arbeitnehmers für die Zeit nach 84

[174] BAG 26. 4. 2006 AP 188 zu § 4 TVG Ausschlussfristen = NZA 2006, 845; 20. 3. 1986 EzA 48 zu BGB § 615; die abweichende Entscheidung des BAG vom 11. 12. 2001 EzA 145 zu § 4 TVG Ausschlußfristen ist überholt.

[175] BAG 12. 12. 2006 AP 94 zu § 77 BetrVG 1972.

[176] BAG 19. 3. 2008 AP 11 zu § 305 BGB = NZA 2008, 757

[177] BAG 24. 8. 1999 AP 1 zu § 615 BGB Anrechnung = NZA 2000, 818.

[178] BAG 7. 11. 1991 AP 6 zu § 209 BGB = NZA 92, 1025; APS/*Biebl* § 11 KSchG RN 37; a. A. *Fromm* ZTR 2003, 70, 72, der meint, wenn schon nach § 203 BGB Verhandlungen über die den Anspruch begründende Umstände zur Hemmung führten, müsse dies erst recht für die Kündigungsschutzklage gelten.

[179] BAG 7. 11. 2002 AP 13 zu § 580 ZPO = NZA 2003, 963.

einer unwirksamen Kündigung geltend gemacht werden. Dies gilt in gleicher Weise für ordentliche und außerordentliche Kündigungen.[180]

85 Im Unterschied zu § 615 Satz 2 BGB muss sich der Arbeitnehmer nach § 11 KSchG nicht das durch die Nichtleistung der Arbeit **Ersparte** anrechnen lassen. Erforderlich ist ein Kausalzusammenhang zwischen der Ersparnis und dem Ausbleiben der Dienstleistung.[181] Anrechenbar sind beispielsweise die Fahrtkosten zur Arbeit oder Kosten für Arbeitskleidung.

86 Anders als § 615 Satz 2 BGB sieht § 11 Nr. 3 KSchG ausdrücklich die Anrechnung erlangter **öffentlich-rechtlicher Leistungen** vor (dazu RN 116). Im Hinblick auf das böswillige Unterlassen anderweitigen Verdienstes unterscheiden sich beide Vorschriften nur im Wortlaut, nicht aber in der Sache.[182]

87 **2. Anderweitiger Verdienst. a)** Auf die nach einer unwirksamen Kündigung nachzuzahlende Arbeitsvergütung muss sich der Arbeitnehmer gem. § 11 Nr. 1 KSchG anrechnen lassen, was er durch anderweitige Arbeit verdient hat. Ist in einem **Vergleich in einem Kündigungsschutzprozess** die Fortsetzung des Arbeitsverhältnisses vereinbart, ist durch Auslegung festzustellen, ob eine Anrechnung des erzielten Zwischenverdienstes erfolgen soll.[183]

88 **b)** Der anderweitige Erwerb muss **kausal durch das Freiwerden der Arbeitskraft ermöglicht** worden sein und darauf beruhen.[184] Erhöhte Aufwendungen zur Erzielung des anderweitigen Verdienstes sind abzuziehen.[185] Anzurechnen ist nicht, was der Arbeitnehmer überhaupt durch seine Arbeitskraft erwirbt, sondern nur der Erwerb, der ihm erst durch das Unterbleiben der Arbeitsleistung ermöglicht wird.[186] Dazu gehört auch die von einem anderen Arbeitgeber bezogene Urlaubsabgeltung.[187] Maßgeblich ist das erzielte Bruttoeinkommen.[188] Außer Betracht bleiben maßvolle Vergünstigungen bei Gefälligkeitsarbeiten für Nachbarn oder Bekannte.[189] Die Weiterleitung des Pflegegeldes (§ 37 SGB XI) für die etwaige Pflege von Angehörigen geht über diesen Rahmen hinaus.[190]

89 Der Arbeitnehmer muss sich auch den Verdienst anrechnen lassen, den er aus einer Tätigkeit erzielt hat, die er **nicht hätte ausüben müssen.** Anders als bei der Anrechnung eines Verdienstes, den der Arbeitnehmer zu erwerben böswillig unterlassen hat (§ 11 Nr. 2 KSchG), kommt es bei der Anrechnung des tatsächlich erzielten Verdienstes nach dem Wortlaut des § 11 Nr. 1 KSchG und auch des § 615 Satz 2 BGB nicht darauf an, ob diese Tätigkeit dem Arbeitnehmer hätte zugemutet werden können.[191]

90 **c) Nebenverdienste,** die der Arbeitnehmer auch bei Erbringung der vertraglichen Arbeitsleistung hätte erzielen können, werden nicht angerechnet. Stand der Arbeitnehmer in einem Teilzeitarbeitsverhältnis, ist deshalb nicht jeder anderweitige Verdienst anrechenbar, sondern nur der Arbeitsverdienst, der ursächlich darauf zurückzuführen ist, dass der Arbeitnehmer nicht zu arbeiten brauchte.[192] Nicht anrechenbar ist ein Nebenverdienst, den der Arbeitnehmer auch bei Erfüllung der Arbeitspflicht nach Feierabend zu erzielen in der Lage war,[193] oder ein durch Über- oder Mehrarbeitsstunden erzielter Verdienst, wenn der Arbeitnehmer bei seinem bisherigen Arbeitgeber keine Mehrarbeit leisten musste.

91 **d)** Auch Einnahmen aus einer **selbstständigen Tätigkeit oder einem** freien Mitarbeiterverhältnis sind anrechenbar.[194] Dies dürfte im Hinblick auf die zunehmende Verbreitung der sog. „Ich-AG" von wachsender Bedeutung sein. Maßgeblich sind nicht allein die Einnahmen, sondern der unter Berücksichtigung der Ausgaben erzielte Unternehmergewinn, den der Arbeitnehmer im Verzugszeitraum durch die frei gewordenen Arbeitskapazitäten erwirtschaftet hat.[195]

---

[180] BAG 24. 9. 2003 AP 9 zu § 615 BGB Böswilligkeit = NZA 2004, 90.
[181] MünchKommBGB/*Henssler* § 615 RN 68; Staudinger/*Richardi* § 615 RN 138.
[182] BAG 16. 5. 2000 AP 7 zu § 615 BGB Böswilligkeit = NZA 2001, 26.
[183] *Mues/Eisenbeis/Legerlotz/Laber,* Handbuch zum Kündigungsrecht, Teil 10 RN 435.
[184] So zutr. BAG 6. 9. 1990 AP 47 zu § 615 BGB = NZA 91, 221.
[185] MünchKommBGB/*Henssler* § 615 RN 68.
[186] BAG 1. 3. 1958 AP 1 zu § 9 KSchG.
[187] LAG Hamm 25. 11. 1996 RzK I 13 a Nr. 49.
[188] MünchKommBGB/*Henssler* § 615 RN 68; KR/*Spilger* § 11 KSchG RN 34.
[189] BBDW/*Dörner* § 11 RN 30; KR/*Spilger* § 11 KSchG RN 35.
[190] HWK/*Krause* § 615 BGB RN 92.
[191] A. A. *Bayreuther* NZA 2003, 1365, 1369.
[192] BAG 6. 9. 1990 AP 47 zu § 615 BGB = NZA 91, 221.
[193] BAG 14. 8. 1974 AP 3 zu § 13 KSchG 1969.
[194] Vgl. ErfK/*Kiel* § 11 KSchG RN 5; APS/*Biebl* § 11 KSchG RN 18; MünchKommBGB/*Henssler* § 615 RN 71; KR/*Spilger* § 11 KSchG RN 35.
[195] Vgl. BBDW/*Dörner* § 11 RN 30; Staudinger/*Richardi* § 615 RN 147; KR/*Spilger* § 11 KSchG RN 35.

Einkünfte, die der Arbeitnehmer aus einer Kapitalbeteiligung an einem Unternehmen ohne eigene Tätigkeit für das Unternehmen erzielt, sind nicht anrechenbar.[196]

e) Soweit erst **nach Beendigung des Annahmeverzugs Einkünfte erzielt** werden, die auf Tätigkeiten im Verzugszeitraum beruhen, sind diese nach § 11 Nr. 1 KSchG bzw. § 615 Satz 2 BGB ggf. anteilig anzurechnen.[197] Der Arbeitnehmer hat durch seine Arbeit während des Annahmeverzugs auch das verdient, was er hierfür erst zu einem späteren Zeitpunkt erhält. Dies gilt insbesondere für Provisionen, die auf einer Vermittlungstätigkeit im Verzugszeitraum beruhen.[198] Maßgeblich ist nicht der Zeitpunkt der Zahlung, sondern die Zeit, in der die Leistung erbracht wurde. Hat sich der Arbeitnehmer während des Annahmeverzugs auf eine andere Tätigkeit vorbereitet, aus der er erst später Einkünfte erzielt, ist eine teilweise Anrechnung des später Erlangten möglich, wenn er im Verzugszeitraum bereits mit der selbstständigen Tätigkeit begonnen hat. Problematisch ist, inwieweit bei einer begonnenen selbstständigen Tätigkeit Akquisitionserfolge Berücksichtigung finden können. Relevant dürften wohl nur Tätigkeiten sein, für die der Arbeitnehmer schon eine Gegenleistung verlangen könnte. Ggf. ist die Höhe des Gewinns nach § 287 ZPO zu schätzen.[199] 92

f) Macht der Arbeitgeber geltend, der Arbeitnehmer habe während des Annahmeverzugs anderweitigen Verdienst erzielt, erhebt er eine **rechtsvernichtende Einwendung.**[200] Für deren tatsächliche Voraussetzungen ist der Arbeitgeber darlegungs- und beweispflichtig.[201] Das Prinzip der Gesamtanrechnung (RN 97) führt nicht dazu, dass anrechenbarer Erwerb von Amts wegen zu berücksichtigen ist.[202] 93

g) Hinsichtlich der Höhe des anderweitigen Arbeitsverdienstes kann der Arbeitgeber vom Arbeitnehmer in analoger Anwendung von § 74c II HGB **Auskunft verlangen.**[203] Inhalt und Umfang der Auskunftspflichten des Arbeitnehmers richten sich nach Treu und Glauben (§ 242 BGB). Die Auskünfte müssen dem Arbeitnehmer zumutbar sein. Sie müssen andererseits das Interesse des Arbeitgebers berücksichtigen, den anrechenbaren Zwischenverdienst möglichst genau dargestellt und belegt zu erhalten. Soweit es um Einkünfte aus selbstständiger Tätigkeit geht, ist dem Arbeitnehmer die Vorlage eines Einkommenssteuerbescheids regelmäßig zuzumuten.[204] 94

Erteilt der Arbeitnehmer die verlangte **Auskunft nicht oder nicht vollständig,** kann der Arbeitgeber die Fortzahlung des Arbeitsentgelts verweigern. Eine Klage des Arbeitnehmers soll nach bisheriger Rechtsprechung des BAG dann als zurzeit unbegründet abzuweisen sein.[205] Hiergegen bestehen Bedenken. Klagt der Arbeitnehmer auf Zahlung von Annahmeverzugsvergütung und verlangt der Arbeitgeber im Prozess Auskunft über die Höhe des erzielten Einkommens, hat sich der Arbeitnehmer gem. § 138 I ZPO hierzu vollständig und wahrheitsgemäß zu erklären. Ohne die vom Arbeitgeber verlangte Auskunft ist die geltend gemachte Annahmeverzugsvergütung nicht berechenbar. Erfüllt der Arbeitnehmer seine prozessuale Darlegungslast nicht, ist die Klage endgültig abzuweisen.[206] Insoweit unterscheidet sich diese Fallkonstellation nicht von anderen Fällen unzureichenden Vortrags der klagenden Partei, in denen die Klage endgültig abgewiesen wird.[207] Eine Abweisung der Klage als zurzeit unbegründet kommt nur dann in Betracht, wenn der Arbeitnehmer die geforderte Auskunft aus Gründen nicht erteilen 95

---

[196] MünchKommBGB/*Henssler* § 615 RN 71; KR/*Spilger* § 11 KSchG RN 35.

[197] BAG 16. 6. 2004 AP 11 zu § 615 BGB Böswilligkeit = NZA 2004, 1155; HWK/*Krause* § 615 BGB RN 90.

[198] Vgl. LAG Düsseldorf 5. 3. 1970 DB 70, 1277, 1278.

[199] BBDW/*Dörner* § 11 RN 30; Staudinger/*Richardi* § 615 RN 147; dazu RAG ARS 40, 231, 237.

[200] MünchArbR/*Boewer* § 78 RN 62; BBDW/*Dörner* § 11 KSchG RN 33; a. A. MünchKommBGB/*Henssler* § 615 RN 63; Staudinger/*Richardi* § 615 RN 138, die hierin ein Leistungsverweigerungsrecht sehen.

[201] BAG 6. 9. 1990 AP 47 zu § 615 BGB = NZA 91, 221; 19. 7. 1978 AP 16 zu § 242 BGB Auskunftspflicht; ErfK/*Kiel* § 11 KSchG RN 7.

[202] BBDW/*Dörner* § 11 RN 33.

[203] BAG 29. 7. 1993 AP 52 zu § 615 BGB = NZA 94, 116; 19. 2. 1997 – 5 AZR 379/94 n. v.; 24. 8. 1999 AP 1 zu § 615 BGB Anrechnung = NZA 2000, 818.

[204] Ebenso im Grundsatz BAG 29. 7. 1993 AP 52 zu § 615 BGB = NZA 94, 116; MünchArbR/*Boewer* § 78 RN 62.

[205] BAG 19. 3. 2002 EzA 108 zu § 615 BGB = NZA 2002, 1052; 24. 8. 1999 AP 1 zu § 615 BGB Anrechnung = NZA 2000, 818; 19. 2. 1997 – 5 AZR 379/94 – n. v.; 29. 7. 1993 AP 52 zu § 615 BGB = NZA 94, 116.

[206] Ebenso BBDW/*Dörner* § 11 RN 35.

[207] Vgl. zu § 7 EFZG BAG 26. 2. 2003 AP 8 zu § 5 EntgeltFG.

kann, die er nicht zu vertreten hat. Dies ist etwa anzunehmen, wenn der vorzulegende Steuerbescheid vom Finanzamt noch nicht erlassen worden ist.

96 **h)** Wird ein **Arbeitgeber rechtskräftig verurteilt,** für einen bestimmten Zeitraum Annahmeverzugsvergütung zu zahlen, ist er nach Auffassung des BAG durch die Rechtskraft nicht gehindert, den anrechenbaren Teil der Vergütung im Wege der Zahlungsklage zurückzufordern, wenn er später von einem Zwischenverdienst des Arbeitnehmers erfährt.[208] Dagegen spricht jedoch, dass gem. § 765 ZPO Einwendungen des Schuldners, die den durch ein Urteil festgestellten Anspruch selbst betreffen, im Wege der Vollstreckungsgegenklage geltend zu machen sind.[209]

97 **3. Gesamtanrechnung. a)** Zu vergleichen ist die tatsächlich erzielte Gesamtvergütung mit dem vertraglich vereinbarten Arbeitsverdienst. Der anderweitig erzielte Verdienst des Arbeitnehmers ist auf die Vergütung für die **gesamte Dauer des Annahmeverzugs** anzurechnen und nicht nur auf die Vergütung für den Zeitabschnitt, in dem der anderweitige Erwerb erzielt wurde (pro rata temporis).[210] Das setzt regelmäßig voraus, dass der Annahmeverzug bereits beendet ist. Erst der beendete Annahmeverzug ermöglicht den für die Gesamtberechnung erforderlichen Vergleich der dem Arbeitnehmer gegen den Arbeitgeber zustehenden Entgeltansprüche mit dem Erwerb aus der anderweitigen Verwendung der Dienste.[211]

98 **b)** Ist der **Annahmeverzug noch nicht beendet** und macht der Arbeitnehmer bereits entstandene monatliche Annahmeverzugsansprüche geltend, ist eine vorläufige Anrechnung vorzunehmen. Der Arbeitnehmer muss Auskunft über die Einkünfte erteilen, die er vom Eintritt des Annahmeverzugs bis zu dem jüngsten von ihm erhobenen Anspruch erworben hat. Eine Anrechnung nachfolgender Einkünfte scheidet aus. Die Gesamtanrechnung führt zwar zu einer rechnerischen Zusammenfassung der dem Arbeitnehmer zustehenden Ansprüche für die Dauer seiner Nichtbeschäftigung und deren Vergleich mit dem in diesem Zeitraum insgesamt erzielten Verdienst. Dadurch werden die nach § 615 Satz 1 BGB aufrechterhaltenen Erfüllungsansprüche des Arbeitnehmers nach § 611 BGB im fortdauernden Annahmeverzug jedoch nicht unselbstständige Teilposten eines einheitlichen Gesamtanspruchs auf „Annahmeverzugslohn". Die zeitabschnittsbezogenen Vergütungsansprüche behalten ihre rechtliche Selbstständigkeit. Es gilt nichts anderes, als wenn der Arbeitnehmer die geschuldete Arbeit geleistet hätte und hierfür die vereinbarte Vergütung verlangte. Entstehen wie auch Fälligkeit und Erlöschen bestimmen sich nach dem vertraglich maßgeblichen Zeitabschnitt (§ 614 BGB).[212]

99 Die Anrechnung des durch die anderweitige Verwendung der Dienste erworbenen Verdienstes beschränkt sich deshalb regelmäßig **zunächst auf den einzelnen Monat,** für den der Arbeitgeber die Vergütung schuldet. Andernfalls würde der Pfändungsschutz des Arbeitnehmers nach §§ 850ff. ZPO und § 394 BGB verletzt. Zwar handelt es sich bei der Anrechnung nach § 615 Satz 2 BGB nicht um eine Aufrechnung, diese Vorschriften sind aber immer dann anzuwenden, wenn die Geltendmachung von Rechten durch den Arbeitgeber dieselbe Wirkung wie eine Aufrechnung hat.[213] Sobald der Annahmeverzug beendet wird, entsteht ein Auskunfts- und im Rahmen der Gesamtberechnung gegebenenfalls ein Rückzahlungsanspruch, wenn der Arbeitgeber bereits einen Teil der Annahmeverzugsvergütung bezahlt hat.[214]

100 **c)** Zur Durchführung der Gesamtanrechnung ist zunächst die **Bruttovergütung für die infolge des Verzugs nicht geleistete Arbeit** zu ermitteln. Dieser Gesamtvergütung ist gegenüberzustellen, was der Arbeitnehmer in der betreffenden Zeit anderweitig erworben hat. Nur so wird sichergestellt, dass der Arbeitnehmer aus der anderweitigen Verwendung seiner Dienste keinen Gewinn auf Kosten des Arbeitgebers machen kann. Dies wäre ihm jedoch möglich, wenn in einzelnen Zeitabschnitten ein höherer und in anderen Zeitabschnitten ein geringerer

---

[208] BAG 29. 7. 1993 AP 52 zu § 615 BGB= NZA 94, 116; APS/*Biebl* § 11 KSchG RN 20; *Löwisch/Spinner* § 11 RN 11; MünchKommBGB/*Henssler* § 615 RN 64; KR/*Spilger* § 11 KSchG RN 38.

[209] *Gravenhorst* Anm. zu BAG EzA 79 zu § 615 BGB; BBDW/*Dörner* § 11 RN 36.

[210] BAG 22. 11. 2005 AP 5 zu § 615 BGB Anrechnung = NZA 2006, 736; 24. 8. 1999 AP 1 zu § 615 BGB Anrechnung = NZA 2000, 818; 29. 7. 1993 AP 52 zu § 615 BGB = NZA 94, 116; MünchArbR/*Boewer* § 78 RN 60; BBDW/*Dörner* § 11 RN 32; MünchKommBGB/*Hergenröder* § 11 KSchG RN 24; HWK/*Krause* § 615 BGB RN 89; *Löwisch/Spinner* § 11 RN 10; Staudinger/*Richardi* § 615 RN 144f.; a. A. *Boecken* NJW 95, 3218; ArbRBGB/*Matthes* § 615 RN 86; ErfK/*Preis* § 615 BGB RN 92; *Nübold* RdA 2004, 31.

[211] BAG 24. 8. 1999 AP 1 zu § 615 BGB Anrechnung = NZA 2000, 818.

[212] BAG 24. 8. 1999 AP 1 zu § 615 BGB Anrechnung = NZA 2000, 818.

[213] BAG 24. 8. 1999 AP 1 zu § 615 BGB Anrechnung = NZA 2000, 818.

[214] BAG 29. 7. 1993 AP 52 zu § 615 BGB = NZA 94, 116.

Zwischenverdienst erzielt wird. In die Vergleichsberechnung sind zugunsten des Arbeitnehmers alle Arbeitsentgeltansprüche einzustellen, die er gegen den Arbeitgeber erworben hat. Ein zwischenzeitliches Erlöschen wegen nicht fristgerechter Geltendmachung der Forderung innerhalb tariflicher Ausschlussfristen ist nach Auffassung des BAG unerheblich.[215]

4. Böswillig unterlassener Verdienst. a) Der Arbeitnehmer muss sich nach § 11 Nr. 2 KSchG weiterhin anrechnen lassen, was er **hätte verdienen können,** wenn er es nicht **böswillig unterlassen** hätte, eine ihm zumutbare Arbeit anzunehmen. Die Bestimmung unterscheidet sich im Wortlaut von § 615 Satz 2 BGB vor allem durch die Hervorhebung der Zumutbarkeit der Arbeit. Sachlich liegt aber kein Unterschied vor.[216] Auch für die Anrechnungspflicht des § 615 Satz 2 BGB gilt die allgemeine Regel des § 242 BGB, so dass für die Anrechnung nur solche Arbeit infrage kommt, deren Leistung nach Treu und Glauben vom Arbeitnehmer erwartet werden kann.[217] Gesetzliche Folge ist die Anrechnung des hypothetischen Verdienstes. Der Arbeitgeber wird von seiner Zahlungspflicht befreit, ohne dass es einer Anrechnungserklärung bedarf.[218] **101**

b) Der Arbeitnehmer unterlässt **böswillig** anderweitigen Verdienst, wenn er vorsätzlich ohne ausreichenden Grund Arbeit ablehnt oder vorsätzlich verhindert, dass ihm Arbeit angeboten wird. Die Böswilligkeit setzt nicht voraus, dass der Arbeitnehmer in der Absicht handelt, den Arbeitgeber zu schädigen. Es genügt das vorsätzliche Außerachtlassen einer dem Arbeitnehmer bekannten Gelegenheit zur Erwerbsarbeit. Fahrlässiges, auch grob fahrlässiges Verhalten genügt hingegen nicht. Die vorsätzliche Untätigkeit ist nicht vorwerfbar, wenn eine angebotene oder sonst mögliche Arbeit nach den konkreten Umständen für den Arbeitnehmer unzumutbar ist. Bei der Prüfung der Zumutbarkeit sind das dem Arbeitnehmer gem. Art. 12 GG zustehende Grundrecht der freien Arbeitsplatzwahl sowie der Grundsatz von Treu und Glauben (§ 242 BGB) zu beachten. Die Unzumutbarkeit kann in der Person des Arbeitgebers, der Art der Arbeit oder den sonstigen Arbeitsbedingungen ihren Grund haben. Auch vertragsrechtliche Umstände sind zu berücksichtigen. Demgegenüber kann auf die Zumutbarkeitskriterien des § 121 SGB III nicht abgestellt werden, weil es hier um einen anderen Regelungsgegenstand, nämlich den Schutz der Versichertengemeinschaft geht.[219] **102**

c) Geht es um eine **Arbeitsmöglichkeit bei dem bisherigen Arbeitgeber,** ist zu differenzieren: **103**

aa) Zunächst kann der **Arbeitnehmer regelmäßig abwarten,** ob ihm vom Arbeitgeber **eine zumutbare Arbeit angeboten** wird. Der Arbeitnehmer braucht gegenüber dem Arbeitgeber nicht von sich aus aktiv zu werden.[220] Er muss weder eine Klage auf Weiterbeschäftigung erheben, noch Vollstreckungsversuche nach einem erfolgreichen Weiterbeschäftigungsantrag unternehmen. Vielmehr ist es Sache des Arbeitgebers, eine Beschäftigung anzubieten. Dieser hat insoweit den Fortgang des Verfahrens in der Hand. Der Arbeitnehmer kann davon ausgehen, dass mit der Kündigung die Ablehnung der Beschäftigung verbunden ist, solange der Arbeitgeber nicht von sich aus aktiv wird. Eine eigene Initiative ist dem Arbeitnehmer hier, von besonderen Umständen des Einzelfalles abgesehen, nicht zumutbar.[221] **104**

bb) Bietet jedoch der Arbeitgeber nach verlorener erster Instanz für die Dauer des Kündigungsschutzprozesses die vorläufige **Weiterbeschäftigung nach Maßgabe der erfolgten Verurteilung** durch das Arbeitsgericht an, liegt in der Regel ein zumutbares Arbeitsangebot i. S. v. § 11 Nr. 2 KSchG vor. Dem steht nicht entgegen, dass in diesem Fall keine Beschäftigung auf vertraglicher Grundlage erfolgt. Die fehlende Vertragsgrundlage und die damit bei wirksamer Kündigung verbundene Rückabwicklung nach Bereicherungsgrundsätzen[222] sind für sich genommen nicht unzumutbar. Sie ändern nichts daran, dass der Arbeitnehmer Vergütung erzielen konnte. Nach § 11 Nr. 2 KSchG ist der Arbeitnehmer gehalten, „zumutbare Arbeit", aber nicht notwendig ein Arbeitsverhältnis anzunehmen.[223] **105**

---

[215] BAG 24. 8. 1999 AP 1 zu § 615 BGB Anrechnung = NZA 2000, 818.

[216] BAG 24. 9. 2003 AP 9 zu § 615 BGB Böswilligkeit = NZA 2004, 90; 16. 5. 2000 AP 7 zu § 615 BGB Böswilligkeit = NZA 2001, 26.

[217] Vgl. BAG 18. 6. 1965 AP 2 zu § 615 BGB Böswilligkeit; KR/*Spilger* § 11 KSchG RN 39.

[218] BAG 24. 9. 2003 AP 9 zu § 615 BGB Böswilligkeit = NZA 2004, 90.

[219] BAG 7. 2. 2007 AP 12 zu § 615 BGB Böswilligkeit = NZA 2007, 561; 11. 10. 2006 AP 119 zu § 615 BGB; 24. 9. 2003 AP 9 zu § 615 BGB Böswilligkeit = NZA 2004, 90 jeweils m. w. N.

[220] BAG 22. 2. 2000 AP 2 zu § 11 KSchG 1969 = NZA 2000, 817.

[221] BAG 11. 1. 2006 AP 113 zu § 615 BGB = NZA 2006, 314.

[222] BAG 17. 1. 1991 AP 8 zu § 611 BGB Weiterbeschäftigungspflicht = NZA 91, 769; 10. 3. 1987 AP 1 zu § 611 BGB Weiterbeschäftigungspflicht = NZA 87, 373.

[223] BAG 24. 9. 2003 AP 9 zu § 615 BGB Böswilligkeit = NZA 2004, 90.

106 Die Ablehnung einer **befristeten bzw. auflösend bedingten Weiterbeschäftigung** zu denselben Arbeitsbedingungen kann ein böswilliges Unterlassen eines zumutbaren Erwerbs i. S. v. § 11 Nr. 2 KSchG darstellen.[224] Dem steht nicht schon entgegen, dass der Arbeitgeber, der an der Kündigung festhält, das Arbeitsangebot nicht in Erfüllung des bisherigen Arbeitsvertrags abgibt. Die Zumutbarkeit für den Arbeitnehmer hängt vielmehr von der Art der Kündigung und ihrer Begründung sowie dem Verhalten des Arbeitgebers im Kündigungsprozess ab. Bei einer personenbedingten Kündigung ist die vorläufige Weiterbeschäftigung dem Arbeitnehmer im Gegensatz zu einer verhaltensbedingten, insbesondere außerordentlichen Kündigung in der Regel zumutbar. Maßgeblich sind aber auch hier Art und Schwere der gegenüber dem Arbeitnehmer erhobenen Vorwürfe.[225] Hat der Arbeitnehmer unstreitig einen Vorgesetzten beleidigt und wird im Kündigungsschutzprozess nur über die rechtliche Bewertung der Beleidigung gestritten, ist eine Beschäftigung zumutbar.[226] Gleiches dürfte bei verhaltensbedingten Kündigungen wegen Zuspätkommens oder nicht rechtzeitiger Anzeige der Arbeitsunfähigkeit gelten.

107 **cc)** Die Arbeit bei dem bisherigen Arbeitgeber zu geänderten Bedingungen ist nur zumutbar, wenn sie auf den Erwerb von Zwischenverdienst gerichtet ist. Auf eine **dauerhafte Änderung des Arbeitsvertrags** braucht sich der Arbeitnehmer nicht einzulassen.[227] Die Annahme eines solchen Angebots würde die Arbeitsbedingungen des Arbeitnehmers endgültig verschlechtern und den anhängigen Kündigungsrechtsstreit erledigen. Mit der Annahme würde der bisherige Vertrag nicht wieder aufleben können. Nach § 11 Nr. 2 KSchG trifft den Arbeitnehmer nur die Obliegenheit zum Erwerb von Zwischenverdienst. Bietet der Arbeitgeber eine dauerhafte Änderung der Arbeitsbedingungen an, ist der Arbeitnehmer nicht verpflichtet nachzufragen, ob der Arbeitgeber sein Angebot im Sinne einer vorläufigen Beschäftigung ändern wolle.[228]

108 **dd)** Die Ablehnung oder unterlassene Annahme (ggf. unter dem Vorbehalt des § 2 Satz 1 KSchG) eines in Verbindung mit einer **Änderungskündigung** erklärten Angebots kann ein böswilliges Unterlassen i. S. v. § 11 Nr. 2 KSchG darstellen. Ein solches Angebot ist nicht auf eine endgültige Vertragsänderung gerichtet, auf die sich der Arbeitnehmer nicht einlassen muss (RN 107). Vielmehr besteht eine vorläufige Arbeitsmöglichkeit. Der Arbeitnehmer kann das Angebot unter dem Vorbehalt des § 2 Satz 1 KSchG annehmen mit der Folge des § 8 KSchG bei Obsiegen. Der Arbeitgeber muss dabei die Vorläufigkeit nicht eigens zum Ausdruck bringen, weil sie sich hinreichend deutlich aus dem Gesetz ergibt.[229] Die Unzumutbarkeit der Arbeit folgt im Falle einer Änderungskündigung nicht schon daraus, dass der Arbeitgeber die Fortsetzung derselben Arbeit zu einer geringerer Vergütung anbietet.[230] Maßgeblich ist vielmehr insbesondere die Höhe der Verdienstminderung unter Berücksichtigung der im Einzelfall ausgeübten Tätigkeit sowie der Umstände, die zu der Entgeltreduzierung geführt haben. Die Fortsetzung derselben Arbeit zu einer verminderten Vergütung ist ebenso nicht von vornherein unzumutbar, wie die entsprechende Arbeit zu einer geringeren Vergütung bei einem anderen Arbeitgeber nicht ohne Weiteres unzumutbar wäre. Dass das „Wahlrecht" des § 2 KSchG faktisch durch § 11 Nr. 2 KSchG eingeschränkt wird, liegt in der Natur der Sache. Die Wahlmöglichkeit steht gleichsam unter dem Vorbehalt der Obliegenheit des § 11 Nr. 2 KSchG. Die Obliegenheit, auch eine minderbezahlte Arbeit anzunehmen, bedeutet keinen Verstoß gegen den Vertragsinhaltsschutz. Ob der Vertrag und der Vertragsinhalt aufrechterhalten bleiben, wird von den Gerichten für Arbeitssachen geprüft. Unabhängig hiervon obliegt es dem Arbeitnehmer, eine mögliche Arbeit zu zumutbaren Bedingungen aufzunehmen oder fortzuführen. Das gebietet die Rücksichtnahme gegenüber dem bisherigen Vertragspartner. Die Ablehnung des Änderungsangebots im Zusammenhang mit einer Änderungskündigung ist im Grundsatz nicht anders zu beurteilen als die Ablehnung eines entsprechenden Angebots nach erfolgter Kündigung.[231]

109 Für die Frage der Zumutbarkeit einer im Wege der Änderungskündigung angebotenen Arbeit kann auch die **Dauer der Kündigungsfrist** und damit verbunden der Zeitpunkt eines Arbeits-

---

[224] Dazu BAG 19. 1. 2005 EzBAT § 53 BAT Beschäftigung Nr. 13.
[225] BAG 7. 11. 2002 AP 98 zu § 615 BGB; 22. 2. 2000 AP 2 zu § 11 KSchG 1969 = NZA 2000, 817.
[226] Vgl. BAG 24. 9. 2003 AP 9 zu § 615 BGB Böswilligkeit = NZA 2004, 90 zur Prozessbeschäftigung.
[227] BAG 26. 9. 2007 AP 13 zu § 615 BGB Böswilligkeit = NZA 2008, 1063.
[228] BAG 11. 1. 2006 AP 113 zu § 615 BGB = NZA 2006, 314.
[229] BAG 26. 9. 2007 AP 13 zu § 615 BGB Böswilligkeit = NZA 2008, 1063.
[230] BAG 16. 6. 2004 AP 11 zu § 615 BGB Böswilligkeit = NZA 2004, 1155; zust. *Sandmann* RdA 2005, 247.
[231] BAG 11. 1. 2006 AP 113 zu § 615 BGB = NZA 2006, 314; 16. 6. 2004 AP 11 zu § 615 BGB Böswilligkeit = NZA 2004, 1155.

angebots von Bedeutung sein. Der Arbeitnehmer muss eine deutliche Verschlechterung seiner Arbeitsbedingungen nicht akzeptieren, solange er berechtigte Aussichten hat, rechtzeitig eine günstigere Arbeit zu finden. In diesem Fall ist es nicht vorwerfbar, wenn der Arbeitnehmer zunächst abwartet und sich um eine besser bezahlte Arbeit bemüht. Je mehr Zeit zwischen dem Arbeitsangebot und der vorgesehenen Arbeitsaufnahme liegt, umso weniger wird der Arbeitnehmer im Regelfall gehalten sein, das Angebot sofort anzunehmen. Außerdem hat es der Arbeitgeber vielfach in der Hand, das Angebot zu erneuern oder ein zeitnahes Weiterbeschäftigungsangebot zu unterbreiten.[232]

ee) Nach Auffassung des Zweiten Senats unterlässt ein Arbeitnehmer nicht böswillig anderweitigen Verdienst, wenn er einer **ohne Beteiligung des Betriebsrats ausgesprochenen Versetzung** auf einen anderen, der Sache nach zumutbaren Arbeitsplatz wegen der fehlenden Zustimmung des Betriebsrats nicht nachkommt.[233] Die fehlende Zustimmung des Betriebsrats habe zur Folge, dass die Versetzung auch individualrechtlich unwirksam sei und der Arbeitnehmer das Recht habe, die Arbeit zu den geänderten Bedienungen zu verweigern.[234] Anders ist aber in jedem Fall zu entscheiden, wenn der Arbeitnehmer zu erkennen gibt, er werde ein Arbeitsangebot auch ausschlagen, wenn die Mitbestimmungsrechte des Betriebsrats gewahrt sind. **110**

ff) Nach der älteren Rechtsprechung des BAG unterlässt ein Arbeitnehmer nicht böswillig die anderweitige Verwendung seiner Arbeitskraft, wenn er es ablehnt, eine vom Arbeitgeber unter **Überschreitung der Grenzen des Direktionsrechts** zugewiesene Tätigkeit zu verrichten.[235] Das wird dem Begriff der Zumutbarkeit jedoch nicht gerecht. Berücksichtigt man, dass sich der Arbeitnehmer ggf. eine Verdienstmöglichkeit bei einem anderen Unternehmen anrechnen lassen muss, ist kaum einzusehen, dass er sich bei seinem Arbeitgeber darauf beschränken kann, nur in einer genau gleichartigen Stellung beschäftigt zu werden. Der Fünfte Senat des BAG hat diese Rechtsprechung deshalb nunmehr zu Recht aufgegeben.[236] § 615 Satz 2 BGB bzw. § 11 Nr. 2 KSchG schließen den Fall mit ein, dass der Arbeitgeber nur vertragswidrige Arbeit anbietet, denn das Angebot vertragsgerechter Arbeit zwecks Erfüllung des bestehenden Arbeitsvertrags würde den Annahmeverzug beenden. Bietet der Arbeitgeber objektiv vertragswidrige Arbeit an, sind im Hinblick auf § 615 Satz 2 BGB bzw. § 11 Nr. 2 KSchG die Art dieser Arbeit und die sonstigen Arbeitsbedingungen im Vergleich zu der bisherigen Arbeit zu prüfen. Das Maß der gebotenen Rücksichtnahme beim Arbeitnehmer hängt regelmäßig davon ab, aus welchen Gründen der Arbeitgeber keine vertragsgemäße Arbeit anbietet. Das hat der Arbeitgeber darzulegen. Bestehen für die Änderung dringende Gründe, denen nicht von vorneherein eine Billigung versagt werden kann, handelt der Arbeitnehmer nicht rücksichtsvoll, wenn er die Arbeit allein deswegen ablehnt, weil sie nicht vertragsgemäß ist, und er deshalb ohne Erwerb bleibt. Die beiderseitigen Gründe für die Zuweisung bzw. Ablehnung der neuen Arbeit sind zu benennen und sodann gegeneinander abzuwägen. Bei einem Irrtum des Arbeitgebers über die Vertragsmäßigkeit ist auch die Vertretbarkeit seines Standpunkts zu berücksichtigen. Ein böswilliges Unterlassen von Erwerb kann auch darin liegen, dass der Arbeitnehmer eine vertraglich nicht geschuldete Arbeitsleistung ablehnt, die der Arbeitgeber von ihm in einem unstreitig bestehenden Arbeitsverhältnis verlangt.[237] **111**

d) Andere Arbeitsmöglichkeiten. Grundsätzlich können vom Arbeitnehmer **keine besonderen Anstrengungen** zur Erlangung anderer Arbeit verlangt werden. Besondere Umstände können aber eine andere Entscheidung rechtfertigen.[238] Muss der Arbeitnehmer davon ausgehen, dass der Kündigungsschutzprozess längere Zeit dauern wird und ist er sich bewusst, dass er ohne besondere Schwierigkeiten andere zumutbare Arbeit bekommen kann, sobald er sich darum bemüht, kann je nach den Umständen das Unterlassen jeder Bemühung um eine Arbeit nicht nur als ein Verstoß gegen Treu und Glauben, sondern als geradezu böswillig angesehen werden.[239] Aus § 11 Nr. 2 KSchG kann nicht geschlossen werden, der Arbeitnehmer dürfe in **112**

---

[232] BAG 11. 10. 2006 AP 119 zu § 615 BGB.
[233] BAG 7. 11. 2002 AP 98 zu § 615 BGB.
[234] Dazu BAG 26. 1. 1988 AP 50 zu § 99 BetrVG 1972 = NZA 88, 476.
[235] BAG 3. 12. 1980 AP 4 zu § 615 BGB Böswilligkeit.
[236] BAG 7. 2. 2007 AP 12 zu § 615 BGB Böswilligkeit = NZA 2007, 561; 26. 9. 2007 AP 13 zu § 615 BGB Böswilligkeit = NZA 2008, 1063; zust. *von Hoff* SAE 2008, 201.
[237] BAG 7. 2. 2007 AP 12 zu § 615 BGB Böswilligkeit = NZA 2007, 561.
[238] Dazu ErfK/*Kiel* § 11 KSchG RN 9; APS/*Biebl* § 11 KSchG RN 23; MünchKommBGB/*Hergenröder* § 11 KSchG RN 27 f.; MünchKommBGB/*Henssler* § 615 BGB RN 75; *Löwisch/Spinner* § 11 RN 12 f.; KR/*Spilger* § 11 KSchG RN 40; Staudinger/*Richardi* § 615 RN 151 ff.
[239] Vgl. BAG 18. 10. 1958 AP 1 zu § 615 BGB Böswilligkeit.

jedem Falle ein Angebot abwarten. Vielmehr darf er gerade nicht untätig bleiben, wenn sich ihm eine realistische Arbeitsmöglichkeit bietet. Das kann die Abgabe von eigenen Angeboten mit einschließen.[240] Umgekehrt begründet auch die Ablehnung eines Arbeitsplatzes keine Anrechnungspflicht, wenn der Arbeitnehmer für die Ablehnung einen genügenden Grund hatte.[241]

113 **e)** Umstritten ist, ob ein Arbeitnehmer bereits dann böswillig handelt, wenn er sich nicht bei der **Agentur für Arbeit arbeitsuchend meldet.** Der Neunte Senat hat dies in einem Urteil aus dem Jahre 2000 verneint. Der Arbeitgeber habe es in der Hand, den Arbeitnehmer über konkrete Stellenangebote zu informieren und ihn dadurch in „Zugzwang" versetzen, um ggf. die Ansprüche aus Annahmeverzug dann kürzen zu können, wenn der Arbeitnehmer auf diese Mitteilungen hin vorsätzlich das Zustandekommen eines Arbeitsverhältnisses verhindere.[242] Im Schrifttum ist diese Entscheidung zu Recht verbreitet auf Ablehnung gestoßen.[243] § 11 Nr. 2 KSchG gebietet dem Arbeitnehmer, die Interessen des Arbeitgebers zu berücksichtigen. Dem wird die zu restriktive Rechtsprechung des Neunten Senats nicht gerecht. Hinzu kommt, dass durch die Neuregelungen des SGB III (§§ 37b, 140) zur Durchsetzung der Vermittlungsbemühungen der Agenturen für Arbeit Meldeobliegenheiten des Arbeitnehmers normiert sind, die jedenfalls heute eine andere Bewertung rechtfertigen.[244] Daher entfällt nur dann die Anrechnung nach § 11 Nr. 2 KSchG, wenn der Arbeitnehmer darlegen und ggf. beweisen kann, dass die Agentur für Arbeit ihn nicht hätte vermitteln können.[245]

114 **f)** Bei einem **Auslandsaufenthalt** nach Ausspruch der Kündigung kann nicht stets ein böswilliges Unterlassen einer anderweitigen Arbeit angenommen werden; es muss vielmehr hinzukommen, dass in dieser Zeit zumutbare Arbeitsmöglichkeiten vorhanden gewesen sind.[246]

115 **g)** Im Falle eines **Betriebsübergangs** gerät der Betriebsveräußerer in Annahmeverzug, wenn er den Arbeitnehmer, der dem Übergang seines Arbeitsverhältnisses auf den Betriebserwerber widersprochen hat, nicht beschäftigt. Besteht allerdings beim Erwerber die Möglichkeit einer vorübergehenden Beschäftigung bis zum Ablauf der Kündigungsfrist nach der Kündigung des Veräußerers und nimmt der Arbeitnehmer diese Möglichkeit nicht wahr, schließt der Widerspruch die Anrechnung eines hypothetischen Verdienstes wegen böswilligem Unterlassen des Erwerbs beim neuen Betriebsinhaber nicht aus.[247]

116 **5. Sozialleistungen.** Der Arbeitnehmer hat sich nach § 11 Nr. 3 KSchG anrechnen zu lassen, was ihm an öffentlich-rechtlichen Leistungen infolge seiner Arbeitslosigkeit aus der **Sozialversicherung, der Arbeitslosenversicherung, der Sicherung des Lebensunterhalts** nach dem SGB II oder der Sozialhilfe für die Zwischenzeit gezahlt worden ist. Diese Beträge hat er objektiv zu Unrecht erhalten, da ihm wegen der Unwirksamkeit der Kündigung der Lohnanspruch zustand. Der Arbeitnehmer soll aber keine doppelte Bezahlung bekommen. Andererseits soll auch der Arbeitgeber durch diese Zahlungen keinen Vorteil haben; deshalb kann er diese Beträge zwar anrechnen, ist aber verpflichtet, sie der zahlenden Stelle zu ersetzen.

117 § 11 Nr. 3 KSchG hat nur eine **klarstellende Funktion,** weil nach § 115 I SGB X bei erbrachten Leistungen eines Trägers der Sozialversicherung der Anspruch des Arbeitnehmers auf den Zwischenlohn kraft Gesetzes auf die öffentliche Stelle übergeht (cessio legis).[248] Der Arbeitgeber kann dem Anspruch der öffentlichen Stelle alle Einwendungen entgegensetzen, die ihm gegenüber dem Arbeitnehmer zustanden,[249] namentlich den Einwand der Aufrechnung mit einer Forderung gegen den Arbeitnehmer (§§ 404, 406, 412 BGB). Zahlt der Arbeitgeber in Unkenntnis der Sachlage den Annahmeverzugslohn an den Arbeitnehmer in voller Höhe, wird

[240] BAG 11. 1. 2006 AP 113 zu § 615 BGB = NZA 2006, 314.
[241] Vgl. BAG 18. 6. 1965 AP 2 zu § 615 BGB Böswilligkeit; 3. 12. 1980 AP 4 zu § 615 BGB Böswilligkeit.
[242] BAG 16. 5. 2000 AP 7 zu § 615 BGB Böswilligkeit = NZA 2001, 26; zust. Hako/*Fiebig* § 11 KSchG RN 33; *v. Koppenfels* SAE 2001, 140.
[243] ErfK/*Kiel* § 11 KSchG RN 9; *Bayreuther* NZA 2003, 1365, 1366; APS/*Biebl* § 11 KSchG RN 23; MünchArbR/*Boewer* § 78 RN 67; BBDW/*Dörner* § 11 RN 41 a; MünchKommBGB/*Hergenröder* § 11 KSchG RN 28; HWK/*Krause* § 615 BGB RN 101; *Löwisch/Spinner* § 11 RN 13; *Spirolke* NZA 2001, 707, 711; *Tschöpe* DB 2004, 434, 435; KR/*Spilger* § 11 KSchG RN 40.
[244] Ebenso *Bayreuther* NZA 2003, 1365, 1366; BBDW/*Dörner* § 11 KSchG RN 41 a; HWK/*Krause* § 615 BGB RN 101; *Tschöpe* DB 2004, 434, 435.
[245] HWK/*Krause* § 615 BGB RN 101.
[246] BAG 11. 7. 1985 AP 35 a zu § 615 BGB = NZA 87, 57.
[247] Vgl. BAG 19. 3. 1998 AP 177 zu § 613 a BGB = NZA 98, 750.
[248] Ebenso ErfK/*Kiel* § 11 KSchG RN 13; BBDW/*Dörner* § 11 RN 43; KR/*Spilger* § 11 KSchG RN 44.
[249] Ebenso *Löwisch/Spinner* § 11 RN 20; KR/*Spilger* § 11 KSchG RN 49.

er gemäß §§ 407, 412 BGB befreit. Anders ist zu entscheiden, wenn der Träger der Sozialversicherung dem Arbeitgeber den Forderungsübergang angezeigt hat und dieser damit Kenntnis von der Sachlage hatte.

Von dem Bruttobetrag des Annahmeverzugsanspruchs ist das dem Arbeitnehmer **netto ausgezahlte Arbeitslosengeld in Abzug zu bringen.** Der Arbeitgeber hat die von der Bundesagentur für Arbeit geleisteten Beiträge aus dem Bruttobetrag zu erstatten (§ 335 III SGB III).[250] Die anderslautende ältere Rechtsprechung des BAG[251] ist durch das Inkrafttreten von § 335 III und IV SGB III überholt.[252] Eine im Annahmeverzugszeitraum bezogene **Berufsunfähigkeitsrente** ist nicht anzurechnen. Die Rente wird als Versicherungsleistung gezahlt, weil eine anderweitige Verwendung der Dienste auf Grund der Minderung der Erwerbsfähigkeit teilweise nicht mehr möglich ist.[253] 118

Im Hinblick auf die vom Arbeitnehmer bezogenen öffentlich-rechtlichen Leistungen (§ 11 Nr. 3 KSchG) besteht **kein Auskunftsanspruch des Arbeitgebers.** Der Arbeitnehmer hat vielmehr schlüssig darzulegen, dass er bezüglich der geltend gemachten Forderung aktivlegitimiert ist. Denn der Bezug öffentlich-rechtlicher Leistungen führt nicht zur Anrechnung, sondern wegen des Anspruchsübergangs nach § 115 SGB X zum Verlust der Klagebefugnis. Das Bestehen der Aktivlegitimation kann der Arbeitgeber deshalb nach § 138 II ZPO bestreiten.[254] 119

6. Zusammentreffen mehrerer Anrechnungstatbestände. Bezieht der Arbeitnehmer während des Annahmeverzugs des Arbeitgebers Arbeitslosengeld und unterlässt er zugleich böswillig einen ihm zumutbaren Erwerb, hat eine **proportionale Zuordnung** der Anrechnung nach § 11 Nr. 2 und 3 KSchG zu erfolgen. Diese Zuordnung erfolgt in zwei Schritten: Zunächst ist von dem vom Arbeitgeber geschuldeten Bruttoentgelt der Bruttoverdienst in Abzug zu bringen, den der Arbeitnehmer zu erwerben böswillig unterlassen hat. Von dem so errechneten Differenzbetrag muss sich der Arbeitnehmer den Teil des Arbeitslosengeldes anrechnen lassen, der dem Anteil der Bruttovergütung entspricht, die der Arbeitgeber dem Arbeitnehmer noch nach Anrechnung des böswillig unterlassenen Erwerbs auf das vertraglich geschuldete Arbeitsentgelt zu zahlen hat.[255] 120

Beträgt **beispielsweise** der Annahmeverzugslohn 6339,59 Euro brutto und muss sich der Arbeitnehmer böswillig unterlassenen Verdienst in Höhe von 4950,00 Euro brutto anrechnen lassen, verbleibt ein Differenzbetrag von 1389,60 Euro brutto. Das entspricht 21,9% der Forderung. Hat der Arbeitnehmer im Verzugszeitraum 2548,00 Euro netto Arbeitslosengeld erhalten, muss er sich von dem Arbeitslosengeld 558,01 Euro netto, entsprechend 21,9% von 2548,00 Euro, anrechnen zu lassen. Der Arbeitgeber hat dem Arbeitnehmer deshalb 1389,60 Euro brutto abzüglich 558,01 Euro netto zu zahlen. 121

XII. Prozessuale Fragen

Im Prozess hat der Arbeitnehmer einen hinreichend bestimmten (§ 253 II Nr. 2 ZPO), **bezifferten Klageantrag** zu stellen. Unbestimmt ist ein Zahlungsantrag unter Anrechnung der Höhe nach nicht näher bestimmter Ersparnisse oder unter Abzug des nicht genau bezifferten Arbeitslosengelds.[256] 122

Wendet der Arbeitgeber gegenüber dem Vergütungsanspruch ein, das Arbeitsverhältnis sei rechtswirksam gekündigt, trifft ihn für die **Wirksamkeit der Kündigung** und ggf. den sie rechtfertigenden Grund die Beweislast.[257] 123

Im Allgemeinen wird der Rechtsstreit über die Vergütungsfortzahlung **nicht auszusetzen** sein, wenn noch ein Kündigungsschutzprozess anhängig ist. Hängt die Entscheidung eines LAG über Annahmeverzugslohn von der Wirksamkeit einer Kündigung ab und ist die Wirksamkeit der Kündigung Gegenstand eines Revisionsverfahrens beim BAG, muss das LAG jedoch regel- 124

---

[250] BAG 24. 9. 2003 AP 3 zu § 151 BGB = NZA 2003, 1332.

[251] BAG 9. 4. 1981 AP 1 zu § 11 KSchG 1969.

[252] BAG 24. 9. 2003 AP 3 zu § 151 BGB = NZA 2003, 1332; *Gagel* SGB III § 335 RN 9, 29; abweichend KassKomm/*Kater* § 115 SGB X RN 19, § 116 SGB X RN 98; vgl. dazu auch BAG 4. 12. 2002 AP 24 zu § 2 BAT SR 2y.

[253] BAG 24. 9. 2003 AP 3 zu § 151 BGB = NZA 2003, 1332.

[254] Vgl. BBDW/*Dörner* § 11 RN 44; APS/*Biebl* § 11 KSchG RN 30; a. A. KR/*Spilger* § 11 KSchG RN 48.

[255] BAG 11. 1. 2006 AP 4 zu § 615 BGB Anrechnung = NZA 2006, 313.

[256] BAG 15. 11. 1978 AP 14 zu § 613a BGB = DB 79, 702.

[257] BGH 10. 5. 1988 ZIP 88, 905.

mäßig entweder die Revision gegen seine Sachentscheidung zulassen oder den Rechtsstreit bis zur Entscheidung des Bundesarbeitsgerichts aussetzen (§ 148 ZPO).[258]

125 Verpflichtet sich ein Arbeitgeber in einem arbeitsgerichtlichen **Vergleich** bis zu einem bestimmten Zeitpunkt alle vertragsgemäßen Leistungen zu erbringen, wird die Auslegung regelmäßig ergeben, dass der Arbeitnehmer nur die ihm zustehenden Leistungen verlangen kann, nicht aber den Verzugslohn ohne Rücksicht auf dessen Voraussetzungen.[259] Hat der Arbeitgeber dem Arbeitnehmer die Möglichkeit des Arbeitseinsatzes entzogen, weil er zu Unrecht von der Beendigung des Arbeitsverhältnisses ausgegangen ist, muss er den Arbeitnehmer wieder zur Arbeit auffordern. Die bloße **Rücknahme der Kündigung** beseitigt den Annahmeverzug nicht.[260]

126 Hat die Bundesagentur für Arbeit Arbeitslosengeld im Wege der sog. Gleichwohlgewährung (§ 143 III 1 SGB III) an einen Arbeitnehmer gezahlt, kann sie ihn ermächtigen, die auf sie übergegangenen Vergütungsansprüche im eigenen Namen einzuklagen (Zahlung an die Bundesagentur). Das schutzwürdige Interesse des Arbeitnehmers an einer solchen **gewillkürten Prozessstandschaft** folgt aus der Verbesserung seiner Rechtsstellung im Hinblick auf die Möglichkeit, länger oder früher wieder Arbeitslosengeld beziehen zu können.[261]

§ 96. Unmöglichkeit der Arbeitsleistung

1 **1. Nachträgliche Unmöglichkeit.** Wird dem Arbeitnehmer die Arbeitsleistung nachträglich objektiv oder subjektiv unmöglich (§ 275 I BGB), wird er von der **Verpflichtung zur Arbeitsleistung frei** (§ 49).

2 Bestand wegen der Arbeitsleistung oder für die Verpflichtung des Arbeitgebers ein **ursprüngliches subjektives Unvermögen,** ist der Vertrag wirksam. Allerdings ist der Arbeitnehmer nach § 311 a II BGB grundsätzlich zum Schadensersatz verpflichtet. Dies gilt nicht, wenn er das Leistungshindernis bei Vertragsschluss nicht kannte und er seine Unkenntnis auch nicht zu vertreten hat. Der Anspruch geht nach h. M. auf das Erfüllungsinteresse.[1]

3 **2. Nicht zu vertretende Unmöglichkeit.** Hat weder der Arbeitnehmer noch der Arbeitgeber die Unmöglichkeit zu vertreten, **verliert** der Arbeitnehmer grundsätzlich den **Anspruch auf die Vergütung** (§ 326 I BGB). Von diesem Grundsatz bestehen jedoch drei Ausnahmen: **(a)** wenn der Arbeitnehmer für eine nicht erhebliche Zeit durch in seiner Person liegende Gründe an der Arbeitsleistung verhindert ist (§ 97); **(b)** wenn er arbeitsunfähig krank ist oder ein Heilverfahren durchführen soll (§§ 98, 99); **(c)** wenn die Arbeit aus betriebstechnischen Gründen nicht erbracht werden kann (Betriebsrisikolehre § 101).

4 **3. Zu vertretende Unmöglichkeit.** Wird dem Arbeitnehmer aus Gründen, die er zu vertreten hat, die Arbeitsleistung objektiv oder subjektiv unmöglich, so wird er von der Verpflichtung zur Arbeitsleistung frei. Er verliert aber seinen Vergütungsanspruch und ist u. U. gem. § 275 IV, §§ 280, 283 BGB zum Schadensersatz verpflichtet (§ 51).

5 **4. Vom Arbeitgeber zu vertretende Unmöglichkeit.** Hat dagegen der Arbeitgeber die nachträgliche objektive oder subjektive Unmöglichkeit der Arbeitsleistung zu vertreten, wird der Arbeitnehmer nach § 275 I BGB zwar gleichfalls von der Pflicht zur Arbeitsleistung frei; der Arbeitgeber ist jedoch nach § 615 BGB verpflichtet, die Arbeitsvergütung fortzuzahlen. Der Arbeitnehmer hat sich anderweitigen Erwerb anrechnen zu lassen.

§ 97. Arbeitsverhinderung des Arbeitnehmers aus persönlichen Gründen

Brune, Arbeitsausfall/Arbeitsverhinderung, AR-Blattei SD 140; *Kießling/Jünemann,* Dienstbefreiung, Entgeltfortzahlung und Kündigung bei der Erkrankung von Kindern, DB 2005, 1684; *Reinecke,* Entgeltfortzahlung bei Arztbesuchen, AuA 96, 339; *Schaub,* Rechtsprobleme der Arbeitsverhinderung, AuA 96, 82; *Schulz,* Entgeltfortzahlung bei Erkrankung von Kindern von Arbeitnehmern, DB 2006, 838.

---

[258] BAG 11. 1. 2006 AP 113 zu § 615 BGB = NZA 2006, 314.
[259] LAG Düsseldorf 29. 4. 1992 DB 92, 2040.
[260] BAG 19. 1. 1999 AP 79 zu § 615 BGB = NZA 99, 925.
[261] BAG 19. 3. 2008 NZA 2008, 900.
[1] MünchKommBGB/*Ernst* § 311 a RN 65; Palandt/*Grüneberg* § 311 a RN 7; Erman/*Kindl* § 311 a RN 8.

Übersicht

	RN
I. Allgemeines	1 ff.
1. Rechtsentwicklung	1
2. Normzweck	2
3. Systematische Einordnung	3–5
II. Anspruchsvoraussetzungen	6 ff.
1. Dienstverhältnis	6
2. Personenbedingte Verhinderung	7–11
3. Pflege erkrankter Kinder	12–17
4. Wahlbewerber	18
5. Kein objektiver Hinderungsgrund	19–21
6. Verschulden	22
7. Verhältnismäßig nicht erhebliche Zeit	23–25 a
8. Unterrichtungspflicht	26
9. Beweislast	27
III. Rechtsfolgen	28 ff.
1. Entgeltausfallprinzip	28
2. Abdingbarkeit	29, 30
3. Anrechenbarkeit anderweitigen Einkommens	31

I. Allgemeines

1 **1. Rechtsentwicklung.** Die Rechtslage unterscheidet sich seit Inkrafttreten des EFZG zum 1. 6. 1994 in den alten und neuen Bundesländern nicht mehr. § 616 II, III BGB sind aufgehoben. Sie sind insoweit durch das EFZG ersetzt, das in den alten und neuen Bundesländern gilt.

2 **2. Normzweck.** Nach § 616 BGB behält der Dienstnehmer (also Arbeitnehmer und freier Mitarbeiter) den Anspruch auf die volle Arbeitsvergütung, wenn er für eine verhältnismäßig nicht erhebliche Zeit durch einen in seiner Person liegenden Grund ohne sein Verschulden an der Arbeitsleistung verhindert ist (zur tariflichen Abdingbarkeit vgl. RN 29). Ziel der Norm ist es danach, **aus Billigkeitserwägungen die Existenzgrundlage des Dienstnehmers zu sichern,** wenn die Arbeitsleistung aus einem von keiner Seite zu vertretenden Grund unmöglich wird.[1]

3 **3. Systematische Einordnung.** § 616 BGB ist eine **Rückausnahme von § 326 I BGB** („Ohne Arbeit kein Lohn").[2] Soweit § 616 BGB reicht, ist § 326 I BGB ausgeschlossen; er ist jedoch wieder anwendbar, wenn der Arbeitnehmer aus anderen als persönlichen Gründen an der Arbeitsleistung verhindert ist. § 326 II, § 283, § 326 V BGB bleiben neben § 616 BGB anwendbar.[3] § 616 BGB enthält keine Anspruchsgrundlage, sondern erhält den aus § 611 BGB folgenden Vergütungsanspruch aufrecht.[4]

4 Bei Arbeitsunfähigkeit eines Arbeitnehmers gilt nicht § 616 BGB. Diese Bestimmung wird insoweit durch die **Sonderregelungen des EFZG** verdrängt. Besteht wegen nicht erfüllter Wartezeit (§ 3 III EFZG) oder einer Fortsetzungserkrankung nach sechs Wochen (§ 3 II 2 EFZG) kein Entgeltfortzahlungsanspruch, folgt dieser auch nicht aus § 616 BGB.[5]

5 Im Falle der **Arbeitsunfähigkeit freier Mitarbeiter** gilt jedoch § 616 BGB, sofern diese Vorschrift nicht abbedungen worden ist.[6] Ein konkludenter Ausschluss des Anspruchs kann dabei nur unter strengen Voraussetzungen angenommen werden.[7]

II. Anspruchsvoraussetzungen

6 **1. Dienstverhältnis.** § 616 BGB gilt für **alle Dienstverhältnisse.**[8] Erfasst werden daher auch Teilzeit- oder Aushilfsarbeitsverhältnisse.[9] Auf Ausbildungsverhältnisse findet § 19 I Nr. 2 BBiG Anwendung.

7 **2. Personenbedingte Verhinderung. a)** Der Arbeitnehmer muss während der Dauer des Arbeitsverhältnisses, d. h. vom vertragsmäßigen Beginn der Arbeitsleistung bis zu dessen Beendigung durch einen in seiner Person oder in seinen persönlichen Verhältnissen liegenden Grund **an der Arbeitsleistung tatsächlich verhindert** sein. Der Hinderungsgrund muss nicht unmittelbar in der Person des Arbeitnehmers liegen und braucht ihm die Arbeitsleistung nicht unmöglich zu machen. Vielmehr ist es ausreichend, wenn der Hinderungsgrund der persönli-

---

[1] MünchArbR/*Boewer* § 80 RN 1; MünchKommBGB/*Henssler* § 616 RN 2.
[2] MünchKommBGB/*Henssler* § 616 RN 3; Staudinger/*Oetker* § 616 RN 18.
[3] HWK/*Krause* § 616 BGB RN 3.
[4] Erman/*Belling* § 616 RN 10; MünchKommBGB/*Henssler* § 616 RN 3; Staudinger/*Oetker* § 616 RN 20; a. A. offenbar BAG 18. 1. 2001 AP 8 zu § 52 BAT = NZA 2002, 47.
[5] HWK/*Krause* § 616 BGB RN 5; Staudinger/*Oetker* § 616 RN 290.
[6] ErfK/*Dörner* § 616 BGB RN 7.
[7] BGH 6. 4. 1995 NJW 95, 2629.
[8] MünchKommBGB/*Henssler* § 616 RN 11.
[9] HWK/*Krause* § 616 BGB RN 8.

chen Sphäre des Arbeitnehmers zuzuordnen und ihm im Hinblick darauf die Arbeitsleistung nicht zuzumuten ist.[10] Zu den persönlichen Hinderungsgründen i. S. v. § 616 BGB gehört bei Arbeitnehmern nicht die Arbeitsunfähigkeit. Hierzu enthält das EFZG abschließende Sonderregelungen.[11]

8 b) Ein **subjektives, persönliches Leistungshindernis** liegt nicht erst dann vor, wenn der Arbeitnehmer zur Leistung außerstande ist (§ 275 I BGB), sondern auch, wenn ihm nach Treu und Glauben die Arbeitsleistung nicht zugemutet werden kann (§ 275 III BGB).[12] In Betracht kommen vor allem: kirchliche und standesamtliche Eheschließung,[13] außerordentliche Vorkommnisse in der Familie (Todesfälle, Begräbnisse, Geburten,[14] goldene Hochzeit der Eltern,[15] Kommunion und Konfirmation der Kinder),[16] schwere Erkrankung naher Angehöriger,[17] insbesondere von Kindern,[18] gesundheitspolizeiliche Untersuchung in Lebensmittelbetrieben,[19] Beschäftigungsverbote nach § 42 IfSG,[20] Einberufung zum Laienrichteramt in den verschiedenen Gerichtszweigen,[21] Ladung zu Behörden,[22] gerichtlichen Terminen,[23] u. U. unschuldig erlittene Untersuchungshaft,[24] Ausübung politischer,[25] öffentlicher[26] und religiöser Pflichten, Wahrnehmung von Ämtern bei der freiwilligen Feuerwehr,[27] Wahrnehmung gewerkschaftlicher Ämter nur, wenn dies ausdrücklich tarifvertraglich geregelt ist, im Übrigen besteht der Anspruch nicht.[28] Grundsätzlich kein Anspruch besteht für die Teilnahme an Prüfungen (auch Fahrprüfung), die privaten Interessen dienen, anders dagegen bei Prüfungen, die im Zusammenhang mit der beruflichen Bildung stehen.[29] Für die Stellensuche gilt § 629 BGB.

9 Bei **Arztbesuchen** liegt ein Verhinderungsgrund nur vor, wenn der Arbeitnehmer nicht arbeitsunfähig i. S. v. § 3 EFZG ist, die ärztliche Versorgung während der Arbeitszeit medizinisch erforderlich ist (z. B. Blutabnahme im nüchternen Zustand) oder die Sprechstunden des Arztes in der Arbeitszeit des Arbeitnehmers liegen und ein Termin außerhalb der Arbeitszeit nicht vereinbart werden kann.[30] Der Arbeitnehmer kann nicht darauf verwiesen werden, einen anderen

---

[10] BAG 8. 12. 1982 AP 58 zu § 616 BGB.

[11] ErfK/*Dörner* § 616 BGB RN 1; MünchKommBGB/*Henssler* § 616 RN 6; HWK/*Krause* § 616 BGB RN 5; Staudinger/*Oetker* § 616 RN 26.

[12] MünchKommBGB/*Henssler* § 616 RN 16; HWK/*Krause* § 616 BGB RN 13; zur Rechtslage zur Inkrafttreten der Schuldrechtsreform vgl. BAG 25. 10. 1973 AP 43 zu § 616 BGB; 8. 12. 1982 AP 58 zu § 616 BGB.

[13] BAG 27. 4. 1983 AP 61 zu § 616 BGB.

[14] Auch bei Niederkunft in Spanien: BAG 12. 12. 1973 AP 44 zu § 616 BGB; verneint bei Niederkunft der Lebensgefährtin wegen tariflicher Sonderregelung: BAG 25. 2. 1987 AP 3 zu § 52 BAT = NZA 87, 667; 18. 1. 2001 AP 8 zu § 52 BAT = NZA 2002, 47.

[15] BAG 25. 10. 1973 AP 43 zu § 616 BGB m. Anm. *Schnorr von Carolsfeld*.

[16] BAG 11. 2. 1993 AP 1 zu § 33 MTB II.

[17] BAG 20. 7. 1977 AP 47 zu § 616 BGB.

[18] BAG 20. 6. 1979 AP 50 zu § 616 BGB.

[19] Vgl. BAG AP 5, 12 zu § 611 BGB Lohnanspruch.

[20] BGH AP 1 zu § 49 BSeuchG; kein Anspruch, wenn abschließende tarifliche Regelung LG Karlsruhe DB 82, 287; NJW 79, 422.

[21] Vgl. dazu BAG 25. 8. 1982 AP 1 zu § 26 ArbGG 1979.

[22] BAG 16. 12. 1960 AP 30 zu § 616 BAG [Ladung zum TÜV] verneint den Anspruch wegen Zusammenhangs mit privater Lebensführung; zur Anordnung persönlichen Erscheinens vor Gericht: LAG Hamm BB 72, 177.

[23] BAG 4. 9. 1985 AP 1 zu § 29 BMT-G II = NZA 86, 784; 13. 12. 2001 AP 1 zu § 33 MTArb = NZA 2002, 1105 (Zeugenladung).

[24] Vgl. BAG 11. 8. 1988 AP 7 zu § 611 BGB Gefährdungshaftung des Arbeitgebers = NZA 89, 54; 16. 3. 1967 AP 31 zu § 63 HGB; ErfK/*Dörner* § 616 BGB RN 4.

[25] Zur Tätigkeit im Beirat für Landespflege: BAG 9. 3. 1983 AP 60 zu § 616 BGB; zur Ratsherrntätigkeit (verneint): BAG 20. 6. 1995 AP 94 zu § 616 BGB = NZA 96, 383.

[26] BAG 7. 11. 1991 AP 3 zu § 33 MTL II.

[27] BAG 13. 2. 1996 AP 1 zu § 611 BGB Feuerwehr = NZA 96, 1104.

[28] Erman/*Belling* § 616 RN 27; ErfK/*Dörner* § 616 BGB RN 5; tarifl. Sonderregeln: MTV-Banken: BAG 5. 4. 1978 AP 2 zu § 1 TVG Tarifverträge: Banken = DB 78, 1937; Einzelhandel Berlin: BAG 19. 7. 1983 AP 5 zu § 87 BetrVG 1972 Betriebsbuße = DB 83, 2695; MTV Einzelhandel Niedersachsen: BAG 11. 9. 1985 AP 67 zu § 616 BGB.

[29] Erman/*Belling* § 616 RN 25; HWK/*Krause* § 616 BGB RN 31; generell ablehnend ErfK/*Dörner* § 616 BGB RN 3.

[30] Hierzu: BAG 29. 2. 1984 AP 64 zu § 616 BGB = NZA 84, 33; 29. 2. 1984 AP 22 zu § 1 TVG Tarifverträge: Metallindustrie = NZA 84, 33; 22. 1. 1986 AP 69 zu § 1 TVG Tarifverträge: Bau = NZA 86, 524; 7. 3. 1990 AP 83 zu § 616 BGB = NZA 90, 567; ErfK/*Dörner* § 616 BGB RN 7; Staudinger/*Oetker* § 161 RN 55.

Arzt zu wählen, der außerhalb der Arbeitszeit die Untersuchung vornehmen kann. Der Grundsatz der freien Arztwahl genießt insoweit Vorrang vor den Interessen des Arbeitgebers.[31]

Gläubigen Arbeitnehmern ist im Hinblick auf Art. 4 I und II GG unter Berücksichtigung der betrieblichen Belange die Möglichkeit einzuräumen, den Arbeitsplatz zur Abhaltung **kurzzeitiger Gebete** zu verlassen. Insoweit kann im Einzelfall ein Leistungshindernis i. S. v. § 616 BGB bestehen.[32] 10

c) Umstritten ist, ob auch der Partner in einer **nichtehelichen Lebensgemeinschaft** bei der Geburt eines Kindes einen Anspruch auf Freistellung von der Arbeit hat.[33] Das BAG hat dies für einzelne tarifvertragliche Regelungen verneint.[34] Das BVerfG hat mangels grundsätzlicher Bedeutung die Verfassungsbeschwerde nicht angenommen.[35] Partner einer eingetragenen **gleichgeschlechtlichen Lebenspartnerschaft** nach dem LPartG dürften im Falle einer Erkrankung des Partners auf Grund der bestehenden gegenseitigen gesetzlichen Rechte und Pflichten einen Anspruch auf Freistellung nach § 616 BGB haben. Anders ist allerdings zu entscheiden, wenn Voraussetzung des Freistellungsanspruchs das Bestehen einer Ehe ist, weil die registrierte Partnerschaft des LPartG der Ehe nicht gleichgestellt ist.[36] 11

3. Pflege erkrankter Kinder. Nach § 45 SGB V haben Versicherte Anspruch auf Krankengeld, wenn es nach ärztlichem Zeugnis erforderlich ist, dass sie zur **Beaufsichtigung, Betreuung oder Pflege ihres erkrankten und versicherten Kindes** der Arbeit fernbleiben, eine andere in ihrem Haushalt lebende Person das Kind nicht beaufsichtigen, betreuen oder pflegen kann und das Kind das zwölfte Lebensjahr noch nicht vollendet hat oder behindert und auf Hilfe angewiesen ist (zum PflegeZG vgl. § 107). Das Pflegekrankengeld hat Lohnersatzfunktion; es soll das wegen der Betreuung des Kindes entgangene Arbeitsentgelt ersetzen. 12

Stellt der Arbeitgeber den Versicherten von der Arbeit frei, bevor die Krankenkasse die Verpflichtung zur Gewährung von Pflegegeld anerkannt hat und sind die Voraussetzungen der Freistellung nicht gegeben, kann der Arbeitgeber die Freistellung auf eine spätere Freistellung zur Beaufsichtigung, Betreuung oder Pflege eines erkrankten Kindes anrechnen (§ 45 III 2 SGB V). Die **Anrechnungsmöglichkeit** ist auch bei der Erkrankung eines anderen Kindes des Arbeitnehmers gegeben. 13

Ein **Anspruch auf Krankengeld** besteht in jedem Kalenderjahr für jedes Kind längstens für zehn Arbeitstage, für alleinerziehende Versicherte für längstens 20 Arbeitstage. Der Anspruch auf Krankengeld besteht bei drei und mehr Kindern für Versicherte für nicht mehr als 25 Arbeitstage, für Alleinerziehende für nicht mehr als 50 Arbeitstage je Kalenderjahr (§ 45 II SGB V). 14

Sind **beide Elternteile berufstätig,** hat nur einer nach ihrer Wahl den Anspruch, da die Pflege beider i. d. R. nicht notwendig sein wird.[37] Wer die Pflege übernimmt, ist den Eltern überlassen. Sind sie bei demselben Arbeitgeber beschäftigt, haben sie jedoch die Interessen des Arbeitgebers nach billigem Ermessen zu berücksichtigen.[38] 15

Versicherte mit Anspruch auf Krankengeld haben für die Dauer dieses Anspruchs gegen ihren Arbeitgeber **Anspruch auf unbezahlte Freistellung** von der Arbeitsleistung, soweit nicht aus dem gleichen Grund Anspruch auf bezahlte Freistellung besteht (§ 45 III 1 SGB V). Hierdurch soll sichergestellt werden, dass der Versicherte durch sein Fernbleiben von der Arbeit seine Arbeitsvertragspflichten nicht verletzt, soweit er nicht bereits ohnehin einen Anspruch auf bezahlte Freistellung hat.[39] Der Anspruch auf unbezahlte Freistellung kann vertraglich nicht abbedungen werden (§ 45 III 3 SGB V); er ist dem Anspruch auf bezahlte Freistellung subsidiär (dazu RN 17).[40] Erfüllt der Arbeitgeber seine Verpflichtung zur Freistellung nicht, muss die Krankenkasse das Pflegegeld gewähren; ein etwaiger Vergütungsanspruch des Arbeitnehmers geht dann nach § 115 SGB X auf sie über. 16

---

[31] HWK/*Krause* § 616 BGB RN 21.

[32] LAG Hamm 26. 2. 2002 AP 3 zu § 611 BGB Gewissensfreiheit = NZA 2002, 1090.

[33] Dafür ErfK/*Dörner* § 616 BGB RN 4; HWK/*Krause* § 616 BGB RN 25; Staudinger/*Oetker* § 616 RN 63.

[34] BAG 18. 1. 2001 AP 8 zu § 52 BAT = NZA 2002, 47; 25. 2. 1987 AP 3 zu § 52 BAT = NZA 87, 271.

[35] BVerfG 1. 4. 1998 NJW 98, 2043; 8. 1. 1998 NZA 98, 547.

[36] Vgl. hierzu *Powietzka* BB 2002, 145.

[37] BAG 20. 6. 1979 AP 50 zu § 616 BGB.

[38] MünchKommBGB/*Henssler* § 616 RN 31.

[39] ErfK/*Rolfs* § 45 SGB V RN 9.

[40] BAG 19. 4. 1978 AP 48 zu § 616 BGB = DB 78, 1595; LAG Berlin BB 75, 1389.

17 Ein Anspruch auf **bezahlte Freistellung zur Betreuung und Pflege erkrankter Kinder** kann sich aus § 616 i. V. m. § 611 BGB,[41] nicht jedoch aus § 3 I EFZG ergeben.[42] Die Erbringung der Arbeitsleistung ist dabei dem Arbeitnehmer in der Regel dann nicht zumutbar, wenn die Voraussetzungen des § 45 I SGB V vorliegen (dazu RN 12). Sind beide Eltern berufstätig, können sie wählen, wer die Betreuung übernimmt.[43] Daneben kann der Anspruch auch im Falle der Erkrankung anderer naher Angehöriger bestehen, die auf die Pflege des Arbeitnehmers angewiesen sind, sofern eine anderweitige Versorgung nicht möglich ist.

18 **4.** Ob auch **Wahlbewerber** zu den parlamentarischen Körperschaften einen Anspruch auf bezahlte Freizeit haben ist umstr., aber zu verneinen.[44] Für die Bewerber zum Deutschen Bundestag sowie zum Europaparlament bestehen besondere Regelungen.[45] Teilweise finden sich auch Normen in Landesverfassungen.[46]

19 **5. Kein objektiver Hinderungsgrund.** Ein objektiver Hinderungsgrund ist ein Ereignis, das weder mit der Person des Arbeitnehmers zu tun hat noch aus der Sphäre des Arbeitnehmers stammt, sondern ganz allgemein der Erbringung der Arbeitsleistung entgegensteht.[47] Besteht ein objektives Leistungshindernis, **scheidet ein Anspruch aus § 616 BGB aus.**[48] Die Gegenauffassung, die mit Hilfe eines argumentum a maiore ad minus auch objektive Leistungshindernisse unter § 616 BGB subsumiert, ist zu Recht auf Ablehnung gestoßen, weil der Arbeitgeber i. d. R. nur mit einer persönlichen Leistungsverhinderung rechnen und diese in seine Kalkulation einbeziehen kann.[49] Liegt ein objektives Leistungshindernis vor, besteht auch bei kurzen Verhinderungen kein Vergütungsanspruch.

20 Objektive Hindernisse sind **beispielsweise** das Fehlen einer Berufsausübungserlaubnis,[50] Demonstrationen, Krieg, Landestrauer usw. Denkbar ist, dass Umstände aus dem Risikobereich des Arbeitgebers zu einem Annahmeverzugsanspruch (§ 615 Satz 3 BGB) führen.[51]

21 Umstr. ist, inwieweit **Hindernisse auf dem Weg zur Arbeit** zu objektiven oder subjektiven Leistungshindernissen gehören. Die Rechtsprechung zählt nur solche Hindernisse zu den subjektiven, die in den persönlichen Verhältnissen des Arbeitnehmers liegen, die sonstigen dagegen zu den objektiven. Damit besteht kein Vergütungsanspruch bei allgemeinen Verkehrssperren, dem Zusammenbruch des öffentlichen Personennahverkehrs, Verkehrseinstellungen wegen Smogalarms,[52] Straßensperrung wegen eines Verkehrsunfalls, Überschwemmung, Erdrutsch, Schnee und Glatteis.[53] Persönliche Leistungshindernisse sind dagegen Versagen des Autos, eigener Unfall, nicht dagegen der Ausfall einer Straßenbahn. Fällt ein persönliches Leistungshindernis in den Urlaub, hat der Arbeitnehmer keinen Anspruch auf dessen Verlängerung.[54]

22 **6. Verschulden.** Der Verhinderungsgrund muss ohne Verschulden des Arbeitnehmers eingetreten sein. Hierunter ist ein **gröblicher Verstoß** gegen das von einem verständigen Menschen zu erwartende Verhalten zu verstehen.[55] Der Arbeitgeber hat die tatsächlichen Voraussetzungen

---

[41] ErfK/*Dörner* § 616 BGB RN 12; MünchKommBGB/*Henssler* § 616 RN 30; HWK/*Krause* § 616 BGB RN 24.

[42] *Schulz* DB 2006, 838; a. A. *Kießling/Jünemann* DB 2005, 1684; *Kießling* DB 2006, 841.

[43] BAG 20. 6. 1979 AP 50 zu § 616 BGB; HWK/*Krause* § 616 BGB RN 24.

[44] Ebenso ErfK/*Dörner* § 616 BGB RN 5; HWK/*Krause* § 616 BGB RN 28; Staudinger/*Oetker* § 616 RN 67.

[45] Gesetz über die Rechtsverhältnisse der Mitglieder des Deutschen Bundestages (Abgeordnetengesetz – AbgG) i. d. F. v. 21. 2. 1996 (BGBl. I S. 326) m. spät. Änd.; Gesetz über die Rechtsverhältnisse der Mitglieder des Europäischen Parlaments aus der Bundesrepublik Deutschland v. 6. 4. 1979 (BGBl. I S. 473) m. spät. Änd.

[46] Vgl. Art. 29 I Verf. Bad.-Württemberg; Art. 46 II 2 Verf. NRW; Art. 96 I 2 Verf. Rheinl.-Pfalz; Art. 4 I Landessatzung Schleswig-Holstein.

[47] HWK/*Krause* § 616 BGB RN 17.

[48] BAG 8. 12. 1982 AP 58 zu § 616 BGB; ErfK/*Dörner* § 616 BGB RN 3; MünchKommBGB/*Henssler* § 616 RN 18.

[49] MünchArbR/*Boewer* § 80 RN 12; MünchKommBGB/*Henssler* § 616 RN 18.

[50] BAG 6. 3. 1974 AP 29 zu § 615 BGB.

[51] BAG 9. 3. 1983 AP 31 zu § 615 BGB Betriebsrisiko.

[52] *Brötzmann/Tilly* BB 86, 1843; *Dassow* BB 88, 2455; *Ehmann* NJW 87, 401; *Richardi* NJW 87, 1231; *Schumacher* ZTR 87, 140.

[53] BAG 8. 12. 1982 AP 58 zu § 616 BGB = NJW 83, 1179; 8. 9. 1982 AP 59 zu § 616 BGB = NJW 83, 1078.

[54] BAG 11. 1. 1966 AP 1 zu § 1 BUrlG Nachurlaub; LAG Niedersachsen BB 84, 536.

[55] BAG 19. 10. 1983 AP 62 zu § 616 BGB; 13. 11. 1974 AP 45 zu § 616 BGB; HWK/*Krause* § 611 BGB RN 44.

für ein Verschulden des Arbeitnehmers darzulegen und zu beweisen.[56] Keine Arbeitsverhinderung aus persönlichen Gründen ist ferner gegeben, wenn der Arbeitnehmer außerhalb seiner Arbeitszeit, auch gleitenden Arbeitszeit, seine Interessen wahrnehmen kann.[57] Weitere Einzelheiten § 98.

7. Verhältnismäßig nicht erhebliche Zeit. Die Verhinderung darf sich nur auf eine verhältnismäßig nicht erhebliche Zeit erstrecken. Im Falle der Erkrankung eines Dienstnehmers gilt, sofern keine andere Zeit bestimmt ist, ein Zeitraum von sechs Wochen als nicht erheblich (§ 3 I EFZG). Für Arbeitnehmer wird § 616 BGB durch die Regelungen des EFZG verdrängt (RN 4). Im Übrigen ist der Zeitraum unter Berücksichtigung der **Umstände des Einzelfalls** zu bestimmen. 23

Als **Bestimmungskriterien** kommen in Betracht das Verhältnis der Verhinderungszeit zur Gesamtdauer des Arbeitsverhältnisses und die für den Verhinderungsgrund objektiv notwendige Zeit.[58] Diese Gesichtspunkte sind jedoch nicht allein maßgebend. Von Bedeutung sind des Weiteren Schwere und Dauer des Verhinderungsgrundes sowie die Möglichkeiten, die Verhinderung anderweitig zu beseitigen.[59] Unberücksichtigt bleiben nach dem Gesetzeswortlaut Dringlichkeit der Arbeit, Notwendigkeit einer Ersatzkraft, Zahl der verhinderten Arbeitnehmer. Als Faustregel wird im Schrifttum bei einer Beschäftigung bis zu 6, 12 und mehr als 12 Monaten eine Zeitspanne von 3 Tagen, 1 und 2 Wochen angesehen.[60] Dies erscheint auch vor dem Hintergrund tarifvertraglicher Regelungen, die regelmäßig nicht nach der Beschäftigungsdauer unterscheiden und kürzere Fristen vorsehen, nicht zutreffend. 24

Es ist vielmehr eine **einzelfallbezogene Beurteilung** vorzunehmen, bei der insbesondere der Verhinderungsgrund zu berücksichtigen ist.[61] Abgesehen von der Erkrankung eines nicht in einem Arbeitsverhältnis stehenden Dienstverpflichteten erreicht die verhältnismäßig nicht erhebliche Zeit in keinem Fall die Dauer von sechs Wochen.[62] Bei der Erkrankung von Kindern wird eine Anlehnung an den Grundfall des § 45 II 1SGB V (10 Arbeitstage) möglich sein.[63] Bei der Erkrankung anderer naher Angehöriger ist ein Zeitraum von bis zu 5 Arbeitstagen in aller Regel als verhältnismäßig nicht erheblich i. S. d. § 616 I 1 BGB anzusehen.[64] Die Arbeitsfreistellung im Sterbefall oder bei Niederkunft der Ehefrau braucht nicht in unmittelbarem zeitlichen Zusammenhang zu dem Ereignis zu stehen, sie muss nur dadurch veranlasst sein.[65] Handelt es sich um mehrere unterschiedliche Verhinderungsfälle, sind die einzelnen Zeiträume grundsätzlich nicht zusammenzurechnen.[66] Mehrfache Arztbesuche sind kaum jemals zusammenrechenbar. 25

Ist die Dauer der unverschuldeten Verhinderung an der Arbeitsleistung **länger als eine verhältnismäßig nicht erhebliche Zeit,** entfällt der Vergütungsanspruch insgesamt und nicht nur hinsichtlich des die Verhältnismäßigkeit übersteigenden Teils. § 616 BGB begrenzt den Anwendungsbereich der Norm auf der Tatbestandsseite und sieht – anders als etwa § 19 I Nr. 2 Buchst. b BBiG – nicht auf der Rechtsfolgenseite eine Begrenzung der wirtschaftlichen Belastungen vor.[67] 25a

8. Unterrichtungspflicht. Der Arbeitnehmer hat die vertragliche Nebenpflicht, dem Arbeitgeber **sobald wie möglich** die Arbeitsverhinderung mitzuteilen. Ist die Arbeitsverhinderung voraussehbar, hat die Mitteilung so rechtzeitig zu erfolgen, dass der Arbeitgeber sich darauf einrichten kann.[68] Wird die Mitteilungspflicht verletzt, bleibt zwar der Anspruch bestehen, der Arbeitnehmer kann sich aber nach § 280 I BGB schadensersatzpflichtig machen; u. U. kann 26

---

[56] BAG 9. 4. 1960 AP 12 zu § 63 HGB.

[57] BAG 22. 1. 2009 – 6 AZR 78/08; 16. 12. 1993 AP 5 zu § 52 BAT; LAG Köln 10. 2. 1993 LAGE § 616 BGB Nr. 7.

[58] Vgl. BAG 17. 12. 1959 AP 21 zu § 616 BGB; Erman/*Belling* § 616 BGB RN 47.

[59] Ebenso im Grundsatz MünchArbR/*Boewer* § 80 RN 18; ErfK/*Dörner* § 616 BGB RN 10; Staudinger/*Oetker* § 616 RN 90ff.

[60] Erman/*Belling* § 616 RN 48.

[61] Ebenso ErfK/*Dörner* § 616 BGB RN 10; HWK/*Krause* § 616 BGB RN 41; ArbRBGB/*Matthes* § 616 RN 19; Staudinger/*Oetker* § 616 RN 96f.

[62] Vgl. BAG 20. 7. 1977 AP 47 zu § 616 BGB; ErfK/*Dörner* § 616 BGB RN 10.

[63] A.A ErfK/*Dörner* § 616 BGB RN 10; HWK/*Krause* § 616 BGB RN 41.

[64] BAG 19. 4. 1978 AP 48 zu § 616 BGB.

[65] BAG 19. 7. 1961 AP 110 zu § 1 TVG Auslegung; vgl. auch BAG 26. 2. 1964 AP 38 zu § 616 BGB.

[66] Vgl. Staudinger/*Oetker* § 616 RN 11; HWK/*Krause* § 616 BGB RN 43; Erman/*Belling* § 616 RN 53.

[67] BAG 18. 12. 1959 GS AP 22 zu § 616 BGB; ErfK/*Dörner* § 616 BGB RN 10; MünchKommBGB/*Henssler* § 616 RN 61; HWK/*Krause* § 616 BGB RN 37; Staudinger/*Oetker* 2002 § 616 RN 91 f.

[68] MünchArbR/*Boewer* § 80 RN 21; HWK/*Krause* § 616 BGB RN 45.

nach vorheriger einschlägiger Abmahnung auch eine Kündigung sozial gerechtfertigt sein (§ 1 II KSchG).

27 **9. Beweislast.** Der **Arbeitnehmer** ist für die Leistungsverhinderung und die Erforderlichkeit der Dienstbefreiung, der Arbeitgeber für das Verschulden darlegungs- und beweispflichtig.

III. Rechtsfolgen

28 **1. Entgeltausfallprinzip.** Liegen die Voraussetzungen des § 616 BGB vor, hat der Arbeitnehmer Anspruch auf die Bruttovergütung, die er bezogen hätte, wenn die Arbeitsverhinderung nicht eingetreten wäre. Zur Nachleistung der Arbeit ist er nicht verpflichtet. Es gilt also das sog. Entgeltausfallprinzip, wie es in §§ 95, 98 dargestellt ist. Weiterzuzahlen ist deshalb bei zeitbestimmter Arbeit der Stunden-, Wochen-, Monatslohn, bei leistungsabhängiger Vergütung das nach dem regelmäßigen Lauf der Verhältnisse verdiente Entgelt[69] einschließlich etwaiger Zulagen sowie Sachbezüge.[70] Auf Tantiemen- und Gratifikationsansprüche sind kurzfristige Arbeitsverhinderungen grundsätzlich ohne Einfluss.

29 **2. Abdingbarkeit.** Der Anspruch auf Vergütungsfortzahlung kann nach h. M. **einzel- wie kollektivvertraglich erweitert, eingeschränkt oder ausgeschlossen** werden.[71] Ein konkludenter Ausschluss der Ansprüche aus § 616 BGB kann nur unter strengen Voraussetzungen angenommen werden.[72] Ein völliger Ausschluss von § 616 BGB muss durch die Verhältnisse des Betriebs oder Wirtschaftszweigs sachlich gerechtfertigt sein.[73] Bestimmt ein Tarifvertrag, dass nur die tatsächlich geleistete Arbeit vergütet wird, sind die Ansprüche aus § 616 BGB ausgeschlossen.[74] Dasselbe gilt für tarifvertraglich nicht geregelte Fälle, wenn der Tarifvertrag – wie sehr häufig – einen **abschließenden Katalog von Tatbeständen** aufstellt, in denen ein Vergütungsfortzahlungsanspruch besteht.[75] Zählt dagegen ein Tarifvertrag nur **beispielhaft Fälle** von § 616 BGB auf, liegt darin i. d. R. weder eine Beschränkung noch eine Abbedingung von § 616 BGB.[76]

30 § 616 BGB kann auch in **Allgemeinen Arbeitsbedingungen** abbedungen werden. Der Arbeitnehmer wird hierdurch nicht entgegen den Geboten von Treu und Glauben unangemessen benachteiligt (§ 307 I BGB). Die dort geregelte Vergütungsfortzahlung ist kein unabweisbares Gerechtigkeitsgebot (§ 307 II Nr. 1 BGB).[77] § 616 BGB dient nicht einem wesentlichen Schutzbedürfnis des Arbeitnehmers. Die Vorschrift kommt ohnehin nur bei einer Verhinderung von verhältnismäßig nicht erheblicher Dauer zur Anwendung und nicht bei krankheitsbedingter Arbeitsunfähigkeit. In diesem Fall gilt das EFZG (RN 4). Im Hinblick auf das Verbot sachlich nicht gerechtfertigter Benachteiligung wegen der Teilzeitbeschäftigung nach § 4 I TzBfG ist es in Arbeitsverhältnissen unerheblich, ob der Ausschluss des § 616 BGB im Hauptarbeitsverhältnis oder im Rahmen einer Nebentätigkeit vereinbart wird.[78]

31 **3. Anrechenbarkeit anderweitigen Einkommens.** Auf die Vergütungsfortzahlung hat sich der Arbeitnehmer anrechnen zu lassen, was er für die Zeit der Verhinderung aus einer auf Grund gesetzlicher Verpflichtung bestehenden **Kranken- und Unfallversicherung** erhält (§ 616 BGB). Anderweitige Einkünfte sind nicht anzurechnen; anrechnungsfrei sind insbesondere Leistungen aus der gesetzlichen Rentenversicherung, einer privaten Kranken- und Unfallversicherung, Entschädigungen als Zeuge, Sachverständiger, ehrenamtlicher Richter (wird nur bei Verdienstausfall gezahlt), Abgeordneter[79] oder bei unschuldig erlittener Untersuchungshaft. Es kann jedoch einzel- wie tarifvertraglich eine weitergehende Anrechnung vereinbart werden.

---

[69] Zur Provision: BAG 3. 6. 1958 AP 1 zu § 89 b HGB; 30. 6. 1960 AP 13 zu § 63 HGB; vgl. auch § 95 RN 1 ff.

[70] BAG 22. 9. 1960 AP 27 zu § 616 BGB.

[71] BAG 7. 2. 2007 ZTR 2007, 391; 18. 1. 2001 AP 8 zu § 52 BAT = NZA 2002, 47; 20. 6. 1995 AP 94 zu § 616 BGB = NZA 96, 383; 8. 12. 1982 AP 58 zu § 616 BGB; 25. 8. 1982 AP 55 zu § 616 BGB.

[72] BGH 6. 4. 1995 NJW 95, 2629.

[73] Vgl. BAG 20. 6. 1979 AP 49 zu § 616 BGB.

[74] BAG 8. 12. 1982 AP 58 zu § 616 BGB; 25. 8. 1982 AP 55 zu § 616 BGB.

[75] BAG 20. 6. 1979 AP 51 zu § 616 BGB; 29. 2. 1984 AP 64 zu § 616 BGB.

[76] BAG 25. 4. 1960 AP 23 zu § 616 BGB; 29. 2. 1984 AP 22 zu § 1 TVG Tarifverträge: Metallindustrie.

[77] Ebenso zu § 9 AGBG bei einem nicht in einem Arbeitsverhältnis stehenden Musiker BAG 7. 2. 2007 ZTR 2007, 391.

[78] Vgl. auch BAG 7. 2. 2007 ZTR 2007, 391, das für die Gastrolle eines insoweit nicht in einem Arbeitsverhältnis stehenden Musikers den Nebentätigkeitscharakter besonders betont.

[79] Für einen Sonderfall: vgl. BAG 7. 12. 1956 AP 7 zu § 616 BGB.

§ 98. Entgeltfortzahlung im Krankheitsfall

Kommentare: *Ackermann/Neumann-Redlin/Rambach/Reinhard/Schütz/Steuerer/Wagner/Zimmermann,* EFZG, 2006, *Bauer/Röder/Lingemann,* Krankheit im Arbeitsverhältnis, 3. Aufl., 2007; *Feichtinger,* Entgeltfortzahlung im Krankheitsfalle, Schriftenreihe der AR-Blattei, 1999; *Feichtinger/Malkmus,* Entgeltfortzahlungsgesetz, 2003; *Gola,* EFZG – Entgeltfortzahlungsgesetz – Handkommentar für Wirtschaft und Verwaltung, 2. Aufl., 1998; *Geyer/Knorr/Krasney,* Entgeltfortzahlung, Krankengeld, Mutterschaftsgeld, Loseblattausgabe; *Helm,* Entgeltfortzahlungsgesetz, 1995; *Kaiser/Dunkl/Hold/Kleinsorge,* Entgeltfortzahlungsgesetz, 5. Aufl., 2000; *Kunz/Wedde,* EFZG, 2. Aufl., 2005; *Marburger,* Entgeltfortzahlung, 9. Aufl., 2006; *Müller/Berenz,* Entgeltfortzahlungsgesetz, 3. Aufl. 2001; *Schmitt,* Entgeltfortzahlungsgesetz, 6. Aufl., 2007; *Stückmann,* Kostensenkung bei Entgeltfortzahlung im Krankheitsfall, 1997; *Treber,* EFZG, 2. Aufl., 2007; *Vogelsang,* Entgeltfortzahlung, 2003; *Vossen,* Entgeltfortzahlung bei Krankheit und an Feiertagen, 1997; *Wedde/Gerntke/Kunz/Platow* EFZG, 3. Aufl., 2003; *Worzalla/Süllwald,* Entgeltfortzahlung, Kommentar für die Praxis, 2. Aufl., 1999.

Allgemeine Aufsätze: *Bährle,* Entgeltfortzahlung und Arbeitsausfall bei geringfügig Beschäftigten, BuW 2003, 37; *Bauer/Diller,* In Sachen Paletta endlich alles paletti, NZA 2000, 711; *Boecken,* Probleme der Entgeltfortzahlung im Krankheitsfall, NZA 99, 673; *ders.,* Entgeltfortzahlung bei nebentätigkeitsbedingtem Arbeitsunfall bzw. Unfall, NZA 2001, 233; *Boerner,* Das Krankheitsrisiko des Arbeitnehmers im deutschen Arbeits- und Sozialversicherungsrecht, ZESAR 2003, 266; *Brenner,* Entgeltfortzahlung und Dritthaftung, DB 99, 482; *Feichtinger,* Entgeltfortzahlung im Krankheitsfalle, AR-Blattei, SD 1000.3; *ders.,* Krankheit des Arbeitnehmers, AR-Blattei SD 1000.1; *Gaumann,* Anordnung der vorzeitigen Vorlage einer Arbeitsunfähigkeitsbescheinigung nach § 5 I 3 EFZG – Ein mitbestimmungspflichtiger Tatbestand?, FA 2001, 72; *Gaumann/Schafft,* Anspruch auf Entgeltfortzahlung bei Kündigung aus Anlaß der Erkrankung innerhalb der Wartezeit des § 3 III EFZG?, NZA 2000, 811; *Gotthardt,* Leistungsbefreiung bei Krankheit des Arbeitnehmers nach § 275 Abs. 1 oder 3 BGB – Einordnung und praktische Folgen, DB 2002, 2049; *Heinze,* Krankenstand und Entgeltfortzahlung – Handlungsbedarf und Anpassungserfordernisse, NZA 96, 785; *Houben,* Trifft den Arbeitnehmer eine vertragliche Pflicht, sich gesund zu halten?, NZA 2000, 128; *Kleinebrink,* Die materielle und prozessuale Bedeutung von Verschlimmerungsattesten, NZA 2002, 716; *v. Koppenfels,* Die Entgeltfortzahlung im Krankheitsfall an der Schnittstelle von Arbeits- und Sozialrecht, NZS 2002, 241; *Leinemann,* Der urlaubsrechtliche und der entgeltfortzahlungsrechtliche Freischichttag, BB 98, 1414; *Lepke,* Krankheitsbegriff im Arbeitsrecht, NZA-RR 99, 57; *Lingemann,* Wartezeit bei Entgeltfortzahlung für übernommenen Auszubildenden, BB 2004, 783; *Link/Flachmeyer,* Ersatz des Verdienstausfalls von Organspendern, AuA 2002, 509; *Löwisch/Beck,* Keine Entgeltfortzahlung bei Schönheitsoperationen, BB 2007, 1960; *Mauer/Schüßler,* Mitbestimmungsrechte bei Krankmeldung, FA 2000, 211; *Müller-Glöge,* Aktuelle Rechtsprechung zum Recht der Entgeltfortzahlung im Krankheitsfall, RdA 2006, 105; *Reinecke,* Krankheit und Arbeitsunfähigkeit – die zentralen Begriffe des Rechts der Entgeltfortzahlung, DB 98, 130; *Rieble,* Entgeltfortzahlung im Krankheitsfall: 80% oder 100%?, AuR 99, 69; *Ring,* Rechtliche Grundfragen zur Entgeltfortzahlung im Krankheitsfall, BuW 2001, 609; *Schaub,* Entgeltfortzahlung in neuem (alten) Gewand?, NZA 99, 177; *Schmitt,* Vom Wert vertrauensärztlicher Untersuchungen, AuA 99, 210; *ders.,* Die Berücksichtigung von Überstunden bei der Entgeltfortzahlung im Krankheitsfall im Lichte der Rechtsprechung des Bundesarbeitsgerichts, BAG-Festschrift, 2004, S. 197; *ders.,* Die Auswirkungen der Schuldrechtsmodernisierung auf das Recht der Entgeltfortzahlung im Krankheitsfall, Gedächtnisschrift für Heinze, 2005, S. 785; *Sieg,* Mechanismen zur Minderung des Risikos der Entgeltfortzahlung bei Krankheit, BB 96, 1766; *Stiefermann,* Strategien zur Senkung des Krankenstandes, PersF 96, 637; *Stückmann,* Einfluss der Arbeitgeber auf Senkung des Krankenstandes, AuA 98, 224; *ders.,* Teilarbeits(un)fähigkeit und Entgeltfortzahlung, DB 98, 1662; *ders.,* Selbstverschuldete Arbeitsunfähigkeit – spart nur der Zufall Kosten?, DB 96, 1822; *Subatzus,* Das Fehlverhalten des Arbeitnehmers bei Arbeitsunfähigkeit, 2007; *ders.,* Beweiswert von EU-Arbeitsunfähigkeitsbescheinigungen, DB 2004, 1631; *ders.,* Wenn der Mitarbeiter Krankheit vortäuscht – Kündigung, AuA 2002, 174; *Waltermann,* Entgeltfortzahlung bei Arbeitsunfällen und Berufskrankheiten nach neuem Recht, NZA 97, 177; *Wirges,* Überstundenvergütung als regelmäßiges Arbeitsentgelt?, DB 2003, 1576; *Zietsch,* Zur Frage der Lohnfortzahlung im Krankheitsfall bei Job-Sharing, NZA 97, 526.

Arbeitsrechtliches Beschäftigungsförderungsgesetz: *Ahrens,* Tarifvertragliche Regelung zur Entgeltfortzahlung im Krankheitsfall, NZA 97, 301; *Bauer/Lingemann,* Probleme der Entgeltfortzahlung nach neuem Recht, Beil. 17 zu BB 96; *Birk,* Bei Krankheit droht Sozialhilfe, AuR 96, 294; *Boerner,* Tarifvertragliche Entgeltfortzahlung im Krankheitsfall, ZfA 97, 67; *ders.,* Die Reform der Entgeltfortzahlung und der Urlaubsanrechnung im Lichte der Tarifautonomie, ZTR 96, 435; *Bontrup,* Veränderungen im Entgeltfortzahlungsgesetz, AuA 96, 405; *Buchner,* Entgeltfortzahlung im Spannungsfeld zwischen Gesetzgebung und Tarifautonomie, NZA 96, 1177; *Canaris,* Das Fehlen einer Kleinbetriebsregelung für die Entgeltfortzahlung als Verfassungsverstoß, RdA 97, 267; *Dörner,* Die Anrechnungsbestimmungen des § 4a I EFZG und des § 10 I BUrlG und die Tarifautonomie, NZA 98, 561; *Engels/Schlenker,* Führt die Absenkung der Entgeltfortzahlung im Krankheitsfalle und des Krankengeldes in die Sozialhilfe, AuR 96, 291; *Giesen,* Das neue Entgeltfortzahlungs- und Urlaubsrecht, RdA 97, 193; *Gutzeit,* Weniger krank bringt mehr, BB 97, 737; *Hanau,* Ergänzende Hinweise zur Neuregelung der Entgeltfortzahlung im Krankheitsfall, RdA 97, 205; *Kamanabrou,* Die Auslegung tarifvertraglicher Entgeltfortzahlungsklauseln, RdA 97, 23; *Kreft,* Ein Jahr Rechtsprechung zur tariflichen Entgeltfortzahlung, FA 99, 242; *Löwisch,* Das Arbeitsrechtliche Beschäftigungsförderungsgesetz, NZA 96, 1009; *Menssen,* Die Entgeltfortzahlung im Krankheitsfall bei tarifvertraglicher Verweisung auf das Entgeltfortzahlungsgesetz, AuR 98, 234; *Mückenberger,* Kritik des Arbeitsrechtlichen Beschäftigungsförderungsgesetzes, KJ 96, 343; *Preis,* Konstitutive und deklaratorische Klauseln in Tarifverträgen, FS für Schaub, 1998; *ders.,* Das arbeitsrechtliche Beschäftigungsförderungsgesetz, NJW 96, 3369; *Raab,* Entgeltfortzahlung an arbeitsunfähig erkrankte Arbeitnehmer an Feiertagen nach der Neuregelung des EFZG, NZA 97, 1144; *Rieble,* Die Einschränkung der gesetzlichen Entgeltfortzahlung im Krankheitsfall und ihre Auswirkung auf inhaltsgleiche Regelungen in Tarifverträgen, RdA 97, 134; *Schmitt,* Die Neuregelung der Entgeltfortzahlung im Krankheitsfall, RdA 96, 5; *Sieg,* Einige Sonderprobleme der Entgeltfortzahlung nach neuem Recht, Beil. 17 zu BB 96; *Wedde,* Besteht auf Grund MTV der Metall-, Elektro- und Stahlindustrie weiterhin ein Anspruch auf 100% Entgeltfortzahlung, AuR 96, 421; *Zachert,* Auslegungsgrundsätze und Auslegungsschwerpunkte bei der aktuellen Diskussion um die Entgeltfortzahlung, DB 96, 2078.

Korrekturgesetz: *Kollmer,* Das neue Gesetz zu Korrekturen in der Sozialversicherung und zur Sicherung der Arbeitnehmerrechte, NJW 99, 608; *Nielebock,* Wieder 100% Entgeltfortzahlung im Krankheitsfall, AiB 99, 5; *Schiefer/Worzalla,* Gesetz zu Korrekturen in der Sozialversicherung und zur Sicherung der Arbeitnehmerrechte, Spezial zu FA 99.

Übersicht

	RN
I. Geltungsbereich des Entgeltfortzahlungsgesetzes	1 ff.
1. Persönlicher Geltungsbereich	1–5
2. Örtlicher Geltungsbereich	6
3. Zeitlicher Geltungsbereich	7
4. Zweck	8
II. Anspruchsvoraussetzungen der Entgeltfortzahlung im Krankheitsfall	9 ff.
1. Allgemeines	9
2. Krankheit	10–13
3. Arbeitsunfähigkeit	14–20 a
4. Kausalzusammenhang zwischen Krankheit und Arbeitsunfähigkeit	21–35
5. Erwerbsminderung	36
6. Verschulden des Arbeitnehmers	37–50
7. Verschulden des Arbeitgebers oder eines Dritten	51, 52
8. Sterilisation und Abbruch der Schwangerschaft	53
III. Beginn und Ende des Entgeltfortzahlungsanspruchs	54 ff.
1. Beginn der Beschäftigung	54–56
2. Dauer des Anspruchs	57–60
3. Wiederholte Erkrankung und Fortsetzungserkrankung	61–70
4. Darlegungs- und Beweislast bei Fortsetzungserkrankung	71, 72
5. Beendigung des Arbeitsverhältnisses	73
6. Kündigung aus Anlass der Arbeitsunfähigkeit	74–81
7. Freistellung während der Kündigungsfrist	82
IV. Höhe des fortzuzahlenden Arbeitsentgelts	83 ff.
1. Arbeitsentgelt	83
2. Verstetigte Monatsvergütung	84
3. Arbeitszeitkonto	85
4. Stundenvergütung	86–94
5. Über- und Mehrarbeitsvergütungen	95, 96
6. Erfolgsabhängige Vergütung	97, 98
7. Sachbezüge	99, 100
8. Aufwendungsersatz	101–103
9. Sonstige Leistungen	104–106
V. Kurzarbeit	107
VI. Tariföffnungsklauseln	108 ff.
1. Bemessungsgrundlage	108
2. Berechnungsmethode	109–111
3. Absenkung auf 80%	112
VII. Anzeige- und Nachweispflichten	113 ff.
1. Anzeigepflicht	113–118
2. Nachweispflicht	119
3. Vorlageverlangen des Arbeitgebers	120, 121
4. Vorlageverpflichtung	122
5. Tarifvertrag	123
6. Betriebsvereinbarung	124
7. Arbeitsunfähigkeitsbescheinigung	125–127
8. Folgebescheinigung	128, 129
9. Beweiswert der Arbeitsunfähigkeitsbescheinigung	130–135
VIII. Rechtsbeziehungen zum Kassenarzt	136 ff.
1. Freie Arztwahl	136, 137
2. Arbeitsunfähigkeitsrichtlinien	138, 139
IX. Medizinischer Dienst	140 ff.
1. Allgemeines	140–143
2. Gutachtliche Stellungnahme	144
X. Anzeige- und Nachweispflicht bei Arbeitsunfähigkeit im Ausland	145 ff.
1. Allgemeines	145, 146
2. Inhalt der Unterrichtung	147–149
XI. Forderungsübergang bei Dritthaftung	150 ff.
1. Anspruchskonkurrenz	150
2. Anspruchsvoraussetzungen	151–153
3. Ansprüche gegen Dritte	154–157
4. Gegenstand des Anspruchsübergangs	158–161
5. Quotenvorrecht	162
6. Mitwirkungspflichten des Arbeitnehmers	163
XII. Leistungsverweigerungsrechte des Arbeitgebers	164 ff.
1. Voraussetzungen	164
2. Nichtvorlage einer Arbeitsunfähigkeitsbescheinigung	165–169
3. Verhinderung des Anspruchsübergangs	170–172
4. Entgeltfortzahlung trotz Leistungsverweigerungsrechts	173
5. Leistungsverweigerungsrecht nach § 100 II SGB IV	174

	RN
XIII. Unabdingbarkeit	175 ff.
1. Abweichende Regelungen	175, 176
2. Ausschlussfristen	177
3. Günstigkeitsvergleich	178, 179
4. Einzelne Abwicklungsgeschäfte	180, 181
5. Unwirksamkeit auf Grund anderer Vorschriften	182, 183
Anhang: Krankengeld	184 ff.
1. Anspruchsvoraussetzungen	184, 185
2. Entstehung des Anspruchs	186
3. Dauer des Anspruchs	187
4. Ruhen des Anspruchs	188, 189
5. Wegfall und Kürzung	190
6. Höhe	191
7. Tariflicher Zuschuss zum Krankengeld	192–197

I. Geltungsbereich des Entgeltfortzahlungsgesetzes

1. Persönlicher Geltungsbereich. a) Das EFZG regelt die Zahlung des Arbeitsentgelts an gesetzlichen Feiertagen und die Fortzahlung des Arbeitsentgelts im Krankheitsfalle an **Arbeitnehmer** sowie die wirtschaftliche Sicherung im Bereich der Heimarbeit (§ 1 I EFZG). Nicht anspruchsberechtigt sind mithin alle Arten von Dienstnehmern, wie etwa Vorstände, Geschäftsführer (soweit sie nicht Arbeitnehmer sind) usw.[1] Keinen Anspruch auf Entgeltfortzahlung im Krankheitsfall haben ferner Personen, die im Rahmen eines im öffentlichen Interesse liegenden Rechtsverhältnisses zusätzlichen Arbeiten gemäß § 16 III 2 SGB II erbringen („Ein-Euro-Job"). Arbeitsgelegenheiten mit Mehraufwandsentschädigung i. S. v. § 16 III 2 SGB II begründen ein von Rechtssätzen des öffentlichen Rechts geprägtes Rechtsverhältnis und kein Arbeitsverhältnis (§ 8). 1

b) Arbeitnehmer i. S. des EFZG sind gem. § 1 II EFZG **Arbeiter und Angestellte** sowie die zu ihrer **Berufsausbildung Beschäftigten.** Deren Anspruch auf Vergütungsfortzahlung bei Arbeitsunfähigkeit richtet sich nach dem EFZG. § 19 I Nr. 2 BBiG entspricht § 616 BGB und ist nicht anwendbar auf Fälle der Arbeitsunfähigkeit. 2

c) Nach § 10 EFZG haben in **Heimarbeit** Beschäftigte (§ 1 I HAG) und ihnen nach § 1 II lit. a–c HAG Gleichgestellte gegen ihren Auftraggeber oder, falls sie von einem Zwischenmeister beschäftigt werden, gegen diesen Anspruch auf Zahlung eines Zuschlags zum Arbeitsentgelt. Dasselbe gilt für Zwischenmeister, die den in Heimarbeit Beschäftigten gleichgestellt sind. Für die Regelung des persönlichen Geltungsbereichs werden die Begriffe des HAG verwandt. 3

d) Die Rspr. hat auch dann einen Entgeltfortzahlungsanspruch bejaht, wenn der Arbeitsvertrag von vornherein rechtsunwirksam ist oder angefochten worden ist, also im sog. **faktischen Arbeitsverhältnis.**[2] Ficht der Arbeitgeber jedoch im Anschluss an eine Arbeitsunfähigkeit des Arbeitnehmers seine zum Abschluss des Arbeitsvertrags führende Willenserklärung wegen arglistiger Täuschung an, wirkt die Anfechtung auf den Zeitpunkt des Außervollzugsetzung des Arbeitsverhältnisses zurück (§ 142 BGB), mit der Folge, dass kein Anspruch auf Entgeltfortzahlung besteht (§ 36 RN 47 ff.).[3] 4

e) Im Falle einer Kündigung und einer **Weiterbeschäftigung** nach Widerspruch des Betriebsrats nach § 102 V BetrVG besteht ein Anspruch auf Entgeltfortzahlung, weil das Arbeitsverhältnis auflösend bedingt zu unveränderten Arbeitsbedingungen fortbesteht. Umstr. ist die Rechtslage, wenn die Weiterbeschäftigung auf Grund des allgemeinen Weiterbeschäftigungsanspruchs erfolgt (dazu § 125 RN 16 ff.).[4] Während der 5. Senat zunächst entschieden hat, während der Weiterbeschäftigung bestehe das Arbeitsverhältnis fort,[5] hat später der 8. Senat angenommen, bei erzwungener Weiterbeschäftigung zur Abwendung der Zwangsvollstreckung aus einem Weiterbeschäftigungsurteil bestehe nur ein Anspruch auf tatsächliche Beschäftigung. Werde die Kündigungsschutzklage rechtskräftig abgewiesen, könne der Arbeitnehmer nur insoweit Entgelt verlangen, wie er tatsächlich gearbeitet habe. Entgeltfortzahlungsansprüche bei Arbeitsunfähigkeit bestünden daher nicht.[6] Nur bei einvernehmlicher Weiterbeschäftigung seien vertragliche Ansprüche gegeben. 5

2. Örtlicher Geltungsbereich. Das EFZG gilt in der Bundesrepublik Deutschland. Das gilt auch dann, wenn Arbeitnehmer und/oder Arbeitgeber nicht Deutsche sind. Der Anspruch auf 6

---

[1] Dazu BGH 16. 10. 2001 NJW 2002, 128.
[2] Vgl. BAG 19. 12. 1966 AP 3 zu § 12 MuSchG.
[3] BAG 3. 12. 1998 AP 49 zu § 123 BGB = NZA 99, 584 unter Aufgabe von BAG 20. 2. 1986 AP 31 zu § 123 BGB = NZA 86, 739.
[4] Dazu BAG GS 27. 2. 1985 AP 14 zu § 611 BGB Beschäftigungspflicht = NZA 85, 702.
[5] BAG 15. 1. 1986 AP 66 zu § 1 LohnFG = NZA 86, 561.
[6] BAG 10. 3. 1987 AP 1 zu § 611 BGB Weiterbeschäftigung = NZA 87, 373.

Entgeltfortzahlung im Krankheitsfall § 3 I EFZG gehört zu den **zwingenden Vorschriften i. S. v. Art. 34 EGBGB** (vgl. dazu § 6).[7] Er besteht nicht nur im Individualinteresse des Arbeitnehmers, sondern auch im öffentlichen Interesse. Ohne den gegen den Arbeitgeber gerichteten Entgeltfortzahlungsanspruch nach § 3 I EFZG könnte der Arbeitnehmer von der Krankenkasse die Zahlung von Krankengeld verlangen. Deren Verpflichtung zur Zahlung des Krankengelds bei Arbeitsunfähigkeit des Arbeitnehmers ruht gemäß § 49 I SGB V, solange der Versicherte Zahlungen vom Arbeitgeber erhält. § 3 I EFZG dient damit ganz wesentlich der Entlastung der gesetzlichen Krankenkassen und damit mittelbar aller Beitragszahler. Deren Entlastung liegt im gesamtgesellschaftlichen Interesse. Das EFZG gilt auch bei Arbeitsverhältnissen im Ausland, soweit sie deutschem Arbeitsrecht unterstellt sind. In jedem Fall gilt das EFZG bei der Entsendung ins Ausland.

7 **3. Zeitlicher Geltungsbereich.** Das EFZG ist am **1. 6. 1994 in Kraft getreten.** Es ist durch das Arbeitsrechtliche Beschäftigungsförderungsgesetz vom 25. 9. 1996 (BGBl. I S. 1476) und ein Gesetz vom 12. 12. 1996 (BGBl. I S. 1859) geändert worden. Ein Teil der Änderungen ist durch das Gesetz zu Korrekturen in der Sozialversicherung vom 28. 12. 1998 (BGBl. I S. 3843) zurückgenommen worden.

8 **4. Zweck** des EFZG ist, eine einheitliche Regelung der Entgeltfortzahlung für Arbeiter und Angestellte zu schaffen. Nach §§ 48, 52a, 78 SeemG gilt das EFZG auch im Bereich der Seeschifffahrt. Zu ihrer Berufsbildung Beschäftigte sind Personen, die sich in einem Ausbildungsgang nach § 1 BBiG befinden.

II. Anspruchsvoraussetzungen der Entgeltfortzahlung im Krankheitsfall

9 **1. Allgemeines.** Wird dem Arbeitnehmer die Arbeitsleistung **objektiv oder subjektiv unmöglich,** wird er von der Leistungsverpflichtung frei (§ 275 I BGB).[8] Entsprechendes gilt, wenn dem Arbeitnehmer infolge Krankheit die Erbringung der Arbeitsleistung zwar noch nicht unmöglich ist, sie ihm aber wegen der Gefahr der weiteren Verschlechterung des Gesundheitszustands gemäß § 275 III BGB nicht zugemutet werden kann. Soweit die Erkrankung dem Arbeitnehmer die Arbeit nicht objektiv oder subjektiv unmöglich bzw. unzumutbar (§ 275 I und III BGB) macht, ist sie arbeitsrechtlich irrelevant.[9] Ist der Arbeitnehmer die Arbeitsleistung unmöglich, verliert er an sich gem. § 326 I BGB seinen Vergütungsanspruch („ohne Arbeit kein Lohn"). Diese Rechtsfolge wird durch § 3 I EFZG durchbrochen, wenn die Voraussetzungen für die dort geregelte Entgeltfortzahlung im Krankheitsfall vorliegen. Der Arbeitnehmer behält seinen Anspruch auf Arbeitsvergütung für die Dauer von sechs Wochen, wenn er durch Arbeitsunfähigkeit infolge Krankheit an seiner Arbeitsleistung verhindert ist, ohne dass ihn ein Verschulden trifft.

10 **2. Krankheit. a)** Krankheit im Sinne des EFZG ist **jeder regelwidrige Körper- oder Geisteszustand, der einer Heilbehandlung bedarf.**[10] Was regelwidrig ist, bestimmt sich nach dem Stand der Wissenschaft. Die Behandlungsfähigkeit oder Heilbarkeit ist für den Krankheitsbegriff unerheblich.[11] Auch ein unheilbar erkrankter Patient kann noch behandlungsbedürftig sein, beispielsweise im Rahmen einer Schmerztherapie.[12]

11 **b)** Erkrankungen sind auch die physische oder psychische Abhängigkeit von **Alkohol** ab dem Zeitpunkt, von dem an der Arbeitnehmer seine Steuerungsfähigkeit verloren hat und daher den gewohnheitsmäßigen übermäßigen Alkoholgenuss nicht mehr aufgeben kann.[13] Dieselben Grundsätze gelten bei der Abhängigkeit von Drogen[14] oder Nikotin.[15] Krankheit ist auch die

---

[7] BAG 12. 12. 2001 AP 10 zu Art. 30 EGBGB n. F. = NZA 2002, 734.

[8] *Canaris* JZ 2001, 499, 504; *Däubler* NZA 2001, 1329, 1332; differenzierend *Gotthardt* RN 84; zum alten Recht BAG 8. 9. 1998 AP 2 zu § 611 BGB Tantieme; für ein Leistungsverweigerungsrecht nach § 275 III BGB n. F. *Löwisch* NZA 2001, 465, 466.

[9] BAG 25. 6. 1981 AP 52 zu § 616; 26. 7. 1989 AP 86 zu § 1 LohnFG = NZA 90, 140.

[10] BAG 7. 8. 1991 AP 94 zu § 1 LohnFG = NZA 92, 69; 26. 7. 1989 AP 86 zu § 1 LohnFG = NZA 90, 140; ErfK/*Dörner* § 3 EFZG RN 5; MünchKommBGB/*Müller-Glöge* § 3 EFZG RN 4; HWK/*Schliemann* § 3 EFZG RN 34; ausf. zum Begriff *Lepke* NZA-RR 99, 57.

[11] Zutr. ErfK/*Dörner* § 3 EFZG RN 7.

[12] MünchKommBGB/*Müller-Glöge* § 3 EFZG RN 5.

[13] BAG 7. 12. 1972 AP 26 zu § 1 LohnFG; 1. 6. 1983 AP 52 zu § 1 LohnFG; 9. 4. 1987 AP 18 zu § 1 KSchG 1969 Krankheit = NZA 87, 811.

[14] LAG Düsseldorf DB 72, 1073.

[15] BAG 17. 4. 1985 DB 86, 976.

Unfruchtbarkeit einer Frau oder die Zeugungsunfähigkeit eines Mannes.[16] Eine Krankheit ist auch dann gegeben, wenn sie so schwer ist, dass sie in die völlige Erwerbsunfähigkeit, wie z. B. bei Aids oder Krebs, mündet.[17]

c) Keine Krankheit ist eine regelmäßig verlaufende **Schwangerschaft**. Anders ist es bei über das gewöhnliche Maß hinausgehenden Beschwerden oder sonstigen Krankheitsstörungen.[18] Keine Krankheit ist das altersbedingte **Nachlassen der Arbeitskraft**. Beschwerden, die als Folge einer natürlichen Körperentwicklung auftreten, sind keine Krankheit. 12

d) Unerheblich ist, auf welchen **Ursachen** die Krankheit beruht.[19] Krankheiten können auf Veranlagung, Geburtsfehlern, Infekten, Selbstverstümmelung, Selbstmordversuch usw. beruhen. Ursache einer Erkrankung kann eine fehlgeschlagene Operation sein, durch die die Folgen eines Unfalls behoben oder gemildert werden sollten. Die Krankheitsursache kann allerdings bei der Beurteilung des Verschuldens eine Rolle spielen (dazu RN 37). 13

3. Arbeitsunfähigkeit. a) Der Begriff der Arbeitsunfähigkeit stimmt im Arbeitsrecht und im Sozialversicherungsrecht (Krankenversicherungsrecht) überein (§ 3 EFZG, § 44 SGB V).[20] Im Recht der gesetzlichen Krankenversicherung bestehen **Arbeitsunfähigkeits-Richtlinien,** die vom Bundesausschuss der Ärzte und Krankenkassen beschlossen worden sind (§ 92 I Nr. 7, § 81 III Nr. 2 SGB V). Maßgebend ist danach eine vom Arzt nach objektiven Maßstäben vorzunehmende Bewertung des Gesundheitszustands (AU-Richtlinien vom 1. 12. 2003 i. d. F. vom 19. 9. 2006 – dazu RN 138). Die subjektive Wertung des Arbeitnehmers ist für die Beurteilung der Arbeitsunfähigkeit nicht ausschlaggebend.[21] 14

Die Arbeitsfähigkeit beurteilt sich nach der vom Arbeitnehmer auf Grund des Arbeitsvertrags geschuldeten Leistung, die der Arbeitgeber als vertragsgemäß hätte annehmen müssen. Krankheitsbedingte Arbeitsunfähigkeit liegt vor, wenn der Arbeitnehmer beim Arbeitgeber wegen der Krankheit seine vertraglich geschuldete **Tätigkeit nicht mehr ausüben kann oder nicht mehr ausüben sollte**, weil die Heilung einer vorhandenen Krankheit nach ärztlicher Prognose verhindert oder verzögert wird.[22] Diese Begriffsbestimmung berücksichtigt, dass Arbeitsunfähigkeit nicht den gesundheitlichen Zusammenbruch voraussetzt, der den Arbeitnehmer unmittelbar daran hindert, die vertragsmäßige Arbeitsleistung zu erbringen.[23] 15

b) Ob eine Krankheit zur Arbeitsunfähigkeit führt, ist von Art und Umfang der **geschuldeten Arbeitsleistung** abhängig. Dies ergibt sich aus den Worten „an seiner Arbeitsleistung verhindert" in § 3 I EFZG. Ein Arbeitnehmer mit einer Fußverletzung kann arbeitsunfähig sein, wenn er bei der Arbeit gehen oder stehen muss. Dagegen besteht bei einer ausschließlich sitzenden Beschäftigung nicht ohne Weiteres Arbeitsunfähigkeit.[24] Da der Arbeitgeber durch Maßnahmen des Direktionsrechts den Inhalt der geschuldeten Arbeitsleistung festlegen kann, ist stets zu prüfen, ob die Krankheit den Arbeitnehmer auch dann noch an der Arbeitsleistung hindert, wenn der Arbeitgeber dem Arbeitnehmer im Rahmen des vertraglich Zulässigen eine andere Arbeitsaufgabe zuweist. Der Arzt hat dies bei der Ausstellung der Arbeitsunfähigkeitsbescheinigung zu beachten.[25] Der Arbeitgeber ist jedoch nicht berechtigt, dem Arbeitnehmer andere als die vertraglich geschuldeten Arbeiten zuzuweisen, auch wenn der Arbeitnehmer die Arbeit verrichten könnte. 16

c) Ob ein Arbeitnehmer **teilarbeitsunfähig** sein kann, ist umstr.[26] Überwiegend wird die Teilarbeitsunfähigkeit abgelehnt.[27] Richtigerweise wird zu unterscheiden sein.[28] Kann der Ar- 17

---

[16] BSGE 26, 240; BGH 17. 12. 1986 NJW 87, 703; BGH 12. 11. 1997 NJW 98, 824; BFH 18. 6. 1997 NJW 98, 854; MünchArbR/*Boecken* § 83 RN 26.

[17] BAG 22. 12. 1971 AP 2 zu § 6 LohnFG.

[18] BAG 13. 2. 2002 AP 22 zu § 11 MuSchG 1968 = NZA 2002, 738; 5. 7. 1995 AP 7 zu § 3 MuSchG 1968; 22. 3. 1995 AP 12 zu § 11 MuSchG 1968; 14. 11. 1984 AP 61 zu § 1 LohnFG = NZA 85, 501; vgl. *Lembke* NZA 98, 349.

[19] ErfK/*Dörner* § 3 EFZG RN 6; MünchKommBGB/*Müller-Glöge* § 3 EFZG RN 4.

[20] BAG 14. 1. 1972 AP 12 zu § 1 LohnFG; BSG GS 16. 12. 1981 DB 82, 288.

[21] BAG 26. 7. 1989 AP 86 zu § 1 LohnFG = NZA 90, 140.

[22] BAG 23. 1. 2008 NZA 2008, 595; 7. 8. 1991 AP 94 zu § 1 LohnFG = NZA 92, 69; 26. 7. 1989 AP 86 zu § 1 LohnFG = NZA 90, 140.

[23] HWK/*Schliemann* § 3 EFZG RN 48.

[24] BAG 25. 6. 1981 AP 52 zu § 616 BGB.

[25] ErfK/*Dörner* § 3 EFZG RN 11; MünchKommBGB/*Müller-Glöge* § 3 EFZG RN 8.

[26] Ausf. Staudinger/*Oetker* § 616 RN 215 ff. m. w. N.

[27] BAG 29. 1. 1992 AP 1 zu § 74 SGB V = NZA 92, 643; ErfK/*Dörner* § 3 EFZG RN 12.; *Schmitt* § 3 RN 65.

[28] Zutr. *Schmitt* § 3 RN 65; *Vogelsang* RN 87 ff.

beitgeber dem Arbeitnehmer im Rahmen seines Weisungsrechts Arbeitsaufgaben zuweisen, die der Arbeitnehmer trotz seiner Krankheit noch leisten kann, liegt keine Arbeitsunfähigkeit vor (RN 16). Eine zeitlich beschränkte Arbeitsunfähigkeit besteht, wenn der Arbeitnehmer nur in zeitlich eingeschränktem Umfang oder zu einer anderen Arbeitszeit als bisher (z. B. Einschicht statt Wechselschicht) seine Arbeitsleistung erbringen kann. In diesem Fall wird der Arbeitnehmer nur zum Teil von der Arbeitspflicht frei (§ 275 I, III BGB). Ein Entgeltfortzahlungsanspruch nach § 3 I EFZG besteht nur in dem Umfang, in dem der Arbeitnehmer keine Arbeitsleistungen mehr erbringen kann.[29] Arbeitet der Arbeitnehmer trotz bestehender Arbeitsunfähigkeit, hat er im Umfang der Arbeitsleistung Anspruch auf Vergütung (§ 326 I 1 Halbs. 2 BGB).

18 **d)** Ein Unterfall der begrenzten Arbeitsunfähigkeit ist das **Wiedereingliederungsverhältnis**[30] nach § 74 SGB V, das in Betracht kommt, wenn die stufenweise Wiedereingliederung des Arbeitnehmers in den Arbeitsprozess medizinisch sinnvoll ist. Der Arbeitnehmer hat keinen Rechtsanspruch darauf, stufenweise wieder eingegliedert zu werden. Andererseits kann auch der Arbeitgeber vom Arbeitnehmer nicht verlangen, dass dieser im Rahmen eines Wiedereingliederungsverhältnisses die Arbeitsleistung wieder aufnimmt. Nimmt der Arbeitnehmer im Rahmen des Wiedereingliederungsverhältnisses die Arbeit auf, erlangt er keinen Vergütungsanspruch gegen den Arbeitgeber, und zwar unabhängig davon, ob er Arbeitsleistungen erbringt.[31] Die Arbeit wird zum Zwecke der Rehabilitation geleistet, aber nicht zur Erfüllung der vertraglichen Arbeitspflicht. Vereinbaren Arbeitgeber und Arbeitnehmer die Vergütung der im Wiedereingliederungsverhältnis geleisteten Arbeit, ist sie auf die zu zahlenden Versicherungsleistungen anrechenbar, nach richtiger Auffassung jedoch nur in Höhe des Verhältnisses der erbrachten zu der geschuldeten Arbeitsleistung. Während des Wiedereingliederungsverhältnisses kann Urlaub nicht gewährt werden.[32]

19 **e)** Arbeitsunfähigkeit liegt nach der Rechtsprechung des BAG **beispielsweise** vor, wenn der Arbeitnehmer **zu Diagnosezwecken ins Krankenhaus** eingewiesen wird[33] oder die Behandlung selbst zur Arbeitsunfähigkeit führt. Gleiches gilt, wenn dem Arbeitnehmer die Fortsetzung der Arbeit vernünftigerweise nicht zugemutet werden kann, z. B. wenn er einen Finger ständig abspreizen muss und die Behandlung fortgesetzt werden muss.[34] Arbeitsunfähigkeit liegt des Weiteren vor, wenn der Arbeitnehmer seine Arbeitsleistung wegen eines Defektes des **technischen Hilfsmittels** nicht erbringen kann, auf das er angewiesen ist (z. B. Beinprothese, Zahnprothese).[35]

20 **f) Keine Arbeitsunfähigkeit** besteht, wenn nicht eine Krankheit, sondern eine **Schönheitsoperation** zur Arbeitsunfähigkeit führt, z. B. **Beseitigung einer Tätowierung.** Für die Abgrenzung, ob es sich um die Beseitigung eines regelwidrigen Körper- oder Geisteszustands oder eine sonstige Operation handelt, kommt es auf die Beurteilung des Arztes an, wenn z. B. X-Beine gerichtet (Verhinderung von Wirbelsäulenschäden) oder abstehende Ohren angelegt werden. Entsprechendes gilt, wenn die Operation erforderlich ist, um psychischen Leiden zu begegnen.[36] Probleme entstehen, wenn medizinisch nicht indizierte Schönheitsoperationen, Tätowierungen oder Piercing zu gesundheitlichen Komplikationen führen, in deren Gefolge Arbeitsunfähigkeit eintritt. Im Hinblick auf § 52 II SGB V, wonach die Krankenkasse Versicherten, die sich eine Krankheit durch eine medizinisch nicht indizierte Maßnahme, wie z. B. eine ästhetische Operation, eine Tätowierung oder ein Piercing zugezogen haben, das Krankengeld für die Dauer der Behandlung ganz oder teilweise zu versagen hat, dürfte in diesen Fällen auch der Entgeltfortzahlungsanspruch entfallen. Es wäre widersprüchlich, müsste ein Arbeitgeber bei Komplikationen medizinisch nicht indizierter Eingriffe sechs Wochen lang Entgeltfortzahlung leisten und könnte die Krankenkasse dann nach Ablauf der sechs Wochen die Zahlung von Krankengeld versagen.[37]

---

[29] MünchKommBGB/*Müller-Glöge* § 3 EFZG RN 9; Staudinger/*Oetker* § 616 RN 217 anders aber in RN 220; a. A. ErfK/*Dörner* § 3 EFZG RN 12; HWK/*Schliemann* § 3 EFZG RN 51; *Schmitt* § 3 RN 67; *Vogelsang* RN 89.

[30] Dazu *Berenz* NZA 92, 1019; *Compensis* NZA 92, 631; *Gitter* ZfA 95, 123; *Glaubitz* NZA 92, 42; *v. Hoyningen-Huene* NZA 92, 49; *Morave* AuA 98, 273.

[31] BAG 29. 1. 1992 AP 1 zu § 74 SGB V = NZA 92, 643.

[32] BAG 19. 4. 1994 AP 2 zu § 74 SGB V = NZA 95, 123.

[33] BAG 5. 4. 1976 AP 40 § 1 LohnFG.

[34] BAG 1. 6. 1983 AP 54 zu § 1 LohnFG.

[35] LAG Düsseldorf 10. 1. 1977 BB 77, 1652; MünchKommBGB/*Müller-Glöge* § 3 EFZG RN 7.

[36] Vgl. MünchArbR/*Boecken* § 83 RN 26.

[37] *Löwisch/Beck* BB 2007, 1960, 1961.

g) Der **ambulante Arztbesuch als solcher** ist keine entgeltfortzahlungspflichtige Arbeitsunfähigkeit. Nur die Erkrankung, die Anlass des Arztbesuchs ist, kann zur Arbeitsunfähigkeit führen. Wegen des Arztbesuchs kann aber eine Arbeitsverhinderung (§ 97) vorliegen. Ebenso wenig ist eine Arbeitsunfähigkeit gegeben, wenn die Krankheit den Arbeitnehmer nicht an der Arbeitsleistung hindert, sondern nur an der Zurücklegung des Arbeitswegs. Eine Belastung des Arbeitgebers mit dem **Wegerisiko** ist nicht vorgesehen.[38] Ein Arbeitnehmer, der als Ausscheider, Ausscheidungsverdächtiger oder **Ansteckungsverdächtiger** auf Grund des Infektionsschutzgesetzes (IfSG) Beschäftigungsverboten unterliegt, kann krank sein. Es besteht aber kein Anspruch auf Entgeltfortzahlung nach dem EFZG.[39] Vergütungsansprüche können sich hier aus § 616 BGB ergeben.[40] **20a**

4. Kausalzusammenhang zwischen Krankheit und Arbeitsunfähigkeit. a) Nach dem Wortlaut von § 3 I 1 EFZG muss die Krankheit die **alleinige Ursache** der Arbeitsunfähigkeit sein.[41] Das bedeutet aber nicht, dass alle hypothetischen Geschehensabläufe zu berücksichtigen sind. Vielmehr muss es sich um reale Ursachen handeln, die im konkreten Fall für den Ausfall der Arbeit auch wirksam geworden sind. Der Arbeitnehmer, der nicht bereit ist zu arbeiten, erhält auch im Falle einer mit Arbeitsunfähigkeit verbundenen Erkrankung keine Vergütung.[42] **21**

Der Arbeitgeber hat nur dann Entgeltfortzahlung im Krankheitsfall zu leisten, wenn der Arbeitnehmer **ohne Erkrankung gearbeitet** hätte.[43] Dadurch werden arbeitsfähige und arbeitsunfähige Arbeitnehmer gleichgestellt. An der alleinigen Ursächlichkeit der krankheitsbedingten Arbeitsunfähigkeit fehlt es, wenn die Arbeit zumindest auch aus einem anderen Grund nicht geleistet worden wäre. Ist der Arbeitnehmer unmittelbar vor Beginn der Arbeitsunfähigkeit längere Zeit der Arbeit unberechtigt ferngeblieben, muss er darlegen und beweisen, dass er ohne Eintritt der Arbeitsunfähigkeit gearbeitet hätte.[44] Von dem Grundsatz, dass für den Anspruch auf Entgeltfortzahlung die Arbeit allein wegen der krankheitsbedingten Arbeitsunfähigkeit ausgefallen sein muss, kann durch Tarifvertrag abgewichen werden.[45] **22**

b) In witterungsabhängigen Betrieben können Ausfallzeiten entstehen.[46] Werden die **witterungsabhängigen Ausfallzeiten** vom Arbeitgeber vergütet, erhält auch der Arbeitnehmer Vergütungsfortzahlung. Bei witterungsbedingtem Arbeitsausfall erhalten Arbeitnehmer der Bauwirtschaft seit 1. 4. 2006 unter den Voraussetzungen der §§ 175ff. SGB III Saison-Kurzarbeitergeld (dazu § 186 RN 14). Diese gesetzlichen Regelungen werden durch § 3 Nr. 1.43 sowie § 4 Nr. 6 des für allgemeinverbindlich erklärten Bundesrahmentarifvertrags für das Baugewerbe (BRTV-Bau) ergänzt. Der arbeitsunfähige Arbeitnehmer erhält gem. § 47b III und IV SGB V Krankengeld.[47] **23**

c) Gemäß § 4 III EFZG ist in den Fällen, in denen im Betrieb **Kurzarbeit** eingeführt worden ist und deshalb das Arbeitsentgelt des Arbeitnehmers bei Arbeitsfähigkeit gemindert wäre, die verkürzte Arbeitszeit für ihre Dauer als die für den Arbeitnehmer maßgebende regelmäßige Arbeitszeit i. S. des § 4 I EFZG anzusehen. Der Arbeitnehmer erhält damit in der Kurzarbeitsperiode eine im Umfang der Kurzarbeit verminderte Entgeltfortzahlung im Krankheitsfall. Ruht die Arbeit vollständig, hat der Arbeitnehmer Anspruch auf Krankengeld.[48] **24**

d) Erkrankt der Arbeitnehmer vor oder während des **Urlaubs,** werden gemäß § 9 BUrlG die durch ärztliches Zeugnis nachgewiesenen Tage der Arbeitsunfähigkeit nicht auf den Urlaub angerechnet (§ 102 RN 53ff.). Der Urlaub ist kraft Gesetzes unterbrochen. Während des Zeit- **25**

---

[38] BAG 7. 8. 1970 AP 4 zu § 11 MuSchG; HWK/*Schliemann* § 3 EFZG RN 50; *Schmitt* § 3 RN 70; *Treber* § 3 RN 35; a. A. MünchArbR/*Boecken* § 83 RN 40; *Vogelsang* RN 83 sowie ErfK/*Dörner* § 3 EFZG RN 13; MünchKommBGB/*Müller-Glöge* § 3 EFZG RN 11, die darauf abstellen, ob noch andere zumutbare Beförderungsmittel zur Verfügung stehen.

[39] MünchKommBGB/*Müller-Glöge* § 3 EFZG RN 10.

[40] Vgl. *Vogelsang* RN 81.

[41] Vgl. BAG 28. 1. 2004 AP 21 zu § 3 EntgeltFG; 22. 8. 2001 AP 11 zu § 3 EntgeltFG = NZA 2002, 610; 19. 1. 2000 AP 19 zu § 611 BGB Berufssport = NZA 2000, 771; 26. 6. 1996 AP 2 zu § 3 EntgeltFG = NZA 96, 1087; *Müller-Glöge* RdA 2006, 105, 106; *Schmitt* § 3 RN 81.

[42] BAG 24. 3. 2004 AP 22 zu § 3 EntgeltFG; 4. 12. 2002 AP 17 zu § 3 EntgeltFG.

[43] BAG 25. 2. 2004 EzA 12 zu § 3 EFZG.

[44] BAG 20. 3. 1985 AP 64 zu § 1 LohnFG = NZA 86, 193; *Müller-Glöge* RdA 2006, 105, 106.

[45] BAG 9. 10. 2002 AP 63 zu § 4 EntgeltFG = NZA 2003, 978.

[46] Zu den Folgen einer witterungsbedingten Unterbrechung des Arbeitsverhältnisses nach dem MTV für Waldarbeiter vgl. BAG 22. 8. 2001 AP 11 zu § 3 EntgeltFG = NZA 2002, 610.

[47] Vgl. BSG 22. 6. 1979 AP 1 zu § 164 AFG.

[48] BAG 6. 10. 1976 AP 6 zu § 2 LohnFG.

raums der Arbeitsunfähigkeit erhält der Arbeitnehmer Entgeltfortzahlung nach §§ 3 und 4 EFZG.[49] Entsprechendes gilt bei einer Erkrankung während des **Bildungsurlaubs,** wobei die einzelnen landesrechtlichen Vorschriften über den Bildungsurlaub § 9 BUrlG nachgebildet sind.[50] Dagegen findet § 9 BUrlG bei **unbezahltem Sonderurlaub** keine Anwendung, so dass bei Arbeitsunfähigkeit kein Anspruch auf Entgeltfortzahlung besteht. Erkrankt der Arbeitnehmer während des unbezahlten Sonderurlaubs und dauert die Arbeitsunfähigkeit über das vereinbarte Ende an, kann der Arbeitnehmer nach Beendigung des Sonderurlaubs für die Dauer von sechs Wochen Entgeltfortzahlung verlangen.[51] Insoweit gelten dieselben Grundsätze wie bei einer Erkrankung während der Elternzeit (dazu RN 26).

26 **e)** Für die Dauer der **Elternzeit** ruht das Arbeitsverhältnis (vgl. § 172), soweit der Arbeitnehmer keine Teilzeitbeschäftigung ausübt.[52] Während des ruhenden Arbeitsverhältnisses besteht kein Anspruch auf Entgeltfortzahlung.[53] Die Arbeitnehmerin braucht die Elternzeit nicht unmittelbar im Anschluss an die Mutterschutzfristen anzutreten. Ist sie nach Ablauf der Schutzfrist arbeitsunfähig, besteht im Rahmen des § 3 EFZG ein Anspruch auf Entgeltfortzahlung bis zum Beginn der Elternzeit.[54] Erkrankt der Arbeitnehmer während der Elternzeit, wird die Zeit des Ruhens nicht auf den Sechs-Wochen-Zeitraum des § 3 I EFZG angerechnet. Dieser Zeitraum beginnt nicht mit der Erkrankung, sondern erst zum Zeitpunkt der Aktualisierung des Arbeitsverhältnisses.[55]

27 **f)** Die Krankheit ist bei einem **Fußballprofi** nicht die alleinige Ursache der Arbeitsunfähigkeit, wenn der Trainer ihn während der Arbeitsunfähigkeit aus sportlichen Gründen auch dann nicht aufgestellt hätte, wenn er nicht erkrankt wäre.[56]

28 **g)** Fällt die Arbeitsunfähigkeit auf Tage, an denen die **Arbeit vereinbarungsgemäß ohne Vergütungsfortzahlung ausfällt,** hat ein Arbeitnehmer keinen Anspruch auf Entgeltfortzahlung. Das ist beispielsweise anzunehmen, wenn in einer Betriebsvereinbarung für die Tage zwischen Weihnachten und Neujahr Feierschichten vereinbart sind.[57] Wird in diesen Fällen ein Arbeitszeitkonto geführt und erhält der Arbeitnehmer ein verstetigtes Entgelt, hat der Arbeitnehmer keinen Anspruch auf Gutschrift der ausgefallenen Arbeitsstunden. Zwar kann Gegenstand des Anspruchs auf Entgeltfortzahlung im Krankheitsfall auch ein Anspruch auf Zeitgutschrift sein, weil das Arbeitszeitkonto nur in anderer Form den Arbeitsentgeltanspruch des Arbeitnehmers ausdrückt.[58] Könnte der Arbeitnehmer jedoch zusätzlich verlangen, dass ihm die zwischen Weihnachten und Neujahr ausgefallene Arbeitszeit nicht im Arbeitszeitkonto ins Soll gestellt wird, stünde er in dieser Zeit besser als ein arbeitsfähiger Arbeitnehmer. Das ist mit §§ 3, 4 EFZG nicht vereinbar.[59] Ist die Arbeitszeit mit vollem Vergütungsausgleich verlegt worden, besteht an den durch Verlegung freigewordenen Tagen kein Vergütungsanspruch des Arbeitnehmers, weil an diesen von vornherein nicht gearbeitet worden wäre.[60] Der Anspruch besteht jedoch für die Tage, an denen vor- oder nachgearbeitet wird.

29 **h)** Befindet sich der Arbeitgeber im **Annahmeverzug,** behält der Arbeitnehmer nach § 615 BGB seinen Vergütungsanspruch. Dies gilt nicht, wenn der Arbeitnehmer arbeitsunfähig krank wird. Denn nach § 297 BGB kommt der Arbeitgeber nicht in Annahmeverzug, wenn der Arbeitnehmer leistungsunfähig ist (dazu § 95 RN 43ff.).[61] Es entsteht dann aber ein Entgeltfortzahlungsanspruch. Eine Anrechnung eines böswillig unterlassenen anderweitigen Erwerbs findet während der Arbeitsunfähigkeit jedoch nicht statt. Ist der Arbeitnehmer arbeitsunfähig, besteht keine Obliegenheit zur anderweitigen Arbeit.[62] Im Falle der Betriebsstilllegung oder der Betriebsstörung bleibt der Arbeitgeber im Allgemeinen nach den Grundsätzen des Betriebsrisikos (§ 101) zur Vergütungsfortzahlung verpflichtet.

---

[49] BAG 10. 2. 1972 AP 15 zu § 1 LohnFG.
[50] MünchKommBGB/*Müller-Glöge* § 3 EFZG RN 16; *Vogelsang* RN 118.
[51] BAG 14. 6. 1974 AP 36 zu § 1 LohnFG; a. A. ErfK/*Dörner* § 3 EFZG RN 15.
[52] BAG 10. 2. 1993 AP 7 zu § 15 BErzGG = NZA 93, 801.
[53] BAG 22. 6. 1988 AP 1 zu § 15 BErzGG = NZA 89, 13.
[54] BAG 17. 10. 1990 AP 4 zu § 15 BErzGG = NZA 91, 320.
[55] BAG 29. 9. 2004 AP 24 zu § 3 EntgeltFG = NZA 2005, 225.
[56] BAG 19. 1. 2000 AP 19 zu § 611 BGB Berufssport = NZA 2000, 771.
[57] BAG 9. 5. 1984 AP 58 zu § 1 LohnFG = NZA 84, 162.
[58] BAG 13. 2. 2002 AP 57 zu § 4 EntgeltFG = NZA 2002, 683.
[59] BAG 28. 1. 2004 AP 21 zu § 3 EntgeltFG.
[60] BAG 7. 9. 1988 AP 79 zu § 1 LohnFG = NZA 89, 53; 8. 3. 1989 AP 17 zu § 2 LohnFG = NZA 89, 688.
[61] BAG 29. 10. 1998 AP 77 zu § 615 BGB = NZA 99, 377; HWK/*Schliemann* § 3 EFZG RN 14.
[62] BAG 24. 3. 2004 AP 22 zu § 3 EntgeltFG.

i) Wird ein Arbeitnehmer zum Abbau von Überstunden **bezahlt von der Arbeit freigestellt,** besteht grundsätzlich kein Vergütungsfortzahlungsanspruch, weil Ursache die bezahlte Freistellung und nicht die Krankheit ist.[63] Der Arbeitnehmer behält sein Entgelt aus der Freistellungsvereinbarung.[64] 30

j) Fällt ein **gesetzlicher Feiertag** in den Entgeltfortzahlungszeitraum, hat der Arbeitnehmer für den Feiertag Anspruch auf Entgeltfortzahlung im Krankheitsfalle. Die Höhe der Entgeltfortzahlung bemisst sich gemäß § 4 II EFZG nach § 2 EFZG.[65] 31

k) Bei der Entgeltfortzahlung während des **Arbeitskampfs** ist zu unterscheiden zwischen unmittelbar und mittelbar vom Arbeitskampf betroffenen Betrieben. Der Anspruch des Arbeitnehmers auf Entgeltfortzahlung entfällt, wenn er sich schon vor Beginn der Arbeitsunfähigkeit am Arbeitskampf beteiligt hatte. Anders ist es dagegen, wenn er bereits krank ist und ein Arbeitskampf beginnt. Hier ist es Sache des Arbeitnehmers, ausdrücklich oder konkludent zu erklären, ob er sich am Arbeitskampf beteiligt.[66] Ist ein Betrieb unmittelbar vom Arbeitskampf betroffen und hätte der Arbeitnehmer auch nicht arbeiten können, wenn er arbeitsfähig gewesen wäre, entfällt der Vergütungsanspruch.[67] Entsprechende Grundsätze gelten bei einer rechtmäßigen Abwehraussperrung.[68] 32

l) Hat der Arbeitnehmer dem Übergang seines Arbeitsverhältnisses durch **Betriebsübergang wirksam widersprochen** sowie eine Beschäftigung bei dem Betriebserwerber abgelehnt und auf Beschäftigung bei seinem Arbeitgeber bestanden, beruht der Ausfall der Arbeit nicht auf einem fehlenden Arbeitswillen, wenn der Arbeitnehmer arbeitsunfähig erkrankt. Denn der Arbeitsplatz des Arbeitnehmers ist nicht mehr bei seinem Arbeitgeber vorhanden, sondern durch Betriebsübergang auf den Erwerber übergegangen. Eine Anrechnung des böswilligen Unterlassens eines Erwerbs durch anderweitige Verwendung der Dienste gemäß § 615 Satz 2 BGB findet im Falle der Arbeitsunfähigkeit nicht statt. Auch eine entsprechende Anwendung dieser Grundsätze scheidet aus, weil sie gerade auf den Fall des Annahmeverzugs zugeschnitten sind.[69] Ist der Arbeitnehmer arbeitsunfähig krank, besteht keine Obliegenheit zur anderweitigen Arbeit. Der Arbeitnehmer darf allerdings nicht widersprüchlich handeln, wenn er Entgeltfortzahlung fordert. Deshalb kann es dem Arbeitgeber im Einzelfall nach Treu und Glauben (§ 242 BGB) unzumutbar sein, Entgeltfortzahlung zu leisten, obwohl alle Voraussetzungen des Anspruchs erfüllt sind.[70] 33

m) Benötigt ein ausländischer Arbeitnehmer eine **Arbeitsgenehmigung** (§ 284 SGB III), kann deren Fehlen für den Arbeitsausfall mitursächlich sein. Dies ist z.B. anzunehmen, wenn der Arbeitgeber den Arbeitnehmer nicht beschäftigt hätte. Wird die Arbeitserlaubnis nachträglich erteilt, soll nach Auffassung des BAG die Mitursache rückwirkend beseitigt werden.[71] 34

n) Besteht für eine **schwangere Arbeitnehmerin ein Beschäftigungsverbot** nach § 3 I MuSchG, hat sie nur dann Anspruch auf Mutterschutzlohn nach § 11 I 1 MuSchG, wenn allein das mutterschutzrechtliche Beschäftigungsverbot dazu führt, dass die Schwangere mit der Arbeit aussetzt (dazu näher § 170). Für die Zeit, in der die Schwangere arbeitsunfähig krank ist, ist dieser alleinige Ursachenzusammenhang nicht gegeben. Es kommt dann darauf an, ob ein krankhafter Zustand, sei es im Zusammenhang mit der Schwangerschaft, sei es unabhängig von dieser, besteht, der zur Arbeitsunfähigkeit der Schwangeren führt. Ist dies der Fall, so ist krankheitsbedingte Arbeitsunfähigkeit zu bescheinigen. Je nachdem, ob eine Arbeitsunfähigkeit vorliegt oder nicht, hat die Schwangere also entweder einen – gesetzlich auf sechs Wochen beschränkten – Anspruch auf Entgeltfortzahlung wegen krankheitsbedingter Arbeitsunfähigkeit gegen den Arbeitgeber (§ 3 EFZG) und anschließend auf Krankengeld gegen die Krankenkasse (§ 44 SGB V), oder sie hat gegen den Arbeitgeber einen – nicht auf sechs Wochen beschränkten – Anspruch nach § 11 I 1 MuSchG.[72] 35

---

[63] Vgl. BAG 4. 9. 1985 AP 13 zu § 17 BAT; 25. 2. 1986 AP 4 zu § 15 MTB II.
[64] *Vogelsang* RN 110.
[65] Vgl. BAG 19. 4. 1989 AP 62 zu § 1 FeiertagslohnzahlungsG; MünchArbR/*Boecken* § 83 RN 82.
[66] Vgl. BAG 15. 1. 1991 AP 114 zu Art. 9 GG Arbeitskampf = NZA 91, 604.
[67] Vgl. BAG 1. 10. 1991 AP 121 zu Art. 9 GG Arbeitskampf = NZA 92, 163.
[68] BAG 7. 6. 1988 AP 107 zu Art. 9 GG Arbeitskampf.
[69] BAG 24. 3. 2004 AP 22 zu § 3 EntgeltFG.
[70] BAG 4. 12. 2002 AP 17 zu § 3 EntgeltFG.
[71] BAG 26. 6. 1996 AP 2 zu § 3 EntgeltFG = NZA 96, 1087; dagegen zu Recht ErfK/*Dörner* § 3 EFZG RN 18.
[72] BAG 9. 10. 2002 AP 23 zu § 11 MuSchG 1968 = NZA 2004, 257.

36 **5. Erwerbsminderung.** Eine mit der Erkrankung verbundene **volle Erwerbsminderung im Sinne des Rentenversicherungsrechts** schließt krankheitsbedingte Arbeitsunfähigkeit gemäß § 3 EFZG nicht aus. Die Regelungen der Entgeltfortzahlung werden nicht durch das Sozialversicherungsrecht verdrängt. Es besteht kein Grund, den Arbeitgeber bei besonders schweren Erkrankungen des Arbeitnehmers, die sogar eine zeitweise oder dauernde volle Erwerbsminderung zur Folge haben, von der Pflicht zur Entgeltfortzahlung zu befreien. Die arbeitsrechtlichen Voraussetzungen einer krankheitsbedingten Arbeitsunfähigkeit und die sozialrechtlichen Voraussetzungen einer Erwerbsminderung sind unabhängig voneinander zu prüfen.[73]

37 **6. Verschulden des Arbeitnehmers. a)** Der Anspruch auf Entgeltfortzahlung ist ausgeschlossen, wenn den Arbeitnehmer ein Verschulden an der Arbeitsunfähigkeit trifft. Das BAG hat zu den früheren Vergütungsfortzahlungsgesetzen einen Begriff des Verschuldens entwickelt, der auch für das EFZG gilt. Ein Verschulden des Arbeitnehmers ist dann gegeben, wenn ein **gröblicher Verstoß** gegen das von einem verständigen Menschen im eigenen Interesse zu erwartende (gebotene) Verhalten vorliegt. Hierbei handelt es sich um ein Verschulden gegen sich selbst.[74] Es muss ein besonders leichtfertiges, grob fahrlässiges oder vorsätzliches Verhalten vorliegen. Der Annahme eines groben Eigenverschuldens steht nicht entgegen, dass auch Dritte ein Verschulden trifft (dazu RN 51).[75] Unerheblich ist, ob die durch die Arbeitsunfähigkeit verursachte Kostenbelastung des Arbeitgebers der Billigkeit entspricht. Die Unbilligkeit ist kein die Entgeltfortzahlungspflicht ausschließendes Tatbestandsmerkmal des EFZG.[76]

38 **b) Unfälle**[77] sind nur dann verschuldet, wenn sie vorsätzlich oder durch einen gröblichen Verstoß gegen das von einem verständigen Menschen zu erwartende Verhalten herbeigeführt sind. Für das Verschulden ist unerheblich, ob der Unfall sich in der Freizeit, bei Nachbarschaftshilfe oder einer Nebentätigkeit ereignet hat.[78] Verschuldet sind regelmäßig Unfälle, die auf **Alkoholmissbrauch** zurückzuführen sind.[79] Dies gilt sowohl bei Verkehrsunfällen als auch bei Unfällen im Freizeitbereich, wie z. B. einem Skiunfall nach einem Trinkgelage in einer Skihütte. Verschuldet ist ein Hundebiss, wenn der Hundehalter den Arbeitnehmer zuvor vor dem Streicheln gewarnt hatte.[80] Entgegen der Auffassung des LAG Saarland liegt ein verschuldeter Unfall auch vor, wenn ein Arbeitnehmer in der Pause mit Inline-Skates in ein Restaurant fährt, dort mit den Skates auf die Toilette geht, auf dem feuchten Boden ausrutscht und sich beim Sturz verletzt.[81]

39 Der Begriff des **Arbeitsunfalls** ist in §§ 7 bis 9 SGB VII definiert. Ein Arbeitsunfall ist vom Arbeitnehmer verschuldet, wenn er auf einem groben Verstoß gegen ein Verbot des Arbeitgebers oder gegen Unfallverhütungsvorschriften[82] oder auf besonders leichtfertigem oder unbedachtem Verhalten beruht. Verschulden liegt des Weiteren vor, wenn der Arbeitnehmer die vom Arbeitgeber bereitgestellte Schutzkleidung nicht getragen hat.[83] Allerdings muss der Arbeitgeber notwendige Schutzkleidung tatsächlich zur Verfügung stellen (§ 618 I BGB).[84] Unverschuldet ist ein Arbeitsunfall trotz Verstoßes gegen Sicherheitsvorschriften, wenn dem Arbeitnehmer diese nicht ohne Weiteres bekannt sein konnten und der Arbeitgeber eine Belehrung unterlassen hat.[85] Verschuldet ist ein Arbeitsunfall, wenn der Arbeitnehmer (in mehreren Arbeitsverhältnissen) über die gesetzlich zulässige Arbeitszeit hinaus arbeitet und der Unfall auf den erhöhten Kräfteverbrauch zurückzuführen ist.[86] Zum Mitverschulden des Arbeitgebers RN 51.

---

[73] BAG 29. 9. 2004 AP 24 zu § 3 EntgeltFG = NZA 2005, 225.

[74] BAG 7. 8. 1991 AP 94 zu § 1 LohnFG = NZA 92, 69; 11. 3. 1987 AP 71 zu § 1 LohnFG = NZA 87, 452; ErfK/*Dörner* § 3 EFZG RN 23; MünchKommBGB/*Müller-Glöge* § 3 RN 36; HWK/*Schliemann* § 3 EFZG RN 57; *Schmitt* § 3 RN 115; *Treber* § 3 RN 65; *Vogelsang* RN 124.

[75] BAG 23. 11. 1971 AP 8 zu § 1 LohnFG.

[76] ErfK/*Dörner* § 3 EFZG RN 23; MünchKommBGB/*Müller-Glöge* § 3 RN 36; einschränkend *Schmitt* § 3 RN 118; missverständlich BAG 11. 3. 1987 AP 71 zu § 1 LohnFG = NZA 87, 452.

[77] *Waltermann* NZA 97, 177.

[78] BAG 24. 2. 1972 AP 17 zu § 1 LohnFG; 7. 11. 1975 AP 38 zu § 1 LohnFG.

[79] BAG 11. 3. 1987 AP 71 zu § 1 LohnFG = DB 87, 1495; 30. 3. 1988 AP 77 zu § 1 LohnFG = NZA 88, 537.

[80] ArbG Wetzlar 4. 4. 1995 BB 95, 2325.

[81] LAG Saarland 2. 7. 2003 NZA-RR 2003, 568.

[82] LAG Hamm 7. 3. 2007 – 18 Sa 1839/06.

[83] Sicherheitshandschuhe: ArbG Bielefeld BB 81, 496; Schutzhelm: LAG Frankfurt DB 66, 884 = BB 66, 497; Sicherheitsschuhe: LAG Bad.-Württemberg DB 79, 1044; LAG Berlin DB 82, 707.

[84] BAG 18. 8. 1982 AP 18 zu § 618 = DB 83, 234.

[85] Vgl. BAG 18. 8. 1982 AP 18 zu § 618 BGB = DB 83, 234.

[86] BAG 21. 4. 1982 AP 49 zu § 1 LohnFG = DB 82, 1729.

c) Verkehrsunfälle sind verschuldet bei vorsätzlicher oder grob fahrlässiger Verletzung der Verkehrsregeln.[87] Hierzu gehören Überholen an unübersichtlicher Stelle, mit deutlich überhöhter Geschwindigkeit, unachtsames Überqueren einer belebten Straße,[88] Telefonieren während der Fahrt ohne Freisprecheinrichtung.[89] Verschuldet sind weiterhin Verkehrsunfälle, die auf Trunkenheit des Arbeitnehmers[90] oder auf Tabletteneinnahme zurückzuführen sind, wenn auf die Beeinträchtigung im Beipackzettel hingewiesen wird,[91] sowie wenn der Arbeitnehmer sich durch eine nicht fahrtüchtige Person befördern lässt.[92] Bei Nichtverwendung eines Sicherheitsgurts sind solche Krankheitszeiten verschuldet, zu denen es nicht gekommen wäre, wenn der Arbeitnehmer den Sicherheitsgurt angelegt hätte.[93] 40

d) Sportunfälle[94] sind nach der Rechtsprechung des BAG verschuldet, wenn der Arbeitnehmer an einer besonders gefährlichen Sportart teilnimmt oder wenn sich der Arbeitnehmer in einer seine Kräfte deutlich übersteigenden Art sportlich betätigt oder er in besonders grober Weise und leichtsinnig gegen anerkannte Regeln des Sports verstößt.[95] Eine **besonders gefährliche Sportart** ist nach Auffassung des BAG dann gegeben, wenn das Verletzungsrisiko auch durch einen gut trainierten Sportler nicht auszuschließen ist. In diesen Fällen verstoße es gegen Treu und Glauben, das Verletzungsrisiko dem Arbeitgeber zuzuweisen. Ob eine besonders gefährliche Sportart vorliege, sei im Zweifel durch ein Sachverständigengutachten zu ermitteln.[96] Bislang ist das BAG noch von keiner besonders gefährlichen Sportart ausgegangen.[97] Kein Verschulden wurde angenommen beim Fußballspielen,[98] Amateurboxen,[99] Drachenfliegen,[100] Fingerhakeln,[101] Motorradfahren,[102] bejaht dagegen in der Instanzrechtsprechung bei Kickboxen.[103] Zugespitzt ist deshalb im Schrifttum die Frage aufgeworfen worden, ob außer „Gletscherhockey und russisch Roulette" überhaupt gefährliche Sportarten vorstellbar sind.[104] 41

Diese Rechtsprechung wird im Schrifttum **zu Recht kritisiert.**[105] Entscheidend ist nicht die abstrakte Gefährlichkeit einer Sportart, sondern, ob der konkrete Arbeitnehmer die Sportart nach seinen Fähigkeiten besonders leichtsinnig ausgeübt hat. Ob die Sportausübung treuwidrig erscheint, ist unerheblich. Verschuldet sind Sportunfälle, wenn die eigene Leistungsfähigkeit erkennbar überschritten oder gegen die anerkannten Regeln des Sports verstoßen wird.[106] Dasselbe gilt, wenn der Sport auf einer ersichtlich nicht verkehrssicheren Anlage betrieben wird. 42

e) Zunächst hat das BAG im Falle der **Trunksucht** stets ein Verschulden bejaht.[107] Von dieser Rspr. ist es später abgerückt. Alkoholmissbrauch könne die verschiedensten Ursachen haben. Es gebe keinen Erfahrungssatz, dass Alkoholsucht selbst verschuldet sei. Nur dann sei ein Verschulden gegeben, wenn der Arbeitnehmer aus nicht nachvollziehbaren Gründen in die Alkoholabhängigkeit gerate.[108] Dabei sei nicht auf den Ausbruch der Krankheit abzustellen, sondern auf das Verhalten bei Entstehung des Alkoholabusus. Sei ein Arbeitnehmer wegen Alkoholabusus erkrankt und habe er sich dann einer Entziehungskur unterzogen, sei der erneute Ausbruch der 43

---

[87] BAG 23. 11. 1971 AP 8 zu § 1 LohnFG = DB 72, 395; vgl. *Wolber* SozSich 95, 211.
[88] BAG 23. 11. 1971 AP 8 zu § 1 LohnFG = NJW 72, 703.
[89] BAG 12. 11. 1998 AP 117 zu § 611 BGB Haftung des Arbeitnehmers.
[90] BAG 11. 3. 1987 AP 71 zu § 1 LohnFG = DB 87, 1495; LAG Hessen 23. 7. 1997 NZA-RR 99, 15.
[91] LAG Frankfurt BB 79, 1504.
[92] LAG Frankfurt 24. 4. 1989 DB 89, 2031.
[93] BAG 7. 10. 1981 AP 46 zu § 1 LohnFG = DB 82, 496.
[94] *Gerauer* NZA 94, 496; *Schwede* NZS 96, 562.
[95] BAG 7. 10. 1981 AP 45 zu § 1 LohnFG.
[96] BAG 25. 2. 1972 AP 18 zu § 1 LohnFG = DB 72, 977.
[97] Zu Autorennen: LAG Köln 2. 3. 1994 LAGE 33 zu § 1 LohnFG; zu Motorradrennen LAG Rheinland-Pfalz 29. 10. 1998 LAGE 2 zu § 3 EFZG.
[98] BAG 21. 1. 1976 AP 39 zu § 1 LohnFG.
[99] BAG 1. 12. 1976 AP 42 zu § 1 LohnFG.
[100] BAG 7. 10. 1981 AP 45 zu § 1 LohnFG.
[101] LAG Baden-Württemberg 6. 11. 1986 NZA 87, 852.
[102] LAG Köln 2. 3. 1994 ARSt 94, 137.
[103] ArbG Hagen 15. 9. 1989 NZA 90, 311.
[104] *Denck* BB 82, 682, 683.
[105] Vgl. MünchArbR/*Boecken* § 83 RN 120; ErfK/*Dörner* § 3 EFZG RN 26; MünchKommBGB/*Müller-Glöge* § 3 EFZG RN 40; HWK/*Schliemann* § 3 EFZG RN 70; *Schmitt* § 3 RN 145 f.; *Treber* § 3 RN 90.
[106] ErfK/*Dörner* § 3 EFZG RN 26.
[107] BAG 7. 12. 1972 AP 26 zu § 1 LohnFG; 22. 3. 1973 AP 31 zu § 1 LohnFG.
[108] BAG 7. 8. 1991 AP 94 zu § 1 LohnFG = NZA 92, 69; 1. 6. 1983 AP 52 zu § 1 LohnFG.

Alkoholabhängigkeit verschuldet, auch wenn er mehrere Wochen abstinent gewesen sei.[109] Unabhängig von dem Verschulden ist die Frage einer Fortsetzungserkrankung zu beurteilen. Dieselben Grundsätze wie bei der Alkoholabhängigkeit gelten bei **Drogen- und Tablettenabhängigkeit oder bei Nikotinmissbrauch.**[110]

44 **f)** Arbeitsunfähigkeit infolge von **Schlägereien** ist verschuldet, wenn der Arbeitnehmer die Schlägerei durch unsachgemäßes und provozierendes Verhalten herausgefordert hat.[111] Etwas anderes gilt, wenn der Arbeitnehmer durch Provokation zur Schlägerei gereizt worden ist.

45 **g)** Umstr. ist die Rechtslage bei **Organverpflanzungen.** Das BAG hat beim Spender einen Anspruch verneint, weil in diesen Fällen die Grenze des vom Arbeitgeber zu tragenden Risikos überschritten sei.[112] Nach der Rspr. des BSG gehört zu den Aufwendungen, die der Krankenkasse des Organspenders zur Last fallen, auch der Verdienstausfall des Spenders, der infolge der mit der Organentnahme verbundenen Arbeitsunfähigkeit entsteht.[113]

46 **h)** Geht der Arbeitnehmer während der Arbeitsunfähigkeit einer **Nebentätigkeit** nach und wird durch die damit verbundene körperliche Belastung die Arbeitsunfähigkeit verlängert, ist die Verlängerung der Arbeitsunfähigkeit verschuldet. Erleidet der Arbeitnehmer während der unerlaubten Nebentätigkeit einen unverschuldeten Unfall, steht das allein einem Entgeltfortzahlungsanspruch nicht entgegen.[114] Ein den Entgeltfortzahlungsanspruch ausschließendes Verschulden kann allerdings vorliegen, wenn der Arbeitnehmer mit der ausgeübten Nebentätigkeit die zeitlichen Beschränkungen des § 3 ArbZG überschritten hat.[115]

47 **i)** Während der Arbeitsunfähigkeit darf der Arbeitnehmer sich nicht **genesungswidrig verhalten.** Er hat alles zu unterlassen, was seine Genesung verzögern könnte.[116] Gesundheitsschädlich kann auch die Teilnahme an einer Wallfahrt mit einer Lungenentzündung sein.[117] Ein erkrankter Arbeitnehmer darf in der Regel während der Dauer seiner krankheitsbedingten Arbeitsunfähigkeit nicht an Fußballspielen teilnehmen.[118]

48 **j)** Bei **Aids-Erkrankungen,** die auf ungeschützten Geschlechtsverkehr in einschlägigen Kreisen zurückzuführen sind, kann theoretisch ein Verschulden bejaht werden (kaum nachweisbar).[119] Verschuldet können **Hungerkuren** sein, wenn der Arbeitnehmer die Nahrungsaufnahme nahezu völlig einstellt. Gleiches gilt, wenn der Arbeitnehmer nach einem **Herzinfarkt raucht,** obwohl ihm dies ärztlich verboten worden war,[120] oder nach einer anstrengenden Schicht sich auf eine anstrengende Urlaubsreise begibt, der er körperlich nicht gewachsen ist.[121] Bei einem **versuchten Selbstmord** liegt in der Regel kein Verschulden vor, weil die freie Willensbestimmung auf Grund der psychischen Ausnahmesituation erheblich eingeschränkt ist.[122]

49 **k)** Hat der Arbeitnehmer die **Arbeitsverhinderung infolge Krankheit verschuldet,** entfällt der Entgeltfortzahlungsanspruch. Hat der Arbeitgeber bereits Vergütungsfortzahlung geleistet, kann er die erbrachten Zahlungen zurückverlangen (§ 812 BGB). Im Allgemeinen wird dem Bereicherungsanspruch nicht der Einwand der Entreicherung entgegengesetzt werden können (§ 818 III BGB). Der Arbeitnehmer wird insoweit bösgläubig sein. Der Rückforde-

---

[109] BAG 11. 11. 1987 AP 75 zu § 616 BGB = DB 88, 402; vgl. BVerwG 10. 7. 1991 NJW 92, 1249; LAG Düsseldorf 25. 2. 1997 BB 97, 1799 (Keine Verpflichtung zum Besuch von Selbsthilfegruppen).

[110] BAG 17. 4. 1985 DB 86, 976.

[111] BAG 13. 11. 1974 AP 45 zu § 616; LAG Hamm 24. 9. 2003 NZA-RR 2004, 68 vgl. OLG Koblenz 14. 7. 1993 BB 94, 719; LAG Baden-Württemberg 30. 3. 2000 NZA-RR 2000, 349; *Schmitt* § 3 RN 139.

[112] BAG 6. 8. 1986 AP 68 zu § 1 LohnFG = NZA 87, 487; ErfK/*Dörner* § 3 EFZG RN 28; *Treber* § 3 RN 33; a. A. *Schmitt* § 3 RN 74 f.; MünchArbR/*Boecken* § 83 RN 29

[113] Vgl. BSGE 12. 12. 1972 NJW 73, 1432.

[114] Vgl. ErfK/*Dörner* § 3 EFZG RN 31; *Schmitt* § 3 RN 135; *Treber* § 3 RN 73; ausf. hierzu *Boecken* NZA 2001, 233.

[115] Vgl. BAG 21. 4. 1982 AP 49 zu § 1 LohnFG; MünchKommBGB/*Müller-Glöge* § 3 EFZG RN 46; HWK/*Schliemann* § 3 EFZG RN 80; a. A. LAG Hamm 8. 2. 2006 NZA-RR 2006, 406.

[116] *Feichtinger/Malkmus* § 3 RN 110; HWK/*Schliemann* § 3 EFZG RN 79; siehe dazu auch BAG 26. 8. 1993 AP 112 zu § 626 BGB = NZA 94, 63; BAG 2. 3. 2006 AP 14 zu § 626 BGB Krankheit = NZA-RR 2006, 636 zur Frage der Pflichtverletzung unter kündigungsrechtlichen Gesichtspunkten.

[117] BAG 11. 11. 1965 AP 40 zu § 1 ArbKrankhG.

[118] BAG 21. 1. 1976 AP 39 zu § 1 LohnFG.

[119] Vgl. *Schmidt* § 3 RN 129; Kasseler Handbuch/*Vossen* 2.2 RN 84; kritisch hierzu MünchArbR/*Boecken* § 83 RN 103.

[120] BAG 17. 4. 1985 DB 86, 976.

[121] LAG Düsseldorf 1. 6. 1966 DB 66, 1484.

[122] BAG 28. 2. 1979 AP 44 zu § 1 LohnFG = DB 79, 1803.

rungsanspruch kann auch durch Aufrechnung geltend gemacht werden. Die Einzelfälle des Verschuldens sind nahezu unübersehbar.

l) Für das Verschulden trifft den Arbeitgeber die **Darlegungs- und Beweislast.**[123] Allerdings werden dem Arbeitgeber oftmals die näheren Umstände, die zur Arbeitsunfähigkeit geführt haben, nicht bekannt sein. So wird der Arbeitgeber regelmäßig nicht wissen, ob der Arbeitnehmer bei einem Autounfall nicht angeschnallt war, sich bei der Sportausübung völlig überschätzt hat oder angetrunken war, um nur einige Beispiele zu nennen. Den Arbeitnehmer trifft deshalb eine prozessuale Mitwirkungspflicht.[124] Insoweit ist es naheliegend, die Grundsätze zur Anwendung zu bringen, die das BAG zuletzt zur Verteilung der Darlegungs- und Beweislast für das Vorliegen einer Fortsetzungserkrankung i. S. v. § 3 II EFZG entwickelt hat (RN 71).[125] Bestreitet der Arbeitgeber das fehlende Verschulden nach § 3 I EFZG, muss der Arbeitnehmer substantiiert darlegen, wie es zu der Arbeitsunfähigkeit gekommen ist. Ggf. hat er Unfallberichte der Polizei vorzulegen oder Zeugen zu benennen. Für ein Verschulden kann der Beweis des ersten Anscheins sprechen.[126] Das gilt vor allem bei Arbeitsunfällen infolge Trunkenheit.[127] Ferner wird ein Anscheinsbeweis für ein Verschulden sprechen, wenn der Arbeitnehmer sich an einer Schlägerei beteiligt.[128] Bei versuchtem Selbstmord wird i. d. R. der Beweis des ersten Anscheins für Geschäftsunfähigkeit sprechen.[129] Wird Beweis erhoben, treffen den Arbeitgeber die Folgen der Nichterweislichkeit des Verschuldens, denn nach der sprachlichen Fassung des § 3 I 1 EFZG trifft ihn die objektive Beweislast. An der Darlegungslast ändert sich nichts, wenn der Anspruch des Arbeitnehmers teilweise auf einen Dritten übergegangen ist. 50

7. Verschulden des Arbeitgebers oder eines Dritten. a) Hat der **Arbeitgeber die Arbeitsunfähigkeit allein verschuldet,** richtet sich der Vergütungsfortzahlungsanspruch **nach § 326 II 1 BGB.**[130] Im Unterschied zur Entgeltfortzahlung nach § 3 I EFZG ist der Anspruch nach § 326 II 1 BGB zeitlich nicht begrenzt, doch muss sich der Arbeitnehmer nach § 326 II 2 BGB anrechnen lassen, was er infolge der Befreiung von der Leistung erspart oder durch anderweitige Verwendung seiner Arbeitskraft erwirbt oder zu erwerben böswillig unterlässt.[131] Trifft den Arbeitgeber ein Mitverschulden an der Arbeitsunfähigkeit, findet eine Quotelung nach § 254 BGB nicht statt.[132] Denn bei dem Entgeltfortzahlungsanspruch nach § 3 I EFZG handelt es sich um den aufrechterhaltenen Vergütungsanspruch des Arbeitnehmers aus § 611 BGB und nicht um einen Schadensersatzanspruch.[133] Entscheidend ist nach § 326 II 1 BGB allein, ob der Arbeitgeber allein oder „weit überwiegend" für die Arbeitsunfähigkeit verantwortlich ist. Sind diese Voraussetzungen erfüllt, haftet er nach dieser Vorschrift, ansonsten richtet sich die Entgeltfortzahlung nach § 3 I EFZG. Hat der Arbeitnehmer die Arbeitsunfähigkeit selbst überwiegend grob schuldhaft herbeigeführt, entfällt der Anspruch auf Entgeltfortzahlung nach § 3 I EFZG auch dann, wenn den Arbeitgeber ein Mitverschulden trifft.[134] 51

b) Hat ein **Dritter** die Arbeitsunfähigkeit des Arbeitnehmers **verschuldet,** behält der Arbeitnehmer seinen Entgeltfortzahlungsanspruch nach § 3 I EFZG. Der Arbeitgeber kann die Entgeltfortzahlung nicht mit der Begründung verweigern, der Arbeitnehmer habe gegen den Dritten einen Schadensersatzanspruch aus § 823 I BGB.[135] Dieser Schadensersatzanspruch des Arbeitnehmers geht allerdings kraft Gesetzes auf den Arbeitgeber über (§ 6 EFZG; dazu RN 150 ff.). 52

8. Sterilisation und Abbruch der Schwangerschaft. Tritt die Arbeitsunfähigkeit infolge einer nicht rechtswidrigen Sterilisation oder eines nicht rechtswidrigen Abbruchs der Schwangerschaft ein, gilt die Arbeitsunfähigkeit als **nicht verschuldet** (§ 3 II EFZG). Das fehlende 53

---

123 BAG 23. 11. 1971 AP 9 zu § 1 LohnFG; 7. 8. 1991 AP 94 zu § 1 LohnFG = NZA 92, 69.

124 Ebenso im Grundsatz ErfK/*Dörner* § 3 EFZG RN 32; MünchKommBGB/*Müller-Glöge* § 3 EFZG RN 85.

125 Dazu BAG 13. 7. 2005 AP 25 zu § 3 EntgeltFG.

126 *Feichtinger/Malkmus* § 3 RN 170.

127 LAG Saarland 25. 6. 1975 AP 37 zu § 1 LohnFG.

128 Vgl. LAG Hamm DB 71, 873; LAG Frankfurt VersR 76, 1128.

129 BAG 28. 2. 1979 AP 44 zu § 1 LohnFG = DB 79, 1803.

130 ErfK/*Dörner* § 3 EFZG RN 24; *Schmitt* § 3 RN 122; *Vogelsang* RN 128.

131 MünchKommBGB/*Müller-Glöge* § 3 EFZG RN 38.

132 ErfK/*Dörner* § 3 EFZG RN 24; HWK/*Schliemann* § 3 EFZG RN 60.

133 Staudinger/*Oetker* § 616 RN 249.

134 ErfK/*Dörner* § 3 EFZG RN 24; MünchKommBGB/*Müller-Glöge* § 3 EFZG RN 38; HWK/*Schliemann* § 3 EFZG RN 60; a. A. LAG Hamm 30. 10. 2002 LAGReport 2003, 102; siehe dazu auch Staudinger/*Oetker* § 616 RN 249.

135 *Schmitt* § 3 RN 120.

Verschulden wird durch § 3 II EFZG unwiderleglich vermutet, so dass es keiner besonderen Prüfung bedarf.[136] Die Tatbestandsmerkmale der Sterilisation oder des Schwangerschaftsabbruchs treten an die Stelle des Tatbestandsmerkmals der Krankheit. Ein Abbruch der Schwangerschaft, der nicht gegen Strafgesetze verstößt, ist nicht rechtswidrig. Die Rechtswidrigkeit bestimmt sich nach § 218a StGB. Bei Schwangerschaftsabbrüchen ohne ärztliche Feststellung vgl. § 218b StGB. Eine **Sterilisation** ist nicht rechtswidrig. Ein Verstoß gegen die guten Sitten ist bei einer freiwilligen Sterilisation nicht vorstellbar.[137]

III. Beginn und Ende des Entgeltfortzahlungsanspruchs

54 **1. Beginn der Beschäftigung. a)** Vor Erlass des EFZG war die Rechtslage zwischen Arbeitern und Angestellten sowie in den alten und neuen Bundesländern unterschiedlich. Angestellte hatten bereits nach Vertragsabschluss Anspruch auf Entgeltfortzahlung, während bei Arbeitern der Beginn der Beschäftigung hinzutreten musste. Seit 1994 ist die Rechtslage vereinheitlicht. Nach dem zum 1. 10. 1996 in Kraft getretenen § 3 III EFZG entsteht der Anspruch **nach vierwöchiger ununterbrochener Dauer des Arbeitsverhältnisses.** Besteht zwischen einem beendeten und einem neu begründeten Arbeitsverhältnis zu demselben Arbeitgeber ein enger zeitlicher und sachlicher Zusammenhang, wird der Lauf der Wartezeit des § 3 III EFZG in dem neuen Arbeitsverhältnis nicht erneut ausgelöst.[138] In diesem Fall finden allerdings auch die Regeln über den Ausschluss der Entgeltfortzahlung bei Fortsetzungserkrankungen (§ 3 I 2 EFZG) Anwendung.[139] Wird ein Auszubildender im Anschluss an das Berufsausbildungsverhältnis in ein Arbeitsverhältnis übernommen, entsteht keine neue Wartezeit für die Entgeltfortzahlung im Krankheitsfall.[140]

55 **b)** Ausreichend für die Erfüllung der Wartezeit ist der **rechtliche Bestand des Arbeitsverhältnisses,** nicht notwendig ist eine tatsächliche Beschäftigung.[141] Ein bei Begründung des Arbeitsverhältnisses oder während der Wartezeit erkrankter Arbeitnehmer hat nach der Rechtsprechung des BAG nach Ablauf der Wartezeit noch Anspruch auf Entgeltfortzahlung für die Dauer von sechs Wochen.[142] In die Wartezeit fallende Krankheitstage sind nicht anzurechnen. Nach Auffassung des BAG entsteht bei einer Erkrankung während der Wartezeit der Entgeltfortzahlungsanspruch auch dann für die Dauer von bis zu sechs Wochen, wenn der Arbeitgeber das Arbeitsverhältnis vor Ablauf der Wartezeit aus Anlass der Arbeitsunfähigkeit kündigt. Beginnt das Arbeitsverhältnis beispielsweise am 13. 3. und wird der Arbeitnehmer am 20. 3. arbeitsunfähig, steht danach eine Kündigung aus Anlass der Arbeitsunfähigkeit (§ 8 I 1 EFZG) am 22. 3. zum 5. 4. dem Entgeltfortzahlungsanspruch bei andauernder Arbeitsunfähigkeit nach Ablauf der vierwöchigen Wartezeit am 10. 4. nicht entgegen. Dies folge aus dem Zweck des § 8 I 1 EFZG, der verhindern solle, dass sich der Arbeitgeber durch Kündigung seiner gesetzlichen Sozialverpflichtungen entzieht (hierzu RN 74ff.).[143]

56 **c)** Die Wartezeit gilt auch dann, wenn der Arbeitnehmer im Zusammenhang mit einem **Arbeitsunfall** erkrankt. Der Arbeitsunfall war nur bei der Berechnung der Entgeltfortzahlung privilegiert (§ 4 I EFZG i. d. F. des Beschäftigungsförderungsgesetzes). Der Arbeitnehmer hat daher auch dann keinen Anspruch auf Entgeltfortzahlung, wenn er während der Wartezeit des § 3 III EFZG einen Arbeitsunfall erleidet.[144] Bei einer weit überwiegenden Verantwortlichkeit des Arbeitgebers kann sich freilich ein Anspruch aus § 326 II 1 BGB ergeben (RN 51).

57 **2. Dauer des Anspruchs. a)** Der Entgeltfortzahlungsanspruch besteht grundsätzlich für die Dauer von **sechs Wochen,** also 42 Kalendertage.[145] Zu den 42 Tagen zählen auch alle arbeitsfreien Tage, wie Sonn- oder Feiertage oder die auf Grund des Schichtplans oder eines Streiks[146] arbeitsfreien Tage. Gleiches gilt für die wegen einer Teilzeitbeschäftigung arbeitsfreien Tage der

---

[136] MünchKommBGB/*Müller-Glöge* § 3 EFZG RN 75; BAG 14. 12. 1994 AP 1 zu § 3 EntgeltFG = NZA 95, 459; 5. 4. 1989 AP 84 zu § 1 LohnFG = NZA 89, 713.
[137] Vgl. MünchArbR/*Boecken* § 83 RN 125; ErfK/*Dörner* § 3 EFZG RN 48.
[138] BAG 22. 8. 2001 AP 11 zu § 3 EntgeltFG = NZA 2002, 610.
[139] MünchKommBGB/*Müller-Glöge* § 3 EFZG RN 51.
[140] BAG 20. 8. 2003 AP 20 zu § 3 EntgeltFG = NZA 2004, 205.
[141] ErfK/*Dörner* § 3 EFZG RN 33; MünchKommBGB/*Müller-Glöge* § 3 EFZG RN 48.
[142] BAG 26. 5. 1999 AP 10 zu § 3 EntgeltFG = NZA 99, 1273.
[143] BAG 26. 5. 1999 AP 10 zu § 3 EntgeltFG = NZA 99, 1273.
[144] ErfK/*Dörner* § 3 EFZG RN 33; MünchKommBGB/*Müller-Glöge* § 3 EFZG RN 50; *Vogelsang* RN 57.
[145] BAG 22. 8. 2001 AP 11 zu § 3 EntgeltFG = NZA 2002, 610.
[146] BAG 8. 3. 1973 AP 29 zu § 1 LohnFG.

Woche.[147] Das Abstellen auf Kalendertage kann Bedeutung bei mehrfacher Erkrankung haben.[148] Allerdings erhält der Arbeitnehmer in der 5-Tage-Woche wegen des Lohnausfallprinzips (dazu RN 83ff.) nur Entgeltfortzahlung für die auch sonst mit Arbeitsleistung belegten Tage. Beginn und Ende der Entgeltfortzahlung berechnen sich nach §§ 187 I, 188 II BGB. Hieraus ergeben sich verschiedene Fallgruppen:

b) Erkrankt der Arbeitnehmer **vor Arbeitsbeginn,** wird der erste Tag bei der Berechnung des 6-Wochen-Zeitraums mitgerechnet.[149] Erkrankt der Arbeitnehmer **während der Arbeitszeit,** zählt dieser Tag bei der Bemessung des 6-Wochen-Zeitraums nicht mit. Der Arbeitnehmer erhält aber auch für den verbleibenden Rest des Arbeitstages Vergütungsfortzahlung nach § 616 BGB.[150] 58

c) Grundsätzlich entfällt der Entgeltfortzahlungsanspruch in einem **ruhenden Arbeitsverhältnis,** denn in dieser Zeit entfallen die beiderseitigen Hauptpflichten. Erkrankt der Arbeitnehmer während eines ruhenden Arbeitsverhältnisses, wird die Zeit des Ruhens nicht auf den Sechs-Wochen-Zeitraum des § 3 I 1 EFZG angerechnet. Die krankheitsbedingte Arbeitsunfähigkeit ist für das Arbeitsverhältnis, solange es ruht, unerheblich; denn die beiderseitigen Hauptpflichten bestehen ohnehin nicht. Der Sechs-Wochen-Zeitraum beginnt deshalb nicht mit der Erkrankung, sondern erst mit der tatsächlichen Verhinderung an der Arbeitsleistung infolge der Krankheit. Das ist der Zeitpunkt der Aktualisierung des Arbeitsverhältnisses.[151] Der Zweck der Entgeltfortzahlung, dem arbeitsunfähig kranken Arbeitnehmer sechs Wochen lang den Vergütungsanspruch aufrechtzuerhalten, verbietet es, diesen Zeitraum um die Tage zu verkürzen, an denen die Arbeitspflicht aus anderen Gründen suspendiert war und unabhängig von der Arbeitsfähigkeit kein Vergütungsanspruch bestand. Es wäre nicht gerechtfertigt, den Arbeitgeber von seiner sozialen Verpflichtung zur Lohnersatzleistung freizustellen, solange der gesetzlich vorgeschriebene Zeitraum nicht erschöpft ist. Dies gilt auch im Falle der Elternzeit. 59

d) Der **Anspruch endet** grundsätzlich mit Ablauf von sechs Wochen oder mit Beendigung des Arbeitsverhältnisses.[152] Hat der Arbeitnehmer keinen Anspruch auf Entgeltfortzahlung, weil die krankheitsbedingte Arbeitsunfähigkeit nicht die alleinige Ursache für den Ausfall der Arbeitsleistung ist (dazu RN 21ff.), sondern die Arbeitspflicht auch aus anderen Gründen aufgehoben ist, verlängert sich die Entgeltfortzahlungsdauer um die Tage, an denen die Arbeitspflicht aus anderen Gründen suspendiert war. Der Entgeltfortzahlungszeitraum von sechs Wochen ist erschöpft, wenn die Gesamtdauer der Arbeitsunfähigkeit unter Außerachtlassung der Tage, an denen die Arbeitspflicht aus anderen Gründen aufgehoben war, 42 Kalendertage erreicht.[153] 60

3. Wiederholte Erkrankung und Fortsetzungserkrankung. a) Wird der Arbeitnehmer nach dem Ende einer Arbeitsunfähigkeit erneut krank, ist für das Entstehen eines neuen Anspruchs auf Entgeltfortzahlung maßgeblich, ob die Arbeitsunfähigkeit auf **derselben Krankheit beruht oder eine andere Krankheit** Auslöser der Arbeitsverhinderung ist. Hat die Arbeitsunfähigkeit unterschiedliche Krankheitsursachen, hat der Arbeitnehmer für jede Arbeitsunfähigkeit Anspruch auf Entgeltfortzahlung von bis zu sechs Wochen. Der Arbeitnehmer, der infolge derselben Krankheit erneut arbeitsunfähig wird, behält dagegen nach § 3 I 2 EFZG den Entgeltfortzahlungsanspruch für einen weiteren Zeitraum von sechs Wochen nur dann, wenn er vor der erneuten Arbeitsunfähigkeit mindestens sechs Monate nicht infolge derselben Krankheit arbeitsunfähig war oder seit Beginn der ersten Arbeitsunfähigkeit infolge derselben Krankheit eine Frist von zwölf Monaten abgelaufen ist. Liegt dagegen eine andere Krankheit vor, findet § 3 I 2 EFZG keine Anwendung. 61

b) Wiederholte Arbeitsunfähigkeit infolge derselben Krankheit und damit eine **Fortsetzungserkrankung** liegt vor, wenn die Krankheit, auf der die frühere Arbeitsunfähigkeit beruhte, in der Zeit zwischen dem Ende der vorausgegangenen und dem Beginn der neuen Arbeitsunfähigkeit medizinisch nicht vollständig ausgeheilt war, sondern als Grundleiden latent 62

---

[147] MünchKommBGB/*Müller-Glöge* § 3 EFZG RN 54; *Schmitt* § 3 RN 192.
[148] Vgl. BAG 22. 2. 1973 AP 28 zu § 1 LohnFG = DB 73, 976.
[149] BAG 21. 9. 1971 AP 6 zu § 1 LohnFG; ErfK/*Dörner* § 3 EFZG RN 34; *Feichtinger/Malkmus* § 3 RN 199; *Vogelsang* RN 179; a. A. *Schmitt* § 3 RN 179f.
[150] BAG 26. 2. 2003 AP 8 zu § 5 EntgeltFG; MünchKommBGB/*Müller-Glöge* § 3 EFZG RN 52; a. A. *Giesen* Anm. zu BAG AP 8 zu § 5 EntgeltFG.
[151] BAG 29. 9 2004 AP 24 zu § 3 EntgeltFG = NZA 2005, 225; 22. 8. 2001 AP 11 zu § 3 EntgeltFG = NZA 2002, 610; 6. 9. 1989 AP 45 zu § 63 HGB = NZA 90, 142.
[152] Zur Kündigung aus Anlass der Arbeitsunfähigkeit vgl. RN 74ff.
[153] BAG 22. 8. 2001 AP 11 zu § 3 EntgeltFG = NZA 2002, 610.

weiterbestanden hat, so dass die neue Erkrankung nur eine Fortsetzung der früheren Erkrankung darstellt. Die wiederholte Arbeitsunfähigkeit muss auf demselben nicht behobenen Grundleiden beruhen.[154] Zwischen dem Grundleiden und den Krankheitserscheinungen ist zu unterscheiden. Die fortbestehende Krankheit kann verschiedene Krankheitssymptome zur Folge haben.[155] Diese Grundsätze gelten auch, wenn eine Maßnahme der medizinischen Vorsorge oder Rehabilitation nach § 9 I EZFG und eine vorangegangene oder nachfolgende Arbeitsunfähigkeit dieselbe Ursache haben.[156] Der Sozialversicherungsträger ist gegenüber dem Arbeitgeber des Versicherten nicht verpflichtet, dafür zu sorgen, dass eine auf derselben Krankheit beruhende Kur (Maßnahme der medizinischen Rehabilitation) binnen sechs Monaten nach dem Ende der früheren Erkrankung begonnen wird, um einen erneuten Entgeltfortzahlungsanspruch unter dem Gesichtspunkt der Wiederholungserkrankung zu vermeiden.[157]

63 **Beispiele** einer Fortsetzungserkrankung sind etwa eine nicht ausgeheilte Lungenentzündung, die zu einem Rückfall führt, mehrfache akute Erkrankungen mit rheumatischer Ursache oder auf Grund eines lang anhaltenden Leber- oder Magenleidens, sowie eine in mehreren Schüben auftretende Psychose.[158] Eine **wiederholte Erkrankung** ist gegeben, wenn der Ursprung der Erkrankung verschieden ist, selbst wenn es sich um die gleiche – aber nicht dieselbe – Krankheit handelt. Erleidet der Arbeitnehmer im Laufe des Jahres zwei Beinbrüche, besteht die gleiche, nicht aber dieselbe Krankheit. Muss bei einem Dialysepatienten die Dialyseform gewechselt werden, liegt eine Fortsetzungserkrankung vor, auch wenn es zu verschiedenen Krankheiten kommt, die durch die jeweilige Dialyse ausgelöst werden.

64 **c)** Der Anspruch auf Entgeltfortzahlung ist auch dann auf die Dauer von sechs Wochen seit Beginn der Arbeitsunfähigkeit begrenzt, wenn **während bestehender Arbeitsunfähigkeit eine neue Krankheit auftritt,** die ebenfalls zur Arbeitsunfähigkeit führt. In diesem Fall kann der Arbeitnehmer bei entsprechender Dauer der durch beide Erkrankungen verursachten Arbeitsverhinderung die Sechs-Wochen-Frist nur einmal in Anspruch nehmen (Grundsatz der Einheit des Verhinderungsfalls).[159] Ein weiterer Entgeltfortzahlungsanspruch besteht nur dann, wenn die erste Arbeitsverhinderung bereits in dem Zeitpunkt beendet war, in dem eine weitere Erkrankung zu einer neuen Arbeitsverhinderung führt.[160]

65 Eine **Vorerkrankung** kann dann nicht als Teil einer Fortsetzungserkrankung i. S. v. § 3 I 2 EFZG angesehen werden, wenn sie lediglich zu einer bereits bestehenden, ihrerseits zur Arbeitsunfähigkeit führenden Krankheit hinzugetreten ist, ohne einen eigenen Anspruch auf Entgeltfortzahlung auszulösen.[161] Tritt eine Krankheit, die sich später als Fortsetzungserkrankung herausstellt, zu einer bereits bestehenden, zur Arbeitsunfähigkeit führenden Krankheit hinzu und dauert sie über deren Ende hinaus an, ist sie für die Zeit, in der sie die alleinige Ursache der Arbeitsunfähigkeit war, als Teil der späteren Fortsetzungserkrankung zu werten.[162] Führen zwei Krankheiten jeweils für sich betrachtet nicht zur Arbeitsunfähigkeit, sondern nur weil sie zusammen auftreten, liegt eine Fortsetzungserkrankung auch vor, wenn später eine der beiden Krankheiten erneut auftritt und allein zur Arbeitsunfähigkeit führt. Auch in diesem Fall ist die erneut auftretende Krankheit Ursache einer vorausgegangenen Arbeitsunfähigkeit gewesen.

66 **d)** Nach § 3 I 2 EFZG verliert der Arbeitnehmer, wenn er infolge derselben Krankheit erneut arbeitsunfähig wird, wegen der erneuten Arbeitsunfähigkeit den Entgeltfortzahlungsanspruch für einen weiteren Zeitraum von höchstens sechs Wochen nicht, wenn er vor der erneuten Arbeitsunfähigkeit **mindestens sechs Monate nicht infolge derselben Krankheit arbeitsunfähig** war (Nr. 1) oder **seit Beginn der ersten Arbeitsunfähigkeit infolge derselben Krankheit eine Frist von zwölf Monaten abgelaufen** ist (Nr. 2). Hierbei handelt es sich um eine auf besonderen Zumutbarkeitserwägungen des Gesetzgebers beruhende Regelung, die den Arbeitgeber entlasten soll.[163] Das Gesetz mutet dem Arbeitgeber nur zu, dem Arbeitnehmer jeweils in einem Zeitraum von zwölf Monaten für sechs Wochen Entgeltfortzahlung wegen ein und derselben Krankheit zu gewähren.

---

[154] BAG 13. 7. 2005 AP 25 zu § 3 EntgeltFG.
[155] BAG 14. 11. 1984 AP 61 zu § 1 LohnFG = NZA 85, 501.
[156] BAG 18. 1. 1995 AP 8 zu § 7 LohnFG = NZA 95, 729.
[157] BAG 18. 1. 1995 AP 8 zu § 7 LohnFG = NZA 95, 729.
[158] Vgl. BAG 27. 7. 1977 AP 43 zu § 1 LohnFG; 4. 12. 1985 AP 42 zu § 63 HGB = NZA 86, 289.
[159] MünchKommBGB/*Müller-Glöge* § 3 EFZG RN 64.
[160] BAG 2. 12. 1981 AP 48 zu § 1 LohnFG.
[161] Vgl. BAG 19. 6. 1991 AP 93 zu § 1 LohnFG = NZA 91, 894.
[162] BAG 2. 2. 1994 AP 99 zu § 1 LohnFG = NZA 94, 547.
[163] BAG 27. 7. 1977 AP 43 zu § 1 LohnFG.

Nach **Ablauf von zwölf Monaten** fällt die Sperre weg und beginnt ein neuer Anspruch.[164] Die Rahmenfrist läuft ab dem Beginn des erstmaligen Eintritts der Arbeitsunfähigkeit.[165] Der Anspruch nach § 3 I 2 Nr. 2 EFZG setzt voraus, dass der Arbeitnehmer **erst nach Ablauf der Zwölf-Monats-Frist erneut arbeitsunfähig** wird.[166] Kein erneuter Anspruch entsteht bei einer laufenden Erkrankung.[167] § 3 I 2 Nr. 2 EFZG bezweckt, neu auftretende Fälle einer Arbeitsunfähigkeit dann von dem Grundsatz auszunehmen, dass je Krankheit nur einmal für sechs Wochen Entgeltfortzahlung geleistet wird, wenn ein ausreichend langer Zeitraum vergangen ist. Dann wird der Zusammenhang zwischen der neuen Arbeitsunfähigkeit und dem Grundleiden als nicht mehr erheblich angesehen.[168] Das hat zur Folge, dass ein Arbeitnehmer, der innerhalb des Zwölf-Monats-Zeitraums erneut wegen derselben Krankheit arbeitsunfähig wird, auch für die Tage, die er über diese Frist hinaus noch arbeitsunfähig ist, keinen Anspruch auf Entgeltfortzahlung hat.[169] 67

War der Arbeitnehmer **mindestens sechs Monate** nicht infolge derselben Krankheit arbeitsunfähig, wird der Fortsetzungszusammenhang zwischen der früheren und der nach diesem Sechs-Monats-Zeitraum erneut auftretenden Arbeitsunfähigkeit unterbrochen. Die spätere Arbeitsunfähigkeit stellt sich dann rechtlich als neue Krankheit dar und löst erneut einen Entgeltfortzahlungsanspruch aus.[170] Dies gilt auch dann, wenn das Grundleiden medizinisch nicht voll ausgeheilt war.[171] Ohne Belang ist, ob der Arbeitnehmer innerhalb des Sechs-Monats-Zeitraums wegen einer anderen Krankheit arbeitsunfähig war. Eine in dieser Zeit auftretende anderweite Erkrankung, die als Fortsetzungserkrankung nicht in Betracht kommt, hemmt den Fristablauf nicht.[172] 68

e) Für das Verhältnis der **Sechs-Monats-Frist und der Zwölf-Monate-Rahmenfrist** gilt Folgendes: Der Zwölf-Monats-Zeitraum wird unterbrochen und beginnt neu zu laufen, wenn der Arbeitnehmer mindestens sechs Monate nicht infolge derselben Krankheit arbeitsunfähig war.[173] Die spätere Arbeitsunfähigkeit ist dann erste Arbeitsunfähigkeit i. S. v. § 3 I 2 Nr. 2 EFZG.[174] 69

f) Die Anrechnungsvorschrift des § 3 I 2 EFZG gilt nur bei demselben Arbeitgeber.[175] Ist der Arbeitnehmer bei einem **anderen Arbeitgeber ein neues Arbeitsverhältnis** eingegangen, kann er nach erfüllter Wartezeit (§ 3 III EFZG) auch bei derselben Erkrankung für die Dauer von sechs Wochen Entgeltfortzahlung verlangen.[176] Eine Unterbrechung und alsbaldige Neubegründung des Arbeitsverhältnisses bei demselben Arbeitgeber begründen die Möglichkeit der Anrechnung, wenn zwischen diesen Arbeitsverhältnissen ein enger sachlicher Zusammenhang besteht und deshalb die Wartezeit nicht neu zu laufen beginnt.[177] Gleiches gilt, wenn ein Auszubildender nach Beendigung des Berufsausbildungsverhältnisses in ein Arbeitsverhältnis übernommen wird.[178] 70

4. Darlegungs- und Beweislast bei Fortsetzungserkrankung. Für das Bestehen einer Fortsetzungserkrankung nach § 3 I 2 EFZG trifft den **Arbeitgeber die Beweislast,** weil es sich hierbei um eine Ausnahmeregelung von dem allgemeinen Grundsatz der Entgeltfortzahlung im 71

---

164 BAG 9. 11. 1983 AP 56 zu § 1 LohnFG.

165 BAG 9. 11. 1983 AP 56 zu § 1 LohnFG; 16. 12. 1987 AP 73 zu § 1 LohnFG = NZA 88, 365; sog. „Methode der Vorausberechnung", vgl. HWK/*Schliemann* § 3 EFZG RN 122; *Schmitt* § 3 RN 254.

166 BAG 14. 3. 2007 AP 29 zu § 3 EntgeltFG.

167 *Schmitt* § 3 RN 257; *Treber* § 3 RN 140.

168 BAG 14. 3. 2007 AP 29 zu § 3 EntgeltFG; MünchKommBGB/*Müller-Glöge* § 3 EFZG RN 72; Kasseler Handbuch/*Vossen* Bd. 1 2.2 RN 152.

169 BAG 14. 3. 2007 AP 29 zu § 3 EntgeltFG; HWK/*Schliemann* § 3 EFZG RN 122; a. A. ErfK/*Dörner* § 3 EFZG RN 40; *Vogelsang* RN 204; *Feichtinger/Malkmus* § 3 RN 235; *Kunz/Wedde* § 3 RN 152; *Treber* § 3 RN 139.

170 BAG 18. 1. 1995 AP 8 zu § 7 LohnFG = NZA 95, 729; 22. 8. 1984 AP 60 zu § 1 LohnFG = NZA 85, 395.

171 BAG 2. 10. 1976 AP 41 zu § 1 LohnFG; 29. 9. 1982 AP 50 zu § 1 LohnFG.

172 BAG 22. 8. 1984 AP 60 zu § 1 LohnFG = NZA 85, 395; 29. 9. 1982 AP 50 zu § 1 LohnFG; ErfK/*Dörner* § 3 EFZG RN 39; *Schmitt* § 3 RN 242.

173 BAG 6. 10. 1976 AP 41 zu § 1 LohnFG.

174 ErfK/*Dörner* § 3 EFZG RN 41; MünchKommBGB/*Müller-Glöge* § 3 EFZG RN 73; *Schmitt* § 3 RN 261; *Vogelsang* RN 205.

175 BAG 23. 12. 1971 AP 10 zu § 1 LohnFG.

176 ErfK/*Dörner* § 3 EFZG RN 42; MünchKommBGB/*Müller-Glöge* § 3 EFZG RN 74.

177 BAG 4. 12. 1985 AP 51 zu § 1 LohnFG.

178 BAG 20. 8. 2003 AP 20 zu § 3 EntgeltFG = NZA 2004, 205.

Krankheitsfall handelt. Bei der Verteilung der Darlegungslast zum Bestehen einer Fortsetzungserkrankung ist allerdings zu berücksichtigen, dass der Arbeitgeber kaum in der Lage ist, das Bestehen einer Fortsetzungserkrankung darzulegen, weil er über die Ursachen der Arbeitsunfähigkeit durch die Arbeitsunfähigkeitsbescheinigungen nicht unterrichtet wird. Zwar kann er nach § 69 IV SGB X bei der zuständigen Krankenkasse nachfragen, ob eine Fortsetzungserkrankung vorliegt. Diese Vorschrift greift jedoch nicht bei Arbeitnehmern, die nicht in einer gesetzlichen Krankenkasse versichert sind. Hinzu kommt, dass für den Arbeitgeber keine Möglichkeit besteht, die wertende Mitteilung der Krankenkasse zu überprüfen.

72 Ist der Arbeitnehmer innerhalb der Zeiträume des § 3 I 2 Nr. 1 und 2 EFZG länger als sechs Wochen arbeitsunfähig, muss deshalb der **Arbeitnehmer darlegen,** dass keine Fortsetzungserkrankung vorliegt. Hierzu kann er eine ärztliche Bescheinigung vorlegen. Bestreitet der Arbeitgeber das Vorliegen einer neuen Krankheit, obliegt dem Arbeitnehmer die Darlegung der Tatsachen, die den Schluss erlauben, es habe keine Fortsetzungserkrankung vorgelegen. Dabei hat der Arbeitnehmer den Arzt von der Schweigepflicht zu entbinden. Die Folgen der Nichterweislichkeit einer Fortsetzungserkrankung sind allerdings vom Arbeitgeber zu tragen, denn nach der sprachlichen Fassung des § 3 I 2 Nr. 1 und 2 EFZG trifft den Arbeitgeber die objektive Beweislast.[179]

73 **5. Beendigung des Arbeitsverhältnisses.** Grundsätzlich **endet die Pflicht** zur Entgeltfortzahlung im Krankheitsfall auch vor Ablauf des Entgeltfortzahlungszeitraums des § 3 I EFZG mit der Beendigung des Arbeitsverhältnisses. Die Beendigung des Arbeitsverhältnisses kann einvernehmlich durch Aufhebungsvertrag, Fristablauf bei einer wirksamen Befristung (Entsprechendes gilt bei einer auflösenden Bedingung) oder durch Kündigung erfolgen. Der Entgeltfortzahlungsanspruch endet ferner mit dem Tod des Arbeitnehmers. Unberührt bleiben rückständige Ansprüche.

74 **6. Kündigung aus Anlass der Arbeitsunfähigkeit. a)** Von dem Grundsatz, dass die Entgeltfortzahlungspflicht bei Arbeitsunfähigkeit mit Beendigung des Arbeitsverhältnisses endet, macht § 8 EFZG eine Ausnahme. Hiernach wird der Entgeltfortzahlungsanspruch bei Arbeitsunfähigkeit nicht durch eine **Kündigung des Arbeitgebers aus Anlass der Arbeitsunfähigkeit** berührt. Das Gleiche gilt, wenn der Arbeitnehmer das Arbeitsverhältnis aus einem vom Arbeitgeber zu vertretenden Grund kündigt, der den Arbeitnehmer zur Kündigung aus wichtigem Grund ohne Einhaltung einer Kündigungsfrist berechtigt. Zweck der Regelung ist, den Entgeltfortzahlungsanspruch des Arbeitnehmers bei einer Kündigung wegen Arbeitsunfähigkeit des Arbeitnehmers zu sichern. Die Entgeltfortzahlungspflicht des Arbeitgebers reicht gem. § 8 II EFZG allerdings nicht weiter als im ungekündigten Arbeitsverhältnis und endet demnach gem. § 3 I EFZG grundsätzlich nach 6 Wochen.

75 **b)** Umstr. ist, ob die Vorschrift entsprechend angewandt werden kann, wenn ein **Aufhebungsvertrag** aus Anlass der Arbeitsunfähigkeit des Arbeitnehmers geschlossen wird. Das BAG hat dies zu der inhaltlich gleichen Regelung des § 6 LohnFG bejaht.[180] Im Schrifttum wird dies zu Recht mit dem Hinweis auf den Wortlaut des Gesetzes verneint.[181] Es besteht ein grundlegender Unterschied zwischen einer einseitigen Kündigung und einer einvernehmlichen Beendigung durch Aufhebungsvertrag, bei dem es nur durch Mitwirkung des Arbeitnehmers zur Beendigung des Arbeitsverhältnisses kommt. Deshalb scheidet auch eine analoge Anwendung des § 8 EFZG aus.

76 **c)** Der Entgeltfortzahlungsanspruch besteht nach § 8 I EFZG fort, wenn der Arbeitgeber **aus Anlass der Arbeitsunfähigkeit** kündigt. Zu unterscheiden sind Anlass und Motiv. Während Anlass den äußeren Anstoß zur Kündigung bedeutet, ist Motiv der innere Beweggrund des Arbeitgebers. Der Begriff „aus Anlass“ wird weit ausgelegt. Es genügt, wenn die Kündigung ihre objektive Ursache und wesentliche Bedingung in der Arbeitsunfähigkeit des Arbeitnehmers hat und den entscheidenden Anstoß für den Kündigungsentschluss gegeben hat.[182] Unerheblich ist, wenn weitere Umstände den Kündigungsentschluss beeinflussen oder gar erst hervorrufen, so-

---

179 BAG 13. 7. 2005 AP 25 zu § 3 EntgeltFG.

180 BAG 28. 11. 1979 AP 10 zu § 6 LohnFG; 20. 8. 1980 AP 11 zu § 6 LohnFG; zust. *Feichtinger/Malkmus* § 8 RN 23; Staudinger/*Oetker* § 616 RN 386; *Schmitt* § 8 RN 20 ff.

181 MünchArbR/*Boecken* § 84 RN 66; MünchKommBGB/*Müller-Glöge* § 8 EFZG RN 17; HWK/*Schliemann* § 8 EFZG RN 12; *Vogelsang* RN 231; einschränkend ErfK/*Dörner* § 8 EFZG RN 16, der § 8 EFZG anwendet, wenn dem Aufhebungsvertrag eine Kündigung aus Anlass der Arbeitsunfähigkeit vorausgegangen ist.

182 BAG 17. 4. 2002 AP 1 zu § 8 EntgeltFG = NZA 2002, 899.

lange die Arbeitsunfähigkeit sich als eine die Kündigung wesentlich mitbestimmende Bedingung darstellt.[183] Keine Kündigung aus Anlass der Arbeitsunfähigkeit liegt vor, wenn der Arbeitgeber die Arbeitsunfähigkeit nicht kennt.[184] Der Kenntnis des Arbeitgebers gleichgestellt ist die Kenntnis solcher Personen, die zu Personalentscheidungen in Sachen des Arbeitnehmers berechtigt sind.[185] Auch eine Kündigung aus Anlass der Fortdauer der Arbeitsunfähigkeit ist eine „Anlasskündigung" i. S. v. § 8 EFZG.[186]

d) Die Arbeitsunfähigkeit ist nicht nur dann Anlass für eine Kündigung, wenn der Arbeitnehmer zum Zeitpunkt des Ausspruchs der Kündigung arbeitsunfähig ist. Gleiches gilt vielmehr, wenn Anlass der Kündigung eine **bevorstehende Arbeitsunfähigkeit** ist und hinreichend sichere Anhaltspunkte für die bevorstehende Arbeitsunfähigkeit vorliegen.[187] Bloße Vermutungen oder vage Ankündigungen genügen nicht. Die künftige Arbeitsunfähigkeit ist z. B. bei einem fest vereinbarten Operationstermin hinreichend sicher.[188] Voraussetzung des Entgeltfortzahlungsanspruchs in diesen Fällen ist stets, dass bei Beginn der krankheitsbedingten Arbeitsunfähigkeit ein Arbeitsverhältnis besteht. Ist das Arbeitsverhältnis bereits beendet, wenn der Arbeitnehmer arbeitsunfähig erkrankt, kommt ein Anspruch auf Entgeltfortzahlung nicht mehr in Betracht. § 8 EFZG setzt grundsätzlich einen entstandenen Entgeltfortzahlungsanspruch voraus. Diese Bestimmung enthält keine originäre Anspruchsgrundlage für die Entgeltfortzahlung.[189] **77**

e) Umstr. sind Fälle, in denen der Arbeitgeber den **Verdacht** hat, der Arbeitnehmer sei arbeitsunfähig, er aber die Kündigung vor Ablauf der Anzeige- und Nachweisfrist des § 5 I EFZG ausspricht. Das BAG hat hierzu in einer zurückliegenden Entscheidung angenommen, in diesem Fall sei die Kündigung aus Anlass der Arbeitsunfähigkeit ausgesprochen. Wer die Nachweisfrist nicht abwarte, sei wie derjenige zu behandeln, der Kenntnis von Arbeitsunfähigkeit habe.[190] Dagegen spricht jedoch, dass bloße Vermutungen oder vage Ankündigungen keine Grundlage dafür sein können, dass die Arbeitsunfähigkeit objektive Ursache der Kündigung ist.[191] **78**

Eine **Kündigung aus Anlass der Krankheit** ist weiterhin gegeben, wenn der Arbeitgeber durch die Arbeitsunfähigkeit bedingte betriebliche Störungen beheben will,[192] ein Beschäftigungsverbot durch die Krankheit ausgelöst wird[193] oder der Arbeitgeber während einer Erkrankung kündigt, die in ein Beschäftigungsverbot einmündet.[194] **79**

f) Entgeltfortzahlung über das Ende des Arbeitsverhältnisses hinaus kann bis zur Höchstdauer von sechs Wochen auch dann verlangt werden, wenn der **Arbeitnehmer** das Arbeitsverhältnis aus einem vom Arbeitgeber zu vertretenden Grunde kündigt, der den Arbeitnehmer zur **Kündigung aus wichtigem Grund** ohne Einhaltung einer Kündigungsfrist berechtigt (§ 8 I 2 EFZG). Nicht notwendig ist, dass der Arbeitnehmer fristlos kündigt; ausreichend ist auch eine fristgemäße Kündigung, wenn tatsächlich ein wichtiger Grund vorliegt.[195] Unberührt von § 8 I 2 EFZG bleiben Schadensersatzansprüche aus § 628 BGB. **80**

g) Die **Darlegungs- und Beweislast** für die Tatsache, dass die Kündigung aus Anlass der Arbeitsunfähigkeit ausgesprochen worden ist, trifft den **Arbeitnehmer.**[196] Hat allerdings der Arbeitgeber im unmittelbaren zeitlichen Zusammenhang mit der Arbeitsunfähigkeit die Kündigung ausgesprochen, genügt der Arbeitnehmer seiner Darlegungslast, wenn er dies ausführt. Aus diesen Hilfstatsachen kann auf den Tatbestand des § 8 I EFZG geschlossen werden.[197] Der Arbeitgeber kann dem entgegentreten, indem er Tatsachen vorträgt und erforderlichenfalls beweist, aus denen sich ergibt, dass andere Gründe seinen Kündigungsentschluss bestimmt haben.[198] Regeln die Tarifpartner, dass aus Anlass einer Arbeitsunterbrechung wegen Krankheit nicht ge- **81**

---

183 BAG 28. 11. 1979 AP 8 zu § 6 LohnFG.
184 ErfK/*Dörner* § 8 EFZG RN 8.
185 MünchKommBGB/*Müller-Glöge* § 8 EFZG RN 10.
186 BAG 29. 8. 1980 AP 18 zu § 6 LohnFG.
187 BAG 17. 4. 2002 AP 1 zu § 8 EntgeltFG = NZA 2002, 899.
188 MünchKommBGB/*Müller-Glöge* § 8 EFZG RN 8.
189 BAG 17. 4. 2002 AP 1 zu § 8 EntgeltFG = NZA 2002, 899.
190 BAG 26. 4. 1978 AP 5 zu § 6 LohnFG; 29. 8. 1980 AP 13 zu § 6 LohnFG.
191 Vgl. BAG 17. 4. 2002 AP 1 zu § 8 EntgeltFG = NZA 2002, 899.
192 BAG 26. 10. 1971 AP 1 zu § 6 LohnFG = NJW 72, 702.
193 BAG 26. 4. 1978 AP 6 zu § 6 LohnFG.
194 BAG 22. 12. 1971 AP 2 zu § 6 LohnFG.
195 MünchKommBGB/*Müller-Glöge* § 8 EFZG RN 14; *Vogelsang* RN 253.
196 MünchKommBGB/*Müller-Glöge* § 8 EFZG RN 18; HWK/*Schliemann* § 8 EFZG RN 23.
197 ErfK/*Dörner* § 8 EFZG RN 10; ähnlich BAG 2. 12. 1981 AP 19 zu § 6 LohnFG.
198 BAG 2. 12. 1981 AP 19 zu § 6 LohnFG; 20. 8. 1980 AP 16 zu § 6 LohnFG.

kündigt werden darf, kann bei einer Kündigung im unmittelbaren Anschluss an vorhergehende Arbeitsunfähigkeitszeiten der Beweis des ersten Anscheins dafür sprechen, dass die Arbeitsunterbrechung wegen Krankheit bestimmendes Motiv des Arbeitgebers für die Kündigung war.[199]

82 **7. Freistellung während der Kündigungsfrist.** Mit der Vereinbarung einer unwiderruflichen Freistellung von der Arbeit unter Fortzahlung der Vergütung wird regelmäßig kein Rechtsgrund für eine Entgeltzahlungspflicht des Arbeitgebers geschaffen, die über die gesetzlich geregelten Fälle der Entgeltfortzahlung bei krankheitsbedingter Arbeitsunfähigkeit hinausgeht.[200] Eine über die Vorschriften des EFZG hinausgehende Entgeltzahlungspflicht des Arbeitgebers würde in Fällen **lang andauernder Arbeitsunfähigkeit** oder bei Fortsetzungserkrankungen in erster Linie die Sozialversicherungsträger entlasten. Die Arbeitsvergütung käme zum ganz überwiegenden Teil dem jeweiligen Träger der Sozialversicherung zugute, weil der Entgeltanspruch des Arbeitnehmers nach § 115 SGB X mit Zahlung des Kranken- oder Übergangsgelds auf den Sozialversicherungsträger übergegangen wäre. Ein solcher Regelungswille kann den Parteien ohne ausdrückliche Vereinbarung nicht unterstellt werden.

IV. Höhe des fortzuzahlenden Arbeitsentgelts

83 **1. Arbeitsentgelt.** Arbeitsentgelt i. S. des EFZG ist das Bruttoentgelt, das der Arbeitnehmer als Gegenleistung für die von ihm verrichtete Arbeit verlangen kann.[201] Dem EFZG liegt das sog. **modifizierte Entgeltausfallprinzip** zugrunde. Der Arbeitnehmer soll diejenige Vergütung erhalten, die er erhalten hätte, wenn er nicht arbeitsunfähig krank geworden wäre. Kein Arbeitsentgelt sind das zusätzlich für Überstunden gezahlte Entgelt (dazu RN 95) und die Leistungen für Aufwendungen des Arbeitnehmers, soweit der Anspruch auf sie im Falle der Arbeitsfähigkeit davon abhängig ist, dass dem Arbeitnehmer entsprechende Aufwendungen tatsächlich entstanden sind und dem Arbeitnehmer solche Aufwendungen während der Arbeitsunfähigkeit nicht entstehen (§ 4 I a 2 EFZG).

84 **2. Verstetigte Monatsvergütung.** Haben die Arbeitsvertragsparteien eine feste Monatsvergütung vereinbart, ist diese grundsätzlich auch **im Krankheitsfall fortzuzahlen.**[202] Der Arbeitgeber kann aber einwenden, mit dem Festlohn seien vereinbarungsgemäß bestimmte Überstunden oder bestimmte tarifliche Überstundenzuschläge abgegolten worden. Soll trotz der Vereinbarung eines Festlohns eine Überstundenvergütung unberücksichtigt bleiben, muss der Arbeitgeber Tatsachen für eine entsprechende Auslegung des Arbeitsvertrags vortragen und den Umfang der regelmäßigen Arbeitszeit des Arbeitnehmers darlegen.[203] Endet der Entgeltfortzahlungszeitraum von sechs Wochen während des laufenden Monats, ist der anteilige Vergütungsanspruch zu berechnen. Hierzu ist der anfallende Bruttomonatsverdienst durch die in dem betreffenden Monat tatsächlich anfallenden Arbeitstage zu teilen und der sich danach ergebende Betrag mit der Anzahl der krankheitsbedingt ausgefallenen Arbeitstage zu multiplizieren.[204]

85 **3. Arbeitszeitkonto.**[205] Wird für den Arbeitnehmer ein Arbeitszeitkonto geführt und erhält er eine **verstetigte Arbeitsvergütung,** kann durch Betriebsvereinbarung nicht geregelt werden, dass sich die in einer Phase der verkürzten Arbeitszeit ergebende Zeitschuld nur durch tatsächliche Arbeitsleistung, nicht aber bei krankheitsbedingter Arbeitsunfähigkeit in der Phase der verlängerten Arbeitszeit ausgeglichen wird. Eine solche Regelung verstößt gegen § 4 I EFZG.[206] Einem arbeitsunfähigen Arbeitnehmer, der während der Dauer der Betriebsruhe das verstetigte Arbeitsentgelt erhält, können die ausfallenden Arbeitsstunden, ebenso wie den nicht erkrankten Arbeitnehmern, im Arbeitszeitkonto ins Soll gestellt werden.[207]

86 **4. Stundenvergütung.** Erhält der Arbeitnehmer eine Stundenvergütung, errechnet sich das während der Arbeitsunfähigkeit fortzuzahlende Entgelt, indem der vereinbarte Stundensatz mit der Zahl der wegen der Arbeitsunfähigkeit ausgefallenen regelmäßigen Arbeitsstunden multipliziert wird. Für die Berechnung des fortzuzahlenden Arbeitsentgeltes sind damit zwei Berech-

---

[199] BAG 5. 2. 1998 AP 3 zu § 1 TVG Tarifverträge: Apotheken = NZA 98, 644.
[200] BAG 29. 9. 2004 AP 23 zu § 3 EntgeltFG = NZA 2005, 104; 23. 1. 2008 NZA 2008, 595.
[201] Vgl. BAG 31. 5. 1978 AP 9 zu § 2 LohnFG.
[202] BAG 26. 6. 2002 AP 61 zu § 4 EntgeltFG; MünchKommBGB/*Müller-Glöge* § 4 EFZG RN 3.
[203] BAG 26. 6. 2002 AP 61 zu § 4 EntgeltFG.
[204] BAG 14. 8. 1985 AP 40 zu § 63 HGB.
[205] *Leinemann* BB 98, 1414.
[206] BAG 13. 2. 2002 AP 57 zu § 4 EntgeltFG = NZA 2002, 683.
[207] BAG 28. 1. 2004 AP 21 zu § 3 EntgeltFG = NZA 2005, 656.

nungsfaktoren, der **Zeit- und der Geldfaktor,** maßgebend.[208] Nicht fortzuzahlen sind die Entgelte bei Über- und Mehrarbeitsstunden (RN 95ff.) und für Aufwendungen (RN 101ff.).

a) Der **Zeitfaktor** bestimmt sich gemäß § 4 I EFZG nach der für den Arbeitnehmer maßgeblichen regelmäßigen Arbeitszeit. Diese richtet sich nach den individuellen und nicht nach den betrieblichen Verhältnissen.[209] Die individuelle Arbeitszeit ergibt sich in erster Linie aus dem Arbeitsvertrag oder dem einschlägigen Tarifvertrag. Dabei ist auf das gelebte Rechtsverhältnis als Ausdruck des wirklichen Parteiwillens und nicht auf den Text des Arbeitsvertrags abzustellen. Wird regelmäßig eine bestimmte, erhöhte Arbeitszeit abgerufen und geleistet, ist dies Ausdruck der vertraglich geschuldeten Leistung.[210] Überstunden sind nach § 4 Ia EFZG nicht zu berücksichtigen (dazu RN 95ff.). Umstr. ist, ob in der Vergangenheit wiederholt aufgetretene Fehlstunden zu berücksichtigen sind. Das BAG hat dies in einer älteren Entscheidung bejaht, wenn sie mit einer gewissen Regelmäßigkeit aufgetreten sind.[211] **87**

b) Schwankt die Arbeitszeit, weil der Arbeitnehmer stets seine Arbeitsaufgaben vereinbarungsgemäß zu erledigen hat, ist zur Bestimmung der „regelmäßigen" Arbeitszeit eine vergangenheitsbezogene Betrachtung zulässig und geboten. Die regelmäßige Arbeitszeit bemisst sich dann nach dem Durchschnitt der vergangenen zwölf Monate. Dieser Zeitraum wird besonderen Eigenarten eines Arbeitsverhältnisses gerecht und vermeidet unbillige Zufallsergebnisse. Hat das Arbeitsverhältnis bei Beginn der Arbeitsunfähigkeit weniger als ein Jahr gedauert, ist dessen gesamter Zeitraum maßgebend.[212] Unerheblich ist, ob gesetzliche oder tarifvertragliche Höchstgrenzen überschritten werden. Etwaige gesetzliche oder tarifliche Höchstarbeitszeiten dienen dem Schutz des Arbeitnehmers. Sie bewahren den Arbeitgeber jedoch nicht vor der Verpflichtung, die darüber hinausgehende Arbeitszeit zu vergüten.[213] Über die regelmäßige Arbeitszeit hinausgehende Überstunden können wegen besonderer Umstände, etwa bei einem unvorhergesehenen oder ungewöhnlichen, zusätzlich auftretenden Arbeitsanfall (z.B. im Zusammenhang mit einem Verkehrsunfall, bei vorübergehenden Zusatzaufträgen usw.) auftreten. Krankheits- und Urlaubstage sind nicht in die Durchschnittsberechnung einzubeziehen, soweit die ausgefallene Arbeitszeit selbst auf einer Durchschnittsberechnung beruht. Nimmt der Arbeitnehmer Freizeitausgleich in Anspruch, mindert das seine durchschnittliche regelmäßige Arbeitszeit, soweit nicht nur Überstundenzuschläge „abgefeiert" werden,[214] denn diese betreffen allein den Geldfaktor. Die Tage des Freizeitausgleichs sind deshalb mit einer Arbeitszeit null in die Durchschnittsberechnung einzubringen.[215] **88**

Eine **ständig erbrachte Mindestarbeitsleistung** (Arbeitszeitsockel) kann als konkludent vereinbart angesehen werden, wenn der Arbeitgeber die entsprechende Arbeitsleistung vom Arbeitnehmer erwartet und entgegennimmt. Sie ist Grundlage für einen Mindestumfang der Entgeltfortzahlung.[216] Beruhen Schwankungen der Arbeitszeit darauf, dass der Arbeitnehmer vertragsgemäß bestimmte (wiederkehrende) Arbeitsleistungen erbringt, die je nach den Arbeitsumständen oder dem Arbeitsanfall kürzer oder länger dauern (z.B. bei einem Müllwerker oder einem Auslieferungsfahrer), geht die individuelle regelmäßige Arbeitszeit über den Arbeitszeitsockel hinaus; denn der Arbeitnehmer hat seine Arbeitsaufgabe stets vereinbarungsgemäß zu erledigen, ohne dass die Arbeitszeit von vornherein festliegt. Als geschuldete Arbeitszeit muss dann ein durchschnittlicher Wert angenommen werden. Das entspricht auch der gesetzlichen Wertung des § 4 Ia 2 EFZG für ergebnisabhängige Vergütungen. **89**

Verändern sich die Arbeitsaufgaben des Arbeitnehmers vereinbarungsgemäß in mehr oder weniger großen Abständen mit Auswirkung auf die Arbeitszeitdauer (z.B. Einsatz auf wechselnden Baustellen, Saison bei Gastronomie- und Hotelbetrieben), kann die durch die krankheitsbedingte Arbeitsunfähigkeit ausgefallene Arbeitszeit vielfach konkret bestimmt werden. In Saisonbetrieben wird je nach Saison eine unterschiedliche individuelle regelmäßige Arbeitszeit anzunehmen sein. Diese ist dann für die Entgeltfortzahlung maßgeblich. Durch die Umsetzung auf andere Baustellen ändert sich demgegenüber die individuelle regelmäßige Ar- **90**

---

[208] ErfK/*Dörner* § 4 EFZG RN 2; MünchKommBGB/*Müller-Glöge* § 4 EFZG RN 3.
[209] BAG 24. 3. 2004 AP 66 zu § 4 EntgeltFG.
[210] BAG 21. 11. 2001 AP 56 zu § 4 EntgeltFG = NZA 2002, 439.
[211] Vgl. BAG 20. 10. 1966 AP 29 zu § 2 ArbKrankhG.
[212] BAG 21. 11. 2001 AP 56 zu § 4 EntgeltFG = NZA 2002, 439; 26. 6. 2002 AP 61 zu § 4 EntgeltFG; zust. *Caspers* SAE 2003, 254.
[213] BAG 26. 6. 2002 AP 61 zu § 4 EntgeltFG.
[214] BAG 26. 6. 2002 AP 61 zu § 4 EntgeltFG.
[215] BAG 9. 7. 2003 – 5 AZR 610/01 n. v.
[216] BAG 9. 7. 2003 – 5 AZR 610/01 n. v.; 26. 6. 2002 AP 61 zu § 4 EntgeltFG.

beitszeit gewöhnlich nicht. Deshalb ist auch dann, wenn feststeht, dass der erkrankte Arbeitnehmer nicht oder – sofern überhaupt zulässig – eben doch auf eine andere Einsatzstelle umgesetzt worden wäre, die individuelle regelmäßige Arbeitszeit nach dem Durchschnitt eines zurückliegenden Zeitraums zu bestimmen.[217]

91 **c)** Der Arbeitnehmer genügt bei einer vom schriftlichen Arbeitsvertrag regelmäßig abweichenden Arbeitszeit seiner **Darlegungslast** zu der für ihn maßgebenden regelmäßigen Arbeitszeit gem. § 4 I EFZG im Normalfall dadurch, dass er den Arbeitszeitdurchschnitt der vergangenen zwölf Monate darlegt. Das Maß der zu fordernden Substantiierung richtet sich nach der Einlassung des Arbeitgebers. Überstunden hat der Arbeitgeber, wenn sie sich nicht bereits aus dem Vortrag des Arbeitnehmers ergeben, entsprechend der Fassung des § 4 I a EFZG einzuwenden. Der Arbeitgeber, der eine aus Überstunden resultierende Minderung der zu berücksichtigenden durchschnittlichen Arbeitszeit geltend macht, trägt hierfür die Darlegungs- und Beweislast.[218]

92 **d)** Bei **Arbeitszeit auf Abruf** (§ 12 TzBfG) ist die Arbeitsvergütung nach der vor der Erkrankung festgelegten Arbeitszeit zu zahlen. Ist die Arbeitszeit für den Ausfallzeitraum nicht festgelegt, hat der Arbeitnehmer tatsächliche Umstände vorzutragen, aus denen sich eine hohe Wahrscheinlichkeit für den Arbeitsausfall ergibt.[219] Insoweit kann den Arbeitsanforderungen in der Vergangenheit Indizwirkung zukommen.[220]

93 **e)** Der **Geldfaktor** bestimmt sich nach dem vereinbarten Bruttoentgelt. Zum Arbeitsentgelt gehören auch laufende **Lohnzulagen** wie Erschwernis-, Gefahren- und Nachtzulagen (hierzu auch RN 104 ff.). Ebenso gehören hierzu laufende Sozialzuschläge (Kinder-, Familien-, Wohnungs- oder Ortszuschläge), nicht dagegen das Kindergeld nach dem BKGG. Ist rückwirkend während der Dauer der Arbeitsunfähigkeit die Arbeitsvergütung erhöht worden, ist bei Berechnung der Entgeltfortzahlung von der erhöhten Arbeitsvergütung auszugehen.[221]

94 **f)** Ist **Akkordlohn** vereinbart, muss der Lohn weitergezahlt werden, den der Akkordarbeiter erzielt hätte, wenn er nicht krank geworden wäre. Beim Gruppenakkord kommt es der Bestimmung des tatsächlichen Entgeltausfalls am nächsten, auf den Verdienst der weiterarbeitenden Akkordgruppenmitglieder abzustellen.[222] Es ist wahrscheinlich, dass der erkrankte Arbeitnehmer eine dem Verdienst der übrigen Arbeitnehmer entsprechende Vergütung erzielt hätte. Das gilt auch bei einer aus zwei Personen bestehenden Akkordgruppe, wenn der verbleibende Arbeitnehmer allein im Akkord weiterarbeitet. Zwar entfallen für ihn die Vorteile der Zusammenarbeit. Doch tritt deren Bedeutung regelmäßig hinter die Bedeutung der Art der Arbeit auf unterschiedlichen Baustellen in unterschiedlichen Zeiträumen zurück. Es ist deshalb Sache des Arbeitnehmers, einen Ausnahmefall darzulegen, der es rechtfertigt, auf den höheren Verdienst in der Vergangenheit abzustellen.

95 **5. Über- und Mehrarbeitsvergütungen,** die über die vertragliche oder gesetzliche Arbeitszeit hinaus anfallen, gehören nach § 4 I a EFZG nicht zum fortzuzahlenden Arbeitsentgelt. Die Herausnahme der Überstunden in § 4 I a EFZG bezieht sich sowohl auf die Grundvergütung als auch auf die Zuschläge für die Überstunden.[223] Stets muss es sich jedoch um echte Überstunden handeln. Überstunden i. S. v. § 4 I a EFZG liegen vor, wenn die individuelle regelmäßige Arbeitszeit des Arbeitnehmers überschritten wird (dazu RN 88 ff.).[224] Überstunden werden wegen bestimmter besonderer Umstände zusätzlich geleistet.

96 Eine **pauschale Monatsvergütung** lässt sich nicht ohne Weiteres in fortzahlungspflichtige und nicht fortzahlungspflichtige Überstundenbestandteile aufteilen. Etwas anderes gilt aber, wenn der Arbeitgeber darlegt, mit dem Festlohn seien vereinbarungsgemäß bestimmte Überstunden oder bestimmte Überstundenzuschläge abgegolten worden.[225] In diesem Fall würde der

---

[217] BAG 26. 6. 2002 EzA 51 zu § 4 EFZG Tarifvertrag.

[218] BAG 9. 7. 2003 – 5 AZR 610/01 n. v.; 26. 6. 2002 AP 61 zu § 4 EntgeltFG; 21. 11. 2001 AP 56 zu § 4 EntgeltFG = NZA 2002, 439.

[219] Vgl. BAG 24. 10. 2001 AP 8 zu § 2 EntgeltFG zur Feiertagsvergütung; dazu auch *Schmitt,* FS für Gitter, 1995, S. 847 ff.

[220] Vgl. ErfK/*Dörner* § 4 EFZG RN 10; *Feichtinger/Malkmus* § 4 RN 59; MünchKommBGB/*Müller-Glöge* § 4 EFZG RN 8; *Schmitt* § 4 RN 35 ff.

[221] MünchKommBGB/*Müller-Glöge* § 4 EFZG RN 9; *Treber* § 4 RN 31.

[222] BAG 26. 2. 2003 AP 64 zu § 4 EntgeltFG = NZA 2003, 992.

[223] BAG 26. 6. 2002 AP 62 zu § 4 EntgeltFG = NZA 2003, 156; 21. 11. 2001 AP 56 zu § 4 EntgeltFG = NZA 2002, 439.

[224] BAG 21. 11. 2001 AP 56 zu § 4 EntgeltFG = NZA 2002, 439.

[225] BAG 26. 6. 2002 AP 61 zu § 4 EntgeltFG; 26. 6. 2002 AP 62 zu § 4 EntgeltFG = NZA 2003, 156.

Arbeitnehmer mit der Fortzahlung des Festlohns in Wahrheit auch Vergütungsbestandteile verlangen, die ihm im Krankheitsfall nicht zustehen. Soll trotz der Vereinbarung eines Festlohns eine Überstundenvergütung unberücksichtigt bleiben, muss der Arbeitgeber Tatsachen für eine entsprechende Auslegung des Arbeitsvertrags vortragen und den Umfang der regelmäßigen Arbeitszeit des Arbeitnehmers darlegen. Überstundenzuschläge können nur dann von der Entgeltfortzahlung ausgenommen werden, wenn deren Anspruchsgrund und Anspruchshöhe hinreichend sicher feststehen.

6. Erfolgsabhängige Vergütung. a) Zum Arbeitsentgelt gehören **Provisionen und laufende Prämien,**[226] die als Mengenprämien für eine quantitativ gute Leistung oder als Qualitätsprämie für eine qualitativ gute Arbeitsleistung gezahlt werden. Setzt sich die Vergütung aus einem monatlichen Grundgehalt und Abschlussprovisionen zusammen, kann der Arbeitnehmer im Krankheitsfall auch die Zahlung von Provisionen verlangen, die er in dieser Zeit ohne Arbeitsunfähigkeit wahrscheinlich verdient hätte. Hierzu bedarf es ggf. einer Schätzung (§ 287 ZPO) auf der Grundlage der in der Vergangenheit – bei starken Schwankungen zwölf Monate – erzielten Provisionen.[227] **97**

b) Einmalige Zuwendungen sind zwar Arbeitsentgelt, aber nicht unbedingt Arbeitsentgelt „das ihm bei der für ihn maßgebenden regelmäßigen Arbeitszeit" zusteht. Ob sie bei Arbeitsunfähigkeit gekürzt werden können, hängt vom vereinbarten Leistungszweck ab (dazu § 78). **98**

7. Sachbezüge zählen zum Arbeitsentgelt. Bei der Berechnung sind sie mit dem tatsächlichen Wert in Ansatz zu bringen, soweit der Arbeitnehmer sie nicht entgegennehmen kann.[228] Kein Arbeitsentgelt sind **Trinkgelder,** weil sie nicht vom Arbeitgeber gewährt werden.[229] Etwas anderes gilt für fest in das Vergütungsgefüge eingebaute Bedienungsprozente. **Privat genutzte** Dienstwagen oder Handys sind dem Arbeitnehmer grundsätzlich für die Dauer des Entgeltfortzahlungszeitraums zu belassen.[230] **99**

Leistungen der Sozialeinrichtungen sind kein Arbeitsentgelt. Sie werden im Allgemeinen nicht als Gegenleistung für die Arbeitsleistung erbracht. Sie sind weiterzugewähren, sofern der Arbeitnehmer sie auch während der Arbeitsunfähigkeit in Anspruch nehmen kann (Pensions- und Unterstützungskassen, Kindergarten-, Kantinenleistungen usw.). **100**

8. Aufwendungsersatz. a) Kein Arbeitsentgelt ist gem. § 4 I a 1 EFZG **Aufwendungsersatz,** soweit der Anspruch im Falle der Arbeitsunfähigkeit davon abhängig ist, dass dem Arbeitnehmer solche Aufwendungen tatsächlich entstehen. Der Bestimmung liegt der Gedanke zugrunde, dass der erkrankte Arbeitnehmer nicht besser als der Arbeitende stehen soll. Aus diesem Prinzip ergeben sich die Einzelheiten. Erstattung für Kosten der Arbeitskleidung oder Maschinenbenutzung sind deshalb grundsätzlich Aufwendungsersatz. **101**

b) Reisekostenabgeltungen, Tage- und Übernachtungsgelder oder Verpflegekostenzuschüsse sind im allgemeinen Aufwendungsersatz enthalten. Nur dann gilt etwas anderes, wenn der Arbeitnehmer sie zur Verbesserung seines Lebensunterhalts verwenden kann.[231] **102**

c) Auslösungen sind Entschädigungen des Arbeitnehmers, der ständig oder vorübergehend außerhalb des Betriebssitzes auf einer auswärtigen Baustelle arbeitet und dessen Kosten pauschaliert sind. Auslösungen werden vielfach auf Grund einzelvertraglicher oder tarifvertraglicher Grundlagen gezahlt. Sie sind dann fortzuzahlen, wenn sie der zusätzlichen Abgeltung der Arbeitsleistung dienen oder wenn sie auch dann weiterbezahlt werden, wenn der Arbeitnehmer nicht auf der auswärtigen Baustelle arbeitet oder sie ausdrücklich als fortzuzahlendes Entgelt vereinbart wird. Bei **Fernauslösungen,** die gezahlt werden, wenn die tägliche Rückkehr nicht zumutbar ist, und **Nahauslösungen,** die gezahlt werden, wenn der Arbeitnehmer täglich zu seiner Wohnung zurückkehrt, ist zunächst die jeweilige Tarifregelung maßgeblich. Zu dem Bundestarifvertrag vom 30. 4. 1980 für die besonderen Arbeitsbedingungen der Montagearbeiter in der Eisen-, Metall- und Elektroindustrie einschl. des Fahrleitungs-, Freileitungs-, Ortsnetz- und Kabelbaus (BMTV) hat das BAG angenommen, dass weder die Fern-[232] noch die Nahaus- **103**

---

[226] Zu Prämien bei Berufsfußballspielern: BAG 6. 12. 1995 AP 9 zu § 611 BGB Berufssport = NZA 96, 640.

[227] BAG 5. 6. 1985 AP 39 zu § 63 HGB = NZA 86, 290.

[228] BAG 22. 9. 1960 AP 27 zu § 616 BGB.

[229] Vgl. BAG 28. 6. 1995 AP 112 zu § 37 BetrVG 1972 = NZA 96, 252.

[230] LAG Köln 22. 6. 2001 NZA-RR 2001, 523; Sächsisches LAG 13. 1. 1999 LAGE § 4 EFZG Nr. 4; näher dazu *Fischer* FA 2003, 105.

[231] Vgl. BAG 11. 2. 1976 AP 10 zu § 611 BGB Anwesenheitsprämie.

[232] BAG 28. 1. 1982 AP 11 zu § 2 LohnFG; 15. 6. 1983 AP 12 zu § 2 LohnFG.

lösung[233] zum fortzuzahlenden Entgelt gehören. Diese Rechtslage gilt auch nach dem EFZG. Anders war dagegen die Rechtslage nach dem MTV-Metall NRW. Hiernach zählte die Auslösung in ihrem steuerpflichtigen Teil zum fortzuzahlenden Arbeitsentgelt.[234] Ist der Tarifregelung nichts zur Entgeltfortzahlungspflicht zu entnehmen, sind Nahauslösungen als fortzuzahlendes Entgelt und Fernauslösungen aus Aufwendungsersatz zu behandeln.[235]

104 **9. Sonstige Leistungen.** Bei **Schmutzzulagen** ist entscheidend, ob sie die besondere Arbeitserschwernis oder die durch den Schmutz verursachten Aufwendungen abgelten sollen. Dies ist durch Auslegung der Anspruchsgrundlage zu ermitteln. Soll die Schmutzzulage die besondere Arbeitserschwernis abgelten, ist sie weiterzuzahlen.[236]

105 **Trennungsentschädigungen** sind fortzuzahlendes Arbeitsentgelt, wenn sie nicht in Abhängigkeit von der tatsächlichen Arbeitsleistung stehen. Sollten sie dagegen zur Abgeltung etwaiger auswärtiger Mietkosten dienen, sind sie Aufwendungsersatz.

106 Die gesetzliche Entgeltfortzahlung für wegen krankheitsbedingter Arbeitsunfähigkeit ausgefallene Feiertagsarbeit schließt die entsprechenden **Sonn- und Feiertagszuschläge** mit ein.[237] Dem Feiertagszuschlag kommt nicht generell eine besondere Rechtsnatur dahingehend zu, dass er nur bei tatsächlicher Arbeitsleistung, nicht aber etwa im Krankheitsfall, bei Annahmeverzug oder in anderen Fällen einer Aufrechterhaltung des Lohnanspruchs gezahlt werden müsste.

V. Kurzarbeit

107 Bei Kurzarbeit hat der Arbeitnehmer nach § 4 III EFZG Anspruch auf diejenige Vergütung, die er erhalten hätte, wenn er nicht arbeitsunfähig geworden wäre. Dies gilt sowohl dann, wenn die Kurzarbeit bereits vor Eintritt der Arbeitsunfähigkeit eingetreten ist, als auch dann, wenn sie erst während der Arbeitsunfähigkeit eintritt. Entfällt die Kurzarbeit während der Arbeitsunfähigkeit, ist ab diesem Zeitpunkt die volle Arbeitsvergütung der regelmäßigen Arbeitszeit zu zahlen.

VI. Tariföffnungsklauseln

108 **1. Bemessungsgrundlage.** Nach § 4 IV 1 EFZG kann durch Tarifvertrag eine von § 4 I, I a, III EFZG **abweichende Bemessungsgrundlage** des fortzuzahlenden Arbeitsentgelts festgelegt werden. Zugunsten des Arbeitnehmers kann stets von den Bestimmungen des EFZG abgewichen werden. Um eine Gleichstellung von Tarifgebundenen (§§ 3, 4 TVG) und Nichttarifgebundenen zu erreichen, können auch mit Nichttarifgebundenen die tariflichen Bemessungsvorschriften vereinbart werden. § 4 IV EFZG beruht auf dem Gedanken, dass es ohnehin weitgehend der Beurteilung der Tarifvertragsparteien unterliegt, ob, aus welchem Anlass und in welchem Umfang auch immer, Zuschläge geregelt werden. Insbesondere bei Zuschlägen, die im Hinblick auf eine besondere Erschwernis gezahlt werden, erscheint es gerechtfertigt, in Fällen, in denen die Arbeit wegen der krankheitsbedingten Arbeitsunfähigkeit ausfällt, den zusätzlichen finanziellen Ausgleich ebenfalls entfallen zu lassen. Die Tarifvertragsparteien dürfen insoweit das mit dem modifizierten Entgeltausfallprinzip gemäß § 4 I EFZG verfolgte Ziel der Erhaltung des Lebensstandards hintanstellen, zumal die tariflichen Zuschläge in aller Regel nicht den Lebensstandard des Arbeitnehmers prägen.[238]

109 **2. Berechnungsmethode.** „Bemessungsgrundlage" i. S. v. § 4 IV EFZG ist die Grundlage für die **Bestimmung der Höhe der Entgeltfortzahlung.** Hierzu gehören sowohl die Berechnungsmethode (Ausfall- oder Referenzprinzip) als auch die Berechnungsgrundlage. Die Berechnungsgrundlage setzt sich aus Geld- und Zeitfaktor zusammen. Sie betrifft Umfang und Bestandteile des der Entgeltfortzahlung zugrunde zu legenden Arbeitsentgelts sowie die Arbeitszeit des Arbeitnehmers.[239]

110 Die Tarifvertragsparteien können den **Geldfaktor** modifizieren, daher das Entgeltausfallprinzip durch das Referenzprinzip ersetzen, sowie Umfang und Bestandteile des zugrunde zu legenden Arbeitsentgelts regeln.[240] Sie können aber auch tarifliche Zuschläge, wie beispielsweise

---

233 BAG 15. 6. 1983 AP 13 zu § 2 LohnFG.
234 BAG 14. 8. 1985 AP 14 zu § 2 LohnFG.
235 ErfK/*Dörner* § 4 EFZG RN 12; MünchKommBGB/*Müller-Glöge* § 4 EFZG RN 20.
236 ErfK/*Dörner* § 4 EFZG RN 12.
237 BAG 14. 1. 2009 – 5 AZR 89/08; 1. 12. 2004 AP 68 zu § 4 EntgeltFG = NZA 2005, 1315.
238 BAG 7. 12. 2005 AP 34 zu § 1 TVG Tarifverträge: Lufthansa.
239 BAG 24. 3. 2004 AP 66 zu § 4 EntgeltFG = NZA 2004, 1042; 13. 3. 2002 AP 58 zu § 4 EntgeltFG § 4; 26. 9. 2001 AP 55 zu § 4 EntgeltFG.
240 BAG 9. 10. 2002 AP 63 zu § 4 EntgeltFG = NZA 2003, 978; 26. 8. 1998 AP 33 zu § 1 TVG Tarifverträge: Druckindustrie = NZA 99, 497.

Nachtarbeitsvergütung, von den Krankenbezügen ausnehmen. Das gilt auch für Feiertagszuschläge[241] sowie Leistungszuschläge, wozu bei Piloten auch die Mehrflugstundenvergütung gehört.[242] Bei einer Mehrzahl tariflicher Zuschläge müssen nicht einzelne bestehen bleiben.[243]

Weiterhin kann der **Zeitfaktor** geändert und bestimmt werden, dass die Höhe des fortzuzahlenden Entgelts $^1/_{364}$ des Bruttoarbeitsentgelts der letzten zwölf Abrechnungsmonate beträgt.[244] Ein Tarifvertrag kann gem. § 4 IV EFZG ferner vorsehen, dass sich die Höhe des fortzuzahlenden Entgelts nach der regelmäßigen tariflichen Wochenarbeitszeit richtet und Mehrarbeit, auch soweit es sich nicht um Überstunden i. S. v. § 4 I a EFZG handelt, unberücksichtigt bleibt.[245] Dagegen wäre es unzulässig, generell das fortzuzahlende Arbeitsentgelt zu reduzieren oder Arbeitnehmer für jeden Tag der Entgeltfortzahlung eine bestimmte Stundenzahl nacharbeiten zu lassen.[246] Die Tarifvertragsparteien sind an den Grundsatz der vollen Entgeltfortzahlung (100%) im Krankheitsfall gebunden, weil dieser auf dem nicht tarifdispositiven § 3 I EFZG beruht.[247] **111**

3. Absenkung auf 80%. Durch das Arbeitsrechtliche Beschäftigungsförderungsgesetz (RN 7) war die Entgeltfortzahlung auf 80% abgesenkt worden. Damit entstand die Streitfrage, ob die Absenkung auch erfolgt ist, wenn die Entgeltfortzahlung im **Tarifvertrag** geregelt war. Das BAG hat einen tariflichen Anspruch auf Fortzahlung von 100% des Arbeitsentgelts dann bejaht, wenn die Tarifvertragsparteien eine umfassende, rechnerisch lückenlose Regelung über die Bemessung der Entgeltfortzahlung im Krankheitsfall getroffen, sie also auch das Ergebnis der Berechnung vorgegeben haben.[248] Hingegen wurde eine eigenständige Regelung der Höhe der Entgeltfortzahlung verneint, wenn die tarifliche Regelung lediglich die Methode und die Grundlagen der Berechnung der Lohnfortzahlung anders als das Gesetz bestimmt hat.[249] In zahlreichen Entscheidungen hat es den Tarifverträgen den Vorrang eingeräumt und eine Entgeltfortzahlung von 100% bejaht;[250] in einer Vielzahl von Entscheidungen hat es nur eine deklaratorische Verweisung angenommen.[251] **112**

---

[241] BAG 1. 12. 2004 AP 68 zu § 4 EntgeltFG = NZA 2005, 1315.

[242] BAG 7. 12. 2005 AP 34 zu § 1 TVG Tarifverträge: Lufthansa; 13. 3. 2002 AP 58 zu § 4 EntgeltFG = NZA 2002, 744.

[243] BAG 13. 3. 2002 AP 58 zu § 4 EntgeltFG = NZA 2002, 744.

[244] BAG 9. 10. 2002 AP 63 zu § 4 EntgeltFG = NZA 2003, 978; ErfK/*Dörner* § 4 EFZG RN 25.

[245] BAG 24. 3. 2004 AP 66 zu § 4 EntgeltFG; 7. 11. 2002 AP 100 zu § 615 BGB = NZA 2003, 1139.

[246] BAG 26. 9. 2001 AP 55 zu § 4 EntgeltFG = NZA 2002, 387.

[247] BAG 24. 3. 2004 AP 66 zu § 4 EntgeltFG.

[248] BAG 16. 6. 1998 AP 6 zu § 1 TVG Tarifverträge: Schuhindustrie; 26. 8. 1998 AP 33 zu § 1 TVG Tarifverträge: Druckindustrie; 30. 8. 2000 AP 3 zu § 1 TVG Tarifverträge: Klempnerhandwerk.

[249] BAG 26. 8. 1998 AP 164 zu § 1 TVG Tarifverträge: Metallindustrie; 21. 10. 1998 AP 5 zu § 1 TVG Tarifverträge: Gaststätten; 8. 9. 1999 AP 19 zu § 1 TVG Tarifverträge: Holz.

[250] BAG 16. 6. 1998 NZA 98, 1062: Rahmentarifvertrag für die technischen und kaufmännischen Angestellten des Baugewerbes vom 12. Juni 1978 i. d. F. vom 19. Mai 1992; BAG 26. 8. 1998 FA 98, 329: Manteltarifvertrag für die gewerblichen Arbeitnehmer der Druckindustrie i. d. F. vom 3. Juli 1994; BAG 26. 8. 1998 BB 98, 1900: Manteltarifvertrag für Arbeiter, Angestellte und Auszubildende der holz- und kunststoffverarbeitenden Industrie und verwandter Industriezweige des Saarlandes vom 22. Februar 1985; BAG 16. 6. 1998 AP 3 zu § 1 TVG Tarifverträge: Gaststätten: Manteltarifvertrag für das Hotel- und Gaststättengewerbe in Baden-Württemberg i. d. F. vom 24. März 1994; BAG 16. 12. 1998 Rahmentarifvertrag für die Beschäftigten der Steine- und Erdenindustrie in Baden-Württemberg vom 3. Juni 1991; BAG 16. 12. 1998: Manteltarifvertrag für die gewerblichen Arbeitnehmer des Wach- und Sicherheitsgewerbes des Landes Schleswig-Holstein vom 19. Dezember 1995.

[251] Entgeltfortzahlung im Krankheitsfall – 80%: BAG 26. 8. 1998 – 5 AZR 727/97 –: Manteltarifvertrag für alle Arbeitnehmer des Berliner Bäckerhandwerks vom 7. März 1991; BAG 21. 10. 1998 DB 98, 2277: Manteltarifverträge für das Bäckerhandwerk in Nordrhein-Westfalen vom 2. Januar 1994 und 3. März 1997; BAG 25. 11. 1998 – 5 AZR 324/98 – Rahmentarifvertrag für die Arbeitnehmer der Baumschulbetriebe Schleswig-Holstein und Hamburg, die eine der Rentenversicherung der Arbeiter unterliegende Tätigkeit ausüben, vom 16. Februar 1995; BAG 26. 8. 1998 AP 4 zu § 1 TVG Tarifverträge: Betonsteingewerbe = BB 98, 2320: Manteltarifvertrag für die Angestellten in der Beton- und Fertigteilindustrie und dem Betonsteinhandwerk (Betonsteingewerbe) Nordwestdeutschland vom 14. September 1993; BAG 26. 8. 1998 AP 5 zu § 1 TVG Tarifverträge: Betonsteingewerbe: Rahmentarifvertrag für die gewerblichen Arbeitnehmer in der Beton- und Fertigteilindustrie und dem Betonsteinhandwerk (Betonsteingewerbe) Nordwestdeutschland vom 14. September 1993; 10. 2. 1999 – 5 AZR 698/98: MTV für die Arbeitnehmer der Erfrischungsgetränke-Industrie und des Getränkefachgroßhandels in Hamburg und Schleswig-Holstein 15. 3. 1994; BAG 10. 2. 1999 – 5 AZR 698/98; BAG 1. 7. 1998 NZA 98, 1066 = BB 98, 2006: Manteltarifvertrag bei der Firma Max Dimke Fleischwarenfabrik vom 11. Mai 1995 § 9; Einheitlicher MTV für die Arbeitnehmer in den Betrieben der Fleischwaren-Industrie Westfalen vom 6. Mai 1994; BAG 25. 11. 1998 – 5 AZR 305/98 – Rahmentarifvertrag für alle Arbeiter/Angestellten einschließlich der Auszubildenden in den Florist-Fachbetrieben, Blumen- und Kranzbindereien und dem gesamten Blumeneinzelhandel im Gebiet der Länder

VII. Anzeige- und Nachweispflichten

113 **1. Anzeigepflicht. a)** Nach § 5 I 1 EFZG sind alle Arbeitnehmer ohne Rücksicht darauf, ob sie einen Anspruch auf Entgeltfortzahlung haben, verpflichtet, dem Arbeitgeber die Arbeitsunfähigkeit und deren voraussichtliche Dauer unverzüglich mitzuteilen. **Zweck** der Anzeigepflicht ist, den Arbeitgeber in die Lage zu versetzen, auf die Abwesenheit des Arbeitnehmers reagieren und Arbeitsaufgaben neu verteilen zu können.[252] Bei der Anzeigepflicht handelt es sich um eine unselbstständige Nebenpflicht, deren Erfüllung der Arbeitgeber nicht einklagen kann. Gleichwohl bleibt ihre Verletzung nicht ohne Rechtsfolgen. Der Arbeitgeber kann im Einzelfall nach vorheriger Abmahnung verhaltensbedingt kündigen (§ 133 RN 16).

114 **b)** Die Anzeigepflicht besteht zunächst zu **Beginn der Arbeitsunfähigkeit.** Hat der Arbeitgeber von der Arbeitsunfähigkeit anderweitige Kenntnis (z. B. nach einem Arbeitsunfall), bezieht sich die Anzeigepflicht nur auf die voraussichtliche Dauer der Arbeitsunfähigkeit, wenn diese dem Arbeitgeber noch nicht bekannt ist.[253] Dauert die Arbeitsunfähigkeit **über den bescheinigten Termin hinaus fort,** ist der Arbeitnehmer erneut zur unverzüglichen Anzeige verpflichtet.[254] Ist der Arbeitnehmer beispielsweise von Montag bis Freitag arbeitsunfähig und teilt der Arzt ihm am Donnerstag mit, die Arbeitsunfähigkeit dauere noch die folgende Woche an, hat der Arbeitnehmer den Arbeitgeber nach dem Arztbesuch am Donnerstag hiervon in Kenntnis zu setzen.

115 **c)** Der Arbeitnehmer hat dem Arbeitgeber die Arbeitsunfähigkeit unverzüglich mitzuteilen, also **ohne schuldhaftes Zögern** (§ 121 BGB). Die Anzeige muss daher grundsätzlich am ersten Tag vor Arbeitsbeginn erfolgen.[255] Der Arbeitnehmer darf regelmäßig nicht erst den Arztbesuch abwarten, wenn er schon vorher weiß, dass er nicht zur Arbeit erscheinen wird.[256] Nach dem Arztbesuch hat er seine Angaben bezüglich der voraussichtlichen Dauer der Arbeitsunfähigkeit zu ergänzen.[257] Die Unterrichtung ist grundsätzlich nur dann unverzüglich, wenn sie telefonisch oder per e-mail erfolgt. Eine briefliche Anzeige ist nicht unverzüglich, wenn andere Kommunikationsmittel zur Verfügung stehen. Da der Arbeitgeber sich auf die Abwesenheit des Arbeitnehmers einstellen muss, ist bei der unverzüglichen Anzeige nicht auf das Absenden, sondern den Zugang abzustellen. Beginnt die Arbeitsunfähigkeit an einem arbeitsfreien Tag (z. B. Teilzeitarbeit) und ist absehbar, dass der Arbeitnehmer die Arbeit nicht wird aufnehmen

---

Mecklenburg-Vorpommern, Brandenburg einschließlich Berlin-Ost, Sachsen-Anhalt, Sachsen und Thüringen vom 23. Februar 1994; BAG 1. 7. 1998 AP 5 zu § 1 TVG Tarifverträge: Betonsteingewerbe – Bundes-Rahmen-Tarifvertrag für gewerbliche Arbeitnehmer des Gerüstbaugewerbes vom 27. Juli 1993 in der Fassung des Änderungstarifvertrages vom 15. November 1995; BAG 21. 10. 1998 – 5 AZR 92/98 – Manteltarifvertrag für die Arbeitnehmer im Hotel- und Gaststättengewerbe in Berlin vom 31. März 1995; LAG Rheinland-Pfalz 24. 3. 1998 BB 98, 1742; Revision eingelegt (5 AZR 481/98) Manteltarifvertrag des Hotel- und Gaststättengewerbes Rheinland-Pfalz vom 22. 11. 1994; BAG 11. 11. 1998 – 5 AZR 270/98 –: Rahmentarifvertrag für die Arbeitnehmer der Kalksandsteinindustrie im Gebiet der Bundesrepublik Deutschland vom 4. Januar 1995; BAG 25. 11. 1998 – 5 AZR 416/98 –: Rahmentarifvertrag für die gewerblichen Arbeitnehmer der Kies und Sand, Mörtel und Transportbeton herstellenden Unternehmen in den Bundesländern Bremen, Hamburg, Niedersachsen, Nordrhein-Westfalen, Schleswig-Holstein vom 9. Dezember 1986; BAG 25. 11. 1998 – 5 AZR 443/98 –: Rahmentarifvertrag für Landarbeiter landwirtschaftlicher Betriebe in Bayern vom 7. Mai 1992; BAG 26. 8. 1998 BB 98, 2480; Manteltarifvertrag für die gewerblichen Arbeitnehmer des metallverarbeitenden Handwerks in Schleswig-Holstein i. d. F. vom 26. Juni/18. Juli 1990, wieder in Kraft gesetzt zum 1. Januar 1994; BAG 21. 10. 1998 – 5 AZR 155/98: Gemeinsamer Manteltarifvertrag für alle Arbeitnehmer in den Betrieben der Sanitär-, Heizungs- und Klimatechnik sowie Klempnerei und Kupferschmiede Niedersachsen vom 3. September 1993; BAG 16. 6. 1998 DB 98, 2021: Manteltarifvertrag für die gewerblichen Arbeitnehmer in der Schuhindustrie in der Bundesrepublik Deutschland vom 31. Oktober 1984, letztmals geändert am 13. März 1996; BAG 21. 10. 1998 – 5 AZR 115/98 –: Manteltarifvertrag für die Arbeiter der Spedition und des Güternahverkehrs in Baden-Württemberg vom 30. Mai 1989, zuletzt geändert am 13. Juni 1995; BAG 25. 11. 1998 – 5 AZR 426/98 –: Manteltarifvertrag für gewerbliche Arbeitnehmer des Transportgewerbes vom 4. September 1994; BAG 5. 5. 1999 – 5 AZR 251/98 –: Manteltarifvertrag für die gewerblichen Arbeitnehmer der Steine- und Erden-Industrie und des Betonsteinhandwerks in Bayern vom 22. April 1993; BAG 25. 11. 1998 – 5 AZR 257/98 –: Arbeitsvertragsrichtlinien in Mitgliedsorganisationen des Paritätischen Wohlfahrtsverbandes.

[252] ErfK/*Dörner* § 5 EntgeltFG RN 3; MünchKommBGB/*Müller-Glöge* § 5 EFZG RN 2.

[253] Vgl. ErfK/*Dörner* § 5 EFZG RN 5; *Vogelsang* RN 269.

[254] *Feichtinger/Malkmus* § 5 RN 15; MünchKommBGB/*Müller-Glöge* § 5 EFZG RN 9; *Vogelsang* RN 270.

[255] BAG 31. 8. 1989 AP 23 zu § 1 KSchG 1969 Verhaltensbedingte Kündigung = NZA 90, 433.

[256] MünchKommBGB/*Müller-Glöge* § 5 EFZG RN 4.

[257] ErfK/*Dörner* § 5 EFZG RN 5.

können, hat er nicht erst am folgenden individuellen Arbeitstag, sondern zu Beginn der Arbeitsunfähigkeit Anzeige zu erstatten.[258] Entsprechendes gilt während des Urlaubs.

d) Für die Anzeige ist **keine besondere Form** vorgeschrieben. Sie kann mündlich, telefonisch, per e-mail oder schriftlich erfolgen. Die Unterrichtung kann auch durch einen Familienangehörigen oder sonstigen Dritten vorgenommen werden. Die Anzeige muss dem Arbeitgeber, der Personalabteilung oder derjenigen Person zugehen, die für die Empfangnahme derartiger Mitteilungen zuständig ist. Dies ist im Allgemeinen nicht der Vorarbeiter.[259] Pförtner, Telefonisten und Betriebsratsmitglieder sind in der Regel nicht zuständig. Der Arbeitnehmer kann sich dieser Personen aber als Boten bedienen und sie bitten, die Anzeige der Arbeitsunfähigkeit dem Zuständigen zu übermitteln. Dabei trägt er freilich das Risiko der rechtzeitigen und zutreffenden Übermittlung.[260] **116**

e) Anzuzeigen sind die **Arbeitsunfähigkeit** und deren voraussichtliche **Dauer.** Nicht anzuzeigen ist die Art der Erkrankung. Die **Krankheitsursache** ist freilich mitzuteilen, wenn sie ein unverzügliches Eingreifen des Arbeitgebers erfordert, etwa zum Schutz der übrigen Arbeitnehmer bei ansteckenden Erkrankungen usw. Der Arbeitnehmer ist weiter gehalten, eine Fortsetzungserkrankung anzuzeigen. Dasselbe gilt, wenn ein Dritter die Arbeitsunfähigkeit zu vertreten hat.[261] **117**

f) Verletzt der Arbeitnehmer seine **Anzeigepflicht,** so kann im Wiederholungsfalle nach vorhergehender Abmahnung eine ordentliche Kündigung, in Ausnahmefällen auch eine außerordentliche Kündigung gerechtfertigt sein.[262] Dies gilt selbst dann, wenn es nicht zu einer Störung des Betriebsablaufs gekommen ist.[263] Entstehen dem Arbeitgeber durch die Verletzung der Anzeigepflicht **Schäden,** ist der Arbeitnehmer nach § 280 BGB zum Ersatz verpflichtet. **118**

2. Nachweispflicht.[264] Dauert die Arbeitsunfähigkeit **länger als drei Kalendertage,** hat der Arbeitnehmer eine ärztliche Bescheinigung über das Bestehen der Arbeitsunfähigkeit sowie deren voraussichtliche Dauer spätestens an dem darauf folgenden Arbeitstag vorzulegen (§ 5 I 2 EFZG). Der erste Kalendertag ist der Tag, an dem die Arbeitsunfähigkeit eingetreten ist. Vorzulegen ist die Bescheinigung am vierten Kalendertag, wenn es sich hierbei in dem Betrieb des Arbeitgebers um einen Arbeitstag handelt.[265] Ist dies z.B. ein arbeitsfreier Sonntag, ist die Bescheinigung am Montag vorzulegen. Die Arbeitsunfähigkeitsbescheinigung muss dem Arbeitgeber am vierten Arbeitstag zugehen. Die Vorlagepflicht besteht unabhängig davon, ob dem Arbeitnehmer noch ein Anspruch auf Entgeltfortzahlung zusteht und damit auch nach Ablauf der sechswöchigen Entgeltfortzahlungsfrist.[266] **119**

3. Vorlageverlangen des Arbeitgebers. Der Arbeitgeber kann nach § 5 I 3 EFZG die Vorlage einer Arbeitsunfähigkeitsbescheinigung **früher** als am ersten Arbeitstag nach dem Ablauf von drei Kalendertagen verlangen. Macht der Arbeitgeber von diesem Recht keinen Gebrauch, kann er gleichwohl noch die Arbeitsunfähigkeit für diese Zeit bestreiten. Hierin liegt nicht stets ein widersprüchliches Verhalten. Der Arbeitnehmer muss vielmehr damit rechnen, dass sich häufig erst im Laufe der Zeit Zweifel an der Arbeitsunfähigkeit ergeben.[267] **120**

Das Gesetz enthält für das Vorlageverlangen keine näheren Vorschriften. Das Vorlageverlangen kann mithin mündlich, telefonisch oder schriftlich erfolgen. Das Vorlageverlangen kann nach Beginn der auf Krankheit beruhenden Arbeitsunfähigkeit erfolgen. Es kann **auch generell,** ohne Rücksicht auf eine Erkrankung – etwa durch Aushang am Schwarzen Brett – für alle Krankheitsfälle geäußert werden.[268] Für die Geltendmachung des Vorlageverlangens bedarf es **keiner Begründung.**[269] Aus dem Wortlaut von § 5 I 3 EFZG ergibt sich weder eine Begrün- **121**

---

[258] ErfK/*Dörner* § 5 EFZG RN 6; HWK/*Schliemann* § 5 EFZG RN 16; *Schmitt* § 5 RN 21 f.

[259] Vgl. BAG 18. 2. 1965 AP 26 zu § 9 MuSchG zum Mutterschutz.

[260] ErfK/*Dörner* § 5 EFZG RN 8; HWK/*Schliemann* § 5 EFZG RN 20.

[261] ErfK/*Dörner* § 5 EFZG RN 5; MünchKommBGB/*Müller-Glöge* § 5 EFZG RN 8; *Schliemann* § 5 EFZG RN 13; *Schmitt* § 5 RN 31 f.

[262] BAG 31. 8. 1989 AP 23 zu § 1 KSchG 1969 Verhaltensbedingte Kündigung = NZA 90, 433.

[263] Vgl. dazu BAG 16. 8. 1991 AP 27 zu § 1 KSchG 1969 Verhaltensbedingte Kündigung = NZA 93, 17.

[264] *Kramer* BB 96, 1662; *Worzalla* NZA 96, 61.

[265] MünchKommBGB/*Müller-Glöge* § 5 EFZG RN 11; *Schmitt* § 5 RN 59; *Treber* § 5 RN 27; *Vogelsang* RN 292; a. A. ErfK/*Dörner* § 5 EFZG RN 11, der auf die individuellen Arbeitstage des Arbeitnehmers abstellt.

[266] Ebenso *Vossen* RN 292.

[267] BAG 26. 2. 2003 AP 8 zu § 5 EntgeltFG.

[268] BAG 1. 10. 1997 AP 5 zu § 5 EntgeltFG = NZA 98, 369; 25. 1. 2000 AP 34 zu § 87 BetrVG 1972 Ordnung des Betriebs = NZA 2000, 665.

[269] MünchKommBGB/*Müller-Glöge* § 5 EFZG RN 12; *Schmitt* § 5 RN 72; *Vogelsang* RN 299.

dungspflicht, noch dass der Arbeitgeber sachliche Gründe für die Vorlage haben muss. Die Anordnung unterliegt keiner Billigkeitskontrolle.[270] Hierfür gibt es keine gesetzlichen Anhaltspunkte.

122 **4. Vorlageverpflichtung.** Im **Arbeitsvertrag** kann vereinbart werden, dass eine Arbeitsunfähigkeitsbescheinigung bereits für den ersten Tag krankheitsbedingter Arbeitsunfähigkeit beigebracht werden muss.[271] Eine solche Regelung in AGB ist nicht unangemessen i. S. v. § 307 I 1 BGB.[272]

123 **5. Tarifvertrag.** Die generelle Verkürzung der Vorlagepflicht für Arbeitsunfähigkeitsbescheinigungen in Tarifverträgen ist **zulässig.**[273] Zwar ist die allgemeine Abkürzung der Vorlagefrist für den Arbeitnehmer ungünstiger als die gesetzliche Regelung. Andererseits ist der einzelne Arbeitgeber berechtigt, auch generell die Vorlagefrist zu verkürzen. Es ist nicht ersichtlich, warum eine tarifliche Regelung, durch die ebenfalls der Inhalt der Arbeitsverhältnisse gestaltet wird, anders als eine generelle arbeitsvertragliche Vereinbarung ein unzulässiges Abweichen von den Bestimmungen des Entgeltfortzahlungsgesetzes zuungunsten der Arbeitnehmer darstellen soll.

124 **6. Betriebsvereinbarung.** Die nach § 5 I 3 EFZG zulässige Anweisung des Arbeitgebers, Zeiten der Arbeitsunfähigkeit unabhängig von deren Dauer generell durch eine vor Ablauf des dritten Kalendertages nach Beginn der Arbeitsunfähigkeit vorzulegende Bescheinigung nachzuweisen, betrifft eine Frage der betrieblichen Ordnung i. S. v. **§ 87 I Nr. 1 BetrVG.** Das danach bestehende Mitbestimmungsrecht des Betriebsrats ist nicht durch das Entgeltfortzahlungsgesetz ausgeschlossen.[274] Eine Regelung der Vorlagepflicht durch Betriebsvereinbarung ist jedoch nach § 77 III BetrVG ausgeschlossen, wenn ein einschlägiger Tarifvertrag dies abschließend regelt.[275]

125 **7. Arbeitsunfähigkeitsbescheinigung. a)** Die (schriftliche) Bescheinigung des Arztes muss einen bestimmten Mindestinhalt haben. Aussteller der Bescheinigung muss ein approbierter Arzt, nicht aber unbedingt ein Kassenarzt sein. Die Bescheinigung eines Heilpraktikers genügt nicht. Es gilt der Grundsatz der freien Arztwahl. Vereinbarungen in Arbeitsverträgen, die den Entgeltfortzahlungsanspruch von einer Arbeitsunfähigkeitsbescheinigung eines Betriebs- oder Werksarztes abhängig machen, sind nach § 12 EFZG unwirksam.[276] Die Bescheinigung muss den Namen des Arbeitnehmers enthalten und vom behandelnden Arzt ausgestellt sein. Aus der Bescheinigung muss sich die **Dauer der Arbeitsunfähigkeit** ergeben; z. B. arbeitsunfähig vom ... bis ...; für die Dauer einer Woche ab ... Ist ein Kalendertag als Ende der Arbeitsunfähigkeit angegeben, wird nach Auffassung des BAG Arbeitsunfähigkeit bis zum Ende der vom erkrankten Arbeitnehmer üblicherweise an diesem Kalendertag zu leistenden Arbeitsschicht bescheinigt[277] oder, sofern keine Schichtarbeit geleistet wird, bis zum Ende der üblichen Arbeitszeit.[278] Fällt der letzte Tag der bescheinigten Arbeitsunfähigkeit auf einen Samstag, Sonntag oder Feiertag, sei im Wege der Auslegung zu ermitteln, ob sich die Bescheinigung auf den ganzen Tag oder einen Bruchteil beziehe.[279] Gegen diese Rechtsprechung spricht jedoch, dass sich der Arzt regelmäßig über das Ende der Arbeitszeit an den einzelnen Wochentagen keine Gedanken machen wird. Naheliegender ist es deshalb anzunehmen, die Arbeitsunfähigkeit werde zum Ende (24.00 Uhr) des näher bezeichneten letzten Tages bescheinigt.[280]

126 **b)** Die Bescheinigung muss bei Versicherten einen Vermerk des behandelnden Arztes darüber enthalten, dass der **Krankenkasse** unverzüglich die Bescheinigung über die Arbeitsunfähigkeit mit Angaben über den Befund und die voraussichtliche Dauer der Arbeitsunfähigkeit übersandt wird (§ 5 I 5 EFZG). Fehlt dieser Vermerk, liegt keine Bescheinigung i. S. von § 5 I EFZG vor.

---

[270] ErfK/*Dörner* § 5 EFZG RN 12; MünchKommBGB/*Müller-Glöge* § 5 EFZG RN 12; AnwK-ArbR/*Sievers* § 5 EFZG RN 27; a. A. *Feichtinger/Malkmus* § 5 RN 42 f.; *Vogelsang* RN 300.

[271] BAG 1. 10. 1997 AP 5 zu § 5 EntgeltFG = NZA 98, 369; ErfK/*Dörner* § 5 EFZG RN 12; *Schmitt* § 5 RN 73.

[272] *Schrader/Schubert* NZA-RR 2005, 225, 227.

[273] BAG 26. 2. 2003 AP 8 zu § 5 EntgeltFG; 25. 1. 2000 AP 34 zu § 87 BetrVG 1972 Ordnung des Betriebes = NZA 2000, 665.

[274] BAG 25. 1. 2000 AP 34 zu § 87 BetrVG 1972 Ordnung des Betriebs = NZA 2000, 665.

[275] BAG 26. 2. 2003 AP 8 zu § 5 EntgeltFG.

[276] ErfK/*Dörner* § 5 EFZG RN 13; MünchKommBGB/*Müller-Glöge* § 5 EFZG RN 16; HWK/*Schliemann* § 5 EFZG RN 28; *Schmitt* § 5 RN 98.

[277] BAG 2. 12. 1981 AP 48 zu § 1 LohnFG.

[278] BAG 12. 7. 1989 AP 77 zu § 616 BGB = NZA 89, 927.

[279] BAG 14. 9. 1983 AP 55 zu § 1 LohnFG.

[280] ErfK/*Dörner* § 5 EFZG RN 13; HWK/*Schliemann* § 5 EFZG RN 31; *Vogelsang* RN 322.

Der Arbeitgeber erlangt damit ein Leistungsverweigerungsrecht nach § 7 EFZG. Eine andere Frage ist, ob der Arzt die Arbeitsunfähigkeitsbescheinigung unverzüglich übersendet. Versäumt er dies eine Woche, ruht der Anspruch auf Krankengeld bis zur Meldung der Arbeitsunfähigkeit (§ 49 Nr. 5 SGB V). Dagegen enthält die Bescheinigung für den Arbeitgeber keine Angabe über die Diagnose.[281] Nach umstr. Meinung erfolgt die Verpflichtung zur Ausstellung der Bescheinigung aus dem Behandlungsvertrag. Dem Versicherten ist unbenommen, den Arzt zu wechseln.

c) Können arbeitsunfähige Versicherte nach ärztlicher Feststellung ihre Tätigkeit teilweise verrichten und können sie durch eine **stufenweise Wiederaufnahme ihrer Tätigkeit** voraussichtlich besser in das Erwerbsleben eingegliedert werden (§ 74 SGB V), soll der Arzt auf der Bescheinigung über die Arbeitsunfähigkeit Art und Umfang der möglichen Tätigkeit angeben und dabei in geeigneten Fällen die Stellungnahme des Betriebsrats oder mit Zustimmung der Krankenkasse die Stellungnahme des medizinischen Dienstes (RN 140) einholen. Die stufenweise Wiedereingliederung setzt die Zustimmung aller Beteiligten voraus. Während der stufenweisen Wiedereingliederung bleibt der Arbeitnehmer arbeitsunfähig krank (vgl. oben RN 18). **127**

8. Folgebescheinigung. a) Die Wirksamkeit der Bescheinigung wird durch die in ihr angegebene Dauer der Arbeitsunfähigkeit begrenzt. Dauert die Arbeitsunfähigkeit länger, hat der Arbeitnehmer eine **neue Bescheinigung** vorzulegen (§ 5 I 4 EFZG).[282] Bereits zum LohnFG war umstr.,[283] ob die neue Arbeitsunfähigkeitsbescheinigung am letzten Tag der Arbeitsunfähigkeit oder danach **innerhalb von drei Tagen** vorzulegen ist. § 5 I EFZG enthält keine Klarstellung der Streitfrage. Da der Arbeitnehmer grundsätzlich drei Tage bis zur Vorlage Zeit hat und der Arbeitgeber eine frühere Vorlage verlangen kann, wird dies auch hier gelten.[284] Die Fristberechnung richtet sich wiederum nach §§ 187 I, 188 I BGB. **128**

b) Der Arbeitnehmer ist auch nach dem **Ende des Entgeltfortzahlungszeitraumes** noch zur Vorlage einer Bescheinigung verpflichtet.[285] **129**

9. Beweiswert der Arbeitsunfähigkeitsbescheinigung. a) Der Arbeitnehmer ist für die Arbeitsunfähigkeit als Voraussetzung des Anspruchs auf Entgeltfortzahlung darlegungs- und beweispflichtig. Er genügt seiner **Beweislast** im Allgemeinen dann, wenn er eine Arbeitsunfähigkeitsbescheinigung vorlegt. Der Nachweis kann auch in anderer Weise geführt werden. Eine Arbeitsunfähigkeitsbescheinigung hat einen hohen Beweiswert. Sie ist der gesetzlich vorgesehene und damit wichtigste Beweis für die krankheitsbedingte Arbeitsunfähigkeit. Das Gericht kann grundsätzlich den Beweis der krankheitsbedingten Arbeitsunfähigkeit als erbracht ansehen, wenn der Arbeitnehmer eine solche Bescheinigung vorlegt.[286] Der Nachweis der Arbeitsunfähigkeit kann allerdings auch in anderer Weise, z. B. durch Vernehmung des Arztes oder anderer Zeugen geführt werden. **130**

b) Nach Vorlage einer Arbeitsunfähigkeitsbescheinigung besteht eine tatsächliche Vermutung für die bescheinigte Arbeitsunfähigkeit. Da der im Inland ausgestellten Arbeitsunfähigkeitsbescheinigung – anders als der in einem anderen Mitgliedstaat der EU ausgestellten Bescheinigung (dazu RN 133) – nicht der Wert einer gesetzlichen Vermutung zukommt (§ 292 ZPO),[287] muss der Arbeitgeber nicht den Beweis des Gegenteils erbringen, wenn er meint, der Arbeitnehmer sei nicht arbeitsunfähig gewesen.[288] Es genügt vielmehr, wenn er den **Beweiswert** der Arbeitsunfähigkeitsbescheinigung **erschüttert.** Der Arbeitgeber, der eine ärztliche Arbeitsunfähigkeitsbescheinigung nicht gelten lassen will, muss im Rechtsstreit tatsächliche Umstände darlegen und beweisen, die zu ernsthaften Zweifeln an der behaupteten krankheitsbedingten Arbeitsunfähigkeit Anlass geben.[289] Allgemeine Ausführungen zur Problematik des „Krankfeierns" sind **131**

---

[281] Vgl. BVerfG 11. 9. 1996 NJW 97, 793.

[282] Vgl. LAG Nürnberg 18. 6. 1997 NZA-RR 98, 51.

[283] Vgl. BAG 29. 8. 1980 AP 18 zu § 6 LohnFG.

[284] Ebenso ErfK/*Dörner* § 5 EFZG RN 19; *Schmitt* § 5 RN 127 ff.; *Vogelsang* RN 317; weitergehend MünchKommBGB/*Müller-Glöge* § 5 EFZG RN 20; *Feichtinger/Malkmus* § 5 RN 51.

[285] LAG Sachsen-Anhalt 24. 4. 1996 NZA 97, 772; *Feichtinger/Malkmus* § 5 RN 53.

[286] BAG 15. 7. 1992 AP 98 zu § 1 LohnFG = NZA 93, 23; 1. 10. 1997 AP 5 zu § 5 EntgeltFG = NZA 98, 369.

[287] BAG 19. 2. 1997 AP 3 zu Art. 18 EWG-Verordnung Nr 574/72 = NZA 97, 705; MünchKommBGB/*Müller-Glöge* § 3 EFZG RN 79.

[288] ErfK/*Dörner* § 5 EFZG RN 14; HWK/*Schliemann* § 5 EFZG RN 49.

[289] BAG 19. 2. 1997 AP 4 zu § 3 EntgeltFG = NZA 97, 652; vgl. auch BAG 21. 3. 1996 AP 42 zu § 123 BGB = NZA 96, 1030.

unzureichend.[290] Der Arbeitgeber ist bei Zweifeln am Vorliegen einer Arbeitsunfähigkeit nicht verpflichtet, zunächst eine gutachterliche Stellungnahme des Medizinischen Dienstes der Krankenkasse (dazu RN 140ff.) einzuholen. Macht er von dieser Möglichkeit keinen Gebrauch, verliert er nicht das Recht, den Beweiswert der Arbeitsunfähigkeit auf andere Weise zu erschüttern.[291] Für Arbeitsunfähigkeitsbescheinigungen aus dem nicht zur EU gehörenden Ausland gelten die gleichen Grundsätze, sofern die Bescheinigung erkennen lässt, dass der Arzt zwischen Krankheit und Arbeitsunfähigkeit unterschieden und damit eine den Begriffen des deutschen Arbeits- und Sozialversicherungsrechts entsprechende Beurteilung vorgenommen hat.[292] Diesen Anforderungen genügt eine Arbeitsunfähigkeitsbescheinigung nach Maßgabe des Deutsch-Türkischen Sozialversicherungsabkommens.[293] Ist die Arbeitsunfähigkeitsbescheinigung demgegenüber in einem Mitgliedstaat der EU ausgestellt worden, hat der Arbeitgeber nicht nur den Beweiswert der Arbeitsunfähigkeitsbescheinigung zu erschüttern, sondern weitergehend den Beweis des Gegenteils anzutreten (dazu RN 133). Ob diese unterschiedliche prozessuale Behandlung der Arbeitsunfähigkeitsbescheinigung aufrechterhalten werden kann, ist fraglich.[294]

132 Der Beweiswert der Arbeitsunfähigkeitsbescheinigung ist **nicht erschüttert,** wenn der Arbeitnehmer wiederholt nicht zu Hause angetroffen wurde und der Arzt ein Ausgangsverbot nicht verhängt hat. Gleiches soll gelten, wenn eine Sekretärin eine Vertretung auf einem bestimmten Arbeitsplatz ablehnt und zwei weitere nach Versetzung krank werden.[295] Damit werden freilich die Anforderungen an die Darlegungslast des Arbeitgebers überspannt. Der Beweiswert der Arbeitsunfähigkeitsbescheinigung **kann erschüttert werden,** wenn ernsthafte Zweifel an dem Bestehen der Arbeitsunfähigkeit dargelegt werden oder Fehler bei der Erstellung der Arbeitsunfähigkeitsbescheinigung vorkommen.[296] Ernsthafte Zweifel an der Arbeitsunfähigkeit können sich ergeben, wenn der Arbeitnehmer die Arbeitsunfähigkeit ankündigt,[297] er im Falle der Nichterteilung von Urlaub mit Arbeitsunfähigkeit droht, Schwarzarbeit verrichtet oder ganztägig auf einer Eigenheimbaustelle arbeitet.[298] Der Beweiswert einer nach einer ärztlichen Untersuchung am 1. 9. erstellten Erstbescheinigung, die eine Arbeitsunfähigkeit vom 1. 9. bis zum 15. 9. bescheinigt, ist erschüttert, wenn der betroffene Arbeitnehmer, dem in der Zeit vom 11. 8. bis zum 29. 8. Urlaub gewährt war, den für den 29. 8. gebuchten Rückflug am 28. 8. auf den 11. 9. umbucht.[299] Gleiches gilt, wenn er während seiner Arbeitsunfähigkeit am späten Abend in Bars oder Diskotheken angetroffen wird oder der Arbeitnehmer am Tage der Kündigung gearbeitet hat und am nächsten Tag arbeitsunfähig ist (sehr umstritten).[300] Der Beweiswert ist ferner erschüttert, wenn der Arbeitnehmer während der behaupteten Arbeitsunfähigkeit für einen anderen Arbeitgeber vergleichbare Arbeiten verrichtet, wie er sie seinem bisherigen Arbeitgeber vertraglich schuldet.[301] Begründete Zweifel bestehen ferner, wenn der Arbeitnehmer eine Untersuchung durch den Medizinischen Dienst der Krankenkasse durch sein Nichterscheinen verhindert.[302] Zweifel an der Arbeitsunfähigkeit bei dem Zustandekommen der Bescheinigung ergeben sich, wenn sie nicht auf einer Untersuchung des Arztes beruht, sondern allein auf den Angaben des Patienten, die Arbeitsunfähigkeit mehr als zwei Tage rückwirkend attestiert wird, wenn also gegen die Arbeitsunfähigkeitsrichtlinien verstoßen wird (dazu RN 138).[303] Drei aufeinanderfolgende Erstbescheinigungen von zwei unterschiedlichen Ärzten, nach inhaltlicher Auseinandersetzung mit dem Arbeitgeber, vorheriger Eigenkündigung samt Mitnahme sämtlicher persönlicher Gegenstände aus dem Betrieb am letzten tatsächlichen Arbeitstag, gut

[290] MünchKommBGB/*Müller-Glöge* § 3 EFZG RN 79.

[291] LAG Hamm 19. 4. 2008 – 18 Sa 1938/07; ErfK/*Dörner* § 5 EFZG RN 17.

[292] BAG 19. 2. 1997 AP 4 zu § 3 EntgeltFG = NZA 97, 652; MünchKommBGB/*Müller-Glöge* § 3 EFZG RN 82; *Schmitt* § 5 RN 159.

[293] BAG 1. 10. 1997 AP 4 zu § 5 EntgeltFG = NZA 98, 372.

[294] Kritisch hierzu auch ErfK/*Dörner* § 5 EFZG RN 14; *Heinze/Giesen* BB 96, 1830.

[295] LAG Düsseldorf 17. 6. 1997 BB 97, 1902.

[296] BAG 17. 6. 2003 AP 13 zu § 543 ZPO 1977 = NZA 2004, 564; 15. 7. 1992 AP 98 zu § 1 LohnFG = NZA 93, 23.

[297] Vgl. BAG 17. 6. 2003 AP 13 zu § 543 ZPO 1977 = NZA 2004, 564; 4. 10. 1978 AP 3 zu § 3 LohnFG; ArbG Nürnberg 28. 7. 1998 NZA-RR 99, 79.

[298] BAG 26. 8. 1993 AP 112 zu § 626 BGB = NZA 94, 63.

[299] LAG Hamm 8. 6. 2005 NZA-RR 2005, 625.

[300] A. A. LAG Hamm AuR 86, 186.

[301] BAG 26. 8. 1993 AP 112 zu § 626 BGB = NZA 94, 63.

[302] LAG Hamm 29. 1. 2003 LAGReport 2003, 171 sowie BAG 3. 10. 1972 AP 1 zu § 5 LohnFG.

[303] ErfK/*Dörner* § 5 EFZG RN 16; *Müller/Berenz* § 5 RN 51; MünchKommBGB/*Müller-Glöge* § 3 EFZG RN 80; *Vogelsang* RN 356; näher dazu *Range-Ditz* ArbRB 2003, 249.

6 Wochen vor Ablauf der ordentliche Kündigungsfrist begründen ernsthafte Zweifel an der Richtigkeit der ärztlichen Arbeitsunfähigkeitsbescheinigungen.[304]

c) Besonderheiten gelten bei einer von einem ausländischen Arzt **im EU-Ausland ausgestellten Arbeitsunfähigkeitsbescheinigung.** Der **EuGH** hat zunächst die Auffassung vertreten, Art. 18 I bis IV VO (EWG) Nr. 574/72 des Rates vom 21. 3. 1972 über die Durchführung der VO (EWG) Nr. 1408/71 sei dahin auszulegen, dass der zuständige Träger, auch wenn es sich dabei um den Arbeitgeber und nicht um die Krankenkasse handele, in tatsächlicher und rechtlicher Hinsicht an die im Ausland getroffene ärztliche Feststellung über den Eintritt und die Dauer der Arbeitsunfähigkeit gebunden sei, sofern er die betroffene Person nicht durch einen Arzt seiner Wahl untersuchen lasse **(Paletta I).**[305] Das BAG hat sodann dem EuGH die Frage vorgelegt, ob die Bindungswirkung auch im Falle des Rechtsmissbrauchs bestehe oder ggf. das EG-Recht wegen Verletzung des Grundsatzes der Verhältnismäßigkeit unwirksam sei.[306] Darauf hat der EuGH entschieden,[307] die in Deutschland geltenden Grundsätze zur Erschütterung des Beweiswerts der Arbeitsunfähigkeitsbescheinigung seien nicht mit den Zielen des Art. 18 der Verordnung Nr. 574/72 vereinbar, weil ein Arbeitnehmer, der in einem anderen Mitgliedstaat arbeitsunfähig geworden sei, Beweisschwierigkeiten habe, welche das Gemeinschaftsrecht gerade vermeiden wolle. Dem Arbeitgeber sei es jedoch nicht verwehrt zu beweisen, dass der Arbeitnehmer missbräuchlich oder betrügerisch eine Arbeitsunfähigkeit gemeldet habe, ohne krank gewesen zu sein **(Paletta II).**[308] 133

Das bedeutet, dass der Arbeitgeber den **Missbrauch oder Betrug durch einen Vollbeweis** nachweisen muss. Es reicht – anders als bei im Inland ausgestellten Arbeitsunfähigkeitsbescheinigungen – nicht aus, dass der Arbeitgeber Umstände beweist, die nur zu ernsthaften Zweifeln an der krankheitsbedingten Arbeitsunfähigkeit Anlass geben. An den Nachweis des Missbrauchs dürfen allerdings auch keine zu hohen Anforderungen gestellt werden. Gemäß § 286 I ZPO hat das Gericht unter Berücksichtigung des gesamten Inhalts der Verhandlungen und des Ergebnisses einer etwaigen Beweisaufnahme nach freier Überzeugung zu entscheiden, ob eine tatsächliche Behauptung für wahr oder für nicht wahr zu erachten sei. Das Gericht hat dabei auch die prozessualen und vorprozessualen Handlungen, Erklärungen und Unterlassungen der Parteien und ihrer Vertreter zu würdigen.[309] Das LAG Baden-Württemberg hat die Klage im Fall Paletta schließlich rechtskräftig abgewiesen.[310] 134

d) Hat der Arbeitnehmer auf Grund einer zu **Unrecht** ausgestellten **Arbeitsunfähigkeitsbescheinigung** Entgeltfortzahlung im Krankheitsfall erlangt, kann der Arbeitgeber Rückzahlung nach § 812 verlangen.[311] Der Arbeitnehmer kann sich nicht auf den Wegfall der Bereicherung berufen (§ 818 IV, § 819 I BGB). Daneben können Schadensersatzansprüche aus § 280 BGB bzw. unerlaubter Handlung gegeben sein. 135

VIII. Rechtsbeziehungen zum Kassenarzt

1. Freie Arztwahl. Für die in der gesetzlichen Krankenversicherung Versicherten gilt grundsätzlich das **Prinzip der freien Arztwahl** (§ 76 SGB V). Das Rechtsverhältnis zwischen Versicherten und Arzt richtet sich nach §§ 72ff. SGB V. Im Verhältnis zwischen Arbeitgeber und Arbeitnehmer muss der Arbeitnehmer die Kosten der Arbeitsunfähigkeitsbescheinigung tragen. Zur kassenärztlichen Versorgung gehört aber nach § 73 II Nr. 9 SGB V die Ausstellung der notwendigen Bescheinigung. Der Kassenarzt ist verpflichtet, diese Bescheinigung auszustellen und der Krankenkasse zu übersenden. 136

Nimmt ein **nicht pflichtversicherter Arbeitnehmer** einen Arzt in Anspruch, hat er die Kosten der Arbeitsunfähigkeitsbescheinigung selbst zu tragen. Ob der Arzt verpflichtet ist, eine Arbeitsunfähigkeitsbescheinigung zu erteilen, richtet sich nach dem Behandlungsvertrag. Im Allgemeinen wird sich als Nebenpflicht die Verpflichtung zur Erteilung von Arbeitsunfähig- 137

---

[304] LAG Niedersachsen 7. 5. 2007 LAGE § 3 EFZG Nr. 10.

[305] EuGH 3. 6. 1992 AP 1 zu Art. 18 EWG-Verordnung Nr. 574/72 = NJW 92, 2687.

[306] BAG 27. 4. 1994 AP 100 zu § 1 LohnFG = NZA 94, 683.

[307] EuGH 2. 5. 1996 AP 2 zu Art. 18 EWG-Verordnung Nr. 574/72 = NZA 96, 635.

[308] Dazu *Abele* NZA 96, 631; *Heinze/Giesen* BB 96, 1830; *Lorenz* KrV 96, 296; *Peter* RdA 99, 374.

[309] BAG 19. 2. 1997 AP 3 zu Art. 18 EWG-Verordnung Nr. 574/72 = NZA 97, 705; ErfK/*Dörner* § 5 EFZG RN 28; *Schmitt* § 5 RN 165.

[310] LAG Baden-Württemberg 9. 5. 2000 NZA-RR 2000, 515; hierzu *Bauer/Diller* NZA 2000, 711; *Subatzus* DB 2001, 1631.

[311] Dazu LAG Bremen 26. 8. 1999 AuA 2000, 450.

keitsbescheinigungen ergeben. Nach der GOÄ ist eine besondere Vergütung für die Erteilung vorgesehen.

138 **2. Arbeitsunfähigkeitsrichtlinien.** In Ausführung von § 92 I 2 Nr. 7 SGB V hat der **Gemeinsame Bundesausschuss** (§ 91 SGB V) Richtlinien über die Beurteilung der Arbeitsunfähigkeit und die Maßnahmen zur stufenweisen Wiedereingliederung (Arbeitsunfähigkeitsrichtlinien) vom 1. 12. 2003 (BAnz. 2004 Nr. 61: S. 6501), zuletzt geändert am 19. 9. 2006 (BAnz. 2006 Nr. 241: S. 7356) erlassen. Darin ist bestimmt:

§ 1 Präambel

(1) Die Feststellung der Arbeitsunfähigkeit und die Bescheinigung über ihre voraussichtliche Dauer erfordern – ebenso wie die ärztliche Beurteilung zur stufenweisen Wiedereingliederung – wegen ihrer Tragweite für den Versicherten und ihrer arbeits- und sozialversicherungsrechtlichen sowie wirtschaftlichen Bedeutung besondere Sorgfalt.

(2) Diese Richtlinien haben zum Ziel, ein qualitativ hochwertiges, bundesweit standardisiertes Verfahren für die Praxis zu etablieren, das den Informationsaustausch und die Zusammenarbeit zwischen Vertragsarzt, Krankenkasse und Medizinischem Dienst verbessert.

§ 2 Definition und Bewertungsmaßstäbe

(1) Arbeitsunfähigkeit liegt vor, wenn der Versicherte auf Grund von Krankheit seine zuletzt vor der Arbeitsunfähigkeit ausgeübte Tätigkeit nicht mehr oder nur unter der Gefahr der Verschlimmerung der Erkrankung ausführen kann. Bei der Beurteilung ist darauf abzustellen, welche Bedingungen die bisherige Tätigkeit konkret geprägt haben. Arbeitsunfähigkeit liegt auch vor, wenn auf Grund eines bestimmten Krankheitszustandes, der für sich allein noch keine Arbeitsunfähigkeit bedingt, absehbar ist, dass aus der Ausübung der Tätigkeit für die Gesundheit oder die Gesundung abträgliche Folgen erwachsen, die Arbeitsunfähigkeit unmittelbar hervorrufen.

(2) Arbeitsunfähigkeit besteht auch während einer stufenweisen Wiederaufnahme der Arbeit fort, durch die dem Versicherten die dauerhafte Wiedereingliederung in das Erwerbsleben durch eine schrittweise Heranführung an die volle Arbeitsbelastung ermöglicht werden soll. Ebenso gilt die befristete Eingliederung eines arbeitsunfähigen Versicherten in eine Werkstatt für behinderte Menschen nicht als Wiederaufnahme der beruflichen Tätigkeit. Arbeitsunfähigkeit kann auch während einer Belastungserprobung und einer Arbeitstherapie bestehen.

(3) Arbeitslose sind arbeitsunfähig, wenn sie krankheitsbedingt nicht mehr in der Lage sind, leichte Arbeiten in einem zeitlichen Umfang zu verrichten, für den sie sich bei der Agentur für Arbeit zur Verfügung gestellt haben. Dabei ist es unerheblich, welcher Tätigkeit der Versicherte vor der Arbeitslosigkeit nachging.

(4) Versicherte, bei denen nach Eintritt der Arbeitsunfähigkeit das Beschäftigungsverhältnis endet und die aktuell keinen anerkannten Ausbildungsberuf ausgeübt haben (An- oder Ungelernte), sind nur dann arbeitsunfähig, wenn sie die letzte oder eine ähnliche Tätigkeit nicht mehr oder nur unter der Gefahr der Verschlimmerung der Erkrankung ausüben können. Die Krankenkasse informiert den Vertragsarzt über das Ende der Beschäftigung und darüber, dass es sich um einen an- oder ungelernten Arbeitnehmer handelt, und nennt ähnlich geartete Tätigkeiten. Beginnt während der Arbeitsunfähigkeit ein neues Beschäftigungsverhältnis, so beurteilt sich die Arbeitsunfähigkeit ab diesem Zeitpunkt nach dem Anforderungsprofil des neuen Arbeitsplatzes.

(5) Die Beurteilung der Arbeitsunfähigkeit setzt die Befragung des Versicherten durch den Arzt zur aktuell ausgeübten Tätigkeit und den damit verbundenen Anforderungen und Belastungen voraus. Das Ergebnis der Befragung ist bei der Beurteilung von Grund und Dauer der Arbeitsunfähigkeit zu berücksichtigen. Zwischen der Krankheit und der dadurch bedingten Unfähigkeit zur Fortsetzung der ausgeübten Tätigkeit muss ein kausaler Zusammenhang erkennbar sein. Bei Arbeitslosen bezieht sich die Befragung des Versicherten auch auf den zeitlichen Umfang, für den der Versicherte sich der Agentur für Arbeit zur Vermittlung zur Verfügung gestellt hat.

(6) Rentner können, wenn sie eine Erwerbstätigkeit ausüben, arbeitsunfähig nach Maßgabe dieser Richtlinien sein.

(7) Für körperlich, geistig oder seelisch behinderte Menschen, die in Werkstätten für behinderte Menschen oder in Blindenwerkstätten beschäftigt werden, gelten diese Richtlinien entsprechend.

(8) Für die Feststellung der Arbeitsunfähigkeit bei Durchführung medizinischer Maßnahmen zur Herbeiführung einer Schwangerschaft gelten diese Richtlinien entsprechend. Sie gelten auch bei einer durch Krankheit erforderlichen Sterilisation oder einem unter den Voraussetzungen des § 218 a I StGB vorgenommenem Abbruch der Schwangerschaft (Beratungsregelung).

(9) Ist eine Dialysebehandlung lediglich während der vereinbarten Arbeitszeit möglich, besteht für deren Dauer, die Zeit der Anfahrt zur Dialyseeinrichtung und für die nach der Dialyse erforderliche

Ruhezeit Arbeitsunfähigkeit. Dasselbe gilt für andere extrakorporale Aphereseverfahren. Die Bescheinigung für im Voraus feststehende Termine soll in Absprache mit dem Versicherten in einer für dessen Belange zweckmäßigen Form erfolgen.

(10) Ist ein für die Ausübung der Tätigkeit oder das Erreichen des Arbeitsplatzes erforderliches Hilfsmittel (z. B. Körperersatzstück) defekt, besteht Arbeitsunfähigkeit so lange, bis die Reparatur des Hilfsmittels beendet oder ein Ersatz des defekten Hilfsmittels erfolgt ist.

§ 3 Ausnahmetatbestände

(1) Arbeitsunfähigkeit besteht nicht, wenn andere Gründe als eine Krankheit des Versicherten Ursache für eine Arbeitsverhinderung sind.

(2) Arbeitsunfähigkeit liegt nicht vor

- bei Beaufsichtigung, Betreuung oder Pflege eines erkrankten Kindes. Die Bescheinigung hierfür hat auf dem vereinbarten Vordruck (Muster Nr. 21) zu erfolgen, der dem Arbeitgeber vorzulegen ist und zur Vorlage bei der Krankenkasse zum Bezug von Krankengeld ohne Vorliegen einer Arbeitsunfähigkeit des Versicherten berechtigt,
- für Zeiten, in denen ärztliche Behandlungen zu diagnostischen oder therapeutischen Zwecken stattfinden, ohne dass diese Maßnahmen selbst zu einer Arbeitsunfähigkeit führen,
- bei Inanspruchnahme von Heilmitteln (z. B. physikalisch-medizinische Therapie),
- bei Teilnahme an ergänzenden Leistungen zur Rehabilitation oder rehabilitativen Leistungen anderer Art (Koronarsportgruppen u. A.),
- bei Durchführung von ambulanten und stationären Vorsorge- und Rehabilitationsleistungen, es sei denn, vor Beginn der Leistung bestand bereits Arbeitsunfähigkeit und diese besteht fort oder die Arbeitsunfähigkeit wird durch eine interkurrente Erkrankung ausgelöst,
- wenn Beschäftigungsverbote nach dem Infektionsschutzgesetz oder dem Mutterschutzgesetz (Zeugnis nach § 3 Abs. 1 MuSchG) ausgesprochen wurden,
- bei Organspenden für die Zeit, in welcher der Organspender infolge seiner Spende der beruflichen Tätigkeit nicht nachkommen kann,
- bei kosmetischen und anderen Operationen ohne krankheitsbedingten Hintergrund und ohne Komplikationen oder
- bei einer nicht durch Krankheit bedingten Sterilisation (Verweis auf § 5 Abs. 1 Satz 3 der Richtlinien).

§ 4 Verfahren zur Feststellung der Arbeitsunfähigkeit

(1) Bei der Feststellung der Arbeitsunfähigkeit sind körperlicher, geistiger und seelischer Gesundheitszustand des Versicherten gleichermaßen zu berücksichtigen. Deshalb dürfen die Feststellung von Arbeitsunfähigkeit und die Empfehlung zur stufenweisen Wiedereingliederung nur auf Grund ärztlicher Untersuchungen erfolgen.

(2) Die ärztlich festgestellte Arbeitsunfähigkeit ist Voraussetzung für den Anspruch auf Entgeltfortzahlung im Krankheitsfall und für den Anspruch auf Krankengeld.

(3) Der Vertragsarzt teilt der Krankenkasse auf Anforderung vollständig und in der Regel innerhalb von drei Werktagen weitere Informationen auf den vereinbarten Vordrucken mit. Derartige Anfragen seitens der Krankenkasse sind in der Regel frühestens nach einer kumulativen Zeitdauer der Arbeitsunfähigkeit eines Erkrankungsfalles von 21 Tagen zulässig. In begründeten Fällen sind auch weitergehende Anfragen der Krankenkasse möglich.

(4) Sofern der Vertragsarzt – abweichend von der Feststellung im Entlassungsbericht der Rehabilitationseinrichtung – weiterhin Arbeitsunfähigkeit attestiert, ist diese von ihm zu begründen.

§ 5 Bescheinigung der Arbeitsunfähigkeit und Entgeltfortzahlung

(1) Arbeitsunfähigkeitsbescheinigungen auf dem dafür vorgesehenen Vordruck (Muster Nr. 1) dürfen nur von Vertragsärzten oder deren persönlichen Vertretern für die Erstfeststellung einer Arbeitsunfähigkeit und während der Zeit des Anspruchs auf Entgeltfortzahlung im Krankheitsfall ausgestellt werden. In der Arbeitsunfähigkeitsbescheinigung sind die Diagnosen einzutragen, welche die Arbeitsunfähigkeit begründen, und entsprechend den Bestimmungen des § 295 SGB V zu bezeichnen. Gleiches gilt während des Anspruchs auf Fortzahlung der Entgeltersatzleistungen (z. B. Arbeitslosengeld, Übergangsgeld). Bei einer nicht durch Krankheit erforderlichen Sterilisation ist eine Arbeitsunfähigkeitsbescheinigung ausschließlich für Zwecke der Entgeltfortzahlung erforderlich.

(2) Dauert die Arbeitsunfähigkeit länger als in der Erstbescheinigung angegeben, ist nach Prüfung der aktuellen Verhältnisse eine ärztliche Bescheinigung jeweils mit Angabe aller aktuell die Arbeitsunfähigkeit begründenden Diagnosen über das Fortbestehen der Arbeitsunfähigkeit nach Muster Nr. 1 (Folgebescheinigung) auszustellen. Symptome (z. B. Fieber, Übelkeit) sind nach spätestens sieben Tagen durch eine Diagnose oder Verdachtsdiagnose auszutauschen. Dies trifft auch zu, wenn aus ge-

sundheitlichen Gründen der Versuch der Wiederaufnahme einer Tätigkeit nach Beendigung der vom Arzt festgestellten Arbeitsunfähigkeit nicht erfolgreich war. Die Arbeitsunfähigkeit wird dadurch nicht unterbrochen, sondern besteht bis zur endgültigen Wiederaufnahme der Arbeit fort. Folgen zwei getrennte Arbeitsunfähigkeitszeiten mit unterschiedlichen Diagnosen unmittelbar aufeinander, dann ist für die zweite Arbeitsunfähigkeit eine Erstbescheinigung auszustellen.

(3) Die Arbeitsunfähigkeit soll für eine vor der ersten Inanspruchnahme des Arztes liegende Zeit grundsätzlich nicht bescheinigt werden. Eine Rückdatierung des Beginns der Arbeitsunfähigkeit auf einen vor dem Behandlungsbeginn liegenden Tag ist ebenso wie eine rückwirkende Bescheinigung über das Fortbestehen der Arbeitsunfähigkeit nur ausnahmsweise und nur nach gewissenhafter Prüfung und in der Regel nur bis zu zwei Tagen zulässig.

(4) Besteht an arbeitsfreien Tagen Arbeitsunfähigkeit, z. B. an Samstagen, Sonntagen, Feiertagen, Urlaubstagen oder an arbeitsfreien Tagen auf Grund einer flexiblen Arbeitszeitregelung (sogenannte Brückentage), ist sie auch für diese Tage zu bescheinigen.

(5) Liegen dem Vertragsarzt Hinweise auf (z. B. arbeitsplatzbezogene) Schwierigkeiten für die weitere Beschäftigung des Versicherten vor, sind diese der Krankenkasse in der Arbeitsunfähigkeitsbescheinigung mitzuteilen (Verweis auf § 7 Abs. 4 der Richtlinien).

(6) Bei Feststellung oder Verdacht des Vorliegens eines Arbeitsunfalls, auf Folgen eines Arbeitsunfalls, einer Berufskrankheit, eines Versorgungsleidens, eines sonstigen Unfalls oder bei Vorliegen von Hinweisen auf Gewaltanwendung oder drittverursachte Gesundheitsschäden ist gemäß § 294 a SGB V auf der Arbeitsunfähigkeitsbescheinigung ein entsprechender Vermerk anzubringen.

§ 6 Bescheinigung der Arbeitsunfähigkeit nach Ablauf der Entgeltfortzahlung

(1) Nach Ablauf der Entgeltfortzahlung bzw. der Fortzahlung von Entgeltersatzleistungen ist ein Fortbestehen der Arbeitsunfähigkeit vom Vertragsarzt auf der Bescheinigung für die Krankengeldzahlung (Muster Nr. 17) zu attestieren. Diese Bescheinigung ist stets mit allen aktuell die Arbeitsunfähigkeit begründenden Diagnosen – bezeichnet entsprechend den Bestimmungen des § 295 SGB V – auszustellen.

(2) Die Bescheinigung für die Krankengeldzahlung soll in der Regel nicht für einen mehr als sieben Tage zurückliegenden und nicht mehr als zwei Tage im Voraus liegenden Zeitraum erfolgen. Ist es auf Grund der Erkrankung oder eines besonderen Krankheitsverlaufs offensichtlich sachgerecht, können längere Zeiträume der Arbeitsunfähigkeit bescheinigt werden.

(3) Die Bescheinigung über die letzte Arbeitsunfähigkeitsperiode ist dann zu versagen, wenn der Kranke entgegen ärztlicher Anordnung und ohne triftigen Grund länger als eine Woche nicht zur Behandlung gekommen ist und bei der Untersuchung arbeitsfähig befunden wird. In diesem Falle darf lediglich die Arbeitsfähigkeit ohne den Tag ihres Wiedereintritts bescheinigt werden; zusätzlich ist der vorletzte Behandlungstag anzugeben. Erscheint ein Versicherter entgegen ärztlicher Aufforderung ohne triftigen Grund nicht zum Behandlungstermin, kann eine rückwirkende Bescheinigung der Arbeitsunfähigkeit versagt werden. In diesem Fall ist von einer erneuten Arbeitsunfähigkeit auszugehen, die durch eine Erstbescheinigung zu attestieren ist.

§ 7 Zusammenwirken mit anderen Einrichtungen

(1) Der Arzt übermittelt dem Medizinischen Dienst auf Anfrage in der Regel innerhalb von drei Werktagen die Auskünfte und krankheitsspezifischen Unterlagen, die dieser im Zusammenhang mit der Arbeitsunfähigkeit zur Durchführung seiner gesetzlichen Aufgaben benötigt. Sofern vertraglich für diese Auskunftserteilung Vordrucke vereinbart worden sind, sind diese zu verwenden.

(2) Das Gutachten des Medizinischen Dienstes ist grundsätzlich verbindlich. Bestehen zwischen dem Vertragsarzt und dem Medizinischen Dienst Meinungsverschiedenheiten, kann der Vertragsarzt unter schriftlicher Darlegung seiner Gründe bei der Krankenkasse eine erneute Entscheidung auf der Basis eines Zweitgutachtens beantragen. Sofern der Vertragsarzt von dieser Möglichkeit Gebrauch macht, hat er diesen Antrag unverzüglich nach Kenntnisnahme der abweichenden Beurteilung des Medizinischen Dienstes zu stellen.

(3) Bei Feststellung oder Verdacht des Vorliegens eines Arbeitsunfalls ist der Versicherte unverzüglich einem zur berufsgenossenschaftlichen Heilbehandlung zugelassenen Arzt vorzustellen.

(4) Kann der Versicherte nach ärztlicher Beurteilung die ausgeübte Tätigkeit nicht mehr ohne nachteilige Folgen für seine Gesundheit oder den Gesundungsprozess verrichten, kann die Krankenkasse mit Zustimmung des Versicherten beim Arbeitgeber die Prüfung anregen, ob eine für den Gesundheitszustand des Versicherten unbedenkliche Tätigkeit bei demselben Arbeitgeber möglich ist.

§ 8 Grundsätze der stufenweisen Wiedereingliederung

Empfehlungen zur Ausgestaltung einer stufenweisen Wiedereingliederung in das Erwerbsleben gemäß § 74 SGB V und § 28 SGB IX finden sich in der Anlage dieser Richtlinien.

Für den **Beweiswert von Arbeitsunfähigkeitsbescheinigungen** ist insbesondere § 5 III der Richtlinien von Bedeutung. Danach soll die Arbeitsunfähigkeit für eine vor der ersten Inanspruchnahme des Arztes liegende Zeit grundsätzlich nicht bescheinigt werden. Eine Rückdatierung des Beginns der Arbeitsunfähigkeit auf einen vor dem Behandlungsbeginn liegenden Tag ist ebenso wie eine rückwirkende Bescheinigung über das Fortbestehen der Arbeitsunfähigkeit nur ausnahmsweise und nur nach gewissenhafter Prüfung und in der Regel nur bis zu zwei Tagen zulässig. Wird dies vom Arzt nicht beachtet, ist der Beweiswert der Arbeitsunfähigkeitsbescheinigung erschüttert (vgl. RN 131). **139**

IX. Medizinischer Dienst

1. Allgemeines.[312] **a)** Die Krankenkassen sind in den gesetzlich bestimmten Fällen oder wenn es nach Art, Schwere, Dauer oder Häufigkeit der Erkrankung oder nach dem Krankheitsverlauf erforderlich ist, verpflichtet, zur Beseitigung von Zweifeln an der Arbeitsunfähigkeit eine **gutachtliche Stellungnahme** des Medizinischen Dienstes der Krankenkasse einzuholen (§ 275 I Nr. 3 SGB V). Bei dem von einem Medizinischen Dienst im Auftrag der Krankenkasse erstellten sozialmedizinischen Gutachten über den Zusammenhang zwischen zwei Arbeitsunfähigkeitszeiten zur Ermittlung des Leistungspflichtigen für den zweiten Zeitraum soll es sich um eine öffentliche Urkunde mit der Beweiskraft des § 418 I ZPO handeln.[313] § 275 Ia, Ib SGB V sollen eine Verstärkung der Kontrollen durch den Medizinischen Dienst bewirken. Der Medizinische Dienst darf nicht in die Behandlung des Arztes eingreifen. Ihm obliegt nur die Begutachtung, ob Arbeitsunfähigkeit vorliegt. **140**

Die Prüfung hat unverzüglich nach Vorlage der ärztlichen Feststellung über die Arbeitsunfähigkeit zu erfolgen. Der Arbeitgeber kann **von der jeweiligen gesetzlichen Krankenkasse verlangen,** dass sie eine gutachtliche Stellungnahme des Medizinischen Dienstes zur Überprüfung der Arbeitsunfähigkeit einholt. Die Krankenkasse kann von einer Beauftragung des Medizinischen Dienstes absehen, wenn sich die medizinischen Voraussetzungen der Arbeitsunfähigkeit eindeutig aus den der Krankenkasse vorliegenden ärztlichen Unterlagen ergeben. Einen unmittelbaren Anspruch des Arbeitgebers gegen den Medizinischen Dienst sieht das Gesetz nicht vor.[314] Gemäß § 275 Ib SGB V prüft der Medizinische Dienst bei Vertragsärzten, die nach § 106 II 1 Nr. 2 SGB V geprüft werden, stichprobenartig und zeitnah Feststellungen der Arbeitsunfähigkeit. **141**

b) Unabhängig von § 275 SGB V hat der **Arbeitgeber** kaum Möglichkeiten, die Arbeitsunfähigkeit seiner Arbeitnehmer ärztlich **überprüfen** zu lassen. In Tarifverträgen wird gelegentlich dem Arbeitgeber das Recht eingeräumt, den Arbeitnehmer amtsärztlich untersuchen zu lassen. Dies gilt z. B. bei Musikern.[315] Umstritten ist, ob arbeitsvertraglich die Möglichkeit der Überprüfung der Arbeitsunfähigkeit durch einen anderen Arzt, etwa den Werksarzt, vereinbart werden kann.[316] Hiergegen dürften nur dann durchgreifende Bedenken bestehen, wenn die Entgeltfortzahlung von einer solchen Untersuchung abhängig gemacht wird. Es ist dem Arbeitgeber aber unbenommen, Hausbesuche und dgl. zu machen. Der Arbeitnehmer braucht den Arbeitgeber allerdings nicht in seine Wohnung zu lassen. Andererseits muss der Arbeitgeber mögliche Mitbestimmungsrechte des Betriebsrats wahren (§ 87 I Nr. 1 BetrVG). **142**

c) Der Arbeitgeber kann auch **Detektive** zur Überprüfung der Arbeitsunfähigkeit des Arbeitnehmers einsetzen.[317] Der Arbeitnehmer hat dem Arbeitgeber die durch das Tätigwerden eines Detektivs entstandenen notwendigen Kosten zu ersetzen, wenn der Arbeitgeber anlässlich eines konkreten Tatverdachts gegen den Arbeitnehmer einem Detektiv die Überwachung des Arbeitnehmers überträgt und der Arbeitnehmer einer vorsätzlichen Vertragspflichtverletzung überführt wird. Insofern handelt es sich nicht um Vorsorgekosten, die unabhängig von konkreten schadensstiftenden Ereignissen als ständige Betriebsausgabe vom Arbeitgeber zu tragen sind. Die Grenze der Ersatzpflicht richtet sich nach dem, was ein vernünftiger, wirtschaftlich denken- **143**

---

[312] *Hunold,* Verweigerung der Entgeltfortzahlung und Medizinischer Dienst, DB 95, 676; *Schmitt,* Vom Wert vertrauensärztlicher Untersuchungen, AuA 99, 210.

[313] LAG Köln 2. 8. 2002 MDR 2003, 462.

[314] ErfK/*Dörner* § 5 EFZG RN 17; MünchKommBGB/*Müller-Glöge* § 3 EFZG RN 81.

[315] BAG 25. 6. 1992 AP 21 zu § 611 BGB Musiker = NZA 93, 81; 15. 7. 1993 AP 1 zu § 10 MTB II = NZA 94, 851.

[316] Dafür *Schmitt* § 5 RN 99; für denkbar hält dies im Rahmen der §§ 305 ff. BGB MünchKommBGB/*Müller-Glöge* § 5 EFZG RN 16; ablehnend ErfK/*Dörner* § 5 EFZG RN 13; HWK/*Schliemann* § 5 EFZG RN 28; *Vogelsang* RN 330.

[317] Str., vgl. *Edenfeld* DB 97, 2273; *Frölich* NZA 96, 464.

der Mensch nach den Umständen des Falles zur Beseitigung der Störung bzw. zur Schadensverhütung nicht nur als zweckmäßig, sondern als erforderlich angesehen haben würde. Es liegt nicht außerhalb aller Wahrscheinlichkeit, dass der Arbeitgeber, der von Unkorrektheiten seines Arbeitnehmers erfährt, diesen von einer in der Ermittlungstätigkeit erfahrenen Person überwachen und überführen lässt.[318]

144 **2. Gutachtliche Stellungnahme.** Der Medizinische Dienst hat dem an der vertragsärztlichen Versorgung teilnehmenden Arzt und sonstigen Leistungserbringern, über deren Leistungen er eine gutachtliche Stellungnahme abgegeben hat, sowie der **Krankenkasse das Ergebnis der Begutachtung** und die erforderlichen Angaben über den Befund mitzuteilen. Der Versicherte kann der Mitteilung über den Befund an die Leistungserbringer widersprechen (§ 277 I SGB V). Im Ergebnis bedeutet das, dass nicht eine abweichende Diagnose mitzuteilen ist, sondern lediglich eine abweichende Auffassung zur Frage der Arbeitsunfähigkeit und ihrer Dauer. Der Arbeitgeber wird durch den Medizinischen Dienst nicht benachrichtigt. Nach § 277 II SGB V hat die Krankenkasse, solange ein Anspruch auf Fortzahlung des Arbeitsentgelts besteht, dem Arbeitgeber und dem Versicherten das Ergebnis des Gutachtens des Medizinischen Dienstes über die Arbeitsunfähigkeit mitzuteilen, wenn das Gutachten mit der Bescheinigung des Kassenarztes im Ergebnis nicht übereinstimmt. Die Mitteilung darf keine Angaben über die Krankheit des Versicherten enthalten.

X. Anzeige- und Nachweispflicht bei Arbeitsunfähigkeit im Ausland

145 **1. Allgemeines.**[319] Hält sich der Arbeitnehmer bei Beginn der Arbeitsunfähigkeit im Ausland auf, ist er verpflichtet, dem Arbeitgeber die Arbeitsunfähigkeit, deren voraussichtliche Dauer und die Adresse am **Aufenthaltsort** in der schnellstmöglichen Art der Übermittlung mitzuteilen (§ 5 II 1 EFZG). Der Arbeitnehmer wird daher i. d. R. Telefon, e-mail, Telefax oder Telegramm zu verwenden haben. Die durch die Mitteilung entstehenden (Mehr-)Kosten hat der Arbeitgeber zu tragen. Dagegen besteht kein Grund, den Arbeitgeber anders als bei einer Erkrankung im Inland mit den Grundkosten zu belasten. Unterlässt es der Arbeitnehmer, seine Anschrift mitzuteilen, entsteht für den Arbeitgeber ein vorübergehendes Leistungsverweigerungsrecht (§ 7 EFZG).[320] Während der Dauer eines krankheitsbedingten Auslandsaufenthalts ist der Arbeitnehmer auch gehalten, Vorkehrungen zu treffen, damit ihn rechtsgeschäftliche Erklärungen des Arbeitgebers erreichen können. Dazu muss er die Adresse seines Aufenthaltsorts so genau mitteilen, dass ihn der Arbeitgeber bzw. ein Dritter am Aufenthaltsort erreichen kann.[321]

146 Ist der Arbeitnehmer **Mitglied einer gesetzlichen Krankenkasse,** ist er verpflichtet, auch dieser die Arbeitsunfähigkeit und deren voraussichtliche Dauer anzugeben.

147 **2. Inhalt der Unterrichtung.** Im Gesetz ist nicht ausdrücklich geregelt, ob bei einer Erkrankung im Ausland auch eine **Arbeitsunfähigkeitsbescheinigung** vorgelegt werden muss. In der Gesetzesbegründung (BT-Drucks. 12/5798 S. 26 zu § 5 Abs. 2) ist vermerkt, dass durch die Neufassung die Anzeigepflicht im Ausland erweitert worden ist, um der Missbrauchsmöglichkeit zu begegnen. Es ist daher anzunehmen, dass durch § 5 II EFZG die Nachweispflichten nicht eingeschränkt, sondern die Mitteilungspflichten verschärft werden sollten. In § 5 II 6 EFZG ist auch ausdrücklich bestimmt, dass die Arbeitsunfähigkeitsbescheinigung nicht den Vermerk zu enthalten braucht, dass der Arzt der Krankenkasse eine Durchschrift der Arbeitsunfähigkeitsbescheinigung übersandt hat. Eine Arbeitsunfähigkeitsbescheinigung ist unter Beachtung der Fristen des § 5 I EFZG vorzulegen.[322] Für eine Übersetzung hat der Arbeitnehmer nicht zu sorgen.[323]

148 Dauert die Arbeitsunfähigkeit länger als angezeigt, ist der Arbeitnehmer verpflichtet, gegenüber der Krankenkasse die **Anzeige zu wiederholen** (§ 5 II 4 EFZG). Dagegen fehlt eine entsprechende Regelung für den Arbeitgeber. Dies kann nur den Grund haben, dass der Arbeitnehmer seine Anzeige gegenüber dem Arbeitgeber nicht zu korrigieren braucht, sondern die Bescheinigung seines Arztes abwarten kann.

---

[318] BAG 17. 9. 1998 AP 133 zu § 611 BGB Haftung des Arbeitnehmers = NZA 98, 1334.

[319] *Berenz,* Anzeige und Nachweispflichten bei Erkrankung im Ausland, DB 95, 1462.

[320] BAG 19. 2. 1997 AP 4 zu § 3 EntgeltFG = NZA 97, 652; 1. 10. 1997 AP 5 zu § 5 EntgeltFG = NZA 98, 369.

[321] LAG Hamburg 11. 11. 2005 LAGE § 5 KSchG Nr. 111; MünchKommBGB/*Müller-Glöge* § 5 EFZG RN 24.

[322] Ebenso MünchKommBGB/*Müller-Glöge* § 5 EFZG RN 25.

[323] ErfK/*Dörner* § 5 EFZG RN 26; MünchKommBGB/*Müller-Glöge* § 5 EFZG RN 25; *Vogelsang* RN 349.

Die **gesetzliche Krankenkasse** kann bestimmen, dass der Arbeitnehmer Anzeige- und Mitteilungspflichten gegenüber einem ausländischen Versicherungsträger erfüllen kann.[324] Dies gilt in aller Regel im Bereich der EU und auf Grund zahlreicher zwischenstaatlicher Vereinbarungen. Hierüber geben Merkblätter der Krankenkassen Auskunft. Kehrt der Arbeitnehmer nach Deutschland zurück, ist er verpflichtet, dem Arbeitgeber und der Krankenkasse unverzüglich Mitteilung zu machen (§ 5 II 7 EFZG). **149**

XI. Forderungsübergang bei Dritthaftung

Brenner, Entgeltfortzahlung und Dritthaftung, DB 99, 482; *Marschner,* Der Einfluss des Sozialversicherungsrechts auf Rückgriffsansprüche des Arbeitgebers bei der Entgeltfortzahlung, BuW 98, 553.

1. Anspruchskonkurrenz. Wird der Arbeitnehmer durch einen Dritten geschädigt und arbeitsunfähig krank, können zwei Ansprüche nebeneinander bestehen: **(1)** gegen den Dritten und **(2)** gegen den Arbeitgeber. Gelegentlich ist allerdings im Schrifttum die Auffassung vertreten worden, dem Arbeitnehmer entstehe wegen des bestehenden Entgeltfortzahlungsanspruchs kein Schaden.[325] Dieser Ansicht ist nicht zu folgen, denn dann würden die Schäden auf den unbeteiligten Arbeitgeber überwälzt.[326] Mittelbar wird diese Rechtslage auch durch den in § 6 EFZG geregelten gesetzlichen Forderungsübergang bestätigt. Der gesetzliche Forderungsübergang findet auch dann statt, wenn die Schädigung im Ausland (hier Österreich) erfolgt ist.[327] **150**

2. Anspruchsvoraussetzungen. a) Ein **Forderungsübergang nach § 6 EFZG** findet statt, wenn **(1)** der Arbeitnehmer von einem Dritten Schadensersatz wegen Verdienstausfall verlangen kann, **(2)** ein schadensersatzpflichtiger Dritter vorhanden ist und **(3)** der Arbeitgeber das Arbeitsentgelt fortgezahlt hat. **151**

b) Der gesetzliche Forderungsübergang ist beschränkt auf **gesetzliche Schadensersatzansprüche.**[328] Dagegen findet der Forderungsübergang nicht statt, wenn der Arbeitnehmer ausschließlich auf Grund vertraglicher Vereinbarung mit einem Dritten (etwa einer Versicherung) Ersatz seines Verdienstausfalles verlangen kann. Gesetzliche Forderungen sind solche aus unerlaubter Handlung, also aus § 823 I, § 823 II BGB i. V. m. einem Schutzgesetz und aus § 826 BGB. Bei Amtspflichtverletzungen öffentlicher Bediensteter ist die Fortzahlungsverpflichtung des Arbeitgebers keine anderweitige Ersatzmöglichkeit nach § 839 I 2 BGB.[329] Ein gesetzlicher Forderungsübergang besteht auch dann, wenn Ansprüche wegen Gefährdungshaftung bestehen, z. B. § 833 BGB, § 7 StVG. Ein gesetzlicher Schadensersatzanspruch liegt auch dann vor, wenn ein Dritter nach §§ 280 I, 311 II BGB haftet. Maßgebend sind die Haftungsvorschriften der jeweiligen Vertragsart.[330] Etwas anderes gilt für die Ansprüche auf Vertragserfüllung.[331] **152**

c) Der Schadensersatzanspruch geht nur über, soweit er besteht. Besteht die Forderung, können dieser aber **Einwendungen entgegengehalten** werden, kann sich auch der Dritte hierauf berufen (§§ 412, 404 BGB).[332] Im Allgemeinen kommen für den Dritten drei Fallgruppen in Betracht. Die Erhebung von Schadensersatzansprüchen kann rechtsmissbräuchlich sein, z. B. bei Sportverletzungen. Der Schadensersatzanspruch kann verjährt sein. Die Verjährung des Schadensersatzanspruchs beginnt, wenn der Arbeitnehmer die Person des Schädigers kennt oder in zumutbarer Weise hätte kennen können.[333] Seit 1. 1. 2002 ist § 199 II BGB maßgeblich. Schließlich kann der Schadensersatzanspruch zeitlich befristet sein; dies ist der Fall, wenn ein weiteres Ereignis eintritt, das gleichfalls zur Arbeitsunfähigkeit führt. **153**

3. Ansprüche gegen Dritte. a) Der Forderungsübergang erfasst nur Schadensersatzansprüche gegen eine **natürliche oder juristische Person.** Vom Forderungsübergang ausgeschlossen können jedoch sein **(1)** Schadensersatzansprüche gegen Familienangehörige, **(2)** gegen Arbeitskollegen und **(3)** gegen den Arbeitgeber selbst. **154**

b) Nach § 86 III VVG (bis 31. 12. 2007: § 67 II VVG), § 116 VI SGB X ist ein Übergang des Schadensersatzanspruchs bei nicht vorsätzlicher **Schädigung durch Familienangehörige,** **155**

---

[324] Hierzu BAG 1. 10. 1997 AP 4 zu § 5 EntgeltFG = NZA 98, 372.
[325] Vgl. *Bickel* DB 70, 1128.
[326] BGH 22. 6. 1956 AP 6 zu § 616 BGB = BGHZ 21, 112; 20. 6. 1974 AP 1 zu § 4 LohnFG.
[327] Vgl. OLG Wien 7. 12. 1972 NJW 1973, 954; *Pula* BB 78, 1619.
[328] ErfK/*Dörner* § 6 EFZG RN 4; HWK/*Schliemann* § 6 EFZG RN 4.
[329] BGH 20. 6. 1974 AP 1 zu § 4 LohnFG.
[330] Vgl. BGH 20. 2. 1958 AP 1 zu § 1542 RVO = NJW 58, 710; *Schmitt* § 6 RN 17.
[331] ErfK/*Dörner* § 6 EFZG RN 5.
[332] ErfK/*Dörner* § 6 EFZG RN 14; MünchKommBGB/*Müller-Glöge* § 6 EFZG RN 2.
[333] Vgl. BGH 9. 7. 1996 NJW 96, 2935.

die im Zeitpunkt des Schadensereignisses mit dem Geschädigten oder seinen Hinterbliebenen in häuslicher Gemeinschaft leben, ausgeschlossen. Ein Ersatzanspruch kann auch dann nicht geltend gemacht werden, wenn der Schädiger mit dem Geschädigten oder einem Hinterbliebenen nach Eintritt des Schadensereignisses die Ehe geschlossen hat und in häuslicher Gemeinschaft lebt. Ein derartiger Ausschluss des Schadensersatzanspruchs ergibt sich zwar nicht aus dem Wortlaut des § 6 EFZG. Der BGH hat aber einen solchen Ausschluss für § 4 LohnFG stets angenommen, da die Interessenlage gleich sei.[334] Dasselbe gilt auch für das EFZG.[335] Lebt der verletzte Arbeitnehmer mit dem als Tierhalter haftenden Familienangehörigen in häuslicher Gemeinschaft, ist deshalb der gesetzliche Forderungsübergang gem. § 6 I EFZG auf den Arbeitgeber, der dem Geschädigten Entgeltfortzahlung leistet, ausgeschlossen.[336] Familienangehörige sind der Ehegatte und Verwandte sowie Verschwägerte des Arbeitnehmers. Auf den familienrechtlichen Verwandtschaftsgrad kommt es nicht an. Der Haftungsausschluss gilt auch innerhalb einer eingetragenen Lebenspartnerschaft, weil nach § 11 I LPartG ein Lebenspartner als Familienangehöriger des anderen Lebenspartners gilt.[337] Nicht zu den Familienangehörigen gehört der Lebensgefährte.[338] Der Übergang ist nur ausgeschlossen, wenn die Familienangehörigen mit dem Arbeitnehmer in häuslicher Gemeinschaft leben. Diese ist zu bejahen, wenn sie eine gemeinsame Wirtschaftsführung i. d. R. in denselben Räumen haben.

156 **c)** Beruht die Arbeitsunfähigkeit auf einem Unfall, den ein **im Betrieb tätiger Arbeitskollege** durch betriebliche Tätigkeit verursacht hat, ist dieser nicht zum Ersatz des Schadens verpflichtet (§§ 104 bis 106 SGB VII). Es fehlt damit ein Schadensersatzanspruch, der übergehen könnte.[339] Dies gilt auch dann, wenn der Arbeitskollege durch eine private Haftpflichtversicherung geschützt ist.[340] Eine betriebliche Tätigkeit ist dann gegeben, wenn sie dazu bestimmt ist, die betrieblichen Zwecke zu fördern (vgl. § 109).

157 **d)** Ein Schadensersatzanspruch gegen den Arbeitgeber besteht nur dann, wenn er die Arbeitsunfähigkeit **vorsätzlich herbeigeführt** hat oder auf einem nach § 8 II Nr. 1–4 SGB VII **versicherten Weg** herbeigeführt hat. Im Übrigen ist der Schadensersatzanspruch bei Unfällen ausgeschlossen (§ 104 SGB VII). Ist die Arbeitsunfähigkeit infolge vorsätzlicher Handlung oder auf einem versicherten Weg eingetreten, ist der Arbeitgeber im Allgemeinen jedoch nicht Dritter, so dass ein Übergang des Schadensersatzanspruches ausgeschlossen ist. Eine Ausnahme besteht dann, wenn mehrere Schadensverursacher neben dem Arbeitgeber bestehen, bei denen die Haftung nicht ausgeschlossen ist. In diesen Fällen geht der Schadensersatzanspruch gegen den Dritten auf den Arbeitgeber über. Im Innenverhältnis kann der Arbeitgeber gegen den Dritten nur den Teil des Schadensersatzanspruchs verlangen, der auf den Dritten entfällt (vgl. § 426 BGB).[341]

158 **4. Gegenstand des Anspruchsübergangs. a)** Der Anspruch geht nur insoweit auf den Arbeitgeber über, „als dieser dem Arbeitnehmer nach dem" EFZG „**Arbeitsentgelt fortgezahlt** und darauf entfallende vom Arbeitgeber zu tragende Beiträge zur BA, Arbeitgeberanteile an Beiträgen zur Sozialversicherung und zur Pflegeversicherung sowie zu Einrichtungen der zusätzlichen Alters- und Hinterbliebenenversorgung abgeführt hat". Der Forderungsübergang tritt zu dem Zeitpunkt ein, zu dem der Arbeitgeber das Arbeitsentgelt fortzahlt. Dies wird in aller Regel sukzessive sein. Mit dieser Regelung wird verhindert, dass der Arbeitgeber bereits Schadensersatzansprüche erlangt, bevor der Schaden bei ihm eintritt, indem er Vergütungsfortzahlung leistet. Zugleich wird sichergestellt, dass der Arbeitnehmer seinen Schadensersatzanspruch nicht verliert und um den Verdienst einen Rechtsstreit führen muss.[342] Verfügt der Arbeitnehmer über den Schadensersatzanspruch, etwa bei einem Verkehrsunfall, indem er einen Vergleich, eine Abtretung oder einen Verzicht zum Nachteil des Arbeitgebers erklärt, greift § 7 I Nr. 2 EFZG ein. Der Arbeitgeber hat dann ein Leistungsverweigerungsrecht. Der Arbeitgeber wird zweckmäßigerweise den Dritten von der Entgeltfortzahlung unterrichten.[343]

---

[334] BGH 4. 3. 1976 AP 2 zu § 4 LohnFG; 15. 1. 1980 BB 80, 942.
[335] ErfK/*Dörner* § 6 EFZG RN 7; MünchKommBGB/*Müller-Glöge* § 6 EFZG RN 4; *Schmitt* § 6 RN 25.
[336] OLG Dresden 8. 9. 1999 VersR 2001, 1035.
[337] ErfK/*Dörner* § 6 EFZG RN 7; HWK/*Schliemann* § 6 EFZG RN 8; MünchKommBGB/*Müller-Glöge* § 6 EFZG RN 5.
[338] BGH 15. 1. 1980 FamRZ 80, 348.
[339] ErfK/*Dörner* § 6 EFZG RN 9; HWK/*Schliemann* § 6 EFZG RN 9.
[340] BGH 8. 5. 1973 AP 7 zu § 636 RVO.
[341] BGH 12. 6. 1973 NJW 73, 1648.
[342] ErfK/*Dörner* § 6 EFZG RN 15.
[343] Vgl. BSG 13. 5. 1992 NZA 93, 142.

b) Der Forderungsübergang bezieht sich nur auf Schadensersatzansprüche wegen des **Verdienstausfalls** infolge der Arbeitsunfähigkeit. Das ist zunächst das vom Arbeitgeber nach § 4 I EFZG fortzuzahlende Entgelt (vgl. RN 83ff.). Dazu können auch anteilige Jahressonderzahlungen gehören.[344] Mit dem Arbeitsentgelt gehen auch die vom Arbeitgeber zu tragenden Beiträge zur BA (§§ 340ff. SGB III), zur gesetzlichen Sozialversicherung und Pflegeversicherung sowie zu Einrichtungen der zusätzlichen Alters- und Hinterbliebenenversorgung über. Dagegen gehen nicht über etwaige Umlagen, die der Arbeitgeber zu zahlen hat. Zu den Beiträgen zur gesetzlichen Sozialversicherung gehören die **Beiträge zur Kranken-, Renten- und Pflegeversicherung.** Sie sind ein zusätzliches Entgelt, das der Arbeitgeber zahlt. Nicht zu den übergehenden Beträgen gehören die zur gesetzlichen Unfallversicherung.[345] Sie sind eine eigenständige Leistung des Arbeitgebers und nicht zusätzliches Entgelt. Weiterhin gehen Beiträge des Arbeitgebers an eine **Lebensversicherung, Pensions- und Unterstützungskasse** sowie die **Zusatzversorgungskasse** über.[346] Nach umstrittener Auffassung des BGH werden von § 6 I EFZG auch die Leistungen des Arbeitgebers zu den Lohnausgleichs- und Urlaubskassen des Baugewerbes erfasst.[347] Ein Forderungsübergang findet nicht statt wegen des Ersatzes von Schmerzensgeldansprüchen oder Ansprüchen auf sonstigen Schadensersatz. 159

c) Kein Forderungsübergang erfolgt, wenn der Arbeitgeber Leistungen erbringt, **ohne nach dem EFZG hierzu verpflichtet zu sein.** Das kann der Fall sein bei Fortzahlung von Aufwendungsersatz oder sonstiger Arbeitgeberleistungen, die nach § 4 EFZG unberücksichtigt bleiben. Umstritten ist die Behandlung von Krankengeldzuschüssen, die der Arbeitgeber auf Grund einer vertraglichen oder kollektivrechtlichen Verpflichtung leistet (dazu RN 192ff.). Die überwiegende Auffassung im Schrifttum lehnt insoweit zu Recht einen Anspruchsübergang mit der Begründung ab, es handele sich hierbei nicht um einen Anspruch auf Arbeitsentgelt nach dem EFZG.[348] In diesen Fällen ist dem Arbeitgeber ein Rückgriff gegen den Schädiger nur möglich, wenn der Arbeitnehmer ihm insoweit die Ansprüche abgetreten hat. Umstr. ist die Rechtslage, wenn der Entgeltfortzahlungsanspruch des Arbeitnehmers infolge überwiegenden Mitverschuldens ausgeschlossen ist. Zum Teil wird die Auffassung vertreten, dass ein Forderungsübergang ausgeschlossen sei;[349] zum Teil wird dieser bejaht, wenn der Arbeitgeber gleichwohl zahlt.[350] 160

d) Hat der Arbeitgeber eine **Gruppenunfallversicherung** für seine Arbeitnehmer abgeschlossen, muss er die Versicherungssumme auch dann an den Arbeitnehmer auszahlen, wenn dieser dem Abschluss nicht zugestimmt hat. Die Auszahlung darf dann nicht um die Entgeltfortzahlung gekürzt werden.[351] 161

5. Quotenvorrecht. Der Forderungsübergang kann **nicht zum Nachteil des Arbeitnehmers** geltend gemacht werden (§ 6 III EFZG). Das Quotenvorrecht kommt vor allem in Betracht, wenn das Vermögen des Schuldners nicht ausreicht oder die Haftung des Dritten beschränkt ist. Trifft den Arbeitnehmer ein Mitverschulden, kann auch der Arbeitgeber nur im Umfang des Verschuldensanteils des Schädigers von diesem Ersatz verlangen.[352] Es ist denkbar, dass der Arbeitnehmer auch Leistungen eines gesetzlichen Sozialleistungsträgers bezogen hat. Insoweit gehen seine Ansprüche nach § 116 I SGB X auf den gesetzlichen Sozialleistungsträger über. Stehen der Durchsetzung der Ansprüche auf Ersatz eines Schadens tatsächliche Hindernisse entgegen, hat die Durchsetzung der Ansprüche des Geschädigten und seinen Hinterbliebenen Vorrang vor den übergegangenen Ansprüchen. 162

6. Mitwirkungspflichten des Arbeitnehmers. Der Arbeitnehmer hat dem Arbeitgeber nach § 6 II EFZG **unverzüglich** die zur Geltendmachung des Schadensersatzanspruchs **erforderlichen Angaben** zu machen. Er hat mithin dem Arbeitgeber mitzuteilen das Schadensereignis, die Schadensursache, Namen und Anschrift des Schädigers, Namen und Anschrift von Zeugen, polizeiliches Ermittlungsergebnis und sonstige Beweisurkunden. Der Arbeitnehmer 163

---

[344] MünchKommBGB/*Müller-Glöge* § 6 EFZG RN 7; HWK/*Schliemann* § 6 EFZG RN 11; a. A. ErfK/*Dörner* § 6 EFZG RN 10.

[345] BGH 11. 11. 1975 DB 76, 58.

[346] BGH 7. 7. 1998 NZA-RR 98, 457.

[347] BGH 28. 1. 1986 NJW-RR 86, 512; a. A. ErfK/*Dörner* § 6 EFZG RN 13.

[348] MünchArbR/*Boecken* § 87 RN 21; ErfK/*Dörner* § 6 EFZG RN 11; HWK/*Schliemann* § 6 EFZG RN 12; *Schmitt* § 6 RN 43; a. A. OLG Koblenz 14. 7. 1993 NJW-RR 94, 864; MünchKommBGB/*Müller-Glöge* § 6 EFZG RN 7.

[349] *Schmitt* § 6 RN 44.

[350] OLG Düsseldorf AP 3 zu § 4 LohnFG.

[351] BAG 17. 6. 1997 AP 5 zu § 179 VVG = NZA 98, 376.

[352] MünchKommBGB/*Müller-Glöge* § 6 EFZG RN 14.

braucht nur solche Tatsachen mitzuteilen, die er wissen kann. Er hat jedoch Erkundigungen einzuziehen, soweit ihm dies möglich und zumutbar ist. Dagegen besteht keine Erkundigungslast, wenn er z. B. in ein Krankenhaus eingeliefert wird und keine Möglichkeit mehr hatte, den Schädiger zu ermitteln oder seinen Namen festzuhalten.[353] Verstößt der Arbeitnehmer schuldhaft gegen seine Mitwirkungspflicht, erhält der Arbeitgeber ein Leistungsverweigerungsrecht (§ 7 I Nr. 2 EFZG).

XII. Leistungsverweigerungsrechte des Arbeitgebers

164 **1. Voraussetzungen.** § 7 EFZG gibt dem Arbeitgeber **in zwei Fällen** ein Leistungsverweigerungsrecht. Dies ist nach § 7 I Nr. 1 EFZG ein zeitlich vorübergehendes; im Falle des § 7 I Nr. 2 EFZG ein endgültiges, dauerndes, unbefristetes. Das Leistungsverweigerungsrecht aus § 100 II SGB IV (Hinterlegung des Sozialversicherungsausweises) ist nach Aufhebung dieser Vorschrift zum 1. 1. 2003 weggefallen.

165 **2. Nichtvorlage einer Arbeitsunfähigkeitsbescheinigung. a)** Der Arbeitgeber hat ein zeitweiliges Leistungsverweigerungsrecht, wenn der Arbeitnehmer eine Arbeitsunfähigkeitsbescheinigung **nicht fristgerecht vorlegt**[354] oder die Arbeitsunfähigkeitsbescheinigung **nicht den gesetzlichen Anforderungen** genügt. Es ist von Gesetzes wegen Sache des Arbeitnehmers, seinen Arzt zur Ausstellung einer ordnungsgemäßen Bescheinigung zu veranlassen.[355] Entsprechendes gilt, wenn die Verlängerungsbescheinigung nicht rechtzeitig vorgelegt wird.[356] Ein Leistungsverweigerungsrecht besteht ferner, wenn der Arbeitnehmer eine Kurbescheinigung nicht vorlegt.[357] Dagegen besteht kein Leistungsverweigerungsrecht, wenn der Arbeitnehmer die Arbeitsunfähigkeit nicht rechtzeitig anzeigt.

166 **b)** Ein Leistungsverweigerungsrecht des Arbeitgebers kommt auch in Betracht, wenn der Arbeitnehmer bei **Erkrankung im Ausland den Anzeige- und Nachweispflichten** nicht nachkommt. Das Leistungsverweigerungsrecht besteht weiter, wenn der Arbeitnehmer wieder ins Inland zurückkehrt und sich nicht nach § 5 II 7 EFZG zurückmeldet. Es wirkt dauerhaft, soweit alsdann die Bescheinigung nicht mehr nachgeholt werden kann.[358]

167 **c)** Die Leistungsverweigerungsrechte sind **ausgeschlossen,** wenn der Arbeitnehmer die Verletzung der ihm obliegenden Verpflichtungen nicht zu vertreten hat (§ 7 II EFZG), d. h., wenn er sie nicht vorsätzlich oder fahrlässig verletzt hat (§ 276 BGB).

168 **d)** Das zeitweilige Leistungsverweigerungsrecht **erlischt rückwirkend,** sobald der Arbeitnehmer seine gesetzlichen Verpflichtungen erfüllt.[359] Dies ergibt sich aus § 7 I Nr. 1 EFZG, wonach das Leistungsverweigerungsrecht nur besteht, „solange" der Arbeitnehmer seinen Verpflichtungen nicht nachkommt.

169 **e)** Bestreitet der Arbeitgeber in einem **Entgeltfortzahlungsprozess** die Arbeitsunfähigkeit, hat der Arbeitnehmer sie nachzuweisen. Gelingt der Beweis der anspruchsbegründenden Tatsachen weder durch die Vorlage einer Arbeitsunfähigkeitsbescheinigung noch in sonstiger Weise, ist die Klage als unbegründet abzuweisen.[360] Mit Eintritt der Rechtskraft der klageabweisenden Entscheidung steht fest, dass der behauptete Entgeltfortzahlungsanspruch nicht gegeben ist. Es besteht dann nicht mehr nur ein zeitweiliges Leistungsverweigerungsrecht.

170 **3. Verhinderung des Anspruchsübergangs. a)** Ein endgültiges Leistungsverweigerungsrecht des Arbeitgebers besteht nach § 7 I Nr. 2 EFZG, wenn der Arbeitnehmer den **Übergang eines Schadensersatzanspruchs gegen einen Dritten auf den Arbeitgeber verhindert** und er diese Verhinderung zu vertreten hat. Da der Schadensersatzanspruch erst dann auf den Arbeitgeber übergeht, wenn er die Entgeltfortzahlung im Krankheitsfalle erbringt, kann der Arbeitnehmer vor dem Übergang über die Schadensersatzansprüche verfügen. Dies geschieht vor allem, wenn er mit der Haftpflichtversicherung des Dritten Abfindungsvergleiche oder Er-

---

[353] LAG Düsseldorf DB 74, 1392.

[354] BAG 1. 10. 1997 AP 5 zu § 5 EntgeltFG = NZA 98, 369; 23. 1. 1985 AP 63 zu § 1 LohnFG = DB 85, 1400; 27. 8. 1971 AP 1 zu § 3 LohnFG = DB 71, 2265.

[355] MünchKommBGB/*Müller-Glöge* § 7 EFZG RN 4; HWK/*Schliemann* § 7 EFZG RN 5; *Schmitt* § 7 RN 14; differenzierend Staudinger/*Oetker* § 616 RN 495; a. A. ErfK/*Dörner* § 7 EFZG RN 5.

[356] ErfK/*Dörner* § 7 EFZG RN 5; HWK/*Schliemann* § 7 EFZG RN 5; *Schmitt* § 7 RN 16.

[357] BAG 5. 6. 1972 AP 1 zu § 7 LohnFG.

[358] ErfK/*Dörner* § 7 EFZG RN 9; *Schmitt* § 7 RN 35.

[359] BAG 1. 10. 1997 AP 5 zu § 5 EntgeltFG = NZA 98, 369; ErfK/*Dörner* § 7 EFZG RN 9.

[360] BAG 26. 2. 2003 AP 8 zu § 5 EntgeltFG.

lassverträge abschließt.[361] Ein Rechtsanwalt darf einen bindenden Abfindungsvergleich mit nicht unerheblicher Tragweite regelmäßig nur schließen, wenn sein Mandant hierüber belehrt ist und zugestimmt hat.[362] Ein Arbeitnehmer, der nach einem unverschuldeten Verkehrsunfall Verletzungen davongetragen hat, handelt, wenn er mit dem Schädiger eine Vereinbarung über die Abgeltung aller aus dem Unfall herrührenden Forderungen trifft, schuldhaft, wenn er nicht zuvor mit dem Arbeitgeber Kontakt aufnimmt.[363]

b) Auch das endgültige Leistungsverweigerungsrecht setzt **Verschulden** voraus, d. h., Vorsatz oder Fahrlässigkeit. Zum Begriff „verhindern" in § 7 I Nr. 2 EFZG gehört ein vorsätzliches Verhalten. Insoweit hat das BAG jedoch zum LohnFG ausgeführt:[364] Wird ein Arbeiter durch Verschulden eines Dritten arbeitsunfähig krank und schließt er mit der Haftpflichtversicherung des Dritten einen Abfindungsvergleich, der sämtliche aus dem Schadensfall herrührenden Ansprüche betrifft, muss er sich dieses Rechtsgeschäft gegenüber seinem Arbeitgeber jedenfalls dann zurechnen lassen, wenn er bei Abschluss des Vergleichs damit rechnen musste, dass sich noch Folgen aus dem Schadensfall in Gestalt weiterer Erkrankungen einstellen werden, die einen Lohnfortzahlungsanspruch gegen den Arbeitgeber entstehen lassen. 171

c) In § 5 Nr. 1 LohnFG war dem Arbeitgeber ein Leistungsverweigerungsrecht eingeräumt, wenn der Arbeitnehmer dem Arbeitgeber nicht unverzüglich die zur Geltendmachung des Schadensersatzanspruchs **erforderlichen Angaben** gemacht hat. Eine entsprechende Bestimmung fehlt in § 7 EFZG. Das Leistungsverweigerungsrecht wird sich aber gleichwohl aus allgemeinen Rechtsgrundlagen ergeben. Denn insoweit hat der Arbeitgeber einen Anspruch nach § 6 II EFZG, so dass ein Leistungsverweigerungsrecht nach § 273 BGB entsteht.[365] 172

4. Entgeltfortzahlung trotz Leistungsverweigerungsrechts. Hat der Arbeitgeber ein **zeitweiliges Leistungsverweigerungsrecht,** erbringt er aber gleichwohl die Entgeltfortzahlung, besteht kein Rückzahlungsanspruch aus ungerechtfertigter Bereicherung. Die Zahlungen des Arbeitgebers erfolgen nicht ohne Rechtsgrund (§ 812 BGB). Hat der Arbeitgeber dagegen ein **endgültiges Leistungsverweigerungsrecht** und leistet er gleichwohl Entgeltfortzahlung, besteht ein Rückzahlungsanspruch aus ungerechtfertigter Bereicherung.[366] 173

5. Leistungsverweigerungsrecht nach § 100 II SGB IV.[367] Während einer Lohn- oder Gehaltsfortzahlung wegen Arbeitsunfähigkeit konnte der Arbeitgeber bis zum 31. 12. 2002 gem. § 100 II SGB IV bei gesetzlich versicherten Arbeitnehmern die Hinterlegung des **Sozialversicherungsausweises** verlangen. Diese Regelung ist mit Wirkung vom 1. 1. 2003 weggefallen.[368] 174

XIII. Unabdingbarkeit

1. Abweichende Regelungen. a) Von den Vorschriften des EFZG kann gemäß § 12 EFZG abgesehen von § 4 IV, § 10 IV 1 EFZG (dazu RN 108) **nicht zuungunsten der Arbeitnehmer** abgewichen werden. Dies gilt für **Einzelarbeitsverträge,** Gesamtzusagen, arbeitsvertraglichen Einheitsregelungen zwischen Arbeitnehmern und Arbeitgebern und ihren Zusammenschlüssen, für in Heimarbeit beschäftigte Personen (§§ 12, 10 EFZG). Auch durch **Betriebsvereinbarungen** kann von den Vorschriften des EFZG nicht zuungunsten der Arbeitnehmer abgewichen werden. 175

b) Für **Tarifverträge** gibt es von diesem Grundsatz zwei Ausnahmen. Nach § 4 IV 1 EFZG kann durch Tarifvertrag eine abweichende Bemessungsgrundlage des fortzuzahlenden Arbeitsentgelts festgelegt werden (dazu RN 108). Nach § 10 IV 1 EFZG kann für Heimarbeiter (§ 1 I lit. a HAG) durch Tarifvertrag bestimmt werden, dass sie statt des sonst vorgesehenen Zuschlags die Entgeltfortzahlung für Arbeitnehmer erhalten. 176

2. Ausschlussfristen. Die Unabdingbarkeit des Entgeltfortzahlungsanspruchs gem. § 12 EFZG steht einem **Verfall nicht entgegen.**[369] Ausschlussfristen betreffen nicht die durch das 177

---

361 BAG 7. 12. 1988 AP 2 zu § 5 LohnFG = NZA 89, 306.
362 BGH 21. 4. 1994 NJW 94, 2085.
363 LAG Schleswig-Holstein 18. 7. 2006 NZA-RR 2006, 58.
364 BAG 7. 12. 1988 AP 2 zu § 5 LohnFG = NZA 89, 306.
365 Ebenso MünchKommBGB/*Müller-Glöge* § 7 EFZG RN 11; im Ergebnis ebenso durch eine erweiterte Auslegung bzw. analoge Anwendung des § 7 I Nr. 2 EFZG ErfK/*Dörner* § 7 EFZG RN 12; *Schmitt* § 7 RN 46 f.
366 BAG 7. 12. 1988 AP 2 zu § 5 LohnFG = NZA 89, 306.
367 *Böhm* NZA 95, 1092; *Gola* BB 94, 1351.
368 Einzelheiten siehe 11. Aufl. RN 198 f.
369 BAG 25. 5. 2005 AP 1 zu § 310 BGB = NZA 2005, 1111; 16. 1. 2002 AP 13 zu § 3 EntgeltFG = NZA 2002, 746.

EFZG gestaltete Entstehung von Rechten des Arbeitnehmers und deren Inhalt, sondern ihren zeitlichen Bestand. Eine diesbezügliche Regelung ist ebenso wenig wie ein nachträglicher Verzicht durch § 12 EFZG verboten.

178 **3. Günstigkeitsvergleich. a)** Unzulässig sind Abweichungen zuungunsten der Arbeitnehmer. Dagegen sind günstigere Regelungen als die des EFZG stets zulässig. Bei dem Günstigkeitsvergleich ist die **einzelne gesetzliche Vorschrift mit der getroffenen Regelung zu vergleichen.**[370] Liegt eine für den Arbeitnehmer nachteilige Regelung vor, ist diese nach § 134 BGB nichtig. Dies gilt auch dann, wenn der Gesamtvergleich eine Begünstigung für den Arbeitnehmer ergeben würde.

179 **b)** Sind in einer individualrechtlichen Regelung nur **einzelne Abweichungen ungünstiger,** sind diese unwirksam (§ 134 BGB). Gemäß § 139 BGB ist dann, wenn ein Teil eines Rechtsgeschäftes nichtig ist, im Zweifel das ganze Rechtsgeschäft nichtig. Diese Vorschrift ist bei Verstoß gegen Arbeitnehmerschutzvorschriften im Arbeitsrecht regelmäßig nicht anzuwenden. Im Zweifel ist im Bereich des Arbeitsrechts gerade von der Wirksamkeit der übrigen Regelungen auszugehen, es sei denn, dass die Auslegung etwas anderes ergibt. Ist ein Tarifvertrag teilweise unwirksam, ist nur dann von der Unwirksamkeit der übrigen auf die Entgeltfortzahlung sich beziehenden Bestimmungen auszugehen, wenn diese in einem inneren Zusammenhang zu der unwirksamen Regelung stehen.

180 **4. Einzelne Abwicklungsgeschäfte. a)** Auf schuldrechtliche Ansprüche kann nicht einseitig verzichtet werden. Vielmehr bedarf es zu deren Beseitigung entweder eines Erlassvertrags (§ 397 I BGB) oder eines negativen Schuldanerkenntnisses (§ 397 II BGB). Ein negatives Schuldanerkenntnis ist vor allem in der Ausgleichsquittung enthalten. Für die Wirksamkeit von Erlassverträgen ist zu unterscheiden zwischen einem bestehenden Arbeitsverhältnis und einem beendeten.

181 **b)** Während des **bestehenden Arbeitsverhältnisses** können zukünftig erst entstehende Entgeltfortzahlungsansprüche nicht erlassen werden. Dies war für Regelungen nach dem ehemaligen LohnFG unstreitig.[371] Dagegen war die Wirksamkeit des Erlasses von bereits entstandenen und fälligen Lohnfortzahlungsansprüchen während des bestehenden Arbeitsverhältnisses umstr. Das BAG hat die Wirksamkeit eines Erlassvertrags nach Beendigung des Arbeitsverhältnisses bejaht.[372] Insoweit sei der Arbeitnehmer nicht mehr schutzbedürftig. Da der Entgeltfortzahlungsanspruch jedoch der fortbestehende Vergütungsanspruch aus § 611 BGB ist, wird man dem Arbeitnehmer auch im fortbestehenden Arbeitsverhältnis die Befugnis einräumen können, nach dem Entstehen des Anspruchs hierüber verfügen zu können. Ausgeschlossen ist durch § 12 EFZG damit nur eine im Voraus getroffene ungünstige Vereinbarung.[373]

182 **5. Unwirksamkeit auf Grund anderer Vorschriften. a)** Nach § 49 I Nr. 1 SGB V **ruht der Anspruch** auf Krankengeld, soweit und solange Versicherte beitragspflichtiges Arbeitsentgelt oder Arbeitseinkommen erhalten. Dies gilt nicht für einmalig gezahltes Arbeitsentgelt. Beschäftigt der Arbeitgeber den Arbeitnehmer weiter, obwohl dieser Leistungen der Krankenversicherung erhält, können für die Krankenkasse Schadensersatzansprüche entstehen.[374] Zuschüsse des Arbeitgebers zum Krankengeld gelten nicht als Arbeitsentgelt (dazu RN 192). Nach § 115 I SGB X geht der Anspruch des Arbeitnehmers gegen den Arbeitgeber auf den Leistungsträger bis zur Höhe der erbrachten Sozialleistungen über, soweit der Arbeitgeber den Anspruch des Arbeitnehmers auf Arbeitsentgelt nicht erfüllt und deshalb ein Leistungsträger Sozialleistungen erbracht hat. Der Forderungsübergang erfolgt im Zeitpunkt der Leistungserbringung. Hieraus folgt, dass vor Forderungsübergang der Arbeitnehmer über seine Forderung verfügen kann. Dagegen ist eine Verfügung nach Forderungsübergang mangels Verfügungsbefugnis unwirksam.[375] Eine Ausnahme von diesem Grundsatz gilt wiederum dann, wenn der Arbeitnehmer über seine Forderung ein Rechtsgeschäft mit einem Dritten abschließt und dieser im Zeitpunkt des Abschlusses den Forderungsübergang nicht kennen konnte (§§ 412, 407 BGB).[376]

---

[370] BAG 26. 9. 2001 AP 11 zu § 3 EntgeltFG = NZA 2002, 387; ErfK/*Dörner* § 12 EFZG RN 7; *Feichtinger/Malkmus* § 12 RN 45; *Schmitt* § 12 RN 30; *Vogelsang* RN 863.

[371] BAG 20. 8. 1980 AP 11 zu § 6 LohnFG.

[372] BAG 20. 8. 1980 AP 12 zu § 6 LohnFG; krit. hierzu ErfK/*Dörner* § 12 EFZG RN 6.

[373] MünchKommBGB/*Müller-Glöge* § 12 EFZG RN 7 f.; *Feichtinger/Malkmus* § 12 RN 20; HWK/*Schliemann* § 12 EFZG RN 7; a. A. ErfK/*Dörner* § 12 EFZG RN 6; *Vogelsang* RN 869.

[374] OLG Düsseldorf 18. 9. 1998 NZA-RR 99, 10.

[375] BAG 20. 8. 1980 AP 11 zu § 6 LohnFG.

[376] BAG 11. 6. 1976 AP 2 zu § 9 LohnFG; 29. 11. 1978 AP 7 zu § 6 LohnFG.

b) Ein **Erlassvertrag** ist dann unwirksam, wenn der Entgeltfortzahlungsanspruch auf einem Tarifvertrag beruht. Insoweit ist dieser nur unter den Voraussetzungen von § 4 IV TVG wirksam.[377] 183

Anhang: Krankengeld

184 **1. Anspruchsvoraussetzungen. a)** Versicherte haben Anspruch auf Krankengeld, wenn die Krankheit sie arbeitsunfähig macht oder sie auf Kosten der Krankenkasse stationär in einem Krankenhaus, einer Vorsorge- oder Rehabilitationseinrichtung behandelt werden (§ 44 I 1 SGB V). Das Krankengeld soll den Entgeltausfall nach Erschöpfung des Anspruchs auf Entgeltfortzahlung im Krankheitsfalle (§ 98) ausgleichen. Es hat **Lohnersatzfunktion.** Kein Anspruch auf Krankengeld besteht mithin für Versicherte, die keinen Einnahmeausfall hinzunehmen haben. Ein Versicherter ist grundsätzlich dann arbeitsunfähig, wenn er gehindert ist, seine arbeitsvertraglich geschuldete, zuletzt ausgeübte Arbeit zu verrichten.[378] Maßstab für die Beurteilung der krankheitsbedingten Arbeitsunfähigkeit eines Versicherten in der Krankenversicherung der Arbeitslosen sind dagegen auch in den ersten sechs Monaten der Arbeitslosigkeit alle Beschäftigungen, für die er sich der Arbeitsverwaltung zwecks Vermittlung zur Verfügung gestellt hat und die ihm arbeitslosenversicherungsrechtlich zumutbar sind. Einen darüber hinausgehenden krankenversicherungsrechtlichen „Berufsschutz" gibt es auch insoweit nicht.[379]

185 **b) Krankengeldberechtigt** sind grundsätzlich nur kraft Gesetzes Versicherte. Dies sind versicherungspflichtig Beschäftigte (§ 5 I Nr. I SGB V), aber auch Empfänger von Arbeitslosengeld oder Arbeitslosenhilfe. Nicht anspruchsberechtigt sind Studenten und Praktikanten, Teilnehmer an berufsfördernden Maßnahmen der Rehabilitation (§ 44 I 2 SGB V). Die Versicherteneigenschaft muss zum Zeitpunkt des Eintritts der Arbeitsunfähigkeit vorliegen.[380]

186 **2. Entstehung des Anspruchs.** Der Anspruch auf Krankengeld entsteht **(1)** bei Krankenhausbehandlung oder Behandlung in einer Vorsorge- oder Rehabilitationseinrichtung von ihrem Beginn an, **(2)** im Übrigen von dem Tag an, der auf den Tag der ärztlichen Feststellung der Arbeitsunfähigkeit folgt (§ 46 SGB V). Bei Beziehern von Arbeitslosengeld, Arbeitslosenhilfe, Unterhaltsgeld, Kurzarbeitergeld oder Winterausfallgeld entsteht ein Anspruch auf Krankengeld vom ersten Tag der Arbeitsunfähigkeit an (§ 47b SGB V). Versicherte nach dem Künstler-Sozialversicherungsgesetz erhalten Krankengeld grundsätzlich erst mit Beginn der 7. Woche der Arbeitsunfähigkeit (vgl. § 46 Satz 2, 3 SGB V).

187 **3. Dauer des Anspruchs.** Versicherte erhalten Krankengeld ohne zeitliche Begrenzung für den Fall der Arbeitsunfähigkeit, wegen derselben Krankheit jedoch für längstens 78 Wochen innerhalb von drei Jahren, gerechnet vom Tage des Beginns der Arbeitsunfähigkeit an (§ 48 I SGB V). Der Bezugszeitraum wird auch dann nicht verlängert, wenn eine weitere Krankheit hinzutritt. Eine hinzugetretene Krankheit ist eine solche, die für sich allein betrachtet jedenfalls zur Arbeitsunfähigkeit führt. Keine hinzugetretene Krankheit ist gegeben, wenn der Versicherte gesund ist und dann eine andere Krankheit auftritt, auch wenn er zwischenzeitlich nicht gearbeitet hat. In § 48 II SGB V ist der Fall geregelt, dass Versicherte innerhalb der letzten drei Jahre an derselben Krankheit wiederholt erkranken.

188 **4. Ruhen des Anspruchs. a)** Der Anspruch auf Krankengeld ruht, soweit und solange Versicherte **beitragspflichtiges Arbeitsentgelt oder Arbeitseinkommen erhalten** (§ 49 I Nr. 1 SGB V); dies gilt nicht für einmalig gezahltes Arbeitsentgelt. Eine für die Zeit nach Beendigung des Beschäftigungsverhältnisses gewährte Urlaubsabgeltung führt nicht zum Ruhen des Anspruchs auf Krankengeld.[381] Das Krankengeld ruht auch beim Bezug sonstiger Lohnersatzleistungen. Nach § 49 I Nr. 5 SGB V ruht der Anspruch, solange die Arbeitsunfähigkeit der Krankenkasse nicht gemeldet wird. Dies gilt jedoch nicht, wenn die Meldung innerhalb einer Woche nach der Arbeitsunfähigkeit erfolgt. Nach § 5 I EFZG muss bei versicherten Arbeitnehmern die ärztliche Bescheinigung einen Vermerk des behandelnden Arztes darüber enthalten, dass die Krankenkasse unverzüglich eine Bescheinigung über die Arbeitsunfähigkeit mit Angaben über den Befund und die voraussichtliche Dauer der Arbeitsunfähigkeit übersandt wird.

---

[377] Vgl. aber BAG 20. 8. 1980 AP 12 zu § 6 LohnFG.
[378] BSG 8. 11. 2005 AP 1 zu § 44 SGB V.
[379] BSG 4. 4. 2006 NZS 2007, 150.
[380] BSG 5. 10. 1977 SozR 2200 § 183 Nr. 11.
[381] BSG 30. 5. 2006 SozR 4–2500 § 49 Nr. 4.

189 **b)** Der Anspruch auf Krankengeld **ruht nicht,** wenn zwar ein Anspruch auf Entgeltfortzahlung besteht, aber vom Arbeitgeber nicht erfüllt wird. Erklärt der Arbeitgeber wirksam die Aufrechnung, hat der Arbeitnehmer Arbeitsentgelt erhalten, weil hierdurch eine Forderung des Arbeitgebers gegen den Arbeitnehmer erloschen ist.[382] Gewährt die Krankenkasse Krankengeld, weil der Arbeitgeber kein Arbeitsentgelt zahlt, geht in Höhe des an den Arbeitnehmer ausgezahlten Krankengeldes der Arbeitsentgeltanspruch nach § 115 I SGB X auf die Krankenkasse über.

190 **5. Wegfall und Kürzung.** Versicherte haben keinen Anspruch mehr auf Krankengeld, wenn die in § 50 SGB V aufgezählten Leistungen der gesetzlichen Sozialversicherung einsetzen.

191 **6. Höhe.** Das Krankengeld beträgt gem. § 47 I SGB V 70% des erzielten regelmäßigen Arbeitsentgelts und Arbeitseinkommens, soweit es der Beitragsberechnung unterliegt (Regelentgelt). Es darf 90% des Nettoarbeitsentgelts nicht übersteigen (§ 47 SGB V). Werden Versicherte vor Ablauf des Bemessungszeitraums in ihrem entgeltlichen Beschäftigungsverhältnis arbeitsunfähig, bemisst sich ihr Krankengeldanspruch nach einer vorrangig die individuellen Verhältnisse berücksichtigenden Schätzung.[383] Die Berechnungseinzelheiten ergeben sich aus § 47 SGB V.

192 **7. Tariflicher Zuschuss zum Krankengeld. a)** Zahlreiche Tarifverträge gewähren dem Arbeitnehmer bei länger andauernder Arbeitsunfähigkeit nach Erreichen einer näher bestimmten Betriebszugehörigkeit einen Anspruch auf Zuschuss zum Krankengeld. **Zweck** dieser Regelungen ist regelmäßig, den Arbeitnehmer so zu stellen, dass er unter Anrechnung des von der gesetzlichen Krankenversicherung gezahlten Krankengelds seine bisherige Nettovergütung behält.[384]

193 **b)** Unter **Nettogehalt** wird das um die gesetzlichen Abzüge, d. h. die vom Arbeitnehmer zu tragenden Sozialversicherungsbeiträge und die auf die Bezüge entfallende Lohnsteuer, verminderte Bruttoarbeitsentgelt verstanden.[385] Sieht der Tarifvertrag vor, dass als Berechnungsgrundlage der sich rechnerisch aus „90 v. H. des Nettogehalts" ergebende Betrag dient, wird deutlich, dass eine Aufstockung des Krankengelds auf den gesetzlichen Höchstbetrag erreicht werden soll. Dieser ist seit Inkrafttreten des Beitragsentlastungsgesetzes (vom 1. 11. 1996 BGBl. I S. 1631) am 1. 1. 1997 gemäß § 47 I 2 SGB V auf „90 vom Hundert des ... Nettoarbeitsentgelts" beschränkt. Nettoarbeitsentgelt in diesem Sinne ist gleichfalls das um die gesetzlichen Abzüge verminderte Bruttoarbeitsentgelt.[386]

194 Zu den insoweit für die Berechnung des Nettogehalts maßgeblichen Leistungen des Arbeitgebers zählen die nach § 257 II SGB V und § 61 II SGB XI einem **privat krankenversicherten Arbeitnehmer gewährten Beitragszuschüsse** nicht. Diese stellen kein Bruttoarbeitsentgelt und keinen Gehaltsbestandteil dar, sondern bilden das Gegenstück zu dem in § 249 SGB V und § 58 I und III SGB XI gesetzlich vorgeschriebenen Arbeitgeberanteil für in der gesetzlichen Krankenversicherung und sozialen Pflegeversicherung versicherungspflichtige Beschäftigte.[387] Sie sollen höher verdienende Arbeitnehmer bei der Verschaffung eines ausreichenden Krankenversicherungsschutzes für sich und ihre Angehörigen unterstützen und eine Hilfe bei der Finanzierung der gesetzlich vorgeschriebenen Pflegeversicherung sein. Der Arbeitgeber soll in gleicher Weise wirtschaftlich an den Versicherungsbeiträgen beteiligt werden, wie dies bei einem versicherungspflichtigen Arbeitnehmer der Fall ist.[388]

195 Bei der **Berechnung der Zuschusshöhe** ist zu berücksichtigen, dass das gesetzliche Krankengeld der Beitragspflicht zur Renten- und Krankenversicherung unterliegt. Der gesetzliche Krankengeldbegriff bezeichnet damit das volle, nicht um die Beiträge zur Renten-, Pflege- und Arbeitslosenversicherung geminderte Krankengeld, also das „Bruttokrankengeld". An keiner Stelle bezeichnet das SGB V nur den dem Arbeitnehmer zufließenden Auszahlungsbetrag als Krankengeld. Verwenden die Tarifvertragsparteien den Begriff Krankengeld, ist davon, dass er ebenfalls diese sozialversicherungsrechtliche Bedeutung haben soll, soweit sich nicht aus dem Tarifvertrag selbst etwas anderes ergibt.[389] Der tarifliche Krankengeldzuschuss sichert den Arbeitnehmern dann ihr bisheriges Nettoeinkommen nur unter Anrechnung des Bruttokranken-

---

[382] ErfK/*Rolfs* § 49 SGB V RN 7.
[383] BSG 30. 5. 2006 NZS 2007, 204.
[384] BAG 13. 2. 2002 AP 82 zu § 1 TVG Tarifverträge: Einzelhandel = NZA 2003, 49.
[385] BAG 31. 8. 2005 ZTR 2006, 202.
[386] *Geyer/Knorr/Krasney* § 47 SGB V RN 8.
[387] BAG 5. 11. 2003 AP 1 zu § 37 BAT-O.
[388] BAG 31. 8. 2005 ZTR 2006, 202.
[389] BAG 26. 3. 2003 AP 1 zu § 47 SGB V; 13. 2. 2002 AP 82 zu § 1 TVG Tarifverträge: Einzelhandel = NZA 2003, 49; 24. 4. 1996 AP 96 zu § 616 BGB = NZA 97, 213; 21. 8. 1997 AP 98 zu § 616 BGB.

gelds. Dass der Arbeitgeber auch die nach dem Krankenversicherungsrecht vom Arbeitnehmer zu tragenden Beitragsanteile zur Renten-, Pflege- und Arbeitslosenversicherung zu erstatten hat, kann grundsätzlich nur bei einer ausdrücklichen entsprechenden Regelung angenommen werden. Hat der von der Versicherungspflicht in der gesetzlichen Rentenversicherung befreite Arbeitnehmer auf gesetzlicher Grundlage Versicherungsbeiträge zu einer privaten Rentenversicherung aufzubringen, handelt es sich um gesetzliche Abzüge vom Bruttolohn im Sinne einer Tarifregelung, die einen Zuschuss zum Krankengeld bis zur Höhe der Nettoarbeitsvergütung vorsieht.[390]

Stellen die Parteien zur Berechnung des Zuschusses auf ein **„fiktives Nettogehalt"** unter Berücksichtigung von Pauschbeträgen ab, kommt es ihnen offenbar nicht auf die „gerechteste" Lösung, sondern auf eine praktikable Regelung an. Steuer- und Sozialversicherungsrecht ändern sich bisweilen rasch, während die arbeitsvertragliche Vereinbarung unabhängig hiervon langfristig gilt. Der Arbeitgeber hat die monatliche fiktive Nettovergütung entsprechend dem Lohnsteuerrecht nach der vom Arbeitnehmer vorgelegten Lohnsteuerkarte zu berechnen.[391] Der Arbeitgeber ist aber nicht gehindert, der Wahl bzw. Änderung der Lohnsteuerklasse den Einwand des Rechtsmissbrauchs gemäß § 242 BGB entgegenzuhalten, wenn sie als solche zu missbilligen ist. Ein Rechtsmissbrauch liegt vor, wenn für die Wahl oder Änderung der Lohnsteuerklasse kein sachlicher Grund besteht, diese vielmehr ausschließlich die Erhöhung des Zuschusses bezweckt, ohne steuerlich den tatsächlichen Einkommensverhältnissen zu entsprechen.[392] **196**

Da Krankengeldzuschüsse, die zusammen mit dem Krankengeld den **Nettolohn nicht übersteigen,** auf Grund der ausdrücklichen Anordnung in § 49 I Nr. 1 SGB V nicht zum beitragspflichtigen Arbeitsentgelt zählen, kann der Anspruch auf Zuschuss zum Krankengeld keinen Anspruch auf Zahlung eines Beitragszuschusses nach § 257 SGB V und § 61 SGB XI begründen.[393] **197**

§ 99. Fortzahlung der Arbeitsvergütung bei Kur- und Heilverfahren

Claus/Hausmann, Tarifliche und sozialrechtliche Aspekte der Bezahlung von Krankheit und Kuren, BetrR 97, 17; *Hock,* Die Anrechnung von Urlaub auf Kur im BAT-Arbeitsverhältnis, NZA 98, 695; *Hohmeister,* Die Anrechnung einer Maßnahme der medizinischen Vorsorge oder Rehabilitation auf den zukünftigen Urlaub nach § 10 III BUrlG, DB 97, 172; *Kramer,* Hat die Neuregelung der Entgeltfortzahlung während Kuren (§ 9 EFZG) Auswirkungen auf § 50 Abs. 1 BAT?, ZTR 95, 9; *Rzadkowski,* Anrechnung von Urlaubstagen bei Kuren, PersR 97, 6; *ders.,* Keine Anrechnung von Urlaubstagen bei Kuren im Bereich Bund/Länder/Gemeinden, PersR 97, 432; *Schmidt,* Zur Anrechnungsmöglichkeit von Urlaubstagen auf Kurtage im öffentlichen Dienst, ZTR 98, 498.

Übersicht

	RN
I. Arten der Heilverfahren	1 ff.
1. Kurzwecke	1
2. Anspruchsgrundlage	2
3. Haushaltshilfe	3
II. Anspruchsvoraussetzungen bei Versicherten und Nichtpflichtversicherten	4 ff.
1. Anspruchsvoraussetzungen bei Versicherten	4–10
2. Bewilligungsbescheid	11–14
3. Anspruchsvoraussetzungen bei Nichtpflichtversicherten	15–17
III. Entsprechende Anwendung der Vorschriften über die Entgeltfortzahlung	18 ff.
1. Anwendung der Vorschriften	18
2. § 3 EFZG	19–21
3. §§ 4, 4 a EFZG	22, 23
4. §§ 6 bis 8 EFZG	24
IV. Anzeige- und Nachweispflicht	25 ff.
1. Anzeigepflicht	25, 26
2. Nachweispflicht	27
3. Verletzung	28
V. Schonungszeit	29 ff.
1. Ansprüche	29, 30
2. Kollektivrechtliche Vereinbarungen	31

I. Arten der Heilverfahren

1. Kurzwecke. Kuren können nach § 23 I, IV SGB V **erforderlich** sein, um **(1)** eine Schwächung der Gesundheit zu beseitigen, die in absehbarer Zeit voraussichtlich zu einer **1**

[390] BAG 5. 11. 2003 AP 1 zu § 37 BAT-O.
[391] BAG 5. 11. 2003 AP 1 zu § 37 BAT-O; 26. 3. 2003 AP 1 zu § 47 SGB V.
[392] BAG 18. 8. 2005 EzA 3 zu § 242 BGB Rechtsmissbrauch.
[393] BAG 31. 8. 2005 ZTR 2006, 202.

Krankheit führen würde, **(2)** einer Gefährdung der gesundheitlichen Entwicklung eines Kindes entgegenzuwirken, **(3)** Krankheiten zu verhüten oder deren Verschlimmerung zu vermeiden oder **(4)** Pflegebedürftigkeit zu vermeiden. Nach § 24 SGB V sind auch Mutter- (bzw. Vater-)Kind Maßnahmen möglich. Werden diese Maßnahmen ambulant oder gemäß § 23 IV SGB V stationär mit Unterkunft und Verpflegung in einer Vorsorgeeinrichtung durchgeführt, handelt es sich um Maßnahmen der medizinischen Vorsorge und Rehabilitation i. S. v. § 9 EFZG.

2 **2. Anspruchsgrundlage.** Ist der Arbeitnehmer während des Heilverfahrens arbeitsunfähig krank, besteht Anspruch auf Entgeltfortzahlung im Krankheitsfalle nach den in § 98 dargestellten Grundsätzen. Ist der Arbeitnehmer nicht arbeitsunfähig, entsteht ein Anspruch auf Entgeltfortzahlung nach § 9 EFZG. Die Rechtslage ist für Arbeiter und Angestellte sowie in den alten und neuen Bundesländern vereinheitlicht.

3 **3. Haushaltshilfe.** Sind **Kinder** zu versorgen, kann während des Heilverfahrens für den Arbeitnehmer von dem Träger Haushaltshilfe gewährt werden (§ 28 SGB VI i. V. m. § 44 I Nr. 6 SGB IX).

II. Anspruchsvoraussetzungen bei Versicherten und Nichtpflichtversicherten

4 **1. Anspruchsvoraussetzungen bei Versicherten. a)** Ein Anspruch auf Entgeltfortzahlung für **Versicherte in der gesetzlichen Kranken- und Rentenversicherung** entsteht, wenn die Arbeitsverhinderung eintritt infolge einer Maßnahme der medizinischen Vorsorge oder Rehabilitation, die ein Träger der gesetzlichen Renten-, Kranken- oder Unfallversicherung, eine Verwaltungsbehörde der Kriegsopferversorgung oder ein sonstiger Sozialleistungsträger bewilligt hat und die in einer Einrichtung der medizinischen Vorsorge durchgeführt wird (§ 9 I 1 EFZG). Ist der Arbeitnehmer **nicht Mitglied einer gesetzlichen Krankenkasse** oder nicht in der gesetzlichen Rentenversicherung versichert, besteht Anspruch auf Entgeltfortzahlung, wenn eine Maßnahme der medizinischen Vorsorge oder Rehabilitation ärztlich verordnet worden ist und in einer Einrichtung der medizinischen Vorsorge oder Rehabilitation oder einer vergleichbaren Einrichtung durchgeführt wird (§ 9 I 2 EFZG).

5 **b)** Das EFZG verwendet anstelle des früheren Begriffs Kur- oder Heilverfahren den Begriff **Maßnahme der medizinischen Vorsorge oder Rehabilitation.** Es handelt sich hierbei um eine Anpassung an die sozialversicherungsrechtlichen Regelungen. In der Sache war keine Änderung der Rechtslage beabsichtigt.

6 **c)** Die stationären Leistungen der medizinischen Vorsorge erbringen die Träger der gesetzlichen Sozialversicherung in aller Regel als Sachleistung. Die **Zuzahlung des Versicherten** auf die medizinischen Leistungen hat für den Entgeltfortzahlungsanspruch keine Bedeutung (§§ 23 VI, 40 V, 39 IV SGB V, § 32 SGB VI jeweils i. V. m. § 61 Satz 2 SGB V: 10 Euro kalendertäglich). Unerheblich ist bei Privatversicherten, ob sie die volle Kostenerstattung oder Zuzahlungen erhalten.[1] Kein Anspruch der Versicherten entsteht, wenn die medizinische Maßnahme nur durch einen Träger der freien Wohlfahrtspflege erbracht wird.

7 **d)** Unerheblich für die Entgeltfortzahlung nach § 9 I EFZG ist, ob die Maßnahme **ambulant oder stationär** erfolgt.[2] Sie muss allerdings in einer Einrichtung der medizinischen Vorsorge oder Rehabilitation durchgeführt werden (dazu RN 13, 15).

8 Die **Rentenversicherungsträger** erbringen Maßnahmen der medizinischen Vorsorge zur Sicherung der Erwerbsfähigkeit, wenn die Versicherten eine gesundheitsgefährdende, ihre Erwerbsfähigkeit ungünstig beeinflussende Beschäftigung ausüben § 31 I Nr. 2 SGB VI. Maßnahmen der Rehabilitation werden gewährt, um den Auswirkungen einer Krankheit oder einer körperlichen, geistigen oder seelischen Behinderung auf die Erwerbstätigkeit der Versicherten entgegenzuwirken oder sie zu überwinden (§ 9 SGB VI).

9, 10 Die **Kriegsopferversorgung** kann stationäre Maßnahmen gewähren, wenn sie notwendig sind, um einer in absehbarer Zeit zu erwartenden Verschlechterung des Gesundheitszustands oder dem Eintritt einer Arbeitsunfähigkeit vorzubeugen (§ 11 II BVG).

11 **2. Bewilligungsbescheid.** Ein Entgeltfortzahlungsanspruch entsteht nur, wenn der **Sozialleistungsträger die Maßnahme bewilligt** hat. Dies geschieht regelmäßig durch Verwaltungsakt (§ 31 SGB X). Hat der Versicherte das Heilverfahren durchgeführt und bewilligt der

---

[1] Vgl. BAG 20. 10. 1993 AP 1 zu § 34 TV Ang Bundespost = NZA 94, 625.
[2] ErfK/*Dörner* § 9 EFZG RN 10.

Sozialleistungsträger nachträglich die Maßnahme, wird nach dem Wortlaut des Gesetzes ein Entgeltfortzahlungsanspruch nicht ausgelöst.[3]

Mit der Bewilligung der Maßnahmen der medizinischen Vorsorge durch den Sozialleistungsträger steht im Allgemeinen auch die Notwendigkeit der medizinischen Maßnahme fest.[4] Die Bewilligung erfolgt durch einen **Verwaltungsakt** des Sozialleistungsträgers, der **Bindungswirkung** für die Gerichte entfaltet. Die Bindung entfällt nur im Falle der Nichtigkeit des Bewilligungsbescheids.[5] 12

Ein Entgeltfortzahlungsanspruch des Arbeitnehmers besteht nach § 9 I EFZG während einer Maßnahme der medizinischen Vorsorge oder Rehabilitation, wenn diese von einem sozialen Leistungsträger bewilligt worden ist und in einer Einrichtung der medizinischen Vorsorge oder Rehabilitation durchgeführt wird. Die tatsächliche Durchführung der Maßnahme muss die Lebensführung des Arbeitnehmers während seines Aufenthalts in der Einrichtung maßgeblich gestalten.[6] Der **Entgeltfortzahlungsanspruch** besteht daher regelmäßig nur dann, wenn der Sozialleistungsträger eine Maßnahme in einer Einrichtung durchführt, die den Voraussetzungen des § 107 II SGB V entspricht und einen ausreichenden Einfluss auf die Lebensführung des Arbeitnehmers und die Durchführung der Maßnahmen nimmt.[7] Ein Aufenthalt mit urlaubsmäßigem Zuschnitt löst den Anspruch nicht aus.[8] Stets ist erforderlich, dass der Sozialleistungsträger das Heilverfahren sachgemäß durchführt. 13

Bei **nicht pflichtversicherten Arbeitnehmern** hängt es von der jeweiligen Einrichtung ab, ob eine Maßnahme zweckentsprechend durchgeführt wird. Dies wird im Allgemeinen gewährleistet sein, wenn es sich um beihilfefähige Sanatorien, Kliniken oder Kurhotels handelt. Insoweit ist der Arbeitnehmer für die zweckmäßige Ausgestaltung darlegungs- und beweispflichtig. 14

3. Anspruchsvoraussetzungen bei Nichtpflichtversicherten. a) Für Arbeitnehmer, die weder in der gesetzlichen Krankenkasse noch in der gesetzlichen Rentenversicherung versichert sind, entsteht ein Anspruch auf Entgeltfortzahlung bis zu sechs Wochen, wenn die Maßnahme der medizinischen Vorsorge oder Rehabilitation ärztlich verordnet ist und in einer Einrichtung der medizinischen Vorsorge oder Rehabilitation oder einer vergleichbaren Einrichtung durchgeführt wird. Maßstab hierfür ist § 107 II SGB V. Die ärztliche Verordnung tritt an die Stelle des Bewilligungsbescheids des Sozialversicherungsträgers.[9] Der Anspruch nach § 9 I 2 EFZG kann nur geltend gemacht werden, wenn dem Arbeitnehmer kein Anspruch nach § 9 I 1 EFZG zusteht. Er ist subsidiär. 15

b) Aus der **ärztlichen Verordnung** muss sich ergeben, dass eine Maßnahme der medizinischen Vorsorge stationär notwendig ist. Unzureichend ist, wenn nur die Notwendigkeit der Vorsorgemaßnahme bescheinigt wird. Die Verordnung kann von jedem Arzt getroffen werden.[10] 16

c) Die Maßnahmen der medizinischen Vorsorge für nicht pflichtversicherte Arbeitnehmer müssen ihrer Art und Durchführung nach den **Maßnahmen der gesetzlichen Sozialversicherungsträger entsprechen.**[11] Werden sie in Sanatorien oder Kliniken der Sozialleistungsträger durchgeführt, ist davon auszugehen, dass dieser Voraussetzung genügt wird. Dasselbe wird aber auch dann gelten, wenn die Maßnahme in einer (als beihilfefähig) anerkannten Kurklinik erfolgt. 17

III. Entsprechende Anwendung der Vorschriften über die Entgeltfortzahlung

1. Anwendung der Vorschriften. Die Vorschriften der §§ 3, 4, 4a und 6 bis 8 EFZG sind auf den Anspruch auf Entgeltfortzahlung wegen der Durchführung der medizinischen Vorsorgemaßnahmen entsprechend anzuwenden. Nicht entsprechend anzuwenden ist § 5 EFZG für die Anzeige- und Nachweispflicht. Insoweit enthält § 9 EFZG eine besondere Regelung. 18

---

[3] Ebenso ErfK/*Dörner* § 9 EFZG RN 8; MünchKommBGB/*Müller-Glöge* § 9 EFZG RN 7; HWK/*Schliemann* § 9 EFZG RN 13; *Schmitt* § 9 RN 33f.

[4] BAG 29. 11. 1973 AP 2 zu § 7 LohnFG; 10. 5. 1978 AP 3 zu § 7 LohnFG; 14. 11. 1979 AP 4 zu § 7 LohnFG.

[5] Ebenso ErfK/*Dörner* § 9 RN 8; MünchKommBGB/*Müller-Glöge* § 9 EFZG RN 7; Staudinger/*Oetker* § 616 RN 268; HWK/*Schliemann* § 9 EFZG RN 13.

[6] BAG 19. 1. 2000 AP 1 zu § 9 EFZG = NZA 2000, 773.

[7] ErfK/*Dörner* § 9 EFZG RN 11; *Schmitt* § 9 EFZG RN 29ff.

[8] BAG 14. 11. 1979 AP 4 zu § 7 LohnFG.

[9] HWK/*Schliemann* § 9 EFZG RN 15.

[10] *Feichtinger/Malkmus* § 9 RN 72; MünchKommBGB/*Müller-Glöge* § 9 EFZG RN 8; *Vogelsang* RN 749.

[11] ErfK/*Dörner* § 9 EFZG RN 12; Staudinger/*Oetker* § 616 RN 271.

19 **2. § 3 EFZG. a)** Der Anspruch auf Entgeltfortzahlung wird ausgelöst, wenn der Arbeitnehmer infolge der Maßnahmen an der Arbeitsleistung verhindert ist. Er braucht anders als nach § 3 EFZG **nicht arbeitsunfähig krank** zu sein. Zweifelhaft ist, ob die Ansprüche aus § 3 und aus § 9 EFZG sich ausschließen oder miteinander konkurrieren können. Führt ein arbeitsunfähiger Arbeitnehmer eine medizinische Vorsorgemaßnahme nicht in einer anerkannten medizinischen Einrichtung durch, hat er keinen Anspruch aus § 9 EFZG. Ist dieser Anspruch der speziellere, könnte der Arbeitnehmer dann aber auch seinen Anspruch auf Entgeltfortzahlung im Krankheitsfalle verlieren. Richtiger wird sein, dass beide Ansprüche nebeneinander bestehen, da sie sich in ihren Voraussetzungen unterscheiden.

20 **b)** Kein Anspruch auf Entgeltfortzahlung besteht, wenn die Ursache für die Maßnahme der medizinischen Vorsorge **verschuldet** worden ist.[12]

21 **c)** Die Regeln über die **wiederholte Erkrankung und Fortsetzungskrankheit** finden entsprechende Anwendung (vgl. § 98 RN 61ff.). Die medizinische Vorsorgemaßnahme entspricht der Fortsetzungskrankheit unabhängig davon, ob der Arbeitnehmer arbeitsunfähig ist oder nicht. Geht einer Rehabilitationsmaßnahme eine Arbeitsunfähigkeit voraus, werden beide Ausfallzeiten oftmals auf demselben Grundleiden beruhen. In diesem Fall sind die Fristen des § 3 I 2 EFZG und die dazu entwickelten Darlegungs- und Beweislastregeln zu beachten (dazu § 98 RN 71f.).[13]

22 **3. §§ 4, 4a EFZG. a)** Während der Arbeitsverhinderung infolge der medizinischen Vorsorgemaßnahme ist das **Entgelt** nach denselben Grundsätzen zu berechnen, wie sie für die Entgeltfortzahlung im Krankheitsfall gelten (§ 98 RN 83ff.). Während einer Regenerationskur gemäß den tariflichen Vorschriften der Deutschen Flugsicherung erfüllt der Arbeitnehmer keine Arbeitspflicht. Er ist in dieser Zeit nicht im Schichtbetrieb eingesetzt, auch wenn der Schichtplan „im Hintergrund" weiterläuft. Deshalb kann an Wochenfeiertagen keine planmäßige Freizeit vorliegen.[14]

23 **b)** Durch die Verweisung auf § 4a EFZG wird klargestellt, dass der Arbeitgeber auch eine **Sondervergütung** bei einer Maßnahme der medizinischen Vorsorge kürzen kann.[15]

24 **4. §§ 6 bis 8 EFZG.** Es gelten bei der Arbeitsverhinderung wegen medizinischer Vorsorgemaßnahmen dieselben Grundsätze wie bei der Entgeltfortzahlung im Krankheitsfall (Leistungsverweigerungsrecht bei fehlendem Nachweis usw.).

IV. Anzeige- und Nachweispflicht

25 **1. Anzeigepflicht.** Der Arbeitnehmer ist verpflichtet, dem Arbeitgeber den Zeitpunkt des Eintritts der Maßnahme, die voraussichtliche Dauer und die Verlängerung der Maßnahme unverzüglich mitzuteilen (§ 9 II EFZG).

26 Der Arbeitnehmer hat die Maßnahme **ohne schuldhaftes Zögern** (§ 121 BGB) anzuzeigen. Die Anzeige muss also erfolgen, sobald der Arbeitnehmer den Termin für die Maßnahme kennt. Wird die Maßnahme während des Heilverfahrens verlängert, ist die Verlängerung unverzüglich mitzuteilen. Die Mitteilung kann **mündlich oder schriftlich** erfolgen.[16]

27 **2. Nachweispflicht.** Der Arbeitnehmer hat eine Bescheinigung über die Bewilligung der Maßnahme durch einen Sozialleistungsträger (§ 9 I 1 EFZG) oder eine ärztliche Bescheinigung über die Erforderlichkeit der Maßnahme (§ 9 I 2 EFZG) vorzulegen und mitzuteilen, welcher Sozialleistungsträger die Maßnahme bewilligt hat.[17] Dagegen braucht die Bescheinigung anders als nach § 5 EFZG keinen Vermerk über die Unterrichtung der Sozialleistungsträger zu enthalten. Deren Unterrichtung ist entbehrlich, weil sie durch ihre medizinischen Dienste die Notwendigkeit der stationären Maßnahme bereits überprüft haben.

28 **3. Verletzung.** Bei Verletzung der Anzeige- und Nachweispflicht können Leistungsverweigerungsrechte nach § 7 EFZG und Schadensersatzansprüche entstehen.[18] Es gelten dieselben

---

[12] ErfK/*Dörner* § 9 EFZG RN 14; HWK/*Schliemann* § 9 EFZG RN 21.
[13] ErfK/*Dörner* § 9 EFZG RN 14; MünchKommBGB/*Müller-Glöge* § 9 EFZG RN 14; *Schmitt* § 9 RN 50ff.
[14] BAG 19. 3. 2008 AP 1 zu § 611 BGB Feiertagsvergütung = NZA 2008, 1135.
[15] *Schmitt* § 9 RN 59; HWK/*Schliemann* § 9 EFZG RN 28.
[16] ErfK/*Dörner* § 9 EFZG RN 21; HWK/*Schliemann* § 9 EFZG RN 35.
[17] MünchKommBGB/*Müller-Glöge* § 9 EFZG RN 23.
[18] ErfK/*Dörner* § 9 EFZG RN 23; HWK/*Schliemann* § 9 EFZG RN 37.

Grundsätze wie bei der Entgeltfortzahlung im Krankheitsfall. Kein Anspruch auf Entgeltfortzahlung besteht, wenn der Bescheid erst nachträglich ergeht.[19]

V. Schonungszeit

1. Ansprüche. a) Während der Schonungszeit besteht ein Anspruch auf Entgeltfortzahlung.[20] **29**

b) Nach § 7 I 2 BUrlG hat der Arbeitgeber im Anschluss an eine Kur auf Verlangen des Arbeitnehmers Urlaub zu gewähren. **30**

2. Kollektivrechtliche Vereinbarungen. Durch **Tarifvertrag** oder **Betriebsvereinbarung** kann eine bezahlte Freistellung während der Schonungszeit vereinbart werden, ohne dass diese auf den Urlaub angerechnet wird. **31**

§ 100. Ausgleich der Arbeitgeberaufwendungen für Entgeltfortzahlung und Leistungen nach dem MuSchG

Buchner, Sicherung des Mutterschaftsgeldzuschusses durch das Aufwendungsausgleichsgesetz, NZA 2006, 121.

Übersicht

	RN
I. Rechtsgrundlagen	1, 2
II. Ausgleichsverfahren bei der Entgeltfortzahlung (U1-Umlage)	3 ff.
1. Allgemeines	3
2. Arbeitgeberbezug	4, 5
3. Berechnung der Beschäftigtenzahl	6, 7
4. Erstattungsanspruch	8–10
III. Ausgleichsverfahren bei Mutterschaft (U2-Umlage)	11 f.
1. Allgemeines	11
2. Arbeitgeber	12
IV. Erstattungsverfahren	13 ff.
1. Krankenkasse	13, 14
2. Ausschluss des Erstattungsanspruchs	15
V. Berechnung der Umlage	16
VI. Verjährung und Aufrechnung	17
VII. Freiwilliges Ausgleichsverfahren	18

I. Rechtsgrundlagen

1 Bis zum Inkrafttreten des **Gesetzes über den Ausgleich der Arbeitgeberaufwendungen für Entgeltfortzahlung (AAG)** vom 22. 12. 2005 (BGBl. I S. 3686) am 1. 1. 2006 war in §§ 10 ff. LohnFG ein Ausgleichsverfahren für Aufwendungen der Arbeitgeber bei der Entgeltfortzahlung und beim Mutterschutz geregelt. Dieses Ausgleichsverfahren wurde im Zusammenhang mit der Lohnfortzahlung an erkrankte Arbeiter am 1. 1. 1970 eingeführt. Kleinbetrieben sollten die durch das LohnFG entstandenen Belastungen erleichtert werden. Im Zusammenhang mit dem BeschFG wurde das Ausgleichsverfahren auf eine Reihe weiterer Arbeitgeberleistungen erweitert, um Beschäftigungsanreize auszuüben. In den neuen Bundesländern traten die Vorschriften über das Ausgleichsverfahren des LohnFG ab 1. 7. 1991 in Kraft (EV Art. 8, Anl. I, Kap. VIII, Sachgebiet A, Abschn. III, Nr. 4; BGBl. II S. 1020). Dort galt zunächst noch § 115 a AGB-DDR. Dieser ist inzwischen durch das EFZG aufgehoben.

2 Seit dem 1. 1. 2006 ist das Ausgleichsverfahren im AAG neu geregelt. Mit diesem Gesetz hat der Gesetzgeber die **Vorgaben aus der Entscheidung des BVerfG vom 18. 11. 2003[1] umgesetzt.** Das Gesetz regelt den Aufwendungsersatz für die Entgeltfortzahlung bei Arbeitsunfähigkeit sowie für Leistungen, die der Arbeitgeber bei Beschäftigungsverboten während der Schwangerschaft und als Zuschuss zum Mutterschaftsgeld in den Zeiten der Schutzfristen erbringt. Das AAG hat aber auch das Umlage- und Erstattungsverfahren reformiert. Nun sind alle Krankenkassen mit Ausnahme der landwirtschaftlichen Krankenkassen am Verfahren beteiligt und Arbeiter wie Angestellte in den Ausgleich für Entgeltfortzahlung einbezogen.[2]

---

[19] MünchKommBGB/*Müller-Glöge* § 9 EFZG RN 24.

[20] Näher dazu *Leinemann/Linck* § 10 RN 27; *Leinemann* AuR 95, 83; a. A. ErfK/*Dörner* § 9 EFZG RN 2; MünchKommBGB/*Müller-Glöge* § 9 EFZG RN 12.

[1] BVerfG 18. 11. 2003 AP 23 zu § 14 MuSchG 1968 = NZA 2004, 33.

[2] Vgl. BR-Drucks. 614/05, S. 13 ff.

II. Ausgleichsverfahren bei der Entgeltfortzahlung (U1-Umlage)

3 **1. Allgemeines.** Gemäß **§ 1 I Nr. 1 AAG** erstatten die Krankenkassen mit Ausnahme der landwirtschaftlichen Krankenkassen den Arbeitgebern, die in der Regel ausschließlich der zu ihrer Berufsausbildung Beschäftigten nicht mehr als 30 Arbeitnehmer und Arbeitnehmerinnen beschäftigen, 80% des für den in § 3 I, II und den in § 9 I EFZG bezeichneten Zeitraum an Arbeitnehmer und Arbeitnehmerinnen fortgezahlten Arbeitsentgelts. Des Weiteren werden nach § 1 I Nr. 2 AAG 80% der auf die entgeltfortzahlungspflichtigen Arbeitsentgelte entfallenden Beitragsanteile des Arbeitgebers zur BA, zur gesetzlichen Kranken-, Pflege- und Rentenversicherung sowie zu berufsständischen Versorgungseinrichtungen für von der Versicherungspflicht befreite Arbeitnehmer (§ 172 II SGB VI) und der Beitragszuschüsse nach § 257 SGB V und § 61 SGB XI erstattet.

4 **2. Arbeitgeberbezug.** In die Entgeltfortzahlungsversicherung im Krankheitsfall sind alle **Arbeitgeber** einbezogen, die in der Regel nicht mehr als 30 Arbeitnehmer beschäftigen. Arbeitgeber sind alle Personen, die Arbeitnehmer in ihren Diensten haben (§ 17); hierzu gehören Inhaber von Ladengeschäften, Handwerksbetrieben, Ärzte und Rechtsanwälte ebenso wie Inhaber von gewerblichen Betrieben. Am Ausgleich der Arbeitgeberaufwendungen nehmen nach § 1 III AAG auch die Arbeitgeber teil, die nur Auszubildende beschäftigen. Nicht einbezogen in die Entgeltfortzahlungsversicherung sind u. a. Bund, Länder, Gemeinden und Körperschaften, Anstalten und Stiftungen des öffentlichen Rechts (§ 11 AAG).

5 Die Grenze von 30 Arbeitnehmern ist **arbeitgeber- und nicht betriebsbezogen.**[3] Der Arbeitgeberbezug hat Bedeutung für Unternehmen mit mehreren Betrieben, Filialen oder Kanzleisitzen. Unterhält beispielsweise eine Anwaltsgesellschaft in mehreren Städten Kanzleien, werden die Beschäftigten aller Standorte zusammengezählt, wenn Arbeitgeber aller Arbeitnehmer die Anwalts-GmbH ist.

6 **3. Berechnung der Beschäftigtenzahl. a)** Berücksichtigt werden grundsätzlich alle Arbeitnehmer (dazu § 8). **Nicht berücksichtigt werden bei der Berechnung** der Gesamtzahl der beschäftigten Arbeitnehmer nach § 1 I 1 AAG die zu ihrer Berufsausbildung Beschäftigten. Gleiches gilt gemäß § 3 I 5 AAG für schwerbehinderte Menschen im Sinne des SGB IX. Auch Gleichgestellte bleiben außer Ansatz.[4] Unberücksichtigt bleiben des Weiteren Wehr- und Zivildienstleistende, Arbeitnehmer in Elternzeit und Arbeitnehmer in der Freistellungsphase bei Altersteilzeit.[5] Teilzeitbeschäftigte werden nach § 3 I 6 AAG anteilig berücksichtigt. Arbeitnehmer, die wöchentlich regelmäßig nicht mehr als 10 Stunden zu leisten haben, werden mit 0,25, diejenigen, die nicht mehr als 20 Stunden zu leisten haben, mit 0,5 und diejenigen, die nicht mehr als 30 Stunden zu leisten haben, mit 0,75 angesetzt.

7 **b)** Ein Arbeitgeber beschäftigt gemäß § 3 I AAG **in der Regel nicht mehr als 30 Arbeitnehmer,** wenn er in dem letzten Kalenderjahr, das demjenigen, für das die Feststellung zu treffen ist, vorausgegangen ist, für einen Zeitraum von mindestens acht Kalendermonaten nicht mehr als 30 Arbeitnehmer beschäftigt hat. Hat ein Betrieb nicht während des ganzen Kalenderjahrs bestanden, nimmt der Arbeitgeber am Ausgleich der Arbeitgeberaufwendungen teil, wenn er während des Zeitraums des Bestehens des Betriebs in der überwiegenden Zahl der Kalendermonate nicht mehr als 30 Arbeitnehmer und Arbeitnehmerinnen beschäftigt hat. Wird ein Betrieb im Laufe des Kalenderjahrs errichtet, für das die Feststellung der Beschäftigtenzahl getroffen ist, nimmt der Arbeitgeber am Ausgleich der Arbeitgeberaufwendungen teil, wenn nach der Art des Betriebs anzunehmen ist, dass die Zahl der beschäftigten Arbeitnehmer und Arbeitnehmerinnen während der überwiegenden Kalendermonate dieses Kalenderjahrs 30 nicht überschreiten wird. Die Feststellung nach § 3 I AAG ergeht durch einen anfechtbaren Verwaltungsakt.[6]

8 **4. Erstattungsanspruch. a)** Dem Arbeitgeber werden **auf Antrag (§ 2 II 1 AAG) 80% des wegen Arbeitsunfähigkeit fortgezahlten Arbeitsentgelts,** einschließlich der vom Arbeitgeber zu tragenden Beitragsanteile am Gesamtsozialversicherungsbeitrag, der Beitragszuschüsse zur Kranken- und Pflegeversicherung und zu einer berufsständischen Versorgungseinrichtung erstattet. Durch Satzung der Krankenkasse kann die Höhe der Erstattung beschränkt werden (§ 9 II Nr. 1 AAG).

---

[3] *Müller/Berenz* § 1 AAG RN 11; *Schmitt* § 1 AAG RN 21.
[4] *Müller/Berenz* § 1 AAG RN 23; *Geyer/Knorr/Krasney* § 1 AAG RN 20; *Schmitt* § 1 AAG RN 16.
[5] Ackermann u. a./*Wagner* Entgeltfortzahlungsrecht § 1 AAG RN 16.
[6] *Schmitt* § 3 AAG RN 8.

b) Das AAG bezieht **alle Arbeitnehmer** in das Erstattungsverfahren ein und beseitigt damit die bis Ende 2005 geltende verfassungsrechtlich bedenkliche Differenzierung zwischen Arbeitern und Angestellten. Mit der Einbeziehung der Angestellten in das Ausgleichsverfahren wird zudem eine weitergehende Entlastung von Kleinunternehmen erreicht, weil inzwischen in vielen kleineren Dienstleistungsunternehmen mehr Angestellte als Arbeiter beschäftigt werden.[7] Erfasst wird auch die Entgeltfortzahlung von Hausangestellten und geringfügig Beschäftigten i. S. v. § 8 SGB IV. 9

c) Erstattungsfähig sind die Aufwendungen für die Entgeltfortzahlung nach § 3 EFZG bei Arbeitsunfähigkeit des Arbeitnehmers sowie die Entgeltfortzahlungskosten, die bei der Durchführung von Maßnahmen der medizinischen Vorsorge und Rehabilitation nach § 9 EFZG anfallen. Die Höhe des fortzuzahlenden Entgelts richtet sich nach § 4 EFZG (§ 98 RN 83ff.). Maßgeblich ist daher die Bruttovergütung unter Berücksichtigung etwaiger Sachbezüge.[8] Nicht erstattungsfähig sind Leistungen, die nach § 616 BGB wegen vorübergehender Verhinderung, beispielsweise wegen eines Arztbesuchs oder Betreuung eines kranken Kindes, erbrachten werden. Zuschüsse zum Krankengeld sind gleichfalls nicht erstattungsfähig. Gleiches gilt für eine Entgeltfortzahlung, die auf Grund einzelvertraglicher oder tarifvertraglicher Vereinbarung über die Dauer von sechs Wochen hinaus geleistet wird.[9] 10

III. Ausgleichsverfahren bei Mutterschaft (U2-Umlage)

1. Allgemeines. Gemäß § 1 II AAG erstatten die Krankenkassen mit Ausnahme der landwirtschaftlichen Krankenkassen den Arbeitgebern **in vollem Umfang** den vom Arbeitgeber nach § 14 I MuSchG gezahlten Zuschuss zum Mutterschaftsgeld (dazu § 171), das vom Arbeitgeber nach § 11 MuSchG bei Beschäftigungsverboten gezahlte Arbeitsentgelt (§ 170) und die auf diese Arbeitsentgelte entfallenden Beitragsanteile des Arbeitgebers zur BA, zur gesetzlichen Kranken-, Pflege- und Rentenversicherung sowie zu berufsständischen Versorgungseinrichtungen für von der Versicherungspflicht befreite Arbeitnehmer (§ 172 II SGB VI) und Beitragszuschüsse nach § 257 SGB V und § 61 SGB XI. Hinsichtlich dieses Erstattungsanspruchs ist eine Beschränkung durch Satzung der Krankenkasse nicht vorgesehen. 11

2. Arbeitgeber. In das Ausgleichsverfahren der Entgeltfortzahlung bei Mutterschaft sind seit dem 1. 1. 2006 **alle Arbeitgeber** unabhängig von der Zahl der Beschäftigten einbezogen.[10] Die Regelung gilt auch für Arbeitgeber mit ausschließlich männlichen Beschäftigten. Der Ausnahmekatalog des § 11 I AAG, der insbesondere öffentliche Arbeitgeber und Wohlfahrtseinrichtungen aus dem Erstattungsverfahren bei der Entgeltfortzahlung herausnimmt, findet hier keine Anwendung. Denn insoweit geht es nicht um die Entlastung des Arbeitgebers und dessen Schutz, sondern um die Sicherung der Arbeitnehmerinnen vor diskriminierendem Einstellungsverhalten.[11] Ausgenommen sind nach § 11 II AAG nur die mitarbeitenden Familienangehörigen eines landwirtschaftlichen Unternehmers und die Dienststellen und Einrichtungen der in der Bundesrepublik Deutschland stationierten ausländischen Truppen. 12

IV. Erstattungsverfahren

1. Krankenkasse. Die zu gewährenden Beträge werden dem Arbeitgeber auf Antrag von der **Krankenkasse ausgezahlt, bei der die jeweiligen Arbeitnehmer und Arbeitnehmerinnen versichert sind.** Der bis Ende 2005 nach altem Recht geltende Ausschluss der Betriebskrankenkassen und Ersatzkassen ist weggefallen. Ausgenommen sind nur die landwirtschaftlichen Krankenkassen. Konsequenzen hat dies nur für die in der Landwirtschaft hauptberuflich beschäftigten mitarbeitenden Familienangehörigen. Deren Ausklammerung hält der Gesetzgeber für vertretbar, da die Gefahr einer faktischen Diskriminierung dieses Personenkreises ausgeschlossen sei.[12] Für geringfügig Beschäftigte nach dem Vierten Buch Sozialgesetzbuch ist zuständige Krankenkasse die Deutsche Rentenversicherung Knappschaft-Bahn-See als Träger der knappschaftlichen Krankenversicherung. 13

Für Arbeitnehmer und Arbeitnehmerinnen, die nicht Mitglied einer gesetzlichen Krankenkasse, sondern **privat versichert** sind, gilt § 175 III 2 SGB V entsprechend. Das bedeutet, dass 14

---

[7] *Buchner* NZA 2006, 121, 122.
[8] *Schmitt* § 1 AAG RN 24.
[9] *Schmitt* § 1 AAG RN 23.
[10] *Schmitt* § 1 AAG RN 32.
[11] *Buchner* NZA 2006, 121, 125.
[12] BT-Drucks. 16/39.

grundsätzlich die Krankenkasse zuständig ist, bei der zuletzt eine gesetzliche Krankenversicherung bestand. Sofern keine Versicherung bestand, hat der Arbeitgeber die Wahl zwischen den nach § 173 SGB V wählbaren Krankenkassen. Die Erstattung ist zu gewähren, sobald der Arbeitgeber Entgeltfortzahlung, Arbeitsentgelt nach § 11 MuSchG oder einen Zuschuss zum Mutterschaftsgeld nach § 14 I MuSchG gezahlt hat.

15 **2. Ausschluss des Erstattungsanspruchs.** Die Erstattung kann gemäß § 4 AAG **versagt werden,** solange der Arbeitgeber die nach § 3 II AAG erforderlichen Angaben nicht oder nicht vollständig macht. Die Krankenkasse hat Erstattungsbeträge vom Arbeitgeber **zurückzufordern,** soweit der Arbeitgeber schuldhaft falsche oder unvollständige Angaben gemacht hat oder Erstattungsbeträge gefordert hat, obwohl er wusste oder wissen musste, dass ein Entgeltfortzahlungsanspruch oder ein Anspruch nach §§ 11, 14 MuSchG nicht besteht. Ist auf den Arbeitgeber ein Anspruch auf **Schadenersatz nach § 6 EFZG** übergegangen, ist die Krankenkasse nach § 5 AAG zur Erstattung nur verpflichtet, wenn der Arbeitgeber den auf ihn übergegangenen Anspruch bis zur anteiligen Höhe des Erstattungsbetrags an die Krankenkasse abtritt.

V. Berechnung der Umlage

16 Die Umlage wird aus dem Arbeitsentgelt bis zur **Beitragsbemessungsgrenze** der gesetzlichen Rentenversicherung nach dem jeweiligen Umlagesatz errechnet (§ 7 AAG). Sie ist wie der Gesamtsozialversicherungsbeitrag im Beitragsnachweis anzugeben und wie dieser fällig.

VI. Verjährung und Aufrechnung

17 Der Erstattungsanspruch verjährt in **vier Jahren** nach Ablauf des Kalenderjahrs, in dem er entstanden ist. Gegen Erstattungsansprüche dürfen nur die in § 6 II AAG genannten Ansprüche aufgerechnet werden.

VII. Freiwilliges Ausgleichsverfahren

18 Arbeitgeber können nach § 12 AAG für Betriebe eines bestimmten Wirtschaftszweigs Einrichtungen zum Ausgleich der Arbeitgeberaufwendungen errichten. An diesen Einrichtungen können auch Arbeitgeber teilnehmen, welche die Voraussetzungen des § 1 AAG nicht erfüllen, also mehr als 30 Arbeitnehmer beschäftigen.[13] Die Errichtung und die Regelung des Ausgleichsverfahrens bedürfen der Genehmigung des Bundesministeriums für Gesundheit.

§ 101. Betriebsrisiko

Ring, Lohn ohne Arbeit nach der Lehre vom Betriebsrisiko, BuW 2000, 555; *Unterhinninghofen,* Zum Lohnrisiko bei Streiks im Ausland, AuR 96, 21.

Übersicht

	RN		RN
I. Begriff und Geschichte der Betriebsrisikolehre	1 ff.	II. Betriebsrisiko	10 ff.
1. Begriff	1	1. Begriff	10
2. RG und RAG	2, 3	2. Einzelfälle	11, 12
3. BAG	4, 5	III. Wirtschaftsrisiko	13 ff.
4. Schrifttum	6–8	1. Begriff	13
5. Schuldrechtsreform	9	2. Rechtsfolgen	14
		3. Beendigung des Arbeitsverhältnisses	15

I. Begriff und Geschichte der Betriebsrisikolehre

1 **1. Begriff.** Wird einem Arbeitnehmer nach Begründung des Arbeitsvertrags die Arbeitsleistung ganz oder teilweise unmöglich (§ 275 I BGB), ohne dass ihn oder den Arbeitgeber hieran ein Verschulden trifft, verliert er nach § 326 I BGB den Anspruch auf die Gegenleistung, also auf Arbeitsvergütung (vgl. § 49). Die Arbeitsleistung ist gem. § 275 I BGB auch dann unmöglich, wenn die Aufrechterhaltung der Arbeit durch den Arbeitgeber nur mit wirtschaftlich nicht sinnvollen und damit nicht zumutbaren Mitteln möglich ist.[1] Ein Anspruchsverlust tritt nicht

[13] *Müller/Berenz* § 12 AAG RN 2.
[1] BAG 9. 7. 2008 DB 2008, 2599.

ein, wenn das Gesetz aus persönlichen oder sozialen Gründen auf Dauer oder für eine vorübergehende Zeit die Vergütungsansprüche aufrecht erhält. Dies ist z. B. der Fall bei persönlicher Arbeitsverhinderung (§ 97) oder der Entgeltfortzahlung im Krankheitsfall (§ 98). Wird die Arbeitsleistung unmöglich, weil z. B. die Fabrik abbrennt, keine Energie vorhanden ist usw., ist fraglich, wem derartige Störungen zuzurechnen sind.

2. RG und RAG. Das RG und das RAG haben in grundlegenden Entscheidungen vom 6. 2. 1923 und 20. 6. 1928 die **Betriebsrisikolehre** entwickelt.[2] Sie haben in dem Zusammenwirken von Unternehmer und Belegschaft eine soziale Arbeits- und Betriebsgemeinschaft gesehen, aus der sich vier Richtlinien für die Problemlösung ergaben (sog. Sphärentheorie): 2

(a) Die Gefahr solcher Ereignisse, die auf dem Verhalten der Arbeitnehmerschaft selbst beruht, müssen von den Arbeitnehmern, auch soweit sie an ihnen nicht beteiligt sind, getragen werden (z. B. Teilstreik). **(b)** Von den Arbeitnehmern mit zu vertreten sind Ereignisse, die den Bestand des Betriebs beeinträchtigen, ihn vernichten oder auf längere Zeit lahmlegen (z. B. Naturereignisse, höhere Gewalt). **(c)** Vom Arbeitgeber allein zu vertreten sind solche Ereignisse, die aus der Führung des Betriebs herrühren (Beschaffung von Betriebsstoffen usw.). **(d)** Der Grundsatz (c) gilt dagegen dann nicht, wenn die Betriebsstörungen so schwerwiegende wirtschaftliche Nachteile haben, dass der Betrieb sie ohne Existenzgefährdung nicht tragen kann. In diesem Falle gehört das Ereignis zu den von der Arbeitnehmerschaft mit zu vertretenden Umständen. 3

3. BAG. a) Das BAG hat in der älteren Rechtsprechung an die **Betriebsrisikolehre** des RG und RAG angeknüpft.[3] Es hat diese jedoch weiterentwickelt und angenommen, der Arbeitgeber habe das Risiko für alle von außen auf den Betrieb einwirkenden Ursachen zu tragen. Das folge daraus, dass der Arbeitgeber den Betrieb leite, die Erträge erziele und die Verantwortung trage. 4

b) Diese Rechtsgrundsätze hat das BAG im Jahre 1980 aufgegeben.[4] Es unterscheidet zwischen dem **Arbeitskampfrisiko** (§ 194), das der Arbeitgeber nicht allein zu tragen habe, und dem **Betriebs- und Wirtschaftsrisiko** (RN 10 ff.). Die Verteilung des Arbeitskampfrisikos wird mit der Kampfparität der Verbände begründet. Zum Arbeitskampfrisiko können auch Fälle des Wirtschaftsrisikos gehören, wenn die Produktion wirtschaftlich sinnlos wird. 5

4. Schrifttum. Im Schrifttum sind die **dogmatischen Grundlagen der Betriebsrisikolehre** umstritten. 6

a) Das neuere Schrifttum stellt die Notwendigkeit für die durch Rechtsfortbildung geschaffene Betriebsrisikolehre zu Recht in Frage.[5] Zutreffend wird darauf hingewiesen, dass die von der Betriebsrisikolehre erfassten Fälle richtigerweise **über § 615 BGB zu lösen** sind.[6] Das BGB hat dem Arbeitgeber in § 615 BGB die Risiken zugewiesen, die durch die besondere Art des Betriebs bedingt sind. Bereits der Begründung des BGB ist zu entnehmen, dass der Arbeitgeber nach § 615 BGB dann die Vergütung zu zahlen hat, wenn „aus irgendeinem auf Seiten des Gläubigers liegenden Grund" der Vertrag nicht erfüllt werden könne. Für die Begründung des Annahmeverzugs genüge die „nackte Tatsache der Nichtannahme der angebotenen Leistung".[7] 7

b) Von den Fällen des **Arbeitskampfrisikos** wird dann gesprochen, wenn der Arbeitsausfall dadurch bedingt ist, dass Betriebe bestreikt werden und so in anderen Betrieben infolge eines Mangels an Materialien im weitesten Sinne die Arbeit ausgeschlossen oder die Produktion nicht mehr abzusetzen ist. Für die Verteilung des Lohnrisikos ist hier die Arbeitskampfparität von entscheidender Bedeutung (§ 193 RN 22). 8

5. Schuldrechtsreform. Mit der Schuldrechtsreform ist zum 1. 1. 2002 § 615 Satz 3 BGB eingefügt worden. Danach kann der Arbeitnehmer die vereinbarte Vergütung auch dann verlangen, wenn die Arbeit ausfällt und der Arbeitgeber das Risiko des Arbeitsausfalls trägt. Zur Nachleistung der Arbeit ist der Arbeitnehmer nicht verpflichtet. Voraussetzung des Anspruchs ist, dass eine Pflicht zur Arbeitsleistung besteht und die Arbeit infolge von Umständen ausfällt, für die der Arbeitgeber das Risiko trägt. Der Arbeitgeber trägt auch dann das Risiko des Arbeitsausfalls gem. § 615 Satz 3 BGB, wenn er selbst den Betrieb aus Gründen, die in seinem betrieblichen oder wirtschaftlichen Verantwortungsbereich liegen (z. B. Witterungsrisiko), ein- 9

---

[2] RG 6. 2. 1923 RGZ 106, 272; RAG 20. 6. 1928 ARS 3, 116.

[3] BAG 8. 2. 1957 AP 2 zu § 615 BGB Betriebsrisiko.

[4] BAG 22. 12. 1980 AP 70 zu Art. 9 GG Arbeitskampf.

[5] Vgl. dazu insbes. *Picker,* FS für Kissel, S. 813 ff.; Staudinger/*Richardi* § 615 RN 192 ff. sowie MünchArbR/*Boewer* § 79 RN 13 ff. jeweils m. w. N.

[6] HWK/*Krause* § 615 BGB RN 113.

[7] Motive zum BGB (1888) Bd. II 68, 69; *Mugdan,* Materialien zum BGB (1899), Bd. II 38.

schränkt oder stilllegt.[8] § 615 Satz 3 BGB bewirkt, dass in den bisher von der Rechtsprechung zur Betriebsrisikolehre erfassten Fällen der Arbeitgeber nicht wegen § 326 I BGB von der Gegenleistungspflicht befreit wird. § 615 Satz 3 BGB regelt aber **nicht die Voraussetzungen für die Tragung des Betriebsrisikos.** Das bedeutet, dass der Arbeitnehmer in den Fällen des Betriebsrisikos seinen Entgeltanspruch grundsätzlich nur dann behält, wenn die Voraussetzungen des § 615 Satz 1 BGB vorliegen. Ein Angebot der Arbeitsleistung ist freilich nicht erforderlich, wenn zu erwarten ist, dass es auf keinen Fall angenommen werden wird (z. B. bei einem behördlichen Beschäftigungsverbot).[9] Hat der Arbeitgeber die Unmöglichkeit der Arbeitsleistung zu vertreten, weil der Betrieb durch einen vom Arbeitgeber fahrlässig verursachten Brand zerstört worden ist, behält der Arbeitnehmer seinen Vergütungsanspruch nicht nach § 615 BGB, sondern nach § 326 II BGB.[10]

II. Betriebsrisiko

10 **1. Begriff.** Beim Betriebsrisiko geht es um die Frage, ob der Arbeitgeber auch dann Arbeitsvergütung schuldet, wenn er seine Arbeitnehmer **tatsächlich nicht beschäftigen** kann, ohne dass dies von einer der beiden Seiten zu vertreten ist. Hierzu hat sich eine reichhaltige Kasuistik entwickelt.

11 **2. Einzelfälle.** Der Arbeitgeber trägt das Betriebsrisiko für Unterbrechungen des Betriebsablaufs durch Störungen in der **Energieversorgung.**[11] Das Betriebsrisiko dafür, dass wegen eines **Brandes** in einem besonders feuergefährdeten Betrieb (Strumpffabrik) eine Betriebsstockung eintritt, trifft gleichfalls grundsätzlich den Arbeitgeber.[12] Ist der Arbeitgeber infolge von **Witterungseinflüssen** nicht in der Lage, den Arbeitnehmer zu beschäftigen, wird er von der Verpflichtung, das vereinbarte Entgelt zu zahlen, nicht frei.[13] Fällt in einem Betrieb auf Grund eines plötzlichen Kälteeinbruchs die Ölheizung wegen Paraffinierung des Heizöls aus, muss der Arbeitgeber das Arbeitsentgelt fortzahlen, weil er dieses Betriebsrisiko zu tragen hat.[14] Wird der Betrieb wegen **Smogalarms** vorübergehend eingestellt, gehört auch dies zu seinem Betriebsrisiko.[15] Anders ist zu entscheiden, wenn wegen des Smogalarms der Betrieb nicht stillgelegt werden muss, sondern lediglich Verkehrsbeschränkungen erfolgen, die den Arbeitnehmer am Erscheinen am Arbeitsplatz hindern. Das Wegerisiko hat der Arbeitnehmer zu tragen.[16] Wird der Betrieb aus sonstigen **rechtlichen Gründen** zeitweilig geschlossen wird (Verbot von Lustbarkeiten bei Brandkatastrophe), hat der Arbeitgeber nach Auffassung des BAG das Entgelt fortzuzahlen.[17]

12 Die von Rechtsprechung und Lehre entwickelten Grundsätze gelten nicht, wenn sie durch **kollektiv- oder einzelvertragliche Vereinbarung** abbedungen sind. Eine abweichende Regelung muss mit hinreichender Deutlichkeit zum Ausdruck gebracht werden.[18] Die tarifübliche Klausel „Bezahlt wird nur die tatsächliche Arbeitsleistung" bezieht sich im Zweifel nur auf den Ausschluss von § 616 BGB (vgl. § 97).

III. Wirtschaftsrisiko

13 **1. Begriff.** In den Fällen des Betriebsrisikos ist es **betriebstechnisch unmöglich oder unzumutbar, die Arbeit durchführen zu lassen.** Beim Wirtschaftsrisiko wird die Durchführung des Arbeitsprozesses nicht gehemmt, die Ausführung der Arbeit wird für ein Unternehmen jedoch wirtschaftlich sinnlos.[19] Nach allgemeinen schuldrechtlichen Grundsätzen muss der Unternehmer in Kaufverträgen, Mietverträgen, Dienstverträgen für die Einhaltung des Vertrags einstehen, auch wenn seine Durchführung für ihn wirtschaftlich sinnlos geworden ist. Dasselbe

---

[8] BAG 9. 7. 2008 DB 2008, 2599.
[9] HWK/*Krause* § 615 BGB RN 121; ähnlich MünchKommBGB/*Hensster* § 615 RN 101.
[10] HWK/*Krause* § 615 BGB RN 119.
[11] BAG 30. 1. 1991 AP 33 zu § 615 BGB Betriebsrisiko = NZA 91, 519.
[12] BAG 28. 9. 1972 AP 28 zu § 615 BGB Betriebsrisiko.
[13] BAG 18. 5. 1999 AP 7 zu § 1 TVG Tarifverträge: Betonsteingewerbe = NZA 99, 1166.
[14] BAG 9. 3. 1983 AP 31 zu § 615 BGB Betriebsrisiko.
[15] ErfK/*Preis* § 615 BGB RN 133; zum Wegerisiko des Arbeitnehmers bei Glatteis und anderen witterungsbedingten Hindernissen § 97 RN 21.
[16] MünchKommBGB/*Henssler* § 615 RN 101.
[17] BAG 30. 5. 1963 AP 15 zu § 615 BGB Betriebsrisiko.
[18] BAG 9. 3. 1983 AP 31 zu § 615 BGB Betriebsrisiko.
[19] HWK/*Krause* § 615 BGB RN 112.

gilt auch in Arbeitsverträgen. Ausnahmen finden sich nur im Rahmen des Arbeitskampfrisikos (§ 194).

2. Rechtsfolgen. Wird die Leistung der Arbeit durch die Verschlechterung der Wirtschaftslage, Auftrags- oder Geldmangel berührt, richtet sich die Abwicklung des Arbeitsverhältnisses nach den allgemeinen Vorschriften. Hiernach hat jeder für seine finanzielle Leistungsfähigkeit grundsätzlich einzustehen. Wird ein Betrieb wegen Auftragsmangels eingestellt, haben die Arbeitnehmer deshalb bis zur Beendigung seines Arbeitsverhältnisses aus dem Gesichtspunkt des Annahmeverzugs Anspruch auf die Zahlung des Arbeitsentgelts.[20] Im Falle der Betriebsstilllegung können sich weitere Rechtsfolgen aus §§ 112 ff. BetrVG ergeben (dazu § 244 RN 44 ff.). 14

3. Beendigung des Arbeitsverhältnisses. Da der Unternehmer das Wirtschaftsrisiko zu tragen hat, kann hierauf regelmäßig keine Befristung des Arbeitsverhältnisses oder außerordentliche Kündigung gestützt werden. Im Falle einer Betriebseinstellung ist die Einhaltung einer Kündigungsfrist notwendig, die einer ordentlichen Kündigungsfrist entspricht. Dies gilt auch bei unkündbaren Arbeitsverhältnissen (§ 125). Soweit in älterer Rspr. sich Einschränkungen finden, sind diese weitgehend überholt. 15

§ 102. Der Urlaub

Kommentare und Monografien: *Arnold/Ackermann/Rambach/Steurer/Thiel-Koch/Tillmanns/Zimmermann,* Bundesurlaubsgesetz, 2006; *Besuden,* Der Urlaubsabgeltungsanspruch, 1997; *Friese,* Urlaubsrecht, 2003; *Heilmann,* Urlaubsrecht, 1999; *Herlitzius,* Der Urlaubsanspruch als schuldrechtlicher Anspruch im Arbeitsverhältnis, 2000; *Hohmeister/Goretzki/Oppermann,* Bundesurlaubsgesetz, 2. Aufl., 2008; *Leinemann/Linck,* Urlaubsrecht, 2. Aufl., 2001; *Leege,* Das Verhältnis von Urlaubs- und Urlaubsabgeltungsanspruch, Diss. 1996; *Neumann/Fenski,* BUrlG, 9. Aufl., 2003; *Schütz/Hauck,* Gesetzliches und tarifliches Urlaubsrecht, 1996; *Stahlhacke/Bachmann/Bleistein/Berscheid,* Gemeinschaftskommentar zum BUrlG, 5. Aufl., 1992; *Ziepke/Weiss,* Kommentar zum MTV Metall NRW, 4. Aufl., 1998.

Allgemeines Aufsatzschrifttum: *Bauer/Arnold,* Urlaub und Freistellung bei Beendigung von Arbeitsverhältnissen, FS Leinemann, 2006, S. 155; *Bieler/Heilmann,* Urlaubsrecht, Teil I AiB 98, 334, Teil II 395; *Busch,* Urlaubsdauer und -vergütung bei Änderungen der vertraglich geschuldeten Arbeitszeitdauer, NZA 96, 1246; *Corts,* Einstweilige Verfügung auf Urlaubsgewährung, NZA 1998, 357; *Düwell,* Unbezahlter Urlaub im „Ein-Euro-Job"?, FA 2006, 2; *Düwell/Pulz,* Urlaubsansprüche in der Insolvenz, NZA 2008, 786; *Fenski,* Die Neuregelung des Zusatzurlaubs im Schwerbehindertenrecht, NZA 2005, 1255; *ders.,* Urlaubsrecht im Umbruch?, DB 2007, 686; *Friese,* Das Verhältnis von Erholungsurlaub und Mutterschutz – die Neuregelung in § 17 MuSchG, NZA 2003, 597; *Glaser/Lüders,* § 7 BUrlG auf dem Prüfstand des EuGH, BB 2006, 2690; *Hohmeister,* Aktuelle Urlaubsrechtsprechung des BAG, BB 97, 1149; *ders.,* Die Rechtsprechung des BAG zum Urlaubsrecht im Jahr 1997/98, BB 98, 1054; *ders.,* Die Rechtsprechung des BAG zum Urlaubsrecht in den Jahren 1998/1999, BB 99, 1812; *ders.,* Die Rechtsprechung des BAG zum Urlaubsrecht in den Jahren 1999–2001, BB 2001, 1038; *ders.,* Die zeitliche Festlegung des Urlaubs eines „freigestellten" Arbeitnehmers, DB 98, 1130; *ders.,* Der arbeitsfreie Samstag im Urlaubsrecht, BB 99, 2296; *ders.,* Berechnung des Urlaubs bei Arbeit an Sonn- und Feiertagen, BB 2000, 401; *ders.,* Der Anspruch auf Erholungsurlaub im Arbeitsverhältnis, ZAP Fach 17, 423; *ders.,* Neue Rechtsprechung des BAG zum Urlaubsrecht – ein Überblick, BB 2004, 661; *ders.,* Die Rechtsprechung des BAG zum Urlaubsrecht in den Jahren 2003 bis 2005, BB 2005, 2014; *ders.,* Aktuelle Rechtsprechung des Bundesarbeitsgerichts zum Urlaubsrecht, BB 2006, 2131; *ders.,* Die Rechtsprechung des Bundesarbeitsgerichts zum Urlaubsrecht im Jahre 2006, BB 2007, 2293; *Hoß/Lohr,* Die Freistellung des Arbeitnehmers, DB 98, 1054; *Kanzelsperger,* Nachgewährung von Urlaub bei Krankheit, Schwangerschaft und Inanspruchnahme des Erziehungsurlaubs, AuR 97, 192; *Kempe,* Urlaubsplan – zwischen Kooperation und Konfrontation, AuA 99, 6; *Kohte,* Urlaubsrechtliche Reminiszenzen und organisationsvertragliche Perspektiven, FS Schwerdtner, 2003, S. 99; *Klumpp,* Allgemeines Urlaubsrecht, AR-Blattei SD 1640.1 (2005); *Krasshöfer,* Die Erfüllung und Durchsetzung des Urlaubsanspruchs, AuA 97, 181; *Leinemann,* Der urlaubsrechtliche und der entgeltfortzahlungsrechtliche Freischichttag – Eine offenbar unendliche Geschichte, FS Schaub, 1998, S. 443; *Leinemann/Linck,* Berechnung der Urlaubsdauer bei regelmäßig und unregelmäßig verteilter Arbeitszeit, DB 99, 1498; *Leuchten,* Die Abgeltung des Urlaubs bei Ausscheiden in der zweiten Jahreshälfte, NZA 96, 565; *Linck/Schütz,* Möglichkeiten und Grenzen der Vertragsgestaltung im Urlaubsrecht, FS Leinemann, 2006, S. 171; *Nägele,* Die Vergütungs- und Urlaubsansprüche in der Zeit der Freistellung, DB 98, 518; *Nöth,* Einfluß von Krankheiten und Maßnahmen der medizinischen Vorsorge oder Rehabilitation auf den Urlaub, AR-Blattei SD 1640.4 (1999); *Pfeifer,* Pfändung urlaubsrechtlicher Ansprüche, NZA 96, 738; *Preis/Temming,* Die Urlaubs- und Lohnausgleichskasse im Kontext des Gemeinschaftsrechts, 2006; *Reiter,* Urlaubszeit – Lösungen für mögliche Probleme, AiB 99, 361; *Röhsler,* Urlaub der Heimarbeiter, AR-Blattei SD 1640.5 (1998); *Schmalz/Ebener,* Gesamtschuldnerausgleich zwischen Betriebserwerber und -veräußerer für Urlaubsansprüche des Arbeitnehmers?, DB 2000, 1711; *Schullte,* Urlaub durch einstweiligen Rechtsschutz – aber wie?, ArbRB 2005, 125; *Steffen,* Der Ur-

[20] Vgl. BAG 23. 6. 1994 AP 56 zu § 615 BGB = NZA 95, 468.

laubsentgeltanspruch, AR-Blattei SD 1640.2 (1999); *ders.*, Die Abgeltung des Urlaubsanspruchs, AR-Blattei SD 1640.3 (2004); *Stein,* Schadenersatz oder Vererbung des Urlaubsanspruchs beim Tod des Arbeitnehmers, RdA 2000, 16; *Tödtmann,* Grundzüge des Urlaubsrechts, AiB 96, 399; *Walker,* Der einstweilige Rechtsschutz im Urlaubsrecht, FS Leinemann, 2006, S. 641; *Wank/Börgmann,* Die Einbeziehung ausländischer Arbeitnehmer in das deutsche Urlaubskassenverfahren, NZA 2001, 177; *Zetl,* Urlaub nach dem BAT und den gesetzlichen Regelungen, PersV 96, 253.

Aufsatzschrifttum zum Arbeitsrechtlichen Beschäftigungsförderungsgesetz: *Boerner,* Die Reform der Entgeltfortzahlung und der Urlaubsanrechnung im Lichte der Tarifautonomie, ZTR 96, 435; *Buschmann,* Gemeine Marktwirtschaft, AuR 96, 285; *Dörner,* Die Anrechnung von Krankheits- und Kurtagen auf den tarifvertraglich geregelten Erholungsurlaub nach § 4 a EFZG und § 10 Abs. 1 BUrlG, FS Schaub, 1998, S. 135; *ders.*, Die Anrechnungsbestimmungen § 4 a EFZG und § 10 I BUrlG und die Tarifautonomie, NZA 98, 561; *Giesen,* Das neue Entgeltfortzahlungs- und Urlaubsrecht, RdA 97, 193; *Heise/Lessenich/Merten,* Änderungen im Bundesurlaubsgesetz, Arbeitgeber 97, 251; *Hock,* Die Anrechnung von Urlaub auf Kur im BAT-Arbeitsverhältnis, NZA 98, 695; *Hohmeister,* Änderungen im Urlaubsrecht durch das Arbeitsrechtliche Beschäftigungsförderungsgesetz, NZA 96, 1186; *ders.*, Die Anrechnung einer Maßnahme der medizinischen Vorsorge oder Rehabilitation auf den zukünftigen Urlaub nach § 10 Abs. 3 BUrlG, DB 97, 172; *Leinemann,* Fit für ein neues Arbeitsrecht?, BB 96, 1381; *Löwisch,* Das neue Arbeitsrechtliche Beschäftigungsförderungsgesetz, NZA 96, 1009; *Lorenz,* Das Arbeitsrechtliche Beschäftigungsförderungsgesetz, DB 96, 1973; *Mayer, Th.*, Die Anrechnung von Krankheit auf bezahlte Arbeitsbefreiung, BB 96 Beil. 17, S. 20; *Pieroth,* Die Anrechnungsbefugnis des Arbeitgebers gem. § 10 BUrlG zwischen Tarifvertragsrecht und Koalitionsfreiheit, AuR 1998, 190; *Preis,* Das Arbeitsrechtliche Beschäftigungsförderungsgesetz, NJW 96, 3369; *Rzadkowski,* Anrechnung von Urlaubstagen bei Kuren, Personalrat 97, 6; *Schmidt,* Zur Anrechnung von Urlaubstagen auf Kurtage im öffentlichen Dienst, ZTR 98, 498; *ders.*, Verringerter Urlaub durch Kurtage – BAT-Anspruchskürzung zulässig?, AuA 98, 415; *Schmitt,* Die Neuregelung der Entgeltfortzahlung im Krankheitsfall, RdA 96, 5; *Schwedes,* Das Arbeitsrechtliche Beschäftigungsförderungsgesetz, BB 96, Beil. 17, S. 2.

Übersicht

	RN
I. Allgemeines	1 ff.
1. Rechtsgrundlagen	1
2. Begriff	2–4
3. Sonderregelungen	5, 6
4. Privatrechtlicher Anspruch	7
II. Voraussetzungen des Urlaubsanspruchs	8 ff.
1. Persönliche Voraussetzungen	8–13
2. Räumlicher Geltungsbereich	14
3. Arbeitsverhältnis	15, 16
4. Gekündigtes Arbeitsverhältnis	17–20 a
5. Wartezeit	21–24
6. Urlaubsjahr	25
7. Arbeitsleistung	26–28
8. Prozessuale Durchsetzung	29–31
9. Insolvenz	32–36
III. Arbeitsplatzwechsel	37 ff.
1. Ausschluss von Doppelansprüchen	37–41
2. Urlaubsbescheinigung	42, 43
IV. Urlaubsdauer	44 ff.
1. Allgemeines	44
2. Sonntagsarbeit	45
3. Berechnungsgrundsätze	46, 47
4. Teilzeitbeschäftigung	48
5. Arbeit auf Abruf	49
6. Unregelmäßige Arbeitszeit	50
7. Schichtarbeit	51
8. Sonderregelungen	52
V. Krankheit während des Urlaubs	53 ff.
1. Grundsatz	53–55
2. Nachweis der Arbeitsunfähigkeit	56, 57
3. Rechtsfolgen	58–61
VI. Urlaubszweckwidrige Erwerbstätigkeit	62 ff.
1. Verbot	62, 63
2. Rechtsfolgen bei Verstößen	64, 65
VII. Teilurlaub	66 ff.
1. Überblick	66
2. Gemeinschaftsrecht	67
3. Zwölftelung	68–72
4. Beschäftigungsmonat	73
5. Fälligkeit	74–76
6. Übertragung auf das nächste Jahr	77, 78
7. Rückforderungsverbot	79, 80
8. Tarifvertrag	81
VIII. Urlaubserteilung	82 ff.
1. Geltendmachung des Urlaubsanspruchs	82–84
2. Einseitige Festlegung und Annahmeverweigerungsrecht	85
3. Willenserklärung	86, 87
4. Unwiderrufliche Freistellung	88–91
5. Entgegenstehende Belange	92, 93
6. Selbstbeurlaubung	94
7. Kündigung und Urlaubserteilung	95, 96
8. Nachträgliche Urlaubserteilung	97
9. Betriebsurlaub	98–100
10. Zusammenhängende Gewährung	101
11. Urlaubsanschrift	102
IX. Übertragung ins nächste Kalenderjahr	103 ff.
1. Befristung des Urlaubsanspruchs	103
2. Übertrag	104
3. Übertragungsgründe	105
4. Erteilung des übertragenen Urlaubs	106–108
5. Bemessung des Urlaubsentgelts	109
6. Abweichende Vereinbarungen	110, 111
7. Schadensersatz	112

	RN
8. Vorläufige Weiterbeschäftigung nach Kündigung	113
9. Arbeitskampf	114
X. Urlaubsvergütung	115 ff.
1. Urlaubsentgelt und Urlaubsgeld	115, 116
2. Berechnung des Urlaubsentgelts	117
3. Zeitfaktor	118, 119
4. Geldfaktor	120–130
5. Berechnungsformel	131, 132
6. Sonderfälle	133, 134
7. Fälligkeit	135
8. Rückforderung	136
9. Urlaubsgeld	137–141
10. Ausschlussfristen	142
XI. Urlaubsabgeltung	143 ff.
1. Allgemeines	143–145
2. Merkmale	146–149
3. Beispiele	150, 151
4. Höhe des Abgeltungsanspruchs	152
5. Fälligkeit	153
6. Vererblichkeit, Pfändbarkeit, Aufrechnung	154–157
7. Ausschluss des Abgeltungsanspruchs	158
8. Ausschlussfristen	159
XII. Unabdingbarkeit des Urlaubsanspruchs	160, 161
XIII. Sonderregelungen einzelner Wirtschaftszweige	162 ff.
1. Baugewerbe	162–165
2. Maler- und Lackiererhandwerk	166
3. Bahn, Post	167
XIV. Besondere Arbeitnehmergruppen	168 ff.
1. Jugendliche	168–171
2. Schwerbehinderte Menschen	172
3. Seeschifffahrt	173
XV. Arbeitnehmerähnliche Personen	174 ff.
1. Grundsatz	174
2. Urlaubsgewährung	175
3. Urlaubsentgelt	176, 177
4. Urlaubsabgeltung	178
5. Erwerbstätigkeit während des Urlaubs (§ 8 BUrlG)	179
6. Krankheit während des Urlaubs (§ 9 BUrlG)	180

I. Allgemeines

1. Rechtsgrundlagen. Gesetzliche Grundlage des Urlaubsrechts ist das BUrlG vom 8. 1. 1963 (BGBl. I S. 2), zul. geänd. am 7. 5. 2002 (BGBl. I S. 1529). In den **neuen Bundesländern** ist das BUrlG am 3. 10. 1990 in Kraft getreten (EV Art. 8 Anl. I, Kap. VIII Sachgebiet A, Abschn. III Nr. 5). Zu dieser Zeit betrug der gesetzliche Mindesturlaub in den alten Bundesländern drei Wochen (18 Werktage) und in den neuen Bundesländern vier Wochen (20 Arbeitstage). Deswegen gab es insoweit Übergangsvorschriften. Durch das Arbeitszeitrechtsgesetz vom 6. 6. 1994 (BGBl. I S. 1170) ist in Umsetzung der Richtlinie 93/104/EG[1] mit Wirkung vom 1. 1. 1995 der gesetzliche Mindesturlaubsanspruch bundeseinheitlich auf 24 Werktage erhöht worden, so dass die Unterschiede beseitigt sind. Werktage sind gemäß § 3 II BUrlG alle Kalendertage, die nicht Sonn- oder gesetzliche Feiertage sind, also auch Samstage. Durch das Arbeitsrechtliche Beschäftigungsförderungsgesetz vom 25. 9. 1996 (BGBl. I S. 1476) war eine Kompensation von Urlaub und Entgeltfortzahlung möglich.[2] Diese Änderung ist durch das Korrekturgesetz vom 19. 12. 1998 (BGBl. I S. 3843) wieder aufgehoben worden.[3] 1

2. Begriff. a) Die **Theorien zum Urlaubsanspruch** haben in der Geschichte des Arbeitsrechts wiederholt gewechselt. Das RAG hat zunächst angenommen, der Urlaubsanspruch sei eine Form des Entgelts für die bisher erbrachte Arbeitsleistung. Alsdann wurde er als Doppelanspruch angesehen, der sich aus einem Anspruch auf Entgelt und Freizeit zusammensetze. Danach bestanden zwei Ansprüche, ein Anspruch auf Entgelt und einer auf Vergütung. Nachdem der Anspruch auf Urlaub aus der Fürsorgepflicht abgeleitet wurde, ging das RAG von einem Einheitsanspruch aus. Urlaub war ein einheitlicher Anspruch auf bezahlte Freizeitgewährung. Diese Rechtsprechung ist vom BAG zunächst übernommen worden. Auch das BAG hat in der älteren Rspr. angenommen, der Urlaubsanspruch beruhe auf einem Einheitsanspruch, dessen Elemente aus einem Freizeitteil und einem Entgeltteil bestünden.[4] 2

Seit der Grundsatzentscheidung vom 28. 1. 1982[5] wird der Urlaubsanspruch verstanden als ein „Anspruch des Arbeitnehmers gegen den Arbeitgeber auf Beseitigung der nach dem Ar- 3

---

[1] ABl. EG Nr. L 307/18.

[2] Zur verfassungsrechtlichen Wirksamkeit dieser Regelung vgl. BVerfG 3. 4. 2001 AP 2 zu § 10 BUrlG Kur = NZA 2001, 777.

[3] Vgl. zu den Änderungen des BUrlG im Einzelnen *Leinemann/Linck* Einl. RN 33 ff.

[4] BAG 22. 6. 1956, 3. 6. 1960 AP 9, 73 zu § 611 BGB Urlaubsrecht; ebenso heute noch *Neumann/Fenski* § 1 RN 69; GK-BUrlG/*Bleistein* § 1 RN 12 und EuGH 20. 1. 2009 – C-350/06.

[5] BAG 28. 1. 1982 AP 11 zu § 3 BUrlG Rechtsmissbrauch; 8. 3. 1984 AP 14 zu § 3 BUrlG Rechtsmissbrauch = NZA 84, 197; 9. 6. 1998 AP 23 zu § 7 BUrlG; ebenso die h. M. im Schrifttum vgl. ErfK/*Dörner* § 1 BUrlG RN 7 f; *Friese* RN 30 ff.; MünchArbR/*Leinemann* § 89 RN 5; *Natzel* § 1 RN 42; HWK/*Schinz* § 1 BUrlG RN 6; *Schütz/Hauck* RN 97; ausführlich hierzu *Leinemann/Linck* § 1 RN 25 ff. m. w. N.

beitsverhältnis an sich geschuldeten Arbeitspflichten für einen bestimmten Zeitraum". Die Pflicht des Arbeitgebers, dem Arbeitnehmer Urlaub zu erteilen, ist eine arbeitsvertragliche Nebenpflicht, die darauf gerichtet ist, die Hauptpflicht des Arbeitnehmers aus dem Arbeitsvertrag, d. h. die **Arbeitspflicht, für die Dauer des Urlaubs zu beseitigen.**[6] Der Urlaubsanspruch ist kein sog. Einheitsanspruch. Der Anspruch auf Arbeitsentgelt wird dadurch nicht berührt.[7] Dieser folgt aus § 611 BGB i. V. m. dem Arbeitsvertrag. Ein konkretes Erholungsbedürfnis des Arbeitnehmers ist nicht Voraussetzung für einen Urlaubs- bzw. Urlaubsabgeltungsanspruch.[8] Das Erholungsbedürfnis wird vom Gesetz unwiderleglich vermutet.[9] Der Rechtsprechung des BAG steht nicht entgegen, dass nach Auffassung des EuGH die Richtlinie 93/104/EG vom 23. 11. 1993[10] in Art. 7 I den „Anspruch auf Jahresurlaub und denjenigen auf Zahlung des Urlaubsentgelts als die zwei Teile eines einzigen Anspruchs" behandelt.[11] Der deutsche Gesetzgeber kann nach Art. 7 I der Richtlinie für die Gewährung des Mindesturlaubs von vier Wochen Bedingungen für die Inanspruchnahme und die Gewährung vorsehen, die innerstaatlichen Gepflogenheiten entsprechen. Dem entspricht die Rechtsprechung des BAG.[12]

4 **b)** Der Urlaub ist von der **Nichtannahme der Leistung zu unterscheiden.** In diesem Fall gerät der Arbeitgeber gem. §§ 293ff., 615 BGB in Annahmeverzug (dazu § 95). Während des Annahmeverzugs besteht – anders als beim Urlaub – die Arbeitsverpflichtung weiter. Ferner ist der Urlaub von Beurlaubungen zu unterscheiden. Hierzu zählen vor allem Beurlaubungen aus persönlichen Gründen (zur Stellensuche nach § 629 BGB, Eheschließung usw.) oder zur Ausübung staatsbürgerlicher und kirchlicher[13] Rechte und Pflichten. In zahlreichen Gesetzen sind weitere Dienstbefreiungen vorgesehen, z. B. in den Bildungsurlaubsgesetzen (dazu § 103), in §§ 37, 38 BetrVG für Mitglieder des Betriebsrats, nach § 9 JArbSchG für Jugendliche zum Besuch der Berufsschule, in § 14 ArbPlSchG zur Meldung und Vorstellung Wehrpflichtiger, nach § 15 BEEG für die Elternzeit (§ 172). Alle diese Fälle stellen nur Arbeitsbefreiungen aus besonderen, gesetzlich anerkannten Gründen dar, sie sind aber kein Erholungsurlaub. Sie können daher nicht auf den Erholungsurlaub angerechnet werden. In der Zeit der Arbeitsbefreiung hat der Arbeitgeber die Vergütung ggf. nach § 616 BGB oder besonderen gesetzlichen Sonderregeln fortzuzahlen.

5 **3. Sonderregelungen.** Diese finden sich in **kollektiv- und einzelvertraglichen Regelungen** und für besondere Arbeitnehmergruppen im JArbSchG, § 17 BEEG (§ 172 RN 26ff.), § 17 MuSchG (§ 168 RN 25ff.), SeemG, SGB IX (§ 178), ArbPlSchG, EignungsübungsG und im ZDG (§ 177). Besondere Gesetze bestehen für Beamte,[14] Soldaten[15] und Richter. Unberührt bleiben landesgesetzliche Regelungen. Zum Bildungsurlaub § 103.

6 Das BUrlG entspricht sowohl **internationalen Übereinkommen** als auch dem Gemeinschaftsrecht. Das Übereinkommen über den bezahlten Jahresurlaub (IAO Nr. 132) ist von Deutschland durch Gesetz vom 30. 4. 1975 ratifiziert worden.[16] Es ist damit für Deutschland völkerrechtlich bindend.[17] Gleiches gilt für das durch Gesetz vom 25. 5. 2006 (BGBl. II S. 490) ratifizierte Übereinkommen Nr. 172 der Internationalen Arbeitsorganisation vom 25. 6. 1991 über die Arbeitsbedingungen in Hotels, Gaststätten und ähnlichen Betrieben.[18] Eine unmittelbare Wirkung der Übereinkommen für den einzelnen Bürger besteht jedoch nicht.[19] Bereits vor der Ratifizierung hat die Bundesrepublik seinem Inhalt entgegenstehende gesetzliche Regelungen beseitigt. Das BAG hat wiederholt die Vereinbarkeit seiner Rechtsprechung mit dem IAO

---

[6] BAG 8. 3. 1984 AP 14 zu § 3 BUrlG Rechtsmissbrauch = NZA 84, 197; 24. 11. 1987 AP 41 zu § 7 BUrlG Abgeltung = NZA 88, 234; ErfK/*Dörner* § 1 BUrlG RN 13.

[7] St. Rspr., vgl. zuletzt BAG 14. 8. 2007 NZA 2008, 473; a. A. EuGH 20. 1. 2009 – C-350/06.

[8] BAG 15. 3. 2005 AP 31 zu § 7 BUrlG = NZA 2005, 994; ErfK/*Dörner* § 1 BUrlG RN 5.

[9] *Leinemann/Linck* § 1 RN 5; HWK/*Schinz* § 1 BUrlG RN 4.

[10] ABl. EG Nr. L 307/18.

[11] EuGH 20. 1. 2009 – C-350/06; 16. 3. 2006 AP 2 zu Richtlinie 93/104/EG = NZA 2006, 481.

[12] Ebenso im Ergebnis *Fenski* DB 2006, 686, 690; a. A. zur Abgeltung EuGH 20. 1. 2009 – C-350/06.

[13] *Sachs* BayVBl. 86, 193; *Zängl* BayVBl. 86, 198.

[14] VO über den Erholungsurlaub der Beamtinnen, Beamten, Richterinnen und Richter des Bundes i. d. F. vom 11. 11. 2004 (BGBl. I S. 2831) sowie VO über den Zusatz- und Heimaturlaub der in das Ausland entsandten Beamtinnen und Beamten des Auswärtigen Dienstes v. 3. 6. 2002 (BGBl. I S. 1784) m. spät Änd.

[15] SoldatenUrlVO i. d. F. v. 19. 12. 2000 (BGBl. I S. 1815).

[16] Abgedruckt bei *Leinemann/Linck* Teil III A 1.

[17] *Leinemann/Schütz,* Wirkungen der IAO-Übereinkommen auf das Recht der BRD, ZfA 94, 1.

[18] Zu diesem Übereinkommen BR-Drucks. 791/05.

[19] *Fenski* DB 2007, 686f.; *Leinemann/Schütz* ZfA 94, 1ff.; *Ostrop* NZA 93, 208, 210; zusammenfassend *Leinemann/Linck* § 7 RN 149ff. und § 15 RN 57ff. m. w. N.

Nr. 132 bestätigt.[20] Nach Art. 7 der Richtlinie 2003/88/EG des Rates vom 4. 11. 2003 über bestimmte Aspekte der Arbeitszeitgestaltung hat jeder Arbeitnehmer Anspruch auf einen bezahlten Mindesturlaub von vier Wochen, der außer bei Beendigung des Arbeitsverhältnisses nicht durch eine finanzielle Vergütung ersetzt werden darf (hierzu RN 143ff.). Dem entsprechen § 3 I und § 7 IV BUrlG (siehe aber auch RN 150).

4. Privatrechtlicher Anspruch. Der Urlaubsanspruch ist ein privatrechtlicher Anspruch des Arbeitnehmers gegen den Arbeitgeber auf **Befreiung von der Arbeitspflicht.** Für die Dauer des Urlaubs bestehen die übrigen Pflichten der Arbeitsvertragsparteien weiter. Der Arbeitnehmer behält insbesondere seinen arbeitsvertraglichen Vergütungsanspruch aus § 611 BGB.[21] Der Urlaubsanspruch ist gemäß § 13 I BUrlG unabdingbar und nach § 7 III BUrlG grundsätzlich auf das Kalenderjahr befristet. Der Urlaubsanspruch ist nicht vererblich, weil er auf die Beseitigung der Arbeitspflicht gerichtet ist, die als höchstpersönliche Pflicht (§ 613 BGB) mit dem Tod endet. Nach dem Tod des Arbeitnehmers bestehen keine Arbeitspflichten mehr, deren Beseitigung verlangt werden könnte.[22] Da nicht der Urlaubsanspruch selbst höchstpersönlicher Natur ist, sondern die Arbeitspflicht (§ 613 BGB), auf deren Beseitigung er gerichtet ist, kann der Urlaubsanspruch abgetreten werden. Gegenstand der Abtretung nach § 398 BGB ist der Freistellungsanspruch, so dass der Zessionar vom Arbeitgeber verlangen könnte, den Zedenten von der Arbeit freizustellen.[23] Daran wird aber in der Praxis kein Interesse bestehen. Die Abtretung führt nicht dazu, dass der Zessionar den abgetretenen Urlaubsanspruch für die eigene Freistellung verwenden kann. Entsprechendes gilt für die Pfändung. Wegen fehlender Gleichartigkeit der Forderungen (§ 387 BGB) unterliegt der Urlaubsanspruch nicht der Aufrechnung mit oder gegen eine Geldforderung. Unberührt bleibt die Aufrechnung mit und gegen das Urlaubsentgelt.[24] 7

II. Voraussetzungen des Urlaubsanspruchs

1. Persönliche Voraussetzungen. a) Anspruch auf Erholungsurlaub haben alle **Arbeitnehmer** (§ 8),[25] die zu ihrer Berufsausbildung (§ 16) Beschäftigten (§§ 1, 2 BUrlG) sowie arbeitnehmerähnliche Personen.[26] Arbeitnehmer sind auch die in Teilzeit (§ 43),[27] zur Aushilfe,[28] in Ferienarbeit[29] und in Nebentätigkeit[30] oder geringfügig Beschäftigten. Die Entstehung des Urlaubsanspruchs ist unabhängig davon, ob der Arbeitnehmer auch Rentenansprüche (Erwerbsunfähigkeitsrente) hat.[31] Teilnehmer an Maßnahmen der Arbeitsbeschaffung (§ 260 SGB III) werden in einem Arbeitsverhältnis beschäftigt. Für Entwicklungshelfer muss der Träger der Entwicklungshilfe die Pflichten eines Arbeitgebers übernehmen (§ 4 EntwicklungshelferG). In Arbeitnehmerüberlassungsverträgen besteht das Arbeitsverhältnis zum Verleiher. Wird ein Arbeitsverhältnis zum Entleiher fingiert (§ 10 I 1 AÜG), wird dieser zur Erteilung des Urlaubs verpflichtet. Sog. „Ein-Euro-Jobber“ haben gleichfalls Anspruch auf bezahlten Urlaub, weil nach § 16 III 2 SGB II das BUrlG entsprechend anzuwenden ist. Für die Dauer des Urlaubs besteht ein Anspruch auf die Mehraufwandsentschädigung.[32] 8

b) Nimmt ein Arbeitnehmer **Altersteilzeit im Blockmodell** in Anspruch, wird er während der Freistellungsphase von der Arbeitspflicht entbunden. Die Gewährung von Urlaub ist in dieser Zeit unmöglich, so dass Resturlaubsansprüche nach Ablauf des Übertragungszeitraums verfallen.[33] Der Übergang von der Arbeits- in die Freistellungsphase bei einer Altersteilzeit im Blockmodell stellt keine Beendigung des Arbeitsverhältnisses dar. Die Abgeltung der Urlaubs- 9

---

[20] BAG 28. 11. 1990 AP 18 zu § 7 BUrlG Übertragung = NZA 91, 423; 7. 12. 1993 AP 15 zu § 7 BUrlG = NZA 94, 802; 24. 9. 1996 AP 22 zu § 7 BUrlG = NZA 97, 507.

[21] Vgl. BAG 22. 2. 2000 AP 49 zu § 11 BUrlG = NZA 2001, 268.

[22] Vgl. BAG 18. 7. 1989, 23. 6. 1992 AP 49, 59 zu § 7 BUrlG Abgeltung = NZA 90, 238 und NZA 92, 1088.

[23] Ebenso ErfK/*Dörner* § 1 BUrlG RN 24; MünchArbR/*Leinemann* § 89 RN 17; HWK/*Schinz* § 1 BUrlG RN 23; a. A. *Friese* RN 316ff.; *Neumann/Fenski* § 1 RN 72.

[24] ErfK/*Dörner* § 1 BUrlG RN 27.

[25] Zum Urlaubsanspruch von Artisten: BAG 20. 10. 1966 AP 1 zu § 2 BUrlG.

[26] Vgl. hierzu BAG 17. 1. 2006 EzA 6 zu § 2 BUrlG.

[27] BAG 19. 1. 1993 AP 20 zu § 1 BUrlG = NZA 93, 988.

[28] BAG 23. 6. 1992 AP 22 zu § 1 BUrlG = NZA 93, 360.

[29] ArbG Frankfurt ZIP 84, 483; a. A. *Franke* DB 82, 1324.

[30] BAG 21. 10. 1965 AP 1 zu § 1 BUrlG; LAG Düsseldorf AuR 73, 217.

[31] BAG 26. 5. 1988 AP 19 zu § 1 BUrlG = NZA 89, 362.

[32] *Düwell* FA 2006, 2f.

[33] BAG 15. 3. 2005 AP 31 zu § 7 BUrlG = NZA 2005, 994.

ansprüche (RN 143ff.), die zum Zeitpunkt des Übergangs noch nicht erfüllt sind, scheidet nach § 7 IV BUrlG daher aus. Diese Vorschrift ist auch nicht entsprechend anwendbar, weil keine planwidrige, lückenhafte gesetzliche Regelung vorliegt.[34]

10 c) **Keine Arbeitnehmer** sind zwangsweise beschäftigte Strafgefangene,[35] sog. „Ein-Euro-Jobber" (vgl. dazu aber auch RN 8),[36] selbstständige Dienstleister, (Mit-)Unternehmer, Vertreter kraft Amtes, Werkvertragspartner.

11 d) Zur **Berufsausbildung Beschäftigte** sind Auszubildende, Lernschwestern,[37] Umschüler, Volontäre, Praktikanten (§ 16), nicht aber Schüler oder sog. Gastvolontäre.

12 e) Ein Urlaubsanspruch entsteht auch in einem **faktischen Arbeitsverhältnis** (§ 35 RN 32ff.).[38] Dem Arbeitnehmer stehen hier gegen den Arbeitgeber die Ansprüche zu, die er gegen ihn im Falle der Wirksamkeit des Arbeitsvertrags gehabt hätte.

13 **f) Arbeitnehmerähnliche Personen** (§ 9) sind **Selbstständige.** Sie „gelten" jedoch gemäß § 2 Satz 2 BUrlG als Arbeitnehmer.[39] Ein selbstständiger Handelsvertreter, der arbeitnehmerähnliche Person ist, braucht seinen Urlaub nicht geltend zu machen, um eine Urlaubserteilung durch den Unternehmer nach § 7 I BUrlG zu erwirken. Dies wäre mit der Selbstständigkeit nicht vereinbar. Der Selbstständige kann grundsätzlich nach seinem Belieben Urlaub nehmen. Einschränkungen für selbstständige Handelsvertreter können sich nur aus der Interessenwahrnehmungspflicht des § 86 I HGB ergeben.[40] Eine Sonderregelung gilt für **Heimarbeiter** (§ 12 BUrlG). Über Besonderheiten vgl. RN 174ff.

14 **2. Räumlicher Geltungsbereich.** Das BUrlG gilt in der **Bundesrepublik Deutschland** (oben RN 1). Werden **deutsche Arbeitnehmer im Ausland** beschäftigt, gilt für sie das BUrlG, sofern ihr Arbeitsverhältnis deutschem Arbeitsrecht unterliegt (vgl. § 6). Werden Arbeitnehmer in Deutschland einem ausländischen Rechtsstatut unterstellt, gilt der gesetzliche Mindesturlaub auf Grund des ordre public.[41]

15 **3. Arbeitsverhältnis.** Voraussetzung der Entstehung des Urlaubsanspruchs ist das **Bestehen eines Arbeitsverhältnisses.** Unerheblich ist die Art des Arbeitsverhältnisses (RN 8). Kein Arbeitsverhältnis ist das Wiedereingliederungsverhältnis, in dem der Arbeitnehmer nach lang andauernder Erkrankung gemäß § 74 SGB V beschäftigt wird. In diesem ruhen die Hauptleistungspflichten, so dass eine Erfüllung des Urlaubsanspruchs nicht möglich ist.[42] Vereinbaren die Arbeitsvertragsparteien, dass sich die Arbeitspflicht einer Arbeitnehmerin im Reinigungsdienst auf die Schultage und die während der Ferienzeit anfallende Grundreinigung beschränkt, kann der Arbeitnehmerin während der übrigen freien Zeit kein Urlaub gewährt werden, weil sie insoweit nicht von der Arbeit befreit werden kann.[43]

16 Arbeitnehmer, die nur **tageweise beschäftigt** werden, erwerben den Urlaubsanspruch, wenn die tageweise Beschäftigung im Rahmen eines Dauerarbeitsverhältnisses erfolgt. Eine unregelmäßige Beschäftigung in Form von einzelnen, jeweils auf einen Tag befristeten Arbeitsverhältnissen reicht nicht aus.[44]

17 **4. Gekündigtes Arbeitsverhältnis. a)** Der Arbeitgeber kann den Urlaubsanspruch auch dadurch erfüllen, dass er den Arbeitnehmer nach einer Kündigung bis zur Beendigung des Arbeitsverhältnisses unter Anrechnung auf den Urlaubsanspruch freistellt. In der Freistellungserklärung muss allerdings deutlich zum Ausdruck kommen, dass eine Befreiung von der Arbeitspflicht zur Erfüllung des Anspruchs auf Urlaub gewährt wird (zu den damit zusammenhängenden Fragen des Annahmeverzugs vgl. § 95 RN 13ff.).[45] Es kann regelmäßig nicht davon ausgegangen werden, dass der Arbeitgeber mit der Freistellung konkludent Urlaub erteilt.[46] Ist der Arbeitnehmer bereits aus anderen Gründen von der Arbeitspflicht befreit, kommt eine nach-

---

[34] BAG 10. 5. 2005 AP 88 zu § 7 BUrlG Abgeltung.
[35] Sie erhalten Freistellung nach § 42 StVollzG.
[36] BAG 8. 11. 2006 AP 89 zu § 2 ArbGG 1979 = NZA 2007, 53; 17. 1. 2007 AP 40 zu § 64 ArbGG 1979 = NZA 2007, 644.
[37] Vgl. BAG AP 10 zu § 611 BGB Lehrverhältnis; AP 3, 4 zu § 611 BGB Ausbildungsverhältnis.
[38] BAG 19. 6. 1959 AP 1 zu § 611 BGB Doppelarbeitsverhältnis.
[39] BAG 17. 1. 2006 EzA 6 zu § 2 BUrlG; 15. 11. 2005 AP 12 zu § 611 BGB Arbeitnehmerähnlichkeit.
[40] BAG 20. 8. 2003 NZA 2004, 39, 40.
[41] *Neumann/Fenski* § 2 RN 5.
[42] BAG 19. 4. 1994 AP 2 zu § 74 SGB V = NZA 95, 123.
[43] BAG 19. 4. 1994 AP 7 zu § 1 TVG Tarifverträge: Gebäudereinigung = NZA 94, 899.
[44] BAG 31. 7. 2002 AP 2 zu § 4 TzBfG; 16. 4. 2003 AP 1 zu § 4 BeschFG 1996 = NZA 2004, 40.
[45] BAG 14. 8. 2007 NZA 2008, 473; 14. 3. 2006 AP 32 zu § 7 BUrlG.
[46] Zutr. *Kramer* DB 2008, 2538, 2540.

trägliche Festlegung dieser Zeiten als Urlaub nicht in Betracht.[47] Mit der Freistellung unter Anrechnung noch bestehender Urlaubsansprüche räumt der Arbeitgeber dem Arbeitnehmer das Recht ein, die konkrete Lage des Urlaubs innerhalb eines bestimmten Zeitraums (z. B. Kündigungsfrist) selbst zu bestimmen. Ist der Arbeitnehmer damit nicht einverstanden, weil er andere Urlaubswünsche hat, und will er deshalb ein Annahmeverweigerungsrecht geltend machen, hat er dies dem Arbeitgeber unverzüglich mitzuteilen. Macht der Arbeitnehmer keine anderen Urlaubswünsche geltend, ist die Festlegung des Urlaubs auf die Zeit der Kündigungsfrist ordnungsgemäß.[48] Der Arbeitgeber kann dann davon ausgehen, dass der Arbeitnehmer die Urlaubszeit innerhalb der Kündigungsfrist selbst festlegt. Ein späteres Urlaubsabgeltungsverlangen des Arbeitnehmers wäre grundsätzlich rechtsmissbräuchlich (§ 242 BGB) und deshalb nicht begründet.[49] Ein der einseitigen Urlaubsfestlegung durch den Arbeitgeber entgegenstehender Urlaubswunsch liegt nicht darin, dass der Arbeitnehmer Kündigungsschutzklage erhebt und diese von vornherein mit der Klage auf Urlaubsabgeltung verbindet. Die Verfolgung des Abgeltungsanspruchs hindert allein dessen Erlöschen zum Jahresende. Einen weitergehenden Erklärungswert hat die klageweise Geltendmachung nur, sofern der Arbeitnehmer eine konkrete andere zeitliche Festlegung des Urlaubs verlangt.[50]

Nach den jeweiligen Umständen des Einzelfalls kann die Auslegung der Freistellungserklärung des Arbeitgebers auch ergeben, dass dem Arbeitnehmer damit für die gesamte **Dauer der Kündigungsfrist Urlaub erteilt** werden sollte.[51] Das dürfte freilich nur ausnahmsweise anzunehmen sein, weil dies regelmäßig – für den Arbeitnehmer erkennbar – nicht der Interessenlage des Arbeitgebers entspricht. Im Falle einer Erkrankung des Arbeitnehmers bis zum Ende der Kündigungsfrist wäre der Arbeitgeber zur Abgeltung des verlängerten Urlaubs verpflichtet. Legt der Arbeitgeber in der Freistellungserklärung die genaue zeitliche Lage des Urlaubs nicht fest, ist des Weiteren denkbar, dass der Arbeitgeber dem Arbeitnehmer die Festlegung der zeitlichen Lage der Urlaubstage innerhalb des vorbehaltlos gewährten Freistellungszeitraums überlassen will und ihm im Übrigen den Abschluss eines **Erlassvertrags** i. S. v. § 397 BGB anbietet, durch den die arbeitsvertraglich vereinbarte Arbeitspflicht des Arbeitnehmers aufgehoben werden soll (vgl. § 95 RN 15).[52] 18

b) Nach einer Kündigung und Ablauf der Kündigungsfrist besteht ein Urlaubsanspruch, wenn **(1)** der Kündigungsschutzklage stattgegeben wird und sich der Arbeitgeber sich in Annahmeverzug befindet, **(2)** der Arbeitnehmer einvernehmlich über das Ende der Kündigungsfrist bis zur rechtskräftigen Entscheidung über die Kündigungsschutzklage **weiterbeschäftigt** wird oder **(3)** der Arbeitnehmer nach § 102 V BetrVG weiterbeschäftigt wird. In diesen Fällen besteht das Arbeitsverhältnis zu den bisherigen Bedingungen weiter. Dagegen entsteht kein Urlaubsanspruch, wenn der Arbeitgeber auf Grund des allgemeinen Weiterbeschäftigungsanspruchs (§ 125 RN 16 ff.) zur Weiterbeschäftigung verurteilt worden ist und der Arbeitnehmer wegen Zwangsvollstreckungsmaßnahmen oder um diese abzuwenden weiterbeschäftigt wird.[53] 19

c) Auch im gekündigten Arbeitsverhältnis obliegt es dem Arbeitnehmer, die für die Festlegung des Urlaubs nach § 7 I 1 BUrlG maßgeblichen **Urlaubswünsche zu äußern.** Der Arbeitnehmer hat den Arbeitgeber durch die Aufforderung zur Urlaubsgewährung im Urlaubsjahr oder spätestens im Übertragungszeitraum in Verzug zu setzen, wenn er den Arbeitgeber für den mit Fristablauf (§ 7 III BUrlG) eintretenden Verfall des Urlaubsanspruchs haftbar machen will. Erteilt der Arbeitgeber dem Arbeitnehmer zu Unrecht keinen Urlaub, obwohl der Arbeitnehmer ihn verlangt hat, ist der Arbeitgeber schadensersatzpflichtig (RN 112) und hat deshalb den Urlaub nachzugewähren (§§ 275 I, 280 I, 283, 286 I, 249 BGB). Die Erhebung einer Kündigungsschutzklage hat regelmäßig nicht die Geltendmachung von Urlaubs- oder Urlaubsabgeltungsansprüchen zum Inhalt.[54] Der Arbeitgeber kann dem geltend gemachten Urlaubsanspruch später nicht den Einwand entgegensetzen, der Arbeitnehmer habe während des Annahmeverzugs Urlaub nehmen können.[55] Denn Urlaub wird vom Arbeitgeber gewährt und nicht vom 20

---

[47] BAG 14. 8. 2007 NZA 2008, 473.
[48] BAG 14. 8. 2007 NZA 2008, 473.
[49] BAG 6. 9. 2006 AP 118 zu § 615 BGB = NZA 2007, 36.
[50] BAG 14. 8. 2007 NZA 2008, 473.
[51] So BAG 14. 3. 2006 AP 32 zu § 7 BUrlG.
[52] BAG 19. 3. 2002 EzA 108 zu § 615 BGB; kritisch dazu *Castendiek* ZIP 2002, 2189.
[53] BAG 10. 3. 1987 AP 1 zu § 611 BGB Weiterbeschäftigung = NZA 87, 373.
[54] Vgl. BAG 17. 1. 1995 AP 66 zu § 7 BUrlG Abgeltung = NZA 95, 531; 21. 9. 1999 AP 77 zu § 7 BUrlG Abgeltung = NZA 2000, 590; 14. 8. 2007 NZA 2008, 473.
[55] BAG 9. 1. 1979 AP 4 zu § 1 BUrlG = BB 79, 992.

Arbeitnehmer selbst genommen.[56] Die Arbeitsvertragsparteien können sich jedoch darauf einigen, dass während des (möglichen) Verzugs Urlaub gewährt wird oder dass der Arbeitgeber vorsorglich Urlaub erteilt.[57]

20a **d)** Der Arbeitgeber kann während des Kündigungsschutzprozesses **vorsorglich für den Fall Urlaub erteilen,** dass die von ihm erklärte ordentliche oder außerordentliche Kündigung das Arbeitsverhältnis nicht aufgelöst hat. Die vorsorgliche Urlaubsgewährung liegt im wohlverstandenen Eigeninteresse des Arbeitgebers, um die Kumulation von Annahmeverzugs- und Urlaubsentgeltansprüchen zu verhindern. Dem entspricht, dass der Arbeitgeber einem Arbeitnehmer, der während eines Kündigungsschutzrechtsstreits Urlaub verlangt, Urlaub zu gewähren hat (RN 20).[58] Der vorsorglichen Urlaubsgewährung steht nicht entgegen, dass bis zur rechtskräftigen Entscheidung über den Kündigungsschutzrechtsstreit offen ist, ob der Arbeitgeber Urlaubsentgelt oder Urlaubsabgeltung schuldet.[59] Wird im Kündigungsschutzprozess festgestellt, dass das Arbeitsverhältnis durch die Kündigung nicht aufgelöst worden ist, hat es durchgehend fortbestanden. Es ist dann Grundlage für weitere Urlaubsansprüche. Eine vorsorgliche Urlaubserteilung ist während des Kündigungsschutzprozesses möglich, weil der Urlaubsanspruch allein auf die Befreiung von der Arbeitspflicht gerichtet ist. Der Anspruch auf Arbeitsentgelt wird dadurch nicht berührt. Dieser folgt aus § 611 BGB i. V. m. dem Arbeitsvertrag. Der Urlaubsanspruch ist kein sog. Einheitsanspruch (RN 3). Hat der Arbeitgeber vorsorglich Urlaub erteilt und unterliegt er im Kündigungsschutzprozess, schuldet er lediglich Annahmeverzugsvergütung nach Maßgabe von § 615 BGB (dazu § 95). Andernfalls muss er – soweit die Ansprüche nicht nach § 7 III BUrlG verfallen sind – zusätzlich Urlaub gewähren. Ist das Arbeitsverhältnis auf Grund der Kündigung beendet, ist die vorsorgliche Urlaubserteilung gegenstandslos. Der restliche Urlaub ist abzugelten.

21 **5. Wartezeit. a)** Der Urlaubsanspruch entsteht erstmals nach einer **sechsmonatigen Wartezeit** (§ 4 BUrlG), die auch auf zwei Kalenderjahre verteilt sein kann.[60] Sie ist nur einmal zurückzulegen, da nur der erstmalige Urlaubsanspruch von der Wartezeit abhängt. Hat der Arbeitnehmer die Wartezeit erfüllt, entsteht der volle Urlaubsanspruch jedes Jahr neu am 1. 1. Der Urlaubsanspruch entsteht auch dann, wenn der Arbeitnehmer zu Beginn des Urlaubsjahres arbeitsunfähig erkrankt ist und deshalb eine bezahlte Freistellung von der Arbeitspflicht zunächst nicht in Betracht kommt.[61] Für die Berechnung der Wartezeit gelten §§ 187 II, 188 II BGB. Die Wartezeit kann auch an einem Sonn- oder Feiertag beginnen oder enden. Die Rechtswirkungen der erfüllten Wartezeit treten nicht ein, wenn der Arbeitnehmer gleichzeitig mit der Erfüllung der Wartezeit aus dem Arbeitsverhältnis ausscheidet,[62] z. B. bei Bestand des Arbeitsverhältnisses vom 1. 10. bis 31. 3. In diesem Fall besteht nur ein Teilurlaubsanspruch nach § 5 I lit. b BUrlG (dazu RN 66 ff.). Änderungen der Wartezeit sind einzelvertraglich zugunsten der Arbeitnehmer möglich; kollektivvertraglich sind Verkürzungen und Verlängerungen zulässig (§ 13 I BUrlG). Eine Wartezeit von zwölf Monaten kann jedoch nicht vereinbart werden, weil sie dazu führen kann, dass der Arbeitnehmer während des gesamten Urlaubsjahres keinen Urlaubsanspruch erwirbt.[63]

22 **b)** Die Wartezeit ist erfüllt, wenn das Arbeitsverhältnis ununterbrochen besteht. Nach einer **rechtlichen Unterbrechung** beginnt die Wartezeit neu. Unerheblich ist, ob es sich um kurze oder längere Unterbrechungen handelt.[64] Zeiten mehrerer jeweils befristeter Arbeitsverträge werden nicht ohne Weiteres zusammengerechnet.[65] Es steht den Parteien frei, eine Anrechnung früherer Beschäftigungszeiten zu vereinbaren. Eine solche Vereinbarung kann auch konkludent erfolgen.[66] Keine Unterbrechungen sind Zeiten der Arbeitsunfähigkeit oder auch des unerlaubten Fernbleibens von der Arbeit.[67]

---

[56] Vgl. BAG 14. 8. 2007 NZA 2008, 473; 25. 10. 1994 AP 20 zu § 7 BUrlG = NZA 95, 591.
[57] MünchArbR/*Leinemann* § 89 RN 38.
[58] BAG 14. 8. 2007 NZA 2008, 473; 21. 9. 1999 AP 77 zu § 7 BUrlG Abgeltung = NZA 2000, 590.
[59] BAG 17. 1. 1995 AP 66 zu § 7 BUrlG Abgeltung = NZA 95, 531.
[60] *Neumann/Fenski* § 4 RN 18; *Leinemann/Linck* § 4 RN 9.
[61] BAG 18. 3. 2003 AP 17 zu § 3 BUrlG Rechtsmissbrauch.
[62] Vgl. ErfK/*Dörner* § 5 BUrlG RN 9, 13; *Leinemann/Linck* § 4 RN 19; *Schütz/Hauck* RN 182; anders noch BAG 26. 1. 1967 AP 1 zu § 4 BUrlG.
[63] ErfK/*Dörner* § 13 BUrlG RN 10.
[64] ErfK/*Dörner* § 4 BUrlG RN 4; *Friese* RN 59; a. A. *Neumann/Fenski* § 4 RN 40 ff.
[65] BAG 15. 11. 2005 AP 12 zu § 611 BGB Arbeitnehmerähnlichkeit.
[66] ErfK/*Dörner* § 4 BUrlG RN 4; *Leinemann/Linck* § 4 RN 15.
[67] *Friese* RN 60; HWK/*Schinz* § 4 BUrlG RN 8.

23 **c)** Auf die Wartezeit angerechnet werden Zeiten, die der Arbeitnehmer in der **Ausbildung** verbracht hat.[68] Im Falle der **Betriebsnachfolge** wird die Wartezeit nicht unterbrochen (§ 613 a I BGB). Der Betriebsübergang führt nicht zu Urlaubsabgeltungsansprüchen des Arbeitnehmers gegen den Veräußerer.[69] Da der Betriebsnachfolger in die Arbeitsverhältnisse eintritt, muss er den Urlaubsanspruch erfüllen.[70]

24 **d)** Die Wartezeit ist **mit Art. 7 der Richtlinie 2003/88/EG** des Rates vom 4. 11. 2003 **vereinbar.** Diese Richtlinie steht zwar gesetzlichen Regelungen entgegen, die den Anspruch auf bezahlten Jahresurlaub von einer ununterbrochenen Mindestbeschäftigungszeit abhängig machen.[71] Das BUrlG ergänzt die Bestimmung des § 4 BUrlG jedoch in § 5 I lit. a und b mit der Regelung von Teilurlaubsansprüchen bei nicht erfüllter Wartezeit im Kalenderjahr bzw. Ausscheiden aus dem Arbeitsverhältnis vor erfüllter Wartezeit. Soweit hiernach das Arbeitsverhältnis jedenfalls einen vollen Kalendermonat bestanden haben muss, damit ein Teilurlaubsanspruch entsteht, ist dies mit der genannten Richtlinie vereinbar.[72] Dem Ziel der Richtlinie, den Gesundheitsschutz der Arbeitnehmer zu verbessern, ist damit genügt.

25 **6. Urlaubsjahr.** Der Urlaubsanspruch ist auf das **Kalenderjahr** bezogen (§ 1 BUrlG). Abweichend hiervon bestimmt § 53 I SeemG, dass das Urlaubsjahr das jeweilige Beschäftigungsjahr ist. Nur im Bereich der Deutschen Bahn AG und Post AG kann durch Tarifvertrag ein anderes Urlaubsjahr bestimmt werden (§ 13 III BUrlG). Der Grund hierfür ist darin zu sehen, dass zum Jahresende besonderer Saisonbetrieb herrscht. Eine von § 1 BUrlG abweichende Bestimmung des Urlaubsjahres ist grundsätzlich (Ausnahmen § 13 III BUrlG) unwirksam, weil sie für den Arbeitnehmer nicht günstiger ist.[73] Unter den Voraussetzungen des § 7 III BUrlG kann der Urlaub in das folgende Jahr übertragen werden (vgl. RN 103 ff.).

26 **7. Arbeitsleistung. a)** Das Entstehen des Urlaubsanspruchs ist nur vom Bestehen eines Arbeitsverhältnisses und dem Ablauf der Wartezeit (§ 4 BUrlG) abhängig. **Nicht erforderlich** ist, dass der Arbeitnehmer tatsächlich Arbeitsleistungen erbracht hat.[74] Hieraus ergeben sich zwei Schlussfolgerungen, **(1)** der Urlaubsanspruch entsteht unabhängig davon, ob der Arbeitnehmer im Urlaubsjahr **langfristig krank** war; **(2)** er bleibt auch dann bestehen, wenn der Arbeitnehmer **langfristig nicht gearbeitet** hat. Der Arbeitgeber kann in diesen Fällen nicht einwenden, das Urlaubsverlangen des Arbeitnehmers sei rechtsmissbräuchlich.[75] Da der Urlaubsanspruch als Freistellungsanspruch streng an das Urlaubsjahr gebunden ist, sofern nicht die Voraussetzungen der Übertragung bis zum 31. 3. des Folgejahres vorliegen (§ 7 III BUrlG), verfiel nach bisheriger Rechtsprechung der Urlaubsanspruch jedoch, wenn die Arbeitsunfähigkeit über das Ende des Übertragungszeitraumes andauerte (dazu RN 107). Verweigert der Arbeitgeber einem Arbeitnehmer, der langfristig nicht gearbeitet hat, die Gewährung von Urlaub, obwohl dem Arbeitgeber dies möglich ist, tritt nach Ablauf des Übertragungszeitraums an die Stelle des Urlaubsanspruchs gemäß §§ 275 I, 280 I, 283, 286, 287 Satz 2, 249 BGB ein Schadenersatzanspruch in gleicher Höhe (dazu RN 112).[76]

27 **b) Tarifvertragliche Regelungen,** die den gesetzlichen Urlaubsanspruch von der Erbringung von Arbeitsleistungen abhängig machen, sind unwirksam, soweit sie den gesetzlichen Urlaubsanspruch von 24 Werktagen betreffen. Denn nach § 13 I BUrlG kann von § 1 BUrlG auch

---

[68] Vgl. BAG 29. 11. 1984 AP 22 zu § 7 BUrlG Abgeltung; ErfK/*Dörner* § 4 BUrlG RN 5.

[69] BAG 2. 12. 1999 AP 202 zu § 613 a BGB = NZA 2000, 480.

[70] Ausführlich hierzu *Leinemann/Lipke* DB 88, 1217; *Leinemann/Linck* § 1 RN 142 ff.; zum Gesamtschuldnerausgleich zwischen Erwerber und Veräußerer vgl. BGH 25. 3. 1999 NJW 99, 2962; *Schmalz/Ebener* DB 2000, 1711.

[71] EuGH 26. 6. 2001 AP 3 zu EWG-Richtlinie Nr. 93/104 = NZA 2001, 827.

[72] ErfK/*Dörner* § 4 BUrlG RN 1.

[73] *Neumann/Fenski* § 1 RN 14.

[74] St. Rspr. seit BAG 28. 1. 1982 AP 11 zu § 3 BUrlG Rechtsmissbrauch = NJW 82, 1548; 8. 3. 1984 AP 14 zu § 3 BUrlG Rechtsmissbrauch = NZA 84, 197; 18. 3. 2003 AP 17 zu § 3 BUrlG Rechtsmissbrauch; ErfK/*Dörner* § 1 BUrlG RN 20; MünchArbR/*Leinemann* § 89 RN 37; *Leinemann/Linck* § 1 RN 60 ff.; HWK/Schinz § 1 BUrlG RN 13; *Schütz/Hauck* RN 147.

[75] BAG 18. 3. 2003 AP 17 zu § 3 BUrlG Rechtsmissbrauch; 8. 3. 1984 AP 14 zu § 3 BUrlG Rechtsmissbrauch = NZA 84, 197; 7. 11. 1985 AP 16 zu § 3 BUrlG Rechtsmissbrauch = NZA 86, 392; ErfK/*Dörner* § 1 BUrlG RN 20; *Leinemann* NZA 85, 137, 139 ff.; *Leinemann/Linck* § 1 RN 107 ff.; *Schütz/Hauck* RN 143; anders noch die alte Rechtsprechung, vgl. BAG 16. 8. 1977 AP 9 zu § 3 BUrlG Rechtsmissbrauch sowie GK-BUrlG/*Bleistein* § 1 RN 130; *Buchner* DB 82, 1823.

[76] BAG 7. 11. 1985 AP 16 zu § 3 BUrlG Rechtsmissbrauch = NZA 86, 392; 11. 4. 2006 AP 28 zu § 7 BUrlG Übertragung.

nicht durch Tarifvertrag zuungunsten der Arbeitnehmer abgewichen werden.[77] Die Tarifvertragsparteien können nur den über den gesetzlichen Mindesturlaub hinaus gehenden Urlaubsanspruch von der Erbringung tatsächlicher Arbeitsleistungen abhängig machen.[78]

28 **c)** Rechtmäßig entstandene gesetzliche Urlaubsansprüche bleiben von **Vertragsverletzungen** des Arbeitnehmers unberührt. Dieser kann daher auch dann Urlaubsgewährung beanspruchen, wenn er eigenmächtig der Arbeit ferngeblieben ist.[79] Zulässig sind jedoch Kürzungsregelungen, die den weitergehenden tariflichen oder vertraglichen Urlaubsanspruch betreffen.[80] Für die im Schrifttum vereinzelt vertretene Auffassung,[81] der gesetzliche Urlaubsanspruch sei wegen Rechtsmissbrauchs um ein Zwölftel für jeden vollen Monat verschuldeter Arbeitsversäumnis zu kürzen, gibt es keine rechtliche Grundlage.

29 **8. Prozessuale Durchsetzung.**[82] **a)** Die prozessuale Durchsetzung des Urlaubsanspruchs bereitet praktische Schwierigkeiten. Bei der Klage auf Urlaubserteilung handelt es sich um eine **Leistungsklage auf Erteilung von Urlaub** für einen bestimmten Zeitraum. Der Klageantrag lautet auf Gewährung von Urlaub vom ... bis .... Bis zur Erlangung eines rechtskräftigen Titels wird der begehrte Urlaubszeitraum allerdings häufig verstrichen sein. Die Leistungsklage ist dann abzuweisen.[83]

30 Das BAG erachtet auch Klagen auf Urlaubsgewährung für eine bestimmte Zahl von Urlaubstagen ohne zeitliche Konkretisierung der Lage des Urlaubs für zulässig.[84] Im **Vollstreckungsverfahren** wäre dann nach dieser Auffassung zu prüfen, ob dem dort konkret geltend gemachten Urlaubswunsch dringende betriebliche Belange oder Urlaubswünsche andere Arbeitnehmer entgegenstehen (§ 7 I BUrlG). Mit dieser Auffassung ist jedoch nicht vereinbar, dass die Urlaubserteilung eine Willenserklärung ist,[85] deren Vollstreckung sich nicht nach § 888 ZPO, sondern nach § 894 ZPO richtet.[86] Nach dieser Bestimmung gilt die Willenserklärung erst mit Rechtskraft des Urteils als abgegeben. Das BAG lässt schließlich auch Klagen zu, die auf die Feststellung gerichtet sind, dass dem Arbeitnehmer für das Urlaubsjahr ... noch ... Urlaubstage zustehen.[87]

31 **b)** In der Praxis wird zur Vermeidung der aufgeführten Probleme vielfach **einstweiliger Rechtsschutz** in Anspruch genommen. Nach überwiegend vertretener Auffassung kann nach §§ 935, 940 ZPO im Wege der einstweiligen Verfügung angeordnet werden, dass dem Arbeitnehmer Urlaub für einen bestimmten Zeitraum zu gewähren ist.[88] Dass dadurch der Urlaubsanspruch des Arbeitnehmers nicht nur gesichert, sondern endgültig befriedigt wird, ist nach dieser Auffassung unerheblich, wenn eine rechtzeitige Durchsetzung des Urlaubsanspruchs unter Berücksichtigung der Urlaubswünsche des Arbeitnehmers anders nicht durchzusetzen sei.[89]

32 **9. Insolvenz. a)** Urlaubsansprüche, die bei Eröffnung des Insolvenzverfahrens bestehen, sind **Masseverbindlichkeiten** i. S. v. § 55 I Nr. 2 InsO.[90] Die Ansprüche beruhen auf dem Arbeitsvertrag als einem gegenseitigen Vertrag, der vom Insolvenzverwalter als Schuldner zu erfüllen ist. Die Eröffnung des Insolvenzverfahrens bildet für den noch nicht festgelegten Urlaub keine Zäsur.

33 Eine **Aufteilung** in einen vor und einen nach Verfahrenseröffnung entstehenden Teilurlaubsanspruch ist mit dem gesetzlichen Urlaubsrecht nicht vereinbar. Daran ändert § 108 InsO

[77] Vgl. BAG 8. 3. 1984 AP 15 zu § 13 BUrlG.
[78] BAG 10. 2. 1987 AP 12 zu § 13 BUrlG Unabdingbarkeit = NZA 87, 673; 18. 5. 1999 AP 1 zu § 1 TVG Tarifverträge: Fleischerhandwerk = NZA 2000, 157.
[79] BAG 5. 2. 1970 AP 4 zu § 3 BUrlG.
[80] BAG 10. 2. 2004 AP 27 zu § 7 BUrlG Übertragung = NZA 2004, 986.
[81] Vgl. MünchArbR/*Blomeyer* § 55 RN 58; Erman/*Hanau* BGB 10. Aufl. § 611 RN 402.
[82] Dazu näher *Corts* NZA 98, 357; *Krasshöfer* AuA 97, 181; *Leinemann/Linck* § 7 RN 77 ff.
[83] BAG 18. 12. 1986 AP 10 zu § 7 BUrlG = NZA 87, 379.
[84] Vgl. BAG 25. 11. 1982 AP 3 zu § 6 BUrlG; 21. 2. 1995 AP 7 zu § 47 SchwbG 1986 = NZA 95, 839; 5. 9. 2002 AP 2 zu § 1 SonderurlG Saarland = NZA 2003, 1400; näher hierzu ErfK/*Dörner* § 7 BUrlG RN 30; *Leinemann/Linck* § 7 RN 80 f.
[85] Vgl. dazu BAG 23. 1. 1996 AP 10 zu § 5 BUrlG = NZA 96, 1101.
[86] *Leinemann/Linck* § 7 RN 84; a. A. ErfK/*Dörner* § 7 BUrlG RN 30; *Friese* RN 283.
[87] BAG 23. 7. 1987 AP 11 zu § 7 BUrlG; 13. 2. 1996 AP 12 zu § 47 SchwbG 1986 = NZA 96, 1103.
[88] Vgl. LAG Rheinland-Pfalz 7. 3. 2002 NZA-RR 2003, 130; ErfK/*Dörner* § 7 BUrlG RN 32; Hk-BUrlG/*Goretzki* § 7 RN 72; *Schütz/Hauck* RN 976 ff.
[89] Vgl. LAG Hamburg 15. 9. 1989 LAGE § 7 BUrlG Nr. 26; kritisch hierzu *Corts* NZA 98, 357 f.; MünchArbR/*Leinemann* § 89 RN 135; *Leinemann/Linck* § 7 RN 95.
[90] BAG 25. 3. 2003 AP 4 zu § 55 InsO = NZA 2004, 43; 15. 2. 2005 AP 4 zu § 108 InsO = NZA 2005, 1124; 21. 11. 2006 AP 59 zu § 11 BUrlG = NZA 2007, 696; ausf. hierzu *Düwell/Pulz* NZA 2008, 786.

nichts.[91] Ansprüche aus dem Arbeitsverhältnis werden nach § 108 III InsO nur dann Insolvenzforderungen, wenn es sich um solche „für" die Zeit vor Eröffnung des Insolvenzverfahrens handelt. Dazu gehören Urlaubsansprüche nicht.[92] Sie sind nicht von einer Arbeitsleistung im Kalenderjahr abhängig und werden damit nicht monatlich verdient. Nach § 1 BUrlG ist dem Arbeitnehmer zwingend in jedem Kalenderjahr Erholungsurlaub zu gewähren. Dafür ist nach § 7 II BUrlG möglichst eine zusammenhängende Gewährung erforderlich. Eine Stückelung auf einzelne Tage ist unzulässig. Der Urlaub bemisst sich zwar nach Tagen und ist insoweit auch „teilbar". Das gilt aber nicht für den Urlaubsanspruch, der einheitlich nach Erfüllung der Wartezeit am 1. 1. eines Jahres in voller Höhe entsteht und von keiner Arbeitsleistung des Arbeitnehmers abhängt. Dass nach § 5 BUrlG der Urlaubsanspruch bei einer Beendigung des Arbeitsverhältnisses in der ersten Jahreshälfte auf ein Zwölftel für jeden vollen Beschäftigungsmonat verkürzt wird und bei einem Eintritt des Arbeitnehmers in der zweiten Jahreshälfte ebenfalls nur ein Teilanspruch entsteht, ändert an der Unteilbarkeit des Anspruchs als solchem nichts.[93] Die gleichen Grundsätze gelten für den Anspruch auf ein zusätzliches Urlaubsgeld. Dieses folgt den für das Urlaubsentgelt entwickelten Grundsätzen, wenn es so mit dem Urlaub verbunden ist, dass es mit der Urlaubsgewährung entsteht.[94]

b) Auch ein bei Beendigung des Arbeitsverhältnisses nach Eröffnung des Insolvenzverfahrens entstehender **Urlaubsabgeltungsanspruch** nach § 7 IV BUrlG ist Masseverbindlichkeit i. S. v. § 55 I Nr. 2 Alt. 2 InsO. Da Urlaubsabgeltungsansprüche erst mit Beendigung des Arbeitsverhältnisses entstehen, können sie nicht einem früheren Zeitraum zugeordnet werden. Für die Einordnung als Masseverbindlichkeit ist deshalb unerheblich, ob die Zeit nach Eröffnung des Insolvenzverfahrens bis zur Beendigung des Arbeitsverhältnisses ausgereicht hätte, den Urlaubsanspruch durch Freistellung von der Arbeitspflicht zu erfüllen.[95] Meldet ein Arbeitnehmer Masseansprüche zur Tabelle an, wahrt er damit tarifliche Ausschlussfristen, die eine schriftliche Geltendmachung verlangen. Der Insolvenzverwalter muss sich dann darauf einstellen, dass der Arbeitnehmer zur Tabelle angemeldete Masseansprüche auch noch als Masseforderung durchsetzen will.[96] 34

c) Hat der Insolvenzverwalter dem Insolvenzgericht die **Masseunzulänglichkeit** nach § 208 I InsO angezeigt, richtet sich die Rangordnung, in der Masseverbindlichkeiten zu erfüllen sind, nach § 209 InsO. Danach ist zwischen sog. Altmasse- und Neumasseverbindlichkeiten zu unterscheiden. Neumasseverbindlichkeiten sind vorrangig zu befriedigen. Eine Neumasseverbindlichkeit liegt u. a. vor, wenn der Insolvenzverwalter nach Anzeige der Masseunzulänglichkeit die „Gegenleistung" des Arbeitnehmers in Anspruch genommen hat. Als Neumasseverbindlichkeit ist nur der anteilig auf die Beschäftigungszeit des Arbeitnehmers nach Anzeige der Masseunzulänglichkeit entfallende in Geld ausgedrückte Urlaub zu berichtigen. Für einen in der 5-Tage-Woche beschäftigten Arbeitnehmer ist dazu die Vergütung (Urlaubsentgelt und Urlaubsgeld), die bei Freistellung für den gesamten im Kalenderjahr entstandenen Urlaubsanspruch zu zahlen wäre, durch 260 (365 Kalendertage abzüglich der Wochenenden) zu dividieren und mit den nach der Anzeige angefallenen entgeltpflichtigen Arbeitstagen zu multiplizieren. Zeiten, in denen der Arbeitnehmer nach Anzeige der Masseunzulänglichkeit wegen krankheitsbedingter Arbeitsunfähigkeit oder wegen Feiertagen ausfällt, begründen ebenfalls Neumasseverbindlichkeiten. Stellt der Insolvenzverwalter den Arbeitnehmer unwiderruflich „unter Anrechnung auf offenen Urlaub" von jeder Arbeitsleistung frei, entsteht dagegen hinsichtlich der Ansprüche auf Urlaubsentgelt und -geld keine Neumasseverbindlichkeit.[97] Der Masse fließt in diesem Fall keine Gegenleistung des Arbeitnehmers zu. Im Arbeitsverhältnis ist das die vom Arbeitnehmer nach § 611 BGB zu erbringende Arbeitsleistung. Wird der Arbeitnehmer freigestellt, erbringt er keine Gegenleistung.[98] Macht der Insolvenzverwalter zu Recht geltend, die Masse genüge auch nicht zur Befriedigung aller Massegläubiger i. S. v. § 209 I Nr. 2 InsO (weitere Masseunzulänglichkeit), steht diesen Gläubigern ebenfalls nur Rechtsschutz im Rahmen einer Feststellungs- 35

---

[91] A. A. *Windel* Anm. zu BAG AP 17 zu § 113 InsO und Anm. zu BAG AP 4 zu § 108 InsO.

[92] BAG 18. 11. 2003 AP 17 zu § 113 InsO = NZA 2004, 651; a. A. *Windel* Anm. zu BAG AP InsO § 113 Nr 17.

[93] BAG 21. 11. 2006 AP 59 zu § 11 BUrlG = NZA 2007, 696.

[94] BAG 15. 2. 2005 AP 4 zu § 108 InsO = NZA 2005, 1124.

[95] BAG 25. 3. 2003 AP 4 zu § 55 InsO = NZA 2004, 43; 15. 2. 2005 AP 4 zu § 108 InsO = NZA 2005, 1124; kritisch dazu *Windel* Anm. zu BAG 18. 11. 2003 AP 17 zu § 113 InsO.

[96] BAG 15. 2. 2005 AP 4 zu § 108 InsO = NZA 2005, 1124.

[97] BAG 21. 11. 2006 AP 59 zu § 11 BUrlG = NZA 2007, 696.

[98] BAG 15. 6. 2004 AP 4 zu § 209 InsO = NZA 2005, 354.

klage zur Verfügung.[99] Eine auf Zahlung der Urlaubsentgelt- und Urlaubsgeldansprüche gerichtete Leistungsklage des Arbeitnehmers ist wegen fehlendem Rechtsschutzbedürfnis unzulässig.[100]

36 **d)** Der Urlaubsanspruch besteht nach einem **Betriebsübergang, der nach Eröffnung der Insolvenz stattfindet,** gegenüber dem Betriebserwerber. Die Haftungsregelung des § 613 a BGB gilt uneingeschränkt, denn die urlaubsrechtlichen Ansprüche auf bezahlte Freistellung (§ 1 BUrlG) bleiben von der Eröffnung des Insolvenzverfahrens unberührt. Nach § 108 I InsO besteht das Arbeitsverhältnis fort. Ansprüche aus dem Arbeitsverhältnis werden nach § 108 III InsO nur dann Insolvenzforderungen, wenn es sich um solche „für" die Zeit vor Eröffnung handelt. Dazu gehören Urlaubsansprüche nicht (RN 33). Da Urlaubstage nach der Rechtsprechung des BAG nicht einem Zeitpunkt vor oder nach der Insolvenzeröffnung zugeordnet werden können, hat der Betriebserwerber für die Erfüllung bestehender Urlaubsansprüche einzutreten. Das gilt auch für übertragene Urlaubsansprüche und für Ansprüche auf Ersatz für verfallenen Urlaub.[101]

III. Arbeitsplatzwechsel

37 **1. Ausschluss von Doppelansprüchen. a)** Im Falle eines Wechsels des Arbeitgebers schließt **§ 6 BUrlG** Doppelansprüche aus. Kein Wechsel des Arbeitgebers liegt bei einem Betriebsübergang vor. Setzt der Arbeitnehmer das Arbeitsverhältnis mit dem neuen Inhaber des Betriebs fort (§ 613 a BGB), bleibt der Urlaubsanspruch hiervon unberührt.[102]

38 **b)** Erwirbt der Arbeitnehmer beim **Wechsel des Arbeitsplatzes** in beiden Arbeitsverhältnissen nur Teilurlaubsansprüche, bestehen keine Anrechnungsprobleme.[103] Dies gilt auch dann, wenn der Urlaubsanspruch aufgerundet worden und der Arbeitnehmer dadurch begünstigt worden ist.[104] Hat der Arbeitnehmer für dasselbe Jahr bereits vom früheren Arbeitgeber Urlaub oder Urlaubsabgeltung erhalten, kann er in diesem Umfang vom neuen Arbeitgeber nicht nochmals Urlaub fordern (§ 6 I BUrlG). Ist der Urlaub nur teilweise gewährt oder abgegolten worden, entsteht ein neuer Urlaubsanspruch nach Maßgabe der Regelungen des neuen Arbeitsverhältnisses.[105] Noch nicht erfüllte oder abgegoltene Urlaubsansprüche aus dem früheren Arbeitsverhältnis begründen keine Anrechnungsbefugnis des neuen Arbeitgebers.[106] Bestand im ersten Arbeitsverhältnis ein höherer Urlaubsanspruch als im zweiten, erfolgt eine Anrechnung des im ersten Arbeitsverhältnis gewährten oder abgegoltenen Urlaubs nur insoweit, wie dieser nach dem Quotelungsprinzip der Dauer des Arbeitsverhältnisses entspricht.[107]

39 Wurde in dem früheren Arbeitsverhältnis **Urlaub aus dem Vorjahr übertragen** und hat der Arbeitgeber daher dem Arbeitnehmer mehr Urlaub gewährt, als ihm im laufenden Jahr zusteht, kann der neue Arbeitgeber diesen übertragenen Urlaub nicht anrechnen. Denn durch § 6 I BUrlG sollen nur Doppelansprüche für das jeweilige Urlaubsjahr ausgeschlossen werden.

40 Hat der **frühere Arbeitgeber Urlaub nicht gewährt** oder abgegolten und hat der Arbeitnehmer im Zeitpunkt der gerichtlichen Erhebung von Abgeltungsansprüchen gegen den ersten Arbeitgeber den vollen Urlaubsanspruch gegen den zweiten Arbeitgeber erlangt, kann der erste Arbeitgeber den Arbeitnehmer nicht auf den Arbeitsbefreiungsanspruch gegen den zweiten Arbeitgeber verweisen. Umgekehrt kann allerdings auch der neue Arbeitgeber die Erfüllung entstandener Urlaubsansprüche nicht mit der Begründung (teilweise) verweigern, der Arbeitnehmer solle zunächst seine Abgeltungsansprüche gegen den früheren Arbeitgeber durchsetzen.[108]

41 **c)** Der frühere und der neue Arbeitgeber sind nicht zum Ausgleich des dem Arbeitnehmer gewährten Urlaubs verpflichtet. Ein solcher **Gesamtschuldnerausgleich** scheitert schon daran, dass der Urlaubsanspruch als Arbeitsbefreiungsanspruch nicht gesamtschuldfähig ist.[109]

---

[99] BGH 3. 4. 2003 ZIP 2003, 914.

[100] BAG 21. 6. 2005 AP 12 zu § 55 InsO.

[101] BAG 18. 11. 2003 AP 16 zu § 113 InsO = NZA 2004, 654; 18. 11. 2003 AP 17 zu § 113 InsO = NZA 2004, 651.

[102] BAG 2. 12. 1999 AP 202 zu § 613 a BGB = NZA 2000, 480.

[103] BAG 23. 9. 1965 AP 1 zu § 5 BUrlG.

[104] ErfK/*Dörner* § 6 BUrlG RN 2; *Neumann/Fenski* § 6 RN 3; *Leinemann/Linck* § 6 RN 20.

[105] BAG 25. 11. 1982 AP 3 zu § 6 BUrlG = DB 83, 1155.

[106] BAG 28. 2. 1991 AP 4 zu § 6 BUrlG = NZA 91, 944; ErfK/*Dörner* § 6 BUrlG RN 3.

[107] Näher dazu *Leinemann/Linck* § 6 RN 14 ff.

[108] BAG 28. 2. 1991 AP 4 zu § 6 BUrlG = NZA 91, 944; ErfK/*Dörner* § 6 BUrlG RN 3; anders noch BAG 5. 11. 1970 AP 8 zu § 7 BUrlG Abgeltung.

[109] Ebenso ErfK/*Dörner* § 6 BUrlG RN 3; *Friese* RN 565; *Leinemann/Linck* § 6 RN 30; HWK/*Schinz* § 6 BUrlG RN 16; *Schütz/Hauck* RN 850; unzutreffend *Neumann/Fenski* § 6 RN 31 ff.

2. Urlaubsbescheinigung. a) Der Arbeitgeber hat bei Beendigung des Arbeitsverhältnisses dem Arbeitnehmer eine **schriftliche Bescheinigung über den gewährten oder abgegoltenen Urlaub** auszuhändigen (§ 6 II BUrlG), damit der neue Arbeitgeber beurteilen kann, in welchem Umfang ein Urlaubsanspruch besteht. Weigert sich der Arbeitgeber, kann der Arbeitnehmer auf Herstellung und Herausgabe der Bescheinigung klagen. Die Vollstreckung richtet sich nach § 888 ZPO.[110] Die Bescheinigung kann weder mit dem einfachen noch dem qualifizierten Zeugnis verbunden werden. Auch das einfache Zeugnis enthält eine Arbeitsplatzbeschreibung, die der Arbeitnehmer auf Dauer benötigt und die mit der Urlaubsbescheinigung nichts zu tun hat. 42

b) Bei **Nichtvorlage der Bescheinigung** kann der neue Arbeitgeber die Erfüllung des Urlaubsanspruchs mit der Begründung verweigern, der Arbeitnehmer habe den vollen Urlaub bereits erhalten. Den Arbeitnehmer trifft dann die prozessuale Mitwirkungspflicht, die Bescheinigung zur Feststellung der noch bestehenden Urlaubsansprüche vorzulegen. Hat der Arbeitnehmer die Urlaubsbescheinigung vorgelegt, trifft den zweiten Arbeitgeber die Darlegungs- und Beweislast, wenn er eine hiervon abweichende Urlaubserteilung behauptet.[111] 43

IV. Urlaubsdauer

1. Allgemeines. Der Urlaub beträgt nach § 3 I BUrlG **24 Werktage.** Als Werktage gelten alle Kalendertage, die nicht Sonn- oder gesetzliche Feiertage sind. Der Urlaubsanspruch ist auf Tage, nicht auf Stunden bezogen. Der Urlaub kann daher nicht stunden- oder halbtageweise gewährt werden, es sei denn, aus der Berechnung von Teilurlaubsansprüchen ergeben sich Bruchteile (dazu RN 72).[112] 44

2. Sonntagsarbeit. Besteht an einem Sonn- oder Feiertag Arbeitspflicht, wie beispielsweise in der Gastronomie, handelt es sich für den betroffenen Arbeitnehmer um einen **individuellen Arbeitstag,** der auch urlaubsrechtlich als solcher zu behandeln ist.[113] § 3 II BUrlG steht dem nicht entgegen, weil diese Bestimmung nur den gesetzlichen Regelfall wiedergibt (vgl. § 9 I ArbZG). 45

3. Berechnungsgrundsätze. Arbeitet der Arbeitnehmer nicht an allen sechs Werktagen der Woche, wie bei der üblichen Fünftagewoche, bedarf es der **Umrechnung auf fünf Arbeitstage.** Dies geschieht in der Weise, dass die Gesamtdauer des Urlaubs durch die Zahl 6 geteilt und mit der Zahl der für den Arbeitnehmer maßgeblichen Arbeitstage einer Woche multipliziert wird.[114] Das ergibt für einen Arbeitnehmer, der an 5 Tagen in der Woche arbeitet, 20 Arbeitstage Mindesturlaub. Bei neun statt zehn Arbeitstagen in der Doppelwoche und 30 Urlaubstagen im Jahr ergibt sich Folgendes: 30 Urlaubstage × 9 Arbeitstage : 10 Arbeitstage = 27 Urlaubstage.[115] Diese Grundsätze gelten auch für tarifvertragliche Urlaubsansprüche, soweit der Tarifvertrag keine eigenständige Umrechnungsformel enthält.[116] Soweit auch heute noch vereinzelt im Schrifttum[117] die Auffassung vertreten wird, bei einer Fünftagewoche müsse in sechs Urlaubstagen jeweils ein Sonnabend enthalten sein, ist das weder mit dem Wortlaut des § 3 BUrlG noch mit dem Wesen des Urlaubs als Freistellungsanspruch zu vereinbaren.[118] Ist der Sonnabend arbeitsfrei, bestehen keine Arbeitspflichten, von denen der Arbeitnehmer durch Urlaubserteilung zu befreien wäre. 46

---

[110] HWK/*Schinz* § 6 BUrlG RN 20.

[111] Ebenso ErfK/*Dörner* § 6 BUrlG RN 6; HWK/*Schinz* § 6 BUrlG RN 24.

[112] BAG 8. 5. 2001 AP 1 zu § 1 TVG Tarifverträge: Blumenbinder = NZA 2001, 1254.

[113] BAG 15. 11. 2005 AP 12 zu § 611 BGB Arbeitnehmerähnlichkeit; 5. 11. 2002 AP 15 zu § 1 TVG Tarifverträge: Chemie; 11. 8. 1998 – 9 AZR 499/97 n. v.; ErfK/*Dörner* § 3 BUrlG RN 11; *Heilmann* § 3 RN 5; *Leinemann/Linck* § 3 RN 24 ff.; *Schütz/Hauck* RN 235; im Ergebnis auch *Hohmeister* BB 2000, 406; unzutreffend noch BAG 14. 5. 1964 AP 94 zu § 611 BGB Urlaubsrecht sowie beharrlich *Neumann/Fenski* § 3 RN 27.

[114] Vgl. BAG 27. 1. 1987 AP 30 zu § 13 BUrlG = NZA 87, 462; 25. 2. 1988 AP 3 zu § 8 BUrlG = NZA 88, 607; 14. 2. 1991 AP 1 zu § 3 BUrlG Teilzeit = NZA 91, 777; 14. 1. 1992 AP 5 zu § 3 BUrlG = NZA 92, 759; 8. 9. 1998 AP 216 zu § 1 TVG Tarifverträge: Bau = NZA 99, 665; 8. 5. 2001 AP 1 zu § 1 TVG Tarifverträge: Blumenbinder; 5. 9. 2002 AP 17 zu § 3 BUrlG Fünf-Tage-Woche = NZA 2003, 726; 15. 11. 2005 AP 12 zu § 611 BGB Arbeitnehmerähnlichkeit.

[115] BAG 11. 12. 2001 NZA 2002, 639.

[116] BAG 8. 5. 2001 AP 1 zu § 1 TVG Tarifverträge: Blumenbinder = NZA 2001, 1254.

[117] Insbes. *Neumann/Fenski* 8. Aufl. § 3 RN 34, offenbar aufgegeben in der 9. Aufl.

[118] Ebenso ErfK/*Dörner* § 3 BUrlG RN 7; *Friese* RN 79 ff.; Hk-BUrlG/*Hohmeister* § 3 RN 7 ff.; *Leinemann/Linck* § 3 RN 11 ff.; *dies.* DB 99, 1498; *Schütz/Hauck* RN 224 f.; HWK/*Schinz* § 3 BUrlG RN 12.

47 Bei einer **Änderung der regelmäßigen Arbeitszeit** ist der Urlaub neu zu berechnen, wenn sich hierdurch die Zahl der Arbeitstage ändert. Unter Umständen muss daher die Urlaubsdauer mehrfach berechnet werden.[119] Dies gilt auch bei einer Änderung im Übertragungszeitraum.[120]

48 **4. Teilzeitbeschäftigung.** Ist der Arbeitnehmer teilzeitbeschäftigt, ergeben sich keine Besonderheiten, wenn der Arbeitnehmer an allen Arbeitstagen der Woche tätig ist, aber nur verkürzt arbeitet. Da der Urlaubsanspruch auf die **tageweise Freistellung** von Arbeitspflichten bezogen ist, hat der Teilzeitbeschäftigte in diesem Fall den gleichen Urlaubsanspruch wie ein Vollzeitbeschäftigter. Lediglich das Urlaubsentgelt ist geringer, weil nur die durch die Freistellung ausfallenden Arbeitsstunden zu vergüten sind. Ist dagegen die Arbeitszeit nicht auf alle Tage der Woche verteilt, ist eine Umrechnung vorzunehmen, die nach den gleichen Grundsätzen zu erfolgen hat, wie die Umrechnung von Werktagen auf Arbeitstage bei einer Fünftagewoche.[121] Arbeitet ein Teilzeitbeschäftigter regelmäßig an drei Tagen der Woche, steht ihm ein gesetzlicher Mindesturlaubsanspruch von 12 Urlaubstagen zu (24 × 3 : 6); bei einer Fünftagewoche und 30 Urlaubstagen für Vollzeitbeschäftigte beträgt der Urlaubsanspruch dieses Teilzeitbeschäftigten 18 Tage (30 × 3 : 5). Das Erfordernis der Umrechnung ist in § 125 I 1 Halbs. 2 SGB IX gesetzlich anerkannt worden.

49 **5. Arbeit auf Abruf.** Bei Arbeit auf Abruf (§ 12 TzBfG) werden mit der Konkretisierung der Arbeitszeit zugleich die Arbeitsstunden bestimmt, die der Arbeitnehmer zu arbeiten und der Arbeitgeber zu vergüten hat. Erhält der Arbeitnehmer in der **Zeit konkretisierter Arbeitspflicht** Urlaub, sind in das Arbeitszeitkonto die infolge der Freistellung ausgefallenen Soll-Arbeitsstunden als Ist-Stunden einzustellen. Werden Ausfallzeiten dem Arbeitnehmer nicht gutgeschrieben, bedeutet das nichts anderes, als dass ihm die hierfür zustehende Urlaubsvergütung vorenthalten wird. Dem steht die Zahlung des auf der Grundlage der vereinbarten Jahresarbeitszeit ermittelten verstetigten Entgelts nicht entgegen. Diese Form der Auszahlung sichert dem Arbeitnehmer lediglich gleichmäßig hohe Einkünfte trotz zeitweiser Nichtbeschäftigung. Maßgeblich ist das Arbeitszeitkonto, das den Vergütungsanspruch des Arbeitnehmers – nur in anderer Form – ausdrückt. Andernfalls müsste der Arbeitnehmer (zusätzliche) Stunden leisten, um ein ausgeglichenes Konto zu erreichen.[122]

50 **6. Unregelmäßige Arbeitszeit.** Ist die Arbeitszeit nicht in jeder Woche gleich, sondern **unregelmäßig verteilt,** ist eine auf eine Woche bezogene Umrechnung nicht möglich.[123] In diesem Fall ist bei der Umrechnung auf den Zeitabschnitt abzustellen, in dem im Durchschnitt die regelmäßige wöchentliche Arbeitszeit erreicht wird.[124] Für die Umrechnung ist die **Jahresarbeitszeit** zugrunde zu legen, wenn die Arbeitszeit im gesamten Jahr unregelmäßig verteilt ist. Bei der Errechnung der Jahresarbeitstage sind die auf 52 Wochen bezogenen Werte zu ermitteln. Das ist zwar nicht ganz zutreffend, weil das Kalenderjahr nicht 364 Tage (52 Wochen × 7 Tage), sondern 365 Tage (§ 191 BGB) hat. Der fehlende Tag bleibt aber im Rahmen der Urlaubsberechnung nach dem BUrlG mit Rücksicht auf die Berechnungsvorschrift des § 11 I 1 BUrlG, die auf 13 Wochen für ein Vierteljahr abstellt, außer Betracht.[125] In Tarifverträgen kann eine andere Berechnung unter Einbeziehung des fehlenden Tages erfolgen.[126] In der Sechstagewoche (52 × 6) bestehen damit 312 Werktage, in der Fünftagewoche (52 × 5) bestehen 260 Arbeitstage. Einzurechnen sind nach Auffassung des BAG kirchliche oder religiöse Feiertage, nicht dagegen staatlich anerkannte Feiertage.[127] Die Rechenformel zur Ermittlung der Urlaubsdauer unregelmäßiger Arbeitszeit lautet somit: Gesetzliche oder tarifliche Urlaubsdauer geteilt durch

---

[119] BAG 5. 9. 2002 AP 17 zu § 3 BUrlG Fünf-Tage-Woche = NZA 2003, 726.

[120] BAG 28. 4. 1998 AP 7 zu § 3 BUrlG = NZA 99, 156; *Friese* RN 85; ebenso MünchArbR/*Schüren* § 162 RN 188; a. A. ErfK/*Dörner* § 3 BUrlG RN 15; Hk-BUrlG/*Hohmeister* § 3 RN 60f.

[121] BAG 14. 2. 1991 AP 1 zu § 3 BUrlG Teilzeit = NZA 91, 777.

[122] BAG 5. 9. 2002 AP 17 zu § 3 BUrlG Fünf-Tage-Woche = NZA 2003, 726.

[123] BAG 22. 10. 1991 AP 6 zu § 3 BUrlG = NZA 93, 79; 19. 4. 1994 AP 7 zu § 1 TVG Tarifverträge: Gebäudereinigung = NZA 94, 899; 8. 9. 1998 AP 216 zu § 1 TVG Tarifverträge: Bau = NZA 99, 665; dazu Hk-BUrlG/*Hohmeister* § 3 RN 35ff.

[124] BAG 15. 11. 2005 AP 12 zu § 611 BGB Arbeitnehmerähnlichkeit.

[125] BAG 20. 8. 2002 AP 27 zu § 38 BetrVG 1972; 15. 11. 2005 AP 12 zu § 611 BGB Arbeitnehmerähnlichkeit.

[126] So der MTV der chemischen Industrie i. d. F. 15. 5. 2000, dazu BAG 5. 11. 2002 AP 15 zu § 1 TVG Tarifverträge: Chemie = NZA 2003, 1167; 9. 9. 2003 – 9 AZR 468/02 n. v.; MTV Einzelhandel Saarland, dazu BAG 20. 8. 2002 AP 27 zu § 38 BetrVG 1972.

[127] BAG 5. 11. 2002 AP 15 zu § 1 TVG Tarifverträge: Chemie = NZA 2003, 1167; siehe dazu auch ErfK/*Dörner* § 3 BUrlG RN 19.

die Jahreswerktage, multipliziert mit den Tagen, an denen der Arbeitnehmer im Kalenderjahr zur Arbeit verpflichtet ist.[128] Besteht das Arbeitsverhältnis nur zehn Monate, ist von 260 möglichen Arbeitstagen bei der Sechstagewoche auszugehen. Hat der Arbeitnehmer in dieser Zeit 145 Dienste (= Arbeitstage) geleistet, beträgt der Urlaub 13,38 Urlaubstage (145 : 260 × 24). Bruchteile sind nach dem Gesetz weder auf- noch abzurunden.[129]

7. Schichtarbeit. Bemisst sich die Arbeitszeit nicht nach Arbeitstagen, sondern nach **51** **Schichten,** hat ebenfalls eine Umrechnung entsprechend der Arbeitsverpflichtung zu erfolgen.[130] Die vom Arbeitnehmer zu leistenden Jahres-Soll-Schichten sind mit der Zahl der Jahres-Soll-Tage der Arbeitnehmer mit Fünftagewoche ins Verhältnis zu setzen.[131] Beträgt die jährliche Arbeitsleistung insgesamt 225 Schichten, ergeben sich bei 30 Urlaubstagen eines Arbeitnehmers in der Fünftagewoche 25,96 Urlaubstage (= Schichten, 225 : 260 × 30).[132] Zwei Kalendertage überlappende Arbeitsschichten gelten als ein Arbeitstag.[133]

8. Sonderregelungen. Soweit die **Tarifvertragsparteien** für den Tarifurlaub vom BUrlG **52** abweichende Berechnungsregeln vorsehen, darf dies nicht zu einer Verkürzung des gesetzlichen Mindesturlaubs führen (§ 13 I 1 BUrlG). Bei **Wehrpflichtigen** kann eine Kürzung des Urlaubsanspruchs nach § 4 I ArbPlSchG erfolgen. Dagegen führt bei **Schwangeren** die Zeit eines Beschäftigungsverbots nach dem MuSchG gem. § 17 Satz 1 MuSchG nicht zu einer Verringerung des Urlaubsanspruchs (dazu § 168 RN 25 ff.).[134] Während der **Elternzeit** ist nach § 17 I BEEG eine Kürzung des Urlaubsanspruchs möglich. Zum Urlaub nach dem BEEG § 172 RN 26 ff. Im **öffentlichen Dienst** ist ein Zusatzurlaub nach § 49 BAT bzw. § 27 TVöD vorgesehen.

V. Krankheit während des Urlaubs

1. Grundsatz. Erkrankt der Arbeitnehmer während des Urlaubs verschuldet oder unver- **53** schuldet arbeitsunfähig, wird die **Erfüllung des Urlaubsanspruchs grundsätzlich unmöglich.** Dasselbe gilt gemäß § 3 II EFZG bei nicht rechtswidriger Sterilisation oder Unterbrechung der Schwangerschaft während des Urlaubs. Die durch ärztliches Zeugnis nachgewiesenen Tage der Arbeitsunfähigkeit werden folgerichtig nach § 9 BUrlG nicht auf den Urlaubsanspruch angerechnet.

Wird die Beschäftigung nach Urlaubserteilung durch ein **Beschäftigungsverbot nach dem** **54** **MuSchG** unmöglich, besteht kein Anspruch auf Nachgewährung des Urlaubs. Eine entsprechende Anwendung von § 9 BUrlG scheidet aus, weil ein Beschäftigungsverbot nicht mit einer Krankheit vergleichbar ist.[135]

Eine entsprechende Anwendung des § 9 BUrlG scheidet ebenfalls aus, wenn ein ehrenamt- **55** licher Helfer des Technischen Hilfswerks (THW) **während seines Erholungsurlaubs zum Dienst für das THW herangezogen** wird. Hierdurch wird die Erfüllung des bereits festgelegten Urlaubs gemäß § 275 I BGB nachträglich unmöglich. Diese Unmöglichkeit hat der Arbeitgeber nicht nach § 280 I BGB zu vertreten. Der Arbeitnehmer ist in einem solchen Fall auf Grund des Benachteiligungsverbots des § 3 I 1 THW-Helferrechtsgesetz so zu stellen, dass der Arbeitgeber den festgelegten Urlaub nicht anrechnet, sondern erneut gewährt.[136] Hat der Arbeitnehmer diesen Anspruch innerhalb des Übertragungszeitraums geltend gemacht, der Arbeitgeber ihn aber abgelehnt, gerät der Arbeitgeber in Schuldnerverzug. Er hat deshalb nach Ablauf des Übertragungszeitraums im Wege des Schadensersatzes nach §§ 275 I, 280 I, 283, 286 I 1, 287 Satz 2, 249 BGB Ersatzurlaub zu gewähren (dazu RN 112).

2. Nachweis der Arbeitsunfähigkeit. Nicht auf den Urlaub angerechnet werden die durch **56** **ärztliches Zeugnis** nachgewiesenen Tage der Arbeitsunfähigkeit (§ 9 BUrlG). Die Vorlage

---

[128] BAG 18. 2. 1997 AP 13 zu § 1 TVG Tarifverträge: Chemie; ErfK/*Dörner* § 3 BUrlG RN 17; *Leinemann/Linck* § 3 RN 39 ff.; *Leinemann/Linck* DB 99, 1498, 1500 f.

[129] BAG 15. 11. 2005 AP 12 zu § 611 BGB Arbeitnehmerähnlichkeit.

[130] BAG 3. 5. 1994 AP 13 zu § 3 BUrlG Fünf-Tage-Woche = NZA 95, 477; 8. 11. 1994 AP 122 zu § 1 TVG Tarifverträge: Metallindustrie = NZA 95, 1408; Hk-BUrlG/*Hohmeister* § 3 RN 50 ff.; *Leinemann* BB 1998, 1414.

[131] BAG 9. 9. 2003 – 9 AZR 468/02 n. v.; 5. 11. 2002 AP 15 zu § 1 TVG Tarifverträge: Chemie = NZA 2003, 1167.

[132] BAG 30. 10. 2001 EzA 23 zu § 3 BUrlG.

[133] BAG 15. 11. 2005 AP 12 zu § 611 BGB Arbeitnehmerähnlichkeit; 5. 11. 2002 AP 15 zu § 1 TVG Tarifverträge: Chemie.

[134] BAG 8. 3. 1984 AP 14 zu § 3 BUrlG Rechtsmissbrauch.

[135] BAG 9. 8. 1994 AP 19 zu § 7 BUrlG = NZA 95, 174.

[136] BAG 10. 5. 2005 AP 4 zu § 8 BUrlG = NZA 2006, 439.

eines ärztlichen Zeugnisses ist nach dem Wortlaut des § 9 BUrlG notwendige Voraussetzung für die Nichtanrechnung.[137] Der Begriff Arbeitsunfähigkeit entspricht dem des EFZG (§ 98 RN 14 ff.). Nach Auffassung des BAG kann tarifvertraglich vorgesehen werden, dass nur dann keine Anrechnung erfolgt, wenn der Arbeitnehmer die Erkrankung unverzüglich anzeigt.[138]

57 Im Schrifttum wurde gelegentlich angenommen, eine Erkrankung sei nur dann für die Urlaubserteilung unerheblich, wenn die Erkrankung die Urlaubsgestaltung nicht beeinflusse.[139] Diese Auffassung ist seit Längerem überholt. Voraussetzung des Anrechnungsverbots ist nach dem klaren Wortlaut des Gesetzes **allein die nachgewiesene Arbeitsunfähigkeit.**[140] Unerheblich ist, ob die Arbeitsunfähigkeit verschuldet oder unverschuldet ist. Bei verschuldeter Arbeitsunfähigkeit erhält der Arbeitnehmer allerdings keine Entgeltfortzahlung (§ 3 I 1 EFZG). Bei Vorlage eines ärztlichen Zeugnisses aus dem Ausland muss erkennbar sein, dass der Arzt zwischen Krankheit und Arbeitsunfähigkeit unterschieden hat.[141]

58 **3. Rechtsfolgen. a)** Ist der Arbeitnehmer während des Urlaubs krankheitsbedingt arbeitsunfähig, werden die ärztlich nachgewiesenen Krankheitstage **nicht auf den Urlaub angerechnet.** Sie stehen dem Arbeitnehmer damit noch als Urlaubstage zur Verfügung.

59 **b)** Der **Urlaub verlängert sich nicht ohne Weiteres** um die Tage der Arbeitsunfähigkeit. Wird der Arbeitnehmer nach Urlaubserteilung zu Beginn des Urlaubs arbeitsunfähig krank, sind nach § 9 BUrlG allein die Tage der Arbeitsunfähigkeit nicht auf den Urlaub anzurechnen. Der Arbeitgeber ist jedoch nicht verpflichtet, den Urlaub insgesamt neu festzusetzen.[142] Gleiches gilt, wenn der Arbeitnehmer vor Urlaubsantritt erkrankt und voraussichtlich nicht während der gesamten Urlaubsdauer arbeitsunfähig sein wird.[143] Wenn der Arbeitnehmer wieder zur Erfüllung seiner Arbeitspflicht in der Lage und der Urlaubsanspruch noch nicht durch Fristablauf erloschen ist, hat der Arbeitgeber auf Antrag dem Arbeitnehmer vielmehr erneut Urlaub zu erteilen.[144]

60 **c)** Ist der Arbeitnehmer während des Urlaubs im Übertragungszeitraum des § 7 III BUrlG bis zu einem Zeitpunkt **nach dem 31. 3. arbeitsunfähig,** verfielen nach bisheriger Rspr. die verbliebenen Urlaubstage des Vorjahres. Durch § 9 BUrlG wird der Übertragungszeitraum des § 7 III BUrlG nicht verlängert.[145] Hieran kann angesichts der neuen Rspr. des BAG und EuGH zur Urlaubsabgeltung bei lang andauernder Krankheit nicht weiter festgehalten werden. Danach erlischt der Urlaubsanspruch nicht, wenn der Arbeitnehmer den Urlaub wegen Krankheit auch nicht bis zum Ende des Übertragungszeitraums nehmen kann.[146] § 9 BUrlG regelt im Übrigen keine Ausnahme von der Befristung des Urlaubsanspruchs.[147] In **Tarifverträgen** konnte auch bislang schon bestimmt werden, dass infolge Krankheit nicht gewährter Urlaub auch für mehrere Jahre nachzugewähren ist.[148] Der Anspruch auf die tarifliche Urlaubsabgeltung „bei Krankheit" kann ebenso wenig befristet sein wie der Urlaubsanspruch, den er abgilt.[149]

61 **d)** War der Arbeitnehmer aus **sonstigen, in seiner Person liegenden Gründen** während des Urlaubs an der Arbeitsleistung verhindert (z. B. Familienereignisse), werden diese Tage auf den Urlaub angerechnet.[150] Dies gilt auch dann, wenn dem Arbeitnehmer ein tariflicher Anspruch auf Dienstbefreiung zustand.[151] Persönliche Dienstverhinderungsgründe gehören zum Lebensbereich des Einzelnen. Nach der älteren Rspr. können Dienstbefreiungen zur Musterung nicht auf den Urlaub angerechnet werden.[152] Unentschuldigte Fehltage oder Zeiten, in denen

---

[137] ErfK/*Dörner* § 9 BUrlG RN 5; HWK/*Schinz* § 9 BUrlG RN 11; a. A. *Friese* RN 118.

[138] BAG 15. 12. 1987 AP 9 zu § 9 BUrlG = DB 88, 1555; dagegen ErfK/*Dörner* § 13 BUrlG RN 16.

[139] GK-BUrlG/*Stahlhacke* § 9 RN 7.

[140] Ebenso ErfK/*Dörner* § 9 BUrlG RN 4; näher dazu *Leinemann/Linck* § 9 RN 6 ff.

[141] BAG 15. 12. 1987 AP 9 zu § 9 BUrlG.

[142] Ebenso ErfK/*Dörner* § 9 BUrlG RN 6; MünchArbR/*Leinemann* § 91 RN 8; *Leinemann/Linck* § 9 RN 5; *Schütz/Hauck* RN 576; a. A. *Neumann/Fenski* § 9 RN 2.

[143] *Friese* RN 122; HWK/*Schinz* § 9 BUrlG RN 20.

[144] BAG 9. 6. 1988 AP 10 zu § 9 BUrlG = NZA 89, 137.

[145] BAG 28. 11. 1990 AP 18 zu § 7 BUrlG Übertragung = NZA 91, 423; 19. 3. 1996 AP 13 zu § 9 BUrlG = NZA 96, 942; 21. 1. 1997 AP 15 zu § 9 BUrlG = NZA 97, 889.

[146] Dazu BAG 24. 3. 2009 – 9 AZR 983/07; EuGH 20. 1. 2009 – C-350/06.

[147] BAG 19. 3. 1996 AP 13 zu § 9 BUrlG = NZA 96, 942; 21. 1. 1997 AP 15 zu § 9 BUrlG = NZA 97, 889.

[148] BAG 20. 8. 1996 AP 144 zu § 1 TVG Tarifverträge: Metallindustrie = NZA 97, 839.

[149] A. A. noch BAG 27. 2. 2002 AP 180 zu § 1 TVG Tarifverträge: Metallindustrie.

[150] BAG 11. 1. 1966 AP 1 zu § 1 BUrlG Nachurlaub.

[151] BAG 17. 10. 1985 AP 1 zu § 18 BAT.

[152] BAG 1. 8. 1963 AP 1 zu § 12 ArbPlatzSchutzG.

der Arbeitnehmer vom Dienst suspendiert war, können nicht nachträglich mit dem Urlaub verrechnet werden. Maßnahmen der medizinischen Vorsorge oder Rehabilitation können seit 1. 1. 1999 nicht mehr auf den Urlaub angerechnet werden (§ 10 BUrlG).

VI. Urlaubszweckwidrige Erwerbstätigkeit

1. Verbot. Während des Urlaubs darf der Arbeitnehmer keine dem **Urlaubszweck widersprechende Erwerbstätigkeit** leisten (§ 8 BUrlG). Verboten ist jede selbstständige oder unselbstständige Tätigkeit, die zum Zwecke der Entgelterzielung ausgeführt wird und durch die die Arbeitskraft überwiegend in Anspruch genommen wird. Dies gilt auch, wenn der Urlaub in der Kündigungsfrist erteilt wurde.[153] Nicht untersagt sind Tätigkeiten, die der Auffrischung der geistigen Kräfte dienen, wie etwa die gelegentliche Mitarbeit eines Büroangestellten in der Landwirtschaft, auch wenn damit ein Entgelt erzielt wird.[154] Nicht berührt von dem Erwerbstätigkeitsverbot wird eine Nebentätigkeit, die der Arbeitnehmer auch ohne Urlaub verrichtet oder verrichten könnte.[155] Der Arbeitnehmer muss während des Urlaubs nicht nur seine Erholung suchen, er darf vielmehr auch eine anstrengende Urlaubsreise unternehmen, Verwandte besuchen oder Eigenleistungen und Nachbarschaftshilfe bei einem Eigenheimbau erbringen. 62

Ein Verstoß gegen § 8 BUrlG liegt nicht vor, wenn ein **Teilzeitbeschäftigter mit mehreren Arbeitsverhältnissen** während des Urlaubs in dem einen Arbeitsverhältnis in dem anderen Arbeitsverhältnis weiter arbeitet. 63

2. Rechtsfolgen bei Verstößen. Verstößt der Arbeitnehmer gegen das Erwerbsverbot, **entfällt damit nicht der Urlaubsanspruch und der Entgeltanspruch.** § 8 enthält hierfür keine Rechtsgrundlage. Der Arbeitgeber kann deshalb vom Arbeitnehmer auch nicht nach § 812 I 2 BGB Rückzahlung der Urlaubsvergütung verlangen. Der rechtliche Grund für die Leistung bleibt durch die Urlaubsarbeit unberührt.[156] Soweit hiervon abweichend in Tarifverträgen bei Verstößen gegen das Erwerbsverbot der Wegfall des Entgeltanspruchs oder ein Rückzahlungsanspruch geregelt sind, ist dies im Umfang des gesetzlichen Urlaubsanspruches unwirksam.[157] 64

Ist ein Verstoß zu erwarten, hat der Arbeitgeber u. U. **Unterlassungsansprüche,** die im Wege der einstweiligen Verfügung durchzusetzen sind. Macht der Arbeitnehmer durch eine unerlaubte Urlaubstätigkeit seine Arbeitsleistung nach Urlaubsende unmöglich, kann ein Schadensersatzanspruch des Arbeitgebers bestehen. Regelmäßig wird bei verbotener Urlaubstätigkeit nach erfolgter **Abmahnung** eine ordentliche, dagegen nur ausnahmsweise eine außerordentliche Kündigung zulässig sein. Der mit einem Dritten entgegen § 8 BUrlG abgeschlossene Arbeitsvertrag ist wirksam.[158] Die Vergütungsansprüche aus diesem Arbeitsverhältnis bleiben unberührt. 65

VII. Teilurlaub

1. Überblick. Erfüllt ein Arbeitnehmer im laufenden Kalenderjahr nicht die Wartezeit des § 4 BUrlG oder scheidet er vor erfüllter Wartezeit aus dem Arbeitsverhältnis aus, steht ihm nach **§ 5 I lit. a und b BUrlG** ein Anspruch auf Teilurlaub zu. Hierbei handelt es sich um einen eigenständigen Urlaubsanspruch, der von dem Anspruch auf gekürzten Vollurlaub nach § 5 I lit. c BUrlG zu unterscheiden ist. Während der Anspruch aus **§ 5 I lit. c BUrlG** der Sache nach der nachträglich gekürzte Urlaubsanspruch aus § 1, § 3 I BUrlG ist und damit dem Veränderungsschutz des § 13 I BUrlG unterliegt,[159] betreffen die Ansprüche aus § 5 I lit. a und b BUrlG nicht § 1 BUrlG. Die Ansprüche aus § 5 I BUrlG sind einzelvertraglich nicht zum Nachteil des Arbeitnehmers abdingbar (§ 13 I 3 BUrlG). 66

2. Gemeinschaftsrecht. § 5 BUrlG ist mit dem **Gemeinschaftsrecht vereinbar.** Art. 7 der Richtlinie 2003/88/EG des Rates vom 4. 11. 2003 schließt Teilurlaubsansprüche nicht generell aus.[160] Der Schutz der Sicherheit und der Gesundheit der Arbeitnehmer durch die Gewährung von Mindestruhezeiten ist nicht gefährdet, wenn der Arbeitnehmer erst nach einem 67

---

[153] BAG 19. 7. 1973 AP 1 zu § 8 BUrlG m. Anm. *Natzel.*

[154] Vgl. ErfK/*Dörner* § 8 BUrlG RN 2; *Friese* RN 513; *Neumann/Fenski* § 8 RN 5.

[155] Zur Nebenlandwirtschaft: ArbG Kassel DB 80, 599.

[156] BAG 25. 2. 1988 AP 3 zu § 8 BUrlG = NZA 88, 607.

[157] BAG 25. 2. 1988 AP 3 zu § 8 BUrlG = NZA 88, 607; ErfK/*Dörner* § 13 BUrlG RN 15; *Friese* RN 518; *Leinemann/Linck* § 8 RN 14; HWK/*Schinz* § 8 BUrlG RN 11; *Neumann/Fenski* § 8 RN 11.

[158] BAG 25. 2. 1988 AP 3 zu § 8 BUrlG = NZA 88, 607; MünchArbR/*Blomeyer* 55 RN 24; ErfK/*Dörner* § 8 BUrlG RN 3; Hk-BUrlG/*Goretzki* § 8 RN 6; *Leinemann/Linck* § 8 RN 11 f.

[159] BAG 9. 6. 1998 AP 23 zu § 7 BUrlG = NZA 99, 80.

[160] Ebenso ErfK/*Dörner* § 5 BUrlG RN 4; zweifelnd HWK/*Schinz* § 5 BUrlG RN 11.

vollen Monat Beschäftigungszeit einen Teilurlaubsanspruch erwirbt. Arbeitsverhältnisse von kürzerer Dauer werden regelmäßig Aushilfsarbeitsverhältnisse sein, in denen ausreichende Ruhezeiten vor und nach der Beschäftigungszeit bestehen. Soweit durch Tarifvertrag die Entstehung dieser Ansprüche auf einen Zeitpunkt nach Ablauf der Wartezeit verschoben wird, mit der Folge, dass bei einem vorzeitigen Ausscheiden kein Teilurlaubsanspruch besteht,[161] dürfte dies allerdings im Lichte der Rechtsprechung des EuGH nicht mit Art. 7 der Richtlinie 2003/88/EG des Rates vom 4. 11. 2003 vereinbar sein.[162] Nach Auffassung des EuGH sind nationale Regelungen mit der Richtlinie nicht vereinbar, nach denen ein Arbeitnehmer einen Anspruch auf bezahlten Jahresurlaub erst dann erwirbt, wenn er eine ununterbrochene Mindestbeschäftigungszeit von dreizehn Wochen bei demselben Arbeitgeber zurückgelegt hat.[163]

68 **3. Zwölftelung. a)** Ein Anspruch auf ein Zwölftel des Jahresurlaubs **entsteht, (a)** wenn der Arbeitnehmer in dem laufenden Urlaubsjahr keinen vollen Urlaubsanspruch mehr erwerben kann, z. B. bei Eintritt nach dem 30. 6. (§ 5 I lit. a BUrlG) oder **(b)** wenn feststeht, dass der Arbeitnehmer vor erfüllter Wartezeit aus dem Arbeitsverhältnis ausscheidet, z. B. bei einer Befristung bis zu einem Zeitpunkt vor Ablauf der Wartezeit (§ 5 I lit. b BUrlG) oder wenn ein Arbeitsverhältnis, auf das zunächst § 5 I lit. b BUrlG anwendbar war, gekündigt wird, **(c)** wenn feststeht, dass der Arbeitnehmer nach erfüllter Wartezeit in der ersten Hälfte eines Kalenderjahres ausscheidet. Darüber hinausgehende Fälle von Teilurlaub, z. B. bei längerer Erkrankung im Urlaubsjahr, sind im Gesetz nicht vorgesehen.[164]

69 **b)** Scheidet ein Arbeitnehmer **mit Ablauf des 30. 6.** aus dem Arbeitsverhältnis aus, erhält er nur anteiligen Urlaub, weil der Ablauf des in § 188 II BGB bezeichneten Tages einen Teil der zeitlichen Einheit des Tages bildet und mit diesem auch einen Teil der jeweils in Frage kommenden Frist.[165]

70 **c)** Endet das Arbeitsverhältnis nach dem 30. 6. in der **zweiten Jahreshälfte,** behält der Arbeitnehmer seinen vollen gesetzlichen Urlaubsanspruch.[166] Eine Zwölftelung kann insoweit nur für den weitergehenden vertraglichen oder tariflichen Urlaub vereinbart werden.

71 **d)** Beginnt das Arbeitsverhältnis **mit dem 1. 7. und endet es mit Ablauf des 31. 12.** des Jahres, entsteht ein nur Teilurlaubsanspruch nach § 5 I lit. a BUrlG in Höhe von $^{6}/_{12}$ und nicht ein Vollurlaubsanspruch, denn der Zeitpunkt des Ablaufs des Tages gehört noch zu diesem Tag und damit zu der Wartefrist des § 4 BUrlG.[167]

72 **e)** Ergeben sich bei der Zwölftelung **Bruchteile von Urlaubstagen,** die mindestens einen halben Tag betragen, so sind sie auf volle Urlaubstage aufzurunden (§ 5 II BUrlG). Betragen die Bruchteile weniger als einen halben Tag, ist eine stundenweise Gewährung vorzunehmen oder im Falle der Beendigung des Arbeitsverhältnisses der Anteil abzugelten. Eine Abrundung ist nicht möglich.[168]

73 **4. Beschäftigungsmonat.** Teilurlaub wird für jeden **vollen Monat** des rechtlichen Bestehens des Arbeitsverhältnisses gewährt. Dies gilt auch bei einer Teilzeitbeschäftigung, bei der nicht an jedem Tag gearbeitet wird. Angefangene Monate bleiben außer Betracht, es sei denn, dass tariflich etwas anderes bestimmt ist. Der Beschäftigungsmonat braucht mit dem Kalendermonat nicht übereinzustimmen und kann auch in zwei verschiedenen Kalenderjahren zurückgelegt werden.[169] Ein voller Beschäftigungsmonat liegt nicht vor, wenn einzelne Tage fehlen, und zwar auch dann, wenn es sich um Sonn- oder Feiertage handelt, an denen ohnehin nicht gearbeitet worden wäre.[170]

74 **5. Fälligkeit. a)** Teilurlaubsansprüche sind mit ihrem Entstehen fällig. Der Teilurlaubsanspruch nach **§ 5 I lit. a BUrlG** wegen Nichterfüllung der Wartezeit im Eintrittsjahr entsteht zu Beginn des Arbeitsverhältnisses, weil dann bereits feststeht, dass der Arbeitnehmer wegen des

---

[161] Vgl. dazu BAG 15. 12. 1983 AP 14 zu § 13 BUrlG; 25. 10. 1984 AP 17 zu § 13 BUrlG = NZA 85, 461.

[162] A. A. offenbar ErfK/*Dörner* § 13 RN 11.

[163] Vgl. EuGH 26. 6. 2001 AP 3 zu EWG-Richtlinie Nr. 93/104 = NZA 2001, 827.

[164] Ebenso ErfK/*Dörner* § 5 BUrlG RN 3; *Leinemann/Linck* § 5 RN 3.

[165] BAG 16. 6. 1966 AP 4 zu § 5 BUrlG.

[166] BAG 20. 1. 2009 – 9 AZR 650/07; 24. 10. 2000 AP 19 zu § 5 BUrlG = NZA 2001, 663.

[167] Ebenso ErfK/*Dörner* § 5 BUrlG RN 9; *Friese* RN 74; *Leinemann/Linck* § 5 RN 23; HWK/*Schinz* § 5 BUrlG RN 5; a. A. *Neumann/Fenski* § 5 RN 6; Hk-BUrlG/*Hohmeister* § 3 RN 27 ff.

[168] BAG 26. 1. 1989 AP 13 zu § 5 BUrlG = NZA 89, 756; 14. 2. 1991 AP 1 zu § 3 BUrlG Teilzeit = NZA 91, 777; näher hierzu *Leinemann/Linck* § 5 RN 41 ff.

[169] BAG 9. 10. 1969 AP 7 zu § 5 BUrlG.

[170] BAG 26. 1. 1989 AP 13 zu § 5 BUrlG = NZA 89, 756.

Arbeitsbeginns in der zweiten Jahreshälfte keinen vollen Urlaubsanspruch im laufenden Kalenderjahr erwerben wird. Der Teilurlaubsanspruch ist damit zu Beginn des Arbeitsverhältnisses und nicht sukzessive zu Beginn eines jeden Beschäftigungsmonats fällig.[171]

b) Der Anspruch nach **§ 5 I lit. b BUrlG** entsteht, wenn feststeht, dass das Arbeitsverhältnis vor erfüllter Wartezeit endet.[172] Das ist bei befristeten Arbeitsverhältnissen bei deren Beginn, ansonsten bei Zugang der Kündigung oder dem Abschluss eines Aufhebungsvertrags der Fall. 75

c) Die Kürzung des Urlaubsanspruchs nach **§ 5 I lit. c BUrlG** erfolgt, wenn feststeht, dass der Arbeitnehmer in der ersten Hälfte des Kalenderjahres ausscheiden wird. Dies kann bei einer längeren Befristung des Arbeitsverhältnisses nach erfüllter Wartezeit (§ 4 BUrlG) oder einer Kündigung zu einem Termin in der ersten Jahreshälfte der Fall sein. Die Kürzung erfolgt nur insoweit, wie der Urlaubsanspruch noch nicht erfüllt worden ist (§ 5 III BUrlG). Scheidet der Arbeitnehmer erst in der **zweiten Jahreshälfte** aus, ist eine Kürzung des gesetzlichen Urlaubsanspruchs ausgeschlossen.[173] 76

6. Übertragung auf das nächste Jahr. Entsteht ein Teilurlaubsanspruch nach § 5 I lit. a BUrlG, ist dieser auf Verlangen des Arbeitnehmers, das keiner Begründung bedarf, auf das nächste Jahr zu übertragen (§ 7 III 4 BUrlG). Die Übertragung erfolgt in diesem Fall bis zum **Ablauf des folgenden Kalenderjahres.** Versäumt der Arbeitnehmer dieses Verlangen, greift die allgemeine Regelung des § 7 III 2 BUrlG ein.[174] Wird das Arbeitsverhältnis am 30. 6. begonnen, so ist die Wartezeit am 30. 12. erfüllt. Damit kommt eine Übertragung nach § 7 III 4 BUrlG nicht mehr in Betracht. In diesen Fällen liegt jedoch ein persönlicher Übertragungsgrund i. S. von § 7 III 2 BUrlG vor. 77

Ein **Verlangen des Arbeitnehmers** kann in jeder Handlung des Arbeitnehmers gesehen werden, mit der er für den Arbeitgeber deutlich macht, den Teilurlaub erst im nächsten Jahr nehmen zu wollen. An das Verlangen sind nur geringe Anforderungen zu stellen. Erforderlich ist, dass der Arbeitnehmer zumindest konkludent zu erkennen gibt, er wünsche die Übertragung in das folgende Kalenderjahr.[175] Nicht ausreichend ist es, dass der Arbeitnehmer im Urlaubsjahr darauf verzichtet, einen Urlaubsantrag zu stellen. „Verlangen" erfordert ein positives Tun. Damit ist es nicht vereinbar, die bloße Nichtbeantragung von Urlaub als Verlangen auszulegen. 78

7. Rückforderungsverbot. Hat der Arbeitnehmer nach erfüllter Wartezeit in der ersten Hälfte des Urlaubsjahres Urlaub erhalten und endet das Arbeitsverhältnis vor dem 30. 6., kann das nach Kürzung des Urlaubsanspruchs (§ 5 I lit. c BUrlG) zu viel gewährte Urlaubsentgelt nicht zurückgefordert werden (§ 5 III BUrlG). Die Freistellung von der Arbeit kann ohnehin nicht rückwirkend aufgehoben werden. 79

Das **Rückforderungsverbot** gilt nur in den gesetzlich geregelten Fällen, im Übrigen können sich Rückforderungsansprüche nach §§ 812ff. BGB ergeben.[176] Diese sind dann auf den überbezahlten Bruttobetrag gerichtet.[177] Das Rückforderungsverbot besteht nicht, wenn der Urlaub schon festgelegt wurde, die Freistellung aber noch nicht erfolgt ist. § 5 III BUrlG begründet keine der materiellen Rechtslage widersprechenden Ansprüche, sondern schließt allein Rückforderungsansprüche bei bereits erbrachten Leistungen aus.[178] Das Rückzahlungsverbot betrifft nur zu viel gewährten Urlaub, dagegen nicht irrtümlich zu viel gezahltes Urlaubsentgelt. 80

8. Tarifvertrag. Tarifvertraglich ist häufig eine **weitergehende Urlaubsquotelung** vorgesehen, z. B. in allen Fällen des Ein- und Ausscheidens im Urlaubsjahr. Dies ist zulässig, soweit der gesetzliche Mindesturlaubsanspruch unberührt bleibt.[179] Entsprechendes gilt für **einzelvertragliche Vereinbarungen.** Der gekürzte Vollurlaubsanspruch nach § 5 I lit. c BUrlG unterliegt dem Schutz der Unabdingbarkeit nach § 13 I BUrlG.[180] Auch tarifvertraglich ist über die 81

---

[171] Ebenso GK-BUrlG/*Bachmann* § 5 RN 11; ErfK/*Dörner* § 5 BUrlG RN 6f.; *Leinemann/Linck* § 5 RN 6; *Natzel* § 5 RN 17; HWK/*Schinz* § 5 BUrlG RN 6; a. A. *Neumann/Fenski* § 5 RN 10.

[172] BAG 10. 3. 1966 AP 2 zu § 59 KO.

[173] BAG 24. 10. 2000 AP 19 zu § 5 BUrlG = NZA 2001, 663.

[174] BAG 25. 8. 1987 AP 15 zu § 7 BUrlG Übertragung = NZA 88, 245.

[175] BAG 29. 7. 2003 AP 26 zu § 7 BUrlG Übertragung.

[176] Hk-BUrlG/*Hohmeister* § 3 RN 106ff.

[177] BAG 24. 10. 2000 AP 19 zu § 5 BUrlG = NZA 2001, 663.

[178] BAG 23. 4. 1996 AP 140 zu § 1 TVG Tarifverträge: Metallindustrie = NZA 97, 265; 24. 10. 2000 AP 19 zu § 5 BUrlG = NZA 2001, 663.

[179] BAG 9. 6. 1998 AP 23 zu § 7 BUrlG = NZA 99, 80; 18. 5. 1999 AP 1 zu § 1 TVG Tarifverträge: Fleischerhandwerk = NZA 2000, 157; 20. 1. 2009 – 9 AZR 650/07.

[180] BAG 9. 6. 1998 AP 23 zu § 7 BUrlG = NZA 99, 80.

Fälle des § 5 I BUrlG hinaus keine Quotelung des gesetzlichen Urlaubsanspruchs möglich, wenn bereits der volle gesetzliche Urlaubsanspruch entstanden ist.[181] Tariflich kann dagegen bestimmt werden, dass bei zu viel gewährtem Urlaub das überzahlte Urlaubsentgelt zurückzuzahlen ist.[182] Dabei sind grundsätzlich die Pfändungsschutzvorschriften zu beachten.[183]

VIII. Urlaubserteilung

Ende, Die Auslegung von § 7 BUrlG im Hinblick auf das ILO Übereinkommen Nr. 132, AuR 98, 270; *Hohmeister,* Die zeitliche Festlegung des Urlaubs eines freigestellten Arbeitnehmers, DB 98, 1130; *Hoß/Lohr,* Die Freistellung des Arbeitnehmers, BB 98, 2575; *Krasshöfer,* Erfüllung und Durchsetzung des Urlaubsanspruchs, AuA 97, 181; *Leinemann,* Der urlaubsrechtliche und der entgeltfortzahlungsrechtliche Freischichttag, FS Schaub, 1998, S. 443; *Nägele,* Die Vergütungs- und Urlaubsansprüche in der Zeit der Freistellung, DB 98, 518; *ders.* DB 98, 1132.

82 **1. Geltendmachung des Urlaubsanspruchs. a)** Der Arbeitnehmer hat seinen Urlaubswunsch grundsätzlich gegenüber dem Arbeitgeber geltend zu machen und ihn **zur Festlegung des Urlaubs zu veranlassen.** Der Arbeitgeber kann zwar den Urlaub auch einseitig festlegen (dazu RN 85).[184] Unterbleibt die Geltendmachung und erteilt der Arbeitgeber von sich aus keinen Urlaub, erlischt der Urlaubsanspruch mit Ablauf des Urlaubsjahres oder mit dem Ende des Übertragungszeitraums (RN 103).

83 **b)** Die Geltendmachung muss **eindeutig, unbedingt und hinreichend bestimmt** sein. Die Erhebung einer Kündigungsschutzklage hat regelmäßig nicht die Geltendmachung von Urlaubsansprüchen des Arbeitnehmers zum Inhalt.[185] Ist in einem Tarifvertrag für die Geltendmachung des aus dem Vorjahr übertragenen Urlaubs Schriftform vorgeschrieben, erlischt der Urlaubsanspruch bei nicht formgerechter Geltendmachung ersatzlos.[186] Der Urlaubsanspruch muss überdies erfüllbar sein.[187] Der Arbeitnehmer kann daher nicht für die Zeit einer Erkrankung Urlaub verlangen.[188] Die Geltendmachung muss so rechtzeitig erfolgen, dass der Arbeitgeber noch vor Ablauf des Urlaubsjahres bzw. des Übertragungszeitraums den Anspruch erfüllen kann.[189] Noch keine Geltendmachung des Urlaubsanspruchs liegt vor, wenn ein Arbeitnehmer lediglich der Urlaubserteilung in der Kündigungsfrist widerspricht.[190]

84 **c)** Grundsätzlich ist die wirksame Geltendmachung eines Urlaubsanspruches nur möglich, wenn der **Urlaubsanspruch bereits entstanden** ist. Einem Arbeitnehmer muss es jedoch möglich sein, wenn er seinen Jahresurlaub beantragt und im unmittelbaren Anschluss daran neuen Erholungsurlaub begehrt, bereits im Vorjahr den Urlaub für das Folgejahr zu beantragen, wenn sich die beantragte Gesamturlaubszeit über die Jahreswende erstreckt.[191]

85 **2. Einseitige Festlegung und Annahmeverweigerungsrecht.** Macht der **Arbeitnehmer keinen Urlaub geltend,** kann der Arbeitgeber gleichwohl Urlaub erteilen. Das Fehlen eines Urlaubsantrags steht dem nicht entgegen. Die ohne einen Wunsch des Arbeitnehmers erfolgte zeitliche Festlegung des Urlaubs durch den Arbeitgeber ist wirksam, wenn der Arbeitnehmer auf die Erklärung des Arbeitgebers hin keinen anderweitigen Urlaubswunsch äußert.[192] Dem Arbeitnehmer steht insoweit jedoch ein Annahmeverweigerungsrecht zu.[193] Hat der Arbeitnehmer nach einer Kündigung durch den Arbeitgeber die Kündigungsschutzklage von vornherein mit der Klage auf Urlaubsabgeltung verbunden, liegt hierin nicht die Geltendmachung eines Annahmeverweigerungsrechts. Die Verfolgung des Abgeltungsanspruchs hindert allein dessen Erlöschen zum Jahresende. Einen weitergehenden Erklärungswert hat die klageweise Geltendmachung nur, sofern der Arbeitnehmer eine konkrete andere zeitliche Festlegung des Urlaubs

---

[181] BAG 8. 3. 1984 AP 15 zu § 13 BUrlG = DB 84, 1885.

[182] BAG 25. 2. 1965 AP 5 zu § 13 BUrlG; 23. 1. 1996 AP 10 zu § 5 BUrlG = NZA 96, 1101.

[183] LAG Berlin EWiR BGB § 339 Nr. 1/89 = DB 90, 639.

[184] BAG 22. 9. 1992 AP 13 zu § 7 BUrlG = NZA 93, 406; 23. 1. 2001 AP 93 zu § 615 BGB = NZA 2001, 597.

[185] BAG 18. 9. 2001 EzA 109 zu § 7 BUrlG = NZA 2002, 895.

[186] BAG 14. 6. 1994 AP 21 zu § 7 BUrlG Übertragung = NZA 95, 229.

[187] BAG 26. 6. 1986 AP 6 zu § 44 SchwbG; 13. 11. 1986 AP 26 zu § 13 BUrlG = NZA 87, 390.

[188] BAG 8. 2. 1994 AP 17 zu § 47 BAT; LAG Hessen 28. 10. 1996 NZA-RR 97, 247 = BB 97, 947.

[189] BAG 7. 11. 1985 AP 8 zu § 7 BUrlG Übertragung = NZA 86, 393; 13. 11. 1986 AP 26 zu § 13 BUrlG = NZA 87, 390.

[190] BAG 22. 9. 1992 AP 13 zu § 7 BUrlG = NZA 92, 759.

[191] BAG 11. 4. 2006 AP 28 zu § 7 BUrlG Übertragung.

[192] BAG 11. 4. 2006 AP 28 zu § 7 BUrlG Übertragung.

[193] ErfK/*Dörner* § 7 BUrlG RN 12 ff.; *Friese* RN 201.

verlangt.[194] Für die Annahmeverweigerung in Betracht kommen Gründe in der Person des Arbeitnehmers, wozu auch eine andere persönliche Urlaubsplanung gehören kann. Hat der Arbeitgeber zu Beginn des Urlaubsjahres den Erholungsurlaub zeitlich entspr. den Wünschen der Arbeitnehmer festgelegt, besteht nach der Rechtsprechung des BAG keine Verpflichtung zur anderweitigen Neufestsetzung, wenn eine Arbeitnehmerin danach schwanger wird und für die vorgesehene Urlaubszeit ihre Beschäftigung verboten ist. Mit der Urlaubsfestlegung hat der Arbeitgeber seine Verpflichtung erfüllt. Diese ist ihm unmöglich geworden. Nur bei Arbeitsunfähigkeit (§ 9 BUrlG) muss eine Neufestsetzung vorgenommen werden.[195]

3. Willenserklärung. Die Urlaubserteilung erfolgt durch eine Willenserklärung des Arbeitgebers.[196] Bei der zeitlichen Festlegung des Urlaubs hat der Arbeitgeber als Schuldner des Urlaubsanspruchs **§ 7 I BUrlG** zu beachten. Die Urlaubserteilung ist deshalb nicht Ausübung des Direktionsrechts (§ 106 GewO).[197] 86

Die Urlaubserteilung muss **hinreichend klar** sein. Der Arbeitnehmer muss erkennen können, dass der Arbeitgeber in Erfüllung seiner Pflicht zur Urlaubsgewährung handelt.[198] Eine Urlaubserteilung liegt deshalb nicht vor, wenn der Arbeitgeber erklärt, er erwarte für einen bestimmten Zeitraum, etwa bis zum Ende der Kündigungsfrist, keine Arbeitsleistungen, er „entbinde den Arbeitnehmer von der Arbeitspflicht", oder er „verzichte" auf die Anwesenheit des Arbeitnehmers im Betrieb. Die Erklärung des Arbeitgebers ist nach § 133 BGB auszulegen und wird gemäß § 130 BGB mit Zugang wirksam. Unter den Voraussetzungen der §§ 119, 123 BGB kann sie angefochten werden. 87

4. Unwiderrufliche Freistellung. a) Zur wirksamen Urlaubserteilung muss der Arbeitnehmer **unwiderruflich von der Arbeitspflicht befreit** sein.[199] Nur dann ist es dem Arbeitnehmer möglich, anstelle der geschuldeten Arbeitsleistung die ihm auf Grund des Urlaubsanspruchs zustehende Freizeit uneingeschränkt zu nutzen. Das ist nur dann gewährleistet, wenn der Arbeitnehmer während der Freistellung nicht damit rechnen muss, zur Arbeit gerufen zu werden. 88

b) Der Arbeitgeber hat gemäß § 7 I BUrlG den Urlaub zeitlich festzulegen. Wird der Arbeitnehmer vom Arbeitgeber nach einer Kündigung oder in einem Aufhebungsvertrag **„unter Anrechnung der Urlaubsansprüche von der Arbeit freigestellt",** ist das regelmäßig als unwiderrufliche Freistellung zu verstehen, durch die wirksam Urlaub erteilt werde. Der Arbeitnehmer könne dann die zeitliche Lage des Urlaubs selbst festlegen (zu den Folgen RN 17f.).[200] 89

c) Die Urlaubserteilung hat **so rechtzeitig zu erfolgen,** dass sich der Arbeitnehmer hierauf einrichten kann. Hat der Arbeitgeber binnen angemessener Frist keine Einwendungen gegen eine vom Arbeitnehmer vorgenommene Eintragung in die **Urlaubsliste** erhoben, kann nur bei einer entsprechenden betrieblichen Übung davon ausgegangen werden, dass der angegebene Termin gelten soll.[201] Eine konkludente Einigung über den Urlaubszeitpunkt ist nur anzunehmen, wenn besondere Umstände bestehen, aus denen zu ersehen ist, dass der Arbeitgeber Urlaub erteilen will.[202] Dies kann auch die Betriebsübung sein, dass der Urlaub antragsgemäß erteilt ist, wenn binnen einer bestimmten Frist keine Einwände erhoben werden. 90

d) Hat der Arbeitgeber den Arbeitnehmer zur Erfüllung des Anspruchs auf Erholungsurlaub freigestellt, kann er den Arbeitnehmer nicht auf Grund einer Vereinbarung **aus dem Urlaub zurückrufen.** Eine solche Abrede verstößt gegen zwingendes Urlaubsrecht (§ 1 BUrlG) und ist rechtsunwirksam.[203] Möglich ist nur eine einvernehmliche Aufhebung der Urlaubserteilung.[204] 91

---

[194] BAG 14. 8. 2007 NZA 2008, 473.

[195] BAG 9. 8. 1994 AP 19 zu § 7 BUrlG = NZA 95, 174.

[196] BAG 20. 1. 2009 – 9 AZR 650/07; 23. 1. 1996 AP 10 zu § 5 BUrlG = NZA 96, 1101; ErfK/*Dörner* § 7 BUrlG RN 4; *Leinemann/Linck* § 7 RN 4 m. w. N.

[197] BAG 18. 12. 1986 AP 10 zu § 7 BUrlG = NZA 87, 379; 31. 1. 1996 EzA 47 zu § 1 KSchG Verhaltensbedingte Kündigung; ErfK/*Dörner* § 7 BUrlG RN 10; *Leinemann* DB 83, 989, 992.

[198] BAG 31. 5. 1990 AP 13 zu § 13 BUrlG Unabdingbarkeit = NZA 90, 935; 25. 1. 1994 AP 16 zu § 7 BUrlG = NZA 94, 652; 9. 6. 1998 AP 23 zu § 7 BUrlG = NZA 99, 80; 23. 1. 2001 AP 93 zu § 615 BGB = NZA 2001, 597; 14. 3. 2006 AP 32 zu § 7 BUrlG; 20. 1. 2009 – 9 AZR 650/07.

[199] BAG 14. 3. 2006 AP 32 zu § 7 BUrlG.

[200] BAG 14. 3. 2006 AP 32 zu § 7 BUrlG; 6. 9. 2006 AP 118 zu § 615 BGB = NZA 2007, 36.

[201] Vgl. ErfK/*Dörner* § 7 BUrlG RN 7; Hk-BUrlG/*Goretzki* § 7 RN 12; weitergehend Hessisches LAG 8. 7. 1996 LAGE § 7 BUrlG Nr. 35.

[202] Vgl. BAG 24. 9. 1996 AP 22 zu § 7 BUrlG = NZA 97, 507.

[203] BAG 20. 6. 2000 AP 28 zu § 7 BUrlG = NZA 2001, 100.

[204] LAG Hamm 11. 12. 2002 NZA-RR 2003, 347.

Behält sich der Arbeitgeber bei Urlaubserteilung den Widerruf vor, fehlt die zur Erfüllung des Urlaubsanspruchs notwendige Freistellungserklärung.[205]

92 **5. Entgegenstehende Belange. a)** Dem Urlaubswunsch des Arbeitnehmers können **dringende betriebliche Belange** entgegenstehen. Solche Belange des Arbeitgebers liegen nicht erst dann vor, wenn dem Betrieb bei Verwirklichung des Urlaubswunsches des Arbeitnehmers ein erheblicher Schaden droht. Der Arbeitgeber ist andererseits nicht bereits dann berechtigt, die Urlaubserteilung zu verweigern, wenn die Berücksichtigung des Urlaubswunsches des Arbeitnehmers die Regelmäßigkeit des Betriebsablaufs stört. Denn eine solche Störung ist mit jeder Abwesenheit des Arbeitnehmers von seinem Arbeitsplatz verbunden und deshalb grundsätzlich vom Arbeitgeber hinzunehmen.[206] Betriebliche Gründe können insbesondere saisonbedingte oder krankheitsbedingte Personalengpässe sein.

93 **b)** Auch **Urlaubswünsche anderer Arbeitnehmer** können dem Verlangen des Arbeitnehmers entgegenstehen. Die sozialen Gesichtspunkte, die nach § 7 I 1 BUrlG zu berücksichtigen sind, können sehr verschiedenartig sein. Sie sind wegen der unterschiedlichen gesetzlichen Zielsetzungen von den sozialen Gesichtspunkten des § 1 III KSchG zu unterscheiden.[207] Neben Alter und Betriebszugehörigkeit der Arbeitnehmer sind Schulferien schulpflichtiger Kinder, Urlaub des Ehegatten sowie der Gesundheitszustand und die besondere Erholungsbedürftigkeit des Arbeitnehmers nach einer längeren Krankheit zu berücksichtigen. Der Vorrang des Urlaubswunsches eines anderen Arbeitnehmers kann sich auch daraus ergeben, dass dieser in den vergangenen Jahren mit seinem Urlaubswunsch nicht berücksichtigt wurde.[208] Zur Feststellung eines Vorrangs von Urlaubswünschen anderer Arbeitnehmer ist stets eine Interessenabwägung erforderlich.

94 **6. Selbstbeurlaubung.** Der Arbeitnehmer ist **nicht berechtigt, eigenmächtig den Urlaub anzutreten.**[209] Das trifft auch dann zu, wenn der Arbeitgeber trotz Geltendmachung den Urlaub nicht erteilt oder das Urlaubsjahr bzw. der Übertragungszeitraum sich seinem Ende nähert. Dem Arbeitnehmer steht weder ein Zurückbehaltungs- (§ 273 BGB) noch ein Selbsthilferecht (§ 226 BGB) zu. Bei erfolgloser Geltendmachung des Urlaubs hat der Arbeitnehmer einen Schadensersatzanspruch auf Ersatzurlaub (§ 275 I, § 280 I, § 283, § 286 I, § 287, § 249 BGB).[210] Der Arbeitnehmer kann im Wege der Leistungsklage sowie durch einstweilige Verfügung seinen Urlaubsanspruch durchsetzen (RN 29 ff.). Ein eigenmächtiger Urlaubsantritt ist eine Arbeitsvertragsverletzung, die zur fristlosen Entlassung führen kann (dazu § 127 RN 133).[211] Die Frist des § 626 II BGB beginnt i. d. R. nach Beendigung des Urlaubs.[212]

95 **7. Kündigung und Urlaubserteilung. a)** Ist das Arbeitsverhältnis gekündigt, kann der Arbeitgeber auch ohne Antrag des Arbeitnehmers den Urlaub in die Zeit der Kündigungsfrist legen. Dies wird häufig sogar notwendig sein, um ihn noch in Natur durch Freistellung zu erfüllen.[213] War der Urlaub bereits zuvor zu einem nach dem Ende des Arbeitsverhältnisses liegenden Termin festgelegt, verliert diese Festlegung der Urlaubszeit mit der Kündigung des Arbeitsverhältnisses ihre Wirkung. Der Arbeitnehmer kann sich gegen die Neufestlegung nur dann wehren, wenn er hieran ein besonderes Interesse hat, wenn z. B. die gebuchte Urlaubsreise nicht mehr umdisponiert werden kann.[214]

96 **b)** Hat der Arbeitnehmer nach einer Kündigung **Kündigungsschutzklage** erhoben, ändert dies nichts daran, dass der Urlaubsanspruch grundsätzlich mit Ablauf des Kalenderjahres bzw. des Übertragungszeitraums erlischt. In der Erhebung der Kündigungsschutzklage ist grundsätzlich

---

205 BAG 14. 3. 2006 AP 32 zu § 7 BUrlG.

206 ErfK/*Dörner* § 7 BUrlG RN 18; *Schütz/Hauck* RN 391.

207 Ebenso ErfK/*Dörner* § 7 BUrlG RN 19.

208 Vgl. GK-BUrlG/*Bachmann* § 7 RN 18; *Neumann/Fenski* § 7 RN 17; *Natzel* § 7 RN 27.

209 BAG 25. 10. 1994 AP 20 zu § 7 BUrlG = NZA 95, 591; ErfK/*Dörner* § 7 BUrlG RN 9; *Friese* RN 266; HWK/*Schinz* § 7 BUrlG RN 16; unzutreffend *Neumann/Fenski* § 7 RN 43.

210 BAG 10. 5. 2004 AP 4 zu § 8 BUrlG = NZA 2006, 439; 7. 11. 1985 AP 16 zu § 3 BUrlG Rechtsmissbrauch = NZA 86, 392; *Leinemann* NZA 85, 137; näher dazu ErfK/*Dörner* § 7 BUrlG RN 61 f. sowie *Leinemann/Linck* § 7 RN 157 ff.

211 Vgl. BAG 20. 1. 1994 AP 115 zu § 626 BGB = NZA 94, 548; 22. 1. 1998 AP 38 zu § 626 BGB Ausschlussfrist = NZA 98, 708.

212 BAG 22. 1. 1998 AP 38 zu § 626 BGB Ausschlussfrist.

213 BAG 14. 5. 1986 AP 26 zu § 7 BUrlG Abgeltung = NZA 86, 834; 22. 9. 1992 AP 13 zu § 7 BUrlG = NZA 92, 759.

214 Vgl. dazu BAG 10. 1. 1974 AP 6 zu § 7 BUrlG; 22. 9. 1992 AP 13 zu § 7 BUrlG = NZA 92, 759.

noch keine Geltendmachung des Urlaubsanspruchs enthalten.[215] Macht der Arbeitnehmer den Urlaubsanspruch nicht geltend, erlischt er mit Ablauf des Befristungszeitraums, also dem Ende des Kalenderjahres bzw. dem 31. 3.[216] Der Arbeitnehmer muss seinen Anspruch auf Urlaubserteilung gesondert geltend machen. Macht er ihn geltend und verweigert der Arbeitgeber die Erteilung, erlangt der Arbeitnehmer einen Schadensersatzanspruch, der auf Urlaubserteilung gerichtet ist. Dem kann der Arbeitgeber nur durch eine vorsorgliche Urlaubserteilung entgehen; eine rückwirkende Erteilung ist ausgeschlossen (näher dazu RN 19ff.).

8. Nachträgliche Urlaubserteilung. Eine **Anrechnung zu viel gewährter Freizeit oder unentschuldigter Fehltage** des Vorjahres auf den Urlaubsanspruch des nächsten Jahres ist unzulässig. Da der Urlaubsanspruch auf das Urlaubsjahr bezogen ist, kommt zur Erfüllung des Anspruchs aus dem laufenden Jahr nur eine Urlaubsgewährung in Betracht, die im laufenden Urlaubsjahr oder im Übertragungsfall im gesetzlich oder tarifvertraglich zugelassenen Übertragungszeitraum zu einer Befreiung von der Arbeitspflicht führt.[217] Denn Urlaubsgewährung ist nach § 7 I BUrlG die Befreiung von der Arbeitspflicht für einen bestimmten zukünftigen Zeitraum. Die nachträgliche Erklärung des Arbeitgebers, für den vom Arbeitnehmer im Vorjahr zu Unrecht in Anspruch genommenen Arbeitszeitverkürzungstag Erholungsurlaub unter Anrechnung auf den Urlaubsanspruch des darauf folgenden Jahres zu gewähren, erfüllt nicht den Urlaubsanspruch.[218] 97

9. Betriebsurlaub. a) Der Arbeitgeber kann der **gesamten Belegschaft einheitlich Urlaub erteilen.** Jedoch sind auch in diesen Fällen die Interessen der Arbeitnehmer ausreichend zu berücksichtigen. Unbedenklich ist, Urlaub zwischen Weihnachten und Neujahr zu erteilen.[219] Unzulässig ist eine Urlaubserteilung im Vorgriff auf Urlaubsansprüche des kommenden Urlaubsjahres.[220] 98

b) Bei der Festlegung von Betriebsferien hat der **Betriebsrat** gem. § 87 I Nr. 5 BetrVG **ein erzwingbares Mitbestimmungsrecht** (§ 235). Eine ohne Zustimmung des Betriebsrats getroffene Festlegung von Betriebsferien ist unwirksam. Die Bindung an das Urlaubsjahr steht einer Einführung von Betriebsferien für mehrere Jahre auch im Wege des Einigungsstellenverfahrens auf Betreiben des Arbeitgebers nicht entgegen.[221] Sind die Betriebsferien durch Betriebsvereinbarung festgelegt, stehen damit der Urlaubszeitpunkt und die Fälligkeit fest. 99

Arbeitnehmern, die noch **keinen vollen Urlaubsanspruch** haben, kann bereits Betriebsurlaub gewährt werden. Scheiden sie jedoch vor Entstehung des vollen Urlaubsanspruchs aus dem Betrieb aus, kann das Urlaubsentgelt nicht zurückgefordert werden.[222] Wird den Arbeitnehmern kein Betriebsurlaub gewährt, müssen sie beschäftigt werden. Werden sie nicht beschäftigt, gerät der Arbeitgeber in Annahmeverzug (§ 615 BGB).[223] Ist ein(e) Arbeitnehmer(in) während des Betriebsurlaubs krank (§ 9 BUrlG) oder unterliegt sie bei Festsetzung des Betriebsurlaubs den Schutzfristen des MuSchG,[224] liegt eine wirksame Gewährung des Urlaubs nicht vor. Die Freistellung zur Teilnahme an einem **Betriebsausflug** kann nicht auf den Urlaub angerechnet werden. Denn die Freistellung erfolgt nicht mit dem Ziel, dem Arbeitnehmer selbstbestimmte Freizeit zu gewähren, sondern um ihm die Teilnahme an dem Ausflug zu ermöglichen.[225] 100

10. Zusammenhängende Gewährung. Der Urlaub ist zusammenhängend zu gewähren, es sei denn, **dringende betriebliche oder in der Person des Arbeitnehmers liegende Gründe** machen eine Teilung des Urlaubs erforderlich (§ 7 II BUrlG). Kann der Urlaub aus diesen Gründen nicht zusammenhängend gewährt werden, und hat der Arbeitnehmer Anspruch auf Urlaub von mehr als 12 Werktagen, muss einer der Urlaubsteile mindestens 12 aufeinander folgende Werktage umfassen. Hiervon kann kraft Vereinbarung abgewichen werden (§ 13 I 3 BUrlG). Der Sinn des § 7 II BUrlG besteht darin, dem Arbeitnehmer eine längere Zeit zur Er- 101

---

[215] BAG 1. 12. 1983 AP 15 zu § 7 BUrlG Abgeltung = NZA 95, 531; 17. 1. 1995 AP 66 zu § 7 BUrlG Abgeltung; 21. 9. 1999 AP 77 zu § 7 BUrlG Abgeltung = NZA 2000, 590; näher hierzu *Leinemann/Linck* § 7 RN 170ff.

[216] BAG 17. 1. 1995 AP 66 zu § 7 BUrlG Abgeltung = NZA 96, 531; 18. 9. 2000 – 9 AZR 580/00 n. v.

[217] BAG 11. 7. 2006 NZA 2006, 1008.

[218] BAG 11. 7. 2006 NZA 2006, 1008.

[219] Unzutreffend LAG Baden-Württemberg DB 70, 2328.

[220] BAG 17. 1. 1974 AP 3 zu § 1 BUrlG.

[221] BAG 28. 7. 1981 AP 2 zu § 87 BetrVG 1972 Urlaub.

[222] LAG Niedersachsen DB 80, 2395 = EzA 24 zu § 7 BUrlG.

[223] Vgl. BAG 2. 10. 1974, 30. 6. 1976 AP 2, 3 zu § 7 BUrlG Betriebsferien.

[224] LAG Düsseldorf DB 74, 1872.

[225] Im Ergebnis ebenso BAG 4. 12. 1970 AP 5 zu § 7 BUrlG.

holung zur Verfügung zu stellen. Nach medizinischen Erkenntnissen ist dazu mindestens eine Zeitspanne von zwei Wochen notwendig. Im Allgemeinen wird daher der Arbeitgeber den Urlaub teilen können, wenn ein Teil die Dauer von zwei Wochen umfasst. Die Aufteilung des Urlaubs in Halbtags- oder Stundenteile ist keine wirksame Erfüllung, auch wenn das mit dem Arbeitnehmer vereinbart ist.[226] Dieser kann also erneut Urlaub verlangen. Dem steht nicht entgegen, dass stundenweise Urlaub entstehen kann.

102 **11. Urlaubsanschrift.** Der Arbeitnehmer braucht dem Arbeitgeber die Urlaubsanschrift nicht mitzuteilen.[227]

IX. Übertragung ins nächste Kalenderjahr

103 **1. Befristung des Urlaubsanspruchs.** Der Urlaub ist auf das **laufende Kalenderjahr befristet.** Er muss im laufenden Kalenderjahr gewährt und genommen werden (§ 7 III 1 BUrlG). Mit dem Ende des Urlaubsjahres erlischt grundsätzlich der Urlaubsanspruch. Dies gilt auch bei lang andauernder Arbeitsunfähigkeit des Arbeitnehmers während des Urlaubsjahres, wenn vor Ablauf des Kalenderjahres der Urlaub noch genommen werden kann.[228] Hiervon besteht nur dann eine Ausnahme, wenn die Übertragungsvoraussetzungen nach § 7 III 2, 4 BUrlG vorliegen. In diesen Fällen erfolgt die Übertragung befristet bis zum 31. 3. des Folgejahres. Die Befristung verstößt nicht gegen Art. 9 I des Übereinkommens der IAO vom 24. 6. 1970.[229] Ebenso wenig liegt ein Verstoß gegen die Richtlinie 2003/88/EG vor.[230]

104 **2. Übertrag.** Liegen die Voraussetzungen einer Übertragung vor, erfolgt die **Urlaubsübertragung** grundsätzlich unabhängig davon, ob sie vom Arbeitnehmer geltend gemacht wird.[231] Für die Übertragung von Teilurlaub nach § 7 IV 4 BUrlG reicht jede Handlung des Arbeitnehmers aus, mit der er für den Arbeitgeber deutlich macht, den Teilurlaub erst im nächsten Jahr nehmen zu wollen. Nicht ausreichend ist es, dass der Arbeitnehmer im Urlaubsjahr darauf verzichtet, einen Urlaubsantrag zu stellen.[232] Tarifverträge können vorsehen, dass die Geltendmachung schriftlich zu erfolgen hat, andernfalls der Anspruch erlischt.[233]

105 **3. Übertragungsgründe.** Eine Übertragung des Urlaubs auf das nächste Kalenderjahr ist nur statthaft, wenn dringende betriebliche oder in der Person des Arbeitnehmers liegende Gründe dies rechtfertigen (§ 7 III 2 BUrlG). Die **betrieblichen Gründe** brauchen nicht zwingend zu sein; andererseits müssen sie dringend, also zur Gewährleistung eines ordnungsgemäßen Betriebsablaufs erforderlich sein. Dringende betriebliche Gründe bestehen beispielsweise bei Abschlussarbeiten, erhöhtem Arbeitsbedarf, Messe, Urlaub oder Krankheit anderer Arbeitnehmer. Noch kein betrieblicher Grund ist gegeben, wenn der Arbeitgeber nicht von sich aus einer teilzeitbeschäftigten Aushilfskraft den Urlaub in das nächste Jahr überträgt.[234] **Gründe in der Person des Arbeitnehmers** sind alle aus den persönlichen Verhältnissen des Arbeitnehmers folgenden Gründe. Hierzu gehört insbesondere die Arbeitsunfähigkeit.[235] Kein persönlicher Grund ist die Arbeitsunfähigkeit, wenn sie zwar sehr lange Zeit andauert, aber im laufenden Kalenderjahr noch hinreichend Zeit für den Urlaub verbleibt.[236]

106 **4. Erteilung des übertragenen Urlaubs. a)** Im Falle der Übertragung muss der Urlaub in den **ersten drei Monaten des folgenden Kalenderjahres** gewährt und genommen werden

[226] BAG 29. 7. 1965 AP 1 zu § 7 BUrlG.

[227] Vgl. BAG 16. 12. 1980 AP 11 zu § 130 BGB; ErfK/*Dörner* § 7 BUrlG RN 26.

[228] BAG 20. 4. 1989 AP 48 zu § 7 BUrlG Abgeltung = NZA 89, 763; 9. 5. 1995 AP 22 zu § 7 BUrlG Übertragung = NZA 96, 149.

[229] BAG 28. 11. 1990 AP 18 zu § 7 BUrlG Übertragung = NZA 91, 423; 7. 12. 1993 AP 15 zu § 7 BUrlG = NZA 94, 802; 5. 12. 1995 AP 70 zu § 7 BUrlG Abgeltung = NZA 96, 594; 24. 9. 1996 AP 22 zu § 7 BUrlG = NZA 97, 507; ErfK/*Dörner* § 7 BUrlG RN 34; *Leinemann/Schütz* BB 93, 2519; *Ostrop* NZA 93, 208; ausf. hierzu *Leinemann/Linck* § 7 RN 148 ff.

[230] So im Grundsatz auch EuGH 20. 1. 2009 – C-520/06; ebenso ErfK/*Dörner* § 7 BUrlG RN 35 ff.; *Glaser/Lüders* DB 2006, 2690; wohl auch *Fenski* DB 2007, 686, 691.

[231] BAG 25. 8. 1987 AP 15 zu § 7 BUrlG Übertragung = NZA 88, 245; 24. 11. 1987 AP 41 zu § 7 BUrlG Abgeltung = NZA 88, 243; 9. 8. 1994 AP 19 zu § 7 BUrlG = NZA 95, 174.

[232] BAG 29. 7. 2003 AP 26 zu § 7 BUrlG Übertragung = NZA 2004, 385.

[233] BAG 14. 6. 1994 AP 21 zu § 7 BUrlG Übertragung = NZA 95, 229; 16. 3. 1999 AP 25 zu § 7 BUrlG Übertragung = NZA 99, 1116.

[234] BAG 23. 6. 1992 AP 22 zu § 1 BUrlG = NZA 93, 360.

[235] BAG 13. 5. 1982 AP 4 zu § 7 BUrlG Übertragung; 5. 12. 1995 AP 70 zu § 7 BUrlG Abgeltung = NZA 96, 594.

[236] Vgl. BAG 24. 11. 1992 AP 23 zu § 1 BUrlG = NZA 93, 423.

(§ 7 III 3 BUrlG). Eine weitergehende Übertragung ist zulässig, wenn der Arbeitnehmer nur einen Anspruch auf **Teilurlaub** nach § 5 I lit. a BUrlG hat und dessen Übertragung beansprucht (§ 7 III 4 BUrlG). Übertragener Teilurlaub kann im Zusammenhang mit dem Urlaub des folgenden Kalenderjahres gewährt und verlangt werden. Dies rechtfertigt sich aus dem Übertragungszweck, dem Arbeitnehmer eine längere zusammenhängende Freizeit zu gewähren.

b) Der Urlaub muss so rechtzeitig geltend gemacht werden, dass er noch **bis zum Ende des Übertragungszeitraums erfüllt** werden kann. Der Urlaubsantritt im Übertragungszeitraum verhindert das Erlöschen des gesetzlichen Urlaubsanspruchs nach dem 31. 3. nicht.[237] Konnte der Urlaub wegen Arbeitsunfähigkeit des Arbeitnehmers nicht erteilt werden, wird der Anspruch befristet bis zum 31. 3. übertragen. Nach neuer Rspr. des BAG und EuGH erlischt er auch dann nicht, wenn die Arbeitsunfähigkeit über den 31. 3. hinaus andauert.[238] Anderes gilt, wenn der Arbeitgeber dem Arbeitnehmer aus dringenden betrieblichen Gründen während des Urlaubsjahres keinen Urlaub gewährt. Soll der Urlaub über den 31. 3. übertragen werden, müssen die Arbeitsvertragsparteien es vereinbaren.[239] 107

c) Der Arbeitgeber hat im Übertragungszeitraum den übertragenen Urlaub entsprechend den Wünschen des Arbeitnehmers zu erfüllen. Insoweit steht ihm **kein Ablehnungsrecht** nach § 7 I 1 2. Halbs. BUrlG zu.[240] 108

5. Bemessung des Urlaubsentgelts. Ist der Urlaub in das folgende Jahr übertragen worden, hat der Arbeitnehmer Anspruch auf das Urlaubsentgelt, das er im **Zeitpunkt des Urlaubsantritts** erzielt. Das BAG hat davon lediglich eine Ausnahme für das zusätzliche Urlaubsgeld gemacht, das tariflich im Vorjahr noch nicht geregelt war.[241] Wird nach **Beendigung des Berufsausbildungsverhältnisses** das Arbeitsverhältnis fortgesetzt, ist auch Urlaub aus dem Ausbildungsverhältnis mit dem Entgelt des Arbeitsverhältnisses zu vergüten.[242] 109

6. Abweichende Vereinbarungen. a) Die **Arbeitsvertragsparteien** können vereinbaren, dass der Arbeitnehmer Urlaub ohne Rücksicht auf das Bestehen gesetzlicher/tariflicher Übertragungsgründe während des **gesamten folgenden Kalenderjahres** beanspruchen kann. Eine solche Regelung verstößt nicht gegen § 13 I 3 BUrlG, denn sie ist günstiger als die auf den 31. 3. des Folgejahres befristete Übertragung nach § 7 III BUrlG. Eine solche Übertragungsregelung kann Gegenstand einer betrieblichen Übung sein.[243] 110

b) Tarifverträge können ohne Rücksicht auf Übertragungsgründe die Übertragung des Urlaubs auf das kommende Jahr regeln. So enthalten der BAT und der BMT-G gestaffelte Übertragungsfristen (weniger weitreichend nunmehr § 26 II lit. a TVöD).[244] Ferner kann in Tarifverträgen vorgesehen werden, dass der Urlaub, der an sich mit dem 31. 3. verfällt, abgegolten wird.[245] Ein Tarifvertrag kann bestimmen, dass die Verlängerung des Übertragungszeitraums bis zum 30. 6. des auf das Urlaubsjahr folgenden Kalenderjahres ausgeschlossen ist, wenn der Arbeitnehmer im Urlaubsjahr an weniger Tagen gearbeitet hat, als ihm tarifvertraglich Urlaubstage zustehen. Es bleibt dann bei der gesetzlichen Übertragungsregelung des § 7 III BUrlG.[246] Bestimmt ein Tarifvertrag, dass der wegen Arbeitsunfähigkeit nicht genommene Urlaub in das Folgejahr übertragen wird, so wiederholt sich dieser Vorgang, wenn der Arbeitnehmer auch im Folgejahr fortlaufend krank ist.[247] 111

7. Schadensersatz. Hat der Arbeitnehmer seinen **Urlaubsanspruch rechtzeitig erfolglos geltend gemacht**[248] und damit den Arbeitgeber in Verzug gesetzt und hat der Arbeitgeber die 112

[237] BAG 7. 11. 1985 AP 8 zu § 7 BUrlG Übertragung = NZA 86, 393; 7. 12. 1993 AP 15 zu § 7 BUrlG = NZA 94, 802.

[238] Vgl. BAG 24. 3. 2009 – 9 AZR 983/07; EuGH 20. 1. 2009 – C-350/06; a. A. zuvor BAG 31. 5. 1990 AP 12 zu § 9 BUrlG = NZA 90, 945; 9. 5. 1995 AP 22 zu § 7 BUrlG Übertragung = NZA 96, 149.

[239] Vgl. BAG 25. 8. 1987 AP 36 zu § 7 BUrlG Abgeltung = NZA 88, 283.

[240] BAG 10. 2. 2004 AP 27 zu § 7 BUrlG Übertragung = NZA 2004, 986; ErfK/*Dörner* § 7 BUrlG RN 45; HWK/*Schinz* § 7 BUrlG RN 90.

[241] BAG 15. 11. 1973 AP 11 zu § 11 BUrlG; anders dagegen mit Recht BAG 19. 1. 1999 AP 67, 68 zu § 1 TVG Tarifverträge: Einzelhandel = NZA 99, 832, 1223.

[242] BAG 29. 11. 1984 AP 22 zu § 7 BUrlG Abgeltung = NZA 85, 598.

[243] BAG 21. 6. 2005 AP 11 zu § 55 InsO.

[244] Vgl. § 53 MTB II; § 47 VII BAT; dazu BAG 31. 5. 1990 AP 12 zu § 9 BUrlG.

[245] Vgl. BAG 24. 11. 1992 AP 61 zu § 7 BUrlG Abgeltung = NZA 93, 605; 14. 3. 2006 AP 90 zu § 7 BUrlG Abgeltung = NZA 2006, 1232.

[246] BAG 18. 2. 2003 AP 2 zu § 1 TVG Tarifverträge: Krankenkassen.

[247] BAG 20. 6. 1996 AP 144 zu § 1 TVG Tarifverträge: Metallindustrie = NZA 97, 839.

[248] Dazu BAG 24. 9. 1996 AP 22 zu § 7 BUrlG = NZA 97, 507.

Erfüllung rechtswidrig und schuldhaft verweigert, steht dem Arbeitnehmer als Schadensersatz ein Ersatzurlaubsanspruch zu, der im Wege der Naturalrestitution durch Freistellung zu erfüllen ist (§ 275 I, § 280 I, § 283, § 286 I, § 287 Satz 2, § 249 I BGB).[249] Der Schadensersatzanspruch setzt voraus, dass die Urlaubsgewährung während des Verzugs des Arbeitgebers unmöglich geworden ist. Das ist nicht der Fall, wenn der Urlaubsanspruch zum Zeitpunkt der Geltendmachung des Schadensersatzanspruchs bereits nach § 7 III BUrlG verfallen war.[250] Endet das Arbeitsverhältnis vor Erfüllung des Schadensersatzanspruchs, wird die nach § 249 I BGB zunächst geschuldete Gewährung von Ersatzurlaub unmöglich. Der Arbeitgeber hat den Arbeitnehmer dann gem. § 251 I BGB in Geld zu entschädigen.[251] Der Schadensersatzanspruch unterliegt weder der gesetzlichen (§ 7 III BUrlG) noch einer tariflichen Befristung, jedoch der regelmäßigen dreijährigen Verjährungsfrist des § 195 BGB.[252] Ausschlussfristen sind anwendbar.

113 **8. Vorläufige Weiterbeschäftigung nach Kündigung.** Wird ein gekündigter Arbeitnehmer zur Erfüllung des Beschäftigungsanspruchs **einvernehmlich weiterbeschäftigt,** richtet sich die Urlaubserteilung wie das Urlaubsentgelt nach Vertragsrecht. Wird er dagegen z. B. zur **Abwendung der Zwangsvollstreckung** beschäftigt, hat er bei Wirksamkeit der Kündigung nach der Rechtsprechung des BAG nur einen Wertersatzanspruch (§§ 812 I 1, 818 BGB). Der Wert der Arbeit bestimmt sich entsprechend der üblichen Vergütung. Nicht zu ersetzen ist hiernach ein für die Dauer der Weiterbeschäftigung nicht erteilter Urlaub.[253]

114 **9. Arbeitskampf.** Während eines Arbeitskampfs kann **Arbeitnehmern, die streiken oder ausgesperrt sind,** kein Urlaub erteilt werden. Durch die Teilnahme an einem rechtmäßigen Streik werden die Hauptpflichten aus dem Arbeitsverhältnis suspendiert.[254] Ein an einem Streik teilnehmender Arbeitnehmer kann den Urlaub nur dann wirksam geltend machen, wenn er sich zumindest vorübergehend zur Wiederaufnahme der Arbeit bereit erklärt.[255] Hat der Arbeitgeber die Urlaubszeit bereits vor dem Beginn eines Streiks festgelegt oder beginnt ein Streik erst während des Urlaubs, wird der Urlaub davon nicht berührt.[256]

X. Urlaubsvergütung

Busch, Urlaubsdauer und -vergütung bei Änderungen der vertraglich geschuldeten Arbeitszeitdauer, NZA 96, 1246; *Hohmeister,* Ist Urlaubsvergütung pfändbar?, BB 95, 2110; *Leinemann,* Der urlaubsrechtliche und der entgeltfortzahlungsrechtliche Freischichttag, FS Schaub, 1998, S. 443; *Pfeifer,* Pfändung urlaubsrechtlicher Ansprüche, NZA 97, 738; *Schmalz/Ebener,* Gesamtschuldnerausgleich zwischen Betriebserwerber und -veräußerer für Urlaubsansprüche des Arbeitnehmers?, DB 2000, 1711.

115 **1. Urlaubsentgelt und Urlaubsgeld.** Zu unterscheiden sind das Urlaubsentgelt und das Urlaubsgeld. **Urlaubsentgelt** ist das für die Dauer des Urlaubs fortgezahlte Arbeitsentgelt. **Urlaubsgeld** ist eine zusätzliche auf Grund eines Tarifvertrags oder Einzelvertrags gewährte Vergütung (unter RN 137 ff.).

116 Während des Erholungsurlaubs ist gemäß § 1 BUrlG, § 611 BGB die Vergütung fortzuzahlen.[257] Dieser Grundsatz ist gemäß § 13 I BUrlG zum Nachteil des Arbeitnehmers – auch tariflich[258] – **unabdingbar.** Abdingbar ist allerdings der für die Berechnung des Geldwerts der ausgefallenen Arbeitszeit maßgebliche § 11 BUrlG (dazu RN 120 ff.).[259] Das in § 13 I 1 i. V. m. § 1 BUrlG enthaltene Abweichungsverbot sichert dem Arbeitnehmer einen Anspruch auf Vergütung und Abgeltung der während des Mindesturlaubs ausfallenden Arbeitsstunden. Unabdingbar i. S. v. § 13 I 1 BUrlG ist nur die Vergütung oder die Abgeltung für den gesetzlichen Mindesturlaub von 24 Werktagen. Der tarifliche Mehrurlaub bleibt hiervon unberührt.

---

[249] BAG 10. 5. 2005 AP 4 zu § 8 BUrlG = NZA 2006, 439; 16. 3. 1999 AP 25 zu § 7 BUrlG Übertragung = NZA 99, 1116.

[250] BAG 18. 2. 2003 AP 2 zu § 1 TVG Tarifverträge: Krankenkassen = NZA 2004, 52.

[251] BAG 26. 6. 1986 AP 5 zu § 44 SchwbG = NZA 87, 98; 11. 4. 2006 AP 28 zu § 7 BUrlG Übertragung.

[252] BAG 11. 4. 2006 AP 28 zu § 7 BUrlG Übertragung.

[253] BAG 10. 3. 1987 AP 1 zu § 611 BGB Weiterbeschäftigung = NZA 87, 373.

[254] BAG GS 21. 4. 1971 AP 43 zu Art. 9 GG Arbeitskampf.

[255] BAG 24. 9. 1996 AP 22 zu § 7 BUrlG = NZA 97, 507.

[256] BAG 9. 2. 1982 AP 16 zu § 11 BUrlG; 31. 5. 1988 AP 58 zu § 1 FeiertagslohnzahlungsG.

[257] BAG 20. 6. 2000 AP 28 zu § 7 BUrlG; 22. 2. 2000 AP 171 zu § 1 TVG Tarifverträge: Metallindustrie = NZA 2001, 268; 24. 11. 1992 AP 34 zu § 11 BUrlG = NZA 93, 750.

[258] BAG 22. 2. 2000 AP 171 zu § 1 TVG Tarifverträge: Metallindustrie = NZA 2001, 268; 9. 11. 1999 AP 47 zu § 11 BUrlG = NZA 2000, 1335.

[259] BAG 3. 12. 2002 AP 57 zu § 11 BUrlG; 22. 1. 2002 AP 55 zu § 11 BUrlG = NZA 2002, 1041.

2. Berechnung des Urlaubsentgelts. Es sind **drei Berechnungsmethoden denkbar,** nämlich das Lohnausfallprinzip, bei dem das Entgelt fortzuzahlen ist, das der Arbeitnehmer verdient hätte, wenn er gearbeitet hätte; das Referenzprinzip, wonach dem Arbeitnehmer die Durchschnittsvergütung, die er in einer bestimmten Bezugsperiode verdient hat, weiterzuzahlen ist, und die abstrakte Berechnungsmethode, bei der die Vergütung für eine regelmäßige oder tarifliche Arbeitszeit je Urlaubstag weiterzuzahlen ist. Alle Berechnungsmethoden kommen in der Praxis vor, da sie tariflich, nicht aber einzelvertraglich gewählt werden können.[260] Das Lebensstandardprinzip hat keine Bedeutung mehr.[261] Dem Gesetz liegt ein modifiziertes Referenzprinzip zugrunde (§ 11 BUrlG).[262] Die Höhe des Urlaubsentgelts hängt von zwei Faktoren, nämlich dem Zeit- und Geldfaktor ab.[263] 117

3. Zeitfaktor. Der Zeitfaktor gibt die Dauer (nach Tagen bzw. Stunden) der durch den Urlaub **konkret ausfallenden Arbeitszeit** an.[264] Für diese Zeit erhält der Arbeitnehmer Urlaubsentgelt. Die tatsächlich ausfallende Arbeitszeit an den einzelnen Urlaubstagen und nicht etwa die in den vergangenen 13 Wochen durchschnittlich geleistete Arbeitszeit ist damit für die Berechnung des Urlaubsentgelts maßgeblich.[265] 118

Bei **Teilzeitbeschäftigten** hängt die Höhe des fortzuzahlenden Urlaubsentgelts von der Anzahl der Arbeitsstunden ab, die an den einzelnen Urlaubstagen ausfallen.[266] Ändert sich im Verlauf eines Kalenderjahres die Verteilung der Arbeitszeit auf weniger oder auch auf mehr Arbeitstage einer Kalenderwoche, verkürzt oder verlängert sich entsprechend die Dauer des dem Arbeitnehmer zustehenden Urlaubs. Sie ist dann jeweils unter Berücksichtigung der nunmehr für den Arbeitnehmer maßgeblichen Verteilung seiner Arbeitszeit neu zu berechnen.[267] 119

4. Geldfaktor. a) Der Geldfaktor gibt den **Geldwert der konkret ausgefallenen Arbeitszeit** an.[268] Er wird nach Maßgabe von § 11 I BUrlG berechnet. Das während des Urlaubs fortzuzahlende Entgelt errechnet sich durch Multiplikation des Zeitfaktors mit dem Geldfaktor. Ein Arbeitnehmer, der einen monatlich gleichbleibenden Arbeitsverdienst hat, erhält diesen Arbeitsverdienst als Urlaubsentgelt, wenn sich die Arbeitszeit während des Urlaubs nicht verändert und im Bezugszeitraum der letzten 13 Wochen vor dem Beginn des Urlaubs keine Änderungen bei der Verdiensthöhe eingetreten sind. 120

b) Der Geldfaktor bestimmt sich nach dem durchschnittlichen Arbeitsverdienst im Berechnungszeitraum der **letzten 13 Wochen vor Beginn des Urlaubs.** Der Bezugszeitraum von 13 Wochen deckt sich mit einem tariflichen Bezugszeitraum von drei Kalendermonaten, wenn das Arbeitsentgelt monatlich abgerechnet und ausgezahlt wird. Je nachdem, ob wöchentlich oder monatlich das Entgelt gezahlt wird, kann es jedoch bei der Bemessung des Entgelts zu unterschiedlichen Entgelthöhen kommen. Wird der Urlaub am 1. eines Monats angetreten, decken sich zwar der gesetzliche und der tarifliche Bezugszeitraum. Bei späterer Inanspruchnahme des Urlaubs ist das aber anders. Hat der Arbeitnehmer etwa in der ersten Hälfte eines Monats ein erhöhtes Einkommen und nimmt der Arbeitnehmer drei Monate später in der zweiten Monatshälfte Urlaub, wäre dieses erhöhte Arbeitsentgelt bei einem Bezugszeitraum von drei abgerechneten Kalendermonaten in vollem Umfange einzubeziehen. Bei einer wöchentlichen Entgeltabrechnung wäre es hingegen nicht zu berücksichtigen.[269] 121

c) Arbeitsverdienst ist die vom Arbeitgeber erbrachte Gegenleistung für das Tätigwerden des Arbeitnehmers im Berechnungszeitraum.[270] Zum Arbeitsverdienst gehören alle Vergütungsarten, wie beispielsweise Stunden-, Tage-, Wochen-, Monats-, Schicht- oder Jahresentgelt, sowie das Gehalt, welches üblicherweise für die Zeitdauer des Monats gezahlt und berechnet wird. Beim Akkordlohn ist auf den tatsächlich erzielten Verdienst und nicht auf die Akkordrichtsätze abzustellen. Entgeltfortzahlung im Krankheitsfall nach §§ 3, 4 EFZG ist berücksich- 122

---

[260] BAG 19. 9. 1985 AP 21 zu § 13 BUrlG = NZA 86, 471.

[261] ErfK/*Dörner* § 11 BUrlG RN 4.

[262] Vgl. *Busch* NZA 96, 1246; ErfK/*Dörner* § 11 BUrlG RN 3; *Leinemann/Linck* § 11 RN 6ff.; HWK/*Schinz* § 11 RN 4.

[263] Vgl. BAG 22. 2. 2000 AP 171 zu § 1 TVG Tarifverträge: Metallindustrie = NZA 2001, 268; 9. 11. 1999 AP 47 zu § 11 BUrlG = NZA 2000, 1335.

[264] *Friese* RN 381.

[265] BAG 22. 1. 2002 AP 55 zu § 11 BUrlG = NZA 2002, 1041; ErfK/*Dörner* § 11 BUrlG RN 3.

[266] BAG 15. 11. 1990 AP 11 zu § 2 BeschFG 1985 = NZA 91, 346.

[267] BAG 28. 4. 1998 AP 7 zu § 3 BUrlG = NZA 99, 156.

[268] ErfK/*Dörner* § 11 BUrlG RN 5; Kasseler Handbuch/*Schütz* 2.4 RN 454.

[269] BAG 5. 11. 2002 AP 7 zu § 1 TVG Tarifverträge: Brauereien.

[270] BAG 17. 1. 1991 AP 30 zu § 11 BUrlG; 24. 11. 1992 AP 34 zu § 11 BUrlG.

tigungsfähiger Arbeitsverdienst. Liegen im Berechnungszeitraum der letzten 13 Wochen nach § 2 EFZG entgeltfortzahlungspflichtige Feiertage, ist eine etwaige Vergütung für Mehrarbeit in Abzug zu bringen.[271]

123 d) **Zulagen und Zuschläge** sind Arbeitsverdienst i. S. v. § 11 BUrlG, wenn sie für besondere Gegebenheiten des Arbeitsverhältnisses gezahlt werden und nicht nur einen konkreten Aufwand ersetzen, der nur bei tatsächlicher Arbeitsleistung anfällt.[272] Ist nach dem Tarifvertrag das Urlaubsentgelt nach dem konkreten Lohnausfallprinzip bemessen, sind Zuschläge auch während des Urlaubs zu zahlen. Das führt dazu, dass in der chemischen Industrie auch der 100%-ige Zuschlag für Arbeiten am 24. 12. ab 13 Uhr (§ 4 I Nr. 5 MTV) fortzuzahlen ist, wenn ein Schichtarbeiter an diesem Tag Urlaub hat.[273] Unberücksichtigt bleiben **vermögenswirksame Leistungen** (§ 13 5. VermBG).[274] Nach Inkrafttreten des Arbeitsrechtlichen Beschäftigungsförderungsgesetzes vom 25. 9. 1996 zum 1. 10. 1996 hat ein Arbeitnehmer nach § 11 I BUrlG keinen gesetzlichen Anspruch mehr darauf, dass das Urlaubsentgelt unter Berücksichtigung des in den letzten 13 Wochen vor dem Beginn des Urlaubs gezahlten Arbeitsverdienstes einschließlich der **Überstunden** bemessen wird.[275] **Bezahlte Pausen** sind bei der Berechnung der Urlaubsvergütung grundsätzlich zu berücksichtigen.[276] Für die Berechnung des Urlaubsentgelts eines Betriebsratsmitglieds sind bei der Ermittlung des durchschnittlichen Arbeitsentgelts auch die im Referenzzeitraum nach § 37 II BetrVG geleisteten Ausgleichszahlungen zu berücksichtigen.[277]

124 e) **Zum Arbeitsentgelt gehörende Sachbezüge,** die während des Urlaubs nicht weitergewährt werden, sind gemäß § 11 I 4 BUrlG in bar abzugelten. Hierzu gehören Kost, Heizung, Beleuchtung, Deputatkohle, Freibier usw., aber nicht die Wohnung, wenn sie aufrechterhalten bleibt. Die Abgeltung muss angemessen sein (§ 11 I 4 BUrlG). Als angemessen können die Sätze angenommen werden, die bei der Steuerfestsetzung oder der Beitragsbemessung zur Sozialversicherung nach der SvEV zugrunde gelegt werden (§ 68).[278]

125 f) Bei **erfolgsabhängiger Vergütung** (Akkord, Prämien, Provisionen) ist auf den tatsächlich erzielten Verdienst abzustellen.[279] Einem auf Provisionsbasis angestellten Arbeitnehmer ist mithin der Durchschnitt der in den letzten drei Monaten verdienten Provisionen weiterzuzahlen. Unberücksichtigt bleiben **Umsatzprovisionen,** die trotz Wegfalls der Arbeitsleistung im Urlaub weitergezahlt werden, **Superprovisionen,** die der Vertreter für Geschäfte erhält, die von Dritten vermittelt werden, **Provisionen, die für das gesamte Jahr gezahlt werden,** sowie **Bezirksprovisionen.**[280] Hierbei handelt es sich zwar um Arbeitsverdienst.[281] Gleichwohl bleiben diese Zahlungen bei der Berechnung des Urlaubsentgelts außer Betracht, weil diese Leistungen nicht Gegenleistung für eine in dem Berechnungszeitraum erbrachte Arbeitsleistung des Arbeitnehmers sind.[282] Sie sind vielmehr eine Gegenleistung für die Gesamtleistung des Arbeitnehmers im laufenden Jahr bzw. beruhen auf Arbeitsleistungen Dritter. Diese Provisionen entfallen auch nicht wegen des Urlaubs. Ihre Berücksichtigung würde deshalb zu einer Doppelleistung des Arbeitgebers führen.[283] Ist vereinbart, dass der Arbeitgeber auf die erwarteten Provisionen monatlich Vorschüsse leistet und später abrechnet, sind entsprechend der Vereinbarung die in den letzten drei vollen Kalendermonaten vor Urlaubsbeginn nach § 87a I 1 HGB fällig gewordenen Provisionsansprüche zugrunde zu legen.[284]

---

[271] *Friese* RN 353.

[272] Vgl. BAG 7. 4. 1987, 26. 5. 1988 AP 7, 8 zu § 47 BAT (Rückkehr vom Grundwehrdienst); 12. 1. 1989 AP 9 zu § 47 BAT = NZA 88, 852; 12. 1. 1989 AP 13 zu § 47 BAT = NZA 89, 758 (Nachtzulagen); 13. 2. 1996 AP 19 zu § 47 BAT = NZA 96, 1046 (Bereitschaftsdienstzulage); 3. 4. 2001 AP 37 zu § 1 TVG Tarifverträge: Druckindustrie (Nacht- und Sonntagszuschläge bei Überstunden).

[273] BAG 15. 2. 2005 EzA 8 zu § 4 TVG Chemische Industrie.

[274] BAG 23. 7. 1976 AP 1 zu § 12 3. VermBG; 17. 1. 1991 AP 30 zu § 11 BUrlG.

[275] BAG 22. 2. 2000 AP 171 zu § 1 TVG Tarifverträge: Metallindustrie; 9. 11. 1999 AP 47 zu § 11 BUrlG = NZA 2000, 1335; näher hierzu *Leinemann/Linck* § 11 RN 42ff.

[276] BAG 23. 1. 2001 AP 22 zu § 1 TVG Tarifverträge: Holz; 31. 1. 1991 AP 31 zu § 11 BUrlG = NZA 91, 780.

[277] BAG 11. 1. 1995 AP 103 zu § 37 BetrVG 1972 = NZA 96, 105.

[278] Dazu *Marschner* AR-Blattei SD 1380.

[279] *Friese* RN 337; HWK/*Schinz* § 11 RN 11.

[280] BAG 11. 4. 2000 AP 48 zu § 11 BUrlG = NZA 2001, 153.

[281] Vgl. BAG 14. 3. 1966, 5. 2. 1970, 23. 4. 1996 AP 3, 7, 40 zu § 11 BUrlG.

[282] BAG 24. 11. 1992 AP 34 zu § 11 BUrlG = NZA 93, 750.

[283] Dazu *Friese* RN 348.

[284] BAG 11. 4. 2000 AP 48 zu § 11 BUrlG = NZA 2001, 153.

Unberücksichtigt bleiben ebenso Einmalleistungen wie **Gratifikationen, Tantiemen, Gewinnbeteiligungen** sowie **Jubiläumsgelder.** Auch hierbei handelt es sich nicht um Gegenleistungen für eine in dem Berechnungszeitraum erbrachte Arbeitsleistung des Arbeitnehmers.[285] 126

Bei der Berechnung des Geldfaktors zu berücksichtigen sind die vereinbarten **Bedienungsprozente.**[286] Von den Gästen bezahlte **Trinkgelder** bleiben dagegen außer Betracht, weil es sich hierbei nicht um Gegenleistungen des Arbeitgebers handelt.[287] Leistungsprämien, wie z. B. **Einsatz- und Spielprämien** im Berufsfußball, sind bei der Berechnung des gesetzlichen Urlaubsanspruchs zu berücksichtigen, weil sie eine Form der Leistungsentlohnung sind.[288] Dagegen bleiben einmalige Prämien, die keine laufende Arbeitsleistung vergüten, unberücksichtigt.[289] 127

Unberücksichtigt bleiben ferner **Aufwandsentschädigungen**[290] und **Spesen,** auch wenn sie pauschaliert werden, da diese einen tatsächlich entstandenen Aufwand voraussetzen.[291] Anderes gilt nur dann, wenn sie ein verstecktes Entgelt (Nahauslösungen!,[292] vgl. § 98 RN 103) enthalten oder der Aufwand auch während des Urlaubs anfällt. 128

g) Verdienstkürzungen, die im Berechnungszeitraum infolge von Kurzarbeit, Arbeitsausfällen oder unverschuldeter Arbeitsversäumnis eintreten, bleiben für die Berechnung des Urlaubsentgelts außer Betracht (§ 11 I 3 BUrlG). Dauerhafte Verdienstminderungen, die erst während des Urlaubs – beispielsweise durch Übertragung einer geringer vergüteten Tätigkeit – eintreten, sind nicht zu berücksichtigen.[293] Hat der Arbeitnehmer während des Bezugszeitraums infolge Kurzarbeit,[294] Arbeitsausfällen[295] oder unverschuldeter Arbeitsversäumnis[296] nicht gearbeitet und damit auch keinen Verdienst erhalten, bleiben diese Zeiten bei der Entgeltberechnung unberücksichtigt. Bei Kurzarbeit „Null" während des Urlaubs besteht keine Arbeitspflicht, die suspendiert werden könnte.[297] Damit ist auch kein Urlaubsentgelt zu zahlen.[298] Zu den Arbeitsausfällen zählen auch Zeiten von Volksfesten (Rosenmontag usw.). Bei der Beurteilung des Begriffs unverschuldet gelten die zur Entgeltfortzahlung im Krankheitsfall aufgezeigten Grundsätze entsprechend (dazu § 98 RN 37 ff.). Bummelzeiten sind verschuldete Arbeitsversäumnis und mindern daher das Urlaubsentgelt. Rechnerisch sind Zeiten der Verdienstkürzung von den 13 Wochen abzuziehen (§ 11 I 3 BUrlG). Das hat zur Folge, dass ein Arbeitnehmer, der während des gesamten Berechnungszeitraums unentschuldigt gefehlt hat, kein Urlaubsentgelt erhält. 129

h) Sind während des Bezugszeitraums z. B. infolge einer Steigerung des Tariflohns nicht nur vorübergehend **Verdiensterhöhungen** eingetreten, ist vom erhöhten Verdienst auszugehen (§ 11 I 2 BUrlG). Der Arbeitgeber hat den erhöhten Arbeitsverdienst dem gesamten Referenzzeitraum zugrunde zu legen. Mit dieser fiktiven Berechnung wird erreicht, dass sämtliche urlaubsbedingt ausfallenden Arbeitsstunden mit dem erhöhten Arbeitsentgelt zu vergüten sind.[299] Eine Verdiensterhöhung liegt auch beim Aufstieg in eine höhere Vergütungsgruppe (Aufstieg zum Meister, usw.) oder beim Übergang von einem Ausbildungs- in ein Arbeitsverhältnis vor.[300] Die Änderung des Arbeitsverhältnisses von einem Teilzeit- zu einem Vollzeitarbeitsverhältnis betrifft dagegen nicht den Geldfaktor, sondern nur den Zeitfaktor. Rechnerisch ist in der Weise 130

---

[285] Vgl. BAG 26. 6. 2002 EzA 51 zu § 4 EFZG Tarifvertrag.

[286] BAG 13. 11. 1959 AP 54 zu § 611 BGB Urlaubsrecht; 2. 3. 1961 AP 3 zu § 1 UrlaubsG Württemberg-Baden.

[287] ErfK/*Dörner* § 11 BUrlG RN 10.

[288] BAG 24. 11. 1992 AP 34 zu § 11 BUrlG = NZA 93, 750; 23. 4. 1996 AP 40 zu § 11 BUrlG = NZA 96, 1207.

[289] BAG 19. 9. 1985 AP 21 zu § 13 BUrlG = NZA 86, 471.

[290] BAG 12. 12. 2001 AP 65 zu § 612 BGB = NZA 2002, 1338; 9. 12. 1965 AP 2 zu § 11 BUrlG.

[291] BAG 26. 6. 2002 EzA 51 zu § 4 EFZG Tarifvertrag.

[292] Vgl. BAG 10. 3. 1988 AP 21 zu § 11 BUrlG = NZA 89, 111.

[293] BAG 20. 9. 2000 AP 17 zu § 11 MuSchG = NZA 2001, 657.

[294] Vgl. dazu BAG 27. 1. 1987 AP 29 zu § 13 BUrlG = BB 87, 1672; 13. 11. 1986 AP 27 = NZA 87, 391.

[295] Zur Teilnahme am legitimen Streik: BAG 27. 7. 1956 AP 12 zu § 611 BGB Urlaubsrecht.

[296] Dazu ErfK/*Dörner* § 11 BUrlG RN 25; zur vorherigen Bewilligung von Sonderurlaub: BAG 9. 12. 1965 AP 1 zu § 11 BUrlG Teilzeitarbeit.

[297] Ausf. dazu *Leinemann/Linck* § 3 RN 62 ff.; § 11 RN 62 ff.

[298] ErfK/*Dörner* § 11 BUrlG RN 24.

[299] BAG 5. 9. 2002 AP 56 zu § 11 BUrlG = NZA 2003, 873.

[300] BAG 29. 11. 1984 AP 22 zu § 7 BUrlG Abgeltung = NZA 85, 598.

zu verfahren, dass für die gesamte Dauer des Bezugszeitraums eine Lohnberechnung nach dem erhöhten Verdienst vorzunehmen ist.[301]

131 **5. Berechnungsformel. a)** Die Berechnungsformel für das Urlaubsentgelt in der **Sechstagewoche** lautet: Arbeitsverdienst – ggf. gemäß § 11 I 1 und 2 BUrlG bereinigt – der letzten 13 Wochen geteilt durch 78 Werktage multipliziert mit der Anzahl der Urlaubstage (zur Fünftagewoche RN 133).[302] Im Arbeitsvertrag können keine Berechnungsformen vereinbart werden, durch die zum Nachteil des Arbeitnehmers von vorstehenden Berechnungsgrundsätzen abgewichen wird.[303] Besonderheiten können sich bei der Berechnung des Urlaubsentgelts im öffentlichen Dienst ergeben.[304]

132 **b)** Die **Tarifvertragsparteien** dürfen jede Methode zur Bestimmung des Geldfaktors heranziehen, die ihnen geeignet erscheint, ein Urlaubsentgelt sicherzustellen, wie es der Arbeitnehmer bei Weiterarbeit ohne Freistellung voraussichtlich hätte erwarten können. Damit sind Regelungen nicht vereinbar, die das Ziel der Kürzung des Urlaubsentgelts im Vergleich zum Arbeitsentgelt verfolgen. Bei der Prüfung der Frage, ob eine Regelung des Urlaubsentgelts günstiger ist als die gesetzliche, sind nach Auffassung des BAG weder das Urlaubsgeld noch eine gegenüber dem Gesetz höhere Anzahl von Urlaubstagen in den Günstigkeitsvergleich einzustellen.[305] Zulässig ist eine Tarifregelung, wonach der Arbeitnehmer Anspruch auf Urlaubsentgelt in Höhe des Arbeitsverdienstes hat, den er erhalten würde, wenn er gearbeitet hätte.[306] Damit wird das Referenzprinzip durch das Lohnausfallprinzip ersetzt.

133 **6. Sonderfälle. a)** Bei der **Fünftagewoche** ist eine Umrechnung vorzunehmen.[307] Der arbeitstägliche Verdienst errechnet sich, indem der Arbeitsverdienst der letzten 13 Wochen durch 65 geteilt wird (13 Wochen × 5 Arbeitstage). Feiertage, entgeltfortzahlungspflichtige Tage der Arbeitsunfähigkeit und Urlaubstage sind einzubeziehen und nicht in Abzug zu bringen.[308] Der so errechnete tägliche Verdienst ist dann für jeden dem Arbeitnehmer individuell zustehenden Urlaubstag entsprechend der an diesem Tag für ihn maßgeblichen Arbeitszeit zu zahlen. Jedoch kann tariflich oder zugunsten des Arbeitnehmers auch einzelvertraglich eine andere Berechnung vorgesehen werden. Bei **Teilzeitbeschäftigung** erlangt der Arbeitnehmer nur für die Tage oder Stunden den Durchschnittsverdienst der letzten 13 Wochen, an denen er gearbeitet hätte.[309]

134 **b)** Die Einführung der **flexiblen Arbeitszeit** hat zu zahlreichen Berechnungsschwierigkeiten beim Urlaub geführt. Die Tarifvertragsparteien haben in den verschiedenen Tarifbezirken unterschiedliche Regelungsmodelle entwickelt.[310]

135 **7. Fälligkeit.** Das Urlaubsentgelt ist **vor Urlaubsantritt auszuzahlen** (§ 11 II BUrlG).[311] Das gilt nach freilich umstrittener Meinung auch dann, wenn ein mit einem Monatsgehalt vergüteter Angestellter sein Gehalt am Monatsende erhält. Eine abweichende vertragliche Vereinbarung ist nach § 13 I 3 BUrlG unwirksam.[312] Das Urlaubsentgelt ist entgegen einer in der älteren Rechtsprechung vertretenen Auffassung[313] nicht in bestimmter, vom sonstigen Arbeitsentgelt abgegrenzter und unterscheidbarer Höhe auszuzahlen. Denn das Urlaubsentgelt ist die während des Urlaubs vom Arbeitgeber fortzuzahlende Arbeitsvergütung, die nach § 11 II BUrlG lediglich zu einem anderen Zeitpunkt fällig ist als das laufende Arbeitsentgelt.[314] Die vorherige Auszahlung ist nicht Voraussetzung einer rechtswirksamen Urlaubsgewährung.[315]

---

[301] BAG 9. 12. 1965 AP 2 zu § 11 BUrlG. Zu tariflichen Besonderheiten BAG 17. 11. 1998 AP 2 zu § 1 TVG Tarifverträge: Klempnerhandwerk = NZA 99, 773.
[302] Vgl. BAG 24. 11. 1992 AP 34 zu § 11 BUrlG = NZA 93, 750.
[303] BAG 21. 3. 1985 AP 11 zu § 13 BUrlG Unabdingbarkeit = NZA 86, 25.
[304] Vgl. BAG 21. 4. 1988, 13. 2. 1996 AP 11, 19 zu § 47 BAT.
[305] BAG 22. 1. 2002 AP 55 zu § 11 BUrlG = NZA 2002, 1041.
[306] BAG 3. 12. 2002 AP 57 zu § 11 BUrlG.
[307] BAG 27. 1. 1987 AP 30 zu § 13 BUrlG = NZA 87, 462.
[308] BAG 24. 11. 1992 AP 34 zu § 11 BUrlG = NZA 93, 750; ErfK/*Dörner* § 11 BUrlG RN 16.
[309] Vgl. BAG 2. 10. 1987 AP 4 zu § 48 BAT = DB 88, 762.
[310] Vgl. hierzu *Leinemann* BB 90, 201; zur Rspr. des BAG vgl.: BAG 7. 7. 1988 AP 22, 23 zu § 11 BUrlG = NZA 89, 68; 65; 18. 11. 1988 AP 25, 26, 27 zu § 11 BUrlG; 8. 11. 1994 AP 35 zu § 11 BUrlG = NZA 95, 580; 8. 11. 1994 AP 122 zu § 1 TVG Tarifverträge: Metallindustrie = NZA 95, 743; 8. 11. 1994 AP 36 zu § 11 BUrlG = NZA 95, 583.
[311] *Hohn* BB 90, 492.
[312] Vgl. ErfK/*Dörner* § 11 BUrlG RN 27; *Leinemann/Linck* § 11 RN 83; *Sibben* DB 97, 1178, 1181.
[313] BAG 3. 11. 1965 AP 1 zu § 11 BUrlG.
[314] MünchArbR/*Leinemann* § 90 RN 43.
[315] BAG 18. 12. 1986 AP 19 zu § 11 BUrlG = NZA 87, 633; HWK/*Schinz* § 11 RN 54; unklar EuGH 16. 3. 2006 AP 2 zu EWG-Richtlinie Nr. 93/104 = NZA 2006, 481.

Wird das Urlaubsentgelt verspätet gezahlt, kann der Arbeitgeber schadensersatzpflichtig werden.[316] Mit einem Lizenzfußballspieler kann vereinbart werden, dass mit den monatlichen Bezügen ein Vorschuss auf das Urlaubsentgelt gezahlt wird.[317]

8. Rückforderung. Ist das Urlaubsentgelt **fehlerhaft berechnet** worden, kann zu viel gezahltes Urlaubsentgelt nach §§ 812 ff. BGB zurückgefordert werden.[318] **136**

9. Urlaubsgeld. a) Unter Urlaubsgeld ist die **zusätzliche, über das Urlaubsentgelt hinaus gezahlte Vergütung** zu verstehen.[319] Gelegentlich findet sich auch die Bezeichnung Urlaubsgratifikation. Das Urlaubsgeld kann auch Teil eines 13. Gehalts sein.[320] Der Arbeitgeber ist zu seiner Zahlung nur bei Bestehen eines besonderen Rechtsgrunds (kollektiv- oder einzel-vertraglicher Vereinbarung) verpflichtet. Enthält ein Aushang am Schwarzen Brett detaillierte Bestimmungen darüber, wann und unter welchen Voraussetzungen eine Urlaubsgeldzahlung geleistet werden soll, und werden diese eingeleitet mit den Worten, es gelte „ab sofort folgende Regelung", wird der Wille des Arbeitgebers deutlich, sich nach den in ihr festgelegten Voraussetzungen dauerhaft zu binden.[321] Die Zahlung eines Urlaubsgelds ist auch bei Dienstordnungsangestellten möglich.[322] Die Tarifvertragsparteien können ohne Rücksicht auf Arbeitsleistung oder Betriebsanwesenheit eine „Urlaubsgeld" genannte Sonderzahlung, insbesondere wegen erwiesener Betriebstreue, vereinbaren. Bezweckt ein tarifliches Urlaubsgeld auch die Vergütung von Arbeitsleistung, ist es zulässig, es anteilig entsprechend dem zeitlichen Umfang der Arbeitsleistung zu bemessen.[323] **137**

b) Ob das Urlaubsgeld **streng akzessorisch oder unabhängig vom Umfang des Urlaubs** geregelt worden ist, kann nicht auf Grund eines aus der Lebenserfahrung abgeleiteten Regel-/Ausnahmeverhältnisses bestimmt werden. Maßgeblich ist vielmehr der konkrete Inhalt des einzelnen Tarif- oder Arbeitsvertrags.[324] Die Tarifvertragsparteien sind frei in ihrer Entscheidung, ohne Rücksicht auf Arbeitspflichten oder Urlaubsansprüche eine als Urlaubsgeld bezeichnete Sonderzahlung zu vereinbaren. Sie können festlegen, in welchem Umfang die Sonderzahlung durch Zeiten ohne tatsächliche Arbeitsleistung ausgeschlossen oder gemindert werden soll.[325] Stellt der Tarifvertrag allein auf den Bestand des Arbeitsverhältnisses ab und gewährt einen Festbetrag z. B. nach Alter und Umfang der jeweiligen Arbeitszeit, kann von einer urlaubsunabhängigen Sonderzahlung ausgegangen werden. Ist das Urlaubsgeld dagegen mit der Urlaubsvergütung verknüpft, wird es nur geschuldet, sofern Urlaub gewährt wird und ein Anspruch auf Urlaubsvergütung besteht.[326] Die Tarifvertragsparteien können die Zahlung des Urlaubsgelds von der Erfüllung einer Wartezeit abhängig machen.[327] **138**

c) Der Arbeitgeber kann im Arbeitsvertrag ein Urlaubsgeld auch in der Weise in Aussicht stellen, dass er sich **jedes Jahr erneut die Entscheidung vorbehält,** ob und unter welchen Voraussetzungen es gezahlt werden soll (dazu § 32 RN 66 ff.). Das setzt voraus, dass der Arbeitnehmer nach §§ 133, 157 BGB den mangelnden Verpflichtungswillen des Arbeitgebers erkennen kann. Verwendet ein Arbeitgeber im Arbeitsvertrag für eine Gruppe von zugesagten Leistungen (hier: Zuschuss zu den vermögenswirksamen Leistungen und 13. Monatsgehalt) die Überschrift „Freiwillige soziale Leistungen", muss ein Arbeitnehmer nach Auffassung des BAG nicht davon ausgehen, dass damit ein Rechtsanspruch auf künftige Leistungen ausgeschlossen sein soll.[328] Hat der Arbeitgeber sich den Widerruf eines arbeitsvertraglich zugesagten Urlaubs- **139**

---

[316] Vgl. LAG Berlin DB 87, 542 = BB 87, 470.

[317] BAG 8. 12. 1998 AP 15 zu § 611 BGB Berufssport = NZA 99, 989.

[318] Dazu BAG 1. 10. 2002 AP 37 zu § 253 ZPO = NZA 2003, 567.

[319] Näher dazu *Sibben* DB 97, 1178.

[320] BAG 6. 9. 1994 AP 50 zu § 1 TVG Tarifverträge: Einzelhandel = NZA 95, 232; 14. 8. 1996 AP 19 zu § 15 BErzGG = NZA 96, 1204.

[321] BAG 21. 1. 2003 NZA 2003, 879.

[322] BAG 25. 4. 1979 AP 49 zu § 611 BGB Dienstordnungs-Angestellte.

[323] BAG 15. 4. 2003 AP 1 zu § 1 TVG Tarifverträge: Urlaubsgeld.

[324] Vgl. BAG 6. 9. 1994, 19. 1. 1999 AP 50, 67, 68 zu § 1 TVG Tarifverträge: Einzelhandel, zum hessischen Einzelhandel, wofür das BAG angenommen hat, der Anspruch auf Urlaubsgeld setze nur das Bestehen eines Arbeitsverhältnisses voraus; vgl. auch BAG 11. 4. 2000 AP 227 zu § 611 BGB Gratifikation = NZA 2001, 513; 3. 4. 2001 AP 19 zu § 11 BUrlG Urlaubsgeld, wonach sich der Anspruch auf Urlaubsgeld im Einzelhandel NRW im Entstehen und Erlöschen nach dem Urlaubsanspruch richtet; BAG 27. 5. 2003 EzA 5 zu § 4 TVG Chemische Industrie zum MTV Chemische Industrie.

[325] St. Rspr., vgl. BAG 13. 2. 2007 AP 18 zu § 1 TVG Tarifverträge: Presse = NZA 2007, 573 m. w. N.

[326] BAG 1. 10. 2002 AP 37 zu § 253 ZPO = NZA 2003, 567.

[327] BAG 24. 10. 1995 AP 8 zu § 1 TVG Tarifverträge: Gebäudereinigung; 21. 10. 1997 AP 5 zu § 1 TVG Tarifverträge: Schuhindustrie = NZA 98, 666.

[328] BAG 11. 4. 2000 AP 227 zu § 611 BGB Gratifikation.

gelds vorbehalten, bewirkt seine Widerrufserklärung nur dann das Erlöschen des Anspruchs, wenn sie dem Arbeitnehmer vor der vertraglich vereinbarten Fälligkeit zugeht. Im Übrigen sind in Formulararbeitsverträgen die Anforderungen des § 308 Nr. 4, § 307 I BGB zu beachten (dazu § 32 RN 84).[329]

140 Soweit das Urlaubsgeld **Gratifikationscharakter** hat, hängt es vom jeweiligen Tarifvertrag ab, ob es für in das Folgejahr übertragenen Urlaub zu zahlen ist, wenn es im Übertragungsjahr noch nicht tariflich vorgesehen war.[330] Der Anspruch auf Urlaubsgeld setzt im Allgemeinen voraus, dass der Arbeitgeber dem Arbeitnehmer im Urlaubsjahr auch Urlaub gewähren kann.[331] Dies gilt insbesondere, wenn das Urlaubsgeld als prozentualer Aufschlag zum Urlaubsentgelt geleistet wird.[332] Ferner können besondere Anspruchsvoraussetzungen normiert werden (Zugehörigkeit zum Betrieb).[333] Enthalten tarifliche Urlaubsgeldregelungen Anrechnungsvorschriften für bislang gezahlte betriebliche Urlaubsgelder, ist nach Auffassung des BAG eine Anrechnung nur dann möglich, wenn der Zweck von betrieblichem und tariflichem Urlaubsgeld übereinstimmt. Dies ist nicht der Fall, wenn das sog. betriebliche Urlaubsgeld fehlzeitenabhängig ausgestaltet ist.[334] Bei Teilzeitbeschäftigten erfolgt eine anteilige Bezahlung des Urlaubsgelds.[335] Eine Tarifregelung, nach der der Anspruch auf Urlaubsgeld entfällt, wenn eine werdende Mutter sich vor der Geburt entscheidet, die Schutzfrist nach § 3 II MuSchG in Anspruch zu nehmen, anstatt weiter zu arbeiten, verstößt gegen Art. 6 IV GG. Der Verstoß hat zur Folge, dass der Anspruch auf das Urlaubsgeld auch bei Inanspruchnahme der Schutzfrist erhalten bleibt.[336]

141 d) **Arbeitskampfbedingte Ausfalltage** ohne Entgeltanspruch des Arbeitnehmers können anspruchsmindernd wirken. Darin liegt dann keine nach § 612 a BGB verbotene Maßregelung, wenn die Regelung generell für Zeiten ohne tatsächliche Arbeitsleistung und nicht nur für den Arbeitskampf gilt. Die Arbeitsvertragsparteien vollziehen in diesem Fall lediglich eine bereits vorgegebene Ordnung nach.[337]

142 **10. Ausschlussfristen.** Der Anspruch auf **Urlaubsentgelt** und **Urlaubsgeld** unterfällt tariflichen Ausschlussfristen.[338] Zwar unterliegt der gesetzliche Urlaubsanspruch als Anspruch auf Freistellung von der Arbeitspflicht weder einzelvertraglichen[339] noch tariflichen Ausschlussfristen.[340] Der Anspruch auf Urlaubsentgelt ist jedoch der während der Urlaubsgewährung weiterbestehende Anspruch auf Arbeitsentgelt nach § 611 BGB.[341] Er unterscheidet sich hinsichtlich der Anwendbarkeit von Ausschlussfristen nicht von sonstigen Entgeltansprüchen nach § 611 BGB. Er kann somit – obwohl es sich um einen gesetzlich geregelten unabdingbaren Anspruch handelt – verfallen.[342] Hat der Arbeitgeber die Gewährung von Urlaub zu Unrecht verweigert und schuldet er deshalb dem Arbeitnehmer wegen des zum 31. 3. des Folgejahres erloschenen Urlaubsanspruchs Schadensersatz (RN 112), erfasst eine vom Arbeitnehmer innerhalb der tariflichen Ausschlussfrist erhobene Klage auf Zahlung von Urlaubsentgelt als Schadensersatz auch den erst nach Ablauf der Ausschlussfrist im Rechtsstreit geltend gemachten Anspruch auf Urlaubsgewährung.[343] Durch Einzelvertrag kann der gesetzliche Urlaubsanspruch nicht an eine Ausschlussfrist geknüpft werden. Auch eine einzelvertragliche Bezugnahme auf eine tarifliche Ausschlussfrist ist nach der Rspr. unzulässig.[344]

---

329 Vgl. dazu BAG 12. 1. 2005 AP 1 zu § 308 BGB = NZA 2005, 465.
330 Verneinend BAG 15. 11. 1973 AP 11 zu § 11 BUrlG; anders hess. Einzelhandel: BAG 19. 1. 1999 AP 67, 68 zu § 1 TVG Tarifverträge: Einzelhandel = NZA 99, 832, 1223.
331 BAG 14. 8. 1996 AP 19 zu § 15 BErzGG = NZA 96, 1204; 21. 10. 1997 AP 5 zu § 1 TVG Tarifverträge: Schuhindustrie = NZA 98, 666.
332 BAG 24. 10. 2000 AP 50 zu § 11 BUrlG = NZA 2001, 663.
333 BAG 17. 11. 1998 AP 6 zu § 1 TVG Tarifverträge: Betonsteingewerbe.
334 BAG 12. 2. 1975 AP 12 zu § 4 TVG.
335 BAG 15. 11. 1990 AP 11 zu § 2 BeschFG 1985 = NZA 91, 346.
336 BAG 20. 8. 2002 AP 10 zu Art. 6 Abs. 4 GG Mutterschutz = NZA 2003, 333.
337 BAG 13. 2. 2007 AP TVG 18 zu § 1 TVG Tarifverträge: Presse = NZA 2007, 573.
338 BAG 11. 4. 2000 AP 13 zu § 1 TVG § 1 Tarifverträge: Lufthansa; 22. 1. 2002 AP 55 zu § 11 BUrlG = NZA 2002, 1041; BSG 9. 12 2003 NZA 2004, 623.
339 BAG 5. 4. 1984 AP 16 zu § 13 BUrlG = NZA 84, 257.
340 BAG 24. 11. 1992 AP 23 zu § 1 BUrlG = NZA 93, 472.
341 BAG 20. 6. 2000 AP 28 zu § 7 BUrlG = NZA 2001, 100.
342 BAG 22. 1. 2002 AP 55 zu § 11 BUrlG = NZA 2002, 1041; 19. 4. 2005 AP 12 zu § 1 TVG Tarifverträge: Bewachungsgewerbe.
343 BAG 16. 3. 1999 AP 25 zu § 7 BUrlG Übertragung = NZA 99, 1116.
344 BAG 5. 4. 1984 AP 16 zu § 13 BUrlG.

XI. Urlaubsabgeltung

Bährle, Urlaubsansprüche und deren Abgeltung, BuW 2001, 394; *Besuden,* Der Urlaubsabgeltungsanspruch, 1997; *Leege,* Das Verhältnis von Urlaubs- und Urlaubsabgeltungsanspruch, Diss. Bielefeld 1996; *Leuchten,* Die Abgeltung des Urlaubs bei Ausscheiden des Arbeitnehmers in der zweiten Jahreshälfte, NZA 96, 565; *Pfeifer,* Pfändung urlaubsrechtlicher Ansprüche, NZA 96, 738; *Steffen,* Die Abgeltung des Urlaubsanspruchs, AR-Blattei SD 1640.3 (2004); *Stein,* Schadenersatz oder Vererbung des Urlaubsanspruchs beim Tod des Arbeitnehmers, RdA 2000, 16.

1. Allgemeines. a) Eine Abgeltung nicht gewährten Urlaubs kommt **nur bei einer Beendigung des Arbeitsverhältnisses** in Betracht (dazu RN 150ff.).[345] Während des bestehenden Arbeitsverhältnisses ist nach dem klaren Wortlaut des § 7 IV BUrlG die Abgeltung des Urlaubs ausgeschlossen (§ 134 BGB). Durch Tarifvertrag kann allerdings vorgesehen werden, dass ein sonst erloschener Urlaubsanspruch abzugelten ist.[346] Auch bei jahrelang ungerechtfertigter Urlaubsabgeltung wird die regelmäßige Jahresverdienstgrenze, die zur Versicherungsfreiheit in der gesetzlichen Krankenversicherung führt, nicht überschritten.[347] **143**

b) Hat der Arbeitgeber – im Einverständnis des Arbeitnehmers – entgegen dem bestehenden Abgeltungsverbot **anstelle der Urlaubserteilung eine höhere Vergütung gezahlt** oder den Urlaub abgegolten, ist damit der Urlaubsanspruch nicht erfüllt. Der Arbeitnehmer kann daher grundsätzlich den Urlaubsanspruch weiterhin geltend machen, soweit er noch nicht wegen des Ablaufs des Kalenderjahres bzw. des Übertragungszeitraums verfallen ist. Die gezahlte Urlaubsabgeltung kann nach Auffassung des BAG nicht zurückgefordert werden (§§ 814, 817 I BGB).[348] **144**

c) Vertragliche oder **kollektivvertragliche Regelungen,** welche die Urlaubsabgeltung für den Fall der Beendigung einschränken, z.B. nur Abgeltung, wenn Urlaub betriebsbedingt nicht gewährt werden konnte, sind im Umfang der gesetzlichen Mindestregelung unwirksam.[349] Andererseits können die Tarifverträge **zugunsten** des Arbeitnehmers von allen gesetzlichen Regelungen abweichen.[350] So haben die Tarifvertragsparteien der Metallindustrie in Baden-Württemberg in § 2.3 Urlaubsabkommen einen gesetzlich nicht vorgesehenen Anspruch geschaffen, nach dem bei längerer Krankheit des Arbeitnehmers im fortbestehenden Arbeitsverhältnis eine Abgeltung des infolge Krankheit nicht erfüllbaren Urlaubsanspruchs zu erfolgen hat. Gegen eine solche Tarifregelung bestehen keine rechtlichen Bedenken.[351] **145**

2. Merkmale. a) Nach § 7 IV BUrlG kann der Urlaub abgegolten werden, wenn er wegen Beendigung des Arbeitsverhältnisses ganz oder teilweise nicht mehr gewährt werden kann. Der Abgeltungsanspruch entsteht als **Ersatz** für die wegen Beendigung des Arbeitsverhältnisses nicht mehr mögliche Befreiung von der Arbeitspflicht.[352] Durch § 7 IV BUrlG wird der noch nicht erfüllte Urlaubsanspruch in einen Abgeltungsanspruch umgewandelt, ohne dass es dafür weiterer Handlungen des Arbeitgebers oder Arbeitnehmers bedürfte. Der Abgeltungsanspruch ist kein Abfindungsanspruch.[353] Abgesehen von der Beendigung des Arbeitsverhältnisses ist der Abgeltungsanspruch an die gleichen Voraussetzungen gebunden wie der Urlaubsanspruch.[354] § 7 IV BUrlG ist eine gesetzlich geregelte Folge einer schuldrechtlichen Leistungsstörung.[355] **146**

---

[345] BAG 27. 5. 1997 AP 74 zu § 7 BUrlG Abgeltung = NZA 98, 106; 5. 12. 1995 AP 70 zu § 7 BUrlG Abgeltung = NZA 96, 594; 22. 10. 1991 AP 57 zu § 7 BUrlG Abgeltung = NZA 93, 28; *Leinemann* DB 83, 989; *ders.* NZA 85, 137.

[346] BAG 27. 5. 1997 AP 74 zu § 7 BUrlG Abgeltung = NZA 98, 106; 9. 8. 1994 AP 65 zu § 7 BUrlG Abgeltung = NZA 95, 230; 26. 5. 1992 AP 58 zu § 7 BUrlG Abgeltung = NZA 93, 29; zur Abgeltung eines wegen langandauernder Erkrankung im bestehenden Arbeitsverhältnis erloschenen Urlaubsanspruchs vgl. BAG 14. 3. 2006 AP 90 zu § 7 BUrlG Abgeltung = NZA 2006, 1232; 24. 11. 1992, 3. 5. 1994 AP 61, 64 zu § 7 BUrlG Abgeltung; dazu auch BAG 27. 5. 2003 EzA 9 zu § 7 BUrlG Abgeltung.

[347] BSG 9. 2. 1993 NZS 93, 365.

[348] Vgl. hierzu BAG 7. 12. 1956 AP 1 zu § 817 BGB.

[349] BAG 10. 2. 1987 AP 12 zu § 13 BUrlG Unabdingbarkeit = NZA 87, 675.

[350] BAG 26. 5. 1992 AP 58 zu § 7 BUrlG Abgeltung = NZA 93, 29; 3. 5. 1994 AP 64 zu § 7 BUrlG Abgeltung = NZA 95, 453; 9. 8. 1994 AP 65 zu § 7 BUrlG Abgeltung = NZA 95, 230; 18. 2. 1997 AP 10 zu § 1 TVG Tarifverträge: Maler.

[351] BAG 14. 3. 2006 AP 90 zu § 7 BUrlG Abgeltung = NZA 2006, 1232.

[352] BAG 19. 8. 2003 AP 29 zu § 7 BUrlG.

[353] St. Rspr. zuletzt BAG 19. 8. 2003 AP 29 zu § 7 BUrlG; 27. 5. 2003 EzA 9 zu § 7 BUrlG Abgeltung; 5. 12. 1995 AP 70 zu § 7 BUrlG Abgeltung = NZA 96, 594.

[354] BAG 27. 5. 1997 AP 74 zu § 7 BUrlG Abgeltung = NZA 98, 106; 19. 11. 1996 AP 71 zu § 7 BUrlG Abgeltung = NZA 97, 879; 5. 12. 1995 AP 70 zu § 7 BUrlG Abgeltung = NZA 96, 594.

[355] ErfK/*Dörner* § 7 BUrlG RN 53.

147 **b)** Unerheblich ist, ob der Arbeitnehmer bei Beendigung des Arbeitsverhältnisses arbeitsfähig ist oder nicht. Vom **Entstehen des Abgeltungsanspruchs** ist dessen Erfüllbarkeit, die Arbeitsfähigkeit erfordert, zu unterscheiden.[356] Die Erfüllbarkeit des gesetzlichen Urlaubs- und Urlaubsabgeltungsanspruchs hängt von der Arbeitsfähigkeit des Arbeitnehmers ab. Wer arbeitsunfähig krank ist, kann durch Urlauberteilung von seiner Arbeitspflicht nicht mehr befreit werden. Dies gilt gleichermaßen für die die Freistellung ersetzende Urlaubsabgeltung (vgl. aber RN 150).

148 **c)** Der Abgeltungsanspruch ist als Ersatz des Urlaubsanspruchs gleichfalls bis zum Ablauf des Urlaubsjahres bzw. des Übertragungszeitraums **befristet.** Der Abgeltungsanspruch muss deshalb bei einer Beendigung des Arbeitsverhältnisses bis zum Ende des Kalenderjahres bzw. des Übertragungszeitraums verlangt und erfüllt werden, sonst erlischt er.[357] Diese Regelung ist mit Gemeinschaftsrecht und Internationalem Recht im Grundsatz vereinbar.[358]

149 **d)** Auch nach Beendigung des Arbeitsverhältnisses ist der gesetzliche Abgeltungsanspruch nach Auffassung des BAG unverzichtbar.[359]

150 **3. Beispiele. a)** Ist der Arbeitnehmer aus dem Arbeitsverhältnis ausgeschieden und wäre bei Fortbestand des Arbeitsverhältnisses noch eine Gewährung des Urlaubs im Urlaubsjahr oder im Übertragungszeitraum möglich, hat der Arbeitnehmer auch Anspruch auf Urlaubsabgeltung.[360] Hätte der Urlaub bei Beendigung des Arbeitsverhältnisses bis zum Ablauf des Urlaubsjahres nur teilweise gewährt werden können und liegen keine Übertragungsgründe vor, ist der Urlaub deshalb nur zu dem Teil, wie er hätte gewährt werden können, abzugelten.[361] Der Abgeltungsanspruch erlosch nach bisheriger Rspr. spätestens mit dem Ende des Übertragungszeitraumes, wenn der Freistellungsanspruch bis dahin bei fortbestehendem Arbeitsverhältnis – z.B. wegen Arbeitsunfähigkeit – nicht hätte erfüllt werden können.[362] Hieran hält das BAG in Umsetzung der EuGH-Rspr. nicht mehr fest. Danach erfordert die Richtlinie 2003/88/EG eine richtlinienkonforme Fortbildung des § 7 IV BUrlG dahin, dass Abgeltungsansprüche bei Krankheit bis zum Ende des Übertragungszeitraums nicht erlöschen.[363] Im Umfang des gesetzlichen Urlaubsanspruchs ist der Abgeltungsanspruch tarifvertraglich keiner ungünstigeren Gestaltung zugänglich.[364] Abzugelten sind auch nicht aufgerundete Teile von Urlaubstagen.[365] Ist bei bevorstehender Beendigung des Arbeitsverhältnisses noch teilweise die Gewährung von Freistellung möglich, ist vorrangig Urlaubsfreistellung zu gewähren und im Übrigen der Urlaub abzugelten. Abzugelten ist auch ein kraft Tarifvertrags höherer Urlaubsanspruch.[366] Ist in einem fortbestehenden Arbeitsverhältnis eine Urlaubsabgeltung geregelt, wenn der Anspruch infolge lang andauernder Erkrankung erlöschen würde, kann dies – je nach Ausgestaltung der Tarifregelung – auch für die Urlaubsabgeltung bei Beendigung des Arbeitsverhältnisses gelten.[367]

151 **b)** Ist der Arbeitnehmer nach lang andauernder Erkrankung aus dem Arbeitsverhältnis ausgeschieden und ist er **erwerbsunfähig,** hängt die Erfüllbarkeit des Urlaubsabgeltungsanspruchs nach bisheriger Rspr. davon ab, ob dem Arbeitnehmer bei Fortbestand des Arbeitsverhältnisses Urlaub hätte gewährt werden können.[368] Könnte ein Arbeitnehmer trotz seiner Arbeitsunfähig-

---

[356] BAG 26. 5. 1992 AP 58 zu § 7 BUrlG Abgeltung = NZA 93, 29; *Leinemann/Linck* § 7 RN 200ff.

[357] St. Rspr. BAG 21. 6. 2005 AP 11 zu § 55 InsO; 5. 12. 1995 AP 70 zu § 7 BUrlG Abgeltung = NZA 96, 594; 17. 1. 1995 AP 66 zu § 7 BUrlG Abgeltung = NZA 95, 531; ErfK/*Dörner* § 7 BUrlG RN 97; HWK/*Schinz* § 7 BUrlG RN 95 und 103.

[358] BAG 7. 12. 1993 AP 15 zu § 7 BUrlG = NZA 94, 802; EuGH 20. 1. 2009 – C-350/06.

[359] BAG 9. 6. 1998 AP 23 zu § 7 BUrlG = NZA 99, 80.

[360] BAG 27. 5. 1997 AP 74 zu § 7 BUrlG Abgeltung = NZA 98, 106; 5. 12. 1995 AP 70 zu § 7 BUrlG Abgeltung = NZA 96, 594; 17. 1. 1995 AP 66 zu § 7 BUrlG Abgeltung = NZA 95, 531.

[361] BAG 19. 8. 2003 AP 29 zu § 7 BUrlG.

[362] BAG 10. 5. 2005 EzA 13 zu § 7 BUrlG Abgeltung; 27. 2. 2002 AP 180 zu § 1 TVG Tarifverträge: Metallindustrie; 27. 5. 1997 AP 74 zu § 7 BUrlG Abgeltung = NZA 98, 106; 9. 8. 1994 AP 65 zu § 7 BUrlG Abgeltung = NZA 95, 230; zum Arbeitsunfall BAG 27. 5. 2003 EzA 9 zu § 7 BUrlG Abgeltung.

[363] BAG 24. 3. 2009 – 9 AZR 983/07; EuGH 20. 1. 2009 – C-350/06.

[364] BAG 10. 2. 1987 AP 12 zu 3 13 BUrlG Unabdingbarkeit = NZA 87, 675; 18. 6. 1980 AP 6 zu § 13 BUrlG Unabdingbarkeit.

[365] BAG 26. 1. 1989 AP 13 zu § 5 BUrlG = NZA 89, 756.

[366] BAG 18. 10. 1990 AP 56 zu § 7 BUrlG Abgeltung = NZA 91, 466.

[367] Vgl. dazu BAG 27. 5. 1997 AP 74 zu § 7 BUrlG Abgeltung = NZA 98, 106; 22. 6. 1989 AP 50 zu § 7 BUrlG Abgeltung = NZA 90, 239; 22. 10. 1987 AP 40 § 7 BUrlG Abgeltung = NZA 88, 256; siehe hierzu auch BAG 27. 2. 2002 AP 180 zu § 1 TVG Tarifverträge: Metallindustrie.

[368] BAG 9. 8. 1994 AP 65 zu § 7 BUrlG Abgeltung = NZA 95, 230; 20. 4. 1989 AP 48 zu § 7 BUrlG Abgeltung = NZA 89, 763; 14. 5. 1986 AP 26 zu § 7 BUrlG Abgeltung = NZA 86, 834.

keit bis zum Ablauf des Übertragungszeitraumes andere Arbeiten als bisher verrichten, muss der Arbeitgeber einen offenen Urlaubsanspruch nur dann abgelten, wenn er bei Fortbestand des Arbeitsverhältnisses verpflichtet gewesen wäre, diese Tätigkeiten als vertragsgemäß anzunehmen.[369] Hierauf kommt es nunmehr nicht mehr an (RN 150). Der Arbeitnehmer trägt für die Erfüllbarkeit des Urlaubsabgeltungsanspruchs die Darlegungs- und Beweislast.[370]

4. Höhe des Abgeltungsanspruchs. Es gelten die Ausführungen zum Urlaubsentgelt entsprechend. Da das BUrlG von einer Sechstagewoche ausgeht, ist bei einer Fünftagewoche zur Berechnung der Abgeltung eine Umrechnung vorzunehmen (vgl. oben RN 133). 152

5. Fälligkeit. Der Abgeltungsanspruch wird **fällig** mit **Beendigung des Arbeitsverhältnisses.** Besonderheiten sollen bestehen nach dem Rahmentarifvertrag für das Maler- und Lackiererhandwerk.[371] 153

6. Vererblichkeit, Pfändbarkeit, Aufrechnung. a) Der Urlaubsabgeltungsanspruch kann in den **Grenzen des § 850 c ZPO** ge- und verpfändet werden.[372] Er ist daher auch abtretbar, § 400 BGB. Im Rahmen der Pfändungsgrenzen ist auch eine Aufrechnung nach §§ 387 ff. BGB möglich. 154

b) Da der Urlaubsanspruch ein Anspruch auf Befreiung von der Arbeitsleistung ist und der Urlaubsabgeltungsanspruch an die Stelle dieses Anspruches tritt, ist auch der Abgeltungsanspruch **grundsätzlich nicht vererblich.**[373] Vererblich ist er nur dann, wenn der Arbeitnehmer nach Beendigung des Arbeitsverhältnisses für die Dauer des noch nicht gewährten Urlaubs gelebt hat, arbeitsfähig war und den Abgeltungsanspruch geltend gemacht hat. In diesem Fall befindet sich der Arbeitgeber in Verzug. Mit dem Tod des Arbeitnehmers geht dessen Anspruch als Schadenersatzanspruch nach §§ 286 I, 280 I, 283, 249 Satz 1 BGB gemäß § 1922 I BGB auf die Erben über.[374] 155

c) Der **Anspruch auf Arbeitslosengeld** ruht für die Zeit des abgegoltenen Urlaubs (§ 143 SGB III). Dies gilt auch, wenn ein Tarifvertrag im Falle einer längeren Krankheit des Arbeitnehmers im fortbestehenden Arbeitsverhältnis eine Abgeltung des infolge Krankheit nicht erfüllbaren Urlaubsanspruchs vorsieht.[375] 156

d) Der Abgeltungsanspruch ist **steuer- und sozialversicherungspflichtig.** Die Urlaubsabgeltung ist als sonstiger Bezug lohnsteuerpflichtig (§ 39 b III EStG). Sie führt nicht zum Ruhen eines Krankengeldbezugs.[376] 157

7. Ausschluss des Abgeltungsanspruchs. In § 7 IV 2 BUrlG war **ursprünglich vorgesehen,** dass der Urlaubsabgeltungsanspruch im Falle fristloser Beendigung des Arbeitsverhältnisses bei grober Treuwidrigkeit des Arbeitnehmers entfallen könne. In Anpassung an das Übereinkommen Nr. 132 der Internationalen Arbeitsorganisation ist diese Bestimmung durch das Heimarbeitsänderungsgesetz im Jahre 1974 aufgehoben worden. Mit der Streichung dieser Vorschrift haben sich Überlegungen zur Treuwidrigkeit eines Abgeltungsverlangens erledigt. Soweit in Tarifverträgen noch ein Verfall des Urlaubsanspruchs vorgesehen ist, bezieht sich dieser nur auf einen etwaigen tariflichen Urlaubsanspruch, sofern dieser über den gesetzlichen hinausgeht, nicht dagegen auf den gesetzlichen Anspruch.[377] Solche Tarifvorschriften erfassen auch den übergesetzlichen übertragenen Urlaub.[378] 158

8. Ausschlussfristen. Der befristet (RN 148) bestehende **gesetzliche Urlaubsabgeltungsanspruch** unterliegt nicht tariflichen Ausschlussfristen.[379] Das folgt aus der Ausgestaltung der 159

---

[369] BAG 10. 5. 2005 EzA 13 zu § 7 BUrlG Abgeltung.

[370] BAG 20. 1. 1998 AP 45 zu § 13 BUrlG = NZA 98, 816; 27. 5. 1997 AP 74 zu § 7 BUrlG Abgeltung = NZA 98, 106; 10. 5. 2005 EzA 13 zu § 7 BUrlG Abgeltung.

[371] BAG 18. 2. 1997 AP 10 zu § 1 TVG Tarifverträge: Maler = NZA 97, 1357.

[372] Ebenso BAG 28. 8. 2001 AP 80 zu § 7 BUrlG Abgeltung = NZA 2002, 323; GK-BUrlG/*Bleistein* § 1 RN 86 f.; ErfK/*Dörner* § 7 BUrlG RN 61; *Gaul* NZA 1987, 473; *Leinemann/Linck* § 7 RN 222; HWK/*Schinz* § 7 BUrlG RN 123; *Schütz/Hauck* RN 648 sowie BAG 20. 6. 2000 AP 28 zu § 7 BUrlG = NZA 2001, 100 zum Urlaubsentgelt.

[373] BAG 18. 7. 1989 AP 49 zu § 7 BUrlG Abgeltung; 26. 4. 1990 AP 53 zu § 7 BUrlG Abgeltung = NZA 90, 940; 22. 10. 1991 AP 57 zu § 7 BUrlG Abgeltung = NZA 93, 28; 23. 6. 1992 AP 59 zu § 7 BUrlG Abgeltung = NZA 92, 1088; ErfK/*Dörner* § 7 BUrlG RN 60.

[374] BAG 19. 11. 1996 AP 71 zu § 7 BUrlG Abgeltung = NZA 97, 879; a. A. ErfK/*Dörner* § 7 BUrlG RN 60.

[375] BAG 14. 3. 2006 AP 90 zu § 7 BUrlG Abgeltung = NZA 2006, 1232.

[376] BSG 27. 6. 1984 NZA 85, 69.

[377] Vgl. BAG 3. 5. 1984 AP 17 zu § 7 BUrlG Abgeltung = NZA 85, 157.

[378] BAG 10. 2. 2004 AP 27 zu § 7 BUrlG Übertragung = NZA 2004, 986.

[379] ErfK/*Dörner* § 7 BUrlG RN 64.

Urlaubsvorschriften im BUrlG, die den Arbeitnehmer lediglich zwingen, seine Ansprüche rechtzeitig vor Ablauf des Urlaubsjahres oder des Übertragungszeitraumes zu verlangen. Wäre daneben außerdem eine tarifliche Ausschlussfrist anzuwenden, müssten die Arbeitnehmer im Januar jeden Jahres ihre Urlaubsansprüche schriftlich geltend machen, wollten sie deren Verfall verhindern. Das widerspricht der gesetzlichen Befristung des Urlaubsanspruchs.[380] Für die Geltendmachung von Urlaubsabgeltungsansprüchen können allerdings im Umfang des **tariflichen Mehranspruchs** Ausschlussfristen vereinbart werden.[381] Hieran dürfte nach der neuen Rspr. des EuGH und BAG zur Urlaubsabgeltung bei lang andauernder Krankheit (RN 150) nicht mehr festzuhalten sein.

XII. Unabdingbarkeit des Urlaubsanspruchs

160 Der gesetzliche Anspruch auf Urlaubsentgelt wie auf Urlaubsabgeltung ist unabdingbar (§ 13 I BUrlG). Hieraus folgt, dass ein Erlassvertrag hierüber und ebenso eine **Ausgleichsquittung** unwirksam ist.[382] Dies gilt auch dann, wenn die Ausgleichsquittung im Rahmen eines **Prozessvergleichs** erteilt wird.[383] Die Erklärung in einem **Aufhebungsvertrag,** alle Ansprüche aus dem Arbeitsverhältnis seien erfüllt, umfasst nur solche Urlaubsansprüche, über die der Arbeitnehmer verfügen kann. Der gesetzliche Mindesturlaubsanspruch gehört dazu nicht.[384] Eine in einem Aufhebungsvertrag enthaltene Klausel, nach der alle gegenseitigen Forderungen erledigt sind, bewirkt nicht das Erlöschen des gekürzten Vollurlaubsanspruchs. Ein Tatsachenvergleich liegt nicht vor, wenn das Bestehen des Urlaubsanspruchs für eine bestimmte Zahl von Urlaubstagen nicht streitig ist.[385] Haben sich die Parteien nach einer Kündigung und Freistellung des Klägers von der Arbeit in einem Aufhebungsvertrag darauf geeinigt, dass alle Ansprüche erledigt sind, kann der Arbeitnehmer daher noch bestehende Urlaubsansprüche geltend machen.

161 Inwieweit der Urlaubsanspruch **verwirken** kann, ist umstritten.[386] Da der Urlaubsanspruch lediglich befristet für das Urlaubsjahr auf Freistellung von der Arbeit gerichtet ist, ist kaum denkbar, dass er unter den allgemeinen Voraussetzungen verwirken kann (§ 73 RN 17 ff.). Es ist lediglich vorstellbar, dass der Entgeltanspruch verwirkt, insbes. wenn er über das gesetzliche Urlaubsentgelt hinausgeht.[387]

XIII. Sonderregelungen einzelner Wirtschaftszweige

162 **1. Baugewerbe. a)** Nach § 13 II 1 BUrlG sind für das **Baugewerbe** oder **sonstige Wirtschaftszweige,**[388] in denen infolge häufigen Ortswechsels Arbeitsverhältnisse von kürzerer Dauer als einem Jahr in erheblichem Umfange üblich sind, besondere Ausgestaltungen des Urlaubsanspruchs durch Tarifvertrag zugelassen, soweit dies zur Sicherung eines zusammenhängenden Jahresurlaubs für alle Arbeitnehmer erforderlich ist.[389] Nicht tarifgebundene Arbeitsvertragsparteien können im Wege des Einzelvertrags die tarifliche Regelung in Bezug nehmen (§ 13 II 2 BUrlG). Regelmäßig sind die Tarifverträge jedoch allgemeinverbindlich, so dass es hierauf nicht ankommt.

163 **b)** Besondere Bedeutung hat die **Urlaubskassenregelung** im Baugewerbe.[390] Der Arbeitgeber übermittelt der ULAK für jeden Arbeitnehmer monatlich einen Meldeschein mit der Bruttolohnsumme und führt einen Prozentsatz der jeweils verdienten Bruttovergütung an die Ausgleichskasse in Wiesbaden ab (§§ 5 und 18 VTV). Im Falle der Urlaubserteilung an den Arbeitnehmer zahlt der jeweilige Arbeitgeber das Urlaubsentgelt an den Arbeitnehmer aus. Er

---

[380] BAG 24. 11. 1992 AP 23 zu § 1 BUrlG = NZA 93, 472.

[381] BAG 18. 11. 2003 AP 17 zu § 113 InsO = NZA 2004, 651; 25. 8. 1992 AP 60 zu § 7 BUrlG Abgeltung = NZA 93, 753; offenbar a. A. BAG 24. 8. 1999 AP 14 zu § 1 TVG Tarifverträge: Großhandel = NZA 2000, 724.

[382] BAG 31. 5. 1990 AP 13 zu § 13 BUrlG Unabdingbarkeit = NZA 90, 935.

[383] BAG 21. 7. 1978 AP 5 zu § 13 BUrlG Unabdingbarkeit.

[384] BAG 20. 1. 1998 AP 45 zu § 13 BUrlG = NZA 98, 816.

[385] BAG 9. 6. 1998 AP 23 zu § 7 BUrlG = NZA 99, 80.

[386] Ausf. zum Rechtsmissbrauch *Leinemann/Linck* § 1 RN 91 ff.

[387] BAG 5. 2. 1970 AP 7 zu § 11 BUrlG.

[388] Vgl. BAG AP 1 zu § 1 TVG Tarifverträge: Maler zum RTV für das Maler- und Lackiererhandwerk.

[389] Ausführlich hierzu *Leinemann/Linck* § 13 RN 118 ff.

[390] Näher hierzu *Leinemann/Linck* § 13 RN 132 ff.; zur Einbeziehung ausländischer Arbeitnehmer in das Urlaubskassenverfahren vgl. *Wank/Börgmann* NZA 2001, 177.

erhält es seinerseits von der ULAK ersetzt.[391] Im Falle des Arbeitsplatzwechsels aus der Bauwirtschaft hat der letzte Bau-Arbeitgeber den Urlaub abzugelten.[392] Diese tarifvertragliche Regelung, nach der anstelle eines Anspruchs auf Urlaubsabgeltung der Anspruch auf Entschädigung durch eine gemeinsame Einrichtung der Tarifvertragsparteien tritt, weicht nicht zuungunsten der Arbeitnehmer von der gesetzlichen Bestimmung des § 7 IV BUrlG ab.[393] Die Urlaubsabgeltung ist steuer- und sozialversicherungspflichtig.

c) Nach § 1 I 1 AEntG finden u. a. die Rechtsnormen eines für allgemeinverbindlich erklärten Tarifvertrages des Bauhauptgewerbes oder des Baunebengewerbes i. S. d. Baubetriebe-Verordnung vom 28. 10. 1980 (BGBl. I S. 2033), die die Dauer des Erholungsurlaubs, das Urlaubsentgelt oder ein zusätzliches Urlaubsgeld zum Gegenstand haben, auch auf ein Arbeitsverhältnis zwischen einem **Arbeitgeber mit Sitz im Ausland** und seinem im räumlichen Geltungsbereich des Tarifvertrags beschäftigten Arbeitnehmer zwingend Anwendung, wenn der Betrieb oder die selbstständige Betriebsabteilung im Sinne des fachlichen Geltungsbereichs des Tarifvertrags überwiegend Bauleistungen gemäß § 175 II SGB III erbringt und auch inländische Arbeitgeber ihren im räumlichen Geltungsbereich des Tarifvertrags beschäftigten Arbeitnehmern mindestens die am Arbeitsort geltenden tarifvertraglichen Arbeitsbedingungen gewähren müssen. Der Arbeitgeber ist verpflichtet, seinem im räumlichen Geltungsbereich der genannten Tarifverträge beschäftigten Arbeitnehmer mindestens die in dem Tarifvertrag vorgeschriebenen Arbeitsbedingungen zu gewähren.[394] **164**

d) Die Urlaubskasse hat **Aufklärungspflichten** gegenüber den Arbeitnehmern über das einzuhaltende Verfahren, wenn diese Ansprüche geltend machen.[395] **165**

2. Maler- und Lackiererhandwerk. Eine **entspr. Regelung** wie in der Bauwirtschaft besteht für das Maler- und Lackiererhandwerk nach dem Rahmentarifvertrag für die gewerblichen Arbeitnehmer des Maler- und Lackiererhandwerks v. 19. 12. 1986 und dem Tarifvertrag über das Verfahren für den Urlaub und die Zusatzversorgung im Maler- und Lackiererhandwerk i. d. F. v. 1. 10. 1987 m. spät. Änd. **166**

3. Bahn, Post. Im Bereich der Post AG und der Deutschen Bahn AG kann nach § 13 III BUrlG das Urlaubsjahr abweichend festgesetzt werden. Im Rahmen der Privatisierung sind **Überleitungstarifverträge** geschlossen worden.[396] **167**

XIV. Besondere Arbeitnehmergruppen

1. Jugendliche. Der Urlaubsanspruch ist in § 19 JArbSchG geregelt.[397] Nach § 19 I JArbSchG hat der Arbeitgeber Jugendlichen für jedes Kalenderjahr einen bezahlten Erholungsurlaub zu gewähren. Der Urlaub beträgt jährlich **mindestens 30 Werktage,** wenn der Jugendliche zu Beginn des Kalenderjahres noch nicht 16 Jahre alt ist, mindestens 27 Werktage, wenn er zum Stichtag noch nicht 17 Jahre, mindestens 25 Werktage, wenn er zum Stichtag noch nicht 18 Jahre alt ist (§ 19 II JArbSchG). Jugendliche, die unter Tage beschäftigt werden, erhalten in jeder Altersgruppe einen zusätzlichen Urlaub von drei Werktagen. Stichtag ist jeweils der 1. Januar. Hieraus folgt, dass Jugendliche, die am 1. Januar oder früher das 18. Lebensjahr vollenden, keinen Anspruch nach § 19 JArbSchG haben. Für die Berechnung des Urlaubs gilt unabhängig von § 15 JArbSchG jeder Werktag als Urlaubstag (Sechstagewoche). **168**

Der Urlaub soll Berufsschülern in den **Berufsschulferien** gewährt werden (§ 19 III 1 JArbSchG). Der Arbeitgeber soll dieser Empfehlung des Gesetzes auch dann nachkommen, wenn der Erteilung zu diesem Zeitpunkt betriebliche Gründe entgegenstehen. Erteilt der Arbeitgeber den Urlaub nicht während der Berufsschulferien, so ist für jeden Tag, an dem die Berufsschule während des Urlaubs besucht wird, unabhängig von der Unterrichtsdauer ein weiterer Urlaubstag zu gewähren (§ 19 III 2 JArbSchG). Kein Anspruch besteht, wenn der Berufsschüler die Berufsschule versäumt. Unerheblich sind die Gründe der Säumnis. **169**

---

[391] Vgl. § 8 BRTV-Bau i. V. m. Tarifvertrag über das Sozialkassenverfahren im Baugewerbe (Verfahrenstarifvertrag) i. d. F. v. 15. 12. 2005.

[392] Zur Abgeltung von Urlaubsansprüchen Auszubildender BAG 26. 6. 2001 AP 81 zu § 7 BUrlG Abgeltung.

[393] BAG 26. 6. 2001 AP 81 zu § 7 BUrlG Abgeltung = NZA 2002, 680.

[394] Vgl. dazu zuletzt BAG 3. 5. 2006 AP 25 zu § 1 AEntG; ausf. *Preis/Temming* Die Urlaubs- und Lohnausgleichskasse im Kontext des Gemeinschaftsrechts, 2006.

[395] BAG 20. 8. 1996 AP 1 zu § 11 BUrlG Urlaubskasse = NZA 97, 211.

[396] BAG 16. 9. 1997 AP 2 zu § 1 TVG Deutsche Bahn = NZA 98, 553.

[397] Vgl. hierzu *Leinemann/Linck* Urlaubsrecht Teil II A.

170 Im Übrigen wird weitgehend auf das **BUrlG verwiesen,** um damit den Betrieben die Urlaubserteilung zu erleichtern. Nicht verwiesen ist auf § 13 I, II BUrlG. Hieraus folgt, dass – anders als bei Erwachsenen – in Tarifverträgen nur zugunsten, aber nicht zum Nachteil der Jugendlichen von § 19 JArbSchG abgewichen werden kann.

171 Sondervorschriften bestehen für dem **SeemG unterliegende Jugendliche** (§ 54 SeemG). Die wesentliche Abweichung besteht darin, dass auf das Beschäftigungsjahr abgestellt ist. Ferner bestehen Sonderregeln für in Heimarbeit tätige Jugendliche (§ 19 IV JArbSchG).

172 **2. Schwerbehinderte Menschen.** Der Anspruch schwerbehinderter Menschen auf **Zusatzurlaub** ist unter § 178 RN 55 ff. behandelt. Im Saarland besteht ein Anspruch für Minderbehinderte.[398]

173 **3. Seeschifffahrt.** Weitere Sondervorschriften bestehen für den Urlaub in der Seeschifffahrt (vgl. hierzu § 186 RN 53).

XV. Arbeitnehmerähnliche Personen

v. Hase/Lembke, Das Selbstbeurlaubungsrecht der arbeitnehmerähnlichen Personen, BB 97, 1095.

174 **1. Grundsatz.** Arbeitnehmerähnliche Personen (§ 9)[399] sind mit Ausnahme der in Heimarbeit (§ 10) Beschäftigten, für die in § 12 BUrlG eine Sonderregelung enthalten ist, in Fragen des Urlaubsrechts grundsätzlich **Arbeitnehmern gleichgestellt** (§ 2 BUrlG). Sind sie für mehrere Unternehmer tätig, haben sie nur gegen solche einen Anspruch, von denen sie wirtschaftlich abhängig sind.[400] Im Einzelnen gelten die folgenden Besonderheiten.

175 **2. Urlaubsgewährung.** Eine arbeitnehmerähnliche Person braucht ihren Urlaubsanspruch nicht geltend zu machen, um eine Urlaubserteilung durch den Unternehmer nach § 7 I BUrlG zu erwirken. Dies wäre mit der Selbstständigkeit nicht vereinbar. Der Selbstständige kann grundsätzlich **nach seinem Belieben Urlaub nehmen.** Einschränkungen für selbstständige Handelsvertreter können sich nur aus der Interessenwahrnehmungspflicht des § 86 I HGB ergeben.[401]

176 **3. Urlaubsentgelt. a) Heimarbeiter** (§ 1 I lit. a HAG) und nach § 1 II lit. a HAG **Gleichgestellte** erhalten von ihrem Auftraggeber oder, falls sie von einem Zwischenmeister beschäftigt werden, von diesem bei einem Anspruch auf 24 Werktage ein Urlaubsentgelt von 9,1 v. H. des in der Zeit vom 1. Mai bis 30. April des folgenden Jahres oder bis zur Beendigung des Beschäftigungsverhältnisses verdienten Arbeitsentgelts vor Abzug der Steuern und Sozialversicherungsbeiträge ohne Unkostenzuschlag und ohne die für den Lohnausfall an Feiertagen, den Arbeitsausfall infolge Krankheit und den Urlaub zu leistenden Zahlungen (§ 12 Nr. 1 BUrlG).[402] Im Schrifttum[403] wird gelegentlich auf einen Zeitraum vom 1. Mai des vergangenen bis zum 30. April des laufenden Jahres abgestellt, da es sonst zu Berechnungsschwierigkeiten komme. Dies widerspricht jedoch dem Gesetzeswortlaut.[404] Nach § 12 Nr. 1 BUrlG berechnet sich das Urlaubsentgelt nach dem in der Zeit vom 1. Mai bis zum 30. April des folgenden Jahres oder bis zur Beendigung des Beschäftigungsverhältnisses erdienten Arbeitsverdienstes. Die Vorschrift enthält eine eigenständige Abgeltungsregelung, wie der auf das Ende der Beschäftigung verkürzte Bezugszeitraum zeigt. Nicht gewährter oder nicht genommener Urlaub verfällt daher nicht bei Beendigung der Beschäftigung, sondern ist zugleich mit den Feiertagen des Folgehalbjahres in die Schlussabrechnung aufzunehmen.[405] Wegen weiterer Einzelheiten vgl. § 12 BUrlG.

177 **b)** Da das BUrlG nur für Heimarbeiter eine Sonderregelung zur Berechnung des **Urlaubsentgelts** getroffen hat (§ 12 BUrlG), ist für die übrigen Arbeitnehmerähnlichen § 11 BUrlG maßgebend.[406] Dies kann zu Unbilligkeiten führen, da arbeitnehmerähnliche Personen nicht regelmäßig eingesetzt werden und die Höhe des Urlaubsentgelts wesentlich von der Fixierung des Urlaubszeitraums abhängt. Das BAG lässt daher eine Anpassung an die individuellen Ver-

---

[398] BAG 27. 5. 1997 AP 3 zu Saarland ZusatzurlaubsG = NZA 98, 649; 15. 11. 2005 NZA 2006, 879; näher dazu *Leinemann/Linck* § 15 RN 83 ff.

[399] Dazu BAG 17. 1. 2006 EzA 6 zu § 2 BUrlG; 15. 11. 2005 AP 12 zu § 611 BGB Arbeitnehmerähnlichkeit.

[400] BAG 28. 6. 1973 AP 2 zu § 2 BUrlG.

[401] BAG 20. 8. 2003 NZA 2004, 39.

[402] Ausf. dazu *Linck* HzA Gruppe 17 RN 204 ff.

[403] ErfK/*Dörner* § 12 BUrlG RN 12 m. w. N.

[404] Vgl. MünchArbR/*Leinemann* § 92 RN 39 f.; näher dazu *Leinemann/Linck* § 12 RN 30 ff.

[405] BAG 11. 7. 2006 DB 2007, 806.

[406] *Seidel* BB 70, 974.

hältnisse zu; insbesondere hält es das BAG für zulässig, auf einen längeren als dreimonatigen Bemessungszeitraum bei Berechnung des Durchschnittsverdienstes abzustellen.[407] Dabei sind auch solche Aufträge zu berücksichtigen, die vorgezogen erteilt worden sind.

4. Urlaubsabgeltung. Der Arbeitnehmerähnliche kann nicht bereits dann Urlaubsabgeltung verlangen, wenn das einzelne Auftragsverhältnis beendet ist (§ 7 IV BUrlG). Vielmehr ist auf den **Gesamtablauf der geschäftlichen Beziehungen** abzustellen, da nur so die sozialpolitische Zielsetzung der Urlaubsgewährung erreicht werden kann. Vielfach werden die Einzelaufträge auch durch einen Rahmenvertrag zusammengefasst sein. Wo dieser fehlt, sind die tatsächlichen Verhältnisse maßgeblich.[408] 178

5. Erwerbstätigkeit während des Urlaubs (§ 8 BUrlG). Der Arbeitnehmerähnliche kann grundsätzlich selbst die Arbeitseinteilung bestimmen. Aus seiner **persönlichen Unabhängigkeit** folgt, dass der Unternehmer die Unterlassung anderweitiger Erwerbstätigkeit nicht verlangen kann. Er kann weder bei Arbeitnehmern noch bei arbeitnehmerähnlichen Personen die Rückzahlung des Urlaubsentgelts fordern, wenn dieser anderweitig erwerbstätig wird. Namentlich dann, wenn der Arbeitnehmerähnliche für mehrere Unternehmen arbeitet, muss es ihm überlassen bleiben – etwa durch Ablehnung der Übernahme von Aufträgen – die von verschiedenen Unternehmen gewährte Urlaubsentgeltzahlung auch durch Realisierung von Freizeit zu koordinieren. 179

6. Krankheit während des Urlaubs (§ 9 BUrlG). Für die Dauer der Erkrankung besteht **kein gesetzlicher Entgeltfortzahlungsanspruch** der Arbeitnehmerähnlichen. Die Erkrankung während des Urlaubs kann sich daher nur dahin auswirken, dass der Unternehmer dafür sorgt, dass der Urlaub um die Erkrankung verlängert werden kann und erst zu diesem Zeitpunkt Aufträge zur Verfügung stehen. 180

§ 103. Bildungs- und Sonderurlaub

Hopfner/Auktor, Die Rechtsprechung zum Bildungsurlaub seit 1992 – Keine Besserung, NZA-RR 2002, 113; *Kreutz,* Gesetzlicher Anspruch auf Weiterbildung für Arbeitnehmer, BuW 2001, 564; *Link/Wiedrer,* Urlaub zu Bildungszwecken, AuA 99, 555; *Mittag,* Neue Regelung des Bildungsurlaubs in NRW, AiB 2001, 1; *Schiefer,* Neuorientierung für das Luxusgut Bildungsurlaub, Arbeitgeber 98, 286; *ders.,* Gesetz zur Änderung des nordrhein-westfälischen Arbeitnehmerweiterbildungsgesetzes (AWbG) vom 28. 3. 2000, DB 2000, Beil. 7.

Übersicht

	RN		RN
I. Bildungsurlaub	1 ff.	4. Hamburg	9
1. Übereinkommen 140 der IAO	1	5. Niedersachsen	10
2. NRW	2–7	6. Schleswig-Holstein	11
3. Hessen	8	II. Sonderurlaub	12–16

I. Bildungsurlaub

1. Übereinkommen 140 der IAO. Nach dem Übereinkommen 140 der IAO vom 24. 6. 1974 sind die das Übereinkommen ratifizierenden Mitgliedstaaten zur Festlegung und zur Durchführung einer Politik verpflichtet, die mit geeigneten Methoden und nötigenfalls schrittweise den bezahlten Bildungsurlaub fördert.[1] Bislang besteht in den Ländern Berlin,[2] Brandenburg,[3] Bremen,[4] Hamburg,[5] Hessen,[6] Mecklenburg-Vorpommern,[7] Niedersach- 1

---

[407] BAG 30. 7. 1975 AP 12 zu § 11 BUrlG.

[408] Vgl. BAG 8. 6. 1967 AP 6 zu § 611 BGB Abhängigkeit.

[1] Ratifizierungsgesetz v. 7. 9. 1976 (BGBl. II S. 1526); vgl. DB 76, 2019.

[2] Gesetz v. 24. 10. 1990 (GVBl. S. 2209) m. spät. Änd.

[3] Brandenburgisches Weiterbildungsgesetz v. 15. 12. 1993 (GVBl. I S. 498) m. spät. Änd. u. VO über die Anerkennung von Weiterbildungsveranstaltungen zur Bildungsfreistellung (Bildungsfreistellungs-Verordnung – BFV) v. 21. 1. 2005 (GVBl. II S. 57) m. spät. Änd.

[4] Bremisches Bildungsurlaubsgesetz v. 18. 12. 1974 (GBl. S. 348) m. spät. Änd. und VO über die Anerkennung von Bildungsveranstaltungen v. 24. 1. 1983 (GBl. S. 3) m. spät. Änd.

[5] Hamburgisches Bildungsurlaubsgesetz v. 21. 1. 1974 (GVBl. S. 6) m. spät. Änd. und VO über die Anerkennung von Bildungsveranstaltungen v. 9. 4. 1974 (GVBl. S. 113) m. spät. Änd.; dazu *Arndt* BB 74, 1399.

[6] Gesetz i. d. F. v. 28. 7. 1998 (GVBl. S. 294) m. spät. Änd.; zur Verfassungsmäßigkeit: BVerfG 15. 12. 1987 AP 62 zu Art. 12 GG = NZA 88, 355.

[7] Gesetz v. 7. 5. 2001 (GVOBl. S. 112) und VO zur Durchführung des Bildungsfreistellungsgesetzes v. 18. 5. 2001 (GVOBl. S. 153) m. spät. Änd.

sen,[8] NRW,[9] Rheinland-Pfalz,[10] Saarland,[11] Sachsen-Anhalt[12] und Schleswig-Holstein[13] bei unterschiedlichen Voraussetzungen für Arbeitnehmer ein Anspruch auf bezahlten Bildungsurlaub. Das Mitbestimmungsrecht des Betriebsrats nach § 87 I Nr. 5 BetrVG erstreckt sich auch auf die Gewährung von Bildungsurlaub nach den Weiterbildungsgesetzen der Länder. Es betrifft allerdings insoweit lediglich die Aufstellung allgemeiner Freistellungsgrundsätze und eines Freistellungsplans und ggf. die Festsetzung der zeitlichen Lage der Arbeitsfreistellung im Einzelfall.[14]

2 **2. NRW. a)** Nach § 3 AWbG-NRW haben Arbeitnehmer **Anspruch auf Bildungsurlaub** von fünf Arbeitstagen im Kalenderjahr. Der Anspruch von zwei Kalenderjahren kann zusammengefasst werden.[15] Anspruchsberechtigt sind Arbeiter und Angestellte, deren Beschäftigungsverhältnis seinen Schwerpunkt in NRW hat (Arbeitnehmer). Den Arbeitnehmern gleichgestellt sind die in Heimarbeit Beschäftigten (dazu §§ 10, 163), ihnen Gleichgestellte sowie arbeitnehmerähnliche Personen (§ 9), vgl. § 2 AWbG-NRW. Die Arbeitnehmerweiterbildung erfolgt über die Freistellung von der Arbeit zum Zwecke der beruflichen und politischen Weiterbildung in anerkannten Bildungsveranstaltungen bei Fortzahlung des Arbeitsentgelts (§ 1 I AWbG-NRW). Eine Bildungsveranstaltung dient auch dann der politischen Weiterbildung i. S. von § 1 II 1 AWbG-NRW, wenn sie nicht auf die spezifischen Bedürfnisse und Interessen von Arbeitnehmern ausgerichtet ist.[16] Sie schließt Lehrveranstaltungen ein, die auf die Stellung des Arbeitnehmers in Staat, Gesellschaft, Familie oder Beruf bezogen sind (§ 1 II AWbG-NRW). Regelt ein als bundesunmittelbare Körperschaft des öffentlichen Rechts geführter Sozialversicherungsträger die Freistellungsansprüche der Angestellten im Wege der Dienstordnung durch Verweisung auf das entsprechende Beamtenrecht, so verdrängt diese Regelung das Landesrecht.[17] Nicht gefördert werden Bildungsveranstaltungen von Referenten, die Weiterbildungskurse durchführen sollen,[18] oder mangels beruflichen oder politischen Bezugs die Bildung einer Krankenschwester auf einer Bildungsveranstaltung „Rund um den ökologischen Alltag".[19] Das BVerfG hat das AWbG-NRW als **verfassungsgemäß** anerkannt.[20]

3 **b)** Bildungsveranstaltungen gelten als anerkannt, wenn sie § 1 II AWbG-NRW entsprechen und von einem der in § 9 AWbG-NRW aufgezählten Bildungsträger durchgeführt werden. Umstr. waren vor allem Bildungsveranstaltungen des DGB in Zusammenarbeit mit Einzelgewerkschaften. Das BAG hat nur dann einen Anspruch auf Bildungsurlaub bejaht, wenn die Bildungseinrichtung maßgebenden Einfluss hat oder die Veranstaltung durch einen zuständigen Minister genehmigt war.[21] Die Veranstaltungen müssen **Wissen vermitteln, das im Beruf verwendet werden kann** und damit im weitesten Sinne für den Arbeitgeber von Vorteil wird. Sie dienen der **politischen Weiterbildung,** wenn sie das Verständnis der Arbeitnehmer für gesellschaftliche, soziale und politische Zusammenhänge verbessern.[22] So müssen beispielsweise Sprachkenntnisse, die in einem Sprachkurs erworben werden sollen, bei der beruflichen Tätigkeit voraussichtlich verwendbar sein.[23] Die Belastung der Arbeitgeber mit den Entgeltfortzahlungskosten für die politische Arbeitnehmerweiterbildung ist gerechtfertigt, soweit Bildungsver-

---

[8] Gesetz i. d. F. v. 25. 1. 1991 (GVBl. S. 29) m. spät. Änd. und VO zur Durchführung des Niedersächsischen Bildungsurlaubsgesetzes v. 26. 3. 1991 (GVBl. S. 167) m. spät. Änd.

[9] Arbeitnehmerweiterbildungsgesetz v. 6. 11. 1984 (GV.NW S. 678) m. spät. Änd.

[10] Bildungsfreistellungsgesetz v. 30. 3. 1993 (GVBl. S. 157) m. spät. Änd.

[11] Saarländisches Weiterbildungs- und Bildungsfreistellungsgesetz i. d. F. v. 15. 9. 1994 (ABl. S. 1359).

[12] Gesetz v. 4. 3. 1998 (GVBl. S. 92) m. spät. Änd. und VO zur Durchführung des Bildungsfreistellungsgesetzes v. 24. 6. 1998 (GVBl. S. 290) m. spät. Änd.

[13] Bildungsfreistellungs- und Qualifizierungsgesetz v. 7. 6. 1990 (GVOBl. S. 364) m. spät. Änd. und BildungsfreistellungsVO v. 2. 7. 1990 (GVOBl. S. 427) m. spät. Änd.; dazu LAG Schleswig-Holstein 27. 2. 1992 – 4 Sa 484/91; 4 Sa 576/91.

[14] BAG 28. 5. 2002 AP 10 zu § 87 BetrVG 1972 Urlaub = NZA 2003, 171.

[15] BAG 11. 5. 1993 AP 2 zu § 3 BildungsurlaubsG NRW = NZA 93, 1087; 24. 10. 1995 AP 11 zu § 7 BildungsurlaubsG NRW = NZA 96, 254.

[16] BAG 17. 11. 1998 AP 26 zu § 1 BildungsurlaubsG NRW = NZA 99, 872.

[17] BAG 21. 9. 1993 AP 68 zu § 611 BGB Dienstordnungsangestellte = NZA 94, 690.

[18] BAG 3. 8. 1989 AP 5 zu § 9 BildungsurlaubsG NRW = NZA 90, 319.

[19] BAG 15. 6. 1993 AP 5 zu § 1 BildungsurlaubsG NRW = NZA 94, 454.

[20] BVerfG 15. 12. 1987 AP 62 zu Art. 12 GG = NZA 88, 355.

[21] Vgl. BAG 23. 2. 1989 AP 2 zu § 9 BildungsurlaubsG NRW = NZA 89, 751; 21. 9. 1993 AP 6 zu § 9 BildungsurlaubsG NRW.

[22] BAG 15. 6. 1993 AP 4 zu § 1 BildungsurlaubsG NRW; 9. 5. 1995 AP 14 zu § 1 BildungsurlaubsG NRW.

[23] BAG 21. 10. 1997 AP 24 zu § 1 BildungsurlaubsG NRW = NZA 98, 760; LAG Hamm 2. 5. 2007 – 18 Sa 1994/06.

anstaltungen darauf abzielen, die in einem demokratischen Gemeinwesen anzustrebende Mitsprache und Mitverantwortung der Arbeitnehmer in Staat, Gesellschaft und Beruf zu fördern. Ein im Ausland veranstaltetes Seminar über die Arbeitsmarkt- und Beschäftigungspolitik eines ausländischen Staates konnte nach der a. F. des AWbG-NRW nur dann dieses Ziel erreichen, wenn ihm ein organisierter Lernprozess zugrunde lag, der einen hinreichenden Bezug zu den gesellschaftlichen, sozialen und politischen Verhältnissen der Bundesrepublik Deutschland hatte.[24] Auf Grund der Gesetzesänderung vom 28. 3. 2000 (GV-NRW S. 361) ist nach § 9 III Nr. 2 AWbG-NRW Bildungsurlaub grundsätzlich nur noch in den an NRW angrenzenden Nachbarländern möglich. Entgeltzahlung kann nicht teilweise verweigert werden, wenn auf der Veranstaltung lediglich während eines Tages nicht gearbeitet wird.[25]

c) Die Lehrveranstaltungen müssen **allgemein zugänglich** sein.[26] Der allgemeinen Zugänglichkeit steht nicht entgegen, wenn der Veranstalter Gebühren für den Kurs nimmt.[27] Ein gewerkschaftlicher Veranstalter kann nach Auffassung des BAG mit Rücksicht auf satzungsgemäß geleistete Mitgliedsbeiträge den teilnehmenden eigenen Mitgliedern die Erstattung der Hotelkosten in Aussicht stellen. Dadurch wird nicht die Jedermannzugänglichkeit der Veranstaltung im Sinne von § 2 IV WbG-NRW ausgeschlossen.[28] Besonderheiten gelten in Brandenburg.[29] 4

Für die Zeit der Arbeitnehmerweiterbildung hat der Arbeitgeber das Arbeitsentgelt entsprechend den Bestimmungen des EFZG weiterzuzahlen. Die **Rspr.** hat dies u. a. bei folgenden **Bildungsveranstaltungen bejaht:** Seminar über Arbeitnehmer in Betrieb, Wirtschaft und Gesellschaft,[30] Deutschlandseminare zur Wiedervereinigung,[31] Italienisch für Anfänger bei einer Krankenschwester,[32] Spanisch-Intensiv für Journalistin in städtischer Pressestelle,[33] Antistresstraining,[34] ökologische Wattenmeerexkursion (mit Hinweis auf irreführenden Titel).[35] Das BAG hat einen **Anspruch verneint** für die Veranstaltung Anlage und Pflege von Hecken in der freien Landwirtschaft,[36] Mit dem Fahrrad auf Gesundheitskurs,[37] Rund um den ökologischen Alltag,[38] Das Meer – Ressource und Abfalleimer an der Costa Brava,[39] Architektur, Städtebau und aktuelle Situation in den neuen Bundesländern,[40] Sprachkurse zur Vertiefung der Sprachkenntnisse ohne politische Weiterbildung,[41] Studienseminar in Kuba.[42] Abgelehnt wurde auch eine Studienreise nach Brasilien.[43] 5

d) Das **Verfahren über Antrag und Bewilligung des Bildungsurlaubs** ist in § 5 AWbG-NRW im Einzelnen geregelt.[44] Die Freistellung erfolgt durch den Arbeitgeber. Bei unberechtigter Verweigerung der Freistellung kann der Arbeitnehmer nach Maßgabe von § 5 IV AWbG an der Veranstaltung teilnehmen. Der Arbeitnehmer hat keinen Anspruch auf Freistellung zur Teilnahme an einer Bildungsveranstaltung, wenn er seine Teilnahmeabsicht dem Arbeitgeber nach der neuen Fassung des AWbG nicht spätestens sechs Wochen vor deren Beginn nach § 5 I 6

---

[24] BAG 16. 5. 2000 AP 28 zu § 1 BildungsurlaubsG NRW = NZA 2001, 148; 16. 3. 1999 AP 27 zu § 1 BildungsurlaubsG NRW = NZA 2000, 32.

[25] BAG 11. 5. 1993 AP 1 zu § 1 BildungsurlaubsG NRW = NZA 93, 1087.

[26] BAG 3. 8. 1989 AP 4 zu § 9 BildungsurlaubsG NRW = NZA 90, 317; 16. 8. 1990 AP 7 a. a. O. = NZA 91, 109; 9. 11. 1993 AP 8 zu § 9 BildungsurlaubsG NRW; 21. 10. 1997 AP 24 zu § 1 BildungsurlaubsG NRW = NZA 98, 760.

[27] BAG 21. 10. 1997 AP 24 zu § 1 BildungsurlaubsG NRW = NZA 98, 760; für Rheinland-Pfalz: BAG 9. 6. 1998 AP 1 zu § 3 BildungsurlaubsG Rheinl.-Pfalz = NZA 99, 218.

[28] BAG 21. 10. 1997 AP 24 zu § 1 BildungsurlaubsG NRW = NZA 98, 760.

[29] LAG Brandenburg 13. 3. 1998 ZTR 98, 473.

[30] LAG Hamm 19. 12. 1997 NZA-RR 98, 483.

[31] LAG Düsseldorf 20. 7. 1994 BB 94, 2208.

[32] BAG 15. 6. 1993 AP 4 zu § 1 BildungsurlaubsG NRW = NZA 94, 692.

[33] BAG 21. 10. 1997 AP 23 zu § 1 BildungsurlaubsG NRW = NZA 98, 758.

[34] BAG 24. 10. 1995 AP 21 zu § 1 BildungsurlaubsG NRW = NZA 96, 759.

[35] BAG 24. 8. 1993 AP 9 zu § 1 BildungsurlaubsG NRW = NZA 94, 456; 5. 12. 1995 AP 22 zu § 1 BildungsurlaubsG = NZA 97, 151.

[36] ArbG Krefeld 1. 4. 1992 NZA 92, 986.

[37] BAG 4. 5. 1995 AP 14 zu § 1 BildungsurlaubsG NRW.

[38] BAG 15. 6. 1993 AP 5 zu § 1 BildungsurlaubsG = NZA 94, 454.

[39] BAG 24. 10. 1995 AP 16 zu § 1 BildungsurlaubsG NRW = NZA 96, 647.

[40] BAG 24. 10. 1995 AP 15 zu § 1 BildungsurlaubsG NRW = NZA 96, 432.

[41] BAG 24. 8. 1993 AP 11 zu § 1 BildungsurlaubsG NRW = NZA 94, 451.

[42] BAG 16. 3. 1999 AP 27 zu § 1 BildungsurlaubsG NRW = NZA 2000, 32.

[43] LAG Hamm 18. 4. 1997 NZA-RR 97, 462.

[44] Zur Übertragung des Bildungsurlaubs: BAG 24. 10. 1995 AP 11 zu § 7 BildungsurlaubsG NRW = NZA 96, 254.

AWbG-NRW mitgeteilt hat; zwischen dem Zugang des Freistellungsantrags beim Arbeitgeber und dem Beginn der Bildungsmaßnahme müssen volle sechs Wochen liegen. Die verspätete Inanspruchnahme der Arbeitnehmerweiterbildung für die vom Arbeitnehmer benannte Bildungsveranstaltung lässt den Anspruch des Arbeitnehmers auf Freistellung für eine andere Bildungsveranstaltung unberührt.[45]

7 **e) Gewährt der Arbeitgeber Arbeitsfreistellung** zum Besuch einer Bildungsveranstaltung, ist er auch zur Vergütungszahlung verpflichtet, ohne dass es noch auf die Überprüfung der Seminarveranstaltung ankommt.[46] Dasselbe gilt nach Auffassung des BAG auch dann, wenn der Arbeitgeber den Arbeitnehmer nach Erlass einer einstweiligen Verfügung freistellt, ohne dass deren Vollstreckung angedroht war.[47] Lehnt dagegen der Arbeitgeber die Freistellung ab und bietet unbezahlten Urlaub an, hat der Arbeitnehmer keinen Entgeltfortzahlungsanspruch, wenn er ohne weitere Erklärung an der Veranstaltung teilnimmt.[48] Lehnt der Arbeitgeber die beantragte Freistellung ab, so erlischt der Anspruch mit Ablauf des Jahres. Er wandelt sich in einen Schadensersatzanspruch um, wenn der Antrag gerechtfertigt war.[49] Das Angebot zur unbezahlten Freistellung ist unzureichend.[50] Der Arbeitnehmer verliert den Entgeltfortzahlungsanspruch, wenn für die Dauer der Freistellung nachträglich durch Betriebsvereinbarung eine Freischicht eingeführt wird.[51]

8 **3. Hessen.** Jeder in Hessen beschäftigte Arbeitnehmer und jeder in Hessen zu seiner Berufsausbildung Beschäftigte hat gegenüber seinem Arbeitgeber Anspruch auf bezahlten Bildungsurlaub (§ 1 HessBildUrlG). Nach §§ 1 und 2 HessBildUrlG hat ein Arbeitnehmer einen gesetzlich bedingten Anspruch auf Freistellung von der Arbeitspflicht. Besteht für einen Tag, an dem eine anerkannte Bildungsveranstaltung besucht wird, keine Arbeitspflicht, ist der Arbeitgeber nicht zu einem Freizeitausgleich verpflichtet, indem er den Arbeitnehmer an einem anderen Tag von der Arbeitspflicht freistellt.[52] Der Anspruch wird erstmals nach einer **Wartezeit von sechs Monaten** erworben (§ 4 HessBildUrlG).[53] Der Bildungsurlaub dient der politischen Bildung oder der beruflichen Weiterbildung oder Schulung für ein Ehrenamt. Die politische Bildung soll den Arbeitnehmer in die Lage versetzen, seinen Standort in Betrieb und Gesellschaft sowie gesellschaftliche Zusammenhänge zu erkennen und ihn befähigen, staatsbürgerliche Rechte und Aufgaben wahrzunehmen. Mit der Anerkennung einer Bildungsveranstaltung wird noch nicht verbindlich über die Entgeltzahlung entschieden. Die Anerkennung ist nur eine der Voraussetzungen der Entgeltzahlung. In einem gerichtlichen Verfahren kann überprüft werden, ob eine thematisch umstrittene Bildungsveranstaltung den Vorgaben entspricht.[54] Der Arbeitnehmer hat die Darlegungs- und Beweislast für die Voraussetzungen des Anspruches.[55] Anerkannt worden sind bei einem Flugzeugführer eine Veranstaltung über die Ostsee – kleines Meer mit großen Sorgen[56] – sowie ein Seminar über Sexualität.[57]

9 **4. Hamburg.** Ein Arbeitnehmer hat nach dem Hamburgischen Bildungsurlaubsgesetz einen Anspruch auf bezahlte Freistellung, wenn die Bildungsveranstaltung auch dazu dient, die **berufliche Mobilität des Arbeitnehmers zu erhalten, zu verbessern oder zu erweitern.** Der Arbeitgeber ist nicht verpflichtet, den Erwerb von beruflichen Kenntnissen und Fähigkeiten durch die Freistellung und Entgeltfortzahlung für eine Weiterbildung zu fördern, die ausschließlich dazu dient, den Stellenwechsel zu einem anderen Arbeitgeber vorzubereiten.[58] Ein Sprachkurs erfüllt die gesetzlichen Voraussetzungen, wenn der Arbeitnehmer die vermittelten Kenntnisse zwar nicht für seine gegenwärtige Arbeitsaufgabe benötigt, der Arbeitgeber aber

---

[45] BAG 9. 11. 1999 AP 4 zu § 5 BildungsurlaubsG NRW = NZA 2001, 30.
[46] BAG 11. 5. 1993 AP 2 zu § 1 BildungsurlaubsG NRW; 21. 9. 1993 AP 6 zu § 1 BildungsurlaubsG NRW; 9. 11. 1993 AP 6 zu § 7 BildungsurlaubsG NRW.
[47] BAG 19. 10. 1993 AP 10 zu § 1 BildungsurlaubsG NRW.
[48] BAG 21. 9. 1993 AP 7 zu § 1 BildungsurlaubsG NRW; 7. 12. 1993 AP 8 zu § 1 BildungsurlaubsG NRW.
[49] BAG 24. 10. 1995 AP 11 zu § 1 BildungsurlaubsG NRW = NZA 96, 254; 5. 12. 1995 AP 22 zu § 1 BildungsurlaubsG = NZA 97, 151.
[50] BAG 2. 12. 1997 AP 15 zu § 7 BildungsurlaubsG NRW = NZA 98, 1116.
[51] BAG 15. 6. 1993 AP 3 zu § 1 BildungsurlaubsG NRW.
[52] BAG 21. 9. 1999 AP 5 zu § 1 BildungsurlaubsG Hessen = NZA 2000, 1012.
[53] Hess. LAG 3. 9. 1996 DB 97, 1185.
[54] BAG 9. 2. 1993 AP 1 zu § 9 BildungsurlaubsG Hessen.
[55] BAG 9. 2. 1993 AP 1 zu § 1 BildungsurlaubsG Hessen.
[56] Hessisches LAG 20. 2. 1997 LAGE § 1 BildungsurlaubsG Hessen Nr. 2.
[57] ArbG Marburg 3. 11. 1995 BB 96, 2149.
[58] BAG 18. 5. 1999 AP 2 zu § 1 BildungsurlaubsG Hamburg = NZA 2000, 98.

grundsätzlich Wert auf Arbeitnehmer mit Sprachkenntnissen legt und entsprechende Tätigkeitsbereiche bestehen.[59]

5. Niedersachsen. Das Niedersächsische Gesetz über den Bildungsurlaub für Arbeitnehmer 10
und Arbeitnehmerinnen ist **nicht verfassungswidrig.** Es ist auch insoweit mit Art. 12 GG vereinbar, als es die Arbeitgeber verpflichtet, Arbeitnehmer und Arbeitnehmerinnen für Maßnahmen bezahlt freizustellen, die der allgemeinen Bildung des Arbeitnehmers dienen (hier: Sprachkurs Schwedisch).[60]

6. Schleswig-Holstein. Nach § 8 I BFQG hat der Arbeitnehmer das freie Wahlrecht, an 11
welcher genehmigten Weiterbildungsmaßnahme er zu welcher Zeit teilnehmen möchte. Der Arbeitgeber kann nach § 8 II BFQG die Freistellung zu dem beantragten Zeitraum versagen, wenn betriebliche bzw. dienstliche Belange, Gründe oder Urlaubswünsche anderer Beschäftigter, die unter sozialen Gesichtspunkten den Vorrang verdienen, entgegenstehen. Im Gegensatz zu § 7 I BUrlG müssen die entgegenstehenden betrieblichen Belange nicht „dringend" sein. Der Anspruch auf Teilnahme an einer anerkannten Weiterbildungsmaßnahme ist dabei gem. § 7 I BFQG grundsätzlich an das Kalenderjahr gebunden. Eine Übertragung des Freistellungsanspruchs auf das Folgejahr erfolgt nur bei der Verblockung mit dem Anspruch des Folgejahres unter den besonderen Voraussetzungen des § 7 III BFQG oder wenn die Freistellung für das „laufende Kalenderjahr" versagt worden ist (§ 8 II und III BFQG). Liegen diese Voraussetzungen nicht vor, geht der Freistellungsanspruch unter. Versagt der Arbeitgeber die Freistellung zur Teilnahme an einem verblockten zweiwöchigen Bildungsurlaub während eines bestimmten Zeitraums und realisiert der Arbeitnehmer sodann nur den einwöchigen Bildungsurlaub des laufenden Jahres, geht der „verblockte" anteilige Bildungsurlaub aus dem Vorjahr mit dem Ablauf des laufenden Jahres unter. Eine Übertragung auf das Folgejahr kommt in diesem Falle nicht in Betracht, denn nach § 8 III BFQG wird im Falle der Versagung nur der Bildungsurlaub des laufenden Jahres auf das Folgejahr übertragen, nicht aber der verblockte und nicht genommene Bildungsurlaub aus dem Vorjahr.[61]

II. Sonderurlaub

In zahlreichen Ländern der Bundesrepublik steht **Jugendleitern** ein Sonderurlaub zur Teil- 12
nahme an Veranstaltungen der Jugendpflege zu.[62] Die Länder hatten hierzu eine Kompetenz, weil der Bund insoweit von der konkurrierenden Gesetzgebungszuständigkeit keinen Gebrauch gemacht hat.[63]

Wahlbewerber zu Bundestag und Landesparlament haben zur Vorbereitung der Wahl nur 13
einen Anspruch auf unbezahlte Freizeit. Für Abgeordnete zum Europaparlament vgl. EuAbG.

---

[59] BAG 17. 2. 1998 AP 1 zu § 1 BildungsurlaubsG Hamburg = NZA 99, 87.

[60] BAG 15. 3. 2005 AP 1 zu § 1 BildungsurlaubsG Niedersachsen = NZA 2006, 496.

[61] LAG Schleswig-Holstein 20. 11. 2007 NZA-RR 2008, 288.

[62] Baden-Württemberg: Gesetz zur Stärkung des Ehrenamtes in der Jugendarbeit v. 20. 11. 2007 (GBl. S. 530); dazu BAG 23. 2. 1984 AP 1 zu § 2 SonderUrlG Bad.-Württemberg.

Bayern: Gesetz zur Freistellung von Arbeitnehmern für Zwecke der Jugendarbeit v. 14. 4. 1980 (GVBl. S. 180) – BayRS 2162–3–K.

Bremen: Bremisches Kinder-, Jugend- und Familienförderungsgesetz v. 22. 12. 1998 (GBl. S. 351), Abschn. 7.

Hamburg: Gesetz über Sonderurlaub für Jugendgruppenleiter v. 28. 6. 1955 (Samml. b. h. LR 800-c).

Mecklenburg-Vorpommern: Drittes Landesausführungsgesetz zum Kinder- und Jugendhilfegesetz v. 7. 7. 1997 (GVOBl. 287) m. spät. Änd.

Niedersachsen: Gesetz über die Arbeitsbefreiung für Zwecke der Jugendpflege und des Jugendsports v. 29. 6. 1962 (GVBl. 74) m. spät. Änd.

Nordrhein-Westfalen: Gesetz zur Gewährung von Sonderurlaub für ehrenamtliche Mitarbeiter in der Jugendhilfe (Sonderurlaubsgesetz) v. 31. 7. 1974 (GVNW S. 768) m. spät. Änd.

Rheinland-Pfalz: Landesgesetz zur Stärkung des Ehrenamtes in der Jugendarbeit v. 5. 10. 2001 (GVBl. S. 209).

Saarland: Gesetz Nr. 1412 über Sonderurlaub für ehrenamtliche Mitarbeiterinnen und Mitarbeiter in der Jugendarbeit v. 8. 7. 1998 (ABl. S. 862) m. spät. Änd.

Sachsen: Gesetz des Freistaates Sachsen über die Erteilung von Sonderurlaub an Mitarbeiter in der Jugendhilfe (Sonderurlaubsgesetz) v. 27. 8. 1991 (GVBl. S. 323) m. spät. Änd.

Schleswig-Holstein: Erstes Gesetz zur Ausführung des Kinder- und Jugendhilfegesetzes (Jugendförderungsgesetz v. 5. 2. 1992 (GVOBl. S. 158, ber. S. 226) m. spät. Änd., Abschn. II., und LandesVO v. 4. 3. 1999 (GVOBl. S. 72).

[63] BVerfG 11. 2. 1992 AP 1 zu § 1 SonderUrlG Hessen.

14 Die **Wahl zum Oberbürgermeister** ist im öffentlichen Dienst ein wichtiger Grund i. S. v. § 50 II BAT (§ 28 TVöD), Sonderurlaub ohne Fortzahlung der Bezüge zu gewähren.[64] Während des Sonderurlaubs ruhen die Arbeitspflicht des Arbeitnehmers und die Entgeltzahlungspflicht des Arbeitgebers, das Arbeitsverhältnis besteht aber fort.[65] Gewährt ein Arbeitgeber Sonderurlaub, ist im Allgemeinen ein Vorbehalt unwirksam, diesen nachträglich mit dem Erholungsurlaub zu verrechnen.[66] Wird einem **ausländischen Arbeitnehmer zur Ableistung des Wehrdienstes** in seinem Heimatland Sonderurlaub gewährt, kann er keine Vergütung verlangen. Dies gilt selbst dann, wenn er den Wehrdienst während der Schulferien leistet.[67] Ein Arbeiter des öffentlichen Dienstes kann Sonderurlaub ohne Lohnfortzahlung für ein **Studium im Zweiten Bildungsweg** verlangen.[68]

15 Der Arbeitnehmer hat nach § 50 II BAT (§ 28 TVöD) keinen Anspruch auf Sonderurlaub, vielmehr kann der Arbeitgeber ihn bei Bestehen eines wichtigen Grundes **nach billigem Ermessen (§ 315 BGB) gewähren.**[69] Kein Anspruch soll bei zweijähriger Fortbildung in eigenem Interesse bestehen.[70] Der Arbeitgeber ist regelmäßig nur dann verpflichtet, der vorzeitigen Beendigung eines unbezahlten Sonderurlaubs zuzustimmen, wenn dies tarifvertraglich oder einzelvertraglich vorgesehen ist. Auf Grund der **Fürsorgepflicht** kann eine Pflicht zur Einwilligung in die vorzeitige Beendigung nur dann bestehen, wenn dem Arbeitgeber die Beschäftigung des Arbeitnehmers möglich und zumutbar ist und wenn der Grund für die Bewilligung des Sonderurlaubs weggefallen ist oder schwerwiegende negative Veränderungen in den wirtschaftlichen Verhältnissen des Arbeitnehmers eingetreten sind.[71] Der Arbeitgeber kann nach § 242 BGB gehalten sein, der **vorzeitigen Beendigung des Sonderurlaubs** zuzustimmen, wenn der Arbeitnehmer stattdessen Elternzeit begehrt.[72]

16 Eine arbeitsvertragliche Vereinbarung, die bei der Gewährung von Sonderurlaub bis zum Ende des Vertragsverhältnisses die Aufnahme einer **dem Urlaubszweck nicht widersprechenden beruflichen Tätigkeit** unter Genehmigungsvorbehalt stellt, regelt einen Erlaubnisvorbehalt für eine solche Tätigkeit. Das verpflichtet einen Arbeitgeber des **öffentlichen Dienstes,** die beantragte Erlaubnis zu erteilen, soweit die beabsichtigte Tätigkeit dem Zweck der Sonderurlaubsgewährung nicht entgegensteht und eine konkrete Gefährdung berechtigter dienstlicher Interessen nicht zu erwarten ist.[73] Erhält ein Arbeiter auf dem zweiten Bildungsweg die Zulassung zum **Hochschulstudium,** besteht regelmäßig ein wichtiger Grund, nach § 55 II MTArbL für die Aufnahme des Studiums Sonderurlaub ohne Lohnfortzahlung zu erteilen. Die betrieblichen oder dienstlichen Verhältnisse gestatten die Gewährung des Sonderurlaubs, wenn die vorübergehend frei werdende Stelle durch eine befristet einzustellende Ersatzkraft besetzt werden kann. Für die Ausübung des dem Arbeitgeber zustehenden Ermessens ist es regelmäßig ohne Belang, ob zwischen dem Studium und der vom Arbeiter vertraglich geschuldeten Tätigkeit ein fachlicher Zusammenhang besteht.[74]

§ 104. Feiertagsrecht

I. Allgemeines

1 Im Feiertagsrecht sind arbeitsrechtlich drei Problemkreise zu unterscheiden: **(a) arbeitsschutzrechtlich,** ob und inwieweit Feiertagsarbeit zulässig ist (§ 159), **(b) vergütungsrechtlich,** inwieweit ausfallende Arbeitszeit zu vergüten ist und **(c)** inwieweit am Feiertag geleistete Arbeit mit einem **Zuschlag** zu bezahlen ist (jeweils § 105).

2 Da die **Feiertage in der Bundesrepublik nicht einheitlich geregelt** sind, kann bei Arbeitnehmern mit wechselndem Arbeitsplatz sich die Frage stellen, welches Feiertagsrecht anzuwenden ist (RN 7 ff.).

---

[64] BAG 8. 5. 2001 AP 1 zu § 50 BAT-O.
[65] BAG 8. 11. 1978 AP 10 zu § 50 BAT.
[66] BAG 1. 10. 1991 AP 12 zu § 7 BUrlG = NZA 92, 1078.
[67] BAG 27. 11. 1986 AP 13 zu § 50 BAT.
[68] BAG 30. 10. 2001 AP 1 zu § 55 MTArb.
[69] BAG 12. 1. 1989 AP 14 zu § 50 BAT = NZA 89, 848.
[70] BAG 25. 1. 1994 AP 16 zu § 50 BAT = NZA 94, 546.
[71] BAG 6. 9. 1994 AP 17 zu § 50 BAT = NZA 95, 953.
[72] BAG 16. 7. 1997 AP 23 zu § 15 BErzGG = NZA 98, 104.
[73] BAG 13. 3. 2003 AP 7 zu § 11 BAT = NZA 2003, 976.
[74] BAG 30. 10. 2001 AP 1 zu § 55 MTArb.

II. Gesetzessystematik

1. Arbeitsschutz. Die Sonn- und Feiertagsruhe ist im Wesentlichen in §§ 9 ff. ArbZG geregelt. Besondere Regelungen finden sich noch im LadSchlG und im SeemG. 3

2. Feiertagsbezahlung. Das Gesetz zur Regelung der Lohnzahlungen an Feiertagen vom 2. 8. 1951 (BGBl. I S. 479) i. d. Änd. vom 18. 12. 1975 (BGBl. I S. 3091) hat geregelt, ob und inwieweit am Feiertag ausfallende Arbeit zu vergüten ist. Es ist aufgehoben. Seine Regelungen haben 1994 in § 2 EFZG Eingang gefunden, so dass die frühere Rspr. noch zu verwenden ist. 4

3. Feiertagszuschlag. Dagegen ist die Frage, inwieweit am Feiertag geleistete Arbeit mit einem erhöhten Verdienst zu bezahlen ist (Feiertagszuschläge), vor allem in **Tarifverträgen** geregelt. 5

III. Bestimmung der Feiertage[1]

Die Bestimmung der Feiertage gehört zur **Kulturhoheit der Länder** und deren Gesetzgebungskompetenz (Art. 70 GG). In den alten und neuen Bundesländern sind Feiertagsgesetze erlassen worden. In allen Bundesländern ist auf Grund des Einigungsvertrages Art. 2 II der 3. Oktober zum gesetzlichen Feiertag erklärt worden. Dagegen ist der Tag der Deutschen Einheit (17. 6.) als gesetzlicher Feiertag aufgehoben worden. Die Streichung des Buß- und Bettages als staatlich anerkanntem Feiertag war verfassungsrechtlich zulässig.[2] 6

IV. Arbeitsbefreiung an Feiertagen

Habscheid, Arbeitsverweigerung aus Glaubens- und Gewissensnot, JZ 64, 246.

1. Gesetzliche Feiertage. An gesetzlichen Feiertagen[3] besteht **grundsätzlich keine Arbeitspflicht.** Die zivilrechtliche und öffentlich-rechtliche Sicherung der Sonn- und Feiertagsruhe ist im Zusammenhang in § 159 dargestellt. 7

2. Kirchlicher Feiertag. An kirchlichen Feiertagen ist der Arbeitnehmer grundsätzlich **zur Arbeitsleistung verpflichtet.** Jedoch hat ihn der Arbeitgeber auf Verlangen für die Dauer des Gottesdienstbesuchs von der Arbeit freizustellen. Ob dies auch für die Teilnahme an Prozessionen gilt, ist zweifelhaft.[4] Ein Anspruch auf Lohnfortzahlung besteht jedenfalls nicht. Nach zweifelhafter Ansicht des OVG Berlin verstößt es nicht gegen den Gleichheitsgrundsatz, wenn ein katholischer Arbeitnehmer am Fronleichnamstag und Allerheiligen von der Arbeit freigestellt wird, dagegen ein evangelischer Arbeitnehmer nicht am Reformationstag.[5] 8

3. Ausländische Arbeitnehmer. Ausländische Arbeitnehmer haben in ähnlichem Umfang wie deutsche Arbeitnehmer bei kirchlichen Feiertagen einen Anspruch auf **Freistellung.** Bleibt ein ausländischer Arbeitnehmer an einem staatlichen oder religiösen Feiertag seines Heimatlandes unerlaubt der Arbeit fern, hat die Rechtsprechung dem Arbeitgeber häufig das Recht zur ordentlichen, gelegentlich auch zur außerordentlichen Kündigung gegeben.[6] Die Entscheidungen unterliegen Bedenken.[7] Vielmehr wird man im Einzelfall die betrieblichen Interessen und das Recht der Arbeitnehmer auf ungestörte Religionsausübung gegeneinander abzuwägen haben. Ein Verstoß gegen die Religionsfreiheit liegt nicht vor, wenn sich ein Moslem vor dem Besuch der Moschee abmelden muss.[8] 9

4. Maßgebliches Recht. Da nach Art. 70 GG die Feiertagsbestimmung zur Gesetzgebungskompetenz der Länder gehört und sich die Feiertagsregelungen in den einzelnen Bundesländern unterscheiden, muss stets im Einzelfall geklärt werden, welches Feiertagsrecht Anwendung findet. Nach den Regeln des interlokalen Kollisionsrechts, das den Regeln des internationalen Privatrechtes folgt, ist grundsätzlich der **Ort des Beschäftigungsbetriebs** maßgeblich.[9] 10

---

[1] Vgl. *Nipperdey,* Arbeitsrecht, Nr. 250 ff., Übersicht in dtv-Texte Arbeitsgesetze.
[2] BVerfG 18. 9. 1995 NJW 95, 3378.
[3] Übersicht über die gesetzlichen Feiertage bei *Nipperdey,* Arbeitsrecht, Nr. 250.
[4] ArbG Paderborn 8. 1. 1997 EzA 49 zu § 1 KSchG Verhaltensbedingte Kündigung.
[5] OVG Berlin 31. 10. 1989 NJW 90, 2269.
[6] LAG Düsseldorf BB 64, 597; DB 63, 522.
[7] Kritisch auch *Echterhölter* in Anm. zu BB 64, 597; *Habscheid* JZ 64, 246.
[8] EKMR 12. 3. 1981 EuGRZ 81, 326.
[9] BAG 14. 6. 2006 ZTR 2006, 592.

11 **Arbeitet der Arbeitnehmer nicht am Betriebssitz,** richtet sich arbeitszeitrechtlich die Einhaltung der Feiertage und ihr Schutz nach dem Recht des Arbeitsorts, da für die öffentlich-rechtlichen Feiertagsvorschriften das Territorialitätsprinzip gilt. Ob und wie die am Feiertag ausgefallene Arbeitszeit zu bezahlen ist, bestimmt sich nach den privatrechtlichen Grundsätzen der Rechtsanwendung. Für Monteure und Reisende bleibt i. d. R. das Recht des Betriebssitzes maßgebend. Das führt dazu, dass die ausgefallene Arbeitszeit grundsätzlich zu vergüten ist. Ist der Arbeitnehmer für eine Tätigkeit am Montageort eingestellt worden, gilt in jedem Fall Ortsrecht.

§ 105. Entgeltzahlung an Feiertagen

Raab, Entgeltfortzahlung an arbeitsunfähig kranke Arbeitnehmer an Feiertagen und nach der Neuregelung des EFZG, NZA 97, 1144; *Ring,* Entgeltfortzahlung an Feiertagen, BuW 2001, 829.

Übersicht

	RN		RN
I. Anspruchsvoraussetzungen	1 ff.	4. Pauschalierung	22
1. Allgemeine Voraussetzungen	1, 2	5. Ausschlussfristen	23
2. Arbeitsausfall wegen eines Feiertags	3	IV. Unabdingbarkeit	24
3. Einzelfälle	4–9	V. Sonn- und Feiertagszuschläge	25 ff.
4. Feiertagsarbeit	10	1. Gesetz	25
II. Ausschluss der Feiertagsvergütung	11, 12	2. Kollektivrecht	26
III. Berechnung der Vergütung	13 ff.	3. Höhe und Berechnung der Zuschläge	27
1. Entgeltausfallprinzip	13–17	4. Dreischichtenbetrieb	28
2. Besondere Arbeitszeitgestaltungen	18–20		
3. Vor- und Nacharbeit	21		

I. Anspruchsvoraussetzungen

1 **1. Allgemeine Voraussetzungen. a)** Nach § 2 EFZG ist vom Arbeitgeber für die Arbeitszeit, die infolge eines **gesetzlichen Feiertages** ausfällt, den Arbeitnehmern der Arbeitsverdienst zu zahlen, den sie ohne den Arbeitsausfall erhalten hätten (Entgeltausfallprinzip). Dies gilt auch dann, wenn die Arbeit an einem für den Arbeitnehmer arbeitspflichtigen Sonntag, der zugleich gesetzlicher Feiertag ist, wegen des Feiertages ausfällt.[1] Es gibt neun bundesweite Feiertage (Neujahr, Karfreitag, Ostermontag, 1. Mai, Christi Himmelfahrt, Pfingstmontag, 3. Oktober, 1. und 2. Weihnachtsfeiertag). In den Ländern gibt es weitere gesetzliche Feiertage. Fällt die Arbeit nur infolge eines **kirchlichen Feiertags** (§ 104 RN 8) aus, der nicht zugleich gesetzlicher Feiertag ist, entsteht kein Anspruch. Die Tarif- und Arbeitsvertragsparteien können günstigere Regelungen vereinbaren.

2 **b)** Anspruchsberechtigt sind **alle Arbeitnehmer.** Anspruch auf Feiertagsbezahlung haben deshalb auch die nebenberuflich beschäftigten Arbeitnehmer und Teilzeitbeschäftigte, die nur einige Tage in der Woche arbeiten, wenn auf einen dieser Kalendertage der Feiertag fällt und aus diesem Grunde die Arbeit ausfällt.[2] Unerheblich ist, ob die ausfallende Arbeitszeit nachgeholt wird. Nachholarbeit ist besonders zu vergüten.[3] Dagegen haben keinen Anspruch die nur in Eintagsarbeitsverhältnissen beschäftigten Arbeitnehmer, auch wenn sie am Tage vor oder nach dem Feiertag gearbeitet haben.[4] Eine entsprechende Regelung findet sich in § 11 EFZG für die in Heimarbeit Beschäftigten (§ 163).

3 **2. Arbeitsausfall wegen eines Feiertags.** Der Entgeltfortzahlungsanspruch nach § 2 I EFZG entsteht nur, wenn der Feiertag die **alleinige Ursache des Arbeitsausfalls** ist.[5] Hätte der Arbeitnehmer an dem betreffenden Tag auch ohne den Feiertag nicht gearbeitet und kein Entgelt erhalten, steht ihm keine Feiertagsvergütung zu. Beruht der Arbeitsausfall auch auf anderen Gründen und ist der Feiertag deshalb nicht die alleinige Ursache, scheidet eine Entgelt-

---

[1] BAG 26. 7. 1979 AP 34 zu § 1 FeiertagslohnzahlungsG.

[2] BAG 19. 7. 1957, 9. 7. 1959 AP 4, 5 zu § 1 FeiertagslohnzahlungsG.

[3] BAG 25. 6. 1985 AP 48 zu § 1 FeiertagslohnzahlungsG.

[4] BAG 14. 7. 1967 AP 24 zu § 1 FeiertagslohnzahlungsG.

[5] BAG 10. 1. 2007 AP 6 zu § 611 BGB Ruhen des Arbeitsverhältnisses = NZA 2007, 384; 24. 1. 2001 AP 5 zu § 2 EFZG = NZA 2001, 1026; 9. 10. 1996 AP 3 zu § 2 EFZG = NZA 97, 444; 11. 5. 1993 AP 63 zu § 1 FeiertagslohnzahlungsG = NZA 93, 809.

fortzahlung nach § 2 I EFZG grundsätzlich aus. Dies gilt auch für Heimarbeiter.[6] Die Arbeitsbefreiung aus Anlass eines Vorfesttags (z. B. 31. 12.) stellt keinen Arbeitsausfall infolge eines gesetzlichen Feiertags dar. § 2 I EFZG regelt die Entgeltfortzahlung an Feiertagen, nicht an anderen Tagen im Zusammenhang mit Feiertagen.[7]

3. Einzelfälle. a) Fällt die Arbeit an einem Feiertag infolge eines **Arbeitskampfs** aus, entsteht kein Anspruch.[8] Die in die Zeit einer **Aussperrung** fallenden gesetzlichen Feiertage sind auch dann nicht zu vergüten, wenn für den auf den Feiertag jeweils folgenden Werktag, den sog. Brückentag, durch Betriebsvereinbarung Betriebsruhe unter Anrechnung auf den Tarifurlaub vereinbart worden ist.[9] 4

b) Zu den Gründen, die einen Anspruch auf Feiertagsvergütung ausschließen, gehört auch die **dienstplanmäßige Freistellung** von der Arbeit.[10] Dienstplanmäßige Arbeit liegt vor, wenn nach einem Schema festgelegt wird, an welchen Kalendertagen innerhalb der regelmäßigen Arbeitszeit zu arbeiten ist. Dienstplanmäßige Freistellung ist danach anzunehmen, wenn nach einem vorausbestimmten Plan an bestimmten Kalendertagen unabhängig von etwaigen Wochenfeiertagen Freizeit vorgesehen ist. Wird in einem Betrieb im **wöchentlichen Wechsel** jeweils von Montag bis Freitag und Montag bis Donnerstag gearbeitet, besteht kein Anspruch auf Feiertagsvergütung, wenn auf den hiernach arbeitsfreien Freitag ein gesetzlicher Feiertag fällt.[11] In öffentlichen Nahverkehrsbetrieben sind „lohnzahlungspflichtige Wochenfeiertage" i. S. v. § 8 II Anlage 1 zum BMT-G II nicht alle Feiertage eines Jahres, die auf die Wochentage Montag bis Samstag fallen, sondern die Wochenfeiertage, die für die nicht im Schichtdienst tätigen Arbeiter des betreffenden Nahverkehrsbetriebs lohnzahlungspflichtig sind. Maßgeblich ist das im jeweiligen Beschäftigungsbetrieb geltende Feiertagsrecht.[12] Vereinbaren die Parteien das **Ruhen des Arbeitsverhältnisses** einer Reinigungskraft in den Schulferien, wird nicht unzulässig der Anspruch auf Feiertagsvergütung abbedungen.[13] Wird in einem Betrieb **an Wochenfeiertagen eingeschränkt gearbeitet,** hängt der Anspruch auf Feiertagsvergütung davon ab, welche Arbeitnehmer wegen dieser feiertagsbedingten Maßnahme befreit waren.[14] Hat ein **teilzeitbeschäftigter Arbeitnehmer** des Einzelhandels nach seinem Arbeitsvertrag regelmäßig am Samstag zu arbeiten und fällt ein gesetzlicher Feiertag auf einen Samstag, besteht ein Anspruch auf Feiertagslohn für den gesetzlichen Feiertag.[15] 5

c) Zulässig ist eine Regelung, wonach die an Wochenfeiertagen ausgefallene Arbeit am nächstfolgenden arbeitsfreien Werktag nachgeholt werden muss. Jedoch darf diese **Nacharbeit** nach § 2 I EFZG nicht unentgeltlich gefordert werden.[16] 6

d) Ursächlich ist der Feiertag, wenn bei **Abrufarbeit** (§ 12 TzBfG) auf Grund der Heranziehung zur Arbeit in der Vergangenheit mit hoher Wahrscheinlichkeit davon auszugehen ist, dass der Arbeitnehmer an dem infolge des Feiertags ausfallenden Arbeitstag gearbeitet hätte.[17] 7

e) Liegt in dem Zeitraum, in dem der Arbeitnehmer **Urlaub** hat, ein Feiertag, besteht ein Anspruch auf Entgeltfortzahlung nach § 2 EFZG, wenn an diesem Tag wegen des Feiertagsschutzes nicht gearbeitet worden wäre. An diesem Tag kann der Arbeitgeber den Arbeitnehmer nicht durch die Gewährung von Urlaub von der Arbeit freistellen, weil wegen des Feiertags keine Arbeitspflicht besteht. Wäre der Arbeitnehmer jedoch an dem Feiertag zur Arbeitsleistung verpflichtet gewesen (z. B. Bedienung in einer Gaststätte), fällt die Arbeit nicht wegen des Feiertags, sondern wegen des Urlaubs aus. Der Arbeitnehmer hat deshalb keinen Anspruch auf Feiertagsvergütung.[18] Im Falle der Vereinbarung von unbezahltem **Sonderurlaub** bestehen an Feiertagen keine Entgeltfortzahlungsansprüche nach § 2 I EFZG. Das gilt vorbehaltlich abwei- 8

---

[6] BAG 26. 7. 1979 AP 34 zu § 1 FeiertagslohnzahlungsG.
[7] BAG 23. 1. 2008 AP 42 zu § 1 TVG Tarifverträge: Lufthansa.
[8] BAG 1. 3. 1995 AP 68 zu § 1 FeiertagslohnzahlungsG = NZA 95, 996; 11. 5. 1993 AP 63 zu § 1 FeiertagslohnzahlungsG = NZA 93, 809.
[9] BAG 31. 5. 1988 AP 57 zu § 1 FeiertagslohnzahlungsG = NJW 89, 123.
[10] Vgl. BAG 27. 9. 1983 AP 41 zu § 1 FeiertagslohnzahlungsG; 9. 10. 1996 AP 3 zu § 2 EFZG = NZA 97, 444.
[11] BAG 24. 1. 2001 AP 5 zu § 2 EFZG = NZA 2001, 1026.
[12] BAG 14. 6. 2006 ZTR 2006, 592.
[13] BAG 10. 1. 2007 AP 6 zu § 611 BGB Ruhen des Arbeitsverhältnisses = NZA 2007, 384.
[14] BAG 27. 9. 1983 AP 41 zu § 1 FeiertagslohnzahlungsG.
[15] BAG 10. 7. 1996 AP 69 zu § 1 FeiertagslohnzahlungsG = NZA 96, 1324.
[16] BAG 25. 6. 1985 AP 48 zu § 1 FeiertagslohnzahlungsG.
[17] BAG 24. 10. 2001 AP 8 zu § 2 EFZG.
[18] ErfK/*Dörner* § 2 EFZG RN 9; MünchKommBGB/*Müller-Glöge* § 2 EFZG RN 18; *Vogelsang* RN 817.

chender Vereinbarungen auch dann, wenn der Sonderurlaub mit dem Feiertag beginnt oder endet.[19] Wurden über Weihnachten und Neujahr **Betriebsferien** gewährt und mit noch nicht urlaubsberechtigten Arbeitnehmern vereinbart, dass sie unbezahlten Urlaub erhalten, wird damit nach Auffassung des BAG nicht zugleich auch die Feiertagsbezahlung abbedungen.[20]

9 **f)** Eine Ausnahme von dem Grundsatz, dass der Feiertag die alleinige Ursache des Arbeitsausfalls sein muss, enthält § 4 II EFZG. Fällt ein gesetzlicher **Feiertag in den Arbeitsunfähigkeitszeitraum nach § 3 I EFZG,** hat der Arbeitnehmer für den Feiertag Anspruch auf Entgeltfortzahlung im Krankheitsfalle. Die Höhe der Vergütungsfortzahlung für einen Feiertag, an dem im Betrieb nicht gearbeitet wurde, bemisst sich gemäß § 4 II EFZG nach § 2 EFZG[21] und kann deshalb Feiertagszuschläge einschließen.[22] Entsprechendes gilt gemäß § 2 II EFZG für Kurzarbeit.

10 **4. Feiertagsarbeit.** Arbeitet der Arbeitnehmer am Feiertag, kann er nur Vergütung der Arbeit einschließlich eines evtl. tariflich oder vertraglich festgelegten Zuschlags, nicht aber – vorbehaltlich tariflicher Regelungen[23] – noch zusätzlich die Feiertagsvergütung (§ 2 EFZG) verlangen.[24]

II. Ausschluss der Feiertagsvergütung

11 Der Anspruch auf Feiertagsvergütung besteht nicht, wenn der Arbeitnehmer am **letzten Arbeitstag vor oder am ersten Arbeitstag nach** dem Feiertag unentschuldigt fehlt (§ 2 III EFZG).[25] Arbeitstag ist der Tag, an dem im Betrieb zuletzt hat gearbeitet werden müssen oder wieder gearbeitet werden musste. Fallen der betriebliche und der individuell geltende Arbeitstag auseinander, z. B. wegen verkürzter Arbeitszeiten oder Urlaubs vor und nach dem Feiertag, ist auf den letzen bzw. ersten für den Arbeitnehmer geltenden Arbeitstag abzustellen.[26]

12 Das Fernbleiben von der Arbeit ist **unentschuldigt,** wenn objektiv eine Vertragsverletzung vorliegt und subjektiv dem Arbeitnehmer ein Verschulden an der Arbeitsversäumnis zur Last fällt.[27] Der Arbeitnehmer, der am letzten Arbeitstag vor oder am ersten Arbeitstag nach einem gesetzlichen Feiertag einen **Teil der Arbeitszeit unentschuldigt versäumt,** hat nach Auffassung des BAG dann keinen Anspruch, wenn er nicht wenigstens die Hälfte der für den Arbeitstag maßgebenden Arbeitszeit leistet.[28] Die unentschuldigte Arbeitsversäumnis braucht mit dem Feiertag nicht in einem ursächlichen oder inneren Zusammenhang oder gar in unmittelbarem Anschluss an den Feiertag zu stehen.[29] Wird in einem Betrieb zwischen Weihnachten und Neujahr nicht gearbeitet, verliert ein Arbeitnehmer nach der Rechtsprechung des BAG seinen Anspruch auf Feiertagsbezahlung für alle in die Betriebsruhe fallenden Wochenfeiertage, wenn er am letzten Tag vor oder am ersten Tag nach der Betriebsruhe unentschuldigt fehlt.[30] Fällt ein Feiertag auf den letzten Tag des Arbeitsverhältnisses, bleibt der Anspruch erhalten, es sei denn, dass der Arbeitnehmer am vorletzten Tag unentschuldigt fehlt.[31]

III. Berechnung der Vergütung

13 **1. Entgeltausfallprinzip. a)** Nach § 2 I EFZG hat der Arbeitgeber für Arbeitszeit, die infolge eines gesetzlichen Feiertags ausfällt, dem Arbeitnehmer das Arbeitsentgelt zu zahlen, das er ohne den Arbeitsausfall erhalten hätte. Der Arbeitnehmer ist so zu stellen, als hätte er an dem Feiertag die schichtplanmäßige Arbeitszeit gearbeitet.[32] Das Entgelt errechnet sich aus einem Zeit- und einem Geldfaktor.[33] Insoweit kann grundsätzlich auf die Ausführungen zur Entgelt-

---

[19] ErfK/*Dörner* § 2 EFZG RN 9; *Schmitt* § 2 EFZG RN 57; einschränkend BAG 27. 7. 1973 AP 30 zu § 1 FeiertagslohnzahlungsG.
[20] BAG 6. 4. 1982 AP 36 zu § 1 FeiertagslohnzahlungsG = NJW 83, 70.
[21] Vgl. hierzu bereits BAG 19. 4. 1989 AP 62 zu § 1 FeiertagslohnzahlungsG = NZA 89, 715.
[22] BAG 1. 12. 2004 AP 68 zu § 4 EFZG = NZA 2005, 1315.
[23] Dazu BAG 1. 12. 2004 AP 68 zu § 4 EFZG = NZA 2005, 1315.
[24] BAG 5. 2. 1965 AP 17 zu § 1 FeiertagslohnzahlungsG.
[25] Die Vorschrift ist an sich aus wehrwirtschaftlichen Gründen eingeführt worden. Der Bundesgesetzgeber hat sie aber übernommen; vgl. dazu ArbG Aachen 14. 2. 1975 DB 75, 1463.
[26] Ebenso ErfK/*Dörner* § 2 EFZG RN 22; *Schmitt* § 2 RN 130.
[27] BAG 28. 10. 1966 AP 23 zu § 1 FeiertagslohnzahlungsG.
[28] BAG 28. 10. 1966 AP 23 zu § 1 FeiertagslohnzahlungsG; MünchKommBGB/*Müller-Glöge* § 2 EFZG RN 36; *Schmitt* § 2 RN 139; teilweise a. A. ErfK/*Dörner* § 2 EFZG RN 21.
[29] BAG 28. 10. 1966 AP 23 zu § 1 FeiertagslohnzahlungsG.
[30] BAG 6. 4. 1982 AP 37 zu § 1 FeiertagslohnzahlungsG.
[31] ArbG Marburg 25. 3. 1969 DB 69, 1656.
[32] BAG 14. 8. 2002 AP 10 zu § 2 EFZG; 24. 10. 2001 AP 8 zu § 2 EFZG.
[33] Ebenso ErfK/*Dörner* § 2 EFZG RN 14 ff.; MünchKommBGB/*Müller-Glöge* § 2 EFZG RN 24.

fortzahlung im Krankheitsfall verwiesen werden (§ 98 RN 83 ff.). Der Arbeitnehmer ist **nicht zur unentgeltlichen Vor- oder Nacharbeit** der durch den Feiertag ausgefallenen Arbeitszeit verpflichtet.[34] Der Arbeitnehmer hat Anspruch auf den Arbeitsverdienst einschließlich aller Bestandteile, den er erhalten hätte, wenn er gearbeitet hätte.

b) Maßgeblich ist der **Bruttoverdienst,** den der Arbeitnehmer als Gegenleistung für seine Arbeitsleistung erhält. Ein Arbeitnehmer, der ohne Rücksicht auf die Zahl der geleisteten Stunden **feste Bezüge** für einen längeren Zeitabschnitt (Woche, Monat) erhält, erleidet durch den Arbeitsausfall am gesetzlichen Feiertag grundsätzlich keinen Verdienstausfall.[35] Dies trifft i. d. R. für alle Angestellte zu. Soweit diese neben ihrer festen Vergütung noch **Provisionen** erhalten, ist der Provisionsausfall entsprechend dem Durchschnittsverdienst des letzten Jahres zu schätzen.[36] Dies gilt auch für Provisionsverkäufer im Innendienst.[37] Für Arbeitnehmer, deren Arbeitsverdienst von der **Zahl der geleisteten Arbeitsstunden** abhängig ist, sind die ausfallenden Stunden mit dem üblichen Arbeitsverdienst, nicht dagegen mit einem wegen des Ausgleichs der Feiertagsarbeit erhöhten Verdienst zu bezahlen.[38] Zu ersetzen ist jeweils eine ganze **Schicht,** auch wenn sie nur teilweise in den Feiertag fällt, deshalb aber ganz ausfällt.[39] **Nahauslösungen** sind regelmäßig Arbeitsverdienst im Sinne des § 2 EFZG und daher auch für Feiertage fortzuzahlen.[40] 14

c) Überstunden und ggf. Überstundenzuschläge sind zu berücksichtigen. § 4 I a EFZG findet bei der Feiertagsvergütung keine Anwendung.[41] Werden Arbeitnehmer regelmäßig an bestimmten Wochentagen zu Mehrarbeit herangezogen, nicht aber an dem Wochentag, der auf einen Feiertag fällt, haben sie keinen Anspruch auf Feiertagslohn in Höhe der Mehrarbeitsvergütung einschließlich des Zuschlags.[42] 15

d) Im Falle der **Kurzarbeit** ist Vergütung in Höhe des Kurzarbeitergelds zu zahlen.[43] Der Arbeitgeber muss jedoch insoweit die Sozialversicherungsbeiträge tragen; sie würden sonst von der BA abgeführt. Wegen der Lohnsteuer ist er nicht ausgleichspflichtig.[44] 16

e) Erbringt ein Arbeitnehmer auf Grund besonderer Vereinbarung regelmäßig **zusätzlich vergütete Arbeitsleistungen,** hat der Arbeitgeber nach § 2 EFZG das hierfür vereinbarte Arbeitsentgelt zu bezahlen, wenn die Arbeit infolge des Feiertages ausfällt.[45] 17

2. Besondere Arbeitszeitgestaltungen. a) In **Dreischichtenbetrieben** braucht die Feiertags-Ruhezeit nicht der Kalenderfeiertags-Ruhezeit zu entsprechen. Vielmehr kann nach § 9 II ArbZG für die dort genannten Betriebe (§ 159) die Feiertagsruhezeit jeweils 6 Stunden nach vorne oder hinten verschoben werden.[46] Haben die Betriebspartner demgemäß vereinbart, dass die aus dem Feiertag von 22.00 bis 6.00 Uhr herausragende Schicht die Feiertagsruhezeit sein soll, ist diese insgesamt nach dem EFZG zu vergüten.[47] Die in den Feiertag von 22.00 bis 6.00 Uhr hineinragende Schicht ist regelmäßig nicht mit einem tariflichen Zuschlag zu bezahlen. Haben die Tarifpartner in einem Tarifvertrag die Feiertagsarbeit von 0.00 bis 24.00 Uhr qualifiziert, ist jeweils zu prüfen, ob sie hierbei an den Dreischichtenbetrieb überhaupt gedacht haben. Das BAG hat in Tarifverträgen für das Produktivgewerbe regelmäßig eine Verschiebung des Feiertages angenommen,[48] dagegen eine andere Auffassung zu einem Tarifvertrag für das private Bankgewerbe vertreten.[49] 18

---

[34] BAG 10. 7. 1996 AP 69 zu § 1 FeiertagslohnzahlungsG = NZA 96, 1324.

[35] BAG 25. 3. 1966 AP 19 zu § 1 FeiertagslohnzahlungsG.

[36] BAG 4. 6. 1969 AP 27 zu § 1 FeiertagslohnzahlungsG; vgl. auch BAG 29. 9. 1971 AP 28 zu § 1 FeiertagslohnzahlungsG.

[37] BAG 17. 4. 1975 AP 32 zu § 1 FeiertagslohnzahlungsG.

[38] BAG 23. 9. 1960 AP 12 zu § 1 FeiertagslohnzahlungsG.

[39] BAG 26. 1. 1962 AP 13 zu § 1 FeiertagslohnzahlungsG.

[40] BAG 1. 2. 1995 AP 67 zu § 1 FeiertagslohnzahlungsG = NZA 95, 1113; 24. 9. 1986 AP 50 zu § 1 FeiertagslohnzahlungsG = NZA 87, 315.

[41] Ebenso ErfK/*Dörner* § 2 EFZG RN 15; MünchKommBGB/*Müller-Glöge* § 2 EFZG RN 20.

[42] BAG 26. 3. 1985 AP 47 zu § 1 FeiertagslohnzahlungsG = NZA 86, 397; 18. 3. 1992 AP 64 zu § 1 FeiertagslohnzahlungsG (im Druckbetrieb) = NZA 92, 940.

[43] BAG 5. 7. 1979 AP 33 zu § 1 FeiertagslohnzahlungsG.

[44] BAG 8. 5. 1984 AP 44 zu § 1 FeiertagslohnzahlungsG.

[45] BAG 16. 1. 2002 AP 7 zu § 2 EFZG = NZA 2002, 1163, zu § 5 Nr. 3 BRTV – Bau.

[46] BAG 6. 3. 1957 AP 1 zu § 105 b GewO; näher dazu *Baeck/Deutsch* AZG § 9 RN 21 ff.

[47] BAG 17. 5. 1973 AP 29 zu § 1 FeiertagslohnzahlungsG m. w. N.

[48] BAG 17. 5. 1973 AP 29 zu § 1 FeiertagslohnzahlungsG; ebenso *Meisel* Anm. zu SAE 68, 297; kritisch *Knieper* AuR 68, 271.

[49] BAG 28. 6. 1983 AP 40 zu § 1 FeiertagslohnzahlungsG.

19 **b)** Bei Einführung der **flexiblen Arbeitszeit** wurden mehrere Modelle entwickelt (§ 160 RN 21ff.). In den Tarifverträgen finden sich gelegentlich Regelungen über die Berechnung der Vergütungsfortzahlung an Feiertagen. Bestehen jedoch keine Sonderregelungen, gelten die allgemeinen Grundsätze. Ist die Betriebsnutzungszeit von 40 Stunden und die tägliche Arbeitszeit von acht Stunden beibehalten, dagegen die Arbeitszeitverkürzung durch Freischichten gewährleistet, fällt infolge des Feiertags eine achtstündige Schicht aus, so dass auch insoweit der Feiertag zu vergüten ist.[50] Im Falle des Arbeitsausfalls aus Anlass von gesetzlichen Feiertagen ist der Arbeitgeber verpflichtet, die Anzahl von Stunden gutzuschreiben, die der Arbeitnehmer schichtplanmäßig an den Feiertagen ohne den Ausfall gearbeitet hätte.[51] Ist vorgesehen, dass unter Beibehaltung der betrieblichen Nutzungszeit von 40 Stunden die Arbeitnehmer eine tägliche Arbeitszeitgutschrift erhalten, kann bestimmt werden, dass eine Zeitgutschrift nur für jeden geleisteten Arbeitstag erfolgt.[52]

20 **c)** Bei **rollierenden Feiertagen,** z. B. der Fünf-Tage-Woche bei sechstägiger Öffnung eines Einzelhandelunternehmens, besteht kein Anspruch auf Feiertagsbezahlung, wenn der Feiertag auf den freien Tag fällt.[53] Der Arbeitnehmer hat keinen Verdienstausfall.

21 **3. Vor- und Nacharbeit.** Die Feiertagsbezahlung kann nicht durch die Vereinbarung umgangen werden, dass der Arbeitnehmer die infolge des Feiertags ausfallende Arbeitszeit an einem sonst arbeitsfreien Tag **unentgeltlich vor- oder nacharbeitet.**[54] Vielmehr ist die Arbeit an dem sonst freien Tag **zusätzlich zu vergüten.**[55] Umstritten ist, ob die an dem sonst arbeitsfreien Tag geleistete Arbeit mit dem tariflichen Mehrarbeitszuschlag zu bezahlen ist. Im Grundsatz wird es nur auf die tatsächlich geleistete Arbeitszeit ankommen,[56] es sei denn, der Tarifvertrag bestimmt ausdrücklich, dass die infolge des Feiertages ausfallende Arbeitszeit auf die Wochenarbeitszeit anzurechnen ist.[57]

22 **4. Pauschalierung.** Die Pauschalierung der Feiertagsvergütung ist **zulässig.** Jedoch muss der Zuschlag von vornherein erkennbar und eindeutig geeignet sein, den gesetzlichen Anspruch zu erfüllen.[58] Die Vergütungsabrede im Formulararbeitsvertrag muss dem Transparenzgebot entsprechen (§ 307 I 2 BGB).

23 **5. Ausschlussfristen.** Der Anspruch auf Feiertagslohnzahlung ist ein gesetzlicher Anspruch. Er kann tariflichen Ausschlussfristen unterliegen. Dies gilt aber dann nicht, wenn die tarifliche Verfallklausel nur Tarifansprüche erfasst.[59]

IV. Unabdingbarkeit

24 Die **Arbeitsvertragsparteien** können den Vergütungsanspruch des Arbeitnehmers für regelmäßige zusätzliche Arbeitsleistungen nicht für Tage, an denen die Arbeit wegen eines Feiertags ausfällt, ausschließen. Hierin läge eine nach § 12 EFZG unzulässige Abweichung von der Entgeltfortzahlungspflicht nach § 2 EFZG.[60] Ein Verstoß gegen die gemäß § 12 EFZG zwingende Vorschrift des § 2 I EFZG liegt dagegen nicht vor, wenn die Parteien nicht den Anspruch auf Feiertagsvergütung abbedingen, sondern ein generelles Ruhen des Arbeitsverhältnisses in den Zeiten der Schulferien vorgesehen. Das ist von den Feiertagen unabhängig.[61]

V. Sonn- und Feiertagszuschläge

25 **1. Gesetz.** Wird an Sonn- und Feiertagen gearbeitet, hat der Arbeitnehmer von Gesetztes wegen grundsätzlich **keinen Anspruch auf einen Zuschlag.** Eine gesetzliche Zuschlagsrege-

---

[50] BAG 2. 12. 1987 AP 52 zu § 1 FeiertagslohnzahlungsG; 2. 12. 1987 AP 53 zu § 1 FeiertagslohnzahlungsG = NZA 88, 538; vgl. bei Arbeitsfreistellung: BAG 14. 12. 1988 AP 71 zu § 1 TVG Tarifverträge: Metallindustrie = NZA 90, 277.

[51] BAG 14. 8. 2002 AP 10 zu § 2 EFZG.

[52] BAG 2. 12. 1987 AP 54 zu § 1 FeiertagslohnzahlungsG = NZA 88, 663.

[53] BAG 16. 3. 1988 AP 19 zu § 1 TVG Tarifverträge: Einzelhandel = NZA 88, 587.

[54] BAG 25. 3. 1966 AP 19 zu § 1 FeiertagslohnzahlungsG; 25. 6. 1985 AP 48 zu § 1 FeiertagslohnzahlungsG; ErfK/*Dörner* § 2 EFZG RN 15.

[55] Vgl. BAG 9. 10. 1996 AP 3 zu § 2 EFZG = NZA 97, 444; 10. 7. 1996 AP 69 zu § 1 FeiertagslohnzahlungsG = NZA 96, 1324.

[56] BAG 7. 10. 1966 AP 21 zu § 1 FeiertagslohnzahlungsG; *Vogelsang* RN 847.

[57] BAG 7. 10. 1966 AP 22 zu § 1 FeiertagslohnzahlungsG.

[58] BAG 22. 10. 1973 AP 31 zu § 1 FeiertagslohnzahlungsG.

[59] BAG 10. 12. 1986 AP 51 zu § 1 FeiertagslohnzahlungsG = NZA 87, 461.

[60] BAG 16. 1. 2002 AP 7 zu § 2 EFZG = NZA 2002, 1163.

[61] BAG 10. 1. 2007 AP 6 zu § 611 BGB Ruhen des Arbeitsverhältnisses = NZA 2007, 384.

lung findet sich allein für Besatzungsmitglieder von Seeschiffen (§ 90 III SeemG). Durch die Verweisung in § 11 II ArbZG entsteht auch kein Anspruch auf einen gesetzlichen Sonn- und Feiertagszuschlag. Vielmehr hat der Arbeitnehmer bei Sonn- und Feiertagsarbeit nach § 11 III ArbZG nur einen Anspruch auf einen Ersatzruhetag.[62] Auch für Jugendliche sind keine Zuschläge mehr vorgesehen; sie erhalten Freizeitausgleich (§ 18 JArbSchG).

2. Kollektivrecht. Die Verpflichtung zur Zahlung von Sonn- und Feiertagszuschlägen ist zumeist in **Tarifverträgen und Betriebsvereinbarungen** geregelt.[63] Nach § 22 I 2 Buchst. d BMT-G II besteht ein Anspruch auf Zeitzuschläge für Arbeiten am 24. und 31. 12. jeweils für die Zeit ab 12.00 Uhr auch dann, wenn dem Arbeiter gemäß § 15 IV 2 BMT-G II an einem anderen Tag entsprechende bezahlte Freizeit gewährt wird.[64] Sind gesetzliche oder kollektivvertragliche Bestimmungen nicht vorhanden oder mangels Tarifbindung nicht anwendbar, haben die Arbeitsvertragsparteien es in der Hand, im Rahmen des arbeitszeitrechtlich Zulässigen (§ 159) Sonn- und Feiertagsarbeit ohne Zuschlagszahlung zu vereinbaren. Wird in einem Arbeitsvertrag über die Sonn- und Feiertagsvergütung ausdrücklich nichts geregelt, gibt es grundsätzlichen keinen Anspruch auf einen Zuschlag. **26**

3. Höhe und Berechnung der Zuschläge.[65] Die Höhe der Zuschläge richtet sich nach den gesetzlichen, kollektiv- oder einzelvertraglichen Bestimmungen. Tarifliche Feiertagszuschläge knüpfen grundsätzlich an die gesetzlichen Feiertage am Beschäftigungsort an; abweichende Regelungen müssen ausreichend deutlich erkennbar sein.[66] I. d. R. wird der Zuschlag in Prozenten des Arbeitsentgelts ausgedrückt. Bei der Berechnung (meist 50 bis 100%) ist grundsätzlich von dem effektiv gezahlten Lohn, nicht dagegen von einem geringeren Tariflohn auszugehen.[67] Dies hat vor allem Bedeutung für die Akkordvergütung. Fallen Sonn- und Feiertag zusammen, kann der Arbeitnehmer vorbehaltlich einer anderen Tarifregelung[68] i. Zw. nur einen Zuschlag beanspruchen. Umstritten ist, ob in diesen Fällen der zumeist niedrigere Sonntags- oder der höhere Feiertagszuschlag zu zahlen ist.[69] Hier sind in erster Linie die einzel- oder kollektivvertraglichen Vereinbarungen maßgebend. Fehlt es an derartigen Vereinbarungen, kommt es auf den Zweck der Zuschlagsgewährung an. Soll durch die Zuschläge die Unbequemlichkeit der Feiertagsarbeit abgegolten werden, ist der höhere Zuschlag zu zahlen; soll dagegen nur die „Arbeitsmehrleistung" honoriert werden, ist nur der niedrigere zu zahlen, es sei denn, dass auch die übrigen Arbeitnehmer Anspruch auf Feiertagsbezahlung haben. **27**

4. Dreischichtenbetrieb. Ist in einem Dreischichtenbetrieb die betriebliche Feiertagsruhe der kalendertäglichen Feiertagsruhe nicht kongruent, ist im Allgemeinen nur der ausfallende betriebliche Feiertag zu vergüten, nicht dagegen die andere in den Kalender-Feiertag hineinragende Schicht mit einem Zuschlag zu bezahlen.[70] **28**

---

[62] BAG 11. 1. 2006 AP 2 zu § 11 ArbZG = NZA 2006, 1229.

[63] Vgl. BAG 9. 10. 1991 AP 17 zu § 15 BAT = NZA 92, 262; 11. 11. 1992 AP 2 zu § 1 TVG Tarifverträge: Milch-Käseindustrie; 11. 11. 1992 AP 1 zu § 1 TVG Tarifverträge: Steine-Erden = NZA 93, 704.

[64] BAG 31. 5. 2001 AP 2 zu § 22 BMT-G II = NZA 2002, 1220.

[65] Zur Berechnung bei der DB AG: BAG 18. 4. 1996 AP 12 zu § 1 TVG Tarifverträge: Bundesbahn = NZA 96, 1222.

[66] BAG 13. 4. 2005 AP 192 zu § 1 TVG Auslegung = NZA 2005, 882.

[67] Vgl. BAG 6. 12. 2006 AP 18 zu § 1 TVG Tarifverträge: Bewachungsgewerbe = NZA-RR 2007, 368.

[68] Anschaulich dazu die Tarifregelung der Druckindustrie, vgl. BAG 1. 12. 2004 AP 68 zu § 4 EFZG = NZA 2005, 1315.

[69] Vgl. BAG 6. 3. 1957 AP 1 zu § 105 b GewO.

[70] BAG 17. 5. 1973 AP 29 zu § 1 FeiertagslohnzahlungsG; oben RN 18 f.

9. Abschnitt. Sonstige Pflichten des Arbeitgebers

§ 106. Fürsorgepflicht

Übersicht

	RN
I. Allgemeines	1 ff.
1. Begriff	1
2. Rechtsgrundlage	2
3. Arbeitsvertrag	3
4. Träger der Fürsorgeverpflichtung	4
5. Abdingbarkeit	5
II. Arten der Fürsorgepflichten	6 ff.
1. Arten	6
2. Gesetzliche Fürsorgepflichten	7
3. Verselbstständigte Arbeitgeberfürsorgepflichten	8
4. Allgemeine Fürsorgepflicht	9
5. Umfang und Grenzen der Fürsorgepflicht	10
6. Sanktionen	11
III. Schutzpflicht für Leben und Gesundheit	12 ff.
1. Öffentlicher Arbeitsschutz	12, 13
2. Pflicht zu Schutzmaßnahmen	14–17
3. Rechtsfolgen einer Pflichtverletzung	18–20
4. Darlegungs- und Beweislast	21
5. Häusliche Gemeinschaft	22–25
IV. Sonstige verselbstständigte Arbeitgeberfürsorgepflichten	26 ff.
1. Sachschäden	26
2. Eingebrachte Sachen	27, 28
3. Persönlich unentbehrliche Sachen	29, 30
4. Unmittelbar arbeitsdienliche Sachen	31
5. Mittelbar arbeitsdienliche Sachen	32–34
6. Sondervorschriften	35
V. Allgemeine Fürsorgepflicht	36 ff.
1. Inhalt	36
2. Auswirkungen	37
3. Einzelne Pflichten	38–41
4. Beförderungsanspruch und Konkurrentenklage	42–51
5. Begrenzung von Schadensersatzansprüchen	52
6. Bekanntgabe von strafbaren Handlungen des Arbeitnehmers	53
7. Persönlichkeitsrecht	54–56
8. Fürsorgepflichten nach Beendigung	57

I. Allgemeines

1 **1. Begriff.** Der Arbeitsvertrag ist nach h. M. ein privatrechtlicher, gegenseitiger Vertrag, durch den sich der Arbeitnehmer zur Leistung von Arbeit und der Arbeitgeber zur Zahlung einer Vergütung verpflichten. Aus dem Arbeitsverhältnis entstehen aber nicht nur Leistungs-, sondern auch Verhaltenspflichten. Der Arbeitgeber hat auf Grund arbeitsvertraglicher Nebenpflicht auf die Rechte, Rechtsgüter und Interessen des Arbeitnehmers Rücksicht zu nehmen. Diese nunmehr in § 241 II BGB n. F. ausdrücklich anerkannte Verpflichtung wurde bisher unter dem Begriff Fürsorgepflicht aus dem Grundsatz von Treu und Glauben (§ 242 BGB) hergeleitet. Wegen des personenrechtlichen Einschlags des Arbeitsverhältnisses sind die Nebenpflichten im Verhältnis zu anderen Vertragstypen zahlreicher und inhaltlich weitergehender. Die Nebenpflichten des Arbeitnehmers werden herkömmlich unter dem Oberbegriff der sog. **Treuepflicht** (§ 55), die des Arbeitgebers unter dem der **Fürsorgepflicht** zusammengefasst. Die Pflichtenstellung des Arbeitgebers ist insbesondere deshalb besonders ausgestaltet, weil der Arbeitnehmer regelmäßig in den Betrieb des Arbeitgebers eingegliedert ist und dieser Arbeitsbedingungen durch das Direktionsrecht einseitig gestalten kann (§ 45). Im neueren Schrifttum wird zu Recht auf den Begriff der Fürsorgepflicht verzichtet, da diesem etwas Patriarchalisches anhaftet; besser ist es, von einer Schutzpflicht des Arbeitgebers zu sprechen. Der Begriff der Fürsorgepflicht ist hier aus Gründen der besseren Darstellung beibehalten worden, da die Rechtsprechung unter dieser Bezeichnung die Pflichtenstellung des Arbeitgebers ausgestaltet hat und er überdies in der Rechtspraxis noch überwiegend Verwendung findet. Perspektivisch sollte er aber auch dort durch den der Schutzpflicht ersetzt werden.

2 **2. Rechtsgrundlage.** Die rechtliche Begründung der besonderen Pflichtenstellung ist umstritten, soweit nicht einzelne gesetzliche Bestimmungen bestehen. So ist sie abgeleitet aus **(a)** dem Arbeitsverhältnis als personenrechtlichem Gemeinschaftsverhältnis und dem allgemeinen Schutzcharakter des Arbeitsrechts; **(b)** dem Prinzip von Treu und Glauben, das bei Arbeitsver-

hältnissen eine besonders starke Ausgestaltung erfahren habe;[1] **(c)** dem allgemeinen Schutzcharakter des Arbeitsrechts;[2] **(d)** dem Gedanken der Sozialstaatlichkeit;[3] **(e)** aus der schuldrechtlichen Schutzpflicht, nach der niemand einen anderen in seinen Interessen verletzen darf;[4] **(f)** für Ausbildungsverhältnisse gilt § 14 I Nr. 5, II BBiG. Trotz der unterschiedlichen dogmatischen Begründung ergeben sich bei der inhaltlichen Ausgestaltung der Pflichtenstellung keine wesentlichen Unterschiede. Die Fürsorgepflicht begründet Nebenpflichten zum Tun oder Unterlassen. Im Übrigen begrenzt sie das Recht des Arbeitgebers, seine gerechtfertigten Interessen mit den gesetzlich zulässigen Mitteln zu wahren. Die Einzelheiten müssen jeweils im Zusammenhang und nach einer Abwägung der einzelnen Interessen ermittelt werden.

3. Arbeitsvertrag. Die Fürsorgepflicht setzt grundsätzlich das Bestehen eines wirksamen Arbeitsvertrags voraus. Allerdings entstehen die mit der tatsächlichen Arbeitsleistung im Zusammenhang stehenden Pflichten mit der Beschäftigungsaufnahme, also auch bei einem **faktischen Arbeitsverhältnis** (§ 36 RN 47) oder einer Weiterbeschäftigung während des Kündigungsschutzverfahrens. Die Pflichtenstellung beginnt ansonsten mit der Aufnahme von Vertragsbeziehungen und erstreckt sich teilweise über die Beendigung des Arbeitsvertrags hinaus (§§ 146 bis 149). Sie besteht auch während der Zeit, in der das Arbeitsverhältnis ruht.[5] 3

4. Träger der Fürsorgeverpflichtung. Dies ist grundsätzlich der Arbeitgeber. Hat der Arbeitnehmer die Arbeitsleistung einem Dritten zu erbringen, so kann auf Grund der Grundsätze eines Vertrags mit Schutzwirkungen zugunsten Dritter (§ 328 BGB) zwischen Arbeitgeber und Drittem auch der Dritte Schutzpflichten gegenüber dem Arbeitnehmer haben.[6] Ob und inwieweit dies der Fall ist, muss jeweils im Wege der Auslegung der Rechtsbeziehungen ermittelt werden. Dem Dritten obliegen gegenüber dem Arbeitnehmer dann Schutzpflichten, sobald er zu diesem in einen gesteigerten sozialen Kontakt tritt und damit eine Gefährdung der Rechtsgüter des Arbeitnehmers eintreten kann. Ist der Arbeitnehmer in den Haushalt des Arbeitgebers eingegliedert oder arbeiten die Angehörigen des Arbeitgebers, etwa in Kleinbetrieben, im Betrieb mit, so haben auch diese gegenüber dem Arbeitnehmer eine Fürsorgeverpflichtung, soweit sie in arbeitgeberähnlicher Stellung auftreten. Im **mittelbaren Arbeitsverhältnis** kann auch den Hauptarbeitgeber eine Fürsorgeverpflichtung treffen (§ 183). Umgekehrt kann auch der Arbeitgeber gegenüber Dritten, etwa dem Ehepartner des Arbeitnehmers, Fürsorgepflichten haben (§ 311 III BGB). Zu Leiharbeitsverhältnissen vgl. § 120. 4

5. Abdingbarkeit. Die Fürsorgepflicht des Arbeitgebers als solche kann vertraglich weder ausgeschlossen noch eingeschränkt werden, da sie notwendiger Bestandteil des Arbeitsverhältnisses ist. Lediglich über einzelne aus der Fürsorgepflicht resultierende Verpflichtungen des Arbeitgebers können abweichende Vereinbarungen getroffen werden. Diese können jedoch unwirksam sein, wenn sie **(a)** gegen zwingendes Recht, insbesondere gegen nicht abdingbare arbeitsschutzrechtliche Normen, verstoßen oder **(b)** – bei Vorliegen von AGB – den §§ 305 c, 307 ff. BGB nicht genügen (§ 32 RN 22, 35). Eine einseitige Leistungsbestimmung des Arbeitgebers kann unverbindlich sein, wenn sie den sich aus § 315 III BGB ergebenden Anforderungen nicht genügt. Die Pflichtenstellung des Arbeitgebers in Zusammenhang mit Gesundheit und Leben des Arbeitnehmers ist wegen der §§ 619 BGB, 62 IV HGB vor einem Schadenseintritt nicht abdingbar. Nach diesem Zeitpunkt kann der Arbeitnehmer über Schadensersatzansprüche verfügen, d. h. auch auf sie verzichten. 5

II. Arten der Fürsorgepflichten

1. Arten. Herkömmlich werden unterschieden **(a)** gesetzlich geregelte Fürsorgepflichten, **(b)** verselbstständigte Arbeitgeberfürsorgepflichten und **(c)** die allgemeine Fürsorgepflicht. 6

2. Gesetzliche Fürsorgepflichten. Hierzu werden gezählt die Fürsorge für Leben und Gesundheit des Arbeitnehmers, aber nach herkömmlicher Dogmatik auch die Verpflichtung des Arbeitgebers, im Falle der persönlichen Verhinderung des Arbeitnehmers (§ 97) oder seiner Erkrankung (§ 98) Arbeitsvergütung zu zahlen. Ursprünglich zählten hierzu auch eine Reihe von Sondervergütungen wie z. B. das Ruhegeld (§ 81), der Urlaub (§ 102) und Sonderzuwendungen (§ 78). Dagegen betont die neuere Rechtsprechung zu Recht deren Entgeltcharakter. 7

---

[1] BAG 22. 8. 1974 AP 1 zu § 103 BetrVG 1972 = NJW 75, 181.
[2] *Monjau* ArbuR 65, 323.
[3] *Fechner* RdA 55, 161; *G. Müller* DB 56, 524, 549.
[4] *Picker* JZ 87, 1941, 1947.
[5] BAG 26. 1. 1959 AP 3 zu § 7 AltbankenG Berl.
[6] MünchKommBGB/*Gottwald* § 328 RN 127, 175 f.

8 **3. Verselbstständigte Arbeitgeberfürsorgepflichten.** Hiervon wird gesprochen, wenn sie eine so konkrete Einzelausgestaltung erfahren haben, dass sie sich bis zu Ansprüchen des Arbeitnehmers verdichtet haben (unter RN 26ff.).

9 **4. Allgemeine Fürsorgepflicht.** Sie durchdringt wie der Grundsatz von Treu und Glauben das gesamte Arbeitsverhältnis. Aus der allgemeinen Fürsorgepflicht ergeben sich Schutz-, Sorgfalts- und Auskunftspflichten.

10 **5. Umfang und Grenzen der Fürsorgepflicht.** Sie bestimmen sich, soweit gesetzliche oder tarifvertragliche Regelungen nicht bestehen, nach der Verkehrsauffassung und nach der betrieblichen Übung (§ 111). Die Fürsorgepflicht ist gesteigert **(a)** bei einzelnen, besonders schutzwürdigen Gruppen von Arbeitnehmern, z.B. bei Frauen, Jugendlichen und schwerbehinderten Menschen, **(b)** bei langjährigem Bestand des Arbeitsverhältnisses oder **(c)** bei besonderen Vertrauensstellungen. Andererseits darf die Fürsorgepflicht nicht überspannt werden. Sie hindert den Arbeitgeber nicht, seine Interessen mit gesetzlich zulässigen Mitteln wahrzunehmen, etwa Betriebsrationalisierungen vorzunehmen, auch wenn dadurch Kündigungen notwendig werden, oder Kurzarbeit einzuführen, auch wenn damit Verdienstschmälerungen verbunden sind. Erfordert die Erfüllung der Fürsorgepflicht finanzielle Aufwendungen, ist sie dem Arbeitgeber nur in möglichst kostensparender Weise zumutbar;[7] insoweit gilt der Grundsatz der Verhältnismäßigkeit.

11 **6. Sanktionen.** Der Arbeitnehmer hat bei Verletzungen der Fürsorgepflicht grundsätzlich einen Erfüllungs- bzw. Unterlassungsanspruch gegen den Arbeitgeber. Daneben ist er berechtigt, ein Zurückbehaltungsrecht hinsichtlich seiner Arbeitspflicht geltend zu machen. Eine Ausnahme gilt bei nur geringfügigen oder kurzzeitigen Verstößen. Verletzt der Arbeitgeber die ihm obliegende Fürsorgepflicht, ist er nach § 280 I BGB zum Schadensersatz verpflichtet, wenn die Pflichtverletzung schuldhaft erfolgt ist; das Verschulden eines Erfüllungsgehilfen wird nach § 278 BGB zugerechnet. Der Umfang des Schadensersatzanspruchs richtet sich nach §§ 249ff. BGB. Nach der Neufassung des § 253 II BGB und Aufhebung von § 847 BGB kann der Arbeitnehmer auch bei Verstößen gegen arbeitsvertragliche (Neben-)Pflichten grundsätzlich Schmerzensgeld verlangen;[8] eine Ausnahme gilt für Verstöße gegen Arbeitsschutzvorschriften (RN 24) und bei Arbeitsunfällen (§ 109). Zu Persönlichkeitsverletzungen RN 54.

III. Schutzpflicht für Leben und Gesundheit

12 **1. Öffentlicher Arbeitsschutz.** Die vertragliche Fürsorgepflicht für Leben und Gesundheit ist für alle Arbeitnehmer in §§ 617, 618 BGB, für die Handlungsgehilfen (§ 12 RN 6) in § 62 HGB geregelt. Sondervorschriften bestehen für Heimarbeiter (§§ 12ff. HAG), Seeleute (§ 80 SeemG) sowie für Kinder und Jugendliche (§§ 28, 32ff. JArbSchG). Daneben dienen noch zahlreiche Bestimmungen des öffentlichen Arbeitnehmerschutzrechts (§§ 152ff.) der Gesundheitsfürsorge für den Arbeitnehmer.

13 Die Einhaltung der öffentlich-rechtlichen Arbeitnehmerschutzvorschriften wird arbeitsvertraglich dem Arbeitnehmer auf Grund der Fürsorgepflicht geschuldet, sie konkretisieren den vom Arbeitgeber nach § 618 I BGB einzuhaltenden **Mindeststandard,** dem der vom Arbeitgeber eingerichtete Arbeitsplatz entsprechen muss und den er zugleich als arbeitsrechtliche Pflicht schuldet.[9] Den Vorschriften des technischen Arbeitsschutzes kommt eine Doppelwirkung zu, wenn ihre Schutzpflichten über § 618 I BGB in das Arbeitsvertragsrecht transformiert werden. In diesem Fall sind sie neben öffentlich-rechtlicher Pflicht zugleich unabdingbare privatrechtliche Pflicht des Arbeitgebers i. S. e. einzuhaltenden Mindeststandards; allerdings ist dabei ein dem Arbeitgeber eingeräumter Beurteilungsspielraum zu beachten.[10] Ausnahmsweise können Arbeitnehmer, die auf Grund ihrer gesundheitlichen Disposition gegen bestimmte Immissionen besonders anfällig sind, im Einzelfall besondere Schutzmaßnahmen verlangen.[11] Darüber hinausgehende Maßnahmen kann der Arbeitnehmer regelmäßig nicht verlangen, die Begründung eines höheren Schutzniveaus kann aber in Tarifverträgen oder Betriebsvereinbarungen erfolgen. Eine dringende ärztliche Empfehlung zum Arbeitsplatzwechsel aus gesundheitlichen Gründen

---

[7] BAG 18. 12. 1972 AP 81 zu § 611 BGB Fürsorgepflicht.

[8] Zum früheren Recht BAG 31. 10. 1972 AP 80 zu § 611 Fürsorgepflicht; 25. 4. 1972 AP 9 zu § 611 BGB Öffentlicher Dienst = NJW 72, 2016.

[9] BAG 10. 3. 1976 AP 17 zu § 618 BGB.

[10] BAG 12. 8. 2008 AP 29 zu § 618 BGB = NZA 2009, 102.

[11] BAG 17. 2. 1998 AP 24 zu § 618 BGB = NZA 98, 1231; 8. 5. 1996 AP 23 zu § 618 BGB = NZA 97, 86.

berechtigt den Arbeitgeber regelmäßig, dem Arbeitnehmer einen anderen Arbeitsbereich zuzuweisen.[12]

2. Pflicht zu Schutzmaßnahmen. a) Inhalt. Nach § 618 BGB, § 62 I HGB ist der Arbeitgeber verpflichtet, Räume, Vorrichtungen und Gerätschaften, die er zur Verrichtung der Dienste zu beschaffen hat, so einzurichten und zu unterhalten und die Dienstleistungen so zu regeln, dass der Arbeitnehmer gegen Gefahren für Leben und Gesundheit soweit geschützt ist, wie die Natur des Betriebs und der Arbeit es gestatten. Die Fürsorgepflichten sind begrenzt durch die Art des Betriebs, die Möglichkeiten der Technik, wie auch der Wirtschaftlichkeit der Produktion. Bei der Berücksichtigung der Wirtschaftlichkeit sind die Interessen des Arbeitnehmers hinreichend zu berücksichtigen. § 618 BGB ist nicht entspr. anzuwenden auf die vom Arbeitnehmer eingebrachten Sachen[13] (dazu RN 26). Bei einer erhöhten Gefahr für die Gesundheit des Arbeitnehmers besteht eine Aufklärungspflicht des Arbeitgebers.[14] 14

b) Räume. Dies sind nicht nur die Arbeitsräume selbst, sondern alle Räume und Flächen, die der Arbeitnehmer im Zusammenhang mit der Arbeitsleistung befugterweise betritt; dabei kann es sich um betriebliche Räume, wie auch um Baustellen handeln.[15] Die Räume sind ausreichend zu beleuchten;[16] ferner ist für die hinreichende Beseitigung von Staub, Dünsten, Gasen und Abfällen zu sorgen sowie Schutz gegen Zugluft zu gewähren (dazu § 154). § 618 BGB gibt grundsätzlich keinen Anspruch auf einen tabakrauchfreien Arbeitsplatz (vgl. § 55 RN 38). 15

c) Arbeitsgeräte. Maschinen, Werkzeuge, Kraftfahrzeuge und das zu verarbeitende Material sind so einzurichten und zu unterhalten, dass der Arbeitnehmer soweit wie möglich gegen Lebens- und Gesundheitsgefahren geschützt ist. Es sind insbesondere die notwendigen Schutzvorrichtungen anzubringen, die Unfallverhütungsvorschriften einzuhalten und der Arbeitnehmer hinreichend im Gebrauch der Unfallsicherungsmittel zu unterweisen. 16

d) Regelung der Dienstleistung. Hierzu gehört der Erlass der notwendigen Vorschriften für die Ordnung im Betrieb (zur Mitbestimmung des Betriebsrats s. § 235 RN 27, 69). Insbesondere hat der Arbeitgeber den Arbeitnehmer vor Überanstrengungen zu bewahren (vgl. § 35 JArbSchG); er darf daher von den Arbeitnehmern (auch den leitenden Angestellten) keine unangemessene Arbeitsleistung abfordern[17] oder wissentlich entgegennehmen. Im Allgemeinen darf der Arbeitgeber von einer normalen Leistungsfähigkeit ausgehen. Ausnahmen können sich jedoch dann ergeben, wenn ihm eine Minderleistungsfähigkeit des Arbeitnehmers bekannt ist. Zur Verpflichtung von Verwendung und Bereitstellung von Schutzkleidung einschl. der Kosten § 85 RN 19. 17

3. Rechtsfolgen einer Pflichtverletzung. a) Erfüllungsanspruch. Der Arbeitnehmer kann die Herstellung eines arbeitsschutzkonformen Arbeitsplatzes i. S. d. § 618 BGB klageweise geltend machen.[18] Richtige Klageart ist regelmäßig die Leistungsklage, möglich ist bei Bestehen eines Feststellungsinteresses auch die Feststellungsklage; beide Klagearten setzen jeweils einen hinreichend bestimmten Klageantrag voraus. Allerdings kommt eine gerichtliche Durchsetzung des Erfüllungsanspruchs praktisch nie vor, da die Einhaltung des technischen Arbeitsschutzes von den zuständigen Behörden überwacht wird und Verstöße bußgeldbewehrt sind. Klagen auf Erfüllung des Arbeitsschutzes sind daher selten; allenfalls werden Zurückbehaltungsrechte auf die Nichteinhaltung des Arbeitsschutzes gestützt. 18

b) Zurückbehaltungsrecht. Der Arbeitnehmer kann nach den §§ 273, 618 I BGB die Arbeitsleistung verweigern, denn er braucht nicht unter gesetzwidrigen Bedingungen zu arbeiten[19] (dazu auch § 50). Nicht erforderlich ist, dass bei der Beschäftigung eine „unmittelbare" Gefahr für Leben oder Gesundheit besteht, ein arbeitsschutzwidriger Zustand ist ausreichend. Kein Zurückbehaltungsrecht besteht nach den Grundsätzen von Treu und Glauben bei nur geringfügigen oder kurzfristigen Zuwiderhandlungen, die keinen nachhaltigen Schaden bewirken können. Der Arbeitnehmer muss bei der Zurückhaltung seiner Arbeitsleistung auf das Zurückbehaltungsrecht hinweisen, um dem Arbeitgeber Gelegenheit zur Abhilfe zu geben.[20] Besteht ein 19

---

[12] BAG 17. 2. 1998 AP 27 zu § 618 BGB = NZA 99, 33.
[13] BAG 5. 3. 1959 AP 26 zu § 611 BGB Fürsorgepflicht.
[14] BAG 14. 12. 2006 AP 28 zu § 618 BGB = NZA 2007, 262 – Gefahr einer Virusinfektion.
[15] BGH 20. 2. 1958 AP 1 zu § 1542 RVO.
[16] BGH 17. 1. 1974 VersR 74, 565.
[17] BAG 27. 2. 1970 AP 16 zu § 618 BGB; 13. 3. 1967 AP 15 zu § 618 BGB.
[18] BAG 12. 8. 2008 AP 29 zu § 618 BGB = NZA 2009, 102; 16. 3. 2004 AP 2 zu § 2 ArbZG = NZA 2004, 927.
[19] BAG 8. 5. 1996 AP 23 zu § 618 BGB = NZA 97, 86.
[20] BAG 18. 12. 1974 AP 30 zu § 615 BGB = NJW 75, 1336; 7. 6. 1973 AP 28 zu § 615 BGB.

Zurückbehaltungsrecht und wird es ordnungsgemäß ausgeübt, gerät der Arbeitgeber ohne weiteres in Annahmeverzug und der Arbeitnehmer behält seinen Vergütungsanspruch (§§ 48, 95).

20 **c) Schadensersatz und Kündigung.** Bei schuldhaften Verstößen gegen Arbeitsschutzvorschriften haftet der Arbeitgeber nach § 280 I BGB auf Schadensersatz. Für Verschulden von Erfüllungsgehilfen hat der Arbeitgeber nach § 278 BGB einzustehen. Für den Inhalt der Ersatzpflicht gelten die §§ 842–846 BGB. Schmerzensgeld kann er nur verlangen, wenn zugleich eine unerlaubte Handlung vorliegt, da ansonsten § 618 III BGB überflüssig wäre. § 618 BGB ist ein Schutzgesetz i. S. von § 823 II BGB. Sonderregeln bestehen für den Personenschaden bei Arbeitsunfällen und Berufskrankheiten (§ 109). Bei erheblichen Verletzungen kann dem Arbeitnehmer schließlich das Recht zur außerordentlichen Kündigung zustehen, wenn ihm die weitere Arbeitsleistung nicht zumutbar ist.

21 **4. Darlegungs- und Beweislast.** Den Arbeitnehmer trifft im Falle des Schadensersatzes (RN 24) die Darlegungs- und Beweislast, dass ein ordnungswidriger Zustand vorlag, der geeignet war, den eingetretenen Schaden herbeizuführen. Dann obliegt es dem Arbeitgeber sein Nichtverschulden oder das Vorliegen besonderer Umstände zu beweisen, die eine andere Ursache des Schadens erkennen lassen.[21] Die Schadensersatzpflicht des Arbeitgebers kann wegen mitwirkenden Verschuldens des Arbeitnehmers gemildert oder ausgeschlossen sein (§ 254 I BGB), wenn dieser ihm bekannt gewordene Gefahren nicht rechtzeitig gemeldet hat oder wenn er vorhandene Schutzeinrichtungen nicht benutzt hat. Zur Haftungseinschränkung bei Arbeitsunfällen vgl. § 109.

22 **5. Häusliche Gemeinschaft.** Die Fürsorgepflicht ist nach §§ 617, 618 BGB besonders ausgestaltet, wenn der Arbeitnehmer bei einem dauernden Arbeitsverhältnis, welches seine Erwerbstätigkeit vollständig oder hauptsächlich in Anspruch nimmt, in die häusliche Gemeinschaft aufgenommen wird. In diesem Fall hat der Arbeitnehmer bei Krankheit Anspruch auf die erforderliche Verpflegung und ärztliche Behandlung bis zur Dauer von sechs Wochen. Daneben ist der Arbeitgeber zur Beachtung der in § 618 BGB genannten Vorgaben für die Ausgestaltung der Arbeitsbedingungen verpflichtet.

23 **a) Dauerndes Arbeitsverhältnis.** Ein solches ist gegeben, wenn der Vertrag auf eine bestimmte längere Dauer (§ 620 I BGB) oder auf unbestimmte Dauer geschlossen ist, die Parteien aber tatsächlich mit einer längeren Dauer rechnen oder das Arbeitsverhältnis tatsächlich längere Zeit andauert (§ 37). Die Erwerbstätigkeit nimmt den Arbeitnehmer vollständig in Anspruch, wenn er an einer eigenen Vorsorge gehindert ist; sie nimmt ihn überwiegend in Anspruch, wenn er regelmäßig mehr als 15 Stunden wöchentlich für den Arbeitgeber arbeiten muss. Die Aufnahme in die häusliche Gemeinschaft setzt voraus, dass der Arbeitnehmer Verpflegung (eine Hauptmahlzeit) und Wohnung im Hause des Arbeitgebers erhält. Entscheidend ist, ob der Arbeitnehmer nach der Verkehrsanschauung unselbstständig ist und sich an die Ordnung des Arbeitgebers anpassen muss bzw. dessen Weisungsrecht unterliegt. Eine häusliche Gemeinschaft kann auch dann gegeben sein, wenn nur eine Gemeinschaft der Arbeitnehmer untereinander besteht, sie also in einem Betriebswohnheim leben.[22]

24 **b) Krankenpflege.** Der Anspruch auf Krankenpflege ist ausgeschlossen, wenn der Arbeitnehmer die Erkrankung vorsätzlich oder durch grobe Fahrlässigkeit herbeigeführt hat. Es wird ein höheres Verschulden als bei § 616 BGB, § 3 EFZG vorausgesetzt (§ 98 RN 37). Dies ist angemessen, weil dem Arbeitgeber die Sorgepflicht für die in den Haushalt eingegliederten Arbeitnehmer auferlegt ist. Die Verpflichtung zur Krankenfürsorge tritt nicht ein, wenn die Verpflegung und ärztliche Behandlung durch eine Versicherung oder durch eine öffentliche, insbesondere gesetzliche Krankenpflege (§§ 27 ff. SGB V) sichergestellt ist. Der Ausschluss tritt auch bei einer privaten Versicherung ein; es hat eine Lücke im Krankenversicherungsschutz geschlossen werden sollen. Der Anspruch nach § 617 BGB besteht vom Beginn des Arbeitsverhältnisses und der Eingliederung des Arbeitnehmers in den Haushalt bis zur Beendigung, längstens aber für die Dauer von sechs Wochen. Er ist gerichtet auf die ärztliche Behandlung durch einen approbierten Arzt, Verpflegung, also Gewährung von Nahrung und Kost, aber auch die Versorgung mit Arznei, Verbands-, Hilfsmitteln und Körperersatzstücken.

25 **c) Arbeitsbedingungen.** Bei Aufnahme in die häusliche Gemeinschaft hat der Arbeitgeber Wohn- und Schlafräume, Verpflegung sowie Arbeits- und Erholungszeit so zu gestalten und einzurichten, wie es mit Rücksicht auf Gesundheit, Sittlichkeit und Religion des Arbeitnehmers

[21] BAG 27. 2. 1970 AP 16 zu § 618 BGB; 8. 6. 1955 AP 1 zu § 618 BGB.
[22] BAG 8. 6. 1955 AP 1 zu § 618 BGB.

erforderlich ist (§ 618 II BGB). Daneben hat er für die eingebrachten Sachen der Arbeitnehmer zu sorgen.[23] Für Kinder und Jugendliche gilt § 30 JArbSchG, für Seeleute die §§ 41 ff. SeemG.

IV. Sonstige verselbstständigte Arbeitgeberfürsorgepflichten

1. Sachschäden. Für bei der Arbeit erlittene Sachschäden des Arbeitnehmers hat der Arbeitgeber nur im Falle seines Verschuldens einzutreten. Ihn trifft jedoch dann eine weitergehende Haftung, wenn der Sachschaden in Vollzug einer gefährlichen Arbeit entstanden und durchaus ungewöhnlich war[24] oder wenn der Arbeitgeber vom Arbeitnehmer den Einsatz eigener Sachgüter erwartet hat und sonst Betriebsmittel hätte zur Verfügung stellen müssen (vgl. § 54 RN 3).[25] 26

2. Eingebrachte Sachen.[26] **a) Unterscheidung.** Der Arbeitnehmer kommt regelmäßig nicht umhin, eigene Sachen an den Arbeitsplatz, zumindest in den Betrieb mitzunehmen. Zu unterscheiden sind die **(a)** persönlich unentbehrlichen (RN 29), **(b)** unmittelbar arbeitsdienlichen, aber nicht notwendigen (RN 31), **(c)** mittelbar arbeitsdienlichen Sachen (RN 32) und **(d)** nicht im Zusammenhang mit dem Arbeitsverhältnis stehenden Sachen des Arbeitnehmers. Zu Letzteren gehören z. B. Fotoapparate, wertvoller Schmuck und dgl., es sei denn, dass deren Mitnahme in den Betrieb dem Arbeitnehmer gestattet oder betriebsüblich ist (z. B. bei einer Juwelierverkäuferin). 27

b) Obhut- und Verwahrungspflicht. Der Arbeitgeber hat auf Grund seiner Fürsorgepflicht das berechtigterweise in den Betrieb eingebrachte Arbeitnehmereigentum in gewissem Umfang vor Verlust und Beschädigung zu schützen. Ihn trifft aber nur für die unter (a) bis (c) genannten Gegenstände eine Obhut- und Verwahrungspflicht, wenn und soweit der Arbeitnehmer nicht selbst Vorsorge treffen kann.[27] Er genügt dieser Verpflichtung, wenn er die Maßnahmen trifft, die ihm nach Treu und Glauben (§ 242 BGB) und nach § 241 II BGB unter Berücksichtigung der besonderen betrieblichen und örtlichen Verhältnisse zugemutet werden können. Die Beurteilung des Zumutbaren richtet sich letztlich nach den Besonderheiten des Einzelfalles. Bei schuldhaften Verstößen gegen diese Pflicht haftet der Arbeitgeber nicht nur nach den Grundsätzen der unerlaubten Handlung, sondern auch nach § 280 I BGB aus dem Arbeitsvertrag. Der Arbeitgeber hat daher das Verschulden von Erfüllungsgehilfen in gleichem Umfang wie eigenes Verschulden zu vertreten (§ 278 BGB). Erfüllungsgehilfen sind die Personen, deren sich der Arbeitgeber zur Erfüllung seiner Fürsorgepflicht bedient, wenn deren Tätigkeit im Bereich des vom Arbeitgeber geschuldeten Gesamtverhaltens liegt. Dies ist bei extra hierfür eingesetztem Personal wie z. B. einem Parkwächter, Pförtner oder bei Sicherheitsfachkräften der Fall.[28] Eine Gefährdungshaftung des Arbeitgebers besteht daneben nur nach den allgemeinen Vorschriften, z. B. § 7 StVG. 28

3. Persönlich unentbehrliche Sachen. a) Begriff. Dies sind alle Gegenstände, die der Arbeitnehmer benötigt, um die Arbeitsstelle zu erreichen und sich zur Arbeitsleistung fähig zu halten, z. B. Straßen- und Arbeitskleidung,[29] Fahrkarten, angemessener Geldbetrag, Uhr usw. Für diese hat der Arbeitgeber geeignete Verwahrungsmöglichkeiten zu schaffen, da er damit rechnen muss, dass der Arbeitnehmer sie zum Betrieb mitbringt,[30] er hat also gegebenenfalls einen Schrank,[31] in Großbetrieben eine gesicherte Kleiderablage,[32] Spind usw. zur Verfügung zu stellen. Entsprechende Pflichten bestehen bei Aufnahme des Arbeitnehmers in ein Wohnheim.[33] Stellt der Arbeitgeber keine geeignete Verwahrmöglichkeit zur Verfügung, so kann er bei Verlust oder Beschädigung auf Schadensersatz haften. Der Arbeitgeber braucht aber bei Überlassung 29

---

[23] LAG Hamm 2. 6. 1953 AP 3 zu § 618 BGB.

[24] BAG GS 10. 11. 1961 AP 2 zu § 611 BGB Gefährdungshaftung; BAG 2. 2. 1962 AP 3 zu § 611 BGB Gefährdungshaftung.

[25] BAG 8. 5. 1980 AP 6 zu § 611 BGB Gefährdungshaftung = NJW 81, 702; 16. 11. 1978 AP 5 zu § 611 BGB Gefährdungshaftung = NJW 79, 1423.

[26] *Schwab,* Die Schadenshaftung im Arbeitsverhältnis, NZA-RR 2006, 505.

[27] Vgl. BAG GS 10. 11. 1961 AP 2 zu § 611 BGB Gefährdungshaftung; BAG 25. 5. 2000 AP 8 zu § 611 BGB Parkplatz = NZA 2000, 1052; 17. 12. 1968 AP 2 zu § 324 BGB; 1. 7. 1965 AP 75 zu § 611 BGB Fürsorgepflicht; 10. 11. 1960 AP 58 zu § 611 BGB Fürsorgepflicht; 4. 2. 1960 AP 7 zu § 618 BGB; 5. 3. 1959 AP 26 zu § 611 BGB Fürsorgepflicht.

[28] BAG 25. 5. 2000 AP 8 zu § 611 BGB Parkplatz = NZA 2000, 1052.

[29] BAG 1. 7. 1965 AP 75 zu § 611 BGB Fürsorgepflicht.

[30] LAG Bremen 24. 11. 1954 AP 2 zu § 618 BGB; zu Beamten: BVerwG 22. 9. 1993 NJW 95, 271.

[31] LAG Hamm 6. 12. 1989 LAGE § 611 BGB Fürsorgepflicht Nr. 19 = DB 90, 1467.

[32] Vgl. zur Kleiderablage im Ruhrbergbau: BAG 1. 7. 1965 AP 75 zu § 611 BGB Fürsorgepflicht.

[33] LAG Hamm 2. 6. 1953 AP 3 zu § 618 BGB.

von Spinden diese nicht noch zusätzlich bewachen lassen. Der Arbeitnehmer muss sich ein Mitverschulden (§ 254 BGB) anrechnen lassen, wenn er von geeigneten Sicherungsmitteln keinen Gebrauch macht.[34] Wird der Arbeitnehmer an einen dritten Ort entsandt (Montagearbeiter, Leiharbeiter) und erkrankt der Arbeitnehmer, hat der Arbeitgeber die geeigneten Verwahrungsmaßnahmen zu treffen und gegebenenfalls die Sachen des Arbeitnehmers an den Betriebssitz zurückzuschaffen, wenn das Arbeitsverhältnis endet oder der Arbeitnehmer aus sonstigen Gründen nicht mehr an dem dritten Ort eingesetzt wird. Der Arbeitgeber ist schließlich nicht zum Abschluss einer besonderen Sachversicherung verpflichtet.[35]

30 **b) Haftungsausschluss.** Ein genereller Haftungsausschluss des Arbeitgebers für Beschädigungen an den vom Arbeitnehmer eingebrachten Sachen ist zwar nicht grundsätzlich unzulässig; verstößt aber bei vorsätzlichem Handeln gegen § 276 II BGB oder bei grober Fahrlässigkeit gegen § 309 Nr. 7 BGB. Auch formularmäßig vereinbarte Haftungsausschlüsse für fahrlässiges Handeln benachteiligen den Arbeitnehmer regelmäßig unangemessen (§ 307 I BGB), da er sich letztlich der vorübergehenden Einbringung nicht entziehen kann. Auch eine Betriebsvereinbarung kann nicht nur eine Regelung zum Inhalt haben, die in einem Haftungsausschluss zugunsten des Arbeitgebers besteht,[36] ebenso ist eine einseitige Freizeichnung durch einen Aushang im Betrieb oder Anbringung von Hinweisschildern nicht möglich.

31 **4. Unmittelbar arbeitsdienliche Sachen.** Hierbei handelt es sich um solche Gegenstände, die nach ihrer Zweckbestimmung mit dem Arbeitsverhältnis im engen Zusammenhang stehen (Tabellen, Fachbücher, Werkzeuge). Für diese hat der Arbeitgeber regelmäßig in gleicher Weise wie für die unentbehrlichen Sachen (RN 29) des Arbeitnehmers zu sorgen, wenn sie vom Arbeitnehmer zu stellen waren, wie z. B. Werkzeug,[37] oder wenn der Arbeitgeber von ihrer Einbringung Kenntnis hatte oder damit rechnen musste.

32 **5. Mittelbar arbeitsdienliche Sachen. a) Begriff.** Hierunter fallen diejenigen Gegenstände, deren Verwendung im Arbeitsverhältnis zweckmäßig ist, vor allem die privateigenen Verkehrsmittel (Fahrräder, Kraftfahrzeuge). Den Arbeitgeber trifft eine Obhut- und Verwahrungspflicht, wenn ihm diese nach Treu und Glauben billigerweise zuzumuten ist.

33 **b) Umfang.** Grundsätzlich hat der Arbeitgeber für die Unterbringungsmöglichkeiten von Fahrrädern,[38] Motorrädern, Mopeds oder Mofas zu sorgen. Bei Kraftfahrzeugen hat das BAG bisher stets offen gelassen, ob der Arbeitgeber zur Bereitstellung für Abstellmöglichkeiten verpflichtet ist.[39] Die Frage ist nicht einheitlich zu beantworten, sondern abhängig von den Umständen des Einzelfalls. Hierzu zählen im Wesentlichen die Erreichbarkeit der Arbeitsstelle mit öffentlichen Verkehrsmitteln, die Möglichkeit und der Aufwand für die Schaffung der Parkmöglichkeiten. Die Interessenabwägung kann auch ergeben, dass der Arbeitgeber nur für einzelne, besonders schützenswerte Arbeitnehmer Einstellmöglichkeiten schaffen muss. Stellt der Arbeitgeber Parkmöglichkeiten zur Verfügung, ist er berechtigt, hierfür ein Entgelt zu verlangen.

34 **c) Parkplatzbenutzung.** Stellt der Arbeitgeber einen Parkplatz zur Verfügung, trifft ihn insoweit eine Verkehrssicherungspflicht, selbst wenn eine Pflicht zur Bereitstellung nicht bestand.[40] Auch über den Umfang für Sicherungsmaßnahmen entscheiden die Umstände des Einzelfalls.[41] Der Arbeitgeber ist i. d. R. nicht gehalten, die auf seinem Parkplatz abgestellten Kraftfahrzeuge gegen Diebstahl oder gegen durch Dritte verursachte Unfälle zu schützen, denen man auch sonst im Straßenverkehr ausgesetzt ist.[42] Dagegen wird er für ausreichende Beleuchtung,[43] die Erfüllung der Streupflicht,[44] ausreichende Weite der Abstellfläche[45] und die Sicherung gegen den fließenden

---

[34] BAG 1. 7. 1965 AP 75 zu § 611 BGB Fürsorgepflicht; 17. 12. 1968 AP 2 zu § 324 BGB; LAG Hamm 6. 12. 1989 LAGE § 611 BGB Fürsorgepflicht Nr. 19 = DB 90, 1467.

[35] LAG Düsseldorf 19. 10. 1989 DB 90, 1468; a. A. ArbG Karlsruhe 16. 8. 1984 BB 85, 1070; ArbG Berlin 17. 8. 1971 DB 71, 1772.

[36] BAG 5. 3. 1959 AP 26 zu § 611 BGB Fürsorgepflicht.

[37] BAG 17. 12. 1968 AP 2 zu § 324 BGB.

[38] LAG Hamm 2. 11. 1956 AP 5 zu § 618 BGB.

[39] BAG 4. 2. 1960 AP 7 zu § 618 BGB; 5. 3. 1959 AP 26 zu § 611 BGB Fürsorgepflicht.

[40] BAG 16. 3. 1966 AP 1 zu § 611 BGB Parkplatz; 10. 11. 1961 AP 58 zu § 611 BGB Fürsorgepflicht.

[41] BAG 25. 5. 2000 AP 8 zu § 611 BGB Parkplatz = NZA 2000, 1052; 16. 3. 1966 AP 1 zu § 611 BGB Parkplatz.

[42] BAG 25. 6. 1975 AP 4 zu § 611 BGB Parkplatz; LAG Frankfurt 11. 4. 2003 NZA-RR 2004, 69; vgl. aber BGH 15. 11. 1971 NJW 72, 150 – Kaufhausparkplatz.

[43] BGH 29. 1. 1968 VersR 68, 399.

[44] BGH 22. 11. 1965 NJW 66, 202.

[45] BAG 25. 6. 1975 AP 4 zu § 611 BGB Parkplatz = NJW 75, 2119.

Verkehr[46] sorgen müssen. Wird der Kraftwagen des Arbeitnehmers auf dem Parkplatz durch Immissionen beschädigt, kommt eine Haftung dann in Betracht, wenn etwa eine Überdachung des Parkplatzes zumutbar oder sonst die Schädigung voraussehbar war.[47] Parkplatzgebühren kann der Arbeitnehmer dann nicht erstattet verlangen, wenn der Arbeitgeber für seine Arbeitnehmer einen gebührenfreien Parkplatz errichtet hat.[48] Eine arbeitsvertragliche Einheitsregelung[49] oder Betriebsvereinbarung, die ausschließlich den Haftungsausschluss zum Inhalt hat, ist unwirksam.[50] Steht ein Betriebsparkplatz zur Verfügung und parkt ein Arbeitnehmer verbotswidrig auf dem Firmenhof, so wird das Fahrzeug auf Kosten des Arbeitnehmers abgeschleppt werden können, und zwar auch dann, wenn keine entspr. Grundlage in der Arbeitsordnung enthalten ist.[51] Der Arbeitgeber kann darauf hinweisen, dass die StVO auf dem Parkplatz gilt.[52] Im Allgemeinen gilt die Grundregel rechts vor links.[53]

6. Sondervorschriften. Besondere Regelungen bestehen für die Unterbringung und Verwahrung von eingebrachten Sachen bei Seeleuten (vgl. §§ 41, 52 SeemG). 35

V. Allgemeine Fürsorgepflicht

Konkurrentenklage: *Böhm,* Der Bewerbungsverfahrensanspruch unter der Geltung des AGG, PersV 2008, 364; *Laber,* Fallstricke bei der arbeitsrechtlichen Konkurrentenklage, ArbRB 2006, 221; *Lansnicker/Schwirtzek,* Die Konkurrentenklage im Arbeitsrecht, NJW 2003, 2481; *v. Roetteken,* Rechtsprechung des Bundesverfassungsgerichts zum Auswahlverfahren und zum Rechtsschutz bei der Vergabe öffentlicher Ämter, ZTR 2008, 522; *ders.,* Neuere Entwicklungen in der Rechtsprechung zur Konkurrentenklage, DRiZ 2008, 294; *Seitz,* Die arbeitsrechtliche Konkurrentenklage (1995); *Zimmerling,* Rechtsprobleme der arbeitsrechtlichen Konkurrentenklage, ZTR 2000, 489.

1. Inhalt. Der allgemeine Inhalt der allgemeinen Fürsorgepflicht kann nicht abstrakt umschrieben werden. Er hängt stets von den Umständen des Einzelfalls ab und ändert sich gelegentlich auch mit den sozialpolitischen Anschauungen. Jedenfalls fließen aus ihr Schutz-, Sorgfalts- und Auskunftspflichten. 36

2. Auswirkungen. Die Auswirkungen der Fürsorgepflicht sind jeweils im Zusammenhang mit den einzelnen Pflichten erörtert worden, z.B. bei der Begründung des Arbeitsverhältnisses (§ 25), der Ausübung des Direktionsrechts (§ 45), bei Zahlung der Entlohnung und der sozialversicherungsrechtlichen Behandlung der Vergütung (§ 71), wie bei Beendigung des Arbeitsverhältnisses (§§ 146, 147) usw. 37

3. Einzelne Pflichten. a) Schutzpflichten. Zu den Schutzpflichten gehören vor allem: Beschaffung von Schutzkleidung durch den Arbeitgeber (dazu § 86 RN 19);[54] Widerstand gegen Druckkündigungen, Schutz der personenbezogenen Daten des Arbeitnehmers (§ 148 RN 27 ff.). Dagegen ist der Arbeitgeber nicht verpflichtet, im Interesse seines Arbeitnehmers Widerspruch und Klage gegen einen Bescheid der Arbeitsverwaltung über Kurzarbeitergeld zu erheben, wenn er die Rechtsauffassung der Arbeitsverwaltung teilt.[55] 38

b) Aufklärungs-, Hinweis- bzw. Auskunftspflichten. Aus einem Schuldverhältnis erwachsen einer Vertragspartei nicht nur Leistungs-, sondern auch Verhaltenspflichten zur Rücksichtnahme auf die Rechte, Rechtsgüter und Interessen des anderen Teils (vgl. nunmehr § 241 II BGB). Grundsätzlich obliegt dem Arbeitgeber keine allgemeine Pflicht, die Vermögensinteressen des Arbeitnehmers wahrzunehmen. Er hat jedoch unaufgefordert über alle Umstände zu informieren, die dem Arbeitnehmer unbekannt, aber für Entscheidungen im Zusammenhang mit der Durchführung des Arbeitsvertrags erheblich sind. Der Schuldner ist dann zur Aufklärung verpflichtet, wenn Gefahren für das Leistungs- oder Integritätsinteresse des Gläubigers bestehen, von 39

---

[46] BAG 5. 3. 1959 AP 26 zu § 611 BGB Fürsorgepflicht.

[47] BAG 18. 5. 1965 AP 4 zu § 611 BGB Gefährdungshaftung; 5. 3. 1959 AP 26 zu § 611 BGB Fürsorgepflicht; vgl. LAG Hamm 23. 6. 1971 DB 71, 1823.

[48] BAG 22. 2. 1960 AP 36 zu § 611 BGB Fürsorgepflicht.

[49] BAG 28. 9. 1989 AP 5 zu § 611 BGB Parkplatz = NZA 90, 345.

[50] BAG 5. 3. 1959 AP 26 zu § 611 BGB Fürsorgepflicht.

[51] LAG Düsseldorf 12. 5. 1977 BB 78, 204 = DB 77, 1754; enger LAG Frankfurt 15. 1. 1979 DB 79, 1851 (nur bei Behinderung, Versperrung der Rettungswege oder Zulassung in Arbeitsordnung); ArbG Wesel 12. 7. 1984 DB 85, 1540.

[52] LAG Bremen 19. 11. 1998 MDR 99, 675 = BB 99, 747.

[53] LAG Köln 25. 6. 1999 AiB Telegramm 99, 62.

[54] BAG 18. 8. 1982 AP 18 zu § 618 BGB; 10. 3. 1976 AP 17 zu § 618 BGB; 19. 8. 1958 AP 1 zu § 14 ATO; bei nur anteiliger Kostenerstattung auf Grund TV: LAG Hamm 9. 12. 1999 ZTR 2000, 182.

[55] BAG 19. 3. 1992 AP 110 zu § 611 BGB Fürsorgepflicht = NZA 92, 1031.

denen dieser keine Kenntnis hat. Das Verschweigen von Tatsachen begründet eine Haftung, wenn der andere Teil nach Treu und Glauben unter Berücksichtigung der Verkehrsanschauung redlicherweise Aufklärung erwarten durfte.[56] Aufklärungs- und Hinweispflichten des Arbeitgebers sind regelmäßig das Ergebnis einer umfassenden Interessenabwägung.[57] Zwar ist der Arbeitnehmer regelmäßig gehalten, sich über die für seine Rechtsstellung bedeutsamen Umstände selbst Klarheit zu verschaffen. Ist ihm dies nicht oder nur unter besonderen Schwierigkeiten möglich oder ist die ihm unbekannte Tatsache von besonderer Bedeutung, kann eine Pflichtenstellung des Arbeitgebers entstehen. Das Bestehen einer besonderen Aufklärungspflicht des Arbeitgebers ist insbesondere dann zu bejahen, wenn das Schutzbedürfnis des Arbeitnehmers wegen der Art des in Rede stehenden Geschäfts anerkannt ist. Je größer das erkennbare Informationsbedürfnis des Arbeitnehmers und je leichter dem Arbeitgeber die entsprechende Information möglich ist, desto eher ergeben sich Auskunfts- und Hinweispflichten des Arbeitgebers.[58] Diese Pflichtenstellung betrifft auch inhaltliche Änderungen des Arbeitsvertrags.[59] Der Umfang der Auskunftspflicht ist auch abhängig von dem vorangegangenen Verhalten des Arbeitgebers;[60] hat er in besonderem Maß einen Vertrauenstatbestand gesetzt oder eine Gefahrenquelle für die Interessen des Arbeitnehmers geschaffen, ist auch seine etwaige Belehrungspflicht erweitert.[61] So kann der Arbeitgeber im Einzelfall zu einem Hinweis auf die Notwendigkeit einer Klageerhebung verpflichtet sein, wenn zuvor der Anschein erweckt worden ist, dass der Arbeitgeber nach Abschluss eines Musterprozesses zahlen werde.[62] Eine besondere Hinweispflicht besteht auch, wenn der Arbeitgeber den Erwerb noch nicht börsennotierter Aktien der Muttergesellschaft durch die Gewährung von zweckgebundenen Arbeitgeberdarlehen fördert.[63] Jedoch besteht keine allgemeine Belehrungs- und Hinweispflicht auf die Möglichkeit der Inanspruchnahme von arbeitsrechtlichen[64] oder steuer- bzw. sozialversicherungsrechtlichen[65] Leistungen. Der Arbeitgeber ist insoweit berechtigt und regelmäßig auch gut beraten, den Arbeitnehmer zur Information über seine Ansprüche an die jeweils zuständige Stelle (Arbeits- bzw. Steuerverwaltung) zu verweisen. Beantwortet der Arbeitgeber die Frage des Arbeitnehmers, müssen die erteilten Auskünfte zutreffend sein, ansonsten kann sich der Arbeitgeber schadensersatzpflichtig machen.[66] Besondere Auskunfts- bzw. Belehrungspflichten bestehen über Krankenversicherungspflichtigkeit, bei Fragestellungen in Zusammenhang mit der Inanspruchnahme von betrieblicher Altersversorgung[67] (§ 83 RN 205) oder der Beendigung des Arbeitsverhältnisses (§ 19 RN 9; § 122 RN 7).

40 **c) Weitere Schutzpflichten.** Hierzu zählen die Verhinderung der Überanstrengung des Arbeitnehmers,[68] Entbindung von Schweigepflichten zur Rechtsverfolgung durch den Arbeitnehmer,[69] Wiedereinstellung bei ruhendem[70] oder beendetem[71] Arbeitsverhältnis, nach Verdachtskündigung; dagegen nicht ohne weiteres bei sonst beendigtem Arbeitsverhältnis.[72] Zur Wahrung der Gesundheit des Arbeitnehmers kann gehören, dass dem Arbeitnehmer ein tabakrauchfreier Arbeitsplatz eingeräumt wird[73] oder er nach einem ärztlichen Attest versetzt wird, weil die bisherige Arbeit nicht mehr verrichtet werden kann.[74]

---

[56] BAG 14. 7. 2005 AP 41 zu § 242 BGB Auskunftspflicht = NZA 2005, 1298; 4. 10. 2005 AP 42 zu § 242 BGB Auskunftspflicht = NZA 2006, 545.
[57] BAG 12. 12. 2002 AP 25 zu § 611 BGB Haftung des Arbeitgebers.
[58] BAG 26. 7. 2007 – 8 AZR 707/06 – DB 2007, 2319 – bestehender Unfallversicherungsschutz.
[59] BAG 13. 11. 2001 AP 1 zu § 15 b BAT = NZA 2002, 1047; 13. 12. 2000 AP 1 zu § 1 BetrAVG Auskunft = NZA 2002, 618.
[60] BAG 10. 3. 1988 AP 99 zu § 611 BGB Fürsorgepflicht = NZA 88, 837 – Aufhebungsvertrag.
[61] BAG 11. 12. 2001 AP 2 zu § 1 BetrAVG Auskunft = NZA 2002, 1150.
[62] BAG 24. 5. 1974 AP 6 zu § 242 BGB Ruhegehalt-VBL.
[63] BAG 4. 10. 2005 AP 42 zu § 242 BGB Auskunftspflicht = NZA 2006, 545; einschränkend für den Aktienerwerb: BAG 26. 9. 2006 AP 45 zu § 242 BGB Auskunftspflicht = NJW 2007, 2348.
[64] BAG 26. 7. 1972 AP 1 zu § 4 MTB II = DB 72, 2263.
[65] LAG Rostock 22. 11. 1993 LAGE § 242 BGB Auskunftspflicht Nr. 6 = NZA 95, 79 – Altersübergangsgeld.
[66] BAG 24. 5. 1974 AP 6 zu § 242 BGB Ruhegehalt-VBL.
[67] Dazu *Reinecke* DB 2006, 555.
[68] BAG 27. 2. 1970 AP 16 zu § 618 BGB; 13. 3. 1967 AP 15 zu § 618 BGB; *Podehl* DB 2007, 2090.
[69] BAG 13. 2. 1969 AP 3 zu § 611 BGB Schweigepflicht.
[70] BAG 26. 1. 1959 AP 3 zu § 7 AltbankenG Berlin.
[71] BAG 21. 2. 2002 BB 2002, 2335 = NZA 2002, 1416.
[72] BAG 10. 11. 1977 AP 1 zu § 611 BGB Einstellungsanspruch.
[73] BAG 17. 2. 1998 AP 26 zu § 618 BGB = NZA 98, 1231; vgl. BVerfG 22. 1. 1997 NJW 97, 2871; zur Sperrzeit LSG Hessen 11. 10. 2006 NJW 2007, 1837.
[74] BAG 17. 2. 1998 AP 27 zu § 618 BGB = NZA 99, 33.

d) Rechtsfolgen. Verletzt der Arbeitgeber seine Belehrungspflichten, so wird er schadensersatzpflichtig, wenn er schuldhaft gehandelt hat. Er trägt die **Darlegungs- und Beweislast,** dass der Schaden auch bei Belehrung eingetreten wäre,[75] insoweit gilt der Grundsatz des aufklärungsrichtigen Verhaltens des Arbeitnehmers. Der Ausspruch einer unberechtigten außerordentlichen Kündigung kann eine zum Schadensersatz verpflichtende Fürsorgepflichtverletzung sein.[76] Aus der Fürsorgepflicht soll folgen, dass der Arbeitgeber einen Informanten benennen muss, der in Beziehung auf einen Arbeitnehmer einen Betriebsdiebstahl behauptet hat.[77] 41

4. Beförderungsanspruch und Konkurrentenklage. a) Grundsatz. Es besteht aus dem Arbeitsvertrag kein allgemeiner Beförderungsanspruch, ein solcher folgt insbesondere nicht aus der Fürsorgepflicht des Arbeitgebers. Allerdings kann der Arbeitgeber dem Arbeitnehmer u. U. nur nach Fort- und Weiterbildungsmaßnahmen kündigen. Hieraus folgt aber kein korrespondierender Anspruch des Arbeitnehmers; zur Rechtsstellung des Betriebsrats § 241 RN 42ff. Der Arbeitgeber darf den Arbeitnehmer nicht unter Verstoß gegen den Gleichbehandlungsgrundsatz von Förderungsmaßnahmen ausschließen. Ein Anspruch auf Aus- und Weiterbildung kann aber arbeits- oder tarifvertraglich begründet werden. Bei Arbeitsverträgen kann dies anzunehmen sein, wenn eine bestimmte Fortbildungs- oder Weiterentwicklungsmöglichkeit Vertragsgegenstand geworden ist, z. B. wenn ein Klinikarzt nach seinem Arbeitsvertrag die Möglichkeit haben soll, die Anerkennung als Facharzt zu erreichen.[78] 42

Ist der Arbeitnehmer **zu Unrecht nicht befördert** worden, weil der Arbeitgeber gegen gültige Auswahlgrundsätze (z. B. bei Auswahlrichtlinien) oder Diskriminierungsverbote des AGG (§ 33 RN 4) verstoßen hat, so kann ein Schadensersatz- bzw. Entschädigungsanspruch bestehen.[79] Der Arbeitnehmer trägt aber die Darlegungs- und Beweislast, dass ohne Verstoß zu seinen Gunsten entschieden worden wäre.[80] 43

b) Öffentlicher Dienst. aa) Grundsatz der Bestenauslese. Auch im öffentlichen Dienst kann ein Arbeitnehmer aus einer arbeitsvertraglichen Nebenpflicht weder seine Beförderung[81] noch eine besondere Aus- und Fortbildung[82] durch den Arbeitgeber erzwingen. Nach Art. 33 II GG hat jeder Deutsche nach seiner Eignung, Befähigung und fachlicher Leistung Zugang zu jedem öffentlichen Amt; eine Entscheidung nach diesen Kriterien hat die durch das AGG (§ 33) konkretisierten verfassungsrechtlichen Benachteiligungsverbote zu beachten. Öffentliche Ämter i. d. S. sind nicht nur Beamtenstellen, sondern auch solche Stellen, die von Arbeitnehmern besetzt werden können. Der Grundsatz der Bestenauslese gilt daher nicht nur für Beamte, sondern auch für Arbeitnehmer im öffentlichen Dienst. Jede Bewerbung muss nach den genannten Kriterien beurteilt werden. Das gilt nicht nur für Einstellungen, sondern auch für Beförderungen innerhalb des öffentlichen Dienstes. Allerdings ist der öffentliche Arbeitgeber nicht verpflichtet, offene Stellen ausschließlich auf Grund von Ausschreibungen und Auswahlverfahren zu besetzen. Er kann auf Grund seiner ihm zustehenden Personal- und Organisationshoheit den Kreis der nach Eignung, Befähigung und fachlicher Leistung zu vergleichenden Bewerber auf Grund sachlicher Erwägungen beschränken und bei der Besetzung zwischen Umsetzungen, Versetzungen oder Beförderungen wählen.[83] Nur wenn für die Besetzung Bewerbern aus niedrigeren Besoldungs- bzw. Vergütungsgruppen zugelassen sind (sog. Beförderungsbewerber), muss die Auswahl nach den Maßstäben des Art. 33 II GG erfolgen.[84] Die Festlegung auf die in Art. 33 II GG genannten Kriterien von Eignung, Befähigung und fachlicher Leistung gibt jedem Bewerber ein subjektives Recht auf chancengleiche Teilnahme am Bewerbungsverfahren.[85] Nach Art. 33 II GG haben alle Beschäftigtengruppen Anspruch auf Zugang zu einem öffentlichen Amt, sofern nicht ein ausdrücklicher Funktionsvorbehalt zur Wahrnehmung hoheitlicher Aufgaben besteht (Art. 33 IV GG). Ist Letzteres nicht der Fall, dürfen ohne sachlichen Grund keine Anforderungen 44

[75] Vgl. BGH 20. 12. 1972 NJW 73, 365.

[76] BAG 24. 10. 1974 AP 2 zu § 276 BGB Vertragsverletzung; vgl. auch BAG 27. 11. 1974 AP 82 zu § 611 BGB Fürsorgepflicht = NJW 75, 751.

[77] LAG Düsseldorf 13. 2. 1978 DB 79, 171.

[78] BAG 22. 2. 1990 AP 23 zu § 611 BGB Arzt-Krankenhaus-Vertrag = NZA 90, 845.

[79] BAG 24. 4. 2008 AP 2 zu § 33 AGG = NZA 2008, 1351.

[80] BAG 24. 4. 2008 AP 2 zu § 33 AGG = NZA 2008, 1351; BVerwG 16. 10. 1991 NJW 92, 927.

[81] BAG 31. 10. 1985 AP 5 zu § 46 BPersVG; 20. 6. 1984 AP 58 zu § 611 BGB Dienstordnungs-Angestellte; 28. 3. 1973 AP 2 zu § 319 BGB.

[82] BAG 2. 12. 1970 AP 1 zu Art. 33 Abs. 2 GG.

[83] BVerfG 28. 2. 2007 NJW 2007, 3631 – Ausschluss von Versetzungsbewerbern.

[84] BAG 22. 1. 2007 AP 83 zu § 233 ZPO 1977 = NZA 2007, 1450; BVerwG 16. 8. 2001 BVerwGE 115, 58.

[85] Zu Pool-Lehrkräften LAG Köln 16. 10. 2002 LAGE Art. 33 Abs. 2 GG = PersV 2003, 273.

gestellt werden, die nur von Beamten, nicht aber von Angestellten erfüllt werden können.[86] Insbesondere haushaltsrechtliche Erwägungen sind regelmäßig für die Auswahlentscheidung unbeachtlich. Ohne Bedeutung ist auch, ob die Besetzung nur zu einer Versetzung und nicht zu einer Beförderung mit Höhergruppierung führen würde[87] oder der öffentliche Dienstherr durch die Beförderung von Schadenersatzansprüchen Dritter befreit würde.[88]

45 **bb) Auswahlentscheidung.** Bei der Feststellung der in Art. 33 II GG bezeichneten Qualifikationsmerkmale steht dem öffentlichen Arbeitgeber ein von der Verfassung gewährleisteter Beurteilungsspielraum zu, der nur einer eingeschränkten gerichtlichen Kontrolle unterliegt.[89] Es ist grundsätzlich nicht Aufgabe des Gerichts, den besser geeigneten Bewerber zu bestimmen.[90] Sind Feststellungen zur Eignung, Befähigung und Leistung der Bewerber im Rahmen von dienstlichen Beurteilungen getroffenen worden, beschränkt sich deren gerichtliche Überprüfung darauf, ob der Arbeitgeber bei seiner wertenden Entscheidung alle wesentlichen Umstände berücksichtigt, allgemeingültige Bewertungsmaßstäbe beachtet und ein fehlerfreies Verfahren eingehalten hat. Die Gewichtung der einzelnen Qualifikationsmerkmale ist wesentlicher Bestandteil des Beurteilungsspielraums des Arbeitgebers.[91] Sind mehrere Bewerber gleich qualifiziert, besteht für den Arbeitgeber ein noch weitergehendes Auswahlermessen, da das Kriterium der Bestenauslese nach Art. 33 II GG bei den gleich qualifizierten Bewerbern gewahrt ist;[92] in diesem Fall kann der Eindruck aus dem Vorstellungsgespräch den Ausschlag geben.[93] Der Arbeitgeber kann dann zu seiner weiteren Entscheidungsfindung Hilfskriterien heranziehen, die ihrerseits aber nicht sachwidrig sein dürfen.[94] Der für diesen Fall in den Landesgleichstellungsgesetzen geregelte Vorzug des Bewerbers eines unterrepräsentierten Geschlechts verstößt bei einer Auswahl unter gleich qualifizierten Bewerbern weder gegen Art. 3 III, 33 II GG oder Art. 2 I, 3 der RL 76/207/EWG, wenn diese nicht schematisch, sondern erst nach einer Einzelfallentscheidung erfolgt.[95]

46 **cc) Ablauf des Auswahlverfahrens. (1) Anforderungsprofil.** Die leistungsbezogene Auswahl setzt verfahrensmäßig die Festlegung eines konkreten Anforderungsprofils für die zu besetzende Stelle voraus. In diesem werden die Leistungskriterien für die nachfolgende Auswahlentscheidung konkretisiert. Durch die Bestimmung eines Anforderungsprofils für einen Dienstposten legt der Dienstherr die Kriterien für die Auswahl der Bewerber fest. Es stellt damit die Verbindung zwischen dem vom öffentlichen Arbeitgeber zu bestimmenden Charakter der Stelle und den von den Bewerbern zu erbringenden Voraussetzungen her. Anhand dieses Anforderungsprofils hat der öffentliche Arbeitgeber dann festzustellen, welcher Bewerber diesem am besten entspricht.[96] Es ist unzulässig, im Anforderungsprofil Anforderungen aufzustellen, die für die Besetzung des Dienstpostens geeignete und befähigte Bewerber ausschließen. Bei einem entsprechenden Verstoß kann der übergangene Bewerber seinen Anspruch auf Beteiligung am Auswahlverfahren durchsetzen.[97] Das Anforderungsprofil muss zur Gewährleistung eines nachfolgenden effektiven Rechtsschutzes so dokumentiert sein, dass die Auswahlentscheidung nach den Kriterien des Art. 33 II GG überprüft werden kann. Ein bloßer Hinweis auf die vorgesehene Vergütungsgruppe ist unzureichend, wenn sich die konkreten Anforderungen der zu besetzenden Stelle aus ihr nicht feststellen lassen.[98] Das BAG lässt auch eine nachträgliche Erstellung des Anforderungsprofils zu,[99] was aber dem Dienstherrn Manipulationsmöglichkeiten in Hinblick auf die bereits zuvor getroffene Auswahlentscheidung eröffnet.

---

[86] BAG 18. 9. 2001 AP 52 zu Art. 33 Abs. 2 GG = NZA 2002, 271.
[87] BAG 5. 11. 2002 AP 57 zu Art. 33 Abs. 2 GG = NZA 2003, 798 – Beamtenbewerber.
[88] BAG 20. 3. 2003 AP 23 zu § 565 ZPO.
[89] BVerfG 17. 4. 1991 AP 68 zu Art. 12 GG = NJW 91, 2005.
[90] BAG 24. 1. 2007 AP 20 zu § 2 BAT SR 21 = NZA-RR 2007, 608; 7. 9. 2004 AP 61 zu Art. 33 Abs. 2 GG = NZA 2005, 879.
[91] BAG 7. 9. 2004 AP 61 zu Art. 33 Abs. 2 GG = NZA 2005, 879; 5. 3. 1996 AP 226 zu Art. 3 GG = NZA 96, 751.
[92] BAG 21. 1. 2003 AP 60 zu Art. 33 Abs. 2 GG = NZA 2003, 1036.
[93] BAG 19. 8. 2008 AP 69 zu Art. 33 Abs. 2 GG = NZA 2008, 1016.
[94] LAG Berlin 25. 8. 2006 LAGE Art 33 GG Nr. 16 – Zulässigkeit einer sachgrundlosen Befristung ist kein statthaftes Auswahlkriterium.
[95] BAG 21. 1. 2003 AP 60 zu Art. 33 Abs. 2 GG = NZA 2003, 1036; 2. 12. 1997 AP 41 zu Art. 33 Abs. 2 GG = NZA 98, 882.
[96] BAG 15. 3. 2005 AP 62 zu Art 33 Abs. 2 GG = NZA 2005, 1185.
[97] BAG 18. 9. 2001 AP 52 zu Art. 33 Abs. 2 GG = NZA 2002, 271.
[98] BAG 18. 9. 2007 AP 64 zu Art. 33 Abs. 2 GG.
[99] BAG 21. 1. 2003 AP 59 zu Art. 33 Abs. 2 GG = MDR 2003, 1056.

47 **(2) Auswahlentscheidung.** Die Auswahlentscheidung setzt in verfahrensrechtlicher Hinsicht neben einem feststehenden Anforderungsprofil eine vorherige Bewertung der Bewerber im Hinblick auf ihre Eignung für die zu besetzende Stelle voraus. Diese kann durch dienstliche Beurteilungen,[100] Zeugnisse oder aktuelle Leistungsberichte vorgenommen werden. Nach Ansicht des BAG unterliegt der Leistungsvergleich keinen besonderen Förmlichkeiten, soweit nicht durch Rechtsvorschriften oder anderweitiger Bindung der Verwaltung eine Formenstrenge besteht. Lediglich die Leistungsbewertungen und die wesentlichen Auswahlerwägungen sind schriftlich niederzulegen.[101] Im Rahmen einer nachfolgenden Konkurrentenklage kann der Arbeitnehmer verlangen, dass der Arbeitgeber ihm gegenüber die Auswahlkriterien darlegt.[102] Erforderlich ist schließlich eine zeitnahe Entscheidung nach Erstellung der Beurteilungen.[103] Bei der gerichtlichen Kontrolle ist auf den Zeitpunkt der Auswahlentscheidung abzustellen. Für die Kontrolle sind dabei die Umstände zum Zeitpunkt der Entscheidung maßgeblich.[104]

48 **dd) Gerichtlicher Rechtsschutz. (1) Abschluss des Auswahlverfahrens.** Macht ein Bewerber um eine auch für Angestellte ausgeschriebene Stelle des öffentlichen Dienstes geltend, er sei unter Verletzung der in Art. 33 II GG festgelegten Kriterien abgewiesen worden, kann er bis zum Abschluss des Auswahlverfahrens arbeitsgerichtlichen Rechtsschutz in Anspruch nehmen (sog. arbeitsrechtliche Konkurrentenklage).[105] Ist eine mit dem Amt verbundene Stelle rechtlich verbindlich anderweitig vergeben, kann das Amt nicht mehr besetzt werden. Dann ist der subjektive Anspruch des Bewerbers aus Art. 33 II GG erschöpft. Eine Konkurrentenklage erledigt sich deshalb mit der endgültigen Übertragung des Amts auf den Mitbewerber (zu Ausnahmen RN 49). Das Auswahlverfahren ist noch nicht mit der Einleitung des personalvertretungsrechtlichen Beteiligungsverfahrens, sondern erst nach einer abschließenden Willensbildung der zuständigen Dienststelle abgeschlossen.[106] Der Personalrat kann sein Initiativrecht ausüben und auf die Beförderung eines Bediensteten hinwirken. Er kann aber nicht die Beförderung eines bestimmten Beamten erzwingen.[107]

49 **(2) Einstweiliger Rechtsschutz.**[108] Nach der Rspr. des BVerfG darf der Dienstherr durch den Abschluss seines Auswahlverfahrens keine vollendeten Tatsachen schaffen, sondern muss so rechtzeitig den unterlegenen Bewerbern das Ergebnis mitteilen und erläutern, damit sie noch im Wege des einstweiligen Rechtsschutzes gegen eine vermeintliche Beeinträchtigung ihrer Rechte vorgehen können; regelmäßig darf der Vollzug der Auswahlentscheidung erst 14 Tage nach Zugang der Mitteilung liegen.[109] In diesem Zeitraum kann der unterlegene Bewerber einstweiligen Rechtsschutz gegen die bevorstehende Besetzung beantragen. Erfolgt die Einleitung rechtzeitig, ist die öffentliche Verwaltung verpflichtet, die Besetzung eines öffentlichen Amts bis zum rechtkräftigen Abschluss des einstweiligen Verfügungsverfahrens zu unterlassen.[110] Die Rechtsschutzmöglichkeit entfällt, wenn zwischenzeitlich die Stelle endgültig besetzt wird.[111] Ein öffentliches Amt wird dann besetzt, wenn dem ausgewählten Bewerber eine gesicherte Rechtsposition eingeräumt wird, die der Ausgestaltung dieses Amts entspricht. Dies gilt auch, wenn die Besetzung trotz (oder gerade) wegen eines Konkurrentenklageverfahrens erfolgt. Hat der öffentliche Arbeitgeber einen anderen Bewerber unter Verstoß gegen eine den Anspruch sichernde einstweilige Verfügung einstellt oder befördert, kann der übergangene Bewerber verlangen, verfahrensrechtlich und materiellrechtlich so gestellt zu werden, als sei die einstweilige Verfügung beachtet und das Bewerbungsverfahren noch nicht beendet worden: dem stehen auch staats- und haushaltsrechtliche Gründe nicht entgegen.[112] Werden bei fehlender verfahrensrechtlicher Sicherung des freien Dienstpostens nach seiner Besetzung Fehler festgestellt, die das Ergebnis des Auswahlverfahrens beeinflusst haben können, so besteht kein Anspruch des abgelehnten Bewerbers aus Art. 33 II GG, das Auswahlverfahren zu wiederholen, wenn ihm ausreichend Gelegenheit für

---

[100] Zur gerichtlichen Korrektur BAG 24. 1. 2007 AP 20 zu § 2 BAT SR 21 = NZA-RR 2007, 608.
[101] BAG 18. 9. 2007 AP 64 zu Art. 33 Abs. 2 GG.
[102] LAG Thüringen 13. 1. 1997 AP 10 zu § 62 ArbGG 1979 = NZA-RR 97, 234.
[103] BAG 21. 1. 2003 AP 59 zu Art. 33 Abs. 2 GG = MDR 2003, 1056.
[104] BAG 17. 1. 2006 AP 6 zu § 24 BAT-O.
[105] BAG 18. 9. 2001 AP 52 zu Art. 33 Abs. 2 GG = NZA 2002, 271; 2. 12. 1997 AP 40 zu Art. 33 Abs. 2 GG = NZA 98, 884; Schrifttum siehe vor RN 36.
[106] BAG 22. 6. 1999 AP 49 zu Art. 33 Abs. 2 GG = NZA 2000, 606.
[107] BVerwG 11. 7. 1995 PersR 95, 524 = PersV 96, 212.
[108] Dazu *Reinhard/Kliemt* NZA 2005, 545; *Walker* ZfA 2005, 45.
[109] BVerfG 15. 9. 1989 NJW 90, 501.
[110] BAG 28. 2. 2002 AP 56 zu Art. 33 Abs. 2 GG = NZA 2003, 324.
[111] BVerfG 15. 9. 1989 NJW 90, 501; BAG 2. 12. 1997 AP 40 zu Art. 33 Abs. 2 GG = NZA 98, 884.
[112] BAG 18. 9. 2007 AP 64 zu Art. 33 Abs. 2 GG.

die Inanspruchnahme vorläufigen Rechtsschutzes gewährt worden war.[113] Will ein Angestellter des öffentlichen Dienstes die Beförderung eines Beamten unterbinden und seine eigene Höhergruppierung durchsetzen, ist der Rechtsweg zu den Gerichten für Arbeitssachen gegeben.[114]

50 **(3) Antrag.** Im einstweiligen Rechtsschutzverfahren und im Hauptsacheverfahren wird regelmäßig die erneute Durchführung des Auswahlverfahrens beantragt werden. Anders als vor den Verwaltungsgerichten richtet sich der Klageantrag nicht auf eine Neubescheidung, sondern auf die Wiederholung der Auswahlentscheidung unter Beachtung der Kriterien des Art. 33 II GG. Der Antrag ist begründet, wenn die bisherige Auswahlentscheidung des Arbeitgebers fehlerhaft war, den Kläger in seinem Bewerbungsverfahrensanspruch verletzt und die ausgeschriebene Stelle noch nicht endgültig besetzt ist.[115] Wäre jede andere Entscheidung als die für den abgelehnten Bewerber ermessensfehlerhaft, kann auch auf Übertragung der ausgeschriebenen Stelle oder Annahmeerklärung zum Vertragsschluss zu geänderten Bedingungen geklagt werden, letzteres sofern eine Vertragsänderung erforderlich ist. Sind noch weitere Bewerber ermessensfehlerhaft übergangen worden, wird regelmäßig nur ein Antrag auf Durchführung eines neuen Auswahlverfahrens in Betracht kommen.[116]

51 **ee) Sanktionen.** Nach dem Abschluss des Auswahlverfahrens und einer verbindlicher Stellenbesetzung können dem unterlegenen Bewerber Schadensersatzansprüche nach § 280 I BGB und § 823 II BGB, Art. 33 II GG zustehen. Diese setzen voraus, dass der öffentliche Arbeitgeber bei fehlerfreier Auswahl nach den Grundsätzen des Art. 33 II GG dem unterlegenen Bewerber das Amt hätte übertragen müssen. In diesem Fall besteht zugunsten des Arbeitnehmers eine Beweislastumkehr. Der Arbeitgeber muss darlegen und ggf. beweisen, dass die getroffene Auswahlentscheidung rechtmäßig war; ein non-liquet geht zu seinen Lasten.[117] In Betracht kommt auch ein Anspruch des rechtswidrig übergangenen Bewerbers auf Schmerzensgeld wegen Verletzung des allgemeinen Persönlichkeitsrechts durch Diskriminierung wegen des Geschlechts; dieser setzt aber ein Verschulden des Arbeitgebers voraus.[118]

52 **5. Begrenzung von Schadensersatzansprüchen.**[119] Die ältere Rspr. hat aus der Fürsorgepflicht eine Begrenzung der Schadensersatzansprüche des Arbeitgebers abgeleitet. Die neue Rspr. beruft sich im Allgemeinen darauf, dass die Haftungseinschränkung aus dem Betriebsrisikogedanken folgt; die Einzelheiten sind unter § 52 dargestellt.

53 **6. Bekanntgabe von strafbaren Handlungen des Arbeitnehmers.**[120] Grundsätzlich ist der Arbeitgeber nicht gehindert, strafbare Handlungen des Arbeitnehmers anzuzeigen. Im Übrigen hat er wegen der persönlichen Verhältnisse des Arbeitnehmers eine Verschwiegenheitspflicht. Der Arbeitgeber verletzt das Persönlichkeitsrecht des Arbeitnehmers, wenn er unbefugt Dritten in dessen Personalakten Einblick gestattet,[121] verbotswidrig Eignungstests bei Aufstiegsverfahren berücksichtigt[122] oder Angaben in Beihilfeanträgen unbefugt verwertet.[123] Die Bekanntgabe einer strafbaren oder sonstigen ehrverletzenden Äußerung über den Arbeitnehmer z. B. in Form eines betrieblichen Aushangs ist stets unzulässig, wenn die notwendigen Beweise noch nicht erhoben sind oder die Behauptung unzutreffend oder nicht nachweisbar ist. Gegen entsprechende Beeinträchtigungen seines Persönlichkeitsrechts hat der Arbeitnehmer einen Anspruch auf Widerruf in gleicher Form, in der die Bekanntgabe erfolgt ist. Selbst bei Erweislichkeit einer strafbaren Handlung darf eine Bekanntmachung im Betrieb nur erfolgen, wenn der Arbeitgeber ausnahmsweise hieran ein berechtigtes Interesse hat.[124] Überdies darf die Form der Bekanntmachung nicht ihrerseits unverhältnismäßig sein.

54 **7. Persönlichkeitsrecht.**[125] **a) Inhalt.** Auf Grund der Fürsorgepflicht hat der Arbeitgeber das sich aus Art. 2 I, 3 I GG ergebende Persönlichkeitsrecht des Arbeitnehmers allgemein zu

---

[113] BAG 28. 2. 2002 AP 56 zu Art. 33 Abs. 2 GG = NZA 2003, 324.
[114] OVG Koblenz 10. 12. 1997 NZA-RR 98, 274.
[115] BAG 2. 12. 1997 AP 41 zu Art. 33 Abs. 2 GG = NZA 98, 882; 2. 12. 1997 AP 40 zu Art. 33 Abs. 2 GG = NZA 98, 884.
[116] BAG 2. 12. 1997 AP 40 zu Art. 33 Abs. 2 GG = NZA 98, 884.
[117] BGH 6. 4. 1995 NJW 95, 2344; vgl. auch BVerwG 25. 8. 1988 NJW 89, 538.
[118] BAG 5. 3. 1996 AP 226 zu Art. 3 GG = NZA 96, 751.
[119] *Kort,* Inhalt und Grenzen der arbeitsrechtlichen Personenfürsorgepflicht, NZA 96, 854.
[120] *Tag,* Der lückenhafte Schutz von Arbeitnehmergeheimnissen, BB 2001, 1578.
[121] BAG 18. 12. 1984 AP 8 zu § 611 BGB Persönlichkeitsrecht = NZA 85, 811.
[122] BVerwG 22. 9. 1988 NJW 89, 1297; 11. 2. 1983 NJW 83, 1922.
[123] LAG Köln 6. 11. 1984 LAGE Art. 2 GG Nr. 2.
[124] BAG 21. 2. 1979 AP 13 zu § 847 BGB = NJW 79, 2532.
[125] *Kern,* Schmerzensgeld im Arbeitsrecht – Was kostet ein Tritt ins Gesäß?, NZA 2000, 124.

schützen.[126] Unter Persönlichkeitsrecht wird das Recht des einzelnen auf Achtung seiner Menschenwürde und auf Entfaltung seiner individuellen Persönlichkeit verstanden, das sich nicht nur gegen den Staat und seine Organe richtet, sondern auch im Privatrechtsverkehr Wirkungen entfaltet.[127] Daneben hat der Arbeitnehmer Anspruch auf Rücksichtnahme auf sein Wohl und seine berechtigten Interessen, insbesondere auf Schutz vor Gesundheitsgefahren und vor einer betrieblichen Situation, in der seine Würde verletzt und ein von Einschüchterungen, Anfeindungen, Erniedrigungen, Entwürdigungen oder Beleidigungen gekennzeichnetes Umfeld geschaffen wird.[128] Allerdings können Eingriffe in das Persönlichkeitsrecht durch die Wahrnehmung überwiegend schutzwürdiger Interessen Dritter gerechtfertigt sein. Daher bedarf es zur Konkretisierung des Persönlichkeitsrechts stets einer Güter- und Interessenabwägung nach dem Grundsatz der Verhältnismäßigkeit um zu klären, ob dem Persönlichkeitsrecht des einen gleichwertige und schutzwürdige Interessen anderer gegenüberstehen. Der Persönlichkeitsschutz ist bis auf einen unantastbaren Kernbereich abdingbar. Insbesondere die Eingliederung des Arbeitnehmers in den Betrieb führt angesichts der wechselseitigen Interessen des Arbeitgebers und der anderen Arbeitnehmer regelmäßig zu Beeinträchtigungen des Persönlichkeitsrechts, mit denen sich der Arbeitnehmer durch den Abschluss des Arbeitsvertrags ausdrücklich oder konkludent einverstanden erklärt.

b) Einzelfälle. Aus dem Persönlichkeitsrecht ergibt sich der Schutz des Arbeitnehmers 55
vor Belästigungen durch andere Arbeitnehmer (z. B. Schutz vor sexuellen Belästigungen, Raucherschutz) und Dritte, unzulässigen Kontroll- und Überwachungsmaßnahmen z. B. durch technische Einrichtungen, der Schutz vor Ausforschungen seiner Privatsphäre (§ 55 RN 25 ff.) etwa durch die Verwertung von Ergebnissen aus ärztlichen Untersuchungen und genetischen Analysen (§ 24 RN 16), die Verpflichtung des Arbeitgebers zur menschengerechten Gestaltung des Arbeitsplatzes sowie der Ehrschutz. So müssen die vom Arbeitnehmer erworbenen akademischen Grade auch verwandt werden,[129] während der Arbeitnehmer sich bei Betriebsüblichkeit nicht gegen das Duzen wehren kann.[130] Aus dem Persönlichkeitsrecht ist z. B. abgeleitet worden, der Anspruch auf Zulassung eines Rechtsbeistands bei Personalgesprächen,[131] eine Pflicht zur Erörterung von Abmahnungen im öffentlichen Dienst,[132] das Verbot des heimlichen Mithörens von Telefongesprächen,[133] die verdeckte oder anlassunabhängige Videoüberwachung[134] und Zuschreibung von Mitgliedschaften in bestimmten Vereinigungen.[135] Ebenfalls unzulässig ist die Veröffentlichung von beleidigenden Verhaltensweisen[136] und von Fotografien aus dem Privatleben[137] sowie Mitteilungen aus der Intimsphäre.[138] Das Persönlichkeitsrecht des Arbeitnehmers wird durch den Ausspruch einer unwirksamen Kündigung oder einer ebensolchen Maßnahme des Direktionsrechts regelmäßig nicht verletzt. Eine nicht mehr sozial adäquate Maßnahme kann eine Kündigung nur darstellen, wenn sie den Arbeitnehmer über den bloßen Kündigungsausspruch hinaus in seinem Persönlichkeitsrecht beeinträchtigt und dies vom Arbeitgeber auch so gewollt ist;[139] zum Mobbing § 33 RN 43 a.

c) Sanktionen. Bei objektiv rechtswidrigen Eingriffen in sein Persönlichkeitsrecht hat der Ar- 56
beitnehmer entsprechend den §§ 12, 862, 1004 BGB Anspruch auf Beseitigung von fortwirkenden Beeinträchtigungen und auf Unterlassung weiterer Eingriffe.[140] So kann die Wiederholung von wahren Tatsachenbehauptungen, die geeignet sind, den Betroffenen herabzusetzen, untersagt werden, wenn kein schutzwürdiges Interesse an der öffentlichen Weiterverbreitung besteht.[141]

---

[126] Schrifttum siehe vor RN 36.
[127] BVerfG 26. 8. 2003 NJW 2004, 591.
[128] BAG 25. 10. 2007 AP 6 zu § 611 BGB Mobbing = NZA 2008, 223.
[129] BAG 8. 2. 1984 AP 5 zu § 611 BGB Persönlichkeitsrecht = NZA 84, 225.
[130] LAG Hamm 29. 7. 1998 NJW 99, 1053 = NZA-RR 98, 481; *Roellecke* NJW 99, 999.
[131] ArbG Münster 6. 7. 1988 NJW 89, 793.
[132] ArbG Dessau 5. 6. 2002 AuA 2002, 572 – bedenklich.
[133] BAG 29. 10. 1997 AP 27 zu § 611 BGB Persönlichkeitsrecht = NZA 98, 307.
[134] BAG 29. 6. 2004 AP 41 zu § 87 BetrVG 1972 Überwachung = NZA 2004, 1278; 27. 3. 2003 AP 36 zu § 87 BetrVG 1972 Überwachung = NZA 2003, 1193.
[135] BVerfG 10. 1. 1998 NJW 99, 1322.
[136] BAG 18. 2. 1999 AP 31 zu § 611 BGB Persönlichkeitsrecht = NZA 99, 645; LAG Berlin 5. 3. 1997 NZA-RR 98, 488.
[137] BVerfG 15. 12. 1999 NJW 2000, 1021.
[138] BAG 18. 2. 1999 AP 31 zu § 611 BGB Persönlichkeitsrecht= NZA 99, 645.
[139] BAG 24. 4. 2008 AP 42 zu § 611 BGB Haftung des Arbeitgebers = NZA 2009, 38.
[140] BAG 15. 5. 1991 AP 23 zu § 611 BGB Persönlichkeitsrecht = NZA 92, 43.
[141] BAG 26. 8. 1997 AP 5 zu § 823 BGB Persönlichkeitsrecht = NZA 98, 712.

Verletzt der Arbeitgeber innerhalb des Arbeitsverhältnisses das Persönlichkeitsrecht des Arbeitnehmers, so liegt darin zugleich ein Verstoß gegen seine arbeitsvertraglichen Pflichten. Daneben kommt auch im Arbeitsrecht bei schwerwiegenden Eingriffen in das Persönlichkeitsrecht die Zahlung von Schmerzensgeld in Betracht.[142] Zu Ersatzleistungen bei „Mobbing" (§ 33 RN 43 a) und bei einer Diskriminierung wegen des Geschlechts § 165 RN 16.

57 **8. Fürsorgepflichten nach Beendigung.** Nach Beendigung des Arbeitsverhältnisses hat der Arbeitgeber Freizeit zur Stellensuche (§ 629 BGB) und ein Zeugnis (§ 146) zu erteilen. Darüber hinaus obliegt es ihm, Auskünfte über den Arbeitnehmer zu geben, ihm auch Einsicht in die ehemalige Personalakte zu gestatten und die Arbeitspapiere herauszugeben. Inwieweit der Arbeitgeber darüber hinaus noch nachwirkende allgemeine Fürsorgepflichten hat, ist nicht abschließend geklärt. Das BAG hat zunächst ausgeführt, dass mit der Beendigung des Arbeitsverhältnisses auch die wechselseitigen Rechte und Pflichten endeten.[143] In späteren Entscheidungen wird dem Arbeitnehmer aber unter Berufung auf die nachwirkende Fürsorgepflicht ein Wiedereinstellungsanspruch bei der Verdachtskündigung gewährt.[144]

§ 107. Pflegezeit

Berger-Delhey, Posteriores cogitationes, ut aiunt, sapientiores solent esse – Anmerkungen zum Entwurf ines Pflegezeitgesetzes, ZTR, 2007, 604; *Böggemann,* Der Sonderkündigungsschutz nach § 5 PflegeZG, FA 2008, 357; *Düwell,* Das kommende Pflegezeitgesetz, FA 2008, 104; *Freihube/Sasse,* Was bringt das neue Pflegezeitgesetz, DB 2008, 1320; *Fröhlich,* Das Pflegezeitgesetz – Neue Recht für Arbeitnehmer, ArbRB 2008, 84; *Kreutz,* „Nullum anarchia maius est malum", ZTR 2008, 246; *Linck,* Offene Fragen des PflegeZG, BB 2008, 2738; *Müller,* Das Pflegezeitgesetz (PflegeZG) und seine Folgen für die arbeitsrechtliche Praxis, BB 2008, 1058; *Müller/Stuhlmann,* Das neue Pflegezeitgesetz – eine Übersicht, ZTR 2008, 290; *Preis/Nehring,* Das Pflegezeitgesetz, NZA 2008, 729; *Preis/Weber,* Der Regierungsentwurf eines Pflegezeitgesetzes, NZA 2008, 82; *Rose/Dörstling,* Flucht in die Pflege – Kündigungsschutz allein durch Ankündigung sinnvoll?, DB 2008, 2137; *Schwerdle,* Arbeitsbefreiung bei Pflege von nahen Angehörigen – Kündigungsschutz selbst in der Probezeit?, ZTR 2007, 655.

Übersicht

		RN
I.	Allgemeines	1–3
II.	Anspruchsberechtigte Personen	4 ff.
	1. Allgemeines	4
	2. Beschäftigte	5, 6
	3. Zu ihrer Berufsbildung Beschäftigte	7–9
	4. Arbeitnehmerähnliche Personen	10–13
	5. Keine Wartezeit	14
III.	Arbeitgeber	15 ff.
	1. Begriffsbestimmung	15
	2. Unternehmensgröße	16, 17
IV.	Pflegebedürftigkeit naher Angehöriger	18 ff.
	1. Nahe Angehörige i. S. d. Gesetzes	19
	2. Pflegebedürftigkeit	20–22
V.	Akutpflege	23 ff.
	1. Allgemeines	23
	2. Zweck	24
	3. Verhältnis zu anderen Vorschriften	25
	4. Voraussetzungen	26–30
	5. Anzeige- und Nachweispflichten	31–35
	6. Entgeltfortzahlung	36–39
VI.	Pflegezeit	40 ff.
	1. Zweck	40
	2. Unternehmensgröße	41
	3. Pflegebedürftigkeit	42–44
	4. Nachweispflicht	45, 46
	5. Häusliche Umgebung	47
	6. Ankündigungsfrist	48–50
	7. Schriftform	51
	8. Dauer der Pflegezeit	52–55
	9. Vollständige Freistellung	56–59
	10. Teilweise Freistellung	60–62
	11. Pflegezeit und Berufsbildung	63

---

[142] BAG 25. 10. 2007 AP 6 zu § 611 BGB Mobbing = NZA 2008, 223; 18. 2. 1999 AP 31 zu § 611 BGB Persönlichkeitsrecht = NZA 99, 645; 15. 7. 1987 AP 14 zu § 611 BGB Persönlichkeitsrecht = NZA 88, 53; 18. 12. 1984 AP 8 zu § 611 BGB Persönlichkeitsrecht = NZA 85, 811 – Personalakten; 6. 6. 1984 AP 7 zu § 611 BGB Persönlichkeitsrecht = NZA 84, 321 – Personalfragebogen; 8. 2. 1984 AP 5 zu § 611 BGB Persönlichkeitsrecht = NZA 84, 225 – Titel; LAG Hamburg 3. 4. 1991 NZA 92, 509 – Namensnennung in Verbandszeitschrift; ArbG Bocholt 5. 4. 1990 BB 90, 1562 = DB 90, 1671 – „Getanzt wie eine Dirne".

[143] BAG 24. 11. 1956 AP 4 zu § 611 BGB Fürsorgepflicht = NJW 57, 35.

[144] BAG 14. 12. 1956 AP 3 zu § 611 BGB Fürsorgepflicht = NJW 57, 764; 13. 7. 1956 AP 2 zu § 611 BGB Fürsorgepflicht.

	RN
VII. Sonderkündigungsschutz	64 ff.
1. Allgemeines	64
2. Betriebliche und persönliche Voraussetzungen	65, 66
3. Keine Wartezeit	67–69
4. Beginn des Kündigungsschutzes	70, 71
VIII. Befristete Verträge	72 ff.
1. Allgemeines	72
2. Sonderkündigungsrecht	73, 74
IX. Berechnung von Schwellenwerten	75
X. Sozialversicherungsrechtliche Absicherung	76 ff.
1. Kurzzeitige Arbeitsverhinderung	76
2. Pflegezeit	77–82

I. Allgemeines

1 Durch das zum 1. 7. 2008 in Kraft getretene PflegeZG (BGBl. I S. 896) soll die ambulante Pflege, insbesondere auch die häusliche Pflege durch Angehörige, gestärkt werden. Zugleich soll die **Vereinbarkeit von Beruf und familiärer Pflege** verbessert werden (§ 1 PflegeZG).

2 Die Pflegezeitregelungen des PflegeZG basieren auf **zwei Säulen:** Bei unerwartetem Eintritt einer besonderen Pflegesituation haben Beschäftigte das Recht, kurze Zeit der Arbeit fernzubleiben, um die sofortige Pflege eines nahen Angehörigen sicherzustellen (§ 2 PflegeZG). Zu einer längeren Pflege in häuslicher Umgebung können berufstätige Angehörige von pflegebedürftigen Personen durch eine vollständige oder teilweise Freistellung von der Arbeit bis zur Dauer von sechs Monaten den Umfang ihrer Erwerbstätigkeit dem jeweiligen Pflegebedarf anpassen (§§ 3 und 4 PflegeZG). Dadurch soll nach Auffassung des Gesetzgebers in jeder Pflegesituation eine bedarfsgerechte Pflege des Angehörigen gewährleistet sein.[1]

3 Das PflegeZG gewährt Beschäftigten unter den in §§ 2 bis 4 PflegeZG geregelten Voraussetzungen einen **Anspruch, der Arbeit fernzubleiben** (dazu RN 23 ff.). Einen Vergütungsanspruch haben die Beschäftigten in der Zeit des Fernbleibens von der Arbeit nur, wenn sich eine solche Verpflichtung aus anderen gesetzlichen Vorschriften oder auf Grund einer Vereinbarung ergibt. Dies ist für die Akutpflege in § 2 III PflegeZG klargestellt. Das PflegeZG selbst enthält **keine Anspruchsgrundlage für einen Entgeltfortzahlungsanspruch** des Beschäftigten (dazu RN 36 ff.). Das noch im Referentenentwurf als § 44 a III SGB XI vorgesehene Pflegeunterstützungsgeld, das von der Pflegekasse gezahlt werden sollte, ist im Gesetzgebungsverfahren gestrichen worden. Stattdessen hat der Beschäftigte nach § 44 a I SGB XI Ansprüche auf Zuschüsse zur Kranken- und Pflegeversicherung (dazu RN 76 ff.).

II. Anspruchsberechtigte Personen

4 **1. Allgemeines.** Die Ansprüche aus dem PflegeZG gelten für Beschäftigte, die nahe Angehörige pflegen. § 7 I PflegeZG erläutert den Begriff **„Beschäftigter"** i. S. d. PflegeZG. Die Begrifflichkeit erinnert an die des § 6 I AGG und hebt teilweise die Unterschiede zwischen einem Arbeitsverhältnis und der Beschäftigung außerhalb eines Arbeitsverhältnisses auf.[2]

5 **2. Beschäftigte. a)** Zu den Beschäftigten gehören zunächst gem. § 7 I Nr. 1 PflegeZG die Arbeitnehmer. Es gilt insoweit der **allgemeine Arbeitnehmerbegriff** (dazu § 8). Unerheblich ist der Beschäftigungsumfang, so dass sowohl Vollzeit- als auch Teilzeitbeschäftigte (d. h. auch geringfügig Beschäftigte) anspruchsberechtigt sind. Da leitende Angestellte Arbeitnehmer sind, gilt auch für diese Personengruppe das PflegeZG.

6 **b) Befristet eingestellte Arbeitnehmer** gehören gleichfalls zu den Beschäftigten i. S. d. PflegeZG,[3] wobei sich durch die Inanspruchnahme der Pflegezeit nicht das Befristungsende verschiebt. Die Beendigung des Arbeitsverhältnisses durch Fristablauf ist nicht einer Kündigung (§ 5 PflegeZG) gleichzusetzen.

7 **3. Zu ihrer Berufsbildung Beschäftigte. a)** Beschäftigte i. S. d. PflegeZG sind nach § 7 I Nr. 2 PflegeZG auch die zu ihrer Berufsbildung Beschäftigten. Das sind **nicht nur Auszubildende** in einem Berufsausbildungsverhältnis i. S. v. § 1 III BBiG, sondern ebenso die in der Berufsausbildungsvorbereitung, der beruflichen Fortbildung, der beruflichen Umschulung oder in anderen Vertragsverhältnissen i. S. v. § 26 BBiG Beschäftigten (dazu § 173 ff.).[4]

8 **b)** Über den in § 22 II BBiG geregelten Kündigungsschutz nach Ablauf der Probezeit hinaus genießen die in einem Berufsbildungsverhältnis stehenden Beschäftigten in den Pflegefällen der

---

[1] BT-Drucks. 16/7439 S. 90.
[2] Kritisch dazu *Preis/Weber* NZA 2008, 82, 83.
[3] *Müller* BB 2008, 1058.
[4] ErfK/*Gallner* § 7 PflegeZG RN 1.

§§ 2 und 3 PflegeZG zusätzlich den **Kündigungsschutz des § 5 PflegeZG.** Die Kündigung bedarf daher der Zustimmung der zuständigen Behörde, und zwar nach dem Wortlaut des PflegeZG auch in der Probezeit des § 22 I BBiG (siehe dazu RN 67).

9 **c)** Um den Ausbildungserfolg nicht zu gefährden, sieht § 4 I 4 PflegeZG vor, dass die **Pflegezeit nicht auf die Berufsbildungszeiten angerechnet** wird. Soweit bestimmte Berufsbildungszeiten vereinbart worden sind, soll sich nach der Gesetzesbegründung zu § 4 PflegeZG das der Berufsbildung dienende Vertragsverhältnis um die in Anspruch genommene Pflegezeit verlängern.[5] Das Gesetz selbst geregelt diese Rechtsfolge – anders als etwa § 21 III BBiG – allerdings nicht.[6] Die Verlängerung des Vertragsverhältnisses bezieht sich nach dem gesetzlichen Gesamtzusammenhang in § 4 I PflegeZG nur auf Pflegezeiten i. S. v. § 3 PflegeZG und nicht auch auf die Akutpflege i. S. v. § 2 PflegeZG. Da die Pflegezeit nach § 3 I 1 PflegeZG auch in einer teilweisen Freistellung bestehen kann, dürfte sich in diesen Fällen das Ausbildungsverhältnis im Umfang der auf Tage umgerechneten Teilfreistellung verlängern. Dass diese Regelung in der Praxis zu erheblichen Schwierigkeiten führen kann, liegt auf der Hand.[7]

10 **4. Arbeitnehmerähnliche Personen. a)** Nach § 7 I Nr. 3 PflegeZG gehören zu den Beschäftigten auch Personen, die wegen ihrer wirtschaftlichen Unselbstständigkeit als arbeitnehmerähnliche Personen anzusehen sind (näher dazu § 10). Arbeitnehmerähnliche Personen sind Selbstständige. An die Stelle der das Arbeitsverhältnis prägenden persönlichen Abhängigkeit tritt die **wirtschaftliche Abhängigkeit.** Wirtschaftliche Abhängigkeit ist regelmäßig gegeben, wenn der Betroffene auf die Verwertung seiner Arbeitskraft und die Einkünfte aus der Dienstleistung zur Sicherung seiner Existenzgrundlage angewiesen ist. Das kann insbesondere bei der Tätigkeit für nur einen Auftraggeber der Fall sein. Vorausgesetzt wird weiter eine gewisse Dauerbeziehung. Nach der Rechtsprechung des BAG muss der Beschäftigte außerdem seiner gesamten sozialen Stellung nach einem Arbeitnehmer vergleichbar schutzbedürftig sein.[8] Auch wenn dieses Merkmal in § 7 I Nr. 3 PflegeZG nicht ausdrücklich genannt ist, ist es bei der Begriffsbestimmung zu berücksichtigen. Hiervon geht auch die Gesetzesbegründung aus.[9] Trotz der nicht ausdrücklichen Erwähnung dieses Merkmals in § 7 I Nr. 3 PflegeZG kann daher nicht angenommen werden, der Gesetzgeber habe im PflegeZG einen von der allgemeinen Begrifflichkeit abweichenden Begriff der arbeitnehmerähnlichen Person gewählt.[10] Hierfür spricht auch die dem § 7 I Nr. 3 PflegeZG vergleichbare Wortwahl in § 2 Satz 2 BUrlG und § 5 I 2 ArbGG. Zu diesen Bestimmungen ist anerkannt, dass die einem Arbeitnehmer entsprechende soziale Schutzbedürftigkeit Merkmal der arbeitnehmerähnlichen Person ist.[11]

11 **b)** Beschäftigte i. S. d. PflegeZG sind gem. § 7 I Nr. 3 PflegeZG des Weiteren die in **Heimarbeit Beschäftigten** und die ihnen **Gleichgestellten.** Der Begriff „Heimarbeiter" ist in § 2 I HAG definiert (dazu § 11 RN 2); die Möglichkeit der Gleichstellung folgt aus § 1 II HAG (dazu § 163 RN 3 ff.).

12 **c)** Die Einbeziehung der arbeitnehmerähnlichen Personen, Heimarbeiter und der ihnen Gleichgestellten zum Kreis der Beschäftigten i. S. d. PflegeZG ist **gesetzessystematisch problematisch.** Diese Personengruppe hat keinen „Arbeitgeber", weil sie selbständig tätig ist. Die Mitteilungs- und Ankündigungspflichten aus § 2 und 3 PflegeZG bestehen jedoch gegenüber dem Arbeitgeber als weisungsberechtigter Person. Hieran ändert § 7 II 2 PflegeZG nichts.[12] Des Weiteren bestehen für arbeitnehmerähnlichen Personen, Heimarbeiter und die ihnen Gleichgestellten regelmäßig keine festen „Arbeitstage", weil sie in der Bestimmung ihrer Arbeitszeit definitionsgemäß frei sind. Die korrekte Umsetzung des Anspruchs aus § 2 PflegeZG, der auf das Fernbleiben von der Arbeit an bis zu zehn Arbeitstagen gerichtet ist, dürfte für arbeitnehmerähnliche Personen, Heimarbeiter und die ihnen Gleichgestellten in der Praxis auf erhebliche Schwierigkeiten stoßen und „pragmatische" Lösungen befördern.

---

[5] BT-Drucks. 16/7439 S. 92.

[6] Kritisch deshalb *Düwell* FA 2008, 108, 110.

[7] Kritisch deshalb *Preis/Nehring* NZA 2008, 729, 730.

[8] BAG 17. 1. 2006 EzA 6 zu § 2 BUrlG; 30. 8. 2000 AP 75 zu § 2 ArbGG 1979 = NZA 2000, 1359.

[9] BT-Drucks. 16/7439 S. 93 f.

[10] Ebenso *Müller* BB 2008, 1058; a. A. ErfK/*Gallner* § 7 PflegeZG RN 1; *Preis/Nehring* NZA 2008, 729, 731 f.

[11] Vgl. zu § 2 BUrlG: BAG 17. 1. 2006 EzA 6 zu § 2 BUrlG; ErfK/*Dörner* § 2 BUrlG RN 2; *Leinemann/Linck* BUrlG § 2 RN 46 ff.; zu § 5 ArbGG: BAG 21. 2. 2007 AP 64 zu § 5 ArbGG 1979 = NZA 2007, 699; 30. 8. 2000 AP 75 zu § 2 ArbGG 1979 = NZA 2000, 1359; Germelmann/Matthes/Prütting/*Müller-Glöge* § 5 RN 34 f.

[12] Zutr. *Preis/Weber* NZA 2008, 82, 83.

Rechtspolitisch zweifelhaft ist, dass für die arbeitnehmerähnlichen Personen, Heimarbeiter und die ihnen Gleichgestellten über die in § 7 I Nr. 3 PflegeZG erfolgte Einbeziehung in den vom PflegeZG begünstigten Personenkreis der **besondere Kündigungsschutz** des § 5 PflegeZG Anwendung findet.[13] Diese Personengruppen haben ansonsten keinen materiellen Kündigungsschutz. Erst im Jahre 2007 hat das BAG entschieden, dass weder Art. 3 I GG noch Art. 12 I GG eine analoge Anwendung von § 622 I und II BGB und § 29 III und IV HAG auf die Kündigung von Beschäftigungsverhältnissen arbeitnehmerähnlicher Personen gebieten.[14] Für Heimarbeiter gilt gleichfalls kein materieller Kündigungsschutz. Nach § 29 HAG müssen nur die dort geregelten Kündigungsfristen und die Entgeltgarantie beachtet werden (§ 163 RN 38ff.). 13

5. Keine Wartezeit. Die Ansprüche auf Fernbleiben von der Arbeit (§ 2 PflegeZG) und Pflegezeit (§ 3 PflegeZG) bestehen **ab dem ersten Tag des Beschäftigungsverhältnisses.** Die Beschäftigten haben lediglich die in § 2 II und § 3 III PflegeZG geregelten Mitteilungs- bzw. Ankündigungsfristen zu beachten. Das führt wegen des in § 5 PflegeZG geregelten besonderen Kündigungsschutzes zu Verwerfungen (dazu RN 64ff.). 14

III. Arbeitgeber

1. Begriffsbestimmung. Nach § 7 II PflegeZG sind Arbeitgeber i. S. d. PflegeZG **natürliche und juristische Personen sowie rechtsfähige Personengesellschaften,** die Beschäftigte i. S. v. § 7 I PflegeZG beschäftigen. Für die arbeitnehmerähnlichen Personen, insbesondere für die in Heimarbeit Beschäftigten und die ihnen Gleichgestellten, tritt an die Stelle des Arbeitgebers der Auftraggeber oder Zwischenmeister. 15

2. Unternehmensgröße. Der Anspruch auf Pflegezeit besteht gem. § 3 I 2 PflegeZG nicht gegenüber Arbeitgebern mit in der Regel 15 oder weniger Beschäftigten. Ein Anspruch auf Pflegezeit besteht daher nur, wenn beim Arbeitgeber **mindestens 16 Beschäftigte** tätig sind.[15] Auch Teilzeitbeschäftigte werden „nach Köpfen" gezählt und nicht quotal nach dem Beschäftigungsumfang, wie etwa in § 23 I 4 KSchG.[16] Berücksichtigt werden - anders als bei anderen Schwellenwerten (z.B. § 15 VII Nr. 1 BEEG, § 8 VII TzBfG, in § 23 I 4 KSchG) - nicht nur Arbeitnehmer, sondern auch die zur Berufsbildung Beschäftigten, arbeitnehmerähnliche Personen sowie Heimarbeiter und die ihnen Gleichgestellten,[17] denn das sind gem. § 7 I PflegeZG Beschäftigte i. S. d. Gesetzes. Maßgeblich ist nicht die Zahl der in einem Betrieb Beschäftigten, sondern die Zahl der beim Arbeitgeber i. S. v. § 7 II PflegeZG Beschäftigten. Dies entspricht den Regelungen in § 15 VII Nr. 1 BEEG und § 8 VII TzBfG und weicht von § 23 I 2 und 3 KSchG ab. Der Schwellenwert des § 3 I 2 PflegeZG besteht nur für die Pflegezeit i. S. v. § 3 PflegeZG. Er gilt dagegen nicht für den Anspruch nach § 2 PflegeZG, in einer akut auftretenden Pflegesituation der Arbeit bis zu 10 Arbeitstage fernbleiben zu können. 16

Für das Überschreiten des Schwellenwerts gilt eine **abgestufte Darlegungs- und Beweislast.**[18] Der Beschäftigte, der aus dem PflegeZG Rechte herleiten will, hat die Anspruchsvoraussetzungen darzulegen und vorzutragen, dass bei seinem Arbeitgeber mehr als 15 Beschäftigte tätig sind. Wird dies vom Arbeitgeber konkret bestritten (§ 138 II ZPO), ist hierzu Beweis zu erheben, wobei das Risiko der Nichterweislichkeit beim Beschäftigten liegt. Insoweit gelten ähnliche Grundsätze, wie sie vom BAG zur Darlegungs- und Beweislast zu den Voraussetzungen des § 23 I KSchG entwickelt worden sind.[19] 17

IV. Pflegebedürftigkeit naher Angehöriger

Die Ansprüche nach §§ 2 und 3 PflegeZG bestehen, wenn **nahe Angehörige pflegebedürftig** sind. 18

1. Nahe Angehörige i. S. d. Gesetzes sind nach § 7 III PflegeZG **(1)** Großeltern, Eltern, Schwiegereltern, **(2)** Ehegatten, Lebenspartner (§ 1 LPartG), Partner einer eheähnlichen Gemeinschaft, Geschwister und **(3)** Kinder, Adoptiv- oder Pflegekinder, die Kinder, Adoptiv- oder 19

---

[13] Kritisch auch *Freihube/Sasse* DB 2008, 1320, 1322; *Preis/Nehring* NZA 2008, 729, 736.

[14] BAG 8. 5. 2007 AP 15 zu § 611 BGB Arbeitnehmerähnlichkeit.

[15] Unzutr. *Preis/Weber* NZA 2008, 82, 84, die offenbar die negative Formulierung in § 3 I 2 PflegeZG überlesen haben.

[16] *Müller/Stuhlmann* ZTR 2008, 290, 291.

[17] Kritisch dazu *Preis/Weber* NZA 2008, 82, 84.

[18] Ebenso ErfK/*Gallner* § 3 PflegeZG RN 1; a. A. *Müller* BB 2008, 1058, 1059.

[19] Dazu BAG 26. 6. 2008 DB 2008, 2311.

Pflegekinder des Ehegatten oder Lebenspartners, Schwiegerkinder und Enkelkinder. Zu diesem sehr weit gefassten Personenkreis gehören allerdings nicht Tanten und Onkel sowie leibliche Kinder, Adoptiv- und Pflegekinder des Partners einer eheähnlichen Gemeinschaft.[20]

20 **2. Pflegebedürftigkeit.** Nahe Angehörige sind gem. § 7 IV PflegeZG pflegebedürftig, wenn sie die **Voraussetzungen der §§ 14 und 15 SGB XI** erfüllen. Für die Akutpflege i. S. d. § 2 PflegeZG genügt dabei, dass die Voraussetzungen der §§ 14 und 15 SGB XI voraussichtlich erfüllt sind.

21 Nach § 14 SGB XI sind Personen pflegebedürftig, die wegen einer körperlichen, geistigen oder seelischen Krankheit oder Behinderung für die gewöhnlichen und regelmäßig wiederkehrenden Verrichtungen im Ablauf des täglichen Lebens auf Dauer, voraussichtlich für mindestens sechs Monate, in erheblichem oder höherem Maße (§ 15) der Hilfe bedürfen. **Krankheiten oder Behinderungen** sind **(1)** Verluste, Lähmungen oder andere Funktionsstörungen am Stütz- und Bewegungsapparat, **(2)** Funktionsstörungen der inneren Organe oder der Sinnesorgane, **(3)** Störungen des Zentralnervensystems wie Antriebs-, Gedächtnis- oder Orientierungsstörungen sowie endogene Psychosen, Neurosen oder geistige Behinderungen. **Gewöhnliche und regelmäßig wiederkehrende Verrichtungen** in diesem Sinne sind **(1)** im Bereich der Körperpflege das Waschen, Duschen, Baden, die Zahnpflege, das Kämmen, Rasieren, die Darm- oder Blasenentleerung, **(2)** im Bereich der Ernährung das mundgerechte Zubereiten oder die Aufnahme der Nahrung, **(3)** im Bereich der Mobilität das selbständige Aufstehen und Zu-Bett-Gehen, An- und Auskleiden, Gehen, Stehen, Treppensteigen oder das Verlassen und Wiederaufsuchen der Wohnung, **(4)** im Bereich der hauswirtschaftlichen Versorgung das Einkaufen, Kochen, Reinigen der Wohnung, Spülen, Wechseln und Waschen der Wäsche und Kleidung oder das Beheizen.

22 In § 15 SGB XI werden pflegebedürftige Personen drei verschiedenen **Pflegestufen** zugeordnet. Pflegebedürftig i. S. v. § 7 IV PflegeZG ist, wer jedenfalls der Pflegestufe I i. S. v. § 15 SGB XI zugeordnet werden kann. Das sind Personen, die bei der Körperpflege, der Ernährung oder der Mobilität für wenigstens zwei Verrichtungen aus einem oder mehreren Bereichen mindestens einmal täglich der Hilfe bedürfen und zusätzlich mehrfach in der Woche Hilfen bei der hauswirtschaftlichen Versorgung benötigen.

V. Akutpflege

23 **1. Allgemeines.** Gem. § 2 PflegeZG haben Beschäftigte das Recht, bis zu zehn Arbeitstage der Arbeit fernzubleiben, wenn dies erforderlich ist, um für einen pflegebedürftigen nahen Angehörigen in einer akut aufgetretenen Pflegesituation eine bedarfsgerechte Pflege zu organisieren oder eine pflegerische Versorgung in dieser Zeit sicherzustellen. Das Gesetz räumt den Beschäftigten mit dieser Bestimmung ein **Leistungsverweigerungsrecht** ein.[21] Eine Mitwirkungshandlung des Arbeitgebers ist nicht erforderlich.[22] Die Ausübung des Leistungsverweigerungsrechts ist weder an eine bestimmte Beschäftigungsdauer (Wartezeit) noch an eine Mindestgröße des Unternehmens (Schwellenwert) gebunden.

24 **2. Zweck.** Das Recht, bei akut auftretenden Pflegesituationen bis zu zehn Arbeitstage der Arbeit fernbleiben zu können, soll Beschäftigten die Möglichkeit eröffnen, sich über Pflegeleistungsangebote zu informieren und die notwendigen Organisationsschritte einzuleiten. So kann die Arbeitsbefreiung z. B. dazu genutzt werden, für den nahen Angehörigen nach einer stationären Behandlung eine sachgerechte Anschlussversorgung im häuslichen Bereich, etwa durch Einschaltung eines Pflegedienstes, zu organisieren. Das Recht, der Arbeit kurzzeitig fernzubleiben, soll aber auch dazu beitragen, dass Pflegebedürftige, die nach einem Krankenhausaufenthalt nicht direkt in einer geeigneten Pflegeeinrichtung untergebracht werden können, zunächst kurzfristig von ihren Angehörigen zu Hause versorgt werden können.[23]

25 **3. Verhältnis zu anderen Vorschriften.** Das Leistungsverweigerungsrecht aus § 2 I PflegeZG steht neben dem aus **§ 275 III BGB.** Es ist mit diesem jedoch nicht identisch.[24] Das

[20] ErfK/*Gallner* § 7 PflegeZG RN 2.
[21] ErfK/*Gallner* § 2 PflegeZG RN 1; *Müller* BB 2008, 1058, 1059; *Preis/Nehring* NZA 2008, 729, 730; in der Gesetzesbegründung zu § 44a SGB XI, in dem die sozialversicherungsrechtliche Absicherung der im PflegeZG enthaltenen arbeitsrechtlichen Ansprüche geregelt ist, werden die Ansprüche aus §§ 2 und 3 PflegeZG als „Recht auf Arbeitsverweigerung" bezeichnet, BT-Drucks. 16/7439 S. 59.
[22] *Fröhlich* ArbRB 2008, 84, 85.
[23] BT-Drucks. 16/7439 S. 90.
[24] A. A. offenbar *Berger-Delhey* ZTR 2007, 604f.; dagegen zutr. *Kreutz* ZTR 2008, 246.

Leistungsverweigerungsrecht aus § 275 III BGB hat einen weitergehenden Anwendungsbereich. Es greift nicht nur in den in § 2 I PflegeZG genannten Fällen ein, sondern auch bei sonstigen Pflichtenkollisionen und Gewissenskonflikten (vgl. § 49 RN 2). § 275 III BGB erfordert allerdings eine Abwägung der beiderseitigen Interessen, während es für das Leistungsverweigerungsrecht aus § 2 I PflegeZG allein darauf ankommt, dass auf Seiten des Beschäftigten die dort aufgeführten Voraussetzungen erfüllt sind. Eine Abwägung mit Belangen des Arbeitgebers hat nicht zu erfolgen.[25] Der Arbeitgeber kann lediglich geltend machen, es sei nicht „erforderlich" gewesen, der Arbeit fernzubleiben.[26] **§ 45 SGB V** ist tatbestandlich enger gefasst als § 2 I PflegeZG.[27] Erforderlich ist, dass das Kind im Haushalt des Versicherten lebt und keine andere in diesem Haushalt lebende Person das Kind pflegen kann (§ 97 RN 12 ff.).[28] § 45 III SGB V gewährt einen Freistellungsanspruch gegen den Arbeitgeber, § 2 I PflegeZG dagegen ein Leistungsverweigerungsrecht.[29]

4. Voraussetzungen. a) Ein pflegebedürftiger Angehöriger (dazu RN 19) muss sich in einer **Pflegesituation** befinden. Gemeint ist damit, dass Pflegebedarf i. S. v. § 7 IV PflegeZG besteht (RN 20 ff.). Pflegebedürftig sind dabei nach § 7 IV 2 PflegeZG auch Personen, welche die Voraussetzungen nach den §§ 14, 15 SGB XI **voraussichtlich** erfüllen. Die Pflegebedürftigkeit und damit die Feststellung einer der drei Pflegestufen des § 15 SGB XI muss zwar noch nicht erfolgt sein, sie muss aber überwiegend wahrscheinlich sein. Die bloße Möglichkeit einer Pflegebedürftigkeit genügt nicht.[30] Irrt sich der Beschäftigte und bleibt er der Arbeit fern, obwohl nicht einmal eine voraussichtliche Pflegebedürftigkeit eines nahen Angehörigen besteht, stellt das eine Arbeitspflichtverletzung dar. Ob diese den Arbeitgeber zu einer Abmahnung oder einer Kündigung berechtigt, hängt maßgeblich von der Erkennbarkeit der nicht bestehenden Pflegebedürftigkeit sowie den Umständen ab, aus denen der Beschäftigte auf die Pflegebedürftigkeit geschlossen hat. 26

b) Die Pflegesituation ist **akut,** wenn sie plötzlich und unerwartet eintritt.[31] Denkbar ist nicht nur, dass eine Krankheit oder Behinderung i. S. v. §§ 14, 15 SGB XI plötzlich eintritt, sondern auch, dass bei bereits bestehender häuslicher Pflege die Pflegekraft unvorhergesehen vorübergehend ausfällt und eine anderweitige Versorgung nicht möglich ist. Dagegen genügt eine in absehbarer Zeit drohende Pflegebedürftigkeit ebenso wenig wie eine bereits bestehende, die sich nicht entscheidend verändert hat.[32] Ist beispielsweise absehbar, dass ein naher Angehöriger nach einem längeren Krankenhausaufenthalt pflegebedürftig sein wird und steht der Entlassungstermin schon längere Zeit fest, wird regelmäßig keine akute Pflegesituation vorliegen.[33] Im Streitfall hat der **Beschäftigte darzulegen und zu beweisen,** dass eine akute Pflegesituation bestanden hat. 27

c) Das Fernbleiben von der Arbeit bis zur Dauer von zehn Tagen muss zur Organisation einer bedarfsgerechten Pflege oder zur Sicherstellung einer pflegerischen Versorgung **erforderlich** sein. Die Erforderlichkeit bezieht sich nicht nur auf die Organisation der Pflege und die Sicherstellung einer pflegerischen Versorgung, sondern auch auf die Zeitdauer. Diese beträgt „bis zu zehn" Arbeitstage, weshalb auch eine kürzere Frist ausreichend sein kann.[34] Das Fernbleiben von der Arbeit ist nicht erforderlich, wenn bereits eine andere Person für den Pflegebedürftigen eine bedarfsgerechte Pflege organisiert bzw. eine pflegerische Versorgung sicherstellt. Maßgeblich ist, dass dies tatsächlich geschieht.[35] Der Dritte muss also verfügbar sowie willens und in der Lage sein, den Angehörigen zu pflegen. Daher kann der Beschäftigte von seinem Leistungsverweigerungsrecht nach § 2 I PflegeZG auch dann Gebrauch machen, wenn zwar ein Dritter (z. B. der Ehepartner des Beschäftigten) im Haushalt zur Verfügung steht, zur Pflege aber nicht bereit oder auf Grund seiner physischen oder psychischen Situation nicht fähig ist oder ein vom Pflegebedürftigen geäußerter Pflegewunsch einer Pflege durch den Dritten entgegensteht.[36] 28

---

[25] ErfK/*Gallner* § 2 PflegeZG RN 1; *Kreutz* ZTR 2008, 246; *Preis/Nehring* NZA 2008, 729, 731.
[26] *Müller/Stuhlmann* ZTR 2008, 290, 291.
[27] *Kreutz* ZTR 2008, 246.
[28] ErfK/*Rolfs* § 45 SGB V RN 3 und 5.
[29] ErfK/*Gallner* § 2 PflegeZG RN 1.
[30] ErfK/*Gallner* § 2 PflegeZG RN 2; *Müller* BB 2008, 1058, 1059.
[31] *Freihube/Sasse* DB 2008, 1320; ErfK/*Gallner* § 2 PflegeZG RN 2; *Müller* BB 2008, 1058, 1059.
[32] *Preis/Nehring* NZA 2008, 729, 730.
[33] *Freihube/Sasse* DB 2008, 1320.
[34] *Preis/Nehring* NZA 2008, 729, 731.
[35] Vgl. ErfK/*Gallner* § 2 PflegeZG RN 2; *Müller* BB 2008, 1058, 1059.
[36] *Preis/Nehring* NZA 2008, 729, 731.

29 **d)** Die Höchstdauer von zehn **Arbeitstagen** bezieht sich auf ein „normales" Beschäftigungsverhältnis mit einer Fünf-Tage-Woche.[37] Teilzeitbeschäftigte, die an weniger als fünf Tagen in der Woche arbeiten, haben daher nur einen anteilig gekürzten Anspruch. Es gelten insoweit dieselben Grundsätze wie bei der Berechnung der Urlaubsdauer teilzeitbeschäftigter Arbeitnehmer (dazu § 102 RN 48). Dies folgt aus dem Zweck der Regelung, die den Beschäftigten zu einem „kurzzeitigen" Fernbleiben von der Arbeit berechtigt. Ein an zwei Arbeitstagen in der Woche Beschäftigter hätte ohne Umrechnung einen Anspruch darauf, insgesamt fünf Wochen der Arbeit fernbleiben zu können, um eine bedarfsgerechte Pflege zu organisieren oder eine pflegerische Versorgung sicherzustellen. Das ist nicht mehr kurzzeitig.

30 **e)** In der Gesetzesbegründung wird die Erwartung zum Ausdruck gebracht, dass die Notwendigkeit einer pflegerischen Versorgung **regelmäßig nur einmal je pflegebedürftigem Angehörigen** bestehen werde, so dass das Recht zum Fernbleiben von der Arbeit in akuten Pflegesituationen regelmäßig auch nur einmal pro Pflegefall ausgeübt werde.[38] Im Wortlaut des Gesetzes hat diese Einschätzung freilich keinen Niederschlag gefunden. Deshalb wird im Schrifttum gemutmaßt, dass durch die Gesetzesbegründung die Reichweite des Leistungsverweigerungsrechts etwas verharmlost werden sollte.[39] Jedenfalls ist ohne Weiteres denkbar, dass unterschiedliche Krankheiten des Pflegebedürftigen sowie Kündigungen, Erkrankungen oder Unzuverlässigkeiten der Pflegepersonen zu mehreren akuten Pflegesituationen bei demselben Angehörigen führen können. Hinzu kommt, dass es auf Grund des sehr weiten Angehörigenbegriffs in § 7 III PflegeZG durchaus denkbar ist, dass derselbe Beschäftigte bei unterschiedlichen Angehörigen in akuten Pflegesituationen die Pflege organisieren muss.[40]

31 **5. Anzeige- und Nachweispflichten. a)** Den Beschäftigten treffen nach § 2 II PflegeZG Anzeige- und Nachweispflichten. Er ist verpflichtet, dem Arbeitgeber seine Verhinderung an der Arbeitsleistung und deren voraussichtliche Dauer unverzüglich mitzuteilen. Auf Verlangen ist dem Arbeitgeber eine ärztliche Bescheinigung über die Pflegebedürftigkeit des nahen Angehörigen und die Erforderlichkeit der in Absatz 1 genannten Maßnahmen vorzulegen. Die Erfüllung der Anzeige- bzw. Nachweispflichten ist **keine Tatbestandsvoraussetzung** für das Recht, der Arbeit fernbleiben zu können. Das Leistungsverweigerungsrecht besteht auch bei Verletzung dieser Pflichten.[41] Der Arbeitgeber kann im Falle einer Pflichtverletzung jedoch eine Abmahnung aussprechen und im Wiederholungsfall eine Kündigung in Betracht ziehen. Insoweit gelten ähnliche Grundsätze wie bei der Kündigung wegen Verletzung der Anzeige- bzw. Nachweispflichten nach § 5 EFZG (dazu § 133 RN 16).

32 **b)** Die **Anzeigepflicht** nach § 2 II 1 PflegeZG soll den Arbeitgeber in die Lage versetzen, auf die Abwesenheit des Beschäftigten zu reagieren und Arbeitsabläufe für die voraussichtliche Dauer der Abwesenheit neu zu organisieren. Der Beschäftigte hat dem Arbeitgeber seine Verhinderung an der Arbeitsleistung und deren voraussichtliche Dauer unverzüglich, d. h. ohne schuldhaftes Zögern mitzuteilen. Die Mitteilung muss den Grund der Verhinderung enthalten. Hierzu hat der Beschäftigte dem Arbeitgeber den Namen der zu pflegenden Person, seine Beziehung zu ihr sowie den Grund des Fernbleibens von der Arbeit (Organisation einer bedarfsgerechten Pflege oder zur Sicherstellung einer pflegerischen Versorgung) anzugeben.[42] Damit kann der Arbeitgeber überprüfen, ob die formellen Voraussetzungen des Leistungsverweigerungsrechts aus § 2 I PflegeZG erfüllt sind. Zur Ursache der Pflegebedürftigkeit braucht der Beschäftigte keine Angaben zu machen.[43]

33 **c)** Eine **ärztliche Bescheinigung** über die Pflegebedürftigkeit des nahen Angehörigen und die Erforderlichkeit der in § 2 I PflegeZG genannten Maßnahmen hat der Beschäftigte nach § 2 II 2 PflegeZG nur auf **Verlangen des Arbeitgebers** vorzulegen. Das Gesetz hält eine ärztliche Bescheinigung für ausreichend, weil die kurzzeitige Arbeitsverhinderung durch Akutereignisse verursacht wird und nicht in jedem Fall bereits eine Begutachtung durch den Medizinischen Dienst der Krankenversicherung vorliegt.[44] Die Bescheinigung des Arztes hat neben der voraussichtlichen Pflegebedürftigkeit des Angehörigen auch die Erforderlichkeit der in § 2 I PflegeZG genannten Maßnahmen zu bestätigen.

---

[37] Ebenso im Ergebnis *Rose/Dörstling* DB 2008, 2137, 2138.
[38] BT-Drucks. 16/7439 S. 91.
[39] So *Preis/Nehring* NZA 2008, 729, 730.
[40] *Schwerdle* ZTR 2007, 655, 657.
[41] *Preis/Nehring* NZA 2008, 729, 731.
[42] *Müller* BB 2008, 1058, 1060.
[43] ErfK/*Gallner* § 2 PflegeZG RN 3; *Müller* BB 2008, 1058, 1060.
[44] BT-Drucks. 16/7439 S. 92.

34 **d)** Problematisch ist der **Beweiswert** der ärztlichen Bescheinigung. Soweit im Schrifttum angenommen wird, der Bescheinigung nach § 2 II 2 PflegeZG komme der gleiche Beweiswert zu wie einer Arbeitsunfähigkeitsbescheinigung nach § 5 EFZG,[45] kann dem nicht ohne weiteres gefolgt werden. In Bezug auf die Feststellung der ggf. voraussichtlichen Pflegebedürftigkeit des Angehörigen kommt der Bescheinigung nur dann Beweiswert zu, wenn der Arzt, der die Bescheinigung ausgestellt hat, die pflegebedürftige Person auch selbst behandelt bzw. untersucht hat. Dies kann der Arbeitgeber – wenn es sich nicht aus der Bescheinigung ergibt – bestreiten. Des Weiteren ist zu berücksichtigen, dass der Arzt in vielen Fällen kaum beurteilen kann, ob das Fernbleiben von der Arbeit zur Organisation der Pflege oder Sicherstellung einer pflegerischen Versorgung „erforderlich" ist.[46] Dies setzt voraus, dass er über die familiären Verhältnisse im Einzelnen unterrichtet ist, insbesondere sicher weiß, dass die pflegebedürftige Person nicht von Dritten ausreichend versorgt werden kann. Die Bescheinigung des Arztes wird insoweit typischerweise keine Feststellungen enthalten, die der Arzt auf Grund eigener Untersuchungen und seiner medizinischen Sachkunde getroffen hat, sondern lediglich die Schilderung des Beschäftigten, der die Bescheinigung wünscht, wiedergeben. Der Bescheinigung nach § 2 II PflegeZG kann deshalb nicht derselbe Beweiswert zukommen wie einer Arbeitsunfähigkeitsbescheinigung nach § 5 EFZG (dazu § 98 RN 130 ff.). Der Arbeitgeber kann daher die Erforderlichkeit des Fernbleibens bestreiten, ohne besondere Indizien darlegen zu müssen, die gegen die Richtigkeit der Bescheinigung sprechen.

35 **e)** Die **Kosten der Bescheinigung** hat der Beschäftigte zu tragen. Die Gebühren richten sich nach Nr. 70 der GoÄ.[47] Das Gesetz sieht eine Pflicht des Arbeitgebers zur Kostenübernahme nicht vor.[48] Insoweit unterscheidet sich § 2 II PflegeZG z. B. von § 5 II 2 EFZG, der im Falle einer Auslandserkrankung ausdrücklich bestimmt, dass der Arbeitgeber die aus der Mitteilung nach Satz 1 entstehenden Kosten zu tragen hat. Auch für die Arbeitsunfähigkeitsbescheinigung nach § 5 I 2 EFZG gibt es eine ausdrückliche Kostenregelung. Gem. § 73 II Nr. 9 SGB V haben die gesetzlichen Krankenkassen diese Kosten als Teil der vertragsärztlichen Versorgung zu tragen, weil der Versicherte die Bescheinigung für den Anspruch auf Fortzahlung des Arbeitsentgelts benötigt. Die gesetzlichen Krankenkassen haben die Kosten der Bescheinigung nach § 2 II PflegeZG daher nur dann zu tragen, wenn der Beschäftigte gem. § 2 III PflegeZG aus anderen gesetzlichen Bestimmungen oder auf Grund einer Vereinbarung Anspruch auf Fortzahlung der Vergütung hat (dazu RN 37). Privat versicherte Arbeitnehmer haben dagegen die Kosten der Bescheinigung – vorbehaltlich abweichender Vereinbarungen – selbst zu tragen.[49]

36 **6. Entgeltfortzahlung. a)** Nach § 2 III PflegeZG ist der Arbeitgeber zur Fortzahlung der Vergütung nur verpflichtet, soweit sich eine solche Verpflichtung aus **anderen gesetzlichen Vorschriften oder auf Grund einer Vereinbarung** ergibt. Das PflegeZG selbst sieht keine Pflicht zur Entgeltfortzahlung vor.

37 **b)** Ein Anspruch des Beschäftigten auf Fortzahlung der Vergütung kann sich aus **§ 616 BGB** ergeben. Nach dieser Bestimmung verliert der zur Dienstleistung Verpflichtete seinen Vergütungsanspruch nicht dadurch, dass er für eine verhältnismäßig nicht erhebliche Zeit durch einen in seiner Person liegenden Grund ohne sein Verschulden an der Dienstleistung verhindert wird. Er muss sich jedoch den Betrag anrechnen lassen, der ihm für die Zeit der Verhinderung aus einer auf Grund gesetzlicher Verpflichtung bestehenden Kranken- oder Unfallversicherung zukommt (dazu § 97). § 616 BGB ist allerdings kollektiv- und einzelvertraglich abdingbar (§ 97 RN 29). Entsprechende Regelungen entfalten auch in Bezug auf das PflegeZG Wirkung. Daran ändert § 8 PflegeZG nichts, weil sich die dort geregelte Unabdingbarkeit nur auf die Vorschriften des PflegeZG bezieht.[50] Deshalb ist stets zu prüfen, ob sich aus dem einschlägigen Tarifvertrag, einer Betriebsvereinbarung oder dem Arbeitsvertrag Einschränkungen des § 616 BGB ergeben. Im Bereich des öffentlichen Dienstes ist beispielsweise § 29 I Buchst. e TVöD/TV-L zu beachten. Bei Auszubildenden kann sich aus **§ 19 I Nr. 2 Buchst. b BBiG** ein Entgeltfortzahlungsanspruch ergeben, der gem. § 25 BBiG unabdingbar ist.

38 Der Entgeltfortzahlungsanspruch nach § 616 BGB hat **engere Voraussetzungen** als das Leistungsverweigerungsrecht nach § 2 I PflegeZG.[51] Ein in der Person des Beschäftigten liegen-

---

[45] So etwa *Freihube/Sasse* DB 2008, 1320; ErfK/*Gallner* § 2 PflegeZG RN 3; *Müller* BB 2008, 1058, 1060 FN 25; *Preis/Nehring* NZA 2008, 729, 730.
[46] *Freihube/Sasse* DB 2008, 1320.
[47] BT-Drucks. 16/7439 S. 92.
[48] *Schwerdle* ZTR 2007, 655, 657.
[49] *Schmitt* EZFG und AAG § 5 EFZG RN 104; *Treber* EFZG § 5 RN 49 f. jeweils m. w. N.
[50] Ebenso *Freihube/Sasse* DB 2008, 1320, 1321.
[51] *Freihube/Sasse* DB 2008, 1320; ErfK/*Gallner* § 2 PflegeZG RN 4; *Preis/Nehring* NZA 2008, 729, 733.

der Hinderungsgrund kann zwar auch in der Erkrankung eines nahen Angehörigen liegen. Zu beachten ist, dass die Pflege „naher Angehöriger“ keineswegs bei allen in § 7 III PflegeZG aufgeführten Personen einen Entgeltfortzahlungsanspruch nach § 616 BGB auslöst, sondern nur dann, wenn der Ehepartner,[52] eingetragene Lebenspartner,[53] Kinder,[54] Geschwister oder Eltern[55] gepflegt werden. Hinzu kommt, dass eine „verhältnismäßig nicht erhebliche Zeit“ i. S. v. § 616 BGB jedenfalls dann, wenn es nicht um die Pflege erkrankter Kinder geht, regelmäßig kürzer als zehn Tage ist und überwiegend mit fünf Tagen konkretisiert wird.[56]

39 **c)** Probleme ergeben sich, wenn der Beschäftigte sein Leistungsverweigerungsrecht zur Organisation der Pflege eines Elternteils für die Dauer von zehn Tagen ausübt, nach § 616 BGB jedoch die verhältnismäßig nicht erhebliche Zeit, für die Anspruch auf Fortzahlung der Vergütung besteht, nur fünf Tage beträgt. Ist nämlich die **Dauer der unverschuldeten Verhinderung an der Arbeitsleistung länger als eine verhältnismäßig nicht erhebliche Zeit,** entfällt der Vergütungsanspruch insgesamt und nicht nur hinsichtlich des die Verhältnismäßigkeit übersteigenden Teils.[57] § 616 BGB begrenzt den Anwendungsbereich der Norm auf der Tatbestandsseite und sieht – anders als etwa § 19 I Nr. 2 Buchst. b BBiG – nicht auf der Rechtsfolgenseite eine Begrenzung der wirtschaftlichen Belastungen vor. Für eine Einschränkung dieses Grundsatzes im Falle der Ausübung des Leistungsverweigerungsrechts nach § 2 I PflegeZG gibt es keine Veranlassung, weil § 2 III PflegeZG eine Rechtsgrundverweisung auf andere gesetzliche Vorschriften enthält und deren tatbestandliche Voraussetzungen daher vorliegen müssen.[58]

VI. Pflegezeit

40 **1. Zweck.** Die in § 3 PflegeZG geregelte Pflegezeit ist nach der Gesetzesbegründung in Anlehnung an die Regelungen über die Inanspruchnahme von Elternzeit (§§ 15 ff. BEEG) ausgestaltet; tatsächlich weist die Bestimmung jedoch beachtliche Unterschiede zum BEEG auf.[59] Mit der Pflegezeit soll das gesetzgeberische Ziel der **Verbesserung der Vereinbarkeit von Beruf und familiärer Pflege** gefördert werden. Beschäftigte, die in häuslicher Umgebung einen pflegebedürftigen Angehörigen pflegen oder in der letzten Phase des Lebens begleiten wollen, haben Anspruch auf Freistellung von der Arbeitsleistung für längstens sechs Monate. Beschäftigte können hierbei zwischen der vollständigen und teilweisen Freistellung wählen. Der Anspruch auf Pflegezeit verbunden mit dem Recht der Beschäftigten, nach Inanspruchnahme der Pflegezeit zu denselben Arbeitsbedingungen zurückzukehren, soll Menschen, die bereit sind, Angehörige zu pflegen und Verantwortung zu übernehmen, vor einem unfreiwilligen Berufsausstieg bewahren. Eine Verschlechterung der beruflichen Entwicklungschancen soll durch die teilweise Freistellung von der Arbeitsleistung und das Rückkehrrecht in die Vollzeitbeschäftigung vermieden werden.[60]

41 **2. Unternehmensgröße.** Der Anspruch auf Pflegezeit besteht nach § 3 I 2 PflegeZG nur gegenüber **Arbeitgebern mit mindestens 16 Beschäftigten** i. S. v. § 7 I PflegeZG (dazu RN 4 ff.). Teilzeitbeschäftigte zählen unabhängig vom zeitlichen Umfang ihrer Beschäftigung voll. Anders als nach § 15 VII Nr. 1 BEEG sind die zur Berufsbildung Beschäftigten, arbeitnehmerähnlichen Personen, Heimarbeiter und die ihnen Gleichgestellten mit zu berücksichtigen. Maßgeblich ist die Zahl der beim selben Arbeitgeber Beschäftigten, unabhängig davon, ob die Beschäftigten demselben Betrieb angehören. Eine bestimmte Beschäftigungsdauer **(Wartezeit)** muss nicht erfüllt sein, der Anspruch besteht ab dem ersten Tag des Beschäftigungsverhältnisses.

42 **3. Pflegebedürftigkeit. a)** Der Beschäftigte kann vom Arbeitgeber nur dann Pflegezeit verlangen, wenn der nahe Angehörige zum Zeitpunkt der Ankündigung der Pflegezeit tatsächlich **pflegebedürftig** ist. Unschädlich ist, wenn die Pflegebedürftigkeit durch den Medizinischen

[52] BAG 20. 7. 1977 AP 47 zu § 616 BGB.
[53] HWK/*Krause* § 616 BGB RN 23.
[54] BAG 19. 4. 1978 AP 48 zu § 616 BGB; 31. 7. 2002 AP 3 zu § 1 TVG Tarifverträge: Wohnungswirtschaft.
[55] Staudinger/*Oetker* 2002 § 616 RN 57.
[56] Vgl. BAG 19. 4. 1978 AP 48 zu § 616 BGB; HWK/*Krause* § 616 BGB RN 42.
[57] BAG (GS) 18. 12. 1959 AP 48 zu § 616 BGB; ErfK/*Dörner* § 616 BGB RN 10; MünchKommBGB/*Henssler* § 616 RN 55; Staudinger/*Oetker* 2002 § 616 RN 91 f.
[58] Im Ergebnis auch *Freihube/Sasse* DB 2008, 1320, 1321; *Preis/Nehring* NZA 2008, 729, 733; a. A. ErfK/*Dörner* § 616 BGB RN 10 a; HWK/*Krause* § 616 BGB RN 42.
[59] ErfK/*Gallner* § 3 PflegeZG RN 1.
[60] BT-Drucks. 16/7439 S. 91.

Dienst der Krankenversicherung rückwirkend festgestellt wird.[61] Eine lediglich „voraussichtliche" Pflegebedürftigkeit, die gem. § 7 IV 2 PflegeZG für die Ausübung des Leistungsverweigerungsrechts nach § 2 I PflegeZG ausreicht, genügt für den Pflegezeitanspruch nach § 3 I PflegeZG nicht.[62] Eine akute Pflegesituation, wie sie § 2 I PflegeZG fordert, muss dagegen nicht vorliegen.

b) Der **Umfang des für die Pflege erforderlichen Zeitaufwands** ist unerheblich. Das PflegeZG verlangt anders als § 28a I Nr. 1 SGB III für die freiwillige Weiterversicherung in der Rentenversicherung keine Mindestpflegezeit von 14 Stunden. Eine vollständige Freistellung kann auch im Falle der Inanspruchnahme von ambulanten Pflegeleistungen durch den Pflegebedürftigen beansprucht werden.[63] Der Beschäftigte muss die Pflege jedoch ernsthaft beabsichtigen.[64] 43

c) Dem Gesetz ist nicht deutlich zu entnehmen, ob **mehreren Beschäftigten gleichzeitig das Recht auf Freistellung zur Pflege desselben Angehörigen zusteht.**[65] Dafür spricht, dass für die Pflegezeit in § 3 PflegeZG anders als für die kurzzeitige Arbeitsverhinderung nach § 2 PflegeZG nicht darauf abgestellt wird, dass die Inanspruchnahme der Pflegezeit zur Pflege des nahen Angehörigen „erforderlich" ist. Auch macht das Gesetz den Anspruch auf Pflegezeit nicht vom zeitlichen Aufwand für die Pflege abhängig. Maßgeblich ist allein, dass der nahe Angehörige pflegebedürftig i. S. v. §§ 14, 15 SGB XI ist. Ob ein Pflegebedarf wegen der Pflege durch Dritte besteht, ist für den Anspruch auf Pflegezeit nach § 3 I PflegeZG daher unerheblich.[66] 44

4. Nachweispflicht. Die Beschäftigten haben nach § 3 II PflegeZG die Pflegebedürftigkeit des nahen Angehörigen durch Vorlage einer **Bescheinigung der Pflegekasse oder des Medizinischen Dienstes** der Krankenversicherung nachzuweisen. Bei in der privaten Pflege-Pflichtversicherung versicherten Pflegebedürftigen ist ein entsprechender Nachweis zu erbringen. Eine Frist zur Vorlage des Nachweises sieht das Gesetz nicht vor. Fordert der Arbeitgeber den Beschäftigten zum Nachweis auf, hat dieser den Nachweis unverzüglich zu erbringen. 45

Kündigt der Beschäftigte die Inanspruchnahme von Pflegezeit an, ohne dass zum Zeitpunkt der Ankündigung ein Nachweis über die Pflegebedürftigkeit vorliegt, ist nach § 18 III SGB XI eine **Begutachtung durch den Medizinischen Dienst der Krankenversicherung** spätestens innerhalb von zwei Wochen nach Eingang des Antrags bei der zuständigen Pflegekasse durchzuführen und der Antragsteller seitens des Medizinischen Dienstes der Krankenversicherung unverzüglich schriftlich darüber zu informieren, welche Empfehlung der Medizinische Dienst an die Pflegekasse weiterleitet. Der Gesetzgeber geht dabei davon aus, dass diese Verfahrensweise auch bei Versicherten der privaten Pflege-Pflichtversicherung praktiziert wird.[67] Kommt das Gutachten zu dem Ergebnis, dass die Voraussetzungen der §§ 14, 15 SGB XI nicht vorliegen, treten die Wirkungen der §§ 3ff. PflegeZG nicht ein. Ob der Arbeitgeber in diesem Fall wegen eines etwaigen Fernbleibens von der Arbeit eine Kündigung erklären kann, hängt davon ab, ob der Beschäftigte zur Zeit der Ankündigung davon ausgehen musste, dass die Voraussetzungen der §§ 14, 15 SGB XI nicht vorliegen. 46

5. Häusliche Umgebung. Die Pflege hat in häuslicher Umgebung zu erfolgen. Das ist **nicht notwendig der Haushalt der pflegebedürftigen Person.** In Betracht kommt vielmehr auch die Pflege im Haushalt des Beschäftigten oder eines anderen Angehörigen, mit dem sich der Beschäftigte die Pflege teilt.[68] Der Begriff „in häuslicher Umgebung" dient in erster Linie dazu, die häusliche Pflege i. S. v. § 37 SGB XI von der Pflege in stationären Einrichtungen abzugrenzen. 47

6. Ankündigungsfrist. a) Will der Beschäftigte Pflegezeit beanspruchen, muss er die Ankündigungsfrist des § 3 III PflegeZG beachten. Er muss die Pflegezeit spätestens **zehn Arbeitstage** vor deren Beginn schriftlich ankündigen und gleichzeitig erklären, für welchen Zeitraum 48

---

[61] ErfK/*Gallner* § 3 PflegeZG RN 1; *Müller/Stuhlmann* ZTR 2008, 290, 292; *Preis/Nehring* NZA 2008, 729, 733.

[62] ErfK/*Gallner* § 3 PflegeZG RN 1; *Müller* BB 2008, 1058, 1060.

[63] *Preis/Nehring* NZA 2008, 729, 733.

[64] ErfK/*Gallner* § 3 PflegeZG RN 1; *Müller* BB 2008, 1058, 1060.

[65] Unentschieden *Preis/Nehring* NZA 2008, 729, 734.

[66] Ebenso im Ergebnis auch *Müller* BB 2008, 1058, 1061.

[67] BT-Drucks. 16/7439 S. 92.

[68] *Müller* BB 2008, 1058, 1060f.; *Müller/Stuhlmann* ZTR 2008, 290, 291f.; *Preis/Nehring* NZA 2008, 729, 733.

und in welchem Umfang die Freistellung von der Arbeitsleistung in Anspruch genommen werden soll. Die Fristberechnung erfolgt nach §§ 187ff. BGB. Der Tag des Zugangs wird gem. § 187 I BGB nicht mitgerechnet. Wenn nur teilweise Freistellung in Anspruch genommen wird, ist auch die gewünschte Verteilung der Arbeitszeit anzugeben. Hierdurch soll nach der Gesetzesbegründung der Arbeitgeber in die Lage versetzt werden, die notwendigen organisatorischen Maßnahmen vorzunehmen. Dies ist eine sehr optimistische Einschätzung, die in der Praxis zum Teil herbe Kritik erfahren hat.[69] Die Ankündigungsfrist ist eine **Mindestfrist.** Der Beschäftigte kann die Pflegezeit auch mit einer längeren Frist ankündigen, was ihm nach § 5 I PflegeZG einen längeren Kündigungsschutz verschafft (dazu RN 64ff.).

49 **b) Versäumt der Beschäftigte die Ankündigungsfrist,** verschiebt sich der Beginn der Pflegezeit entsprechend.[70] Der Beschäftigte hat in diesem Fall bis zum Ablauf der Frist zu arbeiten, wenn der Arbeitgeber nicht auf die Einhaltung der Frist verzichtet. Beachtet der Beschäftigte dies nicht, bleibt er unberechtigt der Arbeit fern, was eine Kündigung nach sich ziehen kann.

50 **c)** Die **Bemessung der Frist nach Arbeitstagen ist unscharf.** Denkbar ist, auf die Zahl der für den Beschäftigten geltenden Arbeitstage, die Zahl der Arbeitstage, die im Beschäftigungsbetrieb bzw. beim Arbeitgeber gelten oder die regelmäßige Zahl der Arbeitstage Vollzeitbeschäftigter abzustellen. Arbeitet ein Teilzeitbeschäftigter an zwei Tagen der Woche, betrüge die Ankündigungsfrist fünf Wochen, wenn seine individuelle Arbeitszeit maßgeblich wäre. Wird bei dem Arbeitgeber jeden Tag der Woche gearbeitet, wie an Tankstellen, Krankenhäusern, der Gastronomie, der Bahn oder in Großunternehmen der chemischen Industrie oder Automobilindustrie, betrüge die Frist lediglich knapp anderthalb Wochen, wenn die Zahl der beim Arbeitgeber bestehenden Arbeitstage entscheidend wäre. Sachgerecht erscheint es, auf die für Vollzeitbeschäftigte verbreitet geltende Fünf-Tage-Woche abzustellen. Die Frist ist dann für alle Arbeitnehmer gleich bemessen und beträgt grundsätzlich zwei Wochen. Die Berechnung nach Arbeitstagen bewirkt, dass sich die Frist um arbeitsfreie Wochenfeiertage verlängert, die in diesem Zeitraum liegen.

51 **7. Schriftform.** Die Ankündigung hat schriftlich (§ 126 BGB)[71] zu erfolgen. Das Schriftformerfordernis ist **konstitutiv.** Wird es nicht beachtet, ist die Ankündigung unwirksam; die Rechtsfolgen der §§ 3ff. PflegeZG treten nicht ein.[72] Dem entspricht die Rechtslage bei der Inanspruchnahme von Elternzeit.[73]

52 **8. Dauer der Pflegezeit. a)** Die Pflegezeit beträgt gem. § 4 I PflegeZG für jeden pflegebedürftigen nahen Angehörigen **längstens sechs Monate** (Höchstdauer). Hat ein Beschäftigter mehrere pflegebedürftige nahe Angehörige i. S. v. § 7 III PflegeZG, kann er für jeden einzelnen eine Pflegezeit von bis zu sechs Monaten beanspruchen. Das ist angesichts des weiten Angehörigenbegriffs in § 7 III PflegeZG und des in § 5 PflegeZG geregelten **Kündigungsschutzes** folgenreich, weil sich der Beschäftigte hierdurch einen sehr lange andauernden Kündigungsschutz sichern kann (dazu RN 64ff.).[74]

53 **b)** Für einen kürzeren Zeitraum in Anspruch genommene Pflegezeit kann **bis zur Höchstdauer verlängert** werden, wenn der Arbeitgeber zustimmt. Der Arbeitgeber ist in seiner Entscheidung grundsätzlich frei. Er übt insoweit kein billiges Ermessen aus, weil es nicht um eine einseitige Leistungsbestimmung, sondern um den Abschluss einer Vereinbarung geht.[75] Eine Verlängerung bis zur Höchstdauer von sechs Monaten kann nach § 4 I 3 PflegeZG verlangt werden, wenn ein vorgesehener Wechsel in der Person des Pflegenden aus einem wichtigen Grund nicht erfolgen kann. Dies ist beispielsweise anzunehmen, wenn die Person, welche die Pflege des pflegebedürftigen Angehörigen übernehmen sollte, selbst schwer erkrankt. Die Regelung entspricht § 16 III 4 BEEG.

---

[69] Vgl. *Berger-Delhey* ZTR 2007, 604, 605; *Freihube/Sasse* DB 2008, 1320, 1321; *Schwerdle* ZTR 2007, 655, 660; zust. dagegen *Kreutz* ZTR 2008, 246, 247.

[70] *Preis/Nehring* NZA 2008, 729, 733; ebenso für die Inanspruchnahme von Erziehungsurlaub (jetzt: Elternzeit) BAG 17. 2. 1994 AP 116 zu § 626 BGB = NZA 94, 656.

[71] Ebenso ErfK/*Gallner* § 3 PflegeZG RN 2; zweifelnd *Preis/Nehring* NZA 2008, 729, 733.

[72] ErfK/*Gallner* § 3 PflegeZG RN 2.

[73] Vgl. dazu *Buchner/Becker* § 16 BEEG RN 3; HK-MuSchG/BEEG/*Rancke* § 16 BEEG RN 6; a. A. Küttner/*Reinecke* Elternzeit RN 14.

[74] Kritisch deswegen *Preis/Weber* NZA 2008, 82, 84.

[75] Ebenso ErfK/*Gallner* § 4 PflegeZG RN 1; *Freihube/Sasse* DB 2008, 1320, 1322; a. A. *Schwerdle* ZTR 2007, 655, 659.

c) Eine **Aufteilung der Pflegezeit** von sechs Monaten in mehrere Zeitabschnitte ist im Gesetz nicht vorgesehen.[76] Im PflegeZG fehlt eine dem § 16 I 5 BEEG entsprechende Regelung. 54

d) Eine **vorzeitige Beendigung der Pflegezeit** ohne Zustimmung des Arbeitgebers ist nach § 4 II 1 PflegeZG nur möglich, wenn der nahe Angehörige nicht mehr pflegebedürftig ist oder die häusliche Pflege des nahen Angehörigen unmöglich oder unzumutbar ist. In diesen Fällen endet die Pflegezeit vier Wochen nach Eintritt der veränderten Umstände. Dem Beschäftigten wird die Pflege beispielsweise unmöglich, wenn der nahe Angehörige vor Ablauf der Pflegezeit verstirbt oder in eine stationäre Pflegeeinrichtung aufgenommen werden muss. Gleiches gilt, wenn der Beschäftigte seinerseits schwer erkrankt und den Angehörigen nicht mehr pflegen kann.[77] Eine Unzumutbarkeit kann beispielsweise angenommen werden, wenn auf Grund unvorhergesehener persönlicher Umstände die Finanzierung der Pflegezeit nicht mehr gesichert und der Beschäftigte auf die regelmäßige Arbeitsvergütung angewiesen ist.[78] Der Arbeitgeber ist über die veränderten Umstände unverzüglich zu unterrichten. Kommt der Beschäftigte dem nicht nach, macht er sich u. U. schadensersatzpflichtig (§ 280 I BGB).[79] Im Übrigen kann die Pflegezeit nur vorzeitig beendet werden, wenn der Arbeitgeber zustimmt. 55

9. Vollständige Freistellung. a) Der Anspruch auf vollständige Freistellung während der form- und fristgerecht angekündigten Pflegezeit bedarf **keiner Zustimmung durch den Arbeitgeber.** Der Beschäftigte kann der Arbeit vielmehr fernbleiben, ohne dass eine Vertragsverletzung vorliegt.[80] Insoweit gilt das Gleiche wie bei der rechtzeitigen Inanspruchnahme von Elternzeit. 56

b) Während der vollständigen Freistellung **ruht das Beschäftigungsverhältnis.** Der Beschäftigte braucht nicht zu arbeiten, der Arbeitgeber schuldet keine Arbeitsvergütung. Soweit Jahressonderzahlungen (Urlaubs- und Weihnachtsgeld sowie sonstige Bonuszahlungen) nur an das Bestehen eines Beschäftigungsverhältnisses anknüpfen, hat der Beschäftigte einen Anspruch auf ungekürzte Zahlung. Andernfalls besteht der Anspruch nur in gekürztem Umfang (dazu § 78). 57

c) Die vollständige Freistellung während der Pflegezeit wirft einige urlaubsrechtliche Probleme auf. Das PflegeZG enthält anders als § 17 BEEG und § 4 ArbPlSchG **keine Regelung über die Kürzung des Urlaubsanspruchs** für die Dauer der vollständigen Freistellung während der Pflegezeit. Das hat zur Folge, dass der Beschäftigte auch bei einer vollen Pflegezeit von sechs Monaten noch seinen ungekürzten Urlaubsanspruch behält, denn das Entstehen des Urlaubsanspruchs hängt nicht von der Erbringung tatsächlicher Arbeitsleistungen ab, sondern lediglich von der Erfüllung der Wartezeit des § 4 BUrlG und vom Bestehen eines Arbeitsverhältnisses (§ 102 RN 26). Gerade aus diesem Grund enthält § 17 I BEEG Kürzungsvorschriften für die Zeiten, in denen das Arbeitsverhältnis wegen der Inanspruchnahme von Elternzeit ruht. Entsprechendes gilt nach § 4 ArbPlSchG für die Zeiten, in denen das Arbeitsverhältnis wegen der Ableistung des Wehrdienstes ruht, sowie auf Grund der Verweisung in § 78 ZDG auf das ArbPlSchG für Zeiten des Zivildienstes. 58

Andererseits enthält das PflegeZG auch **keine Regelungen über die Übertragung von Urlaubsansprüchen** über das Ende der Übertragszeitraums (31. 3. des Folgejahres) hinaus, wenn der Urlaub wegen der Pflegezeit (z. B. 1. 11. bis 30. 4.) nicht mehr genommen werden kann. Nach derzeitiger Rechtslage verfallen Resturlaubsansprüche am 31. 3. (vgl. § 102 RN 107). Hieran ändert die geänderte Rechtsprechung zum Verfall von Urlaubsabgeltungsansprüchen bei lang andauernder Krankheit nichts (dazu § 102 RN 150). Die Inanspruchnahme von Pflegezeit erfolgt durch eine freiwillig abgegebene Erklärung des Arbeitnehmers und ist deshalb nicht einer unverschuldeten Arbeitsunfähigkeit gleichzustellen. 59

10. Teilweise Freistellung. a) Das PflegeZG hat für den Fall einer vom Beschäftigten gewünschten „Pflegeteilzeit“ eine **Verhandlungslösung** gewählt, die § 15 V und VII BEEG ähnelt, sich jedoch im Detail von diesen Regelungen durchaus unterscheidet. Nimmt der Beschäftigte nur teilweise Freistellung in Anspruch, haben Arbeitgeber und Beschäftigte nach § 3 IV PflegeZG über die Verringerung und die Verteilung der Arbeitszeit eine schriftliche Vereinbarung zu treffen.[81] 60

---

[76] ErfK/*Gallner* § 4 PflegeZG RN 1; *Preis/Nehring* NZA 2008, 729, 734.
[77] *Müller* BB 2008, 1058, 1062.
[78] BT-Drucks. 16/7439 S. 93.
[79] ErfK/*Gallner* § 4 PflegeZG RN 2.
[80] *Preis/Nehring* NZA 2008, 729, 734.
[81] Krit. hierzu *Freihube/Sasse* DB 2008, 1320, 1322; *Preis/Nehring* NZA 2008, 729, 734 f.

61 **b)** Der Arbeitgeber hat den Wünschen der Beschäftigten zu entsprechen, es sei denn, **dringende betriebliche Gründe** stehen dem entgegen. Da § 3 IV 2 PflegeZG dem § 15 VII Nr. 4 BEEG (dazu § 172 RN 43) nachgebildet ist,[82] kann insoweit auf die hierzu ergangene Rechtsprechung zurückgegriffen werden.[83] Danach sind an das objektive Gewicht der Ablehnungsgründe erhebliche Anforderungen zu stellen, wie der Begriff „dringend" verdeutlicht. Mit ihm wird ausgedrückt, dass eine Angelegenheit notwendig, erforderlich oder auch sehr wichtig ist. Die entgegenstehenden betrieblichen Interessen müssen mithin von erheblichem Gewicht sein. Sie müssen sich gleichsam als zwingende Hindernisse für die beantragte Verkürzung der Arbeitszeit darstellen.[84] Der Beschäftigte kann nach § 3 IV 2 PflegeZG auch eine bestimmte Verteilung der Arbeitszeit erzwingen.

62 **c)** Die **Rechtsfolgen einer unterbliebenen Einigung** regelt das PflegeZG ebenso wenig wie das BEEG. Verweigert der Arbeitgeber nach Ansicht des Beschäftigten zu Unrecht seine Zustimmung zur Pflegeteilzeit, hat der Beschäftigte Klage auf Abgabe der Zustimmungserklärung zu erheben. Die fehlende Willenserklärung des Arbeitgebers wird gem. § 894 I ZPO durch die rechtskräftige Entscheidung ersetzt. Im Hinblick auf die Prozessdauer eines Hauptsacheverfahrens besteht wie bei der Elternteilzeit bei gegebener Dringlichkeit die Möglichkeit, die Teilfreistellung im Wege der einstweiligen Verfügung durchzusetzen (dazu § 172 RN 46).

63 **11. Pflegezeit und Berufsbildung.** Nach § 4 I 4 PflegeZG wird die Pflegezeit auf Berufsbildungszeiten nicht angerechnet. Soweit bestimmte Berufsbildungszeiten vereinbart worden sind, verlängert sich das der Berufsbildung dienende Vertragsverhältnis um die in Anspruch genommene Pflegezeit.[85]

VII. Sonderkündigungsschutz

64 **1. Allgemeines.** § 5 PflegeZG enthält ein **Kündigungsverbot mit Erlaubnisvorbehalt,** das § 18 BEEG zwar ähnelt, aber in wesentlichen Einzelheiten von dieser Bestimmung abweicht. Nach § 5 I PflegeZG darf der Arbeitgeber das Beschäftigungsverhältnis von der Ankündigung bis zur Beendigung der kurzzeitigen Arbeitsverhinderung nach § 2 oder der Pflegezeit nach § 3 PflegeZG nicht kündigen. Nur in besonderen Fällen kann eine Kündigung gem. § 5 II PflegeZG von der für den Arbeitsschutz zuständigen obersten Landesbehörde oder der von ihr bestimmten Stelle ausnahmsweise für zulässig erklärt werden. Die Bundesregierung kann hierzu mit Zustimmung des Bundesrats allgemeine Verwaltungsvorschriften erlassen. Das Kündigungsverbot soll das mit dem PflegeZG verfolgte Ziel – die bessere Vereinbarkeit von Beruf und familiärer Pflege – fördern. Beschäftigten soll durch den Kündigungsschutz die Sorge vor dem Verlust des Arbeitsplatzes genommen werden.[86] Das Kündigungsverbot betrifft alle Formen der Kündigung, also sowohl ordentliche als auch außerordentliche Beendigungs- und Änderungskündigungen.

65 **2. Betriebliche und persönliche Voraussetzungen. a)** Der Sonderkündigungsschutz nach § 5 PflegeZG besteht im Falle einer kurzzeitigen Arbeitsverhinderung i. S. v. § 2 PflegeZG in allen Beschäftigungsverhältnissen unabhängig von der **Beschäftigtenzahl.** Da nach § 3 I PflegeZG nur dann ein Anspruch auf Pflegezeit besteht, wenn bei dem Arbeitgeber mindestens 16 Beschäftigte tätig sind, findet insoweit auch nur dann der Sonderkündigungsschutz Anwendung, wenn diese Voraussetzungen erfüllt sind.

66 **b)** Geschützt durch § 5 PflegeZG sind **alle Beschäftigten.** Auf Grund des weiten Beschäftigtenbegriffs in § 7 I PflegeZG erhalten über § 5 PflegeZG nicht nur Arbeitnehmer, sondern auch arbeitnehmerähnliche Personen, Heimarbeiter und die ihnen Gleichgestellten einen besonderen Kündigungsschutz, obwohl diese Personengruppen ansonsten keinen materiellen Kündigungsschutz genießen.[87]

---

[82] BT-Drucks. 16/7439 S. 92.
[83] *Düwell* FA 2008, 108, 110.
[84] So zur Elternzeit BAG 5. 6. 2007 AP 49 zu § 15 BErzGG = NZA 2007, 1352.
[85] BT-Drucks. 16/7439 S. 92; krit. zu dieser Regelung *Düwell* FA 2008, 108, 110.
[86] BT-Drucks. 16/7439 S. 93.
[87] Krit. deshalb *Freihube/Sasse* DB 2008, 1320, 1322; *Preis/Nehring* NZA 2008, 729, 736; *Preis/Weber* NZA 2008, 82, 83.

3. Keine Wartezeit. a) Der Sonderkündigungsschutz ist **nicht von der Vollendung einer Wartezeit abhängig.** Da die Rechte aus §§ 2 und 3 PflegeZG ab dem ersten Tag des Beschäftigungsverhältnisses in Anspruch genommen werden können und § 5 PflegeZG für das Eingreifen des Sonderkündigungsschutzes keine Wartezeitregelung vorsieht, besteht das Kündigungsverbot des § 5 PflegeZG auch innerhalb der Wartezeit des § 1 I KSchG, wenn der Beschäftigte in dieser Zeit eine kurzzeitige Arbeitsverhinderung oder die Inanspruchnahme von Pflegezeit ankündigt. Nach dem Wortlaut des PflegeZG bedarf auch die Kündigung eines Auszubildenden in der Probezeit (§ 22 I BBiG) der Zustimmung der zuständigen Behörde, wenn der Auszubildende in dieser Zeit seine Rechte aus §§ 2 und 3 PflegeZG in Anspruch nimmt. 67

b) Die Ausgestaltung des **§ 5 PflegeZG vereitelt den Zweck des § 1 I KSchG.**[88] Nach dieser Bestimmung soll der Arbeitnehmer zum einen erst nach einer gewissen Betriebszugehörigkeit Bestandsschutz erlangen. Darüber hinaus soll der Arbeitgeber aber auch die Möglichkeit erhalten, die Eignung des Arbeitnehmers für die geschuldete Tätigkeit in seinem Betrieb während der gesetzlichen Wartezeit zu überprüfen, und sich ohne Darlegung der sozialen Rechtfertigung von dem Arbeitnehmer durch Kündigung trennen zu können.[89] Dies ist nicht möglich, wenn die in der Wartezeit bestehende Kündigungsfreiheit aufgehoben und die Kündigung in dieser Zeit an behördliche Zustimmungsvorbehalte geknüpft wird. Der Arbeitgeber muss dann ein Verwaltungsverfahren durchführen, auf dessen Zeitablauf er abgesehen vom Zeitpunkt des Verfahrensbeginns praktisch keinerlei Einfluss hat. Verfahrensvorschriften, wie etwa §§ 88 und 91 SGB IX, fehlen. Will der Arbeitgeber den Beschäftigten zum Ende der Wartezeit des § 1 I KSchG kündigen, wird ihm dies daher u. U. schon deshalb nicht möglich sein, weil die erforderliche Zustimmung, selbst wenn sie erteilt wird, nicht rechtzeitig vorliegt. Dem PflegeZG fehlt eine Regelung, die wie § 90 I Nr. 1 SGB IX vorsieht, dass der Sonderkündigungsschutz erst nach sechsmonatigem Bestehen des Arbeitsverhältnisses eingreift. Soweit § 9 MuSchG und § 18 BEEG keine Wartezeit vorsehen, ist dies aus verfassungsrechtlichen Gründen (Art. 6 I und IV GG) gerechtfertigt. Derartige gewichtige verfassungsrechtliche Positionen liegen jedoch der Inanspruchnahme von Pflegezeit nach § 3 PflegeZG nicht zugrunde, wie der weite Angehörigenbegriff des § 7 III PflegeZG deutlich zeigt. 68

Die Gefahr einer **missbräuchlichen Inanspruchnahme** der Pflegezeit, allein um den Kündigungsschutz des § 1 II KSchG zu erlangen, ist groß.[90] Sie reicht von einer sehr weiten Ausdehnung der Ankündigungsfrist (dazu RN 71) bis hin zur Ankündigung einer kurzzeitigen Pflege von wenigen Wochen, ohne den Angehörigen dann tatsächlich zu pflegen, was vom Arbeitgeber im Übrigen kaum überprüfbar ist. Damit greift die Ausgestaltung des besonderen Kündigungsschutzes in § 5 PflegeZG in unverhältnismäßiger Weise in die durch Art. 12 I GG, jedenfalls durch Art. 2 I GG geschützte wirtschaftliche Betätigungsfreiheit[91] des Arbeitgebers ein. Eine gesetzgeberische Lösung der Probleme besteht zunächst darin, in § 5 PflegeZG eine dem § 18 I 1 BEEG entsprechende Regelung aufzunehmen (zur Möglichkeit einer Analogie RN 71). Des Weiteren sollten möglichst zügig verbindliche Kriterien festgelegt werden, nach denen die zuständige Landesbehörde über die beantragte Zustimmung zur Kündigung zu entscheiden hat. Dabei müsste klargestellt werden, dass die Behörde die Zustimmung zur Kündigung innerhalb der Wartezeit nur verweigern kann, wenn konkrete Anhaltspunkte dafür vorliegen, dass die Kündigung gegen §§ 138, 242 oder 612a BGB verstößt.[92] Des Weiteren ist zu erwägen, den Ablauf der Wartezeit des § 1 I KSchG zu hemmen, bis die Behörde über die beantragte Zustimmung rechtskräftig entschieden hat. Dies entspricht den Grundsätzen, die zur Wahrung der Ausschlussfrist bei außerordentlichen Kündigungen von Personen entwickelt wurden, die nach § 9 MuSchG bzw. § 18 BEEG geschützt sind.[93] In Betracht kommt ferner, wegen der dargestellten Besonderheiten die Pflegezeit nicht auf die Wartezeit des § 1 I KSchG anzurechnen und diese um die Dauer der Pflegezeit zuzüglich der Ankündigungsfrist zu verlängern.[94] Schließlich ist in jedem Einzelfall zu prüfen, ob ein rechtsmissbräuchliches Verhalten des Beschäftigten vorliegt.[95] 69

---

[88] Ebenso *Preis/Nehring* NZA 2008, 729, 736.
[89] BAG 24. 1. 2008 NZA-RR 2008, 405; 28. 8. 2008 – 2 AZR 101/07.
[90] Vgl. *Böggemann* FA 2008, 357.
[91] BVerfG 27. 1. 1998 AP 17 zu § 23 KSchG 1969 = NZA 1998, 470.
[92] Zu weiteren rechtspolitischen Forderungen *Rose/Dörstling* DB 2008, 2137, 2139 f.
[93] Vgl. dazu KR/*Fischermeier* § 626 BGB RN 337 m.w.N.
[94] In Betracht gezogen auch von *Preis/Nehring* NZA 2008, 729, 736.
[95] ErfK/*Gallner* § 5 PflegeZG RN 1.

70 **4. Beginn des Kündigungsschutzes. a)** Der Sonderkündigungsschutz des § 5 PflegeZG beginnt mit dem Zeitpunkt des **Zugangs der Ankündigung** einer kurzzeitigen Arbeitsverhinderung nach § 2 oder der Pflegezeit nach § 3 PflegeZG. Der Sonderkündigungsschutz besteht, wenn zum Zeitpunkt des Zugangs der Kündigung die Ankündigungserklärung des Beschäftigten dem Arbeitgeber bereits zugegangen ist. Auf den Zeitpunkt der Beendigung des Beschäftigungsverhältnisses nach Ablauf der Kündigungsfrist kommt es nicht an.[96]

71 **b)** Die gesetzliche Regelung ist **folgenreich.**[97] Da es sich bei der Ankündigungsfrist des § 3 III PflegeZG von zehn Arbeitstagen um eine Mindestfrist handelt, kann der Beschäftigte die Pflegezeit auch mit einer weitaus längeren Frist ankündigen. Der Beschäftigte kann beispielsweise ankündigen, in zwölf Monaten die pflegebedürftige Großmutter einen Monat pflegen zu wollen. Hierdurch kann er den Sonderkündigungsschutz auf 13 Monate verlängern, weil in § 5 PflegeZG eine dem § 18 I 1 BEEG entsprechende Regelung fehlt, die den Kündigungsschutz erst ab einem bestimmten Zeitpunkt (acht Wochen vor Beginn der Elternzeit) beginnen lässt. Dies hätte bei betriebsbedingten Kündigungen zur Folge, dass diese Arbeitnehmer nach h. M. nicht in die soziale Auswahl einzubeziehen wären, wenn die Zustimmung der zuständigen Behörde zur Kündigung nicht vorliegt (vgl. § 135 RN 15). In solchen und ähnlichen Fallgestaltungen ist sorgfältig zu prüfen, ob die langfristige Ankündigung der Pflegezeit **rechtsmissbräuchlich (§ 242 BGB)** erfolgt ist (siehe auch RN 69).[98] In Betracht gezogen werden kann auch eine analoge Anwendung des § 18 I 1 BEEG.[99] Dafür spricht, dass sich die gesetzliche Regelung des Kündigungsschutzes in § 5 PflegeZG am BEEG orientiert. Die Gefahr der missbräuchlichen Inanspruchnahme des Kündigungsschutzes durch eine langfristige Ankündigung der Pflegezeit ist insbesondere bei betrieblichen Umstrukturierungsmaßnahmen, die mit Änderungs- und Beendigungskündigungen verbunden sind, groß, so dass ein Regelungsbedürfnis besteht. Es ist auch weder dem gesetzlichen Gesamtzusammenhang des PflegeZG noch der Gesetzesbegründung ein vernünftiger Grund zu entnehmen, warum eine dem § 18 I 1 BEEG entsprechende Regelung im PflegeZG fehlt. Bei der kurzzeitigen Arbeitsverhinderung sind Missbrauchsfälle eher nicht zu erwarten, weil § 2 PflegeZG eine akut auftretende Pflegesituation voraussetzt, die unerwartet und damit nicht planbar eintritt.

VIII. Befristete Verträge

72 **1. Allgemeines.** Der in § 6 I PflegeZG aufgeführte Befristungsgrund der Vertretung ist **§ 21 BEEG nachgebildet** (dazu § 172 RN 64ff.).[100] Nach § 6 II PflegeZG sind sowohl Zeit- als auch Zweckbefristungen möglich. Bei einer Zweckbefristung ist § 15 II TzBfG zu beachten. Die Regelungen des TzBfG über die Schriftform (§ 14 IV TzBfG) und die Klagefrist (§ 17 TzBfG) sind anwendbar. § 6 I PflegeZG ist weiter als der daneben geltende § 14 I Nr. 3 TzBfG, weil er auch die Vertretung einer arbeitnehmerähnlichen Person zulässt.[101] § 6 PflegeZG enthält kein Zitiergebot.[102] Gem. § 6 I 2 PflegeZG ist über die Dauer der Vertretung nach Satz 1 hinaus die Befristung für notwendige Zeiten einer Einarbeitung zulässig.

73 **2. Sonderkündigungsrecht. a)** Der Arbeitgeber kann gem. § 6 III PflegeZG den befristeten Arbeitsvertrag unter Einhaltung einer Frist von zwei Wochen kündigen, wenn die **Pflegezeit nach § 4 II 1 PflegeZG vorzeitig endet.** Mit dieser Regelung soll vermieden werden, dass der Arbeitgeber in den Ausnahmefällen, in denen der Beschäftigte ohne Zustimmung des Arbeitgebers früher als geplant an seinen Arbeitsplatz zurückkehren kann, den zurückkehrenden Beschäftigten und die Ersatzkraft gleichzeitig beschäftigen und vergüten muss. Das Sonderkündigungsrecht besteht nicht, wenn die Voraussetzungen für eine vorzeitige Beendigung der Pflegezeit nicht vorliegen, der Arbeitgeber jedoch nach § 4 II 3 PflegeZG der vorzeitigen Beendigung zustimmt. Gleiches gilt nach § 6 III 3 PflegeZG, wenn das Sonderkündigungsrecht vertraglich ausgeschlossen ist.

74 **b)** Macht der Arbeitgeber von dem Sonderkündigungsrecht Gebrauch, findet das **KSchG keine Anwendung.** Die Kündigung bedarf daher auch dann nicht der sozialen Rechtfertigung

---

[96] *Preis/Nehring* NZA 2008, 729, 734.

[97] Besonders kritisch *Freihube/Sasse* DB 2008, 1320, 1322; *Preis/Nehring* NZA 2008, 729, 734; *Schwerdle* ZTR 2007, 655 661.

[98] ErfK/*Gallner* § 5 PflegeZG RN 1; *Müller* BB 2008, 1058, 1064; *Preis/Nehring* NZA 2008, 729, 734.

[99] A. A. *Preis/Nehring* NZA 2008, 729, 734.

[100] ErfK/*Gallner* § 6 PflegeZG RN 1.

[101] Krit. dazu *Preis/Weber* NZA 2008, 82, 84f.

[102] ErfK/*Gallner* § 6 PflegeZG RN 1.

nach § 1 KSchG, wenn der Vertreter ausnahmsweise – z.B. wegen vereinbarter Einarbeitungszeiten – länger als sechs Monate beschäftigt war. Die Dreiwochenfrist des § 4 KSchG ist einzuhalten. Der Betriebsrat ist nach § 102 I BetrVG vor der Kündigung anzuhören. Andere Kündigungsschutzvorschriften, wie etwa § 9 MuSchG sind zu beachten.

IX. Berechnung von Schwellenwerten

Wird im Rahmen arbeitsrechtlicher Gesetze oder Verordnungen auf die Zahl der beschäftigten Arbeitnehmer abgestellt, sind nach § 6 IV PflegeZG bei der **Ermittlung dieser Zahl Arbeitnehmer,** die nach § 2 PflegeZG kurzzeitig an der Arbeitsleistung verhindert oder nach § 3 PflegeZG freigestellt sind, nicht mitzuzählen, solange für sie nach § 6 I PflegeZG ein Vertreter eingestellt ist. Dies gilt nicht, wenn der Vertreter nicht mitzuzählen ist. Diese Regelung gilt entsprechend, wenn im Rahmen arbeitsrechtlicher Gesetze oder Verordnungen auf die Zahl der Arbeitsplätze abgestellt wird. Zweck des § 6 IV PflegeZG ist es, eine Doppelzählung des Beschäftigten, der einen pflegebedürftigen nahen Angehörigen versorgt, und der vertretungsweise eingestellten Ersatzkraft zu vermeiden. Die Regelung entspricht inhaltlich § 21 VII BEEG. **75**

X. Sozialversicherungsrechtliche Absicherung

1. Die **kurzzeitige Arbeitsverhinderung** nach § 2 PflegeZG wirft keine sozialversicherungsrechtlichen Besonderheiten auf. Nach § 7 III 1 SGB IV gilt eine Beschäftigung gegen Arbeitsentgelt als fortbestehend, solange das Beschäftigungsverhältnis ohne Anspruch auf Arbeitsentgelt fortdauert, jedoch nicht länger als einen Monat. Diese Regelung erhält bei einer kurzzeitigen Arbeitsverhinderung den Versicherungsschutz für Beschäftigte in der Kranken-, Pflege-, Renten- und Arbeitslosenversicherung aufrecht. Das Arbeitsverhältnis besteht in diesem Falle fort, lediglich die Hauptpflichten hieraus ruhen für höchstens zehn Arbeitstage. **76**

2. Pflegezeit. a) Mit der Inanspruchnahme von Pflegezeit entfällt für die Dauer der Pflegezeit auch der Anspruch auf Arbeitsentgelt. Nach § 7 III 1 SGB IV hätte dies an sich zur Folge, dass längstens für einen Monat eine Beschäftigung gegen Arbeitsentgelt als fortbestehend gelten würde. Der mit dem Pflege-Weiterentwicklungsgesetz neu eingeführte § 7 III 3 SGB IV schließt diese Rechtsfolge jedoch aus: „Satz 1 gilt nicht für die Inanspruchnahme von Pflegezeit i. S. d. § 3 PflegeZG". Die Gesetzesergänzung führt dazu, dass ab Beginn der Freistellung die Voraussetzungen der Versicherungspflicht in der Kranken-, Pflege-, Renten- und Arbeitslosenversicherung nicht mehr vorliegen. Für die Dauer der Pflegezeit muss sich der Beschäftigte in der **Krankenversicherung freiwillig versichern,** falls er nicht über einen Angehörigen (z. B. Ehegatte) nach § 10 SGB V familienversichert ist. Die Voraussetzungen für die freiwillige Versicherung ergeben sich aus § 9 SGB V und setzen eine Mindestvorversicherungszeit voraus. Die Bemessung der Beiträge erfolgt nach § 240 SGB V. Die freiwillige Krankenversicherung führt zur Versicherungspflicht in der Pflegeversicherung. **77**

Den **Arbeitgeber trifft keine Hinweispflicht** in Bezug auf die sozialversicherungsrechtlichen Folgen der Pflegezeit. Er hat den Beschäftigten nicht von sich aus auf die sozialversicherungsrechtlichen Konsequenzen der Pflegezeit aufmerksam zu machen. Die Inanspruchnahme von Pflegezeit erfolgt ausschließlich auf Veranlassung und im Interesse des Beschäftigten, so dass dieser die sozialversicherungsrechtlichen Folgen zu beachten hat. **78**

Beschäftigte, die nach § 3 PflegeZG von der Arbeitsleistung vollständig freigestellt werden oder deren Beschäftigung durch die Reduzierung zu einer geringfügigen Beschäftigung wird, erhalten nach § 44a I SGB XI auf Antrag **Zuschüsse zur Kranken- und Pflegeversicherung.** Die Zuschüsse belaufen sich auf die Höhe der Mindestbeiträge, die von freiwillig in der gesetzlichen Krankenversicherung versicherten Personen zur gesetzlichen Krankenversicherung und zur sozialen Pflegeversicherung zu entrichten sind und dürfen die tatsächliche Höhe der Beiträge nicht übersteigen. **79**

b) In der **Arbeitslosenversicherung** wurde mit § 26 IIb SGB III für den Tatbestand der Pflegezeit ein eigenständiger Versicherungspflichttatbestand geschaffen. Versicherungspflichtig sind danach Personen in der Zeit, in der sie eine Pflegezeit nach § 3 I 1 PflegeZG in Anspruch nehmen und eine pflegebedürftige Person pflegen, wenn sie unmittelbar vor der Pflegezeit versicherungspflichtig waren. Gleiches gilt für Personen, die unmittelbar vor der Pflegezeit eine als Arbeitsbeschaffungsmaßnahme geförderte Beschäftigung ausgeübt haben, die ein Versicherungspflichtverhältnis oder den Bezug einer laufenden Entgeltersatzleistung nach dem SGB III unterbrochen hat. Bemessungsgrundlage der Beiträge sind gem. § 345 Nr. 8 SGB III 10% der Bezugsgröße. Die Beiträge werden von derjenigen Einrichtung getragen und gezahlt, die für die **80**

Leistungen an den Pflegebedürftigen zuständig ist (vgl. § 347 Nr. 10 SGB III). Damit der Beschäftigte bei der Bemessung des Arbeitslosengeldes keinen Nachteil erleidet, bleiben bei der Ermittlung des Bemessungszeitraums Zeiten außer Betracht, in denen der Arbeitslose eine Pflegezeit nach § 3 I PflegeZG in Anspruch genommen hat, wenn wegen der Pflege das Arbeitsentgelt oder die durchschnittliche wöchentliche Arbeitszeit gemindert war (§ 130 III 1 Nr. 3a SGB III).

81 **c)** In der **Rentenversicherung** sind nach § 3 I Nr. 1 SGB VI Personen in der Zeit versicherungspflichtig, in der sie einen Pflegebedürftigen im Sinne des § 14 SGB XI Buches nicht erwerbsmäßig wenigstens 14 Stunden wöchentlich in seiner häuslichen Umgebung pflegen (nicht erwerbsmäßig tätige Pflegepersonen), wenn der Pflegebedürftige Anspruch auf Leistungen aus der sozialen oder einer privaten Pflegeversicherung hat. Die Beiträge werden von der Pflegekasse gezahlt (vgl. § 44 SGB XI). Die Versicherungspflicht tritt gem § 3 Satz 3 SGBVI nicht ein, wenn die pflegende Person trotz der Pflege noch regelmäßig mehr als 30 Stunden wöchentlich beschäftigt oder tätig ist. In diesem Fall besteht die Versicherungspflicht auf Grund abhängiger Beschäftigung in der Regel weiter.

82 **d)** In der **Unfallversicherung** besteht nach § 2 I Nr. 17 SGB VII Versicherungsschutz.

§ 108. Maßregelungsverbot

Faulenbach, Das arbeitsrechtliche Maßregelungsverbot (§ 612a BGB), 2005; *K. Gamillscheg,* Maßregelungsverbot (§ 612a BGB), AR-Blattei SD 1183, (2003); *Isenhardt,* Schein und Sein des Maßregelungsverbots nach § 612a BGB, FS Richardi, S. 269; *Kort,* Maßregelungsverbot – Ausschluss von freiwilliger Leistung, RdA 2003, 122; *Krause,* Abwälzung des Pauschalbeitrags zur Sozialversicherung auf geringfügig Beschäftigte?, AuR 99, 390; *Wilken,* Regelungsgehalt des Maßregelungsverbots gem. § 612a BGB, 2001.

Übersicht

	RN		RN
I. Allgemeines	1, 2	3. Benachteiligung	11–13
II. Persönlicher Geltungsbereich	3, 4	4. Kausalität	14–17
III. Sachlicher Geltungsbereich	5 ff.	5. Einzelfälle	18–27
1. Zulässige Rechtsausübung	5–8	6. Darlegungs- und Beweislast	28, 29
2. Vereinbarung oder Maßnahme	9, 10	IV. Rechtsfolgen	30, 31

I. Allgemeines

1 Nach § 612a BGB darf der Arbeitgeber einen Arbeitnehmer bei einer Vereinbarung oder Maßnahme nicht benachteiligen, weil der Arbeitnehmer in zulässiger Weise seine Rechte ausübt. Dieses **allgemeine Maßregelungsverbot** wird in einzelnen spezialgesetzlichen Regelungen, § 5 TzBfG, § 16 I 1 AGG, wiederholt.

2 **Zweck** des § 612a BGB ist zu verhindern, dass Arbeitnehmer Rechte nicht wahrnehmen, weil sie bei ihrer Inanspruchnahme mit Benachteiligungen rechnen müssen.[1] Durch § 612a BGB wird die Willensfreiheit des Arbeitnehmers geschützt. Er soll frei darüber entscheiden können, ob er ein Recht in Anspruch nimmt oder nicht.[2] Die Vorschrift verbietet Maßnahmen des Arbeitgebers, die eine unmittelbare Reaktion auf die Wahrnehmung von Rechten durch den Arbeitnehmer darstellen. Das Maßregelungsverbot erfasst einen Sonderfall der Sittenwidrigkeit.[3] Als Schutzbestimmung zugunsten der Arbeitnehmer ist § 612a BGB unabdingbar.[4]

II. Persönlicher Geltungsbereich

3 Das Maßregelungsverbot des § 612a BGB gilt für **alle Arbeitnehmer.** Hierzu gehören auch leitende Angestellte. Geschützt sind gem. § 10 II, § 26 BBiG des Weiteren Auszubildende, Um-

---

[1] BAG 16. 2. 1989 AP 20 zu § 1 KSchG 1969 Krankheit = NZA 89, 923.

[2] BAG 14. 2. 2007 AP 18 zu § 612a BGB = NZA 2007, 803; MünchKommBGB/*Müller-Glöge* § 612a RN 1.

[3] BAG 2. 4. 1987 AP 1 zu § 612a BGB = NZA 88, 18; 22. 5. 2003 AP 18 zu § 1 KSchG 1969 Wartezeit = NZA 2004, 399; 14. 2. 2007 AP 18 zu § 612a BGB = NZA 2007, 803.

[4] ErfK/*Preis* § 612a BGB RN 2; MünchKommBGB/*Müller-Glöge* § 612a RN 2; HWK/*Thüsing* § 612a BGB RN 2.

schüler, Volontäre und Praktikanten.[5] Das BAG hat eine entsprechende Anwendung des Maßregelungsverbots auf arbeitnehmerähnliche Personen abgelehnt und prüft in diesen Fällen statt dessen einen Verstoß gegen § 138 BGB.[6] Der Schutzzweck der Norm gebietet jedoch eine entsprechende Anwendung des § 612a BGB auf arbeitnehmerähnliche Personen.[7] § 612a BGB gilt nach seinem Wortlaut sowie seiner Schutzrichtung nicht für Personen, die auf der Grundlage eines freien Dienstvertrags beschäftigt werden.[8] Auf Stellenbewerber findet § 612a BGB keine Anwendung. Diese sind noch nicht Arbeitnehmer. Bewerber werden in ihren Rechten durch § 2 I Nr. 1 AGG geschützt.

Das Benachteiligungsverbot richtet sich gegen den **Arbeitgeber.** Darunter sind nach dem Schutzzweck des § 612a BGB alle Personen zu verstehen, die Arbeitgeberfunktionen ausüben. Dies können neben dem Vertragsarbeitgeber auch Dritte sein, wie beispielsweise der Entleiher im Rahmen der Arbeitnehmerüberlassung.[9] Auch die Betriebsparteien haben bei Betriebsvereinbarungen das Maßregelungsverbot des § 612a BGB zu beachten.[10] 4

III. Sachlicher Geltungsbereich

1. Zulässige Rechtsausübung. § 612a BGB verbietet eine Benachteiligung des Arbeitnehmers, wenn dieser in zulässiger Weise seine Rechte gegenüber dem Arbeitgeber wahrnimmt. Die Rechtsausübung muss **objektiv rechtmäßig** sein. Maßstab hierfür ist die Gesamtrechtsordnung.[11] Dazu gehört die Ausübung von Grundrechten, soweit sie im Verhältnis zum Arbeitgeber rechtserheblich ist.[12] Mit einer gegen den Arbeitgeber gerichteten Klage setzt der Arbeitnehmer seinen öffentlich-rechtlichen Anspruch auf Rechtsschutzgewährung (Art. 20 GG) durch, und zwar unabhängig davon, ob die Klage erfolgreich ist. Eine solche Klage ist deshalb eine zulässige Rechtsausübung. Nur wenn die Erhebung einer Klage mutwillig oder rechtsmissbräuchlich erfolgt, kann eine unzulässige Rechtsausübung i. S. d. § 612a BGB angenommen werden.[13] 5

Das vom Arbeitnehmer behauptete **Recht muss tatsächlich bestehen.** Eine fahrlässige oder gutgläubige Fehlvorstellung des Arbeitnehmers von der Rechtslage genügt nicht.[14] Die Weigerung eines Arbeitnehmers, einer Verlängerung der vertraglich vereinbarten Arbeitszeit von 36 auf 38 Stunden ohne Lohnausgleich zuzustimmen, ist nach Auffassung des BAG eine zulässige Rechtsausübung.[15] Entsprechendes gilt für die fehlende Bereitschaft, auf tarifvertragliche Leistungen zu verzichten.[16] 6

Auf die **Verletzung von arbeitsvertraglichen Haupt- und Nebenpflichten** durch den Arbeitnehmer kann der Arbeitgeber freilich mit Maßnahmen reagieren, die – wie beispielsweise Abmahnungen und Kündigungen – für den Arbeitnehmer nachteilig sein können.[17] Die Wirksamkeit dieser Maßnahmen kann dann nach Maßgabe der jeweils einschlägigen gesetzlichen Regelungen (KSchG u. a.) überprüft werden. 7

Unerheblich ist, ob der Arbeitnehmer seine Rechte schriftlich oder mündlich bzw. unmittelbar oder mittelbar **über einen Anwalt** ausübt. 8

2. Vereinbarung oder Maßnahme. § 612a BGB verbietet Benachteiligungen bei Vereinbarungen und Maßnahmen. Zu den **Vereinbarungen** gehören sowohl individualrechtliche 9

---

[5] ErfK/*Preis* § 612a BGB RN 4.

[6] BAG 14. 12. 2004 AP 62 zu § 138 BGB = NZA 2005, 637.

[7] MünchKommBGB/*Müller-Glöge* § 612a RN 4; KR/*Pfeiffer* § 612a BGB RN 3; ErfK/*Preis* § 612a BGB RN 4; a. A. ArbRBGB/*Schliemann* § 612a RN 6.

[8] MünchKommBGB/*Müller-Glöge* § 612a RN 4; KR/*Pfeiffer* § 612a BGB RN 3; unklar HWK/*Thüsing* § 612a BGB RN 4.

[9] MünchKommBGB/*Müller-Glöge* § 612a RN 4; Staudinger/*Richardi* § 612a RN 7; ArbRBGB/*Schliemann* § 612a RN 7.

[10] BAG 18. 9. 2007 AP 33 zu § 77 BetrVG 1972 Betriebsvereinbarung = NZA 2008, 56.

[11] KR/*Pfeiffer* § 612a BGB RN 6; ErfK/*Preis* § 612a BGB RN 6.

[12] MünchKommBGB/*Müller-Glöge* § 612a RN 7; HWK/*Thüsing* § 612a BGB RN 12.

[13] Vgl. BAG 23. 2. 2000 AP 80 zu §§ 22, 23 BAT Lehrer = NZA 2001, 680; 15. 2. 2005 AP 15 zu § 612a BGB = NZA 2005, 1117; krit. dazu *Isenhardt* FS Richardi S. 269, 273f.

[14] *Faulenbach* S. 84f.; *K. Gamillscheg* AR-Blattei SD 1183 RN 20f.; MünchKommBGB/*Müller-Glöge* § 612a RN 6, 10; ErfK/*Preis* § 612a BGB RN 5.

[15] BAG 12. 6. 2002 AP 8 zu § 612a BGB = NZA 2002, 1389; MünchKommBGB/*Müller-Glöge* § 612a RN 5; HWK/*Thüsing* § 612a BGB RN 30.

[16] BAG 7. 11. 2002 AP 100 zu § 615 BGB = NZA 2003, 1139.

[17] MünchKommBGB/*Müller-Glöge* § 612a RN 9.

Rechtsgeschäfte als auch kollektivrechtliche Vereinbarungen, wie beispielsweise Betriebsvereinbarungen,[18] Interessenausgleiche und Sozialpläne[19] sowie Firmentarifverträge.[20]

10 Der Begriff **Maßnahme** erfasst sämtliches tatsächliches und rechtliches Arbeitgeberverhalten und schließt rechtsgeschäftliches oder geschäftsähnliches Verhalten ein.[21] In den Schutzbereich des § 612 a BGB fallen damit auch Kündigungen (dazu RN 18 ff.) sowie einseitige Leistungsbestimmungen und tatsächliche Handlungen des Arbeitgebers, die den Arbeitnehmer benachteiligen.[22]

11 **3. Benachteiligung.** Der Arbeitgeber benachteiligt den Arbeitnehmer i. S. v. § 612 a BGB, wenn er einer zulässigen Rechtsausübung eines Arbeitnehmers mit einer **nicht an der Rechtsordnung orientierten** Vereinbarung oder einer Maßnahme begegnet, die zu einem Nachteil für den Arbeitnehmer führt.[23] Eine Benachteiligung liegt dagegen nicht schon dann vor, wenn der Arbeitgeber eine Regelung anwendet, die an ein Verhalten des Arbeitnehmers nachteilige Folgen für diesen anknüpft.[24] Bleibt der Arbeitnehmer der Arbeit fern, braucht der Arbeitgeber für die ausgefallene Arbeitszeit kein Entgelt zu zahlen, sofern nicht einer der besonders geregelten Ausnahmefälle (z. B. Arbeitsunfähigkeit, Urlaub usw.) vorliegt. Eine Regelung, die Ansprüche auf Arbeitsentgelt davon abhängig macht, dass der Arbeitnehmer tatsächlich gearbeitet hat, stellt keine nach § 612 a BGB verbotene Maßregelung dar.[25]

12 Zur Feststellung der Benachteiligung ist die Lage des Arbeitnehmers vor und nach der Maßnahme zu vergleichen. Ein Nachteil für den Arbeitnehmer liegt vor, wenn sich die **bisherige Rechtsposition verschlechtert,** Rechte des Arbeitnehmers mithin verkürzt werden.[26] § 612 a BGB untersagt jede Benachteiligung des Arbeitnehmers, also nicht nur die unmittelbare, sondern auch die mittelbare.[27]

13 Ein Verstoß gegen § 612 a BGB liegt nicht nur dann vor, wenn der Arbeitnehmer eine Einbuße erleidet, d. h. wenn sich seine Situation gegenüber dem bisherigen Zustand verschlechtert, sondern auch dann, wenn ihm **Vorteile und Vergünstigungen vorenthalten** werden, die der Arbeitgeber anderen Arbeitnehmern gewährt, die entsprechende Rechte nicht ausgeübt haben.[28] Hierzu können auch nicht unerhebliche immaterielle Vor- und Nachteile gehören.[29]

14 **4. Kausalität.** Ein Verstoß gegen das Maßregelungsverbot des § 612 a BGB liegt nur vor, wenn die Benachteiligung wegen der Ausübung von Rechten erfolgt. Zwischen der Benachteiligung und der Rechtsausübung muss ein **unmittelbarer Zusammenhang** bestehen.[30] Die Rechtsausübung des Arbeitnehmers muss für die benachteiligende Vereinbarung oder Maßnahme des Arbeitgebers der **tragende Beweggrund,** d. h. das wesentliche Motiv gewesen sein und nicht nur in irgendeiner Weise mitursächlich oder äußerer Anlass.[31] Der Arbeitgeber muss freilich nicht in Benachteiligungsabsicht handeln. Rechtsirrtümer des Arbeitgebers schließen deshalb einen Verstoß gegen § 612 a BGB nicht aus.[32]

15 Erhebt der Arbeitnehmer eine Entfristungsklage und spricht daraufhin der Arbeitgeber eine **vorsorgliche Kündigung** des Arbeitsverhältnisses aus, liegt in dieser Kündigung keine Maßregelung i. S. v. § 612 a BGB. Die Entfristungsklage ist lediglich äußerer Anlass der Kündigung,

---

[18] BAG 18. 9. 2007 AP 33 zu § 77 BetrVG 1972 Betriebsvereinbarung = NZA 2008, 56.

[19] BAG 31. 5. 2005 AP 175 zu § 112 BetrVG 1972 = NZA 2005, 997.

[20] Vgl. MünchKommBGB/*Müller-Glöge* § 612 a RN 13; ErfK/*Preis* § 612 a BGB RN 9; ArbRBGB/*Schliemann* § 612 a RN 14.

[21] MünchKommBGB/*Müller-Glöge* § 612 a RN 13; HWK/*Thüsing* § 612 a BGB RN 6.

[22] Soergel/*Raab* § 612 a RN 14 f.

[23] Vgl. BAG 2. 4. 1987 AP 1 zu § 612 a BGB = NZA 88, 18.

[24] HWK/*Thüsing* § 612 a BGB RN 9.

[25] Vgl. BAG 26. 10. 1994 AP 18 zu § 611 BGB Anwesenheitsprämie = NZA 95, 266.

[26] BAG 14. 2. 2007 AP 18 zu § 612 a BGB = NZA 2007, 803; 15. 2. 2005 AP 15 zu § 612 a BGB = NZA 2005, 1117.

[27] BAG 7. 11. 2002 AP 100 zu § 615 BGB = NZA 2003, 1139.

[28] BAG 18. 9. 2007 AP 33 zu § 77 BetrVG 1972 Betriebsvereinbarung = NZA 2008, 56; 31. 5. 2005 AP 175 zu § 112 BetrVG 1972 = NZA 2005, 997; 12. 6. 2002 AP 8 zu § 612 a BGB = NZA 2002, 1389; 25. 5. 2004 AP 5 zu § 1 b BetrAVG; 23. 2. 2000 AP 80 zu §§ 22, 23 BAT Lehrer = NZA 2001, 680.

[29] MünchKommBGB/*Müller-Glöge* § 612 a RN 15.

[30] BAG 14. 2. 2007 AP 18 zu § 612 a BGB = NZA 2007, 803; 22. 9. 2005 AP 20 zu § 1 KSchG 1969 Wartezeit = NZA 2006, 429.

[31] BAG 14. 3. 2007 AP 204 zu § 242 Gleichbehandlung = NZA 2007, 862; 22. 9. 2005 AP 20 zu § 1 KSchG 1969 Wartezeit = NZA 2006, 429; 12. 6. 2002 AP 8 zu § 612 a BGB § 612 a = NZA 2002, 1389; zust. *Krause* SAE 2003, 205, 207 sowie ErfK/*Preis* § 612 a BGB RN 11; *Thüsing* NZA 1994, 728, 731 f.; KR/*Pfeiffer* § 612 a BGB RN 7; ArbRBGB/*Schliemann* § 612 a RN 11 f.; weitergehend Soergel/*Raab* § 612 a RN 9; a. A. *Kort* RdA 2003, 122, 124, der die objektive Eignung einer Maßnahme genügen lässt.

[32] MünchKommBGB/*Müller-Glöge* § 612 a RN 16.

nicht aber der tragende Beweggrund. Hätte der Arbeitnehmer keine Entfristungsklage erhoben, hätte das Arbeitsverhältnis durch Zeitablauf geendet. Um in jedem Fall eine Beendigung des Arbeitsverhältnisses zu erreichen, muss der Arbeitgeber vorsorglich von seinem Recht zur Kündigung Gebrauch machen.[33]

Umstritten ist, ob § 612a BGB nur Maßnahmen und Vereinbarungen erfasst, die der **16** Rechtsausübung **zeitlich nachfolgen,** oder auch solche, die vor der Rechtsausübung liegen, aber erst später wirksam werden. Im Schrifttum wird die Auffassung vertreten, § 612a BGB schütze auch vor Benachteiligungen, die der Rechtsausübung vorangehen. Nur so werde der Arbeitnehmer ausreichend vor Benachteiligungen bei der zulässigen Inanspruchnahme von Rechten geschützt.[34] Dagegen spricht jedoch bereits der Wortlaut des Gesetzes. Die von § 612a BGB geforderte Kausalität zwischen Rechtsausübung und Maßnahme bzw. Vereinbarung („weil") ist nur bei nachfolgenden Handlungen des Arbeitgebers gegeben.[35] Die benachteiligende Maßnahme muss eine Reaktion auf die Rechtsausübung durch den Arbeitnehmer sein, die unterblieben wäre, wenn der Arbeitnehmer seine Rechte nicht ausgeübt hätte.[36] Hinzu kommt, dass Zweck des § 612a BGB ist, den Arbeitnehmer in seiner Willensfreiheit bei der Entscheidung darüber schützen, ob er ein Recht ausüben will oder nicht. Diese Entscheidung soll er ohne Furcht vor wirtschaftlichen oder sonstigen Repressalien des Arbeitgebers treffen können.[37] Der Schutz der Willensfreiheit wird gewährleistet, wenn der Arbeitnehmer vor Maßnahmen und Vereinbarungen geschützt wird, die einer Rechtsausübung nachfolgen.[38] Schutzzweck des Maßregelungsverbots ist dagegen nicht, den Arbeitsvertragsparteien die anerkannt zulässigen Möglichkeiten zur Gestaltung der Arbeits- und Ausscheidensbedingungen zu nehmen.[39] Eine Einschränkung der Vertragsfreiheit durch Erstreckung des § 612a BGB auf Vereinbarungen, die der Rechtsausübung vorangehen, ist jedenfalls seit der Einbeziehung von Arbeitsverträgen in die AGB-Kontrolle (§§ 305ff. BGB) nicht mehr geboten.

Ist die zulässige Rechtsausübung des Arbeitnehmers das tragende Motiv für die benachteiligen- **17** de Vereinbarung oder Maßnahme des Arbeitgebers, werden die Rechtsfolgen des § 612a BGB nicht dadurch ausgeschlossen, dass die Vereinbarung oder **Maßnahme auch auf einen anderen Sachverhalt hätte gestützt werden können.**[40] Ein objektiv vorhandener anderer Grund ist gerade nicht kausal geworden und scheidet deswegen als bestimmendes Motiv aus. Eine dem Maßregelungsverbot widersprechende Maßnahme kann daher auch dann vorliegen, wenn an sich ein Sachverhalt gegeben ist, der die Maßnahme des Arbeitgebers gerechtfertigt hätte.[41] Während das KSchG auf die objektive Sachlage zum Zeitpunkt der Kündigung und nicht auf den Beweggrund der Kündigung durch den Arbeitgeber abstellt und deswegen das Nachschieben materieller Kündigungsgründe individualrechtlich zulässig ist, schneidet § 612a BGB die Kausalkette für andere Gründe ab, welche die Handlung des Arbeitgebers nicht bestimmt haben. Kausal für die Maßnahme ist allein der Beweggrund der unzulässigen Benachteiligung gewesen.[42]

5. Einzelfälle. a) Wesentliche Bedeutung kommt § 612a BGB bei **Kündigungen** außer- **18** halb des Anwendungsbereichs des KSchG zu. Liegen die Voraussetzungen des § 45 III 1 SGB V (dazu § 97 RN 12ff.) vor und bleibt ein Arbeitnehmer bei einer **Erkrankung seines Kindes** der Arbeit fern, ist eine Kündigung, die auf ein unerlaubtes Fernbleiben von der Arbeit gestützt wird, gemäß § 612a BGB unwirksam.[43] Erklärt ein Arbeitgeber im zeitlichen Zusammenhang mit der **Inanspruchnahme von Elternzeit** eine Kündigung, kann diese nach § 612a i. V. m. § 134 BGB nichtig sein, wenn der gesetzliche Kündigungsschutz nach § 18 I BEEG noch nicht greift.[44] Eine auf **Krankheitsgründe gestützte Kündigung,** die während der Probezeit oder im Kleinbetrieb erklärt wird, ist allerdings nicht nach § 612a BGB unwirksam, wenn sie durch

---

[33] BAG 22. 9. 2005 AP 20 zu § 1 KSchG 1969 Wartezeit = NZA 2006, 429.

[34] *Preis,* Grundfragen der Vertragsgestaltung, 1993, S. 172; ErfK/*Preis* § 612a BGB RN 10; ebenso Soergel/*Raab* § 612a RN11; Staudinger/*Richardi* § 612a RN 10.

[35] MünchKommBGB/*Müller-Glöge* § 612a RN 16.

[36] BAG 14. 2. 2007 AP 18 zu § 612a BGB = NZA 2007, 803.

[37] BAG 15. 2. 2005 AP 15 zu § 612a BGB = NZA 2005, 1117.

[38] MünchKommBGB/*Müller-Glöge* § 612a RN 16; HWK/*Thüsing* § 612a BGB RN 8; differenzierend *Isenhardt* FS Richardi S. 269, 278ff.

[39] BAG 15. 2. 2005 AP 15 zu § 612a BGB = NZA 2005, 1117.

[40] HWK/*Thüsing* § 612a BGB RN 11; a. A. *Isenhardt* FS Richardi S. 269, 275f.

[41] BAG 2. 4. 1987 AP 1 zu § 612a BGB = NZA 88, 18; 20. 4. 1989 RzK I 81 Nr. 15; *Krause* SAE 2003, 204, 209; KR/*Pfeiffer* § 612a BGB RN 8.

[42] BAG 22. 5. 2003 AP 18 zu § 1 KSchG 1969 Wartezeit = NZA 2004, 399.

[43] LAG Köln 13. 10. 1993 LAGE § 612a BGB Nr. 5.

[44] Vgl. LAG Niedersachsen 12. 9. 2005 NZA-RR 2006, 346.

die Krankheit selbst einschließlich ihrer betrieblichen Auswirkungen veranlasst ist.[45] Anders liegt es etwa, wenn der Arbeitgeber in Ansehung der Erkrankung eines Arbeitnehmers diesen zur Arbeitsleistung auffordert und kündigt, nachdem der Arbeitnehmer sich geweigert hat, zur Arbeit zu erscheinen.[46] Kündigt der Arbeitgeber, weil der Arbeitnehmer in zulässiger Weise versucht hat, aus einem erstinstanzlichen Urteil seine **Weiterbeschäftigung nach § 888 ZPO zu vollstrecken,** ist diese Kündigung nach § 134 BGB nichtig, weil sie gegen das Maßregelungsverbot des § 612a BGB verstößt. In diesem Falle kann der Arbeitgeber auch keinen Auflösungsantrag nach § 9 I 2 KSchG stellen.[47]

19 Der Arbeitgeber verstößt nicht gegen § 612a BGB, wenn er als Reaktion auf eine erhobene Entfristungsklage das Arbeitsverhältnis **vorsorglich kündigt.** Der Arbeitgeber macht damit nur von seiner allgemeinen Kündigungsmöglichkeit Gebrauch.[48] Kündigt der Arbeitgeber das Arbeitsverhältnis, nachdem der Arbeitnehmer ein Änderungsangebot des Arbeitgebers abgelehnt hat, liegt hierin kein Verstoß gegen das Maßregelungsverbot.[49] Die Abgabe eines Änderungsangebots durch den Arbeitgeber ist ebenso wie die Ablehnung dieses Angebots durch den Arbeitnehmer Ausdruck der durch Art. 2 I GG gewährleisteten Vertragsfreiheit. Von dem besonderen Unwerturteil des § 612a BGB kann daher eine Kündigung, die auf die Ablehnung eines Änderungsangebots durch den Arbeitnehmer gestützt ist, nur dann betroffen sein, wenn die Ausgestaltung des Änderungsangebots selbst als unerlaubte Maßregelung anzusehen ist und sich gewissermaßen als „Racheakt" für eine zulässige Rechtsausübung durch den Arbeitnehmer darstellt. Für das Änderungsangebot selbst müssen daher die besonderen, auf das Motiv des Kündigenden bezogenen Voraussetzungen des § 612a BGB vorliegen.

20 Der Arbeitgeber verstößt nicht gegen das Maßregelungsverbot des § 612a BGB, wenn er die Zahlung einer freiwilligen Abfindung davon abhängig macht, dass der Arbeitnehmer **keine Kündigungsschutzklage** erhebt.[50] Die Betriebsparteien können bei einer Betriebsänderung zusätzlich zu einem Sozialplan in einer freiwilligen Betriebsvereinbarung Leistungen für den Fall vorzusehen, dass der Arbeitnehmer von der Möglichkeit zur Erhebung einer Kündigungsschutzklage keinen Gebrauch macht.[51] Trifft der **Insolvenzverwalter** in einem massearmen Verfahren mit langjährig beschäftigten Mitarbeitern freiwillig einzelvertragliche Abfindungsregelungen, kann er in zulässiger Weise danach differenzieren, ob der Mitarbeiter durch die Erhebung von Feststellungs- und Zahlungsklagen zu einem Weniger an Planungssicherheit und Mehr an Aufwand und Kosten beigetragen hat oder nicht.[52]

21 Ein Verstoß gegen § 612a BGB liegt ferner vor, wenn die Kündigung erfolgt, weil der Arbeitnehmer **Gehaltsrückstände eingeklagt** hat.[53] Ist eine **vorausgegangene Kündigung durch den Arbeitnehmer** der tragende Beweggrund für eine Kündigung durch den Arbeitgeber, so ist diese nach § 612a BGB nichtig.[54] Versucht der Arbeitgeber durch Ausspruch einer Kündigung gleichfalls zu verhindern, dass der Arbeitnehmer in den **Vorruhestand** tritt, ist diese Kündigung nichtig.[55] Gegen § 612a BGB können weiterhin Kündigungen verstoßen, die als Reaktion auf das berechtigte Verlangen nach einem **schriftlichen Arbeitsvertrag** erfolgen[56] oder wegen zulässiger gewerkschaftlicher Betätigung[57] erklärt werden.

22 Die außerordentliche Kündigung wegen einer **Anzeige des Arbeitgebers** beim Finanzamt oder bei Aufsichtsbehörden kann insbesondere dann gegen § 612a BGB verstoßen, wenn für den Arbeitnehmer selbst (z. B. Sicherheitsingenieur) die Gefahr besteht, sich bei Untätigkeit strafbar zu machen.[58] Dies trifft auch für LKW-Fahrer zu, die überladene Fahrzeuge führen müssen, wenn der Arbeitgeber in vorangegangenen Gesprächen hierauf bestanden hat.[59] Vor einer

---

[45] Thüringer LAG 20. 9. 2007 LAGE § 242 BGB 2002 Kündigung Nr. 3.
[46] LAG Sachsen-Anhalt 27. 7. 1999 LAGE § 612a BGB Nr. 6.
[47] LAG Düsseldorf 13. 12. 1988 LAGE § 612a BGB Nr. 3.
[48] BAG 22. 9. 2005 AP 20 zu § 1 KSchG 1969 Wartezeit = NZA 2006, 429.
[49] BAG 22. 5. 2003 AP 18 zu § 1 KSchG 1969 Wartezeit = NZA 2004, 399.
[50] BAG 15. 2. 2005 AP 15 zu § 612a BGB = NZA 2005, 1117.
[51] BAG 31. 5. 2005 AP 175 zu § 112 BetrVG 1972 = NZA 2005, 997.
[52] LAG Nürnberg 19. 10. 2005 NZA-RR 2006, 261.
[53] BAG 9. 2. 1995 NZA 96, 249, 251.
[54] LAG Nürnberg 7. 10. 1988 LAGE § 612a Nr. 2.
[55] BAG 2. 4. 1987 AP 1 zu § 612a BGB = NZA 88, 18.
[56] Vgl. ArbG Düsseldorf 9. 9. 1992 BB 92, 2365; einschränkend MünchKommBGB/*Müller-Glöge* § 612a RN 6.
[57] LAG Hamm 18. 12. 1987 NZA 88, 586.
[58] Vgl. Soergel/*Raab* § 612a RN 17.
[59] Hierzu *v. Hoyningen-Huene/Linck* § 1 RN 560.

Anzeige ist der Arbeitnehmer allerdings grundsätzlich gehalten, beim Arbeitgeber auf Abhilfe der vorhandenen Mängel hinzuwirken. Dies ist nur dann nicht erforderlich, wenn der Arbeitgeber die Mängel kennt, sie offensichtlich billigt und nicht abstellen will.[60] Entsprechendes gilt für Anzeigen bei der Staatsanwaltschaft.[61] Die ordentliche Kündigung eines Arbeitsverhältnisses ist gemäß § 612a BGB als unzulässige Maßregelung unwirksam, wenn tragendes Motiv für ihren Ausspruch eine den Arbeitgeber belastende, wahrheitsgemäße **Zeugenaussage** des Arbeitnehmers im Rahmen eines Strafverfahrens war.[62]

b) Lehnt der Arbeitgeber in einem befristeten Arbeitsverhältnis den Antrag des Arbeitnehmers, den **Anschlussvertrag unter Vorbehalt abzuschließen,** ab und hält er an seinem zuvor unterbreiteten Angebot auf vorbehaltlosen Abschluss des weiteren befristeten Arbeitsvertrags fest, liegt hierin keine Maßregelung i. S. v. § 612a BGB. Der Arbeitgeber macht in diesem Fall lediglich von der ihm zustehenden Vertragsfreiheit Gebrauch, ein vorbehaltloses Angebot auf Abschluss eines befristeten Arbeitsvertrags zu unterbreiten und das in der abweichenden Annahme liegende Angebot des Arbeitnehmers auf Vereinbarung eines Vorbehalts abzulehnen. Eine Verpflichtung des Arbeitgebers zur Vereinbarung eines Vorbehalts besteht nicht. Der Arbeitgeber ist grundsätzlich nicht verpflichtet, einen Arbeitsvertrag mit dem vom Arbeitnehmer gewünschten Inhalt abzuschließen.[63] **22a**

c) Erwähnt der Arbeitgeber in einem **Zeugnis die Elternzeit** eines Arbeitnehmers, weil der Arbeitgeber wegen des unverhältnismäßigen Anteils der Ausfallzeit an der zu beurteilenden Gesamtzeit ohne Erwähnung der in Anspruch genommenen Elternzeit die Leistungsbeurteilung auf die Zeit der tatsächlichen Beschäftigung beschränken müsste, liegt kein Verstoß gegen das Maßregelungsverbot vor.[64] **23**

d) Bedeutung gewinnt § 612a BGB auch als Grenze der Ausübung des **Weisungsrechts.** Wird ein Arbeitnehmer nach erstinstanzlich gewonnenem Kündigungsschutzprozess nicht mehr an seinem alten, sondern an einem neuen Arbeitsplatz beschäftigt, der von den übrigen Arbeitnehmern abgetrennt ist und an dem er **sinnlose Arbeiten zu verrichten** hat, spricht jedenfalls dann der erste Anschein für eine nach § 612a BGB verbotene Maßregelung, wenn für den Arbeitnehmer auch noch eine von der allgemeinen Regelung abweichende Arbeitspause gilt und er sich trotz vorhandener Stempeluhren und abweichender allgemeiner Übung bei jedem Verlassen des Arbeitsplatzes mündlich an- und abmelden muss.[65] Der **Entzug der Stellung eines Klassenlehrers** und die Abordnung an eine andere Schule sind nach § 612a BGB unzulässig, wenn sie erfolgen, weil der Lehrer sich weigert, in Durchführung einer zwischen dem Land und der zuständigen Gewerkschaft getroffenen Vereinbarung über die Gestaltung eines sozialverträglichen Personalabbaus an Grundschulen einen Änderungsvertrag zu unterzeichnen, der zu einer erheblichen Verringerung der Arbeitszeit und des Arbeitsentgelts geführt hätte.[66] **24**

e) Im Zusammenhang mit der Zahlung von **Streikbruchprämien** hat sich das BAG wiederholt mit dem Maßregelungsverbot befasst. Die Zahlung einer Prämie **während eines Arbeitskampfs** an diejenigen Arbeitnehmer, die sich nicht an einem Streik beteiligen, stellt keine unzulässige Maßregelung der streikenden Arbeitnehmer i. S. v. § 612a BGB dar. Denn die während eines Arbeitskampfs zugesagte Sonderzahlung, die das Ziel verfolgt, streikbereite Arbeitnehmer zur Arbeit zu veranlassen, ist ein zulässiges Arbeitskampfmittel des Arbeitgebers. Den Tarifvertragsparteien steht es allerdings frei, durch Vereinbarung eines weitergehenden Maßregelungsverbots nach Abschluss des Arbeitskampfs diese Differenzierung aufzuheben.[67] **25**

Eine Treueprämie, die nicht streikenden Arbeitnehmern erst **nach Beendigung des Arbeitskampfs** allein dafür zugesagt wird, dass sie sich nicht am Streik beteiligt haben, verstößt grundsätzlich gegen § 612a BGB. Die Prämienzahlung ist keine Arbeitskampfmaßnahme, weil der Arbeitskampf bereits beendet ist.[68] Nur dann, wenn die Zahlung als Ausgleich für besondere Erschwernisse während des Arbeitskampfs erfolgt, die über das normale Maß von Streikarbeit hinausgehen, kann die Differenzierung zwischen streikenden und nicht streikenden Arbeitneh- **26**

---

[60] LAG Baden-Württemberg 3. 2. 1987 NZA 87, 756.
[61] Dazu BVerfG 2. 7. 2001 AP 170 zu § 626 BGB = NZA 2001, 888.
[62] LAG Sachsen-Anhalt 14. 2. 2006 LAGE § 612a BGB 2002 Nr. 2.
[63] BAG 14. 2. 2007 AP 18 zu § 612a BGB = NZA 2007, 803.
[64] BAG 10. 5. 2005 AP 30 zu § 630 BGB = NZA 2005, 1237.
[65] LAG Schleswig-Holstein 25. 7. 1989 LAGE § 612a BGB Nr. 4.
[66] Sächsisches LAG 11. 9. 1998 NJ 99, 162.
[67] BAG 13. 7. 1993 AP 127 zu Art. 9 GG Arbeitskampf = NZA 93, 1135; 13. 2. 2007 AP 18 zu § 1 TVG Tarifverträge: Presse = NZA 2007, 573.
[68] *v. Hoyningen-Huene* DB 89, 1466, 1470.

mern gerechtfertigt sein.[69] Eine Maßregelungsklausel, nach der das Arbeitsverhältnis „durch die Arbeitskampfmaßnahme als nicht ruhend" gilt, findet auch auf tarifliche Jahressonderzahlung Anwendung. Es ist danach zu unterstellen, dass das Arbeitsverhältnis nicht geruht hat. Soweit sich nach der Tarifregelung Ruhezeiten auf die Jahressonderzahlung anspruchsmindernd auswirken, schließt die Maßregelungsklausel eine Anspruchskürzung aus.[70]

27 **f)** Eine Maßregelung i. S. v. § 612 a BGB kann nach Auffassung des BAG darin liegen, dass der Arbeitgeber den Adressatenkreis einer **freiwilligen Erfolgsbeteiligung** um diejenigen Mitarbeiter verringert, die zuvor eine Verlängerung der vertraglich vereinbarten Arbeitszeit ohne Lohnausgleich abgelehnt haben.[71] Entsprechendes soll gelten, wenn der Arbeitgeber einen Arbeitnehmer allein deshalb von der Zuweisung von **Überstunden** ausnimmt, weil der Arbeitnehmer nicht bereit ist, auf tarifliche Vergütungsansprüche zu verzichten.[72] Nimmt der Arbeitgeber die im Wege des Betriebsübergangs übernommenen Arbeitnehmer von einer generellen Vergütungserhöhung aus, um die Nachteile der Stammbelegschaft gegenüber den übernommenen Arbeitnehmern, die bessere vertragliche Arbeitsbedingungen haben, auszugleichen, verstößt dies nicht gegen § 612 a BGB (zur Frage der Gleichbehandlung vgl. § 112 RN 27).[73] Gruppiert ein öffentlicher Arbeitgeber freiwillig, ohne dass ein entsprechender Anspruch besteht, alle Arbeitnehmer höher, die eine auf diese Höhergruppierung gerichtete Klage nicht erhoben bzw. eine solche zurückgenommen haben, und nimmt er nur diejenigen Arbeitnehmer von der Höhergruppierung aus, die ihre Klage nicht zurücknehmen, verstößt dies gegen § 612 a BGB. Dieser Verstoß führt zu einem Anspruch der betreffenden Arbeitnehmer auf die höhere Vergütung.[74]

28 **6. Darlegungs- und Beweislast.** Den **Arbeitnehmer** trifft die Darlegungs- und Beweislast dafür, dass er wegen seiner Rechtsausübung vom Arbeitgeber benachteiligt worden ist.[75] Der Arbeitnehmer hat den Kausalzusammenhang zwischen Rechtsausübung und Kündigung darzulegen.[76] Die Beweiserleichterung des § 611 a I 3 BGB a. F. konnte nach Auffassung des BAG auf § 612 a BGB nicht übertragen werden.[77] Ob hieran festzuhalten ist, wenn die Maßregelung aus Gründen erfolgt, die gegen die europäischen Antidiskriminierungsrichtlinien verstoßen, erscheint sehr fraglich. Die Richtlinien sehen eigene Beweislastregelungen mit Beweiserleichterungen vor (vgl. Art. 4 der Beweislastrichtlinie 97/80/EG, Art. 8 der Antirassismusrichtlinie 2000/43/EG und Art. 10 der Rahmenrichtlinie 2000/78/EG). Eine richtlinienkonforme Auslegung erscheint diesen Fällen geboten.

29 Dem Arbeitnehmer kann der **Beweis des ersten Anscheins** zugutekommen. Dieser ist dann anzunehmen, wenn ein erkennbarer Zusammenhang zwischen Rechtsausübung und Maßnahme des Arbeitgebers besteht.[78] Die umgehend nach Geltendmachung für Elternzeit und vor dem Eingreifen des Kündigungsschutzes nach § 18 I BEEG ausgesprochene Kündigung des Arbeitsverhältnisses durch den Arbeitgeber indiziert, dass die Kündigung wegen der Inanspruchnahme von Elternzeit erfolgt ist. Diese tatsächliche Vermutung muss der Arbeitgeber durch substantiierten Sachvortrag widerlegen und nachweisen, dass er die Kündigung aus sachgerechten Gründen ausgesprochen hat.[79]

IV. Rechtsfolgen

30 § 612 a BGB ist ein **Verbotsgesetz.** Rechtsgeschäfte, die hiergegen verstoßen, sind nach § 134 BGB nichtig. Gegen § 612 a BGB verstoßende Weisungen des Arbeitgebers braucht der Arbeitnehmer nicht zu befolgen.[80] Die Unwirksamkeit einer Kündigung wegen eines Verstoßes gegen § 612 a BGB muss der Arbeitnehmer innerhalb der Dreiwochenfrist des § 4 KSchG gerichtlich geltend machen.

---

[69] BAG 11. 8. 1992 AP 124 zu Art. 9 GG Arbeitskampf = NZA 93, 39.
[70] BAG 13. 2. 2007 AP 18 zu § 1 TVG Tarifverträge: Presse = NZA 2007, 573.
[71] BAG 12. 6. 2002 AP 8 zu § 612 a BGB = NZA 2002, 1389.
[72] BAG 7. 11. 2002 AP 100 zu § 615 BGB = NZA 2003, 1139.
[73] BAG 14. 3. 2007 AP 204 zu § 242 Gleichbehandlung = NZA 2007, 862.
[74] BAG 23. 2. 2000 AP 80 zu §§ 22, 23 BAT Lehrer = NZA 2001, 680.
[75] BAG 2. 4. 1987 AP 1 zu § 612 a BGB = NZA 88, 18; 25. 11. 1993 AP 3 zu § 14 KSchG 1969 = NZA 94, 837; MünchKommBGB/*Müller-Glöge* § 612 a RN 24; ErfK/*Preis* § 612 a BGB RN 22.
[76] BAG 20. 4. 1989 RzK I 8 l Nr. 15.
[77] BAG 25. 11. 1993 AP 3 zu § 14 KSchG 1969 = NZA 94, 837.
[78] Vgl. LAG Schleswig-Holstein 28. 6. 2005 BB 2006, 112; MünchKommBGB/*Müller-Glöge* § 612 a RN 24; ErfK/*Preis* § 612 a BGB RN 22; KR/*Pfeiffer* § 612 a BGB RN 12.
[79] LAG Niedersachsen 12. 9. 2005 NZA-RR 2006, 346.
[80] ErfK/*Preis* § 612 a BGB RN 23; MünchKommBGB/*Müller-Glöge* § 612 a RN 20 f.; KR/*Pfeiffer* § 612 a BGB RN 11; HWK/*Thüsing* § 612 a BGB RN 31.

Verstößt der Arbeitgeber bei der **Gewährung von Leistungen** gegen § 612a BGB, ist die rechtswidrige Benachteiligung zu beseitigen und der Arbeitnehmer so zu stellen, als wäre die Maßregelung nicht erfolgt.[81] Dem Arbeitnehmer ist daher die vorenthaltene Leistung zu gewähren. Der Anspruch folgt allerdings nicht unmittelbar aus § 612a BGB.[82] Die Vorschrift ist nicht Anspruchsgrundlage für Leistungsansprüche. Diese ergeben sich vielmehr entweder aus dem arbeitsrechtlichen Gleichbehandlungsgrundsatz, weil die vom Arbeitgeber vorgenommene Differenzierung bei einem Verstoß gegen § 612a BGB sachgrundlos ist,[83] oder als Schadensersatz nach § 280 BGB oder aus § 823 II BGB i. V. m. § 612a BGB.[84] 31

§ 109. Arbeitsunfall

Kommentare, Monographien: *Becker,* Gesetzliche Unfallversicherung, 2004; *Kater/Leube,* Gesetzliche Unfallversicherung SGB VII (1997); *Mehrtens,* Gesetzliche Unfallversicherung, Siebtes Buch Sozialgesetzbuch, Loseblattausgeabe; *Schmitt,* SGB VII, Gesetzliche Unfallversicherung, 3. Aufl., 2008; *Schönberger/Mehrtens/Valentin,* Arbeitsunfall und Berufskrankheit, 7. Aufl., 2008; *Schwede,* Arbeitsunfall und Berufskrankheit, 3. Aufl., 2002; *Wussow,* Unfallhaftpflichtrecht, 16. Aufl., 2008.

Aufsätze: *Adelmann,* Das Haftungsprivileg bei grenzenüberschreitenden Arbeitsverhältnissen im Spannungsfeld zwischen Arbeitskollisions- und Arbeitnehmerentsenderecht, IPRax 2007, 538; *Becker,* Der Arbeitsunfall, SGb 2007, 721; *Faecks,* Haftungsausschluss im Betrieb – ein Beitrag zur Klärung einer Schnittstelle zwischen Arbeits- und Sozialrecht (§§ 104ff. SGB VII), FS 25 Jahre AG ArbR DAV (2006), 1207; *Kock,* Der Leistungsanspruch des nicht versicherten Unternehmers bei Arbeitsunfällen, NZS 2006, 471; *Köhler,* Die versicherte Tätigkeit der „grundsätzlich" versicherten Person als haftungsbegründende Ursache im Recht der gesetzlichen Unfallversicherung, SGb 2006, 9; *von Koppenfels-Spies,* Der Risikobereich des Haftungsausschlusses gem. § 105 Abs. 1 SGB VII – Betrieb oder Unternehmen?, NZS 2006, 561; *Krasney,* Versicherungsschutz bei betrieblichen Gemeinschaftsveranstaltungen, NZS 2006, 57; *ders.,* Unfallversicherungsschutz bei Werbung und Kundendienst, SGb 2006, 69; *ders.,* Haftungsbeschränkung bei Verursachung von Arbeitsunfällen, NZS 2004, 7, 68; *ders.,* Zum Versicherungsschutz auf Dienstreisen, ZTR 2004, 292; *ders.,* Zum Versicherungsschutz nach § 8 Abs. 2 Nrn. 1 und 2 SGB VII auf den Wegen nach und von dem Ort der Tätigkeit, ZTR 2003, 12; *Lemcke/Heß/Burmann,* Der Verkehrsunfall als Arbeitsunfall, NJW-Spezial 2008, 617; *Marburger,* Haftungsfreistellung bei Arbeitsunfällen, BB 2000, 1781; *Marburger,* Gesetzlicher Versicherungsschutz bei Wegeunfällen, PersV 2008, 181; *Nehls,* Der Straßenverkehrsunfall als Arbeits- und Wegeunfall, SVR 2004, 409; *Obata Karojisatzu,* Selbstmord wegen Überarbeitung, ArbuR 2001, 129; *Paridon,* Mobbing und Aufgaben der gesetzlichen Unfallversicherung, BG 2003, 154; *Plagemann/Radtke-Schwenzer,* Aktuelle Entwicklungen im Recht der gesetzlichen Unfallversicherung, NJW 2008, 2150; *Ricke,* Haftungsbeschränkung nach §§ 104ff. SGB VII, VersR 2003, 540; *Rolfs,* Der Personenschaden des Arbeitnehmers, AR-Blattei SD 860.2; *Schwab,* Schwarzarbeit und Haftungsausschluss bei Arbeitsunfall, SVR 2004, 285; *Triebel,* Einführung in das Recht der gesetzlichen Unfallversicherung, Jura 2007, 521; *Waltermann,* Haftungsfreistellung bei Personenschäden, NJW 2004, 901; *ders.,* Auswirkungen des Sozialrechts, insbesondere des Unfallversicherungsrechts, auf die privatrechtliche Schadensersatzpflicht, FS 50 Jahre BSG (2004), S. 571.

Übersicht

	RN
I. Allgemeines	1 ff.
1. Gesetzliche Unfallversicherung	1- 1 b
2. Haftungsausschluss bei Arbeitsunfällen	2 -4
3. Sachschäden	5
4. Rückgriff	6
5. Haftpflichtversicherung	7
II. Versicherte Personen	8 ff.
1. Einteilung	8
2. Versicherung kraft Gesetzes	9–11
3. Unternehmer und unternehmerähnliche Personen	12
4. Formalversicherung	13
III. Arbeitsunfall, Berufskrankheit und Wegeunfall	14 ff.
1. Arbeitsunfall	14–16
2. Versicherte Tätigkeit	17–22
3. Einzelfragen	23–30
4. Verwahrung, Beförderung usw. von Arbeitsgerät	31, 32
5. Berufskrankheiten	33–35
6. Wegeunfall	36–50
7. Körperschaden	51
8. Kausalzusammenhang	52, 53
9. Beweis	54

---

[81] BAG 4. 8. 1987 AP 88 zu Art. 9 GG Arbeitskampf = NZA 88, 61; 23. 2. 2000 AP 80 zu §§ 22, 23 BAT Lehrer = NZA 2001, 680; 12. 6. 2002 AP 8 zu § 612a BGB = NZA 2002, 1389; 7. 11. 2002 AP 100 zu § 615 BGB = NZA 2003, 1139.

[82] So aber offenbar BAG 12. 6. 2002 AP 8 zu § 612a BGB = NZA 2002, 1389 sowie *Krause* SAE 2003, 204, 210; Staudinger/*Richardi* § 612a RN 22.

[83] MünchKommBGB/*Müller-Glöge* § 612a RN 22.

[84] ErfK/*Preis* § 612a RN 23; KR/*Pfeiffer* § 612a RN 11.

	RN
IV. Haftungsausschluss des Unternehmers (§§ 104 ff. SGB VII)	55 ff.
1. Haftungsausschluss bei einem Arbeitsunfall	55
2. Unternehmer	56
3. Vom Anspruchsausschluss erfasster Personenkreis	57–60 a
4. Ausgeschlossene Ansprüche	61, 62
V. Ausnahmen vom Haftungsausschluss	63 ff.
1. Ausnahmen	63
2. Vorsatz	64
3. Wegeunfall	65
4. Gemeinschaftliche Schadensherbeiführung	66–69
VI. Haftung der Betriebsangehörigen untereinander bei Arbeitsunfällen	70 ff.
1. Haftungsausschluss	70–72
2. Erweiterung des Haftungsausschlusses	73
VII. Prozessfragen	74 ff.
1. Bindungswirkung	74
2. Aussetzung	75
3. Feststellungsberechtigung	76
VIII. Regressansprüche der Sozialversicherungsträger	77 ff.
1. Forderungsübergang	77
2. Regress bei vorsätzlicher oder grob fahrlässiger Unfallverursachung	78–81
3. Schwarzarbeit	82
4. Verjährung	83

I. Allgemeines

1 **1. Gesetzliche Unfallversicherung. a) Aufbau.** Die gesetzliche Unfallversicherung ist in das Sozialgesetzbuch als SGB VII vom 7. 8. 1996 (BGBl. I S. 1254) m. spät. Änd. eingefügt worden. Die Organisation der gesetzlichen Unfallversicherung ist im Fünften Kapitel des SGB VII (§§ 114 ff.) geregelt. Die Träger der Unfallversicherung sind in § 114 I SGB VII aufgeführt. Hierzu gehören neben den landwirtschaftlichen Berufsgenossenschaften sowie den Unfallversicherungsträgern der öffentlichen Hand die gewerblichen Berufsgenossenschaften (§ 114 I Nr. 1 SGB VII). Für Unternehmen (Betriebe, Verwaltungen, Einrichtungen, Tätigkeiten) sind grundsätzlich die gewerblichen Berufsgenossenschaften zuständig (§ 121 I SGB VII). Die derzeit 35 gewerblichen Berufsgenossenschaften werden in der Anlage 1 und die gegenwärtig 10 landwirtschaftlichen Berufsgenossenschaften in Anlage 2 zu § 114 SGB VII namentlich aufgeführt. Nach § 222 SGB VI ist die Zahl der gewerblichen Berufsgenossenschaften bis zum 31. 12. 2009 auf neun zu reduzieren. Die Zuständigkeit des jeweiligen Unfallversicherungsträgers innerhalb der gesetzlichen Unfallversicherung folgt aus § 114 I SGB VII. § 122 I 1 SGB VII enthält eine Verordnungsermächtigung für die Regelung der sachlichen und örtlichen Zuständigkeit der Berufsgenossenschaften, von der bisher kein Gebrauch gemacht worden ist. Nach § 122 II SGB VII bleibt jede Berufsgenossenschaft für die Unternehmensarten sachlich zuständig, für die sie bisher zuständig war. Zur Abgrenzung der Zuständigkeiten in der Praxis wird bis heute der Beschluss des Bundesrats des Deutschen Reichs v. 21. 5 1885 herangezogen. Zur Abgrenzung der sachlichen Zuständigkeit der gewerblichen Berufsgenossenschaften wird ferner auf das „Alphabetische Verzeichnis der Gewerbezweige" des RVA vom 1. 10. 1885 mit späteren Fortschreibungen, die auch nachfolgende Bundesratsbeschlüsse berücksichtigen, als – nicht bindende – Auslegungshilfe zurückgegriffen. Gewerbezweige, die in den Bundesratsbeschlüssen nicht genannt sind, werden nach der Rechtsprechung des BSG der Berufsgenossenschaft zugewiesen, deren Mitgliedsunternehmen ihnen nach Art und Gegenstand am nächsten stehen.[1]

1 a **b) Mitgliedschaft.** Der Unfallversicherungsträger stellt Beginn und Ende seiner Zuständigkeit für ein Unternehmen durch schriftlichen Bescheid (sog. Mitgliedsschein) gegenüber dem Unternehmer fest (§ 136 I 1 SGB VII). Den Bescheid erlässt der Unfallversicherungsträger, sobald ein Unternehmen Vorbereitungstätigkeiten zur Gründung aufgenommen hat (§ 136 I 2 SGB VII). Er veranlagt die Unternehmen für die Tarifzeit nach dem Gefahrtarif zu den Gefahrklassen (sog. Veranlagungsbescheid; § 159 I 1 SGB VII). Der Unfallversicherungsträger teilt den Beitragspflichtigen ferner den von ihnen zu zahlenden Beitrag schriftlich mit (§ 168 I SGB VII).

1 b **c) Finanzierung.** Die Aufbringung der Mittel der gesetzlichen Unfallversicherung ist in den §§ 150 ff. SGB VII geregelt. Die Beiträge zur gesetzlichen Unfallversicherung werden nachträglich als Umlage nach dem Aufwand des Vorjahres erhoben (§ 152 I SGB VII). Die Berechnungsgrundlagen für die Beiträge sind der Finanzbedarf (Umlagesoll), die Arbeitsentgelte der Versicherten und die Gefahrklassen (§ 153 I SGB VII). Die Festlegung des Gefahrtarifs regelt § 157 SGB VII. Danach setzt der Unfallversicherungsträger als autonomes Recht einen Gefahrtarif fest. In dem Gefahrtarif sind zur Abstufung der Beiträge Gefahrklassen festzustellen. Der Gefahrtarif wird nach Tarifstellen gegliedert. In den Tarifstellen sind Gefahrengemeinschaften

[1] BSG 4. 8. 1992 SozR 3–2200 § 646 Nr. 1 = BSGE 71, 85.

nach Gefährdungsrisiken unter Berücksichtigung eines versicherungsmäßigen Risikoausgleichs zu bilden. Die Gefahrklassen werden aus dem Verhältnis der gezahlten Leistungen zu den Arbeitsentgelten berechnet. Nach § 158 I SGB VII bedürfen der Gefahrtarif und jede Änderung der Genehmigung der Aufsichtsbehörde. Dieses Verfahren ist verfassungsrechtlich nicht zu beanstanden.[2] Die Zuordnung eines Unternehmens durch eine Berufsgenossenschaft zu einer Gefahrtarifstelle unterliegt der gerichtlichen Nachprüfung.[3]

2. Haftungsausschluss bei Arbeitsunfällen. a) Rechtsgrundlagen. Die Haftung des Arbeitgebers wegen eines durch einen Arbeitsunfall herbeigeführten Personenschadens ist nach §§ 104 ff. SGB VII eingeschränkt. Danach ist der Unternehmer den in seinem Unternehmen tätigen Versicherten, deren Angehörigen und Hinterbliebenen, auch wenn sie keinen Anspruch auf Rente haben, wegen eines durch einen Arbeitsunfall herbeigeführten Personenschadens grundsätzlich nicht schadensersatzpflichtig. Eine Ausnahme besteht nur dann, wenn der Unternehmer den Arbeitsunfall vorsätzlich herbeigeführt hat oder wenn er auf einem nach § 8 II Nr. 1 bis 4 SGB VII versicherten Weg herbeigeführt worden ist. Bei **Arbeitsunfällen mit Auslandsbezug** sind die Vorgaben der EWG-VO 1408/71 zu beachten. Nach Art. 93 II EWG-VO 1408/71 sind die sozialrechtlichen Vorschriften zur Haftungsfreistellung von Arbeitgebern und den von ihnen beschäftigten Arbeitnehmern bei Arbeitsunfällen dem Sozialversicherungsrecht zu entnehmen, das auf den Geschädigten anzuwenden ist. Hierzu zählen auch die sozialrechtlichen Haftungsprivilegien der §§ 104 ff. SGB VII. Für die Frage der Haftungsbefreiung bei Arbeitsunfällen gelten nach Art. 93 II EWG-VO 1408/71 die Rechtsvorschriften des Mitgliedstaats, nach denen für den Arbeitsunfall Leistungen zu erbringen sind, dessen Sozialversicherungsträger die Unfallfürsorge also zu gewähren haben; diese Rechtsvorschriften gelten auch dann, wenn das zivilrechtliche Haftungsrecht und das Sozialversicherungsrecht für Arbeitsunfälle dem Recht verschiedener Mitgliedstaaten zu entnehmen sind.[4] 2

b) Normzweck. Der Haftungsausschluss wird damit begründet,[5] dass die Unternehmer in Berufsgenossenschaften zusammengeschlossen sind und deren Beiträge allein aufzubringen haben. Die Berufsgenossenschaften haben für einen Arbeitsunfall einzustehen. Sie erfüllen gleichsam die Funktionen einer Haftpflichtversicherung **(Finanzierungsargument).** Durch das System der Berufsgenossenschaften wird andererseits gewährleistet, dass der Geschädigte ohne Rücksicht auf die Leistungsfähigkeit des Unternehmers oder ein etwaiges eigenes Mitverschulden an der Entstehung des Arbeitsunfalls eine Entschädigung erlangt **(Liquiditätsargument).** Darüber hinaus werden im Interesse des Betriebsfriedens Rechtsstreitigkeiten zwischen Arbeitgeber und Arbeitnehmer vermieden **(Friedensargument).** Das Haftungsprivileg verstößt weder gegen Art. 3 GG noch gegen Normen des Gemeinschaftsrechts.[6] 3

Der Haftungsausschluss ist allerdings **rechtspolitisch** umstritten. So wird eingewandt, dass der Geschädigte durch die Leistungen der gesetzlichen Unfallversicherung teilweise schlechter gestellt ist wie bei einem Schadensausgleich nach allgemeinem Haftungsrecht des BGB. Daran ist richtig, dass der Arbeitnehmer nicht nach seinem erlittenen konkreten Schaden, sondern nach einem abstrakten Schadensausgleich entschädigt wird. Überdies kann durch den Ausschluss von Schmerzensgeldansprüchen der Ausgleichsbetrag der gesetzlichen Unfallversicherung erheblich niedriger ausfallen als bei einem privatrechtlichen Schadensausgleich. Dem hat das BVerfG entgegengehalten, dass das Entschädigungssystem der Unfallversicherung insgesamt nicht ungünstiger als das des Privatrechts ist, weil nach dem SGB VII Leistungen z. B. auch dann gewährt werden, wenn der Unfall nicht von einem Dritten verschuldet worden ist und außerdem ein Mitverschulden des Verletzten nicht zu einer Leistungskürzung führt.[7] Daneben hat der Gesetzgeber durch die Erhöhung der Renten von Schwerverletzten (§ 57 SGB VII) und die Modifizierung der Anrechnungsregeln bei der Gewährung von Erwerbsunfähigkeitsrenten (§ 93 II Nr. 2a SGB VII) eine weitere Angleichung des Leistungsniveaus der gesetzlichen Unfallversicherung gegenüber den zivilrechtlichen Haftungssummen geschaffen. 4

3. Sachschäden. Nicht eingeschränkt ist die Haftung des Arbeitgebers für Sachschäden, die der Arbeitnehmer bei einem Arbeitsunfall erlitten hat (vgl. §§ 54 RN 2, 107 RN 26). 5

---

[2] BVerfG 3. 7. 2007 SozR 4–2700 § 157 Nr. 3 = NZS 2008, 144.
[3] LSG Berlin 25. 11. 1999 NZA-RR 2000, 377.
[4] BGH 15. 7. 2008 NJW 2009, 916; 7. 11. 2006 NJW 2007, 1754.
[5] BAG 25. 9. 1957 AP 4 zu §§ 898, 899 RVO = NJW 58, 235; BGH 10. 12. 1974 BGHZ 63, 313 = NJW 75, 537.
[6] LAG Köln 29. 9. 1994 NZA 95, 470.
[7] BVerfG 7. 12. 1972 AP 6 zu § 636 RVO = NJW 73, 502; 8. 2. 1995 AP 21 zu § 636 RVO = NJW 95, 1607 – Nichtannahmebeschluss.

6 **4. Rückgriff.** Hat der Arbeitgeber den Arbeitsunfall verschuldet, können unter Umständen die Sozialversicherungsträger gegen ihn Rückgriff nehmen (dazu RN 63).

7 **5. Haftpflichtversicherung.** Der Haftungsausschluss für Personenschäden greift auch dann, wenn der Unternehmer haftpflichtversichert ist.[8] Schließt der Arbeitgeber ohne Einwilligung seines Arbeitnehmers eine zusätzliche Unfallversicherung ab, so ist er diesem zur Herausgabe der Versicherungssumme verpflichtet.[9]

II. Versicherte Personen

8 **1. Einteilung.** In der gesetzlichen Unfallversicherung besteht Versicherungsschutz kraft Gesetzes (§ 2 SGB VII), Satzung (§ 3 SGB VII) und auf Grund freiwilliger Versicherung (§ 6 SGB VII). Die Staatsangehörigkeit ist für die Versicherteneigenschaft ohne Bedeutung (vgl. § 3 SGB IV); bei einer Auslandstätigkeit kann eine Ausstrahlung bestehen, so dass Versicherungspflicht nach § 2 III SGB VII i. V. m. § 4 SGB IV gegeben ist.

9 **2. Versicherung kraft Gesetzes. a) Beschäftigte.** Die kraft Gesetzes versicherten Personen ergeben sich zunächst aus dem Katalog des § 2 I SGB VIII. Dies sind die Beschäftigten (§ 7 I SGB IV) und Lernenden während der beruflichen Aus- und Fortbildung in Betriebsstätten, Lehrwerkstätten, Schulungskursen und ähnlichen Einrichtungen[10] (§ 7 II SGB VII) sowie Heimarbeiter i. S. § 12 SGB IV. Zu den versicherten Personen zählen auch Hausgewerbetreibende und Zwischenmeister sowie ihre mitarbeitenden Ehegatten oder Lebenspartner (§ 2 I Nr. 6 SGB VII). Versichert sind schließlich Arbeitssuchende, die der Meldepflicht zur Sozialversicherung unterliegen, auf dem Weg zur AA, wenn sie zum Aufsuchen der Dienststelle konkret aufgefordert worden sind (§ 2 I Nr. 14 SGB VII); ein Weg des Arbeitslosen zur AA ohne vorige Einladung steht nicht unter Versicherungsschutz.[11] Die Rechtsfigur des missglückten Arbeitsversuchs findet in der Unfallversicherung keine Anwendung.[12]

10 Aus der Übernahme des Beschäftigtenbegriffs in § 2 I Nr. 1 SGB VII folgt, dass der **Arbeitsvertragsschluss** für die Einbeziehung in die gesetzliche Unfallversicherung grundsätzlich ohne Bedeutung ist. Ihrem Schutz unterliegen dementsprechend auch faktische Arbeitsverhältnisse und Schwarzarbeiter (dazu auch RN 82), wenn sie ihre Tätigkeit in persönlicher Abhängigkeit erbringen, insbesondere Weisungen hinsichtlich Art, Ort und Zeit der Arbeitsleitung unterliegen. Unter § 2 I Nr. 1 SGB VII fallen auch ausländische Arbeitnehmer, die ohne eine erforderliche Arbeitserlaubnis tätig sind. Der Schutz beginnt mit der Aufnahme der Tätigkeit, auch der Zeitpunkt des Arbeitsvertragsschlusses ist ohne Bedeutung.

11 **b) Wie-Arbeitnehmer-Tätige.** Weiterhin sind nach § 2 II SGB VII in der gesetzlichen Unfallversicherung Personen versichert, die wie Arbeitnehmer tätig werden. Die Vorschrift erstreckt den Versicherungsschutz auf solche Tätigkeiten, die zwar nicht sämtliche Merkmale eines Arbeits- oder Beschäftigungsverhältnisses aufweisen, in ihrer Grundstruktur aber einer abhängigen Beschäftigung ähneln.[13] Voraussetzung für den Versicherungsschutz nach § 2 II SGB VII ist, dass **(1)** eine ernstliche, dem in Betracht kommenden fremden Unternehmen dienende Tätigkeit verrichtet wird, **(2)** die dem wirklichen oder mutmaßlichen Willen des Unternehmers entspricht, **(3)** ihrer Art nach auch von Personen verrichtet werden kann, die in einem dem allgemeinen Arbeitsmarkt zuzurechnenden Beschäftigungsverhältnis stehen und **(4)** unter solchen Umständen geleistet wird, dass sie einer Tätigkeit auf Grund eines Beschäftigungsverhältnisses ähnlich ist.[14] Maßgeblich ist, ob nach dem Gesamtbild die Tätigkeit wie von einem Beschäftigten oder wie von einem Unternehmer ausgeübt worden ist, wobei für die Abgrenzung grundsätzlich wie von der zwischen Beschäftigtem und Unternehmer auszugehen ist.[15] Für eine Versicherung nach § 2 II SGB VII ist es erforderlich, dass der Handelnde subjektiv fremdnützig sein wollte, die objektive Nützlichkeit der unfallbringenden Tätigkeit ist nicht ausreichend.[16] Unter

---

[8] BGH 8. 5. 1973 AP 7 zu § 636 RVO = NJW 73, 1326.

[9] BAG 21. 2. 1990 AP 3 zu § 179 VVG = NZA 90, 701; 18. 2. 1971 AP 2 zu § 179 VVG.

[10] BSG 29. 10. 1986 SozR 2200 § 539 Nr. 117; 9. 12. 1976 SozR 2200 § 539 Nr. 30; 22. 2. 1973 AP 8 zu § 539 RVO = SozR Nr. 37 zu § 539 RVO.

[11] BSG 5. 2. 2008 SozR 4–2700 § 2 Nr. 11; 24. 6. 2003 – B 2 U 45/02 R – n. v.; 12. 6. 2001 SozR 3–2600 § 58 Nr. 18 = NZS 2002, 208.

[12] BSG 5. 5. 1998 SozR 3–2200 § 551 Nr. 11 = NZA-RR 99, 6.

[13] BSG 13. 9. 2005 SozR 4–2700 § 2 Nr. 7.

[14] BSG 20. 4. 1993 SozR 3–2200 § 539 Nr. 25; 17. 3. 1992 SozR 3–2200 § 539 Nr. 15; SozR 3–2200 § 539 Nr. 19; ausführlich dazu ErfK/*Rolfs* § 2 SGB VII RN 14 ff.

[15] BSG 31. 5. 2005 SozR 4–2700 § 2 Nr. 5 = NZS 2006, 257; 17. 3. 1992 SozR 3–2200 § 539 Nr. 16.

[16] BSG 5. 7. 2005 SozR 4–2700 § 2 Nr. 6 = NZS 2006, 375.

§ 2 II SGB VII können Tätigkeiten fallen, die von Familienangehörigen ausgeübt werden. Nicht versichert ist hingegen eine unentgeltliche Tätigkeit im Haushalt[17] (§ 4 IV SGB VII) oder Tätigkeiten, die etwa aus Freundschaft, Gefälligkeit oder nachbarlicher Rücksichtnahme erbracht werden. Für § 2 II SGB VII ist keine vertragliche oder gleichgestellte faktische Beziehung zu einem Unternehmer erforderlich, da ansonsten der Versicherungsschutz bereits über § 2 I Nr. 1 SGB VIII vermittelt wird. Nicht nach § 2 II SGB VII versichert sind nur vorübergehend nach Deutschland entsandte ausländische Arbeitnehmer eines ausländischen Unternehmens.[18]

3. Unternehmer und unternehmerähnliche Personen. Keinen Versicherungsschutz 12
kraft Gesetzes haben Unternehmer und unternehmerähnliche Personen. Die Abgrenzung gegenüber den in § 2 I, II SGB VII genannten Personen richtet sich nach den allgemeinen Merkmalen (§§ 8, 9). Bei unternehmerähnlichen Tätigkeiten steht die Selbstständigkeit der Leistung im Vordergrund. Bei Schwarzarbeit ist dementsprechend nach dem Umfang der persönlichen Abhängigkeit zu differenzieren;[19] handelt der Schwarzarbeiter nicht weisungsgebunden, gilt er als Unternehmer oder unternehmerähnlich und es besteht kein Versicherungsschutz nach § 2 I Nr. 1 SGB VII. Zu dem Kreis der unternehmerähnlichen Personen zählen die Personen, die in Kapital- oder Personengesellschaften regelmäßig wie Unternehmer selbstständig tätig sind (§ 6 I Nr. 2 SGB VII, z.B. Vorstandsmitglieder einer Aktiengesellschaft), diese können sich nur auf schriftlichen Antrag in der Unfallversicherung versichern.[20] Der Unfallversicherungsschutz eines nicht versicherten Unternehmers kann nicht durch seine Tätigkeit auf einer gemeinsamen Betriebsstätte des § 106 III 3. Alt. SGB VII (RN 60) begründet werden.[21]

4. Formalversicherung.[22] Neben den gesetzlichen Tatbeständen hat das BSG auch die In- 13
anspruchnahme von Vertrauen zur Begründung eines Versicherungsverhältnisses ausreichen lassen. Grundlage ist dabei entweder die Anerkennung des gesamten Betriebs oder der Person des Unternehmers als bei der Berufsgenossenschaft versichert. Dies kann z.B. der Fall sein, wenn ein nicht versicherter Unternehmer nach der Aufnahme in das Unternehmerverzeichnis als Mitglied und zugleich als Versicherter unbeanstandet Beiträge zur gesetzlichen Unfallversicherung entrichtet hat, obwohl die formellen Voraussetzungen des § 6 I Nr. 1 SGB VII nicht gegeben waren[23] oder ein zunächst mit Recht in das Unternehmerverzeichnis eingetragener Betrieb zu Unrecht weiter im Verzeichnis geführt wird und die Beiträge weiter eingezogen werden.[24] Die Annahme von Beiträgen begründet ein formales Versicherungsverhältnis aber nur dann, wenn der Unfallversicherungsträger das Fehlen der Versicherteneigenschaft bei ordnungsgemäßer Prüfung hätte erkennen können, woran es bei den heute üblichen pauschalierten Nachweisen fehlt.[25] Eine Ausnahme besteht nur dann, wenn der Versicherungsträger die Möglichkeit gehabt hätte, bei der erforderlichen Aufmerksamkeit Kenntnis davon zu nehmen, dass eine nichtversicherte Person in den Lohnnachweis mit aufgezählt war und er jahraus jahrein Beiträge nach Maßgabe dieser Lohnnachweise erhoben hat, ohne seinerseits irgendwelche Erhebungen und Feststellungen zu veranlassen. Kein Vertrauensschutz besteht hingegen, wenn der Unternehmer den Irrtum des Unfallversicherungsträgers zumindest grob fahrlässig herbeigeführt hat. Eine entstandene Formalversicherung kann vom Unfallversicherungsträger nur mit Wirkung für die Zukunft beendet werden.[26] Der zu Unrecht Versicherte kann die Erstattung seiner Beiträge nur verlangen, wenn noch kein Versicherungsfall eingetreten ist.[27]

III. Arbeitsunfall, Berufskrankheit und Wegeunfall

1. Arbeitsunfall. a) Begriff. § 8 I 1 SGB VII enthält eine Legaldefinition des Arbeitsun- 14
falls. Danach sind Arbeitsunfälle Unfälle von Versicherten infolge einer den Versicherungsschutz nach §§ 2, 3 oder 6 SGB VII begründenden Tätigkeit (versicherte Tätigkeit). Örtlich beginnt der Versicherungsschutz nach § 8 I SGB III mit dem Eintreffen am Ort der versicherten Tätigkeit, er endet mit ihrem Verlassen. Während der Tätigkeit besteht er auch während der Pausen

---

[17] BSG 20. 4. 1993 SozR 3–2200 § 539 Nr. 25 = NJW 94, 676.
[18] OLG Koblenz 29. 8. 2002 RIW 2002, 880.
[19] BSG 17. 3. 1992 SozR 3–2200 § 539 Nr. 16 = NZA 92, 862.
[20] BSG 14. 12. 1999 SozR 3–2200 § 539 Nr. 48 = DB 2000, 329.
[21] BSG 26. 6. 2007 – B 2 U 35/06 R – n. v.
[22] Vgl. dazu *Gierhardt* NZS 2001, 635; *Rolfs,* Versicherungsprinzip, S. 322ff.
[23] BSG 27. 7. 1972 SozR Nr. 1 zu § 664 RVO.
[24] BSG 30. 3. 1988 SozR 2200 § 539 Nr. 126; 26. 11. 1987 SozR 2200 § 776 Nr. 8.
[25] LSG NW 5. 2. 2002 NZA 2002, 550.
[26] BSG 26. 6. 1973 SozR Nr. 40 zu § 539 RVO.
[27] BSG 2. 2. 1999 SozR 3–2400 § 26 Nr. 11 = BSGE 83, 270.

und des Bereitschaftsdienstes, zur Nahrungsaufnahme RN 27. Tätigkeiten für den Arbeitgeber im eigenen Haus oder der Wohnung des Versicherten stehen unter Unfallversicherungsschutz.[28]

15 **b) Außergewöhnliches Ereignis.** Der Begriff des Arbeitsunfalls setzt den Begriff des Unfalls voraus. Unfälle sind zeitlich begrenzte, von außen auf den Körper einwirkende Ereignisse, die zu einem Gesundheitsschaden oder zum Tod führen (§ 8 I 2 SGB VII). I. d. R. ist der Unfall ein außergewöhnliches Ereignis; ausreichend ist aber auch eine Gesundheitsschädigung bei der gewöhnlichen Betriebsarbeit. Soweit daneben zum Teil auch gefordert wird, das Ereignis müsse „von außen" auf den Verletzten einwirken, kommt damit lediglich zum Ausdruck, dass ein aus dem Verletzten selbst kommendes Ereignis nicht als Unfall anzusehen ist.[29] Die schädigende Einwirkung muss, wenn sie einen Unfall darstellen soll, innerhalb eines **verhältnismäßig kurzen Zeitraums,** höchstens innerhalb **einer Schicht** an einem bestimmten, wenn auch nicht kalendermäßig bestimmbaren Tag geschehen.[30] So können Verunreinigungen von Wunden, Erfrierungen, Erkältungen, Infektionen usw. Unfälle sein, sofern die Erkrankung längstens in der Arbeitsschicht hervorgerufen ist. Keine Unfälle sind dagegen Erkrankungen, die auf längeren Einwirkungen beruhen, z. B. Entzündungen, Verschlimmerung einer Herzkrankheit usw. Insoweit kann eine Berufskrankheit vorliegen.

16 **c) Unfreiwilligkeit, Selbstverstümmelung.** Umstr. aber zu bejahen ist, ob zum Begriff des Unfallereignisses die Unfreiwilligkeit gehört. Zwar ist eine § 553 RVO entsprechende Vorschrift nicht in das Gesetz aufgenommen worden, darüber hinaus schließt auch § 7 II SGB VII bei verbotswidrigem Handeln einen Versicherungsfall nicht aus. Jedoch fehlt es bei einer vorsätzlicher Schadenszufügung an dem notwendigen Kausalzusammenhang zwischen der versicherten Tätigkeit und dem Schadensereignis (BT-Drucks. 13/2204 S. 99). Daher ist die Selbstverstümmelung (Hand in Kreissäge) kein Arbeitsunfall; etwas anderes gilt aber, wenn ein unfreiwilliges Ereignis zu einer in Kauf genommenen Schädigung führt (Fahrt in den Graben zur Vermeidung eines „Verkehrsunfalls");[31] zum Versicherungsschutz bei einer selbst geschaffenen Gefahr RN 18.

17 **2. Versicherte Tätigkeit. a) Innerer Zusammenhang.** Arbeitsunfälle sind Unfälle von Versicherten infolge einer den Versicherungsschutz nach §§ 2, 3 oder 6 SGB VII begründenden Tätigkeit (versicherte Tätigkeit). Es muss ein sachlicher Zusammenhang zwischen der zum Unfall führenden Verrichtung und der versicherten Tätigkeit bestehen. Die neuere Rechtsprechung des BSG gebraucht für diese Verbindung den Begriff des inneren Zusammenhangs, um damit zu dokumentieren, dass es sich nicht um eine Frage des Kausalzusammenhangs, sondern eine Frage der Zurechenbarkeit handelt.[32] Insoweit hat das SGB VII die Rechtsprechung des BSG zum inneren Kausalzusammenhang übernommen.[33] Der innere Zusammenhang ist wertend zu ermitteln, indem untersucht wird, ob die jeweilige Verrichtung innerhalb der Grenze liegt, bis zu welcher Versicherungsschutz in der gesetzlichen Unfallversicherung reicht;[34] zur haftungsausfüllenden Kausalität RN 53. Ein innerer Zusammenhang liegt stets vor, wenn die zum Unfall führende Verrichtung dem Unternehmen wesentlich zu dienen bestimmt ist. Das ist regelmäßig der Fall, wenn die Verrichtung Teil der vertraglich geschuldeten Arbeitsleistung des Beschäftigten ist. Handelt der Arbeitnehmer in Ausübung der ihm vom Arbeitgeber aufgetragenen Tätigkeit, so ist es für den Versicherungsschutz unerheblich, ob er mit seinem Verhalten gleichzeitig noch andere, private oder im Allgemeininteresse liegende Ziele verfolgt. Die subjektiven Vorstellungen des Versicherten sind erst von Bedeutung, wenn es um die Betriebsdienlichkeit von Verrichtungen geht, die nicht Gegenstand der eigentlichen Arbeitstätigkeit sind. Denn dafür ist maßgeblich auf den Zweck des Handelns abzustellen. Für den Versicherungsschutz ist erforderlich, aber auch ausreichend, dass der Handelnde eine aus seiner Sicht im betrieblichen Interesse liegende, dem Unternehmen dienliche Tätigkeit verrichten will (sog. Handlungstendenz).[35] An dem erforderlichen inneren Zusammenhang fehlt es jedoch bei höchstpersönlichen oder nur

[28] BSG 8. 12. 1994 NJW 95, 1694 = BB 95, 782 = DB 95, 677.

[29] BSG 24. 6. 1981 SozR 2200 § 548 Nr. 56.

[30] BSG 28. 1. 1966 BSGE 24, 216, 219 = SozR Nr. 3 zu § 1739 RVO; 14. 3. 1958 SozR Nr. 10 zu § 542 RVO = NJW 58, 1206.

[31] BSG 8. 12. 1988 SozR 2200 § 539 Nr. 130 = NJW 89, 2077.

[32] Vgl. BSG 20. 1. 1987 SozR 2200 § 548 Nr. 84; 30. 4. 1985 SozR 2200 § 548 Nr. 70; 30. 1. 1985 SozR 2200 § 548 Nr. 68.

[33] BSG 28. 6. 1988 SozR 2200 § 548 Nr. 92 = NZA 88, 893; 30. 4. 1985 SozR 2200 § 555 a Nr. 1 = NJW 86, 1571.

[34] BSG 27. 6. 2000 AP 1 zu § 7 SGB VII = SozR 3–2200 § 548 Nr. 38.

[35] BSG 12. 4. 2005 BSGE 94, 262 = SozR 4–2700 § 8 Nr. 14.

eigenwirtschaftlichen Zwecken dienenden Verrichtungen des Arbeitnehmers während der Arbeitszeit. Diese führen zu einer Unterbrechung der versicherten Tätigkeit und damit auch in der Regel zu einer Unterbrechung des Versicherungsschutzes (RN 21 ff.).

b) Betriebs- bzw. Unternehmensbezug der Tätigkeit. aa) Die Tätigkeit im Beschäftigungsverhältnis muss den Zwecken des Unternehmens zu dienen bestimmt sein.[36] Nicht notwendig ist, dass sie dem Unternehmen tatsächlich objektiv dienlich war. Ausreichend ist, dass der Versicherte von seinem Standpunkt aus auf Grund objektiver Anhaltspunkte der Auffassung sein konnte, die Tätigkeit sei geeignet, den Interessen zu dienen.[37] Der Versicherungsschutz besteht auch, wenn sich der Versicherungsfall bei Arbeiten ereignet, die außerhalb der eigentlichen Aufgaben des Versicherten oder des Unternehmens verrichtet werden, z. B. wenn ein Kellner vor der Gaststätte den Schnee räumt. Eine Weisung zur Verrichtung einer bestimmten Tätigkeit ist nicht notwendig.[38] Der innere Zusammenhang mit der versicherten Tätigkeit wird grundsätzlich nicht durch ein rechtswidriges Handeln des Versicherten beseitigt[39] (vgl. § 7 II SGB VII), selbst wenn sich der Arbeitnehmer bei der Arbeit bewusst einem besonderen Risiko aussetzt (sog. selbst geschaffene Gefahr). Er kann jedoch fehlen, wenn die betrieblichen Umstände durch eine selbst geschaffene Gefahr so weit in den Hintergrund gedrängt werden, dass letztere als die rechtlich allein wesentliche Ursache anzusehen ist.[40] Fehlt ein Beschäftigungsverhältnis (§ 2 II SGB VII, dazu RN 11), sind strenge Anforderungen an den Nachweis zu stellen, dass die Tätigkeit den Interessen des Unternehmens zu dienen bestimmt war. 18

bb) Innere Ursache. Bei Unfällen aus inneren, nicht betriebsbedingten Ursachen ist der Kausalzusammenhang zwischen der versicherten Tätigkeit und dem Unfall nicht gegeben, wenn die körpereigene Ursache zwangsweise zu dem eingetretenen Unfallverlauf geführt hat; in diesem Fall haben betriebliche Einwirkungen den Unfall nicht wesentlich mitverursacht. Hingegen liegt ein Ursachenzusammenhang vor, wenn betriebsbedingte Umstände (z. B. besondere Anstrengung durch ungewohnte Nachtarbeit) die innere Ursache wesentlich beeinflusst haben oder entweder betriebliche Umstände die innere Ursache wesentlich beeinflusst haben (z. B. betriebsbedingte Anwesenheit am Unfallort) oder dem Versicherten der Unfall ohne die versicherte Tätigkeit wahrscheinlich nicht in derselben Art oder Schwere zugestoßen wäre.[41] Ist ein Betriebsbezug gegeben, besteht der Versicherungsschutz daher auch gegenüber Gefahren des täglichen Lebens (Ausrutschen auf glattem Fußboden); nicht dagegen bei allgemein wirkenden Gefahren (z. B. Naturkatastrophen), die nur zufällig mit der versicherten Tätigkeit zusammentreffen. 18a

cc) Einzelfälle. Zu den versicherten Tätigkeiten können gehören die Wahrnehmung von Vorstellungsgesprächen,[42] der Gang zum Personalbüro,[43] Dienstreisen[44] und Dienstessen[45], Vorbeugeuntersuchungen[46] bzw. Grippeschutzimpfungen im Betrieb[47] sowie der Besuch von Schulungsveranstaltungen, auf denen betriebsfördernde Kenntnisse vermittelt werden.[48] Versicherungsschutz kann auch bei Inanspruchnahme der Werksambulanz gegeben sein,[49] wenn der Versicherte in seinen Privaträumen überfallen wird, in dem die Tageseinnahmen aufbewahrt werden,[50] er auf einer Dienstfahrt die Unfallstelle absichert,[51] sich der freiwillig Versicherte mit der Maßkontrolle des Deckenputzes beschäftigt[52] oder der Berufsschüler Aufgaben erledigt.[53] 19

---

[36] BSG 19. 1. 1995 SozR 3–2200 § 548 Nr. 22 = BB 95, 2431; 5. 8. 1976 SozR § 548 RVO Nr. 22 = BSGE 42, 129.

[37] BSG 24. 6. 1981 SozR 2200 § 555 Nr. 5; 14. 12. 1978 SozR 2200 § 550 Nr. 39.

[38] BGH 2. 3. 1971 AP 6 zu § 637 RVO = DB 71, 777.

[39] BSG 4. 6. 2002 SozR 3–2700 § 8 Nr. 10 = NJW 2002, 3275; 19. 12. 2000 SozR 3–2200 § 550 Nr. 21 = NJW 2001, 3652.

[40] BSG 12. 4. 2005 BSGE 94, 262 = SozR 4–2700 § 8 Nr. 1427; 1. 1976 SozR 2200 § 1509 a Nr. 1.

[41] BSG 15. 2. 2005 SozR 4–2700 § 8 Nr. 12.

[42] BSG 30. 1. 1986 NZA 86, 542; Hessisches LSG 14. 9. 1984 NZA 85, 168.

[43] BSG 30. 1. 1986 SozR 2200 § 548 Nr. 78 = NZA 86, 542 – Arbeitsbescheinigung.

[44] BSG 18. 3. 2008 SozR 4–2700 § 8 Nr. 26; 30. 5. 1985 AP 15 zu § 539 RVO = SozR 2200 § 539 Nr. 110; 13. 2. 1975 SozR 2200 § 548 Nr. 7 = BSGE 39, 180.

[45] BSG 30. 1. 2007 – B 2 U 8/06 R – n. v.

[46] BAG 18. 10. 1990 AP 17 zu § 636 RVO = NZA 91, 733.

[47] BSG 31. 1. 1974 BB 74, 419.

[48] BSG 29. 1. 1971 Beil. 4 zu DB 73 Nr. 17.

[49] BSG 26. 5. 1977 SozR 2200 § 548 Nr. 31 = BB 77, 1402.

[50] BSG 30. 4. 1979 BB 80, 472; 15. 12. 1966 SozR Nr. 76 zu § 542 RVO = BSGE 26, 45.

[51] BSG 18. 3. 2008 SozR 4–2700 § 135 Nr. 2.

[52] BSG 30. 7. 1975 SozR 2200 § 545 Nr. 2 = BSGE 40, 113.

[53] BSG 30. 8. 1984 SozR 2200 § 539 Nr. 102 = NZA 85, 103.

Bei häuslichen Arbeitsplätzen beschränkt sich der Schutz der gesetzlichen Unfallversicherung auf die Bereiche des Hauses, die der Ausübung der versicherten Tätigkeit dienen.[54] Nicht zur versicherten Tätigkeit gehören Mobbinghandlungen des Arbeitgebers oder der Arbeitskollegen[55] (dazu § 33 RN 43a). Zur Nahrungsaufnahme RN 27.

20 **c) Gemischte Tätigkeiten.** Handelt der Arbeitnehmer in Ausübung der ihm vom Arbeitgeber aufgetragenen Tätigkeit, so ist es für den Versicherungsschutz unerheblich, ob er mit seinem Verhalten gleichzeitig noch andere, private oder im Allgemeininteresse liegende Ziele verfolgt Bei gemischten Tätigkeiten besteht Versicherungsschutz, wenn die Verrichtung im Einzelfall betrieblichen Tätigkeiten wesentlich gedient hat. Lassen sich die Tätigkeiten eindeutig trennen, ist kein Raum für die Annahme einer gemischten Tätigkeit.[56] Bei der Beurteilung einer gemischten Tätigkeit kommt es nicht auf die zeitliche Reihenfolge an, in der die Tätigkeiten verrichtet werden. Unfallversicherungsschutz wurde z.B. bejaht, wenn ein Arbeitnehmer nach dem Mittagessen zu Hause aus der Garage seinen eigenen Besen holt, weil der betriebliche verloren war; ob auch die dabei ausgeführte Garagenreparatur noch geschützt ist, hängt davon ab, ob der Arbeitnehmer auch anders wieder zu seinem Auto hat kommen können.[57] Bejaht wurde der Versicherungsschutz bei der Reparatur eines Privat-Pkw während der Arbeitszeit.[58] Dagegen besteht auch dann kein Versicherungsschutz, wenn der Unternehmer die privatwirtschaftliche Tätigkeit im Interesse des Betriebsklimas geduldet hat.

21 **d) Eigenwirtschaftliche Tätigkeit.** Kein Versicherungsschutz besteht bei der sog. eigenwirtschaftlichen Tätigkeit, da diese dem Interesse des Versicherten und nicht dem des Unternehmens dienen. Eigenwirtschaftliche Tätigkeiten sind alle Tätigkeiten, die üblicherweise auch ohne die versicherte Tätigkeit im täglichen Leben anfallen, auch wenn sie die Arbeitsaufnahme erleichtern oder erst ermöglichen.[59] Wird der Versicherte vor, während oder nach der Arbeitszeit in eigenem Interesse tätig, besteht kein Versicherungsschutz. Auf den zeitlichen Zusammenhang kommt es daher nicht an, es ist daher auch kein Raum für den sog. Betriebsbann. Das BSG hat z.B. einen Arbeitsunfall bei einem Lackierer verneint, der auf dem Betriebsgelände einen Unfall verursacht hatte, als er sich für private Zwecke etwas Lack besorgen wollte,[60] oder bei einem Duschbad auf einer Dienstreise.[61] Zur eigenwirtschaftlichen Tätigkeit zählt auch die Beschaffung der Lohnsteuerkarte oder eines Krankenscheines außerhalb der Arbeitszeit[62] sowie der Heimweg von einem Kündigungsschutzprozess.[63] Der Weg von der Arbeitsstätte zum Holen von zu Hause vergessenen Gegenständen des Arbeitnehmers ist nur versichert, wenn ohne diese die versicherte Tätigkeit nicht verrichtet werden kann, die bloße Nützlichkeit der Gegenstände ist nicht ausreichend, um einen inneren Zusammenhang mit der versicherten Tätigkeit zu begründen.[64]

22 **e) Unterbrechungen.** Die tatsächliche Unterbrechung einer versicherten Verrichtung kann zu einer Unterbrechung des Versicherungsschutzes führen, wenn die Unterbrechung privaten Zwecken dient. Wird jedoch eine versicherte Verrichtung zu Gunsten einer anderen versicherten Tätigkeit oder auf Grund betrieblicher Umstände unterbrochen, besteht der Versicherungsschutz fort.[65] Dient die Unterbrechung privaten Verrichtungen, unterscheidet das BSG zwischen erheblichen und unerheblichen Unterbrechungen. Während einer privaten Zwecken dienenden erheblichen Unterbrechung besteht kein Versicherungsschutz. Hingegen bleibt der Versicherungsschutz erhalten, wenn die privaten Zwecken dienende Unterbrechung bei natürlicher Betrachtungsweise und in Würdigung der gesamten Umstände des Einzelfalls zeitlich und räumlich nur ganz geringfügig ist.[66] Als eine geringfügige Unterbrechungen hat das BSG z.B. angesehen

---

[54] BSG 12. 12. 2006 SozR 4–2700 § 8 Nr. 21; 12. 12. 2006 SozR 4–2700 § 8 Nr. 20.
[55] Im Ergebnis BAG 25. 10. 2007 AP 6 zu § 611 BGB Mobbing = NZA 2008, 223.
[56] BSG 5. 5. 1994 SozR 3–2200 § 548 Nr. 19 = BB 94, 1867.
[57] BSG 25. 2. 1976 SozR 2200 § 549 Nr. 4.
[58] BSG 28. 11. 1979 – 5 R Kn 11/78 – Beil. 18 zu DB 80 Nr. 16.
[59] BSG 12. 10. 1973 SozR Nr. 41 zu § 548 RVO = BSGE 36, 222.
[60] BSG 22. 1. 1976 SozR 2200 § 548 Nr. 15.
[61] BSG 4. 6. 2002 NZA 2002, 1388.
[62] BSG 18. 2. 1987 NZA 87, 471 – Brillenreparatur; 30. 3. 1962 SozR Nr. 51 zu § 542 RVO = BSGE 17, 11; 15. 12. 1959 BSGE 11, 154.
[63] BSG 25. 10. 1989 SozR 2200 § 548 Nr. 96 = NJW 90, 1064 = NZA 90, 409.
[64] BSG 7. 9. 2004 SozR 4–2700 § 8 Nr. 6; 7. 11. 2000 SozR 3–2700 § 8 Nr. 3; 25. 1. 1977 SozR 2200 § 550 Nr. 25.
[65] BSG 26. 10. 2004 BSGE 93, 279 = SozR 4–2700 § 8 Nr. 9.
[66] BSG 12. 4. 2005 BSGE 94, 262 = SozR 4–2700 § 8 Nr. 14.

den Zeitungskauf an einem Kiosk,[67] ein wenige (vier: ja; zehn: nein) Minuten dauerndes Privatgespräch[68] auf einem Dienstweg oder das Bücken nach einer heruntergefallenen Zigarette im Auto.[69] Sinn dieser Rechtsprechung ist, dass der Versicherungsschutz nicht verloren gehen soll, wenn sich der Versicherte während der Arbeitszeit nicht stets den Interessen des Unternehmens unterordnet. Eine rechtlich erhebliche Unterbrechung liegt aber vor bei einem Spaziergang in der Mittagspause,[70] einem privaten Saunabesuch auf einer Dienstreise[71] einem Abweichen von der vorgegebenen Transportroute, um zu Hause vergessene Medikamente zu holen[72] oder wenn während einer 10stündigen Pause der von auswärts angereiste Arbeitnehmer durch einen Ausflug in die Umgebung unterhalten wird, auch wenn bei dieser Gelegenheit betriebliche Gespräche geführt werden;[73] zu Unterbrechungen des Arbeitswegs RN 40.

3. Einzelfragen. a) Alkohol, Drogen. Ist der Versicherte alkoholbedingt zu einer dem **23**
Unternehmen dienenden zweckgerichteten Ausübung seiner Tätigkeit nicht mehr in der Lage (Volltrunkenheit), besteht kein Versicherungsschutz.[74] Unfälle unter Alkoholeinfluss unterhalb des Grades des Vollrausches stehen dann nicht unter Versicherungsschutz, wenn die Trunkenheit rechtlich allein wesentliche Ursache war.[75] Dies gilt auch für alkoholbedingte Unfälle von Fußgängern.[76] Bei Unfällen außerhalb des Straßenverkehrs führt eine Alkoholisierung nur dann zum Ausschluss des Versicherungsschutzes, wenn neben der Blutalkoholkonzentration weitere beweiskräftige Umstände für ein alkoholtypisches Fehlverhalten vorhanden sind. Maßgeblich für diese Beurteilung sind die Unfallsituation und das Verhalten des Versicherten unmittelbar vor und während des Unfallereignisses. Ein alkoholbedingter Leistungsabfall gilt nur als die allein wesentliche Unfallursache, wenn es typisch für einen unter Alkoholeinfluss stehenden Versicherten ist und nicht andere Ursachen haben kann[77] (z. B. Unaufmerksamkeit, Leichtsinn, Übermüdung, schlechte körperliche Verfassung). Diese Grundsätze gelten entsprechend auch für unter Drogeneinfluss verursachte Unfälle oder bei einem Zusammentreffen von Alkohol- und Drogenkonsum.[78]

b) Betriebsrat, Berufsorganisationen. Dem Versicherungsschutz unterliegt die Tätigkeit **24**
der Versicherten für den Betriebsrat oder in Zusammenhang mit ihren Rechten und Pflichten aus dem BetrVG (Teilnahme an Betriebsratswahlen, Betriebsversammlungen u. dgl.).[79] Die notwendige Teilnahme an Schulungsveranstaltungen (§ 37 VI BetrVG) dient der Tätigkeit als Betriebsrat und steht unter Versicherungsschutz. Kein Versicherungsschutz besteht bei Feiern innerhalb des Betriebsrats.[80] Die Mitarbeit in Berufsorganisationen ist versichert, wenn sie im ursächlichen Zusammenhang mit der versicherten Tätigkeit steht (Jubilarehrung auf Anordnung des Betriebes durch IHK).

c) Betriebssport. Beim Versicherungsschutz von Betriebssport differenziert das BSG im We- **25**
sentlichen nach der Form der ausgeübten sportlichen Betätigung und der Intensität ihrer Ausübung. Der Betriebssport steht der versicherten Tätigkeit gleich, wenn die sportliche Tätigkeit **(1)** geeignet ist, die durch die Tätigkeit bedingte körperliche Belastung auszugleichen, **(2)** mit einer gewissen Regelmäßigkeit stattfindet und **(3)** in einem dem Ausgleichszweck entsprechenden Zusammenhang mit der Betriebsarbeit steht.[81] Diese Voraussetzungen liegen nicht nur bei

---

[67] BSG 20. 5. 1976 SozR 2200 § 539 Nr. 21.
[68] BSG 9. 12. 1964 BG 65, 196.
[69] BSG 30. 5. 1988 NJW 88, 2638 = NZA 89, 198.
[70] BSG 28. 4. 1977 – 2 RU 75/75 – Beil. 24 zu DB 78 Nr. 5.
[71] BSG 10. 10. 2006 SozR 4–2700 § 8 Nr. 19; 27. 7. 1989 SozR 2200 § 548 Nr. 95 = NZA 90, 79.
[72] BSG 7. 9. 2004 SozR 4–2700 § 8 Nr. 6.
[73] BSG 4. 8. 1992 SozR 3–2200 § 539 Nr. 17 = NJW 92, 3190; 24. 8. 1976 SozR 2200 § 548 Nr. 23; LSG Bayern 16. 10. 1985 NZA 86, 767 – Sportveranstaltung bei Firmenseminar.
[74] BSG 5. 9. 2006 SozR 4–2700 § 8 Nr. 18 = BSGE 97, 54; 12. 4. 2005 SozR 4–2700 § 8 Nr. 14 = BSGE 94, 262; 30. 4. 1991 SozR 3–2200 § 548 Nr. 9 = NZA 92, 93; 28. 6. 1979 SozR 2200 § 548 Nr. 45.
[75] BSG 28. 6. 1979 AP 11 zu § 539 RVO = SozR 2200 § 548 Nr. 46; 30. 6. 1960 SozR Nr. 27 zu § 542 RVO a. F. = NJW 60, 1636.
[76] BSG 26. 4. 1977 SozR 2200 § 550 Nr. 29 = BSGE 43, 293.
[77] BSG 30. 4. 1991 SozR 3–2200 § 548 Nr. 9; 26. 4. 1977 SozR 2200 § 550 Nr. 29 = BSGE 43, 293.
[78] BSG 31. 1. 2007 SozR 4–2700 § 8 Nr. 22.
[79] BSG 20. 5. 1976 BSGE 42, 36 = SozR 2200 § 539 Nr. 19.
[80] BSG 20. 2. 2001 SozR 3–2200 § 539 Nr. 54 = NJW 2002, 1446.
[81] BSG 2. 7. 1996 SozR 3–2200 § 548 Nr. 29; 8. 12. 1994 BB 95, 1142; 25. 2. 1993 SozR 3–2200 § 548 Nr. 16; 19. 3. 1991 SozR 3–2200 § 548 Nr. 10 = NZA 91, 823; 22. 1. 1976 SozR 2200 § 548 Nr. 14; 28. 11. 1961 SozR Nr. 49 zu § 542 RVO = NJW 62, 1174.

Lockerungsübungen vor, anerkannt ist insbesondere auch das Fußballspiel als Betriebssport. Der Zusammenhang zur betrieblichen Tätigkeit entfällt, wenn die Sportausübung der Erzielung von Spitzenleistungen oder der Teilnahme am allgemeinen Wettkampfverkehr dient, z. B. bei regelmäßigen Pokal- bzw. Ligaspielen.[82] Bei Fußballspielen zwischen Betriebssportgemeinschaften verschiedener Unternehmen kann Versicherungsschutz gegeben sein, wenn die Voraussetzungen für das Vorliegen von versichertem Betriebssport erfüllt sind und die beteiligten Betriebssportgruppen sich zu gemeinsamer Durchführung einer Ausgleichszwecken dienenden regelmäßigen sportlichen Betätigung zusammengeschlossen haben.[83] Hingegen sind Wettkämpfe mit anderen Betriebssportgemeinschaften außerhalb der regelmäßigen Übungsstunden nicht versichert.[84] Der Zusammenhang kann auch entfallen, wenn die Betriebssportveranstaltung Nichtbetriebsangehörigen offen steht.[85]

26 **d) Gemeinschafts- und Freizeitveranstaltungen.**[86] Für betriebliche Gemeinschaftsveranstaltungen besteht Versicherungsschutz, wenn an ihr alle oder eine Gruppe der Betriebsangehörigen teilnehmen sollen und sie entweder vom Betriebsleiter bzw. Leiter der jeweiligen organisatorisch verselbstständigten Einheit[87] selbst veranstaltet oder von ihm gebilligt und gefördert werden. Sie müssen bei Planung und Durchführung von der Autorität des Betriebsleiters getragen werden, ein gemütliches Zusammensein ist nicht ausreichend.[88] Geschützt sind alle Tätigkeiten, die mit dem Gesamtzweck der Veranstaltung vereinbar sind. Der Schutz endet, wenn sie nicht mehr von der Autorität des Betriebsleiters getragen werden. Nicht unter Versicherungsschutz stehen dagegen betriebliche Freizeitveranstaltungen; dies gilt auch, wenn sie[89] auch bei Gelegenheit von Geschäftsreisen für einen begrenzten Teilnehmerkreis (Besuch des Oktoberfestes) veranstaltet werden.[90] Für ein Fußballturnier besteht als betriebliche Gemeinschaftsveranstaltung Versicherungsschutz, wenn es im Rahmen einer Veranstaltung stattfindet, die alle Betriebsangehörigen einbezieht.[91] Kein Versicherungsschutz besteht bei Reisen zur Belohnung guter Arbeitsergebnisse.[92]

27 **e) Nahrungsaufnahme.** Die Rechtsprechung sieht den Verzehr von Nahrungsmitteln grundsätzlich nicht als versicherte Tätigkeit an, da diese als höchstpersönliche Tätigkeit grundsätzlich dem privaten Bereich des Versicherten zuzurechnen ist. Etwas anderes kann nur gelten, wenn betriebliche Gründe auf die Art und Weise der Nahrungsaufnahme einwirken, z. B. bei erhöhtem Flüssigkeitsbedarf[93] oder der arbeitsablaufbedingte Wegfall von Pausen, in denen die mitgebrachte Brote verzehrt werden können.[94] Eine weitere Ausnahme macht das BSG, wenn eine objektive gefährliche Betriebseinrichtung den Unfall mit verursacht hat.[95] Daneben bejaht die Rechtsprechung einen inneren Zusammenhang mit der versicherten Tätigkeit beim Zurücklegen der erforderlichen Wege zur Nahrungsaufnahme oder zur Besorgung von Nahrungsmitteln, wenn solche Wege zur Nahrungsaufnahme innerhalb der Betriebsstätte oder zum Einkauf von Lebensmitteln zum alsbaldigen Verzehr und zurück zum Ort der Tätigkeit führen. Zur Begründung wird angeführt, dass diese Tätigkeiten auch der Erhaltung oder Wiederherstellung der Arbeitsfähigkeit und damit betrieblichen Belangen dienen und das Zurücklegen der Wege notwendig ist, weil der Beschäftigte seiner versicherten Tätigkeit nachgeht.[96] Dies gilt auch für

---

[82] BSG 22. 1. 1976 SozR 2200 § 548 Nr. 14 = BSGE 41, 145.
[83] BSG 2. 7. 1996 SozR 3–2200 § 548 Nr. 29.
[84] BSG 13. 12. 2005 SozR 4–2700 § 8 Nr. 16.
[85] LSG Hessen 18. 3. 2008 NZA 2008, 845.
[86] Rechtsprechungsübersicht bei *Rolfs* DB 2001, 2294.
[87] BSG 26. 10. 2004 SozR 4–1500 § 163 Nr. 1.
[88] BSG 19. 3. 1991 SozR 3–2200 § 539 Nr. 9 = NZA 91, 828; 27. 2. 1985 SozR 2200 § 548 Nr. 69 = NZA 85, 575; 16. 5. 1984 SozR 2200 § 548 Nr. 65 = NZA 84, 269 – Betriebsausflug; 30. 8. 1962 SozR Nr. 56 zu § 542 RVO = NJW 62, 2222 – Theaterbesuch; 26. 6. 1958 BSGE 7, 249 – Veranstaltung des Betriebsrats; 22. 8. 1955 BSGE 1, 179; vgl. auch BVerwG 23. 2. 1989 NJW 89, 2005.
[89] BSG 24. 8. 1976 SozR 2200 § 550 Nr. 19 = MDR 77, 83.
[90] BSG 22. 6. 1976 SozR 2200 § 548 Nr. 21.
[91] BSG 7. 12. 2004 SozR 4–2700 § 8 Nr. 11 – kein Schutz bei „rein" sportlichen Turnieren.
[92] BSG 16. 3. 1995 NJW 95, 3340 = BB 95, 1647.
[93] BSG 10. 10. 2002 SozR 3–2700 § 8 Nr. 11.
[94] BSG 2. 7. 1996 SozR 3–2200 § 550 Nr. 15 = NJW 97, 2261; 5. 8. 1993 BB 93, 2454; 6. 12. 1989 SozR 2200 § 548 Nr. 97 = NZA 90, 455; 28. 2. 1962 SozR Nr. 50 zu § 542 RVO = BSGE 16, 236; 30. 6. 1960 AP 20 zu § 543 RVO; 29. 1. 1960 AP 9 zu § 543 RVO = BSGE 11, 267.
[95] BSG 22. 6. 1976 SozR 2200 § 548 Nr. 20 – Drehtür.
[96] BSG 27. 6. 2000 AP 1 zu § 7 SGB VII = SozR 3–2200 § 548 Nr. 38; 11. 5. 1995 NJW 95, 2942; 5. 8. 1993 BB 93, 2454; 6. 12. 1989 SozR 2200 § 548 Nr. 97 = NJW 90, 1064 = NZA 90, 445; 18. 2. 1987 SozR 2200 § 548 Nr. 86 = NZA 87, 432; 26. 4. 1977 SozR 2200 § 550 Nr. 28.

Dienstreisen.[97] Der Versicherungsschutz entfällt aber regelmäßig, wenn alkoholische Getränke beschafft werden, da diese ohne Hinzutreten besonderer Umstände nicht der Erhaltung der Arbeitskraft dienen.[98] Beim Besorgen von Zigaretten durch einen nikotinabhängigen Versicherten hat das BSG einen Unfallversicherungsschutz in Betracht gezogen, wenn der Zigarettengenuss wie die Nahrungsaufnahme unabweisbar notwendig ist.[99]

f) Schlägerei, Tätlichkeiten und sonstige Straftaten. Versicherungsfälle im Zusammenhang mit einer Schlägerei oder Tätlichkeiten im Betrieb stehen unter Unfallversicherungsschutz, wenn ein innerer Zusammenhang mit der versicherten Tätigkeit vorliegt. Dies ist anzunehmen, wenn **(1)** die Tätlichkeit am Arbeitsplatz, auf dem Betriebsweg oder auf dem Weg von oder nach dem Ort der Tätigkeit aus der Betriebszugehörigkeit unmittelbar hervorgegangen ist, ohne dass es eines betriebsbezogenen Tatmotivs bedarf, und wenn nicht ein Tatmotiv aus dem persönlichen Bereich von Täter oder Opfer zum Überfall geführt hat.[100] **(2)** Trotz eines persönlichen Tatmotivs besteht Versicherungsschutz, wenn besondere Verhältnisse bei der versicherten Tätigkeit (z. B. Dunkelheit, Umgebung) bzw. des Weges den Überfall erst ermöglicht oder wesentlich begünstigt haben.[101] **(3)** Wird der Beschäftigte hingegen während einer eigenwirtschaftlichen Tätigkeit überfallen und verletzt, fehlt es trotz eines betriebsbezogenen Tatmotivs des Täters an einem inneren Zusammenhang mit der versicherten Tätigkeit.[102] Versicherungsschutz besteht auch, wenn **(4)** der Versicherte zufällig oder auf Grund seiner Tätigkeit unausweichlich in die Gefahrenlage hineingeraten ist, dagegen nicht, wenn er sich den mit einer Schlägerei zusammenhängenden Gefahren aus eigenem Entschluss ausgesetzt hat.[103] Kein Arbeitsunfall liegt vor bei der Vergewaltigung durch den Ausbilder außerhalb der Arbeitszeit und der Betriebsstätte.[104] 28

g) Selbsttötung.[105] Eine Selbsttötung ist als absichtliche Eigenverletzung wegen des fehlenden Bezugs zu einer versicherten Tätigkeit kein Arbeitsunfall. Wird die Selbsttötung oder ihr Versuch hingegen als Folge eines betriebsbedingten Ereignisses vorgenommen, kann sie Folge eines Arbeitsunfalls sein und Versicherungsschutz bestehen. Eine Selbsttötung ist jedenfalls dann ein Arbeitsunfall, wenn der Versicherte durch betriebsbedingte Umstände ein psychisches Trauma erleidet, dadurch in einen Zustand der wesentlichen Beeinträchtigung der Fähigkeit zur Willensbildung gerät und einen Suizid begeht.[106] 29

h) Vergütungszahlung. Unter Versicherungsschutz stehen alle mit dem Lohnempfang zusammenhängenden Tätigkeiten; hierzu zählt nicht die Einrichtung eines Girokontos, selbst wenn der Arbeitgeber die Kontoeröffnung verlangt hat.[107] Unerheblich ist hingegen, ob der Lohn am Fälligkeitstag abgeholt wird oder später, da der Zeitpunkt des Ganges zum Geldinstitut im Belieben des Versicherten steht. Geschützt ist der erstmalige Gang, auch wenn Angehörige bereits zuvor einen Teil des Lohnes abgeholt haben[108] oder das Konto ein Debetsaldo aufweist.[109] Nicht notwendig ist, dass mit dem Geldinstitut auch persönlicher Kontakt aufgenommen wird,[110] weshalb auch die Abhebung an einem Geldautomat grundsätzlich vom Versicherungsschutz umfasst sein kann. 30

4. Verwahrung, Beförderung usw. von Arbeitsgerät. a) Arbeitsgeräte. Nach § 8 II Nr. 5 SGB VII sind versicherte Tätigkeiten auch das mit einer versicherten Tätigkeit zusammenhängende Verwahren, Befördern, Instandhalten und Erneuern eines Arbeitsgeräts oder einer Schutzausrüstung sowie deren Erstbeschaffung, wenn dies auf Veranlassung der Unternehmer erfolgt. Arbeitsgeräte sind vor allem Gerätschaften, die in ihrer technischen Gestaltung für die Betriebsarbeit geschaffen sind, aber auch solche Sachen, die zu anderen Zwecken verwendet 31

---

[97] BSG 29. 4. 1980 SozR 2200 § 548 Nr. 50 = BB 80, 1329; 23. 6. 1977 SozR 2200 § 548 Nr. 33 = DB 77, 1372.

[98] BSG 27. 6. 2000 AP 1 zu § 7 SGB VII = SozR 3–2200 § 548 Nr. 38.

[99] BSG 16. 12. 1971 SozR Nr. 15 zu § 550 RVO; 30. 6. 1960 BSGE 12, 254 = SozR Nr. 27 zu § 543 RVO a. F.

[100] BSG 29. 5. 1962 SozR Nr. 37 zu § 543 RVO; 31. 1. 1961 SozR Nr. 34 zu § 542 RVO.

[101] BSG 19. 3. 1996 SozR 3–2200 § 548 Nr. 28 = NJW 96, 2951.

[102] BSG 19. 12. 2000 SozR 3–2200 § 548 Nr. 41.

[103] BSG 15. 6. 1983 AP 11 zu § 611 BGB Rotes Kreuz; 7. 12. 1976 SozR 2200 § 548 Nr. 26.

[104] BSG 28. 4. 2004 SozR 4–2700 § 8 Nr. 5; 26. 6. 2001 SozR 3–2200 § 548 Nr. 42 = NJW 2002, 388.

[105] *Benz,* Leistungsansprüche in der gesetzlichen Unfallversicherung bei Selbstmord, NZS 99, 435.

[106] BSG 29. 2. 1984 USK 8455; 18. 12. 1962 AP 10 zu § 542 RVO = SozR Nr. 60 zu § 542 RVO.

[107] BSG 22. 1. 1976 BSGE 41, 141 = SozR 2200 § 548 Nr. 13.

[108] BSG 25. 1. 1977 SozR 2200 § 548 Nr. 28 = BSGE 43, 119.

[109] BSG 25. 1. 1977–2 Ru 43/76 – Beil. 10 zu DB 77 Nr. 29.

[110] BSG 17. 10. 1990 SozR 3–2200 § 548 Nr. 6 = NJW 91, 590 = NZA 91, 206.

werden können, sofern der Versicherte sich ihrer zur Verrichtung der Arbeit bedient.[111] Hierzu können Beförderungsmittel gehören,[112] dagegen im Allgemeinen nicht die Arbeitskleidung.[113] Auf die Eigentumsverhältnisse beim Arbeitsgerät kommt es nicht an.

32 **b) Versicherte Handlungen.** Die **Verwahrung** ist das Unterbringen des Arbeitsgeräts am Arbeitsplatz oder an einem anderen Ort; zur Verwahrung gehört als deren Gegenstück auch die Entwahrung. Das versehentliche Liegenlassen des Arbeitsgeräts erfüllt diesen Begriff nicht.[114] Der Versicherungsschutz beschränkt sich auf die Verwahrungshandlung als solche und erstreckt sich nicht auf den Weg zum Verwahrungsort.[115] Dies gilt auch für das Verwahren im häuslichen Wirkungskreis.[116] Eine **Beförderung** liegt vor, wenn die Zurücklegung des zu diesem Zweck unternommenen Weges von der Absicht, die Sache nach einem anderen Ort zu schaffen, derart maßgebend geprägt wird, dass die Fortbewegung der eigenen Person demgegenüber als nebensächlich zurücktritt. Kein Versicherungsschutz besteht daher, wenn das Arbeitsgerät lediglich mitgeführt wird.[117] Nach der Beförderung besteht auf dem Rückweg auch dann Versicherungsschutz, wenn dieser ohne Arbeitsgerät zurückgelegt wird.[118] Eine **Instandhaltung** liegt vor, wenn das Arbeitsgerät gewartet, repariert oder gereinigt wird. Das setzt nicht voraus, dass das Arbeitsgerät bereits in dem Unternehmen, dem ein Unfall zugerechnet werden soll, benutzt worden ist. Eine **Erneuerung** des Arbeitsgerätes liegt vor, wenn der Versicherte bereits ein gleichartiges Arbeitsgerät benutzt hat, dieses durch die Arbeit im Unternehmen abgenutzt oder verbraucht war. Die **Erstbeschaffung** war nach der RVO nicht geschützt. Insoweit ist das Gesetz über die bisherige Rechtsprechung[119] hinausgegangen.

33 **5. Berufskrankheiten.**[120] **a) Begriff.** Versicherungsfälle in der gesetzlichen Unfallversicherung sind neben Arbeitsunfällen auch Berufskrankheiten. Dies sind Krankheiten, die **(1)** die Bundesregierung durch RechtsVO mit Zustimmung des Bundesrates als Berufskrankheiten bezeichnet und **(2)** die Versicherte bei den in §§ 2, 3 oder 6 SGB VII genannten Tätigkeiten erleiden. Auf Grund von § 9 I, VI und § 193 VIII SGB VII ist die BerufskrankheitenVO vom 31. 10. 1997 (BGBl. I S. 2623) ergangen, der eine umfangreiche Liste der Berufskrankheiten angefügt ist.

34 **b) Fortschreibung.** Die Unfallversicherungsträger haben eine Krankheit, die nicht in der RechtsVO bezeichnet ist oder bei der die dort bestimmten Voraussetzungen nicht vorliegen, wie eine Berufskrankheit als Versicherungsfall anzuerkennen, sofern im Zeitpunkt der Entscheidung nach neuen Erkenntnissen der medizinischen Wissenschaft die Voraussetzungen für eine Bezeichnung nach § 9 I 2 SGB VII vorliegen (§ 9 II SGB VII). Hat sich der Erkenntnisstand der medizinischen Wissenschaft nach der Einführung der Berufskrankheiten weiter entwickelt und, dürfen und müssen Verwaltung und Gerichte den Inhalt der Berufskrankheiten entsprechend weiter bestimmen.[121]

35 **c) Kausalität.** Der Versicherte hat wie bei einem Arbeitsunfall nur Versicherungsschutz, wenn die in der BKVO bezeichnete Erkrankung infolge einer nach §§ 2, 3 oder 6 SGB VII bezeichneten Tätigkeit aufgetreten ist. Auch insoweit ist zu unterscheiden zwischen dem inneren Zusammenhang und der haftungsbegründenden und -ausfüllenden Kausalität. Es muss eine besondere Wahrscheinlichkeit bestehen, dass die Erkrankung auf die versicherte Tätigkeit zurückzuführen ist.[122] Von dieser allgemeinen Regel enthält § 9 III SGB VII eine Ausnahme. Erkranken Versicherte, die infolge der besonderen Bedingungen ihrer versicherten Tätigkeit in

[111] BSG 13. 12. 1984 SozR 2200 § 549 RVO Nr. 9 = BSGE 57, 260; 26. 7. 1977 SozR 2200 § 550 Nr. 32; 17. 12. 1975 SozR 2200 § 549 RVO Nr. 3.

[112] BSG 23. 2. 1966 SozR Nr. 59 zu § 543 a RVO a. F. = NJW 66, 1775; 20. 12. 1961 Nr. 35 zu § 543 RVO = NJW 62, 1174.

[113] Bejaht bei Arbeitshose, die zum Schutz vor Verunreinigungen getragen wird: BSG 27. 7. 1989 SozR 2200 § 549 Nr. 10 = NZA 90, 78.

[114] BSG 14. 11. 1974 SozR 2200 § 549 RVO Nr. 1.

[115] BSG 12. 12. 2006 SozR 4–2700 § 8 Nr. 20.

[116] BSG 13. 12. 1984 SozR 2200 § 549 RVO Nr. 9 = BSGE 57, 260; 30. 9. 1980 SozR 2200 § 549 Nr. 7; 27. 6. 1978 SozR 2200 § 549 Nr. 6; 23. 2. 1966 SozR Nr. 59 zu § 543 a RVO a. F. = NJW 66, 1775.

[117] BSG 28. 4. 2004 SozR 4–2700 § 8 Nr. 5; 7. 11. 2000 SozR 3–2700 § 8 Nr. 3 = NJW 2002, 84.

[118] BSG 13. 12. 1984 SozR 2200 § 549 RVO Nr. 9 = BSGE 57, 260.

[119] Dazu BSG 31. 1. 1969 SozR Nr. 12 zu § 548 RVO = BB 69, 493.

[120] *Koch,* Berufskrankheiten, AR-Blattei SD 1000.6.

[121] BSG 12. 4. 2005 SozR 4–2700 § 9 Nr. 5.

[122] BSG 30. 5. 1988 NZA 88, 823.

erhöhtem Maße der Gefahr der Erkrankung an einer in der RechtsVO genannten Berufskrankheit ausgesetzt waren, an einer solchen Krankheit und können Anhaltspunkte für eine Verursachung außerhalb der versicherten Tätigkeit nicht festgestellt werden, wird vermutet, dass diese infolge der versicherten Tätigkeit verursacht worden ist. Allerdings muss die besondere Gefährlichkeit bei der Ausübung der versicherten Tätigkeit feststellbar sein.

6. Wegeunfall.[123] **a) Grundsatz.** Zu den Arbeitsunfällen zählen ferner die sog. Wegeunfälle (§ 8 II Nr. 1 bis 4 SGB VII). Allerdings bestehen Unterschiede zum Arbeitsunfall nach § 8 I SGB VII. Wegeunfälle sind zwar in der gesetzlichen Unfallversicherung versichert und können zu Leistungsansprüchen führen, jedoch gilt für sie das Haftungsprivileg der §§ 104ff. SGB VII (dazu RN 55) nicht. Für Wegeunfälle im Straßenverkehr kann für den Geschädigten aber Versicherungsschutz nach dem PflichtversicherungsG bestehen. Ist bei einem Wegeunfall eine Tätigkeit nach mehreren Vorschriften des § 2 SGB VII versichert, geht die Versicherung vor, der die Tätigkeit vorrangig zuzurechnen ist (§ 135 VI SGB VII); das BSG stellt dabei maßgeblich auf den Zielort des Weges ab.[124] 36

b) Innerer Zusammenhang. Wie in § 550 I RVO ist nach § 8 II Nr. 1 SGB VII der Versicherungsschutz für die Wege nach und von dem Ort der Tätigkeit (versicherter Weg) nicht auf die Wege zwischen Wohnung und Arbeitsstätte beschränkt. Die Vorschrift verlangt nur, dass die Arbeitsstätte Ziel oder Ausgangspunkt des Weges ist; der andere Grenzpunkt des Weges ist nach wie vor gesetzlich nicht festgelegt. Allerdings steht nicht jeder Weg, der zur Arbeitsstätte führt oder von ihr aus begonnen wird, unter Versicherungsschutz. Vielmehr ist es erforderlich, dass der Weg mit der versicherten Tätigkeit rechtlich zusammenhängt. Das BSG verlangt wegen des Gesetzeswortlauts einen inneren Zusammenhang zwischen dem Weg und der betrieblichen Tätigkeit. Dieser setzt voraus, dass der Weg, den der Versicherte zurücklegt, wesentlich dazu dient, den Ort der Tätigkeit oder nach deren Beendigung – in der Regel – die eigene Wohnung oder einen anderen Endpunkt des Weges von dem Ort der Tätigkeit zu erreichen. Maßgebend ist dabei die Handlungstendenz des Versicherten, so wie sie insbesondere durch die objektiven Umstände des Einzelfalles bestätigt wird. Der auf einem Wegeunfall erlittene Schaden ist nur versichert, wenn er mit der Tätigkeit im Unternehmen zusammenhängt; d. h. es besteht kein Versicherungsschutz, wenn der Versicherte auf dem Arbeitsweg einer ausschließlich in seiner privaten Sphäre entstandenen Gefahr erlegen ist, z. B. in ein Frühstücksmesser greift, das ihm sein Kind in die Aktentasche gelegt hat.[125] Rührt die Gefahr hingegen nicht aus dem privaten Bereich, ist es für den Versicherungsschutz unerheblich, auf welche Ursachen der Unfall zurückzuführen ist.[126] Er besteht nicht nur gegen Verkehrsgefahren, sondern auch gegenüber allgemeinen Gefahren (herabfallende Dachziegel). Unerheblich ist die Art der Zurücklegung des Weges und die Wahl der Verkehrsmittel oder ob sich der Arbeitnehmer vor dem Heimweg mehrere Stunden vor der Arbeit gedrückt hat.[127] Zur haftungsausfüllenden Kausalität RN 53. 37

c) Abgrenzung zum Betriebsweg. Von dem durch § 8 II SGB VII versicherten Weg sind die Betriebswege zu unterscheiden. Dies sind Wege, die in Ausübung der versicherten Tätigkeit zurückgelegt werden; für diese besteht Versicherungsschutz nach § 8 I SGB VII. Der Weg muss im unmittelbaren Betriebsinteresse unternommen worden sein und nicht lediglich der versicherten Tätigkeit voraus gehen.[128] Die Abgrenzung eines Arbeitsunfalls auf einem Betriebsweg (§ 8 I SGB VII) von einem Unfall auf einem versicherten Weg (§ 8 II Nr. 1–4 SGB VII) richtet sich nicht allein der Unfallort, sondern auch nach dem Zusammenhang mit dem Betrieb und der Tätigkeit des Versicherten und danach, ob er Ausdruck der betrieblichen Verbindung zwischen ihm und dem Unternehmen ist, deretwegen das Haftungsprivileg nach § 105 SGB VII besteht.[129] Hingegen ist für die Einordnung als Betriebsweg letztlich nicht entscheidend, ob die Örtlichkeit der Organisation des Arbeitgebers unterliegt. Der direkte Weg von und zu einer auswärtigen Arbeitsstätte im eigenen Kraftfahrzeug ist regelmäßig versicherter Weg und keine betriebliche Tätigkeit i. S. d. § 8 I SGB VIII, wenn er von der Wohnung oder einem dritten Ort 37a

---

[123] *Krasney,* Zum Versicherungsschutz nach § 8 Abs. 2 Nrn. 1 und 2 SGB VII auf den Wegen nach und von dem Ort der Tätigkeit, ZTR 2003, 12.

[124] BSG 7. 2. 2006 SozR 4–2700 § 135 Nr. 1.

[125] BSG 26. 1. 1978 SozR 2200 § 550 Nr. 37 = DB 78, 1891.

[126] Vgl. BVerwG 30. 6. 1988 NJW 89, 184.

[127] BSG 2. 11. 1988 SozR 2200 § 550 Nr. 81 = NJW 90, 269 = NZA 90, 79.

[128] BAG 19. 8. 2004 AP 4 zu § 104 SGB VII; BSG 7. 11. 2000 SozR 3–2700 § 8 Nr. 3 = NJW 2002, 84.

[129] BGH 25. 10. 2005 AP 1 zu § 8 SGB VII.

angetreten wird. Dies gilt auch, wenn der Arbeitnehmer wegen der auswärtigen Beschäftigung eine Auslösung erhält.[130] Etwas anderes kann bei Fahrten der Betriebsangehörigen von ihrem Betrieb zu einer auswärts gelegenen Arbeitsstelle mit einem eigenen oder werkseigenen Fahrzeug gelten. Diese stellen eine versicherte Tätigkeit (§ 8 I SGB VII) dar, wenn sie durch die Beschäftigung im Betrieb veranlasst sind.[131] Gleiches gilt unabhängig von dem Ort von bzw. zu dem befördert wird, wenn die Fahrt vom Arbeitgeber als sog. **Werksverkehr** bzw. Sammeltransport organisiert und durchgeführt wird,[132] selbst wenn der Arbeitnehmer die Beförderung nur als Mitfahrgelegenheit nutzt.[133]

38 **d) Beginn des Arbeitswegs. aa) Wohnung.** In aller Regel wird der Weg zum Ort der Tätigkeit vom häuslichen Bereich angetreten. Der versicherte Weg beginnt beim Verlassen der Tür des vom Versicherten bewohnten Gebäudes. Bei einem Mehrfamilienhaus beginnt der Arbeitsweg daher hinter der Außentür und nicht bereits hinter der Wohnungstür.[134] Ein Unfall beim Durchschreiten der Außentür ist bereits mitversichert. Bei Unterbringung für den Weg genutzter Fahrzeuge in einer vom Hausinnern erreichbaren Garage beginnt der Versicherungsschutz mit Verlassen der Garage; kann die Garage nur von außen betreten werden, besteht Versicherungsschutz ab Verlassen der Haustür, auch wenn die Garage noch einmal betreten wird.[135] Ausnahmsweise können zwei räumlich nicht zu weit getrennte Teilbereiche einer Wohnung eine Wohnung darstellen. Dies kann z.B. der Fall sein, wenn die Bereiche sich ergänzen. Der eine dient zum Wohnen; der andere zum Schlafen.[136]

39 **bb) Familienwohnung.** § 8 II Nr. 4 SGB VII erweitert den Versicherungsschutz für das Zurücklegen des mit der versicherten Tätigkeit zusammenhängenden Weges von und nach der ständigen Familienwohnung, wenn der Versicherte wegen der Entfernung seiner Familienwohnung von dem Ort der Tätigkeit an diesem oder in dessen Nähe eine Unterkunft hat. Der Begriff der Familienwohnung setzt kein Familienverhältnis i. S. des BGB voraus;[137] auch Alleinstehende und Personen in einer nicht rechtlich besonders geschützten Lebensgemeinschaft können eine Familienwohnung i. S. d. § 8 II Nr. 4 SGB VII bewohnen. Sie muss aber für eine nicht unerhebliche Zeit der Lebensmittelpunkt des Versicherten sein, eine Fahrt zu einem Treffen mit der „Familie" bei Dritten, z.B. Verwandten ist nicht versichert. Ob der Versicherte an einem anderen Ort eine ständige Familienwohnung hat, ist im Rahmen einer Gesamtbewertung zu entscheiden, maßgeblich sind dabei u. a. die Reichweite und der Umfang seiner sozialen Kontakte.[138] Auf die Beweggründe für die Fahrt zur Familienwohnung kommt es nicht an.[139] Versicherungsschutz besteht auch bei einem Unfall, wenn der Weg zu einer außerhalb der Bundesrepublik gelegenen Familienwohnung mit dem Pkw zurückgelegt wird und der Versicherte wegen Übermüdung verunglückt.[140]

40 **cc) Dritter Ort.** Wird der Weg zum Arbeitsort nicht von der Wohnung, sondern von einem dritten Ort angetreten, kann Versicherungsschutz bestehen. Die früher gegenteilige Ansicht hat das BSG ist aufgegeben.[141] Ist nicht der häusliche Bereich, sondern ein „dritter Ort" Ausgangspunkt bzw. Endpunkt des nach oder von dem Ort der Tätigkeit angetretenen Weges, ist für den inneren Zusammenhang mit der versicherten Tätigkeit (RN 37) entscheidend, ob dieser Weg noch von dem Vorhaben des Versicherten wesentlich geprägt ist, sich zur Arbeit zu begeben oder von dieser zurückzukehren. Hierzu ist erforderlich, dass **(1)** der Weg vom oder zum dritten Ort in einem angemessenen Verhältnis zu dem üblicherweise zur oder von der Arbeitsstätte zurückgelegten Weg stehen muss und **(2)** der Aufenthalt an dem dritten Ort selbst bei objekti-

---

[130] BGH 24. 10. 1967 AP 3 zu § 637 RVO = NJW 63, 250 – Teilnahme am allgemeinen Verkehr.

[131] BAG 24. 6. 2004 AP 3 zu § 104 SGB VII; BGH 13. 1. 1976 NJW 76, 673; 8. 5. 1973 AP 7 zu § 636 RVO = NJW 73, 1326; 2. 11. 1971 VersR 72, 145; OLG Köln 31. 1. 2002 VersR 2002, 1109.

[132] BAG 30. 10. 2003 AP 2 zu § 104 SGB VII; BGH 2. 12. 2003 NJW 2004, 949.

[133] BGH 9. 3. 2004 NZA 2004, 1165.

[134] BSG 7. 11. 2000 SozR 3–2700 § 8 Nr. 3 = NJW 2002, 84; 11. 12. 1973 SozR Nr. 26 zu § 550 RVO = BSGE 37, 36; 30. 9. 1964 SozR Nr. 52 zu § 543 RVO a. F. = BSGE 22, 10; 13. 3. 1956 AP 5 zu § 543 RVO = NJW 57, 37; LSG Schleswig-Holstein 2. 6. 1999 NZS 99, 511.

[135] BSG 31. 5. 1988 SozR 2200 § 550 Nr. 80 = NZA 89, 447; 27. 10. 1976 SozR 2200 § 550 Nr. 22 = BSGE 42, 293.

[136] BSG 23. 6. 1977 SozR 2200 § 539 Nr. 36 = BSGE 44, 100; 23. 6. 1977 SozR 2200 § 550 Nr. 31.

[137] BSG 23. 6. 1977 SozR 2200 § 539 Nr. 36 = BSGE 44, 100; 23. 6. 1977 SozR 2200 § 550 Nr. 31.

[138] BSG 10. 10. 2002 SozR 3–2200 § 550 Nr. 22.

[139] BSG 18. 10. 1994 SozR 3–2200 § 550 Nr. 10 = NZS 95, 136.

[140] BSG 29. 10. 1986 SozR 2200 § 550 Nr. 73 = NZA 87, 183.

[141] BSG 18. 10. 1994 SozR 3–2200 § 550 Nr. 10 = NZS 95, 136; 30. 3. 1988 SozR 2200 § 550 Nr. 78 = MDR 88, 893; 27. 8. 1987 SozR 2200 § 550 Nr. 76 = NZA 88, 142.

ver Betrachtung mindestens zwei Stunden dauerte bzw. dauern sollte.[142] Bei der Prüfung des inneren Zusammenhangs berücksichtigt das BSG neben der Angemessenheit der Wegstrecke und der Aufenthaltsdauer zu Gunsten des Versicherten auch die Gründe für seinen Aufenthalt an dem dritten Ort. Werden dort nur Verrichtungen des täglichen Lebens erledigt, die keinerlei Bezug zur versicherten Tätigkeit an sich haben, spricht dies eher gegen einen inneren Zusammenhang, als wenn der Versicherte dort Tätigkeiten ausübt, die zumindest mittelbar auch dem Betrieb zugute kommen sollen, wie z.B. dringende Arztbesuche zur Erhaltung oder Wiederherstellung der Arbeitsfähigkeit. Für die Angemessenheit der Wegstrecke hat das Gericht bisher keine festen Größen vorgegeben, es hat die Unangemessenheit aber bejaht bei dem Zehnfachen der üblichen Entfernung.[143] Nicht um einen Wegantritt von einem dritten Ort handelt es sich, wenn dieser Punkt auf dem direkten Weg von bzw. zur Wohnung befindet; in diesem Fall sind die Regelungen über die Unterbrechung des Arbeitswegs anzuwenden.[144]

e) Versicherter Weg. aa) Der Versicherte ist in der Wahl des Weges grundsätzlich frei.[145] **41**
Anderseits ist der Gesetzgeber nicht verpflichtet, das Abweichen von dem unmittelbaren Weg von und zur Arbeitsstätte unter den Versicherungsschutz der gesetzlichen Unfallversicherung zu stellen. Uneingeschränkter Versicherungsschutz besteht nur, wenn der Versicherte entsprechend den Möglichkeiten des von ihm gewählten Verkehrsmittels den direkten Weg von und zur Arbeitsstätte wählt.[146] Entscheidet sich der Versicherte für einen Umweg oder Abweg, kann dies zu einer Unterbrechung des Versicherungsschutzes oder seinem Verlust führen.

bb) Unterbrechung. Nach der Rspr. des BSG[147] sind Wegeunterbrechungen zu privaten **42**
Zwecken grundsätzlich unversichert, wenn sie nicht von nur geringfügiger Dauer sind. Eine Unterbrechung des Versicherungsschutzes auf dem Weg von und nach der Arbeitsstätte kann eintreten, wenn der Weg nicht mehr in Zielrichtung zu einem der Grenzpunkte fortgesetzt, sondern **(1)** ein anderer Weg eingeschoben (RN 43, 44) oder **(2)** der Weg zeitlich unterbrochen wird (RN 45).[148] Gleiches gilt, wenn **(3)** der Weg von und nach der Arbeitsstätte so zurückgelegt wird, dass der Arbeitsort entweder früher als 2 Stunden vor Arbeitsbeginn erreicht oder 2 Stunden nach Arbeitsende angetreten wird.[149] Ob Versicherungsschutz während der Unterbrechung besteht, ist danach zu beurteilen, ob die Unterbrechung einer Verrichtung dient, die im inneren Zusammenhang mit der versicherten Tätigkeit steht oder für eine private Besorgung eingeschoben wird. Ein innerer Zusammenhang wird bejaht, wenn der Grund für die Tätigkeit nicht vorhersehbar ist und sie zur Aufrechterhaltung oder Fortsetzung der versicherungspflichtigen Beschäftigung dient. Stellt z.B. ein Pendler, der den Kraftwagen und die Eisenbahn benutzt, seinen Kraftwagen vor dem Umsteigen in die Bahn in eine Garage ein, besteht noch Versicherungsschutz,[150] ebenso bei einer unvorhergesehenen Reparatur oder plötzlich notwendigem Auftanken des Fahrzeuges während des Heimwegs,[151] einem durch eine plötzliche Krankheit erforderlichen Arztbesuch oder für die Medikamentenbeschaffung, um die Beschäftigung unverzüglich fortsetzen zu können,[152] dem unerwartet für die Weiterfahrt erforderlichen Schneeräumen[153] oder dem Holen von in der Wohnung vergessenen arbeitsnotwendigen Gegenständen.[154] Fehlt es an einem inneren Zusammenhang, besteht für die Zeit der Unterbrechung kein Versicherungsschutz. Eine versicherungsschädliche Unterbrechung ist von der Rechtsprechung ange-

---

[142] BSG 24. 6. 2003 – B 2 U 40/02 R – NZA 2003, 1018; 3. 12. 2002 SozR 3–2700 § 8 Nr. 12; 3. 12. 2002 SozR 3–2700 § 8 Nr. 14 = NJW 2003, 2044; 2. 5. 2001 SozR 3–2700 § 8 Nr. 6 = NZA 2001, 1016; 5. 5. 1998 SozR 3–2200 § 550 Nr. 18 = NJW 98, 3292.

[143] BSG 3. 12. 2002 SozR 3–2700 § 8 Nr. 12.

[144] BSG 12. 6. 1990 SozR 3–2200 § 550 Nr. 2 = NZA 91, 37.

[145] BSG 14. 11. 1984 SozR 2200 § 550 Nr. 67; 6. 4. 1960 AP 17 zu § 543 RVO; BAG 25. 5. 2000 AP 8 zu § 611 BGB Parkplatz = NJW 2000, 3369 = NZA 2000, 1052.

[146] BSG 19. 10. 1982 USK 82210.

[147] Verfassungsmäßigkeit bejaht BVerfG 30. 11. 2004 SozR 4–2700 § 8 Nr. 8 = NJW 2005, 816.

[148] BSG 26. 1. 1988 SozR 2200 § 550 Nr. 77 = NJW 88, 2759 = NZA 88, 747; 25. 1. 1977 SozR § 550 Nr. 26 = BSGE 43, 113; 22. 1. 1976 SozR 2200 § 548 Nr. 13 = BSGE 41, 141.

[149] BSG 19. 8. 1975 SozR 2200 § 550 Nr. 6.

[150] BSG 29. 4. 1970 SozR Nr. 8 zu § 550 RVO = BSGE 31, 143.

[151] BSG 24. 1. 1995 SozR 3–2200 § 548 Nr. 23 = NJW 96, 77; 14. 12. 1978 SozR 2200 § 550 Nr. 39; 28. 2. 1962 AP 27 zu § 543 RVO = NJW 62, 1270; einschränkend Hessisches LSG 14. 9. 1984 NZA 85, 168.

[152] BSG 7. 9. 2004 SozR 4–2700 § 8 Nr. 6; 18. 3. 1997 SozR 3–2200 § 550 Nr. 16 = NJW 97, 3046.

[153] BSG 28. 6. 1988 – 2 RU 14/88 – USK 88112.

[154] BSG 25. 1. 1977 SozR 2200 § 550 Nr. 25 – Brille; 26. 5. 1977 – 2 RU 97/75 – USK 77139 – Zahnvollprothese; 29. 1. 1959 SozR Nr. 11 zu § 543 RVO – Spindschlüssel.

nommen worden bei einem Einkauf von Lebensmitteln für private Bedürfnisse,[155] dem Auftanken des Kraftfahrzeuges für den Heimweg während der Arbeitspause oder dem Arbeitsweg,[156] bei einem Besuch der Eltern auf dem Heimweg,[157] einem Verwandtenbesuch auf einer Dienstreise[158] oder dem Arztbesuch auf dem Weg von und zur Arbeitsstätte.[159] Unterbricht ein Versicherter die Fahrt zu oder von der Arbeitsstätte für eine private Verrichtung, so wird der Versicherungsschutz mit dem Verlassen des Fahrzeugs unterbrochen; er lebt erst mit der Fortsetzung der Fahrt wieder auf.[160] Dauerte die Unterbrechung nicht länger als zwei Stunden und wird anschließend der Weg von und nach der Arbeitsstätte fortgesetzt, besteht für diesen wieder Versicherungsschutz, ansonsten entfällt dieser.[161] Ist nicht feststellbar, dass die Unterbrechung länger als zwei Stunden gedauert oder die Art der Verrichtungen während der Unterbrechung den betrieblichen Zusammenhang verdrängt hat, steht der danach fortgesetzte Heimweg unter Versicherungsschutz.[162]

43 **cc) Umweg.** Der Versicherungsschutz wird regelmäßig unterbrochen bei Umwegen; ein Umweg ist dann gegeben, wenn der Versicherte zwar den Zielpunkt des Arbeitswegs beibehält, sich die kürzeste Wegstrecke im beschriebenen Sinne nicht unbedeutend verlängert. Der Versicherungsschutz bleibt erhalten, wenn **(1)** der Umweg nur unbedeutend ist oder **(2)** der nicht nur unbedeutende Umweg wesentlich zur Zurücklegung des Weges dient und für die Wahl des Umweges keine Gründe maßgebend waren, die allein oder überwiegend dem privaten Lebensbereich zuzurechnen sind. Der Versicherungsschutz bleibt danach bestehen bei ganz kleinen, zu privaten Zwecken dienenden Umwegen, die nur zu einer unbedeutenden Verlängerung des Weges führen, wenn die private Besorgung im Bereich der Straße selbst und daher „so im Vorbeigehen" erledigt wird.[163] So stellt der Griff in einen Papierkorb an der Bushaltestelle, um einen versehentlich weggeworfenen Gegenstand herauszuholen, keine Unterbrechung der versicherten Tätigkeit dar.[164] Ebenso steht ein Umweg von und nach dem Ort der Tätigkeit unter Versicherungsschutz, wenn die Wahl der weiteren Wegstrecke aus der durch objektive Gegebenheiten erklärbaren Sicht des Versicherten zuzurechnen wäre. Dies ist der Fall, wenn die Wegstrecke weniger zeitaufwendig, sicherer, übersichtlicher, besser ausgebaut oder kostengünstiger als der entfernungsmäßig kürzeste Weg ist, z. B. bei Umgehung einer verkehrstechnisch schlechten Wegstrecke bzw. Benutzung einer weniger verkehrsreichen oder schneller befahrbaren Straße,[165] Parken außerhalb des verkehrsmäßig überfüllten Stadtzentrums,[166] Abholens des Werkzeugschrankschlüssels,[167] einem Aufenthalt zur Erfrischung[168] oder weil sich der Versicherte ohne sein Verschulden verfahren hat.[169] Etwas anderes gilt, wenn der Grund für das Abweichen von

---

[155] BSG 11. 5. 1995 NJW 95, 2942 = BB 95, 1752; 21. 8. 1991 SozR 3–2200 § 550 Nr. 4 = NZA 92, 238; 25. 2. 1972 AP 1 zu § 550 RVO = SozR Nr. 18 zu § 550 RVO; LSG Schleswig-Holstein 31. 8. 2000 NZS 2001, 272.

[156] BSG 11. 8. 1998 SozR 3–2200 § 550 Nr. 19 = NJW 99, 84; 24. 1. 1995 SozR 3–2200 § 548 Nr. 23 = NJW 96, 77; 24. 5. 1984 BB 84, 2066; 20. 12. 1961 AP 24 zu § 543 RVO = NJW 62, 1174; LSG Schleswig-Holstein 5. 11. 1998 NZS 99, 198.

[157] BSG 21. 1. 1997 BB 97, 1642.

[158] BSG 27. 5. 1997 AuA 98, 99; 31. 5. 1996 SozR 3–2200 § 550 Nr. 13 = NZS 97, 36; 14. 12. 1995 SozR 3–2200 § 548 Nr. 25 = BB 96, 856.

[159] BSG 12. 6. 1990 SozR 3–2200 § 550 Nr. 2 = NZA 91, 37; 27. 8. 1987 SozR 2200 § 550 Nr. 76 = NZA 88, 142; 31. 8. 1972 DB 72, 1976; 28. 8. 1964 SozR Nr. 51 zu § 543 RVO a. F. = NJW 65, 172.

[160] BSG 9. 12. 2003 BSGE 91, 293 = SozR 4–2700 § 8 Nr. 3.

[161] BSG 24. 10. 1985 SozR 2200 § 548 Nr. 76 = NZA 86, 541; 30. 8. 1979 SozR 2200 § 550 Nr. 41 = BSGE 49, 16; 28. 4. 1976 SozR 2200 § 550 Nr. 12.

[162] BSG 20. 8. 1987 SozR 2200 § 550 Nr. 75; offengelassen aber von BSG 5. 5. 1994 SozR 3–2200 § 550 Nr. 8 = NJW 95, 213; a. A. wohl BSG 11. 9. 2001 SozR 3–2700 § 8 Nr. 9.

[163] Dazu BSG 24. 6. 2003 – B 2 U 40/02 R – NZA 2003, 1018 – Geldautomat; 11. 9. 2001 SozR 3–2700 § 8 Nr. 9 = NZS 2002, 161; 2. 7. 1996 SozR 3–2200 § 550 Nr. 14 = NJW 97, 2260; 5. 5. 1994 SozR 3–2200 § 550 Nr. 8 = NJW 95, 213; 19. 3. 1991 SozR 3–2200 § 548 Nr. 8 = NZA 91, 825; 29. 6. 1971 DB 71, 1532; 28. 4. 1960 AP 19 zu § 543 RVO a. F. = NJW 60, 1686; 16. 4. 1957 AP 1 zu § 543 RVO a. F.

[164] BSG 19. 10. 1982 SozR 2200 § 550 Nr. 53 = NJW 83, 647.

[165] BSG 9. 12. 1993 SozR 3–2200 § 550 Nr. 7; 25. 2. 1976 SozR 2200 § 550 Nr. 10; 6. 4. 1960 AP 17 zu § 543 RVO = SozR Nr. 21 zu § 543 RVO; 2. 6. 1959 AP 6 zu § 543 RVO = SozR Nr. 13 zu § 543 RVO.

[166] BSG 29. 4. 1970 SozR Nr. 8 zu § 550 RVO.

[167] BSG 19. 10. 1982 USK 82 210.

[168] BSG 25. 5. 1961 RegNr. 12 440.

[169] BSG 9. 12. 1993 SozR 3–2200 § 550 Nr. 7; 2. 6. 1959 AP 6 zu § 543 RVO = SozR Nr. 13 zu § 543 RVO a. F.

dem versicherten Weg auf das Verhalten des Versicherten selbst oder in seiner Person begründete Umstände zurückzuführen ist.[170] Lässt sich nicht feststellen, ob der Umweg im inneren Zusammenhang mit dem Arbeitsweg stand oder nur geringfügig war, besteht kein Versicherungsschutz.[171]

dd) Abweg. Ein Abweg liegt dagegen vor, wenn sich der Versicherte zunächst in entgegengesetzter Richtung bewegt, dann aber den Arbeitsweg antritt. Bei Abwegen besteht kein Versicherungsschutz, es sei denn, es liegt ein innerer Zusammenhang mit der versicherten Tätigkeit vor.[172] Dies kann z.B. der Fall sein, wenn der Versicherte nach Hause zurückkehrt, um einen für die Arbeitsausübung erforderlichen Gegenstand zu holen, den er zuvor vergessen hatte. Beendet der Versicherte den Abweg und kehrt er auf dem direkten Weg von und zur Arbeitsstätte zurück, steht er wieder unter Versicherungsschutz.[173] 44

ee) Zeitliche Unterbrechung. Zu einem Verlust des Versicherungsschutzes durch eine sog. Lösung vom Betrieb kann es kommen, wenn der Weg von oder nach dem Ort der Tätigkeit vor Erreichen des anderen Grenzpunktes durch längere private Tätigkeiten unterbrochen wird. Der Versicherungsschutz besteht bis zum Eintreffen an dem Ort der Unterbrechung, lebt aber nicht wieder auf, wenn aus Art und Dauer der Unterbrechung auf eine endgültige Lösung des Zusammenhangs mit der versicherten Tätigkeit geschlossen werden kann; sie kommt insbesondere in Betracht bei einer Unterbrechung des versicherten Weges von mehr als 2 Stunden[174] oder wenn auf andere Weise erkennbar wird, dass kein innerer Zusammenhang zum Arbeitsweg mehr vorliegt. Es besteht daher kein Unfallversicherungsschutz mehr, wenn der Weg von dem anderen Ort zum ursprünglichen Zielort fortgesetzt wird. 45

ff) Kinderbetreuung. Das Abweichen vom unmittelbaren Weg nach und von dem Ort der Tätigkeit (RN 43) führt dann nicht zur Unterbrechung des Versicherungsschutzes, wenn dieses dadurch bedingt ist, dass ein im gemeinsamen Haushalt lebendes Kind wegen eigener oder der Berufstätigkeit des Ehegatten fremder Obhut anvertraut wird oder mit anderen Berufstätigen oder Versicherten gemeinsam ein Fahrzeug benutzt werden soll (§ 8 II Nr. 2 SGB VII).[175] Kinder von Versicherten sind Kinder i.S. von § 56 SGB I. Das Kind muss im gemeinsamen Haushalt leben. Lebt das Kind bei den Großeltern und besucht zum Wochenende seine Eltern, besteht kein Versicherungsschutz, wenn es am Montag zurückgebracht wird. Das Kind muss wegen der beruflichen Tätigkeit fremder Obhut anvertraut werden. Nicht notwendig ist, dass beide Elternteile berufstätig sind. Dagegen besteht kein Versicherungsschutz, wenn das Kind bei Erkrankung in fremder Obhut gelassen werden muss und sonstige Betreuungsmaßnahmen notwendig werden.[176] 46

gg) Fahrgemeinschaften. Ferner besteht Unfallversicherungsschutz bei Fahrgemeinschaften, wenn der Versicherte von dem unmittelbaren Weg zwischen der Wohnung und dem Ort der Tätigkeit abweicht, weil er mit anderen berufstätigen oder versicherten Personen gemeinsam ein Fahrzeug für den Weg nach und von dem Ort der Tätigkeit benutzt. Die Mitfahrer können in verschiedenen Betrieben oder Arbeitsstätten beschäftigt sein. Versicherungsschutz ist auch gegeben, wenn sich einzelne Teilnehmer nur unterwegs aufnehmen lassen und für einen Teil der Strecke befördert werden. Unerheblich ist, ob es sich um regelmäßige und dauerhafte Fahrgemeinschaften handelt.[177] Für Fahrtunterbrechungen, Umwege und Abwege der Fahrgemeinschaften gelten die allgemeinen Regeln über das Wiederaufleben des Versicherungsschutzes[178] (RN 41). 47

f) Ende des Arbeitswegs. Der Weg zum Ort der Tätigkeit endet regelmäßig mit dem Durchschreiten des Werktores. Spiegelbildlich stellt das Verlassen des Arbeitsplatzes einschließ- 48

---

170 BSG 24. 3. 1998 SozR 3–2200 § 550 Nr. 17 = NJW 98, 3294.

171 BSG 11. 9. 2001 SozR 3–2700 § 8 Nr. 9.

172 BSG 24. 10. 1985 SozR 2200 § 548 Nr. 76 = NZA 86, 541; 25. 1. 1977 SozR 2200 § 550 Nr. 24; 14. 11. 1974 SozR 2200 § 549 Nr. 1.

173 BSG 5. 8. 1997 NZA 88, 71 = BB 87, 2099 – Weg zur Gaststätte; 27. 8. 1987 SozR 2200 § 550 Nr. 76 = NZA 88, 142 – Arztbesuch.

174 BSG 5. 5. 1994 SozR § 550 Nr. 8 = NJW 95, 213; 24. 2. 1977 SozR 2200 § 550 Nr. 27; 28. 4. 1976 SozR 2200 § 550 Nr. 12; 19. 8. 1975 SozR 2200 § 550 Nr. 6; 28. 8. 1964 NJW 65, 172; 28. 6. 1963 AP 30 zu § 543 RVO = NJW 63, 1998; 16. 8. 1960 AP 23 zu § 543 RVO = SozR Nr. 29 zu § 543 RVO.

175 BSG 26. 3. 1986 SozR 2200 § 550 Nr. 72 = NJW 87, 518 = NZA 86, 765.

176 BSG 9. 12. 1976 SozR 2200 § 550 Nr. 23 = BSGE 43, 72.

177 BSG 28. 6. 1984 SozR 2200 § 550 Nr. 64 = NZA 85, 167; 15. 6. 1983 AP 4 zu § 550 RVO = NJW 83, 2959; vgl. auch BGH 14. 11. 1991 NJW 92, 498; *Mädrich* NJW 82, 859.

178 BSG 26. 1. 1988 SozR 2200 § 550 Nr. 77 = NJW 88, 2759 = NZA 88, 747.

lich des Weges auf dem Werksgelände bis zum Werktor regelmäßig noch eine betriebliche Tätigkeit dar. Der Arbeitsweg von dem Ort der Tätigkeit beginnt ebenfalls mit dem Durchschreiten oder Durchfahren des Werktores.[179] Für die auf dem Betriebsgelände zurückgelegten Wege (sog. Betriebs- bzw. Arbeitswege) besteht Versicherungsschutz nach § 8 I SGB VII (RN 37a).

49 **g) Wegeunfälle unter Alkoholeinfluss, Verstoß gegen Verkehrsregeln.** Bei durch Trunkenheit bedingten Wegeunfällen verneint das BSG dann einen Versicherungsschutz, wenn die Trunkenheit die alleinige relevante Ursache des Verkehrsunfalls war.[180] Die auf Alkoholgenuss zurückzuführende Fahruntüchtigkeit eines Kraftfahrers schließt den Schutz der gesetzlichen Unfallversicherung aus, wenn sie die unternehmensbedingten Umstände derart in den Hintergrund drängt, dass sie als die rechtlich allein wesentliche Ursache des Unfalls anzusehen ist. Das BSG nimmt bei einem Blutalkoholgehalt ab 1,1 Promille an, dass der Versicherte absolut fahruntauglich ist.[181] Die Beweislast ist dergestalt verteilt, dass der Versicherte bzw. die Hinterbliebenen die Beweislast für das Vorliegen und die Mitursächlichkeit anderer, betriebsbezogener Umstände tragen, der Versicherer für das Vorliegen und die Mitursächlichkeit alkoholbedingter Gründe hat. Hierfür können jedoch Indizien sprechen;[182] zum Versicherungsschutz der Mitfahrer.[183] Entspr. Grundsätze gelten, wenn der Unfall auf der Einnahme berauschend wirkender Medikamente (Valium) beruht.[184] Ein rechtswidriges Verhalten des Arbeitnehmers (Fahren ohne Führerschein) oder eine Straßenverkehrsgefährdung schließt den Unfallversicherungsschutz grundsätzlich nicht aus.[185]

50 **h) Kinder.** In § 8 II Nr. 3 SGB VII ist der Versicherungsschutz von Kindern erweitert, wenn diese von ihrem Weg abweichen, weil dies darauf beruht, dass die mit ihnen im gemeinsamen Haushalt Lebenden einer beruflichen Tätigkeit nachgehen und sie deswegen fremder Obhut übergeben.

51 **7. Körperschaden.** Ein Arbeits- bzw. Wegeunfall liegt nur dann vor, wenn der Versicherte einen Körperschaden erleidet. Zwar kann auch ein Sachschaden im Rahmen der allgem. Versicherung einen Unfall beinhalten; für den Unfallbegriff des SGB VII ist jedoch allein der Körperschaden maßgebend. Körperschaden ist jede physische oder psychische Beeinträchtigung. Dem Körperschaden gleichgestellt ist die **Beschädigung eines Körperersatzstückes** (Prothese, Zahnersatz), oder eines größeren orthopädischen Hilfsmittels z. B. Stützkorsett (§ 8 III SGB VII). Dazu gehören aber anders als nach § 33 I SGB V keine Hör- u. Sehhilfen (Brillen).[186]

52 **8. Kausalzusammenhang. a) Zweistufige Prüfung.** Zwischen der versicherten Tätigkeit und der zum Unfall führenden Verrichtung muss ein innerer Zusammenhang bestehen (dazu bereits RN 37). Die Rechtsprechung verwendet insoweit nicht mehr den Begriff der Kausalität, da es sich richtigerweise um eine Frage der Zurechnung handelt.[187] Jedoch bedarf es noch einer weiteren Prüfung der haftungsausfüllenden Kausalität, d. h. des Zusammenhangs zwischen dem Unfall und dem Körperschaden. Dabei werden die betriebliche und persönliche Risikosphäre im Hinblick auf den Schaden abgegrenzt. Die haftungsausfüllende Kausalität liegt vor, wenn zwischen Unfallereignis und dem Körperschaden ein rechtlich wesentlicher Zusammenhang besteht. Auch für die haftungsausfüllende Kausalität gilt die **Theorie der wesentlichen Bedingung.**[188] Danach sind Ursache oder Mitursache für einen Unfall solche Bedingungen, die

---

[179] BAG 14. 12. 2000 AP 1 zu § 105 SGB VII = NZA 2001, 549.

[180] BSG 25. 6. 1992 NJW 93, 87; 28. 6. 1979 AP 11 zu § 539 RVO = SozR 2200 § 548 Nr. 46; 20. 1. 1977 SozR 2200 § 548 Nr. 27 = BSGE 43, 110; 31. 8. 1972 SozR Nr. 36 zu § 548 RVO = NJW 73, 670; 30. 10. 1962 SozR Nr. 58 zu § 542 RVO = BSGE 18, 101; 30. 6. 1960 SozR Nr. 27 zu § 542 RVO = NJW 60, 1636; LSG Rheinland-Pfalz 31. 5. 1995 BB 95, 2483; zur Beurteilung der zivilrechtlichen Auswirkung: BGH 8. 5. 1973 AP 7 zu § 6363 RVO = NJW 73, 1326; 19. 12. 1967 AP 2 zu § 637 RVO.

[181] BSG 23. 9. 1997 DB 97, 2224; 20. 1. 1977 SozR 2200 § 548 Nr. 27 = NJW 78, 1212.

[182] LSG Schleswig-Holstein 11. 1. 2001 NZS 2001, 273.

[183] BSG 28. 2. 1961 SozR Nr. 37 zu § 542 RVO = NJW 61, 1600.

[184] BSG 27. 11. 1985 SozR 2200 § 548 Nr. 77 = NZA 86, 271.

[185] BGH 13. 1. 1976 NJW 76, 673 = DB 76, 683; BSG 19. 12. 2000 SozR 3–2200 § 550 Nr. 21 = NJW 2001, 3652; LSG Schleswig-Holstein 21. 4. 2008 NZS 2008, 490.

[186] BSG 10. 12. 1975 SozR 2200 § 548 Nr. 12 = BSGE 41, 61 zu Brillen.

[187] BSG 5. 5. 1994 SozR 2200 § 550 Nr. 9; 28. 6. 1988 SozR 2200 § 548 Nr. 92; 20. 1. 1987 SozR 2200 § 548 Nr. 84; 30. 4. 1985 SozR 2200 § 548 Nr. 70; 30. 1. 1985 SozR 2200 § 548 Nr. 68.

[188] BSG 26. 5. 1966 SozR Nr. 1 zu § 558 RVO = BSGE 25, 49; 11. 11. 1959 NJW 60, 406 = BSGE 11, 50.

wegen ihrer besonderen Bedeutung für den Erfolg zu dessen Eintritt wesentlich beigetragen haben. Bei der Beurteilung dieser Frage ist auf die Auffassung des praktischen Lebens abzustellen.[189]

b) Haftungsausfüllende Kausalität. Die haftungsausfüllende Kausalität kann fraglich werden, wenn ein betriebliches Ereignis auf einen bereits vorhandenen Körperschaden einwirkt. Führt ein Unfall zur Verschlechterung eines bereits vorhandenen Körperschadens und beruht der nach dem Unfall bestehende Zustand sowohl auf dem Unfall als auch auf dem vorhandenen Leiden, so wird nur die Verschlechterung als Unfallschaden entschädigt, wenn sich die Folgen abgrenzen lassen. Ist eine Abgrenzung nicht möglich, wird die gesamte Krankheitsentwicklung als Arbeitsunfall angesehen. Kein Versicherungsschutz besteht auch für solche Unfälle, bei denen die versicherte Tätigkeit lediglich eine Gelegenheitsursache darstellt, die also wahrscheinlich etwa zur selben Zeit und etwa im selben Umfang auch spontan, d. h. ohne Mitwirkung äußerer Ereignisse, oder unter zwar notwendiger Mitwirkung eines äußeren Ereignisses, das jedoch das Maß alltäglicher Belastung nicht übersteigt, eingetreten wären.[190] **53**

9. Beweis. Die Versicherteneigenschaft, das Vorliegen eines Arbeits- oder Wegeunfalls sowie die versicherte Tätigkeit einschließlich des erforderlichen inneren Zusammenhangs müssen grundsätzlich vom Anspruchsteller durch den Vollbeweis nachgewiesen werden, d. h. trotz des im sozialgerichtlichen Verfahrens geltenden Amtsermittlungsgrundsatzes trägt er bei objektiver Nichterweislichkeit das Prozessrisiko. Hinsichtlich der haftungsbegründenden und haftungsausfüllenden Kausalität ist aber eine hinreichende Wahrscheinlichkeit für die Zurechenbarkeit ausreichend (RN 52 f.). Verunglückt ein Versicherter an seinem Arbeitsplatz und hatte er zuletzt eine betriebliche Arbeit verrichtet, so entfällt der Versicherungsschutz nur wenn feststeht, dass die versicherte Tätigkeit im Unfallzeitpunkt für eine eigenwirtschaftliche Verrichtung unterbrochen wurde.[191] Jedoch besteht keine Vermutung dafür, dass dann, wenn ein Versicherter tot auf der Betriebsstelle aufgefunden worden ist, eine betriebliche Ursache für den Tod besteht.[192] Lässt sich trotz Berücksichtigung aller Beweisanzeichen nicht feststellen, dass ein zum Tode führendes Verhalten des Versicherten im inneren Zusammenhang mit seiner versicherten Tätigkeit steht, scheidet ein Schutz durch die gesetzliche Unfallversicherung aus.[193] **54**

IV. Haftungsausschluss des Unternehmers (§§ 104 ff. SGB VII)

Schmidt, B., Der Umfang der Haftungsfreistellungen bei Personenschäden – insbesondere nach § 106 Abs. 3 SGB VII, BB 2002, 1859; *Waltermann,* Haftungsfreistellung gegenüber versichertem Unternehmer bei Arbeitsunfall auf gemeinsamer Betriebsstätte, NJW 2008, 2895, *ders.,* Aktuelle Fragen der Haftungsbeschränkung bei Personenschäden, NJW 2002, 1225.

1. Haftungsschluss bei einem Arbeitsunfall. Nach § 104 I 1 SGB VII ist die Haftung des Unternehmers bei einem nicht vorsätzlich verursachten Arbeitsunfall für Personenschäden gegenüber den Versicherten, die für ihre Unternehmen tätig sind oder zu ihren Unternehmen in einer sonstigen die Versicherung begründenden Beziehung stehen, sowie deren Angehörigen und Hinterbliebenen nach anderen gesetzlichen Vorschriften ausgeschlossen. Dies gilt nach §§ 105 II, 106 SGB VII auch gegenüber anderen Unternehmern oder Besuchern. Zum Rechtsgrund und zur Verfassungsmäßigkeit des Haftungsausschlusses RN 2 f.; zur betrieblichen Tätigkeit RN 71. **55**

2. Unternehmer. Der Haftungsausschluss bei Arbeitsunfällen und Berufskrankheiten besteht zugunsten des Unternehmers (§ 104 SGB VII), auch wenn er mitarbeitet.[194] Unternehmer ist derjenige, der das Unternehmerrisiko trägt und für dessen Rechnung das Unternehmen (Betrieb, Einrichtung oder Tätigkeit) geht (vgl. §§ 130, 136 III SGB VII). Bei einer juristischen Person ist diese selbst Unternehmer und nicht ihre gesetzlichen Vertreter;[195] diesen kann das **56**

---

[189] BSG 28. 6. 1988 SozR 2200 § 548 Nr. 91 = NZA 88, 894; 30. 6. 1960 SozR Nr. 27 zu § 542 RVO = NJW 60, 1636; 10. 12. 1957 BSGE 6, 164; 10. 6. 1955 BSGE 1, 72.

[190] BSG 27. 10. 1987 SozR 2200 § 589 Nr. 10; 27. 11. 1980 SozR 2200 § 548 Nr. 51.

[191] BSG 26. 10. 2004 BSGE 93, 279 = SozR 4–2700 § 8 Nr. 9.

[192] BSG 29. 3. 1963 AP 12 zu § 542 RVO.

[193] BSG 30. 4. 1985 SozR 2200 § 548 Nr. 70.

[194] BGH 3. 7. 2001 AP 3 zu § 106 SGB VII = NZA 2001, 1080.

[195] BSG 30. 3. 1962 SozR 27 zu § 537 RVO = NJW 62, 1539; OLG Köln 23. 10. 1998 VersR 99, 777 = EWiR 99, 229.

Haftungsprivileg ggf. nach § 105 SGB VII zugute kommen.[196] Bei Personenhandelsgesellschaften (OHG, KG) und der GbR sind hingegen die Gesellschafter Unternehmer i. S. d. § 104 SGB VII, selbst wenn ein Gesellschaftsvertrag nicht besteht. Voraussetzung ist nur, dass sie am Gewinn und Verlust teilnehmen. Bei den nicht rechtsfähigen Einrichtungen des Bundes ist der Unternehmer die BRD[197] (vgl. § 125 SGB VII), entsprechendes gilt für den anderen öffentlichen Dienst.

57 **3. Vom Anspruchsausschluss erfasster Personenkreis. a) Versicherte des Unternehmens.** Die Haftung des Unternehmers ist zunächst ausgeschlossen bei einem Arbeitsunfall gegenüber den im Betrieb tätigen Versicherten (§ 2 I SGB VIII). Ein wirksamer Arbeitsvertrag braucht nicht zu bestehen, ausreichend ist, dass der Versicherte im Betrieb tatsächlich beschäftigt ist. Der Haftungsausschluss besteht daher auch bei faktischen Vertragsverhältnissen, familienrechtlicher Mitarbeit oder verbotswidriger Beschäftigung von Kindern.[198] Er greift dagegen nicht ein gegenüber selbstständigen, im Betrieb tätigen Unternehmern, z. B. einem Handwerksmeister.[199]

58 **b) Sonstige Beschäftigte.** Die Haftungsbeschränkung gilt nicht nur im Verhältnis zwischen dem Unternehmer und den Beschäftigten seines Unternehmens, sondern gegenüber allen Versicherten, die für sein Unternehmen tätig sind.[200] Vom Haftungsausschluss werden daher auch die dort beschäftigten Leiharbeitnehmer und etwaiges, auf dem Betriebsgrundstück tätiges Bedienpersonal anderer Unternehmen (§ 2 II 1 i. V. m. § 2 I Nr. 1 SGB VII, dazu RN 11) erfasst.[201] Wird ein Leiharbeitnehmer im Auftrag des Entleihers bei einem Dritten tätig, besteht der Haftungsausschluss nur gegenüber dem Entleiher.[202] Kein Haftungsausschluss besteht, wenn der andere Arbeitnehmer zum Unfallzeitpunkt mit einer nicht betrieblichen Tätigkeit beschäftigt war.[203]

59 **c) Mitunternehmer.** Nach § 105 II SGB VII besteht ein Haftungsausschluss gegenüber nicht versicherten Mitunternehmern. Dann muss dies aber erst Recht bei versicherten Mitunternehmern gelten.[204] Der Unternehmer kann kraft Gesetzes (§ 2 I Nrn. 5, 7, 9 SGB VII) oder freiwillig (§ 6 SGB VII) versichert sein.

60 **d) Auf einer gemeinsamen Betriebsstätte tätige Personen. aa) Arbeitskollegen.** Durch § 106 III 3. Alt. SGB VII werden die Haftungsbeschränkungen der §§ 104, 105 SGB VII auf Fälle erweitert, in denen Versicherte mehrerer Unternehmen, also abhängig Beschäftigte und nicht versicherte Unternehmer, vorübergehend betriebliche Tätigkeiten auf einer gemeinsamen Betriebsstätte verrichten. Insoweit gelten die §§ 104, 105 SGB VII für die Ersatzpflicht der für die beteiligten Unternehmen Tätigen untereinander. Der Grund für den Haftungsausschluss beruht auf dem Gedanken der sog. Gefährdungsgemeinschaft der auf der Betriebsstätte tätigen Personen. Die Vorschrift erfasst über die Fälle der Leiharbeit und der Arbeitsgemeinschaft hinaus betriebliche Aktivitäten von Versicherten mehrerer Unternehmen, die bewusst und gewollt bei einzelnen Maßnahmen ineinander greifen, miteinander verknüpft sind, sich ergänzen oder unterstützen, wobei es ausreicht, dass die gegenseitige Verständigung stillschweigend durch bloßes Tun erfolgt. Erforderlich ist ein bewusstes Miteinander im Arbeitsablauf, das sich zumindest tatsächlich als ein aufeinander bezogenes betriebliches Zusammenwirken mehrerer Unternehmen darstellt. Die Tätigkeit der Mitwirkenden muss im faktischen Miteinander der Beteiligten aufeinander bezogen, miteinander verknüpft oder auf gegenseitige Ergänzung oder Unterstützung ausgerichtet sein. Die notwendige Arbeitsverknüpfung kann im Einzelfall auch dann bestehen, wenn die von den Beschäftigten verschiedener Unternehmen vorzunehmenden Maßnahmen sich nicht sachlich ergänzen oder unterstützen, die gleichzeitige Ausführung der betreffenden Arbeiten wegen der räumlichen Nähe aber eine Verständigung über den Arbeitsab-

---

[196] Vgl. BSG 30. 6. 1999 SozR 3–2200 § 723 Nr. 4 = NZA 2000, 312; 31. 7. 1974 SozR 4600 § 56 Nr. 1; 29. 6. 1972 SozR Nr. 30 zu § 539 RVO = NJW 73, 167; 13. 12. 1960 AP 1 zu § 165 b RVO = NJW 61, 1134; OLG Düsseldorf 27. 3. 1973 VersR 73, 662.

[197] BGH 10. 12. 1974 NJW 75, 537 = DB 75, 842.

[198] BGH 29. 1. 1980 NJW 80, 1796; 25. 10. 1951 BGHZ 3, 298.

[199] BGH 11. 10. 1988 AP 15 zu § 636 RVO; 28. 10. 1986 AP 14 zu § 636 RVO = NJW 87, 1022.

[200] BSG 26. 6. 2007 SozR 4–2700 § 105 Nr. 2.

[201] BGH 6. 12. 1977 AP 10 zu § 637 RVO = NJW 78, 2553.

[202] OLG Hamm 14. 4. 2000 NZA-RR 2000, 648.

[203] OLG Düsseldorf 15. 1. 2002 NJW-RR 2002, 1678 – Abladen von Steinen.

[204] A. A. zum früheren Recht BGH 26. 6. 1990 AP 20 zu § 637 RVO = NJW 91, 174; teilweise wird die Haftungsprivilegierung für den nicht versicherten Unternehmer als Verstoß gegen Art. 3 I GG angesehen, so etwa ErfK/*Rolfs* § 105 SGB VII RN 8.

lauf erfordert und hierzu konkrete Absprachen getroffen werden, etwa wenn ein zeitliches und örtliches Nebeneinander dieser Tätigkeiten nur bei Einhaltung von besonderen beiderseitigen Vorsichtsmaßnahmen möglich ist und die Beteiligten solche vereinbaren.[205] Eine bestimmte Dauer der Einrichtung der gemeinsamen Betriebsstätte ist nicht vorgeschrieben. Umstr. ist, ob im Unfallzeitpunkt eine konkrete Zusammenarbeit von Versicherten mehrerer Unternehmen vorliegen muss.[206] Eine gemeinsame Betriebsstätte besteht z. B. bei einer Arbeitsgemeinschaft und dem Zusammenwirken verschiedener Gewerke auf Baustellen, bei einem Bauarbeiter und einem mit der Sicherung der Arbeiten beauftragter Arbeitnehmer eines anderen Unternehmens,[207] nicht jedoch wenn verschiedene Unternehmen unabhängig voneinander Arbeiten auf einem Betriebsgelände ausführen oder zwei betriebsfremde LKW-Fahrer jeweils im Auftrag ihrer Arbeitgeber und unabhängig voneinander auf dem Gelände des Empfängerbetriebs Ware anliefern und sich dabei verletzen.[208] Der Haftungsausschluss erfordert, dass sowohl der Geschädigte wie auch der Schädiger Versicherte in der Unfallversicherung sind.[209] Nach § 106 IV SGB VII i. V. m. § 3 I Nr. 2 SGB VII ist die Haftung von Betriebsangehörigen auch gegenüber Personen ausgeschlossen, die sich auf der Unternehmensstätte aufhalten, wenn eine Versicherung kraft Satzung besteht.

bb) Unternehmer. Der Haftungssauschluss gilt wegen des Gesichtspunkts der sog. Gefahrengemeinschaft auch für den auf der gemeinsamen Betriebsstätte beschäftigten Unternehmer, der selbst eine betriebliche Tätigkeit verrichtet und dabei den Versicherten eines anderen Unternehmens verletzt.[210] Die Haftungsprivilegierung gilt nicht zugunsten eines nicht selbst dort tätigen Unternehmers.[211] Er ist von der Haftung gegenüber einem geschädigten Versicherten für durch einen schuldhaft handelnden[212] haftungsprivilegierten Verrichtungsgehilfen begangene Personenschäden nach den Grundsätzen des gestörten Gesamtschuldverhältnisses (RN 66) freigestellt, wenn er von dem Geschädigten wegen eines vermuteten Auswahl- und Überwachungsverschuldens (§ 831 BGB) in Anspruch genommen wird. Hingegen bleibt seine volle Haftung bestehen, wenn den nicht selbst auf der gemeinsamen Betriebsstätte tätigen Unternehmer eine eigene Verantwortlichkeit zur Schadensverhütung (z. B. wegen der Verletzung von Verkehrssicherungspflichten oder wegen eines Organisationsverschuldens) trifft.[213] Der geschädigte Versicherte kann von dem nicht durch das Haftungsprivileg geschützten Unternehmer Schadensersatz nach allgemeinem Deliktsrecht beanspruchen, wenn der Schädiger nicht Versicherter in der gesetzlichen Unfallversicherung ist. Umgekehrt muss sich auch der zum Unfallzeitpunkt gesetzlich oder freiwillig versicherte Unternehmer als Geschädigter die Haftungsfreistellung entgegenhalten lassen, wenn er von einem Versicherten eines anderen Unternehmers geschädigt wird, während beide vorübergehend betriebliche Tätigkeiten auf einer gemeinsamen Betriebsstätte verrichten.[214] Hingegen greift die Haftungsprivilegierung nicht ein, wenn ein nicht versicherter Unternehmer eines anderen Unternehmens durch einen versicherten Beschäftigten geschädigt wird.[215] **60a**

4. Ausgeschlossene Ansprüche. a) Anspruchsberechtigte. Ausgeschlossen sind bei Vorliegen eines Arbeitsunfalls die Schadensersatzansprüche wegen Personenschäden der kraft Gesetzes Versicherten (§ 2 SGB VII), der auf Grund Satzungserstreckung der Berufsgenossenschaft Versicherten (§ 3 SGB VII) sowie der freiwillig Versicherten (§ 6 SGB VII). In gleichem Umfang ausgeschlossen sind die Ansprüche der Angehörigen und Hinterbliebenen (vgl. §§ 63 ff. SGB VII), hierzu zählen auch die nach § 845 BGB dienstberechtigten Personen. Im Übrigen zählen zu den Angehörigen der überlebende Ehegatte oder Lebenspartner, ggf. der frühere Ehegatte, die minderjährigen oder noch in der Ausbildung befindlichen Kinder sowie die Eltern, **61**

---

[205] BGH 22. 1. 2008 NJW 2008, 2116; 13. 3. 2007 VersR 2007, 94; 17. 10. 2000 BGHZ 145, 331 = NJW 2001, 443; BAG 12. 12. 2002 AP 2 zu § 105 SGB VII = NZA 2003, 968.

[206] Dagegen BGH 13. 3. 2007 VersR 2007, 948 – Architekt/Bauarbeiter.

[207] BGH 22. 1. 2008 NJW 2008, 2116.

[208] BAG 12. 12. 2002 AP 2 zu § 105 SGB VII = NJW 2003, 1891 = NZA 2003, 968.

[209] BGH 14. 9. 2004 NJW 2005, 288 = NZA 2005, 643; 29. 10. 2002 NJW-RR 2003, 239; 25. 6. 2002 NJW-RR 2002, 1386; 3. 7. 2001 AP 4 zu § 106 SBG VII = NJW 2001, 3125 = NZA 2001, 1143.

[210] BGH 14. 9. 2004 NJW 2005, 288 = NZA 2005, 643; 16. 12. 2003 NJW 2004, 947 = NZA 2004, 983; 24. 6. 2003 NJW 2003, 2984 – GbR; 27. 6. 2002 NJW 2002, 3096; 3. 7. 2001 AP 3 zu § 106 SBG VII = NJW 2001, 3127 = NZA 2001, 1080.

[211] BGH 3. 7. 2001 AP 4 zu § 106 SGB VII = NJW 2001, 3125 = NZA 2001, 1143.

[212] BGH 10. 5. 2005 VersR 2005, 1087.

[213] BGH 14. 6. 2005 VersR 2005, 1397; 10. 11. 2003 NJW 2004, 951; Revision anh. 8 AZR 188/08.

[214] BGH 17. 6. 2008 NJW 2008, 2916.

[215] BSG 26. 6. 2007 SozR 4–2700 § 105 Nr. 2.

solange sie ohne den Versicherungsfall gegen den Verstorbenen einen Anspruch auf Unterhalt wegen Unterhaltsbedürftigkeit hätten geltend machen können, sowie die Leibesfrucht einer Schwangeren (§§ 104 II, 12 SGB VII). Der Haftungsausschluss wegen eines Arbeitsunfalls greift auch, wenn der Geschädigte von der Unfallversicherung keine Leistungen erhält.

62 **b) Erfasste Ansprüche.** Sachlich werden vom Haftungsausschluss erfasst sämtliche Schadensersatzansprüche wegen Personenschadens auf Grund öffentlichen oder privaten Rechts, z. B. aus unerlaubter Handlung, aus Verträgen, den Gefährdungshaftungsgesetzen (z. B. StVG). Hierzu zählen auch die als Unfallfolge eingetretenen psychischen Gesundheitsstörungen.[216] Ausgeschlossen sind neben den Heilungs- und Therapiekosten und dem Verdienstausfall auch Ansprüche wegen der Beerdigungskosten, des entgangenen Unterhalts, der entgangenen Dienste, der Aufwendungen für Pflege und Besuch des Verletzten[217] sowie Schmerzensgeldansprüche.[218] Ersatzfähig ist aber der sog. Schockschaden, den eine dritte, nicht anspruchsberechtigte Person auf Grund des Arbeitsunfalls erleidet, da es sich um einen eigenen Schaden handelt.[219] § 104 I 2 SGB VII stellt klar, dass auch ein Forderungsübergang nach § 116 SGB X auf den Sozialversicherungsträger in den Fällen, in denen die Haftung des Unternehmers nach § 104 I 1 SGB VII ausgeschlossen ist, nicht stattfindet. Unberührt vom Haftungsausschluss bleiben Schadensersatzansprüche wegen **Sachschadens** und Ansprüche wegen schuldhafter Verletzung der **Meldepflicht** eines Unfalls an die Berufsgenossenschaft.

V. Ausnahmen vom Haftungsausschluss

63 **1. Ausnahmen.** Der Unternehmer ist für den durch einen Arbeitsunfall im Inland herbeigeführten Personenschaden schadensersatzpflichtig, wenn er **(a)** den Unfall vorsätzlich herbeigeführt hat oder **(b)** der Arbeitsunfall auf einem nach § 8 II Nr. 1 bis 4 versicherten Weg herbeigeführt worden ist (§ 104 SGB VII). Die Haftung bleibt auch bestehen, wenn sich der Unfall nicht bei einer versicherten Tätigkeit ereignet hat, da § 104 SGB VII in diesem Fall nicht eingreift.

64 **2. Vorsatz.** Nach den §§ 104, 105 SGB VII haftet der Unternehmer oder die andere im Betrieb tätige Person bei einem Arbeitsunfall dem Geschädigten nur, wenn er den Versicherungsfall vorsätzlich herbeigeführt hat. Die Haftungsbeschränkung bei Vorsatz entfällt, wenn der Schädiger den Unfall bewusst und gewollt herbeigeführt hat (Dolus directus), oder wenn er ihn für möglich gehalten, aber billigend in Kauf genommen hat (Dolus eventualis = bedingter Vorsatz). Für den Wegfall der Haftungsprivilegierung genügt es nicht, dass der Schädiger ein bestimmtes Handeln, das für den Unfall ursächlich war, gewollt und gebilligt hat, wenn der Unfall selbst nicht gewollt und nicht gebilligt wurde. Der Vorsatz des Schädigers muss daher nicht nur die Verletzungshandlung, sondern auch den Verletzungserfolg umfassen. Aus diesem Grund ist es für die Begründung der Haftung gegen eine durch die §§ 104, 105 SGB VII geschützte Person nicht ausreichend, wenn diese (nur) vorsätzlich gegen Unfallverhütungsvorschriften verstößt und der Arbeitsunfall auf diesen Verstoß zurückzuführen ist.[220] Erforderlich ist daneben noch, dass er den Schadenseintritt gewollt oder zumindest gebilligt hat. Nicht notwendig ist jedoch, dass der Vorsatz strafgerichtlich festgestellt wird. Ein etwaiger Schadensersatzanspruch vermindert sich jedoch um die Leistungen, die der Versicherte, seine Angehörigen und Hinterbliebenen von dem Sozialleistungsträger erhalten (§ 104 III SGB VII).

65 **3. Wegeunfall.** Keine Haftungseinschränkung besteht, wenn sich der Unfall auf einem nach § 8 II Nrn. 1 bis 4 SGB VII versicherten Weg ereignet hat. Zu den Voraussetzungen von Wegeunfällen RN 36 ff. Dagegen besteht die Haftungsbeschränkung in den Fällen des § 8 I, II Nr. 5 sowie §§ 9 bis 11 SGB VII.

66 **4. Gemeinschaftliche Schadensherbeiführung. a) Gestörtes Gesamtschuldverhältnis.** Ist ein Arbeitsunfall gegenüber einem Versicherten sowohl von einem Unternehmer bzw. Betriebsangehörigen (§§ 104, 105 SGB VII) verursacht und zugleich auch von einer dritten Person, die sich nicht auf das Haftungsprivileg berufen kann, stellt sich die Frage nach der gemeinschaftlichen Haftung. Diese richtet sich nach den Grundsätzen des sog. gestörten Gesamtschuldverhältnisses.

---

[216] BSG 9. 5. 2006 SozR 4–2700 § 8 Nr. 17.
[217] BAG 18. 10. 1990 AP 17 zu § 636 RVO = NZA 91, 274.
[218] BAG 8. 12. 1970 AP 4 zu § 636 RVO; 14. 3. 1967 AP 1 zu § 636 RVO = NJW 67, 1925.
[219] BGH 6. 2. 2007 VersR 2007, 803 = NJW-RR 2007, 1395.
[220] BAG 10. 10. 2002 AP 1 zu § 104 SGB VII = NZA 2003, 436; 27. 6. 1975 AP 9 zu § 636 RVO; BGH 11. 2. 2003 NJW 2003, 1605; 29. 1. 1980 NJW 80, 1796; LAG Köln 26. 7. 2002 MDR 2003, 339.

b) Außenverhältnis. Im Außenverhältnis bleiben auf Grund des Haftungsausschlusses die Ansprüche des Versicherten und seiner Angehörigen gegen den Unternehmer bzw. den Betriebsangehörigen ausgeschlossen. Der Geschädigte kann aber auch den Zweitschädiger, der sich nicht auf das Haftungsprivileg berufen kann, nicht in vollem Umfang in Anspruch nehmen, wenn gegenüber dem Erstschädiger die Haftung nach den §§ 104ff. SGB VII ausgeschlossen ist. Ansprüche des Geschädigten gegen einen nicht von den §§ 104ff. SGB VII begünstigten Zweitschädiger sind daher auf den Betrag beschränkt, der auf ihn im Innenverhältnis zwischen Arbeitgeber/Betriebsangehörigen (Erstschädiger) entfiele, wenn die Schadensteilung nach § 426 BGB nicht durch die Sonderregelung der §§ 104, 105 SGB VII modifiziert wäre. Der Sinn dieser Rspr. liegt darin, dass die Rechtsposition des Zweitschädigers durch die Haftungsprivilegierung nicht verschlechtert werden soll.[221] 67

c) Innenverhältnis. Ist der Zweitschädiger im Innenverhältnis gegenüber dem Erstschädiger durch eine vertragliche Vereinbarung von der Haftung freigestellt, entfällt daher grundsätzlich auch die Haftung des Zweitschädigers.[222] Aber auch im Innenverhältnis der Schädiger untereinander findet ein Ausgleich nach § 426 BGB nicht statt. Infolge des Haftungsausschlusses ist von vornherein eine Haftung des Unternehmers bzw. Betriebsangehörigen nicht entstanden. Überdies kann der Gesetzeszweck nicht über den Haftungsausgleich vereitelt werden.[223] 68

d) Rückgriff der Sozialversicherungsträger. Andererseits hat aber auch der Unternehmer oder Betriebsangehörige keinen Ausgleichsanspruch, weil er nicht haftet. Der Träger der gesetzlichen Sozialversicherung (Unfall-, Kranken-, Rentenversicherung) kann gegen den außerhalb des Sozialversicherungsverhältnisses stehenden Zweitschädiger insoweit keinen Rückgriff nehmen, wie der für den Unfall verantwortliche Unternehmer oder Arbeitskollege ohne die Eingliederung in das System der Unfallversicherung und ohne die hierauf beruhende Freistellung von der Haftung (§§ 104, 105 SGB VII) im Verhältnis zu dem Zweitschädiger für den Schaden aufkommen müsste.[224] 69

VI. Haftung der Betriebsangehörigen untereinander bei Arbeitsunfällen

1. Haftungsausschluss. a) Umfang. Nach § 105 I SGB VII sind Personen, die durch eine betriebliche Tätigkeit einen Versicherungsfall von Versicherten desselben Betriebes (nicht: Unternehmens[225]) verursachen, diesen sowie deren Angehörigen und Hinterbliebenen nach anderen gesetzlichen Vorschriften zum Ersatz des Personenschadens nur verpflichtet, wenn sie den Versicherungsfall vorsätzlich oder auf einem nach § 8 II Nr. 1 bis 4 SGB VII versicherten Weg herbeigeführt haben. Von der Haftung freigestellt sind Versicherte und Personen, die wie ein Arbeitnehmer tätig werden (§ 2 I, II SGB VII). Der Haftungsausschluss besteht daher dann, wenn sie einen versicherten Betriebsfremden verletzen, und entsprechend, wenn der versicherte Betriebsfremde den Arbeitnehmer verletzt.[226] 70

b) Betriebliche Tätigkeit. Die Haftungsfreistellung besteht nur bei betrieblicher Tätigkeit. Der Begriff entspricht dem der Arbeitnehmerhaftung (§ 53 RN 42). Er umfasst Arbeiten, die durch den Betrieb veranlasst sind und auf Grund eines Arbeitsverhältnisses geleistet werden. Durch das Merkmal der betrieblichen Veranlassung soll sichergestellt werden, dass der Arbeitgeber nicht mit dem allgemeinen Lebensrisiko des Arbeitnehmers belastet wird. Die Tätigkeit muss daher in nahem Zusammenhang mit dem Betrieb und seinem betrieblichen Wirkungskreis stehen. Nicht in betrieblichem Interesse liegen Spielereien,[227] Neckereien oder Raufereien.[228] Wird ein als Streikposten eingesetzter Arbeitnehmer fahrlässig von einem Arbeitskollegen angefahren, besteht kein Haftungsausschluss.[229] 71

c) Ausschluss. Kein Haftungsausschluss besteht, wenn der Versicherungsfall vorsätzlich (RN 64) herbeigeführt worden ist oder auf einem Wegeunfall (RN 36ff.) beruht. Bei einer 72

---

[221] BGH 16. 4. 1996 NJW 96, 2023; 23. 1. 1990 NJW 90, 1361; 17. 2. 1987 NJW 87, 2669; 12. 6. 1973 NJW 73, 1648.

[222] BGH 17. 2. 1987 NJW 87, 2669.

[223] BGH 10. 1. 1967 AP 2 zu § 636 RVO = NJW 67, 982.

[224] BGH 2. 5. 1972 NJW 72, 1577; 29. 10. 1968 NJW 69, 236; vgl. auch BGH 9. 3. 1972 NJW 72, 1577; 10. 11. 1970 NJW 71, 194.

[225] A. A. noch BAG 24. 9. 1992 AP 22 zu § 637 RVO = NZA 93, 451.

[226] OLG Hamm 15. 6. 1998 NJW 98, 2832 = NZA-RR 98, 456.

[227] Vgl. BAG 18. 4. 2002 AP 122 zu § 611 BGB Haftung des Arbeitnehmers = NJW 2003, 377 = NZA 2003, 37; BGH 30. 6. 1998 NJW 98, 3497 = NZA-RR 98, 454.

[228] Großzügig aber BAG 22. 4. 2004 AP 3 zu § 105 SGB VII = NZA 2005, 163 – „Schubser".

[229] LAG Hamm 17. 2. 1999 LAGE § 105 SGB VII = NZA-RR 99, 656.

Fahrgemeinschaft liegt an sich ein Haftungsausschluss vor; gleichwohl besteht er dann nicht, wenn der Versicherungsfall nicht durch eine betriebliche Tätigkeit herbeigeführt ist.

73 **2. Erweiterung des Haftungsausschlusses.** § 105 I 1 SGB VII gilt entsprechend, wenn der Unfallgeschädigte nach § 4 I Nr. 1 SGB VII versicherungsfrei ist. Dies sind Personen, für die beamtenrechtliche Fürsorgevorschriften oder entspr. Grundsätze gelten mit Ausnahme der Ehrenbeamten und ehrenamtlichen Richter. Schließlich ist der Haftungsausschluss auf die Verletzung nicht versicherter Unternehmer erweitert (§ 105 II SGB II).

VII. Prozessfragen

74 **1. Bindungswirkung.** Hat ein Gericht über Ersatzansprüche der in §§ 104 bis 107 SGB VII genannten Art zu entscheiden, so ist dieses an eine rechts- bzw. bestandskräftige[230] Feststellung des Sozialversicherungsträgers gebunden, **(a)** ob ein Arbeitsunfall vorliegt und **(b)** in welchem Umfang und von welchem Träger der Unfallversicherung die Leistungen zu gewähren sind (Feststellungswirkung, § 108 SGB VII). Die Feststellungswirkung, ob ein Arbeitsunfall vorliegt, erstreckt sich auf die Fragen, ob Versicherungsschutz besteht, in welchem Betrieb sich der Unfall ereignet hat,[231] wer Unternehmer des Betriebes ist und ob der Verletzte zu den versicherten Personen gehört.[232] Die Feststellungswirkung umfasst ferner den Kausalzusammenhang.[233] Sie erstreckt sich nicht auf die tatsächlichen Grundlagen der Entscheidung und darauf, ob der Unfall nicht auch einem weiteren Unternehmer zuzurechnen ist, es sei denn, dass der Sozialversicherungsträger auch diese Frage mit entschieden hat.[234] Die Bindungswirkung soll Rechtssicherheit schaffen und vermeiden, dass es zu unterschiedlichen Entscheidungen der Sozialversicherungsträger und der ordentlichen bzw. Arbeitsgerichte kommt. Etwaige Fehlentscheidungen sind auch dann hinzunehmen, wenn die sozialgerichtliche Entscheidung auf einer unvollständigen Tatsachengrundlage beruht.[235] Keine Bindungswirkung besteht gegenüber einem im Verwaltungs- oder Sozialgerichtsverfahren nicht beteiligten Dritten.

75 **2. Aussetzung.** Ist eine bindende Entscheidung des Sozialversicherungsträgers noch nicht getroffen, so setzt das Gericht sein Verfahren gemäß § 108 II SGB VII aus. Bindend ist die Entscheidung des Sozialversicherungsträgers, wenn sie mit Rechtsmitteln nicht mehr angreifbar ist. Nicht auszusetzen ist bei Arresten und einstweiligen Verfügungen sowie dann, wenn das Vorliegen eines Arbeitsunfalls ganz offensichtlich und von keiner Prozesspartei in Zweifel gezogen wird.[236] Ist ein Feststellungsverfahren noch nicht eingeleitet, bestimmt das Gericht dafür eine Frist, nach deren Ablauf die Aufnahme des ausgesetzten Verfahrens zulässig ist. Wird das sozialrechtliche Verfahren nicht binnen der festgesetzten Frist und auch später nicht eingeleitet, muss das Gericht alle Voraussetzungen der §§ 104 ff. SGB VII im Rahmen seines Verfahrens inzidenter prüfen. § 108 SGB VII gilt auch für die weiteren Feststellungsberechtigten[237] (RN 76).

76 **3. Feststellungsberechtigung.** Um zu verhindern, dass es der Verletzte unterlässt, einen Unfall als Arbeitsunfall feststellen zu lassen, hat auch der Schädiger nach § 109 SGB VII das Recht, die Feststellung zu betreiben.[238] Dasselbe gilt für den Kraftfahrzeughaftpflichtversicherer.[239]

VIII. Regressansprüche der Sozialversicherungsträger

Diederichsen, A., Rechtsprechung des BGH zum Regress im Schadensrecht, VersR 2006, 293; *Küppersbusch*, Aktuelle Fragen beim Regress des Sozialversicherungsträgers nach § 110 SGB VII, NZV 2005, 393; *Leube*, Unternehmer-Regress bei Schwarzarbeit in der gesetzlichen Unfallversicherung (§ 110 Abs. 1 a SGB VII), SGb 2006, 404.

77 **1. Forderungsübergang.** Ist der Versicherungsfall vorsätzlich oder auf einem versicherten Weg herbeigeführt, ist die Haftung des Schädigers nicht ausgeschlossen. Auf seinen Ersatzan-

---

230 BAG 14. 12. 2006 AP 28 zu § 618 BGB = NZA 2007, 262.
231 BGH 4. 4. 1995 NJW 95, 2038.
232 BGH 22. 4. 2008 VersR 2008, 820 = NJW-RR 2008, 1239; 20. 11. 2007 VersR 2008, 255; 24. 1. 2006 BGHZ 166, 42 = NJW 2006, 1592.
233 BGH 24. 6. 1980 AP 1 zu § 638 RVO; BAG 6. 11. 1974 AP 8 zu § 636 RVO = NJW 75, 711.
234 BGH 11. 7. 1972 NJW 72, 1990.
235 BAG 14. 12. 2006 AP 28 zu § 618 BGB = NZA 2007, 262.
236 BAG 14. 3. 1967 AP 1 zu § 636 RVO = NJW 67, 1925.
237 BGH 12. 6. 2007 VersR 2007, 1131.
238 BSG 16. 5. 1984 SozR 2200 § 636 Nr. 2 = NZA 85, 165.
239 BSG 1. 7. 1997 SozR 3–2200 § 639 Nr. 1 = NJW 98, 477.

spruch muss sich der Geschädigte aber anrechnen lassen, was er von der Versicherung erhält. Ob in Höhe der gezahlten Entschädigung die Forderung auf den Sozialleistungsträger übergeht, war nach der RVO streitig. Nunmehr bestimmt § 104 I 2 SGB VII, dass ein Forderungsübergang nicht stattfindet.

2. Regress bei vorsätzlicher oder grob fahrlässiger Unfallverursachung. a) Verschulden. Haben Personen, deren Haftung nach §§ 104 bis 107 SGB VII beschränkt ist,[240] den Arbeitsunfall vorsätzlich oder grob fahrlässig verursacht, können die Sozialversicherungsträger gegen den Schädiger gemäß § 110 SGB VII Rückgriff nehmen. Im Unterschied zum bisherigen Recht braucht sich das Verschulden nur auf die den Unfall verursachende Handlung und nicht mehr auf die sich daraus ergebende Schadensfolge zu beziehen.[241] Die Begriffe Vorsatz und grobe Fahrlässigkeit entsprechen den zivilrechtlichen Verschuldensbegriffen (vgl. § 53 RN 23ff.). Rückgriffsansprüche kommen in Betracht, wenn der Schädiger nur unzureichende Sicherungsmaßnahmen getroffen, von den vorgeschriebenen Schutzvorkehrungen völlig abgesehen hat, obwohl die Sicherungsanweisungen eindeutig waren oder der Schädiger mehrfach oder zeitlich unmittelbar vorangegangen über seine Pflichtenstellung belehrt wurde.[242] In diesen Fällen kann der Schluss aus dem objektiven Pflichtverstoß auf ein auch subjektiv gesteigertes Verschulden gerechtfertigt sein.[243] 78

b) Erstattung. Der Rückgriffsanspruch steht nicht nur der Berufsgenossenschaft, sondern allen Sozialversicherungsträgern wegen der von ihnen erbrachten Leistungen[244] offen. Er ist für den Ersatzpflichtigen der Höhe nach aber in zweifacher Hinsicht begrenzt: **(1)** der Schädiger haftet nicht mehr als er nach zivilrechtlichen Grundsätzen haften würde, dementsprechend ist ein etwaiges Mitverschulden des Verletzten bei der Haftungssumme zu berücksichtigen; **(2)** der übergegangene Anspruch ist auf die tatsächlichen Aufwendungen der Sozialversicherungsträger begrenzt. Maßgeblich sind dementsprechend zunächst die (fiktiven) zivilrechtlichen Schadensersatzansprüche, die den erbrachten bzw. zukünftig noch zu erbringenden Leistungen auf Grund des Arbeitsunfalls gegenüberzustellen sind; der Erstattungspflichtige hat jeweils nur den geringeren Betrag zu tragen. Ein Sozialversicherungsträger kann wegen der von ihm erbrachten Aufwendungen beim Rückgriff nach § 110 SGB VII grundsätzlich auch auf den fiktiven Schmerzensgeldanspruch des Geschädigten gegen den nach den §§ 104ff. SGB VII haftungsprivilegierten Schädiger zurückgreifen, [245] trägt dabei jedoch die Darlegungs- und Beweislast hinsichtlich der Höhe des fiktiven zivilrechtlichen Schadensersatzanspruchs des Geschädigten gegen den nach §§ 104ff. SGB VII haftungsprivilegierten Schädiger.[246] Für die Entscheidung über die Rückgriffsansprüche sind die Zivilgerichte zuständig. Mehrere Sozialversicherungsträger sind hinsichtlich ihrer Rückgriffsansprüche Gesamtgläubiger (§ 117 SGB X analog).[247] 79

c) Pflichtige. Rückerstattungspflichtig sind der Unternehmer (§ 104 SGB VII) und die Betriebsangehörigen (§ 105 SGB VII) bzw. deren Erben[248] sowie die Kraftfahrzeughaftpflichtversicherung.[249] Dem von einem Sozialversicherungsträger in Anspruch genommenen Unternehmer (Betriebsangehörigen) stehen jedoch Ausgleichsansprüche nach § 426 BGB gegen einen mitbeteiligten Dritten, der nach § 116 SGB X in Anspruch genommen wird, nicht zu. Dasselbe gilt auch im umgekehrten Fall für den Dritten (oben RN 66). Schadensersatzpflichtige Arbeitskollegen haben keinen Freistellungsanspruch gegen den Arbeitgeber, wenn sie in Anspruch genommen werden. 80

d) Ausschluss. Die Träger der Sozialversicherung können nach billigem Ermessen, insbesondere unter Berücksichtigung der wirtschaftlichen Verhältnisse des Schädigers, auf den Regressanspruch verzichten.[250] Im Rahmen der Ermessensausübung sind die wirtschaftlichen Verhältnisse, Grad des Verschuldens/Mitverschuldens des Verletzten zu berücksichtigen und ob der 81

[240] BGH 18. 11. 1980 AP 3 zu § 640 RVO = NJW 81, 869.
[241] BAG 10. 10. 2002 AP 1 zu § 104 SGB VII = NZA 2003, 436.
[242] BGH 8. 5. 1984 BB 84, 1646.
[243] BGH 30. 1. 2001 NJW 2001, 2092; 18. 10. 1988 AP 4 zu § 640 RVO = NJW-RR 89, 339.
[244] Zum Kindergeld BGH 19. 10. 1982 NJW 83, 114; BGH 14. 6. 1983 NJW 83, 506 – Kinderzulage.
[245] BGH 27. 6. 2006 BGHZ 168, 161 = NJW 2006, 3563; a. A. ErfK/*Rolfs* § 110 RN 7.
[246] BGH 29. 1. 2008 BGHZ 175, 153 = NJW 2008, 2033.
[247] BGH 3. 12. 2002 NJW 2003, 1871.
[248] BGH 23. 11. 1971 AP 2 zu § 640 RVO = NJW 72, 583.
[249] BGH 21. 12. 1971 NJW 72, 445 = VersR 72, 271; 22. 1. 1969 NJW 69, 1065 = VersR 69, 363.
[250] Hierzu BGH 7. 4. 1981 VersR 81, 649; 28. 9. 1971 BGHZ 57, 96 = NJW 72, 107; 3. 7. 1979 VersR 79, 1151. Zuständig ord. Ger.: BSG 11. 12. 1973 SozR Nr. 65 zu § 51 SGG = VersR 74, 801; BGH 28. 9. 1971 BGHZ 57, 96.

Rückgriffsschuldner Haftpflichtversicherungsschutz genießt.[251] Die wirtschaftliche Existenz des Regresspflichtigen soll nicht vernichtet werden. § 67 II VVG ist wegen der umfassenden Abwägungsmöglichkeit der Sozialversicherungsträger nicht entsprechend anzuwenden.[252] Die Entscheidung unterliegt der gerichtlichen Kontrolle. Der Rückgriffanspruch ist ein originärer Anspruch des Sozialversicherungsträgers. Hieraus folgt, dass diesem kein mitwirkendes Verschulden des Verletzten entgegengesetzt werden kann,[253] es sei denn, dass der ursächliche Zusammenhang unterbrochen ist. Dagegen muss sich der Sozialversicherungsträger eigenes Verschulden bei Verletzung seiner Pflichten zurechnen lassen.[254]

82 **3. Schwarzarbeit.** Nach § 110 I a SGB VII haben Unternehmer, die **(a)** Schwarzarbeit (§ 1 II SchwarzArbG; dazu § 42 RN 22) erbringen und **(b)** dadurch Beiträge in der Unfallversicherung entweder **(aa)** nicht, **(bb)** nicht in der richtigen Höhe oder **(cc)** nicht rechtzeitig entrichten, dem zuständigen Unfallversicherungsträger die Aufwendungen zu erstatten, die diesem infolge von Versicherungsfällen bei Ausführung der Schwarzarbeit entstanden sind. Eine nicht ordnungsgemäße Beitragsentrichtung wird (widerlegbar) vermutet, wenn die Unternehmer die Personen, bei denen die Versicherungsfälle eingetreten sind, nicht nach § 28 a SGB IV bei der Einzugsstelle angemeldet hatten. Voraussetzung für die Erstattungspflicht ist ein Beitragsnachteil zu Lasten der Unfallversicherung. Der Ersatzanspruch ist nicht auf die Höhe des Regressanspruchs nach Abs. 1 (RN 79) begrenzt, sondern besteht in voller Höhe der Aufwendungen der Unfallversicherungsträger. § 110 I a SGB VII gilt nicht für die Aufwendungen der anderen Sozialversicherungsträger.

83 **4. Verjährung.** Für die Verjährung der Regressansprüche gelten die §§ 195, 199 I, II und § 203 BGB mit der Maßgabe, dass die Frist von dem Tag an gerechnet wird, an dem die Leistungspflicht für den Unfallversicherungsträger bindend festgestellt oder ein entsprechendes Urteil rechtskräftig geworden ist (§ 113 SGB VII).

§ 110. Beschäftigungspflicht

Übersicht

	RN
I. Allgemeines	1 ff.
1. Begriffe	1
2. Recht auf Arbeit	2
3. Recht auf den Arbeitsplatz	3
4. Beschäftigungs- und Weiterbeschäftigungsanspruch	4
II. Beschäftigungsanspruch	5 ff.
1. Rechtsgrundlage	5
2. Voraussetzungen	6
3. Durchsetzung	7
III. Suspendierung	8 ff.
1. Begriff	8
2. Zulässigkeit	9–12
3. Aufhebung	13
4. Rechtsfolgen der Nichtbeschäftigung	14

I. Allgemeines

1 **1. Begriffe.** Zu unterscheiden sind das „Recht auf Arbeit", das „Recht auf den Arbeitsplatz oder die Arbeitsstelle" und die „Beschäftigungspflicht".

2 **2. Recht auf Arbeit.** Das in manchen Verfassungen,[1] in der Europäischen Sozialcharta und im Internationalen Pakt über wirtschaftliche, soziale und kulturelle Rechte (vgl. § 3) vorgesehene Recht auf Arbeit ist ein öffentliches Recht, das sich gegen die Allgemeinheit, insbesondere den Staat richtet, nach Möglichkeit für die Beschaffung von Arbeitsgelegenheiten zu sorgen.[2]

3 **3. Recht auf den Arbeitsplatz.** Unter dem Recht auf den Arbeitsplatz versteht man die Bestrebungen, dem Arbeitnehmer möglichst den Arbeitsplatz zu erhalten und deshalb das Arbeitsverhältnis einem besonderen Bestandsschutz zu unterstellen. Regelungen zur Ausgestaltung des Bestandsschutzes hat der Gesetzgeber insbesondere in den §§ 1 ff. KSchG, § 626 BGB, §§ 138, 242 BGB, §§ 14 ff. TzBfG getroffen. Diese genügen den grundrechtlichen Anforderun-

---

[251] BGH 18. 10. 1977 NJW 78, 218.

[252] BGH 18. 10. 1977 NJW 78, 218; anders zu § 1542 RVO BGH 29. 1. 1985 NJW 85, 1958.

[253] BGH 15. 5. 1973 VersR 73, 818; 15. 5. 1973 VersR 73, 922; a. A. *Kühne* VersR 73, 207.

[254] BGH 15. 1. 1974 NJW 74, 797 = DB 74, 719; 3. 2. 1970 NJW 70, 756 = BB 70, 493 = DB 70, 627.

[1] Art. 163 Weimarer Verf.; Art. 161 II, 168 Bay. Verf.; Art. 49 Brem. Verf.; Art. 28 Hess. Verf.; Art. 12 Berl. Verf.; Art. 24 I 3 Verf. NRW.

[2] Vgl. LAG Bayern 17. 2. 1954 AP 1 zu § 611 BGB Beschäftigungspflicht.

gen des Art. 12 I GG. Ob daneben noch ein Recht am Arbeitsplatz als subjektives Recht, das dem Recht am eingerichteten und ausgeübten Gewerbebetrieb vergleichbar ist, anzuerkennen ist, ist umstritten.[3] In jedem Fall würde die tatbestandsmäßige Anerkennung eines solchen Anspruches nicht die Rechtswidrigkeit des Eingriffes indizieren. Vielmehr bedürfte diese wie beim allgemeinen Persönlichkeitsrecht und dem Recht am eingerichteten und ausgeübten Gewerbebetrieb der besonderen Feststellung.[4]

4. Beschäftigungs- und Weiterbeschäftigungsanspruch. Der Beschäftigungsanspruch ist ein aus dem Arbeitsvertrag resultierender Anspruch gegen den Arbeitgeber, der die Verpflichtung des Arbeitgebers beinhaltet, den Arbeitnehmer entsprechend der vereinbarten Tätigkeit zu beschäftigen.[5] Dabei sind Beschäftigungsanspruch und Weiterbeschäftigungsanspruch inhaltlich und begrifflich voneinander zu trennen. Während eines bestehenden Arbeitsverhältnisses hat der Arbeitnehmer einen Beschäftigungsanspruch. Nach dessen (faktischer) Beendigung mit Zugang einer außerordentlichen Kündigung oder Ablauf der Kündigungsfrist kann sich hieran ein Weiterbeschäftigungsanspruch anschließen. Der Weiterbeschäftigungsanspruch ist unter § 125 dargestellt. 4

II. Beschäftigungsanspruch

Beckmann, Der Profi: Sonderarbeitsrecht für Sportler?, FS 25 Jahre AG ArbR DAV (2006), S. 1145; *Bepler,* Lizenzfußballer: Arbeitnehmer mit Beschäftigungsanspruch?, Sportler, Arbeit und Statuten, FS Fenn, (2000), S. 43; *Fröhlich,* Einstweilige Verfügung zur Durchsetzung von Beschäftigungsansprüchen, ArbRB 2007, 89; *Fromm,* Auch Ärzte sind nur Menschen, Jura 2007, 875; *Hartmann,* Beschäftigungsanspruch und Zustimmungsersetzung, ZfA 2008, 383; *Gravenhorst,* Bestandsstreit – Beschäftigung – Vergütung, FS 25 Jahre AG ArbR DAV (2006), S. 313; *Nägele,* Beschäftigungsansprüche im Prozess, ArbRB 2005, 310; *Nungeßer,* Weiterbeschäftigungsanspruch, AR-Blattei SD 1805; *Reidel,* Die einstweilige Verfügung auf (Weiter-)Beschäftigung – eine vom Verschwinden bedrohte Rechtsschutzform?, NZA 2000, 454; *Schrader/Straube,* Die tatsächliche Beschäftigung während des Kündigungsrechtsstreites, RdA 2006, 98; *Vinck,* Der Anspruch des Bühnenkünstlers auf Beschäftigung und die Rechtsfolgen bei Verletzung, UFITA 2004, 387; *Weber/Weber,* Zur Dogmatik eines allgemeinen Beschäftigungsanspruchs im Arbeitsverhältnis, RdA 2007, 344.

1. Rechtsgrundlage. Für Dienstverhältnisse besteht anders als für Werkverträge keine gesetzlich geregelte Abnahmepflicht. Das BAG hat jedoch frühzeitig aus dem allgemeinen Persönlichkeitsrecht des Arbeitnehmers eine Beschäftigungspflicht in einem bestehenden Arbeitsverhältnis hergeleitet.[6] Dieses Ergebnis hat der Große Senat im Jahr 1985 bestätigt und als Rechtsgrundlage des Beschäftigungsanspruchs die §§ 611, 613 BGB i. V. m. § 242 BGB herangezogen. Der Arbeitgeber ist danach zur Förderung der Beschäftigungsinteressen des Arbeitnehmers aus dem bestehenden Arbeitsvertrag verpflichtet, was sich aus der verfassungsrechtlichen Wertentscheidung der Art. 1, 2 I GG ergibt, die über § 242 BGB auch im Rahmen des Arbeitsverhältnisses zu berücksichtigen sei.[7] Allerdings besteht der Anspruch auf tatsächliche Beschäftigung nur nach Maßgabe der arbeitsvertraglichen Vereinbarungen. Daher hat der Arbeitnehmer nur dann einen Rechtsanspruch auf Beschäftigung auf einem bestimmten Arbeitsplatz oder in einem bestimmten Arbeitsbereich, wenn sich dies aus seinem Arbeitsvertrag ergibt. Ansonsten kann der Arbeitgeber auf Grund seines Direktionsrechts bestimmen, wo er den Arbeitnehmer einsetzt.[8] Der Große Senat sieht die Ansprüche des Arbeitnehmers auf Arbeitsentgelt, die aus der Beschäftigung folgen, nicht durch die grundrechtliche Wertentscheidung, sondern ausschließlich durch § 615 BGB geschützt. Die Beschäftigungspflicht zählt nicht zu den im Gegenseitigkeitsverhältnis stehenden Hauptpflichten, sondern stellt lediglich eine Nebenpflicht des Arbeitgebers dar.[9] Ein gesetzlicher Beschäftigungsanspruch existiert bei schwerbehinderten Menschen (§ 81 IV Nr. 1 SGB IX, dazu § 178 RN 45) und in Berufsausbildungsverhältnissen (§ 13 I Nr. 1 BBiG). 5

---

[3] BAG 4. 6. 1998 AP 7 zu § 823 BGB = NJW 99, 164; verneinend z. B. OLG Koblenz 23. 1. 2003 NJW 2003, 1673 = NZA 2003, 438; LG Frankfurt 26. 10. 1999 NZA-RR 2000, 185; zweifelnd BAG 30. 9. 1970 AP 2 zu § 70 BAT = NJW 71, 480.

[4] BAG 4. 6. 1998 AP 7 zu § 823 BGB = NJW 99, 164.

[5] BAG GS 27. 2. 1985 AP 14 zu § 611 BGB Beschäftigungspflicht = NZA 85, 702; BAG 19. 8. 1976 AP 4 zu § 611 BGB Beschäftigungspflicht = NJW 77, 215; 10. 11. 1955 AP 2 zu § 611 BGB Beschäftigungspflicht.

[6] BAG 10. 11. 1955 AP 2 zu § 611 BGB Beschäftigungspflicht.

[7] BAG GS 27. 2. 1985 AP 14 zu § 611 BGB Beschäftigungspflicht = NZA 85, 702.

[8] LAG Hamm 8. 3. 2005 NZA-RR 2005, 462; LAG Nürnberg 10. 9. 2002 LAGE § 611 BGB Direktionsrecht Nr. 29.

[9] MünchArbR/*Blomeyer* § 93 RN 8; Erman/*Hanau* § 611 RN 353; offen gelassen von ErfK/*Preis* § 611 BGB RN 564.

6 **2. Voraussetzungen.** Eine Beschäftigungspflicht des Arbeitgebers besteht grundsätzlich nur im Rahmen eines unstreitig bestehenden Arbeitsverhältnisses.[10] Dementsprechend fehlt sie, wenn entweder die Begründung oder der Bestand eines Arbeitsverhältnisses zwischen den Vertragsparteien umstritten und das Bestreiten des Arbeitgebers nicht offensichtlich unbegründet ist.[11] Der Beschäftigungsanspruch besteht auch grundsätzlich nach Ausspruch der Kündigung während der Kündigungsfrist (zur Suspendierung RN 8). Eine besondere Beschäftigungspflicht kann daneben ausdrücklich zwischen Arbeitgeber und Arbeitnehmer vereinbart werden. Praktische Bedeutung hat eine solche Abrede insbesondere, wenn sich die tatsächliche Beschäftigung fördernd auf die Aufnahme von sich anschließenden (Folge-)Arbeitsverhältnissen oder die weitere Vermittelbarkeit auf dem Arbeitsmarkt für den Arbeitnehmer auswirkt. Eine eigenständige Vereinbarung kommt insbesondere bei Künstlern,[12] Berufssportlern,[13] Wissenschaftlern oder leitenden Angestellten in Betracht. In der Vereinbarung einer bestimmten Tätigkeit im Arbeitsvertrag kann aber ohne Hinzutreten besonderer Umstände keine stillschweigende oder schlüssige Vereinbarung eines über die gesetzliche Verpflichtung hinausgehenden Anspruchs auf tatsächliche Beschäftigung gesehen werden. Der Beschäftigungsanspruch entsteht nach der Rechtsprechung (arbeits-)täglich neu, weshalb er von Ausschlussfristen nicht erfasst wird.[14] Der Beschäftigungsanspruch kann bei längerer Untätigkeit des Arbeitnehmers und einem schutzwürdigen Vertrauenstatbestand des Arbeitgebers der Verwirkung unterliegen.[15]

7 **3. Durchsetzung.** Der Beschäftigungsanspruch kann vom Arbeitnehmer gerichtlich durchgesetzt werden. Richtige Klageart ist die (Leistungs-)Klage auf zukünftige Leistung (§ 259 ZPO), sofern die Besorgnis besteht, dass sich der Arbeitgeber seiner Beschäftigungspflicht entziehen wird[16] oder bei Vorliegen eines Feststellungsinteresses eine Feststellungsklage.[17] Der Arbeitnehmer hat den Bestand des Arbeitsverhältnisses und die sich daraus ergebende Beschäftigungspflicht des Arbeitgebers darzulegen. Der Arbeitgeber ist für die Tatsachen darlegungs- und beweispflichtig, die ein überwiegendes und schutzwürdiges Interesse an der Nichtbeschäftigung begründen. Die Vollstreckung eines „Beschäftigungs"-Urteils nach § 888 ZPO kann angesichts des Zeitablaufs ins Leere gehen; aus diesem Grund kann nach § 61 II ArbGG zugleich beantragt werden, für den Fall der Nichtbeschäftigung eine Entschädigung festzusetzen.[18] Eine Vollstreckung ist dann nur wegen des Geldbetrages zulässig. Der Arbeitnehmer kann jedoch auch eine einstweilige Verfügung nach § 940 ZPO beantragen. Die Glaubhaftmachung eines besonderen Verfügungsgrunds für die Eilbedürftigkeit ist entbehrlich, wenn die Voraussetzungen für den Beschäftigungsanspruch zweifelsfrei vorliegen, da ansonsten eine dauernde Anspruchsvereitelung droht.[19] Allerdings fehlt die Dringlichkeit für den Erlass einer einstweiligen Verfügung, wenn der Arbeitnehmer mit der gerichtlichen Durchsetzung seiner Ansprüche monatelang zuwartet.[20] Die Zwangsvollstreckung eines Beschäftigungsurteils erfolgt nach § 888 I ZPO.

III. Suspendierung

Bauer, „Spielregeln" für die Freistellung von Arbeitnehmern, NZA 2007, 409; *Bauer/Günther,* Die Freistellung von der Arbeitspflicht, DStR 2008, 2422; *Beckmann,* Rechtsschutz bei Freistellung des Arbeitnehmers/Geschäftsführers, NZA 2004, 1131; *Felser,* Suspendierung von Arbeitnehmern, AiB 2006, 74; *Fischer,* Die formularmäßige Abbedingung des Beschäftigungsanspruchs des Arbeitnehmers während der Kündigungsfrist, NZA 2004, 233; *Fröhlich,* Inhaltskontrolle bei arbeitsvertraglichem Freistellungsvorbehalt, ArbRB 2006, 84; *Gaul/Bonnani/Niklas,* Aktuelle Probleme der Freistellung, ArbRB 2008, 149; *Hemming,* Freistellung des Arbeitnehmers, AR-Blattei SD 725; *Hümmerich,* Hausverbot bei Kündigung – Kraftmeierei oder Rechtsinstitut?, DB 2001, 1778; *Kappenhagen,* Vertragsklauseln zur Freistellung des Arbeitnehmers nach

---

[10] BAG 28. 9. 1983 AP 9 zu § 611 BGB Beschäftigungspflicht = NJW 84, 829.

[11] LAG Hamburg 30. 9. 1994 LAGE § 611 BGB Beschäftigungspflicht Nr. 39 – Betriebsübergang.

[12] Zum Beschäftigungsanspruch einer Filmschauspielerin: BAG 13. 6. 2007 AP 11 zu § 611 BGB Film = NZA 2007, 974

[13] Zu Lizenzfussballspielern *Bepler,* FS Fenn, S. 43; zum Profisport *Beckmann* FS DAV, S. 1145.

[14] BAG 15. 5. 1991 AP 23 zu § 611 BGB Beschäftigungspflicht = NZA 91, 979.

[15] BAG 12. 12. 2006 AP 6 zu § 1 TVG Tarifverträge: Telekom = NZA 2007, 396 – Geltendmachung nach annähernd zwei Jahren.

[16] BAG 13. 6. 1985 AP 19 zu § 611 BGB Beschäftigungspflicht = NZA 86, 562.

[17] BAG 27. 2. 2002 AP 36 zu § 1 TVG Tarifverträge: Rundfunk = NZA 2002, 1099.

[18] A. A. ArbG Wetzlar 8. 12. 1986 NZA 87, 536 = DB 87, 848.

[19] LAG München 18. 9. 2002 LAGE § 611 BGB Beschäftigungspflicht Nr. 45 = NZA-RR 2003, 269; 19. 8. 1992 NZA 93, 1130; anders LAG Düsseldorf 1. 6. 2005 MDR 2005, 1419; LAG Hamm 18. 2. 1998 NZA-RR 98, 422; LAG Hamburg 6. 5. 1986 LAGE § 611 BGB Beschäftigungspflicht Nr. 15 = DB 86, 1629 – Glaubhaftmachung des Verfügungsgrunds bzw. Notlage erforderlich.

[20] LAG München 1. 12. 2004 NZA-RR 2005, 354; 3. 12. 2003 NZA-RR 2005, 312.

Kündigung, FA 2007, 167; *Kramer,* Gestaltung einer Freistellung von der Arbeit, DB 2008, 2538; *Krause, R.,* Nach der Kündigung: Weiterbeschäftigung, Freistellung, Annahmeverzug, NZA Beilage 2005, Nr. 1, 51; *Leßmann,* Die Abdingbarkeit des Beschäftigungsanspruchs im unstreitigen und im streitigen Arbeitsverhältnis, RdA 88, 149; *Marotzke,* Die Freistellung von Arbeitnehmern im Insolvenz-Eröffnungsverfahren, GS Blomeyer (2004), S. 165; *Nägele,* Freistellung und anderweitiger Erwerb, NZA 2008, 1039; *Ohlendorf/Salamon,* Freistellungsvorbehalte im Lichte des Schuldrechtsmodernisierungsgesetzes, NZA 2008, 856; *Zundel,* Freistellung des Arbeitnehmers, AR-Blattei SD 725.

1. Begriff. Die Suspendierung ist ein Sonderfall der Arbeitsfreistellung. Sie unterscheidet sich von ihr dadurch, dass der Arbeitgeber i. d. R. dem Arbeitnehmer nicht nur keine Arbeit zuweist, sondern ihm darüber hinaus jede Ausübung einer Tätigkeit im Betrieb bzw. dessen Betreten verbietet; sie unterscheidet sich von der Kündigung dadurch, dass bei tatsächlicher Einstellung der Arbeit das Arbeitsverhältnis bestehen bleibt. Zu den sozialversicherungsrechtlichen Folgen einer Freistellung § 19 RN 29, § 23 RN 7 und zur Möglichkeit während einer Freistellung Arbeitslosengeld zu beziehen § 23 RN 97. 8

2. Zulässigkeit. a) Vereinbarung. Eine Freistellungsmöglichkeit in einem bestehenden und ungekündigten Arbeitsverhältnis kann tarif- oder einzelvertraglich vereinbart werden.[21] Eine vereinbarte Freistellung ist in einem Formulararbeitsvertrag rechtlich unbedenklich, wenn die Freistellung von dem Vorliegen anerkennenswerter Gründe abhängig ist. Nach § 307 I 1, II Nr. 1 BGB sind Vereinbarungen in Formulararbeitsverträgen über eine Suspendierung unzulässig, wenn dem Arbeitgeber ein an keine weiteren Voraussetzungen geknüpftes Recht zur uneingeschränkten Arbeitsfreistellung eingeräumt wird.[22] Dies gilt auch für die Zeit nach dem Ausspruch einer Kündigung. Eine „echte" Individualvereinbarung i. S. d. § 305 b BGB über ein beliebiges Suspendierungsrecht ist nach der hier vertretenen Auffassung unwirksam, weil es gegen die grundrechtliche Wertentscheidung über die Beschäftigung des Arbeitnehmers verstößt. Hält man hingegen eine entsprechende Vereinbarung für wirksam, unterliegt sie der Ausübungskontrolle des § 315 III BGB. 9

b) Einseitige Freistellung. Eine völlige oder teilweise Suspendierung durch den Arbeitgeber ist ohne besondere Vereinbarung nicht ohne anerkennenswerten Grund zulässig.[23] Vielmehr ist erforderlich, dass die Interessen des Arbeitgebers an der tatsächlichen Nichtbeschäftigung des Arbeitnehmers diejenigen an seiner Beschäftigung überwiegen. Dies ist regelmäßig der Fall, wenn der Arbeitgeber wegen Beschäftigungsmangel über keine Arbeit verfügt, weitere Auseinandersetzungen zwischen Arbeitskollegen unterbinden will oder gegenüber dem Arbeitnehmer Anhaltspunkte für das Begehen einer Straftat oder einer sonstigen schweren Arbeitsvertragsverletzung (z. B. Konkurrenztätigkeit) bestehen, die der Arbeitgeber während der Freistellung aufklären will. Bei der Abwägung der gegenseitigen Interessen ist zu Gunsten des Arbeitnehmers zu berücksichtigen, dass die Suspendierung des Arbeitnehmers gegenüber Außenstehenden diskriminierenden Charakter hat. Ein Freistellungsrecht ist daher nur anzuerkennen, wenn die Gründe so schwer wiegen, dass dem Arbeitgeber die weitere Beschäftigung im Betrieb nicht zugemutet werden kann. Andererseits brauchen sie nicht so gewichtig zu sein, dass sie eine außerordentliche Kündigung rechtfertigen. Die vorstehenden Grundsätze gelten auch für den Insolvenzverwalter, ein von den allgemeinen Voraussetzungen losgelöstes insolvenzspezifisches Freistellungsrecht ergibt sich für ihn insbesondere nicht aus § 209 II Nr. 3 InsO. Die §§ 55 II, 209 II Nr. 3 InsO setzen zwar ein Freistellungsrecht des Insolvenzverwalters voraus. Dieses besteht aber nur bei überwiegenden betriebsbezogenen Interessen des Insolvenzverwalters (z. B. bei Wegfall des Beschäftigungsbedarfs), hierzu zählt das Interesse an der Vermeidung von Neumasseschulden nicht.[24] 10

c) Kündigungsausspruch. Durch den Kündigungsausspruch tritt hinsichtlich der wechselseitigen Interessen nach Auffassung des Großen Senats eine Zäsur ein, die eine differenzierte Betrachtung gebietet. Während des Laufs der Kündigungsfrist oder nach dem Abschluss eines Aufhebungsvertrags ist eine Freistellung gegen den Willen des Arbeitnehmers regelmäßig nur zulässig, wenn die schutzwürdigen Interessen des Arbeitgebers an der Freistellung überwie- 11

---

[21] BAG 27. 2. 2002 AP 36 zu § 1 TVG Tarifverträge: Rundfunk = NZA 2002, 1099; LAG Köln 20. 8. 1998 RzK I 2a Nr. 20 – Vertrag.

[22] LAG München 7. 5. 2003 LAGE § 307 BGB 2002 Nr. 2; a. A. *Ohlendorf/Salamon* NZA 2008, 856.

[23] BAG 15. 6. 1972 AP 7 zu § 628 BGB = NJW 72, 2279; AP 4, 14 zu § 611 BGB Beschäftigungspflicht; BGH DB 52, 1035; weitergehender LAG Köln 20. 3. 2001 LAGE § 611 BGB Beschäftigungspflicht Nr. 44 = MDR 2001, 1176 – wichtiger Grund.

[24] *Moll* EWiR 2001, 487; a. A. LAG Nürnberg 30. 8. 2005 NZA-RR 2006, 151; LAG Hamm 6. 9. 2001 ZInsO 2002, 45; 27. 9. 2000 NZA-RR 2001, 654; wohl a. ErfK/*Müller-Glöge* Einf. InsO RN 38.

gen.[25] Individualrechtliche[26] und formularmäßig vereinbarte Freistellungsvereinbarungen für die Zeit nach dem Kündigungsausspruch sind hingegen wirksam, sofern sie außerordentliche (hier bis zum Ablauf einer Auslauffrist), verhaltensbedingte und betriebsbedingte Kündigungen betreffen, letztere sofern die bisherige Arbeitsmenge nach dem Kündigungsausspruch nicht mehr vollständig vorhanden ist. Allerdings unterliegt die Ausübung des Freistellungsrechts ggf. einer Ausübungskontrolle. Bei krankheitsbedingten Kündigungen besteht ohne Hinzutreten besonderer Umstände kein Anlass, den Arbeitgeber von der Beschäftigungspflicht zu entbinden. Eine Freistellung des Arbeitnehmers bzw. die rechtliche Möglichkeit zur Freistellung führt nicht dazu, dass dem Arbeitgeber die Fortsetzung des Arbeitsverhältnisses bis zum Ablauf der ordentlichen Kündigungsfrist stets zumutbar ist und er die Möglichkeit zur außerordentlichen Kündigung verliert.[27]

12 **d) Mitbestimmung.** Die Suspendierung unterliegt nicht dem Beteiligungsrecht des Betriebsrats. Werden einem Arbeitnehmer die bisherigen Arbeitsaufgaben entzogen, ohne dass neue Tätigkeiten an deren Stelle treten, liegt insbesondere auch keine Versetzung (§ 95 III 1 BetrVG) vor, da es an der Zuweisung eines neuen Arbeitsbereichs fehlt.[28]

13 **3. Aufhebung.** Der Arbeitgeber kann die Arbeitssuspendierung grundsätzlich jederzeit wieder aufheben; eine Ausnahme besteht dann, wenn er den Arbeitnehmer unwiderruflich freigestellt hat oder dieser ein Zurückbehaltungsrecht an der Arbeitsleistung geltend machen kann.

14 **4. Rechtsfolgen der Nichtbeschäftigung.** Durch die Suspendierung wird der Vergütungsanspruch grundsätzlich nicht beseitigt.[29] Ob der Arbeitnehmer für die Zeit der Suspendierung Arbeitsentgelt zu beanspruchen hat, richtet sich nach den für den Annahmeverzug geltenden Grundsätzen (dazu § 95). Entsteht dem Arbeitnehmer durch die Nichtbeschäftigung ein weiter gehender Schaden (z. B. Abspringen von Kunden eines Provisionsreisenden), ist der Arbeitgeber nach allgemeinen Grundsätzen schadensersatzpflichtig (§§ 276, 280 BGB). Erfolgt eine Freistellung in ehrverletzender Weise, hat der Arbeitnehmer Anspruch auf eine Entschädigung wegen seines Persönlichkeitsrechts (§ 823 I BGB). Wird der Arbeitnehmer vom Dienst suspendiert, findet eine Anrechnung auf den Urlaubsanspruch nur statt, wenn der Arbeitgeber ausdrücklich oder stillschweigend Urlaub erteilt und die Freistellung für diesen Zeitraum unwiderruflich ausgesprochen wird.[30] Unzulässig soll eine Anrechnung des Urlaubs auf die Zeit der Suspendierung sein, wenn dem Arbeitnehmer nicht eine zusammenhängende Freizeit von 2 Wochen zur Erholung verbleibt.[31] Ist der Arbeitnehmer nach Ausspruch einer Kündigung vom Dienst suspendiert worden, muss er vor Ablauf des Urlaubsjahres den noch ausstehenden Urlaub geltend machen, wenn er dessen Erlöschen vermeiden will.[32] Schließlich kann der Arbeitnehmer außerordentlich kündigen und Schadensersatz nach § 628 BGB verlangen.[33]

§ 111. Betriebliche Übung und Gesamtzusage

Barton, Betriebliche Übung und private Nutzung des Internetarbeitsplatzes, NZA 2006, 460; *Bepler,* Betriebliche Übungen, RdA 2004, 226; *Fischer, U.,* Erlaubte und verbotene Privatnutzung des Internets am Arbeitsplatz, ArbuR 2005, 91; *Freitag,* Über die Freiwilligkeit freiwilliger Leistungen, NZA 2002, 294; *Gehlhaar,* Betriebliche Übung im Betriebsrentenrecht, BB 2008, 835; *Henssler,* Tarifbindung durch betriebliche Übung, FS 50 Jahre BAG (2004), S. 683; *Houben,* Anfechtung einer betrieblichen Übung?, BB 2006, 2301; *Maties,* Freiwilligkeits- und Widerrufsvorbehalte in Arbeitsverträgen und bei der betrieblichen Übung, DB 2005, 2689; *Reiter,* Die Bindung des Arbeitgebers bei irrtümlichen oder bewussten überobligatorischen

[25] BAG 19. 8. 1976 AP 4 zu § 611 BGB Beschäftigungspflicht = NJW 77, 215; LAG Hamm 3. 11. 1993 LAGE § 611 BGB Beschäftigungspflicht Nr. 36 = DB 94, 148 – Assistent der Geschäftsleitung; LAG München 19. 8. 1992 NZA 93, 1130.

[26] LAG Hamm 3. 2. 2004 NZA-RR 2005, 358.

[27] BAG 5. 4. 2001 AP 34 zu § 626 BGB Verdacht strafbarer Handlung = NJW 2001, 3068 = NZA 2001, 837; 11. 3. 1999 AP 149 zu § 626 BGB = NZA 99, 587.

[28] BAG 28. 3. 2000 AP 39 zu § 95 BetrVG 1972 = NZA 2000, 1355; 22. 1. 1998 AP 11 zu § 174 BGB = NZA 98, 699.

[29] BAG 4. 6. 1964 AP 13 zu § 626 BGB Verdacht strafbarer Handlungen = NJW 64, 1918; LAG Hamm 18. 7. 1991 ZTR 92, 80.

[30] LAG Berlin 24. 2. 1970 DB 70, 2327.

[31] LAG Düsseldorf 2. 11. 1972 DB 73, 191.

[32] BAG 1. 12. 1983 AP 15 zu § 7 BUrlG Abgeltung = NZA 84, 194.

[33] BAG 19. 8. 1976 AP 4 zu § 611 BGB Beschäftigungspflicht = NJW 77, 215; 15. 6. 1972 AP 7 zu § 628 BGB = NJW 72, 2279.

Leistungen, ZfA 2006, 361; *Ricken,* Betriebliche Übung und Vertragskontrolle im Arbeitsrecht, DB 2006, 1372; *Schaub,* Flexibilisierung im Arbeits- und Mitbestimmungsrecht, FS Richardi (2007), S. 735; *Schrader/ Schubert,* AGB-Kontrolle von Arbeitsverträgen, NZA-RR 2005, 169; *Seiter,* Die Betriebsübung, 1967; *Singer,* Neue Entwicklungen im Recht der Betriebsübung, ZfA 93, 487; *ders.,* Vertrauensschutz und Verhältnismäßigkeit als Grundelemente der Arbeitgeberhaftung bei freiwilligen Zuwendungen, FS Canaris (2007) Bd. I, S. 1467; *Soine,* Die AGB-Kontrolle von Gesamtzusagen und betrieblichen Übungen, ZTR 2006, 465; *Sutschet,* Bezugnahmeklausel kraft betrieblicher Übung, NZA 2008, 679; *Ulrici,* Betriebliche Übung und AGB-Kontrolle, BB 2005, 1902; *Walker,* Die betriebliche Übung, JuS 2007, 1; *Waltermann,* Die betriebliche Übung, RdA 2006, 257; *ders.,* Anspruch auf Internetnutzung durch betriebliche Übung?, NZA 2007, 529; *Zöllner,* Betriebsübung und Vertrauenshaftung, FS Canaris (2007) Bd. I, S. 1519.

Übersicht

	RN
I. Rechtliche Begründung der Bindungswirkung einer betrieblichen Übung	1 ff.
1. Einführung	1
2. Rechtsgrundlagen	2–8
II. Bedeutung und Inhalt der betrieblichen Übung	9 ff.
1. Bedeutung	9, 10
2. Voraussetzungen	11–16
3. Neueinstellungen	17, 18
4. Bezugnahmen auf einen Tarifvertrag	19
5. Gleichbehandlungsgrundsatz	20
6. Direktionsrecht	21
7. Darlegungs- und Beweislast	22
III. Beseitigung einer Betriebsübung	23 ff.
1. Betriebliche Übung und erworbene Ansprüche	23
2. Betriebsübung	24, 25
3. Beseitigung der einzelvertraglichen Ansprüche oder Anwartschaftsrechte	26–28
4. Betriebsvereinbarung	29, 30
5. Anfechtung	31
6. Widerruf	32
7. Ruhestandsverhältnis	33
8. Mitbestimmung	34
IV. Die Gesamtzusage	35 ff.
1. Begriff	35
2. Zustandekommen	36, 37
3. Änderung	38, 39

I. Rechtliche Begründung der Bindungswirkung einer betrieblichen Übung

1. Einführung. In der betrieblichen Praxis entwickeln sich häufig Gewohnheiten und Bräuche, auf Grund derer der Arbeitgeber entweder bestimmte Leistungen an seine Arbeitnehmer erbringt, das Weisungsrecht ausübt oder andererseits die Arbeitnehmer ihre Arbeits- und Nebenpflichten erfüllen müssen. Sind diese Vorgänge gleichförmig bzw. wiederholen sie sich, können sie zu einer betrieblichen Übung führen, die zu rechtlichen Bindungen führt. In § 1b I 4 BetrAVG hat der Gesetzgeber für den Bereich der betrieblichen Altersversorgung die betriebliche Übung als Rechtsquelle ausdrücklich anerkannt. 1

2. Rechtsgrundlagen. Über die rechtliche Begründung der Bindungswirkung besteht nach wie vor Streit, der aber im Ergebnis wohl nur bei der Frage der Beendigung bzw. Beseitigung einer betrieblichen Übung von Bedeutung ist. Die Bindung des Arbeitgebers an eine betrieblichen Übung wird von der Rspr. mit der Vertragstheorie erklärt, während die Lehre die Bindung des Arbeitgebers mit einer Vertrauenshaftung des Arbeitgebers begründet. 2

a) Vertragstheorie. Nach der neueren Rspr. des BAG wird ein Anspruch aus betrieblicher Übung durch rechtsgeschäftliche Übereinkunft begründet. Auf Grund einer regelmäßigen Wiederholung bestimmter Verhaltensweisen des Arbeitgebers können die Arbeitnehmer schließen, ihnen solle eine Leistung oder eine Vergünstigung auf Dauer eingeräumt werden. Aus diesem als Vertragsangebot zu beurteilenden Verhalten des Arbeitgebers, das von den Arbeitnehmern in der Regel stillschweigend angenommen wird und das keines Zugangs beim Arbeitgeber bedarf (§ 151 BGB), entstehen vertragliche Ansprüche auf die üblich gewordenen Leistungen. Die Abgabe des nach § 151 BGB annahmefähigen Angebots kann ausdrücklich oder konkludent erfolgen, d. h. auch in der ständigen Gewährung von Leistungen oder einer bestimmten ständigen Handhabung liegen, wenn die Arbeitnehmer annehmen durften, dass der Arbeitgeber sich binden wollte. 3

Danach kommt es für die Begründung eines Anspruchs durch betriebliche Übung nicht darauf an, ob der Arbeitgeber mit Verpflichtungswillen gehandelt hat oder ob ihm ein solcher Wille gefehlt hat. Da die betriebliche Übung zu typisierten Leistungsbedingungen führt, ist das Verhalten des Arbeitgebers losgelöst von den Umständen des Einzelfalls nach objektiven Kriterien auszulegen. Die Wirkung einer Willenserklärung oder eines bestimmten Verhaltens tritt im Rechtsverkehr schon dann ein, wenn der Erklärende aus der Sicht des Erklärungsempfängers einen auf eine bestimmte Rechtswirkung gerichteten Willen geäußert hat. Ob eine für den 4

Arbeitgeber bindende betriebliche Übung auf Grund der Gewährung von Leistungen an seine Arbeitnehmer entstanden ist, muss deshalb danach beurteilt werden, inwieweit die Arbeitnehmer aus dem Verhalten des Arbeitgebers unter Berücksichtigung von Treu und Glauben sowie der Verkehrssitte (§ 242 BGB) und der Begleitumstände auf einen Bindungswillen des Arbeitgebers schließen durften.[1] Soweit es sich um eine den Arbeitnehmern günstige Betriebsübung handelt (Gewährung von Gratifikationen, Ruhegeldern usw.), kann ohne weiteres von ihrer stillschweigenden Annahme durch die Arbeitnehmer ausgegangen werden. Gegen diese Sichtweise wird nicht zu Unrecht eingewandt, der von der Rspr. im Wege der Auslegung ermittelte Wille sei häufig fiktiver Natur;[2] überdies werde regelmäßig unterstellt, dass die Arbeitnehmer aus dem Verhalten auf einen Verpflichtungswillen des Arbeitgebers schließen, die Leistungen auch zukünftig zu erbringen.[3]

5 **b) Vertrauenshaftung.** Nach der im Wesentlichen in der Lehre vertretenen Vertrauenshaftungstheorie beruht die Bindung des Arbeitgebers an eine betriebliche Übung nicht auf einem Rechtsgeschäft. Vielmehr begründe der Arbeitgeber durch eine bestimmte gleichförmige Handlungsweise in der Vergangenheit einen Vertrauenstatbestand für die Arbeitnehmer, dass er auch in Zukunft entsprechend verfahren werde. Eine rechtlich erhebliche Bindung entstehe, wenn die Nichtfortsetzung der bisherigen Verhaltensweise mit dem Grundsatz von Treu und Glauben nicht mehr zu vereinbaren ist; insoweit folgt die Bindung letztlich aus dem Verbot des widersprüchlichen Verhaltens (sog. venire contra factum proprium). Es müsse daher nach einem objektiven Zurechnungsgesichtspunkt für einen vom Erklärenden gesetzten Rechtsschein einer Willenserklärung gesucht werden.

6 Hierauf aufbauend wurde in der Lehre[4] die bindende Wirkung einer Betriebsübung bei zusätzlichen sozialen Leistungen dann bejaht, wenn **(1)** das Verhalten des Arbeitgebers objektiv geeignet ist, das Vertrauen des Arbeitnehmers auf den Fortbestand der Übung zu erwecken (objektiver Vertrauenstatbestand), **(2)** der Arbeitgeber die das Vertrauen begründenden Tatsachen kannte oder infolge von Fahrlässigkeit nicht kannte und **(3)** der Arbeitnehmer auf die Fortsetzung der Übung vertraut und sich darauf eingerichtet hat. Bei kollektiven Übungen soll die bindende Wirkung der Betriebsübung schon mit Eintritt des Arbeitnehmers in den Betrieb entstehen, so dass insoweit das „Einrichten" der Arbeitnehmer verzichtbar ist. Für die Entstehung von Rechten auf Grund objektiver Zurechnung wurde der Begriff der Erwirkung geprägt. Die Lehre gerät in Schwierigkeiten, wenn sie die bindende Wirkung einer den Arbeitnehmer benachteiligenden Betriebsübung erklären soll. Auch hier glaubt sie, von Verwirkungstatbeständen (§ 73 RN 17) abgesehen, auf die ausdrückliche oder stillschweigende Unterwerfung durch den Arbeitnehmer nicht verzichten zu können, so dass sie im Grundsatz zur Vertragstheorie zurückkehren muss.[5]

7, 8 **c) Sonstige Begründungstheorien.** Die weiteren Versuche, die bindende Wirkung der Betriebsübung zu erklären, werden von der Rechtsprechung nicht (mehr) aufgegriffen worden, so dass insoweit auf die Darstellung in der 12. Auflage (RN 2ff.) zu verweisen ist; zur Gesamtzusage RN 35.

II. Bedeutung und Inhalt der betrieblichen Übung

9 **1. Bedeutung. a)** Die betriebliche Übung selbst ist kein Anspruch, vielmehr beruht nach der Vertragstheorie (RN 2f.) die Vereinbarung auf dem gleichförmigen Verhalten des Arbeitgebers, das ein Vertragsangebot darstellt, welches von den Arbeitnehmern stillschweigend angenommen wird. Es besteht daher kein Anspruch auf betriebliche Übung, sondern ein Anspruch aus betrieblicher Übung. Dementsprechend können im Grundsatz alle Arbeitsbedingungen, die

---

[1] St. Rspr. vgl. BAG 21. 6. 2005 AP 11 zu § 55 InsO; 29. 9. 2004 AP 67 zu § 242 BGB Betriebliche Übung; 20. 1. 2004 AP 65 zu § 242 BGB Betriebliche Übung; 24. 6. 2003 AP 63 zu § 242 BGB Betriebliche Übung = NZA 2003, 1145; 18. 9. 2002 AP 59 zu § 242 BGB Betriebliche Übung = NZA 2003, 337; 16. 1. 2002 AP 56 zu § 242 BGB Betriebliche Übung = NZA 2002, 632; 4. 5. 1999 AP 55 zu § 242 BGB Betriebliche Übung = NJW 2000, 308 = NZA 99, 1162; 16. 9. 1998 AP 54 zu § 242 BGB Betriebliche Übung = NZA 99, 203; bis zurück zu BAG 8. 11. 1957 AP 2 zu § 242 BGB Betriebliche Übung; 3. 4. 1957 AP 6 zu § 611 BGB Gratifikation; 28. 2. 1956 AP 1 zu § 242 BGB Betriebliche Übung; ähnlich BGH 7. 6. 1984 NJW 84, 2279.

[2] *Hromadka* NZA 84, 241 m. weit. Nachw.; *Singer* ZfA 93, 487.

[3] MünchArbR/*Richardi* § 13 RN 16.

[4] *Hromadka* NZA 84, 241; *Seiter,* Die Betriebsübung, S. 99ff.; *Canaris,* Die Vertrauenshaftung im Deutschen Privatrecht, 1971, S. 38ff.; 403; *Singer* ZfA 93, 487.

[5] *Seiter* S. 101, 105, 113ff.

Gegenstand einer arbeitsvertraglichen Vereinbarung sein können, durch betriebliche Übung begründet werden.[6] Entspr. ihrem kollektiven Charakter kommen vor allem Regelungsgegenstände in Betracht, die für alle oder bestimmte Gruppen Bedeutung haben. Eine durch betriebliche Übung begründete Vertragsbedingung, die der Arbeitgeber für eine Vielzahl von Arbeitsverhältnissen verwendet, ist eine Allgemeine Geschäftsbedingung,[7] die der AGB-Kontrolle (dazu § 32) unterliegen kann (RN 15). Eine betriebliche Übung ist daneben zu berücksichtigen bei der Vertragsauslegung und der Ausfüllung von Lücken im Arbeitsvertrag (ergänzende Vertragsauslegung). Die mit Hilfe der Betriebsübung vorgenommene ergänzende Vertragsauslegung spielt namentlich im Bereich der Sonderzuwendungen wie Gratifikationen, Ruhegeldern, Prämien usw. eine Rolle. In diesen Fällen entfaltet die Betriebsübung ihre Funktion, Umfang und Grenzen der Verpflichtung des Arbeitgebers näher zu umreißen. Die Einzelheiten werden jeweils im Zusammenhang mit den einzelnen Rechtsinstituten erörtert (vgl. § 78 RN 10, § 83 RN 36). Im Allgemeinen ist die betriebliche Übung auf den Betrieb beschränkt.

b) Einzelfälle. Die durch eine betriebliche Übung entstandenen Ansprüche sind in der 10
Rspr. anspruchsbegründend herangezogen worden bei Lohnausfall in betriebsbedingten Überholpausen,[8] unbezahltem Arbeitsausfall am Rosenmontag,[9] am Geburtstag ab 12.00 Uhr,[10] am 24. Dez.,[11] bei Arbeitsbefreiung nach Feiertagen,[12] Gratifikationsregelungen,[13] vergünstigte Energielieferungen[14] und Beihilfen[15] für Ruheständler, Kündigungsregelungen,[16] Ruhegehaltsregelungen,[17] Sozialleistungen,[18] Transport zur Arbeitsstelle,[19] Nichtanrechnung von Tariflohnerhöhungen,[20] Zusatzvergütung für Reporter,[21] Verrechnung von Überstundenvergütungen mit Provisionen,[22] Verrichtung der Arbeitsleistung innerhalb oder außerhalb des Dienstgebäudes,[23] Vergütung von Bereitschaftsdienst für Schulhausmeister bei außerdienstlichem Verhalten,[24] Versetzungen zwischen 2 Schichten,[25] Urlaubsübertragung[26] und Übernahme der Pauschalsteuer.[27] Das bloße Ausweisen von Parkflächen mit Verkehrsschildern „nur für Mitarbeiter" und der Appell, diese Flächen anstatt Parkverbotszonen zu nutzen, begründet im öffentlichen Dienst keinen Anspruch der Mitarbeiter aus betrieblicher Übung auf unentgeltliche Nutzung von Parkmöglichkeiten;[28] zum Direktionsrecht RN 21.

2. Voraussetzungen. a) Gleichförmiges Verhalten. Nach der ständigen Rechtsprechung 11
des BAG kann ein gleichförmiges und wiederholtes Verhalten des Arbeitgebers vertragliche Ansprüche auf eine Leistung begründen, wenn die Arbeitnehmer aus dem Verhalten des Arbeit-

---

[6] BAG 21. 6. 2005 AP 11 zu § 55 InsO; 21. 1. 1997 AP 64 zu § 77 BetrVG 1972 = NZA 97, 1009.

[7] BAG 27. 8. 2008, 5 AZR 820/07, NZA 2009, 49; 20. 5. 2008, 9 AZR 382/07, NZA 2008, 1233.

[8] BAG 21. 12. 1954 AP 2 zu § 611 BGB Lohnanspruch.

[9] BAG 24. 3. 1993 AP 38 zu § 242 BGB Betriebliche Übung = NZA 93, 749; 17. 11. 1972 AP 3 zu § 13 JArbSchG.

[10] BAG 14. 9. 1994 AP 46 zu § 242 Betriebliche Übung = NZA 95, 419.

[11] BAG 6. 9. 1994 AP 45 zu § 242 Betriebliche Übung = NZA 95, 418.

[12] BAG 17. 9. 1970 AP 9 zu § 242 BGB Betriebliche Übung = NJW 71, 163.

[13] BAG 29. 4. 2003 EzA 4 zu § 1 BetrAVG Betriebliche Übung; 23. 4. 1963 AP 26 zu § 611 BGB Gratifikation.

[14] BAG 19. 2. 2008 AP 52 zu § 1 BetrAVG.

[15] BAG 19. 5. 2005 AP 71 zu § 242 BGB Betriebliche Übung = NZA 2005, 889; 20. 1. 2004 AP 65 zu § 242 BGB Betriebliche Übung.

[16] BAG 10. 12. 1965 AP 105 zu § 242 BGB Ruhegehalt.

[17] BAG 19. 7. 2005 AP 42 zu § 1 BetrAVG – Rentenhöhe; 20. 1. 2004 AP 65 zu § 242 BGB Betriebliche Übung; 29. 10. 1985 AP 2 zu § 1 BetrAVG Betriebliche Übung = NZA 86, 786; 5. 2. 1971 AP 10 zu § 242 BGB Betriebliche Übung = NJW 71, 1422; 27. 2. 1957 AP 21 zu § 242 BGB Ruhegehalt.

[18] Zu Essensgeldzuschüssen LAG Frankfurt 24. 2. 1984 NZA 84, 259; LAG Niedersachsen 10. 7. 1963 AP 7 zu § 242 BGB Betriebliche Übung; Lieferung von Brennmaterial: BAG 9. 3. 1961 AP 5 zu § 242 BGB Betriebliche Übung; Übergangsgeld BAG 13. 7. 1968 AP 8 zu § 242 BGB Betriebliche Übung; 11. 5. 1957 AP 1 zu § 16 TOA.

[19] BAG 9. 7. 1985 AP 16 zu § 75 BPersVG.

[20] BAG 23. 1. 1980 AP 12 zu § 4 TVG Übertariflicher Lohn und Tariflohnerhöhung; 26. 4. 1961 AP 5 zu § 4 TVG Effektivklausel.

[21] OLG Stuttgart EzA 5 zu § 242 Betriebliche Übung.

[22] BAG 26. 8. 1987 AP 1 zu § 1 TVG Tarifverträge: Brotindustrie.

[23] BAG 11. 10. 1995 AP 9 zu § 611 BGB Arbeitszeit = NZA 96, 718.

[24] BAG 13. 11. 1986 AP 27 zu § 242 BGB Betriebliche Übung = NZA 87, 635.

[25] LAG Köln 26. 7. 2002 LAGE § 11 BGB Direktionsrecht Nr. 1.

[26] BAG 21. 6. 2005 AP 11 zu § 55 InsO.

[27] BAG 24. 6. 2003 AP 63 zu § 242 BGB Betriebliche Übung = NJW 2003, 3725 = NZA 2003, 1145.

[28] LAG Schleswig-Holstein 3. 4. 2001 LAGE § 242 BGB Betriebliche Übung Nr. 25.

gebers schließen durften, ihnen werde die Leistung auch künftig gewährt.[29] Wann ein Anspruch aus betrieblicher Übung folgt, lässt sich grundsätzlich nicht verallgemeinernd, sondern nur im Einzelfall beurteilen. Eine allgemeinverbindliche Regel, ab welcher Anzahl von Leistungen der Arbeitnehmer erwarten darf, dass auch er die Leistung erhält, sobald er die Voraussetzungen erfüllt, gibt es nicht.[30] Lediglich für Sonderzuwendungen besteht der Grundsatz, dass ein individualrechtlicher Anspruch erworben wird, wenn die Leistungen in drei aufeinander folgenden Jahren vorbehaltlos und in gleich bleibender Höhe gewährt werden. Ansonsten ist auf Art, Dauer und Intensität der Leistungen abzustellen. Welcher Zeitraum des Bestehens der Übung notwendig ist, um auf eine berechtigte Erwartung der Fortsetzung der Übung bei den Arbeitnehmern und mithin auf den Willen zur zukünftigen Leistung beim Arbeitgeber schließen zu können, hängt von der Häufigkeit der erbrachten Leistungen ab. Ein Anspruch aus betrieblicher Übung wird daneben umso eher in Betracht kommen, je bedeutsamer die Leistung für den Arbeitnehmer oder der Kreis der Begünstigten ist[31] und je mehr die vom Arbeitgeber gewährte Vergünstigung als Gegenleistung für die vom Arbeitnehmer erbrachte Leistung anzusehen ist[32] oder ihr Versorgungscharakter zukommt. [33]Maßgeblich für die Betrachtung sind nur die Zeiträume, in denen die Leistung nach den vom Arbeitgeber aufgestellten Voraussetzungen zu erbringen war und auch tatsächlich vom Arbeitgeber erbracht wurde.[34] Auf die Gewährung einer Jubiläumszuwendung können sich die begünstigten Arbeitnehmer nur einstellen, wenn in den vorangegangenen Zeiträumen Arbeitnehmer die maßgebliche Betriebszugehörigkeit erreicht haben und vom Arbeitgeber eine Zuwendung erhalten haben. Werden die für die Arbeitnehmer günstigen Leistungen vom Arbeitgeber nicht auf Grund einer erkennbaren Regel erbracht oder hat der Arbeitgeber von einer betrieblichen Handhabung keine oder keine ausreichende Kenntnis (z. B. privates Telefonieren, Internetnutzung zu privaten Zwecken), wird regelmäßig kein Anspruch auf Beibehaltung der bisherigen Praxis aus betrieblicher Übung bestehen.

12 **b) Keine anderweitige Rechtsgrundlage. aa) Irrtümliche Leistungsgewährung.** Ein Anspruch aus betrieblicher Übung kann nur entstehen, wenn es an einer anderen kollektiv- oder individualrechtlichen Grundlage für die Leistungsgewährung fehlt.[35] Insoweit muss der Arbeitnehmer davon ausgehen, dass der Arbeitgeber lediglich den anderweit begründeten Anspruch erfüllen will. Ist der Arbeitgeber auf Grund eines vermeintlich für den Betrieb geltenden Tarifvertrags[36] oder einer Betriebsvereinbarung zur jährlichen Gehaltsanpassung verpflichtet, so entsteht darüber hinaus kein Anspruch auf Grund betrieblicher Übung, wenn er dieser Verpflichtung nachkommt.[37] Problematisch ist es, wenn der Arbeitgeber sich irrtümlich zur Leistung verpflichtet glaubt und in diesem Bewusstsein rechtsgrundlos Leistungen erbringt. Grundsätzlich kann der Arbeitgeber seine Leistung für die Zukunft einstellen, da es an einem für die Arbeitnehmer erkennbaren eigenständigen Verpflichtungstatbestand fehlt.[38] Ein Anspruch auf die Weitergewährung der bisherigen Leistung aus betrieblicher Übung entsteht lediglich, wenn auf Grund besonderer Anhaltspunkte für den Arbeitnehmer erkennbar ist, dass der Arbeitgeber trotz der fehlenden Rechtspflicht weiterhin zur Leistungserbringung bereit ist.[39] Für das Vorlie-

---

[29] Vgl. nur BAG 16. 7. 1997 AP 7 zu § 1 BetrAVG Betriebliche Übung = NZA 97, 664.

[30] BAG 28. 5. 2008 AP 80 zu § 242 BGB Betriebliche Übung = NZA 2008, 941.

[31] BAG 28. 5. 2008 AP 80 zu § 242 BGB Betriebliche Übung = NZA 2008, 941; 28. 6. 2006 AP 74 zu § 242 BGB Betriebliche Übung = NZA 2006, 1174; 28. 7. 2004 AP 257 zu § 611 BGB Gratifikation = NZA 2004, 1152.

[32] *Bepler* RdA 2004, 226, 237.

[33] Zur Betriebsübung im Betriebsrentenrecht *Gehlhaar* BB 2008, 835.

[34] BAG 28. 5. 2008 AP 80 zu § 242 BGB Betriebliche Übung = NZA 2008, 941; 28. 7. 2004 AP 257 zu § 611 BGB Gratifikation = NZA 2004, 1152.

[35] BAG 20. 6. 2007 AP 52 zu § 1 TVG Bezugnahme auf Tarifvertrag = NZA 2007, 1293; 24. 11. 2004 AP 70 zu § 242 BGB Betriebliche Übung = NZA 2005, 349.

[36] BAG 18. 4. 2007 AP 54 zu § 1 TVG Bezugnahme auf Tarifvertrag.

[37] BAG 16. 9. 1998 AP 54 zu § 242 BGB Betriebliche Übung = NZA 99, 203.

[38] Zur irrtümlichen Annahme einer Leistungspflicht: BAG 26. 8. 1987 AP 1 zu § 1 TVG Tarifverträge: Brotindustrie; 7. 5. 1986 AP 12 zu § 4 BAT; 29. 1. 1986 AP 17 zu § 75 BPersVG; 21. 4. 1982 AP 5 zu § 1 TVG Tarifverträge: Bundesbahn; 13. 8. 1980 AP 2 zu § 77 BetrVG 1972; 31. 1. 1969 AP 26 zu § 1 FeiertagslohnzahlungsG; 30. 9. 1968 AP 1 zu § 9 TV Arb. Bundespost; 7. 8. 1967 AP 121 zu § 242 BGB Ruhegehalt; 19. 10. 1961 AP 13 zu § 1 KSchG Betriebsbedingte Kündigung; 2. 4. 1958 AP 11 zu § 611 BGB Ärzte, Gehaltsansprüche; 8. 11. 1957 AP 2 zu § 242 BGB Betriebliche Übung.

[39] BAG 22. 1. 2002 AP 4 zu § 77 BetrVG 1972 = NZA 2002, 1224; 10. 4. 1985 AP 19 zu § 242 BGB Betriebliche Übung = NZA 86, 604; 29. 11. 1983 AP 15 zu § 242 BGB Betriebliche Übung.

gen eines Irrtums ist der Arbeitgeber, für das Bestehen von besonderen Anhaltspunkten ist hingegen der Arbeitnehmer darlegungs- und beweispflichtig.[40]

bb) Öffentlicher Dienst. Besonderheiten gelten für den öffentlichen Dienst. Auf Grund der haushaltsrechtlichen Vorgaben unterstellt die Rechtsprechung bei einem öffentlichen Arbeitgeber, dass sich dieser im Zweifel nur normgemäß verhalten und keine über- oder außertariflichen Leistungen erbringen will.[41] Ohne besondere Anhaltspunkte darf ein im öffentlichen Dienst beschäftigter Arbeitnehmer auch bei langjähriger Gewährung von Vergünstigungen nicht annehmen, die Übung sei Vertragsinhalt geworden und werde unabhängig von einer zugrunde liegenden normativen Regelung unbefristet beibehalten.[42] Daher können im Bereich des öffentlichen Dienstes auch langjährig gewährte übertarifliche oder außertarifliche Leistungen wieder eingestellt werden, wenn sie unter Berufung auf Vorschriften erbracht werden, die einen solchen Anspruch nicht vorsehen.[43] Dies gilt insbesondere bei Leistungen, die für Beamte und Angestellte gleichermaßen gelten. In diesem Fall kann sich eine betriebliche Übung grundsätzlich nicht in Widerspruch zu der für die Beamten maßgebenden Regelung entwickeln. Die Arbeitnehmer müssen mit der Beseitigung der begünstigenden Regelung rechnen, wenn sie auch für die Beamten abgeschafft werden kann.[44] 13

Die unter RN 13 dargestellten Grundsätze gelten auch bei **Eigengesellschaften** von juristischen Personen des öffentlichen Rechts.[45] Das BAG hat allerdings angenommen, dass ein Anspruch auf betriebliche Altersversorgung entsteht, wenn ein Vorstand einer Anstalt des öffentlichen Rechts in einem internen Beschluss festlegt, dass ein Arbeitnehmer nach vierjähriger Bewährung in der Verbandstätigkeit nach beamtenrechtlichen Grundsätzen versorgt wird und diesen Beschluss acht Jahre umsetzt.[46] Dagegen wird die für den öffentlichen Dienst entwickelte Rspr. nicht auf die **Kirchen** oder die **Träger der freien Wohlfahrtspflege** übertragen, auch wenn diese sich bei öffentlichen Leistungsträgern refinanzieren.[47] Hält man die Privilegierung des öffentlichen Dienstes auch angesichts der Vorgaben des § 305c II BGB (RN 15) für gerechtfertigt, wird man konsequenterweise darauf abstellen müssen, ob im Einzelfall eine Bindung an haushaltsrechtliche Vorgaben bestanden hat. 14

c) Fehlender Vorbehalt. Da die Betriebsübung auf der Willenserklärung oder einem Vertrauenstatbestand des Arbeitgebers beruht, kann dieser bei ihrer Abgabe grundsätzlich jedwede Bindung für die Zukunft ausschließen.[48] Der 10. Senat des BAG hat bisher offen gelassen, ob ein Hinweis des Arbeitgebers auf die Freiwilligkeit einer Sonderzuwendung überhaupt als Freiwilligkeitsvorbehalt i. S. d. § 308 Nr. 4 BGB (dazu § 32 RN 66) anzusehen ist oder nur als ein einseitiger Hinweis, der die Entstehung eines Anspruchs auf Grund betrieblicher Übung verhindern soll und selbst kein Rechtsverhältnis gestaltet. Der 10. Senat hat angenommen, dass selbst wenn es sich bei dem Hinweis um eine Vertragsbedingung i. S. v. § 305 BGB handeln würde, der Arbeitnehmer durch einen solchen Freiwilligkeitsvorbehalt nicht nach § 307 I 1 BGB unangemessen benachteiligt würde.[49] Der Arbeitgeber muss das Fehlen eines Rechtsbindungswillens 15

---

[40] BAG 19. 6. 2001 EzA 67 zu § 77 BetrVG 1972 = NZA 2002, 408.

[41] BAG 13. 11. 1986 AP 27 zu § 242 BGB Betriebliche Übung = NZA 87, 635; 10. 4. 1985 AP 19 zu § 242 BGB Betriebliche Übung = NZA 86, 604; 3. 8. 1982 AP 12 zu § 242 BGB Betriebliche Übung; zu Gewährung auf Grund eines Erlasses BAG 10. 2. 1988 AP 5 zu § 9 TVAL II; 5. 2. 1986 AP 21 zu § 242 BGB Betriebliche Übung = NZA 86, 605; dagegen 4. 9. 1985 AP 22 zu § 242 BGB Betriebliche Übung = NZA 86, 521.

[42] BAG 29. 9. 2004 AP 67 zu § 242 BGB Betriebliche Übung; 14. 1. 2004 AP 19 zu § 1 TVG Tarifverträge: Deutsche Bahn; 18. 9. 2002 AP 59 zu § 242 BGB Betriebliche Übung = NZA 2003, 337; 29. 5. 2002 EzA 10 zu § 611 BGB Mehrarbeit.

[43] BAG 14. 9. 1994 AP 46 zu § 242 BGB Betriebliche Übung; 26. 5. 1993 AP 2 zu § 12 AVR Diakonisches Werk = NZA 94, 513; 24. 3. 1993 AP 38 zu § 242 BGB Betriebliche Übung = NZA 93, 749; 18. 5. 1988 AP 2 zu §§ 22, 23 BAT Datenverarbeitung = PersV 89, 86; 13. 11. 1986 AP 27 zu § 242 BGB Betriebliche Übung = NZA 87, 635; 6. 3. 1984 AP 16 zu § 242 Betriebliche Übung = NZA 84, 256; 29. 11. 1983 AP 15 zu § 242 BGB Betriebliche Übung; 3. 8. 1982 AP 12 zu § 242 BGB Betriebliche Übung; LAG Hamm 17. 10. 1991 NZA 92, 424.

[44] BAG 1. 11. 2005 AP 16 zu § 33 BAT.

[45] BAG 13. 11. 1986 AP 27 zu § 242 BGB Betriebliche Übung = NZA 87, 635.

[46] BAG 16. 7. 1996 AP 7 zu § 1 BetrAVG Betriebliche Übung = NZA 97, 664.

[47] BAG 26. 5. 1993 AP 3 zu § 12 AVR Diakonisches Werk = NZA 94, 88; a. A. LAG Düsseldorf 27. 11. 2002 NZA-RR 2003, 334.

[48] BAG 12. 1. 1994 AP 43 zu § 242 BGB Betriebliche Übung = NZA 94, 694; 6. 9. 1994 AP 45 zu § 242 BGB Betriebliche Übung; 17. 1. 1995 EzA 48 zu § 87 BetrVG 1972 Lohngestaltung; bis hin zu BAG 4. 10. 1956 AP 4 zu § 611 BGB Gratifikation.

[49] BAG 28. 5. 2008 AP 80 zu § 242 BGB Betriebliche Übung = NZA 2008, 941.

wegen des Transparenzgebots des § 307 I 2 BGB nach außen hin zweifelsfrei deutlich machen.[50] Dies gilt gleichermaßen, wenn er die Zahlung einer Vergünstigung von einer Entscheidung im jeweiligen Einzelfall abhängig machen will.[51] Der fehlende Bindungswille wird ausreichend erkennbar, wenn der Arbeitgeber entweder im Arbeitsvertrag die Unverbindlichkeit einer Leistungsgewährung[52] oder die Leistung mit einem Zusatz versieht wie z. B. „ohne Anerkennung einer Rechtspflicht", „für die Zukunft besteht kein Rechtsanspruch" oder dass durch den Leistungsbezug „kein Präjudiz für kommende Jahre geschaffen" werde.[53] Die Bezeichnung als „freiwillige Sozialleistung" ist hingegen nicht ausreichend.[54] Daneben hat das BAG bisher angenommen, dass sich der Vorbehalt auch aus den Umständen des Einzelfalls oder der Leistungsgewährung selbst ergeben kann.[55] So hat das BAG bei materiellen Zuwendungen einen Vertrauenstatbestand zugunsten der Arbeitnehmer eher bejaht als bei Gewährung zusätzlicher freier Tage oder Stunden aus besonderem Anlass.[56] Verneint hat das Gericht einen Anspruch aus betrieblicher Übung auch bei dreimaliger Weihnachtsgeldgewährung in unterschiedlicher Höhe, da die Arbeitnehmer wegen der wechselnden Beträge erkennen mussten, dass sich der Arbeitgeber nur für das jeweilige Jahr binden will.[57] Konsequenterweise scheidet demnach ein Anspruch aus betrieblicher Übung stets dann aus, wenn nur die Leistungshöhe nicht gleichförmig ist, sondern wechselt z. B. bei jährlichen Gehaltsanpassungen,[58] bei Sozialleistungen des Arbeitgebers aus bestimmten Anlässen (Teuerungszulagen),[59] Zahlungen in unterschiedlicher Höhe,[60] Gewährung freier Tage,[61] Hinweis fehlender Tarifbindung und freiwilliger Weitergabe tariflicher Leistungen.[62] Im Arbeitsvertrag enthaltene Hinweise und getroffene Abreden müssen zu ihrer Wirksamkeit nicht ständig wiederholt werden. Bringt der Arbeitgeber im Arbeitsvertrag eindeutig zum Ausdruck, dass die Leistung von Sonderzahlungen ohne rechtliche Verpflichtung erfolgt, und wird dieser Hinweis in der Folgezeit durch das tatsächliche Verhalten des Arbeitgebers nicht in Frage gestellt, genügt dies § 307 I 2 BGB mit der Folge, dass kein Rechtsanspruch des Arbeitnehmers auf künftige Leistungen entsteht.[63] Der Arbeitgeber ist bei fehlender Bindung auf Grund wechselnder Leistungshöhe auch nicht verpflichtet, über eine weitere Leistungserbringung nach billigem Ermessen (§ 315 BGB) zu entscheiden.[64]

16 **d) Schriftformerfordernis.** Bestimmt ein Tarifvertrag, dass bestimmte Vertragsabreden nur wirksam sind, wenn sie schriftlich vereinbart werden, ist die Entstehung von Ansprüchen auf Grund betrieblicher Übung grundsätzlich ausgeschlossen;[65] allerdings kann die Berufung auf die unterlassene Einhaltung der Schriftform im Einzelfall arglistig sein. Dies gilt jedoch nur bei einem konstitutiven, nicht bei einem nur deklaratorischen Schriftformerfordernis im Tarifvertrag.[66] Ein arbeitsvertraglich vereinbartes Schriftformerfordernis steht der Entstehung eines Anspruchs aus betrieblicher Übung nur entgegen, wenn es nicht nur zu Beweiszwecken („deklaratorisch"), sondern konstitutiv ausgestaltet ist; in Zweifelsfällen gilt die Auslegungsregel des § 125 Satz 2 BGB, wonach das rechtsgeschäftliche Formerfordernis im Zweifel konstitutive Bedeutung hat. Ist im Arbeitsvertrag ein einfaches Schriftformerfordernis enthalten („Vertragsänderungen bedürfen der Schriftform"), kann dieses zwar konkludent von den Vertragsparteien abbedungen

---

[50] *Ulrici* BB 2005, 1902, 1903 f.; *Maties* DB 2005, 2689, 2692.

[51] BAG 28. 5. 2008 AP 80 zu § 242 BGB Betriebliche Übung = NZA 2008, 941; 28. 7. 2004 AP 257 zu § 611 BGB Gratifikation = NZA 2004, 1152; 27. 6. 2001 EzA 44 zu § 242 BGB Betriebliche Übung.

[52] Als ausreichend ist z. B. die Formulierung „Die wiederholte Gewährung von Leistungen oder Vergünstigungen begründet keinen Anspruch auf Gewährung auf Dauer bzw. auf zukünftige Gewährung" angesehen worden, *Hromadka* DB 2004, 1261, 1265; *Ulrici* BB 2005, 1902, 1903 FN 32.

[53] BAG 31. 7. 2007 AP 79 zu § 242 BGB Betriebliche Übung = NZA-RR 2008, 263.

[54] BAG 19. 5. 2005 AP 71 zu § 242 BGB Betriebliche Übung = NZA 2005, 889; 23. 10. 2002 AP 243 zu § 611 BGB Gratifikation = NZA 2003, 557; 26. 6. 1975 AP 86 zu § 611 BGB Gratifikation.

[55] BAG 4. 9. 1985 AP 22 zu § 242 BGB Betriebliche Übung = NZA 86, 521.

[56] BAG 17. 9. 1970 AP 9 zu § 242 BGB Betriebliche Übung = NJW 71, 163.

[57] BAG 28. 2. 1996 AP 192 zu § 611 BGB Gratifikation = NZA 96, 758.

[58] BAG 16. 11. 1998 AP 54 zu § 242 BGB Betriebliche Übung = NZA 99, 203; 4. 9. 1985 AP 22 zu § 242 BGB Betriebliche Übung = NZA 86, 521.

[59] BAG 3. 4. 1957 AP 6 zu § 611 BGB Gratifikation.

[60] BAG 28. 2. 1996 AP 192 zu § 611 BGB Gratifikation = NZA 96, 758.

[61] BAG 17. 9. 1970 AP 9 zu § 242 BGB Betriebliche Übung = NJW 71, 163.

[62] LAG Köln 21. 4. 1998 LAGE § 242 BGB Betriebliche Übung Nr. 22.

[63] BAG 30. 7. 2008 AP 274 zu § 611 BGB Gratifikation = NZA 2008, 1173.

[64] BAG 4. 9. 1985 AP 22 zu § 242 BGB Betriebliche Übung = NZA 86, 521.

[65] BAG 16. 7. 1996 AP 7 zu § 1 BetrAVG Betriebliche Übung = NZA 97, 664; 27. 3. 1987 AP 29 zu § 242 BGB Betriebliche Übung = NZA 87, 778.

[66] Zur Unterscheidung: BAG 1. 12. 2004 AP 13 zu § 59 BAT = NZA 2006, 211.

werden, wenn diese die Vertragsänderung übereinstimmend gewollt haben; an einem entsprechenden Willen wird es beim Arbeitgeber aber regelmäßig fehlen. Ein wirksames qualifiziertes bzw. doppeltes Schriftformerfordernis (dazu § 32 RN 78a) kann der Begründung eines Anspruchs aus betrieblicher Übung entgegen stehen.[67] Im Bereich des TVöD ist von Bedeutung, ob Gegenstand der betrieblichen Übung eine Nebenabrede ist (§ 2 III TVöD, dann konstitutive Schriftform) oder sie die Hauptleistungspflichten im weiteren Sinne betrifft.[68] Diese Rspr. ist korrekturbedürftig, da sie keine hinreichend sichere Abgrenzung zwischen Nebenabreden und Hauptleistungspflichten begründen kann. Besser wäre es, von dem konstitutiven Schriftformerfordernis des § 2 III TVöD alle Leistungen erfasst anzusehen, auf die nicht bereits ein gesetzlicher oder tariflicher Anspruch besteht. Diese Sichtweise stünde auch mit den haushaltsrechtlichen Vorgaben des öffentlichen Dienstherrn in Einklang.

3. Neueinstellungen. a) Begünstigende Betriebsübungen. Das BAG hat bisher offen 17
gelassen, ob ein neueingestellter Arbeitnehmer einen durch betriebliche Übung begründeten Anspruch sofort mit seinem Eintritt in den Betrieb erwirbt.[69] Es hat lediglich ausgeführt, dass von dem allgemeinen Erfahrungssatz auszugehen sei, dass nach einem generalisierenden Prinzip gewährte Leistungen allgemein bekannt werden. Mit dem Bekanntwerden der auf einem generalisierenden Prinzip beruhenden Einzelleistungen in Verbindung mit dem Gesichtspunkt des Gleichbehandlungsgrundsatzes werde ein zurechenbarer objektiver Bindungswille des Arbeitgebers deutlich.[70] Hat der Arbeitnehmer bereits zu einem früheren Zeitpunkt auf andere Weise von einer ihn begünstigenden betrieblichen Übung Kenntnis erhalten, so wirkt sie bereits mit Beginn des Arbeitsverhältnisses anspruchsbegründend, da nach der Vertragstheorie das Angebot damit auch dem neueingestellten Arbeitnehmer zugeht von ihm angenommen wird. Ansonsten wird der Anspruch aus der betrieblichen Übung spätestens bei der erstmaligen Leistungsgewährung an den neueingestellten Arbeitnehmer Vertragsinhalt. Das Angebot gilt aber nur mit den vom Arbeitgeber aufgestellten Beschränkungen, da die neueingestellten Arbeitnehmer davon ausgehen müssen, dass ihnen (nur) dieselben Vergünstigungen gewährt werden wie allen anderen Arbeitnehmern.[71] Sollen die neu Eintretenden von der betrieblichen Übung ausgenommen werden, muss dies bereits im Arbeitsvertrag oder spätestens beim Eintritt in den Betrieb deutlich gemacht werden,[72] in einer auf die Beseitigung einer bestehenden betrieblichen Übung gerichteten Differenzierung liegt kein Verstoß gegen den Gleichbehandlungsgrundsatz.[73]

b) Belastende Betriebsübungen. Handelt es sich um eine dem Arbeitnehmer ungünstige 18
Betriebsübung, muss auch der neu Eintretende sie gegen sich gelten lassen, wenn dies im Vertrag so vereinbart worden ist, sie ihm bei Abschluss des Arbeitsvertrags bekannt war und nach den Umständen davon auszugehen ist, dass er in sie einwilligt.[74] Das Gleiche gilt, wenn er sie hätte kennen müssen.[75] Das trifft vor allem für Übungen zur betrieblichen Ordnung zu. Jedoch trifft den neu eintretenden Arbeitnehmer nicht schlechthin eine Informationsobliegenheit für die im Betrieb herrschenden Arbeitsbedingungen; insbesondere braucht er nicht ohne weiteres damit zu rechnen, dass zu seinen Gunsten bestehendes dispositives Recht zu seinem Nachteil durch Betriebsübung abbedungen ist.[76] Hat der neu eintretende Arbeitnehmer die zu seinem Nachteil bestehende Betriebsübung nicht gekannt und brauchte er sie auch nicht zu kennen, kommt der Arbeitsvertrag ohne die ihn benachteiligende Betriebsübung zustande. Der Arbeitgeber kann alsdann eine Vereinheitlichung der Arbeitsbedingungen nur im Wege der Änderungskündigung erzwingen, soweit eine Einigung nicht zustande kommt.

---

[67] BAG 20. 5. 2008 AP 35 zu § 307 BGB = NZA 2008, 1233, dazu *Leder/Scheuermann* NZA 2008, 1222; 24. 6. 2003 AP 63 zu § 242 BGB Betriebliche Übung = NZA 2003, 1145.

[68] BAG 18. 9. 2002 AP 59 zu § 242 Betriebliche Übung = NZA 2003, 337; 7. 5. 1986 AP 12 zu § 4 BAT.

[69] BAG 16. 7. 1996 AP 7 zu § 1 BetrAVG Betriebliche Übung = NZA 97, 664.

[70] BAG 28. 5. 2008 AP 80 zu § 242 BGB Betriebliche Übung = NZA 2008, 941.

[71] BAG 10. 8. 1988 AP 32 zu § 242 BGB Betriebliche Übung = NZA 89, 57; a. A. wohl LAG Rheinland-Pfalz 4. 7. 1996 NZA-RR 97, 468.

[72] BAG 5. 2. 1971 AP 10 zu § 242 BGB Betriebliche Übung = NJW 71, 1422; 5. 7. 1968 AP 6 zu § 242 BGB Betriebliche Übung; 8. 11. 1957 AP 2 zu § 242 BGB Betriebliche Übung.

[73] BAG 13. 10. 1960 AP 30 zu § 242 BGB Gleichbehandlung.

[74] Vgl. BAG 5. 2. 1971 AP 10 zu § 242 BGB Betriebliche Übung = NJW 71, 1422; 17. 9. 1970 AP 9 zu § 242 BGB Betriebliche Übung = NJW 71, 163; 8. 11. 1957 AP 2 zu § 242 BGB Betriebliche Übung.

[75] Vgl. BAG 4. 5. 1999 AP 55 zu § 242 BGB Betriebliche Übung = NZA 99, 1162; 26. 3. 1997 AP 50 zu § 242 BGB Betriebliche Übung = NZA 97, 1007; 21. 12. 1954 AP 2 zu § 611 BGB Lohnanspruch.

[76] Es besteht keine Divergenz zu BAG 21. 12. 1954 AP 2 zu § 611 BGB Lohnanspruch; dort wird nicht von für den AN günstigen Normen abgewichen; vielmehr lag ein Fall von § 323 BGB vor.

19 **4. Bezugnahmen auf einen Tarifvertrag.** Vielfach wenden Arbeitgeber auf nichttarifgebundene Arbeitnehmer Tarifverträge an. Von einer stillschweigenden Verweisung auf Tarifvertragsrecht ist dann auszugehen, wenn Arbeitgeber gleich bleibend für einen längeren Zeitraum die Tarifverträge auf sämtliche Arbeitnehmer anwenden. Der Arbeitnehmer nimmt diese Regelung konkludent an, wenn er Tariflohn, Urlaub, zusätzliches Urlaubsgeld usw. entgegennimmt. Er muss dann auch die benachteiligenden Regelungen über Kündigungsfristen, tarifliche Verfallfristen usw. hinnehmen.[77] Nach der ständigen Rechtsprechung des BAG ist die Inbezugnahme von Tarifverträgen auch im Wege der betrieblichen Übung möglich. Das Gericht unterscheidet dabei zwischen der Verpflichtung, auf Grund betrieblicher Übung einen bestimmten Tarifvertrag weiterhin anzuwenden, und der Verpflichtung, auch zukünftige Tarifverträge umzusetzen. Es ist einzelfallbezogen anhand der für und gegen eine Verpflichtung des Arbeitgebers sprechenden tatsächlichen Umstände zu prüfen, ob durch die konkrete Verhaltensweise des Arbeitgebers eine betriebliche Übung im Sinne einer dynamischen Bezugnahme auf die einschlägigen Tarifverträge (dann: automatische Weitergabe der Tarifbedingungen auch in der Zukunft) oder nur im Sinne der weiteren Anwendung eines bestimmten Tarifvertrags vereinbart worden ist.[78] Bei nicht tarifgebundenen Arbeitgebern kann eine betriebliche Übung zur Anpassung der Löhne und Gehälter entsprechend der Tarifentwicklung in einem bestimmten Tarifgebiet nur angenommen werden, wenn es deutliche Anhaltspunkte im Verhalten des Arbeitgebers gibt, dass er sich entsprechend binden will und auf Dauer die von den Tarifvertragsparteien ausgehandelten Tariflohnerhöhungen übernehmen will.[79] Vielmehr spricht vieles dafür, dass der Arbeitgeber im Regelfall jährlich über die Weitergabe des von Dritten ausgehandelten Tarifergebnisses neu entscheiden will. Ist im Arbeitsvertrag konkludent auf einen Tarifvertrag verwiesen, muss der Arbeitgeber auch im Nachwirkungszeitraum des Tarifvertrags die tariflichen Leistungen auf Grund betrieblicher Übung erbringen.[80]

20 **5. Gleichbehandlungsgrundsatz.** Zwischen der Betriebsübung und dem Gleichbehandlungsgrundsatz (vgl. dazu § 112) bestehen Zusammenhänge. Ist das Verhalten des Arbeitgebers so zu verstehen, dass er nach Eintritt der für den Inhalt der Leistungen notwendigen Voraussetzungen allen Arbeitnehmern die besonderen Sonderzuwendungen macht, so resultiert der Anspruch aus der betrieblichen Übung. Hat sich dagegen der Arbeitgeber die Entscheidung über die Gewährung von Leistungen vorbehalten, so kann der Anspruch aus dem Gleichbehandlungsgrundsatz folgen.

21 **6. Direktionsrecht.** Die Betriebsübung kann schließlich bei der Ausübung des Direktionsrechts eine Rolle spielen,[81] wenn z. B. der Bauunternehmer bestimmte Arbeiter, etwa mit Rücksicht auf ihren Familienstand, nicht nach auswärts zu versetzen pflegt. Allerdings führt die Beibehaltung einer bestimmten Personaleinsatzplanung über einen längeren Zeitraum nicht zu einem Anspruch aus betrieblicher Übung auf Fortsetzung der bisherigen Praxis.[82]

22 **7. Darlegungs- und Beweislast.** Dem Arbeitnehmer obliegt die Darlegungs- und Beweislast, dass der von ihm geltend gemachte Anspruch auf einer betrieblichen Übung beruht. Dabei billigt ihm allerdings die Rechtsprechung gewisse Erleichterungen hinsichtlich der betrieblichen Vorgänge zu. Es ist ausreichend, wenn der Arbeitnehmer die Umstände darlegt, die den Eindruck einer festen Übung erwecken. Dann obliegt es dem Arbeitgeber, seine Praxis darzulegen und ggf. den Anschein einer betrieblichen Übung zu erschüttern.[83] Ob aus einem wiederholten tatsächlichen Verhalten des Arbeitgebers eine betriebliche Übung mit Anspruch der Arbeitnehmer auf eine zukünftige Gewährung entsteht oder ob aus dem Verhalten des Arbeitgebers nur eine Vergünstigung für das jeweilige Jahr abzuleiten ist, muss der Tatsachenrichter unter Berücksichtigung aller Umstände ermitteln.[84] Legt das Landesarbeitsgericht einen Arbeitsvertrag unter Berücksichtigung einer betrieblichen Übung aus, ist die Auslegung uneingeschränkt revisibel.[85]

---

[77] Vgl. BAG 8. 12. 1960 AP 1 zu § 611 BGB Wegezeit; LAG Düsseldorf 28. 2. 1977 DB 77, 1953; 12. 5. 1976 DB 77, 502; LAG Baden-Württemberg 26. 11. 1968 DB 69, 709.

[78] BAG 9. 5. 2007 AP 23 zu § 3 TVG Verbandszugehörigkeit = NZA 2007, 1439.

[79] BAG 16. 1. 2002 AP 56 zu § 242 BGB Betriebliche Übung = NZA 2002, 632; 13. 3. 2002 EzA 1 zu § 259 ZPO = NZA 2002, 1232.

[80] LAG Düsseldorf 6. 11. 1997 NZA-RR 98, 366.

[81] Vgl. BAG 17. 12. 1959 AP 80 zu § 1 TVG Auslegung.

[82] BAG 13. 6. 2007 AP 78 zu § 242 BGB Betriebliche Übung.

[83] BAG 16. 7. 1996 AP 7 zu § 1 BetrAVG Betriebliche Übung = NZA 97, 664.

[84] BAG 12. 1. 1994 AP 43 zu § 242 BGB Betriebliche Übung = NZA 94, 694; 17. 9. 1970 AP 9 zu § 242 BGB Betriebliche Übung = NJW 71, 163.

[85] BAG 9. 5. 2007 AP 23 zu § 3 TVG Verbandszugehörigkeit = NZA 2007, 1439; 28. 6. 2006 AP 74 zu § 242 BGB Betriebliche Übung = NZA 2006, 1174; a. A. BAG 1. 3. 1972 AP 11 zu § 242 BGB Betriebliche Übung = NJW 72, 1248; zweifelnd BAG 25. 6. 2002 AP 50 zu § 16 BetrAVG = NZA 2003, 875.

III. Beseitigung einer Betriebsübung

1. Betriebliche Übung und erworbene Ansprüche. Bei der Frage der Beseitigung einer betrieblichen Übung ist zwischen der Beendigung der betrieblichen Handhabung und den zwischenzeitlich erworbenen Ansprüchen der Arbeitnehmer zu unterscheiden. 23

2. Betriebsübung. a) Beendigung. Sie kann grundsätzlich durch einen einseitigen in Erscheinung tretenden Entschluss des Arbeitgebers beendet werden.[86] Der Arbeitgeber muss dazu gegenüber den Arbeitnehmern in geeigneter Form erklären, dass er zukünftig nicht mehr bereit ist, die bisherige Handhabung (Zahlung einer Sonderzuwendung oder eines Ruhegeldes) fortzusetzen. Durch eine entsprechende Verlautbarung wird der Erklärungswert der Betriebsübung zerstört, soweit aus der bisherigen Handhabung noch keine Ansprüche der Arbeitnehmer entstanden sind. Die Bekanntmachung muss die Beendigung der Betriebsübung hinreichend deutlich erkennen lassen. Nicht ausreichend ist es, wenn der Arbeitgeber einmal die durch betriebliche Übung entstandenen Ansprüche nicht erfüllt.[87] Mit einer einseitigen Bekanntmachung können jedoch im Rahmen der Arbeitsverträge bereits bestehende Ansprüche oder Anwartschaften nicht beseitigt werden.[88] Eine betriebliche Übung endet im Fall einer Betriebsstilllegung; bereits entstandene Ansprüche entfallen bei der Einstellung des Betriebs aber ebenso wenig wie bei der Eröffnung eines Insolvenzverfahrens.[89] Schließlich kann die betriebliche Übung bei Zweckerreichung entfallen. Zu neu eintretenden Arbeitnehmern RN 17, zur betrieblichen Übung bei Betriebsübergang § 118 RN 16. 24

b) Änderung. Sind durch die betriebliche Übung noch keine Ansprüche entstanden, kann der Arbeitgeber jederzeit durch die Änderung der Leistungserbringung die Betriebsübung inhaltlich verändern. Dies ist z. B. der Fall, wenn der Arbeitgeber in der Vergangenheit 2 Jahre ein volles Monatsgehalt gezahlt hat und im dritten Jahr nur 75%. Hier muss das Verhalten im Einzelfall dahingehend ausgelegt werden, ob die bisherige betriebliche Übung beendet wird und ggf. eine neue Betriebsübung beginnt oder ob die individualrechtlichen Ansprüche mit dem Inhalt der letzten Zahlung begründet werden. Sieht man mit dem BAG wechselnde Leistungen überhaupt als anspruchsschädlich an, wird Letzteres nicht anzunehmen sein. Jedwede Auslegungsschwierigkeiten würden vermieden, wenn sich der Arbeitgeber bei der Zahlung entsprechend erklären würde. 25

3. Beseitigung der einzelvertraglichen Ansprüche oder Anwartschaftsrechte. a) Sind die durch Betriebsübung begründeten Ansprüche Vertragsinhalt geworden, können sie nur mit den Mitteln des Vertragsrechts geändert oder beseitigt werden. Ein aus betrieblicher Übung entstandener Anspruch geht nicht dadurch unter, dass der Arbeitgeber gegenüber anderen Arbeitnehmern die Übung einstellt und der Arbeitnehmer dazu schweigt.[90] Dies gilt selbst dann, wenn es sich bei den betriebsüblichen Leistungen um einmalige Leistungen handelt und der Arbeitnehmer selbst noch nie in den Genuss der Leistungen gekommen ist. Der Arbeitgeber muss dementsprechend einen Änderungsvertrag oder eine (Änderungs-)Kündigung aussprechen. Ein durch schlüssiges Verhalten zustande gekommener Änderungsvertrag ist vom BAG angenommen worden, wenn der Arbeitnehmer sich zu einem Angebot des Arbeitgebers auf eine verschlechternde Vertragsänderung nicht äußert, sondern widerspruchslos die Arbeit fortsetzt, sofern er nur von der Durchführung der nachteiligen Vertragsgestaltung unmittelbar und sogleich betroffen wird.[91] Eine kollektive Kündigung gegenüber dem Betriebsrat oder eine Teilkündigung des Arbeitsverhältnisses ist nicht statthaft. 26

b) Ablösende bzw. gegenläufige Betriebsübung. Nach der Rspr. des BAG können die durch eine betriebliche Übung[92] begründeten Ansprüche durch eine gegenläufige nachteilige betriebliche Übung ersetzt oder aufgehoben werden. Der Arbeitgeber unterbreite dem Arbeitnehmer mit einer gegenläufigen betrieblichen Übung über einen längeren Zeitraum hinweg ein verschlechterndes Änderungsangebot, das von diesem angenommen werden müsse. Dies sei der 27

---

[86] Vgl. BAG 13. 10. 1960 AP 30 zu § 242 BGB Gleichbehandlung.

[87] BAG 10. 8. 1988 AP 32 zu § 242 BGB Betriebliche Übung = NZA 89, 57; vgl. auch 27. 6. 2001 EzA 44 zu § 242 BGB Betriebliche Übung = NZA 2002, 54.

[88] Vgl. BAG 13. 10. 1960 AP 30 zu § 242 BGB Gleichbehandlung; 8. 11. 1957 AP 2 zu § 242 BGB Betriebliche Übung.

[89] BAG 21. 6. 2005 AP 11 zu § 55 InsO.

[90] BAG 28. 5. 2008 AP 80 zu § 242 BGB Betriebliche Übung = NZA 2008, 941.

[91] BAG 20. 5. 1976 AP 4 zu § 305 BGB; 13. 7. 1969 AP 8 zu § 242 BGB Betriebliche Übung; 17. 7. 1965 AP 101 zu § 242 BGB Ruhegehalt; 8. 7. 1960 AP 2 zu § 305 BGB.

[92] BAG 24. 11. 2004 AP 70 zu § 242 BGB Betriebliche Übung = NZA 2005, 349; auf anderen Rechtsgrundlagen beruhende Ansprüche können nicht durch betriebliche Übung beseitigt werden.

Fall, wenn der Arbeitnehmer ausdrücklich sein Einverständnis erkläre oder der Arbeitgeber nach Treu und Glauben und nach der Verkehrssitte das Schweigen des Arbeitnehmers nach dem maßgeblichen Empfängerhorizont als Zustimmung zu der geänderten betrieblichen Übung ansehen dürfe. Von einer Annahmeerklärung könne der Arbeitgeber ausgehen, wenn anzunehmen sei, der Arbeitnehmer werde bei fehlendem Einverständnis der angebotenen Änderung der Arbeitsbedingungen dieser widersprechen.[93] Ein durch eine gegenläufige betriebliche Übung zustande gekommener Änderungsvertrag ist bejaht worden, wenn die Arbeitnehmer bei der Zahlung einer Sonderzuwendung einer neuen, für sie ungünstigen Handhabung über drei Jahre nicht widersprechen.[94] Nach Ansicht des BAG ist aber erforderlich, dass der Arbeitgeber bekannt macht, er werde bestimmte Leistungen nicht mehr erbringen, die sofortige Einstellung der Leistung erfolgt und die Arbeitnehmer ihre Dienste widerspruchslos fortsetzen.[95] Im Gegensatz zum Änderungsvertrag müssen sich die geänderten Vertragsbedingungen nicht unmittelbar auf die Arbeitsleistung auswirken, was insbesondere bei Arbeitsentgelt der Fall ist. Teilt der Arbeitgeber durch Aushang mit, er könne auf Grund der wirtschaftlichen Lage des Betriebes (nur) in diesem Jahr keine Weihnachtsgratifikationen zahlen, liegt damit aber keine hinreichende Bekanntgabe über die endgültige Beendigung der betrieblichen Übung vor.[96] Gleiches gilt, wenn die Leistungseinstellung erst in der Zukunft erfolgen soll.[97] Die von einer gegenläufigen betrieblichen Übung betroffenen Arbeitnehmer können durch eine Vertragsänderung bei Bestehen einer doppelten Schriftformklausel geschützt sein, selbst wenn sich der Arbeitgeber zu seinen Gunsten auf die Klausel nicht berufen darf (dazu RN 16).

28 Die Rspr. des BAG ist auf **berechtigte Kritik** gestoßen.[98] Es ist in der Tat nicht begründbar, warum die Arbeitnehmer verpflichtet sein sollen, auf eine Erklärung des Arbeitgebers über den endgültigen Wegfall der durch betriebliche Übung begründeten Ansprüche zu reagieren. Grundsätzlich gilt gem. § 147 BGB ein Schweigen eines Erklärungsempfängers nicht als Annahme eines Angebots, vor allem dann, wenn ein Angebot auf eine nachteilige Veränderung der Vertragssituation gerichtet ist. Nur unter besonderen Umständen kann ausnahmsweise ein Schweigen als Annahme zu werten sein, nämlich dann, wenn der Erklärende nach Treu und Glauben unter Berücksichtigung der Verkehrssitte und der Besonderheiten des Einzelfalls annehmen darf, der andere Vertragsteil werde der angebotenen Vertragsänderung widersprechen, wenn er ihr nicht zustimmen wolle. Solche besonderen Umstände liegen aber regelmäßig nicht vor; in einem bestehenden und ungekündigten Arbeitsverhältnis kann regelmäßig keine Pflicht zu einem ausdrücklichen Widerspruch anerkannt werden. Auch die Unterscheidung, dass eine Pflicht zum Widerspruch nur bei den durch betriebliche Übung begründeten Ansprüchen besteht, ansonsten aber Schweigen auf ein Angebot als Ablehnung gilt, leuchtet nicht ein. Darüber hinaus wirft die Auffassung des BAG noch ungeklärte Folgeprobleme auf. Reicht der einmalig erklärte Widerspruch aus und kann ein Arbeitnehmer oder der Betriebsrat für andere Arbeitnehmer den Widerspruch wirksam erklären?

29 **4. Betriebsvereinbarung. a) Konkurrierende Betriebsvereinbarung.** Eine der betrieblichen Übung nachfolgende Betriebsvereinbarung verdrängt diese, wenn sie für die Arbeitnehmer günstigere Normen enthält. Dies folgt aus der Unabdingbarkeit von Betriebsvereinbarungen (§ 77 BetrVG). Nach dem Ende der Betriebsvereinbarung leben die Ansprüche aus der betrieblichen Übung jedoch wieder auf.[99] Eine von der Betriebsvereinbarung abweichende ungünstigere betriebliche Übung entfaltet keine Rechtswirkung. Insoweit besteht kein Streit.

30 **b) Ablösende Betriebsvereinbarung.** Nach der Entscheidung des GS des BAG steht fest, dass die auf betrieblicher Übung beruhenden Ansprüche durch eine nachfolgende Betriebsvereinbarung in den Grenzen von Recht Billigkeit beschränkt werden können, wenn die Neuregelung insgesamt bei kollektiver Betrachtung nicht ungünstiger ist[100] (vgl. § 231 RN 36). Dies gilt

---

[93] BAG 28. 5. 2008 AP 80 zu § 242 BGB Betriebliche Übung = NZA 2008, 941; 27. 6. 2001 EzA 44 zu § 242 BGB Betriebliche Übung = NZA 2002, 54.
[94] BAG 4. 5. 1999 AP 55 zu § 242 BGB Betriebliche Übung = NZA 99, 1162; 26. 3. 1997 AP 50 zu § 242 BGB Betriebliche Übung = NZA 97, 1007.
[95] BAG 4. 5. 1999 AP 55 zu § 242 BGB Betriebliche Übung = NZA 99, 1162; 26. 3. 1997 AP 50 zu § 242 BGB Betriebliche Übung = NZA 97, 1007.
[96] BAG 14. 8. 1996 AP 47 zu § 242 BGB Betriebliche Übung = NZA 96, 1323.
[97] BAG 27. 6. 2001 EzA 44 zu § 242 BGB Betriebliche Übung = NZA 2002, 54.
[98] *Goertz* ArbuR 99, 463; *Speiger* NZA 98, 510; *Kettler* NJW 98, 435; wohl auch *Tappe/Koppelin* DB 98, 2114; das BAG hat die Rspr. zur gegenläufigen betr. Übung aufgegeben 18. 3. 2009 – 10 AZR 281/08.
[99] BAG 21. 9. 1989 AP 43 zu § 77 BetrVG 1972 = NZA 90, 351.
[100] BAG GS 16. 9. 1986 AP 17 zu § 77 BetrVG 1972 = NZA 87, 168.

aber nur für freiwillige Sozialleistungen, die einen kollektiven Bezug aufweisen. Für andere arbeitsvertragliche Ansprüche gelten die vom Großen Senat entwickelten Grundsätze über die Ablösung von kollektiven Leistungen nicht. Aus diesem Grund sind z. B. durch eine betriebliche Übung begründete Ansprüche auf Arbeitsentgelt im engeren Sinn, auf Urlaub und Urlaubsvergütung, Entgeltfortzahlung und andere Regelungen, die den Inhalt des Arbeitsverhältnisses bestimmen, einer Ablösung durch eine Betriebsvereinbarung nicht zugänglich.[101]

5. Anfechtung. Da die Betriebsübung nach der Vertragstheorie auf einer ausdrücklich oder stillschweigend abgegebenen Willenserklärung beruht, kann der Arbeitgeber unter den Voraussetzungen der §§ 119, 123 BGB seine Erklärung anfechten.[102] Eine Anfechtung kann jedoch nicht damit begründet werden, der Arbeitgeber habe nicht gewusst, dass aus seiner Übung eine Willenserklärung gefolgert werde. Insoweit handelt es sich um einen unbeachtlichen Rechtsfolgenirrtum.[103] Der Arbeitgeber kann ferner nicht damit gehört werden, er habe nicht gewusst, dass in seinem Betrieb eine bestimmte Übung entsteht. Wollte man dieses Argument zulassen, würde der nachlässige Arbeitgeber honoriert. Zur irrigen Annahme des Arbeitgebers, zur Leistung verpflichtet zu sein, vgl. oben RN 12. 31

6. Widerruf. Ob auf Grund der betrieblichen Übung erwachsende Ansprüche widerrufen werden können, ist umstr. Dabei ist zu unterscheiden: hat sich der Arbeitgeber ein Recht zum Widerrufs vorbehalten, kommt ein Widerruf nach den für die Widerruflichkeit von allgemeinen Geschäftsbedingungen geltenden Grundsätzen (§ 32 RN 84) in Betracht. Ansonsten besteht keine Widerrufsmöglichkeit. 32

7. Ruhestandsverhältnis. Für die Beseitigung bzw. Änderung der durch eine betriebliche Übung entstandenen Ansprüche der Betriebsrentner gelten nach Auffassung des BAG besondere Voraussetzungen (vgl. § 83 RN 346 ff.). 33

8. Mitbestimmung. Nach § 87 I Nr. 10 BetrVG hat der Betriebsrat ein erzwingbares Mitbestimmungsrecht in Fragen der Lohngestaltung (§ 235 RN 89). Der Arbeitgeber kann die Gewährung von freiwilligen Leistungen für die Zukunft mitbestimmungsfrei einstellen. Werden die Leistungen nur gekürzt, anders verteilt oder stellt der Arbeitgeber die Leistungen nur für neu eingestellte Arbeitnehmer ein, so ist damit auch die Verteilungsgerechtigkeit zwischen alten und neuen Belegschaftsmitgliedern betroffen, die mitbestimmungspflichtig ist.[104] Betrifft eine ablösende bzw. gegenläufige betriebliche Übung (RN 27) Leistungen, deren Verteilung nach § 87 I Nr. 10, 11 BetrVG mitbestimmungspflichtig ist, besteht dementsprechend ein Mitbestimmungsrecht, wenn die Leistungen nicht vollständig entfallen. Eine ohne die notwendige Beteiligung des Betriebsrats vorgenommene Leistungskürzung bzw. -umverteilung ist unwirksam. Die vollständige Einstellung eines Werksverkehrs ist nach der Rspr. des BAG mitbestimmungsfrei.[105] Ein Mitbestimmungsrecht der Arbeitnehmervertretungen bei der Einstellung der bisher rechtsgrundlos erbrachten Leistungen besteht nicht.[106] 34

IV. Die Gesamtzusage

1. Begriff. Die Gesamtzusage ist auf eine einheitliche Regelung für einen bestimmten Personenkreis gerichtet. Das Rechtsinstitut der Gesamtzusage ist von *Hilger*[107] entwickelt worden. Unter diesem Begriff werden einseitige Verpflichtungserklärungen des Arbeitsgebers mit kollektivem Charakter verstanden, die dieser der Belegschaft oder einer Gruppe innerhalb der Belegschaft gegenüber abgibt. Die Gesamtzusage ist danach die an alle Arbeitnehmer oder einen nach abstrakten Merkmalen bestimmten Teil von ihnen in allgemeiner Form gerichtete ausdrückliche und mit Rechtsbindungswillen verbundene Erklärung des Arbeitgebers, jedem Arbeitnehmer, der die vom Arbeitgeber abstrakt festgelegten Voraussetzungen erfüllt, eine bestimmte Leistung zu gewähren. Dies setzt jedoch voraus, dass der einzelne Arbeitnehmer das Verhalten des Arbeitgebers als Leistungsversprechen auffassen durfte.[108] Der Inhalt der Gesamtzusage wird Bestand- 35

---

[101] BAG 28. 3. 2000 AP 83 zu § 77 BetrVG 1972 § 77 = NZA 2001, 49.
[102] BGH 7. 6. 1984 NJW 84, 2279.
[103] Anders wohl *Houben* BB 2006, 2301, 2303.
[104] BAG GS 3. 12. 1991 AP 51 zu § 87 BetrVG 1972 Lohngestaltung = NZA 92, 749.
[105] BAG 9. 7. 1985 AP 16 zu § 75 BPersVG.
[106] BAG 7. 5. 1986 AP 12 zu § 4 BAT.
[107] *Hilger,* Das Ruhegeld, 1959, S. 51 ff.; ihr folgend BAG 12. 3. 1963 AP 90 zu § 242 BGB Ruhegehalt = NJW 63, 1996.
[108] BAG 19. 1. 1999 – 9 AZR 667/97 n. v.; 29. 5. 1991 – 5 AZR 202/90 n. v.; 29. 6. 1988 – 5 AZR 484/87 n. v.; 7. 10. 1987 – 5 AZR 339/86 n. v.

teil des Arbeitsvertrags.[109] Die Gesamtzusage hat für alle begünstigten Arbeitnehmer den gleichen Inhalt und die gleiche Bedeutung. Bei den durch eine Gesamtzusage versprochenen Leistungen handelt es sich um Allgemeine Geschäftsbedingungen (dazu § 32), die einer Kontrolle nach den §§ 305 ff. BGB unterliegen; zur Gesamtzusage einer Sonderzuwendung § 78 RN 24 und zur betrieblichen Altersversorgung § 83 RN 35, 131.

36 **2. Zustandekommen. a) Verlautbarung des Arbeitgebers.** Gesamtzusagen werden bereits dann wirksam, wenn sie gegenüber den Arbeitnehmern in einer Form verlautbart werden, die den einzelnen Arbeitnehmer typischerweise in die Lage versetzt, von der Erklärung Kenntnis zu nehmen. Eine Gesamtzusage bindet den Arbeitgeber nicht nur, wenn der einzelne Arbeitnehmer von dem darin liegenden Vertragsangebot Kenntnis nimmt. Vielmehr erwirbt der Arbeitnehmer einen Anspruch bereits dann, wenn die Leistungen in allgemeiner und betriebsüblicher[110] Form gegenüber „den Arbeitnehmern" bekannt gemacht worden sind. Die Erklärung des Arbeitgebers kann an die Belegschaft als Ganzes oder die begünstigte Gruppe gerichtet werden.[111] Auf die konkrete Kenntnis eines einzelnen Arbeitnehmers kommt es daher nicht an.[112] Ob eine Gesamtzusage vorliegt und welchen Inhalt sie hat, richtet sich nach den für Willenserklärungen geltenden Regeln (§§ 133, 157 BGB), wobei die Auslegung durch das Landesarbeitsgericht der vollen revisionsrechtlichen Überprüfung unterliegt.[113] Maßgeblich ist der objektive Erklärungsinhalt aus der Sicht des Empfängers;[114] zum Schriftformerfordernis RN 16 und zum Beteiligungsrecht des Betriebsrats RN 34.

37 **b) Umdeutung einer Betriebsvereinbarung.** Nach der Rspr. des BAG kann eine Gesamtzusage auch durch die Umdeutung (§ 140 BGB analog) einer unwirksamen Betriebsvereinbarung zustande kommen. Nach der Rspr. kommt dies in Betracht, wenn besondere Umstände die Annahme rechtfertigen, der Arbeitgeber habe sich unabhängig von der Betriebsvereinbarung auf jeden Fall verpflichten wollen, seinen Arbeitnehmern die in der Betriebsvereinbarung vorgesehenen Leistungen zu gewähren. Ein solcher Wille des Arbeitgebers, sich unabhängig von der Wirksamkeit einer Betriebsvereinbarung auf Dauer zu binden, kann allerdings nur in Ausnahmefällen angenommen werden.[115] Will der Arbeitgeber mit den Leistungen lediglich eine vermeintliche kollektiv rechtliche Verpflichtung aus einer Betriebsvereinbarung erfüllen, fehlt es regelmäßig an einem darüber hinausgehenden Bindungswillen.[116]

38 **3. Änderung. a) Individualrecht.** Die Änderung der Leistungsbedingungen oder die Aufhebung der Leistungsverpflichtung aus einer Gesamtzusage kann mit den allgemeinen vertragsrechtlichen Mitteln (Änderungsvertrag/Änderungskündigung) erfolgen. Eine einseitige Änderungsmöglichkeit durch den Arbeitgeber besteht regelmäßig nur dann, wenn und soweit er sich einen Widerruf der mit der Gesamtzusage versprochenen Leistungen oder die Änderung der Leistungsbedingungen wirksam vorbehalten hat; insoweit gelten die für der betrieblichen Übung dargestellten Grundsätze. Der Widerruf kann ebenfalls nach den für die Bekanntgabe einer Gesamtzusage geltenden Grundsätzen erfolgen, d. h. der einzelne Arbeitnehmer muss typischerweise von der Erklärung Kenntnis nehmen können.[117] Die Änderung einer Gesamtzusage entsprechend den Grundsätzen der gegenläufigen betrieblichen Übung (RN 26) ist aber nicht möglich.

39 **b) Kollektivrecht.** Eine durch eine Gesamtzusage begründete und deshalb auf einzelvertraglicher Grundlage beruhende betriebliche Ordnung ist gegen Verschlechterungen grundsätzlich durch das Günstigkeitsprinzip geschützt. Hiervon hat der Große Senat des BAG drei Ausnahmen zugelassen.[118] Eine Verschlechterung der durch Gesamtzusage begründeten Rechte durch Betriebsvereinbarung kommt in Betracht, wenn die Geschäftsgrundlage der Gesamtzusage ge-

[109] BAG 5. 12. 1995 AP 20 zu § 1 BetrAVG Ablösung = NZA 96, 666.

[110] BAG 22. 1. 2003 AP 247 zu § 611 BGB Gratifikation – durch Intranet; 21. 1. 2003 EzA 5 zu § 611 BGB 2002 Gratifikation, Prämie – schwarzes Brett.

[111] BAG 28. 6. 2006 AP 74 zu § 242 BGB Betriebliche Übung = NZA 2006, 1174; 18. 3. 2003 AP 41 zu § 1 BetrAVG Ablösung = NZA 2004, 1099; BAG GS 16. 9. 1986 AP 17 zu § 77 BetrVG 1972 = NZA 87, 168.

[112] BAG 15. 2. 2005 AP 15 zu § 612 a BGB = NZA 2005, 1117.

[113] BAG 3. 5. 2006 EzA 18 zu § 611 BGB 2002 Gratifikation, Prämie.

[114] BAG 25. 1. 2000 AP 15 zu § 157 BGB = NZA 2000, 879.

[115] BAG 30. 5. 2006 AP 23 zu § 77 BetrVG 1972 Tarifvorbehalt = NZA 2006, 1170; 5. 3. 1997 AP 10 zu § 77 BetrVG 1972 Tarifvorbehalt = NZA 97, 951.

[116] BAG 28. 6. 2005 AP 25 zu § 77 BetrVG 1972 Betriebsvereinbarung; 27. 6. 1995 AP 3 zu Einigungsvertrag Anlage II Kap VIII = NZA 96, 480; 23. 8. 1989 AP 42 zu § 77 BetrVG 1972 = NZA 90, 69.

[117] BAG 24. 1. 2006 AP 1 zu § 313 BGB.

[118] BAG GS 16. 9. 1986 AP 17 zu § 77 BetrVG 1972 = NZA 87, 168.

stört ist,[119] der Arbeitgeber sie unter dem Vorbehalt einer abändernden Neuregelung durch Betriebsvereinbarung gestellt hat,[120] oder wenn die Neuregelung durch Betriebsvereinbarung zumindest bei kollektiver Betrachtung insgesamt nicht ungünstiger als die abgelöste Gesamtzusage ist.[121] Eine Gesamtzusage kann auch durch nachfolgende Tarifverträge zu Lasten der Arbeitnehmer geändert werden, wenn die Zusage „tarifoffen" ausgestaltet worden ist.[122]

§ 112. Gleichbehandlungsgrundsatz

Adomeit, Arbeitsrecht auf Abwegen, NJW 97, 2295; *Fastrich,* Gleichbehandlung und Gleichstellung, RdA 2000, 65; *Hans Hanau,* Der arbeitsrechtliche Gleichbehandlungsgrundsatz zwischen Privatautonomie und Kontrahierungszwang, FS für Konzen, 2006, S. 233; *Peter Hanau,* Freiheit und Gleichheit bei der Gestaltung des Arbeitsrechts, FS der Rechtswissenschaftlichen Fakultät zur 600-Jahr-Feier der Universität zu Köln; *ders.,* Gleichbehandlung geringfügig Beschäftigter beim Entgelt, DB 2005, 946; *Hinrichs/Zwanziger,* Allgemeines Gleichbehandlungsgesetz – Ende des arbeitsrechtlichen Gleichbehandlungsgrundsatzes?, DB 2007, 574; *G. Hueck,* Der Grundsatz der gleichmäßigen Behandlung im Privatrecht, 1958; *Hunold,* Ausgewählte Rechtsprechung zur Gleichbehandlung im Betrieb, NZA-RR 2006, 561 und 617; *Lieb,* Personelle Differenzierung und Gleichbehandlung, ZfA 96, 319; *Maier/Mehlich,* Das Ende des richterrechtlich entwickelten arbeitsrechtlichen Gleichbehandlungsgrundsatzes?, DB 2007, 110; *Marhold/Beckers,* Gleichbehandlung im Arbeitsverhältnis, AR-Blattei SD 800.1; *Richardi,* Janusköpfigkeit der Pflicht zur Gleichbehandlung im Arbeitsrecht, ZfA 2008, 31; *Weber/Ehrich,* Der Gleichbehandlungsgrundsatz bei freiwilligen Leistungen des Arbeitgebers, ZIP 97, 1681; *Wiedemann,* Die Gleichbehandlungsgebote im Arbeitsrecht, 2001; *Zander,* Gleichbehandlung und Leistungsprinzip, Personal 2001, 410.

Übersicht

	RN
I. Allgemeines	1 ff.
1. Grundprinzip des Arbeitsrechts	1, 2
2. Abgrenzungen	3, 4
II. Voraussetzungen	5 ff.
1. Gruppenbildung	5–7
2. Verhältnis zur Vertragsfreiheit	8–11
3. Vergleichbarkeit der Arbeitnehmer	12–14
4. Arbeitgeberbezug	15, 16
5. Gestaltendes Verhalten des Arbeitgebers	17–20
III. Sachliche Rechtfertigung	21 ff.
1. Allgemeines	21, 22
2. Beispiele	23–29
IV. Darlegungs- und Beweislast	30
V. Rechtsfolgen	31

I Allgemmeines

1 **1. Grundprinzip des Arbeitsrechts.** Zu den Grundprinzipien des Arbeitsrechts gehört die Pflicht zur Gleichbehandlung der Arbeitnehmer. Der arbeitsrechtliche Gleichbehandlungsgrundsatz ist privatrechtlicher Natur. Das RAG hat ihn zunächst aus der „konkreten Ordnung des Betriebs", später aus der Treue- und Fürsorgepflicht hergeleitet.[1] Im Schrifttum gibt es verschiedene dogmatische Begründungen.[2] Im Ergebnis besteht weitgehend Einigkeit darin, dass der Arbeitgeber beim Vollzug einer von ihm selbst gesetzten Norm dem auf einem überpositiven Ideal beruhenden **Gebot der Verteilungsgerechtigkeit** unterliegt.[3] Der arbeitsrechtliche Gleichbehandlungsgrundsatz ist letztlich die privatrechtliche Ausprägung des Gleichheitssatzes aus Art. 3 I GG.[4] Der Gleichbehandlungsgrundsatz ist stets verletzt, wenn die unterschiedliche Behandlung gegen die Diskriminierungsverbote des § 1 AGG verstößt.[5]

2 Der Gleichbehandlungsgrundsatz ist vom Gesetzgeber in § 1 b I 4 BetrAVG anerkannt worden. Er kann daher als **Gewohnheitsrecht** angesehen werden.[6]

---

[119] BAG 22. 10. 2002 AP 10 zu § 1 BetrAVG Überversorgung.

[120] BAG 10. 12. 2002 AP 249 zu § 611 BGB Gratifikation = NZA 2004, 271 – „Einvernehmen mit dem GBR".

[121] BAG 11. 12. 2007 AP 37 zu § 77 BetrVG 1972 Betriebsvereinbarung; 17. 6. 2003 AP 44 zu § 1 BetrAVG Ablösung = NZA 2004, 1110.

[122] BAG 4. 4. 2001 – 10 AZR 181/00 – n. v.

[1] RAG 19. 1. 1938 ARS 33, 172 (177); 35, 114; 36, 12; 37, 273.

[2] Zusammenfassend MünchArbR/*Richardi* § 14 RN 6 ff.; HWK/*Thüsing* § 611 BGB RN 181.

[3] Vgl. MünchKommBGB/*Müller-Glöge* § 611 RN 1121; MünchArbR/*Richardi* § 14 RN 8.

[4] BAG 21. 8. 2007 AP 60 zu § 1 BetrAVG Gleichbehandlung = NZA-RR 2008, 649.

[5] Vgl. BAG 14. 8. 2007 AP 1 zu § 33 AGG = NZA 2008, 99, zur Verletzung des § 611 a BGB a. F.

[6] Ebenso MünchKommBGB/*Müller-Glöge* § 611 RN 1122; ErfK/*Preis* § 611 BGB RN 574.

3 **2. Abgrenzungen. a)** Der Gleichbehandlungsgrundsatz ist abzugrenzen von der **Billigkeitskontrolle:** Die Pflicht zur Gleichbehandlung dient der Verwirklichung austeilender Gerechtigkeit. Gegenstand der Billigkeitskontrolle ist demgegenüber das Verhältnis von Leistung und Gegenleistung. Sie dient damit ausgleichender Gerechtigkeit.[7]

4 **b)** Weiterhin ist der arbeitsrechtliche Gleichbehandlungsgrundsatz von **spezialgesetzlichen Benachteiligungsverboten** abzugrenzen. So verbietet das AGG in den Fällen des § 2 I AGG Benachteiligungen aus den in § 1 AGG genannten Gründen (vgl. § 33 RN 4 ff.). § 2 III AGG lässt den arbeitsrechtlichen Gleichbehandlungsgrundsatz unberührt.[8] § 4 TzBfG schließt eine Schlechterstellung wegen der Teilzeitarbeit (dazu § 43 RN 35 ff.) oder der Befristung des Arbeitsvertrags (dazu § 38 RN 18 ff.) aus, § 81 II SGB IX verbietet Benachteiligungen wegen der Schwerbehinderung (vgl. § 178). Zu beachten ist ferner das europarechtliche Gebot der gleichen Vergütung von Männern und Frauen bei gleichwertiger Arbeit aus Art. 141 EG (dazu § 165). Kollektivrechtlich ist gem. § 75 BetrVG das Gebot der Gleichbehandlung zu beachten (dazu § 231 RN 10).

II. Voraussetzungen

5 **1. Gruppenbildung.** Das Gebot der Gleichbehandlung greift immer dann ein, wenn der Arbeitgeber Leistungen nach einem erkennbar **generalisierenden Prinzip** auf Grund einer abstrakten Regelung gewährt. Der arbeitsrechtliche Gleichbehandlungsgrundsatz setzt voraus, dass der Arbeitgeber bei der Leistungsgewährung eine Gruppe begünstigter Arbeitnehmer bildet und einzelne Arbeitnehmer in vergleichbarer Lage ungerechtfertigt von der Leistungsgewährung ausschließt oder zwischen Arbeitnehmern einer bestimmten Ordnung sachfremd differenziert. Unzulässig ist nicht nur die willkürliche Schlechterstellung einzelner Arbeitnehmer innerhalb einer Gruppe, sondern auch eine sachfremde Gruppenbildung.[9] Im bloßen Normenvollzug durch den Arbeitgeber und der Begrenzung von Leistungen auf die Normunterworfenen liegt keine willkürliche Ungleichbehandlung i. S. d. arbeitsrechtlichen Gleichbehandlungsgrundsatzes.[10]

6 Allein die **Begünstigung einzelner Arbeitnehmer** erlaubt noch nicht den Schluss, diese Arbeitnehmer bildeten eine Gruppe. Eine Gruppenbildung liegt nur vor, wenn die Besserstellung nach Kriterien vorgenommen wird, die bei allen Begünstigten vorliegen. Der Gleichbehandlungsgrundsatz kommt deshalb nicht zur Anwendung, wenn es sich um individuell vereinbarte Löhne und Gehälter handelt und der Arbeitgeber nur einzelne Arbeitnehmer besserstellt.[11]

7 Ist die Anzahl der begünstigten Arbeitnehmer im Verhältnis zur Gesamtzahl der betroffenen Arbeitnehmer sehr gering, kann ein nicht begünstigter Arbeitnehmer aus dem Gleichbehandlungsgrundsatz keinen Anspruch auf Vergütung herleiten. Das hat der Fünfte Senat bei **weniger als fünf Prozent bessergestellten Arbeitnehmern** angenommen.[12] Das gilt nicht nur für freiwillige Leistungen des Arbeitgebers, sondern auch bei der Vereinbarung der Arbeitsvergütung.[13]

8 **2. Verhältnis zur Vertragsfreiheit. a)** In Fragen der **Vergütung** besteht grundsätzlich Vertragsfreiheit. Diese ist zwar durch Diskriminierungsverbote (§ 7 AGG) und tarifliche Mindestentgelte eingeschränkt. Erfolgt jedoch die Besserstellung unabhängig von abstrakten Differenzierungsmerkmalen in Einzelfällen, können sich andere Arbeitnehmer hierauf zur Begründung gleichartiger Ansprüche nicht berufen.[14] Es fehlt der notwendige kollektive Bezug als Anknüpfungspunkt dafür, einer Ungleichbehandlung entgegenzuwirken.

9 **b)** Der Grundsatz **„Gleicher Lohn für gleiche Arbeit"** ist keine allgemeingültige Anspruchsgrundlage.[15] Denn der allgemeine Gleichbehandlungsgrundsatz verbietet nur die willkürliche Schlechterstellung einzelner Arbeitnehmer aus sachfremden Gründen gegenüber anderen in

---

[7] MünchArbR/*Richardi* § 14 RN 4.

[8] So auch im Ergebnis *Hinrichs/Zwanziger* DB 2007, 574; a. A. *Maier/Mehlich* DB 2007, 110.

[9] BAG 29. 9. 2004 AP 192 zu § 242 BGB Gleichbehandlung; 31. 8. 2005 AP 288 zu § 613 a BGB = NZA 2006, 265; 14. 6. 2006 AP 200 zu § 242 BGB Gleichbehandlung = NZA 2007, 221.

[10] BAG 15. 4. 2008 AP 133 zu § 87 BetrVG 1972 Lohngestaltung = NZA 2008, 288.

[11] BAG 19. 8. 1992 AP 102 zu § 242 BGB Gleichbehandlung = NZA 93, 171; 13. 2. 2002 AP 184 zu § 242 BGB = NZA 2003, 215.

[12] BAG 13. 2. 2002 AP 184 zu § 242 BGB Gleichbehandlung = NZA 2003, 215.

[13] BAG 14. 6. 2006 AP 200 zu § 242 BGB Gleichbehandlung = NZA 2007, 221.

[14] BAG 17. 2. 1998 AP 37 zu § 1 BetrAVG Gleichbehandlung = NZA 98, 762; 21. 3. 2002 EzA 88 zu § 242 BGB Gleichbehandlung.

[15] BAG 26. 9. 2007 AP 58 zu § 1 TVG Bezugnahme auf Tarifvertrag = NZA 2008, 179; 18. 11. 2003 AP 15 zu § 77 BetrVG 1972 Nachwirkung = NZA 2004, 803; 21. 6. 2000 AP 60 zu § 612 BGB = NZA 2000, 1050.

vergleichbarer Lage befindlichen Arbeitnehmern, er verhindert jedoch nicht die Begünstigung einzelner Arbeitnehmer.[16] Wenn der Arbeitgeber, was ihm die Vertragsfreiheit erlaubt, einzelne Arbeitnehmer besserstellt, können andere Arbeitnehmer insoweit keine Gleichstellung aus dem Gleichbehandlungsgrundsatz verlangen. Gelingt es einem Arbeitnehmer, eine höhere Vergütung auszuhandeln, als sie andere Arbeitnehmer erhalten, können diese deshalb daraus keine Rechte herleiten.

c) Aus dem Vorrang der Vertragsfreiheit folgt des Weiteren, dass der Arbeitnehmer aus dem arbeitsrechtlichen Gleichbehandlungsgrundsatz keinen Anspruch gegen den Arbeitgeber auf **Verlängerung eines wirksam sachgrundlos befristeten Arbeitsvertrags** nach § 14 II TzBfG hat.[17] **9a**

d) Eine **individuelle Vereinbarung,** welche die Anwendung des Gleichbehandlungsgrundsatzes ausschließt, liegt allerdings nicht schon dann vor, wenn der Arbeitsvertrag eine übertarifliche Vergütung vorsieht. Der Gleichbehandlungsgrundsatz ist vielmehr nur anwendbar, wenn der Arbeitgeber in Vollzug einer von ihm selbst aufgestellten abstrakten Regel bestimmten Arbeitnehmern diese Zulage angeboten und andere Arbeitnehmer in vergleichbarer Lage hiervon ausgeschlossen hat. Wenn die übertarifliche Vergütung jeweils einzelfallbezogen, also mit Rücksicht auf konkrete tatsächliche Umstände vereinbart worden ist, kommt der Gleichbehandlungsgrundsatz nicht zur Anwendung.[18] **10**

e) Wendet der Arbeitgeber, **ohne nach einem erkennbaren oder generalisierenden Prinzip vorzugehen,** im Betrieb mehrere Vergütungssysteme an und stellt er dabei nicht nur einzelne Arbeitnehmer besser, bedarf es nach der Rechtsprechung des BAG hierfür eines sachlichen Grundes.[19] Anderenfalls sei der Arbeitgeber im Vorteil, der von vornherein keine allgemeinen Grundsätze aufstelle, sondern nach Gutdünken verfahre. Das aber sei ihm, wenn es sich nicht um individuelle Vereinbarungen handele, nach dem Gleichbehandlungsgrundsatz verwehrt. **11**

3. Vergleichbarkeit der Arbeitnehmer. a) Der Gleichbehandlungsgrundsatz gebietet nur die Gleichbehandlung von Arbeitnehmern in vergleichbarer Lage. Die Vergleichbarkeit ist grundsätzlich **tätigkeitsbezogen festzustellen.** Anderes gilt, wenn der Arbeitgeber auf andere sachlich begründete Kriterien abstellt. Gewährt der Arbeitgeber nicht nur für eine bestimmte Tätigkeit eine höhere Vergütung, sondern verlangt er, dass die Arbeitnehmer – unabhängig davon, welche Tätigkeiten sie ausüben – einen bestimmten Ausbildungsabschluss erlangt haben, ist nicht die Tätigkeit, sondern die Ausbildung das maßgebliche Kriterium für die Feststellung der Vergleichbarkeit.[20] **12**

b) Der Gleichbehandlungsgrundsatz bindet den Träger eines Ordnungs- und Regelungsbereichs nur in dessen eigenem Zuständigkeitsbereich. Der Gleichbehandlungsgrundsatz enthält **kein Gebot zur einheitlichen Behandlung** von Arbeitnehmergruppen in unterschiedlichen Ordnungs- oder Regelungsbereichen.[21] Deshalb darf beispielsweise ein tarifgebundener Arbeitgeber bei der Bemessung des Urlaubsgelds ohne Verstoß gegen den Gleichbehandlungsgrundsatz zwischen tarifgebundenen und nicht tarifgebundenen Arbeitnehmern unterscheiden[22] und den tarifgebundenen Beschäftigten das höhere tarifliche Urlaubsgeld gewähren. **13**

c) Angestellte und Beamte gehören unterschiedlichen Ordnungs- und Regelungsbereichen an. Das Beamtenverhältnis ist wegen der statusrechtlichen Besonderheiten nicht mit einem Arbeitsverhältnis vergleichbar.[23] Das Arbeitsverhältnis ist eine vertraglich begründete, privatrechtliche Beziehung, die auch durch Tarifverträge geregelt werden kann. Das Beamtenverhältnis stellt dagegen eine durch Verwaltungsakt begründete öffentlich-rechtliche Rechtsbeziehung dar, die allgemein durch Gesetz geregelt wird. Zwischen den Beamten und ihren Dienstherrn besteht eine besondere verfassungsrechtlich verankerte Rechtsbeziehung. **14**

4. Arbeitgeberbezug. a) Ob sich der arbeitsrechtliche Gleichbehandlungsgrundsatz nur auf vergleichbare Arbeitnehmer eines Betriebs bzw. einer Dienststelle im Bereich des öffentlichen **15**

---

[16] BAG 13. 2. 2002 AP 184 zu § 242 BGB Gleichbehandlung = NZA 2003, 215.
[17] BAG 13. 8. 2008 NZA 2009, 27.
[18] BAG 21. 3. 2002 EzA 88 zu § 242 BGB Gleichbehandlung.
[19] BAG 19. 8. 1992 AP 102 zu § 242 BGB Gleichbehandlung = NZA 93, 171.
[20] BAG 12. 1. 1994 AP 112 zu § 242 BGB Gleichbehandlung; 27. 9. 2001 ZTR 2002, 291.
[21] BAG 3. 12. 1997 AP 149 zu § 242 BGB Gleichbehandlung = NZA 98, 439; 20. 3. 2002 AP 289 zu §§ 22, 23 BAT 1975 = NZA 2003, 1405.
[22] Vgl. BAG 8. 8. 2000 – 9 AZR 517/99 n. v.; 20. 7. 1960 AP 7 zu § 4 TVG.
[23] BAG 17. 6. 1993 AP 32 zu § 2 BeschFG 1985 = NZA 94, 764; 15. 11. 2005 AP 18 zu § 50 BAT = NZA 2006, 502; BVerwG 23. 9. 2004 BVerwGE 122, 65.

Dienstes bezieht, war vom BAG lange Zeit nicht abschließend entschieden. Anerkannt war, dass sich jedenfalls dann, wenn der Arbeitgeber eine allgemeine Regelung überbetrieblich aufstellt und anwendet, der im Geltungsbereich dieser Regelung beschäftigte Arbeitnehmer auf den allgemeinen Gleichbehandlungsgrundsatz berufen kann, wenn es begünstigte Arbeitnehmer mit vergleichbarer Tätigkeit in einem anderen Betrieb des Arbeitgebers gibt.[24] Eine Unterscheidung zwischen einzelnen Betrieben ist nur dann zulässig, wenn es hierfür sachliche Gründe gibt.[25] In seiner neueren Rechtsprechung hat der Fünfte Senat des BAG klargestellt, dass der arbeitsrechtliche Gleichbehandlungsgrundsatz den Arbeitgeber verpflichtet. Bezieht sich eine Regelung auf den Geschäftsbereich eines Ministeriums, ist eine Unterscheidung zwischen einzelnen Dienststellen nur zulässig, wenn es hierfür sachliche Gründe gibt.[26]

16 **b)** Besonderheiten können in **Betrieben mit Betriebsrat** gelten. Eine überbetriebliche Gleichbehandlung bei der Gewährung übertariflicher Zulagen an Arbeitnehmer in Betrieben mit Betriebsrat, in denen jedoch mit dem Betriebsrat keine Einigung über die Einführung der übertariflichen Leistung erfolgt ist, mit Arbeitnehmern in betriebsratslosen Betrieben des gleichen Unternehmens, denen solche Leistungen gewährt werden, ist nicht geboten. Dagegen spricht schon, dass der Arbeitgeber nach § 87 I Nr. 10 bzw. 11 BetrVG rechtlich nicht in der Lage ist, ohne Zustimmung des Betriebsrats ein übertarifliches Zulagensystem einzuführen.[27]

17 **5. Gestaltendes Verhalten des Arbeitgebers. a)** Der arbeitsrechtliche Gleichbehandlungsgrundsatz greift nur bei einem gestaltenden Verhalten des Arbeitgebers, nicht beim bloßen – sei es auch nur vermeintlichen – **Normenvollzug** ein.[28] Der Arbeitgeber schafft hier keine eigene Ordnung, sondern verteilt Leistungen auf der Grundlage vorgegebener generell-abstrakter Regelungen. Dies gilt auch in Fällen, in denen der Arbeitgeber in Anwendung einer vermeintlich wirksamen kollektiven Regelung Leistungen erbracht hat. Stellt sich die Unwirksamkeit dieser Regelung heraus, haben die Arbeitnehmer, denen keine Leistungen zustanden, nicht schon deshalb einen Anspruch, weil die Leistung anderen Arbeitnehmern zugeflossen ist. Ein Anspruch auf Grund des arbeitsrechtlichen Gleichbehandlungsgrundsatzes kann sich allerdings dann ergeben, wenn der Arbeitgeber in Kenntnis der Unwirksamkeit der kollektiven Regelung weiterhin Leistungen erbringt und ein sachlicher Grund zur Rechtfertigung einer unterschiedlichen Behandlung von Arbeitnehmern nicht vorliegt. Dann handelt es sich nicht mehr um Normenvollzug.[29]

18 **b)** Wird nach einem Betriebsübergang die tarifliche Vergütung der Tarifbeschäftigten des Erwerberbetriebs im gleichen Umfang wie die tarifliche Wochenarbeitszeit erhöht, begründet dies keinen Anspruch auf Gehaltserhöhung bei den Beschäftigten, deren Arbeitszeit unverändert bleibt. Denn der **Wert der Arbeitsleistung pro Zeiteinheit** bleibt unverändert.[30]

19 **c)** Wendet der Arbeitgeber einen Tarifvertrag unrichtig an und gewährt er vorübergehend Leistungen auch an Arbeitnehmer, die nach dem Tarifvertrag nicht anspruchsberechtigt sind, kann er bei geläuterter Erkenntnis die rechtsgrundlosen Leistungen einstellen. Ein Anspruch auf **„Gleichbehandlung im Irrtum"** besteht nicht.[31] Anders verhält es sich nur dann, wenn der Arbeitgeber nach Kenntnis von seinem Irrtum die bis dahin ohne Rechtsgrund erbrachten Leistungen weitergewährt und rechtlich mögliche Rückforderungsansprüche nicht geltend macht. Ab diesem Zeitpunkt erbringt er bewusst zusätzliche freiwillige Leistungen. Dabei muss er die vergleichbaren Arbeitnehmer gleichbehandeln. Stellt er hingegen die rechtsgrundlosen Zahlungen nach Kenntniserlangung von seinem Irrtum ein und ergreift alle rechtlich möglichen Maßnahmen zur nachträglichen Korrektur seines Irrtums, ist für die Anwendung des arbeitsrechtlichen Gleichbehandlungsgrundsatzes kein Raum.[32]

---

[24] BAG 12. 1. 1994 AP 112 zu § 242 BGB Gleichbehandlung = NZA 94, 993; 23. 4. 1997 AP 22 zu §§ 22, 23 BAT Zulagen = NZA 97, 1177.

[25] BAG 3. 12. 2008 – 5 AZR 74/08 z. V. v, zur Leistungsfähigkeit der Betriebe.

[26] BAG 8. 11. 2006 AP 177 zu § 611 BGB Lehrer, Dozenten.

[27] BAG 25. 4. 1995 AP 130 zu § 242 BGB Gleichbehandlung = NZA 95, 1063; 26. 5. 1998 AP 98 zu § 87 BetrVG 1972 Lohngestaltung = NZA 98, 1292.

[28] BAG 31. 8. 2005 AP 288 zu § 613 a BGB = NZA 2006, 265; 2. 8. 2006 EzA 3 zu § 75 BetrVG 2001; 6. 7. 2005 AP 166 zu § 611 BGB Lehrer, Dozenten; MünchKommBGB/*Müller-Glöge* § 611 RN 1127.

[29] BAG 2. 8. 2006 EzA 3 zu § 75 BetrVG 2001.

[30] BAG 14. 3. 2007 AP 1 zu § 611 BGB Lohnerhöhung = NZA 2007, 981.

[31] BAG 23. 1. 2008 AP 40 zu § 77 BetrVG 1972 Betriebsvereinbarung = NZA 2008, 709; 26. 4. 2005 AP 12 zu § 87 BetrVG 1972 = NZA 2005, 892; 2. 8. 2006 EzA 3 zu § 75 BetrVG 2001.

[32] BAG 26. 11. 1998 AP 166 zu § 242 BGB Gleichbehandlung = NZA 99, 1108; 5. 4. 1999 – 10 AZR 569/98 n. v.; 24. 2. 2000 – 6 AZR 504/98 n. v.

d) Wird infolge einer Verschmelzung durch Aufnahme eine bestehende Betriebsorganisation vollständig aufgelöst und werden die übernommenen Arbeitnehmer im Wege eines **Betriebsübergangs** unterschiedslos in eine neue Betriebsorganisation eingegliedert, trifft der Arbeitgeber keine Regelung, wenn er die bisherigen Leistungen weitergewährt. Er wendet dann nur § 324 UmwG i. V. m. § 613a I BGB auf die Arbeitsverhältnisse an.[33] In diesem Fall ist der Erwerber auch nicht verpflichtet, nach längerer Zeit eine Angleichung der unterschiedlichen Arbeitsbedingungen herzustellen. Da bei der Weitergewährung der vor dem Betriebsübergang bestehenden Arbeitsbedingungen bereits die tatbestandlichen Voraussetzungen für die Anwendung des Gleichbehandlungsgrundsatzes fehlen, besteht keine Rechtsgrundlage für eine spätere Anpassungspflicht. Nur dann, wenn der Arbeitgeber neue Vergütungsstrukturen schafft, ist er an den Gleichbehandlungsgrundsatz gebunden. Das ist anzunehmen, wenn der Arbeitgeber eine Gehaltserhöhung gemäß einer – wie ihm bekannt ist – gegen § 77 III BetrVG verstoßenden Betriebsvereinbarung nur an seine Stammbelegschaft leistet, nicht aber an die auf Grund eines Betriebsübergangs übernommenen Arbeitnehmer. Unterschiedliche Arbeitsvertrags- und Vergütungssysteme bei der Stammbelegschaft einerseits und den übernommenen Arbeitnehmern andererseits (§ 613a I 2 BGB) rechtfertigen allein noch keine unterschiedliche Behandlung bei der Gehaltserhöhung. Ein sachlicher Grund für die Differenzierung kann allerdings in der Angleichung der Arbeitsbedingungen liegen. Dem steht nicht entgegen, dass die Lohnerhöhung einen Ausgleich für die alle Arbeitnehmer treffende Geldentwertung darstellt.[34] 20

III. Sachliche Rechtfertigung

1. Allgemeines. a) Differenziert der Arbeitgeber bei der Leistungsgewährung zwischen verschiedenen Arbeitnehmergruppen, bedarf es sachlicher Gründe für die unterschiedliche Behandlung. Eine Differenzierung ist sachfremd, wenn es hierfür **keine billigenswerten Gründe** gibt, wenn also nach einer am Gleichheitsgedanken orientierten Betrachtungsweise die Regelung als willkürlich anzusehen ist.[35] Erforderlich ist ein vernünftiger, sich aus der Natur der Sache ergebender oder sonstwie sachlich einleuchtender Grund für die Differenzierung. Eine Gruppenbildung ist nur dann gerechtfertigt, wenn die Unterscheidung einem legitimen Zweck dient und zur Erreichung dieses Zwecks erforderlich und angemessen ist. Die unterschiedliche Leistungsgewährung muss nicht die unter Sachgesichtspunkten beste Lösung sein, sie muss allerdings im Sinne materieller Gerechtigkeit sachgerecht sein.[36] 21

b) Zur Feststellung des Sachgrundes für die erfolgte Differenzierung ist der vom Arbeitgeber mit der Leistung verfolgte **Zweck** maßgeblich.[37] Eine unterschiedliche Behandlung der Arbeitnehmer ist dann mit dem Gleichbehandlungsgrundsatz vereinbar, wenn die Unterscheidung gerade nach dem Zweck der Leistung gerechtfertigt ist.[38] In der Bestimmung dieses Zwecks ist der Arbeitgeber grundsätzlich frei. Er kann daher die Voraussetzungen der Leistung so bestimmen, dass diese zu dem gewünschten Erfolg führen.[39] Die Zweckbestimmung einer Sonderzahlung ergibt sich vorrangig aus den tatsächlichen und rechtlichen Voraussetzungen, von deren Vorliegen und Erfüllung die Leistung abhängig gemacht wird (dazu § 78).[40] Die Unterscheidung muss auf vernünftigen, einleuchtenden Erwägungen beruhen und darf nicht gegen verfassungsrechtliche oder sonstige übergeordnete Wertentscheidungen verstoßen. Ob der Arbeitgeber die zweckmäßigste und gerechteste Lösung gewählt hat, ist durch die Gerichte nicht zu überprüfen.[41] 22

2. Beispiele. a) Gewährt beispielsweise ein Arbeitgeber den Arbeitern **Urlaubs- und Weihnachtsgeld,** um einen finanziellen Beitrag zu den erhöhten saisonalen Aufwendungen der Arbeiter zu leisten, ist es nicht gerechtfertigt, eine Gruppe von Arbeitern (hier: gering qualifizierte Obstsortiererinnen in einem Fruchtgroßhandel) von diesen Sonderzahlungen völlig auszuschlie- 23

---

[33] BAG 31. 8. 2005 AP 288 zu § 613a BGB = NZA 2006, 265; 14. 3. 2007 AP 204 zu § 242 BGB Gleichbehandlung = NZA 2007, 862.

[34] BAG 14. 3. 2007 AP 204 zu § 242 BGB Gleichbehandlung = NZA 2007, 862.

[35] BAG 14. 6. 2006 AP 200 zu § 242 BGB Gleichbehandlung = NZA 2007, 221.

[36] BAG 18. 9. 2007 AP 29 zu § 307 BGB; 14. 3. 2007 AP 204 zu § 242 BGB Gleichbehandlung = NZA 2007, 862.

[37] BAG 26. 9. 2007 AP 205 zu § 242 BGB Gleichbehandlung = NZA 2007, 1424; 18. 9. 2007 AP 29 zu § 307 BGB; 21. 3. 2001 AP 17 zu § 33a BAT = NZA 2001, 782; 15. 2. 2005 AP 15 zu § 612a BGB = NZA 2005, 1117; 12. 10. 2005 AP 259 zu § 611 BGB Gratifikation = NZA 2005, 1418.

[38] BAG 19. 3. 2003 AP 248 zu § 611 BGB Gratifikation = NZA 2003, 724.

[39] BAG 3. 12. 2008 – 5 AZR 74/08; 27. 9. 2001 EzA 15 zu § 11 ArbGG 1979.

[40] BAG 28. 3. 2007 AP 265 zu § 611 BGB Gratifikation = NZA 2007, 687 m. w. N.

[41] BAG 18. 9. 2001 AP 179 zu § 242 BGB Gleichbehandlung = NZA 2002, 148.

ßen und ihnen aus Anlass des Weihnachtsfests nur eine Steige Obst sowie eine Flasche Kirschlikör zu übergeben.[42]

24 **b) Stichtagsregelungen** als „Typisierung in der Zeit" sind ungeachtet der damit verbundenen Härten zur Abgrenzung des begünstigten Personenkreises zulässig, sofern sich die Wahl des Zeitpunktes am zu regelnden Sachverhalt orientiert und die Interessenlage der Betroffenen angemessen erfasst.[43] Eine Stichtagsregelung ist daher nicht schon deshalb unzulässig, weil sie im Einzelfall zu Härten führen kann.[44] Einem Arbeitgeber steht es grundsätzlich frei, bisher gewährte Leistungen, zu deren Erbringung er kollektivrechtlich nicht verpflichtet ist, für neu eingestellte Beschäftigte auszuschließen, wobei die Wahl eines in der Zukunft liegenden Stichtags grundsätzlich keiner Begründung bedarf.[45] Stellt der Arbeitgeber die Zahlung von Jubiläumszuwendungen ein, um in Zukunft alle Arbeitnehmer wiederum gleich zu behandeln, ist sein Verhalten im Sinne des Gleichbehandlungsgrundsatzes sachlich gerechtfertigt.[46] Die auf den Zeitpunkt der Weisung zu weiteren Strukturveränderungen rückwirkende Verbesserung tariflicher Leistungen im Zusammenhang mit dem freiwilligen Ausscheiden der Angehörigen des Zivilpersonals der Bundeswehr widerspricht nicht dem Gleichbehandlungsgrundsatz. Arbeitnehmer, die vor diesem Zeitpunkt ausgeschieden sind, haben keinen Anspruch auf die erhöhte Ausgleichszahlung.[47]

25 **c)** Zahlt ein Arbeitgeber seinen **Angestellten eine höhere Gratifikation** als den bei ihm beschäftigten Arbeitern, weil ein Weggang der Angestellten zu besonderen Belastungen führt und er diese Beschäftigtengruppe mit der höheren Zahlung stärker an den Betrieb binden will, ist eine solche Differenzierung nach gefestigter Rechtsprechung des BAG gerechtfertigt.[48] Sind die Differenzierungsgesichtspunkte und der mit der Zahlung der höheren Gratifikation verfolgte Zweck nicht ohne Weiteres erkennbar, hat der Arbeitgeber die Gründe für die unterschiedliche Behandlung so substantiiert darzulegen, dass die Beurteilung möglich ist, ob die Gruppenbildung sachlichen Kriterien entsprach. Begründet der Arbeitgeber die Begünstigung der Angestellten mit der Absicht, diese stärker an sich zu binden, hat er zugeschnitten auf seinen Betrieb darzulegen, aus welchen Gründen eine stärkere Bindung der Angestellten einem objektiven, wirklichen Bedürfnis entspricht.[49] Bildet der Arbeitgeber nach einer den Arbeitnehmern angeboten **Vertragsänderung** zwei Gruppen, nämlich die Gruppe derjenigen, welche die neuen Arbeitsverträge abgeschlossen haben und die Gruppe derjenigen, die dies nicht getan haben, und bietet er der einen Gruppe mit den geänderten Arbeitsverträgen eine zusätzliche Leistung an, der anderen dagegen nicht, liegt ein Verstoß gegen den Gleichbehandlungsgrundsatz vor.[50]

26 **d)** Besteht ein Mangel an Pflegekräften und zahlt ein Arbeitgeber eine übertarifliche Zulage, um Pflegekräfte zu gewinnen oder im Betrieb zu halten **(Arbeitsmarktzulage),** verpflichtet ihn der Gleichbehandlungsgrundsatz nicht, neu einzustellenden Pflegekräften diese Zulage ebenfalls zu gewähren, wenn nach seiner sachlich begründeten Prognose ein Mangel an Pflegekräften nicht mehr besteht. Im Streitfall hat der Arbeitgeber hierzu darzulegen, auf Grund welcher Umstände die bisher geübte Zulagenpraxis für die zukünftige Personalpolitik nicht mehr erforderlich ist. Diese Prognose muss auf objektiv nachvollziehbaren, plausiblen Gesichtspunkten beruhen.[51]

27 **e)** Die Geltung des arbeitsrechtlichen Gleichbehandlungsgrundsatzes ist bei **Vergütungserhöhungen** nicht ausgeschlossen. Die Anwendbarkeit des Gleichbehandlungsgrundsatzes bei Entgelterhöhungen ist nicht auf die Fälle beschränkt, in denen die Gehälter insgesamt nach Maßgabe einer allgemeinen, gruppen- oder betriebseinheitlichen Regelung erhöht werden. Ein Leistungsanspruch aus dem Gleichbehandlungsgrundsatz kann aber bei Verdiensterhöhungen nur insoweit entstehen, als sich im tatsächlichen Verhalten des Arbeitgebers gegenüber anderen Arbeitnehmern eine Regelhaftigkeit feststellen lässt. Ein Anspruch des Arbeitnehmers auf Gewährung einer Gehaltserhöhung in gleicher Höhe, wie sie anderen Arbeitnehmern gewährt worden ist, besteht daher nur dann, wenn der gesamte Umfang der Gehaltserhöhungen auf einer

---

[42] BAG 27. 10. 1998 AP 211 zu § 611 BGB Gratifikation = NZA 99, 700.
[43] BAG 18. 9. 2007 AP 29 zu § 307 BGB; 28. 7. 2004 AP 257 zu § 611 BGB Gratifikation = NZA 2004, 1152.
[44] BAG 30. 10. 2008 NZA 2009, 214; 18. 9. 2007 AP 29 zu § 307 BGB.
[45] BAG 25. 10. 2001 EzBAT 20 zu § 40 BAT.
[46] BAG 28. 7. 2004 AP 257 zu § 611 BGB Gratifikation = NZA 2004, 1152.
[47] BAG 12. 12. 2007 EzA 16 zu § 242 BGB 2002 Gleichbehandlung.
[48] BAG 19. 3. 2003 AP 248 zu § 611 BGB Gratifikation = NZA 2003, 724.
[49] BAG 12. 10. 2005 AP 259 zu § 611 BGB Gratifikation = NZA 2005, 1418.
[50] BAG 30. 7. 2008 NZA 2008, 1412.
[51] BAG 21. 3. 2001 AP 17 zu § 33 a BAT = NZA 2001, 782.

allgemeinen Regelung beruht. Auch bei unterschiedlichen Erhöhungen kann ein Teilbetrag auf einer allgemeinen Regelung beruhen und z. B. als Teuerungsausgleich gewährt werden, ein anderer Teil dagegen nicht.[52] Werden Gehälter unterschiedlich erhöht, ist notfalls gemäß § 287 ZPO zu schätzen, inwieweit darin ein Grundbetrag zum Ausgleich der Preissteigerungen liegt.[53] Nach einem Betriebsübergang rechtfertigen unterschiedliche Arbeitsvertrags- und Vergütungssysteme des Erwerbers bei der Stammbelegschaft einerseits und den übernommenen Arbeitnehmern andererseits (§ 613a I 2 BGB) als solche keine unterschiedliche Behandlung bei der Gehaltserhöhung (dazu RN 20). Andererseits wird der arbeitsrechtliche Gleichbehandlungsgrundsatz verletzt, wenn der Arbeitgeber nur solchen Arbeitnehmern ein vertragliches Weihnachtsgeld anbietet, die zuvor einer Entgeltreduzierung und Arbeitszeitverlängerung zugestimmt hatten, wenn er mit der Zahlung nicht nur den Ausgleich von Vergütungsunterschieden bezweckt, sondern ein Verhalten honorieren will, das von allen Arbeitnehmern erwünscht wird.[54]

f) Bei der Gewährung von Jahressonderzahlungen kann der Arbeitgeber Mitarbeiter, die sich in **Elternzeit** befinden, von der Leistung ausnehmen. Der sachliche Grund hierfür kann sich aus dem Zweck solcher Leistungen ergeben. Besteht dieser in der zusätzlichen Vergütung für erbrachte Arbeitsleistungen sowie in der Belohnung erbrachter bzw. zukünftiger Betriebstreue, ist die Herausnahme rechtlich nicht zu beanstanden. Denn während der Elternzeit sind die beiderseitigen Hauptpflichten suspendiert; das Arbeitsverhältnis ruht. Zusätzliche Entgeltleistungen können deshalb für diese Zeiten nicht beansprucht werden. Diese Rechtsprechung verstößt weder gegen Art. 141 EG noch gegen sonstiges Gemeinschaftsrecht.[55] Europarechtliche Vorschriften untersagen dem Arbeitgeber nicht, bei der Gewährung einer Weihnachtsgratifikation an eine Frau, die sich in Elternzeit befindet, Zeiten der Elternzeit anteilig leistungsmindernd zu berücksichtigen.[56] **28**

g) Vereinbart der Arbeitgeber bei allen Arbeitsvertragsschlüssen seit Eintritt der **Nachwirkung des Tarifvertrags** zu Urlaubsgeld und Sonderzuwendung Bezugnahmeklauseln, die diese Tarifverträge ausschließen, liegt zwar eine Ungleichbehandlung zu Arbeitnehmern vor, bei denen diese Tarifverträge zu deren ungekündigter Geltung noch arbeitsvertraglich in Bezug genommen wurden. Dieses Vorgehen ist aber sachlich gerechtfertigt. Der damit verfolgte Zweck, bei Neuabschlüssen die arbeitsvertragliche Bezugnahme der tarifrechtlichen Wirkung der fraglichen Tarifverträge anzupassen, rechtfertigt diese Vorgehensweise. § 4 V TVG eröffnet die Möglichkeit einer die nachwirkende Regelung ablösenden arbeitsvertraglichen Regelung. Auch für tarifgebundene Arbeitsvertragsparteien besteht keine zwingende Bindung an einen zum Zeitpunkt des Vertragsschlusses nur noch nachwirkenden Tarifvertrag. Die tarifrechtliche Lage zeichnet die Möglichkeit vor, ab Eintritt der Nachwirkung in arbeitsvertraglichen Vereinbarungen die Anwendbarkeit der nachwirkenden Tarifverträge auszuschließen. Wenn der Arbeitgeber von dieser Möglichkeit entsprechend dem so vorgegebenen Stichtag Gebrauch macht, handelt er nicht willkürlich.[57] **28a**

h) Eine unterschiedliche Vergütung von festangestellten **Arbeitnehmern und ABM-Kräften** ist zulässig.[58] **29**

IV. Darlegungs- und Beweislast

Vergütet ein Arbeitgeber Arbeitnehmer mit ähnlicher Tätigkeit unterschiedlich, hat der **Arbeitgeber** darzulegen, wie groß der begünstigte Personenkreis ist, wie er sich zusammensetzt, wie er abgegrenzt ist und warum der klagende Arbeitnehmer nicht dazugehört. Nicht ohne weiteres erkennbare Gründe für die vorgenommene Differenzierung hat der Arbeitgeber offenzulegen. Im Rechtsstreit mit einem benachteiligten Arbeitnehmer hat er diese Gründe so substantiiert darzutun, dass es möglich ist zu beurteilen, ob die Gruppenbildung sachlichen Kriterien entsprach. Sind die Unterscheidungsmerkmale nicht ohne Weiteres erkennbar, und legt der Arbeitgeber seine Differenzierungsgesichtspunkte nicht dar, oder ist die unterschiedliche Behandlung nach dem Zweck der Leistung nicht gerechtfertigt, kann die benachteiligte Arbeitnehmergruppe verlangen, nach Maßgabe der begünstigten Arbeitnehmergruppe behandelt zu **30**

[52] BAG 15. 11. 1994 AP 121 zu § 242 BGB Gleichbehandlung = NZA 95, 939.
[53] BAG 11. 9. 1985 AP 76 zu § 242 BGB Gleichbehandlung = NZA 87, 156.
[54] BAG 26. 9. 2007 AP 205 zu § 242 BGB Gleichbehandlung = NZA 2007, 1424.
[55] BAG 12. 1. 2000 AP 223 zu § 611 BGB Gratifikation = NZA 2000, 944.
[56] EuGH 21. 10. 1999 AuR 2000, 66.
[57] BAG 9. 5. 2007 AP 8 zu § 305c BGB.
[58] BAG 18. 6. 1997 AP 2 zu § 3d BAT = NZA 97, 1171.

werden.[59] Der Arbeitnehmer hat dann darzulegen, dass er die vom Arbeitgeber vorgegebenen Voraussetzungen der Leistung erfüllt.[60]

V. Rechtsfolgen

31 Aus dem Gleichbehandlungsgrundsatz folgt nicht nur das Verbot der Ungleichbehandlung. Der Arbeitnehmer hat bei einem Verstoß des Arbeitgebers gegen den Gleichbehandlungsgrundsatz vielmehr einen Anspruch auf die ihm vorenthaltene Leistung.[61] Der Gleichbehandlungsgrundsatz hat damit grundsätzlich eine **anspruchsbegründende Wirkung.**[62] Er begründet jedoch keinen Anspruch eines Arbeitnehmers auf Verlängerung eines sachgrundlos befristeten Arbeitsvertrags nach § 14 II TzBfG.[63]

---

[59] BAG 2. 8. 2006 EzA 3 zu § 75 BetrVG 2001.

[60] BAG 19. 8. 1992 AP 102 zu § 242 BGB Gleichbehandlung; 29. 9. 2004 AP 192 zu § 242 BGB Gleichbehandlung.

[61] BAG 26. 9. 2007 AP 205 zu § 242 BGB Gleichbehandlung = NZA 2007, 1424.

[62] BAG 23. 4. 1997 AP 22 zu §§ 22, 23 BAT Zulagen = NZA 97, 1177; MünchKommBGB/*Müller-Glöge* § 611 BGB RN 1142; MünchArbR/*Richardi* § 14 RN 38.

[63] BAG 13. 8. 2008 NZA 2009, 27.

VII. Buch. Das Recht am Arbeitsergebnis und an den Arbeitsgerätschaften

§ 113. Die Zuordnung des Arbeitsergebnisses und der Arbeitsgerätschaften, Besitz, Spezifikation und Fund

I. Überblick

1. Zuordnung von Arbeitsgerät. Der Arbeitgeber muss zur Durchführung der Arbeit dem Arbeitnehmer vielfach Arbeitsgeräte überlassen. Damit stellt sich die Frage nach den rechtlichen Beziehungen an den Arbeitsgeräten, und zwar **(a)** im Verhältnis zwischen dem Arbeitnehmer und Arbeitgeber und **(b)** im Verhältnis des Arbeitnehmers zu Dritten (vgl. RN 5 ff.). 1

2. Eigentum. Auf Grund des Arbeitsvertrages hat der Arbeitgeber Anspruch auf die Arbeitsleistung des Arbeitnehmers. Soweit sie sich in einer schlichten Tätigkeit oder in einer geringfügigen Bearbeitung von Gegenständen erschöpft, ist sie für die Eigentumsordnung belanglos. Es ist aber denkbar, dass auf Grund der Arbeitsleistung neue Werte geschaffen werden, so dass sich die Frage nach ihrer rechtlichen Zuordnung stellt. Bei diesen neuen Gegenständen kann es sich um Immaterialgüterrechte handeln wie etwa Erfindungen (§ 114) oder körperliche Gegenstände (RN 9), die Gegenstand absoluter Rechte sind. Die Arbeitsrechtsordnung muss daher klären, wer Träger dieser Rechte ist. 2

3. Fund. Der Arbeitnehmer erbringt seine Arbeitsleistung regelmäßig in einem Betrieb oder Unternehmen, zu dem auch dritte Personen Zugang haben. Sofern diese Personen oder auch Arbeitskollegen Gegenstände im Betrieb oder Unternehmen verlieren, muss die Rechtsordnung eine Antwort darauf geben, wem etwaige **Finderrechte** zustehen (RN 12). 3

II. Miteigentum

Von der Frage der unmittelbaren Zuordnung körperlicher Gegenstände oder Immaterialgüterrechte ist die sozial- und wirtschaftspolitische Frage der Beteiligung der Arbeitnehmer am Produktionsergebnis zu unterscheiden. Wenngleich § 950 BGB die wertvolle Arbeit als Eigentumserwerbsgrund anerkennt, so ist damit die soziale Frage der Beteiligung der Arbeitnehmer am Gewinn des Unternehmens nicht zu lösen. Die Beteiligung der Arbeitnehmer am Produktionsergebnis kann nicht sachlich-gegenständlich, sondern nur wirtschaftlich durchgeführt werden (§ 80). 4

III. Besitz

1. Besitz und Besitzdiener. Der Arbeitnehmer ist bezüglich der ihm zur Verfügung gestellten Sachen grundsätzlich Besitzdiener (§ 855 BGB). Besitzdiener ist, wer in einem nach außen erkennbar sozial abhängigen Verhältnis für einen anderen, den Besitzer, die tatsächliche Gewalt über eine Sache ausübt.[1] Eine Besitzdienerschaft ist dann anzunehmen, wenn der Besitzdiener den Weisungen des Besitzers im Hinblick auf die Sache uneingeschränkt Folge zu leisten hat, dabei ist nicht erforderlich, dass der Besitzer eine ununterbrochene räumliche Einwirkungsmöglichkeit auf die Sache hat.[2] Aus dem Wesen des Arbeitsvertrags folgt die Weisungsgebundenheit des Arbeitnehmers (§ 8 RN 10 ff.). Unerheblich ist, ob der Arbeitsvertrag wirksam ist, sofern der Arbeitnehmer nur, etwa bei faktischen Vertragsverhältnissen, glaubt, den Weisungen Folge leisten zu müssen. Der Arbeitnehmer ist danach nicht Besitzdiener, wenn ihm die Sache zur eigenverantwortlichen Entscheidung überlassen ist. Das kann bei einem leitenden Angestellten, aber auch gelegentlich bei einem Arbeitnehmer der Fall sein.[3] Es besteht keine Besitzdienerschaft, wenn der Arbeitnehmer das Weisungsrecht des Arbeitgebers in Bezug auf die ihm überlassenen Sachen nicht (mehr) anerkennt. 5

---

[1] BGH 24. 4. 1952 LM 2 zu § 1006 BGB.
[2] RGZ 71, 252; BGH 30. 5. 1978 BGHZ 27, 363.
[3] ArbG Köln 23. 9. 1986 NJW 87, 2542.

6 **2. Inhalt der Besitzdienerschaft.** Der Besitzdiener hat nur die tatsächliche Innehabung. Entzieht er dem Besitzer den Besitz, so begeht er verbotene Eigenmacht (§ 858 BGB). Diese kann zur ordentlichen oder außerordentlichen Kündigung berechtigen.[4] Gegenüber dem Besitzer kann er sich auf ein Zurückbehaltungsrecht (§ 273 BGB) an der Sache dann nicht berufen, wenn die possessorischen Ansprüche geltend gemacht werden (§ 861 BGB). Nicht nach außen erkennbar betätigter Wille, nicht mehr für den Besitzer zu besitzen, ändert an der Besitzdienerschaft nichts.[5]

7 **3. Besitzwehr.** Gegenüber Dritten kann der Besitzdiener die Besitzwehr ausüben (§ 860 BGB); dagegen stehen dem Besitzdiener nicht die possessorischen Ansprüche wegen Besitzentziehung oder Besitzstörung zu (§§ 861, 863 BGB). Die Besitzwehr kommt nicht in Betracht, wenn ein anderer Arbeitnehmer des gleichen Betriebs die Arbeitsgeräte wegnimmt, um damit innerhalb des Betriebs eine ihm aufgetragene Arbeit auszuführen.[6]

8 **4. Herausgabe.** Grundsätzlich ist der Arbeitnehmer gehalten, auf Verlangen seines Arbeitgebers oder nach dem Ende des Arbeitsverhältnisses die ihm überlassenen Gegenstände des Arbeitgebers herauszugeben. Dies gilt auch für einen ihm überlassenen Dienstwagen, auch wenn er die fristlose Kündigung mit einer Kündigungsschutzklage angegriffen hat.[7] Etwas anderes kann dann gelten, wenn die Kündigung offensichtlich unwirksam ist, der Arbeitnehmer weiterbeschäftigt wird[8] oder ihm auch ein Eigennutzungsrecht an dem Fahrzeug zusteht. Ansonsten stehen dem Arbeitnehmer gegenüber dem Arbeitgeber keine Ansprüche aus verbotener Eigenmacht zu.[9] Einzelheiten § 68.

IV. Erwerb von Sacheigentum durch Verarbeitung; sog. Spezifikation (§ 950 BGB)

9 **1. Voraussetzungen der Spezifikation.** Die geltende Rechtsordnung hat die wertvolle Arbeit als Eigentumserwerbsgrund anerkannt. Eigentum erwirbt, wer durch Verarbeitung oder Umbildung eines oder mehrerer Stoffe eine neue bewegliche Sache herstellt, es sei denn, dass der Wert der Arbeiten oder Umbildung erheblich geringer ist als der Wert des Stoffes (§ 950 I 1 BGB). Der Begriff der Neuheit ist wirtschaftlich zu verstehen; in der Regel ist eine neue Sache anzunehmen, wenn sie auf einer höheren Produktionsstufe steht. Einen Anhaltspunkt bietet eine neue Bezeichnung im Verkehr. Bei der Bestimmung des Wertes der Verarbeitung ist nicht auf den Aufwand für die Arbeitsleistung abzustellen, sondern der Verarbeitungswert ist zu berechnen, indem von dem Wert der neuen Sache die Summe der Werte der einzelnen verarbeiteten Sachen abgezogen wird.[10] Als Verarbeitung gilt auch das Schreiben, Zeichnen, Malen, Drucken, Gravieren oder eine ähnliche Bearbeitung der Oberfläche (§ 950 I 2 BGB).

10 **2. Hersteller.** Es ist im Wesentlichen unstreitig, dass im Falle der Spezifikation das Eigentum unmittelbar dem Arbeitgeber zufällt und nicht dem Arbeitnehmer. Nach bestrittener, aber h. M. ist dieser der Geschäftsherr des Bearbeitungsvorganges, der seine Eigenschaft durch ein konkretes Rechtsverhältnis ausgewiesen hat.[11] Hieraus folgt, dass es für den Eigentumserwerb unerheblich ist, wenn der Arbeitnehmer für sich erwerben will, der Arbeitsvertrag rechtsunwirksam oder der Arbeitnehmer geschäftsunfähig ist. Entscheidend sind objektive Funktionsstellung und Weisungsrecht für die Gestaltung der Produktion, Eigentum an Produktionsmitteln, Art der Eingliederung in den Wirtschaftsablauf, Risikoverteilung. Schwierigkeiten der Abgrenzung können sich ergeben bei **Urkunden, Karteien, Akten, Computerdaten** und sonstigen Dokumenten, etwa den Aufzeichnungen eines Chefarztes, wenn sie für weitere wissenschaftliche Forschungen dienen sollen.[12] Es sind zu unterscheiden die Frage der Zugriffsberechtigung einschließlich der Berechtigung, Kopien zu fertigen, und die Eigentumsfrage. Die Frage der Zugriffsberechtigung lässt sich mit den Mitteln des Sachenrechts nicht lösen. Eigentümer wird das Unternehmen sein.

---

[4] LAG Sachsen 17. 1. 2007 LAGE § 1 KSchG Verhaltensbedingte Kündigung Nr. 96; LAG Frankfurt 21. 11. 1977 DB 78, 1406.
[5] Zur unbefugten Kontoverfügung des Arbeitnehmers: LAG Düsseldorf 2. 9. 1971 DB 71, 2069.
[6] OLG Köln 18. 5. 1956 AP 1 zu § 860 BGB.
[7] ArbG Wetzlar 1. 8. 1986 NZA 87, 163.
[8] LAG München 11. 9. 2002 NZA-RR 2002, 636.
[9] A. A. LAG Düsseldorf 4. 7. 1975 DB 75, 1849
[10] RGZ 144, 240; BGH 8. 10. 1955 BGHZ 18, 228.
[11] BGH 28. 6. 1954 BGHZ 14, 117.
[12] Vgl. BGH 27. 9. 1990 NJW 91, 1480; *Ahrens* NJW 83, 2609; *Kamps* NJW 92, 1545; *Lippert* NJW 93, 769.

Bei **Herstellung von Prüfungsstücken** im Rahmen von Berufsausbildungsverträgen erwirbt regelmäßig der Auszubildende Prüfling Eigentum[13] (§ 174 RN 50).

3. Rechte Dritter. Mit dem Erwerb des Eigentums an der neuen Sache erlöschen die an dem Stoff bestehenden Rechte.[14] **11**

V. Fund

Der Finder einer verlorenen Sache erwirbt mit dem Ablauf von 6 Monaten seit Anzeige des Fundes bei der zuständigen Behörde Eigentum an der Sache, es sei denn, dass vorher ein Empfangsberechtigter dem Finder bekannt geworden ist oder seine Rechte bei der Behörde angemeldet hat (§ 973 I BGB). Die Frist beginnt mit dem Zeitpunkt des Fundes, wenn die Sache nicht mehr als 10 Euro wert ist (§ 973 II 1 BGB). Der Finder erwirbt das Eigentum nicht, wenn er den Fund auf Nachfrage verheimlicht. Hat der Arbeitnehmer in Ausführung seiner Arbeit eine Sache gefunden,[15] so wird er Besitzdiener und der Arbeitgeber unmittelbarer Besitzer. Der Eigentumserwerb tritt daher unmittelbar in der Person des Arbeitgebers ein.[16] Auch hier ist entscheidend, dass der Arbeitnehmer die Sache auf Grund einer betrieblichen Tätigkeit im Rahmen seines Arbeitsvertrags an sich genommen hat; unerheblich ist dagegen, ob er geschäftsfähig, der Arbeitsvertrag wirksam war oder welche Willensrichtung er bei der Ansichtnahme gehabt hat. Für einen Sonderfall hat der BGH angenommen, dass der Arbeitnehmer Finder sei. Ein Baggerführer hat bei Baggerarbeiten einen Schatz aus dem Mittelalter gefunden. Der BGH hat angenommen, dass Schatzfunde so selten seien und der Arbeitnehmer Finder sei, sofern nicht zielgerichtet nach dem Schatz gesucht werden musste.[17] Ist der Arbeitgeber Finder, so steht auch ihm der Finderlohn zu. Wird eine Sache im Betrieb nur verlegt, so scheidet das Fundrecht aus. **12**

§ 114. Arbeitnehmererfindung

Größere Schriften: *Bartenbach/Volz,* Gesetz über Arbeitnehmererfindungen, 5. Aufl., 2008; *dies.,* Arbeitnehmererfindervergütung, 3. Aufl., 2009; *dies.,* Arbeitnehmererfindungen, Praxisleitfaden mit Mustertexten, 4. Aufl., 2006; *Bartenbach-Fock,* Arbeitnehmererfindungen im Konzern, 2007; *Himmelmann/Leuze/Rother/Kaube/Trimborn,* Das Recht der Arbeitnehmererfindung, 8. Aufl., 2007; *Lüken,* Der Arbeitnehmer als Schöpfer von Werken geistigen Eigentums, 2007; *Reitzle/Butenschön/Bergmann,* Gesetz über Arbeitnehmererfindungen, 3. Aufl., 2007; *Schwab,* Arbeitnehmererfindungsrecht, Handkommentar, 2007.

Neuere Aufsätze: *Bartenbach,* Grundzüge des Rechts der Arbeitnehmererfindungen, Beil. 2 zu NZA 90; *Bartenbach/Volz,* 50 Jahre Gesetz über Arbeitnehmererfindungen, GRUR 2008 Beil. Heft 4/2008, 1; *Bayreuther,* Zum Verhältnis zwischen Arbeits-, Urheber- und Arbeitnehmererfindungsrecht, GRUR 2003, 570; *Beck,* Die Rechtsprechung des Bundesgerichtshofs zum Patent- und Gebrauchsmusterrecht im Jahr 2006, GRUR 2007, 913; *Beyerlein,* Wegfall des Hochschullehrerprivilegs, NZA 2002, 1020; *Friemel/Kamlah,* Der Geschäftsführer als Erfinder, BB 2008, 613; *Hellebrand,* Probleme der Teilhabe an Erfindung und Patent, MittdtschPatAnw 2008, 433; *Jestaedt,* Miterfinder im Unternehmen, Rechtswissenschaft im Wandel (2007), S. 469; *Paul,* Rechte des Arbeitnehmererfinders in der Insolvenz des Arbeitgebers, KTS 2005, 445; *Oehlrich,* Arbeitnehmererfindungsgesetz und Innovationsfähigkeit, GRUR 2006, 17; *Schwab,* Erfindungen von Arbeitnehmern, Das Arbeitnehmererfinderrecht, AR-Blattei SD 670; *Sellnick,* Die Neuregelung des Rechts der Diensterfindungen an den Hochschulen durch die Abschaffung des Hochschullehrerprivilegs, NVwZ 2002, 1340; *Trimborn,* Erfindungen beim Betriebsübergang, MittdtschPatAnw 2007, 208; *Vogel,* Der Arbeitnehmer als Urheber, NJW-Spezial 2007, 177.

Internetadresse: http://www.dpma.de (= Deutsches Patent- und Markenamt).

---

[13] LAG München 8. 8. 2002 NZA-RR 2003, 187; a. A. für ein nicht fertig gestelltes Gesellenstück LAG Schleswig-Holstein 14. 2. 2006 NZA-RR 2006, 461.
[14] MünchKommBGB/*Füller* § 950 RN 24.
[15] Vgl. BGH 27. 11. 1952 BGHZ 8, 130.
[16] ArbG Berlin 26. 6. 1980 EzA 1 zu § 965 BGB (50 000 DM bei Aufräumungsarbeiten).
[17] BGH 20. 1. 1988 AP 1 zu § 984 BGB = NJW 88, 1204.

Übersicht

	RN
I. Grundgedanken	1 ff.
1. Patent- und Gebrauchsmusterrecht	1–3
2. Diensterfindungen und freie Erfindungen	4
II. Anwendungsbereich und Grundbegriffe des ArbNErfG	5 ff.
1. Räumlicher Geltungsbereich	5
2. Persönlicher Geltungsbereich	6–9
3. Sachlicher Geltungsbereich	10–14
4. Diensterfindungen oder gebundene Erfindungen	15
5. Freie Erfindungen	16
III. Diensterfindung	17 ff.
1. Meldepflicht	17, 18
2. Rechtsfolgen der Meldung	19
3. Unbeschränkte Inanspruchnahme	20
4. Beschränkte Inanspruchnahme	21
5. Freigewordene Diensterfindungen	22, 22 a
6. Schutzrechtsanmeldung im Inland	23–27
7. Schutzrechtsanmeldung im Ausland	28
8. Vergütungsanspruch bei unbeschränkter Inanspruchnahme	29–32
9. Beschränkte Inanspruchnahme	33
10. Bemessung	34
11. Dauer der Vergütungszahlung	35
12. Verjährung, Verfallfristen, Insolvenz	36
IV. Freie Erfindung	37 ff.
1. Begriff	37
2. Anzeige	38
3. Verwertung	39
4. Frei gewordene Erfindungen	40
V. Technische Verbesserungsvorschläge	41 ff.
1. Begriff	41
2. Zuordnung	42
3. Qualifizierte technische Verbesserungsvorschläge	43
4. Einfache technische Verbesserungsvorschläge	44
5. Sonstige schöpferische Leistungen	45
VI. Sonstige Verpflichtungen	46 f.
1. Unabdingbarkeit	46
2. Geheimhaltungspflicht	47
VII. Streitigkeiten aus dem ArbNErfG	48 ff.
1. Schiedsstelle	48–51
2. Klage	52–54
VIII. Besteuerung	55

I. Grundgedanken

1 **1. Patent- und Gebrauchsmusterrecht. a)** Nach dem PatG i. d. F. vom 16. 12. 1980 (BGBl. I 1981 S. 1) m. spät. Änd. werden **zum Patent angemeldete Erfindungen** in der Weise geschützt, dass der Patentinhaber allein zur gewerbsmäßigen Herstellung, Gebrauch und Veräußerung des geschützten Gegenstands berechtigt ist. Kleinere technische Erfindungen werden nach dem GebrMG i. d. F. vom 12. 3. 2004 (Geschmacksmusterrechtsreformgesetz vom 12. 3. 2004, BGBl. I S. 390), zul. geänd. 7. 7. 2008 (BGBl. I S. 1191) geschützt. Dadurch soll ein Interessensausgleich zwischen Arbeitnehmer und Arbeitgeber, der die sächlichen Voraussetzungen für die Erfindungen geschaffen hat, hergestellt werden. Arbeitsrechtlich wird das Arbeitsergebnis grundsätzlich dem Arbeitgeber zugeordnet (§ 113). Dagegen stehen die **Patentrechte** grundsätzlich dem **Erfinder** zu. Zielsetzung des Gesetzes über Arbeitnehmererfindungen (ArbNErfG) vom 25. 7. 1957 (BGBl. I S. 756), zul. geänd. 18. 1. 2002 (BGBl. I S. 414) ist es, auf einem Grenzgebiet von Arbeitsrecht und gewerblichem Rechtsschutz einen Ausgleich zwischen Arbeitgeber und Arbeitnehmer zu schaffen.

2 **b) Statistik.** Im Jahr 2007 wurden beim DPMA 60 992 Patente angemeldet; der Bestand betrug 501 199 Patente.[1] Von den inländischen Patentanmeldungen stammten jeweils 28,5% aus Bayern und aus Baden-Württemberg und 17,1% aus NRW. Die meisten Patentanmeldungen kamen aus der Robert Bosch GmbH. Während zu Beginn der Industrialisierung die Erfindungen des Einzelnen im Vordergrund standen, werden derzeit rund 80 bis 90% aller Erfindungen durch Arbeitnehmer gemacht.

3 Der **Verwaltungsaufbau** des DPMA sowie umfangreiche **Erläuterungen und Statistiken** ergeben sich aus der Internetadresse des DPMA.[2] Dies gilt insbesondere für Außenstellen und Informationszentren.

4 **2. Diensterfindungen und freie Erfindungen.** Nach § 4 I ArbNErfG unterliegen alle Erfindungen der Arbeitnehmer dem ArbNErfG. Über die freien Erfindungen kann der Arbeitnehmer wie ein freier Erfinder grundsätzlich frei verfügen. Der Arbeitgeber kann die Erfindungsrechte nicht durch einseitige Inanspruchnahme auf sich überleiten; sie sind unbelastet vom Zugriffsrecht des Arbeitgebers, müssen diesem aber angezeigt (§ 18 ArbNErfG) und angeboten

[1] http://www.dpma.de (Jahresbericht 2007).
[2] http://www.dpma.de.

werden (§ 19 ArbNErfG). Diensterfindungen und freie Erfindungen unterliegen der Eigentumsgarantie von Art. 14 GG.[3]

II. Anwendungsbereich und Grundbegriffe des ArbNErfG

1. Räumlicher Geltungsbereich. Das ArbNErfG gilt für das Bundesgebiet. Es gilt auch für in der Bundesrepublik beschäftigte ausländische Arbeitnehmer. Werden deutsche Arbeitnehmer von ausländischen Unternehmen in Deutschland beschäftigt, so kommt es darauf an, welches Recht auf das Arbeitsverhältnis anzuwenden ist.[4] Dies richtet sich nach den Grundsätzen des internationalen Privatrechts (vgl. § 6). Danach kann das Arbeitsverhältnis grundsätzlich einem ausländischen Rechtsstatut unterstellt werden. Nach Art. 34 EGBGB können jedoch zwingende, zum Schutz des Arbeitnehmers erlassene Vorschriften durch Verweisung auf ein ausländisches Rechtsstatut nicht umgangen werden. Vereinbarungen über Erfindungen oder technische Verbesserungsvorschläge sind unwirksam, soweit sie in erheblichem Maße unbillig sind. Das ist insbesondere der Fall, wenn die Vergütung für die Inanspruchnahme von Diensterfindungen ausgeschlossen ist. 5

2. Persönlicher Geltungsbereich.[5] **a)** Das ArbNErfG findet auf alle Erfindungen und technischen Verbesserungsvorschläge von **Arbeitnehmern** im privaten und öffentlichen Dienst, von Beamten und Soldaten Anwendung (§ 1 ArbNErfG). Für die Bestimmung des Arbeitnehmerbegriffs gelten die allgemeinen arbeitsrechtlichen Grundsätze (§ 8).[6] Nicht zu den Arbeitnehmern gehören die Gesellschafter von Personengesellschaften, es sei denn, dass sie ihre Dienste auf Grund eines Arbeitsvertrags erbringen, die gesetzlichen Vertreter von juristischen Personen[7] sowie Ruheständler,[8] freie Mitarbeiter und arbeitnehmerähnliche Personen. Sie können frei über ihre Erfindungen verfügen. Es kann sich empfehlen, mit diesen Personenkreisen die Geltung des ArbNErfG zu vereinbaren: Die Vorschriften des ArbNErfG gelten dann entsprechend.[9] 6

b) Leiharbeitnehmer. Bei **Leiharbeitsverhältnissen** ist zwischen dem echten und unechten Leiharbeitsverhältnis zu unterscheiden. In einem echten Leiharbeitsverhältnis (§ 120 RN 2), wenn also z. B. ein Arbeitnehmer im Rahmen von zwischenbetrieblichen Forschungs- und Entwicklungskooperationen abgeordnet worden ist, stehen Rechte und Pflichten aus dem ArbNErfG allein dem Verleiher zu.[10] Anders ist es bei den unechten Leiharbeitsverhältnissen. Bei diesen stehen die Rechte aus dem ArbNErfG dem Entleiher zu (§ 11 VII AÜG). 7

c) Für den Begriff des **Arbeitgebers** gelten die allgemeinen Grundsätze (§ 17). Arbeitgeber kann auch eine Gesellschaft bürgerlichen Rechts sein.[11] Dies führt in der Praxis namentlich zu Streitigkeiten bei Unternehmenskooperationen oder in Konzernen. Unmittelbare Rechte und Pflichten aus dem ArbNErfG hat nur der Arbeitgeber. Andere Konzerngesellschaften oder sonstige Dritte können sich dagegen auf das ArbNErfG grundsätzlich nicht berufen. Vielfach werden jedoch dem Arbeitnehmer Vergütungsansprüche eingeräumt, wenn Dritte die Erfindung nutzen.[12] Im Falle der Betriebsnachfolge gehen die Rechte und Pflichten auf den Betriebsnachfolger über, wenn dieser in die Arbeitsverhältnisse eintritt (§ 613a I 1 BGB). Vgl. § 118. 8

d) Für Erfindungen der an einer **Hochschule** Beschäftigten gelten besondere Bestimmungen (§ 42 ArbNErfG). Die Vorschrift ist in formeller und materieller Hinsicht mit dem GG vereinbar.[13] Der Erfinder ist berechtigt, die Diensterfindung im Rahmen seiner Lehr- und Forschungstätigkeit zu offenbaren, wenn er dies dem Dienstherrn rechtzeitig, in der Regel zwei Monate zuvor, angezeigt hat. Insoweit ist er von der Verschwiegenheitspflicht dispensiert. Lehnt 9

---

[3] BVerfG 24. 4. 1998 NJW 98, 3704 = DB 98, 1460.

[4] *Bartenbach/Volz* § 1 RN 108 ff.

[5] *Gaul,* Der persönliche Geltungsbereich des ArbNErfG, RdA 82, 268.

[6] Vgl. *Bartenbach/Volz* § 1 RN 9.

[7] BGH 26. 9. 2006 NJW-RR 2007, 103; 11. 4. 2000 NZA-RR 2000, 486; 24. 10. 1989 DB 90, 676; etwas anderes muss aber bei einer Beschäftigung auf Grund eines Arbeitsvertrags gelten; dazu *Meier-Rudolph* sj 2007/8, 43; zur Vertragsgestaltung *Friemel/Kamlah* BB 2008, 613.

[8] OLG Düsseldorf 26. 5. 1962 AP 1 zu § 37 ArbNErfG; 10. 6. 1999 GRUR 2000, 49.

[9] *Bartenbach/Volz* § 1 RN 92.

[10] *Bartenbach/Volz* § 1 RN 56 ff.; *Volmer/Gaul* § 1 RN 70 ff.

[11] BPatG 16. 8. 2004 BPatGE 48, 242.

[12] *Bartenbach/Volz* § 1 RN 132 ff.; § 9 RN 185.

[13] BGH 18. 9. 2007 BGHZ 173, 356; *Busche* CIPR 2007, 69; *Stallberg* GRUR 2007, 1035; *Weyand/Haase* GRUR 2007, 28.

ein Erfinder auf Grund seiner Lehr- und Forschungsfreiheit die Offenbarung seiner Diensterfindung ab, so ist er nicht verpflichtet, die Erfindung dem Dienstherrn zu melden. Will der Erfinder seine Erfindung zu einem späteren Zeitpunkt offenbaren, so hat er die Erfindung unverzüglich zu melden. Dem Erfinder bleibt im Fall der Inanspruchnahme der Diensterfindung ein nichtausschließliches Recht zur Benutzung der Diensterfindung im Rahmen seiner Lehr- und Forschungstätigkeit. Verwertet der Dienstherr die Erfindung, beträgt die Höhe der Vergütung 30 v. H. der durch die Verwertung erzielten Einnahmen. Im Übrigen wird nicht wie im öffentlichen Dienst auf das private Erfinderrecht verwiesen.

10 **3. Sachlicher Geltungsbereich. a)** Dem ArbNErfG unterliegen Erfindungen und technische Verbesserungsvorschläge (§ 1 ArbNErfG). **Erfindungen** sind eine auf schöpferischer Leistung beruhende Lehre zum planmäßigen Handeln; sie müssen also einen individuellen geistigen Inhalt als Ergebnis einer produktiven Geistestätigkeit enthalten. Erfindungen im Sinne des ArbNErfG sind nur Erfindungen, die patent- oder gebrauchsmusterfähig sind (§ 2 ArbNErfG).[14] **Patentfähig** sind Erfindungen, die eine neue, schöpferische Lehre zum technischen Handeln geben, so dass der mit durchschnittlichem Wissen ausgestattete Fachmann danach handeln kann.[15] Das früher notwendige Merkmal der Fortschrittlichkeit ist seit Anpassung an das EPU entfallen (§§ 1 ff. PatG). Ausnahmen von der Patentfähigkeit regelt der nicht abschließende Negativkatalog des § 1 II PatG, der Art. 52 II EPU entspricht. Danach werden **(1)** Entdeckungen, wissenschaftliche Theorien und mathematische Methoden, **(2)** ästhetische Formschöpfungen, **(3)** Pläne Regeln und Verfahren für gedankliche Tätigkeit, für Spiele oder geschäftliche Tätigkeiten, Programme für Datenverarbeitungsanlagen und **(4)** schließlich die Wiedergabe von Informationen nicht als Erfindungen angesehen. **Gebrauchsmusterfähig** sind Erfindungen dann, wenn sie eine Lehre zum technischen Handeln geben, bei denen aber die Erfindungshöhe geringer ist. **Technische Verbesserungsvorschläge** sind Vorschläge für sonstige technische Neuerungen, die nicht patent- oder gebrauchsmusterfähig sind (§ 3 ArbNErfG). Eine Neuerung setzt eine individuelle, schöpferische Geistesleistung des Einzelnen voraus, die über das bloße Auffinden von Vorhandenem oder Vorgegebenem hinausgeht. Sie muss auf technischem Gebiet liegen.

11 **b)** Bei der Verweisung einer Erfindung auf die **Patent- und Gebrauchsmusterfähigkeit** wird an die allgemeinen Begriffe des gewerblichen Rechtsschutzes angeknüpft. Zweifelhaft ist die Rechtslage, wenn die Schutzrechtsfähigkeit im In- und Ausland unterschiedlich beurteilt wird. Aus der unterschiedlichen Gestaltung der Schutzrechtsanmeldung im In- und Ausland wird gefolgert (§§ 13, 14 ArbNErfG), dass allein die Schutzfähigkeit nach dem deutschen Recht maßgeblich sein muss. Ist ein Schutzrecht nur im Ausland erlangt und ist im Inland ein entsprechender Schutz nicht möglich, so besteht kein Schutz nach § 2 ArbNErfG. Eine nur im Ausland schutzfähige Erfindung kann nur unter den Voraussetzungen von §§ 3, 20 ArbNErfG als technischer Verbesserungsvorschlag geschützt sein.

12 **c)** Nicht vom ArbNErfG erfasst werden **Züchtungen und Entwicklungen auf anderen Gebieten,** z. B. von Pflanzensorten usw.[16] Erfindungen und technische Verbesserungsvorschläge werden vom ArbNErfG nur erfasst, wenn sie **während des Bestandes** des Arbeitsverhältnisses gemacht (fertiggestellt) worden sind.[17] Wird die Erfindung bereits während des rechtlichen[18] Bestands des privaten oder öffentlich-rechtlichen Rechtsverhältnisses begonnen, aber unmittelbar nach seiner Beendigung bekanntgegeben, so ist es Tatfrage, ob es sich noch um eine Erfindung aus dem Arbeitsverhältnis handelt.[19] Nach h. M. spricht der Beweis des ersten Anscheins dafür, dass unmittelbar nach Beendigung des Arbeitsverhältnisses bekanntgegebene Erfindungen noch während des Arbeitsverhältnisses gemacht worden sind.

13 Hat es ein Arbeitnehmer **pflichtwidrig unterlassen,** während der Dauer seines Arbeitsverhältnisses Überlegungen hinsichtlich einer ihm aufgetragenen technischen Verbesserung anzustellen, und erfindet er eine solche Verbesserung alsbald nach seinem Ausscheiden aus dem Arbeitsverhältnis, kann er nach § 280 BGB zur Übertragung des auf die Erfindung angemeldeten Schutzrechts auf den Arbeitgeber verpflichtet sein,[20] falls anzunehmen ist, dass er die Erfindung bei pflichtgemäßer Arbeitsleistung bereits während des Bestehens des Arbeitsverhältnisses gemacht hätte.

---

[14] *Bartenbach/Volz* § 2 RN 2; zur Beweislast im Streitfall: OLG Frankfurt GRUR 66, 425.
[15] *Bartenbach/Volz* § 1 RN 6.
[16] Vgl. *Hesse* GRUR 80, 404.
[17] *Bartenbach/Volz* § 4 RN 10.
[18] BGH 18. 5. 1971 AP 1 zu § 4 ArbNErfG.
[19] Vgl. BAG 1. 11. 1959 AP 4 zu § 2 ArbNErfindVO.
[20] BGH 21. 10. 1980 AP 3 zu § 4 ArbNErfG = NJW 81, 345.

Kündigt der Arbeitnehmer kurz vor Fertigstellung einer Erfindung sein Arbeitsverhältnis, kann unter den Voraussetzungen des § 162 BGB der Arbeitgeber die Übertragung der Erfindung verlangen. Liegt zwischen der Beendigung des Arbeitsverhältnisses und der Fertigstellung der Erfindung ein längerer Zeitraum, so ist der Arbeitgeber in vollem Umfang für die Tatsache der Erfindung aus dem Arbeitsverhältnis darlegungs- und beweispflichtig. Hat der Arbeitnehmer nach der Kündigung des Arbeitsverhältnisses einen Weiterbeschäftigungsanspruch geltend gemacht (§ 125), so ist die Zeit der Weiterbeschäftigung noch dem Arbeitsverhältnis zuzurechnen. 14

4. Diensterfindungen oder gebundene Erfindungen. § 4 ArbNErfG enthält eine Legaldefinition. Diensterfindungen sind solche, die während des rechtlichen Bestands des Arbeitsverhältnisses gemacht worden sind und entweder aus der dem Arbeitnehmer im Betrieb oder in der öffentlichen Verwaltung obliegenden Tätigkeit entstanden (sog. **Auftragserfindungen**) sind (§ 4 II Nr. 1 ArbNErfG) oder maßgeblich auf Erfahrungen oder Arbeiten des Betriebes oder der öffentlichen Verwaltung (sog. **Aufgabenerfindungen**) beruhen (§ 4 II Nr. 2 ArbNErfG).[21] Zu den Erfindungen nach § 4 II Nr. 1 ArbNErfG zählen einmal solche, die der mit erfinderischen Aufgaben betraute Arbeitnehmer macht, aber auch solche, die mit der von ihm verrichteten Tätigkeit im inneren Zusammenhang stehen, also Aufgabenerfindungen sind.[22] Dabei ist unerheblich, ob die auftrags- oder tätigkeitsbezogenen Erfindungen während oder außerhalb der Arbeitszeit entstanden sind. Geistige Leistungen werden vielfach außerhalb der Arbeitszeit und des Arbeitsortes vollbracht. Aufgabenerfindungen sind alle, die auf den positiven oder negativen Erfahrungen des Betriebs oder der Verwaltung beruhen. Der Arbeitgeber ist darlegungs- und beweispflichtig, dass die Erfindung auf betrieblichen Vorarbeiten oder Erfahrungswissen beruht. Zur Beweiserleichterung wird namentlich mit leitenden Angestellten vielfach vereinbart, dass sie Zugang zu allen betrieblichen Arbeitsergebnissen haben. Nach verbreiteter Ansicht soll sich in diesen Fällen die Beweislast umkehren.[23] Nicht zu den Aufgabenerfindungen gehören die sog. **Anregungserfindungen,** das sind solche, für die die betriebliche Tätigkeit allein eine Anregung gegeben hat, ohne dass der Stand der betrieblichen Technik in irgendeiner Form kausal geworden ist. 15

5. Freie Erfindungen. Dies sind alle Erfindungen, die mit der betrieblichen Tätigkeit des Arbeitnehmers nicht im Zusammenhang stehen (§ 4 III ArbNErfG). Dies kann auch dann der Fall sein, wenn die Erfindung in den Tätigkeitsbereich des Unternehmens fällt. 16

III. Diensterfindung

1. Meldepflicht. Diensterfindungen hat der Arbeitnehmer nach ihrer Fertigstellung, d. h. wenn die ihnen zugrundeliegende Lehre technisch ausführbar ist und der Durchschnittsfachmann mit den Angaben des Erfinders arbeiten kann,[24] unverzüglich (d. h. ohne schuldhaftes Zögern, § 121 BGB) dem Arbeitgeber schriftlich[25] zu melden[26] (§ 5 I 1 ArbNErfG) Die Meldung ist als Erfindungsmeldung zu kennzeichnen.[27] Sind mehrere Arbeitnehmer an der Erfindung beteiligt **(Miterfinder),** so können sie eine gemeinsame Erfindungsmeldung abgeben (§ 5 I 2 ArbNErfG). Miterfinder sind alle, deren Beiträge adäquat kausal am Zustandekommen einer schutzfähigen Erfindung mitgewirkt haben. Wird die Erfindung weiter entwickelt, ist sie erneut zu melden.[28] In der Meldung hat der Arbeitnehmer die technische Aufgabe, ihre Lösung[29] und das Zustandekommen zu beschreiben. Vorhandene Aufzeichnungen sollen beigefügt werden. Damit später die Erfindungsvergütung berechnet werden kann, sollen dem Arbeitnehmer dienstlich erteilte Weisungen oder Richtlinien sowie die benutzten Erfahrungen oder Arbeiten des Betriebes (Betriebsanteil), die Mitarbeiter sowie Art und Umfang ihrer Mitarbeit und der Anteil des Erfinders angegeben werden (§ 5 II ArbNErfG). Der Arbeitgeber hat dem Arbeitnehmer den Eingang der Erfindungsmeldung unverzüglich zu bestätigen (§ 5 I 3 ArbNErfG). Keine ordnungsgemäße Erfindermeldung ist gegeben, wenn ein Aktenvermerk an die Geschäftsleitung gegeben wird, zwei ehemalige Kollegen hätten eine Erfindung gemacht. 17

---

[21] BGH 18. 5. 1971 AP 1 zu § 4 ArbNErfG = NJW 71, 1409; *Bartenbach/Volz* § 4 RN 7.
[22] *Bartenbach/Volz* § 1 RN 22 ff.; *Volmer/Gaul* § 4 RN 34 ff.; LG Düsseldorf GRUR 74, 275.
[23] *Bartenbach/Volz* § 1 RN 46.
[24] BGH 10. 11. 1970 AP 2 zu § 4 ArbNErfG.
[25] Zur Nichteinhaltung der Schriftform: BGH 24. 11. 1961 AP 1 zu § 5 ArbNErfG.
[26] Zur Meldepflicht über den Fortgang: LAG Stuttgart 30. 12. 1966 AP 1 zu § 25 ArbNErfG.
[27] Vgl. LG Düsseldorf GRUR 74, 173.
[28] BGH 5. 10. 2005 NZA-RR 2006, 90.
[29] Vgl. OLG Nürnberg GRUR 68, 147.

18 Genügt die Erfindungsmeldung nicht den gesetzlichen Erfordernissen, so kann der Arbeitgeber innerhalb von 2 Monaten ihre Ergänzung verlangen (§ 5 III ArbNErfG). Bei der Ergänzung hat er den Arbeitnehmer zu unterstützen. Meldet ein Arbeitnehmer arglistig eine Diensterfindung in einer Weise an, die den Arbeitgeber davon abhält, sie in Anspruch zu nehmen, so wird die Zweimonatsfrist des § 5 III ArbNErfG nicht in Gang gesetzt.[30] In Großbetrieben werden vielfach **Erfinderberater** bestellt. Nach Ablauf der Zwei-Monats-Frist gilt die Erfindungsmeldung als ordnungsgemäß. Unterlässt der Arbeitnehmer die Erfolgsmeldung, so kann er schadensersatzpflichtig werden oder seine außerordentliche Kündigung gerechtfertigt sein.[31] Mit der Schadensersatzforderung kann der Arbeitgeber gegen die Vergütungsansprüche im Rahmen der Pfändungsfreigrenzen aufrechnen.[32]

19 **2. Rechtsfolgen der Meldung.** Nach Eingang der ordnungsmäßigen Erfindungsmeldung hat der Arbeitgeber drei Möglichkeiten. Er kann sie **unbeschränkt** oder **beschränkt in Anspruch nehmen** oder sie **freigeben** (§ 6 I ArbNErfG). Die **Inanspruchnahme** ist ein einseitig gestaltendes Rechtsgeschäft.[33] Sie erfolgt durch schriftliche Erklärung gegenüber dem/den Arbeitnehmer(n). Sie soll sobald wie möglich erfolgen, spätestens innerhalb einer Frist von 4 Monaten, andernfalls wird die Erfindung frei[34] (§ 6 II ArbNErfG). Nach h. M. kann die Frist zur Inanspruchnahme nach Meldung einzelvertraglich verlängert werden. Ein Verlängerungswille der Parteien muss jedoch klar und eindeutig zum Ausdruck kommen. Hat der Arbeitgeber eine fristgerechte Inanspruchnahme versäumt, so können die Arbeitsvertragsparteien noch nachträglich einvernehmlich die Rechte auf den Arbeitgeber überleiten. Die Beweislast für den rechtzeitigen Zugang der Erklärung beim Arbeitnehmer trägt der Arbeitgeber.[35]

20 **3. Unbeschränkte Inanspruchnahme.** Nimmt der Arbeitgeber die Erfindung unbeschränkt in Anspruch, so gehen mit Zugang der rechtswirksamen Erklärung[36] alle vermögensrechtlichen Werte der Erfindung auf den Arbeitgeber über (§ 7 I ArbNErfG). Dem Arbeitnehmer verbleiben lediglich die nichtvermögensrechtlichen Persönlichkeitsrechte im Zusammenhang mit der Erfindung, also die Erfindernennungsrechte (§ 63 PatG)[37] usw. Es gilt aber der Grundsatz im Patentrecht, dass der Erfinder in der Regel von seinem Recht so wenig wie möglich aufgeben will.[38] Die nichtvermögensrechtlichen Nebenrechte werden durch § 823 I BGB geschützt. Zum Ausgleich für den Übergang der vermögensrechtlichen Erfinderrechte auf den Arbeitgeber erlangt der Arbeitnehmer einen Vergütungsanspruch. Hat der Arbeitnehmer vor der Inanspruchnahme über die Erfindung verfügt, sie also z. B. auf Dritte übertragen, so sind diese Verfügungen insoweit unwirksam, wie die Rechte des Arbeitgebers beeinträchtigt werden (§ 7 III ArbNErfG, § 135 BGB).

21 **4. Beschränkte Inanspruchnahme.** Nimmt der Arbeitgeber die Erfindung nur beschränkt in Anspruch, erwirbt er ein nicht ausschließliches Recht auf Benutzung der Diensterfindung (§ 7 II 1 ArbNErfG). Der Arbeitnehmer ist daher nur soweit die Inanspruchnahme reicht an der Verwertung der Diensterfindung gehindert. Andererseits folgt daraus, dass der Arbeitgeber das Recht nicht Dritten zur Ausnutzung überlassen darf.[39] Bei beschränkter Inanspruchnahme erlangt der Arbeitnehmer einen Vergütungsanspruch, wenn der Arbeitgeber die Erfindung in Anspruch genommen hat und sie benutzt; dies auch dann, wenn zu diesem Zeitpunkt ein Schutzrecht noch nicht erteilt ist (§ 10 I ArbNErfG). Bei beschränkter Inanspruchnahme ist die Vergütung des Arbeitnehmers geringer als bei unbeschränkter Inanspruchnahme durch den Arbeitgeber. Andererseits kann die Verwertungsmöglichkeit des Arbeitnehmers durch die Rechte des Arbeitgebers erheblich eingeschränkt sein. Der Arbeitnehmer kann daher vom Arbeitgeber die unbeschränkte Inanspruchnahme oder die Freigabe der Erfindung verlangen, wenn durch die Rechte des Arbeitgebers die Verwertung der Erfindung unbillig erschwert wird (§ 7 II ArbNErfG). Nimmt der Arbeitgeber die Erfindung innerhalb einer Frist von 2 Monaten nicht unbeschränkt in Anspruch, so wird diese frei.

---

[30] BGH 19. 5. 2005 NZA 2005, 1246 = DB 2005, 2633.
[31] Vgl. LAG Baden-Württemberg 30. 12. 1966 AP 1 zu § 25 ArbNErfG.
[32] BAG 18. 5. 1972 AP 2 zu § 39 ArbNErfG.
[33] OLG Nürnberg 29. 4. 1969 AP 1 zu § 6 ArbNErfG.
[34] Vgl. Schiedsstelle GRUR Ausl. 67, 291.
[35] OLG Frankfurt 8. 3. 2007 OLGR Frankfurt 2008, 854.
[36] OLG Nürnberg 29. 4. 1969 AP 1 zu § 6 ArbNErfG.
[37] Vgl. VO zum Verfahren in Patentsachen vor dem Deutschen Patent- und Markenamt (Patentverordnung – PatV) vom 1. 9. 2003 (BGBl. I S. 1702), zul. geänd. 17. 12. 2004 (BGBl. I S. 3532).
[38] BGH 11. 4. 2000 NZA-RR 2000, 486 – Gleichstromsteuerschaltung.
[39] BGH 23. 4. 1974 NJW 74, 1197.

5. Freigewordene Diensterfindungen. Diensterfindungen werden frei, wenn der Arbeitgeber **(a)** sie schriftlich freigibt, **(b)** sie nicht innerhalb einer Frist von vier Monaten seit ihrer Meldung in Anspruch nimmt oder **(c)** sie in den Fällen des § 7 II ArbNErfG (vgl. RN 21) nicht innerhalb von zwei Monaten unbeschränkt in Anspruch nimmt (§ 8 I ArbNErfG). Ist eine Diensterfindung, an der mehrere Arbeitnehmer als Miterfinder beteiligt sind, nur gegenüber einem von ihnen mangels rechtzeitiger Inanspruchnahme frei geworden, so besteht zwischen diesem Arbeitnehmer und seinem Arbeitgeber, sofern nichts anderes vereinbart worden ist, in Bezug auf ein auf die Erfindung erteiltes Patent eine Gemeinschaft nach Bruchteilen i. S. der §§ 741 ff. BGB.[40] Sie werden teilweise frei, wenn der Arbeitgeber sie nur beschränkt in Anspruch genommen hat. Über freigewordene Diensterfindungen kann der Arbeitnehmer beliebig verfügen. Bei einer Kollision zwischen den arbeitsvertraglichen Geheimhaltungspflichten des Arbeitnehmers und seinem Verwertungsinteresse muss letzteres den Vorrang haben, andernfalls könnte der Arbeitgeber ohne Zahlung einer Vergütung die Erfindung blockieren. Für freigewordene Erfindungen gelten auch nicht die unter RN 37 erörterten Beschränkungen für freie Erfindungen (§ 8 II ArbNErfG). 22

Gehen Rechte an der durch ein technisches Schutzrecht geschützten Diensterfindung weder durch ordnungsgemäße Inanspruchnahme noch durch eine Vereinbarung zwischen dem Arbeitnehmererfinder und dem Arbeitgeber auf diesen über, haftet der die geschützte Erfindung benutzende Arbeitgeber jedenfalls nach Bereicherungsrecht.[41] 22a

6. Schutzrechtsanmeldung im Inland. a) Anmeldung. Da nach der Grundkonzeption des ArbNErfG dem Arbeitgeber gegen Zahlung einer Vergütung alle Rechte an der Erfindung zustehen sollen, ist dieser allein berechtigt, aber hierzu auch verpflichtet, eine gemeldete Diensterfindung zur Erteilung eines Schutzrechts anzumelden (§ 13 I 1 ArbNErfG). Eine patentfähige Diensterfindung hat er zum Patent anzumelden.[42] Die Anmeldung hat unverzüglich nach der Erfindungsmeldung zu erfolgen, also schon vor der beschränkten oder unbeschränkten Inanspruchnahme durch den Arbeitgeber. Hierdurch soll das Schutzrecht frühzeitig gesichert werden. Da mit der Anmeldung erhebliche Kosten verbunden sind, muss dem Arbeitgeber aber eine angemessene Überlegungsfrist verbleiben. Fehlt es an einer ordnungsgemäßen Meldung der Diensterfindung durch den Arbeitnehmererfinder, kann die vom Arbeitgeber einzuhaltende Frist zur Inanspruchnahme mit der Anmeldung der Erfindung zum Schutzrecht zu laufen beginnen. Die Frist ist eine Ausschlussfrist.[43] 23

b) Hinderungsgründe. Die Verpflichtung zur Anmeldung **entfällt,** wenn **(a)** die Diensterfindung freigeworden ist (§ 13 II Nr. 1 ArbNErfG), **(b)** der Arbeitnehmer der Nichtanmeldung zustimmt (§ 13 II Nr. 2 ArbNErfG), **(c)** berechtigte Belange des Betriebes es erfordern, eine gemeldete Diensterfindung nicht bekannt werden zu lassen, und der Arbeitgeber die Schutzfähigkeit der gemeldeten Diensterfindung anerkennt (**Betriebsgeheimnis,** § 54) oder er zur Einigung über die Schutzfähigkeit die Schiedsstelle anruft (§ 13 II Nr. 3, § 17 ArbNErfG).[44] Stehen berechtigte betriebliche Belange der Schutzrechtanmeldung entgegen, so erwächst ein Vergütungsanspruch nach § 17 ArbNErfG. Eine patentfähige Diensterfindung braucht dann nicht zum Patent angemeldet zu werden, sofern bei verständiger Würdigung der Verwertbarkeit der Erfindung ein Gebrauchsmusterschutz zweckdienlicher erscheint (§ 13 I 2 ArbNErfG). 24

c) Durchsetzung. Erfüllt der Arbeitgeber seine Anmeldungsverpflichtung nicht, kann der Arbeitnehmer vor unbeschränkter Inanspruchnahme den Arbeitgeber im Wege der einstweiligen Verfügung unter den Voraussetzungen von §§ 935, 940 ZPO zur Einhaltung veranlassen. Im Übrigen wird der Arbeitgeber dem Arbeitnehmer schadensersatzpflichtig. Schaden ist alles, was der Arbeitnehmer erlangt hätte, wenn die Diensterfindung zum Schutzrecht angemeldet worden wäre. Hat der Arbeitgeber die Diensterfindung unbeschränkt in Anspruch genommen, so kann ihm der Arbeitnehmer eine Nachfrist zur Anmeldung setzen und nach Ablauf dieser Nachfrist die Anmeldung auf den Namen des Arbeitgebers vornehmen. Der Arbeitgeber hat die Kosten des Verfahrens zu tragen (§ 13 III ArbNErfG). Dagegen ist der Arbeitnehmer an dem weiteren Patenterteilungsverfahren nicht beteiligt. Erhebt er gegen die Patenterteilung Einspruch, so kann auf dessen Rücknahme nicht geklagt werden.[45] 25

---

[40] OLG Düsseldorf 25. 8. 2005 NZA-RR 2006, 205.

[41] BGH 4. 4. 2006 NZA-RR 2006, 474.

[42] Bei Patentanmeldung durch Arbeitnehmer und Streit, ob eine Diensterfindung vorliegt: BPatG 25. 2. 1969 AP 1 zu § 13 ArbNErfG.

[43] BGH 4. 4. 2006 NZA-RR 2006, 474.

[44] BGH 29. 9. 1987 NJW 88, 1216 = BB 88, 563.

[45] BAG 23. 6. 1981 AP 3 zu § 32 PatG.

26 **d) Freigewordene Diensterfindungen.** Diese werden durch den Arbeitnehmer selbst angemeldet (§ 13 IV ArbNErfG).

27 **e) Aufgabe.** Will der Arbeitgeber eine Schutzrechtsanmeldung oder ein Schutzrecht aufgeben und sind die Vergütungsansprüche des Arbeitnehmers noch nicht vollständig erfüllt, so hat er die Aufgabe dem Arbeitnehmer mitzuteilen und ihm auf dessen Verlangen und Kosten das Recht zu übertragen, sowie die zur Wahrung des Rechtes erforderlichen Unterlagen auszuhändigen (§ 16 I ArbNErfG). Der Arbeitgeber ist zur Aufgabe berechtigt, wenn der Arbeitnehmer nicht binnen drei Monaten die Übertragung des Rechtes verlangt. § 16 I ArbNErfG findet keine Anwendung, wenn der Arbeitgeber infolge Vermögenslosigkeit die Schutzrechtsanmeldung nicht durchführen kann.[46] Will der Arbeitgeber sein Recht aufgeben, ist er verpflichtet, während der dem Arbeitnehmer nach § 16 II ArbNErfG zustehenden Überlegungsfrist von drei Monaten alle Schutzmaßnahmen zu treffen.[47] Lässt der Arbeitgeber durch Nichtzahlung der Gebühren eine Schutzrechtsanmeldung verfallen, so wird er schadensersatzpflichtig. Die Ansprüche verjähren grundsätzlich in drei Jahren (§ 195 BGB).[48]

28 **7. Schutzrechtsanmeldung im Ausland.** Zur Schutzrechtsanmeldung im Ausland ist der Arbeitgeber berechtigt, aber nicht verpflichtet (§ 14 I ArbNErfG). Für Staaten, in denen der Arbeitgeber ein Schutzrecht nicht erwerben will, hat er dem Arbeitnehmer die Diensterfindung so rechtzeitig freizugeben, dass der Arbeitnehmer die Prioritätsfristen der zwischenstaatlichen Verträge auf dem Gebiet des gewerblichen Rechtsschutzes ausnutzen kann. Er hat für den sicheren Zugang der Erklärung Sorge zu tragen.[49] Bei der Freigabe kann sich der Arbeitgeber ein nicht ausschließliches Benutzungsrecht im Ausland gegen angemessene Vergütung vorbehalten (§ 14 ArbNErfG).

29 **8. Vergütungsanspruch bei unbeschränkter Inanspruchnahme. a)** Er entsteht dem Grunde nach, sobald der Arbeitgeber die Diensterfindung wirksam[50] in Anspruch genommen hat (§ 9 I ArbNErfG). Die Entstehung des Anspruches ist daher von einer Verwertungshandlung[51] oder einer positiven Entscheidung der Schutzrechterteilungsbehörde[52] unabhängig. Kein Vergütungsanspruch besteht, wenn der Arbeitgeber bereits vor unbeschränkter Inanspruchnahme die Erfindung nutzt. Der Gesetzgeber hat dies hingenommen, weil dem Arbeitgeber auch für die Förderung der Erfindung selbst und die Schutzrechtsanmeldung Aufwendungen entstehen, die ihm auch bei Freiwerden der Diensterfindung nicht ersetzt werden. Wegen der Schwierigkeiten der Bemessung der Erfindungsvergütung ist die Fälligkeit des Vergütungsanspruchs hinausgeschoben. Der Vergütungsanspruch stellt zugleich eine Entschädigung für den Übergang der vermögenswerten Rechte an der Erfindung auf den Arbeitgeber dar.[53] Der Vergütungsanspruch entfällt, sobald in einem dazu vorgesehenen amtlichen oder gerichtlichen Verfahren die mangelnde Schutzrechtsfähigkeit der Erfindung bestands- oder rechtskräftig festgestellt wird.

30 **b) Festsetzung.** Nach § 12 I ArbNErfG sollen Arbeitgeber und Arbeitnehmer innerhalb angemessener Frist nach Inanspruchnahme durch Vereinbarung die **Vergütung** festsetzen. Kommt eine Vereinbarung nicht zustande, so hat der Arbeitgeber die Vergütung spätestens bis zum Ablauf von 3 Monaten nach der Schutzrechtserteilung durch schriftliche Erklärung an den Arbeitnehmer festzusetzen (§ 12 III ArbNErfG). Kommt eine Feststellung nicht zustande und unterlässt der Arbeitgeber eine Festsetzung, kann der Erfinder auf gerichtliche Bestimmung der angemessenen Vergütung klagen. Der festzusetzende Vergütungsanspruch kann ausnahmsweise auf Null reduziert sein, wenn die vorbehaltlose Aufgabe des Nutzungsrechts durch den Lizenznehmer ohne Reduzierung der von ihm zu zahlenden Lizenzgebühren den Schluss zulässt, dass der Lizenznehmer der lizenzierten Erfindung keinen wirtschaftlichen Wert beigemessen hat.[54] Wird der Arbeitnehmer nach Ablauf der Frist nicht tätig, so entsteht regelmäßig kein Vertrauenstatbestand, der Arbeitnehmererfinder werde in Zukunft keinen Vergütungsanspruch geltend machen.[55] Die Schutzrechtserteilung zieht sich häufig länger hin. Die Vergütung soll nicht die vom

---

[46] BGH 10. 5. 1988 MDR 88, 961.
[47] BGH 6. 2. 2002 NJW-RR 2002, 978 = DB 2002, 1772.
[48] Vgl. OLG Frankfurt 19. 12. 1991 BB 92, 1565.
[49] BGH 31. 1. 1978 AP 1 zu § 11 ArbNErfG.
[50] OLG Nürnberg 29. 4. 1969 AP 1 zu § 6 ArbNErfG.
[51] Schiedsstelle 26. 2. 1993 GRUR 96, 49; unklar BGH 23. 6. 1977 AP 3 zu § 9 ArbNErfG.
[52] BGH 28. 6. 1962 AP 2 zu § 12 ArbNErfG.
[53] BVerfG 24. 4. 1998 NJW 98, 3704 = DB 98, 1460.
[54] BGH 4. 12. 2007 NZA-RR 2008, 317.
[55] BGH 10. 9. 2002 DB 2003, 993 = NZA-RR 2003, 253.

Arbeitnehmer geleisteten Arbeiten und Dienste honorieren, sondern die durch die Erfindung erlangte wirtschaftliche Monopolstellung des Arbeitgebers abgelten.[56] Es ist demnach bereits dann eine vorläufige Vergütung zu zahlen, wenn der Arbeitgeber nach Inanspruchnahme die Produktion aufgenommen hat.[57] Über die Vergütung ist Rechnung zu legen.[58] Diese verbleibt dem Arbeitnehmer auch dann, wenn das Patent später verweigert wird.[59]

c) Mehrere Anspruchsberechtigte. Sind an der Erfindung mehrere Arbeitnehmer beteiligt, hat der Arbeitgeber bei der einseitigen Vergütungsfestsetzung jedem Beteiligten die Gesamthöhe der Vergütung und die auf jeden Beteiligten entfallene Vergütung mitzuteilen,[60] damit die Arbeitnehmer in die Lage versetzt werden, die Angemessenheit der Vergütungshöhe zu kontrollieren (§ 12 II ArbNErfG).[61] Haben die Miterfinder im Rahmen der Erfindungsmeldung gemeinsam ihre Anteile genannt, so darf der Arbeitgeber bei der Festsetzung der Vergütung von der Richtigkeit dieser Anteile jedenfalls dann ausgehen, wenn keine Anhaltspunkte für die Unrichtigkeit oder Unverbindlichkeit der gemeinsamen Mitteilung der Anteile ersichtlich sind.[62] **Widerspricht** der oder widersprechen die beteiligten Arbeitnehmer nicht innerhalb einer Frist von zwei Monaten seit Zugang der Festsetzung, so wird diese verbindlich. Widerspricht einer der beteiligten Erfinderarbeitnehmer, so wird die Festsetzung für alle Beteiligten nicht verbindlich. Der Arbeitgeber kann daher eine erneute Festsetzung vornehmen (§ 12 V ArbNErfG). Schließlich kann die Schiedsstelle angerufen werden (§ 28 ArbNErfG). Nach Scheitern des Schiedsverfahrens ist der Weg zu den ordentlichen Gerichten frei. Mit der einseitigen Festsetzung der Vergütung durch den Arbeitgeber gemäß § 12 III ArbNErfG beginnt keine Verjährung des über den festgesetzten Betrag hinausgehenden Vergütungsanspruches nach § 195 BGB.[63] Die Regelungen des § 9 ArbNErfG sind verfassungsgemäß.[64] 31

d) Durchsetzung. Der Arbeitnehmererfinder hat zur Berechnung der Vergütung einen Auskunftsanspruch gegen den Arbeitgeber. Dies gilt auch dann, wenn der Arbeitgeber Schadensersatz leisten muss, weil er seine Pflichten im Anmeldungsverfahren verletzt hat.[65] Der Auskunftsanspruch ist aber nicht schrankenlos. Wird ein Erfindungsgegenstand sowohl separat wie auch als Teil einer umfassenden Gesamtvorrichtung vertrieben, dann ist es dem Arbeitgeber nicht zumutbar, die Herstellungskosten für alle Baugruppen der Gesamtvorrichtung vorzulegen.[66] Andererseits können sich Auskunftsanspruch und Rechnungslegung auf die Benutzung vor unbeschränkter Beanspruchung beziehen[67] oder auf die Nutzung im Konzern.[68] 32

9. Beschränkte Inanspruchnahme. Der Vergütungsanspruch bei beschränkte Inanspruchnahme der Erfindung durch den Arbeitgeber wird fällig, sobald er die Diensterfindung beschränkt in Anspruch nimmt **und** sie benutzt (§ 10 I ArbNErfG). Für die Festsetzung gelten die Ausführungen zu RN 29ff. sinngemäß; jedoch hat hier die Festsetzung bis zum Ablauf von drei Monaten seit Aufnahme der Benutzung zu erfolgen (§ 12 III ArbNErfG). Hat der Arbeitgeber die Diensterfindung beschränkt in Anspruch genommen, so kann er sich nicht darauf berufen, dieser habe die Schutzfähigkeit ermangelt,[69] es sei denn, dass dies durch das Patentamt oder ein Gericht festgestellt ist. Bis zur Rechtskraft dieser Entscheidung ist jedoch der Arbeitgeber zur Fortzahlung der Vergütung verpflichtet (§ 10 II ArbNErfG). Diese kann auch später nicht zurückgefordert werden (§ 12 VI ArbNErfG). 33

10. Bemessung. Über die Bemessung der Vergütung enthält das ArbNErfG nur Rahmenvorschriften. Nach § 9 II ArbNErfG sind die wirtschaftliche Verwertbarkeit[70] der Diensterfindung, die Aufgaben und die Stellung des Arbeitnehmers im Betrieb sowie der Anteil des Betriebs an dem Zustandekommen der Erfindung maßgebend. Unerheblich ist dagegen das öffentliche 34

---

[56] BGH 25. 11. 1980 AP 5 zu § 9 ArbNErfG = NJW 81, 1615.
[57] BGH 4. 12. 2007 NZA-RR 2008, 317; 28. 6. 1962 AP 2 zu § 12 ArbNErfG.
[58] BGH 17. 5. 1994 AP 4 zu § 12 ArbNErfG = NJW 95, 386.
[59] BGH 30. 3. 1971 AP 2 zu § 9 ArbNErfG.
[60] Vgl. BGH 2. 12. 1960 AP 1 zu § 1 ArbNErfG.
[61] Vgl. Schiedsstelle GRUR 68, 194.
[62] BGH 17. 5. 1994 AP 4 zu § 12 ArbNErfG = NJW 95, 386.
[63] BGH 25. 11. 1980 AP 5 zu § 9 ArbNErfG = NJW 81, 1615.
[64] BVerfG 24. 4. 1998 NJW 98, 3704.
[65] BGH 6. 2. 2002 NJW-RR 2002, 978 = DB 2002, 1772.
[66] BGH 13. 11. 1997 NZA 98, 313.
[67] BGH 29. 4. 2003 GRUR 2003, 789 = BB 2004, 112.
[68] BGH 16. 4. 2002 NZA-RR 2002, 594 = BB 2002, 1490.
[69] Vgl. BGH 9. 1. 1964 AP 1 zu § 10 ArbNErfG.
[70] Vgl. OLG Düsseldorf 3. 3. 1967 BB 67, 475.

Interesse an der Erfindung; hierfür braucht der Arbeitgeber keine besonders hohe Vergütung zu zahlen.[71] Über die Bemessung der Vergütung hat das BMAS (unverbindliche) Richtlinien für den privaten[72] und den öffentlichen Dienst[73] veröffentlicht. Nach den Richtlinien für den privaten Dienst wird die Vergütung berechnet nach der Formel Erfindungswert (E) × Anteilsfaktor. Der **Erfindungswert** wird nach drei Methoden berechnet, nämlich der **Lizenzanalogie,** nach dem erfassbaren **betrieblichen Nutzen** oder der **Schätzung** des Erfindungswertes.[74] Bei der Lizenzanalogie wird der Lizenzsatz, der für vergleichbare Fälle bei freien Erfindern in der Praxis üblich ist, zugrunde gelegt.[75] Bei der Nutzungsmethode wird der Erfindungswert nach der Nutzung bemessen, der dem Betrieb aus der Benutzung der Erfindung erwächst. Nach der Schätzmethode wird der Erfindungswert geschätzt. Sämtliche Methoden müssen zu derselben Bewertung des Erfindungswertes kommen. Da eine Diensterfindung wegen der durch den Arbeitgeber gewährten Förderung geringer honoriert wird als eine freie Erfindung, wird er multipliziert mit dem Anteilsfaktor. Dies ist ein Prozentsatz der Beteiligung des Arbeitnehmers. Der Anteilsfaktor wird bestimmt durch die Stellung der Aufgabe, deren Lösung und durch die Aufgaben und die Stellung des Arbeitnehmers im Betrieb. Wegen weiterer Einzelheiten muss auf das Spezialschrifttum verwiesen werden. Die Vergütung kann als Pauschalvergütung entsprechend der Zahl der produzierten Stücke, sowie in einem bestimmten Zeitraum gezahlt werden.

35 **11. Dauer der Vergütungszahlung.** Der Arbeitgeber hat regelmäßig solange eine Vergütung zu zahlen, wie das Schutzrecht besteht. Bei wesentlicher Veränderung der Umstände, die für die Festsetzung der Vergütung maßgebend waren, kann jede Partei die Neufestsetzung der Vergütung verlangen (§ 12 VI ArbNErfG), auch wenn eine Pauschalabfindung vereinbart war. Gegebenenfalls kann sich der Arbeitnehmer gegenüber einer Vergütungsklage auch mit dem Einwand wesentlich veränderter Umstände verteidigen.[76] Ist eine Erfindungsvergütung im Wege der Lizenzanalogie ermittelt worden, so kann eine Minderung des Lizenzsatzes wegen besonders hoher Umsätze in Betracht kommen.[77] War indes die Abfindung von vornherein unangemessen festgesetzt, so kann dies nur unter den Voraussetzungen von § 23 I ArbNErfG behoben werden.[78] Der Vergütungsanspruch erlischt grundsätzlich, wenn das Schutzrecht erlischt oder anderweitig beseitigt wird, auch wenn es weiter benutzt wird. In Ausnahmefällen kann die Verpflichtung zur Vergütungszahlung über die Dauer des Schutzrechts hinausgehen, wenn der Arbeitgeber auch fernerhin eine faktische Monopolstellung hat.[79] Haben die Arbeitsvertragsparteien davon abgesehen, ein Schutzrecht zu erwerben, so besteht die Vergütungspflicht solange, wie der Arbeitgeber eine Monopolstellung hat. Dies folgt aus dem Grundgedanken des Gesetzes, wonach dem Arbeitnehmer die durch die Erfindung vermittelte Monopolstellung vergütet werden soll.

36 **12. Verjährung, Verfallfristen, Insolvenz.** Für die Verjährung des Anspruchs auf Festsetzung des Vergütungsanspruchs gilt wie für den eigentlichen Anspruch auf die konkretisierte Vergütung die regelmäßige Verjährungsfrist von drei Jahren.[80] Regelmäßig werden Ansprüche aus dem ArbNErfG nicht von tariflichen Verfallfristen erfasst;[81] etwas anderes gilt, wenn auch mit dem Arbeitsverhältnis im Zusammenhang stehende Ansprüche von einer Verfallfrist erfasst werden. Für den Einwand der Verwirkung gelten die allgemeinen Rechtsgrundsätze (§ 73 RN 17).[82] Im Insolvenzverfahren sind die Erfindungsvergütungen besonders geschützt[83] (§ 27 ArbNErfG).

IV. Freie Erfindung

37 **1. Begriff.** Dies sind alle Erfindungen des Arbeitnehmers, die die Voraussetzungen des § 4 II Nr. 1, 2 ArbNErfG nicht erfüllen (§ 18 ArbNErfG). Zu den freien Erfindungen rechnen die

---

[71] BGH 31. 1. 1978 AP 1 zu § 11 ArbNErfG.
[72] 20. 7. 1959 (Beil. zum BAnz. Nr. 156) i. d. Änd. 1. 9. 1983 (BAnz. Nr. 169 = BArbBl. 11/83 S. 27).
[73] 1. 12. 1960 (BAnz. Nr. 237).
[74] Vgl. *Bartenbach/Volz* § 9 RN 74 ff.
[75] Vgl. BGH 13. 11. 1997 BB 98, 750 – Copolyester II.
[76] BGH 5. 12. 1974 DB 75, 397 = NJW 75, 390.
[77] BGH 31. 1. 1978 AP 1 zu § 11 ArbNErfG.
[78] BGH 17. 4. 1973 BB 73, 1638.
[79] Bei Weiterentwicklung des Patents: BGH 28. 4. 1970 AP 1 zu § 9 ArbNErfG.
[80] Vgl. BGH 25. 11. 1980 AP 5 zu § 9 ArbNErfG = NJW 81, 1615.
[81] BAG 21. 6. 1979 AP 4 zu § 9 ArbNErfG.
[82] BGH 23. 6. 1977 AP 3 zu § 9 ArbNErfG.
[83] *Paul* KTS 2005, 445.

bloßen Anrechnungserfindungen, das sind Erfindungen, die nicht auf betrieblichen Anforderungen oder Vorarbeiten beruhen, aber gleichwohl auf irgendwelche Verknüpfungen zwischen Betrieb und Erfindungstätigkeit des Arbeitnehmers zurückzuführen sind.[84] Ferner zählen hierzu die Erfindungen der Hochschullehrer (§ 42 ArbNErfG; dazu RN 9). Auf freigewordene (§ 8 ArbNErfG) bzw. später aufgegebene (§ 16 ArbNErfG) Erfindungen findet § 8 ArbNErfG keine Anwendung.

2. Anzeige. Freie Erfindungen hat der Arbeitnehmer seinem Arbeitgeber schriftlich anzuzeigen. Dabei hat er über die Erfindung und ihre Entstehung soviel mitzuteilen, wie notwendig ist, dass der Arbeitgeber beurteilen kann, ob die Erfindung frei ist (§ 18 I ArbNErfG). Bestreitet der Arbeitgeber nicht innerhalb einer Frist von drei Monaten, dass die Erfindung frei ist, so kann er sie nicht mehr als Diensterfindung in Anspruch nehmen. Für Rechtsstreitigkeiten, ob eine Erfindung frei ist oder nicht, sind die ordentlichen Gerichte zuständig (§ 2 II ArbGG). **38**

3. Verwertung. Bevor der Arbeitnehmer die **freie Erfindung verwertet,** hat er dem Arbeitgeber mindestens ein nicht ausschließliches Benutzungsrecht gegen Zahlung einer angemessenen Vergütung anzubieten. Das Benutzungsvorrecht erlischt, wenn der Arbeitgeber es nicht binnen einer Frist von drei Monaten annimmt. Einigen sich die Parteien nicht über die Bedingungen der Benutzung durch den Arbeitgeber, so setzt sie das Gericht auf Antrag des Arbeitgebers oder Arbeitnehmers fest (§ 19 ArbNErfG). Die Vergütung gehört nicht zum Arbeitslohn.[85] **39**

4. Frei gewordene Erfindungen darf der Arbeitnehmer ohne die unter RN 38 und RN 39 dargelegten Beschränkungen für sich verwerten (§ 8 II ArbNErfG). Mit der Freigabe hat der Arbeitgeber zum Ausdruck gebracht, dass er die Erfindung nicht verwerten kann oder will. Der Arbeitnehmer ist bei der Verwertung der frei gewordenen Erfindung lediglich durch die aus dem Arbeitsverhältnis resultierende **Verschwiegenheitspflicht** beschränkt (§ 54). Er darf also etwaige Betriebsgeheimnisse nicht für sich ausnutzen. **40**

V. Technische Verbesserungsvorschläge

Bontrup, Ideenmanagement – Motor für mehr Konkurrenzfähigkeit, AuA 2001, 436; *Rieble,* Ideenmanagement und betriebliche Mitbestimmung, DB 2005, 1382; *Schaub,* Das betriebliche Vorschlagswesen, NWB 2002, Fach 26 S. 3977; *Schwab,* Das betriebliche Vorschlagswesen, AR-Blattei, Vorschlagswesen, AR-Blattei SD 1760; *Witt/Witt,* Der kontinuierliche Verbesserungsprozess, (KVP), 2001.

1. Begriff. Technische Verbesserungsvorschläge sind Vorschläge für technische Neuerungen, die nicht patent- oder gebrauchsmusterfähig sind (§ 3 ArbNErfG). Die Zuordnung und die Vergütung technischer Verbesserungsvorschläge sind im ArbNErfG nur unvollkommen geregelt. Zu unterscheiden sind die qualifizierten Verbesserungsvorschläge und andere. **Qualifizierte Verbesserungsvorschläge** sind solche, die dem Arbeitgeber eine ähnliche Vorzugsstellung gewähren wie ein gewerbliches Schutzrecht (§ 20 I ArbNErfG).[86] Kein Verbesserungsvorschlag ist die verzögerte Auszahlung von Schadensbeträgen durch eine Versicherung an verschiedene Gläubiger.[87] **41**

2. Zuordnung. Soweit der Arbeitnehmer nach dem Inhalt seines Arbeitsvertrags zur Entwicklung technischer Verbesserungsvorschläge verpflichtet ist, stehen sie dem Arbeitgeber zu.[88] Erfüllt der Arbeitnehmer seine Verpflichtungen aus dem Arbeitsvertrag nicht, so kann ein Schadensersatzanspruch oder eine ordentliche Kündigung gerechtfertigt sein. Sonstige technische Verbesserungsvorschläge, die im Zusammenhang mit der betrieblichen Tätigkeit des Arbeitnehmers stehen, hat dieser dem Arbeitgeber zur Verfügung zu stellen. Dies dürfte gewohnheitsrechtlich anerkannt sein.[89] Dagegen kann der Arbeitnehmer über nicht betriebs- oder funktionsgebundene technische Verbesserungsvorschläge frei verfügen. **42**

3. Qualifizierte technische Verbesserungsvorschläge. Diese hat der Arbeitgeber dem Arbeitnehmer zu vergüten, sobald er sie verwertet (§ 20 ArbNErfG).[90] Für die Vergütung gelten **43**

---

[84] *Bartenbach/Volz* § 4 RN 5.
[85] BGH 29. 11. 1984 NJW 85, 1031.
[86] Vgl. BGH 26. 11. 1968 AP 2 zu § 20 ArbNErfG; 21. 10. 1980 AP 3 zu § 4 ArbNErfG = NJW 81, 345.
[87] LAG Hamm 4. 9. 1996 NZA-RR 97, 258.
[88] BAG 20. 1. 2004 AP 3 zu § 87 BetrVG 1972 Vorschlagswesen; *Bartenbach* Beil. 2 zu NZA 90 S. 23; a. A. *Buchner* GRUR 81, 1, 7 ff.
[89] *Bartenbach/Volz* § 20 RN 20.
[90] Die Verwertung steht im Belieben des ArbGeb.: BAG 30. 4. 1965 AP 1 zu § 20 ArbNErfG; vgl. zum Begriff der Verwertung: OLG Frankfurt 1. 12. 1966 BB 67, 475.

die §§ 9, 12 ArbNErfG entsprechend. Sie schließen als gesetzliche Regelung das Mitbestimmungsrecht des Betriebsrats nach § 87 I Nr. 10 BetrVG nur insoweit aus, wie diese Regelung reicht. Der Arbeitgeber kann nicht gezwungen werden, den Verbesserungsvorschlag anzunehmen und zu vergüten. Mitbestimmungsfrei ist auch, ob und in welcher Höhe finanzielle Mittel zur Verfügung gestellt werden.[91]

44 **4. Einfache technische Verbesserungsvorschläge.** Die Regelung der Vergütung bleibt Tarifverträgen und Betriebsvereinbarungen überlassen (§ 20 II ArbNErfG). Es sind dies technische Verbesserungsvorschläge, die dem Arbeitgeber keine Vorrangstellung gewähren. Der Gesetzgeber hat von einer Regelung abgesehen, um sie nicht aus dem übrigen Vorschlagswesen herauszulösen.[92] Tarifverträge, die diesbezüglich Regelungen enthalten, sind verhältnismäßig selten. Die Regelung wird üblicherweise durch Betriebsvereinbarung getroffen, für deren Abschluss der Betriebsrat ein Initiativrecht hat.[93] Der Arbeitnehmer erwirbt in der Regel erst dann einen Vergütungsanspruch, wenn der technische Verbesserungsvorschlag als brauchbar festgestellt wird.[94] Die Höhe der Vergütung bestimmt sich nach der jeweiligen betrieblichen Ordnung; im Durchschnitt werden Verbesserungsprämien in Höhe von 15–20% des einjährigen Nettonutzens gezahlt.[95] In Betriebsvereinbarungen kann geregelt werden, ob ein Verbesserungsvorschlag vergütungspflichtig ist. Die Parteien dürfen zur verbindlichen Beurteilung der eingereichten Verbesserungsvorschläge paritätische Kommissionen vorsehen. Dies verstößt nicht gegen § 101 ArbGG. Die mit Mehrheit getroffenen tatsächlichen Feststellungen und Bewertungen einer Kommission sind inhaltlich nur beschränkt – insbesondere auf grobe Unrichtigkeit – nachprüfbar. Wenn der Kommission Verfahrensfehler unterlaufen, die sich auf das Ergebnis auswirken können, oder wenn sie die Entscheidung nicht nachvollziehbar oder nicht bzw. nur in Stichworten begründet, ist die Entscheidung voll gerichtlich überprüfbar. Die Anforderungen dürfen aber nicht überspannt werden.[96]

45 **5. Sonstige schöpferische Leistungen.** Ob diese in den Schutzbereich des ArbNErfG einbezogen werden können, ist umstr. Dies gilt vor allem für von Arbeitnehmern entwickelte Computerprogramme (vgl. § 114). Für Geschmacksmuster gilt, dass im Arbeits- oder Auftragsverhältnis geschaffene Muster als Arbeitsergebnis originär in der Person des Unternehmers entstehen. Die Vergütungsansprüche richten sich nach den getroffenen Vereinbarungen. Nicht in den Geltungsbereich des ArbNErfG fallen entwickelte Warenzeichen oder Dienstleistungsmarken. Auch insoweit gelten die allgemeinen arbeitsrechtlichen Grundsätze.[97]

VI. Sonstige Verpflichtungen

46 **1. Unabdingbarkeit.** Die Vorschriften des ArbNErfG können nicht zu Ungunsten des Arbeitnehmers abgedungen werden. Jedoch sind nach der Meldung (RN 17) Vereinbarungen über Erfindungen und technische Verbesserungsvorschläge zulässig (§ 22 ArbNErfG). Diese unterliegen regelmäßig einer Kontrolle nach dem Recht der Allgemeinen Geschäftsbedingungen (§ 32). Allerdings findet eine Angemessenheitskontrolle wegen § 23 I ArbNErfG nicht statt. Nach dieser Vorschrift sind entsprechende Vereinbarungen und solche über die Vergütung unwirksam, soweit sie in erheblichem Maße unbillig sind. Auf die Unbilligkeit können sich die Parteien nur bis zu 6 Monate nach Ablauf des Arbeitsverhältnisses berufen (§ 23 II ArbNErfG); bei dieser Frist handelt es sich um eine materiellrechtliche Ausschlussfrist, die der Dispositionsmöglichkeit der Parteien entzogen sein soll.[98]

47 **2. Geheimhaltungspflicht.** Beiden Parteien obliegt eine Geheimhaltungspflicht über Erfindungen und Verbesserungsvorschläge (§ 24 ArbNErfG). Im Wege der Betriebsvereinbarung können durch Arbeitgeber und Betriebsrat zur Unterstützung der Erfinder sog. **Erfinderberater** bestellt werden (§ 21 ArbNErfG). Im Übrigen bleiben die Pflichten aus dem Arbeitsverhältnis durch das ArbNErfG unberührt (§ 25 ArbNErfG).

---

[91] Richardi/*Richardi* BetrVG § 87 RN 924 ff., 942.
[92] BT-Drucks. II/1648 S. 38.
[93] BAG 20. 4. 1982 AP 2 zu § 87 BetrVG 1972 Vorschlagswesen.
[94] Vgl. OLG Münster ZBR 75, 349.
[95] Vgl. *Gaul/Bartenbach* DB 78, 1161.
[96] BAG 20. 1. 2004 AP 3 zu § 87 BetrVG 1972 Vorschlagswesen.
[97] *Bartenbach* Beil. 2 zu NZA 90, S. 23 m. w. Nachw.
[98] So OLG Düsseldorf 9. 8. 2007 – I-2 U 41/06 – sehr zweifelhaft.

VII. Streitigkeiten aus dem ArbNErfG

1. Schiedsstelle.[99] **a) Errichtung.** In allen Streitigkeiten zwischen Arbeitgeber und Arbeitnehmer auf Grund des ArbNErfG kann von jeder Seite eine beim Patentamt in München eingerichtete Schiedsstelle (§ 29 ArbNErfG) angerufen werden. Die Schiedsstelle ist **besetzt** mit einem Juristen als Vorsitzenden und zwei Beisitzern, die vom Präsidenten aus Mitgliedern oder Hilfsmitgliedern des Patentamtes für den Einzelfall berufen werden. Mit der Anrufung der Schiedsstelle kann Antrag auf ihre Erweiterung durch je ein Mitglied aus Arbeitnehmer- und Arbeitgeberkreisen gestellt werden (§ 32 ArbNErfG). Zu den Bestellungsvoraussetzungen vgl. 2. DVO vom 1. 10. 1957 (BGBl. I S. 1680), zuletzt geändert am 5. 5. 2004 (BGBl. I S. 718). **48, 49**

b) Zweck. Durch das Schiedsverfahren soll eine gütliche Regelung zwischen Arbeitgeber und Arbeitnehmer erreicht werden. Um deren Verhältnis so wenig wie möglich zu belasten, ist vor Einleitung einer Klage ein Schiedsstellenverfahren zwingend als Prozessvoraussetzung vorgeschrieben (§§ 37 I, 28 ff. ArbNErfG). Dem Schiedsstellenverfahren kommt keine streitentscheidende, sondern nur streitschlichtende Entscheidung zu. Die Schiedsstelle macht den Parteien einen Einigungsvorschlag, der als angenommen gilt, wenn nicht binnen einer Frist von einem Monat seit seiner Zustellung schriftlich Widerspruch eingelegt wird (§ 34 ArbNErfG). Das Verfahren vor der Schiedsstelle ist kostenfrei (§ 36 ArbNErfG). **50**

c) Anrufung. Die Schiedsstelle kann sowohl von Arbeitgeber- wie Arbeitnehmerseite angerufen werden. Die Anrufung erfolgt durch schriftlichen, aber sonst formlosen Antrag, dem eine kurze Darstellung des Sach- und Streitstands beizufügen ist. **51**

2. Klage. a) Erhebung. Auf das ArbNErfG gestützte Klagen können erst erhoben werden, wenn ein Verfahren bei der Schiedsstelle vorausgegangen ist. Ausnahmen bestehen nur dann, wenn **(1)** Rechte aus einer Vereinbarung über die Erfindung oder dem Einigungsvorschlag der Schiedsstelle geltend gemacht werden oder über deren Rechtswirksamkeit gestritten wird (§§ 12, 19, 22, 34 ArbNErfG), **(2)** seit der Anrufung der Schiedsstelle 6 Monate verstrichen sind, **(3)** der Arbeitnehmer aus dem Betrieb ausgeschieden ist, **(4)** die Parteien nach Eintritt des Schiedsfalls im Wege schriftlicher Vereinbarung davon abgesehen haben, die Schiedsstelle anzurufen, **(5)** bei Anträgen auf Arreste oder einstweilige Verfügungen, **(6)** den gem. §§ 926, 936 ZPO erhobenen Klagen zur Hauptsache (§ 37 II ArbNErfG). Die prozesshindernde Einrede des Verfahrens vor der Schiedsstelle kann nicht mehr erhoben werden, wenn beide Parteien zur Hauptsache mündlich verhandelt haben (§ 37 III ArbNErfG). **52**

b) Rechtsweg. Für Rechtsstreitigkeiten über Erfindungen sind die für Patentstreitigkeiten zuständigen **Landgerichte** ausschließlich zuständig (§ 39 ArbNErfG, § 143 PatG). Die **Arbeitsgerichte** sind nur dann zuständig, wenn die Rechtsstreitigkeiten Ansprüche auf Leistungen einer festgestellten oder festgesetzten Vergütung zum Gegenstand haben (§ 2 II ArbGG). Werden jedoch gegen zu Recht vor dem Arbeitsgericht eingeklagte Forderungen Ansprüche zur Aufrechnung gestellt, die in die Zuständigkeit der Landgerichte fallen, so hat auch über die aufgerechneten Ansprüche das Arbeitsgericht zu befinden.[100] **53**

Dagegen sind in Streitigkeiten um einfache **technische Verbesserungsvorschläge** die Arbeitsgerichte immer zuständig (§ 2 II lit. a ArbGG).[101] Wenn im Rahmen des betrieblichen Vorschlagswesens Gruppenvorschläge eingereicht werden, kann durch Betriebsvereinbarung einem Mitglied der Gruppe eine Prozessführungsbefugnis übertragen werden.[102] **54**

VIII. Besteuerung

Vergütungen, die der Arbeitgeber für patent- und gebrauchsmusterfähige Diensterfindungen zahlt, sind als sonstige Bezüge zu versteuern. Dies gilt auch nach der Beendigung des Arbeitsverhältnisses.[103] Eine besondere Steuerbegünstigung besteht nicht. Es kann jedoch eine Pauschalierung der Lohnsteuer nach § 40 I Nr. 1 EStG und eine Vergünstigung für mehrjährige Tätigkeit in Betracht kommen (Abschn. 115 LR). Die früher bestehende Steuerfreiheit für Vergütungen für einfache und qualifizierte technische Verbesserungsvorschläge ist entfallen. Es kann jedoch eine Pauschalierung der Lohnsteuer oder eine Besteuerung für mehrjährige Tätigkeit in Betracht kommen (§ 34 III, § 39 III 9 EStG). **55**

---

[99] *Kaube,* Die Schiedsstelle nach dem ArbNErfG, RdA 81, 213; http://www.dpma.de (Jahresbericht 2007) mit Erläuterungen und Statistiken.
[100] BAG 18. 5. 1972 AP 2 zu § 39 ArbNErfG.
[101] BAG 30. 4. 1965 AP 1 zu § 20 ArbNErfG.
[102] LAG Saarland 11. 10. 1995 BB 96, 487.
[103] Revision anhängig: Az. beim BFH I R 70/08.

§ 115. Urheberrecht

Übersicht

	RN		RN
I. Rechtsgrundlagen	1–4	1. Entwicklung und Verwertung von Computerprogrammen	10, 11
II. Nutzungsrechte	5–7	2. Zuordnung	12–17
III. Schranken des Urheberrechts	8	3. Arbeitsvertrag	18–24
IV. Schlichtungsstelle	9	4. Vertragliche Abreden	25, 26
V. Urheberrechtlicher Schutz von Computerprogrammen	10 ff.	5. Steuer und Sozialversicherung	27

Kommentare und Kurzlehrbücher: *Chrocziel,* Einführung in den gewerblichen Rechtsschutz und das Urheberrecht, 2. Aufl., 2002; *Dreier/Schulze,* Urheberrechtsgesetz, 3. Aufl., 2008; *Lenze,* Urheberrechte der Beschäftigten im öffentlichen Dienst, 3. Aufl., 2008; *Loewenheim,* Handbuch des Urheberrechts, 2003; *Rehbinder,* Urheberrecht, 15. Aufl., 2008; *Schricker,* Urheberrecht, 3. Aufl., 2006; *Wandtke/Bullinger,* Praxiskommentar zum Urheberrecht, 3. Aufl., 2008.

Aufsätze: *Bayreuther,* Europa auf dem Weg zu einem einheitlichen Urheberrecht, EWS 2001, 422; *Benecke,* Entwicklung von Computerprogrammen durch Arbeitnehmer, NZA 2002, 883; *Berger,* Zwangsvollstreckung in urheberrechtliche Vergütungsansprüche, NJW 2003, 853; *Czychowski,* Das neue Urheberrecht, NJW 2003, 2409; *Czychowski/Nordemann,* Die Entwicklung der Gesetzgebung und Rechtsprechung zum Urheberrecht in den Jahren 2006 und 2007, NJW 2008, 1571; *Erdmannn,* Urhebervertragsrecht im Meinungsstreit, GRUR, 2002, 923; *Emmert/Baumann,* Haftungsfalle Internet – Verantwortlichkeit des Arbeitgebers für Urheberrechtsverstöße seiner Mitarbeiter?, DB 2008, 526; *Flechsig,* Der Zweite Korb zur Verbesserung der Urheber- und Leistungsschutzrechte, ZRP 2006, 145; *Fuchs,* Der Arbeitnehmerurheber im System des § 43 UrhG, GRUR 2006, 561; *Grobys/Foersti,* Die Auswirkungen der Urheberrechtsreform auf Arbeitsverträge, NZA 2002, 1015; *Grzeszick,* Der Anspruch des Urhebers auf angemessene Vergütung: Zulässiger Schutz jenseits der Schutzpflicht, AfP 2002, 383; *Jacobs,* Das neue Urhebervertragsrecht, NJW 2002, 1905; *Junker,* Die Entwicklung des Computerrechts in den Jahren 2001/2002, NJW 2003, 2792; *Lenze,* Urheberrechte der Beschäftigten im öffentlichen Dienst und in den Hochschulen, 1999; *v. Olenhusen,* Der Urheber- und Leistungsrechtsschutz der arbeitnehmerähnlichen Personen, GRUR 2002, 11; *Pütz,* Zum Anwendungsbereich des § 32b UrhG: Internationales Urhebervertragsrecht und angestellte Urheber, IPRax 2005, 13; *Riesenhuber,* Die doppelte Vorausverfügung des Arbeitnehmer-Urhebers zu Gunsten von Verwertungsgesellschaft und Arbeitgeber, NZA 2004, 1363; *Schippan,* Urheberrecht goes digital – Die Verabschiedung der Multimedia-Richtlinie 2001/29/EG, NJW 2001, 2682; *Schmidt,* Der Vergütungsanspruch des Urhebers nach der Reform des Urhebervertragsrechts, ZUM 2002, 781; *Schwab,* Arbeitnehmer und arbeitnehmerähnliche Personen als Urheberüberlegungen zur Reform des Urhebervertragsrechts, ArbuR 2001, 493; *ders.,* Das Urheberrecht des Arbeitnehmers, AR-Blattei – SD 1630; *v. Vogel,* Der Arbeitnehmer als Urheber, NJW-Spezial 2007, 177.

I. Rechtsgrundlagen

1 Die Rechte der **Arbeitnehmerurheber** sind in §§ 43, 79 UrhG (vom 9. 9. 1965, BGBl. I S. 1273, zul. geänd. 17. 12. 2008, BGBl. I S. 2586) geregelt. In den beigetretenen Ländern gilt das UrhG seit dem Beitritt (Art. 8 EV). Die Vorschriften des UrhG sind auf die vor dem Wirksamwerden des Beitritts geschaffenen Werke auch dann anzuwenden, wenn zu diesem Zeitpunkt die Fristen nach dem UrhG der ehemaligen DDR bereits abgelaufen waren (EV Anl. I Kap. III, Sachgebiet E, Abschn. II Nr. 2 § 1).

2 Wegen der wachsenden Bedeutung von **Computerprogrammen** ist die EG-Richtlinie 91/250 über den Rechtsschutz von Computerprogrammen vom 14. 5. 1991 (ABl. EG Nr. L 122 S. 42) ergangen. Das UrhG ist darauf ergänzt worden. Insbesondere sind die §§ 69a bis 69g UrhG eingefügt worden. Diese Konkretisierungen des Urheberrechtsschutzes sind auf Dienstverhältnisse entsprechend anzuwenden (§ 69b UrhG).

3 Zur Harmonisierung bestimmter Aspekte des Urheberrechts und der verwandten Schutzrechte in der Informationsgesellschaft haben das Europäische Parlament und der Rat der EU die Richtlinie 2001/29/EG vom 22. 5. 2001 (ABl. EG Nr. L 167 S. 10) erlassen. Die Richtlinie ist durch den **Korb I,** das ist das Gesetz zur Stärkung der vertraglichen Stellung von Urhebern und ausübenden Künstlern vom 22. 3. 2002 (BGBl. I S. 1155), umgesetzt worden. Weiterhin ist das Gesetz zur Regelung des Urheberrechts in der Informationsgesellschaft vom 10. 9. 2003 (BGBl. I S. 1774) ergangen. Eine weitere Umsetzung durch den sog. **Korb II** ist durch das Zweite Gesetz zur Regelung des Urheberrechts in der Informationsgesellschaft vom 26. 10. 2007 (BGBl. I S. 2513) erfolgt.

Die **urheberrechtlich geschützten Werke** sind in § 2 UrhG aufgezählt. Zu den geschützten Werken der Literatur, Wissenschaft und Kunst gehören insbesondere Sprachwerke, wie Schriftwerke, Reden und Computerprogramme (Nr. 1) sowie Darstellungen wissenschaftlicher oder technischer Art, wie Zeichnungen, Pläne, Karten,[1] Skizzen, Tabellen und plastische Darstellungen (Nr. 7). Übersetzungen und andere Bearbeitungen eines Werkes, die persönliche geistige Schöpfungen des Bearbeiters sind, werden unbeschadet des Urheberrechts am bearbeiteten Werk wie selbstständige Werke geschützt. Nicht amtlich verfasste Leitsätze gerichtlicher Entscheidungen können als Bearbeitungen wie selbstständige Werke gemäß § 3 UrhG geschützt sein. Ein amtlich verfasster Leitsatz eines Gerichts genießt dagegen keinen Schutz (§ 5 UrhG). Als amtlich verfasst i. S. v. § 5 UrhG ist ein Leitsatz dann anzusehen, wenn er von einem Mitglied des Spruchkörpers mit dessen Billigung formuliert und der Öffentlichkeit zugänglich gemacht worden ist. Unerheblich ist dabei, ob eine dienstliche Verpflichtung zur Abfassung von Leitsätzen besteht.[2] Dagegen werden die Orientierungssätze der Richterinnen und Richter des BAG Urheberrechtsschutz genießen. Die Regelung des § 5 UrhG ist verfassungsgemäß.[3] Auch dann, wenn der Urheber das geschützte Werk (§§ 2ff. UrhG)[4] in Erfüllung einer Verpflichtung aus dem Arbeitsverhältnis geschaffen hat, stehen ihm die Rechte aus §§ 11ff. UrhG zu (§ 43 UrhG). Desgleichen erwirbt der **ausübende Künstler** (§ 73 UrhG)[5] die sich aus § 74 UrhG ergebenden Rechte (§ 79 UrhG). Ein Tonmeister bei einer Rundfunkanstalt ist nur in Ausnahmefällen ein ausübender Künstler im Rechtssinne.[6] Während nach § 31 UrhG der Urheber nach seiner freien Entschließung die Nutzungsrechte übertragen kann, hat der Arbeitnehmerurheber oder ausübende Künstler gemäß §§ 43, 79 UrhG dem Arbeitgeber ein Nutzungsrecht zu übertragen, wenn dies dem Inhalt und/oder Wesen des Arbeitsverhältnisses entspricht.[7] Dasselbe gilt für arbeitnehmerähnliche Personen. 4

II. Nutzungsrechte

Für den **Arbeitnehmerurheber** wird auf §§ 31ff. UrhG, also auf die Regelung der Nutzungsrechte verwiesen (§ 43 UrhG). Danach wird vermutet, dass das Nutzungsrecht an Werken, die in Erfüllung des Arbeitsvertrags geschaffen wurden, dem Arbeitgeber zusteht. Dem **freischaffenden Urheber** ist durch § 32 UrhG ein Anspruch auf angemessene Vergütung eingeräumt. Es gilt zunächst die vertraglich vereinbarte Vergütung. Ist die **Höhe der Vergütung** nicht bestimmt, gilt ähnlich wie nach § 612 BGB die angemessene Vergütung als vereinbart. Was angemessen ist, wird im Gesetz nur unvollkommen definiert. Hiernach ist die Vergütung angemessen, die im Zeitpunkt des Vertragsschlusses dem entspricht, was im Geschäftsverkehr nach Art und Umfang der eingeräumten Nutzungsmöglichkeit, insbesondere nach Dauer und Zeitpunkt der Nutzung, unter Berücksichtigung aller Umstände üblicher- und redlicherweise zu erwarten ist. Das Gesetz stellt in objektiver Betrachtungsweise ex ante auf die jeweilige redliche Verkehrs- und Branchenübung ab. Ist eine solche Branchenübung nicht festzustellen, ist die Vergütung nach billigem Ermessen festzusetzen. Der Billigkeit entspricht es, wenn der Urheber an den der Nutzung seines Werkes resultierenden Erträgen und Vorteilen angemessen beteiligt wird (BT-Drucks. 14/8058 S. 44). War die Vergütung nicht angemessen, kann der Urheber von seinem Vertragspartner die Einwilligung in die Änderung des Vertrages verlangen, durch die dem Urheber die angemessene Vergütung gewährt wird (§ 32 I 3 UrhG). Für einen Anspruch auf Zahlung einer angemessenen Vergütung nach § 32 UrhG genügt die Angabe einer ungefähren Größenordnung und einer Berechnungs- bzw. Schätzungsgrundlage.[8] In § 32a UrhG (Bestsellerregelung) ist der Fall geregelt, dass durch nachträglich eingetretene Umstände die Vergütung unangemessen geworden ist. In diesem Fall kann der Urheber eine Anpassung verlangen. Sind die Rechte weiter übertragen worden, bestehen Ansprüche gegen den Dritten (§ 32a II UrhG). Die Regelung kann nicht umgangen werden, indem ein ausländisches Rechtsstatut vereinbart wird (§ 32b UrhG). Die Vergütungsregelung gilt auch im Urheberrecht des ange- 5

---

[1] BGH 28. 5. 1998 NJW 98, 3352 – Stadtplan.
[2] BGH 21. 11. 1991 NJW 92, 1316 = ZIP 92, 506.
[3] BVerfG 29. 7. 1998 NJW 1999, 414.
[4] Zum Urheberrechtsschutz eines Themenkatalogs BGH 12. 7. 1990 ZIP 90, 1506.
[5] Hanseat. OLG Hamb. 20. 5. 1976 AP 1 zu § 79 UrhG; zum Diskriminierungsverbot im Bereich der Gemeinschaft: EuGH 20. 10. 1993 NJW 94, 375; BGH 21. 4. 1994 NJW 94, 2607 = DB 94, 2132. Vgl. BGH 18. 12. 1997 NJW 98, 2144.
[6] BGH 27. 5. 1982 NJW 84, 1110.
[7] Vgl. BGH 22. 2. 1974 AP 1 zu § 43 UrhG.
[8] LG Stuttgart 2. 11. 2007 ZUM 2008, 163.

stellten Urhebers. Dies wurde aus der sog. **Zweckübertragungstheorie** abgeleitet. Sie besagt, dass sich der Umfang der eingeräumten Nutzungsrechte im Zweifel nach dem Zweck bestimmt, der mit der Nutzungsvereinbarung angestrebt wird.[9] Beim Arbeitnehmerurheber kommt es mithin auf den Zweck an, den der Arbeitgeber mit der arbeitsvertraglichen Vereinbarung über die Nutzung des Werkes verfolgt. Dieser wird sich zumeist aus dem Inhalt des Arbeitsvertrags ergeben. In § 26 UrhG ist ein Folgerecht vorgesehen. Wird das Original eines Werkes der bildenden Kunst verkauft, ist der Urheber zu beteiligen.

6 In § 113 ist dargestellt, dass das **Arbeitsergebnis grundsätzlich dem Arbeitgeber gehört.** Im Bereich der Arbeitnehmererfindungen kann der Arbeitgeber durch unbeschränkte Inanspruchnahme den Übergang aller Rechte an der Diensterfindung (§ 115 RN 20) auf sich bewirken. Er ist alsdann auch zur Zahlung einer Vergütung verpflichtet (§ 115 RN 29 ff.). Dagegen kann im Arbeitnehmerurheberrecht der Arbeitgeber nur die Einräumung der arbeitsvertraglich vereinbarten Nutzungsrechte verlangen. Im Übrigen verbleiben die Rechte beim Urheber bzw. ausübenden Künstler. Demgemäß schuldet der Arbeitgeber auch keine besondere Vergütung. Nimmt ein Einzelhandelsunternehmen mit einer von einem angestellten Dekorateur gestalteten Schaufensterdekoration an einem von einem Lieferanten veranstalteten Wettbewerb teil, hat der Angestellte keinen Anspruch auf Wertersatz oder eine Sondervergütung, wenn der Arbeitgeber einen Preis gewinnt.[10]

7 Nutzungsrechte an Werken, die der Arbeitnehmer **außerhalb des Arbeitsverhältnisses** ohne Rückgriff auf das betrieblich gewonnene Erfahrungswissen schafft (freie Werke), müssen vom Arbeitgeber durch freie Vereinbarung erworben werden. Der Arbeitnehmer kann die Übertragung von einer zusätzlichen Vergütung abhängig machen.

III. Schranken des Urheberrechts

8 Zulässig ist die öffentliche Wiedergabe eines Werkes bei einem Gottesdienst (§ 52 UrhG).[11] Nach § 52 a UrhG ist eine öffentliche Zugänglichmachung für Unterricht und Forschung vorgesehen.

IV. Schlichtungsstelle

9 Nach § 36 a UrhG ist zur Aufstellung gemeinsamer Vergütungsregelungen eine Schlichtungsstelle vorgesehen, die von Vereinigungen von Urhebern mit Vereinigungen von Werknutzern oder einzelnen Werknutzern gebildet wird. Einzelheiten ergeben sich aus der Verordnung über die Schiedsstelle für Urheberrechtsstreitfälle vom 20. 12. 1985 (BGBl. I S. 2543), zuletzt geändert am 12. 12. 2007 (BGBl. I S. 2840).

V. Urheberrechtlicher Schutz von Computerprogrammen

Brandi-Dohm, Arbeitnehmererfindungsschutz bei Softwareerstellung, CR 2001, 285.
Muster: ArbR-Formb. § 20 RN 26.

10 **1. Entwicklung und Verwertung von Computerprogrammen.** Die **Entwicklung** von Computerprogrammen sowie sonstiger Softwarekategorien, wie Vorstufen- und Begleitmaterial, kann erfolgen durch **(a)** Mitarbeiter, die zur Programmierung eingestellt werden; **(b)** Arbeitnehmer, die für andere Aufgaben eingestellt sind, aber auf Grund ihrer betrieblichen Erfahrung ein Programm innerhalb oder außerhalb ihrer betrieblichen Arbeitszeit schreiben, z. B. ein Buchhalter, der Arbeitsabläufe und Buchhaltung der Datenverarbeitung zugänglich macht; **(c)** Mitarbeiter, die außerhalb ihrer betrieblichen Arbeitszeit Programme entwickeln. Zwischen diesen Formen der Programmentwicklung können Übergangsformen bestehen.

11 Die Computerprogramme können durch den Arbeitgeber **verwertet** werden **(a)** betriebsintern; hierzu gehört die Verwendung des Programms in einem Rechenzentrum des Unternehmens, aber auch dessen Benutzung durch Kunden des Unternehmens, wenn sie die zu verwertenden Daten auf maschinenlesbaren Trägern in das Unternehmen bringen oder über Fernleitung mit dem Rechenzentrum des Unternehmens verbunden werden; **(b)** betriebsextern. Hierzu gehört die Einräumung von Lizenzen oder die Übertragung entsprechender Nutzungsrechte. Beide Verwertungsformen können gemischt auftreten.

---

[9] BGH 26. 4. 1974 MDR 74, 826 = LM 2 zu § 31 UrhG.
[10] BAG 12. 3. 1997 AP 1 zu § 2 UrhG.
[11] BVerfG 25. 10. 1978 AP 1 zu § 52 UrhG.

2. Zuordnung. Das Arbeitsergebnis eines Arbeitnehmers aus dem Arbeitsverhältnis steht grundsätzlich dem Arbeitgeber zu (§ 113). Unabhängig hiervon bleibt der Arbeitnehmer aber zugleich Urheber i. S. von § 7 UrhG, soweit das Arbeitsergebnis ein urheberrechtlich geschütztes Werk darstellt. 12

Computerprogramme können **urheberrechtlichen Schutz** genießen[12] (§ 2 I Nr. 1, 7 UrhG). Nach § 69a UrhG sind Computerprogramme i. S. des UrhG Programme in jeder Gestalt einschließlich des Entwurfsmaterials. Der BGH unterscheidet drei Entwicklungsphasen eines EDV-Programms: **(a)** die generelle Problem- oder Systemanalyse. Sie beruht auf mathematischen Prämissen und logischer Beweisführung und mündet in den Lösungsweg **(Pflichtenheft).** Insoweit besteht Schutz für ein Schriftwerk (§ 2 I 1 UrhG). **(b)** In der 2. Phase wird der Lösungsweg in einer griffigen Darstellung des Befehls- und Informationsablaufes so wiedergegeben, wie ihn die EDV-Anlage erfordert **(Datenflussplan oder Flussdiagramm).** Insoweit besteht Schutz nach § 2 I Nr. 7 UrhG. **(c)** Schließlich erfolgt die Kodierung des Programms. Das fertige Computerprogramm ist eine Folge von Befehlen, die nach Aufnahme in einen maschinenlesbaren Träger fähig sind zu bewirken, dass eine Maschine mit informationsverwendbaren Fähigkeiten eine bestimmte Funktion oder Aufgabe oder ein bestimmtes Ergebnis anzeigt, ausführt oder erzielt. Für das Programm besteht Schriftwerkschutz (§ 2 I Nr. 7 UrhG). Computerprogramme werden geschützt, wenn sie individuelle Werke in dem Sinne darstellen, dass sie das Ergebnis der eigenen geistigen Schöpfung ihres Urhebers sind (§ 69a UrhG). Die sog. Schöpfungshöhe ist für Computerprogramme deutlich abgesenkt, um eine Harmonisierung des Urheberrechtsschutzes zu erreichen.[13] 13

Wird ein Computerprogramm **von einem Arbeitnehmer in Wahrnehmung seiner Aufgaben** oder nach den Anweisungen seines Arbeitgebers geschaffen, so ist ausschließlich der Arbeitgeber zur Ausübung aller vermögensrechtlichen Befugnisse an dem Computerprogramm berechtigt, sofern nichts anderes vereinbart ist.[14] Dies gilt auch dann, wenn das Programm überwiegend außerhalb der regulären Arbeitszeit vorangetrieben worden ist.[15] Dies ist auf Dienstverhältnisse entsprechend anzuwenden (§ 69b UrhG). 14

Der **Rechtsinhaber** hat das Vorschlagsrecht, folgende Handlungen vorzunehmen oder zu gestatten: **(a)** Die dauerhafte oder vorübergehende Vervielfältigung ganz oder teilweise, **(b)** die Übersetzung, die Bearbeitung, das Arrangement und andere Umarbeitungen, **(c)** jede Form der Verbreitung des Materials (§ 69c UrhG). In § 69d UrhG sind bestimmte Ausnahmen der zustimmungsbedürftigen Handlungen vorgesehen, z. B. wenn sie zu einer bestimmungsgemäßen Benutzung des Computerprogramms dienen. 15

In § 69e UrhG ist die **Dekompilierung** geregelt. Der Urheber soll die Möglichkeit haben, den Zugang zu ungeschützten Ideen zu versperren. 16

Nach § 69f UrhG kann der Rechtsinhaber von dem Eigentümer oder Besitzer verlangen, dass alle rechtswidrig hergestellten, verbreiteten oder zur rechtswidrigen Verbreitung bestimmten Vervielfältigungsstücke **vernichtet** werden. 17

3. Arbeitsvertrag. Sind im Arbeitsvertrag keine besonderen Regelungen über die Einräumung von Nutzungsrechten und die Vergütung vorhanden, so bedarf es der ergänzenden Vertragsauslegung unter Berücksichtigung des Schutzzweckes des UrhG und des allgemeinen Arbeitsrechtes (vgl. § 69g UrhG). 18

Im Allgemeinen wird davon auszugehen sein, dass bei allen Auftragsprogrammen (oben RN 14) dem Arbeitgeber ein **ausschließliches Nutzungsrecht** übertragen wird.[16] Hierzu heißt es in der amtlichen Begründung des UrhG, dass namentlich im Falle öffentlich-rechtlicher Dienstverhältnisse ein unbeschränkter Erwerb der Nutzungsrechte durch den Begünstigten als stillschweigend vereinbart aus dem Dienstverhältnis abgeleitet werden kann. Für einen Beamten wird wegen seiner besonderen Stellung, insbesondere mit Rücksicht auf seine besondere Stellung und die Alimentationspflicht des Dienstgebers, regelmäßig die Unanwendbarkeit der zwingenden Schutzvorschriften anzuwenden sein, d. h., er kann die auf den Dienstberechtigten übergegangenen Nutzungsrechte an den in Erfüllung seiner Dienstpflichten geschaffenen Werken nicht zurückrufen und keine Beteiligung an unerwarteten Gewinnen nach § 32a UrhG verlangen. Ähnliches wird für viele Arbeitsverhältnisse gelten, jedoch kommt es hier auf die Umstände 19

---

[12] BGH 9. 5. 1985 NJW 86, 192; BAG 13. 9. 1983 AP 2 zu § 43 UrhG; BGH 4. 10. 1990 ZIP 91, 191.

[13] Vgl. OLG München 25. 11. 1999 NZA-RR 2000, 258; zur Schutzfähigkeit von Buchhaltungsprogrammen: BGH 14. 7. 1993 NJW 93, 3136.

[14] KG Berlin 28. 1. 1997 NZA 97, 718.

[15] OLG Köln 25. 2. 2005 ZUM-RD 2005, 340.

[16] Für öffentlichen Dienst: OLG Koblenz 13. 8. 1981 BB 83, 992.

des Einzelfalles an. Hieraus folgt, dass im allgemeinen die Schutzvorschriften der §§ 31, 34 bis 37 und 39 bis 42 UrhG, aber auch das Recht auf Namensnennung (§ 13 UrhG) und das Zugangsrecht nach § 25 UrhG nicht anzuwenden sind.

20 Ein **Zugangsrecht** (§ 25 UrhG) ist vom Bestand des Arbeitsverhältnisses abhängig. Es besteht für den Programmierer, der selbst Vervielfältigungsrechte besitzt, nur dann, wenn hierdurch die Interessen des Unternehmens nicht gefährdet werden. Die Bevorrechtigung der Interessen des Unternehmens ist gerechtfertigt, weil der angestellte Programmierer im Allgemeinen für seine Tätigkeit bezahlt wird und für den Arbeitgeber nur dann Grund besteht, ihn auszuschließen, wenn hierfür sachliche Gründe bestehen. Nach Beendigung des Arbeitsverhältnisses ist ein Zugangsrecht nicht mehr gegeben, da hierdurch in die Interessen des Unternehmens und seiner Kunden eingegriffen werden könnte. Für den Programmierer wird im Übrigen die Verschwiegenheitspflicht aus dem Arbeitsverhältnis (§ 54) erwachsen.

21 Einen besonderen **Vergütungsanspruch** hat der Arbeitnehmer bei Auftragsprogrammen nicht; deren Erstellung gehört zu den geschuldeten Dienstleistungen und wird mit der vereinbarten Arbeitsvergütung abgegolten.[17] Etwas anderes gilt dann, wenn der Arbeitnehmer für eine andere Arbeit eingestellt worden ist und auf Grund betrieblicher Erfahrung oder in seiner Freizeit unabhängig vom Betrieb Programme für das Unternehmen erstellt und diese dort verwertet werden.[18]

22 Die **ergänzende Vertragsauslegung,** die fehlende Regelungen der Parteien ersetzt, ist für beide Seiten mit erheblichen Risiken behaftet, da der Interpretationsspielraum regelmäßig sehr weit ist. Das BAG hat aus dem Verhalten eines Arbeitnehmers, der außerhalb des Arbeitsverhältnisses entwickelte Computerprogramme in den Betrieb eingebracht hat, geschlossen, dass dieser dem Arbeitgeber ein ausschließliches Benutzungsrecht eingeräumt hat.[19]

23 Bei Programmen, die auf Grund **betrieblichen Erfahrungswissens** entwickelt worden sind, werden die Grundsätze für die auftragsgebundenen Programme entspr. gelten. Insoweit besteht dieselbe Interessenlage wie bei betrieblichen Erfindungen.

24 Für **freie Programme** lassen sich Auslegungsregeln nicht aufstellen. Insoweit sind die Umstände des Einzelfalles maßgebend. Jedoch wird davon auszugehen sein, dass der Arbeitnehmer für die Überlassung des Programms einen Entgeltanspruch erwirbt.[20]

25 **4. Vertragliche Abreden.** Vertragliche Abreden über die Nutzungsrechtseinräumung sind rechtlich möglich. Sie sollen ihrem Inhalt nach genau umschreiben, ob nur Auftragsprogramme oder auch solche innerhalb oder außerhalb der betrieblichen Arbeitszeit geschriebene Programme erfasst werden.[21] Soweit der Arbeitnehmer zur Erstellung Freizeit eingesetzt hat oder über seine Verpflichtungen hinaus Leistungen erbracht hat, ist eine besondere Vergütungsregelung geboten. Namentlich Auftragsprogramme werden dagegen mit der regulären Arbeitsvergütung abgegolten.

26 Eine **Nutzungsrechtseinräumung** kann auch als Vertrag über künftige Werke (§ 40 UrhG) angesehen werden. Dieser kann nach Ablauf von fünf Jahren gekündigt werden. Auf das Kündigungsrecht kann nicht im Voraus verzichtet werden. Es hat jedoch im Allgemeinen bei Fortbestand des Arbeitsverhältnisses keine Bedeutung, da es nur als Änderungskündigung ausgeübt werden kann. Unberührt von den vertraglichen Vereinbarungen bleiben i.d.R. die Beteiligungsansprüche nach §§ 32ff. UrhG[22] sowie das Rückrufrecht nach § 41 UrhG. Der Beteiligungsanspruch nach § 32 UrhG wird jedoch selten in Betracht kommen, da regelmäßig davon auszugehen sein wird, dass gute Programme vorausgesetzt werden, die auch weniger gewinnbringende Leistungen ausgleichen.

27 **5. Steuer und Sozialversicherung.** Ist die Urheberrechtsvergütung in dem Gehalt enthalten, so unterliegt sie dem normalen Abzug der Einkommensteuer und der Sozialversicherung. Wird sie als Sondervergütung gezahlt, so gelten die entspr. Regelungen.

---

[17] BGH 24. 10. 2000 NJW-RR, 626; 23. 10. 2001 NZA-RR 2002, 202.
[18] BGH 11. 11. 1977 AP 30 zu § 612 BGB; OLG München 25. 11. 1999 NZA-RR 2000, 258.
[19] BAG 13. 9. 1983 AP 2 zu § 43 UrhG = GRUR 84, 429.
[20] BAG 10. 5. 1984 AP 3 zu § 43 UrhG = NJW 86, 1045.
[21] Weiteres Muster: *Kindermann* GRUR 85, 1008, 1014.
[22] BGH 23. 10. 2001 NZA-RR 2002, 202 = NJW-RR 2002, 339.

VIII. Buch. Betriebsübergang und Arbeitnehmerüberlassung

§ 116. Gesamtrechtsnachfolge und Umwandlung

Übersicht

	RN
I. Betriebsnachfolge und Gesamtrechtsnachfolge	1 f.
1. Einführung	1
2. Abschließende Regelung	2
II. Umwandlung	3 ff.
1. Begriff	3
2. Normzweck	4
3. Auslandsbezug	5
III. Betriebsübergang im Rahmen der Gesamtrechtsnachfolge nach dem UmwG	6 ff.
1. Umwandlungsarten	6–10
2. Verhältnis zu § 613 a BGB	11–13
IV. Das Haftungssystem nach dem UmwG	14 ff.
1. Eigenes Haftungssystem	14
2. Verschmelzung	15–17
3. Spaltung	18–22
V. Kündigung in der Umwandlung	23 ff.
1. Betriebsübergang	23
2. Kündigungsrechtliche Stellung	24, 25
3. Zuordnung von Arbeitnehmern	26–28
4. Widerspruchsrecht	29
5. Gemeinschaftsbetrieb	30
VI. Mitbestimmungsrechtliche Fragen bei der Gesamtrechtsnachfolge durch Umwandlung	31 ff.
1. Informationsrechte des Betriebsrats	31–35
2. Beibehaltung der Mitbestimmung (§ 325 II UmwG)	36, 37
VII. Unternehmensmitbestimmung	38

I. Betriebsnachfolge und Gesamtrechtsnachfolge

1. Einführung. Unter Betriebsnachfolge oder Betriebsinhaberwechsel ist der Übergang eines Betriebs oder eines Betriebsteils auf einen neuen Rechtsträger zu verstehen. Die Betriebsnachfolge kann sich im Wege der Gesamt- oder Einzelrechtsnachfolge vollziehen. Eine Gesamtrechtsnachfolge bzw. Universalsukzession liegt vor, wenn ein neuer Rechtsträger kraft Gesetzes an die Stelle eines bisherigen Rechtsträgers tritt oder, anders ausgedrückt, wenn das Vermögen und die Schulden auf einen neuen Rechtsträger uno actu übergehen. Für die Gesamtrechtsnachfolge ist deshalb charakteristisch, dass zu dem Vermögens- und Schuldübergang keine Übertragungshandlungen gehören. Die gesellschaftsrechtliche Gesamtrechtsnachfolge tritt kraft Gesetzes mit der Eintragung der Umwandlung in das Handelsregister ein (§§ 20, 131, 176 f. UmwG). 1

2. Abschließende Regelung. Die Fälle der Gesamtrechtsnachfolge bedürfen einer besonderen gesetzlichen Regelung. Hierzu gehören z. B. der Erbfall (§ 1922 BGB; nicht jedoch das Vermächtnis) und die Umwandlung nach dem UmwG vom 28. 10. 1994 (BGBl. I S. 3210, ber. 1995 I S. 428), zul. geänd. durch G v. 17. 12. 2008 (BGBl. I S. 2586). 2

II. Umwandlung

Kommentare und größere Werke: *Arens/Spieker/Ott,* Umwandlungsrecht in der Beratungspraxis, 2. Aufl., 2003; *Bachner/Köstler/Trittin,* Arbeitsrecht bei Unternehmensumwandlung, 2586; *Balze,* Outsourcing und arbeitsrechtliche Restrukturierung von Unternehmen, 3. Aufl., 2007; *Boecken,* Unternehmensumwandlungen und Arbeitsrecht, 1996; *Kallmeyer,* Umwandlungsgesetz, 3. Aufl., 2006; *Semler/Stengel,* Umwandlungsgesetz, 2. Aufl. 2007; *Schmitt/Hörtnagel/Stratz,* Umwandlungsgesetz, Umwandlungssteuergesetz, 5. Aufl., 2009; *Willemsen/Hohenstatt/Schwerbert/Seibt,* Umstrukturierung und Übertragung von Unternehmen, 3. Aufl., 2008.

Ausgewählte Aufsätze und Monographien: *Arnold,* Übergang von Pensionsverbindlichkeiten im Licht der Änderung des Umwandlungsgesetzes, DB 2008, 986; *Bachner,* Arbeitsrechtliche Besonderheiten bei Unternehmensumwandlung, AR-Blattei SD 1625; *Deinert,* Arbeitsrechtliche Rahmenbedingungen und Folgen von Umstrukturierungen, RdA 2001, 369; *Düwell,* Zweites Gesetz zur Änderung des Umwandlungsgesetzes, FA 2007, 204; *Hartmann,* Die privatautonome Zuordnung von Arbeitsverhältnissen nach Umwandlungsrecht, ZfA 97, 21; *Heinze,* Arbeitsrechtliche Fragen bei der Übertragung und Umwandlung von Unternehmen, ZfA 97, 1; *Henssler,* Umstrukturierung von mitbestimmten Unternehmen, ZfA 2000, 241; *Hergenröder,* Betriebsinhaberwechsel durch Gesamtrechtsnachfolge, AR-Blattei SD 500.2; *Hohenstatt/Schramm,* Arbeitsrechtliche Angaben im Umwandlungsvertrag – eine Bestandsaufnahme, FS 25 AG ArbR

DAV (2006), S. 629; *Hohner,* Der Übergang von Arbeitsverhältnissen wider Willen bei einer Unternehmensumwandlung, 2004; *Langohr-Plato,* Unternehmensspaltung nach dem UmwG – Konsequenzen für betriebliche Versorgungsverpflichtungen, NZA 2005, 966; *Müller-Bonanni,* Der Betriebsinhaberwechsel im Rahmen des Umwandlungsgesetzes, 2004; *Nießen,* Der Betriebsübergang bei Umwandlungsmaßnahmen, NJW-Spezial 2008, 623; *Oplustil/Schneider,* Zur Stellung der Europäischen Aktiengesellschaft im Umwandlungsrecht, NZG 2003, 13; *Schnitker/Grau,* Arbeitsrechtliche Aspekte von Unternehmensumstrukturierungen durch Anwachsung von Gesellschaftsanteilen, ZIP 2008, 394.

3 **1. Begriff.** Nach § 1 UmwG können Rechtsträger im Inland umgewandelt werden durch Verschmelzung, durch Spaltung in Form der Aufspaltung, Abspaltung und Ausgliederung, durch Vermögensübertragung sowie durch Formwechsel. Von einer übertragenden Umwandlung spricht man in den Fällen der Spaltung (§§ 123ff. UmwG) und der Vermögensübertragung (§§ 174ff. UmwG). Dagegen bleibt der Rechtsträger des Betriebs bzw. -teils bei einem Formwechsel unverändert, hier kommt es zu keinem Betriebsmittelübergang.

4 **2. Normzweck.** Das UmwG sollte die bestehenden Möglichkeiten zur Veränderung (Umstrukturierung, Reorganisation) von Unternehmen zusammenfassen und systematisieren. Es sollten bestehende Regelungslücken geschlossen und damit den Unternehmen neue Möglichkeiten eröffnet werden, ihre rechtlichen Strukturen den veränderten Umständen der Wirtschaft anzupassen. Schließlich sollte dem Schutz der Anleger, insbesondere der Minderheitsbeteiligten und Gläubiger in angemessener Weise Rechnung getragen werden.

5 **3. Auslandsbezug.** Nach h.M. werden grenzüberschreitende Umwandlungen von § 1 UmwG nicht erfasst, weil sich aus der Gesetzesbegründung ergibt, dass der Gesetzgeber nur die inländische Umwandlung regeln wollte. Der EuGH hat dazu entschieden, dass eine Hineinverschmelzung einer ausländischen Gesellschaft auf eine deutsche aufnehmende Gesellschaft auf Grund der gemeinschaftsrechtlichen Vorgaben grundsätzlich möglich sein muss und dass das deutsche Umwandlungsgesetz, das nach seinem Wortlaut allein Verschmelzungen deutscher Gesellschaften untereinander gestattet, insoweit gegen die Niederlassungsfreiheit der Art. 43 und 48 EG verstößt.[1] Der Gesetzgeber hat die Verschmelzungsrichtlinie 2005/56/EG v. 26. 10. 2005 (ABl. EG L 310 v. 25. 11. 2005) durch die Einfügung der §§ 122a ff. UmwG in nationales Recht umgesetzt (§ 261 RN 12).

III. Betriebsübergang im Rahmen der Gesamtrechtsnachfolge nach dem UmwG

6 **1. Umwandlungsarten.** Dies sind **(a)** die Verschmelzung, **(b)** die Spaltung in Form der Aufspaltung, der Abspaltung oder der Ausgliederung, **(c)** die Vermögensübertragung sowie **(d)** der Formwechsel. Keine Umwandlung ist die Anwachsung von Gesellschaftsanteilen, bei der durch den Austritt der übrigen Gesellschafter oder der Übertragung ihrer Gesellschaftsanteile ein Gesellschafter zum Alleingesellschafter einer Personengesellschaft wird (vgl. § 738 I 1 BGB analog).

7 **a) Verschmelzung.** Bei der Verschmelzung überträgt der übertragende Rechtsträger sein Vermögen unter Auflösung ohne Abwicklung auf einen anderen bestehenden Rechtsträger oder im Wege der Neugründung auf einen oder mehrere übernehmende Rechtsträger gegen Gewährung von Anteilen oder Mitgliedschaftsrechten des übernehmenden Rechtsträgers (§ 2 UmwG). Der Verschmelzungsvertrag muss bestimmte arbeitsrechtliche Angaben enthalten. Hierzu gehören Angaben über die Folgen der Verschmelzung für die Arbeitnehmer und ihre Vertretungen, ohne dass es darauf ankommt, ob die Folgen für die einzelnen Arbeitnehmer vorteilhaft oder nachteilig sind.[2]

8 **b) Spaltung.** Sie kommt in verschiedenen Formen vor (§ 123 UmwG). Bei der Aufspaltung wird unter Auflösung ohne Abwicklung das Vermögen auf einen übernehmenden Rechtsträger oder zur Neugründung auf einen oder mehrere Rechtsträger übertragen. Bei der Abspaltung werden ein Teil oder Teile des Vermögens auf einen bestehenden Rechtsträger übertragen oder zur Neugründung auf einen oder mehrere Rechtsträger.

9 **c) Ausgliederung.** Bei der Ausgliederung werden ein Teil oder Teile des Vermögens auf einen bestehenden oder neugebildete Rechtsträger übertragen. In allen Fällen der Auf- und Abspaltung erhalten die Anteilseigner des übertragenden Unternehmens Mitgliedschaftsrechte, bei der Ausgliederung das übertragende Unternehmen. An einer Verschmelzung und Spaltung können die in § 3 I UmwG aufgezählten Rechtsträger beteiligt sein als Personenhandelsgesellschaf-

---

[1] EuGH 13. 12. 2005 DB 2005, 2804.
[2] OLG Düsseldorf 15. 5. 1998 NZA 98, 766.

ten, Kapitalgesellschaften, eingetragene Genossenschaften, eingetragene Vereine, genossenschaftliche Prüfungsverbände, Versicherungsvereine auf Gegenseitigkeit. Bei der Vermögensübertragung kann der übertragende Rechtsträger unter Auflösung ohne Abwicklung sein Vermögen als Ganzes auf einen anderen bestehenden Rechtsträger übertragen. Die Vermögensübertragung kann im Wege der Aufspaltung, Abspaltung oder Ausgliederung erfolgen (§ 174 UmwG). Beteiligte Rechtsträger können nur die in § 175 UmwG genannten juristischen Personen sein. Auf die Ausgliederung von Betrieben aus dem Vermögen eines Landes auf eine Anstalt öffentlichen Rechts durch eine landesgesetzliche Regelung sind weder § 168 UmwG noch § 613a BGB anwendbar (§ 118 RN 40).[3]

d) Formwechsel. Beim Formwechsel kann ein Rechtsträger eine andere Rechtsform erhalten (§ 190 UmwG). Formwechselnde Rechtsträger können sein Personenhandelsgesellschaften, Kapitalgesellschaften, eingetragene Genossenschaften, rechtsfähige Vereine, Versicherungsvereine auf Gegenseitigkeit, Körperschaften und Anstalten des öffentlichen Rechts. Rechtsträger der neuen Rechtsform können sein Gesellschaften des bürgerlichen Rechts, Personenhandelsgesellschaften, Kapitalgesellschaften und eingetragene Genossenschaften (§ 191 UmwG). 10

2. Verhältnis zu § 613a BGB. a) Rechtsgrundverweisung. Durch § 324 UmwG ist der bis zum Inkrafttreten des UmwG bestehende Streit entschieden, ob und inwieweit § 613a BGB auf Betriebsübergänge im Wege der Gesamtrechtsnachfolge anzuwenden ist. Nach § 324 UmwG bleiben § 613a I, IV–VI BGB durch die Wirkungen der Eintragung einer Verschmelzung, Spaltung oder Vermögensübertragung unberührt. Dies bedeutet, dass die Anwendung von § 613a BGB bei gesellschaftsrechtlichen Umwandlungsvorgängen nicht an dem fehlenden Merkmal der Übertragung „durch Rechtsgeschäft" scheitert. § 324 UmwG enthält nach Auffassung des BAG eine Rechtsgrundverweisung auf § 613a BGB, dessen Voraussetzungen auch im Umwandlungsfall selbstständig zu prüfen sind.[4] Die Arbeitsverhältnisse der von einer Umwandlung betroffenen Arbeitnehmer gehen daher nach § 613a BGB über, wenn durch die Umwandlungsmaßnahme ein Betrieb oder Betriebsteil auf einen anderen Rechtsträger übergeht. Daher ist zwischen dem umwandlungsrechtlichen und dem arbeitsrechtlichen Betriebsübergang zu unterscheiden.[5] 11

b) Übergang von Betriebsmitteln. Liegen die Voraussetzungen des § 613a I BGB nicht vor, etwa weil durch den Umwandlungsvorgang auf den neu entstandenen Rechtsträger kein Betrieb oder keine wesentlichen Betriebsmittel übertragen werden, ist zum Übergang der Arbeitsverhältnisse nach dem UmwG die Zustimmung des Arbeitnehmers und des übertragenden und übernehmenden Rechtsträgers erforderlich.[6] Ob und welche Betriebsmittel bei einer Spaltung oder einer Ausgliederung übertragen werden, richtet sich nach dem Inhalt des Spaltungs- bzw. Ausgliederungsvertrags (§ 126 UmwG) oder bei Neugründungen nach dem Spaltungsplan (§§ 135, 136 UmwG). Bei einer Verschmelzung geht ein bestehender Betrieb nach Maßgabe eines Verschmelzungsvertrags (§ 5 UmwG) auf den neuen Rechtsträger über. Dagegen gehen die Arbeitnehmer, die zu einem Betrieb oder Betriebsteil gehören, der Gegenstand eines Umwandlungsvorgangs ist, nach § 613a I 1 BGB automatisch über. Dessen Anwendung scheidet bei einem Formwechsel aus, weil die Identität des Betriebes und seiner Rechtsträger erhalten bleibt. 12

c) Vorzeitiger Betriebsübergang. Tatbestand und Zeitpunkt einer Umwandlung sind von Tatbestand und Zeitpunkt eines Betriebsübergangs unabhängig. Die Umwandlung ist nicht der gegenüber dem Betriebsübergang speziellere Tatbestand. Eine beabsichtigte und in die Wege geleitete Umwandlung schließt nicht aus, dass ein Betrieb oder Betriebsteil schon vor dem Wirksamwerden der Umwandlung gem. § 613a BGB durch Rechtsgeschäft übertragen und durch einen neuen Inhaber fortgeführt wird.[7] In diesem Fall bleibt es bei der Anwendung des § 613a BGB. 13

IV. Das Haftungssystem nach dem UmwG

1. Eigenes Haftungssystem. Das UmwG enthält ein eigenes Haftungssystem für den Fall des Betriebsübergangs. Nach dem durch Art. 2 UmwBerG (BGBl. I S. 3210) neu gefassten 14

---

[3] BAG 8. 5. 2001 AP 219 zu § 613 BGB = NZA 2001, 1200.

[4] BAG 6. 10. 2005 AP 150 zu § 102 BetrVG 1972 = NZA 2006, 990; 25. 5. 2000 AP 209 zu § 613a BGB = NZA 2000, 1115.

[5] *Willemsen,* Umstrukturierung B RN 88.

[6] *Willemsen,* Umstrukturierung B RN 92, 93.

[7] BAG 25. 5. 2000 AP 209 zu § 613a BGB = NZA 2000, 1115.

§ 613a III BGB gilt dessen Abs. 2 nicht, wenn eine juristische Person oder eine Personenhandelsgesellschaft durch Umwandlung erlischt. Umwandlung sind die in § 1 UmwG aufgezählten Fälle (vgl. oben RN 6ff.). Bleibt der bisherige Rechträger bestehen, gelten danach die Haftungsregeln des § 613a II BGB, soweit das UmwG nicht Sonderregeln enthält. Da die Regeln der Umwandlung auch für Personenhandelsgesellschaften gelten können, sind sie insoweit in die Haftungsregelung einbezogen. § 613a II BGB ist bei der Umwandlung nur dann nicht anzuwenden, wenn der übertragende Rechtsträger erlischt. Dies kann bei einer Verschmelzung oder Aufspaltung sowie bei einer vollständigen Vermögensübertragung (§ 174 I UmwG) der Fall sein. Daneben besteht noch eine Sonderregelung in § 45 UmwG für die Übertragung einer Personengesellschaft auf eine Kapitalgesellschaft.

15 **2. Verschmelzung. a)** Bei der Verschmelzung durch Aufnahme oder durch Neugründung geht das Vermögen des übertragenden Rechtsträgers einschließlich der Verbindlichkeiten auf den übernehmenden Rechtsträger über (§ 20 I Nr. 1, § 36 UmwG). Der übertragende Rechtsträger erlischt (§ 20 I Nr. 2 UmwG). Zu den Verbindlichkeiten können auch von dem erlöschenden Rechtsträger abgeschlossene Firmentarifverträge zählen.[8] Aus diesem Grund sind die Auswirkungen der Verschmelzung auf gegenseitige Verträge, also auch auf Arbeitsverträge (§ 21 UmwG) und der Gläubigerschutz (§ 22 UmwG) gesetzlich geregelt. Ausgenommen von der in § 20 I Nr. 1 UmwG angeordneten Gesamtrechtsnachfolge sind Ansprüche oder Verbindlichkeiten, deren Erlöschen ausdrücklich bestimmt ist oder die ihrer Natur nach nicht auf einen Gesamtrechtsnachfolger übergehen können.[9]

16 **b) Gläubigerschutz.** Er ist bei der Verschmelzung durch die Bestellung von Sicherheiten gewährleistet. Nach § 22 I 1 UmwG ist den Gläubigern für ihre bereits entstandenen, aber noch nicht fälligen Ansprüche von den an der Verschmelzung beteiligten Rechtsträgern Sicherheit zu leisten. Der Anspruch auf Sicherheitsleistung muss innerhalb einer Frist von sechs Monaten nach Grund und Höhe schriftlich angemeldet werden. Die Frist beginnt nach dem Tag, an dem die Eintragung der Verschmelzung in das Register desjenigen Rechtsträgers, dessen Gläubiger sie sind, nach § 19 III UmwG als bekannt gemacht gilt. Dieses Recht steht den Gläubigern nach § 22 I 2 UmwG nur zu, wenn sie glaubhaft machen, dass durch die Verschmelzung die Erfüllung ihrer Forderung gefährdet wird, worauf sie in der Bekanntmachung der jeweiligen Eintragung hinzuweisen sind. Anspruch auf Sicherheitsleistung besteht mithin, wenn der Gläubiger form- und fristgerecht seinen Anspruch geltend macht und die Gefährdung seiner Forderung glaubhaft macht. Im Unterschied zu dem früheren § 347 AktG braucht der Gläubiger aber nicht nachzuweisen, dass seine Forderung gefährdet ist. Nach Auffassung des Gesetzgebers sind die Gläubiger des verschmolzenen Unternehmens nicht stärker schutzbedürftig als die Gläubiger des übernehmenden Rechtsträgers (BR-Drucks. 75/94 S. 92). Wird bei einer Verschmelzung entgegen § 5 I Nr. 8 UmwG ein Sondervorteil im Verschmelzungsvertrag nicht angegeben und auch entgegen § 6 UmwG nicht notariell beurkundet, kann der Begünstigte die Leistung nicht verlangen.[10]

17 **c) Sicherheitsleistung.** Nach § 22 II UmwG steht das Recht, Sicherheitsleistung zu verlangen, Gläubigern nicht zu, die im Falle der Insolvenz ein Recht auf vorzugsweise Befriedigung aus einer Deckungsmasse haben, die nach gesetzlicher Vorschrift zu ihrem Schutz errichtet und staatlich überwacht ist. Der Regelung liegt der Rechtsgedanke zugrunde, dass es einer Sicherheitsleistung dann nicht bedarf, wenn der Gläubiger bereits ausreichend gesichert ist. Die Vorschrift hat arbeitsrechtlich vor allem Bedeutung für die Versorgungsansprüche und unverfallbaren Versorgungsanwartschaften derjenigen Arbeitnehmer, die sich aus einer unmittelbaren Versorgungszusage des Arbeitgebers ergeben. Insoweit ist der Arbeitnehmer ausreichend durch den Insolvenzschutz des Pensionssicherungsvereins geschützt. Das BAG hat daher auch einen Anspruch auf Sicherheitsleistung wegen der bestehenden Versorgungsrechte verneint, wenn eine Aktiengesellschaft in eine GmbH umgewandelt wird.[11] Auch ein Anspruch nach § 22 II UmwG wegen der künftig bestehenden Anpassungen der laufenden Versorgung besteht nicht (umstr.).[12]

18 **3. Spaltung. a)** Der bisherige Rechtsträger erlischt auch in den Fällen der Spaltung zur Aufnahme (§§ 126ff. UmwG) oder zur Neugründung (§ 135 I UmwG). Die hierfür geltenden Haftungsregelungen ergeben sich aus §§ 133, 134 UmwG. Diese verdrängen in ihrem Anwen-

[8] BAG 24. 6. 1998 AP 1 zu § 20 UmwG = NZA 98, 1346.
[9] BAG 4. 10. 2005 AP 42 zu § 242 BGB Auskunftspflicht = NZA 2006, 545.
[10] LAG Nürnberg 26. 8. 2004 ZIP 2005, 398.
[11] BAG 30. 7. 1996 AP 1 zu § 374 AktG = NZA 97, 436.
[12] *Willemsen,* Umstrukturierung G RN 220; dagegen Staudinger/*Richardi*/*Annuß* § 613a BGB RN 307.

dungsbereich die gesamtschuldnerische Haftung von Betriebsveräußerer und -erwerber, da sie zu einer Besserstellung der Arbeitnehmer und zu einer Gleichbehandlung mit den anderen Gläubigern führen.[13]

b) Gesamtschuldnerische Haftung. Für die Verbindlichkeiten des übertragenden Rechtsträgers, die vor dem Wirksamwerden der Spaltung begründet worden sind, haften die an der Spaltung beteiligten Rechtsträger als Gesamtschuldner (§ 133 I 1 UmwG). Die gemeinsame Haftung der an der Spaltung beteiligten Rechtsträger nach § 133 UmwG soll Missbräuchen durch die Zuweisung der Aktiva an den einen und der Passiva an den anderen, übernehmenden Rechtsträger vorbeugen (BT-Drucks. 12/6699 S. 122). Aus der Verweisungskette in § 133 I 2 Halbs. 2 i. V. m. §§ 125, 22 UmwG ergibt sich, dass wie bei der Verschmelzung auch ein Anspruch auf Sicherheitsleistung gegeben ist (RN 17). Daneben gelten die Haftungsregeln der §§ 25, 26, 28, 125 UmwG i. V. m. § 22 HGB. 19

c) Ansprüche bei Betriebsänderungen. Der im Übrigen recht umfangreiche § 133 UmwG enthält detaillierte Regelungen für Altforderungen bis hin zu Verjährungsvorschriften. Der arbeitsrechtliche Kernbereich wird in § 134 UmwG berührt, der den klassischen Fall der Betriebsaufspaltung enthält. § 134 I 1 UmwG enthält eine Sonderregelung für die Aufspaltung eines Rechtsträgers in eine **Anlage- und eine Betriebsgesellschaft.** Sind an den an der Spaltung beteiligten Rechtsträgern im Wesentlichen dieselben Personen beteiligt, so haftet die Anlagegesellschaft auch für die Forderungen der Arbeitnehmer der Betriebsgesellschaft aus Sozialplan- und Nachteilsausgleichsansprüchen als Gesamtschuldner, die binnen fünf Jahren nach dem Wirksamwerden der Spaltung begründet werden. Dies gilt auch dann, wenn die Vermögensteile bei dem übertragenden Rechtsträger verbleiben und dem übernehmenden oder neuen Rechtsträger oder den übernehmenden oder neuen Rechtsträgern zur Nutzung überlassen werden. Die durch § 134 I UmwG begründete fünfjährige Haftungserweiterung der Anlagegesellschaft gilt auch für Arbeitnehmer, die erst nach der Spaltung in die Betriebsgesellschaft eintreten. Dem Gesetz liegt die Überlegung zugrunde, dass der neu eintretende Arbeitnehmer sich nicht auf die veränderten Vermögensverhältnisse hat einstellen können und dass das beschränkte Betriebsvermögen häufig nicht ausreichen wird, um die Forderungen zu befriedigen. Es ist zweifelhaft, ob diese Gerechtigkeitsvorstellung nach den geltenden Vertrauensschutzgrundsätzen überzeugt. 20

d) Begrenzung der Nachhaftung. Rechtstechnisch kompliziert ist die Nachhaftungsbegrenzung des § 134 III UmwG geregelt. Wegen der Haftung der Anlagegesellschaft wird zunächst auf die Regelung in § 133 III bis V UmwG verwiesen. Nach § 133 III UmwG haftet die Anlagegesellschaft für nicht im Spaltungsplan zugewiesene Verbindlichkeiten, wenn sie vor Ablauf von fünf Jahren nach der Spaltung fällig werden und daraus Ansprüche gegen sie gerichtlich geltend gemacht sind. Nach § 133 IV UmwG beginnt die Fünf-Jahres-Frist mit dem Tag, an dem die Eintragung der Spaltung in das Register des Sitzes des übertragenden Rechtsträgers nach § 125 in Verbindung mit § 19 III UmwG als bekannt gemacht gilt. Die Verweisung auf § 133 IV UmwG ist aber mit der Maßgabe erfolgt, dass die Frist fünf Jahre nach dem in § 133 IV UmwG bezeichneten Zeitpunkt beginnt. Dies führt zu einer Nachhaftungsfrist der Anlagegesellschaft für 10 Jahre. Durch die Anfügung des § 133 III 2 UmwG m. W. v. 25. 4. 2007 hat der Gesetzgeber nunmehr geregelt, dass die Enthaftung für Versorgungsverbindlichkeiten erst nach 10 Jahren eintritt (Art. 1 Nr. 21 a d. G. v. 19. 4. 2007 [BGBl. I S. 542]). 21

e) Versorgungsverbindlichkeiten. Die gesamtschuldnerische Haftung von Anlage- und Betriebsgesellschaft gilt auch für vor dem Wirksamwerden der Spaltung begründete Versorgungsverpflichtungen auf Grund des BetrAVG (§ 134 II UmwG). Versorgungsverbindlichkeiten von Mitarbeitern, die vor einer Ausgliederung aus dem Arbeitsverhältnis mit dem Versorgungsschuldner ausgeschieden sind, können entweder dem übertragenden oder dem übernehmenden Rechtsträger zugeordnet werden. Entscheidend ist der Inhalt des Spaltungs- und Übernahmevertrags.[14] Für nach der Spaltung begründete Versorgungsverpflichtungen haftet nur das neue Unternehmen. Einer Zustimmung der Versorgungsempfänger bedarf es nicht; auch ein Widerspruchsrecht hiergegen besteht weder für den ausgeschiedenen Arbeitnehmer noch den Pensionssicherungsverein. Ist der neue Rechtsträger nur ungenügend mit Aktiva ausgestattet, stellt dies die Wirksamkeit der Umwandlung nicht in Frage. Allerdings regeln die gesellschafts- und umwandlungsrechtlichen Vorschriften den Gläubigerschutz nicht abschließend. Die Ausstattung der versorgungspflichtigen Gesellschaft muss nicht nur für die Erfüllung der zugesagten laufen- 22

---

[13] HWK/*Willemsen* § 613 a BGB RN 301.

[14] BAG 22. 2. 2005 AP 1 zu § 168 UmwG = NZA 2005, 639; a. A. AG Hamburg 1. 7. 2005 DB 2005, 1562 – Handelsregistereintrag.

den Betriebsrenten, sondern auch für Anpassungen nach § 16 BetrAVG ausreichen. Fehlt es hieran, kann dies zu einem Schadenersatzanspruch gegen den übertragenden Rechtsträger nach § 280 I 1, § 241 II, §§ 31, 278 BGB führen.[15] Da die gesamtschuldnerische Nachhaftung auch für die Haftung aus Versorgungsansprüchen und Versorgungsanwartschaften gilt, setzt im Falle der Insolvenz einer Betriebsgesellschaft die Haftung des Pensionssicherungsvereins erst nach 10 Jahren ein, wenn die Anlagegesellschaft über Vermögen verfügt.

V. Kündigung in der Umwandlung

Fandel/Hausch, Das Widerspruchsrecht gemäß § 613 a Abs. 6 BGB bei Umwandlungen nach dem UmwG unter Wegfall übertragender Rechtsträgersanierung, BB 2008, 2402.

23 **1. Betriebsübergang.** Nach § 613 a IV 1 BGB ist die Kündigung des Arbeitsverhältnisses durch den bisherigen Arbeitgeber oder durch den neuen Inhaber wegen des Betriebsübergangs unwirksam. Weitere kündigungsrechtliche Regelungen enthalten die §§ 322–324 UmwG.

24 **2. Kündigungsrechtliche Stellung. a)** Nach § 323 I UmwG darf sich die kündigungsrechtliche Stellung eines Arbeitnehmers, der vor dem Wirksamwerden einer Spaltung oder Teilübertragung zu dem übertragenden Rechtsträger in einem Arbeitsverhältnis steht, auf Grund der Spaltung oder der Teilübertragung für die Dauer von zwei Jahren ab dem Zeitpunkt ihres Wirksamwerdens nicht verschlechtern. Die Vorschrift gilt nur für Verschlechterungen, die auf Grund der Spaltung oder der Teilübertragung eingetreten sind. Dies ist der Fall, wenn sie sich als unmittelbare Folge der genannten Umwandlungsvorgänge darstellen. Nachfolgende Entwicklungen werden von § 323 I UmwG nicht erfasst und können sich durchaus nachteilig für den Arbeitnehmer auswirken. Wird etwa ein abgespaltener Betrieb von dem neuen Rechtsträger später stillgelegt, ist eine Kündigung auf Grund der Stilllegung möglich. Das BAG hat es bisher dahin stehen lassen, ob die Spaltung eines Unternehmens mit dem Ziel hinsichtlich des abgespaltenen Teils sodann Insolvenzantrag zu stellen, eine zulässige unternehmerische Gestaltungsmöglichkeit darstellt, um ein verbleibendes Unternehmen zu sanieren.[16] § 323 I UmwG schreibt die Anwendbarkeit der zum Zeitpunkt der Spaltung oder der Teilübertragung geltenden kündigungsrechtlichen Normen fest, nicht aber, wie sie bei einer nachfolgenden Kündigung anzuwenden sind. Hierfür sind die zum Zeitpunkt des Kündigungsausspruchs geltenden Verhältnisse maßgebend. Aus diesem Grund steht § 323 I UmwG einer Kündigung wegen Betriebsstilllegung eines abgespaltenen Unternehmens nicht entgegen.[17] § 323 I UmwG ist nicht abdingbar, soweit die Veränderungen auf der Spaltung oder der Teilübertragung beruhen.

25 **b) Einzelne Vorschriften.** Hinsichtlich der Anwendbarkeit der Vorschriften des Ersten Abschnitts des KSchG ist danach entscheidend, ob die Zahl der regelmäßig beschäftigten Arbeitnehmer (§ 23 I KSchG) zum Zeitpunkt der Spaltung erreicht worden ist. Ist dies der Fall, bleibt dem Arbeitnehmer der allgemeine Kündigungsschutz bis zum Ablauf von zwei Jahren erhalten, selbst wenn die Beschäftigtenzahl die Voraussetzungen des § 23 I KSchG nicht erreicht.[18] Wegen des Abstellens auf den Kündigungszeitpunkt bei der Anwendung der kündigungsrechtlichen Vorschriften führt § 323 I UmwG nicht dazu, dass hinsichtlich einer anderweitigen Beschäftigungsmöglichkeit (§ 1 II KSchG) und der Sozialauswahl (§ 1 III KSchG) beim neuen Rechtsträger die Verhältnisse vor Wirksamwerden der Spaltung maßgeblich ist. Zu den kündigungsrechtlichen Vorschriften zählen auch die Vorschriften über die Beteiligung der Arbeitsverwaltung bei Massenentlassungsanzeigen (§§ 17 ff. KSchG), sofern ihre Heranziehung beim Kündigungsausspruch für den Arbeitnehmer günstiger ist, sowie die Normen über den Sonderkündigungsschutz für Mitglieder der zum Zeitpunkt des Umwandlungsvorgangs bestehenden Betriebsverfassungsorgane (§ 15 KSchG). § 323 I UmwG führt aber nicht dazu, dass der Betriebsrat desjenigen Betriebs, dem der Arbeitnehmer vor der Spaltung angehört hat, für die Beteiligung in kündigungsrechtlichen Angelegenheiten zu beteiligen ist (z. B. nach §§ 99, 102, 103 BetrVG); dies gilt auch für die §§ 111, 112 BetrVG. Der bisherige Betriebsrat ist für den Arbeitnehmer nach der Spaltung nur unter den Voraussetzungen des § 325 II UmwG zuständig. Der Fortbestand einer tariflichen Unkündbarkeit nach der Umwandlung richtet sich nicht nach § 323 I UmwG, sondern nach § 613 a I 2–4 BGB.

---

[15] BAG 21. 3. 2008 AP 1 zu § 131 UmwG.
[16] BAG 22. 9. 2005 AP 1 zu § 323 UmwG = NZA 2006, 658.
[17] BAG 22. 9. 2005 AP 1 zu § 323 UmwG = NZA 2006, 658 – Kündigung durch Insolvenzverwalter.
[18] BAG 15. 2. 2007 AP 38 zu § 23 KSchG 1969 = NZA 2007, 739 – keine analoge Anwendung außerhalb des UmwG.

3. Zuordnung von Arbeitnehmern. a) Bei einem Betriebsübergang (§ 613a I 1 BGB) geht das Arbeitsverhältnis eines Arbeitnehmers auf den Betriebserwerber über, wenn der Arbeitnehmer dem übergehenden Betrieb oder Betriebsteil zum Zeitpunkt des Betriebsübergangs angehört. Die Zuordnung von Arbeitnehmern, die in mehreren Betrieben tätig sind, führt in der Praxis nicht selten zu Schwierigkeiten. In einem Spaltungsvertrag nach § 126 I Nr. 9 UmwG kann eine Zuordnung der Arbeitsverhältnisse nicht erfolgen. Der Wortlaut von § 126 I Nr. 9 UmwG lässt nur die Zuordnung von Betrieben und Betriebsteilen zu. Die Zuordnung der Arbeitnehmer kann jedoch in einem Interessensausgleich nach § 323 II UmwG erfolgen. Danach können Arbeitgeber und Betriebsrat bei einer Verschmelzung, Spaltung oder Vermögensübertragung in einem Interessenausgleich durch namentliche Bezeichnung Arbeitnehmer nach der Umwandlung einem bestimmten Betrieb oder Betriebsteil zuordnen. Die Zuordnung der Arbeitnehmer kann unter diesen Voraussetzungen gerichtlich nur auf grobe Fehler überprüft werden. Der Gesetzgeber geht offensichtlich davon aus, dass dem Schutzbedürfnis des Arbeitnehmers hinreichend Rechnung getragen ist, wenn die Betriebsvertretung in die Zuordnung eingeschaltet ist. Gleichwohl kann die Betriebsvertretung den durch § 613a I BGB vermittelten Individualschutz des Arbeitnehmers nicht beseitigen. Auch bei einer Aufnahme in einen Interessenausgleich nach § 323 II UmwG kann der Arbeitnehmer dem Übergang seines Arbeitsverhältnisses widersprechen. 26

b) Voraussetzungen. § 323 II UmwG schafft bei den in der Norm genannten Umwandlungsvorgängen in Betrieben mit Betriebsrat eine Möglichkeit zur rechtssicheren Zuordnung von Arbeitnehmern, wenn die Voraussetzungen für die Aufstellung eines Interessenausgleichs auf Grund einer Betriebsänderung nach §§ 111, 112 BetrVG gegeben sind. Ansonsten ist § 323 II UmwG nicht anzuwenden. Eine analoge Anwendung der Vorschrift scheidet auch aus, wenn die Arbeitnehmer im Spaltungs- oder Übernahmevertrag bzw. einer dazugehörigen Anlage einem Betrieb zugeordnet werden. 27

c) Reichweite. § 323 II UmwG ermöglicht nur eine Zuordnung von Arbeitnehmern, die zum Zeitpunkt des Interessenausgleichs in dem von der Umwandlung betroffenen Betrieb oder Betriebsteil beschäftigt sind. Die Betriebsparteien haben keine Möglichkeit, Arbeitnehmer aus anderen, nicht von dem Umwandlungsvorgang betroffenen Einheiten einem beteiligten Rechtsträger zuzuordnen. Daneben erweitert § 323 II UmwG auch nicht das Direktionsrecht des Arbeitgebers, da dem Interessenausgleich keine normative Wirkung zukommt. Die von den Betriebsparteien nach § 323 II UmwG gemeinsam vorgenommene Zuordnung beschränkt lediglich den Umfang der gerichtlichen Prüfungskompetenz. Kann der Arbeitgeber den Arbeitnehmer im Wege des Direktionsrechts in einen anderen Betrieb oder Betriebsteil umsetzen, so kann auch im Wege des Interessenausgleichs der Arbeitnehmer einem anderen Betrieb oder Betriebsteil aus Anlass der Spaltung oder der Vermögensübertragung zugewiesen werden. Es liegt daher nicht in der Regelungsmacht der Betriebsparteien, einen Arbeitnehmer, bei dem keine vertragliche Versetzungsmöglichkeit in einen anderen Betrieb besteht, einem anderen Betrieb zuzuordnen. Eine Zuordnung ist nur möglich, wenn der Beschäftigungsbetrieb auf zwei Rechtsträger aufgespalten wird oder der Arbeitnehmer der beabsichtigten Zuordnung zustimmt. Ein Rückgriff auf grobe Fehlerhaftigkeit ist nicht erforderlich. Die in einem Interessenausgleich nach § 323 II UmwG enthaltene Zuordnung hat nur Bedeutung, wenn nach dem Arbeitsvertrag mehrere Zuordnungsmöglichkeiten bestehen. Eine formell einwandfreie Zuordnung in einem Interessenausgleich kann nur auf grobe Fehlerhaftigkeit überprüft werden (§ 323 II UmwG). Diese liegt z. B. vor, wenn die objektive Zuordnung zu einem Rechtsträger eindeutig ist und eine abweichende Zuordnung ohne sachlichen Grund vorgenommen wird. 28

4. Widerspruchsrecht. Auf Grund der Verweisung in § 324 UmwG gilt § 613a VI BGB auch bei der Umwandlung von Rechtsträgern. Das Arbeitsverhältnis muss nach § 613a I BGB im Zeitpunkt des Umwandlungsvorgangs noch bestehen, ansonsten greift § 613 a BGB nicht ein. Da Ruhestandsverhältnisse von § 613 a BGB nicht erfasst werden, steht den Betriebsrentnern ein Widerspruchsrecht nach § 613a VI BGB i. V. m. § 324 UmwG nicht zu.[19] Nach Ansicht des BAG besteht auch kein Widerspruchsrecht nach § 613 a VI BGB, wenn der übertragende Rechtsträger durch eine gesellschaftsrechtliche Verschmelzung liquidationslos erlischt.[20] Diese Rspr. dürfte gleichermaßen auf andere Umwandlungsformen wie z. B. die Aufspaltung (§ 123 I UmwG) und die vollständige Vermögensübertragung gelten, bei denen der übertragende Rechtsträger gleichermaßen wegfällt. Will der Arbeitnehmer das Arbeitsverhältnis nicht bei 29

---

[19] BAG 11. 3. 2008 AP 1 zu § 131 UmwG.

[20] BAG 21. 2. 2008 AP 342 zu § 613a BGB = NZA 2008, 815; a. A. *Fandel/Hausch* BB 2008, 2402.

dem neuen Arbeitgeber fortsetzen, muss er eine außerordentliche Kündigung aussprechen. Die Kündigungserklärungsfrist des § 626 II BGB beginnt erst ab Kenntnis von der Eintragung der zum Erlöschen des bisherigen Arbeitgebers führenden Umwandlung zu laufen. Ein dennoch erklärter Widerspruch des Arbeitnehmers stellt regelmäßig weder eine Eigenkündigung noch ein Angebot auf Abschluss eines Aufhebungsvertrags dar.

30 **5. Gemeinschaftsbetrieb.** Haben mehrere Unternehmen einen gemeinsamen Betrieb (§ 1 II BetrVG) gebildet, gilt dieser als Betrieb i. S. des KSchG. Daher sind für die Berechnung der Arbeitnehmerzahl (§ 23 KSchG) und die soziale Rechtfertigung der Kündigung (§ 1 II KSchG), insbesondere für die soziale Auswahl (§ 1 III KSchG) bis zu einer etwaigen Auflösung des Gemeinschaftsbetriebs die Verhältnisse aller Gesellschaften zu berücksichtigen.[21] Bei einer Spaltung oder Teilübertragung kommen zu dem bisherigen Unternehmen ein oder mehrere Rechtsträger hinzu. Führen die an dem Umwandlungsvorgang beteiligten Rechtsträger nach dem Wirksamwerden der Spaltung oder der Teilübertragung den Betrieb gemeinsam, gilt dieser nach § 322 UmwG gleichermaßen als Gemeinschaftsbetrieb i. S. d. KSchG. Die Vorschrift gilt sinngemäß, wenn sich nicht alle, sondern nur einige der beteiligten Rechtsträger zu einer gemeinsamen Betriebsführung verbunden haben. § 322 UmwG enthält jedoch keine Verpflichtung für die beteiligten Rechtsträger, ihren Betrieb auch nach der Umwandlung als Gemeinschaftsbetrieb zu führen. Zur Feststellung der Voraussetzungen des § 322 UmwG kann auf die Vermutungstatbestände des § 1 II BetrVG zurückgegriffen werden, die vor der Neufassung des § 1 BetrVG durch das BetrVG-ReformG in § 322 I UmwG a. F. enthalten waren und nur aus systematischen Gründen als allgemeine Regelungen in das BetrVG übernommen worden sind (umstr.).[22]

VI. Mitbestimmungsrechtliche Fragen bei der Gesamtrechtsnachfolge durch Umwandlung

Blechmann, Die Zuleitung des Umwandlungsvertrags an den Betriebsrat, NZA 2005, 1143; *Fandel,* Die Angabepflicht nach § 5 Abs. 1 Nr. 9 UmwG, 2004; *Hausch,* Arbeitsrechtliche Pflichtangaben nach dem UmwG, RNotZ 2007, 308, 396; *Pfaff,* Dispositivität der Betriebsratsunterrichtung im Umwandlungsverfahren, DB 2002, 686; *Trappehl/Zimmer,* Unternehmenseinheitlicher Betriebsrat bei Verschmelzung, BB 2008, 778.

31 **1. Informationsrechte des Betriebsrats. a) Wirtschaftsausschuss.** Er ist nach § 106 II BetrVG rechtzeitig und umfassend über die wirtschaftlichen Angelegenheiten des Unternehmens unter Vorlage der erforderlichen Unterlagen zu unterrichten. In Abs. 3 sind die wirtschaftlichen Angelegenheiten beispielhaft aufgezählt. Nach § 106 III Nr. 8 BetrVG ist über den Zusammenschluss oder die Spaltung von Unternehmen oder Betrieben zu unterrichten, um dem Informationsbedürfnis des Wirtschaftsausschusses Rechnung zu tragen.

32 **b) Betriebsrat. aa) BetrVG.** Der Unternehmer hat den Betriebsrat rechtzeitig und umfassend über Betriebsänderungen zu unterrichten. Zu diesen gehören der Zusammenschluss mit anderen Betrieben oder die Spaltung (§ 111 Nr. 3 BetrVG). Davon unabhängig ergeben sich aus dem UmwG weitere Informationsrechte des Betriebsrats. Zum Fortbestand des Betriebsrats § 119 RN 22.

33 **bb) UmwG. (1) Verschmelzung.** Nach § 5 I Nr. 9 UmwG muss der Verschmelzungsvertrag Angaben über die Folgen der Verschmelzung für die Arbeitnehmer und ihre Vertretungen enthalten, ohne dass es darauf ankommt, ob die Folgen für den einzelnen Arbeitnehmer vorteilhaft oder nachteilig sind. Durch die Angaben im Verschmelzungsvertrag soll der Betriebsrat, dem der Vertrag nach § 5 III UmwG zuzuleiten ist, möglichst frühzeitig über die bevorstehenden individuell- und kollektivarbeitsrechtlichen Folgen informiert werden, um eine sozialverträgliche Durchführung des Verschmelzungsvorgangs zu erleichtern. Die Angaben zu den arbeitsrechtlichen Folgen einer Umwandlung sind auch bei fehlendem Betriebsrat erforderlich. Umstr. ist, ob in dem Vertrag detaillierte Angaben auch in Bezug auf lediglich mittelbare personelle und organisatorische Folgewirkungen gemacht werden müssen oder pauschale Angaben zu den unmittelbaren Folgen etwa in Form einer katalogartigen Aufzählung ausreichen.[23] Der Verschmelzungsvertrag oder sein Entwurf sind spätestens einen Monat vor dem Tage der Versammlung der Anteilsinhaber jedes beteiligten Rechtsträgers, die über die Zustimmung zum Ver-

[21] BAG 13. 6. 1985 AP 10 zu § 1 KSchG 1969 = NZA 86, 600; 5. 3. 1987 AP 30 zu § 15 KSchG 1969 = NZA 88, 32; 23. 3. 1984 AP 4 zu § 23 KSchG 1969 = NZA 84, 88.
[22] Anders HWK/*Willemsen* § 322 UmwG RN 7 f.
[23] Offen gelassen von OLG Düsseldorf 15. 5. 1998 NZA 98, 766.

schmelzungsvertrag beschließen, dem zuständigen Betriebsrat dieses Rechtsträgers zuzuleiten[24] (§ 5 III UmwG). Diese Vorschrift ist für die Verschmelzung durch Neugründung nach § 36 UmwG in Bezug genommen. Erst die Zuleitung aller Urkunden setzt die Monatsfrist des § 5 III UmwG in Gang. Wird der Vertrag nachträglich geändert, ist eine erneute Zuleitung an den Betriebsrat erforderlich, wenn die Belange der Arbeitnehmer berührt werden. In diesem Fall beginnt die Monatsfrist erneut zu laufen. Der Betriebsrat kann zwar auf die Einhaltung der Monatsfrist verzichten, nicht jedoch auf die Zuleitung des Verschmelzungsvertrags.[25]

(2) Spaltung. Bei der Spaltung durch Aufnahme ist der Spaltungsvertrag oder sein Entwurf 34 spätestens einen Monat vor der Versammlung der Anteilseigner dem zuständigen Betriebsrat des Rechtsträgers zuzuleiten (§ 126 III UmwG). Für die Spaltung zur Neugründung ergibt sich die Mitteilungspflicht aus der Verweisung in § 135 UmwG auf § 126 III UmwG.

(3) Weitere Umwandlungen. Bei der Vermögensübertragung ergibt sich die Informations- 35 pflicht des Betriebsrats aus der Inbezugnahme des Verschmelzungsrechtes (§ 176 I, II UmwG). Bei einem Formwechsel folgt die Unterrichtungspflicht des Betriebsrats aus § 194 II UmwG. Auch hier ist der Betriebsrat einen Monat vor dem Tag der Versammlung der Anteilseigner, die über die Umwandlung beschließen soll, zu unterrichten.

2. Beibehaltung der Mitbestimmung (§ 325 II UmwG). a) Wegfall der Vorausset- 36 zungen für die Errichtung eines Betriebsrats. Der Gesetzgeber hat in § 325 II UmwG eine Öffnungsklausel für die zeitlich unbegrenzte Beibehaltung der vor der Umwandlung bestehenden betrieblichen Mitbestimmung geschaffen. Hat die Spaltung oder Teilübertragung eines Rechtsträgers die Spaltung eines Betriebes zur Folge und entfallen für die aus der Spaltung hervorgegangenen Betriebe Rechte oder Beteiligungsrechte des Betriebsrats, so kann durch Betriebsvereinbarung oder Tarifvertrag die Fortgeltung dieser Rechte und Beteiligungsrechte vereinbart werden (§ 325 II 2 UmwG). Eine bestimmte Mindestgröße des Betriebs ist z. B. vorgesehen für die vollständige Freistellung von Betriebsratsmitgliedern, die Aufstellung von Auswahlrichtlinien nach § 95 BetrVG oder die Errichtung eines Wirtschaftsausschusses. Dagegen richtet sich die Zahl der Betriebsratsmitglieder und der Betriebsausschussmitglieder nach den tatsächlichen Verhältnissen der aus der Spaltung hervorgegangenen Betriebe (§ 325 II 2 UmwG). Sie können durch Tarifvertrag oder Betriebsvereinbarung nicht geändert werden. Eine Vereinbarung nach § 325 II UmwG entfällt auch, wenn der Betrieb nicht mehr unter den Geltungsbereich des BetrVG fällt.

b) Vereinbarung der Fortgeltung des Beteiligungsrechts. Nach § 325 II UmwG kann 37 durch Tarifvertrag oder Betriebsvereinbarung die Fortgeltung der Beteiligungsrechte vereinbart werden. Die Vorschrift eröffnet die Möglichkeit, die Beibehaltung von Beteiligungsrechten zu vereinbaren, die ansonsten entfallen würden. Die Vereinbarung kann durch (Firmen-)Tarifvertrag als betriebsverfassungsrechtliche Norm (§ 3 II TVG) oder Betriebsvereinbarung erfolgen. Die Betriebsvereinbarung kann durch den Betriebsrat des gespaltenen Betriebes in Vorwegnahme seines Übergangsmandats oder durch den Betriebsrat des nach der Spaltung entstandenen Betriebes abgeschlossen werden. Stets handelt es sich aber um eine freiwillige Betriebsvereinbarung. Eine Frist für den Abschluss der Fortgeltungsvereinbarung ist nicht vorgesehen. Gleichwohl ergibt sich mittelbar eine Frist. Ein Tarifvertrag oder Betriebsvereinbarung kann nicht mehr abgeschlossen werden, wenn der neue Betrieb sich betriebsverfassungsrechtlich konstituiert hat. In diesen Fällen kann nicht mehr von Fortgeltung gesprochen werden. Die Fortgeltung kann befristet und unbefristet vereinbart werden.

VII. Unternehmensmitbestimmung

Nach § 325 I 1 UmwG bleibt die Mitbestimmung im Aufsichtsrat des übertragenden Rechts- 38 trägers für die Dauer von fünf Jahren erhalten, wenn durch Abspaltung oder Ausgliederung die Voraussetzungen der Mitbestimmungsgesetze entfallen. Dies gilt nur dann nicht, wenn die Arbeitnehmerzahl des übertragenden Unternehmens auf ein Viertel der für die Mitbestimmung maßgeblichen Arbeitnehmerzahlen absinkt.

[24] OLG Naumburg 17. 3. 2003 AP 2 zu § 5 UmwG; a. A. für den Spaltungsvertrag LG Essen 15. 3. 2002 ZIP 2002, 893.

[25] OLG Naumburg 17. 3. 2003 AP 2 zu § 5 UmwG; LG Gießen 14. 4. 2004 Der Konzern 2004, 622.

§ 117. Voraussetzungen des Betriebsübergangs

Übersicht

	RN
I. Allgemeines	1 ff.
1. Rechtsgrundlagen	1, 2
2. Normzweck	3
3. Normstruktur	4
4. Rechtsgeschäftlicher Arbeitgeberwechsel	5
5. Auslandsbezug	6
6. Kündigungsrechtliche Fragen des Betriebsübergangs	7
II. Tatbestand des Betriebsübergangs	8 ff.
1. Betrieb/wirtschaftliche Einheit	8–12 a
2. Öffentlicher Dienst, Kirchen	13
3. Abgrenzung zur Arbeitnehmerüberlassung	14
4. Bewertung anhand von Einzelkriterien	15–25
III. Übergang auf den Betriebserwerber	26 ff.
1. Tatsächliche Fortführung	26
2. Betriebserwerber	27
3. Maßgeblicher Zeitpunkt	28
IV. Rechtsgeschäftlicher Übergang	29 ff.
1. Abgrenzung	29
2. Rechtsgeschäft	30, 31
3. Zwangsversteigerung, Zwangsverwaltung	32
4. Insolvenz	33, 34

I. Allgemeines

Ahlborn, Europäisierung des Arbeitsrechts, ZfA 2005, 109; *Cohnen,* Betriebsverlagerungen ins Ausland und § 613 a BGB, FS 25 AG ArbR DAV (2006), S. 595; *Commandeur/Kleinebrink,* Gestaltungsoptionen im Anwendungsbereich des § 613 a BGB, NZA-RR 2004, 449; *Däubler,* Tarifliche Regelung des Betriebsübergangs, ZTR 2000, 241; *Franzen,* Vorgaben des Europäischen Gemeinschaftsrechts für die arbeitsrechtliche Regulierung des Betriebsübergangs, NZA Beil. 4/2008, 139; *Hergenröder,* Rechtsgeschäftlicher Betriebsinhaberwechsel, AR-Blattei SD 500.1; *Houben,* § 613 a BGB im Wandel der Rechtsprechung, NJW 2007, 2075; *Grobys,* Neue Entwicklungen beim Betriebsübergang, NJW-Spezial 2006, 513; *Koller-van Delden,* Neue Leitlinien beim Betriebsübergang, DStR 2007, 1869; *Mehlich,* Betriebsübergang in der Ausbildungswerkstatt, NZA 2002, 823; *Reichold,* Neues zum grenzüberschreitenden Betriebsübergang, FS Birk (2008), S. 687; *Schiefer/Worzalla,* Betriebsübergang, DB 2008, 1566; *Waas/Hanssen/Palonka,* Rechtsprechung zum Betriebsübergang nach § 613 a BGB im Jahre 2005, BB 2006, 2525; *Waas/Hoffmann/Palonka,* Rechtsprechung zum Betriebsübergang nach § 613 a BGB in den Jahren 2006/2007, BB 2008, 2682; *Wank,* Der Betriebsübergang in der Rechtsprechung von EuGH und BAG, FS BAG (2004), S. 245; *Willemsen,* Aktuelles zum Betriebsübergang, NJW 2007, 2065; *ders.,* Europäisches und deutsches Arbeitsrecht im Widerstreit?, NZA, Beil. 4/2008, 155.

1 **1. Rechtsgrundlagen. a) § 613 a BGB.** Die Vorschrift enthält eine gesetzliche Regelung des Betriebsübergangs und seiner Auswirkungen auf das Arbeitsverhältnis, von der zum Nachteil des Arbeitnehmers nicht abgewichen werden darf. Die Norm, die ursprünglich nur aus Abs. 1 Satz 1, Abs. 2 und 3 bestand, ist im Rahmen der Neuregelung der Betriebsverfassung durch G v. 15. 1. 1972 (BGBl. I S. 13) mit Wirkung zum 19. 1. 1972 in das BGB eingefügt worden. Durch Art. 1 Nr. 5 des arbeitsrechtlichen EG-Anpassungsgesetzes v. 13. 8. 1980 (BGBl. I S. 1308) sind Abs. 1 Satz 2 bis 4 zum 21. 8. 1980 angefügt worden. § 613 a III BGB ist durch Art. 2 UmwBerG v. 28. 10. 1994 (BGBl. I S. 3210) mit Wirkung zum 1. 1. 1995 neu gefasst und § 613 a V, VI BGB sind durch Art. 4 G v. 23. 3. 2002 (BGBl. I S. 1163) zum 1. 4. 2002 angefügt worden. § 613 a BGB dient zugleich der Umsetzung der Richtlinie des Rates zur Angleichung der Rechtsvorschriften der Mitgliedstaaten über die Wahrung von Ansprüchen der Arbeitnehmer beim Übergang von Unternehmen, Betrieben oder Unternehmens- oder Betriebsteilen (2001/23/EG) vom 12. 3. 2001 (ABl. EG Nr. L 82 v. 22. 3. 2001, S. 16) in nationales Recht. Die RL 2001/23/EG hat die vormaligen RL 77/187/EWG vom 14. 2. 1977 (ABl. EG Nr. L 61 vom 5. 3. 1977 S. 26) und RL 98/50/EG (ABl. EG Nr. L 201 vom 17. 7. 1998, S. 88) abgelöst. Aus diesem Grund sind bei der Auslegung und Anwendung von § 613 a BGB die Vorgaben der RL 2001/23/EG und der dazu ergangenen Rspr. des EuGH zu beachten.

2 **b) Richtlinie RL 2001/23/EG.** Nach Art. 1 Nr. 1 lit. b RL 2001/23/EG gilt als Übergang im Sinne der RL der Übergang einer ihre Identität bewahrenden wirtschaftlichen Einheit im Sinne einer organisatorischen Zusammenfassung von Ressourcen zur Verfolgung einer wirtschaftlichen Haupt- und Nebentätigkeit. Der persönliche Geltungsbereich der Richtlinie erfasst öffentliche und private Unternehmen, die eine wirtschaftliche Tätigkeit ausüben, unabhängig ob sie Erwerbszwecke verfolgen oder nicht. Sie ist räumlich anwendbar, wenn sich das Unterneh-

men bzw. der Betrieb im Geltungsbereich des Gemeinschaftsrechts befinden. Sie gilt nicht für Seeschiffe.[1] In Art. 2 der RL sind die Begriffe Veräußerer, Erwerber, Vertreter der Arbeitnehmer und Arbeitnehmer definiert. Art. 3 und 4 RL 2001/23/EG enthalten die beim Betriebsübergang zu beachtenden Rechte und Pflichten der Parteien, Art. 5 RL 2001/23/EG lässt Ausnahmen im Insolvenzverfahren zu, während Art. 6 und 7 RL 2001/23/EG Vorschriften über die Arbeitnehmervertretung und ihre Unterrichtungs- und Beratungsrechte enthalten.

2. Normzweck. Ziel des § 613a BGB und der RL 2001/23/EG ist die möglichst umfassende Gewährleistung der Rechte der Arbeitnehmer bei einem Wechsel des Unternehmensinhabers.[2] Gäbe es § 613a BGB nicht, würde die Übertragung der Arbeitsverhältnisse bei einem rechtsgeschäftlichen Betriebsübergang die Zustimmung des Erwerbers voraussetzen, der die Übernahme einzelner Arbeitnehmer verweigern könnte. Seit dem Inkrafttreten von § 613a BGB ist der Erwerber zur Übernahme der Arbeitnehmer verpflichtet. § 613a BGB schützt daher den Arbeitnehmer vor dem Verlust des Arbeitsplatzes im Falle eines Betriebsinhaberwechsels, indem er einen Gleichlauf der Arbeitsverhältnisse mit den übergehenden Betriebsmitteln der Einheit anordnet. Er gewährleistet, dass der Inhaber der wesentlichen Betriebsmittel zugleich Arbeitgeber wird.[3] Daneben verfolgt § 613a BGB drei weitere Zwecke: das Fortbestehen der Arbeitnehmervertretung, die Regelung der Haftung von Betriebsveräußerer und -erwerber sowie die Weitergeltung der kollektivrechtlichen Arbeitsbedingungen.[4] § 613a IV BGB enthält schließlich ein Umgehungsverbot, das alle Kündigungen wegen Betriebsübergangs untersagt. 3

3. Normstruktur. Nach § 613a I 1 BGB gehen bei einem Betriebsübergang die Arbeitsverhältnisse auf den neuen Inhaber über, der Betriebserwerber tritt in die bestehenden Rechtsverhältnisse der Arbeitnehmer mit dem bisherigen Inhaber ein. Die Sätze 2 bis 4 regeln die Weitergeltung der bisherigen Kollektivvereinbarungen (Tarifverträge und Betriebsvereinbarungen). § 613a II, III BGB enthält eine Regelung über die Haftung von Betriebsveräußerer und -erwerber für Ansprüche der Arbeitnehmer. § 613a IV BGB ist eine kündigungsrechtliche Vorschrift, sie verbietet eine Kündigung wegen des Betriebsübergangs, während § 613a V BGB eine Unterrichtung der Arbeitnehmer über die für sie maßgeblichen Umstände eines Betriebsübergangs vorsieht. Schließlich enthält § 613a VI BGB ein Widerspruchsrecht gegenüber dem Übergang des Arbeitsverhältnisses auf Grund eines Betriebsübergangs. 4

4. Rechtsgeschäftlicher Arbeitgeberwechsel. Liegen die Voraussetzungen des § 613a BGB nicht vor, ist bei einem Wechsel des Inhabers eines Unternehmens oder -teils eine gewillkürte Auswechslung der Parteien des Schuldverhältnisses zulässig. Daher kann ein Arbeitsverhältnis auch im Wege eines dreiseitigen Rechtsgeschäfts auf den Erwerber übergehen. Dazu sind jedoch die Zustimmung des Veräußerers, Erwerbers und des Arbeitnehmers notwendig.[5] Die Zustimmung des Arbeitnehmers gilt als erteilt, wenn dieser in Kenntnis des Betriebsübergangs ohne Widerspruch und ohne zu kündigen die Arbeit fortsetzt. Etwas anderes gilt jedoch dann, wenn der Arbeitsvertrag oder der Arbeitsplatz geändert wird. 5

5. Auslandsbezug. Wird ein inländischer Betrieb oder Betriebsteil an einen ausländischen Erwerber verkauft, gehen die Arbeitsverhältnisse der im Inland beschäftigten Arbeitnehmer nach § 613a BGB über, wenn für ihr Arbeitsverhältnis zum Zeitpunkt des Betriebsübergangs deutsches Recht gilt. Durch den Übergang ändert sich das anzuwendende Recht nicht. War im Rahmen einer zulässigen Rechtswahl die Anwendung ausländisches Rechts vereinbart, gilt dieses nur, soweit nicht dem Arbeitnehmer der zwingende Schutz des § 613a BGB entzogen wird (Art. 30 I EGBGB). Nur wenn das vereinbarte Recht ohnehin kraft der gesetzlichen Kollisionsregelung in Art. 30 II EGBGB Anwendung findet, gilt § 613a BGB nicht. Die Vorschrift gehört weder zu den wesentlichen Grundsätzen des deutschen Rechts (ordre public) nach Art. 6 EGBGB noch nach Art. 34 EGBGB zu den Bestimmungen des deutschen Rechts, die ohne Rücksicht auf das auf den Vertrag anzuwendende Recht den Sachverhalt zwingend regeln.[6] Für einen Betriebsübergang, d.h. eine Betriebsverlagerung in das Inland gilt ausländisches Recht, sofern nicht die Anwendung deutschen Rechts vereinbart ist. Bei einer Verlagerung aus dem Bereich der Gemein- 6

---

[1] BAG 15. 12. 2005 AP 294 zu § 613a BGB = NZA 2006, 597; 18. 3. 1997 AP 16 zu § 1 BetrAVG Betriebsveräußerung = NZA 98, 97.

[2] EuGH 2. 12. 1999 AP 28 zu EWG-Richtlinie Nr. 77/187 = NZA 2000, 587.

[3] BAG 22. 2. 1996 AP 138 zu § 613a BGB = NZA 96, 980.

[4] BAG 12. 7. 1990 AP 87 zu § 613a BGB = NZA 91, 63.

[5] BAG 24. 10. 1972 AP 31 zu § 74 HGB; 29. 11. 1962 AP 6 zu § 419 BGB Betriebsnachfolge; 26. 5. 1955 AP 1 zu § 613 BGB.

[6] BAG 29. 10. 1992 AP 31 zu Internat. Privatrecht, Arbeitsrecht = NZA 93, 743.

schaft in das Inland ist bei der Auslegung und Anwendung des Rechts des anderen Mitgliedstaats die RL 2001/23/EG zu beachten.

7 **6. Kündigungsrechtliche Fragen des Betriebsübergangs.** Nach § 613a IV 1 BGB ist eine Kündigung wegen eines Betriebsübergangs unzulässig. Die damit im Zusammenhang stehenden Fragen sind unter § 134 RN 47 dargestellt. Widerspricht der Arbeitnehmer einem Betriebsübergang, konnte sich dieser Umstand bei Kündigungen bis zum 1. 1. 2004 auf die Sozialauswahl (§ 1 III KSchG) auswirken (dazu § 135 RN 18). Zur Wirksamkeit eines Aufhebungsvertrags im Zusammenhang mit einem Betriebsübergang § 122 RN 6; § 323 I UmwG (§ 116 RN 24) ist im Rahmen von § 613a BGB nicht analog anwendbar.[7]

II. Tatbestand des Betriebsübergangs

Adam, Betriebsübergang – Der Übergang materieller Betriebsmittel als Tatbestandsmerkmal des § 613a BGB, MDR 2004, 909; *Bauer,* Christel Schmidt lässt grüßen, NZA 2004, 14; *Hauck,* Betriebsübergang und Betriebsverfassungsrecht, FS Richardi (2007), S. 537; *ders.,* Der Betriebsübergang nach § 613a BGB, JbArbR 44 (2007), 73; *Hohenstatt/Grau,* Der Betriebsübergang nach Güney/Görres, NJW 2007, 29; *Kock,* Voraussetzungen eines Betriebsübergangs nach der aktuellen BAG-Rechtsprechung, BB 2007, 714; *Melot de Beauregard,* Kein Betriebsübergang bei bloßer Auftragsnachfolge, BB 2007, 2746; *Meyer, H.,* Der Tatbestand des Betriebsübergangs nach der Rechtsprechung des Europäischen Gerichtshofs und des Bundesarbeitsgerichts, 2004; *Rebhahn/Kietaibl,* Die Auswirkungen des Einsatzes von Subunternehmern auf die Anwendbarkeit des Betriebsübergangsrechts, ZfA 2007, 325; *Schiefer/Pogge,* Betriebsübergang und dessen Folgen, NJW 2003, 3734; *Schlachter,* Betriebsübergang bei „eigenwirtschaftlicher Nutzung" von Betriebsmitteln, NZA 2007, 80; *Thüsing/Schorn,* Aufgabennachfolge und Betriebsübergang im öffentlichen Dienst, ZTR 2008, 651; *Windt,* Die Neukonstruktion des Tatbestands des Betriebsübergangs, 2005; *Waas,* Zur Konsolidierung des Betriebsbegriffs in der Rspr. von EuGH und BAG zum Betriebsübergang, ZfA 2001, 377; *Willemsen,* „Mit oder an?" – § 613a BGB und der Wertschöpfungsgedanke, FS Richardi (2007), S. 475; *Willemsen/Annuß,* Auftragsnachfolge jetzt doch ein Betriebsübergang, DB 2004, 134; *Willemsen/Müntefering,* Outsourcing nach „Güney-Görres", NZA 2006, 1185.

8 **1. Betrieb/wirtschaftliche Einheit. a) Betrieb.** Die Vorschrift des § 613a I BGB regelt den rechtsgeschäftlichen Übergang eines Betriebs oder Betriebsteils auf einen neuen Inhaber. Voraussetzung des § 613a I 1 BGB ist, dass ein Betrieb oder Betriebsteil auf einen anderen, den Erwerber übergeht. Nach der ursprünglich vom BAG vertretenen Auffassung war der Betrieb eine organisatorische Einheit, in der Personen mit Hilfe persönlicher, sächlicher oder immaterieller Mittel bestimmte arbeitstechnische Zwecke fortgesetzt verfolgen.[8] Bei der Auslegung des Betriebsbegriffs kam es im Wesentlichen auf die sächlichen und immateriellen Betriebsmittel an, die das wirtschaftliche Substrat der übergehenden Einheit bildeten. Seit 1997 orientiert sich die Rspr. des BAG bei der Auslegung der Begriffe Betrieb bzw. -steil strikt an den Vorgaben des EuGH (zur Rechtsentwicklung vgl. 11. Aufl. § 118 RN 13ff.). Der wesentliche Unterschied zur früheren Rspr. des BAG besteht darin, dass nicht mehr an den Begriff des Betriebs angeknüpft wird, sondern an den der wirtschaftlichen Einheit.

9 **b) Wirtschaftliche Einheit.** Nach Art. 1 Nr. 1 lit. b RL 2001/23/EG ist die Wahrung der Identität der betreffenden wirtschaftlichen Einheit Voraussetzung für den Betriebsübergang. Die Auslegung des Begriffs der wirtschaftlichen Einheit wird durch die Rspr. des EuGH bestimmt. Danach setzt eine wirtschaftliche Einheit eine organisatorische Gesamtheit von Personen und Sachen zur auf Dauer[9] angelegten Ausübung einer wirtschaftlichen Tätigkeit mit eigener Zielsetzung voraus. Ob eine wirtschaftliche Einheit vorliegt, wird nach einer Gesamtschau an Hand von Indizien beurteilt, die der EuGH entwickelt hat.[10] Dazu gehören als Teilaspekte der Gesamtwürdigung die Art des betreffenden Unternehmens oder Betriebs (RN 16), der Übergang der materiellen Betriebsmittel (RN 17) wie Gebäude oder bewegliche Güter, der Wert der immateriellen Aktiva (RN 19) im Zeitpunkt des Übergangs, die Übernahme der Hauptbelegschaft (RN 20), der Übergang der Kundschaft (RN 23) sowie der Grad der Ähnlichkeit zwischen den vor und nach dem Übergang verrichteten Tätigkeiten (RN 24) und die Dauer einer Unterbrechung dieser Tätigkeit (RN 25). Die Identität der Einheit kann sich auch aus anderen Merkmalen wie ihrem Personal, ihren Führungskräften, ihrer Arbeitsorganisation, ihren Betriebsmethoden und ggf. den ihr zur Verfügung stehenden Betriebsmitteln ergeben.

---

[7] BAG 15. 2. 2007 AP 38 zu § 23 KSchG 1969 = NZA 2007, 739.

[8] BAG 21. 1. 1988 AP 72 zu § 613a BGB = NZA 88, 838.

[9] EuGH 2. 12. 1999 AP 28 zu EWG-Richtlinie Nr. 77/187 = NZA 2000, 587; 19. 9. 1995 AP 133 zu § 613a BGB = NZA 95, 1031.

[10] EuGH 11. 3. 1997 AP 14 zu EWG-Richtlinie Nr. 77/187 = NZA 97, 433; von *Hanau,* FS Küttner (2006), S. 357, 363 als „Kriteriensammelsurium" bezeichnet.

Den für das Vorliegen eines Übergangs maßgeblichen Kriterien kommt je nach der ausgeübten Tätigkeit und je nach den Produktions- und Betriebsmethoden unterschiedliches Gewicht zu.[11]

c) Betriebsteil. Der Übergang eines Betriebsteils steht für dessen Arbeitnehmer dem Betriebsübergang gleich. Betriebsteile sind Teileinheiten (Teilorganisationen) des Betriebs. Bei Übertragungen von sächlichen und immateriellen Betriebsmitteln muss es sich um eine organisatorische Untergliederung handeln, mit der innerhalb des betriebstechnischen Gesamtzwecks ein Teilzweck verfolgt wird, selbst wenn es sich nur um eine untergeordnete Hilfsfunktion handelt. Das Merkmal des Teilzwecks dient nur zur Abgrenzung der organisatorischen Einheit. Im Teilbetrieb müssen nicht andersartige Zwecke als im übrigen Betrieb verfolgt werden.[12] § 613 a BGB setzt für den Teilbetriebsübergang voraus, dass die übernommenen Betriebsmittel bereits bei dem früheren Betriebsinhaber die Qualität eines Betriebsteils hatten. Der entsprechende Bereich muss nach der Rspr. des BAG beim Veräußerer organisatorisch verselbstständigt gewesen sein. Es reicht nicht aus, wenn der Erwerber mit einzelnen, bislang nicht teilbetrieblich organisierten Betriebsmitteln einen Betrieb oder Betriebsteil gründet.[13] Auch bei dem rechtsgeschäftlichen Erwerb eines Betriebsteils ist es erforderlich, dass die wirtschaftliche Einheit ihre Identität bewahrt. Es reicht nicht aus, wenn der Erwerber mit einzelnen bislang nicht teilbetrieblich organisierten Betriebsmitteln einen Betrieb oder Betriebsteil gründet oder beim Erwerber die gleichen Funktionen mit eigenem Personal wahrgenommen werden. Überdies ist erforderlich, dass der Erwerber gerade die wesentlichen Betriebsmittel des Teilbetriebs übernimmt.[14] Demgegenüber hat der EuGH trotz Fehlen einer abgrenzbaren Organisationsstruktur einen Betriebsübergang angenommen, wenn nur ein Teil des Personals zum Erwerber wechselt und die von dem Übergang betroffenen Mittel als solche ausreichen, um die für die in Rede stehende wirtschaftliche Tätigkeit kennzeichnenden Leistungen ohne Inanspruchnahme anderer Unternehmensteile weiter erbringen zu können.[15] 10

d) Veränderungen der bisherigen Organisation. Wird der Betrieb vom Erwerber nicht im Wesentlichen unverändert fortgeführt und damit nicht die Identität der wirtschaftlichen Einheit gewahrt, liegt nach der Rspr. des BAG kein Betriebsübergang vor. Dem steht auch der Normzweck des § 613 a BGB, der einen Gleichlauf von Arbeitsplatz und Arbeitsverhältnis sicherstellen soll, nicht entgegen. Die für § 613 a BGB notwendige Identität der übergehenden wirtschaftlichen Einheit liegt daher nicht bereits dann vor, wenn der Arbeitnehmer seine Tätigkeit bei dem neuen Betriebsinhaber erbringen könnte.[16] Eine verminderte Produktionsstärke, eine geringere Mitarbeiterzahl, eine geänderte Produktion und eine geänderte Kundschaft führen zu einem geänderten Betriebszweck und notwendigerweise zu einer geänderten organisatorischen Struktur, so dass die wirtschaftliche Einheit nach der Übertragung auf den neuen Inhaber nicht mehr identisch sein muss.[17] Ebenso stellt eine reine Betriebsmittelveräußerung keinen Betriebsübergang dar. Die tatbestandlichen Voraussetzungen des § 613 a I BGB liegen auch nicht vor, wenn der neue Betriebsinhaber den bisherigen Betrieb oder -steil vollständig in seine bestehende Organisation eingliedert.[18] Eine wesentliche Änderung der Organisation der übernommenen Einheit ist dagegen verneint worden, wenn die bisherige Tätigkeit fortgeführt wird und die Organisation sowie die Durchführung der übernommenen Tätigkeiten weitgehend durch die Aufgabe selbst und die übernommenen Einrichtungen geprägt sind.[19] Nach der Rspr. des EuGH gilt § 613 a BGB dagegen auch, wenn die übertragene Einheit ihre organisatorische Selbständigkeit nicht bewahrt, sofern die funktionelle Verknüpfung zwischen den übertragenen 11

---

[11] BAG 6. 4. 2006 AP 299 zu § 613 a BGB = NZA 2006, 723; 22. 7. 2004 AP 274 zu § 613 a BGB; 18. 3. 1999 AP 189 zu § 613 a BGB.

[12] BAG 26. 8. 1999 AP 196 zu § 613 a BGB = NZA 2000, 144.

[13] BAG 21. 2. 2008 AP 343 zu § 613 a BGB = NZA 2008, 825.

[14] BAG 24. 8. 2006 AP 315 zu § 613 a BGB; 16. 2. 2006 AP 301 zu § 613 a BGB = NZA 2006, 592; 22. 7. 2004 AP 274 zu § 613 a BGB = NZA 2004, 1383; 18. 12. 2003 AP 263 zu § 613 a BGB = NZA 2004, 791.

[15] EuGH 13. 9. 2007 AP 2 zu Richtlinie 2001/23/EG = NZA 2007, 1151.

[16] BAG 14. 8. 2007 AP 325 zu § 613 a BGB = NZA 2007, 1431.

[17] BAG 24. 4. 2008 – 8 AZR 268/07 – NZA 2008, 1314; 14. 8. 2007 AP 325 zu § 613 a BGB = NZA 2007, 1431; 13. 6. 2006 AP 313 zu § 613 a BGB = NZA 2006, 1357; 4. 5. 2006 AP 304 zu § 613 a BGB = NZA 2006, 1096; 13. 5. 2004 AP 273 zu § 613 a BGB; 11. 9. 1997 AP 16 zu EWG-Richtlinie Nr. 77/187.

[18] BAG 6. 4. 2006 AP 303 zu § 613 a BGB = NZA 2006, 1039 – Bistro; 25. 9. 2003 AP 261 zu § 613 a BGB = NZA 2004, 316 – Schießplatz.

[19] BAG 15. 2. 2007 AP 320 zu § 613 a BGB = NZA 2007, 793 – Übernahme eines Schlachthofs.

Produktionsfaktoren beibehalten wird und sie es dem Erwerber erlaubt, diese Faktoren zu nutzen, um derselben oder einer gleichartigen wirtschaftlichen Tätigkeit nachzugehen.[20]

12 **e) Funktionsnachfolge.** Insbesondere im Dienstleistungsbereich ist zwischen Betriebsübergang und Funktionsnachfolge zu unterscheiden. Führt ein Auftragnehmer nur die in der Einheit ausgeübte Tätigkeit weiter und übernimmt er keine Betriebsmittel, liegt eine Funktionsnachfolge und kein Betriebsübergang i. S. d. § 613 a BGB vor.[21] EuGH und BAG betonen in diesem Zusammenhang stets, dass die bloße Fortführung der Tätigkeit durch einen Auftragnehmer keinen Betriebsübergang darstellt, da eine Einheit nicht als bloße Tätigkeit verstanden werden darf.[22] Ihre Identität ergibt sich nicht nur aus der bisher ausgeübten Tätigkeit, sondern auch aus anderen Merkmalen wie ihrem Personal, ihren Führungskräften, ihrer Arbeitsorganisation, ihren betrieblichen Methoden und ggf. den ihr zur Verfügung stehenden Betriebsmitteln.[23] Aus diesem Grund kommt es bei einer Fremdvergabe von bisher in einem Unternehmen selbst erledigten Arbeiten (sog. Outsourcing) nur zu einem Betriebsübergang, wenn auch die bisher genutzten maßgeblichen Betriebsmittel oder das Personal auf den externen Auftragnehmer übertragen werden. Ob dies der Fall ist, entscheiden die Gerichte nach einer Gesamtwürdigung der in RN 15 ff. genannten Merkmale. Die gleichen Grundsätze gelten bei einer Auftragsneuvergabe bzw. bei dem bloßen Verlust eines Auftrags an einen Mitbewerber[24] oder der Rückführung von ausgegliederten Funktionen in den Betrieb[25] (Insourcing). Nachdem der EuGH das Merkmal der „eigenwirtschaftlichen Tätigkeit" verworfen hat, fehlt es an einem geeigneten rechtssicheren Kriterium für die Abgrenzung bei den Fällen der Auftragsneuvergabe.

12 a Das BAG stellt in neueren Entscheidungen im Anschluss an *Willemsen*[26] zur Abgrenzung darauf ab, ob der Einsatz der übertragenen sächlichen Betriebsmittel bei wertender Betrachtungsweise den eigentlichen **Kern des zur Wertschöpfung erforderlichen Funktionszusammenhangs der zuvor ausgeübten betrieblichen Tätigkeit** ausmacht. Die Betriebsmittel müssen identitätsprägend und daher unverzichtbar für die auftragsgemäße Verrichtung der in der Einheit ausgeübten Tätigkeiten sein.[27] Welche Betriebsmittel identitätsprägend sind, richtet sich regelmäßig nach der jeweiligen Eigenart des Betriebs. Nicht zu den identitätsprägenden Betriebsmitteln zählen solche, die leicht austauschbar und auf dem Markt unschwer zu erwerben sind. Maßgeblich ist, dass nicht „an", sondern „mit" den übernommenen sächlichen Betriebsmitteln gearbeitet wird. Wenn nur „an" Betriebsmitteln gearbeitet wird, werden diese nicht zur Wertschöpfung des Auftragnehmers benutzt. Ist die Wertschöpfung nur unter Zuhilfenahme bestimmter Betriebsmittel des Auftraggebers möglich, wird „mit" und nicht lediglich „an" den Betriebsmitteln gearbeitet. Bei Bewachungs-, Reinigungs- und Wartungsaufträgen wird regelmäßig an den sächlichen Betriebsmitteln des Auftraggebers gearbeitet.

13 **2. Öffentlicher Dienst, Kirchen.** § 613 a BGB ist anwendbar, wenn ein öffentlicher Rechtsträger ein privatrechtliches Unternehmen übernimmt.[28] Nach Art. 1 I lit. c RL 2001/23/EG ist die gemeinschaftsrechtliche Anwendung von § 613 a BGB bei der Übertragung von Verwaltungsaufgaben innerhalb der öffentlichen Verwaltung und bei einer Umstrukturierung von Verwaltungsbehörden gemeinschaftsrechtlich nicht geboten.[29] Das BAG wendet § 613 a BGB zum Schutz der bestehenden Arbeitsverhältnisse dennoch auf den Übergang von Einrichtungen an, die hoheitliche Aufgaben wahrnehmen.[30] Auch öffentl.-rechtl. organisierte Einheiten zur Erfüllung öffentlicher Aufgaben und Einrichtungen der Kirchen können daher

---

[20] EuGH 12. 2. 2009 – C-466/07 – NZA 2009, 251.

[21] BAG 25. 9. 2008 – 8 AZR 607/07 z. V. b.; 18. 3. 1999 AP 190 zu § 613 a BGB = NZA 99, 869.

[22] EuGH 20. 11. 2003 AP 34 zu EWG-Richtlinie Nr. 77/187 = NZA 2003, 1385.

[23] EuGH 26. 9. 2000 AP 30 zu EWG-Richtlinie Nr. 77/187 = NZA 2000, 1327; BAG 24. 7. 2004 AP 274 zu § 613 a BGB = NZA 2004, 1383.

[24] EuGH 10. 12. 1998 NZA 99, 189 – Neuvergabe; 11. 3. 1997 AP 14 zu EWG-Richtlinie Nr. 77/87 = NZA 97, 433 – Auftragsverlust.

[25] EuGH 10. 12. 1998 NZA 99, 253; BAG 17. 4. 2003 AP 253 zu § 613 a BGB.

[26] HWK/*Willemsen* § 613 a BGB RN 53.

[27] BAG 13. 12. 2007 AP 341 zu § 613 a BGB = NZA 2008, 1021 – Lager; 27. 9. 2007 AP 332 zu § 613 a BGB – Müllsortieranlage; 15. 2. 2007 AP 320 zu § 613 a BGB = NZA 2007, 793 – Schlachthof; 13. 6. 2006 AP 305 zu § 613 a BGB = NZA 2006, 1101 – Personen- und Gepäckkontrolle; 6. 4. 2006 AP 299 zu § 613 a BGB = NZA 2006, 723 – Druckservice; 2. 3. 2006 AP 302 zu § 613 a BGB = NZA 2006, 1105 – Forschungsschiff.

[28] EuGH 11. 12. 2004 AP 37 zu EWG-Richtlinie Nr. 77/187 = NZA 2004, 1379.

[29] EuGH 15. 10. 1996 AP 13 zu EWG-Richtlinie Nr. 77/187 = NZA 96, 1279.

[30] BAG 25. 9. 2003 AP 261 zu § 613 a BGB = NZA 2004, 316 – Schießplatz; 26. 8. 1999 AP 197 zu § 613 a BGB = NZA 2000, 371 – Notariat; 4. 3. 1993 AP 101 zu § 613 a BGB = NZA 94, 260.

wirtschaftliche Einheiten sein, die nach § 613a BGB übergehen.[31] Die Kirchenklausel des Art. 140 GG steht dem nicht entgegen, da § 613a BGB ein für „alle geltendes Gesetz" i. S. d. Art. 137 III 1 WRV ist. Dies betrifft zunächst Einrichtungen der öffentlichen Daseinsvorsorge[32] (z. B. Krankenhäuser, Schulen, Rundfunkanstalten). § 613a BGB findet auf die Übernahme der Einrichtung durch einen Rechtsträger des privaten oder öffentlichen Rechts, eine Verwaltung oder einen Rechtsträgerwechsel unter öffentlich-rechtlichen Körperschaften Anwendung. § 613a BGB erfasst jedoch nur den auf Rechtsgeschäft beruhenden Übergang von Organisationseinheiten, nicht eine gesetzliche Funktionsnachfolge. Auf die Umstrukturierung von Hoheitsträgern kraft Gesetzes[33] oder staatskirchenrechtlichen Verträgen[34] ist § 613a BGB nicht anzuwenden, zum Widerspruchsrecht in diesen Fällen § 118 RN 40. Jedoch kann es auch bei einem gesetzlich angeordneten Übergang der Arbeitsverhältnisse zu einem Betriebsübergang i. S. d. § 613a BGB kommen, wenn die maßgeblichen Betriebsmittel durch Rechtsgeschäft (z. B. öffentlich-rechtlichen Vertrag, RN 30) auf den Erwerber übergehen.[35] Bei einer Neuorganisation des öffentlichen Diensts sind überdies die §§ 128ff. BRRG von Bedeutung, die einem vertraglich vereinbarten Verbleib bei der ursprünglichen Körperschaft oder für die Vereinbarung einer Rückkehrgarantie entgegenstehen.[36] Im Anwendungsbereich des TVöD bzw. TV-L besteht nach § 4 III TVöD/TV-L die Möglichkeit einer nicht an die Zustimmung des Arbeitnehmers gebundenen Personalgestellung.

3. Abgrenzung zur Arbeitnehmerüberlassung. Werden Maschinen mit Bedienungspersonal überlassen, kann sich die Frage stellen, ob eine Betriebsnachfolge i. S. von § 613a BGB gegeben ist. Nach der Rspr. des EuGH und der Rspr. des BAG liegt ein Betriebsübergang nur beim Übergang einer wirtschaftlichen Einheit auf einen Erwerber vor. Bei der Arbeitnehmerüberlassung geht keine wirtschaftliche Einheit über, sondern nur für eine vorübergehende Zeit das Personal. Nach dem Schutzzweck des § 613a BGB soll dem Arbeitnehmer der Arbeitsplatz erhalten bleiben, wenn die Arbeitsorganisation auf einen Nachfolger übergeht. Beim Maschinenüberlassungsvertrag ist aber gerade vorgegeben, dass der Arbeitnehmer nach dem Ende der Überlassung in seinen Betrieb zurückkehrt. Ein Betriebsübergang scheidet daher aus. 14

4. Bewertung anhand von Einzelkriterien. Sowohl der EuGH wie auch das BAG prüfen die Identitätswahrung der übergehenden Einheit auf Grund einer Gesamtbewertung der oben genannten Einzelkriterien. Dies hat dazu geführt, dass die gerichtliche Bewertung eines Übertragungsvorgangs kaum sicher prognostiziert werden kann, da insbesondere Kriterien für die Gewichtung der Einzelmerkmale fehlen. Zu Recht beklagt die Praxis daher die fehlende Rechtssicherheit bei der arbeitsrechtlichen Beurteilung von Betriebsübertragungen. Dies betrifft besonders den Bereich der Handels- und Dienstleistungsbetriebe, bei denen vorwiegend die Übertragung der immateriellen Betriebsmittel und der Belegschaft im Vordergrund steht.[37] 15

a) Art des Unternehmens. Die Art des Unternehmens ist für die Gewichtung der übernommenen sächlichen und immateriellen Betriebsmittel von Bedeutung. Handelt es sich um einen Produktionsbetrieb, machen regelmäßig die sächlichen Betriebsmittel den Wert der Einheit aus. Jedoch können je nach ihrer Größe und ihren Fertigungsinhalten immaterielle Betriebsmittel wie Fertigungsverfahren und -lizenzen, Patente oder Software wirtschaftlich von Bedeutung sein. Bei Handels- und Dienstleistungsbetrieben ist vorwiegend auf immaterielle Betriebsmittel abzustellen.[38] In welcher Rechtsform die Einheit betrieben wird, ist unerheblich; auch eine Gewinnerzielungsabsicht ist nicht erforderlich. Ist das Substrat des Unternehmens mit der Höchstpersönlichkeit der Tätigkeit des bisherigen Inhabers untrennbar verbunden, führt die 16

[31] EuGH 26. 9. 2000 AP 30 zu EWG-Richtlinie Nr. 77/187 = NZA 2000, 1327; BAG 25. 1. 2001 AP 215 zu § 613a BGB = NZA 2001, 840.

[32] BAG 8. 5. 2001 AP 219 zu § 613a BGB = NZA 2001, 1200 – Krankenhaus; 20. 3. 1997 AP 24 zu Art. 13 Einigungsvertrag = NZA 97, 1225 – Rundfunk; 7. 9. 1995 AP 131 zu § 613a BGB = NZA 96, 424 – Schule.

[33] BAG 8. 5. 2001 AP 215 zu § 613a BGB = NZA 2001, 1200; 26. 8. 1999 AP 197 zu § 613a BGB = NZA 2000, 371; 20. 3. 1997 AP 24 zu Art. 13 Einigungsvertrag = NZA 97, 1225; 10. 3. 1982 AP 1 zu § 104 KVLG; 18. 2. 1976 AP 1 zu Saarland UniversitätsG.

[34] BAG 13. 11. 2002 AP 2 zu § 1 AVR Caritasverband = NZA 2004, 274; dazu *Campenhausen,* FS Richardi (2007), S. 861; *Reichold,* FS Richardi (2007), S. 943.

[35] BAG 25. 1. 2001 AP 215 zu § 613a BGB = NZA 2001, 840.

[36] *Thüsing/Schorn* ZTR 2008, 651.

[37] BAG 27. 10. 2005 AP 292 zu § 613a BGB = NZA 2006, 668.

[38] BAG 27. 10. 2005 AP 292 zu § 613a BGB = NZA 2006, 668.

Beendigung seiner Tätigkeit zum Ende der wirtschaftlichen Betätigung der Einheit, selbst wenn ein Nachfolger diese weiterführt.[39]

17 **b) Materielle Aktiva.** Zu den materiellen Aktiva zählen Grundstücke, Gebäude, Produktionsanlagen bzw. -mittel, Rohstoffe sowie Halb- und Fertigfabrikate. Materielle Aktiva sind der Einheit zuzurechnen, selbst wenn sie nicht im Eigentum des Betriebsinhabers stehen. Erforderlich ist nur, dass der Betriebsinhaber sie auf Grund einer mit Dritten getroffenen Nutzungsvereinbarung zur Erfüllung seiner Betriebszwecke einsetzen kann, wobei die Nutzungsvereinbarung als Pacht, Nießbrauch oder als untypischer Vertrag ausgestaltet sein kann.[40] Auch eine Übertragung der Betriebsmittel unter einer aufschiebenden Bedingung oder einem Rücktrittvorbehalt steht der Annahme eines Betriebsübergangs nicht entgegen, da der Erwerber zunächst über eine Nutzungsmöglichkeit verfügt.[41] Eine Sicherungsübereignung der Betriebsmittel zur Sicherung eines Kredits bewirkt allein noch keinen Betriebsübergang, denn sie ändert im Allgemeinen nichts an der Nutzungsberechtigung des bisherigen Eigentümers.[42] Ohne Bedeutung ist auch, ob die Betriebsmittel dem Erwerber zur eigenwirtschaftlichen Nutzung überlassen werden,[43] er also ohne Zweckbindung des Auftraggebers über die Betriebsmittel verfügen kann. Der Übernahme bzw. Nichtübernahme von unbedeutenden Betriebsmitteln kommt keine Bedeutung zu.[44]

18 Die Übertragung von materiellen Aktiva ist zwar nach Auffassung des EuGH ein **starkes Indiz** für den Betriebsübergang,[45] jedoch ist der Übergang einer wirtschaftlichen Einheit auch ohne Übergang von Vermögensgegenständen möglich. Allerdings ist neben dem Übergang einzelner sächlicher Betriebsmittel die Fortführung der bisherigen Produktionsabläufe von Bedeutung. Daher liegt ein Betriebsübergang nicht vor, wenn nur die sächlichen Betriebsmittel der übertragenen Einheit veräußert werden und die bisherige Organisation nicht aufrecht erhalten bleibt.[46] Führt der Erwerber mit den übernommenen Gegenständen die bisherige Produktion nur auf eine wesentlich geänderte Art und Weise, spricht dies gleichfalls gegen einen Übergang[47] (z. B. Wechsel von Massenfertigung zu handwerklicher Einzelfertigung). Dies gilt im Ergebnis auch, wenn der Übernehmer die übernommenen Produktionsmittel in seine bisherige Produktion eingliedert.[48] Auch in diesem Fall übernimmt er keine vom Veräußerer geschaffene Arbeitsorganisation, sondern nur einzelne Betriebsmittel. Die Übernahme einzelner Betriebsmittel stellt auch regelmäßig keine Übernahme eines Betriebsteils dar, wenn es sich nicht um eine organisatorische Untergliederung handelt, mit der innerhalb des betrieblichen Gesamtzwecks ein Teilzweck verfolgt wird und die nach der Übernahme im Wesentlichen weitergeführt wird.[49]

19 **c) Immaterielle Aktiva.** Nach der Rspr. des EuGH ist u. a. auf den Wert der immateriellen Betriebsmittel abzustellen. Während bei Produktionsbetrieben regelmäßig die Übernahme der sächlichen Betriebsmittel durch den Betriebserwerber von Bedeutung ist, tritt bei Handels- oder Dienstleistungsunternehmen regelmäßig das Merkmal der immateriellen Betriebsmittel, die für die Einführung des Unternehmens auf dem Markt kennzeichnend und damit für die Beibehaltung des bisherigen Kundenkreises von Bedeutung sind, in den Vordergrund[50] (z. B. „Know-how" und „Goodwill"). Die immateriellen Aktiva eines Unternehmens oder -teils können die materiellen Aktiva weit übersteigen.[51] Die Übernahme der immateriellen Betriebsmittel kann bestehen in der Übertragung von Gütezeichen, Warenzeichen und Firmennamen,[52] dem Eintritt

[39] BAG 26. 8. 1999 AP 197 zu § 613 a BGB = NZA 2000, 371 – Notar.
[40] BAG 22. 7. 2004 AP 274 zu § 613 a BGB = NZA 2004, 1383.
[41] BAG 15. 12. 2005 AP 294 zu § 613 a BGB = NZA 2006, 597.
[42] BAG 14. 8. 2007 AP 326 zu § 613 a BGB = NZA 2007, 1428; 20. 3. 2003 NZA 2003, 1338.
[43] EuGH 15. 12. 2005 AP 1 zu Richtlinie 2001/23/EG = NZA 2006, 29; BAG 6. 4. 2006 AP 299 zu § 613 a BGB = NZA 2006, 723.
[44] BAG 6. 4. 2006 AP 299 zu § 613 a BGB = NZA 2006, 723.
[45] EuGH 14. 4. 1994 AP 106 zu § 613 a BGB = NZA 94, 545.
[46] Enger wohl BAG 22. 7. 2004 AP 274 zu § 613 a BGB = NZA 2004, 1383 – Gefahrstofflager.
[47] BAG 13. 5. 2004 AP 273 zu § 613 a BGB; 16. 5. 2002 AP 237 zu § 613 a BGB = NZA 2003, 93 – Schuhproduktion; 11. 9. 1997 AP 16 zu EWG-Richtlinie Nr. 77/187 = NZA 98, 31 – Neuverpachtung einer Gaststätte.
[48] BAG 6. 4. 2006 AP 303 zu § 613 a BGB = NZA 2006, 1039 – Bistro; 25. 9. 2003 AP 261 zu § 613 a BGB = NZA 2004, 316 – Schießplatz; einschr. EuGH 12. 2. 2009 – C-466/07 – NZA 2009, 251.
[49] BAG 17. 4. 2003 AP 253 zu § 613 a BGB – Wareneingang; 22. 5. 1997 AP 154 zu § 613 a BGB = NZA 97, 1050 – Gebäudegrundstück.
[50] BAG 28. 4. 1988 AP 74 zu § 613 a BGB.
[51] ErfK/*Preis* § 613 a BGB RN 23.
[52] BAG 11. 9. 1997 AP 16 zu EWG-Richtlinie Nr. 77/187 Nr. 16; 16. 2. 1993 AP 15 zu § 1 BetrAVG Betriebsveräußerung = NJW 93, 2259.

in Liefer- und Abnahmeverträge[53] sowie in der Übernahme von Patent- und Gebrauchsmusterrechten, Vertriebsberechtigungen,[54] Geschäftspapieren,[55] und Kundenlisten.[56] Nach außen kann der Übergang deutlich werden durch Eintritt des neuen Inhabers in bestehende Lieferverträge, Übernahme von Aufträgen und der Kundenkartei. Hingegen ist die Übernahme eines sog. Know-how-Trägers regelmäßig bei dem Merkmal „Übernahme der Belegschaft" zu berücksichtigen.[57]

d) Übernahme der Belegschaft. aa) Nach der älteren Auffassung des BAG zählten die Arbeitnehmer nicht zu den Betriebsmitteln, da der Übergang der Arbeitsverhältnisse nicht beim Tatbestand berücksichtigt werden und zugleich Rechtsfolge der Vorschrift darstellen konnte.[58] Nach Auffassung des EuGH ist jedoch gerade im Dienstleistungsbereich die Übernahme oder Nichtübernahme der Hauptbelegschaft durch den Übernehmer ein wesentlicher Umstand dafür, ob eine wirtschaftliche Einheit auf einen Erwerber übergeht. In welchem Rechtsverhältnis der Übernehmer die bisherigen Arbeitnehmer (weiter-)beschäftigt, ist ohne Bedeutung.[59] 20

bb) Bedeutung. Steht ein Betriebsübergang bereits auf Grund anderer Kriterien fest, ist der Übergang der Arbeitsverhältnisse der Arbeitnehmer ohne Bedeutung für die Annahme eines Betriebsübergangs; insbesondere in betriebsmittelgeprägten Betrieben kann ein Betriebsübergang auch ohne Übernahme von Personal vorliegen.[60] Der Übernahme oder Nichtübernahme von Personal kommt daher regelmäßig nur bei betriebsmittelarmen Betrieben eine für den Tatbestand des Betriebsübergangs bestimmende Bedeutung zu[61] (zur Funktionsnachfolge RN 12). 21

cc) Gegenstand der betrieblichen Tätigkeit. Nach der Rspr. des BAG bestehen die nachfolgend dargestellten Grundsätze bei der Gewichtung des Kriteriums „Übernahme der Belegschaft". Es hängt grundsätzlich von der Struktur der Einheit ab, welcher nach Zahl und Sachkunde zu bestimmende Teil der Belegschaft übernommen werden muss, um von der Übernahme einer bestehenden Arbeitsorganisation ausgehen zu können. In Branchen, in denen es im Wesentlichen auf die menschliche Arbeitskraft ankommt, kann eine durch eine gemeinsame Tätigkeit dauerhaft verbundene Gesamtheit von Arbeitnehmern eine wirtschaftliche Einheit darstellen, wenn der Übernehmer nicht nur Arbeitsorganisation und Betriebsmethoden, sondern auch einen nach Zahl und Sachkunde wesentlichen Teil des Personals übernimmt, das sein Vorgänger gezielt bei dieser Tätigkeit eingesetzt hatte. Die Identität einer solchen Einheit wird eher gewahrt, wenn der neue Auftragnehmer die Arbeitnehmer an ihren bisherigen Arbeitsplätzen mit unveränderten Aufgaben weiter beschäftigt. In diesem Fall bildet die Belegschaft das Substrat der übernommenen Einheit. Als wesentlich sieht das BAG einen Anteil von mehr als 75% an, ohne sich allerdings genau festzulegen.[62] Ein besonderes Fachwissen der übernommenen Arbeitnehmer ist nicht erforderlich, wenn für die betriebliche Tätigkeit ein geringer Qualifikationsgrad der Arbeitnehmer genügt und diese leicht austauschbar sind.[63] Dies betrifft z. B. Tätigkeiten aus dem Bereich Catering,[64] Gebäudereinigung[65] und Bewachung.[66] Ist ein Betrieb stärker durch das Spezialwissen[67] (Know-how) und die Qualifikation der Arbeitnehmer geprägt, kann neben anderen Kriterien ausreichen, dass wegen ihrer Sachkunde entweder einzelne oder größere Teile der Belegschaft übernommen werden;[68] die Übernahme der Hauptbelegschaft ist 22

[53] BAG 15. 2. 2007 AP 320 zu § 613 a BGB = NZA 2007, 793; 10. 6. 1988 AP 82 zu § 613 a BGB.
[54] EuGH 7. 3. 1996 AP 9 zu EWG-Richtlinie Nr. 77/187 = NZA 96, 413.
[55] BAG 22. 2. 1978 AP 11 zu § 613 a BGB.
[56] BAG 15. 5. 1985 AP 41 zu § 613 a BGB = NZA 85, 736.
[57] Dazu BAG 9. 2. 1994 AP 104 zu § 613 a BGB = NZA 94, 612.
[58] BAG 22. 5. 1985 AP 42 zu § 613 a BGB.
[59] BAG 18. 2. 1999 AP 5 zu § 325 ZPO = NZA 99, 648.
[60] EuGH 20. 11. 2003 AP 34 zu EWG-Richtlinie Nr. 77/187 = NZA 2003, 1385; BAG 22. 7. 2004 AP 274 zu § 613 a BGB = NZA 2004, 1383.
[61] BAG 22. 7. 2004 AP 274 zu § 613 a BGB = NZA 2004, 1383.
[62] BAG 24. 5. 2005 NZA 2006, 31 – 60%; 10. 12. 1998 AP 187 zu § 613 a BGB = NZA 99, 420 – 75%; 11. 12. 1997 AP 172 zu § 613 a BGB = NZA 98, 534–85%.
[63] BAG 11. 12. 1997 AP 172 zu § 613 a BGB = NZA 98, 534.
[64] EuGH 20. 11. 2003 AP 34 zu EWG-Richtlinie Nr. 77/187 = NZA 2003, 1385; BAG 25. 5. 2000 – 8 AZR 337/99 – n. v.; 11. 12. 1997 AP 171 zu § 613 a BGB = NZA 98, 532.
[65] EuGH 11. 3. 1997 AP 14 zu EWG-Richtlinie Nr. 77/187; BAG 24. 5. 2005 NZA 2006, 31; 11. 12. 1997 AP 172 zu § 613 a BGB = NZA 98, 534; 13. 11. 1997 AP 169 zu § 613 a BGB = NZA 98, 251.
[66] BAG 25. 9. 2008 – 8 AZR 607/07 z.V. b.; 17. 9. 1998 – 8 AZR 276/97 – n. v.; 14. 5. 1998 NZA 99, 483; 22. 1. 1998 AP 174 zu § 613 a BGB = NZA 98, 638.
[67] BAG 11. 9. 1997 AP 16 zu EWG-Richtlinie Nr. 77/187 = NZA 98, 31.
[68] BAG 11. 12. 1997 AP 172 zu § 613 a BGB = NZA 98, 534.

dann nicht erforderlich. So kann bei Dienstleistungsbetrieben auch bei einem Unterschreiten der 75%-Grenze ein Übergang anzunehmen sein, wenn der Übernehmer die maßgeblichen Arbeitnehmer mit Spezialwissen übernimmt[69] (z. B. Vorarbeiter). Die Arbeitsorganisation kann im Ausnahmefall durch die Aufgabenzuweisung an die Arbeitnehmer und dem in der Organisationsstruktur verkörperten Erfahrungswissen geprägt sein.[70] Daher kann auch die Übernahme von einigen wenigen Arbeitnehmern ausreichend sein, wenn diese das Know-how der Einheit verkörpern[71] (z. B. besonders spezialisierte Softwareentwickler in einem EDV-Unternehmen). Der EuGH berücksichtigt auch die Übernahme von Leiharbeitnehmern bei der Beurteilung des Übergangs einer wirtschaftlichen Einheit.[72]

23 **e) Übergang der Kundschaft.** Auch die Entwicklung der Kundenbeziehungen ist bei der Auslegung des Merkmals der wirtschaftlichen Einheit von Bedeutung. Gehen die bestehenden vertraglich ausgestalteten Kundenbeziehungen (Vertriebsberechtigung, Kundenkartei) des Veräußerers mit einem oder mehreren Kunden der Einheit auf den Erwerber über, ist dies ein Indiz für den Übergang der Einheit.[73] Geht der durch Verträge gebundene Kundenstamm des Veräußerers nicht oder nur in geänderter Form über, spricht dies eher gegen den Übergang der Einheit.[74] Nicht einfach zu beurteilen ist das Merkmal, wenn der Kundenstamm nicht vertraglich an die Einheit gebunden ist, sondern die Geschäftsbeziehung erst auf Grund eines Willensentschlusses des Kunden, d. h. auf seine Initiative hin, mit der Einheit zustande kommt. Rekrutiert sich der Kundenstamm im Wesentlichen aus sog. Laufkundschaft, wird ein Betriebsübergang eher zu verneinen sein. Wird der Übernehmer den Kunden gegenüber nicht selbst werbend tätig und sind die Kundenbeziehungen nicht langfristig angelegt, ist die Identität des Kundenstamms ohne Bedeutung.[75] Bei der Schließung und Neueröffnung von Einzelhandelsgeschäften berücksichtigt das BAG den Erhalt der regelmäßig durch Geschäftslage, Warensortiment und Betriebsform geprägten Kundenbeziehungen.[76] Auch der EuGH hat die Angestellten und Patienten eines Krankenhauses auf Grund der räumlichen Nähe als Kunden der Krankenhauskantine angesehen.[77] Die Übernahme der Kundenbeziehungen durch die Konzernmutter führt nicht zu einem Betriebsübergang, wenn diese nunmehr ihrerseits das Tochterunternehmen mit der Durchführung der bisher bereits erbrachten Tätigkeiten beauftragt.[78] Das Merkmal „Übergang der Kundschaft" steht vielfach im Zusammenhang mit der Unterbrechungsdauer der Tätigkeit der Einheit (RN 25).

24 **f) Ähnlichkeit der Tätigkeiten.** Dieses Merkmal betrifft den betriebstechnischen Zweck der Einheit, ihre Betriebsmethoden sowie ihre Organisationsstruktur.[79] Es spricht für einen Übergang der Einheit, wenn die vor und nach dem Übergang verrichteten betrieblichen Tätigkeiten gleich oder im Wesentlichen gleich geblieben sind. Trennscharfe Abgrenzungskriterien sind allerdings bisher noch nicht entwickelt worden. Liegen die Voraussetzungen des § 111 Satz 3 Nr. 4 BetrVG vor (§ 244 RN 19), spricht dies gegen die Ähnlichkeit. Auch eine Fortführung eines Betriebs mit deutlich reduzierter Belegschaft spricht für veränderte Arbeitsabläufe und eine veränderte Organisation.[80] Bei Produktionsbetrieben folgt die Ähnlichkeit der Tätigkeit vor und nach der Übernahme regelmäßig aus den übernommenen sächlichen und immateriellen Betriebsmitteln. Bei Dienstleistungsbetrieben ist ausschlaggebend, ob sich die Tätigkeit des Erwerbers auf Grund einer identischen oder zumindest vergleichbaren Geschäftsidee verwirklicht und sich an den gleichen Kundenkreis wendet.[81] Die Ähnlichkeit einer betrieblichen Tätigkeit geht nicht bei einer Betriebsverlegung verloren, wenn der Erwerber eines Produktionsbetriebs Betriebsmittel verlagert und an einem anderen Ort mit gleicher Arbeitsorganisation und gleichen

---

[69] BAG 14. 5. 1998 NZA 99, 483.
[70] ErfK/*Preis* § 613 a BGB RN 28 f.
[71] BAG 9. 2. 1994 AP 104 zu § 613 a BGB = NZA 94, 612.
[72] EuGH 13. 9. 2007 AP 2 zu Richtlinie 2001/23/EG = NZA 2007, 1151.
[73] EuGH 7. 3. 1996 AP 9 zu EWG-Richtlinie Nr. 77/187 = NZA 96, 413.
[74] BAG 13. 5. 2004 AP 273 zu § 613 a BGB.
[75] BAG 22. 1. 1998 AP 173 zu § 613 a BGB = NZA 98, 536 – technischer Kundendienst im Kaufhaus.
[76] BAG 2. 12. 1999 AP 188 zu § 613 a BGB = NZA 2000, 369.
[77] EuGH 20. 11. 2003 AP 34 zu EWG-Richtlinie Nr. 77/187 = NZA 2003, 1385; a. A. bei der Neuvergabe eines Catering-Vertrags BAG 11. 12. 1997 AP 171 zu § 613 a BGB = NZA 98, 532.
[78] BAG 14. 8. 2007 AP 326 zu § 613 a BGB = NZA 2007, 1428.
[79] BAG 25. 9. 2003 AP 261 zu § 613 a BGB = NZA 2004, 316 – Schießplatz.
[80] BAG 27. 4. 2000 – 8 AZR 260/99 n. v.
[81] BAG 16. 7. 1998 NZA 98, 1233 – gewerkschaftliches Ferienheim/Hotel; BAG 11. 9. 1997 AP 16 zu EWG-Richtlinie Nr. 77/187 = NZA 98, 31 – gutbürgerliche Küche/arabische Speisen mit Bauchtanz; ErfK/*Preis* § 613 a RN 33 – Designerboutique/Second-Hand-Laden.

Betriebsmethoden die Produktion weiterführt.[82] Bei Dienstleistungsbetrieben, die von der örtlichen Lage der Einheit abhängen, wird hingegen ein Ortswechsel, der sich auf die Zusammensetzung des Kundenstamms nicht nur unwesentlich auswirkt, regelmäßig gegen einen Übergang sprechen.[83]

g) Unterbrechungsdauer. Durch das Merkmal der Unterbrechungsdauer wird der Übergang einer Einheit von ihrer Stilllegung abgegrenzt. Betriebsübergang und Betriebsstilllegung schließen sich gegenseitig aus. Kommt es nach einer endgültig geplanten und schon eingeleiteten oder bereits durchgeführten Betriebsstilllegung zu einer unerwarteten späteren Betriebsfortführung, führt dies nicht zum (nachträglichen) Übergang der Einheit;[84] in Betracht kommt dann allerdings ein Wiedereinstellungsanspruch (dazu § 151 RN 10) für die gekündigten Arbeitnehmer.[85] Dies gilt auch, wenn sich bei einer bereits eingeleiteten Betriebsstilllegung der Arbeitgeber eine Betriebsveräußerung vorbehält. An einem endgültigen Entschluss zur Betriebsstilllegung fehlt es hingegen, wenn der Arbeitgeber im Zeitpunkt der Kündigung noch in Verhandlungen über eine Veräußerung des Betriebs steht und dennoch kündigt. Unschädlich sind zeitlich kurze Unterbrechungen oder solche, in denen die Betriebstätigkeit der Einheit auch ohne den Erwerberwechsel geruht hätte, z. B. bei Saisonbetrieben[86] oder während Wartungsarbeiten. Wird die Geschäftstätigkeit der Einheit für eine wirtschaftlich erhebliche Zeitspanne eingestellt, steht dies ihrem Übergang entgegen. Als einen solchen Zeitraum hat das BAG eine Unterbrechung der Geschäftstätigkeit angesehen, die länger als die längste gesetzliche Kündigungsfrist (§ 622 II BGB) beträgt.[87] Bei Dienstleistungsbetrieben kann dieser Zeitraum kürzer sein, maßgeblich ist, ob sich die Kunden der bisherigen Einheit in der Unterbrechungszeit neu orientieren und nach Wiederaufnahme des Geschäftsbetriebs neu gewonnen werden müssen.[88] 25

III. Übergang auf den Betriebserwerber

Krause, Die tatsächliche Betriebsführung als konstitutives Erfordernis des Betriebsübergangs, ZfA 2001, 67.

1. Tatsächliche Fortführung. Ein Betriebsübergang liegt nur vor, wenn der Erwerber die Einheit nach der Übernahme der betrieblichen Organisations- und Leitungsmacht auch tatsächlich fortführt.[89] Auf einen Übernahmewillen kommt es nicht an. Der bisherige Inhaber muss seine wirtschaftliche Betätigung in dem Betrieb einstellen und der Erwerber die Geschäftstätigkeit weiterführen oder wiederaufnehmen. Der Betriebsinhaberwechsel erfordert keine ausdrückliche Vereinbarung über die Übertragung der Leitungsmacht. Die bloße Möglichkeit, die bisherige Tätigkeit unverändert fortzuführen, ist nicht ausreichend. Ebenso liegt kein Betriebsübergang bei einer Übernahme der Betriebsmittel und einer sich unmittelbar anschließenden Stilllegung vor,[90] zu den Auswirkungen einer wesentlichen Änderung der betriebliche Organisation (RN 11). Hingegen kann die auch nur vorübergehende Fortführung der bisherigen Tätigkeit für einen Übergang der Einheit sprechen; wie viel Zeit allerdings zwischen Übernahme und Stilllegung liegen darf, ist noch nicht höchstrichterlich entschieden. Die Rückgabe einer Pachtsache an den Verpächter erfüllt daher für sich allein genommen noch nicht die Voraussetzungen des § 613 a BGB. Führt der Verpächter den bisherigen Betrieb auch nicht nur vorübergehend weiter, liegt kein Betriebsübergang vor. Hingegen ist § 613 a BGB gegeben, wenn er den Betrieb mit dem Ziel weiter führt, einen neuen Pächter zu finden. Kommt es z. B. wegen fehlender Interessenten nicht zur Neuverpachtung und entschließt sich der Verpächter erst daraufhin zur Stilllegung, führt dies nicht rückwirkend dazu, dass die Rechtsfolgen des § 613 a BGB entfallen. Der Verpächter muss dann die Arbeitsverhältnisse beenden und ggf. das Verfahren nach den §§ 111, 112 BetrVG durchführen. Auf einen fehlenden Übernahmewillen kommt es dabei nicht an. 26

2. Betriebserwerber. Ein Betriebsübergang liegt nur vor, wenn der Inhaber des Betriebs wechselt. Der Erwerber muss an die Stelle des Veräußerers treten, dabei muss die Betriebsidenti- 27

---

[82] BAG 16. 5. 2002 AP 237 zu § 613 a BGB = NZA 2003, 93.
[83] BAG 2. 12. 1999 AP 188 zu § 613 a BGB = NZA 2000, 369.
[84] BAG 16. 5. 2002 AP 237 zu § 613 a BGB = NZA 2003, 93.
[85] BAG 13. 11. 1997 AP 169 zu § 613 a BGB = NZA 98, 251.
[86] EuGH 17. 12. 1987 EuGHE I 87, 5465.
[87] BAG 22. 5. 1997 AP 154 zu § 613 a BGB = NZA 97, 1050.
[88] BAG 11. 9. 1997 AP 16 zu EWG-Richtlinie Nr. 77/187 = NZA 98, 31.
[89] BAG 6. 2. 1985 AP 44 zu § 613 a BGB = NZA 85, 735.
[90] BAG 18. 3. 1999 AP 189 zu § 613 a BGB = NZA 99, 704.

tät erhalten bleiben. Maßgeblich ist die Weiterführung der Geschäftstätigkeit unter Übernahme der Verantwortung der Person, die den Betrieb im eigenen Namen führt und nach außen als Betriebsinhaber auftritt. Es kommt nicht allein darauf an, wer im Verhältnis zur Belegschaft als Inhaber auftritt, sondern auf die umfassende Nutzung des Betriebs nach außen.[91] Der Betriebsinhaberwechsel setzt nicht voraus, dass der Betriebserwerber den Betrieb auf eigene Rechnung führt und die gezogene Nutzung behalten darf; der Gewinn kann auch an einen anderen abgeführt werden.[92] Die Übernahme der Personalverwaltung durch eine Konzerngesellschaft ist für die Übernahme der Leistungsmacht nicht ausreichend.[93]

28 **3. Maßgeblicher Zeitpunkt.** In zeitlicher Hinsicht ist maßgeblich, wann die Verantwortung für den Betrieb der übertragenen Einheit vom Veräußerer auf den Erwerber übergeht.[94] Maßgeblich ist der Zeitpunkt, in dem der neue Inhaber die Geschäftstätigkeit tatsächlich weiterführt oder wieder aufnimmt. Die bloße Möglichkeit zu einer unveränderten Fortsetzung der Betriebstätigkeit genügt für die Annahme eines Betriebsübergangs nicht. Einer besonderen Übertragung einer irgendwie gearteten Leitungsmacht bedarf es wegen des Merkmals der Fortführung des Betriebs nicht. Der bisherige Inhaber muss seine wirtschaftliche Betätigung in dem Betrieb oder Betriebsteil einstellen;[95] durch vertragliche Regelungen kann hiervon nicht abgewichen werden.[96] Erfolgt die Übernahme der Betriebsmittel in mehreren Schritten, ist der Betriebsübergang jedenfalls in dem Zeitpunkt erfolgt, in dem die wesentlichen, zur Fortführung des Betriebs erforderlichen Betriebsmittel übergegangen sind und die Entscheidung über den Betriebsübergang nicht mehr rückgängig gemacht werden kann.[97] Dies kann dazu führen, dass es bei einer sukzessiven Übernahme der Betriebsmittel bzw. Belegschaft durch den Erwerber erst mit zeitlichem Abstand zu einem Betriebsübergang kommt. Eine Frist, bis zu deren Ablauf längstens die Übernahme der Betriebsmittel bzw. Belegschaft in die Prüfung eines Betriebsübergangs einzubeziehen ist, hat die Rspr. bisher nicht festgelegt.

IV. Rechtsgeschäftlicher Übergang

Commandeur/Kleinebrink, Gestaltungsgrundsätze im Anwendungsbereich des § 613 a BGB, NJW 2008, 3467; *Hausch,* Gestaltungsmittel im Asset Deal-Unternehmensverkauf im Hinblick auf § 613 a BGB, BB 2008, 1392.

Insolvenz: *Bezani/Wilke,* Haftung des Betriebserwerbers gem. § 613 a BGB in der Insolvenz NJW-Spezial 2008, 437; *Kleinebrink/Commandeur,* Betriebsübergang in der Insolvenz, ArbRB 2005, 85; *Kuhn,* Masseverwertung und Unternehmensverkauf, ZNotP 2008, 308; *Lemke,* Umstrukturierung in der Insolvenz unter Einschaltung einer Beschäftigungs- und Qualifizierungsgesellschaft, BB 2004, 773; *ders.,* Besonderheiten beim Betriebsübergang in der Insolvenz, BB 2007, 1333; *Richter/Nacewicz,* Haftungsbegrenzung beim Betriebsübergang in der Insolvenz, ZIP 2008, 256; *Schmidt/Lambertz,* Die Rechtsprechung zum Insolvenzarbeitsrecht im Kalenderjahr 2006/2007 (Teil 3: Betriebsübergang), ZInsO 2007, 1246; *Wellensiek,* Probleme bei der Betriebsveräußerung aus der Insolvenz, NZI 2005, 603.

29 **1. Abgrenzung.** § 613 a I 1 BGB setzt einen rechtsgeschäftlichen Betriebs- bzw. -teilübergang voraus. Die Vorschrift stellt einen Auffangtatbestand dar, der alle Fälle der rechtsgeschäftlichen Betriebsnachfolge erfasst. Das Merkmal des Rechtsgeschäfts dient nur dazu, den Betriebsübergang i. S. v. § 613 a BGB von dem gesetzlichen oder hoheitlichen Übergang der Arbeitsverhältnisse abzugrenzen (RN 32 f.).

30 **2. Rechtsgeschäft. a)** Der Begriff des Rechtsgeschäfts ist umfassend zu verstehen. Er erfasst alle Fälle, in denen die für den Betrieb verantwortliche natürliche oder juristische Person, die die Arbeitgeberverpflichtung gegenüber den Beschäftigten eingeht, im Rahmen vertraglicher oder sonst rechtsgeschäftlicher Beziehungen wechselt. Nicht erforderlich ist das Bestehen von unmittelbaren Vertragsbeziehungen zwischen dem bisherigen Inhaber und dem Erwerber.[98] Maßgeblich ist, ob der Betriebserwerber durch Rechtgeschäft die maßgeblichen Betriebsmittel erworben hat. Ein Rechtsgeschäft liegt vor, wenn die zum Betrieb gehörenden materiellen oder immateriellen Betriebsmittel durch einen oder mehrere Übertragungsakte auf den neuen Inhaber über-

[91] BAG 15. 12. 2005 AP 294 zu § 613 a BGB = NZA 2006, 597; 20. 3. 2003 NZA 2003, 1338.
[92] BAG 15. 12. 2005 AP 294 zu § 613 a BGB = NZA 2006, 597.
[93] BAG 14. 8. 2007 AP 326 zu § 613 a BGB = NZA 2007, 1428.
[94] EuGH 26. 5. 2005 AP 1 zu Richtlinie 77/187/EWG = NZA 2005, 681.
[95] BAG 21. 2. 2008 AP 343 zu § 613 a BGB = NZA 2008, 825.
[96] BAG 2 6. 3. 1996 AP 148 zu § 613 a BGB = NZA 97, 94.
[97] BAG 15. 12. 2005 AP 294 zu § 613 a BGB = NZA 2006, 597; 16. 2. 1993 AP 15 zu § 1 BetrAVG Betriebsveräußerung = NJW 93, 2259.
[98] BAG 26. 8. 1999 AP 197 zu § 613 a BGB = NZA 2000, 371.

tragen werden, der dadurch neuer Inhaber des Betriebs und zur Nutzung der Betriebsmittel berechtigt wird (zum Zeitpunkt RN 28). Dazu ist die vollständige Übertragung der besitzrechtlichen Position des Veräußerers auf den Erwerber erforderlich, wobei ein vor Ort tätiger Betriebsleiter als Besitzdiener des Erwerbers i. S. v. § 855 BGB anzusehen sein kann.[99] Die Rechtsnatur des Vertrags, durch die die Betriebsmittel übertragen werden, ist ebenso ohne Bedeutung wie die Eigentumsverhältnisse an den Betriebsmitteln. [100] Einem Betrieb sind sächliche Betriebsmittel zuzurechnen, wenn sie auf Grund einer Nutzungsvereinbarung zur Erfüllung der Betriebszwecke eingesetzt werden können. Die Übertragung von Sicherungseigentum stellt für sich allein keinen Betriebsübergang dar, da dadurch dem bisherigen Eigentümer nicht die Nutzungsmöglichkeit entzogen wird.[101] Als Rechtsgeschäfte kommen in Betracht Kauf, Schenkung, Einbringung in eine Gesellschaft,[102] Vermächtnis, Verpachtung,[103] Leasing oder Bestellung eines Nießbrauchs sowie eine Kombination mehrerer Rechtsgeschäftstypen; ausreichend ist auch eine Übernahme im Wege eines Management Buy-out-Vertrags bzw. durch einen Betriebsführungsvertrag.[104] Erforderlich ist lediglich die willentliche Übernahme der Organisations- und Leitungsmacht durch den Erwerber. Die Nichtigkeit des Rechtsgeschäfts schließt daher einen Betriebsübergang ebenso wenig aus[105] wie ein vereinbartes Rücktrittsrecht oder eine aufschiebende Bedingung.[106] Die Übernahme der Arbeitsverhältnisse muss daher nicht Gegenstand des Rechtsgeschäfts sein. § 613 a BGB ist auch in Verhältnis zwischen zwei Konzerngesellschaften[107] und bei der Übertragung von Betriebsmitteln im Rahmen einer Liquidation anwendbar.[108] Erfolgt die Umstrukturierung von öffentlich-rechtlichen Rechtsträgern nicht durch Gesetz oder Hoheitsakt, kann auch eine öffentlich-rechtliche Verwaltungsvereinbarung (§ 54 VwVfG) Grundlage für die Übertragung von Betriebsmitteln sein;[109] daneben folgt die Anwendbarkeit von § 613 a BGB aus § 62 Satz 2 VwVfG. Ein Übergang durch Rechtsgeschäft ist auch nicht ausgeschlossen, wenn die Einheit nach einem vorangegangenen öffentlichen Vergabeverfahren übertragen wird.[110]

b) Vielzahl von Rechtsgeschäften und Unmittelbarkeit. Die rechtsgeschäftliche Über- **31**
tragung des Betriebs oder Betriebsteils muss nicht als Ganzes und unmittelbar durch ein einheitliches Rechtsgeschäft von dem Veräußerer auf den Erwerber erfolgen. Ein Rechtsgeschäft i. S. d. § 613 a BGB setzt zwar die rechtsgeschäftliche Übertragung der Betriebsmittel von dem alten auf den neuen Betriebsinhaber voraus. Hierzu ist jedoch kein unmittelbarer Vertragsschluss zwischen dem Veräußerer und dem Erwerber erforderlich.[111] Ein Betriebsübergang durch Rechtsgeschäft liegt daher vor, wenn der Übergang von dem früheren auf den neuen Betriebsinhaber rechtsgeschäftlich veranlasst wurde; sei es auch durch eine Reihe von verschiedenen Rechtsgeschäften oder durch rechtsgeschäftliche Vereinbarungen mit verschiedenen Dritten.[112] Es ist z. B. ausreichend, wenn der Betriebserwerber die Betriebsmittel von den einzelnen Sicherungsnehmern erwirbt, um den Betrieb als Ganzes fortzusetzen[113] oder eine Gaststätte auf Grund einer Vereinbarung von dem bisherigen Pächter an den Verpächter zurückgegeben wird und diese anschließend durch einen Pachtvertrag an einen neuen Pächter verpachtet wird.[114] Die unterschiedlichen Rechtsgeschäfte müssen nur darauf gerichtet und geeignet sein, eine funktionsfähige betriebliche Einheit zu übertragen. Bei einer Auftragsneuvergabe liegt ein rechtsgeschäftlicher Übergang vor, wenn ein Neuauftragnehmer eine im Wesentlichen unveränderte Arbeitsaufgabe

---

[99] BAG 13. 12. 2007 AP 338 zu § 613 a BGB – dafür ist die Verwendung der Betriebsmittel nach den tatsächlichen oder mutmaßlichen Anweisungen des Erwerbers erforderlich.
[100] BAG 15. 12. 2005 AP 294 zu § 613 a BGB = NZA 2006, 597.
[101] BAG 14. 8. 2007 AP 326 zu § 613 a BGB = NZA 2007, 1428.
[102] BAG 20. 6. 2002 AP 10 zu § 113 InsO = NZA 2003, 318.
[103] BAG 26. 2. 1987 AP 59 zu § 613 a BGB = NZA 87, 419; 12. 5. 1976 AP 3 zu § 613 a BGB.
[104] HWK/*Willemsen* § 613 a BGB RN 197.
[105] BAG 6. 2. 1985 AP 44 zu § 613 a BGB = NZA 85, 735.
[106] BAG 31. 1. 2008 AP 339 zu § 613 a BGB; 13. 12. 2007 AP 338 zu § 613 a BGB.
[107] EuGH 2. 12. 1999 AP 28 zu EWG-Richtlinie Nr. 77/187 = NZA 2000, 587.
[108] EuGH 12. 11. 1998 AP 26 zu EWG-Richtlinie Nr. 77/187 = NZA 99, 31; 12. 3. 1998 AP 19 zu EWG-Richtlinie Nr. 77/187 = NZA 98, 529.
[109] BAG 7. 9. 1995 AP 131 zu § 613 a BGB = NZA 96, 424.
[110] BAG 2. 3. 2006 AP 302 zu § 613 a BGB = NZA 2006, 1105.
[111] BAG 11. 12. 1997 AP 172 zu § 613 a BGB = NZA 98, 534.
[112] BAG 15. 2. 2007 AP 320 zu § 613 a BGB = NZA 2007, 793.
[113] BAG 22. 7. 2004 AP 274 zu § 613 a BGB = NZA 2004, 1383; 21. 2. 1990 AP 85 zu § 613 a BGB = NZA 90, 567; 22. 5. 1985 AP 43 zu § 613 a BGB = NZA 85, 773.
[114] BAG 21. 1. 1988 AP 72 zu § 613 a BGB = NZA 88, 838; 25. 2. 1981 AP 24 zu § 613 a BGB = NJW 81, 2212.

auf vertraglicher Grundlage übernimmt und die bisher beschäftigten Arbeitnehmer zu diesem Zwecke einvernehmlich weiterbeschäftigt.[115]

32 **3. Zwangsversteigerung, Zwangsverwaltung.** § 613a BGB findet keine Anwendung, wenn die wesentlichen Betriebsmittel in der Zwangsversteigerung erworben werden, da der Zuschlag in der Zwangsversteigerung ein staatlicher Hoheitsakt ist und kein Rechtsgeschäft darstellt. Werden nur einige ergänzende Betriebsmittel neben dem Erwerb der wesentlichen Betriebsmittel in der Zwangsversteigerung durch Rechtsgeschäft erworben, führt dies gleichfalls nicht zu einem Betriebsübergang nach § 613a BGB. Führt der Zwangsverwalter den bisherigen Betrieb fort, liegt hierin regelmäßig ein Betriebsübergang, da der Übernahme eine rechtsgeschäftliche Absprache zugrunde liegt.

33 **4. Insolvenz. a) Übernahme durch den Insolvenzverwalter.** § 613a BGB findet keine Anwendung auf die Fortführung des Betriebs durch den Insolvenzverwalter nach der Übernahme der Verfügungsbefugnis über das Vermögen des Schuldners (§§ 80, 148, 159 InsO); insoweit fehlt es an einem Rechtsgeschäft. Im Übrigen gilt die Vorschrift auch für die Betriebsveräußerung durch den Insolvenzverwalter an einen Dritten; der Erwerber tritt in die bestehenden Arbeitsverhältnisse ein.[116] Dies gilt auch dann, wenn der Insolvenzverwalter die Betriebstätigkeit der Insolvenzschuldnerin einstellt, einem Dritten die bisherigen Betriebsmittel zur Nutzung überlässt und dieser mit den Arbeitnehmern der Insolvenzschuldnerin und den übernommenen Betriebsmitteln die wirtschaftliche Tätigkeit der Insolvenzschuldnerin fortführt.[117] Da § 613a I 1 BGB die Wahrung der Identität der bisherigen Einheit voraussetzt, liegt kein Betriebsübergang vor, wenn mehrere Unternehmen nur einzelne Betriebsmittel eines vom Insolvenzverwalter stillgelegten Betriebs erwerben oder mieten.[118]

34 **b) Haftungsbeschränkung im Insolvenzverfahren.** Dagegen ist die Haftung des Betriebserwerbers für bestehende Verbindlichkeiten eingeschränkt, um eine unberechtigte Bevorzugung der Arbeitnehmer gegenüber anderen Gläubigern zu vermeiden. Würde die vom Betriebserwerber übernommene Belegschaft einen neuen zahlungskräftigen Haftungsschuldner für bereits entstandene Ansprüche erhalten, wäre sie im Verhältnis zu anderen Insolvenzgläubigern unangemessen bevorzugt. Ist der Betriebsübergang nach der Eröffnung des Insolvenzverfahrens erfolgt, haftet der Betriebserwerber nicht für solche Ansprüche, die bereits vor der Eröffnung des Insolvenzverfahrens entstanden sind. Dies sind z.B. bereits entstandene Abfindungsansprüche aus einem Sozialplan,[119] aus einem Altersteilzeitvertrag[120] oder Ansprüche auf Erstattung von Betriebsratskosten.[121] Insoweit nehmen die Arbeitnehmer am Insolvenzverfahren teil. Diese Grundsätze gelten auch für die Haftung nach § 25 HGB, wenn das Unternehmen vom Insolvenzverwalter übernommen wird.[122] Keine Haftungsbeschränkung des Betriebserwerbers besteht bei Urlaubsansprüchen, soweit sie nicht einem Zeitpunkt vor Eröffnung des Insolvenzverfahrens zugeordnet werden können.[123] Die Begrenzung der Haftung des Betriebserwerbers im Insolvenzverfahren ist nach Art. 5 II lit. a RL 2001/23/EG gemeinschaftsrechtlich zulässig. Hingegen bleibt es bei der Haftung des Erwerbers nach § 613a II BGB, wenn der Betrieb vor Eröffnung des Insolvenzverfahrens (z.B. von einem vorläufigen Insolvenzverwalter) übernommen wird.[124] Keine Haftungsbeschränkung besteht auch, wenn ein Sanierungsverfahren außerhalb des formalisierten insolvenzrechtlichen Verfahrens durchgeführt wird, selbst wenn das insolvenzrechtliche Verfahren von vornherein mangels Masse nicht eröffnet werden kann.[125] Diese vorstehenden Grundsätze gelten auch zur Bestimmung der Reichweite der insolvenzrechtlichen Einschränkung innerhalb eines insolvenzrechtlichen Verfahrens. § 613a BGB ist nicht anzuwenden, soweit Forderungen den besonderen

---

[115] BAG 11. 12. 1997 AP 172 zu § 613a BGB = NZA 98, 534.

[116] BAG 20. 6. 2002 AP 10 zu § 113 InsO = NZA 2003, 318; vgl. zur KO BAG 16. 2. 1993 AP 15 zu § 1 BetrAVG Betriebsveräußerung = NZA 93, 643; 23. 7. 1991 AP 11 zu § 1 BetrAVG Betriebsveräußerung = NZA 92, 217; 29. 1. 1991 AP 64 zu § 7 BetrAVG = NZA 91, 555.

[117] BAG 25. 10. 2007 AP 333 zu § 613a BGB = NZA-RR 2008, 367.

[118] BAG 26. 7. 2007 AP 324 zu § 613a BGB = NZA 2008, 112.

[119] BAG 15. 1. 2002 AP 1 zu § 2 SozplKonkG = NZA 2002, 1034.

[120] BAG 30. 10. 2008 – 8 AZR 54/07 – z.V.b.; 19. 12. 2006 AP 19 zu § 3 ATG – Beschränkung auf Masseforderungen.

[121] BAG 13. 7. 1994 AP 28 zu § 61 KO.

[122] BAG 20. 9. 2006 AP 1 zu § 25 HGB = NZA 2007, 335.

[123] BAG 18. 12. 2003 AP 16 zu § 113 InsO = NZA 2004, 654.

[124] BAG 20. 6. 2002 AP 10 zu § 113 InsO = NZA 2003, 318; 21. 2. 1990 AP 85 zu § 613a BGB = NZA 90, 567 – Sequestration.

[125] BAG 20. 11. 1984 AP 38 zu § 613a BGB = NJW 85, 1574; anders BAG 3. 7. 1980 AP 22 zu § 613a BGB.

Verteilungsgrundsätzen dieses Verfahrens unterliegen.[126] Bei Anwartschaften auf betriebliche Altersversorgung haftet der Betriebserwerber für den Teil der Betriebsrentenansprüche, der nach Eröffnung des insolvenzrechtlichen Verfahrens erdient worden ist. Waren bei Verfahrenseröffnung Betriebsrentenansprüche oder -anwartschaften entstanden, nehmen diese an der Verteilung als Insolvenzforderung teil. Soweit gesetzliche Unverfallbarkeit vorliegt, haftet der Pensionssicherungsverein;[127] zum Eintritt des Pensionssicherungsvereins bei Ruhegeldern (§ 84 RN 104).

§ 118. Rechtsfolgen des Betriebsübergangs

Übersicht

	RN
I. Übergang der Arbeitsverhältnisse	1 ff.
1. Arbeitgeberwechsel	1
2. Arbeitsverhältnis	2–4
II. Rechtsstellung des Betriebserwerbers und des Betriebsveräußerers	5 ff.
1. Erwerber	5, 6
2. Schuldnerwechsel	7
3. Bisheriger Arbeitgeber	8–11
4. Abdingbarkeit	12
5. Einzelfälle	13–22
III. Das Verhältnis von § 613 a BGB zu anderen Haftungsnormen	23 ff.
1. Haftungsgrundlagen	23
2. Geschäftsübernahme	24
3. Schuldbeitritt	25
IV. Mitwirkung des Betriebsrats und des Sprecherausschusses	26 ff.
1. Mitbestimmung	26
2. Mitbestimmungsadressat	27
3. Personalrat	28
4. Sprecherausschuss	29
V. Unterrichtung und Widerspruchsrecht der Arbeitnehmer	30 ff.
1. Einführung	30
2. Unterrichtung der Arbeitnehmer	31–38
3. Widerspruchsrecht des Arbeitnehmers	39–47
VI. Prozessuales	48 ff.
1. Kündigungsschutzklage	48–50
2. Allgemeine Feststellungsklage, Widerklage	51
3. Auflösungsantrag	52
4. Rechtskraft	53
5. Beschlussverfahren	54

I. Übergang der Arbeitsverhältnisse

Commandeur/Kleinebrink, Die Änderungskündigung als Mittel zur Lösung von Zuordnungsproblemen beim Betriebsübergang, NJW 2005, 633; *Frahm,* Betriebsteilübergang gemäß § 613 a BGB und die Zuordnung der übergehenden Arbeitsverhältnisse, 2007.

1. Arbeitgeberwechsel. § 613 a I 1 BGB enthält einen gesetzlichen Schuldnerwechsel. Der neue Inhaber tritt in die Rechte und Pflichten aus den im Zeitpunkt des Übergangs bestehenden Arbeitsverhältnissen ein. Die Arbeitsverhältnisse zum bisherigen Betriebsinhaber werden gleichzeitig beendet. Der Eintritt des Betriebserwerbers in die Rechte und Pflichten bedarf keiner Einwilligung des Arbeitnehmers.[1] Nur bei einem bereits vor dem Betriebsübergang erklärten Widerspruch bleibt das Arbeitsverhältnis zum bisherigen Betriebsinhaber bestehen. 1

2. Arbeitsverhältnis. a) Arbeitnehmer. Vom Arbeitgeberwechsel nach § 613 a BGB werden nur Arbeitsverhältnisse erfasst. Nach Art. 2 I RL 2001/23/EG ist Arbeitnehmer jede Person, die in dem betreffenden Mitgliedstaat auf Grund des einzelstaatlichen Arbeitsrechts geschützt ist. Danach gilt für § 613 a BGB der allg. Arbeitnehmerbegriff nach nationalem Recht (§ 7). Erfasst werden die Arbeitsverhältnisse aller Arbeitnehmer, unabhängig davon, ob es sich um Arbeiter, Angestellte oder Auszubildende[2] handelt, auch leitende Angestellte fallen darunter.[3] Die Rechtsverhältnisse der arbeitnehmerähnlichen Personen und Heimarbeiter[4] sowie freie Dienstverhältnisse gehen hingegen nicht auf den Erwerber über. Das Anstellungsverhältnis eines Organvertreters fällt nur unter § 613 a BGB, wenn es sich um ein Arbeitsverhältnis handelt.[5] Auch anfechtbare oder faktische Arbeitsverhältnisse gehen über. 2

b) Bestehende Arbeitsverhältnisse. § 613 a BGB gilt nur für zum Zeitpunkt des Betriebsübergangs bestehende Arbeitsverhältnisse mit dem Betriebsveräußerer. Hierzu zählt auch ein 3

---

[126] BAG 19. 5. 2005 AP 283 zu § 613 a BGB = NZA-RR 2006, 373.
[127] BAG 26. 3. 1996 AP 148 zu § 613 a BGB = NZA 97, 94.
[1] BAG 30. 10. 1986 AP 55 zu § 613 a BGB = NZA 87, 524.
[2] BAG 13. 7. 2006 AP 1 zu § 613 a BGB Widerspruch = NZA 2006, 1406.
[3] BAG 13. 2. 2003 AP 249 zu § 613 a BGB = NZA 2003, 854; 19. 1. 1988 AP 70 zu § 613 a BGB = NZA 88, 501; 22. 2. 1978 AP 11 zu § 613 a BGB.
[4] BAG 24. 3. 1998 AP 178 zu § 613 a BGB = NZA 98, 1001; 3. 7. 1980 AP 23 zu § 613 a BGB.
[5] BAG 13. 2. 2003 AP 24 zu § 611 BGB Organvertreter = NZA 2003, 552.

nach § 10 I AÜG mit dem Betriebsveräußerer fingiertes Arbeitsverhältnis. Gekündigte Arbeitsverhältnisse gehen über, wenn der Betriebsübergang noch in der Kündigungsfrist erfolgt.[6] Nach Auffassung des BAG geht ein Arbeitsverhältnis auch dann auf einen Betriebserwerber über, wenn es wirksam auf das Ende des Tages vor dem Betriebsübergang befristet ist und der Erwerber es nahtlos durch Abschluss eines neuen Arbeitsverhältnisses fortsetzt.[7] Das BAG hat auch angenommen, dass ein Wiedereinstellungsanspruch (§ 151 RN 10) nach § 613 a I 1 BGB auf den Betriebserwerber übergehen kann, wenn der Fortsetzungsanspruch vor dem Betriebsübergang entstanden ist.[8] Ist das Arbeitsverhältnis hingegen beendet, greift § 613a BGB grundsätzlich nicht ein. Der Erwerber übernimmt z.B. nicht die Provisionsansprüche[9] bereits ausgeschiedener Arbeitnehmer, zur betrieblichen Altersversorgung RN 14.

4 **c) Zuordnung zu der übergehenden Einheit.** Das Arbeitsverhältnis geht nach § 613a I BGB nur über, wenn der Arbeitnehmer der übergehenden Einheit (Betrieb bzw. -steil) zum Zeitpunkt des Übergangs auf den Betriebserwerber angehört. Dies ist der Fall, wenn er in der Einheit tatsächlich beschäftigt wird.[10] Die Frage der Zuordnung kann insbesondere bedeutsam werden, wenn nur einer von mehreren Betrieben oder lediglich ein Betriebsteil auf einen neuen Betriebsinhaber übergeht und der Restbetrieb stillgelegt wird. Die Zuordnung erfolgt bei einer Tätigkeit für mehrere Betriebe grundsätzlich nach objektiven Kriterien. Hierfür ist zuerst die vertragliche Vereinbarung oder – falls diese nicht entsprechend konkret ausgestaltet ist – die Funktion des Arbeitsplatzes, der überwiegende Zeitanteil seiner Tätigkeiten bzw. die tatsächliche Eingliederung[11] oder – bei verbleibenden Zweifeln – die ausdrückliche oder konkludente Ausübung des Direktionsrechts durch den Arbeitgeber maßgebend.[12] Hat der Arbeitgeber eine Tätigkeit in der übergehenden Einheit angeordnet, ist damit die Zuordnung erfolgt. Ist der Einsatz in der übergehenden Einheit nicht vom Direktionsrecht des Arbeitgebers gedeckt, bleibt es bei der letzten zulässigen Zuordnung zu einer Einheit.[13] Die Zuordnung bleibt auch bei einer nur vorübergehenden Suspendierung der Hauptpflichten aus dem Arbeitsverhältnis (Wehr- bzw. Zivildienst, Elternzeit, vorübergehender Auslandsaufenthalt[14]) erhalten. Hingegen beendet eine wirksame unwiderrufliche oder vereinbarte Freistellung die Zuordnung zu dem Betriebsteil, dem der Arbeitnehmer zuletzt angehört hat. Sind die Hauptleistungspflichten nicht nur vorübergehend, sondern dauerhaft suspendiert, geht damit die Zuordnung zu dem Betrieb verloren. Allerdings gehen Altersteilzeitarbeitsverhältnisse in der Freistellungsphase auch auf den Betriebserwerber über.[15] Dies dürfte anders zu beurteilen sein bei einer einvernehmlichen Freistellung bis zur Beendigung des Arbeitsverhältnisses. Für die Eingliederung genügt es nicht, dass der Arbeitnehmer als Beschäftigter einer Querschnittsabteilung des Unternehmens (z.B. Verwaltungsabteilung) Tätigkeiten für den übertragenen Teil des Unternehmens verrichtet hat.[16] Daher gehen bei einem Übergang eines Produktionsbetriebs nicht zugleich die für diesen Betrieb zuständigen Mitarbeiter aus der Verwaltung mit über, wenn die Verwaltung einen gesonderten Betrieb darstellt. Haben Arbeitnehmer einem Betriebs- bzw. Teilbetriebsübergang widersprochen, werden sie nicht automatisch den bei dem Veräußerer verbleibenden Einheiten zugeordnet.[17] Vielmehr setzt dies ihre tatsächliche Beschäftigung in einer Einheit des Veräußerers voraus. Die Zuordnung kann im Vorfeld eines Betriebsübergangs vertraglich zwischen den Arbeitsvertragsparteien geregelt werden, wenn der Arbeitgeber den Arbeitnehmer über den bevorstehenden Übergang aufklärt.[18] Dies ist insbesondere bei der Freistellung der Arbeitnehmer oder der Ausübung ihres Widerspruchsrechts zweckmäßig. Zu den Möglichkeiten der Zuordnung nach § 323 II UmwG vgl. § 116 RN 26.

---

[6] BAG 22. 2. 1978 AP 11 zu § 613a BGB.
[7] BAG 19. 5. 2005 AP 283 zu § 613a BGB.
[8] BAG 25. 10. 2007 AP 2 zu § 613a BGB Wiedereinstellung = NZA 2008, 357.
[9] BAG 11. 11. 1986 AP 60 zu § 613a BGB = NZA 87, 597 – selbst bei Ausführung des Geschäfts durch den Erwerber.
[10] EuGH 12. 11. 1992 AP 5 zu EWG-Richtlinie Nr. 77/187; BAG 13. 2. 2003 AP 245 zu § 613a BGB; 13. 11. 1997 AP 170 zu § 613a BGB = NZA 98, 249; 11. 9. 1997 AP 16 zu EWG-Richtlinie Nr. 77/187 = NZA 98, 31.
[11] BAG 8. 8. 2002 NZA 2003, 315; 20. 7. 1982 AP 31 zu § 613a BGB.
[12] BAG 25. 9. 2003 AP 256 zu § 613a BGB.
[13] LAG Düsseldorf 14. 5. 2004 LAGE BGB 2002 § 613a Nr. 4.
[14] BAG 14. 7. 2005 AP 4 zu § 611 BGB Ruhen des Arbeitsverhältnisses = NZA 2005, 1411.
[15] BAG 31. 1. 2008 AP 340 zu § 613a BGB = NZA 2008, 705.
[16] BAG 22. 7. 2004 AP 274 zu § 613a BGB = NZA 2004, 1383; 25. 9. 2003 AP 256 zu § 613a BGB; 8. 8. 2002 NZA 2003, 315; 21. 1. 1999 – 8 AZR 287/98 n. v.
[17] BAG 25. 9. 2003 AP 256 zu § 613a BGB – Teilstilllegung.
[18] BAG 25. 6. 1985 AP 23 zu § 7 BetrAVG = NZA 86, 93; 20. 7. 1982 AP 31 zu § 613a BGB.

II. Rechtsstellung des Betriebserwerbers und des Betriebsveräußerers

Annuß/Lembke, Aktienoptionspläne der Konzernmutter und arbeitsrechtliche Bindungen, BB 2003, 2230; *Dzida/Wagner,* Vertragsänderungen nach Betriebsübergang, NZA 2008, 571; *Eich,* Erwerberhaftung für Ansprüche aus einem Altersteilzeitarbeitsvertrag im Blockmodell bei Betriebsübergang in der Insolvenz?, FS Hromadka (2008), S. 53; *Grimm/Walk,* Das Schicksal erfolgsbezogener Vergütungsformen, BB 2003, 577; *Hauck,* Arbeitsbedingungen nach Betriebsübergang, BB-Special 2008, 19; *Joussen,* Kirchliche Arbeitsvertragsinhalte beim Betriebsübergang, NJW 2006, 1850; *Klak/Wiesinger,* Der rechtliche und personalpolitische Wert von Überführungsvereinbarungen und ihr Einfluss auf den Betriebsfrieden, FS Hromadka (2008), S. 205; *Kort,* Bestandssicherung betrieblicher Altersversorgung beim Betriebsübergang, Gedächtnisschrift für Wolfgang Blomeyer (2003), S. 199; *Kortstock,* Abfindung nach § 1a KSchG und Betriebsübergang, NZA 2007, 297; *Liedtke,* Das rechtliche Schicksal des Datenschutzbeauftragten im Falle der Betriebsveräußerung, NZA 2005, 390; *Löwisch/Diller,* Die Geltung von Gesamtzusagen für künftige Betriebsangehörige, BB 2007, 830; *Meyer,* Arbeitsvertragsänderungen bei Betriebsänderungen, NZA 2002, 246; *Moll,* Betriebsübergang und Nebenleistungen, FS BAG (2004), S. 59; *Nehls/Sudmeyer,* Zum Schicksal von Aktienoptionen bei Betriebsübergang, ZIP 2002, 201; *Niklas*/Mückl, Auswirkungen eines Betriebsübergangs auf betriebsverfassungsrechtliche Ansprüche, DB 2008, 2250; *Pietrek,* Erstattung des Arbeitslosengelds beim Unternehmenskauf, DB 2003, 2065; *Richardi,* Geltung des kirchlichen Arbeitsrechts bei Umstrukturierungen, FS 25 AG ArbR DAV (2006), S. 673; *Rohr,* Betriebszugehörigkeit bei Betriebsübergang und „Dreiseitigem Vertrag", FS Löwisch (2006), S. 267; *Rolfs,* Die betriebliche Altersversorgung beim Betriebsübergang, NZA Beil. 4/2008, 164; *Schaub,* Arbeitnehmererfindung und Betriebsnachfolge, FS Bartenbach (2005), S. 229; *Schnittker/Grau,* Übergang und Anpassung von Rechten aus Aktienoptionsplänen bei Betriebsübergängen nach § 613a BGB, BB 2002, 2497; *Schrader/Straube,* Die Behandlung von Entgeltansprüchen aus einem Altenteilsverhältnis nach Insolvenzeröffnung und Betriebsübergang, ZInsO 2005, 184, 234; *von Steinau-Steinrück,* Die Grenzen des § 613a BGB bei Aktienoptionen im Konzern, NZA 2003, 473; *Tappert,* Auswirkungen eines Betriebsübergangs auf Aktienoptionsrechte, NZA 2002, 1188; *Thüsing,* Dreigliedrige Standortvereinbarungen, NZA 2008, 201; *Urban-Crell/Manger,* Konzernweite Aktienoptionspläne und Betriebsübergang, NJW 2004, 125; *Willemsen/Müller-Bonanni,* Aktienoptionen beim Betriebsübergang, ZIP 2003, 1177.

1. Erwerber. a) Vertragseintritt in die bestehenden Arbeitsverhältnisse. Nach § 613a I 1 BGB tritt der Betriebserwerber in die Rechte und Pflichten aus den im Zeitpunkt des Übergangs bestehenden Arbeitsverhältnisse ein. Auf Grund des gesetzlich angeordneten Vertragspartnerwechsels wird er Schuldner aller Verbindlichkeiten aus dem Arbeitsverhältnis, auch soweit sie vor dem Übergang entstanden sind.[19] Zu diesen gehören auch alle sonstigen Leistungen, die der bisherige Betriebsinhaber auf Grund des übergegangenen Arbeitsvertrags gewährt hat, z.B. Gratifikationen und Anwesenheitsprämien. Im Gegenzug erwirbt der neue Inhaber etwaige Zahlungsansprüche des Betriebsveräußerers gegenüber dem Arbeitnehmer wie z.B. Rückzahlungsansprüche wegen Überzahlungen oder Schadensersatzansprüche wegen Pflichtverletzungen des Arbeitsvertrags. 5

b) Ohne inhaltliche Änderung. Der Betriebserwerber übernimmt die Arbeitsverhältnisse in dem Zustand, in dem sie sich zum Zeitpunkt des Betriebsübergangs bei dem früheren Betriebsinhaber befunden haben. Da § 613a I 1 BGB nur einen gesetzlichen Austausch des Vertragspartners auf der Arbeitgeberseite bewirkt, bleibt der Inhalt der bestehenden Arbeitsverhältnisse unverändert. Der Betriebserwerber tritt nur in die im Zeitpunkt des Betriebsübergangs bestehenden Verpflichtungen aus dem Arbeitsverhältnis ein. Vertragsverhältnisse, die nicht mit dem Veräußerer bestanden haben, gehen nicht auf den Betriebserwerber über. Hierzu zählen Vertragsverhältnisse, die neben dem Arbeitsverhältnis bestehen oder solche, die mit Rücksicht auf das Arbeitsverhältnis mit Dritten geschlossen worden sind. Bei einem Übergang auf einen der **Kirche** zugeordneten Träger können sich nach dem Betriebsübergang gesteigerte Loyalitätspflichten für die Arbeitnehmer ergeben; allerdings ist der kirchliche Arbeitgeber an den bisherigen Arbeitsvertragsinhalt gebunden[20] (zum Kollektivrecht § 119 RN 3a). 6

2. Schuldnerwechsel. Gegenüber den übergehenden Arbeitnehmern findet ein Schuldnerwechsel statt, d.h. bei ihnen tritt der Betriebserwerber in alle Verbindlichkeiten ein. Der Veräußerer kann nur noch in den Grenzen des § 613a II BGB neben dem Erwerber in Anspruch genommen werden. Für nach dem Betriebsübergang begründete Verbindlichkeiten haftet grundsätzlich allein der Erwerber. Dies gilt auch dann, wenn das dem Betriebsübergang zugrunde liegende Rechtsverhältnis rechtsunwirksam ist. 7

3. Bisheriger Arbeitgeber. a) Er haftet für die bis zum Betriebsübergang entstandenen Verbindlichkeiten und neben dem neuen Arbeitgeber für solche Verpflichtungen aus dem Arbeits- 8

---

[19] BAG 18. 8. 1976 AP 4 zu § 613a BGB = NJW 77, 1168; zur Insolvenz § 117 RN 34.
[20] Dazu *Joussen* NJW 2006, 1850.

verhältnis, die vor dem Zeitpunkt des Überganges entstanden sind und vor Ablauf eines Jahres von diesem Zeitpunkt fällig werden, als Gesamtschuldner (§ 613 a II BGB). Der bisherige Arbeitgeber haftet nicht für solche Ansprüche aus dem Arbeitsverhältnis, die erst nach Betriebsübergang entstehen. Werden Verpflichtungen erst nach dem Zeitpunkt des Betriebsübergangs fällig, sind sie aber vor und nach dem Übergang entstanden, haftet der bisherige Arbeitgeber in dem Umfang, der dem im Zeitpunkt des Übergangs abgelaufenen Teil ihres Bemessungszeitraumes entspricht (§ 613 a II 2 BGB). Geht ein Betrieb also am 1. 5. über, haftet der Erwerber auf die volle, der Veräußerer auf die Gewinnbeteiligung für die Zeit vom 1. 1. bis 1. 5. Zweifelhaft ist die Rechtslage beim Urlaub. Da nach der bisherigen Rspr. des BAG der Anspruch auf Urlaub ein Anspruch auf Freistellung von der Arbeit ist, muss der Erwerber den Urlaub gewähren.[21] Eine Haftung des Veräußerers im Außenverhältnis wird ausscheiden. Nach der Rspr. des BGH muss der bisherige Arbeitgeber dem neuen Arbeitgeber anteiligen Ausgleich in Geld für die vor dem Betriebsübergang entstandenen Ansprüche auf Urlaub zahlen.[22] Nach § 613 a III BGB tritt die Mithaftung des bisherigen Arbeitgebers nicht ein, wenn eine juristische Person durch Verschmelzung oder Umwandlung erlischt. Für rückständige öffentlich-rechtliche Abgaben und Beiträge haftet der Betriebserwerber nicht.

9 **b) Innenverhältnis.** § 613 a BGB regelt nur die Haftung des Arbeitgebers gegenüber dem Arbeitnehmer, also das sog. Außenverhältnis. Wer im Innenverhältnis zwischen früherem und neuem Arbeitgeber die Schuld zu tragen hat, hängt von den im Übernahmevertrag getroffenen Vereinbarungen ab. Fehlt eine solche Vereinbarung, so gilt § 426 I 1 BGB.[23]

10 **c) Gesellschafterwechsel.** Kein Fall des § 613 a BGB liegt vor, wenn aus einer Personengesellschaft (OHG, KG) ein einzelner Gesellschafter ausscheidet und ein anderer an seine Stelle tritt. Ein Wechsel der Gesellschafter berührt die Identität der Gesellschaft als Rechtssubjekt nicht. Dies gilt selbst dann, wenn alle Gesellschafter ausscheiden und ihre Gesellschaftsanteile auf einen oder mehrere Erwerber übertragen.[24] Der ausscheidende persönlich haftende Gesellschafter haftet für die im Dauerschuldverhältnis begründeten Ansprüche, auch wenn sie erst nach seinem Ausscheiden fällig werden. Es gilt die Verjährungsfrist (§ 160 HGB); daneben kommen nach Auffassung des BAG sonstige Haftungsbeschränkungen nicht in Betracht.[25]

11 **d) Rückübertragung.** War das der Betriebsübergabe zugrunde liegende Rechtsgeschäft mit Rechtsmängeln behaftet und wird der Betrieb auf den bisherigen Arbeitgeber zurück übertragen, so haftet der bisherige Arbeitgeber im Falle der Rückübertragung auch auf die zwischenzeitlich begründeten Ansprüche der Arbeitnehmer.

12 **4. Abdingbarkeit.** § 613 a I–IV BGB ist grundsätzlich zwingendes Recht und nicht abdingbar. Die nach den tatsächlichen Umständen zu entscheidende Frage, ob und ggf. wann ein Betriebsübergang vorliegt, unterliegt nicht der Disposition des Veräußerers oder Erwerbers. § 613 a BGB eröffnet lediglich einen Gestaltungsspielraum auf der Tatbestandsebene. Bei der Ausgestaltung des Übertragungsgeschäfts (§ 177 RN 30) besteht eine „Handsteuerung" bei der Art und Weise der Übertragung und Nutzung der Betriebsmittel sowie der Dauer der Unterbrechung der betrieblichen Tätigkeit (§ 117 RN 25). Weder die Betriebsübergangsrichtlinie noch das nationale Recht stehen der Gestaltung von wirtschaftlichen Abläufen entgegen, die auf die Vermeidung der tatbestandlichen Voraussetzungen eines Betriebsübergangs gerichtet sind. Dies gilt insbesondere für Vertragsgestaltungen bei der Neuvergabe von Dienstleistungsaufträgen.[26] Auf der Rechtsfolgenseite sind vertragliche Abreden zwischen Betriebsveräußerer und Erwerber zu Lasten der Arbeitnehmer nicht möglich (z. B. Ausschluss der Rechtsfolgen des § 613 a BGB). Auch eine Vereinbarung, wonach der Veräußerer eines Betriebs gegenüber der Belegschaft alleiniger Schuldner aller Versorgungsverpflichtungen bleibt, verstößt gegen § 613 a BGB und ist auch dann nichtig, wenn die Arbeitnehmer zustimmen.[27] Gleiches gilt für Vereinbarungen zwischen Arbeitnehmer und Betriebsveräußerer vor einem beabsichtigten Betriebsübergang, die auf

[21] BAG 2. 12. 1999 AP 202 zu § 613 a BGB = NZA 2000, 480; vgl. LAG Hessen 30. 3. 1998 NZA-RR 98, 532.

[22] BGH 25. 3. 1999 NJW 99, 2962 = NZA 99, 817; 4. 7. 1985 NJW 85, 2643; vgl. *Schmalz/Ebener* DB 2000, 1711.

[23] OLG Düsseldorf 28. 12. 1998 BB 90, 2193 – anteilige Sonderzuwendung.

[24] BAG 14. 8. 2007 AP 326 zu § 613 a BGB = NZA 2007, 1428.

[25] BAG 18. 3. 1997 AP 16 zu § 1 BetrAVG Betriebsveräußerung = NZA 98, 97; 12. 7. 1990 AP 87 zu § 613 a BGB = NZA 91, 63; 3. 5. 1983 AP 4 zu § 128 HGB = NJW 83, 2283; 21. 7. 1977 AP 1 zu § 128 HGB.

[26] BAG 27. 9. 2007 AP 332 zu § 613 a BGB = NZA 2008, 1130.

[27] BAG 14. 7. 1981 AP 27 zu § 613 a BGB = NJW 82, 1607.

die Verschlechterung der Arbeitsbedingungen zielen.[28] Ihre Änderung zu Lasten der Arbeitnehmer nach dem Betriebsübergang war nach der bisherigen Rspr. des BAG nur statthaft, wenn hierfür ein sachlicher Grund vorlag.[29] Hieran hat das Gericht nicht mehr festgehalten. Vereinbarungen über den Arbeitsvertragsinhalt zwischen dem Arbeitnehmer und dem Betriebsveräußerer bzw. -erwerber im Zusammenhang mit einem Betriebsübergang sind auf Grund der Vertragsfreiheit zulässig.[30] Sie können allerdings den §§ 305ff. BGB unterliegen. Der Schutz des § 613a BGB beginnt in zeitlicher Hinsicht, wenn der Betriebsübergang entweder absehbar ist oder die Änderungen auf die Herstellung von Arbeitsbedingungen zielen, die den Betrieb erst verkaufsfähig machen sollen.

5. Einzelfälle. a) Anpassung bisheriger Leistungen, Gleichbehandlung. Der Betriebserwerber muss die bisherigen Leistungen weiter erbringen. Er hat insb. dieselbe Vergütung wie der Betriebsveräußerer zu zahlen. Ist die Vergütung niedriger als bei vergleichbaren Arbeitnehmern im Betrieb des Erwerbers, ist dieser auch nicht aus dem Gleichbehandlungsgrundsatz zu einer Anpassung der geringeren Vergütung der übernommenen Arbeitnehmer „nach oben" verpflichtet.[31] Die Betriebsübernahme stellt einen sachlichen Grund für die Fortführung von unterschiedlichen Vergütungsordnungen dar. In einem Betrieb können daher unterschiedliche Vergütungssysteme für die bisherige und die neu dazu gekommene Belegschaft gelten.[32] Im umgekehrten Fall ist jedoch auch ein gegenüber den Arbeitnehmern des Betriebserwerbers günstigeres Vergütungsniveau der übernommenen Arbeitnehmer zulässig; die Herstellung von einheitlichen Arbeitsbedingungen stellt für sich allein kein dringendes betriebliches Erfordernis i.S.d. § 1 II KSchG und keinen Grund für eine Änderungskündigung (§ 2 KSchG) dar.[33] Eine Anpassungspflicht des Betriebserwerbers besteht auch dann nicht, wenn die übernommene Betriebsorganisation aufgelöst wird und die übernommenen Arbeitnehmer in den Erwerberbetrieb integriert werden.[34] Auch eine tarifliche Regelung über die Besitzstandswahrung der übernommenen Beschäftigten ist zulässig.[35] Jedoch ist der Gleichbehandlungsgrundsatz anwendbar, wenn der Arbeitgeber nach dem Betriebsübergang (gestaltend) eine eigene Regel für die Arbeitsbedingungen der übernommenen und der bisherigen Arbeitnehmer aufstellt.[36] 13

b) Betriebliche Altersversorgung. aa) Die beim Veräußerer erdienten verfallbaren oder unverfallbaren Versorgungsanwartschaften der übernommenen Arbeitnehmer gehen nach § 613a I 1 BGB auf den Betriebserwerber über.[37] Ein vor dem Übergang vereinbarter Verzicht auf Versorgungsanwartschaften ist regelmäßig unwirksam.[38] Hingegen gehen die Versorgungsansprüche der bereits ausgeschiedenen Arbeitnehmer (Renten und unverfallbare Anwartschaften) nicht nach § 613a BGB auf den Betriebserwerber über.[39] Insoweit bleibt der alte Arbeitgeber Schuldner. Dies gilt auch, wenn der Arbeitnehmer nach Eintritt des Versorgungsfalls das Arbeitsverhältnis weiterführt oder neu begründet.[40] Etwas anderes kann sich nach § 25 HGB ergeben, wenn er die Firma des Betriebsveräußerers übernimmt.[41] Die Übernahme der bestehenden Ruhegeldansprüche kann jedoch durch eine Schuldübernahme oder einen Schuldbeitritt erfolgen. Der Erwerber eines Betriebs ist nicht verpflichtet, bei der Berechnung von Versorgungsleistungen auf 14

---

[28] BAG 12. 5. 1992 AP 14 zu BetrAVG § 1 Betriebsveräußerung = NZA 92, 1080.

[29] BAG 27. 4. 1988 AP 71 zu § 613a BGB = NZA 88, 655; 17. 1. 1980 AP 18 zu § 613a BGB; 18. 8. 1976 AP 4 zu § 613a BGB.

[30] BAG 7. 11. 2007 AP 329 zu § 613a BGB = NZA 2008, 530.

[31] BAG 31. 8. 2005 AP 288 zu § 613a BGB = NZA 2006, 265; 18. 11. 2003 AP 15 zu § 77 BetrVG 1972 Nachwirkung = NZA 2004, 803; 17. 4. 1996 AP 101 zu § 112 BetrVG 1972 = NZA 96, 1113; 25. 8. 1976 AP 41 zu § 242 BGB Gleichbehandlung.

[32] BAG 12. 12. 2006 AP 27 zu § 1 BetrVG 1972 Gemeinsamer Betrieb

[33] BAG 20. 1. 2000 AP 40 zu § 103 BetrVG 1972 = NZA 2000, 592; 28. 4. 1982 AP 3 zu § 2 KSchG 1969 = NJW 82, 2687; zur RL 2001/23/EG EuGH 14. 9. 2000 AP 29 zu EWG-Richtlinie Nr. 77/187 = NZA 2000, 1279.

[34] MünchKommBGB/*Müller-Glöge* § 613a BGB RN 96; a.A. ErfK/*Preis* § 613a BGB RN 9.

[35] BAG 29. 8. 2001 AP 291 zu Art. 3 GG = NZA 2002, 863.

[36] BAG 14. 3. 2007 AP 204 zu § 242 Gleichbehandlung = NZA 2007, 862; 14. 3. 2007 AP 1 zu § 611 BGB Lohnerhöhung = NZA 2007, 981.

[37] BAG 12. 5. 1992 AP 14 zu § 1 BetrAVG Betriebsveräußerung = NZA 92, 1080; 24. 3. 1977 AP 6 zu § 613a BGB.

[38] BAG 12. 5. 1992 AP 14 zu § 1 BetrAVG Betriebsveräußerung = NZA 92, 1080.

[39] BAG 24. 3. 1987 AP 1 zu § 26 HGB = NZA 88, 246; 11. 11. 1986 AP 61 zu § 613a BGB = NZA 87, 559; 17. 1. 1980 AP 18 zu § 613a BGB; 24. 3. 1977 AP 6 zu § 613a BGB.

[40] BAG 18. 3. 2003 AP 108 zu § 7 BetrAVG = NZA 2004, 848.

[41] BAG 23. 3. 2004 AP 265 zu § 613a BGB; 24. 3. 1987 AP 1 zu § 26 HGB = NZA 88, 246; 24. 3. 1977 AP 6 zu § 613a BGB.

Grund einer eigenen Versorgungszusage solche Beschäftigungszeiten anzurechnen, die von ihm übernommene Arbeitnehmer bei einem früheren Betriebsinhaber zurückgelegt haben. Er ist bei der Aufstellung von Berechnungsregeln frei, Vorbeschäftigungszeiten als wertbildende Faktoren außer Ansatz zu lassen. Die beim Veräußerer zurückgelegten Vordienstzeiten müssen lediglich bei der Unverfallbarkeit der Versorgungsanwartschaft mitberücksichtigt werden.[42]

15 **bb) Unterstützungskasse.** Hat der Betriebsveräußerer Ruhegelder durch eine Unterstützungskasse gewährt, erwirbt der Betriebsübernehmer nicht nach § 613a BGB zugleich Rechte an der Unterstützungskasse.[43] Wird eine Unterstützungskasse aus Anlass einer Betriebsübernahme von dem Betriebserwerber übernommen, muss diese die Versorgungsansprüche der bereits ausgeschiedenen Arbeitnehmer weitererfüllen. Den Erwerber treffen jedoch die auf ihn entfallenden Dotierungslasten. Der Betriebsveräußerer muss die Unterstützungskasse insoweit dotieren, wie diese Versorgungsansprüche und Versorgungsaussichten bereits ausgeschiedener Arbeitnehmer erfüllen muss.[44] Wird die Unterstützungskasse bei einem Betriebsübergang nicht übertragen, tritt der Erwerber gegenüber den Arbeitnehmern in die Versorgungsverpflichtung nach § 613a I 1 BGB ein. Erbringt die Unterstützungskasse keine Leistungen, muss der neue Arbeitgeber auch für übernommene Versorgungsleistungen einstehen.[45]

16 **c) Betriebliche Übung, Gesamtzusage.** Eine bereits vor Betriebsübergang begründete betriebliche Übung bindet auch den Betriebserwerber.[46] Ist noch keine Bindungswirkung eingetreten, muss der Erwerber den bisher von dem Betriebsveräußerer gesetzten Vertrauenstatbestand gegen sich gelten lassen.[47] Er kann den Eintritt der Bindungswirkung jedoch durch entsprechende gegenläufige Erklärungen verhindern. Auch eine sich aus einer Gesamtzusage ergebende individualvertragliche Verpflichtung geht nach § 613 a I 1 BGB auf den Betriebserwerber über.[48]

17 **d) Betriebszugehörigkeit.** Die Dauer der bei dem Betriebsveräußerer bis zum Betriebsübergang zurückgelegten Betriebszugehörigkeit bleibt dem Arbeitnehmer erhalten. Dies betrifft zunächst die Fälle, in denen das Gesetz auf die Zurücklegung einer bestimmten Betriebszugehörigkeitszeit abstellt, wie z.B. bei der Wartezeit beim Kündigungsschutz (§ 1 I KSchG) und Urlaub (§ 4 BUrlG), der Sozialauswahl (§ 1 III KSchG) sowie bei der Berechnung der Dauer der gesetzlichen Kündigungsfristen (§ 622 II BGB). Daneben zählt die bisherige Betriebszugehörigkeitszeit auch bei Ansprüchen, die auf übergegangenen Kollektivregelungen oder dem Arbeitsvertrag beruhen, wie z.B. ein zusätzliches Urlaubsgeld oder der Anstieg der Vergütung nach einer bestimmten Betriebszugehörigkeitszeit. Die Betriebszugehörigkeitszeit ist jedoch nur vom Betriebserwerber zu berücksichtigen, soweit sie Ansprüche aus dem bisherigen Arbeitsverhältnis betreffen. § 613a BGB zwingt den Betriebserwerber nicht zu einer Berücksichtigung der beim Betriebsveräußerer zurückgelegten Dienstzeiten, wenn sich die Leistungsbedingungen nach den beim Betriebserwerber erstmals geltenden Bedingungen richten. In diesem Fall muss die beim Betriebsveräußerer zurückgelegte Zeit nicht berücksichtigt werden;[49] z.B. bei Ansprüchen aus einem ausschließlich bei dem Erwerber geltenden Tarifvertrag.[50]

18 **e) Mit dem Arbeitsverhältnis im Zusammenhang stehende Leistungen. aa)** Grundsätzlich ist bei Ansprüchen, die mit dem Arbeitsverhältnis im Zusammenhang stehen, stets im Wege der Auslegung zu ermitteln, ob die Verpflichtung des Arbeitgebers auch bei einer Übertragung des Betriebs auf einen Dritten gelten soll. Dies gilt insbesondere, wenn der neue Arbeitgeber die Ansprüche nicht ohne weiteres erfüllen kann, weil sie auf Leistungen oder unter Mitwirkung von Dritten (z.B. konzernverbundener Unternehmen des Betriebsveräußerers) beruhen.[51] Ein Arbeitgeberdarlehen kann auf den Betriebserwerber übergehen, wenn das Darlehen zu den Rechten und Pflichten aus dem Arbeitsverhältnis gehört. Dies ist dann der Fall, wenn das Darle-

---

[42] BAG 19. 5. 2005 AP 19 zu § 1 BetrAVG Betriebsveräußerung; 24. 7. 2001 AP 18 zu § 1 BetrAVG Betriebsveräußerung = NZA 2002, 520; 30. 8. 1979 AP 15 zu § 613a BGB.

[43] *Schaub* NZA 87, 1.

[44] BAG 28. 2. 1989 AP 20 zu § 1 BetrAVG Unterstützungskassen = NZA 89, 681.

[45] BAG 5. 5. 1977 AP 7 zu § 613a BGB.

[46] BAG 3. 11. 2004 – 5 AZR 73/04 n. v.

[47] BAG 19. 6. 1980 AP 8 zu § 1 BetrAVG Wartezeit.

[48] BAG 4. 6. 2008 AP 4 zu § 151 BGB = NZA 2008, 1360.

[49] BAG 25. 8. 1976 AP 41 zu § 242 BGB Gleichbehandlung; zur betrieblichen Altersversorgung BAG 19. 4. 2005 AP 19 zu § 1 BetrAVG Betriebsveräußerung; 30. 8. 1979 AP 16 zu § 613a BGB.

[50] BAG 17. 10. 2007 AP 40 zu § 1 TVG = NZA 2008, 713 – insoweit besteht ein Gestaltungsspielraum der Tarifvertragsparteien.

[51] BAG 13. 12. 2006 AP 20 zu § 611 BGB Sachbezüge = NZA 2007, 325 – Flugvergünstigungen.

hen als Lohn- oder Gehaltsvorschuss gegeben worden ist.[52] Dasselbe gilt für Darlehensansprüche, die im Zusammenhang mit dem Arbeitsverhältnis stehen;[53] hiervon wird auszugehen sein, wenn die Darlehensgewährung an den Bestand des Arbeitsverhältnisses anknüpft oder für diesen Zeitraum Sonderkonditionen vereinbart sind. Haben die Arbeitsvertragsparteien jedoch neben dem Arbeitsvertrag einen vom Arbeitsverhältnis unabhängigen, eigenständigen Darlehensvertrag geschlossen, wird dieser durch den Betriebsübergang nicht berührt. Ein Personalrabatt auf Waren, die der frühere Arbeitgeber hergestellt hat, geht nicht über.[54] Die gilt sinngemäß auch für Aktienoptionen. Die Zusage wird regelmäßig dahingehend auszulegen sein, dass sie nur für die Zeit der Beschäftigung bei dem zusagenden Arbeitgeber besteht bzw. nur dann gilt, wenn es sich um eigene Aktien handelt oder um solche, die ein Betriebserwerber nach einem Betriebsübergang zu günstigeren als den marktüblichen Konditionen beziehen kann. Ist die Zusage von einem Dritten abgegeben, geht dieser Vertrag nicht nach § 613a BGB über.[55]

bb) Wohnraum. Bei der Überlassung von Wohnraum ist zwischen einer Werkmietwohnung (§§ 576, 576a BGB) und einer Werkdienstwohnung (§ 576b BGB) zu unterscheiden (zu den Begriffen § 85 RN 1). Die im Arbeitsvertrag enthaltene Verpflichtung zur Überlassung von Wohnraum geht nach § 613a I 1 BGB über. Ansonsten enthält § 566 BGB für die Werkmietwohnung eine Sonderregelung. Das Mietverhältnis geht nur über, wenn die Mieträume mitveräußert werden. Ansonsten wird das Mietverhältnis mit dem Veräußerer fortgesetzt. Da bei einer Werkdienstwohnung die Rechte und Pflichten aus der Überlassung von Wohnraum Gegenstand des Arbeitsverhältnisses sind, gehen diese nach § 613a I 1 BGB auf den Erwerber über. 19

f) Gestaltungsrechte. Mit dem Betriebsübergang gehen auch die auf dem übergegangenen Arbeitsverhältnis beruhenden Gestaltungsrechte (Anfechtung, Kündigung) auf den Betriebserwerber über. Liegen die Gründe für eine fristlose oder fristgerechte verhaltensbedingte Kündigung noch vor dem Betriebsübergang, kann der Erwerber sich auf diese Gründe berufen, wenn sie noch nachwirken. Für die außerordentliche Kündigung kann die Ausschlussfrist des § 626 II BGB im Rahmen des Betriebsübergangs beachtlich werden. Hatte bereits der Betriebsveräußerer von den maßgeblichen Gründen Kenntnis, muss sich der Erwerber die seither verstrichene Frist im Rahmen von § 626 II BGB anrechnen lassen. 20

g) Vergütung. Bei einem Betriebsübergang wird der neue Arbeitgeber Schuldner etwaiger rückständiger Lohnforderungen,[56] Sonderzuwendungen,[57] Tantiemen, Abfindungsansprüche von übernommenen Arbeitnehmern[58] sowie von Annahmeverzugslohnansprüchen.[59] Deren Fälligkeit bestimmt sich nach objektiven Kriterien, sie ist von Erklärungen des Betriebsübernehmers oder einer ordnungsgemäßen Belehrung nach § 613a V BGB unabhängig.[60] Eine Ausschlussfrist, deren Fristbeginn auf die „Beendigung des Arbeitsverhältnisses" abstellt, beginnt gegenüber dem Betriebsveräußerer ab dem Zeitpunkt des Betriebsübergangs zu laufen.[61] Hat der Arbeitnehmer die Ansprüche bereits gegenüber dem Veräußerer geltend gemacht, wirkt diese Geltendmachung auch gegenüber dem Betriebserwerber.[62] Der Erwerber kann mit den übernommenen Arbeitnehmern nur einen Erlass oder Verzicht rückständiger Forderungen vereinbaren, wenn hierfür ein sachlicher Grund besteht.[63] Der Erwerber übernimmt daher nicht die Ruhestandsverhältnisse oder die Versorgungsanwartschaften[64] bzw. Provisionsansprüche[65] bereits ausgeschiedener Arbeitnehmer. 21

---

[52] BAG 21. 1. 1999 – 8 AZR 373/97 n. v.
[53] LAG Köln 18. 5. 2000 NZA-RR 2001, 174.
[54] BAG 7. 9. 2004 AP 17 zu § 611 BGB Sachbezüge = NZA 2005, 1223.
[55] BAG 12. 2. 2003 AP 243 zu § 613a BGB = NZA 2003, 487; dazu vgl. *Annuß/Lembke* BB 2003, 2230; *Urban-Cell/Manger* NJW 2004, 125.
[56] BAG 18. 8. 1976 AP 4 zu § 613a BGB.
[57] BAG 11. 10. 1995 AP 132 zu § 613a BGB = NZA 96, 432.
[58] EuGH 27. 11. 2008 – C-396/07 – NZA 2008, 1405.
[59] BAG 4. 12. 1986 AP 56 zu § 613a BGB = NZA 87, 460.
[60] BAG 13. 2. 2003 AP 244 zu § 613a BGB; einschränkend BAG 12. 12. 2000 AP 154 zu § 4 TVG Ausschlussfristen = NZA 2001, 1082.
[61] BAG 10. 8. 1994 AP 126 zu § 4 TVG Ausschlussfristen = NZA 95, 742.
[62] BAG 21. 3. 1991 AP 49 zu § 615 BGB = NZA 91, 726.
[63] BAG 27. 4. 1988 AP 71 zu § 613a BGB = NZA 88, 655; 29. 10. 1985 AP 4 zu § 1 BetrAVG Betriebsveräußerung; 18. 8. 1976 AP 4 zu § 613a BGB; vgl. aber RN 12.
[64] BAG 24. 3. 1987 AP 1 zu § 26 HGB = NZA 88, 246; 11. 11. 1986 AP 61 zu § 613a BG = NZA 87, 559; 24. 7. 1981 AP 27 zu § 613a BGB; 24. 3. 1977 AP 6 zu § 613a BGB.
[65] BAG 11. 11. 1986 AP 60 zu § 613a BGB – selbst bei Ausführung durch den Erwerber.

22 **h) Wettbewerbsverbot.** Die Rechtslage bei Wettbewerbsverboten ist umstr.[66] Besteht das Arbeitsverhältnis im Zeitpunkt des Betriebsübergangs noch, tritt der Betriebserwerber in das Wettbewerbsverbot ein.[67] Hierdurch kann der Verbotsbereich zu Lasten des Arbeitnehmers erweitert werden, wenn z. B. dem Arbeitnehmer eine Wettbewerbstätigkeit im Geschäftsbereich des Arbeitgebers untersagt ist. Ist das Arbeitsverhältnis im Zeitpunkt des Betriebsübergangs bereits beendet, ist § 613 a BGB auf die wettbewerbsrechtlichen Rechtsbeziehungen des neuen Arbeitgebers zu dem ausgeschiedenen Arbeitnehmer weder direkt noch analog anzuwenden.[68]

III. Das Verhältnis von § 613 a BGB zu anderen Haftungsnormen

23 **1. Haftungsgrundlagen.** Neben § 613 a BGB kommen als Haftungsgrundlagen für den neuen Betriebsinhaber in Betracht: **(a)** Betriebsübergang als dreiseitiges Rechtsgeschäft (§ 117 RN 5), **(b)** Schuldübergang bei Geschäftsübernahme (§§ 25 ff. HGB), **(c)** Schuldbeitritt oder **(d)** Anfechtung nach der InsO.

24 **2. Geschäftsübernahme.** Die Haftung nach § 25 HGB setzt den Erwerb eines Handelsgeschäftes unter Lebenden mit oder ohne Beifügung eines Nachfolgezusatzes voraus.[69] Unerheblich ist, ob das Handelsgeschäft erheblich schrumpft.[70] Es findet jedoch anders als bei § 613 a BGB kein Vertragspartnerwechsel statt, sondern der Erwerber haftet im Falle des § 25 HGB nur für die Verbindlichkeiten, allerdings mit seinem gesamten Vermögen. Während § 613 a BGB weitgehend zwingend ist, lässt § 25 II HGB abweichende Vereinbarungen zu. Die abgekürzte Verjährungsfrist des § 26 HGB zugunsten des früheren Firmeninhabers lässt sich nicht als allgemeine Haftungsbeschränkung verstehen. Die frühere Rspr. des BGH zur Nachhaftung (§ 159 HGB; vgl. 11. Aufl. § 81 RN 191) ist auf die Fälle der Firmenfortführung nicht übertragbar.[71] Hat sich der frühere Inhaber eines Handelsgeschäfts zur Unterlassung und für den Fall der Zuwiderhandlung zur Zahlung einer Vertragsstrafe verpflichtet, so schuldet derjenige, der das Handelsgeschäft übernimmt und unter der bisherigen Firma fortführt, nicht nur Unterlassung, sondern im Falle einer Zuwiderhandlung auch die versprochene Vertragsstrafe.[72] Der Erwerb eines Handelsunternehmens vom Insolvenzverwalter schließt die Anwendbarkeit von § 25 HGB aus.[73]

25 **3. Schuldbeitritt.** Eine kumulative Schuldmitübernahme kann der Erwerber sowohl mit dem Arbeitnehmer bzw. Ruheständler wie mit dem Veräußerer schließen. § 4 BetrAVG steht insoweit nicht entgegen (vgl. § 81 RN 189).

IV. Mitwirkung des Betriebsrats und des Sprecherausschusses

Gutzeit, Verträge von Betriebs- oder Personalräten mit potenziellen Betriebserwerbern?, ZIP 2009, 354; *Kleinebrink/Commandeur,* Der Übergang einer wirtschaftlichen Teileinheit als Betriebsänderung, NZA 2007, 113; *Matthes,* Betriebsübergang und Betriebsteilübergang als Betriebsänderung, NZA 2000, 1073; *Moll,* Betriebsübergang und Betriebsänderung, RdA 2003, 129.

26 **1. Mitbestimmung.** Der Betriebsübergang als solcher unterliegt nicht der Mitbestimmung des Betriebsrats. Ein Betriebsübergang kann dann eine Betriebsänderung (§ 111 BetrVG, dazu § 244 RN 8) sein, wenn er sich nicht allein in dem Wechsel des Betriebsinhabers erschöpft, sondern wenn Veräußerer oder Erwerber gleichzeitig Maßnahmen ergreifen, welche einen oder mehrere der Tatbestände des § 111 BetrVG erfüllen.[74] Vereinbarungen mit dem Erwerber (z. B. Standortsicherungsverträge) kann die jeweilige Arbeitnehmervertretung (Betriebsrat/Personalrat) bis zum Wirksamwerden des Betriebsübergangs wegen ihrer fehlenden Rechtsfähigkeit für Angelegenheiten außerhalb des BetrVG/PersVR nicht schließen. Von einer in Aussicht genommenen Betriebsnachfolge ist der Wirtschaftsausschuss zu unterrichten (§ 106 BetrVG; § 243). Zur Beteiligung des Betriebsrats beim Kündigungsausspruch im Zusammenhang mit dem Betriebsübergang § 124.

---

[66] Vgl. BAG 28. 1. 1966 AP 18 zu § 74 HGB; 26. 9. 1963 AP 1 zu § 74 a HGB; *Gaul* NZA 89, 697; *Nägele* BB 89, 1480.

[67] BAG 27. 11. 1991 AP 22 zu § 4 TVG Nachwirkung = NZA 92, 800.

[68] LAG Hamm 3. 5. 1993 NZA 94, 1033; a. A. MünchKommBGB/*Müller-Glöge* RN 102 – Analogie.

[69] BAG 24. 3. 1987 AP 1 zu § 26 HGB = NZA 88, 246; 17. 9. 1991 ZIP 91, 1586; OLG Köln 8. 12. 1992 EWiR § 25 HGB.

[70] LAG Bremen 3. 8. 1988 NJW-RR 89, 423 = ZIP 88, 1396.

[71] BAG 24. 3. 1987 AP 1 zu § 26 HGB = NZA 88, 246.

[72] BGH 25. 4. 1996 NJW 96, 2866.

[73] BAG 20. 9. 2006 AP 1 zu § 25 HGB = NZA 2007, 335.

[74] BAG 31. 1. 2008 AP 2 zu § 613 a BGB Unterrichtung = NZA 2008, 642; 25. 1. 2000 AP 137 zu § 112 BetrVG 1972; 4. 12. 1979 AP 6 zu § 111 BetrVG 1972.

2. Mitbestimmungsadressat. Die Mitbestimmungsrechte des Betriebsrats richten sich gegen den Arbeitgeber, wenn dieser eine nach allgemeinem Betriebsverfassungsrecht mitbestimmungspflichtige Maßnahme vornimmt. Dies kann je nach dem Zeitpunkt des Betriebsübergangs der Betriebsrat des Veräußerers oder Erwerbers sein. 27

3. Personalrat. Geht eine Behörde oder Dienststelle auf einen neuen Verwaltungsträger über, so bestehen Mitwirkungsrechte des Personalrats nach dem BPersVG oder den LPersVG (dazu § 119 RN 59 sowie § 271 RN 16). 28

4. Sprecherausschuss. Der Arbeitgeber kann verpflichtet sein, den Sprecherausschuss nach § 32 SprAuG zu unterrichten. Die Rechtslage ist der Unterrichtung nach dem BetrVG nachgebildet. 29

V. Unterrichtung und Widerspruchsrecht der Arbeitnehmer

Adam, Die Unterrichtung des Arbeitnehmers über einen Betriebsübergang (§ 613 a V BGB) und sein Recht auf Widerspruch § 613 a VI BGB, ArbuR 2003, 441; *Altenburg/Leister,* Der Widerspruch des Arbeitnehmers beim umwandlungsbedingten Betriebsübergang und seine Folgen, NZA 2005, 15; *Annuß,* Informationspflicht und Widerspruchsrecht beim Betriebsübergang, FS 25 AG ArbR DAV (2006), S. 563; *Bauer/von Steinau-Steinrück,* Neuregelung des Betriebsübergangs; Erhebliche Risiken und viel mehr Bürokratie, ZIP 2002, 457; *Bichlmeier,* Unterrichtung und Widerspruch beim Betriebsübergang, DZWIR 2007, 231; *Eckhardt,* Die Informationspflichten der Arbeitgeber beim Betriebsübergang, 2005; *Engesser-Means/Klebeck,* Sperrzeit durch Widerspruch bei Betriebsübergang, NZA 2008, 143; *Fischer, U.,* Annahmeverzug bei Ablehnung einer Änderungskündigung und Widerspruch gegen einen Betriebsübergang, FS Hromadka (2008), S. 83; *Franzen,* Informationspflichten und Widerspruchsrecht beim Betriebsübergang nach § 613 a BGB, RdA 2002, 258; *Gaul/Niklas,* Wie gewonnen, so zerronnen: Unterrichtung, Widerspruch und Verwirkung bei § 613 a BGB, DB 2009, 452; *Gaul/Otto,* Unterrichtungsanspruch und Widerspruchsrecht bei Betriebsübergang und Umwandlung, DB 2002, 634; *dies.,* Rechtsfolgen einer fehlenden oder fehlerhaften Unterrichtung bei Betriebsübergang und Umwandlung, DB 2005, 2465; *Göpfert/Siegrist,* Verwirkung des Widerspruchrechts nach § 613 a Abs. 6 BGB, BB 2007, 506; *Göpfert/Winzer,* Nach-Unterrichtungspflicht beim Betriebsübergang?, ZIP 2008, 761; *Graef,* Das Widerspruchsrecht nach § 613 a VI BGB beim umwandlungsbedingten Erlöschen des übertragenden Rechtsträgers, NZA 2006, 107; *Grau,* Unterrichtung und Widerspruchsrecht der Arbeitnehmer bei Betriebsübergang gem. § 613 a Abs. 5 und 6 BGB, 2005; *ders.,* Rechtsbeziehungen nach Widerspruch gegen den Übergang des Arbeitsverhältnisses bei Betriebsübergang, MDR 2005, 491; *ders.,* Rechtsfolgen von Verstößen gegen die Unterrichtungspflicht bei Betriebsübergang gemäß § 613 a Abs. 5 BGB, RdA 2005, 367; *ders.,* Unterrichtung der Arbeitnehmer und ihrer Vertreter gemäß Art. 7 der Betriebsübergangsrichtlinie 2001/23/EG und die Umsetzung der europäischen Vorgaben im deutschen Recht, ZfA 2005, 647; *Grobys,* Die Neuregelung des Betriebsübergangs in § 613 a BGB, BB 2002, 726; *ders.,* Unterrichtung und Widerspruchsrecht bei Betriebsübergang, NJW-Spezial 2007, 321; *Grosjean/Biester,* Betriebsübergang: Offene Fragen zur Informationspflicht nach § 613 a Abs. 5 BGB, DB 2007, 1466; *Hauck,* Die Umsetzung der EG-Richtlinie 2001/23/EG …, FS Wißmann (2005), S. 546; *ders.,* Der Widerspruch beim Betriebsübergang, NZA 2004, Sonderbeilage 1, 34; *ders.,* Der Betriebsübergang nach § 613 a BGB, JbArbR 44 (2007), 73; *Hohenstatt/Grau,* Arbeitnehmerunterrichtung beim Betriebsübergang, NZA 2007, 13; *Kamm/Trümner,* Das Widerspruchsrecht der Arbeitnehmer bei Übertragung von öffentlichen Einrichtungen durch Gesetz oder Verordnung, ArbuR 2007, 336; *Kirmse,* Kein Widerspruchsrecht nach § 613 a VI BGB bei gesetzlich angeordnetem Übergang des Arbeitsverhältnisses, NJW 2006, 3325; *Klumpp/Jochums,* Die Rechtsfolgen des Widerspruchsrechts bei Betriebsübergang, JuS 2006, 687; *Koller-van Delden,* Unterrichtungspflichten und Widerspruchsrecht beim Betriebsübergang, DStR 2008, 776; *Kuckuk,* Der Auskunftsanspruch gegen den Betriebserwerber, ArbRB 2008, 62; *Langner,* Betriebsübergang: Form und Sprache der Unterrichtung gem. § 613 a Abs. 5 BGB, DB 2008, 2082; *Lembke,* Unterrichtungspflicht und Widerspruchsrecht beim Betriebsübergang im Lichte der neuesten Rechtsprechung, ZIP 2007, 310; *Löwisch,* Unvereinbarkeit von Nachträglichkeit und Rückwirkung des Widerspruchs nach § 613 a Abs. 6 BGB mit der Richtlinie 01/23/EG, FS Birk (2008), S. 541; *ders.,* Bewältigung eines nach Beendigung des Arbeitsverhältnisses beim Betriebserwerber erhobenen Widerspruchs …, BB 2009, 326; *Löwisch/Göpfert/Siegrist,* Verwirkung des Widerspruchsrechts beim Betriebsübergang DB 2007, 2538; *Maschmann,* Die Unterrichtungspflicht beim Betriebsübergang nach § 613 a BGB, BB-Special 2006, Nr. 6, 29; *Meyer,* Unterrichtungspflicht und Widerspruchsrecht beim Betriebsübergang, BB 2003, 1010; *ders.,* Inhalt einer Unterrichtung bei Betriebsübergang, DB 2007, 858; *ders.,* Unterrichtungspflichten des Arbeitgebers und Widerspruch des Arbeitnehmers, NZA Beil. Nr. 4/2008, 173; *Mohnke/Betz,* Unterrichtung der Mitarbeiter über die Fortgeltung von Betriebsvereinbarungen bei einem Betriebs(teil)übergang, BB 2008, 498; *Mückl,* Mangelnde Kooperationsbereitschaft bei Unterrichtung nach § 613 a Abs. 5 BGB, RdA 2008, 343; *Nehls,* Die Neufassung des § 613 a BGB, NZA 2003, 822; *Neufeld/Beyer,* Der nachträgliche Widerspruch nach § 613 a VI SGB und seine Folgen für das Arbeitsverhältnis, die betriebliche Altersversorgung und deren Insolvenzsicherung, NZA 2008, 1157; *Olberts/Ungnad,* Zeitliche Grenze nach § 613 a VI BGB im Falle fehlerhafter Unterrichtung der Arbeitnehmer, BB 2004, 213; *Otto,* „Betriebsübergang" auf gesetzlicher Grundlage im Arbeits- und Beamtenrecht, FS Richardi (2007), S. 317; *Plander,* Die Personalgestellung zum Erwerber beim Betriebsübergang als Reaktion auf den Widerspruch von Arbeitnehmern, NZA 2002, 69; *Pröpper,* Unbefristetes Widerspruchsrecht bei Unterrichtungsfehlern über den Betriebsübergang, DB 2003, 2011; *Rieble,* § 613 a Abs. 5 BGB: Informationspflicht und Verstoß, FS 25

AG ArbR DAV (2006), S. 687; *ders.,* Kollektivwiderspruch nach § 613 a VI BGB, NZA 2005, 1; *Reinhard,* Die Pflicht zur Unterrichtung über wirtschaftliche Folgen des Betriebsübergangs, NZA 2009, 63; *Riesenhuber,* Informationspflichten beim Betriebsübergang: Fehler bei der Umsetzung der Richtlinie und Anlass für eine grundsätzliche Neuordnung, RdA 2004, 340; *Rupp,* Das Problem widersprüchlicher Unterrichtungen bei § 613 a V BGB, NZA 2007, 301; *Schiefer/Worzalla,* Unterrichtungspflicht bei Betriebsübergang nach § 613 a V BGB, NJW 2009, 558; *Schielke,* Betriebsübergang – Unterrichtungspflicht und Widerspruchsrecht in der Rechtsprechung, MDR 2007, 1052; *Schmalenberg,* Kollektiver Widerspruch und Verwirkung, ArbuR 2008, 165; *Schneider/Sittard,* Annahmeverzug des Arbeitgebers bei Widerspruch gegen den Betriebsübergang, BB 2007, 2230; *Schnitker/Grau,* Unterrichtung der Arbeitnehmer gemäß § 613 a Abs. 5 BGB im Spiegel der Betriebsübernahmepraxis, BB 2005, 2238; *Willemsen/Lembke,* Die Neuregelung von Unterrichtung und Widerspruchsrecht der Arbeitnehmer beim Betriebsübergang, NJW 2002, 1159.

30 **1. Einführung.** Im Rahmen der Änderung des Seemannsgesetzes vom 23. 3. 2002 (BGBl. I S. 1163) sind bei § 613 a BGB die Absätze 5 und 6 angefügt worden, die bei einem Betriebsübergang die Pflicht zur Unterrichtung der Arbeitnehmer (§ 613 a V BGB) und ein Widerspruchsrecht gegen den Übergang des Arbeitsverhältnisses auf den Erwerber (§ 613 a VI BGB) vorsehen. § 613 a V BGB beruht auf den Vorgaben in Art. 7 VI der RL 2001/23/EG. Der Gesetzgeber hat von einer gesonderten Regelung der daneben in Art. 7 I RL 2001/23/EG vorgesehenen Informations- und Beratungsrechte gegenüber den im Betrieb oder Unternehmen gebildeten Arbeitnehmervertretungen abgesehen. Deren Beteiligungsrechte (dazu RN 26) bestehen unabhängig von einer Unterrichtung der Arbeitnehmer nach Abs. 5. Ein Widerspruchsrecht gegen den Übergang des Arbeitsverhältnisses ist hingegen gemeinschaftsrechtlich nicht geboten. Der Gesetzgeber hat mit der Anfügung von § 613 a VI BGB das bereits seit 1974 vom BAG richterrechtlich anerkannte Widerspruchsrecht[75] kodifiziert; der EuGH hat diese Rspr. aus gemeinschaftsrechtlicher Sicht nicht beanstandet.[76] Die Informationspflicht des Arbeitgebers und das Widerspruchsrecht sind miteinander verknüpft; auf der Grundlage der Informationen über den bevorstehenden Betriebsübergang soll der Arbeitnehmer seine Entscheidung treffen, mit wem er das Arbeitsverhältnis fortsetzen will (BT-Drucks. 14/7760 S. 19). Die Regelungen in § 613 a V, VI BGB gelten für alle Betriebe unabhängig von der Betriebsgröße und dem Bestehen eines Betriebsrats; nach § 324 UmwG sind u. a. § 613 a V, VI BGB auch bei einer Umwandlung anzuwenden (§ 116 RN 29).

31 **2. Unterrichtung der Arbeitnehmer. a) Normzweck.** Nach § 613 a V BGB hat entweder der Betriebsveräußerer oder der Betriebserwerber die von einem Übergang betroffenen Arbeitnehmer vor dem Übergang in Textform zu unterrichten über **(a)** den Zeitpunkt oder den geplanten Zeitpunkt des Übergangs, **(b)** den Grund für den Übergang, **(c)** seine rechtlichen, wirtschaftlichen und sozialen Folgen für die Arbeitnehmer und **(d)** die hinsichtlich der Arbeitnehmer in Aussicht genommenen Maßnahmen. Die Unterrichtung dient dazu, dem betroffenen Arbeitnehmer eine ausreichende Wissensgrundlage für die Ausübung des Widerspruchsrechts zu geben (BT-Drucks. 14/7760 S. 19). Sie soll es ihm ermöglichen, weitere Erkundigungen anzustellen und sich ggf. beraten zu lassen, um auf dieser Grundlage über einen Widerspruch zu entscheiden. Veräußerer und/oder Erwerber haben den Arbeitnehmer so zu informieren, dass dieser sich über die Person des Übernehmers und über die in § 613 a V BGB genannten Umstände „ein Bild machen kann". Veräußerer und Erwerber haben die Unterrichtung entsprechend ihren Kenntnissen, Vorstellungen, Erwartungen und Planungen vorzunehmen, d. h. der Inhalt der Unterrichtung ist subjektiv determiniert. Das Gesetz verlangt eine Information auch über die **mittelbaren Folgen eines Betriebsübergangs,** wenn die ökonomischen Rahmenbedingungen des Betriebsübergangs zu einer so gravierenden Gefährdung der wirtschaftlichen Absicherung der Arbeitnehmer beim neuen Betriebsinhaber führen, dass diese Gefährdung als ein wesentliches Kriterium für einen möglichen Widerspruch anzusehen ist. Dies kann insbesondere der Fall sein, wenn die Arbeitsplatzsicherheit beim Betriebserwerber maßgeblich betroffen ist.[77] Die Anforderungen an eine ordnungsgemäße Unterrichtung bedürfen angesichts der unklaren Formulierung in § 613 a V Nr. 2–4 BGB in besonderem Maß einer gerichtlichen Konkretisierung, was angesichts der Rechtsfolge (Lauf der Frist für den Widerspruch, Schadensersatz) für die Praxis besonders misslich ist.[78] Als ein möglicher Anhaltspunkt für eine ordnungsgemäße

---

[75] Vgl. nur BAG 25. 1. 2001 AP 215 zu § 613 a BGB = NZA 2001, 840 – gesetzlicher Übergang; 25. 5. 2000 AP 209 zu § 613 a BGB = NZA 2000, 1115 – Umwandlung; 7. 4. 1993 AP 22 zu § 1 KSchG 1969 Soziale Auswahl = NZA 93, 795; 2. 10. 1974 AP 1 zu § 613 a BGB.

[76] EuGH 24. 1. 2002 AP 32 zu EWG-Richtlinie Nr. 77/187 = NZA 2002, 265; 7. 3. 1996 AP 9 zu EWG-Richtlinie Nr. 77/187 = NZA 96, 413; 16. 12. 1992 AP 97 zu § 613 a BGB = NZA 93, 169.

[77] BAG 31. 1. 2008 AP 2 zu § 613 a BGB Unterrichtung = NZA 2008, 642.

[78] Die Situation wird von *Willemsen* als „juristisches Roulettespiel" bezeichnet (FAZ 23. 9. 2008).

Unterrichtung kann der Praxis der Inhalt des im Tatbestand der Entscheidung des BAG vom 13. 7. 2006 wiedergegebenen Schreibens des Arbeitgebers empfohlen werden.[79]

b) Inhalt. aa) Zeitpunkt und Grund des Übergangs. Nach Nr. 1 ist der Zeitpunkt bzw. 32
der geplante/vereinbarte Zeitpunkt für die Übernahme der Leitungsmacht durch den Erwerber anzugeben. Der Erwerber ist grundsätzlich mit den für eine Klageerhebung notwendigen Angaben (Name bzw. Firmenbezeichnung gem. § 17 I HGB einschließlich Vertretungsberechtigungen sowie Anschrift) zu nennen.[80] Weiterhin ist über den Gegenstand des Betriebsübergangs (Betrieb bzw. Teilbetrieb) zu unterrichten. Nr. 2 erfordert eine zumindest schlagwortartige Schilderung des wirtschaftlichen Beweggrunds für den Betriebsübergang, soweit sich dieser auf den Arbeitsplatz des Arbeitnehmers auswirken kann; die bloße Angabe des Rechtsgrunds (Kauf-/Pachtvertrag) ist nicht ausreichend.[81]

bb) Rechtliche, wirtschaftliche und soziale Folgen des Übergangs für Arbeitnehmer. 33
Der Umfang der Unterrichtungspflicht nach § 613a V Nr. 3 BGB ist im Gesetz nur grob umschrieben. Die Information über die rechtlichen Folgen verpflichtet zunächst zu einem Hinweis auf den gesetzlichen Eintritt des Betriebserwerbers in den Rechte und Pflichten aus dem Arbeitsverhältnis (§ 613a I 1 BGB), auf die Gesamtschuldnerschaft nach § 613a II BGB[82] sowie über die kündigungsrechtliche Situation, sofern der betroffene Arbeitnehmer mit einem Kündigungsausspruch rechnen muss. Daneben ist ggf. anzugeben, ob und in welcher Form die bisher geltenden Kollektivnormen nach dem Übergang weiter gelten. Das BAG hält es im Hinblick auf den Zweck der Unterrichtung für geboten, u. U. über die **mittelbaren Folgen eines Widerspruchs** zu unterrichten (RN 31). Grundsätzlich ist der bisherige Arbeitgeber nicht verpflichtet, den Arbeitnehmer über die wirtschaftliche und finanzielle Lage des Betriebsübernehmers im Einzelnen zu unterrichten. Eine Unterrichtung über die wirtschaftliche Lage des Betriebserwerbers kann aber für die Entscheidung des Arbeitnehmers, ob er Widerspruch gegen den Übergang seines Arbeitsverhältnisses einlegen soll, von Bedeutung sein, wenn die wirtschaftliche Notlage des Betriebserwerbers offensichtlich ist.[83] Nach der Nr. 3 ist auch darüber zu unterrichten, dass der Betriebserwerber nur die beweglichen Anlageteile des Betriebs, nicht aber das Betriebsgrundstück übernimmt.[84] Konkret ist anzugeben, dass das Arbeitsverhältnis mit dem Veräußerer endet, sofern dem Übergang nicht schriftlich binnen der Monatsfrist des § 613a VI 1 BGB widersprochen wird,[85] und auf die grundsätzliche Weitergeltung der bisherigen Arbeitsbedingungen (Betriebszugehörigkeit, Vergütung, betriebliche Altersversorgung, allgemeiner und besonderer Kündigungsschutz) sowie das Kündigungsverbot des § 613a IV BGB und seine Reichweite hinzuweisen. Zu den wirtschaftlichen und sozialen Folgen zählen Angaben zur Haftung des Betriebsveräußerers und des -erwerbers (§ 613a II, III BGB) sowie über etwaige ablösende (§ 613a I 3 BGB) oder auf Grund der arbeitsvertraglichen Bezugnahme nach § 613a I 1 BGB anwendbare Tarifverträge; ausreichend ist die Angabe ihres Geltungsbereichs. Nicht erforderlich ist eine Stellungnahme zum Fortbestehen der Arbeitnehmervertretung, da § 613a V Nr. 3 BGB keinen § 5 I Nr. 9, § 126 I Nr. 11 UmwG entsprechenden Wortlaut (... Arbeitnehmer und ihrer Vertretungen) erhalten hat;[86] jedoch folgt eine entsprechende Unterrichtungspflicht mittelbar aus der Mitteilung über die Weitergeltung der bisherigen Betriebsvereinbarungen. Das BAG hält Betriebserwerber bzw. Betriebsveräußerer auch für verpflichtet, über einen bestehenden Interessenausgleich und Sozialplan, der Abfindungsregelungen für die widersprechenden AN vorsieht, zu unterrichten, obwohl es sich insoweit nicht um die Folgen des Betriebsübergangs, sondern um die Folgen des Nichtübergangs handelt. Sind ein Interessenausgleich und Sozialplan noch nicht vereinbart, befinden sich Arbeitgeber und Betriebsrat jedoch zum Zeitpunkt der Belehrung über den bevorstehenden Betriebsübergang in entsprechenden Verhandlungen, erstreckt sich die Unterrichtungspflicht auf den gegenwärtigen Verhandlungsstand. Musste danach die Unterrichtung keine Angaben über einen

[79] BAG 13. 7. 2006 AP 311 zu § 613a BGB = NZA 2006, 1273; weiteres Hinweisschreiben bei *Bichlmeier* DZWIR 2007, 231; vor einer unkritischen Übernahme sei indes gewarnt.

[80] BAG 21. 8. 2008 AP 348 zu § 613a BGB; 13. 7. 2006 AP 312 zu § 613a BGB = NZA 2006, 1268.

[81] BAG 13. 7. 2006 AP 312 zu § 613a BGB = NZA 2006, 1268; weitergehend *Willemsen/Lembke* NJW 2002, 1159, 1162 – Information sowohl über Betriebsübertragung wie auch Rechtsgeschäft; a. A. ErfK/*Preis* § 613a BGB RN 85; unklar noch BAG 24. 5. 2005 AP 284 zu § 613a BGB = NZA 2005, 1302 „Verkauf der Reparaturabteilung" ist ausreichend.

[82] BAG 21. 8. 2008 AP 348 zu § 613a BGB; 14. 12. 2006 AP 318 zu § 613a BGB = NZA 2007, 682.

[83] BAG 14. 12. 2006 AP 318 zu § 613a BGB = NZA 2007, 682.

[84] BAG 31. 1. 2008 AP 2 zu § 613a BGB Unterrichtung = NZA 2008, 642.

[85] APS/*Steffan* § 613a BGB RN 210; Staudinger/*Richardi/Annuß* § 613a BGB RN 164; a. A. ErfK/*Preis* § 613a BGB RN 85; *Bauer/von Steinau-Steinrück* ZIP 2002, 457, 463.

[86] HWK/*Willemsen/Müller-Bonanni* § 613a BGB RN 33.

Sozialplan enthalten, besteht auch keine nachträgliche Unterrichtungspflicht, wenn ein Interessenausgleich und Sozialplan später vereinbart werden.[87]

34 **cc) Beabsichtigte Maßnahmen.** Die Unterrichtung nach Nr. 4 über die hinsichtlich der Arbeitnehmer in Aussicht genommenen Maßnahmen umfasst Angaben zu der zum Zeitpunkt der Unterrichtung beabsichtigten Ausrichtung des Betriebs durch den Erwerber. Insbes. sind beabsichtigte Veränderungen von Betriebszweck und Betriebsgröße sowie die sich daraus ergebenden personellen Maßnahmen mitzuteilen, soweit sie bereits hinreichend konkret sind. Ihr Umfang richtet sich nach den Vorstellungen des Erwerbers, die u. a. von den Verhandlungen mit dem Betriebsveräußerer abhängen. Die Maßnahmen müssen anders als bei der Unterrichtung über eine beabsichtigte Betriebsänderung (§§ 111, 112 BetrVG) noch nicht auf konkreten Planungen des Erwerbers beruhen; es ist jedoch über eine erste Einschätzung zu unterrichten, zur Unterrichtung über einen Interessenausgleich und Sozialplan RN 33.

35 **c) Verpflichtete.** Zur Unterrichtung sind Betriebsveräußerer und -erwerber gemeinschaftlich verpflichtet; hieraus folgt zugleich eine wechselseitige Informationspflicht über die maßgeblichen Angaben.[88] Zweckmäßigerweise sind daher im Rahmen des dem Betriebsübergang zugrunde liegenden Rechtsgeschäfts auch die Einzelheiten der Unterrichtung nach § 613 a V BGB zu vereinbaren. Die Unterrichtung kann sich auch aus dem Zusammenspiel der Informationen der beteiligten Arbeitgeber ergeben; widersprechen sich ihre Angaben, ist die Unterrichtung nicht ordnungsgemäß.

36 **d) Form und Zeitpunkt.** Die Unterrichtung muss rechtlich präzise und nicht nur „im Kern" richtig sein. Sie braucht nicht individuell vorgenommen werden, sondern kann durch ein Standardschreiben erfolgen. Da sich die Unterrichtung an alle Arbeitnehmer wendet, muss der Arbeitgeber keine individuelle Folgenbetrachtung vornehmen.[89] Jedoch müssen eventuelle Besonderheiten des Arbeitsverhältnisses erfasst werden.[90] Die Informationen müssen inhaltlich richtig und für den Durchschnittsarbeitnehmer verständlich sein; bei ausländischen Arbeitnehmern ist eine Übersetzung erforderlich, wenn sie nicht über ausreichende Deutschkenntnisse verfügen. Die Unterrichtung hat in Textform (§ 126 b BGB) und gegenüber jedem von dem Betriebsübergang betroffenen Arbeitnehmer zu erfolgen; über den Zugang sollte in geeigneter Form ein Nachweis geführt werden. Ein in Textform gehaltener Hinweis auf eine Darstellung an anderer Stelle (Aushang, Intranet, mündliche Information auf einer Betriebsversammlung) ist nicht ausreichend. Die Unterrichtung hat vor dem Übergang zu erfolgen. Ist die Unterrichtung unterblieben, kann sie nachgeholt werden. Die Pflicht aus § 613 a V BGB bleibt auch nach dem Übergang bestehen. Eine unvollständige Unterrichtung kann durch ergänzende Angaben geheilt werden, jedoch gilt auch für diese das Textformerfordernis.

37 **e) Unterbliebene oder unvollständige Information.** Die Unterrichtung ist inhaltlich fehlerhaft, wenn sie entweder nicht ausreichende oder falsche Angaben enthält.[91] Die Rechtsfolge einer fehlenden oder fehlerhaften Information nach § 613 a V BGB ist nicht die Unwirksamkeit einer im Zusammenhang mit dem Betriebsübergang erklärten Kündigung. Vielmehr beginnt die Frist für den Widerspruch (§ 613 a VI 1 BGB) nicht zu laufen. Der Arbeitnehmer kann bis zu einer ordnungsgemäßen Unterrichtung abwarten und muss sein vermeintliches Widerspruchsrecht nicht auf einer unzureichenden Tatsachenbasis ausüben;[92] er kann daher den Widerspruch bei unzureichender Unterrichtung deutlich nach dem Betriebsübergang erklären. Daneben kann eine Verletzung der Unterrichtungspflicht zu Schadensersatzansprüchen gegen den bisherigen Arbeitgeber aus § 280 I BGB[93] und gegen den Betriebserwerber aus einer vorvertraglichen Pflichtverletzung[94] (§§ 280 I, 311 II BGB) führen; das Verschulden wird nach § 280 I 2 BGB vermutet. Die fehlerhafte Unterrichtung muss kausal für den eingetretenen Schaden sein. Hieran fehlt es, wenn der Arbeitnehmer durch Ausübung seines noch bestehenden Widerspruchsrechts den Schadenseintritt verhindern kann.[95] Ein späteres Abweichen von

---

[87] BAG 14. 12. 2006 AP 318 zu § 613 a BGB = NZA 2007, 682; 13. 7. 2006 AP 311 zu § 613 a BGB = NZA 2006, 1273.
[88] *Willemsen/Lembke* NJW 2002, 1159, 1162; zu Konflikten *Mückl* RdA 2008, 343.
[89] BAG 9. 2. 2006 NZA-RR 2007, 12.
[90] BAG 13. 7. 2006 AP 312 zu § 613 a BGB = NZA 2006, 1268.
[91] Enger ErfK/*Preis* § 613 a BGB RN 89; *Grobys* BB 2002, 726, 729 – nur formelles Prüfungsrecht.
[92] BAG 24. 5. 2005 AP 284 zu § 613 a BGB = NZA 2005, 1302.
[93] BAG 13. 7. 2006 AP 1 zu § 613 a BGB Widerspruch = NZA 2006, 1406.
[94] *Gaul/Otto* DB 2002, 634, 639.
[95] BAG 20. 3. 2008 – 8 AZR 1022/06 – NZA 2008, 1297; 31. 1. 2008 AP 2 zu § 613 a BGB Unterrichtung = NZA 2008, 642.

den in der Unterrichtung zutreffend angekündigten Maßnahmen begründet keine Schadensersatzansprüche. Eine Verwirkung des Unterrichtungsanspruchs kommt nur in Betracht, wenn dem Arbeitnehmer die Umstände, über die nach § 613a V BGB zu unterrichten ist, bekannt sind, was jedoch kaum jemals der Fall sein dürfte.

f) Darlegungs- und Beweislast. Betriebsveräußerer bzw. -erwerber sind für die Ordnungsmäßigkeit der Unterrichtung darlegungs- und beweispflichtig. Jedoch gilt eine abgestufte Darlegungs- und Beweislast. Entspricht die Unterrichtung zunächst formal den gesetzlichen Anforderungen und ist sie nicht offensichtlich fehlerhaft, ist es nach § 138 III ZPO Sache des Arbeitnehmers, etwaige Mängel aufzuzeigen. Dem Betriebsveräußerer bzw. -erwerber obliegt dann die Darlegungs- und Beweislast für die ordnungsgemäße Erfüllung der Unterrichtungspflicht.[96] 38

3. Widerspruchsrecht des Arbeitnehmers. a) Allgemeines. Der Arbeitnehmer kann dem Übergang des Arbeitsverhältnisses innerhalb eines Monats nach Zugang der Unterrichtung nach § 613a V BGB schriftlich widersprechen. Der Widerspruch kann gegenüber dem bisherigen Arbeitgeber oder dem neuen Inhaber erklärt werden (§ 613a VI 1, 2 BGB). Der Gesetzgeber ging im Anschluss an die bisherige Rspr. des BAG (RN 30) davon aus, dass es mit der Würde des Menschen, dem Recht auf freie Entfaltung der Persönlichkeit und dem Recht auf freie Arbeitsplatzwahl (Art. 12 I GG) unvereinbar sei, den Arbeitnehmer auch nur vorübergehend zur Erbringung der Arbeitsleistung bei einem nicht frei gewählten Arbeitgeber zu verpflichten (BT-Drucks. 14/7760 S. 20). Die Zustimmung des Arbeitnehmers kann daher nicht durch kollektivvertragliche Regelungen ersetzt oder erzwungen werden.[97] Das BAG hat jedoch zuletzt offen gelassen, ob an seiner verfassungsrechtlichen Begründung für das seinerzeit richterrechtlich entwickelte Widerspruchsrecht festzuhalten ist.[98] Das Widerspruchsrecht besteht nicht, wenn bei einer Umwandlung der bisherige Arbeitgeber im Zeitpunkt des Betriebsübergangs erlischt.[99] § 613a VI BGB findet auch keine Anwendung, wenn eine Versorgungsverbindlichkeit durch Spaltungsplan im Rahmen einer Umwandlung einem der beteiligten Rechtsträger zugeordnet wird.[100] 39

b) Ausgliederung durch Landesgesetz. Hat ein Landesgesetzgeber den Übergang von öffentlichen Einheiten geregelt, ist zunächst durch Auslegung des Landesrechts zu ermitteln, ob den Arbeitnehmern ein Widerspruchsrecht zusteht. Erfolgt der Übergang durch einen Betriebsübergang, haben die Arbeitnehmer ein Widerspruchsrecht, da sich § 613a VI BGB nach Art. 31 GG gegenüber dem Landesrecht durchsetzt.[101] Liegt in der landesgesetzlichen Regelung kein Betriebsübergang, sondern nur eine Funktionsnachfolge oder ein betriebsmittelloser Übergang von Arbeitsverhältnissen auf einen anderen Dienstherrn, findet § 613a VI BGB auch keine analoge Anwendung.[102] Ein Landesgesetz, durch das der Arbeitgeber ausgewechselt wird, ist verfassungsgemäß, soweit der Eingriff in die Berufsfreiheit durch Gründe des Gemeinwohls gerechtfertigt wird und verhältnismäßig ist.[103] 40

c) Gestaltungsrecht. Der Widerspruch gegen den Übergang des Arbeitsverhältnisses ist ein Gestaltungsrecht in Form eines Rechtsfolgenverweigerungsrechts, das durch einseitige empfangsbedürftige Willenserklärung ausgeübt wird.[104] Seine Ausübung unter einer Bedingung oder einem Vorbehalt ist daher nicht möglich und führt zur Unbeachtlichkeit des Widerspruchs. Ein gegenüber einem der beteiligten Arbeitgeber erklärter Widerspruch kann nicht einseitig zurückgenommen bzw. widerrufen werden; möglich ist nur eine dreiseitige Vereinbarung zwischen dem Arbeitnehmer und den Arbeitgebern.[105] Wird der Arbeitnehmer bei der Abgabe des Widerspruchs getäuscht, kann er seine Erklärung unter den Voraussetzungen des § 123 BGB 41

---

[96] BAG 14. 12. 2006 AP 318 zu § 613a BGB = NZA 2007, 682; 13. 7. 2006 AP 312 zu § 613a BGB = NZA 2006, 1268.

[97] BAG 2. 10. 1973 AP 1 zu § 613a BGB = NJW 75, 1378.

[98] BAG 2. 3. 2006 AP 25 zu § 419 BGB Funktionsnachfolge = NZA 2006, 848; 25. 1. 2001 AP 215 zu § 613a BGB = NZA 2001, 840.

[99] BAG 21. 2. 2008 AP 342 zu § 613a BGB = NZA 2008, 815.

[100] BAG 11. 3. 2008 AP 1 zu § 131 UmwG 22. 2. 2005 AP 1 zu § 168 UmwG = NZA 2005, 639.

[101] BAG 25. 1. 2001 AP 215 zu § 613a BGB = NZA 2001, 840.

[102] BAG 28. 9. 2006 AP 26 zu § 419 BGB Funktionsnachfolge; 2. 3. 2006 AP 25 zu § 419 BGB Funktionsnachfolge = NZA 2006, 848.

[103] BAG 18. 12. 2008 – 8 AZR 660/07 – z.V.b.; 19. 3. 2009 – 8 AZR 689/07 – z.V.b.

[104] BAG 13. 7. 2006 AP 1 zu § 613a BGB Widerspruch = NZA 2006, 1406; 22. 4. 1993 AP 103 zu § 613a BGB = NZA 94, 360; 30. 10. 1986 AP 55 zu § 613a BGB = NZA 87, 524.

[105] BAG 30. 10. 2003 AP 262 zu § 613a BGB = NZA 2004, 481.

anfechten.[106] Hingegen kann die Nichtausübung des Widerspruchsrechts nicht angefochten werden.[107] Der Widerspruch kann nach § 613 a VI 2 BGB sowohl gegenüber dem Betriebsveräußerer wie auch gegenüber dem Betriebserwerber erklärt werden; beruht der Betriebsübergang auf einem unmittelbaren Rechtsgeschäft zwischen Betriebsveräußerer und -erwerber, besteht regelmäßig eine Nebenpflicht zur wechselseitigen Information über den Widerspruch. Die Darlegungs- und Beweislast für den rechtzeitigen Zugang des Widerspruchs trägt der Arbeitnehmer.

42 **d) Form.** Der Arbeitnehmer muss in seiner Erklärung den Ausdruck „Widerspruch" nicht ausdrücklich verwenden. Ausreichend ist es, wenn sich bei Auslegung der schriftlichen Erklärung und der Umstände, unter denen sie abgegeben worden ist, für dessen Empfänger ergibt, dass der Arbeitnehmer den Übergang seines Arbeitsverhältnisses verhindern will.[108] Die Erklärung kann auch von einem Bevollmächtigten des Arbeitnehmers abgegeben werden; ihr Empfänger kann sie unter den Voraussetzungen des § 174 BGB zurückweisen.[109] Eine Begründung muss der Widerspruch nach dem Gesetz nicht enthalten; die Gründe des Arbeitnehmers für seine Entscheidung, das Arbeitsverhältnis mit dem Betriebsveräußerer fortzusetzen sind rechtlich ohne Bedeutung. Der Widerspruch bedarf jedoch zu seiner Wirksamkeit der Schriftform (§ 126 BGB), die Ersetzung durch die elektronische Form (§ 126 a BGB) ist zulässig. Das Schweigen des Arbeitnehmers ist kein Widerspruch. Das Formerfordernis hat Warn- und Beweisfunktion; es soll dem Arbeitnehmer die Bedeutung seiner Erklärung bewusst machen und ihn vor einer vorschnellen Äußerung über das Schicksal seines Arbeitsverhältnisses bewahren (BT-Drucks. 14/7760 S. 20). Daneben soll es sowohl Betriebsveräußerer wie auch -erwerber die Beweisführung erleichtern, welche Arbeitnehmer auf den Erwerber übergegangen sind. Die formgerechte Erklärung muss dem Erklärungsempfänger auch zugehen. Wird das gesetzliche Schriftformerfordernis nicht beachtet und z. B. per Fax widersprochen, ist der Widerspruch unwirksam (§ 125 Satz 1 BGB); der Empfänger des Widerspruchs hat ohne Hinzutreten besonderer Umstände keine Hinweispflicht auf die Formunwirksamkeit. Hingegen unterliegt eine Vereinbarung über die Ausübung des Widerspruchsrechts nicht dem Formerfordernis des § 613 a VI BGB.

43 **e) Widerspruchsfrist. aa) Fristlauf.** Nach § 613 a VI 1 BGB beträgt die Frist für die Ausübung des Widerspruchs einen Monat. Die Widerspruchsfrist kann weder einzelvertraglich noch in Kollektivverträgen verkürzt werden. Sie beginnt mit Zugang der ordnungsgemäßen Unterrichtung nach § 613 a V BGB beim Arbeitnehmer; für die Fristberechnung gelten die §§ 187 I, 188 II BGB. Erfolgt die Unterrichtung vor dem Betriebsübergang, beginnt der Lauf der Monatsfrist des § 613 a VI BGB vor dem Betriebsübergang. Wird der Arbeitnehmer erst nachträglich unterrichtet bzw. werden zunächst vorhandene Unterrichtungsfehler geheilt, läuft die Frist erst mit Zugang der Mitteilung und unabhängig vom Zeitpunkt des Betriebsübergangs (BT-Drucks. 14/7760 S. 20). Der Arbeitnehmer kann bei einer fehlenden oder nicht ordnungsgemäßen Unterrichtung nach § 613 a V BGB dem Betriebsübergang formfrei widersprechen; eine erneute Unterrichtung nach § 613 a V BGB ist in diesem Fall entbehrlich. Eine starre zeitliche Grenze für die Ausübung des Widerspruchsrechts besteht nicht.[110]

43 a **bb) Verwirkung.** Die Ausübung des Widerspruchsrechts kann nach allgemeinen Grundsätzen verwirken. Die Verwirkung ist ein Sonderfall der unzulässigen Rechtsausübung in Form der illoyal verspäteten Geltendmachung. Sie dient dem Vertrauensschutz des Schuldners (Betriebsveräußerers). Ein solches Vertrauen kann sich bilden, wenn der Arbeitnehmer längere Zeit sein Widerspruchsrecht nicht geltend macht.[111] Allerdings muss dieser unter Umständen untätig geblieben sein, die bei dem Betriebsveräußerer den Eindruck erweckt haben, dass er sein Widerspruchsrecht nicht mehr geltend machen will. Nur dann darf sich der Betriebsveräußerer darauf einstellen, auch künftig nicht mehr in Anspruch genommen zu werden. Die Länge des Zeitlaufs für die Untätigkeit steht dabei in einer Wechselwirkung zu dem Vertrauenstatbestand auf Seiten des Betriebsveräußerers; je stärker das vom Arbeitnehmer gesetzte Vertrauen in die Nichtausübung seines Widerspruchsrechts ist, desto schneller kann der Anspruch verwirken.[112] Das Ver-

---

[106] BAG 15. 2. 2007 AP 2 zu § 613 a BGB Widerspruch.
[107] *Willemsen/Lembke* NJW 2002, 1159, 1164.
[108] BAG 13. 7. 2006 AP 1 zu § 613 a BGB Widerspruch = NZA 2006, 1406.
[109] Vgl. BAG 13. 7. 2006 AP 1 zu § 613 a BGB Widerspruch = NZA 2006, 1406.
[110] ErfK/*Preis* § 613 a BGB RN 97 unter Hinweis auf die Gesetzesgeschichte; a. A. z. B. *Worzalla* NZA 2002, 353, 357 – 6 Monate; *Franzen* RdA 2002, 258, 266 – 4 Monate.
[111] BAG 15. 2. 2007 AP 320 zu § 613 a BGB = NZA 2007, 793 – Zeitmoment über ein Jahr.
[112] BAG 13. 7. 2006 AP 1 zu § 613 a BGB Widerspruch = NZA 2006, 1406; 18. 12. 2003 AP 263 zu § 613 a BGB.

trauen des Betriebsveräußerers muss dabei das Interesse des Arbeitnehmers derart überwiegen, dass dem Arbeitgeber die Fortsetzung des Arbeitsverhältnisses bzw. die Erfüllung der sich daraus ergebenden Anspruchs nicht mehr zuzumuten ist.[113] Die Weiterarbeit beim Betriebserwerber ist allein nicht ausreichend, das für das Umstandsmoment notwendige schutzwürdige Vertrauen des Betriebsveräußerers zu begründen.[114] Bei unübersichtlichen Sachverhalten soll die Verwirkung erst nach längerer Untätigkeit eintreten.[115] Der Arbeitnehmer kann sein Widerspruchsrecht auch noch nach Beendigung seines zunächst auf den Betriebserwerber übergegangenen Arbeitsverhältnisses ausüben.[116] Auf Erklärungen eines anwaltlich vertretenen Arbeitnehmers kann der Betriebsveräußerer regelmäßig vertrauen.[117]

f) Vereinbarungen über das Widerspruchsrecht. Nach der bisherigen Rspr. des BAG konnte sich der Arbeitnehmer angesichts eines bevorstehenden Betriebsübergangs wirksam gegenüber dem bisherigen Arbeitgeber verpflichten, keinen Widerspruch zu erklären.[118] Hieran wird auch unter der Geltung des § 613a VI BGB festzuhalten sein. Im Gegensatz zu einem unzulässigen Vorabverzicht auf die Erhebung einer Kündigungsschutzklage geht es bei der Ausübung des Widerspruchsrechts nicht um den Bestand des Arbeitsverhältnisses, sondern lediglich um die Wahl des Arbeitgebers. Allerdings muss der Verzicht das Schriftformerfordernis des § 613a VI 1 BGB wahren.[119] Ist der Verzicht in AGB enthalten, gelten die §§ 305ff. BGB.[120] 44

g) Kollektive Ausübung des Widerspruchsrechts. Für die Ausübung des Widerspruchsrechts ist grundsätzlich kein sachlicher Grund erforderlich. Insbesondere verlangt das Gesetz keine Kausalität zwischen der fehlerhaften Information und dem nicht ausgeübten Widerspruchsrecht.[121] Hieran ändert sich nichts, wenn der Widerspruch von einer Mehrheit von Arbeitnehmern erklärt wird. Nach Auffassung des BAG kommt die Unwirksamkeit eines Widerspruchs in Betracht, wenn er dazu eingesetzt wird, andere Zwecke als die Sicherung der arbeitsvertraglichen Rechte und die Beibehaltung des bisherigen Arbeitgebers herbeizuführen. In diesem Fall liege Rechtsmissbrauch vor.[122] Dem ist nicht zu folgen, auch ein kollektiv ausgeübter Widerspruch ist wirksam, weil dem Arbeitnehmer ein Arbeitgeber gegen seinen Willen nicht aufgezwungen werden kann. Jedoch liegt wie bei der kollektiven Ausübung des Zurückbehaltungsrechts keine Auseinandersetzung vor, die sich nach den Grundsätzen des Arbeitskampfrechts beurteilt. 45

h) Rechtsfolgen des Widerspruchs. Hat der Arbeitnehmer vor dem Zeitpunkt des Betriebsübergangs dem Übergang seines Arbeitsverhältnisses form- und fristgerecht widersprochen, bleibt das Arbeitsverhältnis zum Betriebsveräußerer bestehen. Dies gilt nur dann nicht, wenn die Maßnahme, über die nach § 613a V BGB informiert wurde, nicht durchgeführt wurde; der Widerspruch geht dann „ins Leere".[123] Die kündigungsrechtlichen Folgen eines wirksamen Widerspruchs sind unter § 135 RN 18 und die Auswirkungen auf den Sozialplananspruch nach § 112 BetrVG unter § 244 RN 65 dargestellt. Problematisch ist die Rückabwicklung, wenn der Widerspruch erst nach dem Betriebsübergang erfolgt. Einigkeit besteht, dass mit Zugang des Widerspruchs beim Betriebsveräußerer bzw. -erwerber das Arbeitsverhältnis zu den bisherigen Bedingungen mit dem Betriebsveräußerer fortgesetzt wird. Das BAG und die h. M. nehmen an, dass der Widerspruch auf den Zeitpunkt des Betriebsübergangs zurückwirkt. Bis zum Zeitpunkt des Zugangs des Widerspruchs soll der Arbeitnehmer seine Arbeitsleistung auf der Grundlage eines faktischen Arbeitsverhältnisses beim Betriebserwerber erbringen; vertragliche Beziehungen sollen bis zum Widerspruch nicht bestehen. Dogmatisch wird diese Auffassung mit einer rückwirkenden Beseitigung der Rechtsfolgen des § 613a I 1 BGB[124] bzw. einem aufschiebend be- 46

---

[113] BAG 20. 3. 2008 – 8 AZR 1016/06 – NZA 2008, 1354; 14. 12. 2006 AP 318 zu § 613a BGB = NZA 2007, 682.
[114] BAG 14. 12. 2006 AP 318 zu § 613a BGB = NZA 2007, 682.
[115] BAG 15. 2. 2007 AP 320 zu § 613a BGB = NZA 2007, 793.
[116] BAG 24. 7. 2008 – 8 AZR 755/07 n. v.
[117] BAG 15. 2. 2007 AP 320 zu § 613a BGB = NZA 2007, 793.
[118] BAG 19. 3. 1998 AP 177 zu § 613a BGB = NZA 98, 750; 15. 2. 1984 AP 37 zu § 613a BGB = NZA 84, 32.
[119] ErfK/*Preis* § 613a BGB RN 98.
[120] MünchKommBGB/*Müller-Glöge* RN 12.
[121] BAG 14. 12. 2006 AP 318 zu § 613a BGB = NZA 2007, 682.
[122] BAG 30. 9. 2004 AP 275 zu § 613a BGB = NZA 2005, 43; einschr. BAG 19. 2. 2009 – 8 AZR 176/08 – z.V. b.
[123] BAG 25. 10. 2007 AP 2 zu § 613a BGB Wiedereinstellung = NZA 2007, 357.
[124] BAG 11. 7. 1995 AP 56 zu § 1 TVG Tarifverträge: Einzelhandel = NZA 96, 207; 22. 4. 1993 AP 102 zu § 613a BGB = NZA 94, 357.

dingten Übergang bis zum Ablauf der Widerspruchsfrist[125] begründet. Vergütungsansprüche hat der Arbeitnehmer bis zum Zugang des Widerspruchs nur gegen den Betriebserwerber, denn nur für diesen erbringt er eine Arbeitsleistung. Daneben können Ansprüche aus Annahmeverzug (§ 615 BGB, dazu § 95 RN 115) bestehen, wenn der Arbeitnehmer dem Betriebsveräußerer seine Arbeitsleistung entweder tatsächlich oder wörtlich angeboten hat (§§ 294, 295 BGB). Das Angebot der Arbeitsleistung durch den Arbeitnehmer ist nicht nach § 296 BGB entbehrlich. Die Vorschrift findet keine Anwendung, wenn weder der Veräußerer oder der Erwerber eine Kündigung ausgesprochen haben. Der 8. Senat des BAG hält daneben Schadenersatzansprüche (§ 280 I BGB) wegen Verstoßes gegen die Belehrungspflicht nach § 613a V BGB für möglich.[126] Liegen die Voraussetzungen des § 615 BGB nicht vor, erhält der widersprechende Arbeitnehmer von dem Betriebsveräußerer für die Zeit nach dem Betriebsübergang unbeschadet etwaiger Schadensersatzansprüche kein Arbeitsentgelt.[127] Gegenüber der Rückwirkung des Widerspruchs erscheint die Auffassung vorzugswürdiger, wonach bis zum Zeitpunkt des Widerspruchs zwischen Arbeitnehmer und Erwerber vertragliche Beziehungen bestehen, deren Inhalt sich nach § 613a I BGB richten.[128] In diesem Fall würden sich erfolgsabhängige Leistungen und solche, die von der Betriebszugehörigkeit abhängen, bis zum Widerspruchszeitpunkt nach dem Arbeitsvertrag bzw. den ergänzenden Kollektivvereinbarungen beim Erwerber richten.

47 **i) Sperrzeit.** Der Widerspruch gegen den Übergang des Arbeitsverhältnisses führt nicht zu einer Sperrzeit nach § 144 I Nr. 1 SGB III.[129] Es fehlt bereits an einem Lösungstatbestand. Durch den Widerspruch wird das Arbeitsverhältnis mit dem Betriebsveräußerer nicht gelöst. Der Arbeitnehmer hat auch nicht durch arbeitsvertragswidriges Verhalten Anlass zur Lösung seines Arbeitsverhältnisses gegeben. Der Arbeitnehmer ist weder gesetzlich noch arbeitsvertraglich zum Arbeitgeberwechsel verpflichtet. Eine etwaige Kündigung durch den bisherigen Arbeitgeber beruht nicht auf einem arbeitsvertragswidrigem Verhalten des Arbeitnehmers, sondern auf betriebsbedingten Gründen.

VI. Prozessuales

Kamanabrou, Europarechtliche Bedenken gegen die Klagefrist bei Kündigungen wegen Betriebsübergangs, NZA 2004, 950; *Löwisch,* Bewältigung eines nach Beendigung des Arbeitsverhältnisses beim Betriebserwerber erhobenen Widerspruchs mit allgemeinen zivilrechtlichen Gestaltungsmitteln, BB 2009, 326; *Nicolai,* Betriebsübergang: Wen muss/sollte/darf der Arbeitnehmer wie verklagen?, FA 2007, 164.

48 **1. Kündigungsschutzklage. a)** Die Klage gegenüber einer im Zusammenhang mit einem Betriebsübergang ausgesprochenen Kündigung ist nach Auffassung des BAG stets gegen den Arbeitgeber zu richten, der die Kündigung ausgesprochen hat.[130] Kündigt der Betriebsveräußerer noch vor dem Betriebsübergang, bleibt er weiter passiv legitimiert. Entsprechendes gilt für den Betriebserwerber, wenn dieser das Arbeitsverhältnis vor dem Betriebsübergang gekündigt hat, die Klage aber erst nach dem Zeitpunkt des Betriebsübergangs erhoben wird.[131] Das Arbeitsverhältnis gehe nämlich so auf den Erwerber über, wie es im Zeitpunkt des Betriebsübergangs bestanden hat.[132] Das BAG wendet auf die Betriebsveräußerung während des laufenden Verfahrens §§ 325 I, 265 II 1 ZPO analog an; wird die Betriebsveräußerung vor Eintritt der Rechtshängigkeit vollzogen, finden die Vorschriften hingegen keine Anwendung. Aus diesem Grund hat eine zwischenzeitliche Betriebsveräußerung auf den Prozess keinen Einfluss. Der Rechtsnachfolger kann nach § 265 II 2 ZPO mit Zustimmung des Gegners an Stelle des Rechtsvorgängers das Verfahren übernehmen, nicht aber neben ihm als Hauptpartei in den Prozess eintreten.[133] Die Kündigungsschutzklage gegen einen Betriebsveräußerer ist unbegründet, wenn der Arbeitnehmer ausschließlich geltend macht, der Betrieb sei bereits vor der Kündigung auf einen Erwerber übergegangen. Allerdings kann sich der Arbeitnehmer das Vorbringen des

[125] Staudinger/*Richardi/Annuß* § 613a BGB RN 186.
[126] BAG 13. 7. 2006 AP 1 zu § 613a BGB Widerspruch = NZA 2006, 1406 – es gilt der Grundsatz des aufklärungsrichtigen Verhaltens.
[127] MünchKommBGB/*Müller-Glöge* RN 123.
[128] *Rieble* NZA 2004, 1.
[129] Rev. beim BSG anh., Az. B 11a AL 17/08 R; dazu *Engesser-Means/Klebeck* NZA 2008. 143.
[130] Zur Passivlegitimation bei Widerspruch gegen den Betriebsübergang *Löwisch* BB 2009, 326.
[131] BAG 27. 9. 1984 AP 39 zu § 613a BGB.
[132] BAG 18. 3. 1999 AP 44 zu § 4 KSchG 1969 = NZA 99, 706; 26. 5. 1983 AP 34 zu § 613a BGB = NJW 84, 627.
[133] BAG 4. 3. 1993 AP 101 zu § 613a BGB = NZA 94, 260.

kündigenden Arbeitgebers, es habe kein Betriebsübergang stattgefunden, hilfsweise zu Eigen machen.[134]

b) Kündigung nach dem Betriebsübergang. Hat der Betriebsveräußerer die Kündigung nach dem Übergang ausgesprochen, geht seine Kündigung ins Leere. Gleichwohl bleibt nach Auffassung des BAG die Kündigungsschutzklage erfolglos, da diese nach der punktuellen Streitgegenstandstheorie nur begründet ist, wenn u.a. zwischen den Parteien zum Zeitpunkt der Kündigung ein Arbeitsverhältnis bestanden hat; ein solches besteht jedoch nach einem Betriebsübergang mit dem Veräußerer nicht mehr. In den Fällen der verspäteten Kündigung des Betriebsveräußerers bzw. bei unklarer Sach- und Rechtslage sollte nach Ansicht des BAG im Wege unbedingter Klagehäufung (RN 51) grundsätzlich gegenüber dem Erwerber auf Feststellung eines ungekündigt bestehenden Arbeitsverhältnisses und lediglich hilfsweise mit dem Kündigungsschutzantrag gegen den Veräußerer geklagt werden.[135] 49

c) Klagefrist. Der Arbeitnehmer muss auch bei einer auf § 613a IV BGB gestützten Klage die Klagefrist (§ 4 KSchG) einhalten. Die Rüge nach § 613a IV BGB muss bis zum Schluss der mündlichen Verhandlung vor dem ArbG erfolgen (§ 6 KSchG, zu Einzelheiten § 138 RN 17, 28). 50

2. Allgemeine Feststellungsklage, Widerklage. Die rechtskräftige Feststellung, das Arbeitsverhältnis sei durch die Kündigung des Betriebsveräußerers nicht beendet worden, führt nicht zur Rechtskraft der Feststellung über den Fortbestand des Arbeitsverhältnisses mit dem vermeintlichen Betriebserwerber. Der Arbeitnehmer kann daher eine gegen den Betriebsveräußerer gerichtete Kündigungsschutzschutzklage mit einem gegen den Betriebserwerber auf Feststellung eines Arbeitsverhältnisses gerichteten allgemeinen Feststellungsantrag (§ 256 I ZPO) verbinden. Allerdings ist eine bedingte subjektive Klagehäufung unzulässig.[136] Bei einer subjektiven Klagehäufung entsteht zwischen den Beklagten nur eine einfache und keine notwendige Streitgenossenschaft nach § 62 ZPO; es bestehen zwei Prozessrechtsverhältnisse mit den jeweiligen Beklagten.[137] Allerdings dürfen die Anträge nicht in einem Eventualverhältnis stehen, da ansonsten eine unzulässige bedingte subjektive Klagehäufung vorliegt.[138] Verteidigt sich ein Arbeitgeber gegenüber einer Kündigungsschutzklage damit, dass er einen Betriebsübergang auf einen anderen Arbeitgeber behauptet, kann der Arbeitgeber den vermeintlichen Betriebserwerber im Wege einer Drittwiderklage in den Prozess einbeziehen.[139] Hat der Arbeitnehmer einen Antrag nach § 4 KSchG und eine Feststellungsklage nach § 256 ZPO erhoben, kann der Betriebserwerber in dem Verfahren nach § 4 KSchG als Nebenintervenient (§§ 66, 70 ZPO) des Betriebsveräußerers beitreten; der Betriebserwerber erhält so die Möglichkeit auch in diesem Verfahren Tatsachen vorzubringen und Rechtsmittel einzulegen. Andererseits kann der Arbeitnehmer in dem gegen den kündigenden Betriebsveräußerer geführten Verfahren dem Betriebserwerber den Streit verkünden, um die Wirkungen des § 68 ZPO zu Lasten des Betriebserwerbers zu erreichen. Mit der Anträgen nach § 4 KSchG und § 256 ZPO kann ggf. der hilfsweise Antrag auf Wiedereinstellung verbunden werden (§ 151 RN 10). 51

3. Auflösungsantrag. Hat der Arbeitnehmer gegen den Arbeitgeber, der ihm gekündigt hat, eine Kündigungsschutzklage erhoben und wird nach deren Rechtshängigkeit der Betrieb veräußert, kann der Arbeitnehmer einen Auflösungsantrag ab diesem Zeitpunkt nur gegen den ihm bekannten Betriebserwerber stellen.[140] Dies gilt aber nur, wenn der Betriebsübergang vor dem durch § 9 II KSchG festgelegten Zeitpunkt erfolgt ist und der Arbeitnehmer dem Übergang seines Arbeitsverhältnisses nicht widersprochen hat, da das Arbeitsverhältnis zum Auflösungszeitpunkt bereits zum Erwerber besteht.[141] Ansonsten ist der Auflösungsantrag gegen den Veräußerer zu richten. Dementsprechend bleibt ein Arbeitgeber, der eine Kündigung vor einem Betriebsübergang ausgesprochen hat, trotz des zwischenzeitlichen Arbeitgeberwechsels befugt, einen Auflösungsantrag zu stellen, wenn der Auflösungszeitpunkt zeitlich vor dem Betriebsübergang liegt.[142] 52

---

[134] BAG 26. 7. 2007 AP 324 zu § 613a BGB = NZA 2008, 112; 18. 4. 2002 AP 232 zu § 613a BGB = NZA 2002, 1207.

[135] BAG 18. 4. 2002 AP 232 zu § 613a BGB = NZA 2002, 1207 gegen LAG Hamm 28. 5. 1998 NZA-RR 99, 71.

[136] BAG 11. 12. 1997 AP 172 zu § 613a BGB = NZA 98, 534; 31. 3. 1993 AP 27 zu § 4 KSchG 1969.

[137] BAG 4. 3. 1993 AP 101 zu § 613a BGB = NZA 94, 260.

[138] BAG 11. 12. 1997 AP 172 zu § 613a BGB.

[139] LAG Köln 26. 3. 1998 NZA-RR 98, 398.

[140] BAG 20. 3. 1997 AP 30 zu § 9 KSchG 1969 = NZA 97, 937.

[141] APS/*Biebl* § 9 KSchG RN 30f.; *Keßler* NZA-RR 2002, 1, 5.

[142] BAG 24. 5. 2005 AP 282 zu § 613a BGB = NZA 2005, 1178.

53 **4. Rechtskraft.** Grundsätzlich gilt die Rechtskraft eines Urteils nur zwischen den Parteien eines Verfahrens, in dem die Entscheidung ergangen ist. Das BAG wendet jedoch § 265 II ZPO entsprechend an, wenn die Schuldnerstellung nach Rechtshängigkeit der Klage auf Grund § 613 a BGB verändert wird. Der Arbeitnehmer kann daher einen vor dem Betriebsübergang bereits rechthängigen Rechtsstreit gegen den alten Arbeitgeber fortsetzen. Das in diesem Verfahren gegen den Veräußerer ergehende Urteil wirkt dann nach § 325 I ZPO für und gegen den Erwerber (z. B. hinsichtlich der Ansprüche aus Annahmeverzug). Ob der Erwerber Kenntnis von dem Prozess hat, ist nach überwiegender Meinung wegen Fehlens einer Gutglaubensvorschrift unerheblich.[143] § 325 ZPO ist aber weder unmittelbar noch entsprechend anzuwenden, wenn der Betriebsübergang vor Eintritt der Rechtshängigkeit der Kündigungsschutzklage vollzogen wurde.[144] Ob in diesem Fall eine Titelumschreibung möglich ist, ist umstr., aber zu verneinen.[145] Ein mit dem Betriebsveräußerer abgeschlossener Vergleich wirkt auch für und gegen den Betriebserwerber, wenn dieser den Vergleichsschluss nach § 177 BGB genehmigt.[146]

54 **5. Beschlussverfahren.** Ein im Zeitpunkt des Betriebsübergangs anhängiges Beschlussverfahren zwischen dem Betriebsveräußerer und dem Betriebsrat wird nach dem Betriebsübergang mit dem Betriebserwerber fortgesetzt, der damit verbundene Wechsel in der Beteiligtenstellung ist daher in der Rechtsbeschwerdeinstanz zu berücksichtigen.[147] Ist im Verhältnis zwischen Betriebsrat und Betriebsveräußerer eine Verpflichtung des Arbeitgebers gegenüber dem Betriebsrat rechtskräftig festgestellt worden, so wirkt die Rechtskraft dieser Entscheidung auch gegenüber dem Betriebserwerber jedenfalls dann, wenn die Identität des übernommenen Betriebs erhalten bleibt.[148]

§ 119. Weitergeltung von Kollektivvereinbarungen bei Gesamtrechtsnachfolge und Betriebsübergang

Übersicht

	RN
I. Überblick	1
II. Tarifverträge und Betriebsvereinbarungen beim Betriebsübergang	2 ff.
1. Konzeption des Gesetzes	2–3 a
2. Tarifverträge	4–20
3. Betriebsvereinbarungen	21–30
4. Regelungsabreden	31
5. Sprecherausschussvereinbarungen	32
6. Dienstvereinbarungen	33
7. Weiterer Betriebsübergang	34
III. Tarifverträge und Betriebsvereinbarungen bei Umwandlungsfällen	35 ff.
1. Tarifverträge	35–39
2. Betriebsvereinbarungen	40–42
3. Einzelne Umwandlungsfälle	43–46
IV. Arbeitsrechtliche Auswirkungen bei einer Privatisierung	47 ff.
1. Verfahren	47–50
2. Individualvertragliche Auswirkung der Privatisierung	51–54
3. Weitergeltung der Kollektivvereinbarungen	55–58
4. Personalvertretungsrechtliche Fragen	59–69
5. Haftung	70
6. Privatisierung von Bahn und Post	71–73
V. Arbeitsrechtliche Folgen eines Outsourcing	74 ff.
1. Allgemeines	74–76
2. Übertragung von Betriebsmitteln	77
3. Individualrecht	78
4. Tarifvertragliche Regelungen	79, 80

I. Überblick

1 Die Sätze 2 bis 4 von § 613 a BGB regeln die Weitergeltung von Kollektivvereinbarungen (Tarifvertrag und/oder Betriebsvereinbarung) nach einem Betriebsübergang. Die Regelung ist erforderlich, weil die normativ geltenden Tarifverträge und Betriebsvereinbarungen nicht Be-

[143] BAG 18. 2. 1999 AP 5 zu § 325 ZPO = NZA 99, 648; 5. 2. 1991 AP 89 zu § 613 a BGB = NZA 91, 639.

[144] BAG 18. 3. 1999 AP 44 zu § 4 KSchG 1969 = NZA 99, 706; 18. 2. 1999 AP 5 zu § 325 ZPO = NZA 99, 648.

[145] A. A. BAG 15. 12. 1976 AP 1 zu § 325 ZPO; offengelassen BAG 9. 2. 1994 AP 104 zu § 613 a BGB.

[146] BAG 9. 12. 2008 – 1 ABR 75/07 – z.V. b.; 24. 8. 2006 AP 314 zu § 613 a BGB = NZA 2007, 328.

[147] BAG 12. 6. 2003 EzA 10 zu § 613 a BGB 2002 Nr. 10; 18. 10. 1988 AP 10 zu § 81 ArbGG 1979 = NZA 89, 396.

[148] BAG 5. 2. 1991 AP 89 zu § 613 a BGB = NZA 91, 639.

standteil des Arbeitsvertrags sind, sondern von außen auf das Arbeitsverhältnis einwirken. Nach § 613a I 1 BGB gehen nur die Rechte und Pflichten aus dem Arbeitsvertrag auf den Betriebserwerber über. Nur wenn der Tarifvertrag kraft einzelvertraglicher Bezugnahme auf das Arbeitsverhältnis mit dem Betriebsveräußerer anwendbar war, gilt sein Inhalt nach § 613a I 1 BGB mit unverändertem Inhalt nach dem Betriebsübergang weiter. Hingegen kommt es zu keiner Weitergeltung nach § 613a I 1 BGB, wenn der Tarifvertrag vor dem Betriebsübergang auf Grund beiderseitiger Tarifbindung (§§ 3 I, 4 I TVG) oder Allgemeinverbindlichkeit (§ 5 TVG) für das Arbeitsverhältnis galt. Waren die zum Zeitpunkt des Betriebsübergangs getroffenen **einzelvertraglichen Vereinbarungen ungünstiger** als ein kraft Tarifbindung oder Allgemeinverbindlichkeit geltenden Tarifvertrag, werden sie während der Zeit der normativen Wirkung des Tarifvertrags nach § 4 III TVG verdrängt. Gilt der Tarifvertrag nach dem Betriebsübergang nicht mehr normativ, erlangen sie wieder Wirkung, sofern sie nicht erneut durch normative Regelungen (Tarifvertrag des Erwerbers bzw. Betriebsvereinbarung) verdrängt werden.[1]

II. Tarifverträge und Betriebsvereinbarungen beim Betriebsübergang

Bauer/Günther, Bezugnahmeklauseln bei Verbandswechsel und Betriebsübergang, NZA 2008, 6; *Däubler,* Tarifliche Betriebsverfassung und Betriebsübergang, DB 2005, 666; *Döring/Grau,* Überkreuz mit der Überkreuzablösung, BB 2009, 158; *Greiner,* Tarifsozialplan bei Betriebsübergang?, NZA 2008, 1274; *Hauck,* Auswirkungen des Betriebsübergangs auf Betriebsratsgremien, FS 25 AG ArbR DAV (2006), S. 621; *ders.,* Betriebsübergang und Betriebsverfassungsrecht, FS Richardi (2007), S. 537; *Heinlein,* Statik statt Dynamik beim Betriebsübergang?, NJW 2008, 321; *Hertzfeld,* Freiwillige Betriebsvereinbarungen nach dem Betriebsübergang, DB 2006, 2177; *Insam/Plümpe,* Keine Flucht mehr in den Firmentarifvertrag?, DB 2008, 1265; *Jacobs,* Gesamtbetriebsvereinbarung und Betriebsübergang, FS Konzen (2006), S. 345; *ders.,* Die arbeitsvertragliche Bezugnahme auf Tarifverträge bei Betriebsübergang, FS Birk (2008), S. 243; *Kreft,* Normative Fortgeltung von Betriebsvereinbarungen nach einem Betriebsübergang, FS Wißmann (2005), S. 347; *Kreutz,* Normative Fortgeltung von Betriebsvereinbarungen nach einem Betriebsteilübergang, FS BAG (2004), S. 993; *Lambrich,* Weitergeltung und Ablösung von Tarifverträgen nach Betriebsübergang, FS Ehmann (2005), S. 169; *Meyer, C.,* Das Schicksal von Konzernbetriebsvereinbarungen beim Betriebsübergang, BB-Special 2005, Nr. 14, 5; *ders.,* Regelungsidentität beim Betriebsübergang nach § 613a BGB, DB 2004, 1886; *ders.,* Transformierende Betriebsvereinbarungen bei Betriebsübergang, NZA 2007, 1408; *Schiefer,* Fortgeltung kollektivrechtlicher Regelungen im Falle des Betriebsübergangs gem. § 613a BGB, FS BAG (2004), S. 859; *Seel,* Umstrukturierung von Unternehmen, MDR 2008, 657; *Sutschet,* Bezugnahmeklausel kraft betrieblicher Übung, NZA 2008, 679; *Waldenmaier/Pichler,* Tarifverträge und Betriebsvereinbarungen im Rahmen des Unterrichtungsschreibens nach § 613a V BGB, NZA-RR 2008, 1.

1. Konzeption des Gesetzes. a) Vorrang des § 613a I 1 BGB. § 613a BGB ist durch das Arbeitsrechtliche EG-Anpassungsgesetz vom 13. 8. 1980 (BGBl. I S. 1308) hinsichtlich der Auswirkungen des Betriebsübergangs auf Kollektivvereinbarungen (Tarifverträge und Betriebsvereinbarungen) geändert und an die gemeinschaftsrechtlichen Vorgaben angepasst worden. Der Gesetzgeber hat davon abgesehen, den Eintritt des Betriebsnachfolgers in die für den Betrieb bestehenden Kollektivvereinbarungen festzulegen. Stattdessen hat er sich für die in § 613a I 2–4 BGB enthaltene vermittelnde Lösung entschieden. Diese stellt jedoch nur eine Auffangregelung für den Fall dar, dass die bisher beim Betriebsveräußerer bestehenden Kollektivvereinbarungen beim Betriebserwerber nicht mehr gelten. Dieser Vorbehalt ist im Gesetzeswortlaut zwar nicht besonders deutlich zum Ausdruck gekommen, er ergibt sich letztlich nur aus § 613a I 1 BGB und aus dem Gesetzeszweck. Die beim Betriebsveräußerer geltenden Arbeitsbedingungen sollen möglichst in unveränderter Form nach dem Betriebsübergang weiter auf das Arbeitsverhältnis anwendbar sein. Dies schließt auch die Weitergeltung der bisher normativ, d. h. unmittelbar und zwingend geltenden Kollektivvereinbarungen mit ein. Die Anwendung von § 613a I 2–4 BGB kommt daher erst in Betracht, wenn die bisher beim Betriebsveräußerer mit normativer Kraft geltenden Tarifverträge und Betriebsvereinbarungen nicht in gleicher Form beim Betriebserwerber auf das Arbeitsverhältnis einwirken würden. Daher ist stets vorab zu prüfen, ob die Kollektivvereinbarungen auch nach dem Betriebsübergang unmittelbar und zwingend auf das Arbeitsverhältnis anzuwenden sind. Nur wenn dies nicht der Fall ist, kommt ein Rückgriff auf § 613a I 2–4 BGB in Betracht. 2

b) Überblick über die Regelungssystematik in § 613a I 2–4 BGB. Finden auf das Arbeitsverhältnis nach einem Betriebsübergang die bisherigen Kollektivvereinbarungen nicht wie beim Betriebsveräußerer unverändert Anwendung, ist die Weitergeltung ihres Inhalts davon abhängig, ob die Regelungsgegenstände beim Betriebserwerber gleichfalls durch Kollektivver- 3

[1] BAG 12. 12. 2007 AP 29 zu § 4 TVG = NZA 2008, 649.

einbarungen geregelt sind. Ist dies der Fall, finden nach § 613a I 3 BGB für die Arbeitsverhältnisse der übernommenen Arbeitnehmer die beim Erwerber geltenden Kollektivvereinbarungen Anwendung. Dies gilt auch, wenn die tarifvertraglich oder durch eine Betriebsvereinbarung geregelten Arbeitsbedingungen für den Arbeitnehmer ungünstiger sind. Bestehen beim Erwerber keine entsprechenden Kollektivvereinbarungen oder gelten diese nicht unmittelbar und zwingend, gilt der Inhalt der beim Betriebsveräußerer normativ geltenden Kollektivvereinbarungen als Bestandteil des Arbeitsvertrags weiter (§ 613a I 2 BGB). Die Regelung in Satz 2 wird auch als „Transformation in Individualrecht" bezeichnet, richtigerweise ist sie wie die Nachwirkung von Tarifverträgen (§ 4 V TVG) als eine besondere gesetzliche Form der Weitergeltung des Inhalts der bisherigen Kollektivvereinbarungen anzusehen. Diese verlieren zwar ihre unmittelbare und zwingende Wirkung. § 613a I 4 BGB enthält aber zum Ausgleich eine auf ein Jahr beschränkte zeitliche Veränderungssperre für das nach § 613a I 2 BGB weitergeltende Recht, von der jedoch zwei Ausnahmen bestehen: **(1)** Verlieren die bisher beim Betriebsveräußerer geltenden Kollektivvereinbarungen vor Ablauf der Jahresfrist ihre zwingende Wirkung, kann auch das nach § 613a I 2 BGB weitergeltende Recht geändert werden. **(2)** Die Veränderungssperre gilt gleichfalls nicht mehr, wenn Arbeitgeber und Arbeitnehmer die Geltung eines anderen Tarifvertrags vereinbaren.

3a **c) Kirchliche Vereinbarungen.** Keine Tarifverträge oder Betriebsvereinbarungen i. S. d. § 613a I 2–4 BGB sind kirchliche Vereinbarungen, die auf dem Dritten Weg zustande gekommen sind. Ihnen fehlt die nach weltlichem Recht erforderliche normative Wirkung.[2] Derartige Vereinbarungen können daher nach § 613a I 3 BGB die individualrechtliche Fortgeltung eines Tarifvertrags oder einer Betriebsvereinbarung selbst dann nicht ausschließen, wenn sie die Rechte und Pflichten beim kirchlichen Betriebserwerber regeln.[3]

4 **2. Tarifverträge. a) Weitergeltung von Tarifverträgen.** Tarifverträge finden entweder kraft Tarifbindung (§ 3 I, § 4 I TVG), Allgemeinverbindlichkeit (§ 5 TVG) oder einzelvertraglicher Bezugnahme auf das Arbeitsverhältnis Anwendung.

5 **aa) Tarifbindung.** Die bisher geltenden Tarifnormen finden nach dem Betriebsübergang kraft Tarifbindung Anwendung, wenn sowohl der Arbeitnehmer als auch der Betriebserwerber tarifgebunden sind und das Arbeitsverhältnis in den Geltungsbereich des bisherigen Tarifvertrags fällt. Nach § 3 I TVG sind tarifgebunden die Mitglieder der Tarifvertragsparteien und der Arbeitgeber, der selbst Partei des Tarifvertrags ist. Da die Tarifbindung bei einem Verbandstarifvertrag von der Verbandsmitgliedschaft abhängt, besteht für den Betriebserwerber nur Tarifbindung, wenn er in demselben Verband wie der Betriebsveräußerer organisiert ist. Die Verbandsmitgliedschaft des Betriebsveräußerers ist nach § 38 BGB nicht übertragbar und geht daher auch nicht nach § 613a BGB auf den Erwerber über.[4] Ebenso wenig tritt der Betriebserwerber außerhalb der Fälle der Gesamtrechtsnachfolge in einen von dem Betriebsveräußerer abgeschlossenen Firmentarifvertrag ein. Entfällt nach dem Betriebsübergang die Tarifbindung auf der Arbeitgeberseite, finden § 613a I 2–4 BGB Anwendung, die § 3 III, § 4 V TVG als speziellere Regelungen verdrängen.[5] Dies gilt ebenso, wenn das Arbeitsverhältnis durch den Betriebsübergang aus dem Geltungsbereich des Tarifvertrags hinausfällt.[6]

6 **bb) Allgemeinverbindlicherklärung.** Die Tarifnormen eines bisher für allgemeinverbindlich erklärten Tarifvertrags gelten nach einem Betriebsübergang nur mit unmittelbarer und zwingender Wirkung weiter, wenn das Arbeitsverhältnis von dem für allgemeinverbindlich erklärten Tarifvertrag weiterhin erfasst wird.[7] Fällt der Betrieb aus den Geltungsbereich des Tarifvertrags heraus, finden § 613a I 2–4 BGB Anwendung.

7 **cc) Einzelvertragliche Bezugnahme.** Enthält der Arbeitsvertrag eine statische Bezugnahme auf einen bestimmten Tarifvertrag, gilt dieser nach § 613a I 1 BGB individualrechtlich weiter. Ist im Arbeitsvertrag eine dynamische Bezugnahme auf eine tarifliche Regelung enthalten, ist nach der Rspr. des BAG zwischen Abreden, die bis zum 31. 12. 2001 getroffen worden sind

---

[2] BAG 20. 3. 2002 AP 53 zu Art. 140 GG = NZA 2002, 1402; zur fehlenden normativen Wirkung der AVR: BAG 8. 6. 2005 AP 1 zu § 42 MitarbeitervertretungG-EK Rheinland-Westfalen = NZA 2006, 611.

[3] A. A. *Thüsing* NZA 2002, 306, 310; *v. Tiling* NZA 2007, 79, 82 – Analogie.

[4] BAG 13. 7. 1994 AP 14 zu § 3 TVG Verbandszugehörigkeit = NZA 95, 479.

[5] BAG 29. 8. 2001 AP 17 zu § 1 TVG Bezugnahme auf Tarifvertrag = NZA 2002, 513; 20. 6. 2001 AP 18 zu § 1 TVG Bezugnahme auf Tarifvertrag = NZA 2002, 517.

[6] BAG 1. 4. 1987 AP 61 zu § 613a BGB = NZA 87, 593.

[7] BAG 1. 4. 1987 AP 61 zu § 613a BGB = NZA 87, 593.

und Bezugnahmeklauseln, die nach diesem Zeitpunkt vereinbart worden sind bzw. vereinbart werden zu unterscheiden:

(1) Bis zum 31. Dezember 2001 getroffene Abreden. (a) Gleichstellungsabrede. 8
Nach der bisherigen Rspr. des BAG stellt eine dynamische Bezugnahme in einem von einem **tarifgebundenen** Arbeitgeber vorformulierten Vertrag auf die/den im Vertrag näher bezeichneten Tarifverträge/Tarifvertrag

Beispiel: „Es gelten die Tarifverträge für die Metallindustrie in Thüringen in ihrer jeweils gültigen Fassung".

typischerweise eine Gleichstellungsabrede (sog. kleine dynamische Verweisung) dar. Es sollen nur die Regelungen gelten, die bei Tarifgebundenheit (aktuell) gelten würden.[8] In diese Vereinbarung tritt der Erwerber nach § 613a I 1 BGB ein. Nach Auffassung des BAG werden von einer solchen Klausel nur die Regelungen erfasst, die bei unmittelbarer und zwingender Wirkung des Tarifvertrags gelten würden. Ohne Bedeutung ist, ob es sich bei dem beim Erwerber geltenden Tarifwerk um einen Verbands- oder Haustarifvertrag handelt. Bei fehlender beiderseitiger Tarifbindung nach dem Betriebsübergang kann daher der Vorrang eines Firmentarifvertrags entfallen.[9] Endet die Tarifbindung, bestehen die zu diesem Zeitpunkt geltenden tariflichen Arbeitsbedingungen entgegen dem Wortlaut der Bezugnahmeklausel nur statisch weiter. Denn auch die tarifgebundenen Arbeitnehmer nehmen wegen der fehlenden Tarifbindung des Erwerbers nicht mehr an zukünftigen Tarifentwicklungen teil. Dies gilt auch, wenn der tarifgebundene Veräußerer einen Betrieb oder Betriebsteil auf einen nicht tarifgebundenen Erwerber überträgt.[10] Das beim Erwerber geltende Tarifrecht findet keine Anwendung, hierzu bedarf es der Vereinbarung einer neuen Bezugnahmeklausel.[11] War der Arbeitgeber hingegen zum Zeitpunkt der Vereinbarung **nicht tarifgebunden** (§ 3 I TVG), so legt das BAG die dynamische Bezugnahme auf die einschlägigen Tarifverträge nicht als Gleichstellungsabrede, sondern entsprechend ihrem Wortlaut aus.[12] Danach werden alle zukünftigen Tarifvertragsänderungen von der Klausel erfasst. Mit diesem Inhalt geht die Abrede nach § 613a I 1 BGB auf den Erwerber über. Will der Erwerber nach dem Betriebsübergang die Geltung des für seinen Betrieb anwendbaren Tarifrechts herbeiführen, muss er dies mit den Arbeitnehmern besonders vereinbaren. Die Bezugnahme auf das Tarifwerk einer bestimmten Branche kann über ihren Wortlaut hinaus nur als große dynamische Verweisung (RN 9) ausgelegt werden, wenn sich dies aus besonderen Umständen ergibt.[13]

(b) Tarifwechselklausel. Hingegen hat das BAG die dynamische Bezugnahme auf die „je- 9
weils geltenden Tarifverträge" (sog. große dynamische Verweisung) nicht als Gleichstellungsabrede, sondern als Tarifwechselklausel ausgelegt. Sie erfasst das jeweilige Tarifwerk, das bei einer Tarifbindung des Arbeitgebers unmittelbar und zwingend anzuwenden wäre und damit auch die beim Erwerber geltenden tariflichen Arbeitsbedingungen. Da diese Formulierung bei einem tarifgebundenen Arbeitgeber zugleich eine Gleichstellungsabrede darstellt, gelten die tariflichen Arbeitsbedingungen bei einem Verbandsaustritt des Erwerbers nur mit dem Inhalt statisch weiter, den sie bei Wegfall der Tarifgebundenheit haben. Handelt es sich um keine Gleichstellungsabrede, bleibt es bei der Bindung an das jeweils gültige Tarifwerk des Erwerbers.[14]

(2) Abreden nach dem 31. 12. 2001. Das BAG hat an der vorstehend dargestellten und 10
vielfach kritisierten Rspr. für Bezugnahmeklauseln in vorformulierten Arbeitsverträgen nicht mehr festgehalten, die nach dem Inkrafttreten der Schuldrechtsmodernisierung vereinbart worden sind. Wegen des Transparenzgebots des § 307 I 2 BGB verlangt das Gericht eine nach dem Wortlaut eindeutige Formulierung, welche Tarifverträge von der Inbezugnahme im Arbeitsvertrag erfasst sein sollen.[15] Eine Bezugnahmeklausel, die **nicht als Gleichstellungsabrede,** sondern im Wege einer „echten" dynamische Bezugnahme ein oder das jeweils geltende Tarifwerk

---

[8] BAG 26. 9. 2001 AP 21 zu § 1 TVG Bezugnahme auf Tarifvertrag = NZA 2002, 634; 25. 10. 2000 AP 13 zu § 1 TVG Bezugnahme auf Tarifvertrag = NZA 2002, 100; 30. 8. 2000 AP 12 zu § 1 TVG Bezugnahme auf Tarifvertrag = NZA 2001, 510.

[9] BAG 23. 1. 2008 AP 63 zu § 1 TVG Bezugnahme auf Tarifvertrag.

[10] BAG 29. 8. 2001 AP 17 zu § 1 TVG Bezugnahme auf Tarifvertrag = NZA 2002, 513; 20. 6. 2001 AP 18 zu § 1 TVG Bezugnahme auf Tarifvertrag = NZA 2002, 517.

[11] BAG 30. 8. 2000 AP 12 zu § 1 TVG Bezugnahme auf Tarifvertrag = NZA 2001, 510.

[12] BAG 25. 9. 2002 AP 26 zu § 1 TVG Bezugnahme auf Tarifvertrag = NZA 2003, 807; 25. 10. 2000 AP 13 zu § 1 TVG Bezugnahme auf Tarifvertrag = NZA 2002, 100.

[13] BAG 22. 10. 2008 – 4 AZR 784/07 – z.V.b.; 29. 8. 2007 AP 61 zu § 1 TVG Bezugnahme auf Tarifvertrag = NZA 2008, 364.

[14] BAG 25. 10. 2000 AP 13 zu § 1 TVG Bezugnahme auf Tarifvertrag = NZA 2002, 100.

[15] Ankündigung in BAG 14. 12. 2005 AP 39 zu § 1 TVG Bezugnahme auf Tarifvertrag = NZA 2006, 607; Umsetzung erstmals in BAG 18. 4. 2007 AP 53 zu § 1 TVG Bezugnahme auf Tarifvertrag = NZA 2007, 965.

in das Arbeitsverhältnis einbezieht, tritt bei tarifgebundenen Arbeitnehmern in Konkurrenz zu etwaigen ungünstigeren Regelungen, die sich aus der Anwendung von § 613a I 2, 3 BGB ergeben und verdrängt diese nach dem Günstigkeitsgrundsatz.[16] Dies gilt sowohl bei der nur statischen Weitergeltung der bisherigen Tarifnormen nach § 613a I 2 BGB wie auch beim Bestehen von Tarifnormen beim Erwerber (§ 613a I 3 BGB, dazu RN 12).

11 **(3) Dynamische Bezugnahme nach dem Betriebsübergang; Gemeinschaftsrecht.** Eine zwischen einem Betriebsveräußerer und einem Arbeitnehmer vereinbarte Bezugnahmeklausel geht bei einem Betriebsübergang nach § 613a I 1 BGB auf den Betriebserwerber über. Durch den Betriebsübergang ändert sich an der Reichweite der Bezugnahmeklausel nichts. Nach Auffassung des EuGH steht die durch eine dynamische Bezugnahme auf die jeweils geltenden Tarifverträge vermittelte Geltung der nachfolgenden Tarifverträge mit Art. 3 I der Betriebsübergangsrichtlinie und mit dem gemeinschaftsrechtlichen Grundsatz der negativen Koalitionsfreiheit nicht im Einklang.[17] Dies hätte zur Folge, dass alle Bezugnahmeklauseln – unabhängig von ihrem Inhalt – nach einem Betriebsübergang nur als statische Bezugnahmeklauseln auf die zum Zeitpunkt des Betriebsübergangs geltenden Tarifverträge weiter gelten würden. Zukünftige Änderungen der in Bezug genommenen Tarifverträge wären somit ohne Bedeutung für das auf den Betriebserwerber übergegangene Arbeitsverhältnis. Es erscheint sehr zweifelhaft, ob das BAG dieser Rechtsprechung folgen wird.[18] Sie berücksichtigt nicht, dass bei einer Bezugnahmeklausel die Bindung an den Tarifvertrag nicht durch die Mitgliedschaft des Betriebsveräußerers in einem Arbeitgeberverband vermittelt wird, sondern durch eine vertragliche Vereinbarung, die nach den allgemeinen Grundsätzen der Vertragsfreiheit zu beurteilen ist. Der vom EuGH zur Begründung seiner Auffassung herangezogenen Grundsatz der negativen Koalitionsfreiheit wird durch eine einzelvertragliche Bezugnahme nicht verletzt.

12 **b) Anwendung der beim Erwerber geltenden Tarifverträge (§ 613a I 3 BGB). aa) Voraussetzungen.** Gelten die bisherigen Tarifnormen nach dem Betriebsübergang nicht mehr normativ weiter, ist zunächst zu prüfen, ob § 613a I 3 BGB Anwendung findet. Danach ist die individualrechtliche Weitergeltung des bisherigen Tarifinhalts (§ 613a I 2 und 4 BGB) ausgeschlossen, wenn die Rechte und Pflichten bei dem Betriebsnachfolger u. a. durch Rechtsnormen eines anderen Tarifvertrags geregelt werden.[19] Die Verdrängung bzw. Ablösung der an sich nach § 613a I 2 BGB zum Inhalt des Arbeitsverhältnisses gewordenen bisherigen Tarifverträge nach § 613a I 3 BGB setzt nicht nur die kongruente Tarifgebundenheit an den Tarifvertrag bei dem Erwerber voraus, sondern auch, dass dieselben Regelungsgegenstände betroffen sind. Die Vorschrift des § 613a I 3 BGB soll das Prinzip der Tarifeinheit gewährleisten. Daneben kommt in ihr die Wertung des Gesetzgebers zum Ausdruck, dass ein Arbeitnehmer des Schutzes der bisher für ihn geltenden tariflichen Vorschriften nicht mehr bedarf, wenn er durch neue, für den Betriebserwerber geltende Tarifvorschriften geschützt ist.[20] Ohne Bedeutung ist, ob es sich bei dem beim Erwerber geltenden Tarifwerk um einen Haus- oder Verbandstarifvertrag handelt. § 613a I 3 BGB ist auch anwendbar, wenn beim Betriebsveräußerer ein Firmentarifvertrag galt und der Erwerber an einen Verbandstarifvertrag bebunden ist. Der Vorrang eines spezielleren Tarifvertrags entfällt in diesem Fall.[21] Die Ablösung der vor einem Betriebsübergang für das Arbeitsverhältnis maßgebenden Tarifnormen durch das beim neuen Inhaber geltende Tarifrecht setzt die normative Geltung der Tarifregelungen des § 613a I 2 BGB zum Zeitpunkt des Betriebsübergangs voraus; § 613a I 3 BGB ist auch nicht analog anwendbar, wenn die Geltung des Tarifrechts beim Betriebsveräußerer auf einer arbeitsvertraglichen Bezugnahme beruht.[22] Findet der beim Erwerber geltende Tarifvertrag nicht kraft Allgemeinverbindlichkeit, sondern kraft Tarifbindung Anwendung, muss die Tarifbindung sowohl für Arbeitgeber wie auch für den Arbeitnehmer bestehen, die einseitige Tarifbindung des Arbeitgebers ist nicht ausreichend.[23] Der beim Erwerber

[16] BAG 29. 8. 2007 AP 61 zu § 1 TVG Bezugnahme auf Tarifvertrag = NZA 2008, 364 unter Aufgabe von BAG 23. 3. 2005 AP 29 zu § 4 TVG Tarifkonkurrenz = NZA 2005, 1003.

[17] EuGH 9. 3. 2006 AP 2 zu Richtlinie 77/187/EWG = NZA 2006, 376 (Werhof).

[18] BAG 19. 9. 2007 AP 328 zu § 613a BGB = NZA 2008, 241; 18. 4. 2007 AP 53 zu § 1 TVG Bezugnahme auf Tarifvertrag = NZA 2007, 965.

[19] BAG 11. 5. 2005 AP 30 zu § 4 TVG Tarifkonkurrenz = NZA 2005, 1362; 19. 11. 1996 AP 153 zu § 613a BGB = NZA 97, 890.

[20] BAG 19. 3. 1986 AP 49 zu § 613a BGB = NZA 86, 687.

[21] BAG 23. 1. 2008 AP 63 zu § 1 TVG Bezugnahme auf Tarifvertrag – zu einer Gleichstellungsabrede.

[22] BAG 29. 8. 2007 AP 61 zu § 1 TVG Bezugnahme auf Tarifvertrag = NZA 2008, 364.

[23] BAG 11. 5. 2005 AP 30 zu § 4 TVG Tarifkonkurrenz = NZA 2005, 1362; 21. 2. 2001 AP 20 zu § 4 TVG = NZA 2001, 1318; 30. 8. 2000 AP 12 zu § 1 TVG Bezugnahme auf Tarifvertrag = NZA 2001, 5; a. A. *Heinze,* FS Schaub, S. 275, 289ff.

anzuwendende Tarifvertrag kann ein Verbands- oder ein Firmentarifvertrag sein. Selbst ein beim Betriebserwerber geltender Verbandstarifvertrag löst einen beim Veräußerer bestehenden Firmentarifvertrag ab, da § 613a I 3 BGB ausdrücklich die Anwendung der beim Erwerber bestehenden Kollektivvereinbarung vorschreibt.[24] Ohne Bedeutung ist hingegen, ob die Arbeitsbedingungen in dem beim Erwerber geltenden Tarifvertrag günstiger sind oder die tariflichen Ansprüche des Arbeitnehmers verschlechtern.[25] Sind die Rechte der Arbeitnehmer bei dem Betriebsveräußerer sowohl tariflich als auch individualrechtlich geregelt, setzt sich nach § 4 III TVG eine günstigere vertragliche Vereinbarung durch.[26] Der beim Erwerber geltende Tarifvertrag muss denselben Regelungsgegenstand haben wie der beim Veräußerer geltende Tarifvertrag, was durch Auslegung zu ermitteln ist. Maßgeblich ist danach, ob die nach § 613a I 2 BGB zum Inhalt des Arbeitsverhältnisses gewordenen und die bei dem Erwerber geltenden Regelungen die gleichen Rechte und Pflichten betreffen, wobei der tarifliche Sachzusammenhang zu beachten ist.[27] Dies ist der Fall, wenn der Tarifvertrag bei dem Erwerber eine Regelung enthält, nicht aber, wenn er dazu schweigt.[28] Ausreichend ist aber, wenn einem vom Erwerber geschlossenen Firmentarifvertrag durch Auslegung entnommen werden kann, dass er die nach § 613a I 2 BGB fortgeltenden Tarifregelungen insgesamt ablösen will.[29] Decken sich die Regelungsbereiche nicht, wird das nach § 613a I 2 BGB individualvertraglich weitergeltende Recht insoweit nicht abgelöst.

bb) Ablösung durch Betriebsvereinbarung? Nach Auffassung des BAG können die beim Veräußerer geltenden Tarifnormen unabhängig von der Tarifsperre des § 77 III BetrVG jedenfalls dann nicht durch eine beim Betriebserwerber bestehende Betriebsvereinbarung nach § 613a I 3 BGB abgelöst werden (sog. Über-Kreuz-Ablösung), wenn es sich um Ansprüche außerhalb des Bereichs der erzwingbaren Mitbestimmung des Betriebsrats oder nur um teilmitbestimmte Ansprüche handelt.[30] Für Ansprüche, die der erzwingbaren Mitbestimmung unterliegen, hat das BAG diese Frage zwar bisher offen gelassen. Es hat gegenüber der Über-Kreuz-Ablösung durch eine Betriebsvereinbarung zu Lasten eines Tarifvertrags aber durchgängig eine eher zurückhaltende Position eingenommen (zur Über-Kreuz-Ablösung zu Gunsten eines Tarifvertrags RN 27). 13

cc) Zeitpunkt. § 613a I 3 BGB ist nicht nur anzuwenden, wenn der Tarifvertrag schon im Zeitpunkt des Übergangs besteht. Die Vorschrift gilt auch dann, wenn es nach Übergang des Arbeitsverhältnisses zunächst zu einer Weitergeltung des bisherigen Tarifinhalts nach § 613a I 2 BGB gekommen ist und die Voraussetzungen des § 613a I 3 BGB erst später vorliegen.[31] Dieser Fall kann eintreten, wenn der Tarifvertrag erst nach dem Betriebsübergang abgeschlossen wird,[32] die beiderseitige Tarifgebundenheit nach dem Betriebsübergang entsteht[33] bzw. der Tarifvertrag erst nachträglich für allgemeinverbindlich erklärt wird. Der beim Erwerber nach § 613a I 3 BGB geltende Tarifvertrag kann die individualrechtliche Weitergeltung nach § 613a I 2 BGB nur für die Zeit seiner normativen Geltung und nicht nachträglich beseitigen. Auch in bereits entstandene Ansprüche kann er nur unter den für die Rückwirkung von Tarifverträgen geltenden Grundsätzen eingreifen. Jedoch kann auch einzelvertraglich eine Besitzstandsregelung getroffen werden. 14

c) Individualrechtliche Weitergeltung der bisherigen Tarifnormen (§ 613a I 2 und 4 BGB). aa) Tarifnormen. Nach § 613a I 2 BGB gelten u.a. Rechtsnormen von Tarifverträgen, die die Rechte und Pflichten der Arbeitsvertragsparteien regeln, als Inhalt des Arbeitsver- 15

[24] So wohl BAG 16. 10. 2002 AP 22 zu § 1 TVG Bezugnahme auf Tarifvertrag = NZA 2003, 390.

[25] BAG 11. 5. 2005 AP 30 zu § 4 TVG Tarifkonkurrenz = NZA 2005, 1362; 19. 11. 1996 AP 153 zu § 613a BGB = NZA 97, 890.

[26] BAG 29. 8. 2007 AP 61 zu § 1 TVG Bezugnahme auf Tarifvertrag = NZA 2008, 364; 25. 9. 2002 AP 26 zu § 1 TVG Bezugnahme auf Tarifvertrag = NZA 2003, 807; 25. 10. 2000 AP 13 zu § 1 TVG Bezugnahme auf Tarifvertrag = NZA 2002, 100.

[27] BAG 23. 1. 2008 AP 63 zu § 1 TVG Bezugnahme auf Tarifvertrag.

[28] BAG 20. 4. 1994 AP 108 zu § 613a BGB = NZA 94, 1140, etwas anderes gilt aber bei einem beredten Schweigen.

[29] BGB 22. 11. 2003 AP 242 zu § 613a BGB.

[30] BAG 13. 11. 2007 AP 336 zu § 613a BGB = NZA 2008, 600; 6. 11. 2007 AP 337 zu § 613a BGB = NZA 2008, 542; offengelassen von BAG 22. 3. 2005 AP 26 zu § 4 TVG Geltungsbereich = NZA 2006, 383; 1. 8. 2001 AP 225 zu § 613a BGB = NZA 2002, 41; 20. 4. 1994 AP 108 zu § 613a BGB = NZA 94, 1140; dafür ErfK/*Preis* § 613a BGB RN 122; MünchKommBGB/*Müller-Glöge* § 613a RN 143; *Döring/Grau* BB 2009, 158; dagegen wohl *Fitting* § 1 RN 142; Staudinger/*Richardi/Annuß* § 613a BGB RN 185.

[31] BAG 20. 4. 1994 AP 108 zu § 613a BGB = NZA 94, 1140.

[32] BAG 16. 5. 1995 AP 15 zu § 4 TVG Ordnungsprinzip = NZA 95, 1166.

[33] BAG 11. 5. 2005 AP 30 zu § 4 TVG Tarifkonkurrenz = NZA 2005, 1362.

hältnisses weiter und dürfen vor Ablauf eines Jahres nach dem Übergang nicht zum Nachteil des Arbeitnehmers geändert werden. Von § 613 a I 2 BGB werden die nur schuldrechtlich wirkenden Tarifinhalte nicht erfasst. Zu den individualrechtlich weitergeltenden Normen des Tarifvertrags zählen nicht nur Inhaltsnormen, sondern alle Tarifnomen, soweit sie Rechte und Pflichten für die Arbeitnehmer begründen. Dies können auch Abschluss-, Betriebs- sowie in Ausnahmefällen auch betriebsverfassungsrechtliche Normen sein, nicht aber solche über gemeinsame Einrichtungen[34] (zu den einzelnen Begrifflichkeiten § 202). Auch zum Zeitpunkt des Betriebsübergangs nur noch nachwirkende Tarifverträge[35] (§ 4 V TVG) fallen unter § 613 a I 2 BGB.

16 **bb) Weitergeltung.** Die zum Zeitpunkt des Betriebsübergangs gültigen Tarifnormen verlieren nach § 613 a I 2 BGB ihre unmittelbare und zwingende Wirkung und gelten anschließend nur statisch weiter; spätere tarifvertragliche Änderungen werden auch dann nicht mehr erfasst, wenn sie rückwirkend gelten sollen.[36] Enthält der transformierte Tarifvertrag seinerseits eine dynamische Verweisung auf andere Tarifverträge, werden diese nur mit ihrem Inhalt zum Zeitpunkt des Betriebsübergangs in die Arbeitsverträge der übernommenen Arbeitnehmer einbezogen.[37] Bei einem Stufentarifvertrag werden die nachfolgenden Tarifvertragsänderungen nur Vertragsinhalt, wenn diese zum Zeitpunkt des Betriebsübergangs bereits vereinbart waren, selbst wenn sie Wirksamkeit erst zu einem Zeitpunkt entfalten sollen, der in der Zukunft liegt[38] (z. B. bei Steigerungen nach dem Lebensalter). Ein „Einfrieren" einer zum Zeitpunkt des Betriebsübergangs bereits im transformierten Tarifvertrag festgelegten Dynamik kommt nur in Betracht, wenn deren Umsetzung nach dem Tarifvertrag zusätzlich von weiteren Anspruchsvoraussetzungen abhängig gemacht wird, nicht aber dann, wenn es nur und ausschließlich auf den Zeitablauf ankommt.[39] § 613 a I 2 BGB gilt nur für die zum Zeitpunkt des Betriebsübergangs bestehenden Arbeitsverhältnisse. Erst später eintretende Arbeitnehmer werden nicht begünstigt.[40] Widersprechen sich die nach § 613 a I 1 BGB übergehenden und die nach § 613 a I 2 BGB weitergeltenden Vertragsbedingungen, ist der Vertragsinhalt nach einem sachgruppenbezogenen Günstigkeitsvergleich zu bestimmen, zur Veränderungssperre RN 17. Die individualrechtliche Weitergeltung des Tarifvertrags endet, wenn der Tarifvertrag ohne Nachwirkung endet. Wird er nur durch einen anderen Tarifvertrag abgelöst, bleibt es bei der Weitergeltung nach § 613 a 2 BGB.

17 **cc) Veränderungssperre (§ 613 a I 2, 4 BGB). (1) Bedeutung.** Der nach § 613 a I 2 BGB weitergeltende Tarifinhalt darf grundsätzlich nicht vor Ablauf eines Jahres zum Nachteil des Arbeitnehmers geändert werden (§ 613 a I 4 BGB). Die Veränderungssperre gilt danach nicht für die nach § 613 a I 1 BGB übergehenden Vertragsbedingungen. Sie findet auch keine Anwendung, wenn dem Tarifvertrag bereits zum Zeitpunkt des Betriebsübergangs die zwingende Wirkung gefehlt hat, denn durch § 613 a I 2–4 BGB soll nur die Rechtsstellung des Arbeitnehmers gesichert, nicht aber verbessert werden.[41] Bei im Zeitpunkt des Betriebsübergangs nur nachwirkenden Tarifverträgen können daher abweichende Vereinbarungen bereits in der Jahresfrist getroffen werden. Denn auch bei einem Tarifvertrag im Nachwirkungsstadium (§ 4 V TVG) sind abweichende Vereinbarungen jederzeit möglich.[42] § 613 a I 2 BGB gewährt nur Schutz vor individualrechtlichen Änderungen zu Lasten des Arbeitnehmers (Änderungsvertrag, -kündigung), diese sind nach § 134 BGB unwirksam. Verschlechterungen in kollektiven Regelungen muss der Arbeitnehmer unter den Voraussetzungen des § 613 a I 3 BGB hinnehmen. Umstr. ist, ob es für die Unwirksamkeit auf den Zeitpunkt des Rechtsgeschäfts oder auf den seines Wirksamwerdens ankommt. Für die Zulässigkeit von Maßnahmen, die zwar während der Jahresfrist vorgenommen werden, aber erst nach ihrem Ablauf wirksam werden sprechen insbesondere die Vorgaben in Art. 3 III der RL 2001/23/EG, nach denen die Frist für die Aufrechterhaltung der bisherigen Kollektivbedingungen zumindest ein Jahr betragen muss sowie die

---

[34] Anders ErfK/*Preis* § 613 a BGB RN 114 für Abschluss- und betriebsverfassungsrechtliche Normen.

[35] BAG 12. 12. 2007 AP 39 zu § 1 TVG = NZA 2008, 892; 27. 11. 1991 AP 22 zu § 4 TVG Nachwirkung = NZA 92, 800.

[36] BAG 13. 9. 1994 AP 11 zu § 1 TVG Rückwirkung = NZA 95, 740.

[37] BAG 29. 8. 2001 AP 17 zu § 1 TVG Bezugnahme auf Tarifvertrag = NZA 2002, 513.

[38] BAG 19. 9. 2007 AP 328 zu § 613 a BGB = NZA 2008, 241.

[39] Anders HWK/*Willemsen/Müller-Bonanni* § 613 a BGB RN 265; sowie bei einer tariflichen Blankettverweisung BAG 17. 5. 2000 AP 8 zu § 3 TVG Verbandsaustritt = NZA 2001, 453.

[40] Vgl. BAG 23. 9. 2003 AP 28 zu § 99 BetrVG 1972 Eingruppierung = NZA 2004, 800.

[41] BAG 13. 9. 1994 AP 11 zu § 1 TVG Rückwirkung = NZA 95, 740; 13. 11. 1985 AP 46 zu § 613 a BGB = NZA 86, 422.

[42] BAG 1. 8. 2001 AP 255 zu § 613 a BGB = NZA 2002, 41.

Möglichkeit, während der zwingenden Geltung eines Tarifvertrags bereits abweichende Abmachungen für den Nachwirkungszeitraum (§ 4 V TVG) zu schließen.[43] § 613a I 2 BGB gewährt daher nur eine zeitlich befristete Bestandsgarantie gegenüber dem Wirksamwerden von verschlechternden Arbeitsbedingungen vor Ablauf eines Jahres.[44]

(2) Vorzeitige Beendigung. Die Jahresfrist endet vorzeitig, wenn **(a)** der transformierte Tarifvertrag nicht mehr mit zwingender Wirkung gilt oder **(b)** bei fehlender beiderseitiger Tarifbindung (§ 206) im Geltungsbereich eines anderen Tarifvertrags dessen Anwendung zwischen dem Arbeitnehmer und dem Betriebsnachfolger vereinbart wird (§ 613a I 4 BGB). In der Vorschrift kommt zum Ausdruck, dass der durch § 613a I 2 BGB vermittelte Schutz nicht weiter reichen soll als der durch das Kollektivrecht (§ 4 I TVG) und § 613a I 3 BGB vermittelte Schutz. Der nach § 613a I 4 2. Alt. BGB ersetzende Tarifvertrag muss insgesamt vereinbart werden; es ist jedoch ausreichend, wenn die Tarifbindung bei nur einer Arbeitsvertragspartei fehlt. Der Arbeitnehmer ist jedoch weder vor noch nach Ablauf der Jahresfrist zum Abschluss eines Ersetzungsvertrags verpflichtet. Der Arbeitgeber kann ihn auch durch eine Änderungskündigung nicht erzwingen, da weder die Anpassung an das Tarifniveau noch eine Gleichbehandlung mit den bereits beim Erwerber beschäftigten Arbeitnehmern einen Kündigungsgrund nach § 2 KSchG darstellt. 18

(3) Änderung nach Ablauf der Jahresfrist. Nach Ablauf eines Jahres stehen dem Betriebsnachfolger zur Änderung des in das Arbeitsverhältnis transformierten Kollektivrechts die individualrechtlichen Gestaltungsmittel zur Verfügung (Kündigung, Änderungsvertrag). Der Sache nach handelt es sich bei dem transformierten Recht um eine arbeitsvertragliche Einheitsregelung. Wegen der Eigenart des transformierten Kollektivrechts kann es auch durch einen nachfolgenden Tarifvertrag geändert werden (§ 204 RN 60).[45] Es ergibt keinen Sinn, die Transformation bei dem Bestand des Tarifrechts für den neuen Betrieb auszuschließen, das transformierte Recht aber tarifbestandsfest zu machen. 19

d) Kirchliche Arbeitsbedingungen. Die für Tarifverträge geltenden Grundsätze sind nicht entsprechend für kirchliche Arbeitsbedingungen heranzuziehen.[46] 20

3. Betriebsvereinbarungen. a) Grundsatz. Betriebsvereinbarungen gelten nach § 77 IV BetrVG mit unmittelbarer und zwingender Wirkung für das Arbeitsverhältnis. Einer Umsetzung in das Einzelarbeitsverhältnis bedarf es nicht. Bei einem Betriebsübergang kann die Betriebsvereinbarung gegenüber dem neuen Rechtsträger entweder nach § 613a I 1 BGB ihre kollektivrechtliche Geltung behalten, durch eine Betriebsvereinbarung mit einem identischen Regelungsgegenstand verdrängt werden (§ 613a I 3 BGB) oder nach Maßgabe der § 613a I 2 und 4 BGB als Bestandteil des Arbeitsvertrags weitergelten. Regelungsabreden werden von § 613a BGB nicht erfasst, da sie keine unmittelbare Wirkung zu Gunsten der Arbeitnehmer haben. 21

b) Kollektivrechtliche Weitergeltung von Betriebsvereinbarungen. aa) Die Auffangregelung des § 613a I 2–4 BGB findet keine Anwendung, wenn die Betriebsvereinbarung nach § 613a I 1 BGB kollektivrechtlich weitergilt. Dies ist der Fall, wenn die Identität der bisherigen betrieblichen Einheit erhalten bleibt. Die Identität bleibt z.B. erhalten, wenn bei einem Betriebsübergang der ganze Betrieb übergeht oder ein betriebsratsfähiger Betriebsteil, der vom Erwerber als selbstständiger Betrieb geführt wird.[47] Allerdings sind die Einzelheiten, unter denen eine Identitätswahrung anzunehmen ist, noch weitgehend ungeklärt. Die bisherige Identität geht jedenfalls dann verloren, wenn die bisherige Einheit in den Betrieb des Erwerbers eingegliedert wird;[48] zum Rest- und Übergangsmandat des Betriebsrats § 219 RN 16. Bleibt die bisherige betriebsverfassungsrechtliche Einheit bestehen, führt der Betriebsrat sein Amt weiter. Der Betriebsübergang führt wie im Arbeitsverhältnis nur zu einem Wechsel des Vertragspartners auf der Arbeitgeberseite. Der neue Betriebsinhaber wird kraft Gesetzes zum Betriebspartner (Ar- 22

---

[43] BAG 23. 2. 2005 AP 42 zu § 4 TVG Nachwirkung.

[44] Wie hier HWK/*Willemsen/Müller-Bonanni* § 613a BGB RN 266a; anders die ganz h.M. Nachw. bei ErfK/*Preis* § 613a RN 115.

[45] In diesem Sinn für Betriebsvereinbarungen BAG 14. 8. 2001 AP 85 zu § 77 BetrVG 1972 = NZA 2002, 276.

[46] BAG 20. 3. 2002 AP 53 zu Art. 140 GG = NZA 2002, 1402; RN 3a.

[47] BAG 18. 11. 2003 AP 15 zu § 77 BetrVG 1972 Nachwirkung = NZA 2004, 803; 18. 9. 2002 AP 7 zu § 77 BetrVG 1972 Betriebsvereinbarung = NZA 2003, 670; krit. dagegen HWK/*Willemsen/Müller-Bonanni* § 613a RN 256.

[48] BAG 1. 8. 2001 AP 225 zu § 613a BGB = NZA 2002, 41.

beitgeber) des fortbestehenden Betriebsrats. Die bisherigen Bindungen aus der Betriebsvereinbarung bleiben bestehen.[49]

23 Die mit dem früheren Inhaber abgeschlossene Betriebsvereinbarung **endet** mit Ablauf der vereinbarten Zeit oder mit Erreichung ihres Zwecks. Sie kann auch durch Vertrag aufgehoben werden oder von dem neuen Rechtsträger mit einer Frist von drei Monaten gekündigt werden (§ 77 V BetrVG); ein auf dem Betriebsübergang beruhendes Sonderkündigungsrecht des Betriebserwerbers besteht nicht. In den Fällen der erzwingbaren Mitbestimmung entfaltet die Betriebsvereinbarung allerdings Nachwirkung (§ 77 VI BetrVG).

24 **bb) Keine Anwendung des BetrVG.** Die Betriebsvereinbarung gilt nicht weiter, wenn der Arbeitgeber nicht mehr unter den Geltungsbereich des BetrVG fällt. Nach § 130 BetrVG findet das BetrVG keine Anwendung auf Verwaltungen und Betriebe des Bundes, der Länder, der Gemeinden und sonstiger Körperschaften, Anstalten und Stiftungen des öffentlichen Rechts. Daneben gilt das BetrVG nicht für Religionsgemeinschaften und ihre karitativen und erzieherischen Einrichtungen unbeschadet deren Rechtsform (§ 118 II BetrVG). Schließlich kann es zu einem Absinken der Arbeitnehmerzahl unter 5 wahlberechtigte Arbeitnehmer kommen (§ 1 I 1 BetrVG). In allen Fällen endet das Amt des Betriebsrats mit dem Betriebsübergang und die Betriebsvereinbarung gilt grundsätzlich nach § 613a I 2 BGB individualrechtlich weiter. Wird der Betrieb in eine öffentliche Verwaltung eingegliedert und bestehen für diese Dienstvereinbarungen, kann auch § 613a I 3 BGB entsprechend anzuwenden sein.

25 **cc) Erhaltung von bereits erworbenen Rechten.** Sind beim früheren Betriebsinhaber aus einer bestehenden Betriebsvereinbarung bereits vor Betriebsübergang Ansprüche entstanden, gehören diese zu den individualrechtlichen Ansprüchen. Diese gehen auf den neuen Betriebsinhaber nach § 613a I 1 BGB über. Nach § 613a II 2 BGB haften sowohl der alte als auch der neue Arbeitgeber gesamtschuldnerisch.[50] Besonderheiten gelten für Sozialpläne (§ 112 BetrVG). Wird ein Sozialplan im verbleibenden Betrieb für die übergehenden Arbeitnehmer erst nach dem Betriebsübergang abgeschlossen, wird sein Inhalt nicht nach § 613a I 2 BGB nachträglich Inhalt der Arbeitsverhältnisse, sondern gilt normativ.[51]

26 **dd) Gesamt- bzw. Konzernbetriebsvereinbarungen.** Eine kollektivrechtliche Weitergeltung von Gesamtbetriebsvereinbarungen nach § 613a I 1 BGB kommt in Betracht, wenn ein Betrieb eines Unternehmens mit mehreren Betrieben veräußert wird und nicht mehr zum Unternehmen gehört. Voraussetzung für die kollektivrechtliche Fortgeltung ist allein, dass der übertragene Betrieb seine Identität behält. In diesem Fall wandelt sich die Gesamtbetriebsvereinbarung in eine Einzelbetriebsvereinbarung um. Werden alle oder mehrere Betriebe des Unternehmens übernommen, bleiben die Gesamtbetriebsvereinbarungen beim Erwerber als solche bestehen.[52] Werden sämtliche Betriebe eines Unternehmens auf zwei andere rechtlich selbstständige Unternehmen übertragen, endet hingegen das Amt des bisherigen Gesamtbetriebsrats.[53] Kommt ein Betrieb zu einem Erwerber, in dem bereits eine Gesamtbetriebsvereinbarung besteht, wird die Gesamtbetriebsvereinbarung des aufnehmenden Unternehmens auf den aufgenommenen Betrieb erstreckt. Bei deren Abschluss war dieser zwar noch nicht durch den Gesamtbetriebsrat repräsentiert. Es muss aber davon ausgegangen werden, dass in dem Unternehmen des Erwerbers einheitliche Arbeitsbedingungen gelten sollen. Damit kann eine Gesamtbetriebsvereinbarung bei dem Erwerber eine Gesamtbetriebsvereinbarung beim Veräußerer verdrängen. Kollidiert eine Betriebsvereinbarung des veräußerten Betriebs mit einer Gesamtbetriebsvereinbarung bei dem aufnehmenden Unternehmen, verdrängt die Gesamtbetriebsvereinbarung des aufnehmenden Unternehmens die Betriebsvereinbarung des veräußerten Betriebs.[54] Soweit die Gesamtbetriebsvereinbarung nicht kollektivrechtlich weitergilt, wird sie nach § 613a I 2–4 BGB Inhalt des Arbeitsverhältnisses. Der Inhalt einer **Konzernbetriebsvereinbarung** wirkt unverändert, wenn der Betriebsübernehmer zum selben Konzern wie der Veräußerer gehört; ansonsten gilt ihr Inhalt nach § 613a I 2 BGB individualrechtlich weiter.

27 **c) Verdrängung durch eine beim Erwerber bestehende normative Regelung (Betriebsvereinbarung/Tarifvertrag).** Die unmittelbare und zwingende Wirkung entfällt dann,

---

[49] BAG 27. 7. 1994 AP 118 zu § 613a BGB = NZA 95, 202; 5. 2. 1991 AP 89 zu § 613a BGB = NZA 91, 639.

[50] Vgl. für das Tarifrecht: BAG 14. 6. 1994 AP 2 zu § 3 TVG Verbandsaustritt = NZA 95, 178.

[51] BAG 10. 8. 1994 AP 86 zu § 112 BetrVG 1972 = NZA 95, 314; 24. 3. 1981 AP 12 zu § 117 BetrVG 1972.

[52] BAG 18. 9. 2002 AP 7 zu § 77 BetrVG 1972 Betriebsvereinbarung = NZA 2003, 670.

[53] BAG 5. 6. 2002 AP 11 zu § 47 BetrVG 1972 = NZA 2003, 336.

[54] BAG 27. 6. 1985 AP 14 zu § 77 BetrVG 1972 = NZA 86, 401.

wenn die Rechte und Pflichten bei dem neuen Rechtsträger durch eine andere Betriebsvereinbarung geregelt sind (§ 613a I 3 BGB). Nach dem Gesetz soll in einem Betrieb nur eine Betriebsvereinbarung gelten. Voraussetzung ist aber, dass die Betriebsvereinbarungen im veräußerten und im Erwerberbetrieb denselben Regelungsgegenstand (dazu RN 12) betreffen und nach § 77 IV 1 BetrVG im übernommenen Betrieb gelten.[55] Ansonsten gelten die verbleibenden Regelungen nach § 613a I 2 BGB als Inhalt des Arbeitsverhältnisses weiter. Zu einer Weitergeltung nach § 613a I 2 BGB kommt es nicht, wenn die Betriebsvereinbarung im Erwerberbetrieb zwar beendet ist, aber noch nachwirkt. Hingegen schließt eine beim Betriebserwerber geltende Regelungsabrede die normative Weitergeltung einer im übergehenden Betrieb bestehende Betriebsvereinbarung nicht aus. Von § 613a I 3 BGB erfasst wird auch der Fall, dass der Gegenstand einer beim Veräußerer bestehenden Betriebsvereinbarung beim Erwerber durch einen normativ geltenden Tarifvertrag geregelt ist. In diesem Fall kommt es zu keiner Weitergeltung der Betriebsvereinbarung im Individualrecht, sondern es findet der beim Erwerber geltende Tarifvertrag Anwendung. Insoweit ist eine Über-Kreuz-Ablösung zu Gunsten eines Tarifvertrags zulässig (zur Ablösung zu Lasten eines Tarifvertrags RN 13).

d) Individualrechtliche Weitergeltung von Betriebsvereinbarungen. aa) Gelten Betriebsvereinbarungen nicht nach § 613a I 1 bzw. 3 BGB kollektivrechtlich weiter, wird ihr Inhalt nach § 613a I 2 BGB Inhalt des Arbeitsverhältnisses zwischen dem Betriebserwerber und dem Arbeitnehmer und darf grundsätzlich vor Ablauf eines Jahres nicht geändert werden (§ 613a I 4 BGB, RN 17), wenn sie zuvor zwingend galten. Für die Anwendung von § 613a I 2 BGB bleibt nur Raum, wenn der Betrieb beim Erwerber nicht mehr dem Geltungsbereich des BetrVG unterfällt (RN 24) oder in einen anderen Betrieb des Erwerbers eingegliedert wird (RN 27). Für die Weitergeltung nach § 613a I 2 BGB ist es ohne Bedeutung, welches Betriebsverfassungsorgan die Vereinbarung abgeschlossen hat. Die Vorschrift gilt daher auch für Konzern- und Gesamtbetriebsvereinbarungen. Der Inhalt der individualrechtlich weitergeltenden Betriebsvereinbarungen endet nicht mit Ablauf der Jahresfrist. Die Veränderungssperre verbietet lediglich inhaltliche Änderungen. Nach ihrem Ablauf bleiben die weitergeltenden Rechte aus der Betriebsvereinbarung bestehen, bis sie durch Änderungsvereinbarung, Aufhebungsvertrag oder Änderungskündigung zwischen dem neuen Arbeitgeber und dem Arbeitnehmer geändert werden. Jedoch können ihre Wirkungen entfallen, wenn sie auch bei kollektivrechtlicher Fortgeltung nicht mehr anwendbar wären, z. B. weil der begünstigte Arbeitnehmer leitender Angestellter (§ 5 III BetrVG) wird. 28

bb) Ausnahmen von der Veränderungssperre. Vor Ablauf der einjährigen Veränderungssperre können die Rechte und Pflichten aus der Betriebsvereinbarung anderweitig geregelt werden, wenn die Betriebsvereinbarung beim Betriebsveräußerer nicht mehr gilt (§ 613a I 4 BGB). Eine Betriebsvereinbarung gilt dann nicht mehr, wenn sie durch Fristablauf beendet, aufgehoben oder gekündigt worden ist. Durch einen Betriebsübergang sollen die Rechte des Arbeitnehmers nicht verstärkt, sondern nur gesichert werden. Gilt die Betriebsvereinbarung beim Veräußerer nur kraft Nachwirkung (§ 77 VI BetrVG), kann auch die nach § 613a I 2 BGB individualrechtlich weitergeltende Betriebsvereinbarung vom Betriebserwerber durch eine Änderungsvereinbarung oder durch eine Änderungskündigung des Arbeitgebers beendet werden. Die Veränderungssperre des § 613a I 2 BGB gilt nicht mehr. Die nach § 613a I 2 BGB als Individualrecht weitergeltende Betriebsvereinbarung stellt rechtstechnisch eine vertragliche Einheitsregelung dar, die durch eine nachfolgende Betriebsvereinbarung geändert werden kann, ohne dass die vom Großen Senat aufgestellten Voraussetzungen (kollektiver Günstigkeitsvergleich) vorliegen müssen. Denn eine nach § 613a I 1 BGB beim Erwerber weitergeltende Betriebsvereinbarung hätte auch keinem kollektiven Günstigkeitsvergleich unterlegen.[56] 29

cc) Vorzeitige Kündigungsmöglichkeit des Erwerbers? Umstritten ist, ob der neue Betriebsinhaber bei einer Eingliederung der übernommenen Einheit das Recht hat, eine nach § 613a I 2 BGB weitergeltende Betriebsvereinbarung vor Ablauf eines Jahres nach § 77 V BetrVG zu kündigen. Dies kann für den Erwerber von Interesse sein, weil er für die Kündigung des Arbeitsvertrags der Veränderungssperre unterliegt. Nach h. M. steht ihm dieses Recht auch dann nicht zu, wenn bei dem Betriebserwerber ein Betriebsrat besteht.[57] Das Gesetz sieht nur die Kündigung der Individualvereinbarung vor. Dem Arbeitgeber bleibt aber die Möglichkeit, durch Abschluss einer Betriebsvereinbarung mit einem bei ihm bestehenden Betriebsrat von der Möglichkeit des § 613a I 3 BGB Gebrauch zu machen. 30

---

[55] BAG 1. 8. 2001 AP 225 zu § 613a BGB = NZA 2002, 41.
[56] BAG 14. 8. 2001 AP 85 zu § 77 BetrVG 1972 = NZA 2002, 276.
[57] Erman/*Hanau*, BGB, 9. Aufl., § 613a RN 91.

31 **4. Regelungsabreden.** Sie haben keine normative Wirkung. Unter denselben Voraussetzungen, unter denen der neue Rechtsträger in die betriebsverfassungsrechtlichen Rechte und Pflichten des früheren Rechtsträgers eintreten muss, tritt er auch in die Regelungsabreden ein.[58] Die Regelungsabrede erlangt Wirkung für das Arbeitsverhältnis aber erst dann, wenn der Arbeitgeber die mit dem Betriebsrat vereinbarte Regelung mit individualrechtlichen Mitteln in das Arbeitsverhältnis umgesetzt hat. Bevor die Umsetzung erfolgt ist, können die Regelungsabreden nicht in den Arbeitsvertrag transformiert werden. Ist dies aber der Fall, so tritt der neue Rechtsträger nach § 613 a I 1 BGB in die entsprechenden Verpflichtungen ein.

32 **5. Sprecherausschussvereinbarungen.** Ein Sprecherausschuss bleibt im Amt, wenn der gesamte Betrieb veräußert wird (§ 1 SprAuG). Besonderheiten können sich ergeben, wenn im Unternehmen des Veräußerers oder Erwerbers ein Unternehmenssprecherausschuss besteht (§ 20 SprAuG); hier gelten die Ausführungen zu den Gesamtbetriebsvereinbarungen entsprechend. Wird nur ein Betriebsteil veräußert, bleibt der Sprecherausschuss regelmäßig wie der Betriebsrat beim Veräußerer. Sinkt infolge der Betriebsveräußerung die Zahl der leitenden Angestellten unter die Mindestzahl 10, endet das Amt des Sprecherausschusses. Die vom Sprecherausschuss abgeschlossenen Vereinbarungen gelten kollektivrechtlich weiter, wenn die betriebliche Einheit erhalten bleibt. Dagegen fehlt es für die individualrechtliche Weitergeltung an einer Regelung in § 613 a I BGB. Da die Fortgeltung aber letztlich auf der Betriebsübergangsrichtlinie beruht, bedarf es einer richtlinienkonformen Auslegung von § 613 a BGB. Dasselbe gilt nach einer umstrittenen Meinung auch für Richtlinien nach § 28 I SprAuG.[59] Diese regeln zwar nicht unmittelbar die Rechte und Pflichten des Arbeitnehmers, sondern bedürfen der Umsetzung auf arbeitsvertraglicher Ebene. Aber es entspricht dem Zweck einer Richtlinie nach § 28 I SprAuG, dass auch sie auf das Arbeitsverhältnis bei dem übernehmenden Rechtsträger Anwendung finden.

33 **6. Dienstvereinbarungen.** Auch auf Dienstvereinbarungen werden die Regelungen des § 613 a I 2–4 BGB im Allgemeinen entspr. anzuwenden sein.

34 **7. Weiterer Betriebsübergang.** Kommt es nach einer individualrechtlich Weitergeltung von Normen eines Tarifvertrags oder einer Betriebsvereinbarung (§ 613 a I 2 BGB) zu einem weiteren Betriebsübergang, geht der Inhalt der früheren Kollektivvereinbarungen nach § 613 a I 1 BGB auf den Betriebserwerber über.[60] Allerdings sind sie nicht weiter als nach § 613 a I 2 BGB geschützt und könnten unter den Voraussetzungen des § 613 a I 3 BGB durch eine beim Zweiterwerber geltende Kollektivvereinbarung auch verschlechtert werden. Die Jahresfrist (§ 613 a I 2 BGB) beginnt bei dem zweiten Betriebsübergang nicht erneut zu laufen.

III. Tarifverträge und Betriebsvereinbarungen bei Umwandlungsfällen

35 **1. Tarifverträge.** Bei den tarifvertraglichen Auswirkungen einer Umwandlung sind je nach Geltungsgrund des Tarifinhalts mehrere Fallgruppen zu unterscheiden.

36 **a) Tarifbindung. aa)** Die Organisationszugehörigkeit geht wegen § 38 BGB auch bei der Gesamtrechtsnachfolge nicht automatisch auf den neuen Rechtsträger über, sondern nur wenn die Satzung (§ 40 BGB) eine entsprechende Regelung enthält.[61] Bei einem Firmentarifvertrag tritt dagegen der Nachfolger in den Tarifvertrag ein. Wer im Wege der Gesamtrechtsnachfolge ein Unternehmen übernimmt, muss in die Verpflichtungen aus einem Firmentarifvertrag eintreten. Ist der übernehmende Rechtsträger an einen anderen Tarifvertrag gebunden, kann ein Fall der Tarifpluralität auftreten. Die Kollision ist nach den Grundsätzen der Tarifkonkurrenz und der Tarifpluralität zu lösen[62] (§ 203 RN 51).[63] Dagegen werden im Schrifttum Einschränkungen gemacht. Gehe der Betrieb durch Aufspaltung, Abspaltung oder Ausgliederung auf einen oder mehrere Rechtsträger über (§ 123 I Nr. 1, II Nr. 1, III Nr. 1 UmwG), so bestünden schon Arbeitsverhältnisse bei dem übernehmenden Rechtsträger. Diese könnten nicht von dem früheren Firmentarifvertrag erfasst werden, so dass für die Arbeitsverhältnisse der übergehenden Arbeitnehmer § 613 a I 2–4 BGB anzuwenden ist.[64]

---

[58] BAG 5. 2. 1991 AP 89 zu § 613 a BGB = NZA 91, 639.
[59] *Gaul* NZA 95, 717; a. A. *Oetker* ZfA 90, 43, 85.
[60] BAG 20. 4. 1994 AP 108 zu § 613 a BGB = NZA 94, 1140.
[61] AG Kaiserslautern 3. 9. 2004 NZA-RR 2005, 319.
[62] BAG 4. 7. 2007 AP 35 zu § 4 TVG Tarifkonkurrenz = NZA 2008, 307.
[63] BAG 20. 6. 2001 AP 17 zu § 1 TVG Bezugnahme auf Tarifvertrag; 24. 6. 1998 AP 1 zu § 20 UmwG = NZA 98, 1348.
[64] ErfK/*Preis* § 613 a BGB RN 183.

bb) Rechtsfolgen bei Fortfall der Tarifbindung. Auf Grund der Verweisung in § 324 UmwG bleibt ua. § 613a I BGB durch die Wirkungen der Eintragung einer Verschmelzung, Spaltung oder Vermögensübertragung unberührt. Entfällt durch die Umwandlung die Tarifbindung, gelten seine normativen Bestimmungen individualrechtlich weiter (§ 613a I 2 BGB). Insoweit ergeben sich die gleichen Rechtsfolgen wie beim Betriebsübergang (RN 15). 37

b) Allgemeinverbindlicherklärung. Ein allgemeinverbindlicher Tarifvertrag gilt nach einer Umwandlung wie bisher weiter. Fällt der Betrieb oder der Betriebsteil nicht mehr in den Geltungsbereich des Tarifvertrags, findet § 613a I 2–4 BGB Anwendung. 38

c) Einzelvertragliche Bezugnahme. Bei der Umwandlung ergeben sich gegenüber der beim Betriebsübergang dargestellten Rechtslage (RN 7) keine Besonderheiten. 39

2. Betriebsvereinbarungen. a) Wie bei einem Betriebsübergang nach § 613a BGB können die Normen einer Betriebsvereinbarung auch gegenüber dem neuen Rechtsträger entweder die kollektivrechtliche Geltung behalten oder individualrechtlich weitergelten. 40

b) Kollektivrechtliche Weitergeltung von Betriebsvereinbarungen. Die Betriebsvereinbarungen gelten kollektivrechtlich weiter, wenn die Identität der bisherigen betrieblichen Einheit nach der Umwandlung erhalten bleibt und der Arbeitgeber noch unter den Geltungsbereich des BetrVG fällt (RN 24). In diesen Fällen führt die Umwandlung nur zu einem Austausch des Arbeitgebers, demgegenüber die Betriebsvereinbarungen normativ weitergelten.[65] Ansonsten gelten ihre Bestimmungen individualrechtlich weiter. Die Identität bleibt z. B. erhalten, wenn bei einer Verschmelzung der ganze Betrieb auf den neuen Rechtsträger übergeht. Die Betriebsspaltung führt dagegen regelmäßig zu einem Verlust der betrieblichen Identität, sofern nicht nach § 322 I UmwG ein Gemeinschaftsbetrieb vorliegt. Regelmäßig wird jedoch durch eine Betriebsspaltung die bisherige Betriebsvereinbarung beendet. Dies gilt insbesondere bei einer Abspaltung. 41

c) Individualrechtliche Weitergeltung von Betriebsvereinbarungen. Gelten Betriebsvereinbarungen nicht bereits kollektivrechtlich weiter, so werden sie nach § 613a I 2 BGB Inhalt des Arbeitsverhältnisses und dürfen nicht vor Ablauf eines Jahres geändert werden (RN 17). Im Wesentlichen wird es sich um die Verschmelzung von mehreren Betrieben handeln, weil bei diesem Umwandlungsvorgang die Identität des Betriebs verloren geht. Die individualrechtliche Fortgeltung von ursprünglich kollektivrechtlich geltenden Betriebsvereinbarungen ist unabhängig davon, welches Betriebsverfassungsorgan (Betriebsrat, Gesamtbetriebsrat, Konzernbetriebsrat) die Betriebsvereinbarung abgeschlossen hat. 42

3. Einzelne Umwandlungsfälle. a) Aufnehmende Verschmelzung. Nimmt ein Unternehmen im Wege der aufnehmenden Verschmelzung ein oder mehrere Betriebe auf und bleibt die Identität des Betriebs oder der Betriebe erhalten, bleibt die kollektivrechtliche Geltung der Betriebsvereinbarungen oder der Gesamtbetriebsvereinbarungen, die für den Einzelbetrieb abgeschlossen sind, erhalten.[66] 43

b) Verschmelzung mit Neugründung. Wird ein Betrieb des veräußernden Unternehmens mit einem Betrieb des erwerbenden Unternehmens verschmolzen, endet die alte Betriebs- und Unternehmensverfassung. Es kann nach den oben dargestellten Grundsätzen (RN 22ff.) nicht zu einer kollektivrechtlichen Weitergeltung der Betriebsvereinbarungen kommen. Die Betriebsvereinbarungen des alten Betriebs gelten individualrechtlich weiter (§ 613a I 2 BGB), sofern nicht bei dem neuen Rechtsträger Betriebsvereinbarungen mit einem identischen Regelungsgegenstand bestehen (§ 613a I 3 BGB). 44

c) Abspaltung und Ausgliederung. Werden von einem Rechtsträger mit mehreren Betrieben ein oder mehrere Betriebe abgespalten oder ausgegliedert, bleibt die Identität der Betriebe erhalten. Die Betriebsvereinbarungen gelten damit nach § 613a I 1 BGB kollektivrechtlich weiter. Allerdings bleibt die Unternehmensidentität nicht erhalten. Hieraus folgt, alle Betriebsvereinbarungen gelten in den beim ursprünglichen Rechtsträger verbliebenen Betrieben kollektivrechtlich weiter, da dessen Unternehmen nicht untergegangen ist. In den abgespaltenen oder ausgegliederten Unternehmen können die Gesamtbetriebsvereinbarungen nach Auffassung des BAG entweder als solche weitergelten, wenn die Voraussetzungen des § 47 BetrVG vorliegen oder, wenn nur ein Betrieb abgespalten bzw. ausgegliedert wird, nach § 613a I 1 BGB als Einzelbetriebsvereinbarungen weitergelten.[67] 45

---

[65] BAG 5. 2. 1991 AP 89 zu § 613a BGB; 27. 7. 1994 AP 118 zu § 613a BGB = NZA 95, 202.
[66] BAG 18. 9. 2002 AP 7 zu § 77 BetrVG 1972 Betriebsvereinbarung = NZA 2003, 670.
[67] BAG 18. 9. 2002 AP 7 zu § 77 BetrVG 1972 Betriebsvereinbarung = NZA 2003, 670.

46 **d) Aufspaltung zur Neugründung.** Es geht der übertragende Rechtsträger unter. Werden dabei Betriebe aufgeteilt, organisatorisch verselbstständigt oder verschmolzen, endet wegen Identitätsverlustes die kollektivrechtliche Weitergeltung der bisherigen Betriebsvereinbarungen. Diese gelten nach § 613 a I 2 BGB individualrechtlich weiter. Die übergegangenen Belegschaften werden jedoch durch den bisherigen Betriebsrat bis zum Ablauf des Übergangmandats weiterhin vertreten. Der Arbeitgeber kann diesem gegenüber die Kündigung der Betriebsvereinbarung erklären. Die Veränderungssperre des § 613 a I 2 BGB endet dann mit Ablauf der Kündigungsfrist.

IV. Arbeitsrechtliche Auswirkungen bei einer Privatisierung

Augenreich, Die arbeitsrechtlichen Auswirkungen einer Privatisierung für die Arbeitnehmer der öffentlichen Hand, 2004; *Besgen/Langner,* Zum Übergangsmandat des Personalrats bei der privatisierenden Umwandlung, NZA 2003, 1239; *Blanke/Sterzel,* Privatisierungsrecht für Beamte, 1999; *Kast/Freihube,* Privatisierung öffentlicher Arbeitgeber, DB 2004, 2530; *Krenz,* Die Beteiligung des Personalrats bei Privatisierungen, PersR 2007, 367; *Meyer,* Arbeitsrechtliche Probleme bei der Umwandlung der Bahn von einer Behörde in einen Dienstleistungskonzern, RdA 2001, 157; *Nokiel/Jasper,* Zurruhesetzung von Bundesbeamten wegen Dienstunfähigkeit unter Berücksichtigung der Besonderheiten bei den privatisierten Unternehmen der ehemaligen Deutschen Bundespost, ZTR 2001, 155; *Opolony,* Arbeitsrechtliche Fragen der Privatisierung von Bühnen, ZTR 2004, 338; *Pawlak/Leydecker,* Die Privatisierung öffentlicher Unternehmen: Übergangsmandat des Personalrats und Fortbestand kollektiver Regelungen, ZTR 2008, 74; *Resch,* Betriebsübergang und Auslagerung staatlicher Aufgaben, ArbuR 2000, Heft 3; *Scholz,* Öffentlicher Dienst und Privatisierung, FS Richardi (2007), S. 391; *Thannheiser,* Privatisierung und § 613 a BGB, PersR 2007, 364; *Steinigen,* Arbeitsrechtliche Probleme der Privatisierung kommunaler Einrichtungen und deren Auswirkungen auf die künftige Personalkostenentwicklung, ZTR 2008, 582; *Uesseler,* Privatisierung von Sicherheit, WSI-Mitteilungen 2007, 274; *Willemsen,* Arbeitsrechtliche Fragen der Privatisierung und Umstrukturierung öffentlicher Rechtsträger, FS BAG (2004), S. 287; *Wolff/Conradi,* Personalüberleitung und Personalüberleitungsvereinbarungen bei Privatisierungsvorhaben im Krankenhausbereich ZTR 2007, 290; *Wollenschläger/Harbou,* Arbeitsrechtliche Fragen bei Privatisierungs- und Outsourcingmaßnahmen in öffentlichen Krankenhäusern, NZA 2005, 1081.

47 **1. Verfahren.** Die Privatisierung kann entweder durch eine Umwandlung, die Veräußerung von Gesellschaftsanteilen oder durch Verkauf eines Betriebs- bzw. -teils i. S. d. § 613 a BGB erfolgen.

48 **a) Umwandlung.** Das Verfahren der privatisierenden Umwandlung wird in drei Stufen vollzogen. **(1)** In der ersten Stufe ist ein Übernahmevertrag oder ein Spaltungsplan nach § 131 UmwG zu erstellen. Insoweit kann das Vermögen nach den Gestaltungsmöglichkeiten des § 123 III UmwG und des § 168 UmwG zugeordnet werden. Nach § 168 UmwG ist aber stets erforderlich, dass das Unternehmen erhalten bleibt. **(2)** Nach § 169 Satz 2 UmwG bestimmt das Organisationsrecht der Körperschaft oder des Zusammenschlusses, ob und unter welchen Voraussetzungen ein Ausgliederungsbeschluss erforderlich ist. **(3)** Die Wirkungen der Ausgliederung treten mit deren Eintragung in das Register des Sitzes des übernehmenden Rechtsträgers oder mit der Eintragung des neuen Rechtsträgers ein. Durch die Übertragung der Verbindlichkeiten auf den übernehmenden oder neuen Rechtsträger wird der öffentlich-rechtliche Rechtsträger oder Zusammenschluss der Körperschaften von der Haftung für die bestehenden Verbindlichkeiten nicht befreit. § 418 BGB war nicht anzuwenden. Hier war geregelt, dass infolge der Schuldübernahme die für die Forderung bestehenden Bürgschaften und Pfandrechte erlöschen. Die Vorschrift ist inzwischen aufgehoben. Infolge der Umwandlung bleibt also die Haftung weiter bestehen. Für die Nachhaftung gilt § 157 UmwG entsprechend.

49 **b) Gesellschaftsrecht.** Daneben kann die Privatisierung durch eine Veräußerung von Gesellschaftsanteilen vollzogen werden. wenn das Unternehmen bereits in der Rechtsform einer Aktiengesellschaft oder einer Gesellschaft mit beschränkter Haftung geführt wird. In diesem Fall können die Geschäftsanteile an den privaten Investor veräußert werden. Die Privatisierung erfolgt rein gesellschaftsrechtlich.

50 **c) Veräußerung einer Dienststelle.** Schließlich kann eine Dienststelle oder ein Teil der Dienststelle veräußert werden. In diesem Fall findet § 613 a BGB unmittelbare Anwendung.

51 **2. Individualvertragliche Auswirkung der Privatisierung. a) Grundsatz.** Die Auswirkungen der privatisierenden Umwandlung auf die bestehenden Arbeitsverhältnisse ergeben sich aus § 131 I Nr. 1 UmwG und § 324 UmwG. Nach § 131 I Nr. 1 UmwG geht das Vermögen des übertragenden Rechtsträgers im Wege der Gesamtrechtsnachfolge auf den neuen Rechtsträger über. Nach § 324 UmwG bleibt § 613 a I, IV–VI BGB durch die Wirkungen der Eintragung einer Verschmelzung, Spaltung oder Vermögensübertragung unberührt. Danach sind bei

einer privatisierenden Umwandlung die wesentlichen Rechtsgrundsätze der Betriebsnachfolge anzuwenden (§ 118). Hieraus folgt, dass der Nachfolger in die Arbeitsverträge eintreten muss (§ 118 RN 1), sich die Weitergeltung der bisherigen Kollektivvereinbarungen nach § 613a I 2–4 BGB richtet, eine Unterrichtungspflicht über den Übergang besteht (§ 613a V BGB, § 118 RN 31) und die Arbeitnehmer dem Übergang ihres Arbeitsverhältnisses widersprechen können (§ 613a VI BGB, § 118 RN 39). Das BAG hat das Widerspruchsrecht auch bei einer privatisierenden Umwandlung bejaht.[68]

b) Kündigung. Nach § 613a IV BGB ist die Kündigung des Arbeitsverhältnisses eines Arbeitnehmers durch den bisherigen Arbeitgeber oder durch den neuen Inhaber wegen des Überganges eines Betriebes oder eines Betriebsteils unwirksam (dazu § 134 RN 47). Nach den Tarifverträgen des öffentlichen Dienstes für die Arbeitnehmer in den alten Bundesländern werden aber die Arbeitsverhältnisse der Arbeitnehmer nach Erreichen eines bestimmten Lebensalters und Zurücklegung bestimmter Dienstzeiten unkündbar (§ 34 II TVöD). War der Arbeitnehmer bereits unkündbar, lässt das BAG eine außerordentliche Kündigung zu, wenn keine Weiterbeschäftigungsmöglichkeit besteht.[69] 52

c) Altersversorgung. Nach § 613a I 1 BGB gehen auch die Versorgungsansprüche der Arbeitnehmer auf den Erwerber über. Die Auswirkungen der Privatisierung auf die Zusatzversorgung der Arbeitnehmer ist unter § 84 RN 211 dargestellt. 53

d) Beamte. Die Dienstverhältnisse der in der Dienststelle beschäftigten Beamten gehen nicht nach § 613a BGB auf den Erwerber über. Sollen diese beim Erwerber weiterbeschäftigt werden, ist dies nur durch spezialgesetzliche Regelungen möglich. 54

3. Weitergeltung der Kollektivvereinbarungen. Findet auf den Privatisierungsvorgang § 613a BGB entweder unmittelbar oder auf Grund der Verweisung in § 324 UmwG Anwendung, ergibt sich hinsichtlich der Anwendung der Kollektivverträge die unter RN 4, 21 dargestellte Rechtslage. Im Folgenden wird daher nur auf die Besonderheiten bei dem Übergang von Dienststellen oder -teilen eingegangen. 55

a) Tarifnormen. War der öffentliche Arbeitgeber auf Grund einer Mitgliedschaft in einem Arbeitgeberverband tarifgebunden, setzt sich die Mitgliedschaft beim Erwerber regelmäßig nicht fort. Daher richtet sich die Anwendung der bisherigen Verbandstarifverträge nach § 613a I 2–4 BGB. Zu einer Ablösung der bisher geltenden Tarifverträge nach § 613a I 3 BGB kommt es nur, wenn sowohl der Erwerber als auch die Arbeitnehmer tarifgebunden sind. Im Wesentlichen wird die Verdrängung vor allem dann vorkommen, wenn Verkehrsbetriebe privatisiert werden, weil sowohl für den öffentlichen Dienst wie den privaten Verkehrsbetrieb Verdi die zuständige Gewerkschaft ist. Bestand vor der Privatisierung ein Firmentarifvertrag, tritt der Erwerber nur dann in diesen ein, wenn sich der Übergang im Wege der Gesamtrechtsnachfolge vollzieht. Bei einer Privatisierung nach § 613a BGB ist der Erwerber nicht an den Firmentarifvertrag gebunden (RN 5). Im öffentlichen Dienst sind die Tarifverträge nicht allgemeinverbindlich, so dass dieser Fall außer Betracht bleiben kann. Wird ein Betrieb durch Verkauf der Geschäftsanteile privatisiert, ist es von der Satzung des Arbeitgeberverbands abhängig, ob auch der Erwerber dem Verband beitreten kann. Dies wird vielfach davon abhängen, ob sich das Unternehmen nach der Privatisierung mehrheitlich in öffentlicher Hand befindet. Die Bindung an einen Firmentarifvertrag bleibt bestehen. 56

b) Einzelvertragliche Bezugnahme. In den Arbeitsverträgen des öffentlichen Dienstes wird regelmäßig auf die Tarifverträge verwiesen, so dass sich die Anwendbarkeit der Tarifverträge beim Erwerber aus dem Inhalt der Bezugnahmeklausel ergibt (RN 7). Regelmäßig heißt es in den Arbeitsverträgen, dass der BAT bzw. der TVöD in seiner jeweiligen Fassung Anwendung findet. Sind die Tarifverträge individualvertraglich in Bezug genommen, sind sie Bestandteil des Arbeitsvertrags. In diesen tritt der Erwerber nach § 613a I 1 BGB ein. Eine Änderung ist dann grundsätzlich nur mit individualvertraglichen Gestaltungsmitteln möglich. 57

c) Dienstvereinbarungen. Der Inhalt der bestehenden Dienstvereinbarungen gilt bei einer Privatisierung, auf die § 613a BGB Anwendung findet, nach § 613a I 2 BGB individualrechtlich weiter (RN 33); ggf. besteht ein bes. Kündigungsrecht. 58

4. Personalvertretungsrechtliche Fragen. a) Begriff der Privatisierung. Für die Beteiligung des Personalrats im Vorfeld einer Privatisierung sind das BPersVG bzw. die Landesperso- 59

---

[68] BAG 25. 5. 2000 AP 209 zu § 613a BGB = NZA 2000, 1115.

[69] BAG 24. 6. 2004 AP 278 zu § 613a BGB; 27. 6. 2002 AP 4 zu § 55 BAT; 25. 10. 2001 EzA 2 zu § 626 BGB Änderungskündigung; 5. 2. 1998 AP 143 zu § 626 BGB = NZA 98, 771; 6. 3. 1986 AP 19 zu § 15 KSchG 1969 = NZA 87, 102.

nalvertretungsgesetze maßgeblich. Der Begriff der Privatisierung findet sich allerdings nur im LPersVG NW. Nach § 72 III Nr. 7 LPersVG NW hat der Personalrat u. a. mitzubestimmen in Rationalisierungs-, Technologie- und Organisationsangelegenheiten bei Übertragungen von Arbeiten der Dienststelle, die üblicherweise von ihren Beschäftigten vorgenommen werden, auf Dauer an Privatpersonen oder wirtschaftliche Unternehmen (Privatisierung). Daneben ist der Begriff in der Rspr. verstanden worden als eine dauerhafte Übertragung hoheitlicher oder fiskalischer Arbeiten und Aufgaben der Dienststelle, die regelmäßig oder gelegentlich mit eigenen Bediensteten geleistet werden, auf natürliche oder juristische Personen des Privatrechts. Der Schutzzweck der Einschaltung des Personalrats ist die dauerhafte Sicherung der Arbeitsplätze im öffentlichen Dienst.[70]

60 **b) Umwandlung.** Die Mitwirkung des Personalrats bei der privatisierenden Umwandlung ergibt sich aus § 126 I Nr. 11 UmwG. Der Spaltungs- und Übernahmevertrag oder sein Entwurf muss Angaben über die Folgen der Spaltung für die Arbeitnehmer und ihre Vertretungen enthalten. Der Spaltungsvertrag ist in entsprechender Anwendung des § 126 III UmwG (§ 116 RN 33) dem Personalrat zuzuleiten.

61 **c) Personalvertretungsgesetze des Bundes und der Länder. aa) BPersVG.** Im BPersVG ist die Beteiligung des Personalrats bei der Privatisierung nicht besonders geregelt. Insbesondere besteht kein Mitwirkungsrecht nach § 78 I Nr. 2 BPersVG wegen der Auflösung einer Dienststelle. Auflösung ist die Stilllegung mit gleichzeitiger Aufgabe des Zwecks und der Aufgaben der Dienststelle. Bei der Privatisierung wird aber gerade nicht der Zweck aufgegeben, sondern die Zweckerfüllung wird auf einen anderen, einen Privaten übertragen. Stellt die zu privatisierende Einrichtung eine Sozialeinrichtung dar, kommt ein Mitbestimmungsrecht aus § 75 III Nr. 5 BPersVG in Betracht.[71] Daneben können sich Beteiligungsrechte bei der Umsetzung der mit der Privatisierung verbundenen personellen Maßnahmen wie z. B. bei Versetzungen, Umsetzungen, Abordnungen oder Änderungskündigungen und organisatorischen Maßnahmen (Umgestaltung der Arbeitsplätze, Maßnahmen zur Hebung der Arbeitsleistung und Erleichterung des Arbeitsablaufs) ergeben.

62 **bb) Personalvertretungsgesetze der Länder.** In den Ländern bestehen zum Teil besondere Regelungen, die bei einer Privatisierung einschlägig sein können. Zum Ablauf des Beteiligungsverfahrens § 268.

63 **(1) Mitbestimmungsrechte.** Echte Mitbestimmungsrechte bei der Privatisierung enthalten die Landespersonalvertretungsgesetze in Nordrhein-Westfalen[72] (§ 72 III Nr. 7 LPersVG NW) und im Saarland (§ 84 Nr. 7 LPersVG Saarland). In Bremen und in Schleswig-Holstein besteht ein Mitbestimmungsrecht bei organisatorischen Maßnahmen (§ 52 I LPersVG Bremen, § 51 I MBG Schleswig-Holstein).

64 **(2) Mitwirkungsrechte.** In Brandenburg (§ 68 II Nr. 2 LPersVG Brandenburg), Hessen[73] (§ 81 I 1 LPersVG Hessen), Sachsen (§ 77 Nr. 3 LPersVG Sachsen) und Thüringen (§ 75 a II Nr. 4 LPersVG Thüringen) hat der Personalrat ein Mitwirkungsrecht bei Privatisierungsmaßnahmen. In Niedersachsen hat die Dienststelle nach § 75 I Nr. 12 LPersVG Niedersachsen vor der dauerhaften Übertragung von Arbeiten einer Dienststelle auf Privatpersonen oder wirtschaftliche Unternehmen das Benehmen mit dem Personalrat herzustellen.

65 **(3) Anhörungs- und Erörterungsrechte.** Nach dem Landespersonalvertretungsgesetz in Rheinland-Pfalz ist ua. die Privatisierung mit dem Personalrat zu erörtern (§ 84 Nr. 7 LPersVG Rheinland-Pfalz), während in Baden-Württemberg nach § 80 III Nr. 6 LPersVG Baden-Württemberg ein Anhörungsrecht des Personalrats ua. vor der Privatisierung besteht.

66 **(4) Unterrichtungsrechte.** Fehlt es an einer spezialgesetzlichen Ausgestaltung eines Beteiligungsrechts für die Privatisierung, ergibt sich eine Unterrichtungspflicht der Dienststelle über die beabsichtigten Auswirkungen der Ausgliederung aus dem allgemeinen Unterrichtungsrecht des Personalrats (§ 68 II BPersVG bzw. entsprechende Beteiligungstatbestände in den LPersVG).

67 **cc) Konkurrenz von Beteiligungsrechten.** Soweit in den PersVG besondere Mitwirkungstatbestände bestehen, bedarf es der Abgrenzung, inwieweit sie mit den allgemeinen Mitwirkungstatbeständen konkurrieren. Die Grundsätze zur Konkurrenz von Beteiligungsrechten sind in § 267 RN 24 ff. dargestellt. Konkurrieren mehrere Beteiligungsrechte, können diese

[70] OVG Münster 20. 1. 1995 PersR 96, 200; VGH Kassel 26. 1. 1995 PersR 95, 253.

[71] BVerwG 28. 6. 2000 AP 76 zu § 75 BPersVG = NZA 2000, 1123; vergleichbare Bestimmungen sind in den LPersVG enthalten, dazu § 270 RN 23 ff.

[72] BVerwG 15. 10. 2003 AP 27 zu § 72 LPVG NW = NZA-RR 2004, 276.

[73] VGH Kassel 18. 3. 1991 PersR 91, 348 = ZBR 92, 187.

grundsätzlich nebeneinander bestehen. Allerdings hat das BVerwG in der Vergangenheit das stärkere Beteiligungsrecht zurücktreten lassen, wenn sich aus dem Wortlaut und dem systematischen Zusammenhang oder der Entstehungsgeschichte ergibt, dass der Gesetzgeber das stärkere Beteiligungsrecht wegen des Grundsatzes der Funktionsfähigkeit der Verwaltung nicht gewähren wollte. In diesem Fall sei nur das schwächere Beteiligungsrecht gegeben.[74] Diese Auffassung hat das BVerwG jedoch zwischenzeitlich für den Bereich der organisatorischen Maßnahmen im BPersVG aufgegeben.[75] Jedoch wird der Personalrat wegen des Letztentscheidungsrechts der Dienststelle (§ 268 RN 57) auch zukünftig eine Privatisierung nicht verhindern können.

dd) Einzelfälle. Das BVerwG hat ein personelles Mitwirkungsrecht verneint, wenn von einem Krankenhaus die Wahrnehmung von Reinigungsaufgaben (Gebäudereinigung, Spüldienst) auf ein privates Reinigungsunternehmen übertragen wird und dem Krankenhausträger keine Weisungsbefugnisse mehr gegen das Personal zustehen, wenn das Reinigungsunternehmen Personal einstellt.[76] Hingegen ist die Entscheidung der Dienststelle, ihre Posteingänge nicht mehr selbst vom Hauptpostamt abzuholen, sondern sich von der Deutschen Post AG zustellen zu lassen nach § 71 III Nr. 7 LPersVG NW mitbestimmungspflichtig.[77] Die Instanzgerichte haben Beteiligungsrechte im Falle der Privatisierung bejaht, wenn Vermessungsaufgaben an öffentlich bestellte Vermessungsingenieure vergeben wurden,[78] bei dauernder Fremdvergabe von Reinigungsaufgaben in einem Dienstgebäude,[79] bei Vergabe von Mäh- und Mulcharbeiten,[80] die Übertragung von Aufgaben eines Nichtsesshaftenheimes auf einen Träger der freien Wohlfahrtspflege,[81] die Übertragung von Pflegearbeiten auf einem gemeindlichen Sportplatz auf Private,[82] die Übertragung des Betriebs und der Unterhaltung eines städtischen Freibads auf einen Sportverein[83] sowie die Übertragung von Aufgaben einer Landesbehörde auf Private.[84] 68

d) Übergangsmandat. Bei der Privatisierung kann ein Übergangsmandat des Personalrats bestehen, dazu § 265 RN 44. 69

5. Haftung. Die Grundsätze der Haftung bei einem Betriebsübergang (§ 613a II BGB, § 118 RN 5) und bei der Umwandlung (§ 116 RN 14) sind bereits an anderer Stelle dargestellt. Für die Ausgliederung aus dem Vermögen der Gebietskörperschaften oder Zusammenschlüssen von Gebietskörperschaften ist darüber hinaus eine besondere Haftungsregelung in § 172 UmwG enthalten. Durch den Übergang der Verbindlichkeiten auf den übernehmenden oder neuen Rechtsträger wird die Körperschaft oder der Zusammenschluss von der Haftung für die Verbindlichkeit nicht befreit. Bestehende Sicherheiten bleiben aufrechterhalten (§ 418 BGB). 70

6. Privatisierung von Bahn und Post. Die Privatisierung der Deutschen Bundesbahn und Deutschen Bundespost ist auf Grund besonderer gesetzlicher Regelungen erfolgt. 71

a) Bahn.[85] Durch das Gesetz zur Neuordnung des Eisenbahnwesens vom 27. 12. 1993 (Eisenbahnneuordnungsgesetz – ENeuOG [BGBl. I S. 2378]) wurden mit Wirkung zum 1. 1. 1994 die nichtrechtsfähigen Sondervermögen des Bundes, die Deutsche Bundesbahn (DB) und die Deutsche Reichsbahn (DR) zu dem nichtrechtsfähigen Sondervermögen des Bundes, dem Bundeseisenbahnvermögen (BEV) zusammengefasst. Durch eine anschließende Ausgliederung des unternehmerischen Teils entstand die Deutsche Bahn Aktiengesellschaft (DBAG). Es bestehen bei Überleitung besondere Entgeltsicherungstarifverträge.[86] Der Status der Sozialeinrichtungen richtet sich im Allgemeinen nach Art. 1 § 15 IV ENeuOG.[87] 72

b) Post. Durch die sog. Postreform I (Gesetz zur Neustrukturierung des Post- und Fernmeldewesens und der Deutschen Bundespost vom 8. 6. 1989 [Poststrukturgesetz], BGBl. I S. 1026) 73

---

74 BVerwG 17. 7. 1987 Buchholz 251.3 § 66 BrPersVG Nr. 1 = PersR 88, 17 = PersV 89, 315.
75 BVerwG 19. 5. 2003 Buchholz 250 § 78 BPersVG Nr. 19 = PersR 2003, 314 = PersV 2003, 339.
76 BVerwG 4. 9. 1995 PersV 96, 220 = NZA-RR 96, 318.
77 BVerwG 15. 10. 2003 AP 27 zu § 72 LPVG NW = NZA-RR 2004, 276.
78 OVG Münster 16. 12. 1993 PersV 96, 399.
79 VGH Kassel 16. 12. 1993 PersR 94, 326; OVG Münster 9. 11. 1987 PersR 88, 245 = PersV 88, 310.
80 VGH Kassel 7. 6. 1995 PersR 95, 392.
81 OVG Münster 1. 3. 1991 PersR 92, 79 = PersV 95, 474.
82 OVG Münster 5. 11. 1992 PersR 93, 177.
83 OVG Münster 9. 11. 1987 PersR 88, 247 = PersV 88, 313.
84 VGH Kassel 26. 1. 1996 PersR 95, 253.
85 Internet unter dem Stichwort: „Eisenbahn und Recht" gelangt man zu den Seiten der Verkehrswerkstatt.
86 Zu Kinderzulagen: BAG 24. 2. 2000 AP 4 zu § 1 TVG Tarifverträge: Deutsche Bahn = ZTR 2000, 422; 24. 2. 2000 AP 7 zu § 1 TVG Tarifverträge: Deutsche Bahn = ZTR 2000, 422.
87 BVerwG 28. 6. 2000 AP 76 zu § 75 BPersVG = NZA 2000, 1123.

war die Post in drei selbstständige Unternehmen aufgeteilt worden, die aber immer noch in Behördenform geführt wurden. Durch die sog. Postreform II (Gesetz zur Neuordnung des Postwesens und der Telekommunikation vom 14. 9. 1994 [Postneuordnungsgesetz – PTNeuOG], BGBl. I S. 2325) sind die Unternehmen der Deutschen Bundespost in drei Aktiengesellschaften überführt worden, und zwar Deutsche Post AG, Deutsche Postbank AG und Deutsche Telekom AG. Die Sozialversicherung ist durch das Gesetz über die Träger der gesetzlichen Sozialversicherung im Bereich der früheren Deutschen Bundespost (Postsozialversicherungsorganisationsgesetz – PostSVOrgG) vom 14. 9. 1994 (BGBl. I S. 2325) geregelt worden.[88]

V. Arbeitsrechtliche Folgen eines Outsourcing

König/Hauptvogel/Zeidler, Outsourcing: arbeitsrechtliche und umsatzsteuerliche Aspekte bei privaten Krankenhäusern, BB 2005, Sonderdruck, 9; *Kraus/Tiedemann,* Outsourcing – Betriebsübergang gem. § 613 a BGB?, ArbRB 2007, 183.

74 **1. Allgemeines. a) Begriff.** Outsourcing setzt sich aus den Worten Outside Resource Using zusammen. Im Wesentlichen werden zwei Fallgruppen des Outsourcing unterschieden. Bei Outsourcing im engeren Sinne konzentriert sich die Fremdvergabe vor allem auf die Aufgaben der Informationsverarbeitung. Bei dem Outsourcing im weiteren Sinne werden alle Aufgabenbereiche ausgegliedert, die nicht zum Kerngeschäft eines Unternehmens gehören. In der Literatur wird auch die Ausgliederung von Unternehmensteilen zum Outsourcing gezählt. Zum Outsourcing geeignet sind einfache Dienstleistungsfunktionen. Hierzu gehören die Kantine, Gebäudereinigung, Wachdienst, Poststelle oder Transport. Bei totalem Outsourcing (Komplettoutsourcing) wird ein gesamter Aufgabenbereich ausgegliedert, bei partiellem Outsourcing (Moduloutsourcing) wird nur ein Teil eines Aufgabenbereichs ausgegliedert, bei einem Übergangsoutsourcing wird nur vorübergehend ein Aufgabenbereich ausgegliedert.

75 **b) Zweck.** Ziel des Outsourcing ist es, bestimmte Produkte oder Dienstleistungen nicht mehr selbst herzustellen, sondern auf einen Dienstleister zu übertragen, der die geforderte Leistung wirtschaftlicher erbringt als das outsourcende Unternehmen. Der hohe Durchdringungsgrad der Unternehmen mit Informationstechnik, bei der die Unternehmen häufig auf die Hilfe fremder Techniker angewiesen sind, bietet insoweit das Outsourcing geradezu an.

76 **c) Form.** Die Form des Outsourcing kann frei gewählt werden. Möglich ist die komplette Fremdvergabe der bisher intern erbrachten Leistungen oder die Übertragung von Betriebsmitteln auf eine neugegründete Servicegesellschaft, deren Gesellschaftsanteile entweder von dem bisherigen Unternehmen oder einem mit einem privaten Dienstleister gegründeten Gemeinschaftsunternehmen gehalten werden. Vorteil der Fremdvergabe auf spezialisierte Dienstleister ist deren spezielles Know-how und günstigere Kostenstruktur, die eine wirtschaftlichere Leistungserbringung ermöglichen. Nachteilig ist die Abhängigkeit der eigenen Produktionskette von der ordnungsgemäßen Vertragserfüllung des Externen und das teilweise aufwendige Vertragsmanagement.

77 **2. Übertragung von Betriebsmitteln.** Wird nicht der Weg der reinen Fremdvergabe gewählt, kann das Outsourcing entweder durch eine Umwandlung im Wege der Abspaltung oder durch einen Betriebsübergang nach § 613 a BGB erfolgen.

78 **3. Individualrecht.** Im Allgemeinen werden im Falle des Outsourcing die Arbeitsverhältnisse fortbestehen. Die Arbeitsverhältnisse derjenigen Arbeitnehmer, die zu dem rechtlich verselbstständigten Unternehmen oder Unternehmensteil gehören, gehen nach den Regeln der Abspaltung oder des Betriebsübergangs nach § 613 a BGB auf den Erwerber über. Arbeitsverträge mit neu eingestellten Arbeitnehmern sind nach dem Recht des neuen Wirtschaftsbereichs abzuschließen. Dadurch kann es vorübergehend zu unterschiedlichen Rechtslagen unter den Betriebsangehörigen kommen. Nach dem Gleichbehandlungsgrundsatz können aber weder die neu Eingestellten eine Anpassung der Arbeitsbedingungen an die der alten Arbeitnehmer, noch die alten Arbeitnehmer an die der neu Eingestellten verlangen (§ 118 RN 13).

79 **4. Tarifvertragliche Regelungen. a)** In einigen Wirtschaftsbereichen, insbesondere im Bau- und Baunebengewerbe werden zunehmend Abteilungen ausgegliedert und rechtlich verselbstständigt, die keine unmittelbaren baulichen Leistungen erbringen. Bezweckt wird damit, solche Abteilungen aus dem fachlichen baulichen Bereich auszugliedern, die sonstige Nebenleistungen erbringen. Dieses Phänomen ist aber auch zu beobachten in Kaufhausunternehmen, die ihre Gastronomiebetriebe in die häufig schlechteren Tarifverträge des Gaststättengewerbes entlas-

[88] BAG v. 19. 1. 2000 AP 1 zu § 1 TVG Tarifverträge: Deutsche Post = NZA 2000, 1170.

sen. Auch dies ist einer der Gründe der Gewerkschaftskonzentration. Andererseits erweitern die Gewerkschaften ihre Zuständigkeiten. Die IG Metall ist nach ihrer Satzung für Handelsunternehmen zuständig, die aus Metallbetrieben outgesourct sind (§ 3 Satzung der IG Metall).[89]

b) Fällt ein Betrieb auf Grund der Ausgliederung von Betriebsmitteln aus dem Geltungsbereich eines Tarifvertrags hinaus, entfällt die Tarifzuständigkeit (§ 2 TVG) der bisherigen Tarifvertragsparteien. Der Tarifvertrag gilt dann nicht mehr mit unmittelbarer und zwingender Wirkung,[90] sondern nur noch kraft Nachwirkung (§ 4 V TVG). Für den ausgegliederten Betriebsteil richtet sich die Weitergeltung der bisherigen Kollektivvereinbarungen nach § 613a I BGB. **80**

§ 120. Arbeitnehmerüberlassung (Leiharbeitsverhältnis)

Kommentare und Monographien: *Boemke/Lembke,* Kommentar zum Arbeitnehmerüberlassungsgesetz, 2. Aufl., 2005; *Dewender,* Betriebsfremde Arbeitnehmer in der Betriebsverfassung unter besonderer Berücksichtigung der unechten Leiharbeitnehmer, 2004; *Gnmm/Brock,* Praxis der Arbeitnehmerüberlassung, 2004; *Kämmerer/Thüsing,* Leiharbeit und Verfassungsrecht, 2005; *Kaufmann,* Die betriebsverfassungsrechtliche Zuordnung gewerbsmäßig überlassener Leiharbeitnehmer, 2004; *Klebeck,* Gleichstellung der Leiharbeitnehmer als Verfassungsverstoß, 2004; *Niebler/Biebl/Ulrich,* Arbeitnehmerüberlassungsgesetz, 2. Aufl., 2003; *Reineke,* Das Recht der Arbeitnehmerüberlassung in Spanien und Deutschland und sein Verhältnis zu der geplanten europäischen Regelung, 2004; *Sandmann/Marschall,* Arbeitnehmerüberlassungsgesetz, Loseblattausgabe, Stand 2000; *Schüren,* Arbeitnehmerüberlassungsgesetz, bearb. von *Feuerborn/Hamann/Schüren,* 3. Aufl., 2007; *Schwarzkopf/Schöne,* Zeitarbeit und ArbeitnehmerüberlassungsG, 2004; *Steen,* Das Arbeitnehmerüberlassungsgesetz, 2007; *Thüsing,* AÜG, 2. Aufl. 2008; *Ulber,* Arbeitnehmerüberlassungsgesetz, 3. Aufl., 2005; *Urban-Crell/Schulz,* Arbeitnehmerüberlassung und Arbeitsvermittlung, 2003; *Zumbeck,* Zeitarbeit und befristete Beschäftigung, 2005.

Aufsätze grundsätzlich nach 2003, sonst frühere Aufl.: *Andelewski/Stützle,* Die Einstellung von Leiharbeitnehmern und das kirchliche Arbeitsrecht, NZA 2007, 723; *Benkert,* Änderungen im Arbeitnehmerüberlassungsgesetz durch „Hartz III" BB 2004, 998; *Böhm,* Gesetzgebung korrigiert Rechtsprechung zur Provision für Arbeitsvermittlung und Arbeitnehmerüberlassung, DB 2004, 1150; *ders.,* „Zweite Belegschaften", NZA 2005, 554; *ders.,* Flucht aus dem Zeitvertrag in die Zeitarbeit, NZA 2004, 823; *ders.,* Demontage der „Billig-Tarifverträge" in der Zeitarbeit: Wachsende Risiken für die Kunden, DB 2005, 2023; *ders.,* Befristung von Leiharbeitsverhältnissen nach der AÜG-Reform, RdA 2005, 360; *Böhm/Röder/Krieger,* Arbeitnehmerüberlassung: Ausweg aus der equal pay-Falle, DB 2007, 168; *Boemke,* EU-Osterweiterung und grenzüberschreitende Arbeitnehmerüberlassung, BB 2005, 266; *ders.,* Annahmeverzug des Entleihers bei Nichtbeschäftigung des Leiharbeitnehmers?, BB 2006, 997; *Brors,* Zweifelhafte Zulässigkeit der gestaffelten individualvertraglichen Verweisung auf die Zeitarbeitstarifverträge der Christlichen Gewerkschaft und des DGB, BB 2006, 101; *Buchner,* Leiharbeit: Ablösung der Verpflichtung zur Gewährung der im Entleihbetrieb geltenden Arbeitsbedingungen durch Tarifregelungen, DB 2004, 1042; *ders.,* Interimsmanagement zwischen Selbstständigkeit und Arbeitsverhältnis, DB 2005, 1738; *Däubler,* Totale Verdrängung von Equal Pay durch Leiharbeitstarife?, DB 2008, 1914; *Düwell/Dahl,* Leiharbeitnehmer: First in, first out, DB 2007, 1699; *dies.,* Vermittlungsprovision bei der Übernahme von Leiharbeitnehmern, FA 2007, 330; *Dreyer,* Die Verpflichtung von Zeitarbeitsunternehmen zur Gewährung von Mindestarbeitsbedingungen nach dem Arbeitnehmer-Entsendegesetz, ArbRB 2007, 270; *Frik,* Die Befristung von Leiharbeitsverträgen nach dem TzBfG, NZA 2005, 386; *Haag/Tiberius,* Interimsmanagement, NZA 2004, 190; *Häsemeyer,* Der Arbeitnehmerüberlassungsvertrag im Insolvenzverfahren des Verleihers, KTS 2006, 99; *Hamann,* Gleichbehandlungsgrundsatz im AÜG, BB 2005, 2185; *Hantl-Unthan,* Arbeitnehmerüberlassung, AR-Blattei SD 125; *Hiekel,* Besonderheiten bei Befristung und betriebsbedingter Kündigung von Leiharbeitsverhältnissen, FS AG ArbR DAV (2006), S. 333; *Huhnekuhl/Dohna-Jaeger,* Ausweitung des Arbeitnehmer-Entsendegesetzes auf die Zeitarbeitsbranche, NZA 2007, 954; *Jerczynski/Zimmermann,* Arbeitsunfälle bei der Beschäftigung ausländischer Leiharbeitnehmer, UV-Recht Aktuell 2007, 785; *Joussen,* „Ut unum sint" – Betriebsgemeinschaft und Dienstgemeinschaft im Arbeitsrecht, RdA 2007, 328; *Kleinebrink,* Der Einsatz von Leiharbeitnehmern zwischen unternehmerischer Freiheit und Rechtsmissbrauch, FA 2007, 293; *Lembke,* Die Tariffähigkeit und Tarifzuständigkeit der Tarifgemeinschaft Christlicher Gewerkschaften für Zeitarbeit und Personalserviceagenturen, NZA 2007, 1333; *Lembke/Distler,* Die Bezugnahme auf Tarifverträge der Zeitarbeitsbranche durch Unternehmen mit Mischbetrieben, NZA 2006, 952; *Lembke/Fesenmeyer,* Abreden über Vermittlungsprovisionen in Arbeitnehmerüberlassungsverträgen, DB 2007, 801; *Martin,* Tarifverträge in der Leiharbeit, ArbuR 2004, 247; *Melms/Lipinski,* Absenkung des Tarifniveaus durch die Gründung von AÜG-Gesellschaften als alternative oder flankierende Maßnahme zum Personalabbau, BB 2004, 2409; *Park/Riederer von Paar/Schüren,* Arbeits-, sozial- und strafrechtliche Risiken bei der Verwendung von Scheintarifverträgen, NJW 2008, 3670; *Prop,* Die gesetzliche Regelung der Arbeitnehmerüberlassung in den Niederlanden und Europa (2007); *Raab,* Europäische und nationale Entwicklungen im Recht der Arbeitnehmerüberlassung, ZfA 2003, 389; *Reim,* Neue Flexibilität bei der Leiharbeit, ZTR 2003, 106; *Reinecke, T.,* Arbeitnehmerüberlassungsgesetz, FS Löwisch (2007), S. 211; *Reipen,* Vermittlungsorientierte Arbeitnehmerüberlassung durch die Personal-Service-Agen-

[89] LAG Hamm 29. 7. 1998 NZA-RR 99, 196.
[90] BAG 11. 11. 1970 AP 28 zu § 2 TVG; 15. 10. 1986 AP 4 zu § 4 TVG.

turen (PSA), BB 2003, 787; *Rieble/Klebeck,* Lohngleichheit für Leiharbeit, NZA 2003, 23; *Säcker/Kühnast,* Die vermutete Arbeitsvermittlung (§ 1 II AÜG) als gesetzespolitische Fehlleistung, ZfA 2001, 117; *Schindele,* Tarifpolitik auf den Kopf gestellt, ArbuR 2008, 31; *Schöne,* „Billig-Tarifverträge" in der Zeitarbeit, DB 2004, 136; *Schönhöft/Lermen,* Der Gemeinschaftsbetrieb im Vergleich zur Arbeitnehmerüberlassung – eine Alternative zur Personalkostensenkung?, BB 2008, 2515; *Schüren,* Die Leiharbeit im aktuellen Henssler/Preis-Entwurf für ein Arbeitsgesetzbuch, ArbuR 2008, 293; *ders.,* Tarifunfähigkeit der CGZP wegen Missbrauchs der tariflichen Normsetzungsbefugnis in der Leiharbeit, ArbuR 2008, 239; *ders.,* Tarifunfähigkeit der Tarifgemeinschaft Christlicher Gewerkschaften für die Leiharbeitsbranche, NZA 2008, 453; *ders.,* Kostensenkung durch konzerneigene Verleihunternehmen, BB 2007, 2346; *ders.,* Leiharbeit in Deutschland, RdA 2007, 231; *ders.,* Die Tariffähigkeit der Tarifgemeinschaft Christlicher Gewerkschaften für Zeitarbeit und PSA vor den deutschen Arbeitsgerichten, NZA 2007, 1213; *ders.,* Tarifverträge für die Leiharbeit, JbArbR 41 (2004), S. 49; *ders.,* Die Regelung der Vergütung der Leiharbeitnehmer oder …, FS Löwisch (2007), S. 367; *ders.,* Die Verfassungsmäßigkeit der Reform des AÜG, RdA 2006, 303; *Schüren/Brors,* Kostensenkung durch konzerninterne Arbeitnehmerüberlassung, BB 2005, 494; *dies.,* Konzerninterne Arbeitnehmerüberlassung zur Kostensenkung, BB 2004, 2745; *Schüren/Riederer/von Paar,* Risiken nichtiger Tarifverträge in der Leiharbeit, ArbuR 2004, 241; *Schwab,* Das Arbeitsverhältnis bei einer (Bau-)Arbeitsgemeinschaft, AR-Blattei SD 370.6; *ders.,* Die Beschäftigung bei einer (Bau-)Arbeitsgemeinschaft, NZA-RR 2008, 169; *Thüsing,* Leiharbeitnehmer in Caritas und Diakonie, FS Richardi (2007), S. 989; *ders.,* Sozialrechtliche Konsequenzen einer Arbeitnehmerüberlassung im internationalen Konzern, FS Birk (2008) S. 859; *Thüsing/Lembke,* Zeitarbeit im Spannungsverhältnis von Dienstleistungsfreiheit und Tarifautonomie, ZfA 2007, 87; *Ulber,* Tariffähigkeit und Tarifzuständigkeit der CGZP, ArbuR 2008, 297; *Ulber, D.,* Tariffähigkeit und Tarifzuständigkeit der CGZP als Spitzenorganisation?, NZA 2008, 438; *Wank,* Neuere Entwicklungen im Arbeitnehmerüberlassungsrecht, RdA 2003, 1; *Werthebach,* Die Befristung von Leiharbeitsverträgen nach dem Teilzeit- und Befristungsgesetz, NZA 2005, 1044; *Wölfle,* Gewerkschaftliche Strategien in der Leiharbeit, WSI-Mitteilungen 2008, 38; *Willemsen/Annuß,* Kostensenkung durch konzerninterne Arbeitnehmerüberlassung, BB 2005, 437.

Internetadresse: http://www.bza.de; www.mv-zeitarbeit.de; www.ig-zeitarbeit.de; www.arbeitsagentur. de, Stichwort: Leiharbeit.

Muster: ArbR-Formb. § 17.

Tarifverträge: Die mit den im DGB organisierten Gewerkschaften abgeschlossenen Tarifverträge können unter www.bza.de; www.mv-zeitarbeit.de; www.ig-zeitarbeit.de abgerufen werden.

Übersicht

	RN
I. Arbeitnehmerüberlassung und verwandte Verträge	1 ff.
1. Echte und unechte Leiharbeit	1
2. Echtes Leiharbeitsverhältnis	2–4
3. Arbeitnehmerüberlassung	5–18
4. Abgrenzung der Arbeitnehmerüberlassung von ähnlichen Vertragsformen	19–25
5. Arbeitsvermittlung	26–28
II. Gewerberechtliche Besonderheiten für Leiharbeitgeber (Zeitarbeitgeber)	29 ff.
1. Erlaubnispflicht	29, 30
2. Antrag	31
3. Erteilung der Erlaubnis	32–32 b
4. Personal-Service-Agenturen	33
5. Versagung	34–37
6. Rücknahme und Widerruf	38
7. Untersagung	39
8. Kontrolle	40
9. Rechtsweg	41
10. Zusammenarbeit der Behörden	42
III. Rechtsbeziehungen zwischen Verleiher und Leiharbeitnehmer	43 ff.
1. Abschluss des Arbeitsvertrags	43
2. Nebenpflichten	44, 45
3. Inhalt des Arbeitsverhältnisses	46–49
4. Unwirksame Vereinbarungen	50–59
5. Unwirksamkeit des Vertrags	60, 61
6. Beendigung des Leiharbeitsverhältnisses	62–64 a
7. Zeugnis	64 b
IV. Rechtsbeziehungen zwischen Entleiher und Leiharbeitnehmer	65 ff.
1. Fehlende Vertragsbeziehungen	65
2. Nebenpflichten	66–68
3. ArbNErfG	69
4. Unwirksamkeit des Arbeitnehmerüberlassungsvertrags	70–75
5. Rechtsweg	76
6. Auskunftsanspruch	77
7. Sozialversicherung und Steuerrecht	78–80
V. Rechtsbeziehungen zwischen Verleiher und Entleiher	81 ff.
1. Arbeitnehmerüberlassungsvertrag	81, 82
2. Pflichten des Verleihers	83
3. Pflichten des Entleihers	84
4. Beendigung des Arbeitnehmerüberlassungsvertrags	85
5. Rechtsweg	86
VI. Kollektivrechtliche Besonderheiten des Leiharbeitsverhältnisses	87 ff.
1. Tarifverträge	87–89
2. Organisatorische Vorschriften des BetrVG	90
3. Beteiligungsrechte	91–96
4. Nichtgewerbsmäßige Arbeitnehmerüberlassung	97
VII. Internationales und Gemeinschaftsrecht	98 ff.
1. Leiharbeitsrichtlinie	98
2. Geltungsbereich	99
3. Gleichstellung	100
4. Abweichungen	101
5. Berufliche Förderung und Schwellenwerte	102
6. Weitere internationale Regelungen zur Leiharbeit	103

I. Arbeitnehmerüberlassung und verwandte Verträge

1. Echte und unechte Leiharbeit. Ein Leiharbeitsverhältnis liegt vor, wenn ein selbstständiger Unternehmer (Verleiher) einen Arbeitnehmer einstellt und zur vorübergehenden oder dauernden Arbeitsleistung an einen Dritten (Entleiher) abgibt. Ein **echtes** Leiharbeitsverhältnis ist gegeben, wenn der Verleiher den Arbeitnehmer nur vorübergehend ausleiht, ein **unechtes** (Arbeitnehmerüberlassungsvertrag, Zeitarbeitsvertrag), wenn der Arbeitnehmer zum Zwecke der Ausleihe eingestellt wurde und gewerbsmäßig an Dritte überlassen wird. Durch das Gesetz zur Regelung der gewerbsmäßigen Arbeitnehmerüberlassung (Arbeitnehmerüberlassungsgesetz – AÜG) vom 7. 8. 1972 (BGBl. I S. 1393), Art. 1, i. d. F. vom 3. 2. 1995 (BGBl. I S. 158), zul. geänd. durch Art. 233 der VO v. 31. 10. 2006 (BGBl. I S. 2407), werden nur die sog. unechten Leiharbeitsverhältnisse geregelt. Echtes und unechtes Leiharbeitsverhältnis unterscheiden sich dadurch, dass bei dem echten Leiharbeitsverhältnis der Arbeitnehmer nicht auf Dauer und/oder nicht gewerbsmäßig ausgeliehen wird. In einem echten wie unechten Leiharbeitsverhältnis sind drei Rechtsbeziehungen zu unterscheiden: **(a)** zwischen dem Verleiher und dem Leiharbeitnehmer (RN 43), **(b)** zwischen dem Entleiher und dem Leiharbeitnehmer (RN 65) und **(c)** zwischen dem Verleiher und dem Entleiher (RN 81); zur Richtlinie 2008/104/EG RN 98. Nach Ansicht des Kirchengerichtshofs der EKD kann ein **kirchlicher Arbeitgeber** nur zur Überbrückung eines kurzzeitigen Beschäftigungsbedarfs auf Leiharbeitnehmer zurückgreifen, während die auf Dauer angelegte Beschäftigung von Leiharbeitnehmern dem kirchlichen Leitbild der Dienstgemeinschaft widerspricht.[1] 1

2. Echtes Leiharbeitsverhältnis. a) Grundsatz. Ein echtes Leiharbeitsverhältnis wird dadurch gekennzeichnet, dass der Leiharbeitnehmer überwiegend im Unternehmen des Verleihers tätig wird und nur gelegentlich z. B. bei Ausfall von Arbeitskräften oder vorübergehendem Mehrbedarf im Unternehmen des Entleihers arbeitet. Ein Einsatz bei einem anderen Arbeitgeber ist nur zulässig, wenn dies arbeitsvertraglich vereinbart ist oder der Arbeitnehmer einem entsprechenden Einsatz zustimmt. Der Verleiher bleibt auch während des Einsatzes beim Entleiher Arbeitgeber des Arbeitnehmers; d. h. er haftet für die Vergütung, Vergütungsfortzahlung bei Urlaub und Krankheit usw. Insoweit entstehen gegen den Entleiher keine Ansprüche, da es an einer vertraglichen Beziehung fehlt. 2

b) Anwendbarkeit des AÜG. Das echte Leiharbeitsverhältnis fällt wegen der fehlenden Gewerbsmäßigkeit bzw. der nur vorübergehenden Natur der Überlassung grundsätzlich nicht in den Geltungsbereich des AÜG. Dennoch sind im AÜG besondere Erscheinungsformen des echten Leiharbeitsverhältnisses geregelt. Dies sind **(1)** die Abordnung von Arbeitnehmern zu einer Arbeitsgemeinschaft (§ 1 I 2 AÜG, RN 13), **(2)** die wirtschaftszweiginterne Arbeitnehmerüberlassung (§ 1 III Nr. 1 AÜG, RN 16) sowie **(3)** die konzerninterne Arbeitnehmerüberlassung (§ 1 III Nr. 2 AÜG, RN 17). Darüber hinaus wendet die Rspr. § 14 AÜG auch auf das echte Leiharbeitsverhältnis an (RN 91). 3

c) Besonderheiten. Beim echten Leiharbeitsverhältnis bestehen wegen der doppelten Arbeitgeberstellung Besonderheiten. So ist das Direktionsrecht zwischen Verleiher und Entleiher aufgespalten. Insoweit trifft den Verleiher eine Überwachungspflicht, dass der Arbeitnehmer beim Entleiher vertragsgemäß beschäftigt wird und dieser die Arbeitnehmerschutzvorschriften einhält. Andererseits muss der Arbeitnehmer die vertraglichen Nebenpflichten sowohl gegenüber dem Verleiher als auch dem Entleiher einhalten, dies betrifft z. B. die Einhaltung der Verschwiegenheitspflicht und von Wettbewerbsverboten. Die Haftung des Arbeitnehmers ist gegenüber beiden Arbeitgebern nach allgemeinen arbeitsrechtlichen Grundsätzen (§ 53) eingeschränkt. Der Leiharbeitnehmer kann im Falle der Schädigung Dritter Verrichtungsgehilfe sowohl des Verleihers als auch des Entleihers sein. Bei Arbeitsunfällen im Betrieb des Entleihers gelten die §§ 104 ff. SGB VII. Die Überlassung kann befristet wie unbefristet erfolgen. Für das kollektive Arbeitsrecht gilt grundsätzlich das Recht des Verleihers. 4

3. Arbeitnehmerüberlassung. a) Begriff. Der Begriff der Arbeitnehmerüberlassung ist im AÜG nicht geregelt, sondern wird vom Gesetz vorausgesetzt. Die Arbeitnehmerüberlassung i. S. d. AÜG erfordert zunächst das Vorliegen eines Arbeitnehmerüberlassungsvertrags. Dies ist eine Vereinbarung zwischen dem Vertragsarbeitgeber und dem Dritten, wonach der Leiharbeitnehmer auf Grund der damit eingegangenen Verpflichtung seines Arbeitgebers bei dem Dritten zur Förderung von dessen Betriebszwecken tätig wird. Im Vollzug dieser Vereinbarung muss der Leiharbeitnehmer seine Arbeitsleistung im Betrieb des Entleihers erbringen und dieser dem 5

---

[1] KGH EKD 9. 10. 2006 NZA 2007, 761.

Leiharbeitnehmer nach seinen Vorstellungen und Zielen in seinem Betrieb wie einen eigenen Arbeitnehmer einsetzen. Der Leiharbeitnehmer muss voll in dem Betrieb des Dritten eingegliedert sein; insbesondere muss er den Weisungen des Entleihers oder dessen Repräsentanten hinsichtlich der Arbeitsausführung unterliegen.[2] Das Dreiecksverhältnis zwischen Verleiher, Entleiher und Leiharbeitnehmer ist bei der Arbeitnehmerüberlassung wie folgt ausgestaltet: Vertragsbeziehungen bestehen nur zwischen Verleiher und Entleiher (Arbeitnehmerüberlassungsvertrag) und zwischen Verleiher und Arbeitnehmer (Leiharbeitsvertrag). Zwischen dem Leiharbeitnehmer und dem Entleiher besteht hingegen keine arbeitsvertragliche Beziehung.

6 **b) Abgrenzung zum Werk- und Dienstvertrag. aa) Grundsatz.** Von der Arbeitnehmerüberlassung ist die Tätigkeit eines Arbeitnehmers bei einem Dritten auf Grund eines Werk- oder Dienstvertrags zu unterscheiden. In diesen Fällen wird ein Unternehmer für einen anderen Unternehmer tätig. Der Dienst- bzw. Werkunternehmer organisiert die zur Erreichung eines wirtschaftlichen Erfolgs notwendigen Handlungen nach eigenen betrieblichen Voraussetzungen und bleibt für die Erfüllung der im Vertrag vorgesehenen Dienste oder für die Herstellung des geschuldeten Werks gegenüber dem Drittunternehmen verantwortlich. Die zur Ausführung des Dienst- oder Werkvertrags eingesetzten Arbeitnehmer unterliegen der Weisung des sie entsendenden Arbeitgebers und sind dessen Erfüllungsgehilfen. Der Werkbesteller kann jedoch, wie sich aus § 645 I 1 BGB ergibt, dem Werkunternehmer selbst oder dessen Erfüllungsgehilfen Anweisungen für die Ausführung des Werkes erteilen. Solche Dienst- oder Werkverträge werden vom Arbeitnehmerüberlassungsgesetz nicht erfasst. Gleichfalls nicht dem AÜG unterfallen Beschäftigte, die auf Grund eines Dienstvertrags für eine vorübergehende Zeit als Führungskraft im Unternehmen tätig sind (sog. Interimsmanagement).[3]

7 **bb) Beurteilungsgrundlage.** Die Abgrenzung von Werkverträgen zu Arbeitnehmerüberlassungsverträgen kann in der Praxis Schwierigkeiten bereiten. Über die rechtliche Einordnung des Vertrags zwischen dem Dritten und dem Arbeitgeber entscheidet der Geschäftsinhalt und nicht die von den Parteien gewünschte Rechtsfolge oder eine Bezeichnung, die dem tatsächlichen Geschäftsinhalt nicht entspricht. Die Vertragschließenden können das Eingreifen zwingender Schutzvorschriften des AÜG nicht dadurch vermeiden, dass sie einen vom Geschäftsinhalt abweichenden Vertragstyp wählen. Der Geschäftsinhalt kann sich sowohl aus den ausdrücklichen Vereinbarungen der Vertragsparteien als auch aus der praktischen Durchführung des Vertrags ergeben. Widersprechen sich beide, so ist die tatsächliche Durchführung des Vertrags maßgebend, weil sich aus der praktischen Handhabung der Vertragsbeziehungen am ehesten Rückschlüsse darauf ziehen lassen, von welchen Rechten und Pflichten die Vertragsparteien ausgegangen sind, was sie also wirklich gewollt haben. Der so ermittelte wirkliche Wille der Vertragsparteien bestimmt den Geschäftsinhalt und damit den Vertragstyp.[4] Einzelne Vorgänge der Vertragsabwicklung sind zur Feststellung eines vom Vertragswortlaut abweichenden Geschäftsinhalts nur geeignet, wenn es sich dabei nicht um untypische Einzelfälle, sondern um beispielhafte Erscheinungsformen einer durchgehend geübten Vertragspraxis handelt. Dabei muss diese abweichende Vertragspraxis den auf Seiten der Vertragspartner zum Vertragsabschluss berechtigten Personen bekannt gewesen und von ihnen zumindest geduldet worden sein; denn sonst kann eine solche, den schriftlichen Vereinbarungen widersprechende Vertragsdurchführung nicht als Ausdruck des wirklichen Geschäftswillens der Vertragspartner angesehen werden.[5] Werden Arbeitnehmer Dritten überlassen und übernimmt der Überlassende nicht die üblichen Arbeitgeberpflichten, so wird vermutet, dass der Überlassende Arbeitsvermittlung betreibt (§ 1 II AÜG).

8 **cc) Abgrenzungskriterien.** Folgende Indizien sprechen für das Vorliegen eines **Werkvertrags:**[6] **(1)** Unternehmerische Eigenverantwortlichkeit und Dispositionsmöglichkeit des Werkunternehmers gegenüber dem Besteller, **(2)** die Vereinbarung und Erstellung eines qualitativ individualisierbaren und dem Werkunternehmer zurechenbaren Werksergebnisses, **(3)** ein aus-

---

[2] BAG 28. 6. 2000 BB 2001, 98; 30. 1. 1991 AP 8 zu § 10 AÜG = NZA 92, 19.

[3] Dazu *Dahl* DB 2005, 1738; *Haag/Tiberius* NZA 2004, 190.

[4] BAG 6. 8. 2003 AP 6 zu § 9 AÜG = BB 2004, 669; 22. 6. 1994 AP 16 zu § 1 AÜG = NZA 95, 462; BAG 30. 1. 1991 AP 8 zu § 10 AÜG = NZA 92, 19.

[5] BAG 30. 1. 1991 AP 8 zu § 10 AÜG = NZA 92, 19.

[6] BAG 30. 1. 1991 AP 8 zu § 10 AÜG = NZA 92, 19; 28. 1. 1989 AP 5 zu § 14 AÜG = NZA 90, 364; 18. 1. 1989 AP 2 zu § 14 AÜG = NZA 89, 728; 15. 6. 1983 AP 5 zu § 10 AÜG = NJW 84, 2912; 8. 11. 1978 AP 2 zu § 1 AÜG; 10. 2. 1977 AP 9 zu § 103 BetrVG 1972; BSG 26. 4. 1995 AP 19 zu § 1 AÜG = NZA 96, 90; 11. 2. 1988 AP 10 zu § 1 AÜG = NZA 88, 748; LAG Köln 28. 2. 1990 BB 91, 139 – Bewachungsgewerbe; OLG Düsseldorf 15. 9. 1994 BB 95, 522 – Fleischerhandwerk.

schließliches Weisungsrecht des Werkunternehmers gegenüber den Arbeitnehmern im Betrieb des Bestellers und Erfüllung seiner Aufgaben aus dem Werkvertrag[7] (projektbezogene Anweisungen), **(4)** die Übernahme des Unternehmerrisikos, insbes. der Gewährleistung sowie **(5)** eine herstellungsbezogene Vergütungsregelung.

Dagegen sprechen folgende Indizien für die **Arbeitnehmerüberlassung:**[8] **(1)** die Planung und die Organisation der Arbeit durch den Besteller,[9] **(2)** die Aufnahme des Arbeitnehmers in die Betriebsräume des Bestellers, **(3)** ein fehlendes bzw. nicht ausgeübtes Weisungsrecht des Werkunternehmers, die fehlende Kontrolle der Arbeitsausübung sowie die Pflicht des eingesetzten Arbeitnehmers zur Vorlage von Personaleinsatz und Anwesenheitslisten, zur Abstimmung der Arbeitszeit, des Urlaubs und zur Abgabe der Arbeitsunfähigkeitsmeldung,[10] **(4)** die Ausstattung mit Werkzeugen und Sicherheitskleidung des Bestellers,[11] **(5)** die Benutzung der Sozialräume des Bestellers sowie **(6)** die Übernahme der bisher von Arbeitnehmern des Bestellers ausgeführten Tätigkeiten.[12] 9

dd) Subunternehmen. Die echte Erbringung von Werkleistungen wird von dem Verbot in § 1b AÜG nicht erfasst. Werden von einem Wirtschaftsunternehmen Mitarbeiter bei einem dritten Unternehmen eingesetzt (z. B. Wissenschaftler und Ingenieure), so können je nach den Gesamtumständen des Falles die eingesetzten Mitarbeiter Subunternehmer sein oder nicht selbstständige Erfüllungsgehilfen. Es kann sich aber um Arbeitnehmerüberlassung oder die Überlassung von selbstständig unternehmerisch tätigen Mitarbeitern handeln.[13] Maßgebend ist die Ausgestaltung im Einzelfall. Keine Arbeitnehmerüberlassung ist gegeben, wenn ein gewerbliches Bewachungsunternehmen ständig Wachleute zur Bewachung von Bundeswehreinrichtungen abstellt. Dies gilt auch dann, wenn die Verhaltenspflichten des Bewachungspersonals in dem Bewachungsvertrag im Einzelnen festgelegt sind.[14] Wird mit einem Subunternehmen ein Werkvertrag zur Umgehung der Vorschriften über die Arbeitnehmerüberlassung abgeschlossen, so findet das AÜG Anwendung. Umgehungstatbestände finden sich vielfach in Subunternehmerverhältnissen, in denen sich ein Subunternehmer gegenüber dem Generalunternehmer verpflichtet, bestimmte Leistungen zu erbringen. Ist das zu leistende Werk nicht abgrenzbar bzw. bestimmbar, wird im Allgemeinen Arbeitnehmerüberlassung vorliegen. 10

ee) Montagearbeit. Vom AÜG nicht erfasst wird der Arbeitseinsatz bei Montagearbeitern zur Erfüllung vertraglicher Verpflichtungen des Arbeitgebers im Betrieb eines Dritten. Der drittbezogene Personaleinsatz kann auf Grund eines Werkvertrags, eines Dienstvertrags, eines Geschäftsbesorgungsvertrags oder eines Dienstverschaffungsvertrags erfolgen. Für die Abgrenzung gelten die allgemeinen Grundsätze (RN 7 ff.). Der Verleiher schuldet dem Entleiher Überlassung von Arbeitnehmern zum Zwecke der Arbeitsleistung, der Werkunternehmer schuldet dem Besteller dagegen die Herstellung eines bestimmten Arbeitsergebnisses. Das kann sowohl die Herstellung oder Veränderung einer Sache als auch ein anderer durch Arbeit oder Dienstleistung herbeizuführender Erfolg sein. Bei Durchführung von Bau-, Reparatur- oder Montagearbeiten im Betrieb eines Dritten bestimmt der Werkunternehmer Art und Einteilung der Arbeiten. Dem Dritten stehen keine Weisungsrechte gegenüber den entsandten Arbeitnehmern zu. 11

c) Gewerbsmäßigkeit. Arbeitnehmerüberlassung i. S. d. § 1 I 1 AÜG liegt nur bei Gewerbsmäßigkeit der Überlassung vor. Der Begriff entspricht nach der bisherigen Rspr. im Wesentlichen dem im Gewerberecht verwandten Begriff. Unter gewerbsmäßig i. S. d. § 1 I AÜG ist jede nicht nur gelegentliche, sondern auf eine gewisse Dauer angelegte und auf die Erzielung unmittelbarer oder mittelbarer wirtschaftlicher Vorteile gerichtete selbstständige Tätigkeit zu verstehen. Das entscheidende Kriterium für die Gewerbsmäßigkeit ist die Gewinnerzielungsabsicht, wobei es nicht darauf ankommt, ob tatsächlich Gewinn erzielt wird.[15] Die Gewinnerzielungsabsicht setzt voraus, dass aus Sicht des Handelnden die Möglichkeit einer Gewinnerzielung besteht. Gewinn ist dabei jede geldwerte Leistung, die der Verleiher über die Deckung seiner 12

---

[7] BAG 22. 6. 1994 AP 16 zu § 1 AÜG = NZA 95, 462.
[8] BGH 21. 1. 2003 NZA 2003, 616.
[9] BAG 9. 11. 1994 AP 18 zu § 1 AÜG = NZA 96, 572.
[10] BAG 13. 8. 2008 – 7 AZR 269/07 – n. v., auch zur Darlegungslast.
[11] BAG 15. 6 1983 AP 5 zu § 10 AÜG.
[12] BAG 14. 6. 1984 EzAÜG Nr. 7 zu 631 BGB Werkvertrag.
[13] BFH 18. 1. 1991 NJW 92, 261; BAG 13. 5. 1992 NZA 93, 357.
[14] BAG 31. 3. 1993 AP 2 zu § 9 AÜG = NZA 93, 1078.
[15] BAG 21. 3. 1990 AP 15 zu § 1 AÜG = NZA 91, 269; 15. 6. 1983 AP 5 zu § 10 AÜG; 8. 11. 1978 AP 2 zu § 1 AÜG = NJW 79, 2636; 10. 2. 1977 AP 9 zu § 103 BetrVG 1972 = NJW 77, 1413.

Kosten hinaus erzielt. Eine Gewinnerzielungsabsicht im gewerberechtlichen Sinne liegt vor, wenn ein Überschuss der Erträge gegenüber den Aufwendungen angestrebt wird. Demzufolge handelt der Verleiher mit Gewinnerzielungsabsicht, wenn er das Entgelt für die Überlassung des Leiharbeitnehmers so bemisst, dass es seine Kosten übersteigt. Deckt dagegen das Überlassungsentgelt allenfalls die Selbstkosten des Arbeitgebers, liegt grundsätzlich keine Gewinnerzielungsabsicht vor.[16] Dabei kommt es nicht darauf an, dass der Betrieb überwiegend auf dem Gebiet der Arbeitnehmerüberlassung tätig ist; es genügt, dass die Arbeitnehmerüberlassung als solche im Einzelfall der Hauptzweck des Geschäfts ist.[17] Beim Entgelt sind auch die vermögenswerten Vorteile (z. B. ersparte Aufwendungen) zu berücksichtigen, die der Entleiher aus der Arbeitnehmerüberlassung erzielt und ihre mittelbaren Vorteile..[18] Für eine Gewerbsmäßigkeit spricht auch das Bestehen eines Beherrschungs- und Gewinnabführungsvertrags zu Gunsten eines gewerbsmäßig handelnden Unternehmens.[19] Nach dem Schutzzweck des AÜG ist im Grunde ist jede Arbeitnehmerüberlassung als gewerbsmäßig anzusehen, die nicht gemeinnützigen, karitativen oder sonstige ideellen Zwecke dient. Die einmalige Überlassung von Arbeitskräften zur Deckung eines kurzfristigen Spitzenbedarfs eines Unternehmens soll nicht gewerbsmäßig i. S. d. § 1 I 1 AÜG sein.[20]

13 **d) Arbeitsgemeinschaft.** Keine Arbeitnehmerüberlassung ist gegeben bei **(1)** Abordnung von Arbeitnehmern zu einer **(2)** zur Herstellung eines Werks (§ 631 BGB) gebildeten **(3)** Arbeitsgemeinschaft, wenn der Arbeitgeber **(4)** Mitglied der Arbeitsgemeinschaft ist, **(5)** für alle Mitglieder der Arbeitsgemeinschaft Tarifverträge desselben Wirtschaftszweigs normativ[21] gelten und **(6)** alle Mitglieder auf Grund des Arbeitsgemeinschaftsvertrags zur selbstständigen Erbringung von Vertragsleistungen verpflichtet sind (§ 1 I 2 AÜG). Dagegen ist Arbeitnehmerüberlassung gegeben, wenn ein Mitglied keine Vertragsleistungen zur Arbeitsgemeinschaft erbringt.[22] Werkarbeitsgemeinschaften kommen vor allem im Baugewerbe vor, sie sind jedoch auch in anderen Wirtschaftsbereichen denkbar. Auf die Mitglieder einer ARGE, die sich zur Erbringung einer Dienstleistung zusammengeschlossen haben, ist § 1 I 2 AÜG nicht anzuwenden. Die Vertragsbedingungen im Baugewerbe wurden nach zwei Grundmustern vollzogen. **(1)** Der Arbeitnehmer wurde von seinem Arbeitgeber freigestellt; dieser begründete anschließend mit der Bauarbeitsgemeinschaft einen Arbeitsvertrag (vgl. § 9 BRTV-Bau, § 186 RN 5). In diesen Fällen lag schon nach der Begriffsbestimmung keine Arbeitnehmerüberlassung vor, so dass auch das Verbot des § 1 b AÜG nicht greift (vgl. BT-Drucks. 9/966 S. 76). **(2)** Nach der zweiten Form wurde der Arbeitnehmer zur Arbeitsgemeinschaft abgeordnet, ohne dass ein Arbeitsverhältnis zur Arbeitsgemeinschaft begründet wurde. In diesen Fällen war echte Arbeitnehmerüberlassung gegeben; im Wege der Fiktion nimmt § 1 I 2 AÜG derartige Überlassungen aus dem Begriff der gewerbsmäßigen Arbeitnehmerüberlassung heraus. Für Arbeitsgemeinschaften mit Mitgliedern aus den Staaten der Europäischen Union gelten wegen der Dienstleistungsfreiheit die Voraussetzungen des § 1 I 3 AÜG.[23]

14 **e) Personalaustausch in Kleinunternehmen.** Durch das BeschFG 1990 wurde mit § 1 a AÜG eine Sonderregelung für den wirtschaftszweiginternen Personalaustausch im Handwerksbereich geschaffen. Die Beschränkung auf Handwerksbetriebe ist inzwischen entfallen. Ein Arbeitgeber braucht keine Verleiherlaubnis, wenn **(1)** der Personalaustausch der Vermeidung von Kurzarbeit oder Entlassung dient, **(2)** der Arbeitgeber weniger als 50 Arbeitnehmer beschäftigt, **(3)** die Arbeitnehmerüberlassung einen Zeitraum von zwölf Monaten nicht übersteigt und **(4)** der überlassende Arbeitgeber den beabsichtigten Personaltausch der für seinen Geschäftssitz zuständigen Bundesagentur für Arbeit vorher schriftlich anzeigt. Die Anzeige muss bestimmte Angaben enthalten. Eine unterlassene Anzeige führt nur dann zu den Fiktionswirkungen des § 10 I AÜG (unten RN 70 ff.), wenn der überlassende Arbeitgeber gewerbsmäßig handelt. Dies ist bei einer einmaligen Überlassung nicht der Fall, es sei denn, dass Wiederholungsabsicht besteht. Die Erlaubnispflicht bleibt unberührt, wenn der Arbeitgeber planmäßig bei Kurzarbeit oder bei drohenden Entlassungen Arbeitnehmerüberlassung betreiben will. Hat der Verleiher eine Erlaubnis beantragt und wird diese unter Bedingungen und Auflagen erteilt, kann er immer

[16] BAG 20. 4. 2005 NZA 2005, 1006.
[17] BAG 18. 1. 1988 AP 2 zu § 14 AÜG = NZA 89, 728.
[18] BVerwG 13. 9. 2007 Buchholz 451.90 Sonstiges Europ. Recht Nr. 209.
[19] LAG Schleswig-Holstein 18. 6. 2008 DB 2008, 2428; anhängig 1 ABR 67/08, 69/08, 74/08.
[20] BAG 18. 2. 1988 – 2 AZR 583/87 – n. v.
[21] Umstr., dagegen Thüsing/*Waas* § 1 RN 123.
[22] OLG Karlsruhe 7. 3. 1990 BB 90, 1561.
[23] EuGH 25. 10. 2001 AP 3 zu Art. 49 EG = NZA 2001, 1299.

noch von § 1a AÜG Gebrauch machen. Liegen die Voraussetzungen von § 1a AÜG nicht vor, ist eine illegale Überlassung mit ihren Rechtsfolgen gegeben.

f) Weitere Ausnahmetatbestände. Das AÜG ist mit Ausnahme des § 1b Satz 1, des § 16 I Nr. 1b und II bis V sowie der §§ 17, 18 bei den in § 1 III AÜG genannten drei Tatbeständen nicht anzuwenden, wenn **(1)** die Arbeitnehmerüberlassung zwischen Arbeitgebern desselben Wirtschaftszweigs zur Vermeidung von Kurzarbeit oder Entlassungen erfolgt und für Entleiher und Verleiher geltende Tarifverträge dies vorsehen; **(2)** die Arbeitnehmerüberlassung vorübergehend zwischen Konzernunternehmen i. S. von § 18 AktG erfolgt; **(3)** die Arbeitnehmerüberlassung in das Ausland erfolgt, wenn der Leiharbeitnehmer in ein auf der Grundlage zwischenstaatlicher Vereinbarungen begründetes deutsch-ausländisches Gemeinschaftsunternehmen verliehen wird, an dem der Verleiher beteiligt ist. Daneben besteht bei der Überlassung von Arbeitnehmern aus Kleinunternehmen nach § 1a AÜG nur eine Anzeigepflicht. 15

aa) Vermeidung von Kurzarbeit und Entlassungen. Die Tarifpartner sind für Arbeitgeber desselben Wirtschaftsbereichs ermächtigt, die Schutzvorschriften des AÜG zu suspendieren. Für die Beurteilung desselben Wirtschaftszweigs ist darauf abzustellen, ob die Arbeitgeber demselben betrieblichen und fachlichen Geltungsbereich eines Tarifvertrags unterliegen (§ 203). Jedoch gilt die Ermächtigung des Gesetzes nicht für die Verleihbetriebe selbst. Ausreichend ist, wenn nur der Arbeitgeber tarifgebunden ist (§ 3 II TVG entspr.); nur so kann der Gesetzeszweck überhaupt verwirklicht werden. Die Ermächtigung ist nur gegeben, wenn die Arbeitnehmerüberlassung zur Vermeidung von Kurzarbeit und Entlassungen erfolgt. Grundsätzlich führen die Tarifverträge dazu, dass alle gewerberechtlichen, arbeitsrechtlichen, sozialversicherungsrechtlichen und steuerrechtlichen Vorschriften der gewerbsmäßigen Arbeitnehmerüberlassung nicht anzuwenden sind. Von der Ausnahmevorschrift wird nur in begrenztem Umfang (Werftindustrie) Gebrauch gemacht. 16

bb) Konzernleihe. Das AÜG ist bei nur vorübergehender konzerninterner Überlassung nicht anwendbar. Die konzerninterne Arbeitnehmerüberlassung befreit deshalb grundsätzlich von allen arbeits- und sozialrechtlichen Besonderheiten des AÜG. Konzernleihe i. S. v. § 1 III Nr. 2 AÜG setzt lediglich voraus, dass der Arbeitnehmer seine Arbeitsleistung nur vorübergehend nicht bei seinem Arbeitgeber erbringt, wobei das Merkmal „vorübergehend" weit auszulegen ist und einen Zeitraum von mehreren Jahren umfassen kann.[24] Die konzerninterne Arbeitnehmerüberlassung ist sowohl in Unterordnungs- als auch in Gleichordnungskonzernen rechtlich möglich (§ 18 AktG); auf die Rechtsform der Konzernunternehmen kommt es ebenso wenig an[25] wie auf ihren Verwaltungssitz. Keine Arbeitnehmerüberlassung ist der Einsatz eines Arbeitnehmers einer Konzernholding bei einem Tochterunternehmen, wenn die Tochtergesellschaft nicht über eine eigene Betriebsorganisation verfügt oder mit der Muttergesellschaft einen Gemeinschaftsbetrieb führt.[26] Keine erlaubnisfreie konzerninterne Arbeitnehmerüberlassung ist gegeben, wenn ein Konzernunternehmen gegründet wird, dessen einziger Zweck die Einstellung und Beschäftigung von Arbeitnehmern ist, um sie nicht nur vorübergehend, sondern dauerhaft zu anderen Konzernunternehmen zu entsenden; diese sog. Personalführungsgesellschaften unterliegen den Bestimmungen des AÜG, wenn sie gewerbsmäßig tätig sind.[27] Dasselbe gilt, wenn keine Rückkehr zur Konzerngesellschaft geplant ist.[28] 17

cc) Gemeinschaftsunternehmen mit Auslandsbezug. Das AÜG findet auch Anwendung auf die Arbeitnehmerüberlassung aus dem Ausland nach Deutschland hinein. Für Arbeitsgemeinschaften mit Mitgliedern aus den Staaten der Europäischen Union gelten wegen der Dienstleistungsfreiheit die Voraussetzungen des § 1 I 3 AÜG.[29] § 1 III Nr. 3 AÜG betrifft die vorübergehende Überlassung ein oder mehrerer Arbeitnehmer durch ein Unternehmen mit Geschäftssitz in Deutschland ins Ausland, soweit diese nicht bereits von § 1 III Nr. 2 AÜG erfasst wird. Voraussetzung für § 1 III Nr. 2 AÜG ist, dass es sich um ein deutsch-ausländisches Gemeinschaftsunternehmen handelt, das auf der Grundlage zwischenstaatlicher Vereinbarungen gegründet worden ist, und dass der deutsche Verleiher daran einen kapitalmäßigen Anteil hat. Auf die Größe des Anteils und ob die Arbeitnehmer deutsche oder ausländische Staatsangehörige sind, kommt es nicht an; zu weiteren Auslandssachverhalten RN 32a, b. 18

---

[24] BAG 20. 4. 2005 NZA 2005, 1006.
[25] BAG 21. 7. 1988 AP 8 zu § 1 AÜG = NZA 89, 18.
[26] BAG 3. 12. 1997 AP 24 zu § 1 AÜG = NJW 98, 3374 = NZA 98, 876.
[27] BAG 20. 4. 2005 NZA 2005, 1006.
[28] LAG Hessen 26. 5. 2000 NZA-RR 2000, 572.
[29] EuGH 25. 10. 2001 AP 3 zu Art. 49 EG = NZA 2001, 1299.

19 **4. Abgrenzung der Arbeitnehmerüberlassung von ähnlichen Vertragsformen.** Die Arbeitnehmerüberlassung nach dem AÜG ist von den Vertragsverhältnissen bei Personalführungsgesellschaften, Maschinenüberlassungsverträgen, dem mittelbaren Arbeitsverhältnis und Gestellungsverträgen abzugrenzen.

20 **a) Personalführungsgesellschaft. (aa) Begriff.** Von den Leiharbeitsverhältnissen zu unterscheiden sind Arbeitsverhältnisse mit Personalführungsgesellschaften, zu denen sich mehrere Arbeitgeber zusammengeschlossen haben. Die Gesellschaft kann die Arbeitsverträge abschließen, alsdann den Arbeitnehmer dem einzelnen Arbeitgeber zuweisen, der dann seinerseits wiederum einen Arbeitsvertrag abschließt. Die Gesellschaft kann aber auch den Arbeitsvertrag abschließen und die Arbeitnehmer unmittelbar bei den einzelnen Arbeitgebern einsetzen. In beiden Fällen liegt keine Arbeitnehmerüberlassung vor, wenn die Gesellschaft nicht mit Gewinnerzielungsabsicht handelt. Ihr Zweck ist die Senkung der Personalbeschaffungskosten und der rationelle Einsatz des Personals. Überlässt die Personalführungsgesellschaft die angestellten Arbeitnehmer auf Dauer und in Absicht der Gewinnerzielung, liegt Arbeitnehmerüberlassung vor. Zur Konzernleihe RN 17.

21 **(bb) Gesamthafenbetrieb.**[30] Die Rechtsfigur der Personalführungsgesellschaft wird vor allem bei Gesamthafenbetrieben verwandt.[31] Rechtsgrundlage ist das Gesetz über die Schaffung eines besonderen Arbeitgebers für Hafenarbeiter vom 3. 8. 1950 (BGBl. I S. 352). Nach § 1 I 2 GesamthafenbetriebsG ist eine erwerbswirtschaftliche Betätigung ausgeschlossen; sie unterfallen daher nicht dem AÜG. Im Gesamthafen Hamburg kommen für die Dauer des jeweiligen Einsatzes im Hafeneinzelbetrieb Arbeitsverhältnisse zwischen dem Inhaber der Hafeneinzelbetriebe und dem Gesamthafenarbeiter zustande. Es kann daher keine Arbeitnehmerüberlassung vorliegen.[32]

22 **b) Maschinenüberlassungsvertrag.** Von der Arbeitnehmerüberlassung sind die Fälle drittbezogenen Personaleinsatzes abzugrenzen, bei denen der Arbeitgeber einem Dritten Maschinen oder Geräte mit Bedienungspersonal (Baumaschinen, EDV-Anlagen, Flugzeuge usw.) zur Verfügung stellt und der Dritte den Einsatz der Maschinen oder Geräte mit dem dazugehörigen Personal nach seinen eigenen betrieblichen Erfordernissen selbst bestimmt und organisiert. Derartige gemischte Verträge werden von den Vorschriften des AÜG jedenfalls dann nicht erfasst, wenn nicht die Überlassung von Arbeitnehmern, sondern die Gebrauchsüberlassung des Gerätes oder der Maschine den Inhalt des Vertrags prägt. Bei der Überlassung von Fahrzeugen mit Bedienungspersonal hat das BAG im konkreten Fall keine Arbeitnehmerüberlassung angenommen, weil die Gestellung des Bedienungspersonals nur den Zweck hatte, dem Entleiher der Maschinen den vertragsmäßigen Gebrauch der überlassenen Fahrzeuge (Flugzeug) zu ermöglichen.[33] Jedoch wird richtigerweise nicht auf den Wert der überlassenen Maschine, sondern maßgebend darauf abzustellen sein, ob dem Dritten das Direktionsrecht gegenüber den zur Verfügung gestellten Arbeitnehmern eingeräumt wird. Kein Maschinenüberlassungsvertrag ist gegeben, wenn die zur Verfügung gestellten Maschinen nur von geringem Wert sind, also das Schwergewicht auf der Überlassung des Personals liegt.

23 **c) Mittelbares Arbeitsverhältnis.** Vom mittelbaren Arbeitsverhältnis (vgl. § 183) unterscheidet sich das Leiharbeitsverhältnis dadurch, dass der Mittelsmann selbst Arbeitnehmer ist, während er im Leiharbeitsverhältnis selbstständiger Unternehmer sein muss. Praktische Bedeutung hat die Abgrenzung bei der Scheinselbständigkeit, wenn die „Unternehmer" Aufgaben übernehmen, die sie bisher als Arbeitnehmer ausgeführt haben.

24 **d) Gestellungsvertrag.** Die Gestellungsverträge zwischen einer karitativen Einrichtung und einem Entleiher unterscheiden sich von der Arbeitnehmerüberlassung durch die fehlende Arbeitnehmereigenschaft der Bediensteten sowie die mangelnde Gewinnerzeilungsabsicht des Gestellers.[34] Arbeitet ein öffentlicher Träger mit einem freien Träger zusammen, der seinerseits

---

[30] Dazu BAG 6. 12. 1995 AP 9 zu § 1 GesamthafenbetriebsG; 26. 2. 1992 AP 6 zu § 1 GesamthafenbetriebsG = NZA 92, 710; 25. 1. 1989 AP 5 zu § 1 GesamthafenbetriebsG = NZA 89, 732; 14. 12. 1988 AP 4 zu § 1 GesamthafenbetriebsG; OLG Hamburg 23. 6. 1977 VersR 78, 637.

[31] Auf Grund des GesamthafenbetriebsG wurde am 9. 2. 1951 die Vereinbarung über die Schaffung eines besonderen Arbeitgebers für Hafenarbeiter in Hamburg (Gesamthafenbetrieb) von der Arbeitsgemeinschaft Hamburger Hafen-Fachvereine und der ÖTV geschlossen. Zur Erledigung der laufenden Verwaltungsarbeiten wurde die GesamthafenbetriebsGes. m. b. H. gegründet.

[32] BAG 25. 11. 1992 AP 8 zu § 1 GesamthafenbetriebsG = NZA 93, 955; LAG Bremen 27. 6. 1985 EzAÜG § 1 AÜG Erlaubnispflicht Nr. 17.

[33] BAG 17. 2. 1993 AP 9 zu § 10 AÜG = NZA 93, 1125; dazu *Kania* NZA 94, 871.

[34] BAG 20. 2. 1986 AP 2 zu § 5 BetrVG 1972 = NZA 86, 690; 4. 7. 1979 AP 10 zu § 611 BGB Rotes Kreuz.

einen Arbeitnehmer zum Zwecke der Jugendhilfe an den öffentlichen Träger abstellt, so wird dieses Rechtsverhältnis nicht vom AÜG erfasst. Das Zusammenwirken vollzieht sich regelmäßig nach Spezialregelungen des SGB VIII.[35] Dasselbe gilt für die Personalgestellung eines Bundeslandes an das Bundesamt für die Anerkennung ausländischer Flüchtlinge auf der Grundlage der Spezialregelung in § 5 AsylVfg a. F.[36] § 4 III TVöD/TV-L enthält eine Regelung über die Personalgestellung.

e) Landwirtschaft. Eine Beschäftigung als landwirtschaftlicher Arbeitnehmer übt regelmäßig nicht aus, wer von einem Betriebshelferdienst jeweils Betrieben der Landwirtschaft als Betriebshelfer überlassen wird.[37] 25

5. Arbeitsvermittlung. a) Begriff. Von den echten und unechten Leiharbeitsverhältnissen ist schließlich die Arbeitsvermittlung zu unterscheiden. Arbeitsvermittlung sind nach der Legaldefinition in § 35 I 2 SGB III alle Tätigkeiten, die darauf gerichtet sind, Ausbildungsuchende mit Arbeitgebern zur Begründung eines Ausbildungsverhältnisses und Arbeitsuchende mit Arbeitgebern zur Begründung eines Beschäftigungsverhältnisses zusammenzuführen. Nach § 1 II AÜG wird widerleglich vermutet, dass der Überlassende Arbeitsvermittlung betreibt, wenn er weder die üblichen Arbeitgeberpflichten noch das Arbeitgeberrisiko übernimmt.[38] Der Überlassende kann die Vermutung dadurch widerlegen, dass er nachweist, dass die Überlassung nur einmalig oder von geringer Bedeutung war. 26

b) Rechtfolge bei Arbeitsvermittlung. Die Bedeutung der Vorschrift ist nach der Aufhebung des Vermittlungsmonopols der BA gering. Hat der Überlassende keine Erlaubnis zur Arbeitsvermittlung, kann nach §§ 5 I Nr. 3, 3 I Nr. 1 AÜG eine erteilte Erlaubnis zur Arbeitnehmerüberlassung widerrufen werden. Ansonsten hat die Vermutung in § 1 II AÜG keine arbeitsrechtlichen Folgen mehr. In § 13 AÜG in der bis zum 31. 3. 1997 geltenden Fassung war bestimmt, dass bei einem Arbeitsverhältnis, das auf einer entgegen § 4 AFG ausgeübten Arbeitsvermittlung beruhte, die arbeitsrechtlichen Ansprüche des Arbeitnehmers gegen den Arbeitgeber dieses Arbeitsverhältnisses nicht durch Vereinbarung ausgeschlossen werden konnten. Diese Bestimmung enthielt nach der Rspr. eine § 10 I AÜG ergänzende Regelung, durch die bei einer als unerlaubte Arbeitsvermittlung anzusehenden Überlassung nach § 1 II, § 3 I Nr. 6 AÜG a. F. ein Arbeitsverhältnis mit dem Beschäftigungsunternehmen begründet wurde.[39] Voraussetzung dafür war, dass ein Arbeitnehmer von seinem Vertragsarbeitgeber einem anderen Unternehmen zur Arbeitsleistung überlassen wurde und die nach § 3 I Nr. 6 AÜG a. F. zulässige Überlassungsdauer überschritten wurde. In diesem Fall wurde nach § 1 II AÜG a. F. vermutet, dass der Vertragsarbeitgeber Arbeitsvermittlung betrieb. Die Vermutung war im Falle nicht gewerbsmäßiger Arbeitnehmerüberlassung widerlegbar.[40] Nachdem § 13 AÜG mit Wirkung vom 1. 4. 1997 ersatzlos aufgehoben wurde, gibt es in den Fällen der nach § 1 II AÜG vermuteten Arbeitsvermittlung keine gesetzliche Grundlage mehr für die Begründung eines Arbeitsverhältnisses zwischen dem Leiharbeitnehmer und dem Entleiher. Seitdem kann die Entstehung eines Arbeitsverhältnisses mit dem Entleiher weder mit § 1 II AÜG noch mit einer entsprechenden Anwendung von § 10 I 1 AÜG begründet werden.[41] Jedoch hat das Außerkrafttreten des § 13 AÜG zum 31. 3. 1997 auf bereits entstandene Arbeitsverhältnisse zwischen Entleiher und Leiharbeitnehmer keinen Einfluss.[42] 27

c) Vermittlungsprovision. Durch Art. 1 BeschFG v. 26. 7. 1994 (BGBl. I S. 1786) ist das Arbeitsvermittlungsmonopol der BA aufgehoben worden. Damit ist der „mitverfolgte" Zweck des AÜG, das Vermittlungsmonopol der Bundesagentur zu schützen, entfallen. Durch das BeschFG 1994 ändert sich aber nichts an der Abgrenzung von Arbeitsvermittlung und Arbeitnehmerüberlassung. Werden Leiharbeitnehmer im Anschluss an die Arbeitnehmerüberlassung von dem Entleiher in ein Arbeitsverhältnis übernommen, stellen die Verleiher dem Entleiher gelegentlich eine Arbeitsvermittlungsprovision in Rechnung. Nachdem der BGH diese Provisionsvereinbarungen für unwirksam gehalten hat,[43] hat der Gesetzgeber zum 1. 1. 2004 durch 28

---

[35] BAG 11. 6. 1997 AP 1 zu § 2 SGB VIII.
[36] BAG 5. 3. 1997 AP 23 zu § 1 AÜG = NZA 97, 1165.
[37] BSG 24. 4. 2003 SozR 4–5860 § 12 Nr. 1.
[38] Zu § 1 II AÜG a. F.: BAG 21. 3. 1990 AP 15 zu § 1 AÜG = NZA 91, 269; 23. 11. 1988 AP 14 zu § 1 AÜG = NZA 89, 812.
[39] BAG 19. 3. 2003 AP 4 zu § 13 AÜG = DB 2003, 2793.
[40] BAG 3. 12. 1997 AP 24 zu § 1 AÜG = NZA 98, 876.
[41] BAG 28. 6. 2000 AP 3 zu § 13 AÜG = NZA 2000, 1160.
[42] BAG 19. 3. 2003 AP 4 zu § 13 AÜG = DB 2003, 2793.
[43] BGH 3. 7. 2003 NJW 2003, 2906 = NZA 2003, 1025.

eine Ergänzung des § 9 Nr. 3 AÜG klargestellt, dass die Vereinbarung einer angemessenen Vergütung zulässig ist.

II. Gewerberechtliche Besonderheiten für Leiharbeitgeber (Zeitarbeitgeber)

29 **1. Erlaubnispflicht. a)** Zur Eröffnung eines Gewerbes als Leiharbeitgeber müssen die allgemeinen gewerberechtlichen Voraussetzungen vorliegen. Daneben bedürfen Zeitarbeitgeber, die gewerbsmäßig Dritten Arbeitnehmer zur Arbeitsleistung überlassen, ohne damit private Arbeitsvermittlung zu betreiben, nach § 1 I 1 AÜG einer besonderen Erlaubnis der BA. Dies gilt auch für Ausländer, die aus dem Ausland gewerbsmäßig Arbeitnehmer nach Deutschland vermitteln.[44] Die Beschränkung der gewerblichen Betätigung (Verbot mit Erlaubnisvorbehalt) wurde erforderlich, um Verleihern, die ihre Arbeitgeberpflichten zum Nachteil der Arbeitnehmer verletzt haben, von der Arbeitnehmerüberlassung auszuschließen. Auch Inhaber von sog. gemischten Betrieben, die sich mit Montagearbeiten und Arbeitnehmerüberlassung beschäftigen, bedürfen der Erlaubnis, wenn sie gewerbsmäßig tätig sind (RN 12).

30 **b) Baugewerbe.** Grundsätzlich unzulässig ist die gewerbsmäßige Arbeitnehmerüberlassung im Baugewerbe (§ 1b AÜG). Der Begriff wird in § 175 II SGB III definiert.[45] Mischbetriebe werden von § 1b AÜG erfasst, wenn sie überwiegend Bauleistungen erbringen. Das Verbot ist nicht verfassungswidrig.[46] Nach § 1b Satz 2 AÜG ist die Arbeitnehmerüberlassung ausnahmsweise gestattet **(1)** zwischen Betrieben des Baugewerbes und anderen Betrieben, wenn die diese Betriebe erfassenden, für allgemeinverbindlich erklärten Tarifverträge dies bestimmen, **(2)** zwischen Betrieben des Baugewerbes, wenn der verleihende Betrieb nachweislich seit mindestens drei Jahren von denselben Rahmen- und Sozialkassentarifverträgen oder von deren Allgemeinverbindlichkeit erfasst wird. Das Verbot des § 1b AÜG erfasst auch organisatorisch verselbstständigte Bauabteilungen eines nicht baugewerblichen Betriebs. Liegt ein Mischbetrieb vor, ist die für den baulichen Bereich aufgewandte Gesamtarbeitszeit der Arbeitnehmer für das Merkmal „überwiegend" maßgeblich.[47] Ausnahmen gelten nach § 1b Satz 3 AÜG für ausländische Betriebe.[48] Wird ohne die erforderliche Erlaubnis zur Arbeitnehmerüberlassung eine solche in das Baugewerbe vollzogen, kann eine Beitragspflicht zu den Sozialkassen entstehen.[49] Die Rechtsfolgen einer unerlaubten Überlassung im Baugewerbe sind davon abhängig, ob der Verleiher über eine Erlaubnis zur Arbeitnehmerüberlassung verfügt. In diesem Fall, begeht er „nur" eine Ordnungswidrigkeit (§ 16 I Nr. 3 AÜG); ein Arbeitsverhältnis zwischen dem Leiharbeitnehmer und dem Entleiher nach § 10 AÜG kommt auch bei einer unerlaubten Überlassung im Baugewerbe nur zustande, wenn der Verleiher nicht über die erforderliche Erlaubnis verfügt.[50]

31 **2. Antrag.** Die Erlaubnis wird auf schriftlichen Antrag von den Regionaldirektionen der BA erteilt, in deren Bezirk der Verleiher seinen Geschäftssitz, bei mehreren Niederlassungen seinen Hauptsitz hat (§§ 2 I, 17 AÜG). Sie kann unter Bedingungen erteilt und mit Auflagen verbunden werden, um sicherzustellen, dass keine Tatsachen eintreten, die nach § 3 AÜG die Versagung der Erlaubnis rechtfertigen. Aufnahme, Änderung oder Ergänzung der Auflagen sind auch nach Erteilung der Erlaubnis zulässig (§ 2 II AÜG). Bedingungen sind gegeben, wenn von deren Erfüllung der Bestand der Begünstigung abhängt. Auflagen sind dagegen Verfügungen, durch die dem durch einen Verwaltungsakt Begünstigten ein Tun, Dulden oder Unterlassen vorgeschrieben wird.[51] Die Erlaubnis ist auf ein Jahr zu befristen. Sie kann unbefristet erteilt werden, wenn der Verleiher drei aufeinander folgende Jahre lang erlaubt gewerbsmäßig Arbeitnehmerüberlassung betrieben hat. Der Antrag auf Verlängerung der befristeten Erlaubnis ist spätestens drei Monate vor Ablauf des Jahres zu stellen. Lehnt die Bundesagentur die Erlaubnis bis zum Ablauf des Jahres nicht ab, so verlängert sie sich um ein weiteres Jahr. Im Falle der Ablehnung gilt die Erlaubnis zur Abwicklung der Geschäfte für längstens zwölf Monate als fortbestehend (§ 2 IV AÜG).

---

[44] BayObLG 26. 2. 1999 FA 99, 299; zur Abführung der Sozialversicherungsbeiträge: EuGH 10. 2. 2000 NZS 2000, 291 = ZIP 2000, 468.
[45] BGH 17. 2. 2000 AP 1 zu § 12a AFG = NJW 2000, 1557 zur Vorgängerregelung.
[46] BVerfG 6. 10. 1987 NJW 88, 1195.
[47] BAG 24. 8. 1994 AP 181 zu § 1 TVG Tarifverträge: Bau = NZA 95, 1116.
[48] EuGH 25. 10. 2001 AP 3 zu Art. 49 EG = NZA 2001, 1299.
[49] BAG 8. 7. 1998 AP 214 zu § 1 TVG Tarifverträge: Bau = NZA 99, 493.
[50] BAG 13. 12. 2006 AP 31 zu § 1 AÜG = NZA 2007, 751.
[51] BSG 6. 4. 2000 AP 1 zu § 11 AÜG; 19. 3. 1992 SozR 3–7815 Art. 1 § 2 Nr. 1 = NZA 93, 95.

3. Erteilung der Erlaubnis. a) Grundsatz. Die Erlaubnis ist dem Antragsteller zu erteilen, wenn die gewerberechtlichen Voraussetzungen vorliegen. Ist der Antragsteller deutscher Staatsangehöriger, folgt sein Anspruch auf Erteilung der Erlaubnis aus §§ 2, 3 I AÜG. Die Erlaubnis ist an die Person des Firmeninhabers gebunden. Sie geht nicht im Wege der Rechtsnachfolge auf einen anderen Rechtsträger über.[52] Im Falle des Betriebsübergangs ist daher eine neue Erlaubnis erforderlich. Für die Bearbeitung von Anträgen auf Erteilung und Verlängerung von Erlaubnissen werden Kosten auf Grund von § 2a AÜG nach Maßgabe der VO über die Kosten der Erlaubnis zur gewerbsmäßigen Arbeitnehmerüberlassung (Arbeitnehmerüberlassungserlaubnis-Kostenordnung – AÜ KostV) vom 18. 6. 1982 (BGBl. I S. 692) i. d. F. vom 23. 12. 2003 (BGBl. I S. 2848) erhoben. 32

b) Auslandsbezug. aa) Gewerberechtliche Erlaubnis. Die Arbeitnehmerüberlassung wird von den Bestimmungen des EG-Vertrags über die Dienstleistungsfreiheit erfasst und ist nicht durch die Übergangsbestimmungen des Beitrittvertrags eingeschränkt. Die Arbeitnehmerüberlassung von einem Staatsangehörigen der im Jahr 2004 bzw. 2007 beigetretenen Staaten nach Deutschland hinein und von Deutschland in einen Beitrittsstaat unterliegt keinen besonderen Beschränkungen. Es gelten allerdings die gewerberechtlichen Zulässigkeitsvoraussetzungen sowohl des Entsende- als auch des Beschäftigungsstaats. Danach erhalten Staatsangehörige der Mitgliedsstaaten der EU und EWR-Bürger die Erlaubnis unter den gleichen Voraussetzungen wie deutsche Staatsangehörige (§ 3 IV AÜG);[53] für im Inland niedergelassene Bürger eines anderen Staats gilt beim Bestehen eines entsprechenden Abkommens § 3 V AÜG. Die Erlaubnis kann versagt werden, wenn der Antragsteller kein deutscher Staatsangehöriger ist (§ 3 III AÜG); in diesem Fall besteht lediglich ein Anspruch auf eine fehlerfreie Ermessensausübung durch die BA.[54] Den Staatsangehörigen stehen gleich Gesellschaften und juristische Personen, die nach den Rechtsvorschriften eines Mitgliedstaats gegründet sind und ihren satzungsmäßigen Sitz, ihre Hauptverwaltung oder ihre Hauptniederlassung innerhalb der Gemeinschaft haben. Die Erlaubnis ist zwingend zu versagen, wenn die Betriebsstätte des Verleihers weder im Inland noch in einem Land der EU bzw. des EWR liegt (§ 3 II AÜG). Die Regelung dient dem Schutz von Leiharbeitnehmern vor Missbräuchen durch ausländische Verleiher. 32a

bb) Leiharbeitnehmer. Für Unionsbürger aus den bis zum 30. 4. 2004 beigetretenen Staaten sowie Bürger aus den EWR-Staaten ist eine Beschäftigung als Leiharbeitnehmer ohne besondere Erlaubnis möglich. Staatsangehörige aus den zum 1. 5. 2004 bzw. 1. 1. 2007 beigetretenen mittel- und osteuropäischen Staaten bedürfen zur Aufnahme einer Tätigkeit als Leiharbeitnehmer einer Genehmigung der BA; diese Genehmigung ist nach § 40 I Nr. 2 AufenthG regelmäßig zu versagen (§ 27 RN 24). Andere ausländische Staatsangehörige bedürften eines zur Ausübung einer Beschäftigung berechtigenden Aufenthaltstitels, der jedoch für die Aufnahme einer Tätigkeit als Leiharbeitnehmer nicht erteilt wird. 32b

4. Personal-Service-Agenturen. Nach § 37c SGB III in der bis zum 31. 12. 2008 geltenden Fassung konnte die BA mit erlaubt tätig werdenden Verleihern Verträge abschließen oder selbst Arbeitnehmerüberlassung betreiben (§ 21 RN 13). 33

5. Versagung. Die Erlaubnis zur Arbeitnehmerüberlassung kann außer in den Fällen des § 3 II AÜG (RN 32) aus den in § 3 I AÜG enumerativ aufgezählten Gründen versagt werden. Liegt keiner der Versagungsgründe vor, besteht unter den in RN 32 genannten Voraussetzungen ein Rechtsanspruch auf Erlaubniserteilung. Die Erlaubnis ist zu versagen, wenn der Antragsteller **(a)** nicht die erforderliche Zuverlässigkeit besitzt, **(b)** nach der Gestaltung seiner Betriebsorganisation nicht in der Lage ist, die üblichen Arbeitgeberpflichten ordnungsgemäß zu erfüllen oder **(c)** dem Leiharbeitnehmer nach näherer Maßgabe des § 3 I Nr. 3 AÜG für die Zeit der Überlassung an einen Entleiher die im Betrieb dieses Entleihers für einen vergleichbaren Arbeitnehmer des Entleihers geltenden wesentlichen Arbeitsbedingungen einschließlich des Arbeitsentgelts nicht gewährt (dazu RN 50). 34

a) Fehlen der erforderlichen Zuverlässigkeit. Nach § 3 I Nr. 1 AÜG ist die Erlaubnis zu versagen, wenn der Entleiher die für die Ausübung der Tätigkeit nach § 1 erforderliche Zuverlässigkeit nicht besitzt, insbesondere, weil er die Vorschriften des Sozialversicherungsrechtes, des Lohnsteuerrechtes, das Verbot der Arbeitnehmerüberlassung einschließlich der Anwerbung im Ausland (§ 27), die Vorschriften des Arbeitnehmerschutzrechts nicht einhält. Der Zweck der Vorschrift besteht darin, im Interesse der Sicherheit des sozialen Schutzes der Leiharbeitnehmer 35

---

[52] BSG 12. 12. 1991 SozR 3–7815 Art. 1 § 3 Nr. 2 = NZA 92, 668.
[53] Vgl. EuGH 17. 12. 1981 AP 9 zu Art. 177 EWG-Vertrag = NJW 82, 1203.
[54] BSG 12. 12. 1990 SozR 3–7815 Art. 1 § 3 Nr. 1 = NZA 91, 951.

unzuverlässige Verleiher aus dem Bereich der gewerbsmäßigen Arbeitnehmerüberlassung auszuschalten. Unzuverlässigkeit liegt nicht bereits dann vor, wenn der Antragsteller auf dem Gebiet der Arbeitnehmerüberlassung über keine besondere Fachkunde und Berufserfahrung verfügt, wohl aber, wenn ihm die elementaren Grundkenntnisse für die Ausübung des Gewerbes fehlen.[55]

36 **b) Betriebsorganisation.** Die Erlaubnis ist zu versagen, wenn der Verleiher über eine unzureichende Betriebsorganisation verfügt, um seine Arbeitgeberpflichten zu erfüllen. Dies betrifft nicht nur die arbeitsrechtliche Pflichtenstellung als Arbeitgeber, sondern auch die sich aus den sozialversicherungs- und steuerrechtlichen Vorschriften ergebenden Verpflichtungen; hierzu kann er sich jedoch der Hilfe von Dritten (z. B. Steuerberater) bedienen. Die Betriebsstätte muss jedoch z. B. von Dauer und je nach Umfang der Arbeitnehmerüberlassung von einer gewissen Größe sein.

37 **c) Gleichstellungsgebot.** Das Gleichstellungsgebot ist unter RN 50 dargestellt.

38 **6. Rücknahme und Widerruf.** Entsprechend der Lehre vom Verwaltungsakt wird im AÜG zwischen Rücknahme und Widerruf der Erlaubnis unterschieden. Eine rechtswidrige Erlaubnis kann mit Wirkung für die Zukunft zurückgenommen werden (§ 4 AÜG). Sofern keiner der Ausschlusstatbestände in § 4 II AÜG vorliegt, hat die BA dem bisherigen Erlaubnisinhaber den hieraus entstehenden Vermögensnachteil auszugleichen. Die Rücknahme ist gem. § 4 III AÜG nur binnen eines Jahres möglich, nachdem die BA von den konkreten die Rücknahme ermöglichenden Tatsachen positiv Kenntnis erhalten hat. Ein Kennenmüssen reicht nicht aus. Der Widerruf der Erlaubnis ist nach § 5 I AÜG zulässig, wenn er vorbehalten war, weil eine abschließende Beurteilung des Antrags noch nicht möglich war (§ 2 III AÜG), der Verleiher einer Auflage nicht innerhalb einer ihm gesetzten Frist nachgekommen ist, infolge neuer Tatsachen oder veränderter Rechtslage die Erlaubnisbehörde berechtigt wäre, sie zu versagen.

39 **7. Untersagung.** Werden Leiharbeiter von einem Verleiher unerlaubt einem Dritten überlassen, so hat die BA dem Verleiher dies zu untersagen und die weitere Überlassung nach den Vorschriften des Verwaltungsvollstreckungsgesetzes vom 27. 4. 1953 (BGBl. I S. 157) m. spät. Änd. zu verhindern (§ 6 AÜG). Zuständig ist die BA (§ 7 I VwVG, § 17 Satz 1 AÜG), die Zuständigkeit für die Vollstreckung liegt bei den Hauptzollämtern (§ 4 Buchst. b VwVG). Zumeist werden Zwangsgelder verhängt (§ 11 ZwVG).

40 **8. Kontrolle.**[56] Um die Kontrolle der BA zu gewährleisten, haben die Leiharbeitgeber eine Reihe von Auskunftspflichten. Sie haben **(a)** unaufgefordert die Verlegung, Schließung, Errichtung von Betrieben, Betriebsteilen oder Nebenbetrieben anzuzeigen, soweit diese die Ausübung der Arbeitnehmerüberlassung zum Gegenstand haben (§ 7 I AÜG); **(b)** alle Auskünfte zu erteilen, die zur Durchführung des Gesetzes erforderlich sind.[57] Die Auskünfte sind wahrheitsgemäß, vollständig, fristgemäß und unentgeltlich zu erteilen. Auf Verlangen sind die Geschäftsunterlagen vorzulegen (§ 7 II AÜG); **(c)** in begründeten Einzelfällen ist der Erlaubnisbehörde zu gestatten, die Geschäftsräume zu betreten (§ 7 III AÜG). Ein begründeter Einzelfall ist gegeben, wenn Tatsachen vorliegen, die den konkreten Verdacht begründen, dass eine Prüfung gesetzwidrige Zustände ergeben würde und hierzu ein Betreten ist der Geschäftsräume erforderlich ist.[58] Durchsuchungen können indes nur auf Anordnung eines Amtsgerichts vorgenommen werden (§ 7 IV AÜG). Ferner haben die Verleiher **(d)** halbjährlich statistische Meldungen zu erstatten, um der BA eine kontinuierliche Arbeitsmarktbeobachtung zu ermöglichen (§ 8 AÜG).

41 **9. Rechtsweg.** Über Rechtsstreitigkeiten mit der BA, insbesondere wegen Erteilung, Versagung, Rücknahme oder Widerruf einer Erlaubnis entscheiden gem. § 51 I SGG die Sozialgerichte. Dem Klageverfahren ist gem. §§ 77–86 SGG ein Widerspruchsverfahren vorgeschaltet. Der Widerspruch ist binnen eines Monats, nachdem der Verwaltungsakt dem Beschwerten bekannt geworden ist, schriftlich zur Niederschrift bei der Stelle einzulegen, die den Verwaltungsakt erlassen hat (§ 84 SGG). Grundsätzlich hat der Widerspruch keine aufschiebende Wirkung. Indes kann die Vollziehung eines Verwaltungsakts ganz oder teilweise ausgesetzt werden (§ 86 III, IV SGG).

---

[55] BSG 6. 2. 1992 SozR 3–7815 Art. 1 § 3 Nr. 3 = NZA 92, 1006; SG Berlin 29. 11. 1989 DB 90, 691.

[56] Informationen, Formulare und Merkblätter der Arbeitsverwaltung zur gewerbsmäßigen Arbeitnehmerüberlassung sind im Internet unter www.arbeitsagentur.de Stichwort: Arbeitnehmerüberlassung verfügbar.

[57] BSG 12. 7. 1989 SozR 7815 Art. 1 § 7 Nr. 1 = NZA 90, 157.

[58] BSG 29. 7. 1992 SozR 3–7815 Art. 1 § 7 Nr. 1 = NZA 93, 524.

10. Zusammenarbeit der Behörden. Zur Bekämpfung der illegalen Arbeitnehmerüberlassung ist eine intensive Zusammenarbeit der BA mit anderen Behörden vorgesehen (vgl. § 18 AÜG, § 31 a AO 1977). 42

III. Rechtsbeziehungen zwischen Verleiher und Leiharbeitnehmer

1. Abschluss des Arbeitsvertrags. Der Leiharbeitsvertrag wird nach den allgemeinen Vorschriften des BGB begründet. Er ist grundsätzlich formlos wirksam, lediglich eine vereinbarte Befristungsabrede bedarf der Schriftform (§ 14 IV TzBfG; § 39 RN 50). Der Nachweis der wesentlichen Vertragsbedingungen des Leiharbeitsverhältnisses richtet sich nach den Bestimmungen von § 2 I NachwG. Zusätzlich sind Firma und Anschrift des Verleihers, die Erlaubnisbehörde sowie Ort und Erteilung der Erlaubnis sowie ferner Art und Höhe der Leistungen für Zeiten, in denen der Leiharbeitnehmer nicht verliehen ist, zu dokumentieren (§ 11 I Satz 2 AÜG). Die Verletzung der Abfassungs- und Aushändigungspflicht kann für den Verleiher zum Widerruf der Erlaubnis führen und stellt eine Ordnungswidrigkeit nach § 16 AÜG dar. Nimmt ein Arbeitsloser ein angebotenes Leiharbeitsverhältnis nicht an, kann eine Sperrzeit (§ 23 RN 49) eintreten.[59] 43

2. Nebenpflichten. Dem Verleiher obliegen gegenüber dem Leiharbeitnehmer eine Reihe von Nebenpflichten: **(a)** Er hat dem Leiharbeitnehmer ein Merkblatt der Erlaubnisbehörde über den wesentlichen Inhalt des AÜG auszuhändigen. Nichtdeutsche Arbeitnehmer erhalten das Merkblatt und die Urkunde bzw. den Arbeitsvertrag in ihrer Muttersprache (§ 11 II AÜG). **(b)** Der Verleiher hat den Arbeitnehmer unverzüglich über den Wegfall der Erlaubnis zu unterrichten. Entsprechendes gilt für Rücknahme oder Widerruf der Erlaubnis (§ 11 III AÜG). Zugleich ist über die Abwicklung und die Abwicklungsfrist zu unterrichten. **(c)** Der Verleiher hat den Arbeitnehmer im Fall eines Arbeitskampfs gegen den Entleiher unverzüglich zu unterrichten und auf sein Leistungsverweigerungsrecht hinzuweisen (§ 11 V AÜG). Das Leistungsverweigerungsrecht soll verhindern, dass rechtmäßige Arbeitskämpfe durch den Einsatz von Leiharbeitnehmern beeinflusst werden. Der Leiharbeitgeber trägt insoweit das Lohnrisiko.[60] Etwas anderes wird nach den Grundsätzen des Arbeitskampfrisikos (§ 194 RN 3) dann zu gelten haben, wenn der Entleiher nur mittelbar vom Arbeitskampf betroffen ist. Für Arbeitskämpfe im Verleiherbetrieb enthält das AÜG keine Einschränkungen. 44

Verletzt der Verleiher gegenüber dem Leiharbeitnehmer schuldhaft seine Nebenpflichten, insbes. die Fürsorgepflicht, so wird er **schadensersatzpflichtig** (§ 280 BGB). Dies gilt auch für vom Leiharbeitnehmer im Entleihbetrieb erlittene Sachschäden; die Haftung wegen Personenschäden ist nach den §§ 104 ff. SGB VII eingeschränkt (vgl. § 109). 45

3. Inhalt des Arbeitsverhältnisses. a) Das AÜG enthält keine umfassende Regelung, sondern in §§ 9–11 AÜG lediglich einen gewissen Mindestschutz und in § 14 AÜG Rechtsnormen zur betriebsverfassungsrechtlichen Stellung. Grundsätzlich gelten daher die allgemeinen arbeitsrechtlichen Normen. Aus dem AÜG ergeben sich einige Besonderheiten. 46

b) Das Leiharbeitsverhältnis konnte früher nicht als **Abrufarbeitsverhältnis** begründet werden (§ 4 BeschFG; jetzt § 12 TzBfG).[61] In einem derartigen Rahmenvertrag wurde ein Verstoß gegen das Vermittlungsmonopol der BA gesehen.[62] Inzwischen ist das Verbot der Abrufarbeit beseitigt. Gleichwohl ist die private Arbeitsvermittlung an bestimmte Voraussetzungen geknüpft. Hinzu kommt, dass sich aus § 11 IV AÜG ein Rechtsgrundsatz ergibt, wonach der Verleiher das Beschäftigungsrisiko nicht auf den Arbeitnehmer übertragen kann. Dieser würde aber durch die Vereinbarung eines Abrufarbeitsverhältnisses ausgehöhlt. 47

c) Kündigungsfrist. Nach § 622 V Nr. 1 BGB kann auch einzelvertraglich im Aushilfsarbeitsverhältnis die gesetzliche Kündigungsfrist abgekürzt werden (§ 124 RN 30). Um zu verhindern, dass der Verleiher das Lohnrisiko in Zeiten nicht bestehender Beschäftigungsmöglichkeit auf den Leiharbeitnehmer überwälzt, bestimmt § 11 IV AÜG, dass § 622 V Nr. 1 BGB über die Vereinbarung kürzerer Kündigungsfristen mit Aushilfsarbeitnehmern auf das Arbeitsverhältnis mit Leiharbeitnehmern nicht anzuwenden ist. Eine einzelvertragliche Vereinbarung verkürzter Kündigungsfristen ist daher unwirksam. Durch Tarifverträge können dagegen die Kündigungsfristen nach § 622 IV BGB verkürzt werden. Dagegen ist § 622 V Nr. 2 BGB auch im Leiharbeitsverhältnis anzuwenden. 48

---

[59] BSG 8. 11. 2001 AP 1 zu § 144 SGB III = SozR 3–4300 § 144 Nr. 7 = NZA-RR 2002, 657.

[60] BAG 1. 2. 1973 AP 29 zu § 615 BGB Betriebsrisiko.

[61] BSG 29. 7. 1992 AP 3 zu § 3 AÜG = NZA 93, 527; 16. 12. 1976 NJW 78, 853.

[62] BAG 8. 3. 1972 AP 3 zu § 611 BGB Leiharbeitsverhältnis = NJW 72, 973; vgl. BAG 12. 12. 1984 AP 6 zu § 2 KSchG 1969 = NJW 85, 2151.

49 **d) Annahmeverzug.** Während des Annahmeverzugs ist der Arbeitgeber nach § 615 Satz 1 BGB grundsätzlich zur Lohnfortzahlung verpflichtet (§ 95). Dieser Anspruch kann in Leiharbeitsverhältnissen nicht durch Vertrag abbedungen werden.[63] Indes hat der Leiharbeitnehmer sich etwaige Zwischenverdienste und öffentl.-rechtl. Leistungen (umstr.) anrechnen zu lassen. § 615 Satz 2 BGB bleibt unberührt (§ 11 IV AÜG).

50 **4. Unwirksame Vereinbarungen.** Durch § 9 Nrn. 2 und 3 AÜG werden wegen der Besonderheiten des Leiharbeitsverhältnisses bestimmte Abreden zwischen dem Verleiher und dem Leiharbeitnehmer untersagt. Dies betrifft Vereinbarungen, **(a)** die für den Leiharbeitnehmer für die Zeit der Überlassung an einen Entleiher schlechtere als die im Betrieb des Entleihers geltenden wesentlichen Arbeitsbedingungen einschließlich des Arbeitsentgelts vorsehen, soweit nicht eine der in § 9 Nr. 2 AÜG enthaltenen Ausnahmen vorliegt und **(b)** solche, die dem Leiharbeitnehmer untersagen, mit dem Entleiher zu einem Zeitpunkt, in dem das Arbeitsverhältnis zwischen Verleiher und Leiharbeitnehmer nicht mehr besteht, ein Arbeitsverhältnis einzugehen (§ 9 Nr. 3 AÜG).

51 **a) Gleichstellungspflicht.** Nach § 3 I Nr. 3 AÜG muss der Verleiher dem Leiharbeitnehmer die wesentlichen Arbeitsbedingungen gewähren wie sie ein vergleichbarer Arbeitnehmer des Entleihers erhält. Entgegenstehende Abreden sind nach § 9 Nr. 2 AÜG unwirksam. Das Gleichstellungsgebot geht von dem Vorliegen von Arbeitsbedingungen im Entleiherbetrieb aus, die für den Leiharbeitnehmer gegenüber den arbeitsvertraglich vereinbarten Bedingungen mit dem Verleiher günstiger sind. Insoweit schreibt § 3 I Nr. 3 AÜG die Geltung von Mindestarbeitsbedingungen für den Leiharbeitnehmer vor. Die Vorschrift ist auf den ersten Blick wenig überschaubar. Sie enthält eine umfassende Gleichstellungspflicht des Leiharbeitnehmers mit einem im Entleiherbetrieb beschäftigten vergleichbaren Arbeitnehmer. Der Gesetzgeber hat von diesem Grundsatz eine Ausnahme für zuvor arbeitslose Leiharbeitnehmer geschaffen, die jedoch für Leiharbeitnehmer eingeschränkt wird, die bereits zu demselben Verleiher in einem Leiharbeitsverhältnis gestanden haben. Daneben kann das Gleichstellungsgebot durch Tarifvertrag zu Lasten der Leiharbeitnehmer eingeschränkt werden. Das BVerfG hat die Regelung in den §§ 3 I Nr. 3, 9 Nr. 2, 10 IV AÜG als verfassungsmäßig angesehen und einen unverhältnismäßigen Eingriff in die negative Koalitionsfreiheit der Zeitarbeitsunternehmen verneint.[64] Zur Durchsetzung seines Anspruchs hat der Leiharbeitnehmer einen Auskunftsanspruch gegen den Entleiher (RN 77).

52 **aa) Umfang.** Die Gleichstellungspflicht bezieht sich auf die wesentlichen Arbeitsbedingungen. Dies sind alle nach dem allgemeinen Arbeitsrecht vereinbarten Bedingungen, wie Dauer der Arbeitszeit und des Urlaubs oder der Nutzung sozialer Einrichtungen. Unter Arbeitsentgelt sind nicht nur das laufende Arbeitsentgelt, sondern auch Zuschläge und andere Lohnbestandteile mit Entgeltcharakter sowie Sachbezüge zu verstehen; hierzu können auch Auslösungen gehören (§ 86 RN 16). Welche Arbeitsbedingungen als „wesentlich" anzusehen sind, hat der Gesetzgeber weder ausdrücklich geregelt noch in der Gesetzesbegründung erkennen lassen. Bei der Begriffsbestimmung ist daher nicht auf den Katalog des § 2 I NachwG, sondern – solange der deutsche Gesetzgeber keine eigenständige Regelung getroffen hat – auf die Definition in Art. 3 I lit. d der RL 2008/104/EG[65] zurückzugreifen. Dies sind: **(1)** die Dauer der Arbeitszeit, Ruhezeiten, Nachtarbeit, Urlaub, arbeitsfreie Tage, **(2)** das Arbeitsentgelt (inkl. Sonderzuwendungen und Sachbezüge), **(3)** die Bedingungen bei der Arbeit von Schwangeren und Stillenden, Kindern und Jugendlichen sowie **(4)** Maßnahmen zur Bekämpfung jeglicher Diskriminierung auf Grund des Geschlechts, der Rasse oder der ethnischen Zugehörigkeit, der Religion oder Weltanschauung, einer Behinderung, des Alters oder der sexuellen Orientierung.

53 Die Gleichstellungspflicht besteht für jeden Tag der Überlassung des Leiharbeitnehmers an den jeweiligen Entleiher. Sie gilt nicht für Zeiten, in denen der Leiharbeitnehmer nicht an einen Entleiher überlassen ist. Diese unterliegen der Vereinbarung zwischen den Parteien des Leiharbeitsvertrags. Für die Höhe der Vergütung enthält das AÜG keine Vorgaben, lediglich in § 11 IV AÜG ist die Unabdingbarkeit von § 615 BGB geregelt. Hieraus lässt sich jedoch kein Rückschluss auf die Vergütungshöhe entnehmen. Die untere Grenze einer individualrechtlichen Vergütungsvereinbarung bildet § 138 BGB. Maßstab ist dabei die Vergütungshöhe in Tarifverträgen der Zeitarbeitsbranche für die überlassungsfreien Zeiten.[66]

---

[63] ArbG Bremen-Bremerhaven 6. 12. 2007 ArbuR 2008, 277 – pers. Angebot der Arbeitsleistung.

[64] BVerfG 29. 12. 2004 AP 2 zu § 3 AEntG = NZA 2005, 153.

[65] Richtlinie 2008/104/EG des Europäischen Parlaments und des Rates vom 19. November 2008 über Leiharbeit erlassen (ABl. L 327 v. 5. 12. 2008 S. 9), dazu RN 98.

[66] Vgl. BAG 24. 3. 2004 AP 59 zu § 138 BGB = NZA 2004, 971.

bb) Vergleichbarer Arbeitnehmer. Vergleichbar sind nach der Gesetzesbegründung in Anknüpfung an die Definition in § 2 I 3, § 3 II 1 TzBfG Arbeitnehmer mit gleicher oder ähnlicher Tätigkeit. Es ist also nicht erforderlich, dass die Tätigkeiten völlig identisch sind, sondern es können auch funktional austauschbare Arbeitsnehmer mit gleichen Anforderungen und Belastungen sein. Fehlt es an einem vergleichbaren Arbeitnehmer im Entleiherbetrieb, sind die Arbeitsbedingungen in einem vergleichbaren Betrieb maßgeblich. Nach Art. 5 I RL 2008/104/EG ist demgegenüber auf die Arbeitsbedingungen abzustellen, die für den Leiharbeitnehmer gelten würden, wenn er von dem Entleiher unmittelbar für den gleichen Arbeitsplatz eingestellt worden wäre; insoweit besteht bis zum Ablauf der Umsetzungsfrist der LeiharbeitsRL am 5. 12. 2011 Umsetzungsbedarf. 54

cc) Günstigkeitsvergleich. Der Gesetzgeber hat nicht eindeutig geregelt, ob zwischen den mit dem Verleiher vereinbarten Arbeitsbedingungen und den beim Entleiher geltenden wesentlichen Arbeitsbedingungen ein Günstigkeitsvergleich stattfindet. Da es sich bei § 3 I Nr. 3 AÜG um Mindestarbeitsbedingungen (RN 51) handelt, gilt für den Leiharbeitnehmer die jeweils günstigere Regelung; die Vorschrift enthält keine abschließende Regelung für die Zeiten der Überlassung an einen Entleiher.[67] 55

dd) Ausnahmen vom Gleichstellungsgebot. (1) Arbeitslosigkeit. Das Gleichstellungsgebot gilt nicht, wenn der Verleiher einen zuvor arbeitslosen Leiharbeitnehmer für die Überlassung an einen Entleiher für die Dauer von insgesamt höchstens sechs Wochen mindestens ein Nettoarbeitsentgelt in Höhe des Betrags, den der Leiharbeitnehmer zuletzt als Arbeitslosengeld erhalten hat, zahlt. Das gilt nicht, wenn mit demselben Verleiher bereits ein Arbeitsverhältnis bestanden hat. Für den Begriff der Arbeitslosigkeit ist auf den Begriff der Beschäftigungslosigkeit in § 119 I Nr. 1 SGB III zurückzugreifen. 56

(2) Tarifnormen. Ein nach dem 15. 11. 2002 geschlossener Tarifvertrag (Vor RN 1) kann von dem Gleichstellungsgebot abweichende Regelungen zulassen. Im Geltungsbereich eines solchen Tarifvertrags können nicht tarifgebundene Arbeitgeber und Arbeitnehmer die Anwendung der tariflichen Regelungen vereinbaren (§ 3 I Nr. 3 Satz 3 AÜG). Im Unterschied zu der bisherigen Funktion des Tarifvertrags, den Schutz des Arbeitnehmers zu gewährleisten und ggf. zu verbessern, dient der Tarifvertrag im Bereich des AÜG u. U. zur Verschlechterung der gesetzlichen Arbeitsvertragsbedingungen. Nach dem Gesetzeswortlaut kann die Verschlechterung durch und nicht auf Grund eines Tarifvertrags erfolgen. Die Voraussetzung, dass ein für den Verleiher geltender Tarifvertrag abweichende Bedingungen zulässt, ist erfüllt, wenn der Tarifvertrag nach allgemeinen Grundsätzen wirksam ist und normativ (Tarifbindung/Allgemeinverbindlichkeit) gilt. Bei den Tarifnormen handelt es sich um Inhaltsnormen, sie gelten daher nur für beiderseits Tarifgebundene. Völlig ungeklärt ist die Rechtslage, wenn Tarifverträge nur noch kraft Nachwirkung gelten (§ 4 V TVG). In diesem Fall entfällt wohl die Abweichungsmöglichkeit.[68] Eine Ausnahme vom Gleichstellungsgebot besteht auch, wenn die Parteien des Leiharbeitsverhältnisses den Tarifvertrag nur einzelvertraglich in Bezug nehmen. Die Bezugnahme setzt die Einbeziehung des gesamten Tarifvertrags voraus. Mischbetriebe, deren Geschäftszweck auch die gewerbsmäßige Arbeitnehmerüberlassung ist, fallen nur unter den Geltungsbereich der für die Zeitarbeitsbranche abgeschlossenen Tarifverträge, wenn sie überwiegend Leiharbeitnehmer beschäftigen.[69] Eine Änderungskündigung zur Herstellung einer Bezugnahmeklausel auf die für die Zeitarbeitsbranche geltenden Tarifverträge ist ohne Hinzutreten besonderer Umstände unzulässig.[70] 57

Welche **inhaltlichen Anforderungen** Tarifverträge erfüllen müssen, auf Grund derer von den Vorgaben des Gleichstellungsgebots abgewichen werden kann, ist dem Gesetz nicht zu entnehmen. Allerdings unterliegt auch die Delegationsbefugnis des Gesetzgebers dem allgemeinen Gleichheitssatz des Art. 3 I GG und dem verfassungsrechtlichen Untermaßverbot. Nach der Gesetzesbegründung (BT-Drs. 15/25 S. 24) sind Abweichungen nur durch tarifvertragliche Regelung zulässig, wenn ein angemessenes Schutzniveau für die Leiharbeitnehmer gewährleistet ist. Danach müssen sich die tariflichen Regelungen daran messen lassen, ob sie im Lichte der grundsätzlichen Geltung des Gleichstellungsgebots ein angemessenes Schutzniveau erreichen. Dies wird bei Tarifverträgen, die nur das Ziel verfolgen, eine Verbilligung der Lohnkosten im Entleiherbetrieb zu erreichen, regelmäßig nicht der Fall sein. 57a

---

[67] *Thüsing* DB 2003, 446, 447; *Ulber* AuR 2003, 7, 11; a. A. ErfK/*Wank* § 3 AÜG RN 28.
[68] *Ulber* § 9 RN 265; a. A. ErfK/*Wank* § 3 AÜG RN 35 a; *Thüsing* DB 2003, 446, 449.
[69] A. A. *Lembke/Distler* NZA 2006, 952.
[70] BAG 15. 1. 2009 – 2 AZR 641/07 – z.V. b.; 12. 1. 2006 AP 82 zu § 2 KSchG 1969 = NZA 2006, 587.

57b Bei einer nach § 3 IV AÜG zulässigen grenzüberschreitenden Arbeitnehmerüberlassung kann durch einen normativ oder kraft Bezugnahme geltenden **ausländischen Tarifvertrag** vom Gleichstellungsgebot abgewichen werden, wenn dieser eine zwingende Ausgestaltung der wesentlichen Arbeitsbedingungen enthält; eine Inbezugnahme auf einen deutschen Tarifvertrag von Arbeitsvertragsparteien, deren Arbeitsverhältnis nicht dem Geltungsbereich des inländischen Tarifvertrags unterliegt, führt nicht zur Abbedingung des Gleichstellungsgebots. Daneben gilt der **Vorrang des AEntG** für die in den für allgemeinverbindlich erklärten Tarifverträgen enthalten Mindestbedingungen in Bezug auf die Mindestentgeltsätze (dazu § 207 RN 28).

58 **ee) Rechtsfolgen.** Verstößt eine Vereinbarung zwischen dem Verleiher und dem Leiharbeitnehmer gegen die Gleichstellungspflicht, kann der Leiharbeitnehmer von dem Verleiher die Gewährung der im Betrieb des Entleihers für einen vergleichbaren Arbeitnehmer des Entleihers geltenden wesentlichen Arbeitsbedingungen einschließlich des Arbeitsentgelts verlangen (§ 10 IV AÜG). Daneben kann ein Verstoß zur Rücknahme der Verleiherlaubnis führen (§ 3 I Nr. 3 AÜG).

59 **b) Arbeitsverhältnis mit dem Entleiher.** Nach § 9 Nr. 4 AÜG ist eine zwischen Verleiher und Leiharbeitnehmer getroffene Abrede unwirksam, die es dem Arbeitnehmer verbietet, nach Beendigung des Leiharbeitsverhältnisses ein Arbeitsverhältnis mit einem Arbeitgeber zu begründen, bei dem er bereits zuvor als Leiharbeitnehmer tätig war. Die Vorschrift soll dem Arbeitnehmer die Möglichkeit erhalten, mit dem Entleiher ein Dauerbeschäftigungsverhältnis einzugehen.[71]

60 **5. Unwirksamkeit des Vertrags. a) Fehlende Erlaubnis.** Nach § 9 Nr. 1 AÜG sind Verträge zwischen Verleiher und Leiharbeitnehmer unwirksam, wenn der Verleiher nicht die nach § 1 AÜG erforderliche Erlaubnis hat. Der Verleiher haftet gemäß § 10 II AÜG auf den Schaden, den der Leiharbeitnehmer dadurch erleidet, dass er auf die Gültigkeit des Vertrages vertraut hat. Der Anspruch war vor Inkrafttreten des Schuldrechtsmodernisierungsgesetzes nicht auf das Erfüllungsinteresse begrenzt, da eine §§ 122, 179, 306 BGB entsprechende Regelung fehlte. Da der Anspruch ein solcher aus Verschulden bei Vertragsschluss ist, wird er nach § 311 a BGB nur auf das negative Interesse gerichtet sein. Hiergegen wird eingewandt, dass der Grund der fehlenden Begrenzung darin lag, dass ein völlig anders gearteter Vertrag zwischen Entleiher und Leiharbeitnehmer zustande kommen kann und der Verleiher insoweit einen Ausgleich schulde.[72] Der Anspruch ist ausgeschlossen, wenn der Leiharbeitnehmer den Grund der Unwirksamkeit kennt. Der Arbeitgeber, der Arbeitnehmer an Drittfirmen verleiht, ohne die dazu nach § 1 I AÜG erforderliche Erlaubnis zu besitzen, ist verpflichtet, dem Leiharbeitnehmer Auskunft über solche Tatsachen zu erteilen, die dieser zur Durchsetzung evtl. Ansprüche gegenüber dem Verleiher und dem Entleiher benötigt.[73] Das Recht, die Unwirksamkeit des Leiharbeitsvertrags geltend zu machen, kann nicht verwirken (RN 70). Ist der Arbeitsvertrag zwischen Verleiher und Leiharbeitnehmer unwirksam, so erfolgt keine Rückabwicklung bereits erbrachter Leistungen; vielmehr haftet insoweit der Verleiher nach den Grundsätzen des faktischen Arbeitsverhältnisses.

61 **b)** Zahlt der Verleiher das vereinbarte **Arbeitsentgelt** oder Teile des Arbeitsentgelts an den Leiharbeitnehmer, obwohl der Vertrag wegen fehlender Erlaubnis zur Arbeitnehmerüberlassung unwirksam ist, so hat er auch sonstige Teile des Arbeitsentgelts, die bei einem wirksamen Arbeitsvertrag für den Leiharbeitnehmer an einen anderen zu zahlen wären, an den anderen zu zahlen (§ 10 III 1 AÜG). Hierzu gehören z. B. die Sozialversicherungsbeiträge. Wegen dieser sonstigen Beträge gilt der Verleiher neben dem Entleiher als Arbeitgeber. Beide haften als Gesamtschuldner (§ 10 III 2 AÜG). In der Insolvenz des Verleihers hat der Leiharbeitnehmer Anspruch auf Insolvenzgeld.[74]

62 **6. Beendigung des Leiharbeitsverhältnisses. a) Befristung.** Ist das Leiharbeitsverhältnis nach § 14 TzBfG befristet, so endet es mit dem Ablauf der Zeit, für die es eingegangen ist. Entsprechendes gilt für eine Zweckbefristung bzw. auflösende Bedingung. Für die Beurteilung des Sachgrunds (§ 14 I TzBfG) ist nicht auf die im Entleiherbetrieb, sondern auf die beim Verleiher geltenden Umstände abzustellen.[75] Eine nur vorübergehende Einsatzmöglichkeit des Leiharbeitnehmers bei einem Entleiher stellt regelmäßig keinen Sachgrund nach § 14 I 2 Nr. 1 TzBfG für die Befristung des Leiharbeitsverhältnisses dar. Die Ungewissheit über mögliche Anschlusseinsät-

---

[71] LAG Köln 22. 8. 1984 DB 84, 445 = ZIP 86, 736.
[72] ErfK/*Wank* § 10 AÜG RN 40.
[73] BAG 11. 4. 1984 AP 7 zu § 10 AÜG = NZA 84, 161 – Anspruch bereits bei Verdacht.
[74] BSG 29. 2. 1984 SozR 1500 § 75 Nr. 51 = ZIP 84, 988.
[75] *Werthebach* NZA 2005, 1044; a. A. *Frick* NZA 2005, 386.

ze für den Leiharbeitnehmer zählt zum unternehmerischen Risiko des Verleihers, das nicht durch den Abschluss eines befristeten Arbeitsvertrags auf den Leiharbeitnehmer abgewälzt werden kann. Für den nur vorübergehenden Bedarf kommt daher nur auf die Verhältnisse beim Verleiher und nicht beim Entleiher an. Das Leiharbeitsverhältnis mit dem Verleiher kann nach § 14 II TzBfG sachgrundlos befristet werden. Wird der Arbeitnehmer später bei dem Entleiher eingestellt, kann auch dieses Arbeitsverhältnis nach § 14 II TzBfG befristet werden, da es sich nicht um demselben Arbeitgeber i. S. d. § 14 II 2 TzBfG handelt (§ 39 RN 12).

b) Kündigung. aa) Kündigungsschutz. Das Leiharbeitsverhältnis kann vom Verleiher oder vom Leiharbeitnehmer ordentlich wie außerordentlich gekündigt werden. Das KSchG findet für Kündigungen durch den Verleiher unter den Voraussetzungen der §§ 1 I, 23 KSchG Anwendung. Für die Wartezeit nach § 1 I KSchG zählt allein die Zeit des rechtlichen Bestands des Leiharbeitsverhältnisses mit dem Verleiher, zur Kündigungsfrist RN 48. **63**

bb) Kündigungsgründe. Für die personen- und verhaltensbedingte Kündigung eines Leiharbeitsverhältnisses gelten hinsichtlich der Kündigungsgründe keine Besonderheiten. Eine verhaltensbedingte Kündigung kann auch auf das Verhalten des Leiharbeitnehmers im Betrieb des Entleihers gestützt werden. Eine betriebsbedingte Kündigung des Verleihers wegen fehlender Einsatzmöglichkeiten für den Leiharbeitnehmer ist nach der Aufhebung der §§ 9 Nr. 3, 11 IV AÜG a. F., wonach kurzfristige Auftragslücken nicht kündigungsrechtlich von Bedeutung waren, nach allgemeinen Grundsätzen zulässig. Ein auslaufender Auftrag und ein fehlender Anschlussauftrag reichen aber regelmäßig nicht aus, um einen dauerhaften Wegfall des Beschäftigungsbedürfnisses zu begründen.[76] **64**

c) Fehlende Verleiherlaubnis. Das Leiharbeitsverhältnis ist in seinem Bestand von den Rechtsbeziehungen zwischen Verleiher und Entleiher unabhängig. Lediglich bei Wegfall (§ 2 IV 3 AÜG), Rücknahme (§ 4 AÜG) und Widerruf (§ 5 AÜG) der Erlaubnis zur Arbeitnehmerüberlassung wird der Grundsatz der Bestandsunabhängigkeit zugunsten der Fiktion des Arbeitsverhältnisses (§ 10 I AÜG) zwischen Entleiher und Leiharbeitnehmer durchbrochen (RN 71). **64a**

7. Zeugnis. Nach dem Ende des Arbeitsverhältnisses kann der Leiharbeitnehmer ein Zeugnis verlangen (§ 109 GewO). **64b**

IV. Rechtsbeziehungen zwischen Entleiher und Leiharbeitnehmer

1. Fehlende Vertragsbeziehungen. Zwischen Entleiher und Leiharbeitnehmer bestehen keine vertraglichen Beziehungen. Gleichwohl ist dieses (Beschäftigungs-)Verhältnis nicht rein faktischer Art. Da der Leiharbeitnehmer mit seinem Einverständnis in den Betrieb des Entleihers eingegliedert wird, steht dem Entleiher das Direktionsrecht zu (§ 45). Der Entleiher kann daher Art und Ausführung der Arbeit bestimmen. Der Leiharbeitnehmer ist im Rahmen der vereinbarten Höchstarbeitszeit an die Lage der Arbeitszeit im Betrieb des Entleihers gebunden. Er unterliegt der kollektiven Ordnung im Betrieb des Entleihers. **65**

2. Nebenpflichten. a) Leiharbeitnehmer. Aus den Grundsätzen des Vertrags mit Schutzwirkung zugunsten Dritter obliegen auch dem Leiharbeitnehmer gegenüber dem Entleiher Schutzpflichten (§ 305 II BGB). Das können Verschwiegenheitspflichten und Sorgfaltspflichten sein, deren Verletzung zu Schadensersatzansprüchen führt. Für die Haftung des Leiharbeitnehmers gegenüber dem Entleiher gelten Besonderheiten. Die Haftung bei deliktischen Ansprüchen ist ihm gegenüber in gleichem Umfang nach den für die Arbeitnehmer geltenden Haftungsgrundsätzen eingeschränkt (§ 53 RN 32 ff.); der Entleiher steht einem betriebsfremden Dritten (§ 53 RN 71) nicht gleich. **66**

b) Entleiher. Der Entleiher hat gegenüber dem Leiharbeitnehmer Nebenpflichten (§ 106). In der RL 2008/104/EG sind umfangreiche Informationspflichten über den Arbeitsplatz und die von ihm ausgehenden Gefahren vorgesehen (RN 98). Er hat nach § 11 VI AÜG die für seinen Betrieb geltenden öffentl.-rechtl. Arbeitsschutzbestimmungen auch gegenüber dem Leiharbeitnehmer zu beachten. § 618 BGB ist entsprechend anzuwenden. Der Entleiher hat für die eingebrachten Sachen (§ 106 RN 26 ff.) des Leiharbeitnehmers zu sorgen. Verletzt der Entleiher schuldhaft seine Nebenpflichten, so wird er schadensersatzpflichtig. Seine Haftung wegen Personenschäden ist nach § 104 SGB VII eingeschränkt. Bei Eigenschäden des Leiharbeitnehmers kann sich ein Ersatzanspruch aus entspr. Anwendung von § 670 BGB ergeben (vgl. § 54 RN 2). **67**

[76] BAG 18. 5. 2006 AP 7 zu § 9 AÜG.

68 **c) Schlechtleistung.** Im Falle der Schlechtleistung hat mangels vertragsrechtlicher Beziehungen nur der Verleiher Schadensersatzansprüche gegen den Leiharbeitnehmer aus § 280 BGB. Nach den Grundsätzen der Schadensliquidation im Drittinteresse kann der Verleiher aber auch Schäden des Entleihers geltend machen. Die Grundsätze über die Beschränkung der Arbeitnehmerhaftung (§ 53 RN 32) finden auf Sachschäden aus der Schlechtleistung des Leiharbeitnehmers beim Entleiher Anwendung. Verletzt der Leiharbeitnehmer einen Arbeitnehmer des Entleihers, so greifen die Haftungsbeschränkungen von § 105 SGB VII ein (§ 109).

69 **3. ArbNErfG.** Der Entleiher gilt als Arbeitgeber i. S. des ArbNErfG (§ 11 VII AÜG).

70 **4. Unwirksamkeit des Arbeitnehmerüberlassungsvertrags. a) Fehlende Erlaubnis nach dem AÜG.** Überlässt ein Verleiher einen Leiharbeitnehmer ohne die nach § 1 AÜG erforderliche Erlaubnis, so sind sowohl der Vertrag zwischen Verleiher und Entleiher als auch der zwischen Verleiher und Leiharbeitnehmer unwirksam (§ 9 Nr. 1 AÜG). Unwirksam ist auch ein vermeintliches selbstständiges Handelsvertreterverhältnis, wenn dem in Wahrheit ein Arbeitsvertrag zugrunde liegt.[77] Um den Leiharbeitnehmer abzusichern, fingiert das Gesetz in diesen Fällen ein Arbeitsverhältnis zwischen Entleiher und Leiharbeitnehmer (§ 10 I AÜG).[78] Dies gilt auch bei einer unzulässigen Überlassung im Baugewerbe,[79] es sei denn, der Verleiher verfügt über die nach § 1 AÜG erforderliche Erlaubnis.[80] Fehlt die Erlaubnis bei Abschluss des Arbeitsvertrags, beginnt die Fiktion mit der vereinbarten Arbeitsaufnahme beim Entleiher. Tritt die Unwirksamkeit nach Aufnahme der Tätigkeit beim Entleiher ein, so gilt das Arbeitsverhältnis zwischen Entleiher und Leiharbeitnehmer mit dem Eintritt der Unwirksamkeit als zustande gekommen. Zum Teil wird angenommen, der zwingende Eintritt der Fiktion sei wegen Verletzung des Art. 12 GG verfassungswidrig. Der Arbeitnehmer habe gegen den Eintritt der Fiktionswirkungen ein Widerspruchsrecht.[81] Auch im fingierten Arbeitsvertrag braucht der Arbeitnehmer die für sich notwendigen öffentl.-rechtl. Erlaubnisse für seine Beschäftigung.[82] Die Fiktionswirkungen treten auch dann ein, wenn Verleiher, Entleiher und Leiharbeitnehmer subjektiv der Auffassung waren, der Arbeitseinsatz erfolge auf Grund eines Werkvertrags, es sich aber objektiv um eine unerlaubte Arbeitnehmerüberlassung handelt,[83] oder eine bis zum 31. 12. 1997 unerlaubte Arbeitsvermittlung (§ 1 II AÜG) vorliegt.[84] Das Recht eines Leiharbeitnehmers, sich gegenüber dem Entleiher darauf zu berufen, infolge unerlaubter Arbeitnehmerüberlassung gelte zwischen ihnen nach § 10 I AÜG ein Arbeitsverhältnis als zustande gekommen, kann nicht verwirken, da die Arbeitnehmereigenschaft als solche nicht der Verwirkung unterliegt, sondern nur einzelne sich aus dem Status als Arbeitnehmer ergebende Rechte.[85]

71 **b) Arbeitsverhältnis mit dem Entleiher. aa) Inhalt.** Das fingierte Arbeitsverhältnis zum Entleiher ist im Gesetz nur unvollkommen geregelt. Nach § 10 I 3 AÜG gilt die zwischen Verleiher und Entleiher vorgesehene Arbeitszeit als vereinbart. Fehlt es an einer Vereinbarung, greift § 10 I 4 AÜG ein, wonach die für den Betrieb des Entleihers geltenden Vorschriften und sonstigen Regelungen gelten. Nach § 10 I 5 AÜG hat der Entleiher mindestens Anspruch auf das mit dem Verleiher vereinbarte Arbeitsentgelt. Wird das fingierte Arbeitsverhältnis jedoch von einem bei dem Entleiher geltenden Tarifvertrag erfasst, so gelten nach § 10 I 4 AÜG die für den Betrieb des Entleihers geltenden Vorschriften.[86] Werden im Betrieb des Entleihers allgemein höhere Vergütungen gezahlt, so hat auch der Arbeitnehmer des fingierten Arbeitsverhältnisses nach dem Gleichbehandlungsgrundsatz (§ 112) einen entspr. Anspruch. Werden in einem Baubetrieb unerlaubt Leiharbeitnehmer beschäftigt, so sind auch die Beiträge an die Zusatzversorgungskasse des Baugewerbes.[87] Soweit in den einschlägigen Tarifverträgen des Entleihers tarifliche Abschlussfristen normiert sind, sollen diese nach einer Entscheidung des BAG erst anwendbar sein,

---

[77] LAG Hamm 21. 11. 1996 NZA-RR 97, 380.
[78] BAG 30. 1. 1991 AP 8 zu § 10 AÜG = NZA 92, 19; 10. 2. 1977 AP 9 zu § 103 BetrVG 1972; LAG Hamm 21. 11. 1996 NZA-RR 97, 380.
[79] BAG 8. 7. 1998 AP 214 zu § 1 TVG Tarifverträge: Bau = NZA 99, 493.
[80] BAG 13. 12. 2006 AP 31 zu § 1 AÜG = NZA 2007, 751.
[81] LAG Hessen 6. 3. 2001 NZA-RR 2002, 73.
[82] OLG Hamm 14. 11. 1980 AP 7 zu § 19 AFG.
[83] BGH 8. 11. 1979 AP 2 zu § 10 AÜG = NJW 80, 452.
[84] BAG 23. 11. 1988 AP 14 zu § 1 AÜG = NZA 89, 812.
[85] BAG 18. 2. 2003 AP 5 zu § 13 AÜG; a. A. BAG 30. 1. 1991 AP 8 zu § 10 AÜG = NZA 92, 19; offen gelassen zuletzt von BAG 13. 8. 2008 – 7 AZR 269/07 – n. v.
[86] BAG 21. 7. 1993 AP 10 zu § 10 AÜG = NZA 94, 217.
[87] LAG Hessen 7. 6. 1993 NZA 94, 672; 28. 2. 1994 NZA 94, 1149.

wenn der Entleiher seine Arbeitgeberstellung anerkannt hat.[88] Dem ist nicht zu folgen, der Lauf der Ausschlussfristen ist von der Kenntnis des Anspruchsgegners unabhängig.

bb) Änderungen. Das fingierte Arbeitsverhältnis ist seiner Rechtsnatur nach ein echtes Arbeitsverhältnis. § 10 I AÜG greift jedoch nicht ein, wenn die Parteien bei Übernahme des Arbeitsverhältnisses durch den Entleiher mit dem früheren Leiharbeitnehmer ein neues Arbeitsverhältnis begründen. Auf Grund der bestehenden Vertragsfreiheit ist es dem Entleiher und Leiharbeitnehmer auch unbenommen, die Arbeitsbedingungen des fingierten Arbeitsverhältnisses durch Abschluss eines neuen Arbeitsvertrags zu ändern.[89] 72

cc) Beendigung. Für die Beendigung des fingierten Arbeitsverhältnisses gelten die für den Betrieb des Entleihers bestehenden kündigungsrechtlichen Regelungen. 73

(1) Befristung. Nach § 10 I 2 AÜG gilt das fingierte Arbeitsverhältnis als befristet, wenn die Tätigkeit des Leiharbeitnehmers bei dem Entleiher nur befristet war. Da es im Befristungsrecht immer auf die zum Zeitpunkt des Vertragsschlusses geltenden Umstände ankommt, ist es für die Wirksamkeit des befristeten Arbeitsvertrags entscheidend, ob die zwischen Verleiher und Leiharbeitnehmer vereinbarte Befristung entweder nach § 14 I TzBfG gerechtfertigt war oder ein Sachverhalt vorliegt, der die Befristung des Arbeitsverhältnisses ohne Sachgrund ermöglicht hat. Ist die Befristung unwirksam, muss der Leiharbeitnehmer die Unwirksamkeit gegenüber dem Entleiher innerhalb der Frist des § 17 Satz 1 TzBfG geltend machen. 74

(2) Kündigung. Im Übrigen kann das fingierte Arbeitsverhältnis nach den bei dem Entleiher bestehenden Regelungen gekündigt werden. Der allgemeine Kündigungsschutz greift nur dann ein, wenn das fingierte Arbeitsverhältnis mindestens sechs Monate bestanden hat und im Entleihbetrieb mehr als zehn Arbeitnehmer ausschließlich der zu ihrer Berufsausbildung Beschäftigten beschäftigt werden. Zeiten, in denen der Leiharbeitnehmer erlaubt überlassen war, bleiben unberücksichtigt. Daneben gilt der besondere Kündigungsschutz nach Maßgabe seiner Voraussetzungen. Die Klagefrist des § 4 KSchG ist auch gegenüber einer Kündigung eines nach § 10 I AÜG fingierten Arbeitsverhältnisses durch den Entleiher einzuhalten. 75

5. Rechtsweg. Für Schadensersatzansprüche des Entleihers gegen den Leiharbeitnehmer ist der Rechtsweg zu den Gerichten für Arbeitssachen eröffnet.[90] 76

6. Auskunftsanspruch. Der Arbeitnehmer hat nach § 13 AÜG gegenüber dem Entleiher einen Auskunftsanspruch über die in dessen Betrieb für einen vergleichbaren Arbeitnehmer des Entleihers geltenden wesentlichen Arbeitsbedingungen einschließlich des Arbeitsentgelts. Der Auskunftsanspruch dient zur Sicherung des Gleichstellungsgebots in § 3 I Nr. 3 AÜG[91] (RN 51) und ist gleichfalls vor den Arbeitsgerichten zu verfolgen. 77

7. Sozialversicherung und Steuerrecht. a) Grundsätzlich ist der Verleiher alleiniger Arbeitgeber des Leiharbeitnehmers, so dass ihn die steuer-[92] und sozialversicherungsrechtlichen[93] Pflichten der Arbeitgeberstellung treffen. Jedoch bestehen diese auch gegenüber dem Entleiher, wenn ein Arbeitsverhältnis nach § 10 I AÜG fingiert wird. Allerdings besteht zwischen Verleiher und Leiharbeitnehmer bis zur Anerkennung bzw. gerichtlichen Feststellung des fingierten Arbeitsverhältnisses noch ein faktisches Arbeitsverhältnis. Aus diesem folgt die Verpflichtung zur Abführung der Sozialversicherungsbeiträge;[94] insoweit haften Verleiher und Entleiher als Gesamtschuldner (§ 28e II SGB IV). Unter den Voraussetzungen des § 42d VI EStG kann bei gewerbsmäßiger Arbeitnehmerüberlassung für die Abführung der Lohnsteuer eine Subsidiärhaftung des Entleihers bestehen. Der Entleiher haftet nicht, wenn der Überlassung des Zeitarbeitnehmers eine Erlaubnis nach § 1 AÜG zu Grunde liegt und der Entleiher nachweist, dass er seinen Melde- und Mitwirkungspflichten nachgekommen ist. 78

b) Arbeitnehmerentsendung. Überlässt ein Verleiher mit Sitz im Ausland für Bauleistungen (§ 1 I AEntG, § 175 II SGB III) einen oder mehrere Arbeitnehmer zur Arbeitsleistung einem Entleiher im Inland, so hat er nach § 3 II AEntG dies vor Beginn jeder Bauleistung der zuständigen Behörde der Zollverwaltung anzuzeigen. Der Arbeitgeber oder der Verleiher hat der Anmeldung eine Versicherung beizufügen, dass er die in § 1 AEntG vorgeschriebenen Arbeitsbedingungen einhält (§ 3 III AEntG). 79

---

[88] BAG 27. 7. 1983 AP 6 zu § 10 AÜG = NZA 84, 997; LAG RP 19. 10. 1999 NZA-RR 2000, 523.
[89] BAG 19. 12. 1979 AP 1 zu § 10 AÜG.
[90] LAG Hamm 4. 8. 2003 NZA-RR 2004, 106.
[91] BAG 19. 9. 2007 AP 17 zu § 10 AÜG = NZA-RR 2008, 231.
[92] BFH 2. 4. 1982 BFHE 135, 501 = NJW 82, 2893.
[93] BGH 31. 3. 1982 AP 4 zu § 10 AÜG; BSG 22. 5. 1984 BSGE 56, 287 = SozR 4100 § 141n Nr. 8.
[94] BSG 22. 5. 1984 BSGE 56, 287 = SozR 4100 § 141n Nr. 8.

80 **c) Unfallversicherung.** Die Unternehmen zur gewerblichen Arbeitnehmerüberlassung können von den Berufsgenossenschaften zusammengefasst werden. Für sie können gesonderte Gefahrträgerstellen geschaffen werden.[95]

V. Rechtsbeziehungen zwischen Verleiher und Entleiher

81 **1. Arbeitnehmerüberlassungsvertrag. a) Form.** Der Überlassungsvertrag zwischen Verleiher und Entleiher bedarf der Schriftform (§ 12 I 1 AÜG). Ein Formmangel führt nach § 125 BGB zur Nichtigkeit des Vertrags einschl. aller Nebenabreden.[96] Eine Heilung des Vertrags infolge Durchführung oder Bestätigung (§ 141 BGB) ist nicht möglich; dies ist nur in den sonst vom Gesetz vorgesehenen Fällen möglich (§§ 311b, 518, 766, 2301 BGB). Ist ein Überlassungsvertrag infolge Formmangels nichtig, ist er nach den §§ 812ff. BGB abzuwickeln. Danach kann der Verleiher zwar nicht die vereinbarte Vergütung, aber als Wertausgleich nach den Vorschriften über die ungerechtfertigte Bereicherung die allgemein übliche Vergütung verlangen (§ 812 I 1 1. Alt. § 818 II 2 BGB). Der Entleiher ist jedenfalls bei vorliegender Erlaubnis nach § 1 AÜG um den Verkehrswert der Arbeitnehmerüberlassung einschließlich des Gewinns des Verleihers bereichert, weil der Entleiher eine solche Arbeitnehmerüberlassung regelmäßig nur auf der Grundlage eines mit diesem oder einem anderen Verleiher abzuschließenden formwirksamen Vertrags und damit lediglich gegen Zahlung der vollen Vergütung erreichen kann. Die Höhe dieser vom Entleiher eingesparten Aufwendungen bestimmt den Umfang seiner Bereicherung.[97] Der Entleiher kann aber Sozialversicherungsbeiträge, die er nach Eröffnung des Insolvenzverfahrens über das Vermögen des Verleihers zum Ausgleich der diesem obliegenden Zahlungspflicht an die Kasse geleistet hat, der vom Insolvenzverwalter geltend gemachten Bereicherungsforderung nicht anspruchsmindernd entgegensetzen.[98]

82 **b) Inhalt.** Zum Schutz des Entleihers vor der Inanspruchnahme als Arbeitgeber hat der Verleiher gegenüber dem Entleiher eine Reihe von Verpflichtungen. So hat er im Arbeitnehmerüberlassungsvertrag zu erklären, ob er die Erlaubnis zur Arbeitnehmerüberlassung besitzt (§ 12 I 1 AÜG). Er hat ihn ferner unverzüglich über den Zeitpunkt des Wegfalls der Erlaubnis zu unterrichten. In den Fällen der Nichtverlängerung (§ 2 IV 3 AÜG), der Rücknahme (§ 4 AÜG) oder des Widerrufs (§ 5 AÜG) hat er ihn auf das voraussichtliche Ende der Abwicklung (§ 2 IV 4 AÜG) und die gesetzliche Abwicklungsfrist (§ 2 IV 4 AÜG) hinzuweisen. Daneben hat der Entleiher nach § 12 AÜG in der Urkunde anzugeben, welche besonderen Merkmale die für den Leiharbeitnehmer vorgesehene Tätigkeit hat und welche berufliche Qualifikation dafür erforderlich ist sowie welche im Betrieb des Entleihers für einen vergleichbaren Arbeitnehmer des Entleihers wesentlichen Arbeitsbedingungen einschließlich des Arbeitsentgelts gelten. Die Angaben sollen dem Verleiher die Berechnung des Arbeitsentgelts des Leiharbeitnehmers ermöglichen, wenn dieser einen Gleichstellungsanspruch (§ 3 I Nr. 3 AÜG, dazu RN 51) hat; fehlt es hieran, sind sie entbehrlich.

83 **2. Pflichten des Verleihers.** Auf Grund des Arbeitnehmerüberlassungsvertrags ist der Verleiher gegenüber dem Entleiher verpflichtet, diesem zur vereinbarten Zeit, am vereinbarten Ort arbeitswillige Arbeitskräfte mit den vorausgesetzten beruflichen und fachlichen Qualifikationen zur Verfügung zu stellen.[99] Kommt er mit seiner Verpflichtung in Verzug, so haftet er nach §§ 280, 286 BGB. Dagegen hat er für das Arbeitsergebnis – anders als ein Werkunternehmer – nicht einzustehen. Jedoch gehört es zu den Hauptpflichten des Verleihers, die Arbeitnehmer auf ihre generelle Tauglichkeit zu überprüfen.[100] Bei Vermittlung eines Buchhalters kann die Sorgfaltspflicht auch die Vorlage eines Führungszeugnisses durch den Arbeitnehmer gebieten.[101] Verletzt der Verleiher seine Auswahlpflichten, so wird er wegen Schlechtleistung schadensersatzpflichtig.[102] Die Verpflichtung zur Zahlung der Ausgleichsabgabe nach dem SGB IX obliegt schließlich dem Verleiher.[103]

---

95 BVerfG 3. 7. 2007 NZS 2008, 144; BSG 24. 6. 2003 SozR 4–2700 § 157 Nr. 1 = BSGE 91, 128.

96 BGH 17. 1. 1984 NJW 84, 1456 = DB 84, 1194.

97 BGH 2. 12. 2004 AP 34 zu § 812 BGB; 8. 11. 1979 AP 2 zu § 10 AÜG = NJW 80, 452; 17. 1. 1984 NJW 84, 1456; 25. 6. 2002 NJW 2002, 3317.

98 BGH 2. 12. 2004 AP 34 zu § 812 BGB.

99 BAG 5. 5. 1992 AP 97 zu § 99 BetrVG 1972 (obiter dictum).

100 BGH NJW 71, 1129 = DB 71, 827; AP 5 zu § 12 AÜG; BGH LM 40 zu § 535 BGB.

101 BGH NJW 78, 1965 m. Anm. *Händel* = AP 1 zu § 12 AÜG.

102 OLG Hamburg BB 73, 892; dazu BGH AP 1 zu § 12 AÜG = NJW 75, 1695 = DB 75, 1312.

103 BVerwG 13. 12. 2001 NZA 2002, 385.

3. Pflichten des Entleihers. Die Hauptpflicht des Entleihers besteht in der Zahlung des vereinbarten Entgelts für die Arbeitnehmerüberlassung. Daneben kann formularmäßig eine angemessene Vermittlungsprovision für den Fall vereinbart werden, dass der Entleiher den Leiharbeitnehmer im Anschluss an die Überlassung übernimmt.[104] Kommt der Entleiher mit der Abnahme der Arbeitsleistung in Verzug, so bleibt er zur Zahlung der Vergütung verpflichtet. Der Zahlungsanspruch fällt unter § 38 InsO. 84

4. Beendigung des Arbeitnehmerüberlassungsvertrags. Der Arbeitnehmerüberlassungsvertrag kann enden infolge Befristung, ordentlicher oder außerordentlicher Kündigung oder Aufhebungsvertrags. Bei Tod des Leiharbeitnehmers tritt eine Beendigung nur ein, wenn eine Verpflichtung nur zur Überlassung des Verstorbenen bestanden hat. 85

5. Rechtsweg. Für Rechtsstreitigkeiten über den Inhalt des Arbeitnehmerüberlassungsvertrags sind die ordentlichen Gerichte zuständig. 86

VI. Kollektivrechtliche Besonderheiten des Leiharbeitsverhältnisses

Böhm, Rechte des Kundenbetriebsrats bei Bildung eines Zeitarbeitpools und Abruf einzelner Arbeitnehmer, DB 2008, 2026; *Boemke,* Personalvertretungsrecht und Arbeitnehmerüberlassung, PersV 2004, 404; *Dörner,* Der Leiharbeitnehmer in der Betriebsverfassung, FS Wißmann (2005), S. 286; *Fröhlich,* Gespaltene Beteiligungsrechte der Betriebsräte bei Einsatz von Leiharbeitnehmern, ArbRB 2008, 212; *Hamann,* Betriebsverfassungsrechtliche Auswirkungen der Reform der Arbeitnehmerüberlassung, NZA 2003, 526; *ders.,* Leiharbeitnehmer-Pools, NZA 2008, 1042; *Hunold,* Die Rechtsprechung zu den Beteiligungsrechten des Entleiher-Betriebsrats bei Einsatz von Leiharbeitnehmern, NZA-RR 2008, 281; *Körner,* Neue Betriebsratsrechte bei atypischer Beschäftigung, NZA 2006, 573; *Kraft,* Betriebsverfassungsrechtliche Probleme bei der Arbeitnehmerüberlassung, FS Konzen (2006), S. 439; *Leuchten,* Zur Zustimmung des Betriebsrats bei der Einstellung von Leiharbeitnehmern, FS AG ArbR DAV (2006), S. 927; *Schirmer,* Die betriebsverfassungsrechtliche Stellung des Leiharbeitnehmers im Entleiherbetrieb, FS BAG (2004), S. 1063; *Trümner/Sparchholz,* Drittbezogener Personaleinsatz von Arbeitnehmern und Personalvertretungsrecht, PersR 2008, 317; *Wensing/Freise,* Beteiligungsrechte des Betriebsrats bei der Übernahme von Leiharbeitnehmern, BB 2004, 2238.

1. Tarifverträge. Nachdem bei den im DGB organisierten Einzelgewerkschaften zunächst Vorbehalte gegenüber Tarifvertragsabschlüssen im Bereich der Zeitarbeit bestanden haben, sind seit 2003 eine Reihe von Tarifverträgen zwischen einer Tarifgemeinschaft des DGB und dem BZA abgeschlossen worden.[105] 87

Die für die Arbeitnehmer des **Entleiherbetriebs geltenden Tarifverträge** gelten für die Leiharbeitnehmer nicht, da zwischen dem Entleiherbetrieb und den Leiharbeitnehmern keine arbeitsvertraglichen Beziehungen bestehen. Etwas anderes gilt nur, wenn nach § 10 I 1 AÜG ein Arbeitsverhältnis zwischen Entleiher und Leiharbeitnehmer fingiert wird (RN 70). 88

Die **Rechtsbeziehungen zwischen Verleiher und Entleiher** können wegen Fehlens eines Arbeitsverhältnisses nicht tarifvertraglich gestaltet werden. Die allgemeinen Geschäftsbedingungen der Verleihunternehmen unterliegen den Regelungen über die Allgemeinen Geschäftsbedingungen (§§ 305 ff. BGB). 89

2. Organisatorische Vorschriften des BetrVG. Der Leiharbeitnehmer zählt betriebsverfassungsrechtlich zum Betrieb des Verleihers (§ 14 I AÜG). Er hat dort das aktive und passive Wahlrecht zum Betriebsrat; dies gilt auch dann, wenn die Arbeitnehmer eines inländischen Arbeitgebers im Ausland zur Arbeit eingesetzt werden.[106] Nach § 7 Satz 2 BetrVG haben Leiharbeitnehmer nicht nur im Verleihbetrieb, sondern auch im Betrieb des Entleihers das aktive Wahlrecht, wenn sie länger als drei Monate im Betrieb eingesetzt werden (dazu § 217 RN 11 b). Dagegen kann der Leiharbeitnehmer nicht Mitglied des Betriebsrats im Entleiherbetrieb werden; ihm fehlt das passive Wahlrecht.[107] Leiharbeitnehmer sind weder für die Anzahl der zu wählenden Betriebsratsmitglieder[108] noch für die Anzahl der nach § 38 I BetrVG freizustellenden Betriebsratsmitglieder[109] zu berücksichtigen. 90

3. Beteiligungsrechte. a) In § 14 II, III AÜG hat der Gesetzgeber im Anschluss an die Rspr. des BAG[110] die betriebsverfassungsrechtliche Rechtstellung des Leiharbeitnehmers und die 91

---

[104] BGH 7. 12. 2006 NJW 2007, 764; *Lembke/Fesenmeyer* DB 2007, 801; *Düwell/Dahl* FA 2007, 330.
[105] Übersicht unter http://www.rechtsrat.ws/tarif/branchen/zeitarbeit.htm; *Martin* AuR 2004, 247.
[106] BAG 22. 3. 2000 AP 8 zu § 14 AÜG = NZA 2000, 1119.
[107] BAG 10. 3. 2004 AP 8 zu § 7 BetrVG 1972 = NZA 2004, 1340.
[108] BAG 16. 4. 2003 AP 1 zu § 9 BetrVG 2002 = NZA 2003, 1345.
[109] BAG 16. 4. 2003 AP 1 zu § 9 BetrVG 2002 = NZA 2003, 1345.
[110] BAG 6. 6. 1978 AP 6 zu § 99 BetrVG 1972; 14. 5. 1974 AP 2 zu § 99 BetrVG 1972.

Mitwirkungs- und Mitbestimmungsrechte des Betriebsrats im Entleiherbetrieb geregelt. Die gesetzliche Regelung ist jedoch nicht abschließend.[111]

92 **b) Rechtsstellung des Leiharbeitnehmers.** Obwohl Leiharbeitnehmer keine Arbeitnehmer des Entleiherbetriebs im Sinne von § 9 BetrVG sind, sind sie gem. § 14 II 2 AÜG aus arbeitsschutzrechtlichen Gründen befugt, an den Sprechstunden (§ 39 BetrVG) und der Betriebs- bzw. Jugend- u. Auszubildendenversammlung des Entleiherbetriebs teilzunehmen. Weiter stehen ihnen die in §§ 81 ff. BetrVG geregelten sog. Grundrechte im Arbeitsverhältnis zu. Hierzu gehören insbesondere die Beschwerderechte gegenüber dem Betriebsrat des Entleiherbetriebs. Daneben gelten die in § 75 BetrVG enthaltenen Grundsätze für die Behandlung der Belegschaftsangehörigen durch Arbeitgeber und Betriebsrat auch für Leiharbeitnehmer.

93 **c) Beteiligungsrechte des Betriebsrats.** Ob bei Maßnahmen, die Leiharbeitnehmer betreffen, der Betriebsrat des Verleiherbetriebs oder derjenige des Entleiherbetriebs mitzubestimmen hat, richtet sich danach, ob der Vertragsarbeitgeber (Verleiher) oder der Entleiher die mitbestimmungspflichtige Entscheidung trifft.[112] Ist das Bestehen eines Arbeitsverhältnisses Voraussetzung für das Beteiligungsrecht (z. B. bei einer Kündigung, Versetzung, Eingruppierung, Beginn der vergütungspflichtigen Arbeitszeit), ist es vom Verleiher gegenüber einem bei ihm gebildeten Betriebsrat wahrzunehmen. Beteiligungstatbestände beim Entleiher können sich aus den §§ 75, 80 BetrVG, der Mitbestimmung in sozialen und personellen Angelegenheiten (§§ 87, 99 ff. BetrVG) sowie aus §§ 90 f. BetrVG ergeben. Um zu überprüfen, ob er Mitbestimmungsrechte nach § 14 III AÜG hat, kann der Betriebsrat des Entleihers aus seinem Überwachungsrecht (§ 80 BetrVG) die Vorlage der Verträge verlangen, auf Grund deren Arbeitnehmer aus Drittbetrieben beschäftigt werden. Es sind also insoweit die Arbeitnehmerüberlassungsverträge, Werk- oder Dienstverträge vorzulegen.[113]

94 **aa) Personelle Mitbestimmung.** Da der Betriebsrat des Entleiherbetriebs auf die Zusammensetzung der Belegschaft Einfluss haben soll, ist er bei der Eingliederung eines Leiharbeitnehmers nach §§ 99 ff. BetrVG zu beteiligen (§ 14 III AÜG).[114] Die Vorschrift setzt den Einsatz als Leiharbeitnehmer voraus, der Entleiher muss daher gegenüber dem Fremdpersonal wenigstens einen Teil der Arbeitgeberstellung übernehmen. § 14 III AÜG ist nicht anwendbar, wenn der Arbeitnehmer einer Fremdfirma auf der Grundlage eines Dienst- oder Werkvertrags tätig ist und nur die Fremdfirma die für das Arbeitsverhältnis typischen Entscheidungen trifft;[115] dies ist der Fall, wenn der Auftraggeber keine Einwirkungsmöglichkeiten auf das Personal der Fremdfirma hat. Kein Mitbestimmungsrecht besteht für den Betriebsrat des Entleiherbetriebs auch bei der Frage, ob ein Personalbedarf durch Leiharbeitnehmer oder durch Dienst- oder Werkverträge gedeckt werden soll. Allerdings wird regelmäßig der Betriebsrat im Rahmen der Personalplanung (§ 92 BetrVG) sowie der Wirtschaftsausschuss (§ 106 BetrVG) über die Abdeckung des Personalbedarfs zu unterrichten sein. Da es sich bei der Verweisung in § 14 III AÜG um eine Rechtsfolgenverweisung handelt, besteht das Beteiligungsrecht auch dann, wenn bei dem Entleiher nur 20 oder weniger wahlberechtigte Arbeitnehmer beschäftigt sind.

95 **bb) Einstellung.** Das Mitbestimmungsrecht nach § 14 III AÜG wird durch die tatsächliche Eingliederung des Leiharbeitnehmers ausgelöst; die Aufnahme in einen sog. Pool von Arbeitnehmern, ist regelmäßig nicht ausreichend, weil die Einzelheiten über die Einstellung noch nicht feststehen.[116] Dem Beteiligungsrecht nach § 99 I BetrVG unterliegt auch die Verlängerung oder die Verkürzung der personellen Maßnahme.[117] Der Arbeitgeber des Entleiherbetriebs muss seinem Betriebsrat alle Informationen geben, die für eine Zustimmungsverweigerung nach § 99 II BetrVG relevant sein können. Hierzu zählt auch die Erklärung des Verleihers über das Bestehen einer Verleiherlaubnis nach § 1 AÜG und die schriftlichen Erklärungen und Anzeigen des Verleihers (§ 12 AÜG). Will der Betriebsrat der Eingliederung eines Leiharbeitnehmers widersprechen, muss er sich auf den Katalog des § 99 II BetrVG stützen. Der Betriebsrat kann

---

[111] BAG 15. 12. 1992 AP 7 zu § 14 AÜG = NZA 93, 513; BT-Drucks. 9/847 S. 8 f.

[112] BAG 17. 6. 2008 – 1 ABR 39/07 – n. v.; 19. 6. 2001 AP 1 zu § 87 BetrVG 1972 Leiharbeitnehmer = NZA 2001, 1263.

[113] BAG 9. 7. 1991 AP 94 zu § 99 BetrVG 1972 = NZA 92, 275; 31. 1. 1989 AP 33 zu § 80 BetrVG 1972.

[114] BAG 18. 10. 1994 AP 5 zu § 99 BetrVG 1972 Einstellung = NZA 95, 281.

[115] BAG 22. 4. 1997 AP 18 zu § 99 BetrVG 1972 = NZA 97, 1297; 18. 10. 1994 AP 5 zu § 99 BetrVG 1972 Einstellung = NZA 95, 281; 5. 5. 1992 AP 97 zu § 99 BetrVG 1972 = NZA 92, 1044; 5. 3. 1991 AP 90 zu § 99 BetrVG 1972 = NZA 91, 686; BVerwG 6. 9. 1995 ZTR 96, 281.

[116] BAG 23. 1. 2008 AP 14 zu § 14 AÜG = NZA 2008, 603.

[117] LAG Hessen 16. 1. 2007 AiB 2008, 171.

insbesondere die Zustimmung verweigern bei Verstößen gegen das AÜG, wenn dadurch die Kollektivinteressen der Belegschaft des Entleiherbetriebs betroffen werden,[118] bei möglichen Nachteilen für die Belegschaft durch den Einsatz des Leiharbeitnehmers (§ 99 II Nr. 3 BetrVG) sowie bei einer Benachteiligung des Leiharbeitnehmers z.B. bei der Übertragung der auszuführenden Tätigkeiten (§ 99 II Nr. 4 BetrVG). Eine mögliche Versagung der Verlängerung der Erlaubnis nach § 3 I Nr 3 AÜG begründet kein Zustimmungsverweigerungsrecht für den Betriebsrat.[119]

d) Soziale Mitbestimmung. Dem Betriebsrat des Entleiherbetriebs steht auch ein Mitbestimmungsrecht bezüglich der Arbeitszeit bei dem Entleiher zu.[120] Wird aus einem Verleihbetrieb mit einer 35-Stunden-Woche ein Arbeitnehmer in einen Betrieb mit längerer Arbeitszeit entsandt, ist der Betriebsrat des Verleihbetriebs für die Anordnung der Überstunden zuständig.[121] 96

4. Nichtgewerbsmäßige Arbeitnehmerüberlassung. Für sie gilt § 14 AÜG nach der Rspr. entsprechend.[122] Hiervon ausgenommen sind lediglich § 14 III 2, 3 AÜG, die auf die gewerbsmäßige Arbeitnehmerüberlassung zugeschnitten sind. Ein Widerspruchsrecht wird dann abzulehnen sein, wenn sich der Widerspruch in einem kommunalen Krankenhaus dagegen richtet, die Eingliederung von Schwestern in das Krankenhaus zu verhindern. 97

VII. Internationales und Gemeinschaftsrecht

Fuchs, Das Gleichbehandlungsgebot in der Leiharbeit nach der neuen Leiharbeitsrichtlinie, NZA 2009, 57.

1. Leiharbeitsrichtlinie. Das Europäische Parlament und der Rat der EU haben nach fast 30jährigem Vorlauf die Richtlinie 2008/104/EG des Europäischen Parlaments und des Rates vom 19. November 2008 über Leiharbeit erlassen (ABl. L 327 v. 5. 12. 2008 S. 9). Ziel der RL ist einerseits der Schutz der Leiharbeitnehmer durch die Gewährleistung des Grundsatzes der Gleichbehandlung und andererseits die „Anerkennung" der Verleiher als Arbeitgeber (Art. 2). Letzteres soll dadurch erreicht werden, dass Verbote oder Einschränkungen des Einsatzes von Leiharbeit durch Gründe des Allgemeininteresses (Art. 3 I) gerechtfertigt sein müssen. Die Umsetzungsfrist für die RL 2008/104/EG endet spätestens am 5. 12. 2011 (Art. 11 I). 98

2. Geltungsbereich. Die LeiharbeitsRL gilt nach ihrem Art. 1 für öffentliche und private Unternehmen, die eine wirtschaftliche Tätigkeit ausüben, unabhängig davon, ob sie Erwerbszwecke verfolgen oder nicht. Sie findet auf Arbeitsverhältnisse Anwendung, bei denen der Leiharbeitnehmer von seinem Arbeitgeber (Verleiher) dem Entleiher zur Verfügung gestellt wird, um vorübergehend unter Aufsicht und Leitung des Entleihers zu arbeiten. Danach werden Arbeitnehmer, die einem Arbeitgeber dauerhaft überlassen sind (z.B. im Rahmen einer Personalgestellung), nicht von dem Geltungsbereich der LeiharbeitsRL erfasst. 99

3. Gleichstellung. Kernstück der RL 2008/104/EG ist die Gleichstellung der Leiharbeitnehmer hinsichtlich der wesentlichen Arbeitsbedingungen mit denen, die für sie gelten würden, wenn sie von dem Entleiher unmittelbar für den gleichen Arbeitsplatz eingestellt worden wären (Art. 5 I). Zu den wesentlichen Arbeitsbedingungen nach der RL zählen die Dauer der Arbeitszeit, Überstunden, Pausen, Ruhezeiten, Nachtarbeit, Urlaub, die arbeitsfreien Tage und das Arbeitsentgelt (Art. 2 I Buchst. f). Daneben enthält die RL ein besonderes Diskriminierungsverbot hinsichtlich der in Art. 5 I Buchst. b RL 2008/104/EG genannten Merkmale während des Einsatzes beim Entleiher und ein allgemeines Diskriminierungsverbot für Leiharbeitnehmer, die in einem befristeten oder Teilzeitarbeitsverhältnis beschäftigt sind. Soweit nicht Art. 5 II und III der Richtlinie etwas anderes vorsehen, gilt das Gleichbehandlungsprinzip auch für Teilzeitbeschäftigte und für befristet beschäftigte Arbeitnehmer. 100

4. Abweichungen. Von den Vorgaben in Art. 5 I RL 2008/104/EG bestehen in Art. 5 II und III Abweichungsmöglichkeiten durch Tarifvertrag zu Lasten der Leiharbeitnehmer. Art. 5 II RL 2008/104/EG erlaubt hinsichtlich der Höhe des Arbeitsentgelts verschlechternde Tarifverträge, wenn Leiharbeitnehmer, die einen unbefristeten Vertrag mit dem Leiharbeitsunternehmen abgeschlossen haben, auch in der Zeit zwischen den Überlassungen bezahlt werden. Danach ist 101

[118] BAG 12. 11. 2002 AP 41 zu § 99 BetrVG 1972 Einstellung = NZA 2003, 513.
[119] Rechtsbeschwerde anhängig 1 ABR 10/08, 11/08, Termin: 28. 4. 2009.
[120] BAG 15. 12. 1992 AP 7 zu § 14 AÜG = NZA 93, 513.
[121] BAG 19. 6. 2001 AP 1 zu § 87 BetrVG 1972 Leiharbeitnehmer = NZA 2001, 1263.
[122] BAG 20. 4. 2005 NZA 2005, 1006; 22. 3. 2000 AP 8 zu § 14 AÜG = NZA 2000, 1119; 10. 1. 1989 AP 2 zu § 14 AÜG = NZA 89, 728.

es nach nationalem Recht nicht möglich, bei einem befristet beschäftigten Leiharbeitnehmer von dem Grundsatz des gleichen Entgelts abzuweichen. Über Art. 5 III RL 2008/104/EG hinaus wird es den Mitgliedstaaten ermöglicht, besondere Standards zu definieren, unter denen durch Tarifvertrag von dem Gleichstellungsgebot des Art. 5 I RL 2008/104/EG insgesamt nicht nur hinsichtlich des Arbeitsentgelts abgewichen werden kann. Eine wie § 3 I Nr. 3 Satz 2 AÜG an keine Voraussetzungen geknüpfte Dispositionsbefugnis der Tarifvertragsparteien ist danach unzulässig. Darüber müssen die Tarifverträge den „Gesamtschutz von Leiharbeitnehmern" beachten. Wegen dieser Vorgaben steht wohl die Sechs-Wochen-Ausnahme in § 3 I Nr. 3 Satz 1 Halbs. 1 AÜG nicht im Einklang mit der RL 2008/104/EG.

102 **5. Berufliche Förderung und Schwellenwerte.** Art. 6 RL 2008/104/EG enthält Regelungen zu Gunsten der Leiharbeitnehmer über den Zugang zu Beschäftigung, Gemeinschaftseinrichtungen und beruflicher Bildung. Art. 7 RL 2008/104/EG überlässt den Mitgliedstaaten die Wahl, ob sie Regelungen treffen, durch die Leiharbeitnehmer entweder beim Verleiher oder beim Entleiher bei der Berechnung des Schwellenwerts für die Einrichtung der Arbeitnehmervertretungen berücksichtigt werden.

103 **6. Weitere internationale Regelungen zur Leiharbeit.** Die BRD hat die Übereinkommen Nr. 88 über die Organisation der Arbeitsmarktverwaltung vom 15. 4. 1954 (BGBl. II S. 448) und Nr. 96 über die Büros für entgeltliche Arbeitsvermittlung von 15. 4. 1954 (BGBl. II S. 456) ratifiziert. Der Rat der EG hat die Richtlinie vom 25. 6. 1991 (ABl. EG Nr. L 206, S. 19) zur Ergänzung der Maßnahmen zur Verbesserung der Sicherheit und des Gesundheitsschutzes von Arbeitnehmern mit befristetem Arbeitsverhältnis oder Leiharbeitsverhältnis (91/383/EWG) erlassen.

IX. Buch. Die Beendigung des Arbeitsverhältnisses

§ 121. Beendigungsgründe des Arbeitsverhältnisses

Kommentare und Handbücher: *Ascheid/Preis/Schmidt,* Großkommentar zum Kündigungsschutzrecht, 3. Aufl., 2007; *Bader/Bram/Dörner/Wenzel,* KSchG, Loseblattausgabe, Stand 2008; *Bauer/Röder,* Taschenbuch zur Kündigung, 2. Aufl., 2000; *Backmeister/Trittin/Mayer,* Kündigungsschutzgesetz, 3. Aufl., 2004; *Becker/Etzel/Bader/Fischermeier/Friedrich/Lipke/Pfeiffer/Rost/Spilger/Vogt/Weigand/Wolff,* KR, Gemeinschaftskommentar zum Kündigungsschutzgesetz und sonstigen kündigungsschutzrechtlichen Vorschriften, 8. Aufl., 2007; *Dorndorf/Weller/Hauck,* Kündigungsschutzgesetz, 4. Aufl., 2000; *Fiebig/Gallner/Griebeling/Mestwerdt/Nägele/Pfeiffer,* KSchG, 3. Aufl., 2007; *v. Hoyningen-Huene/Linck,* Kündigungsschutzgesetz, 14. Aufl., 2007; *Kittner/Däubler/Zwanziger,* Kündigungsschutzrecht, 7. Aufl., 2008; *Knorr/Bichlmeier/Kremhelmer,* Die Kündigung. Ein Handbuch des Kündigungsrechts, 4. Aufl., 1998; *Löwisch/Spinner,* KSchG, 9. Aufl., 2004; *Stahlhacke/Preis/Vossen,* Kündigung und Kündigungsschutz im Arbeitsverhältnis, 9. Aufl., 2005.

I. Allgemeines

1. Dauerschuldverhältnis. Das Arbeitsverhältnis ist ein Dauerschuldverhältnis, das nicht 1 durch einmaligen Austausch der Leistungen sein Ende findet. Es gibt vielmehr eine Reihe besonderer **Beendigungstatbestände.**

2. Rechtsgrundlagen. Neben §§ 620 ff. BGB und den Regelungen des KSchG (dazu 2 §§ 130 ff.) gelten weitere spezialgesetzliche Kündigungsvorschriften und Befristungsregelungen (dazu §§ 38 ff.).

II. Beendigungsgründe

1. Kündigung. Sie ist eine einseitige, empfangsbedürftige, rechtsgestaltende Willenserklä- 3 rung, durch die das Arbeitsverhältnis für die Zukunft aufgehoben werden soll (§ 123).

2. Aufhebungsvertrag. Im Wege der vertraglichen Vereinbarung (Aufhebungsvertrag) kann 4 das Arbeitsverhältnis zu jedem Zeitpunkt ohne Rücksicht auf etwaig bestehende Kündigungsschutzbestimmungen beendet werden (§ 122).

3. Wegfall der Geschäftsgrundlage. Der Wegfall der Geschäftsgrundlage (§ 313 BGB) war 5 als Beendigungstatbestand vor allem im Zusammenhang mit den Ereignissen nach dem 2. Weltkrieg von Bedeutung. Er führt grundsätzlich **nicht zur automatischen Beendigung** des Arbeitsverhältnisses.[1] Das wird durch § 313 III BGB bestätigt. Das Kündigungsrecht verdrängt bei Dauerschuldverhältnissen die Grundsätze über den Wegfall der Geschäftsgrundlage (§ 313 BGB).[2] Nur unter außergewöhnlichen Umständen kann ein Arbeitsverhältnis ausnahmsweise sein Ende finden, ohne dass eine besondere rechtsfeststellende oder rechtsgestaltende Erklärung abgegeben wird.[3] Dies kann insbesondere der Fall sein, wenn der ganze Vertrag gegenstandslos geworden ist, weil der Zweck des Arbeitsverhältnisses durch äußere Ereignisse endgültig oder doch für unabsehbare Zeit, für Arbeitgeber und Arbeitnehmer erkennbar, unerreichbar geworden ist. Der Arbeitnehmer kann sich dann nicht auf das Fehlen einer Kündigungserklärung berufen.[4]

4. Befristung, Zeitablauf, Bedingung. Ist das Arbeitsverhältnis für eine bestimmte Zeit 6 eingegangen (§§ 38 ff.), endet es mit Zeitablauf ohne Ausspruch einer Kündigung (§ 620 I BGB). Die Zeitbestimmung kann sich aus dem Kalender, aber auch aus der Beschaffenheit oder dem Zweck des Arbeitsverhältnisses ergeben (§ 3 I 2 TzBfG). Zur Beendigung kann auch eine auflösende Bedingung führen, wie sich mittelbar aus § 21 TzBfG ergibt (dazu § 38 RN 42).

5. Tod des Arbeitnehmers. Da der Arbeitnehmer seine Dienste im Zweifel in Person zu 7 leisten hat, endet das Arbeitsverhältnis mit seinem Tode (§ 613 Satz 1 BGB). Jedoch können

---

[1] BAG 18. 1. 2007 AP 26 zu § 1 KSchG 1969 Personenbedingte Kündigung = NZA 2007, 680; 12. 1. 2006 AP 82 zu § 2 KSchG 1969 = NZA 2006, 587.

[2] Vgl. BAG 9. 2. 1995 EzA 12 zu § 1 KSchG Personenbedingte Kündigung; *Löwisch/Spinner* Vorbem. zu § 1 RN 27.

[3] BAG 3. 10. 1961 AP 4 zu § 242 BGB Geschäftsgrundlage.

[4] BAG 21. 5. 1963 AP 6 zu § 242 BGB Geschäftsgrundlage; 24. 8. 1995 AP 17 zu § 242 BGB Geschäftsgrundlage = NZA 96, 29; APS/*Preis* Grundlagen K RN 72.

sich, namentlich bei leitenden Angestellten, für seine Erben gewisse Abwicklungspflichten ergeben, wenn dieser z.B. Unterlagen des Arbeitgebers aufbewahrt hat.

8 **6. Eignungsübung.**[5] Bleibt der Arbeitnehmer im Anschluss an eine Eignungsübung als freiwilliger Soldat in den Streitkräften, endet das Arbeitsverhältnis mit Ablauf der Eignungsübung (§ 3 I 1 EignungsübungsG). Das Gleiche gilt, wenn er die Eignungsübung freiwillig über 4 Monate fortsetzt mit Ablauf des 4. Monats, es sei denn, dass seine Eignung nach der Übung wegen einer längeren als vierwöchigen Erkrankung nicht endgültig beurteilt werden kann und er aus diesem Grund die Eignungsübung fortsetzt (§ 3 II EignungsübungsG). Die Wehrdienststelle des Arbeitnehmers trifft Benachrichtigungspflichten (§ 3 I 2, II 3 EignungsübungsG).

9 **7. Ernennung zum Beamten.** Das Arbeitsverhältnis kann auch mit der Ernennung zum Beamten enden. Nach § 116 BRRG kann durch Gesetz bestimmt werden kann, dass mit der Berufung in das Beamtenverhältnis ein privatrechtliches Arbeitsverhältnis zum Dienstherrn erlischt. Das ist für den Bund in § 10 III BBG entsprechend geregelt. Dieser Vorschrift entspricht § 10 IV BG-NW. Die Norm erfasst jede Ernennung zum Beamten und unterscheidet nicht zwischen der Ernennung zum Beamten auf Lebenszeit und der Ernennung zum Beamten auf Widerruf.[6]

10 **8. Aussperrung**[7] bei lösender Aussperrung des Arbeitgebers endet das Arbeitsverhältnis. Nach dem Ende des Arbeitskampfs besteht u. U. ein Wiedereinstellungsanspruch.[8]

11, 12 **9. Anfechtung** (§§ 119, 123 BGB) oder Berufung auf die Nichtigkeit des Arbeitsvertrags (§§ 104, 117, 118, 125, 134, 138 BGB).[9]

13 **10. Betriebsbuße.** Eine Betriebsbuße kann nicht die Beendigung des Arbeitsverhältnisses vorsehen (§ 61). Denn hierdurch würde der gesetzliche Kündigungsschutz umgangen.

14 **11. Urteil des Arbeitsgerichts** (§ 9 KSchG, hierzu § 141).

III. Keine Beendigungsgründe

15, 16 **1. Rücktritt des Arbeitgebers.** Das Arbeitsverhältnis endet nicht durch Rücktritt des Arbeitgebers, wenn der Arbeitnehmer mit seiner Dienstleistung in **Verzug** kommt, er **schlechte Leistungen** erbringt oder die weitere Annahme der Dienstleistung **unmöglich** wird. Bei Dauerschuldverhältnissen tritt an die Stelle des Rechts zum Rücktritt das Kündigungsrecht.

17 **2. Krankheit.** Kein automatischer Beendigungsgrund ist die Krankheit des Arbeitnehmers.

18 **3. Tod des Arbeitgebers.** Der Tod des Arbeitgebers führt nicht zur Beendigung des Arbeitsverhältnisses.[10] Das Arbeitsverhältnis besteht in diesen Fällen mit den Erben fort, denen dann das Recht zur Kündigung zusteht.

19 **4. Betriebsübergang.** Im Falle der Betriebsnachfolge geht das Arbeitsverhältnis nach § 613a I 1 BGB auf den Betriebsnachfolger über (vgl. §§ 116ff.).

20 **5. Insolvenz einer der beiden Parteien.**[11] Im Falle der Insolvenz des Arbeitgebers besteht das Arbeitsverhältnis gem. § 108 I 1 InsO fort. Dem Insolvenzverwalter steht allerdings nach § 113 InsO ein besonderes Kündigungsrecht zu (dazu § 93 RN 48ff.).

21 **6. Streik** (§ 194 RN 2) und **suspendierende Aussperrung** (§ 194 RN 21f.).

22 **7. Wehrdienst** (vgl. § 144, oben RN 8).

23 **8. Berufs- oder Erwerbsunfähigkeit.** Eintritt der Berufs- oder Erwerbsunfähigkeit, es sei denn, dass tariflich etwas anderes bestimmt ist (vgl. § 59 BAT; § 62 II MTB II; § 33 TVöD).[12]

§ 122. Aufhebungs- und Abwicklungsvertrag

Monografien: *Bauer,* Arbeitsrechtliche Aufhebungsverträge, 7. Aufl., 2004; *Bengelsdorf,* Aufhebungsvertrag und Aufhebungsvereinbarung, 3. Aufl., 1999; *Burkard,* Der arbeitsrechtliche Aufhebungsvertrag und der

[5] Eignungsübungsgesetz vom 20. 1. 1956 (BGBl. I S. 13) m. spät. Änd.; VO zum EignungsübungsG vom 15. 2. 1956 (BGBl. I S. 71) m. spät. Änd.
[6] BAG 18. 5. 2006 ZTR 2006, 667.
[7] Hierzu § 194.
[8] BAG GS 21. 4. 1971 AP 43 zu Art. 9 GG Arbeitskampf.
[9] Hierzu im Einzelnen § 36.
[10] Zöllner/Loritz/*Hergenröder* § 22 I 2; unzutreffend Staudinger/*Neumann* Vorbem. 17 zu §§ 620ff.
[11] So bereits BAG 25. 10. 1963 AP 1 zu § 22 KO.
[12] BAG 9. 8. 2000 AP 10 zu § 59 BAT = NZA 2001, 737; dazu näher § 39.

arbeitsrechtliche Abwicklungsvertrag im Vergleich, Diss. Bonn 2000; *Hümmerich*, Aufhebungsvertrag und Abwicklungsvertrag, 2. Aufl., 2003; *Schacht*, Der Übereilungsschutz beim arbeitsrechtlichen Aufhebungsvertrag, 2000; *Weber/Ehrich/Burmeister*, Handbuch der arbeitsrechtlichen Aufhebungsverträge, 3. Aufl., 2002.

Aufsätze: *Bauer*, Neue Spielregeln für Aufhebungs- und Abwicklungsverträge durch das geänderte BGB?, NZA 2002, 169; *ders.*, Grenzen und Beseitigung arbeitsrechtlicher Aufhebungsverträge, FS für Däubler, 1999, 143; *ders.*, Rechtsprechung der Jahre 1996 bis 1998 zu arbeitsrechtlichen Aufhebungsverträgen, NZA-RR 99, 1; *ders.*, Ausgewählte sozialversicherungsrechtliche Konsequenzen bei der Beendigung von Arbeitsverhältnissen, Gedächtnisschrift für Heinze, 2005, S. 31; *Bauer/Günther*, Steuerfreie Entschädigung statt steuerpflichtiger Abfindung?, NJW 2007, 113; *Bauer/Hümmerich*, Nichts Neues zu Aufhebungsvertrag und Sperrzeit oder: Alter Wein in neuen Schläuchen, NZA 2003, 1076; *Bauer/Krieger*, Das Ende der außergerichtlichen Beilegung von Kündigungsstreitigkeiten, NZA 2004, 640; *dies.*, Rien ne va plus – „Nachkarten" nach Abwicklungsvertrag ausgeschlossen, NZA 2006, 306; *Baeck/Hopfner*, Schlüssige Aufhebungsverträge mit Organmitgliedern auch nach Inkrafttreten von § 623 BGB, DB 2000, 1914; *Bengelsdorf*, Privatautonomie und Aufhebungsvertrag, DB 97, 874; *Boecken/Hümmerich*, Gekündigt, abgewickelt, gelöst, gesperrt, DB 2004, 2046; *Boemke*, Anfechtung eines Aufhebungsvertrages wegen Drohung, JuS 2000, 620; *Brors*, Das Widerrufsrecht des Arbeitnehmers, DB 2002, 2046; *Cornelius/Lipinski*, Diskriminierungsabrede im Aufhebungsvertrag, BB 2007, 496; *Dahlem/Wiesner*, Arbeitsrechtliche Aufhebungsverträge in einem Vergleich nach § 278 VI ZPO, NZA 2004, 530; *Diller*, Fallstricke bei Erledigungsklauseln in Aufhebungsverträgen, FA 2000, 270; *Diller/Schuster*, Aufhebungsverträge mit (Schein) Selbständigen, FA 98, 138; *Falke/Barthel*, Aufhebungsvertrag und Verbraucherschutz, BuW 2003, 255; *Freckmann*, Abwicklungs- und Aufhebungsverträge – in der Praxis noch immer ein Dauerbrenner, BB 2004, 1564; *Gagel*, Sperrzeit durch Abfindungsvertrag, ZIP 2005, 332; *ders.*, Sperrzeitfragen bei arbeitsgerichtlichen Vergleichen, NZA 2005, 1328; *Gaul*, Aufhebungs- und Abwicklungsvertrag: Aktuelle Entwicklungen im Arbeits- und Sozialversicherungsrecht, BB 2003, 2457; *Gaul/Niklas*, Neue Grundsätze zur Sperrzeit bei Aufhebungsvertrag, Abwicklungsvereinbarung und gerichtlichem Vergleich, NZA 2008, 137; *Gaul/Otto*, Das Widerrufsrecht bei Aufhebungsverträgen – Konsequenzen der Änderung verbraucherrechtlicher Vorschriften im BGB, DB 2002, 2049; *Geiger*, Neues zu Aufhebungsvertrag und Sperrzeit, NZA 2003, 838; *Germelmann*, Grenzen der einvernehmlichen Beendigung von Arbeitsverhältnissen, NZA 97, 236; *Giesing*, Inhaltskontrolle und Abschlusskontrolle arbeitsrechtlicher Aufhebungsverträge, 2007; *Glatzel*, Der Aufhebungsvertrag, AR-Blattei, SD 260 (2006); *Grundstein*, Widerrufsrecht des Arbeitnehmers bei Abschluß eines Aufhebungsvertrags, FA 2003, 41; *Hanau*, Aufhebungsvertrag und Betriebsübergang, ZIP 99, 324; *Hansen*, Widerrufsrecht bei arbeitsvertraglichen Aufhebungsverträgen nach §§ 312, 355 BGB, ZGS 2003, 373; *Heuchemer/Insam*, Keine Sperrzeit nach Freistellung im Aufhebungsvertrag, BB 2004, 1562; *Hoß/Ehrich*, Hinweis- und Aufklärungspflichten des Arbeitgebers beim Abschluss von Aufhebungsverträgen, DB 97, 625; *Hromadka*, Anfechtung von Aufhebungsverträgen und Verwirkung, FS für Zöllner, 1998, S. 785; *Hümmerich*, Acht aktuelle Vorteile zum Abwicklungsvertrag, BB 99, 1868; *ders.*, Neues zum Abwicklungsvertrag, NZA 2001, 1280; *ders.*, Alea iacta est – Aufhebungsvertrag ist kein Haustürgeschäft, NZA 2004, 809; *Keppeler*, Der Aufhebungsvertrag wirklich ein mitbestimmungsfreier Raum?, AuR 96, 263; *Kienast/Schmiedl*, Rechtsprechung zum Widerrufsrecht bei arbeitsrechtlichen Aufhebungsverträgen nach §§ 312, 355 BGB, DB 2003, 1440; *Klar*, Die Fälligkeit von Abfindungen in arbeitsgerichtlichen Vergleichen, NZA 2003, 543; *Kleinebrink*, Beendigung von Berufsausbildungsverhältnissen durch Kündigung und Aufhebungsvertrag – Materielle und formale Anforderungen, ArbRB 2002, 174; *ders.*, Grundsätze der inhaltlichen Gestaltung außergerichtlicher Aufhebungsverträge, ArbRB 2008, 121; *Lakies*, Keine Anwendung des Widerrufsrechts nach § 312 auf arbeitsrechtliche Aufhebungsverträge, NJ 2003, 389; *Lembke*, Aufhebungsverträge: Neues zur Sperrzeit, DB 2008, 293; *Lilienfeld/Spellbrink*, Für eine sperrzeitrechtliche Neubewertung des Abwicklungsvertrages im Lichte des § 1a KSchG, RdA 2005, 88; *Linck*, Die neuere Rechtsprechung des Bundesarbeitsgerichts zu arbeitsrechtlichen Aufhebungsverträgen, JbArbR Band 45 (2008), S. 73; *Lorenz*, Arbeitsrechtliche Aufhebungsverträge, Haustürwiderrufsgesetz und undue influence, JZ 97, 277; *Mengel*, Kein Widerrufsrecht bei Aufhebungsverträgen!, BB 2003, 1278; *Moll/Reufels*, Aufhebungsverträge – Abschluss und Zustandekommen, MDR 2001, 361; *Müller*, Aufhebungsvertrag bei Betriebsübergang – Beschäftigungs- und Qualifizierungsgesellschaft, BB 2007, 1057; *Pauly*, Widerrufsrecht beim arbeitsrechtlichen Aufhebungsvertrag auf Grund neuer Gesetzeslage?, ZTR 2003, 541; *Pfaff*, Widerruf eines Aufhebungsvertrags nach § 312 BGB, FA 2004, 10; *Popp*, Ein kleiner Unterschied? – Aufhebungs- und Abwicklungsvertrag, AuA 2001, 148; *G. Reinecke*, Zur Kontrolle von Aufhebungsverträgen nach der Schuldrechtsreform, FS Küttner, 2006, S. 327; *Reiserer*, Gerichtliche Kontrolle von Aufhebungsverträgen mit mehrjähriger Auslauffrist, BB 2000, 1679; *Rieble/Klumpp*, Widerrufsrecht des Arbeitnehmer-Verbrauchers?, ZIP 2002, 2153; *Schielek*, Fälligkeit von Abfindungen für den Verlust des Arbeitsplatzes, FA 2004, 198; *Schleusener*, Zur Widerrufsmöglichkeit von arbeitsrechtlichen Aufhebungsverträgen nach § 312 BGB, NZA 2002, 949; *Schmitt-Rolfes*, Aufhebungs- und Abwicklungsvertrag unter Berücksichtigung der Abfindungsregelung nach § 1a KSchG, NZA Beilage 2005, Nr. 1, S. 3; *Schmitz*, Vertragliche Schriftform für Aufhebungsvertrag, AiB 2001, 186; *Schrader*, Aufhebungsverträge und Ausgleichszahlungen, NZA 2003, 593; *Schuldt*, Sperrzeit bei betrieblich veranlasster einvernehmlicher Auflösung des Arbeitsverhältnisses, NZA 2005, 861; *Schwerdtner*, Widerrufsrecht und arbeitsrechtlicher Aufhebungsvertrag, FS Heinrich Honsell, 2002, S. 371; *Seel*, Sperrzeit für Gesetzestreue, NZS 2006, 184; *Spellbrink*, Der Eintritt der Sperrzeit gem. § 144 Abs. 1 S. 2 Alt. 1 SGB III bei einvernehmlicher Beendigung des Beschäftigungsverhältnisses, BB 2006, 1274; *v. Steinau-Steinrück/Hurek*, Aus für die sperrzeitneutrale Beendigung von Arbeitsverhältnissen?, ZIP 2004, 1486; *Tilse*, Der Schutz des Arbeitnehmers bei Abschluss arbeitsrechtlicher Aufhebungsverträge, 2007; *Weber/Ehrich*, Anfechtung eines Aufhebungsvertrages – der verständig denkende Arbeitgeber, NZA 97, 414; *Werner,* Sozialrechtliche Folgen des Abwicklungsvertrags, NZA 2002, 262; *Wolff,* Aufhebungsvertrag und Umgehung des Kündigungsschutzes, BB 2002, 2072.

Übersicht

	RN
I. Allgemeines	1
II. Aufhebungsvertrag	2 ff.
1. Abschluss	2, 2 a
2. Abgrenzung zur nachträglichen Befristung	3, 4
3. Widerrufsrecht	5
4. Betriebsübergang	6
5. Aufklärungs- und Belehrungspflichten	7–10
6. Inhaltskontrolle	11–14
7. Beendigungszeitpunkt	15, 16
8. Bedingte Aufhebungsverträge	17
9. Umdeutung einer Kündigung in ein Vertragsangebot	18
10. Fristlose Kündigung nach Aufhebungsvertrag	19
11. Tod des Arbeitnehmers	20, 21
12. Beteiligung des Betriebsrats	22, 23
13. Sonstiges	24
III. Anfechtung und Rücktritt	25 ff.
1. Allgemeines	25
2. Irrtum	26
3. Drohung	27–30
4. Täuschung	31–32
5. Anfechtungsfrist	33
6. Beweislast	34, 35
7. Rücktritt	36, 37
IV. Rechtsfolgen des Aufhebungsvertrags	38 ff.
1. Arbeitsrechtliche Folgen	38–40
2. Sozialversicherungsrechtliche Folgen	41
3. Steuerliche Folgen	42–44
4. Schadensersatz	45
V. Abwicklungsvertrag	46 ff.
1. Inhalt	46, 47
2. Formfreiheit	48
3. Anfechtung	49

I. Allgemeines

1 Für die einverständliche Beendigung des Arbeitsverhältnisses haben sich zwei Vorgehensweisen herausgebildet: Der Aufhebungsvertrag und der Abwicklungsvertrag. Ein **Aufhebungsvertrag** ist eine Vereinbarung über das vorzeitige Ausscheiden eines Arbeitnehmers aus einem Arbeitsverhältnis (RN 2 ff.). Durch die vertragliche Vereinbarung wird das Arbeitsverhältnis einvernehmlich beendet. Dagegen führt der **Abwicklungsvertrag** selbst nicht zur Beendigung (RN 46 ff.). Das Arbeitsverhältnis endet vielmehr durch eine vorangegangene Kündigung durch den Arbeitgeber. Mit dem Abwicklungsvertrag wird das gekündigte Arbeitsverhältnis „abgewickelt", d. h. es werden die Modalitäten der Beendigung vereinbart. Dazu gehört in der Regel ein Klageverzicht des Arbeitnehmers, wofür sich der Arbeitgeber zur Zahlung einer Abfindung verpflichtet. Der Abwicklungsvertrag ist vor allem aus sozialversicherungsrechtlichen Gründen entwickelt worden (dazu § 23 RN 54).[1]

II. Aufhebungsvertrag

2 **1. Abschluss. a)** Aus dem Grundsatz der Vertragsfreiheit folgt (§ 311 BGB), dass die Parteien das Arbeitsverhältnis jederzeit für die Zukunft im Wege gegenseitigen Einvernehmens beenden können. Nach § 623 BGB unterliegt der Aufhebungsvertrag allerdings der **Schriftform.** Der gesamte Vertragsinhalt muss gemäß § 126 II 1 BGB von beiden Parteien auf einer Urkunde im Original unterzeichnet sein. Sind mehrere gleichlautende Urkunden errichtet, genügt es, wenn jede Partei die für die andere Partei bestimmte Urkunde unterzeichnet (§ 126 II 2 BGB). Die Unterschrift muss den Urkundentext räumlich abschließen, Nachträge oder Änderungen sind erneut zu unterschreiben.[2] Im Anschluss an die neuere Rechtsprechung des BGH zum Mietrecht[3] und des BAG zur Schriftform befristeter Arbeitsverträge[4] dürfte auch bei Auflösungsverträgen dem Formerfordernis des § 623 BGB genügt sein, wenn die eine Vertragspartei in einem von ihr unterzeichneten, an die andere Vertragspartei gerichteten Schreiben den Abschluss eines Auflösungsvertragsvertrags anbietet und die andere Vertragspartei das Vertragsangebot annimmt, indem sie das Schriftstück ebenfalls unterzeichnet.[5] Ein Telefax genügt nicht.[6] Unterzeichnet auf

[1] Hierzu insbes. BSG 18. 12. 2003 NZA 2004, 661; *Bauer/Krieger* NZA 2004, 640; *Hümmerich* BB 99, 1868; *Geiger* NZA 2003, 838; *Bauer/Hümmerich* NZA 2003, 1076.
[2] BAG 26. 8. 2008 – 1 AZR 346/07; 19. 4. 2007 AP 9 zu § 623 BGB = NZA 2007, 1227.
[3] BGH 14. 7. 2004 NJW 2004, 2962.
[4] BAG 26. 7. 2006 AP 24 zu § 14 TzBfG = NZA 2006, 1402.
[5] Ebenso ErfK/*Müller-Glöge* § 623 BGB RN 13.
[6] APS/*Rolfs* AufhebVtr RN 18.

Arbeitgeberseite ein Gesellschafter einer GbR den Aufhebungsvertrag, muss das Handeln in Vertretung der GbR deutlich werden. Fehlt ein ausdrücklicher Vertretungszusatz, ist die gesetzliche Schriftform des § 126 BGB nur gewahrt, wenn der nach § 157 BGB zu ermittelnde rechtsgeschäftliche Vertretungswille in der Urkunde, wenn auch nur unvollkommen, Ausdruck gefunden hat. Unerheblich für die Einhaltung der Formvorschriften ist, ob der unterzeichnende Gesellschafter tatsächlich zur alleinigen Vertretung der GbR ermächtigt ist. Auch bedarf die rechtsgeschäftliche Bevollmächtigung nach §§ 164 ff. BGB gem. § 167 II BGB nicht der Form, die für das Rechtsgeschäft bestimmt ist, auf das sich die Vollmacht bezieht. Eine teleologische Reduktion dieser Bestimmung, wie sie der BGH in Bezug auf das Formerfordernis bei Bürgschaftsversprechen nach § 766 Satz 1 BGB vorgenommen hat,[7] ist bei dem Formerfordernis des § 623 BGB nicht geboten.[8] Schließen die Parteien außergerichtlich einen Aufhebungsvertrag, soll dieser aber noch gerichtlich protokolliert werden, kommt dieser im Zweifel erst mit der Protokollierung zustande (§ 154 II BGB).[9] Ein Vergleich nach § 278 VI ZPO genügt der Schriftform.[10] Dies ergibt sich aus einer analogen Anwendung des § 127 a BGB. Ein Verstoß gegen das Formerfordernis ist nur ausnahmsweise nach § 242 BGB unbeachtlich.[11] Nach Auffassung des BAG sind darüber hinaus auch **Klageverzichtsvereinbarungen,** die im unmittelbaren zeitlichen und sachlichen Zusammenhang mit dem Ausspruch einer Kündigung getroffen werden, Auflösungsverträge i. S. d. § 623 BGB und bedürfen daher der Schriftform.[12]

b) Schließt ein Arbeitnehmer mit seinem Arbeitgeber einen schriftlichen **Geschäftsführerdienstvertrag,** wird vermutet, dass das bis dahin bestehende Arbeitsverhältnis mit Beginn des Geschäftsführerdienstverhältnisses einvernehmlich beendet wird, soweit nicht klar und eindeutig etwas anderes vertraglich vereinbart worden ist. Es besteht vorbehaltlich besonderer Umstände des Einzelfalls kein Zweifel i. S. v. § 305 c II BGB daran, dass ein Arbeitnehmer mit Abschluss des Geschäftsführerdienstvertrags seine vertraglichen Beziehungen ausschließlich auf diese neue vertragliche Grundlage stellt und damit zugleich das zuvor bestandene Arbeitsverhältnis zum Zeitpunkt der Aufnahme der Geschäftsführertätigkeit beendet. Durch den schriftlichen Geschäftsführerdienstvertrag wird das Schriftformerfordernis des § 623 BGB für den Auflösungsvertrag auch dann gewahrt, wenn die Beendigung des Arbeitsverhältnisses nicht ausdrücklich vereinbart wird.[13] 2a

2. Abgrenzung zur nachträglichen Befristung. Der Aufhebungsvertrag ist auf eine alsbaldige Beendigung der arbeitsvertraglichen Beziehungen gerichtet. Das bringen die Parteien in der Regel durch die Wahl einer **zeitnahen Beendigung,** die sich häufig an der jeweiligen Kündigungsfrist orientiert, und weitere Vereinbarungen über Rechte und Pflichten aus Anlass der vorzeitigen Vertragsbeendigung zum Ausdruck. Ein solcher auf die alsbaldige Beendigung eines Dauerarbeitsverhältnisses gerichteter Aufhebungsvertrag ist nicht Gegenstand der arbeitsgerichtlichen Befristungskontrolle.[14] Dagegen bedarf ein Aufhebungsvertrag, dessen Regelungsgehalt nicht auf die Beendigung, sondern auf eine **befristete Fortsetzung** eines Dauerarbeitsverhältnisses gerichtet ist, zu seiner Wirksamkeit eines sachlichen Grundes. Für das Eingreifen der Befristungskontrolle ist nicht die von den Parteien gewählte Vertragsbezeichnung entscheidend, sondern der Regelungsgehalt der getroffenen Vereinbarung. Besteht dieser in der befristeten Fortsetzung eines Dauerarbeitsverhältnisses, kann eine funktionswidrige Verwendung der gesetzlich vorgesehenen Möglichkeit, einen befristeten Arbeitsvertrag abzuschließen, vorliegen.[15] Das gilt vor allem dann, wenn der von den Parteien gewählte Beendigungszeitpunkt die jeweilige Kündigungsfrist um ein Vielfaches überschreitet und es an weiteren Vereinbarungen im Zusammenhang mit der Beendigung des Arbeitsverhältnisses fehlt, wie sie im Aufhebungsvertrag regelmäßig getroffen werden. Dazu gehören insbesondere Freistellungen, Urlaubsregelungen, ggf. auch Abfindungen u. ä.[16] Entscheidend ist eine Gesamtwürdigung aller Umstände.[17] 3

---

[7] BGH 29. 2. 1996 NJW 96, 1467.
[8] BAG 28. 11. 2007 AP 36 zu § 620 BGB Aufhebungsvertrag = NZA 2008, 348.
[9] BAG 16. 1. 1997 AP 14 zu § 779 BGB = NZA 97, 789.
[10] BAG 23. 11. 2006 NZA 2007, 466; *Dahlem/Wiesner* NZA 2004, 530.
[11] BAG 16. 9. 2004 AP 1 zu § 623 BGB = NZA 2005, 162.
[12] BAG 19. 4. 2007 AP 9 zu BGB § 623 = NZA 2007, 1227; mit Recht krit. hierzu *Bauer/Günther* Anm. AP 9 zu § 623 BGB; *Schöne* SAE 2008, 155.
[13] BAG 19. 7. 2007 AP 18 zu § 35 GmbHG = NZA 2007, 1097; ausf. dazu *Müller-Glöge* FS Hromadka S. 255 ff.; siehe dazu auch *Jooß* RdA 2008, 285; *Lembke* BB 2007, 393.
[14] BAG 28. 11. 2007 AP 36 zu § 620 BGB Aufhebungsvertrag = NZA 2008, 348; 15. 2. 2007 AP 35 zu § 620 BGB Aufhebungsvertrag = NZA 2007, 614.
[15] BAG 12. 1. 2000 AP 16 zu § 620 BGB Aufhebungsvertrag = NZA 2000, 718.
[16] BAG 15. 2. 2007 AP 35 zu § 620 BGB Aufhebungsvertrag = NZA 2007, 614.
[17] BAG 28. 11. 2007 AP 36 zu § 620 BGB Aufhebungsvertrag = NZA 2008, 348.

4 Ersetzt der Aufhebungsvertrag lediglich eine nach § 1 KSchG nicht auf ihre Sozialwidrigkeit zu überprüfende Kündigung, kann er nicht wegen der Umgehung zwingender Kündigungsschutzvorschriften unwirksam sein. Ein sachlicher Grund ist damit nicht erforderlich. Sieht der Arbeitgeber beispielsweise die sechsmonatige **Probezeit als nicht bestanden** an, kann er deshalb regelmäßig, ohne rechtsmissbräuchlich zu handeln, anstatt das Arbeitsverhältnis innerhalb der Frist des § 1 I KSchG mit der kurzen Probezeitkündigungsfrist zu beenden, dem Arbeitnehmer eine Bewährungschance geben und ihn mit einer überschaubaren, längeren Kündigungsfrist kündigen sowie dem Arbeitnehmer für den Fall seiner Bewährung die Wiedereinstellung zusagen. Diese Grundsätze gelten auch für einen entsprechenden Aufhebungsvertrag.[18]

5 **3. Widerrufsrecht.** Ein Aufhebungsvertrag ist nicht allein deshalb unwirksam, weil der Arbeitgeber dem Arbeitnehmer **weder eine Bedenkzeit noch ein Rücktritts- bzw. Widerrufsrecht** eingeräumt und ihm auch das Thema des beabsichtigten Gesprächs vorher nicht mitgeteilt hat.[19] Hieran hat sich auch nach der mit der Schuldrechtsreform zum 1. 1. 2002 erfolgten Einfügung des Verbraucherschutzrechts in das BGB nichts geändert. Der Arbeitnehmer ist zwar Verbraucher i. S. d. § 13 BGB. Das in §§ 312 I, 355 BGB geregelte Widerrufsrecht bei Haustürgeschäften findet auf den Abschluss arbeitsrechtlicher Aufhebungsverträge gleichwohl keine Anwendung. Hiergegen spricht insbesondere die Gesetzessystematik.[20] § 312 I BGB steht im 2. Buch des BGB, Abschnitt 3 „Schuldverhältnisse aus Verträgen", Titel 1 „Begründung, Inhalt und Beendigung", 2. Untertitel „Besondere Vertriebsformen". Der Abschluss eines arbeitsrechtlichen Aufhebungsvertrags gehört nicht zu besonderen Vertriebsformen. Dieses Auslegungsergebnis wird auch durch die Gesetzesbegründung gestützt. Ziel der Neuregelung der §§ 312 ff. BGB war die Integration des Haustürwiderrufsgesetzes und des Fernabsatzgesetzes in das BGB sowie die Regelung von Besonderheiten beim Vertragsschluss im elektronischen Geschäftsverkehr. Arbeitsrechtliche Aufhebungsverträge haben damit jedoch nichts zu tun. Aus diesen Gründen besteht nicht nur bei dem im Betrieb abgeschlossenen Aufhebungsvertrag kein Widerrufsrecht, sondern auch bei einem „an der Haustür" des Arbeitnehmers zustande gekommenen Vertrag.[21]

6 **4. Betriebsübergang.** Ein Aufhebungsvertrag kann unwirksam sein, wenn er objektiv der **Umgehung der zwingenden Rechtsfolgen des § 613 a I 1 BGB** dient. Dies ist anzunehmen, wenn der Arbeitnehmer mit dem Hinweis auf eine geplante Betriebsveräußerung und bestehende Arbeitsplatzangebote des Betriebserwerbers veranlasst wird, einem Auflösungsvertrag zuzustimmen, um mit dem Betriebserwerber einen neuen Arbeitsvertrag abschließen zu können. Verboten sind damit auch Aufhebungsverträge aus Anlass des Betriebsüberganges, wenn sie vom Betriebsveräußerer oder -erwerber allein deshalb veranlasst werden, um dem bestehenden Kündigungsverbot auszuweichen. Unwirksam sind ferner Vertragsgestaltungen, deren objektive Zielsetzung in der Beseitigung der Kontinuität des Arbeitsverhältnisses bei gleichzeitigem Erhalt des Arbeitsplatzes besteht.[22] Hiervon zu unterscheiden sind Vereinbarungen, die zwischen dem Arbeitnehmer und dem alten oder neuen Betriebsinhaber geschlossen werden und auf ein endgültiges Ausscheiden des Arbeitnehmers aus dem Betrieb gerichtet sind. Solche Verträge sind ohne Rücksicht auf ihre sachliche Berechtigung wirksam. Dies gilt auch dann, wenn zugleich ein Übertritt des Arbeitnehmers in eine Beschäftigungs- und Qualifizierungsgesellschaft vereinbart wird. Eine Umgehung des § 613 a BGB kann allenfalls dann vorliegen, wenn die Übernahme in eine Beschäftigungsgesellschaft nur zum Schein vorgeschoben oder offensichtlich bezweckt wird, die Sozialauswahl zu umgehen.[23] § 613 a BGB gewährt nur einen Schutz vor einer Veränderung des Vertragsinhaltes ohne sachlichen Grund, nicht aber einen Schutz vor einer einvernehmlichen Beendigung des Arbeitsverhältnisses ohne sachlichen Grund. Damit trägt die Rechtsprechung dem Umstand Rechnung, dass der Arbeitnehmer dem Übergang seines Ar-

---

[18] BAG 7. 3. 2002 AP 22 zu § 620 BGB Aufhebungsvertrag = NZA 2002, 1000; *Lembke* DB 2002, 2648.

[19] BAG 30. 9. 1993 AP 37 zu § 123 BGB = NZA 94, 209.

[20] BAG 27. 11. 2003 AP 1 zu § 312 BGB = NZA 2004, 597; 22. 4. 2004 AP 27 zu § 620 BGB Aufhebungsvertrag; 8. 5. 2008 NZA 2008, 1148; ebenso *Bauer* NZA 2002, 169, 171; *Bauer/Kock* DB 2002, 42, 45; *Brors* DB 2002, 2046, 2048; *Lingemann* NZA 2002, 181, 184; ErfK/*Müller-Glöge* § 620 BGB RN 14; *Reichold* ZTR 2002, 202, 203; *Rieble/Klumpp* ZIP 2002, 2153, 2161; a. A. *Däubler* NZA 2001, 1329, 1334; *Hümmerich/Holthausen* NZA 2002, 173, 178; *Schleusener* NZA 2002, 949, 952.

[21] ErfK/*Müller-Glöge* § 620 BGB RN 14; a. A. *Däubler*/Dorndorf/Bonin/Deinert Einl. RN 135; *Gotthardt* RN 217.

[22] BAG 25. 10. 2007 AP 333 zu § 613 a BGB = NZA-RR 2008, 367.

[23] BAG 23. 11. 2006 AP 1 zu § 613 a BGB Wiedereinstellung = NZA 2007, 866.

beitsverhältnisses auf den Betriebserwerber widersprechen und damit den Eintritt der Rechtsfolgen des § 613a BGB verhindern kann.[24]

5. Aufklärungs- und Belehrungspflichten. a) Der Arbeitnehmer muss sich grundsätzlich vor Abschluss eines Aufhebungsvertrags selbst über die Folgen der Beendigung seines Arbeitsverhältnisses Klarheit verschaffen. Den Arbeitgeber treffen jedoch dann erhöhte Hinweis- und Aufklärungspflichten, wenn er **im betrieblichen Interesse den Abschluss eines Aufhebungsvertrags vorschlägt** und dabei den Eindruck erweckt, er werde bei der vorzeitigen Beendigung des Arbeitsverhältnisses auch die Interessen des Arbeitnehmers wahren und ihn nicht ohne ausreichende Aufklärung erheblichen Risiken für den Bestand seines Arbeitsverhältnisses aussetzen.[25] Die Hinweis- und Aufklärungspflichten ergeben sich aus dem Grundsatz von Treu und Glauben (§ 242 BGB). Sie beruhen auf den besonderen Umständen des Einzelfalles und sind das Ergebnis einer umfassenden Interessenabwägung.[26] Die erkennbaren Informationsbedürfnisse des Arbeitnehmers einerseits und die Beratungsmöglichkeiten des Arbeitgebers andererseits sind stets zu beachten. Erteilt der Arbeitgeber dem Arbeitnehmer Auskünfte, müssen sie richtig und vollständig sein.[27] 7

b) Hinweis- und Aufklärungspflichten können bezüglich der **betrieblichen Altersversorgung** insbesondere dann bestehen, wenn der Arbeitgeber im betrieblichen Interesse den Abschluss eines Aufhebungsvertrags vorschlägt. Je größer das beim Arbeitnehmer erweckte Vertrauen ist oder je größer, atypischer und schwerer erkennbar die betriebsrentenrechtlichen Gefahren für den Arbeitnehmer sind, desto eher treffen den Arbeitgeber Informationspflichten und desto weitreichender sind sie. Das Informationsbedürfnis des Arbeitnehmers steigt, wenn die einvernehmliche Beendigung des Arbeitsverhältnisses im zeitlichen oder sachlichen Zusammenhang mit dem Ruhestand steht. Der Arbeitgeber darf sein Interesse an einer möglichst schnellen Vertragsbeendigung nicht einseitig in den Vordergrund stellen. Die erforderliche Interessenabwägung wird häufig ergeben, dass er den Arbeitnehmer auf die nachteiligen betriebsrentenrechtlichen Auswirkungen des Aufhebungsvertrages hinweisen muss. Ist der Arbeitnehmer auf Grund seiner Vorbildung und seines Kenntnisstandes offenkundig nicht in der Lage, die mit dem Aufhebungsvertrag verbundenen Versorgungsrisiken des Zusatzversorgungssystems des öffentlichen Dienstes zu erkennen und zu bewerten, muss der Arbeitgeber zwar keine detaillierte Auskunft erteilen. Er darf den Arbeitnehmer an die Zusatzversorgungskasse verweisen, muss dabei aber wenigstens das Problembewusstsein des Arbeitnehmers wecken und ihn so beraten, dass er sich bei der Zusatzversorgungskasse sachgerecht erkundigen und Missverständnisse vermeiden kann. Der Arbeitgeber darf sich nicht darauf beschränken, den Arbeitnehmer ohne weiteren Hinweis an die Zusatzversorgungskasse zu verweisen. Auch die bloße Bemerkung, dass durch eine Auflösung des Arbeitsverhältnisses Nachteile bei der Zusatzrente entstehen könnten, genügt in diesem Falle nicht.[28] Anderes gilt regelmäßig, wenn die Initiative zur Beendigung des Arbeitsverhältnisses vom Arbeitnehmer ausgeht und dieser nach seiner beruflichen Stellung unschwer in der Lage ist, die Folgen der Beendigung für das Altersruhegeld zu erkennen (z. B. Versicherungsvertreter).[29] 8

c) Über die **steuer- und sozialversicherungsrechtlichen Folgen** der Beendigung des Arbeitsverhältnisses hat der Arbeitgeber den Arbeitnehmer grundsätzlich nicht von sich aus aufzuklären. Eine Hinweispflicht besteht nur insoweit, als der Arbeitgeber mit der Unkenntnis des Arbeitnehmers rechnen muss.[30] Erteilt der Arbeitgeber auf Wunsch des Arbeitnehmers Auskunft, muss diese richtig und vollständig sein. Weist der Arbeitgeber in einem Aufhebungsvertrag darauf hin, dass verbindliche Auskunft nur durch den Sozialversicherungsträger erfolgen könne, kann darin enthalten sein, dass er jede Auskunft und Stellungnahme zur sozialversicherungsrechtlichen Lage ablehnt.[31] Gem. § 2 II Nr. 3, § 37b SGB III hat der Arbeitgeber den 9

---

[24] BAG 18. 8. 2005 AP 31 zu § 620 BGB Aufhebungsvertrag = NZA 2006, 145.

[25] BAG 22. 4. 2004 AP 27 zu § 620 BGB Aufhebungsvertrag = NZA 2004, 1295; 12. 12. 2002 AP 25 zu § 611 BGB Haftung des Arbeitgebers = NZA 2003, 687; 21. 2. 2002 EzA 7 zu § 1 KSchG; 11. 12. 2001 AP 2 zu § 1 BetrAVG Auskunft = NZA 2002, 1150; LAG Hamm 7. 6. 2005 NZA-RR 2005, 606, 608; *Bauer* I RN 152ff.

[26] BAG 12. 12. 2002 AP 25 zu § 611 BGB Haftung des Arbeitgebers = NZA 2003, 687.

[27] BAG 23. 5. 1989 AP 28 zu § 1 BetrAVG Zusatzversorgungskassen.

[28] BAG 17. 10. 2000 AP 116 zu § 611 BGB Fürsorgepflicht = NZA 2001, 206 (im Streitfall handelte es sich um eine Reinigungskraft).

[29] BAG 11. 12. 2001 AP 2 zu § 1 BetrAVG Auskunft = NZA 2002, 1150.

[30] Vgl. BAG 10. 3. 1988 AP 99 zu § 611 BGB Fürsorgepflicht = NZA 88, 837.

[31] LAG Köln 13. 2. 1998 NZA-RR 99, 13.

Arbeitnehmer bei Abschluss des Aufhebungsvertrags darauf hinzuweisen, dass er sich unverzüglich nach Abschluss des Vertrags persönlich bei der zuständigen Agentur für Arbeit arbeitssuchend zu melden hat. Die Verletzung dieser Verpflichtung führt jedoch nicht zu Schadensersatzansprüchen des Arbeitnehmers.[32]

10 **d)** Bietet der Arbeitgeber dem Arbeitnehmer den Abschluss eines Aufhebungsvertrags an, muss er ihn über noch **nicht abgeschlossene Sozialplanverhandlungen** nicht unterrichten, wenn nicht absehbar ist, dass der Arbeitnehmer dem Sozialplan unterfallen und durch ein Ausscheiden auf Grund des Sozialplans bessergestellt sein würde.[33]

11 **6. Inhaltskontrolle. a)** Arbeitsrechtliche Aufhebungsverträge sind grundsätzlich nicht in Anlehnung an die Rechtsprechung des BVerfG zur „strukturell ungleichen Verhandlungsstärke" unwirksam.[34] Sie unterliegen allerdings einer **AGB-Kontrolle.**[35] Soweit nach § 310 IV 2 BGB bei der Überprüfung von „Arbeitsverträgen" die Besonderheiten des Arbeitsrechts zu berücksichtigen sind, gilt dies auch für Aufhebungsverträge. Zu den Arbeitsverträgen i. S. dieser Vorschrift gehören nicht nur die zur Begründung und Fortführung des Arbeitsverhältnisses geschlossenen Vereinbarungen, sondern auch die zur Beendigung führenden Verträge.[36]

12 Die **Beendigungsvereinbarung** in einem Aufhebungsvertrag unterliegt nicht der Inhaltskontrolle nach § 307 BGB. Es handelt sich hierbei um eine Klausel, die den Umfang der von den Parteien geschuldeten Vertragsleistung festlegt.[37] Solche Regelungen sind nach § 307 III 1 BGB der inhaltlichen Überprüfung entzogen. Sie unterliegen gemäß § 307 III 2 BGB lediglich einer Transparenzkontrolle nach § 307 I 2 BGB. Die Beendigung, der Beendigungszeitpunkt, der Verzicht auf etwaige Ansprüche sowie die vereinbarte Abfindung sind nicht einer Angemessenheitsprüfung zugänglich.[38] Dagegen unterliegen sonstige Regelungen in einem Aufhebungsvertrag durchaus der Inhaltskontrolle.

13 **b)** Ein Aufhebungsvertrag kann **aus allgemeinen Rechtsgründen unwirksam** sein.[39] Vereinbart der Arbeitgeber in einem Aufhebungsvertrag mit einem ausländischen Arbeitnehmer, dass dieser für den Fall der endgültigen Rückkehr in seine Heimat nach Beendigung des Arbeitsverhältnisses eine Abfindung erhalten soll, liegt darin grundsätzlich keine Umgehung der §§ 9, 10 KSchG. Eine solche „Heimkehrklausel" kann jedoch wegen funktionswidriger Umgehung der §§ 111, 112 BetrVG unwirksam sein, wenn der Aufhebungsvertrag in Ausführung einer Betriebsvereinbarung geschlossen wird, die Personalabbau durch Abschluss von Aufhebungsverträgen zum Ziel hat und der deshalb eine Art Sozialplanersatzcharakter zukommt.[40]

14 **c)** Beruft sich der Arbeitnehmer auf die Wirksamkeit eines Aufhebungsvertrags, kann hierin ausnahmsweise eine **unzulässige Rechtsausübung** liegen, wenn ein zur Geschäftsführung berufener Gesellschafter mit dem Arbeitnehmer kollusiv zum Nachteil der Gesellschaft gehandelt hat.[41]

15 **7. Beendigungszeitpunkt. a)** Im Aufhebungsvertrag kann grundsätzlich **eine gegenwärtige oder zukünftige Beendigung** des Arbeitsverhältnisses vereinbart werden. Wollen Arbeitsvertragsparteien einen fristgerechten Aufhebungsvertrag schließen und verlässt sich eine Partei auf die unbewusst falsche Berechnung der anderen Partei, ist nach Auffassung des LAG Berlin gemäß § 242 BGB der Vertrag mit der zutreffend berechneten Frist aufrechtzuerhalten.[42] Dieses Ergebnis ergibt sich richtigerweise durch Auslegung des Vertrags gem. §§ 133, 157 BGB, wonach für den Vertragsinhalt der wirkliche Wille der Parteien maßgeblich ist. Der Abschluss eines Aufhebungsvertrags mit einem in der Zukunft liegenden Auflösungstermin schließt das

---

[32] BAG 29. 9. 2005 AP 2 zu § 2 SGB III = NZA 2005, 1406.

[33] BAG 22. 4. 2004 AP 27 zu § 620 BGB Aufhebungsvertrag = NZA 2004, 1295.

[34] BAG 30. 9. 1993 AP 37 zu § 123 BGB; 14. 2. 1996 NZA 96, 811.

[35] Dazu *Giesing,* Inhaltskontrolle und Abschlusskontrolle arbeitsrechtlicher Aufhebungsverträge, 2007; *G. Reinecke* FS Küttner 2006 S. 327 ff.

[36] *Bauer* I RN 216; *ders.* NZA 2002, 169, 172; ErfK/*Müller-Glöge* § 620 BGB RN 15; *Henssler/v. Westphalen,* Praxis der Schuldrechtsreform, 2. Aufl. § 310 RN 29.

[37] BAG 8. 5. 2008 NZA 2008, 1148; 22. 4. 2004 AP 27 zu § 620 BGB Aufhebungsvertrag = NZA 2004, 1295.

[38] ErfK/*Müller-Glöge* § 620 BGB RN 15; APS/*Rolfs* AufhebVtr RN 39; *Thüsing* AGB-Kontrolle RN 63; a. A. zum Klageverzicht allerdings BAG 6. 9. 2007 AP 62 zu § 4 KSchG 1969 = NZA 2008, 219.

[39] *Germelmann* NZA 97, 236.

[40] BAG 7. 5. 1987 AP 19 zu § 9 KSchG 1969 = NZA 88, 15.

[41] BAG 29. 1. 1997 AP 43 zu § 123 BGB = NZA 97, 485.

[42] LAG Berlin 28. 4. 2000 EWiR § 242 BGB 4/01, 363.

Recht des Arbeitgebers zur außerordentlichen Kündigung vor dem vereinbarten Beendigungszeitpunkt nicht aus (RN 19).[43]

b) Eine **rückwirkende Beendigung** kommt nur in Betracht, soweit das Arbeitsverhältnis bereits außer Vollzug gesetzt ist.[44] Das ist insbesondere bei Vergleichen in Kündigungsschutzverfahren der Fall. Wird ein Aufhebungsvertrag **rückdatiert,** um das Ruhen des Anspruchs auf Arbeitslosengeld nach § 143 a SGB III zu vermeiden, führt dies nicht zur Nichtigkeit des Aufhebungsvertrags nach § 138 BGB.[45] Bei der Prüfung der Voraussetzungen für den Bezug von Arbeitslosengeld wird allerdings nicht der rückdatierte, sondern der tatsächliche Beendigungstermin zugrunde gelegt. 16

8. Bedingte Aufhebungsverträge. Verträge, welche die Beendigung von einem zukünftigen, ungewissen Ereignis abhängig machen, sind im Allgemeinen unwirksam, wenn für sie kein sachlicher Grund besteht. Unwirksam sind demnach Aufhebungsverträge, die das Arbeitsverhältnis beenden, falls der Arbeitnehmer nicht rechtzeitig aus dem Urlaub zurückkehrt.[46] Der Vergleich in einem Kündigungsschutzprozess nach vorangegangener krankheitsbedingter Kündigung, wonach das Arbeitsverhältnis enden wird, wenn der Arbeitnehmer in einer bestimmten Zeitspanne mehr als 10% der Arbeitstage arbeitsunfähig krank ist, ist wegen Umgehung des Kündigungsschutzes unwirksam.[47] Dasselbe gilt, wenn das Arbeitsverhältnis beendet werden soll, sofern ein Arbeitnehmer wieder Alkohol zu sich nimmt.[48] 17

9. Umdeutung einer Kündigung in ein Vertragsangebot. Nicht jede Kündigungserklärung beinhaltet gleichzeitig einen Antrag auf Abschluss eines Aufhebungsvertrags. Die Umdeutung einer außerordentlichen Kündigung in ein solches Angebot setzt voraus, dass sich aus der Kündigungserklärung der mutmaßliche Wille des Kündigenden ergibt, sich auch beim Fehlen eines (wichtigen) Grundes vom Kündigungsempfänger zu trennen. Die Annahme des Angebots erfordert, dass die Unwirksamkeit der Kündigung vom Arbeitnehmer erkannt wird und er gleichwohl der Beendigung des Arbeitsverhältnisses zustimmt.[49] Wegen des **Schriftformerfordernisses** aus § 623 BGB kann die Annahme grundsätzlich nicht konkludent erfolgen. In der Unterzeichnung einer Ausgleichsquittung kann eine konkludente Annahme nur dann gesehen werden, wenn der Arbeitnehmer eindeutig den Verzicht auf Kündigungsschutz erklärt.[50] 18

10. Fristlose Kündigung nach Aufhebungsvertrag. Auch nach Abschluss eines Aufhebungsvertrags kann das Arbeitsverhältnis noch vor dem vereinbarten Beendigungszeitpunkt **außerordentlich gekündigt** werden. In diesem Fall entfällt nach Auffassung des BAG die **Geschäftsgrundlage** (§ 313 BGB) für den zuvor geschlossenen Aufhebungsvertrag.[51] Häufig wird jedoch bereits die Auslegung des Aufhebungsvertrags ergeben, dass dieser nur gelten soll, wenn das Arbeitsverhältnis auf Grund der Aufhebungsvereinbarung endet. Dies gilt jedoch nicht ohne Weiteres für einen aus betriebsbedingten Gründen geschlossenen Aufhebungsvertrag, wenn das Arbeitsverhältnis zu demselben Zeitpunkt auch verhaltensbedingt gekündigt wird. Die Geschäftsgrundlage des Aufhebungsvertrags kann wegfallen, wenn dem Arbeitgeber wegen nachträglich bekannt gewordener schwerer Vertragsverletzungen des Arbeitnehmers, die bei Abschluss des Aufhebungsvertrags nicht andeutungsweise ersichtlich waren, ein Festhalten am Aufhebungsvertrag nicht zugemutet werden kann. Das unveränderte Festhalten an dem Vertrag muss zu einem untragbaren, mit Recht und Gerechtigkeit schlechthin nicht zu vereinbarenden Ergebnis führen.[52] 19

11. Tod des Arbeitnehmers. Stirbt der Arbeitnehmer vor dem vereinbarten Ende des Arbeitsverhältnisses, richtet es sich nach der getroffenen Vereinbarung, ob der **Abfindungsanspruch bereits entstanden und damit vererblich** ist. Ist vereinbart, dass der Abfindungsanspruch erst entstehen soll, wenn das Arbeitsverhältnis durch den Aufhebungsvertrag, also zu dem 20

---

[43] BAG 29. 1. 1997 AP 131 zu § 626 BGB = NZA 97, 813.

[44] BAG 10. 12. 1998 AP 185 zu § 613 a BGB = NZA 99, 422.

[45] LAG Baden-Württemberg 22. 5. 1991 LAGE § 611 BGB Aufhebungsvertrag; *Bauer* I RN 210 f.

[46] BAG 13. 12. 1984 AP 8 zu § 620 BGB Bedingung = NZA 85, 324; 25. 6. 1987 AP 14 zu § 620 BGB Bedingung = NZA 88, 391.

[47] LAG Baden-Württemberg BB 91, 209 = DB 91, 918; a. A. LAG Baden-Württemberg 15. 12. 1981 AP 5 zu § 620 BGB Bedingung.

[48] LAG 29. 10. 1987 München DB 88, 506.

[49] BAG 13. 4. 1972 AP 64 zu § 626 BGB.

[50] BAG 29. 6. 1978, 3. 5. 1979 AP 5, 6 zu § 4 KSchG 1969.

[51] BAG 29. 1. 1997 AP 131 zu § 626 BGB = NZA 97, 813.

[52] Vgl. *Bauer* IV RN 347; APS/*Rolfs* AufhebVtr RN 108; zum Wegfall der Geschäftsgrundlage vgl. auch BAG 28. 6. 2000 AP 6 zu § 1 KSchG 1969 Wiedereinstellung = NZA 2000, 1097.

darin genannten Zeitpunkt und nicht bereits vorher aus anderen Gründen beendet wird, ist die Abfindung nicht vererbbar.[53] Hiervon kann jedoch nur ausgegangen werden, wenn es hierfür konkrete Anhaltspunkte in der Vereinbarung gibt. Ist z. B. in einem Aufhebungsvertrag vereinbart, dass der Arbeitgeber dem Arbeitnehmer bei Inanspruchnahme des vorgezogenen Altersruhegelds zur Milderung der Einkommenseinbuße eine Abfindung zahlt, entsteht dieser Anspruch regelmäßig nur, wenn der Arbeitnehmer das vertraglich vereinbarte Ende des Arbeitsverhältnisses erlebt.[54] Der in einem Aufhebungsvertrag vereinbarte Anspruch auf Abfindung entsteht ebenfalls dann erst zu dem vereinbarten Beendigungszeitpunkt, wenn es sich um eine Frühpensionierung handelt und vertraglich kein früherer Entstehungszeitpunkt vereinbart ist. Verstirbt der Arbeitnehmer vorher, entsteht kein vererbbarer Abfindungsanspruch.[55]

21 **Fehlen konkrete Anhaltspunkte** dafür, dass der Anspruch erst bei Beendigung des Arbeitsverhältnisses entstehen soll, ist zu berücksichtigen, dass schuldrechtliche Ansprüche regelmäßig mit Abschluss des Rechtsgeschäfts entstehen. Über allen von Menschen abgeschlossenen Verträgen liegt – wie der Zweite Senat eindrucksvoll formuliert – bei der stets vom Tode bedrohten Existenz des Menschen ohnehin eine gewisse Unsicherheit über die Lebensdauer des Vertragspartners; da es ein Erbrecht gibt, hängt grundsätzlich der Fortbestand der Verträge nicht davon ab, wie lange der Vertragspartner lebt. Deshalb kann nicht als Regelfall angenommen werden, der Arbeitnehmer müsse davon ausgehen, ein Abfindungsvergleich werde hinfällig, wenn er den Auflösungstermin nicht erlebe. Ein solcher Erfahrungssatz besteht nicht.[56]

22 **12. Beteiligung des Betriebsrats. a)** Der Arbeitgeber hat den Betriebsrat vor Abschluss des Aufhebungsvertrags **nicht nach § 102 I BetrVG zu unterrichten,** weil die einvernehmliche Beendigung des Arbeitsverhältnisses keine Kündigung ist.[57] Verständigen sich Arbeitgeber und Arbeitnehmer in einem „Personalgespräch" darüber, dass das Arbeitsverhältnis durch den Arbeitgeber gekündigt und im Anschluss daran eine Abwicklungsvereinbarung mit Klageverzicht getroffen werden solle, ist allerdings der Betriebsrat vor der Erklärung einer solchen Kündigung nach § 102 I BetrVG über die Kündigungsgründe zu unterrichten.[58] Aus § 82 II 2 BetrVG kann sich ein Anspruch des Arbeitnehmers auf Hinzuziehung eines Betriebsratsmitglieds zu einem Personalgespräch über den Abschluss eines Aufhebungsvertrags ergeben. Maßgeblich sind die Umstände des Einzelfalls.[59] Im Bereich des öffentlichen Dienstes sind u. U. **Mitwirkungsrechte des Personalrats** nach den jeweiligen Landespersonalvertretungsgesetzen zu beachten.[60]

23 **b)** Wird im Zusammenhang mit einer **Betriebsänderung** nach § 111 BetrVG ein Aufhebungsvertrag geschlossen, ohne dass der Arbeitgeber den erforderlichen Interessenausgleich versucht hat, stehen dem Arbeitnehmer **Nachteilsausgleichsansprüche** nach § 113 I BetrVG zu. Eine Entlassung i. S. d. § 113 III BetrVG liegt auch vor, wenn der Arbeitgeber bei dem Arbeitnehmer im Hinblick auf eine konkret geplante Betriebsänderung die objektiv berechtigte Annahme hervorgerufen hat, mit der eigenen Initiative zur Beendigung des Arbeitsverhältnisses komme er einer andernfalls notwendig werdenden betriebsbedingten Kündigung des Arbeitgebers lediglich zuvor. Eine solche Veranlassung ist in der Regel anzunehmen, wenn der Arbeitgeber dem Arbeitnehmer zuvor mitgeteilt hat, er habe nach Durchführung der Betriebsänderung für ihn keine Beschäftigungsmöglichkeit mehr.[61]

24 **13. Sonstiges.** Wird das Arbeitsverhältnis zu einem Zeitpunkt vor Ablauf der geltenden Kündigungsfrist beendet, kann das zum zeitweisen Ruhen des Anspruchs auf **Arbeitslosengeld** nach § 143, § 143 a SGB III führen (§ 23 RN 67 ff.).[62] In Betracht kommt bei einem Aufhebungsvertrag eine **Sperrzeit** (dazu § 23 RN 50). Die mit einem Aufhebungsvertrag bezweckte Entlassung ist bei Vorliegen der Voraussetzungen einer Massenentlassung gemäß §§ 17, 18 KSchG wegen der öffentlich-rechtlichen Schutzrichtung dieser Vorschriften so lange unwirksam, wie nicht eine **formgerechte Massenentlassungsanzeige** (§ 17 III KSchG) bei der

---

[53] Zu einer entsprechenden Tarifbestimmung BAG 22. 5. 1996 AP 13 zu § 4 TVG Rationalisierungsschutz = NZA 97, 386.
[54] BAG 16. 5. 2000 AP 20 zu § 620 BGB Aufhebungsvertrag = NZA 2000, 1236.
[55] BAG 26. 8. 1997 AP 8 zu § 620 BGB Aufhebungsvertrag = NZA 98, 643.
[56] Vgl. BAG 22. 5. 2003 AP 8 zu § 767 ZPO = NZA 2004, 1352.
[57] Ebenso *Bauer* II RN 249; *Fitting* § 102 RN 15.
[58] BAG 28. 6. 2005 AP 146 zu § 102 BetrVG 1972 = NZA 2006, 48.
[59] BAG 16. 11. 2004 AP 3 zu § 82 BetrVG 1972 = NZA 2005, 416.
[60] Vgl. LAG Hamm 4. 7. 1996 RzK I 9 i Nr. 46 = BB 96, 2692 zu § 72 a Abs. 2 PersVG NRW a. F.
[61] BAG 23. 9. 2003 AP 43 zu § 113 BetrVG 1972 = NZA 2004, 440.
[62] Hierzu APS/*Steinmeyer* SozR RN 444 ff.

Agentur für Arbeit eingereicht und deren Zustimmung eingeholt wird.[63] Zum Abschluss des Aufhebungsvertrags brauchen **keine behördlichen Genehmigungen,** etwa bei Schwangeren nach § 9 MuSchG, bei schwerbehinderten Menschen nach § 85 SGB IX, eingeholt zu werden. Der Abschluss eines Aufhebungsvertrags zwischen Arbeitnehmer und **Insolvenzverwalter** begründet keine Schadensersatzansprüche gem. § 113 Satz 3 InsO.[64]

III. Anfechtung und Rücktritt

1. Allgemeines (§ 36 RN 23 ff.). Die zum Abschluss des Aufhebungsvertrags führenden Willenserklärungen können wie jede andere Willenserklärung angefochten werden (§§ 143, 119, 123 BGB). 25

2. Irrtum. Die Irrtumsanfechtung ist regelmäßig nicht erfolgreich, weil sie häufig wegen unbeachtlicher Rechtsfolgenirrtümer erfolgt. So etwa, wenn eine **schwangere Arbeitnehmerin** einen Aufhebungsvertrag in Unkenntnis des gesetzlichen Sonderkündigungsschutzes nach § 9 MuSchG schließt und deshalb die Anfechtung erklärt.[65] Auch ein Irrtum über die **steuer- und sozialversicherungsrechtlichen Folgen** eines Aufhebungsvertrags begründet keine Anfechtung nach § 119 I BGB.[66] Die Anfechtung eines Arbeitsvertrags wegen Willensmängeln enthält nicht zugleich eine Rüge der fehlenden Vertretungsmacht.[67] 26

3. Drohung. a) Gem. § 123 I BGB kann derjenige, der widerrechtlich durch Drohung zur Abgabe einer Willenserklärung bestimmt wird, die Erklärung mit der Nichtigkeitsfolge des § 142 I BGB anfechten. Eine Drohung i. S. v. § 123 I BGB setzt objektiv die **Ankündigung eines zukünftigen Übels** voraus, dessen Zufügung in irgendeiner Weise als von der Macht des Ankündigenden abhängig hingestellt wird. Die Androhung des Arbeitgebers, das Arbeitsverhältnis durch eine außerordentliche Kündigung beenden zu wollen, falls der Arbeitnehmer nicht selbst kündige oder einen Aufhebungsvertrag abschließe, stellt die Ankündigung eines zukünftigen empfindlichen Übels dar, dessen Verwirklichung in der Macht des ankündigenden Arbeitgebers liegt.[68] Der bedrohte Arbeitnehmer muss einer Zwangslage ausgesetzt sein, die ihm subjektiv das Gefühl gibt, sich nur noch zwischen zwei Übeln entscheiden zu können, von denen ihm der Aufhebungsvertrag als das geringere erscheint. Die Drohung muss nicht ausdrücklich ausgesprochen werden, sondern kann auch durch ein schlüssiges Verhalten erfolgen.[69] Für die Drohungsanfechtung ist es unerheblich, von welcher Person die Drohung stammt. Diese kann auch von einer Hilfsperson des Arbeitgebers ausgehen. Auch wenn Vorgesetzte die Drohung aussprechen, kann es zu einer erfolgreichen Anfechtung kommen. Anders als bei der Anfechtung wegen arglistiger Täuschung verlangt die Anfechtung wegen Drohung nicht, dass der Erklärungsempfänger die Drohung kannte oder kennen musste.[70] 27

b) Die Drohung muss gemäß § 123 I BGB **widerrechtlich** sein. Die Drohung mit einer außerordentlichen Kündigung ist widerrechtlich, wenn ein verständiger Arbeitgeber eine solche Kündigung nicht ernsthaft in Erwägung ziehen durfte; dabei ist es nicht erforderlich, dass die angekündigte Kündigung, wenn sie ausgesprochen worden wäre, sich in einem Kündigungsschutzprozess als rechtsbeständig erwiesen hätte.[71] Ob ein **verständiger Arbeitgeber** die fristlose Kündigung ernsthaft erwogen hätte, richtet sich nicht nur nach dem tatsächlichen subjektiven Wissensstand des einzelnen Arbeitgebers. Zu berücksichtigen sind nach Auffassung des BAG auch die – z. B. erst im Prozess gewonnenen – Ergebnisse weiterer Ermittlungen, die ein verständiger Arbeitgeber zuvor zur Aufklärung des Sachverhalts angestellt hätte. Maßgeblich ist hiernach der objektiv mögliche und damit hypothetische Wissensstand des Arbeitgebers.[72] Dabei 28

---

[63] BAG 11. 3. 1999 AP 12 zu § 17 KSchG 1969 = NZA 99, 587.

[64] BAG 25. 4. 2007 AP 23 zu § 113 InsO.

[65] BAG 6. 2. 1992 AP 13 zu § 119 BGB = NJW 92, 2173; 16. 2. 1983 AP 22 zu § 123 BGB = NJW 83, 2958; Stahlhacke/*Preis* RN 51.

[66] BAG 10. 3. 1988 AP 99 zu § 611 BGB Fürsorgepflicht = NZA 88, 837; zur Anfechtung wegen einer Täuschung vgl. BAG 22. 4. 2004 AP 27 zu § 620 BGB Aufhebungsvertrag.

[67] BAG 31. 1. 1996 AP 41 zu § 123 BGB = NJW 96, 2594.

[68] BAG 6. 12. 2001 AP 33 zu § 286 ZPO = NZA 2002, 731; 23. 11. 2006 AP 8 zu § 623 BGB = NZA 2007, 466.

[69] BAG 30. 9. 1993 AP 37 zu § 123 BGB = NZA 94, 209.

[70] BAG 15. 12. 2005 AP 66 zu § 123 BGB = NZA 2006, 841.

[71] BAG 12. 8. 1999 AP 51 zu § 123 BGB = NZA 2000, 27; 21. 3. 1996 AP 42 zu § 123 BGB = NZA 96, 1030; 30. 9. 1993 AP 37 zu § 123 BGB = NZA 94, 209; zur Beweislast bei „Vier-Augen-Gespräch" BAG 6. 12. 2001 AP 33 zu § 286 ZPO = NZA 2002, 731.

[72] BAG 16. 11. 1979 AP 21 zu § 123 BGB = NJW 80, 2213.

kann von einem verständigen Arbeitgeber nicht generell verlangt werden, dass er bei seiner Abwägung die Beurteilung des Tatsachengerichts „trifft". Nur wenn unter verständiger Abwägung aller Umstände des Einzelfalls der Arbeitgeber davon ausgehen muss, die angedrohte Kündigung werde im Falle ihres Ausspruchs einer arbeitsgerichtlichen Prüfung mit hoher Wahrscheinlichkeit nicht standhalten, darf er die Kündigungserklärung nicht in Aussicht stellen, um damit den Arbeitnehmer zu einer Eigenkündigung oder zum Abschluss eines Aufhebungsvertrags zu veranlassen.[73] Dem entspricht im Ergebnis die Rechtsprechung des BGH, wonach die Drohung mit einer Kündigung widerrechtlich ist, wenn der Drohende selbst nicht an seine Berechtigung glaubt oder sein Rechtsstandpunkt nicht mehr vertretbar ist.[74] Bei der Prüfung, ob ein verständiger Arbeitgeber eine außerordentliche Kündigung ernsthaft nicht in Erwägung ziehen durfte, ist auch zu berücksichtigen, ob die angedrohte Kündigung im Falle ihres Ausspruchs mit hoher Wahrscheinlichkeit an § 626 II BGB gescheitert wäre (dazu § 127 RN 20ff.).[75] Die mögliche Widerrechtlichkeit der Drohung wird nicht durch die dem Arbeitnehmer vom Arbeitgeber eingeräumte **Bedenkzeit** beseitigt.[76] Die Androhung einer Kündigung ist nach Auffassung des BAG widerrechtlich, wenn der Beweiswert einer ärztlichen **Arbeitsunfähigkeitsbescheinigung** nicht erschüttert ist, sondern lediglich ein gewisser Anfangsverdacht dafür besteht, dass der Arbeitnehmer die Erkrankung vorgetäuscht haben könnte. In diesem Falle sei der Arbeitgeber regelmäßig verpflichtet, die Verdachtsmomente (z. B. durch eine Befragung des Arbeitnehmers über die Art der Erkrankung) näher aufzuklären, ehe er mit einer fristlosen Kündigung droht und den Arbeitnehmer dadurch zum Abschluss eines Aufhebungsvertrags veranlasst.[77]

28a **c)** Gemäß § 123 I BGB muss die Drohung für die angefochtene Willenserklärung des Bedrohten **ursächlich** gewesen sein. Dabei genügt es, dass die Drohung nach der Vorstellung des Drohenden mitursächlich gewesen ist.[78] Die Drohungsanfechtung ist ausgeschlossen, wenn der Arbeitnehmer seine zum Abschluss des Aufhebungsvertrags führende Willenserklärung aus eigener, selbstständiger Überlegung abgegeben hat.[79] Die Ursächlichkeit der Drohung kann nicht schon dann ohne Weiteres bejaht werden, wenn die widerrechtliche Drohung conditio sine qua non, d.h. nicht wegzudenkende Ursache für die angefochtene Willenserklärung ist. Nach § 123 I BGB muss der Anfechtende vielmehr durch die Drohung zur Abgabe der Willenserklärung „bestimmt" worden sein. Er muss noch bei der Abgabe der Willenserklärung unter dem Eindruck der Drohung gehandelt haben und nicht auf Grund einer davon nicht mehr maßgeblich beeinflussten autonomen Willensbildung.[80] Davon ist zwar regelmäßig auch dann auszugehen, wenn dem widerrechtlich Bedrohten eine **Bedenkzeit** eingeräumt wurde. Ohne Hinzutreten weiterer Umstände ändert eine dem Arbeitnehmer eingeräumte Bedenkzeit nichts an der Ursächlichkeit der Drohung.[81] Für eine von der Drohung nicht mehr maßgeblich beeinflusste Willensbildung spricht jedoch, dass der Anfechtende die Bedenkzeit dazu genutzt hat, die zwischen den Parteien getroffene Vereinbarung durch aktives Verhandeln – z.B. neue eigene Angebote – erheblich zu seinen Gunsten zu beeinflussen, insbesondere wenn er selbst rechtskundig ist oder zuvor Rechtsrat eingeholt hat bzw. auf Grund der Dauer der eingeräumten Bedenkzeit hätte einholen können. In diesem Fall bedarf es weiterer substantiierter Darlegungen und im Bestreitensfall eines entsprechenden Beweisantritts dafür, dass der Anfechtende seine Willenserklärung letztlich immer noch unter dem Druck der widerrechtlichen Drohung abgegeben und damit weiterhin nur das kleinere, wenn auch auf Grund des Nachverhandelns verkleinerte Übel gewählt und nicht etwa die Drohung nur zum Anlass dafür genommen hat, einen selbstbestimmt gebildeten Willen (hier: Abkehrwillen) zu von ihm angestrebten oder jedenfalls im Ergebnis als annehmbar angesehenen Bedingungen zu verwirklichen.[82]

---

[73] BAG 28. 11. 2007 AP 36 zu § 620 BGB Aufhebungsvertrag = NZA 2008, 348; 15. 12. 2005 AP 66 zu § 123 BGB = NZA 2006, 841.
[74] BGH 19. 4. 2005 NJW 2005, 2766, 2768f.
[75] BAG 28. 11. 2007 AP 36 zu § 620 BGB Aufhebungsvertrag = NZA 2008, 348; 5. 12. 2002 AP 63 zu § 123 BGB.
[76] BAG 28. 11. 2007 AP 36 zu § 620 BGB Aufhebungsvertrag = NZA 2008, 348.
[77] BAG 21. 3. 1996 AP 42 zu § 123 BGB = NZA 96, 1030; vgl. auch LAG Köln 4. 5. 1998 NZA-RR 99, 12.
[78] BAG 15. 12. 2005 AP 66 zu § 123 BGB = NZA 2006, 841.
[79] BAG 23. 11. 2006 AP 8 zu § 623 BGB § 623 = NZA 2007, 466.
[80] BGH 6. 6. 1974 WM 74, 1023.
[81] BAG 28. 11. 2007 AP 36 zu § 620 BGB Aufhebungsvertrag = NZA 2008, 348.
[82] BAG 28. 11. 2007 AP 36 zu § 620 BGB Aufhebungsvertrag = NZA 2008, 348.

d) Ein Anfechtungsgrund liegt nicht vor, wenn der Streit über die Berechtigung einer außerordentlichen Kündigung abgekürzt werden soll oder wenn der Arbeitgeber nach sorgfältiger Prüfung der Lage eine außerordentliche Kündigung in Aussicht stellt und der Arbeitnehmer in die Auflösung willigt, um dem Makel einer fristlosen Kündigung, der Einleitung eines Strafverfahrens usw. zu entgehen. Entspr. Grundsätze gelten bei der Androhung von **Schadensersatzforderungen.**[83] Die Androhung einer **Strafanzeige** ist nur dann rechtswidrig, wenn dies das Ergebnis einer Gesamtwürdigung aller Umstände unter besonderer Berücksichtigung der Belange des Bedrohten sowie des Drohenden ist. Maßgeblich ist das Gewicht des erhobenen Vorwurfs, ob also bei einem bestimmten Sachverhalt ein verständiger Arbeitgeber eine außerordentliche Kündigung oder eine Strafanzeige ernsthaft in Erwägung ziehen würde. Die Drohung mit einer Strafanzeige ist rechtmäßig, wenn das Begehren des Drohenden mit einer Straftat in einem inneren Zusammenhang steht.[84] Auch in der Androhung einer **ordentlichen Kündigung** kann eine rechtswidrige Drohung zum Abschluss eines Aufhebungsvertrags gesehen werden.[85] Dies gilt jedoch nicht, wenn das Arbeitsverhältnis nicht dem KSchG unterliegt. Eine widerrechtliche Drohung liegt nicht schon dann vor, wenn der Arbeitnehmer beim Abschluss des Aufhebungsvertrags unter Zeitdruck gesetzt und ihm keine **Überlegungsfrist** gewährt wird.[86] 29

e) Wurde die **Kündigung bereits erklärt,** bevor Verhandlungen über einen Aufhebungsvertrag aufgenommen wurden, fehlt es schon begrifflich an einer Drohung. Es handelt sich dann allein um das Ausnützen einer seelischen Zwangslage.[87] Allerdings kann in besonderen Fällen, insbesondere bei einem engen zeitlichen Zusammenhang mit dem Abschluss eines Aufhebungsvertrags, auch eine schon erklärte Kündigung als Androhung eines künftigen Übels fortwirken. Es kommt darauf an, ob vom „Empfängerhorizont" des Bedrohten aus gesehen die Drohung mit der Kündigung und mit dem damit verbundenen Arbeitsplatzverlust immer noch im Raum stand und deshalb in ihrer Wirkung noch nicht abgeschlossen war und der Betroffene davon ausging, das letzte Wort über die Kündigung sei noch nicht gesprochen.[88] Ein solcher Fall liegt jedoch nicht vor, wenn die Vereinbarung über das Ende des Arbeitsvertrags mehrere Wochen nach Ausspruch der Kündigung zustande kommt. 30

4. Täuschung. a) Der Tatbestand der arglistigen Täuschung gemäß § 123 I BGB setzt voraus, dass der Arbeitgeber durch **Vorspiegelung oder Entstellung von Tatsachen** beim Arbeitnehmer einen Irrtum erregt und ihn zur Abgabe seiner zum Abschluss des Aufhebungsvertrags führenden Willenserklärung veranlasst.[89] Eine zur Anfechtung berechtigende arglistige Täuschung kann durch aktives Tun, insbesondere das Behaupten oder Entstellen von objektiv nachprüfbaren Tatsachen erfolgen. Erforderlich ist eine bewusste Irreführung.[90] So kann der Aufhebungsvertrag gemäß § 123 I BGB angefochten werden, wenn der Arbeitgeber dem Arbeitnehmer beim Abschluss des Vertrags vorspiegelt, der Betrieb solle geschlossen werden, in Wahrheit jedoch ein (Teil-)Betriebsübergang geplant ist.[91] 31

b) Die Täuschung kann auch durch ein **Unterlassen** erfolgen. Dies ist anzunehmen, wenn der Arbeitgeber bei Vertragsverhandlungen einen Umstand verschweigt, hinsichtlich dessen ihn gegenüber dem Arbeitnehmer eine Aufklärungspflicht trifft. Eine Aufklärungspflicht besteht insbesondere dann, wenn die Abwägung der beiderseitigen Interessen unter Billigkeitsgesichtspunkten und unter Berücksichtigung aller Umstände des Einzelfalls ergibt, dass der Arbeitnehmer durch eine sachgerechte und vom Arbeitgeber redlicherweise zu erwartende Aufklärung vor der Aufhebung des Arbeitsverhältnisses bewahrt werden muss, weil er sich durch sie aus Unkenntnis selbst schädigen würde.[92] Der Arbeitgeber ist nach diesen Grundsätzen beim Angebot eines Aufhebungsvertrags allerdings in der Regel nicht verpflichtet, den Arbeitnehmer von sich aus darüber aufzuklären, dass er weitere Entlassungen beabsichtigt, die unter Umständen zu 31a

---

[83] Vgl. LAG Baden-Württemberg BB 67, 1421.

[84] BAG 30. 1. 1986 NZA 87, 91.

[85] BAG 24. 1. 1985 AP 8 zu § 1 TVG Tarifverträge: Einzelhandel = NZA 86, 35; 30. 9. 1993 AP 37 zu § 123 BGB = NZA 94, 209.

[86] Vgl. BAG 16. 2. 1983 AP 22 zu § 123 BGB; 30. 9. 1993 AP 37 zu § 123 BGB; 14. 2. 1996 EzA 21 zu § 611 BGB Aufhebungsvertrag; *Boemke* Anm. zu BAG AP 37 zu § 123 BGB; *Ehrich* NZA 94, 438, 440.

[87] BAG 23. 11. 2006 AP 8 zu § 623 BGB § 623 = NZA 2007, 466; LAG Brandenburg 16. 10. 1997 NZA-RR 98, 248.

[88] BAG 12. 8. 1999 AP 51 zu § 123 BGB = NZA 2000, 27.

[89] Vgl. APS/*Rolfs* AufhebVtr RN 93 ff.

[90] BAG 28. 5. 1998 AP 46 zu § 123 BGB = NZA 98, 1052.

[91] BAG 23. 11. 2006 AP 1 zu § 613 a BGB Wiedereinstellung = NZA 2007, 866.

[92] BAG 22. 4. 2004 AP 27 zu § 620 BGB Aufhebungsvertrag.

einer sozialplanpflichtigen Betriebseinschränkung führen können.[93] Bietet der Arbeitgeber dem Arbeitnehmer den Abschluss eines Aufhebungsvertrags an, muss er ihn auch nicht über noch nicht abgeschlossene Sozialplanverhandlungen unterrichten, wenn nicht absehbar ist, dass der Arbeitnehmer dem Sozialplan unterfallen und durch ein Ausscheiden auf Grund des Sozialplans besser gestellt sein wird.[94]

32 **c)** Kommt ein Vergleich über die Beendigung des Arbeitsverhältnisses auf Grund arglistiger Täuschung zustande, kann ein **Schadensersatzanspruch aus § 280 I, § 311 II, § 241 II BGB** gegeben sein.[95] Dies ist z. B. der Fall, wenn der Arbeitgeber den Arbeitnehmer über die Notwendigkeit einer betriebsbedingten Kündigung täuscht und der Arbeitnehmer gegen eine unverhältnismäßig niedrigere Abfindung in die Aufhebung des Arbeitsverhältnisses einwilligt.[96]

33 **5. Anfechtungsfrist.** Gemäß § 124 BGB kann die Anfechtung nach § 123 BGB binnen **Jahresfrist** erfolgen. Für eine teleologische Reduktion des § 124 I BGB in Fällen der Anfechtung eines Aufhebungsvertrags wegen widerrechtlicher Drohung mit einer außerordentlichen Kündigung besteht keine Veranlassung.[97] Das Gesetz gewährt in § 124 I BGB bei der widerrechtlichen Drohung dem Bedrohten eine lange Überlegungsfrist von einem Jahr und macht damit deutlich, dass es das Recht des Drohenden, schnellstmöglich über die Rechtslage Bescheid zu wissen, verhältnismäßig gering einschätzt. Diese gesetzgeberische Wertung ist eindeutig und zu respektieren. Zur Annahme einer Verwirkung des Anfechtungsrechts bedarf es ganz besonderer Umstände, sollen diese gesetzlichen Vorgaben durch § 242 BGB nicht ausgehöhlt werden.[98]

34 **6. Beweislast. a)** Im Anfechtungsprozess trägt der **Arbeitnehmer** die Beweislast für sämtliche Voraussetzungen des Anfechtungstatbestands. Er muss darlegen und beweisen, dass der Arbeitgeber verständigerweise nicht annehmen durfte, die Fortsetzung des Vertragsverhältnisses sei unzumutbar und deshalb die Kündigung gerechtfertigt. Da es sich dabei um einen Negativbeweis handelt, genügt hierfür zunächst eine entsprechende pauschale Behauptung. Wegen der Schwierigkeiten des Negativbeweises ist vom Arbeitgeber als Anfechtungsgegner nach den Grundsätzen der sekundären Darlegungslast das substantiierte Bestreiten der negativen Tatsache unter Darlegung der für das Positive sprechenden Tatsachen und Umstände zu verlangen.[99] Der Arbeitgeber hat im Einzelnen darzulegen, dass er in vertretbarer Weise einen Kündigungsgrund annehmen durfte. Nur die von ihm in diesem Zusammenhang vorgetragenen Umstände braucht der beweispflichtige Arbeitnehmer dann zu widerlegen. Liegt der vom Arbeitgeber in Aussicht gestellten Kündigung eine vom Arbeitgeber näher dargelegte Gleitzeitmanipulation zugrunde, muss der Arbeitnehmer im Rahmen der Anfechtung des Aufhebungsvertrags die ihm angelastete Gleitzeitmanipulation widerlegen, indem er beweist, dass er das Bedienen der Stechuhr lediglich vergessen oder ein Einlesefehler vorgelegen habe.[100]

35 **b)** Wenn es um die Aufklärung eines **„Vier-Augen-Gesprächs"** geht, das der Arbeitnehmer mit dem als Zeugen vernommenen Personalverantwortlichen geführt hat, kann dem Gebot der prozessualen Waffengleichheit im Rahmen der Ermessensentscheidung des § 448 ZPO durch die Anordnung zur Parteivernehmung entsprochen werden. Es spricht alles dafür, dass dem Gebot der prozessualen Waffengleichheit aber auch dadurch entsprochen werden kann, dass die Partei über ein „Vier-Augen-Gespräch" nach § 141 ZPO angehört wird.[101]

36 **7. Rücktritt.**[102] **a)** In verschiedenen **Tarifverträgen** ist dem Arbeitnehmer das Recht eingeräumt, innerhalb bestimmter Fristen von einem Aufhebungsvertrag zurückzutreten.[103] Nach einzelnen Tarifverträgen kann auf das Rücktrittsrecht im Aufhebungsvertrag verzichtet werden.[104]

---

[93] BAG 13. 11. 1996 AP 4 § 620 BGB Aufhebungsvertrag = NZA 97, 390.

[94] BAG 22. 4. 2004 AP 27 zu § 620 BGB Aufhebungsvertrag.

[95] *Bauer* I RN 204 ff.

[96] LAG Köln 7. 1. 1994 BB 94, 1716.

[97] BAG 6. 11. 1997 AP 45 zu § 242 BGB Verwirkung = NZA 98, 374; a. A. *Bauer* I RN 196 und *Hromadka* FS Zöllner, 1998, S. 785, 790 ff., die eine analoge Anwendung der Dreiwochenfrist des § 4 KSchG befürworten.

[98] BAG 28. 11. 2007 AP 36 zu § 620 BGB Aufhebungsvertrag = NZA 2008, 348.

[99] BAG 28. 11. 2007 AP 36 zu § 620 BGB Aufhebungsvertrag = NZA 2008, 348; BGH 19. 4. 2005 NJW 2005, 2766, 2768.

[100] Vgl. BAG 12. 8. 1999 AP 51 zu § 123 BGB = NZA 2000, 27.

[101] BAG 6. 12. 2001 AP 33 zu § 286 ZPO = NZA 2002, 731.

[102] *Bauer/Haußmann* BB 96, 901; *v. Puttkammer* BB 96, 1440.

[103] BAG 24. 1. 1984 AP 7 zu § 1 TVG Tarifverträge: Einzelhandel = NZA 86, 28.

[104] BAG 24. 1. 1985 AP 8 zu § 1 TVG Tarifverträge: Einzelhandel = NZA 86, 25; a. A. ArbG Nürnberg 6. 8. 1993 BB 93, 2310.

b) Vereinbaren die Parteien in einem Aufhebungsvertrag, dass das Arbeitsverhältnis gegen Zahlung einer Abfindung endet, liegt ein Vergleich vor, in dem sich der Arbeitgeber zur Zahlung einer Geldleistung dafür verpflichtet, dass der Arbeitnehmer auf seinen Arbeitsplatz verzichtet. Umstritten ist, ob dem Arbeitnehmer ein Rücktrittsrecht vom Vertrag zusteht, wenn der **Arbeitgeber mit der Zahlung der Vergleichssumme in Verzug** gerät. Wegen der beiderseitigen Leistungen liegt ein gegenseitiger Vertrag vor. Insofern finden die §§ 320ff. BGB Anwendung.[105] Damit stehen dem Arbeitnehmer auch die Rechte aus § 323 BGB zu. Im Schrifttum und der Rspr. ist umstritten, ob sich im Wege der Auslegung ein Ausschluss des Rücktrittsrechts ergeben kann.[106] Hierfür müssen regelmäßig besondere Anhaltspunkte im Aufhebungsvertrag vorliegen. 37

IV. Rechtsfolgen des Aufhebungsvertrags

1. Arbeitsrechtliche Folgen. a) Mit der rechtswirksamen Aufhebung des Arbeitsverhältnisses enden die Pflichten der Parteien, die an den Bestand des Arbeitsvertrags anknüpfen. Wird das Arbeitsverhältnis auf Grund eines gerichtlichen Vergleichs rückwirkend beendet, hindert das nicht das **Erlöschen des Urlaubsabgeltungsanspruchs.** Sofern die Parteien im Vergleich keine besondere Regelung getroffen haben, muss davon ausgegangen werden, dass kein Ersatz für den verfallenen Urlaubsanspruch gewährt werden soll.[107] 38

b) In einem Aufhebungsvertrag wollen die Parteien in der Regel das Arbeitsverhältnis abschließend bereinigen und **alle Ansprüche erledigen,** gleichgültig, ob sie daran dachten oder nicht. Ausgleichsklauseln sind deshalb im Interesse klarer Verhältnisse grundsätzlich weit auszulegen (§ 72 RN 8).[108] Andererseits werden von Ausgleichsklauseln regelmäßig solche Forderungen nicht erfasst, die objektiv außerhalb des von den Parteien Vorgestellten liegen und bei Vergleichsabschluss subjektiv unvorstellbar waren.[109] Der beurkundete Vergleichswille wäre wertlos, wenn die Vergleichsverhandlungen sogleich Quelle neuer, über den beurkundeten Inhalt hinausgehender Ansprüche und damit neuen Parteistreits sein können.[110] Dieser Wille drückt sich regelmäßig in Klauseln aus, wonach „keine Ansprüche, gleich aus welchem Rechtsgrund, aus dem Arbeitsverhältnis sowie aus seiner Beendigung mehr gegeneinander bestehen". 39

c) Abgeltungsklauseln (dazu auch § 72 RN 7ff.) erfassen auch Ansprüche aus einem nachvertraglichen **Wettbewerbsverbot.**[111] Dagegen werden hiervon gesetzliche **Urlaubsansprüche** nicht erfasst.[112] Eine Klausel, nach der alle gegenseitigen Forderungen erledigt sind, bewirkt nicht das Erlöschen des nicht erfüllten gesetzlichen Urlaubsanspruchs. Urlaub muss gewährt werden.[113] Die Erklärung, alle Ansprüche seien erfüllt, umfasst nur Ansprüche, über die der Arbeitnehmer verfügen kann. Dazu gehören weder Ansprüche auf den gesetzlichen Mindesturlaub, noch – bei bestehender Tarifbindung – Ansprüche auf den Tarifurlaub.[114] Von einer Ausgleichsquittung sollen nach Auffassung des LAG Köln in der Regel auch Ansprüche auf Kostenerstattung nicht erfasst sein.[115] Dem steht jedoch der Zweck der Ausgleichsklausel, eine umfassende Erledigung möglicher Ansprüche zu erreichen, entgegen. 40

2. Sozialversicherungsrechtliche Folgen (§ 23). Wird das Arbeitsverhältnis durch Aufhebungsvertrag beendet, kann dies eine **Sperrzeit** beim Bezug von Arbeitslosengeld zur Folge haben (dazu § 23 RN 50ff.). Abfindungszahlungen für den Verlust des Arbeitsplatzes sind **kein beitragspflichtiges Einkommen** i. S. v. § 14 I SGB IV.[116] Von der Beitragspflicht nicht befreit ist dagegen verdecktes Arbeitsentgelt, das in der Abfindung enthalten ist oder mit ihr gezahlt 41

---

[105] MünchKommBGB/*Hesse* Vor § 620 RN 33; *Bauer* I RN 163.

[106] Dafür LAG Köln 5. 1. 1996 BB 96, 907; APS/*Rolfs* AufhebVtr RN 64; näher dazu *Bauer/Haußmann* BB 96, 901; *v. Puttkammer* BB 96, 1440.

[107] BAG 27. 8. 1986 AP 29 zu § 7 BUrlG Abgeltung; 21. 9. 1999 AP 77 zu § 7 BUrlG Abgeltung = NZA 2000, 590.

[108] BAG 19. 11. 2003 AP 50 zu § 611 BGB Konkurrenzklausel = NZA 2004, 554.

[109] BAG 11. 10. 2006 AP 4 zu § 5 EFZG.

[110] BAG 31. 7. 2002 AP 48 zu § 611 BGB Konkurrenzklausel.

[111] BAG 31. 7. 2002 AP 48 zu § 611 BGB Konkurrenzklausel.

[112] BAG 20. 1. 1998 AP 45 zu § 13 BUrlG = NZA 98, 816.

[113] BAG 9. 6. 1998 AP 23 zu § 7 BUrlG = NZA 99, 80.

[114] BAG 20. 1. 1998 AP 45 zu § 13 BUrlG = NZA 98, 816.

[115] LAG Köln 9. 9. 1997 NZA 98, 280.

[116] BAG 9. 11. 1988 AP 6 zu § 10 KSchG 1969; BSG 21. 2. 1990 EzA 35, 37 § 9 KSchG n. F.; 3. 12. 2002 BSGE 91, 293.

wird.[117] Eine Abfindung, die wegen einer Rückführung auf die tarifliche Einstufung bei einem weiterbestehenden versicherungspflichtigen Beschäftigungsverhältnis gezahlt wird, ist deshalb beitragspflichtiges Arbeitsentgelt.[118]

42 **3. Steuerliche Folgen.** Nach § 3 Nr. 9 EStG waren bis zum 31. 12. 2005 Abfindungen wegen einer vom Arbeitgeber veranlassten oder gerichtlich ausgesprochenen Auflösung des Arbeitsverhältnisses innerhalb bestimmter Höchstgrenzen **von der Einkommensteuer befreit.** Diese in der Vergangenheit wiederholt geänderte Vorschrift ist **zum 1. 1. 2006 aufgehoben** worden. Nach der Übergangsregelung in § 52 IVa EStG ist § 3 Nr. 9 EStG weiter anzuwenden für die vor dem 1. 1. 2006 entstandenen Ansprüche der Arbeitnehmer auf Abfindungen oder für Abfindungen wegen einer vor dem 1. 1. 2006 getroffenen Gerichtsentscheidung oder einer am 31. 12. 2005 anhängigen Klage, soweit die Abfindung dem Arbeitnehmer vor dem 1. 1. 2008 zufließt.[119]

43 Sagt ein Arbeitgeber dem Arbeitnehmer in einem Aufhebungsvertrag zu, er stelle ihn so, dass er während der Arbeitslosigkeit unter Anrechnung eines Teils der Abfindung und der Leistungen Dritter im Monatsdurchschnitt **90% des letzten Nettogehaltes** erhalte, ist der Arbeitgeber nicht verpflichtet, dem Arbeitnehmer steuerliche Nachteile auszugleichen, die sich aus der Berücksichtigung des steuerfreien Arbeitslosengelds für die Höhe des Steuersatzes nach § 32b EStG ergeben. Das gilt jedenfalls dann, wenn im Aufhebungsvertrag die vom Arbeitgeber zu berücksichtigenden Steuermerkmale und ein bestimmter vom Arbeitgeber monatlich zu leistender Nettobetrag einvernehmlich festgelegt werden.[120]

44 Mit der Zusage, **Übergangsleistungen an den Arbeitnehmer „steuerfrei"** zu erbringen, verpflichtet sich ein Arbeitgeber noch nicht, auch die steuerliche Belastung zu übernehmen, die durch den Progressionsvorbehalt nach § 32b II EStG verursacht wird. Verpflichtet sich der Arbeitgeber jedoch ausdrücklich, für die Dauer der Arbeitslosigkeit die Steuern zu übernehmen, soweit sie „für das Übergangsgeld anfallen", hat er den ausgeschiedenen Arbeitnehmer steuerlich auch von der Mehrbelastung durch den Progressionsvorbehalt freizustellen. Die den Nettobetrag des zugesagten Übergangsgelds mindernde Steuerbelastung hat danach der Arbeitgeber zu übernehmen, soweit sie auf der Berücksichtigung der bezogenen Arbeitslosenunterstützung bei der Einkommensteuer beruht.[121]

45 **4. Schadensersatz.** Auch im Falle eines Aufhebungsvertrags kann derjenige, der durch ein **vertragswidriges schuldhaftes Verhalten** den Grund für die Aufhebung des Arbeitsverhältnisses gelegt hat, dem Gegner nach § 628 II BGB zum Schadensersatz verpflichtet sein. Dieser muss sich allerdings bei Aufhebung dieses Vertrags den Schadensersatzanspruch wegen Auflösungsverschuldens vorbehalten (§ 127 RN 54).[122]

V. Abwicklungsvertrag

46 **1. Inhalt. a)** Mit einem Abwicklungsvertrag vereinbaren die Parteien nach einer Kündigung die **Bedingungen, zu denen der Arbeitnehmer ausscheidet.** Er ist in der Regel gekennzeichnet durch den (vertraglichen) Verzicht des Arbeitnehmers auf Kündigungsschutz gegen Zahlung einer Abfindung. Mit solchen nach geltendem Recht unbedenklich zulässigen Abfindungs- und Abwicklungsverträgen „erkauft" sich der Arbeitgeber die von ihm angestrebte Planungssicherheit.[123] Der Abwicklungsvertrag selbst bewirkt nicht die Beendigung des Arbeitsverhältnisses. Das Arbeitsverhältnis wird vielmehr durch eine vorangegangene Kündigung durch den Arbeitgeber beendet.[124] Das gilt auch dann, wenn sich Arbeitgeber und Arbeitnehmer über die Beendigung des Arbeitsverhältnisses einig sind und zur Vermeidung einer Sperrzeit vereinbaren, der Arbeitgeber solle zunächst das Arbeitsverhältnis kündigen und anschließend werde dann der Abwicklungsvertrag geschlossen (sog. „unechter" Abwicklungsvertrag). Der in den abgegebenen Willenserklärungen zum Ausdruck kommende rechtsgeschäftliche Wille der Parteien (§§ 133, 157 BGB) geht in diesen Fällen nicht dahin, das Arbeitsverhältnis einvernehmlich

---

[117] Dazu BSG 21. 2. 1990, 25. 10. 1990 EzA 37, 38 zu § 9 KSchG n. F.

[118] BSG 28. 1. 1999 AP 1 zu § 1 ArEV.

[119] Wegen der nur noch kurze Zeit fortgeltenden Steuerbefreiung wird auf § 141 RN 74 ff. der 11. Aufl. verwiesen.

[120] BAG 8. 9. 1998 AP 10 zu § 611 BGB Nettolohn = NZA 99, 769.

[121] BAG 29. 7. 2003 AP 15 zu § 611 BGB Nettolohn = NZA 2003, 1276.

[122] BAG 10. 5. 1971 AP 6 zu § 628 BGB.

[123] BAG 25. 4. 2007 AP 23 zu § 113 InsO.

[124] BAG 23. 11. 2006 AP 8 zu § 623 BGB = NZA 2007, 466.

zu beenden, sie wollen vielmehr die einseitige Beendigung des Arbeitsverhältnisses durch eine Kündigung herbeiführen. Die Kündigung ist kein Scheingeschäft (§ 117 BGB). Nur sie kann die Beendigung des Arbeitsverhältnisses bewirken. Die zuvor mündlich getroffene Abrede vermag das Arbeitsverhältnis mangels Schriftform nicht zu beenden; die spätere Abwicklungsvereinbarung ist nicht auf dessen Aufhebung gerichtet. Vor Ausspruch der Kündigung ist deshalb die Unterrichtung des Betriebsrats nach § 102 I BetrVG erforderlich.[125]

b) Zu den in einem Abwicklungsvertrag geregelten **Modalitäten der Beendigung** gehören üblicherweise der Klageverzicht des Arbeitnehmers, wofür sich der Arbeitgeber zur Zahlung einer Abfindung verpflichtet. Darüber hinaus können Regelungen über die Freistellung des Arbeitnehmers und vertragliche Wettbewerbsverbote während der Kündigungsfrist,[126] Dienstwagennutzung, Handy, Zeugnis u. ä. getroffen werden. Soweit es nicht um die Hauptleistungen – Klageverzicht und Abfindung – geht, unterliegt der Abwicklungsvertrag der Kontrolle nach §§ 305 ff. BGB. Wenn es sich nicht um AGB i. S. v. § 305 I BGB handelt, ist § 310 III Nr. 2 BGB zu beachten. Nach Auffassung des BAG stellt der ohne Gegenleistung erklärte, formularmäßige Verzicht des Arbeitnehmers auf die Erhebung einer Kündigungsschutzklage eine unangemessene Benachteiligung i. S. v. § 307 I 1 BGB dar. Durch einen solchen Klageverzicht werde von der gesetzlichen Regelung des § 4 Satz 1 KSchG abgewichen.[127] 47

2. Formfreiheit. Der **Abwicklungsvertrag** selbst unterliegt nicht dem Formerfordernis des § 623 BGB, weil er nur die Modalitäten der Abwicklung des zuvor durch Kündigung beendeten Arbeitsverhältnisses regelt. Die vorangehende Kündigung soll das Arbeitsverhältnis lösen.[128] Die Kündigung hat dabei gem. § 623 BGB schriftlich zu erfolgen. Führt die Kündigung nicht zur Beendigung des Arbeitsverhältnisses, weil sie unwirksam ist, endet das Arbeitsverhältnis, wenn im dem Abwicklungsvertrag die Beendigung des Arbeitsverhältnisses der Schriftform des § 623 BGB entsprechend vereinbart ist. Enthält der Abwicklungsvertrag keine Beendigungsvereinbarung, sondern eine **Klageverzichtsvereinbarung** nach § 397 BGB, gilt nach Auffassung des BAG gleichwohl das Formerfordernis des § 623 BGB.[129] Dagegen spricht jedoch, dass der Klageverzicht nicht die Beendigung des Arbeitsverhältnisses herbeiführt, sondern die Kündigung als der maßgebliche Beendigungstatbestand. Das gilt auch dann, wenn die Wirksamkeit der Kündigung nur nach § 7 KSchG fingiert wird, weil der Arbeitnehmer wegen des Klageverzichts keine Klage erheben kann, bzw. eine erhobene Klage abzuweisen ist („pactum de non petendo").[130] 48

3. Anfechtung. Die zum Abschluss des Abwicklungsvertrags führenden Willenserklärungen sind **nach allgemeinen Grundsätzen anfechtbar** (§§ 119 ff. BGB). In Bezug auf die Rechtsfolgen ist dabei zu berücksichtigen, dass bei einer erfolgreichen Anfechtung nicht der Beendigungstatbestand wegfällt. Die dem Abwicklungsvertrag zugrunde liegende Kündigung bleibt von der Anfechtung unberührt. Erfolgt die Anfechtung nach Ablauf der Dreiwochenfrist des § 4 S. 1 KSchG, gilt die Kündigung nach § 7 KSchG als von Anfang an rechtswirksam. Der Arbeitnehmer kann in diesem Fall allein versuchen, über § 5 KSchG die nachträgliche Zulassung der Kündigungsschutzklage zu erreichen. Erfolgt die Anfechtung nach § 123 I BGB wegen einer arglistigen Täuschung durch den Arbeitgeber, beginnt die Frist des § 5 III 1 KSchG mit dem Zeitpunkt der Kenntnis des Anfechtungsgrundes und nicht mit der Anfechtungserklärung, für die der Arbeitnehmer nach § 124 BGB ein Jahr Zeit hat. Nur so wird das im KSchG zum Ausdruck kommende Ziel einer möglichst raschen Klärung der Wirksamkeit der Beendigung des Arbeitsverhältnisses verwirklicht.[131] 49

---

[125] BAG 28. 6. 2005 AP 146 zu § 102 BetrVG 1972 = NZA 2006, 48.

[126] Dazu BAG 6. 9. 2006 AP 118 zu § 615 BGB.

[127] BAG 6. 9. 2007 AP 63 zu § 4 KSchG 1969 = NZA 2008, 219; ablehnend *Bauer/Günther* Anm. zu BAG AP 63 zu § 4 KSchG 1969.

[128] BAG 25. 4. 2007 AP 23 zu § 113 InsO; 23. 11. 2006 AP 8 zu § 623 BGB = NZA 2007, 466; 28. 6. 2005 AP 146 zu § 102 BetrVG 1972 = NZA 2006, 48; ErfK/*Müller-Glöge* § 623 BGB RN 8; *Preis/Gotthardt* NZA 2000, 348, 354; APS/*Rolfs* AufhebVtr RN 20.

[129] BAG 19. 4. 2007 AP 9 zu § 623 BGB = NZA 2007, 1227.

[130] Vgl. KR/*Spilger* § 623 BGB RN 49; KR/*Friedrich* § 4 KSchG RN 297.

[131] Ebenso *Bauer* NZA 94, 440, 441; APS/*Rolfs* AufhebVtr. RN 27; a. A. *Nebeling/Schmid* NZA 2002, 1310, 1312 f.

§ 123. Kündigungserklärung

Übersicht

	RN
I. Begriff und beteiligte Personen	1 ff.
1. Begriff	1–3
2. Kündigungsarten	4–11
3. Kündigung durch Minderjährige	12
II. Vertretung	13 ff.
1. Allgemeines	13
2. Vollmacht	14, 15
3. Zustimmung der Gesellschafterversammlung	16
4. Schriftsatzkündigung	17, 18
III. Zurückweisung wegen fehlender Vollmacht	19 ff.
1. Allgemeines	19
2. Gesetzliche Vertretungsmacht	20
3. Inkenntnissetzen	21–25
4. Insolvenzverwalter	26, 27
5. Öffentlicher Dienst	28–31
6. Zurückweisung „wegen" fehlender Vollmachtsurkunde	32
7. Unverzüglich	33
IV. Zugang der Kündigung	34 ff.
1. Zugang unter Anwesenden	34
2. Hausbriefkasten	35, 36
3. Übergabe an Dritte	37
4. Postfach	38
5. Mehrere Wohnsitze	39
6. Abwesenheit des Arbeitnehmers	40–42
7. Einschreiben	43–46
8. Gerichtsvollzieher	47
9. Beweislast	48
10. Vereinbarte Zugangsfiktion	49
11. Zugangsvereitelung	50–52
12. Massenkündigung	53
V. Rücknahme der Kündigung	54 f.
1. Allgemeines	54
2. Fortsetzungsangebot	55
VI. Schriftform	56 ff.
1. Gesetz	56
2. Eigenhändige Unterschrift	57
3. Alle Kündigungen	58–60
4. Schriftliche Begründung	61–63
5. Arbeitsvertragliche Vereinbarung	64
6. Verstoß gegen Treu und Glauben	65
VII. Mitteilung des Kündigungsgrundes	66 ff.
1. Gesetzliche Regelungen	66
2. Vertraglicher Unterrichtungsanspruch	67
3. Verletzung der Mitteilungspflicht	68
4. Anhörung des Arbeitnehmers	69
VIII. Kündigung vor Dienstantritt	70 ff.
1. Allgemeines	70
2. Ausschluss der Kündigung vor Dienstantritt	71
3. Kündigungsfrist	72
IX. Umdeutung	73 ff.
1. Begriff	73
2. Anwendungsfälle	74–76
3. Außerordentliche Kündigung	77–79
4. Prüfung durch das Gericht	80

I. Begriff und beteiligte Personen

Kündigung von Organmitgliedern: *Bauer,* Kündigung und Kündigungsschutz vertretungsberechtigter Organmitglieder, BB 94, 855; *Bauer/Diller,* Koppelung von Abberufung und Kündigung bei Organmitgliedern – Zulässige Gestaltung oder sittenwidrige Falle?, GmbHR 98, 809; *Diller,* Zurückweisung der Kündigung nach § 174 BGB – eine vergessene Waffe, FA 99, 106; *Hager,* Die Vertretung der Aktiengesellschaft im Prozess mit ihren früheren Vorstandsmitgliedern, NJW 92, 352; *Hümmerich,* Grenzfall des Arbeitsrechts: Kündigung des GmbH-Geschäftsführers, NJW 95, 1177.

1 **1. Begriff. a)** Die Kündigung ist eine privatrechtliche, einseitige, empfangsbedürftige, rechtsgestaltende **Willenserklärung,** durch die das Arbeitsverhältnis für die Zukunft aufgelöst werden soll. Ist die Kündigung unwirksam, kann sie u. U. in einen Antrag auf Abschluss eines Aufhebungsvertrages umgedeutet werden (§ 122 RN 18).

2 **b)** Die Kündigung muss **deutlich und zweifelsfrei** erfolgen. Zwar braucht nicht unbedingt das Wort Kündigung verwandt zu werden, es muss sich aber aus dem Gesamtzusammenhang ergeben, dass die Beendigung des Arbeitsverhältnisses gewollt ist.[1] Etwaige Unklarheiten gehen zulasten des Kündigenden.[2] Es kommt darauf an, wie der Kündigungsadressat die Erklärung unter Würdigung der ihm bekannten Umstände nach Treu und Glauben unter Berücksichtigung der Verkehrssitte auffassen muss. Vor allem muss sich aus der Erklärung selbst oder den Umständen ergeben, ob eine ordentliche oder außerordentliche Kündigung gewollt ist.[3] Erteilt ein Arbeitgeber über seinen Steuerberater eine Arbeitsbescheinigung, aus der sich ergibt, dass er

---

[1] BAG 20. 9. 2006 AP 19 zu § 174 BGB = NZA 2007, 377; 19. 1. 1956 AP 1 zu § 620 BGB Kündigungserklärung; 22. 11. 1956 AP 8 zu § 4 KSchG; 15. 3. 1991 AP 2 zu § 47 BBiG; LAG Rheinland-Pfalz 4. 6. 1992 LAGE § 620 BGB Kündigungserklärung Nr. 1.

[2] BAG 11. 6. 1959 AP 1 zu § 130 BGB.

[3] Dazu BAG 13. 1. 1982 AP 2 zu § 620 BGB Kündigungserklärung = NJW 83, 303.

selbst das Arbeitsverhältnis – ggf. fristlos – gekündigt hat, stellt diese Erklärung nicht eine Kündigung des Arbeitsverhältnisses dar. Die Arbeitsbescheinigung ist zur Vorlage gegenüber der Agentur für Arbeit bestimmt und kann deshalb nicht als Willenserklärung gegenüber dem Arbeitnehmer ausgelegt werden.[4]

Die Kündigung ist **bedingungsfeindlich.**[5] Unzulässig ist mithin eine Kündigung für den 3
Fall, dass der Arbeitnehmer nicht seine Leistung verbessere oder am nächsten Tag seinen Urlaub eigenmächtig antreten sollte. Entsprechendes gilt, wenn ein Bewachungsunternehmen z. B. mit der Kündigung erklärt, die Kündigung werde gegenstandslos, wenn ein laufender Bewachungsauftrag verlängert werde.[6] Zulässig ist die Kündigung unter einer sog. **Potestativbedingung.** Darunter versteht man eine Bedingung, deren Eintritt von einer einmalig zu treffenden Willensentscheidung des Gegners abhängt, wie z. B. Kündigung unter der Bedingung der Verweigerung einer Lohnerhöhung oder der Ablehnung der Vertragsänderung.[7] Der Hauptfall der Kündigung unter einer Potestativbedingung ist der der Änderungskündigung (vgl. dazu § 137).

2. Kündigungsarten. a) Zu unterscheiden sind die **ordentliche und die außerordentliche Kündigung.** Die ordentliche Kündigung erfolgt unter Einhaltung der gesetzlichen, tariflichen, betriebsüblichen oder einzelvertraglich vereinbarten Kündigungsfrist (§ 126). Die außerordentliche Kündigung erfolgt zumeist fristlos. In Betracht kommt auch eine außerordentliche Kündigung mit Auslauffrist (dazu § 128).[8] Ist eine solche gewollt, ist dies zur Unterscheidung von einer ordentlichen, u. U. nicht fristgerechten Kündigung, klarzustellen.[9] Die Auslauffrist hat dann der jeweils einschlägigen Kündigungsfrist zu entsprechen. Wird eine kürzere Frist gewährt, gelten grundsätzlich nicht die Prüfungsmaßstäbe für die außerordentliche Kündigung mit Auslauffrist, sondern die Anforderungen der fristlosen Kündigung.[10] Die vorsorgliche Kündigung ist dagegen eine unbedingte Kündigung (RN 7). 4

b) Von Beendigungskündigung ist die **Änderungskündigung** zu unterscheiden (§ 137). 5
Eine Änderungskündigung ist gegeben, wenn der Kündigende das Arbeitsverhältnis kündigt und dem Kündigungsempfänger im Zusammenhang mit der Kündigung die Fortsetzung des Arbeitsverhältnisses zu geänderten Arbeitsbedingungen anbietet. Die Änderungskündigung ist ein zusammengesetztes Rechtsgeschäft, das aus einer Kündigung und einem Vertragsangebot besteht. Die Änderungskündigung kann als ordentliche, außerordentliche sowie als Einzel- oder Massenkündigung erklärt werden.

Die Änderungskündigung ist von der Ausübung des **Direktionsrechts** abzugrenzen. Eine 6
Maßnahme des Direktionsrechts liegt vor, wenn die arbeitsvertraglich vereinbarte Leistungspflicht des Arbeitnehmers konkretisiert wird (§ 45). Eine Änderungskündigung ist erforderlich, wenn die Arbeitsvertragsbedingungen nicht nur konkretisiert, sondern inhaltlich geändert werden sollen. Eine Änderungskündigung ist unwirksam, wenn eine andere Tätigkeit im Wege des Weisungsrechts zugewiesen werden kann.[11] Maßgeblich ist damit der Inhalt des Arbeitsvertrags.

c) Die **vorsorgliche Kündigung** ist eine unbedingte Kündigung.[12] Sie wird für den Fall er- 7
klärt, dass eine bereits erfolgte Kündigung rechtsunwirksam ist. Die vorsorgliche Kündigung kann auch auf Gründe gestützt werden, die bereits zum Zeitpunkt der ersten Kündigung bestanden haben. Sie kann mithin statt des Nachschiebens von Kündigungsgründen erfolgen.[13] Um den Eintritt der Fiktionswirkung des § 7 KSchG zu verhindern, muss der Arbeitnehmer auch gegen eine vorsorgliche Kündigung innerhalb der Dreiwochenfrist des § 4 KSchG Kündigungsschutzklage erheben.

d) Mit der **Teilkündigung** sollen einzelne Bestimmungen des Arbeitsvertrags unter Fortbe- 8
stand der übrigen gekündigt werden. Sie ist grundsätzlich unzulässig.[14] Das Arbeitsverhältnis kann nur als ganzes gekündigt werden. Sollen einzelne Arbeitsbedingungen geändert werden, bleibt nur der Weg der Änderungskündigung. Zulässig ist die Teilkündigung nach allgemeiner

[4] LAG Schleswig-Holstein 5. 8. 2008 – 2 Sa 74/08.
[5] BAG 15. 3. 2001 AP 26 zu § 620 BGB Bedingung = NZA 2001, 1070.
[6] BAG 15. 3. 2001 AP 26 zu § 620 BGB Bedingung = NZA 2001, 1070.
[7] BAG 27. 6. 1968 AP 1 zu § 626 BGB Bedingung.
[8] Dazu *Bröhl,* Die außerordentliche Kündigung mit notwendiger Auslauffrist, 2005.
[9] Staudinger/*Preis* § 626 RN 252.
[10] BAG 18. 10. 2000 AP 9 zu § 626 BGB Krankheit = NZA 2001, 219.
[11] BAG 28. 4. 1982 AP 3 zu § 2 KSchG 1969 = NJW 82, 2687.
[12] ErfK/*Müller-Glöge* § 620 BGB RN 22.
[13] BAG 3. 4. 1986 AP 18 zu § 626 BGB Verdacht strafbarer Handlungen = NZA 86, 877.
[14] BAG 7. 10. 1982, 22. 1. 1997 AP 5, 6 zu § 620 BGB Teilkündigung; siehe aber § 148 RN 50.

Meinung nur dann, wenn das Arbeitsverhältnis sich aus mehreren selbstständig lösbaren Teilverträgen zusammensetzt. Die Äußerung einer falschen Rechtsansicht ist keine Teilkündigung.[15]

9 Bei einer Teilkündigung ist stets zu prüfen, ob die Erklärung der Teilkündigung **als Widerruf ausgelegt** werden kann. Dies wird vielfach anzunehmen sein, weil der Wille des Erklärenden (§ 133 BGB) dahin geht, eine einzelne Vertragsklausel zu beseitigen, ohne den Vertrag insgesamt infrage zu stellen.[16] Da ein Widerruf nur bei einem vereinbarten Widerrufsvorbehalt möglich ist, bedarf es einer entsprechenden vertraglichen Vereinbarung. Hat sich der Arbeitgeber das Recht zur Teilkündigung vertraglich vorbehalten, liegt es nahe, diese Vereinbarung als Widerrufsvorbehalt auszulegen. Das gilt auch für Regelungen in vorformulierten Arbeitsverträgen. Dem steht die Unklarheitenregel des § 305 c II BGB nicht entgegen. Das vorbehaltene „Recht zur Kündigung" bezieht sich nicht auf die Kündigung des Arbeitsverhältnisses, die der sozialen Rechtfertigung bedürfte, sondern auf die Beseitigung der unter dem Vorbehalt gewährten Leistung. Das als Recht zum Widerruf auszulegende Kündigungsrecht des Arbeitgebers muss allerdings den Anforderungen genügen, die an einen Widerrufsvorbehalt in vorformulierten Arbeitsverträgen gestellt werden (§ 32 RN 84).[17]

10 Von einer Teilkündigung wird zweckmäßigerweise dann nicht gesprochen, wenn **mehrere selbstständige Verträge** miteinander verbunden sind, z. B. Arbeits- und Mietvertrag. Hier kommt es auf die Umstände des Einzelfalls an, ob die Verbindung der beiden Verträge so eng ist, dass sie nicht eigenständig gekündigt werden können. Der Mitarbeitervertrag eines Kommanditisten mit seiner KG kann, auch wenn er in seinen Grundzügen einen Arbeitsvertrag darstellt, nach Auffassung des BAG i. d. R. nicht losgelöst vom Gesellschaftsvertrag gekündigt werden.[18] Ist einem leitenden Arzt ein Liquidationsrecht eingeräumt, ist eine vorbehaltene Teilkündigung allerdings dann wirksam, wenn nur Berechnungsmodalitäten geändert werden sollen.[19] Die arbeitsvertragliche Verpflichtung zum Bewohnen einer Werkdienstwohnung kann nicht selbstständig unter Fortbestand des Arbeitsverhältnisses gekündigt werden.[20]

11 **e)** Keine Kündigung ist die rechtmäßige **lösende Aussperrung** (§ 194). Sie unterscheidet sich von der Änderungskündigung. Diese erfolgt unter einer Bedingung, deren Eintritt vom Willen des Arbeitnehmers abhängt; dagegen ist die Aussperrung eine Arbeitskampfmaßnahme. Den Arbeitgeber trifft nach Beendigung des Arbeitskampfs grundsätzlich eine Wiedereinstellungspflicht.[21]

12 **3. Kündigung durch Minderjährige.** Das Recht zur Kündigung steht grundsätzlich jeder Vertragspartei zu. Ist eine Partei **minderjährig und damit beschränkt geschäftsfähig (§§ 106 ff. BGB),** muss die Kündigung durch den gesetzlichen Vertreter erfolgen (§ 107 BGB), es sei denn, der Minderjährige war gemäß § 113 I BGB ermächtigt, in Dienst oder Arbeit zu treten (vgl. § 34 RN 36 ff.). In diesem Fall kann auch dem Minderjährigen gegenüber gekündigt werden.[22] Liegen die Voraussetzungen des § 113 I BGB nicht vor, wird eine an einen Minderjährigen adressierte Kündigung gemäß § 131 I BGB grundsätzlich erst wirksam, wenn sie dem gesetzlichen Vertreter zugeht.[23] Ausreichend ist, dass die Kündigung einem Elternteil zugeht. Die Kündigung braucht vom Kündigungsadressaten nicht angenommen zu werden.

II. Vertretung

13 **1. Allgemeines.** Lässt sich der Arbeitgeber beim Ausspruch der Kündigung vertreten, gelten die allgemeinen Vorschriften über die **Stellvertretung bei Rechtsgeschäften (§§ 164 ff. BGB).** Eine juristische Person wird gesetzlich durch ihre Organe (Geschäftsführer, Vorstand) vertreten. Zu diesen gehört auch der besondere Vereinsvertreter nach § 30 BGB.[24]

---

[15] BAG 22. 1. 1997 AP 6 zu § 620 BGB Teilkündigung = NZA 97, 711.

[16] Vgl. BAG 7. 10. 1982 AP 5 zu § 620 BGB Teilkündigung; 14. 11. 1990 AP 25 zu § 611 BGB Arzt-Krankenhaus-Vertrag.

[17] Vgl. dazu BAG 12. 1. 2005 AP 1 zu § 308 BGB = NZA 2005, 465; 11. 10. 2006 AP 6 zu § 308 BGB = NZA 2007, 87.

[18] BAG 11. 5. 1978 AP 2 zu § 161 HGB = DB 79, 362.

[19] BAG 25. 11. 1990 AP 25 zu § 611 BGB Arzt-Krankenhaus-Vertrag = NZA 91, 377; weitergehend BAG 28. 5. 1997 AP 36 zu § 611 BGB Arzt-Krankenhaus-Vertrag = NZA 97, 1160.

[20] BAG 23. 8. 1989 AP 3 zu § 565 e BGB = NZA 90, 91.

[21] BAG GS 21. 4. 1971 AP 43 zu Art. 9 GG Arbeitskampf.

[22] BAG 18. 2. 1977 AP 10 zu § 130 BGB.

[23] BAG 25. 11. 1976 AP 4 zu § 15 BBiG.

[24] BAG 18. 1. 1990 AP 1 zu § 30 BGB = NZA 90, 162.

2. Vollmacht. a) Die **Erteilung der Vollmacht** erfolgt durch Erklärung gegenüber dem Bevollmächtigten oder dem Dritten, dem gegenüber die Vertretung stattfinden soll (§ 167 I BGB). Sie ist gemäß § 167 II BGB formlos wirksam, obwohl die Kündigung der Schriftform bedarf.[25] Auf Seiten des Arbeitgebers wird die Kündigung regelmäßig durch einen Bevollmächtigten erfolgen. Die Vollmacht zur Kündigung kann in einer umfassenden Vollmacht enthalten sein, also z. B. in der Prokura,[26] der Generalvollmacht oder der Handlungsvollmacht. Auch Letztere erstreckt sich auf alle Geschäfte, die der Betrieb eines Handelsgewerbes mit sich bringt (§ 54 I HGB). 14

b) Eine **Vertretung ohne Vertretungsmacht** ist beim Ausspruch einer Kündigung gemäß § 180 Satz 1 BGB unzulässig. Nach § 180 Satz 2 BGB findet jedoch § 177 BGB entsprechende Anwendung, wenn der Erklärungsempfänger die von dem Vertreter behauptete Vertretungsmacht nicht bei der Vornahme des Rechtsgeschäfts, also unverzüglich i. S. v. § 174 Satz 1 BGB beanstandet. Wird die fehlende Vertretungsmacht nicht unverzüglich beanstandet, ist die Kündigung gemäß § 177 I, § 180 Satz 2 BGB genehmigungsfähig. Eine solche Genehmigung erteilt der Arbeitgeber regelmäßig schlüssig dadurch, dass er die Rechtmäßigkeit der Kündigung im Kündigungsschutzprozess verteidigt.[27] Der Kündigungsempfänger kann den Vertretenen zwingen, binnen einer Frist von zwei Wochen zu erklären, ob er die Kündigung genehmigt (§§ 180 Satz 2, 177 ff. BGB). 15

3. Zustimmung der Gesellschafterversammlung. Sieht der Gesellschaftsvertrag einer GmbH vor, dass der Geschäftsführer zur Vornahme aller Geschäfte und Rechtshandlungen, die der Betrieb der Gesellschaft nicht gewöhnlich mit sich bringt, der Zustimmung der Gesellschafterversammlung bedarf, ist in der Regel auch die außerordentliche Kündigung des Arbeitsverhältnisses einer im Innenverhältnis mit umfassenden Befugnissen ausgestatteten Mitgesellschafterin und Prokuristin zustimmungsbedürftig. Auf eine entsprechende gesellschaftsvertragliche Beschränkung der Befugnisse des Geschäftsführers kann sich die Mitgesellschafterin und Prokuristin im Kündigungsschutzprozess berufen;[28] die fehlende Zustimmung der Gesellschafterversammlung ist ein sonstiger Unwirksamkeitsgrund, der nach der Neufassung des § 4 KSchG zum 1. 1. 2004 mit einer innerhalb der Dreiwochenfrist zu erhebenden Klage geltend zu machen ist. 16

4. Schriftsatzkündigung. Für die Kündigung durch den Prozessbevollmächtigten einer Partei gelten folgende Rechtsgrundsätze:[29] Im Wege der Auslegung der Vollmacht ist zu ermitteln, welchen Inhalt sie hat.[30] Wird während eines Kündigungsschutzprozesses eine zweite Kündigung erklärt, ist nach der **punktuellen Streitgegenstandstheorie** (§ 138 RN 7) davon auszugehen, dass sich die Prozessvollmachten der Prozessbevollmächtigten grundsätzlich nicht auf die Erklärung und die Entgegennahme der zweiten Kündigung beziehen. Die Prozessvollmacht umfasst in der Regel nur solche Prozesshandlungen, die zur Rechtsverfolgung und Verteidigung notwendig sind.[31] Es bedarf mithin einer besonderen Bevollmächtigung. Wird die Kündigung in einem Schriftsatz ausgesprochen, geht sie – vorbehaltlich der Empfangsvollmacht des Prozessbevollmächtigten – erst mit Zugang des Schriftsatzes beim Arbeitnehmer zu, so dass ab diesem Zeitpunkt die Klagefrist nach § 4 KSchG rechnet.[32] 17

Anders ist freilich die Rechtslage, wenn die Kündigung mit einer Klage angegriffen wird, in welcher der Antrag nach § 4 KSchG **mit dem allgemeinen Feststellungsantrag nach § 256 ZPO verbunden** ist (§ 138 RN 10 ff.). Die Prozessvollmacht, auf Grund derer eine Kündigung mit der allgemeinen Feststellungsklage nach § 256 ZPO angegriffen wird, bevollmächtigt den Prozessbevollmächtigten zur Entgegennahme aller Kündigungen, die den mit dem Feststellungsantrag verbundenen weiteren Streitgegenstand betreffen. Es kommt nicht darauf an, ob und wann die Kündigung auch dem Arbeitnehmer selbst zugeht.[33] Die **Schriftform des § 623 BGB** ist bei einer vom Prozessbevollmächtigten des Arbeitgebers ausgesprochenen Schriftsatzkündigung grundsätzlich nur gewahrt, wenn die dem Arbeitnehmer zugehende Abschrift vom Prozessbevollmächtigten des Arbeitgebers als Erklärendem unterzeichnet ist. Ausnahmsweise ist die Schriftform des § 623 BGB auch gewahrt, wenn die dem Prozessbevollmächtigten des Arbeitnehmers 18

[25] KR/*Spilger* § 623 BGB RN 104.
[26] BAG 21. 5. 2008 NZA 2008, 753; 11. 7. 1991 AP 9 zu § 174 BGB = NZA 92, 449.
[27] BAG 11. 12. 1997 – 8 AZR 699/96 n. v.; dazu *Zimmermann* ZTR 2007, 119.
[28] BAG 11. 3. 1998 AP 144 zu § 626 BGB = NZA 98, 997; dazu *Sitzenfrei/Tischer* DB 2008, 1307.
[29] Dazu *Diller* NZA 94, 830; Stahlhacke/*Preis* RN 197 ff.
[30] BAG 10. 8. 1977 AP 2 zu § 81 ZPO; 31. 8. 1979 AP 3 zu § 174 BGB.
[31] BAG 10. 8. 1977 AP 2 zu § 81 ZPO; 31. 8. 1979 AP 3 zu § 174 BGB.
[32] Vgl. BGH 13. 2. 1980 NJW 80, 990; Stahlhacke/*Preis* RN 202.
[33] BAG 21. 1. 1988 AP 19 zu § 4 KSchG 1969 = NZA 88, 651.

zugegangene Abschrift beglaubigt ist und der Prozessbevollmächtigte des Arbeitgebers den Beglaubigungsvermerk selbst unterschrieben hat.

III. Zurückweisung wegen fehlender Vollmacht

19 **1. Allgemeines.** Die Regelungen über die Vertretung sind kündigungsrechtlich von besonderer Bedeutung, weil der Arbeitnehmer gemäß § 174 Satz 1 BGB eine Kündigung, die ein Bevollmächtigter ausgesprochen hat, zurückweisen kann, wenn der Bevollmächtigte eine **Vollmachtsurkunde nicht vorlegt** und die Zurückweisung der Kündigung aus diesem Grunde unverzüglich erfolgt.[34] Die Kündigung ist dann unwirksam, eine Genehmigung gemäß § 180 BGB scheidet aus. Der Bevollmächtigte muss die Vollmachtsurkunde im Original vorlegen. Die Vorlage der Vollmachtsurkunde in Faxkopie genügt nicht.[35] Vertreten zwei Personen den Arbeitgeber nach außen gemeinsam (Gesamtvertretung), dann ist auf jede dieser Personen § 174 BGB anwendbar. Ist der Arbeitnehmer bezüglich einer Person vom Vollmachtgeber nicht von dessen Bevollmächtigung in Kenntnis gesetzt worden, ist die Kündigung allein deswegen unwirksam, wenn der Arbeitnehmer wegen der mangelnden Vollmachtsvorlage die Kündigung unverzüglich zurückgewiesen hat (vgl. RN 24).[36]

20 **2. Gesetzliche Vertretungsmacht.** Beruht die Vertretungsmacht auf einer gesetzlichen Grundlage, **scheidet eine Zurückweisung aus.**[37] Die gesetzliche Vertretungsmacht beruht nicht auf einer Willensentscheidung des Vertretenen. Sie kann auch nicht durch eine Vollmachtsurkunde nachgewiesen werden. Das Recht zur Zurückweisung besteht auch im Falle der **organschaftlichen Vertretung** grundsätzlich nicht.[38] Die organschaftliche Vertretungsmacht beruht auf der Bestellung des Vertreters zum Organ z. B. einer juristischen Person, die nur durch ihre Organe am Rechtsverkehr teilnehmen kann. Gleiches gilt für die Vertreterstellung auf Grund der **Satzung einer Körperschaft des öffentlichen Rechts,** die auf einer gesetzlichen Satzungsermächtigung beruht.[39] Bei solchen öffentlich-rechtlichen Satzungen handelt es sich um die einseitig erlassene Rechtssetzung eines eigenständigen, dem Staat eingeordneten Verbandes zur Regelung seiner eigenen Angelegenheiten im Rahmen der ihm verliehenen staatlichen Autonomie. Satzungen sind Rechtsvorschriften und damit Gesetze zwar nicht im formellen, aber im materiellen Sinne, nicht hingegen private Rechtsakte. Die in öffentlich-rechtlicher Satzung erfolgte Vertretungsdelegation ist daher keine rechtsgeschäftliche Erteilung von Vertretungsmacht.[40]

21 **3. Inkenntnissetzen. a)** Die Zurückweisung der Kündigung ist allerdings nach § 174 Satz 2 BGB ausgeschlossen, wenn der Vollmachtgeber den Empfänger der Kündigung **von der Bevollmächtigung in Kenntnis gesetzt** hatte. Der Kündigungsempfänger soll nach § 174 BGB die Kündigung zurückweisen können, wenn er keine Gewissheit hat, ob der Erklärende wirklich bevollmächtigt ist und der Vertretene die Erklärung gegen sich gelten lassen muss. Das Inkenntnissetzen setzt eine entsprechende Information über die Bevollmächtigung durch den Vollmachtgeber und nicht einen Hinweis des Vertreters auf seine Vertreterstellung voraus. Deshalb genügt der Vertretungszusatz bei der Unterschrift nicht.[41] Das Inkenntnissetzen kann in ganz unterschiedlicher Weise erfolgen. Der Arbeitgeber kann den Arbeitnehmer beispielsweise im Arbeitsvertrag über die Kündigungsberechtigung im Unternehmen informieren.[42] Möglich ist auch, die Belegschaft durch Rundschreiben, Aushänge sowie Bekanntmachungen im Intranet zu unterrichten.[43] Die Rechtsprechung des BAG lässt dies freilich nicht ausreichen, weil § 174 Satz 2 BGB keine Nachforschungen vom Erklärungsempfänger über die Bevollmächtigung des

---

[34] Dazu *Diller* FA 99, 106; ErfK/*Müller-Glöge* § 620 BGB RN 22ff.; *Linck* AR-Blattei SD 1010.3 (2006) RN 166ff.; Stahlhacke/*Preis* RN 190ff.

[35] Ebenso verneinend OLG Hamm 26. 10. 1990 EzA 8 zu § 174 BGB; LAG Düsseldorf 22. 2. 1995 LAGE § 174 BGB Nr. 7; MünchKommBGB/*Hesse* Vor § 620 RN 83; Stahlhacke/*Preis* RN 190.

[36] LAG Berlin 28. 6. 2006 NZA-RR 2007, 15.

[37] BAG 10. 2. 2005 AP 18 zu § 174 BGB = NZA 2005, 1207.

[38] BAG 18. 1. 1990 AP 1 zu § 30 BGB = NZA 90, 520; 20. 9. 2006 AP 19 zu § 174 BGB = NZA 2007, 377.

[39] BAG 10. 2. 2005 AP 18 zu § 174 BGB = NZA 2005, 1207.

[40] BAG 20. 9. 2006 AP 19 zu § 174 BGB = NZA 2007, 377.

[41] BAG 12. 1. 2006 AP 54 zu § 1 KSchG 1969 Verhaltensbedingte Kündigung = NZA 2006, 980.

[42] LAG Berlin 25. 7. 2002 NZA-RR 2003, 538.

[43] Ebenso ErfK/*Müller-Glöge* § 620 BGB RN 24; ähnlich MünchKommBGB/*Hesse* Vor § 620 RN 84 für den Fall, dass der Arbeitgeber die Arbeitnehmer auffordert, sich im Internet über die Vertretungsbefugnis zu informieren.

Erklärenden verlange, sondern ein Inkenntnissetzen und damit ein Handeln des Vertretenen zur Information des Erklärungsempfängers.[44] Wird eine Kündigung von einem Prokuristen des Arbeitgebers erklärt, dessen Prokura im Handelsregister eingetragen und bekannt gemacht worden ist, bedarf es nicht der Vorlage einer Vollmachtsurkunde nach Maßgabe des § 174 Satz 1 BGB. Vielmehr hat der Arbeitgeber in einem solchen Fall die Belegschaft i. S. d. § 174 Satz 2 BGB über die von der Prokura umfasste Kündigungsberechtigung in Kenntnis gesetzt, der Gekündigte muss die Prokuraerteilung gemäß § 15 II HGB gegen sich gelten lassen.[45]

b) Der Arbeitgeber setzt die Arbeitnehmer des Weiteren dadurch über die Kündigungsberechtigung in Kenntnis, dass er einen Mitarbeiter in eine Stellung beruft, mit der das Kündigungsrecht regelmäßig verbunden ist. Regelmäßig ist in der Bestellung einer Person zum **Personalleiter** die Mitteilung an die Belegschaft enthalten, dass dieser zum Ausspruch der Kündigung berechtigt sei (§ 174 Satz 2 BGB).[46] Das gilt auch, wenn der Personalleiter einen Abteilungsleiter kündigt, der auf derselben Ebene wie der Personalleiter arbeitet. Im Rahmen einer internen Organisation werden dem Führungspersonal verschiedene Aufgaben zugewiesen, die sie letztlich in eigener Verantwortung wahrzunehmen haben.[47] Kündigungsberechtigt i. S. v. § 174 Satz 2 BGB kann je nach Größe auch der Leiter einer Niederlassung im Hinblick auf die dort beschäftigten Arbeitnehmer sein.[48] Darauf, ob die Kündigungsvollmacht im **Innenverhältnis** zu dem Arbeitgeber eingeschränkt ist, kommt es nicht an. **Personalsachbearbeiter** gelten nicht kraft ihrer Funktion als kündigungsberechtigt, weshalb sie eine besondere Vollmacht benötigen.[49] 22

c) Betreibt ein **Rechtsanwalt eine Anwaltskanzlei selbstständig,** ohne dass die anderen im Briefkopf der Kanzlei aufgeführten Anwälte auf die tägliche Arbeit und die Personalentscheidungen erkennbar Einfluss nehmen, kann er einem von ihm angestellten Rechtsanwalt für die (Schein-)Sozietät wirksam kündigen, ohne nach § 174 BGB eine Vollmacht der anderen Mitglieder der (Schein-)Sozietät vorzulegen.[50] 23

d) Erfolgt die **Kündigung durch einen von mehreren Geschäftsführern** einer GmbH, ist dieser aber nur zusammen mit dem zweiten Geschäftsführer im Wege der **Gesamtvertretung** zur Vertretung der Gesellschaft berechtigt, kann der Arbeitnehmer die Kündigung nach § 174 Satz 1 BGB zurückweisen. Zwar kann ein Geschäftsführer den anderen ermächtigen und der zweite Gesamtvertreter allein die Willenserklärung abgeben. Diese Ermächtigung ist aber eine Erweiterung der gesetzlichen Vertretungsmacht, auf welche die Vorschriften über die rechtsgeschäftliche Stellvertretung und damit auch §§ 174, 180 BGB entsprechend anzuwenden sind. Wird die Kündigung von dem einen Geschäftsführer allein ohne Beifügung einer Vollmachtsurkunde ausgesprochen, kann der Arbeitnehmer die Kündigung mit der Begründung zurückweisen, eine Ermächtigungsurkunde des anderen Geschäftsführers habe nicht vorgelegen. Die Zurückweisung muss jedoch eindeutig aus diesem Grunde erfolgen.[51] Haben zwei Prokuristen Gesamtprokura und unterschreibt ein Gesamtprokurist neben einem Dritten die Kündigung, kann daraus nicht gefolgert werden, der andere Gesamtprokurist habe ihn zur Kündigung ermächtigt.[52] 24

e) Der BGH hat ein Zurückweisungsrecht nach § 174 Satz 1 BGB bejaht, wenn ein **alleinvertretungsberechtigter Gesellschafter einer Gesellschaft des bürgerlichen Rechts** eine einseitige empfangsbedürftige Willenserklärung abgibt und ihr weder eine Vollmacht der anderen Gesellschafter, noch den Gesellschaftsvertrag, noch eine Erklärung der anderen Gesellschaf- 25

---

[44] BAG 20. 9. 2006 AP 19 zu § 174 BGB = NZA 2007, 377; im Ergebnis auch BAG 3. 7. 2003 AP 45 zu § 1 KSchG 1969 Verhaltensbedingte Kündigung = NZA 2004, 427 zu einem Aushang am „Schwarzen Brett"; ablehnend auch LAG Berlin 28. 6. 2006 NZA-RR 2007, 15 und LAG Köln 3. 5. 2002 NZA-RR 2003, 194.

[45] BAG 21. 5. 2008 NZA 2008, 753.

[46] BAG 30. 5. 1972 AP 1 zu § 174 BGB = NJW 72, 1877; 29. 10. 1992 AP 10 zu § 174 BGB = NZA 93, 307; 20. 8. 1997 AP 11 zu § 620 BGB Kündigungserklärung = NZA 97, 1343; 22. 1. 1998 AP 11 zu § 174 BGB = NZA 98, 699; LAG Köln 7. 7. 1993 NZA 94, 419.

[47] LAG Niedersachsen 19. 9. 2003 NZA-RR 2004, 195.

[48] LAG Hamm 20. 6. 2000 NZA-RR 2000, 585; Hessisches LAG 20. 6. 2000 LAGE § 174 BGB Nr. 11; a. A. freilich Hessisches LAG 4. 7. 1997 NZA-RR 98, 396; stark einschränkend auch LAG Berlin 28. 6. 2006 NZA-RR 2007, 15; dazu *Wolff/Lahr* DB 2007, 470.

[49] BAG 30. 5. 1978 AP 2 zu § 174 BGB; zum Personalsachbearbeiter im öffentl. Dienst: BAG 29. 6. 1989 AP 7 zu § 174 BGB = NZA 90, 63.

[50] BAG 6. 2. 1997 AP 10 zu § 620 BGB Kündigungserklärung = NZA 97, 655.

[51] BAG 10. 12. 1980 AP 4 zu § 174 BGB; 10. 2. 2005 AP 18 zu § 174 BGB = NZA 2005, 1207.

[52] LAG Rheinland-Pfalz 10. 12. 1996 DB 97, 1723.

ter beifügt, aus der sich die Befugnis des handelnden Gesellschafters zur alleinigen Vertretung der Gesellschaft ergibt. Der Gesellschafter nimmt in diesem Fall eine von §§ 709, 714 BGB abweichende Regelung der Vertretung der Gesellschaft für sich in Anspruch, obwohl sich die Vertretungsverhältnisse lediglich aus dem – möglicherweise formlosen – Gesellschaftsvertrag ergeben.[53]

26 **4. Insolvenzverwalter.** Führt ein Insolvenzverwalter den Betrieb längere Zeit fort und beschäftigt er den bisherigen Personalleiter in gleicher Funktion weiter, ist bei der **Kündigung durch den Personalleiter** die Vorlage einer Vollmachtsurkunde nach § 174 Satz 1 BGB nicht erforderlich. Bedient sich der Verwalter dabei in gleicher Weise wie zuvor der Gemeinschuldner eines Personalleiters, gelten für die Anwendung des § 174 Satz 2 BGB keine Besonderheiten, denn Insolvenzverwalter kündigen aus eigenem Recht.[54] Auch der Insolvenzverwalter kann zumindest in beschränktem Umfang Vollmachten erteilen und sich z. B. bei der Erklärung von Kündigungen durch einen Bevollmächtigten vertreten lassen.[55]

27 Bestimmt das Amtsgericht, dass Verfügungen des Schuldners über Gegenstände seines Vermögens nur noch mit **Zustimmung des vorläufigen Insolvenzverwalters** wirksam sind (§ 21 II Nr. 2 2. Alt. InsO), bleibt die Kündigungsbefugnis beim Schuldner. Der Zustimmungsvorbehalt bewirkt, dass der vorläufige Insolvenzverwalter wirksame rechtsgeschäftliche Verfügungen des Schuldners verhindern kann. Die Kündigung von Arbeitsverhältnissen bedarf deshalb der Zustimmung des Insolvenzverwalters. Eine ohne Zustimmung erklärte Kündigung ist unwirksam. Legt der Schuldner die schriftliche Einwilligung des vorläufigen Insolvenzverwalters nicht vor, kann der Arbeitnehmer die Kündigung gem. § 182 III BGB zurückweisen.[56] Eine Bevollmächtigung i. S. v. § 174 Satz 2 BGB liegt nicht vor, wenn der Insolvenzverwalter als Partei kraft Amtes einem soziierten Rechtsanwalt im Einzelfall die Befugnis zum Ausspruch der Kündigung erteilt. Mangels besonderer Kündigungsvollmacht kann die Kündigung nach § 174 Satz 1 BGB zurückgewiesen werden.[57]

28 **5. Öffentlicher Dienst. § 174 BGB gilt auch** für Kündigungen im öffentlichen Dienst.[58]

29 **a)** Das in Kenntnis setzen i. S. v. § 174 Satz 2 BGB kann nicht durch **intern praktizierte Verwaltungsregelungen,** die nicht bekannt gegeben werden, erfolgen. Erforderlich ist eine öffentliche Bekanntmachung.[59] Ist in einer größeren Verwaltung die Personalabteilung lediglich für die Sachbearbeitung und für Grundsatzfragen zuständig, während nach den veröffentlichten Allgemeinen Dienst- und Geschäftsanweisungen für die Stadtverwaltung die **Federführung in Personalfragen den einzelnen Amtsleitern vorbehalten** bleibt, sind gegenüber den Arbeitnehmern ihres Amts die einzelnen Amtsleiter, nicht jedoch der Leiter des Personalamtes kündigungsbefugt. Die Amtsleiter können deshalb gem. § 174 Satz 2 BGB bei entsprechender Kenntnis des Arbeitnehmers ohne Vollmachtsvorlage kündigen.[60]

30 **b)** Mitarbeiter des höheren Dienstes sind nicht ohne Weiteres kündigungsberechtigt.[61] Der **Referatsleiter in der Personalabteilung einer Behörde** gehört nicht ohne Weiteres zu dem Personenkreis, der nach § 174 Satz 2 BGB wie ein Personalabteilungsleiter als Bevollmächtigter des Arbeitgebers anzusehen ist.[62]

31 **c)** Schreibt eine Gemeindeordnung vor, dass eine schriftliche Kündigung gegenüber einem Angestellten nur rechtsverbindlich ist, wenn das Kündigungsschreiben vom Gemeindedirektor und dem Ratsvorsitzenden handschriftlich unterzeichnet und mit **Dienstsiegel** versehen ist, handelt es sich nach Auffassung des BAG hierbei nicht um eine Formvorschrift, sondern um eine Vertretungsregelung. Das Dienstsiegel stehe in derartigen Fällen als Legitimationszeichen einer Vollmachtsurkunde i. S. v. § 174 Satz 1 BGB gleich. Unterbleibe die Anbringung des

---

[53] BGH 9. 11. 2001 AuR 2003, 115.

[54] Vgl. BAG 22. 1. 1998 AP 11 zu § 174 BGB zum Gesamtvollstreckungsverwalter; ErfK/*Müller-Glöge* § 620 BGB RN 29.

[55] BAG 21. 7. 1988 EzA 26 zu § 1 KSchG Soziale Auswahl.

[56] BAG 10. 10. 2002 AP 1 § 21 InsO.

[57] LAG Köln 31. 8. 2000 LAGE § 174 BGB Nr. 12.

[58] St. Rspr., zuletzt BAG 20. 9. 2006 AP 19 zu § 174 BGB = NZA 2007, 377.

[59] BAG 20. 9. 2006 AP 19 zu § 174 BGB = NZA 2007, 377; 12. 1. 2006 AP 54 zu § 1 KSchG 1969 Verhaltensbedingte Kündigung = NZA 2006, 980; 18. 10. 2000 AP 9 zu § 626 BGB Krankheit = NZA 2001, 219; 29. 6. 1989 AP 7 zu § 174 BGB = NZA 90, 63.

[60] BAG 7. 11. 2002 AP 18 zu § 620 BGB Kündigungserklärung = NZA 2003, 520.

[61] BAG 12. 1. 2006 AP 54 zu § 1 KSchG 1969 Verhaltensbedingte Kündigung = NZA 2006, 980.

[62] BAG 20. 8. 1997 AP 11 zu § 620 BGB Kündigungserklärung = NZA 97, 1343; zu Sachbearbeitern vgl. BAG 29. 6. 1989 AP 7 zu § 174 BGB = NZA 90, 63.

Dienstsiegels und damit die Dokumentation der Vertretungsmacht, könne der Arbeitnehmer in entsprechender Anwendung von § 174 Satz 1 BGB die Kündigung unverzüglich zurückweisen.[63] Diese Auffassung ist allerdings **nicht überzeugend.** Denn die Verwendung des Dienstsiegels besagt gerade nicht, dass der Verwender auch zur Abgabe einer Kündigungserklärung berechtigt ist. Keineswegs kann jeder Bedienstete, der berechtigt ein Dienstsiegel verwendet, auch kündigen.[64]

6. Zurückweisung „wegen" fehlender Vollmachtsurkunde. Der Gekündigte muss nach § 174 Satz 1 BGB die Kündigung **wegen** nicht vorgelegter Vollmachtsurkunde unverzüglich zurückweisen. Dies muss zwar nicht ausdrücklich erfolgen. Aus der Begründung der Zurückweisung oder anderen Umständen hat sich jedoch eindeutig und für den Kündigenden zweifelsfrei zu ergeben, dass die Zurückweisung wegen der nicht vorgelegten Vollmachtsurkunde erfolgt. Diesen Anforderungen genügt nicht die Erklärung des Gekündigten, er widerspreche der Kündigung, deren Rechtskraft er auch deswegen anzweifele, weil das Kündigungsschreiben wahrscheinlich mit dem Mangel der nicht rechtsverbindlichen Unterzeichnung behaftet sei. Hierin liegt nur ein Bestreiten der Berechtigung, nicht aber die Beanstandung der unterbliebenen Vorlage der Vollmachtsurkunde.[65] Die Zurückweisungserklärung durch einen Bevollmächtigten unterliegt ihrerseits § 174 Satz 1 BGB. Sie kann deshalb wegen der Nichtvorlage einer Originalvollmacht zurückgewiesen werden.[66] 32

7. Unverzüglich. Die Zurückweisung muss unverzüglich erfolgen (§ 121 BGB). Dem Erklärungsempfänger steht damit eine **angemessene Spanne zur Überlegung und zur Einholung von Rechtsrat** zu. I. d. R. dürfte der Zeitraum von einer Woche nicht zu lang sein.[67] Dagegen ist die Zurückweisung grundsätzlich nicht mehr unverzüglich erklärt, wenn eine Frist von neun[68] bzw. zehn Tagen überschritten ist[69] oder sie erst in einer fristgerecht erhobenen Kündigungsschutzklage erfolgt und die Klagefrist von drei Wochen bei Zustellung der Klage abgelaufen ist.[70] Gleiches gilt, wenn der Kündigungsempfänger vier Tage nach Zugang der Kündigung einen Rechtsanwalt aufsucht und die Erklärung über die Zurückweisung der Kündigung wegen fehlender Vollmachtsvorlage erst 13 Tage nach Zugang der Kündigung durch Zustellung der nur in der Klageschrift enthaltenen Zurückweisungserklärung dem Kündigenden zur Kenntnis gelangt.[71] 33

IV. Zugang der Kündigung

Allgemein: *Becker-Schaffner,* Zugang der Kündigung, BB 98, 422; *Gaul/Otto,* Zugangsprobleme bei Kündigungen, ArbRB 2003, 306; *Herbert,* Zugangsverzögerung einer Kündigung per Einschreiben und der Lauf der Klagefrist des § 4 KSchG, NJW 97, 1829; *Hohmeister,* Beweisschwierigkeiten beim Zugang einer Kündigung, BB 98, 1477; *Laber,* Zugang und Zustellung im Arbeitsrecht, FA 98, 170; *Mauer,* Zugangsfiktion für Kündigungserklärungen in Arbeitsverträgen, DB 2002, 1442; *Späth,* Zustellung durch die Post, NJW 98, 1620; vgl. im Übrigen die Kommentare zu § 130 BGB.

Einwurf-Einschreiben: *Bauer/Diller,* Kündigung durch Einwurf-Einschreiben – ein Kunstfehler!, NJW 98, 2795; *Berger-Delhey,* Briefe, die ihn nicht erreichten, ZTR 99, 164; *Dübbers,* Das neue Einwurf-Einschreiben der Deutschen Post AG und seine juristische Einordnung, NJW 97, 2503; *Ettwig,* Einwurf-Einschreiben als sichere Zustellungsform?, FA 98, 368; *Laber,* Zugang und Zustellung im Arbeitsrecht, FA 98, 170; *Neuvians/Mensler,* Die Kündigung durch Einschreiben nach Einführung der neuen Briefzusatzleistungen, BB 98, 1206; *Reichert,* Der Zugangsnachweis beim Einwurf-Einschreiben, NJW 2001, 2523.

Elektronische Übermittlung: *Burgard,* Das Wirksamwerden empfangsbedürftiger Willenserklärungen im Zeitalter moderner Telekommunikation, AcP 195, 74; *Elzer/Jacoby,* Durch Fax übermittelte Willenserklärungen und Prozesshandlungen, ZIP 97, 1821; *Thannheiser,* Werden Fristen durch Übersendung einer Erklärung per Telefax gewährt?, BetrR 97, 79; *Ultsch,* Zugangsprobleme bei elektronischen Willenserklärungen, NJW 97, 3007.

1. Zugang unter Anwesenden. Die Kündigung wird wirksam, wenn sie dem Kündigungsgegner zugeht (§ 130 BGB). Für den Zugang einer schriftlichen Kündigung unter Anwe- 34

[63] BAG 29. 6. 1988 AP 6 zu § 174 BGB = NZA 89, 143.
[64] BAG 20. 8. 1997 AP 11 zu § 620 BGB Kündigungserklärung = NZA 97, 1343.
[65] BAG 18. 12. 1980 AP 5 zu § 174 BGB = NJW 81, 1210.
[66] Vgl. LAG Berlin 30. 4. 2004 – 13 Sa 350/04.
[67] BAG 30. 5. 1978 AP 2 zu § 174 BGB; 11. 7. 1991 AP 9 zu § 174 BGB = NZA 92, 449.
[68] BAG 5. 4. 2001 AP 171 zu § 626 BGB = NZA 2001, 954.
[69] LAG Düsseldorf 22. 2. 1995 NZA 95, 994; Hessisches LAG 12. 3. 2001 FA 2001, 207.
[70] BAG 11. 3. 1999 AP 150 zu § 626 BGB; LAG Köln 20. 2. 1997 LAGE § 174 BGB Nr. 10.
[71] LAG Rheinland-Pfalz 6. 2. 2001 LAGReport 2002, 13.

senden genügen die Aushändigung und Übergabe des Schriftstücks, so dass der **Empfänger in der Lage ist, vom Inhalt der Erklärung Kenntnis zu nehmen.** Für den Zugang eines Schriftstücks unter Anwesenden ist es ausreichend, wenn dem Adressaten das Schriftstück nur zum Durchlesen überlassen wird. Eine Kündigung ist daher wirksam, wenn der gekündigte Arbeitnehmer die Empfangsbestätigung eines Kündigungsschreibens versehentlich auf dem Original bestätigt hat und ihm nur eine Kopie des Kündigungsschreibens ausgehändigt wurde.[72] Gleiches gilt, wenn einem Arbeitnehmer ein Kündigungsschreiben ausgehändigt wird und dieser das Kündigungsschreiben kurze Zeit später zurückgibt.[73] Überreicht der Arbeitgeber dem Arbeitnehmer ein Kündigungsschreiben in einem verschlossenen Briefumschlag, gibt dieser den ungeöffneten Brief jedoch wieder zurück, weil der Arbeitgeber keine Angaben über den Inhalt des Schreibens machen will, ist die Kündigungserklärung als Erklärung unter Anwesenden zugegangen.[74] Dem Arbeitnehmer ist in diesem Fall auch verwehrt, in einem späteren Prozess mit Nichtwissen zu bestreiten, dass der Umschlag tatsächlich ein Kündigungsschreiben enthielt.[75] Unerheblich ist, wenn der Arbeitnehmer die Kündigung wegen fehlender Sprachkenntnisse nicht lesen und verstehen konnte,[76] denn der Gekündigte hat die Möglichkeit, sich das erhaltene Schreiben übersetzen zu lassen.[77]

35 **2. Hausbriefkasten. a)** Unter Abwesenden ist eine Kündigung zugegangen, wenn sie so in den Machtbereich des Empfängers gelangt, dass dieser **unter gewöhnlichen Umständen vom Inhalt der Willenserklärung Kenntnis nehmen** kann.[78] Dies ist regelmäßig beim Einwurf eines Briefs in den Hausbriefkasten anzunehmen, weil der Empfänger dann vom Inhalt des Schreibens Kenntnis erlangen kann.[79] Unerheblich ist, ob der Empfänger von dem Kündigungsschreiben Kenntnis nimmt. Die Kündigung wird wirksam, wenn der Kündigungsempfänger die abstrakte Möglichkeit der Kenntnisnahme hatte.

36 **b)** Bei der **Übermittlung durch Boten** kommt es bezüglich des Zugangsdatums darauf an, zu welcher Zeit das Kündigungsschreiben in den Briefkasten eingelegt wird. Erfolgt der Einwurf vor der gewöhnlichen Postzustellung, kann der Arbeitnehmer nach den üblichen Gepflogenheiten von dem Schreiben an diesem Tage Kenntnis nehmen. Dabei kommt es nicht darauf an, wann die Post im konkreten Zustellbereich des Empfängers üblicherweise ausgeliefert wird. Für die Bestimmung des Zugangszeitpunkts i. S. d. § 130 I 1 BGB gilt vielmehr ein objektiver Maßstab. Entscheidend ist, wann der Erklärende nach der Verkehrssitte mit einer Kenntnisnahme des Adressaten vom Erklärungsinhalt rechnen kann.[80] Ein durch Boten gegen 12.40 Uhr in den Briefkasten des Arbeitnehmers eingeworfenes Kündigungsschreiben geht auch dann am selben Tage zu, wenn der normale Posteinwurf üblicherweise etwa zwei Stunden früher erfolgt.[81] Arbeitnehmer, die sich selbst wegen Krankheit, Urlaub oder aus sonstigen Gründen vorübergehend zu Hause aufhalten oder zwar arbeiten, jedoch mit Personen zusammenwohnen, die tagsüber nicht dauernd oder für längere Zeit die Wohnung verlassen, überprüfen gewöhnlich alsbald nach der üblichen Postzustellungszeit ihren Briefkasten.[82] Von ihnen ist deshalb nach der Verkehrsanschauung keine Nachschau am späten Nachmittag mehr zu erwarten. Erst längere Zeit nach den allgemeinen Postzustellzeiten wird nach Auffassung des BAG ein Wohnungsbriefkasten auf eingegangene Post nur dann überprüft, wenn der Empfänger tagsüber arbeitet und alleinstehend ist oder mit ebenfalls berufstätigen oder anderen am Tage üblicherweise abwesenden Personen in der Wohnung zusammenlebt. Erfolgt der Einwurf des Kündigungsschreibens in den Briefkasten um 15.40 Uhr[83] bzw. 19.30 Uhr,[84] kann der Kündigende grundsätzlich nicht damit rechnen, der Empfänger werde an diesem Tag noch seinen Briefkasten leeren.

---

[72] BAG 4. 11. 2004 AP 3 zu § 623 BGB = NZA 2005, 513.

[73] LAG Köln 4. 9. 2007 – 14 Ta 184/07.

[74] BAG 7. 1. 2004 RzK I 2 c Nr. 36.

[75] Sächsisches LAG 11. 2. 2003 – 7 Sa 292/02.

[76] LAG Köln 24. 3. 1988 NJW 88, 1870; LAG Hamburg 6. 7. 1990 LAGE § 130 BGB Nr. 16; a. A. LAG Hamm 5. 1. 1979 EzA 9 zu § 130 BGB = NJW 79, 2488.

[77] LAG Köln 4. 9. 2007 – 14 Ta 184/07.

[78] Vgl. st. Rspr., vgl. BAG 24. 6. 2004 AP 22 zu § 620 BGB Kündigungserklärung = NZA 2004, 1330; MünchKommBGB/*Einsele* § 130 RN 16 ff. m. w. N.

[79] Vgl. BAG 2. 3. 1989 AP 17 zu § 130 BGB; 25. 4. 1996 AP 35 zu § 4 KSchG 1969 = NZA 96, 1227.

[80] Vgl. LAG Nürnberg 5. 1. 2004 NZA-RR 2004, 631.

[81] LAG Hamm 26. 5. 2004 RzK I 2 c Nr. 37.

[82] BAG 8. 12. 1983 AP 12 zu § 130 BGB = NZA 84, 31.

[83] LAG München 5. 3. 2008 – 7 Ta 2/08.

[84] BAG 14. 11. 1984 AP 88 zu § 626 BGB = NZA 86, 97; siehe auch BAG 8. 12. 1983 AP 12 zu § 130 BGB = NZA 84, 31: Zugang erst am nächsten Tag bei Einwurf um 16.30 Uhr.

3. Übergabe an Dritte. Die Kündigung kann auch zugehen, wenn sie an unterstelltes **Personal,**[85] einen **Familienangehörigen,**[86] die **Lebensgefährtin**[87] oder den **Zimmervermieter** (unerheblich, ob nach Postordnung zulässig) an der Wohnungstür ausgehändigt wird.[88] Wird dagegen die Kündigung einem **Empfangsboten** ausgehändigt, geht sie dem Adressaten erst zu, wenn nach dem regelmäßigen Verlauf der Dinge die Übermittlung an den Adressaten zu erwarten ist.[89] Die Kündigung geht auch zu, wenn sie unter der Wohnungstür des Empfängers durchgeschoben wird.[90] 37

4. Postfach. Hatte der Kündigungsgegner eine **postlagernde oder Postfachanschrift** angegeben, geht die Kündigung zu, sobald die Post sie zur Abholung bereithält bzw. sie in das Postfach einlegt und üblicherweise noch mit der Abholung gerechnet werden kann.[91] 38

5. Mehrere Wohnsitze. Ist im Arbeitsvertrag der Hauptwohnsitz des Arbeitnehmers aufgeführt und unterhält dieser einen **Zweitwohnsitz** am Arbeitsort, kann ein Arbeitgeber ohne Hinzutreten besonderer Umstände nicht annehmen, dass der Arbeitnehmer auch am Zweitwohnsitz Vorkehrungen getroffen hat, die es ihm ermöglichen, sich zeitnah Kenntnis von einem Kündigungsschreiben zu verschaffen.[92] Erfolgt die Kündigung an den Hauptwohnsitz, ist dies bereits kraft melderechtlicher Definition grundsätzlich der Ort, an dem der Arbeitnehmer unter gewöhnlichen Umständen von dem Schreiben Kenntnis nehmen kann. Dies gilt insbesondere, wenn der Arbeitnehmer berechtigt oder unberechtigt der Arbeit fernbleibt. Wird ein Brief wegen **fehlerhafter Frankierung** nicht oder verspätet zugeleitet oder weist der Kündigungsempfänger ihn wegen des Nachportos zurück, trägt der Kündigende das Risiko.[93] 39

6. Abwesenheit des Arbeitnehmers. Besondere Zugangsprobleme ergeben sich, wenn sich der Kündigungsempfänger infolge **Umzugs, Urlaubs, Krankheit, Kur oder Haft** nicht an seinem gewöhnlichen Aufenthaltsort aufhält. Die Lösung der sich hieraus ergebenden Streitfragen ist aus der Risikoverteilung in § 130 BGB zu gewinnen. Danach ist die Erklärung wirksam, wenn nach dem gewöhnlichen Verlauf der Dinge mit der Möglichkeit der Kenntnisnahme durch den Empfänger zu rechnen ist. 40

Bei einem **Umzug** ist eine Kündigung an die bisherige Anschrift möglich, solange die neue Anschrift nicht mitgeteilt und kein Nachsendeantrag gestellt ist. Der Empfänger kann sich auf den verspäteten Zugang nicht berufen, wenn er nichts dafür getan hat, dass ihn das Schreiben an der neuen Anschrift erreicht.[94] Die Mitteilung der neuen Anschrift kann nach Auffassung des BAG auch durch Übermittlung einer Arbeitsunfähigkeitsbescheinigung mit neuer Adresse erfolgen.[95] Dies ist jedoch abzulehnen, weil Gegenstand der Arbeitsunfähigkeitsbescheinigung nicht die Mitteilung einer neuen Anschrift ist, sondern der Nachweis der Arbeitsunfähigkeit. Der Arbeitgeber hat deshalb redlicherweise keine Veranlassung, die auf der Bescheinigung des Arztes angegebene Anschrift mit der ihm vorliegenden Anschrift des Beschäftigten abzugleichen und ggf. zu korrigieren. Vom Arbeitnehmer ist vielmehr gem. § 242 BGB zu erwarten, dass er dem Arbeitgeber eine Adressenänderung unverzüglich ausdrücklich mitteilt. Entsprechende vertragliche Vereinbarungen sind wirksam und halten auch einer Inhaltskontrolle nach § 307 BGB stand. 41

Während des **Urlaubs** ist ein Kündigungsschreiben dann zugegangen, wenn es an die Wohnungsanschrift zugestellt bzw. in den Hausbriefkasten eingelegt wird. Dies gilt auch dann, wenn der Arbeitnehmer verreist ist und der Arbeitgeber die Urlaubsanschrift kennt.[96] Entsprechendes gilt, wenn sich der Arbeitnehmer in **Untersuchungshaft** oder **Auslieferungshaft** im Ausland befindet.[97] Bei einer Versäumung der Klagefrist des § 4 KSchG ist in diesen Fällen regelmäßig 42

---

[85] BAG 13. 10. 1976 AP 8 zu § 130 BGB.

[86] BAG 11. 11. 1992 AP 18 zu § 130 BGB = NZA 93, 259; LAG Düsseldorf DB 65, 186.

[87] LAG Bremen 17. 2. 1988 NZA 88, 548.

[88] BAG 16. 1. 1976 AP 7 zu § 130 BGB; dazu *Moritz* BB 77, 400.

[89] BGH 15. 3. 1989 NJW-RR 89, 757 = EzA 23 zu § 130 BGB; dazu auch BAG 11. 11. 1992 AP 18 zu § 130 BGB = NZA 93, 259.

[90] LAG Düsseldorf 7. 12. 1995 LAGE § 130 BGB Nr. 20.

[91] BAG 24. 10. 1985 AP 38 zu § 794 ZPO = NJW 86, 1373; 8. 12. 1983 AP 12 zu § 130 BGB = NZA 84, 31; LAG Köln 2. 12. 2006 AuA 2007, 305.

[92] LAG Düsseldorf 7. 12. 1995 LAGE 20 zu § 130 BGB; a. A. ArbG Stade 6. 8. 1990 BB 1991, 625.

[93] Ebenso APS/*Preis* Grundlagen D RN 42.

[94] BAG 22. 9. 2005 AP 24 zu § 130 BGB = NZA 2006, 204; ArbG Gelsenkirchen 31. 8. 1994 BB 95, 362.

[95] BAG 18. 2. 1977 AP 10 zu § 130 BGB.

[96] BAG 24. 6. 2004 AP 22 zu § 620 BGB Kündigungserklärung = NZA 2004, 1330; 16. 3. 1988 AP 16 zu § 130 BGB = NZA 88, 875.

[97] BAG 2. 3. 1989 AP 17 zu § 130 BGB = NZA 89, 635.

auf Antrag des Arbeitnehmers die Kündigungsschutzklage nach § 5 KSchG nachträglich zuzulassen (§ 139 RN 14). Sendet der Arbeitgeber die Kündigung an die Urlaubsanschrift und hat der Arbeitnehmer den Urlaubsort bereits wieder verlassen, ist kein Zugang erfolgt.[98]

43 **7. Einschreiben.** Das Einschreiben kommt in **zwei Formen** vor: Übergabe-Einschreiben und Einwurf-Einschreiben.

43a **a)** Ein **Übergabe-Einschreiben** geht erst mit der Aushändigung durch die Post zu.[99] Ist der Adressat zur Zeit der Briefzustellung nicht zu Hause, wird ein Benachrichtigungszettel in den Hausbriefkasten geworfen. Durch den Benachrichtigungszettel wird der Empfänger lediglich in die Lage versetzt, das Einschreiben in seinen Machtbereich zu bringen. Die Niederlegung des Einschreibens bei der Post und die Benachrichtigung des Empfängers von der Niederlegung können deshalb den Zugang der Willenserklärung nicht ersetzen.

44 Auch wenn der Empfänger den Zugang des Einschreibens dadurch verzögert, dass er den **Einschreibebrief nicht unverzüglich beim Postamt abholt,** rechtfertigt dies noch nicht ohne Weiteres, einen anderen Zugangszeitpunkt, etwa den der frühest möglichen Abholung des Einschreibebriefs, zu fingieren. Soweit es bei der Frage der Rechtzeitigkeit des Zugangs der Kündigungserklärung darum gehe, ob die Dreiwochenfrist des § 4 KSchG gewahrt werde, gelte – so das BAG – der allgemeine Grundsatz der Verwirkung.[100] Hole der Arbeitnehmer den Einschreibebrief mit der Kündigung zwar nicht unverzüglich, aber noch innerhalb der von der Post mitgeteilten Aufbewahrungsfrist von sieben Werktagen ab, betrage die dadurch verursachte Verzögerung der Klageerhebung nur wenige Tage. Eine Verwirkung des Klagerechts werde deshalb in derartigen Fällen in aller Regel sowohl am fehlenden Zeitmoment als auch am fehlenden Umstandsmoment scheitern. Deshalb bestehe im Regelfall kein Bedürfnis, die Klagefrist in Lauf zu setzen, bevor die Kündigung überhaupt (tatsächlich) zugegangen sei. Andererseits könne sich der Arbeitnehmer bei einer verzögerten Abholung des Kündigungsschreibens u. U. nach Treu und Glauben nicht auf den Ablauf der Zweiwochenfrist des § 626 II BGB berufen (dazu näher § 127 RN 20ff.). Gleiches gelte für den Eintritt eines Sonderkündigungsschutzes und den Ablauf der Wartefrist nach § 1 I KSchG.

45 **b)** Beim **Einwurf-Einschreiben**[101] wird die Postsendung in den Briefkasten oder das Postfach des Empfängers eingeworfen und dieser Vorgang durch den Zusteller auf einem Beleg vermerkt. Der Absender erhält von der Zustellung keine Nachricht. Er kann sich beim „Call-Center" der Deutschen Post AG oder über Internet über die Zustellung erkundigen. Auf Wunsch erhält er innerhalb von sechs Monaten gegen Zahlung einer Gebühr eine Kopie der elektronischen Erfassung des Auslieferungsbelegs. Über den Dienstplan und den computerlesbaren Barcode-Label ist der Postzusteller zu ermitteln.

46 Das Einwurf-Einschreiben hat nur **begrenzten Beweiswert.** Ein voller Zugangsbeweis kann nur durch öffentliche Urkunde oder Zeugenbeweis erbracht werden. Der Auslieferungsbeleg ist keine öffentliche Urkunde.[102] Der Vortrag der allein mündlichen Auskunft der Post im Prozess ist Parteivortrag. Legt die Partei die Kopie des Auslieferungsbelegs vor, wird allein bewiesen, dass das Call-Center eine entsprechende Erklärung abgegeben hat. Wird der Zusteller ermittelt und als Zeuge benannt, ist zweifelhaft, ob dieser sich erinnern kann. Nach der bisherigen Rechtsprechung ist nicht damit zu rechnen, dass aus dem Einlieferungsschein und dem Auslieferungsbeleg ein Beweis des ersten Anscheins folgt.

47 **8. Gerichtsvollzieher.** Die Kündigungserklärung gilt dann als zugegangen, wenn sie durch den Gerichtsvollzieher nach den Vorschriften der ZPO **zugestellt** worden ist (§ 132 BGB).[103]

48 **9. Beweislast.** Für den Zugang ist der Erklärende **beweispflichtig.**[104] Es gibt keinen Anscheinsbeweis dafür, dass ein zur Post gegebener Brief den Adressaten erreicht hat.[105] Setzt der Arbeitnehmer seine Unterschrift auf eine Ablichtung des Kündigungsschreibens oberhalb seines handschriftlichen Zusatzes „Kündigung erhalten am …", kann damit zwar kein Urkundenbe-

---

[98] LAG Hamm 25. 2. 1988 DB 88, 1123.

[99] BAG 25. 4. 1996 AP 35 zu § 4 KSchG 1969 = NZA 96, 1227; BGH 26. 11. 1997 AP 19 zu § 130 BGB.

[100] BAG 25. 4. 1996 AP 35 zu § 4 KSchG 1969 = NZA 96, 1227; enger freilich – ohne dies aber deutlich zu machen – BAG 7. 11. 2002 AP 19 zu § 620 BGB Kündigungserklärung = NZA 2003, 719.

[101] Schrifttum siehe vor RN 34; LG Potsdam 27. 7. 2000 NJW 2000, 3722.

[102] LAG Hamm 22. 5. 2002 LAGReport 2003, 8; *Gaul/Otto* ArbRB 2003, 306, 308.

[103] BAG 30. 6. 1983 AP 11 zu § 12 SchwbG; LAG Düsseldorf 8. 12. 1977 DB 78, 752.

[104] H. M., vgl. APS/*Preis* Grundlagen D RN 60.

[105] BAG 14. 7. 1960 AP 3 zu § 130 BGB; BVerfG 15. 5. 1991 NJW 91, 2757; dazu auch *Mauer* DB 2002, 1442, 1443.

weis hinsichtlich des Zeitpunkts des Zugangs der Kündigungserklärung geführt werden. Hierin kann jedoch ein der freien Beweiswürdigung gemäß § 286 I 1 ZPO unterliegendes außergerichtliches Geständnis gesehen werden.[106]

10. Vereinbarte Zugangsfiktion. Eine vertragliche Vereinbarung, wonach mit Aufgabe zur Post die Kündigung als zugegangen gilt, ist **unwirksam,** weil hierdurch die gesetzlichen Mindestkündigungsfristen und die Dreiwochenfrist des § 4 KSchG verkürzt werden.[107] Wird in vorformulierten Arbeitsverträgen der Zugang einer Kündigungserklärung bei Vorliegen näher bezeichneter Voraussetzungen fingiert („Die Kündigung gilt drei Tage nach Aufgabe zur Post als zugegangen"), liegt hierin ein Verstoß gegen **§ 308 Nr. 6 BGB,** der zur Unwirksamkeit der Klausel führt.[108] Eine solche Klausel ist auch nicht dadurch wirksam, dass dem Arbeitnehmer der Beweis des Gegenteils eröffnet wird („…, es sei denn, der Arbeitnehmer weist nach, dass er das Kündigungsschreiben nicht erhalten hat"). Eine solche Klausel würde abweichend von § 130 BGB dem Arbeitnehmer die Beweislast für den nicht erfolgten Zugang der Kündigung auferlegen. Dies verstößt gegen § 309 Nr. 12 BGB. **49**

11. Zugangsvereitelung. Verweigert der Adressat grundlos die Annahme eines Kündigungsschreibens, muss er sich nach den Grundsätzen von **Treu und Glauben gem. § 242 BGB** so behandeln lassen, als sei ihm das Schreiben im Zeitpunkt der Annahmeverweigerung zugegangen, wenn er im Rahmen vertraglicher Bestimmungen mit Mitteilungen rechnen musste.[109] Wenn auch eine allgemeine Pflicht, Empfangsvorkehrungen zu treffen, nicht besteht und der Empfänger einer Benachrichtigung über die Niederlegung einer Briefsendung nicht ohne Weiteres gehalten ist, das für ihn niedergelegte Schriftstück zeitnah abzuholen, sind doch Sachverhalte denkbar, in denen sich der Erklärungsempfänger, wenn er das niedergelegte Schriftstück nicht abholt, so behandeln lassen muss, als sei es in seinen Machtbereich gelangt.[110] **50**

So kann sich ein Arbeitnehmer, der aus dem Verfahren vor dem Integrationsamt **weiß, dass ihm eine fristlose Kündigung zugehen wird,** nach Treu und Glauben regelmäßig nicht auf den verspäteten Zugang des Kündigungsschreibens berufen, wenn er dieses nicht oder nicht zeitnah bei der Postdienststelle abgeholt hat, obwohl ihm ein Benachrichtigungsschreiben der Post zugegangen ist.[111] Der Arbeitnehmer vereitelt treuwidrig den Zugang eines Kündigungsschreibens, wenn er während der gesamten Dauer des Arbeitsverhältnisses nur eine **Wohnung als Adresse mitteilt, unter der er nicht erreichbar ist.** Das gilt insbesondere dann, wenn er mit dem Zugang einer Kündigung in den nächsten Tagen rechnen musste und die falsche Adresse erneut (hier durch Arbeitsunfähigkeitsbescheinigung) mitteilt.[112] Versäumt der Arbeitnehmer infolge der Annahmeverweigerung die Klagefrist, wird bei schuldhaftem Verhalten ein Antrag auf nachträgliche Zulassung der Klage (§ 5 KSchG) nicht begründet sein. **51**

Nicht erforderlich ist, dass der Empfänger den Zugang schuldhaft vereitelt; es reicht aus, wenn die Verzögerung auf Umstände zurückzuführen ist, die zu seinem Einflussbereich gehören.[113] Im Allgemeinen wird davon auszugehen sein, dass ein Kündigungsadressat durch **geeignete Vorkehrungen** sicherstellen muss, dass ihn Briefsendungen auch erreichen können.[114] So muss z. B. ein Briefkasten lesbar beschriftet sein.[115] Verfügt ein Haus mit mehreren Mietparteien über keine Briefkästen und erfolgt die Postzustellung üblicherweise durch Einwurf in den dafür vorgesehenen Briefschlitz der Haustür, ist ein auf diesem Weg per Boten zugestelltes Kündigungsschreiben in den Machtbereich des Empfängers gelangt und diesem zugegangen. Auf die tatsächliche Kenntnisnahme des Empfängers kommt es nicht an. Ist nach dem eigenen Vorbringen des Empfängers sichergestellt, dass ihn die ihm auf diesem Weg zugestellte Post in der Regel erreicht, kann er nicht geltend machen, ein nachgewiesenermaßen in den Briefschlitz eingewor- **52**

---

[106] LAG Berlin 12. 12. 2002 – 6 Ta 2229/02 n. v.

[107] Vgl. BAG 13. 10. 1976 AP 9 zu § 130 BGB.

[108] ErfK/*Preis* §§ 305–310 BGB RN 101; ausf. hierzu *Mauer* DB 2002, 1442.

[109] BAG 7. 11. 2002 AP 19 zu § 620 BGB Kündigungserklärung = NZA 2003, 719; 3. 4. 1986 AP 9 zu § 18 SchwbG; BGH 26. 11. 1997 AP 19 zu § 130 BGB; siehe dazu auch BAG 25. 4. 1996 AP 35 zu § 4 KSchG 1969 = NZA 96, 1227, das nur ausnahmsweise einen Verstoß gegen § 242 BGB annimmt.

[110] BAG 7. 11. 2002 AP 19 zu § 620 BGB Kündigungserklärung = NZA 2003, 719; vgl. weiterhin BGH 26. 11. 1997 AP 19 zu § 130 BGB.

[111] BAG 7. 11. 2002 AP 19 zu § 620 BGB Kündigungserklärung = NZA 2003, 719; ähnlich LAG Rheinland-Pfalz 10. 1. 2001 ArbRB 2001, 6.

[112] BAG 22. 9. 2005 AP 24 zu § 130 BGB = NZA 2006, 204.

[113] BAG 18. 2. 1977 AP 10 zu § 130 BGB.

[114] BGH 26. 11. 1997 NJW 98, 194.

[115] LAG Düsseldorf LAGE § 130 BGB Nr. 14; LAG Hamm 25. 2. 1993 NZA 94, 32; a. A. LAG Berlin 17. 9. 2001 NZA-RR 2002, 186.

fenes Kündigungsschreiben habe er nicht erhalten.[116] Dem Kündigungsadressaten ist jedoch nach Auffassung des BAG nicht zuzurechnen, wenn ein als Empfangsbote tätiger Dritter den Zugang vereitelt, sofern er darauf keinen Einfluss genommen habe.[117] Will der Arbeitgeber dem Arbeitnehmer am Abend des letzten Tages des Monats die Kündigungserklärung am Arbeitsplatz übergeben, kann er sich nicht auf Zugangsvereitelung durch den Arbeitnehmer berufen, wenn dieser kurz vor Arbeitsschluss bereits gegangen ist.[118]

53 **12. Massenkündigung.** Eine Massenkündigung soll nach einer in der älteren Rechtsprechung vertretenen Auffassung durch Aushang am **Schwarzen Brett** erfolgen können, wenn Erklärungen an die Arbeitnehmer nach Tarifvertrag, Betriebsvereinbarung oder Betriebsübung in einer derartigen Weise erfolgen dürfen. Mit dem Aushang am Schwarzen Brett wird jedoch dem Schriftformerfordernis des § 623 BGB nicht genügt.[119]

V. Rücknahme der Kündigung

54 **1. Allgemeines.** Ist die Kündigung zugegangen und damit **wirksam** geworden, kann sie nicht mehr einseitig zurückgenommen oder die Kündigungsfrist hinausgeschoben werden.[120] Vielmehr muss in diesen Fällen das Arbeitsverhältnis einverständlich erneuert oder fortgesetzt werden. Eine solche Vereinbarung kann auch stillschweigend geschlossen werden. Nach § 625 BGB gilt das Arbeitsverhältnis zu den alten Bedingungen als auf unbestimmte Zeit verlängert, wenn der Arbeitnehmer mit Wissen und ohne Widerspruch des Arbeitgebers nach Ablauf der Kündigungsfrist die Arbeit fortsetzt.[121] Dieser Grundsatz gilt auch dann, wenn die Kündigung durch den Arbeitnehmer ausgesprochen worden ist.[122] Die einseitige Rücknahme der Kündigung durch den Arbeitgeber ist nicht möglich, weil die Gestaltungswirkung der Kündigung bereits mit dem Zugang der Kündigung eintritt.

55 **2. Fortsetzungsangebot.** Die Rücknahme kann aber gem. §§ 133, 157 BGB als **Angebot des Kündigenden** ausgelegt werden, entweder ein neues Arbeitsverhältnis abzuschließen oder das bisher bestehende einvernehmlich über den Kündigungstermin hinaus zu den bisherigen Bedingungen fortzusetzen. Ein solches Angebot bedarf der Annahme durch den Gekündigten.[123] Hat der Arbeitnehmer Klage auf Feststellung der Unwirksamkeit der Kündigung erhoben und erklärt der Arbeitgeber im Laufe des Prozesses die „Rücknahme" der Kündigung, hat damit der Arbeitnehmer die Wahl, ob er das darin liegende Angebot zur Fortsetzung des Arbeitsverhältnisses annimmt oder ablehnt. In der Kündigungsschutzklage liegt nicht die antizipierte Zustimmung des Arbeitnehmers zur Rücknahme der Kündigung des Arbeitgebers.[124] Bei einer Ablehnung des in der Rücknahme liegenden Angebots auf Fortsetzung des Arbeitsverhältnisses entfällt nicht sofort das allgemeine Rechtsschutzinteresse für die Kündigungsschutzklage. Dem Arbeitnehmer verbleiben in diesem Fall vielmehr die Rechte aus §§ 9, 12 KSchG, die ein rechtliches Interesse an der Fortsetzung des Prozesses begründen können.[125]

VI. Schriftform

Böhm, § 623 BGB: Risiko und Nebenwirkungen, NZA 2000, 561; *Caspers,* Rechtsfolgen des Formverstoßes bei § 623 BGB, RdA 2001, 28; *Däubler,* Obligatorische Schriftform für Kündigungen, Aufhebungsverträge und Befristungen – Der neue § 623 BGB, AiB 2000, 188; *Düwell,* Gesetz zur Vereinfachung und Beschleunigung des arbeitsgerichtlichen Verfahrens (Arbeitsgerichtsbeschleunigungsgesetz), FA 2000, 82; *Gaul,* Das Arbeitsgerichtsbeschleunigungsgesetz: Schriftform für Kündigung und andere Änderungen, DStR 2000, 691; *Kleinebrink,* Gesetzliche Schriftform bei der Beendigung von Arbeitsverhältnissen, FA 2000, 174; *Lakies,* Neu ab 1. Mai 2000: Verbessertes Arbeitsgerichtsverfahren und Schriftform für die Beendigung von Arbeitsverhältnissen, BB 2000, 667; *Müller-Glöge/v. Senden,* Gesetzliche Schriftform für Kündigung, Auflösungsvertrag und Befristung, AuA 2000, 199; *Preis/Gotthardt,* Schriftformerfordernis für Kündigungen, Aufhebungsverträge und Befristungen nach § 623 BGB, NZA 2000, 348; *Richardi/Annuß,* Der neue § 623 BGB – Eine Falle im Arbeitsrecht?, NJW 2000, 1231; *Rolfs,* Schriftform für Kündigungen und Beschleunigung

---

[116] LAG Düsseldorf 19. 9. 2000 LAGE § 130 BGB Nr. 21.
[117] BAG 11. 11. 1992 AP 18 zu § 130 BGB = NZA 93, 259.
[118] LAG Köln 10. 4. 2006 NZA-RR 2006, 466.
[119] Ebenso Staudinger/*Oetker* § 623 RN 55; ErfK/*Preis* Grundlagen D RN 57.
[120] Dazu *Fischer* NZA 99, 459; *Thüsing* AuR 96, 245.
[121] BAG 21. 2. 1957 AP 22 zu § 1 KSchG.
[122] *Bock* AuR 94, 262.
[123] BAG 19. 8. 1982 AP 9 zu § 9 KSchG 1969; 6. 2. 1992 AP 13 zu § 119 BGB.
[124] BAG 19. 8. 1982 AP 9 zu § 9 KSchG 1969.
[125] Vgl. BAG 29. 1. 1981, 19. 8. 1982 AP 6, 9 zu § 9 KSchG 1969.

des arbeitsgerichtlichen Verfahrens, NJW 2000, 1227; *Sander/Siebert,* Die Schriftform im individuellen Arbeitsrecht, AuR 2000, 287 und 330; *Schaub,* Gesetz zur Vereinfachung und Beschleunigung des arbeitsgerichtlichen Verfahrens, NZA 2000, 344; *Trittin/Backmeister,* Arbeitsgerichtsbeschleunigungsgesetz, DB 2000, 618.

1. Gesetz. Die Kündigung unterliegt **seit dem 1. 5. 2000 nach § 623 BGB der Schriftform.** Bis dahin war die Kündigung grundsätzlich formfrei möglich. Dies ist bei der Lektüre älterer Entscheidungen und Kommentare zu beachten. Ziel der Gesetzesänderung ist mehr Rechtssicherheit. Das Schriftformerfordernis hat eine Beweisfunktion, die Streitigkeiten über das Vorliegen einer Kündigung verhindern soll (dazu 9. Auflage RN 39). Daneben hat das Schriftformerfordernis eine Warnfunktion, die vor unüberlegten Äußerungen schützt. Wird die Schriftform nicht eingehalten, ist die Kündigung gem. § 125 Satz 1 BGB nichtig. Die Unwirksamkeit einer Kündigung wegen Nichtbeachtung der Schriftform kann auch nach der zum 1. 1. 2004 in Kraft getretenen Neufassung des § 4 KSchG nach Ablauf der Dreiwochenfrist gerichtlich geltend gemacht werden, weil § 4 KSchG nur die schriftliche Kündigung betrifft. 56

2. Eigenhändige Unterschrift. Das Kündigungsschreiben ist gemäß § 126 I BGB vom Aussteller eigenhändig **durch Namensunterschrift** oder mittels notariell beglaubigten Handzeichens zu **unterzeichnen.** Das Erfordernis der eigenhändigen Unterschrift verlangt nicht, dass unmittelbar bei Abgabe der schriftlichen Erklärung für den Erklärungsempfänger die Person des Ausstellers feststehen muss. Dieser soll nur identifiziert werden können. Hierzu bedarf es nicht der Lesbarkeit des Namenszugs. Vielmehr genügt ein die Identität des Unterschreibenden ausreichend kennzeichnender Schriftzug, der individuelle und entsprechend charakteristische Merkmale aufweist, welche die Nachahmung erschweren.[126] Eine Kündigung durch Telegramm oder Telefax genügt nicht den Anforderungen des § 126 I BGB. Die Unterschrift ist hier nur vom Original kopiert.[127] Entsprechendes gilt grundsätzlich für die Übergabe einer Kopie des Kündigungsschreibens.[128] Dem Formerfordernis des § 623 BGB genügt auch eine E-Mail oder SMS[129] nicht.[130] § 127 II BGB, der die telekommunikative Übermittlung zur Wahrung der durch Rechtsgeschäft bestimmten Schriftform genügen lässt, ist nicht anwendbar, weil die Kündigung von Gesetzes wegen (§ 623 BGB) der Schriftform bedarf und die elektronische Form ausdrücklich ausgeschlossen ist. Zweifelsfragen über den Zugang in diesen Fällen haben sich damit insoweit erledigt,[131] weil schon keine eigenhändige Unterzeichnung vorliegt.[132] Gleiches gilt für eine Kopie.[133] Keine Namensunterschrift ist die Unterzeichnung mit einer Funktionsbezeichnung („Der Vorstand").[134] Wird die Kündigungserklärung für den Arbeitgeber von einem Vertreter mit dem Zusatz „i. A." unterzeichnet, ergibt sich daraus allein noch nicht, dass der Erklärende lediglich als Bote gehandelt hat. Maßgeblich sind vielmehr gemäß §§ 133, 157 BGB die Gesamtumstände. Dabei ist zu berücksichtigen, dass im allgemeinen, nichtjuristischen Sprachgebrauch nicht immer hinreichend zwischen „Auftrag" und „Vertretung" unterschieden wird. Oftmals werden die Zusätze „i. V." und „i. A." lediglich verwendet, um unterschiedliche Hierarchieebenen auszudrücken. Deshalb folgt nicht bereits aus dem Zusatz „i. A.", dass der Erklärende lediglich als Bote gehandelt hat. Ergibt sich aus dem Kündigungsschreiben sowie aus weiteren tatsächlichen Umständen, dass der Unterzeichner ersichtlich im Namen eines anderen die Kündigung erklärt hat, ist von einem Handeln als Vertreter auszugehen. Ob der Unterzeichner tatsächlich bevollmächtigt war, ist dabei für die Wahrung der Schriftform unerheblich.[135] 57

3. Alle Kündigungen. Das Schriftformerfordernis in § 623 BGB gilt ohne Einschränkung für alle Kündigungen, die eine Beendigung des Arbeitsverhältnisses bewirken. Es gilt damit sowohl für die Kündigungserklärung des Arbeitgebers als auch für die des Arbeitnehmers.[136] Unerheblich ist, ob eine ordentliche oder außerordentliche Kündigung erfolgt. Erfasst wird auch die **Änderungskündigung,** weil sie im Falle der Ablehnung des Änderungsangebots als Been- 58

---

126 BAG 24. 1. 2008 AP 64 zu § 622 BGB = NZA 2008, 521.

127 Vgl. BGH 28. 1. 1993 NJW 93, 1126; APS/*Preis* § 623 BGB RN 25; zur Lesbarkeit der Unterschrift BAG 20. 9. 2006 AP 19 zu § 174 BGB = NZA 2007, 377.

128 LAG Hamm 4. 12. 2003 BB 2004, 1341.

129 Dazu LAG Hamm 17. 8. 2007 – 10 Sa 512/07.

130 APS/*Preis* § 623 BGB RN 25; *Preis/Gotthardt* NZA 2000, 348, 351; KR/*Spilger* § 623 BGB RN 141.

131 Dazu 9. Auflage RN 29 ff.

132 ErfK/*Preis* §§ 125–127 BGB RN 19.

133 LAG Hamm 4. 12. 2003 BB 2004, 1341.

134 APS/*Preis* § 623 BGB RN 15.

135 BAG 13. 12. 2007 AP 83 zu § 1 KSchG 1969 = NZA 2008, 403.

136 KR/*Spilger* § 623 BGB RN 64.

digungskündigung wirkt. Dabei erstreckt sich das Schriftformerfordernis des § 623 BGB auch auf das Änderungsangebot.[137] § 623 gilt ferner für die **Lossagung nach § 12 KSchG,** weil es sich hierbei um ein Sonderkündigungsrecht handelt.[138]

59 Die Schriftform des § 623 BGB ist bei einer vom Prozessbevollmächtigten des Arbeitgebers ausgesprochenen **Schriftsatzkündigung** grundsätzlich nur gewahrt, wenn die dem Arbeitnehmer zugehende Abschrift vom Prozessbevollmächtigten des Arbeitgebers als Erklärendem unterzeichnet ist (zum Zugang RN 17f.). Ausnahmsweise ist die Schriftform des § 623 BGB auch gewahrt, wenn die dem Prozessbevollmächtigten des Arbeitnehmers zugegangene Abschrift beglaubigt ist und der Prozessbevollmächtigte des Arbeitgebers den Beglaubigungsvermerk selbst unterschrieben hat.

60 **Nicht erfasst** wird der **Widerruf** einzelner vertraglich zugesagter Leistungen, und zwar auch, wenn er in der Form einer Teilkündigung erfolgt, weil hierdurch nicht die Beendigung des Arbeitsverhältnisses herbeigeführt wird.[139] Gleiches gilt für die **Nichtverlängerungsmitteilung** bei befristeten Arbeitsverträgen.[140] Hierdurch wird lediglich auf das auf Grund der vereinbarten Befristung bevorstehende Ende des Arbeitsverhältnisses hingewiesen. Die Beendigung des Arbeitsverhältnisses durch **Anfechtung** nach §§ 119, 123 BGB ist nach dem eindeutigen Gesetzeswortlaut von dem Formerfordernis des § 623 BGB nicht erfasst.[141]

61 **4. Schriftliche Begründung. a)** Es gibt einzelne gesetzliche Bestimmungen, die zusätzlich zum allgemeinen Schriftformerfordernis des § 623 BGB eine schriftliche Begründung der Kündigung erfordern. So bedarf die Kündigung gegenüber einer Frau während der **Schwangerschaft** und bis zum Ablauf von vier Monaten nach der Entbindung, wenn sie nach § 9 III 1 MuSchG von der zuständigen Behörde für zulässig erklärt worden ist, gem. § 9 III 2 MuSchG nicht nur der schriftlichen Form. In dem Kündigungsschreiben ist auch der zulässige Kündigungsgrund anzugeben. Wird diese Formvorschrift nicht beachtet, ist die Kündigung nach § 125 Satz 1 BGB nichtig, auch wenn die behördliche Zustimmung vorliegt. Ähnliches gilt nach § 22 III BBiG für die Kündigung von **Auszubildenden.** Auch hier hat die Kündigung schriftlich zu erfolgen. Wird die Kündigung nach Ablauf der Probezeit ausgesprochen, sind zusätzlich die Kündigungsgründe anzugeben. Die Kündigungsgründe müssen dabei so genau bezeichnet werden, dass der Gekündigte erkennen kann, um welche Vorfälle es sich handelt. Werden im Kündigungsschreiben lediglich pauschale Werturteile anstatt nachprüfbarer Tatsachen genannt, ist die Kündigung wegen Nichtbeachtung dieser Formvorschrift nach § 125 Satz 1 BGB nichtig.[142]

62 **b)** Verschiedene Tarifverträge, wie beispielsweise § 54 BMT-G II, bestimmen, dass die Kündigung des Arbeitsverhältnisses unter **Angabe der Kündigungsgründe** zu erfolgen hat. Danach ist von Fall zu Fall zu entscheiden, in welchem Umfang die Kündigungsgründe im Kündigungsschreiben angegeben werden müssen. Eine eingehende Schilderung der Gründe wie im Prozess wird dabei grundsätzlich nicht verlangt. Die Gründe müssen aber anhand von Tatsachen so genau bezeichnet sein, dass im Prozess nicht ernsthaft streitig werden kann, auf welchen Lebenssachverhalt die Kündigung gestützt ist. Die bloße Bezeichnung als „betriebsbedingte Kündigung" im Kündigungsschreiben erfüllt das Formerfordernis nicht. Auch die bloße Bezugnahme im Kündigungsschreiben auf ein inhaltlich nicht näher umschriebenes Gespräch genügt nicht dem Formerfordernis.[143] Das BAG hat bislang offen gelassen, ob eine allgemein formulierte tarifliche Begründungspflicht bei betriebsbedingten Kündigungen auch **Angaben zu der vom Arbeitgeber getroffenen Sozialauswahl** umfasst. Hiergegen spricht, dass die Begründungspflicht – soweit nicht ausdrücklich anderes bestimmt ist – nicht weiter reicht, als die prozessuale Darlegungslast. Diese trägt bezüglich der Fehlerhaftigkeit der Sozialauswahl gem. § 1 III 3 KSchG jedoch der Arbeitnehmer. Der Arbeitgeber hat sich hierzu gem. § 1 III 1 Halbs. 2 KSchG nur auf Verlangen des Arbeitnehmers zu erklären. Der Arbeitgeber genügt deshalb einer

---

[137] BAG 16. 9. 2004 AP 78 zu § 2 KSchG 1969 = NZA 2005, 635.

[138] Ebenso ErfK/*Kiel* § 12 KSchG RN 6; *Preis/Gotthardt* NZA 2000, 348, 350; KR/*Spilger* § 623 BGB RN 68; a. A. *Löwisch/Spinner* § 12 RN 7; HK-KSchG/*Dorndorf* § 12 RN 11; BBDW/*Dörner* § 12 KSchG RN 17.

[139] Ebenso ErfK/*Müller-Glöge* § 623 BGB RN 3; *Richardi/Annuß* NJW 2000, 1231, 1233; *Preis/Gotthardt* NZA 2000, 348, 350.

[140] ErfK/*Müller-Glöge* § 623 BGB RN 3; Staudinger/*Oetker* § 623 RN 22.

[141] Ebenso *Müller-Glöge/v. Senden* AuA 2000, 199, 200; Staudinger/*Oetker* § 623 RN 24; *Richardi/Annuß* NJW 2000, 1231, 1233.

[142] Vgl. dazu BAG 29. 2. 1984 AP 6 zu § 13 KSchG 1969; 17. 6. 1998 RzK IV 3 a Nr. 30.

[143] BAG 10. 2. 1999 AP 2 zu § 54 BMT-G II.

allgemeinen tarifvertraglichen Pflicht zur Begründung der Kündigung jedenfalls dann, wenn er zur Sozialauswahl mitteilt, es habe eine solche stattgefunden und dem Arbeitnehmer die Gründe der vom Arbeitgeber getroffenen Sozialauswahl aus einem Vorprozess bekannt sind.[144]

c) Verstößt der Arbeitgeber gegen ein tarifvertragliches Begründungserfordernis, ist die **Kündigung nichtig,** denn tarifvertragliche Formvorschriften gehören zu den gesetzlichen Formvorschriften i. S. v. § 125 Satz 1 BGB. Tarifverträge enthalten Rechtsnormen i. S. v. Art. 2 EGBGB und sind damit Gesetze i. S. des Bürgerlichen Gesetzbuchs. Ein Verstoß gegen ein kraft beiderseitiger Tarifbindung geltendes zwingendes tarifliches Formerfordernis führt daher zur Nichtigkeit des Rechtsgeschäfts.[145] **63**

5. Arbeitsvertragliche Vereinbarungen. Auf Grund der zum 1. 5. 2000 in Kraft getretenen gesetzlichen Formvorschrift kommt vertraglichen Formabreden nur Bedeutung zu, wenn diese **strengere Anforderungen als § 623 BGB** aufstellen. Diese müssen für beide Vertragsteile gleichermaßen gelten und dürfen den Arbeitnehmer nicht einseitig belasten (§ 622 VI BGB). In AGB kann gem. § 309 Nr. 13 BGB keine strengere Form als die Schriftform vereinbart werden.[146] Haben die Parteien vereinbart, dass die Kündigung durch **eingeschriebenen Brief** erfolgen solle, ist dies gem. §§ 133, 157 BGB regelmäßig dahin auszulegen, dass die Versendung als Einschreiben lediglich beweissichernde Bedeutung hat und nicht formale Wirksamkeitsvoraussetzung der Kündigung ist. Die schriftliche Kündigung kann daher auch in anderer Form, beispielsweise durch persönliche Übergabe oder Boten übermittelt werden.[147] **64**

6. Verstoß gegen Treu und Glauben. Die Berufung auf die Formnichtigkeit nach § 125 BGB verstößt nur ausnahmsweise gegen Treu und Glauben (§ 242 BGB). Formvorschriften können über den Einwand der unzulässigen Rechtsausübung regelmäßig nicht gegenstandslos gemacht werden. Grundsätzlich hat jede Partei die Rechtsnachteile zu tragen, die sich aus der Formnichtigkeit eines Rechtsgeschäftes ergeben. Voraussetzung eines Verstoßes gegen Treu und Glauben ist, dass ein Festhalten am Formerfordernis nicht nur hart, sondern **schlechthin unerträgliche Folgen** hätte.[148] Erklärt beispielsweise ein Arbeitnehmer mehrfach – und zwar entgegen den Vorhaltungen des Arbeitgebers – ernsthaft und nicht nur einmalig spontan mündlich die Kündigung seines Arbeitsverhältnisses, ist es rechtsmissbräuchlich, wenn sich der Arbeitnehmer nachträglich auf die Unwirksamkeit der eigenen Erklärung beruft. Ein solches Vorgehen steht in unlösbarem Widerspruch zum früheren eigenen Verhalten. Denn der Arbeitnehmer beruft sich zu seinem Vorteil auf eine Rechtsvorschrift, die er selbst vorsätzlich missachtet hat.[149] **65**

VII. Mitteilung des Kündigungsgrundes

1. Gesetzliche Regelungen. Eine ordentliche oder außerordentliche Kündigung ist von Gesetzes wegen grundsätzlich **ohne Angabe der Kündigungsgründe wirksam** (zu den Ausnahmen RN 61).[150] Nach § 626 II 3 BGB muss der Kündigende allerdings nach Erklärung der Kündigung dem anderen Teil auf Verlangen den Grund zur außerordentlichen Kündigung unverzüglich (§ 121 BGB) schriftlich mitteilen. Entsprechendes gilt nach § 1 III 1 Halbs. 2 KSchG für die Gründe der sozialen Auswahl. **66**

2. Vertraglicher Unterrichtungsanspruch. Umstritten ist, ob sich aus einer vertraglichen Nebenpflicht des Arbeitgebers ein Anspruch des Arbeitnehmers auf Mitteilung der Kündigungsgründe ergibt. Dies wird im Schrifttum vertreten.[151] Dagegen spricht jedoch, dass es einzelne gesetzliche Bestimmungen gibt, die einen solchen Anspruch begründen (dazu RN 66). Hieraus ist zu schließen, dass nach den Vorstellungen des Gesetzgebers in weiteren Fällen keine Mitteilungspflicht des Arbeitgebers besteht. Sonst hätte es dieser Sonderregelungen nicht bedurft. Im Übrigen ist zu beachten, dass nach § 1 II 4 KSchG der Arbeitgeber im Kündigungsschutzprozess ohnehin die Kündigungsgründe darlegen muss. **67**

---

[144] BAG 27. 3. 2003 AP 4 zu § 54 BMT-G II.

[145] Vgl. BAG 28. 10. 1987 AP 1 zu § 7 AVR Caritasverband; 10. 2. 1999 AP 2 zu § 54 BMT-G II.

[146] ErfK/*Müller-Glöge* § 623 BGB RN 11

[147] BAG 14. 3. 2001 AP 4 zu § 620 BGB Schuldrechtliche Kündigungsbeschränkung; 20. 9. 1979 AP 8 zu § 125 BGB = NJW 80, 1304.

[148] BAG 16. 9. 2004 AP 1 zu § 623 BGB = NZA 2005, 162; 27. 3. 1987 AP 29 zu § 242 BGB Betriebliche Übung = NZA 87, 778; APS/*Preis* § 623 RN 40.

[149] BAG 4. 12. 1997 AP 141 zu § 626 BGB = NZA 98, 420; dazu *Singer* NZA 98, 1309.

[150] Vgl. BAG 15. 12. 1955 AP 1 zu § 67 HGB; 17. 8. 1972, 18. 9. 1997 AP 65, 138 zu § 626 BGB.

[151] APS/*Preis* Grundlagen D RN 26.

68 **3. Verletzung der Mitteilungspflicht.** Besteht ein Anspruch des Arbeitnehmers auf Mitteilung der Kündigungsgründe (§ 626 II 3 BGB), kann die schuldhafte Verletzung der Mitteilungspflicht zu **Schadensersatzansprüchen** führen.[152] Die Kosten des Prozessbevollmächtigten erster Instanz sind nach § 12a I 1 ArbGG nicht erstattungsfähig.[153]

69 **4. Anhörung des Arbeitnehmers.** Vor Ausspruch der Kündigung braucht der Arbeitgeber den **Arbeitnehmer grundsätzlich nicht anzuhören.**[154] Dies gilt auch vor Ausspruch einer Druckkündigung.[155] Eine Ausnahme besteht bei **Verdachtskündigungen,** die ohne vorherige Anhörung unwirksam sind (dazu § 127 RN 136ff.).[156]

VIII. Kündigung vor Dienstantritt

70 **1. Allgemeines.** Nach h. M. ist sowohl eine außerordentliche als auch eine ordentliche Kündigung nach Vertragsabschluss, aber vor Dienstaufnahme **zulässig,**[157] sofern die Parteien keine abweichenden Vereinbarungen getroffen haben.[158] Das Recht zur außerordentlichen Kündigung vor Dienstantritt ist nicht abdingbar.[159] Dies gilt auch für die Kündigung im Rahmen eines befristeten Arbeitsverhältnisses.[160] Grundsätzlich kann nicht von der Erfahrungsregel ausgegangen werden, dass die Parteien eine Kündigung vor Dienstantritt ausgeschlossen haben. Vielmehr müssen besondere Umstände vorliegen, aus denen die Annahme eines Kündigungsausschlusses vor Dienstantritt folgt. Hierfür genügen nicht allein die Aufgabe eines anderen Arbeitsplatzes sowie gesteigerte Verdienstmöglichkeiten. Zureichend ist dagegen die Zusage einer Lebens- oder Dauerstellung,[161] Abwerbung aus einer sicheren Arbeitsstelle oder Vereinbarung einer Vertragsstrafe[162] für den Fall der Nichtaufnahme der Arbeit.

71 **2. Ausschluss der Kündigung vor Dienstantritt.** Erfolgt der Ausschluss der Kündigung vor Dienstantritt in einem Formulararbeitsvertrag, liegt hierin **keine unangemessene Benachteiligung** des Arbeitnehmers i. S. v. § 307 I BGB. Der Ausschluss des Kündigungsrechts führt freilich nur zur Unzulässigkeit der ordentlichen Kündigung vor Arbeitsaufnahme; das Recht zur außerordentlichen Kündigung nach § 626 BGB bleibt bestehen (RN 70). Wird der Ausschluss des Kündigungsrechts im Arbeitsvertrag **nicht ausdrücklich auf die ordentliche Kündigung begrenzt** (z. B. „Vor Beginn des Arbeitsverhältnisses ist die ordentliche Kündigung ausgeschlossen"), sondern ganz allgemein die Kündigung vor Dienstantritt ausgeschlossen (z. B. „Die Kündigung vor Arbeitsaufnahme ist ausgeschlossen"), ist durch Auslegung nach §§ 133, 157 BGB festzustellen, ob auch das Recht zur außerordentlichen Kündigung ausgeschlossen werden sollte. Ist eine solche Auslegung nicht möglich, ist die Klausel bezüglich der außerordentlichen Kündigung teilnichtig.[163] Individuell ausgehandelte Arbeitsverträge, die nicht der Inhaltskontrolle nach §§ 305ff. BGB unterliegen, können in der Regel ohne Weiteres gesetzeskonform einschränkend dahin ausgelegt werden, dass sie nur das Recht zur ordentlichen Kündigung ausschließen. Eine solche Auslegung entspricht der Interessenlage, weil sie das gemeinsam Gewollte so weit wie möglich aufrechterhält.[164]

72 **3. Kündigungsfrist.** Kann vor Dienstantritt gekündigt werden, ist im Wege der **Auslegung des Arbeitsvertrags** festzustellen, ob die Kündigungsfrist mit Zugang der Kündigung oder mit dem Tage zu laufen beginnt, an dem die Arbeit vertragsgemäß aufzunehmen war. Die Frist ist in diesem Falle nach §§ 187 II, 188 II BGB zu berechnen, d. h., der erste vorgesehene Arbeitstag ist

---

[152] BAG 30. 1. 1963 AP 50 zu § 626 BGB.
[153] BAG 30. 4. 1992 AP 6 zu § 12a ArbGG 1979 = NZA 92, 1101.
[154] Vgl. BAG 23. 3. 1972 AP 63 zu § 626 BGB; 10. 2. 1977 AP 9 zu § 103 BetrVG 1972; 18. 9. 1997 AP 138 zu § 626 BGB = NZA 98, 95; a. A. *Wendeling-Schröder* DB 2002, 206.
[155] BAG 4. 10. 1990 AP 12 zu § 626 BGB Druckkündigung = NZA 91, 468.
[156] Dazu BAG 13. 9. 1995 AP 25 zu § 626 BGB Verdacht strafbarer Handlung = NZA 96, 81; 18. 11. 1999 AP 32 zu § 626 BGB Verdacht strafbarer Handlung = NZA 2000, 418.
[157] BAG 25. 3. 2004 AP 1 zu § 620 BGB Kündigung vor Dienstantritt = NZA 2004, 1089; *Caesar* NZA 89, 251; *Berger-Delhey* DB 89, 380; *Linck* AR-Blattei SD 1010.1.3 (2006).
[158] BAG 22. 8. 1964, 9. 5. 1985 AP 1, 4 zu § 620 BGB.
[159] BAG 19. 12. 1974 AP 3 zu § 620 BGB Bedingung; ErfK/*Müller-Glöge* § 620 BGB RN 70.
[160] Vgl. BAG 19. 6. 1980 AP 55 zu § 620 BGB Befristeter Arbeitsvertrag = NJW 81, 246.
[161] BAG 9. 2. 2006 AP 56 zu § 4 KSchG 1969 = NZA 2006, 1207; 2. 11. 1978 AP 3 zu § 620 BGB = NJW 80, 1015.
[162] LAG Frankfurt 18. 6. 1980 DB 81, 532; ErfK/*Müller-Glöge* § 620 BGB RN 69; a. A. Hessisches LAG 25. 11. 1996 DB 97, 1572; zur Höhe der Vertragsstrafe § 60.
[163] Ebenso ErfK/*Müller-Glöge* § 623 BGB RN 70.
[164] Näher dazu APS/*Linck* § 622 BGB RN 71a ff.

bei der Berechnung der Kündigungsfrist mitzurechnen.[165] Die frühere Rechtsprechung,[166] nach der im Zweifel die Kündigungsfrist ab Vertragsbeginn laufen sollte, hat das BAG aufgegeben.[167] Die Interessenlage wird im Allgemeinen ergeben, dass die Kündigungsfrist mit dem Zugang zu laufen beginnt, wenn nur kurze Kündigungsfristen, ein befristetes Arbeitsverhältnis oder ein Probearbeitsverhältnis vereinbart wurden. Führt die Auslegung zu keinem klaren Ergebnis, beginnt die Kündigungsfrist mit Zugang der Kündigung, weil dies der dispositiven Gesetzeslage entspricht.[168] Kündigt der Arbeitnehmer zulässig vor Dienstaufnahme mit der ihm vertraglich zustehenden Frist, wird er nicht schadensersatzpflichtig. Beim Arbeitgeber kommt es darauf an, ob er besondere Offenbarungspflichten hatte.[169]

IX. Umdeutung

1. Begriff. Eine unwirksame Kündigung kann u. U. im Wege der Umdeutung Rechtswirkungen erlangen. Nach **§ 140 BGB** gilt, sofern ein nichtiges Rechtsgeschäft den Erfordernissen eines anderen Rechtsgeschäfts genügt, das letztere, wenn anzunehmen ist, dass dessen Geltung bei Kenntnis der Nichtigkeit gewollt sein würde. 73

2. Anwendungsfälle. Eine Kündigung kann als **Antrag zum Abschluss eines Aufhebungsvertrags** umgedeutet werden (§ 122 RN 18).[170] Dieser Antrag kann im Hinblick auf § 623 BGB nur schriftlich angenommen werden. Die wegen Fehlens eines wichtigen Grundes unwirksame Kündigung kann nur dann in ein Angebot zum Abschluss eines Aufhebungsvertrags umgedeutet werden, wenn der Erklärungsadressat die Unwirksamkeit erkennt und damit für ihn Anlass zur Annahme eines solchen Angebots besteht.[171] 74

Wird eine ordentliche Kündigung mit **zu kurzer Kündigungsfrist** ausgesprochen, ist zunächst durch Auslegung zu ermitteln, ob diese zum nächsten zulässigen Termin wirken sollte.[172] Scheidet eine Auslegung der Kündigungserklärung zum nächst zulässigen Termin aus, ist die Kündigung zu dem angegebenen Termin unwirksam und in der Regel gem. § 140 BGB in eine Kündigung zum nächsten möglichen Termin umzudeuten.[173] Nur dann, wenn sich aus der Kündigung und den im Rahmen der Auslegung zu berücksichtigenden Umständen des Einzelfalls ein Wille des Arbeitgebers ergibt, die Kündigung ausschließlich zum erklärten, nicht aber zu einem späteren Zeitpunkt gegen sich gelten zu lassen, scheidet eine Umdeutung aus.[174] Zur Anwendbarkeit der Dreiwochenfrist zur gerichtlichen Geltendmachung einer zu kurzen Kündigungsfrist vgl. § 138 RN 18. 75

Eine **ordentliche Kündigung kann nicht in eine außerordentliche** umgedeutet werden, weil die außerordentliche Kündigung weitergehende Rechtsfolgen hat.[175] Der Arbeitnehmer darf darauf vertrauen, dass der Kündigungsanlass nicht zur Begründung einer außerordentlichen Kündigung herangezogen wird. Eine ordentliche Kündigung kann in eine außerordentliche mit einer der ordentlichen Kündigungsfrist entsprechenden Auslauffrist umgedeutet werden, weil sie die gleichen Wirkungen hat wie eine ordentliche Kündigung.[176] Ausgeschlossen ist die Umdeutung einer **ordentlichen Kündigung in eine Anfechtungserklärung;** eine Umdeutung kann nicht in ein Rechtsgeschäft mit weitergehenden Rechtsfolgen erfolgen. Aus diesem Grund scheidet auch die Umdeutung einer außerordentlichen Kündigung in eine Anfechtungserklärung aus.[177] 76

---

[165] BAG 2. 11. 1978 AP 3 zu § 620 BGB; 9. 5. 1985 AP 4 zu § 620 BGB = NZA 86, 671.

[166] BAG 22. 8. 1964 AP 1 zu § 620 BGB.

[167] BAG AP 6. 3. 1974, 9. 5. 1985 AP 2, 4 zu § 620 BGB; zuletzt BAG 9. 2. 2006 AP 56 zu § 4 KSchG 1969 = NZA 2006, 1207 und BAG 25. 3. 2004 AP 1 zu § 620 BGB Kündigung vor Dienstantritt = NZA 2004, 1089.

[168] BAG 9. 2. 2006 AP 56 zu § 4 KSchG 1969 = NZA 2006, 1207; 25. 3. 2004 AP 1 zu § 620 BGB Kündigung vor Dienstantritt = NZA 2004, 1089; *Stahlhacke/Preis* RN 231.

[169] BAG 2. 11. 1978 AP 3 zu § 620 BGB.

[170] Vgl. BAG 13. 4. 1972 AP 64 zu § 626 BGB; LAG München 3. 8. 1988, LAG Düsseldorf 24. 11. 1995 LAGE § 140 BGB Nr. 8, 12.

[171] BAG 13. 4. 1972 AP 64 zu § 626 BGB; LAG Düsseldorf 24. 11. 1995 LAGE § 140 BGB Nr. 12 = BB 96, 1119.

[172] BAG 18. 4. 1985 AP 20 zu § 622 BGB = NZA 86, 229.

[173] ErfK/*Müller-Glöge* § 622 BGB RN 12; KDZ/*Däubler* § 140 BGB RN 21; teilweise a. A. BAG 15. 12. 2005 NZA 2006, 791; näher dazu APS/*Linck* § 622 BGB RN 66 f.

[174] BAG 6. 7. 2006 AP 57 zu § 4 KSchG 1969 = NZA 2006, 1405.

[175] BAG 14. 10. 1975 AP 4 zu § 9 MuSchG 1968.

[176] *Bröhl*, Die außerordentliche Kündigung mit notwendiger Auslauffrist, 2005, S. 251 f.; ErfK/*Müller-Glöge* § 620 BGB RN 62; angedeutet in BAG 25. 4. 2007 AP 14 zu § 4 TzBfG = NZA 2007, 881.

[177] BAG 14. 10. 1975 AP 4 zu § 9 MuSchG 1968.

77 **3. Außerordentliche Kündigung.** Eine außerordentliche Kündigung, für die ein wichtiger Grund nicht besteht oder die sittenwidrig ist,[178] kann unter den Voraussetzungen des § 140 BGB **in eine ordentliche Kündigung zum nächst zulässigen Termin umgedeutet** werden.[179] Eine Umdeutung ist möglich, wenn nach den Umständen des Einzelfalls anzunehmen ist, dass der Arbeitgeber bei zutreffender Kenntnis der Rechtslage anstelle der unwirksamen außerordentlichen Kündigung eine wirksame ordentliche Kündigung erklärt hätte (hypothetischer Parteiwille), und dieser Wille in der gegenüber dem Empfänger der Kündigung abgegebenen Erklärung hinreichend zum Ausdruck kommt.[180] Da die außerordentliche Kündigung regelmäßig den Willen enthält, das Arbeitsverhältnis in jedem Fall zu beenden, ist im Zweifel davon auszugehen, dass eine unberechtigte außerordentliche Kündigung zum nächst zulässigen Termin gewollt ist. Hiervon muss auch der Arbeitnehmer verständigerweise ausgehen. Der Grundsatz gilt jedoch nicht einschränkungslos. Wird die Kündigung wegen eines besonderen Grundes ausgesprochen und stellt sich heraus, dass dieser nicht vorliegt, scheidet eine Umdeutung regelmäßig aus. Eine außerordentliche fristlose Kündigung kann in eine außerordentliche Kündigung mit Auslauffrist umgedeutet werden.[181]

78 Die im Wege der Umdeutung ermittelte ordentliche Kündigung kann nur dann Rechtswirkungen entfalten, wenn sie ihrerseits nicht mit Rechtsmängeln behaftet ist oder gegen Kündigungsbeschränkungen verstößt. Hieraus folgt, dass eine außerordentliche Kündigung gegenüber einem **Schwerbehinderten** nicht in eine ordentliche Kündigung umgedeutet werden kann, wenn nur die Zustimmung zur außerordentlichen Kündigung beim Integrationsamt beantragt worden ist.[182] Die Umdeutung ist weiterhin ausgeschlossen, wenn die außerordentliche Kündigung nach § 623 BGB formnichtig ist.

79 Schwierigkeiten bereitet bei der Umdeutung die **Anhörung des Betriebsrats** (§ 102 BetrVG). Die Anhörung vor einer außerordentlichen Kündigung genügt dem Anhörungserfordernis für eine ordentliche Kündigung nach § 102 I BetrVG grundsätzlich nur dann, wenn der Arbeitgeber dem Betriebsrat vorher zu erkennen gegeben hat, dass die geplante außerordentliche Kündigung im Falle der Unwirksamkeit auch als ordentliche aufrechterhalten bleiben oder von vornherein hilfsweise auch als ordentliche ausgesprochen werden soll.[183] Die Anhörung lediglich zu einer außerordentlichen Kündigung deckt deren Umdeutung in eine ordentliche Kündigung ausnahmsweise nur dann mit ab, wenn der Betriebsrat der außerordentlichen Kündigung ausdrücklich (nicht nur durch Verstreichenlassen der Anhörungsfrist) und vorbehaltlos zugestimmt hat und auch keine Umstände zu erkennen sind, die ihn veranlasst hätten, sich für den Fall der Unwirksamkeit gegen eine dann verbleibende ordentliche Kündigung zu wenden.[184]

80 **4. Prüfung durch das Gericht.** Die Umdeutung verlangt weder einen besonderen Antrag des Kündigenden noch muss er sich ausdrücklich auf die Umdeutung berufen, weil die Umdeutung weder eine Einwendung noch eine Einrede ist. Das Gericht muss vielmehr **von sich aus prüfen,** ob auf Grund der feststehenden Tatsachen eine Umdeutung des Rechtsgeschäfts in Betracht kommt oder nicht.[185] Kann aus dem Sachvortrag der Parteien geschlossen werden, der Kündigende habe sich – für den Empfänger erkennbar – auf jeden Fall vom Empfänger der Kündigung trennen wollen, hat das Gericht § 140 BGB anzuwenden. Die Umdeutung tritt kraft Gesetzes ein, sie ist Bestandteil der richterlichen Rechtsfindung. Nur wenn keine Tatsachen vorliegen, aus denen auf eine Umdeutung geschlossen werden kann, hat sie zu unterbleiben. Im Kündigungsschutzprozess dürfen die Arbeitsgerichte wegen des Beibringungsgrundsatzes nicht von Amts wegen die Tatsachen ermitteln, die eine Umdeutungslage begründen könnten. Der Kündigungsschutzprozess kann auf die außerordentliche Kündigung beschränkt werden.[186]

---

[178] LAG Berlin 3. 10. 1988 DB 89, 1344.

[179] BAG 15. 11. 2001 AP 13 zu § 140 BGB = NJW 2002, 2972; 13. 8. 1987 AP 3 zu § 6 KSchG 1969 = NZA 88, 129; LAG Köln 16. 3. 1995 LAGE § 140 BGB Nr. 11.

[180] BAG 31. 3. 1993 AP 32 zu § 626 BGB Ausschlussfrist; 18. 10. 2000 AP 9 zu § 626 BGB Krankheit = NZA 2001, 219; 15. 11. 2001 AP 13 zu § 140 BGB = NJW 2002, 2972; BGH 8. 9. 1997 ZIP 97, 1882; LAG Köln 16. 3. 1995 LAGE § 140 BGB Nr. 11.

[181] BAG 25. 3. 2004 AP 60 zu § 138 BGB.

[182] BAG 16. 10. 1991 RzK IV 8 b Nr. 4; LAG Frankfurt NJW 78, 444; LAG Berlin DB 85, 874.

[183] Vgl. BAG 16. 3. 1978 AP 15 zu § 102 BetrVG 1972; 20. 9. 1984 AP 80 zu § 626 BGB; zur Umdeutung einer außerordentlichen Kündigung in eine ebensolche mit Auslauffrist vgl. BAG 18. 10. 2000 AP 9 zu § 626 BGB Krankheit.

[184] BAG 8. 6. 2000 AP 163 zu § 626 BGB = NZA 2000, 1282; 12. 7. 1984 AP 32 zu § 102 BetrVG 1972; 20. 9. 1984 AP 80 zu § 626 BGB; 16. 3. 1978 AP 15 zu § 102 BetrVG 1972.

[185] BAG 15. 11. 2001 AP 13 zu § 140 BGB = NJW 2002, 2972; dazu *Vossen* RdA 2003, 181.

[186] BAG 31. 5. 1979 AP 50 zu § 256 ZPO.

Scheitert eine Umdeutung aus formellen Gründen, können die Kündigungsgründe später noch zur Rechtfertigung einer anderen Kündigung angeführt werden.[187] Ist im Kündigungsschutzrechtsstreit entschieden, dass das Arbeitsverhältnis durch eine bestimmte Kündigung nicht aufgelöst worden ist, kann der Arbeitgeber eine erneute Kündigung jedoch nicht auf solche Gründe stützen, die im früheren Prozess materiellrechtlich geprüft worden sind.[188]

§ 124. Unterrichtung der Arbeitnehmervertretung

Bader, Die Anhörung des Betriebsrats – Eine Darstellung anhand der neueren Rechtsprechung, NZA-RR 2000, 57; *Benecke,* Beteiligungsrechte des BR bei der Umdeutung von Kündigungen, AuR 2005, 48; *Ettwig,* Typische Probleme bei der Betriebsratsanhörung nach § 102 BetrVG, FA 98, 234; *ders.,* Mögliche Verhaltensweisen des Betriebsrats bei einer Anhörung nach § 102 BetrVG und deren Folgen, FA 98, 274; *Fischer,* Der Weiterbeschäftigungsanspruch nach § 102 V BetrVG und seine Durchsetzung, FA 99, 310; *Hümmerich,* Neue BAG-Rechtsprechung zur Anhörung des Betriebsrats, DB 97, 165; *ders.,* Verfestigte Rechtsprechung zur Betriebsratsanhörung nach § 102 BetrVG, RdA 2000, 345; *Isenhardt,* § 102 BetrVG auf dem Prüfstand – neue Zeiten, andere Rechtsprechung?, FS 50 Jahre BAG, 2004, S. 943; *Kleinebrink,* Ordentliche betriebsbedingte Beendigungskündigung – Die richtige Anhörung des Betriebsrats, ArbRB 2003, 88; *Korinth,* Weiterbeschäftigungsanspruch in Tendenzbetrieben, ArbRB 2003, 350; *Liebisch,* Die Beteiligung des Betriebsrats an Kündigungen und ihre Auswirkungen auf die kündigungsrechtliche Stellung des Arbeitnehmers, 2004; *Mareck,* Die Weiterbeschäftigung im Kündigungsschutzverfahren nach § 102 V BetrVG – ein steiniger Weg?, BB 2000, 2042; *Mauer/Schüßler,* Gestaltung von Betriebsvereinbarungen nach § 102 VI BetrVG, BB 2000, 2518; *Mühlhausen,* Das Bestreiten der Betriebsratsanhörung mit Nichtwissen, NZA 2002, 644; *ders.,* Nochmals – Zulässiges Bestreiten der Betriebsratsanhörung mit Nichtwissen, NZA 2006, 967; *Nägele,* Beschäftigungs- und Weiterbeschäftigungsanspruch, ArbRB 2002, 253; *Oetker,* Die zivilrechtliche Unwirksamkeit der Kündigung wegen einer Verletzung der Mitteilungspflichten im Rahmen der Betriebsratsanhörung nach § 102 BetrVG, FS für Kraft 1998, S. 429; *Oppertshäuser,* Anhörung des Betriebsrats zur Kündigung und Mitteilung der Sozialdaten, NZA 97, 920; *Opolony,* Weiterbeschäftigungsanspruch und Weiterbeschäftigung während des Kündigungsrechtsstreits, AR-Blattei SD 1010.10 (2001); *Otten,* Die Anhörung gem. § 102 BetrVG: Der Gesetzgeber muss handeln, FS für Stege 1997, S. 57; *Reichel,* Die Mitbestimmung des Betriebsrats bei Kündigungen wegen Entwendung geringwertiger Sachen des Arbeitgebers, AiB 2003, 9; *Reidel,* Die einstweilige Verfügung auf (Weiter-)Beschäftigung – eine vom Verschwinden bedrohte Rechtsschutzform?, NZA 2000, 454; *Reiter,* Kündigung vor Ablauf der Anhörungsfrist nach § 102 BetrVG, NZA 2003, 954; *Richardi,* Die Mitbestimmung bei Kündigungen im kirchlichen Bereich, NZA 98, 77; *Rieble,* Entbindung von der Weiterbeschäftigung nach § 102 Abs. 5 Satz 2 Nr. 2 BetrVG, BB 2003, 844; *Rinke,* Anhörung des Betriebsrats: Vorgezogenes Kündigungsschutzverfahren, NZA 98, 77; *Vossen,* Die Anhörung des Betriebsrats (§ 102 Abs. 1 BetrVG), FA 2007, 66; *Wendeling-Schröder,* Das Arbeitsrecht in Betrieben ohne Betriebsrat, DB 2002, 206; *Wolff,* Anhörung des Betriebsrats vor Kündigungen im Zusammenhang mit Abwicklungsverträgen?, FA 2004, 293; *Zumkeller,* Die Anhörung des Betriebsrats bei der Kündigung von Ersatzmitgliedern – Unter besonderer Berücksichtigung des Verhältnisses des § 103 BetrVG zu § 102 BetrVG, NZA 2001, 823.

Übersicht

	RN
I. Anhörung des Betriebsrats	1 ff.
1. Sinn und Zweck	1
2. Anwendungsbereich	2–10
3. Wiederholungskündigung	11, 12
4. Leitende Angestellte	13, 14
5. Arbeitsverhältnis außerhalb des KSchG	15
6. Zuständiger Betriebsrat	16, 17
7. Zeitpunkt der Anhörung	18
8. Adressat der Unterrichtung	19, 20
9. Subjektive Determinierung	21–23
10. Kündigung innerhalb der Wartezeit des § 1 I KSchG	24
11. Einzelheiten der Unterrichtung	25–33
12. Fehler im Anhörungsverfahren	34–37
13. Frist zur Stellungnahme des Betriebsrats	38–42
14. Darlegungs- und Beweislast	43, 44
15. Nachschieben von Kündigungsgründen	45–49
16. Rechtsfolgen fehlerhafter Anhörung	50
II. Widerspruch des Betriebsrats	51 ff.
1. Allgemeines	51, 52
2. Formale Anforderungen	53
3. Widerspruchsgründe	54–59
4. Rücknahme	60
5. Abschrift	61
6. Rechtsfolgen	62
7. Erweiterung der Mitbestimmungsrechte	63, 64
III. Anhörung des Personalrats	65 ff.
1. Beteiligung des Personalrats	65, 66
2. Ordentliche Kündigungen	67–73

[187] BAG 25. 11. 1982 AP 10 zu § 9 KSchG 1969.
[188] BAG 26. 8. 1993 AP 113 zu § 626 BGB = NZA 94, 70.

	RN		RN
3. Änderungskündigung	74	IV. Anhörung des Sprecherausschusses	76 ff.
4. Außerordentliche Kündigungen	75	1. Anhörung	76
5. Darlegungs- und Beweislast	75 a	2. Unterrichtung	77, 78
		3. Äußerung	79
		4. Fehlende Anhörung	80, 81

I. Anhörung des Betriebsrats

1 **1. Sinn und Zweck.** Nach § 102 BetrVG hat der Arbeitgeber den Betriebsrat vor jeder Kündigung über die Gründe für die Kündigung zu unterrichten. **Ziel dieser Vorschrift** ist, dem Betriebsrat Gelegenheit zu geben, **auf den Kündigungsentschluss des Arbeitgebers Einfluss zu nehmen** und in geeigneten Fällen dazu beizutragen, dass die Kündigung unterbleibt.[1] Die Anhörungspflicht besteht unabhängig von der Betriebsgröße grundsätzlich in allen Betrieben, in denen ein Betriebsrat gewählt worden ist.

2 **2. Anwendungsbereich. a)** Erforderlich ist die Unterrichtung vor jeder **Kündigung eines Arbeitnehmers.** § 102 BetrVG gilt damit bei der ordentlichen, außerordentlichen und der Änderungskündigung. Die vorherige Anhörung ist auch im Eilfall notwendig.[2] Im Falle der Kündigung eines GmbH-Geschäftsführers bedarf es vor der Kündigung keiner Betriebsratsanhörung nach § 102 I BetrVG, weil der Geschäftsführer einer GmbH gem. § 5 II Nr. 1 BetrVG nicht Arbeitnehmer i. S. d. BetrVG ist, mag er auch auf arbeitsvertraglicher Grundlage beschäftigt werden (dazu § 15 RN 6). Zu leitenden Angestellten vgl. RN 13 f.

3 Bei einer **Änderungskündigung** sind die Kündigungsgründe und das Änderungsangebot mitzuteilen. Hat der Arbeitnehmer zuvor ein ordnungsgemäß unterbreitetes Änderungsangebot abgelehnt und scheidet deshalb für den Arbeitgeber eine Änderungskündigung aus (dazu § 137 RN 4), hat der Arbeitgeber dem Betriebsrat im Rahmen der Anhörung nach § 102 BetrVG zur Beendigungskündigung neben den Gründen für die Kündigung auch über das zuvor unterbreitete Änderungsangebot und dessen Ablehnung durch den Arbeitnehmer zu unterrichten.[3] Die nicht ordnungsgemäße Mitteilung des Änderungsangebots führt gemäß § 102 I 3 BetrVG zur Rechtsunwirksamkeit der Änderungskündigung.[4] Keine Anhörung ist bei dem vorbehaltenen Widerruf einzelner Arbeitsbedingungen notwendig oder bei der Mitteilung, ein befristetes Arbeitsverhältnis werde nicht verlängert.

4 Will der Arbeitgeber **außerordentlich, hilfsweise ordentlich** kündigen, muss er dies in der Betriebsratsanhörung grundsätzlich klarstellen und den Betriebsrat zu beiden Kündigungen anhören.[5] Dabei hat der Arbeitgeber zu beachten, dass § 102 II BetrVG für die ordentliche und außerordentliche Kündigung unterschiedliche Äußerungsfristen des Betriebsrats vorsieht (dazu RN 38). Von diesem Grundsatz hat das BAG eine Ausnahme dann zugelassen, wenn der lediglich zur außerordentlichen Kündigung angehörte Betriebsrat dieser ausdrücklich und vorbehaltslos zugestimmt hat und auch aus sonstigen Umständen nicht zu ersehen ist, dass der Betriebsrat im Falle der Unwirksamkeit der außerordentlichen Kündigung einer ordentlichen entgegengetreten wäre.[6]

5 **b)** Eine Unterrichtung des Betriebsrats ist auch vor der Kündigung des Rechtsverhältnisses eines **Heimarbeiters,** der hauptsächlich für den Betrieb arbeitet, erforderlich.[7]

6 **c)** Die Unterrichtungspflicht nach § 102 I BetrVG gilt nach dem **Territorialitätsprinzip** in allen in der Bundesrepublik Deutschland bestehenden Betrieben, auch wenn sie ausländischen Unternehmen gehören oder von der Kündigung ausländische Arbeitnehmer betroffen sind.[8] Andererseits findet das BetrVG keine Anwendung für im Ausland gelegene Betriebe deutscher Unternehmen.[9] Die Anhörungspflicht besteht mithin nicht bei Arbeitnehmern, die dauernd ins

---

[1] BAG 3. 4. 2008 AP 159 zu § 102 BetrVG 1972 = NZA 2008, 807; 15. 12. 1994 AP 67 zu § 1 KSchG 1969 Betriebsbedingte Kündigung = NZA 95, 521; APS/*Koch* § 102 BetrVG RN 2.

[2] BAG 13. 12. 1975, 29. 3. 1977 AP 7, 11 zu § 102 BetrVG 1972.

[3] BAG 30. 11. 1989 AP 53 zu § 102 BetrVG 1972 = NZA 90, 529.

[4] BAG 3. 4. 1987 NZA 88, 37.

[5] BAG 10. 11. 2005 AP 196 zu § 626 BGB = NZA 2006, 491.

[6] BAG 16. 3. 1978 AP 15 zu § 102 BetrVG 1972.

[7] BAG 7. 11. 1995 AP 74 zu § 102 BetrVG 1972 = NZA 96, 380.

[8] BAG 9. 11. 1977 AP 13 zu Internat. Privatrecht, Arbeitsrecht; 30. 4. 1987 AP 15 zu § 12 SchwbG = NZA 88, 135.

[9] BAG 21. 10. 1980 AP 17 zu Internat. Privatrecht, Arbeitsrecht = NJW 81, 1175; 30. 4. 1987 AP 15 zu § 12 SchwbG = NZA 88, 135.

Ausland entsandt worden sind. Etwas anderes gilt für Montagearbeiter, die nur im Ausland tätig sind.

d) Das Anhörungsrecht besteht auch in **Tendenzunternehmen** (§ 214 RN 25 ff.).[10] Dem Betriebsrat sind bei der beabsichtigten Kündigung eines Tendenzträgers auch tendenzbezogene Gründe mitzuteilen. Im Falle eines Widerspruchs des Betriebsrats besteht in diesen Fällen allerdings kein Weiterbeschäftigungsanspruch nach § 102 V BetrVG.[11] 7

e) Durch die Eröffnung des **Insolvenzverfahrens** wird § 102 BetrVG nicht ausgeschlossen. Nach Eröffnung des Insolvenzverfahrens hat der Insolvenzverwalter das Unterrichtungsverfahren nach § 102 BetrVG zu beachten.[12] Erst mit Insolvenzeröffnung tritt der Insolvenzverwalter in die Arbeitgeberstellung ein. Jedenfalls dann, wenn der Betrieb auf Grund des durch den vorläufigen Insolvenzverwalter erstatteten Gutachtens stillgelegt werden soll, reicht es für die ordnungsgemäße Anhörung des Betriebsrats aus, wenn die Anhörung zu der für die Zeit nach der Insolvenzeröffnung vorgesehenen Kündigung schon durch den Geschäftsführer der Schuldnerin und den vorläufigen Insolvenzverwalter erfolgt, sofern dieser auch zum endgültigen Insolvenzverwalter bestellt wird.[13] Eine Betriebsratsanhörung nach § 102 I BetrVG ist auch dann erforderlich, wenn der Betrieb nach Insolvenzeröffnung stillgelegt ist, weil alle Arbeitnehmer auf Grund ihres geltend gemachten Zurückbehaltungsrechts keine Arbeitsleistung mehr erbringen. Auch wenn die Amtszeit des Betriebsrats an sich wegen einer Betriebsstilllegung endet, bleibt der Betriebsrat aber gem. § 21 b BetrVG so lange im Amt, wie das zur Wahrnehmung der damit im Zusammenhang stehenden Mitwirkungs- und Mitbestimmungsrechte erforderlich ist. Dieses Restmandat umfasst nicht nur die sich aus §§ 111 ff. BetrVG ergebenden Beteiligungsrechte, sondern erstreckt sich auch auf die Beteiligung nach § 102 BetrVG.[14] 8

f) Eine während eines **Streiks** erklärte arbeitgeberseitige Kündigung bedarf zu ihrer Wirksamkeit der vorherigen Anhörung des Betriebsrats, wenn die Kündigung aus anderen als arbeitskampfbedingten Gründen erfolgt.[15] Eine Einschränkung der Beteiligungsrechte des Betriebsrats ist nicht erforderlich, wenn die Kündigung zwar während eines Arbeitskampfs ausgesprochen werden soll, aber nichts mit der Kampfabwehr zu tun hat und keine Wirkung auf das Kampfgeschehen entfaltet. Der Betriebsrat ist daher auch vor betriebsbedingten Kündigungen, die keine Kampfkündigungen sind, gemäß § 102 I BetrVG zu unterrichten.[16] Eine Einschränkung des Beteiligungsrechts nach § 102 BetrVG kommt nur bei einer sog. Kampfkündigung in Betracht, wenn die Kündigung durch den Arbeitskampf bedingt ist (z. B. durch einen wilden Streik oder einen Streikexzess).[17] 9

g) Verlangt der Betriebsrat die Entlassung eines Arbeitnehmers nach § 104 BetrVG und kommt der Arbeitgeber dem alsbald nach, ist eine weitere Anhörung nach § 102 BetrVG nicht notwendig, weil in dem Verlangen des Betriebsrats bereits dessen Zustimmung zur Kündigung zu sehen ist. Wenn es sich bei dem zu entlassenden Arbeitnehmer um eine durch § 103 I BetrVG geschützte Person handelt, liegt im Entlassungsverlangen des Betriebsrats auch dessen Zustimmung zur außerordentlichen Kündigung dieses Arbeitnehmers gem. § 103 I BetrVG.[18] 10

3. Wiederholungskündigung. Eine Anhörung nach § 102 I BetrVG entfaltet grundsätzlich nur für die Kündigung Wirksamkeit, für die das Unterrichtungsverfahren eingeleitet worden ist. Das durch die ordnungsgemäße Anhörung erworbene Recht zum Ausspruch der Kündigung ist durch den Zugang der Kündigung verbraucht.[19] Hat der Arbeitgeber nach Durchführung des Anhörungsverfahrens gekündigt und ist dem Arbeitnehmer die Kündigung zugegangen, bedarf es zur Wirksamkeit einer wiederholten Kündigung einer **erneuten Anhörung** des Betriebsrats.[20] Dies gilt insbesondere dann, wenn der Arbeitgeber wegen Bedenken gegen die Wirksamkeit der ersten Kündigung vorsorglich erneut kündigt. Hat für den Arbeit- 11

---

[10] Dazu APS/*Koch* § 102 BetrVG RN 16 ff.

[11] BAG 7. 11. 1975 AP 4 zu § 118 BetrVG 1972; BVerfG 6. 11. 1979 AP 14 zu § 118 BetrVG 1972.

[12] BAG 16. 9. 1993 AP 62 zu § 102 BetrVG 1972 = NZA 94, 311.

[13] BAG 22. 9. 2005 AP 1 zu § 323 UmwG = NZA 2006, 658.

[14] BAG 25. 10. 2007 AP 333 zu § 613 a BGB = NZA-RR 2008, 367.

[15] BAG 6. 3. 1979 AP 20 zu § 102 BetrVG 1972.

[16] BAG 14. 2. 1978 AP 60 zu Art. 9 GG Arbeitskampf.

[17] Vgl. APS/*Koch* § 102 BetrVG RN 15; Richardi/*Thüsing* § 102 RN 45; im Ergebnis auch BAG 7. 12. 1979 AP 21 zu § 102 BetrVG 1972.

[18] BAG 15. 5. 1997 AP 1 zu § 104 BetrVG 1972 = NZA 97, 1106.

[19] BAG 3. 4. 2008 AP 159 zu § 102 BetrVG 1972 = NZA 2008, 807 m. w. N.; krit. dazu APS/*Koch* 3. Aufl. § 102 BetrVG RN 26.

[20] BAG 10. 11. 2005 AP 196 zu § 626 BGB = NZA 2006, 491.

geber dessen Bevollmächtigter eine Kündigung erklärt, ohne auf das bestehende Vertretungsverhältnis ausdrücklich hinzuweisen, ist der Kündigungsvorgang in dem Moment abgeschlossen, in welchem dem Arbeitnehmer diese Kündigung ordnungsgemäß zugeht. Tauchen beim Arbeitgeber nachträglich Zweifel auf, ob ihm die Kündigung durch den Bevollmächtigten als Willenserklärung zugerechnet werden kann, und wiederholt er daraufhin selbst die Kündigung, leitet er damit einen neuen Kündigungsvorgang ein und hat deshalb den Betriebsrat erneut anzuhören.[21] Bei der erneuten Anhörung des Betriebsrats kann der Arbeitgeber das Anhörungsformular benutzen, das sich auf die bereits erklärte Kündigung bezog, wenn – etwa durch eine Umdatierung – für den Betriebsrat erkennbar ist, dass sich die Anhörung auf eine weitere noch auszusprechende Kündigung bezieht.[22]

12 Geht die Kündigung, zu der der Betriebsrat ordnungsgemäß angehört worden ist, dem Arbeitnehmer nicht zu und erklärt der Arbeitgeber deshalb eine neue Kündigung, die er auf denselben Sachverhalt stützt, zu welchem der Betriebsrat bereits ordnungsgemäß angehört worden ist, bedarf es keiner erneuten Anhörung des Betriebsrats. Die erneute Anhörung des Betriebsrats ist nicht erforderlich, weil die Kündigung wegen fehlenden Zugangs noch nicht wirksam geworden ist, § 130 I BGB.[23]

13 **4. Leitende Angestellte. a)** Vor der Kündigung eines leitenden Angestellten (§ 5 III BetrVG) ist der Betriebsrat nicht nach § 102 I BetrVG zu unterrichten, sondern lediglich nach § 105 BetrVG über die beabsichtigte Kündigung **zu informieren.** Eine Verletzung der Informationspflicht hat auf die Kündigung keinen Einfluss.[24] Die Vereinbarung einer Probezeit mit einem leitenden Angestellten ändert nichts an dessen Status, wenn die Probezeit dazu dienen soll, seine persönliche Eignung gerade im Hinblick auf die Aufgaben zu erproben, die seine Stellung als leitender Angestellter begründen. Wird dagegen ein Arbeitnehmer eingestellt, dem erst nach Ablauf der Probezeit die Position eines leitenden Angestellten übertragen werden soll, bleibt das Anhörungsrecht des Betriebsrats bis dahin bestehen.[25]

14 **b)** Im **Kündigungsschutzprozess ist ggf. als Vorfrage** zu prüfen, ob gekündigte Arbeitnehmer leitender Angestellter i. S. v. § 5 III BetrVG ist.[26] Dies gilt auch dann noch, wenn ein Zuordnungsverfahren nach § 18 a BetrVG stattgefunden hat, weil dies allein Bedeutung für die Betriebsratswahl hat. Stellt das Arbeitsgericht fest, dass dem Arbeitnehmer die Eigenschaft eines leitenden Angestellten zukommt, war die Unterrichtung entbehrlich. Andernfalls ist die Kündigung bei fehlender Anhörung nach § 102 I 3 BetrVG unwirksam. Der Arbeitnehmer kann im Kündigungsschutzprozess unabhängig von der bisherigen Einlassung des Betriebsrats oder seiner eigenen Stellungnahme geltend machen, er sei kein leitender Angestellter.[27] Dies kann ausnahmsweise rechtsmissbräuchlich sein, etwa wenn der Arbeitnehmer die Anhörung vereitelt hat.[28] In Zweifelsfällen wird daher der Arbeitgeber den Betriebsrat nicht nur über die Kündigung nach § 105 BetrVG informieren, sondern ihm auch nach § 102 I BetrVG die Kündigungsgründe mitteilen. Die Mitteilung der Kündigungsabsicht nach § 105 BetrVG stellt noch nicht die Einleitung des Anhörungsverfahrens nach § 102 I BetrVG dar; vielmehr ist eine Aufforderung zur Stellungnahme notwendig, wenngleich nicht das Wort Anhörung gebraucht werden muss.[29] Zur Anhörung des Sprecherausschusses der leitenden Angestellten RN 76 ff.

15 **5. Arbeitsverhältnis außerhalb des KSchG.** Gemäß § 102 I 2 BetrVG sind dem Betriebsrat die Gründe für die Kündigung auch dann mitzuteilen, wenn das **Arbeitsverhältnis nicht dem allgemeinen Kündigungsschutz unterliegt.** Auch wenn ein individualrechtlicher Kündigungsschutz noch nicht besteht, soll der Betriebsrat in die Lage versetzt werden, auf den Arbeitgeber einzuwirken, um ihn ggf. mit besseren Argumenten von der in Aussicht genommenen Kündigung abzubringen.[30] Die Anhörungspflicht besteht damit auch bei einer Kündigung innerhalb der sechsmonatigen Wartezeit des § 1 I KSchG und in Kleinbetrieben bis zu zehn Arbeitnehmern (§ 23 I KSchG), wenn dort ein Betriebsrat gewählt ist. Zum Inhalt der

---

[21] BAG 5. 9. 2002 AP 1 zu § 78 LPVG Sachsen.
[22] BAG 3. 4. 2008 AP 159 zu § 102 BetrVG 1972 = NZA 2008, 807.
[23] BAG 6. 2. 1997 EzA 95 zu § 102 BetrVG 1972; im Ergebnis auch BAG 11. 10. 1989 AP 55 zu § 102 BetrVG 1972 = NZA 90, 748.
[24] BAG 7. 12. 1979 AP 21 zu § 102 BetrVG 1972.
[25] BAG 25. 3. 1976 AP 13 zu § 5 BetrVG 1972.
[26] Dazu BAG 25. 10. 2001 EzA 64 zu § 5 BetrVG 1972 = NZA 2002, 584.
[27] BAG 19. 8. 1975 AP 1 zu § 105 BetrVG 1972.
[28] BAG 19. 8. 1975 AP 5 zu § 102 BetrVG 1972.
[29] BAG 7. 12. 1979 AP 21 zu § 102 BetrVG 1972.
[30] St. Rspr., vgl. BAG 22. 9. 2005 AP 20 zu § 1 KSchG 1969 Wartezeit = NZA 2006, 429.

Unterrichtung in diesen Fällen RN 24. Die Unterrichtung des Betriebsrats ist ebenfalls notwendig, wenn bereits **vor Dienstantritt** gekündigt werden soll.[31]

6. Zuständiger Betriebsrat. a) Der Arbeitgeber hat den Betriebsrat des Betriebs anzuhören, **dem der zu kündigende Arbeitnehmer angehört.**[32] Ist erstmals im Betrieb ein Betriebsrat gewählt worden, beginnt die Unterrichtungspflicht mit der konstituierenden Sitzung.[33] Bei Neuwahl ist entweder der ausscheidende oder der neue Betriebsrat zu hören. Dies richtet sich nach der Amtszeit (§ 219). Keine Anhörungspflicht besteht, wenn ein Betriebsrat nicht gewählt oder seine Wahl nichtig ist (anders bei bloßer Anfechtbarkeit;[34] vgl. § 218). Die Nichtigkeit kann auch inzidenter im Kündigungsschutzprozess festgestellt werden.[35] Ist ein Betriebsrat für die Dauer der Äußerungsfristen des § 102 II BetrVG beschlussunfähig i. S. des § 33 II BetrVG, weil in dieser Zeit mehr als die Hälfte der Betriebsratsmitglieder an der Amtsausübung verhindert sind und nicht durch Ersatzmitglieder vertreten werden können, nimmt der Restbetriebsrat in entsprechender Anwendung des § 22 BetrVG die Mitbestimmungsrechte aus § 102 II BetrVG wahr.[36] 16

b) Der **Gesamtbetriebsrat** ist grundsätzlich nicht zuständig für das Verfahren nach § 102 BetrVG. In betriebsratslosen Betrieben ist nicht ein etwaiger Gesamtbetriebsrat nach § 50 I 1 BetrVG anzuhören, denn die Unterrichtung nach § 102 I BetrVG ist grundsätzlich keine originäre Angelegenheit des Gesamtbetriebsrats.[37] Eine Zuständigkeit des Gesamtbetriebsrats kommt lediglich dann in Betracht, wenn ein Arbeitsverhältnis mehreren Betrieben des Unternehmens gleichzeitig zuzuordnen ist.[38] Widerspricht der Arbeitnehmer einem Betriebsübergang und scheidet er deshalb aus diesem Betrieb aus, ohne dass ihn der bisherige Betriebsinhaber einem anderen Betrieb seines Unternehmens zuordnet, begründet dies noch nicht die Zuständigkeit des Gesamtbetriebsrats.[39] Allein die Möglichkeit, dass auf Grund des Widerspruchs des Arbeitnehmers gegen den Betriebsübergang im Falle einer Kündigung überhaupt kein Betriebsrat mehr zu beteiligen ist, führt nicht zur Zuständigkeit des Gesamtbetriebsrats. 17

7. Zeitpunkt der Anhörung. Die Anhörung muss **vor der Verwirklichung der Kündigungsabsicht,** also vor Absendung des Kündigungsschreibens durchgeführt sein.[40] Hat der Betriebsrat zu der Kündigungsabsicht bis zum letzten Tag der Frist des § 102 II 1 BetrVG nicht Stellung genommen, führt es nicht zur Unwirksamkeit der Kündigung, wenn der Arbeitgeber bereits am letzten Tag der Äußerungsfrist bei Dienstschluss das Kündigungsschreiben einem Kurierdienst übergeben und gleichzeitig dafür gesorgt hat, dass eine Zustellung erst so spät erfolgt, dass er sie noch verhindern kann, wenn der Betriebsrat wider Erwarten noch in den letzten Stunden des letzten Tages der Frist zu der Kündigungsabsicht Stellung nimmt.[41] Der Mangel der Anhörung wird nicht dadurch geheilt, dass der Betriebsrat einer vorher ausgesprochenen Kündigung **nachträglich zustimmt.** Eine nachträgliche Anhörung kann auch nicht das Anhörungsverfahren für eine neue Kündigung ersetzen.[42] Die Anhörung zu einer zunächst beabsichtigten Kündigung reicht nicht aus, wenn für eine spätere Kündigung andere oder zusätzliche Gründe maßgebend sind. In diesen Fällen muss eine erneute Anhörung erfolgen.[43] 18

8. Adressat der Unterrichtung. a) Zur Entgegennahme der Unterrichtung über die beabsichtigte Kündigung ist der **Betriebsratsvorsitzende** (§ 26 II 2 BetrVG) berechtigt und verpflichtet.[44] Im Falle der Verhinderung hat die Unterrichtung gegenüber dem Stellvertreter (§ 26 III BetrVG) oder, sofern für die Anhörung ein besonderer Ausschuss gebildet worden ist (§ 27 III BetrVG), dem Ausschuss bzw. seinem Vorsitzenden zu erfolgen.[45] Nur dann, wenn 19

---

[31] LAG Frankfurt 31. 5. 1985 LAGE § 5 BetrVG 1972 Nr. 14; KR/*Etzel* § 102 BetrVG RN 28; Richardi/*Thüsing* § 102 RN 14; a. A. APS/*Koch* § 102 BetrVG RN 30.
[32] BAG 12. 5. 2005 AP 145 zu § 102 BetrVG 1972 = NZA 2005, 1358.
[33] BAG 23. 8. 1984 AP 36 zu § 102 BetrVG 1972 = NZA 85, 566.
[34] BAG 23. 3. 2006 AP 13 zu § 1 KSchG 1969 Konzern = NZA 2007, 30.
[35] Vgl. LAG Köln 13. 5. 1993 LAGE § 611 BGB Beschäftigungspflicht Nr. 35.
[36] BAG 18. 8. 1982 AP 24 zu § 102 BetrVG 1972 = NJW 83, 2832.
[37] APS/*Koch* § 102 BetrVG RN 73.
[38] BAG 21. 3. 1996 AP 81 zu § 102 BetrVG 1972 = NZA 96, 974.
[39] BAG 21. 3. 1996 AP 81 zu § 102 BetrVG 1972 = NZA 96, 974.
[40] BAG 13. 11. 1975, 1. 4. 1976 AP 7, 8 zu § 102 BetrVG 1972.
[41] BAG 8. 4. 2003 AP 133 zu § 102 BetrVG 1972 = NZA 2003, 961.
[42] BAG 15. 12. 1994 AP 67 zu § 1 KSchG 1969 Betriebsbedingte Kündigung = NZA 95, 521.
[43] BAG 12. 8. 1976 AP 10 zu § 102 BetrVG 1972.
[44] BAG 6. 10. 2005 AP 150 zu § 102 BetrVG 1972 = NZA 2006, 990.
[45] APS/*Koch* § 102 BetrVG RN 77.

kein zur Entgegennahme Berechtigter vorhanden ist (etwa bei Urlaubsabwesenheit und fehlender Vertretungsregelung), ist jedes Betriebsratsmitglied berechtigt und verpflichtet, Erklärungen des Arbeitgebers für den Betriebsrat entgegenzunehmen.[46]

20 **b)** Das Anhörungsverfahren ist grundsätzlich **während der Arbeitszeit einzuleiten.** Allerdings kann der Betriebsratsvorsitzende die Mitteilung über die Einleitung auch außerhalb seiner Arbeitszeit entgegennehmen. Alsdann läuft auch die Anhörungsfrist. Der Betriebsratsvorsitzende kann eine Mitteilung außerhalb der Arbeitszeit aber auch zurückweisen; dann läuft die Frist ab Zugang während der Arbeitszeit.[47] Bei **schriftlichen Unterrichtungen** ist das Unterrichtungsverfahren eingeleitet, wenn dem Betriebsrat das Anhörungsschreiben zugegangen ist (§ 130 I BGB).[48] Das kann bejaht werden, wenn der Betriebsrat über ein Postfach verfügt, in dem Schreiben, die an den Betriebsrat gerichtet sind, mit dem Einlegen in das Fach dem Zugriff des Absenders entzogen sind.[49] Für die konkrete Bestimmung des Tags des Zugangs ist maßgeblich, ob der Arbeitgeber damit rechnen konnte, dass der Betriebsrat das Postfach am Tag des Einlegens des Unterrichtungsschreibens in das Postfach leeren würde. Trifft das nicht zu, geht das Schreiben erst am nächsten Tag zu.[50]

21 **9. Subjektive Determinierung. a)** Der Arbeitgeber hat dem Betriebsrat die **aus seiner Sicht tragenden Kündigungsgründe** mitzuteilen, sog. „subjektive Determinierung" der Unterrichtungspflicht.[51] Da die Betriebsratsanhörung nach § 102 I BetrVG nicht darauf abzielt, die Wirksamkeit der beabsichtigten Kündigung zu überprüfen, sondern sich darauf beschränkt, dem Betriebsrat im Vorfeld der Kündigung Gelegenheit zu geben, auf die Willensbildung des Arbeitgebers Einfluss zu nehmen, sind an die Mitteilungspflicht des Arbeitgebers nicht dieselben Anforderungen zu stellen wie an die Darlegungslast im Kündigungsschutzprozess.[52] Der Betriebsrat ist ordnungsgemäß angehört worden, wenn der Arbeitgeber dem Betriebsrat die aus seiner Sicht tragenden Kündigungsgründe mitgeteilt hat.[53] Teilt der Arbeitgeber kündigungsrechtlich erhebliche Tatsachen dem Betriebsrat deshalb nicht mit, weil er darauf die Kündigung nicht oder zunächst nicht stützen will, ist die Anhörung ordnungsgemäß. Dem Arbeitgeber ist es dann allerdings verwehrt, im Kündigungsschutzprozess Gründe nachzuschieben, die über die Erläuterung des mitgeteilten Sachverhalts hinausgehen (dazu RN 45 ff.).[54] Eine aus Sicht des Arbeitgebers bewusst unrichtige oder unvollständige und damit irreführende Darstellung stellt dagegen keine ordnungsgemäße Anhörung dar.[55] Es ist nicht nach § 102 I BetrVG zu beanstanden, wenn der Arbeitgeber bei einer betriebsbedingten Kündigung dem Betriebsrat nur die sich aus der Lohnsteuerkarte ergebenden Unterhaltspflichten des Arbeitnehmers mitteilt, wenn er diese Daten auch seiner Sozialauswahl zugrunde legt. Der Arbeitgeber teilt damit dem Betriebsrat die aus seiner Sicht maßgeblichen Kündigungsgründe mit, auch wenn dies nicht den Anforderungen des § 1 III KSchG genügt.[56] Der Arbeitgeber ist im Rahmen der Betriebsratsanhörung nicht verpflichtet, die Richtigkeit dokumentierter Daten zu überprüfen.[57]

22 **b)** Über seine Kündigungsgründe hat der Arbeitgeber den Betriebsrat grundsätzlich so genau und umfassend zu unterrichten, dass er **ohne zusätzliche eigene Nachforschungen** in der Lage ist, selbst die Stichhaltigkeit der Kündigungsgründe zu prüfen. Zu einer vollständigen und wahrheitsgemäßen Unterrichtung des Betriebsrats gehört auch die Mitteilung über dem Arbeitgeber bekannte und von ihm als für eine Stellungnahme des Betriebsrats möglicherweise bedeutsam erkannte Tatsachen, die den Arbeitnehmer entlasten und gegen den Ausspruch einer Kündigung

---

[46] BAG 27. 6. 1985 AP 37 zu § 102 BetrVG 1972 = NZA 85, 426.
[47] BAG 27. 8. 1982 AP 25 zu § 102 BetrVG 1972 = NJW 83, 2835.
[48] BAG 6. 10. 2005 AP 150 zu § 102 BetrVG 1972 = NZA 2006, 990.
[49] BAG 23. 1. 2001 – 1 ABR 19/00 – AR-Blattei ES 15 000 Nr. 72.
[50] APS/*Koch* § 102 BetrVG RN 85.
[51] Vgl. BAG 18. 10. 2006 AP 163 zu § 1 KSchG 1969 Betriebsbedingte Kündigung = NZA 2007, 798; 11. 12. 2003 AP 65 zu § 1 KSchG 1969 Soziale Auswahl; 17. 2. 2000 AP 113 zu § 102 BetrVG 1972 = NZA 2000, 761; 22. 9. 1994 AP 68 zu § 102 BetrVG 1972 = NZA 95, 363; *Kraft,* FS Kissel, 1994, S. 611 ff.
[52] BAG 17. 2. 2000 AP 113 zu § 102 BetrVG 1972 = NZA 2000, 761.
[53] BAG 6. 7. 2006 AP 80 zu § 1 KSchG 1969 = NZA 2007, 266; 24. 6. 2004 AP 22 zu § 620 BGB Kündigungserklärung = NZA 2004, 1330.
[54] BAG 18. 10. 2006 AP 163 zu § 1 KSchG 1969 Betriebsbedingte Kündigung = NZA 2007, 798; 11. 12. 2003 AP 65 zu § 1 KSchG 1969 Soziale Auswahl.
[55] BAG 17. 1. 2008 AP 96 zu § 1 KSchG 1969 Soziale Auswahl = NZA-RR 2008, 571; 6. 7. 2006 AP 80 zu § 1 KSchG 1969 = NZA 2007, 266; 7. 11. 2002 AP 40 zu § 1 KSchG 1969 Krankheit = NZA 2003, 816.
[56] BAG 17. 1. 2008 AP 96 zu § 1 KSchG 1969 Soziale Auswahl = NZA-RR 2008, 571.
[57] BAG 24. 11. 2005 AP 43 zu § 1 KSchG 1969 Krankheit = NZA 2006, 665.

sprechen.[58] Umstände, die dem Betriebsrat bereits vor Einleitung des Anhörungsverfahrens auf andere Weise bekannt geworden sind, muss der Arbeitgeber nicht nochmals mitteilen.[59] Der Arbeitgeber genügt der ihm obliegenden Mitteilungspflicht regelmäßig nicht, wenn er den für ihn maßgeblichen Kündigungssachverhalt nur pauschal, schlagwort- oder stichwortartig umschreibt.[60] Für die Auslegung der Unterrichtungserklärung ist von ihrem Wortlaut auszugehen, so wie sie der Betriebsrat als Erklärungsempfänger unter Würdigung der ihm bekannten Umstände nach Treu und Glauben und unter Berücksichtigung der Verkehrssitte verstehen musste.[61] Vor Ausspruch der Kündigung kann der Arbeitgeber unzureichende Informationen gegenüber dem Betriebsrat ergänzen. Nachträgliche Informationen können allerdings dazu führen, dass insoweit die Frist für die Stellungnahme des Betriebsrats gemäß § 102 II BetrVG neu zu laufen beginnt.[62]

c) Kennt der Betriebsrat die Kündigungsgründe, genügt der Arbeitgeber seiner Unterrichtungspflicht, wenn er dem Betriebsrat mitteilt, auf welchen kündigungsrechtlich relevanten Tatsachenkomplex die Kündigung gestützt wird.[63] Dazu kann er pauschal auf die bereits bekannten Kündigungsgründe verweisen.[64] Erklärt der Arbeitgeber nur, es solle gekündigt werden, Gründe gebe es genug und sie seien dem Betriebsrat alle bekannt, ist selbst dann keine ordnungsgemäße Unterrichtung gegeben, wenn der Betriebsrat alle Tatsachen kennt. Teilt der Arbeitgeber dem Betriebsrat aber z. B. mit, der Arbeitnehmer solle wegen eines bestimmten näher bezeichneten Ereignisses gekündigt werden, und weiß der Betriebsrat – etwa auf Grund einer Vorbefassung –, welche konkreten Vorgänge damit gemeint sind, ist der Arbeitgeber mit den dem Betriebsrat bekannten Einzelheiten im Prozess nicht präkludiert, auch wenn dem Betriebsrat die Einzelheiten des Hergangs nicht noch einmal ausdrücklich mitgeteilt wurden.[65] Dem Betriebsrat ist grundsätzlich nur das Wissen eines zur Entgegennahme von Erklärungen gem. § 26 III 2 BetrVG berechtigten oder hierzu ausdrücklich ermächtigten Betriebsratsmitglieds (Vorsitzender oder im Verhinderungsfall Stellvertreter) zuzurechnen.[66] Für die bereits vorhandene Kenntnis der Kündigungsgründe ist der Arbeitgeber darlegungs- und beweispflichtig.[67] 23

10. Kündigung innerhalb der Wartezeit des § 1 I KSchG. Auch wenn die Wartezeit des § 1 I KSchG noch nicht erfüllt ist, hat der Arbeitgeber dem Betriebsrat vor Ausspruch der Kündigung die Kündigungsgründe mitzuteilen.[68] Allerdings ist bei der Intensität der Unterrichtung des Betriebsrats über die Kündigungsgründe innerhalb der ersten sechs Monate des Arbeitsverhältnisses dem Umstand Rechnung zu tragen, dass die Wartezeit der beiderseitigen Überprüfung der Arbeitsvertragsparteien dient. Über Unterhaltspflichten muss i. d. R. nicht unterrichtet werden. Es kann bei einer solchen Kündigung ausreichend sein, wenn der Arbeitgeber, der keine auf Tatsachen gestützten und durch Tatsachen konkretisierbaren Kündigungsgründe benennen kann, dem Betriebsrat nur seine subjektiven Wertungen, die ihn zur Kündigung des Arbeitnehmers veranlassen, mitteilt.[69] Will der Arbeitgeber die Kündigung während der ersten sechs Monate allein auf die Minderleistung des Arbeitnehmers stützen, braucht er den Betriebsrat nicht darüber zu unterrichten, dass der Arbeitnehmer bereits zuvor auf Krankheitsgründe für die Minderleistung hingewiesen hat.[70] 24

11. Einzelheiten der Unterrichtung. a) Die Unterrichtung des Betriebsrats nach § 102 I BetrVG kann **mündlich**[71] **oder schriftlich** erfolgen. Eine Verpflichtung, dem Betriebsrat vor- 25

[58] BAG 5. 4. 2001 AP 32 zu § 99 BetrVG 1972 Einstellung = NZA 2001, 893; 22. 9. 1994 AP 68 zu § 102 BetrVG 1972 = NZA 95, 363.

[59] BAG 28. 8. 2003 AP 134 zu § 102 BetrVG 1972; 20. 5. 1999 AP 5 zu § 1 KSchG 1969 Namensliste = NZA 99, 1101.

[60] BAG 11. 12. 2003 AP 65 zu § 1 KSchG 1969 Soziale Auswahl m. w. N.

[61] BAG 22. 9. 2005 AP 24 zu § 130 BGB = NZA 2006, 204.

[62] BAG 6. 2. 1997 AP 85 zu § 102 BetrVG 1972 = NZA 97, 656.

[63] BAG 11. 12. 2003 AP 65 zu § 1 KSchG 1969 Soziale Auswahl.

[64] BAG 19. 5. 1993 AP 31 zu § 2 KSchG 1969 = NZA 93, 1075.

[65] BAG 11. 12. 2003 AP 65 zu § 1 KSchG 1969 Soziale Auswahl.

[66] BAG 27. 6. 1985 AP 37 zu § 102 BetrVG 1972 = NZA 86, 426.

[67] BAG 28. 8. 2003 AP 134 zu § 102 BetrVG 1972; 27. 6. 1985 AP 37 zu § 102 BetrVG 1972 = NZA 86, 426.

[68] St. Rspr., vgl. zuletzt BAG 22. 9. 2005 AP 24 zu § 130 BGB = NZA 2006, 204.

[69] BAG 28. 6. 2007 AP 27 zu § 307 BGB = NZA 2007, 1049; 22. 9. 2005 AP 24 zu § 130 BGB = NZA 2006, 204; 16. 9. 2004 AP 142 zu § 102 BetrVG 1972; 3. 12. 1998 AP 99 zu § 102 BetrVG 1972 = NZA 99, 477.

[70] BAG 11. 7. 1991 AP 57 zu § 102 BetrVG 1972 = NZA 92, 38.

[71] BAG 5. 4. 2001 AP 32 zu § 99 BetrVG 1972 Einstellung = NZA 2001, 893; auch bei komplexen Sachverhalten BAG 6. 2. 1997 AP 85 zu § 102 BetrVG 1972 = NZA 97, 656.

handene schriftliche **Unterlagen auszuhändigen,** besteht im Allgemeinen nicht.[72] Der Arbeitgeber ist bei verhaltensbedingten Kündigungen nicht verpflichtet, dem Betriebsrat Beweismittel für die Richtigkeit der Kündigungsgründe vorzulegen.[73] Die **Art der Kündigung** ist anzugeben (ordentliche, außerordentliche, außerordentliche mit Auslauffrist, Änderungskündigung).[74]

26 **b)** Der Arbeitgeber muss dem Betriebsrat mitteilen, wer gekündigt wird.[75] Zu den anzugebenden **Sozialdaten** gehören jedenfalls bei einer betriebsbedingten Kündigung Alter, Betriebszugehörigkeit sowie regelmäßig auch Unterhaltsverpflichtungen des zu kündigenden Arbeitnehmers, soweit sie der Arbeitgeber kennt.[76] Etwas anderes kann bei einer verhaltensbedingten Kündigung gelten, wenn es dem Arbeitgeber wegen der Schwere der Kündigungsvorwürfe auf die genauen Daten ersichtlich nicht ankommt, der Betriebsrat die ungefähren Daten kennt und er daher die Kündigungsabsicht des Arbeitgebers ausreichend beurteilen kann (Annahme von Schmiergeldern in Millionenhöhe).[77] Der Arbeitgeber ist im Rahmen der Betriebsratsanhörung nicht verpflichtet, die Richtigkeit dokumentierter Daten zu überprüfen. Er kann deshalb mangels anderweitiger Kenntnisse auch von den Eintragungen in der Lohnsteuerkarte ausgehen, hat dies aber dann gegenüber dem Betriebsrat deutlich zu machen.[78]

27 **c)** Angaben über die Dauer der einzuhaltenden **Kündigungsfrist** sind jedenfalls dann nicht erforderlich, wenn der Betriebsrat über die tatsächlichen Umstände für die Berechnung dieser Frist unterrichtet ist und der Arbeitgeber deutlich gemacht hat, er wolle die Kündigung alsbald nach Abschluss des Anhörungsverfahrens erklären.[79] In diesem Fall kann der Betriebsrat den Zeitpunkt, zu dem die Kündigung wirksam werden soll, selbst berechnen.[80] Der konkrete Termin, zu dem die Kündigung wirken soll, ist nicht notwendigerweise mitzuteilen, weil er zum Zeitpunkt der Beteiligung des Betriebsrats oft nicht einmal hinreichend konkret bestimmbar ist.[81] Eine fehlerhafte Fristberechnung macht die Anhörung und damit die Kündigung nicht unwirksam, sofern sie nicht bewusst erfolgt.[82] Anders ist dies nach Auffassung des BAG dann, wenn von dem Kündigungstermin bestimmte Ansprüche des zu kündigenden Arbeitnehmers abhängen (z. B. Weihnachtsgeld) oder der Arbeitgeber den Betriebsrat über den Termin, zu dem die Kündigung wirksam werden soll, völlig im Unklaren lässt.[83]

28 **d)** Bei der Kündigung des Arbeitsverhältnisses eines **Schwerbehinderten** kann die Anhörung des Betriebsrats auch schon vor der Durchführung des Zustimmungsverfahrens beim Integrationsamt erfolgen.[84] Hat der Arbeitgeber vor Einschaltung des Integrationsamts den Betriebsrat zur fristlosen Kündigung eines Schwerbehinderten angehört, ist bei unverändertem Sachverhalt eine erneute Anhörung auch dann nicht erforderlich, wenn die Zustimmung des Integrationsamts erst nach einem jahrelangen verwaltungsgerichtlichen Verfahren erteilt wird.[85] Bei zunächst ordnungsgemäßer Anhörung des Betriebsrats wird eine Wiederholung des Anhörungsverfahrens nur dann erforderlich, wenn sich inzwischen noch vor Ausspruch der Kündigung der Sachverhalt, auf den die Kündigung gestützt werden soll, wesentlich geändert hat. Dabei ist jedoch zu beachten, dass es insoweit nach dem Grundsatz der subjektiven Determination der Anhörung (RN 21) auf diejenigen Umstände ankommt, welche die Kündigung aus der Sicht des Arbeitgebers tragen.[86]

29 **e)** Bei einer **Kündigung wegen Krankheit** sind nicht nur die bisherigen Fehlzeiten und (soweit bekannt) die Art der Erkrankung mitzuteilen, sondern auch die wirtschaftlichen Belas-

---

[72] BAG 28. 6. 2007 AP 27 zu § 307 BGB = NZA 2007, 1049; 10. 11. 2005 AP 42 zu § 1 KSchG 1969 Krankheit = NZA 2006, 655; 6. 2. 1997 AP 85 zu § 102 BetrVG 1972 = NZA 97, 656.

[73] BAG 26. 1. 1995 AP 69 zu § 102 BetrVG 1972 = NZA 95, 672.

[74] BAG 29. 8. 1991 AP 58 zu § 102 BetrVG 1972 = NZA 92, 416.

[75] Die Angabe der Personalien ist auch bei Massenentlassungen erforderlich, vgl. BAG 16. 9. 1993 AP 62 zu § 102 BetrVG 1972 = NZA 94, 311.

[76] BAG 26. 10. 2006 AP 163 zu § 1 KSchG 1969 Betriebsbedingte Kündigung = NZA 2007, 798.

[77] BAG 15. 11. 1995 AP 73 zu § 102 BetrVG 1972 = NZA 96, 419.

[78] BAG 6. 7. 2006 AP 80 zu § 1 KSchG 1969 = NZA 2007, 266.

[79] Vgl. BAG 13. 3. 2008 AP 87 zu § 1 KSchG 1969; 15. 12. 1994 AP 67 zu § 1 KSchG 1969 Betriebsbedingte Kündigung = NZA 95, 521; 29. 3. 1990 AP 56 zu § 102 BetrVG 1972 = NZA 90, 894; 29. 1. 1986 AP 42 zu § 102 BetrVG 1972 = NZA 87, 32.

[80] BAG 3. 4. 1987 NZA 88, 37.

[81] Vgl. BAG 27. 4. 2006 EzA 19 zu§ 1 KSchG Personenbedingte Kündigung.

[82] BAG 29. 1. 1986 AP 42 zu § 102 BetrVG 1972 = NZA 87, 32.

[83] BAG 29. 3. 1990 AP 56 zu § 102 BetrVG 1972 = NZA 90, 894.

[84] Vgl. BAG 11. 3. 1998 RzK III 1 a Nr. 96.

[85] BAG 18. 5. 1994 AP 3 zu § 108 BPersVG = NZA 95, 65.

[86] BAG 20. 1. 2000 AP 38 zu § 1 KSchG 1969 Krankheit = NZA 2000, 768.

tungen und Beeinträchtigungen des Betriebs.[87] Nicht zu beanstanden ist, wenn der Arbeitgeber dem Betriebsrat die jeweilige Krankheitsdauer in Kalendertagen mitteilt. Denn aus der Anzahl der Kalendertage ist die Anzahl der ausgefallenen Arbeitstage ersichtlich. Zur Unwirksamkeit der Kündigung nach § 102 I 3 BetrVG führt auch nicht, wenn die Entgeltfortzahlungskosten für sämtliche Arbeitsunfähigkeitszeiten ohne Aufschlüsselung in einem Betrag mitgeteilt werden. Für den Betriebsrat ist dann erkennbar, dass der Arbeitgeber eben diese Belastung für unzumutbar hält und unter anderem hierauf die Kündigung stützen will. Außerdem lassen sich aus der Zusammenschau der Krankheitstage und der Fortzahlungskosten in ausreichendem Maße Rückschlüsse auf die im Einzelnen verursachten Kosten ziehen.[88]

f) Bei einer **verhaltensbedingten Kündigung** wegen wiederholten Zuspätkommens kann sich der Arbeitgeber auf betriebstypische Störungen auch dann berufen, wenn er diese dem Betriebsrat nicht mitgeteilt hat.[89] Teilt der Arbeitgeber dem Betriebsrat mit, er beabsichtige den Arbeitnehmer wegen einer nach dem geschilderten Sachverhalt für nachgewiesen erachteten Straftat fristlos und vorsorglich ordentlich zu kündigen und stützt er sich später auf den Verdacht der Straftat, kann der nachgeschobene Kündigungsgrund der **Verdachtskündigung** wegen fehlender Anhörung im Kündigungsschutzprozess nicht berücksichtigt werden.[90] 30

g) Besteht bei einer **betriebsbedingten Kündigung** aus der Sicht des Arbeitgebers keine Möglichkeit, den zu kündigenden Arbeitnehmer auf einem anderen Arbeitsplatz weiterzubeschäftigen (§ 1 II 2 Nr. 1b und 2b KSchG), genügt der Arbeitgeber seiner Anhörungspflicht insoweit in der Regel schon durch den ausdrücklichen oder konkludenten Hinweis auf fehlende **Weiterbeschäftigungsmöglichkeiten.**[91] Hat der Arbeitgeber allerdings den Betriebsrat über Weiterbeschäftigungsmöglichkeiten auf einem vom Betriebsrat benannten Arbeitsplatz zunächst irrtümlich objektiv falsch informiert und rügt der Betriebsrat dies innerhalb der Frist des § 102 II BetrVG unter Angabe des zutreffenden Sachverhalts, ist der Arbeitgeber nach Auffassung des BAG verpflichtet, dem Betriebsrat ergänzend mitzuteilen, warum aus seiner Sicht trotzdem eine Weiterbeschäftigung des Arbeitnehmers auf diesem Arbeitsplatz nicht in Betracht kommt. In diesem Fall beginnt die Frist des § 102 II BetrVG erneut zu laufen.[92] Unterlässt der Arbeitgeber die Ergänzung und kündigt, ist die Kündigung nach § 102 I 3 BetrVG unwirksam.[93] Im Zusammenhang mit einem **Betriebsübergang** muss der Arbeitgeber den Betriebsrat im Rahmen der Anhörung nach § 102 I BetrVG nicht über die gesellschaftsrechtlichen und wirtschaftlichen Hintergründe des Betriebsübergangs informieren.[94] 31

h) Der Arbeitgeber hat dem Betriebsrat von sich aus die Gründe mitzuteilen, die ihn nach § 1 III KSchG zu der getroffenen **sozialen Auswahl** geführt haben.[95] Kommt bei einer betriebsbedingten Kündigung nach Meinung des Arbeitgebers eine soziale Auswahl nach § 1 III KSchG nicht in Betracht, ist die Betriebsratsanhörung nicht fehlerhaft, wenn er das dem Betriebsrat so mitteilt. Einer „vorsorglichen Sozialauswahl" im Rahmen der Betriebsratsbeteiligung bedarf es nicht. Über eine nur abstrakt mögliche, aber unterbliebene Auswahl muss nicht unterrichtet werden, weil diese für den Kündigungsentschluss gerade nicht maßgeblich ist.[96] Sozialdaten von Arbeitnehmern, die nach Auffassung des Arbeitgebers nicht in die Sozialauswahl einzubeziehen sind, müssen dem Betriebsrat nicht mitgeteilt werden.[97] Diese können, wenn sich der Arbeitnehmer im Prozess auf diese Personen beruft, vom Arbeitgeber noch vorgetragen werden.[98] 32

---

[87] BAG 24. 11. 1983 AP 30 zu § 102 BetrVG 1972.

[88] BAG 7. 11. 2002 AP 40 zu § 1 KSchG 1969 Krankheit = NZA 2003, 816.

[89] BAG 27. 2. 1997 AP 36 zu § 1 KSchG 1969 Verhaltensbedingte Kündigung = NZA 97, 761.

[90] BAG 23. 4. 2008 AP 56 zu § 103 BetrVG = NZA 2008, 1081; 3. 4. 1986 AP 18 zu § 626 BGB Verdacht strafbarer Handlung = NZA 86, 677.

[91] BAG 17. 2. 2000 AP 113 zu § 102 BetrVG 1972 = NZA 2000, 761.

[92] Vgl. BAG 6. 2. 1997 AP 85 zu § 102 BetrVG 1972 = NZA 97, 877; 3. 4. 1987 RzK III 1 d Nr. 3.

[93] BAG 17. 2. 2000 AP 113 zu § 102 BetrVG 1972 = NZA 2000, 761.

[94] BAG 12. 7. 2007 – 2 AZR 493/05 – n. v.

[95] BAG 22. 5. 2003 AP 129 zu § 1 KSchG 1969 Betriebsbedingte Kündigung; 29. 3. 1984 AP 31 zu § 102 BetrVG 1972 = NJW 84, 2374.

[96] BAG 13. 5. 2004 AP 140 zu § 102 BetrVG 1972 = NZA 2004, 1037; 27. 9. 2001 AP 40 zu § 4 TVG Nachwirkung = NZA 2002, 750; 24. 2. 2000 AP 47 zu § 1 KSchG 1969 Soziale Auswahl = NZA 2000, 764.

[97] BAG 5. 10. 1995 AP 71 zu § 1 KSchG 1969 Betriebsbedingte Kündigung = NZA 96, 524; 21. 9. 2000 AP 111 zu § 1 KSchG 1969 Betriebsbedingte Kündigung = NZA 2001, 535.

[98] BAG 7. 11. 1996 RzK III 1b Nr. 26; 29. 3. 1990 AP 50 zu § 1 KSchG 1969 Betriebsbedingte Kündigung = NZA 91, 181.

33 **i)** Der Abschluss eines **Interessenausgleichs mit Namensliste** nach § 1 V KSchG ersetzt für sich allein nicht die Anhörung nach § 102 I BetrVG.[99] Der Arbeitgeber kann allerdings die Betriebsratsanhörung mit den Verhandlungen über den Interessenausgleich verbinden. Haben Arbeitgeber und Betriebsrat in einem Interessenausgleich eine Namensliste nach § 1 V KSchG vereinbart (dazu § 136), genügt es zunächst zur Darlegung einer ordnungsgemäßen Anhörung des Betriebsrats nach § 102 I BetrVG, wenn der Arbeitgeber weitgehend auf den dem Betriebsrat aus den Verhandlungen über den Interessenausgleich und die Namensliste bekannten Sachverhalt Bezug nimmt. Erst wenn der Arbeitnehmer diesen Sachvortrag konkret bestreitet, muss der Arbeitgeber in diesem Punkt ggf. die Vorkenntnisse des Betriebsrats näher darlegen bzw. beweisen.[100] Im Übrigen unterliegt nach der Rechtsprechung des BAG die Betriebsratsanhörung nach § 102 I BetrVG auch bei Vorliegen eines Interessenausgleichs mit Namensliste grundsätzlich keinen erleichterten Anforderungen.[101]

34 **12. Fehler im Anhörungsverfahren. a)** Bei Fehlern im Anhörungsverfahren ist wegen der Rechtsfolgen nach dem jeweiligen Zuständigkeits- und **Verantwortungsbereich zu unterscheiden.**[102] Nur wenn dem Arbeitgeber bei der ihm obliegenden Einleitung des Anhörungsverfahrens ein Fehler unterläuft, liegt darin eine Verletzung des § 102 I BetrVG mit der Folge der Unwirksamkeit der Kündigung. Mängel, die im Verantwortungsbereich des Betriebsrats entstehen, führen hingegen grundsätzlich nicht zur Unwirksamkeit der Kündigung wegen fehlerhafter Anhörung. Dies gilt selbst dann, wenn der Arbeitgeber im Zeitpunkt der Kündigung weiß oder erkennen kann, dass der Betriebsrat die Angelegenheit nicht fehlerfrei behandelt hat. Solche Fehler gehen schon deshalb nicht zulasten des Arbeitgebers, weil der Arbeitgeber keine wirksamen rechtlichen Einflussmöglichkeiten auf die Beschlussfassung des Betriebsrats hat.[103]

35 **b)** Eine Ausnahme kann allerdings dann gelten, wenn erkennbar keine Stellungnahme des Betriebsrates, sondern lediglich die **Äußerung eines Mitglieds** vorliegt oder der Arbeitgeber den Fehler selbst veranlasst hat.[104] Das ist beispielsweise anzunehmen, wenn der Betriebsratsvorsitzende im unmittelbaren Anschluss an die Unterrichtung nach § 102 I 2 BetrVG erklärt, er stimme der beabsichtigten Kündigung zu. Das Anhörungsverfahren des § 102 I BetrVG ist damit noch nicht abgeschlossen.[105]

36 **c)** Zum **Verantwortungsbereich des Arbeitgebers** gehört die Einleitung des Anhörungsverfahrens, die ordnungsgemäße Mitteilung der Kündigungsgründe[106] sowie die unzulässige Überlassung der sozialen Auswahl der zu Kündigenden durch den Betriebsrat.[107] Gleiches gilt, wenn in einem nicht betriebsausschussfähigen Betrieb ein Personalausschuss gebildet ist und nur dieser Stellung nimmt.[108] In diesem Fall muss der Arbeitgeber die Wochenfrist des § 102 II 1 BetrVG abwarten.[109] Ein dem Arbeitgeber zurechenbarer Fehler im Anhörungsverfahren kann nicht ohne Weiteres darin gesehen werden, dass der Betriebsrat in lediglich zwölf Minuten nach Erhalt der schriftlichen Unterrichtung über die Kündigungsgründe seine abschließende Stellungnahme abgibt.[110]

37 **d)** Unterlaufen Fehler im **Verantwortungsbereich des Betriebsrats** bzw. Betriebsausschusses, ist das für die Wirksamkeit der Anhörung und damit der Kündigung ohne Bedeutung, selbst wenn dem Arbeitgeber die Fehler bekannt sind, es sei denn, er hat sie veranlasst.[111] Ohne Auswirkung auf die Wirksamkeit der Kündigung ist damit die fehlerhafte Besetzung des Betriebsrats oder Ausschusses infolge nicht ordnungsgemäßer Ladung zur Betriebsratssitzung (§ 29 II

---

[99] BAG 26. 7. 2007 AP 324 zu § 613 a BGB = NZA 2008, 112; 26. 4. 2007 AP 4 zu § 125 InsO.
[100] Vgl. BAG 21. 2. 2002 EzA 10 zu § 1 KSchG Interessenausgleich = NZA 2002, 1360; 20. 5. 1999 AP 5 zu § 1 KSchG 1969 Namensliste = NZA 99, 1101.
[101] BAG 28. 8. 2003 AP 134 zu § 102 BetrVG 1972.
[102] BAG 24. 6. 2004 AP 22 zu § 620 BGB Kündigungserklärung = NZA 2004, 1330.
[103] BAG 6. 10. 2005 AP 150 zu § 102 BetrVG 1972 = NZA 2006, 990; 11. 12. 2003 AP 65 zu § 1 KSchG 1969 Soziale Auswahl; 16. 1. 2003 AP 129 zu § 102 BetrVG 1972 = NZA 2003, 927; so auch zum Personalvertretungsrecht BAG 13. 6. 1996 AP 1 zu § 67 LPVG Sachsen-Anhalt = NZA 97, 545.
[104] Vgl. BAG 6. 10. 2005 AP 150 zu § 102 BetrVG 1972 = NZA 2006, 990.
[105] BAG 28. 3. 1974 AP 3 zu § 102 BetrVG 1972.
[106] BAG 4. 8. 1975 AP 4 zu § 102 BetrVG 1972.
[107] LAG Berlin 14. 9. 1981 EzA 46 zu § 102 BetrVG 1972.
[108] BAG 26. 10. 1982 AP 26 zu § 102 BetrVG 1972.
[109] BAG 28. 3. 1974 AP 3 zu § 102 BetrVG 1972.
[110] BAG 16. 1. 2003 AP 129 zu § 102 BetrVG 1972 = NZA 2003, 927.
[111] BAG 4. 8. 1975, 2. 4. 1976 AP 4, 9 zu § 102 BetrVG 1972; 15. 11. 1995 AP 73 zu § 102 BetrVG 1972 = NZA 96, 419.

BetrVG),[112] die Entscheidung im Umlaufverfahren anstatt in einer Betriebsratssitzung,[113] oder die Anwesenheit des Arbeitgebers bei der Beratung und Abstimmung des Betriebsrats.[114]

13. Frist zur Stellungnahme des Betriebsrats. a) Hat der Betriebsrat gegen eine Kündigung Bedenken, hat er diese dem Arbeitgeber bei einer **ordentlichen Kündigung** binnen einer Frist von einer Woche, bei einer **außerordentlichen Kündigung** spätestens binnen drei Tagen schriftlich unter Angabe von Gründen mitzuteilen (§ 102 II BetrVG). Für die Berechnung der Fristen gelten §§ 186ff. BGB. Die Wochenfrist des § 102 II 1 BetrVG endet gem. § 188 II BGB mit Ablauf des Tages der nächsten Woche, der durch seine Benennung dem Tag entspricht, an welchem dem Betriebsrat die Mitteilung des Arbeitgebers zugegangen ist. Geht das Anhörungsschreiben dem Betriebsrat am 3. 2. zu, endet die Wochenfrist am 10. 2. um 24.00 Uhr und nicht etwa mit Dienstschluss der Personalabteilung des Arbeitgebers am letzten Tag der Anhörungsfrist.[115] Entsprechendes gilt für die Drei-Tages-Frist. Stimmt der Betriebsrat einer Kündigung ausdrücklich zu, kann der Arbeitgeber kündigen. Eine Rücknahme der Zustimmung ist nicht möglich.[116] 38

b) Will der Arbeitgeber eine außerordentliche **und hilfsweise eine ordentliche Kündigung** erklären, muss er für den Ausspruch der außerordentlichen Kündigung nicht die Wochenfrist abwarten, er kann diese vielmehr nach Ablauf der Dreitagefrist dem Arbeitnehmer übergeben. Liegt keine abschließende Stellungnahme des Betriebsrats vor (dazu RN 42), kann die ordentliche Kündigung allerdings erst nach Ablauf der Wochenfrist erklärt werden. Wird der Betriebsrat nur zu einer außerordentlichen Kündigung angehört und erfolgt später im Prozess eine **Umdeutung** (§ 140 BGB) in eine ordentliche Kündigung, ist die ordentliche Kündigung nur dann nicht nach § 102 I 3 BetrVG unwirksam, wenn der Betriebsrat der außerordentlichen Kündigung ausdrücklich und vorbehaltlos zugestimmt hat.[117] Die Äußerungsfristen sind Höchstfristen für den Betriebsrat. Sie können vom Arbeitgeber nicht einseitig verkürzt, wohl aber verlängert werden (umstr.), da hierdurch für den Arbeitnehmer kein Nachteil eintritt.[118] Bei Massenkündigungen kann dies unter Umständen notwendig sein.[119] Durch eine Verlängerung der Anhörungsfrist wird die Frist des § 626 II BGB nicht beeinflusst. 39

c) Bei einer **außerordentlichen Kündigung mit Auslauffrist** ist der Betriebsrat nach den für ordentliche Kündigungen geltenden Bestimmungen zu unterrichten.[120] Da die Mitwirkungsrechte des Betriebsrats bei der ordentlichen Kündigung weiterreichend sind als bei der außerordentlichen Kündigung, stünde der unkündbare Arbeitnehmer insoweit schlechter, als wenn er ordentlich kündbar wäre. So besteht beispielsweise der Weiterbeschäftigungsanspruch nach § 102 V BetrVG nur bei einem Widerspruch des Betriebsrats gegen eine ordentliche Kündigung, jedoch nicht bei einer außerordentlichen Kündigung. Noch deutlicher ist dies im Personalvertretungsrecht. Unterliegt z. B., wie in manchen Landespersonalvertretungsgesetzen, die außerordentliche Kündigung nur der Anhörung des Personalrats, während zur ordentlichen Kündigung die Zustimmung des Personalrats erforderlich und ggf. durch die Einigungsstelle zu ersetzen ist, könnte dem tariflich besonders geschützten Arbeitnehmer leichter als den übrigen Arbeitnehmern gekündigt werden. Der darin liegende Wertungswiderspruch lässt sich nur durch eine entsprechende Anwendung der Vorschriften über die Mitwirkung des Betriebs- bzw. Personalrats bei ordentlichen Kündigungen vermeiden.[121] Bei der Anhörung des Betriebsrats hat der Arbeitgeber klarzustellen, dass er eine außerordentliche Kündigung mit Auslauffrist erklären möchte.[122] 40

d) Äußert sich der Betriebsrat nicht innerhalb der Frist des § 102 II 1 BetrVG, gilt nach § 102 II 2 BetrVG bei einer Anhörung zur ordentlichen Kündigung seine Zustimmung zur 41

---

[112] BAG 11. 12. 2003 AP 65 zu § 1 KSchG 1969 Soziale Auswahl; 2. 4. 1976 AP 9 zu § 102 BetrVG 1972.

[113] BAG 4. 8. 1975 AP 4 zu § 102 BetrVG 1972.

[114] BAG 24. 3. 1977 AP 12 zu § 102 BetrVG 1972.

[115] BAG 8. 4. 2003 AP 133 zu § 102 BetrVG 1972 = NZA 2003, 961.

[116] Vgl. dazu auch *Gaul* RdA 79, 267.

[117] BAG 16. 3. 1978 AP 15 zu § 102 BetrVG 1972 = NJW 79, 76; 20. 9. 1984 AP 80 zu § 626 BGB = NZA 85, 286.

[118] Vgl. APS/*Koch* § 102 BetrVG RN 131 f.

[119] Dazu BAG 14. 8. 1986 AP 43 zu § 102 BetrVG 1972 = NZA 87, 601.

[120] St. Rspr., vgl. BAG 12. 1. 2006 AP 13 zu § 626 BGB Krankheit.

[121] BAG 5. 2. 1998 AP 143 zu § 626 BGB = NZA 98, 771; 8. 6. 2000 AP 163 zu § 626 BGB = NZA 2000, 1282; näher dazu *Linck/Scholz* AR-Blattei SD 1010.7 RN 94ff.

[122] BAG 29. 8. 1991 AP 58 zu § 102 BetrVG 1972 = NZA 92, 416; näher dazu *Bitter/Kiel,* FS Schwerdtner, S. 11, 31.

Kündigung als erteilt. Entsprechendes ist anzunehmen, wenn der Betriebsrat mitteilt, er sehe von einer Stellungnahme ab. Die **Zustimmungsfiktion** greift nach dem klaren Wortlaut des Gesetzes nur bei der ordentlichen Kündigung und nicht bei der außerordentlichen Kündigung, was bei der außerordentlichen Kündigung von Betriebsratsmitgliedern bei § 103 BetrVG zu beachten ist.[123]

42 **e)** Der Arbeitgeber kann vor Ablauf der dem Betriebsrat eingeräumten Äußerungsfristen des § 102 II BetrVG kündigen, wenn der Betriebsrat vor Ablauf der jeweiligen Frist eine **abschließende Stellungnahme** zu der beabsichtigten Kündigung abgibt.[124] Das ist durch Auslegung (§§ 133, 157 BGB) zu ermitteln und beispielsweise anzunehmen, wenn die Erklärung des Betriebsrats, ggf. unter Berücksichtigung einer bestehenden betrieblichen Übung, so zu verstehen ist, dass dieser eine weitere Erörterung der Angelegenheit nicht wünscht.[125] Hiervon kann grundsätzlich ausgegangen werden, wenn der Betriebsrat unter näherer Darlegung der Gründe der Kündigung widerspricht, ihr ausdrücklich zustimmt oder erklärt, er habe gegen die Kündigung keine Bedenken.[126] Teilt der Betriebsratsvorsitzende mit, der Betriebsrat sei gegen die beabsichtigte Kündigung, weil der Arbeitnehmer in eine soziale Notlage gerate, und sei deshalb bereit, über andere Vorschläge zu diskutieren, liegt keine abschließende Stellungnahme vor.[127] Eine abschließende Stellungnahme kann auch dann vorliegen, wenn der Betriebsrat, ohne sachlich zu der Kündigungsabsicht Stellung zu nehmen, erklärt, er werde sich zu der Kündigung nicht äußern.[128]

43 **14. Darlegungs- und Beweislast. a)** Hinsichtlich der ordnungsgemäßen Anhörung des Betriebsrats i. S. d. § 102 BetrVG gilt eine **abgestufte Darlegungslast.** Danach hat im Prozess der Arbeitnehmer zunächst einmal die für ihn günstige Tatsache vorzutragen, dass überhaupt ein Betriebsrat besteht und deshalb nach § 102 I BetrVG vor der Kündigung dessen Anhörung erforderlich war. Ohne dieses Vorbringen ist das Gericht nicht berechtigt und nicht verpflichtet, das Vorliegen einer ordnungsgemäßen Betriebsratsanhörung – von Amts wegen – zu prüfen.[129] Auf einen entsprechenden Sachvortrag des Arbeitnehmers hin obliegt es dem Arbeitgeber, im Einzelnen darzulegen, dass der Betriebsrat ordnungsgemäß angehört worden ist. Da die Betriebsratsanhörung nach § 102 I 3 BetrVG Wirksamkeitsvoraussetzung der Kündigung ist, trifft den Arbeitgeber die objektive Beweislast.[130]

44 **b)** Auf einen entsprechenden Prozessvortrag des Arbeitgebers hin darf sich der Arbeitnehmer dann nicht mehr darauf beschränken, die ordnungsgemäße Betriebsratsanhörung pauschal **mit Nichtwissen zu bestreiten.** Er hat sich vielmehr nach § 138 II ZPO vollständig zu dem vom Arbeitgeber vorgetragenen Sachverhalt zu erklären und konkret darzulegen, ob er rügen will, der Betriebsrat sei entgegen der Behauptung des Arbeitgebers überhaupt nicht angehört worden, oder in welchen einzelnen Punkten er die tatsächlichen Erklärungen des Arbeitgebers über die Betriebsratsanhörung für falsch oder die dem Betriebsrat mitgeteilten Tatsachen für unvollständig hält.[131] Der Arbeitnehmer muss aufzeigen, welche Angaben er für zutreffend erachtet und welche nicht. Dies erfordert ggf. einen ergänzenden Sachvortrag des Arbeitgebers und ermöglicht eine Beweiserhebung durch das Gericht über die tatsächlich streitigen Tatsachen.

45 **15. Nachschieben von Kündigungsgründen.**[132] Ob dem Betriebsrat **nicht mitgeteilte Kündigungsgründe** zur Rechtfertigung einer Kündigung nachgeschoben werden können, ist kündigungsrechtlich, betriebsverfassungsrechtlich und verfahrensrechtlich unterschiedlich zu bewerten.

46 **a) Kündigungsrechtlich** können Kündigungsgründe, die dem Kündigenden bei Ausspruch der Kündigung noch nicht bekannt waren, zur Begründung der Kündigung grundsätzlich nach-

---

[123] Vgl. BAG 18. 8. 1977 AP 10 zu § 103 BetrVG 1972.
[124] BAG 21. 5. 2008 NZA 2008, 753; 3. 4. 2008 AP 159 zu § 102 BetrVG 1972 = NZA 2008, 807.
[125] BAG 12. 3. 1987 AP 47 zu § 102 BetrVG 1972 = NZA 88, 137; 26. 1. 1995 AP 69 zu § 102 BetrVG 1972 = NZA 95, 672.
[126] Vgl. BAG 11. 7. 1991 AP 57 zu § 102 BetrVG 1972 = NZA 92, 38.
[127] BAG 1. 4. 1976 AP 8 zu § 102 BetrVG 1972.
[128] BAG 21. 5. 2008 NZA 2008, 753.
[129] Dazu BAG 23. 6. 2005 AP 11 zu § 138 ZPO = NZA 2005, 1233.
[130] BAG 21. 5. 2008 NZA 2008, 753; 23. 6. 2005 AP 11 zu § 138 ZPO = NZA 2005, 1233; 22. 9. 1994 AP 68 zu § 102 BetrVG 1972 = NZA 95, 363.
[131] BAG 21. 5. 2008 NZA 2008, 753; 20. 9. 2006 AP 24 zu § 17 KSchG 1969; 16. 3. 2000 AP 114 zu § 102 BetrVG 1972 = NZA 2000, 1332.
[132] Ausf. hierzu APS/*Koch* § 102 BetrVG RN 166 ff.

geschoben werden, wenn sie im Zeitpunkt des Kündigungszugangs objektiv vorlagen.[133] Ein Nachschieben der Kündigungsgründe ist im Prozess auch dann möglich, wenn die Frist des § 626 II BGB verstrichen ist. Denn die Ausschlussfrist bezieht sich nach dem Wortlaut des § 626 II 1 BGB allein auf die Ausübung des Kündigungsrechts und nicht auf die zugrunde liegenden Kündigungsgründe. Ist also bereits eine Kündigung ausgesprochen, schränkt § 626 II 1 BGB ein Nachschieben nachträglich bekannt gewordener und zeitlich vor Ausspruch der Kündigung liegender Gründe nicht ein.[134]

b) Betriebsverfassungsrechtlich ist das Nachschieben von Kündigungsgründen nur eingeschränkt möglich. Teilt der Arbeitgeber dem Betriebsrat objektiv kündigungsrechtlich erhebliche Tatsachen nicht mit, weil er die Kündigung darauf nicht stützen will oder weil er sie bei seinem Kündigungsentschluss für unerheblich oder entbehrlich hält, ist die Anhörung zwar selbst ordnungsgemäß erfolgt (RN 21). Die in objektiver Hinsicht unvollständige Unterrichtung hat freilich „mittelbar“ die Unwirksamkeit der Kündigung zur Folge, wenn der mitgeteilte Sachverhalt zur sozialen Rechtfertigung der Kündigung nicht ausreicht, weil es dem Arbeitgeber verwehrt ist, Gründe nachzuschieben, die nicht Gegenstand der Betriebsratsanhörung waren.[135] Möglich ist nur eine Erläuterung des dem Betriebsrat mitgeteilten Sachverhalts.[136] Dies gilt nach Auffassung des BAG auch dann, wenn der Betriebsrat auf Grund der mitgeteilten Gründe der Kündigung bereits zugestimmt hat.[137] Dem Arbeitgeber bleibt der Ausspruch einer weiteren Kündigung. Über eine abstrakt mögliche, vom Arbeitgeber aber nicht vorgenommene Sozialauswahl (§ 1 III KSchG) ist der Betriebsrat nicht zu unterrichten.[138] Wenn eine Sozialauswahl nach der für den Betriebsrat erkennbaren Auffassung des Arbeitgebers wegen der Stilllegung des gesamten Betriebes nicht vorzunehmen ist, braucht der Arbeitgeber den Betriebsrat nicht nach § 102 I BetrVG über Familienstand und Unterhaltspflichten der zu kündigenden Arbeitnehmer zu informieren.[139] 47

Kündigungsgründe, die bei Ausspruch der Kündigung bereits vorlagen, dem Arbeitgeber aber **erst später bekannt wurden,** kann der Arbeitgeber nach Auffassung des BAG im Kündigungsschutzprozess nur vorbringen, wenn die (nachgeschobenen) Kündigungsgründe in einem nachträglichen Anhörungsverfahren dem Betriebsrat mitgeteilt worden sind.[140] Das ist nicht überzeugend. Die erneute Anhörung des Betriebsrats ist bloßer Formalismus ohne erkennbaren Wert. Der Zweck des Anhörungsverfahrens besteht darin, dem Betriebsrat die Möglichkeit zu geben, auf den Kündigungsentschluss des Arbeitgebers Einfluss zu nehmen (RN 1) Ist die Kündigung jedoch bereits ausgesprochen, kann dieser Zweck nicht mehr erreicht werden.[141] 48

c) Verfahrensrechtlich sind nur solche Kündigungsgründe zu berücksichtigen, die entspr. der Fristen des § 61 a ArbGG bzw. im zweiten Rechtszug nach Maßgabe des § 67 ArbGG vorgetragen worden sind.[142] 49

16. Rechtsfolgen fehlerhafter Anhörung. Die Kündigung ist nach § 102 I 3 BetrVG **unwirksam,** wenn sie ohne vorherige Anhörung des Betriebsrats erfolgt ist oder der Arbeitgeber den Betriebsrat vor Ausspruch der Kündigung nicht ordnungsgemäß über die Kündigungsgründe unterrichtet hat.[143] Eine wirksame Anhörung kann nicht mehr erfolgen, nachdem die Kündigung ausgesprochen worden ist. Ausgesprochen ist die Kündigung, wenn die Erklärung 50

---

[133] BAG 6. 9. 2007 AP 208 zu § 626 BGB = NZA 2008, 636; 11. 3. 1999 RzK I 10g Nr. 10; 4. 6. 1997 AP 5 zu § 626 BGB Nachschieben von Kündigungsgründen = NZA 97, 1158; 30. 1. 1963 AP 50 zu § 626 BGB = NJW 63, 1267.

[134] BAG 4. 6. 1997 AP 5 zu § 626 BGB Nachschieben von Kündigungsgründen = NZA 97, 1158.

[135] BAG 27. 9. 2001 AP 40 zu § 4 TVG Nachwirkung = NZA 2002, 750; 17. 2. 2000 AP 113 zu § 102 BetrVG 1972 = NZA 2000, 761.

[136] BAG 6. 10. 2005 AP 150 zu § 102 BetrVG 1972 = NZA 2006, 990; 7. 11. 2002 AP 40 zu § 1 KSchG 1969 Krankheit = NZA 2003, 816; 29. 3. 1990 AP 50 zu § 1 KSchG 1969 Betriebsbedingte Kündigung = NZA 91, 181.

[137] BAG 26. 9. 1991 AP 28 zu § 1 KSchG 1969 Krankheit = NZA 92, 1073.

[138] BAG 24. 2. 2000 AP 47 zu § 1 KSchG 1969 Soziale Auswahl = NZA 2000, 764; 11. 12. 2003 AP 65 zu § 1 KSchG 1969 Soziale Auswahl.

[139] BAG 13. 5. 2004 AP 140 zu § 102 BetrVG 1972 = NZA 2004, 1037; 27. 9. 2001 AP 40 zu § 4 TVG Nachwirkung = NZA 2002, 750.

[140] BAG 11. 4. 1985 AP 39 zu § 102 BetrVG 1972 = NZA 86, 674.

[141] Ebenso APS/*Koch* § 102 BetrVG RN 174; GK-BetrVG/*Raab* § 102 RN 154.

[142] BAG 11. 4. 1985 AP 39 zu § 102 BetrVG 1972 = NZA 86, 674.

[143] BAG 16. 9. 1993 AP 62 zu § 102 BetrVG 1972 = NZA 94, 311; 22. 9. 1994 AP 68 zu § 102 BetrVG 1972 = NZA 95, 363; 17. 2. 2000 AP 113 zu § 102 BetrVG 1972 = NZA 2000, 761.

den Machtbereich des Arbeitgebers verlassen hat.[144] Eine gleichwohl (nachträglich) eingeholte Stellungnahme des Betriebsrats kann die Unwirksamkeit der ohne vorherige Anhörung erklärten Kündigung nicht verhindern.[145] Die Unwirksamkeit der Kündigung nach § 102 I 3 BetrVG ist seit dem 1. 1. 2004 mit einer innerhalb der Dreiwochenfrist des § 4 Satz 1 KSchG zu erhebenden Klage geltend zu machen. Umstr. ist, ob dem Betriebsrat ein Unterlassungsanspruch gegen den Arbeitgeber zusteht, ohne Anhörung die Kündigung zu unterlassen. Dies ist zu verneinen.[146]

II. Widerspruch des Betriebsrats

51 **1. Allgemeines.** Der Betriebsrat kann jegliche Bedenken gegen die Kündigung erheben, ohne an die Widerspruchsgründe des § 102 III BetrVG gebunden zu sein. Er kann also z. B. einwenden, die vom Arbeitgeber dargelegten verhaltensbedingten Kündigungsgründe seien unter Berücksichtigung bestimmter Entschuldigungsgründe nicht gewichtig genug. Ein **rechtlich erhebliches Widerspruchsrecht** steht ihm jedoch nur aus den in **§ 102 III BetrVG aufgeführten Gründen** zu. Nur ein hierauf gestützter Widerspruch ist geeignet, einen Weiterbeschäftigungsanspruch nach § 102 V BetrVG auszulösen (dazu § 125).

52 Der Betriebsrat soll, soweit dies erforderlich erscheint, vor seiner Stellungnahme den **betroffenen Arbeitnehmer hören** (§ 102 II 4 BetrVG). Unterlässt er dies, stellt dies eine Pflichtverletzung gegenüber dem Arbeitnehmer dar. Die Wirksamkeit der Kündigung bleibt hiervon jedoch unberührt, da den Arbeitgeber nicht die Folgen einer Pflichtwidrigkeit des Betriebsrats treffen. Die Anhörung kann regelmäßig unterbleiben, wenn die persönlichen Verhältnisse des Betroffenen bekannt sind und auch der Vorgang, der der Kündigung zu Grunde liegt, allgemein oder dem Betriebsrat bekannt ist.

53 **2. Formale Anforderungen.** Der Betriebsrat hat etwaige Bedenken sowie den Widerspruch einschließlich seiner Begründung binnen der Fristen des § 102 II BetrVG **schriftlich** darzulegen. Da der Widerspruch eine geschäftsähnliche Handlung ist, genügt ein Telefax.[147] Der Betriebsrat darf sich beim Widerspruch nicht auf die Mitteilung des Gesetzeswortlauts beschränken; vielmehr hat er seine wesentlichen tatsächlichen und rechtlichen Gründe dem Arbeitgeber mitzuteilen, damit dieser die Bedenken des Betriebsrats überprüfen kann.[148] Der Widerspruch ist bereits ausreichend begründet, wenn die Widerspruchsbegründung es als möglich erscheinen lässt, dass einer der Widerspruchsgründe geltend gemacht wird.[149]

54 **3. Widerspruchsgründe.** Der Betriebsrat hat ein Widerspruchsrecht gegen die ordentliche Kündigung, wenn

55 **a)** der Arbeitgeber bei der **Auswahl des zu kündigenden Arbeitnehmers** soziale Gesichtspunkte nicht oder nicht ausreichend berücksichtigt. Dieser Widerspruchsgrund kommt nur bei betriebsbedingten Kündigungen in Betracht.[150] Bei personen- und verhaltensbedingten Kündigungsgründen erfolgt keine Auswahl nach sozialen Gesichtspunkten, weil der zu kündigende Arbeitnehmer auf Grund der mangelnden Eignung bzw. der Pflichtverletzungen feststeht. Macht der Betriebsrat mit seinem Widerspruch nach § 102 III Nr. 1 BetrVG geltend, der Arbeitgeber habe zu Unrecht Arbeitnehmer nicht in die soziale Auswahl einbezogen, müssen diese Arbeitnehmer vom Betriebsrat entweder konkret benannt oder anhand abstrakter Merkmale bestimmbar sein;[151]

56 **b)** die Kündigung gegen eine **Auswahlrichtlinie** (§ 95 BetrVG) verstößt (dazu § 135 RN 52);

57 **c)** der zu kündigende Arbeitnehmer an einem **anderen Arbeitsplatz in demselben Betrieb des Unternehmens weiterbeschäftigt** werden kann. Als anderer Arbeitsplatz ist jede

---

[144] BAG 11. 7. 1991 AP 57 zu § 102 BetrVG 1972 = NZA 92, 38; siehe dazu auch BAG 8. 4. 2003 AP 133 zu § 102 BetrVG 1972 = NZA 2003, 961.

[145] BAG 28. 2. 1974 AP 2 zu § 102 BetrVG 1972.

[146] LAG Hamburg 21. 9. 1983 ZIP 83, 1382.

[147] Ebenso KR/*Etzel* § 102 BetrVG RN 142; APS/*Koch* § 102 BetrVG RN 188 sowie BAG 6. 8. 2002 AP 27 zu § 99 BetrVG Eingruppierung = NZA 2003, 386 zum Widerspruch nach § 99 III BetrVG.

[148] BAG 17. 6. 1999 AP 11 zu § 102 BetrVG Weiterbeschäftigung = NZA 99, 1154; LAG Düsseldorf 23. 5. 1975 EzA 4 zu § 102 BetrVG 1972 Beschäftigungspflicht; LAG München 2. 3. 1994 NZA 94, 1000.

[149] LAG München 17. 8. 1994 LAGE § 102 BetrVG 1972 Beschäftigungspflicht Nr. 18; LAG Schleswig-Holstein 5. 5. 1996 LAGE § 102 BetrVG 1972 Beschäftigungspflicht Nr. 23.

[150] Ebenso ErfK/*Kania* § 102 BetrVG RN 18; APS/*Koch* § 102 BetrVG RN 192.

[151] BAG 9. 7. 2003 AP 14 zu § 102 BetrVG 1972 Weiterbeschäftigung = NZA 2003, 1191.

Beschäftigungsmöglichkeit zu verstehen, die ohne Änderung der Vertragsbedingungen in demselben Betrieb oder einem anderen Betrieb desselben Unternehmens möglich ist. Unwirksam ist ein Widerspruch mit der Begründung, der Arbeitnehmer könne an demselben Arbeitsplatz weiterbeschäftigt werden.[152] Durch das Widerspruchsrecht soll die besondere Kenntnis des Betriebsrats bezüglich der Versetzungsmöglichkeiten nutzbar gemacht werden. Der Arbeitsplatz muss benannt werden.[153] Zur Begründung des Widerspruchs ist dem Betriebsrat ein Mindestmaß an konkreter Argumentation abzuverlangen; ein rein spekulativer Widerspruch etwa in dem Sinne, es sei im Betrieb irgendeine anderweitige Beschäftigungsmöglichkeit vorhanden, reicht nicht aus. Der Betriebsrat hat den Arbeitsplatz zumindest in bestimmbarer Weise anzugeben und den Bereich zu bezeichnen, in dem der Arbeitnehmer anderweitig beschäftigt werden kann.[154] Nicht ausreichend ist es, wenn der Betriebsrat auf Personalengpässe bei Arbeiten hinweist, die im Betrieb von einem Subunternehmer auf Grund eines Werkvertrags erledigt werden;[155]

d) die Weiterbeschäftigung des Arbeitnehmers nach **zumutbarer Umschulung oder Fortbildung** möglich ist. Der Arbeitgeber soll veranlasst werden, Arbeitnehmern, deren Arbeitsplatz gefährdet ist, durch Maßnahmen der beruflichen Bildung den Arbeitsplatz zu erhalten (§§ 19, 239); 58

e) eine Weiterbeschäftigung des Arbeitnehmers unter **geänderten Vertragsbedingungen** möglich ist und der Arbeitnehmer zu der Vertragsänderung sein Einverständnis erteilt. Der Arbeitgeber hat daher insbesondere bei personen- oder betriebsbedingten Kündigungen zu prüfen, ob eine Änderungskündigung in Betracht kommt. 59

4. Rücknahme. Hat der Betriebsrat einer ordentlichen Kündigung widersprochen, kommt er aber – etwa nach weiterer Sachprüfung – zu dem Ergebnis, dass der Widerspruch ungerechtfertigt war, kann er diesen grundsätzlich nicht zurücknehmen. Denn der Widerspruch ist eine geschäftsähnliche Handlung, die mit ihren Zugang beim Arbeitgeber als Adressaten entsprechend § 130 BGB wirksam wird. Für etwaige Billigkeitsüberlegungen ist kein Raum, weil der Betriebsrat nach § 102 II BetrVG vor Ausübung des Widerspruchsrechts genügend Zeit hat, sich seine Entscheidung zu überlegen. 60

5. Abschrift. Hat der Betriebsrat der Kündigung aus den in §§ 102 III BetrVG aufgezählten Gründen schriftlich und fristgemäß widersprochen, hat der Arbeitgeber dem Arbeitnehmer mit der Kündigung zugleich eine Abschrift des Widerspruchs zuzuleiten (§ 102 IV BetrVG). Hierdurch wird der Arbeitnehmer in die Lage versetzt, die Aussichten eines Kündigungsschutzprozesses besser abzuschätzen und sich im Verfahren auf den Widerspruch des Betriebsrats zu berufen sowie den Weiterbeschäftigungsanspruch nach § 102 V BetrVG geltend zu machen. Unterlässt der Arbeitgeber die Mitteilung des Widerspruchs, ist die Kündigung gleichwohl wirksam, denn durch § 102 IV BetrVG ist keine Formvorschrift für die Kündigung eingeführt worden.[156] U. U. kann der Arbeitgeber jedoch schadenersatzpflichtig werden. 61

6. Rechtsfolgen. Hat der Betriebsrat aus den in § 102 III BetrVG aufgezählten Gründen form- und fristgemäß Widerspruch erhoben, hat dies **zwei Rechtsfolgen.** Der Arbeitnehmer kann die Kündigungsschutzklage auch hierauf stützen (§ 1 II 2 KSchG; dazu § 130 RN 39ff.) und den Weiterbeschäftigungsanspruch nach § 102 V BetrVG geltend machen (dazu § 125). 62

7. Erweiterung der Mitbestimmungsrechte. a) Arbeitgeber und Betriebsrat können nach § 102 VI BetrVG vereinbaren, dass ordentliche wie außerordentliche Kündigungen der **Zustimmung des Betriebsrats** bedürfen und dass bei Meinungsverschiedenheiten über die Berechtigung der Nichterteilung der Zustimmung die **Einigungsstelle** entscheidet.[157] Die Vereinbarung muss den Anforderungen einer Betriebsvereinbarung genügen.[158] Die Entscheidung der Einigungsstelle kann vom Arbeitgeber oder Betriebsrat, nicht aber vom betroffenen Arbeitnehmer beim Arbeitsgericht angefochten werden. Fristen sind hierbei regelmäßig nicht zu beachten, weil die Einigungsstelle Rechtsfragen entscheidet.[159] Eine Betriebsvereinbarung kann auch vorsehen, dass der Arbeit- 63

[152] BAG 11. 5. 2000 AP 13 zu § 102 BetrVG 1972 Weiterbeschäftigung = NZA 2000, 1055; 17. 6. 1999 AP 11 zu § 102 BetrVG 1972 Weiterbeschäftigung = NZA 99, 1154; 12. 9. 1985 AP 7 zu § 102 BetrVG 1972 Weiterbeschäftigung = NZA 86, 424.

[153] BAG 17. 6. 1999 AP 11 zu § 102 BetrVG 1972 Weiterbeschäftigung = NZA 99, 1154.

[154] BAG 11. 5. 2000 AP 13 zu § 102 BetrVG 1972 Weiterbeschäftigung = NZA 2000, 1055.

[155] BAG 11. 5. 2000 AP 13 zu § 102 BetrVG 1972 Weiterbeschäftigung = NZA 2000, 1055.

[156] Ebenso APS/*Koch* § 102 BetrVG RN 159.

[157] BAG 6. 2. 1997 AP 86 zu § 102 BetrVG 1972 = NZA 97, 877.

[158] BAG 14. 2. 1978 AP 60 zu Art. 9 GG Arbeitskampf = DB 78, 1501.

[159] Zutr. KR/*Etzel* § 102 RN 258f.; *Fitting* § 102 RN 127; APS/*Koch* § 102 BetrVG RN 183.

geber bei einer Zustimmungsverweigerung des Betriebsrats nicht die Einigungsstelle, sondern direkt das Arbeitsgericht anrufen und dort die Zustimmung ersetzen lassen kann.[160] Eine ohne Zustimmung des Betriebsrats erklärte Kündigung ist dann unwirksam. Der Arbeitnehmer muss die Unwirksamkeit seit 1. 1. 2004 innerhalb der Frist des § 4 KSchG geltend machen. Stimmt der Betriebsrat der Kündigung zu, ist der Arbeitnehmer nicht gehindert, sich noch auf den allgemeinen oder besonderen Kündigungsschutz zu berufen. Der Weiterbeschäftigungsanspruch des Arbeitnehmers wird auch bei vereinbartem Zustimmungsrecht nur unter den Voraussetzungen von § 102 III BetrVG ausgelöst, es sei denn, dass auch diese Vorschrift in der Betriebsvereinbarung näher ausgestaltet wird.

64 **b)** Ordentliche wie außerordentliche Kündigungen können auch im Wege des **Tarifvertrags** von der Zustimmung des Betriebsrats abhängig gemacht werden. Denn nach § 1 I TVG können auch durch Tarifvertrag betriebsverfassungsrechtliche Fragen geregelt werden. Es gelten dann die gleichen Grundsätze wie bei Betriebsvereinbarungen.[161]

III. Anhörung des Personalrats

65 **1.** Die **Beteiligung des Personalrats** ist für den Bereich der Arbeiter und Angestellten im öffentlichen Dienst des Bundes im BPersVG vom 15. 3. 1974 (BGBl. I S. 693) m. spät. Änd. geregelt. In den Ländern gelten Landespersonalvertretungsgesetze, die jedoch in Fragen der Beteiligung des Personalrats nicht immer mit dem BPersVG übereinstimmen. Die nachfolgenden Ausführungen gelten daher nur für solche Länder entsprechend, deren LPersVG an das des Bundes angepasst ist. Die Abgrenzung der Geltungsbereiche von BetrVG und BPersVG bestimmt sich allein nach der formellen Rechtsform des Betriebs oder der Verwaltung (§ 263).[162] Für alle Arbeiter und Angestellten, die bei einer juristischen Person des öffentlichen Rechts angestellt sind, gilt das jeweilige PersVG.

66 Arbeitgeber der bei den **Stationierungsstreitkräften** beschäftigten Arbeitnehmer ist der jeweilige Entsendestaat.[163] Bei Kündigungen von im Ausland beschäftigten Ortskräften braucht der Personalrat des Auswärtigen Amtes nicht beteiligt zu werden.[164]

67 **2.** Bei **ordentlichen Kündigungen** wirkt der Personalrat nach §§ 72, 79 BPersVG mit. Eine Kündigung ist dabei nicht nur dann unwirksam, wenn der Arbeitgeber gekündigt hat, ohne den Personalrat überhaupt zu beteiligen, sondern auch dann, wenn er ihn nicht richtig beteiligt, d. h., wenn er das gesetzliche Beteiligungsverfahren nicht eingehalten hat.[165] Die Rechtsfolge der Unwirksamkeit der Kündigung bei nicht ordnungsgemäßer Beteiligung des Personalrats ergibt sich im Geltungsbereich des BPersVG aus § 79 IV BPersVG und für die LPersVG aus § 108 II BPersVG. Sie tritt auch dann ein, wenn die Kündigung vor Abschluss des Stufenverfahrens erklärt wird.

68 **a)** Soweit der Personalrat mitwirkt, ist nach § 72 I BPersVG die beabsichtigte Maßnahme vor der Durchführung mit dem Ziel der Verständigung mit dem Personalrat **rechtzeitig und eingehend zu erörtern.** Ihm steht mithin ein Beratungsrecht zu. Hat der Personalrat fristgerecht Einwendungen gegen eine beabsichtigte Kündigung erhoben, ist diese in der Regel unwirksam, wenn der Arbeitgeber eine nach dem einschlägigen Personalvertretungsgesetz vorgeschriebene Erörterung mit dem Personalrat unterlassen hat.[166] Unterbleibt die Erörterung der beabsichtigten Kündigung mit dem Dienststellenleiter, berührt dies die Wirksamkeit der Maßnahme allerdings dann nicht, wenn der Personalrat eine Erörterung nicht wünscht.[167] Ein Tätigwerden eines sonstigen Beauftragten im Sinne des § 7 BPersVG setzt eine **Verhinderung des Dienststellenleiters** voraus.[168] Rügt der Personalrat im Laufe des Beteiligungsverfahrens nach § 79 BPersVG nicht, dass der sonstige Beauftragte ohne Verhinderung des Dienststellenleiters handelt, ist auch bei fehlender Verhinderung des Dienststellenleiters dieser Mangel im Verhältnis zum gekündig-

[160] Ebenso für Tarifverträge BAG 21. 6. 2000 AP 121 zu § 102 BetrVG 1972 = NZA 2001, 271.
[161] BAG 21. 6. 2000 AP 121 zu § 102 BetrVG 1972 = NZA 2001, 271.
[162] BAG 7. 11. 1975 AP 1 zu § 130 BetrVG 1972.
[163] BAG 14. 1. 1993 AP 15 zu Art. 56 ZA-Nato-Truppenstatut = NZA 93, 981; Einzelheiten: BAG 9. 2. 1993 AP 18 zu Art. 56 ZA-Nato-Truppenstatut; 14. 12. 1994 AP 1 zu § 82 BPersVG = NZA 96, 222; vgl. zur Mitwirkung der Stufenvertretung: BAG 30. 3. 1994 AP 1 zu § 47 BPersVG = NZA 94, 843.
[164] BAG 21. 11. 1996 AP 10 zu § 79 BPersVG = NZA 97, 493.
[165] BAG 13. 3. 2008 AP 87 zu § 1 KSchG 1969 m.w.N.
[166] BAG 20. 1. 2000 AP 56 zu § 2 KSchG 1969 = NZA 2000, 367.
[167] BAG 3. 2. 1982 AP 1 zu § 72 BPersVG.
[168] Vgl. APS/*Koch* § 79 BPersVG RN 8.

ten Arbeitnehmer unbeachtlich.[169] Das gilt entsprechend, wenn das Verfahren zur Beteiligung des Personalrats durch einen personalvertretungsrechtlich nicht zuständigen Vertreter des Dienststellenleiters eingeleitet wird, sofern der Personalrat den Fehler nicht gerügt, sondern zu der beabsichtigten Kündigung abschließend Stellung genommen hat.[170]

b) Der öffentliche Arbeitgeber hat dem Personalrat **die Gründe für die Kündigung mitzuteilen**, d. h., er muss die Personalvertretung über alle Gesichtspunkte informieren, die ihn zur Kündigung des Arbeitsverhältnisses veranlasst haben. Der Personalrat ist ordnungsgemäß unterrichtet, wenn der Arbeitgeber ihm die aus seiner Sicht subjektiv tragenden Kündigungsgründe, die für seinen Kündigungsentschluss maßgeblich sind, mitgeteilt hat.[171] Es gelten insoweit im Wesentlichen die gleichen Grundsätze wie bei der Betriebsratsanhörung (RN 21 ff.). Eine ordnungsgemäße Anhörung des Personalrats erfordert daher in der Regel auch bei einer verhaltensbedingten Kündigung die Mitteilung der Personaldaten des Arbeitnehmers, soweit der Personalrat diese nicht bereits kennt; dies gilt insbesondere bei tariflicher Unkündbarkeit des Arbeitnehmers.[172] Hat der Arbeitgeber nach Durchführung des Beteiligungsverfahrens gekündigt und ist dem Arbeitnehmer die Kündigung zugegangen, bedarf es zur Wirksamkeit einer wiederholten Kündigung einer erneuten Unterrichtung des Personalrats.[173] Zu den mitzuteilenden Kündigungsgründen gehören auch die Gründe für eine etwaige soziale Auswahl,[174] eine bereits ausgesprochene Abmahnung und eine evtl. Gegendarstellung des Arbeitnehmers.[175] Bei einer Kündigung wegen häufiger Kurzerkrankungen sind dem Personalrat regelmäßig die einzelnen Ausfallzeiten der letzten Jahre mitzuteilen, auf die der Arbeitgeber seine negative Gesundheitsprognose stützt.[176] Gleiches gilt für die aufgewandten Entgeltfortzahlungskosten, wenn der Arbeitgeber hieraus die erforderlichen betrieblichen Beeinträchtigungen infolge der krankheitsbedingten Ausfälle des Arbeitnehmers herleitet. Der Arbeitgeber ist dagegen grundsätzlich nicht verpflichtet, dem Personalrat Beweismittel oder Unterlagen zur Verfügung zu stellen.[177] 69

c) Äußert sich der Personalrat nicht innerhalb von zehn Arbeitstagen oder hält er bei der Erörterung seine Einwendungen oder Vorschläge nicht aufrecht, gilt die beabsichtigte Maßnahme als gebilligt (§ 72 II 1 BPersVG). Erhebt der Personalrat **Einwendungen,** hat er dem Leiter der Dienststelle die Gründe mitzuteilen (§ 72 II 2 BPersVG). Der Personalrat kann alle Einwendungen vortragen; er ist – soweit es nicht um eine Probezeitkündigung geht – nicht auf die in § 79 I 3 BPersVG aufgezählten beschränkt.[178] Bei einer Probezeitkündigung sind nur solche Einwendungen beachtlich, welche die Unwirksamkeit der Probezeitkündigung als möglich erscheinen lassen, also etwa einen Verstoß gegen §§ 138, 242 BGB oder Vorschriften des besonderen Kündigungsschutzes, wie § 9 MuSchG, zum Gegenstand haben. Nicht dazu gehört die Möglichkeit der Umsetzung in einen anderen Bereich.[179] Soweit Beschwerden oder Behauptungen tatsächlicher Art vorgebracht werden, die für einen Beschäftigten ungünstig sind oder ihm nachteilig werden können, ist dem Beschäftigten Gelegenheit zur Äußerung zu geben. Die Äußerung ist aktenkundig zu machen (§ 72 II 3, § 69 II 6 BPersVG). Die Dienststelle kann den Einwendungen des Personalrats Rechnung tragen. Entspricht sie dagegen den Einwendungen nicht oder nicht in vollem Umfang, teilt sie dem Personalrat ihre Entscheidung unter Angabe der Gründe schriftlich mit (§ 72 III BPersVG). Hat die Dienststelle den Einwendungen nicht entsprochen und den Personalrat schriftlich beschieden, kann dieser die Angelegenheit binnen drei Arbeitstagen nach Zugang der Mitteilung auf dem Dienstweg der übergeordneten Dienststelle, bei der eine Stufenvertretung besteht, mit dem Antrag auf Entscheidung vorlegen (§ 72 IV BPersVG). Eine Kündigung ist unwirksam, wenn sie vor Abschluss des Stufenverfahrens erklärt wird. Ist ein Antrag nach § 72 IV BPersVG gestellt, so ist die beabsichtigte Maßnahme auszusetzen (§ 72 V BPersVG). In Ländern, in denen die LPersVG keinen gesetzlichen Katalog der Zustimmungsverweigerungsgründe in Personalangelegenheiten enthalten, ist die 70

---

[169] BAG 26. 10. 1995 AP 8 zu § 79 BPersVG.
[170] BAG 25. 2. 1998 AP 8 zu § 72 a LPVG NW = NZA 99, 88.
[171] BAG 13. 3. 2008 AP 87 zu § 1 KSchG 1969.
[172] BAG 21. 6. 2001 NZA 2002, 232.
[173] BAG 5. 9. 2002 AP 1 zu § 78 LPVG Sachsen.
[174] BAG 26. 10. 1995 AP 35 zu Art. 20 Einigungsvertrag = NZA 96, 703.
[175] BAG 31. 8. 1989 AP 1 zu § 77 LPVG Schleswig-Holstein = NZA 90, 658; Anhörungsergebnis bei Verdachtskündigung: LAG Frankfurt 12. 11. 1992 BB 93, 1009.
[176] BAG 7. 11. 2002 AP 18 zu § 620 BGB Kündigungserklärung = NZA 2003, 520.
[177] BAG 27. 3. 2003 AP 81 zu Einigungsvertrag Anlage I Kap. XIX.
[178] BAG 29. 9. 1983 AP 1 zu § 79 BPersVG = DB 84, 2306.
[179] BAG 27. 10. 2005 AP 151 zu § 102 BetrVG 1972.

Zustimmungsverweigerung dann unbeachtlich, wenn die von der Personalvertretung für die Zustimmungsverweigerung angegebenen Gründe offensichtlich außerhalb der Mitbestimmung liegen.[180] Sieht das LPersVG bei Einwendungen des Personalrats ein Einigungsstellenverfahren vor, kann der Arbeitgeber die Kündigung nach Abschluss des Einigungsstellenverfahrens aussprechen. Er braucht nicht die Zustellung der schriftlichen Begründung des die Zustimmung ersetzenden Beschlusses der Einigungsstelle abzuwarten.[181]

70a Hat der Arbeitgeber rechtzeitig innerhalb der **Ausschlussfrist des § 626 II BGB** beim Personalrat die nach dem LPersVG erforderliche Zustimmung zu der beabsichtigten außerordentlichen Kündigung beantragt und bei verweigerter Zustimmung noch innerhalb der Zweiwochenfrist das dann durchzuführende Mitbestimmungsverfahren eingeleitet, ist die Kündigung nicht wegen Versäumung der Ausschlussfrist des § 626 II BGB unwirksam, wenn das Mitbestimmungsverfahren bei Ablauf der Zweiwochenfrist noch nicht abgeschlossen ist. Der bereits eingetretene Ablauf der Ausschlussfrist des § 626 II BGB schadet in analoger Anwendung von § 91 V SGB IX nicht, wenn der Arbeitgeber die Kündigung nach Abschluss des fristgerecht eingeleiteten personalvertretungsrechtlichen Mitbestimmungsverfahrens unverzüglich ausspricht.[182]

71 **d)** Nach §§ 79 I 2, 77 I 2 BPersVG ist die Mitwirkung des Personalrats bei ordentlichen Kündigungen ausgeschlossen für Beamtenstellen von der **Besoldungsgruppe A 16 an aufwärts.** Diese Vorschrift erfasst auch Angestellte, die zwar keine Beamtenstelle ab der Besoldungsgruppe A 16 innehaben, aber eine Stellung bekleiden, die unter Berücksichtigung der Bedeutung der Ausnahmevorschrift einer solchen Beamtenstelle entspricht. Sinn und Zweck des § 77 I 2 BPersVG ist es, für herausgehobene Stellen unabhängige Personalentscheidungen sicherzustellen, die der Bedeutung der auf diesen Stellen zu verrichtenden Tätigkeiten und der damit verbundenen Verantwortung gerecht werden. Für die Frage, ob es sich um eine entsprechende Angestelltenstelle i. S. d. § 77 I 2 BPersVG handelt, kommt es auf die Funktionsgleichwertigkeit mit der von der Mitbestimmung ausgenommenen Beamtenstelle an. Bei der Anwendung dieser Bestimmung auf nach privatrechtlichen Grundsätzen geführte öffentlich-rechtliche Anstalten ist ein Vergleich mit der besoldungsmäßigen Einstufung der Spitzenpositionen und der darunter befindlichen Leitungsebenen entsprechender Bundesbehörden und von der Besoldungsordnung erfasster Anstalten des öffentlichen Rechts durchzuführen. Landesrundfunkanstalten sind insoweit mit Bundesoberbehörden vergleichbar.[183]

72 **e)** Die Kündigung ist **nach § 79 IV BPersVG unwirksam,** wenn der Personalrat nicht beteiligt worden ist oder die Verfahrensbestimmungen des § 72 BPersVG nicht eingehalten worden sind.[184] Unberührt bleibt die Wirksamkeit der Kündigung, wenn das Beteiligungsverfahren an Mängeln leidet, die in den Verantwortungsbereich des Personalrats fallen. Ebenso bleibt die Kündigung wirksam, wenn der Personalrat ihr zuzustimmen beabsichtigt und deswegen keine Erörterung der Kündigung mehr stattfindet oder der Personalrat den betroffenen Arbeitnehmer nicht hört.[185] Will der Arbeitgeber Kündigungsgründe nachschieben, muss er zuvor den Personalrat einschalten. Dies gilt nach Auffassung des BAG selbst dann, wenn im Zeitpunkt der Kündigung kein Personalrat bestand.[186] Das Mitwirkungsverfahren im Falle der Kündigung eines Schwerbehinderten kann vor dem Verfahren beim Integrationsamt, während dieses Verfahrens oder im Anschluss daran durchgeführt werden.[187]

73 **f)** Nach § 79 I 2 Nr. 1–5 BPersVG kann der Personalrat gegen eine Kündigung **Einwendungen** aus den dort aufgezählten Gründen erheben. Die Vorschrift ist § 102 III BetrVG nachgebildet (RN 51 ff.). Hat der Personalrat Einwendungen erhoben, ist dem Arbeitnehmer mit der Kündigung eine Abschrift der Einwendungen zuzuleiten. Ferner erlangt der Arbeitnehmer einen Weiterbeschäftigungsanspruch, wenn er rechtzeitig Kündigungsschutzklage erhoben hat (§ 79 II BPersVG).

---

[180] BAG 19. 6. 2007 AP 1 zu § 74 LPVG Brandenburg = NZA 2008, 52.

[181] BAG 2. 2. 2006 AP 142 zu § 1 KSchG 1969 Betriebsbedingte Kündigung.

[182] Vgl. BAG 2. 2. 2006 AP 204 zu § 626 BGB = NZA-RR 2006, 440; 8. 6. 2000 AP 164 zu § 626 BGB = NZA 2001, 212.

[183] BAG 7. 12. 2000 AP 9 zu § 77 BPersVG = NZA 2001, 846.

[184] Zur Regelung in NRW: BAG 5. 2. 1981 AP 1 zu § 72 LPVG NW; 10. 3. 1983 AP 1 zu § 66 LPVG NW (von BAG 25. 2. 1998 AP 8 zu § 72 a LPVG NW aufgegeben); Bad.-Württemberg: BAG 4. 3. 1981 AP 1 zu § 77 LPVG Bad.-Württemberg; Bayern: BAG 3. 2. 1982 AP 1 zu Art. 77 LPVG Bayern; Schleswig-Holstein: BAG 31. 8. 1989 AP 1 zu § 77 LPVG Schleswig-Holstein.

[185] BAG 3. 2. 1982 AP 1 zu § 72 BPersVG = NJW 82, 2791.

[186] BAG 11. 5. 1995 – 2 AZR 265/94 n. v.

[187] BAG 5. 9. 1979 AP 6 zu § 12 SchwbG; 18. 5. 1994 AP 3 zu § 108 BPersVG = NZA 95, 65.

3. Beabsichtigt der Arbeitgeber eine **Änderungskündigung** auszusprechen, kann der Personalrat nach §§ 75, 69 BPersVG ein Mitbestimmungsrecht haben und nach §§ 72, 79 BPersVG ein Beteiligungsrecht. Beide Verfahren sind nebeneinander durchzuführen.[188] **74**

4. Vor fristlosen Entlassungen und **außerordentlichen Kündigungen** ist der Personalrat anzuhören (§ 79 III BPersVG). Der Dienststellenleiter hat die beabsichtigte Maßnahme zu begründen. Hat der Personalrat Bedenken, hat er sie unter Angabe von Gründen dem Dienststellenleiter unverzüglich, spätestens innerhalb von drei Tagen schriftlich mitzuteilen. Das Anhörungsrecht ist kein Fall der Mitbestimmung oder der Mitwirkung (§§ 69, 72 BPersVG). Gleichwohl ist eine Kündigung unwirksam, wenn der Personalrat nicht beteiligt worden ist (§ 79 IV BPersVG). **75**

5. Darlegungs- und Beweislast. Die zur Betriebsratsanhörung entwickelten Grundsätze einer abgestuften Darlegungs- und Beweislast (RN 43f.) gelten auch in Bezug auf die Anhörung der Personalvertretung.[189] **75a**

IV. Anhörung des Sprecherausschusses

Bauer, Sprecherausschussgesetz mit Wahlordnung, 2. Aufl., 1990; *Borgwardt/Fischer/Janert,* Sprecherausschussgesetz für leitende Angestellte, 2. Aufl., 1990; *Goldschmidt,* Der Sprecherausschuss, 2001; *Hromadka,* Sprecherausschussgesetz, 1991; *Löwisch,* Kommentar zum Sprecherausschussgesetz, 2. Aufl., 1994.

1. Anhörung. Nach § 31 II SprAuG ist der Sprecherausschuss **vor jeder Kündigung** eines leitenden Angestellten zu hören. Der Arbeitgeber hat dem Sprecherausschuss die Gründe für die Kündigung mitzuteilen. Eine ohne Anhörung des Sprecherausschusses ausgesprochene Kündigung ist gemäß § 31 II 3 SprAuG unwirksam. Die Anhörungspflicht nach § 31 II 1 SprAuG besteht unabhängig davon, ob das KSchG anzuwenden ist oder nicht. Bei der einvernehmlichen Beendigung des Arbeitsverhältnisses (§ 122) oder bei Ablauf der Befristung (§ 38) besteht keine Unterrichtungspflicht nach § 31 II SprAuG. Es ist denkbar, dass ein Arbeitnehmer leitender Angestellter nach § 5 III BetrVG ist, dagegen nicht nach § 14 KSchG. Dies ist z.B. der Fall, wenn ihm keine Einstellungs- oder Entlassungsbefugnis zukommt. Bei leitenden Angestellten nach § 14 KSchG, die nicht auch leitende Angestellte nach § 5 III BetrVG sind, ist der Betriebsrat und nicht der Sprecherausschuss zu hören. In Zweifelsfällen ist der Arbeitgeber gut beraten, sowohl das Anhörungsverfahren beim Betriebsrat als auch beim Sprecherausschuss durchführen. **76**

2. Unterrichtung. Der Arbeitgeber hat den Sprecherausschuss über die Person des leitenden Angestellten, über die Art der Kündigung und die Kündigungsgründe zu unterrichten. Der **Unterrichtungsumfang** entspricht demjenigen bei der Unterrichtung des Betriebsrats (RN 25ff.). Die Unterrichtung erfolgt an den Vorsitzenden des Sprecherausschusses und im Falle seiner Verhinderung an seinen Stellvertreter. **77**

Die Unterrichtung muss **vor Ausspruch der Kündigung** durchgeführt werden. Da der Sprecherausschuss bei einer ordentlichen Kündigung eine Äußerungsfrist von einer Woche und bei der außerordentlichen Kündigung eine solche von drei Tagen hat, kann der Arbeitgeber erst nach Ablauf dieser Frist eine Kündigung aussprechen. Die Fristberechnung erfolgt nach §§ 186ff. BGB. Durch die Äußerungsfrist wird die Frist des § 626 II BGB nicht verlängert. Sind für den Ausspruch der Kündigung behördliche Zustimmungen notwendig (§ 9 MuSchG, § 85 SGB IX), kann das Anhörungsverfahren beim Sprecherausschuss vorher oder nachher durchgeführt werden. **78**

3. Äußerung. Ist der Sprecherausschuss durch den Arbeitgeber unterrichtet worden, kann er gegen die Kündigung Bedenken erheben (§ 31 II 4 SprAuG). Der Sprecherausschuss kann jegliche Einwendungen gegen die Kündigung erheben. Anders als der Betriebsrat hat der Sprecherausschuss **kein Widerspruchsrecht** gegen die Kündigung. Fehler in der Verfahrensabwicklung werden wie bei der Anhörung des Betriebsrats der Sphäre, in der die Fehler eingetreten sind, zugerechnet (RN 34ff.). Äußert sich der Sprecherausschuss nicht innerhalb der maßgeblichen Frist, gilt dies als Einverständnis des Sprecherausschusses zur Kündigung (§ 31 II 5 SprAuG). **79**

4. Fehlende Anhörung. Eine ohne Anhörung des Sprecherausschusses ausgesprochene **Kündigung ist unwirksam** (§ 31 II 3 SprAuG). Die Rechtsfolge ist dieselbe wie bei der zur Anhörung des Betriebsrats. Die nachträgliche Zustimmung des Sprecherausschusses vermag die Unwirksamkeit der Kündigung nicht zu heilen. **80**

---

[188] BAG 3. 11. 1975 AP 1 zu § 75 BPersVG.

[189] BAG 18. 5. 2006 AP 157 zu § 1 KSchG 1969 Betriebsbedingte Kündigung.

81 Trifft den Arbeitgeber bei **Aufhebungsverträgen und befristeten Arbeitsverhältnissen** nur eine Informationspflicht nach § 31 I SprAuG, richtet sich die Mitwirkung des Sprecherausschusses nach §§ 25, 26 SprAuG. Kollektive Belange kann er jederzeit aufgreifen; individuelle Belange des einzelnen Arbeitnehmers nur dann, wenn dieser es wünscht (vgl. § 251).

§ 125. Weiterbeschäftigungsanspruch

Brinkmaier, Ende des Weiterbeschäftigungsanspruchs nach § 102 Abs. 5 BetrVG bei nachfolgender Kündigung ohne Widerspruch des Betriebsrats?, AuR 2005, 46; *Fastrich,* Dogmatische Probleme des Allgemeinen Weiterbeschäftigungsanspruchs, FS 50 Jahre BAG, 2004, S. 349; *Fröhlich,* Einstweilige Verfügung zur Durchsetzung von Beschäftigungsansprüchen, ArbRB 2007, 87; *Gamillscheg,* Zur Weiterbeschäftigung während der Kündigung, FS Dieterich, 1999, S. 185; *Opolony,* Weiterbeschäftigungsanspruch und Weiterbeschäftigung während des Kündigungsrechtsstreits, AR-Blattei SD 1010.10 (2001); *Reinhard/Kliemt,* Die Durchsetzung arbeitsrechtlicher Ansprüche im Eilverfahren, NZA 2005, 545; *Schrader/Straube,* Die tatsächliche Beschäftigung während des Kündigungsrechtsstreites, RdA 2006, 98.

Übersicht

	RN
I. Weiterbeschäftigungsanspruch nach § 102 V BetrVG	1 ff.
1. Überblick	1
2. Voraussetzungen	2–5
3. Rechtsfolgen	6–8
4. Durchsetzung des Anspruchs	9
II. Entbindung von der Weiterbeschäftigungspflicht	10 ff.
1. Einstweilige Verfügung	10
2. Voraussetzungen	11–13
3. Rechtsfolgen	14, 15
III. Allgemeiner Weiterbeschäftigungsanspruch	16 ff.
1. Voraussetzungen	16
2. Durchsetzung des allgemeinen Weiterbeschäftigungsanspruchs	17–21
3. Inhalt des Weiterbeschäftigungsverhältnisses	22, 23

I. Weiterbeschäftigungsanspruch nach § 102 V BetrVG

1 **1. Überblick.** Nach § 102 V BetrVG hat der Arbeitnehmer einen Weiterbeschäftigungsanspruch, wenn

(1) der Arbeitgeber eine ordentliche Kündigung ausgesprochen hat,
(2) der Betriebsrat frist- und ordnungsgemäß widersprochen hat und
(3) der Arbeitnehmer nach dem KSchG Klage auf Feststellung erhoben hat, dass das Arbeitsverhältnis durch die Kündigung nicht aufgelöst worden ist.

2 **2. Voraussetzungen.** Der Weiterbeschäftigungsanspruch kommt nur nach einer **ordentlichen Kündigung** des Arbeitgebers in Betracht. Der Grund hierfür besteht darin, dass der Gesetzgeber wegen des Gewichts des wichtigen Grundes dem Arbeitgeber einen Weiterbeschäftigungsanspruch des Arbeitnehmers nicht generell zumuten wollte. Hieraus folgt, dass eine Weiterbeschäftigungspflicht nach § 102 V BetrVG auch dann nicht besteht, wenn der Arbeitgeber außerordentlich und **hilfsweise ordentlich** kündigt.[1] Etwas anderes gilt nur dann, wenn der Arbeitgeber im Laufe des Kündigungsschutzprozesses von der außerordentlichen Kündigung Abstand nimmt und nur noch die soziale Rechtfertigung der ordentlichen Kündigung geltend macht.[2] Ein Weiterbeschäftigungsanspruch ist bei einer **Änderungskündigung** nur ausnahmsweise denkbar. Insoweit ist zu differenzieren: Hat der Arbeitnehmer das Änderungsangebot vorbehaltlos angenommen, ist der Arbeitsvertrag geändert und die Kündigung gegenstandslos. Hat dagegen der Arbeitnehmer die Änderungskündigung unter dem Vorbehalt der sozialen Rechtfertigung angenommen, besteht kein Weiterbeschäftigungsanspruch nach § 102 V BetrVG. Lehnt der Arbeitnehmer das Änderungsangebot vorbehaltlos ab, führt die Änderungskündigung zu einer Beendigung des Arbeitsverhältnisses und der Arbeitnehmer kann die Rechte aus § 102 V BetrVG geltend machen.[3]

3 Der Weiterbeschäftigungsanspruch des Arbeitnehmers ist davon abhängig, dass der Betriebsrat der Kündigung **frist- und ordnungsgemäß widersprochen** hat.[4] Der Beschluss des Betriebs-

---

[1] KR/*Etzel* § 102 BetrVG RN 198; ErfK/*Kania* § 102 BetrVG RN 32; APS/*Koch* § 102 BetrVG RN 186; a. A. *Fitting* § 102 RN 104.

[2] KR/*Etzel* § 102 BetrVG RN 198.

[3] APS/*Koch* § 102 BetrVG RN 187; KR/*Etzel* § 102 BetrVG RN 199 a–199 e.

[4] BAG 12. 9. 1985 AP 7 zu § 102 BetrVG 1972 Weiterbeschäftigung = NZA 86, 424.

rats muss nach § 33 BetrVG wirksam gefasst und den Anforderungen des § 102 III BetrVG entsprechen (dazu § 124 RN 51 ff.).

Der Weiterbeschäftigungsanspruch besteht nur, wenn der **Arbeitnehmer Klage nach dem KSchG erhoben hat,** d.h. er muss nach §§ 1, 23 KSchG dem Kündigungsschutzgesetz unterliegen. Stellt der Arbeitnehmer mit Erhebung der Klage oder im Verlauf des Prozesses den Antrag auf Auflösung des Arbeitsverhältnisses gegen Zahlung einer Abfindung nach § 9 KSchG, entfällt der Weiterbeschäftigungsanspruch nach § 102 V BetrVG, weil der Arbeitnehmer damit sein Desinteresse an der Weiterbeschäftigung bekundet.[5] Versäumt der Arbeitnehmer die Klagefrist nach § 4 KSchG, kommt der Weiterbeschäftigungsanspruch erst ab rechtskräftiger nachträglicher Zulassung der Klage gem. § 5 KSchG in Betracht.[6] Schließlich entfällt der Weiterbeschäftigungsanspruch, wenn der Arbeitnehmer die Kündigungsschutzklage zurücknimmt und die Kündigung gemäß § 7 KSchG wirksam wird. 4

Der Weiterbeschäftigungsanspruch ist von dem **Verlangen des Arbeitnehmers** auf Weiterbeschäftigung abhängig. Umstr. ist, bis zu welchem Zeitpunkt der Arbeitnehmer das Verlangen auf Weiterbeschäftigung erheben kann.[7] Im Gesetz ist eine Geltendmachungsfrist nicht enthalten. Die ältere Rechtsprechung des BAG ging davon aus, das Verlangen könne unbefristet gestellt werden und unterliege nur der Verwirkung.[8] Hiervon ist das BAG jedoch inzwischen zu Recht abgerückt. Es folgert aus dem Begriff „weiterbeschäftigen", wie er in § 102 V 1 BetrVG verwendet wird, dass damit regelmäßig eine Beschäftigung im unmittelbaren Anschluss an die auslaufende Kündigungsfrist gemeint sei.[9] Diese Beschäftigung soll in § 102 V BetrVG durch einen entsprechenden Anspruch gesichert werden, damit sich der Arbeitnehmer dem Betrieb nicht entfremdet und andererseits der Arbeitgeber alsbald disponieren kann. Das Weiterbeschäftigungsverlangen des Arbeitnehmers am ersten Arbeitstag nach Ablauf der Kündigungsfrist ist noch rechtzeitig.[10] 5

3. Rechtsfolgen. Nach Geltendmachung des Weiterbeschäftigungsanspruchs nach Maßgabe von § 102 V BetrVG ist der Arbeitgeber verpflichtet, den Arbeitnehmer auflösend bedingt bis zum rechtskräftigen Abschluss des Kündigungsschutzprozesses zu **unveränderten Arbeitsbedingungen weiterzubeschäftigen.** Während der Dauer der Weiterbeschäftigung besteht das bisherige Arbeitsverhältnis fort.[11] Der Arbeitnehmer hat deshalb grundsätzlich einen Anspruch auf tatsächliche Beschäftigung.[12] Da der Anspruch auf tatsächliche Beschäftigung nicht weiter geht als im ungekündigten Arbeitsverhältnis, ist der Arbeitgeber berechtigt, den Arbeitnehmer zu suspendieren, wenn er hierfür ein überwiegendes, schutzwürdiges Interesse geltend machen kann.[13] Diese Voraussetzung ist erfüllt, wenn die Weiterbeschäftigung, ggf. auf einem anderen gleichwertigen Arbeitsplatz, für den Arbeitgeber unmöglich ist (§ 275 BGB). Bei der Kündigung eines unkündbaren Arbeitnehmers ist in diesem Zusammenhang allerdings zu berücksichtigen, dass der Arbeitgeber verpflichtet ist, mit allen zumutbaren Mitteln, ggf. nach einer entsprechenden Umorganisation, eine Weiterbeschäftigung des Arbeitnehmers im Betrieb bzw. im Unternehmen zu versuchen.[14] Da § 102 V BetrVG den Bestand des Arbeitsverhältnisses und nicht den konkreten Arbeitsplatz schützt, kann der Arbeitgeber den weiterzubeschäftigenden Arbeitnehmer im Rahmen seines Direktionsrechtes – wie einen Arbeitnehmer im ungekündigten Arbeitsverhältnis auch – auf einen anderen gleichwertigen Arbeitsplatz um- bzw. versetzen.[15] Der Arbeitgeber ist zur Vergütungsfortzahlung einschl. der Gewährung aller Nebenleistungen verpflichtet. Er ist so zu stellen, wie ein Arbeitnehmer, dessen Arbeitsverhältnis gekündigt worden ist. Das kann sich insbesondere auf den Bezug von Sonderzahlungen auswirken.[16] Während der Weiterbeschäftigung erlangt der Arbeitnehmer Anspruch auf Vergütungsfortzahlung im Krankheitsfalle, Urlaub usw. Wegen der teilweise anderen Rechtslage beim allgemeinen Weiterbeschäftigungsanspruch vgl. RN 16 ff. 6

---

[5] KR/*Etzel* § 102 BetrVG RN 206; ErfK/*Kania* § 102 BetrVG RN 33; APS/*Koch* § 102 BetrVG RN 205.

[6] KR/*Etzel* § 102 BetrVG RN 207; APS/*Koch* § 102 BetrVG RN 205.

[7] Zum Meinungsstand vgl. APS/*Koch* § 102 BetrVG RN 207.

[8] BAG 31. 8. 1978 AP 1 zu § 102 BetrVG 1972 Weiterbeschäftigungsanspruch.

[9] BAG 17. 6. 1999 AP 11 zu § 102 BetrVG 1972 Weiterbeschäftigung = NZA 99, 1154.

[10] BAG 11. 5. 2000 AP 13 zu § 102 BetrVG 1972 Weiterbeschäftigung = NZA 2000, 1055.

[11] BAG 12. 9. 1985 AP 7 zu § 102 BetrVG 1972 Weiterbeschäftigung = NZA 86, 424.

[12] BAG 26. 5. 1977 AP 5 zu § 611 BGB Beschäftigungspflicht.

[13] BAG 15. 3. 2001 AP 46 zu § 4 KSchG 1969 = NZA 2001, 1267; APS/*Koch* § 102 BetrVG RN 209.

[14] BAG 15. 3. 2001 AP 46 zu § 4 KSchG 1969 = NZA 2001, 1267.

[15] BAG 15. 3. 2001 AP 46 zu § 4 KSchG 1969 = NZA 2001, 1267.

[16] Ebenso KR/*Etzel* § 102 BetrVG RN 218; GK-BetrVG/*Raab* § 102 RN 178; a.A. APS/*Koch* § 102 BetrVG RN 210.

7 Nach einem **ordnungsgemäßen Widerspruch** gegen die Kündigung bleibt der Arbeitgeber zur entsprechenden Vergütungszahlung auch für die Zeit verpflichtet, während derer er den Arbeitnehmer tatsächlich nicht weiterbeschäftigt hat. Dies gilt auch dann, wenn sich später auf Grund der rechtskräftigen Entscheidung im Kündigungsschutzprozess herausstellt, dass die Kündigung wirksam war und tatsächlich kein Arbeitsverhältnis mehr bestand.[17]

8 Ist der **Widerspruch nicht ordnungsgemäß erfolgt,** weil die Begründung nicht den formalen Anforderungen des § 102 III BetrVG entspricht, besteht für den Arbeitnehmer kein Anspruch auf Annahmeverzugsvergütung, wenn der Arbeitgeber den Arbeitnehmer nicht weiterbeschäftigt und die Kündigungsschutzklage abgewiesen wird. Der Arbeitgeber ist in diesem Fall nicht gezwungen, nach § 102 V 2 BetrVG eine einstweilige Verfügung auf Entbindung von der Weiterbeschäftigungspflicht zu erwirken (dazu RN 10ff.). Wenn § 102 V BetrVG einen Weiterbeschäftigungsanspruch nur bei einem ordnungsgemäßen Widerspruch entstehen lässt, bedeutet dies gleichzeitig, dass der Betriebsrat den Arbeitgeber nicht mit einer den gesetzlichen Widerspruchsgründen nicht entsprechenden Begründung in das einstweilige Verfügungsverfahren nach § 102 V 2 BetrVG zwingen kann.[18]

9 **4. Durchsetzung des Anspruchs.** Der Arbeitnehmer kann seinen Anspruch auf Weiterbeschäftigung klageweise, aber auch im Wege der **einstweiligen Verfügung** verfolgen.[19] Der Arbeitnehmer ist für die Voraussetzungen des Weiterbeschäftigungsanspruchs darlegungs- und glaubhaftmachungspflichtig.[20] Der titulierte Anspruch wird nach § 888 ZPO durch Zwangsgeld oder Zwangshaft gegenüber dem Arbeitgeber vollstreckt.[21]

II. Entbindung von der Weiterbeschäftigungspflicht

10 **1. Einstweilige Verfügung.** Auf Antrag kann das Gericht gemäß § 102 V 2 BetrVG den Arbeitgeber von der Weiterbeschäftigung **durch einstweilige Verfügung im Urteilsverfahren**[22] **entbinden.** Hierzu hat der Arbeitgeber einen Verfügungsanspruch glaubhaft machen. Der Verfügungsgrund ist von Gesetzes wegen gegeben, wenn der Arbeitnehmer seine Weiterbeschäftigung verlangt hat.[23] Der Anspruch auf Befreiung von der Weiterbeschäftigung kann nach überwiegend vertretener Auffassung nicht einredeweise in einem vom Arbeitnehmer anhängig gemachten einstweiligen Verfügungsverfahren geltend gemacht werden.[24] Über die einstweilige Verfügung entscheidet das Arbeitsgericht auf Grund mündlicher Verhandlung oder in dringenden Fällen auch ohne mündliche Verhandlung durch den Vorsitzenden allein (§§ 937 II, 944 ZPO). Ist der Antrag auf Erlass einer einstweiligen Verfügung abgewiesen worden, kann er wiederholt werden, wenn sich inzwischen der Sachverhalt geändert hat.[25]

11 **2. Voraussetzungen. a)** Der Antrag des Arbeitgebers auf Erlass einer einstweiligen Verfügung ist begründet, wenn die Kündigungsschutzklage des Arbeitnehmers **keine hinreichende Aussicht auf Erfolg bietet oder mutwillig erscheint** (§ 102 V 2 Nr. 1 BetrVG). Die Tatbestandsvoraussetzungen stimmen mit denen der Bewilligung von Prozesskostenhilfe nach § 114 ZPO überein.[26] Eine Klage hat dann keine hinreichende Aussicht auf Erfolg, wenn sie offensichtlich oder mit hinreichender Wahrscheinlichkeit abgewiesen wird. Dies hat der Arbeitgeber darzulegen und glaubhaft zu machen. Denkbar ist dieser Verfügungsgrund insbesondere bei einer nicht rechtzeitigen Klageerhebung (§ 4 KSchG), weil dann die Kündigung gemäß § 7 KSchG als wirksam gilt. Ggf. ist ein Antrag auf nachträgliche Zulassung mit zu berücksichtigen. Haben sowohl Arbeitgeber wie Arbeitnehmer hinreichende Erfolgsaussichten glaubhaft gemacht, ist eine Befreiung von der Weiterbeschäftigungspflicht nicht möglich.[27]

12 **b)** Der Antrag des Arbeitgebers kann ferner gemäß § 102 V 2 Nr. 2 BetrVG darauf gestützt werden, dass die Weiterbeschäftigung des Arbeitnehmers zu einer **unzumutbaren wirtschaft-**

---

[17] BAG 7. 12. 2000 – 2 AZR 585/99 n. v.

[18] BAG 11. 5. 2000 AP 13 zu § 102 BetrVG 1972 Weiterbeschäftigung = NZA 2000, 1055.

[19] LAG München 16. 8. 1995, LAG Hamburg 25. 1. 1994 LAGE § 102 BetrVG 1972 Beschäftigungspflicht Nr. 21, 22; APS/*Koch* § 102 BetrVG RN 212; *Reidel* NZA 2000, 454.

[20] LAG Baden-Württemberg 30. 8. 1993 NZA 95, 683.

[21] *Fitting* § 102 RN 116; APS/*Koch* § 102 BetrVG RN 215 ff.

[22] *Fitting* § 102 RN 117 ff.; ausführlich hierzu *Willemsen/Hohenstatt* DB 95, 215.

[23] KR/*Etzel* § 102 BetrVG RN 235; APS/*Koch* § 102 BetrVG RN 225.

[24] Vgl. LAG Schleswig-Holstein 5. 3. 1996 LAGE § 102 BetrVG 1972 Beschäftigungspflicht Nr. 23; LAG München 10. 2. 1994 NZA 94, 997; a. A. *Fitting* § 102 RN 117.

[25] LAG Köln 19. 5. 1983 DB 83, 2368.

[26] KR/*Etzel* § 102 BetrVG RN 224.

[27] LAG Düsseldorf 23. 5. 1975 EzA 4 zu § 102 BetrVG 1972 Beschäftigungspflicht.

lichen Belastung des Arbeitgebers führen würde. Nach überwiegender Auffassung kann dies nur ausnahmsweise in Betracht kommen, wenn die wirtschaftlichen Belastungen für den Betrieb existenzgefährdend sind.[28]

c) Der Arbeitgeber ist schließlich nach § 102 V 2 Nr. 3 BetrVG von der Weiterbeschäftigung zu entbinden, wenn der **Widerspruch des Betriebsrats offensichtlich unbegründet** war. Dies ist anzunehmen, wenn entweder die den Widerspruch rechtfertigenden Tatsachen nicht vorliegen – es gibt beispielsweise keine Auswahlrichtlinie, deren Verletzung vom Betriebsrat gerügt wird – oder der Widerspruch bereits von vornherein nicht ordnungsgemäß war. Dies ist anzunehmen, wenn der Widerspruch nicht form- und fristgerecht erfolgt ist oder beispielsweise bei einer personenbedingten Kündigung mit einer unzureichenden sozialen Auswahl begründet wird. In diesen Fällen besteht schon kein Weiterbeschäftigungsanspruch (RN 8). Der Arbeitgeber hat ein Rechtsschutzinteresse daran, im Wege der einstweiligen Verfügung seine Weiterbeschäftigungspflicht klären zu lassen.[29] **13**

3. Rechtsfolgen. Die Entbindung des Arbeitgebers von der Weiterbeschäftigungspflicht gemäß § 102 V BetrVG **wirkt nicht zurück;** sie lässt deshalb für die Zeit bis zur Entbindungsentscheidung angefallene Vergütungsansprüche des Arbeitnehmers unberührt.[30] Der Arbeitgeber hat die Vergütung bei unterbliebener Beschäftigung gem. §§ 293 ff., 615 BGB nachzuentrichten. Ist der Arbeitgeber zu Unrecht von der Weiterbeschäftigung entbunden worden, ist umstritten, ob er nach § 945 ZPO auf Schadensersatz haftet.[31] **14**

Unabhängig von der Befreiung des Arbeitgebers von der Weiterbeschäftigungspflicht endet diese, wenn das Arbeitsverhältnis vor **rechtskräftigem Abschluss des Kündigungsschutzverfahrens** aus anderen Gründen, z. B. infolge einvernehmlicher Aufhebung des Arbeitsvertrags oder infolge Kündigung der einen oder anderen Partei, endet. **15**

III. Allgemeiner Weiterbeschäftigungsanspruch

1. Voraussetzungen. Neben dem gesetzlichen Weiterbeschäftigungsanspruch nach § 102 V BetrVG hat der Arbeitnehmer nach Ausspruch einer Kündigung noch einen vom Großen Senat des BAG im Wege der **Rechtsfortbildung** entwickelten allgemeinen Weiterbeschäftigungsanspruch. Der gekündigte Arbeitnehmer hat danach einen arbeitsvertragsrechtlichen Anspruch auf vertragsgemäße Beschäftigung über den Ablauf der Kündigungsfrist oder bei einer fristlosen Kündigung über deren Zugang hinaus bis zum rechtskräftigen Abschluss des Kündigungsprozesses, wenn die Kündigung unwirksam ist und überwiegende schutzwerte Interessen des Arbeitgebers einer solchen Beschäftigung nicht entgegenstehen. Das Interesse des Arbeitgebers an der Nichtbeschäftigung des gekündigten Arbeitnehmers für die Dauer des Kündigungsprozesses überwiegt in der Regel – sofern nicht eine offensichtlich unwirksame Kündigung vorliegt – das Beschäftigungsinteresse des Arbeitnehmers bis zu dem Zeitpunkt, zu dem im Kündigungsprozess ein die Unwirksamkeit der Kündigung feststellendes Urteil ergeht. Nach einem solchen der Kündigungsschutzklage stattgebenden Urteil kann die Ungewissheit des Prozessausgangs für sich allein ein überwiegendes Gegeninteresse des Arbeitgebers nicht mehr begründen. Hinzu kommen müssen dann vielmehr zusätzliche Umstände, aus denen sich im Einzelfall ein überwiegendes Interesse des Arbeitgebers ergibt, den Arbeitnehmer nicht zu beschäftigen.[32] Der Weiterbeschäftigungsanspruch wird vom Großen Senat wie der allgemeine Beschäftigungsanspruch (dazu § 110) aus den §§ 611, 613 BGB in Verbindung mit § 242 BGB hergeleitet. Die Generalklausel des § 242 BGB wird dabei durch die Wertentscheidung der Art. 1 und 2 GG ausgefüllt. **16**

2. Durchsetzung des allgemeinen Weiterbeschäftigungsanspruchs. Der allgemeine Weiterbeschäftigungsanspruch kann als **uneigentlicher Hilfsantrag neben dem Kündigungsschutzantrag** geltend gemacht werden.[33] Es handelt sich hierbei prozessual um eine **17**

---

[28] *Fitting* § 102 BetrVG RN 119; KR/*Etzel* § 102 BetrVG RN 226; vgl. LAG München 13. 7. 1994 LAGE § 102 BetrVG 1972 Beschäftigungspflicht Nr. 17, wonach Unzumutbarkeit schon dann besteht, wenn der Arbeitgeber keine Beschäftigungsmöglichkeit hat; dagegen LAG Hamburg 16. 5. 2001 LAGE § 102 BetrVG 1972 Beschäftigungspflicht Nr. 24; 21. 5. 2008 – 4 SaGa 2/08; APS/*Koch* § 102 BetrVG RN 221.

[29] Vgl. LAG Düsseldorf 15. 3. 1978 DB 78, 1283; KR/*Etzel* § 102 BetrVG RN 232; APS/*Koch* § 102 BetrVG RN 224 m. w. N.

[30] BAG 9. 3. 1996 AP 9 zu § 102 BetrVG 1972 Weiterbeschäftigung = NZA 96, 930.

[31] Vgl. BAG 31. 8. 1978 AP 1 zu § 102 BetrVG 1972 Weiterbeschäftigung.

[32] BAG GS 27. 2. 1985 AP 14 zu § 611 BGB Beschäftigungspflicht = NZA 85, 702.

[33] Vgl. BAG 8. 4. 1988 AP 4 zu § 611 BGB Weiterbeschäftigung = NZA 88, 741.

Klage auf eine zukünftige Leistung (§ 259 ZPO). Der Klageantrag[34] wird zweckmäßig dahin formuliert, dass eine Beschäftigung zu den näher bezeichneten vertraglichen Arbeitsbedingungen verlangt wird.[35] Da der Arbeitgeber im Wege des Direktionsrechts (§ 45) den Arbeitnehmer versetzen kann, ist ein Verlangen unveränderter Arbeitsbedingungen zumindest missverständlich, wenn nicht sogar falsch.[36] Hierauf ist ggf. gemäß § 139 ZPO hinzuweisen. Eine Aussetzung des Verfahrens bis zum rechtskräftigen Abschluss eines anhängigen Rechtsstreites über die Wirksamkeit der Kündigung scheidet aus.[37] Ist die Wirksamkeit einer Kündigung nach den Vorschriften des KSchG zu beurteilen, ist dem Weiterbeschäftigungsantrag grundsätzlich – Ausnahme: Offensichtlich unwirksame Kündigung – stattzugeben, wenn die Kündigungsschutzklage des Arbeitnehmers erfolgreich ist. Entsprechende Grundsätze gelten, wenn die Parteien über die Fortsetzung eines befristeten Arbeitsverhältnisses streiten.[38] Ein Weiterbeschäftigungsanspruch kann auch im Insolvenzverfahren bestehen. Der Insolvenzverwalter soll nicht verpflichtet sein, vorrangig Betriebsratsmitglieder mit Abwicklungsarbeiten zu beschäftigen.[39]

18 Der allgemeine Weiterbeschäftigungsanspruch kann nur ausnahmsweise vor Verkündung einer erstinstanzlichen Entscheidung über die Kündigungsschutzklage im Wege der **einstweiligen Verfügung** durchgesetzt werden. Erforderlich ist, dass die Kündigung offensichtlich unwirksam ist oder besondere Gründe vom Arbeitnehmer geltend gemacht werden können.[40] Dies kann u. U. bei Künstlern und auch bei Auszubildenden zutreffen.[41] Einem Antrag auf Weiterbeschäftigung im Wege der einstweiligen Verfügung fehlt der Verfügungsgrund, wenn der Arbeitnehmer in einem von ihm geführten Kündigungsschutzverfahren erstinstanzlich obsiegt, es aber unterlassen hat, dort den Weiterbeschäftigungsanspruch geltend zu machen.[42]

19 Bei einer Änderungskündigung besteht der allgemeine Weiterbeschäftigungsanspruch nur, wenn der Arbeitnehmer das Änderungsangebot ablehnt und im Kündigungsschutzprozess allein über die Beendigung des Arbeitsverhältnisses gestritten wird. Nimmt der Arbeitnehmer das Änderungsangebot unter Vorbehalt an, besteht kein Weiterbeschäftigungsanspruch zu den alten Bedingungen.[43]

20 Der **Weiterbeschäftigungsanspruch endet,** wenn der Arbeitgeber nach einem der Kündigungsschutzklage stattgebenden Urteil eine weitere Kündigung ausspricht, der ein anderer Kündigungssachverhalt zugrunde liegt.[44] Gleiches gilt, wenn der Arbeitgeber einen Auflösungsantrag nach §§ 9, 10 KSchG stellt.[45]

21 Die **Vollstreckung** des Weiterbeschäftigungsanspruches erfolgt nach § 888 ZPO. Sie ist ausgeschlossen, wenn der Schuldner die Weiterbeschäftigung nicht erfüllen kann.[46] Das kann der Fall sein, wenn der Arbeitsplatz weggefallen ist.[47] Die Erfüllung kann nicht dadurch umgangen werden, dass der Arbeitnehmer von der Arbeit freigestellt wird.[48] Das auf Antrag des Gläubigers verhängte Zwangsgeld kann zurückgefordert werden, wenn dieser in der Beschwerdeinstanz auf die Rechte aus dem Beschluss verzichtet.[49] Der Wegfall des Weiterbeschäftigungsanspruches kann prozessual im Wege der **Vollstreckungsgegenklage** geltend gemacht werden (§ 767 ZPO).[50]

---

[34] *Growe* NZA 96, 567.

[35] Vgl. BAG 15. 3. 2001 AP 46 zu § 4 KSchG 1969 = NZA 2001, 1267, 1272; LAG Schleswig-Holstein 6. 1. 1987 NZA 87, 322; LAG Köln 24. 10. 1995 NZA-RR 96, 108.

[36] LAG Rheinland-Pfalz NZA 86, 1196.

[37] LAG Köln 17. 5. 1991 NZA 92, 84; *Grunsky* NZA 87, 295.

[38] BAG 13. 6. 1985 AP 19 zu § 611 BGB Beschäftigungspflicht = NZA 86, 562.

[39] LAG Düsseldorf 4. 10. 1996 ZIP 97, 81.

[40] LAG Köln 26. 11. 1985 NZA 86, 136; verneint, wenn im Kündigungsschutzprozess nicht gestellt: LAG Düsseldorf 6. 2. 1987 NZA 87, 536; LAG Köln 18. 8. 2000 NZA-RR 2001, 387; a. A. wohl LAG München 19. 8. 1992 NZA 93, 1130.

[41] LAG Berlin BB 91, 1050 = ZTR 91, 209.

[42] Vgl. LAG Köln 18. 8. 2000 LAGE § 611 BGB Beschäftigungspflicht Nr. 42 = NZA-RR 2001, 387; LAG München 17. 12. 2003 NZA-RR 2005, 312.

[43] BAG 18. 1. 1990 AP 27 zu § 2 KSchG 1969 = NZA 90, 734.

[44] BAG 19. 12. 1985 AP 17 zu § 611 BGB Beschäftigungspflicht = NZA 86, 566.

[45] BAG 16. 11. 1995 AP 54 zu Einigungsvertrag Anlage I Kap. XIX = NZA 96, 589.

[46] LAG Hamm 29. 8. 1984 BB 84, 1750.

[47] LAG Schleswig-Holstein 12. 12. 2003 NZA-RR 2004, 408; LAG Köln 24. 10. 1995 NZA-RR 96, 108.

[48] LAG Frankfurt NZA 85, 460.

[49] BAG 6. 12. 1989 AP 5 zu § 62 ArbGG 1979.

[50] Hierzu BAG 28. 3. 1985 AP 4 zu § 767 ZPO = NZA 85, 709; 19. 12. 1985 AP 17 zu § 611 BGB Beschäftigungspflicht = NZA 86, 566.

3. Inhalt des Weiterbeschäftigungsverhältnisses. Wird der Arbeitnehmer auf Grund des allgemeinen Weiterbeschäftigungsanspruches weiterbeschäftigt und wird schließlich der **Kündigungsschutzklage stattgegeben,** besteht das Arbeitsverhältnis fort. Die Abwicklung des Arbeitsverhältnisses richtet sich mithin nach den allgemeinen arbeitsrechtlichen Bestimmungen. 22

Wird die **Kündigungsschutzklage abgewiesen,** bestand während der Weiterbeschäftigung kein Arbeitsverhältnis. Nach Auffassung des BAG besteht bei einem rechtskräftig die Kündigungsschutzklage abweisenden Urteil kein Rechtsgrund für die Weiterbeschäftigung, wenn diese nicht einvernehmlich, sondern zur Abwendung der Zwangsvollstreckung erfolgt ist. Die Ansprüche von Arbeitgeber und Arbeitnehmer richten sich daher nach Bereicherungsrecht (§§ 812 ff. BGB).[51] Wird ein gekündigter Arbeitnehmer während des Kündigungsschutzprozesses weiterbeschäftigt, ohne dass die Parteien das gekündigte Arbeitsverhältnis einvernehmlich fortsetzen, hat der Arbeitnehmer bei Wirksamkeit der Kündigung gegen den Arbeitgeber Anspruch auf Ersatz des Werts der geleisteten Arbeit (§ 812 I 1, § 818 II BGB). Der Wert der Arbeitsleistung bestimmt sich entsprechend der üblichen Vergütung. Zu dieser gehört auch eine zeitanteilige Jahressonderzahlung, wenn diese nach dem Inhalt der für das beendete Arbeitsverhältnis maßgeblichen Tarifregelung als auf den Weiterbeschäftigungszeitraum entfallendes Entgelt anzusehen sei. Nicht zu ersetzen sei Urlaub, der dem Arbeitnehmer nicht gewährt worden sei. 23

§ 126. Kündigungsfristen

Bauer/Rennpferdt, Kündigungsfristen, AR-Blattei, SD 1010.5 (1997); *Diller,* § 622 BGB und die Quartalskündigungsfristen, NZA 2000, 293; *Kramer,* Rechtsfolgen unzulässig kurzer Kündigungs- und Ausschlussfristen, BB 97, 731; *Linck,* Probe- und Aushilfsarbeitsverhältnis, HzA 1/3 (2003); *Müller-Glöge,* Tarifliche Regelungen der Kündigungsfristen und -termine, FS für Schaub, 1998, S. 497; *Müller-Thele/Neu,* Kündigungsschutzprozesse – Vereinbarkeit von § 622 Abs. 2 S. 2 BGB mit dem Gemeinschaftsrecht, MDR 2008, 537; *Preis/Kliemt/Ulrich,* Aushilfs- und Probearbeitsverhältnis, 2003; *Schleusener,* Europarechts- und Grundgesetzwidrigkeit von § 622 II 2 BGB, NZA 2007, 358; *Tavakoli/Westhauser,* Vorlegen oder Durchentscheiden? – Kompetenzüberschreitung nationaler Gerichte bei Berechnung der Kündigungsfrist gem. § 622 BGB?, DB 2008, 702.

Übersicht

	RN
I. Rechtsentwicklung	1 ff.
1. Entstehungsgeschichte	1
2. Gesetzliche Regelungen	2
3. Gesetzliche Sonderregeln	3–9
II. Geltungsbereich	10 ff.
1. Ordentliche Kündigung von Arbeitnehmern	10–12
2. Organmitglieder	13, 14
III. Gesetzliche Grundregelung	15 ff.
1. Grundkündigungsfrist	15
2. Verlängerung der Kündigungsfrist	16–23
3. Berechnung der Kündigungsfrist	24–26
IV. Einzelvertragliche Regelung der Kündigungsfrist	27 ff.
1. Unabdingbarkeit	27, 28
2. Probearbeitsverhältnis	29–32
3. Verweisung auf Tarifrecht	33–35
4. Aushilfsarbeitsverhältnis	36, 37
5. Kleinunternehmen	38
6. Verlängerung der Kündigungsfrist	39, 40
7. Verbot längerer Kündigungsfristen für den Arbeitnehmer	41–44
V. Tarifvertragliche Regelungen	45 ff.
1. Grundsatz	45, 46
2. Differenzierung zwischen Arbeitern und Angestellten	47–50

I. Rechtsentwicklung

1. Entstehungsgeschichte. Die gesetzlichen Kündigungsfristen waren bis 1993 für Arbeiter und Angestellte sowie in den neuen und alten Bundesländern unterschiedlich geregelt. Durch das Kündigungsfristengesetz (KündFrG v. 7. 10. 1993 – BGBl. I S. 1668) wurden die Kündigungsfristen **vereinheitlicht.**[1] 1

2. Gesetzliche Regelungen. Die gesetzlichen Kündigungsfristen für Arbeitnehmer sind in **§ 622 BGB** geregelt. Die Kündigungsfristen bei einem Dienstverhältnis, das kein Arbeitsver- 2

[51] BAG 10. 3. 1987 AP 1 zu § 611 BGB Weiterbeschäftigung = NJW 87, 2251; ebenso BAG 1. 3. 1990 AP 7 zu § 611 BGB Weiterbeschäftigung = NZA 90, 696; 17. 1. 1991 AP 8 zu § 611 BGB Weiterbeschäftigung = NZA 91, 769.

[1] Zur Rechtsentwicklung vgl. Vorauflage RN 1 ff.

hältnis i. S. des § 622 BGB ist, ergeben sich aus **§ 621 BGB.** Diese Vorschrift gilt für Vorstände und in der Regel auch für Geschäftsführer (dazu RN 13).

3 **3. Gesetzliche Sonderregeln. a)** Ein **Berufsausbildungsverhältnis** kann während der Probezeit jederzeit ohne Einhaltung einer Kündigungsfrist gekündigt werden. Nach Ablauf der Probezeit ist nur noch eine außerordentliche Kündigung möglich (§ 22 BBiG; hierzu § 174).

4 **b)** Der Arbeitnehmer kann das Arbeitsverhältnis zum Ende der **Elternzeit** nur noch unter Einhaltung einer Kündigungsfrist von drei Monaten kündigen (§ 19 BEEG; hierzu § 172 RN 61).

5 **c)** Für **schwerbehinderte Menschen** beträgt die Mindestkündigungsfrist vier Wochen, sofern ihr Arbeitsverhältnis im Zeitpunkt des Zugangs der Kündigungserklärung ohne Unterbrechung länger als sechs Monate bestanden hat (§§ 86, 90 I Nr. 1 SGB IX; vgl. § 179). Die Kündigungsfrist ist lediglich für den Arbeitgeber verlängert, nicht dagegen für den Schwerbehinderten, da § 86 SGB IX eine Schutzvorschrift zugunsten des Arbeitnehmers darstellt.

6 **d)** § 622 BGB gilt grundsätzlich auch für die **Arbeitnehmerüberlassung.** Nach § 11 IV 1 AÜG ist allerdings § 622 V Nr. 1 BGB nicht auf Arbeitsverhältnisse zwischen Verleihern und Leiharbeitnehmern anzuwenden. Das bedeutet, dass kürzere als in § 622 I BGB geregelte Kündigungsfristen für Aushilfsarbeitnehmer im Leiharbeitsverhältnis vertraglich nicht vereinbart werden können. Eine Abkürzung ist durch Verweisung auf einschlägige Tarifverträge, die auf das Arbeitsverhältnis Anwendung finden, möglich.[2]

7 **e)** Die Kündigungsfristen für **Heimarbeiter** ergeben sich aus § 29 HAG (vgl. § 163).

8 **f)** Die Kündigungsfristen für **Besatzungsmitglieder** (Schiffsleute, Schiffsoffiziere und sonstige Angestellte) und für den Kapitän nach dem SeemG sind weitgehend an § 622 BGB angepasst (vgl. § 186 RN 55).

9 **g)** Im **Insolvenzverfahren** ergeben sich die Kündigungsfristen aus § 113 InsO (vgl. § 93).

II. Geltungsbereich

10 **1. Ordentliche Kündigung von Arbeitnehmern. a)** § 622 BGB gilt für alle ordentlichen Kündigungen von Arbeitnehmern (vgl. § 8). Arbeitnehmer sind auch **Teilzeitbeschäftigte oder geringfügig Beschäftigte.** Die gesetzlichen Kündigungsfristen finden sowohl für die Beendigungskündigung als auch für die Änderungskündigung Anwendung.[3] Auf die Kündigung des Vertragsverhältnisses einer **arbeitnehmerähnlichen Person** sind die Kündigungsfristen für Arbeitnehmer nach § 622 BGB weder unmittelbar noch entsprechend anzuwenden.[4]

11 **b)** Die gesetzlichen Kündigungsfristen gelten grundsätzlich auch für Arbeitnehmer in **Kleinunternehmen.** Einzelvertraglich kann eine kürzere als die gesetzliche Grundkündigungsfrist (§ 622 I BGB) vereinbart werden, wenn der Arbeitgeber i. d. R. nicht mehr als 20 Arbeitnehmer ausschließlich der zu ihrer Berufsausbildung Beschäftigten beschäftigt und die Kündigungsfrist vier Wochen nicht unterschreitet (§ 622 V Nr. 2 Satz 1 BGB). Maßgeblich ist im Gegensatz zu § 23 I KSchG die Beschäftigtenzahl des Arbeitgebers und nicht die des Betriebs. Bei der Feststellung der Zahl der beschäftigten Arbeitnehmer sind teilzeitbeschäftigte Arbeitnehmer mit einer regelmäßigen wöchentlichen Arbeitszeit von nicht mehr als 20 Stunden mit 0,5 und nicht mehr als 30 Stunden mit 0,75 zu berücksichtigen. Für die Berechnung der regelmäßigen Zahl der Beschäftigten ist der Zeitpunkt des Zugangs der Kündigung entscheidend. Maßgebend ist ein Rückblick auf die Beschäftigtenzahlen in der Vergangenheit und die zu erwartende zukünftige Entwicklung. Der einzige Vorteil für Kleinarbeitgeber besteht darin, dass sie von dem Kündigungstermin des 15. oder des Endes eines Kalendermonats (§ 622 I BGB) abweichen können. Die einzelvertraglichen Gestaltungsmöglichkeiten sind daher äußerst begrenzt. Von den verlängerten Kündigungsfristen des § 622 II BGB kann in Kleinbetrieben nicht arbeitsvertraglich abgewichen werden.

12 **c) Hausangestellte.** Für Hausangestellte gilt nur die **Grundkündigungsfrist** des § 622 I BGB. Dagegen greifen die Verlängerungen für langjährig Beschäftigte nicht ein. Dies ergibt sich daraus, dass nach § 622 II BGB eine Beschäftigung in einem Betrieb oder Unternehmen vorausgesetzt wird. Der Haushalt ist aber kein Betrieb.[5]

---

[2] ErfK/*Müller-Glöge* § 622 BGB RN 6; näher dazu APS/*Linck* § 622 BGB RN 24.
[3] BAG 12. 1. 1994 AP 43 zu § 622 BGB = NZA 94, 751.
[4] BAG 8. 5. 2007 AP 15 zu § 611 BGB Arbeitnehmerähnlichkeit.
[5] HWK/*Bittner* § 622 BGB RN 25; ErfK/*Müller-Glöge* § 622 BGB RN 6; Stahlhacke/*Preis* RN 495.

2. Organmitglieder.[6] Umstr. ist die Rechtslage bei Organmitgliedern. Vorstände und Geschäftsführer sind in der Regel **keine Arbeitnehmer,** sondern Dienstnehmer (vgl. § 14). Der BGH hat allerdings zu §§ 621, 622 BGB a. F. angenommen,[7] die Kündigungsfrist von Geschäftsführern, die, wie insbesondere Fremdgeschäftsführer, nicht in erheblichem Umfang am Kapital der Gesellschaft beteiligt sind, richte sich nach § 622 BGB bzw. nach dem AngKSchG. § 621 BGB sei nur dann anzuwenden, wenn die Organmitglieder maßgeblich am Kapital beteiligt seien. Durch das KündFrG ist die Rechtslage nicht geändert worden.[8] 13

Ist im Dienstvertrag des **Geschäftsführers** eines Verbands, der in der Rechtsform eines eingetragenen Vereins geführt wird, auf Tarifrecht verwiesen, ist das zulässig.[9] Es gelten dann die tariflichen Kündigungsfristen. 14

III. Gesetzliche Grundregelung

1. Grundkündigungsfrist. Das Arbeitsverhältnis eines Arbeiters oder eines Angestellten (Arbeitnehmer) kann mit einer Frist von vier Wochen zum 15. oder zum Ende eines Kalendermonats gekündigt werden. Die **Kündigungsfrist** ist mit zwei **Kündigungsterminen** gekoppelt. Von der Grundkündigungsfrist können Kleinarbeitgeber (oben RN 11) abweichen. 15

2. Verlängerung der Kündigungsfrist. a) Die Grundkündigungsfrist verlängert sich für die **Kündigung durch den Arbeitgeber** nach Maßgabe des § 622 II BGB. Für die Kündigung durch den Arbeitnehmer gelten die verlängerten Fristen nicht von Gesetzes wegen, sondern nur, wenn sie vertraglich vereinbart worden sind. 16

Bei einer Kündigung durch den Arbeitgeber beträgt die Kündigungsfrist, wenn das Arbeitsverhältnis in dem Betrieb oder Unternehmen 17

1. zwei Jahre bestanden hat, einen Monat zum Ende eines Kalendermonats,
2. fünf Jahre bestanden hat, zwei Monate zum Ende eines Kalendermonats,
3. acht Jahre bestanden hat, drei Monate zum Ende eines Kalendermonats,
4. zehn Jahre bestanden hat, vier Monate zum Ende eines Kalendermonats,
5. zwölf Jahre bestanden hat, fünf Monate zum Ende eines Kalendermonats,
6. fünfzehn Jahre bestanden hat, sechs Monate zum Ende eines Kalendermonats,
7. zwanzig Jahre bestanden hat, sieben Monate zum Ende eines Kalendermonats.

b) Bei der Berechnung der Beschäftigungsdauer werden Zeiten, die vor der Vollendung des **25. Lebensjahres** des Arbeitnehmers liegen, nicht berücksichtigt. Vollendet wird das Lebensjahr gemäß § 187 II 2 BGB mit Ablauf des Tages, der dem Geburtstag vorgeht.[10] 18

Die Altersgrenze des § 622 II 2 BGB ist mit dem europarechtlichen **Verbot der Benachteiligung wegen des Alters** aus Art. 2 I i. V. m. Art. 1 der Rahmenrichtlinie 2000/78/EG vom 27. 11. 2000 (ABl. L 303 S. 16) nicht vereinbar. Durch § 622 II 2 BGB werden jüngere Arbeitnehmer, aber auch Beschäftigte mittleren Alters gegenüber älteren Arbeitnehmers benachteiligt, indem ihnen im Falle einer Kündigung durch den Arbeitgeber eine schnellere Beendigung des Arbeitsverhältnisses zugemutet wird. Ein Rechtfertigungsgrund nach Art. 6 der Rahmenrichtlinie ist hierfür nicht ersichtlich.[11] 19

c) Maßgeblich für die Bestimmung der Beschäftigungsdauer ist der **rechtliche Bestand des gekündigten Arbeitsverhältnisses** in dem Betrieb oder Unternehmen. Tatsächliche Unterbrechungen, beispielsweise infolge längerer Arbeitsunfähigkeit, haben auf den Bestand des Arbeitsverhältnisses keine Auswirkungen. Zeiten, in denen das Arbeitsverhältnis kraft Gesetzes ruht, sind zu berücksichtigen. Dies gilt u. a. für Zeiten des **Grundwehrdienstes** bzw. Zivildienstes nach § 6 II ArbPlSchG (i. V. m. § 78 I ZDG) und die **Elternzeit.**[12] Bei einer **recht-** 20

---

[6] Vgl. hierzu *Bauer* BB 94, 855; *Hümmerich* NJW 95, 1177; *Reiserer* DB 94, 1822.

[7] BGH 26. 3. 1984 NJW 84, 2528.

[8] Ebenso *Bauer* BB 94, 855; ErfK/*Müller-Glöge* § 622 BGB RN 7; *Reiserer* DB 94, 1822; KR/*Spilger* § 622 RN 66; Staudinger/*Preis* § 622 RN 14; a. A. BBDW/*Bader* § 622 BGB RN 26.

[9] BGH 26. 1. 1998 NJW 98, 1481.

[10] BAG 19. 8. 1965 AP 1 zu § 186 BGB.

[11] Vgl. den Vorlagebeschluss des LAG Düsseldorf 21. 11. 2007 DB 2007, 2655; das LAG Berlin-Brandenburg 24. 7. 2007 NZA-RR 2008, 17 hat die Altersgrenze unangewendet gelassen; für eine Europarechtswidrigkeit auch *Annuß* BB 2006, 325, 326; *Kamanabrou* RdA 2007, 199, 207; ErfK/*Müller-Glöge* § 622 BGB RN 9; *Preis* NZA 2006, 401, 408; *Reichold/Hahn/Heinrich* NZA 2005, 1270, 1275; *Temming* NZA 2007, 1193, 1199; *Waltermann* NZA 2005, 1265, 1270; zweifelnd *Willemsen/Schweibert* NJW 2006, 2583, 2586; a. A. *Tavakoli/Westhauser* DB 2008, 702.

[12] Dazu BAG 10. 2. 1993 AP 7 zu § 15 BErzGG = NZA 93, 801; 24. 5. 1995 AP 175 zu § 611 BGB Gratifikation = NZA 96, 31.

lichen Unterbrechung des Arbeitsverhältnisses werden frühere Beschäftigungszeiten beim selben Arbeitgeber grundsätzlich nicht berücksichtigt. Nur wenn zwischen dem vorangegangenen beendeten und dem neuen Arbeitsverhältnis ein **enger zeitlicher und sachlicher Zusammenhang** besteht, kann die Zeit der Beschäftigung in dem früheren Arbeitsverhältnis der Betriebszugehörigkeit in dem bestehenden Arbeitsverhältnis hinzugerechnet werden.[13] Es gelten hier die gleichen Grundsätze wie bei der Berechnung der Wartezeit nach § 1 I KSchG (vgl. § 130). Die Zeit der rechtlichen Unterbrechung des Arbeitsverhältnisses wird indes nicht angerechnet, weil insoweit kein Arbeitsverhältnis bestanden hat.[14]

21 Für die Berechnung der Beschäftigungsdauer kommt es auf den Zeitpunkt des Zugangs der Kündigung und nicht auf den Kündigungstermin, d.h. den Ablauf der Kündigungsfrist an.[15] Eine **Änderung des Inhalts des Arbeitsverhältnisses** ist unschädlich.[16] Zeiten eines **Berufsausbildungsverhältnisses** sind zu berücksichtigen.[17] Dagegen bleiben **Praktikumszeiten**[18] sowie Zeiten der Beschäftigung als **freier Mitarbeiter** in einem freien Dienstverhältnis außer Betracht.[19] Bei einem **Betriebsübergang** nach § 613a BGB werden die in einem Arbeitsverhältnis bei dem Veräußerer zurückgelegten Beschäftigungszeiten der Dauer des Arbeitsverhältnisses bei dem Erwerber hinzugerechnet.[20] Die Beschäftigungszeit als Geschäftsführer ist im Zweifel auf ein neu begründetes Arbeitsverhältnis anzurechnen.[21]

22 **d)** Die Verlängerung der Grundkündigungsfrist bezieht sich nur auf die ordentliche Kündigung. Von diesem Grundsatz wird bei **außerordentlichen Kündigungen sog. unkündbarer Arbeitnehmer** abgewichen. Ist die ordentliche Kündigung tarifvertraglich ausgeschlossen, so ist im Falle der Betriebsstilllegung oder ähnlicher Tatbestände eine außerordentliche Kündigung möglich.[22] Da der vertraglich begünstigte Arbeitnehmer nicht schlechter gestellt sein soll, als ein ordentlich kündbarer Arbeitnehmer mit langjähriger Betriebszugehörigkeit, ist die im Einzelfall maßgebliche Kündigungsfrist bei der außerordentlichen Kündigung einzuhalten (§ 128).

23 **e)** Für die **Kündigung des Arbeitsverhältnisses durch den Arbeitnehmer** darf keine längere Frist vereinbart werden als für die Kündigung durch den Arbeitgeber (§ 622 VI BGB). Rechtlich zulässig ist allerdings eine Vereinbarung, nach der die Kündigungsfrist für den Arbeitnehmer in demselben Umfang verlängert wird, wie für den Arbeitgeber.

24 **3. Berechnung der Kündigungsfrist. a)** Für die Berechnung der Kündigungsfrist gelten die **§§ 186 ff. BGB.** Nach § 187 I BGB ist der Tag, an dem die Kündigung zugeht, nicht in die Frist einzurechnen. Der Fristablauf beginnt erst am folgenden Tag. Gilt eine monatliche Kündigungsfrist zum Monatsschluss, ist spätestens am letzten Tag des Vormonats zu kündigen, und zwar auch dann, wenn die Schicht vom Arbeitstag des Vormonats bis in den neuen Monat hineinläuft.[23] Ist eine sechswöchige Kündigungsfrist zum Quartalsschluss vereinbart, muss die Kündigung spätestens am 17. 2. (im Schaltjahr am 18. 2.), 19. 5., 19. 8. bzw. 19. 11. zugehen. Fällt der letzte Tag, an dem noch hätte gekündigt werden können, auf einen Sonnabend, Sonntag oder staatlich anerkannten Feiertag, muss die Kündigung spätestens am Feiertag (unzureichend am folgenden Tag) zugehen.[24] § 193 BGB ist nicht, auch nicht entspr. anzuwenden.[25] Durch § 193 BGB wird eine Frist verlängert, wenn der letzte Tag der Frist auf einen Feiertag fällt. Dagegen soll die Kündigungsfrist nicht abgekürzt werden, wenn der letzte Tag an dem gekündigt werden kann, ein Feiertag ist.

---

[13] Vgl. BAG 6. 12. 1976 AP 2 zu § 1 KSchG 1969 Wartezeit; 20. 8. 1998 AP 10 zu § 1 KSchG 1969 Wartezeit; HWK/*Bittner* § 622 BGB RN 34; MünchKommBGB/*Hesse* § 622 RN 27; ErfK/*Müller-Glöge* § 622 BGB RN 10.

[14] BAG 17. 6. 2003 AP 61 zu § 622 BGB; a. A. KR/*Spilger* § 622 BGB RN 60.

[15] ErfK/*Müller-Glöge* § 622 BGB RN 9.

[16] Vgl. BAG 23. 9. 1976 AP KSchG 1969 § 1 Wartezeit Nr. 1 = NJW 77, 1311.

[17] BAG 2. 12. 1999 AP 57 zu § 622 BGB = NZA 2000, 720.

[18] Vgl. BAG 18. 11. 1999 AP 11 zu § 1 KSchG 1969 Wartezeit = NZA 2000, 529 zu § 1 I KSchG.

[19] Ebenso ArbRBGB/*Röhsler* § 622 RN 50; KDZ/*Zwanziger* § 622 BGB RN 10; a. A. MünchKommBGB/*Hesse* § 622 RN 28; ErfK/*Müller-Glöge* § 622 BGB RN 10.

[20] ArbRBGB/*Röhsler* § 622 RN 51; KR/*Spilger* § 622 BGB RN 62; KDZ/*Zwanziger* § 622 BGB RN 10.

[21] Vgl. BAG 24. 11. 2005 AP 19 zu § 1 KSchG 1969 Wartezeit = NZA 2006, 366.

[22] BAG 17. 9. 1998 AP 148 zu § 626 BGB = NZA 99, 258; 5. 2. 1998 AP 143 zu § 626 BGB = NZA 98, 771.

[23] BAG 15. 7. 1969 AP 6 zu § 130 BGB.

[24] BGH 28. 9. 1972 AP 2 zu § 193 BGB = NJW 72, 2083; 5. 3. 1970 AP 1 zu § 193 BGB = NJW 70, 1470.

[25] BGH 17. 2. 2005 NJW 2005, 1354; APS/*Linck* § 622 BGB RN 44; ErfK/*Müller-Glöge* § 622 BGB RN 11; Staudinger/*Preis* § 622 RN 23.

b) Nach § 622 I BGB und nach § 622 V Nr. 2 BGB beträgt die Kündigungsfrist vier Wochen. Dies sind **28 Tage.** Unter Anwendung von §§ 187 I, 188 II BGB ergeben sich damit folgende Fristberechnungen der Grundkündigungsfrist: **(1)** Für eine Kündigung zum 28. 2. bzw. im Schaltjahr zum 29. 2. muss am 31. 1. bzw. im Schaltjahr am 1. 2. gekündigt werden. Für eine Kündigung zum 15. 3. muss am 15. 2. bzw. im Schaltjahr am 16. 2. gekündigt werden. **(2)** In Monaten mit 30 Tagen muss am 2. des Monats für eine Kündigung zum Monatsende oder am 17. für eine Kündigung zum 15. des Folgemonats gekündigt werden. **(3)** In Monaten mit 31 Tagen muss am 3. des Monats für eine Kündigung zum Monatsende oder am 18. des Monats für eine Kündigung zum 15. des Folgemonats gekündigt werden. Die Kündigung muss an den jeweiligen Tagen zugehen. Geht die Kündigung zu spät zu oder wird sie mit einer zu kurzen Frist ausgesprochen, wirkt sie i. d. R. gem. § 140 BGB zum zunächst zulässigen Termin (vgl. § 123 RN 73 ff.).[26] 25

c) Der Kündigende kann eine **längere Kündigungsfrist** einhalten als gesetzlich vorgeschrieben ist. Die in § 622 II BGB gesetzlich vorgegebenen Kündigungstermine stehen dabei freilich nicht zur Disposition der Arbeitsvertragsparteien. Eine Kündigung kann deshalb **nicht zu einem anderen Termin als dem Monatsende** ausgesprochen werden. Dies gilt auch dann, wenn der Arbeitgeber mit längerer als der gesetzlichen Frist kündigt und das Arbeitsverhältnis zu einem früheren Monatsende hätte kündigen können.[27] Wird vorzeitig gekündigt, liegt darin ein Verzicht auf die gesetzliche Kündigungsfrist. Kündigt der Arbeitgeber vorzeitig, darf damit jedoch nicht der gesetzliche Kündigungsschutz rechtsmissbräuchlich umgangen werden (§ 162 BGB entspr.).[28] Eine Schwangere kann sich freilich nicht auf den besonderen Kündigungsschutz nach § 9 MuSchG mit der Begründung berufen, hätte der Arbeitgeber erst später gekündigt, wäre sie wegen der Schwangerschaft nicht kündbar gewesen. 26

IV. Einzelvertragliche Regelung der Kündigungsfrist

1. Unabdingbarkeit. a) Die gesetzliche Grundkündigungsfrist des § 622 I BGB sowie die verlängerten Kündigungsfristen des § 622 II BGB können grundsätzlich **einzelvertraglich nicht zum Nachteil des Arbeitnehmers abgekürzt** werden (arg. § 622 V 2 BGB). Dagegen ist ihre Verlängerung möglich. 27

b) Probleme bereiten Arbeitsverträge, in denen als **Kündigungstermin das Quartalsende vereinbart** worden ist. Je nach Zeitpunkt der Kündigung ist mal die vertraglich vereinbarte Frist länger und mal die gesetzliche Frist von zwei Monaten zum Monatsende. Erfolgt die Kündigung am 25. 2., endet das Arbeitsverhältnis unter Beachtung der vertraglichen Frist am 30. 6., bei Anwendung der gesetzlichen Frist am 30. 4. Wird die Kündigung dagegen am 10. 2. erklärt, endet das Arbeitsverhältnis zum 31. 3., wenn die vertraglich vereinbarte Frist gilt, und zum 30. 4., wenn man die gesetzliche Frist anwendet. Im Rahmen des Günstigkeitsvergleichs müssen die tariflichen/gesetzlichen Vorschriften über die Kündigungsfristen und die vertraglichen Fristenregelungen **als Einheit objektiv gewürdigt** werden.[29] Berücksichtigt man, dass § 622 V 3 BGB nur die individualvertragliche Vereinbarung längerer als der gesetzlichen Fristen zulässt und zum Zeitpunkt des Vertragsschlusses feststehen muss, ob die vertragliche Gesamtbindungsdauer unter Berücksichtigung der vereinbarten Fristen und der Kündigungstermine länger ist als die gesetzliche Kündigungsfrist, ist die vertragliche Vereinbarung einer Frist von sechs Wochen zum Quartalsende ab einer Betriebszugehörigkeit von fünf Jahren (§ 622 II Nr. 2 BGB) unwirksam.[30] Denn die Frist von zwei Monaten zum Monatsende aus § 622 II Nr. 2 BGB wird nach dieser Vereinbarung bei den fristgerechten Quartalskündigungen unterschritten. Dieser Nachteil wird auch nicht dadurch aufgewogen, dass faktisch durch die Reduzierung auf vier Kündigungstermine im Jahr („Quartalsende") die Kündigungsfrist je nach Zeitpunkt des Kündigungsausspruchs auch länger als gesetzlich vorgesehen sein kann. Die Regelung sieht in einer Gesamtbetrachtung jedenfalls nicht längere Fristen für den Arbeitnehmer vor, sondern sowohl längere als auch kürzere Fristen und ist damit günstigkeitsneutral.[31] Soweit im Schrifttum erwogen wird, die vertraglich vereinbarte Kündigungsfrist nur in den Jahresabschnitten anzuwenden, in denen sie länger 28

---

[26] BAG 18. 4. 1985 AP 20 zu § 620 BGB = NZA 86, 229.

[27] BAG 12. 7. 2007 NZA 2008, 476.

[28] BAG 16. 10. 1987 AP 2 zu § 52 BAT.

[29] BAG 4. 7. 2001 AP 59 zu § 622 BGB = NZA 2002, 380.

[30] Ebenso Stahlhacke/*Preis* RN 505; a. A. *Diller* NZA 2000, 293, 295 ff.; MünchKommBGB/*Hesse* § 622 RN 96.

[31] Vgl. KR/*Spilger* § 622 BGB RN 242; Staudinger/*Preis* § 622 RN 88 f.

als die gesetzliche Frist ist, und in den Zeiten „gleichsam zu suspendieren", in denen die gesetzliche Kündigungsfrist aus Arbeitnehmersicht vorrangig ist,[32] vermag dies nicht zu überzeugen. Dieses **Herauspicken** der für den Arbeitnehmer jeweils günstigeren Regelungen ist nicht interessengerecht, sondern begünstigt einseitig die Interessen des Arbeitnehmers. Da beide Vertragsteile die gesamten vertraglichen Kündigungsvorschriften vereinbart haben, kann nur die Gesamtregelung auf ihre Vereinbarkeit mit den zwingenden gesetzlichen Bestimmungen überprüft werden.[33]

29 **2. Probearbeitsverhältnis. a)** Ein Probearbeitsverhältnis kann **befristet abgeschlossen** werden. Auch in befristeten Arbeitsverhältnissen ist die Vereinbarung einer Probezeit rechtlich möglich und zulässig.[34] Umstritten ist allerdings, ob die in § 622 III BGB vorgesehene Kündigung während einer vereinbarten Probezeit auch auf befristete Probearbeitsverhältnisse ohne ausdrücklich vereinbarte Möglichkeit der ordentlichen Kündigung anwendbar ist. Im Schrifttum wird die Auffassung vertreten, § 622 III BGB gelte in diesen Fällen nicht, weil befristete Arbeitsverhältnisse ohne besondere Vereinbarung nicht ordentlich kündbar seien.[35] Gegen diese Auffassung spricht jedoch bereits der Wortlaut des § 622 III BGB: Das Gesetz differenziert nicht zwischen befristeten und unbefristeten Probearbeitsverhältnissen. Auch der Zweck der Probezeitvereinbarung, der darin besteht, den Parteien zu ermöglichen, sich innerhalb dieser Zeit möglichst schnell wieder voneinander lösen zu können, wenn sich herausstellt, dass eine dauerhafte Zusammenarbeit nicht möglich ist, spricht hiergegen. Daran ändert § 15 III TzBfG nichts.[36] Die Vereinbarung der ordentlichen Kündbarkeit eines befristeten Arbeitsverhältnisses nach § 15 III TzBfG ist nicht formgebunden.[37] Haben die Parteien bei einer befristeten Probezeitvereinbarung eine Kündigungsmöglichkeit nicht ausdrücklich vereinbart, ist deshalb durch Auslegung des Vertrags (§§ 133, 157 BGB) zu ermitteln, ob dies konkludent erfolgt ist.[38] Hierfür spricht entscheidend das erkennbare Interesse beider Arbeitsvertragsparteien, in einer überschaubaren ersten Zeit der Beschäftigung die Leistungsfähigkeit des Arbeitnehmers bzw. die Arbeitsbedingungen zu erproben und beiden Parteien die Möglichkeit eröffnen, sich bei Unzufriedenheit rasch voneinander trennen zu können.[39]

30 **b)** Ein Probearbeitsverhältnis kann auch als **unbefristetes Arbeitsverhältnis** abgeschlossen werden, dem eine Probezeit vorgeschaltet ist. Während einer vereinbarten Probezeit, längstens für die Dauer von sechs Monaten, kann das Arbeitsverhältnis dann mit einer Frist von zwei Wochen gekündigt werden (§ 622 III BGB).

30a **c)** Die Wirksamkeit einer Probezeitvereinbarung nach § 622 III BGB hängt nach der Rechtsprechung des BAG vorbehaltlich abweichender tarifvertraglicher Bestimmungen nach § 622 IV BGB allein davon ab, dass die Probezeitdauer sechs Monate nicht übersteigt. Eine einzelfallbezogene **Angemessenheitsprüfung der vereinbarten Probezeitdauer** findet nicht statt. Die in einem Formulararbeitsvertrag vereinbarte Probezeitdauer von sechs Monaten unterliegt gem. § 307 III 1 BGB nicht der Inhaltskontrolle nach § 307 I 1 BGB. Durch die formularmäßige Vereinbarung einer für beide Vertragsteile gleichermaßen geltenden sechsmonatigen Probezeit nutzen die Parteien lediglich die gesetzlich zur Verfügung gestellten Möglichkeiten und weichen hiervon nicht ab.[40]

31 **d)** Im Falle der Probezeitvereinbarung tritt die **Abkürzung der Kündigungsfrist** ipso iure ein. Es braucht also nicht eine abgekürzte Kündigungsfrist vereinbart zu werden.[41] Mit der abgekürzten Frist kann bis zum Ende der Probezeit, längstens jedoch bis zum Ablauf von sechs Monaten gekündigt werden, auch wenn das Ende der Kündigungsfrist erst nach diesem Zeitpunkt liegt.[42] Einzelvertraglich können längere Kündigungsfristen während des Probear-

---

[32] So *Kramer* BB 97, 731, 733.

[33] Ebenso MünchKommBGB/*Hesse* § 622 RN 95.

[34] BAG 24. 1. 2008 AP 64 zu § 622 BGB = NZA 2008, 521.

[35] MünchKommBGB/*Hesse* § 622 RN 30; *Preis/Kramer* DB 93, 2125, 2127; KR/*Spilger* § 622 BGB RN 153; Staudinger/*Preis* § 622 RN 37; dagegen ausführlich APS/*Linck* § 622 BGB RN 89 ff.; im Ergebnis auch ErfK/*Müller-Glöge* § 15 TzBfG RN 12; ArbRBGB/*Röhsler* § 622 RN 60.

[36] Vgl. KR/*Lipke* § 15 TzBfG RN 21 b; a. A. KR/*Spilger* § 622 BGB RN 153; KDZ/*Zwanziger* § 622 BGB RN 15.

[37] *Dörner* Der befristete Arbeitsvertrag RN 917; ErfK/*Müller-Glöge* § 15 TzBfG RN 12.

[38] Vgl. KR/*Lipke* § 15 TzBfG RN 21 a und b.

[39] So zutr. BAG 4. 7. 2001 EzA 4 zu § 620 BGB Kündigung = NZA 2002, 288.

[40] BAG 24. 1. 2008 AP 64 zu § 622 BGB = NZA 2008, 521.

[41] Ebenso KR/*Spilger* § 622 BGB RN 155; Staudinger/*Preis* § 622 RN 39.

[42] BAG 21. 4. 1966 AP 1 zu § 53 BAT = NJW 66, 1478.

beitsverhältnisses vereinbart werden. Dagegen ist eine weitere Abkürzung unwirksam (§ 622 V 2 BGB).

e) Sieht der Arbeitgeber eine sechsmonatige **Probezeit** als **nicht bestanden** an, kann er regelmäßig, ohne rechtsmissbräuchlich zu handeln, anstatt das Arbeitsverhältnis innerhalb der Frist des § 1 I KSchG mit der kurzen Probezeitkündigungsfrist zu beenden, dem Arbeitnehmer eine Bewährungschance geben, indem er mit einer überschaubaren, längeren Kündigungsfrist kündigt und dem Arbeitnehmer für den Fall seiner Bewährung die Wiedereinstellung zusagt. Die Einräumung einer Kündigungsfrist von vier Monaten, die unterhalb der längsten tariflichen Kündigungsfrist liegt und dem Arbeitnehmer die Chance einer weiteren Bewährung und die Möglichkeit einer Bewerbung aus einem bestehenden Arbeitsverhältnis heraus bietet, ist dabei angesichts des Zwecks der längeren Kündigungsfrist nicht zu beanstanden.[43] Diese Grundsätze gelten auch für einen entsprechenden Aufhebungsvertrag. 32

3. Verweisung auf Tarifrecht. a) Durch Tarifvertrag können von den Regelungen des § 622 I–III BGB **abweichende Kündigungsfristen** vereinbart werden, also auch kürzere Kündigungsfristen (§ 622 IV 1 BGB). Nach § 622 IV 2 BGB können im Geltungsbereich eines solchen Tarifvertrags die abweichenden tarifvertraglichen Bestimmungen zwischen nicht tarifgebundenen Arbeitgebern und Arbeitnehmern vereinbart werden. Der Gesetzgeber lässt die Verweisung auf das Tarifrecht zu, weil er von der Richtigkeitsgewähr des Tarifvertrags ausgeht und verhindern will, dass Nichttarifgebundene u. U. besser stehen als Tarifgebundene. 33

b) Im Allgemeinen wird wegen der Kündigungsfrist die **Verweisung auf den Tarifvertrag** erfolgen. Zulässig ist aber auch, dass die tarifvertraglichen Bestimmungen in den Arbeitsvertrag aufgenommen werden. Es kann weiterhin auf den jeweiligen Tarifvertrag verwiesen werden. Die Verweisung kann ausdrücklich oder konkludent erfolgen. Die Bezugnahme auf den Tarifvertrag bedarf zu ihrer Wirksamkeit grundsätzlich keiner bestimmten Form. Die Vereinbarung des Tarifvertrags kann auch durch betriebliche Übung erfolgen.[44] Auch dann ist die Anwendung der tariflichen Bestimmungen „vereinbart" i. S. v. § 622 IV 2 BGB.[45] Die abweichende Auffassung des BAG[46] übersieht, dass § 622 IV 2 BGB keine „ausdrückliche" Vereinbarung fordert, sondern nur eine Vereinbarung. Gegenstand einer betrieblichen Übung sind vertragliche und damit vereinbarte Ansprüche. 34

Eine wirksame Bezugnahme i. S. v. § 622 IV BGB hat sich auf den nach seinem **betrieblichen und persönlichen Geltungsbereich anwendbaren Tarifvertrag** zu erstrecken (vgl. § 203). Dies folgt aus dem Wortlaut von § 622 IV 2 BGB sowie auch aus dem Zweck des Gesetzes, einheitliche Arbeitsbedingungen zu schaffen. Die Verweisung kann auch auf einen nachwirkenden Tarifvertrag erfolgen, dagegen nicht auf einen außer Kraft getretenen, der nicht mehr nachwirkt.[47] Die Verweisung hat sich auf die gesamte Kündigungsregelung zu erstrecken. Unzulässig ist es, nur Ausschnitte des Kündigungsrechts in Bezug zu nehmen, weil dann nicht mehr von der Richtigkeitsgewähr der tariflichen Regelung ausgegangen werden kann.[48] 35

4. Aushilfsarbeitsverhältnis. a) Aushilfsarbeitsverhältnisse können **befristet und unbefristet abgeschlossen** werden (§ 41 RN 17 ff.). Bei befristetem Abschluss ist in aller Regel die ordentliche Kündigung ausgeschlossen.[49] Bei unbefristetem Abschluss kann eine kürzere Kündigungsfrist als die Grundkündigungsfrist vereinbart werden. Dies gilt nicht, wenn das Arbeitsverhältnis über die Zeit von drei Monaten hinaus fortgesetzt wird (§ 622 V Nr. 1 BGB). 36

b) Aus dem Arbeitsvertrag muss die **Beschäftigung zur vorübergehenden Aushilfe** deutlich hervorgehen. Darüber hinaus muss ein nur vorübergehender Arbeitsbedarf bestehen.[50] Umstr. ist, ob bei Vereinbarung eines Aushilfsarbeitsverhältnisses gleichzeitig die kürzestmögliche Kündigungsfrist als vereinbart gilt. Dies ist zu verneinen, weil aus § 622 V 1 Nr. 1 BGB keine Anhaltspunkte für die Dauer der Frist abgeleitet werden können.[51] Die Kündigungsfrist 37

---

[43] BAG 7. 3. 2002 AP 22 zu § 611 BGB Aufhebungsvertrag mit Anm. *Bauer; Lembke* DB 2002, 2648.

[44] Vgl. dazu BAG 17. 4. 2002 AP 6 zu § 2 NachwG = NZA 2002, 1096; BAG 19. 1. 1999 AP 9 zu § 1 TVG Bezugnahme auf Tarifvertrag = NZA 99, 879.

[45] ErfK/*Müller-Glöge* § 622 BGB RN 37; ArbRBGB/*Röhsler* § 622 RN 129; KR/*Spilger* § 622 BGB RN 189.

[46] BAG 3. 7. 1996 RzK I 3 Nr. 62.

[47] MünchKommBGB/*Hesse* § 622 RN 66; ErfK/*Müller-Glöge* § 622 BGB RN 36.

[48] MünchKommBGB/*Hesse* § 622 RN 67; ErfK/*Müller-Glöge* § 622 BGB RN 35; KR/*Spilger* § 622 BGB RN 185; teilweise anders Staudinger/*Preis* § 622 RN 45.

[49] Dazu *Linck* HzA 1/3 RN 39 ff.

[50] BAG 22. 5. 1986 AP 23 zu § 622 BGB = NJW 87, 60.

[51] MünchKommBGB/*Hesse* § 622 RN 77; Stahlhacke/*Preis* RN 563; KR/*Spilger* § 622 BGB RN 165.

kann ganz beseitigt werden, so dass das Aushilfsarbeitsverhältnis auch entfristet kündbar ist. Mit der abgekürzten Kündigungsfrist kann auch am letzten Tag des Aushilfsarbeitsverhältnisses gekündigt werden. Maßgebend ist der Zugang der Kündigung beim Arbeitnehmer, so dass das Ende der Kündigungsfrist außerhalb dieses Zeitraums liegen kann.[52]

38 **5. Kleinunternehmen.** In Kleinunternehmen kann die Kündigungsfrist nach § 622 V 1 Nr. 2 BGB **abgekürzt** werden (RN 11).

39 **6. Verlängerung der Kündigungsfrist. a)** Einzelvertraglich ist die Verlängerung der Kündigungsfrist grundsätzlich möglich.[53] Die Verlängerung der Kündigungsfrist kann auch dadurch erreicht werden, dass die **Zahl der Kündigungstermine vermindert** wird.

40 **b)** Die Verlängerung der Kündigungsfrist für den Arbeitnehmer ist **nicht schrankenlos zulässig.** Nach § 624 BGB kann das Arbeitsverhältnis, das für eine längere Zeit als fünf Jahre eingegangen wird, von dem Verpflichteten nach Ablauf von fünf Jahren mit einer Frist von sechs Monaten gekündigt werden. Dies ist mit Art. 12 GG vereinbar.[54] Über den Anwendungsbereich des § 624 BGB hinaus kann die Verlängerung der Kündigungsfrist für den Arbeitnehmer eine sittenwidrige Beschränkung (§ 138 BGB) oder eine Einschränkung der Freiheit der Berufswahl (Art. 12 GG) sein. Bei der Beurteilung ist auf die Umstände des Einzelfalls abzustellen. Die Interessen des Arbeitgebers an einer langfristigen Bindung des Arbeitnehmers und die des Arbeitnehmers, langfristig gesichert zu sein, aber auch einen Berufswechsel vornehmen zu können, sind gegeneinander abzuwägen. Das BAG hat eine Vertragsgestaltung als zulässig angesehen, nach der der Arbeitsvertrag für die Dauer von fünf Jahren abgeschlossen war und sich danach jeweils um weitere fünf Jahre verlängern sollte, sofern er nicht von einem Vertragspartner unter Einhaltung einer Kündigungsfrist von einem Jahr gekündigt wurde.[55]

41 **7. Verbot längerer Kündigungsfristen für den Arbeitnehmer. a)** Nach § 622 VI BGB darf für die **Kündigung des Arbeitsverhältnisses durch den Arbeitnehmer keine längere Frist** vereinbart werden als für die Kündigung durch den Arbeitgeber. Nach dem Wortlaut wird nicht die Gleichheit der Kündigungsfrist für Arbeitnehmer und Arbeitgeber verlangt, sondern nur das Verbot aufgestellt, dass die Kündigungsfrist für den Arbeitnehmer nicht länger als für den Arbeitgeber sein darf. Das Verbot gilt auch für die Verlängerung durch Verringerung der Kündigungstermine für den Arbeitnehmer.

42 **b)** Aus § 622 VI BGB wurde der **allgemeine Rechtsgrundsatz** abgeleitet, einseitige Kündigungserschwerungen seien für den Arbeitnehmer unzulässig.[56] Unwirksam war mithin der Verfall von Kautionen,[57] die Vereinbarung von Vertragsstrafen im Falle einer fristgemäßen Kündigung durch den Arbeitnehmer,[58] der Wegfall von Erfolgsbeteiligungen,[59] Urlaubsquotelungen,[60] Rückzahlung von Beträgen zur Aufstockung des Mindestgarantiegehalts, das nicht durch Provisionen abgedeckt war.[61] Unwirksam war ferner eine Vereinbarung, nach der der Angestellte bei Ausübung des gesetzlichen Kündigungsrechts zum Ende des ersten Halbjahres wegen der Höhe der Jahressollvorgabe keinerlei Provisionsansprüche erwarb.[62] Wurden im Falle der Kündigung des Arbeitnehmers Prämien widerrufen, war der Widerruf nach § 315 BGB zu überprüfen.[63] Seit dem 1. 1. 2002 unterliegen solche vorformulierten Klauseln der Inhaltskontrolle nach §§ 307 ff. BGB.[64]

43 **c)** Das Verbot der Kündigungserschwerung für den Arbeitnehmer hindert nicht, vertraglich zu vereinbaren, dass die vom Arbeitgeber einzuhaltende Kündigungsfrist auch für den Arbeitnehmer gilt.[65] Diese **Gleichstellungsklauseln** sind zulässig.

44 **d)** Umstr. ist die **Rechtsfolge,** wenn gegen das Verbot der Kündigungserschwerung verstoßen worden ist. Denkbar wäre, dass alsdann der Arbeitnehmer mit der gesetzlichen Kündigungs-

---

[52] ErfK/*Müller-Glöge* § 622 BGB RN 16.
[53] BAG 17. 10. 1969 AP 7 zu § 611 BGB Treuepflicht.
[54] BAG 24. 10. 1996 AP 37 zu § 256 ZPO 1977 = NZA 97, 597.
[55] BAG 19. 12. 1991 AP 2 zu § 624 BGB = NZA 92, 543.
[56] Ebenso ErfK/*Müller-Glöge* § 622 BGB RN 44.
[57] BAG 11. 3. 1971 AP 9 zu § 622 BGB.
[58] BAG 9. 3. 1972 AP 12 zu § 622 BGB; 6. 9. 1989 AP 27 zu § 622 BGB = NZA 90, 147.
[59] BAG 12. 1. 1973 AP 4 zu § 87 a HGB.
[60] BAG 9. 2. 1956 AP 1 zu § 394 BGB = NJW 56, 503.
[61] LAG Düsseldorf EzA 6 zu § 87 HGB.
[62] BAG 20. 8. 1996 AP 9 zu § 87 HGB = NZA 96, 1151.
[63] BAG 27. 7. 1972 AP 75 zu § 611 BGB Gratifikation.
[64] ErfK/*Müller-Glöge* § 622 BGB RN 44.
[65] Vgl. BAG 29. 8. 2001 AP 174 zu § 1 TVG Auslegung; 30. 11. 1994 AP 16 zu § 4 TVG = NZA 95, 695.

frist kündigen kann. Die h. M. nimmt dagegen zu Recht an, dass die für den Arbeitnehmer vereinbarte Frist auch für den Arbeitgeber gilt. Dies folgt aus einer entsprechenden Anwendung von § 89 II 2 HGB, wonach bei Vereinbarung einer kürzeren Frist für den Unternehmer die für den Handelsvertreter vereinbarte Frist gilt.[66]

V. Tarifvertragliche Regelungen

1. Grundsatz. a) Nach § 622 IV 1 BGB kann durch Tarifvertrag, nicht aber durch Betriebsvereinbarung, von den Kündigungsfristen des § 622 I–III BGB abgewichen werden. Damit sind die Grundkündigungsfrist, die Kündigungsfrist bei längerer Betriebszugehörigkeit und die Kündigungsfrist im Probearbeitsverhältnis **tarifdispositiv.** Den Tarifvertragsparteien soll ermöglicht werden, branchenspezifische Kündigungsfristen zu schaffen. Dagegen ist den Tarifvertragsparteien nicht gestattet, von dem Verbot der Kündigungserschwerung für den Arbeitnehmer (§ 622 VI BGB) abzuweichen. **45**

b) Die **Kündigungsfristen können abgekürzt** werden. Nach dem Wortlaut des § 622 IV 1 BGB ist auch eine Abänderung der Kündigungstermine zulässig. Rechtlich möglich sind auch tarifvertragliche Regelungen, die für Kleinbetriebe einheitliche Kündigungsfristen und Kündigungstermine ohne Staffelung nach Betriebszugehörigkeit und Alter vorsehen.[67] **46**

2. Differenzierung zwischen Arbeitern und Angestellten. a) Das BVerfG hat ausdrücklich unentschieden gelassen, ob **tarifvertraglich vereinbarte unterschiedliche Kündigungsfristen** für Arbeiter und Angestellte Art. 3 GG widersprechen. Der Tarifvorbehalt hat seinen Rechtsgrund darin, dass den Tarifvertragsparteien eine branchenspezifische Regelung ermöglicht werden soll. Ob eine tarifliche Regelung verfassungsgemäß ist, haben die Gerichte für Arbeitssachen in eigener Kompetenz zu prüfen.[68] **47**

b) Es ist zwischen **deklaratorischen und konstitutiven Verweisungen** in Tarifverträgen zu unterscheiden. Haben die Tarifvertragsparteien lediglich die frühere gesetzliche Regelung mit unterschiedlichen Kündigungsfristen für Arbeiter und Angestellte übernommen, ist die tarifliche Regelung verfassungswidrig. Anders kann es dagegen sein, wenn die Tarifvertragsparteien die Kündigungsfristen konstitutiv geregelt haben. Ob eine deklaratorische oder konstitutive Regelung vorliegt, muss im Wege der Auslegung des Tarifvertrags ermittelt werden. Für eine deklaratorische Verweisung auf eine gesetzliche Regelung spricht nach Auffassung des BAG die wörtliche Übernahme einer gesetzlichen Regelung,[69] für eine konstitutive Verweisung spricht dagegen, wenn die Tarifvertragsparteien eine im Gesetz nicht oder anders enthaltene Regelung vereinbaren.[70] **48**

c) Liegt eine **konstitutive Regelung** tariflicher Kündigungsfristen vor, bedarf es eines sachlich rechtfertigenden Grundes, wenn zwischen den Kündigungsfristen für Arbeiter und Angestellte differenziert wird. Einen sachlichen Grund hat das BAG angenommen, wenn es sich bei den betroffenen Unternehmen um solche handelt, bei denen im Produktionsbereich vorwiegend Arbeiter beschäftigt werden und die Auftragslage unmittelbaren Einfluss auf die Produktion hat. So hat das BAG eine sachliche Differenzierung als gerechtfertigt angesehen in der nordrheinischen Textilindustrie[71] oder in der chemischen Industrie.[72] Einen unmittelbaren Einfluss auf die Auftragslage hat es bejaht bei Betrieben mit produktions- und branchenspezifischen Auftragsschwankungen.[73] Dagegen hat es die Tarifverträge der Metallindustrie, die Betriebszu- **49**

---

[66] Vgl. BAG 2. 6. 2005 AP 63 zu § 622 BGB = NZA 2005, 1176; HWK/*Bittner* § 622 BGB RN 64; MünchKommBGB/*Hesse* § 622 RN 107; ErfK/*Müller-Glöge* § 622 BGB RN 43; Stahlhacke/*Preis* RN 522; KDZ/*Zwanziger* § 622 BGB RN 50.

[67] BAG 23. 4. 2008 AP 65 zu § 622 BGB = NZA 2008, 960.

[68] BAG 21. 3. 1991 AP 31 zu § 622 BGB = NZA 91, 803; 14. 2. 1996 AP 21 zu § 1 TVG Tarifverträge: Textilindustrie = NZA 97, 79.

[69] BAG 4. 3. 1993 AP 40 zu § 622 BGB = NZA 93, 995; 5. 10. 1995 AP 48 zu § 622 BGB = NZA 96, 539; 14. 2. 1996 AP 21 zu § 1 TVG Tarifverträge: Textilindustrie = NZA 97, 97.

[70] Vgl. BAG 29. 1. 1997 AP 22 zu § 1 TVG Tarifverträge: Textilindustrie = NZA 97, 726; 12. 11. 1998 AP 4 zu § 1 TVG Tarifverträge: Dachdecker = NZA 99, 489.

[71] BAG 23. 1. 1992 AP 37 zu § 622 BGB = NZA 92, 739.

[72] BAG 4. 3. 1993 AP 40 zu § 622 BGB = NZA 93, 995.

[73] *Baugewerbe:* BAG 29. 8. 1991 AP 32 zu § 622 BGB = NZA 92, 166; 2. 4. 1992 AP 38 zu § 622 BGB = NZA 92, 886; *Gartenbau:* BAG 23. 1. 1992 AP 35 zu § 622 BGB = NZA 92, 742; *Chemische Industrie:* BAG 4. 3. 1993 AP 40 zu § 622 BGB = NZA 93, 995; *Textilindustrie:* BAG 23. 1. 1992 AP 36 zu § 622 BGB = NZA 92, 787; *Friseurhandwerk:* LAG Nürnberg 27. 7. 1994 DB 94, 2553; LAG Berlin 3. 4. 1995 BB 96, 222.

gehörigkeitszeiten bei Arbeitern vor dem 35. Lebensjahr und bei Angestellten vor dem 25. Lebensjahr unberücksichtigt ließen, als verfassungswidrig angesehen.[74] Bei der Überprüfung des sachlichen Grundes kann zwischen der Grundkündigungsfrist und den verlängerten Fristen zu unterscheiden sein.[75]

50 **d)** Sind tarifliche Kündigungsfristen verfassungswidrig, ist die entstandene **Tariflücke** grundsätzlich durch die gesetzliche Regelung des § 622 BGB zu schließen.[76]

§ 127. Außerordentliche Kündigung

Adam, Sanktion, Prognoseprinzip und Vertragsstörung bei der verhaltensbedingten Kündigung, NZA 98, 284; *ders.,* Abschied vom Unkündbaren, NZA 99, 846; *Becker-Schaffner,* Fragen und Grundsätzliches zur verhaltensbedingten Kündigung, ZTR 97, 3; *Behrend/Rinsdorf,* Verdachtskündigung – Zur Verzichtbarkeit der Anhörung des Arbeitnehmers beim Nachschieben von Kündigungsgründen, FS Küttner, 2006, S. 277; *Deinert,* Die Verdachtskündigung – Neues zu einem alten Thema?, AuR 2005, 285; *Deiseroth,* Kündigungsschutz bei Strafanzeigen gegen den Arbeitgeber, AuR 2007, 198; *Diller,* „Gesuchte" Kündigungsgründe, NZA 2006, 569; *Ebeling,* Die Kündigung wegen Verdachts, 2006; *Feichtinger/Huep,* Die außerordentliche Kündigung, AR-Blattei: SD 1010.8 (2006); *Fiedler/Küntzer,* Die Verdachtskündigung und das Nachschieben von Kündigungsgründen, FA 2005, 264; *Fischer,* Außerordentliche Kündigung wegen privater Internetnutzung am Arbeitsplatz, AuR 2006, 207; *Fischermeier,* Zulässigkeit und Grenzen der Verdachtskündigung, FS 25 Jahre Arbeitsgemeinschaft Arbeitsrecht im Deutschen Anwaltverein, 2006, S. 275; *Gilberg,* Statt Tat- und Verdachtskündigung: Die Vertrauenskündigung, DB 2006, 1555; *Groeger,* Probleme der außerordentlichen betriebsbedingten Kündigung ordentlich unkündbarer Arbeitnehmer, NZA 99, 850; *v. Hase,* Fristlose Kündigung und Abmahnung nach neuem Recht, NJW 2002, 2278; *Insam,* Ist die Druckkündigung nur als außerordentliche Kündigung zulässig?, DB 2005, 2298; *Kaiser,* Verschuldensunabhängige verhaltensbedingte Kündigung, FS Otto, 2008, S. 173; *Koch,* Das Abmahnungserfordernis bei der außerordentlichen Kündigung von Organmitgliedern einer Kapitalgesellschaft, ZIP 2005, 1621; *Kramer,* Kündigung wegen privater Internetnutzung, NZA 2006, 194; *Küttner,* Der „gesuchte" wichtige Grund und § 626 Abs. 1 BGB, FS Bartenbach, 2004, S. 599; *Lücke,* Unter Verdacht: Die Verdachtskündigung, BB 97, 1844; *Mennemeyer/Dreymüller,* Verzögerungen der Arbeitnehmeranhörung bei der Verdachtskündigung, NZA 2005, 382; *Müller-Thele,* Internet am Arbeitsplatz – Neue Rechtsprechung des BAG, MDR 2006, 428; *Pauly,* Unkündbarkeitsvereinbarungen in Arbeitsverträgen, AuR 97, 94; *Reufels/Schmülling,* Spesenbetrug als Kündigungsgrund, AuR 2005, 217; *Reuter,* Das Verhältnis von ordentlicher und außerordentlicher Kündigung des Arbeitgebers – ein Stufenverhältnis?, FS Richardi, 2007, S. 361; *Schlachter,* Fristlose Kündigung wegen Entwendung geringwertiger Sachen des Arbeitgebers, NZA 2005, 433; *Schulte-Westenberg,* Die außerordentliche Kündigung im Spiegel der neueren Rechtsprechung, NZA-RR 2002, 561 und NZA-RR 2005, 617; *Zimmer/Stetter,* Korruption und Arbeitsrecht, BB 200, 1445.

Übersicht

	RN		RN
I. Überblick	1 f.	VI. Ausschlussfrist	20 ff.
1. Gesetzliche Regelungen	1	1. Allgemeines	20
2. Dienstnehmer	2	2. Sinn und Zweck	21
II. Allgemeine Grundsätze	3 ff.	3. Fristbeginn	22–25
1. Begriff	3	4. Dauertatbestände	26, 27
2. Umdeutung	4	5. Verdachtskündigung	28, 28 a
3. Anspruch auf Teilvergütung	5–8	6. Betriebsbedingte Gründe	29
4. Sozialversicherung	9	7. Kündigungsberechtigung	30–33
III. Abdingbarkeit	10 ff.	8. Fristberechnung	34–36
1. Einschränkung	10, 11	9. Fristberechnung bei Sonderkündigungsschutz	37, 38
2. Erweiterung	12–14	10. Beweislast	39
IV. Angabe des Kündigungsgrundes	15 ff.	VII. Wichtiger Grund	40 ff.
1. Anspruch auf Angabe	15	1. Begriff	40, 41
2. Schadensersatz	16	2. An sich geeigneter Grund	42
3. Erlöschen des Anspruchs	17	3. Zumutbarkeit	43, 44
V. Beurteilungszeitpunkt	18 f.		
1. Zeitpunkt der Kündigung	18		
2. Nachschieben von Gründen	19		

[74] BAG 29. 8. 1991 AP 32 zu § 622 BGB = NZA 92, 166; 16. 9. 1993 AP 42 zu § 622 BGB = NZA 94, 221; 10. 3. 1994 AP 44 zu § 622 BGB = NZA 94, 799; anders dagegen zur *„just in time"-Fertigung:* BAG 10. 3. 1994 AP 117 zu § 1 TVG Tarifverträge: Metallindustrie = NZA 94, 1045.

[75] BAG 11. 8. 1994 AP 31 zu § 1 KSchG 1969 Krankheit = NZA 95, 1051.

[76] Vgl. BAG 10. 3. 1994 AP 44 zu § 622 BGB = NZA 94, 799.

	RN
4. Systematisierung nach den Auswirkungen der Kündigungstatsachen	45
5. Systematisierung nach Art der Kündigungsgründe	46
6. Darlegungs- und Beweislast	47, 48
7. Verzicht, Verzeihung	49
VIII. Prozessuale Fragen	50 ff.
1. Klage	50, 51
2. Revisibilität	52
IX. Haftung bei Auflösungsverschulden	53 ff.
1. Vertragswidriges Verhalten	53, 54
2. Verhältnis zu den allgemeinen Bestimmungen	55
3. Ersatzfähiger Schaden	56–58
4. Verjährung, Pfändung, Insolvenz	59
X. Beispiele der außerordentlichen Kündigung durch den Arbeitgeber	60–148
XI. Einzelne außerordentliche Kündigungsgründe für den Arbeitnehmer	149 ff.
Vorbemerkung	149
1. Arbeitsplatzwechsel	150
2. Arbeitsschutzverletzungen	151
3. Verletzung der Beschäftigungspflicht	152
4. Eheschließung weiblicher Arbeitnehmer	153
5. Geringer Verdienst	154
6. Gewissenskonflikt	155
7. Krankheit	156
8. Lohnrückstand	157
9. Prokura	158
10. Verdächtigungen	159, 160
11. Vertragsverletzungen	161

I. Überblick

1. Gesetzliche Regelungen. § 626 BGB regelt einheitlich für alle Arbeitsverhältnisse das unabdingbare außerordentliche Kündigungsrecht. **Sondervorschriften** bestehen für **(a)** die zu ihrer Berufsausbildung beschäftigten Personen (§ 22 II BBiG), **(b)** die dem Seemannsgesetz unterliegenden Personen (§§ 64 ff., 78 SeemG), **(c)** Dienstordnungsangestellte (§ 352 RVO i. V. m. § 358 RVO), bei denen zwischen außerordentlicher Kündigung aus wichtigem Grund und fristloser Dienstentlassung zu unterscheiden ist,[1] und **(d)** für den öffentlichen Dienst im Beitrittsgebiet wegen Tätigkeit für das MfS (Anlage I Kapitel XIX Sachgebiet A Abschn. III Nr. 1 Abs. 5 des Einigungsvertrags). 1

2. Dienstnehmer. § 626 BGB gilt auch für die außerordentliche Kündigung von Dienstverhältnissen. Von Bedeutung ist die Vorschrift vor allem für die Kündigung von Dienstverhältnissen der GmbH-Geschäftsführer und der Vorstandsmitglieder.[2] Besonderheiten gelten für Handelsvertreter.[3] Sie können aus wichtigem Grund nach § 89 a HGB gekündigt werden. 2

II. Allgemeine Grundsätze

1. Begriff. Eine außerordentliche Kündigung ist berechtigt, wenn für sie ein gesetzlich vorgesehener Grund besteht und sie wegen dieses Grundes ausgesprochen wird. Sie beendet nach § 626 BGB das Arbeitsverhältnis fristlos. Bei unkündbaren Arbeitnehmern kommt noch eine außerordentliche Kündigung mit notwendiger Auslauffrist in Betracht (§ 128). Der Kündigende muss bei Ausspruch der Kündigung klarstellen, ob er eine außerordentliche Kündigung mit Auslauffrist oder eine ordentliche Kündigung erklären will.[4] 3

2. Umdeutung. Eine unwirksame **außerordentliche Kündigung kann regelmäßig in eine ordentliche Kündigung** umgedeutet (§ 140 BGB) werden. Dagegen ist eine Umdeutung der ordentlichen Kündigung in eine außerordentliche ausgeschlossen (§ 123 RN 73 ff.). 4

3. Anspruch auf Teilvergütung. a) Wird **nach Beginn der Arbeitsleistung das Arbeitsverhältnis** nach § 626 BGB außerordentlich gekündigt, kann der Arbeitnehmer einen seiner bisherigen Leistung entsprechenden Teil der Vergütung erlangen (§ 628 I BGB). Dasselbe gilt, wenn die fristlose Kündigung des Arbeitnehmers unwirksam ist, der Arbeitgeber sie aber hinnimmt.[5] Die Vorschrift kann auf die übrigen Beendigungstatbestände entsprechend angewendet werden. Die Berechnung der Teilvergütung erfolgt wie bei den übrigen Entgeltunterbrechungen (vgl. die bei Teilzeitarbeit dargestellten Berechnungsgrundsätze: § 43). 5

b) Der Anspruch auf Teilvergütung ist ausgeschlossen, wenn der **Arbeitnehmer außerordentlich fristlos kündigt,** ohne durch vertragswidriges Verhalten des Arbeitgebers dazu veran- 6

[1] BAG 25. 2. 1998 AP 69 zu § 611 BGB Dienstordnungs-Angestellte.
[2] BGH 20. 6. 2005 NJW 2005, 3069; 28. 10. 2002 NJW 2003, 431.
[3] Dazu *Schwerdtner* DB 89, 1757.
[4] BAG 16. 7. 1959 AP 31 zu § 626 BGB; 19. 6. 1980 AP 55 zu § 620 BGB Befristeter Arbeitsvertrag; Staudinger/*Preis* § 626 RN 252.
[5] BAG 21. 10. 1983 AP 2 zu § 628 BGB Teilvergütung = DB 84, 2704.

lasst worden zu sein, oder wenn er durch sein vertragswidriges Verhalten die Kündigung des anderen Teils verursacht und die bisherigen Arbeitsleistungen für den Arbeitgeber infolge der Kündigung nicht mehr von Interesse sind (§ 628 I 2 BGB). Dies wird im Arbeitsrecht nur selten vorkommen. Es ist aber z. B. denkbar, dass die bisherige Arbeitsleistung wegen der Kündigung kein Interesse mehr für den Arbeitgeber hat, wenn in den Ferien gekündigt wird.[6]

7 **c)** Ist **Arbeitsvergütung bereits im Voraus geleistet** worden, besteht ein Anspruch nach § 628 I 3 BGB.

8 **d)** Der Anspruch auf Teilvergütung ist **abdingbar.** Ist in einem Anstellungsvertrag mit einem Geschäftsführer vereinbart, dass diesem im Falle der außerordentlichen Kündigung bestimmte Leistungen verbleiben, es sei denn, dass besonders erschwerende Umstände vorliegen, braucht sich die Gesellschaft noch nicht bei der Kündigung auf diese Umstände zu berufen.[7]

9 **4. Sozialversicherung.** Die fristlose Kündigung hat zahlreiche sozialversicherungsrechtliche Auswirkungen. Sie führt grundsätzlich insbesondere nach § 144 I Nr. 1 SGB III zu einer **Sperrzeit** (§ 23 RN 50 ff.).[8]

III. Abdingbarkeit

10 **1. Einschränkung. a)** Während eine ordentliche Kündigung vertraglich ausgeschlossen werden kann (vgl. § 624 BGB), ist das Recht zur außerordentlichen Kündigung für beide Vertragspartner **unabdingbar.** Unzumutbares kann auch dem Arbeitgeber nicht angesonnen werden. Sowohl ein einzel- wie kollektivvertraglicher Ausschluss des außerordentlichen Kündigungsrechts ist nichtig (§ 123).[9] Unzutreffend ist deshalb die frühere Annahme des BAG gewesen, die Einschränkung der außerordentlichen Kündigungsmöglichkeit auf bestimmte, im Tarifvertrag fest umrissene Tatbestände sei zulässig.[10] Mit Recht geht nunmehr die Rechtsprechung davon aus, es seien Extremfälle möglich, in denen auch im Rahmen des § 55 BAT eine außerordentliche betriebsbedingte Kündigung mit notwendiger Auslauffrist nach § 626 BGB in Betracht kommen könne, wenn nämlich das Arbeitsverhältnis als Austauschverhältnis auf Dauer sinnentleert sei, weil eine Arbeitsleistung nicht mehr erbracht werden könne und deshalb auf unzumutbar lange Zeit Vergütung ohne Gegenleistung gezahlt werden müsste (dazu § 128).[11]

11 **b)** Dasselbe gilt, wenn die Kündigungsmöglichkeit **unzumutbar erschwert** wird. Dies ist dann gegeben, wenn eine außerordentliche Kündigung nur mit Zustimmung Dritter möglich ist und diese nicht ersetzt werden kann.[12] Ebenso wenig kann das Recht zur außerordentlichen Kündigung durch Vertragsstrafen, Zahlung von Abfindungen usw. eingeschränkt werden. Zulässig ist aber die Bindung an eine zugesicherte pensionsähnliche Leistung für den Fall der außerordentlichen Kündigung.[13] Allerdings kann die Kündigung an die Zustimmung des Betriebsrats geknüpft werden, sofern dessen Entscheidung ersetzbar ist (§ 102 VI BetrVG). Zulässig ist eine Vereinbarung zwischen Arbeitnehmer und Arbeitgeber, dass der Arbeitgeber nur außerordentlich kündigen kann. Haben die Parteien den Fall der längerfristigen Verhinderung des Arbeitgebers nicht bedacht, kann die Auslegung ergeben, dass in diesen Fällen auch ein Angestellter zur Kündigung berechtigt ist.[14]

12 **2. Erweiterung.** Eine Erweiterung des Rechts zur außerordentlichen Kündigung ist individualvertraglich **unzulässig;** eine solche Vereinbarung würde die gesetzlichen Mindestkündigungsfristen umgehen.[15] Da die Fristen des § 622 BGB für beide Vertragsparteien als Mindestfristen – vorbehaltlich § 622 V BGB – zwingend sind, gilt das Abweichungsverbot für beide

---

[6] Vgl. BAG 21. 10. 1983 AP 2 zu § 628 BGB Teilvergütung = DB 84, 2704.

[7] BGH 16. 1. 1995 WiB 95, 382.

[8] Ausführlich dazu APS/*Steinmeyer* SozR RN 430 ff.

[9] Vgl. BAG 8. 8. 1963 AP 2 zu § 626 BGB Kündigungserschwerung; 15. 3. 1991 AP 2 zu § 47 BBiG = NZA 92, 452.

[10] Vgl. BAG 31. 1. 1996 AP 13 zu § 626 BGB Druckkündigung = NZA 96, 581; einschränkend nunmehr zu § 55 BAT BAG 27. 6. 2002 AP 4 zu § 55 BAT.

[11] BAG 27. 6. 2002 AP 4 zu § 55 BAT; 24. 6. 2004 AP 278 zu § 613 a BGB; 6. 10. 2005 AP 8 zu § 53 BAT = NZA-RR 2006, 416; ebenso APS/*Dörner* § 626 BGB RN 14; KR/*Fischermeier* § 626 BGB RN 66; ErfK/*Müller-Glöge* § 626 BGB RN 194.

[12] BAG 6. 11. 1956 AP 14 zu § 626 BGB; offengelassen für den Fall, dass arbeitsvertraglich für die Kündigung durch den kirchlichen Krankenhausträger in bestimmten Fällen die Zustimmung des Diözesanbischofs erforderlich ist, BAG 7. 10. 1993 AP 114 zu § 626 BGB = NZA 94, 443.

[13] BAG 18. 12. 1961, 8. 8. 1963 AP 1, 2 zu § 626 BGB Kündigungserschwerung.

[14] BAG 9. 10. 1975 AP 8 zu § 626 BGB Ausschlussfrist.

[15] BAG 22. 11. 1973 AP 67 zu § 626 BGB.

Seiten. Eine gewisse rechtliche Bedeutung haben Vereinbarungen über die Gründe zur außerordentlichen Kündigung aber dann, wenn die Parteien solche Tatbestände, die ohnehin bei der gebotenen umfassenden Interessenabwägung als wichtige Gründe i. S. des § 626 I BGB anzuerkennen sind, näher bestimmen und damit deutlich machen, welche Umstände ihnen unter Berücksichtigung der Eigenart des jeweiligen Arbeitsverhältnisses als Gründe für die vorzeitige Beendigung besonders wichtig erscheinen.[16]

Die Tarifvertragsparteien können im Rahmen von § 622 IV BGB die **Kündigungsfristen abkürzen.** Es besteht daher die Möglichkeit, dass die Tarifpartner neben die Kündigung aus wichtigem Grund eine ordentliche entfristete Kündigung setzen.[17] 13

Auch einem **tariflich ordentlich unkündbaren Arbeitnehmer** kann nach § 626 I BGB außerordentlich fristlos gekündigt werden. Eine fristlose Kündigung ist – auch ohne Gewährung einer Auslauffrist – stets dann gerechtfertigt, wenn es dem Arbeitgeber nicht einmal mehr zumutbar ist, den tariflich unkündbaren Arbeitnehmer nur bis zum Ablauf der „fiktiven" Frist zur ordentlichen Beendigungskündigung des Arbeitsverhältnisses weiterzubeschäftigen.[18] Dies kann beispielsweise bei schweren Beleidigungen („Hasstiraden") anzunehmen sein.[19] 14

IV. Angabe des Kündigungsgrundes

1. Anspruch auf Angabe. Die Angabe des Kündigungsgrundes ist in den Fällen des § 22 III BBiG und des § 9 III 2 MuSchG Wirksamkeitsvoraussetzung einer außerordentlichen Kündigung.[20] Dagegen hat nach § 626 II 3 BGB der Gekündigte nur einen mündlich oder schriftlich zu erhebenden Anspruch darauf, dass ihm die Kündigungsgründe unverzüglich, d. h. ohne schuldhaftes Zögern (§ 121 BGB), schriftlich mitgeteilt werden. Die Mitteilung der Kündigungsgründe ist **nicht Voraussetzung für die Wirksamkeit der Kündigung.**[21] Zweck des § 626 II 3 BGB ist, dem Kündigungsempfänger die Überprüfung zu ermöglichen, ob er sich zu einer gerichtlichen Auseinandersetzung über die Kündigung entschließt. 15

2. Schadensersatz. Die Nichtangabe des Kündigungsgrundes kann deshalb zu Auskunfts- und Schadensersatzansprüchen (z. B. wegen der Prozesskosten) führen. Schaden sind alle Aufwendungen, die der Kündigungsgegner erspart hätte, wenn ihm rechtzeitig die Gründe zur Kündigung mitgeteilt worden wären. Erklärt der Kündigungsgegner nach Mitteilung der Kündigungsgründe die Hauptsache für erledigt, können dem Kündigenden die Kosten des Rechtsstreits in analoger Anwendung von § 91 a ZPO auferlegt werden.[22] Zum ersetzbaren Schaden gehören nicht die Rechtsanwaltskosten erster Instanz, weil diese wegen § 12 a ArbGG jede Partei selbst zu tragen hat.[23] 16

3. Erlöschen des Anspruchs. Aus dem Zweck des § 626 II 3 BGB folgt, dass der Anspruch auf Mitteilung der Kündigungsgründe bei den dem KSchG unterfallenden Personen nach **Ablauf der Klagefrist** erlischt (§§ 4, 13 KSchG).[24] Verzögert der Kündigende die Mitteilung der Gründe, rechtfertigt dies grundsätzlich nicht die nachträgliche Zulassung der Kündigungsschutzklage. Unberührt bleibt die Wirksamkeit der Kündigung, wenn dem Arbeitnehmer nicht die Belastungszeugen benannt werden oder er ihnen nicht gegenübergestellt wird.[25] 17

V. Beurteilungszeitpunkt

1. Zeitpunkt der Kündigung. Eine außerordentliche Kündigung ist nur dann gerechtfertigt, wenn im **Zeitpunkt des Zugangs der Kündigung** hierfür ein wichtiger Grund bestand. 18

[16] BAG 22. 11. 1973 AP 67 zu § 626 BGB; BGH 7. 7. 1988 EzA 117 zu § 626 BGB n. F. = NJW-RR 88, 1381; BAG 15. 10. 1992 EzA 45 zu § 1 KSchG Verhaltensbedingte Kündigung.

[17] Vgl. BAG 4. 6. 1987 AP 16 zu § 1 KSchG 1969 Soziale Auswahl = NZA 88, 52; 28. 4. 1988 AP 25 zu § 622 BGB = NZA 89, 85.

[18] BAG 10. 10. 2002 AP 180 zu § 626 BGB; 15. 11. 2001 AP 175 zu § 626 BGB; 13. 4. 2000 AP 162 zu § 626 BGB = NZA 2001, 277.

[19] BAG 10. 10. 2002 AP 180 zu § 626 BGB.

[20] BAG 22. 2. 1972, 25. 11. 1976 AP 1, 4 zu § 15 BBiG; 17. 6. 1998 RzK IV 3 a Nr. 30.

[21] BAG 17. 8. 1972 AP 65 zu § 626 BGB.

[22] BAG 17. 8. 1972 AP 65 zu § 626 BGB.

[23] BAG 30. 4. 1992 AP 6 zu § 12 a ArbGG = NZA 92, 1101.

[24] MünchKommBGB/*Schwerdtner,* 3. Aufl., § 626 RN 260; siehe auch ErfK/*Müller-Glöge* § 626 BGB RN 233, der auf die Verwirkung des Anspruchs abstellt; weitergehend KR/*Fischermeier* § 626 BGB RN 35.

[25] BAG 18. 9. 1997 AP 138 zu § 626 BGB = NZA 98, 95.

Nach dem Ausspruch der Kündigung entstehende Gründe können nur zur Rechtfertigung einer neuen Kündigung herangezogen werden.[26]

19 **2. Nachschieben von Gründen.** Der Arbeitgeber kann die außerordentliche Kündigung materiell-rechtlich auch mit allen Tatsachen begründen, die zum Zeitpunkt des Ausspruchs objektiv vorlagen.[27] Einschränkungen ergeben sich aus § 102 BetrVG (§ 124 RN 45 ff.). Beim Nachschieben nachträglich bekannt gewordener Gründe für eine außerordentliche Kündigung findet die **Ausschlussfrist des § 626 II BGB keine Anwendung.**[28] Die Ausschlussfrist bezieht sich allein auf die Ausübung des Kündigungsrechts und nicht auf die zugrunde liegenden Kündigungsgründe. Ist also bereits eine Kündigung ausgesprochen, schränkt § 626 II 1 BGB ein Nachschieben nachträglich bekannt gewordener und zeitlich vor Ausspruch der Kündigung liegender Gründe nicht ein. Mit dem Ausspruch der Kündigung hat der Arbeitgeber zu erkennen gegeben, dass er eine Weiterbeschäftigung des Arbeitnehmers subjektiv für unzumutbar hält. Ob diese Unzumutbarkeit bei objektiver Beurteilung tatsächlich im Zeitpunkt der Kündigung gegeben war, ist von den Gerichten unter Berücksichtigung aller zu diesem Zeitpunkt objektiv vorliegenden Umstände zu entscheiden, unabhängig davon, ob sie dem Kündigenden bei Ausspruch der Kündigung bereits bekannt waren.[29]

VI. Ausschlussfrist

20 **1. Allgemeines.** Nach § 626 II BGB kann die außerordentliche Kündigung nur innerhalb einer Ausschlussfrist von zwei Wochen erklärt werden; die Kündigung muss innerhalb der Frist zugehen.[30] Die Frist enthält eine **Konkretisierung der Verwirkung** des Kündigungsgrundes.[31] Nach ihrem Ablauf wird unwiderleglich vermutet, dass dem Kündigungsberechtigten die Fortsetzung des Arbeitsverhältnisses jedenfalls bis zum Ablauf der Kündigungsfrist zumutbar ist. Eine Wiedereinsetzung in den vorigen Stand ist ausgeschlossen.[32] Allerdings können die verfristeten Kündigungsgründe zur Rechtfertigung einer ordentlichen Kündigung herangezogen werden.[33] Die Ausschlussfrist kann weder einzel- noch kollektivvertraglich verlängert werden.[34] Die Ausschlussfrist gilt auch für Dienstverhältnisse.[35] Auf die außerordentliche Kündigung von Handelsvertreterverhältnissen (§ 89 a HGB) findet sie keine Anwendung.[36]

21 **2. Sinn und Zweck.** Die Zwei-Wochen-Frist des § 626 II 1 BGB dient dazu, **rasch Klarheit** darüber schaffen, ob ein Sachverhalt für eine außerordentliche Kündigung zum Anlass genommen wird.[37] Andererseits soll aber die zeitliche Begrenzung nicht zu hektischer Eile bei der Kündigung antreiben oder den Kündigungsberechtigten veranlassen, ohne genügende Vorprüfung voreilig zu kündigen.[38]

22 **3. Fristbeginn. a)** Die Ausschlussfrist des § 626 II BGB beginnt, wenn der Kündigungsberechtigte **positive Kenntnis** der für die Kündigung maßgebenden Tatsachen hat, die ihm die Entscheidung ermöglicht, ob die Fortsetzung des Arbeitsverhältnisses zumutbar ist oder nicht.[39] Vermutungen oder verschuldete, selbst grobfahrlässige Unkenntnis reichen nicht aus.[40] Zu den

---

[26] BAG 19. 12. 1958 AP 1 zu § 133 b GewO.

[27] BGH 20. 6. 2005 AP 3 zu § 64 GmbHG = NZA 2005, 1415.

[28] BAG 4. 6. 1997 AP 5 zu § 626 BGB Nachschieben von Kündigungsgründen = NZA 97, 1158; KR/*Fischermeier* § 626 BGB RN 180; ErfK/*Müller-Glöge* § 626 BGB RN 230.

[29] BAG 4. 6. 1997 AP 5 zu § 626 BGB Nachschieben von Kündigungsgründen = NZA 97, 1158; 30. 1. 1963 AP 50 zu § 626 BGB.

[30] BAG 9. 3. 1978 AP 12 zu § 626 BGB Ausschlussfrist = NJW 78, 2168.

[31] BAG 5. 6. 2008 NZA-RR 2008, 630; 1. 2. 2007 NZA 2007, 744; 17. 3. 2005 AP 46 zu § 626 BGB Ausschlussfrist = NZA 2006, 101; 21. 3. 1996 AP 8 zu § 626 BG Krankheit = NZA 96, 871; KR/*Fischermeier* § 626 BGB RN 313.

[32] BAG 28. 10. 1971 AP 1 zu § 626 BGB Ausschlussfrist.

[33] BAG 4. 3. 1980 AP 4 zu Art. 140 GG.

[34] BAG 19. 1. 1973, 12. 4. 1978 AP 5, 13 zu § 626 BGB Ausschlussfrist.

[35] BGH 19. 11. 1998 NJW 99, 355.

[36] BGH 3. 7. 1986 NJW 87, 57.

[37] BAG 26. 6. 2008 NZA 2008, 1415.

[38] BAG 17. 3. 2005 AP 46 zu § 626 BGB Ausschlussfrist = NZA 2006, 101; 31. 3. 1993 AP 32 zu § 626 BGB Ausschlussfrist = NZA 94, 409.

[39] BAG 17. 3. 2005 AP 46 zu § 626 BGB Ausschlussfrist = NZA 2006, 101; 5. 12. 2002 EzA 1 zu § 123 BGB 2002; 31. 3. 1993 AP 32 zu § 626 BGB Ausschlussfrist = NZA 94, 409; 10. 6. 1988 AP 27 zu § 626 BGB Ausschlussfrist = NZA 89, 105.

[40] BAG 2. 2. 2006 AP 204 zu § 626 BGB = NZA-RR 2006, 440; 15. 11. 1995 AP 73 zu § 102 BetrVG 1972 = NZA 96, 419; 28. 4. 1994 AP 117 zu § 626 BGB = NZA 94, 934.

maßgeblichen Tatsachen gehören sowohl die für als auch die gegen die Kündigung sprechenden Umstände.[41] Der Kündigungsberechtigte kann den Ausgang eines Strafverfahrens grundsätzlich abwarten (dazu RN 28 a). Hat der Kündigungsberechtigte Anhaltspunkte für einen Sachverhalt, der zur außerordentlichen Kündigung berechtigen könnte, kann er Ermittlungen anstellen und den Betroffenen anhören, ohne dass die Frist zu laufen beginnt. Denn es genügt nicht allein die Kenntnis des konkreten, die Kündigung auslösenden Anlasses, d. h. des Vorfalls, der einen wichtigen Grund zur außerordentlichen Kündigung darstellen soll.[42] Bei einer vom Arbeitgeber erklärten außerordentlichen Kündigung gehören auch solche Aspekte zum Kündigungssachverhalt, die für den Arbeitnehmer und gegen die Kündigung sprechen. Deshalb kann der Kündigungssachverhalt regelmäßig nicht ohne eine Anhörung des Arbeitnehmers hinreichend vollständig erfasst werden,[43] auch wenn die vorherige Anhörung des Arbeitnehmers – abgesehen von der Verdachtskündigung (dazu RN 139) – keine Wirksamkeitsvoraussetzung der Kündigung ist.[44] Außerdem gehört es zu den maßgeblichen Umständen, die vom Kündigungsberechtigten zu ergründen und festzustellen sind, mögliche Beweismittel für die ermittelte Pflichtverletzung zu beschaffen und zu sichern.

b) Beabsichtigt der Kündigungsberechtigte, dem Kündigungsgegner **Gelegenheit zur Stellungnahme** zu geben, darf hierdurch die Ausschlussfrist des § 626 II BGB nicht länger als unbedingt nötig hinausgeschoben werden.[45] Bei der Anhörung des Kündigungsgegners ist von einer Regelfrist von einer Woche auszugehen, die nur aus sachlichen Gründen überschritten werden darf.[46] Sind nach der Anhörung die Ermittlungen abgeschlossen und hat der Kündigungsberechtigte hinreichende Kenntnis vom Kündigungssachverhalt und von den erforderlichen Beweismitteln, beginnt der Lauf der Ausschlussfrist. Wird diese Regelfrist ohne erheblichen Grund überschritten, beginnt die Zweiwochenfrist mit dem Ende der Regelfrist.[47] Eine zweite Anhörung kann gerechtfertigt sein, wenn auf Grund der ersten Anhörung weitere erkenntnisreiche Ermittlungen erfolgt sind; dann beginnt die Ausschlussfrist erst mit der zweiten Anhörung.[48] 23

Ist der **Arbeitnehmer arbeitsunfähig,** darf der Arbeitgeber nicht ohne Weiteres das Ende der Arbeitsunfähigkeit abwarten.[49] Vielmehr bleibt der Arbeitgeber wegen der eilbedürftigen Anhörung verpflichtet festzustellen, ob sich der Arbeitnehmer einer Anhörung unterziehen kann. Ggf. hat er dem Arbeitnehmer schriftlich oder telefonisch Gelegenheit zur Stellungnahme zu geben.[50] Nur wenn dies ausgeschlossen oder sie während der Erkrankung verweigert wird, bleibt der Ablauf der Frist gehemmt. Entsprechendes gilt beim Urlaub des Arbeitnehmers, sofern der Arbeitnehmer nicht verreist ist.[51] 24

c) Ist der **Sachverhalt geklärt** oder liegt sogar ein Geständnis des Arbeitnehmers vor, beginnt die Frist zu laufen.[52] Hält der Arbeitgeber einen bestimmten Kenntnisstand für ausreichend, um eine fristlose Kündigung wegen des Verdachts einer strafbaren Handlung oder wegen einer begangenen Straftat auszusprechen, muss er nach § 626 II BGB binnen zwei Wochen kündigen, nachdem er diesen Kenntnisstand erlangt hat.[53] Ist die Frist angelaufen, kann sie nur ausnahmsweise gehemmt werden, wenn der Arbeitgeber ohne Fahrlässigkeit an ihrer Einhaltung gehindert ist.[54] 25

4. Dauertatbestände. a) Erfolgt die **Kündigung wegen einer lang andauernden Arbeitsunfähigkeit** als außerordentliche Kündigung mit Auslauffrist (dazu § 128 RN 34), ist es 26

---

[41] BAG 5. 6. 2008 NZA-RR 2008, 630; 17. 3. 2005 AP 46 zu § 626 BGB Ausschlussfrist = NZA 2006, 101.

[42] BAG 2. 2. 2006 AP 204 zu § 626 BGB = NZA-RR 2006, 440.

[43] BAG 2. 2. 2006 AP 204 zu § 626 BGB = NZA-RR 2006, 440; 17. 3. 2005 AP 46 zu § 626 BGB Ausschlussfrist = NZA 2006, 101.

[44] KR/*Fischermeier* § 626 BGB RN 31; ErfK/*Müller-Glöge* § 626 BGB RN 47.

[45] BAG 2. 2. 2006 AP 204 zu § 626 BGB = NZA-RR 2006, 440.

[46] BAG 2. 3. 2006 AP 6 zu § 91 SGB IX = NZA 2006, 1211; 31. 3. 1993 AP 32 zu § 626 BGB Ausschlussfrist = NZA 94, 409.

[47] KR/*Fischermeier* § 626 BGB RN 331.

[48] BAG 12. 2. 1973 AP 6 zu § 626 BGB Ausschlussfrist.

[49] Vgl. LAG Köln 25. 1. 2001 LAGE § 626 BGB Ausschlußfrist Nr. 13; KR/*Fischermeier* § 626 BGB RN 330.

[50] Vgl. Stahlhacke/*Preis* RN 842.

[51] Vgl. dazu LAG Niedersachen 6. 3. 2001 LAGE § 626 BGB Ausschlußfrist Nr. 14.

[52] BAG 1. 2. 2007 NZA 2007, 744; 16. 6. 1988 AP 27 zu § 626 BGB Ausschlussfrist.

[53] BAG 28. 4. 1994 AP 117 zu § 626 BGB = NZA 94, 934.

[54] BAG 5. 6. 2008 NZA-RR 2009, 69.

für die Einhaltung der Zwei-Wochen-Frist ausreichend, dass der Arbeitnehmer in den letzten zwei Wochen arbeitsunfähig war.[55] Fehlt der Arbeitnehmer längere Zeit unentschuldigt, z.B. wegen eigenmächtiger Urlaubsnahme, beginnt die Ausschlussfrist für eine hierauf gestützte Kündigung frühestens mit dem Ende der unentschuldigten Fehlzeit.[56] In diesen Fällen liegt jeweils ein Dauertatbestand vor. Dessen Besonderheit besteht darin, dass fortlaufend neue Tatsachen eintreten, die für die Kündigung maßgebend sind. Hiervon zu unterscheiden sind die Tatbestände, die bereits abgeschlossen sind und nur noch fortwirken. Dies ist anzunehmen, wenn der Arbeitnehmer mehrere Vertragspflichtverletzungen begangen hat und hierdurch ein fortwirkender Vertrauensverlust bei dem Arbeitgeber entsteht. In diesem Fall sind die tatsächlichen Vorgänge, auf welche die Kündigung gestützt wird und die nach § 626 II BGB für den Fristbeginn maßgebend sind, bereits abgeschlossen. Ob deshalb bei dem Arbeitgeber ein zur fristlosen Kündigung berechtigender Vertrauensverlust eingetreten ist, ist eine Schlussfolgerung, deren Ergebnis jedoch keine für den Fristbeginn maßgebende Tatsache ist.[57]

27 **b)** Soll die außerordentliche Kündigung auf **wiederholte Arbeitspflichtverletzungen** gestützt werden, beginnt die Frist nur dann mit der letzten, wenn die Pflichtverletzungen gleichartig sind; die anderen können dann unterstützend berücksichtigt werden. Sind die Verfehlungen verschiedenartig, sind die früheren verfristet.[58] Bei fehlender Beschäftigungsmöglichkeit wegen Alkoholmissbrauchs, der kein Dauertatbestand ist, beginnt die Frist mit der Kenntnis hiervon durch den Kündigungsberechtigten.[59]

28 **5. Verdachtskündigung** (dazu RN 136). Bei der Verdachtskündigung liegt grundsätzlich kein Dauertatbestand vor. Die Frist des § 626 II BGB beginnt, wenn der Kündigende den Sachverhalt so genau kennt, dass er sich ein **Urteil über den Verdacht, seine Tragweite und Auswirkungen bilden** kann.[60] Dabei ist zu berücksichtigen, dass der den Verdacht auslösende Anlass der Kündigung, also das wahre Geschehen, für den Kündigenden im Dunkeln liegt und oft vom Vertragspartner bewusst verborgen wird.[61] Die Aufhellung des anfänglich vagen Verdachts bis zur endgültigen Klarheit geschieht nicht notwendig als ständig voranschreitender Erkenntnis- und Gewissheitszuwachs. Die den Verdacht begründenden Tatsachen verändern sich vielmehr oftmals im Laufe der Ermittlungen.[62] Dementsprechend kann es im Laufe des Aufklärungszeitraums nicht nur einen, sondern mehrere Zeitpunkte geben, in denen der Verdacht „dringend" genug ist, um eine Verdachtskündigung darauf zu stützen. Das BAG räumt dem Kündigungsberechtigten deshalb insoweit einen gewissen Beurteilungsspielraum ein. Die Ausschlussfrist ist versäumt, wenn der Kündigungsberechtigte ohne sachlichen Grund untätig blieb und der Gekündigte aus der Untätigkeit schließen konnte, der Kündigungsberechtigte werde von seinem Recht keinen Gebrauch machen.[63]

28a Ist der Verdacht nicht ausreichend aufgeklärt, kann der Kündigende auch den **Ausgang des Strafverfahrens abwarten** und seinen Kündigungsentschluss hievon abhängig machen.[64] Dies ist ein rechtsstaatlich zwar nicht gebotenes, in jedem Fall aber gerade im Sinne des Arbeitnehmers angemessenes Vorgehen. Der Arbeitgeber gibt damit zu erkennen, dass er die Kündigung nur auf einen zur rechtskräftigen Verurteilung im Strafverfahren ausreichenden Tatsachenstand stützen will und die rechtskräftige Verurteilung aus seiner Sicht ein eigenes Gewicht hat, das sie zu einem Element des Kündigungsgrundes macht. In diesem Fall ist die Ausschlussfrist des § 626 II BGB jedenfalls dann gewahrt, wenn der Arbeitgeber die außerordentliche Kündigung binnen zwei Wochen seit Kenntniserlangung von der Verurteilung erklärt.[65] Der öffentliche Arbeitgeber muss im Hinblick auf die in § 14 I Nr. 5 Buchst. b GVGEG und Nr. 16 MiStra geregelte Unterrichtung über den Ausgang des Verfahrens keine eigenen Nachforschungen zum

---

[55] BAG 25. 3. 2004 AP 5 zu § 54 BMT-G II = NZA 2004, 1216; 21. 3. 1996 AP 8 zu § 626 BGB Krankheit = NZA 96, 871.

[56] BAG 22. 1. 1998 AP 38 zu § 626 BGB Ausschlussfrist = NZA 98, 708.

[57] BAG 25. 2. 1983 AP 14 zu § 626 BGB Ausschlussfrist; 26. 7. 2001 AP 13 zu § 628 BG = NZA 2002, 325; KR/*Fischermeier* § 626 BGB RN 328.

[58] BAG 17. 8. 1972, 10. 4. 1975 AP 4, 7 zu § 626 BGB Ausschlussfrist.

[59] BAG 12. 4. 1978 AP 13 zu § 626 BGB Ausschlussfrist.

[60] BAG 27. 1. 1972 AP 2 zu § 626 BGB Ausschlussfrist.

[61] BAG 5. 6. 2008 NZA-RR 2008, 630.

[62] KR/*Fischermeier* § 626 BGB RN 320.

[63] BAG 5. 6. 2008 NZA-RR 2008, 630.

[64] BAG 5. 6. 2008 NZA-RR 2008, 630; 29. 7. 1993 AP 31 zu § 626 BGB Ausschlussfrist; 12. 12. 1984 AP 19 zu § 626 BGB Ausschlussfrist = NZA 85, 623; 11. 3. 1976 AP 9 zu § 626 BGB Ausschlussfrist.

[65] BAG 5. 6. 2008 NZA-RR 2009, 69; 18. 11. 1999 AP 160 zu § 626 BGB = NZA 2000, 381.

Sachstand anstellen.[66] Entschließt sich der Arbeitgeber dazu, den Ausgang des Strafverfahrens abzuwarten, kann er nicht zu einem beliebigen, willkürlich gewählten früheren Zeitpunkt außerordentlich kündigen. Will er **vor Abschluss des Strafverfahrens kündigen,** muss ein sachlicher Grund – bspw. Kenntnis von neuen Tatsachen oder Beweismitteln – vorliegen.[67] Das kann angenommen werden, wenn der Kündigungsberechtigte neue Tatsachen erfahren oder neue Beweismittel erlangt hat und nunmehr einen – neuen – ausreichenden Erkenntnisstand für eine Kündigung zu haben glaubt.[68] Insbesondere in Fällen der Verdachtskündigung kann sich der Arbeitgeber am Fortgang des strafrechtlichen Ermittlungsverfahrens orientieren und den Kündigungsentschluss nicht allein von einer Verurteilung im Strafverfahren abhängig machen. Denkbar ist vielmehr auch, dass er den Abschluss des staatsanwaltlichen Ermittlungsverfahrens abwartet und zum Zeitpunkt der Anklageerhebung kündigt. Damit ist die anderweitig schon begründete Überzeugung des Arbeitgebers deutlich verstärkt. Während die Einleitung des Ermittlungsverfahrens lediglich einen Anfangsverdacht erfordert, ist die Erhebung der öffentlichen Klage an das Bestehen eines „hinreichenden" Verdachts gebunden. Der Verdacht erhält also eine entscheidend andere Qualität, weshalb es gerechtfertigt ist, die Erhebung der öffentlichen Klage als einen Umstand anzusehen, bei dessen Eintritt der Arbeitgeber einen sachlichen Grund hat, nunmehr das Kündigungsverfahren einzuleiten.[69] Ist rechtskräftig festgestellt, dass eine Verdachtskündigung wegen Versäumung der Ausschlussfrist unwirksam ist, hindert die Rechtskraft dieses Urteils den Arbeitgeber nicht, nach Abschluss des Strafverfahrens eine erneute, auf die Straftat gestützte Kündigung zu erklären.[70]

6. Betriebsbedingte Gründe. Soll wegen **Betriebseinschränkung** eine außerordentliche (Änderungs-)Kündigung ausgesprochen werden, beginnt die Frist, sobald feststeht, welcher Arbeitnehmer nicht mehr auf seinem bisherigen Arbeitsplatz oder nicht mehr zu den bisherigen Arbeitsbedingungen weiterbeschäftigt werden kann.[71] Soll ein tariflich unkündbarer Arbeitnehmer außerordentlich gekündigt werden, stellt die fehlende Möglichkeit, den Arbeitnehmer zu beschäftigen, nach der Rechtsprechung des BAG einen Dauertatbestand dar. Je länger der Arbeitnehmer beschäftigt wird, umso weniger zumutbar wird die weitere Beschäftigung, so dass die Frist ständig neu beginnt.[72] **29**

7. Kündigungsberechtigung. a) Zur Kündigung berechtigt ist derjenige, der zur Kündigung dieses konkreten Arbeitnehmers befugt ist (dazu § 123 RN 13ff.).[73] Ist der Arbeitgeber noch minderjährig, kommt es auf die Kenntnis des gesetzlichen Vertreters an. **30**

b) Bei **Gesamtvertretung** reicht für den Lauf der Frist schon die Kenntnis eines Gesamtvertreters aus (§ 28 II BGB analog).[74] Ist Arbeitgeber eine Gesellschaft bürgerlichen Rechts, beginnt die Frist des § 626 II BGB, wenn auch nur einer der Gesellschafter den Kündigungsgrund kennt.[75] Bei einer eingetragenen Genossenschaft steht das Recht zur außerordentlichen Kündigung eines Vorstandsmitglieds der Generalversammlung zu. Die Generalversammlung ist der Kündigungsberechtigte i. S. d. § 626 II BGB. Die Kenntnis eines einzelnen Aufsichtsratsmitglieds von den für die Kündigung maßgebenden Tatsachen kann der Generalversammlung und damit der Genossenschaft grundsätzlich nicht zugerechnet werden.[76] **31**

c) Ist über eine Kündigung nach dem Gesellschaftsvertrag einer GmbH von der **Gesellschafterversammlung** ein Beschluss zu fassen, kommt es für den Beginn der Ausschlussfrist grundsätzlich auf den Zeitpunkt an, in dem die ordnungsgemäß einberufene und zusammengetretene Gesellschafterversammlung über die Kündigungsgründe in Kenntnis gesetzt wird.[77] Die Frist wird nicht schon außerhalb der Gesellschafterversammlung ausgelöst, sondern erst mit dem Zusammentritt der Gesellschafterversammlung. Die Gesellschafterversammlung muss aber alsbald zusammengerufen werden; wird die Zusammenkunft durch die zuständigen Gesellschafter unangemessen verzögert, muss sie sich so behandeln lassen, als ob sie rechtzeitig zusammengerufen **32**

---

[66] BAG 5. 6. 2008 NZA-RR 2009, 69.
[67] BAG 17. 3. 2005 AP 46 zu § 626 BGB Ausschlussfrist = NZA 2006, 101.
[68] BAG 5. 6. 2008 NZA-RR 2008, 630.
[69] BAG 5. 6. 2008 NZA-RR 2008, 630.
[70] BAG 12. 12. 1984 AP 19 zu § 626 BGB Ausschlussfrist = NZA 85, 623.
[71] BAG 25. 3. 1976 AP 10 zu § 626 BGB Ausschlussfrist.
[72] BAG 5. 2. 1998 AP 143 zu § 626 BGB = NZA 98, 771.
[73] BAG 28. 10. 1971, 6. 7. 1972 AP 1, 3 zu § 626 BGB Ausschlussfrist.
[74] BAG 6. 7. 1972 AP 3 zu § 626 BGB Ausschlussfrist; 20. 9. 1984 AP 1 zu § 28 BGB = NZA 85, 250.
[75] BAG 28. 11. 2007 AP 36 zu § 620 BGB Aufhebungsvertrag = NZA 2008, 348.
[76] BAG 5. 5. 1977 AP 11 zu § 626 BGB Ausschlussfrist.
[77] BAG 11. 3. 1998 AP 144 zu § 626 BGB = NZA 98, 997.

worden wäre.[78] Entsprechendes gilt bei einer mitbestimmten GmbH. Die Kenntnis des Aufsichtsratsvorsitzenden ist aus Rechtsgründen unerheblich. Für die Kenntnis i. S. v. § 626 II BGB kommt es allein auf den Wissensstand des zur Entscheidung über die fristlose Kündigung befugten und bereiten Gremiums an.[79] Gegenüber Arbeitnehmern von Gemeinden ist das nach der Gemeindeordnung in Verbindung mit der Hauptsatzung zuständige Organ kündigungsberechtigt, so dass es auf dessen Kenntnis ankommt.[80]

33 **d)** Umstr. ist, inwieweit sich der Arbeitgeber die **Kenntnis dritter Personen** zurechnen lassen muss. Allein die Tatsache, dass ein nicht kündigungsberechtigter Arbeitnehmer eine gewisse arbeitgeberähnliche Funktion im Betrieb hat, führt noch nicht dazu, dass dem Arbeitgeber dessen Kenntnis im Rahmen des § 626 II BGB nach Treu und Glauben zugerechnet wird. Die Kenntnis eines Dritten muss sich der Kündigungsberechtigte nur dann zurechnen lassen, wenn dessen Stellung im Betrieb nach den Umständen erwarten lässt, er werde den Kündigungssachverhalt so aufklären können, dass nach entsprechender Unterrichtung der Kündigungsberechtigte ohne Weiteres seine Entscheidung treffen kann. Hinzu kommen muss, dass die verspätet erlangte Kenntnis des Kündigungsberechtigten darauf beruht, dass die Organisation des Betriebs zu einer Verzögerung des Fristbeginns führt, obwohl eine andere Organisation sachgemäß und zumutbar wäre. Beide Voraussetzungen, selbstständige Stellung des Dritten im Betrieb und Verzögerung der Kenntniserlangung des Kündigungsberechtigten durch eine schuldhaft fehlerhafte Organisation des Betriebs müssen also kumulativ vorliegen.[81] Hat der Werkschutz eines Großunternehmens von dem Kündigungsvorfall Kenntnis und führt er Vorermittlungen durch, läuft die Frist des § 626 II BGB erst, wenn er den kündigungsberechtigten Personalverantwortlichen hiervon unterrichtet.[82]

34 **8. Fristberechnung. a)** Für die Fristberechnung gelten die **§§ 186 ff. BGB.** Der Tag der sicheren Kenntniserlangung wird nicht mitgerechnet (§ 187 I BGB).[83] Die Frist endet mit dem Ablauf desjenigen Tages der zweiten Woche, welcher durch seine Benennung dem Tag entspricht, in den die Kenntniserlangung fällt, es sei denn, dass dies ein Sonnabend, Sonntag oder ein staatlich anerkannter Feiertag ist. In diesem Fall endet sie mit dem Ablauf des nächsten Werktags (§ 193 BGB).

35 **b)** Innerhalb der Ausschlussfrist ist die nach § 102 BetrVG, § 79 III BPersVG erforderliche **Anhörung des Betriebs- bzw. Personalrats** durchzuführen. Diese haben drei Tage Zeit zur Äußerung. Die Frist des § 626 II BGB wird nicht um die Äußerungsfrist verlängert.[84]

36 **c)** Dem Fristablauf kann nur ausnahmsweise mit der **Einrede der Arglist** begegnet werden.[85] Diese kann begründet sein, wenn der Arbeitnehmer zunächst über die einverständliche Beendigung des Arbeitsverhältnisses verhandelt hat und nach deren Fehlschlagen unverzüglich gekündigt wird. Versäumt der Arbeitgeber die Zweiwochenfrist des § 626 II 1 BGB, gilt die außerordentliche Kündigung gleichwohl als wirksam (§ 13 I 2, § 7 KSchG), wenn der Arbeitnehmer die von ihm einzuhaltende Klagefrist nach §§ 4, 13 KSchG verstreichen lässt.[86]

37 **9. Fristberechnung bei Sonderkündigungsschutz. a)** Die Ausschlussfrist findet auch Anwendung bei der Kündigung von **Betriebsratsmitgliedern und anderen nach § 15 KSchG** besonders geschützten Personen.[87] Der Arbeitgeber hat den Zustimmungsantrag beim Betriebsrat so rechtzeitig zu stellen, dass er bei ausdrücklicher oder wegen Fristablaufs zu unterstellender Verweigerung der Zustimmung noch vor Ablauf der Ausschlussfrist des § 626 II BGB das Ersetzungsverfahren (§ 103 II BetrVG) einleiten kann.[88] Stimmt der Betriebsrat der Kündigung zu, muss der Arbeitgeber innerhalb der Ausschlussfrist kündigen. Verweigert dagegen der Betriebsrat die Zustimmung oder gibt er innerhalb der Äußerungsfrist keine Stellungnahme ab,

---

[78] BGH 15. 6. 1998 AP 41 zu § 626 BGB Ausschlussfrist = NZA 98, 1005.

[79] BGH 10. 9. 2001 AP 15 zu § 35 GmbHG.

[80] BAG 18. 5. 1994 AP 33 zu § 626 BGB Ausschlussfrist = NZA 94, 1086; ausf. dazu KR/*Fischermeier* § 626 BGB RN 352.

[81] BAG 23. 10. 2008 – 2 AZR 388/07; 18. 5. 1994 AP 33 zu § 626 BGB Ausschlussfrist = NZA 94, 1086 sowie ähnlich bereits BAG 5. 5. 1977 AP 11 zu § 626 BGB Ausschlussfrist.

[82] LAG Köln 12. 3. 2002 NZA-RR 2002, 519.

[83] KR/*Fischermeier* § 626 BGB RN 356; ErfK/*Müller-Glöge* § 626 BGB RN 219.

[84] BAG 18. 8. 1977 AP 10 zu § 103 BetrVG 1972 = NJW 78, 661.

[85] Vgl. BAG 27. 2. 1987 AP 26 zu § 626 BGB Ausschlussfrist = NZA 88, 429; 25. 4. 1996 AP 35 zu § 4 KSchG 1969 = NZA 96, 1227.

[86] BAG 6. 7. 1972 AP 3 zu § 626 BGB Ausschlussfrist.

[87] BAG 18. 8. 1977 AP 10 zu § 103 BetrVG 1972.

[88] BAG 22. 1. 1987 AP 24 zu § 103 BetrVG 1972 = NZA 87, 563.

muss der Arbeitgeber innerhalb der Ausschlussfrist ein Zustimmungsersetzungsverfahren einleiten. Ist die Entscheidung über die Ersetzung rechtskräftig bzw. unanfechtbar, muss der Arbeitgeber unverzüglich die außerordentliche Kündigung aussprechen (dazu § 143). Hat der Arbeitgeber innerhalb der Frist des § 626 II BGB sowohl die erforderliche Zustimmung des Personalrats beantragt als auch bei verweigerter Zustimmung das weitere Mitbestimmungsverfahren eingeleitet, kann die Kündigung auch nach Ablauf der Frist des § 626 II BGB erfolgen, wenn sie unverzüglich nach Erteilung der Zustimmung erklärt wird. Es reicht allerdings nicht aus, dass der Arbeitgeber lediglich kurz vor Ablauf der Zwei-Wochen-Frist beim Personalrat die Zustimmung zur Kündigung beantragt und nach Ablauf der Frist bei verweigerter Zustimmung das weitere Mitbestimmungsverfahren einleitet.[89]

b) Die für die außerordentliche Kündigung **schwerbehinderter Menschen** nach § 91 SGB IX erforderliche Zustimmung des Integrationsamts muss innerhalb der Ausschlussfrist des § 626 II BGB beantragt werden.[90] Wird die Zustimmung zur außerordentlichen Kündigung eines schwerbehinderten Menschen erst vom Widerspruchsausschuss erteilt, muss die Kündigung unverzüglich erklärt werden, sobald der Arbeitgeber sichere Kenntnis davon hat, dass der Widerspruchsausschuss zustimmt. Ist die Frist des § 626 II BGB bereits abgelaufen, stellt § 91 V SGB IX sicher, dass der Arbeitgeber die Kündigung auch noch nach Ablauf der Frist des § 626 II BGB aussprechen kann. Der Arbeitgeber hat die außerordentliche Kündigung unverzüglich zu erklären, sobald die Entscheidung des Integrationsamts i. S. d. § 91 III SGB IX „getroffen" ist. Das ist bereits dann der Fall, wenn das Integrationsamt dem Arbeitgeber die Entscheidung mündlich oder fernmündlich bekannt gegeben hat. Dann hat der Arbeitgeber sichere Kenntnis davon, dass das Integrationsamt in seinem Sinne entschieden hat. Er braucht dann nicht mehr mit der Kündigung zu warten und darf es auch nicht, weil er ansonsten nicht unverzüglich kündigen würde.[91] Beschränkt sich das Integrationsamt darauf, gerade keine zustimmende Entscheidung i. S. v. § 91 III 1 SGB IX zu treffen, sondern den Fristablauf nach § 91 III 2 SGB IX abzuwarten, stellt dies nicht die nach § 91 SGB IX erforderliche Zustimmungsentscheidung dar. Das bloße Verstreichenlassen der Frist führt lediglich – allerdings erst nach Fristablauf – dazu, dass eine tatsächlich nicht getroffene Zustimmungsentscheidung fingiert wird.[92] Liegt die Zustimmung des Integrationsamts zu einer außerordentlichen Kündigung eines Schwerbehinderten vor Ablauf der Zweiwochenfrist des § 626 II BGB vor, kann der Arbeitgeber diese Kündigungserklärungsfrist voll ausschöpfen und muss nicht unverzüglich kündigen.[93] Die Zulässigkeitserklärung zu einer Kündigung nach **§ 9 III MuSchG bzw. § 18 I BEEG** muss innerhalb der Ausschlussfrist des § 626 II BGB beantragt werden. Wird die Kündigung nach Ablauf der Zweiwochenfrist für zulässig erklärt, hat der Arbeitgeber unverzüglich nach erhalt des Bescheids der zuständigen Behörde zu kündigen.[94] 38

10. Beweislast. Für die Tatsache der Einhaltung der Frist ist der Kündigende **darlegungs- und beweispflichtig.**[95] 39

VII. Wichtiger Grund

1. Begriff. a) Ein wichtiger Grund ist nach § 626 I BGB gegeben, wenn Tatsachen vorliegen, die unter Berücksichtigung aller Umstände und unter Abwägung der Interessen beider Vertragsteile dem Kündigenden die Fortsetzung des Vertragsverhältnisses unzumutbar machen. Der wichtige Grund ist ein **unbestimmter Rechtsbegriff.** Im Interesse der Rechtssicherheit wird vom BAG seit langem eine Systematisierung der Kündigungsgründe, eine Konkretisierung der Kündigungssachverhalte und die Entwicklung allgemeiner Richtlinien angestrebt. 40

b) Das BAG prüft die Wirksamkeit einer außerordentlichen Kündigung **zweistufig:**[96] Zunächst müssen Tatsachen vorliegen, die **an sich geeignet** sind, einen wichtigen Grund zu bilden. In einem zweiten Schritt ist festzustellen, ob unter Abwägung aller Umstände des Einzelfalls eine Weiterbeschäftigung bis zum Ablauf der Kündigungsfrist **zumutbar** ist. Regelmä- 41

[89] BAG 8. 6. 2000 AP 164 zu § 626 BGB = NZA 2000, 1282.
[90] BAG 3. 7. 1980 AP 2 zu § 18 SchwbG; 11. 9. 1979 AP 6 zu § 9 MuSchG 1968.
[91] BAG 19. 6. 2007 AP 8 zu § 91 SGB IX = NZA 2007, 1153; 21. 4. 2005 AP 4 zu § 91 SGB IX = NZA 2005, 991.
[92] BAG 19. 6. 2007 AP 8 zu § 91 SGB IX = NZA 2007, 1153.
[93] BAG 15. 11. 2001 AP 45 zu § 626 BGB Ausschlussfrist = NZA 2002, 970.
[94] KR/*Fischermeier* § 626 BGB RN 337.
[95] BAG 28. 4. 1994 AP 117 zu § 626 BGB = NZA 94, 934.
[96] BAG 27. 4. 2006 AP 203 zu § 626 BGB = NZA 2006, 1033.

ßig geeignet, einen wichtigen Grund zur Kündigung zu bilden, sind die Beispiele, die sich in den im Jahre 1969 aufgehobenen gesetzlichen Vorschriften zur außerordentlichen Kündigung (§§ 123, 124 GewO a. F., § 72 HGB a. F.) fanden.[97] Hierzu gehören z. B. der Einstellungsbetrug, dauernde oder anhaltende Arbeitsunfähigkeit, beharrliche Arbeitsverweigerung oder Arbeitsvertragsbruch, erhebliche Verletzungen der vertraglichen Nebenpflichten,[98] Verstöße gegen Wettbewerbsverbote usw. Andererseits gibt es auch eine Reihe von Sachverhalten, die regelmäßig als Kündigungsgründe ausscheiden. Hierzu gehören solche, die sich nicht zum Nachteil eines Arbeitnehmers auswirken dürfen, wie z. B. die in § 1 AGG genannten Gesichtspunkte. Dies gebietet eine gemeinschaftsrechtskonforme Auslegung des unbestimmten Rechtsbegriffs „wichtiger Grund" im Lichte der dem AGG zugrunde liegenden Richtlinien (dazu § 33 RN 2).

42 **2. An sich geeigneter Grund.** Für das Vorliegen des wichtigen Grundes ist entscheidend, ob **objektive Tatsachen** vorliegen, die das Arbeitsverhältnis mit dem Gewicht eines wichtigen Grundes belasten. Hieraus folgt, dass grundsätzlich unerheblich ist, ob der Kündigende die Kündigungstatsachen kannte; sie brauchen nicht Motiv der Kündigung zu sein.[99] Sie müssen allerdings im Zeitpunkt des Ausspruchs der Kündigung objektiv vorgelegen haben. Ihr Gewicht ändert sich nicht dadurch, dass der Kündigende entgegen § 626 II 3 BGB auf Verlangen die Kündigungsgründe nicht mitgeteilt hat. Ebenso wenig ist die vorherige Anhörung des Gekündigten Wirksamkeitsvoraussetzung,[100] es sei denn, es handelt sich um eine Verdachtskündigung (RN 139). Auch vor Beginn des Arbeitsverhältnisses liegende, dem Arbeitgeber bei der Einstellung nicht bekannte Umstände oder Ereignisse können das Vertrauen des Arbeitgebers in die Zuverlässigkeit und Redlichkeit des Arbeitnehmers zerstören und deshalb einen wichtigen Grund zur außerordentlichen Kündigung darstellen.[101]

43 **3. Zumutbarkeit.** Ist ein Sachverhalt an sich geeignet, einen wichtigen Grund zur Kündigung zu bilden, hat eine Interessenabwägung stattzufinden.[102] Auch hierfür haben sich in der Rspr. allgemeine Grundsätze herausgebildet. In die **Zumutbarkeitsprüfung** sind grundsätzlich alle tatsächlichen Umstände einzubeziehen. Hierzu gehört die Dauer der ordentlichen Kündigungsfrist.[103] Verfristete Kündigungsgründe können nur zur Unterstützung nicht verbrauchter Gründe herangezogen werden, und zwar insoweit, wie sie mit diesen in einem sachlichen Zusammenhang stehen. Die außerordentliche Kündigung ist **ultima ratio.** Sie ist daher nur zulässig, wenn alle anderen, nach den jeweiligen Umständen möglichen und angemessenen milderen Mittel erschöpft sind, das in der bisherigen Form nicht mehr haltbare Arbeitsverhältnis fortzusetzen. Als äußerstes Mittel kommt die außerordentliche Kündigung erst in Betracht, wenn keine Möglichkeit zu einer anderweitigen Beschäftigung, unter Umständen auch zu schlechteren Arbeitsbedingungen, besteht. Als mildere Mittel sind die ordentliche Kündigung, Änderungskündigung, Versetzung oder Abmahnung in Betracht zu ziehen.[104] Auch für eine verhaltensbedingte außerordentliche Kündigung gilt nach der Rechtsprechung des BAG das sog. **Prognoseprinzip.** Eine negative Prognose liegt danach vor, wenn aus der konkreten Vertragspflichtverletzung und der daraus resultierenden Vertragsstörung geschlossen werden kann, der Arbeitnehmer werde den Arbeitsvertrag auch nach einer Kündigungsandrohung erneut in gleicher oder ähnlicher Weise verletzen. Deshalb setzt eine Kündigung wegen einer Vertragspflichtverletzung regelmäßig eine Abmahnung voraus (näher dazu § 132 RN 19 ff.). Sie dient der Objektivierung der negativen Prognose. Eine vorherige Abmahnung ist entbehrlich, wenn eine Verhaltensänderung in Zukunft trotz Abmahnung nicht erwartet werden kann oder es sich um eine schwere Pflichtverletzung handelt, deren Rechtswidrigkeit dem Arbeitnehmer ohne Weiteres erkennbar ist und bei der die Hinnahme des Verhaltens durch den Arbeitgeber offensichtlich ausgeschlossen ist.[105] Eine erhebliche Pflichtverletzung oder der Verdacht einer schwerwiegenden strafbaren Handlung ist grundsätzlich auch dann geeignet, dem Arbeitgeber die Fortsetzung

[97] BAG 15. 11. 1984 AP 87 zu § 626 BGB = NZA 85, 661; 17. 3. 1988 AP 99 zu § 626 BGB = NZA 89, 261.
[98] BAG 17. 1. 2008 AP 62 zu § 15 KSchG 1969 = NZA 2008, 777.
[99] BAG 2. 6. 1960 AP 42 zu § 626 BGB; 30. 1. 1963 AP 50 zu § 626 BGB.
[100] BAG 18. 9. 1997 AP 138 zu § 626 BGB = NZA 98, 95.
[101] BAG 5. 4. 2001 AP 171 zu § 626 BGB = NZA 2001, 954.
[102] BAG 27. 4. 2006 AP 203 zu § 626 BGB = NZA 2006, 1033; 13. 12. 1984 AP 81 zu § 626 BGB = NZA 85, 288; 14. 11. 1984 AP 83 zu § 626 BGB = NZA 85, 426.
[103] BAG 2. 4. 1987 AP 96 zu § 626 BGB = NZA 87, 808.
[104] Vgl. BAG 26. 6. 2008 NZA 2008, 1415; 19. 4. 2007 AP 20 zu § 174 BGB = NZA-RR 2007, 571; 27. 9. 1984 AP 8 zu § 2 KSchG 1969 = NZA 85, 455; 30. 5. 1978 AP 70 zu § 626 BGB = NJW 79, 332.
[105] BAG 19. 4. 2007 AP 20 zu § 174 BGB = NZA-RR 2007, 571 m. w. N.

des Arbeitsverhältnisses für die Dauer einer längeren Frist unzumutbar zu machen, wenn der Arbeitnehmer bereits auf Grund eines Aufhebungsvertrags von der Arbeitspflicht **freigestellt** ist. Die unwiderrufliche Freistellung des Arbeitnehmers ist allerdings bei der Interessenabwägung zu berücksichtigen.[106]

Im Rahmen der erforderlichen **Interessenabwägung**[107] kommt der Dauer des Arbeitsverhältnisses und dessen beanstandungsfreiem Bestand besonderes Gewicht zu. Dies gilt auch bei Vermögensdelikten.[108] Weiterhin wirkt sich das Alter zugunsten des Arbeitnehmers aus.[109] Erheblich sind des Weiteren eine Wiederholungsgefahr, die Auswirkungen der Pflichtverletzungen,[110] das Verschulden,[111] eine ggf. bestehende besondere Verwerflichkeit der Tat[112] sowie das Bemühen des Arbeitnehmers, vor Ausspruch der Kündigung den Schaden wiedergutzumachen. Nach Auffassung des BAG sollen auch Unterhaltspflichten und der Familienstand – je nach Lage des Falles – Bedeutung gewinnen.[113] 44

4. Systematisierung nach den Auswirkungen der Kündigungstatsachen. Die Kündigungstatsachen können sich in verschiedenen Bereichen des Arbeitsverhältnisses auswirken. Insoweit kann **systematisiert werden nach Vertragsverletzungen** im **(1)** Leistungsbereich, hierzu gehören Verletzungen der Arbeits- und Vergütungspflicht, **(2)** betrieblichen Bereich, also z.B. Störung der Betriebsordnung oder des Betriebsablaufes, der betrieblichen Verbundenheit usw., **(3)** Vertrauensbereich durch Störung der gegenseitigen Achtung und der Rücksichtnahmepflichten, **(4)** Unternehmensbereich.[114] Stets ist der Grundsatz der Verhältnismäßigkeit ist zu beachten. 45

5. Systematisierung nach Art der Kündigungsgründe. Im Schrifttum wird verbreitet eine Systematisierung der Kündigungsgründe nach der Art der Kündigungstatsachen vorgenommen, also ob diese in der **Person oder** dem **Verhalten** des Gekündigten liegen oder auf betriebsbedingten Gründen beruhen.[115] 46

6. Darlegungs- und Beweislast. a) Der **Kündigende** ist für die Voraussetzungen des wichtigen Grundes darlegungs- und beweispflichtig.[116] Beruft sich der Arbeitnehmer bei Vertragsverletzungen auf Rechtfertigungsgründe, hat er diese substantiiert darzulegen.[117] Der Arbeitgeber hat dann zu beweisen, dass die Voraussetzungen der Rechtfertigung nicht vorliegen.[118] 47

b) Besteht der konkrete Verdacht einer strafbaren Handlung oder einer anderen schweren Verfehlung des Arbeitnehmers, kann der Arbeitgeber ausnahmsweise eine **heimliche Videoüberwachung** des Arbeitnehmers vornehmen, wenn weniger einschneidende Mittel zur Aufklärung des Verdachts ausgeschöpft sind, die verdeckte Video-Überwachung praktisch das einzig verbleibende Mittel darstellt und insgesamt nicht unverhältnismäßig erscheint. Die Videoaufzeichnung kann dann als Augenscheinsobjekt verwertet werden. Ist die Videoüberwachung entgegen § 87 I Nr. 6 BetrVG ohne vorherige Zustimmung des Betriebsrates durchgeführt worden, ergibt sich aus diesem Verstoß jedenfalls dann kein eigenständiges Beweisverwertungsverbot, wenn der Betriebsrat der Verwendung des Beweismittels und der darauf gestützten Kündigung zustimmt und die Beweisverwertung nach den allgemeinen Grundsätzen gerechtfertigt ist.[119] Beachtet der Arbeitgeber bei der Durchführung von **Taschenkontrollen** nicht das Mitbestimmungsrecht des Betriebsrats nach § 87 I Nr. 1 BetrVG, führt dies nicht dazu, dass der Arbeitgeber die unstreitige Tatsache eines im Besitz der Arbeitnehmerin während einer Personenkontrolle aufgefundenen Gegenstandes (hier: eines Lippenstiftes) in einem Kündigungsschutzprozess 48

---

[106] BAG 5. 4. 2001 AP 34 zu § 626 BGB Verdacht strafbarer Handlung = NZA 2001, 837.
[107] Näher dazu KR/*Fischermeier* § 626 BGB RN 236 ff.; ErfK/*Müller-Glöge* § 626 BGB RN 41 ff.
[108] BAG 27. 4. 2006 AP 203 zu § 626 BGB = NZA 2006, 1033 m. w. N.
[109] BAG 15. 11. 1995 AP 73 zu § 102 BetrVG 1972.
[110] BAG 10. 11. 2005 AP 196 zu § 626 BGB = NZA 2006, 491.
[111] BAG 21. 1. 1999 AP 151 zu § 626 BGB = NZA 99, 863; dazu *Büdenbender* SAE 2000, 89 ff.; *Kaiser* FS Otto S. 173 ff.
[112] BAG 27. 4. 2006 AP 203 zu § 626 BGB = NZA 2006, 1033.
[113] BAG 27. 4. 2006 AP 203 zu § 626 BGB = NZA 2006, 1033; 16. 12. 2004 AP 191 zu § 626 BGB = NZA-RR 2005, 615; mit Recht krit. hierzu APS/*Dörner* § 626 BGB RN 111 f. m. w. N.
[114] Zusammenfassend KR/*Fischermeier* § 626 BGB RN 166 ff.
[115] So APS/*Dörner* § 626 BGB RN 61 f.; KR/*Fischermeier* § 626 BGB RN 128 ff.; Stahlhacke/*Preis* RN 612.
[116] BAG 17. 8. 1972 AP 4 zu § 626 BGB Ausschlussfrist; 6. 8. 1987 AP 97 zu § 626 BGB = NJW 88, 438.
[117] BAG 6. 8. 1987 AP 97 zu § 626 BGB = NJW 88, 438; 26. 8. 1993 AP 112 zu § 626 BGB = NZA 94, 63; KR/*Fischermeier* § 626 BGB RN 382.
[118] BAG 26. 8. 1993 AP 112 zu § 626 BGB = NZA 94, 63.
[119] BAG 27. 3. 2003 AP 36 zu § 87 BetrVG 1972 Überwachung = NZA 2003, 1103.

nicht verwerten kann. Ein prozessuales Verwertungsverbot nur in Betracht kommen, wenn in verfassungsrechtlich geschützte Grundpositionen einer Prozesspartei eingegriffen wird.[120]

49 **7. Verzicht, Verzeihung.** Der Kündigende kann auf das Recht zur außerordentlichen Kündigung verzichten; Voraussetzung ist aber, dass ihm die **Gründe zur Kündigung bekannt** waren. Ein Verzicht ist regelmäßig anzunehmen, wenn er in Kenntnis des wichtigen Grundes ordentlich kündigt oder den Kündigungsgegner nur abmahnt. Schließlich kann er einen wichtigen Grund verzeihen. Verzeihung ist ein innerer Vorgang des Inhalts, die Vertragsverletzung nicht mehr als wichtigen Grund anzusehen.

VIII. Prozessuale Fragen

50 **1. Klage.** Arbeitnehmer, für die der Schutz des KSchG gilt, können die Unwirksamkeit einer außerordentlichen Kündigung nur geltend machen, wenn sie innerhalb der **dreiwöchigen Klagefrist** (§ 13 I 2, § 4 KSchG) Klage erheben (vgl. § 138). Dies gilt auch für die Rüge, die Ausschlussfrist des § 626 II BGB sei versäumt.[121] Arbeitnehmer, die durch das KSchG nicht geschützt sind, konnten nach h. M. auch noch nach Ablauf der Dreiwochenfrist eine auf § 256 ZPO gestützte Klage erheben.[122] Dieser Auffassung ist durch die zum 1. 1. 2004 in Kraft getretene Neufassung des § 13 I 2 und des § 4 S. 1 KSchG die Grundlage entzogen (§ 138 RN 6).[123] Das Rechtsschutzinteresse für die Kündigungsschutzklage ist wegen der Fiktionswirkung des § 7 KSchG stets gegeben.

51 Da **Organmitglieder** juristischer Personen nach § 14 I KSchG nicht dem Kündigungsschutzgesetz unterliegen, brauchen sie die Klagefrist des § 4 KSchG nicht einzuhalten.[124]

52 **2. Revisibilität.** Die Frage des wichtigen Grundes ist revisibel, soweit das LAG den Begriff des wichtigen Grundes verkannt hat, also einen Sachverhalt als geeignet oder nicht geeignet angesehen hat, einen wichtigen Grund zu bilden oder eine umfassende Würdigung der Individualverhältnisse unterlassen hat. Der Tatsacheninstanz steht bei der Bewertung der festgestellten Tatsachen ein **Beurteilungsspielraum** zu, der allein darauf überprüft werden kann, ob das angefochtene Urteil den Rechtsbegriff selbst verkannt hat, ob es bei der Unterordnung des Sachverhalts unter die Rechtsnorm Denkgesetze oder allgemeine Erfahrungssätze verletzt hat und ob es alle vernünftigerweise in Betracht kommenden Tatsachen, die für oder gegen die außerordentliche Kündigung sprechen, widerspruchsfrei beachtet hat.[125]

IX. Haftung bei Auflösungsverschulden

53 **1. Vertragswidriges Verhalten. a)** Nach § 628 II BGB ist der Kündigungsadressat zum Ersatz des durch die Aufhebung des Arbeitsverhältnisses entstehenden Schadens verpflichtet, wenn die Kündigung durch sein vertragswidriges Verhalten veranlasst worden ist. Für den Anspruch aus § 628 II BGB kommt es **nicht auf die Form der Beendigung des Arbeitsverhältnisses,** sondern auf den Anlass dazu an.[126] § 628 II BGB ist auch dann anwendbar, wenn das Arbeitsverhältnis auf andere Weise als durch fristlose Kündigung beendet worden ist, sofern der andere Vertragsteil durch vertragswidriges schuldhaftes Verhalten Anlass für die Beendigung gegeben hat. Dabei muss das Auflösungsverschulden den Merkmalen des wichtigen Grundes i. S. von § 626 I BGB entsprechen.[127] Dem Anspruch aus § 628 II BGB steht deshalb nicht entgegen, wenn der Arbeitnehmer keine fristlose, sondern eine außerordentliche Kündigung mit Auslauffrist ausgesprochen hat.[128] Der Entschädigungsanspruch nach § 628 II BGB setzt neben der Anwendbarkeit des KSchG weiter voraus, dass der Arbeitgeber im Zeitpunkt der Arbeitnehmerkündigung das Arbeitsverhältnis nicht selbst hätte kündigen können, weil ein Kündigungsgrund i. S. v. § 1 II KSchG nicht bestand. Hätte eine solche Kündigungsmöglichkeit bestanden, würde dem Arbeit-

---

[120] BAG 13. 12. 2007 AP 210 zu § 626 BGB = NZA 2008, 1008.
[121] BAG 8. 6. 1972 AP 1 zu § 13 KSchG 1969.
[122] BAG 17. 8. 1972 AP 65 zu § 626 BGB; KR/*Friedrich* § 13 KSchG RN 32 f. m. w. N.; kritisch hierzu *v. Hoyningen-Huene/Linck,* 13. Aufl., § 13 RN 29 m. w. N. zur Gegenauffassung.
[123] So nunmehr auch BAG 28. 6. 2007 AP 61 zu § 4 KSchG 1969 = NZA 2007, 972.
[124] BAG 5. 8. 1965 AP 2 zu § 21 KSchG.
[125] St. Rspr. vgl. BAG 12. 8. 1999 AP 28 zu § 626 BGB Verdacht strafbarer Handlung m. w. N.
[126] BAG 22. 6. 1989 AP 11 zu § 628 BGB = NZA 90, 106.
[127] BAG 25. 5. 1962, 10. 5. 1971, 15. 6. 1972 AP 1, 6, 7 zu § 628 BGB; 11. 2. 1981 AP 8 zu § 4 KSchG 1969; 20. 11. 1996 AP 12 zu § 611 BGB Berufssport = NZA 97, 647; 26. 7. 2001 AP 13 zu § 628 BGB = NZA 2002, 325.
[128] BAG 8. 8. 2002 AP 14 zu § 628 BGB = NZA 2002, 1323.

nehmer kein über den Verdienstausfall für die Dauer der Kündigungsfrist hinaus auszugleichender Schaden entstehen. Dies gilt auch für sie nach § 15 KSchG besonders geschützten Personen. Hätte der Arbeitgeber ein **Betriebsratsmitglied** gem. § 15 IV KSchG wegen Stilllegung des Betriebs zum Zeitpunkt der Betriebsstilllegung kündigen können, steht dem Betriebsratsmitglied nach § 628 II BGB kein Schadensersatzanspruch zu, wenn es wegen vertragswidrigen Verhaltens seinerseits zu diesem Termin eine Eigenkündigung ausgesprochen hat.[129] Nach Eröffnung eines **Insolvenzverfahrens** ist zu beachten, dass hierdurch der Bestandsschutz der Arbeitnehmer nicht entfällt. § 113 InsO stellt keinen selbstständigen Kündigungsgrund im Insolvenzverfahren dar (§ 93 RN 48).[130] Dem Arbeitnehmer steht kein Anspruch nach § 628 II BGB zu, wenn er vom Insolvenzverwalter nach Eröffnung des Insolvenzverfahrens ordentlich gekündigt wird. Bereits aus § 113 InsO ergibt sich, dass die Insolvenzeröffnung als solche keinen wichtigen Grund i. S. d. § 626 I BGB darstellt.[131] Ein Schadensersatzanspruch kann sich in diesem Fall nur aus § 113 Satz 3 InsO ergeben.

b) Da der Schadenersatzanspruch nach § 628 II BGB voraussetzt, dass eine wirksame außer- **54** ordentliche Kündigung wegen vertragswidrigen Verhaltens der anderen Vertragspartei ausgesprochen wurde oder hätte ausgesprochen werden können, muss die **Zwei-Wochen-Frist des § 626 II 1 BGB** eingehalten werden. Dies gilt auch für die außerordentliche Kündigung durch den Arbeitnehmer[132] und wenn das Arbeitsverhältnis anders als durch eine außerordentliche Kündigung beendet wird.[133] Bei Abschluss eines Aufhebungsvertrags aus Anlass eines wichtigen Grundes oder einer ordentlichen Kündigung muss sich der Anspruchsberechtigte den Schadensersatzanspruch vorbehalten.[134]

2. Verhältnis zu den allgemeinen Bestimmungen. § 628 II BGB ist für materielle Scha- **55** densersatzansprüche wegen Auflösungsverschuldens infolge einer nicht ordnungsgemäßen Beendigung des Arbeitsverhältnisses eine Spezialregelung, die anderen Anspruchsgrundlagen aus Vertrag oder unerlaubter Handlung vorgeht.[135] § 628 II BGB **verdrängt** damit in seinem Anwendungsbereich Ansprüche aus § 280 I BGB. Wurde im Rahmen der gerichtlichen Auflösung des Arbeitsverhältnisses eine Abfindung nach §§ 9, 10 KSchG zuerkannt, kann der durch die Beendigung des Arbeitsverhältnisses eingetretene Verlust einer Anwartschaft auf betriebliche Altersversorgung daneben nicht als Schadensersatz nach § 628 II BGB oder unter dem Gesichtspunkt einer positiven Vertragsverletzung (§ 280 I BGB) verlangt werden.[136] Der Anspruch aus § 628 II BGB ist **vertraglich abdingbar,** soweit nicht zwingende arbeitsrechtliche Vorschriften umgangen werden. Die einseitige Abbedingung des Schadensersatzanspruchs zulasten des Arbeitnehmers in einem Formulararbeitsvertrag ist unangemessen i. S. v. § 307 I BGB, weil sie gegen das Leitbild des § 628 II BGB verstößt.[137]

3. Ersatzfähiger Schaden. Der Umfang des Schadensersatzanspruchs richtet sich nach **56** §§ 249, 252 BGB.[138] Der Anspruchsberechtigte ist so zu stellen, wie er bei Fortbestand des Arbeitsverhältnisses stehen würde.[139]

a) Kündigt der Arbeitnehmer wegen schuldhafter Vertragsverletzung des Arbeitgebers au- **57** ßerordentlich, besteht der Schaden im entgangenen Arbeitsverdienst einschließlich etwaiger Sonderzuwendungen usw. Der Ermittlung des entschädigungspflichtigen Verdienstausfallschadens können sowohl die entgangenen Brutto- als auch die entgangenen Nettobezüge des Geschädigten zugrunde gelegt werden.[140] Der Schadensersatzanspruch ist grundsätzlich auf den dem kündigenden Arbeitnehmer bis zum Ablauf der Kündigungsfrist einer fiktiven ordentlichen Kündigung entstehenden Vergütungsausfall beschränkt. Hinzu kommen kann allerdings eine den Verlust des Bestandsschutzes ausgleichende angemessene Entschädigung entsprechend §§ 9, 10

[129] BAG 21. 5. 2008 AP 22 zu § 628 BGB.
[130] BAG 26. 7. 2007 AP 19 zu § 628 BGB = NZA 2007, 1419.
[131] BAG 25. 4. 2007 AP 23 zu § 113 InsO.
[132] BAG 26. 7. 2007 AP 19 zu § 628 BGB = NZA 2007, 1419.
[133] BAG 22. 6. 1989 AP 11 zu § 628 BGB = NZA 90, 106.
[134] BAG 10. 5. 1971 AP 6 zu § 628 BGB = NJW 71, 2092; 24. 10. 1974 AP 2 zu § 276 BGB Vertragsverletzung; 11. 2. 1981 AP 8 zu § 4 KSchG 1969.
[135] BAG 22. 4. 2004 AP 18 zu § 628 BGB.
[136] Vgl. BAG 12. 6. 2003 BB 2003, 2747.
[137] ErfK/*Müller-Glöge* § 628 BGB RN 46.
[138] ErfK/*Müller-Glöge* § 628 BGB RN 22.
[139] BAG 27. 7. 2001 AP 13 zu § 628 BGB = NZA 2002, 325.
[140] Näher dazu BGH 15. 11. 1994 AP 35 zu § 249 BGB; zum Aufwendungsersatz vgl. BAG 11. 8. 1987 AP 1 zu § 16 BBiG = NZA 88, 93.

KSchG. Dieser Anspruch tritt kumulativ zu dem Anspruch auf Ersatz des Vergütungsausfalls hinzu, wenn der Auflösungsantrag des Arbeitnehmers bei unberechtigter fristloser Kündigung des Arbeitgebers zum Kündigungstermin einer (umgedeuteten) ordentlichen Kündigung hätte gestellt werden können.[141]

58 b) **Kündigt der Arbeitgeber** außerordentlich, kann der Schaden im entgangenen Gewinn[142] oder in Aufwendungen für höheren Lohn[143] bestehen. Ersatz von Inseratskosten kann der Arbeitgeber nur dann verlangen, wenn diese Kosten bei ordnungsmäßiger Einhaltung der arbeitsvertraglichen Kündigungsfrist vermeidbar gewesen wären (ausf. § 51 RN 15 ff.).[144] Der Schadensersatzanspruch des Arbeitgebers ist ebenso wie der des Arbeitnehmers auf die Dauer der ordentlichen Kündigungsfrist begrenzt.[145] Der Anspruch aus § 628 II BGB besteht nicht, wenn beide Vertragsteile ein Recht zur außerordentlichen Kündigung haben.[146]

59 **4. Verjährung, Pfändung, Insolvenz.** Der Schadensersatzanspruch aus § 628 II BGB unterliegt der dreijährigen **Verjährungsfrist** nach § 195 BGB[147] sowie ähnlich einer Abfindung dem gleichen **Pfändungsschutz** wie Arbeitseinkommen (§ 850 i ZPO).[148] In der **Insolvenz** ist der Anspruch aus § 628 II BGB Masseverbindlichkeit nach § 55 I InsO, wenn er durch den Insolvenzverwalter begründet worden ist, ansonsten genießt der Anspruch kein Vorrecht.[149] Der Schadensersatzanspruch ist Einkommen im **einkommensteuerrechtlichen** Sinne, soweit er Lohnersatzfunktion hat.[150] Dagegen unterliegt er nicht der Beitragspflicht zur **Sozialversicherung,** weil er keine Einnahme aus einer Beschäftigung i. S. v. § 14 SGB IV ist.[151] Ein Schadensersatzanspruch nach § 628 II BGB ist eine der Abfindung „ähnliche Leistung" i. S. v. § 143 a I SGB III.[152]

X. Beispiele der außerordentlichen Kündigung durch den Arbeitgeber

60 Im Folgenden sind die wichtigsten in der Rechtsprechung behandelten Fälle der außerordentlichen Kündigung **alphabetisch** zusammengestellt. Es muss davor gewarnt werden, die aufgezeigte Rechtsprechung schematisch zu übertragen. Im Rahmen der Interessenabwägung kann sich im Einzelfall eine abweichende Beurteilung rechtfertigen. Insbesondere kann auch bei Häufung vieler einzelner, auch geringfügiger Verfehlungen eine außerordentliche Kündigung gerechtfertigt sein. Weitere Beispielsfälle sind im Zusammenhang mit der ordentlichen verhaltensbedingten Kündigung dargestellt (§ 133 RN 11 ff.).

Übersicht

	RN		RN
Abtretung	61	Arbeitsverweigerung	76–78
Abkehrwille	62	Arbeitszeitbetrug	79
Abwerbung	63	Ausländerfeindliche Äußerungen	80
Alkoholverbot	64, 65	Außerdienstliches Verhalten	81, 82
Anzeigen	66, 67	Beleidigung	83–86
Arbeitskampf	68, 69	Betriebsveräußerung	87
Arbeitspapiere	70	Doping	88
Arbeitsschutzbestimmungen	71	Druckkündigung	89, 90
Arbeitsunfähigkeit	72–74	Ehrenämter	91
Arbeitsverhinderung	75	Eidesstattliche Versicherung	92

[141] BAG 26. 7. 2007 AP 19 zu § 628 BGB = NZA 2007, 1419; 22. 4. 2004 AP 18 zu § 628 BGB; 20. 11. 2003 EzA 3 zu § 628 BGB 2002; 26. 7. 2001 AP 13 zu § 628 BGB = NZA 2002, 325; ebenso 17. 1. 2002 EzA 20 zu § 628 BGB = NZA 2003, 816.

[142] BAG 27. 1. 1972 AP 2 zu § 252 BGB.

[143] BAG 24. 4. 1970 AP 5 zu § 60 HGB; LAG Berlin 27. 9. 1973 DB 74, 638; LAG Schleswig-Holstein 13. 4. 1972 BB 72, 1229.

[144] ErfK/*Müller-Glöge* § 628 BGB RN 36.

[145] Vgl. BGH 3. 3. 1993 NJW 93, 1386 zu dem inhaltsgleichen § 89 b II HGB.

[146] BGH 29. 11. 1965 AP 3 zu § 628 BGB; BAG 12. 5. 1966 AP 9 zu § 70 HGB; siehe dazu auch BGH 11. 2. 1981 NJW 81, 1264.

[147] ErfK/*Müller-Glöge* § 628 BGB RN 44.

[148] Vgl. BAG 12. 9. 1979 AP 10 zu § 850 ZPO.

[149] Vgl. BAG 22. 10. 1998 – 8 AZR 73/98 n. v.

[150] BFH 28. 2. 1975 BStBl. II 1975, 520.

[151] BSG 21. 2. 1990 NZA 90, 751.

[152] Vgl. BSG 13. 3. 1990 NZA 90, 829 zu § 117 AFG.

	RN		RN
Eignung	93	Sekte	118
Frisur	94	Sexuelle Belästigung	119
Insolvenz	95	Spesenbetrug	120
Internetnutzung	96–99	Stilllegung eines Betriebs	121
Kirche	100, 101	Strafhaft	122
Kraftfahrer	102	Straftaten	123, 124
Krankheit	103, 104	Tätlichkeiten	125–127
Lohnpfändung und Schulden	105	Telefongespräche	128
Mankobeträge	106, 107	Überstundenverweigerung	129
Ministerium für Staatssicherheit	108–110	Unentschuldigtes Fehlen	130, 131
Nebentätigkeit	111	Unpünktlichkeit	132
Offenbarungspflicht	112	Urlaub	133–135
Politische Meinungsäußerung	113	Verdachtskündigung	136–144
Rauchverbot	114	Verschwiegenheitspflicht	145
Rücksprache	115	Vollmachtsmissbrauch	146
Schmiergelder	116	Vorstrafe	147
Schwangerschaftsabbruch	117	Wettbewerb	148

– **Abtretung.** Hat der Arbeitnehmer infolge **Überschuldung** seine Vergütungsansprüche an seine Gläubiger abgetreten, so gelten für die Kündigung dieselben Grundsätze wie bei der **Lohnpfändung** (RN 105). **61**

– **Abkehrwille.**[153] Der Abkehrwille eines Arbeitnehmers bildet grundsätzlich keinen wichtigen Grund zur außerordentlichen Kündigung.[154] Dem Arbeitnehmer kann nicht vorgeworfen werden, dass er von seinem **Recht der freien Arbeitsplatzwahl** Gebrauch gemacht hat (vgl. Art. 12 GG). Unzulässig sind jedoch Vorbereitungshandlungen, die schon als Teil der **werbenden** Tätigkeit aufzufassen sind, weil sie unmittelbar in die Interessen des Arbeitgebers eingreifen.[155] Der Arbeitnehmer braucht seinen Abkehrwillen nicht vor der Kündigung mitzuteilen. Die Absicht, sich zu verändern, kann ausnahmsweise allenfalls eine ordentliche betriebsbedingte Kündigung rechtfertigen, wenn es sich bei der besetzten Stelle um einen Arbeitsplatz handelt, für den erfahrungsgemäß nur schwer eine gute Ersatzkraft zu finden ist, der Arbeitgeber aber gerade zurzeit die Gelegenheit hat, eine solche Ersatzkraft einzustellen.[156] Lediglich bei einem leitenden Angestellten soll eine außerordentliche Kündigung gerechtfertigt sein, wenn er sich bei einem Konkurrenzunternehmen bewirbt, aber die Bewerbung abstreitet.[157] **62**

– **Abwerbung** (§ 51 RN 23). Der Arbeitnehmer darf bereits während des Arbeitsverhältnisses **Vorbereitungen für den künftigen eigenen Geschäftsbetrieb** treffen.[158] Er kann dies auch im Betrieb erzählen. Er darf jedoch nicht auf seine Kollegen nachhaltig einwirken, mit ihm Arbeitsverhältnisse zu begründen.[159] Die gelegentliche Anfrage eines leitenden Angestellten an einen Arbeiter, ob er mit ihm gehe, wenn er sich selbstständig mache, rechtfertigt eine außerordentliche Kündigung noch nicht.[160] Eine außerordentliche Kündigung kommt in Betracht, wenn die Abwerbung im entgeltlichen Auftrag eines Konkurrenten erfolgt oder zum Vertragsbruch verleiten soll. **63**

– **Alkoholverbot.** Der Verstoß gegen allgemeine **betriebliche oder einzelvertragliche Alkoholverbote** ist grundsätzlich geeignet, eine ordentliche Kündigung sozial zu rechtfertigen.[161] Unerheblich ist, ob der Arbeitnehmer alkoholisiert zur Arbeit erscheint oder erst im **64**

---

[153] Näher hierzu *Opolony* AR-Blattei SD 1020.7 (2002).
[154] LAG Stuttgart 31. 5. 1961 DB 61, 95
[155] LAG Köln 25. 2. 2004 – 4 Sa 1311/03 n. v.
[156] BAG 22. 10. 1964 AP 16 zu § 1 KSchG Betriebsbedingte Kündigung.
[157] LAG Hamm 14. 2. 1968 BB 69, 797.
[158] BAG 30. 1. 1963 AP 3 zu § 60 HGB.
[159] Vgl. BAG 26. 6. 2008 DB 2008, 2544; LAG Saarbrücken 20. 1. 1965 BB 65, 957; LAG Berlin DB 63, 871; LAG Schleswig-Holstein 6. 7. 1989 DB 89, 1880; LAG Rheinland-Pfalz 7. 2. 1992 LAGE § 626 BGB Nr. 64; LAG Baden-Württemberg 21. 2. 2002 LAGE § 60 HGB Nr. 8.
[160] LAG Stuttgart 30. 9. 1970 BB 70, 1538.
[161] BAG 22. 7. 1982 AP 5 zu § 1 KSchG 1969 Verhaltensbedingte Kündigung mit Anm. *Otto* = AR-Blattei Kündigungsschutz Entsch. 227 mit Anm. *Herschel* = SAE 83, 313 mit Anm. *Ottow* = EzA 10 zu § 1 KSchG Verhaltensbedingte Kündigung mit Anm. *Weiss;* BAG 26. 1. 1995 AP 34 zu § 1 KSchG 1969 Verhaltensbedingte Kündigung; LAG Berlin 1. 6. 1985, LAG Köln 11. 9. 1987, LAG Hamm 15. 12. 1989, 11. 11. 1996 LAGE § 1 KSchG Verhaltensbedingte Kündigung Nr. 4, 14, 26 und 56; *Bengelsdorf* NZA 2001, 993; MünchArbR/*Berkowsky* § 137 RN 143 ff.; HK-KSchG/*Dorndorf* § 1 RN 778 ff.; KR/*Etzel* § 1 KSchG RN 424; *v. Hoyningen-Huene* DB 95, 142 ff.; *Künzl* AuR 95, 206; Stahlhacke/*Preis* RN 682.

Betrieb alkoholische Getränke zu sich nimmt.[162] Betriebliche Alkoholverbote bedürfen in Betrieben mit Betriebsrat grundsätzlich der Zustimmung des Betriebsrats nach § 87 I Nr. 1 BetrVG.[163] In der Regel ist vor Ausspruch der Kündigung wegen eines Verstoßes gegen ein Alkoholverbot eine Abmahnung erforderlich.[164] Eine außerordentliche Kündigung kommt nur ausnahmsweise in Betracht, etwa bei einem Busfahrer, der mit 0,46 Promille Personen im öffentlichen Nahverkehr transportiert.[165]

65 Auch wenn kein betriebliches oder einzelvertragliches Alkoholverbot vereinbart ist, besteht die **vertragliche Nebenpflicht** des Arbeitnehmers, seine Arbeitsfähigkeit nicht durch Alkoholgenuss zu beeinträchtigen. Es ist dann zwar erlaubt, in den Pausenzeiten alkoholische Getränke zu sich zu nehmen. Der Alkoholgenuss darf allerdings nicht dazu führen, dass der Arbeitnehmer sich in einem Zustand befindet, in dem er seine Arbeitspflichten nicht mehr vertragsgemäß erfüllen kann oder sich und andere gefährdet.[166] Der Genuss von **Haschisch** soll eine außerordentliche Kündigung nicht rechtfertigen, auch wenn es dem Konsumenten nur um die Herbeiführung des Rauschzustands gehe.[167]

66 – **Anzeigen.** Erstattet der Arbeitnehmer **Strafanzeige gegen seinen Arbeitgeber,** ohne zuvor eine innerbetriebliche Klärung zu versuchen, kann darin eine kündigungsrelevante Verletzung arbeitsvertraglicher Nebenpflichten (§ 241 II BGB) liegen.[168] Zu einer innerbetrieblichen Klärung ist der Arbeitnehmer allerdings nicht gehalten, wenn sie ihm nicht zugemutet werden kann. Dies ist anzunehmen, wenn er Kenntnis von Straftaten erhält, durch deren Nichtanzeige er sich selbst einer Strafverfolgung aussetzen würde. Gleiches gilt, wenn es sich bei den dem Arbeitgeber zur Last gelegten Vorfällen um schwerwiegende Vorwürfe handelt und die betreffenden Straftaten vom Arbeitgeber selbst begangen worden sind.[169] Unerheblich ist die Stellung des Arbeitnehmers im Unternehmen. Das staatsbürgerliche Recht zur Erstattung von Strafanzeigen besteht unabhängig von der beruflichen oder sonstigen Stellung und ihrer sozialen Bewertung durch den Arbeitgeber oder Dritte. Erfüllt der Arbeitnehmer gegenüber der Staatsanwaltschaft seine staatsbürgerlichen Pflichten, indem er auf Veranlassung der Staatsanwaltschaft als Zeuge Angaben macht, die den Arbeitgeber belasten, rechtfertigt dies keine außerordentliche Kündigung.[170] Nicht entscheidend ist der Ausgang des Strafverfahrens. Insoweit ist zu berücksichtigen, dass das Ergebnis eines Ermittlungsverfahrens und der Ausgang eines Strafverfahrens nicht allein davon abhängen, ob die erhobenen Vorwürfe zutreffen. Eine Anklage kann ebenso wie eine Verurteilung aus zahlreichen anderen Gründen unterbleiben. Außerdem ist es gerade der Sinn der Einleitung eines Ermittlungsverfahrens und eines Strafverfahrens, die bei Anzeigeerstattung notwendigerweise offene Frage der Tatbegehung erst zu klären.[171]

67 Ein Kündigungsgrund liegt vor, wenn der Arbeitnehmer in einer Strafanzeige gegen den Arbeitgeber oder einen seiner Repräsentanten **wissentlich oder leichtfertig falsche Angaben** gemacht hat oder die Strafanzeige eine **unverhältnismäßige Reaktion** auf ein Verhalten des Arbeitgebers oder seines Repräsentanten darstellt.[172] Gleiches gilt, wenn ein Taxifahrer über den Taxinotruf die Polizei mit der unzutreffenden Behauptung ruft, er werde von seinem Arbeitgeber, der gerade in sein Auto gestiegen sei, bedroht, und nach Eintreffen der Polizei diese Behauptung wiederholt, so dass sein Arbeitgeber vorläufig festgenommen wird und im Anschluss daran über den Taxifunk unter Namensnennung seines Arbeitgebers sich brüstet, er habe „den Chef verhaften" lassen.[173] Entsprechendes gilt für die Drohung, die

---

[162] BAG 26. 1. 1995 AP 34 zu § 1 KSchG 1969 Verhaltensbedingte Kündigung; LAG Hamm 11. 11. 1996 LAGE § 1 KSchG Verhaltensbedingte Kündigung Nr. 56.

[163] Vgl. BAG 23. 9. 1986 AP 20 zu § 75 BPersVG.

[164] LAG Frankfurt 20. 3. 1986, LAG Hamm 15. 12. 1989 LAGE § 1 KSchG Verhaltensbedingte Kündigung Nr. 9, 26.

[165] LAG Nürnberg 7. 12. 2002 NZA-RR 2003, 301; vgl. Sächsisches LAG 26. 5. 2000 NZA-RR 2001, 472 zu einem Rettungssanitäter.

[166] BAG 26. 1. 1995 AP 34 zu § 1 KSchG 1969 Verhaltensbedingte Kündigung; näher dazu *Bengelsdorf* NZA 2001, 993; *Hemming* BB 98, 1998, 2000; *v. Hoyningen-Huene* DB 95, 142; *Künzl* BB 93, 1581, 1586.

[167] LAG Baden-Württemberg 19. 10. 1993 NZA 94, 175.

[168] Vgl. hierzu die Kontroverse zwischen *Binkert* AuR 2007, 195 und *Deiseroth* AuR 2007, 34 und 198.

[169] BAG 7. 12. 2006 AP 55 zu § 1 KSchG 1969 Verhaltensbedingte Kündigung = NZA 2007, 502.

[170] BVerfG 2. 7. 2001 AP 170 zu § 626 BGB.

[171] BAG 7. 12. 2006 AP 55 zu § 1 KSchG 1969 Verhaltensbedingte Kündigung = NZA 2007, 502.

[172] BAG 3. 7. 2003 AP 45 zu § 1 KSchG 1969 Verhaltensbedingte Kündigung; LAG Hamm 28. 11. 2003 DB 2004, 442.

[173] LAG Bremen 17. 7. 2003 NZA-RR 2004, 128.

Presse auf angebliche Missstände aufmerksam zu machen, die tatsächlich nicht existieren.[174] Kein Grund zur außerordentlichen Kündigung besteht, wenn ein Angestellter des öffentlichen Dienstes von seinem Petitionsrecht Gebrauch macht und auf Missstände in seinem Amt hinweist,[175] er um die Überprüfung der Qualifikation seiner Vorgesetzten bei der zuständigen Stelle bittet (Schifffahrtspatent)[176] oder ein Arbeitnehmer nach vorausgegangener Rüge im Betrieb die Verletzung von Unfallverhütungsvorschriften[177] oder die Überladung von LKWs oder die Verkehrsuntüchtigkeit des Kraftwagens[178] bei der zuständigen Behörde anzeigt. Nicht zur außerordentlichen Kündigung berechtigt auch die nicht willkürliche Anzeige des Betriebsrats, da sonst seine Rechte aus § 78 BetrVG verkürzt werden könnten.[179] Kündigungsgrund ist dagegen die Bereitschaft zu Falschaussagen.[180]

– **Arbeitskampf.** Die Teilnahme an einem **rechtmäßigen Streik** rechtfertigt keine außerordentliche Kündigung, weil die Arbeitsniederlegung bei rechtmäßigen Arbeitskämpfen keinen Arbeitsvertragsbruch darstellt.[181] Anders kann es bei rechtswidrigen Arbeitskämpfen sein.[182] Jedoch kann sich der Arbeitnehmer im Rechtsirrtum befunden haben,[183] was im Rahmen der Interessenabwägung zu berücksichtigen ist. Ein Arbeitnehmer, der einen Arbeitskampf organisiert, obwohl die Gewerkschaft noch über die erstrebte Lohnerhöhung verhandelt, kann fristlos gekündigt werden.[184] Die Teilnahme an Warnstreiks berechtigt grundsätzlich nicht zur außerordentlichen Kündigung.[185] **68**

Auch bei einer außerordentlichen Kündigung wegen Teilnahme an einer rechtswidrigen Arbeitsniederlegung sind alle vernünftigerweise in Betracht kommenden Umstände des Einzelfalls zu beachten und die **Interessen der Parteien vollständig gegeneinander abzuwägen.** Maßgeblich sind der Grad der Beteiligung des Arbeitnehmers an der Arbeitsniederlegung und die Erkennbarkeit der Rechtswidrigkeit der Maßnahme einerseits und ein etwaiges eigenes rechtswidriges, die Arbeitsniederlegung mit auslösendes Verhalten des Arbeitgebers andererseits. Der Gesichtspunkt der Solidarität kann vor allem bei einer „schlichten" Teilnahme an der Arbeitsniederlegung zu Gunsten des Arbeitnehmers sprechen.[186] Eine Kündigung kann vor allem dann gerechtfertigt sein, wenn Sachschäden, Beleidigungen oder andere erhebliche Rechtsverletzungen vorkommen. **69**

– **Arbeitspapiere.** Die Nichtvorlage von Arbeitspapieren trotz wiederholter **Abmahnung** soll in Ausnahmefällen zur fristlosen Entlassung berechtigen.[187] Denn ohne die erforderlichen Papiere könne der Arbeitgeber seinen gesetzlichen Pflichten zur Abführung der Lohnsteuer und der Sozialabgaben nicht ordnungsgemäß nachkommen. **70**

– **Arbeitsschutzbestimmungen** sind einzuhalten, ihre wiederholte Verletzung kann die außerordentliche Kündigung rechtfertigen.[188] Entscheidend ist die heraufbeschworene Gefahr; unerheblich ist, ob ein Schaden eingetreten ist.[189] **71**

– **Arbeitsunfähigkeit.** Ein arbeitsunfähig erkrankter Arbeitnehmer muss sich so verhalten, dass er bald wieder gesund wird und an seinen Arbeitsplatz zurückkehren kann. Er hat alles zu unterlassen, was seine Genesung verzögern könnte. Er hat insoweit auf die schützenswerten Interessen des Arbeitgebers, die sich aus der Verpflichtung zur Entgeltfortzahlung ergeben, Rücksicht zu nehmen. Eine schwerwiegende Verletzung dieser Rücksichtnahmepflicht kann eine außerordentliche Kündigung aus wichtigem Grund an sich rechtfertigen.[190] Ein pflichtwidriges Verhalten eines Arbeitnehmers liegt vor, wenn er bei bescheinigter Arbeitsunfähigkeit den Heilungserfolg durch **gesundheitswidriges Verhalten** gefährdet. Dies ist **72**

---

[174] LAG Köln 10. 6. 1994 LAGE § 626 BGB Nr. 78.
[175] BAG 18. 6. 1970 AP 82 zu § 1 KSchG.
[176] LAG Düsseldorf DB 74, 2164.
[177] A. A. LAG Bad.-Württemberg 20. 10. 1976 EzA 8 zu § 1 KSchG Verhaltensbedingte Kündigung; *Denck* DB 80, 2132.
[178] LAG Köln 23. 2. 1996 LAGE § 626 BGB Nr. 94.
[179] LAG Bad.-Württemberg DB 58, 256; *Bychelberg* DB 59, 1112.
[180] BAG 16. 10. 1986 AP 95 zu § 626 BGB = NZA 87, 392.
[181] BAG GS 28. 1. 1955 AP 1 zu Art. 9 GG Arbeitskampf.
[182] BAG 21. 10. 1969, 17. 12. 1976, 29. 11. 1983 AP 41, 51, 78 zu Art. 9 GG Arbeitskampf.
[183] BAG 29. 11. 1983 AP 78 zu § 626 BGB.
[184] BAG 28. 4. 1966 AP 37 zu Art. 9 GG Arbeitskampf.
[185] BAG 17. 12. 1976 AP 51 zu Art. 9 GG Arbeitskampf.
[186] BAG 14. 2. 1978 AP 59 zu Art. 9 GG Arbeitskampf.
[187] LAG Düsseldorf 23. 2. 1961 BB 61, 667.
[188] LAG Rheinland-Pfalz 14. 4. 2005 NZA-RR 2006, 194.
[189] LAG Köln 17. 3. 1993 LAGE § 626 BGB Nr. 71.
[190] BAG 2. 3. 2006 AP 14 zu § 626 BGB Krankheit = NZA-RR 2006, 636.

nicht nur der Fall, wenn er nebenher bei einem anderen Arbeitgeber arbeitet,[191] sondern kann auch gegeben sein, wenn er Freizeitaktivitäten nachgeht, die mit der Arbeitsunfähigkeit nur schwer in Einklang zu bringen sind (Skireise nach Zermatt während einer Arbeitsunfähigkeit). Die Verletzung der vertraglichen Rücksichtnahmepflicht kann umso schwerer wiegen als der Arbeitnehmer auf Grund seiner beruflichen Tätigkeit in besonderem Maße dazu verpflichtet ist, das Vertrauen Außenstehender in die von ihm zu erbringende Arbeitsleistung und die korrekte Aufgabenerledigung seines Arbeitgebers nicht zu erschüttern (ärztlicher Gutachter des Medizinischen Dienstes der Krankenkassen für Arbeitsunfähigkeitsbescheinigungen).[192]

73 Eine außerordentliche Kündigung ist gerechtfertigt, wenn der Arbeitnehmer sich eine Arbeitsunfähigkeitsbescheinigung **erschleicht,** um einer beruflichen Nebentätigkeit nachzugehen.[193] Nimmt ein Arbeitnehmer **nach Beendigung der Arbeitsunfähigkeit** die Arbeit nicht auf, kann hierin ein wichtiger Grund zur Kündigung liegen.

74 Wird die **Arbeitsunfähigkeitsbescheinigung nicht vorgelegt,** kann eine außerordentliche Kündigung allenfalls nur bei ordentlich unkündbaren Arbeitnehmern mit Auslauffrist in Betracht kommen. Erforderlich ist regelmäßig eine vorangehende Abmahnung.[194] Für die Wirksamkeit der Kündigung ist unerheblich, ob es infolge der verspäteten Krankmeldung zu einer Störung der Arbeitsorganisation oder des Betriebsfriedens gekommen ist. Wenn derartige nachteilige Auswirkungen eingetreten sind, ist das allerdings im Rahmen der Interessenabwägung zu Lasten des Arbeitnehmers zu berücksichtigen.[195]

75 – **Arbeitsverhinderung.** Der Arbeitgeber ist nach § 616 BGB verpflichtet, den Arbeitnehmer während der Arbeitszeit zum **Arztbesuch** freizustellen, wenn dieser nicht außerhalb der Arbeitszeit erfolgen kann oder nicht zumutbar ist (§ 97 RN 9). Verweigert der Arbeitgeber zu Unrecht die Freistellung, kann die eigenmächtige Entfernung vom Arbeitsplatz nicht zum Anlass einer außerordentlichen Kündigung genommen werden.[196] Ein türkischer Arbeitnehmer, der den verkürzten Wehrdienst von zwei Monaten in der Türkei ableisten muss, ist verpflichtet, den Arbeitgeber unverzüglich über den Zeitpunkt der Einberufung zu unterrichten und auf Verlangen die Richtigkeit der Angaben glaubhaft zu machen, andernfalls kann eine ordentliche oder außerordentliche Kündigung gerechtfertigt sein. Die vorübergehende Arbeitsverhinderung von zwei Monaten berechtigt noch nicht zur Kündigung.[197] Anders ist es bei einem Wehrdienst von zwölf Monaten im Ausland außerhalb der EU, weil für diese Arbeitnehmer nicht das ArbPlSchG gilt.

76 – **Arbeitsverweigerung.** Eine **beharrliche Arbeitsverweigerung** ist dann gegeben, wenn der Arbeitnehmer die ihm übertragene Arbeit bewusst und nachhaltig nicht leisten will, wobei es nicht genügt, dass der Arbeitnehmer lediglich eine Weisung unbeachtet lässt. Die beharrliche Arbeitsverweigerung erfordert vielmehr eine intensive Weigerung des Arbeitnehmers. Die Beharrlichkeit kann allerdings auch darin gesehen werden, dass in einem einmaligen Fall der Arbeitnehmer eine Anweisung nicht befolgt, wenn diese durch eine vorhergehende, erfolglose Abmahnung verdeutlicht worden ist.[198] Eine beharrliche Arbeitsverweigerung kann gegeben sein bei wiederholtem Verstoß oder bewusstem und gewolltem Widersetzen gegen rechtmäßige Anordnungen.[199] Hinzu kommen muss nach dem Prognoseprinzip die Erwartung, dass der Arbeitnehmer in Zukunft seine Arbeitsleistung nicht erbringen wird.[200] Irrt sich der Arbeitnehmer über die Berechtigung seiner Arbeitsverweigerung, ist dies nur dann entschuldbar, wenn der Arbeitnehmer nach sorgfältiger Erkundigung und Prüfung der Rechtslage die Überzeugung gewinnen durfte, zur Arbeit nicht verpflichtet zu

---

[191] BAG 26. 8. 1993 AP 112 zu § 626 BGB = NZA 94, 63.
[192] BAG 2. 3. 2006 AP 14 zu § 626 BGB Krankheit = NZA-RR 2006, 636.
[193] BAG 17. 6. 2003 NZA 2004, 564; 26. 8. 1993 AP 112 zu § 626 BGB = NZA 94, 63.
[194] Vgl. BAG 7. 12. 1988 AP 26 zu § 1 KSchG 1969 Verhaltensbedingte Kündigung = NZA 89, 306; 15. 1. 1986 AP 93 zu § 626 BGB = NZA 87, 93; 30. 1. 1976 AP 2 zu § 626 BGB Krankheit.
[195] BAG 16. 8. 1991 AP 27 zu § 1 KSchG 1969 Verhaltensbedingte Kündigung = NZA 93, 17.
[196] LAG Stuttgart BB 64, 1008.
[197] BAG 22. 12. 1982 AP 23 zu § 123 BGB = NJW 83, 2782; 7. 9. 1983 AP 7 zu § 1 KSchG 1969 Verhaltensbedingte Kündigung; 20. 5. 1988 AP 9 zu § 1 KSchG 1969 Personenbedingte Kündigung = NZA 89, 464.
[198] Vgl. hierzu BAG 31. 1. 1985 AP 6 zu § 8 a MuSchG = NZA 86, 138; 9. 5. 1996 AP 5 zu § 273 BGB = NZA 96, 1085; 21. 11. 1996 AP 130 zu § 626 BGB = NZA 97, 487.
[199] Verweigerung einer Dienstfahrt: LAG München 19. 1. 1989 LAGE § 626 BGB Nr. 38; Verweigerung der Arbeit an Warentransportanlage: ArbG Marburg 27. 2. 1998 BB 99, 1069.
[200] BAG 21. 11. 1996 AP 130 zu § 626 BGB = NZA 97, 487.

sein.[201] Arbeitet ein Ausländer an einem religiösen Feiertag seines Glaubensbekenntnisses nicht, wird im Allgemeinen eine fristlose Kündigung nicht begründet sein.[202] Kommt der Arbeitnehmer einer Aufforderung des Arbeitgebers, die Arbeitsergebnisse zu dokumentieren, nicht nach, kann dies eine außerordentliche Kündigung rechtfertigen, soweit kein schikanöses Verhalten des Arbeitgebers vorliegt.[203]

Keine rechtswidrige Arbeitsverweigerung ist gegeben, wenn dem Arbeitnehmer wegen erheblicher Lohnrückstände an seiner Arbeitsleistung ein **Zurückbehaltungsrecht** (§ 50) zusteht[204] oder der Arbeitgeber die **Grenzen des Direktionsrechts** (dazu § 45) **überschreitet.**[205] Die Ausübung des Zurückbehaltungsrechts steht für den Arbeitnehmer unter dem Gebot von Treu und Glauben (§ 242 BGB) und unterliegt dem Grundsatz der Verhältnismäßigkeit. Daher muss der Arbeitnehmer vor Ausübung seines Zurückbehaltungsrechts an seiner Arbeitsleistung dem Arbeitgeber unter Angabe des Grundes klar und eindeutig mitteilen, dass er dieses Recht auf Grund einer ganz bestimmten, konkreten Gegenforderung ausübt. Nur dann kann der Arbeitgeber hinreichend den behaupteten (Gegen-)Anspruch prüfen und ihn ggf. erfüllen. Ein pauschales Berufen auf einen **„Mobbingsachverhalt"** reicht mangels hinreichender Konkretisierung der behaupteten Pflichtverletzung und des (Gegen-)Anspruchs hierfür nicht aus.[206] Dem Arbeitnehmer kann auch dann ein Zurückbehaltungsrecht zustehen, wenn das Grundrecht der Gewissensfreiheit des Arbeitnehmers beeinträchtigt wird (§ 45 RN 30).[207] Eine Arbeitnehmerin kann sich auf eine **Pflichtenkollision** wegen der Personensorge für ihr Kind und damit auf ein Leistungsverweigerungsrecht nur dann berufen, wenn unabhängig von der Interessenabwägung eine unverschuldete Zwangslage vorliegt.[208] Die fehlende Zustimmung des Betriebsrats zur Wiedereinstellung eines Arbeitnehmers kann für diesen grundsätzlich nur dann ein Leistungsverweigerungsrecht begründen, wenn der Betriebsrat sich auf die Verletzung seines Mitbestimmungsrechts beruft und gem. § 101 BetrVG die Aufhebung der Einstellung verlangt. Die Mitbestimmung bei Einstellungen dient dem Schutz der kollektiven Interessen, nicht der Interessenwahrnehmung des betroffenen Arbeitnehmers. Dieser Schutzzweck erfordert es nicht, dem Arbeitnehmer ein Recht zur Arbeitsverweigerung auch dann zuzugestehen, wenn der Betriebsrat ein Verfahren nach § 101 BetrVG nicht eingeleitet hat.[209] Weigert sich der Arbeitnehmer trotz wiederholter Aufforderung beharrlich, ergänzende tägliche **Arbeitsaufzeichnungen** nach Maßgabe eines vom Arbeitgeber erstellten Formulars anzufertigen, kann dies eine außerordentliche Kündigung rechtfertigen, weil eine solche Weisung rechtmäßig ist.[210] 77

Kündigt der Arbeitnehmer an, er werde in Zukunft eine **bestimmte Arbeit nicht mehr verrichten,** weil er z. B. einer ihm in Aussicht gestellten Versetzung oder Abordnung nicht nachkommen will, so wird regelmäßig die bloße Ankündigung kein hinreichender Grund zur außerordentlichen Kündigung sein.[211] Etwas anderes kann dann gelten, wenn dem Arbeitgeber nicht zugemutet werden kann, erst die Arbeitseinstellung abzuwarten.[212] 78

– **Arbeitszeitbetrug.** Der Verstoß eines Arbeitnehmers gegen seine Verpflichtung, die abgeleistete **Arbeitszeit korrekt zu stempeln,** ist an sich geeignet, einen wichtigen Grund zur außerordentlichen Kündigung i. S. v. § 626 I BGB darzustellen. Dabei kommt es nicht entscheidend auf die strafrechtliche Würdigung, sondern auf den mit der Pflichtverletzung verbundenen schweren Vertrauensbruch an.[213] Überträgt ein Arbeitgeber den Nachweis der täglich bzw. monatlich geleisteten Arbeitszeit den Arbeitnehmern selbst (Selbstaufzeichnung) und füllt der Arbeitnehmer die dafür zur Verfügung gestellten Formulare wissentlich und vorsätzlich falsch aus, stellt dies in aller Regel einen schweren Vertrauensmissbrauch dar. 79

---

201 Vgl. BAG 14. 10. 1960 AP 24 zu § 123 GewO; siehe dazu auch *Kliemt/Vollstädt* NZA 2003, 357.
202 Vgl. LAG Düsseldorf DB 63, 522; BB 64, 597.
203 BAG 19. 4. 2007 AP 77 zu § 611 BGB Direktionsrecht.
204 BAG 9. 5. 1996 AP 5 zu § 273 BGB = NZA 96, 1085.
205 Vgl. BAG 12. 4. 1973 AP 24 zu § 611 BGB Direktionsrecht.
206 BAG 13. 3. 2008 AP 87 zu § 1 KSchG 1969.
207 BAG 24. 5. 1989 AP 1 zu § 611 BGB Gewissensfreiheit = NZA 90, 144.
208 BAG. 21. 5. 1992 AP 29 zu § 1 KSchG 1969 Verhaltensbedingte Kündigung = NZA 93, 115.
209 BAG 5. 4. 2001 AP 32 zu § 99 BetrVG 1972 Einstellung = NZA 2001, 893.
210 BAG 19. 4. 2007 AP 77 zu § 611 BGB Direktionsrecht.
211 LAG Hamm DB 78, 1697.
212 ArbG Wuppertal DB 80, 1220.
213 BAG 6. 9. 2007 AP 208 zu § 626 BGB = NZA 2008, 636; 24. 11. 2005 AP 197 zu § 626 BGB = NZA 2006, 484; 21. 4. 2005 AP 4 zu § 91 SGB IX = NZA 2005, 991.

80 – **Ausländerfeindliche Äußerungen**[214] im Betrieb sind grundsätzlich geeignet, eine fristlose Kündigung zu rechtfertigen.[215] Dasselbe gilt bei rassistischen[216] und rechtsradikalen Äußerungen.[217]

81 – **Außerdienstliches Verhalten** rechtfertigt nur dann die außerordentliche Kündigung, wenn durch das außerdienstliche Verhalten das Arbeitsverhältnis konkret berührt wird, sei es im Leistungsbereich, im Bereich der betrieblichen Verbundenheit aller Mitarbeiter, im personalen Vertrauensbereich oder im Unternehmensbereich.[218] Ist eine Angestellte, die in der Betreuung und psychologischen Beratung von Familien, Alleinstehenden, Kindern und Jugendlichen in akuten Krisensituationen tätig ist, aktives Mitglied in der Scientology Organisation, kann dies nach bisheriger Auffassung eine Kündigung des Anstellungsverhältnisses begründen.[219] Daran ist auch unter Berücksichtigung des AGG festzuhalten (§ 33). Den Arbeitnehmer trifft grundsätzlich keine arbeitsvertragliche Pflicht zu einem ordentlichen gesitteten Lebenswandel.[220] Nach dem Wegfall des Kündigungsgrunds „liederlicher Lebenswandel" in § 123 I Nr. 2 GewO ist Kündigungen wegen außerehelicher Schwangerschaft oder intimer Beziehungen zwischen volljährigen Mitarbeitern und Mitarbeiterinnen der Boden entzogen.[221] Lediglich dann, wenn durch die intimen Beziehungen von Arbeitskollegen die Arbeitsleistung oder die betriebliche Zusammenarbeit konkret beeinträchtigt wird, oder das Verhältnis zwischen Vorgesetzten und Auszubildenden bzw. jugendlichen Mitarbeitern besteht, kommt eine Kündigung in Betracht.[222] Spielbankbesuche des Zweigstellenleiters einer Bank stellen keinen Kündigungsgrund dar, wenn sie ohne Auswirkungen auf das Arbeitsverhältnis geblieben sind.[223] Ein Kündigungsgrund liegt ferner nicht vor, wenn sich eine Arbeitnehmerin in einer „softpornografischen" Zeitschrift (hier: Praline) unbekleidet ablichten lässt.[224]

82 Für **Angestellte des öffentlichen Dienstes bestimmte** § 8 I 1 BAT, sich insgesamt so zu verhalten, wie es von Angehörigen des öffentlichen Dienstes erwartet wird, was sich auch auf das außerdienstliche Verhalten bezog. In § 41 I TVöD BT-V ist diese Verpflichtung nicht übernommen worden. Betrügereien und andere Vermögensdelikte im außerdienstlichen Bereich stellten nach § 8 I 1 BAT erhebliche (Neben-)Pflichtverletzungen dar und sind grundsätzlich geeignet, eine verhaltensbedingte Kündigung zu rechtfertigen.[225] Auch die Verantwortlichkeit eines Angestellten des öffentlichen Dienstes für die Verbreitung ausländerfeindlicher Pamphlete kann einen außerordentlichen Kündigungsgrund darstellen.[226] Begeht ein im Geltungsbereich des BAT Beschäftigter ein vorsätzliches Tötungsdelikt, das zu einer Verurteilung zu einer Freiheitsstrafe von zwei Jahren auf Bewährung führt, ist es dem öffentlichen Arbeitgeber in der Regel unzumutbar, den Arbeitnehmer weiterzubeschäftigen, und zwar auch dann, wenn der Arbeitnehmer tariflich unkündbar ist.[227] Einer Bewährungshelferin, die einen vom Hafturlaub nicht zurückgekehrten Strafgefangenen für ein Wochenende in ihre Wohnung aufnimmt und intime Beziehungen zu ihm pflegt, kann jedenfalls ordentlich gekündigt werden, auch wenn sie nicht die Bewährungshelferin des Verurteilten ist.[228] Bezeichnet ein Arbeitnehmer des öffentlichen Dienstes in einer außerdienstlich verfassten und

[214] *Korinth* AuR 93, 105; *Krummel/Küttner* NZA 96, 67; *Polzer/Powietzka* NZA 2000, 970.

[215] BAG 14. 2. 1996 AP 26 zu § 626 BGB Verdacht strafbarer Handlungen = NZA 96, 873; 1. 7. 1999 AP 11 zu § 15 BBiG („Arbeit macht frei – Türkei schönes Land"); LAG Hamm 11. 11. 1994 LAGE § 626 BGB Nr. 82; LAG Köln 11. 8. 1995 NZA-RR 96, 128 (Auschwitz-Lüge); LAG Rheinland-Pfalz 10. 6. 1997 LAGE § 1 KSchG Verhaltensbedingte Kündigung Nr. 62 („Wir hängen Euch"); LAG Köln 14. 12. 1998 LAGE § 626 BGB Nr. 124 („Witzesammlung").

[216] LAG Baden-Württemberg 20. 1. 1995 BB 96, 1172.

[217] LAG Köln 11. 8. 1995 NZA-RR 96, 128.

[218] Vgl. BAG 6. 6. 1984, 20. 9. 1984, 24. 9. 1987 AP 11, 13, 19 zu § 1 KSchG 1969 Verhaltensbedingte Kündigung; LAG Baden-Württemberg 19. 10. 1993 NZA 94, 175; LAG Hamm 14. 1. 1998 NZA 99, 546 (Spielbankbesuche).

[219] Vgl. LAG Berlin 11. 6. 1997 LAGE § 626 BGB Nr. 112.

[220] Vgl. LAG Berlin 3. 11. 1964 DB 65, 1291; LAG Baden-Württemberg 3. 4. 1967 DB 67, 757.

[221] Vgl. dazu noch LAG Düsseldorf DB 69, 667.

[222] Vgl. HK-KSchG/*Dorndorf* § 1 RN 820.

[223] Vgl. LAG Hamm 14. 1. 1998 LAGE § 626 BGB Nr. 119.

[224] ArbG Passau 11. 12. 1997 NZA 98, 427.

[225] Vgl. BAG 20. 11. 1997 AP 43 zu § 1 KSchG 1969 Verhaltensbedingte Kündigung = NZA 98, 323.

[226] BAG 14. 2. 1996 AP 26 zu § 626 BGB Verdacht strafbarer Handlung = NZA 96, 873; zu weiteren Beispielen vgl. *Lansnicker/Schwirtzek* DB 2001, 865; *Polzer/Powietzka* NZA 2000, 970, 974 f.; *Scheuring* ZTR 99, 387 m. w. N.

[227] Vgl. BAG 8. 6. 2000 AP 163 zu § 626 BGB = NZA 2000, 1282.

[228] Vgl. Sächsisches LAG 17. 12. 1997 LAGE § 1 KSchG Verhaltensbedingte Kündigung Nr. 61.

u. a. im Internet verbreiteten Pressemitteilung die Anschläge des 11. September 2001 als „längst überfällige Befreiungsaktion", billigt er damit die Terroranschläge. Ein derartiges Verhalten ist als ein Angriff auf die Menschenwürde der Opfer und ihrer Hinterbliebenen zu bewerten. Der Arbeitgeber ist daher berechtigt, das Arbeitsverhältnis ohne vorherige Abmahnung wegen des hierdurch entstandenen Vertrauensverlustes zu kündigen.[229]

– **Beleidigung. Grobe Beleidigungen** können eine fristlose Kündigung rechtfertigen.[230] **83**
Dabei ist die strafrechtliche Beurteilung kündigungsrechtlich nicht ausschlaggebend.[231] Auch eine einmalige Ehrverletzung ist kündigungsrelevant und umso schwerwiegender, je unverhältnismäßiger und je überlegter sie erfolgte.[232] Die Beleidigungen können auch in einer fremden Sprache erfolgen.[233] Was als grobe Beleidigung anzusehen ist, muss unter Berücksichtigung der Umstände des Einzelfalls entschieden werden (z. B. Götzgruß).[234] Zu berücksichtigen ist hierbei, ob und inwieweit die Auseinandersetzung vom Arbeitgeber mitverursacht wurde.[235] Von Bedeutung sind weiterhin der betriebliche bzw. der branchenübliche Umgangston, die Gesprächssituation, d. h. die Ernsthaftigkeit der Äußerung sowie die Frage, ob Dritte von der Beleidigung Kenntnis genommen haben.

Von der Beleidigung ist die **Kritik am Arbeitgeber** und an Vorgesetzten abzugrenzen.[236] **84**
Bei der kündigungsrechtlichen Bewertung kritischer Äußerungen ist stets das Grundrecht auf freie Meinungsäußerung (Art. 5 GG) zu beachten.[237] Dieses Grundrecht gibt jedem das Recht, seine Meinung in Wort, Schrift und Bild frei zu äußern. Der Grundrechtsschutz besteht unabhängig davon, ob eine Äußerung rational oder emotional, begründet oder grundlos ist und ob sie von anderen für nützlich oder schädlich, wertvoll oder wertlos gehalten wird. Allein die Schmähkritik oder Formalbeleidigung scheidet von vornherein aus dem Schutzbereich des Grundrechts aus.[238] Das Grundrecht auf Meinungsfreiheit aus Art. 5 I GG ist allerdings gemäß Art. 5 II GG durch die allgemeinen Gesetze und das Recht der persönlichen Ehre beschränkt und muss in ein ausgeglichenes Verhältnis mit diesen gebracht werden.[239] Einschränkungen der Meinungsfreiheit können sich aus Art. 12 GG ergeben, der die wirtschaftliche Betätigungsfreiheit des Arbeitgebers vor Störungen des Arbeitsablaufs und des Betriebsfriedens schützt.[240] Des Weiteren gehört die Pflicht zur gegenseitigen Rücksichtnahme auf die Interessen der anderen Vertragspartei (§ 241 II BGB) zu den allgemeinen Gesetzen i. S. d. Art. 5 II GG.[241]

Erklärt **beispielsweise** ein Arbeitnehmer in Anwesenheit anderer Arbeitnehmer dem Ge- **85**
schäftsführer, dieser habe ihm nichts zu sagen und er sei nicht bereit, dessen Weisungen zu befolgen, stellt dieses Verhalten einen geeigneten Kündigungsgrund dar. Gleiches gilt für Beschimpfungen des Geschäftsführers oder Vorgesetzten als Betrüger, Gauner und Halsabschneider[242] oder „Sie haben doch nur Bumsen im Kopf".[243] Auch die wahrheitswidrige Behauptung einer sexuellen Belästigung durch einen Vorgesetzten ist ehrverletzend und kann eine Kündigung rechtfertigen.[244] Ein Kündigungsgrund liegt ferner vor, wenn ein Arbeitnehmer

---

[229] LAG Schleswig-Holstein 6. 8. 2002 NZA-RR 2004, 351; a. A. LAG Nürnberg 13. 1. 2004 NZA-RR 2004, 347.

[230] St. Rspr., vgl. BAG 12. 1. 2006 AP 53 zu § 1 KSchG 1969 Verhaltensbedingte Kündigung = NZA 2006, 917; 24. 6. 2004 AP 49 zu § 1 KSchG 1969 Verhaltensbedingte Kündigung = NZA 2005, 158; 6. 11. 2003 AP 46 zu § 1 KSchG 1969 Verhaltensbedingte Kündigung; 10. 10. 2002 AP 180 zu § 626 BGB; *Häcker* ArbRB 2008, 118; *Schmitz-Scholemann* BB 2000, 926.

[231] BAG 1. 7. 1999 AP 11 zu § 15 BBiG = NZA 99, 1270.

[232] BAG 17. 2. 2000 – 2 AZR 927/98 n. v.

[233] LAG Berlin 16. 3. 1981 DB 81, 1627.

[234] LAG Frankfurt NZA 84, 200 (bejaht), dagegen abgelehnt DB 63, 925; DB 72, 51.

[235] BAG 19. 12. 1958 AP 1 zu § 133 b GewO; LAG Düsseldorf 9. 12. 1971 DB 72, 51; LAG Köln 7. 12. 1995 LAGE § 1 KSchG Verhaltensbedingte Kündigung Nr. 50.

[236] Eingehend hierzu BAG 24. 11. 2005 AP 198 zu § 626 BGB = NZA 2006, 650.

[237] BVerfG 16. 10. 1998 AP 24 zu § 611 BGB Abmahnung; 29. 7. 2003 NJW 2003, 3760; BAG 24. 11. 2005 AP 198 zu § 626 BGB = NZA 2006, 650; 12. 1. 2006 NZA 2006, 917; Hessisches LAG 1. 9. 2006 NZA-RR 2007, 245; *Schmitz-Scholemann* BB 2000, 926.

[238] BAG 17. 2. 2000 RzK I 6 e Nr. 20; 6. 11. 2003 AP 46 zu § 1 KSchG 1969 Verhaltensbedingte Kündigung; 24. 6. 2004 AP 49 zu § 1 KSchG 1969 Verhaltensbedingte Kündigung = NZA 2005, 158.

[239] BVerfG 16. 10. 1998 AP 24 zu § 611 BGB Abmahnung.

[240] BVerfG 10. 10. 1995 BVerfGE 93, 266, 289; 12. 1. 2006 NZA 2006, 917.

[241] BAG 24. 6. 2004 AP 49 zu § 1 KSchG 1969 Verhaltensbedingte Kündigung = NZA 2005, 158.

[242] Vgl. BAG 6. 2. 1997 RzK I 6 a Nr. 146.

[243] Vgl. LAG Köln 30. 1. 1998 RzK I 6 e Nr. 17.

[244] Vgl. LAG Rheinland-Pfalz 16. 2. 1996 LAGE § 1 KSchG Verhaltensbedingte Kündigung Nr. 54; LAG Köln 20. 1. 1999 LAGE § 626 BGB Nr. 128.

auf einer Personalversammlung einem Beigeordneten der Stadt grundlos Rechtsbeugung vorwirft.[245] Der Vergleich betrieblicher Verhältnisse und Vorgehensweisen mit dem nationalsozialistischen Terrorsystem und erst recht mit den in Konzentrationslagern begangenen Verbrechen bildet in der Regel einen wichtigen Grund zur Kündigung.[246] Regelmäßig kein Grund zur außerordentlichen Kündigung sind private beleidigende Äußerungen des Arbeitnehmers, die dem Vorgesetzten hinterbracht werden.[247] Kein Grund zur fristlosen Kündigung sind grobe Beleidigungen in einem Anwaltsschriftsatz, es sei denn, dass sie vom Arbeitnehmer veranlasst sind, etwa durch wahrheitswidrig vorgetragene Tatsachen.[248]

86 Kein Kündigungsgrund soll die **innerbetriebliche Äußerung** einer Busfahrerin sein, bei ihren Fahrgästen handele es sich um Abschaum. Solange die innere Einstellung sich nicht auf die Arbeitsleistung auswirke, sei weder eine Kündigung noch ein Auflösungsantrag gerechtfertigt.[249] Die Äußerung einer **Verkäuferin zu einer Kundin** „Nun werden Sie aber nicht so pissig" kann dagegen eine Kündigung rechtfertigen, sofern die Verkäuferin nicht durch Beleidigungen der Kundin provoziert wurde.[250] Einer **Altenpflegerhelferin** kann ohne vorherige Abmahnung außerordentlich gekündigt werden, wenn sie in Ausübung ihrer Tätigkeit zwei Heimbewohner angeschrien und wüst beschimpft hat: „Reiß endlich Dein Maul auf, ich will die Zähne einsetzen" und: „Nimm endlich den Arsch hoch."[251]

87 – **Betriebsveräußerung** berechtigt nicht zur außerordentlichen Kündigung. Vielmehr tritt der Erwerber gem. § 613a I 1 BGB in die Arbeitsverhältnisse ein (§ 118).

88 – **Doping.** Steht ein **Sportler** in einem Arbeitsverhältnis, besteht für ihn, auch wenn kein ausdrückliches Verbot vereinbart ist, die **vertragliche Nebenpflicht,** keine Dopingmittel einzunehmen.[252] Ein vorsätzlicher Verstoß hiergegen hat regelmäßig eine außerordentliche Kündigung zur Folge.[253] Hat der Arbeitgeber auf der Einnahme verbotener Dopingmittel bestanden, liegt hierin ein Verstoß gegen § 6a AMG, wonach es verboten ist, Arzneimittel zu Dopingzwecken im Sport in den Verkehr zu bringen, zu verschreiben oder bei anderen anzuwenden. Eine dem widersprechende Vereinbarung ist gem. § 134 BGB nichtig. Der Arbeitnehmer handelt deshalb auch dann rechtswidrig, wenn er mit dem Arbeitgeber die Einnahme von Dopingmitteln vereinbart hat. Gleichwohl besteht in diesem Falle kein Kündigungsgrund, weil sich der Arbeitgeber in Widerspruch zu seinem eigenen Verhalten setzt (§ 242 BGB).[254]

89 – **Druckkündigung.**[255] Wird von Dritten (Belegschaft, Gewerkschaft, Betriebsrat, Kunden usw.) unter **Androhung von Nachteilen für den Arbeitgeber** die Entlassung eines bestimmten Arbeitnehmers verlangt, hat sich der Arbeitgeber grundsätzlich schützend vor den Arbeitnehmer zu stellen. Nur dann, wenn diese Versuche des Arbeitgebers keinen Erfolg haben, die Belegschaft also beispielsweise ernsthaft die Zusammenarbeit mit dem betroffenen Arbeitnehmer verweigert[256] bzw. mit Streik oder Massenkündigungen droht[257] oder Geschäftspartner des Arbeitgebers den Abbruch der Geschäftsbeziehungen ernstlich in Aussicht stellen, kann eine Kündigung des betreffenden Arbeitnehmers begründet sein.[258] Denkbar ist auch eine Druckkündigung eines Fußballtrainers.[259] Andererseits muss der Arbeitnehmer alles tun, um unzumutbare Nachteile von seinem Arbeitgeber abzuwenden. Er kann daher u. U. gehalten sein, in seine Versetzung einzuwilligen. Eine ordentliche Kündigung wegen der Drucksituation ist nach Auffassung des BAG alternativ als verhaltens-, personen- oder betriebsbedingte Kündigung zu prüfen.[260] Hat der Arbeitgeber nur die Wahl, den Arbeitnehmer zu entlassen oder schwere wirtschaftliche Nachteile

---

[245] BAG 6. 11. 2003 AP 46 zu § 1 KSchG 1969 Verhaltensbedingte Kündigung.

[246] BAG 24. 11. 2005 AP 198 zu § 626 BGB = NZA 2006, 650.

[247] BAG 30. 11. 1972 AP 66 zu § 626 BGB; 17. 2. 2000 – 2 AZR 927/98 n. v.; LAG Köln 18. 4. 1997 NZA-RR 98, 18.

[248] Vgl. LAG Saarland NJW 89, 420.

[249] LAG Düsseldorf 19. 12. 1995 NZA-RR 96, 166.

[250] Vgl. LAG Schleswig-Holstein 5. 10. 1998 RzK I 6e Nr. 18.

[251] LAG Schleswig-Holstein 17. 5. 2001 PflR 2002, 27.

[252] *Fischer* FA 2002, 98; MünchArbR/*Gitter* § 220 RN 57a; *Horst/Jacobs* RdA 2003, 215, 219; ErfK/*Müller-Glöge* § 626 BGB RN 88; *Teschner* NZA 2001, 1233, 1235.

[253] *Fischer* FA 2002, 134, 135.

[254] Zutr. *Teschner* NZA 2001, 1233, 1235; im Ergebnis auch ErfK/*Müller-Glöge* § 626 BGB RN 92.

[255] *Deinert* RdA 2007, 275; *Richter,* Die überwachungsrechtliche Druckkündigung, 2007.

[256] BAG 10. 12. 1992 AP 41 zu Art. 140 GG unter III 3c dd (2).

[257] BAG 4. 10. 1990, 31. 1. 1996 AP 12, 13 zu § 626 BGB Druckkündigung.

[258] BAG 19. 6. 1986 AP 33 zu § 1 KSchG 1969 Betriebsbedingte Kündigung; 26. 6. 1997 RzK I 8d Nr. 8.

[259] Dazu *Breucker* NZA 2008, 1046.

[260] BAG 31. 1. 1996 AP 13 zu § 626 BGB Druckkündigung = NZA 96, 581; kritisch dazu *v. Hoyningen-Huene/Linck* § 1 RN 322.

hinzunehmen, kann eine außerordentliche Kündigung gerechtfertigt sein. Eine vorherige Anhörung des Arbeitnehmers ist nicht Wirksamkeitsvoraussetzung einer Druckkündigung.[261]

Hat der Arbeitgeber wegen eines unabwendbaren, aber sachlich ungerechtfertigten Drucks gekündigt, können **Schadensersatzansprüche** gegen den Dritten und den Arbeitgeber in Betracht kommen, wenn dieser sich nicht in zumutbarer Weise vor den Arbeitnehmer gestellt hat.[262] 90

- **Ehrenämter.** Soweit der Betrieb nicht geschädigt wird, hat der Arbeitnehmer zur Ausübung politischer Ehrenämter (Abgeordneter von Städten, Gemeinden, Landkreisen usw.) Anspruch auf unbezahlte Freizeit.[263] Etwas anderes gilt für Ehrenämter in Vereinen (z. B. Sport-, Geselligkeitsvereinen). Derartige Ehrenämter muss der Arbeitnehmer in seiner Freizeit ausüben. 91
- **Eidesstattliche Versicherung.** Die Abgabe einer vorsätzlich **falschen eidesstattlichen Versicherung** in einem Rechtsstreit mit dem Arbeitgeber ist an sich geeignet, einen wichtigen Grund zur außerordentlichen Kündigung nach § 626 I BGB zu bilden.[264] 92
- **Eignung.** Während der **Probezeit** kann eine Büroangestellte i. d. R. nicht außerordentlich gekündigt werden, wenn sie die Orthografie und Interpunktion nicht beherrscht.[265] Wird einem Kraftfahrer die **Fahrerlaubnis entzogen** und kann er deshalb nicht mehr beschäftigt werden, kann eine außerordentliche Kündigung gerechtfertigt sein, wenn kein anderer Arbeitsplatz zur Verfügung steht (näher dazu RN 102).[266] Bei einem Angestellten mit besonderer Verantwortung kann ausnahmsweise durch ein **einmaliges, fahrlässiges Verhalten,** das geeignet war, einen größeren Schaden herbeizuführen, das Vertrauensverhältnis unheilbar zerstört werden (Betanken eines Flugzeuges mit falschem Kraftstoff).[267] Bei der Abwägung der Möglichkeit ordentlicher oder außerordentlicher Kündigung sind alle Umstände des Einzelfalles zu berücksichtigen. 93
- **Frisur.** Grundsätzlich kann auf eine **auffällige Haartracht** eine außerordentliche Kündigung nicht gestützt werden.[268] Etwas anderes soll dann gelten, wenn der Arbeitnehmer sich noch in der Berufsausbildung befindet und die Kunden des Arbeitgebers daran Anstoß nehmen (bedenklich). Gerechtfertigt ist eine Kündigung nach vorheriger Abmahnung, wenn die Frisur unfallfördernd wirkt und der Arbeitnehmer sie nicht zu ändern bereit ist, es sei denn, dass durch ein Kopftuch oder eine Haarspange eine ausreichende Sicherung möglich ist.[269] 94
- **Insolvenz.** Die Insolvenzeröffnung berechtigt den Arbeitgeber oder Insolvenzverwalter nicht zur fristlosen Kündigung.[270] Der Insolvenzverwalter kann **nach § 113 InsO kündigen.** Ist arbeitsvertraglich eine längere als die gesetzliche Kündigungsfrist vereinbart, so ist bei einer Kündigung in der Insolvenz bis zur Höchstfrist des § 113 S. 2 InsO (drei Monate zum Monatsende) diese längere Frist maßgeblich.[271] Die in § 113 S. 2 InsO vorgesehene Höchstfrist von drei Monaten verdrängt bei einer Kündigung durch den Insolvenzverwalter eine längere tarifliche Kündigungsfrist. Dies ist verfassungskonform.[272] Auch tariflich unkündbare Arbeitnehmer sind nunmehr im Insolvenzfall ordentlich kündbar.[273] Bei einer Kündigung durch den Insolvenzverwalter erwirbt der Arbeitnehmer nach § 113 S. 3 InsO bei einer vorzeitigen Beendigung des Arbeitsverhältnisses einen Schadensersatzanspruch, mit dem er als einfacher Insolvenzgläubiger am Verfahren teilnimmt. 95
- **Internetnutzung.** Ein Arbeitnehmer verstößt ganz erheblich gegen seine arbeitsvertraglichen Pflichten, wenn er ein ausdrückliches und fortlaufend wiederholtes Verbot des Arbeitgebers missachtet, das Internet privat zu nutzen (dazu auch § 55 RN 18).[274] Die **exzessive** 96

---

[261] BAG 4. 10. 1990 AP 12 zu § 626 BGB Druckkündigung = NZA 91, 468.
[262] Dazu BAG 4. 6. 1998 AP 7 zu § 823 BGB = NZA 98, 1113 sowie *Herschel,* FS für H. Lehmann, 1956, Bd. II, S. 662 ff.; KR/*Fischermeier* § 626 BGB RN 204 ff.
[263] Vgl. §§ 97, 145; LAG Düsseldorf AP 2 zu Art. 48 GG.
[264] BAG 24. 11. 2005 AP 55 zu § 103 BetrVG 1972.
[265] LAG Düsseldorf DB 71, 2367; anders bei kaufm. Angestellten LAG München DB 75, 1756.
[266] BAG 30. 5. 1978 AP 70 zu § 626 BGB.
[267] BAG 14. 10. 1965 AP 27 zu § 66 BetrVG; LAG Baden-Württemberg BB 64, 681.
[268] ArbG Bayreuth BB 72, 175.
[269] Vgl. ArbG Essen BB 66, 861.
[270] So bereits zur KO BAG 25. 10. 1963 AP 1 zu § 22 KO.
[271] BAG 3. 12. 1998 AP 1 zu § 113 InsO = NZA 99, 425.
[272] Vgl. BAG 16. 6. 1999 AP 3 zu § 113 InsO = NZA 99, 1331.
[273] Ebenso BAG 19. 1. 2000 AP 5 zu § 113 InsO = NZA 2000, 658.
[274] Vgl. zu den damit zusammenhängenden telekommunikationsrechtlichen Fragen *Kamanabrou,* FS Otto, 2008, S. 209; *Koch* NZA 2008, 911; zur Duldung und Gestattung der Internetnutzung *Bloesinger* BB 2007, 2177, 2179 ff.

Nutzung des Internets während der Arbeitszeit zu privaten Zwecken kann den Arbeitgeber ohne vorangegangene Abmahnung zu einer fristgemäßen Kündigung des Arbeitsverhältnisses aus verhaltensbedingten Gründen berechtigen.[275] Daran fehlt es, wenn der Arbeitnehmer oftmals nur minutenweise unerlaubt das Internet genutzt hat.[276] In diesen Fällen bedarf es vor der Kündigung einer Abmahnung. Die unerlaubte private Nutzung des Internets ist nicht „sozialadäquat". Allenfalls eine kurzfristige private Nutzung des Internets während der Arbeitszeit kann gerade noch als hinnehmbar angesehen werden, wenn keine ausdrücklichen betrieblichen Verbote zur privaten Nutzung existieren.[277]

97 Als kündigungsrelevante **Verletzung arbeitsvertraglicher Pflichten** bei einer privaten Nutzung des Internets kommt u. a. in Betracht:[278] **(1)** das Herunterladen einer erheblichen Menge von Daten aus dem Internet auf betriebliche Datensysteme (unbefugter download), insbesondere wenn damit einerseits die **Gefahr möglicher Vireninfizierungen oder anderer Störungen** des – betrieblichen – Betriebssystems verbunden sein kann oder es andererseits bei der Rückverfolgung der Daten zu möglichen Rufschädigungen des Arbeitgebers kommen kann, beispielsweise weil strafbare oder pornografische Darstellungen heruntergeladen werden; **(2)** die private Nutzung des vom Arbeitgeber zur Verfügung gestellten Internetanschlusses als solche, weil durch sie dem Arbeitgeber möglicherweise – zusätzliche – **Kosten** entstehen können und der Arbeitnehmer jedenfalls die Betriebsmittel – unberechtigterweise – in Anspruch genommen hat; **(3)** die private Nutzung des vom Arbeitgeber zur Verfügung gestellten Internets während der Arbeitszeit, weil der Arbeitnehmer während des Surfens im Internet zu privaten Zwecken seine arbeitsvertraglich **geschuldete Arbeitsleistung nicht erbringt** und dadurch seine Arbeitspflicht verletzt. Die Pflichtverletzung wiegt dabei umso schwerer, je mehr der Arbeitnehmer bei der privaten Nutzung des Internets seine Arbeitspflicht in zeitlicher und inhaltlicher Hinsicht vernachlässigt. Entscheidend ist, dass sich der Arbeitnehmer die Zeiten, die er sich verbotswidrig ohne Kenntnis seines Arbeitgebers am Arbeitsplatz mit privaten Dingen beschäftigt hat, als Arbeitszeit hat bezahlen lassen. Sofern keine Anhaltspunkte dafür vorliegen, dass der Arbeitgeber dem Arbeitnehmer nicht in ausreichendem Umfang Arbeiten zugewiesen hat, gehört es nicht zur Darlegungslast des Arbeitgebers, im Einzelnen vorzutragen, ob und inwiefern auch die Arbeitsleistung des Arbeitnehmers unter seinen Privatbeschäftigungen während der Dienstzeit gelitten hat.

98 Unerheblich ist, wenn durch die private Internetnutzung **keine zusätzlichen Kosten** verursacht werden. Der Pflichtverstoß besteht insoweit schon darin, dass der Arbeitnehmer in großem Umfang entgegen einem ausdrücklichen Verbot seine Arbeitsmittel dazu benutzt hat, privaten Tätigkeiten nachzugehen. Die Gefahr einer **Rufschädigung** des Arbeitgebers kann bei der Privatnutzung des Internets dadurch entstehen, dass der Arbeitnehmer umfangreich die verschiedensten Internetseiten mit Pornografie aufruft. Die Befassung mit pornografischen Darstellungen kann die Gefahr einer Rückverfolgung an den Nutzer mit sich bringen und damit den Eindruck erwecken, der Arbeitgeber befasse sich anstatt mit seinen Dienstaufgaben mit Pornografie. Auf die strafrechtliche Bewertung des entsprechenden Pflichtverstoßes durch die Staatsanwaltschaft kommt es nach § 626 I BGB nicht entscheidend an.[279]

99 Durch hausinterne Ermittlungen und das eingeleitete **Strafverfahren** werden die Verfehlungen des Arbeitnehmers einem größeren Personenkreis zur Kenntnis gebracht. Damit liegt die Gefahr einer verbreiteten Kenntnis dieser Ermittlungen auf der Hand. Der bloße Hinweis auf die Schweigepflicht der ermittelnden Mitarbeiter reicht insoweit nicht aus, diese Gefahr zu zerstreuen. In diesem Zusammenhang kann dem Arbeitgeber nicht vorgeworfen werden, er habe durch seine Anzeige ein staatsanwaltschaftliches Ermittlungsverfahren selbst veranlasst. Von einem Arbeitgeber, der durch eine gravierende Pflichtverletzung eines seiner Arbeitnehmer erheblich geschädigt worden ist, kann nicht verlangt werden, dass er von einer Anzeige nur absieht, um eine mögliche Schädigung seines eigenen Rufs zu verhindern.[280]

100 – **Kirche.** Ein wichtiger Grund zur Kündigung eines Arbeitnehmers in einer kirchlichen Einrichtung kann gegeben sein, wenn dieser gegen **tragende Grundsätze des Kirchenrechts**

---

[275] Vgl. BAG 31. 5. 2007 AP 57 zu § 1 KSchG 1969 Verhaltensbedingte Kündigung = NZA 2007, 922; 27. 4. 2006 AP 202 zu § 626 BGB = NZA 2006, 977; 7. 7. 2005 AP 192 zu § 626 BGB = NZA 2006, 98.

[276] BAG 31. 5. 2007 AP 57 zu § 1 KSchG 1969 Verhaltensbedingte Kündigung = NZA 2007, 922.

[277] BAG 7. 7. 2005 AP 192 zu § 626 BGB = NZA 2006, 98.

[278] Zusammenfassend BAG 31. 5. 2007 AP 57 zu § 1 KSchG 1969 Verhaltensbedingte Kündigung = NZA 2007, 922; dazu *Lansnicker* BB 2007, 2184.

[279] BAG 27. 4. 2006 AP 202 zu § 626 BGB = NZA 2006, 977.

[280] BAG 27. 4. 2006 AP 202 zu § 626 BGB = NZA 2006, 977.

verstößt.[281] Nach der Rechtsprechung des BVerfG[282] haben die Kirchen in den Schranken der für alle geltenden Gesetze das Recht, den kirchlichen Dienst nach ihrem Selbstverständnis zu regeln und die spezifischen Obliegenheiten kirchlicher Arbeitnehmer verbindlich zu bestimmen. Welche kirchlichen Grundverpflichtungen als Gegenstand des Arbeitsverhältnisses bedeutsam sein können, richtet sich dementsprechend nach den von der verfassten Kirche anerkannten Maßstäben. Im Streitfall haben die Arbeitsgerichte die vorgegebenen kirchlichen Maßstäbe für die Bewertung vertraglicher Loyalitätspflichten zugrunde zu legen, soweit die Verfassung das Recht der Kirchen anerkennt, hierüber selbst zu befinden. Es bleibt nach Auffassung des BVerfG grundsätzlich der verfassten Kirche überlassen, verbindlich zu bestimmen, was „Glaubwürdigkeit der Kirche und ihrer Verkündung erfordert", was „spezifisch kirchliche Aufgaben" sind, was „Nähe" zu ihnen bedeutet, welches die „wesentlichen Grundsätze der Glaubens- und Sittenlehre" sind und was als – gegebenenfalls schwerer – Verstoß gegen diese anzusehen ist.

Dies gilt **beispielsweise** auch bei Chefärzten in kirchlichen Krankenhäusern.[283] Bestehen Meinungsverschiedenheiten, ob ein solcher Verstoß gegeben ist, muss der Krankenhausträger vorab die umstrittene Frage mit den kirchenamtlich zuständigen Stellen klären. Als wichtiger Grund wurden anerkannt Ehebruch (Mormonen[284] und katholische Kirche[285]), Kirchenaustritt einer Sozialpädagogin aus evangelischer Kirche[286] sowie werbende Tätigkeit für eine andere Glaubensgemeinschaft, die von den eigenen Glaubenssätzen erheblich abweicht.[287] Das Scheitern der Ehe ohne konkrete nachteilige Auswirkungen auf das Arbeitsverhältnis ist kein Kündigungsgrund.[288] Dieser Rechtsprechung steht weder die Richtlinie 2000/78/EG[289] vom 27. 11. 2000 zur Festlegung eines allgemeinen Rahmens für die Verwirklichung der Gleichbehandlung in Beschäftigung und Beruf **(Antidiskriminierungsrichtlinie)** noch das **AGG** entgegen. Denn Art. 4 Abs. 2 der Richtlinie und § 9 AGG enthalten Sonderregelungen für die berufliche Tätigkeit innerhalb der Kirchen.[290] 101

– **Kraftfahrer.** Der **Verlust der Fahrerlaubnis** kann bei einem Kraftfahrer einen personenbedingten Grund zur Kündigung – und sogar einen wichtigen Grund zur außerordentlichen Kündigung – darstellen.[291] Der Arbeitgeber darf den Arbeitnehmer in diesem Fall nicht mehr als Kraftfahrer weiterbeschäftigen. Ob bei **Trunkenheit** eines Kraftfahrers eine fristlose Kündigung gerechtfertigt ist, wenn noch keine Fahruntüchtigkeit vorliegt, hängt von den Umständen des Einzelfalls ab. Berechtigt ist sie jedenfalls regelmäßig dann, wenn dem Kraftfahrer der Führerschein entzogen wird oder er Fahrerflucht begangen hat und der Arbeitnehmer nicht anderweitig beschäftigt werden kann.[292] Dem Arbeitgeber ist nicht zuzumuten, dass der Arbeitnehmer sich durch einen Chauffeur fahren lässt.[293] Hiergegen spricht die Verpflichtung aus § 613 BGB zur Erbringung der Arbeitsleistung in Person. Ob eine hochgradige Alkoholisierung im Privatbereich Rückschlüsse auf die Zuverlässigkeit eines Berufskraftfahrers zulässt, hängt von den jeweiligen Umständen ab. Im Einzelfall kann nach Auffassung des BAG eine Abmahnung ausreichend sein.[294] Der Entzug bzw. der Verlust einer **Betriebsfahrberechtigung** kann grundsätzlich nicht dem Verlust einer behördlich bzw. gesetzlich vorgeschriebenen Fahrerlaubnis gleichgestellt werden.[295] Solche innerbetrieblichen Fahrerlaubnisse werden nach vom Arbeitgeber selbst aufgestellten Regeln zusätzlich zum Führerschein erteilt und 102

---

[281] Ausf. hierzu *Thüsing/Börschel* NZA-RR 99, 561.
[282] BVerfG 4. 6. 1985 AP 24 zu Art. 140 GG; 31. 1. 2001 NZA 2001, 717.
[283] BAG 7. 10. 1993 AP 114 zu § 626 BGB = NZA 94, 443.
[284] BAG 24. 4. 1997 AP 27 zu § 611 BGB Kirchendienst = NZA 96, 145.
[285] BAG 16. 9. 1999 AP 1 zu Art. 4 GrO kath. Kirche = NZA 2000, 208.
[286] LAG Rheinland-Pfalz 9. 1. 1997 NZA 98, 149.
[287] BAG 21. 2. 2001 AP 39 zu § 611 BGB Kirchendienst = NZA 2001, 1136.
[288] BAG 9. 2. 1995 RzK I 5h Nr. 25.
[289] ABl. EG Nr. L 303 S. 16.
[290] Hierzu *Hanau/Thüsing,* Europarecht und kirchliches Arbeitsrecht, 2001; *Reichold* NZA 2001, 1054; *Schliemann* NZA 2003, 407; *Thüsing* JZ 2004, 172.
[291] BAG 5. 6. 2008 AP 212 zu § 626 BGB; 25. 4. 1996 AP 18 zu § 1 KSchG 1969 Personenbedingte Kündigung = NZA 96, 1201; 31. 1. 1996 AP 17 zu § 1 KSchG 1969 Personenbedingte Kündigung = NZA 96, 819; 30. 5. 1978 AP 70 zu § 626 BGB.
[292] BAG 30. 5. 1978 AP 70 zu § 626 BGB; 25. 4. 1996 AP 18 zu § 1 KSchG 1969 Personenbedingte Kündigung.
[293] LAG Schleswig-Holstein NZA 87, 669; dagegen LAG Rheinland-Pfalz DB 90, 281 = NZA 90, 28; offengelassen von BAG 14. 2. 1991 RzK I 6a Nr. 70.
[294] BAG 4. 6. 1997 AP 137 zu § 626 BGB = NZA 97, 1281.
[295] BAG 25. 4. 1996 AP 18 zu § 1 KSchG 1969 Personenbedingte Kündigung = NZA 96, 1201.

können nach diesen Regelungen auch wieder entzogen werden. Eine Gleichstellung verbietet sich schon deshalb, weil es ansonsten der Arbeitgeber weitergehend in der Hand hätte, sich selbst Kündigungsgründe zu schaffen. Liegen dem Entzug der betrieblichen Fahrberechtigung allerdings erhebliche Pflichtverletzungen und Verstöße gegen die Straßenverkehrsordnung zugrunde, können sich hieraus Kündigungsgründe ergeben. Die hierfür maßgeblichen Tatsachen hat der Arbeitgeber nach allgemeinen Grundsätzen darzulegen und zu beweisen.[296] Eine personenbedingte Kündigung kann unwirksam sein, wenn der Arbeitgeber sich nicht an das in seiner Dienstanweisung vorgesehene Verfahren hält, das vor einer Kündigung Schulungsmaßnahmen vorsieht.[297]

103 – **Krankheit** (vgl. § 131 RN 31 ff.). **Unverschuldete krankheitsbedingte Fehlzeiten** rechtfertigen grundsätzlich nur eine ordentliche Kündigung. In der Regel kommt eine außerordentliche Kündigung – mit Auslauffrist – nur bei unkündbaren Arbeitnehmern in Betracht (§ 128 RN 34).[298]

104 Ein Arbeitnehmer kann fristlos gekündigt werden, wenn er seinen **fehlenden Arbeitswillen eindeutig kundgibt,** sich aber dann krankmeldet, um einer Kündigung zuvorzukommen[299] oder einer unangenehmen Arbeit[300] oder einer Versetzung[301] zu entgehen oder Urlaub zu erzwingen.[302] Ein solches Verhalten ist ohne Rücksicht darauf, ob der Arbeitnehmer später tatsächlich erkrankt, an sich geeignet, einen wichtigen Grund zur Kündigung zu bilden. Aus dem Umstand, dass der Arbeitnehmer in der Vergangenheit häufig von seinem Hausarzt krankgeschrieben worden ist, kann nicht auf ein Simulieren von Krankheiten geschlossen werden.[303] Zur Arbeitsunfähigkeit vgl. auch RN 72.

105 – **Lohnpfändung und Schulden.** Eine starke Verschuldung und eine Vielzahl von Lohnpfändungen sind nur ausnahmsweise geeignete Kündigungsgründe, die dann regelmäßig auch nur eine ordentliche Kündigung rechtfertigen.[304] Die Verschuldung eines in einer Vertrauensstellung beschäftigten Arbeitnehmers kann eine Kündigung begründen, wenn sie in relativ kurzer Zeit zu einer Vielzahl von Lohnpfändungen führt und sich aus Art und Höhe der Schulden ergibt, dass der Arbeitnehmer noch längere Zeit in ungeordneten finanziellen Verhältnissen leben wird.[305] Die Kündigung erfordert grundsätzlich eine vorausgehende Abmahnung.[306] Die Überschuldung kann eine Kündigung nicht rechtfertigen, wenn sie im Verlauf einer anzuerkennenden Notlage erwachsen ist, z. B. infolge notwendiger Anschaffungen für Familie und Hausstand, Krankheit usw. Die durch die Bearbeitung zahlreicher Lohnpfändungen entstehenden Kosten und Verwaltungsarbeiten können zur Begründung einer Kündigung herangezogen werden, wenn die hohe Zahl der Lohnpfändungen zu wesentlichen Störungen im Arbeitsablauf führt.

106 – **Mankobeträge.** Höhere Mankobeträge rechtfertigen für sich noch nicht die fristlose Kündigung. Vielmehr muss im Einzelfall festgestellt werden, worauf sie zurückzuführen sind.[307] Unter Umständen kommt eine Verdachtskündigung in Betracht.[308] Geldentnahmen einer Kassiererin sollen stets eine fristlose Kündigung rechtfertigen, auch bei beabsichtigter Rückerstattung.[309]

---

[296] BAG 5. 6. 2008 AP 212 zu § 626 BGB

[297] Vgl. BAG 25. 4. 1996 AP 18 zu § 1 KSchG 1969 Personenbedingte Kündigung = NZA 96, 1201.

[298] BAG 18. 10. 2000 AP 9 zu § 626 BGB Krankheit = NZA 2001, 219; 16. 9. 1999 AP 159 zu § 626 BGB = NZA 2000, 141; 9. 7. 1998 EzA 1 zu § 626 BGB Krankheit.

[299] LAG Saarbrücken BB 64, 221; LAG Düsseldorf DB 81, 1094; ArbG Kiel BB 77, 997; ArbG Wuppertal DB 80, 1220.

[300] ArbG Aalen BB 67, 664; ArbG Rheine DB 67, 998; ArbG Wuppertal DB 68, 64; ArbG Düsseldorf DB 81, 588.

[301] LAG Köln 14. 6. 1982 DB 82, 2091; ArbG Kiel BB 75, 374.

[302] BAG 17. 6. 2003 AP 13 zu § 543 ZPO 1977; 5. 11. 1992 AP 4 zu § 626 BGB Krankheit = NZA 93, 308; LAG Düsseldorf DB 81, 1094; dagegen LAG Köln 1. 4. 1998 NZA-RR 98, 533.

[303] LAG Frankfurt DB 72, 2359; vgl. dazu auch § 275 I a lit. b SGB V zur Begutachtung durch den medizinischen Dienst der Krankenkassen.

[304] BAG 15. 10. 1992 EzA 45 zu § 1 KSchG Verhaltensbedingte Kündigung; 4. 11. 1981 AP 4 zu § 1 KSchG 1969 Verhaltensbedingte Kündigung.

[305] Vgl. BAG 15. 10. 1992 EzA 45 zu § 1 KSchG Verhaltensbedingte Kündigung.

[306] Ebenso *Berkowsky* NZA-RR 2001, 57, 68; KR/*Griebeling* § 1 KSchG RN 461; *v. Hoyningen-Huene/Linck* § 1 RN 345; a. A. BAG 4. 11. 1981 AP 4 zu § 1 KSchG 1969 Verhaltensbedingte Kündigung.

[307] Vgl. BAG 17. 4. 1956, 22. 11. 1973 AP 8, 67 zu § 626 BGB; zur Haftung für Fehlbeträge vgl. BAG 2. 12. 1999 AP 3 zu § 611 BGB Mankohaftung = NZA 2000, 715.

[308] BAG 17. 4. 1956 AP 8 zu § 626 BGB; bei Direktionsassistent: LAG Frankfurt BB 72, 880.

[309] LAG Düsseldorf DB 76, 680.

Wird ein Geschäftsführer einer GmbH, der mit dem **Jahresabschluss** befasst ist, mit erheblichen Bewertungsdifferenzen konfrontiert, muss er diesen nachgehen. Unterlässt er dies, kann seine fristlose Entlassung gerechtfertigt sein.[310] 107

– **Ministerium für Staatssicherheit.** Für Arbeitnehmer im öffentlichen Dienst ist gemäß Anlage I Kap. XIX Sachgebiet A Abschnitt III Nr. 1 Abs. 5 zum Einigungsvertrag vom 31. 8. 1990 im Falle einer früheren **Tätigkeit für das Ministerium für Staatssicherheit/Amt für nationale Sicherheit der DDR** (MfS/ANS) ein Grund für eine außerordentliche Kündigung gegeben. Die Zweiwochenfrist des § 626 II BGB findet hier keine Anwendung. Durch den Sonderkündigungstatbestand soll im Bereich des öffentlichen Dienstes die Trennung von vorbelastetem Personal erleichtert werden,[311] was im Hinblick auf die besondere Treuepflicht der Arbeitnehmer des öffentlichen Dienstes (vgl. § 8 I BAT) gerechtfertigt erscheint. Bei der Prüfung, ob ein Festhalten am Arbeitsverhältnis zumutbar ist, muss stets eine Einzelfallprüfung vorgenommen werden.[312] Bei einem inoffiziellen Mitarbeiter ergibt sich der Grad der Verstrickung vor allem aus Art, Dauer und Intensität seiner Tätigkeit sowie aus dem Grund der Aufnahme und der Beendigung der Tätigkeit für das MfS. Zur Feststellung des Sachverhalts sind die Akten des MfS auszuwerten. Aus der bloßen Zurverfügungstellung einer konspirativen Wohnung kann noch nicht auf die mangelnde Eignung geschlossen werden.[313] 108

Die von den Arbeitgebern des öffentlichen Dienstes in Personalfragebogen gestellten **Fragen über frühere Parteifunktionen in der SED und nach einer Tätigkeit für das MfS** sind zulässig und daher wahrheitsgemäß zu beantworten.[314] Nur Fragen nach Vorgängen, die vor dem Jahre 1970 abgeschlossen waren, sind wegen Verletzung des allgemeinen Persönlichkeitsrechts unzulässig. Aus der falschen Beantwortung solcher Fragen dürfen grundsätzlich keine arbeitsrechtlichen Konsequenzen gezogen werden.[315] Die Falschbeantwortung von Fragen nach einer MfS-Tätigkeit und einer Verpflichtungserklärung kann eine fristgemäße Kündigung sozial rechtfertigen. Denn die wahrheitsgemäße Beantwortung dieser Fragen ist im Hinblick auf die besonderen Treuepflichten der Angehörigen des öffentlichen Dienstes erkennbar für den Dienstherrn von besonderer Bedeutung.[316] Die Nichtbeantwortung der Fragen steht der Falschbeantwortung nicht gleich. Deshalb kann hieraus nicht auf einen charakterlichen Mangel und damit einen Kündigungsgrund in der Person des Arbeitnehmers geschlossen werden.[317] Verschweigt ein im öffentlichen Dienst Beschäftigter eine MfS-Tätigkeit vor Vollendung des 21. Lebensjahres, ist es dem öffentlichen Arbeitgeber jedenfalls bei einem nicht allzu gravierenden Maß der Verstrickung eher zumutbar, auf die Falschbeantwortung mit milderen Mitteln als mit einer fristlosen Kündigung – etwa mit einer Abmahnung oder einer ordentlichen Kündigung – zu reagieren, als wenn es sich um Tätigkeit für das MfS handelt, die unter keinen Umständen mehr als „Jugendsünde" abgetan werden kann. Im Rahmen der Interessenabwägung kann nach Auffassung des BAG zu Gunsten des Arbeitnehmers berücksichtigt werden, dass die MfS-Tätigkeit sich zeitlich auf die Wehrpflicht des Betreffenden bei der NVA beschränkte und die Berichte inhaltlich nicht über dienstliche Belange hinausgingen.[318] Das Recht zur Kündigung wegen Falschbeantwortung der Fragen nach einer Tätigkeit für das MfS wird nicht dadurch verwirkt, dass der Arbeitgeber zuvor (1$^1/_2$ Jahre) zunächst wegen einer Tätigkeit für das MfS gekündigt hat.[319] Für Mitarbeiter der Deutsche Post AG gelten die Sonderregeln des Einigungsvertrags.[320] 109

Für die auf eine frühere MfS-Tätigkeit gestützte Kündigung in der **Privatwirtschaft** kommt es darauf an, wie sich die Vorbelastung des Arbeitnehmers auf das Arbeitsverhältnis auswirkt. Ähnlich wie Vorstrafen nur ausnahmsweise geeignet sind, einen Kündigungsgrund zu bilden, kann auch die frühere Stasi-Tätigkeit nur dann eine Kündigung rechtfertigen, wenn für die arbeitsvertraglich vereinbarte Tätigkeit eine besondere Integrität des Arbeitneh- 110

---

310 OLG Bremen 20. 3. 1997 NZA-RR 98, 61.

311 Vgl. Erläuterungen der Bundesregierung zu den Anlagen des Einigungsvertrages vom 31. 8. 1990, BT-Drucks. 11/7817, S. 180.

312 Vgl. BAG 28. 4. 1994 AP 13 zu Art. 20 Einigungsvertrag; 16. 9. 1999 RzK I 5h Nr. 53.

313 Vgl. BAG 1. 7. 1999 RzK I 5h Nr. 50.

314 BVerfG 8. 7. 1997 AP 39 zu Art. 2 GG; BAG 26. 8. 1993 AP 8 zu Art. 20 Einigungsvertrag; BAG 14. 12. 1995 EzA 52 zu Art. 20 Einigungsvertrag.

315 BVerfG 8. 7. 1997 AP 39 zu Art. 2 GG; 4. 8. 1998 NZA 98, 1329.

316 BAG 9. 7. 1998 RzK I 5h Nr. 43; 13. 6. 1996 – 2 AZR 483/96 n. v.

317 Vgl. BAG 10. 10. 1996 RzK I 5h Nr. 36.

318 BAG 21. 6. 2001 EzA 190 zu § 626 nF BGB = NZA 2002, 168.

319 Vgl. BAG 20. 8. 1998 RzK I 5h Nr. 46.

320 BAG 10. 12. 1998 AP 46 zu Art. 20 Einigungsvertrag = NZA 99, 537.

mers erforderlich ist, wie dies beispielsweise bei Mitarbeitern in Vertrauensstellungen anzunehmen ist.[321] Kündigungsrelevant können im Einzelfall auch die fehlende Akzeptanz des früheren Stasi-Mitarbeiters in der Belegschaft und das von ihr ausgehende Kündigungsverlangen sein. Entsprechend den für die Druckkündigung geltenden Grundsätzen (dazu RN 89) ist hier unter Berücksichtigung aller Umstände des Einzelfalls zu prüfen, ob die Kündigung geboten erscheint.[322]

111 – **Nebentätigkeit** (§ 42). Nebentätigkeiten sind geeignet, eine Kündigung zu rechtfertigen, wenn auf Grund der Beanspruchung durch die Nebentätigkeit der Arbeitnehmer bei der Erbringung der vertraglich geschuldeten Arbeitsleistung gegenüber dem Arbeitgeber beeinträchtigt wird.[323] Gleiches gilt, wenn der Arbeitnehmer in Wettbewerb zu seinem Arbeitgeber tritt.[324] Der Arbeitgeber hat im Übrigen keinen Anspruch darauf, dass der Arbeitnehmer seine Arbeitskraft ausschließlich zu seiner Verfügung bereithält. Soweit eine (tarif)vertragliche Vereinbarung über ein Verbot von Nebentätigkeiten oder über deren Genehmigungspflicht besteht, ist diese Regelung unter Beachtung von Art. 12 GG verfassungskonform dahin auszulegen, dass nur solche Nebentätigkeiten verboten sind bzw. einer Genehmigung des Arbeitgebers bedürfen, an deren Unterlassung der Arbeitgeber ein berechtigtes Interesse hat.[325] Unzulässig ist eine Nebentätigkeit während der Erkrankung, wenn hierdurch der Genesungsprozess verzögert wird.[326]

112 – **Offenbarungspflicht.** Macht ein Arbeitnehmer bei seiner Bewerbung falsche Angaben über sein **letztes Gehalt,** kann nur ausnahmsweise seine außerordentliche Kündigung gerechtfertigt sein.[327] Das gilt erst recht, wenn das bisherige Gehalt für die Eignung nichts aussagt.[328] Gibt er nach der Kündigung des Arbeitsverhältnisses unrichtige Auskunft über seinen zukünftigen Arbeitgeber, rechtfertigt dies keine außerordentliche Kündigung.[329]

113 – **Politische Meinungsäußerung.** Die politische Anschauung, insbesondere die Mitgliedschaft in einer politischen Partei oder Gewerkschaft, rechtfertigt grundsätzlich keine Kündigung. Etwas anderes kann nur gelten bei schweren Rechtsverletzungen, die jedem Rechtsverständnis widersprechen oder bei politischer Agitation, wenn dadurch der **Betriebsfrieden** gestört wird.[330] Hierzu gehört auch das Tragen parteipolitischer Plaketten mit propagandistischem Inhalt.[331] Im öffentlichen Dienst kann eine Zurückhaltung in politischen Fragen geboten sein.[332] Außerbetriebliche parteipolitische Betätigung ist grundsätzlich kündigungsrechtlich unerheblich.

---

[321] BAG 25. 10. 2001 – 2 AZR 559/00 n. v.

[322] Ebenso *Scholz* BB 92, 2424, 2426.

[323] Vgl. BAG 21. 9. 1999 AP 6 zu § 611 BGB Nebentätigkeit = NZA 2000, 723: Kein Anspruch eines DGB-Rechtsschutzsekretärs auf Zustimmung zur Aufnahme einer Nebentätigkeit als Rechtsanwalt; BAG 24. 6. 1999 AP 5 zu § 611 BGB Nebentätigkeit = DB 2000, 1336 zur Nebentätigkeit eines Hörfunksprechers des NDR bei einem privaten Fernsehsender; BAG 26. 6. 2001 AP 8 zu § 1 TVG Tarifverträge: Verkehrsgewerbe = NZA 2002, 98 zum Verbot von Nebentätigkeiten bei Busfahrern, die mit dem Lenken von LKWs verbunden sind; BAG 28. 2. 2002 – 6 AZR 357/01: Keine Nebentätigkeitserlaubnis für einen Krankenpfleger als Leichenbestatter; BAG 19. 4. 2007 AP 20 zu § 174 BGB = NZA-RR 2007, 571; nebenberufliche Tätigkeit eines in einem Klinikum angestellten Oberarztes als niedergelassener Arzt; sowie bereits BAG 3. 12. 1970, 26. 8. 1976 AP 60, 68 zu § 626 BGB; zur Wirksamkeit einer Abmahnung bei einer nicht angezeigten Nebentätigkeit im öffentlichen Dienst BAG 20. 5. 1996 AP 2 zu § 611 BGB Nebentätigkeit.

[324] Vgl. BAG 19. 4. 2007 AP 20 zu § 174 BGB = NZA-RR 2007, 571 (vertragsärztliche Tätigkeit eines Oberarztes eines Krankenhauses ohne Nebentätigkeitsgenehmigung nach Abmahnung); 6. 8. 1987 AP 97 zu § 626 BGB; 16. 8. 1990 AP 10 zu § 611 BGB Treuepflicht = NZA 91, 141; LAG Frankfurt 6. 11. 1996 LAGE § 1 KSchG Verhaltensbedingte Kündigung Nr. 10; LAG Köln 11. 9. 1996 LAGE § 626 BGB Nr. 103.

[325] Vgl. BAG 11. 12. 2001 AP 8 zu § 611 BGB Nebentätigkeit = NZA 2002, 965; 18. 11. 1988 AP 3 zu § 611 BGB Doppelarbeitsverhältnis; *Preis,* Grundfragen der Vertragsgestaltung im Arbeitsrecht, 1993, S. 534 ff.

[326] BAG 26. 8. 1993 AP 112 zu § 626 BGB = NZA 94, 63.

[327] LAG Düsseldorf BB 63, 93.

[328] BAG 19. 5. 1983 AP 25 zu § 123 BGB = DB 84, 298.

[329] A. A. LAG Mannheim AP 1 zu § 626 BGB.

[330] BAG 9. 12. 1982 AP 73 zu § 626 BGB = NJW 84, 1142; *Hofmann,* Das Verbot der parteipolitischen Betätigung im Betrieb, 1984; *v. Hoyningen-Huene/Hofmann* BB 84, 1050; *Kissel* NZA 88, 145.

[331] Anti-Strauß-Plakette: BAG 9. 12. 1982 AP 73 zu § 626 BGB = NJW 84, 1142; vgl. *v. Hoyningen-Huene* BB 84, 1050.

[332] BAG 2. 3. 1982 AP 8 zu Art. 5 Abs. 1 GG Meinungsfreiheit; 6. 6. 1984 AP 22 zu Art. 33 Abs. 2 GG = NZA 87, 392.

– **Rauchverbot.** Die Verletzung eines wirksam vereinbarten[333] Rauchverbots (dazu § 55 RN 38 ff.) kann nach vorheriger Abmahnung eine ordentliche Kündigung rechtfertigen.[334] 114

– **Rücksprache.** Die hartnäckige Weigerung des Arbeitnehmers, zur Rücksprache zum Geschäftsführer des Arbeitgebers zu kommen, kann ausnahmsweise zur außerordentlichen Kündigung berechtigen.[335] 115

– **Schmiergelder.** Schmiergeldannahme berechtigt regelmäßig zu einer außerordentlichen Kündigung.[336] Das gilt insbesondere **im öffentlichen Dienst.**[337] Geldgeschenke in einer Größenordnung von 50,00 Euro pro Fall können auch bei großzügigster Auslegung nicht mehr als bloße Aufmerksamkeiten eher symbolischer Natur gewertet werden, die der öffentliche Arbeitgeber regelmäßig toleriere. Was der Arbeitnehmer mit dem pflichtwidrig erworbenen Geld macht, ist unerheblich, weil die Pflichtwidrigkeit schon in dem Erwerb des Geldes liegt. Es kommt deshalb nicht darauf an, ob er das Geld für sich verwendet oder einer „Kaffeekasse" zuführt.[338] Das Verbot, Belohnungen oder Geschenke ohne Zustimmung des Arbeitgebers anzunehmen, gilt insbesondere im Pflegebereich auch für die **Begünstigung durch letztwillige Verfügungen.** Ausreichend ist, dass objektiv ein enger Zusammenhang zwischen dem Geschenk und der dienstlichen Tätigkeit besteht.[339] Keine Annahme von Schmiergeld liegt dagegen nach Auffassung des BAG vor, wenn ein Arbeitnehmer, der nicht mit der Einstellung von Personal befasst ist, für die Vermittlung der Einstellung eines anderen Arbeitnehmers eine **Vermittlungsprovision** erhält.[340] Hierbei handele es sich um außerdienstliches Verhalten, das nur bei einer konkreten Beeinträchtigung des Arbeitsverhältnisses geeignet sei, eine Kündigung sozial zu rechtfertigen. 116

– **Schwangerschaftsabbruch.** Ein gesetzlich zulässiger Schwangerschaftsabbruch wird grundsätzlich nicht die Kündigung der Schwangeren rechtfertigen. Eine Ausnahme kann allenfalls für Tendenzträgerinnen bestehen (dazu RN 100). Ob die Kündigung von Medizinalpersonen gerechtfertigt ist, die sich weigern, dabei mitzuwirken, ist umstr. Das BAG verneint grundsätzlich die Berechtigung zur fristlosen Kündigung.[341] Besonderheiten bestehen in konfessionellen Krankenhäusern. 117

– **Sekte.**[342] Stehen Personen in einem besonderen Abhängigkeitsverhältnis zu einem Arbeitnehmer, kann dessen außerordentliche Kündigung gerechtfertigt sein, wenn er der **Scientology-Bewegung** angehört. Dasselbe gilt für eine Jugendleiterin, die sich werbend einsetzt.[343] 118

– **Sexuelle Belästigung.**[344] Die **Beeinträchtigung der sexuellen Selbstbestimmung** einer Arbeitnehmerin durch einen männlichen Arbeitnehmer stellt einen Kündigungsgrund dar, wenn die Arbeitnehmerin im Betrieb ohne ihre Zustimmung sexuell belästigt wird.[345] Dies gilt insbesondere für sexuelle Belästigungen von Auszubildenden durch Ausbilder, weil der Arbeitgeber die Auszubildenden vor Übergriffen schützen und deshalb auf die Integrität seiner Ausbilder vertrauen können muss.[346] Auch sexuelle Belästigungen einer Mitarbeiterin einer Kundenfirma können die Kündigung eines angestellten Verkäufers rechtfertigen.[347] Die Begriffsbestimmung der „sexuellen Belästigung" aus § 3 IV AGG ist auch kündigungsrechtlich maßgebend. Die danach erforderliche Unerwünschtheit des fraglichen sexuellen Verhal- 119

---

[333] Vgl. zur Mitbestimmung des Betriebsrats BAG 19. 1. 1999 AP 28 zu § 87 BetrVG 1972 Ordnung des Betriebs = NZA 99, 546.

[334] LAG Düsseldorf 17. 6. 1997 LAGE § 1 KSchG Verhaltensbedingte Kündigung Nr. 58.

[335] LAG Düsseldorf DB 66, 947.

[336] BAG 26. 9. 2002 AP 37 zu § 626 BGB Verdacht auf strafbare Handlung = NZA 2003, 991; 15. 11. 2001 AP 175 zu § 626 BGB; 21. 6. 2001 EzA 7 zu § 626 BGB Unkündbarkeit; 15. 11. 1995 AP 73 zu § 102 BetrVG 1972 = NZA 96, 419.

[337] BAG 15. 11. 2001 AP 175 zu § 626 BGB.

[338] BAG 10. 2. 1999 AP 42 zu § 15 KSchG 1969; 15. 11. 2001 AP 175 zu § 626 BGB.

[339] BAG 17. 6. 2003 EzA 59 zu § 1 KSchG Verhaltensbedingte Kündigung.

[340] BAG 24. 9. 1987 AP 19 zu § 1 KSchG 1969 Verhaltensbedingte Kündigung mit abl. Anm. *van Venrooy* = EzA 18 zu § 1 KSchG Verhaltensbedingte Kündigung mit abl. Anm. *Löwisch.*

[341] BAG 21. 10. 1982 AP 14 zu Art. 140 GG = NJW 84, 826.

[342] *Bauer/Baeck* DB 97, 2534.

[343] LAG Berlin 11. 6. 1997 NZA-RR 97, 422.

[344] Vgl. hierzu *Marzodko/Rinne* ZTR 2000, 305; *Schlachter* NZA 2001, 121.

[345] Vgl. Hessisches LAG 20. 8. 1995 – 3 Sa 636/94 n. v.: Griff an die Brust einer arglos und konzentriert arbeitenden Arbeitnehmerin durch einen Kollegen; LAG Hamm 10. 3. 1999 NZA-RR 99, 623; Sächsisches LAG 10. 3. 2000 LAGE § 626 BGB Nr. 130: Wiederholtes Greifen an das Gesäß einer Praktikantin.

[346] Vgl. BAG 9. 1. 1986 AP 20 zu § 626 BGB Ausschlussfrist; 23. 9. 1976 AP 1 zu § 1 KSchG 1969 Wartezeit.

[347] Vgl. BAG 26. 6. 1997 RzK I 5 i Nr. 126.

tens muss nach Außen in Erscheinung getreten und für den Handelnden erkennbar sein. Das ist anzunehmen, wenn aus dem Verhalten der oder des Betroffenen für einen neutralen Beobachter die Ablehnung hinreichend deutlich geworden ist. Unter Umständen kann daher auch ein rein passives Verhalten in der Form eines zögernden, zurückhaltenden Geschehenlassens gegenüber einem drängenden, durchsetzungsfähigen Belästiger, insbesondere einem Vorgesetzten, zur Erkennbarkeit einer ablehnenden Haltung ausreichen.[348] Die vom Arbeitgeber zu ergreifende Maßnahme muss dem Grundsatz der Verhältnismäßigkeit entsprechen.[349] Die nach § 12 AGG zu treffenden vorbeugenden Schutzmaßnahmen gegen sexuelle Belästigung am Arbeitsplatz berechtigen ihn nicht, der sexuellen Belästigung beschuldigte Arbeitnehmer zu entlassen, wenn ihnen eine entsprechende Tat nicht nachgewiesen werden kann.[350]

120 – **Spesenbetrug.** Ein Spesenbetrug des Arbeitnehmers ist grundsätzlich auch bei verhältnismäßig geringen Beträgen ein **geeigneter Kündigungsgrund.**[351] Dies gilt auch dann, wenn der Arbeitnehmer Spesen nicht hatte abrechnen wollen, eine Abrechnung jedoch auf Aufforderung durch seinen Arbeitgeber aus dem Gedächtnis erstellt und den Arbeitgeber nicht auf Zweifel an der Richtigkeit der Abrechnung hinweist.[352] Die Kündigung wegen betrügerischer Reisekostenabrechnung ist nicht schon deshalb unwirksam, weil der Arbeitgeber diesen Kündigungsgrund mit detektivischen Mitteln ausfindig gemacht hat, um das Arbeitsverhältnis beenden zu können, und er sich normalerweise nicht um die Abrechnungsweise des Arbeitnehmers gekümmert hätte.[353] Mit dem Unterlassen von Kontrollen erteilt der Arbeitgeber dem Arbeitnehmer keinen „Freibrief" für die Spesenabrechnungen, sondern bringt ihm im Gegenteil besonderes Vertrauen entgegen.

121 – Die **Stilllegung eines Betriebs** ist grundsätzlich kein Grund zur außerordentlichen Kündigung.[354] Nur wenn die ordentliche Kündigung ausgeschlossen ist, besteht ein wichtiger Grund zur Kündigung. In diesem Fall kann die Kündigung allerdings nicht fristlos, sondern regelmäßig nur mit einer der Kündigungsfrist entsprechenden Auslauffrist erfolgen (vgl. § 128 RN 30).[355] Bei Teilstilllegungen hat der Arbeitgeber Weiterbeschäftigungsmöglichkeiten der Unkündbaren auf anderen Arbeitsplätzen zu prüfen[356] und eine Sozialauswahl vorzunehmen.[357]

122 – **Strafhaft.** Wird ein Arbeitnehmer zum **Strafantritt** geladen, wird ihm die Arbeitsleistung unmöglich, so dass eine außerordentliche Kündigung i. d. R. berechtigt ist. Auf Grund seiner Fürsorgepflicht ist der Arbeitgeber nach Auffassung des BAG allerdings gehalten, bei der Erlangung des Freigängerstatus mitzuwirken.[358] Wartet ein Arbeitgeber den Abschluss eines Strafverfahrens ab, so wird unterdessen das Kündigungsrecht nicht verwirkt. Bei der Kündigung eines Arbeitnehmers wegen Arbeitsverhinderung auf Grund von Untersuchungshaft hängt es von deren Dauer sowie Art und Ausmaß der betrieblichen Auswirkungen ab, ob die haftbedingte Nichterfüllung der Arbeitspflicht eine Kündigung rechtfertigt.[359]

123 – **Straftaten. Außerhalb des Arbeitsverhältnisses** begangene Straftaten rechtfertigen eine außerordentliche Kündigung nur dann, wenn sie sich auf das Arbeitsverhältnis auswirken, wie z. B. Vermögensdelikte eines Angestellten in einer Vertrauensstellung,[360] Diebstähle in zum

---

[348] BAG 25. 3. 2004 AP 189 zu § 626 BGB = NZA 2004, 1214.

[349] Vgl. LAG Hamm 22. 10. 1996, LAG Hamburg 21. 10. 1998 LAGE § 4 BSchG Nr. 1 und 3; LAG Hamm 10. 3. 1999 LAGE § 1 KSchG Verhaltensbedingte Kündigung Nr. 75.

[350] BAG 8. 6. 2000 AP 3 zu § 2 BeschSchG = NZA 2001, 91.

[351] Vgl. BAG 6. 9. 2007 AP 208 zu § 626 BGB = NZA 2008, 636; 2. 6. 1960, 22. 11. 1962 AP 42, 49 zu § 626 BGB; siehe auch LAG Frankfurt 5. 7. 1988 LAGE § 1 KSchG Verhaltensbedingte Kündigung Nr. 20, wonach im Einzelfall bei langjähriger beanstandungsfreier Beschäftigung und einem geringen Schaden – hier 25,– DM – auch eine ordentliche Kündigung unwirksam sein kann; zu manipulierten Reisekostenabrechnungen vgl. LAG Köln 2. 3. 1999 RzK I 6 a Nr. 174.

[352] LAG Nürnberg 28. 3. 2003 LAGE § 626 BGB Nr. 149.

[353] Ebenso LAG Nürnberg 28. 3. 2003 LAGE § 626 BGB Nr. 149; abweichend OLG Köln 4. 11. 2002 EzA 1 zu § 626 BGB 2002, dagegen mit Recht *Diller* NZA 2006, 569 und *Küttner* FS Bartenbach, 2005, S. 599.

[354] LAG Düsseldorf 27. 6. 1974 DB 74, 2113.

[355] BAG 17. 9. 1998 AP 148 zu § 626 BGB = NZA 99, 258.

[356] BAG 17. 9. 1998 AP 148 zu § 626 BGB = NZA 99, 258.

[357] BAG 5. 2. 1998 AP 143 zu § 626 BGB = NZA 98, 771.

[358] BAG 9. 3. 1995 AP 123 zu § 626 BGB = NZA 95, 777.

[359] BAG 22. 9. 1994 AP 25 zu § 1 KSchG 1969 = NZA 95, 119; 15. 11. 1984 AP 87 zu § 626 BGB = NZA 85, 661.

[360] Vgl. LAG Düsseldorf BB 56, 434; LAG Bad.-Württemberg DB 57, 1076; LAG Frankfurt BB 72, 880; Steuerverkürzungen: LAG Düsseldorf EzA 72 zu § 626 BGB n. F.

Unternehmen gehörenden anderen Kaufhäusern,[361] erhebliche Verkehrsdelikte eines Kraftfahrers, unerlaubter Waffenbesitz.[362] Eine Steuerhinterziehung in erheblicher Höhe ist bei einem Angestellten einer Finanzbehörde auch dann ein geeigneter Kündigungsgrund, wenn der Angestellte die Hinterziehung gem. § 371 AO selbst angezeigt hat.[363]

Anders ist es dagegen bei Straftaten **im Arbeitsverhältnis.** Ein Arbeitnehmer, der im Zu- **124**
sammenhang mit seiner Arbeitsleistung strafrechtlich relevante Handlungen gegen das Vermögen seines Arbeitgebers begeht, verletzt damit seine arbeitsvertragliche Rücksichtnahmepflicht (§ 241 II BGB) schwerwiegend und missbraucht das in ihn gesetzte Vertrauen in erheblicher Weise.[364] Straftaten gegen den Arbeitgeber (Eigentumsdelikte, Körperverletzungen usw.) rechtfertigen zumeist die außerordentliche Kündigung,[365] und zwar auch beim **Diebstahl** geringwertiger Güter[366] sowie bei Einräumung von Freundschaftspreisen durch Abteilungsleiter.[367] Dem Diebstahl steht das **Kopieren von Daten** aus dem Bestand des Arbeitgebers gleich.[368] Ein **Spesenbetrug** und ein **Arbeitszeitbetrug** können selbst dann als Grund zur fristlosen Entlassung ausreichen, wenn es sich um einen einmaligen Vorfall mit geringen finanziellen Auswirkungen handelt.[369] Bei Vermögensdelikten gegen den Arbeitgeber sind im Rahmen der Interessenabwägung Unterhaltspflichten des Arbeitnehmers in der Regel nicht zu berücksichtigen.[370] Trägt ein Arbeitnehmer im Kündigungsschutzprozess bewusst wahrheitswidrig vor, weil er befürchtet, mit wahrheitsgemäßen Angaben den Prozess nicht gewinnen zu können, begeht er einen **Prozessbetrug** zulasten des Arbeitgebers, der einen wichtigen Grund zur außerordentlichen Kündigung bilden kann.[371] Gleiches gilt für eine vorsätzlich falsche **eidesstattliche Versicherung.**[372] Ein Arbeitnehmer, der während seiner Tätigkeit für seinen Arbeitgeber mit dessen Kraftfahrzeug einen Unfall bewusst verursacht hat, um dessen **Haftpflichtversicherung zu schädigen,** begeht eine strafbare Handlung, die auch bei einem entsprechenden dringenden Verdacht geeignet ist, eine außerordentliche Kündigung aus wichtigem Grund zu rechtfertigen.[373] Der dringende Verdacht, **Autoreifen der Privat-PKW von Arbeitskollegen aufgeschlitzt** zu haben, stellt einen wichtigen Grund zur außerordentlichen Kündigung dar.[374] **Exhibitionistische Handlungen** nach § 183 StGB während der Dienstzeit unter Nutzung der Diensträume stellen einen an sich geeigneten wichtigen Grund zur außerordentlichen Kündigung dar.[375] Gleiches gilt für **Bestechlichkeit und Nötigung.**[376] Beachtet der Arbeitgeber das Mitbestimmungsrecht des

---

[361] BAG 20. 9. 1984 AP 80 zu § 626 BGB = NZA 85, 286.

[362] LAG Berlin 1. 12. 1986 AP 94 zu § 626 BGB.

[363] BAG 21. 6. 2001 AP 5 zu § 54 BAT = NZA 2002, 1030.

[364] BAG 13. 12. 2007 AP 210 zu § 626 BGB = NZA 2008, 1008.

[365] BAG 17. 5. 1984 AP 14 zu § 626 BGB Verdacht strafbarer Handlung = NZA 85, 91; 13. 12. 1984 AP 81 zu § 626 BGB = NZA 85, 288.

[366] Vgl. BAG 17. 5. 1984 AP 14 zu § 626 BGB Verdacht strafbarer Handlung; 20. 9. 1984 AP 80 zu § 626 BGB; 3. 4. 1986 AP 18 zu § 626 BGB Verdacht strafbarer Handlung: Verzehr eines Stück Bienenstichkuchens einer Verkäuferin hinter der Bedienungstheke; Diebstahl von drei Kiwifrüchten im Wert von DM 2,97; Diebstahl eines Lippenstifts zum Kaufpreis von DM 9,00 (dazu auch BAG 13. 12. 2007 AP 210 zu § 626 BGB = NZA 2008, 1008); BAG 12. 8. 1999 AP 28 zu § 626 BGB Verdacht strafbarer Handlung = NZA 2000, 421: Diebstahl von zwei Packungen Schinken (je 100 gr.), drei Kaffeetassen (Wert je 3,28 DM) und einer Dose Speiseöl (Wert: 4,75 DM) eines Mitropa-Mitarbeiters; BAG 11. 12. 2003 AP 179 zu § 626 BGB = NZA 2004, 486: 62 Minifläschchen Alkoholika; LAG Düsseldorf 19. 2. 1992 LAGE § 626 BGB Nr. 66: Wegnahme einer Wurst in einer Metzgerei; ähnlich LAG Köln LAGE § 626 BGB Nr. 86 zur Mitnahme von 2 gebratenen Fischstücken im Wert von 10,– DM, die nach Schließung der Kantine vom Mittagessen übriggeblieben waren; LAG Köln 6. 8. 1999 LAGE § 626 BGB Nr. 127: Diebstahl von jeweils einem Glas mit sechs Wiener Würstchen an drei Tagen; anders LAG Köln 30. 9. 1999 NZA-RR 2001, 83: Diebstahl von 3 Briefumschlägen im Wert von 0,03 DM rechtfertigt Kündigung nur nach vorheriger Abmahnung.

[367] LAG Niedersachsen DB 79, 117.

[368] Sächsisches LAG 14. 7. 1999 LAGE § 626 BGB Nr. 129.

[369] BAG 6. 9. 2007 AP 208 zu § 626 BGB = NZA 2008, 636.

[370] BAG 2. 3. 1989 AP 101 zu § 626 BGB = NZA 89, 755; 5. 4. 2001 DB 2001, 2002; a. A. allerdings BAG 27. 4. 2006 AP 203 zu § 626 BGB = NZA 2006, 1033; 16. 12. 2004 AP 191 zu § 626 BGB = NZA-RR 2005, 615; mit Recht krit. hierzu APS/*Dörner* § 626 BGB RN 111 f. m. w. N.

[371] BAG 8. 11. 2007 AP 209 zu § 626 BGB.

[372] BAG 24. 11. 2005 AP 55 zu § 103 BetrVG 1972.

[373] BAG 29. 11. 2007 AP 40 zu § 626 BGB Verdacht strafbarer Handlung.

[374] BAG 13. 3. 2008 AP 43 zu § 626 BGB Verdacht strafbarer Handlung = NZA 2008, 809.

[375] BAG 5. 6. 2008 NZA-RR 2008, 630.

[376] BAG 5. 6. 2008 NZA-RR 2009, 69.

Betriebsrats nach § 87 I Nr. 1 BetrVG oder sich aus einer Betriebsvereinbarung ergebenden Pflichten nicht, führt dieser Umstand nicht dazu, dass der Arbeitgeber die unstreitige Tatsache eines im Besitz der Arbeitnehmerin während einer Personenkontrolle aufgefundenen Gegenstandes (hier: eines Lippenstiftes) in einem Kündigungsschutzprozess nicht verwerten kann. Ein **prozessuales Verwertungsverbot** kommt nur in Betracht, wenn – wie beim unerlaubten Abhören von Telefongesprächen – in verfassungsrechtlich geschützte Grundpositionen einer Prozesspartei eingegriffen wird.[377]

125 – **Tätlichkeiten** im Betrieb rechtfertigen grundsätzlich die außerordentliche Kündigung.[378] Dasselbe gilt bei Angriffen auf den **Vorgesetzten.**[379] Eine Tätlichkeit gegenüber dem Arbeitgeber rechtfertigt regelmäßig eine außerordentliche Kündigung auch eines langjährig beschäftigten Arbeitnehmers, weil der Arbeitnehmer dadurch zeigt, dass er den Arbeitgeber missachtet und dadurch dessen Autorität untergräbt.[380]

126 Ein tätlicher Angriff auf einen **Arbeitskollegen** stellt eine schwere Verletzung der arbeitsvertraglichen Pflichten zur Rücksichtnahme auf die Rechte und Interessen des anderen Arbeitnehmers dar. Der Arbeitgeber ist seinerseits nicht nur allen Arbeitnehmern gegenüber verpflichtet, dafür zu sorgen, dass sie keinen Tätlichkeiten ausgesetzt sind. Er hat auch ein eigenes Interesse daran, dass die betriebliche Zusammenarbeit nicht durch tätliche Auseinandersetzungen beeinträchtigt wird und Mitarbeiter verletzt werden und ggf. ausfallen. Ferner kann der Arbeitgeber auch berücksichtigen, wie sich ein solches Verhalten auf die übrigen Arbeitnehmer und den Betrieb auswirkt, insbesondere wenn er keine personellen Maßnahmen ergreifen würde. Eine Ohrfeige stellt unzweifelhaft einen tätlichen Angriff auf eine Arbeitskollegin dar.[381] Schon ein einmaliger tätlicher Angriff auf einen Arbeitskollegen kann deshalb eine Kündigung rechtfertigen, auch wenn der Arbeitgeber nicht in der Lage ist, zu der Frage der Wiederholungsgefahr konkrete Umstände vorzutragen.[382]

127 Gießt ein Müllwerker im Verlaufe einer Auseinandersetzung eine **Tasse heißen Tee über seinem Kollegen** aus, liegt darin selbst dann ein wichtiger Grund zur außerordentlichen Kündigung, wenn der angegriffene Kollege den Streit provoziert und zuvor seinerseits dem anderen Arbeitnehmer warmen Kaffee ins Gesicht geschüttet hat. Das gilt uneingeschränkt auch dann, wenn der Umgangston unter den Arbeitnehmern (Müllwerker) als „etwas rauer" zu bezeichnen ist.[383]

128 – **Telefongespräche.** Private, unerlaubte Telefongespräche können jedenfalls nach vorheriger Abmahnung eine fristlose Kündigung rechtfertigen.[384] Maßgeblich sind hier nicht allein die entstandenen Gebühren, sondern auch die eingesetzte Arbeitszeit für private Zwecke. Das vielfache Führen privater Sex-Telefonate während der Arbeitszeit auf Kosten des Arbeitgebers von einem Dienstanschluss kann eine außerordentliche Kündigung begründen.[385]

129 – **Überstundenverweigerung.** Weigert sich ein Arbeitnehmer, Überstunden zu verrichten, kommt eine – ggf. auch außerordentliche – Kündigung nur in Betracht, wenn der Arbeitgeber vom Arbeitnehmer die Leistung der Mehrarbeit verlangen konnte.[386] Hierfür bedarf es grundsätzlich einer **besonderen Rechtsgrundlage,** weil der zeitliche Umfang der Arbeitspflicht nicht dem Weisungsrecht des Arbeitgebers unterliegt (§ 45 RN 47).[387] Die Grenzen des ArbZG sind vom Arbeitgeber stets zu beachten. Als Rechtsgrundlage kommen der Arbeitsvertrag, eine Betriebsvereinbarung oder ein Tarifvertrag in Betracht. In besonderen Notsituationen kann der Arbeitnehmer auch ohne vertragliche Vereinbarung nach Treu und

---

[377] BAG 13. 12. 2007 AP 210 zu § 626 BGB = NZA 2008, 1008.

[378] BAG 18. 9. 2008 – 2 AZR 1039/06; 6. 10. 2005 AP 25 zu § 1 KSchG 1969 Personenbedingte Kündigung = NZA 2006, 431; 30. 9. 1993 EzA 152 zu § 626 BGB n. F.; 31. 3. 1993 AP 32 zu § 626 BGB Ausschlussfrist = DB 94, 839; 12. 7. 1984, 12. 3. 1987 AP 32, 47 zu § 102 BetrVG 1972.

[379] LAG Hamm 20. 9. 1995 NZA-RR 96, 291.

[380] LAG Niedersachsen 27. 9. 2002 NZA-RR 2003, 76.

[381] BAG 6. 10. 2005 AP 25 zu § 1 KSchG 1969 Personenbedingte Kündigung = NZA 2006, 431.

[382] Vgl. BAG 24. 10. 1996 RzK I 5 i Nr. 120.

[383] LAG Niedersachsen 5. 8. 2002 LAGE § 626 BGB Nr. 142; etwas weniger streng LAG Köln 11. 12. 2002 NZA-RR 2003, 470.

[384] Vgl. BAG 4. 3. 2004 AP 50 zu § 103 BetrVG 1972 = NZA 2004, 717 (18 Stunden in sieben Wochen nach Mauritius für 1355,76 EUR); LAG Sachsen-Anhalt 23. 11. 1999 NZA-RR 2000, 476; LAG Niedersachsen 13. 1. 1998 LAGE § 1 KSchG Verhaltensbedingte Kündigung Nr. 63 (Telefongebühren in Höhe von rund 175 DM in 3½ Monaten); LAG Köln 2. 7. 1998 LAGE § 1 KSchG Verhaltensbedingte Kündigung Nr. 66 (Telefongebühren in Höhe von rund 580 DM in 10 Monaten).

[385] LAG Köln 13. 3. 2002 NZA-RR 2002, 577; LAG Hamm 30. 5. 2005 NZA-RR 2006, 353.

[386] Vgl. LAG Köln 27. 4. 1999 LAGE § 626 BGB Nr. 126; *Löwisch/Spinner* § 1 RN 133.

[387] BAG 3. 6. 2003 AP 19 zu § 77 BetrVG 1972 Tarifvorbehalt.

Glauben (§ 242 BGB) zur Leistung von Überstunden verpflichtet sein.[388] Liegt der Überstundenanordnung ein kollektiver Tatbestand zugrunde, ist in Betrieben mit Betriebsrat nach § 87 I Nr. 3 BetrVG die vorherige Zustimmung des Betriebsrats Wirksamkeitsvoraussetzung für die Anordnung der Überstunden.[389] Auch wenn der Arbeitnehmer an sich verpflichtet ist, Überstunden zu leisten, ist weiterhin stets zu prüfen, ob die Anordnung der Überstunden in der konkreten Situation billigem Ermessen (§ 315 BGB) entspricht. Dabei kommt es insbesondere auf die familiären Umstände des Arbeitnehmers (z. B. teilzeitbeschäftigte Mutter, die ihr Kind aus dem Kindergarten zu einer bestimmten Zeit abholen muss), die betrieblichen Notwendigkeiten und die Dauer der Überstunden an. Weiterhin ist von Bedeutung, wie kurzfristig die Überstunden angeordnet wurden. Demzufolge bedarf die Kündigung wegen der Verweigerung von Überstunden einer sehr sorgfältigen Einzelfallprüfung.

– **Unentschuldigtes Fehlen** des Arbeitnehmers für die Dauer eines ganzen Arbeitstags ohne **130** ausreichende Information des Arbeitgebers ist im Wiederholungsfall, ggf. nach einschlägiger Abmahnung, je nach den Umständen an sich geeignet, eine außerordentliche Kündigung zu begründen. Dabei obliegt es dem Arbeitgeber regelmäßig nicht, Betriebsablaufstörungen infolge des unentschuldigten Fehlens des Arbeitnehmers und der nicht erfolgten Benachrichtigung konkret darzulegen. Solche Betriebsablaufstörungen sind mit einem derartigen Fehlverhalten des Arbeitnehmers üblicherweise verbunden. Handelt es sich um gleichartige Verfehlungen (Verspätungen, unentschuldigtes Fehlen), können auch nach § 626 II BGB verfristete Kündigungsgründe unterstützend zur Rechtfertigung der Kündigung herangezogen werden, wenn die früheren Vorgänge mit den innerhalb der Ausschlussfrist bekannt gewordenen in einem so engen sachlichen Zusammenhang stehen, dass die neuen Vorgänge ein weiteres und letztes Glied in der Kette der Ereignisse bilden, die zum Anlass der Kündigung genommen worden sind.[390]

Bei **unbefugtem Verlassen des Arbeitsplatzes** kommt es auf die Umstände des Einzel- **131** falles an. Im Falle der Stellensuche (§ 629 BGB) soll eine fristlose Kündigung dann nicht mehr gerechtfertigt sein, wenn der Arbeitnehmer zwei Tage vor Beendigung des Arbeitsverhältnisses weggeht.[391] Anders ist es dagegen, wenn sich ein Arbeitnehmer trotz Verbots vom Arbeitsplatz entfernt.[392]

– **Unpünktlichkeit.** Häufige Unpünktlichkeit trotz mehrfacher Abmahnung kann **nur aus- 132 nahmsweise** ein Grund zur außerordentlichen Kündigung sein. In der Regel kommt in diesen Fällen nur eine ordentliche Kündigung in Betracht. Allerdings hat das BAG zu weitgehend die außerordentliche Kündigung eines Arbeitnehmers, der in 1½ Jahren 104mal verspätet zur Arbeit kam und sechs Mal abgemahnt worden ist, nicht ohne Weiteres als außerordentlichen Kündigungsgrund anerkannt, sondern eine betriebliche Störung verlangt.[393] Inzwischen hat es die Entscheidung präzisiert und die betriebliche Störung zu Recht nur im Rahmen der Interessenabwägung berücksichtigt.[394] Wer wiederholt abgemahnt wurde, hat Vorsorge gegen die Wiederholung von Verspätungen zu treffen, etwa durch Überprüfung der Fahrtüchtigkeit seines Kfz am Vorabend oder durch bessere Absicherung des Aufweckens am Morgen, wenn er mit Schlafstörungen durch ein krankes Kind rechnen muss. Wer wiederholt den Wecker überhört und verschläft, muss für einen lauteren Wecker oder für ein Aufwecken durch zuverlässige Dritte sorgen bzw. frühzeitig zu Bett gehen.[395]

– **Urlaub.** Die **Selbstbeurlaubung** berechtigt grundsätzlich zur außerordentlichen Kündi- **133** gung.[396] Die Vertragsverletzung ergibt sich aus § 7 I BUrlG, wonach der Urlaub grundsätzlich vom Arbeitgeber zu gewähren ist und nicht vom Arbeitnehmer einseitig genommen werden kann (§ 102 RN 82 ff.).[397] Der Arbeitnehmer, der sich selbst beurlaubt, verletzt die Hauptpflicht zur Arbeitsleistung, von der er mangels einer Urlaubserteilung durch den Arbeitgeber

---

388 LAG Schleswig-Holstein 26. 6. 2001 RzK I 5i Nr. 167; ArbG Leipzig 4. 2. 2003 NZA-RR 2003, 365.

389 Vgl. *Fitting* § 87 RN 140 ff.

390 BAG 15. 3. 2001 EzA 185 zu § 626 BGB n. F.

391 LAG Düsseldorf WA 60 Nr. 155.

392 LAG Düsseldorf DB 70, 595.

393 BAG 17. 8. 1988 AP 99 zu § 626 BGB = NZA 89, 261; vgl. *Fromm* BB 95, 2578.

394 BAG 17. 1. 1991 AP 25 zu § 1 KSchG 1969 Verhaltensbedingte Kündigung = NZA 91, 557.

395 BAG 27. 2. 1997 AP 36 zu § 1 KSchG 1969 Verhaltensbedingte Kündigung = NZA 97, 761.

396 BAG 25. 2. 1983 AP 14 zu § 626 BGB Ausschlussfrist = NJW 83, 2720; 20. 1. 1994 AP 114 zu § 626 BGB = 94, 548; 31. 1. 1996 EzA 47 zu § 1 KSchG Verhaltensbedingte Kündigung; 22. 1. 1998 AP 38 zu § 626 BGB Ausschlussfrist = NZA 98, 708; 16. 3. 2000 AP 114 zu § 102 BetrVG 1972 = NZA 2000, 1332.

397 Vgl. dazu näher *Leinemann/Linck*, Urlaubsrecht, § 7 BUrlG RN 9.

nicht wirksam entbunden ist. Eine Kündigung wegen eigenmächtigem Urlaubsantritt kann allerdings im Einzelfall unwirksam sein, wenn beispielsweise wegen einer Auslandsbeschäftigung des Arbeitnehmers gerichtliche Hilfe zur Durchsetzung des Urlaubsanspruchs nicht rechtzeitig in Anspruch genommen werden kann.[398] Im Rahmen der Interessenabwägung ist zu berücksichtigen, ob der Arbeitgeber seinerseits rechtswidrig die Urlauberteilung verweigert hat.[399]

134 **Unbefugte Urlaubsüberschreitungen** können ebenfalls eine außerordentliche Kündigung rechtfertigen. Bei einer Erkrankung während des Urlaubs tritt **keine** automatische Urlaubsverlängerung um die Krankheitstage ein (§ 102 RN 59).[400] Die Urlaubsüberschreitung ist nicht unbefugt, wenn der Arbeitnehmer durch eine Naturkatastrophe an der rechtzeitigen Rückkehr verhindert ist. Der Arbeitgeber hat zu beweisen, dass der Arbeitnehmer unberechtigt der Arbeit ferngeblieben ist.

135 Die **Drohung mit der Erkrankung** bei Verweigerung des begehrten Urlaubs stellt einen wichtigen Grund zur außerordentlichen Kündigung dar. Die Drohung braucht nicht unmittelbar zu erfolgen. Es kann ausreichend sein, wenn der Erklärende eine solche Äußerung in den Zusammenhang mit seinem Urlaubswunsch stellt und ein verständiger Dritter dies nur als einen deutlichen Hinweis werten kann, bei einer Nichtgewähr des Urlaubs werde eine Krankschreibung erfolgen.[401]

136 – **Verdachtskündigung.**[402] Der **dringende Verdacht** einer strafbaren Handlung oder einer sonstigen schweren arbeitsvertraglichen Pflichtverletzung kann ein wichtiger Grund zur außerordentlichen Kündigung sein, wenn der Verdacht das zur Fortsetzung des Arbeitsverhältnisses notwendige Vertrauen in die Rechtschaffenheit des Arbeitnehmers zerstört oder in anderer Hinsicht eine unerträgliche Belastung des Arbeitsverhältnisses darstellt (zur Ausschlussfrist vgl. RN 28).[403] An die Voraussetzungen einer Verdachtskündigung sind strenge Anforderungen zu stellen.[404] Die Kündigung wegen des Verdachts einer Pflichtverletzung ist von der Kündigung wegen einer vom Arbeitgeber als erwiesen erachteten Pflichtverletzung abzugrenzen.[405] Die Grundsätze zur Verdachtskündigung gelten auch bei einem GmbH-Geschäftsführer.[406] Wird im Anstellungsvertrag die Anwendung der beamtenrechtlichen Grundsätze vereinbart, soweit diese nicht auf der Eigenart des öffentlichen Dienstes beruhen, schließt dies grundsätzlich eine außerordentliche Verdachtskündigung nicht aus.[407]

137 Eine **Verdachtskündigung liegt nur vor,** wenn der Arbeitgeber die Kündigung damit begründet, gerade der zum Zeitpunkt der Kündigung vorliegende Verdacht habe das für die Fortsetzung des Arbeitsverhältnisses erforderliche Vertrauen zerstört.[408] Dagegen liegt keine

---

[398] BAG 20. 1. 1994 AP 114 zu § 626 BGB.

[399] BAG 22. 1. 1998 AP 38 zu § 626 BGB Ausschlussfrist = NZA 98, 708; 16. 3. 2000 AP 114 zu § 102 BetrVG 1972 = NZA 2000, 1332.

[400] Vgl. *Leinemann/Linck,* Urlaubsrecht, § 9 BUrlG RN 15.

[401] BAG 17. 6. 2003 AP 13 zu § 543 ZPO 1977 = NZA 2004, 564; 5. 11. 1992 AP 4 zu § 626 BGB Krankheit = NZA 93, 308.

[402] *Belling,* Die Verdachtskündigung, RdA 96, 223; *Deinert,* Die Verdachtskündigung – Neues zu einem alten Thema?, AuR 2005, 285; *Dörner,* AR-Blattei SD 1010.9.1 (2003); *Enderlein,* Das erschütterte Arbeitgebervertrauen im Recht der verhaltensbedingten Tat- und Verdachtskündigung, RdA 2000, 325; *Eylert/Friedrichs,* Die Anhörung des Arbeitnehmers zur Verdachtskündigung, DB 2007, 2203; *Fischer,* Die Anhörung des Arbeitnehmers vor der Verdachtskündigung, BB 2003, 522; *Fischermeier,* Zulässigkeit und Grenzen der Verdachtskündigung, FS 25 Jahre Arbeitsgemeinschaft Arbeitsrecht im DAV, 2006, S. 275; *Hoefs,* Die Verdachtskündigung, 2001; *Lücke,* Unter Verdacht: Die Verdachtskündigung, BB 97, 1842; *ders.,* Die Verdachtskündigung – Fragen aus der Praxis, BB 98, 2259; *Mennemeyer/Dreymüller,* Verzögerungen der Arbeitnehmeranhörung bei der Verdachtskündigung, NZA 2005, 382; *Naujok,* Das Spannungsverhältnis zwischen Verdachtskündigung und Unschuldsvermutung, AuR 98, 398; *Schlegeit,* Das BAG und die Verdachtskündigung, 2008; *Seeling/Zwickel,* Die Rechtsprobleme der Verdachtskündigung aus praktischer Sicht, MDR 2008, 1020; *Wollschläger,* Unzumutbarkeit als Rechtsgedanke im Rahmen der außerordentlichen Kündigung, 2008.

[403] St. Rspr., zuletzt BAG 13. 3. 2008 AP 43 zu § 626 BGB Verdacht strafbarer Handlung = NZA 2008, 809; 29. 11. 2007 AP 40 zu § 626 BGB Verdacht strafbarer Handlung jeweils m. w. N.

[404] BAG 29. 11. 2007 AP 40 zu § 626 BGB Verdacht strafbarer Handlung; 13. 9. 1995 AP 25 zu § 626 BGB Verdacht strafbarer Handlung = NZA 96, 81.

[405] BAG 10. 2. 2005 AP 79 zu § 1 KSchG 1969 = NZA 2005, 1056.

[406] LAG Berlin 30. 6. 1997 AP 41 zu § 5 ArbGG 1979 = NZA-RR 97, 424.

[407] BAG 6. 12. 2001 AP 36 zu § 626 BGB Verdacht strafbarer Handlung = NZA 2002, 847.

[408] BAG 14. 9. 1994, 13. 9. 1995 AP 24, 25 zu § 626 BGB Verdacht strafbarer Handlung; zuletzt BAG 6. 11. 2003 AP 39 zu § 626 BGB Verdacht strafbarer Handlung = NZA 2004, 919; 10. 2. 2005 AP 79 zu § 1 KSchG 1969 = NZA 2005, 1056.

Verdachtskündigung vor, wenn der Arbeitgeber, obwohl er nur einen Verdacht hegt, die Verfehlung des Arbeitnehmers als sicher hinstellt und mit dieser Begründung kündigt.[409] Beruft sich der Arbeitgeber im Prozess zur Begründung der Kündigung nicht wenigstens auch hilfsweise auf den Verdacht der Pflichtverletzung, ist der Kündigungsschutzklage im Ergebnis stattzugeben, wenn der Arbeitgeber die behauptete Pflichtwidrigkeit nicht durch objektive Umstände beweisen kann oder überhaupt keine objektiven Umstände für den Tatvorwurf vorliegen, sondern der Vorwurf nur auf Schlussfolgerungen des Arbeitgebers beruht.[410]

Der Verdacht muss **dringend** sein, d. h. es muss eine große Wahrscheinlichkeit für die Pflichtwidrigkeit des gekündigten Arbeitnehmers bestehen.[411] Die Verdachtsmomente müssen auf objektiven Tatsachen beruhen; auf die subjektive Wertung des Arbeitgebers kommt es nicht an.[412] Die den Verdacht stärkenden oder entkräftenden Tatsachen können dabei nach der Rechtsprechung des BAG bis zur letzten mündlichen Verhandlung in der Berufungsinstanz vorgetragen werden. Sie sind grundsätzlich zu berücksichtigen, sofern sie bereits vor Zugang der Kündigung vorlagen.[413] Der Arbeitgeber muss alle zumutbaren Anstrengungen zur Aufklärung des Sachverhalts unternommen haben.[414] Anderenfalls ist die Kündigung unverhältnismäßig. Der dringende Verdacht eines vertragswidrigen Verhaltens kann auch dann bestehen, wenn der Arbeitnehmer selbst nicht durch eigenes schuldhaftes Verhalten einen berechtigten Grund für die Annahme des Verdachts gegeben hat.[415] Ein Ermittlungsverfahren der Staatsanwaltschaft und eine richterliche Durchsuchungsanordnung begründen für sich allein noch keinen dringenden Tatverdacht.[416] Anders ist es dagegen bei Anklageerhebung und Eröffnung der Hauptverhandlung.[417] Einem möglichen Entlastungsvorbringen des Arbeitnehmers ist im Kündigungsschutzprozess durch das Gericht in jedem Fall nachzugehen (zur Beweislast RN 142).[418] Allein aus der Entlassung aus einer eintägigen Untersuchungshaft kann dabei freilich noch nicht geschlossen werden, dass kein dringender Tatverdacht mehr besteht.[419] Behauptet der Arbeitgeber, einer von drei in Betracht kommenden Arbeitnehmern habe einen Diebstahl begangen, und kündigt er alle drei, weil er nicht weiß, wer von ihnen es war, liegt kein dringender Verdacht vor.[420] **138**

Der Arbeitnehmer ist vorab zu den Anschuldigungen **anzuhören.**[421] Der Arbeitnehmer muss die Möglichkeit erhalten, die Verdachtsgründe zu entkräften und Entlastungstatsachen anzuführen.[422] Der gebotene Umfang der Anhörung des Arbeitnehmers richtet sich nach den Umständen des Einzelfalls. Die Anhörung muss nicht den Anforderungen genügen, die an eine Anhörung des Betriebsrats nach § 102 I BetrVG gestellt werden. Diese dient anderen Zwecken und ist schon deshalb im Ansatz nicht vergleichbar mit der Anhörung vor einer Verdachtskündigung.[423] Es reicht grundsätzlich nicht aus, den Arbeitnehmer lediglich mit einer völlig unsubstantiierten Wertung zu konfrontieren. Der Arbeitgeber darf dem Betroffenen keine wesentlichen Erkenntnisse vorenthalten, die er im Anhörungszeitpunkt bereits besitzt.[424] Die Anhörung muss sich vielmehr auf einen greifbaren Sachverhalt beziehen. Der Arbeitnehmer muss die Möglichkeit haben, bestimmte, zeitlich und räumlich eingegrenzte Tatsachen zu bestreiten oder den Verdacht entkräftende Tatsachen zu bezeichnen und so zur Aufhellung der für den Arbeitgeber im Dunkeln liegenden Geschehnisse beizutragen. Allein um dieser Aufklärung willen wird dem Arbeitgeber die Anhörung abverlangt. Dagegen ist sie **139**

---

[409] BAG 26. 3. 1992 AP 23 zu § 626 BGB Verdacht strafbarer Handlung.

[410] BAG 3. 4. 1986 AP 18 zu § 626 BGB Verdacht strafbarer Handlung.

[411] BAG 10. 2. 2005 AP 79 zu § 1 KSchG 1969 = NZA 2005, 1056.

[412] Ebenso BAG 29. 11. 2007 AP 40 zu § 626 BGB Verdacht strafbarer Handlung; 20. 8. 1997 AP 27 zu § 626 BGB Verdacht strafbarer Handlung.

[413] BAG 28. 11. 2007 NZA-RR 2008, 344; 6. 11. 2003 AP 39 zu § 626 BGB Verdacht strafbarer Handlung = NZA 2004, 919.

[414] BAG 29. 11. 2007 AP 40 zu § 626 BGB Verdacht strafbarer Handlung.

[415] BAG 4. 11. 1957 AP 39 zu § 1 KSchG.

[416] BAG 29. 11. 2007 AP 40 zu § 626 BGB Verdacht strafbarer Handlung.

[417] LAG Schleswig-Holstein 21. 4. 2004 NZA-RR 2004, 666; LAG Köln 31. 10. 1997 LAGE § 626 BGB Verdacht strafbarer Verhandlungen Nr. 7.

[418] KR/*Fischermeier* § 626 BGB RN 212.

[419] BAG 6. 11. 2003 AP 39 zu § 626 BGB Verdacht strafbarer Handlung = NZA 2004, 919.

[420] BAG 6. 9. 2007 AP 62 zu § 4 KSchG 1969 = NZA 2008, 219.

[421] Vgl. BAG 13. 9. 1995 AP 25 zu § 626 BGB Verdacht strafbarer Handlung = NZA 96, 81; 18. 11. 1999 AP 32 zu § 626 BGB Verdacht strafbarer Handlung = NZA 2000, 418.

[422] BAG 28. 11. 2007 NZA-RR 2008, 344.

[423] *Eylert/Friedrichs* DB 2007, 2203, 2205.

[424] BAG 26. 9. 2002 AP 37 zu § 626 BGB Verdacht auf strafbare Handlung = NZA 2003, 991.

nicht dazu bestimmt, als verfahrensrechtliche Erschwernis die Aufklärung zu verzögern und die Wahrheit zu verdunkeln.[425] Sind dem Arbeitnehmer auf Grund eines staatsanwaltlichen Ermittlungsverfahrens die vom Arbeitgeber erhobenen Anschuldigungen bekannt, müssen sie nicht nochmals im Einzelnen benannt werden. Eine pauschale Bezeichnung der Vorwürfe ist vielmehr ausreichend.[426] Gleiches gilt, wenn der Arbeitnehmer die vom Arbeitgeber erhobenen Anschuldigungen aus Vorgesprächen kennt.[427] Der Arbeitnehmer kann zu der Anhörung einen **Rechtsanwalt hinzuziehen.** Dessen Wissen muss er sich im Rahmen der Anhörung jedoch nicht zurechnen lassen.[428] Auch wenn der Arbeitgeber den Anwalt des Arbeitnehmers zuvor über den Kündigungsgrund unterrichtet hat, muss er im Rahmen der Anhörung den Arbeitnehmer persönlich hierüber unterrichten. Verletzt der Arbeitgeber schuldhaft die ihm obliegende Pflicht, den Arbeitnehmer vor Ausspruch einer Verdachtskündigung zu den gegen ihn erhobenen Vorwürfen zu hören, ist die auf den Verdacht gestützte Kündigung unwirksam.[429] War der Arbeitnehmer jedoch von vornherein nicht bereit, sich zu den gegen ihn erhobenen Vorwürfen substantiiert zu äußern und so nach seinen Kräften an der Aufklärung mitzuwirken, kann dem Arbeitgeber keine schuldhafte Verletzung der Anhörungspflicht vorgeworfen werden. Eine solche Anhörung des Arbeitnehmers wäre überflüssig, weil sie zur Aufklärung des Sachverhalts und zur Willensbildung des Arbeitgebers nicht beitragen kann.[430] Die fehlende Bereitschaft, an der Aufklärung mitzuwirken, kann sich auch aus dem späteren Verhalten des Arbeitnehmers ergeben.[431] Die Anhörung kann nicht telefonisch erfolgen, wenn unbeteiligte Dritte (Kunden usw.) mithören können.[432]

140 **Art. 6 II der Europäischen Menschenrechtskonvention** (Unschuldsvermutung) steht der Zulässigkeit einer Verdachtskündigung nicht entgegen.[433]

141 Erforderlich ist eine **Abwägung aller für und gegen die sofortige Beendigung** des Arbeitsverhältnisses sprechenden Argumente. Der Arbeitgeber muss alles Zumutbare zur Aufklärung des Sachverhaltes unternommen haben.[434] Werden anlässlich staatsanwaltlicher Ermittlungen auf dem privaten PC eines Kindergartenleiters 60 pornografische Darstellungen des Missbrauchs von Kindern gefunden, die aus dem Internet heruntergeladen sind, ist eine Verdachtskündigung gerechtfertigt.[435] Gleiches gilt beim dringenden Verdacht der Hehlerei gestohlener Handys auf dem Firmenparkplatz,[436] der unberechtigten Buchung von Mailen-Gutschriften im mails & more Programm einer Fluggesellschaft,[437] des Diebstahls einer Verkäuferin,[438] der Vorteilsnahme eines Arbeitnehmers für die Ausführung vertraglicher Aufgaben,[439] der Erschleichung von Beihilfeleistungen,[440] der Veruntreuung von Geldern,[441] der sexuellen Belästigung,[442] sowie der Unterschlagung von Kundengeldern durch einen Bankangestellten.[443]

142 Den Arbeitgeber trifft die **Beweislast.** Bestreitet der Arbeitnehmer im Kündigungsschutzprozess trotz rechtskräftiger Verurteilung weiterhin die Tatbegehung, hat das Arbeitsgericht ohne Bindung an das strafgerichtliche Urteil (§ 14 II Nr. 1 EGZPO)[444] festzustellen, ob der

---

[425] BAG 13. 3. 2008 AP 43 zu § 626 BGB Verdacht strafbarer Handlung = NZA 2008, 809.
[426] BAG 13. 3. 2008 AP 43 zu § 626 BGB Verdacht strafbarer Handlung = NZA 2008, 809.
[427] BAG 28. 11. 2007 NZA-RR 2008, 344.
[428] BAG 13. 3. 2008 AP 43 zu § 626 BGB Verdacht strafbarer Handlung = NZA 2008, 809.
[429] BAG 13. 9. 1995 AP 25 zu § 626 BGB Verdacht strafbarer Handlung = NZA 96, 81.
[430] BAG 13. 3. 2008 AP 43 zu § 626 BGB Verdacht strafbarer Handlung = NZA 2008, 809; 28. 11. 2007 NZA-RR 2008, 344; 26. 9. 2002 AP 37 zu § 626 BGB Verdacht strafbarer Handlung = NZA 2003, 991; 30. 4. 1987 AP 19 zu § 626 BGB Verdacht strafbarer Handlung = NZA 87, 699.
[431] BAG 28. 11. 2007 NZA-RR 2008, 344; 30. 4. 1987 AP 19 zu § 626 BGB Verdacht strafbarer Handlung = NZA 87, 699.
[432] LAG Köln 15. 4. 1997 NZA 98, 203.
[433] BAG 14. 9. 1994 AP 24 zu § 626 BGB Verdacht strafbarer Handlung = NZA 95, 269.
[434] BAG 3. 7. 2003 AP 38 zu § 626 BGB Verdacht strafbarer Handlung.
[435] Vgl. LAG Köln 2. 7. 1998 NZA-RR 99, 192; ArbG Braunschweig 22. 1. 1999 NZA-RR 99, 192.
[436] BAG 6. 11. 2003 AP 39 zu § 626 BGB Verdacht strafbarer Handlung = NZA 2004, 919.
[437] BAG 3. 7. 2003 AP 38 zu § 626 BGB Verdacht strafbarer Handlung.
[438] BAG 27. 3. 2003 AP 36 zu § 87 BetrVG 1972 Überwachung sowie BAG 12. 8. 1999 AP 28 zu § 626 BGB Verdacht strafbarer Handlung.
[439] BAG 21. 6. 2001 EzA 7 zu § 626 BGB Unkündbarkeit; 26. 9. 2002 AP 37 zu § 626 BGB Verdacht strafbarer Handlung.
[440] BAG 6. 12. 2001 AP 36 zu § 626 BGB Verdacht strafbarer Handlung.
[441] BAG 6. 7. 2000 RzK I 8 c Nr. 54.
[442] BAG 8. 6. 2000 AP 3 zu § 2 BeschSchG.
[443] BAG 5. 4. 2001 AP 34 zu § 626 BGB Verdacht strafbarer Handlung.
[444] BAG 20. 8. 1997 AP 27 zu § 626 BGB Verdacht strafbarer Handlung.

Tatvorwurf begründet ist oder nicht. Dabei ist die Verwertung einzelner Beweisergebnisse des Strafverfahrens im Wege des Urkundenbeweises zulässig. Die Parteien des Kündigungsschutzprozesses haben jedoch das Recht, anstelle des Urkundenbeweises unmittelbaren Zeugen- bzw. Sachverständigenbeweis anzutreten.[445] Die Ausschlussfrist des § 626 II BGB ist zu beachten.[446]

Stellt sich nachträglich die Unschuld des verdächtigen Arbeitnehmers heraus, so ist dies während des Kündigungsrechtsstreits zu seinen Gunsten zu berücksichtigen. U. U. hat der Arbeitnehmer einen **Wiedereinstellungsanspruch** (dazu § 151).[447] **143**

Spricht der Arbeitgeber wegen eines bestimmten Sachverhalts eine Verdachtskündigung aus, ist er im Kündigungsschutzprozess materiell-rechtlich nicht gehindert, sich darauf zu berufen, die den Verdacht begründenden Pflichtwidrigkeiten rechtfertigten eine **Tatkündigung.**[448] Wird die Kündigung zunächst nur mit dem Verdacht eines pflichtwidrigen Handelns begründet, steht jedoch nach Überzeugung des Gerichts (beispielsweise auf Grund einer Beweisaufnahme) die Pflichtwidrigkeit fest, lässt dies die Wirksamkeit der Kündigung aus materiell-rechtlichen Gründen unberührt. Das Gericht ist deshalb nicht gehindert, die nachgewiesene Pflichtwidrigkeit als wichtigen Grund anzuerkennen, auch wenn der Arbeitgeber im Kündigungsschutzprozess keine Tatkündigung nachgeschoben hat.[449] **143a**

Da es sich bei dem Verdacht eines pflichtwidrigen Verhaltens um einen eigenständigen Kündigungsgrund handelt, muss der Arbeitgeber dem **Betriebsrat** vor Ausspruch einer Kündigung gemäß § 102 I BetrVG auch mitteilen, dass er die Kündigung auf den Verdacht der Pflichtwidrigkeit stützt. Begründet der Arbeitgeber gegenüber dem Betriebsrat die beabsichtigte Kündigung allein damit, er halte die Pflichtwidrigkeit für erwiesen, kann er sich im späteren Kündigungsschutzprozess nicht mehr auf den Tatverdacht stützen, weil der Betriebsrat zu diesem Kündigungsgrund nicht angehört wurde.[450] Auf die Wirksamkeit der Betriebsratsanhörung nach § 102 BetrVG hat die Beschränkung des Kündigungssachverhalts auf die für nachgewiesen gehaltene Straftat dagegen keine Auswirkung; dadurch wird nur ein Nachschieben anderer Kündigungsgründe ausgeschlossen.[451] Der Arbeitgeber kann den Betriebsrat auch zu beiden Kündigungsgründen anhören; aus der Unterrichtung muss dies nur deutlich hervorgehen.[452] Hat der Arbeitgeber den Betriebsrat nur zur Verdachtskündigung angehört und stellt sich im Prozess, beispielsweise nach einer Beweisaufnahme, heraus, dass der Arbeitnehmer die Tat begangen hat, ist eine weitere Anhörung des Betriebsrats zur Tatkündigung nicht erforderlich.[453] Eine solche Anhörung ist überflüssig.[454] Dem Betriebsrat ist auf Grund der erfolgten Anhörung zur Verdachtskündigung der Sachverhalt einschließlich der Erwägungen des Arbeitgebers zur Begründung des wegen des Verdachts zerstörten Vertrauens bekannt. **144**

- **Verschwiegenheitspflicht** (§ 55 RN 51 ff.). Im Allgemeinen ist der Arbeitnehmer zur Verschwiegenheit verpflichtet. Je nach den Umständen des Einzelfalls kann bei Bruch der Verschwiegenheitspflicht eine ordentliche oder außerordentliche Kündigung gerechtfertigt sein.[455] Berechtigt ist eine außerordentliche Kündigung, wenn ein Angestellter unrichtige Behauptungen über die wirtschaftliche und finanzielle Lage seines Arbeitgebers verbreitet und diesem dadurch Nachteile entstehen.[456] **145**
- **Vollmachtsmissbrauch.** Der Arbeitnehmer hat die ihm im Innenverhältnis auferlegten Beschränkungen seiner Vertretungsmacht einzuhalten. Einmalige und geringfügige Vollmachtsüberschreitungen können eine Kündigung i. d. R. nicht rechtfertigen. Bei wiederholten Verstößen kann eine ordentliche und bei eigenmächtigen Verstößen eines Arbeitnehmers, **146**

---

[445] BAG 26. 3. 1992 AP 23 zu § 626 BGB Verdacht strafbarer Handlung.

[446] BAG 29. 7. 1993 AP 31 zu § 626 Verdacht strafbarer Handlung = NZA 94, 171.

[447] Vgl. BAG 4. 6. 1964 AP 13 zu § 626 BGB Verdacht strafbarer Handlung.

[448] BAG 6. 12. 2001 AP 36 zu § 626 BGB Verdacht strafbarer Handlung = NZA 2002, 847.

[449] BAG 3. 7. 2003 AP 38 zu § 626 BGB Verdacht strafbarer Handlung; KR/*Fischermeier* § 626 BGB RN 217.

[450] BAG 3. 4. 1986 AP 18 zu § 626 BGB Verdacht strafbarer Handlung; 26. 3. 1992 AP 23 zu § 626 BGB Verdacht strafbarer Handlung; 20. 8. 1997 AP 27 zu § 626 BGB Verdacht strafbarer Handlung.

[451] BAG 2. 3. 1989 AP 101 zu § 626 BGB.

[452] Ebenso MünchArbR/*Berkowsky* § 144 RN 13.

[453] So aber KR/*Etzel* § 102 BetrVG RN 64 b; APS/*Koch* § 102 BetrVG RN 128; GK-BetrVG/*Raab* § 102 RN 68.

[454] Ebenso *Griese* BB 90, 1899, 1901.

[455] BAG 4. 4. 1974 AP 1 zu § 626 BGB Arbeitnehmervertreter im Aufsichtsrat.

[456] LAG Baden-Württemberg DB 68, 359.

namentlich eines leitenden Angestellten, eine außerordentliche Kündigung berechtigt sein.[457] Einem leitenden Angestellten, dem jahrelang freie Hand eingeräumt worden ist, kann nicht ohne Weiteres mit dem Vorwurf der Vollmachtsüberschreitung gekündigt werden.[458]

147 – **Vorstrafe.** Hat der Arbeitnehmer auf die zulässige Frage nach Vorstrafen solche wahrheitswidrig verneint, so kann hierauf später eine verhaltensbedingte Kündigung gestützt werden.[459]

148 – **Wettbewerb.** Der Arbeitnehmer unterliegt während des Bestands des Arbeitsverhältnisses einem Wettbewerbsverbot, so dass eine fristlose Kündigung bei Wettbewerbsverstößen berechtigt sein kann (§ 57).[460] Für Handlungsgehilfen ist das Wettbewerbsverbot in § 60 I HGB ausdrücklich geregelt. Diese Vorschrift konkretisiert jedoch einen allgemeinen Rechtsgedanken.[461] Das Wettbewerbsverbot verbietet dem Arbeitnehmer für die Dauer des Arbeitsverhältnisses jede Tätigkeit, die für seinen Arbeitgeber Konkurrenz bedeutet.[462] Dem Arbeitnehmer ist nicht nur eine Konkurrenztätigkeit im eigenen Namen und Interesse untersagt, sondern ihm ist gleichfalls nicht gestattet, einem Arbeitskollegen bei einer konkurrierenden Tätigkeit zu helfen oder einen Wettbewerber des Arbeitgebers zu unterstützen.[463] Das gilt nach Auffassung des BAG auch, wenn die Wettbewerbshandlungen nach Ablauf der Kündigungsfrist **während des laufenden Kündigungsschutzprozesses** erfolgen.[464] Auch die Beteiligung an einem Unternehmen, das zu dem des Arbeitgebers in Konkurrenz steht, kann bereits Wettbewerb darstellen.[465] Der Arbeitnehmer darf aber bereits während des Arbeitsverhältnisses die Aufnahme einer selbstständigen Tätigkeit vorbereiten. Verboten sind allerdings Vorbereitungsmaßnahmen, die schon selbst als Teil der werbenden Tätigkeit aufzufassen sind. Vorbereitungshandlungen, die in die Interessen des Arbeitgebers nicht unmittelbar eingreifen, erfüllen die Voraussetzungen des § 60 I HGB hingegen nicht. Bejaht wurde eine fristlose Kündigung u. a., wenn ein Vertriebsleiter bei einem Kundenbesuch auf Konkurrenzprodukte hinweist[466] oder eine Krankenschwester heimlich eine Heilpraktikerpraxis führt und in die Behandlung der Patienten des Krankenhauses eingreift.[467]

XI. Einzelne außerordentliche Kündigungsgründe für den Arbeitnehmer

149 **Vorbemerkung.** Für die außerordentliche Kündigung des Arbeitnehmers gelten die **gleichen Grundsätze** wie für die außerordentliche Kündigung durch den Arbeitgeber.[468] Der Kündigung hat ggf. eine Abmahnung vorauszugehen,[469] die Ausschlussfrist des § 626 II BGB ist anzuwenden und es hat eine umfassende Interessenabwägung stattzufinden.[470] Für den wichtigen Grund ist der Arbeitnehmer darlegungs- und beweispflichtig.[471] Der Arbeitgeber kann auf Feststellung klagen, die außerordentliche Kündigung des Arbeitnehmers sei unwirksam. Er besitzt nach Auffassung des BAG ein Feststellungsinteresse, da er in seinem Ansehen betroffen ist.[472] Hat ein Arbeitnehmer außerordentlich ohne wichtigen Grund gekündigt, kann er sich grundsätzlich nicht auf die Unwirksamkeit berufen, da er in diesem Fall nicht geschützt ist.[473]

---

[457] BAG 26. 11. 1964 AP 53 zu § 626 BGB.
[458] BAG 20. 3. 1964 AP 7 zu § 70 HGB.
[459] Vgl. BAG 15. 1. 1970 AP 7 zu § 1 KSchG Verhaltensbedingte Kündigung; zur Anfechtung in diesen Fällen vgl. BAG 20. 5. 1999 AP 50 zu § 123 BGB = NZA 99, 975.
[460] BAG 26. 6. 2008 NZA 2008, 1415; 6. 8. 1987 AP 97 zu § 626 BGB = NJW 88, 438; 16. 8. 1990 AP 10 zu § 611 BGB Treuepflicht = NZA 91, 141; 25. 4. 1991 AP 104 zu § 626 BGB = NZA 92, 212; vgl. auch OLG Karlsruhe ZIP 88, 1397.
[461] BAG 26. 6. 2008 NZA 2008, 1415.
[462] Vgl. LAG Rheinland-Pfalz 1. 12. 1997 RzK I 6a Nr. 163: Reiseleitung und Reisevermittlung eines Reisebüroangestellten; ausf. hierzu MünchKommHGB/*v. Hoyningen-Huene* § 60 RN 30 ff. m. w. N.
[463] Vgl. BAG 21. 11. 1996 EzA 162 zu § 626 BGB n. F.; 23. 4. 1998 – 2 AZR 442/97 n. v.
[464] BAG 25. 4. 1991 AP 104 zu § 626 BGB = NZA 92, 212.
[465] Vgl. Hessisches LAG 28. 4. 1998 LAGE § 1 KSchG Verhaltensbedingte Kündigung Nr. 65.
[466] LAG Sachsen 25. 6. 1996 NZA 97, 319.
[467] LAG Köln 11. 9. 1996 ZTR 97, 90.
[468] BAG 19. 6. 1967 AP 1 zu § 124 GewO; 25. 7. 1963 AP 1 zu § 448 ZPO; LAG Berlin 23. 3. 1989 BB 89, 1121.
[469] BAG 17. 1. 2002 EzA 20 zu § 628 BGB = NZA 2003, 816; 9. 9. 1992 – 2 AZR 142/92 insoweit n. v.; LAG Hamm 18. 6. 1991 NZA 92, 314.
[470] BAG 26. 7. 2001 NZA 2002, 325.
[471] BAG 25. 7. 1963 AP 1 zu § 448 ZPO.
[472] BAG 20. 3. 1986 AP 9 zu § 256 ZPO 1977 = NZA 86, 714.
[473] BAG 4. 12. 1997 AP 141 zu § 626 BGB = NZA 98, 420.

1. Arbeitsplatzwechsel. Findet der Arbeitnehmer ein besonders günstiges Stellenangebot, ist er nicht zur außerordentlichen Kündigung berechtigt.[474] Dies gilt auch dann, wenn er seinem Arbeitgeber eine gleichwertige Arbeitskraft stellt. Eine Sonderregelung besteht für die Besatzungsmitglieder von Seeschiffen (§ 68 SeemG). 150

2. Arbeitsschutzverletzungen durch den Arbeitgeber können den Arbeitnehmer zur außerordentlichen Kündigung berechtigen. Wenn der Arbeitnehmer aus dem Verhalten des Arbeitgebers schließen darf, dass dieser nicht bereit ist, die Schutzvorschriften der ArbZG zu beachten, braucht der Arbeitnehmer vor Ausspruch seiner fristlosen Kündigung nicht zu versuchen, den Arbeitgeber im Wege einer Abmahnung zur künftigen Einhaltung der zulässigen Arbeitszeit zu bewegen.[475] Entsprechendes gilt bei Belästigungen und groben Beleidigungen des Arbeitnehmers,[476] insbesondere bei sexuellen Belästigungen. Eine fristlose Kündigung ist auch bei ausländerfeindlichen Maßnahmen gegeben, wenn die Vertrauensbasis für das Arbeitsverhältnis zerstört ist.[477] 151

3. Die **Verletzung der Beschäftigungspflicht** des Arbeitgebers kann gleichfalls nach Abmahnung zur fristlosen Kündigung berechtigen.[478] 152

4. Die **Eheschließung weiblicher Arbeitnehmer** ist kein wichtiger Grund zur Kündigung.[479] 153

5. Geringer Verdienst ist grundsätzlich kein Grund zur außerordentlichen Kündigung. Erst recht dann nicht, wenn ein Missverhältnis zwischen der gezahlten Vergütung und der sonst üblichen Vergütung nicht festgestellt werden kann.[480] Eine Ausnahme mag dann gelten, wenn der Verdienst das Existenzminimum des Arbeitnehmers nicht deckt[481] oder die Vergütung sittenwidrig ist. In der Regel wird der Arbeitnehmer jedoch zuvor eine angemessene Vergütung anmahnen müssen. 154

6. Gewissenskonflikt. Bei Arbeiten, die der Arbeitnehmer nach verständiger Abwägung nicht mit seinem Gewissen vereinbaren kann, hat er ein **Leistungsverweigerungsrecht** (dazu § 45 RN 30). Dies kann z. B. der Fall sein bei dem Druck von Hetzpropaganda usw. Der Arbeitgeber hat dann kein Recht zur Kündigung wegen Arbeitsverweigerung. 155

7. Krankheit. Kann ein Arbeitnehmer nach ärztlichem Gutachten auf Dauer **nur noch halbtags arbeiten,** ist er dann nicht zur außerordentlichen Kündigung berechtigt, wenn der Arbeitgeber ihn entsprechend beschäftigen kann.[482] 156

8. Lohnrückstand. Die Rechtsprechung erkennt nur dann einen wichtigen Grund zur Kündigung an, wenn der Arbeitgeber **erhebliche Zeit** oder mit einem erheblichen Betrag in Rückstand geraten ist.[483] Neben dem Umfang des Lohnrückstands kann von Bedeutung sein, ob es sich um eine einmalige oder dauernde Unpünktlichkeit bei der Vergütungszahlung handelt. Ob der Arbeitgeber leistungsunwillig oder nur leistungsunfähig ist, spielt keine Rolle.[484] Der Grundsatz der Verhältnismäßigkeit verlangt in der Regel von einem Arbeitnehmer, vor dem Ausspruch einer außerordentlichen Kündigung in diesen Fällen den pflichtwidrig handelnden Arbeitgeber abzumahnen.[485] Das Erfordernis entfällt, wenn der Arbeitgeber mitteilt, er könne die Löhne nicht mehr zahlen.[486] Rückstände mit kleineren Lohnbeträgen berechtigen zur außerordentlichen Kündigung, wenn der Arbeitgeber den Lohn willkürlich und ohne nachvollziehbare Begründung hartnäckig verweigert.[487] Mangelnde Zahlungsfähigkeit kann den Arbeitgeber nicht entschuldigen. Ein Kündigungsrecht kann auch dann bestehen, wenn der 157

---

[474] BAG 17. 10. 1969 AP 7 zu § 611 BGB Treuepflicht; 1. 10. 1970 AP 59 zu § 626 BGB; vgl. auch LAG Schleswig-Holstein LAGE § 626 BGB Nr. 52.
[475] BAG 28. 10. 1971 AP 62 zu § 626 BGB; Unterbleiben von Vorsorgeuntersuchungen ArbG Kiel DB 81, 588.
[476] *v. Hoyningen-Huene* BB 91, 2215.
[477] LAG Hamm 27. 5. 1993 AiB 94, 54.
[478] BAG 19. 8. 1976 AP 4 zu § 611 BGB Beschäftigungspflicht; 15. 6. 1972 AP 7 zu § 628 BGB.
[479] LAG Düsseldorf BB 62, 1331.
[480] LAG Düsseldorf DB 65, 401.
[481] LAG Baden-Württemberg 24. 7. 1969 BB 69, 1312.
[482] BAG 2. 2. 1973 AP 1 zu § 626 BGB Krankheit.
[483] Vgl. BAG 25. 7. 1963 AP 1 zu § 448 ZPO; LAG Schleswig-Holstein DB 55, 484; LAG Köln 23. 9. 1993 LAGE § 626 BGB Nr. 73.
[484] BAG 26. 7. 2007 AP 19 zu § 628 BGB = NZA 2007, 1419.
[485] BAG 17. 1. 2002 EzA 20 zu § 628 BGB = NZA 2003, 816.
[486] BAG 26. 7. 2007 AP 19 zu § 628 BGB = NZA 2007, 1419.
[487] BAG 26. 7. 2001 AP 13 zu § 628 BGB = NZA 2002, 325.

Arbeitgeber jeden Monat in Rückstand gerät.[488] In der Insolvenz ist der Arbeitnehmer zur außerordentlichen Kündigung berechtigt, wenn die Vergütungsforderungen, die nach Insolvenzeröffnung entstehen, aus der Masse nicht gedeckt werden können. Dem Arbeitnehmer wird die Fortsetzung des Arbeitsverhältnisses unzumutbar, wenn der Arbeitgeber mehr als ein Jahr die Lohnsteuer und Sozialversicherungsbeiträge nicht abgeführt hat.[489]

158 **9. Prokura.** Lehnt es der Arbeitgeber ab, einem Angestellten die **vertraglich zugesicherte Prokura zu erteilen** oder eine widerrufene zu erneuern, rechtfertigt das nur dann eine außerordentliche Kündigung, wenn es dem Angestellten nach den besonderen Umständen unzumutbar ist, das Arbeitsverhältnis ohne Prokura fortzusetzen.[490] Entsprechendes gilt, wenn dem Arbeitnehmer teilweise Funktionen entzogen werden.[491]

159 **10. Verdächtigungen.** Äußert der Arbeitgeber bei bedeutenden Betriebsdiebstählen einen Verdacht, ist dies i. d. R. für den Arbeitnehmer kein Grund zur außerordentlichen Kündigung. Anderes gilt, wenn die Verdächtigung in besonders **beleidigender Form** (vor Dritten) oder leichtfertig erfolgt.[492]

160 Der Geschäftsführer einer GmbH kann außerordentlich kündigen, wenn ihm zu Unrecht leichtfertig die **Vernachlässigung seiner Pflichten** vorgeworfen wird.[493]

161 **11. Vertragsverletzungen.** Weigert sich der Arbeitgeber, seinen Verpflichtungen aus dem Arbeitsverhältnis nachzukommen, so hat der Arbeitnehmer nach vorheriger Abmahnung ein Recht zur außerordentlichen Kündigung. Insbesondere ist ein Kündigungsrecht gegeben, wenn der Arbeitgeber zugesagte Umzugskosten nicht zahlt, wenn er einseitig einem Provisionsreisenden einen anderen als den zugesagten Verkaufsbezirk zuweist,[494] ihm ohne Weiterzahlung der bisherigen Durchschnittsprovision eine weitere Reisetätigkeit untersagt[495] oder ständig – unzulässige – Mehrarbeit verlangt[496] oder ihn unberechtigt teilweise von der Arbeit suspendiert.[497]

§ 128. Kündigung „unkündbarer" Arbeitnehmer

Adam, Grundfragen der Unkündbarkeit von Arbeitnehmern, ZTR 2008, 479; *ders.,* Unkündbare Arbeitsverhältnisse, MDR 2008, 605; *Bitter/Kiel,* Von angeblichen und wirklichen Wertungswidersprüchen, von Mindest- und Höchststandards: Die BAG-Rechtsprechung zur außerordentlichen Kündigung sog. unkündbarer Arbeitnehmer, FS Schwerdtner, 2003, S. 1; *Bröhl,* Die außerordentliche Kündigung mit notwendiger Auslauffrist, 2005; *ders.,* Die Orlando-Kündigung – Zwischenwort zur außerordentlichen ordentlichen Kündigung tariflich unkündbarer Arbeitnehmer, FS Schaub, 1998, S. 55; *Etzel,* Die „Orlando-Kündigung": Kündigung tariflich unkündbarer Arbeitnehmer, ZTR 2003, 210; *Gaul/Bonanni,* Ausgewählte Probleme der ordentlichen Unkündbarkeit, ArbRB 2007, 116; *Geller,* Der vertragliche Ausschluss der ordentlichen Kündigung, 2001; *Kania/Kramer,* Unkündbarkeitsvereinbarungen in Arbeitsverträgen, Betriebsvereinbarungen und Tarifverträgen, RdA 95, 287; *Kiel,* Die Kündigung unkündbarer Arbeitnehmer, NZA 2005 Beilage 1 S. 18; *Kolitz,* Kündigungsfreiheit versus „Unkündbarkeit", 2007; *v. Koppenfels,* Die außerordentliche arbeitgeberseitige Kündigung bei einzel- und tarifvertraglich unkündbaren Arbeitnehmern, 1998; *Löwisch,* Tarifliche Regelung betriebsbedingter Kündigungen, FS Richardi, 2007, S. 679; *Mauer/Schüßler,* Kündigung unkündbarer Arbeitnehmer, BB 2001, 466; *Moll,* Unkündbarkeitsregelungen im Kündigungsschutzsystem – Zur Wirkung tariflicher Unkündbarkeitsklauseln bei betriebsbedingten Kündigungen, FS Wiedemann, 2002, S. 333; *Oetker,* Arbeitsvertraglicher Kündigungsschutz und Tarifautonomie, ZfA 2001, 287; *Pape,* Die tarifvertragliche Unkündbarkeit, 2002; *Pauly,* Unkündbarkeitsvereinbarungen in Arbeitsverträgen – Kündigung trotz Ausschlusses der Kündigung?, AuR 1997, 94; *Pomberg,* Die Kündigung unkündbarer Arbeitnehmer, 2001; *U. Preis/Hamacher,* Die Kündigung der Unkündbaren, FS zum 50-jährigen Bestehen der Arbeitsgerichtsbarkeit in Rheinland-Pfalz, 1999, S. 245; *Rieble,* Betriebliche versus tarifliche Unkündbarkeit, NZA 2003, 1243; *Schwerdtner,* Die außerordentliche arbeitgeberseitige Kündigung bei ordentlich unkündbaren Arbeitnehmern, FS Kissel, 1994, S. 1077; *Sieben,* Verfassungswidrige Kündigungsbeschränkungen, NJW 2005, 1095; *Volz,* Die Kündbarkeit tariflich unkündbarer Arbeitnehmer, 2001; *Wendeling-Schröder,* Zur Rechtsstellung tarifvertraglich unkündbarer Arbeitnehmer in Großforschungseinrichtungen, FS Kehrmann, 1997, S. 321.

---

[488] LAG Baden-Württemberg BB 60, 289.
[489] LAG Baden-Württemberg 30. 5. 1968 BB 68, 874.
[490] BAG 17. 9. 1970 AP 5 zu § 628 BGB; 26. 8. 1986 AP 1 zu § 52 HGB = NZA 87, 202.
[491] BAG 15. 6. 1972 AP 7 zu § 628 BGB.
[492] BAG 24. 2. 1964 AP 1 zu § 607 BGB; LAG Baden-Württemberg BB 60, 985.
[493] BGH 9. 3. 1992 ZIP 92, 539; 9. 11. 1992 NJW 93, 463.
[494] LAG Bremen DB 64, 847.
[495] BAG 19. 8. 1976 AP 4 zu § 611 BGB Beschäftigungspflicht.
[496] BAG 28. 10. 1971 AP 62 zu § 626 BGB.
[497] BAG 19. 8. 1976 AP 4 zu § 611 BGB Beschäftigungspflicht.

Übersicht

	RN
I. Vereinbarte Kündigungsbeschränkungen	1 ff.
1. Tarifverträge	1, 2
2. Arbeitsverträge	3–5
3. Betriebsvereinbarungen	6
II. Beginn der Unkündbarkeit	7 ff.
1. Beurteilungszeitpunkt	7, 8
2. Rückwirkender Gewerkschaftsbeitritt	9
3. Rückwirkende Unkündbarkeitsregelungen	10
4. Rückwirkende Verschlechterung des Kündigungsschutzes	11–13
III. Rechtsfolgen	14 ff.
1. Unwirksamkeit der ordentlichen Kündigung	14
2. Außerordentliche Kündigung	15–19
3. Auslauffrist	20, 21
4. Betriebsrats- und Personalratsanhörung	22–24
5. Schwerbehinderte Menschen	25
6. Insolvenz	26
7. Auflösungsantrag	27
8. Betriebsübergang	28, 29
9. Einzelfälle	30–35

I. Vereinbarte Kündigungsbeschränkungen

1. Tarifverträge. a) In zahlreichen Tarifverträgen finden sich Bestimmungen, welche die **ordentliche Kündigung** von Arbeitnehmern nach Erreichen eines bestimmten Lebensalters und einer bestimmten Dauer der Betriebszugehörigkeit **ausschließen.** Verbreitet werden die so geschützten Arbeitnehmer als „unkündbar" bezeichnet (vgl. § 53 III BAT). Dies ist freilich sprachlich ungenau, weil durch diese Regelungen nur das Recht zur ordentlichen Kündigung ausgeschlossen wird. Das Recht zur außerordentlichen Kündigung kann nicht ausgeschlossen werden. § 626 BGB ist für beide Vertragsteile zwingend und unabdingbar. Seit 1. 1. 2002 folgt dies aus § 314 I BGB. Danach kann jeder Vertragsteil Dauerschuldverhältnisse aus wichtigem Grund ohne Einhaltung einer Kündigungsfrist kündigen. Hierbei handelt es sich nach der Gesetzesbegründung um im Kern zwingendes Recht.[1] Ein Ausschluss des Rechts zur außerordentlichen Kündigung enthielte einen unverhältnismäßigen Eingriff in die durch Art. 12 GG geschützte Freiheit des Arbeitgebers zur unternehmerischen bzw. gewerblichen Betätigung.[2] Unabhängig von der Frage, ob sich **Körperschaften des öffentlichen Rechts** auf Art. 12 I GG berufen können, wenn sie privatrechtlich handeln, ist der Ausschluss des Rechts zur außerordentlichen Kündigung auch für den öffentlichen Arbeitgeber unwirksam. Das Demokratieprinzip (Art. 20 GG) verlangt, dass öffentliche Arbeitgeber handlungsfähig bleiben und jedenfalls unter den Bedingungen des § 626 BGB Kündigungen aussprechen können. Soweit Städte und Gemeinden betroffen sind, steht einem Ausschluss des Rechts zur außerordentlichen Kündigung auch Art. 28 II GG entgegen. Kommunale Selbstverwaltung erfordert, dass eine Gemeinde Beschlüsse des Gemeinderats, beispielsweise zur Schließung einer Musikschule, umsetzen kann.[3] 1

b) Der tarifliche Ausschluss der ordentlichen Kündigung ist sehr **unterschiedlich ausgestaltet.** Die Tarifvertragsparteien können für den von ihnen gewährten besonderen tariflichen Kündigungsschutz auch dessen Voraussetzungen näher festlegen. Insbesondere können sie die gewährenden oder einschränkenden Voraussetzungen festlegen, ohne eine Zustimmung des Arbeitnehmers vorzusehen.[4] Ganz überwiegend ist der besondere tarifliche Kündigungsschutz vom Erreichen einer bestimmten Altersgrenze und Dauer der Betriebszugehörigkeit abhängig. Die Tarifbestimmungen unterscheiden sich allerdings in den tatbestandlichen Voraussetzungen erheblich. So bestimmt beispielsweise § 53 III BAT für die im öffentlichen Dienst beschäftigten Angestellten, dass die ordentliche Kündigung eines Angestellten, der das 40. Lebensjahr vollendet und eine Beschäftigungszeit von 15 Jahren hat, ausgeschlossen ist. § 55 I BAT sieht weitergehend vor, dass die außerordentliche Kündigung auf personen- und verhaltensbedingte wichtige Gründe beschränkt ist. Andere wichtige Gründe, insbesondere dringende betriebliche Erfordernisse berechtigen nach § 55 II BAT nicht zu einer ordentlichen Beendigungskündigung, sondern grundsätzlich nur zu einer außerordentlichen Änderungskündigung mit Auslauffrist 2

[1] Vgl. BT-Drucks. 14/6040 S. 176.

[2] Vgl. BAG 5. 2. 1998 AP 143 zu § 626 BGB Ausschlussfrist = NZA 98, 771; KR/*Fischermeier* § 626 BGB RN 57 f.; MünchKommBGB/*Henssler* § 626 RN 48; ErfK/*Müller-Glöge* § 626 BGB RN 194; *Scholz* ZfA 81, 265, 282; *Säcker/Oetker* Grundlagen und Grenzen der Tarifautonomie, S. 291.

[3] Zutr. *Bitter/Kiel,* FS Schwerdtner, S. 13, 14; *Kiel* NZA 2005 Beilage 1 S. 18, 19; ebenso im Ergebnis *Bröhl,* Außerordentliche Kündigung, S. 73 f.; KR/*Fischermeier* § 626 BGB RN 66; *Löwisch* DB 98, 877, 880.

[4] BAG 26. 6. 2008 AP 180 zu § 1 KSchG 1969 Betriebsbedingte Kündigung = NZA-RR 2009, 205.

(dazu RN 20) zum Zwecke der Herabstufung um eine Vergütungsgruppe.[5] Gleichwohl hat das BAG zutreffend angenommen, es seien „Extremfälle" denkbar, in denen auch einem nach § 55 BAT tariflich unkündbaren Angestellten des öffentlichen Dienstes nach § 626 BGB unter Gewährung einer notwendigen Auslauffrist außerordentlich betriebsbedingt gekündigt werden könne.[6] Die Anforderungen der Rechtsprechung an einen solchen „Extremfall" sind indes hoch (vgl. RN 30 a).[7] Die Kündigungsbeschränkungen des BAT gelten nicht im Anwendungsbereich des BAT-O, d. h. in den neuen Bundesländern. Das ist trotz des zum 1. 10. 2005 in Kraft getretenen TVöD keineswegs nur von historischem Interesse. Denn die Regelungen des BAT über die Unkündbarkeit gelten nach § 34 II 2 TVöD für Beschäftigte weiter, die nach den Vorschriften des BAT zum 30. 9. 2005 unkündbar waren (dazu § 184 RN 77).[8] Ganz andere Voraussetzungen als der BAT hat demgegenüber der Kündigungsschutz älterer Arbeitnehmer im Bereich des MTV der Metallindustrie Baden-Württembergs. Dort ist bestimmt, dass die Kündigung eines Arbeitnehmers, der das 53. Lebensjahr vollendet und eine Betriebszugehörigkeit von mindestens drei Jahren hat, nur noch aus wichtigem Grunde kündbar ist.

3 **2. Arbeitsverträge. a)** Der Ausschluss der ordentlichen Kündigung kann auch in einem Einzelarbeitsvertrag vereinbart werden.[9] Zu den arbeitsvertraglichen Regelungen über den Ausschluss der ordentlichen Kündigung gehören nicht nur die konkret ausgehandelten Vertragsbedingungen, sondern auch die in Bezug genommenen tarifvertraglichen Vorschriften.[10] Sieht eine individualvertragliche Vereinbarung die Unkündbarkeit des Arbeitsverhältnisses vor oder schließt sie die Kündigung des Arbeitsverhältnisses aus, umfasst sie ihrem Wortlaut nach auch das nicht abdingbare Recht zur außerordentlichen Kündigung. Die **Auslegung der Vereinbarung** (§§ 133, 157 BGB) wird in diesen Fällen freilich oftmals ergeben, dass nur die ordentliche Kündigung ausgeschlossen werden sollte.[11] Die bloße Bezeichnung einer Stelle im Arbeitsvertrag als „Lebensstellung" oder „Dauerstellung" genügt nach Auffassung der Rechtsprechung regelmäßig nicht für den Ausschluss der ordentlichen Kündigung.[12]

4 **b)** Ist vereinbart, dass das Arbeitsverhältnis nicht ordentlich kündbar ist, **sondern auf Lebenszeit des Arbeitgebers geschlossen und mit dessen Tod enden** wird, ist eine dennoch ausgesprochene Kündigung unwirksam. Bei einem Arbeitsvertrag auf Lebenszeit des Arbeitgebers, des Arbeitnehmers oder eines Dritten verbleibt dem Arbeitnehmer das nicht abdingbare Kündigungsrecht nach § 15 IV TzBfG. Der Arbeitnehmer kann das Arbeitsverhältnis nach fünf Jahren mit einer Frist von sechs Monaten kündigen. Dass demgegenüber ein solches Kündigungsrecht für den Arbeitgeber nicht gilt und dieser damit „lebenslänglich" an den Arbeitnehmer gebunden ist, hat nicht die Sittenwidrigkeit der Vereinbarung zur Folge. Wenn ein Arbeitgeber einen Arbeitnehmer auf Grund des von ihm selbst vereinbarten Ausschlusses der ordentlichen Kündigung einige Jahre möglicherweise weiter bezahlen muss, ohne ihn weiter beschäftigen zu können, soll dies regelmäßig noch nicht zu einem derart gravierenden Missverhältnis führen, dass deshalb die Annahme der Sittenwidrigkeit des Vertrags gerechtfertigt wäre.[13]

5 **c)** An einer individualvertraglichen Vereinbarung **muss sich ein Arbeitgeber eher festhalten lassen** als an einer pauschalen, für alle Arbeitsverhältnisse einer Branche geltenden Tarifregelung, die dem Altersschutz dient und im Ausnahmefall im einzelnen Arbeitsverhältnis zu einem unzumutbaren Ergebnis führen kann.[14] Schließt ein Arbeitgeber (Stadt) mit einem namhaften Regisseur einen Arbeitsvertrag wenige Monate vor der Schließung des Theaters für die Dauer von fünf Jahren ohne Kündigungsmöglichkeit befristet ab, liegt deshalb nach Auffassung des LAG Köln kein wichtiger Grund zur außerordentlichen Kündigung vor.[15]

---

[5] BAG 26. 6. 2008 AP 8 zu § 55 BAT = BB 2009, 108.

[6] BAG 27. 6. 2002 AP 4 zu § 55 BAT; 24. 6. 2004 AP 278 zu § 613 a BGB; 6. 10. 2005 AP 8 zu § 53 BAT = NZA-RR 2006, 416.

[7] Zur Kritik *Linck/Scholz* AR-Blattei SD 1010.7 RN 34 ff.

[8] Vgl. dazu *Hock* ZTR 2005, 558 ff. sowie *Linck/Scholz* AR-Blattei SD 1010.7 RN 63 ff. und 155 ff.

[9] BAG 7. 3. 2002 AP 6 zu § 620 BGB Schuldrechtliche Kündigungsbeschränkung = NZA 2002, 963; 25. 3. 2004 AP 60 zu § 138 BGB (zur Sittenwidrigkeit der Vereinbarung).

[10] BAG 5. 2. 1998 AP 143 zu § 626 BGB Ausschlussfrist = NZA 98, 771.

[11] *Kania/Kramer* RdA 95, 287, 291.

[12] Vgl. BAG 18. 2. 1967 AP 81 zu § 1 KSchG; LAG Baden-Württemberg DB 60, 179; KR/*Fischermeier* § 624 BGB RN 11; krit. dazu *Pauly* AuR 97, 94, 95.

[13] BAG 25. 3. 2004 AP 60 zu § 138 BGB.

[14] BAG 7. 3. 2002 AP 6 zu § 620 BGB Schuldrechtliche Kündigungsbeschränkung = NZA 2002, 963; 25. 3. 2004 AP 60 zu § 138 BGB.

[15] LAG Köln 12. 6. 1997 NZA-RR 98, 255.

3. In den Grenzen des § 77 III BetrVG sind auch entsprechende **Betriebsvereinbarungen** möglich.[16] Für soziale und personelle Angelegenheiten (§§ 87 ff. und §§ 92 ff. BetrVG) besteht eine umfassende Regelungskompetenz der Betriebsparteien. Für soziale Angelegenheiten folgt die umfassende Regelungsbefugnis zum Abschluss freiwilliger Betriebsvereinbarungen aus § 88 BetrVG. § 77 III BetrVG spricht ebenfalls für eine solche Regelungskompetenz. Nach dieser Bestimmung können, sofern der Tarifvertrag den Abschluss ergänzender Betriebsvereinbarungen nicht ausdrücklich zulässt, Arbeitsentgelte und sonstige Arbeitsbedingungen, die durch Tarifvertrag geregelt sind oder üblicherweise geregelt werden, nicht Gegenstand einer Betriebsvereinbarung sein. Positiv ausgedrückt bedeutet dies, dass in den Schranken des § 77 III BetrVG jede durch Tarifvertrag gem. § 1 I TVG regelbare Angelegenheit grundsätzlich Gegenstand einer Betriebsvereinbarung sein kann. Neben betrieblichen und betriebsverfassungsrechtlichen Fragen können daher von Arbeitgeber und Betriebsrat in einer Betriebsvereinbarung nähere Regelungen über Inhalt, Abschluss und Beendigung von Arbeitsverhältnissen getroffen werden.[17] 6

II. Beginn der Unkündbarkeit

1. Beurteilungszeitpunkt. a) Die tariflichen Unkündbarkeitsregelungen greifen regelmäßig nur ein, wenn deren Voraussetzungen bereits zum **Zeitpunkt des Zugangs der Kündigung** vorliegen. Zu diesem Zeitpunkt müssen das jeweilige Alter und die tariflich geforderte Dauer der Betriebszugehörigkeit vorliegen. Es genügt nicht, dass diese Voraussetzungen erst in dem Zeitpunkt gegeben sind, zu dem die Kündigung das Arbeitsverhältnis beenden soll.[18] 7

b) Eine objektiv funktionswidrige **Umgehung** des besonderen Kündigungsschutzes liegt vor, wenn die kurz vor dem Eintritt der Unkündbarkeit erklärte ordentliche Kündigung nicht zum nächstmöglichen Kündigungstermin, sondern erst zu einem späteren Termin wirken soll und dem Arbeitgeber für einen derart frühzeitigen Ausspruch der Kündigungserklärung kein sachlich rechtfertigender Grund zur Seite steht. Der Arbeitgeber muss sich in diesem Fall so behandeln lassen, als wäre der besondere tarifliche Kündigungsschutz schon eingetreten. Die ordentliche Kündigung ist dann unwirksam.[19] Wartet der Arbeitgeber allerdings mit dem Ausspruch einer krankheitsbedingten Kündigung bis der Arbeitnehmer nahezu das gesamte Jahr krankheitsbedingt ausfällt, ist dieser Kündigungszeitpunkt, auch wenn er kurz vor Beginn des besonderen Kündigungsschutzes liegt, nicht willkürlich gewählt. Die Voraussetzungen für eine treuwidrige Vereitelung des Eintritts des besonderen tariflichen Kündigungsschutzes (§ 162 BGB analog) liegen unter diesen Voraussetzungen nicht vor.[20] 8

2. Rückwirkender Gewerkschaftsbeitritt. Der tarifliche Kündigungsschutz kann nicht durch rückwirkenden Gewerkschaftsbeitritt erreicht werden. Eine im Innenverhältnis wirksame Rückwirkung des Beginns der Mitgliedschaft in der Koalition ist für den Beginn der Tarifgebundenheit gemäß § 3 I TVG rechtlich ohne Bedeutung.[21] Insoweit kommt es allein auf den **Zeitpunkt des „tatsächlichen Beitritts"** an. Die durch § 4 I TVG gesetzlich begründete normative Wirkung des Tarifvertrags steht nicht zur Disposition einer rückwirkenden Vereinbarung über den Beginn der Mitgliedschaft zwischen einer Tarifvertragspartei und deren Mitgliedern. 9

3. Rückwirkende Unkündbarkeitsregelungen. Die Unkündbarkeit kann auch nicht durch einen rückwirkenden Tarifvertrag erreicht werden. Für die Frage, ob eine Kündigung gegen tarifliche Vorschriften verstößt, sind die **Verhältnisse beim Zugang der Kündigung** maßgebend. Schon aus Gründen der Rechtssicherheit muss zu diesem Zeitpunkt feststehen, ob die kündigende Partei mit ihrer Kündigung ein rechtlich zulässiges Ziel erstrebt.[22] 10

4. Rückwirkende Verschlechterung des Kündigungsschutzes. a) Nach einer älteren Entscheidung des BAG kann einem Arbeitnehmer die auf Grund einer tarifvertraglichen Regelung bereits **fest erworbene Rechtsposition** der Unkündbarkeit nicht durch eine spätere tarif- 11

---

[16] Ebenso DKK/*Berg* § 88 RN 4; *Bröhl,* Außerordentliche Kündigung, S. 62 f.; KR/*Griebeling* § 1 KSchG RN 35; *Fitting* § 88 RN 2 f.; *Geller* Der vertragliche Ausschluss der ordentlichen Kündigung 2001 S. 23 ff.; *Pape,* Die tarifvertragliche Unkündbarkeit, 2001, S. 65; *Richardi* § 77 RN 89; a. A. *Rieble* NZA 2003, 1243, 1245; wohl auch Küttner/*Kania* Personalbuch 2008, 418 RN 3.

[17] So BAG GS 7. 11. 1989 AP 46 zu § 77 BetrVG 1972 = NZA 90, 816.

[18] BAG 16. 10. 1987 AP 2 zu § 53 BAT.

[19] BAG 16. 10. 1987 AP 2 zu § 53 BAT; 20. 7. 1989 ZTR 90, 23.

[20] BAG 12. 12. 1996 EzA 41 zu § 1 KSchG Krankheit.

[21] BAG 22. 11. 2000 AP 20 zu § 3 TVG Verbandszugehörigkeit = NZA 2001, 980.

[22] BAG 10. 3. 1982 AP 2 zu § 2 KSchG 1969; offen gelassen von BAG 21. 7. 1988 AP 10 zu § 1 TVG Rückwirkung; a. A. Däubler/*Deinert* TVG § 4 RN 65.

vertragliche Regelung entzogen werden.[23] Ist bisher tarifvertraglich die ordentliche Kündigung nach entsprechender Beschäftigungszeit und ab einem bestimmten Lebensalter nicht ausnahmslos ausgeschlossen, sondern bleibt bei bestimmten Betriebsänderungen eine ordentliche Kündigung zulässig, sind die Tarifvertragsparteien jedoch nicht gehindert, die Ausnahmevorschrift über die Zulässigkeit betriebsbedingter Kündigungen an geänderte Verhältnisse anzupassen.[24] Das Vertrauen des Arbeitnehmers, der die tariflichen Voraussetzungen für den Sonderkündigungsschutz (Betriebszugehörigkeit, Lebensalter) bereits erreicht hat, in die Aufrechterhaltung seines Sonderkündigungsschutzes im bisherigen Umfang steht einer solchen Modifizierung der tariflichen Regelung nicht entgegen.

12 **b)** Umstritten ist, ob für Arbeitnehmer, **die noch nicht die tariflichen Voraussetzungen der Unkündbarkeit erlangt** haben, durch einen neuen Tarifvertrag die Voraussetzungen für den Ausschluss der ordentlichen Kündigung verschärft oder der bisher gewährte Schutz abgesenkt werden kann. Im Schrifttum wird hierzu die Auffassung vertreten, ein unzulässiger Eingriff in eine geschützte Position liege vor, wenn kurz vor Erfüllung der bestehenden tariflichen Voraussetzungen der Tarifvertrag zum Nachteil der Arbeitnehmer geändert werde. Die Tarifvertragsparteien müssten hier durch eine differenzierte Lösung schutzwürdige Interessen berücksichtigen.[25] Hiergegen spricht allerdings, dass jede Tarifregelung während der Laufzeit des Tarifvertrags den immanenten Vorbehalt ihrer rückwirkenden Abänderbarkeit durch Tarifvertrag in sich trägt. Auch ein tarifvertraglicher Anspruch gehört zu der von den Tarifvertragsparteien regelbaren Materie der Arbeits- und Wirtschaftsbedingungen. Die Legitimation für den rückwirkenden Eingriff in tarifliche Ansprüche haben die Tarifgebundenen den Tarifvertragsparteien durch ihre Mitgliedschaft übertragen.[26] Der einzelne Tarifgebundene ist der Normsetzungsbefugnis der Tarifvertragsparteien jedoch nicht grenzenlos ausgeliefert. Die rückwirkende Verschlechterung entstandener Ansprüche unterliegt den Grenzen, die für die echte rückwirkende Normsetzung gelten. Der Normunterworfene ist danach nicht schutzwürdig, wenn er im Zeitpunkt des Inkrafttretens der Norm mit einer Regelung rechnen musste, das geltende Recht unklar und verworren war, der Normunterworfene sich aus anderen Gründen nicht auf den Rechtsschein verlassen durfte, z. B. wegen widersprüchlicher Rechtsprechung, oder wenn zwingende Gründe des Gemeinwohls für eine Rückwirkung bestehen.[27]

13 Hieraus folgt für rückwirkende Veränderungen des tariflichen Sonderkündigungsschutzes, dass der dabei zu beachtende Vertrauensschutz einer Regelung entgegenstehen kann, die **wohlerworbene Rechte** der Arbeitnehmer dadurch beeinträchtigt, dass der tarifliche Ausschluss der ordentlichen Kündigung durch eine spätere tarifvertragliche Regelung wieder entzogen wird. Sind allerdings schon nach der bestehenden Tariflage bestimmte Fallgestaltungen vom Schutz gegen ordentliche Kündigungen ausgenommen, können die Tarifvertragsparteien diese Ausnahmeregelung klarstellen bzw. modifizieren, sofern sie die Unkündbarkeit selbst nicht in Frage stellen. Der unkündbare Arbeitnehmer muss angesichts der Gestaltungsfreiheit der Tarifvertragsparteien auch mit rückwirkenden Modifikationen im Rahmen des Vertrauensschutzes rechnen.[28] Deshalb ist auch die im öffentlichen Dienst durch den Übergang vom BAT zum TVöD erfolgte Absenkung des Schutzniveaus der Unkündbarkeitsregelung in § 34 TVöD wirksam (dazu auch § 184 RN 77).[29]

III. Rechtsfolgen

14 **1. Unwirksamkeit der ordentlichen Kündigung.** Der Ausschluss der ordentlichen Kündigung hat zur Folge, dass das Arbeitsverhältnis nur noch aus wichtigem Grunde gekündigt werden kann. Eine unter Verstoß gegen den vereinbarten Ausschluss der ordentlichen Kündigung erklärte ordentliche Kündigung ist **gem. § 134 BGB unwirksam.**[30] Ist die Kündigung durch

[23] BAG 16. 2. 1962 AP 11 zu § 4 TVG Günstigkeitsprinzip.
[24] BAG 17. 10. 2007 AP 9 zu § 53 BAT = NZA-RR 2008, 329; 2. 2. 2006 AP 7 zu § 1 TVG Tarifverträge: Gewerkschaften = NZA 2006, 686.
[25] Vgl. Däubler/*Deinert* § 4 RN 63.
[26] BAG 23. 11. 1994 AP 12 zu § 1 TVG Rückwirkung = NZA 95, 844; 17. 5. 2000 AP 19 zu § 1 TVG Rückwirkung = NZA 2000, 1297.
[27] BAG 23. 11. 1994 AP 12 zu § 1 TVG Rückwirkung = NZA 95, 844; 17. 5. 2000 AP 19 zu § 1 TVG Rückwirkung = NZA 2000, 1297; 22. 10. 2003 AP 21 zu § 1 TVG Rückwirkung = NZA 2004, 444.
[28] BAG 15. 11. 1995 AP 20 zu § 1 TVG Tarifverträge: Lufthansa = NZA 96, 603.
[29] Eingehend dazu *Linck/Scholz* AR-Blattei SD 1010.7 RN 63 ff.; ebenso *Bröhl* ZTR 2006, 174, 179.
[30] BAG 25. 4. 2007 AP 14 zu § 4 TzBfG = NZA 2007, 881; 10. 2. 1999 AP 52 § 2 KSchG 1969 = NZA 99, 657.

Tarifvertrag ausgeschlossen, folgt ihre Unwirksamkeit aus § 4 I TVG i.V.m. § 134 BGB. Auch der einzelvertragliche Kündigungsausschluss enthält eine Verfügung über das Gestaltungsrecht der Kündigung, so dass eine dennoch ausgesprochene ordentliche Kündigung gleichfalls unwirksam ist.

2. Außerordentliche Kündigung. a) Wie bei jeder außerordentlichen Kündigung ist auch bei der außerordentlichen Kündigung unkündbarer Arbeitnehmer Voraussetzung, dass ein für die Kündigung an sich geeigneter wichtiger Kündigungsgrund besteht (§ 127). 15

b) Bei der **Interessenabwägung** ist allerdings nicht ohne Weiteres zu prüfen, ob dem Arbeitgeber die Einhaltung der Kündigungsfrist zumutbar ist. Nach Auffassung des BAG kann sich die Unkündbarkeit im Einzelfall zugunsten oder zuungunsten des Arbeitnehmers auswirken. Welche Betrachtungsweise im Einzelfall den Vorrang verdiene, sei insbesondere unter Beachtung des Zwecks des Ausschlusses der ordentlichen Kündigung sowie unter Berücksichtigung der Art des Kündigungsgrundes zu entscheiden: 16

Bei **einmaligen Vorfällen ohne Wiederholungsgefahr** wirke sich die längere Vertragsbindung in der Regel zugunsten des Arbeitnehmers aus. Bei Dauertatbeständen oder **Vorfällen mit Wiederholungsgefahr** könne die Fortsetzung des Arbeitsverhältnisses für den Arbeitgeber wegen des Ausschlusses der ordentlichen Kündigung u.U. eher unzumutbar sein als bei einem ordentlich kündbaren Arbeitnehmer.[31] Scheidet eine fristgemäße Kündigung wegen des vereinbarten Ausschlusses der ordentlichen Kündigung aus, müsste beispielsweise der Arbeitgeber den Arbeitnehmer trotz **Stilllegung des Betriebs** in der Regel bis zur vereinbarten Altersgrenze weiter vergüten. Diese wirtschaftliche Folge ist bei der nach § 626 I BGB vorzunehmenden Interessenabwägung zu berücksichtigen. Die durch die tarifliche Unkündbarkeit bewirkte lange Bindungsdauer hat in diesem Fall zur Folge, dass die Voraussetzungen des § 626 I BGB für eine außerordentliche Kündigung vorliegen.[32] Nichts anderes gilt bei **Vertragsverletzungen,** wenn einem Arbeitnehmer ohne besonderen Kündigungsschutz bei vergleichbarem Kündigungssachverhalt zwar nicht nach § 626 BGB außerordentlich, jedoch ordentlich gekündigt werden könnte. Die lange Bindungsdauer auf Grund der tariflichen Unkündbarkeit kann hier dazu führen, dass dem Arbeitgeber zwar für die Dauer der ordentlichen Kündigungsfrist die Weiterbeschäftigung zumutbar ist, wegen der Gefahr der Wiederholung der Pflichtverletzung und des damit verbundenen Vertrauensverlusts aber eine Fortsetzung des Arbeitsverhältnisses bis zur Altersgrenze nicht zugemutet werden kann (zur Auslauffrist RN 20).[33] 17

Die Unkündbarkeit steht einer **fristlosen Kündigung** nicht entgegen, wenn ein Kündigungssachverhalt vorliegt, der so schwerwiegend ist, dass auch einem tariflich ordentlich kündbaren Arbeitnehmer hätte fristlos gekündigt werden können. Dies fordert schon die Unabdingbarkeit des § 626 I BGB.[34] Bei der außerordentlichen fristlosen Kündigung eines ordentlich unkündbaren Arbeitnehmers ist daher entscheidend, ob dem Arbeitgeber die Weiterbeschäftigung bis zum Ablauf der fiktiven Kündigungsfrist unzumutbar wäre.[35] 18

c) Die **Ausschlussfrist des § 626 II BGB** gilt grundsätzlich auch bei der außerordentlichen Kündigung unkündbarer Arbeitnehmer. In Anlehnung an die Rechtsprechung zur außerordentlichen Kündigung wegen dauernder krankheitsbedingter Unfähigkeit des Arbeitnehmers, die geschuldete Arbeitsleistung zu erbringen,[36] geht das BAG bei einem dauerhaften Wegfall der Beschäftigungsmöglichkeiten für den Arbeitnehmer (Modellfall: Heizer auf der E-Lok) von einem Dauerstörtatbestand aus. Müsse der Arbeitgeber ein Arbeitsverhältnis aufrechterhalten, ohne für den Arbeitnehmer eine Beschäftigungsmöglichkeit zu haben, handele es sich nicht um einen abgeschlossenen Tatbestand. Mit jeder weiteren Gehaltszahlung, der keine Gegenleistung gegenüberstehe, trete vielmehr eine weitere Störung des Arbeitsverhältnisses ein und wachse das Maß der Unzumutbarkeit.[37] 19

---

[31] Vgl. BAG 14. 11. 1984 AP 83 zu § 626 BGB; 11. 3. 1999 AP 150 zu § 626 BGB = NZA 99, 818; BAG 21. 6. 2001 EzA 7 zu § 626 BGB Unkündbarkeit; 8. 4. 2003 AP 181 zu § 626 BGB = NZA 2003, 856; KR/*Fischermeier* § 626 BGB RN 301b; kritisch hierzu Stahlhacke/*Preis* RN 796; *Preis/Hamacher,* FS Arbeitsgerichtsbarkeit Rheinland-Pfalz, S. 245, 252; *Walker* Anm. zu BAG EzA 2 zu § 626 BGB Unkündbarkeit.

[32] BAG 5. 2. 1998 AP 143 zu § 626 BGB = NZA 98, 771; 13. 4. 2000 AP 162 zu § 626 BGB = NZA 2001, 277.

[33] Vgl. BAG 11. 3. 1999 AP 150 zu § 626 BGB = NZA 99, 818; 15. 11. 2001 AP 175 zu § 626 BGB.

[34] BAG 10. 10. 2002 AP 180 zu § 626 BGB.

[35] BAG 17. 1. 2008 AP 62 zu § 15 KSchG 1969 = NZA 2008, 777.

[36] BAG 21. 3. 1996 AP 8 zu § 626 BGB Krankheit = NZA 96, 871.

[37] BAG 5. 2. 1998 AP 143 zu § 626 BGB = NZA 98, 771.

20 **3. Auslauffrist.** Da sich bei der Prüfung der Frage, ob ein wichtiger Grund zur außerordentlichen Kündigung vorliegt, die tarifliche Unkündbarkeit auch zu Lasten des Arbeitnehmers auswirken kann (RN 17), ist nach ständiger Rechtsprechung auf der Rechtsfolgenseite zur **Vermeidung eines Wertungswiderspruchs** dem tariflich besonders geschützten Arbeitnehmer, wenn bei unterstellter Kündbarkeit nur eine fristgerechte Kündigung zulässig wäre, eine der fiktiven ordentlichen Kündigungsfrist entsprechende Auslauffrist einzuräumen. Es widerspräche dem Zweck des tariflichen Sonderkündigungsschutzes, dem besonders geschützten Arbeitnehmer eine der fiktiven Kündigungsfrist entsprechende Auslauffrist zu verweigern, wenn einem vergleichbaren Arbeitnehmer ohne gesteigerten Kündigungsschutz bei unterstelltem gleichen Kündigungssachverhalt nur fristgerecht gekündigt werden könnte.[38] Ob die Gewährung einer Auslauffrist dazu führt, die außerordentliche Kündigung unkündbarer Arbeitnehmer als Kündigung aus „minder schwerem Grund“ anzusehen, ist umstr., im Ergebnis allerdings zu bejahen.[39]

21 Die Kündigung mit notwendiger Auslauffrist ist von der **Kündigung mit sozialer Auslauffrist** zu unterscheiden. Hier gewährt der Arbeitgeber bei einer außerordentlichen Kündigung freiwillig eine Auslauffrist, ohne hierzu aus Rechtsgründen verpflichtet zu sein. Die Kündigung mit sozialer Auslauffrist ist personalvertretungs- und betriebsverfassungsrechtlich als außerordentliche Kündigung zu behandeln.[40]

22 **4. Betriebsrats- und Personalratsanhörung. a)** Die Beteiligung des Betriebs- bzw. Personalrats ist bei ordentlichen und außerordentlichen Kündigungen **unterschiedlich ausgestaltet.** Die Mitwirkungsrechte des Betriebsrats sind bei der ordentlichen Kündigung stärker als bei der außerordentlichen Kündigung. So besteht der Weiterbeschäftigungsanspruch nach § 102 V BetrVG nur bei einem Widerspruch des Betriebsrats gegen eine ordentliche, nicht aber bei einer außerordentlichen Kündigung. In vielen Personalvertretungsgesetzen ist für die außerordentliche Kündigung nur die Anhörung des Personalrats vorgesehen (vgl. § 79 III BPersVG). Dagegen räumen die entsprechenden Gesetze dem Personalrat bei der ordentlichen Kündigung u. a. ein Erörterungsrecht, eine längere Stellungnahmefrist, ein Widerspruchsrecht mit Rechtsfolgen (Weiterbeschäftigungsanspruch) und ein Recht zur Einschaltung von übergeordneten Dienststellen (§ 79 I, II, § 72 BPersVG) ein. In einigen Bundesländern ist sogar die Zustimmung des Personalrats zur Kündigung erforderlich. Diesen unterschiedlichen Mitwirkungsrechten ist bei der außerordentlichen Kündigung unkündbarer Arbeitnehmer zur **Vermeidung von Wertungswidersprüchen** Rechnung zu tragen. Der präventive Kündigungsschutz, der durch die Bestimmungen des BetrVG und der Personalvertretungsgesetze gewährleistet wird, darf für die durch die Unkündbarkeit besonders geschützten Arbeitnehmer nicht hinter dem Kündigungsschutz der ordentlich kündbaren Arbeitnehmer zurückbleiben, wenn der Arbeitgeber eine ordentliche Kündigung mit Auslauffrist erklärt. Deshalb sind in diesen Fällen die **Vorschriften über die Mitwirkung des Betriebs- bzw. Personalrats bei ordentlichen Kündigungen anzuwenden.** Der Betriebsrat ist damit bei seiner Stellungnahme nicht an die Frist von drei Tagen nach § 102 II 3 BetrVG gebunden, es gilt vielmehr die Wochenfrist des § 102 II 1 BetrVG. Nur dann, wenn der Arbeitgeber eine fristlose Kündigung des ordentlich unkündbaren Arbeitnehmers ausspricht, kommt § 102 II 3 BetrVG zur Anwendung.[41]

23 **b)** Bei der Anhörung des Betriebs- oder Personalrats hat der Arbeitgeber **klarzustellen,** dass er eine außerordentliche Kündigung eines ordentlich unkündbaren Arbeitnehmers mit Auslauffrist erklären möchte.[42]

24 **c)** Spricht der Arbeitgeber nach entsprechender Beteiligung des Betriebs- bzw. Personalrats eine außerordentliche fristlose Kündigung aus, obwohl nur eine außerordentliche Kündigung mit Auslauffrist zulässig gewesen wäre, scheitert eine **Umdeutung** in eine Kündigung mit Auslauffrist, wenn die Arbeitnehmervertretung nicht wie bei einer ordentlichen Kündigung beteiligt worden ist.[43] Soll eine außerordentliche fristlose Kündigung hilfsweise als außerordentliche Kün-

---

[38] BAG 11. 3. 1999 AP 150 zu § 626 BGB = NZA 99, 818; 13. 4. 2000 AP 162 zu § 626 BGB = NZA 2001, 277; 27. 11. 2003 AP 11 zu § 626 BGB Krankheit; KR/*Fischermeier* § 626 BGB RN 304.

[39] Näher zum Streitstand *Bröhl,* Außerordentliche Kündigung, S. 91 ff.; KR/*Fischermeier* § 626 BGB RN 306; *Linck/Scholz* AR-Blattei SD 1010.7 RN 79 ff.

[40] BAG 18. 10. 2000 AP 9 zu § 626 BGB Krankheit = NZA 2001, 219.

[41] St. Rspr., vgl. BAG 12. 1. 2006 AP 13 zu § 626 BGB Krankheit; 5. 2. 1998 AP 143 zu § 626 BGB = NZA 98, 771; KR/*Fischermeier* § 626 BGB RN 306; MünchKommBGB/*Henssler* § 626 RN 118; kritisch hierzu Stahlhacke/Preis RN 823; ablehnend *Bitter/Kiel,* FS Schwerdtner, S. 13, 28 ff.

[42] BAG 29. 8. 1991 AP 58 zu § 102 BetrVG 1972 = NZA 92, 416; APS/*Koch* § 102 BetrVG RN 99 a.

[43] BAG 18. 10. 2000 AP 9 zu § 626 BGB Krankheit = NZA 2001, 219; krit. hierzu *Bitter/Kiel,* FS Schwerdtner, S. 13, 32 f.

digung mit Auslauffrist gelten, ist eine Beteiligung nach den für ordentliche Kündigungen geltenden Regeln jedoch ausnahmsweise entbehrlich, wenn der Betriebsrat der außerordentlichen Kündigung ausdrücklich und vorbehaltlos zugestimmt hat und auch aus sonstigen Umständen nicht zu ersehen ist, dass er für den Fall der Unwirksamkeit der außerordentlichen Kündigung der dann verbleibenden ordentlichen Kündigung entgegengetreten wäre.[44]

5. Schwerbehinderte Menschen. Bei der außerordentlichen Kündigung eines schwerbehinderten Menschen mit Auslauffrist gelten grundsätzlich die **Fristenregelungen des § 91 SGB IX.**[45] Gemäß § 91 II SGB IX hat der Arbeitgeber deshalb die Zustimmung zur Kündigung innerhalb von zwei Wochen nach Kenntnis der für die Kündigung maßgebenden Tatsachen beim Integrationsamt zu beantragen. Nach § 91 V SGB IX kann die Kündigung auch nach Ablauf der Frist des § 626 II 1 BGB erfolgen, wenn sie unverzüglich nach Erteilung der Zustimmung erklärt wird. Durch § 91 V SGB IX wird die Zweiwochenfrist des § 626 II 1 BGB ausgedehnt. Die Vorschrift greift allerdings erst ein, wenn die Frist des § 626 II 1 BGB abgelaufen ist. Für Dauertatbestände, wie sie bei außerordentlichen Kündigungen unkündbarer Arbeitnehmer wegen Betriebsstilllegung oder dauernder Leistungsunfähigkeit vorliegen, hat das zur Folge, dass § 91 V SGB IX nicht anwendbar ist. Der Arbeitgeber muss die Kündigung nicht unverzüglich nach Erteilung der Zustimmung des Integrationsamts aussprechen. Nur ausnahmsweise kann es dem Arbeitgeber nach Treu und Glauben verwehrt sein, sich auf die Zustimmung zu berufen.[46] Auch die außerordentliche Kündigung mit notwendiger Auslauffrist kann er bereits dann erklären, wenn die Zustimmungsentscheidung vom Integrationsamt i. S. d. § 91 III SGB IX „getroffen" ist und das Integrationsamt sie dem Arbeitgeber – innerhalb der gesetzlichen Zweiwochenfrist des § 91 III SGB IX – mündlich oder fernmündlich bekannt gegeben hat. Anders als bei einer ordentlichen Kündigung bedarf es nicht der Zustellung der – schriftlichen – Entscheidung des Integrationsamtes vor dem Zugang der Kündigungserklärung.[47] 25

6. Insolvenz. Ein besonderer tariflicher Kündigungsschutz für ältere, langjährig beschäftigte Arbeitnehmer wird bei einer Kündigung durch den **Insolvenzverwalter** durch die in § 113 InsO vorgegebene Höchstfrist von drei Monaten zum Monatsende verdrängt. Diese Regelung verstößt nicht gegen Art. 9 III GG.[48] Das gilt auch für **Altersteilzeitarbeitsverhältnisse.**[49] 26

7. Auflösungsantrag. Ist eine ordentliche Kündigung sozialwidrig oder eine außerordentliche Kündigung unbegründet, kann das Arbeitsverhältnis auf Antrag des Arbeitnehmers gleichwohl durch das Arbeitsgericht aufgelöst werden, wenn dem Arbeitnehmer die Fortsetzung des Arbeitsverhältnisses nicht zuzumuten ist, § 9 I 1, § 13 I 3 KSchG. Geht man mit dem BAG davon aus, dass es sich bei der außerordentlichen Kündigung mit Auslauffrist um eine Kündigung i. S. d. § 626 BGB handelt, kann **nur der Arbeitnehmer** und nicht auch der Arbeitgeber bei Unwirksamkeit der Kündigung einen Auflösungsantrag stellen. Bei einer unwirksamen außerordentlichen Kündigung räumt das Gesetz dem Arbeitgeber kein Antragsrecht ein. Liegen die tariflichen Voraussetzungen für den Ausschluss der ordentlichen Kündigung vor, kommt eine Auflösung nach § 9 I 2 KSchG nicht in Betracht.[50] Eine unwirksame außerordentliche Kündigung mit Auslauffrist kann einer sozialwidrigen Kündigung nicht gleichgestellt werden.[51] 27

8. Betriebsübergang. Umstritten ist, ob ein Arbeitnehmer den Status der **Unkündbarkeit, den er nach dem beim Veräußerer geltenden Tarifvertrag bereits erlangt** hat, behält, wenn ein auf das Arbeitsverhältnis beim Erwerber anwendbarer Tarifvertrag andere Voraussetzungen der Unkündbarkeit regelt. Ist etwa ein Arbeitnehmer nach dem beim Veräußerer anwendbaren Tarifvertrag nach Vollendung des 40. Lebensjahres und einer Betriebszugehörigkeit von 15 Jahren unkündbar und fordert der beim Erwerber geltende Tarifvertrag abweichend hiervon die Vollendung des 50. Lebensjahres, ist fraglich, ob ein zum Zeitpunkt des Betriebsübergangs 45 Jahre alter Arbeitnehmer beim Erwerber weiterhin auch vor Vollendung des 50. Lebensjahres unkündbar ist. Im Schrifttum wird dies mit der Begründung bejaht, der Kün- 28

---

[44] BAG 8. 6. 2000 AP 163 zu § 626 BGB = NZA 2000, 1282.

[45] BAG 12. 8. 1999 AP 7 zu § 21 SchwbG 1986 (noch zu § 21 SchwbG); 13. 5. 2004 AP 12 zu § 626 BGB Krankheit = NZA 2004, 1271.

[46] BAG 13. 5. 2004 AP 12 zu § 626 BGB Krankheit = NZA 2004, 1271.

[47] BAG 12. 5. 2005 AP 5 zu § 91 SGB IX = NZA 2005, 1173.

[48] BAG 19. 1. 2000 AP 5 zu § 113 InsO = NZA 2000, 658.

[49] BAG 16. 6. 2005 AP 13 zu § 3 ATG = NZA 2006, 270.

[50] BAG 28. 11. 2007 NZA-RR 2008, 344.

[51] Ebenso LAG Köln 22. 6. 1989 LAGE § 9 KSchG Nr. 14; LAG Hamm 18. 10. 1990 LAGE § 9 KSchG Nr. 14; LAG Niedersachsen 10. 11. 1994 LAGE § 9 KSchG Nr. 23; *Bröhl,* Außerordentliche Kündigung, S. 190; a. A. *Trappehl/Lambrich* RdA 99, 243 ff.

digungsausschluss sei „unverfallbar".[52] Dagegen spricht jedoch, dass es für die Ablösung des beim Veräußerer geltenden Tarifvertrags durch den beim Erwerber geltenden Tarifvertrag gem. § 613a I 3 BGB nicht darauf ankommt, ob die beim Erwerber geltenden Tarifbestimmungen günstiger sind als die beim Veräußerer geltenden. § 613a I 3 BGB stellt **nicht auf das Günstigkeitsprinzip** ab.[53]

29 Für den Fall einer **Spaltung oder Teilübertragung** wird die Auffassung vertreten, § 323 I UmwG bewirke eine mindestens zweijährige Fortgeltung der im Ursprungsbetrieb geltenden tariflichen Unkündbarkeitsregelungen. Diese Bestimmung sei im Verhältnis zu § 324 UmwG lex specialis, so dass eine im neuen Betrieb anwendbare Tarifregelung, die höhere Anforderungen an den Erwerb der Unkündbarkeit stelle, zwei Jahre nicht anwendbar sei.[54] Gegen diese Auffassung spricht, dass die kollektivrechtlichen Folgen eines Betriebsübergangs in § 613a I 2 und 3 BGB geregelt sind. Es ist deshalb naheliegend, insoweit in § 324 gegenüber § 323 I UmwG die speziellere Vorschrift zu sehen. Das hat zur Folge, dass sich der Fortbestand kollektivrechtlicher Kündigungsschutzvorschriften nach § 613a I BGB bestimmt (RN 28).[55]

30 **9. Einzelfälle. a) Betriebsbedingte außerordentliche Kündigungen** tariflich unkündbarer Arbeitnehmer sind ausnahmsweise zulässig, wenn der Arbeitsplatz des Arbeitnehmers weggefallen ist und der Arbeitgeber den Arbeitnehmer auch unter Einsatz aller zumutbaren Mittel, ggf. durch Umorganisation seines Betriebs, nicht weiterbeschäftigen kann. Dem Arbeitgeber ist es dabei selbst im Insolvenzfall zumutbar, die **Kündigungsfrist als Auslauffrist einzuhalten.** Führt dies zu Vergütungsansprüchen der Arbeitnehmer aus dem Gesichtspunkt des Annahmeverzugs, ohne dass der Arbeitgeber eine Verwendungsmöglichkeit für die Arbeitskraft des Arbeitnehmers hat, verwirklicht sich darin lediglich das unternehmerische Risiko des Arbeitgebers.[56] Der Arbeitgeber hat zur Begründung der Kündigung darzulegen, dass er ohne eine außerordentliche Kündigungsmöglichkeit gezwungen wäre, ein sinnentleertes Arbeitsverhältnis über viele Jahre hinweg allein durch Gehaltszahlungen, denen keine entsprechende Arbeitsleistung gegenübersteht, aufrechtzuerhalten („Heizer auf der E-Lok").[57] Auch im Falle einer außerordentlichen Kündigung mit Auslauffrist eines tariflich ordentlich unkündbaren Arbeitnehmers unterliegt die unternehmerische Entscheidung nicht einer Zweckmäßigkeitskontrolle durch die Gerichte.[58] Bei einer betriebsbedingten **Änderungskündigung** kann durch die Gerichte allerdings geprüft werden, ob die Umsetzung der Unternehmerentscheidung dem Verhältnismäßigkeitsgrundsatz entspricht. Dementsprechend hat das BAG die außerordentliche Änderungskündigung eines bei einer Kirchengemeinde in einem Gemeindehaus angestellten Hausmeisters nach Schließung des Gemeindehauses als unwirksam angesehen, weil das Angebot auf Fortsetzung des Arbeitsverhältnisses als Küster und Hausmeister der Kirche damit verbunden war, die Küsterwohnung zu beziehen, hierfür allerdings keine Notwendigkeit bestand. Der Kläger hatte die vorherige Tätigkeit unweit der Gemeindekirche ebenfalls von seiner privaten Wohnung aus verrichtet, ohne dass es zu Unzuträglichkeiten gekommen wäre.[59] Ein wichtiger Grund i. S. v. § 626 I BGB für eine außerordentliche Änderungskündigung zur **Reduzierung des Entgelts** eines ordentlich unkündbaren Arbeitnehmers kann jedenfalls dann vorliegen, wenn die Änderung der Arbeitsbedingungen das Ziel hat, der konkreten Gefahr einer Betriebsschließung wegen Insolvenz zu begegnen. Ist die wirtschaftliche Lage des Unternehmens so schlecht, dass der Arbeitgeber ohne die angestrebte Senkung der Personalkosten Insolvenzantrag stellen müsste, ist eine Änderungskündigung zur Entgeltsenkung gegenüber der sonst zu befürchtenden Betriebsschließung regelmäßig das mildere Mittel. In einer derart existenzbedrohenden Situation kann der Arbeitgeber je nach den Umständen auch von seinen ordentlich unkündbaren Arbeitnehmern einen Sanierungsbeitrag verlangen und im Wege der außerordentlichen Änderungskündigung eine Reduzierung der Jahressondervergütung durchsetzen. Der

---

[52] Küttner/*Kania* Personalbuch 2008, 418 RN 5; a. A. zu Recht LAG Köln 12. 10. 1995 NZA-RR 96, 327, allerdings ohne Begründung.

[53] Dazu MünchKommBGB/*Müller-Glöge* § 613a RN 142; ErfK/*Preis* § 613a BGB RN 121.

[54] Vgl. *Wlotzke* DB 95, 40, 44.

[55] So HWK/*Willemsen* § 323 UmwG RN 16; *Hohenstatt* in: Willemsen/Hohenstatt/Schweibert/Seibt, Umstrukturierung und Übertragung von Unternehmen, 3. Aufl., H RN 156 sowie im Grundsatz auch APS/*Steffan* § 323 UmwG RN 11.

[56] BAG 6. 10. 2005 AP 8 zu § 53 BAT; 17. 9. 1998 AP 148 zu § 626 BGB = NZA 99, 258; 5. 2. 1998 AP 143 zu § 626 BGB = NZA 98, 771; zur Änderungskündigung BAG 1. 3. 2007 AP 207 zu § 626 BGB = NZA 2007, 1445.

[57] BAG 29. 3. 2007 AP 4 zu § 613a BGB Widerspruch = NZA 2008, 48.

[58] BAG 26. 6. 2008 AP 8 zu § 55 BAT = BB 2009, 108; 6. 10. 2005 AP 8 zu § 53 BAT.

[59] BAG 26. 6. 2008 AP 8 zu § 55 BAT = BB 2009, 108.

Arbeitgeber muss dabei darlegen, dass die Sanierung mit dem angestrebten Eingriff in die Arbeitsverträge steht und fällt und alle gegenüber der beabsichtigten Änderungskündigung milderen Mittel ausgeschöpft sind.[60]

Die von der Rechtsprechung an die Wirksamkeit einer außerordentlichen **Kündigung mit notwendiger Auslauffrist nach § 55 BAT** gestellten Anforderungen sind erheblich. Nicht jede Umorganisation oder Schließung einer Teileinrichtung, die zu einem Wegfall von Arbeitsplätzen im öffentlichen Dienst führt, kann danach eine außerordentliche Kündigung mit notwendiger Auslauffrist rechtfertigen. Der Arbeitgeber müsse vielmehr bereits bei Erstellung des unternehmerischen Konzepts die in Form von vereinbarten Kündigungsausschlüssen bestehenden arbeitsvertraglich übernommenen Garantien ebenso wie andere schuldrechtliche Bindungen berücksichtigen. Im Prozess wirke sich die übernommene Verpflichtung auch bei der Darlegungslast aus. Aus dem Vorbringen des Arbeitgebers müsse erkennbar sein, dass er auch unter Berücksichtigung der vertraglich eingegangenen besonderen Verpflichtungen alles Zumutbare unternommen habe, die notwendig gewordenen Anpassungen auf das unbedingt erforderliche Maß zu beschränken.[61] Nach Auffassung des BAG stellt eine 35-monatige Vergütungszahlung ohne Gegenleistung noch keinen „unzumutbar langen Zeitraum“ dar.[62] **30a**

Weitere Voraussetzung einer wirksamen außerordentlichen betriebsbedingten Kündigung mit Auslauffrist ist, dass **keine andere Beschäftigungsmöglichkeit,** ggf. auch erst nach entsprechender Umschulung, besteht. Dabei ist zu beachten, dass schon die ordentliche Kündigung nach § 1 II KSchG nur dann möglich ist, wenn eine Weiterbeschäftigung des Arbeitnehmers auf einem anderen freien Arbeitsplatz nicht erfolgen kann. Die an eine außerordentliche Kündigung mit Auslauffrist zu stellenden Anforderungen müssen daher darüber hinausgehen.[63] Bei einer außerordentlichen betriebsbedingten Kündigung mit notwendiger Auslauffrist reicht es nicht aus, dass der Arbeitgeber nur darlegt, eine Weiterbeschäftigung des Arbeitnehmers sei infolge des Wegfalls seines Arbeitsplatzes nicht mehr möglich. Er hat vielmehr im Einzelnen aufzuzeigen, warum eine Weiterbeschäftigung nicht möglich ist. Auch wenn der Arbeitnehmer dem Übergang seines Arbeitsverhältnisses auf einen Betriebserwerber widersprochen hat, muss der Arbeitgeber vor einer außerordentlichen Kündigung alle zumutbaren, eine Weiterbeschäftigung ermöglichenden Mittel ausgeschöpft haben.[64] Im Falle eines nach den §§ 53 ff. BAT unkündbaren Arbeitnehmers muss der Arbeitgeber nach Auffassung des BAG sämtliche Unterbringungsmöglichkeiten prüfen. Dabei ist auch eine Personalgestellung in Betracht zu ziehen, in deren Rahmen der Arbeitgeber etwaige Vergütungsdifferenzen zu übernehmen hat.[65] Gesellschaftsrechtliche, insbesondere konzernrechtliche oder konzernähnliche Verbindung sind mit zu berücksichtigen.[66] Wird eine Betriebsabteilung innerhalb eines **Gemeinschaftsbetriebs** unverändert, nur mit neuem Inhaber fortgeführt, entfällt beim früheren Inhaber der Beschäftigungsbedarf für den Arbeitnehmer, der dem Übergang seines Arbeitsverhältnisses widersprochen hat, nicht. Der bisherige, ebenfalls weiterhin am Gemeinschaftsbetrieb beteiligte Arbeitgeber kann regelmäßig durch seine Beteiligung an der Leitungsmacht des gemeinsamen Betriebs die Weiterbeschäftigung dieses Arbeitnehmers durchsetzen.[67] Der Arbeitgeber hat nach Auffassung des BAG auch zu prüfen, ob das Freimachen eines geeigneten Arbeitsplatzes oder dessen Schaffung durch eine entsprechende Umorganisation in Betracht kommt.[68] Scheide dies aus, habe der Arbeitgeber darzutun, warum dies nicht möglich oder nicht zumutbar gewesen sein soll. Auch das zu erwartende Freiwerden eines geeigneten Arbeitsplatzes auf Grund üblicher Fluktuation sei zu berücksichtigen. Es genüge nicht, dass der Arbeitgeber nur das Bestehen entsprechender freier Arbeitsplätze in Abrede stelle.[69] **31**

Ob der Arbeitgeber einen Arbeitsplatz **„freikündigen“** muss, ist umstr.[70] Das BAG hat die Frage bislang nicht eindeutig beantwortet.[71] Dagegen spricht, dass die Arbeitsverhältnisse der nicht unkündbaren Arbeitnehmer durch das KSchG geschützt sind und dieser Schutz nicht **32**

---

60 BAG 1. 3. 2007 AP 207 zu § 626 BGB = NZA 2007, 1445.
61 BAG 26. 6. 2008 AP 8 zu § 55 BAT; 18. 5. 2006 AP 5 zu § 55 BAT = NZA-RR 2007, 272.
62 BAG 6. 10. 2005 AP 8 zu § 53 BAT.
63 BAG 15. 2. 2007 AP 2 zu § 613 a BGB Widerspruch.
64 BAG 29. 3. 2007 AP 4 zu § 613 a BGB Widerspruch = NZA 2008, 48.
65 BAG 6. 10. 2005 AP 8 zu § 53 BAT.
66 BAG 29. 3. 2007 AP 4 zu § 613 a BGB Widerspruch = NZA 2008, 48.
67 BAG 15. 2. 2007 AP 2 zu § 613 a BGB Widerspruch.
68 BAG 6. 10. 2005 AP 8 zu § 53 BAT; ausf. dazu *Bengelsdorf* BB 2007, 661.
69 BAG 17. 9. 1998 AP 148 zu § 626 BGB = NZA 99, 258; dazu auch *Groeger* NZA 99, 850.
70 Vgl. dazu *Bengelsdorf* BB 2007, 661, 663 ff.
71 Zusammenfassend BAG 18. 5. 2006 AP 5 zu § 55 BAT = NZA-RR 2007, 272.

durch tarifliche Unkündbarkeitsregelungen unterlaufen werden darf. Tarifvertragliche und einzelvertragliche Unkündbarkeitsregelungen finden ihre Grenze im gesetzlichen Kündigungsschutz Dritter. Deshalb ist ein „Freikündigen" von Arbeitsplätzen ordentlich kündbarer Arbeitnehmer zur Vermeidung der Kündigung unkündbarer Arbeitnehmer unzulässig, soweit die ordentlich kündbaren Beschäftigten den Kündigungsschutz des KSchG genießen. Nur in Bezug auf Arbeitnehmer, die noch nicht die Wartezeit des § 1 I KSchG erfüllt haben, kann eine Pflicht zur Freikündigung bestehen.[72]

33 Auch bei der außerordentlichen betriebsbedingten Kündigung tariflich unkündbarer Arbeitnehmer ist der Arbeitgeber zu einer **sozialen Auswahl** entsprechend § 1 III KSchG verpflichtet. Hierbei sind auch nicht besonders geschützte Arbeitnehmer zu berücksichtigen.[73] Dagegen gehören nach wohl überwiegend vertretener, aber abzulehnender Ansicht die tariflich unkündbaren Arbeitnehmer bei einer betriebsbedingten Kündigung nicht besonders geschützter Arbeitnehmer nicht zu den bei der Sozialauswahl zu vergleichenden Arbeitnehmern (dazu § 135 RN 16 f.).

34 **b)** Eine **krankheitsbedingte außerordentliche Kündigung** ist nur in eng begrenzten Ausnahmefällen zulässig, wobei in der Regel eine der ordentlichen Kündigungsfrist entsprechende Auslauffrist einzuhalten ist.[74] Erforderlich ist wie bei der ordentlichen krankheitsbedingten Kündigung[75] zunächst eine negative Prognose hinsichtlich des voraussichtlichen Gesundheitszustands (vgl. § 131 RN 35). Zweitens muss auf Grund der negativen Prognose in Zukunft mit einer erheblichen Beeinträchtigung betrieblicher oder wirtschaftlicher Interessen des Arbeitgebers zu rechnen sein. Schließlich ist eine umfassende Interessenabwägung vorzunehmen. Hierbei ist den hohen Anforderungen Rechnung zu tragen, die an eine außerordentliche Kündigung zu stellen sind.[76] Vor Ausspruch der Kündigung hat der Arbeitgeber nach leidensgerechten Beschäftigungsmöglichkeiten für den Arbeitnehmer zu suchen. An die Bemühungen des Arbeitgebers sind dabei hohe Anforderungen zu stellen.[77] Ist das Arbeitsverhältnis als Austauschverhältnis auf Dauer umfassend gestört, weil auf Grund der Erkrankung des Arbeitnehmers **auf nicht mehr absehbare Zeit kein Leistungsaustausch** mehr erfolgen wird, kann auch eine Kündigung aus wichtigem Grund gerechtfertigt sein.[78] Die **Unfähigkeit des Arbeitnehmers, einen Teil der geschuldeten Arbeitsleistung zu erbringen,** ist dagegen in der Regel nicht geeignet, eine außerordentliche krankheitsbedingte Kündigung zu rechtfertigen.[79] Möglich ist eine außerordentliche Kündigung tariflich Unkündbarer wegen **Alkoholsucht.**[80] Eine Kündigung wegen **häufiger Kurzerkrankungen** hat das BAG bei tariflich unkündbaren Arbeitnehmern ausnahmsweise zugelassen,[81] bei Betriebsratsmitgliedern jedoch grundsätzlich abgelehnt.[82]

35 **c)** Eine **verhaltensbedingte fristlose Kündigung** eines unkündbaren Arbeitnehmers ist nur zulässig, wenn Gründe vorliegen, die nach § 626 BGB auch bei einem nicht unkündbaren Arbeitnehmer die fristlose Kündigung rechtfertigen würden.[83] Unter Umständen ist auch bei der verhaltensbedingten Kündigung eine Auslauffrist einzuhalten. Diese dient der Vermeidung von Wertungswidersprüchen in dem Fall, dass ein wichtiger Grund zur Kündigung nur deshalb vorliegt, weil dem Arbeitgeber die Weiterbeschäftigung des unkündbaren Arbeitnehmers bis zum Pensionsalter unzumutbar ist, während bei ordentlicher Kündbarkeit lediglich eine fristgemäße Kündigung zulässig wäre.[84]

---

[72] Ebenso im Ergebnis *Berkowsky,* Betriebsbedingte Kündigung, § 7 RN 9; *Bröhl,* Außerordentliche Kündigung, S. 160; KR/*Fischermeier* § 626 BGB RN 158; *Moll,* FS Wiedemann, S. 333, 358 ff.; a. A. LAG Berlin 14. 11. 2002 ZTR 2003, 249; *Bitter/Kiel,* FS Schwerdtner, S. 13, 25 ff.; *Kiel,* Beil. 1 NZA 2005, S. 13, 25 ff.

[73] BAG 5. 2. 1998 AP 143 zu § 626 BGB = NZA 98, 771.

[74] BAG 18. 1. 2001 AP 1 zu § 28 LPVG Niedersachsen = NZA 2002, 455; 18. 10. 2000 AP 9 zu § 626 BGB Krankheit = NZA 2001, 219.

[75] Vgl. BAG 5. 7. 1990 AP 26 zu § 1 KSchG 1969 Krankheit = NZA 91, 185.

[76] BAG 9. 7. 1998 EzA 1 zu § 626 BGB Krankheit; 12. 7. 1995 AP 7 zu § 626 BGB Krankheit = NZA 95, 1100; 16. 9. 1999 AP 159 zu § 626 BGB = NZA 2000, 141.

[77] BAG 13. 5. 2004 AP 12 zu § 626 BGB Krankheit = NZA 2004, 1271.

[78] BAG 21. 3. 1996 AP 8 zu § 626 BGB Krankheit; 27. 11. 2003 AP 11 zu § 626 BGB Krankheit = NZA 2004, 1118; siehe auch BAG 12. 1. 2006 AP 13 zu § 626 BGB Krankheit zur Entgeltzahlungspflicht bis zur Pensionsgrenze ohne nennenswerte Gegenleistung.

[79] BAG 12. 7. 1995 AP 7 zu § 626 BGB Krankheit.

[80] BAG 9. 7. 1998 RzK I 6 f Nr. 18; 16. 9. 1999 AP 159 zu § 626 BGB = NZA 2000, 141.

[81] BAG 9. 9. 1992 AP 3 zu § 626 BGB Krankheit = NZA 93, 598.

[82] BAG 18. 2. 1993 AP 35 zu § 15 KSchG 1969.

[83] BAG 10. 10. 2002 AP 180 zu § 626 BGB; 15. 11. 2001 AP 175 zu § 626 BGB.

[84] BAG 8. 6. 2000 AP 163 zu § 626 BGB = NZA 2000, 1282; 12. 8. 1999 AP 28 zu § 626 BGB Verdacht strafbarer Handlung = NZA 2000, 421; 11. 3. 1999 AP 150 zu § 626 BGB = NZA 99, 818.

§ 129. Kündigungsschutz außerhalb des Kündigungsschutzgesetzes und tariflicher Kündigungsschutz

Annuß, § 242 BGB als Fundament eines allgemeinen Kündigungsschutzes?, BB 2001, 1898; *ders.,* Kündigungsschutz im Kleinbetrieb: Vergleichbarkeit bei der Auswahl, BB 2003, 1439; *Berkowsky,* Kündigungsschutz außerhalb des KSchG – Eine Herausforderung für die Praxis; NJW 2009, 113; *Däubler,* Kündigungsschutz außerhalb des Kündigungsschutzgesetzes, Festschrift zu 50-jährigen Bestehen der Arbeitsgerichtsbarkeit in Rheinland-Pfalz, 1999, S. 271; *Düwell,* Beschäftigungsschutz und Sozialstaat, AuR 98, 149; *Gragert,* Kündigungsschutz in Kleinbetrieben, NZA 2000, 961; *Gragert/Kreutzfeldt,* Die Konsequenzen aus dem Beschluss des BVerfG zur Kleinbetriebsklausel in § 23 I 2 KSchG, NZA 98, 567; *Gragert/Wiehe,* Das Aus für die freie Auswahl in Kleinbetrieben – § 242 BGB!, NZA 2001, 934; *Hanau,* Verfassungsrechtlicher Kündigungsschutz, FS für Dieterich, 1999, S. 201; *Joost,* Kündigungsschutz außerhalb des Kündigungsschutzgesetzes, in: Henssler/Moll (Hrsg.), Kündigung und Kündigungsschutz in der betrieblichen Praxis, 2000; *Kittner,* Neues Kündigungsschutzrecht außerhalb des Kündigungsschutzgesetzes, NZA 98, 731; *Kleinebrink,* Beendigung von Arbeitsverhältnissen im Kleinbetrieb – Möglichkeiten und Grenzen, ArbRB 2002, 309; *Krenz,* Zur Sozialauswahl in Kleinbetrieben, 2001; *Lakies,* Änderung des Kündigungsschutzgesetzes und allgemeiner Kündigungsschutz nach § 242 BGB – Verfassungsrechtliche Fragen, DB 97, 1078; *Lettl,* Der arbeitsrechtliche Kündigungsschutz nach den zivilrechtlichen Generalklauseln, NZA-RR 2004, 57; *Linck,* Die treuwidrige Kündigung, FA 99, 382; *Löwisch,* Grenzen der ordentlichen Kündigung in kündigungsschutzfreien Betrieben, BB 97, 782; *Mozet,* Kündigungsschutz in Arbeitsverhältnissen – Ein Überblick über die Rechtslage in den Mitgliedstaaten der Europäischen Union, NZA 98, 128; *Oetker,* Gibt es einen Kündigungsschutz außerhalb des Kündigungsschutzgesetzes, AuR 97, 41; *ders.,* Arbeitsrechtlicher Bestandsschutz und Grundrechtsordnung, RdA 97, 9; *Otto,* Schranken der Kündigungsfreiheit außerhalb des allgemeinen Kündigungsschutzes, FS Wiese, 1998, S. 353; *Powietzka,* Kündigungsschutz im Kleinbetrieb und in der Wartezeit, 2003; *Preis,* Der Kündigungsschutz außerhalb des Kündigungsschutzgesetzes, NZA 97, 1256; *Stahlhacke,* Grundrechtliche Schutzpflichten und allgemeiner Kündigungsschutz, FS Wiese, 1998, S. 513; *Stelljes,* Zu Grundlage und Reichweite des allgemeinen Kündigungsschutzes, 2002; *Urban,* Der Kündigungsschutz außerhalb des Kündigungsschutzgesetzes, 2001; *Wank,* Die Kündigung außerhalb des Kündigungsschutzgesetzes, FS Hanau, 1999, S. 295.

Übersicht

	RN
I. Sonderkündigungsschutz einzelner Personengruppen	1–3
II. Kündigungsschutz durch zivilrechtliche Generalklauseln	4 ff.
1. Verfassungsrecht	4, 5
2. Sittenwidrigkeit	6–8
3. Treu und Glauben	9–19
4. Ungehörige Kündigung	20
5. Verstoß gegen das AGG	21–23
III. Tarifvertraglicher Kündigungsschutz	24 ff.
1. Allgemeines	24
2. Verbot betriebsbedingter Kündigungen	25–27
3. Kurzarbeit	28
4. Verdienstsicherung	29

I. Sonderkündigungsschutz einzelner Personengruppen

Neben dem allgemeinen Kündigungsschutz, den das Kündigungsschutzgesetz gewährleistet (§§ 130 ff.), enthalten **zahlreiche Bundes- und Landesgesetze besondere Kündigungsbeschränkungen.** 1

So regelt das 2

(a) Kündigungsschutzgesetz auch den besonderen Kündigungsschutz von Mitgliedern der Betriebsverfassungsorgane;

(b) SGB IX in den §§ 85 ff. den besonderen Kündigungsschutz schwerbehinderter Menschen und ihrer Vertrauensleute;

(c) Mutterschutzgesetz den der Schwangeren und der Frauen nach der Geburt;

(d) Bundeselterngeld- und Elternzeitgesetz (BEEG) den Kündigungsschutz bei Inanspruchnahme von Elternzeit;

(e) Berufsbildungsgesetz den Kündigungsschutz in Berufsausbildungsverhältnissen;

(f) Arbeitsplatzschutzgesetz den Kündigungsschutz der zum Wehrdienst Einberufenen und in Verbindung mit § 78 Zivildienstgesetz den Kündigungsschutz der Zivildienstleistenden;

(g) Eignungsübungsgesetz den Schutz der zu einer Übung zwecks Auswahl freiwilliger Soldaten Einberufenen;

(h) Gesetz über den Zivilschutz für Dienstpflichtige im Zivilschutzkorps;

(i) Immissionsschutzgesetze mit Kündigungsschutz für **Immissionsschutzbeauftragte** (§ 53 BImSchG), **Abfallbeauftragte** gem. § 58 II BImSchG i. V. m. § 55 III Kreislaufwirtschaftsgesetz, **Gewässerschutzbeauftragte** (§ 21 f II Wasserhaushaltsgesetz) und – mittelbar über § 4 f III 4 BDSG – **Datenschutzbeauftragte;**

(j) Grundgesetz Kündigungsschutz für **Abgeordnete** (Art. 48 II GG);

(k) Landesrecht den **Bergmannsversorgungsschein** in

(aa) NRW i. d. F. vom 20. 12. 1983 (GVBl. S. 635),

(bb) Niedersachsen vom 6. 1. 1949 (GVBl. Sb I 741),

(cc) Saarland i. d. F. vom 16. 10. 1981 (ABl. S. 825) den Kündigungsschutz von im Bergbau Geschädigten alle m. spät. Änd.;

(l) **Seemannsgesetz** den Kündigungsschutz von Heuerverhältnissen.

3 Schließlich ist bei allen Kündigungen das Anhörungs- und gegebenenfalls Mitwirkungsrecht der Betriebs- und Personalvertretung sowie des Sprecherausschusses (§ 102 BetrVG, § 79 BPersVG, § 31 SprAuG) zu beachten (§ 124).

II. Kündigungsschutz durch zivilrechtliche Generalklauseln

4 **1. Verfassungsrecht. a)** Auch außerhalb des KSchG besteht ein Schutz vor willkürlichen Kündigungen. Das BVerfG leitet aus **Art. 12 I GG einen verfassungsrechtlich verbürgten Mindestschutz** des Arbeitnehmers vor willkürlichen oder auf sachfremden Motiven beruhenden Kündigungen ab. Die Diskriminierungsverbote aus Art. 3 III GG seien bei der Auslegung der zivilrechtlichen Generalklauseln zu beachten. Soweit unter mehreren Arbeitnehmern eine Auswahl zu treffen sei, gebiete der verfassungsrechtliche Schutz des Arbeitsplatzes in Verbindung mit dem Sozialstaatsprinzip ein gewisses Maß an sozialer Rücksichtnahme. Ein durch langjährige Mitarbeit erdientes Vertrauen in den Fortbestand des Arbeitsverhältnisses dürfe nicht unberücksichtigt bleiben. Schließlich müsse der objektive Gehalt der Grundrechte auch bei der Verteilung der Darlegungs- und Beweislast berücksichtigt werden. Zugleich betont aber auch das BVerfG, dass die gesetzliche Eingrenzung des Kündigungsschutzes nach dem KSchG respektiert werden müsse. Der durch Generalklauseln vermittelte Schutz dürfe nicht dazu führen, dass dem Kleinunternehmer praktisch die im KSchG vorgegebenen Maßstäbe der Sozialwidrigkeit auferlegt werden.[1]

5 **b)** Soweit im **Schrifttum** aus der Rechtsprechung des BVerfG der Schluss gezogen wird, auch außerhalb des Geltungsbereichs des KSchG sei eine Kündigung nur wirksam, wenn eine **Störung des Arbeitsverhältnisses objektiv vorliege** und vom Arbeitgeber schlüssig dargelegt werde,[2] wird nicht genügend berücksichtigt, dass das BVerfG die Schutzwürdigkeit der Kleinunternehmer gerade damit begründet hat, dass dem Betriebsklima und dem Vertrauensverhältnis des Unternehmers zu jedem seiner Mitarbeiter ein besonderer Stellenwert zukommt.[3] Subjektive Empfindungen des Arbeitgebers sind damit durchaus beachtlich. Hinzu kommt, dass eine abgeschwächte Kontrolle von Kündigungen dahingehend, ob zumindest ansatzweise personen-, verhaltens- oder betriebsbedingte Gründe für die Kündigung vorliegen, die verfassungsgemäße Entscheidung des Gesetzgebers negiert, die Kündigung außerhalb des Geltungsbereichs des KSchG keiner Sachprüfung zu unterziehen.[4]

6 **2. Sittenwidrigkeit. a)** Eine Kündigung kann gegen die guten Sitten verstoßen und aus diesem Grunde nichtig sein (§ 138 BGB). Die Auffassung, eine Kündigung sei sittlich indifferent, ist überholt. § 13 II KSchG setzt die Sittenwidrigkeit einer Kündigung voraus. Sie verstößt gegen die guten Sitten, wenn sie nach der Anschauung aller billig und gerecht Denkenden jenem Maß von **Sittlichkeits- und Anstandsrücksichten krass widerspricht,** das von Menschen durchschnittlich zu fordern ist.[5] Ob dies der Fall ist, muss im Rahmen einer Gesamtabwägung aller Umstände des Einzelfalls entschieden werden.[6] Ein Verstoß gegen die guten Sitten ist insbesondere dann gegeben, wenn Grundrechte des Arbeitnehmers grob verletzt werden, denn die Grundrechte verkörpern den Wertgehalt der Gesamtrechtsordnung.[7] Zu berücksichtigen ist des Weiteren, ob der Arbeitgeber einen Kündigungsgrund geltend macht, der nach § 626 BGB

---

[1] BVerfG 27. 1. 1998 AP 17 zu § 23 KSchG 1969 = NZA 98, 470; 24. 4. 1991 AP 70 zu Art. 12 GG = NZA 92, 68 sowie im Anschluss daran zuletzt BAG 24. 1. 2008 NZA-RR 2008, 405; 28. 6. 2007 AP 27 zu § 307 BGB = NZA 2007, 1049 m.w.N.

[2] *Däubler,* FS zum fünfzigjährigen Bestehen der Arbeitsgerichtsbarkeit in Rheinland-Pfalz, S. 271, 281.

[3] BVerfG 27. 1. 1998 AP 17 zu § 23 KSchG 1969 = NZA 98, 470.

[4] Zutr. *Preis* NZA 97, 1257, 1267; *Stahlhacke,* FS Wiese, S. 513, 523.

[5] BAG 22. 5. 2003 AP 18 zu § 1 KSchG 1969 Wartezeit; 24. 4. 1997 AP 27 zu § 611 BGB Kirchendienst = NZA 98, 145; 16. 2. 1989 AP 46 zu § 138 BGB = NZA 89, 962.

[6] BAG 28. 4. 1994 RzK I 8 k Nr. 8; 24. 4. 1997 AP 27 zu § 611 BGB Kirchendienst = NZA 98, 145.

[7] Ebenso HK-KSchG/*Dorndorf* § 13 RN 95; *Oetker* AuR 1997, 41, 48; APS/*Preis* Grundlagen J RN 39.

oder § 1 KSchG geeignet ist, die Kündigung zu rechtfertigen. Macht der Arbeitgeber von seinem Kündigungsrecht Gebrauch, das ihm nach den gesetzlichen Vorschriften zusteht, kann kaum angenommen werden, die Kündigung verstoße gegen das Anstandsgefühl aller billig und gerecht Denkenden.[8]

b) Sittenwidrig ist **beispielsweise** eine Kündigung, die aus reiner Rachsucht erfolgt[9] oder weil der Arbeitnehmer die Teilnahme an einer strafbaren Handlung des Arbeitgebers abgelehnt hat. Gleiches gilt, wenn der Arbeitgeber eine Kündigung auf einen Arbeitsunfall des Arbeitnehmers stützt, den der Arbeitgeber bedingt vorsätzlich herbeigeführt hat,[10] oder die Kündigung erfolgt, weil der Arbeitnehmer ihm zustehende Ansprüche geltend macht.[11] Entgegen der Auffassung des BAG[12] verstößt eine Kündigung, die allein wegen der Homosexualität eines Arbeitnehmers erfolgt, ebenfalls gegen § 138 BGB und nicht (nur) gegen § 242 BGB.[13] Dagegen ist eine Kündigung nicht deshalb sittenwidrig, weil sie nach einem vom Arbeitgeber bedingt vorsätzlich herbeigeführten Arbeitsunfall erfolgt, dessen Folgen noch nicht abzusehen waren.[14] Die Kündigung eines HIV-infizierten Arbeitnehmers, der keinen allgemeinen Kündigungsschutz genießt, ist nicht sittenwidrig.[15] 7

c) Der Arbeitnehmer hat die Voraussetzungen für einen Verstoß gegen die guten Sitten **darzulegen und im Streitfall zu beweisen.** Es gelten die Grundsätze der abgestuften Darlegungs- und Beweislast.[16] Der Arbeitnehmer hat zunächst die objektiven Umstände vorzutragen, die den Schluss auf einen Verstoß gegen die guten Sitten rechtfertigen. Aus der unterbliebenen Angabe von Kündigungsgründen allein kann nicht auf einen Verstoß gegen § 138 BGB geschlossen werden. Zu den Darlegungen des Arbeitnehmers hat sich der Arbeitgeber gemäß § 138 II ZPO konkret zu erklären. Die Bedeutung des Unwirksamkeitsgrundes der Sittenwidrigkeit ist insbesondere durch das Maßregelungsverbot des § 612a BGB zurückgegangen (dazu § 108). Wegen des Kündigungsschutzverfahrens bei sittenwidriger Kündigung vgl. § 138. 8

3. Treu und Glauben. a) Durch die Anwendung von § 242 BGB werden Arbeitnehmer außerhalb des Anwendungsbereichs des KSchG, also in Kleinbetrieben (§ 23 I KSchG)[17] und vor Ablauf der sechsmonatigen Wartezeit des § 1 I KSchG,[18] vor willkürlichen Kündigungen geschützt. Auch wenn das KSchG nicht anwendbar ist, kommen Umstände, die an sich geeignet sind, eine Kündigung sozialwidrig i. S. v. § 1 KSchG erscheinen zu lassen, als Verstöße gegen Treu und Glauben grundsätzlich nicht in Betracht.[19] Dies gilt jedenfalls für eine Kündigung, auf die wegen Nichterfüllung der sechsmonatigen Wartezeit nach § 1 I KSchG das Kündigungsschutzgesetz keine Anwendung findet. Anderenfalls würde über § 242 BGB der kraft Gesetzes ausgeschlossene Kündigungsschutz doch gewährt und die Möglichkeit des Arbeitgebers eingeschränkt werden, die Eignung des Arbeitnehmers für die geschuldete Tätigkeit in seinem Betrieb während der gesetzlichen Wartezeit zu überprüfen.[20] Allerdings ist zu beachten, dass das BVerfG im Hinblick auf den durch Art. 12 GG und das Sozialstaatsprinzip gewährleisteten Mindestschutz vor willkürlichen Kündigungen insbesondere bei der Auswahl des zu kündigenden Arbeitnehmers bei betriebsbedingten Kündigungen vom Arbeitgeber ein gewisses Maß an sozialer Rücksichtnahme fordert.[21] Eine willkürliche Kündigung liegt nicht vor, wenn ein **irgendwie einleuchtender Grund** für die Kündigung besteht.[22] 9

---

[8] BAG 24. 4. 1997 AP 27 zu § 611 BGB Kirchendienst = NZA 88, 145; *Stahlhacke* FS Wiese, S. 513, 526.

[9] BAG 14. 5. 1964 AP 5 zu § 242 BGB Kündigung.

[10] BAG 8. 6. 1972 AP 1 zu § 1 KSchG 1969; 16. 9. 2004 AP 142 zu § 102 BetrVG 1972.

[11] BAG 14. 12. 2004 AP 62 zu § 138 BGB = NZA 2005, 637.

[12] BAG 23. 6. 1994 AP 9 zu § 242 BGB Kündigung = NZA 94, 1010.

[13] Ebenso *Löwisch* BB 97, 782, 785; *Preis* NZA 97, 1256, 1266; ausführlich hierzu *Linck* FA 99, 382, 384.

[14] BAG 8. 6. 1972 AP 1 zu § 1 KSchG 1969 m. Anm. *Konzen* (im Ergebnis allerdings verneint).

[15] BAG 16. 2. 1989 AP 46 zu § 138 BGB = NZA 89, 962.

[16] BVerfG 27. 1. 1998 AP 17 zu § 23 KSchG 1969 = NZA 98, 470.

[17] Dazu BAG 21. 2. 2001, 25. 4. 2001 AP 12, 14 zu § 242 BGB Kündigung.

[18] BAG 28. 6. 2007 AP 27 zu § 307 BGB = NZA 2007, 1049; 22. 5. 2003 AP 18 zu § 1 KSchG 1969 Wartezeit = NZA 2004, 399; 5. 4. 2001 AP 13 zu § 242 BGB Kündigung = NZA 2001, 890.

[19] BAG 28. 8. 2008 – 2 AZR 101/07 z. V. v.

[20] BAG 24. 1. 2008 NZA-RR 2008, 405; 28. 6. 2007 AP 27 zu § 307 BGB = NZA 2007, 1049; 16. 4. 2004 AP 44 zu § 611 BGB Kirchendienst.

[21] Dazu BVerfG 27. 1. 1998 AP 17 zu § 23 KSchG 1969 = NZA 98, 470; näher dazu *Annuß* BB 2001, 1898; *Linck* FA 99, 382, 383; *Oetker* AuR 97, 41 ff.; *Preis* NZA 97, 1257, 1266 ff.

[22] BAG 28. 8. 2008 – 2 AZR 101/07 z. V. v.; 24. 1. 2008 NZA-RR 2008, 405; 28. 6. 2007 AP 27 zu § 307 BGB = NZA 2007, 1049; 28. 8. 2003 AP 17 zu § 242 BGB Kündigung = NZA 2004, 1296.

10 **b)** Soweit **unter mehreren Arbeitnehmern eine Auswahl** zu treffen ist, darf zwar ein durch langjährige Mitarbeit erdientes Vertrauen des Arbeitnehmers in den Fortbestand des Arbeitsverhältnisses nicht unberücksichtigt bleiben.[23] Allein aus einer langjährigen Betriebszugehörigkeit folgt jedoch nicht, dass die vom Arbeitgeber getroffene Auswahlentscheidung am Maßstab des § 1 III KSchG zu überprüfen ist.[24] Hierzu bedürfte es einer entsprechenden Vereinbarung der Parteien. Nach der Interessenlage der Arbeitsvertragsparteien kann – ohne dass weitere konkrete Anhaltspunkte vorliegen – nicht angenommen werden, der Arbeitgeber sei mit einer solchen Vertragsänderung einverstanden. Die Herausnahme des Kleinbetriebs aus dem Geltungsbereich des KSchG trägt ihrerseits gewichtigen, durch Art. 12 I GG geschützten Belangen des Kleinunternehmers Rechnung, dessen Kündigungsrecht in hohem Maße schutzwürdig ist.[25] Der Geschäftserfolg hängt in einem Betrieb mit wenigen Arbeitskräften mehr als bei Großbetrieben von jedem einzelnen Arbeitnehmer ab. Auf dessen Leistungsfähigkeit kommt es ebenso an wie auf Persönlichkeitsmerkmale, die für die Zusammenarbeit, die Außenwirkung und das Betriebsklima von Bedeutung sind.[26] Ein Verstoß gegen § 242 BGB bei der Kündigung des sozial schutzbedürftigeren Arbeitnehmers ist umso eher anzunehmen, je weniger bei der Auswahlentscheidung eigene Interessen des Arbeitgebers eine Rolle gespielt haben.

11 Legt der gekündigte Arbeitnehmer dar, dass er unter Berücksichtigung soziale Gesichtspunkte ganz erheblich schutzwürdiger als ein **evident vergleichbarer weiterbeschäftigter Arbeitnehmer** ist, spricht dies dafür, dass der Arbeitgeber bei seiner Entscheidung das verfassungsrechtlich gebotene Mindestmaß an sozialer Rücksichtnahme außer Acht gelassen hat. Nur wenn sich aus dem Vorbringen des Arbeitnehmers auf den ersten Blick ergibt, dass der Arbeitgeber davon ausgehen musste, der gekündigte und der oder die nicht gekündigten Arbeitnehmer seien ohne Weiteres austauschbar, kann es auf die Rechtfertigung der Auswahlentscheidung nach sozialen Gesichtspunkten ankommen.[27] Der Arbeitgeber hat dann im Rahmen der abgestuften Darlegungs- und Beweislast nach § 138 II ZPO aufzuzeigen, dass betriebliche, persönliche oder sonstige berechtigte Interessen zu dieser Auswahlentscheidung geführt haben.

12 Der vom Arbeitgeber bei evidenter Vergleichbarkeit der Arbeitnehmer angeführte **Grund für die Auswahlentscheidung** muss angesichts der unterschiedlich langen Betriebszugehörigkeit „einleuchten".[28] Das ist nicht der Maßstab des § 1 III 2 KSchG. Kündigt beispielsweise ein Handwerker einen langjährig beschäftigten Gesellen wegen Auftragsrückgangs, kann er die Weiterbeschäftigung eines nach sozialen Gesichtspunkten deutlich weniger schutzwürdigeren Arbeitnehmers z. B. damit rechtfertigen, dass der Gekündigte erhebliche krankheitsbedingte Fehlzeiten hatte. Diese müssen nicht so erheblich sein, dass sie eine krankheitsbedingte Kündigung begründen könnten. Des Weiteren kann das Fehlen einer Fahrerlaubnis die Kündigung des sozial schutzwürdigeren Arbeitnehmers als nicht treuwidrig erscheinen lassen, wenn der Arbeitgeber aufzeigt, dass sie erforderlich ist, um selbstständig zu Kunden fahren zu können. Soweit der Handwerksbetrieb auswärts Montagearbeiten verrichtet, kann die Bereitschaft bzw. die Ablehnung von Montagetätigkeit gleichfalls berücksichtigt werden. Entsprechendes gilt für die freiwillige Leistung von Überstunden.

13 **c)** Denkbar ist weiterhin, dass die Kündigung **rechtsmissbräuchlich** erfolgt. Die Rechtsausübung ist missbräuchlich, wenn ihr kein schutzwürdiges Eigeninteresse zugrunde liegt. Das ist anzunehmen, wenn die Ausübung des Rechts als Vorwand dient, um vertragsfremde oder unlautere Zwecke zu erreichen. Ist beispielsweise der Arbeitnehmer aus Gewissensgründen nicht in der Lage, vertraglich geschuldete Leistungen – im Streitfall Bestattungsarbeiten eines als Hilfsgärtner angestellten Sinti – zu erbringen, kann er nach § 275 III BGB die Leistung verweigern. Der Arbeitgeber kann dann freilich auch im Geltungsbereich des KSchG das Arbeitsverhältnis aus personenbedingten Gründen kündigen. Eine solchermaßen begründete Kündigung ist außerhalb des Anwendungsbereichs des KSchG nicht rechtsmissbräuchlich nach § 242 BGB.[29]

14 **d)** Eine Kündigung innerhalb der Wartezeit des § 1 I KSchG ist nicht schon deshalb unwirksam, weil zum Kündigungszeitpunkt die **Möglichkeit einer anderen zumutbaren Beschäftigung** bestand. Andere Beschäftigungsmöglichkeiten hat der Arbeitgeber nur im Anwendungs-

---

[23] BAG 21. 2. 2001 AP 12 zu § 242 BGB Kündigung = NZA 2001, 833.

[24] BAG 28. 8. 2003 AP 17 zu § 242 BGB Kündigung = NZA 2004, 1296; a. A. KDZ/*Däubler* § 242 BGB RN 35 f.

[25] BVerfG 27. 1. 1998 AP 17 zu § 23 KSchG 1969 = NZA 98, 470.

[26] BAG 6. 2. 2003 AP 30 zu § 23 KSchG 1969 = NZA 2003, 717.

[27] BAG 6. 2. 2003 AP 30 zu § 23 KSchG 1969 = NZA 2003, 717.

[28] BAG 28. 8. 2003 AP 17 zu § 242 BGB Kündigung = NZA 2004, 1296.

[29] BAG 22. 5. 2003 AP 18 zu § 1 KSchG 1969 Wartezeit.

bereich des § 1 II KSchG in Betracht zu ziehen, weil dieses Erfordernis auf der Anwendung des dem gesetzlichen Kündigungsschutz nach § 1 II KSchG zugrunde liegenden Verhältnismäßigkeitsgrundsatzes beruht. Dieser Grundsatz ist bei der Beurteilung der Wirksamkeit von Kündigungen außerhalb des Kündigungsschutzgesetzes nicht anwendbar.[30]

e) Die Wirksamkeit einer Kündigung aus Gründen in dem Verhalten des Arbeitnehmers außerhalb des Anwendungsbereichs des KSchG setzt jedenfalls in der Wartezeit des § 1 I KSchG in der Regel nicht voraus, dass dem Arbeitnehmer vor Ausspruch der Kündigung vergeblich eine **Abmahnung** erteilt wurde. Darüber hinaus kann nur ausnahmsweise eine vorherige Abmahnung nach Treu und Glauben (§ 242 BGB) geboten sein, wenn sich der Arbeitgeber andernfalls mit der Kündigung in Widerspruch zu seinem bisherigen Verhalten setzen würde.[31] Das ist nicht der Fall, wenn die Kündigung Abschluss einer seit Monaten fortschreitenden negativen Entwicklung des Arbeitsverhältnisses ist, bei dem das Leistungsverhalten des Arbeitnehmers seit längerem Anlass zu Gesprächen war.[32] Als treuwidrig kann allerdings zu werten sein, wenn der Arbeitgeber die Kündigung auf auch im Kleinbetrieb eindeutig nicht ins Gewicht fallende einmalige Fehler eines seit Jahrzehnten beanstandungsfrei beschäftigten Arbeitnehmers stützen will. Der Vorwurf willkürlicher, sachfremder oder diskriminierender Ausübung des Kündigungsrechts scheidet dagegen aus, wenn ein irgendwie einleuchtender Grund für die Kündigung vorliegt. 15

Die unterbliebene Durchführung eines **Präventionsverfahrens oder betrieblichen Eingliederungsmanagements** nach § 84 I und II SGB IX hat im Falle einer Kündigung innerhalb der Wartezeit des § 1 I KSchG keine kündigungsrechtlichen Folgen. Gegenteiliges folgt auch nicht aus der Richtlinie 2000/78/EG. Art. 5 dieser Richtlinie fordert angemessene Vorkehrungen zum Schutz behinderter Menschen vor Entlassungen. Im Rahmen der Angemessenheitsprüfung sind auch Belange des Arbeitgebers zu berücksichtigen. Der Arbeitgeber muss die Möglichkeit zur Erprobung des Mitarbeiters haben. Der geltende besondere Kündigungsschutz nach §§ 85 ff. SGB IX wird dem gerecht. Die Annahme kündigungsrechtlicher Konsequenzen bei einer unterbliebenen Durchführung des Präventionsverfahrens oder des betrieblichen Eingliederungsmanagements in den ersten sechs Monaten des Arbeitsverhältnisses würde demgegenüber ein Einstellungshindernis darstellen, weil der Arbeitgeber nicht mehr frei wäre, die konkreten Einsatzmöglichkeiten des Arbeitnehmers in seinem Betrieb zu erproben.[33] 15a

f) Ein Verstoß gegen § 242 BGB kann weiterhin nicht allein deshalb angenommen werden, weil eine **Kündigung ohne Angabe von Gründen** ausgesprochen wurde. Der Arbeitgeber muss auch im Kleinbetrieb eine Kündigung nicht begründen.[34] 16

g) Das Kündigungsrecht kann **verwirken.**[35] Das Recht des Arbeitgebers zur ordentlichen Kündigung verwirkt, wenn er in Kenntnis eines Kündigungsgrundes längere Zeit untätig bleibt, d. h. die Kündigung nicht ausspricht, obwohl ihm dies möglich und zumutbar wäre (Zeitmoment), wenn er dadurch beim Arbeitnehmer das berechtigte Vertrauen erweckt, die Kündigung werde unterbleiben und wenn der Arbeitnehmer sich deshalb auf den Fortbestand des Arbeitsverhältnisses einrichtet (Umstandsmoment). Diese Voraussetzungen müssen kumulativ vorliegen. Gleichwohl hat das BAG angenommen, ein Vorfall könne durch Zeitablauf so an Bedeutung verlieren, dass eine ordentliche Kündigung nicht mehr gerechtfertigt sei.[36] Die Kündigung sei dann jedoch nicht mangels sozialer Rechtfertigung unwirksam, sondern nur dann, wenn das Kündigungsrecht verwirkt sei. Das ist nicht recht überzeugend, weil bei fehlendem Umstandsmoment eine Verwirkung ausscheidet. Richtigerweise sind der Zeitablauf und die Gründe des Arbeitgebers für das Unterbleiben einer Kündigung in der Vergangenheit im Rahmen der bei verhaltensbedingten Kündigungen notwendigen Interessenabwägung zu berücksichtigen. 17

---

[30] BAG 24. 1. 2008 NZA-RR 2008, 405; 28. 6. 2007 AP 27 zu § 307 BGB = NZA 2007, 1049; 22. 5. 2003 AP 18 zu § 1 KSchG 1969 Wartezeit; 21. 2. 2001 AP 26 zu § 611 BGB Abmahnung = NZA 2001, 951.

[31] BAG 28. 8. 2008 – 2 AZR 101/07 z. V. v.; 21. 2. 2001 AP 26 zu § 611 BGB Abmahnung = NZA 2001, 951.

[32] BAG 28. 8. 2003 AP 17 zu § 242 BGB Kündigung = NZA 2004, 1296.

[33] BAG 24. 1. 2008 NZA-RR 2008, 405; 28. 6. 2007 AP 27 zu § 307 BGB = NZA 2007, 1049; – die gegen die Entscheidung vom 24. 1. 2008 unter dem Aktenzeichen 1 BvR 867/08 eingelegte Verfassungsbeschwerde wurde durch Beschluss des BVerfG vom 30. 5. 2008 nicht zur Entscheidung angenommen.

[34] BAG 16. 1. 2003 AP 1 zu § 1 KSchG 1969 Gemeinschaftsbetrieb; 16. 9. 2004 AP 44 zu § 611 BGB Kirchendienst = NZA 2005, 1263.

[35] BAG 20. 1. 1994 AP 10 zu Art. 20 Einigungsvertrag = NZA 94, 844; zum Verbrauch des Kündigungsrechts nach Abmahnung § 132 RN 29.

[36] BAG 15. 8. 2002 AP 42 zu § 1 KSchG 1969 Verhaltensbedingte Kündigung = NZA 2003, 795.

18 **h)** Die **Verletzung der Unterrichtungspflicht nach § 613 a V BGB** führt auch unter Berücksichtigung des Grundsatzes von Treu und Glauben (§ 242 BGB) nicht zur Unwirksamkeit der Kündigung.[37]

19 **i)** Die **Darlegungs- und Beweislast** für das Vorliegen der Tatsachen, aus denen sich die Treuwidrigkeit ergibt, liegt beim Arbeitnehmer.[38] Im Lichte der Rechtsprechung des BVerfG ist allerdings bei der Verteilung der Darlegungslast der **objektive Gehalt der Grundrechte zur Geltung zu bringen.**[39] Der Arbeitnehmer hat danach zunächst die objektiven Umstände vorzutragen, welche die Kündigung als sittenwidrig oder treuwidrig erscheinen lassen können. Der Arbeitgeber hat sich darauf gemäß § 138 II ZPO konkret zu erklären.[40] Kommt der Arbeitgeber dem nicht nach, gilt der schlüssige Sachvortrag des Arbeitnehmers gemäß § 138 III ZPO als zugestanden.[41] Die Feststellungslast, d.h. das Risiko der Nichterweislichkeit des Verstoßes gegen § 242 BGB verbleibt freilich beim Arbeitnehmer. Die Gerichte können im Rahmen der freien Beweiswürdigung Schlüsse aus den vorgetragenen objektiven Tatsachen auf die wirklichen Motive ziehen.[42]

20 **4. Ungehörige Kündigung.** Grundsätzlich führen die **äußeren Begleitumstände** einer Kündigung nicht zu deren Unwirksamkeit. Gegenteiliges ist zwar in der älteren Rechtsprechung und teilweise auch im Schrifttum vertreten worden,[43] entspricht aber nicht mehr dem heutigen Verständnis des § 242 BGB. Zu berücksichtigen ist, dass nach anderen Vorschriften des BGB, wie beispielsweise § 671 II, § 723 II BGB die Kündigung zur Unzeit nur Schadensersatzansprüche auslöst und nicht zur Unwirksamkeit der Kündigung führt.[44] Weiter ist zu beachten, dass die an sich zulässige Wahrnehmung von Rechten eine nach § 226 BGB unzulässige Benachteiligung bzw. Schikane des Betroffenen darstellen kann. Insoweit überschneidet sich der Anwendungsbereich von § 242 BGB mit dem des § 226 BGB.[45] Die neuere Rechtsprechung hat denn auch weder die Kündigung am Heiligen Abend (24. Dezember) noch die Kündigung kurz nach dem Tod des Lebensgefährten[46] oder kurz nach einer Fehlgeburt der Arbeitnehmerin als unwirksam erachtet.[47]

21 **5. Verstoß gegen das AGG. a)** Dem am 18. 8. 2006 in Kraft getretenen AGG ist nicht ganz klar zu entnehmen, ob es **kündigungsrechtliche Bedeutung hat.**[48] Nach § 2 IV AGG gelten für Kündigungen ausschließlich die Bestimmungen zum allgemeinen und besonderen Kündigungsschutz. Andererseits sind gem. § 2 I Nr. 2 AGG Benachteiligungen aus den in § 1 AGG genannten Gründen in Bezug auf Entlassungsbedingungen unzulässig.[49] Nach der Rechtsprechung des BAG finden die Diskriminierungsverbote des AGG (§§ 1 bis 10 AGG) im Rahmen des Kündigungsschutzes nach dem KSchG Anwendung. Eine Kündigung, die ein Diskriminierungsverbot verletze, könne daher gem. § 1 KSchG sozialwidrig und damit unwirksam sein.[50] Außerhalb des Geltungsbereichs des KSchG ist eine **gemeinschaftsrechtskonforme Auslegung** der zivilrechtlichen Generalklauseln (§§ 138, 242 BGB) möglich.[51]

22 **b)** Verstöße gegen die in der Antirassismusrichtlinie 2000/43/EG und der Rahmenrichtlinie 2000/78/EG genannten Diskriminierungsmerkmale führen zur Treuwidrigkeit (§ 242 BGB) bzw. Sittenwidrigkeit (§ 138 BGB) der Kündigung.[52] Dementsprechend hat das BAG beispiels-

---

[37] BAG 24. 5. 2005 AP 284 zu § 613 a BGB = NZA 2005, 1302.

[38] BAG 16. 9. 2004 AP 44 zu § 611 BGB Kirchendienst; 22. 5. 2003 AP 18 zu § 1 KSchG 1969 Wartezeit; 21. 2. 2001 AP 12 zu § 242 BGB Kündigung = NZA 2001, 833.

[39] BVerfG 27. 1. 1998 AP 17 zu § 23 KSchG 1969 = NZA 98, 470.

[40] Näher hierzu APS/*Preis* Grundlagen J RN 75 ff.; *Oetker* AuR 97, 41, 53; *Otto* FS Wiese S. 353, 374.

[41] BAG 24. 1. 2008 NZA-RR 2008, 405; 28. 6. 2007 AP 27 zu § 307 BGB = NZA 2007, 1049; 16. 9. 2004 AP 44 zu § 611 BGB Kirchendienst.

[42] Zutr. *Löwisch*, KSchG, 8. Aufl., § 13 RN 47.

[43] Vgl. *Röhsler* DB 69, 1147; *Siebert* BB 60, 1029 sowie 9. Auflage § 123 RN 81.

[44] Zutr. BAG 5. 4. 2001 AP 13 zu § 242 BGB Kündigung = NZA 2001, 890 im Anschluss an *Oetker* AuR 97, 41, 47.

[45] Vgl. MünchKommBGB/*Roth* § 242 RN 280; Erman/*Wagner* § 226 RN 1 f.

[46] BAG 5. 4. 2001 AP 13 zu § 242 BGB Kündigung = NZA 2001, 890; 14. 11. 1984 AP 88 zu § 626 BGB = NZA 86, 97.

[47] BAG 12. 7. 1990 AP 87 zu BGB § 613 a.

[48] Ausf. dazu *Hein* NZA 2008, 1033; *von Medem*, Kündigungsschutz und Allgemeines Gleichbehandlungsgesetz, 2008.

[49] *Bauer/Göpfert/Krieger*, AGG, 2007, Nachtrag B 1.

[50] BAG 6. 11. 2008 DB 2009, 626.

[51] Ebenso *Willemsen/Schweibert* NJW 2006, 2583, 2584; kritisch hierzu *Wisskirchen* DB 2006, 1491, 1495.

[52] *Willemsen/Schweibert* NJW 2006, 2583, 2584.

weise eine Kündigung wegen **Homosexualität** als treuwidrig angesehen.[53] Kann ein Sinti wegen seines Glaubens oder religiösen Überzeugungen Bestattungsarbeiten nicht ausüben, liegt nicht schon eine Diskriminierung wegen der **Religion oder Weltanschauung** i. S. v. Art. 1 der Rahmenrichtlinie 2000/78/EG vor. Kündigungsgrund ist vielmehr die Weigerung, die verlangte Tätigkeit zu verrichten. Dass die Kündigung ihre Ursache mittelbar in einer bestimmten religiösen Überzeugung hat, ändert an der Wirksamkeit der Kündigung nichts, wenn es für den Arbeitnehmer keine andere Beschäftigungsmöglichkeit gibt. Die Kündigung ist dann gerechtfertigt, weil eine Stadt, die Friedhöfe unterhält, Bestattungsarbeiten auszuführen hat und es ihr nicht verwehrt werden kann, Arbeitnehmer zu diesem Zweck einzustellen. Die Bereitschaft, Bestattungsarbeiten auszuführen, stellt in diesem Fall eine wesentliche und entscheidende berufliche Anforderung i. S. v. Art. 4 Abs. 1 der Rahmenrichtlinie 2000/78/EG dar.[54] Erfolgt die Kündigung aus einem Grund, der objektiv geeignet ist, die Kündigung sozial zu rechtfertigen (z. B. Diebstahl), und besteht zusätzlich ein im Sinne der Richtlinien verwerfliches **Motiv** (z. B. Homosexualität), ist die Kündigung wirksam, wenn der Arbeitgeber bei Diebstählen generell kündigt. Der gekündigte Arbeitnehmer erfährt in diesem Fall keine andere Behandlung als jeder andere stehlende Arbeitskollege.[55]

c) Außerhalb des Geltungsbereichs des KSchG ist bei der Verteilung der **Darlegungs- und Beweislast** Art. 10 der Rahmenrichtlinie 2000/78/EG zu beachten. Danach hat der Arbeitgeber zu beweisen, dass keine Diskriminierung i. S. d. Richtlinie vorliegt, wenn der Arbeitnehmer Tatsachen glaubhaft gemacht hat, die das Vorliegen einer unmittelbaren oder mittelbaren Diskriminierung vermuten lassen. Dem entspricht § 22 AGG. Für Kündigungen hat das zur Konsequenz, dass dann, wenn der Arbeitnehmer Tatsachen darlegt und im Streitfall beweist, die eine Benachteiligung vermuten lassen, der Arbeitgeber beweisen muss, dass dies nicht zutrifft. 23

III. Tarifvertraglicher Kündigungsschutz

Haller, Nichtanwendbarkeit des Sozialtarifvertrags auf Kündigungen nach dem KSchG, BB 98, 1945; *Löwisch,* Tarifliche Regelung von Arbeitgeberkündigungen, DB 98, 877; *Meine,* Der Tarifvertrag zur Beschäftigungsförderung in der niedersächsischen Metallindustrie, AuR 98, 356; *Oetker,* Arbeitsrechtlicher Kündigungsschutz und Tarifautonomie, ZfA 2001, 287; *Schmidt,* Kollektive Vereinbarungen sichern Beschäftigung, AuA 97, 231; *Ulber,* Kollektive Vereinbarungen zur Beschäftigungssicherung, AuR 97, 265.

1. Allgemeines. Die Tarifvertragsparteien können die **Kündigungsmöglichkeiten des Arbeitgebers einschränken.** Regeln die Tarifvertragsparteien, dass aus Anlass einer Arbeitsunterbrechung wegen Krankheit nicht gekündigt werden darf, kann bei einer Kündigung im unmittelbaren Anschluss an eine vorhergehende Arbeitsunfähigkeit der Beweis des ersten Anscheins dafür sprechen, dass die Arbeitsunterbrechung wegen Krankheit bestimmendes Motiv des Arbeitgebers für die Kündigung war.[56] Zur Unkündbarkeit vgl. § 128. 24

2. Verbot betriebsbedingter Kündigungen. a) Gelegentlich werden betriebsbedingte Kündigungen verboten. Der Personalabbau soll alsdann nur durch natürliche Fluktuation herbeigeführt werden. Sehen die Tarifverträge ein Kündigungsverbot vor, greift dies unabhängig davon ein, ob das KSchG anwendbar ist.[57] Sind ordentliche betriebsbedingte Kündigungen ausgeschlossen, kommt **ausnahmsweise eine außerordentliche Kündigung mit Auslauffrist** in Betracht, wenn keine andere Beschäftigungsmöglichkeit für den Arbeitnehmer besteht. Insoweit ist die ordentliche Kündigungsfrist einzuhalten.[58] 25

b) Tarifverträge zur Beschäftigungssicherung sehen regelmäßig vor, dass das Arbeitsentgelt gekürzt oder die Arbeitszeit ohne vollen Lohnausgleich verlängert wird und im Gegenzug dafür betriebsbedingte Kündigungen für einen bestimmten Zeitraum ausgeschlossen werden.[59] Wird in dem Tarifvertrag nicht zwischen dem Ausschluss der ordentlichen und der außerordentlichen Kündigung unterschieden, ist durch Auslegung zu ermitteln, ob der Tarifvertrag auch außerordentliche betriebsbedingte Kündigungen ausschließt. Enthält eine tarifliche Regelung zur Beschäftigungssicherung einen befristeten Ausschluss ordentlicher betriebsbedingter Kündi- 26

[53] BAG 23. 6. 1994 AP 9 zu § 242 BGB Kündigung.
[54] BAG 22. 5. 2003 AP 18 zu § 1 KSchG 1969 Wartezeit.
[55] *Löwisch* BB 2006, 2189, 2190; z. T. abweichend *Diller/Krieger/Arnold* NZA 2006, 887, 889 f.
[56] Vgl. BAG 5. 2. 1998 AP 3 zu § 1 TVG Tarifverträge: Apotheken = NZA 98, 644.
[57] BAG 13. 6. 1996 AP 21 zu § 1 TVG Lufthansa = NZA 96, 1168.
[58] BAG 5. 2. 1998 AP 143 zu § 626 BGB = NZA 98, 771; 17. 9. 1998 AP 148 zu § 626 BGB = NZA 99, 258.
[59] Vgl. für die Bahn BAG 26. 6. 2008 – 2 AZR 1109/06.

gungen für die Dauer von zweieinhalb Jahren und kann der Arbeitgeber bei Ausspruch einer außerordentlichen Kündigung im Geltungszeitraum nicht darlegen, dass ihm ein Festhalten an dieser Regelung nicht zugemutet werden kann, ist eine außerordentliche Kündigung nach § 626 I BGB unwirksam.[60] Gelegentlich wird die Kündigung auch von der Zustimmung der Tarifvertragsparteien oder des Betriebsrats abhängig gemacht (z. B. § 23 MTV Niedersächsische Metallindustrie). Ohne Zustimmung ist in diesen Fällen die Kündigung unwirksam.

27 **c)** Betriebsbedingte Kündigungen können von der Zahlung von **Abfindungen** abhängig gemacht werden. Stirbt der Arbeitnehmer vor Ablauf der vom Arbeitgeber einzuhaltenden Kündigungsfrist, erlangen seine Erben grundsätzlich keinen Abfindungsanspruch.[61] Die Höhe der Abfindung richtet sich regelmäßig nach der zuletzt bezogenen Vergütung.[62] Die Abfindungsansprüche unterliegen tariflichen Ausschlussfristen.[63] Bestimmt ein Tarifvertrag, dass anderweitige Leistungen auf die Abfindung anzurechnen sind, gehört hierzu nicht das Arbeitslosengeld, weil es Lohnersatzfunktion hat und keine Entschädigung für den Verlust des Arbeitsplatzes darstellt.[64] Ferner sind Einkünfte aus einer Nebenbeschäftigung nicht anzurechnen, die bereits vor der Beendigung des Arbeitsverhältnisses ausgeübt wurde.[65] Im Tarifvertrag zur sozialen Absicherung vom 6. 7. 1992 in den neuen Bundesländern ist vorgesehen, dass sich der Abfindungsanspruch vermindert, wenn der Arbeitnehmer Rente beziehen kann.[66] Der Abfindungsanspruch entfällt nicht bereits dann, wenn die Beschäftigungsdienststelle ersatzlos aufgelöst wird.[67] Nach den Umständen des Einzelfalls ist zu beurteilen, ob der Arbeitnehmer sich auf eine Teilzeitbeschäftigung einlassen muss.[68] Ein vor Ablauf der Kündigungsfrist abgeschlossener befristeter Arbeitsvertrag schließt die Abfindung nicht aus, wenn die zu verrichtende Arbeit einen anderen Inhalt hat.[69] Anders ist es dagegen, wenn ein befristeter Arbeitsvertrag im Rahmen einer Arbeitsbeschaffungsmaßnahme abgeschlossen wird.[70]

28 **3. Kurzarbeit** (§ 47). Tarifverträge können regeln, dass vor Ausspruch betriebsbedingter Kündigungen nach dem Ultima-Ratio-Prinzip Kurzarbeit eingeführt wird. Durch derartige Tarifverträge bleibt das **Mitbestimmungsrecht des Betriebsrats** nach § 87 I Nr. 3 BetrVG unberührt, soweit noch ein Regelungsspielraum besteht.

29 **4. Verdienstsicherung.** Für bestimmte Arbeitnehmer kann eine Verdienstsicherung eingeführt werden, wenn sie umgesetzt werden müssen.[71] Dasselbe gilt bei altersbedingtem Leistungsabfall.[72] Eine tarifliche Regelung, die Arbeitnehmer von einer neu eingeführten Leistungszulage ausschließt, wenn sie sich schon vorher in der tariflichen Verdienstsicherung wegen Alters befunden haben, ist zulässig und verstößt nicht gegen höherrangiges Recht.[73]

§ 130. Voraussetzungen des Kündigungsschutzes nach dem KSchG

Kommentare: *Ascheid/Preis/Schmidt,* Kündigungsrecht, 3. Aufl., 2007; *Backmeister/Trittin/Mayer,* Kündigungsschutzgesetz mit Nebengesetzen, 3. Aufl., 2004; *Bader/Bram/Dörner/Kriebel,* Kündigungsschutzgesetz, Loseblattausgabe, Stand 2008; *Becker/Etzel* u. a., Gemeinschaftskommentar zum KSchG und sonstigen kündigungsschutzrechtlichen Vorschriften, 8. Aufl., 2007; *Dorndorf/Weller/Hauck,* Kündigungsschutzgesetz, 4. Aufl., 2000; *Fiebig/Gallner/Griebeling/Mestwerdt/Nägele/Pfeiffer,* KSchG, 3. Aufl., 2007; *v. Hoyningen-Huene/Linck,* Kündigungsschutzgesetz, 14. Aufl., 2007; *Kittner/Däubler/Zwanziger,* Kündigungsschutzrecht 7. Aufl., 2008; *Knorr/Bichelmeier/Kremhelmer,* Handbuch des Kündigungsrechts, 4. Aufl., 1998; *Löwisch/*

[60] BAG 30. 9. 2004 AP 275 zu § 613 a BGB = NZA 2005, 43.
[61] BAG 22. 5. 1996 AP 13 zu § 4 TVG Rationalisierungsschutz = NZA 97, 386.
[62] BAG 30. 5. 1996 AP 12 zu § 4 TVG Rationalisierungsschutz = NZA 97, 162.
[63] BAG 20. 3. 1997 AP 137 zu § 4 TVG Ausschlussfristen = NZA 97, 896.
[64] BAG 20. 2. 1997 AP 2 zu § 7 RatAng = NZA 97, 834.
[65] BAG 1. 10. 1998 AP 6 zu § 42 TVAL II.
[66] BAG 1. 6. 1995 AP 24 zu § 1 TVG Tarifverträge: DDR = NZA 96, 323; 30. 1. 1997 AP 31 zu § 1 TVG Tarifverträge: DDR = NZA 97, 1239.
[67] BAG 30. 1. 1997 AP 22 zu § 4 TVG Rationalisierungsschutz = NZA 98, 49.
[68] BAG 30. 1. 1997 AP 18 zu § 4 TVG Rationalisierungsschutz = NZA 98, 111.
[69] BAG 30. 1. 1997 AP 16 zu § 4 TVG Rationalisierungsschutz = NZA 97, 1057.
[70] BAG 17. 4. 1997 AP 2 zu § 1 TVG Tarifverträge: Waldarbeiter.
[71] BAG 30. 11. 1996 AP 11 zu § 4 TVG Rationalisierungsschutz = NZA 96, 1217; 15. 10. 1997 AP 11 zu § 4 TVG Verdienstsicherung = NZA 98, 659.
[72] BAG 11. 11. 1997 AP 12 zu § 4 TVG Verdienstsicherung = NZA 98, 886; 15. 10. 1997 AP 10 zu § 4 TVG Verdienstsicherung = NZA 98, 1336 (betrifft freiwillige übertarifliche Zulagen).
[73] BAG 26. 4. 2000 AP 16 zu § 4 TVG Verdienstsicherung = NZA 2001, 396.

Spinner, Kündigungsschutzgesetz, 9. Aufl., 2004; *Sowka* (Hrsg.), Kündigungsschutzgesetz, 4. Aufl., 2004; *Stahlhacke/Preis/Vossen,* Kündigung und Kündigungsschutz im Arbeitsverhältnis, 9. Aufl., 2005.

Wegen der Nachweise zu dem kaum noch übersehbaren Schrifttum wird auf das mehrseitige Verzeichnis bei *v. Hoyningen-Huene/Linck* § 1 verwiesen. In der nachfolgenden Darstellung finden sich in den Fußnoten weiterführende Hinweise.

Übersicht

	RN
I. Voraussetzungen des Kündigungsschutzes	1 ff.
1. Geschützter Personenkreis	1–7
2. Ausschluss von Kleinbetrieben	8–21
3. Wartezeit	22–25
4. Ordentliche Kündigung	26, 27
II. Allgemeine Grundsätze zur Beurteilung der sozialen Rechtfertigung	28 ff.
1. Allgemeines	28
2. Prinzipien des Kündigungsrechts	29–32
3. Gleichbehandlung	33
4. Beurteilungszeitpunkt	34
5. Anhörung des Betriebsrats	35–37
6. Beweislast	38
III. Widerspruch des Betriebsrats gegen die Kündigung	39 ff.
1. Widerspruch	39, 40
2. Widerspruchsberechtigter	41
3. Widerspruchsgründe	42–45

I. Voraussetzungen des Kündigungsschutzes

1. Geschützter Personenkreis. a) Durch das KSchG werden nur **Arbeitnehmer** geschützt (dazu § 8). Arbeitnehmer sind auch Aushilfsbeschäftigte,[1] Teilzeitbeschäftigte oder in Nebenbeschäftigung Tätige[2] oder Werkstudenten.[3] Bei der Ermittlung der für die Geltung des KSchG nach § 23 I maßgeblichen Beschäftigtenzahl zählen Teilzeitbeschäftigte gem. § 23 I 4 KSchG anteilig. 1

b) Das **Pfarrdienstverhältnis** ist nach § 2 I des Kirchengesetzes über die dienstlichen Verhältnisse der Pfarrerinnen und Pfarrer in der evangelischen Kirche der Union (Pfarrdienstgesetz – PfDG) zwar ein kirchengesetzlich geregeltes öffentlich-rechtliches Dienst- und Treueverhältnis, das auf Lebenszeit begründet wird. Nach § 100 PfDG kann jedoch im Einzelfall ein privatrechtliches Dienstverhältnis begründet werden.[4] 2

c) Auszubildende, Anlernlinge, Volontäre und Praktikanten (§ 16) unterliegen grundsätzlich nicht dem allgemeinen Kündigungsschutz. Im Berufsausbildungsverhältnis ist nach Ablauf der Probezeit eine ordentliche Kündigung ausgeschlossen, so dass jedenfalls der Kündigungsschutz bei ordentlichen Kündigungen nicht eingreifen kann. Sofern ein Schlichtungsausschuss besteht, ist bei einer außerordentlichen Kündigung (§§ 22 II BBiG) vor Erhebung der Kündigungsschutzklage das Schlichtungsverfahren durchzuführen (§ 111 II ArbGG). Für die Anrufung des Schlichtungsausschusses gilt nicht die Dreiwochenfrist (§ 13 I i. V. m. § 4 KSchG).[5] Besteht kein Schlichtungsausschuss, hat der Auszubildende gegen die außerordentliche Kündigung gem. § 13 I 2 KSchG innerhalb von drei Wochen Kündigungsschutzklage zu erheben.[6] Für Volontäre gelten gem. § 26 BBiG grundsätzlich die Kündigungsschutzbestimmungen der §§ 20 ff. BBiG. 3

d) Keine Arbeitnehmer sind **arbeitnehmerähnliche Personen** (§ 9),[7] z. B. Heimarbeiter,[8] Handelsvertreter, freie Mitarbeiter von Rundfunkanstalten. Nach h. M. ist eine entsprechende Anwendung des KSchG ausgeschlossen.[9] **Beamte** sowie **Familienangehörige,** die nur auf Grund familienrechtlicher Beziehungen in Betrieben mitarbeiten, sind nicht geschützt, da es an einem privatrechtlichen Dienstvertrag fehlt.[10] Ist ein Familienangehöriger jedoch im Rahmen eines Arbeitsverhältnisses beschäftigt, genießt er unter denselben Voraussetzungen wie andere Arbeitnehmer Kündigungsschutz.[11] 4

---

[1] BAG 13. 3. 1983 AP 42 zu § 611 BGB Abhängigkeit = NJW 84, 1985.
[2] BAG 13. 3. 1987 AP 37 zu § 1 KSchG 1969 Betriebsbedingte Kündigung = NZA 87, 629.
[3] BAG 12. 6. 1996 AP 4 zu § 611 BGB Werkstudent = NZA 97, 191.
[4] Dazu BAG 2. 2. 2006 AP 46 zu § 611 BGB Kirchendienst.
[5] BAG 13. 4. 1989 AP 21 zu § 4 KSchG 1969 = NZA 90, 395; KR/*Friedrich* § 13 KSchG RN 36.
[6] BAG 5. 7. 1990 AP 23 zu § 4 KSchG = NZA 91, 671.
[7] BAG 20. 1. 2004 AP 1 zu § 12 a LPVG Rheinland-Pfalz.
[8] BAG AP 23 zu § 613 a BGB = EzA 29 zu § 613 a BGB.
[9] LAG Hamm 15. 6. 1989 LAGE § 23 KSchG Nr. 6; HK-KSchG/*Dorndorf* § 1 RN 22.
[10] Vgl. LAG Köln 28. 11. 2002 AR-Blattei ES 615 Nr. 2; LAG Berlin 26. 6. 1989 LAGE § 23 KSchG Nr. 5.
[11] Vgl. BAG 9. 2. 1995 EzA 12 zu § 1 KSchG Personenbedingte Kündigung.

5 **e)** Nicht zu den Arbeitnehmern i. S. des KSchG gehören gemäß § 14 I Nr. 1 KSchG **gesetzliche Vertreter juristischer Personen** (z. B. Vorstände und Geschäftsführer von AktG und GmbH). Das gilt auch, wenn sie auf der Grundlage eines Arbeitsvertrags beschäftigt sind.[12] Entsprechendes gilt gem. § 14 I Nr. 2 KSchG für Personen, die durch Gesetz, Satzung oder Gesellschaftsvertrag zur Vertretung einer Personengesamtheit berufen sind. Es muss sich hierbei um Personen handeln, denen organschaftliche Vertretungsmacht zukommt.[13] Hat ein **Gesellschafter als Kapitaleigner** einen so großen Einfluss auf die Führung der Gesellschaft, dass er über seine Gesellschafterstellung letztlich auch die **Leitungsmacht** hat, unterliegt er nicht dem Weisungsrecht des Geschäftsführers. Deshalb kann der Gesellschafter einer GmbH, dem mehr als 50% der Stimmen zustehen, auch dann kein Arbeitnehmer dieser Gesellschaft sein, wenn er nicht Geschäftsführer ist. Dabei ist unerheblich, ob er seine Leitungsmacht tatsächlich ausübt.[14] Auch der Minderheitsgesellschafter ist bei Bestehen einer Sperrminorität im Regelfall kein Arbeitnehmer.[15]

6 **f)** Die Arbeitnehmereigenschaft fehlt solchen Personen, die auf Grund **gesellschaftsrechtlicher oder körperschaftlicher Verpflichtung** Arbeit leisten (z. B. Gesellschafter, Vereinsmitglieder) oder deren Beschäftigung nicht in erster Linie dem Erwerbe dient. Zu diesem Personenkreis gehören solche, deren Beschäftigung durch Beweggründe karitativer, religiöser, wissenschaftlicher oder künstlerischer Art bestimmt ist, bzw. deren Beschäftigung ihrer körperlichen Heilung, Wiedereingewöhnung, sittlicher Besserung und Erziehung dient (§ 8).

7 **g)** Dem Kündigungsschutz unterliegen auch **Geschäftsführer im nicht organschaftlichen Sinn,**[16] **Betriebsleiter oder sonstige leitende Angestellte**[17] (§ 14 II KSchG; Sonderregelung: § 24 V KSchG), sofern sie zur selbstständigen Einstellung oder Entlassung berechtigt sind.[18] Die Einstellungs- oder Entlassungsbefugnis muss nicht nur im Außenverhältnis, sondern auch im Innenverhältnis bestehen. Neben dem rechtlichen Können ist auch das rechtliche Dürfen erforderlich.[19] Die Personalkompetenz muss einen wesentlichen Teil der Tätigkeit des Angestellten ausmachen. Ein nur eng umgrenzter Personenkreis genügt nicht.[20] Keine Beschränkung der selbstständigen Einstellungs- oder Entlassungsbefugnis liegt jedoch vor, wenn der Angestellte interne Richtlinien bzw. interne Beratungspflichten beachten oder Zweitunterschriften, die lediglich Kontrollzwecken dienen, einholen muss.[21] Der Leiter eines Restaurants einer Restaurantkette kann Betriebsleiter sein, wenn er das Restaurant eigenverantwortlich führt, unternehmerische Entscheidungen trifft und Vorgesetzter der im Restaurant Beschäftigten ist.[22] Ein Chefarzt, der nur im Innenverhältnis, nicht aber auch im Außenverhältnis zur Einstellung berechtigt ist, unterfällt nicht § 14 II KSchG.[23] Für den in § 14 II KSchG aufgeführten Personenkreis gelten einige **Sonderregelungen: (a)** Sie können nicht das Kündigungseinspruchsverfahren (§ 3 KSchG) einleiten; **(b)** ihr Arbeitsverhältnis wird auf Antrag des Arbeitgebers auch ohne dass ein wichtiger Grund nach § 9 KSchG vorliegt gegen Zahlung einer Abfindung aufgelöst (§ 141); **(c)** sie genießen nicht den Schutz nach dem BetrVG, wenn sie zugleich die Voraussetzungen des § 5 III BetrVG erfüllen. Vor ihrer Kündigung kann der Sprecherausschuss zu hören sein (§ 124 RN 76).

8 **2. Ausschluss von Kleinbetrieben. a)** Nach § 23 I 2 KSchG genießen Arbeitnehmer in Betrieben, in denen in der Regel fünf oder weniger Arbeitnehmer beschäftigt werden, keinen allgemeinen Kündigungsschutz. Nach Satz 3 des § 23 I KSchG in der seit dem 1. 1. 2004 geltenden Fassung gilt das KSchG in Betrieben, in denen in der Regel zehn oder weniger Arbeitnehmer beschäftigt werden, nicht für Arbeitnehmer, deren Arbeitsverhältnis nach dem 31. 12.

---

[12] BAG 25. 10. 2007 AP 11 zu § 14 KSchG 1969 = NZA 2008, 168; *Bauer/Arnold* DB 2008, 350.

[13] BAG 15. 4. 1982 AP 1 zu § 14 KSchG 1969 = NJW 83, 2405.

[14] BAG 6. 5. 1998 AP 95 zu § 611 BGB Abhängigkeit.

[15] Vgl. BAG 28. 11. 1990 AP 137 zu § 1 TVG Tarifverträge: Bau.

[16] Gedacht ist nicht an die Geschäftsführer im technischen Sinne nach dem GmbHG, sondern an die Leiter von Betrieben usw., vgl. ErfK/*Kiel* § 14 KSchG RN 10.

[17] Vgl. *Kaiser,* Leitende Angestellte, AR-Blattei SD 70.2 (2004); *Hromadka* FS 50 Jahre BAG 2004, S. 395.

[18] BAG 18. 10. 2000 AP 39 zu § 9 KSchG 1969 = NZA 2001, 437; 27. 9. 2001 AP 6 zu § 14 KSchG 1969 = NZA 2002, 1277.

[19] ErfK/*Kiel* § 14 KSchG RN 12; *v. Hoyningen-Huene/Linck* § 14 RN 27; *Löwisch/Spinner* § 14 RN 19; ausf. hierzu *Bengelsdorf,* FS 50 Jahre BAG, 2004, S. 331.

[20] BAG 10. 10. 2002 AP 123 zu § 1 KSchG 1969 Betriebsbedingte Kündigung.

[21] BAG 27. 9. 2001 AP 6 zu § 14 KSchG 1969 = NZA 2002, 1277.

[22] BAG 25. 11. 1993 AP 3 zu § 14 KSchG 1969 = NZA 94, 837.

[23] BAG 18. 11. 1999 AP 5 zu § 14 KSchG 1969 = NZA 2000, 427.

2003 begonnen hat; diese Arbeitnehmer sind bei der Feststellung der Zahl der beschäftigten Arbeitnehmer nach Satz 2 bis zur Beschäftigung von in der Regel zehn Arbeitnehmern nicht zu berücksichtigen. Das bedeutet, dass seit Anfang 2004 ein zweigeteilter Kündigungsschutz in Kleinbetrieben besteht:

aa) Hatte **beispielsweise** ein Handwerksmeister zum 31. 12. 2003 regelmäßig sechs Arbeitnehmer vollzeitbeschäftigt, genießen diese sechs Personen auch über den 1. 1. 2004 hinaus Kündigungsschutz. Stellt der Handwerksmeister im Jahre 2004 einen weiteren Arbeitnehmer ein, fällt dieser jedoch nicht in den betrieblichen Geltungsbereich des KSchG. Erst wenn der Arbeitgeber insgesamt mindestens fünf weitere vollzeitbeschäftigte Arbeitnehmer einstellt und damit elf Beschäftigte hat, genießen auch die nach dem 31. 12. 2003 neu eingestellten Arbeitnehmer Kündigungsschutz. Bei der Feststellung der Zahl der beschäftigten Arbeitnehmer sind gem. § 23 I 4 KSchG teilzeitbeschäftigte Arbeitnehmer mit einer regelmäßigen wöchentlichen Arbeitszeit von nicht mehr als 20 Stunden mit 0,5 und nicht mehr als 30 Stunden mit 0,75 zu berücksichtigen, so dass bei Teilzeitbeschäftigten entsprechend mehr Arbeitnehmer beschäftigt sein müssen. 9

bb) Der Kündigungsschutz der zum 31. 12. 2003 beschäftigten sechs Arbeitnehmer entfällt jedoch, wenn eine dieser sechs Personen nach dem 31. 12. 2003 aus dem Betrieb ausscheidet. Ging z. B. einer der Gesellen am 31. 1. 2004 in Ruhestand, findet auf die anderen fünf vor dem 31. 12. 2003 bereits beschäftigten Arbeitnehmer das KSchG keine Anwendung mehr. Der Betrieb ist gewissermaßen **aus dem Geltungsbereich des KSchG herausgewachsen.** Hieran ändert eine Ersetzung dieses Arbeitnehmers durch einen neu eingestellten Gesellen nichts. Dieser kann gem. § 23 I 3 Halbs. 2 KSchG bei der Feststellung der Zahl der beschäftigten „Altbelegschaft“ nicht berücksichtigt werden. Erst wenn der Arbeitgeber auch unter Berücksichtigung der Teilzeitkräfte mehr als zehn Arbeitnehmer beschäftigt, genießen die Arbeitnehmer in diesem Fall wieder Kündigungsschutz.[24] 10

cc) Diese Neuregelung bringt eine Reihe **tatsächlicher Probleme** für Arbeitnehmer mit sich. Hat etwa ein Betrieb zum 31. 12. 2003 sechs vollzeitbeschäftigte Arbeitnehmer gehabt und wird einer dieser Arbeitnehmer im Jahre 2005 gekündigt, hat er zum betrieblichen Geltungsbereich des KSchG nicht nur darzulegen, dass das KSchG zum 31. 12. 2003 gem. § 23 I 2 KSchG auf ihn anwendbar war, sondern auch, dass von den vor dem 1. 1. 2004 mit ihm beschäftigten Arbeitnehmern neben ihm nach wie vor mindestens fünf weitere beschäftigt sind. Dies dürfte in dem einen oder anderen Dienstleistungsbetrieb mit vielen Teilzeitbeschäftigten nicht immer einfach sein (näher zur Beweislast RN 19f.). 11

b) Für die Feststellung der Zahl der Beschäftigten kommt es auf die Zahl der **in der Regel beschäftigten Arbeitnehmer** an. Maßgebend ist die Personalstärke, die für den Betrieb im Zeitpunkt des Zugangs der Kündigung, nicht hingegen zum Zeitpunkt der Beendigung des Arbeitsverhältnisses kennzeichnend ist.[25] Entscheidend ist jedoch nicht die u. U. zufällige Betriebsgröße zum Zeitpunkt der Kündigung, sondern die sich aus einem Rückblick auf die bisherige Beschäftigtenzahl und einem Ausblick auf die künftige Entwicklung ergebende Zahl.[26] Der gekündigte Arbeitnehmer ist auch dann mitzuzählen, wenn Kündigungsgrund die unternehmerische Entscheidung ist, den betreffenden Arbeitsplatz nicht mehr neu zu besetzen. Die Unternehmerentscheidung, den Betrieb durch Abbau von Arbeitsplätzen einzuschränken, führt nur dazu, dass künftig eine andere, regelmäßige Arbeitnehmerzahl gegeben sein soll. Im Kündigungszeitpunkt ist demgegenüber für den Betrieb noch die bisherige Belegschaftsstärke kennzeichnend.[27] Unerheblich ist für die Zahl der Beschäftigten, ob einzelne Arbeitnehmer die Wartezeit des § 1 I KSchG erfüllt haben oder ob auf das Arbeitsverhältnis deutsches Recht zur Anwendung kommt. Auch leitende Angestellte sind Arbeitnehmer.[28] Beschäftigt eine Verwaltung des öffentlichen Rechts mehr als fünf Arbeitnehmer, ist das KSchG anzuwenden, auch wenn in der einzelnen Dienststelle weniger Arbeitnehmer beschäftigt werden.[29] Unberücksichtigt bleibt die für einen Erkrankten eingestellte Aushilfe oder der in Elternzeit befindliche Arbeitnehmer, wenn eine Ersatzkraft eingestellt wurde (§ 21 VII BEEG). Ausnahmesituationen, wie etwa zu Weihnachten oder bei Saisongeschäften, bleiben außer Betracht. 12

---

[24] BAG 21. 9. 2006 AP 37 zu § 23 KSchG 1969 = NZA 2007, 438; 17. 1. 2008 AP 41 zu § 23 KSchG 1969 = NZA 2008, 944.
[25] BAG 24. 2. 2005 AP 34 zu § 23 KSchG 1969 = NZA 2005, 764.
[26] BAG 31. 1. 1991 AP 11 zu § 23 KSchG 1969 = NZA 91, 562.
[27] BAG 22. 1. 2004 AP 31 zu § 23 KSchG 1969 = NZA 2004, 479.
[28] ErfK/*Kiel* § 23 KSchG RN 11; KR/*Weigand* § 23 KSchG RN 19.
[29] BAG 23. 4. 1998 AP 19 zu § 23 KSchG 1969 = NZA 98, 995.

13 **c)** Maßgeblich sind die Verhältnisse im **Betrieb des Arbeitnehmers.** Das KSchG enthält allerdings keine eigenständige Definition des Betriebsbegriffs, es gilt daher der allgemeine Betriebsbegriff.[30] Danach ist ein Betrieb die organisatorische Einheit, innerhalb derer der Arbeitgeber mit seinen Arbeitnehmern durch Einsatz technischer und immaterieller Mittel bestimmte arbeitstechnische Zwecke fortgesetzt verfolgt, die sich nicht in der Befriedigung von Eigenbedarf erschöpfen. Da mit und in einem Betrieb mehrere Zwecke verfolgt werden können, ist in erster Linie auf die Einheit der Organisation abzustellen. Erforderlich ist ein Leitungsapparat, um insbesondere in personellen und sozialen Angelegenheiten wesentliche Entscheidungen selbstständig treffen zu können. Kein Betrieb ist eine auf einem fremden Betriebsgelände liegende Baustelle, wenn ihr die personelle Leitungsmacht fehlt.[31]

14 **d)** Von Betrieben zu unterscheiden sind **Betriebsteile,** die gegenüber dem Hauptbetrieb organisatorisch unselbstständig sind und eine Teilfunktion von dessen arbeitstechnischem Zweck wahrnehmen. Betriebsteile zeichnen sich dadurch aus, dass sie über einen eigenen Arbeitnehmerstamm, eigene technische Hilfsmittel und eine durch die räumliche und funktionale Abgrenzung vom Hauptbetrieb bedingte relative Selbstständigkeit verfügen. Andererseits fehlt ihnen aber ein eigenständiger Leitungsapparat.[32] § 23 I KSchG differenziert nach der Rechtsprechung des BAG nicht zwischen Betrieb und Betriebsteil, der unter den Voraussetzungen des § 4 Satz 1 BetrVG lediglich im Sinne einer Fiktion als selbstständiger Betrieb i. S. d. BetrVG gilt. Ein Betrieb im kündigungsschutzrechtlichen Sinn setzt danach keine räumliche Einheit voraus.[33] Eine nur teilweise Verselbstständigung eines Betriebsteils i. S. v. § 4 Satz 1 BetrVG hat nach Auffassung des BAG nicht zur Konsequenz, dass dieser nach § 23 I KSchG als selbstständiger Betrieb i. S. d. Kündigungsschutzgesetzes anzusehen wäre.[34] Eine vom Hauptbetrieb weit entfernt gelegene Betriebsstätte (Tischlerei in einer Werft mit einem Meister und zwei weiteren Arbeitnehmern) ist bei der Berechnung der Betriebsgröße regelmäßig dem Hauptbetrieb zuzurechnen, wenn die Kompetenzen des Meisters denen des Leiters einer Betriebsabteilung vergleichbar sind und die wesentlichen personellen und sozialen Entscheidungen im Hauptbetrieb getroffen werden.[35]

15 **e)** Die Kleinbetriebsklausel des § 23 I KSchG ist **verfassungsgemäß.** Das BVerfG hat in zwei Beschlüssen § 23 I KSchG in der Fassung des Gesetzes von 1985 für verfassungsgemäß angesehen.[36] Es hat jedoch eine verfassungskonforme Auslegung dahin gefordert, dass § 23 I KSchG nur auf kleinere Arbeitgeber anzuwenden ist und nicht auf solche Unternehmen, die in zahlreiche Kleinbetriebe aufgespalten sind. Mehrere Betriebsstätten ohne gemeinsame räumliche Unterbringung, beispielsweise Filialbetriebe im Einzelhandel, sind zu einem Gemeinschaftsbetrieb zusammenzufassen, wenn die Arbeitgeberfunktionen im sozialen und personellen Bereich von derselben institutionellen Leitung ausgeübt werden.[37] Nach der Rechtsprechung des EuGH stellt die Befreiung von Kleinbetrieben von einer nationalen Kündigungsschutzregelung für Arbeitnehmer keine Beihilfe i. S. des Verbots öffentlicher Subventionen dar und ist insoweit nicht zu beanstanden. In der Nichtberücksichtigung der Teilzeitbeschäftigten liegt keine unzulässige mittelbare Diskriminierung, wenn nicht nachgewiesen wird, dass die dem KSchG nicht unterliegenden Unternehmen erheblich mehr Frauen als Männer beschäftigen.[38]

16 **f)** Ein **unternehmensübergreifender „Berechnungsdurchgriff"** – wie er teilweise im Schrifttum diskutiert wird[39] – ist nach der bestehenden Rechtslage nicht möglich, weil der Gesetzgeber am Betriebsbegriff festgehalten hat, obgleich im Gesetzgebungsverfahren ein Abstellen auf das Unternehmen diskutiert wurde.[40] Bei der Berechnung der notwendigen Arbeitnehmerzahl nach § 23 I KSchG sind auch die von anderen Arbeitgebern (Unternehmen) beschäftigten

---

[30] BAG 3. 6. 2004 AP 33 zu § 23 KSchG 1969 = NZA 2004, 1380; 15. 3. 2001 NZA 2001, 831.

[31] LAG Düsseldorf 20. 5. 1997 NZA-RR 98, 111.

[32] Vgl. BAG 20. 8. 1998 AP 50 zu § 2 KSchG 1969 = NZA 99, 255.

[33] BAG 21. 6. 1995 AP 16 zu § 1 BetrVG 1972.

[34] BAG 20. 8. 1998 AP 50 zu § 2 KSchG 1969 = NZA 99, 255.

[35] BAG 15. 3. 2001 NZA 2001, 831.

[36] BVerfG 27. 1. 1998 AP 18 zu § 23 KSchG 1969 = NZA 98, 469 und 27. 1. 1998 AP 17 zu § 23 KSchG 1969 = NZA 98, 470 zu der zum 31. 12. 2003 geltenden Fassung.

[37] Vgl. BAG 26. 8. 1971 AP 1 zu § 23 KSchG 1969; 23. 4. 1998 AP 19 zu § 23 KSchG 1969 = NZA 98, 995; LAG Köln 28. 11. 1997 LAGE § 23 KSchG Nr. 17.

[38] EuGH 30. 11. 1993 AP 13 zu § 23 KSchG 1969.

[39] Vgl. dazu *Bepler* AuR 97, 54; *Löwisch/Spinner* § 23 RN 10.

[40] Vgl. BAG 12. 11. 1998 AP 20 zu § 23 KSchG 1969 = NZA 99, 592; 29. 4. 1999 AP 21 zu § 23 KSchG 1969 = NZA 99, 932; 3. 6. 2004 AP 33 zu § 23 KSchG 1969 = NZA 2004, 1380; ErfK/*Kiel* § 23 KSchG RN 6; APS/*Moll* § 23 KSchG RN 8 a.

Arbeitnehmer grundsätzlich nicht mit zu berücksichtigen. Der Kündigungsschutz nach dem KSchG ist nicht unternehmens-, d.h. arbeitgeberübergreifend ausgestaltet.[41]

g) Die Voraussetzungen des § 23 I 2 KSchG müssen **im Inland erfüllt werden,** denn der räumliche Geltungsbereich des KSchG ist auf das Gebiet der Bundesrepublik Deutschland beschränkt.[42] Eine Zusammenfassung zu einem Gemeinschaftsbetrieb i.S.v. § 23 I KSchG scheidet deshalb aus, wenn eine Betriebsstätte im Inland und die anderen im Ausland liegt.[43] Besteht im Inland lediglich eine Briefkastenfirma, die ohne jegliche betriebliche Struktur nur einige Arbeitsverträge hält, kann die Anwendung des KSchG nicht allein daraus hergeleitet werden, dass an Sachverhalte außerhalb des Geltungsbereichs des KSchG angeknüpft wird und diese dem inländischen Unternehmen zugerechnet werden.[44] 17

h) Ein arbeitgeberübergreifender Kündigungsschutz kommt nur dann in Betracht, wenn zwei oder mehrere Unternehmen einen **Gemeinschaftsbetrieb** haben. Davon ist auszugehen, wenn die in einer Betriebsstätte vorhandenen materiellen und immateriellen Betriebsmittel für einen einheitlichen arbeitstechnischen Zweck zusammengefasst, geordnet und gezielt eingesetzt werden und der Einsatz der menschlichen Arbeitskraft von einem einheitlichen Leitungsapparat gesteuert wird. Dazu müssen sich die beteiligten Unternehmen zumindest stillschweigend zu einer gemeinsamen Führung rechtlich verbunden haben. Diese einheitliche Leitung muss sich auf die wesentlichen Funktionen eines Arbeitgebers in sozialen und personellen Angelegenheiten erstrecken. Eine lediglich unternehmerische Zusammenarbeit genügt nicht. Vielmehr müssen die Funktionen des Arbeitgebers in den sozialen und personellen Angelegenheiten des Betriebsverfassungsgesetzes institutionell einheitlich für die beteiligten Unternehmen wahrgenommen werden.[45] Deshalb genießen Arbeitnehmer einer Konzernholding, soweit kein Gemeinschaftsbetrieb zwischen der Holding und den Tochtergesellschaften besteht, regelmäßig nur dann Kündigungsschutz, wenn die Holding ihrerseits dem KSchG unterliegt.[46] Ein gemeinschaftlicher Betrieb zwischen einer Konzernholding und einer Tochtergesellschaft liegt nicht bereits dann vor, wenn die Holding auf Grund ihrer konzernrechtlichen Leitungsmacht gegenüber dem Vorstand der Tochter-AG anordnet, die Tochter solle bestimmte Arbeiten (z.B. Schreibarbeiten) für die Holding mit erledigen.[47] Der Arbeitnehmer hat die tatsächlichen Voraussetzungen eines Gemeinschaftsbetriebs darzulegen und ggf. zu beweisen.[48] Keine einheitliche Leitung besteht bei den Kirchengemeinden der Evangelischen Kirche in Deutschland.[49] 18

i) Die **Darlegungs- und Beweislast** für die Anwendung des KSchG und damit für den betrieblichen Geltungsbereich nach § 23 I KSchG liegt beim Arbeitnehmer.[50] Ein solcher Vortrag gehört grundsätzlich zur schlüssigen Begründung der Klage.[51] Dass ein Betrieb bis zu fünf/zehn Arbeitnehmern die Ausnahme ist und deshalb die Prozesspartei, die sich auf die Ausnahme beruft, die Beweislast trägt, folgt nicht zwingend aus dem Wortlaut der Norm und entspricht auch nicht den tatsächlichen Verhältnissen der deutschen Wirtschaft.[52] Der Arbeitnehmer muss demnach darlegen und ggf. beweisen, in einem Betrieb tätig zu sein, in dem in der Regel mehr als fünf/zehn Arbeitnehmer ausschließlich der zu ihrer Berufsbildung Beschäftigten beschäftigt sind. Er genügt dabei regelmäßig seiner Darlegungslast, wenn er die für eine entsprechende Arbeitnehmerzahl sprechenden Tatsachen und ihm bekannten äußeren Umstän- 19

[41] BAG 16. 1. 2003 AP 1 zu § 1 KSchG 1969 Gemeinschaftsbetrieb; 13. 6. 2002 AP 29 zu § 23 KSchG 1969 = NZA 2002, 1147.

[42] BAG 17. 1. 2008 AP 40 zu § 1 KSchG 1969 Wartezeit = NZA 2008, 872; 3. 6. 2004 AP 33 zu § 23 KSchG 1969 = NZA 2004, 1380; vgl. dazu auch *Deinert*, RIW 2008, 148; *ders.* AuR 2008, 300; *Otto/Mückl* BB 2008, 1231.

[43] BAG 9. 10. 1997 AP 16 zu § 23 KSchG 1969 = NZA 98, 141; LAG Köln 22. 11. 1996 NZA-RR 97, 429; LAG Düsseldorf 21. 5. 1996 BB 96, 2411.

[44] BAG 3. 6. 2004 AP 33 zu § 23 KSchG 1969 = NZA 2004, 1380.

[45] BAG 14. 8. 2007 AP 325 zu § 613a BGB = NZA 2007, 1431 m.w.N.

[46] BAG 13. 6. 2002 AP 29 zu § 23 KSchG 1969 = NZA 2002, 1147.

[47] BAG 29. 4. 1999 AP 21 zu § 23 KSchG 1969 = NZA 99, 932.

[48] BAG 23. 3. 1984 AP 4 zu § 23 KSchG 1969.

[49] BAG 12. 11. 1998 AP 20 zu § 23 KSchG 1969 = NZA 99, 590.

[50] BAG 26. 6. 2008 DB 2008, 2311; 17. 1. 2008 AP 41 zu § 23 KSchG 1969 = NZA 2008, 944; 18. 1. 1990 AP 9 zu § 23 KSchG 1969 = NZA 90, 977; BBDW/*Dörner* § 23 RN 25; APS/*Moll* § 23 KSchG RN 48; krit. hierzu LAG Berlin 28. 10. 1994 LAGE § 23 KSchG Nr. 11; *Reinecke* NZA 89, 577, 583f.; ErfK/*Kiel* § 23 KSchG RN 21.

[51] BAG 24. 2. 2005 AP 34 zu § 23 KSchG 1969 = NZA 2005, 764.

[52] BAG 26. 6. 2008 DB 2008, 2311.

de schlüssig darlegt. Der Arbeitgeber muss dann nach § 138 II ZPO im Einzelnen erklären, welche rechtserheblichen Umstände gegen solche substantiierten Darlegungen des Arbeitnehmers sprechen.

20 Der Arbeitnehmer muss regelmäßig zumindest – ggf. durch konkrete Beschreibung der Personen – angeben, welche Arbeitnehmer zum Kündigungszeitpunkt im Betrieb beschäftigt sind.[53] Sind im Kündigungszeitpunkt aber mehr als fünf bzw. zehn Arbeitnehmer tätig und ist dies unstreitig oder vom Arbeitnehmer substantiiert dargelegt worden, erfordert es der Grundsatz der **abgestuften Darlegungs- und Beweislast,** dass nunmehr der sachnähere Arbeitgeber erwidern und dazu die Tatsachen und Umstände substantiiert darlegen muss, aus denen sich ergeben soll, dass dieses Ergebnis nicht zutrifft, weil beispielsweise einzelne Arbeitnehmer nur teilzeitbeschäftigt oder als Leiharbeitnehmer tätig sind und deshalb nicht mitzählen. Weiter kann der Arbeitgeber darlegen, dass die zum Kündigungszeitpunkt bestehende Zahl der Beschäftigten zufällig ist und regelmäßig – bezogen auf die Vergangenheit und die Zukunft – weniger Beschäftigte im Betrieb tätig waren bzw. tätig sein werden.[54] Dies gilt umso mehr, als der Arbeitnehmer häufig weder über die vergangenen, länger als sechs Monate zurückliegenden Zeiträume – oft auf Grund einer nur kurzen Beschäftigungsdauer – aus eigener Kenntnis vortragen kann noch über die zukünftige, vom Arbeitgeber beabsichtigte Beschäftigungsentwicklung entsprechende Informationen haben wird. Etwas anderes wird nur in den Fällen anzunehmen sein, in denen die Kündigung zu einem Zeitpunkt zugeht, in dem im Betrieb fünf/zehn oder weniger Mitarbeiter beschäftigt werden. Zu einem entsprechenden substantiierten Sachvortrag des Arbeitgebers im Rahmen einer abgestuften Darlegungs- und Beweislast gehört dabei insbesondere eine Darstellung über das – zukünftige – betriebliche Beschäftigungskonzept.[55] Der Arbeitgeber hat für seinen Vortrag Beweismittel anzugeben. Dazu können Vertragsunterlagen, Auszüge aus der Lohnbuchhaltung, Zeugen usw. gehören. Zu dem Vortrag des Arbeitgebers muss sich der Arbeitnehmer erklären und ggf. Beweis antreten. Dabei kann er sich auf die sich aus dem Vorbringen des Arbeitgebers ergebenden Beweismittel stützen und die ihm bekannten Anhaltspunkte dafür vortragen, dass entgegen den Angaben des Arbeitgebers der Schwellenwert doch erreicht ist. Im Falle der Unergiebigkeit der daraufhin vom Gericht erhobenen Beweise **(non liquet)** trifft den Arbeitnehmer die objektive Beweislast.[56]

21 **j) Sondervorschriften** gelten für die Betriebe der See- und Binnenschifffahrt und des Luftverkehrs (§ 24 KSchG). Als Betriebe gelten auch Gesamthafenbetriebe i. S. des Gesetzes vom 3. 8. 1950.[57]

22 **3. Wartezeit. a)** Der Kündigungsschutz beginnt gem. § 1 I KSchG, wenn das Arbeitsverhältnis im **Zeitpunkt des Zugangs der Kündigung länger als 6 Monate bestanden** hat. Maßgeblich ist allein der Bestand des Arbeitsverhältnisses; unerheblich ist dagegen, ob der Arbeitnehmer während der Wartezeit auch gearbeitet hat.[58] Auf die Wartezeit werden Zeiten, die ein Auszubildender im Betrieb zurückgelegt hat, **angerechnet.**[59] Ein betriebliches Praktikum, das der beruflichen Fortbildung dient, wird nur angerechnet, wenn es im Rahmen eines Arbeitsverhältnisses abgeleistet worden ist.[60] Nicht berücksichtigt werden Zeiten, die als freier Mitarbeiter, Beamter oder Dienstnehmer zurückgelegt worden sind. Frühere Beschäftigungszeiten als Leiharbeitnehmer sind bei der späteren Begründung eines Arbeitsverhältnisses zur Berechnung der Wartezeit ebenfalls nicht zu berücksichtigen, weil der Arbeitnehmer während der erlaubten Arbeitnehmerüberlassung in einem Arbeitsverhältnis zum Verleiher und damit zu einem anderen Unternehmen steht.[61] Nur bei einer arbeitsvertraglich vereinbarten Anrechnung der Beschäftigungszeit als Leiharbeitnehmer ist diese Tätigkeit zu berücksichtigen. Wird ein GmbH-Geschäftsführer abberufen und anschließend in einem Arbeitsverhältnis weiterbeschäftigt, lässt dies allerdings nach Auffassung des BAG regelmäßig auf den Parteiwillen schließen, die Beschäftigungszeit als Geschäftsführer auf die Wartezeit des § 1 I KSchG anzurechnen.[62] Es ist grund-

[53] BAG 17. 1. 2008 AP 41 zu § 23 KSchG 1969 = NZA 2008, 944

[54] BAG 29. 4. 1999 NJW 99, 3212 = NZA 99, 932; dagegen LAG Berlin 22. 8. 1996 BB 97, 1000.

[55] BAG 24. 2. 2005 AP 34 zu § 23 KSchG 1969 = NZA 2005, 764.

[56] BAG 26. 6. 2008 DB 2008, 2311.

[57] Wegen der Landbetriebe bewendet es bei den allgemeinen Vorschriften; BAG AP 1 zu § 22 KSchG.

[58] KR/*Griebeling* § 1 KSchG RN 99.

[59] BAG 2. 12. 1999 AP 57 zu § 622 BGB = NZA 2000, 720; 26. 8. 1976 AP 68 zu § 626 BGB.

[60] BAG 18. 11. 1999 AP 11 zu § 1 KSchG 1969 Wartezeit = NZA 2000, 529.

[61] Wohl ebenso BAG 8. 12. 1988 AP 6 zu § 1 BeschFG 1985; ErfK/*Oetker* § 1 KSchG RN 36; APS/*Dörner* § 1 KSchG RN 36; *Löwisch/Spinner* § 1 RN 49.

[62] BAG 24. 11. 2005 AP 19 zu § 1 KSchG 1969 Wartezeit = NZA 2006, 366.

sätzlich möglich, arbeitsvertraglich frühere Beschäftigungszeiten anzurechnen.[63] Eine Verlängerung der Wartezeit ist dagegen unwirksam. Ist ein Arbeitnehmer des öffentlichen Dienstes in derselben Dienststelle ohne zeitliche Unterbrechung zunächst im Rahmen einer Beschäftigungsmaßnahme nach §§ 260 ff. SGB III auf Grund eines befristeten Arbeitsvertrages tätig geworden und wird er nach Fristablauf auf Grund eines schon zuvor auf unbestimmte Zeit abgeschlossenen Arbeitsvertrags beschäftigt, beginnt die Frist des § 1 I KSchG mit dem Abschluss des ersten Arbeitsvertrags. Bei einem Betriebsinhaberwechsel (§ 613 a BGB) sind die beim Betriebsveräußerer erbrachten Beschäftigungszeiten bei der Berechnung der Wartezeit nach § 1 I KSchG für eine vom Betriebsübernehmer ausgesprochene Kündigung zu berücksichtigen. Dies gilt auch dann, wenn zum Zeitpunkt des Betriebsübergangs das Arbeitsverhältnis kurzfristig unterbrochen war, die Arbeitsverhältnisse aber in einem engen sachlichen Zusammenhang stehen.[64]

b) Für die Berechnung der Wartezeit ist unerheblich, ob die **Vertragsbedingungen inhaltlich geändert** worden sind, ob der Arbeitnehmer zunächst als Arbeiter und dann als Angestellter beschäftigt worden ist oder ob er verschiedenen Betrieben angehört hat, sofern sie im Zeitpunkt der Versetzung nur zu einem Unternehmen gehörten. 23

c) Rechtliche Unterbrechungen des Arbeitsverhältnisses sind unerheblich, sofern in engem zeitlichen und sachlichen Zusammenhang ein neues begründet wurde.[65] Für den engen sachlichen Zusammenhang mit dem früheren Arbeitsverhältnis kommt es insbesondere auf Anlass und Dauer der Unterbrechung sowie auf die Art der Weiterbeschäftigung an. Eine feste Begrenzung für den Zeitraum, bis zu dem Unterbrechungen außer Betracht bleiben können, besteht nicht.[66] Je länger die zeitliche Unterbrechung gedauert hat, desto gewichtiger müssen die für einen sachlichen Zusammenhang sprechenden Umstände sein. Bei einer Unterbrechung des Arbeitsverhältnisses von $2^2/_3$ Monaten bzw. 5 Monaten wurde ein enger sachlicher Zusammenhang zu dem vorherigen befristeten Arbeitsverhältnis verneint.[67] Eine mehr als dreiwöchige Unterbrechung des Arbeitsverhältnisses stellt im Allgemeinen einen erheblichen Zeitraum dar, der es ausschließt, von einer sachlich nicht ins Gewicht fallenden Unterbrechung zu sprechen.[68] Auch dies gilt jedoch nicht ausnahmslos, entscheidend sind stets die Umstände des Einzelfalls.[69] Beträgt der zeitliche Abstand zwischen dem früheren und dem neuen Arbeitsverhältnis sechs Wochen, sind nur außergewöhnlich gewichtige Umstände geeignet, einen engen sachlichen Zusammenhang zu begründen.[70] Diese können vorliegen, wenn ein Lehrer zunächst nur befristet bis zum Beginn der Schulferien beschäftigt und dann mit Beginn des neuen Schuljahres wieder eingestellt wird, und das Arbeitsverhältnis lediglich deshalb rechtlich unterbrochen ist, weil sich der Arbeitgeber (Land) dazu entschlossen hat, das Arbeitsverhältnis mit dem Lehrer während der Zeit, in der keine Arbeitsleistung anfällt (Schulferien), nicht fortzuführen.[71] 24

d) Eine Kündigung bedarf auch dann grundsätzlich nicht der sozialen Rechtfertigung nach § 1 II KSchG, wenn sie am **letzten Tag der Wartezeit zugeht.** Jedoch ist hiervon gemäß § 162 BGB analog dann eine Ausnahme zu machen, wenn der Kündigende den Beginn des Kündigungsschutzes nach Treu und Glauben vereitelt hat. Das kann der Fall sein, wenn er früher als zur Fristwahrung notwendig kündigt.[72] Hierfür ist der Arbeitnehmer darlegungs- und beweispflichtig. Vor Ablauf der Wartezeit kann eine Kündigung nur bei einem Verstoß gegen 25

---

[63] Vgl. BAG 14. 5. 1987 AP 5 zu § 1 KSchG 1969 Wartezeit; 28. 2. 1990 AP 8 zu § 1 KSchG 1969 Wartezeit = NZA 90, 858.

[64] BAG 27. 6. 2002 AP 15 zu § 1 KSchG 1969 Wartezeit = NZA 2003, 145.

[65] Vgl. BAG 23. 9. 1976, 6. 12. 1976 AP 1, 2 zu § 1 KSchG 1969 Wartezeit; 10. 5. 1989 AP 7 zu § 1 KSchG 1969 Wartezeit = NZA 90, 221; 20. 8. 1998 AP 9 zu § 1 KSchG 1969 Wartezeit = NZA 99, 481; Beweislast für Unterbrechung bei Arbeitgeber: BAG 16. 3. 1989 AP 6 zu § 1 KSchG 1969 Wartezeit = NZA 89, 884; 20. 8. 1998 AP 10 zu § 1 KSchG 1969 Wartezeit = NZA 99, 314; LAG Berlin 8. 7. 1991 DB 91, 2549.

[66] Ausf. hierzu *v. Hoyningen-Huene/Linck* § 1 RN 109 ff.

[67] BAG 11. 11. 1982 AP 71 zu § 620 BGB Befristeter Arbeitsvertrag; 22. 9. 2005 AP 20 zu § 1 KSchG 1969 Wartezeit.

[68] BAG 18. 1. 1979 AP 3 zu § 1 KSchG 1969 Wartezeit mit Anm. *G. Hueck;* 9. 8. 2000, RzK I 4 d Nr. 24; 22. 9. 2005 AP 20 zu § 1 KSchG 1969 Wartezeit; ebenso *Schleusener* Anm. zu BAG AP 10 zu § 1 KSchG 1969 Wartezeit.

[69] BAG 4. 4. 1990 RzK I 4 d Nr. 15; 20. 8. 1998 AP 9 zu § 1 KSchG 1969 Wartezeit.

[70] BAG 28. 8. 2008 – 2 AZR 101/07 z. V. v.; 22. 5. 2003 AP 18 zu § 1 KSchG 1969 Wartezeit m. w. N.

[71] BAG 19. 6. 2007 AP 23 zu § 1 KSchG 1969 Wartezeit = NZA 2007, 1103.

[72] Vgl. BAG 28. 9. 1978 AP 19 zu § 102 BetrVG 1972; 12. 12. 1996 RzK I 5 g Nr. 66; LAG Schleswig-Holstein 14. 4. 1998 NZA-RR 99, 191.

die zivilrechtlichen Generalklauseln oder gegen besondere Kündigungsschutzvorschriften (z. B. § 9 MuSchG) unwirksam sein (§ 129).[73]

26 **4. Ordentliche Kündigung.** Vom allgemeinen Kündigungsschutz wird nur die ordentliche Kündigung des Arbeitgebers erfasst. Unberührt bleiben mithin die Kündigungen des Arbeitnehmers sowie die sonstigen Beendigungsgründe des Arbeitsverhältnisses, wie sie in § 121 aufgezählt sind. Voraussetzung ist, dass ein rechtswirksames Arbeitsverhältnis besteht. Ist ein Arbeitnehmer ohne Zustimmung des Betriebsrats eingestellt worden (§ 241), ist das Arbeitsverhältnis voll wirksam.[74] Wegen des Schutzes gegen Änderungs- oder außerordentliche Kündigungen des Arbeitgebers vgl. §§ 127, 138.

27 Ist eine Kündigung aus **anderen Gründen** als den in § 1 II KSchG genannten unwirksam, brauchen im Kündigungsschutzprozess die Gründe des § 1 KSchG nur dann aufgeklärt werden, wenn ein Antrag auf Auflösung des Arbeitsverhältnisses (§§ 9, 10 KSchG) gegen Zahlung einer Abfindung gestellt wird (vgl. § 141).

II. Allgemeine Grundsätze zur Beurteilung der sozialen Rechtfertigung

28 **1. Allgemeines.** Eine ordentliche Kündigung des Arbeitgebers ist unwirksam, wenn sie nicht durch Gründe, die in der **Person** oder in dem **Verhalten** des Arbeitnehmers liegen, oder durch **dringende betriebliche Erfordernisse,** die einer Weiterbeschäftigung des Arbeitnehmers in diesem Betrieb entgegenstehen, bedingt ist (§ 1 II KSchG). Die Kündigung ist ferner unwirksam, wenn der Betriebs- oder Personalrat aus einem der in § 1 II 2 KSchG aufgeführten Gründe begründet der Kündigung schriftlich widerspricht. Die in § 1 II 1 KSchG genannten Kündigungsgründe enthalten keine konkreten Tatbestandsmerkmale für die Wirksamkeit einer Kündigung, sondern geben im Wesentlichen nur die Richtung an, aus der die Störung des Arbeitsverhältnisses kommt: Gründe in der Person und dem Verhalten liegen in der Sphäre des Arbeitnehmers, betriebliche Erfordernisse in der Sphäre des Arbeitgebers. Die gesetzlichen Kündigungsgründe sind kündigungsrelevant, wenn sie zur **Unzumutbarkeit der Weiterbeschäftigung** des Arbeitnehmers führen.[75]

29 **2. Prinzipien des Kündigungsrechts.** Zur Feststellung der Wirksamkeit einer Kündigung sind folgende Prinzipien zu beachten:

30 **a)** Bei der Beurteilung der sozialen Rechtfertigung (§ 1 II 1 KSchG) hat grundsätzlich eine umfassende **Interessenabwägung** stattzufinden.[76] Dies gilt jedenfalls für die personen- und verhaltensbedingte Kündigung.[77] Bei der betriebsbedingten Kündigung scheidet eine Interessenabwägung aus. Die betriebsbedingte Kündigung ist sozial gerechtfertigt, wenn auf Grund dringender betrieblicher Erfordernisse keine weitere Beschäftigungsmöglichkeit für den gekündigten Arbeitnehmer besteht.[78] Für eine Abwägung des Bestandsschutzinteresses des Arbeitnehmers mit dem Beendigungsinteresse des Arbeitgebers ist nach einem Wegfall des Arbeitsplatzes und fehlender Weiterbeschäftigungsmöglichkeiten kein Raum. Im Rahmen der erforderlichen Sozialauswahl (§ 1 III KSchG) werden die Bestandsschutzinteressen vergleichbarer Arbeitnehmer abgewogen und festgestellt, wen die Kündigung relativ am wenigsten hart trifft.

31 **b)** Das Kündigungsrecht wird vom **Ultima-Ratio-Prinzip** beherrscht, d. h., der Arbeitgeber hat in jedem Falle zu versuchen, die Kündigung durch andere geeignete Maßnahmen zu vermeiden.[79] Hieraus folgt, dass im Falle der verhaltensbedingten Kündigung in der Regel eine Abmahnung vorauszugehen hat (§ 132). Hat sich ein Arbeitgeber selbst gebunden, bei bestimmten Verhaltensverstößen vor Ausspruch einer Kündigung zunächst mit dem Arbeitnehmer ein klärendes Gespräch zu führen, verstößt eine Kündigung, die der Arbeitgeber ausspricht, ohne ein solches Gespräch zu führen, regelmäßig gegen den Verhältnismäßigkeitsgrundsatz und ist deshalb sozialwidrig.[80] Vor jeder Kündigung ist zu prüfen, ob dadurch vermieden werden kann,

---

[73] Vgl. BAG 16. 2. 1989 AP 46 zu § 138 BGB = NZA 89, 962.

[74] BAG 2. 7. 1980 AP 9 zu Art. 33 II GG; *Löwisch* KSchG § 1 RN 57.

[75] Näher dazu APS/*Preis* Grundlagen H, RN 15 ff.; *v. Hoyningen-Huene/Linck* § 1 RN 177 ff. m. w. N.

[76] Grundlegend BAG 20. 10. 1954 AP 6 zu § 1 KSchG; aus dem Schrifttum KR/*Griebeling* § 1 KSchG RN 210 ff.; APS/*Preis* Grundlagen H, RN 42 ff.; *v. Hoyningen-Huene/Linck* § 1 RN 135 ff.

[77] Vgl. dazu BAG 17. 1. 1991 AP 25 zu § 1 KSchG 1969 Verhaltensbedingte Kündigung = NZA 91, 557 sowie BAG 29. 4. 1999 AP 36 zu § 1 KSchG 1969 Krankheit = NZA 99, 978.

[78] BAG 29. 3. 1990 AP 50 zu § 1 KSchG 1969 Betriebsbedingte Kündigung = NZA 91, 181.

[79] BAG 30. 11. 1989 AP 53 zu § 102 BetrVG 1972 = NZA 90, 529; 22. 2. 1980 AP 6 zu § 1 KSchG 1969 Krankheit.

[80] BAG 16. 9. 1999 AP 1 zu Art. 4 GrO kath. Kirche = NZA 2000, 208.

dass der Arbeitnehmer an einem anderen freien Arbeitsplatz zu geänderten Arbeitsbedingungen weiterbeschäftigt wird. Das Merkmal der „Dringlichkeit" der betrieblichen Erfordernisse konkretisiert bei der betriebsbedingten Kündigung den Grundsatz der Verhältnismäßigkeit.[81] Der Arbeitgeber kann keine Beendigungskündigung aussprechen, wenn die Möglichkeit einer anderweitigen Beschäftigung besteht. Er hat dem Arbeitnehmer dann entweder diesen Arbeitsplatz anzubieten und eine einvernehmliche Änderung des Arbeitsverhältnisses herbeizuführen oder gleich eine Änderungskündigung zu erklären.[82] Die Weiterbeschäftigungspflicht auf einem freien Arbeitsplatz ist unternehmens- und nicht nur betriebsbezogen.[83] Ist ein Arbeitnehmer auf Dauer krankheitsbedingt nicht mehr in der Lage, die geschuldete Arbeit auf seinem bisherigen Arbeitsplatz zu leisten, hat ihn der Arbeitgeber auf Grund des Ultima-Ratio-Prinzips zur Vermeidung einer Kündigung auf einem leidensgerechten Arbeitsplatz im Betrieb oder Unternehmen weiterzubeschäftigen, falls ein solch gleichwertiger oder jedenfalls zumutbarer Arbeitsplatz frei und der Arbeitnehmer für die dort zu leistende Arbeit geeignet ist. Nach Auffassung des BAG hat der Arbeitgeber darüber hinaus einen solchen Arbeitsplatz durch Ausübung seines Direktionsrechts freizumachen und sich auch um die ggf. erforderliche Zustimmung des Betriebsrats zu bemühen.[84]

c) Jede Kündigung setzt schließlich eine **negative Prognose** voraus. Ein Grund zur Kündigung besteht nur, wenn dem Arbeitgeber wegen der zu erwartenden künftigen Beeinträchtigungen des Arbeitsverhältnisses eine Weiterbeschäftigung des Arbeitnehmers nicht zuzumuten ist.[85] 32

3. Gleichbehandlung. Der Gleichbehandlungsgrundsatz gilt nach h. M. nur hinsichtlich der Erfüllung von Ansprüchen (§ 112), nicht aber bei der Ausübung von Gestaltungsrechten. Der Arbeitgeber kann daher grundsätzlich bei Vorliegen gleicher Kündigungsgründe einen Arbeitnehmer kündigen und einen anderen nicht.[86] Bei den im Zusammenhang mit dem Gleichbehandlungsgrundsatz erörterten Fallgestaltungen geht es letztlich nicht um die Anwendung des Gleichbehandlungsgrundsatzes, sondern um die **Feststellung der Unzumutbarkeit** der Fortsetzung des Arbeitsverhältnisses unter Berücksichtigung der Umstände des Einzelfalls.[87] Kündigt der Arbeitgeber bei gleichen Pflichtwidrigkeiten mehrerer Arbeitnehmer nicht allen Arbeitnehmern, sondern nur einem **(sog. herausgreifende Kündigung),** kann hieraus zu schließen sein, dass es dem Arbeitgeber zumutbar ist, auch das Arbeitsverhältnis des gekündigten Arbeitnehmers fortzusetzen.[88] Der Arbeitgeber hat zur Vermeidung dieser Schlussfolgerung darzulegen, warum er in einem Fall von einer Kündigung abgesehen hat. Dazu reicht es beispielsweise aus aufzuzeigen, dass er aus betrieblichen Gründen auf den nicht gekündigten Arbeitnehmer angewiesen ist.[89] 33

4. Beurteilungszeitpunkt. Die Wirksamkeit der Kündigung beurteilt sich nach den objektiven Verhältnissen zum Zeitpunkt des **Zugangs der Kündigung.**[90] Unerheblich ist, ob dem Arbeitgeber die objektiv zum Zeitpunkt der Kündigung vorliegenden Umstände auch subjektiv bekannt waren. Der Arbeitgeber kann daher vorbehaltlich den Beschränkungen nach § 102 I BetrVG (dazu § 124) und der einschlägigen prozessualen Vorschriften im Kündigungsschutzprozess Kündigungsgründe „nachschieben", die vor dem Zeitpunkt der Kündigung liegen, von denen er aber erst später Kenntnis erlangt hat.[91] Kündigt beispielsweise der Arbeitgeber, in des- 34

[81] BAG 26. 6. 2008 AP 180 zu § 1 KSchG 1969 Betriebsbedingte Kündigung = NZA-RR 2009, 205.

[82] BAG 21. 4. 2005 AP 79 zu § 2 KSchG 1969 = NZA 2005, 1289.

[83] BAG 17. 5. 1984 AP 21 zu § 1 KSchG 1969 Betriebsbedingte Kündigung = NZA 85, 489.

[84] BAG 29. 1. 1997 AP 32 zu § 1 KSchG 1969 Krankheit = NZA 97, 709; zur Kritik an dieser Rechtsprechung vgl. *v. Hoyningen-Huene/Linck* § 1 RN 277 ff. m. w. N.

[85] Vgl. BAG 7. 11. 2002 AP 40 zu § 1 KSchG 1969 Krankheit = NZA 2003, 816 (zur krankheitsbedingten Kündigung); 8. 6. 2000 AP 163 zu § 626 BGB = NZA 2000, 1282 (zur verhaltensbedingten Kündigung); 11. 3. 1998 AP 43 zu § 111 BetrVG 1972 = NZA 98, 879 (zur betriebsbedingten Kündigung); APS/*Preis* Grundlagen H RN 74 ff. m. w. N.

[86] BAG 28. 4. 1982 AP 3 zu § 2 KSchG 1969; 22. 2. 1979 DB 79, 1659; ErfK/*Oetker* § 1 KSchG RN 90; im Ergebnis auch KR/*Griebeling* § 1 KSchG RN 233.

[87] Im Ergebnis ebenso KR/*Griebeling* § 1 KSchG RN 233.

[88] So BAG 22. 2. 1979 DB 79, 1659, 1660; ähnlich BAG 17. 2. 1994 – 8 AZR 68/93 n. v. zu einer Kündigung wegen mangelnder persönlicher Eignung nach den Sonderkündigungsvorschriften des Einigungsvertrags (dazu § 127 RN 108); ebenso KR/*Fischermeier* § 626 BGB RN 308; KDZ/*Kittner* § 1 KSchG RN 55.

[89] ErfK/*Oetker* § 1 KSchG RN 90.

[90] BAG 27. 2. 1997 AP 1 zu § 1 KSchG 1969 Wiedereinstellung = NZA 97, 757; 7. 6. 1999 AP 37 zu § 1 KSchG 1969 Krankheit = NZA 99, 1328; 28. 6. 2000 AP 6 zu § 1 KSchG 1969 Wiedereinstellung = NZA 2000, 1097.

[91] BAG 6. 9. 2007 AP 208 zu § 626 BGB = NZA 2008, 636.

sen Betrieb kein Betriebsrat besteht, zunächst wegen häufigen Zuspätkommens, kann er die Kündigung im Kündigungsschutzprozess auch noch mit einem ihm später bekannt gewordenen Diebstahl des Arbeitnehmers begründen, der vor Zugang der Kündigung erfolgt ist. Kam es zu dem Diebstahl dagegen erst nach der Kündigung, kann hierauf die bereits ausgesprochene Kündigung nicht gestützt werden. Dem Arbeitgeber steht es jedoch frei, in diesem Fall hilfsweise eine weitere Kündigung auszusprechen.

35-37 **5. Anhörung des Betriebsrats.** Eine ohne Anhörung des Betriebsrats/Personalrats/Sprecherausschusses ausgesprochene Kündigung ist unwirksam (§ 124). Jedoch kann der Arbeitgeber die Gründe der Kündigung zur Rechtfertigung einer neuen Kündigung heranziehen, zu der er den Betriebsrat gehört hat.

38 **6. Beweislast.**[92] Der Arbeitgeber trägt gem. § 1 II 4 KSchG die Darlegungs- und Beweislast für die Kündigungsgründe. Für die Fehlerhaftigkeit der Sozialauswahl ist demgegenüber gem. § 1 III 3 KSchG der Arbeitnehmer beweisbelastet (§ 135 RN 59ff.). Behauptet der Arbeitnehmer Rechtfertigungsgründe für sein Verhalten, hat diese der Arbeitgeber zu widerlegen (§ 133 RN 10).

III. Widerspruch des Betriebsrats gegen die Kündigung

39 **1. Widerspruch.** Das Gesetz hat den Widerspruch des Betriebs- oder Personalrats gegen eine Kündigung mit dem individualrechtlichen Kündigungsschutz verknüpft. Die Widerspruchsgründe des § 102 III BetrVG bzw. § 79 BPersVG sind mit Ausnahme von § 102 III Nr. 1 BetrVG und § 79 I Nr. 1 BPersVG in das KSchG aufgenommen. Voraussetzung des widerspruchsbedingten Kündigungsschutzes ist, dass **(a)** eine widerspruchsberechtigte Arbeitnehmervertretung (RN 41) gegen die Kündigung Widerspruch einlegt, **(b)** Formen und Fristen für den Widerspruch eingehalten sind (§ 124 RN 51ff.), **(c)** die Tatbestandsvoraussetzungen der Widerspruchsgründe vorliegen. Unter diesen Voraussetzungen ist die Kündigung ohne Weiteres sozialwidrig, **sog. absolute Sozialwidrigkeit.**

40 Die in **§ 1 II 2 Nr. 2b KSchG** enthaltene kündigungsschutzrechtliche Sanktion der absoluten Sozialwidrigkeit der Kündigung ist nach dem Sinn und Zweck dieser Vorschrift nur gerechtfertigt, wenn sich der Arbeitgeber über die fristgemäß vorgebrachten und durch die objektive Rechtslage begründeten Einwendungen des zuständigen Personalvertretungsorgans hinsichtlich einer bestehenden Weiterbeschäftigungsmöglichkeit des zu kündigenden Arbeitnehmers hinwegsetzt. Einwendungen des Personalrats i.S.v. § 1 II 2 Nr. 2b KSchG sind freilich kündigungsschutzrechtlich unbeachtlich, wenn eine Einigungsstelle die vom Personalrat verweigerte Zustimmung ersetzt hat.[93]

41 **2. Widerspruchsberechtigter.** Dies ist der Betriebsrat oder eine andere nach dem BetrVG zuständige Vertretung der Arbeitnehmer. Das kann die Bordvertretung oder ein Seebetriebsrat, aber auch der Betriebsausschuss für Personalangelegenheiten nach § 27 BetrVG oder ein daneben gebildeter weiterer Ausschuss nach § 28 BetrVG sein. Unzureichend ist dagegen der Widerspruch der Jugend- u. Auszubildendenvertretung oder des Gesamtbetriebsrats.

42 **3. Widerspruchsgründe. a)** Die Kündigung kann gegen **Auswahlrichtlinien** verstoßen. Diese bedürfen bei Einstellungen, Versetzungen, Umgruppierungen und Kündigungen gem. § 95 BetrVG der Zustimmung des Betriebsrats.[94] In Betrieben mit mehr als 500 Arbeitnehmern kann der Betriebsrat deren Aufstellung verlangen (§ 238 RN 28). Auswahlrichtlinien sollen zur Versachlichung und Transparenz der Personalentscheidungen beitragen.[95] Sie können den Kündigungsschutz des Arbeitnehmers nicht eingeschränkten.[96] Zum Personalrat § 79 I Nr. 2 BPersVG.

43 Auswahlrichtlinien betreffen die soziale Auswahl bei der **betriebsbedingten Kündigung** (dazu § 135 RN 52). Sie müssen die in § 1 III 1 KSchG genannten Auswahlgesichtspunkte enthalten. Da bei personen- und verhaltensbedingten Gründen keine Auswahl erfolgt, der Kündigungsgrund vielmehr in der Person oder dem Verhalten des Arbeitnehmers liegt, sind Auswahlrichtlinien auf betriebsbedingte Kündigungen beschränkt.[97]

---

[92] *v. Altrock* DB 87, 433; *Ascheid,* Beweislastfragen im Kündigungsschutzprozess, 1989.
[93] BAG 6. 6. 1984 AP 16 zu § 1 KSchG 1969 Betriebsbedingte Kündigung = NZA 85, 93.
[94] Vgl. BAG 26. 7. 2005 AP 43 zu § 95 BetrVG 1972 = NZA 2005, 1372.
[95] BT-Drucks. VI/1786, S. 50.
[96] BAG 11. 3. 1976 AP 1 zu § 95 BetrVG 1972.
[97] KR/*Etzel* § 102 BetrVG RN 158; *v. Hoyningen-Huene/Linck* § 1 RN 1049.

b) Sozial ungerechtfertigt ist die Kündigung gem. § 1 II 2 Nr. 1b KSchG weiterhin, wenn der Arbeitnehmer an einem anderen Arbeitsplatz im selben Betrieb oder in einem anderen Betrieb des Unternehmens **weiterbeschäftigt werden kann.** Die Versetzungsmöglichkeit auf einen anderen freien Arbeitsplatz ist freilich auch ohne Widerspruch des Betriebsrats stets zu berücksichtigen (dazu RN 31).[98] **44**

c) Die Kündigung ist gem. § 1 II 3 KSchG sozial ungerechtfertigt, wenn die Weiterbeschäftigung des Arbeitnehmers nach **zumutbaren Umschulungs- oder Fortbildungsmaßnahmen** möglich ist. Eine Umschulung kommt nur dann in Betracht, wenn ein entsprechender freier Arbeitsplatz zur Verfügung steht.[99] Während nach § 1 II Nr. 1, 2 KSchG eine Kündigung sozial ungerechtfertigt ist, wenn der Arbeitnehmer geänderten Berufsanforderungen angepasst werden kann, ist nach § 1 II 3 KSchG eine Kündigung unwirksam, wenn der Arbeitnehmer bereit ist, auch zu verschlechterten Arbeitsbedingungen weiter zu arbeiten. Demgemäß ist eine Kündigung im Falle des Widerspruchs des Betriebsrats sozial ungerechtfertigt, wenn der Arbeitnehmer zu geänderten Arbeitsvertragsbedingungen weiterbeschäftigt werden kann und er mit der Änderung des Arbeitsvertrags einverstanden ist. Der Widerspruch des Betriebsrats ist nur begründet, wenn der Arbeitnehmer zuvor sein Einverständnis zu der Änderung der Arbeitsbedingungen gegeben hat.[100] **45**

§ 131. Personenbedingte Kündigung

Becker-Schaffner, Fragen und Grundsätzliches zur personenbedingten Kündigung, ZTR 97, 49; *Berkowsky,* Die personen- und verhaltensbedingte Kündigung, 4. Aufl., 2005; *ders.,* Die personenbedingte Kündigung, NZA-RR 2001, 393; 449; *Bernardi,* Krankheitsbedingte Kündigung – Vermeidbarkeit durch Beschäftigung auf einem anderen Arbeitsplatz, NZA 99, 683; *Franke,* Trennen vom kranken Mitarbeiter, AuA 99, 207; *Gaul/Süßbrich,* Umgang mit „Low-Performern", ArbRB 2005, 82; *Heidsick,* Krankheitsbedingte Kündigung einer ordentlich unkündbaren Arbeitnehmerin, BB 2001, 419; *Hemming,* Die alkoholbedingte Kündigung, BB 98, 1998; *Hoß,* Die krankheitsbedingte Kündigung, MDR 99, 777; *Hunold,* Die Kündigung wegen mangelnder Kenntnisse des Arbeitnehmers, NZA 2000, 802; *ders.,* Unzureichende Arbeitsleistung als Abmahn- und Kündigungsgrund, BB 2003, 2345; *Kock,* Rechtsprechungsübersicht zur personenbedingten Kündigung 2004/2005, BB 2005, 2350; *ders.,* Rechtsprechungsüberblick zur personenbedingten Kündigung 2005/2006, BB 2006, 1906; *Künzl,* Arbeitsvertragliche Nebenpflicht zur Durchführung einer Alkoholtherapie, NZA 98, 122; *Lepke,* Kündigung bei Krankheit, 12. Aufl. 2006; *ders.,* Der Krankheitsbegriff im Arbeitsrecht, NZA-RR 99, 57; *ders.,* AIDS als Kündigungsgrund für den Arbeitgeber, RdA 2000, 87; *ders.,* Trunksucht als Kündigungsgrund, DB 2001, 269; *ders.,* Hepatitis-Infektion des Arbeitnehmers als Grund für eine fristgerechte Kündigung durch den Arbeitgeber, DB 2008, 467; *Leuchten/Zimmer,* Kündigung wegen subjektiver Eignungsmängel, BB 99, 1973; *Lingemann,* Umorganisation zur Vermeidung einer personenbedingten Kündigung, BB 98, 1106; *Mathern,* Die krankheitsbedingte Kündigung, NJW 96, 818; *Müller,* Zum Ausschluss personenbedingt gekündigter Arbeitnehmer aus dem Geltungsbereich von Sozialplänen, BB 2001, 255; *Roos,* Die Rechtsprechung zur Kündigung wegen Krankheit, NZA-RR 99, 617; *Schiefer,* Krankheitsbedingte Kündigung/Kündigung wegen häufiger Kurzerkrankungen, FA-Spezial 5/2000; *Schwan/Zöller,* Alkohol im Betrieb als Kündigungsgrund, ZTR 96, 62; *Sibben,* Die Möglichkeit der Weiterbeschäftigung bei krankheitsbedingter Kündigung, FS für Stege, 1997, S. 283; *Stögbauer,* Low-Performer – (k)ein Tabu-Thema – Sieben Schritte auf dem Weg zur Problemlösung, AuA 2003, Nr. 2, 24; *Thüsing/Wege,* Behinderung und Krankheit bei Einstellung und Entlassung, NZA 2006, 136; *Tschöpe,* Personenbedingte Kündigung, BB 2001, 2110; *Uhmann,* Informationsrechte des Arbeitgebers, AuA 2000, 117; *Voigt,* Rechtliche Reaktionsmöglichkeiten auf eine Fehlprognose bei der personenbedingten Kündigung, BB 96, 526; *Zöllner/App,* Prüfungspunkte bei einer beabsichtigten krankheitsbedingten Kündigung eines Arbeitsverhältnisses, BuW 2003, 1007. Vgl. Schrifttum zu § 130.

Übersicht

	RN
I. Allgemeines	1 ff.
1. Kündigungsgrund	1
2. Mangelnde Eignung	2
3. Erhebliche betriebliche Beeinträchtigung	3
4. Fehlende Weiterbeschäftigungsmöglichkeit	4
5. Präventionsverfahren und betriebliches Eingliederungsmanagement	5–9
6. Interessenabwägung	10, 11
7. Abgrenzung zur verhaltensbedingten Kündigung	12
8. Mischtatbestände	13, 14
9. Personenbedingte außerordentliche Kündigung	15
II. Einzelne personenbedingte Gründe	16–55

[98] BAG 17. 5. 1984 AP 21 zu § 1 KSchG 1969 Betriebsbedingte Kündigung.
[99] BAG 7. 2. 1991 AP 1 zu § 1 KSchG 1969 Umschulung = NZA 91, 806.
[100] *Richardi* § 102 RN 165; *v. Hoyningen-Huene/Linck* § 1 RN 540.

I. Allgemeines

1 **1. Kündigungsgrund.** Ein personenbedingter Kündigungsgrund liegt vor, wenn

(1) der Arbeitnehmer auf Grund **mangelnder Eignung** oder seiner **persönlichen Fähigkeiten und Eigenschaften** nicht mehr in der Lage ist, künftig seine arbeitsvertraglichen Verpflichtungen zu erfüllen;[1]

(2) die mangelnde Eignung bzw. die fehlenden Fähigkeiten zu einer **erheblichen Beeinträchtigung betrieblicher oder wirtschaftlicher Interessen** des Arbeitgebers führen;[2]

(3) **keine Weiterbeschäftigungsmöglichkeit** auf einem anderen Arbeitsplatz besteht;

(4) die **Interessenabwägung** zulasten des Arbeitnehmers ausfällt. Im Einzelnen:

2 **2. Mangelnde Eignung.** Die mangelnde Eignung des Arbeitnehmers oder die fehlenden Fähigkeiten müssen dazu führen, dass der Arbeitnehmer nicht mehr in der Lage ist, zukünftig die **geschuldete Arbeitsleistung** – ganz oder teilweise – zu erbringen und dadurch die Erreichung des Vertragszwecks nicht nur vorübergehend zumindest teilweise unmöglich wird.[3] Ursachen hierfür können die mangelnde körperliche oder geistige Eignung, Erkrankungen, welche die Leistungsfähigkeit des Arbeitnehmers erheblich herabsetzen, fortgeschrittenes Alter und dadurch bedingte Abnahme der Leistungsfähigkeit usw. sein. Die mangelnde Eignung kann auf fehlenden Fertigkeiten oder Talenten (z. B. Verkaufstalent, soziale Kompetenz, Führungs- oder Teamfähigkeit) beruhen. Es können aber auch objektive Kriterien maßgeblich sein, so wenn ein Kraftfahrer die Fahrerlaubnis bei einer privaten Trunkenheitsfahrt oder ein Arzt die Approbation verliert (RN 20), ein ausländischer Arbeitnehmer nicht die erforderliche Arbeitsgenehmigung hat (dazu § 27 RN 4 ff.). Dem Arbeitgeber kann nicht auf Dauer zugemutet werden, eine Arbeitsleistung entgegenzunehmen, die den vereinbarten Anforderungen nicht genügt.[4] Zu prüfen ist, ob dem Arbeitnehmer die Fähigkeit oder die Eignung, die geschuldete Arbeitsleistung zu erbringen, im Kündigungszeitpunkt fehlt oder ob sie erheblich eingeschränkt ist und ob mit ihrer baldigen Wiederherstellung nicht gerechnet werden kann.[5]

3 **3. Erhebliche betriebliche Beeinträchtigung.** Mangelnde Eignung oder Fähigkeiten sind nur dann geeignet, eine personenbedingte Kündigung sozial zu rechtfertigen, wenn sie zu einer erheblichen Beeinträchtigung der **betrieblichen oder wirtschaftlichen Interessen** des Arbeitgebers führen.[6] Erforderlich ist eine konkrete Störung des Arbeitsverhältnisses, die im Zeitpunkt der Kündigung noch andauert und auch zukünftig zu befürchten ist.[7]

4 **4. Fehlende Weiterbeschäftigungsmöglichkeit.** Die soziale Rechtfertigung einer personenbedingten Kündigung erfordert des Weiteren, dass keine Weiterbeschäftigungsmöglichkeit auf einem anderen Arbeitsplatz besteht, bei dem die **Mängel nicht mehr oder nur unbedeutend zutage treten.**[8] Nach Auffassung des BAG hat der Arbeitgeber ggf. einen solchen Arbeitsplatz durch Ausübung seines Direktionsrechts freizumachen und sich auch um die erforderliche Zustimmung des Betriebsrats zu bemühen. Zu einer weitergehenden Umorganisation oder zur Durchführung eines Zustimmungsersetzungsverfahrens gemäß § 99 IV BetrVG ist der Arbeitgeber dagegen nicht verpflichtet.[9] Der Arbeitgeber hat nur solche anderweitigen Beschäftigungsmöglichkeiten in Betracht zu ziehen, die entweder gleichwertig mit der bisherigen Beschäftigung sind oder geringer bewertet sind. Das KSchG schützt das Vertragsverhältnis in seinem Bestand und seinem bisherigen Inhalt, verschafft aber keinen Anspruch auf Beförderung.[10]

---

[1] BAG 29. 1. 1997 AP 32 zu 1 KSchG 1969 Krankheit = NZA 97, 709; 20. 5. 1988 AP 9 zu § 1 KSchG 1969 Personenbedingte Kündigung = NZA 89, 464.

[2] Vgl. BAG 7. 11. 2002 AP 40 zu § 1 KSchG 1969 Krankheit = NZA 2003, 816; 20. 7. 1989 AP 2 zu § 1 KSchG 1969 Sicherheitsbedenken = NZA 90, 614.

[3] BAG 18. 1. 2007 AP 26 zu § 1 KSchG 1969 Personenbedingte Kündigung = NZA 2007, 680; 7. 11. 2002 AP 40 zu § 1 KSchG 1969 Krankheit = NZA 2003, 816.

[4] BAG 15. 2. 1984 AP 14 zu § 1 KSchG Krankheit = NZA 84, 86; 28. 2. 1990 AP 25 zu § 1 KSchG Krankheit = NZA 90, 727.

[5] BAG 10. 10. 2002 AP 44 zu § 1 KSchG 1969 Verhaltensbedingte Kündigung = NZA 2003, 483.

[6] Vgl. BAG 7. 11. 2002 AP 40 zu § 1 KSchG 1969 Krankheit = NZA 2003, 816; 20. 7. 1989 AP 2 zu § 1 KSchG 1969 Sicherheitsbedenken = NZA 90, 614.

[7] BAG 10. 10. 2002 AP 44 zu § 1 KSchG 1969 Verhaltensbedingte Kündigung = NZA 2003, 483; HaKo/*Gallner* § 1 RN 466.

[8] BAG 28. 4. 1998 AP 2 zu § 14 SchwbG; 20. 5. 1988 AP 9 zu § 1 KSchG 1969 Personenbedingte Kündigung; 10. 3. 1977 AP 4 zu § 1 KSchG 1969 Krankheit; ErfK/ *Oetker* § 1 KSchG RN 106.

[9] BAG 29. 1. 1997 AP 32 zu § 1 KSchG 1969 Krankheit = NZA 97, 709; zur Kritik an dieser Rechtsprechung *v. Hoyningen-Huene/Linck* § 1 RN 278 ff.

[10] BAG 19. 4. 2007 AP 45 zu § 1 KSchG 1969 Krankheit = NZA 2007, 1041.

5. Präventionsverfahren und betriebliches Eingliederungsmanagement. a) Der Arbeitgeber hat vor Ausspruch der Kündigung ggf. ein **Präventionsverfahren** nach § 84 I SGB IX durchzuführen. Danach schaltet der Arbeitgeber bei Eintreten von personen-, verhaltens- oder betriebsbedingten Schwierigkeiten im Arbeits- oder sonstigen Beschäftigungsverhältnis, die zur Gefährdung dieses Verhältnisses führen können, möglichst frühzeitig die Schwerbehindertenvertretung, die in § 93 SGB IX genannten Mitarbeitervertretungen sowie das Integrationsamt ein, um mit ihnen alle Möglichkeiten und alle zur Verfügung stehenden Hilfen zur Beratung und mögliche finanzielle Leistungen zu erörtern, mit denen die Schwierigkeiten beseitigt werden können und das Arbeitsverhältnis möglichst dauerhaft fortgesetzt werden kann. Die Durchführung des Präventionsverfahrens ist **keine formelle Wirksamkeitsvoraussetzung** für den Ausspruch einer Kündigung gegenüber einem schwerbehinderten Menschen mit der Folge, dass eine Kündigung grundsätzlich unwirksam wäre, wenn ein Präventionsverfahren vor ihrem Ausspruch nicht durchgeführt worden ist.[11] § 84 I SGB IX ist nach Auffassung des BAG vielmehr eine Konkretisierung des dem gesamten Kündigungsschutzrecht innewohnenden Verhältnismäßigkeitsgrundsatzes. Eine Kündigung könne wegen Verstoßes gegen das Verhältnismäßigkeitsprinzip sozial ungerechtfertigt sein, wenn bei gehöriger Durchführung des Präventionsverfahrens Möglichkeiten bestanden hätten, die Kündigung zu vermeiden. Andererseits steht das Unterbleiben des Präventionsverfahrens einer Kündigung dann nicht entgegen, wenn die Kündigung auch durch das Präventionsverfahren nicht hätte verhindert werden können. 5

b) Neben dem Präventionsverfahren nach § 84 I SGB IX gibt es noch das **betriebliche Eingliederungsmanagement** nach § 84 II SGB IX.[12] Danach hat der Arbeitgeber mit dem Betriebs- oder Personalrat,[13] bei schwerbehinderten Menschen außerdem mit der Schwerbehindertenvertretung, mit Zustimmung und Beteiligung des betroffenen Arbeitnehmers aufzuklären, wie die Arbeitsunfähigkeit des Beschäftigten möglichst überwunden werden und mit welchen Leistungen oder Hilfen erneuter Arbeitsunfähigkeit vorgebeugt und der Arbeitsplatz erhalten werden kann (betriebliches Eingliederungsmanagement), wenn der Beschäftigte innerhalb eines Jahres länger als sechs Wochen ununterbrochen oder wiederholt arbeitsunfähig ist. Soweit erforderlich wird der Werks- oder Betriebsarzt hinzugezogen. Der Betriebs- oder Personalrat, bei schwerbehinderten Menschen außerdem die Schwerbehindertenvertretung, können auch ihrerseits die Klärung der Umstände verlangen. 6

aa) Das Erfordernis eines solchen betrieblichen Eingliederungsmanagements bei einer länger als sechs Wochen innerhalb eines Jahres andauernden Arbeitsunfähigkeit besteht nach dem Wortlaut des Gesetzes **bei allen Arbeitnehmern,** nicht nur bei behinderten Menschen.[14] Anders ist nicht erklärlich, warum nach § 84 II 1 SGB IX bei schwerbehinderten Menschen „außerdem" die Schwerbehindertenvertretung zu beteiligen ist. Voraussetzung des betrieblichen Eingliederungsmanagements nach § 84 II SGB IX ist nach dem Zweck der Vorschrift nicht, dass in dem Betrieb ein Betriebsrat besteht. Nur wenn in dem Betrieb ein Betriebsrat gebildet ist, hat der Arbeitgeber diesen zu beteiligen. Das betriebliche Eingliederungsmanagement ist durchzuführen, wenn der Arbeitnehmer innerhalb eines Jahres länger als sechs Wochen arbeitsunfähig ist. Das ist gemäß § 191 BGB ein Zeitraum von 365 Tagen. Es ist damit der jeweils zurückliegende Jahreszeitraum maßgeblich.[15] Notwendige Voraussetzung des betrieblichen Eingliederungsmanagements ist, dass der Arbeitnehmer mitwirkt. Hierzu ist er nicht verpflichtet (Art. 2 I GG). 7

bb) Die **kündigungsrechtlichen Folgen eines Verstoßes** gegen die Verpflichtung zur Durchführung eines betrieblichen Eingliederungsmanagements waren umstritten.[16] Inzwischen hat das BAG zu Recht entschieden, dass die Durchführung eines betrieblichen Eingliederungsmanagements nach § 84 II SGB IX keine **formelle Wirksamkeitsvoraussetzung** für den 8

---

[11] BAG 7. 12. 2006 AP 56 zu § 1 KSchG 1969 Verhaltensbedingte Kündigung = NZA 2007, 617; 8. 11. 2007 AP 30 zu § 1 KSchG 1969 Personenbedingte Kündigung = NZA 2008, 471.

[12] Zum Verhältnis zur stufenweisen Wiedereingliederung nach § 28 SGB IX, § 74 SGB V vgl. *Nebe* DB 2008, 1801.

[13] Zu Mitbestimmungsrechtlichen Fragen *Leuchten* DB 2007, 2482.

[14] BAG 12. 7. 2007 AP 28 zu § 1 KSchG 1969 Personenbedingte Kündigung = NZA 2008, 173; *Cramer* NZA 2004, 698, 703; *Düwell* FA 2004, 200, 201; Weyand/*Düwell,* Das neue Arbeitsrecht, 2005, S. 217; *Gaul/Süßbrich/Kulejewski* ArbRB 2004, 308, 310; *Schlewing* ZfA 2005, 484, 490; Stahlhacke/*Vossen* RN 1457; unklar *Gagel* NZA 2004, 1394ff.; a. A. *Balders/Lepping* NZA 2005, 854; *Brose* DB 2005, 390; *Lepke* RN 215; *Namendorf/Natzel* DB 2005, 1794; ErfK/*Rolfs* § 84 SGB IX RN 1.

[15] *Lepke* RN 216; zu weiteren Einzelheiten der Jahresfrist *Gagel/Schian* Behindertenrecht 2006, 46.

[16] Zusammenfassend dazu *Kothe* DB 2008, 582.

Ausspruch einer krankheitsbedingten Kündigung ist.[17] Die Auslegung der Vorschrift zeigt vielmehr, dass das bloße Unterbleiben eines betrieblichen Eingliederungsmanagements noch nicht zur Unwirksamkeit der Kündigung führt. Das Gesetz regelt keine Rechtsfolge. Der Gesetzesbegründung ist hierzu gleichfalls nichts zu entnehmen. Auch die systematische Auslegung steht kündigungsrechtlichen Wirkungen entgegen. § 84 II SGB IX steht im Kapitel „Sonstige Pflichten der Arbeitgeber; Rechte der schwerbehinderten Menschen". Abs. 1 des § 84 SGB IX behandelt Präventionspflichten. Diese sind aber noch nicht Teil des Kündigungsschutzes, der erst im nächsten Kapitel ab § 85 SGB IX geregelt ist. Der Präventionszweck allein ist nicht geeignet, ohne Weiteres die Unwirksamkeit einer krankheitsbedingten Kündigung ohne vorausgegangenes betriebliches Eingliederungsmanagement zu begründen. Die Erreichung des Präventionszwecks hängt nicht von kündigungsrechtlichen Sanktionen ab, sondern von Überzeugungsbildung. Ziel des betrieblichen Eingliederungsmanagements ist, unter Beteiligung aller kompetenten Stellen einer Ausgliederung des Arbeitnehmers aus dem Arbeitsprozess vorzubeugen.[18] Deshalb ist § 84 II SGB IX ebenso wie § 84 I SGB IX[19] in Bezug auf Kündigungen kein Verbotsgesetz i. S. v. § 134 BGB.[20]

9 **cc)** Das betriebliche Eingliederungsmanagement selbst ist auch keine mildere Maßnahme i. S. des **Ultima-Ratio-Prinzips.**[21] Es konkretisiert jedoch den Verhältnismäßigkeitsgrundsatz. Durch das betriebliche Eingliederungsmanagement können mildere Mittel, wie z. B. die Umgestaltung des Arbeitsplatzes oder eine Weiterbeschäftigung zu geänderten Arbeitsbedingungen auf einem anderen – ggf. durch Umsetzungen „freizumachenden" – Arbeitsplatz erkannt und entwickelt werden. Hat der Arbeitgeber kein betriebliches Eingliederungsmanagement durchgeführt, wirkt sich dies nach Auffassung des BAG auf die Darlegungs- und Beweislast aus. In diesem Fall darf sich der Arbeitgeber nicht darauf beschränken, pauschal vorzutragen, er kenne keine alternativen Einsatzmöglichkeiten für den erkrankten Arbeitnehmer bzw. es gebe keine „freien Arbeitsplätze", die der erkrankte Arbeitnehmer auf Grund seiner Erkrankung noch ausfüllen könne. Es bedürfe vielmehr eines umfassenderen konkreten Sachvortrags des Arbeitgebers zu einem nicht mehr möglichen Einsatz des Arbeitnehmers auf dem bisher innegehabten Arbeitsplatz einerseits und warum andererseits eine leidensgerechte Anpassung und Veränderung ausgeschlossen ist oder der Arbeitnehmer nicht auf einem (alternativen) anderen Arbeitsplatz bei geänderter Tätigkeit eingesetzt werden könne.[22] Führt der Arbeitgeber ein betriebliches Eingliederungsmanagement durch, kann er im Kündigungsschutzprozess zur Begründung der sozialen Rechtsfertigung der Kündigung auch auf hieraus erlangte Erkenntnisse zurückgreifen.[23]

10 **6. Interessenabwägung.** Soll eine Kündigung auf die persönlichen Verhältnisse des Arbeitnehmers gestützt werden, bedarf es einer **sorgfältigen Abwägung** der Interessen des Arbeitnehmers und des Arbeitgebers.[24] Zugunsten des Arbeitnehmers sind betriebliche Ursachen für die mangelnde Leistungsfähigkeit[25] ebenso wie ein altersbedingter Leistungsrückgang zu berücksichtigen. Weiterhin sind die allgemeinen sozialen Gesichtspunkte wie Betriebszugehörigkeit, Lebensalter und Unterhaltspflichten beachtlich. Aufseiten des Arbeitgebers ist vor allem das Ausmaß der betrieblichen und/oder wirtschaftlichen Beeinträchtigung von Bedeutung.

11 Auch für die personenbedingte Kündigung gilt das **Ultima-Ratio-Prinzip.** Zu berücksichtigen ist, ob der Arbeitsplatz in zumutbarer Weise umgestaltet werden kann und so der beeinträchtigten Leistungsfähigkeit des Arbeitnehmers gerecht wird. Bei der Prüfung der Zumutbarkeit sind auch wirtschaftliche Gesichtspunkte zu berücksichtigen.[26] Sofern gemäß § 1 II 3 KSchG eine Weiterbeschäftigung nach einer Umschulungs- oder Fortbildungsmaßnahme in Be-

---

[17] BAG 12. 7. 2007 AP 28 zu § 1 KSchG 1969 Personenbedingte Kündigung = NZA 2008, 173; *Schlewing* ZfA 2005, 485, 498 f.; Stahlhacke/*Preis* RN 1230; a. A. *Brose* RdA 2006, 149, 154.

[18] *Schlewing* ZfA 2005, 485, 498 f.

[19] Dazu BAG 7. 12. 2006 AP 56 zu § 1 KSchG 1969 Verhaltensbedingte Kündigung = NZA 2007, 617.

[20] BAG 12. 7. 2007 AP 28 zu § 1 KSchG 1969 Personenbedingte Kündigung = NZA 2008, 173.

[21] BAG 23. 4. 2008 NZA-RR 2008, 515; 12. 7. 2007 AP 28 zu § 1 KSchG 1969 Personenbedingte Kündigung = NZA 2008, 173.

[22] BAG 23. 4. 2008 NZA-RR 2008, 515; 12. 7. 2007 AP 28 zu § 1 KSchG 1969 Personenbedingte Kündigung = NZA 2008, 173; dazu *Namendorf/Natzel* FA 2008, 71.

[23] Ebenso *Gaul/Süßbrich/Kulejewski* ArbRB 2004, 308, 311; abweichend *Namendorf/Natzel* DB 2005, 1794, 1795.

[24] BAG 7. 2. 1990 AP 14 zu § 1 KSchG 1969 Personenbedingte Kündigung = NZA 91, 341; HaKo/*Gallner* § 1 RN 473; APS/*Preis* Grundlagen H RN 50.

[25] BAG 7. 11. 2002 AP 40 zu § 1 KSchG 1969 Krankheit = NZA 2003, 816; 5. 7. 1990 AP 26 zu § 1 KSchG 1969 Krankheit = NZA 91, 185.

[26] *Löwisch/Spinner* § 1 RN 192.

tracht kommt, setzt dies einen freien Arbeitsplatz zum Zeitpunkt der Beendigung der Umschulungsmaßnahme voraus.[27] Zum betrieblichen Eingliederungsmanagement nach § 84 II SGB IX vor Ausspruch krankheitsbedingter Kündigungen vgl. RN 6ff.

7. Abgrenzung zur verhaltensbedingten Kündigung. Die Abgrenzung zur verhaltensbedingten Kündigung kann im Einzelfall schwierig sein.[28] Grundsätzlich gilt Folgendes: Ein personenbedingter Grund liegt bei einem nicht steuerbaren Handeln des Arbeitnehmers vor, während der Grund im Verhalten des Arbeitnehmers auf willensgesteuerten Verhaltensweisen beruht. Kurz: Ein Grund in der Person liegt vor, wenn der Arbeitnehmer will, aber nicht kann; ein Grund im Verhalten ist demgegenüber gegeben, wenn der Arbeitnehmer kann, aber nicht will.[29] 12

8. Mischtatbestände.[30] Ein sog. Mischtatbestand liegt vor, wenn ein Kündigungssachverhalt **mehrere der in § 1 II 1 KSchG genannten Gründe berührt.** Die Abgrenzung richtet sich danach, welchem der drei Gründe der Sachverhalt primär zugeordnet werden kann.[31] Führt eine betriebliche Organisationsänderung dazu, dass ein in seiner Gesundheit beeinträchtigter Arbeitnehmer nur noch in einer Weise beschäftigt werden könnte, die sein Leiden verschlimmert, liegt ein betriebsbedingter und kein personenbedingter Kündigungsgrund vor.[32] Fallen in einem Betrieb die von einem Arbeitnehmer bisher verrichteten Arbeiten infolge der technischen Entwicklung und der damit verbundenen Strukturveränderungen nicht mehr an, besteht gleichfalls ein betriebsbedingter Kündigungsgrund, und zwar auch dann, wenn ältere Arbeitnehmer wegen mangelnder Fähigkeiten nicht eingearbeitet werden können.[33] 13

Wird die Kündigung auf **mehrere Kündigungsgründe** unterschiedlicher Kategorie gestützt, gilt zunächst der Grundsatz der Einzelprüfung. Das Gericht hat zu prüfen, ob jeder einzelne Kündigungssachverhalt für sich geeignet ist, die Kündigung zu rechtfertigen. Scheitert die Kündigung bei personen- und verhaltensbedingten Gründen an der jeweils durchzuführenden Interessenabwägung, ist alsdann eine Gesamtbetrachtung vorzunehmen. Zu prüfen ist, ob die Kündigungssachverhalte in ihrer Gesamtheit so gewichtig sind, dass sie die Kündigung als billigenswert erscheinen lassen.[34] Im Schrifttum wird hiergegen eingewandt, dass hierdurch der Arbeitnehmer benachteiligt werde.[35] 14

9. Personenbedingte außerordentliche Kündigung. Eine personenbedingte außerordentliche Kündigung kommt in Betracht, wenn die ordentliche Kündigung ausgeschlossen ist und die Voraussetzungen eines wichtigen Grundes vorliegen. In der Praxis ist insbesondere die **krankheitsbedingte außerordentliche Kündigung** tariflich unkündbarer Arbeitnehmer von Bedeutung (dazu auch § 128). 15

II. Einzelne personenbedingte Kündigungsgründe

Übersicht

	RN		RN
Aids	16	Gewissensentscheidung	29
Alkohol- und Drogensucht	17, 18	Haft	30
Alter	19	Krankheit	31–45
Arbeits- und Berufsausübungserlaubnis	20, 21	Minderleistung („low performer“)	46–48
Arbeitszeit	22	Schwangerschaft	49
Außerdienstliches Verhalten	23	Sozialversicherungsfreiheit	50
Doppelverdiener	24	Tendenzbetriebe	51, 52
Eheschließung/Ehescheidung	25	Verschuldung	53
Ehrenämter	26	Verwandtschaft	54
Eignung	27, 28	Wehrdienst	55

[27] BAG 7. 2. 1991 AP 1 zu § 1 KSchG 1969 Umschulung = NZA 91, 806.

[28] Dazu insbes. BAG 4. 6. 1997 AP 137 zu § 626 BGB = NZA 97, 1281; MünchArbR/*Berkowsky* § 136 RN 3; KR/*Griebeling* § 1 KSchG RN 395.

[29] *v. Hoyningen-Huene/Linck* § 1 RN 290.

[30] *Rüthers/Henssler,* Die Kündigung bei kumulativ vorliegenden und gemischten Kündigungssachverhalten, ZfA 88, 31.

[31] BAG 6. 11. 1997 AP 42 zu § 1 KSchG 1969 = NZA 98, 143; 21. 11. 1985 AP 12 zu § 1 KSchG 1969.

[32] BAG 6. 11. 1997 AP 42 zu § 1 KSchG 1969 = NZA 98, 143.

[33] BAG 29. 1. 1997 RzK I 5 c Nr. 82.

[34] BAG 20. 11. 1997 AP 43 zu § 1 KSchG 1969 = NZA 98, 323; 22. 7. 1982 AP 5 zu § 1 KSchG 1969 Verhaltensbedingte Kündigung; näher dazu *v. Hoyningen-Huene/Linck* § 1 RN 262ff.

[35] KDZ/*Kittner/Deinert* § 1 KSchG RN 59; *Löwisch/Spinner* § 1 RN 74; ErfK/*Oetker* § 1 KSchG RN 95; Stahlhacke/*Preis* RN 925ff.

16 – **Aids.** Hat der Arbeitnehmer noch keinen allgemeinen oder besonderen Kündigungsschutz, ist die Kündigung eines **HIV-Infizierten** zulässig. Grenze ist auch hier der Rechtsmissbrauch (§ 129).[36] Im Anwendungsbereich des KSchG wird eine Kündigung wegen eines HIV-Infektes im Allgemeinen nicht sozial gerechtfertigt sein, weil dadurch allein das Arbeitsverhältnis in aller Regel nicht beeinträchtigt wird.[37] Eine Ausnahme hiervon gilt, wenn auf Grund der ausgeübten Tätigkeit von der Infektion gesteigerte Gefahren für Dritte ausgehen. Vor einer Kündigung sind dabei Umsetzungsmöglichkeiten sorgfältig zu prüfen.[38] Bei Ausbruch der Erkrankung ist eine Kündigung nach den allgemeinen Grundsätzen der Kündigung bei Krankheit möglich (dazu RN 31 ff.). Verlangt die übrige Belegschaft die Kündigung des Infizierten oder Erkrankten, ist der Arbeitgeber gehalten, zunächst – ggf. durch Einschaltung des arbeitsmedizinischen Dienstes – aufklärend auf die Belegschaft einzuwirken und sich schützend vor den betroffenen Mitarbeiter zu stellen.[39] Eine Druckkündigung (dazu § 127 RN 89) wird nur in Ausnahmefällen möglich sein.[40]

17 – **Alkohol- und Drogensucht.** Befindet sich ein Alkoholsüchtiger in einem Zustand, in dem der Sucht ein **medizinischer Krankheitswert** zukommt, sind die Grundsätze über die krankheitsbedingte Kündigung anzuwenden (RN 31 ff.).[41] Die Ursachen, die zur Trunksucht geführt haben, sind angemessen zu berücksichtigen.[42] Auch bei einem unkündbaren Arbeitnehmer kann eine außerordentliche Kündigung in Betracht kommen.[43] Will sich ein Arbeitnehmer von dem Verdacht der Alkoholisierung mit Hilfe eines Alkoholtests entlasten, muss er diesen Wunsch von sich aus äußern.[44] Es besteht kein Erfahrungssatz, dass Suchterkrankungen verschuldet sind.[45] Auch bei Trunk- und Drogensucht ist die negative Prognose notwendig. Diese ist im Allgemeinen dann gegeben, wenn der Arbeitnehmer nicht therapiebereit ist.[46] Bei Rückfällen nach abgeschlossenen Alkoholtherapien ist in der Regel davon auszugehen, dass sich an der Sucht und damit dem Gesundheitszustand auch in Zukunft nichts ändern wird.[47] Allerdings können auch hier die Besonderheiten des Einzelfalls eine andere Beurteilung begründen. Unterzieht sich der Arbeitnehmer nach Ausspruch einer Kündigung einer Therapie, ist diese nicht zur Korrektur der Negativprognose geeignet.[48]

18 Vor Ausspruch einer personenbedingten Kündigung wegen Alkoholsucht hat der Arbeitgeber den Arbeitnehmer **in der Regel aufzufordern, eine Entziehungskur durchzuführen.**[49] Dies ergibt sich aus dem Grundsatz der Verhältnismäßigkeit. Hat der Arbeitnehmer den Arbeitgeber in sog. Fehlzeitengesprächen vor Ausspruch der Kündigung nicht über seine Alkoholerkrankung unterrichtet und hat der Arbeitgeber auch aus sonstigen Umständen keine Kenntnis von der Alkoholsucht des Arbeitnehmers, kann sich der Arbeitnehmer nach Erhalt der Kündigung nicht mehr darauf berufen, der Arbeitgeber habe ihm die Möglichkeit einer Entziehungskur einräumen müssen. Das Verheimlichen der Sucht lässt vielmehr darauf schließen, dass der Arbeitnehmer bis zur Kündigung nicht therapiebereit war.[50] Unterzieht sich der Arbeitnehmer einer Entziehungskur, muss der Arbeitgeber grundsätzlich deren **Erfolg abwarten.**[51] Die Aufforderung, sich einer ärztlichen Behandlung zu unterziehen, ist

---

[36] BAG 16. 2. 1989 AP 46 zu § 138 BGB = NZA 89, 962.
[37] ErfK/*Oetker* § 1 KSchG RN 152.
[38] HaKo/*Gallner* § 1 RN 485.
[39] ArbG Berlin NJW 87, 2325; Schrifttum: *Bergau* NZA 88, 88; *Heilmann* BB 89, 1413; *Janker* NZA 88, 86; *Klak* BB 87, 1382; *Lepke* DB 87, 1299; *Lichtenberg/Schücking* NZA 90, 41; *Löwisch* DB 87, 936; *Richardi* NZA 88, 73; *Schmalz/Rzadkowski* PersR 88, 31; *Weller* PersF 88, 41.
[40] *Lepke,* Kündigung bei Krankheit, RN 383.
[41] BAG 9. 4. 1987 AP 18 zu § 1 KSchG 1969 Krankheit = NZA 87, 811; 13. 12. 1990 EzA 33 zu § 1 KSchG Krankheit; *Lepke,* Kündigung bei Krankheit, RN 313.
[42] Vgl. BAG 7. 11. 1985 AP 17 zu § 1 KSchG 1969 Krankheit = NZA 86, 359.
[43] BAG 16. 9. 1999 AP 159 zu § 626 BGB = NZA 2000, 141.
[44] BAG 16. 9. 1999 AP 159 zu § 626 BGB = NZA 2000, 141.
[45] Vgl. BAG 9. 4. 1987 AP 18 zu § 1 KSchG 1969 Krankheit = NZA 87, 811; 1. 6. 1983 AP 52 zu § 1 LohnFG.
[46] BAG 13. 12. 1990 EzA 33 zu § 1 KSchG Krankheit; LAG Schleswig-Holstein 24. 7. 2001 – 3 Sa 317/01.
[47] Vgl. BAG 16. 9. 1999 AP 159 zu § 626 BGB = NZA 2000, 141.
[48] BAG 17. 6. 1999 AP 37 zu § 1 KSchG 1969 Krankheit = NZA 99, 1328; HaKo/*Gallner* § 1 RN 491.
[49] Ebenso BAG 17. 6. 1999 AP 37 zu § 1 KSchG 1969 Krankheit = NZA 99, 1328; HaKo/*Gallner* § 1 RN 491; ErfK/*Oetker* § 1 KSchG RN 153; – einschränkend *Lepke* DB 2001, 269, 277 sowie *ders.* RN 332 im Hinblick auf die relativ hohe Abbruchquote von ca. 50%.
[50] Vgl. BAG 17. 6. 1999 AP 37 zu § 1 KSchG 1969 Krankheit = NZA 99, 1328.
[51] ErfK/*Oetker* § 1 KSchG RN 153; HaKo/*Gallner* § 1 KSchG RN 491.

entbehrlich, wenn sich der Arbeitnehmer bereits Entgiftungsbehandlungen unterzogen hat und der Arbeitgeber ihm in der Vergangenheit mitgeteilt hat, dass er im Falle einer Fortsetzung der Trunksucht mit einer Kündigung zu rechnen habe.[52] – Diese Grundsätze gelten entsprechend auch für die Drogensucht.

- **Alter.** Das Erreichen einer bestimmten Altersgrenze ist **für sich allein** kein in der Person des Arbeitnehmers liegender Kündigungsgrund, denn gemäß § 41 Satz 1 SGB VI ist die Tatsache, dass ein Arbeitnehmer berechtigt ist, eine Rente wegen Alters zu beanspruchen, nicht als ein Grund anzusehen ist, der die Kündigung des Arbeitsverhältnisses durch den Arbeitgeber nach § 1 II 1 bedingt (zum altersbedingten Leistungsabfall RN 46 ff.).[53] Hierin läge auch ein Verstoß gegen die Richtlinie 2000/78/EG vom 27. 11. 2000. 19
- **Arbeits- und Berufsausübungserlaubnis.** Ist einem ausländischen Arbeitnehmer die erforderliche **Arbeitsgenehmigung** (dazu § 27 RN 4 ff.) rechtskräftig versagt worden, ist eine ordentliche Kündigung regelmäßig sozial gerechtfertigt, weil der Arbeitnehmer dann zur Leistung der vertraglich geschuldeten Dienste dauernd außerstande ist. Liegt noch keine rechtskräftige Entscheidung zu der beantragten Arbeitsgenehmigung vor, ist für die soziale Rechtfertigung einer wegen Fehlens der Erlaubnis ausgesprochenen Kündigung darauf abzustellen, ob für den Arbeitgeber bei objektiver Beurteilung im Zeitpunkt des Zugangs der Kündigung mit der Erteilung der Erlaubnis in absehbarer Zeit nicht zu rechnen war und der Arbeitsplatz für den Arbeitnehmer ohne erhebliche betriebliche Beeinträchtigungen nicht offengehalten werden konnte.[54] Ebenso kann der Entzug der zur Berufsausübung als **Wachmann** notwendigen polizeilichen Befugnisse eine personenbedingte Kündigung rechtfertigen.[55] 20

Entsprechendes gilt beim Fehlen der **Fahrerlaubnis** (§ 127 RN 102).[56] Wird die **Fluglizenz** eines Verkehrsflugzeugführers ungültig, kann dies einen personenbedingten Grund zur Kündigung darstellen. Macht der Pilot geltend, die Nichtverlängerung sei auf überzogene Prüfungsanforderungen zurückzuführen, soll der Arbeitgeber dies nach den Grundsätzen der abgestuften Darlegungs- und Beweislast widerlegen müssen.[57] Dies ist unzutreffend, soweit die Fluglizenz öffentlich-rechtlich erteilt wird. Demgegenüber hat das BAG in einer weiteren Entscheidung zutreffend ausgeführt, die Rechtmäßigkeit der Durchführung der Überprüfungsflüge sowie die Nichtverlängerung bzw. der Versagung der Erneuerung der Erlaubnis sei von den Verwaltungsgerichten nachzuprüfen. Vor Ausspruch der Kündigung müsse dem Piloten die Chance gegeben werden, eine zweite Wiederholungsprüfung zu beantragen.[58] 21

- **Arbeitszeit.** Kann der Arbeitgeber, der einen Arbeitnehmer am Sonntag beschäftigt, keinen Ersatzruhetag nach § 11 III ArbZG gewähren, weil der Arbeitnehmer in einem weiteren Arbeitsverhältnis steht, in dem er die weiteren sechs Wochentage tätig ist, darf ihn der Arbeitgeber nicht beschäftigen. Dass die Arbeit von Montag bis Samstag bei einem anderen Arbeitgeber geleistet wird, steht dem nicht entgegen, weil die gesetzlichen Vorschriften über Sonntagsarbeit arbeitgeberübergreifend gelten. In diesem Fall besteht für den Arbeitgeber, der den Arbeitnehmer für die Sonntagsarbeit eingestellt hat, in der Regel ein personenbedingter Kündigungsgrund.[59] 22
- **Außerdienstliches Verhalten** kann ausnahmsweise eine personenbedingte Kündigung rechtfertigen, wenn sich hieraus die mangelnde persönliche Eignung des Arbeitnehmers ergibt. Dies gilt etwa für Lehrkräfte oder Erzieher, die Sexualstraftaten begangen haben,[60] einen Kfz-Sachverständigen, der bei einer Trunkenheitsfahrt mit 1,9 Promille einen Unfall verursacht, Fahrerflucht begeht und dem dann die Fahrerlaubnis entzogen wird[61] oder einen Angestellten in einer Finanzbehörde, der in erheblichem Umfang Steuern hinterzogen hat.[62] Siehe dazu auch § 127 RN 81 ff. 23

---

[52] BAG 13. 12. 1990 33 zu EzA § 1 KSchG Krankheit.

[53] BAG 28. 9. 1961 AP 1 zu § 1 KSchG Personenbedingte Kündigung; 20. 11. 1987 AP 2 zu § 620 BGB Altersgrenze = NZA 88, 617; jedoch kann das Arbeitsverhältnis auf das 65. Lebensjahr befristet sein; vgl. § 39.

[54] BAG 7. 2. 1990 AP 14 zu § 1 KSchG 1969 Personenbedingte Kündigung = NZA 91, 341.

[55] BAG 18. 3. 1981 AP 2 zu § 611 BGB Arbeitsleistung.

[56] BAG 30. 5. 1978 AP 70 zu § 626 BGB = NJW 79, 332; LAG Köln 22. 6. 1995 ZTR 96, 131 (alkoholbedingter Entzug bei Berufskraftfahrer); dazu auch *Polwein* DAR 98, 293.

[57] BAG 31. 1. 1996 AP 17 zu § 1 KSchG 1969 Personenbedingte Kündigung = NZA 96, 819.

[58] BAG 7. 12. 2000 AP 23 zu § 1 KSchG 1969 Personenbedingte Kündigung = NZA 2001, 1304.

[59] BAG 24. 2. 2005 AP 51 zu § 1 KSchG 1969 Verhaltensbedingte Kündigung = NZA 2005, 759.

[60] Vgl. LAG Berlin 15. 12. 1989 LAGE § 626 BGB Nr. 45.

[61] LAG Köln 25. 8. 1988 LAGE § 626 BGB Nr. 34.

[62] BAG 21. 6. 2001 AP 5 zu § 54 BAT = NZA 2002, 1030.

24 – **Doppelverdiener.** Ein Beamter, der eine genehmigte Nebenbeschäftigung als Angestellter ausübt, kann nicht gekündigt werden, weil der Arbeitgeber einen Arbeitslosen einstellen will.[63]

25 – **Eheschließung/Ehescheidung.** Ebenso wenig wie die Eheschließung als solche als auflösende Bedingung für die Beendigung des Arbeitsverhältnisses vereinbart werden kann, ist sie als Kündigungsgrund anzuerkennen.[64] Ohne konkrete nachteilige Auswirkung auf das Arbeitsverhältnis ist auch die Zerrüttung bzw. das Scheitern der Ehe für die Frage der sozialen Rechtfertigung der Kündigung des Ehegattenarbeitsverhältnisses ohne Belang.[65] Zur Kündigung in kirchlichen Arbeitsverhältnissen § 133 RN 28.

26 – **Ehrenämter.** Nach Art. 160 WRV hatte der Arbeitnehmer Anspruch auf die zur Wahrnehmung **öffentlicher Ämter** notwendige Freizeit, sofern dadurch der Betrieb nicht erheblich geschädigt wurde. Wenngleich eine entsprechende Vorschrift in das GG nicht übernommen worden ist, rechtfertigt die Übernahme von Ehrenämtern grundsätzlich keine Kündigung,[66] erst recht nicht, wenn eine Übernahmeverpflichtung auf Grund Gesetzes oder der Landesverfassung besteht. Eine Kündigung würde in vielen Fällen auch gegen das Maßregelungsverbot (§ 612a BGB) verstoßen. Zum Teil knüpft das Gesetz an die Übernahme öffentlicher Aufgaben einen besonderen Kündigungsschutz (§ 145). Die Wahrnehmung von Ehrenämtern in Vereinigungen mit karitativer, künstlerischer, religiöser und sportlicher Zielsetzung ist gleichfalls kein personenbedingter Kündigungsgrund. Etwas anderes kann nur dann gelten, wenn die Arbeitsleistung konkret beeinträchtigt wird. Funktionen im gewerkschaftlichen Bereich können wegen Art. 9 III GG eine Kündigung ebenfalls nicht rechtfertigen.

27 – **Eignung.**[67] **a)** Fehlende fachliche Eignung für die geschuldete Arbeitsleistung ist ein personenbedingter Kündigungsgrund. Hauptanwendungsfall ist die **mangelnde fachliche Qualifikation** (Fehlen beruflicher Qualifikationsmerkmale, Nichtbestehen von Prüfungen, mangelhafte Kenntnisse und Fähigkeiten). Sind die Mängel in der fachlichen Eignung behebbar, muss der Arbeitgeber den Arbeitnehmer auffordern, an Fortbildungsmaßnahmen teilzunehmen, bevor er kündigt. Persönliche Ungeeignetheit kann sich aus gesundheitlichen und charakterlichen Gründen ergeben.[68] Die Kündigung wegen mangelnder Sprachkenntnisse soll unwirksam sein, wenn diese Kenntnisse erst nachträglich durch Einführung eines Qualitätsmanagement-Systems erforderlich werden.[69] Dem kann nicht gefolgt werden, weil der Arbeitgeber verlangen kann, dass der Arbeitnehmer den vom Arbeitgeber – willkürfrei – festgesetzten Anforderungen entspricht und sich entsprechend weiterbildet. Im Bereich des öffentlichen Dienstes kann fehlende politische Zuverlässigkeit ein personen- oder verhaltensbedingter Kündigungsgrund sein (§ 133).[70] Zum Fahrerlaubnisentzug bei Kraftfahrern § 127 RN 102. Die Eignung zur Beschäftigung eines Studenten als „studentische Hilfskraft" an einer Forschungseinrichtung setzt in der Regel voraus, dass er dem Studium nachgeht. Entfällt diese Voraussetzung, zB durch Exmatrikulation, ist eine Kündigung aus personenbedingten Gründen regelmäßig gerechtfertigt.[71]

28 **b)** Nach Auffassung des BAG kann der Arbeitgeber vom Arbeitnehmer eine **betriebsärztliche Untersuchung** verlangen, wenn hieran ein berechtigtes betriebliches Interesse besteht.[72] Bestehen berechtigte Bedenken gegen das Seh- und Hörvermögen eines Arbeitnehmers, wird der Arbeitgeber verlangen können, dass der Arbeitnehmer sich Seh- und Hörprüfungen, nicht aber einer psychologischen Eignungsuntersuchung unterzieht. Etwas anderes mag für Kraftfahrer gelten, wenn diese häufig in Unfälle verwickelt sind und die Untersuchung von der hierfür zuständigen Stelle durchgeführt wird. Ist ein psychologisches Gut-

---

[63] BAG 13. 3. 1987 AP 37 zu § 1 KSchG 1969 Betriebsbedingte Kündigung = NZA 87, 629.

[64] Vgl. BAG 10. 5. 1957 AP 1 zu Art. 6 Abs. 1 GG Ehe und Familie; LAG Saarbrücken NJW 76, 645.

[65] BAG 9. 2. 1995 EzA 12 zu § 1 KSchG 1969 Personenbedingte Kündigung; siehe dazu auch LAG Köln 28. 11. 2002 AR-Blattei ES 615 Nr. 6; ArbG Passau 14. 5. 1995 BB 96, 115.

[66] Vgl. hierzu: LAG Düsseldorf 7. 1. 1966 AP 2 zu Art. 48 GG.

[67] Dazu *Hunold/Wetzling,* Umgang mit leistungsschwachen Mitarbeitern, 2006; *Hunold* NZA 2000, 802; *Leuchten/Zimmer* BB 99, 1973; *Tschöpe* BB 2006, 213.

[68] BAG 29. 7. 1976 AP 9 zu § 1 KSchG Verhaltensbedingte Kündigung (fehlende Führungsqualität eines Konzertmeisters).

[69] Hess. LAG 19. 7. 1999 BB 2000, 416.

[70] BVerfG 22. 5. 1975 AP 2 zu Art. 33 V GG; BAG 20. 7. 1989 AP 2 zu § 1 KSchG 1969 Sicherheitsbedenken = NZA 90, 614; 28. 9. 1989 AP 24 zu § 1 KSchG 1969 Verhaltensbedingte Kündigung = DB 90, 1196.

[71] BAG 18. 9. 2008 – 2 AZR 976/06 z. V. v.

[72] BAG 6. 11. 1997 AP 142 zu § 626 BGB = NZA 98, 326; etwas enger BAG 12. 8. 1999 AP 41 zu § 1 KSchG 1969 Verhaltensbedingte Kündigung = NZA 99, 1209.

achten mit Einverständnis des Arbeitnehmers eingeholt worden, verstößt eine Verwertung im Kündigungsschutzprozess nicht gegen die Würde des Menschen.[73]

- **Gewissensentscheidung.** Sieht sich ein Arbeitnehmer auf Grund einer Gewissensentscheidung **nicht in der Lage, die ihm zugewiesene Arbeit zu verrichten,** liegt hierin ein in der Person des Arbeitnehmers liegender Grund, der geeignet ist, eine personenbedingte Kündigung sozial zu rechtfertigen.[74] Nach dem subjektiven Gewissensbegriff ist Gewissen ein real erfahrbares seelisches Phänomen, dessen Forderungen, Mahnungen und Warnungen für den Menschen unmittelbar evidente Gebote unbedingten Sollens darstellen (§ 45 RN 30 und § 49 RN 2). Voraussetzung der sozialen Rechtfertigung einer solchen Kündigung ist, dass für den betreffenden Arbeitnehmer eine andere Beschäftigungsmöglichkeit nicht besteht. **29**
- **Haft.** Kann ein Arbeitnehmer die Arbeitsleistung nicht erbringen, weil er sich in Untersuchungs- oder Strafhaft befindet, kann dies eine Kündigung rechtfertigen.[75] Im Rahmen der betrieblichen Auswirkungen ist allerdings zu berücksichtigen, dass der Arbeitgeber von der Entgeltfortzahlung befreit ist. **30**
- **Krankheit. a)** Die Erkrankung eines Arbeitnehmers ist **für sich allein kein die Kündigung rechtfertigender Umstand.** Andererseits genießt der Arbeitnehmer wegen der Erkrankung keinen besonderen Kündigungsschutz. Eine Kündigung wegen Krankheit auch während der Probezeit stellt keine Maßregelung (§ 612a BGB) dar (§ 112).[76] Die Krankheit des Arbeitnehmers rechtfertigt nur dann eine personenbedingte Kündigung, wenn die Arbeitsunfähigkeit zu erheblichen betrieblichen oder wirtschaftlichen Beeinträchtigungen des Arbeitgebers führt. Unter Krankheit ist jeder regelwidrige Körper- und Geisteszustand zu verstehen, der eine Heilbehandlung erforderlich macht.[77] Damit richtet sich sowohl die Kündigung wegen körperlicher Leiden als auch seelischer Erkrankungen nach den Grundsätzen der krankheitsbedingten Kündigung. Eine Krankheit ist grundsätzlich keine Behinderung i. S. d. Richtlinie 2000/78/EG.[78] **31**

Bei der krankheitsbedingten Kündigung sind **vier Fallgruppen** zu unterscheiden: **(a)** Die Kündigung wegen häufiger Kurzerkrankungen, **(b)** die Kündigung wegen dauernder Arbeitsunfähigkeit, **(c)** die Kündigung wegen lang andauernder Erkrankung und **(d)** die Kündigung wegen krankheitsbedingter Leistungsminderung. **32**

b) Vor Ausspruch einer krankheitsbedingter Kündigungen ist stets zu prüfen, ob die Kündigung durch andere Maßnahmen vermieden werden kann (zum betrieblichen Eingliederungsmanagement RN 6ff.). Im Rahmen der **Prüfung anderweitiger Beschäftigungsmöglichkeiten** kommen nur solche in Betracht, die entweder gleichwertig mit der bisherigen Beschäftigung sind oder geringer bewertet sind.[79] Entscheidend ist, ob der Einsatz anderer Mittel, sei es eine Weiterbeschäftigung auf einem anderen Arbeitsplatz, eine Verringerung der Arbeitszeit oder eine Umgestaltung des Arbeitsplatzes, aller Wahrscheinlichkeit nach zu einer Verringerung der krankheitsbedingten Fehlzeiten führt. Nur leidensgerechte Arbeitsplätze sind in Betracht zu ziehen. Nach Auffassung des BAG hat der Arbeitgeber einen solchen Arbeitsplatz durch Ausübung seines Direktionsrechts im Wege eines „Ringtauschs" freizumachen und sich auch um die evtl. erforderliche Zustimmung des Betriebsrats zu bemühen. Zu einer weitergehenden Umorganisation oder zur Durchführung eines Zustimmungsersetzungsverfahrens gem. § 99 IV BetrVG sei der Arbeitgeber dagegen nicht verpflichtet.[80] Dem Arbeitgeber ist es verwehrt (§ 162 BGB), sich auf den Wegfall von Beschäftigungsmöglichkeiten im Kündigungszeitpunkt zu berufen, wenn er einen vakanten geeigneten Arbeitsplatz voreilig anderweitig besetzt hat. Die Möglichkeit der Weiterbeschäftigung für den gekündigten Arbeitnehmer musste sich freilich dem Arbeitgeber aufdrängen. Es wäre eine Überforderung des Arbeitgebers, wenn er jederzeit vorsorglich die ständig wechselnden Beschäftigungsvakanzen mit den individuellen Einsatzmöglichkeiten erkrankter Arbeitnehmer abgleichen müsste.[81] **33**

---

[73] BAG 13. 2. 1964 AP 1 zu Art. 1 GG.

[74] BAG 24. 5. 1989 AP 1 zu § 611 BGB Gewissensfreiheit (Arzt in Pharmaunternehmen, das Medikamente zum Einsatz in einem Atomkrieg entwickelt); ArbG Köln EzA 4 zu § 611 BGB Direktionsrecht.

[75] BAG 9. 3. 1995 AP 123 zu § 626 BGB = NZA 95, 777 (Strafhaft); 22. 9. 1994 AP 25 zu § 1 KSchG 1969 = NZA 95, 119 (U-Haft); 15. 11. 1984 AP 87 zu § 626 BGB = NZA 85, 661.

[76] Näher dazu APS/*Linck* § 612a BGB RN 14.

[77] BAG 5. 4. 1976 AP 40 zu § 1 LohnFG; 25. 6. 1981 AP 52 zu § 616 BGB; *Lepke* NZA-RR 99, 57.

[78] EuGH 11. 7. 2006 AP 3 zu Richtlinie 2000/78/EG = NZA 2006, 839.

[79] BAG 19. 4. 2007 AP 45 zu § 1 KSchG 1969 Krankheit = NZA 2007, 1041.

[80] BAG 29. 1. 1997 AP 32 zu § 1 KSchG 1969 Krankheit = NZA 97, 709; zur Kritik an dieser Rechtsprechung *v. Hoyningen-Huene/Linck* § 1 RN 278ff.

[81] BAG 24. 11. 2005 AP 43 zu § 1 KSchG 1969 Krankheit = NZA 2006, 665.

34 **c)** Die Wirksamkeit einer krankheitsbedingten Kündigung wird in allen Fallgruppen **in drei Stufen geprüft:**[82]

(1) Erforderlich ist erstens eine **negative Gesundheitsprognose.**

(2) auf Grund der negativen Gesundheitsprognose muss die Besorgnis bestehen, es werde zukünftig zu erheblichen **betrieblichen und/oder wirtschaftlichen Beeinträchtigungen** des Arbeitgebers kommen.

(3) Abschließend ist eine umfassende **Interessenabwägung** erforderlich.

35 **aa)** Die **negative Gesundheitsprognose** setzt voraus, dass objektive Tatsachen vorliegen, die die Besorgnis weiterer Erkrankungen im bisherigen Umfang rechtfertigen. Häufige Kurzerkrankungen in der Vergangenheit können indiziell für eine entsprechende künftige Entwicklung des Krankheitsbildes sprechen. In der Praxis werden üblicherweise die zurückliegenden 2 bis 3 Jahre als Prognosebasis herangezogen. Zwingend ist dies indes nicht.[83] Eine hinreichende Indizwirkung kann sich auch aus kürzeren Zeiträumen ergeben,[84] zumal im Streitfall ohnehin ein Sachverständigengutachten einzuholen ist und der tatsächliche Gesundheitszustand damit maßgeblich ist. Der Arbeitgeber sollte vor Ausspruch einer krankheitsbedingten Kündigung versuchen, vom Arbeitnehmer Auskunft über dessen Gesundheitszustand zu erhalten. Eine Erkundigungspflicht des Arbeitgebers als Wirksamkeitsvoraussetzung der krankheitsbedingten Kündigung besteht auch unter Berücksichtigung von § 84 II SGB IX (Betriebliches Eingliederungsmanagement – dazu RN 6 ff.) freilich ebenso wenig[85] wie nach Auffassung des BAG eine Auskunftspflicht des Arbeitnehmers über seinen Gesundheitszustand. Weigert sich der erkrankte Arbeitnehmer vorprozessual, die ihn behandelnden Ärzte von der Schweigepflicht zu entbinden, ist es ihm nicht verwehrt, im Kündigungsschutzprozess die negative Gesundheitsprognose unter Bezugnahme auf ein ärztliches Zeugnis zu bestreiten.[86]

36 Eine negative Gesundheitsprognose besteht nicht, wenn die Krankheiten auf einmaligen Ereignissen, wie insbesondere **Unfällen** beruhen und ausgeheilt sind. Anderes gilt bei Sportunfällen jedoch dann, wenn aus den hierauf beruhenden Fehlzeiten gefolgert werden kann, dass der Arbeitnehmer entweder für den ausgeübten Sport und die sonstigen Freizeitaktivitäten besonders verletzungsanfällig oder bei Ausübung dieser Tätigkeiten besonders unvorsichtig gewesen ist.[87] **Schwangerschaftsbedingte Fehlzeiten** können eine negative Prognose nicht begründen. Bei Krankheiten, die erst nach Ablauf des Mutterschutzes auftreten, ist nach der Rechtsprechung des EuGH nicht zwischen schwangerschaftsbedingten Erkrankungen und anderen Krankheitsursachen zu unterscheiden. Denn Männer und Frauen sind grundsätzlich dem gleichen Krankheitsrisiko ausgesetzt, auch wenn einzelne Krankheiten spezifisch für das eine oder andere Geschlecht sind.[88] Beruhen die zurückliegenden Fehlzeiten vor allem auf **Erkältungs- oder Entzündungskrankheiten** sowie auf Beschwerden des Bewegungsapparats, zeugt das häufig von einer gewissen Anfälligkeit und begründet die Gefahr der Wiederholung, selbst wenn die akuten Erkrankungsfälle ausgeheilt sind.[89]

37 Für die negative Prognose ist auf den **Zeitpunkt des Zugangs der Kündigung** abzustellen. Die spätere Entwicklung einer Krankheit nach Ausspruch einer Kündigung kann weder zur Bestätigung noch zur Korrektur der Prognose verwertet werden.[90] Vielmehr ist allein auf den Kündigungszeitpunkt abzustellen. Unerheblich ist deshalb, wenn sich der Arbeitnehmer nach Zugang der Kündigung entschließt, eine zuvor abgelehnte Alkoholentziehungskur oder Operation durchzuführen[91] oder die Ernährung und den Lebenswandel zu ändern.[92]

---

[82] St. Rspr., vgl. zuletzt BAG 8. 11. 2007 AP 30 zu § 1 KSchG 1969 Personenbedingte Kündigung = NZA 2008, 471; 8. 11. 2007 AP 29 zu § 1 KSchG 1969 Personenbedingte Kündigung = NZA 2008, 593; 18. 1. 2007 AP 44 zu § 1 KSchG Krankheit; 7. 11. 2002 AP 40 zu § 1 KSchG 1969 Krankheit = NZA 2003, 816.

[83] Gegen „starre" Zeiträume nunmehr auch BAG 10. 11. 2005 AP 42 zu § 1 KSchG 1969 Krankheit = NZA 2006, 655; näher dazu *v. Hoyningen-Huene/Linck* § 1 RN 360; für einen längeren Zeitraum dagegen HaKo/*Gallner* § 1 RN 538.

[84] BAG 19. 5. 1993 RzK I 5 g Nr. 54 (15 Monate).

[85] BAG 17. 6. 1999 AP 37 zu § 1 KSchG 1969 Krankheit = NZA 99, 1328.

[86] BAG 7. 11. 2002 AP 40 zu § 1 KSchG 1969 Krankheit = NZA 2003, 816; 12. 4. 2002 AP 65 zu § 1 KSchG 1969 = NZA 2002, 1081.

[87] BAG 2. 11. 1989 RzK I 5 g Nr. 32.

[88] EuGH 30. 6. 1998 AP 16 zu EWG-Richtlinie 76/207 (Mary Brown).

[89] BAG 10. 11. 2005 AP 42 zu § 1 KSchG 1969 Krankheit = NZA 2006, 655.

[90] St. Rspr. vgl. BAG 7. 11. 2002 AP 40 zu § 1 KSchG 1969 Krankheit = NZA 2003, 816; 12. 4. 2002 AP 65 zu § 1 KSchG 1969 = NZA 2002, 1081; 29. 4. 1999 AP 36 zu § 1 KSchG 1969 Krankheit = NZA 99, 978.

[91] BAG 17. 6. 1999 AP 37 zu § 1 KSchG 1969 Krankheit = NZA 99, 1328.

[92] BAG 6. 9. 1989 AP 22 zu § 1 KSchG 1969 Krankheit = NZA 90, 305.

Im Prozess gilt eine **abgestufte Darlegungs- und Beweislast.** Legt der Arbeitgeber die tatsächlichen Voraussetzungen einer negativen Indizwirkung dar, hat der Arbeitnehmer gem. § 138 II ZPO vorzutragen, weshalb dies nicht zutrifft und mit einer baldigen Genesung zu rechnen ist. Seiner prozessualen Mitwirkungspflicht genügt er nach der Rechtsprechung des BAG dabei schon dann, wenn er die Behauptungen des Arbeitgebers nicht nur bestreitet, sondern seinerseits vorträgt, die ihn behandelnden Ärzte hätten die gesundheitliche Entwicklung positiv beurteilt, und wenn er die ihn behandelnden Ärzte von der Schweigepflicht entbindet. Eine weitere Substantiierung sei nicht erforderlich, weil der Arbeitnehmer medizinischer Laie sei.[93] Weigert sich der Arbeitnehmer, die ihn behandelnden Ärzte von der Schweigepflicht zu entbinden und trägt er auch sonst nichts vor, was für eine baldige Genesung spricht, gilt der Vortrag des Arbeitgebers gemäß § 138 III ZPO als zugestanden.[94] In der Weigerung, die Ärzte von der Schweigepflicht zu entbinden, liegt daher eine Beweisvereitelung.[95] Das Berufen auf die behandelnden Ärzte ist unzureichend, wenn erkennbar ist, dass sich der Arbeitnehmer erst durch das ärztliche Zeugnis die fehlende Kenntnis über den weiteren Verlauf seiner Erkrankung verschaffen will.[96] Bestreitet der Arbeitnehmer nur den Zusammenhang einiger Krankheitszeiten mit seiner Alkoholabhängigkeit, ist darin nicht zugleich die Behauptung zu sehen, sein behandelnder Arzt habe die Gesundheitsprognose bezüglich aller Krankheiten positiv beurteilt.[97] Beruhen die Fehlzeiten in der Vergangenheit auf einer gewissen Anfälligkeit für bestimmte Erkrankungen (z.B. Erkältungen), genügt die Behauptung des Arbeitnehmers, die Erkrankungen seien ausgeheilt, nicht.[98] Der Arbeitnehmer hat vielmehr darzulegen, warum die Krankheitsanfälligkeit nicht mehr besteht. Da der Arbeitnehmer im Falle der Kündigung wegen häufiger Kurzerkrankungen nicht zu beweisen hat, dass die Negativprognose nicht gerechtfertigt ist, muss die Indizwirkung der Krankheitszeiten in der Vergangenheit dann als ausreichend erschüttert angesehen werden, wenn sich aus den Auskünften der behandelnden Ärzte jedenfalls Zweifel an der Negativprognose ergeben.[99] Nicht ausreichend ist die Darlegung des Arbeitnehmers, er habe beschlossen, gesund zu werden und wieder zu arbeiten.[100] 38

bb) Zum Kündigungsgrund und nicht zur Interessenabwägung gehören weiterhin die **betrieblichen und wirtschaftlichen Beeinträchtigungen** infolge der prognostizierten Fehlzeiten.[101] Auf Grund der zu erwartenden Krankheitszeiten müssen betriebliche oder wirtschaftliche Interessen des Arbeitgebers erheblich beeinträchtigt werden. So kann es beispielsweise durch das wiederholte Fernbleiben von der Arbeit in der Fließbandproduktion zu Betriebsstörungen kommen, wenn ein Arbeiter am Fließband fehlt und deshalb auch die anderen Arbeitnehmer nicht arbeiten können.[102] In Großbetrieben werden solche Schwierigkeiten in der Regel durch den Einsatz von Springern bewältigt bzw. begrenzt. Der Arbeitgeber ist freilich nicht verpflichtet, eine Personalreserve vorzuhalten.[103] Arbeitet der Arbeitgeber daher mit einer „dünnen Personaldecke" und entstehen demzufolge bereits bei geringen Ausfallzeiten erhebliche betriebliche Beeinträchtigungen, weil beim Ausfall einzelner Arbeitnehmer größere Umgestaltungen der Arbeitsabläufe vorzunehmen sind bzw. Arbeiten liegen bleiben, kann sich der Arbeitnehmer nicht darauf berufen, der Arbeitgeber habe nicht durch Vorhalt einer Personalreserve versucht, diese Beeinträchtigungen zu verhindern. Hält der Arbeitgeber freilich eine Personalreserve vor, sind die dafür entstehenden Kosten im Rahmen der Interessenabwägung zu seinen Gunsten zu berücksichtigen.[104] Ist der Arbeitnehmer infolge seiner fortbestehenden Erkrankung nicht mehr einplanbar, kann dies erhebliche betriebliche Störungen begründen.[105] Der Arbeitgeber hat die betrieblichen Beeinträchtigungen konkret darzulegen und im Streitfall zu beweisen. 39

---

93 BAG 7. 11. 2002 AP 40 zu § 1 KSchG 1969 Krankheit = NZA 2003, 816; 6. 9. 1989 AP 21 zu § 1 KSchG 1969 Krankheit = NZA 90, 307; zur Kritik hieran *v. Hoyningen-Huene/Linck* § 1 RN 365.

94 Vgl. BAG 6. 9. 1989 AP 21 zu § 1 KSchG 1969 Krankheit = NZA 90, 307; Stahlhacke/*Preis* RN 1228.

95 ErfK/*Oetker* § 1 KSchG RN 126.

96 BAG 10. 11. 2005 AP 42 zu § 1 KSchG 1969 Krankheit = NZA 2006, 655.

97 Vgl. BAG 17. 6. 1999 AP 37 zu § 1 KSchG 1969 Krankheit = NZA 99, 1328.

98 BAG 10. 11. 2005 AP 42 zu § 1 KSchG 1969 Krankheit = NZA 2006, 655.

99 BAG 7. 11. 2002 AP 40 zu § 1 KSchG 1969 Krankheit = NZA 2003, 816.

100 BAG 8. 11. 2007 AP 30 zu § 1 KSchG 1969 Personenbedingte Kündigung = NZA 2008, 471.

101 BAG 29. 7. 1993 AP 27 zu § 1 KSchG 1969 Krankheit = NZA 94, 67.

102 Vgl. BAG 16. 2. 1989 AP 20 zu § 1 KSchG 1969 Krankheit = NZA 89, 923.

103 BAG 29. 7. 1993 AP 27 zu § 1 KSchG 1969 Krankheit = NZA 94, 67.

104 BAG 29. 8. 1991 AP 32 zu § 622 BGB = NZA 92, 166.

105 BAG 6. 2. 1992 – 2 AZR 364/91 n. v.

40 Zu den zu berücksichtigenden wirtschaftlichen Beeinträchtigungen gehören neben den Mehrkosten für den Einsatz von Aushilfskräften insbesondere die zu erwartenden **Entgeltfortzahlungskosten.** Diese sind aber erst dann kündigungsrelevant, wenn sie für mehr als sechs Wochen im Jahr anfallen.[106] Der Arbeitgeber hat nach § 3 I EFZG grundsätzlich Entgeltfortzahlungskosten für bis zu sechs Wochen im Jahr hinzunehmen. Keine Besonderheiten bestehen in Kleinunternehmen mit in der Regel nicht mehr als 30 Arbeitnehmern. Diese bekommen zwar nach § 1 AAG 80% der Entgeltfortzahlungskosten erstattet (dazu § 100). Sie sind andererseits aber auch nach § 7 AAG verpflichtet, im Rahmen eines Umlageverfahrens die Mittel für die Erstattung aufzubringen. Damit sollen besondere Belastungen einzelner Arbeitgeber auf die nach § 3 AAG umlagepflichtigen Arbeitgeber verteilt und das Entgeltfortzahlungsrisiko kalkulierbarer gemacht werden.[107] Diese gesetzliche Wertung ist auch im Rahmen der Prüfung der wirtschaftlichen Beeinträchtigungen zu berücksichtigen. Entgeltfortzahlungskosten können auch dann als wirtschaftliche Belastungen zu berücksichtigen sein, wenn sie zum Teil aus einem Tronc bezahlt werden und damit zugleich die Vergütungsansprüche anderer Arbeitnehmer schmälern.[108] Kommt es neben den Entgeltfortzahlungskosten auch zu betrieblichen Beeinträchtigungen, können diese zusammen mit den Entgeltfortzahlungskosten einen krankheitsbedingten Kündigungsgrund bilden.[109] Im Rahmen der betrieblichen Beeinträchtigungen wird auch die neuere Rechtsprechung des EuGH[110] zu berücksichtigen sein, wonach der Urlaubsanspruch nicht untergehen darf, wenn der Arbeitnehmer am Ende des Übertragungszeitraums arbeitsunfähig ist und deshalb den noch nicht gewährten Urlaub nicht nehmen kann. Diese führt zu einer weiteren finanziellen Belastung der Arbeitgeber, die ggf. auch bei einer krankheitsbedingten Kündigung zu berücksichtigen ist. Ist der Arbeitgeber verpflichtet, Arbeitnehmern mit längerer Betriebszugehörigkeit im Krankheitsfall über den gesetzlichen Sechswochenzeitraum hinaus für bestimmte Zeiträume einen Zuschuss zum Krankengeld zu bezahlen, kann allein daraus noch nicht gefolgert werden, dass Ausfallzeiten, die sechs Wochen im Jahr übersteigen, grundsätzlich nicht geeignet seien, eine ordentliche Kündigung sozial zu rechtfertigen.[111] Diese Leistungen sind vielmehr bei der Bemessung der wirtschaftlichen Belastung zu berücksichtigen.[112] Gleiches gilt für Jahressonderzahlungen, die trotz Arbeitsunfähigkeit zu gewähren sind.[113] Maßgeblich sind nicht die vergangenen, sondern die prognostizierten Entgeltfortzahlungskosten. Diese sind gegebenenfalls durch Sachverständigengutachten festzustellen. Anschaulich wird dies in einem Urteil aus dem Jahre 1993. Dort hatte das BAG einen Fall zu entscheiden, in dem der Arbeitnehmer in den drei Jahren vor Ausspruch der Kündigung krankheitsbedingte Fehlzeiten zwischen 80 und 120 Arbeitstagen hatte. Die krankheitsbedingte Kündigung war im Ergebnis gleichwohl nicht sozial gerechtfertigt, weil die Krankheiten, die den einzelnen Fehlzeiten zugrunde lagen, nach den Feststellungen des Sachverständigen zum Zeitpunkt der Kündigung im Wesentlichen ausgeheilt waren. Sie beruhten entweder auf Unfällen oder singulären Erkrankungen, die keine Wiederholungsgefahr ins sich bargen.[114]

41 **cc)** Liegt neben der negativen Prognose eine erhebliche Beeinträchtigung betrieblicher Interessen vor, ist in einem dritten Prüfungsschritt im Rahmen der gebotenen **Interessenabwägung** zu prüfen, ob diese Beeinträchtigungen vom Arbeitgeber billigerweise nicht mehr hingenommen werden müssen. Zu berücksichtigen ist, ob die Erkrankungen auf betriebliche Ursachen zurückzuführen sind.[115] Der Arbeitgeber trägt dabei die Darlegungs- und Beweislast dafür, dass ein solcher vom Arbeitnehmer behaupteter ursächlicher Zusammenhang nicht besteht.[116]

---

[106] BAG 20. 1. 2000 AP 38 zu § 1 KSchG 1969 Krankheit = NZA 2000, 768; 5. 7. 1990 AP 26 zu § 1 KSchG 1969 Krankheit = NZA 91, 185; 16. 2. 1989 AP 20 zu § 1 KSchG 1969 Krankheit = NZA 89, 923.

[107] Vgl. *Müller*/Berenz § 1 AAG RN 1.

[108] BAG 8. 11. 2007 AP 29 zu § 1 KSchG 1969 Personenbedingte Kündigung = NZA 2008, 593.

[109] BAG 6. 9. 1989 AP 23 zu § 1 KSchG 1969 Krankheit = NZA 90, 434; 29. 8. 1991 AP 32 zu § 622 BGB = NZA 92, 166.

[110] EuGH 20. 1. 2009 – C-350/06 u. C-520/06 [Schultz-Hoff u. Stringer]; BAG 24. 3. 2009 – 9 AZR 983/07.

[111] BAG 6. 9. 1989 AP 23 zu § 1 KSchG 1969 Krankheit = NZA 90, 434; eingehend dazu *Oetker* Anm. zu BAG EzA 28 zu § 1 KSchG Krankheit.

[112] Ebenso *Löwisch/Spinner* § 1 RN 210.

[113] Ebenso APS/*Dörner* § 1 KSchG RN 162; offengelassen von BAG 21. 5. 1992 AP 30 zu § 1 KSchG 1969 Krankheit = NZA 93, 497; einschränkend HaKo/*Gallner* § 1 RN 551.

[114] BAG 14. 1. 1993 NZA 94, 309.

[115] BAG 8. 11. 2007 AP 29 zu § 1 KSchG 1969 Personenbedingte Kündigung = NZA 2008, 593.

[116] BAG 7. 11. 2002 AP 40 zu § 1 KSchG 1969 Krankheit = NZA 2003, 816; 5. 7. 1990 AP 26 zu § 1 KSchG 1969 Krankheit = NZA 91, 185.

Für die Interessenabwägung ist des Weiteren bedeutsam, ob der Arbeitgeber eine Personalreserve vorhält, neben Betriebsablaufstörungen auch noch hohe Entgeltfortzahlungskosten aufzuwenden hatte sowie ob und wie lange das Arbeitsverhältnis zunächst ungestört verlaufen ist.[117] Je länger das Arbeitsverhältnis ungestört bestanden hat, desto mehr Rücksichtnahme ist vom Arbeitgeber zu erwarten. Einem Arbeitnehmer, der 20 Jahre zur Zufriedenheit gearbeitet hat und dann häufig erkrankt, schuldet der Arbeitgeber erheblich mehr Rücksichtnahme als einem Arbeitnehmer, der seit dem ersten Jahre der Betriebszugehörigkeit erhebliche und steigende krankheitsbedingte Ausfälle gehabt hat. Dabei sind auch Fehlzeiten von weniger als sechs Wochen im Jahr zu berücksichtigen. Ferner sind das Alter, der Familienstand, eine etwaige Schwerbehinderung und die Unterhaltspflichten des Arbeitnehmers zu berücksichtigen.[118] Hat der Arbeitgeber bei der Einstellung Kenntnis von einer chronischen Erkrankung des Arbeitnehmers, führt das nicht zu einer erhöhten Rücksichtnahmepflicht des Arbeitgebers.[119] Denn ebenso wie die Kündigung wegen Krankheit keine Bestrafung des Arbeitnehmers darstellt,[120] darf die bewusste Einstellung chronisch Erkrankter zu keiner Bestrafung des Arbeitgebers führen.[121] Der Arbeitgeber verhält sich auch nicht widersprüchlich, wenn er einen chronisch kranken Arbeitnehmer einstellt und später wegen hoher Fehlzeiten eine Kündigung ausspricht.[122] In der Regel wird der Arbeitgeber bei der Einstellung die Hoffnung haben, dass sich die Fehlzeiten trotz der Erkrankung in Grenzen halten. Es ist durch das Gesetz nicht vorgegeben und wäre beschäftigungspolitisch verfehlt, einem Arbeitgeber, der einem chronisch Kranken in Kenntnis der Erkrankung einen Arbeitsplatz anbietet, später die krankheitsbedingte Kündigung über das ohnehin bestehende Maß zu erschweren.

dd) Im Rahmen der **Betriebsratsanhörung** zu einer Kündigung wegen häufiger Kurzerkrankungen sind dem Betriebsrat regelmäßig die einzelnen Ausfallzeiten der letzten Jahre mitzuteilen. Es genügt grundsätzlich nicht, wenn die Fehlzeiten addiert für die gesamte Dauer des Arbeitsverhältnisses angegeben werden.[123] Insbesondere in Fällen, in denen der Arbeitnehmer seit Beginn des Arbeitsverhältnisses fortlaufend jedes Jahr überdurchschnittliche Krankheitszeiten aufzuweisen hatte und hohe Entgeltfortzahlungskosten verursacht hat, kann es je nach den Umständen aus der verständigen Sicht sowohl des Arbeitgebers als auch der Arbeitnehmervertretung ausreichen, wenn der Arbeitgeber lediglich nach Jahren gestaffelt die überdurchschnittliche Krankheitshäufigkeit darlegt und die Entgeltfortzahlungskosten der letzten Jahre in einem Gesamtbetrag mitteilt.[124] Nicht zu beanstanden ist, wenn der Arbeitgeber dem Betriebsrat die jeweilige Krankheitsdauer in Kalendertagen mitteilt.[125] 42

d) Wird der Arbeitnehmer **auf Dauer arbeitsunfähig,** ist die Kündigung gerechtfertigt, weil der Arbeitnehmer nicht mehr eingesetzt werden kann. Der Arbeitgeber nimmt Einstellungen vor, um durch sie einen bestimmten Arbeitsbedarf abzudecken. Bei dauernder Leistungsunfähigkeit steht fest, dass dieses unternehmerische Ziel nicht mehr erreicht werden kann. Etwaige Vertretungsmöglichkeiten können daran nichts ändern. Die wirtschaftliche Erwartung, aus der heraus das Arbeitsverhältnis mit dem bisherigen Inhalt eingegangen wurde, ist endgültig gescheitert.[126] Ist die Erwerbsunfähigkeitsrente/Rente wegen verminderter Erwerbsfähigkeit nur befristet gewährt, steht das der Kündigung nicht entgegen, wenn die dauernde Arbeitsunfähigkeit feststeht.[127] 43

e) Die ordentliche Kündigung des Arbeitsverhältnisses aus Anlass einer **Langzeiterkrankung** ist nach Auffassung des BAG erst dann sozial gerechtfertigt, wenn mit einer Wiederherstellung der Arbeitsfähigkeit in den nächsten 24 Monaten nach Zugang der Kündigung nicht 44

[117] BAG 7. 11. 2002 AP 18 zu § 620 BGB Kündigungserklärung = NZA 2003, 520.

[118] BAG 8. 11. 2007 AP 29 zu § 1 KSchG 1969 Personenbedingte Kündigung = NZA 2008, 593; 20. 1. 2000 AP 38 zu § 1 KSchG 1969 Krankheit = NZA 2000, 768.

[119] So aber BAG 10. 6. 1969 AP 2 zu § 1 KSchG Krankheit; ebenso KR/*Griebeling* § 1 KSchG RN 354; HaKo/*Gallner* § 1 KSchG RN 555.

[120] So zutr. *Boewer* NZA 88, 678, 684.

[121] Kritisch auch Stahlhacke/*Preis* RN 1232.

[122] So aber HaKo/*Gallner* § 1 KSchG RN 555.

[123] BAG 18. 9. 1986 RzK III 1b Nr. 8 unter II 3a; KR/*Etzel* § 102 BetrVG RN 63; APS/*Koch* § 102 BetrVG RN 121; krit. dazu HaKo/*Nägele* § 102 BetrVG RN 101.

[124] Näher dazu BAG 7. 11. 2002 AP 18 zu § 620 BGB Kündigungserklärung = NZA 2003, 520.

[125] BAG 7. 11. 2002 AP 40 zu § 1 KSchG 1969 Krankheit.

[126] BAG 19. 4. 2007 AP 45 zu § 1 KSchG 1969 Krankheit = NZA 2007, 1041; 18. 1. 2007 AP 44 zu § 1 KSchG Krankheit; 28. 2. 1990 AP 25 zu § 1 KSchG 1969 Krankheit = NZA 90, 727.

[127] BAG 3. 12. 1998 AP 33 zu § 1 KSchG 1969 Krankheit = NZA 99, 440.

gerechnet werden kann.[128] Das BAG hat dies mit der Erwägung begründet, der Arbeitgeber könne für diesen Zeitraum nach dem BeschFG (jetzt TzBfG) ohne sachlichen Grund einen befristeten Arbeitsvertrag abschließen.[129] Für die Prognose kommt es auf den Zeitpunkt der Kündigung an. Vor der Kündigung liegende Krankheitszeiten können in den Prognosezeitraum nicht eingerechnet werden.[130] Nunmehr zu leistende Urlaubsabgeltung ist zu berücksichtigen (RN 40).

45 **f)** Eine Kündigung kann in Betracht kommen bei **krankheitsbedingter Minderung der Leistungsfähigkeit,** wenn dies zu einer Beeinträchtigung betrieblicher Interessen führt.[131] Grundsätzlich ist die erhebliche, unter den Durchschnitt absinkende Leistungsfähigkeit ein Grund zur personenbedingten Kündigung (dazu RN 46 ff.).[132] Eine Minderung von einem Drittel ist erheblich. Ist die Leistungsminderung so erheblich, dass die Voraussetzungen für die Anerkennung als schwerbehinderter Mensch vorliegen, ist der besondere Kündigungsschutz nach §§ 85 ff. SGB IX zu beachten (§ 179). Die Kündigung ist gleichwohl ungerechtfertigt, wenn der Arbeitgeber die Möglichkeit hat, den Arbeitnehmer auf einem anderen Arbeitsplatz zu beschäftigen. Ist dies nur auf einem geringwertigeren Arbeitsplatz möglich, ist dieser vor Ausspruch einer Kündigung anzubieten.[133]

46 – **Minderleistung („low performer"). a)** Werden durch die Arbeitsleistung des Arbeitnehmers berechtigte Leistungserwartung des Arbeitgebers in einem Maße unterschritten, dass ihm ein Festhalten an dem (unveränderten) Arbeitsvertrag unzumutbar wird und künftig nicht mit einer Wiederherstellung des Gleichgewichts von Leistung und Gegenleistung zu rechnen ist, kommt eine personenbedingte Kündigung in Betracht.[134] Der Arbeitgeber kann allerdings vor Ausspruch der Kündigung gehalten sein, vorhandene Defizite durch zumutbare Schulungen zu verringern. Dies gilt insbesondere bei der Einführung neuer Techniken und Fertigungsmethoden. Schwierigkeiten bereitet die Bestimmung der berechtigten Leistungserwartung des Arbeitgebers. Nach Auffassung des BAG schuldet der Arbeitnehmer eine **„individuelle Normalleistung".**[135] Der Inhalt des Leistungsversprechens sei nach dem vom Arbeitgeber durch Ausübung des Direktionsrechts festgelegten Arbeitsinhalt und nach dem persönlichen, subjektiven Leistungsvermögen des Arbeitnehmers zu bestimmen. „Der Arbeitnehmer muss tun, was er soll, und zwar so gut, wie er kann.". Er schulde das „Wirken" und nicht das „Werk".[136] Der Arbeitgeber könne bei der personenbedingten Kündigung durch die Darlegung quantitativ erheblich unterdurchschnittlicher Leistungen des Arbeitnehmers eine schwerwiegende Störung des Vertragsgleichgewichts begründen.[137] Eine unzumutbare Minderleistung hat das BAG in einem Fall angenommen, in dem eine schwerbehinderte Arbeitnehmerin die dem Umfang nach unstreitige Normalleistung dauerhaft um ein Drittel unterschritten hatte.[138] Bei einer **qualitativen Minderleistung** (z. B. überdurchschnittlich hohe Fehlerquote) sind nach Auffassung des BAG auf die bloße Fehlerhäufigkeit abstellende Grenzen, auch wenn sie für eine rechtssichere Handhabung wünschenswert wären, für sich nicht geeignet, die Kündigungsrelevanz der dem Arbeitnehmer konkret vorgeworfenen Pflichtverletzungen hinreichend sicher einzugrenzen. Deshalb sei in derartigen Fällen über die bloße Betrachtung der Fehlerhäufigkeit hinaus eine einzelfallbezogene Betrachtungsweise unter Be-

---

[128] BAG 8. 11. 2007 AP 30 zu § 1 KSchG 1969 Personenbedingte Kündigung = NZA 2008, 471; 12. 4. 2002 AP 65 zu § 1 KSchG 1969 = NZA 2002, 1081; 29. 4. 1999 AP 36 zu § 1 KSchG 1969 Krankheit = NZA 99, 978; zur Kritik an dieser Rechtsprechung *v. Hoyningen-Huene/Linck* § 1 RN 397.

[129] BAG 29. 4. 1999 AP 36 zu § 1 KSchG 1969 Krankheit = NZA 99, 978.

[130] BAG 12. 4. 2002 AP 65 zu § 1 KSchG 1969 = NZA 2002, 1081.

[131] BAG 26. 9. 1991 AP 28 zu § 1 KSchG 1969 = NZA 92, 1073; LAG Köln 21. 11. 1995 BB 96, 1992.

[132] BAG 5. 8. 1976 AP 1 zu § 1 KSchG 1969 Krankheit = NJW 77, 125; 26. 9. 1991 AP 28 zu § 1 KSchG 1969 Krankheit = NZA 92, 1073.

[133] Vgl. BAG 22. 9. 2005 AP 10 zu § 81 SGB IX = NZA 2006, 486.

[134] BAG 17. 1. 2008 AP 85 zu § 1 KSchG 1969 = NZA 2008, 693; 3. 6. 2004 AP 33 zu § 23 KSchG = NZA 2004, 1380; 11. 12. 2003 AP 48 zu § 1 KSchG 1969 Verhaltensbedingte Kündigung = NZA 2004, 784; hierzu auch *Gaul/Süßbrich* ArbRB 2005, 82; *Hunold* BB 2004, 1686; *Schul/Wichert* DB 2005, 1906; *Tschöpe* BB 2006, 213.

[135] Dazu BAG 20. 3. 1969 AP 27 zu § 123 GewO mit zust. Anm. *Canaris;* 17. 7. 1970 AP 3 zu § 11 MuSchG 1968; 11. 12. 2003 AP 48 zu § 1 KSchG 1969 Verhaltensbedingte Kündigung mit Anm. *Mauer;* MünchArbR/*Blomeyer* § 48 RN 64 ff. m. w. N.

[136] BAG 17. 1. 2008 AP 85 zu § 1 KSchG 1969 = NZA 2008, 693; 11. 12. 2003 AP 48 zu § 1 KSchG 1969 Verhaltensbedingte Kündigung.

[137] BAG 11. 12. 2003 AP 48 zu § 1 KSchG 1969 Verhaltensbedingte Kündigung; 3. 6. 2004 AP 33 zu § 23 KSchG 1969; LAG Bad.-Württb. 6. 9. 2006 BB 2007, 1228.

[138] BAG 26. 9. 1991 AP 28 zu § 1 KSchG 1969 Krankheit = NZA 2002, 1073.

rücksichtigung der konkreten Arbeitsanforderungen und der konkreten Gegebenheiten des Arbeitsplatzes geboten. Die Prüfung habe sich auch daran zu orientieren, ob und ggf. in welchem Umfang das Verhältnis von Leistung und Gegenleistung beeinträchtigt sei.[139]

b) Unzureichende Arbeitsleistungen können allerdings auch auf einem **steuerbaren Verhalten** beruhen. In diesem Fall kommt auch eine verhaltensbedingte Kündigung in Betracht.[140] Ein Arbeitnehmer genügt nach Auffassung des BAG – mangels anderer Vereinbarungen – seiner Vertragspflicht, wenn er unter angemessener Ausschöpfung seiner persönlichen Leistungsfähigkeit arbeitet. Er verstoße nicht allein dadurch gegen seine Arbeitspflicht, dass er die durchschnittliche Fehlerhäufigkeit aller Arbeitnehmer überschreite.[141] Kenne der Arbeitgeber lediglich die objektiv messbaren Arbeitsergebnisse, genüge er seiner Darlegungslast, wenn er Tatsachen vortrage, aus denen ersichtlich werde, dass die Leistungen des Arbeitnehmers die Durchschnittsleistung erheblich unterschreiten. Die längerfristige deutliche Überschreitung der durchschnittlichen Fehlerquote je nach tatsächlicher Fehlerzahl, Art, Schwere und Folgen der fehlerhaften Arbeitsleistung könne ein Anhaltspunkt dafür sein, dass der Arbeitnehmer vorwerfbar seine vertraglichen Pflichten verletze. Lege der Arbeitgeber dies im Prozess dar, müsse der Arbeitnehmer erläutern, warum er trotz erheblich unterdurchschnittlicher Leistungen seine Leistungsfähigkeit ausschöpfe.[142] Des Weiteren könne der Arbeitnehmer das Zahlenwerk und seine Aussagefähigkeit im Einzelnen bestreiten. Altersbedingte Leistungsdefizite, Beeinträchtigungen durch Krankheit, aber auch betriebliche Umstände könnten insoweit eine Rolle spielen. Lege der Arbeitnehmer derartige Umstände plausibel dar, sei es alsdann Sache des Arbeitgebers, sie zu widerlegen. Trage der Arbeitnehmer hingegen derartige Umstände nicht vor, gelte das schlüssige Vorbringen des Arbeitgebers als zugestanden (§ 138 III ZPO). Es sei dann davon auszugehen, dass der Arbeitnehmer seine Leistungsfähigkeit nicht ausschöpfe.[143] 47

c) Diese Rechtsprechung ist nicht frei von Widersprüchen.[144] Schuldet der Arbeitnehmer tatsächlich nur eine individuelle Normalleistung, wäre eine **personenbedingte Kündigung** wegen mangelnder Arbeitsleistung nicht möglich, wenn der Arbeitnehmer unter angemessener Anspannung seiner Kräfte und Fähigkeiten diese Arbeitsleistung erbringt, damit aber auf Grund seiner Eignung und Fähigkeiten erheblich unterhalb einer objektiven Normalleistung bliebe. Der Arbeitnehmer erfüllt sein Leistungsversprechen, mehr kann der Arbeitgeber – wenn man mit dem BAG den personalen Charakter des Arbeitsverhältnisses so betont – berechtigterweise nicht verlangen. Das BAG überwindet diese Schwierigkeiten, indem es bei der Verteilung der Darlegungs- und Beweislast dem Arbeitgeber die Möglichkeit eröffnet, die Störung des Gleichgewichts von Leistung und Gegenleistung durch die Darlegung erheblicher unterdurchschnittlicher Leistungen des Arbeitnehmers zu begründen.[145] Damit gelangt freilich auch das BAG im Ergebnis über den Umweg der Darlegungs- und Beweislastverteilung zu einer Verobjektivierung der Leistungsanforderungen. Denn unterdurchschnittliche Leistungen orientieren sich nun gerade nicht am individuellen Leistungsvermögen des einzelnen Arbeitnehmers, sondern am Leistungsvermögen der anderen.[146] Richtigerweise liegt eine ordnungsgemäße Erfüllung der arbeitsvertraglichen Leistungspflicht vor, wenn der Arbeitnehmer eine objektive Normalleistung (Grundgedanke des § 243 BGB) erbringt.[147] Der Arbeitgeber hat, sofern arbeitsvertraglich nichts Abweichendes vereinbart ist, bei verständiger Auslegung des Arbeitsvertrags nach § 157 BGB einen Anspruch auf eine objektive Normalleistung des Arbeitnehmers und nicht nur darauf, dass der Arbeitnehmer die Arbeitsleistung im Rahmen des persönlichen Leistungsvermögens unter angemessener Anspannung seiner Kräfte und Fähigkeiten bewirkt.[148] Unter Normalleistung ist die Arbeitsleistung zu verstehen, 48

---

139 BAG 17. 1. 2008 AP 85 zu § 1 KSchG 1969 = NZA 2008, 693.

140 BAG 11. 12. 2003 AP 48 zu § 1 KSchG 1969 Verhaltensbedingte Kündigung = NZA 2004, 784.

141 BAG 17. 1. 2008 AP 85 zu § 1 KSchG 1969 = NZA 2008, 693.

142 BAG 17. 1. 2008 AP 85 zu § 1 KSchG 1969 = NZA 2008, 693.

143 BAG 11. 12. 2003 AP 48 zu § 1 KSchG 1969 Verhaltensbedingte Kündigung = NZA 2004, 784.

144 Kritisch auch *Berkowsky,* Die personen- und verhaltensbedingte Kündigung, § 6 RN 39 ff.; *Mauer* Anm. zu BAG AP 48 zu § 1 KSchG 1969 Verhaltensbedingte Kündigung; *Winzer* BB 2007, 1231; ausf. hierzu *v. Hoyningen-Huene/Linck* § 1 RN 424 ff.

145 BAG 17. 1. 2008 AP 85 zu § 1 KSchG 1969 = NZA 2008, 693; 3. 6. 2004 AP 33 zu § 23 KSchG 1969; 11. 12. 2003 AP 48 zu § 1 KSchG 1969 Verhaltensbedingte Kündigung.

146 So sehr deutlich BAG 3. 6. 2004 AP 33 zu § 23 KSchG 1969.

147 Ebenso MünchArbR/*Berkowsky* § 137 RN 18 ff.

148 So aber BAG 20. 3. 1969 AP 27 zu § 123 GewO; 17. 7. 1970 AP 3 zu § 11 MuSchG 1968; 21. 5. 1992 AP 28 zu § 1 KSchG 1969 Verhaltensbedingte Kündigung; *Bitter* AR-Blattei SD 190 RN 72; MünchArbR/*Blomeyer* § 48 RN 66; Staudinger/*Richardi* § 611 RN 329 f.

die ein durchschnittlicher Arbeitnehmer nach vollzogener Einarbeitung bei menschengerechter Gestaltung der Arbeitsbedingungen ohne Rücksicht auf Geschlecht, Alter und tägliches Schwanken der Arbeitsleistungen ohne gesteigerte Anstrengung erbringen kann.

49 – **Schwangerschaft.** Aus § 9 MuSchG ergibt sich, dass das Bestehen einer Schwangerschaft nur ausnahmsweise eine Kündigung rechtfertigen kann (vgl. § 169).

50 – **Sozialversicherungsfreiheit.** Der **Wegfall der Sozialversicherungsfreiheit** ist keine mangelnde Eignung, die eine personenbedingte Kündigung rechtfertigen könnte. Etwas anderes gilt auch nicht dann, wenn die Arbeitsvertragsparteien bei Vertragsschluss der Studenteneigenschaft des Arbeitnehmers ihren Vertragsbeziehungen zugrunde gelegt haben. Damit haben sie keine für die vereinbarte Arbeitsleistung notwendige und sachlich gerechtfertigte Anforderung definiert, sondern lediglich die sozialversicherungsrechtlichen Folgebedingungen (Sozialversicherungsfreiheit von Studenten) festgestellt. Einen kündigungsrelevanten Zweck hatte diese vertragliche Festlegung nicht.[149]

51 – **Tendenzbetriebe.** Tendenzbetriebe dienen unmittelbar oder überwiegend politischen, koalitionspolitischen, konfessionellen, karitativen, erzieherischen, wissenschaftlichen oder künstlerischen Bestimmungen oder Zwecken der Berichterstattung oder Meinungsäußerung.[150] Namentlich im kirchlichen und karitativen Bereich (vgl. § 118 II BetrVG) spielt der Tendenzschutz kündigungsrechtlich immer wieder eine große Rolle (dazu auch § 133 RN 28ff. und 50). In Presseunternehmen ist § 1 KSchG zwar eine grundsätzlich zulässige Schranke für die durch Art. 5 I 2 GG geschützte Pressefreiheit. Die Reichweite dieser Schranke ist ihrerseits jedoch durch die Bedeutung der Pressefreiheit für einen freiheitlich-demokratischen Staat beschränkt.[151] Tendenzträger in einem Tendenzunternehmen sind **Arbeitnehmer, die tendenzbezogene Aufgaben wahrnehmen.** Der Tendenzträger muss in verantwortlicher Stellung tätig sein und unmittelbar einen maßgeblichen Einfluss auf die Tendenzverwirklichung haben. Daran fehlt es, wenn sein Gestaltungsspielraum stark eingeschränkt ist. Unschädlich ist allerdings, wenn der Tendenzträger im Einzelfall nach vorgegebenen allgemeinen Richtlinien und Weisungen arbeiten muss.[152] Nicht zu den Tendenzträgern zählen solche Mitarbeiter, die Tätigkeiten verrichten, die unabhängig von der Eigenart des Tendenzbetriebes in jedem Betrieb anfallen, wie z.B. Schreibkräfte, Buchhalter, Bürogehilfen, Hausmeister, Lagerarbeiter; allgemein anerkannt ist, dass die Funktionsinhaber (hauptamtliche Funktionäre) bei den Parteien und Koalitionen Tendenzträger sind.[153]

52 Das KSchG findet auf Arbeitsverhältnisse in Tendenzunternehmen Anwendung. Im Hinblick auf den Tendenzschutz gelten jedoch einige Besonderheiten. Kündigungsrechtlich **erhebliche tendenzbezogene Mängel** liegen nur dann vor, wenn die von einem Tendenzträger erbrachte Arbeitsleistung bzw. dessen persönliche Eignung als solche dem Tendenzzweck zuwiderläuft.[154] Von einem Tendenzträger kann während seiner Tätigkeit eine gewisse Zurückhaltung bei solchen Betätigungen verlangt werden, die der Tendenz des Unternehmens nachhaltig widersprechen und damit betriebliche Interessen des Unternehmens erheblich berühren.[155] Bei der Prüfung des Kündigungsgrundes ist es erforderlich, die vom Arbeitgeber verfolgte Tendenz und die sich daraus ergebenden Anforderungen an das Arbeitsverhältnis des Tendenzträgers näher zu konkretisieren. Es spricht keine tatsächliche Vermutung dafür, dass die Kündigung eines Tendenzträgers stets aus tendenzbezogenen Gründen erfolgt und deshalb eine tendenzbezogene Maßnahme ist.[156] Aus personenbedingten Gründen sozial gerechtfertigt war die Kündigung einer DGB-Gewerkschaftssekretärin, die Mitglied im Kommunistischen Bund Westdeutschland (KBW) war.[157] Der DGB ist wegen seiner koalitionspolitischen Bestimmung als ein Tendenzunternehmen anzusehen, dessen Beschäftigte, soweit sie wie Gewerkschaftssekretäre Tendenzträger sind, in ihrem außerdienstlichen Verhalten und in ihrem Privatleben einer weitergehenden Bindung unterliegen als in anderen Arbeitsverhältnissen.

---

[149] BAG 18. 1. 2007 AP 26 zu § 1 KSchG 1969 Personenbedingte Kündigung = NZA 2007, 680.
[150] BAG 28. 8. 2003 AP 49 zu § 103 BetrVG 1972 = NZA 2004, 501.
[151] BAG 16. 1. 1997 – 2 AZR 98/96 n. v.
[152] BAG 28. 10. 1986 AP 32 zu § 118 BetrVG 1972.
[153] BAG 28. 8. 2003 AP 49 zu § 103 BetrVG 1972 = NZA 2004, 501.
[154] Vgl. BAG 6. 12. 1979 AP 2 zu § 1 KSchG 1969 Verhaltensbedingte Kündigung; 3. 11. 1982 AP 12 zu § 15 KSchG 1969 zur Kündigung eines Orchestermusikers.
[155] BAG 28. 8. 2003 AP 49 zu § 103 BetrVG 1972 = NZA 2004, 501.
[156] BAG 28. 8. 2003 AP 49 zu § 103 BetrVG 1972 = NZA 2004, 501.
[157] Vgl. BAG 6. 12. 1979 AP 2 zu § 1 KSchG 1969 Verhaltensbedingte Kündigung mit Anm. *Kunze* = EzA 5 zu § 1 KSchG Tendenzbetrieb mit zust. Anm. *Rüthers* = SAE 81, 91 mit Anm. *Koller* = AR-Blattei Tendenzbetrieb Entsch. 20 mit Anm. *Mayer-Maly.*

Entgegen der Auffassung des BAG liegt hier aber kein Grund im Verhalten der Arbeitnehmerin vor, sondern ein personenbedingter Kündigungsgrund, weil ihr auf Grund der Mitgliedschaft im KBW die persönliche Eignung für die auszuübende Tätigkeit fehlt.

- **Verschuldung.** Die Verschuldung des Arbeitnehmers rechtfertigt **grundsätzlich keine Kündigung.** Die finanzielle Lage eines Arbeitnehmers steht in der Regel in keinem Zusammenhang zu den arbeitsvertraglichen Pflichten. Die persönliche Eignung eines Arbeitnehmers für die vertraglich vereinbarte Arbeitsaufgabe kann jedoch entfallen, wenn der Arbeitnehmer eine Vertrauensstellung innehat und ohne eine Notlage in ungeordneten wirtschaftlichen Verhältnissen lebt.[158] Hat der Arbeitnehmer im Rahmen seiner Arbeitsaufgaben direkten oder indirekten Zugriff auf das Vermögen des Arbeitgebers, kann der Arbeitgeber geordnete wirtschaftliche Verhältnisse als persönliche Eignungsvoraussetzung für die auszuübende Tätigkeit verlangen. So kann beispielsweise die hohe Verschuldung eines Einkäufers, die in relativ kurzer Zeit zu mehreren Lohnpfändungen geführt hat, die Eignung für die Tätigkeit als Einkäufer entfallen lassen. Je nach Lage der Umstände kann hier für den Arbeitgeber die begründete Sorge bestehen, der Arbeitnehmer könne sich von Zulieferern bestechen lassen. Dagegen entfällt die persönliche Eignung einer Sekretärin grundsätzlich auch nach mehreren Lohnpfändungen noch nicht. Es fehlt hier regelmäßig an der besonderen Vertrauensposition.[159] 53
- **Verwandtschaft.** Eine Kündigung kann nur ausnahmsweise gerechtfertigt sein, weil der Arbeitnehmer mit einem konkurrierenden Unternehmer verwandt ist oder nahe Angehörige des Arbeitnehmers bei dem konkurrierenden Unternehmer beschäftigt sind und nur durch Kündigung der Ausspähung von Betriebsgeheimnissen vorgebeugt werden kann.[160] Verrät der Arbeitnehmer dagegen selbst Betriebsgeheimnisse, kommt eine verhaltensbedingte, u. U. sogar eine außerordentliche Kündigung in Betracht (vgl. § 127). 54
- **Wehrdienst.** Die Ableistung ausländischen Wehrdienstes kann ein personenbedingter Kündigungsgrund sein, wenn der wehrdienstbedingte Ausfall zu einer erheblichen Beeinträchtigung der betrieblichen Interessen führt und nicht durch organisatorische Maßnahmen überbrückt werden kann.[161] 55

§ 132. Abmahnung

Adam, Sanktion, Prognoseprinzip und Vertragsstörung bei der verhaltensbedingten Kündigung im Arbeitsrecht, NZA 98, 284; *ders.,* Die Abmahnungsberechtigung, DB 96, 476; *Bader,* Die arbeitsrechtliche Abmahnung und ihre Entfernung aus der Personalakte – Versuch einer Rückbesinnung auf die Grundlagen, ZTR 99, 200; *Bahntje,* Behält eine unwirksame Abmahnung für eine spätere Kündigung ihre Warnfunktion?, AuR 96, 250; *Becker-Schaffner,* Rechtsfragen zur Abmahnung, ZTR 99, 105; *Bergwitz,* Abmahnung und Vertrauensstörungen im Arbeitsrecht, BB 98, 2310; *Besgen,* Kündigung und Abmahnung bei unzulässiger Nutzung von Internet und E-Mail, MDR 2007, 1; *Conze,* Die Abmahnung in der aktuellen Rechtsprechung des Bundesarbeitsgerichts, ZTR 97, 342; *Degel,* Die Abmahnung, Festschrift 50 Jahre saarländische Arbeitsgerichtsbarkeit 1947–1997, S. 201; *v. Hase,* Fristlose Kündigung und Abmahnung nach neuem Recht, NJW 2002, 2278; *Hoß,* Die arbeitsrechtliche Abmahnung, MDR 99, 333; *Hunold,* Die Rechtsprechung zur Abmahnung, NZA-RR 2000, 169; *ders.,* Die Rechtsprechung zur Abmahnung und Kündigung bei Vertragsstörungen im Vertrauensbereich, NZA-RR 2003, 57; *ders.,* Unzureichende Arbeitsleistung als Abmahn- und Kündigungsgrund, BB 2003, 2345; *Kammerer,* Die „letzte Abmahnung" in der Rechtsprechung des BAG, BB 2002, 1747; *Kleinebrink,* Abmahnung, 2. Aufl. 2002; *ders.,* Die Klage des Arbeitnehmers gegen eine schriftliche Abmahnung, FA 2006, 196; *ders.,* Die vorsorgliche Abmahnung, FA 2004, 162; *ders.,* Die Abmahnung von Angehörigen besonderer Personengruppen, FA 2003, 130; *ders.,* Die Bedeutung der Abmahnung im Arbeitsrecht nach der Modernisierung des Schuldrechts, FA 2002, 226; *ders.,* Entfernung einer Abmahnung aus der Personalakte, FA 99, 213; *Koch,* Das Abmahnungserfordernis bei der außerordentlichen Kündigung von Organmitgliedern einer Kapitalgesellschaft, ZIP 2005, 1621; *Korinth,* Der Kampf gegen die Abmahnung als Kunstfehler?, ArbRB 2003, 94; *Kranz,* Die Ermahnung in der arbeitsrechtlichen Praxis, DB 98, 1464; *Legerlotz,* Abmahnungen und Rügen, ArbRB 2002, 218; *Lindemann,* Neuerungen im Arbeitsrecht durch die Schuldrechtsreform, AuR 2002, 81; *Pauly,* Der Anspruch auf Entfernung einer Abmahnung aus der Personalakte, MDR 96, 121; *Schaub,* Die Abmahnung als zusätzliche Kündigungsvoraussetzung, NZA 97, 1185; *Schleusener,* Die betriebsverfassungsrechtliche Abmahnung, NZA 2001, 640; *Schumacher-Mohr,* Das Abmahnungserfordernis im Fall der außerordentlichen Kündigung von Organmitgliedern. Was gilt nach der

---

[158] BAG 15. 10. 1992 EzA 45 zu § 1 KSchG Verhaltensbedingte Kündigung.

[159] Vgl. BAG 15. 10. 1992 EzA 45 zu § 1 KSchG Verhaltensbedingte Kündigung.

[160] LAG Stuttgart 19. 12. 1952 BB 53, 236; LAG Bad.-Württemberg 31. 10. 1967 DB 68, 359; LAG Hamburg 27. 3. 1969 BB 70, 1096; dagegen bei Lebensgefährten: LAG Hamm 29. 1. 1997 NZA 99, 656.

[161] BAG 20. 5. 1988 AP 9 zu § 1 KSchG 1969 Personenbedingte Kündigung = NZA 89, 464.

Schuldrechtsreform?, DB 2002, 1606; *Wilhelm,* Anhörung des Arbeitnehmers vor Ausspruch einer Abmahnung?, NZA-RR 2002, 449; *Zuber,* Zum Abmahnungserfordernis vor Ausspruch verhaltensbedingter Kündigungen, NZA 99, 1142.

Übersicht

	RN
I. Allgemeines	1 ff.
1. Begriff	1, 2
2. Rechtsgrundlage	3–5
3. Rechtsnatur	6
4. Betriebsratsmitglieder	7
II. Wirksamkeitsvoraussetzungen	8 ff.
1. Abmahnungsberechtigte	8
2. Inhaltliche Anforderungen	9–15
3. Wirkungsdauer	16
4. Erklärungsfrist	17
5. Vorweggenommene Abmahnung	18
III. Abmahnung und Kündigung	19 ff.
1. Grundsatz der Verhältnismäßigkeit	19, 20
2. Steuerbares Verhalten	21
3. Zahlreiche Abmahnungen	22
4. Gleichartigkeit von Abmahnung und Kündigungsgrund	23
5. Beispiele erforderlicher Abmahnungen	24
6. Entbehrlichkeit der Abmahnung	25–27
7. Beispiele nicht erforderlicher Abmahnungen	28
8. Verbrauch des Kündigungsrechts	29–31
IV. Mitwirkung des Betriebsrats	32 ff.
1. Mitbestimmung	32, 33
2. Aufsichts- und Kontrollbefugnis	34
3. Beschwerde	35, 36
V. System des Rechtsschutzes	37 ff.
1. Keine Obliegenheit zur Klage	37
2. Gegendarstellung	38
3. Klage auf Entfernung der Abmahnung aus der Personalakte	39–43
4. Klage auf Widerruf	44
5. Feststellungsklage	45
6. Bindungswirkung im Kündigungsschutzprozess	46
7. Vorbeugende Unterlassungsklage	47, 48
8. Darlegungs- und Beweislast	49
9. Vermögensrechtliche Streitigkeit	50
10. Ausschlussfristen	51

I. Allgemeines

1 **1. Begriff.** Eine **Abmahnung** liegt vor, wenn der Arbeitgeber in einer für den Arbeitnehmer hinreichend deutlich erkennbaren Art und Weise Leistungsmängel beanstandet und damit den Hinweis verbindet, im Wiederholungsfalle seien Inhalt oder Bestand des Arbeitsverhältnisses gefährdet.[1] Die **Abmahnung** ist der Ausdruck der Missbilligung eines Verhaltens unter Androhung der Kündigung des Arbeitsverhältnisses, sofern das Verhalten nicht geändert wird.[2] Mit der Abmahnung soll der Arbeitnehmer an seine vertraglichen Pflichten erinnert **(Erinnerungs- oder Ermahnungsfunktion)** und vor Konsequenzen für das Arbeitsverhältnis bei weiterem Fehlverhalten gewarnt werden **(Ankündigungs- und Warnfunktion).**[3] Darüber hinaus hat die Abmahnung **keine Sanktionsfunktion,** da der Arbeitnehmer durch die Abmahnung nicht bestraft, sondern zu künftigem vertragsgemäßen Verhalten angehalten werden soll.[4] Damit sind freilich solche mittelbar eintretenden Wirkungen einer Abmahnung nicht ausgeschlossen.[5]

2 Die Abmahnung ist von der Betriebsbuße, Vertragsstrafe (dazu §§ 60, 61) und Ermahnung **abzugrenzen.** Die Ermahnung ist die bloße Rüge eines Fehlverhaltens des Arbeitnehmers. Sie enthält keine Kündigungsandrohung.

3 **2. Rechtsgrundlage** der Abmahnung ist das in §§ 314 II, 541, 543 III, 643, 651 e II BGB konkretisierte **Übermaßverbot.**[6] Diese Vorschriften machen deutlich, dass der Gläubiger bei einem Fehlverhalten des Schuldners vor einem Einwirken auf Inhalt oder Bestand des Vertragsverhältnisses diesem grundsätzlich durch eine Abmahnung Gelegenheit zu geben hat, sein Verhalten zu ändern. Das Kündigungsrecht ist das letzte, äußerste Mittel des Arbeitsrechts; von ihm soll nur dann Gebrauch gemacht werden, wenn alle anderen Möglichkeiten erschöpft sind.

4 Das Erfordernis einer vergeblichen Abmahnung ist im Anwendungsbereich des KSchG Ausfluss des Grundsatzes der Verhältnismäßigkeit. Dem Grundsatz der Verhältnismäßigkeit kommt

---

[1] BAG 18. 1. 1980 AP 3 zu § 1 KSchG 1969 Verhaltensbedingte Kündigung.

[2] BAG 17. 2. 1994 AP 115 zu § 626 BGB = NZA 94, 656; 10. 11. 1988 AP 3 zu § 1 KSchG 1969 Abmahnung = NZA 89, 633.

[3] Vgl. BAG 11. 12. 2001 AP 8 zu § 611 BGB Nebentätigkeit = NZA 2002, 965; 15. 11. 2001 AP 4 zu § 1 KSchG 1969 Abmahnung = NZA 2002, 968; 10. 11. 1988 AP 3 zu § 1 KSchG 1969 Abmahnung = NZA 89, 633; 21. 5. 1992 AP 28 zu § 1 KSchG 1969 Verhaltensbedingte Kündigung = NZA 92, 1028.

[4] Ebenso *Kleinebrink* Abmahnung RN 27; weiter BAG 10. 11. 1988 AP 3 zu § 1 KSchG 1969 Abmahnung = NZA 89, 633.

[5] Vgl. HK-KSchG/*Dorndorf* § 1 RN 583.

[6] Ausf. hierzu *v. Hoyningen-Huene* RdA 90, 193 ff.

insoweit **nur im Rahmen des normierten Kündigungsschutzes** Bedeutung zu.[7] Nur ausnahmsweise kann nach Treu und Glauben (§ 242 BGB) eine vorherige vergebliche Abmahnung auch dann geboten sein, wenn sich der Arbeitgeber andernfalls mit der Kündigung in Widerspruch zu seinem bisherigen Verhalten setzen würde. Die Wirksamkeit einer Kündigung aus Gründen im Verhalten des Arbeitnehmers setzt außerhalb des Anwendungsbereichs des KSchG in der Regel nicht voraus, dass dem Arbeitnehmer zuvor vergeblich eine Abmahnung erteilt wurde.[8] Ebenso wenig hat die fristlose Kündigung des Dienstverhältnisses eines GmbH-Geschäftsführers regelmäßig eine Abmahnung zur Voraussetzung.[9] § 314 II BGB steht dem nicht entgegen, da die Funktionszuweisung ein besonderer Umstand i. S. v. § 323 II Nr. 3 BGB ist, auf den § 314 II 2 BGB verweist.[10]

Die Abmahnung dient der **Objektivierung der negativen Prognose.** In der Regel wird erst nach einer Abmahnung die erforderliche Wahrscheinlichkeit dafür bestehen, dass sich der Arbeitnehmer auch in Zukunft nicht vertragstreu verhalten wird. Liegt eine ordnungsgemäße Abmahnung vor und verletzt der Arbeitnehmer erneut seine vertraglichen Pflichten, kann regelmäßig davon ausgegangen werden, es werde auch zukünftig zu weiteren Vertragsstörungen kommen.[11] Im Zweifel ist vor jeder verhaltensbedingten Kündigung eine Abmahnung auszusprechen. 5

3. Rechtsnatur. Die Abmahnung ist keine Willenserklärung im Rechtssinne. Die angestrebten Rechtsfolgen treten nicht ein, weil der Abmahnende dies will, sondern von Rechts wegen. Die Abmahnung ist daher eine **geschäftsähnliche Handlung,** durch die dem Arbeitnehmer die Rechtswidrigkeit seines Verhaltens vor Augen geführt werden soll.[12] Nach der rechtlichen Qualifizierung der Abmahnung richten sich eine Reihe von praktischen Streitfragen bei der Abmahnungsbefugnis und der Zugangsnotwendigkeit. 6

4. Betriebsratsmitglieder. Betriebsratsmitglieder können abgemahnt werden, wenn sie gegen ihre **Pflichten aus dem Arbeitsvertrag verstoßen** haben. Eine Abmahnung wegen der berechtigten Wahrnehmung von Betriebsratstätigkeit ist dagegen ausgeschlossen.[13] Eine Abmahnung ist begründet, wenn ein Betriebsratsmitglied eine Betriebsratsschulung besucht und gem. § 37 VI BetrVG erkennbar eine Teilnahme an der Schulungsveranstaltung nicht in Betracht kommt,[14] während der Arbeitszeit Gerichtsverhandlungen anderer Arbeitnehmer besucht, ohne vom Gericht geladen zu sein,[15] oder wenn das Betriebsratsmitglied sich entgegen seiner Pflicht aus § 37 II BetrVG nicht vor Aufnahme der Betriebsratstätigkeit abmeldet.[16] In diesen Fällen liegen Arbeitspflichtverletzungen vor. Unzulässig kann die Abmahnung aber sein, wenn das Betriebsratsmitglied mit vertretbaren Gründen, aber objektiv unrichtig annimmt, eine Betriebsratsaufgabe wahrzunehmen.[17] Die Verteilung gewerkschaftlichen Werbematerials während der Arbeitszeit durch ein Betriebsratsmitglied ist nach Auffassung des BVerfG keine Arbeitsvertragsverletzung.[18] Ob es eine betriebsverfassungsrechtliche Abmahnung als Vorstufe eines Amtsenthebungsverfahrens nach § 23 BetrVG gibt, ist umstr.[19] 7

II. Wirksamkeitsvoraussetzungen

1. Abmahnungsberechtigte. Zur Abmahnung berechtigt sind nicht nur kündigungsberechtigte Personen, sondern alle Vorgesetzten, die nach ihrer Aufgabenstellung befugt sind, dem Arbeitnehmer Anweisungen wegen des Orts, der Zeit sowie der Art und Weise der vertraglich 8

---

[7] Vgl. BAG 21. 2. 2001 AP 26 zu § 611 BGB Abmahnung = NZA 2001, 951; KR/*Fischermeier* § 626 BGB RN 258.

[8] BAG 28. 8. 2003 AP 17 zu § 242 BGB Kündigung = NZA 2004, 1296; 21. 2. 2001 AP 26 zu § 611 BGB Abmahnung = NZA 2001, 951.

[9] BGH 14. 2. 2000 AP 16 zu § 611 BGB Organvertreter = NZA 2000, 543.

[10] BGH 2. 7. 2007 NJW-RR 2007, 1520.

[11] BAG 12. 1. 2006 AP 54 zu § 1 KSchG 1969 Verhaltensbedingte Kündigung = NZA 2006, 980.

[12] Vgl. BAG 21. 5. 1992 AP 28 zu § 1 KSchG 1969 Verhaltensbedingte Kündigung = NZA 92, 1028; 9. 8. 1984 AP 12 zu § 1 KSchG Verhaltensbedingte Kündigung; ErfK/*Müller-Glöge* § 626 BGB RN 31.

[13] BAG 6. 8. 1981 AP 40 zu § 37 BetrVG 1972.

[14] BAG 10. 11. 1993 AP 4 zu § 78 BetrVG 1972 = NZA 94, 500.

[15] BAG 31. 8. 1994 AP 98 zu § 37 BetrVG 1972 = NZA 95, 225.

[16] BAG 15. 7. 1992 AP 9 zu § 611 BGB Abmahnung = NZA 93, 220.

[17] BAG 31. 8. 1994 AP 98 zu § 37 BetrVG 1972 = NZA 95, 225 (im konkreten Fall des Besuchs einer Gerichtsverhandlung verneint).

[18] BVerfG 14. 11. 1995 AP 19 zu § 611 BGB Abmahnung = NZA 96, 381.

[19] Bejahend: *Kania* DB 96, 374; *ders.* NZA 96, 970; verneinend: *Fischer* NZA 96, 633; ausf. *Schleusener* NZA 2001, 640.

geschuldeten Arbeitsleistung zu erteilen.[20] Abmahnungsberechtigt sind mithin nicht nur die Dienstvorgesetzten, die zu Personalentscheidungen befugt sind, sondern auch die Fachvorgesetzten.

9 **2. Inhaltliche Anforderungen. a)** Die Abmahnung kann **mündlich oder schriftlich** erfolgen. Gesetzliche Formvorschriften bestehen nicht. Die Schriftform empfiehlt sich, weil so jedenfalls der Inhalt der Abmahnung feststeht.[21]

10 **b)** Der notwendige Inhalt einer Abmahnung ergibt sich aus ihren Funktionen (dazu RN 1). Da dem Arbeitnehmer mit einer Abmahnung eindringlich vor Augen geführt werden soll, dass der Arbeitgeber nicht mehr bereit ist, ein bestimmtes Verhalten hinzunehmen, muss dies in der Abmahnung deutlich zum Ausdruck kommen. Die Warnfunktion erfordert, die Abmahnung **eindeutig und bestimmt** zu formulieren, mag dies auch in höflicher Form geschehen. Die Leistungsmängel müssen hinreichend konkretisiert sein. Erfolgt die Abmahnung wegen Unpünktlichkeit, ist dies nach Tag und Stunde zu konkretisieren. Pauschale Wendungen, wie z.B. „unpünktlich", „unzureichende Leistungen" genügen nicht. Erforderlich ist weiterhin der Hinweis, dass im Wiederholungsfall Bestand und Inhalt des Arbeitsverhältnisses gefährdet sind.[22] Nicht unbedingt notwendig ist, dass bereits eine bestimmte Kündigung (ordentliche, außerordentliche, Änderungskündigung) angedroht wird. Aus der Dokumentationsfunktion folgt, dass der Arbeitgeber das beanstandete und das erwartete Verhalten konkret bezeichnet.[23]

11 **c)** Die Abmahnung muss dem Arbeitnehmer **zugehen.** Das BAG fordert darüber hinaus die tatsächliche Kenntnisnahme vom Inhalt der Abmahnung. Der Arbeitnehmer müsse sich jedoch dann so behandeln lassen, als ob ihm ihr Inhalt bekannt sei, wenn es ihm nach Treu und Glauben verwehrt ist, sich auf die fehlende Kenntnis zu berufen.[24]

12 **d)** Die Abmahnung kann unwirksam sein, wenn **einzelne von mehreren Vorwürfen** nicht ausreichend begründet oder sich tatsächlich anders zugetragen haben. Ist eine Abmahnung, die mehrere Vorwürfe enthält, nur zum Teil berechtigt, muss auf Verlangen des Arbeitnehmers die gesamte Abmahnung aus den Personalakten entfernt werden. Der Arbeitgeber kann aber wegen des wirksamen Restes eine neue Abmahnung aussprechen.[25]

13 **e)** Nach Auffassung des BAG muss die Abmahnung ihrerseits dem **Grundsatz der Verhältnismäßigkeit** entsprechen.[26] Eine Abmahnung ist freilich nicht schon dann unverhältnismäßig, wenn der Arbeitgeber über den erhobenen Vorwurf auch hinwegsehen könnte.[27] Unerheblich ist weiterhin, ob das abgemahnte Verhalten im Wiederholungsfall eine Kündigung rechtfertigen könnte.[28] Eine Abmahnung ist nur unwirksam, wenn sie aus ganz geringfügigem Anlass ausgesprochen wird. Dem Arbeitgeber steht in diesen Fällen die Mahnung oder Rüge zur Verfügung.

14 **f)** Im Bereich der Privatwirtschaft besteht nicht die Pflicht des Arbeitgebers, den Arbeitnehmer vor Ausspruch der Abmahnung zu den erhobenen Vorwürfen **anzuhören.**[29] Aus § 82 I BetrVG lässt sich eine entsprechende Verpflichtung des Arbeitgebers nicht herleiten. Das BAG verlangt auch bei der weiterreichenden Kündigung – mit Ausnahme der Verdachtskündigung – keine Anhörung des Arbeitnehmers vor Ausspruch der Kündigung.[30]

---

[20] BAG 5. 7. 1990 AP 1 zu § 15 SchwbG 1986 = NZA 91, 667; 18. 1. 1980 AP 3 zu § 1 KSchG 1969 Verhaltensbedingte Kündigung; KR/*Fischermeier* § 626 BGB RN 277; *Kleinebrink* Abmahnung RN 350ff.; krit. hierzu KDZ/*Kittner/Deinert* Einl. RN 128.

[21] Vgl. KR/*Fischermeier* § 626 BGB RN 276; *Kleinebrink* Abmahnung RN 366ff.

[22] BAG 17. 2. 1994 AP 116 zu § 626 BGB; 10. 11. 1988 AP 3 zu § 1 KSchG Abmahnung = NZA 89, 633.

[23] BAG 26. 1. 1995 AP 34 zu § 1 KSchG 1969 Verhaltensbedingte Kündigung = NZA 95, 517; *Bader* ZTR 99, 200, 201ff.

[24] BAG 9. 8. 1984 AP 12 zu § 1 KSchG 1969 Verhaltensbedingte Kündigung = NZA 85, 124; 18. 2. 1977 AP 10 zu § 130 BGB; KR/*Fischermeier* § 626 BGB RN 269.

[25] BAG 13. 3. 1991 AP 5 zu § 611 BGB Abmahnung = NZA 91, 249.

[26] BAG 13. 11. 1991 AP 7 zu § 611 BGB Abmahnung = NZA 92, 690; 31. 8. 1994 AP 98 zu § 37 BetrVG 1972 = NZA 95, 225; HaKo/*Fiebig* § 1 RN 277; KR/*Fischermeier* § 626 BGB RN 279.

[27] BAG 13. 11. 1991 AP 7 zu § 611 BGB Abmahnung = NZA 92, 690.

[28] Str., wie hier BAG 30. 5. 1996 AP 2 zu § 611 BGB Nebentätigkeit = NZA 97, 145; *v. Hoyningen-Huene/Linck* § 1 RN 494; MünchKommBGB/*Henssler* § 626 RN 95; ErfK/*Müller-Glöge* § 626 BGB RN 34; a. A. LAG Düsseldorf 2. 11. 1990 DB 91, 975; HWK/*Sandmann* § 626 BGB RN 128; KR/*Fischermeier* § 626 BGB RN 279 m. w. N.

[29] Ebenso APS/*Dörner* § 1 KSchG RN 366a; HaKo/*Fiebig* § 1 RN 284; *v. Hoyningen-Huene/Linck* § 1 RN 499; *Wilhelm* NZA-RR 2002, 449; a. A. ArbG Frankfurt/Oder 7. 4. 1999 DB 2000, 146; *Schaub* NJW 90, 876.

[30] Vgl. dazu BAG 18. 9. 1997 AP 138 zu § 626 BGB = NZA 98, 95.

Im **öffentlichen Dienst** hatte der Arbeitnehmer dagegen gemäß § 13 II BAT grundsätzlich einen tarifvertraglichen Anspruch darauf, angehört zu werden, bevor für ihn nachteilige Vorgänge, d.h. auch Abmahnungen zu seinen Personalakten genommen wurden.[31] Auch eine im Bereich des öffentlichen Dienstes wegen Nichtanhörung des Arbeitnehmers (§ 13 II BAT) formell unwirksame Abmahnung entfaltet jedoch die Warnfunktion, die vor einer verhaltensbedingten Kündigung erforderlich ist.[32] Der TVöD hat dieses Anhörungserfordernis nicht übernommen. 15

3. Wirkungsdauer. Die Warnfunktion einer Abmahnung ist **zeitlich begrenzt.** Allerdings besteht keine Regelfrist, innerhalb derer die Abmahnung ihre Wirkung verliert.[33] Vielmehr richtet sich dies nach den Umständen des Einzelfalls. Eine Abmahnung kann ihre Warn- und Androhungsfunktion verlieren, wenn der Arbeitnehmer längere Zeit unbeanstandet seine Pflichten erfüllt hat oder der Arbeitgeber weitere Pflichtverletzungen des Arbeitnehmers oder anderer Mitarbeiter unbeanstandet hinnimmt. Hat die Abmahnung ihre Wirkung verloren, entsteht nach Auffassung des BAG das Recht des Arbeitnehmers, ihre Entfernung aus den Personalakten verlangen zu können.[34] Dies gilt grundsätzlich nicht mehr, wenn das Arbeitsverhältnis sein Ende gefunden hat.[35] 16

4. Erklärungsfrist. Für den Ausspruch einer Abmahnung besteht **keine feste Ausschlussfrist.**[36] Vielmehr steht es dem Arbeitgeber grundsätzlich frei, ob und wann er eine Abmahnung ausspricht. Gleichwohl kann nicht verkannt werden, dass die Wirkungen einer Abmahnung umso schwächer werden, je länger der Arbeitgeber wartet. Unabhängig davon kann das Recht zur Abmahnung verwirken, wenn neben einem längeren Zeitablauf ein Vertrauenstatbestand des Arbeitnehmers auf ungestörte Vertragsentwicklung besteht. 17

5. Vorweggenommene Abmahnung. Eine vorweggenommene Kündigungsandrohung durch Aushang am **„Schwarzen Brett", Rundschreiben oder im Arbeitsvertrag,** mit welcher der Arbeitgeber darauf hinweist, dass er ein bestimmtes, näher bezeichnetes Verhalten nicht duldet und für den Fall der Pflichtwidrigkeit die Kündigung des Arbeitsverhältnisses ankündigt, genügt grundsätzlich nicht den Anforderungen einer Abmahnung.[37] Die besondere Warn- und Hinweisfunktion wird regelmäßig nur erfüllt, wenn der Arbeitgeber auf eine konkrete Vertragsverletzung reagiert und diese Pflichtwidrigkeit zum Anlass nimmt, den Arbeitnehmer an die Einhaltung der Vertragspflichten zu erinnern und damit die Kündigungsandrohung verbindet. Gleichwohl sind solche Erklärungen nicht völlig bedeutungslos, weil sie im Einzelfall bei schwereren Vertragsverletzungen eine Abmahnung vor Ausspruch einer Kündigung entbehrlich machen können.[38] Besteht zwischen Arbeitgeber und Arbeitnehmer Streit über den Inhalt der Arbeitsaufgaben und verlangt der Arbeitnehmer die Freistellung von der Arbeitspflicht bis zur gerichtlichen Klärung des Streits, kann der Arbeitgeber den Arbeitnehmer durch die Androhung einer Kündigung für den Fall der Arbeitseinstellung wirksam vorab abmahnen.[39] 18

III. Abmahnung und Kündigung

1. Grundsatz der Verhältnismäßigkeit. Vor einer verhaltensbedingten Kündigung hat der Arbeitgeber **regelmäßig eine Abmahnung** auszusprechen, wenn der Arbeitnehmer mit vertretbaren Gründen davon ausgehen konnte, sein Verhalten sei entweder nicht vertragswidrig 19

---

[31] BAG 16. 11. 1989 AP 2 zu § 13 BAT = NZA 90, 477.

[32] BAG 21. 5. 1992 AP 28 zu § 1 KSchG 1969 Verhaltensbedingte Kündigung = NZA 92, 1028.

[33] BAG 10. 10. 2002 EzA 1 zu § 626 BGB 2002 Unkündbarkeit; 18. 11. 1986 AP 17 zu § 1 KSchG 1969 Verhaltensbedingte Kündigung = NZA 87, 458; 27. 1. 1988 ZTR 88, 309.

[34] BAG 13. 4. 1988 AP 100 zu § 611 BGB Fürsorgepflicht = NZA 88, 654; 8. 2. 1989 ZTR 89, 236; 8. 2. 1989 ZTR 89, 314; 14. 12. 1994 AP 15 zu § 611 BGB Abmahnung = NZA 95, 676.

[35] BAG 14. 9. 1994 AP 13 zu § 611 BGB Abmahnung = NZA 95, 220.

[36] BAG 13. 12. 1989 RzK I 1 Nr. 57 (8 Wochen nicht beanstandet); 15. 1. 1986 AP 96 zu § 611 BGB Fürsorgepflicht = NZA 86, 421; vgl. hierzu *Falkenberg* NZA 88, 489; *Hunold* DB 86, 2050; *Brill* NZA 85, 109.

[37] Ebenso *Adam* AuR 2001, 41, 42; HaKo/*Fiebig* § 1 RN 269; KDZ/*Kittner/Deinert* Einl. RN 139; *Löwisch/Spinner* § 1 RN 110; Stahlhacke/*Preis* RN 1178; – a. A. KR/*Fischermeier* § 626 BGB RN 266; KPK/*Schiefer/Sowka* Teil K RN 1223.

[38] Zutr. deshalb LAG Köln 6. 8. 1999 LAGE § 626 BGB Nr. 127 zum mehrfachen Diebstahl von Lebensmitteln in einem Großhandel; zu weitgehend allerdings LAG Hamm 16. 12. 1982 BB 83, 1601 und LAG Köln 12. 11. 1993 LAGE § 1 KSchG Verhaltensbedingte Kündigung Nr. 40 zur Kündigung bei nicht rechtzeitiger Vorlage einer Arbeitsunfähigkeitsbescheinigung.

[39] BAG 5. 4. 2001 AP 32 zu § 99 BetrVG 1972 Einstellung = NZA 2001, 893.

oder werde vom Arbeitgeber zumindest nicht als erhebliches, den Bestand des Arbeitsverhältnisses gefährdendes Verhalten angesehen.[40] Eine Kündigung ist nicht gerechtfertigt, wenn es andere geeignete mildere Mittel gibt, um die Vertragsstörung zukünftig zu beseitigen.[41]

20 Eine bestimmte **Anzahl von Abmahnungen** ist grundsätzlich nicht erforderlich.[42] Zur Begründung der negativen Prognose kann es freilich je nach Schwere der Pflichtwidrigkeit nicht ausreichend sein, wenn der Arbeitnehmer nur einmal abgemahnt wurde. Insbesondere wenn der abgemahnte Vorfall längere Zeit zurückliegt und nicht gravierend war, ist im Einzelfall zu prüfen, ob vor Ausspruch der Kündigung noch eine weitere Abmahnung erforderlich ist.[43]

21 **2. Steuerbares Verhalten.** Nach der **Rechtsprechung des BAG** ist das Abmahnungserfordernis bei jeder Kündigung zu prüfen, die wegen eines **steuerbaren Verhaltens** des Arbeitnehmers erfolgt ist, das der Arbeitnehmer zukünftig beseitigen kann. Erforderlich ist danach, dass zum Zeitpunkt der Kündigung eine Wiederherstellung der Vertragstreue und des Vertrauens erwartet werden kann.[44] Dies ist beispielsweise der Fall, wenn sich der Arbeitnehmer über den Inhalt seiner Vertragspflichten geirrt hat und mit vertretbaren Gründen annehmen konnte, sein Verhalten sei nicht vertragswidrig.[45]

22 **3. Zahlreiche Abmahnungen** wegen gleichartiger Pflichtverletzungen, denen keine weiteren Konsequenzen folgen, können die Warnfunktion der Abmahnungen abschwächen. Eine Abmahnung kann nur diese Funktion nur erfüllen, wenn der Arbeitnehmer diese Drohung ernst nehmen muss. Dies kann je nach den Umständen nicht mehr der Fall sein, wenn jahrelang die Kündigung stets nur angedroht wird. Der Arbeitgeber muss dann die **letzte Abmahnung** vor Ausspruch einer Kündigung besonders eindringlich gestalten, um dem Arbeitnehmer klar zu machen, dass weitere Pflichtverletzungen dieser Art nunmehr zum Ausspruch einer Kündigung führen werden.[46] Angesichts der im Arbeitsleben verbreiteten Praxis, bei als leichter empfundenen Vertragsverstößen einer Kündigung mehrere – häufig drei – Abmahnungen vorausgehen zu lassen, kann in aller Regel nicht bereits die dritte Abmahnung als „entwertet" angesehen werden.[47]

23 **4. Gleichartigkeit von Abmahnung und Kündigungsgrund.** Soweit aus Gründen der Verhältnismäßigkeit der Kündigung eine Abmahnung voranzugehen hat, müssen die Vertragsverletzungen gleichartig sein.[48] Vertragsverstöße, die zu bereits abgemahnten Pflichtverletzungen in keinem Zusammenhang stehen, können nichts zur Einschätzung der Frage beitragen, ob mit einer Wiederholung der abgemahnten Pflichtverletzungen zu rechnen ist. Pflichtverletzungen sind gleichartig, wenn sie in einem inneren Bezug zu der der Kündigung zugrunde liegenden negativen Zukunftseinschätzung stehen. Dies trifft nach Auffassung des BAG auf Verspätungen und Verstöße gegen die Anzeigepflicht nach dem EFZG zu. Diese Pflichtverletzungen sind Ausdruck einer **spezifischen Unzuverlässigkeit.** Sie zeigen, dass der Kläger es „nicht so genau hält" und pünktliches Erscheinen zur Arbeit oder, falls das nicht möglich ist, die Unterrichtung über zu erwartende Verspätung oder absehbares Nichterscheinen für sich nicht als Verpflichtung begreift, sondern als eher unverbindlichen Vorschlag, dem man nicht immer folgen muss.[49]

24 **5. Beispiele erforderlicher Abmahnungen.** Die Rechtsprechung hat eine Abmahnung vor Ausspruch einer Kündigung **beispielsweise** für erforderlich gehalten, wenn einem Konzertmeister der Vorwurf mangelhafter Führungseigenschaft gemacht wird,[50] eine Kassiererin entgegen einer Kassenanweisung die vorgelegte Ware nicht hinreichend überprüft,[51] eine Tier-

[40] BAG 17. 2. 1994 AP 115 zu § 626 BGB = NZA 94, 656.

[41] BAG 12. 1. 2006 AP 54 zu § 1 KSchG 1969 Verhaltensbedingte Kündigung = NZA 2006, 980.

[42] Ebenso HaKo/*Fiebig* § 1 RN 263; KR/*Fischermeier* § 626 BGB RN 274; Stahlhacke/*Preis* RN 1175.

[43] Ebenso LAG Hamm 25. 9. 1997 LAGE § 1 KSchG Verhaltensbedingte Kündigung Nr. 59; insoweit zutr. auch MünchArbR/*Berkowsky* § 137 RN 372.

[44] Vgl. BAG 4. 6. 1997 AP 137 zu § 626 BGB = NZA 97, 1281; 10. 2. 1999 AP 42 zu § 15 KSchG 1969 = NZA 99, 708; 11. 3. 1999 AP 150 zu § 626 BGB = NZA 99, 587; KR/*Griebeling* § 1 KSchG RN 267; zur Kritik an dieser Rechtsprechung *v. Hoyningen-Huene/Linck* § 1 RN 289.

[45] Vgl. BAG 14. 2. 1996 AP 26 zu § 626 BGB Verdacht strafbarer Handlung = NZA 96, 873; zum Rechtsirrtum vgl. *Kliemt/Vollstädt* NZA 2003, 357.

[46] BAG 15. 11. 2001 AP 4 zu § 1 KSchG 1969 Abmahnung = NZA 2002, 968; dazu *Kammerer* BB 2002, 1747.

[47] BAG 16. 9. 2004 AP 50 zu § 1 KSchG 1969 Verhaltensbedingte Kündigung = NZA 2005, 459.

[48] BAG 13. 12. 2007 AP 64 zu § 4 KSchG 1969 = NZA 2008, 589; KR/*Fischermeier* § 626 BGB RN 281; ErfK/*Müller-Glöge* § 626 BGB RN 25; *v. Hoyningen-Huene/Linck* § 1 RN 505 ff.

[49] BAG 16. 9. 2004 AP 50 zu § 1 KSchG 1969 Verhaltensbedingte Kündigung = NZA 2005, 459.

[50] BAG 29. 7. 1976 AP 9 zu § 1 KSchG Verhaltensbedingte Kündigung.

[51] BAG 7. 9. 1988 AP 2 zu § 611 BGB Abmahnung = NZA 89, 272.

ärztin die Fleischbeschau nur mangelhaft durchführt,[52] ein Arbeitnehmer sich weigert, vertretungsweise die Küchenleitung zu übernehmen,[53] er unerlaubt Nebentätigkeiten nachgeht,[54] während der Arbeitszeit ein Buch liest oder Briefmarken sortiert,[55] sich weigert, klare Arbeitsanweisungen zu befolgen,[56] unentschuldigt fehlt,[57] wiederholt unpünktlich ist[58] und ohne Erlaubnis den Arbeitsplatz verlässt,[59] die Arbeitsunfähigkeit nicht oder nicht rechtzeitig anzeigt bzw. nachweist.[60] Eine vorherige Abmahnung ist weiterhin regelmäßig erforderlich bei Verstößen gegen betriebliche Rauch- und Alkoholverbote,[61] Privattelefonaten, wenn der Arbeitgeber sie in der Vergangenheit in „gewissem" Umfang geduldet hat (Entsprechendes gilt für die Internetnutzung, vgl. § 127 RN 96),[62] politischen Meinungsäußerungen und parteipolitischer Betätigung im Betrieb,[63] Verweigerung der Arbeit aus Gewissensgründen,[64] Teilnahme an politischen Demonstrationen,[65] homologer Insemination eines Chefarztes in einem katholischen Krankenhaus.[66]

6. Entbehrlichkeit der Abmahnung. Die Abmahnung ist entbehrlich, wenn der Arbeitnehmer nicht willens oder nicht in der Lage ist, sich vertragstreu zu verhalten.[67] Eine Kündigung ohne vorherige Abmahnung ist ferner möglich, wenn die Kündigung nach Abwägung aller Umstände angesichts von Art, Schwere und Folgen der Pflichtverletzung billigenswert und angemessen erscheint, dem Arbeitnehmer die Rechtswidrigkeit der Pflichtwidrigkeit ohne Weiteres erkennbar ist und er mit deren Billigung durch den Arbeitgeber offensichtlich nicht rechnen konnte.[68] 25

Die Abmahnung ist vor Ausspruch einer **außerordentlichen Kündigung regelmäßig nicht erforderlich.**[69] Denn die außerordentliche Kündigung unterscheidet sich von der ordentlichen Kündigung darin, dass der Kündigungsgrund so erheblich sein muss, dass dem Arbeitgeber nicht nur die Fortsetzung des Arbeitsverhältnisses überhaupt, sondern darüber hinaus auch die Fortsetzung des Arbeitsverhältnisses bis zum Ablauf der Kündigungsfrist nicht zuzumuten ist. Hierzu bedarf es einer ganz erheblichen Pflichtverletzung. Liegt aber ein solcher Kündigungssachverhalt vor, ist es regelmäßig unerheblich, ob zuvor schon einmal eine Abmahnung erfolgt ist. Die außerordentliche Kündigung verstößt dann auch nicht gegen das Übermaßverbot, weil die eingetretene Beeinträchtigung durch eine Abmahnung nicht beseitigt werden könnte. 26

Nichts anderes folgt aus **§ 314 II 1 BGB,** wonach eine Kündigung aus wichtigem Grund bei Vertragsverletzungen nur nach vorheriger Abmahnung zulässig ist. Denn nach § 314 II 2 BGB ist § 323 II BGB entsprechend anwendbar. § 323 II Nr. 3 BGB schließt – entsprechend angewandt – das Abmahnungserfordernis aus, wenn besondere Umstände vorliegen, die unter Abwägung der beiderseitigen Interessen die fristlose Kündigung rechtfertigen. Dem entspricht die 27

---

52 BAG 18. 11. 1986 AP 17 zu § 1 KSchG 1969 Verhaltensbedingte Kündigung = NZA 87, 418.

53 BAG 21. 11. 1985 AP 12 zu § 1 KSchG 1969 = NZA 86, 713.

54 BAG 11. 12. 2001 AP 8 zu § 611 BGB Nebentätigkeit = NZA 2002, 965.

55 BAG 27. 1. 1988 ZTR 88, 309.

56 BAG 15. 1. 1986 AP 96 zu § 611 BGB Fürsorgepflicht = NZA 86, 421.

57 BAG 15. 3. 2001 EzA 185 zu § 626 BGB n. F.; 17. 1. 1991 AP 25 zu § 1 KSchG 1969 Verhaltensbedingte Kündigung = NZA 91, 557.

58 LAG Berlin 12. 8. 1996 LAGE § 1 KSchG Verhaltensbedingte Kündigung Nr. 55.

59 BAG 17. 3. 1988 AP 99 zu § 626 BGB = NZA 89, 361; 13. 3. 1987 AP 18 zu § 1 KSchG 1969 Verhaltensbedingte Kündigung = NZA 87, 518.

60 BAG 16. 8. 1991 AP 27 zu § 1 KSchG 1969 Verhaltensbedingte Kündigung = NZA 93, 17.

61 BAG AP 5 zu § 1 KSchG 1969 Verhaltensbedingte Kündigung = NJW 83, 700.

62 Vgl. hierzu BAG 27. 11. 2003 AP 27 zu § 319 ZPO = NZA 2004, 452.

63 Vgl. BAG 9. 12. 1982 AP 73 zu § 626 BGB; ArbG Berlin 20. 12. 1996 NZA-RR 97, 281.

64 Hess. LAG 20. 12. 1994 DB 95, 1619; vgl. dazu auch BAG 24. 5. 1989 AP 1 zu § 611 BGB Gewissensfreiheit.

65 LAG Schleswig-Holstein NZA 95, 842.

66 BAG 7. 10. 1993 AP 114 zu § 626 BGB = NZA 94, 443.

67 BAG 29. 7. 1976 AP 9 zu § 1 KSchG Verhaltensbedingte Kündigung; 3. 2. 1982 AP 1 § 72 BPersVG; 30. 6. 1983 AP 15 zu Art. 140 GG; 12. 7. 1984 AP 32 zu § 102 BetrVG 1972 = NZA 85, 96; 18. 5. 1994 AP 3 zu § 108 BPersVG; 26. 1. 1995 AP 34 zu § 1 KSchG 1969 Verhaltensbedingte Kündigung = NZA 95, 517.

68 BAG 21. 6. 2001 EzA 7 zu § 626 BGB Unkündbarkeit; 8. 6. 2000 AP 163 zu § 626 BGB = NZA 2000, 1282 (Totschlag); 12. 8. 1999 AP 28 zu § 626 BGB Verdacht strafbarer Handlung = NZA 2000, 421; 11. 3. 1999 AP 149 zu § 626 BGB = NZA 99, 587; 10. 2. 1999 AP 42 zu § 15 KSchG 1969 = NZA 99, 708.

69 Staudinger/*Preis* § 626 RN 119.

Rechtsprechung des BAG, die bei schweren Pflichtverletzungen vor Ausspruch einer außerordentlichen Kündigung eine Abmahnung für entbehrlich hält, wenn die Rechtswidrigkeit der Pflichtverletzung offensichtlich ist und deren Hinnahme durch den Arbeitgeber ersichtlich ausgeschlossen ist.[70]

28 **7. Beispiele nicht erforderlicher Abmahnungen.** Entbehrlich ist eine Abmahnung **beispielsweise** bei sexuellen Zudringlichkeiten eines Vorgesetzten gegenüber Arbeitnehmerinnen, insbesondere Auszubildenden,[71] strafbaren Handlungen wie Diebstahl, Unterschlagung, Untreue, Betrug,[72] Tätlichkeiten[73] oder groben Beleidigungen von Vorgesetzten und Arbeitskollegen,[74] Missbrauch von Kontrolleinrichtungen (Stempeluhren),[75] Schmiergeldannahme,[76] Spesenbetrügereien.[77] Ferner zählen hierzu beharrliche Arbeitsverweigerung,[78] Selbstbeurlaubung,[79] Loyalitätsverletzungen eines leitenden Angestellten,[80] Vortäuschen der Arbeitsunfähigkeit und Nebentätigkeiten während der Arbeitsunfähigkeit,[81] schweren Verstößen gegen die Rücksichtnahmepflichten bei Arbeitsunfähigkeit,[82] Androhung von Arbeitsunfähigkeit, wenn Urlaub nicht genehmigt wird,[83] unerlaubte Installation einer Anonymisierungssoftware auf einem dienstlichen Rechner,[84] unerlaubte, ausschweifende Privatnutzung des Internets,[85] Verstoß gegen Wettbewerbsverbote,[86] besonders unangemessenes Verhalten einer Verkäuferin,[87] ausländerfeindliche Äußerungen,[88] schwere Straftaten im außerdienstlichen Bereich eines Angestellten im öffentlichen Dienst.[89] Bei allen diesen Beispielen ist zu beachten, dass die Umstände des Einzelfalls von entscheidender Bedeutung sind und insbesondere bei langer Betriebszugehörigkeit und geringem Verschulden des Arbeitnehmers auch eine andere Entscheidung in Betracht kommt.

29 **8. Verbrauch des Kündigungsrechts.** Mit dem Ausspruch einer Abmahnung **verzichtet der Arbeitgeber i. d. R. zugleich auf das Recht zur Kündigung** aus den Gründen, wegen derer die Abmahnung erfolgt ist.[90] Dies gilt allerdings dann nicht, wenn der Abmahnung selbst oder den Umständen zu entnehmen ist, dass der Arbeitgeber die Sache mit der Abmahnung nicht als „erledigt" ansieht. Ansonsten erlischt mit dem Verzicht das Recht zur Kündigung. Diese Grundsätze gelten auch außerhalb des Anwendungsbereiches des KSchG, denn sie beruhen nicht auf spezifischen kündigungsschutzrechtlichen Erwägungen, sondern auf allgemeinen zivilrechtlichen Grundsätzen.[91] Der Arbeitgeber kann deshalb eine spätere Kündigung nicht allein auf die abgemahnten Gründe stützen, sondern hierauf nur unterstützend zurückgreifen, wenn weitere kündigungsrechtlich erhebliche Umstände eintreten oder ihm nachträglich bekannt werden.[92]

---

[70] BAG 15. 11. 2001 AP 175 zu § 626 BGB.

[71] BAG 9. 1. 1986 AP 20 zu § 626 BGB Ausschlussfrist = NZA 86, 467.

[72] BAG 13. 12. 1984 AP 81 zu § 626 BGB = NZA 85, 288; 12. 8. 1999 AP 28 zu § 626 BGB Verdacht strafbarer Handlung = NZA 2000, 421; 11. 12. 2003 AP 179 zu § 626 BGB = NZA 2004, 486.

[73] BAG 6. 10. 2005 AP 25 § 1 KSchG 1969 Personenbedingte Kündigung = NZA 2006, 431.

[74] BAG 12. 7. 1984 AP 32 zu § 102 BetrVG 1972 = NZA 85, 96; 31. 3. 1993 AP 32 zu § 626 BGB Ausschlussfrist; 24. 10. 1996 RzK I 5 i Nr. 120.

[75] Vgl. BAG 21. 4. 2005 AP 4 zu § 91 SGB IX = NZA 2005, 991; 12. 8. 1999 AP 51 zu § 123 BGB = NZA 2000, 27; 13. 8. 1987 RzK I 5 i Nr. 31; LAG Berlin 6. 6. 1988 LAGE § 1 KSchG Verhaltensbedingte Kündigung Nr. 18; LAG Niedersachsen 18. 10. 1994 RzK I 5 i Nr. 99.

[76] BAG 21. 6. 2001 EzA 7 zu § 626 BGB Unkündbarkeit; 15. 11. 1995 AP 73 zu § 102 BetrVG 1972 = NZA 96, 419.

[77] BAG 22. 11. 1962 AP 49 zu § 626 BGB; LAG Frankfurt 5. 7. 1988 LAGE § 1 KSchG Verhaltensbedingte Kündigung Nr. 20; LAG Köln 2. 3. 1999 RzK I 6 a Nr. 174.

[78] BAG 21. 11. 1996 AP 130 zu § 626 BGB = NZA 97, 487.

[79] BAG 10. 2. 1999 AP 42 zu § 15 KSchG 1969 = NZA 99, 708.

[80] BAG 11. 3. 1999 AP 149 zu § 626 BGB = NZA 99, 587.

[81] BAG 17. 6. 2003 NZA 2004, 564; 26. 8. 1993 AP 112 zu § 626 BGB = NZA 94, 63.

[82] BAG 2. 3. 2006 AP 14 zu § 626 BGB Krankheit = NZA-RR 2006, 636.

[83] BAG 17. 6. 2003 NZA 2004, 564; 5. 11. 1992 AP 4 zu § 626 BGB Krankheit = NZA 93, 308.

[84] BAG 12. 1. 2006 AP 54 zu § 1 KSchG 1969 Verhaltensbedingte Kündigung = NZA 2006, 980.

[85] BAG 7. 7. 2005 AP 192 zu § 626 BGB = NZA 2006, 98.

[86] BAG 26. 1. 1995 EzA 155 zu § 626 BGB; 25. 4. 1991 AP 104 zu § 626 BGB = NZA 92, 212.

[87] LAG Schleswig-Holstein 5. 10. 1998 LAGE § 626 BGB Nr. 122.

[88] BAG 1. 7. 1999 AP 11 zu § 15 BBiG = NZA 99, 1270; 14. 2. 1996 AP 26 zu § 626 BGB Verdacht strafbarer Handlung = NZA 96, 873.

[89] BAG 8. 6. 2000 AP 163 zu § 626 BGB = NZA 2000, 1282 (Totschlag).

[90] BAG 13. 12. 2007 AP 83 zu § 1 KSchG 1969 = NZA 2008, 403; 6. 3. 2003 AP 30 zu § 611 BGB Abmahnung = NZA 2003, 1388; KR/Fischermeier § 626 BGB RN 280; ErfK/*Müller-Glöge* § 626 RN 33.

[91] BAG 13. 12. 2007 AP 83 zu § 1 KSchG 1969 = NZA 2008, 403.

[92] BAG 2. 2. 2006 AP 52 zu § 1 KSchG 1969 Verhaltensbedingte Kündigung = NZA 2006, 880.

Ein Verzicht kann allerdings nur dann angenommen werden, wenn die Vertragsrüge **deutlich und unzweifelhaft** zu erkennen gibt, dass der Arbeitgeber den vertraglichen Pflichtverstoß hiermit als ausreichend sanktioniert und die Sache als erledigt ansieht.[93] Weist der Arbeitgeber den Arbeitnehmer an, einen zumutbaren Arbeitsplatz anzunehmen, besteht auch nach der ersten Weigerung die Pflicht fort, dort tätig zu werden. Durch den Ausspruch einer Abmahnung im Falle der Weigerung des Arbeitnehmers, den Arbeitsplatz anzunehmen, weist der Arbeitgeber auf die nach seiner Sicht bestehende Pflicht hin und droht für den Fall der fortgesetzten Ablehnung dieses Arbeitsangebots die Kündigung an. Der Arbeitnehmer kann aus dieser Abmahnung nicht herleiten, der Arbeitgeber wolle auf ein Kündigungsrecht auch für den Fall verzichten, dass der Arbeitnehmer bei seiner Weigerung bleibt.[94] 30

Eine Abmahnung führt nur hinsichtlich der zum Zeitpunkt ihrer Erteilung vorliegenden und **bekannten Gründe** zum Verzicht auf das Kündigungsrecht.[95] Unberührt bleibt das Recht des Arbeitgebers, bei neuen Pflichtverletzungen unterstützend auf das abgemahnte Fehlverhalten zurückzugreifen. Andererseits kann der Arbeitgeber nach erfolgloser Kündigung wegen desselben Sachverhaltes, der für eine Kündigung nicht ausgereicht hat, abmahnen.[96] Eine bloße **Ermahnung** „verbraucht" dagegen nicht das Kündigungsrecht, weil ihr die Kündigungsandrohung fehlt.[97] 31

IV. Mitwirkung des Betriebsrats

1. Mitbestimmung. Die Abmahnung als Ausübung eines arbeitsvertraglichen Rügerechts unterliegt nicht der Mitbestimmung des **Betriebsrats.**[98] Ein Mitbestimmungsrecht besteht nur, wenn die Abmahnung der Sache nach eine Betriebsbuße darstellt (dazu § 61).[99] Der Betriebsrat kann auch keine Abschrift der Abmahnung verlangen. Unberührt bleibt jedoch das Anhörungsverfahren vor Kündigungen (§ 102 BetrVG). Vor Ausspruch einer verhaltensbedingten Kündigung hat der Arbeitgeber den Betriebsrat auch über erfolgte Abmahnungen und die Reaktion des Arbeitnehmers hierauf zu unterrichten.[100] 32

Entsprechendes gilt im Allgemeinen für die Beteiligung des **Personalrats.**[101] Je nach landesrechtlicher Regelung in den einzelnen PersVG bestehen jedoch Mitbestimmungsrechte des **Personalrats.** 33

2. Aufsichts- und Kontrollbefugnis. Die Mitwirkungsrechte des Betriebsrats nach § 102 BetrVG können auch nicht mittelbar über die Aufsichts- und Kontrollbefugnis nach § 80 BetrVG erweitert werden. Der Arbeitnehmer kann bei der Einsichtnahme in seine Personalakte ein Mitglied des Betriebsrats hinzuziehen (§ 83 BetrVG). Dagegen hat der Betriebsrat nach ganz h. M. kein eigenes Einsichtsrecht in die Personalakte. Durch die Wahrnehmung von Aufsichts- und Kontrollrechten kann ihm mithin nicht die Einsicht in Personalakten eröffnet werden. Der einzelne Arbeitnehmer bedarf nicht nur des Schutzes gegenüber dem Arbeitgeber, sondern auch gegenüber dem Betriebsrat. 34

3. Beschwerde. Zweifelhaft ist, ob Mitwirkungsrechte des Betriebsrats nach §§ 84, 85 BetrVG entstehen können. Jeder Arbeitnehmer hat danach das Recht, sich zu **beschweren,** wenn er sich vom Arbeitgeber oder von Arbeitnehmern des Betriebs benachteiligt oder ungerecht behandelt fühlt (§ 84 BetrVG). Die Beschwerde kann an den Arbeitgeber oder an den Betriebsrat gerichtet werden. Der Betriebsrat kann die Beschwerde aufgreifen und beim Arbeitgeber vorstellig werden. 35

Wendet sich der Arbeitnehmer wegen einer Abmahnung **beschwerdeführend an den Betriebsrat,** kann dieser sich an den Arbeitgeber mit der Bitte um Abhilfe der Beschwerde richten. Kommt es zu keiner Einigung zwischen Betriebsrat und Arbeitgeber, ist zweifelhaft, wie weiter zu verfahren ist. Nach § 85 II 1 BetrVG kann der Betriebsrat die Einigungsstelle anrufen, wenn Meinungsverschiedenheiten über die Berechtigung der Beschwerde bestehen. Der Spruch der Einigungsstelle ersetzt die Einigung zwischen Arbeitgeber und Betriebsrat. Dies gilt nicht, 36

[93] BAG 6. 3. 2003 AP 30 zu § 611 BGB Abmahnung = NZA 2003, 1388.
[94] BAG 2. 2. 2006 AP 52 zu § 1 KSchG 1969 Verhaltensbedingte Kündigung = NZA 2006, 880.
[95] BAG 15. 3. 2001 EzA 185 zu § 626 BGB n. F.
[96] BAG 7. 9. 1988 AP 2 zu § 611 BGB Abmahnung = NZA 89, 272.
[97] BAG 9. 3. 1995 NZA 96, 875.
[98] BAG 19. 7. 1983 AP 5 zu § 87 BetrVG 1972 Betriebsbuße; 17. 10. 1989 AP 12 zu § 87 BetrVG 1972 Betriebsbuße = NZA 90, 193.
[99] BAG 7. 11. 1979 AP 3 zu § 87 BetrVG 1972 Betriebsbuße.
[100] BAG 31. 8. 1989 AP 1 zu § 77 LPVG Schleswig-Holstein = NZA 90, 658.
[101] OVG Münster 11. 3. 1992 BB 92, 2145.

soweit Gegenstand der Beschwerde ein Rechtsanspruch ist (§ 85 II 2, 3 BetrVG). Nach Auffassung des BAG ist in allen Fällen der Verfolgung von Rechtsansprüchen der Weg zur Einigungsstelle verschlossen.[102] Wenn diese Rspr. folgerichtig zu Ende gedacht wird, ist bei Meinungsverschiedenheiten über die Berechtigung einer Abmahnung der Weg zur Einigungsstelle nicht eröffnet, weil mit einem etwaigen Beseitigungsanspruch (unten RN 37ff.) Rechtsansprüche verfolgt werden.

V. System des Rechtsschutzes

37 **1. Keine Obliegenheit zur Klage.** Der Arbeitnehmer kann vom Arbeitgeber verlangen, eine zu Unrecht erfolgte Abmahnung aus der Personalakte zu entfernen. Der Arbeitnehmer ist jedoch **nicht verpflichtet,** zur Vermeidung von Rechtsnachteilen gegen eine aus seiner Sicht unwirksame Abmahnung etwas zu unternehmen.[103] Dem Arbeitgeber steht für die Richtigkeit des abgemahnten Verhaltens kein Anscheinsbeweis zur Seite, wenn der Arbeitnehmer – aus welchen Gründen auch immer – gegen die Abmahnungen nicht vorgeht.[104]

38 **2. Gegendarstellung.** Meint der Arbeitnehmer, unberechtigt abgemahnt worden zu sein, kann er dem Arbeitgeber eine Gegendarstellung zuleiten. Das Recht zur Gegendarstellung ist in **§ 83 II BetrVG** ausdrücklich geregelt. Es ergibt sich im Übrigen aus § 242 BGB. Der Arbeitgeber ist freilich nicht gehalten, „langatmige Tiraden" zu den Personalakten zu nehmen, sondern nur Gegendarstellungen im Hinblick auf die Dokumentationsfunktion der Abmahnung. Beleidigende, nicht der Wahrnehmung berechtigter Interessen dienende Äußerungen brauchen nicht zu den Personalakten genommen werden. Recht und Gegenrecht müssen korrespondieren, sonst werden sie zum Rechtsmissbrauch.

39 **3. Klage auf Entfernung der Abmahnung aus der Personalakte. a)** Nach der Rechtsprechung des BAG kann der Arbeitnehmer in entsprechender Anwendung der §§ 242, 1004 BGB die **Entfernung einer zu Unrecht erteilten Abmahnung aus seinen Personalunterlagen** verlangen, wenn die Abmahnung formell nicht ordnungsgemäß zustande gekommen ist, sie unrichtige Tatsachenbehauptungen enthält, sie den Grundsatz der Verhältnismäßigkeit verletzt oder kein schutzwürdiges Interesse des Arbeitgebers am Verbleib der Abmahnung in der Personalakte mehr besteht.[105] Die ungerechtfertigte Abmahnung wird als Verletzung des Persönlichkeitsrechts des Arbeitnehmers verstanden, das nach § 823 I BGB geschützt ist. Soweit dem Arbeitnehmer eine Verletzung seiner arbeitsvertraglichen Pflichten vorgeworfen wird, kommt es nicht darauf an, ob dieser Pflichtenverstoß dem Arbeitnehmer subjektiv vorwerfbar ist; es reicht aus, wenn der Arbeitgeber einen objektiven Verstoß des Arbeitnehmers gegen die arbeitsvertraglichen Pflichten rügt. Eine solche Rüge ist nicht nur ungerechtfertigt, wenn sie unrichtige Tatsachenbehauptungen enthält, sondern auch dann, wenn sie auf einer unzutreffenden rechtlichen Bewertung des Verhaltens des Arbeitnehmers beruht.[106]

40 **b) Gegenstand des Beseitigungsanspruchs** ist die Beseitigung von Vorgängen, die in keinem Zusammenhang mit dem Arbeitsverhältnis stehen. Weiterhin gehören hierzu alle unrichtigen Tatsachenangaben, ganz gleich, ob sie in einem Vermerk oder in einer schriftlichen Abmahnung enthalten sind. Der Beseitigungsanspruch umfasst aber auch Bewertungen, wenn sie ungerechtfertigt sind. Auf die Vorwerfbarkeit des gerügten Verhaltens kommt es nicht an.[107] Der Beseitigungsanspruch bezieht sich nach Auffassung des BAG schließlich noch auf solche Vorgänge, die zwar inhaltlich zutreffend sind, aber für eine Kündigung wegen des erfolgten Zeitablaufs keine Bedeutung mehr haben.[108]

41 **c)** Die Warn- und Androhungsfunktionen verbieten es, einen **Austausch der Abmahnungsgründe** oder deren Nachschieben in einem Rechtsstreit zuzulassen.[109] Stellt sich im Prozess heraus, dass die Abmahnungsgründe nicht zutreffen, kann der Arbeitgeber nicht andere

---

[102] BAG 28. 6. 1984 AP 1 zu § 85 BetrVG 1972 = NZA 85, 189; *Fitting* § 85 RN 8.

[103] KR/*Fischermeier* § 626 BGB RN 284; ErfK/*Müller-Glöge* § 626 RN 35.

[104] BAG 13. 3. 1987 AP 18 zu § 1 KSchG 1969 Verhaltensbedingte Kündigung = NZA 87, 518.

[105] BAG 11. 12. 2001 AP 8 zu § 611 BGB Nebentätigkeit = NZA 2002, 965; 30. 5. 1996 AP 2 zu § 611 BGB Nebentätigkeit = NZA 97, 145.

[106] BAG 11. 12. 2001 AP 8 zu § 611 BGB Nebentätigkeit = NZA 2002, 965.

[107] BAG 7. 9. 1988 AP 2 zu § 611 BGB Abmahnung = NZA 89, 272; 5. 8. 1992 AP 8 zu § 611 BGB Abmahnung; 27. 11. 1985 AP 93 zu § 611 BGB Fürsorgepflicht = NZA 86, 227.

[108] BAG 13. 4. 1988 AP 100 zu § 611 BGB Fürsorgepflicht = NZA 88, 654; 14. 12. 1994 AP 15 zu § 611 BGB Abmahnung.

[109] *Pauly* NZA 95, 449, 453; *Schaub* NJW 90, 872, 874.

Gründe nachschieben. Unberührt bleibt sein Recht, aus diesen Gründen eine neue Abmahnung auszusprechen. Zulässig ist dagegen, bestehende Abmahnungsgründe im Prozess näher zu konkretisieren. Soweit hiergegen eingewandt wird, ein Nachschieben von Abmahnungsgründen müsse möglich sein, weil auch ein Nachschieben von Kündigungsgründen zulässig sei,[110] wird die Warnfunktion der Abmahnung nicht genügend beachtet.

d) Nach Beendigung des Arbeitsverhältnisses hat der Arbeitnehmer keinen Anspruch mehr auf Entfernung der Abmahnung aus der Personalakte. Etwas anderes gilt ausnahmsweise dann, wenn die Abmahnung dem Arbeitnehmer auch nach Beendigung des Arbeitsverhältnisses noch schaden kann.[111] 42

e) Der Arbeitgeber im **öffentlichen Dienst** verletzt im Geltungsbereich des BAT mit der Aufnahme einer Abmahnung in die Personalakte ohne vorherige **Anhörung der Angestellten** eine tarifvertraglich geltende Nebenpflicht. Nach Auffassung des BAG rechtfertigt schon allein der Verstoß gegen die Anhörungspflicht nach § 13 II BAT einen Entfernungsanspruch des Arbeitnehmers.[112] Diese Pflichtverletzung des Arbeitgebers begründet einen schuldrechtlichen Entfernungsanspruch neben dem Recht des Arbeitnehmers auf Gegenäußerung nach § 13 II 2 BAT. Ist die Abmahnung allerdings inhaltlich berechtigt, kann sich der Arbeitgeber im nachfolgenden Kündigungsschutzprozess auf die Abmahnung berufen. 43

4. Klage auf Widerruf. Auch **nach Entfernung der Abmahnung aus der Personalakte** kann nach der Rechtsprechung des BAG auf Widerruf der in ihr enthaltenen Erklärungen geklagt werden.[113] 44

5. Feststellungsklage. Eine Klage auf Feststellung der Unwirksamkeit einer Abmahnung ist **unzulässig.** Nach § 256 ZPO kann nur auf Feststellung eines Rechtsverhältnisses geklagt werden. Mit einem Klageantrag, die Unwirksamkeit einer Abmahnung festzustellen, wird die Feststellung einer Tatsache begehrt.[114] Es verstößt gegen § 308 I ZPO, wenn das Gericht in einem Streit über die Entfernung eines Abmahnungsschreibens den beklagten Arbeitgeber ohne entsprechenden Antrag für berechtigt erklärt, erneut schriftlich abzumahnen.[115] 45

6. Bindungswirkung im Kündigungsschutzprozess. Obsiegt der Arbeitnehmer mit dem Beseitigungsanspruch, ist fraglich, ob damit zugleich ein **Verwertungsverbot** wegen des abgemahnten Verhaltens ausgesprochen wird. Das Verwertungsverbot beinhaltet, dass das abgemahnte Verhalten weder im beruflichen Fortkommen noch in einem Kündigungsrechtsstreit verwertet werden kann. Richtigerweise ist zu unterscheiden: Ist eine Abmahnung wegen Verstoßes gegen die Anhörungspflicht nach § 13 BAT aus der Personalakte zu entfernen, führt dies nicht dazu, dass sich der Arbeitgeber nicht mehr auf das Fehlverhalten berufen kann.[116] Dagegen können aus einer materiell ungerechtfertigten Abmahnung keine nachteiligen Konsequenzen für den Arbeitnehmer gezogen werden. In einem Kündigungsschutzprozess ist von der Unwirksamkeit der Abmahnung auszugehen. Schließt ein Arbeitnehmer mit dem Arbeitgeber einen Prozessvergleich über die Entfernung der Abmahnung aus der Personalakte nach Ablauf einer Frist, bedeutet das nach – abzulehnenden – Teilen der Rechtsprechung nicht unbedingt die Anerkennung der Richtigkeit der Abmahnung.[117] 46

7. Vorbeugende Unterlassungsklage. Ob der Arbeitnehmer eine **vorbeugende Unterlassungsklage** gegen eine Abmahnung erheben kann, ist höchst zweifelhaft. In der Instanzrechtsprechung wird sie nur dann anerkannt, wenn die objektive ernstliche Besorgnis weiterer Störungen des Arbeitsverhältnisses durch ungerechtfertigte Abmahnungen besteht.[118] Im Allgemeinen wird aber das Rechtsschutzinteresse fehlen. 47

Umstr., aber mangels Feststellungsinteresses zu verneinen ist, ob auch der **Arbeitgeber** auf Feststellung der Rechtswirksamkeit einer Abmahnung klagen kann.[119] 48

8. Darlegungs- und Beweislast. Der **Arbeitgeber** trägt die Darlegungs- und Beweislast für die Behauptung, es liege ein Pflichtverstoß des Arbeitnehmers vor. Macht der Arbeitnehmer 49

---

[110] LAG Berlin 21. 8. 1989 NZA 89, 964.
[111] BAG 14. 9. 1994 AP 13 zu § 611 BGB Abmahnung = NZA 95, 220.
[112] BAG 16. 11. 1989 AP 2 zu § 13 BAT = NZA 90, 477.
[113] BAG 15. 4. 1999 AP 22 zu § 611 BGB Abmahnung = NZA 99, 1037.
[114] BAG 17. 10. 1989 AP 12 zu § 87 BetrVG 1972 Betriebsbuße = NZA 90, 193.
[115] BAG 14. 12. 1994 AP 14 zu § 611 BGB Abmahnung = NZA 95, 461.
[116] BAG 21. 5. 1992 AP 28 zu § 1 KSchG 1969 Verhaltensbedingte Kündigung = NZA 92, 1028.
[117] LAG Hamm NZA 90, 540.
[118] ArbG Bochum 17. 5. 1996 NZA-RR 97, 82.
[119] *Jurkat* DB 90, 2218.

Rechtfertigungsgründe geltend, muss er substantiiert die Tatsachen vortragen, aus denen eine Rechtfertigung, z. B. eine Genehmigung des Verhaltens, folgen soll.[120]

50 **9. Vermögensrechtliche Streitigkeit.** Bei Streitigkeiten um Abmahnungen handelt es sich um vermögensrechtliche Streitigkeiten, so dass die Berufungsfähigkeit erstinstanzlicher Urteile von der Beschwerdesumme oder der Zulassung der Berufung durch das Arbeitsgericht abhängt.[121] Es entspricht billigem Ermessen, wenn der Streitwert für eine Abmahnung auf einen Monatsverdienst angesetzt wird.[122]

51 **10. Ausschlussfristen.** Nach Auffassung des BAG unterliegt der Beseitigungsanspruch **keiner tariflichen Verfallfrist,** weil er aus einer fortwirkenden Verletzung des Persönlichkeitsrechts folge.[123] Unberührt von den Verfallfristen bleibt die Möglichkeit der Prozessverwirkung.[124] Ein Arbeitnehmer hatte im Anschluss an eine erklärte Abmahnung geäußert, gegen die tatsächlichen Grundlagen der abgemahnten Pflichtwidrigkeit wolle er nicht vorgehen. Der Arbeitgeber hat keine Beweissicherung vorgenommen. Das BAG ist in diesem Fall nicht von einer Verwirkung, sondern einer Beweislastumkehr ausgegangen.

§ 133. Verhaltensbedingte Kündigung

Seit 2000, sonst frühere Aufl.: *Adam,* Religionsfreiheit im Arbeitsrecht, NZA 2003, 1375; *Beckschulze,* Internet-, Intranet- und E-Mail-Einsatz am Arbeitsplatz, – Rechte der Beteiligten und Rechtsfolgen bei Pflichtverletzungen, DB 2003, 2777; *Benecke,* Mobbing, 2005; *dieselbe,* Mobbing im Arbeitsrecht, NZA 2003, 225; *Bengelsdorf,* Illegale Drogen im Betrieb, NZA-RR 2004, 113; *ders.,* Illegale Drogen im Betrieb, NZA-RR 2004, 113; *ders.,* Die verhaltensbedingte Kündigung des alkohol-/drogensüchtigen Mitarbeiters, FS Hromadka, 2008, S. 9; *Berkowsky,* Die personen- und verhaltensbedingte Kündigung, 4. Aufl., 2005; *ders.,* Die verhaltensbedingte Kündigung, NZA-RR 2001, 1, 57; *Bürkle,* Weitergabe von Informationen übers Fehlverhalten in Unternehmen (Whistleblowing) und Steuerung auftretender Probleme durch ein Compliance-System, DB 2004, 2158; *Deiseroth,* Verfassungsrechtliche Vorgaben für das Kündigungsschutzrecht – Grundrechtsschutz bei Anzeigen gegenüber der Staatsanwaltschaft, AuR 2002, 161; *Diller,* „Gesuchte" Kündigungsgründe, NZA 2006, 569; *Dütz,* Rechtsschutz für kirchliche Bedienstete im individuellen Arbeitsrecht, insbesondere Kündigungsschutzverfahren, NZA 2006, 65; *Fischer,* Handlungsmöglichkeiten des Arbeitgebers bei Doping und Dopingverdacht, FA 2002, 134; *Gaul/Khanian,* Zulässigkeit und Grenzen arbeitsrechtlicher Regelungen zur Beschränkung von Nebentätigkeiten, MDR 2006, 68; *Hoevels,* Kopftuch als Kündigungsgrund, NZA 2003, 701; *Horst/Jacobs,* Arbeits- und verbandsrechtliche Konsequenzen des Dopings, RdA 2003, 215; *Hunold,* Die Rechtsprechung zur Abmahnung und Kündigung bei Vertragsstörungen im Vertrauensbereich, NZA-RR 2003, 57; *ders.,* Unzureichende Arbeitsleistung als Abmahn- und Kündigungsgrund, BB 2003, 2345; *Kaiser,* Verschuldensunabhängige verhaltensbedingte Kündigung, FS Otto, 2008, S. 173; *Kleinebrink,* Verhaltensbedingte Kündigung – die prozessuale Bedeutung der Arbeitsunfähigkeitsbescheinigung, ArbRB 2003, 317; *Kliemt/Vollstädt,* Unverschuldeter Rechtsirrtum – Wunderwaffe bei beharrlicher Arbeitsverweigerung, NZA 2003, 357; *Kramer,* Internetnutzung als Kündigungsgrund, NZA 2004, 457; *ders.,* Kündigung wegen privater Internetnutzung, NZA 2006, 194; *Küttner,* Der „gesuchte" wichtige Grund und § 626 Abs. 1 BGB, FS Bartenbach, 2005, S. 599; *Lansnicker/Schwirtzek,* Außerdienstliches fremdenfeindliches Verhalten als Kündigungsgrund?, DB 2001, 865; *Mästle,* Sexuelle Belästigungen im Betrieb – angemessene Reaktionsmöglichkeiten des Arbeitgebers, BB 2002, 250; *Moderegger,* Surfen auf eigene Gefahr, ArbRB 2006, 146; *Müller, Michael,* Whistleblowing – Ein Kündigungsgrund?, NZA 2002, 424; *Polzer/Powietzka,* Rechtsextremismus als Kündigungsgrund, NZA 2000, 970; *Quecke,* Aktuelle Entwicklungen in der Rechtsprechung zur verhaltensbedingten Kündigung, ZTR 2003, 6; *Reichel,* Entwendung geringwertiger Sachen des Arbeitgebers als Kündigungsgrund, AuR 2004, 250; *Sasse/Stelzer,* Kündigung wegen Arbeitnehmeranzeigen – whistleblowing, ArbRB 2003, 18; *Schlachter,* Sexuelle Belästigung am Arbeitsplatz – Inhalt und Funktion des Arbeitsplatzbezugs, NZA 2001, 121; *dies.,* Fristlose Kündigung wegen Entwendung geringwertiger Sachen des Arbeitgebers, NZA 2005, 433; *Schmitt, Bettina,* Whistleblowing – „Verpfeifen" des Arbeitgebers, 2003; *Schmitz-Scholemann,* Ehrverletzungen als Kündigungsgrund, BB 2000, 926; *Stein,* Die rechtsmissbräuchliche Strafanzeige, BB 2004, 1961; *Subatzus,* Wenn der Mitarbeiter Krankheit vortäuscht, AuA 2002, 174; *Teschner,* Doping als Kündigungsgrund, NZA 2001, 1233; *Thüsing,* Vom Kopftuch als Angriff auf die Vertragsfreiheit, NJW 2003, 405; *Tschöpe,* Verhaltensbedingte Kündigung – Eine systematische Darstellung im Lichte der BAG-Rechtsprechung, BB 2003, 778; *ders.,* „Low Performer" im Arbeitsrecht, BB 2006, 213.

---

[120] LAG Bremen 6. 3. 1992 NZA 92, 694; LAG Frankfurt 31. 10. 1986 LAGE § 611 BGB Abmahnung Nr. 5.

[121] BAG 24. 2. 1982 AP 3 zu § 64 ArbGG 1979.

[122] LAG Nürnberg 11. 11. 1992 NZA 93, 430; APS/*Linck,* 2. Aufl., § 12 ArbGG RN 19 f.

[123] BAG 14. 12. 1994 AP 15 zu § 611 BGB Abmahnung = NZA 95, 676; 15. 7. 1987 AP 14 zu § 611 BGB Persönlichkeitsrecht = NZA 88, 53.

[124] BAG 13. 3. 1987 AP 18 zu § 1 KSchG 1969 Verhaltensbedingte Kündigung = NZA 87, 518.

Übersicht

	RN		RN
I. Allgemeine Grundsätze	1 ff.	7. Betriebliche Beeinträchtigungen	7
1. Begriff	1	8. Anderweitige Beschäftigungsmöglichkeiten	8
2. Voraussetzungen	2, 2 a	9. Interessenabwägung	9
3. Verletzung vertraglicher Pflichten	3	10. Darlegungs- und Beweislast	10
4. Abmahnung	4	II. Übersicht über einzelne Kündigungsgründe	11–56
5. Negative Prognose	5		
6. Verschulden	6		

I. Allgemeine Grundsätze

1. Begriff. Nach § 1 II 1 KSchG ist eine Kündigung auch sozial ungerechtfertigt, wenn sie nicht durch Gründe, die in dem **Verhalten des Arbeitnehmers** liegen, bedingt ist. Verhalten ist jedes vom Willen des Arbeitnehmers gesteuerte Handeln. Das Handeln ist kündigungsrelevant, wenn der Arbeitnehmer Vertragspflichten verletzt. Hierdurch unterscheidet sich der verhaltensbedingte Kündigungsgrund vom personenbedingten Kündigungsgrund (§ 131). Bei einer personenbedingten Kündigung sind mangelnde Eignung und Befähigung maßgebend, die nicht auf einem steuerbaren Verhalten beruhen.[1] Ein verhaltensbedingter Kündigungsgrund liegt vor, wenn der Arbeitnehmer nicht will, ein personenbedingter Grund dagegen, wenn der Arbeitnehmer nicht kann.[2] Ein Sonderfall der verhaltensbedingten Kündigung ist nach h. M. die **Verdachtskündigung** (dazu § 127 RN 136 ff.). Eine **Druckkündigung** (dazu § 127 RN 89 f.) ist nach Auffassung des BAG alternativ als verhaltens-/personen- oder betriebsbedingte Kündigung zu prüfen.[3] 1

2. Voraussetzungen. Eine verhaltensbedingte Kündigung ist grundsätzlich in **drei Stufen zu prüfen:** 2

(1) Zunächst ist festzustellen, ob eine **Verletzung vertraglicher Pflichten** vorliegt.

(2) Weiterhin ist zu prüfen, ob eine einschlägige **Abmahnung** (dazu § 132) erfolgt ist oder ob diese wegen der Schwere der Pflichtverletzung ausnahmsweise entbehrlich ist. Hiervon hängt ab, ob die Gefahr künftige Störungen des Arbeitsverhältnisses (negative Prognose) besteht.

(3) Auf dritter Stufe ist eine **Interessenabwägung** vorzunehmen.

Wie bei jeder Kündigung ist schließlich auch bei der verhaltensbedingten Kündigung der **Verhältnismäßigkeitsgrundsatz** zu beachten und deshalb zu prüfen, ob anstelle der Kündigung mildere Maßnahmen in Betracht kommen. Eine Versetzung auf einen anderen Arbeitsplatz kommt dabei nur ausnahmsweise in Betracht, etwa bei Schlechtleistungen, die sowohl auf mangelnder Eignung als auch auf mangelndem Arbeitswillen beruhen. 2a

3. Verletzung vertraglicher Pflichten. Hierzu gehören Verletzungen der **Hauptpflicht,** d. h. der Arbeitspflicht (z. B. Arbeitszeitverstöße oder Schlechtleistung) sowie die Verletzung von **Nebenpflichten.** Diese können sich aus dem Gesetz oder dem Arbeitsvertrag ergeben. Ausdrückliche gesetzliche Nebenpflichten sind beispielsweise die Anzeige- und Nachweispflichten bei Arbeitsunfähigkeit (§ 5 EFZG), das Verbot sexueller Belästigung nach Maßgabe des AGG und Wettbewerbsverbote (§ 60 I HGB). Daneben beruhen zahlreiche Nebenpflichten auf § 242 bzw. § 241 II BGB und vertraglicher Vereinbarung.[4] Die vertraglichen Rücksichtnahmepflichten aus § 241 II BGB sind ggf. im Lichte der im jeweiligen Einzelfall beachtlichen Grundrechte zu konkretisieren.[5] Verletzt der Arbeitnehmer Nebenpflichten und beeinträchtigt dadurch Bestandsschutz- und Integritätsinteressen des Arbeitgebers, erweist er sich als unzuverlässig und enttäuscht damit berechtigtes Vertrauen des Arbeitgebers in die Loyalität des Arbeitnehmers.[6] Kündigungsrelevante Nebenpflichten sind beispielsweise Nebentätigkeitsverbote, Alkoholverbote, weiterhin das Verbot der Schmiergeldannahme sowie allgemeine Rücksichtnahmepflichten, 3

---

[1] Ebenso HaKo/*Gallner* § 1 RN 457; MünchArbR/*Berkowsky* § 136 RN 3; APS/*Dörner* § 1 KSchG RN 120; teilweise a. A. BAG 4. 6. 1997 AP 137 zu § 626 BGB = NZA 97, 1281.

[2] *v. Hoyningen-Huene/Linck* § 1 RN 290.

[3] BAG 31. 1. 1996 AP 13 zu § 626 BGB Druckkündigung = NZA 96, 581.

[4] BAG 24. 6. 2004 AP 49 zu § 1 KSchG 1969 Verhaltensbedingte Kündigung = NZA 2005, 158; 2. 3. 2006 AP 14 zu § 626 BGB Krankheit = NZA-RR 2006, 636.

[5] Vgl. BVerfG 30. 7. 2003 AP 134 zu Art. 12 GG = NZA 2003, 959; BAG 24. 6. 2004 AP 49 zu § 1 KSchG 1969 Verhaltensbedingte Kündigung = NZA 2005, 158 (Meinungsfreiheit); 10. 10. 2002 AP 44 zu § 1 KSchG 1969 Verhaltensbedingte Kündigung = NZA 2003, 483 (Glaubensfreiheit).

[6] Vgl. dazu BAG 11. 3. 1999 AP 149 zu § 626 BGB; *Belling* FS Kissel S. 11, 22; *Enderlein* RdA 2000, 325.

aus denen etwa das Verbot des Androhens einer Krankschreibung für den Fall resultiert, dass ein beantragter Urlaub nicht gewährt wird.[7] Verhaltensbedingte Kündigungsgründe können auch gegeben sein, wenn die Arbeitspflichtverletzungen bei einem anderen Konzernarbeitgeber vorgekommen sind.[8] Außerdienstliches Verhalten ist grundsätzlich nicht kündigungsrelevant, weil hierdurch regelmäßig keine Arbeitspflichten verletzt werden (näher dazu § 127 RN 83f.). Vor Beginn des Arbeitsverhältnisses liegende Ereignisse und Umstände können eine verhaltensbedingte Kündigung rechtfertigen, wenn sie das Arbeitsverhältnis erheblich beeinträchtigen und dem Kündigenden nicht schon bei Vertragsschluss bekannt waren.[9]

4 **4. Abmahnung.** Vor Ausspruch einer verhaltensbedingten Kündigung ist grundsätzlich eine Abmahnung erforderlich (dazu näher § 132). Nur wenn sich der Arbeitnehmer eine vorherige einschlägige Abmahnung nicht zur Warnung gereichen lässt, ist die Annahme einer Gefahr künftiger Störungen des Arbeitsverhältnisses gerechtfertigt. Von diesem Grundsatz gelten Ausnahmen bei schweren Vertragsverletzungen (dazu im Einzelnen § 132 RN 25ff.).

5 **5. Negative Prognose.** Zur sozialen Rechtfertigung einer verhaltensbedingten Kündigung ist eine negative Prognose erforderlich.[10] Auch die verhaltensbedingte Kündigung hat **keinen Sanktionscharakter.**[11] Eine negative Prognose liegt vor, wenn aus der konkreten Vertragspflichtverletzung und der daraus resultierenden Vertragsstörung geschlossen werden kann, der Arbeitnehmer werde den Arbeitsvertrag auch nach einer Kündigungsandrohung erneut in gleicher oder ähnlicher Weise verletzen. Liegt eine ordnungsgemäße Abmahnung vor und verletzt der Arbeitnehmer erneut seine vertraglichen Pflichten, kann regelmäßig davon ausgegangen werden, es werde auch zukünftig zu weiteren Vertragsstörungen kommen (dazu § 132 RN 19ff.).[12] Auch aus der Beharrlichkeit vergangener Vertragsverletzungen und dem Maß des Verschuldens kann auf eine negative Prognose geschlossen werden.[13] Zeigt sich der bei einer Pflichtverletzung ertappte Arbeitnehmer uneinsichtig und beharrt er auf einer Fortsetzung seines Tuns, ist auch ohne Abmahnung eine negative Prognose gegeben. Je nach Erheblichkeit der Pflichtverletzung kann allerdings gleichwohl aus Gründen der Verhältnismäßigkeit vor der Kündigung eine Abmahnung erforderlich sein.[14]

6 **6. Verschulden.** Eine verhaltensbedingte Kündigung setzt **grundsätzlich schuldhaftes, d.h. vorsätzliches oder fahrlässiges Verhalten** voraus.[15] Ein schuldloses Verhalten des Arbeitnehmers kann nur unter besonderen Umständen den Arbeitgeber zur verhaltensbedingten Kündigung berechtigen.[16] Gefährdet der Arbeitnehmer durch sein Fehlverhalten die Sicherheit des Betriebs oder stört durch fortlaufende Tätlichkeiten, schwerste Beleidigungen etc. schwerwiegend die betriebliche Ordnung, muss der Arbeitgeber die Möglichkeit haben, das Arbeitsverhältnis zu beenden, weil eine Weiterbeschäftigung des betreffenden Arbeitnehmers bereits auf Grund des objektiven Fehlverhaltens des Arbeitnehmers unzumutbar ist. Gerade weil auch der verhaltensbedingte Kündigungsgrund zukunftsbezogen ist und keinen Sanktionscharakter hat, ist ein Verschulden des Arbeitnehmers keine notwendige Voraussetzung für eine wirksame verhal-

---

[7] BAG 17. 6. 2003 AP 13 zu § 543 ZPO 1977; 5. 11. 1992 AP 4 zu § 626 BGB Krankheit = NZA 93, 308.

[8] LAG Köln 28. 3. 2001 NZA 2002, 387.

[9] BAG 5. 4. 2001 AP 171 zu § 626 BGB = NZA 2001, 954; 17. 8. 1972 AP 65 zu § 626 BGB.

[10] Vgl. BAG 12. 1. 2006 AP 54 zu § 1 KSchG 1969 Verhaltensbedingte Kündigung = NZA 2006, 980; 16. 9. 2004 AP 50 zu § 1 KSchG 1969 Verhaltensbedingte Kündigung = NZA 2005, 459; 26. 1. 1995 AP 34 zu § 1 KSchG 1969 Verhaltensbedingte Kündigung = NZA 95, 517; APS/*Dörner* § 1 KSchG RN 272; HaKo/*Fiebig* § 1 KSchG RN 231 ff.; Stahlhacke/*Preis* RN 1180; a. A. *Löwisch/Spinner* § 1 RN 101.

[11] BAG 26. 6. 2008 NZA 2008, 1415; 13. 12. 2007 AP 64 zu § 4 KSchG 1969 = NZA 2008, 589; 12. 1. 2006 AP 54 zu § 1 KSchG 1969 Verhaltensbedingte Kündigung = NZA 2006, 980; ErfK/*Oetker* § 1 KSchG RN 196; Stahlhacke/*Preis* RN 1180; – kritisch dazu *Rüthers/Müller* Anm. zu BAG EzA 41 zu § 1 KSchG Verhaltensbedingte Kündigung.

[12] BAG 13. 12. 2007 AP 64 zu § 4 KSchG 1969 = NZA 2008, 589; 19. 4. 2007 AP 20 zu § 174 BGB = NZA-RR 2007, 571; 26. 1. 1995 AP 34 zu § 1 KSchG 1969 Verhaltensbedingte Kündigung = NZA 95, 517.

[13] BAG 10. 2. 1999 AP 42 zu § 15 KSchG 1969 = NZA 99, 708.

[14] Vgl. LAG Hamm 10. 8. 2006 NZA-RR 2007, 20.

[15] BAG 4. 6. 1997 AP 137 zu § 626 BGB = NZA 97, 1281; 7. 10. 1993 AP 114 zu § 626 BGB = NZA 94, 443; generell gegen das Erfordernis schuldhaften Verhaltens *Kaiser* FS Otto S. 173.

[16] BAG 21. 1. 1999 AP 151 zu § 626 BGB = NZA 99, 863; ebenso APS/*Dörner* § 1 KSchG RN 276; a. A. KR/*Griebeling* § 1 KSchG RN 400; ErfK/*Oetker* § 1 KSchG RN 191; KR/*Fischermeier* § 626 BGB RN 139, die stets ein schuldhaftes Verhalten fordern und bei schuldlosen Pflichtverletzungen eine personenbedingte Kündigung in Betracht ziehen.

tensbedingte Kündigung. Beruft sich der Arbeitnehmer zur Entschuldigung seines Fehlverhaltens auf einen **Rechtsirrtum,** muss er die tatsächlichen Umstände, aus denen er den Entschuldigungsgrund herleitet, substantiiert darlegen.[17] Er hat daher konkret vorzutragen, wie und bei wem er sich nach der Rechtslage erkundigt und welche Auskünfte er erhalten hat.[18] Befindet sich der Arbeitnehmer in einem Rechtsirrtum, handelt er allerdings auf eigene Gefahr, wenn er nach Aufklärung durch den Arbeitgeber die Arbeit nicht aufnimmt.[19] Befindet sich der Arbeitnehmer in einem unverschuldeten Rechtsirrtum, wird die negative Prognose nur schwer feststellbar sein.[20]

7. Betriebliche Beeinträchtigungen. Eine verhaltensbedingte Kündigung setzt neben der Verletzung arbeitsvertraglicher Pflichten nicht voraus, dass es infolge der Vertragsverletzung zu betrieblichen Beeinträchtigungen kommt. Das Vorliegen derartiger konkreter Störungen ist **nicht unabdingbare Voraussetzung** für eine Kündigung.[21] Dies gilt sowohl für die Verletzung von Hauptpflichten als auch bei Verstößen gegen die vielfältigen Nebenpflichten. Deshalb ist wiederholtes unentschuldigtes Fehlen eines Arbeitnehmers nach Abmahnung an sich geeignet, eine verhaltensbedingte Kündigung zu rechtfertigen. Für die Wirksamkeit der Kündigung ist unerheblich, ob es wegen des Zuspätkommens zu betrieblichen Beeinträchtigungen kommt. Liegen jedoch solche Betriebsstörungen vor, ist dies im Rahmen der Interessenabwägung zulasten des Arbeitnehmers zu berücksichtigen. 7

8. Anderweitige Beschäftigungsmöglichkeiten, die zu einer Beendigung der Störung des Arbeitsverhältnisses führen, sind als mildere Maßnahme in Betracht zu ziehen.[22] Eine anderweitige Weiterbeschäftigung ist in erster Linie bei Schlechtleistungen, d. h. bei arbeitsplatzbezogenen Mängeln zu berücksichtigen. Im Falle einer Pflichtverletzung mit erheblichem Verschulden, wie einer Tätlichkeit, ist dem Arbeitgeber in der Regel eine Versetzung bzw. Umsetzung nicht zumutbar.[23] 8

9. Interessenabwägung. Jede verhaltensbedingte Kündigung erfordert eine Interessenabwägung zwischen dem **Beendigungsinteresse** des Arbeitgebers und dem **Bestandsschutzinteresse** des Arbeitnehmers.[24] Es gilt ein objektiver Maßstab.[25] An die Interessenabwägung sind bei der verhaltensbedingten Kündigung keine so hohen Anforderungen zu stellen wie bei der personenbedingten Kündigung, weil der Arbeitnehmer durch ihm zurechenbares steuerbares Verhalten den Kündigungsgrund selbst herbeigeführt hat. Bei der Abwägung der wechselseitigen Interessen sind auf Seiten des Arbeitgebers insbesondere zu berücksichtigen: Erheblichkeit der Pflichtverletzung, die Höhe des Verschuldens des Arbeitnehmers; Betriebsstörungen; Beharrlichkeit der Pflichtverletzung; entstandene materielle und immaterielle Schäden sind bedeutsam, aber nicht notwendige Bedingung einer verhaltensbedingten Kündigung. Auf Seiten des Arbeitnehmers sind zu berücksichtigen: früheres Verhalten des Arbeitnehmers, Mitverschulden des Arbeitgebers sowie die Dauer der – ungestörten – Betriebszugehörigkeit. Lebensalter und Unterhaltsverpflichtungen spielen demgegenüber bei der verhaltensbedingten Kündigung allenfalls eine untergeordnete Rolle.[26] Bei Straftaten sind Unterhaltspflichten irrelevant.[27] 9

10. Die **Darlegungs- und Beweislast** für die verhaltensbedingten Kündigungsgründe trifft gemäß § 1 II 4 KSchG den Arbeitgeber. Er hat dabei auch die Rechtswidrigkeit der Vertragsverletzung darzulegen und im Streitfall zu beweisen. Ihn trifft daher die Darlegungs- und Beweislast auch für diejenigen Tatsachen, die einen vom Gekündigten behaupteten Rechtfertigungsgrund ausschließen.[28] Der Arbeitnehmer hat allerdings zuvor gem. § 138 II ZPO im Einzelnen die 10

---

[17] Ausf. dazu *Kaiser* FS Otto S. 173, 191 ff.

[18] LAG Düsseldorf 29. 8. 2001 AnwBl. 2002, 607; *Kliemt/Vollstädt* NZA 2003, 357.

[19] BAG 29. 11. 1983 AP 78 zu § 626 BGB.

[20] ErfK/*Oetker* § 1 KSchG RN 192.

[21] BAG 27. 2. 1997 AP 36 zu § 1 KSchG 1969 Verhaltensbedingte Kündigung = NZA 97, 761; 17. 1. 1991 AP 25 zu § 1 KSchG 1969 Verhaltensbedingte Kündigung = NZA 91, 557.

[22] BAG 22. 7. 1982 AP 5 zu § 1 KSchG 1969 Verhaltensbedingte Kündigung; LAG Hamm 30. 5. 1996 NZA 97, 1056.

[23] BAG 6. 10. 2005 AP 25 zu § 1 KSchG 1969 Personenbedingte Kündigung = NZA 2006, 431.

[24] BAG 7. 12. 1988 AP 26 zu § 1 KSchG 1969 Verhaltensbedingte Kündigung.

[25] BAG 21. 11. 1996 AP 130 zu § 626 BGB = NZA 97, 487.

[26] BAG 5. 4. 2001 AP 171 zu § 626 BGB = NZA 2001, 954; 16. 3. 2000 AP 114 zu § 102 BetrVG 1972 = NZA 2000, 1332; a. A. KR/*Griebeling* § 1 KSchG RN 411.

[27] A. A. BAG 27. 4. 2006 AP 203 zu § 626 BGB = NZA 2006, 1033; 16. 12. 2004 AP 191 zu § 626 BGB = NZA-RR 2005, 615; mit Recht krit. hierzu APS/*Dörner* § 626 BGB RN 111 f. m. w. N.

[28] BAG 6. 9. 2007 AP 13 zu § 543 ZPO 1977 = NZA 2004, 564; 17. 6. 2003 AP 13 zu § 543 ZPO 1977 = NZA 2004, 564.

Tatsachen vorzutragen, auf die er sich zur Rechtfertigung seines Verhaltens beruft. Behauptet der Arbeitgeber beispielsweise, der Arbeitnehmer habe unentschuldigt gefehlt, hat der Arbeitnehmer seinerseits substantiiert darzulegen, warum sein Fehlen als entschuldigt anzusehen ist. Nur diese vom Arbeitnehmer behaupteten Tatsachen hat der Arbeitgeber zu widerlegen. Beruft sich der Arbeitnehmer auf eine Krankheit, hat er, solange ein ärztliches Attest nicht vorgelegt ist, vorzutragen, welche tatsächlichen physischen oder psychischen Hintergründe vorgelegen haben und wo er sich zum fraglichen Zeitpunkt aufgehalten hat. Der Arbeitgeber hat das zu widerlegen.[29]

II. Übersicht über einzelne Kündigungsgründe

11 Im Folgenden wird eine **alphabetische Übersicht** über wichtige verhaltensbedingte Kündigungsgründe gegeben. Die Fallgestaltungen können nicht schematisch übertragen werden. Es kommt jeweils auf die Abwägung der Umstände des Einzelfalles an. Vielfach kommen die Gründe auch als außerordentliche Kündigungsgründe vor (dazu § 127).

Übersicht

	RN		RN
Alkohol	12, 13	Politische Meinungsäußerung	39
Anzeigen gegen Arbeitgeber	14	Schmiergelder	40
Arbeitspapiere	15	Schulden	41
Arbeitsunfähigkeitsbescheinigung	16–19	Schwangerschaftsabbruch	42
Arbeitsverweigerung	20, 21	Sexuelle Belästigung	43
Außerdienstliches Verhalten	22	Sicherheitsbedenken	44
Beleidigungen	23	Spesenbetrug	45
Betriebsfrieden	24	Straftaten	46, 47
Denunzieren	25	Tätlichkeiten	48
Druckkündigung	26	Telefongespräche	49
Internet	27	Tendenzbetriebe	50
Kirche	28–32	Überstunden	51
Kleidung	33, 34	Unpünktlichkeit	52
Konkurrenztätigkeit	35	Urlaub	53
Lohnpfändung	36	Verdacht	54
Minderleistung	37	Vorstrafen	55
Nebentätigkeit	38	Wohnsitzvereinbarung	56

12 – **Alkohol.**[30] Ein **Alkoholverbot** im Betrieb kann im Wege des Direktionsrechts durch den Arbeitgeber angeordnet werden (dazu auch § 127 RN 64 f.). Soweit **kein Alkoholverbot** besteht, stellt maßvoller Alkoholgenuss keine Pflichtverletzung dar. Auch ohne Alkoholverbot darf der Konsum alkoholischer Getränke jedoch nicht dazu führen, dass der Arbeitnehmer die geschuldete Arbeitsleistung nicht mehr erbringen kann.[31] Das hängt von der jeweiligen Tätigkeit, der Trinkmenge sowie der körperlichen Verfassung des Arbeitnehmers ab. Anders als im Strafrecht gibt es keine bestimmten Promillegrenzen. Entscheidend ist, ob der Arbeitnehmer in der Lage ist, seine Vertragspflichten zu erfüllen. Hierzu können sich aus dem äußeren Erscheinungsbild (Alkoholfahne, schwankender Gang, lallende Stimme usw.) wichtige Anhaltspunkte ergeben.

13 Die Weigerung eines Arbeitnehmers, den Verdacht einer Verletzung des betrieblichen Alkoholverbotes durch Einleitung einer **Blutalkoholuntersuchung** zu widerlegen, stellt im Rahmen der Beweiswürdigung (§ 286 ZPO) ein beachtliches Indiz für das Vorliegen einer Pflichtverletzung dar.[32] Will sich der Arbeitnehmer bei einem auf Grund objektiver Anhaltspunkte bestehenden Verdacht einer Alkoholisierung im Betrieb mit Hilfe eines Alkoholtestes entlasten, muss er diesen Wunsch deutlich äußern.[33] Bei der Interessenabwägung sind die Bräuche des Berufszweiges zu berücksichtigen.[34] So kann der Genuss einer Flasche Bier im Bau- oder Bäckereigewerbe üblich sein. Allerdings sind auch hier die konkreten Umstände

---

[29] BAG 26. 8. 1993 AP 112 zu § 626 BGB = NZA 94, 63; BAG 19. 12. 1991 – 2 AZR 367/91 – RzK 1 6 a Nr. 82.

[30] Dazu *Bengelsdorf* NZA 2001, 993.

[31] BAG 26. 1. 1995 AP 34 zu § 1 KSchG 1969 Verhaltensbedingte Kündigung = NZA 95, 517.

[32] LAG Hamm 11. 11. 1996 LAGE § 1 KSchG Verhaltensbedingte Kündigung.

[33] BAG 26. 1. 1995 AP 34 zu § 1 KSchG 1969 Verhaltensbedingte Kündigung = NZA 95, 517; 16. 9. 1999 AP 159 zu § 626 BGB = NZA 2000, 141.

[34] BAG 22. 7. 1982 AP 5 zu § 1 KSchG 1969 Verhaltensbedingte Kündigung; LAG Berlin DB 65, 1291; DB 85, 2690; LAG Düsseldorf DB 67, 1903; LAG Hamm DB 67, 1330; ArbG Kassel DB 79, 1612; LAG Frankfurt DB 85, 768.

maßgebend, so dass trotz Üblichkeit des Alkoholgenusses während der Arbeit ein im Einzelfall bestehendes Alkoholverbot Vorrang hat. Gelegentliche Feiern mit alkoholischen Getränken aus Anlass von Geburtstagen, Karneval usw. können – soweit dort Alkoholkonsum nicht ausdrücklich untersagt ist – regelmäßig nicht beanstandet werden, es sei denn, es kommt zu Exzessen. Wird einem Berufskraftfahrer die Fahrerlaubnis entzogen, kann bei fehlender Versetzungsmöglichkeit auch die außerordentliche Kündigung gerechtfertigt sein (dazu § 127 RN 102).[35] Liegt Alkoholsucht vor, kommen die Grundsätze der Kündigung wegen Krankheit (§ 131 RN 17) zur Anwendung. Ein außerdienstlicher Alkoholgenuss berechtigt nur dann zur Kündigung, wenn hierdurch das Arbeitsverhältnis nachhaltig beeinträchtigt wird. Dies ist beispielsweise anzunehmen, wenn bei einer privaten Trunkenheitsfahrt die Fahrerlaubnis entzogen wird und der Arbeitnehmer diese zur Ausübung seiner Tätigkeit benötigt (z. B. Berufskraftfahrer, Servicetechniker usw.). In diesem Fall liegt ein personenbedingter Kündigungsgrund vor (vgl. § 127 RN 102). Bricht der Arbeitnehmer nach einer erfolgreichen Entziehungskur die zunächst aufgenommenen Besuche in einer Selbsthilfegruppe ab, ist das für sich allein kein Grund zur Kündigung.[36]

- **Anzeigen gegen Arbeitgeber.** Die Strafanzeige gegen den Arbeitgeber oder einen seiner Repräsentanten kann eine – regelmäßig außerordentliche – Kündigung rechtfertigen, wenn sie auf wissentlich unwahren Angaben beruht oder in Schädigungsabsicht bzw. aus Rache erfolgt (dazu § 127 RN 66 f.). 14
- **Arbeitspapiere.** Der Arbeitnehmer hat spätestens bei Arbeitsaufnahme seinem Arbeitgeber die Arbeitspapiere vorzulegen. Kommt er dieser Verpflichtung trotz wiederholter Aufforderung nicht nach (§ 35), kann nach h. M. eine ordentliche, u. U. sogar außerordentliche[37] Kündigung gerechtfertigt sein. Indes wird man eine Kündigung nur dann anerkennen können, wenn auch eigene Interessen des Arbeitgebers verletzt sind. 15
- **Arbeitsunfähigkeitsbescheinigung** (vgl. § 98 RN 113 ff.). Nach § 5 EFZG ist der Arbeitnehmer verpflichtet, dem Arbeitgeber die Arbeitsunfähigkeit und deren voraussichtliche Dauer **anzuzeigen.** Dauert die Arbeitsunfähigkeit länger als drei Kalendertage, hat der Arbeitnehmer eine **ärztliche Bescheinigung** über das Bestehen der Arbeitsunfähigkeit sowie deren voraussichtliche Dauer vorzulegen. Der Arbeitgeber ist berechtigt, die Vorlage der ärztlichen Bescheinigung früher zu verlangen. Ein einmaliger Verstoß gegen die Anzeigepflicht rechtfertigt grundsätzlich keine Kündigung. Verstößt der Arbeitnehmer nach vorheriger Abmahnung erneut gegen die Anzeigepflicht, kommt allerdings eine ordentliche Kündigung in Betracht.[38] Betriebsablaufstörungen sind nicht Voraussetzung der sozialen Rechtfertigung einer Kündigung. Soweit sie eintreten, sind sie freilich im Rahmen der Interessenabwägung zu Lasten des Arbeitnehmers zu berücksichtigen.[39] Voraussetzung ist stets, dass der Arbeitnehmer gesundheitlich in der Lage ist, den Anzeige- und Nachweispflichten nachzukommen. Nach dem Ende der Arbeitsunfähigkeit hat sich der Arbeitnehmer zurückzumelden. Durch die Rückmeldung wird der Arbeitgeber in Annahmeverzug versetzt, wenn er dem Arbeitnehmer keine Arbeiten zuweist. Verstößt der Arbeitnehmer gegen die Rückmeldepflicht und den Wiederantritt der Arbeit, kann dies eine Kündigung begründen. 16

Ein Angestellter in verantwortlicher Stellung darf sich im Falle plötzlicher Erkrankung jedenfalls dann, wenn seine Anwesenheit im Betrieb aus besonderem Anlass (hier: Probelauf einer von ihm entwickelten Maschine) notwendig ist, nicht darauf beschränken, dem Arbeitgeber seine Arbeitsunfähigkeit durch Übersendung einer ärztlichen Bescheinigung ohne jede Erläuterung einfach nur anzuzeigen. Er muss sich vielmehr gemäß § 241 II BGB – sofern ihm dies nicht aus besonderen, vor allem aus Gesundheitsgründen unmöglich ist – darum kümmern und den Arbeitgeber entsprechend **unterrichten, was in seinem Aufgabenbereich ohne seine Anwesenheit geschehen soll.** Die Verletzung dieser vertraglichen Nebenpflicht kann – je nach den Umständen – die fristlose Entlassung des Angestellten rechtfertigen.[40] 17

---

[35] BAG 25. 4. 1996 AP 18 zu § 1 KSchG 1969 Personenbedingte Kündigung = NZA 96, 1201; 30. 5. 1978 AP 70 zu § 626 BGB; LAG Köln 22. 6. 1995 ZTR 96, 131.

[36] LAG Düsseldorf 25. 2. 1997 NZA-RR 97, 381.

[37] LAG Düsseldorf 23. 2. 1961 BB 61, 677.

[38] BAG 16. 8. 1991 AP 27 zu § 1 KSchG 1969 Verhaltensbedingte Kündigung = NZA 93, 17; 31. 8. 1989 AP 23 zu § 1 KSchG 1969 Verhaltensbedingte Kündigung = NZA 90, 433.

[39] BAG 16. 8. 1991 AP 27 zu § 1 KSchG 1969 Verhaltensbedingte Kündigung = NZA 93, 17; LAG Köln 18. 10. 1995 NZA 96, 596.

[40] BAG 30. 1. 1976 AP 2 zu § 626 BGB Krankheit.

18 Während der Arbeitsunfähigkeit hat der Arbeitnehmer alles zu unterlassen, was seine Genesung verzögern könnte (sog. **genesungswidriges Verhalten**).[41] Verstöße hiergegen berechtigen daher nach vorheriger Abmahnung zu einer ordentlichen Kündigung, in besonders gravierenden Fällen auch ohne vorherige Abmahnung zur außerordentlichen Kündigung (§ 127 RN 72). Wer, obwohl er arbeitsunfähig krankgeschrieben ist, den Heilungserfolg dadurch gefährdet, dass er während seiner Krankheit schichtweise einer Vollzeitbeschäftigung, noch dazu des Nachts unter teilweise erschwerten Arbeitsbedingungen nachgeht, zerstört das Vertrauen des Arbeitgebers in seine Redlichkeit. Unerheblich sind dagegen geringfügige Verstöße gegen die Nebenpflicht, z. B. Überschreiten der Ausgehzeiten, gelegentlicher kurzer Gaststättenbesuch usw.[42]

19 **Täuscht** der Arbeitnehmer das Vorliegen einer Krankheit vor, ist regelmäßig eine außerordentliche Kündigung gerechtfertigt.[43]

20 – **Arbeitsverweigerung.** Bei beharrlicher Arbeitsverweigerung ist im Allgemeinen eine außerordentliche Kündigung begründet (§ 127 RN 76).[44] Weigert sich ein Arbeitnehmer während der vertraglich in Bezug genommenen zulässigen Ladenöffnungszeiten zu arbeiten, kann nach vorheriger Abmahnung eine Kündigung gerechtfertigt sein.[45] Gesetzlich oder tariflich unzulässige Mehr- oder Überarbeit braucht der Arbeitnehmer nicht zu leisten.[46] **Über- oder Mehrarbeit** muss er nur dann leisten, wenn hierfür eine besondere Rechtsgrundlage besteht (dazu § 45 RN 47). Keine Arbeitsverweigerung ist gegeben, wenn der Arbeitnehmer ein Leistungsverweigerungsrecht hat. Nimmt der Arbeitnehmer irrtümlich an, es lägen die Voraussetzungen vor, unter denen er zur Verweigerung der Arbeitsleistung berechtigt ist, handelt er nicht schuldhaft, wenn der **Tatsachenirrtum** nicht auf Fahrlässigkeit beruht (zum Rechtsirrtum RN 6). Vor der Kündigung wegen Arbeitsverweigerung ist eine Abmahnung notwendig. Verweigert ein Arbeitnehmer die **Sonntagsarbeit aus religiösen Gründen,** berechtigt dies nach Auffassung des LAG Hamm den Arbeitgeber nur dann zur Kündigung, wenn andere Möglichkeiten, den Arbeitnehmer unter Beachtung seiner religiösen Überzeugungen zu beschäftigen, nicht mehr bestehen (hier: auf Grund der Möglichkeit einer anderen Schichteinteilung Wirksamkeit der Kündigung verneint).[47]

21 Das **unentschuldigte Fehlen** des Arbeitnehmers für die Dauer eines ganzen Arbeitstages ohne ausreichende Information des Arbeitgebers ist im Wiederholungsfall nach einschlägiger Abmahnung je nach den Umständen geeignet, eine außerordentliche Kündigung zu begründen (§ 127 RN 130).[48]

22 – **Außerdienstliches Verhalten** stellt grundsätzlich keinen verhaltensbedingten Kündigungsgrund dar, weil nur Verstöße gegen arbeitsvertragliche Pflichten kündigungsrechtliche Bedeutung haben (ausf. dazu § 127 RN 81 f.).

23 – **Beleidigungen.** Beleidigende Äußerungen rechtfertigen grundsätzlich eine verhaltensbedingte Kündigung, bei groben Beleidigungen auch eine außerordentliche Kündigung (§ 127 RN 83 ff.).[49] Bei der kündigungsrechtlichen Bewertung verbaler Entgleisungen ist stets das **Grundrecht auf freie Meinungsäußerung (Art. 5 GG)** zu berücksichtigen (dazu im Einzelnen § 127 RN 84).[50]

24 – **Betriebsfrieden.** Eine Kündigung kann gerechtfertigt sein, wenn der Arbeitnehmer seine Arbeitskollegen zu einem oppositionellen Verhalten gegen den Arbeitgeber, zum Vertragsbruch usw. aufzuhetzen versucht und damit den Betriebsfrieden stört.[51] Mit dem Hinweis auf den Betriebsfrieden wird teilweise – zu weitgehend – nicht nur die völlige politische Enthaltsamkeit des Arbeitnehmers im Betrieb postuliert, sondern es werden sogar ethische Wertvor-

---

[41] BAG 26. 8. 1993 AP 112 zu § 626 BGB = NZA 94, 63; LAG Rheinland-Pfalz 11. 1. 2002 AuA 2002, 378.
[42] BAG 26. 8. 1993 AP 112 zu § 626 BGB = NZA 94, 63.
[43] Vgl. BAG 26. 8. 1993 AP 112 zu § 626 BGB = NZA 94, 63; 17. 6. 2003 AP 13 zu § 543 ZPO 1977.
[44] BAG 21. 11. 1996 AP 130 zu § 626 BGB = NZA 97, 487.
[45] ArbG Frankfurt a. M. 8. 10. 1997 NZA-RR 98, 399.
[46] LAG Düsseldorf DB 64, 628; LAG Hamm BB 56, 500; LAG Bad.-Württemberg BB 67, 1294.
[47] LAG Hamm 8. 11. 2007 LAGE Art. 4 GG Nr. 5.
[48] BAG 15. 3. 2001 EzA 185 zu § 626 BGB n. F.
[49] BAG 21. 1. 1999 AP 151 zu § 626 BGB = NZA 99, 863; 6. 2. 1997 RzK I 6a Nr. 146 (Betrüger, Gauner, Halsabschneider), LAG Berlin 17. 11. 1980 AP 72 zu § 626 BGB.
[50] BVerfG 10. 10. 1995 BVerfGE 93, 266, 289; 16. 10. 1998 AP 24 zu § 611 BGB Abmahnung = NZA 99, 77; 29. 7. 2003 NJW 2003, 3760; *Schmitz-Scholemann* BB 2000, 926.
[51] Vgl. *Löwisch/Spinner* § 1 RN 148.

stellungen des Arbeitgebers geschützt.[52] Die Rechtsprechung hat Kündigungen anerkannt bei parteipolitischer Agitation im Betrieb oder dessen näherer Umgebung.[53]

- **Denunzieren.** Hinterbringt ein Arbeitnehmer abfällige private Äußerungen eines Arbeitskollegen über Vorgesetzte dem Arbeitgeber, kann nach einer älteren Entscheidung des BAG die Kündigung des **Denunzianten** gerechtfertigt sein, wenn sich die Arbeitskollegen weigern, weiter mit ihm zusammenzuarbeiten.[54] Wenn ein Arbeitnehmer in einer Unterhaltung mit einem Mitarbeiter über Vorstandsmitglieder seines Arbeitgebers und Vorgesetzte unwahre und ehrenrührige Tatsachen behauptet, aber als sicher davon ausgehen darf, sein Arbeitskollege werde die Äußerungen für sich behalten, ist der Arbeitgeber nach Auffassung des BAG regelmäßig nicht zur außerordentlichen Kündigung berechtigt, wenn der Gesprächspartner die Vertraulichkeit der Unterhaltung ohne vernünftigen Grund missachtet und ihren Inhalt einem der angesprochenen Vorgesetzten mitteilt.[55] Der Arbeitnehmer darf in solchen Fällen regelmäßig darauf vertrauen, seine Äußerungen würden nicht nach außen getragen und der Betriebsfrieden nicht gestört bzw. das Vertrauensverhältnis der Arbeitsvertragsparteien nicht zerstört. Auch ist die Nichtberücksichtigung vertraulicher Äußerungen letztlich durch die Gewährleistung des allgemeinen Persönlichkeitsrechts (Art. 2 I i. V. m. Art. 1 I GG) geboten, weil eine vertrauliche Kommunikation in der Privatsphäre als Ausdruck der Persönlichkeit besonders geschützt ist. Ein Arbeitnehmer ist nicht gehalten, von seinem Arbeitgeber und von seinen Kollegen nur positiv zu denken und sich in seiner Privatsphäre ausschließlich positiv über sie zu äußern. Dies gilt solange der Betroffene diese Vertraulichkeit nicht selbst aufhebt. Hebt der Gesprächspartner gegen den Willen des sich negativ über seinen Arbeitgeber äußernden Arbeitnehmers die Vertraulichkeit auf, geht dies arbeitsrechtlich nicht zu Lasten des Arbeitnehmers.[56] Aus der arbeitsvertraglichen Rücksichtnahmepflicht kann der Arbeitnehmer allerdings – etwa zur Abwehr von Schäden durch Geheimnisverrat – verpflichtet sein, dem Arbeitgeber Vertragsverletzungen von Arbeitskollegen anzuzeigen.[57] 25
- **Druckkündigung.** Eine auf Verlangen Dritter ausgesprochene Druckkündigung erfolgt in der Regel als außerordentliche Kündigung (dazu § 127 RN 89 f.). Fordert in einem **Leiharbeitsverhältnis** (§ 120) der Entleiher den Abzug eines Leiharbeitnehmers, ist die Kündigung durch den Verleiher, soweit nicht eine objektive Pflichtverletzung vorliegt, nur gerechtfertigt, wenn eine andere Beschäftigungsmöglichkeit nicht besteht.[58] 26
- **Internet.** Die **unbefugte private Internetnutzung** kann eine verhaltensbedingte Kündigung, ggf. auch eine außerordentliche Kündigung rechtfertigen (dazu § 127 RN 96 f.). 27
- **Kirche.** Die Kirchen haben nach Art. 140 GG i. V. m. Art. 137 III WRV das Recht, den kirchlichen Dienst nach ihrem Selbstverständnis zu regeln und die **spezifischen Pflichten kirchlicher Arbeitnehmer** verbindlich zu bestimmen (vgl. § 185). Zur Kirche gehören auch die karitativen und erzieherischen Einrichtungen, deren Hilfe sich die Kirche bei der Erziehung und der Erfüllung der sozialen Aufgaben bedient.[59] Auch für die Arbeitnehmer der Kirche und ihrer karitativen Einrichtungen gilt allerdings das KSchG. Die Kirche bestimmt aber auf Grund ihres Selbstbestimmungsrechts die gebotenen Loyalitätspflichten. Welche kirchlichen Grundverpflichtungen als Gegenstand des Arbeitsverhältnisses bedeutsam sein können, richtet sich nach den von der verfassten Kirche anerkannten Maßstäben. Dagegen kommt es weder auf die Auffassung der einzelnen betroffenen kirchlichen Einrichtungen, bei denen die Meinungsbildung von verschiedenen Motiven beeinflusst sein kann, noch auf diejenige breiter Kreise unter den Kirchengliedern oder etwa gar einzelner, bestimmten Tendenzen verbundener Mitarbeiter an. Dem steht weder die Richtlinie 2000/78/EG[60] vom 27. 11. 2000 zur Festlegung eines allgemeinen Rahmens für die Verwirklichung der Gleichbehandlung in Beschäftigung und Beruf (Antidiskriminierungsrichtlinie) noch das AGG entgegen (näher dazu § 33 RN 127 ff.). Denn Art. 4 II der Richtlinie 28

---

[52] BAG 31. 1. 1956 AP 15 zu § 1 KSchG.
[53] BAG 9. 12. 1982 AP 73 zu § 626 BGB.
[54] BAG 21. 10. 1965 AP 5 zu § 1 KSchG Verhaltensbedingte Kündigung; zu Strafanzeigen gegen Arbeitskollegen: LAG Frankfurt DB 91, 2346.
[55] BAG 30. 11. 1972 AP 66 zu § 626 BGB.
[56] BAG 10. 10. 2002 EzA 1 zu § 626 BGB 2002 Unkündbarkeit.
[57] BAG 18. 6. 1970 AP 57 zu § 611 BGB Haftung des Arbeitnehmers; LAG Berlin 9. 1. 1989 BB 89, 630; LAG Hamm 29. 7. 1994 BB 94, 2352.
[58] KR/*Griebeling* § 1 KSchG RN 586 a.
[59] BVerfG 4. 6. 1985 AP 24 zu Art. 140 GG.
[60] ABl. EG Nr. L 303 S. 16.

und § 9 AGG enthalten Sonderregelungen für die berufliche Tätigkeit innerhalb von Kirchen.[61]

29 Im Streitfall haben die Arbeitsgerichte die vorgegebenen kirchlichen Maßstäbe für die Bewertung vertraglicher **Loyalitätspflichten** zugrunde zu legen, soweit die Verfassung das Recht der Kirchen anerkennt, hierüber selbst zu befinden. Es bleibt danach grundsätzlich den verfassten Kirchen überlassen, verbindlich zu bestimmen, was „die Glaubwürdigkeit der Kirche und ihrer Verkündigung erfordert", was „spezifisch kirchliche Aufgaben" sind, was „Nähe" zu ihnen bedeutet, welches die „wesentlichen Grundsätze der Glaubens- und Sittenlehre" sind und was als – gegebenenfalls schwerer – Verstoß gegen diese anzusehen ist. Auch die Entscheidung darüber, ob und wie innerhalb der im kirchlichen Dienst tätigen Mitarbeiter eine „Abstufung" der Loyalitätspflichten eingreifen soll, ist grundsätzlich eine dem kirchlichen Selbstbestimmungsrecht unterliegende Angelegenheit.[62] Liegt eine Verletzung von Loyalitätspflichten vor, ist die weitere Frage, ob sie eine Kündigung des kirchlichen Arbeitsverhältnisses sachlich rechtfertigt, nach den kündigungsschutzrechtlichen Vorschriften der § 1 KSchG, § 626 BGB zu beantworten. Diese unterliegen als für alle geltende Gesetze i. S. des Art. 137 III 1 WRV umfassender arbeitsgerichtlicher Anwendungskompetenz.

30 Zu den Grundsätzen der katholischen Glaubens- und Sittenlehre gehört die **herausragende Bedeutung der Ehe,** die nicht nur ein Bund und Vertrag, sondern auch ein Sakrament ist. Dass der Ehebruch nach der Neufassung des codex iuris canonici im Jahre 1983 nicht länger als Verbrechen angesehen wird, ist ohne Belang. Das kanonische Recht nennt als Wesenseigenschaft der Ehe nach wie vor ihre Unauflöslichkeit (can. 1056 cic) sowie ihre lebenslange und ausschließliche Natur (can. 1134 cic). Im kirchlichen Dienst kann ein besonderes unharmonisches Zusammenleben der Mitarbeiter einen Auflösungsantrag nach § 9 I 2 KSchG begründen.[63]

31 Die Rechtsprechung hat **beispielsweise** anerkannt, dass ein Grund zur Kündigung gegeben ist, wenn eine katholische Leiterin eines katholischen Pfarrkindergartens in weltlicher Ehe einen geschiedenen Mann heiratet,[64] die Leiterin an einer Missionsschule einen geschiedenen Mann heiratet,[65] eine Lehrerin einer Berufsfachschule einen geschiedenen Mann heiratet,[66] ein in einem katholischen Krankenhaus beschäftigter Assistenzarzt aus der katholischen Kirche austritt[67] oder einer kirchlichen Lehrkraft wegen einer nach Kirchenrecht ungültigen Eheschließung die missio canonica entzogen wird.[68] Die fristlose Kündigung eines Chefarztes eines kath. Krankenhauses ist begründet, wenn dieser mit seinen Behandlungsmethoden (homologe Insemination) gegen tragende Grundsätze des geltenden Kirchenrechts verstößt.[69] Einer katholischen Schule ist die Weiterbeschäftigung einer Lehrerin, die jahrelang in einer heimlichen Beziehung zu einem Mönch als dem Leiter der Schule einer Benediktinerabtei stand und diese Beziehung nun öffentlich gemacht hat, nicht zumutbar, weil hierdurch die Gefahr eines nicht hinnehmbaren Glaubwürdigkeitsverlustes der Kirche in der Öffentlichkeit zu befürchten wäre.[70] Der Ehebruch eines Dekanatskirchenmusikers der katholischen Kirche kann eine ordentliche Kündigung rechtfertigen.[71]

32 Ein Angestellter der Religionsgemeinschaft der **Mormonen** kann wegen Ehebruchs außerordentlich gekündigt werden.[72] Denn nach der Glaubenslehre der Mormonen ist der Ehebruch nach Mord das schwerste Verbrechen.

33 – **Kleidung.** Der Arbeitgeber kann von Arbeitnehmern mit Kundenkontakt grundsätzlich verlangen, sich dem Charakter des Geschäfts und dessen Kundenstamm entsprechend **bran-**

---

[61] Hierzu *Hanau/Thüsing,* Europarecht und kirchliches Arbeitsrecht, 2001; *Reichold* NZA 2001, 1054; *Schliemann* NZA 2003, 407; *Thüsing* JZ 2004, 172.

[62] Dazu grundsätzlich BVerfG 4. 6. 1985 AP 24 zu Art. 140 GG sowie zuletzt BVerfG 31. 1. 2001 NZA 2001, 717.

[63] BVerfG 9. 2. 1990 NJW 90, 2053.

[64] BAG 25. 4. 1978 AP 2 zu Art. 140 GG; 31. 10. 1984 AP 20 zu Art. 140 GG; siehe auch LAG Rheinl.-Pfalz 12. 9. 1991 LAGE § 611 BGB Kirchliche Arbeitnehmer Nr. 6 = NZA 92, 648; LAG München EzA 6 zu § 1 KSchG Tendenzbetrieb.

[65] LAG Niedersachsen NJW 83, 2603.

[66] BAG 18. 11. 1986 AP 35 zu Art. 140 GG (sogar ao. Kündigung).

[67] BAG 12. 12. 1984 AP 21 zu Art. 140 GG.

[68] BAG 25. 5. 1988 AP 36 zu § 140 GG.

[69] BAG 7. 10. 1993 AP 114 zu § 626 BGB.

[70] BVerfG 31. 1. 2001 NZA 2001, 717.

[71] BAG 16. 9. 1999 AP 1 zu Art. 4 GrO Kath. Kirche = NZA 2000, 208.

[72] BAG 24. 4. 1997 AP 27 zu § 611 BGB Kirchendienst = NZA 98, 145.

chenüblich zu kleiden. Dadurch wird das allgemeine Persönlichkeitsrecht (Art. 2 I GG) der Arbeitnehmer nicht unverhältnismäßig eingeschränkt, wenn die Kleidungsanordnung dem berechtigten Interesse des Arbeitgebers nach einem einheitlichen Erscheinungsbild und den Erwartungen der Kundschaft Rechnung trägt.[73] Insbesondere kann der Arbeitgeber den „Stil des Hauses" vorgeben und grundsätzlich durch Einzelanweisungen die Arbeitsverhältnisse seiner Mitarbeiter ausgestalten (vgl. § 55 RN 23 und § 45 RN 26).[74] Die Arbeitnehmer dürfen durch die Kleidung freilich nicht der Lächerlichkeit preisgegeben werden.

Die Weigerung einer **muslimischen Arbeitnehmerin,** entsprechend der Anordnung des Arbeitgebers auf das Tragen eines Kopftuchs während der Arbeitszeit als Verkäuferin in einem Kaufhaus zu verzichten, rechtfertigt eine Kündigung nicht ohne Weiteres. Der Arbeitgeber hat bei der auf sein Direktionsrecht gestützten Festlegung von Bekleidungsregeln die grundrechtlich geschützte Glaubensfreiheit der Arbeitnehmer zu berücksichtigen. Das Tragen eines Kopftuchs aus religiöser Überzeugung fällt in den Schutzbereich des Art. 4 GG (dazu § 3 RN 16). Zwar genießt auch die unternehmerische Betätigungsfreiheit des Arbeitgebers grundrechtlichen Schutz (Art. 12 GG). Zwischen beiden Positionen ist deshalb ein möglichst weitgehender Ausgleich herbeizuführen, der eine Kündigung nur zulässt, wenn der Arbeitgeber konkrete betriebliche Beeinträchtigungen darlegen kann.[75] 34

- **Konkurrenztätigkeit.** Während des Bestands des Arbeitsverhältnisses sind alle Arbeitnehmer verpflichtet, Wettbewerb zu unterlassen (vgl. § 57). Bei einem Verstoß hiergegen ist häufig eine außerordentliche Kündigung, zumindest aber eine ordentliche berechtigt (dazu § 127 RN 148). 35
- **Lohnpfändung.** Im Allgemeinen ist das Vorliegen mehrerer Lohnpfändungen kein Kündigungsgrund (dazu § 127 RN 105).[76] 36
- **Minderleistungen** können eine personen- oder verhaltensbedingte Kündigung rechtfertigen (dazu im Einzelnen § 131 RN 46 ff.). 37
- **Nebentätigkeit.** Grundsätzlich ist der Arbeitnehmer berechtigt, eine Nebenbeschäftigung auszuüben (§ 42). Etwas anderes gilt dann, wenn er infolge der Nebentätigkeit seinen Pflichten aus dem Arbeitsverhältnis nicht nachkommen kann oder wenn sie vertraglich berechtigt ausgeschlossen ist. In diesen Fällen kann eine Kündigung nach vorheriger Abmahnung gerechtfertigt sein (§ 127 RN 111).[77] 38
- **Politische Meinungsäußerung.** Die politische Einstellung eines Arbeitnehmers ist für die Erfüllung arbeitsvertraglicher Pflichten i. d. R. unerheblich, so dass eine Kündigung ausscheidet. Etwas anderes gilt nur, wenn durch Äußerungen oder Handlungen des Arbeitnehmers der Betriebsfrieden konkret beeinträchtigt wird (§ 127 RN 113).[78] 39
- **Schmiergelder.** Die Annahme von Schmiergeldern rechtfertigt regelmäßig eine außerordentliche Kündigung (dazu § 127 RN 116). 40
- **Schulden.** Die Verschuldung berechtigt den Arbeitgeber grundsätzlich nicht zur Kündigung.[79] Etwas anderes gilt nur in besonderen Vertrauensstellungen (leitende Angestellte, Kassierer usw.). Haben Arbeitgeber und Arbeitnehmer wirksam vereinbart, dass Lohnabtretungen und Verpfändungen der Einwilligung des Arbeitgebers bedürfen, können Verstöße gegen diese Vereinbarung nach vorheriger Abmahnung eine Kündigung begründen.[80] 41
- **Schwangerschaftsabbruch.** Rechtmäßiger Schwangerschaftsabbruch verpflichtet zur Entgeltfortzahlung im Krankheitsfalle und ist kein Grund zur Kündigung der Arbeitnehmerin (§ 127 RN 117). 42
- **Sexuelle Belästigung** (§ 3 IV AGG) kann zur ordentlichen oder außerordentlichen Kündigung führen (vgl. auch § 127 RN 119). Nach § 12 III AGG ist ein Arbeitgeber verpflichtet, ge- 43

---

[73] Vgl. ErfK/*Dieterich* Art. 2 GG RN 87.

[74] LAG Hamm 22. 10. 1991 LAGE § 611 BGB Direktionsrecht Nr. 11.

[75] BAG 10. 10. 2002 AP 44 zu § 1 KSchG 1969 Verhaltensbedingte Kündigung = NZA 2003, 483; dazu *Hoevels* NZA 2003, 701.

[76] ArbG Bremen BB 55, 802; LAG Düsseldorf BB 56, 434 m. Anm. *Oehmann;* LAG Stuttgart BB 57, 1276; LAG Berlin DB 79, 605; LAG Rheinl.-Pfalz BB 79, 375; EzA 5 zu § 1 KSchG Verhaltensbedingte Kündigung; a. A. LAG Berlin DB 75, 2327 bei kürzeren Beschäftigungszeiten und 10 Lohnpfändungen im Jahr; LAG Hamm DB 77, 2237 (nach vorausgegangener Abmahnung); BB 78, 1362.

[77] Vgl. BAG 26. 8. 1976 AP 68 zu § 626 BGB; LAG Köln 24. 11. 1993 LAGE § 626 BGB Nr. 75; ArbG Passau 16. 1. 1992 BB 92, 567.

[78] Zusammenfassung: BAG 20. 7. 1989 AP 2 zu § 1 KSchG 1969 Sicherheitsbedenken; 9. 12. 1982 AP 73 zu § 626 BGB; EGMR 26. 9. 1995 NJW 96, 375.

[79] LAG Düsseldorf BB 56, 434; a. A. ArbG Hamburg BB 60, 706; vgl. *Sachse* DB 70, 2221.

[80] Dazu LAG Rheinl.-Pfalz EzA 5 zu § 1 KSchG Verhaltensbedingte Kündigung.

eignete, erforderliche und angemessene Maßnahmen zu ergreifen. Reicht eine Abmahnung oder Versetzung nicht aus, um sexuelle Belästigungen zu unterbinden, kann eine Kündigung gerechtfertigt sein.[81] Die vom Arbeitgeber zu treffenden Schutzmaßnahmen gegen sexuelle Belästigung am Arbeitsplatz berechtigen ihn nicht, der sexuellen Belästigung beschuldigte Arbeitnehmer zu entlassen, wenn ihnen eine entsprechende Tat nicht nachgewiesen werden kann bzw. die Voraussetzungen einer Verdachtskündigung nicht vorliegen. Auch § 12 III AGG gewährt insoweit kein Kündigungsrecht.[82] Eine Kündigung ist grundsätzlich berechtigt, wenn die Vorgesetzteneigenschaft ausgenutzt wird[83] oder die Belästigung zurückgewiesen worden ist und erpresserische Briefe geschrieben werden.[84] Der Griff an die Brust kann zur Kündigung berechtigen.[85] Sexuelle Übergriffe eines Vorgesetzten (tätliche Belästigungen) während der Arbeitszeit gegenüber weiblichen Mitarbeiterinnen rechtfertigen regelmäßig eine fristlose Kündigung auch ohne Abmahnung, wenn es sich um eine massive tätliche Belästigung handelt.[86] Einem Arbeitnehmer kann gekündigt werden, wenn er – nach erfolglosen mehrmaligen Annäherungsversuchen per SMS und am Telefon – einer Auszubildenden in seinem Betrieb eine ehrverletzende, einschüchternde sexuell belästigende SMS schickt.[87] Der zweimalige „Klaps" auf den Po einer Arbeitskollegin sowie ein ihr aufgezwungener Kuss auf den Mund sind geeignet, eine außerordentliche Kündigung eines Arbeitnehmers zu rechtfertigen.[88]

44 – **Sicherheitsbedenken.**[89] Kündigt eine private oder öffentliche Verwaltung (Bundeswehr) oder ein Betrieb aus Sicherheitsbedenken (Gefahr der Ausspähung von Geheimnissen, Sabotage usw.), müssen im Kündigungsschutzprozess konkrete Tatsachen vorgetragen werden, aus denen sich die Gefährdung ergeben soll.[90] Zur Rechtfertigung einer von den Streitkräften ausgesprochenen Kündigung reicht nicht der Hinweis auf den Befehl eines Kommandeurs.[91] Sicherheitsbedenken liegen – ähnlich wie bei der Verdachtskündigung (§ 127 RN 136ff.) – dann vor, wenn auf Grund von Tatsachen zu befürchten ist, der Arbeitnehmer werde sich über bestehende Sicherheits- und Geheimhaltungspflichten hinwegsetzen.[92] Das BAG hat aus Gründen des Revisionsrechts nicht beanstandet, dass dann noch keine Sicherheitsbedenken vorliegen, wenn ein Arbeitnehmer eines Elektrizitätswerks enge Beziehungen zu einer Lebensgefährtin unterhalten hat, die verwandtschaftlich der Terroristenszene nahestand.[93] Aus dem Grundsatz der Betriebsbezogenheit folgt, dass eine konkrete Störung im Arbeitsverhältnis vorliegen muss.[94] Wird eine Kündigung von den alliierten Streitkräften ausgesprochen und stellt die Militärbehörde fest, dass die Kündigung aus Sicherheitsgründen notwendig war, hat das Arbeitsgericht auf die Auflösung des Arbeitsverhältnisses gegen Zahlung der Abfindung zu erkennen (§§ 9, 10 KSchG), wenn die soziale Rechtfertigung der Kündigung nicht bewiesen werden kann. Die oberste Dienstbehörde der Truppe kann im Einvernehmen mit dem Chef des Bundeskanzleramtes die Gefahr eines schweren Schadens für die Sicherheit eines Entsendestaates durch eine förmliche Erklärung glaubhaft machen (Art. 56 II a NATO-ZusAbK).

45 – **Spesenbetrug.** Spesenbetrug ist im allgemeinen Grund einer außerordentlichen Kündigung (§ 127 RN 120).

46 – **Straftaten.** Diebstähle, Unterschlagungen oder Hehlerei im Betrieb des Arbeitgebers rechtfertigen i. d. R. ohne vorherige Abmahnung die verhaltensbedingte, häufig sogar außerordentliche Kündigung (§ 127 RN 123f.). Gegen den Arbeitgeber gerichtete Diebstähle können auch vorliegen, wenn sie in einem anderen als dem Beschäftigungsbetrieb ausgeführt werden.[95]

47 Gerechtfertigt ist die Kündigung eines Autobusfahrers bei ständigen **Geschwindigkeitsüberschreitungen.**[96] Dasselbe gilt für eine Altenpflegerin bei **Gewaltanwendung gegen**

---

[81] LAG Hamm 22. 10. 1996 DB 97, 482.
[82] Vgl. BAG 8. 6. 2000 AP 3 zu § 2 BeschSchG = NZA 2001, 91 zu § 4 BeschSchG.
[83] BVerwG 12. 11. 1997 NJW 98, 1656.
[84] LAG Hamm 10. 3. 1999 NZA-RR 99, 623.
[85] Hessisches LAG 20. 8. 1995 – 3 Sa 636/94 n. v.; ArbG Lübeck 2. 11. 2000 NZA-RR 2001, 140.
[86] LAG Niedersachsen 21. 1. 2003 NZA-RR 2004, 19.
[87] LAG Rheinland-Pfalz 24. 10. 2001 – 9 Sa 853/01.
[88] Sächsisches LAG 10. 3. 2000 LAGE § 626 BGB Nr. 130.
[89] *Matissek* NZA 88, 383; *Meyer,* Die Kündigung wegen Sicherheitsbedenken, 1997.
[90] BAG 20. 7. 1989 AP 2 zu § 1 KSchG 1969 Sicherheitsbedenken.
[91] BAG 18. 11. 1960 AP 28 zu Art. 44 Truppenvertrag.
[92] BAG 28. 2. 1963 AP 3 zu § 1 KSchG Sicherheitsbedenken.
[93] BAG 26. 10. 1978 AP 1 zu § 1 KSchG 1969 Sicherheitsbedenken.
[94] BAG 20. 7. 1989 AP 2 zu § 1 KSchG 1969 Sicherheitsbedenken = NZA 90, 614.
[95] BAG 20. 9. 1984 AP 80 zu § 626 BGB = NZA 85, 286.
[96] ArbG Passau BB 89, 1202.

einen Heimbewohner.[97] Die Verbüßung einer langfristigen **Strafhaft** kann zur außerordentlichen Kündigung führen. Den Arbeitgeber trifft aber nach Auffassung des BAG eine Fürsorgepflicht, auf den Freigängerstatus hinzuwirken, wenn er rückhaltlos über die Straftaten und ihre Umstände aufgeklärt wird.[98] Straftaten eines **Arbeitnehmers des öffentlichen Dienstes,** auch im Privatbereich, können eine ordentliche Kündigung rechtfertigen. Dies gilt selbst dann, wenn der Arbeitnehmer an einer Konversionsneurose leidet und Gegenstände kauft, die er nicht bezahlt und nicht bezahlen kann.[99] Sind die strafgerichtlichen Verurteilungen im Zentralregister gelöscht, darf sich ein Arbeitnehmer als unbestraft bezeichnen. Sie stellen keinen Kündigungsgrund dar.[100]

- **Tätlichkeiten.**[101] Wird der Arbeitnehmer gegenüber dem Arbeitgeber tätlich, ist i. d. R. eine außerordentliche Kündigung gerechtfertigt (§ 127 RN 125ff.).[102] Ausnahmen können gelten, wenn der Arbeitnehmer provoziert worden ist und in einer Notwehrlage gehandelt hat. **48**
- **Telefongespräche.** Eine Vielzahl von Privattelefonaten rechtfertigt nach vorheriger Abmahnung eine ordentliche Kündigung.[103] Ausnahmsweise kommt auch eine außerordentliche Kündigung ohne vorherige Abmahnung in Betracht (§ 127 RN 128). **49**
- **Tendenzbetriebe.** Arbeitnehmer in Tendenzbetrieben, die zugleich Tendenzträger sind, können gekündigt werden, wenn sie sich durch ihr Verhalten in Widerspruch zu den besonderen Zielen des Arbeitgebers setzen (vgl. dazu auch § 131 RN 51 f.).[104] Tendenzbetriebe sind die in § 118 BetrVG aufgezählten (§ 214 RN 16ff.). Tendenzneutral sind das fehlerhafte Spielen eines Sinfonikers, Behandlungsfehler eines Arztes in einem konfessionellen Krankenhaus, Rechtschreibschwächen eines Redakteurs.[105] Ein Verstoß gegen allgemeine Anweisungen für die Gestaltung von Artikeln stellt keinen Tendenzverstoß dar.[106] Kündigt ein Arbeitnehmer an, er wolle hinfort während der Arbeit die Maha der Bhagwan-Bewegung tragen, kann nach Ansicht des LAG Düsseldorf eine Kündigung nach § 134 BGB i. V. m. Art. 3 II GG nichtig sein.[107] Ob im öffentlichen Dienst die bloße Mitgliedschaft zur **Scientology-Sekte** eine Kündigung rechtfertigt, ist umstritten.[108] **50**
- **Überstunden.** Unzulässige Über- und Mehrarbeit kann der Arbeitnehmer verweigern (dazu § 45 RN 47). Über- und Mehrarbeit muss er nur leisten, wenn eine besondere Rechtsgrundlage besteht.[109] In Notfällen, also plötzlich eintretenden, unvorhergesehenen Ereignissen, muss er grundsätzlich Überstunden leisten.[110] **51**
- **Unpünktlichkeit.** Dauernde Unpünktlichkeit kann nach vorheriger Abmahnung die Kündigung rechtfertigen.[111] **52**
- **Urlaub.** Der Urlaub muss, auch wenn er bereits voll entstanden ist, vom Arbeitgeber gewährt werden (§ 102 RN 66). **Eigenmächtiger Urlaubsantritt** führt mithin zur unentschuldigten Fehlzeit und berechtigt grundsätzlich zur Kündigung.[112] Häufig wird auch eine außerordentliche Kündigung gerechtfertigt sein (§ 127 RN 133ff.). **53**
- **Verdacht.**[113] Nach der ständigen Rechtsprechung des BAG kann nicht nur eine erwiesene Vertragsverletzung, sondern schon der schwerwiegende Verdacht einer schweren Pflichtverlet- **54**

---

[97] LAG Hessen 30. 3. 2000 NZA-RR 2000, 526.
[98] BAG 9. 3. 1995 AP 123 zu § 626 BGB = NZA 95, 777.
[99] BAG 20. 11. 1997 AP 43 zu § 1 KSchG 1969 = NZA 98, 323.
[100] LAG Berlin 22. 3. 1996 NZA-RR 97, 7.
[101] *Aigner,* Tätlichkeiten im Betrieb, DB 91, 596.
[102] BAG 30. 9. 1993 EzA 152 zu § 626 BGB n. F.; 31. 3. 1993 AP 32 zu § 626 BGB Ausschlussfrist = NZA 94, 409; 12. 7. 1984 AP 32 zu § 102 BetrVG 1972; 12. 3. 1987 AP 47 zu § 102 BetrVG 1972.
[103] LAG Niedersachsen 13. 1. 1998 NZA-RR 98, 259; LAG Köln 2. 7. 1998 LAGE § 1 KSchG Verhaltensbedingte Kündigung Nr. 66.
[104] Beim DGB: BAG 6. 12. 1979 AP 2 zu § 1 KSchG 1969 Verhaltensbedingte Kündigung.
[105] BAG 3. 11. 1982 AP 12 zu § 15 KSchG 1969; zur Abmahnung: BAG 15. 8. 1984 AP 8 zu § 1 KSchG 1969.
[106] LAG Düsseldorf 23. 11. 1995 DB 96, 943.
[107] LAG Düsseldorf 22. 3. 1984 DB 85, 391.
[108] *Berger-Delhey* ZTR 99, 116.
[109] BAG 28. 2. 1958 AP 1 zu § 14 AZO.
[110] LAG Schleswig-Holstein 26. 6. 2001 – 3 Sa 224/01.
[111] BAG 13. 3. 1987 AP 18 zu § 1 KSchG 1969 Verhaltensbedingte Kündigung = NZA 87, 518; 17. 3. 1988 AP 99 zu § 626 BGB = NZA 89, 261; 17. 1. 1991 AP 25 zu § 1 KSchG 1969 Verhaltensbedingte Kündigung = NZA 91, 557; 27. 2. 1997 AP 36 zu § 1 KSchG 1969 Verhaltensbedingte Kündigung = NZA 97, 761.
[112] BAG 25. 2. 1983 AP 14 zu § 626 BGB Ausschlussfrist; 20. 1. 1994 AP 115 zu § 626 BGB = NZA 94, 548; 22. 1. 1998 AP 38 zu § 626 BGB Ausschlussfrist = NZA 98, 708.
[113] Schrifttum siehe § 127 RN 136.

zung einen wichtigen Grund zur außerordentlichen Kündigung gegenüber dem verdächtigten Arbeitnehmer darstellen (dazu im Einzelnen § 127 RN 136 ff.).

55 – **Vorstrafen** (§ 26 RN 29). Vorstrafen rechtfertigen im Allgemeinen die Kündigung nicht, zumindest wenn sie längere Zeit zurückliegen. Dies gilt auch dann, wenn der Arbeitnehmer auf eine unzulässige Frage nach Vorstrafen seine Straffreiheit versichert hat.[114] Etwas anderes kann dann gelten, wenn eine Wiederholungsgefahr besteht oder die Art der Vorstrafe den Arbeitnehmer für den konkreten Arbeitsplatz ungeeignet erscheinen lässt.

56 – **Wohnsitzvereinbarung.** Die Verpflichtung eines Arbeitnehmers zur Begründung und Beibehaltung eines **Wohnsitzes in unmittelbarer Nähe zu seinem Arbeitsplatz** verstößt nicht gegen Art. 11 I, Art. 2 I GG, soweit für die Erfüllung seiner Arbeitspflicht die Wohnsitznahme notwendig ist.[115] Verletzt ein Arbeitnehmer eine vertragliche oder tarifvertragliche Wohnsitzvereinbarung, indem er seinen Wohnsitz nicht an dem vereinbarten Ort nimmt und weigert er sich beharrlich, dies auch künftig zu tun, kann das eine ordentliche Kündigung rechtfertigen.[116] Erforderlich ist freilich regelmäßig eine Abmahnung des Arbeitnehmers.

§ 134. Betriebsbedingte Kündigung

Seit 2000, sonst frühere Aufl.: *Annuß,* Betriebsbedingte Kündigung und arbeitsvertragliche Bindung, 2004; *ders.,* Die rechtsmissbräuchliche Unternehmerentscheidung im Konzern, NZA 2003, 783; *Annuß/Stamer,* Die Kündigung des Betriebsveräußerers auf Erwerberkonzept, NZA 2003, 1247; *Bader,* Das Gesetz zu Reformen am Arbeitsmarkt: Neues im Kündigungsschutzgesetz und im Befristungsrecht, NZA 2004, 65; *Bauer,* Mutlose Kündigungsschutzreform, NZA 2003, 366; *Bayreuther,* Die unternehmerische Entscheidungsfreiheit im Spiegel der aktuellen BAG-Rechtsprechung zum Anspruch auf Teilzeitbeschäftigung, DB 2004, 1726; *Berkowsky,* Die betriebsbedingte Kündigung, 5. Aufl., 2002; *ders.,* Aktuelle Entscheidungen zur betriebsbedingten Kündigung, NZA-RR 2007, 169; *Bitter,* Zur Unternehmerentscheidung zwecks Personalabbau, DB 2000, 1760; *Boeddinghaus,* Die alte und neue Rechtsprechung zur betriebsbedingten Kündigung, AuR 2001, 8; *Brose,* Der präventive Kündigungsschutz bei betriebsbedingten Kündigungen, 2007; *Busch,* Maßgeblicher Beurteilungszeitpunkt für die Möglichkeit der Weiterbeschäftigung bei betriebsbedingten Kündigungen, NZA 2000, 754; *Däubler,* Neues zur betriebsbedingten Kündigung, NZA 2004, 177; *Dahl,* Betriebsbedingte Kündigung eines Leiharbeitsverhältnisses wegen Auftragsrückgangs, DB 2003, 1626; *Düwell/Dahl,* Leiharbeitnehmer: First in, first out, DB 2007, 1699; *Ehmann/Sutschet,* Die betriebsbedingte Kündigung, Jura 2001, 145; *Feudner,* Betriebsbedingte Kündigung quo vadis?, NZA 2000, 1136; *ders.,* Kündigungsschutz im Konzern, DB 2002, 1106; *ders.,* Verlagerung von Arbeit ins Ausland: Grenzen des unternehmerischen Handlungsspielraums?, DB 2004, 982; *Franzen,* Die unternehmerische Entscheidung in der Rspr. des BAG zur betriebsbedingten Kündigung, NZA 2001, 805; *Gagel,* § 2 SGB III: Schlüssel zum eingliederungsorientierten Kündigungsrecht und zu Transfer-Sozialplänen, BB 2001, 358; *Gaul/Kühnreich,* Weiterbeschäftigung statt betriebsbedingter Kündigung, BB 2003, 254; *Geyer,* Der „konzernbezogene" Kündigungsschutz bei Verlagerung von Aufgaben, FA 2008, 226; *Gilberg,* Die Unternehmerentscheidung vor Gericht, NZA 2003, 817; *Hillgruber,* Kündigungsschutz für Arbeitnehmer – Hindernis für einen Personalabbau im öffentlichen Dienst?, Gedächtnisschrift Heinze, 2005, S. 367; *Hinze,* Mildere Mittel zur Vermeidung betriebsbedingter Kündigung, 2002; *v. Hoyningen-Huene,* Die „missbräuchliche" Unternehmerentscheidung bei betriebsbedingter Kündigung, FS 50 Jahre BAG, 2004, S. 369; *Hoß,* Die betriebsbedingte Kündigung, MDR 2000, 306; *Houben,* Weiterbeschäftigungspflicht auf höherwertigen Arbeitsplätzen – ein Tabubruch im Kündigungsrecht?, NZA 2008, 851; *Hümmerich/Mauer,* Internet-Stellen als Einwand gegen die soziale Rechtfertigung betriebsbedingter Kündigungen, NZA 2004, 1335; *Kaiser,* Wegfall des Kündigungsgrundes – Weder Unwirksamkeit der Kündigung noch Wiedereinstellungsanspruch, ZfA 2000, 205; *dies.,* Die Unternehmerentscheidung bei der betriebsbedingten Kündigung, NZA 2005 Beil. 1 S. 41; *Kassen,* Die Möglichkeiten der Weiterbeschäftigung gemäß § 1 Absatz 2 Sätze 2 und 3 KSchG als Alternativen zur Beendigungskündigung, Diss. Bochum 2000; *Kiel/Koch,* Die betriebsbedingte Kündigung, 2000; *Kleinebrink,* Darlegung der Unternehmerentscheidung, FA 2000, 70; *Kukat,* Betriebsbedingte Kündigung und konzernbezogener Kündigungsschutz in der Rechtsprechung des BAG, BB 2000, 1242; *Kühling,* Freie Unternehmerentscheidung und Betriebsstilllegung, AuR 2003, 92; *Lelley/Sabin,* Rechtsprechungsänderung zum Ultima-Ratio-Prinzip bei betriebsbedingten Kündigungen, DB 2006, 1110; *Matz,* Die Unternehmerentscheidung im Kündigungsrecht, FA 2003, 68; *Mauer/Holthausen,* „Der nicht mehr zeitgemäße Weihnachtsmann" – Zur Zulässigkeit betriebsbedingter Kündigungen auf Grund geänderten Anforderungsprofils, NZA 2003, 1370; *Nägele,* Neuerung durch die Agenda 2010 – Kündigung mit Abfindungsanspruch, ArbRB 2003, 274; *ders.,* Kündigung nach Widerspruch beim Betriebsübergang, ArbRB 2004, 312; *K. Neef/D. Neef,* Von der Unmöglichkeit der betriebsbedingten Kündigung, NZA 2006, 1241; *Polzer,* Die Unternehmerentscheidung im Kündigungsschutzrecht, 2003; *Pomberg,* Betriebsteilübergang: § 613 a BGB als Hemmnis für Neueinstellungen in dem verbleibenden Restbetrieb, DB 2003, 2177; *Preis,* Aktuelle Tendenzen und offene Fragen im Kündigungsschutzrecht, FA 2002, 290; *Bernd Preis,* Stellenabbau als unternehme-

[114] BAG 15. 1. 1970 AP 7 zu § 1 KSchG Verhaltensbedingte Kündigung; ArbG Wesel BB 68, 914.
[115] Dazu BAG 7. 6. 2006 NZA 2007, 343.
[116] LAG München 9. 1. 1991 LAGE § 1 KSchG Verhaltensbedingte Kündigung Nr. 32.

rische Entscheidung, DB 2000, 1122; *Quecke,* Unternehmerentscheidung als Kündigungsgrund, DB 2000, 2429; *ders.,* Die Änderung des Kündigungsschutzgesetzes zum 1. 1. 2004, RdA 2004, 86; *Reuter,* Unternehmerische Freiheit und betriebsbedingte Kündigung, RdA 2004, 161; *Roesgen,* Die betriebsbedingte Kündigung im öffentlichen Dienst, 2008; *Rohr,* Teilzeitarbeit und Kündigungsrecht, 2003; *Rommée/Pauker,* Die Unternehmerentscheidung bei der betriebsbedingten Kündigung, NZA-RR 2000, 281; *Rost,* Die aktuelle Rechtsprechung des Bundesarbeitsgerichts zur Unternehmerentscheidung bei betriebsbedingter Kündigung, ArbRGgw. Bd. 39 (2002), S. 83; *ders.,* Kündigungsschutz im Konzern, FS Schwerdtner, 2003, S. 169; *Schiefer,* Kündigungsschutz und Unternehmerfreiheit – Auswirkungen des Kündigungsschutzes auf die betriebliche Praxis, NZA 2002, 770; *ders.,* Betriebsbedingte Kündigung – Kündigungsursache und Unternehmerentscheidung, NZA-RR 2005, 1; *ders.,* Betriebsbedingte Kündigung nach aktueller Rechtsprechung – Zwei Schritte vor, ein Schritt zurück, DB 2007, 54; *Schrader,* Die geänderte Rechtsprechung zur Unternehmerentscheidung, NZA 2000, 401; *Stückmann/Kohlepp,* Verhältnismäßigkeitsgrundsatz und „ultima-ratio-Prinzip“ im Kündigungsrecht, RdA 2000, 331; *Schrader/Schubert,* Die Ausgliederung oder: Wie weit reicht die unternehmerische Entscheidungsfreiheit (noch)?, NZA-RR 2004, 393; *Schumacher-Mohr,* Zulässigkeit einer betriebsbedingten Kündigung durch den Veräußerer bei Betriebsübergang, NZA 2004, 629; *Schweig/Albrecht,* Ist die betriebsbedingte Kündigung eines Arbeitnehmers in Altersteilzeit während der Freistellungsphase möglich?, BB 2003, 1434; *Simon/Greßlin,* Abbau von Leiharbeit vor betriebsbedingten Kündigungen?, BB 2007, 2454; *Spinner,* Die Rechtsprechung des Bundesarbeitsgerichts zur betriebsbedingten Kündigung 2004/2005, BB 2006, 154; *Stahlhacke,* Unternehmerentscheidung und Personalabbau, FS Schwerdtner, 2003, S. 199; *Stein,* Freiheit und Dringlichkeit der unternehmerischen Entscheidung im Kündigungsschutzrecht, BB 2000, 457; *ders.,* Inhaltskontrolle von Unterentscheidungen, AuR 2003, 99; *Thum,* Betriebsbedingte Kündigung und unternehmerische Entscheidungsfreiheit, 2002; *Tschöpe,* Betriebsbedingte Kündigung, BB 2000, 2630; *Walker,* Die freie Unternehmerentscheidung im Arbeitsrecht, ZfA 2004, 501; *Willemsen/Annuß,* Kündigungsschutz nach der Reform, NJW 2004, 177; *Wisskirchen/Bissels,* Arbeitsrechtliche Probleme bei „Matrix-Strukturen“, DB 2007, 340; *Zepter,* Freie Unternehmerentscheidung bei Personalabbau, DB 2000, 474.

Zum Gesetz zu Reformen am Arbeitsmarkt, in Kraft seit 1. 2. 2004: *Bader,* Das Gesetz zu Reformen am Arbeitsmarkt: Neues im Kündigungsschutzgesetz und im Befristungsrecht, NZA 2004, 65; *Bauer/Krieger,* Kündigungsrecht – Reformen 2004, 2004; *dies.,* Neuer Abfindungsanspruch – 1 a daneben, NZA 2004, 77; *Biebl,* Das neue Kündigungs- und Befristungsrecht, 2004; *Gaul/Bonnani,* Agenda 2010 – Änderungen im Kündigungsrecht, bei befristeten Arbeitsverhältnissen und im BErzGG, ArbRB 2004, 48; *Giesen/Besgen,* Fallstricke des neuen Abfindungsanspruchs, NJW 2004, 185; *Grobys,* Der gesetzliche Abfindungsanspruch in der betrieblichen Praxis, DB 2003, 2174; *Kappenhagen,* Die neue „alte“ Namensliste nach § 1 Abs. 5 KSchG, FA 2004, 37; *Kortstock,* Abfindung nach § 1 a KSchG und Betriebsübergang, NZA 2007, 297; *Lakies,* Die Neuerungen des Kündigungsschutzgesetzes, NJ 2004, 150; *Löwisch,* Die kündigungsschutzrechtlichen Vorschläge der Agenda 2010, NZA 2003, 689; *ders.,* Neuregelung des Kündigungs- und Befristungsrechts durch das Gesetz zu Reformen am Arbeitsmarkt, BB 2004, 154; *Meinel,* Agenda 2010 – Regierungsentwurf zu Reformen am Arbeitsmarkt, DB 2003, 1438; *Meixner,* Neue arbeitsrechtliche Regelungen 2004, 2004; *Preis,* Die Reform des Kündigungsschutzrechts, DB 2004, 70; *Richardi,* Misslungene Reform des Kündigungsschutzes durch das Gesetz zu Reformen am Arbeitsmarkt, DB 2004, 486; *Schiefer/Worzalla,* Neues – altes – Kündigungsrecht, NZA 2004, 345; *Thüsing/Stelljes,* Fragen zum Entwurf eines Gesetzes zu Reformen am Arbeitsmarkt, BB 2003, 1673; *Tschöpe,* Neues Kündigungsschutzrecht 2004, MDR 2004, 193; *Willemsen/Annuß,* Kündigungsschutz nach der Reform, NJW 2004, 177; *Wolff,* Die qualifizierte Abfindungsvereinbarung nach § 1 a KSchG – eher Steine statt Brot, BB 2004, 378; *Zerres/Rhotert,* Die Neuregelungen im allgemeinen Kündigungsschutzrecht, FA 2004, 2; *Zimmer,* Sozialauswahl und Klagefrist ab 2004, FA 2004, 34.

Übersicht

	RN
I. Voraussetzungen der betriebsbedingten Kündigung	1 ff.
1. Überblick	1, 2
2. Inner- und außerbetriebliche Umstände	3–10
3. Wegfall von Beschäftigungsmöglichkeiten	11, 12
4. Dringlichkeit	13–15
5. Fehlende Weiterbeschäftigungsmöglichkeiten	16–24
6. Beurteilungszeitpunkt	25, 26
7. Gerichtliche Überprüfung	27–30
8. Darlegungs- und Beweislast	31, 32
II. Einzelfälle	33 ff.
1. Absatzschwierigkeiten und Auftragsmangel	34
2. Altersteilzeit	35
3. Anforderungsprofil	36
4. Arbeitsverdichtung	37
5. Auftragsvergabe an Dritte	38–42
6. Betriebsstilllegung	43–46
7. Betriebsübergang	47–53
8. Leiharbeit	54, 55
9. Öffentlicher Dienst	56–58
10. Rationalisierungsmaßnahmen	59
11. Stationierungsstreitkräfte	60
12. Teilzeitarbeit	61
13. Witterungsbedingte Kündigung	61 a
III. Abfindungsanspruch	62 ff.
1. Überblick	62
2. Betriebsbedingte Kündigung	63
3. Hinweis des Arbeitgebers	64
4. Entstehen des Anspruchs	64 a
5. Klagerücknahme	65
6. Rechtsfolgen	66–71

I. Voraussetzungen der betriebsbedingten Kündigung

1 **1. Überblick.** Eine betriebsbedingte Kündigung setzt voraus, dass der **Beschäftigungsbedarf für einen oder mehrere Arbeitnehmer in dem bisher wahrgenommenen Aufgabenbereich auf Dauer entfällt** und der Arbeitnehmer nicht auf einem anderen freien Arbeitsplatz weiterbeschäftigt werden kann.[1] Nur unter diesen Voraussetzungen ist eine Kündigung gemäß § 1 II 1 KSchG durch dringende betriebliche Erfordernisse bedingt. Soll von mehreren Arbeitnehmern, die unter betrieblichen Gesichtspunkten gleichermaßen für eine Kündigung in Betracht kommen, nur einem oder einigen gekündigt werden, muss gemäß § 1 III 1 KSchG eine Auswahl erfolgen. Wird hiergegen verstoßen, ist die Kündigung unabhängig vom Vorliegen betrieblicher Gründe gegenüber dem falsch ausgewählten Arbeitnehmer sozialwidrig, § 1 III KSchG.

2 Die Wirksamkeit einer betriebsbedingten Kündigung ist damit **dreistufig zu prüfen:**
(1) Zunächst ist der **Wegfall von Beschäftigungsmöglichkeiten** festzustellen.
(2) Sodann ist das **Fehlen einer Weiterbeschäftigungsmöglichkeit** zu prüfen.
(3) Schließlich ist – sofern mehrere vergleichbare Arbeitnehmer betroffen sind – eine **soziale Auswahl** unter den in Betracht kommenden Arbeitnehmern vorzunehmen (§ 135).

3 **2. Inner- und außerbetriebliche Umstände.** Nach der st. Rspr. des BAG können sich betriebliche Erfordernisse für eine Kündigung i. S. v. § 1 II KSchG aus innerbetrieblichen Umständen oder durch außerbetriebliche Gründe ergeben.[2]

4 **a) Außerbetriebliche Gründe** können Auftragsmangel oder Umsatzrückgang sein.[3] Hierdurch fällt jedoch in der Regel nicht unmittelbar ein Arbeitsplatz weg. Das betriebliche Erfordernis beruht zumeist nicht unmittelbar und allein auf einer bestimmten negativen wirtschaftlichen Lage, sondern auf einer hierdurch motivierten gestaltenden Entscheidung des Arbeitgebers.[4] Nur wenn ein dauerhafter Umsatz- oder Auftragsrückgang unmittelbar zur Verringerung einer bestimmten Arbeitsmenge führt, liegt hierin allein ein dringendes betriebliches Erfordernis zur Kündigung. Dies ist anzunehmen, wenn der Arbeitgeber eine bestimmte Umsatzhöhe in eine konkrete Relation zur Anzahl der Beschäftigten stellt. Sind Umfang und Auswirkung des Umsatzrückganges streitig, hat der Arbeitgeber darzulegen, dass ein dauerhafter Umsatzrückgang vorliegt und sich dieser Rückgang auf die Arbeitsmenge des gekündigten Arbeitnehmers auswirkt.[5]

5 **b)** In der Regel entsteht das betriebliche Erfordernis zur Kündigung nicht unmittelbar und allein durch bestimmte wirtschaftliche Entwicklungen (z. B. Auftragsrückgang), sondern auf Grund einer durch wirtschaftliche oder technische Entwicklungen oder fiskalische Überlegungen veranlassten **unternehmerischen Entscheidung** des Arbeitgebers.[6] Die außerbetrieblichen Umstände sind regelmäßig nur Motiv für unternehmerische Entscheidungen des Arbeitgebers. Das sind die vom BAG so bezeichneten innerbetrieblichen Umstände.[7] Hierzu gehören z. B. Rationalisierungsmaßnahmen wie die Zusammenlegung von Abteilungen,[8] Erhöhung der Arbeitsdichte,[9] Neubestimmung des Anforderungsprofils für einen eingerichteten Arbeitsplatz,[10] Übertragung der Arbeitsaufgaben von Arbeitnehmern auf freie Dienstnehmer,[11] Umstellung, Einschränkung oder Verlagerung der Produktion.[12] Eine unternehmerische Entschei-

---

[1] St. Rspr., vgl. BAG 18. 5. 2006 AP 7 zu § 9 AÜG m. w. N.
[2] BAG 17. 6. 1999 AP 102 zu § 1 KSchG 1969 Betriebsbedingte Kündigung = NZA 99, 1095; 29. 3. 1990 AP 50 zu § 1 KSchG 1969 Betriebsbedingte Kündigung = NZA 91, 181; 7. 12. 1978 AP 6 zu § 1 KSchG 1969 Betriebsbedingte Kündigung.
[3] BAG 18. 5. 2006 AP 7 zu § 9 AÜG.
[4] BAG 22. 5. 2003 AP 128 zu § 1 KSchG 1969 Betriebsbedingte Kündigung = NZA 2004, 343.
[5] BAG 15. 6. 1989 AP 45 zu § 1 KSchG 1969 Betriebsbedingte Kündigung = NZA 90, 65.
[6] BAG 21. 9. 2006 AP 130 zu § 2 KSchG 1969 = NZA 2007, 431; 2. 2. 2006 AP 46 zu § 611 BGB Kirchendienst.
[7] BAG 16. 12. 2004 AP 133 zu § 1 KSchG 1969 Betriebsbedingte Kündigung = NZA 2005, 761.
[8] BAG 6. 11. 1997 AP 42 zu § 1 KSchG 1969 = NZA 98, 143.
[9] BAG 17. 6. 1999 AP 102, 103 zu § 1 KSchG 1969 Betriebsbedingte Kündigung = NZA 99, 1095, 1157; 24. 4. 1997 AP 42 zu § 2 KSchG = NZA 97, 1047.
[10] BAG 7. 11. 1996 AP 82 zu § 1 KSchG 1969 Betriebsbedingte Kündigung = NZA 97, 253; 10. 11. 1994 AP 65 zu § 1 KSchG 1969 Betriebsbedingte Kündigung = NZA 95, 566; dazu *Mauer/Holthausen* NZA 2003, 1370.
[11] BAG 13. 3. 2008 AP 176 zu § 1 KSchG 1969 Betriebsbedingte Kündigung = NZA 2008, 878; 9. 5. 1996 AP 79 zu § 1 KSchG 1969 Betriebsbedingte Kündigung = NZA 96, 1145; dazu *Dzida* NJW 2008, 2874.
[12] BAG 12. 11. 1998 AP 51 zu § 2 KSchG 1969 = NZA 99, 471; 18. 9. 1997 EzA 97 zu § 1 KSchG Betriebsbedingte Kündigung.

dung zur Reorganisation kann auch ein Gesamtkonzept beinhalten, das sowohl die Umgestaltung aller bisherigen Arbeitsplätze als auch die Reduzierung des bisherigen Arbeitsvolumens zum Gegenstand hat.[13]

Die Kündigung selbst ist keine freie Unternehmerentscheidung. Sie muss sich vielmehr nach dem klaren Wortlaut des Gesetzes an den Vorschriften des Kündigungsschutzgesetzes messen lassen.[14] Die Unternehmerentscheidung muss grundsätzlich darauf gerichtet sein, den Beschäftigungsbedarf **auf Dauer** entfallen zu lassen.[15] Nur dann ist sie „dringend".[16] Eine vorübergehende Schließung des Betriebs kann eine betriebsbedingte Kündigung nur ausnahmsweise rechtfertigen. Der Arbeitgeber hat hierfür eine Prognose darzulegen, wonach im Kündigungszeitpunkt der Wegfall der Beschäftigungsmöglichkeit bei Ablauf der Kündigungsfrist für wirtschaftlich erhebliche Zeit mit großer Wahrscheinlichkeit zu erwarten war. Ein Zeitraum von fast einem Dreivierteljahr kann dabei durchaus erheblich sein.[17] Eine **Austauschkündigung** ist unzulässig. Das bedeutet aber nicht, dass der Arbeitgeber an einer ernsthaften unternehmerischen Entscheidung gehindert wäre, die bisher durch Arbeitnehmer erledigten Tätigkeiten nunmehr auf andere Weise ausführen zu lassen.[18] So kann die Entscheidung des Unternehmers, bestimmte Aufgaben in Zukunft nicht mehr durch Arbeitnehmer, sondern durch freie Mitarbeiter ausführen zu lassen, als dringendes betriebliches Erfordernis i. S. d. § 1 II 1 KSchG eine ordentliche Kündigung rechtfertigen.[19] Eine Austauschkündigung liegt gleichfalls nicht vor, wenn eine Gemeinde beschließt, die Aufgaben einer bisher in einem Arbeitsverhältnis beschäftigten Frauenbeauftragten in Zukunft einer ehrenamtlichen Kraft zu übertragen.[20] 6

Der Arbeitgeber hat im Kündigungsschutzprozess seine Entscheidung, den Personalbestand auf Dauer zu reduzieren, hinsichtlich ihrer **organisatorischen Durchführbarkeit** und hinsichtlich des Begriffs „Dauer" zu verdeutlichen, damit das Gericht u. a. prüfen kann, ob sie nicht offensichtlich unsachlich, unvernünftig oder willkürlich ist.[21] Je näher die eigentliche Organisationsentscheidung an den Kündigungsentschluss rückt, umso mehr muss der Arbeitgeber nach der Rechtsprechung des BAG durch Tatsachenvortrag ausführen, dass ein Beschäftigungsbedürfnis für den betroffenen Arbeitnehmer entfallen ist. Läuft die unternehmerische Entscheidung – z. B. Neuorganisation der Bürostruktur, die zum Wegfall der Funktionen des Leiters der Planungsabteilung und des Stellvertreters führt – letztlich nur auf den Abbau einer Hierarchieebene hinaus, die verbunden ist mit einer Neuverteilung der dem betroffenen Arbeitnehmer bisher zugewiesenen Aufgaben, hat der Arbeitgeber insbesondere darzulegen, in welchem Umfang die bisher vom Arbeitnehmer ausgeübten Tätigkeiten zukünftig im Vergleich zum bisherigen Zustand entfallen. Er muss auf Grund seiner unternehmerischen Vorgaben die zukünftige Entwicklung der Arbeitsmenge anhand einer näher konkretisierten Prognose darstellen und angeben, wie die anfallenden Arbeiten vom verbliebenen Personal ohne überobligationsmäßige Leistungen erledigt werden können.[22] Fachkräften darf keine artfremde Tätigkeit abverlangt werden, die über gelegentliche Hilfstätigkeit hinausgeht.[23] 7

Zum Entscheidungsspielraum des Arbeitgebers gehört die Befugnis, die **Zahl der Arbeitskräfte** zu bestimmen, mit denen eine Arbeitsaufgabe erledigt werden soll.[24] Der Arbeitgeber kann grundsätzlich sowohl das Arbeitsvolumen (Menge der zu erledigenden Arbeit) als auch das 8

---

[13] BAG 22. 9. 2005 AP 141 zu § 1 KSchG 1969 Betriebsbedingte Kündigung.

[14] BAG 17. 6. 1999 AP 101 zu § 1 KSchG 1969 Betriebsbedingte Kündigung = NZA 99, 1098.

[15] BAG 26. 4. 2007 AP 4 zu § 125 InsO; 27. 11. 2003 AP 64 zu § 1 KSchG 1969 Soziale Auswahl = NZA 2004, 477; 17. 6. 1999 AP 102 zu § 1 KSchG 1969 Betriebsbedingte Kündigung = NZA 99, 1095; 7. 5. 1998 AP 94 zu § 1 KSchG 1969 Betriebsbedingte Kündigung = NZA 98, 933.

[16] BAG 17. 6. 1999 AP 101 zu § 1 KSchG 1969 Betriebsbedingte Kündigung = NZA 99, 1098.

[17] BAG 27. 4. 1995 EzA 83 zu § 1 KSchG Betriebsbedingte Kündigung; zur witterungsbedingten Kündigung; 7. 3. 1996 AP 76 zu § 1 KSchG 1969 Betriebsbedingte Kündigung = NZA 96, 931.

[18] BAG 18. 9. 2008 NZA 2009, 142.

[19] BAG 13. 3. 2008 AP 176 zu § 1 KSchG 1969 Betriebsbedingte Kündigung = NZA 2008, 878; 9. 5. 1996 AP 79 zu § 1 KSchG 1969 Betriebsbedingte Kündigung = NZA 96, 1145; ErfK/*Oetker* § 1 KSchG RN 273.

[20] BAG 18. 9. 2008 NZA 2009, 142.

[21] BAG 21. 9. 2000 AP 111 zu § 1 KSchG 1969 Betriebsbedingte Kündigung = NZA 2001, 535.

[22] BAG 13. 2. 2008 AP 123 zu § 1 KSchG 1969 Betriebsbedingte Kündigung = NZA 2008, 819; 10. 10. 2002 AP 123 zu § 1 KSchG 1969 Betriebsbedingte Kündigung; 17. 6. 1999 AP 103 zu § 1 KSchG 1969 Betriebsbedingte Kündigung = NZA 99, 1157.

[23] BAG 17. 6. 1999 AP 102 zu § 1 KSchG 1969 Betriebsbedingte Kündigung = NZA 99, 1095.

[24] BAG 17. 6. 1999 AP 102 zu § 1 KSchG 1969 Betriebsbedingte Kündigung = NZA 99, 1095; 7. 5. 1998 AP 94 zu § 1 KSchG 1969 Betriebsbedingte Kündigung = NZA 98, 933; 24. 4. 1997 AP 42 zu § 2 KSchG 1969 = NZA 97, 1047.

diesem zugeordnete Arbeitskraftvolumen (Arbeitnehmer-Stunden) und damit auch das Verhältnis dieser beiden Größen zueinander festlegen.[25]

9 **c)** Die unternehmerische Entscheidung bedarf grundsätzlich **keiner besonderen Form.** Besteht die Unternehmerentscheidung in dem Entschluss, den Betrieb stillzulegen, ist hierfür bei einer juristischen Person bzw. einer Kommanditgesellschaft kein formell gültiger Beschluss des zuständigen Organs erforderlich.[26] Die unternehmerische Entscheidung zur Stilllegung eines Betriebs durch ein Organ der Gesellschaft begründet grundsätzlich dann ein dringendes betriebliches Erfordernis für Kündigungen gegenüber den im Betrieb beschäftigten Arbeitnehmern i. S. v. § 1 II 1 KSchG, wenn ungeachtet der Wirksamkeit gemäß den das Internum der Gesellschaft regelnden Normen im Kündigungszeitpunkt davon auszugehen ist, dass die Betriebsstilllegung planmäßig erfolgen wird und nicht durch einzelne Gesellschafter oder durch andere Organe der Gesellschaft über den Kündigungstermin hinaus verzögert oder gar verhindert wird. Insbesondere bezweckt § 49 II GmbHG nur den Schutz der Gesellschaft bzw. der Gesellschafter, nicht dagegen den der Arbeitnehmer.[27] Anders ist freilich zu entscheiden, wenn der Vorstand einer Aktiengesellschaft entgegen § 111 IV AktG ohne Zustimmung des Aufsichtsrats eine Betriebsstilllegung beschließt. Die Beteiligung des Aufsichtsrats an dieser Entscheidung dient dem Schutz der Arbeitnehmer, weil diese über ihre Vertreter im Aufsichtsrat auf die unternehmerische Entscheidung Einfluss nehmen können sollen.[28]

10 **d)** Im **öffentlichen Dienst** kann eine der Unternehmerentscheidung vergleichbare Entscheidung darin liegen, dass in einem Haushaltsplan ein sog. kw-Vermerk angebracht oder aus einem Personalbedarfsplan der Wegfall einer Stelle ersichtlich wird (dazu RN 56).[29] In der Streichung einer konkreten Stelle in einem Haushaltsplan liegt die von den Arbeitsgerichten nicht nachprüfbare unternehmerische Entscheidung, die bezeichnete Stelle sei für die Dienststelle – zukünftig – entbehrlich.[30] Beschließt der Gemeinderat wegen des anhaltenden Geburtenrückgangs, die Verwaltung zu beauftragen, die Kündigungen einer bestimmten Zahl von Erzieherinnen zu einem näher bestimmten Zeitpunkt vorzubereiten, weil unter Berücksichtigung des gesetzlichen Betreuungsschlüssels ein Überhang an Erzieherin bestehe, handelt es sich um einen innerdienstlichen Kündigungsgrund, der auf außerdienstlichen Ursachen beruht, und nicht um einen nur allgemeinen Beschluss zur Personalreduzierung. Die Entscheidung des Arbeitgebers begrenzt das Beschäftigungsvolumen in einem bestimmten Bereich, so dass hierdurch der Beschäftigungsbedarf für alle Arbeitnehmer dieses Bereichs herabgesetzt wird. Welches Arbeitsverhältnis dann gekündigt werden darf, ist eine Frage der sozialen Auswahl.[31]

11 **3. Wegfall von Beschäftigungsmöglichkeiten. a)** Inner- und außerbetriebliche Umstände begründen nur dann ein dringendes betriebliches Erfordernis i. S. d. § 1 II KSchG, wenn sie sich konkret auf die Einsatzmöglichkeit des gekündigten Arbeitnehmers auswirken. Es ist dabei nicht zu prüfen, ob ein bestimmter Arbeitsplatz weggefallen ist, sondern ob und in welchem Umfang das Beschäftigungsbedürfnis für den betreffenden Arbeitnehmer entfallen ist.[32] Die Organisationsentscheidung des Arbeitgebers muss ursächlich für den von ihm behaupteten Wegfall des Beschäftigungsbedürfnisses sein. Das ist nur dann der Fall, wenn die Entscheidung sich auf eine nach sachlichen Merkmalen genauer bestimmte Stelle bezieht. Der allgemeine Beschluss, Personalkosten zu senken, erfüllt diese Anforderungen nicht.[33]

12 **b)** Wird bei im Wesentlichen gleich bleibender Tätigkeit ein **Arbeitsplatz umgestaltet,** so dass dieser zu einer Beförderungsstelle wird, entfällt nicht ohne Weiteres der bisherige Beschäfti-

---

[25] BAG 22. 5. 2003 AP 129 zu § 1 KSchG 1969 Betriebsbedingte Kündigung.

[26] BAG 25. 3. 2004 AP 36 zu § 9 MuSchG 1968.

[27] BAG 5. 4. 2001 AP 117 zu § 1 KSchG 1969 Betriebsbedingte Kündigung = NZA 2001, 949; 11. 3. 1998 AP 43 zu § 111 BetrVG 1972 = NZA 98, 879; krit. hierzu *Plander* NZA 99, 505; differenzierend APS/*Kiel* § 1 KSchG RN 492.

[28] A. A. ErfK/*Oetker* § 1 KSchG RN 212.

[29] BAG 23. 11. 2004 AP 70 zu § 1 KSchG 1969 Soziale Auswahl = NZA 2005, 986; 22. 5. 2003 AP 129 zu § 1 KSchG 1969 Betriebsbedingte Kündigung; 18. 11. 1999 AP 55 zu § 2 KSchG 1969 = NZA 2000, 484; 21. 1. 1993 AP 1 zu § 52 MitbestG Schleswig-Holstein = NZA 93, 1099.

[30] BAG 18. 9. 2008 NZA 2009, 142; 5. 12. 2002 AP 126 zu § 1 KSchG 1969 Betriebsbedingte Kündigung.

[31] BAG 22. 5. 2003 AP 129 zu § 1 KSchG 1969 Betriebsbedingte Kündigung.

[32] BAG 19. 5. 1993 AP 31 zu § 2 KSchG 1969 = NZA 93, 1075; 30. 5. 1985 AP 24 zu § 1 KSchG 1969 Betriebsbedingte Kündigung.

[33] BAG 6. 7. 2006 AP 82 zu § 1 KSchG 1969 Soziale Auswahl = NZA 2007, 139; 22. 5. 2003 AP 129 zu § 1 KSchG 1969 Betriebsbedingte Kündigung.

gungsbedarf. Der durch das KSchG gewährleistete Bestandsschutz gewährt dem Arbeitnehmer zwar regelmäßig keinen Anspruch auf Beförderung.[34] Hat der Arbeitgeber hingegen für eine bestimmte Tätigkeit eine Einstellungsentscheidung getroffen und bleibt die Tätigkeit im Wesentlichen erhalten, besteht nach Auffassung des BAG allein auf Grund einer Umwidmung dieser Stelle in eine Beförderungsstelle kein dringendes betriebliches Erfordernis, sofern der Arbeitnehmer geeignet ist, die Arbeitsleistung auf dem umgestalteten Arbeitsplatz zu erbringen.[35] Die Gestaltung des Anforderungsprofils unterliegt dabei der lediglich auf offenbare Unsachlichkeit zu überprüfenden unternehmerischen Disposition des Arbeitgebers.[36] Der Entschluss, bestimmte Tätigkeiten nur von Arbeitnehmern mit besonderer Qualifikation ausführen zu lassen, ist zu respektieren, wenn die Qualifikationsmerkmale einen nachvollziehbaren Bezug zur Organisation der auszuführenden Arbeiten haben.[37] Die Höhe der Vergütung kann insbesondere bei Vergütungssystemen identischer Tarifvertragsparteien Bedeutung für die Vergleichbarkeit der Stellen haben. In erster Linie kommt es aber auf die Tätigkeitsmerkmale an.[38] Die neue Stelle darf nach Bedeutung und Verantwortung nicht so viel anspruchsvoller sein, dass insgesamt ein wesentlich anderer Arbeitsbereich entsteht. Dies ist anzunehmen, wenn der neue Arbeitsplatz mit erheblich erweiterten Leitungsbefugnissen ausgestattet ist, nicht dagegen, wenn schon bisher vorhandene Kompetenzen nur geringfügig erweitert werden.

4. Dringlichkeit. a) Das Merkmal der „Dringlichkeit" der betrieblichen Erfordernisse **konkretisiert den Grundsatz der Verhältnismäßigkeit.** Die aus der unternehmerischen Entscheidung resultierenden betrieblichen Erfordernisse müssen dringend sein und eine Kündigung im Interesse des Betriebs notwendig machen. Diese weitere Voraussetzung ist erfüllt, wenn es dem Arbeitgeber auf Grund der betrieblichen Verhältnisse nicht möglich ist, die unternehmerische Entscheidung durch andere Maßnahmen auf technischem, organisatorischem oder wirtschaftlichem Gebiet als durch eine Kündigung umzusetzen. Die unternehmerische Entscheidung selbst muss nicht dringend sein.[39] Die Kündigung muss wegen der betrieblichen Lage unvermeidbar sein.[40] Trotz der Bindung an die Entscheidung der Unternehmensleitung ist vom Gericht zu kontrollieren, ob nur der Entschluss zur Kündigung in den Rahmen der umgestaltenden Betriebsorganisation passt oder ob diese nicht auch ohne Kündigung verwirklicht werden kann. Es ist danach nicht ausreichend, dass die dem unternehmerischen Grundkonzept entsprechende Maßnahme an sich geeignet ist, den erstrebten Zweck zu erreichen; es muss vielmehr unter mehreren geeigneten Mitteln dasjenige gewählt werden, das den Betroffenen am wenigsten belastet.[41] Zur Vermeidung betriebsbedingter Kündigungen hat der Arbeitgeber die Möglichkeiten einer Jahresarbeitszeitregelung auszuschöpfen, die gerade mit dem Ziel geschaffen worden ist, durch eine Flexibilisierung der Jahresarbeitszeit betriebsbedingte Kündigungen in Zeiten des geringeren Arbeitsanfalls zu vermeiden. Haben die Arbeitnehmer in erheblichem Umfang Guthabenstunden angespart, hat der Arbeitgeber bei schlechter Beschäftigungslage die Guthabenstunden aller Arbeitnehmer abzubauen, bevor er einzelnen Arbeitnehmern betriebsbedingt kündigt.[42] 13

b) Aus **§ 2 II Nr. 2 SGB III** lässt sich nichts für die Auslegung des Merkmals „dringend" in § 1 II 1 KSchG herleiten. Nach dieser Bestimmung haben die Arbeitgeber bei ihren Entscheidungen verantwortungsvoll deren Auswirkungen auf die Beschäftigung der Arbeitnehmer und von Arbeitslosen und damit die Inanspruchnahme von Leistungen der Arbeitsförderung einzubeziehen. Sie sollen dabei insbesondere im Rahmen ihrer Mitverantwortung für die Entwicklung der beruflichen Leistungsfähigkeit der Arbeitnehmer zur Anpassung an sich ändernde Anforderungen sorgen und vorrangig durch betriebliche Maßnahmen die Inanspruchnahme von Leistungen der Arbeitsförderung sowie Entlassungen von Arbeitnehmern vermeiden. Diese 14

[34] BAG 21. 9. 2000 AP 111 zu § 1 KSchG 1969 Betriebsbedingte Kündigung = NZA 2001, 535; 29. 3. 1990 AP 50 zu § 1 KSchG 1969 Betriebsbedingte Kündigung = NZA 91, 181.

[35] BAG 18. 10. 2000 AP 39 zu § 9 KSchG 1969 = NZA 2001, 437; 5. 10. 1995 AP 71 zu § 1 KSchG 1969 Betriebsbedingte Kündigung = NZA 96, 524; 10. 11. 1994 AP 65 zu § 1 KSchG 1969 Betriebsbedingte Kündigung = NZA 95, 566.

[36] Vgl. BAG 24. 6. 2004 AP 76 zu § 1 KSchG 1969 = NZA 2004, 1268; 16. 12. 2004 AP 133 zu § 1 KSchG 1969 Betriebsbedingte Kündigung = NZA 2005, 761.

[37] BAG 7. 7. 2005 AP 138 zu § 1 KSchG 1969 Betriebsbedingte Kündigung = NZA 2006, 266.

[38] BAG 5. 10. 1995 AP 71 zu § 1 KSchG 1969 Betriebsbedingte Kündigung = NZA 96, 524.

[39] MünchKommBGB/*Hergenröder* § 1 KSchG RN 296.

[40] BAG 26. 6. 1997 AP 86 zu § 1 KSchG 1969 Betriebsbedingte Kündigung = NZA 97, 1286.

[41] BAG 18. 1. 1990 AP 27 zu § 2 KSchG 1969 = NZA 90, 734.

[42] BAG 8. 11. 2007 EzA 157 zu § 1 KSchG Betriebsbedingte Kündigung.

Bestimmung enthält rein sozialversicherungsrechtliche Verpflichtungen, die arbeitsrechtlich keine Bedeutung haben.[43]

15 c) Die **Einführung von Kurzarbeit** (vgl. dazu § 47) ist nur ausnahmsweise milderes Mittel zur Vermeidung betriebsbedingter Kündigungen, weil Kurzarbeit regelmäßig nur bei vorübergehendem Arbeitsmangel in Betracht kommt, eine betriebsbedingte Kündigung jedoch grundsätzlich den dauerhaften Wegfall von Beschäftigungsmöglichkeiten voraussetzt.[44] Ist Letzteres der Fall, kann der Arbeitgeber nicht auf die Einführung von Kurzarbeit zur Vermeidung der Kündigung verwiesen werden.[45] Eine betriebsbedingte Kündigung im Zusammenhang mit einer vom Arbeitgeber bereits eingeführten **Kurzarbeit** ist gemäß § 1 II KSchG nur dann gerechtfertigt, wenn über die Gründe hinaus, die zur Einführung von Kurzarbeit geführt haben, weitergehende inner- oder außerbetriebliche Gründe vorliegen, die auf Dauer für den gekündigten Arbeitnehmer das Weiterbeschäftigungsbedürfnis entfallen lassen.[46]

16 **5. Fehlende Weiterbeschäftigungsmöglichkeiten. a)** Dringende betriebliche Erfordernisse, die zum Wegfall eines Arbeitsplatzes geführt haben, sind nur dann zur sozialen Rechtfertigung der Kündigung geeignet, wenn keine Möglichkeit einer anderweitigen Beschäftigung besteht. Die Weiterbeschäftigungspflicht gilt **unabhängig davon, ob ein Widerspruch der zuständigen Personalvertretung bzw. des Betriebsrats vorliegt,** wenn eine Weiterbeschäftigung des Arbeitnehmers auf einem freien gleichwertigen oder geringwertigeren Arbeitsplatz in einem anderen Betrieb des Unternehmens möglich ist.[47]

17 **b)** Die Weiterbeschäftigungspflicht auf freien Arbeitsplätzen ist nicht nur – wie die soziale Auswahl – betriebsbezogen, sondern erstreckt sich auf das **gesamte Unternehmen.** Eine über den Unternehmensbereich hinausgehende gesetzliche Weiterbeschäftigungspflicht auf freien Arbeitsplätzen im Konzern besteht dagegen grundsätzlich nicht, weil das KSchG **nicht konzernbezogen** ist.[48] Eine konzernweite Weiterbeschäftigungspflicht besteht nur, wenn sich ein anderes Konzernunternehmen ausdrücklich zur Übernahme des Arbeitnehmers bereiterklärt hat oder sich die Übernahmeverpflichtung unmittelbar aus dem Arbeitsvertrag oder aus anderen vertraglichen Absprachen oder aus einer Zusage des Arbeitgebers ergibt. Ferner ist Voraussetzung, dass der Beschäftigungsbetrieb bzw. das vertragsschließende Unternehmen auf die „Versetzung" einen bestimmenden Einfluss hat. Die Versetzungsentscheidung darf grundsätzlich nicht dem zur Übernahme bereiten Unternehmen vorbehalten sein.[49] Der bloße Umstand, dass ein Gesellschafter erheblichen Einfluss auf mehrere oder alle Gesellschaften der Gruppe ausüben kann, reicht nicht aus, um eine ausnahmsweise Erstreckung des Kündigungsschutzes auf den Konzern anzunehmen.[50] Ein „konzernbezogener Kündigungsschutz" wird zwar ebenfalls für Fallgestaltungen erörtert, in denen konzerninterne Entscheidungen (etwa Verlagerung von Tätigkeiten auf andere Konzernunternehmen, Stilllegung eines Konzernunternehmens oder einer Abteilung bei gleichzeitiger Neugründung eines Konzernunternehmens mit identischen arbeitstechnischen und wirtschaftlichen Zielsetzungen) den Beschäftigungsbedarf für den betreffenden Arbeitnehmer bei konzernbezogener Betrachtungsweise nicht wegfallen lassen. Eine solche Erweiterung des Kündigungsschutzes im Wege der Rechtsfortbildung auf Fälle der bloßen konzerninternen Verlagerung von nach wie vor bestehenden Beschäftigungsmöglichkeiten fordert allerdings – wenn sie überhaupt möglich sein sollte – gesteigerte Anforderungen an die Darlegungslast des Arbeitnehmers. Er muss zumindest hinreichend konkret darlegen, dass der in seinem Konzernunternehmen weggefallene Beschäftigungsbedarf lediglich auf ein anderes Konzernunternehmen verlagert ist, dort nach wie vor besteht und dieses Konzernunternehmen

---

[43] Ebenso *Bauer/Haussmann* NZA 97, 1100; MünchArbR/*Berkowsky* § 138 RN 133; KR/*Griebeling* § 1 KSchG RN 529 a; *v. Hoyningen-Huene/Linck* § 1 RN 725; teilweise a. A. *Bepler* AuR 99, 219, 221 ff.; *Schaub* NZA 97, 810.

[44] Dazu näher *Barnhofer,* Kurzarbeit zur Vermeidung betriebsbedingter Kündigungen, 1995, S. 81 ff.; *Löwisch* FS Wiese, 1998, S. 249.

[45] BAG 15. 6. 1989 AP 45 zu § 1 KSchG 1969 Betriebsbedingte Kündigung = NZA 90, 65.

[46] BAG 26. 6. 1997 AP 86 zu § 1 KSchG 1969 Betriebsbedingte Kündigung = NZA 97, 1286.

[47] St. Rspr. seit BAG 17. 5. 1984 AP 21 zu § 1 KSchG 1969 Betriebsbedingte Kündigung = NZA 85, 489; 24. 6. 2004 AP 76 zu § 1 KSchG 1969 = NZA 2004, 1268.

[48] BAG 23. 11. 2004 AP 132 zu § 1 KSchG 1969 Betriebsbedingte Kündigung = NZA 2006, 929; 18. 9. 2003 AP 14 zu § 17 KSchG 1969; 10. 1. 1994 AP 8 zu § 1 KSchG 1969 Konzern; 27. 11. 1991 AP 6 zu § 1 KSchG 1969 Konzern = NZA 92, 644.

[49] BAG 26. 6. 2008 AP 180 zu § 1 KSchG 1969 Betriebsbedingte Kündigung = NZA-RR 2009, 205; 23. 11. 2004 AP 132 zu § 1 KSchG 1969 Betriebsbedingte Kündigung = NZA 2006, 929.

[50] BAG 23. 4. 2008 AP 177 zu § 1 KSchG 1969 Betriebsbedingte Kündigung = NZA 2008, 939.

diesen Beschäftigungsbedarf nunmehr z. B. durch auf dem freien Arbeitsmarkt angeworbene oder willkürlich aus dem Mitarbeiterstamm seines Arbeitgebers ausgewählte Arbeitnehmer abdeckt.[51]

c) Gem. § 1 II 2 Nr. 2b KSchG besteht im öffentlichen Dienst eine Weiterbeschäftigungsmöglichkeit, wenn in **Betrieben und Verwaltungen des öffentlichen Rechts** der Arbeitnehmer an einem anderen Arbeitsplatz in derselben Dienststelle oder in einer anderen Dienststelle desselben Verwaltungszweigs an demselben Dienstort einschließlich seines Einzugsgebiets weiterbeschäftigt werden kann. Was zum Dienstort einschließlich seines Einzugsgebiets gehört, ergibt sich aus dem Verweis in § 75 I Nr. 3 BPersVG auf die Regelungen des Umzugskostenrechts. Nach § 3 I Nr. 1 Buchst. c) BUKG gehört zum Einzugsgebiet das Gebiet, das auf einer üblicherweise befahrenen Strecke weniger als 30 km von der neuen Dienststätte entfernt ist oder im neuen Dienstort liegt. Die Gesamtheit der Dienststellen in dem umschriebenen Bereich entspricht dem Unternehmen im Bereich der Privatwirtschaft.[52] Demgemäß ist der öffentliche Arbeitgeber in der Regel auch nicht verpflichtet, den Arbeitnehmer in einer außerhalb desselben Dienstortes und dessen Einzugsgebiet gelegenen Dienststelle desselben Verwaltungszweiges weiterzubeschäftigen.[53] 18

d) Sofern mehrere Unternehmen einen **Gemeinschaftsbetrieb** unterhalten (dazu § 130 RN 18), ist vor der Kündigung eines in dem Gemeinschaftsbetrieb beschäftigten Arbeitnehmers zu prüfen, ob in dem Gemeinschaftsbetrieb ein geeigneter freier Arbeitsplatz vorhanden ist, auf dem der Arbeitnehmer weiterbeschäftigt werden könnte.[54] Besteht der Arbeitsvertrag zu einem an dem Gemeinschaftsbetrieb beteiligten Unternehmen, sind die Weiterbeschäftigungsmöglichkeiten in dem Gemeinschaftsbetrieb und in den weiteren Betrieben dieses Unternehmens zu berücksichtigen. Weitere Betriebe der anderen an dem Gemeinschaftsbetrieb beteiligten Unternehmen bleiben dagegen unberücksichtigt, weil insoweit keine arbeitsvertragliche Verbindung besteht.[55] 19

e) Der Arbeitgeber ist gem. § 1 II 1 KSchG zu einer Weiterbeschäftigung des Arbeitnehmers auf einem anderen freien **vergleichbaren (gleichwertigen) Arbeitsplatz** oder auf einem freien Arbeitsplatz zu geänderten (schlechteren) Arbeitsbedingungen verpflichtet.[56] Der Arbeitnehmer muss unter Berücksichtigung angemessener Einarbeitungszeiten den Anforderungen des neuen Arbeitsplatzes genügen. Dabei unterliegt die Gestaltung des Anforderungsprofils für den freien Arbeitsplatz der lediglich auf offenbare Unsachlichkeit zu überprüfenden Unternehmerdisposition des Arbeitgebers.[57] Zur Weiterbeschäftigung auf einer freien Beförderungsstelle ist der Arbeitgeber nicht verpflichtet, da das Arbeitsverhältnis nur in seinem bisherigen Bestand und Inhalt geschützt ist.[58] 20

f) Besteht eine zumutbare Weiterbeschäftigungsmöglichkeit auf einem freien Arbeitsplatz zu **geänderten Arbeitsbedingungen,** muss der Arbeitgeber von sich aus dem Arbeitnehmer die Weiterbeschäftigung anbieten. Macht der Arbeitgeber von der Möglichkeit Gebrauch, dem Arbeitnehmer das Änderungsangebot bereits vor der Kündigung zu unterbreiten, gebietet es allerdings der Schutzzweck des § 2 KSchG, dass das Änderungsangebot vollständig und eindeutig ist und der Arbeitgeber klarstellt, dass er im Falle der Ablehnung des Änderungsangebots eine Kündigung beabsichtigt. Nimmt der Arbeitnehmer das Änderungsangebot vorbehaltlos an, bedarf es keiner Änderungskündigung. Erklärt der Arbeitnehmer sein Einverständnis mit den neuen Bedingungen vor Ausspruch der Kündigung unter Vorbehalt, muss der Arbeitgeber eine Änderungskündigung erklären. Lehnt der Arbeitnehmer das Änderungsangebot vorbehaltlos ab, kann der Arbeitgeber eine Beendigungskündigung aussprechen. Erforderlich ist allerdings, dass die Ablehnung vorbehaltlos und endgültig erfolgt. Hierzu muss der Arbeitnehmer unmissverständlich zu erkennen geben, dass er unter keinen Umständen bereit sei, zu den geänderten Arbeitsbedingungen zu arbeiten.[59] In diesem Fall ist es dem Arbeitnehmer verwehrt, den Arbeitgeber bei einer erfolgten Beendigungskündigung auf eine mögliche Änderungskündigung 21

---

[51] BAG 23. 3. 2006 AP 13 zu § 1 KSchG 1969 Konzern.

[52] BAG 25. 4. 2002 AP 121 zu § 1 KSchG 1969 Betriebsbedingte Kündigung = NZA 2003, 605.

[53] BAG 17. 5. 1984 AP 21 zu § 1 KSchG 1969 Betriebsbedingte Kündigung = NZA 85, 489.

[54] BAG 18. 10. 2000 AP 39 zu § 9 KSchG 1969 = NZA 2001, 437; 13. 6. 1985 AP 10 zu § 1 KSchG 1969 = NZA 86, 600.

[55] APS/*Kiel* § 1 KSchG RN 589.

[56] BAG 29. 3. 1990 AP 50 zu § 1 KSchG 1969 Betriebsbedingte Kündigung = NZA 91, 181.

[57] BAG 5. 6. 2008 NZA 2008, 1180.

[58] BAG 21. 9. 2000 AP 111 zu § 1 KSchG 1969 Betriebsbedingte Kündigung = NZA 2001, 535.

[59] BAG 21. 4. 2005 AP 79 zu § 2 KSchG 1969 = NZA 2005, 1289.

mit dem abgelehnten Inhalt zu verweisen. Hat sich der Arbeitnehmer nicht zu dem Angebot erklärt oder Vorbehalte geäußert, muss der Arbeitgeber eine Änderungskündigung aussprechen. Mit dieser Rechtsprechung hat das BAG seine frühere Auffassung[60] zum Verhältnis Änderungskündigung – Beendigungskündigung wesentlich modifiziert.[61]

22 **g)** Die Möglichkeit einer anderweitigen Beschäftigung setzt weiterhin das Vorhandensein eines **„freien" Arbeitsplatzes** voraus. Als „frei" sind zunächst solche Arbeitsplätze anzusehen, die zum Zeitpunkt des Zugangs der Kündigung unbesetzt sind.[62] Weiterhin sind aber auch solche Arbeitsplätze in die Beurteilung einzubeziehen, die im Laufe der Kündigungsfrist – etwa wegen altersbedingten Ausscheidens – sicher frei werden, weil in diesem Fall in Wahrheit kein Arbeitskräfteüberhang besteht, der den Arbeitgeber zur Kündigung berechtigen könnte.[63] Als frei gelten auch Arbeitsplätze, bei denen im Zeitpunkt der Kündigung bereits feststeht, dass sie in absehbarer Zeit nach Ablauf der Kündigungsfrist frei werden, sofern die Überbrückung dieses Zeitraums dem Arbeitgeber zumutbar ist. Zumutbar ist jedenfalls ein Zeitraum, den ein anderer Stellenbewerber zur Einarbeitung benötigen würde.[64] Der Arbeitnehmer kann im Rahmen der Prüfung der unternehmensbezogenen Weiterbeschäftigungsmöglichkeit nicht die Freikündigung eines anderen besetzten Arbeitsplatzes verlangen.[65] Ein Arbeitsplatz kann grundsätzlich auch dann als frei angesehen werden, wenn er mit einem Leiharbeitnehmer besetzt ist. Dies gilt freilich nicht, wenn es zum unternehmerischen Konzept gehört, die Arbeiten auf diesem Arbeitsplatz nicht von eigenen Beschäftigten, sondern von Leiharbeitnehmern ausführen zu lassen.[66] Insoweit gilt nichts anderes als bei der Vergabe von Aufgaben an Selbstständige.[67] Ist ein Arbeitsplatz mit einem arbeitsunfähigen Arbeitnehmer besetzt, ist er nicht frei. Das gilt wegen der fortbestehenden vertraglichen Bindung auch dann, wenn es wahrscheinlich ist oder gar feststeht, dass der erkrankte Arbeitnehmer nicht an seinen Arbeitsplatz zurückkehren wird.[68] Anders ist die Rechtslage nur dann, wenn der Arbeitgeber eine Neueinstellung vornimmt oder die infolge der Arbeitsunfähigkeit nicht erledigte Arbeit so umverteilt, dass sie von den im Betrieb verbliebenen Arbeitnehmern nur unter Verstoß gegen dem Schutz der Arbeitnehmer dienende gesetzliche oder tarifvertragliche Vorschriften ausgeführt werden kann. Diese Grundsätze gelten auch für andere Vertretungsfälle, wie z. B. Urlaub, Sonderurlaub oder sonstige Abwesenheitsfälle (Elternzeit). In allen diesen Fällen würde, wenn die Gerichte diese Arbeitsplätze ohne Weiteres als „frei" zur Besetzung mit Arbeitnehmern ansähen, deren bisherige Beschäftigungsmöglichkeit entfallen ist, in einer nicht zu vereinbarenden Weise in den unternehmerischen Entscheidungsspielraum eingegriffen.[69]

23 **h)** Besteht zu dem Zeitpunkt, zu dem der Arbeitgeber vom Wegfall des bisherigen Beschäftigungsbedürfnisses ausgeht, eine Weiterbeschäftigungsmöglichkeit zu gleichen oder zumutbaren geänderten Arbeitsbedingungen auf einem anderen Arbeitsplatz, kann der Arbeitgeber nach der Rechtsprechung des BAG diese nicht dadurch zunichtemachen, dass er die **freie Stelle zunächst besetzt und erst dann die Kündigung ausspricht.** Der Arbeitgeber kann sich demgemäß nach dem in § 162 BGB normierten Rechtsgedanken nicht auf den von ihm selbst – gewissermaßen uno actu mit der Kündigung – verursachten Wegfall der freien Stelle berufen.[70]

---

[60] Vgl. dazu BAG 27. 9. 1984 AP 8 zu § 2 KSchG 1969.

[61] Näher dazu *v. Hoyningen-Huene/Linck* § 2 RN 74 ff.

[62] BAG 25. 4. 2002 AP 121 zu § 1 KSchG 1969 Betriebsbedingte Kündigung = NZA 2003, 605; 7. 2. 1991 AP 1 zu § 1 KSchG 1969 Umschulung = NZA 91, 806; 29. 3. 1990 AP 50 zu § 1 KSchG 1969 Betriebsbedingte Kündigung = NZA 91, 181.

[63] BAG 1. 3. 2007 AP 164 zu § 1 KSchG 1969 Betriebsbedingte Kündigung.

[64] BAG 15. 12. 1994 AP 67 zu § 1 KSchG 1969 Betriebsbedingte Kündigung = NZA 95, 662.

[65] Ebenso ErfK/*Oetker* § 1 KSchG RN 251; KDZ/*Kittner/Deinert* § 1 KSchG RN 372; MünchKommBGB/*Hergenröder* § 1 KSchG RN 305; *Horcher* NZA-RR 2006, 393 ff.; *Löwisch/Spinner* § 1 RN 276; – zur Kündigung von Betriebsratsmitgliedern § 143 RN 42, zu tariflich Unkündbaren § 128 RN 32.

[66] Ebenso HaKo/*Gallner* § 1 KSchG RN 661; *Löwisch/Spinner* § 1 RN 276; *Simon/Greßlin* BB 2007, 2454; a. A. LAG Bremen 2. 12. 1997 LAGE § 1 KSchG Betriebsbedingte Kündigung Nr. 47; *Düwell/Dahl* DB 2007, 1699.

[67] Dazu BAG 13. 3. 2008 AP 176 zu § 1 KSchG 1969 Betriebsbedingte Kündigung = NZA 2008, 878; 9. 5. 1996 AP 79 zu § 1 KSchG 1969 Betriebsbedingte Kündigung = NZA 96, 1145.

[68] BAG 2. 2. 2006 AP 142 zu § 1 KSchG 1969 Betriebsbedingte Kündigung.

[69] BAG 1. 3. 2007 AP 164 zu § 1 KSchG 1969 Betriebsbedingte Kündigung.

[70] BAG 12. 2. 2004 AP 75 zu § 1 KSchG 1969; 15. 8. 2002 AP 241 zu § 613 a BGB = NZA 2003, 430; 25. 4. 2002 AP 121 zu § 1 KSchG 1969 Betriebsbedingte Kündigung = NZA 2003, 605; 6. 12. 2001 EzA 115 zu § 1 KSchG Betriebsbedingte Kündigung; 10. 11. 1994 AP 65 zu § 1 KSchG 1969 Betriebsbedingte Kündigung = NZA 95, 566; zur Kritik an dieser Begründung vgl. *v. Hoyningen-Huene* Anm. zu BAG EzA 77 zu § 1 KSchG Betriebsbedingte Kündigung.

Eine treuwidrige Vereitelung der Weiterbeschäftigungsmöglichkeit kann dem Arbeitgeber nur dann vorgehalten werden, wenn sich ihm die Möglichkeit der Weiterbeschäftigung aufdrängen musste.[71] Bei einem **bevorstehenden Betriebsübergang** muss der Arbeitgeber nach Auffassung des BAG damit rechnen, dass die hiervon betroffenen Arbeitnehmer dem Betriebsübergang widersprechen mit der Folge, dass ihr Arbeitsverhältnis nicht auf den neuen Arbeitgeber übergeht und beim bisherigen Arbeitgeber verbleibt. Der Arbeitgeber müsse deshalb berücksichtigen, dass die bis dahin bestehenden Arbeitsverhältnisse nicht durch einen Übergang auf einen anderen Arbeitgeber beendet werden und er deshalb zur Umsetzung des geplanten Umstrukturierungskonzeptes in letzter Konsequenz betriebsbedingte Kündigungen aussprechen müsse. Er könne sich deshalb der Möglichkeit anderweitiger, zumutbarer Weiterbeschäftigung im verbleibenden Betrieb nicht ohne Verletzung des in § 162 BGB niedergelegten Grundgedankens durch Neueinstellungen verschließen.[72] Ein Fall treuwidriger Berufung auf eine selbst herbeigeführte rechtswidrige Lage kann auch dann gegeben sein, wenn der Arbeitgeber einen Beschäftigungsüberhang dadurch herbeiführt, dass er die Stelle eines Arbeitnehmers neu besetzt, der auf Grund einer später rechtskräftig für unwirksam erklärten Kündigung vorübergehend aus dem Betrieb ausgeschieden ist.[73]

i) Tritt auf Grund der unternehmensbezogenen Weiterbeschäftigungspflicht nach § 1 II 2 Nr. 1 KSchG die Situation ein, dass mehrere Arbeitnehmer verschiedener Betriebe des Unternehmens um einen oder mehrere freie Arbeitsplätze in einem dieser Betriebe konkurrieren, ist – jeweils für sich betrachtet – keine der Kündigungen i. S. v. § 1 II KSchG durch dringende betriebliche Erfordernisse bedingt. Welche Kündigungen nach § 1 II KSchG sozial gerechtfertigt sind, lässt sich erst nach einer **Auswahlentscheidung** des Arbeitgebers beurteilen.[74] Bei der **Auswahl** hat der Arbeitgeber nach bisheriger Auffassung des BAG die sozialen Belange der betroffenen Arbeitnehmer zumindest nach § 315 BGB mit zu berücksichtigen.[75] Im Sinne der Rechtsklarheit erscheint es jedoch sinnvoller, § 1 III KSchG hier analog anzuwenden.[76] 24

6. Beurteilungszeitpunkt. a) Grundsätzlich muss zum **Zeitpunkt des Zugangs der Kündigung** der Kündigungsgrund – Wegfall der Beschäftigungsmöglichkeit – vorliegen.[77] Der Arbeitgeber muss mit der betriebsbedingten Kündigung jedoch nicht abwarten, bis der Beschäftigungsbedarf für den Arbeitnehmer tatsächlich weggefallen ist. Eine betriebsbedingte Kündigung kann im Einzelfall auch schon vorher ausgesprochen werden. In Fällen, in denen zwar bei Zugang der Kündigung noch die Möglichkeit der Beschäftigung besteht, aber die für den künftigen Wegfall des Beschäftigungsbedürfnisses maßgeblichen Entscheidungen bereits getroffen sind, ist eine Kündigung wirksam, wenn der Arbeitnehmer zum Kündigungstermin voraussichtlich entbehrt werden kann. Davon ist auszugehen, wenn im Zeitpunkt des Ausspruchs der Kündigung auf Grund einer vernünftigen betriebswirtschaftlichen Betrachtung zu erwarten ist, zum Zeitpunkt des Kündigungstermins werde mit einiger Sicherheit keine Beschäftigungsmöglichkeit mehr bestehen. Dies gilt sowohl für innerbetriebliche als auch für außerbetriebliche Umstände.[78] Aus dem tatsächlichen Eintritt der prognostizierten Entwicklung lassen sich dabei Rückschlüsse auf die Ernsthaftigkeit und Plausibilität der unternehmerischen Entscheidung ziehen.[79] Steht z. B. fest, dass der Arbeitgeber die Betriebsstätte stillgelegt und keine betrieblichen Aktivitäten mehr entwickelt hat, ist es Sache des Arbeitnehmers, die vom Arbeitgeber dargelegte Stilllegungsprognose mit weiterem erheblichen Sachvortrag zu widerlegen.[80] 25

---

[71] BAG 5. 6. 2008 NZA 2008, 1180.

[72] BAG 15. 8. 2002 AP 241 zu § 613 a BGB = NZA 2003, 430; krit. hierzu *Lunk/Möller* NZA 2004, 9; *Pomberg* DB 2003, 2177.

[73] BAG 1. 2. 2007 AP 6 zu § 162 BGB.

[74] Ausf. dazu *Bauer/Winzer* BB 2006, 266, 268 ff.; *Haas/Salomon* NZA 2006, 1192; *v. Hoyningen-Huene/Linck* § 1 RN 767 ff.; *dies.* DB 93, 1185, 1188 ff.; *Schmitt*, Sozialauswahl bei Konkurrenz um anderweitige Beschäftigung, 2000, S. 57 ff.

[75] BAG 15. 12. 1994 AP 66 zu § 1 KSchG 1969 Betriebsbedingte Kündigung = NZA 95, 413; wohl anders nunmehr BAG 21. 9. 2000 AP 111 zu § 1 KSchG 1969 Betriebsbedingte Kündigung = NZA 2001, 535 und BAG 22. 9. 2005 AP 59 zu § 15 KSchG 1969 = NZA 2006, 558.

[76] Ebenso APS/*Kiel* § 1 RN 643.

[77] St. Rspr. vgl. BAG 18. 1. 2001 AP 115 zu § 1 KSchG 1969 Betriebsbedingte Kündigung = NZA 2001, 719; 27. 2. 1997 AP 1 zu § 1 KSchG 1969 Wiedereinstellung = NZA 97, 757.

[78] BAG 24. 2. 2005 AP 4 zu § 1 KSchG 1969 Gemeinschaftsbetrieb = NZA 2005, 867; 27. 11. 2003 AP 64 zu § 1 KSchG 1969 Soziale Auswahl = NZA 2004, 477; 12. 4. 2002 AP 120 zu § 1 KSchG 1969 Betriebsbedingte Kündigung = NZA 2002, 1205.

[79] BAG 27. 11. 2003 AP 64 zu § 1 KSchG 1969 Soziale Auswahl = NZA 2004, 477.

[80] BAG 8. 11. 2007 AP 28 zu § 17 KSchG 1969.

26 **b)** Erforderlich ist, dass die betrieblichen Umstände **greifbare Formen** angenommen haben.[81] Die „greifbaren Formen" können je nach den Umständen des Einzelfalls die Gründe für die Stilllegungsabsicht oder auch ihre Durchführungsformen betreffen.[82] Die kündigungsrelevanten betrieblichen Umstände haben greifbare Formen, wenn zum Zeitpunkt der Kündigung der Arbeitgeber sich ernstlich und endgültig entschlossen hat, die Betriebs- und Produktionsgemeinschaft zwischen Arbeitgeber und Arbeitnehmer für einen wirtschaftlich nicht unerheblichen Zeitraum aufzugeben.[83] Die der Prognose zugrunde liegende Entscheidung muss bereits gefallen sein. Deshalb ist eine Kündigung wegen Betriebsschließung nicht gerechtfertigt, solange der Arbeitgeber den Stilllegungsbeschluss lediglich erwägt oder plant, aber noch nicht gefasst hat. Unterbreitet ein Kaufinteressent vor Ausspruch der Kündigung dem Arbeitgeber ein Angebot zum Kauf des Betriebs, das vom kündigenden Arbeitgeber nicht mit einer Absage wegen endgültiger Stilllegung beantwortet wird, sondern mit der Aufnahme konkreter Verhandlungen, liegt keine endgültige Stilllegungsentscheidung vor.[84] Hieran fehlt es gleichfalls, wenn noch über eine Weiterveräußerung der Gesellschaftsanteile verhandelt wird.[85] Eine betriebsbedingte Kündigung ist nach Auffassung des BAG unwirksam, wenn sich ein Reinigungsunternehmen, dessen noch laufender Reinigungsauftrag nicht verlängert worden ist, an der Neuausschreibung beteiligt und bei Ausspruch der Kündigung die Neuvergabe noch offen ist (vgl. RN 40).[86] Gleiches soll gelten, wenn sich ein Rettungsdienst an der Ausschreibung für das Rettungswesen in einem Landkreis beteiligt und der Landkreis über den Zuschlag für die Neuvergabe des Auftrags zum Zeitpunkt des Zugangs der Kündigung noch nicht entschieden hat.[87]

27 **7. Gerichtliche Überprüfung.** Die unternehmerische Entscheidung, die zu einer betriebsbedingten Kündigung führt, kann nur **begrenzt gerichtlich überprüft** werden. Nachprüfbar ist, ob die behauptete Unternehmerentscheidung überhaupt zum Kündigungszeitpunkt vorlag und ob sie sich betrieblich dahingehend auswirkt, dass der Beschäftigungsbedarf für den gekündigten Arbeitnehmer entfallen ist.[88] Im Rahmen einer **Rechtskontrolle** ist durch die Gerichte zu überprüfen, ob die Umsetzung der Unternehmerentscheidung gegen Gesetze oder Tarifverträge verstößt.[89] So kann nach Auffassung des BAG ein Änderungsangebot zur Lage der Arbeitszeit, das eine teilzeitbeschäftigte Arbeitnehmerin gegenüber den Vollzeitbeschäftigten benachteiligt, gegen § 4 I TzBfG verstoßen und deshalb zur Sozialwidrigkeit der entsprechenden betriebsbedingten Änderungskündigung führen.[90] Eine betriebsbedingte Änderungskündigung, mit der eine tarifwidrige Arbeitszeitgestaltung (Samstagsarbeit) eingeführt werden soll, ist unwirksam.[91] Gleiches gilt für eine Änderungskündigung, mit welcher der Arbeitgeber versucht, die wöchentliche tarifliche Arbeitszeit von 35 Stunden auf 38,5 Stunden bei einer Lohnerhöhung von 3% durchzusetzen.[92] Bei der Veränderung des Inhalts der geschuldeten Leistung sind ggf. tarifrechtliche Vorgaben, wie tarifvertragliche Stellenbesetzungsregelungen zu beachten.[93]

28 Von den Arbeitsgerichten ist nicht zu überprüfen, ob die beabsichtigte Maßnahme wirtschaftlich sinnvoll ist.[94] **Notwendigkeit und Zweckmäßigkeit** der Unternehmerentscheidung sind inhaltlich nicht durch die Arbeitsgerichte zu überprüfen, weil nach der bestehenden Wirtschafts- und Sozialordnung der Arbeitgeber das wirtschaftliche Risiko für die zweckmäßige Ein-

---

[81] BAG 13. 2. 2008 AP 173 zu § 1 KSchG 1969 Betriebsbedingte Kündigung; 27. 9. 2007 AP 332 zu § 613a BGB = NZA 2008, 1130.

[82] BAG 19. 6. 1991 AP 53 zu § 1 KSchG 1969 Betriebsbedingte Kündigung = NZA 91, 891.

[83] BAG 27. 11. 2003 AP 64 zu § 1 KSchG 1969 Soziale Auswahl = NZA 2004, 477; 18. 1. 2001 AP 115 zu § 1 KSchG 1969 Betriebsbedingte Kündigung = NZA 2001, 719; 11. 3. 1998 AP 43 zu § 11 BetrVG 1972 = NZA 98, 879; 10. 10. 1996 AP 81 zu § 1 KSchG 1969 Betriebsbedingte Kündigung.

[84] BAG 29. 9. 2005 AP 139 zu § 1 KSchG 1969 Betriebsbedingte Kündigung = NZA 2006, 720.

[85] BAG 10. 10. 1996 AP 81 zu § 1 KSchG 1969 Betriebsbedingte Kündigung.

[86] BAG 12. 4. 2002 AP 120 zu § 1 KSchG 1969 Betriebsbedingte Kündigung = NZA 2002, 1205; krit. hierzu *Bauer/Baeck* RdA 2002, 173.

[87] BAG 13. 2. 2008 AP 173 zu § 1 KSchG 1969 Betriebsbedingte Kündigung.

[88] BAG 6. 7. 2006 NZA 2007, 139; 22. 5. 2003 AP 129 zu § 1 KSchG 1969 Betriebsbedingte Kündigung; 13. 6. 2002 AP 4 zu § 284 ZPO = NZA 2003, 608.

[89] BAG 7. 12. 2000 AP 113 zu § 1 KSchG 1969 Betriebsbedingte Kündigung = NZA 2001, 495.

[90] BAG 24. 4. 1997 AP 42 zu § 2 KSchG 1969 = NZA 97, 1047; abl. *v. Hoyningen-Huene/Linck* § 2 RN 120f.

[91] BAG 18. 12. 1997 AP 46 zu § 2 KSchG 1969 = NZA 98, 304.

[92] BAG 10. 2. 1999 AP 52 zu § 2 KSchG 1969 = NZA 99, 657.

[93] Dazu BAG 17. 6. 1999 AP 103 zu § 1 KSchG 1969 Betriebsbedingte Kündigung = NZA 99, 1157.

[94] BAG 22. 5. 2003 AP 129 zu § 1 KSchG 1969 Betriebsbedingte Kündigung; 26. 9. 2002 AP 124 zu § 1 KSchG 1969 Betriebsbedingte Kündigung = NZA 2003, 549.

richtung und Gestaltung des Betriebs trägt und die Richter überfordert wären, wenn sie dem Arbeitgeber eine „bessere" betriebliche Organisation vorschreiben wollten.[95] Die Gestaltung eines Betriebs, die Frage, ob und in welcher Weise sich jemand wirtschaftlich betätigen will, ist Bestandteil der grundrechtlich geschützten unternehmerischen Freiheit, wie sie sich aus Art. 12 und Art. 14 GG ableiten lässt.[96] Die unternehmerische Entscheidung ist deshalb nur darauf zu kontrollieren, ob sie offenbar unsachlich, unvernünftig oder willkürlich ist.[97] Auch wenn der Arbeitgeber außerbetriebliche Umstände, wie z. B. Umsatzrückgang, zum Anlass für eine unternehmerische Entscheidung nimmt, verändert sich der für innerbetriebliche Umstände anzuwendende Prüfungsmaßstab nicht. Grundsätzlich ist nicht nachzuprüfen, ob der für den Arbeitgeber maßgebende Anlass die getroffene organisatorische Maßnahme erforderlich gemacht hat und ob sie geeignet ist, den mit ihr verfolgten (wirtschaftlichen) Zweck zu erreichen.[98]

Die **Missbrauchskontrolle** der unternehmerischen Entscheidung zielt weder darauf ab, dem Arbeitgeber organisatorische Vorgaben zu machen, noch darf sie dazu dienen, die Stichhaltigkeit der Erwägungen zu prüfen, die den Arbeitgeber gerade zu dem von ihm gewählten Konzept geführt haben. Es geht in diesem Zusammenhang allein um die Verhinderung von Missbrauch.[99] Dabei geht das BAG davon aus, dass eine beschlossene und tatsächlich durchgeführte Unternehmerentscheidung die Vermutung für sich hat, dass sie aus sachlichen Gründen erfolgt ist. **Rechtsmissbrauch** ist die Ausnahme.[100] Es ist nicht missbräuchlich, wenn ein Arbeitgeber sich entschließt, Aufgaben nicht mehr selbst unter Einsatz eigener Arbeitnehmer zu erledigen, sondern durch Dritte, die er nicht nur zum Schein als freie Mitarbeiter behandelt, vornehmen zu lassen.[101] Nach Auffassung des BAG ist es allerdings rechtsmissbräuchlich, wenn der Arbeitgeber ein unternehmerisches Konzept zur Kostenreduzierung wähle, das faktisch nicht zu Änderungen in den betrieblichen Abläufen, jedoch bei allen Arbeitnehmern der betroffenen Abteilungen erklärtermaßen zum Verlust ihrer Arbeitsplätze führen soll, obwohl nach wie vor ein – allenfalls möglicherweise reduzierter – Beschäftigungsbedarf bestehe. Deshalb stelle die Entscheidung des Unternehmers, einen Betriebsteil durch eine noch zu gründende, finanziell, wirtschaftlich und organisatorisch in sein Unternehmen voll eingegliederte Organgesellschaft mit von dieser neu einzustellenden Arbeitnehmern weiter betreiben zu lassen, kein dringendes betriebliches Erfordernis im Sinne von § 1 II KSchG dar, das die Kündigung der in diesem Betriebsteil bisher beschäftigten Arbeitnehmern rechtfertigen könne.[102] 29

Aus der Anerkennung der nur beschränkt nachprüfbaren freien unternehmerischen Entscheidung folgt, dass von den Gerichten im Kündigungsschutzprozess nicht nachzuprüfen ist, ob die vom Arbeitgeber nach Ausspruch der Kündigung erwarteten Vorteile zu den Nachteilen, die sich für den betroffenen Arbeitnehmer ergeben, in einem vernünftigen Verhältnis stehen.[103] Eine **Interessenabwägung** findet insoweit nicht statt. Deshalb sind auch betriebsbedingte Kündigungen mit dem Ziel der Steigerung des Gewinns nicht willkürlich, sondern zulässig.[104] Die besondere soziale Schutzwürdigkeit der betroffenen Arbeitnehmer ist im Rahmen der sozialen Auswahl nach § 1 III KSchG zu berücksichtigen. 30

8. Darlegungs- und Beweislast. Der Arbeitgeber hat im Kündigungsschutzprozess darzulegen und im Streitfall zu beweisen, dass er vor Ausspruch der Kündigung eine wirksame **un-** 31

---

[95] St. Rspr. vgl. BAG 24. 6. 2004 AP 76 zu § 1 KSchG 1969 = NZA 2004, 1268; 17. 6. 1999 AP 102 zu § 1 KSchG 1969 Betriebsbedingte Kündigung = NZA 99, 1095; 7. 2. 1985 AP 9 zu § 1 KSchG 1969 Soziale Auswahl; krit. dazu *Annuß* Betriebsbedingte Kündigung und arbeitsvertragliche Bindung, 2004, S. 101 ff.; *Dieterich* AuR 2007, 65, 68 m. w. N.

[96] St. Rspr. BAG 26. 9. 2002 AP 124 zu § 1 KSchG 1969 Betriebsbedingte Kündigung = NZA 2003, 549; 17. 9. 1999 AP 102 zu § 1 KSchG 1969 Betriebsbedingte Kündigung = NZA 99, 1095.

[97] St. Rspr., vgl. BAG 18. 10. 2006 NZA 2007, 552 m. w. N.

[98] BAG 17. 6. 1999 AP 103 zu § 1 KSchG 1969 Betriebsbedingte Kündigung = NZA 99, 1157.

[99] BAG 21. 9. 2006 AP 130 zu § 2 KSchG 1969 = NZA 2007, 431.

[100] BAG 13. 3. 2008 AP 176 zu § 1 KSchG 1969 Betriebsbedingte Kündigung = NZA 2008, 878; 23. 4. 2008 AP 177 zu § 1 KSchG 1969 Betriebsbedingte Kündigung = NZA 2008, 939.

[101] BAG 13. 3. 2008 AP 176 zu § 1 KSchG 1969 Betriebsbedingte Kündigung = NZA 2008, 878; 9. 5. 1996 AP 79 zu § 1 KSchG 1969 Betriebsbedingte Kündigung = NZA 96, 1145.

[102] BAG 26. 9. 2002 AP 124 zu § 1 KSchG 1969 Betriebsbedingte Kündigung = NZA 2003, 549; mit Recht krit. hierzu *Thüsing* Anm. zu BAG EzA 124 zu § 1 KSchG Betriebsbedingte Kündigung.

[103] BAG 30. 4. 1987 AP 42 zu § 1 KSchG 1969 Betriebsbedingte Kündigung; HaKo/*Gallner* § 1 RN 670; MünchKommBGB/*Hergenröder* § 1 KSchG RN 311; ErfK/*Oetker* § 1 KSchG RN 236; krit. hierzu *Stein* BB 2000, 457, 463 ff.

[104] *Franzen* NZA 2001, 805, 810; *Hillebrecht* ZfA 1991, 87, 110; *v. Hoyningen-Huene/Linck* § 1 RN 702; APS/*Kiel* § 1 KSchG RN 471; *Löwisch/Spinner* § 1 RN 266; einschränkend *Annuß* Betriebsbedingte Kündigung und arbeitsvertragliche Bindung, 2004, S. 111 f.; ablehnend *Quecke* NZA 99, 1247, 1251.

ternehmerische Entscheidung getroffen hat.[105] Im Kündigungsschutzprozess muss der Arbeitgeber konkrete Angaben dazu machen, wie sich die Verringerung der Produktion auf die Arbeitsmenge auswirkt und in welchem Umfang dadurch ein konkreter Arbeitskräfteüberhang entsteht. Der Arbeitgeber muss plausibel darlegen, in welchem Umfang die bisher vom Arbeitnehmer erledigten Arbeitsaufgaben zukünftig im Vergleich zum bisherigen Zustand entfallen. Er muss auf Grund seiner unternehmerischen Vorgaben die zukünftige Entwicklung der Arbeitsmenge anhand einer näher konkretisierten Prognose darlegen.[106] Im Wege einer abgestuften Darlegungslast (§ 138 ZPO) ist es dann Sache des Arbeitnehmers, hierauf – soweit ihm dies, z.B. aus seiner bisherigen Arbeit möglich ist – zu erwidern. Dann ist es wiederum Sache des Arbeitgebers, sich darauf weiter einzulassen.[107] Im Kündigungsschutzprozess hat der Arbeitnehmer die Umstände darzulegen und im Streitfall zu beweisen, aus denen sich ergeben soll, dass die getroffene innerbetriebliche Strukturmaßnahme offenbar unsachlich, unvernünftig oder willkürlich ist.[108]

32 Bezüglich der **fehlenden Weiterbeschäftigungsmöglichkeiten** besteht eine abgestufte Darlegungs- und Beweislast: Der Arbeitgeber genügt zunächst seiner Darlegungslast, wenn er allgemein vorträgt, eine Weiterbeschäftigung des Arbeitnehmers sei nicht möglich. Auf den Vortrag des Arbeitnehmers, wie er sich eine anderweitige Beschäftigung vorstellt, muss der Arbeitgeber dann eingehend erläutern, aus welchem Grund eine Beschäftigung auf einem entsprechenden Arbeitsplatz nicht möglich gewesen sei. Dabei genügt es für die Darlegungen des Arbeitnehmers, wenn er angibt, welche Art der Beschäftigung gemeint ist. Der Arbeitnehmer muss grundsätzlich keinen konkreten freien Arbeitsplatz benennen.[109]

II. Einzelfälle

33 Die nachfolgende Übersicht gibt einen Überblick über betriebsbedingte Kündigungsgründe.

34 **1. Absatzschwierigkeiten und Auftragsmangel.** In vielen Fällen sind Absatzschwierigkeiten und Auftragsmangel Anlass betriebsbedingter Kündigungen, indem der Arbeitgeber hierauf durch Veränderungen in den Produktionsabläufen oder Organisationsstrukturen reagiert. Diese unternehmerischen Entscheidungen sind dann der Kündigungsgrund (RN 5). Als außerbetrieblicher Grund, der die Kündigung allein begründet, kommen Absatzschwierigkeiten und Auftragsmangel nur ausnahmsweise in Betracht (RN 4).[110]

35 **2. Altersteilzeit.** Die Stilllegung des Betriebs stellt nach Auffassung des BAG kein dringendes betriebliches Erfordernis dar, das nach § 1 II KSchG die Kündigung eines Arbeitnehmers, mit dem Block-Altersteilzeit vereinbart ist und der sich bereits in der **Freistellungsphase** befindet, sozial rechtfertigen kann. Dies gelte auch für eine Kündigung durch den Insolvenzverwalter. Der mit einer Betriebsstilllegung verbundene Wegfall aller Beschäftigungsmöglichkeiten im Betrieb habe für das Arbeitsverhältnis eines in Block-Altersteilzeit bereits in der Freistellungsphase befindlichen Arbeitnehmers keine Bedeutung mehr. Der Arbeitnehmer habe hier seine volle, vertraglich geschuldete Arbeitsleistung bereits erbracht. Während der Freistellungsphase brauche der Arbeitgeber den Arbeitnehmer nicht zu beschäftigen. Die vom Arbeitgeber während der Freistellungsphase zu erbringende Leistung bestehe allein noch in der Gehaltszahlung. Für die Erfüllung dieser Verpflichtung spiele es keine Rolle, ob der Betrieb weiter laufe oder stillgelegt werde. Das Fehlen hinreichender finanzieller Mittel könne den Schuldner grundsätzlich nicht entlasten.[111] Dagegen stellt die Stilllegung des Betriebs ein dringendes betriebliches Erfordernis i.S.v. § 1 II KSchG dar, wenn sich der Arbeitnehmer in der **Arbeitsphase** der Altersteilzeit nach dem Blockmodell befindet.[112]

36 **3. Anforderungsprofil.** Die Festlegung des Anforderungsprofils für einen eingerichteten Arbeitsplatz unterliegt grundsätzlich der freien unternehmerischen Entscheidung des Arbeitge-

---

[105] BAG 13. 6. 2002 AP 4 zu § 284 ZPO = NZA 2003, 608.

[106] BAG 10. 10. 2002 AP 123 zu § 1 KSchG 1969 Betriebsbedingte Kündigung.

[107] Vgl. BAG 10. 10. 2002 AP 123 zu § 1 KSchG 1969 Betriebsbedingte Kündigung; 17. 6. 1999 AP 102 zu § 1 KSchG 1969 Betriebsbedingte Kündigung = NZA 99, 1095.

[108] BAG 13. 3. 2008 AP 176 zu § 1 KSchG 1969 Betriebsbedingte Kündigung = NZA 2008, 878; 21. 9. 2006 AP 130 zu § 2 KSchG 1969 = NZA 2007, 431; APS/*Kiel* § 1 KSchG RN 463; ErfK/*Oetker* § 1 KSchG RN 263.

[109] Vgl. BAG 1. 3. 2007 AP 164 zu § 1 KSchG 1969 Betriebsbedingte Kündigung; 15. 8. 2002 AP 241 zu § 613 a BGB = NZA 2003, 430 m. w. N.

[110] Dazu BAG 18. 5. 2006 AP 7 zu § 9 AÜG.

[111] BAG 5. 12. 2002 AP 125 zu § 1 KSchG 1969 Betriebsbedingte Kündigung = NZA 2003, 789.

[112] BAG 16. 6. 2005 AP 13 zu § 3 ATG = NZA 2006, 270.

bers. Soweit die Erfüllung bestimmter Voraussetzungen für die sachgerechte Erledigung der Arbeitsaufgaben erforderlich ist, kann die unternehmerische Entscheidung nur daraufhin überprüft werden, ob sie offenbar unsachlich ist. Die Entscheidung des Arbeitgebers, bestimmte Tätigkeiten nur von Arbeitnehmern mit besonderer Qualifikation ausführen zu lassen, ist grundsätzlich zu respektieren.[113]

4. Arbeitsverdichtung. Der Arbeitgeber ist grundsätzlich frei, die Zahl der Arbeitskräfte zu bestimmen, mit denen eine Arbeitsaufgabe erledigt werden soll.[114] Er kann grundsätzlich sowohl das Arbeitsvolumen (Menge der zu erledigenden Arbeit) als auch das diesem zugeordnete Arbeitskraftvolumen (Arbeitnehmer-Stunden) und damit auch das Verhältnis dieser beiden Größen zueinander festlegen.[115] Soweit die Umsetzung des unternehmerischen Konzepts zu einer Arbeitsverdichtung führt, ist dies grundsätzlich nicht zu beanstanden, soweit hierdurch nicht gegen zwingende gesetzliche oder tarifliche Vorschriften verstoßen wird und die arbeitsvertraglichen Vereinbarungen der Arbeitnehmer beachtet werden.[116] Dies ist im Streitfall vom Arbeitgeber näher darzulegen. 37

5. Auftragsvergabe an Dritte. a) Als eine die Arbeitsgerichte grundsätzlich bindende unternehmerische Organisationsentscheidung, die zum Wegfall von Arbeitsplätzen führen und ein dringendes betriebliches Erfordernis für eine betriebsbedingte Kündigung darstellen kann, ist die **Vergabe von bisher im Betrieb durchgeführten Arbeiten an ein anderes Unternehmen** anzuerkennen. Es liegt jedoch eine unzulässige sog. Austauschkündigung vor, wenn die bislang von den Arbeitnehmern des Betriebs ausgeführten Tätigkeiten nicht zur selbstständigen Erledigung auf den Dritten übertragen werden.[117] 38

b) Die Entscheidung eines Krankenhausträgers, das **eigene Labor zu schließen** und die bisher im Krankenhaus durchgeführten Laborarbeiten durch ein Fremdlabor erbringen zu lassen, ist eine wirksame freie unternehmerische Entscheidung. Dadurch entfällt die Beschäftigungsmöglichkeit für die bisher im Labor tätigen medizinisch-technischen Assistentinnen.[118] Entschließt sich eine **Wohnungsgenossenschaft, künftig Malerarbeiten nicht mehr selbst auszuführen,** liegt hierin grundsätzlich eine nicht zu beanstandende unternehmerische Entscheidung. Damit entfällt das Beschäftigungsbedürfnis für die als Maler beschäftigten Arbeitnehmer. Entscheidend ist insoweit die vertragsgemäße Beschäftigung. Vertragsgemäße Beschäftigung ist nur die, die der Arbeitgeber auf Grund seines Weisungsrechts und ohne Änderung des Arbeitsvertrages anordnen darf. Übt ein nach dem Arbeitsvertrag als Maler angestellter Arbeitnehmer gelegentlich auch Abrissarbeiten aus, ändert das an der vertraglich vereinbarten Tätigkeit als Maler nichts.[119] Zu den oftmals im Zusammenhang mit Fragen des Betriebsübergangs behandelten Fällen gehören beispielsweise die Ausgliederung der **Lohnbuchhaltung** an eine Steuerberatungsgesellschaft, die Vergabe von **Reinigungsarbeiten,**[120] **Wachschutzaufgaben**[121] oder der **Kantinenbewirtschaftung**[122] an Dienstleistungsunternehmen sowie die Vergabe von einfachen **Bauarbeiten** an spezialisierte Subunternehmen.[123] Gleiches gilt für die Übertragung von **Rechtsschutzaufgaben des DGB** auf die DGB-Rechtsschutz GmbH.[124] Die unternehmerische Entscheidung eines Vereins, Tätigkeiten, die bislang von Arbeitnehmern ausgeübt wurden, künftig ehrenamtlichen Kräften zu übertragen, ist nur darauf überprüfbar, ob sie offenbar unsachlich, unvernünftig oder willkürlich ist.[125] 39

---

[113] Vgl. BAG 7. 7. 2005 AP 138 zu § 1 KSchG 1969 Betriebsbedingte Kündigung = NZA 2006, 266 m. w. N.

[114] BAG 17. 6. 1999 AP 102 zu § 1 KSchG 1969 Betriebsbedingte Kündigung = NZA 99, 1095; 7. 5. 1998 AP 94 zu § 1 KSchG 1969 Betriebsbedingte Kündigung = NZA 98, 933; 24. 4. 1997 AP 42 zu § 2 KSchG 1969 = NZA 97, 1047.

[115] BAG 22. 5. 2003 AP 129 zu § 1 KSchG 1969 Betriebsbedingte Kündigung.

[116] Vgl. *v. Hoyningen-Huene/Linck* § 1 RN 802 ff.; APS/*Kiel* § 1 KSchG RN 539 ff.

[117] BAG 16. 12. 2004 AP 133 zu § 1 KSchG 1969 Betriebsbedingte Kündigung = NZA 2005, 761.

[118] BAG 27. 6. 2002 EzA 119 zu § 1 KSchG Betriebsbedingte Kündigung; dazu *Schrader/Schubert* NZA-RR 2004, 393.

[119] BAG 12. 4. 2002 EzA 117 zu § 1 KSchG Betriebsbedingte Kündigung.

[120] Vgl. EuGH 11. 3. 1997 (Ayse Süzen) AP 14 zu EWG-Richtlinie Nr. 77/187; 11. 12. 1997 AP 172 zu § 613 a BGB.

[121] BAG 22. 1. 1998 AP 174 zu § 613 a BGB.

[122] BAG 11. 12. 1997 AP 171 zu § 613 a BGB; 26. 9. 2002 AP 124 zu § 1 KSchG 1969 Betriebsbedingte Kündigung.

[123] Vgl. BAG 17. 6. 1999 AP 102 zu § 1 KSchG 1969 Betriebsbedingte Kündigung.

[124] BAG 7. 12. 2000 AP 113 zu § 1 KSchG 1969 Betriebsbedingte Kündigung.

[125] Hessisches LAG 14. 7. 2006 NZA-RR 2007, 197.

40 **c)** In Dienstleistungsunternehmen, wie Reinigungs- oder Bewachungsunternehmen, stellt sich immer wieder die Frage, ob eine Kündigung möglich ist, wenn der **befristete Dienstleistungsauftrag ausläuft,** sich das Unternehmen im Rahmen des Vergabeverfahrens um die erneute Auftragserteilung beworben hat, hierüber vom Auftraggeber jedoch erst kurz vor Ablauf des Vertrages entschieden wird. Nach Auffassung des BAG kommt in diesen Fällen eine betriebsbedingte Kündigung erst in Betracht, wenn feststeht, dass das Unternehmen den Dienstleistungsauftrag nicht erneut bekommt. Vorher liege kein endgültiger Stilllegungsbeschluss vor. Solange das Unternehmen an der Ausschreibung teilnehme und über den Zuschlag nicht entschieden sei, gebe es keine greifbaren Anhaltspunkte für die Annahme, die Arbeitnehmer könnten zum Kündigungstermin entbehrt werden.[126] Hiergegen spricht jedoch, dass wegen des befristeten oder ggf. gekündigten laufenden Auftrags bis zur Entscheidung über die Neuvergabe des Auftrags vom Wegfall der Beschäftigungsmöglichkeiten mit Ablauf des Auftrags auszugehen ist. Ob ein neuer Auftrag erteilt wird, liegt nicht in der Hand des Arbeitgebers. Bei einer Kündigung vor dem Zeitpunkt der Entscheidung über die Neuvergabe des Auftrags besteht daher durchaus die hinreichende Wahrscheinlichkeit, dass ein Beschäftigungsbedarf für die bei dem Auftraggeber beschäftigten Arbeitnehmer mit der Beendigung des Auftrags nicht mehr besteht. Sollte sich dies durch die erneute Auftragserteilung ändern, stünde den Arbeitnehmern ein Wiedereinstellungsanspruch zu.[127]

41 **d)** Der Arbeitgeber kann die wirksame unternehmerische Entscheidung treffen, die Arbeitsaufgaben fortan nicht mehr durch Arbeitnehmer, sondern nur noch durch **selbstständig unternehmerisch tätige Personen durchzuführen.** Denn es bleibt dem Arbeitgeber überlassen, wie er sein Unternehmensziel möglichst zweckmäßig und kostengünstig am Markt verfolgt.[128] Entscheidend ist, dass der Vertrieb tatsächlich durch selbstständig tätige Personen ausgeführt wird. Deshalb hat das BAG zu Recht angenommen, allein der Entschluss, die formale Arbeitgeberstellung aufzugeben, sei keine die Kündigung bedingende Unternehmerentscheidung, wenn der Unternehmer gegenüber den Beschäftigten im Wesentlichen weiterhin selbst die für die Durchführung der Arbeit erforderlichen Weisungen erteile und sich damit das Direktionsrecht vorbehalte. In einem solchen Fall entfällt nicht die Beschäftigungsmöglichkeit im Betrieb, vielmehr sollen nur die bisherigen Beschäftigten durch neue Arbeitnehmer ersetzt werden.[129]

42 **e)** Abweichend von diesen Grundsätzen vertritt das BAG allerdings auch die Auffassung, es sei **rechtsmissbräuchlich,** wenn der Arbeitgeber ein unternehmerisches Konzept zur Kostenreduzierung wähle, das faktisch nicht zu Änderungen in den betrieblichen Abläufen, jedoch bei allen Arbeitnehmern der betroffenen Abteilungen erklärtermaßen zum Verlust ihres Arbeitsplatzes führen solle, obwohl nach wie vor ein Beschäftigungsbedarf bestehe. So sei die Gründung einer i. S. v. § 2 II Nr. 2 UStG finanziell, wirtschaftlich und organisatorisch in das Unternehmen eingegliederten Organgesellschaft (GmbH) und die Übertragung von Arbeiten auf diese GmbH zwar rechtlich zulässig. Diese Entscheidung sei jedoch kündigungsrechtlich rechtsmissbräuchlich und damit unbeachtlich, wenn diese Organisationsform in erster Linie dem Zweck diene, den Arbeitnehmern der betroffenen Bereiche ihren Kündigungsschutz zu nehmen und sich von ihnen zu trennen, damit die Arbeit in Zukunft von anderen, schlechter bezahlten Arbeitnehmern verrichtet werde.[130]

43 **6. Betriebsstillegung. a)** Unter Betriebsstilllegung ist die **Auflösung der zwischen Arbeitgeber und Arbeitnehmer bestehenden Betriebs- und Produktionsgemeinschaft** zu verstehen, die ihre Veranlassung und zugleich ihren unmittelbaren Ausdruck darin findet, dass der Unternehmer die bisherige wirtschaftliche Betätigung in der ernstlichen Absicht einstellt, die Verfolgung des bisherigen Betriebszwecks dauernd oder für eine ihrer Dauer nach unbestimmte, wirtschaftlich nicht unerhebliche Zeitspanne nicht weiter zu verfolgen.[131] Der Arbeit-

---

[126] BAG 12. 4. 2002 AP 120 zu § 1 KSchG 1969 Betriebsbedingte Kündigung = NZA 2002, 1205; ebenso für Rettungsdienste BAG 13. 2. 2008 AP 173 zu § 1 KSchG 1969 Betriebsbedingte Kündigung.

[127] Ebenso *Bauer/Baeck* RdA 2002, 173.

[128] BAG 13. 3. 2008 AP 176 zu § 1 KSchG 1969 Betriebsbedingte Kündigung = NZA 2008, 878; 9. 5. 1996 AP 79 zu § 1 KSchG 1969 Betriebsbedingte Kündigung = NZA 96, 1145.

[129] BAG 13. 3. 2008 AP 176 zu § 1 KSchG 1969 Betriebsbedingte Kündigung = NZA 2008, 878; 26. 9. 1996 AP 80 zu § 1 KSchG 1969 Betriebsbedingte Kündigung = NZA 97, 202.

[130] BAG 26. 9. 2002 AP 124 zu § 1 KSchG 1969 Betriebsbedingte Kündigung = NZA 2003, 549; krit. hierzu *v. Hoyningen-Huene,* FS 50 Jahre BAG, S. 369, 386 ff.

[131] BAG 8. 11. 2007 AP 28 zu § 17 KSchG 1969; 8. 11. 2007 AP 28 zu § 17 KSchG 1969; 7. 7. 2005 AP 138 zu § 1 KSchG 1969 Betriebsbedingte Kündigung = NZA 2006, 266; 27. 11. 2003 AP 64 zu § 1 KSchG 1969 Soziale Auswahl = NZA 2004, 477.

geber muss endgültig entschlossen sein, den Betrieb stillzulegen. Eine solche endgültige Entscheidung manifestiert sich, wenn der Arbeitgeber seine Stilllegungsabsicht unmissverständlich äußert, allen Arbeitnehmern kündigt, etwaige Mietverträge zum nächstmöglichen Zeitpunkt auflöst, die Betriebsmittel, über die er verfügen kann, veräußert oder zurückgibt und die Betriebstätigkeit vollständig einstellt.[132] Der Arbeitgeber braucht mit dem Ausspruch der Kündigung nicht bis zur Stilllegung des Betriebs zu warten. Eine ordentliche Kündigung kommt vielmehr schon in Betracht, wenn die auf eine Betriebsstilllegung gerichtete unternehmerische Entscheidung zum Zeitpunkt des Zugangs der Kündigung bereits greifbare Formen angenommen hat und eine vernünftige betriebswirtschaftliche Betrachtung die Prognose rechtfertigt, dass bis zum Auslaufen der Kündigungsfrist der Arbeitnehmer entbehrt werden kann.[133] Eine Stilllegungsabsicht des Arbeitgebers besteht freilich nicht, wenn er beabsichtigt, seinen Betrieb zu veräußern. Die Veräußerung des Betriebs ist keine Stilllegung, weil seine Identität gewahrt bleibt und lediglich ein **Betriebsinhaberwechsel** stattfindet.[134] Beruft sich der Arbeitnehmer im Rahmen eines Kündigungsschutzprozesses darauf, der Betrieb sei vom bisherigen Arbeitgeber nicht stillgelegt, sondern an einen neuen Inhaber übertragen und aus diesem Grund sei ihm gekündigt worden, hat der Arbeitgeber die Tatsachen zu beweisen, welche die Kündigung bedingen. Fehlt es daran, ist der Kündigungsschutzklage stattzugeben, ohne dass es der Feststellung bedarf, dass der tragende Beweggrund für die Kündigung ein Betriebsübergang ist (dazu RN 48). An der Verteilung dieser Darlegungs- und Beweislast ändert sich durch § 125 InsO nichts.[135] Eine Betriebsstilllegung kann auch in der **durch Gesetz angeordneten Auflösung** einer Körperschaft des öffentlichen Rechts und der damit verbundenen Einstellung jeglicher Tätigkeit liegen. Eine solche vom Gesetzgeber verantwortlich getroffene Entscheidung kann von den Gerichten nicht nachgeprüft werden; sie ist vielmehr als gegeben hinzunehmen.[136]

b) Auch der **Entschluss des Arbeitgebers, ab sofort keine neuen Aufträge mehr anzunehmen,** allen Arbeitnehmern zum nächstmöglichen Kündigungstermin zu kündigen, zur Abarbeitung der vorhandenen Aufträge eigene Arbeitnehmer nur noch während der jeweiligen Kündigungsfristen einzusetzen und so den Betrieb schnellstmöglich stillzulegen, ist als unternehmerische Entscheidung grundsätzlich geeignet, die entsprechenden Kündigungen sozial zu rechtfertigen. Der Arbeitgeber erfüllt in diesem Fall gegenüber den tatsächlich eingesetzten Arbeitnehmern lediglich seine auch im gekündigten Arbeitsverhältnis bestehende Beschäftigungspflicht. Soweit sich der Arbeitgeber nicht vorbehält, die gekündigten Arbeitnehmer über den Ablauf ihrer Kündigungsfrist hinaus zu beschäftigen, um bestimmte Aufträge abzuarbeiten, entfällt durch einen solchen Stilllegungsbeschluss das Beschäftigungsbedürfnis für die Arbeitnehmer des Betriebs jeweils mit dem Ablauf der für sie einschlägigen Kündigungsfrist. Bei einem derartigen unternehmerischen Stilllegungskonzept mit der sofortigen und gleichzeitigen Kündigung aller Arbeitnehmer entfällt auch das Erfordernis einer sozialen Auswahl gem. § 1 III KSchG.[137] Dem Arbeitgeber steht es nach der Stilllegungsentscheidung grundsätzlich frei, statt Arbeiten selbst mit eigenen Mitarbeitern zu erledigen, die Arbeiten an Subunternehmer zu vergeben.[138] Wenn der Arbeitgeber auf Grund des beschlossenen schnellstmöglichen Personalabbaus auf Null bereits übernommene Aufträge nicht mehr vollständig abarbeiten kann, berührt dies nur seine schuldrechtlichen Verpflichtungen gegenüber den Auftraggebern. Kommt es nach Ausspruch der Kündigungen zu Verzögerungen oder Änderungen des Ablaufplans infolge eines nicht vorhersehbaren deutlich erhöhten Krankenstands und so zu einem planwidrigen Einsatz von Leiharbeitnehmern, ändert dies nichts an der Wirksamkeit der Kündigungen.[139] 44

c) Entsprechendes gilt für die Stilllegung eines Betriebsteils. Insoweit kommt bei fehlender Weiterbeschäftigungsmöglichkeit auch die Kündigung eines **tariflich unkündbaren Arbeit-** 45

[132] BAG 26. 4. 2007 AP 4 zu § 125 InsO; 24. 8. 2006 AP 152 zu § 1 KSchG 1969 Betriebsbedingte Kündigung = NZA 2007, 1287.

[133] BAG 8. 11. 2007 AP 28 zu § 17 KSchG 1969; 7. 7. 2005 AP 138 zu § 1 KSchG 1969 Betriebsbedingte Kündigung = NZA 2006, 266; 7. 3. 2002 EzA 116 zu § 1 KSchG Betriebsbedingte Kündigung; 18. 1. 2001 AP 115 zu § 1 KSchG 1969 Betriebsbedingte Kündigung = NZA 2001, 719.

[134] BAG 27. 9. 2007 AP 332 zu § 613 a BGB = NZA 2008, 1130; 24. 8. 2006 AP 152 zu § 1 KSchG 1969 Betriebsbedingte Kündigung = NZA 2007, 1287.

[135] BAG 26. 4. 2007 AP 4 zu § 125 InsO.

[136] BAG 10. 5. 2007 AP 165 zu § 1 KSchG 1969 Betriebsbedingte Kündigung.

[137] BAG 8. 11. 2007 AP 28 zu § 17 KSchG 1969; 7. 7. 2005 AP 138 zu § 1 KSchG 1969 Betriebsbedingte Kündigung = NZA 2006, 266.

[138] BAG 7. 7. 2005 AP 136 zu § 1 KSchG 1969 Betriebsbedingte Kündigung = NZA 2005, 1351; 18. 1. 2001 EzA 111 zu § 1 KSchG Betriebsbedingte Kündigung.

[139] BAG 18. 1. 2001 AP 115 zu § 1 KSchG 1969 Betriebsbedingte Kündigung = NZA 2001, 719.

nehmers in Betracht (dazu näher § 128 RN 30). Dabei ist die besondere Ausgestaltung des tariflichen Sonderkündigungsschutzes zu berücksichtigen. Den gesteigerten Anforderungen bei der Prüfung des wichtigen Grundes i. S. v. § 626 I BGB entspricht auch eine gesteigerte Darlegungs- und Beweislast des Arbeitgebers. Das Fehlen jeglicher, auch anderweitiger Beschäftigungsmöglichkeiten zählt bei einer außerordentlichen betriebsbedingten Kündigung schon zum wichtigen Grund i. S. v. § 626 BGB und ist deshalb vom Arbeitgeber darzulegen.[140] Besteht noch irgendeine Möglichkeit, die Fortsetzung eines völlig sinnentleerten Arbeitsverhältnisses etwa durch eine anderweitige Weiterbeschäftigung ggf. nach entsprechender Umschulung zu vermeiden, ist es dem Arbeitgeber regelmäßig zumutbar, diese andere Möglichkeit zu wählen. Erst wenn alle anderen Lösungsversuche gescheitert sind, kann ein wichtiger Grund zur außerordentlichen Kündigung mit Auslauffrist vorliegen. Dies hat das BAG in dem Fall angenommen, dass die gesamte berufliche Karriere der betreffenden Arbeitnehmerin auf den weggefallenen Arbeitsplatz hin aufgebaut war und jeglicher Einsatz dieser Arbeitnehmerin auf einem anderen Arbeitsplatz, auch nach entsprechender Umschulung, nicht mehr in Betracht kam.[141]

46 **d)** Die Stilllegung des verbliebenen Einzelbetriebs nach **Auflösung eines Gemeinschaftsbetriebs** stellt jedenfalls im Zusammenhang mit einer Beendigung der früheren gemeinsamen Leitungsstruktur (Führungsvereinbarung) ein dringendes betriebliches Erfordernis für eine ordentliche Kündigung dar. Gleiches gilt, wenn im Zeitpunkt der Kündigung der eine der beiden Betriebe zwar noch nicht stillgelegt ist, auf Grund einer unternehmerischen Entscheidung, die bereits greifbare Formen angenommen hat, aber feststeht, dass er bei Ablauf der Kündigungsfrist des Arbeitnehmers stillgelegt sein wird.[142]

47 **7. Betriebsübergang. a)** Nach § 613 a IV BGB ist die Kündigung des Arbeitsverhältnisses eines Arbeitnehmers durch den bisherigen oder neuen Betriebsinhaber wegen des Betriebsübergangs unwirksam.[143] Diese Vorschrift enthält ein **eigenständiges Kündigungsverbot.**[144] Zweck des § 613 a IV BGB ist zu verhindern, dass bei der Übernahme der Belegschaft eine Auslese getroffen wird und Veräußerer und Erwerber den Betriebsübergang dazu benutzen, sich der besonders schutzbedürftigen älteren, schwerbehinderten, unkündbaren oder sonst sozial schwächeren Arbeitnehmer zu entledigen.[145] Werden im Zusammenhang mit der Umwandlung des Unternehmens betriebsbedingte Kündigungen ausgesprochen, folgt die Anwendbarkeit des § 613 a BGB nicht bereits aus § 324 UmwG. Die Voraussetzungen des Betriebsübergangs sind auch im Falle der Umwandlung selbstständig zu prüfen.[146] § 324 UmwG enthält eine Rechtsgrundverweisung.[147]

48 **b)** § 613 a IV BGB gewährt keinen absoluten Bestandsschutz gegen Kündigungen im Zusammenhang mit einem Betriebsübergang. Diese Bestimmung verbietet nur, gerade den Betriebsübergang zum Anlass für eine Kündigung zu nehmen.[148] Eine im Zusammenhang mit dem Übergang des Betriebs erfolgte Kündigung ist nur dann nach § 613 a IV 1 BGB unwirksam, wenn der Betriebsübergang der **tragende Beweggrund** für die Kündigung war.[149] Dies ist beispielsweise anzunehmen, wenn die Kündigung damit begründet wird, der neue Betriebsinhaber habe die Übernahme eines bestimmten Arbeitnehmers, dessen Arbeitsplatz erhalten bleibe, abgelehnt, weil er „ihm zu teuer" sei.[150] Auch die bloße Forderung des Erwerbers, die Belegschaft vor dem Betriebsübergang zu verkleinern, genügt nicht als sachlicher Grund, der aus sich heraus die Kündigung rechtfertigt.[151] Erforderlich ist ein konkretes Erwerberkonzept (dazu RN 49). Das Kündigungsverbot schützt nicht vor Risiken, die sich jederzeit unabhängig vom Betriebsübergang aktualisieren können, und führt insbesondere nicht zum Ausschluss der als

[140] Vgl. BAG 8. 4. 2003 AP 181 zu § 626 BGB = NZA 2003, 856; 27. 6. 2002 AP 4 zu § 55 BAT.
[141] BAG 5. 2. 1998 AP 143 zu § 626 BGB = NZA 98, 771.
[142] BAG 18. 9. 2003 AP 14 zu § 17 KSchG 1969.
[143] Ausf. hierzu *Müller-Glöge* NZA 99, 449.
[144] St. Rspr., vgl. BAG 27. 10. 2005 AP 292 zu § 613 a BGB; APS/*Steffan* § 613 a BGB RN 172; Staudinger/*Annuß* (2006) § 613 a RN 346.
[145] BAG 20. 9. 2006 AP 316 zu § 613 a BGB = NZA 2007, 387.
[146] BAG 25. 5. 2000 AP 209 zu § 613 a BGB = NZA 2000, 1115.
[147] BAG 6. 10. 2005 AP 150 zu § 102 BetrVG 1972 = NZA 2006, 990; MünchKommBGB/*Müller-Glöge* § 613 a RN 63; ErfK/*Preis* § 613 a BGB RN 181.
[148] BAG 27. 10. 2005 AP 293 zu § 613 a BGB.
[149] BAG 24. 5. 2005 NZA 2006, 31; 20. 3. 2003 AP 250 zu § 613 a BGB = NZA 2003, 1027; MünchKommBGB/*Müller-Glöge* § 613 a RN 188.
[150] BAG 26. 5. 1983 AP 34 zu § 613 a BGB.
[151] BAG 20. 9. 2006 AP 316 zu § 613 a BGB = NZA 2007, 387.

notwendig erachteten unternehmerischen Maßnahmen.[152] Der Arbeitgeber kann den Betrieb und die Betriebsabläufe und damit auch die Zahl der vorhandenen Beschäftigungsmöglichkeiten (Arbeitsplätze) auf Grund seiner Unternehmerfreiheit grundsätzlich nach eigenem Ermessen gestalten, ohne insoweit einer arbeitsgerichtlichen Kontrolle unterworfen zu sein. Unerheblich ist, ob es ihm um die langfristige Optimierung eigener unternehmerischer Tätigkeit oder auch oder gar ausschließlich darum geht, den Betrieb verkaufsfähig zu machen. § 613 a IV BGB steht der klassischen Sanierungskündigung auch im zeitlichen Umfeld eines Betriebsübergangs nicht entgegen.[153] Eine Kündigung erfolgt nicht wegen des Betriebsübergangs, wenn dieser nur der äußere Anlass für die Kündigung ist. Das Kündigungsverbot nach § 613 a IV BGB kommt nicht zur Anwendung, wenn einem vom Übergang anderer Betriebsteile nicht betroffenen Arbeitnehmer gekündigt wird, weil durch den Übergang der anderen Betriebsteile – denen der Gekündigte nicht angehört – der Beschäftigungsbedarf für ihn zurückgeht oder entfällt.[154] Gleiches gilt, wenn es neben dem Betriebsübergang einen sachlichen Grund gibt, der aus sich heraus die Kündigung zu rechtfertigen vermag. Das Recht des Arbeitgebers zur Kündigung aus anderen Gründen bleibt folglich unberührt (§ 613 a IV 2 BGB).

c) Die Kündigung des Betriebsveräußerers auf Grund eines **Erwerberkonzepts** verstößt dann nicht gegen § 613 a IV BGB, wenn ein verbindliches Konzept oder ein Sanierungsplan des Erwerbers vorliegt, dessen Durchführung im Zeitpunkt des Zugangs der Kündigungserklärung bereits greifbare Formen angenommen hat. Der Zulassung einer solchen Kündigung widerspricht nicht dem Zweck des § 613 a IV BGB, weil hierdurch keine „künstliche Verlängerung" des Arbeitsverhältnisses bei einer vorhersehbar fehlenden Beschäftigungsmöglichkeit des Arbeitnehmers bei dem Erwerber erreicht werden soll. Für die Wirksamkeit einer betriebsbedingten Kündigung des Veräußerers nach dem Sanierungskonzept des Erwerbers kommt es – jedenfalls in der Insolvenz – nicht darauf an, ob das Konzept auch bei dem Veräußerer hätte durchgeführt werden können.[155] Eine Kündigung wegen des Betriebsübergangs i. S. v. § 613 a IV 1 BGB liegt des Weiteren nicht vor, wenn sie der Verkleinerung des Betriebs zur **Verbesserung der Verkaufschancen** dient und der Betrieb ohne die Rationalisierung stillgelegt werden müsste. Der Betriebsinhaber muss nicht beabsichtigen, den Betrieb selbst fortzuführen.[156] 49

d) Ob eine Kündigung wegen des Übergangs eines Betriebs i. S. d. § 613 a IV BGB erfolgt ist, beurteilt sich nach den Verhältnissen zum **Zeitpunkt der Kündigung.**[157] Kommt es bei einer zum Zeitpunkt der Kündigung endgültig geplanten und bereits eingeleiteten oder teilweise durchgeführten Betriebsstilllegung nachträglich doch zu einem Betriebsübergang, ist die Kündigung nicht nach § 613 a IV 1 BGB unwirksam.[158] Entscheidend sind auch hier die Verhältnisse zum Zeitpunkt der Kündigung, weshalb in einem solchen Fall allein zu prüfen ist, ob ungeachtet der später erfolgten Betriebsveräußerung zum Zeitpunkt der Kündigung die Voraussetzungen für eine betriebsbedingte Kündigung wegen Betriebsstilllegung vorlagen. Dem Arbeitnehmer steht in diesem Fall allerdings ein Wiedereinstellungsanspruch zu (vgl. dazu § 151 RN 10).[159] 50

e) Stützt der Arbeitgeber eine Kündigung im Zusammenhang mit einem Betriebsübergang auf dringende betriebliche Erfordernisse i. S. v. § 1 II KSchG und bestreitet der Arbeitnehmer diese Gründe, ist der Arbeitgeber gemäß § 1 II 4 KSchG für die betrieblichen Gründe **beweispflichtig.** Er hat also darzulegen, dass die im Zusammenhang mit dem Betriebsübergang erfolgte Kündigung durch einen sachlichen Grund i. S. d. § 613 a IV 2 BGB gerechtfertigt ist. Gelingt dem Arbeitgeber dieser Nachweis, und hängt die Unwirksamkeit der Kündigung nur davon ab, ob das Kündigungsverbot des § 613 a IV 1 BGB eingreift, muss der Arbeitnehmer die Voraussetzungen dieser Vorschrift darlegen und beweisen.[160] 51

f) Wird der Arbeitnehmer über den Betriebsübergang **nicht ordnungsgemäß nach § 613 a V BGB unterrichtet,** ist eine nach erfolgtem Widerspruch des Arbeitnehmers gegen 52

---

[152] BAG 20. 3. 2003 AP 250 zu § 613 a BGB = NZA 2003, 1027.
[153] BAG 20. 9. 2006 AP 316 zu § 613 a BGB = NZA 2007, 387.
[154] BAG 17. 6. 2003 AP 260 zu § 613 a BGB.
[155] BAG 20. 3. 2003 AP 250 zu § 613 a BGB = NZA 2003, 1027; vgl. dazu *Annuß/Stamer* NZA 2003, 1247.
[156] Vgl. BAG 20. 9. 2006 AP 316 zu § 613 a BGB = NZA 2007, 387; 18. 7. 1996 AP 147 zu § 613 a BGB = NZA 97, 148.
[157] BAG 24. 5. 2005 NZA 2006, 31.
[158] BAG 13. 11. 1997 AP 169 zu § 613 a BGB = NZA 98, 251.
[159] Vgl. BAG 29. 9. 2005 AP 139 zu § 1 KSchG 1969 Betriebsbedingte Kündigung; 13. 11. 1997 AP 169 zu § 613 a BGB = NZA 98, 251.
[160] BAG 5. 12. 1985 AP 47 zu § 613 a BGB; APS/*Kiel* § 1 KSchG RN 509.

den Betriebsübergang vom Veräußerer ausgesprochene betriebsbedingte Kündigung nicht schon wegen der unzureichenden Unterrichtung unwirksam. Die Verletzung der Unterrichtungspflicht nach § 613 a V BGB führt auch unter Berücksichtigung des Grundsatzes von Treu und Glauben (§ 242 BGB) nicht zur Unwirksamkeit der Kündigung. Das Entstehen des betriebsbedingten Kündigungsgrundes ist nicht Folge der unvollständigen Unterrichtung durch den Arbeitgeber, sondern der privatautonomen Entscheidung des Arbeitnehmers, von seinem Widerspruchsrecht gem. § 613 a VI BGB Gebrauch zu machen.[161]

53 g) **Widerspricht ein Arbeitnehmer** bei einem Betriebsübergang dem Übergang seines Arbeitsverhältnisses, ist die Kündigung betriebsbedingt, wenn keine Beschäftigungsmöglichkeit mehr besteht.[162]

54 **8. Leiharbeit. a)** Kündigt ein Zeitarbeitsunternehmen einem bei ihm angestellten Leiharbeitnehmer wegen **Auftragsrückgangs,** hat es wie jeder Arbeitgeber einen dauerhaften Rückgang des Beschäftigungsvolumens nachvollziehbar darzulegen. Dazu reicht bei einer Arbeitnehmerüberlassung regelmäßig der Hinweis des Verleihers nicht aus, der bisherige Auftrag, in dessen Rahmen der Leiharbeitnehmer eingesetzt worden sei, sei beendet und es lägen keine Anschlussaufträge vor. Kurzfristige Auftragslücken gehören zum typischen Unternehmensrisiko eines Verleiharbeitgebers und sind nicht geeignet, eine betriebsbedingte Kündigung zu rechtfertigen.[163] Dem Zeitarbeitsunternehmen steht es jedoch frei, die unternehmerische Entscheidung zu treffen, Leiharbeitnehmer für bestimmte Arbeiten dauerhaft nicht mehr anzubieten.

55 **b)** Umstritten ist, ob in dem Entschluss des Arbeitgebers, **künftig Arbeiten nicht mehr durch eigene Arbeitnehmer, sondern durch Leiharbeitnehmer ausführen zu lassen,** eine bindende unternehmerische Entscheidung zu sehen ist, deren Umsetzung ein dringendes betriebliches Erfordernis zur Kündigung darstellt.[164] Das LAG Bremen hat dies verneint und angenommen, es liege eine unzulässige Austauschkündigung vor, wenn ein Unternehmer eigene Beschäftigte durch Leiharbeitnehmer ersetze.[165] Dies überzeugt nicht. Es macht keinen Unterschied, ob sich ein Arbeitgeber entschließt, künftig Arbeiten nicht mehr durch eigene Arbeitnehmer, sondern – beispielsweise im Rahmen von Franchise-Verträgen – durch Selbstständige[166] oder durch Leiharbeitnehmer ausführen zu lassen. Maßgeblich ist, dass sich der Arbeitgeber in beiden Fällen entschließt, die Aufgaben nicht mit eigenen Arbeitnehmern auszuführen.[167] Diese unternehmerische Entscheidung ist weder willkürlich noch unsachlich und damit bindend, wenn es sich um erlaubte Arbeitnehmerüberlassung handelt. Es liegt auch keine unzulässige Austauschkündigung vor. Die Gegenauffassung verkennt, dass zwischen dem Entleiher und dem Leiharbeitnehmer gerade kein Arbeitsverhältnis besteht. Dass der Entleiher für die Dauer der Arbeitnehmerüberlassung gegenüber dem Leiharbeitnehmer weisungsbefugt ist, steht dem nicht entgegen, weil dieses Weisungsrecht seine Grundlage gerade nicht in einem Arbeitsvertrag zwischen dem weisungsberechtigten Entleiher und dem Leiharbeitnehmer hat. Dieser Zusammenhang wird in der zum Teil abweichenden „Crewing-Entscheidung" des BAG nicht hinreichend berücksichtigt.[168]

56 **9. Öffentlicher Dienst. a)** Eine der Unternehmerentscheidung vergleichbare Entscheidung liegt im öffentlichen Dienst in dem Anbringen eines sog. **Kw-Vermerks im Haushaltsplan** oder einer Änderung des vom Gemeinderat beschlossenen Personalbedarfsplans, aus dem der Wegfall einer konkreten Stelle ersichtlich wird.[169] Die Organisationsentscheidung ist im öffentlichen Dienst ursächlich für den vom Arbeitgeber behaupteten Wegfall des Beschäftigungsbedürfnisses,

---

[161] BAG 24. 5. 2005 AP 284 zu § 613 a BGB = NZA 2005, 1302.

[162] BAG 7. 12. 2000 AP 113 zu § 1 KSchG 1969 Betriebsbedingte Kündigung = NZA 2001, 495; zur Sozialauswahl in diesem Fall § 135 RN 18.

[163] BAG 18. 5. 2006 AP zu § 9 AÜG; vgl. dazu auch *Dahl* DB 2003, 1626; *Hiekel,* FS 25 Jahre Arbeitsgemeinschaft Arbeitsrecht im DAV, 2006, S. 333.

[164] Vgl. dazu *Düwell/Dahl* DB 2007, 1699; *Kleinebrink* FA 2007, 293.

[165] Vgl. LAG Bremen 2. 12. 1997 LAGE § 1 KSchG Betriebsbedingte Kündigung Nr. 47; zust. MünchArbR/*Berkowsky* § 138 RN 108; MünchKommBGB/*Hergenröder* § 1 KSchG RN 328; *Bertzbach,* FS für Hanau, S. 173 ff.; HaKo/*Gallner* § 1 RN 712.

[166] Dazu BAG 13. 3. 2008 AP 176 zu § 1 KSchG 1969 Betriebsbedingte Kündigung = NZA 2008, 878; 9. 5. 1996 AP 79 zu § 1 KSchG 1969 Betriebsbedingte Kündigung = NZA 96, 1145.

[167] Ebenso *Bauer/Röder,* Kündigungsfibel, S. 140.

[168] BAG 26. 9. 1996 AP 80 zu § 1 KSchG 1969 Betriebsbedingte Kündigung.

[169] BAG 6. 7. 2006 NZA 2007, 139; 22. 5. 2003 AP 129 zu § 1 KSchG 1969 Betriebsbedingte Kündigung; 5. 12. 2002 AP 126 zu § 1 KSchG 1969 Betriebsbedingte Kündigung; 18. 11. 1999 AP 55 zu § 2 KSchG 1969 = NZA 2000, 484; 21. 1. 1993 AP 1 zu § 52 MitbestG Schleswig-Holstein = NZA 93, 1099.

wenn die Entscheidung sich auf eine nach sachlichen Merkmalen genauer bestimmte Stelle bezieht. Ein allgemeiner Beschluss, Personalkosten zu senken, genügt diesen Anforderungen nicht.[170] Zeitlich fixierte „kw-Vermerke" in einem Haushaltsgesetz können dringende betriebliche Erfordernisse für die Kündigung eines Arbeitsverhältnisses begründen, wenn die innerbetriebliche Entscheidung für den Wegfall der konkreten Stelle damit abschließend getroffen wurde. Dies ist nicht der Fall, wenn die Verwaltung erst noch zwischen verschiedenen Möglichkeiten einer Umsetzung der „kw-Vermerke" mit unterschiedlichen Auswirkungen auf die Dienststellen entscheiden muss.[171] Sollen durch den „kw-Vermerk" nur allgemeine Sparmaßnahmen durchgeführt werden, ist ein betriebliches Erfordernis zur Kündigung nicht gegeben.[172] In der Streichung einer konkreten, nach sachlichen Merkmalen bestimmten Stelle in einem Haushaltsplan liegt die von den Arbeitsgerichten nicht nachprüfbare unternehmerische Entscheidung, die bezeichnete Stelle sei für die Dienststelle – zukünftig – entbehrlich.[173] Der Entschluss einer Stadt, die von ihr getragene Musikschule während der allgemeinen Schulferien geschlossen zu halten und außerhalb der Ferien einen gleichmäßigen Unterricht anzubieten, ist eine organisatorische Entscheidung, die im Kündigungsrechtsstreit nicht auf ihre Zweckmäßigkeit, sondern nur darauf überprüft werden kann, ob sie offenbar unsachlich, unvernünftig oder willkürlich ist.[174] Macht eine Gemeinde von der gesetzlich vorgesehenen Möglichkeit Gebrauch, das Amt der Gleichstellungsbeauftragten in Zukunft einer ehrenamtlichen Kraft zu übertragen, besteht für die Kündigung des Arbeitsverhältnisses mit der bisher hauptberuflich im Arbeitsverhältnis beschäftigten Gleichstellungsbeauftragten regelmäßig ein dringendes betriebliches Erfordernis. Es handelt sich in solchen Fällen nicht um eine **„Austauschkündigung"**, weil die gekündigte Arbeitnehmerin nicht durch eine andere Arbeitnehmerin ersetzt wird.[175]

b) Die Organisationsentscheidung des öffentlichen Arbeitgebers, eine Angestelltenstelle, auf der 57
hoheitliche Aufgaben erledigt werden, in eine **Beamtenstelle umzuwandeln** und mit einem Beamten zu besetzen, kann ein dringendes betriebliches Erfordernis zur Kündigung des bisherigen Stelleninhabers darstellen, wenn dieser die Voraussetzungen für eine Übernahme in ein Beamtenverhältnis nicht erfüllt.[176] Erfüllt der bisherige Stelleninhaber jedoch das Anforderungsprofil der neu geschaffenen Beamtenstelle, besteht nach Auffassung des BAG kein dringendes betriebliches Erfordernis zur Kündigung des bisherigen Stelleninhabers. Der öffentliche Arbeitgeber könne sich nach dem in § 162 BGB normierten Rechtsgedanken nicht darauf berufen, dass er die Stelle mit einem – möglicherweise aus seiner Sicht geeigneteren – externen Bewerber besetzt habe. Der Besetzung der Stelle mit einem externen Bewerber stehe es gleich, wenn der öffentliche Arbeitgeber dem bisherigen Stelleninhaber unwirksam gekündigt, dann eine Ersatzkraft eingestellt habe und diese Ersatzkraft nunmehr anstelle des bisherigen Stelleninhabers auf der neu geschaffenen Beamtenstelle zum Beamten ernenne.[177] Hiergegen spricht indessen, dass das KSchG nur den Bestand des Arbeitsverhältnisses schützt und keinen Anspruch gibt, beim Arbeitgeber in einem anderen Status tätig zu werden.[178]

c) In **drittmittelfinanzierten Betrieben** kommt eine betriebsbedingte Kündigung in Be- 58
tracht, wenn die Zuschüsse eingestellt oder gekürzt werden und die Arbeiten eingestellt werden und der Arbeitgeber sich entschließt, das subventionierte Arbeitsverhältnis nicht fortzusetzen.[179] Legt der Arbeitgeber in diesem Zusammenhang das Anforderungsprofil für die verbleibenden Arbeitsplätze anderweitig fest, liegt das in seiner freien unternehmerischen Entscheidung.[180]

10. Rationalisierungsmaßnahmen. Die vom Arbeitgeber näher darzulegende **Straffung** 59
von Arbeitsabläufen kann betriebsbedingte Kündigungen zur Folge haben. Der Arbeitgeber muss hierzu aufzeigen, in welchem Umfang die bisher vom Arbeitnehmer ausgeübten Tätigkeiten

---

[170] BAG 18. 9. 2008 NZA 2009, 142, zum Wegfall der Stelle einer hauptberuflichen Gleichstellungsbeauftragten und Übertragung der Aufgaben auf eine ehrenamtlich tätige Person.

[171] BAG 19. 3. 1998 AP 76 zu Einigungsvertrag Anlage I Kap. XIX = NZA 99, 90; 18. 11. 1999 AP 55 zu § 2 KSchG 1969 = NZA 2000, 404.

[172] BAG 6. 9. 1978 AP 4 zu § 1 KSchG 1969.

[173] BAG 5. 12. 2002 AP 126 zu § 1 KSchG 1969 Betriebsbedingte Kündigung.

[174] BAG 26. 1. 1995 AP 36 zu § 2 KSchG 1969 = NZA 95, 626.

[175] BAG 18. 9. 2008 NZA 2009, 142.

[176] BAG 21. 9. 2000 AP 112 zu § 1 KSchG 1969 Betriebsbedingte Kündigung = NZA 2001, 255; 26. 2. 1957 AP 23 zu § 1 KSchG.

[177] BAG 21. 9. 2000 AP 112 zu § 1 KSchG 1969 Betriebsbedingte Kündigung = NZA 2001, 255.

[178] *v. Hoyningen-Huene/Linck* § 1 RN 845.

[179] BAG 20. 2. 1986 AP 11 zu § 1 KSchG 1969.

[180] BAG 7. 11. 1996 AP 82 zu § 1 KSchG 1969 Betriebsbedingte Kündigung = NZA 97, 253.

zukünftig entfallen. Führt die unternehmerische Entscheidung (z. B. Neuorganisation der Bürostruktur, die zum Wegfall der Funktionen des Leiters der Planungsabteilung und des Stellvertreters führt) zum Abbau einer Hierarchieebene verbunden mit einer Neuverteilung der dem betroffenen Arbeitnehmer bisher zugewiesenen Aufgaben, hat der Arbeitgeber darzulegen, in welchem Umfang die bisher von dem Arbeitnehmer ausgeübten Tätigkeiten zukünftig im Vergleich zum bisherigen Zustand entfallen (dazu RN 7).[181]

60 **11. Stationierungsstreitkräfte.** Ein dringendes betriebliches Erfordernis zur Kündigung kann gegeben sein, wenn auf Grund der Entscheidung der Stationierungskräfte die bisher in einer Dienststelle erbrachten **Aufgaben in die USA zurückverlegt** werden und das in der Dienststelle verbleibende Personal deswegen reduziert wird. Die entsprechende Änderung des für die Dienststelle geltenden Stellenplans ist die unternehmerische Entscheidung, die zum Wegfall der überzähligen Arbeitsplätze führt.[182] Der Entsendestaat kann bei den Stationierungskräften auch das Verhältnis zwischen den Zivilpersonen i. S. v. Art. I Abs. 1 b NATO-Truppenstatut und den örtlichen Arbeitskräften i. S. v. Art. IX Abs. 4 NATO-Truppenstatut auf Grund seiner Hoheitsgewalt autonom bestimmen. Deshalb führt eine Veränderung dieses Verhältnisses durch den Entsendestaat zulasten der örtlichen Arbeitskräfte nicht zur Negierung eines dringenden Erfordernisses i. S. v. § 1 II KSchG.

61 **12. Teilzeitarbeit.** Die Entscheidung des Arbeitgebers, wegen eines steigenden Beschäftigungsbedarfs eine Halbtags- in eine Ganztagsstelle umzuwandeln, ist grundsätzlich eine freie unternehmerische Entscheidung.[183] Ebenso ist der Arbeitgeber grundsätzlich frei, bei sinkendem Beschäftigungsbedarf die Arbeitsabläufe so zu organisieren, dass die in einem bestimmten Bereich verbleibende Arbeitsmenge durch Teilzeit- oder Vollzeitkräfte erledigt wird.[184] Führt eine Reorganisationsmaßnahme zur Umwandlung einer Vollzeit- in zwei Teilzeitstellen, liegt darin eine freie Unternehmerentscheidung, die nur auf Missbrauch überprüft werden kann.[185] Wegen des zum 1. 1. 2001 in Kraft getretenen **TzBfG** sieht die Rechtsprechung in Bezug auf den in § 8 TzBfG geregelten Anspruch auf Verringerung der Arbeitszeit einen gewissen Anpassungsbedarf.[186] Insoweit ist daran zu denken, dass der Arbeitgeber plausibel darzulegen hat, dass die Beibehaltung eines Vollzeitarbeitsplatzes zur Aufrechterhaltung einer geordneten Betriebsorganisation oder zur Vermeidung von Störungen im Arbeitsablauf oder der Sicherheit des Betriebs erforderlich ist.[187]

61a **13. Witterungsbedingte Kündigung.** Unterliegt in einem Betrieb der Arbeitsanfall je nach Jahreszeit erheblichen Schwankungen und haben die Tarifvertragsparteien und die Betriebspartner für dieses Problem durch die Festlegung einer flexiblen Jahresarbeitszeit eine Lösung geschaffen, die betriebsbedingte (hier witterungsbedingte) Kündigungen weitgehend vermeiden soll, kann der Arbeitgeber erst dann betriebsbedingt kündigen, wenn er diese Möglichkeiten der flexiblen Arbeitszeitgestaltung ausgenutzt hat und trotzdem noch ein Beschäftigungsüberhang besteht. Haben die Arbeitnehmer des Betriebs bei einem derartigen Jahresarbeitszeitmodell in erheblichem Umfang Guthabenstunden angespart, hat der Arbeitgeber bei schlechter Beschäftigungslage die Guthabenstunden aller Arbeitnehmer abzubauen, ehe er einzelnen Arbeitnehmern betriebsbedingt kündigt und den im Betrieb verbleibenden Arbeitnehmern bei voller Weiterbeschäftigung für ihre Guthabenstunden möglicherweise sogar eine finanzielle Abgeltung zahlt.[188]

III. Abfindungsanspruch

62 **1. Überblick.** Mit dem zum 1. 1. 2004 in Kraft getretenen Gesetz zur Modernisierung des Arbeitsmarktes ist **§ 1 a KSchG** neu in das KSchG eingefügt worden. Nach dieser Vorschrift kann der Arbeitnehmer bei betriebsbedingter Kündigung vom Arbeitgeber mit dem Ablauf der Kündigungsfrist eine Abfindung verlangen, wenn er nicht innerhalb der Dreiwochenfrist des § 4 KSchG Kündigungsschutzklage erhebt und der Arbeitgeber in der Kündigungserklärung darauf hinweist, dass die Kündigung auf dringende betriebliche Erfordernisse gestützt wird und der

---

[181] BAG 13. 2. 2008 AP 123 zu § 1 KSchG 1969 Betriebsbedingte Kündigung = NZA 2008, 819; 10. 10. 2002 AP 123 zu § 1 KSchG 1969 Betriebsbedingte Kündigung; 27. 9. 2001 AP 6 zu § 14 KSchG 1969 = NZA 2002, 1277; 17. 6. 1999 AP 103 zu § 1 KSchG 1969 Betriebsbedingte Kündigung = NZA 99, 1157.

[182] BAG 18. 5. 2006 AP 157 zu § 1 KSchG 1969 Betriebsbedingte Kündigung.

[183] Vgl. LAG Rheinland-Pfalz 10. 5. 1988 NZA 89, 273.

[184] BAG 19. 5. 1993 AP 31 zu § 2 KSchG 1969 = NZA 93, 1075.

[185] BAG 22. 4. 2004 AP 74 zu § 2 KSchG 1969 = NZA 2004, 1158.

[186] BAG 18. 2. 2003 AP 2 zu § 8 TzBfG = NZA 2003,1392; dazu *Bayreuther* DB 2004, 1726.

[187] Vgl. *v. Hoyningen-Huene/Linck* § 1 RN 853 ff.; *Rost* ArbRGgw. 39 (2002) S. 83, 100.

[188] BAG 8. 11. 2007 EzA 157 zu § 1 KSchG Betriebsbedingte Kündigung.

Arbeitnehmer bei Verstreichenlassen der Klagefrist eine Abfindung beanspruchen kann. In diesem Fall beträgt die Abfindung gem. § 1a II KSchG 0,5 Monatsverdienste für jedes Jahr des Bestehens des Arbeitsverhältnisses, wobei bei der Ermittlung der Dauer des Arbeitsverhältnisses ein Zeitraum von mehr als sechs Monaten auf ein volles Jahr aufzurunden ist. Das Gesetz regelt damit in § 1a I KSchG die Voraussetzungen des Abfindungsanspruchs und in Abs. 2 dieser Vorschrift dessen Höhe.

2. Betriebsbedingte Kündigung. § 1a KSchG gilt für **ordentliche betriebsbedingte Kündigungen.** Die Vorschrift ist aber wegen der vergleichbaren Interessenlage auf außerordentliche betriebsbedingte Kündigungen unkündbarer Arbeitnehmer mit **Auslauffrist** entsprechend anwendbar.[189] § 1a KSchG findet des Weiteren auf eine aus dringenden betrieblichen Gründen ausgesprochene **Änderungskündigung** Anwendung, soweit diese wegen Nichtannahme oder vorbehaltloser Ablehnung des Änderungsangebots zur Beendigung des Arbeitsverhältnisses führt.[190] 63

3. Hinweis des Arbeitgebers. Nach § 1a I KSchG setzt der Anspruch auf Zahlung einer Abfindung voraus, dass die Hinweise auf die zur Rechtfertigung der Kündigung angeführten dringenden betrieblichen Erfordernisse und auf das Verstreichenlassen der Klagefrist nach § 4 Satz 1 KSchG erfolgen. Die für die Berechnung des Anspruchs maßgebliche Vorschrift des § 1a II KSchG muss nicht ausdrücklich erwähnt werden.[191] Die **Rechtsnatur** des Hinweises ist im Schrifttum äußerst umstritten.[192] Dabei gibt es zwei Grundpositionen, die sich wiederum weiter im Detail unterscheiden. Nach einer Auffassung handelt es sich bei § 1a KSchG um einen gesetzlich begründeten Anspruch, der durch Verstreichenlassen der Klagefrist entsteht.[193] Richtigerweise handelt es sich bei dem Hinweis um eine **rechtsgeschäftliche Erklärung.** Der Hinweis enthält das Angebot des Arbeitgebers auf Zahlung einer Abfindung, das vom Arbeitnehmer durch Verstreichenlassen der Klagefrist gem. § 151 BGB angenommen wird. Das Untätigbleiben des Arbeitnehmers hat hier von Gesetzes wegen rechtsgeschäftlichen Charakter.[194] Die Abfindungsvereinbarung kommt deshalb unabhängig davon zustande, ob der Arbeitnehmer das Abfindungsangebot des Arbeitgebers kannte.[195] 64

4. Entstehen des Anspruchs. Der Abfindungsanspruch nach § 1a I 1 KSchG entsteht erst mit dem Ablauf der Kündigungsfrist, denn der Arbeitnehmer „hat" den Abfindungsanspruch unter den im Gesetz genannten weiteren Voraussetzungen „mit dem Ablauf der Kündigungsfrist".[196] 64a

5. Klagerücknahme. Der Abfindungsanspruch **entsteht nicht,** wenn der Arbeitnehmer fristgerecht Kündigungsschutzklage erhebt.[197] Nimmt der Arbeitnehmer eine zunächst erhobene Kündigungsschutzklage zurück, gilt die Klage zwar gem. § 269 III ZPO als nicht anhängig geworden. Gleichwohl besteht in diesem Fall kein Abfindungsanspruch nach § 1a KSchG, weil es nach dieser Vorschrift auf die tatsächlichen Umstände und nicht die gesetzlich fingierte Rechtslage ankommt. Dies entspricht auch dem Zweck des Gesetzes. Der Arbeitgeber bietet dem Arbeitnehmer eine Abfindung dafür an, dass er es ihm erspart, sich mit der Kündigungsschutzklage auseinanderzusetzen.[198] Aus diesen Gründen besteht ferner kein Abfindungsanspruch, wenn der Arbeitnehmer einen Antrag auf nachträgliche Zulassung der Kündigungsschutzklage nach § 5 KSchG stellt oder eine Klage nach § 6 KSchG erhebt.[199] 65

---

[189] *Biebl,* Das neue Kündigungs- und Befristungsrecht, RN 43; MünchKommBGB/*Hergenröder* § 1a KSchG RN 9; *Preis* DB 2004, 70, 73; *Willemsen/Annuß* NJW 2004, 177, 182.

[190] BAG 13. 12. 2007 AP 5 zu § 1a KSchG 1969 = NZA 2008, 528.

[191] BAG 13. 12. 2007 AP 6 zu § 1a KSchG 1969.

[192] Eingehend dazu KR/*Spilger* § 1a KSchG RN 34ff.

[193] Vgl. *Grobys* DB 2003, 2174; *Willemsen/Annuß* NJW 2004, 177, 182.

[194] Ebenso im Ergebnis ErfK/*Oetker* § 1a KSchG RN 4; *Biebl,* Das neue Kündigungs- und Befristungsrecht, RN 45; *Düwell* ZTR 2004, 130, 132; *Giesen/Besgen* NJW 2004, 185, 186f.; Stahlhacke/*Preis* RN 1167e; *Rolfs* ZIP 2004, 333, 337; *Thüsing/Stelljes* BB 2003, 1673, 1677; a.A. *Grobys* DB 2003, 2174; *Willemsen/Annuß* NJW 2004, 177, 182; einschränkend *Löwisch/Spinner* § 1a RN 7, die die Kenntnis des Arbeitnehmers von dem Angebot fordern.

[195] Ebenso *Düwell* ZTR 2004, 130, 132.

[196] BAG 10. 5. 2007 AP 3 zu § 1a KSchG 1969 = NZA 2007, 1043; *Raab* RdA 2005, 1, 10; KR/*Spilger* § 1a KSchG RN 86ff.; *Willemsen/Annuß* NJW 2004, 177, 181.

[197] BAG 13. 12. 2007 AP 7 zu § 1a KSchG 1969 = NZA 2008, 696.

[198] Ebenso *Giesen/Besgen* NJW 2004, 185, 188; *Preis* DB 2004, 70, 74; KR/*Spilger* § 1a KSchG RN 79; *Willemsen/Annuß* NJW 2004, 177, 182.

[199] Ebenso *Preis* DB 2004, 70, 74; *Willemsen/Annuß* NJW 2004, 177, 183; *Wolff* BB 2004, 378, 380; a.A. zu § 5 KSchG KR/*Spilger* § 1a KSchG RN 76.

66 **6. Rechtsfolgen. a)** Der Abfindungsanspruch entsteht nach dem Wortlaut des Gesetzes mit **Ablauf der Kündigungsfrist** (RN 64a) und ist zu diesem Zeitpunkt auch fällig. Kündigt der Arbeitgeber mit zu kurzer Frist, entsteht der Anspruch mit Ablauf der zutreffenden Kündigungsfrist.[200] Verstirbt der Arbeitnehmer vor Ablauf der Kündigungsfrist oder endet das Arbeitsverhältnis zuvor durch eine außerordentliche Kündigung, entsteht kein Abfindungsanspruch.[201]

67 **b) Abfindungshöhe.** Die Höhe der Abfindung beträgt nach § 1a II KSchG **0,5 Monatsverdienste für jedes Jahr** des Bestehens des Arbeitsverhältnisses. Bei der Ermittlung der Dauer des Arbeitsverhältnisses ist ein Zeitraum von mehr als sechs Monaten auf ein volles Jahr aufzurunden. Die Abfindungshöhe richtet sich nach § 10 III KSchG. Maßgeblich ist damit der Bruttoarbeitsverdienst in dem Monat, in dem das Arbeitsverhältnis endet. Zu berücksichtigen sind dabei auch Sachbezüge, wie z. B. der geldwerte Vorteil eines privat genutzten Dienstwagens. Ein dreizehntes Monatsgehalt ist anteilig einzubeziehen.

68 **c)** Die Abfindung nach § 1a KSchG ist **einkommensteuerrechtlich** nach § 3 Nr. 9 und §§ 34, 24 Nr. 1 Buchst. b EStG zu behandeln. § 3 Nr. 9 EStG ist zwar zum 1. 1. 2006 aufgehoben worden, Altfälle sind nach Maßgabe der Überleitungsvorschrift des § 52 IVa EStG zu behandeln.[202] Geht der Arbeitgeber nach § 1a KSchG vor und gab es keine entsprechenden Vorabsprachen, hat dies unter Berücksichtigung der neueren Rechtsprechung des BSG zum Abwicklungsvertrag keine **Sperrzeit** nach § 144 I Nr. 1 SGB III zur Folge (dazu § 23 RN 50ff.).

69 **d) Vererblichkeit.** Der Abfindungsanspruch ist **nach seinem Entstehen** vererblich.[203] Die Erben können deshalb dann nicht vom Arbeitgeber die Zahlung der Abfindung verlangen, wenn der Erblasser vor Ablauf der Kündigungsfrist verstorben ist.[204]

70 **e)** § 1a KSchG **schließt andere Abfindungsvereinbarungen nicht aus.** Der Arbeitgeber ist nicht gehindert, Hinweise nach § 1a I 2 KSchG zu unterlassen, und dem Arbeitnehmer stattdessen einen – beliebigen – Betrag als Abfindung in Aussicht zu stellen, falls er eine Klage gegen die ausgesprochene Kündigung nicht erhebt. Will der Arbeitgeber die gesetzliche Folge des § 1a II KSchG vermeiden, muss er allerdings deutlich machen, dass er sich gerade nicht nach § 1a I KSchG binden will. Ob die Angabe eines bezifferten Betrags bloß der Information dient oder rechtsgeschäftlichen Charakter hat, ist durch Auslegung zu ermitteln.[205]. Die im Schrifttum vertretene Auffassung, bereits in der geringeren Abfindungshöhe komme deutlich genug zum Ausdruck, dass der Arbeitgeber nicht nach Maßgabe von § 1a KSchG vorgehen möchte,[206] übersieht, dass die Angabe eines bezifferten und mit Blick auf § 1a II KSchG zu geringen Betrags einer Abfindung schon deshalb der Annahme eines Abfindungsangebots nach § 1a KSchG nicht zwingend entgegen kann, weil eine Bezifferung der Abfindung durch den Arbeitgeber gesetzlich nicht vorgesehen ist. Der Anspruch entsteht auch dann im gesetzlichen Umfang, wenn der Arbeitgeber mit den Hinweisen nach § 1a I 2 KSchG zwar die Angabe eines zu niedrigen Betrags verbindet, aber zugleich zu verstehen gibt, er wolle eine Abfindung in der gesetzlich vorgesehenen Höhe zahlen.[207] Unterbreitet der Arbeitgeber außerhalb des Anwendungsbereichs von § 1a KSchG ein Angebot mit einer niedrigeren als der gesetzlich vorgesehenen Abfindung, liegt hierin das Angebot auf Abschluss eines Abwicklungsvertrags, das nach den allgemeinen Regeln der Rechtsgeschäftslehre zu behandeln ist.

71 **f)** Die in einem **Sozialplan** vereinbarte Anrechnung von Abfindungen nach § 1a KSchG auf Abfindungsansprüche ist wirksam.

---

[200] *Bauer/Krieger* NZA 2004, 77; KR/*Spilger* § 1a KSchG RN 88.

[201] BAG 10. 5. 2007 AP 3 zu § 1a KSchG 1969 = NZA 2007, 1043; *Bader* NZA 2004, 65, 71; HaKo/*Fiebig* § 1a KSchG RN 8; *Giesen/Besgen* NJW 2004, 185, 186; MünchKommBGB/*Hergenröder* § 1a KSchG RN 20; *Preis* DB 2004, 70, 72; *Quecke* RdA 2004, 86, 98; *Raab* RdA 2005, 1, 10; KR/*Spilger* § 1a KSchG RN 86; a. A. *Löwisch/Spinner* § 1a RN 22.

[202] Dazu *Tschöpe* NZA 2006, 23.

[203] MünchKommBGB/*Hergenröder* § 1a KSchG RN 23.

[204] BAG 10. 5. 2007 AP 3 zu § 1a KSchG 1969 = NZA 2007, 1043.

[205] BAG 13. 12. 2007 AP 6 zu § 1a KSchG 1969; 19. 7. 2007 AP 4 zu § 1a KSchG 1969 = NZA 2007, 1357; *Biebl,* Das neue Kündigungs- und Befristungsrecht, RN 56; *Grobys* DB 2003, 2174, 2176; *Thüsing/Stelljes* BB 2003, 1673, 1677; *Preis* DB 2004, 70, 73.

[206] *Willemsen/Annuß* NJW 2004, 177, 183.

[207] BAG 19. 7. 2007 AP 4 zu § 1a KSchG 1969 = NZA 2007, 1357; *Löwisch/Spinner* § 1a RN 21; *Preis* DB 2004, 70, 73; ähnlich *Meinel* DB 2003, 1438, 1439.

§ 135. Soziale Auswahl bei betriebsbedingter Kündigung

Ab 2000, sonst frühere Aufl.: *Annuß/Hohenstatt,* Betriebsidentität und Sozialauswahl beim gemeinsamen Betrieb, NZA 2004, 420; *Bachner,* Sozialauswahl und Beteiligung des Betriebsrats bei Verlagerungs- und Konzentrationsmaßnahmen, NZA 2006, 1309; *Bär,* Die Herausnahme von Leistungsträgern aus der Sozialauswahl, AuR 2004, 169; *Bauer/Krieger,* Verkehrte Welt: Gleichmäßige Verteilung von Kündigungen über alle Altersgruppen als unzulässige Altersdiskriminierung?, NZA 2007, 674; *dies.,* Neue Spielregeln für Punkteschemata bei betriebsbedingten Kündigungen?, FS Richardi, 2007, S. 177; *Berkowsky,* Betriebsübergang und Sozialauswahl widersprechender Arbeitnehmer, NZA 2004, 1374; *Bertelsmann,* Kündigungen nach Altersgruppen und das AGG, AuR 2007, 369; *Brenneis,* Sozialauswahl bei betriebsbedingter Änderungskündigung, FA 2000, 147; *Bröhl,* Aktuelle Rechtsprechung des Bundesarbeitsgerichts zur Sozialauswahl, BB 2006, 1050; *Brors,* Sollte man das Kriterium „Alter" in § 1 Abs. 3 KSchG wegen Europarechtswidrigkeit streichen?, AuR 2008, 288; *Bütefisch,* Die Sozialauswahl, 2000; *Burg,* Sind Betriebsratsmitglieder bei Betriebsteilstilllegung mit in die soziale Auswahl einzubeziehen?, ZInsO 2005, 1202; *Dzida/Schramm,* Versetzungsklauseln: Mehr Flexibilität für Arbeitgeber, mehr Kündigungsschutz für Arbeitnehmer, BB 2007, 1221; *Emmert/Pohlmann,* Altersgruppenbildung und Altersdiskriminierung, FA 2008, 130; *Fischer,* Sozialauswahl bei Kündigung nach Widerspruch gegen einen Betriebsübergang, AuR 2002, 291; *ders.,* Sozialauswahl nach Widerspruch gegen Betriebsübergang – Neue Rechtslage durch § 1 Abs. 3 Satz 1 KSchG, FA 2004, 230; *Freckmann,* Betriebsbedingte Kündigungen und AGG – was ist noch möglich?, BB 2007, 1049; *Fröhlich,* Sozialauswahl – Gefährliche Doppelverdienerehe, LAG-Report, 2005, 257; *Gaul,* Sozialauswahl nach Widerspruch gegen Betriebsübergang, NZA 2005, 730; *Gaul/Bonanni,* Betriebsübergreifende Sozialauswahl und die Bedeutung von Versetzungsklauseln, NZA 2006, 289; *dies.,* Mitbestimmungsrecht des Betriebsrats bei der Anwendung von Punkteschemata für die Sozialauswahl, BB 2006, 549; *dies.,* Altersdiskriminierung im Rahmen der Sozialauswahl?, BB 2008, 218; *Gaul/Bonanni/Kulejewski,* Sozialauswahl zwischen Teilzeit- und Vollzeitbeschäftigten, ArbRB 2005, 112; *Gaul/Lunk,* Gestaltungsspielraum bei Punkteschema zur betriebsbedingten Kündigung, NZA 2004, 184; *Gaul/Naumann,* Mitbestimmungsrecht des Betriebsrats bei der Anwendung von Punkteschemata für die Sozialauswahl, BB 2006, 549; *Gragert,* Sonderfälle der Sozialauswahl, FS Schwerdtner, 2003, S. 49; *Hidalgo/Häberle-Haug/Stubbe,* (Nicht-)Beteiligung des Betriebsrats bei der Aufstellung eines Punkteschemas zur Sozialauswahl, DB 2007, 914; *Kaiser,* Unterhaltspflichten in der Sozialauswahl, FS Birk, 2008, S. 283; *Kamanabrou,* Europarechtskonformer Schutz vor Benachteiligungen bei Kündigungen, RdA 2007, 199; *Katins,* Betriebsübergang und Sozialauswahl, FA 2005, 336; *Kleinebrink,* Ermittlung von Unterhaltspflichten des Arbeitnehmers vor Sozialauswahl und Betriebsratsanhörung, DB 2005, 2522; *Küttner,* Altersstruktur und betriebsbedingte Kündigung, FS 50 Jahre BAG, 2004, 409; *Lipinski,* Sozialauswahl bei Betriebsteilübergang zugunsten des widersprechenden Arbeitnehmers, DB 2002, 1214; *Löwisch,* Die Auswirkungen der Gleichstellungsrahmenrichtlinie der EG auf die altersspezifischen Regelungen des Kündigungsrechts, FS Schwerdtner, 2003, S. 769; *Löwisch/Röder/Krieger,* Punkteschemata für die Sozialauswahl bei betriebsbedingten Kündigungen im Zeitalter von Diskriminierungsverboten, BB 2007, 610; *Lunk,* Die Sozialauswahl nach neuem Recht, NZA 2005 Beil. 1 S. 41; *Mohr,* Die Sozialauswahl gem. § 1 Abs. 3 KSchG zwischen Kündigungs- und Diskriminierungsschutz, ZfA 2007, 361; *Müller,* Die Sozialauswahl im Kündigungsrecht, 2008; *Nicolai,* Die Kündigung widersprechender Arbeitnehmer beim Betriebsübergang BB 2006, 1162; *Quecke,* Sozialauswahl nach Widerspruch gegen Teilbetriebsübergang?, ZIP 2007, 1846; *Rolfs,* Begründung und Beendigung des Arbeitsverhältnisses mit älteren Arbeitnehmern, NZA 2008, Beil. 1 S. 8; *Seel,* Sozialauswahl – Die Änderung der BAG-Rechtsprechung zur fehlerhaften Anwendung eines Punktesystems, MDR 2007, 249; *Spinner,* Die Rechtsprechung des Bundesarbeitsgerichts zur Sozialauswahl, RdA 2008, 135; *v. Steinau-Steinrück/Hurek,* Widerspruch nach § 613a BGB und Sozialauswahl?, NJW-Spezial 2005, 417; *Strybny,* Die Berücksichtigung des Doppelverdienstes als Merkmal der Sozialauswahl bei der Kündigung, FA 2005, 171; *Thüsing/Wege,* Sozialauswahl nach neuem Recht, RdA 2005, 12; *Zwanziger,* Tarifliche Unkündbarkeit und Sozialauswahl, DB 2000, 2166; *ders.,* Änderungen der Sozialauswahl im neuen Kündigungsschutzrecht, AiB 2004, 10.

Schrifttum zur am **1. 1. 2004 in Kraft getretenen Neureglung** findet sich bei § 131.

Übersicht

	RN
I. Überblick	1 f.
1. Zweck der sozialen Auswahl	1
2. Prüfungsfolge	2
II. Vergleichbare Arbeitnehmer	3 ff.
1. Betriebsbezug	4, 5
2. Spaltung und Teilübertragung	6
3. Horizontale Vergleichbarkeit	7
4. Weisungsrecht	8–10
5. Arbeitsplatzbezogene Austauschbarkeit	11–13
III. Sonderfälle	14 ff.
1. Kurzzeitig Beschäftigte	14
2. Gesetzlicher Ausschluss der ordentlichen Kündigung	15
3. Tariflich unkündbare Arbeitnehmer	16, 17
4. Betriebsübergang	18–22
5. Teilzeitbeschäftigte	23, 24
IV. Auswahlgesichtspunkte	25 ff.
1. Überblick	25, 26
2. Abschließende Regelung	27
3. Die einzelnen Auswahlgesichtspunkte	28–37
4. Ermittlung der Daten	38
5. Beurteilungsspielraum	39–41

	RN
V. Entgegenstehende betriebliche Belange	42 ff.
1. Allgemeines	42–44
2. Systematische Einordnung	45
3. Ausgewogene Personalstruktur	46–49
4. Betriebliche Ablaufstörungen	50, 51
VI. Auswahlrichtlinien	52 ff.
1. Mitbestimmung des Betriebsrats	52
2. Grobe Fehlerhaftigkeit	53–55
3. Beispiele	56–58
VII. Darlegungs- und Beweislast	59–62
VIII. Folgen einer fehlerhaften Sozialauswahl	63

I. Überblick

1 **1. Zweck der sozialen Auswahl.** Nach § 1 III 1 KSchG ist eine aus dringenden betrieblichen Erfordernissen erfolgte Kündigung sozial ungerechtfertigt, wenn der Arbeitgeber bei der Auswahl des Arbeitnehmers soziale Gesichtspunkte nicht oder nicht ausreichend berücksichtigt hat. Die **soziale Auswahl dient der personellen Konkretisierung** der zur Kündigung führenden dringenden betrieblichen Erfordernisse des § 1 II 1 KSchG. Da bei betriebsbedingten Kündigungen der Kündigungsgrund in der Sphäre des Arbeitgebers liegt, ist es nicht gerechtfertigt, in jedem Fall den Arbeitnehmer zu kündigen, dessen konkreter Arbeitsplatz weggefallen ist. Nach der gesetzgeberischen Wertung des § 1 III KSchG hat der Arbeitgeber vielmehr den Arbeitnehmer zu ermitteln, den die Kündigung relativ am wenigsten hart trifft. Dies gilt auch für die außerordentliche betriebsbedingte Kündigung tariflich unkündbarer Arbeitnehmer.[1] Eine Sozialauswahl ist auch bei einer etappenweise erfolgenden Betriebsstilllegung vorzunehmen.[2] Entschließt sich dagegen der Arbeitgeber, den Betrieb bzw. Betriebsteil **„schnellstmöglich" stillzulegen** und allen Arbeitnehmern zum Ablauf der jeweils für sie geltenden Kündigungsfristen zu kündigen, hat er keine Sozialauswahl durchzuführen.[3] Bei personen- und verhaltensbedingten Kündigungen ist gleichfalls keine Sozialauswahl vorzunehmen.[4]

2 **2. Prüfungsfolge.** Die soziale Auswahl wird von der Rechtsprechung in **drei Schritten** überprüft. **(1)** Zunächst ist festzustellen, welche Arbeitnehmer in die soziale Auswahl einzubeziehen sind (RN 3 ff.); **(2)** in einem zweiten Schritt sind für die betroffenen Arbeitnehmer die im Gesetz genannten Sozialdaten festzustellen und zu gewichten (RN 25 ff.); **(3)** abschließend ist zu prüfen, welche Arbeitnehmer aus den in § 1 III 2 KSchG genannten Gründen unberücksichtigt bleiben (RN 42 ff.). Maßgebend sind die Verhältnisse zum Zeitpunkt des Zugangs der Kündigung.[5]

II. Vergleichbare Arbeitnehmer

3 Die Feststellung des auswahlrelevanten Personenkreises vollzieht sich in **mehreren Schritten.**

4 **1. Betriebsbezug. a)** In die soziale Auswahl sind zunächst **alle Arbeitnehmer des Betriebs** einzubeziehen, in dem dringende betriebliche Erfordernisse zum Wegfall von Beschäftigungsmöglichkeiten geführt haben. Hat der Betrieb mehrere Betriebstätten oder Filialen, sind grundsätzlich die Arbeitnehmer aller Filialen in die Sozialauswahl einzubeziehen.[6] Es erfolgt weder eine Beschränkung auf eine **Betriebsabteilung** oder einen Betriebsteil[7] noch eine Erstreckung auf andere Betriebe des **Unternehmens** oder **Konzerns.**[8] Der Notwendigkeit einer betriebsbezogenen Sozialauswahl steht nicht allein die räumliche Entfernung einzelner Filialen eines Einzelhandelsfilialunternehmens in einem Bezirk entgegen. Gleiches gilt für eine mögliche betriebsverfassungsrechtliche Eigenständigkeit einzelner Betriebsteile.[9] Auch bei einer

---

[1] BAG 5. 2. 1998 AP 143 zu § 626 BGB = NZA 98, 771.

[2] BAG 20. 1. 1994 AP 8 zu § 1 KSchG 1969 Konzern = NZA 94, 653.

[3] BAG 7. 7. 2005 AP 136 zu § 1 KSchG 1969 Betriebsbedingte Kündigung = NZA 2006, 1361.

[4] BAG 23. 9. 1992 EzA 37 zu § 1 KSchG Krankheit.

[5] BAG 24. 3. 1983 AP 12 zu § 1 KSchG 1969 Betriebsbedingte Kündigung; LAG Hamm 8. 3. 1994 DB 94, 2350.

[6] BAG 21. 6. 1995 AP 16 zu § 1 BetrVG 1972.

[7] Vgl. BAG 31. 5. 2007 AP 94 zu § 1 KSchG 1969 Soziale Auswahl = NZA 2008, 33; 17. 1. 2002 EzA 47 zu § 1 KSchG Soziale Auswahl; 5. 5. 1994 AP 23 zu § 1 KSchG 1969 Soziale Auswahl = NZA 94, 1023.

[8] BAG 15. 12. 1994 AP 66 zu § 1 KSchG 1969 Betriebsbedingte Kündigung = NZA 95, 413; 27. 11. 1991 AP 6 zu § 1 KSchG 1969 Konzern = NZA 92, 644.

[9] BAG 31. 5. 2007 AP 94 zu § 1 KSchG 1969 Soziale Auswahl = NZA 2008, 33; hierzu auch BAG 3. 4. 2008 AP 17 zu § 1 KSchG 1969 Namensliste = NZA 2008, 1060.

Ausweitung des Direktionsrechts des Arbeitgebers auf alle Betriebe des Unternehmens ist die Sozialauswahl grundsätzlich nicht unternehmensbezogen. Würde man die Sozialauswahl ganz oder teilweise auf den Unternehmensbereich ausdehnen, würde dies notwendigerweise zu Austauschkündigungen führen. Besteht in einem der Betriebe eines Unternehmens ein dringendes betriebliches Erfordernis, die Personalstärke an den gesunkenen Arbeitsanfall anzupassen, kann dies grundsätzlich nur die Kündigung gegenüber Arbeitnehmern dieses Betriebs sozial rechtfertigen. Dafür, im Wege der Sozialauswahl für die zur Kündigung anstehenden Arbeitnehmer in einem anderen Betrieb des Unternehmens Arbeitsplätze freizukündigen, besteht jedoch kein dringendes, auf deren Beschäftigungsbetrieb bezogenes Erfordernis, das eine Kündigung nach § 1 II 1 KSchG sozial rechtfertigen könnte.[10]

b) Nur dann, wenn mehrere Unternehmen einen **Gemeinschaftsbetrieb** unterhalten (dazu § 130 RN 18), ist die Sozialauswahl nach § 1 III KSchG betriebsübergreifend durchzuführen.[11] Dies gilt allerdings nicht, wenn der Gemeinschaftsbetrieb im Zeitpunkt der Kündigung nicht mehr besteht. Ist im Zeitpunkt der Kündigung einer von mehreren Betrieben, die einen Gemeinschaftsbetrieb gebildet haben, stillgelegt, sind damit die Arbeitgeberfunktionen im Bereich der sozialen und personellen Angelegenheiten sowie die unternehmerischen Funktionen im Bereich der wirtschaftlichen Angelegenheiten dem vormals einheitlichen Leitungsapparat der beteiligten Unternehmen entzogen. Der Gemeinschaftsbetrieb ist aufgelöst und damit die „gemeinsame Klammer", die eine unternehmensübergreifende Sozialauswahl begründet hätte, entfallen.[12] Gleiches gilt, wenn im Zeitpunkt der Kündigung der eine der beiden Betriebe zwar noch nicht stillgelegt ist, auf Grund einer unternehmerischen Entscheidung, die bereits greifbare Formen angenommen hat, aber feststeht, dass er bei Ablauf der Kündigungsfrist des Arbeitnehmers stillgelegt sein wird.[13] Eine Weiterbeschäftigung des Arbeitnehmers in dem Gemeinschaftsbetrieb kommt dann nicht mehr in Betracht. Wird nämlich mit der Stilllegung des einen Betriebs auch die gemeinsame Leitungsstruktur beseitigt, besteht ab dem Stilllegungszeitpunkt nur noch ein Betrieb fort. Der Inhaber des stillzulegenden Betriebs kann dann wegen der nicht mehr vorhandenen gemeinsamen Leitungsebene eine Weiterbeschäftigung seiner Arbeitnehmer in dem fortgeführten Betrieb des anderen Unternehmers rechtlich nicht mehr durchzusetzen.[14] 5

2. Spaltung und Teilübertragung. Die Spaltung oder Teilübertragung nach §§ 123 ff. bzw. 174 ff. UmwG kann gem. § 323 I UmwG zu einer **unternehmensübergreifenden Sozialauswahl** führen, wenn die Kündigung als unmittelbare Folge der Spaltung oder Teilübertragung erfolgt.[15] Nachfolgende Entwicklungen werden von § 323 I UmwG nicht erfasst und können sich durchaus nachteilig für den Arbeitnehmer auswirken. Wird etwa ein abgespaltener Betrieb von dem neuen Rechtsträger später stillgelegt, ist eine Kündigung auf Grund der Stilllegung möglich. Wird von den an einer Spaltung oder Teilübertragung beteiligten Unternehmen ein Betrieb gemeinsam weitergeführt, gilt dieser gem. § 322 UmwG als Betrieb i. S. des KSchG. Das hat zur Folge, dass bei betriebsbedingten Kündigungen alle vergleichbaren Arbeitnehmer des Betriebs in die soziale Auswahl einzubeziehen sind, mögen sie auch bei verschiedenen Unternehmen beschäftigt sein.[16] 6

3. Horizontale Vergleichbarkeit. Der zur Sozialauswahl durchzuführende Vergleich erstreckt sich nur auf **dieselbe Ebene der Betriebshierarchie** (sog. horizontale Vergleichbarkeit).[17] Die Vergleichbarkeit ist nicht mehr gegeben, wenn eine Weiterbeschäftigung des Arbeitnehmers nur zu schlechteren Arbeitsbedingungen möglich ist. Der Arbeitgeber ist nach § 1 III 1 7

---

[10] BAG 15. 12. 2005 AP 76 zu § 1 KSchG 1969 Soziale Auswahl = NZA 2006, 590; 2. 6. 2005 AP 73 zu § 1 KSchG 1969 Soziale Auswahl = NZA 2005, 1175.

[11] BAG 29. 11. 2007 AP 95 zu § 1 KSchG 1969 Soziale Auswahl; 24. 2. 2005 AP 4 zu § 1 KSchG 1969 Gemeinschaftsbetrieb = NZA 2005, 867; 13. 9. 1995 AP 72 zu § 1 KSchG 1969 Betriebsbedingte Kündigung = NZA 96, 307; 13. 6. 1985 AP 10 zu § 1 KSchG 1969 = NZA 86, 600.

[12] BAG 14. 8. 2007 AP 325 zu § 613 a BGB = NZA 2007, 1431; 24. 2. 2005 AP 4 zu § 1 KSchG 1969 Gemeinschaftsbetrieb = NZA 2005, 867; 13. 9. 1995 AP 72 zu § 1 KSchG 1969 Betriebsbedingte Kündigung = NZA 96, 307.

[13] BAG 21. 5. 2008 NZA 2008, 753; 24. 2. 2005 AP 4 zu § 1 KSchG 1969 Gemeinschaftsbetrieb = NZA 2005, 867.

[14] BAG 18. 9. 2003 AP 14 zu § 17 KSchG 1969 = NZA 2004, 375; 27. 11. 2003 AP 64 zu § 1 KSchG 1969 Soziale Auswahl = NZA 2004, 477.

[15] BAG 22. 9. 2005 AP 1 zu § 323 UmwG = NZA 2006, 658.

[16] KR/*Friedrich* §§ 322, 323, 324 UmwG RN 52; APS/*Kiel* § 1 KSchG RN 671; *Löwisch/Spinner* § 1 RN 347.

[17] BAG 18. 10. 2000 AP 39 zu § 9 KSchG 1969 = NZA 2001, 437; 7. 4. 1993 AP 22 zu § 1 KSchG 1969 Soziale Auswahl = NZA 93, 795.

KSchG nicht verpflichtet, einem sozial schutzwürdigeren Arbeitnehmer eine Weiterbeschäftigung zu geänderten (ungünstigeren) Bedingungen anzubieten, um für ihn durch Kündigung eines anderen sozial schlechter gestellten Arbeitnehmers, mit dem der Gekündigte erst durch die Vertragsänderung vergleichbar wird, eine Beschäftigungsmöglichkeit zu schaffen.[18] Die Annahme einer vertikalen Vergleichbarkeit würde letztlich zu einem „Veränderungswettbewerb nach unten"[19] führen, bei dem der Zusammenhang zwischen dem dringenden betrieblichen Erfordernis nach § 1 II 1 KSchG und der mit § 1 III KSchG bezweckten personellen Konkretisierung der betrieblichen Gründe verloren ginge.

8 **4. Weisungsrecht. a)** An einer Vergleichbarkeit fehlt es, wenn der Arbeitgeber den Arbeitnehmer nicht einseitig **im Rahmen des Direktionsrechts auf einen anderen Arbeitsplatz umsetzen oder versetzen** kann.[20] Die Vergleichbarkeit kann nicht erst dadurch herbeigeführt werden, dass der Arbeitsvertrag eines von einem betrieblichen Ereignis betroffenen Arbeitnehmers erst anlässlich der im Zusammenhang mit der Kündigung durchzuführenden Sozialauswahl einvernehmlich oder im Wege der Änderungskündigung entsprechend abgeändert wird.[21] Kann ein Arbeitnehmer nach dem Arbeitsvertrag **nur innerhalb eines bestimmten Arbeitsbereichs versetzt werden,** ist bei einer wegen Wegfalls dieses Arbeitsbereichs erforderlichen betriebsbedingten Kündigung keine Sozialauswahl unter Einbeziehung der nach der ausgeübten Tätigkeit vergleichbaren Arbeitnehmer anderer Arbeitsbereiche vorzunehmen.[22] Ist z. B. im Arbeitsvertrag vereinbart, dass eine Arbeitnehmerin als Layouterin/Redakteurin einer bestimmten Zeitschrift eines großen Verlagshauses tätig werden soll, sind in die soziale Auswahl nicht die Redakteure und Layouter anderer Zeitschriftenredaktionen dieses Verlags einzubeziehen, auch wenn sie tätigkeitsbezogen vergleichbar wären. Würde die Frage der Vergleichbarkeit der Arbeitnehmer an die erklärte Bereitschaft des Arbeitnehmers geknüpft, die mit dem Einsatz auf dem anderweitig besetzten Arbeitsplatz bewirkte Vertragsänderung hinzunehmen, berücksichtigte das nicht hinreichend, dass der Arbeitnehmer durch die Eingrenzung seiner Arbeitspflicht im bestehenden Arbeitsverhältnis ein Vorteil erlangt und durch eine erneute Vertragsänderung, die erst im Zusammenhang mit der Kündigung vorgenommen wird, Rechte Dritter berührt werden. Damit dürfte eine Sozialauswahl auch dann ausscheiden, wenn zwar das Weisungsrecht es dem Arbeitgeber erlaubt, dem vom Verlust seines Arbeitsplatzes betroffenen Arbeitnehmer einen anderen Arbeitsplatz zuzuweisen, der Betriebsrat jedoch der Versetzung nach § 99 III BetrVG widerspricht.[23]

9 **b)** Eine Einschränkung des auswahlrelevanten Personenkreises hat die Rechtsprechung **beispielsweise** angenommen, als einer Arbeitnehmerin zunächst unter Abänderung ihres Arbeitsvertrags die Leitung einer kleinen **Gaststätte in einem Sanatorium** übertragen wurde und der Arbeitgeber später wegen der Schließung der Gaststätte betriebsbedingt kündigte. In diesem Fall waren die ehemals vergleichbaren, ohne Leitungsfunktion in anderen Arbeitsbereichen beschäftigten Arbeitnehmer nicht in die soziale Auswahl einzubeziehen.[24] Kann die **Redakteurin eines großen Verlagshauses** nach ihrem Arbeitsvertrag nur innerhalb der Redaktion der von ihr betreuten Zeitschrift eingesetzt werden, ist bei einer nach Einstellung der Zeitschrift erforderlichen betriebsbedingten Kündigung keine Sozialauswahl unter Einbeziehung der vom Tätigkeitsfeld vergleichbaren Arbeitnehmer anderer Redaktionen durchzuführen.[25] Ist der Arbeitnehmer nach seinem Arbeitsvertrag nur für **Tätigkeiten in einem bestimmten Betriebsteil** eingestellt worden, beschränkt sich sein Beschäftigungsanspruch nur auf diesen Betriebsteil. Die Sozialauswahl bleibt auf den betroffenen Betriebsteil beschränkt bzw. entfällt ganz, wenn der Betriebsteil stillgelegt wird.[26] Ist ein Arbeitnehmer bei einer Beschäftigungsförderungsgesellschaft als **„Ausbilder im Bereich Bürokaufleute"** angestellt, ist er mit einem „Ausbilder für die Groß- und Außenhan-

---

[18] BAG 29. 3. 1990 AP 50 zu § 1 KSchG 1969 Betriebsbedingte Kündigung = NZA 91, 181.

[19] *Löwisch/Spinner* § 1 RN 357.

[20] BAG 31. 5. 2007 AP 94 zu § 1 KSchG 1969 Soziale Auswahl = NZA 2008, 33; 2. 2. 2006 AP 142 zu § 1 KSchG 1969 Betriebsbedingte Kündigung; 17. 2. 2000 AP 46 zu § 1 KSchG 1969 Soziale Auswahl = NZA 2000, 822.

[21] BAG 31. 5. 2007 AP 94 zu § 1 KSchG 1969 Soziale Auswahl = NZA 2008, 33; 18. 10. 2006 AP 163 zu § 1 KSchG 1969 Betriebsbedingte Kündigung = NZA 2007, 798.

[22] BAG 15. 8. 2002 AP 241 zu § 613 a BGB = NZA 2003, 430; 17. 2. 2000 AP 46 zu § 1 KSchG 1969 Soziale Auswahl = NZA 2000, 822; 21. 1. 1999 AP 3 zu § 1 KSchG 1969 Namensliste = NZA 99, 866; 17. 9. 1998 AP 36 zu § 1 KSchG 1969 Soziale Auswahl = NZA 98, 1332.

[23] *Löwisch/Spinner* § 1 RN 354; ErfK/*Oetker* § 1 KSchG RN 326; abweichend *Bütefisch* S. 191; Stahlhacke/*Preis* RN 1090.

[24] Vgl. BAG 17. 9. 1998 AP 36 zu § 1 KSchG 1969 Soziale Auswahl = NZA 98, 1332.

[25] Vgl. BAG 17. 2. 2000 AP 46 zu § 1 KSchG 1969 Soziale Auswahl = NZA 2000, 822.

[26] BAG 3. 6. 2004 AP 141 zu § 102 BetrVG 1972 = NZA 2005, 175.

delskaufleute" nicht vergleichbar.[27] Einer Vergleichbarkeit kann auch die einzelvertraglich vereinbarte unterschiedliche **Lage der Arbeitszeit** entgegenstehen (Schichtbetrieb mit Sonntags- und Feiertagsarbeit einerseits und allgemeine Bürozeiten andererseits).[28] Im **öffentlichen Dienst** ist zu berücksichtigen, dass der Arbeitgeber dem Arbeitnehmer im Rahmen seines Direktionsrechts nur solche Tätigkeiten zuweisen kann, die dessen Fähigkeiten und Kräfte einerseits und den Merkmalen seiner im Arbeitsvertrag genannten Vergütungsgruppe andererseits entsprechen. Die im Arbeitsvertrag genannte Vergütungsgruppe schließt daher grundsätzlich die Vergleichbarkeit zwischen Arbeitnehmern unterschiedlicher Vergütungsgruppen aus.[29] Anderes gilt im Falle eines Bewährungsaufstiegs, weil dann die höhere Vergütung nicht auf einer anderen Tätigkeit beruht.[30]

c) Probleme ergeben sich, wenn der Arbeitsvertrag neben der konkret bezeichneten Tätigkeit 10
eine **allgemeine Versetzungsklausel** enthält, wonach der Arbeitnehmer verpflichtet ist, andere zumutbare Tätigkeiten zu verrichten (§ 45 RN 37).[31] Hierdurch würde das Weisungsrecht des Arbeitgebers erweitert, wenn diese Klausel so auszulegen ist, dass sie auch dauerhafte Versetzungen auf andere Arbeitsplätze erfasst. Dies hätte für die Sozialauswahl zur Konsequenz, dass weitere Arbeitnehmer in die Auswahl einzubeziehen wären. Eine Beschränkung auf Arbeitnehmer, die Tätigkeiten verrichten, die der arbeitsvertraglich vereinbarten des gekündigten Arbeitnehmers entsprechen, käme nicht mehr in Betracht. Befindet sich eine solche weit gefasste Versetzungsklausel in einem **vorformulierten Arbeitsvertrag,** unterliegt sie der Inhaltskontrolle nach §§ 305 ff. BGB (dazu § 45 RN 37 ff.). Hält die Klausel der Inhaltskontrolle nicht stand,[32] ist fraglich, ob sich im Kündigungsfall der Arbeitgeber hierauf berufen kann. Der Arbeitnehmer wird hieran kein Interesse haben, weil die Klausel in diesem Fall – anders als im bestehenden Arbeitsverhältnis – für ihn wegen der Ausweitung des Kreises der vergleichbaren Arbeitnehmer günstig ist. Grundsätzlich kann sich zwar der Verwender von AGB nicht auf die Unwirksamkeit einer von ihm gestellten Klausel berufen.[33] Hier ist jedoch zu beachten, dass die Frage der Wirksamkeit oder Unwirksamkeit der Versetzungsklausel nicht nur das Verhältnis des Arbeitgebers zu einem Arbeitnehmer betrifft, sondern davon über die Sozialauswahl auch die Rechtsstellung anderer Arbeitnehmer berührt wird. Dies hat zur Folge, dass die Klausel nur einheitlich behandelt werden kann, wenn sie in den Prozess eingeführt worden ist. Kommt man zur Unwirksamkeit der Klausel, beschränkt sich die Sozialauswahl auf die Arbeitnehmer, die Tätigkeiten ausüben, die der im Arbeitsvertrag konkret bestimmten Arbeitsaufgabe des gekündigten Arbeitnehmers entsprechen. Nach Auffassung des BAG verstößt es gegen das Verbot widersprüchlichen Verhaltens, wenn sich der Arbeitgeber als Verwender einer unwirksamen Klausel im bestehenden Arbeitsverhältnis wiederholt auf diese Klausel berufen hat und dann deren Unwirksamkeit geltend macht, um darzulegen, der Arbeitnehmer könne sich auf diese – unwirksame – Klausel nicht stützen.[34]

5. Arbeitsplatzbezogene Austauschbarkeit. a) Die Austauschbarkeit richtet sich in erster 11
Linie nach arbeitsplatzbezogenen Merkmalen. Dies gilt nicht nur bei einer Identität der Arbeitsplätze, sondern auch dann, wenn der Arbeitnehmer auf Grund seiner Tätigkeit und Ausbildung eine andersartige, aber gleichwertige Tätigkeit ausführen kann. Die Arbeitnehmer, dessen Arbeitsplatz weggefallen ist, muss **persönlich und fachlich in der Lage** sein, nach einer angemessenen Einarbeitungszeit die Aufgaben eines anderen Arbeitnehmers auszuführen.[35] Bei ihrer Überprüfung auf horizontaler Ebene ist auf objektive und subjektive Merkmale abzustellen.[36] Objektive Merkmale sind die **Berufsausbildung** sowie die im Laufe der Tätigkeit erworbenen Kenntnisse und Erfahrungen. Das Vorliegen eines Berufsabschlusses ist für die Vergleichbarkeit der Arbeitnehmer untereinander nur maßgeblich, wenn der fehlende Berufsabschluss einer Austauschbarkeit des betreffenden Arbeitnehmers mit einem Arbeitnehmer mit Berufsabschluss

---

[27] BAG 2. 6. 2005 AP 75 zu § 1 KSchG 1969 Soziale Auswahl = NZA 2005, 315.

[28] BAG 24. 5. 2005 NZA 2006, 31.

[29] BAG 2. 2. 2006 AP 142 zu § 1 KSchG 1969 Betriebsbedingte Kündigung; 23. 11. 2004 AP 70 zu § 1 KSchG 1969 Soziale Auswahl = NZA 2005, 986.

[30] BAG 2. 3. 2006 AP 80 zu § 1 KSchG 1969 Soziale Auswahl = NZA 2006, 1350; *Bröhl* BB 2006, 1050, 1051.

[31] Dazu BAG 11. 4. 2006 AP 17 zu § 307 BGB = NZA 2005, 1149; 9. 5. 2006 AP 21 zu § 307 BGB = NZA 2007, 145; *Dzida/Schramm* BB 2007, 1221.

[32] Dazu BAG 9. 5. 2006 AP 21 zu § 307 BGB = NZA 2007, 145.

[33] BGH 4. 12. 1997 BB 98, 915.

[34] BAG 3. 4. 2008 AP 17 zu § 1 KSchG 1969 Namensliste = NZA 2008, 1060.

[35] BAG 5. 6. 2008 NZA 2008, 1120; 2. 6. 2005 AP 75 zu § 1 KSchG 1969 Soziale Auswahl = NZA 2006, 207.

[36] BAG 5. 5. 1994 AP 23 zu § 1 KSchG 1969 Soziale Auswahl = NZA 94, 1023; 7. 2. 1985 AP 9 zu § 1 KSchG 1969 Soziale Auswahl = NZA 86, 260; 16. 9. 1982 AP 4 zu § 22 KO.

auch tatsächlich oder vertraglich entgegensteht. Werden nach dem Organisationskonzept des Arbeitgebers Arbeitnehmer mit und ohne abgeschlossene Berufsausbildung für die gleiche Tätigkeit eingesetzt, sind sie regelmäßig auch miteinander vergleichbar.[37] Der tariflichen Eingruppierung kann bei einfachen Tätigkeiten ein gewisser Indizwert zukommen.[38]

12 **b)** Gewisse **Einarbeitungszeiten** sind dem Arbeitnehmer einzuräumen, um Routinevorsprünge des Stelleninhabers ausgleichen zu können. Erforderlich ist jedoch eine alsbaldige Substituierbarkeit, die längere Einarbeitungszeiten ausschließt. Das BAG hat eine Einarbeitungszeit von drei Monaten zur Aneignung der erforderlichen CAD- und PC-Kenntnisse als zu lang angesehen.[39] Eine Austauschbarkeit ist ausgeschlossen, wenn die betriebliche Spezialisierung und die aktuellen besonderen Umstände einen solchen Grad erreicht haben, dass ein Einsatz der zu kündigenden Arbeitnehmer auf dem Arbeitsplatz des „Spezialisten" auch nach einer angemessenen Einarbeitungsfrist nicht möglich ist. Dafür ist es nach Auffassung des BAG noch nicht ausreichend, dass der Arbeitnehmer nur einen bestimmten, insbesondere untergeordneten Arbeitsvorgang nicht ausüben kann. Sein Arbeitseinsatz müsse vielmehr insgesamt nicht mehr – wirtschaftlich – erfolgen können.[40]

13 **c)** Der Vergleichbarkeit von Arbeitnehmern stehen **gesundheitliche Leistungsmängel** grundsätzlich nicht entgegen. Diese sind allerdings im Rahmen von § 1 III 2 KSchG zu berücksichtigen (RN 43).[41]

III. Sonderfälle

14 **1. Kurzzeitig Beschäftigte.** In die soziale Auswahl sind grundsätzlich nur Arbeitnehmer einzubeziehen, die **länger als sechs Monate beschäftigt sind.** Bei kürzerer Betriebszugehörigkeit besteht nach § 1 I KSchG noch kein Kündigungsschutz. Eine Ausnahme gilt dann, wenn die Voraussetzungen des § 1 III 2 KSchG vorliegen.[42] Aus diesem Grund sind in **Kleinbetrieben** mit mehr als fünf, aber nicht mehr als zehn Arbeitnehmern i. S. v. § 23 I KSchG bei einer Kündigung eines Arbeitnehmers, der nach der Übergangsregelung noch Kündigungsschutz genießt (§ 130 RN 8ff.), die gem. § 23 I 3 KSchG nach dem 31. 12. 2003 eingestellten Arbeitnehmer grundsätzlich, d. h. wenn nicht die Voraussetzungen des § 1 III 2 KSchG vorliegen, nicht in die Sozialauswahl einzubeziehen, solange in dem Betrieb nicht mehr als zehn Arbeitnehmer i. S. v. § 23 I 4 KSchG beschäftigt sind.[43]

15 **2. Gesetzlicher Ausschluss der ordentlichen Kündigung.** Nicht in die soziale Auswahl einbezogen werden Arbeitnehmer, deren **ordentliche Kündigung gesetzlich ausgeschlossen** ist, wie etwa Betriebsrats-[44] oder Personalratsmitglieder.[45] Ist die ordentliche Kündigung nicht ausgeschlossen, sondern – wie bei § 9 MuSchG, § 18 BEEG, § 85 SGB IX, § 5 PflegeZG – von der Zustimmung der zuständigen Behörde abhängig, ist der Arbeitgeber nach h. M. nicht gehalten, die **Zustimmung zur Kündigung** einzuholen.[46] Fehlt die Zustimmung der Behörde, ist die Kündigung ausgeschlossen; die betreffenden Arbeitnehmer sind dann nicht in die Sozialauswahl einzubeziehen.

16 **3. Tariflich unkündbare Arbeitnehmer. a)** Nicht abschließend geklärt ist, ob bei einem Wegfall des Beschäftigungsbedarfs für ordentlich kündbare Arbeitnehmer auch **tariflich unkündbare Arbeitnehmer** in die Sozialauswahl einzubeziehen sind.[47] Die Diskussion hat sich beispielhaft an der Unkündbarkeitsregelung des § 4.4 MTV der Metallindustrie Nordwürttemberg/Nordbaden entzündet. Nach dieser Bestimmung sind Arbeitnehmer nach Vollendung des 53. Lebensjahres und einer Betriebszugehörigkeit von mindestens drei Jahren nur noch aus wichtigem Grund kündbar. Die Anwendung dieser Vorschrift könnte nun dazu führen, dass ein

---

[37] BAG 6. 7. 2007 NZA 2007, 139.

[38] BAG 15. 6. 1989 AP 18 zu § 1 KSchG 1969 Soziale Auswahl = NZA 90, 226; LAG Berlin 7. 11. 2003 NZA-RR 2004, 353.

[39] BAG 5. 5. 1994 AP 23 zu § 1 KSchG 1969 Soziale Auswahl = NZA 94, 1023.

[40] BAG 5. 6. 2008 NZA 2008, 1120.

[41] Vgl. APS/*Kiel* § 1 KSchG RN 683; Stahlhacke/*Preis* RN 1107.

[42] BAG 25. 4. 1985 AP 7 zu § 1 KSchG 1969 Soziale Auswahl = NZA 86, 64.

[43] Ebenso wohl *Preis* DB 2004, 70, 78; *Willemsen/Annuß* NJW 2004, 177, 184.

[44] BAG 17. 6. 1999 AP 103 zu § 1 KSchG 1969 Betriebsbedingte Kündigung = NZA 99, 1157.

[45] BAG 18. 11. 1999 AP 55 zu § 2 KSchG 1969 = NZA 2000, 484.

[46] HaKo/*Gallner* § 1 KSchG RN 772; MünchKommBGB/*Hergenröder* § 1 KSchG RN 350; APS/*Kiel* § 1 KSchG RN 701; ErfK/*Oetker* § 1 KSchG RN 310; MünchArbR/*Berkowsky* § 139 RN 95.

[47] Gegen eine Einbeziehung u. a.: LAG Brandenburg 29. 10. 1998 NZA-RR 99, 360; KR/*Griebeling* § 1 KSchG RN 666; Stahlhacke/*Preis* RN 1074; *Weller* RdA 86, 222, 230.

52jähriger Arbeitnehmer mit einer Betriebszugehörigkeit von 30 Jahren und vier unterhaltsberechtigten Kindern vor einem gerade 53jährigen ledigen Arbeitnehmer mit nur drei Jahren Betriebszugehörigkeit betriebsbedingt zu kündigen wäre. Die Herausnahme der tariflich geschützten Arbeitnehmer aus der sozialen Auswahl kann daher zu Ergebnissen führen, die dem Sinn des § 1 III KSchG klar entgegenstehen.[48] Mit § 10 Nr. 7 AGG in der ursprünglich geltenden Fassung hatte der Gesetzgeber einen lange andauernden Streit über die rechtliche Behandlung tariflicher Unkündbarkeitsregelungen sachgerecht entschieden.[49] Danach konnte eine unterschiedliche Behandlung wegen des Alters die individual- oder kollektivrechtliche Vereinbarung der Unkündbarkeit von Beschäftigten eines bestimmten Alters und einer bestimmten Betriebszugehörigkeit einschließen, soweit dadurch nicht der Kündigungsschutz anderer Beschäftigter im Rahmen der Sozialauswahl nach § 1 III KSchG grob fehlerhaft gemindert wurde.

b) Nach der durch das Zweite Gesetz zur Änderung des Betriebsrentengesetzes vom 2. 12. 2006 (BGBl. I S. 2742) erfolgten Streichung des § 10 Nr. 7 AGG ist § 1 III KSchG im Lichte der Richtlinie 2000/78/EG **europarechtskonform auszulegen.** Die im Gesetz genannten Auswahlgesichtspunkte sind bei einer Sozialauswahl „ausreichend" berücksichtigt, wenn die Auswahlentscheidung auch im Verhältnis zu den ordentlich nicht kündbaren und deshalb von der Sozialauswahl ausgenommenen Arbeitnehmern noch vertretbar ist. Das höhere Alter eines Arbeitnehmers, das zu dessen Unkündbarkeit führt, darf bei einer Gesamtwürdigung der weiteren gesetzlichen Auswahlkriterien nicht die Annahme begründen, der jüngere und deshalb nicht unkündbare Arbeitnehmer werde allein wegen seines geringeren Alters gekündigt. Andernfalls könnte der gekündigte jüngere Arbeitnehmer mit Erfolg die Fehlerhaftigkeit der sozialen Auswahl geltend machen. Eine solche Auslegung des Merkmals „ausreichend" in § 1 III 1 KSchG entspricht im Wesentlichen dem Regelungsgehalt des inzwischen weggefallenen § 10 Nr. 7 AGG. Soweit ein tariflich unkündbarer Arbeitnehmer in die soziale Auswahl einzubeziehen ist und sich dieser als weniger schutzwürdig als ein anderer Arbeitnehmer erweist, der nicht unter den tariflichen Kündigungsschutz fällt, ist der tariflich unkündbare Arbeitnehmer aus wichtigem Grund gemäß § 626 I BGB unter Einhaltung der gesetzlichen oder tariflichen Kündigungsfrist betriebsbedingt zu kündigen.[50] Gleiches gilt für den einzelvertraglich vereinbarten Ausschluss der ordentlichen Kündigung. Durch einzelvertragliche Kündigungsverbote dürfen die Grundsätze der Sozialauswahl nicht umgangen werden.[51] So darf die Anrechnung früherer Beschäftigungszeiten nicht rechtsmissbräuchlich sein und nur die Umgehung der Sozialauswahl bezwecken.[52] Hieran anknüpfend hat das BAG in einem obiter dictum erwogen, die Tarifregelung des § 4.4 MTV der Metallindustrie Nordwürttemberg/Nordbaden ggf. im Hinblick auf die Grundrechte des ordentlich kündbaren Mitarbeiters (Art. 12 I GG, Art. 3 I GG) verfassungskonform bzw. im Hinblick auf die Richtlinie 2000/78/EG gemeinschaftskonform einzuschränken bzw. für den Einzelfall durch einen ungeschriebenen Ausnahmetatbestand innerhalb der Tarifnorm anzupassen.[53] 17

4. Betriebsübergang. a) Kündigt bei einem beabsichtigten Betriebsübergang der bisherige Arbeitgeber **vor Abschluss des Übernahmevertrags** Arbeitnehmern aus betriebsbedingten Gründen, sind nur die Arbeitnehmer des zu veräußernden Betriebs in die soziale Auswahl einzubeziehen.[54] Gleiches gilt bei einer betriebsbedingten Kündigung durch den bisherigen Arbeitgeber nach Abschluss, aber vor Inkrafttreten des Übernahmevertrags nach § 613a BGB.[55] Maßgeblich sind die Verhältnisse im Zeitpunkt des Zugangs der Kündigung.[56] 18

---

[48] Ebenso ArbG Cottbus 17. 5. 2000 EzA 44 zu § 1 KSchG Soziale Auswahl; MünchArbR/*Berkowsky* § 139 RN 106; *Gaul* NZA 1992, 673, 675; *Löwisch/Spinner* § 1 RN 360; *Oetker,* FS Wiese, S. 333, 341 f.; *Pauly* AuR 97, 97; *Säcker/Oetker,* Grundlagen und Grenzen der Tarifautonomie 1992, S. 186 ff.; differenzierend APS/*Kiel* § 1 KSchG RN 703 ff.

[49] Zum Streitstand *v. Hoyningen-Huene/Linck* § 1 RN 924; APS/*Kiel* § 1 KSchG RN 703.

[50] Dazu *Linck* S. 42 ff.; *Oetker,* FS Wiese S. 333, 341 f.; *Säcker/Oetker* Grundlagen und Grenzen der Tarifautonomie 1992, S. 187 f.; – vgl. auch MünchArbR/*Berkowsky* § 139 RN 111, der solche Tarifnormen für verfassungswidrig und deshalb für unwirksam hält.

[51] Im Einzelnen sehr streitig, vgl. APS/*Kiel* § 1 KSchG RN 708 ff. m. w. N.

[52] BAG 2. 6. 2005 AP 75 zu § 1 KSchG 1969 Soziale Auswahl = NZA 2006, 207.

[53] BAG 5. 6. 2008 NZA 2008, 1120.

[54] BAG 26. 5. 1983 AP 34 zu § 613 a BGB; KR/*Griebeling* § 1 KSchG RN 611.

[55] Ebenso im Ergebnis HK-KSchG/*Dorndorf* § 1 RN 1036; *Hanau* DJT-Gutachten, S. E 40; *Henckel* ZGR 1984, 225, 234; *Kreitner* S. 166; *Vossen* BB 1984, 1557, 1560; a. A. *Bütefisch* S. 99 f.; *Hilger* ZGR 1984, 258, 260; APS/*Kiel* § 1 KSchG RN 674; *Loritz* RdA 1987, 65, 84; *Wickler,* Arbeitgeberkündigung bei Betriebsinhaberwechsel, 1985, S. 101 f.

[56] Abweichend *Annuß/Stamer* NZA 2003, 1247, 1249, die bei einer Kündigung nach dem Erwerberkonzept auf den Kündigungstermin abstellen.

19 **b) Kündigt bei einem Teilbetriebsübergang der Veräußerer,** ist eine auf den gesamten Betrieb, einschließlich des später übergehenden Betriebsteils, bezogene Sozialauswahl durchzuführen, wenn der Veräußerer vor dem Wirksamwerden des Übernahmevertrags kündigt.[57]

20 **c)** Wird nach **vollzogenem Betriebsübergang** der übernommene Betrieb getrennt von anderen Betrieben des Übernehmerunternehmens fortgeführt, ergibt sich bereits aus der Betriebsbezogenheit der Sozialauswahl, dass der neue Arbeitgeber nur unter den Arbeitnehmern des übernommenen Betriebs eine Sozialauswahl vorzunehmen hat.[58] Anders ist die Rechtslage, wenn der übernommene Betrieb oder Betriebsteil in einen anderen Betrieb des übernehmenden Unternehmens eingegliedert wird. In diesem Fall sind bei einer betriebsbedingten Kündigung des Übernehmers alle vergleichbaren Arbeitnehmer des Übernehmerbetriebs in die Sozialauswahl einzubeziehen, weil anderenfalls der Grundsatz der Betriebsbezogenheit der sozialen Auswahl durchbrochen würde.[59]

21 **d) Widerspricht ein Arbeitnehmer** gem. § 613a VI BGB dem Übergang seines Arbeitsverhältnisses auf den Erwerber, geht das Arbeitsverhältnis nicht auf den Übernehmer über, sondern besteht mit dem bisherigen Arbeitgeber fort.[60] Sofern für den widersprechenden Arbeitnehmer in dem nicht übergegangenen Betriebsteil jedoch keine Beschäftigungsmöglichkeiten mehr bestehen, kann der Arbeitgeber das Arbeitsverhältnis betriebsbedingt kündigen. Nach bisheriger Rechtsprechung zu der bis zum 31. 12. 2003 geltenden Fassung des § 1 III KSchG verliert der Arbeitnehmer hierdurch zwar nicht generell das Recht, sich auf eine fehlerhafte Sozialauswahl zu berufen. Allerdings sei zu berücksichtigen, dass der widersprechende Arbeitnehmer seine bisherige Arbeitsmöglichkeit aus freien Stücken aufgegeben und erst dadurch ein dringendes betriebliches Erfordernis für die Kündigung geschaffen habe. Solle statt seiner ein anderer Arbeitnehmer gekündigt werden, der die Möglichkeit der Fortsetzung des Arbeitsverhältnisses nicht gehabt habe, müssten berechtigte Gründe des Arbeitnehmers vorliegen, der sich auf die soziale Auswahl zulasten des Arbeitskollegen berufe.[61]

22 Hieran kann nach der zum 1. 1. 2004 in Kraft getretenen **Neufassung des § 1 III KSchG** nicht mehr festgehalten werden.[62] Während der Widerspruch des Arbeitnehmers gegen den Betriebsübergang bei der Auswahlentscheidung nach der bis zum 31. 12. 2003 bestehenden Rechtslage als „sozialer Gesichtspunkt" zum Nachteil des Widersprechenden berücksichtigt werden konnte, benennt das Gesetz nunmehr vier Auswahlgesichtspunkte, denen der Widerspruch gegen einen Betriebsübergang nicht zugeordnet werden kann. Diese Auflistung der Auswahlgesichtspunkte ist abschließend (RN 27). Des Weiteren ist zu beachten, dass das Widerspruchsrecht des Arbeitnehmers inzwischen in § 613a VI BGB gesetzlich verankert ist und der Arbeitnehmer wegen der Ausübung des Widerrufsrechts gem. § 612a BGB nicht gemaßregelt werden darf.[63] Dieser gesetzliche Gesamtzusammenhang verdeutlicht, dass der Widerspruch grundsätzlich nicht zum Nachteil des widersprechenden Arbeitnehmers berücksichtigt werden darf, soll das Widerspruchsrecht nicht faktisch ins Leere gehen. Allerdings sind Fälle denkbar, in denen durch den Widerspruch etwa einer größeren Anzahl von Arbeitnehmern gegen einen Betriebsübergang und der in ihrer Folge vom Arbeitgeber durchzuführenden Sozialauswahl tiefgreifende Umorganisationen notwendig werden, die zu schweren betrieblichen Ablaufstörungen führen können, so dass nach § 1 III 2 KSchG Teile der vom Betriebsteilübergang nicht betroffenen Arbeitnehmer aus diesem Grund nicht in die Sozialauswahl einzubeziehen sein können.[64]

---

[57] BAG 28. 10. 2004 AP 69 zu § 1 KSchG 1969 Soziale Auswahl = NZA 2005, 285; *v. Hoyningen-Huene* RdA 2006, 44.

[58] Ebenso im Ergebnis APS/*Kiel* § 1 KSchG RN 675.

[59] MünchKommBGB/*Hergenröder* § 1 KSchG RN 338; APS/*Kiel* § 1 KSchG RN 675; *Löwisch/Spinner* Vorbem. zu § 1 RN 71; ErfK/*Oetker* § 1 KSchG RN 316.

[60] ErfK/*Preis* § 613a BGB RN 105.

[61] BAG 5. 12. 2002 AP 126 zu § 1 KSchG 1969 Betriebsbedingte Kündigung; 24. 2. 2000 AP 47 zu § 1 KSchG 1969 Soziale Auswahl = NZA 2000, 764; 18. 3. 1999 AP 41 zu § 1 KSchG 1969 Soziale Auswahl = NZA 99, 870.

[62] BAG 31. 5. 2007 AP 94 zu § 1 KSchG 1969 Soziale Auswahl = NZA 2008, 33; *Fischer* FA 2004, 230; *Gaul* NZA 2005, 730, 732; *Löw* AuR 2006, 224, 225; im Grundsatz auch Staudinger/*Annuß* (2005) § 613a RN 193; MünchKommBGB/*Müller-Glöge* § 613a RN 128; für eine Fortführung der bisherigen Rechtsprechung *Nicolai* BB 2006, 1162, 1165; *Rolfs* SozFortschritt 2006, 34, 38; für eine uneingeschränkte Herausnahme aus der Sozialauswahl, weil der Arbeitnehmer nach dem Widerspruch weder dem Erwerber- noch dem Veräußererrestbetrieb angehöre *Lipinski* DB 2002, 1214, 1216.

[63] *Gaul* NZA 2005, 730, 733.

[64] BAG 31. 5. 2007 AP 94 zu § 1 KSchG 1969 Soziale Auswahl = NZA 2008, 33.

5. Teilzeitbeschäftigte. a) Umstritten ist, ob bei der Kündigung von Teilzeitbeschäftigten Vollzeitbeschäftigte oder bei der Kündigung von Vollzeitbeschäftigten Teilzeitbeschäftigte in die soziale Auswahl einzubeziehen sind. Das BAG geht von folgenden Rechtsgrundsätzen aus: Hat der Arbeitgeber die **Organisationsentscheidung** getroffen, bestimmte Tätigkeiten nur durch Vollzeitkräfte ausführen zu lassen, ist diese Unternehmerentscheidung nur darauf zu überprüfen, ob sie offensichtlich unsachlich, unvernünftig oder willkürlich ist. Ist das nicht der Fall und liegt eine bindende Unternehmerentscheidung vor, sind bei der Kündigung einer Teilzeitkraft die Vollzeitbeschäftigten nicht in die soziale Auswahl einzubeziehen. Will der Arbeitgeber dagegen lediglich die Zahl der insgesamt geleisteten Stunden abbauen, ohne dass eine Organisationsentscheidung vorliegt, bestimmte Arbeiten nur durch Vollzeit- oder Teilzeitkräfte erledigen zu lassen, sind alle mit diesen Arbeiten beschäftigten Arbeitnehmer ohne Rücksicht auf ihr Arbeitszeitvolumen in die Sozialauswahl einzubeziehen.[65] Dieselben Rechtsgrundsätze gelten auch im öffentlichen Dienst[66] und für die soziale Auswahl zwischen Teilzeitbeschäftigten mit unterschiedlichen Arbeitszeiten.[67] 23

b) Die Gleichbehandlungsrichtlinie 76/207/EWG vom 9. 2. 1976 steht dem ebenso wenig entgegen[68] wie Regelungen des TzBfG.[69] Im Hinblick auf die in § 8 IV TzBfG genannten betrieblichen Gründe, die einem geltend gemachten Anspruch auf Verringerung der Arbeitszeit entgegengehalten werden können (§ 43 RN 112ff.), hat der Arbeitgeber ein von plausiblen technischen, wirtschaftlichen oder organisatorischen Gründen getragenes Organisationskonzept darzulegen, wenn er die Arbeitszeitdauer verändern will.[70] Dieses Organisationskonzept des Arbeitgebers ist bindend und unterliegt keiner Zweckmäßigkeitskontrolle.[71] 24

IV. Auswahlgesichtspunkte

1. Überblick. Das Recht der sozialen Auswahl ist **wiederholt geändert** worden. Bis zum Inkrafttreten des Arbeitsrechtlichen Beschäftigungsförderungsgesetzes vom 25. 9. 1996 (BGBl. I S. 1476) war eine Auswahl nach „sozialen Gesichtspunkten" durchzuführen. Durch das Arbeitsrechtliche Beschäftigungsförderungsgesetz von 25. 9. 1996 wurde die Sozialauswahl auf die sog. Kerndaten Betriebszugehörigkeit, Lebensalter und Unterhaltspflichten begrenzt. Diese Einschränkung wurde durch das sog. Korrekturgesetz vom 19. 12. 1998 wieder rückgängig gemacht. Durch das Gesetz zu Reformen am Arbeitsmarkt vom 24. 12. 2003 ist wieder eine Beschränkung der Auswahlgesichtspunkte vorgenommen worden. Die drei Grunddaten aus dem Arbeitsrechtlichen Beschäftigungsförderungsgesetz vom 25. 9. 1996 sind dabei um das Merkmal Schwerbehinderung ergänzt worden. 25

Der mit der Neuregelung verfolgte **Zweck, Rechtssicherheit zu schaffen,** ist als solcher zweifelsfrei zu begrüßen. Gleichwohl bleibt unter diesem Gesichtspunkt der praktische Erkenntniswert der Neuregelung eher bescheiden. Auch bisher waren in der Praxis im Wesentlichen diese Grunddaten für die soziale Auswahl bestimmend. Weitere Gesichtspunkte waren – abgesehen vom Doppelverdienst – weitgehend irrelevant. 26

2. Abschließende Regelung. In der zum 1. 1. 2004 in Kraft getretenen Neufassung des § 1 III 1 KSchG sind die Auswahlgesichtspunkte nach dem Wortlaut des Gesetzes abschließend aufgeführt.[72] Die Regelung enthält keine Öffnungsklausel für die Berücksichtigung weiterer Gesichtspunkte. Dem entspricht auch der mit der Neuregelung verfolgte Zweck, mehr **Rechtssicherheit** zu schaffen.[73] Soweit es in der Begründung des Regierungsentwurfs heißt, weitere Gesichtspunkte seien nur zu berücksichtigen, wenn dies nach den betrieblichen Gegebenheiten 27

---

[65] BAG 7. 12. 2006 AP 88 zu § 1 KSchG 1969 Soziale Auswahl = NZA-RR 2007, 460; 17. 1. 2002 EzA 47 zu § 1 KSchG Soziale Auswahl; 3. 12. 1998 AP 39 zu § 1 KSchG 1969 Soziale Auswahl = NZA 99, 431.

[66] BAG 12. 8. 1999 AP 44 zu § 1 KSchG 1969 Soziale Auswahl = NZA 2000, 30.

[67] BAG 15. 7. 2004 AP 68 zu § 1 KSchG Soziale Auswahl = NZA 2005, 523.

[68] EuGH 26. 9. 2000 AP 51 zu § 1 KSchG 1969 Soziale Auswahl = NZA 2000, 1155 (Bärbel Kachelmann).

[69] Ebenso *Preis/Gotthardt* DB 2000, 2065, 2068; wohl auch *Rost* JbArbR Bd. 39 (2002) S. 83, 100).

[70] BAG 7. 12. 2006 AP 88 zu § 1 KSchG 1969 Soziale Auswahl = NZA-RR 2007, 460; MünchKommBGB/*Hergenröder* § 1 KSchG RN 344; APS/*Kiel* § 1 KSchG RN 691; *Meinel/Heyn/Herms* TzBfG § 8 RN 52; ErfK/*Preis* § 8 TzBfG RN 26; *Rost* JbArbR Bd. 39 [2001] S. 83, 100; ähnlich *Preis/Gotthardt* DB 2000, 2065, 2068.

[71] Näher dazu *v. Hoyningen-Huene/Linck* § 1 RN 913.

[72] BAG 31. 5. 2007 AP 94 zu § 1 KSchG 1969 Soziale Auswahl = NZA 2008, 33.

[73] Vgl. BT-Drucks. 15/1204 S. 11.

evident einsichtig sei,[74] haben diese Erwägungen der Gesetzgebung im Wortlaut des Gesetzes keinen Niederschlag gefunden. Sie sind deshalb für die Gesetzesauslegung unbeachtlich, zumal sie mit dem übergeordneten Ziel der Neureglung, Rechtssicherheit und Rechtsklarheit zu schaffen, nicht vereinbar sind.[75]

28 **3. Die einzelnen Auswahlgesichtspunkte.** Das Gesetz nennt neben den drei Grunddaten Betriebszugehörigkeit, Lebensalter und Unterhaltspflichten als vierten Auswahlgesichtspunkt die Schwerbehinderung.

29 **a)** Die **Dauer der Betriebszugehörigkeit** ist ein betriebsbezogenes Sozialdatum von erheblichem Gewicht. Es verleiht dem Arbeitnehmer besonderen Schutz, weil mit zunehmender Betriebszugehörigkeit im Allgemeinen auch der Beitrag wächst, den der Arbeitnehmer zum Wert des Unternehmens leistet. Außerdem nimmt typischerweise die persönliche Bindung zu, die etwa in einer arbeitsplatzbezogenen Wahl des Wohnorts zum Ausdruck kommen kann.[76]

30 Für die Berechnung der Dauer der Betriebszugehörigkeit ist die **Beschäftigung bei demselben Arbeitgeber** entscheidend, auch wenn sie in verschiedenen Betrieben stattfand. Denn mit einer nicht allein an den Betrieb anknüpfenden, sondern arbeitgeberbezogenen Bindung sind wirtschaftliche und soziale Wirkungen verbunden. Insoweit sind die Grundsätze heranzuziehen, die die Bemessung der Wartezeit nach § 1 I KSchG bestimmen. **Zeiten eines früheren Arbeitsverhältnisses** mit demselben Arbeitgeber sind anzurechnen, wenn das neue Arbeitsverhältnis in engem zeitlichen und sachlichen Zusammenhang mit dem früheren steht. Die Festsetzung der **„Beschäftigungszeit" nach § 19 BAT/BAT-O** erlaubt nicht, sie ohne Weiteres als den für die Dauer der Betriebszugehörigkeit maßgeblichen Zeitraum anzusehen.[77] Zu berücksichtigen sind weiterhin – ebenso wie bei § 1 I KSchG – **Berufsausbildungszeiten** sowie gem. § 613 a I 1 BGB Beschäftigungszeiten vor einem **Betriebsübergang** beim Veräußerer.[78] Zeiten, in denen das Arbeitsverhältnis geruht hat, zählen ebenfalls zur Betriebszugehörigkeit. Dies folgt für **Wehr- und Zivildienstzeiten** aus § 6 II ArbPlSchG (i. V. m. § 78 I Nr. 1 ZDG). Auch die **Elternzeit** nach dem BErzGG (ab 1. 1. 2007: BEEG) gehört zur Betriebszugehörigkeit.[79] Die vertragliche Anerkennung früherer Beschäftigungszeiten oder von Zeiten der Beschäftigung bei anderen (z. B. konzernangehörigen) Unternehmen darf nicht rechtsmissbräuchlich sein und nur die Umgehung der Sozialauswahl bezwecken. Ein sachlicher Grund hierfür besteht, wenn der Berücksichtigung früherer Beschäftigungszeiten ein arbeitsgerichtlicher Vergleich wegen eines streitigen Betriebsübergangs zugrunde liegt.[80]

31 **b)** Das **Lebensalter** ist zweiter im Gesetz genannter Auswahlgesichtspunkt. Die Berücksichtigung des Lebensalters bei der Sozialauswahl ist ambivalent.[81] Zum einen ist zu berücksichtigen, dass mit zunehmendem Alter die soziale Schutzwürdigkeit steigt, weil sich die Chancen auf dem Arbeitsmarkt verschlechtern und es älteren Menschen zunehmend schwerfällt, sich beruflich zu verändern. Andererseits darf nicht außer Acht gelassen werden, dass jüngere Menschen mit Familie in besonderem Maße auf das Erwerbseinkommen angewiesen sind und wegen der familiären Bindung ihrerseits auch nicht uneingeschränkt räumlich flexibel sind. Weiter ist zu beachten, dass ältere Menschen häufig nur noch einen überschaubaren Zeitraum bis zum Rentenbezug überbrücken müssen. Mit Recht hat das BAG deshalb angenommen, ein Lebensaltersunterschied von zehn Jahren sei jedenfalls in der Altersgruppe der 25- bis 35-jährigen grundsätzlich nicht erheblich. Dies gelte insbesondere bei Frauen, weil je nach den Umständen und der Einstellung des betreffenden Arbeitgebers sogar die Chancen einer 35-jährigen Frau am Arbeitsmarkt besser zu beurteilen sein können als die einer 25-jährigen Arbeitnehmerin.[82]

32 Die erforderliche **europarechtskonforme Auslegung** des § 1 III KSchG führt zu einer einschränkenden Auslegung des Auswahlgesichtspunkts Lebensalter. Dieser wirkt nur dann nicht diskriminierend, wenn und soweit seine Berücksichtigung ein legitimes Ziel i. S. v. Art. 6 Buchst. a) der Rahmenrichtlinie 2000/78/EG verfolgt. Die Einbeziehung des Lebensalters in

---

[74] BT-Drucks. 15/1204 S. 11.
[75] Ebenso *Löwisch* BB 2004, 154.
[76] BAG 6. 2. 2003 EzA 51 zu § 1 KSchG Soziale Auswahl = NZA 2003, 1295.
[77] BAG 6. 2. 2003 EzA 51 zu § 1 KSchG Soziale Auswahl = NZA 2003, 1295.
[78] Ebenso HaKo/*Gallner* § 1 KSchG RN 778; APS/*Kiel* § 1 KSchG RN 715; *Schiefer* NZA-RR 2002, 169, 178; Stahlhacke/*Preis* RN 1096.
[79] *Löwisch/Spinner* § 1 RN 367; ebenso APS/*Kiel* § 1 KSchG RN 715.
[80] BAG 2. 6. 2005 AP 75 zu § 1 KSchG 1969 Soziale Auswahl = NZA 2006, 207; ebenso *Künzl* ZTR 96, 385, 390; *Schröder* ZTR 95, 394, 400.
[81] Vgl. dazu BAG 21. 1. 1999 AP 3 zu § 1 KSchG 1969 Namensliste = NZA 99, 866.
[82] BAG 19. 1. 1999 AP 3 zu § 1 KSchG 1969 Namensliste = NZA 99, 866.

den Kreis der Auswahlkriterien ist gerechtfertigt, weil mit steigendem Alter die Arbeitsmarktchancen sinken und einem älteren Arbeitnehmer ein Arbeitsplatzwechsel weniger leicht fällt als einem jungen.[83] Dies gilt trotz der Neuregelung des § 14 III TzBfG. Diese Bestimmung ist geradezu Ausdruck des Beschäftigungsproblems älterer Arbeitnehmer. Das gilt besonders dann, wenn mit einem Wechsel des Arbeitsplatzes ein Wohnortwechsel verbunden ist (vgl. die Zumutbarkeitsregelung in § 121 III SGB III).[84] Ältere Menschen sind häufiger durch Grundeigentum und familiäre Bindungen an einen Wohnort gebunden als jüngere („Einen alten Baum verpflanzt man nicht"). Unter Berücksichtigung dieser Umstände dürfte dem Lebensalter in der Altersgruppe bis etwa 40 Jahre kein erhebliches Gewicht zukommen.[85] Mit steigendem Alter nimmt dann die Bedeutung dieses Gesichtspunkts zu. Der Altersunterschied zwischen zwei vierzig- und fünfzigjährigen Arbeitnehmern ist bedeutsam.[86] Bei der Gewichtung des Auswahlgesichtspunkts Lebensalter kann allerdings auch die Rentennähe berücksichtigt werden.[87] Hat ein älterer Arbeitnehmer nur noch einen überschaubaren Zeitraum bis zur Regelaltersrente zu überbrücken und würde die Kündigung des jüngeren Arbeitnehmers die Ausbildungsmöglichkeiten seiner Kinder infrage stellen, dürfte der jüngere insoweit schutzwürdiger sein.[88] Das BAG kommt zu im Wesentlichen gleichen Ergebnissen, indem es prüft, ob die Berücksichtigung des Lebensalters im Rahmen der Sozialauswahl das Verbot der Altersdiskriminierung nach §§ 1, 10 AGG verletzt. Es verneint einen solchen Verstoß in einer Punktetabelle mit der Begründung, die Zuteilung von Alterspunkten führe mit einer hinnehmbaren Unschärfe zur Berücksichtigung von Chancen auf dem Arbeitsmarkt und im Zusammenspiel mit den übrigen sozialen Gesichtspunkten (Betriebszugehörigkeit, Unterhalt, Schwerbehinderung) nicht zu einer Überbewertung des Lebensalters.[89]

c) Der Arbeitgeber hat weiterhin **Unterhaltspflichten** der Arbeitnehmer zu berücksichtigen. Erheblich sind nur die gesetzlichen Unterhaltspflichten (§§ 1360ff., 1569ff., §§ 1601ff. BGB; §§ 2, 5 LPartG[90]). Familienrechtliche Unterhaltspflichten bestehen gegenüber ehelichen wie nichtehelichen oder adoptierten Kindern, dem Ehepartner, dem geschiedenen Ehegatten und gegenüber den Eltern, wenn diese bedürftig sind. Maßgeblich ist grundsätzlich die tatsächliche Höhe der Unterhaltspflicht,[91] wobei allerdings wegen der nur eingeschränkten Überprüfbarkeit der Auswahlentscheidung (RN 39ff.) der konkreten Höhe kaum ausschlaggebende Bedeutung zukommen wird. Da die kinderbezogenen Eintragungen auf der **Lohnsteuerkarte** nur begrenzt etwas über das Bestehen dieser familienrechtlichen Verhältnisse aussagen, kommt es im Rahmen der Sozialauswahl nicht allein auf die in die Lohnsteuerkarte eingetragenen Daten an, sondern auf die tatsächlich bestehenden Unterhaltspflichten. Allerdings kann der Arbeitgeber nach der Rechtsprechung des BAG auf die ihm bekannten Daten solange vertrauen, wie er keinen Anlass zu der Annahme hat, die Daten könnten nicht zutreffen.[92] 33

Unberücksichtigt bleiben **nichteheliche Lebensgemeinschaften,** weil hier keine gesetzlichen Unterhaltspflichten bestehen.[93] Eine Ausnahme besteht gem. § 1615l BGB für die Unterhaltspflichten eines Arbeitnehmers gegenüber der Mutter seines nichtehelichen Kindes in den ersten drei Lebensjahren des Kindes. Gleiches gilt für freiwillige Leistungen, beispielweise finanzielle Unterstützung der betagten Eltern, ohne dass hierzu eine rechtliche Verpflichtung besteht. Deshalb sind auch freiwillige Pflegeleistungen moralisch äußerst anerkennenswert, im Rahmen der Sozialauswahl jedoch unerheblich, soweit keine gesetzlich anerkannte Pflegebedürftigkeit besteht. 34

Für die Sozialauswahl unerheblich ist, wenn der **Partner einer Bedarfsgemeinschaft** „Arbeitslosengeld II" beantragt und nach § 9 II SGB II das Einkommen des erwerbstätigen Partners bei der Feststellung der Bedürftigkeit berücksichtigt wird. Denn hierdurch knüpft der Gesetzge- 35

---

[83] Ebenso im Grundsatz *Annuß* BB 2006, 325, 326; *Thüsing,* Arbeitsrechtlicher Diskriminierungsschutz, 2007, RN 458.

[84] *Löwisch/Spinner* § 1 RN 368.

[85] Ähnlich bereits BAG 19. 1. 1999 AP zu § 1 KSchG 1969 Namensliste = NZA 99, 866; für eine lineare Gewichtung *Bauer/Göpfert/Krieger,* AGG, 2007, § 10 RN 44.

[86] Ebenso *Bütefisch* S. 220.

[87] LAG Niedersachsen 23. 5. 2005 NZA-RR 2005, 584; *Gaul/Bonanni* BB 2008, 218, 222.

[88] Zutr. *Bauer/Lingemann* NZA 93, 625, 628; im Ergebnis auch APS/*Kiel* § 1 KSchG RN 721.

[89] BAG 6. 11. 2008 – 2 AZR 701/07 z. V. v.

[90] Dazu *Kaiser* FS Birk S. 283; *Powietzka* BB 2002, 146.

[91] APS/*Kiel* § 1 KSchG RN 723.

[92] BAG 17. 1. 2008 AP 96 zu § 1 KSchG 1969 Soziale Auswahl = NZA-RR 2008, 571; *Kaiser* FS Birk S. 283, 310.

[93] *Kaiser* FS Birk S. 283, 304.

ber lediglich an einen tatsächlichen Lebenssachverhalt an. Eine rechtliche Unterhaltspflicht wird hierdurch jedoch nicht begründet.

36 Im Rahmen der Unterhaltspflichten kann auch der sog. **Doppelverdienst,** also das Einkommen des Ehepartners zu berücksichtigen sein.[94] Denn hierdurch vermindert sich die Unterhaltslast. Der Arbeitgeber ist jedoch nach Auffassung des BAG nicht verpflichtet, diesen Gesichtspunkt zulasten des Arbeitnehmers zu berücksichtigen, weil dies dazu führen könnte, dass der Arbeitgeber einen Arbeitnehmer nur wegen seiner familiären Bindung kündigen müsste. Dies wäre mit Art. 6 I GG nicht vereinbar.[95]

37 **d)** Als viertes Kriterium hat der Arbeitgeber die **Schwerbehinderung** des Arbeitnehmers zu berücksichtigen. Hierdurch wird der durch das Zustimmungsverfahren nach §§ 85 ff. SGB IX bestehende Schutz behinderter Menschen vor Kündigungen ergänzt.[96] Geschützt sind nicht nur die nach § 2 II SGB IX anerkannten Schwerbehinderten mit einem GdB von mindestens 50, sondern auch die nach § 2 III SGB IX **Gleichgestellten,** weil die Gleichstellung gerade zum Zwecke des Bestandsschutzes erfolgt.[97]

38 **4. Ermittlung der Daten.** Da es für die Sozialauswahl auf die objektiven Umstände ankommt, ist der Arbeitgeber berechtigt, vor Ausspruch der Kündigung die in Betracht kommenden Arbeitnehmer nach Unterhaltspflichten und möglicher Schwerbehinderung bzw. Gleichstellung zu **befragen.**[98] Äußert sich der Arbeitnehmer nicht oder nicht vollständig, kann er sich im Prozess nicht auf die nicht mitgeteilten Umstände berufen.[99] Hierin läge eine unzulässige Rechtsausübung.

39 **5. Beurteilungsspielraum. a)** Für die Bewertung der einzelnen im Gesetz genannten Auswahlgesichtspunkte und deren Verhältnis zueinander gibt es keinen allgemein verbindlichen Maßstab. Das Gesetz sieht deshalb vor, dass der Arbeitgeber die vier Sozialdaten bei der Auswahlentscheidung **„ausreichend" berücksichtigen** muss. Die Auswahlentscheidung muss nur vertretbar sein und nicht unbedingt der Entscheidung entsprechen, die das Gericht getroffen hätte, wenn es eigenverantwortlich soziale Erwägungen hätte anstellen müssen. Der dem Arbeitgeber vom Gesetz eingeräumte Wertungsspielraum führt dazu, dass nur deutlich schutzwürdigere Arbeitnehmer mit Erfolg die Fehlerhaftigkeit der sozialen Auswahl rügen können.[100] Daher können sich mehrere Entscheidungen als rechtlich zutreffend i. S. v. § 1 III 1 KSchG erweisen.[101]

40 **b)** Die **Gewichtung der Auswahlgesichtspunkte** ist in der Rechtsprechung der vergangenen 40 Jahre recht uneinheitlich erfolgt. Zunächst hat das BAG dem Lebensalter primäre Bedeutung beigemessen.[102] Später hat es der Betriebszugehörigkeit vor dem Lebensalter und den Unterhaltspflichten Vorrang eingeräumt.[103] Diese Aussage ist dann dahingehend abgeschwächt worden, dass dem Alter und der Betriebszugehörigkeit gegenüber den Unterhaltsverpflichtungen kein genereller Vorrang zukomme.[104] Darin zeigt sich, dass die Gewichtung der Sozialdaten von den arbeitsmarktpolitischen und wirtschaftlichen Entwicklungen abhängig ist.[105] Heute geht das BAG zu Recht davon aus, **keinem der Auswahlgesichtspunkte komme ein absoluter Vorrang zu.**[106] Es ist es weder möglich noch angezeigt, dem Arbeitgeber hinsichtlich der Gewichtung der gesetzlichen Kriterien abstrakte Vorgaben zu machen. Weder der Gesetzeswortlaut noch die Gesetzesbegründung lassen konkrete Anhaltspunkte dafür erkennen, wie die Sozialdaten zu gewichten sind. In der Gesetzesbegründung ist allein ausgeführt, den drei Grunddaten

---

[94] Ebenso APS/*Kiel* § 1 KSchG RN 724; ErfK/*Oetker* § 1 KSchG RN 333; *Biebl* RN 8 sowie bereits *v. Hoyningen-Huene/Linck* DB 97, 41, 42; a. A. *Kaiser* FS Birk S. 283, 298.

[95] BAG 5. 12. 2002 AP 59 zu § 1 KSchG 1969 Soziale Auswahl = NZA 2003, 791.

[96] Dazu *Düwell* DB 2003, 1574.

[97] Ebenso APS/*Kiel* § 1 KSchG RN 730; *Löwisch* BB 2004, 154.

[98] Näher dazu *v. Hoyningen-Huene/Linck* § 1 RN 948 ff.; APS/*Kiel* § 1 KSchG RN 734.

[99] Im Ergebnis ebenso HaKo/*Gallner* § 1 RN 781; KR/*Griebeling* § 1 KSchG RN 678 d; *v. Hoyningen-Huene/Linck* § 1 RN 951; *Kaiser* FS Birk S. 283, 310 f.; APS/*Kiel* § 1 KSchG RN 736.

[100] BAG 31. 5. 2007 AP 94 zu § 1 KSchG 1969 Soziale Auswahl = NZA 2008, 33.

[101] BAG 9. 11. 2006 DB 2007, 1087; 2. 6. 2005 AP 75 zu § 1 KSchG 1969 Soziale Auswahl = NZA 2006, 207; 17. 3. 2005 AP 71 zu § 1 KSchG 1969 Soziale Auswahl; 5. 12. 2002 AP 59 zu § 1 KSchG 1969 Soziale Auswahl = NZA 2003, 791.

[102] BAG 26. 6. 1964 AP 15 zu § 1 KSchG Betriebsbedingte Kündigung.

[103] BAG 18. 10. 1984 AP 6 zu § 1 KSchG 1969 Soziale Auswahl = NZA 85, 423.

[104] BAG 18. 1. 1990 AP 19 zu § 1 KSchG 1969 Soziale Auswahl = NZA 90, 729; 8. 8. 1985 AP 10 zu § 1 KSchG 1969 Soziale Auswahl = NZA 86, 679.

[105] BAG 24. 3. 1983 AP 12 zu § 1 KSchG 1969 Betriebsbedingte Kündigung.

[106] Vgl. zusammenfassend BAG 5. 12. 2002 AP 59 zu § 1 KSchG 1969 Soziale Auswahl = NZA 2003, 791.

Betriebszugehörigkeit, Lebensalter und Unterhaltspflichten komme weiterhin gleiches Gewicht zu.[107] Damit wird freilich deutlich, dass dem Merkmal Schwerbehinderung eine nur nachrangige Bedeutung zukommt.[108] Dies ist angemessen, weil Schwerbehinderte bereits einen präventiven Kündigungsschutz nach § 85 SGB IX genießen. Maßgeblich sind jeweils die Umstände des Einzelfalls.

Im Kündigungsschutzprozess wird nur das **Auswahlergebnis geprüft.**[109] Auch die unrichtige oder unvollständige Berücksichtigung der Auswahlgesichtspunkte kann zu dem rechtlich zutreffenden Auswahlergebnis führen, wenn sich der Fehler nicht auswirkt.[110] Hat der Arbeitgeber keine Sozialauswahl vorgenommen, spricht eine vom Arbeitgeber auszuräumende tatsächliche Vermutung dafür, dass die Auswahl auch im Ergebnis sozialwidrig ist.[111] Es ist dann Aufgabe des Arbeitgebers, näher darzulegen, weshalb trotz der gegen § 1 III KSchG verstoßenden Überlegungen ausnahmsweise im Ergebnis soziale Gesichtspunkte ausreichend berücksichtigt sein sollen. 41

V. Entgegenstehende betriebliche Belange

1. Allgemeines. Nach § 1 III 2 KSchG sind in die soziale Auswahl Arbeitnehmer nicht einzubeziehen, deren Weiterbeschäftigung, insbesondere wegen ihrer Kenntnisse, Fähigkeiten und Leistungen oder zur Sicherung einer ausgewogenen Personalstruktur des Betriebes, im berechtigten betrieblichen Interesse liegt. Besondere **Kenntnisse** beziehen sich auf erworbenes Wissen in der Ausbildung, dem Studium oder sonstigen Fort- und Weiterbildungsmaßnahmen (z.B. Sprachkenntnisse, Ausbildungsberechtigung, besondere EDV-Kenntnisse, Schweißberechtigungen usw.). **Fähigkeiten** sind Eigenschaften des Arbeitnehmers, die losgelöst von erworbenen Kenntnissen bestehen (z.B. besondere soziale Kompetenzen, Verkaufstalent, Fleiß, Beständigkeit, Führungsqualitäten). **Leistungen** beziehen sich auf die geschuldete Arbeitsleistung und das hierbei erzielte Arbeitsergebnis. Die in § 1 III 2 KSchG enthaltene Auflistung entgegenstehender Belange ist nicht abschließend („insbesondere"). Ein betriebliches Interesse kann für eine Gemeinde, die gesetzlich zum Brandschutz verpflichtet ist, auch darin begründet sein, dass durch die Weiterbeschäftigung eines Arbeitnehmers dessen jederzeitige Einsatzmöglichkeit in der Freiwilligen Feuerwehr sichergestellt werden soll.[112] 42

Ein Arbeitnehmer mit erheblichen **krankheitsbedingten Fehlzeiten** ist weniger leistungsstark. Er kann daher – entgegen der Auffassung des BAG[113] – auch dann schon nicht in die Sozialauswahl einzubeziehen sein, wenn die Voraussetzungen einer krankheitsbedingten Kündigung nicht vorliegen.[114] 43

Bei der Sozialauswahl in einem **Zeitarbeitsunternehmen** hängt der Kreis der einzubeziehenden Leiharbeitnehmer insbesondere von den Arbeitnehmerüberlassungsverträgen ab. Sehen diese Verträge vor, dass konkret benannte Leiharbeitnehmer überlassen werden und schließen sie eine Austauschbarkeit dieser Leiharbeitnehmer aus, sind Leiharbeitnehmer, die sich in einem Einsatz bei einem Entleiher befinden, nicht in die Sozialauswahl einzubeziehen.[115] 44

2. Systematische Einordnung. Im Schrifttum wird anknüpfend an den Wortlaut des Gesetzes zu Recht die Auffassung vertreten, besonders kenntnisreiche, befähigte oder leistungsstarke Arbeitnehmer i.S.v. § 1 III 2 KSchG seien von vornherein nicht in den Kreis der vergleichbaren Arbeitnehmer einzubeziehen.[116] Demgegenüber vertritt BAG die Auffassung, das Interesse des sozial schwächeren Arbeitnehmers sei im Rahmen des § 1 III 2 KSchG gegen das betriebliche Interesse an der Herausnahme des „Leistungsträgers" **abzuwägen:** Je schwerer dabei das soziale Interesse wiege, umso gewichtiger müssen die Gründe für die Ausklammerung des Leis- 45

[107] BT-Drucks. 15/1204 S. 11.
[108] Ähnlich APS/*Kiel* § 1 KSchG RN 738.
[109] BAG 9. 11. 2006 AP 87 zu § 1 KSchG 1969 Soziale Auswahl NZA 2007, 549 m.w.N.
[110] BAG 24. 2. 2000 AP 47 zu § 1 KSchG 1969 Soziale Auswahl = NZA 2000, 764.
[111] BAG 3. 4. 2008 AP 17 zu § 1 KSchG 1969 Namensliste = NZA 2008, 1060; 24. 2. 2005 AP 4 zu § 1 KSchG 1969 Gemeinschaftsbetrieb = NZA 2005, 867.
[112] BAG 7. 12. 2006 AP 88 zu § 1 KSchG 1969 Soziale Auswahl = NZA-RR 2007, 460.
[113] BAG 5. 6. 2008 NZA 2008, 1120; 31. 5. 2007 AP 93 zu § 1 KSchG 1969 Soziale Auswahl = NZA 2007, 1362; APS/*Kiel* § 1 KSchG RN 755; *Quecke* RdA 2004, 86, 88f.
[114] Wie hier HaKo/*Gallner* § 1 RN 797; KR/*Griebeling* § 1 KSchG RN 637; *Löwisch/Spinner* § 1 RN 392; Stahlhacke/*Preis* RN 1127.
[115] *Schiefer* NZA-RR 2005, 1, 9.
[116] So *Bader* NZA 2004, 65, 73; *Bauer/Krieger* RN 37; dagegen jedoch *Willemsen/Annuß* NJW 2004, 177, 178.

tungsträgers sein.[117] Indem der Gesetzgeber das bloße betriebliche Interesse nicht ausreichen lasse, sondern einschränkend fordere, das Interesse müsse „berechtigt" sein, gebe er zu erkennen, dass nach seiner Vorstellung auch ein vorhandenes betriebliches Interesse „unberechtigt" sein könne. Das setze aber voraus, dass nach dem Gesetz gegenläufige Interessen denkbar und zu berücksichtigen seien, die einer Ausklammerung von Leistungsträgern aus der Sozialauswahl auch dann entgegenstehen können, wenn sie bei isolierter Betrachtung des betrieblichen Interesses gerechtfertigt wären.

46 **3. Ausgewogene Personalstruktur. a)** Nach § 1 III 2 KSchG sind Arbeitnehmer nicht in die soziale Auswahl einzubeziehen, deren Weiterbeschäftigung zur Sicherung einer ausgewogenen Personalstruktur des Betriebes im berechtigten betrieblichen Interesse liegt.[118] Dies trägt dem Umstand Rechnung, dass insbesondere bei Massenentlassungen die soziale Auswahl anhand der Kriterien Betriebszugehörigkeit, Lebensalter, Unterhaltspflichten und Schwerbehinderung des Arbeitnehmers dazu führen kann, dass sich die bisherige Personalstruktur des Betriebes nachhaltig verschlechtert. Ohne die Ausnahmevorschrift des § 1 III 2 KSchG ließe sich daher bei der Kündigung eines erheblichen Teils der Arbeitnehmer eine den berechtigten betrieblichen Interessen zuwiderlaufende **Überalterung der Belegschaft** kaum vermeiden.[119] Die Bildung von Altersgruppen bei der Sozialauswahl ist mit dem AGG vereinbar und verstößt nicht gegen die Richtlinie 2000/78/EG. Die Bildung von Altersgruppen wirkt der Überalterung des Betriebs entgegen und relativiert damit zugleich die Bevorzugung älterer Arbeitnehmer.[120]

47 **b)** Da das Gesetz nur die **Sicherung** einer ausgewogenen Personalstruktur als betriebliches Interesse anerkennt, bedeutet dies zunächst, dass § 1 III 2 KSchG dem Arbeitgeber keine Handhabe dafür bietet, im Zuge einer Massenkündigung die bisherige Personalstruktur des Betriebs zu verbessern.[121] Hierfür spricht auch der Vergleich mit § 125 I Nr. 2 InsO, der dem Insolvenzverwalter die Befugnis einräumt, eine ausgewogene Personalstruktur zu „schaffen". Unerheblich ist, ob die Personalstruktur zum Zeitpunkt der Kündigung ausgewogen ist oder nicht.[122]

48 **c)** Bildet der Arbeitgeber Altersgruppen, muss er zur Begründung eines berechtigten betrieblichen Interesses **darlegen, welche konkreten Nachteile entstünden,** wenn er die zu kündigenden Arbeitnehmer allein nach dem Maßstab des § 1 III 1 KSchG auswählen würde. Insoweit ist auszuführen, inwieweit sich die Durchführung der Sozialauswahl allein anhand der gesetzlichen Kriterien nachteilig auf die Personalstruktur und den Betrieb ausgewirkt und ob und inwieweit eine solche soziale Auswahl zu einer erheblichen Verzerrung dieser Personalstruktur geführt hätte. Das wird in der Regel nur bei einer Massenkündigung angenommen werden können. Insoweit liegt es nahe, die Zahlen in § 112a BetrVG zur Orientierung heranzuziehen.[123] Der Arbeitgeber hat weiter darzulegen, wie viel Prozent der potenziell zu kündigenden Arbeitnehmer vor Ausspruch der Kündigung den jeweiligen Altersgruppen angehörten und wie die einzelnen Kündigungen auf die Altersgruppen verteilt worden sind, damit die bislang bestehende Altersstruktur erhalten bleibt.[124] Der Arbeitgeber hat jede Gruppe proportional bei den Kündigungen heranzuziehen.[125] Es unterliegt keinen rechtlichen Bedenken, wenn der Arbeitgeber die Altersgruppenbildung nur auf den betrieblichen Bereich erstreckt, in dem nachvollziehbar eine Sicherung der Personalstruktur im berechtigten betrieblichen Interesse lag. § 1 III 2 KSchG erfordert nicht, die Altersgruppenbildung auch auf die Bereiche des Betriebs zu erstrecken, in denen eine Sicherung der bisherigen Personalstruktur im betrieblichen Interesse nicht erforderlich ist.[126]

---

[117] BAG 5. 6. 2008 NZA 2008, 1120; 31. 5. 2007 AP 93 zu § 1 KSchG 1969 Soziale Auswahl = NZA 2007, 1362; 12. 4. 2002 AP 56 zu § 1 KSchG 1969 Soziale Auswahl = NZA 2003, 42; zust. APS/*Kiel* § 1 KSchG RN 755 f., zur Kritik an dieser Rechtsprechung ausf. *v. Hoyningen-Huene/Linck* § 1 RN 962; insoweit ablehnend auch *Willemsen/Annuß* NJW 2004, 177, 179; *Thüsing/Stelljes* BB 2003, 1673, 1675.

[118] Ausf. hierzu *Küttner,* FS 50 Jahre BAG, 2004, S. 409.

[119] BAG 6. 7. 2006 AP 82 zu § 1 KSchG 1969 Soziale Auswahl = NZA 2007, 139; *Gaul/Bonanni* BB 2008, 218, 220.

[120] BAG 6. 11. 2008 – 2 AZR 701/07 z. V. v.; angedeutet in BAG 6. 9. 2008 AP 169 zu § 1 KSchG 1969 Betriebsbedingte Kündigung = NZA 2008, 405.

[121] BAG 23. 11. 2000 AP 114 zu § 1 KSchG 1969 Betriebsbedingte Kündigung = NZA 2001, 601.

[122] Ebenso KR/*Griebeling* § 1 KSchG RN 641; APS/*Kiel* § 1 KSchG RN 769; a. A. KDZ/*Kittner/Deinert* § 1 KSchG RN 495 g.

[123] Vgl. *Bütefisch* S. 331; APS/*Kiel* § 1 KSchG RN 772; Stahlhacke/*Preis* RN 1140.

[124] BAG 20. 4. 2005 NZA 2005, 877.

[125] *Röder/Krieger* DB 2005, 2578, 2579.

[126] BAG 6. 9. 2008 AP 169 zu § 1 KSchG 1969 Betriebsbedingte Kündigung = NZA 2008, 405.

d) Der Arbeitgeber könnte beispielsweise **folgende Altersgruppen** bilden:[127] 49

1. Arbeitnehmer bis zum 30. Lebensjahr
2. " " " 40. Lebensjahr
3. " " " 50. Lebensjahr
4. " " " 60. Lebensjahr
5. " ab dem 61. Lebensjahr

4. Betriebliche Ablaufstörungen. Betriebliche Ablaufstörungen im Zusammenhang mit einer **Massenkündigung** können einer Auswahl nach sozialen Gesichtspunkten gem. § 1 III 2 KSchG entgegenstehen. Die mit einer Massenkündigung verbundenen Schwierigkeiten erlauben es dem Arbeitgeber aber nicht, völlig von einer Auswahl nach den in § 1 III 1 KSchG genannten Gesichtspunkten abzusehen. Er muss vielmehr darlegen und ggf. unter Beweis stellen, wie viele Arbeitnehmer der unterschiedlichen Qualifikationsstufen in der fortgeführten Betriebsabteilung ausgetauscht werden können, ohne dass dadurch der Arbeitsprozess ernsthaft gefährdet würde. Je nach Struktur des Betriebs und der Qualifikationsstufe der vergleichbaren Arbeitnehmer wird die Zahl der Arbeitnehmer, die ohne Beeinträchtigung des ordnungsgemäßen Betriebsablaufs im Rahmen der sozialen Auswahl ausgetauscht werden können, unterschiedlich groß sein. 50

Nach Auffassung des BAG spricht grundsätzlich eine Vermutung dafür, dass soziale Gesichtspunkte nicht ausreichend berücksichtigt wurden, wenn der Arbeitgeber betriebsweit den **größeren Teil der Arbeitnehmer** (im entschiedenen Fall 70%) aus betriebstechnischen Gründen von der Austauschbarkeit generell ausnimmt und die Sozialauswahl auf den kleineren, verbleibenden Teil der Restbelegschaft beschränkt.[128] Vielmehr müsse der Arbeitgeber in jeder Qualifikationsstufe die Anzahl der austauschbaren Arbeitnehmer ermitteln und diejenigen Arbeitnehmer bestimmen, die sozial am wenigsten schutzbedürftig seien. Entsprechend sei in der stillzulegenden Abteilung die gleiche Anzahl der schutzbedürftigen austauschbaren Arbeitnehmer zu bestimmen. Auf diese Zahl von Arbeitnehmern beschränke sich dann die soziale Auswahl.[129] Der Arbeitgeber genügt seiner Darlegungslast, wenn er anhand von Tatsachen die begrenzten Austauschmöglichkeiten plausibel darlegt. Nicht zu verlangen ist, dass er eine mathematisch genaue Anzahl noch austauschbarer Arbeitnehmer angibt.[130] 51

VI. Auswahlrichtlinien

1. Mitbestimmung des Betriebsrats. Nach § 1 IV KSchG kann in einem Tarifvertrag, in einer Betriebsvereinbarung oder in einer Richtlinie nach den Personalvertretungsgesetzen festgelegt werden, wie die **Auswahlgesichtspunkte** nach § 1 III 1 KSchG im Verhältnis zueinander zu bewerten sind. Auswahlrichtlinien sind gem. § 95 BetrVG mitbestimmungspflichtig. Das gilt auch dann, wenn sie der Arbeitgeber nicht generell auf alle künftigen betriebsbedingten Kündigungen, sondern nur auf konkret bevorstehende Kündigungen anwenden will.[131] Wenn insoweit eine Festlegung und eine Gewichtung der Sozialdaten zueinander vorgenommen worden ist, kann die Bewertung nur auf grobe Fehlerhaftigkeit überprüft werden. Auswahlrichtlinien können die gesetzlichen Anforderungen an die **Vergleichbarkeit** der Arbeitnehmer (dazu RN 3ff.) nicht verändern. Im Rahmen eines Beurteilungsspielraums können zwar Erfahrungen der Betriebspartner hinsichtlich der Vergleichbarkeit der Arbeitnehmer bestimmter Arbeitsplätze einfließen, es können aber nicht von vornherein Arbeitnehmer bestimmter Abteilungen oder Arbeitsgruppen ohne ausreichende sachliche Kriterien als nicht vergleichbar eingestuft werden. § 1 IV KSchG bezieht sich nur auf die Gewichtung der sozialen Auswahlkriterien und nicht auf die Zusammensetzung des auswahlrelevanten Personenkreises oder die entgegenstehenden betrieblichen Bedürfnisse i. S. v. § 1 III 2 KSchG.[132] 52

2. Grobe Fehlerhaftigkeit ist dann gegeben, wenn die Gewichtung der Kriterien Alter, Betriebszugehörigkeit, Unterhaltspflichten und Schwerbehinderung jede Ausgewogenheit vermissen lässt, d. h. wenn einzelne Sozialdaten überhaupt nicht, eindeutig unzureichend oder mit eindeutig überhöhter Bedeutung berücksichtigt werden.[133] 53

[127] APS/*Kiel* § 1 KSchG RN 771; weitere Beispiele bei *Röder/Krieger* DB 2005, 2578, 2579.
[128] BAG 5. 12. 2002 AP 60 zu § 1 KSchG 1969 Soziale Auswahl = NZA 2003, 849.
[129] Ebenso bereits BAG 25. 4. 1985 AP 7 zu § 1 KSchG 1969 Soziale Auswahl = NZA 86, 64.
[130] BAG 5. 12. 2002 AP 60 zu § 1 KSchG 1969 Soziale Auswahl = NZA 2003, 849.
[131] BAG 26. 7. 2005 AP 43 zu § 95 BetrVG 1972 = NZA 2005, 1372.
[132] BAG 5. 6. 2008 NZA 2008, 1120; Stahlhacke/*Preis* RN 1161.
[133] BAG 5. 6. 2008 NZA 2008, 1120; 18. 10. 2006 AP 86 zu § 1 KSchG 1969 Soziale Auswahl = NZA 2007, 504; 2. 12. 1999 AP 45 zu § 1 KSchG 1969 Soziale Auswahl = NZA 2000, 531.

54 Auch im Geltungsbereich des § 1 IV KSchG ist die **konkrete Auswahlentscheidung** maßgeblich. Es kommt auf einen Vergleich zwischen den Sozialdaten des gekündigten Arbeitnehmers und der Arbeitnehmer an, hinsichtlich derer der gekündigte Arbeitnehmer Fehler bei der Sozialauswahl rügt. Im Rahmen des § 1 IV KSchG kann sich eine fehlerhafte Bewertung der gesetzlichen Sozialkriterien nur dann auf die im Einzelfall getroffene Sozialauswahl auswirken, wenn der Bewertungsfehler bei der getroffenen Sozialauswahl überhaupt eine Rolle spielen kann. Bewertet die Auswahlrichtlinie ein Sozialkriterium falsch, das für die konkrete Sozialauswahl unerheblich ist, führt dies nicht zur Änderung des Prüfungsmaßstabs und zur Prüfung der Sozialauswahl nach § 1 III KSchG auf ausreichende Berücksichtigung der Sozialdaten. Sieht die Richtlinie beispielsweise vor, dass eine etwaige Schwerbehinderung des Arbeitnehmers bei der Sozialauswahl nicht zu berücksichtigen ist, kann dieser Fehler des Bewertungsmaßstabs nur im Fall eines schwerbehinderten Arbeitnehmers eine Rolle spielen. Ein Arbeitnehmer, der selbst nicht schwerbehindert ist, kann sich nicht darauf berufen, die aufgestellten Bewertungsmaßstäbe dürften nicht herangezogen werden, weil sie ihn, wäre er denn schwerbehindert, ohne Berücksichtigung einer solchen Schwerbehinderung im Verhältnis zu einem anderen (möglicherweise ebenfalls nicht schwerbehinderten Arbeitnehmer) in seiner sozialen Schutzbedürftigkeit falsch bewerteten.[134]

55 In Auswahlrichtlinien kann **abschließend festgelegt** werden, wie die Gesichtspunkte nach § 1 III 1 KSchG im Verhältnis zueinander zu bewerten sind.[135] Eine individuelle Einzelfallprüfung ist nicht erforderlich. Nur so wird der Zweck der Auswahlrichtlinie, Rechtssicherheit, verwirklicht. Wenn die Betriebspartner gleichwohl zur Vermeidung besonderer Härtefälle eine Einzelfallprüfung vorsehen, haben sie sinnvollerweise die von ihnen ins Auge gefassten Tatbestände näher zu bezeichnen. Weiterhin ist zweckmäßigerweise zu bestimmen, wie viele Punkte hierfür ggf. maximal vergeben werden sollen. Fehlen solche Regelungen, ist die Punktetabelle nicht nur weitgehend wertlos, sondern führt darüber hinaus auch zu erheblicher Rechtsunsicherheit. Denn nun können gekündigte Arbeitnehmer im Kündigungsschutzprozess geltend machen, bei ihnen liege ein besonderer Härtefall vor, der mit einer hohen Punktzahl zu bewerten sei. Hierüber wäre dann im Prozess zu entscheiden.

56 **3. Beispiele.** Das BAG hat in der Vergangenheit folgende Punktetabellen geprüft und akzeptiert:

57 **1. Urteil vom 18. 1. 1990:**[136]

(1)	Dienstjahre bis 10 Dienstjahre je Dienstjahr	1 Punkt
	ab dem 11. Dienstjahr je Dienstjahr	2 Punkte
	Es werden nur Zeiten der Betriebszugehörigkeit bis zum vollendeten 55. Lebensjahr berücksichtigt, d. h. es sind maximal möglich	70 Punkte
(2)	Lebensalter für jedes volle Lebensjahr	1 Punkt
	maximal möglich	55 Punkte
(3)	Je unterhaltsberechtigtem Kind	4 Punkte
	verheiratet	8 Punkte
(4)	Schwerbehinderung bis 50 GdB	5 Punkte
	über 50 GdB je 10 GdB Erwerbsminderung	1 Punkt

58 **2. Urteil vom 23. 11. 2000:**[137]

I.	Beschäftigungszeit je volles Beschäftigungsjahr			1 Punkt
II.	Lebensalter vollendete Lebensjahre	bis zu	20 Jahren	0 Punkte
		bis zu	30 Jahren	1 Punkt
		bis zu	40 Jahren	3 Punkte
		bis zu	50 Jahren	6 Punkte
		bis zu	57 Jahren	8 Punkte
		über	57 Jahren	10 Punkte

[134] BAG 18. 10. 2006 AP 86 zu § 1 KSchG 1969 Soziale Auswahl = NZA 2007, 504, 506.

[135] Ebenso BAG 9. 11. 2006 AP 87 zu § 1 KSchG 1969 Soziale Auswahl = NZA 2007, 549; *Bader* NZA 2004, 65, 75; Stahlhacke/*Preis* RN 1164; *Löwisch* BB 99, 102, 103.

[136] AP 19 zu § 1 KSchG 1969 Soziale Auswahl = NZA 90, 729; im Grundsatz bestätigt durch BAG 5. 12. 2002 AP 59 zu § 1 KSchG 1969 Soziale Auswahl = NZA 2003, 791 und BAG 6. 9. 2008 AP 169 zu § 1 KSchG 1969 Betriebsbedingte Kündigung = NZA 2008, 405.

[137] BAG 23. 11. 2000 AP 114 zu § 1 KSchG 1969 Betriebsbedingte Kündigung = NZA 2001, 601.

III. Unterhaltsverpflichtungen

1. Ehegatte	3 Punkte
2. je Kind	3 Punkte

Anm.: Dieses Schema müsste im Hinblick auf die seit 1. 1. 2004 zu berücksichtigende Schwerbehinderung um diesen Gesichtspunkt ergänzt werden.

VII. Darlegungs- und Beweislast

Die Überprüfung der Sozialauswahl erfolgt nicht von Amts wegen. Nach § 1 III 3 KSchG obliegt die Darlegungs- und Beweislast für die Tatsachen, aus denen sich die Unrichtigkeit der Sozialauswahl ergibt, zunächst dem Arbeitnehmer. In st. Rspr. geht das BAG allerdings wegen des in § 1 III 1 2. Halbs. KSchG enthaltenen Auskunftsanspruchs von einer **abgestuften Darlegungslast** aus.[138] Es ist danach zunächst Sache des Arbeitnehmers, die Fehlerhaftigkeit der Sozialauswahl darzulegen, sofern er über die hierzu erforderlichen Informationen verfügt. Der Arbeitnehmer hat auszuführen, welche persönlichen Umstände der Arbeitgeber nicht berücksichtigt hat.[139] Nach Auffassung des BAG hat der gekündigte Arbeitnehmer den Arbeitnehmer zu benennen, dem an seiner Stelle hätte gekündigt werden müssen.[140] Soweit der Arbeitnehmer nicht in der Lage ist, zur sozialen Auswahl Stellung zu nehmen und er deswegen den Arbeitgeber zur Mitteilung der Gründe auffordert, die ihn zu der Auswahl veranlasst haben, hat der Arbeitgeber als Folge seiner materiellen Auskunftspflicht gem. § 1 III 1 Halbs. 2 KSchG substantiiert die für ihn maßgeblichen Gründe für die Sozialauswahl vorzutragen. Der Arbeitnehmer hat allerdings keinen Anspruch auf die vollständige Auflistung der Sozialdaten aller objektiv vergleichbaren Arbeitnehmer.[141] 59

Kommt der **Arbeitgeber der ihm obliegenden Darlegungslast vollständig nach,** hat der Arbeitnehmer wieder die volle Darlegungs- und Beweislast für eine objektiv fehlerhafte Auswahlentscheidung. Gibt der Arbeitgeber dagegen **keine oder keine vollständige Auskunft,** kann der Arbeitnehmer bei fehlender eigener Kenntnis seiner aus § 1 III KSchG i.V.m. § 138 I ZPO herzuleitenden Pflicht, die Namen sozial stärkerer Arbeitnehmer zu nennen, nicht genügen. In diesen Fällen ist der der fehlenden Kenntnis des Arbeitnehmers entsprechende Vortrag, es seien sozial stärkere Arbeitnehmer als er vorhanden, schlüssig und ausreichend.[142] Bleibt der Arbeitgeber bei seiner die Auskunft verweigernden Haltung, ist die Behauptung des Arbeitnehmers, der Arbeitgeber habe soziale Gesichtspunkte nicht ausreichend berücksichtigt, als unstreitig anzusehen (§ 138 III ZPO).[143] 60

Ergibt sich aus den Angaben des Arbeitgebers, dass das Auswahlverfahren objektiv nicht den gesetzlichen Anforderungen der sozialen Auswahl entsprochen hat, etwa weil der **Arbeitgeber auswahlrelevanten Personenkreis verkannt** hat, und behauptet der gekündigte Arbeitnehmer bei fehlender eigener Kenntnis, gerade aus diesen Tatsachen ergebe sich die Unrichtigkeit der sozialen Auswahl, ist es Sache des Arbeitgebers, seinen Vortrag hinsichtlich dieser Tatsachen zu ergänzen. Anderenfalls ist der dem Kenntnisstand des Arbeitnehmers entsprechende und ihm konkreter nicht mögliche Vortrag, soziale Gesichtspunkte seien nicht ausreichend berücksichtigt, als unstreitig anzusehen.[144] 61

Kommt der Arbeitgeber dem Auskunftsverlangen des Arbeitnehmers nach, fällt die Darlegungslast wieder voll an den Arbeitnehmer zurück. Dieser hat nun darzulegen, wer von den in die Auswahl einbezogenen Arbeitnehmern weniger schutzwürdig ist als er selbst. 62

VIII. Folgen einer fehlerhaften Sozialauswahl

Wird mehreren Arbeitnehmern aus dringenden betrieblichen Gründen zur selben Zeit gekündigt, dagegen nicht einem vergleichbaren Arbeitnehmer, der gem. § 1 III 1 KSchG erheblich weniger schutzwürdig ist, konnten sich nach einer Entscheidung des BAG aus dem Jahre 63

---

[138] BAG 5. 5. 1994 AP 23 zu § 1 KSchG 1969 Soziale Auswahl = NZA 94, 1023; 15. 6. 1989 AP 18 zu § 1 KSchG 1969 Soziale Auswahl = NZA 90, 226.

[139] BAG 6. 7. 2006 AP 82 zu § 1 KSchG 1969 Soziale Auswahl = NZA 2007, 139.

[140] St. Rspr., vgl. BAG 18. 10. 2006 NZA 2007, 504 m. w. N.

[141] BAG 18. 1. 2007 AP 89 zu § 1 KSchG 1969 Soziale Auswahl; 5. 12. 2002 AP 60 zu § 1 KSchG 1969 Soziale Auswahl = NZA 2003, 849; 21. 12. 1983 AP 4 zu § 1 KSchG 1969 Soziale Auswahl.

[142] BAG 21. 7. 1988 AP 17 zu § 1 KSchG 1969 Soziale Auswahl = NZA 89, 264.

[143] BAG 3. 4. 2008 AP 17 zu § 1 KSchG 1969 Namensliste = NZA 2008, 1060.

[144] BAG 31. 5. 2007 AP 94 zu § 1 KSchG 1969 Soziale Auswahl = NZA 2008, 33; 15. 6. 1989 AP 18 zu § 1 KSchG 1969 Soziale Auswahl = NZA 90, 226.

1984 alle gekündigten Arbeitnehmer mit Erfolg auf diesen Auswahlfehler berufen, sog. **„Dominoeffekt“.**[145] Ob der Arbeitgeber den Auswahlfehler nachträglich dadurch korrigieren kann, dass er den weniger schutzbedürftigen Arbeitnehmer kündigt und dafür einem der gekündigten Arbeitnehmer die Fortsetzung des Arbeitsverhältnisses anbietet, hat das BAG offen gelassen. Diese Rechtsprechung hat das BAG nunmehr zum Teil geändert. Nimmt der Arbeitgeber die Sozialauswahl allein durch Vollzug eines zulässigen Punktesystems vor, kann er auf die Rüge nicht ordnungsgemäßer Sozialauswahl mit Erfolg einwenden, der gerügte Auswahlfehler habe sich auf die Kündigungsentscheidung nicht ausgewirkt, weil der Arbeitnehmer nach der Punktetabelle auch bei Vorliegen des Auswahlfehlers zur Kündigung angestanden hätte.[146]

§ 136. Interessenausgleich mit Namensliste

Berscheid, Interessenausgleich und Namensliste, MDR 1998, 816, 942 und 1129; *Biswas,* Die Namensliste im Interessenausgleich, FA 2005, 361; *Fischer,* Unternehmensbezogener Interessenausgleich und Namensliste nach § 1 Abs. 5 KSchG, BB 2004, 1001; *Gaul,* Betriebsbedingte Kündigung mit Namensliste nach § 1 Abs. 5 KSchG, BB 2004, 2686; *Gehlhaar,* Darlegungslast des Arbeitgebers im Kündigungsschutzprozess bei Interessenausgleich mit Namensliste – § 1 Abs. 5 KSchG versus § 102 BetrVG, DB 2008, 1496; *Kappenhagen,* Die neue „alte“ Namensliste nach § 1 Abs. 5 KSchG, FA 2004, 37; *Röder/Krieger,* (Mehr) Rechtssicherheit bei betriebsbedingten Kündigungen? – Der praktische Umgang mit Altersgruppen und Namensliste, DB 2005, 2578; *Schrader/Straube,* Der Interessenausgleich mit Namensliste: Wann ist die Sozialauswahl grob fehlerhaft?, ZInsO 2004, 432; *Thüsing/Wege,* Freiwilliger Interessenausgleich und Sozialauswahl, BB 2005, 213.; *Wendeling-Schröder,* Altersgruppen in einem Interessenausgleich mit Namensliste – AGG, AuR 2007, 389.

Allgemeines Schrifttum zu den am **1. 1. 2004 in Kraft getretenen Neuregelungen** findet sich bei § 131.

1 **1. Überblick.** Sind bei einer Kündigung auf Grund einer Betriebsänderung nach § 111 BetrVG die Arbeitnehmer, denen gekündigt werden soll, in einem Interessenausgleich zwischen Arbeitgeber und Betriebsrat **namentlich bezeichnet,** wird nach § 1 V KSchG vermutet, dass die Kündigung durch dringende betriebliche Erfordernisse im Sinne des Absatzes 2 bedingt ist. Die soziale Auswahl der Arbeitnehmer kann in diesem Fall nur auf grobe Fehlerhaftigkeit überprüft werden. Dies gilt nicht, wenn sich die Sachlage nach Zustandekommen des Interessenausgleichs wesentlich geändert hat. § 1 V KSchG gilt auch für **Änderungskündigungen.**[1] Die Bestimmung ist verfassungsgemäß. Sie verstößt weder gegen Art. 12 I GG noch gegen das aus Art. 20 III GG abzuleitende Gebot des fairen Verfahrens.[2] Der Interessenausgleich mit Namensliste ersetzt die Stellungnahme des Betriebsrats nach § 17 III 2 KSchG. Diese Vorschrift gilt seit 1. 1. 2004. Eine wortgleiche Bestimmung war bereits durch das Arbeitsrechtliche Beschäftigungsförderungsgesetz vom 25. 9. 1996 zum 1. 10. 1996 in Kraft gesetzt worden. Sie galt bis zu ihrer Aufhebung durch das sog. Korrekturgesetz vom 19. 12. 1998 am 31. 12. 1998. Zur Erläuterung dieser Bestimmung kann deshalb auch auf eine Reihe von älteren Entscheidungen des BAG zurückgegriffen werden.

2 **2. Voraussetzungen. a)** § 1 V KSchG setzt tatbestandlich voraus, dass eine **Betriebsänderung** i. S. v. § 111 BetrVG vorliegt.[3] Unerheblich ist, welcher der Tatbestände des § 111 BetrVG erfüllt ist. Ein freiwilliger Interessenausgleich ohne Betriebsänderung ist nicht ausreichend.[4] Im Kündigungsschutzprozess hat der **Arbeitgeber darzulegen und ggf. zu beweisen,** dass eine Betriebsänderung nach § 111 BetrVG vorlag, die für die Kündigung des Arbeitnehmers kausal war, und dass der Arbeitnehmer in einem Interessenausgleich ordnungsgemäß bezeichnet ist.[5] Da eine Betriebsänderung auch durch bloßen Personalabbau nach § 111 BetrVG stets zur Vor-

---

[145] BAG 18. 10. 1984 AP 6 zu § 1 KSchG 1969 Soziale Auswahl = NZA 85, 423.

[146] BAG 9. 11. 2006 AP 87 zu § 1 KSchG 1969 Soziale Auswahl = NZA 2007, 549.

[1] BAG 19. 6. 2007 AP 16 zu § 1 KSchG 1969 Namensliste = NZA 2008, 103.

[2] BAG 6. 9. 2007 AP 170 zu § 1 KSchG 1969 Betriebsbedingte Kündigung = NZA 2008, 633.

[3] BAG 21. 2. 2002 EzA 10 zu § 1 KSchG Interessenausgleich; 21. 2. 2001 EzA 8 zu § 1 KSchG Interessenausgleich.

[4] Ebenso *Gaul* BB 2004, 2687; APS/*Kiel* § 1 KSchG RN 794; Stahlhacke/*Preis* RN 1166 e; *Thüsing/Wege* BB 2005, 213, 214 ff.; *Willemsen/Annuß* NJW 2004, 177, 180.

[5] BAG 3. 4. 2008 AP 17 zu § 1 KSchG 1969 Namensliste = NZA 2008, 1060; 22. 1. 2004 AP 1 zu § 112 BetrVG 1972 Namensliste.

aussetzung hat, dass durch sie wesentliche Nachteile für die Belegschaft oder erhebliche Teile der Belegschaft entstehen können, umfasst die Darlegungslast des Arbeitgebers, der sich auf die Vermutungswirkung des § 1 V KSchG beruft, auch die Darlegung, dass die Maßnahme, die zur Kündigung geführt hat, erhebliche Teile der Belegschaft betroffen hat. Bei mehreren Betriebsteilen hat der Arbeitgeber im Einzelnen darzulegen, was im konkreten Fall als Betrieb im betriebsverfassungsrechtlichen Sinn anzusehen ist (dazu § 214 RN 2ff.).[6]

b) Erforderlich ist weiterhin ein **wirksam vereinbarter Interessenausgleich.** Nach § 112 I BetrVG ist der Interessenausgleich schriftlich niederzulegen und vom Arbeitgeber und Betriebsrat zu unterzeichnen. Will der Arbeitnehmer geltend machen, der Betriebsratsvorsitzende habe den Interessenausgleich ohne vorherigen wirksamen Beschluss des Betriebsratsgremiums unterzeichnet, hat er dies substantiiert dazulegen. Ein Bestreiten mit Nichtwissen genügt nicht.[7] Erforderlich ist eine Regelung über eine konkret beabsichtigte Betriebsänderung. Vereinbaren die Betriebspartner einheitlich einen Interessenausgleich und Sozialplan, steht dies der Anwendbarkeit des § 1 V KSchG nicht entgegen, soweit der Sozialplan nicht durch Spruch einer Einigungsstelle zustande gekommen ist.[8] 3

c) Die Arbeitnehmer müssen **in dem Interessenausgleich namentlich bezeichnet** sein. Interessenausgleich und Namensliste müssen eine Urkunde bilden. Dazu genügt die Bezeichnung in einer nicht unterschriebenen Namensliste, die mit dem unterzeichneten Interessenausgleich mittels Heftmaschine fest verbunden ist.[9] Eine erst **nach Unterzeichnung** vorgenommene Zusammenheftung mittels Heftmaschine genügt nach Auffassung des BAG dem Schriftformerfordernis nicht.[10] Schließt die Namensunterschrift eine aus mehreren Bestandteilen bestehende Urkunde räumlich ab, erfordert die Schriftform des § 126 BGB nicht die körperliche Verbindung der einzelnen Blätter der Urkunde, wenn sich deren Einheit aus fortlaufender Paginierung, fortlaufender Nummerierung der einzelnen Bestimmungen, einheitlicher grafischer Gestaltung, inhaltlichem Zusammenhang des Textes oder vergleichbaren Merkmalen zweifelsfrei ergibt. Wird die Namensliste getrennt vom Interessenausgleich erstellt, reicht es aus, wenn sie von den Betriebsparteien unterzeichnet ist und in ihr auf den Interessenausgleich oder im Interessenausgleich auf die Liste Bezug genommen ist.[11] 4

Die namentliche Bezeichnung bedeutet, dass die zu kündigenden Arbeitnehmer mit ihren Namen – grundsätzlich also **Vor- und Nachname** – zu benennen sind. Eine abstrakte Umschreibung, wie z.B. nach der Kostenstelle oder der Abteilung, genügt nicht.[12] 5

§ 1 V KSchG verlangt, dass die zu kündigenden Arbeitnehmer im Interessenausgleich **abschließend genannt** werden. Nur wenn sich Arbeitgeber und Betriebsrat auf die namentliche Nennung der zu kündigenden Arbeitnehmer endgültig geeinigt haben, ist es gerechtfertigt, die Überprüfung der Sozialauswahl zu beschränken. Denn nur so besteht die Gewähr, dass sich die Betriebspartner im Einzelnen Gedanken darüber gemacht haben, welche Arbeitnehmer als vergleichbar für eine Sozialauswahl in Betracht kommen, welche soziale Rangfolge zwischen ihnen besteht und wer aus der Sozialauswahl auszuscheiden ist. Die Vermutungswirkung der Namensliste wird bei einer Betriebsänderung, die in mehreren „Wellen" erfolgen soll, nicht dadurch beeinträchtigt, dass die Betriebspartner auch noch weitere Maßnahmen vorhaben, die erst später durchgeführt werden sollen und für die noch keine Namensliste vorliegt.[13] 6

d) Sind in einer Namensliste, die Teil des Interessenausgleichs ist, aber erst nach Abschluss des Interessenausgleichs vereinbart wurde, **weniger Personen bezeichnet,** als der Arbeitgeber nach Maßgabe des Interessenausgleichs kündigen wollte, steht das der Anwendung des § 1 V KSchG jedenfalls dann nicht entgegen, wenn der Arbeitgeber dargelegt, dass die Namensliste nicht sämtliche betroffenen Arbeitnehmer erfasste, weil im Zuge der im Interessenausgleich vorgesehenen Gespräche mit vielen Arbeitnehmern anderweitige Lösungsmöglichkeiten gefunden werden konnten.[14] 6a

---

[6] BAG 31. 5. 2007 AP 65 zu § 111 BetrVG 1972 = NZA 2007, 1307.

[7] BAG 21. 2. 2002 EzA 10 zu § 1 KSchG Interessenausgleich.

[8] KR/*Griebeling* § 1 KSchG RN 703d; *Fischermeier* NZA 97, 1089, 1097.

[9] BAG 6. 7. 2006 AP 80 zu § 1 KSchG 1969 = NZA 2007, 266; 22. 1. 2004 AP 1 zu § 112 BetrVG 1972 Namensliste; 21. 2. 2001 EzA 8 zu § 1 KSchG Interessenausgleich; 7. 5. 1998 AP 1 zu § 1 KSchG 1969 Namensliste = NZA 98, 1110.

[10] BAG 6. 7. 2006 AP 80 zu § 1 KSchG 1969 = NZA 2007, 266.

[11] BAG 19. 6. 2007 AP 16 zu § 1 KSchG 1969 Namensliste = NZA 2008, 103.

[12] Stahlhacke/*Preis* RN 1166i.

[13] BAG 22. 1. 2004 AP 1 zu § 112 BetrVG 1972 Namensliste.

[14] BAG 19. 6. 2007 AP 16 zu § 1 KSchG 1969 Namensliste = NZA 2008, 103.

7 **e)** Die Regelung des § 1 V KSchG gilt nach dem klaren Wortlaut nur in Betrieben mit Betriebsrat und **nicht im Geltungsbereich des Personalvertretungsrechts** sowie **kirchlichen Einrichtungen** mit kirchlichen Mitarbeitervertretungen.[15]

8 **3. Vermutung der Betriebsbedingtheit. a)** § 1 V KSchG enthält eine gesetzliche Vermutung i. S. v. § 292 ZPO. Die Vermutungswirkung des § 1 V 1 KSchG erstreckt sich neben dem **Wegfall von Beschäftigungsmöglichkeiten** auch auf das Nichtvorliegen einer anderweitigen Beschäftigungsmöglichkeit für den Arbeitnehmer im Betrieb[16] und anderen Betrieben des Unternehmens.[17] Bestreitet der Arbeitnehmer in erheblicher Weise, dass sich der Betriebsrat im Rahmen der Verhandlungen mit Beschäftigungsmöglichkeiten in anderen Betrieben überhaupt befasst hat und trägt er darüber hinaus konkrete Anhaltspunkte für solche Beschäftigungsmöglichkeiten vor, hat der Arbeitgeber, wenn er die Vermutungswirkung erhalten will, die Befassung der Betriebsparteien mit der Frage der Beschäftigungsmöglichkeiten in anderen Betrieben darzulegen und zu beweisen.[18] Im Falle eines Betriebsübergangs im Insolvenzverfahren erstreckt sich diese Vermutung auch darauf, dass die Kündigung der Arbeitsverhältnisse nicht wegen des Betriebsübergangs erfolgt (§ 128 II InsO).[19]

9 **b)** Stellt das Gesetz, wie § 1 V 1 KSchG, für das Vorhandensein einer Tatsache – hier die Betriebsbedingtheit der Kündigung – eine Vermutung auf, ist nach § 292 ZPO der **Beweis des Gegenteils** zulässig. Dieser Beweis des Gegenteils ist seiner Natur nach Hauptbeweis, also erst dann geführt, wenn die Unwahrheit der vermuteten Tatsache voll bewiesen ist, aus der sich ergibt, dass der vermutete Rechtszustand – vorliegend die Betriebsbedingtheit der Kündigung – nicht oder anders besteht; ein Anscheinsbeweis (prima-facie-Beweis) reicht also nicht aus. Liegen die Voraussetzungen des § 1 V KSchG vor, muss der Arbeitnehmer deshalb darlegen, dass eine Beschäftigungsmöglichkeit für ihn nicht weggefallen sei. Es ist ein substantiierter Tatsachenvortrag unter Beweis zu stellen, der den gesetzlich vermuteten Umstand nicht nur in Zweifel zieht, sondern ausschließt. Andernfalls liegt der Versuch eines unzulässigen Ausforschungsbeweises vor.[20] Das bedeutet, dass der Arbeitgeber, wenn er die Voraussetzungen des § 1 V KSchG dargelegt und im Streitfall bewiesen hat, zur Rechtfertigung der Kündigung keine weiteren Tatsachen vorzutragen braucht. Es ist vielmehr **Sache des Arbeitnehmers, durch substantiierten Tatsachenvortrag darzulegen** und im Streitfall zu beweisen, dass keine dringenden betrieblichen Erfordernisse für die Kündigung vorliegen.

10 **4. Eingeschränkte Überprüfung der sozialen Auswahl. a)** Liegen die Voraussetzungen des § 1 V KSchG vor, kann die soziale Auswahl der Arbeitnehmer gem. § 1 V 2 KSchG nur auf **grobe Fehlerhaftigkeit** überprüft werden. Hierdurch soll den Betriebspartnern ein weiter Spielraum bei der Sozialauswahl eingeräumt werden. Das Gesetz geht davon aus, dass u. a. durch die Gegensätzlichkeit der von den Betriebspartnern vertretenen Interessen und durch die auf beiden Seiten vorhandene Kenntnis der betrieblichen Verhältnisse gewährleistet ist, dass dieser Spielraum angemessen und vernünftig genutzt wird.[21] Die Beschränkung der Überprüfungsmöglichkeit bezieht sich nicht nur auf die Auswahlgesichtspunkte und deren Gewichtung. Darüber hinaus ist auch die Bildung der auswahlrelevanten Gruppe nur auf grobe Fehlerhaftigkeit zu überprüfen.[22] Dies gilt für die Herausnahme von Arbeitnehmern aus einer Vergleichsgruppe jedenfalls insoweit, als dies gem. § 1 III 2 KSchG der Sicherung einer ausgewogenen Personalstruktur dient.[23] Grob fehlerhaft ist eine soziale Auswahl, wenn ein evidenter, ins Auge springender schwerer Fehler vorliegt und der Interessenausgleich jede Ausgewogenheit vermissen lässt.[24]

---

[15] Zu Recht kritisch deshalb *Richardi* DB 2004, 486, 488.

[16] BAG 22. 1. 2004 AP 1 zu § 112 BetrVG 1972 Namensliste; 21. 2. 2002 EzA 10 zu § 1 KSchG Interessenausgleich; 7. 5. 1998 AP 94 zu § 1 KSchG 1969 Betriebsbedingte Kündigung = NZA 98, 933.

[17] BAG 6. 9. 2007 AP 170 zu § 1 KSchG 1969 Betriebsbedingte Kündigung = NZA 2008, 633; *Gaul* BB 2004, 2686, 2689; APS/*Kiel* § 1 KSchG RN 799; a. A. HaKo/*Gallner* § 1 RN 679.

[18] BAG 6. 9. 2007 AP 170 zu § 1 KSchG 1969 Betriebsbedingte Kündigung = NZA 2008, 633.

[19] BAG 29. 9. 2005 AP 139 zu § 1 KSchG 1969 Betriebsbedingte Kündigung = NZA 2006, 720.

[20] BAG 7. 5. 1998 AP 94 zu § 1 KSchG 1969 Betriebsbedingte Kündigung = NZA 98, 933; 23. 10. 2008 – 2 AZR 163/07.

[21] BAG 17. 1. 2008 AP 96 zu § 1 KSchG 1969 Soziale Auswahl = NZA-RR 2008, 571.

[22] BAG 3. 4. 2008 AP 17 zu § 1 KSchG 1969 Namensliste = NZA 2008, 1060; 17. 1. 2008 AP 96 zu § 1 KSchG 1969 Soziale Auswahl = NZA-RR 2008, 571; 21. 9. 2006 AP 12 zu § 1 KSchG 1969 Namensliste; 2. 12. 1999 AP 45 zu § 1 KSchG 1969 Soziale Auswahl = NZA 2000, 531.

[23] Ebenso zu § 125 InsO: BAG 28. 8. 2003 AP 1 zu § 125 InsO.

[24] BAG 23. 10. 2008 – 2 AZR 163/07; 3. 4. 2008 AP 17 zu § 1 KSchG 1969 Namensliste = NZA 2008, 1060; 17. 1. 2008 AP 96 zu § 1 KSchG 1969 Soziale Auswahl = NZA-RR 2008, 571; 20. 9. 2006 AP 316

Dies ist z. B. anzunehmen, wenn bei der Bestimmung des Kreises vergleichbarer Arbeitnehmer die Austauschbarkeit offensichtlich verkannt worden ist oder bei der Anwendung des Ausnahmetatbestandes des § 1 III 2 KSchG die betrieblichen Interessen augenfällig überdehnt worden sind.[25] Die fehlerhafte Annahme, eine Beschäftigungsfiliale sei ein eigenständiger Betrieb, führt noch nicht zu einer grob fehlerhaften Auswahl, wenn es hierfür gut nachvollziehbare und ersichtlich nicht auf Missbrauch zielende Gründe gibt.[26] Eine Sozialauswahl ist nicht grob fehlerhaft, wenn der Punkteabstand angesichts der zugrunde liegenden Daten marginal erscheint (hier: 56 Punkte für klagende gekündigte Arbeitnehmerin, 54,75 für die Konkurrentin).[27]

b) Auch wenn ein Arbeitnehmer in eine Namensliste gemäß § 1 V KSchG aufgenommen worden ist, besteht die **Auskunftspflicht nach § 1 III 1 Halbs. 2 KSchG.** Der Arbeitgeber ist verpflichtet, dem Arbeitnehmer auf dessen Verlangen die Gründe mitzuteilen, die ihn zu der getroffenen sozialen Auswahl geführt haben. Erst nach Erfüllung der Auskunftspflicht trägt der Arbeitnehmer die volle Darlegungslast für die Fehlerhaftigkeit der Sozialauswahl.[28] Kommt der Arbeitgeber dem Auskunftsverlangen des Arbeitnehmers nicht nach, ist die Kündigung sozialwidrig und damit unwirksam.[29] **11**

5. Betriebsratsanhörung. Beim Vorliegen eines Interessenausgleichs mit Namensliste gemäß § 1 V KSchG ist nach § 102 BetrVG eine Betriebsratsanhörung erforderlich (dazu § 124 RN 33). **12**

6. Wesentliche Änderung der Sachlage. Die Vermutung der Betriebsbedingtheit der Kündigung und der geänderte Prüfungsmaßstab für die Sozialauswahl nach § 1 V 3 KSchG kommen nur dann nicht zur Anwendung, wenn sich die **Sachlage nach dem Zustandekommen des Interessenausgleichs so wesentlich geändert** hat, dass von einem Wegfall der Geschäftsgrundlage (§ 313 BGB) auszugehen ist. Maßgebender Zeitpunkt für die Beurteilung der wesentlichen Änderung ist der Kündigungszeitpunkt. Wesentlich ist die Änderung dann, wenn nicht ernsthaft bezweifelt werden kann, dass beide Betriebspartner oder einer von ihnen den Interessenausgleich in Kenntnis der späteren Änderung nicht oder mit anderem Inhalt geschlossen hätten. Dies ist etwa der Fall, wenn sich nachträglich ergibt, dass keine oder eine andere Betriebsänderung durchgeführt werden soll oder dass die Anzahl der mit ihr verbundenen Kündigungen erheblich verringert werden soll.[30] **13**

§ 137. Änderungskündigung

Seit 2000, sonst Voraufl.: *Adam,* Die Änderungskündigung zur Einschränkung oder Beseitigung nach § 4 TVG geschützter Bestimmungen des Arbeitsvertrags, ZTR 2001, 112; *Annuß,* Der Vorrang der Änderungs- vor der Beendigungskündigung, NZA 2005, 443; *Annuß/Bartz,* Änderungskündigung schwer gemacht, NJW 2006, 2153; *Bauer/Winzer,* Vom Personalleiter zum Pförtner?, BB 2006, 266; *Benecke,* Die „überflüssige Änderungskündigung" – ein Scheinproblem?, NZA 2005, 1092; *Berkowsky,* Die Änderungskündigung, 2004; *ders.,* Die betriebsbedingte Änderungskündigung, 2000; *ders.,* Die betriebsbedingte Änderungskündigung und ihr Streitgegenstand, NZA 2000, 1129; *ders.,* Zunächst Vorbehalt und wie weiter? – Änderungskündigung, AuA 2000, 586; *ders.,* Die Änderungskündigung, NZA-RR 2003, 449; *ders.,* Änderungskündigung zur Änderung von Nebenabreden, NZA 2003, 1130; *ders.,* Die unzulässige Änderungskündigung, NZA 2004, 1140; *ders.,* Vorrang der Änderungskündigung vor der Beendigungskündigung, NZA 2006, 697; *ders.,* Aktuelle Entwicklungen im Recht der Änderungskündigung, NZA-RR 2008, 337; ders., Änderungskündigung und vorbehaltlose Annahme eines Änderungsangebotes, NZA 2008, 26; *Betz,* Die betriebsbedingte Änderungskündigung, 2008; *Boewer,* Ist die Rechtsprechung des Bundesarbeitsgerichts zur Änderungskündigung noch zu halten?, FS Bartenbach, 2005, S. 587; *Brenneis,* Sozialauswahl bei betriebsbedingter Änderungskündigung, FA 2000, 147; *Breuckmann,* Entgeltreduzierung unter besonderer Berücksichtigung der Änderungskündigung, 2004; *Bröhl,* Änderungskündigung zwischen Bestandsschutz und Anpassungsdruck, BB 2007, 437; *Fischer,* Änderungskündigung und Betriebsänderung nach § 111 BetrVG im Insolvenzverfahren, KTS 2002, 53; *ders.,* Die Änderungskündigung in der Insolvenz, NZA 2002, 536; *ders.,* Warum die betriebsbedingte Änderungskündigung zur „schlichten" Vergütungsabsenkung ein rechtliches

---

zu § 613 a BGB = NZA 2007, 87; 28. 8. 2003 AP 1 zu § 125 InsO; 2. 12. 1999 AP 45 zu § 1 KSchG 1969 Soziale Auswahl = NZA 2000, 531; LAG Hamm 5. 6. 2003 NZA-RR 2004, 132.

[25] BAG 20. 9. 2006 NZA 2007, 387.

[26] BAG 3. 4. 2008 AP 17 zu § 1 KSchG 1969 Namensliste = NZA 2008, 1060.

[27] BAG 17. 1. 2008 AP 96 zu § 1 KSchG 1969 Soziale Auswahl = NZA-RR 2008, 571.

[28] BAG 21. 2. 2002 EzA 10 zu § 1 KSchG Interessenausgleich; 10. 2. 1999 AP 40 zu § 1 KSchG 1969 Soziale Auswahl = NZA 99, 702.

[29] BAG 22. 1. 2004 AP 1 zu § 112 BetrVG 1972 Namensliste.

[30] BAG 23. 10. 2008 – 2 AZR 163/07; 22. 1. 2004 AP 1 zu § 112 BetrVG 1972 Namensliste.

und ökonomisches Schattendasein führt, FS zum 25-jährigen Bestehen der ARGE Arbeitsrecht im Deutschen Anwaltverein, 2006, S. 257; *Fischermeier,* Die betriebsbedingte Änderungskündigung, NZA 2000, 737; *Heinze,* Widersprüchliches zur Änderungskündigung; FS v. Maydell, 2002, S. 269; *Herbert/Oberrath,* Die soziale Rechtfertigung der betriebsbedingten Änderungskündigung, NJW 2008, 3177; *Hoß,* Änderungskündigung – Voraussetzungen und Reaktionsmöglichkeiten des Arbeitnehmers, MDR 2000, 562; *ders.,* Voraussetzungen und Umsetzung der Änderungskündigung zur Kürzung von Gehältern, ArbRB 2002, 107; *ders.,* Das Schriftformerfordernis bei der Änderungskündigung, ArbRB 2003, 344; *Hromadka,* Die Änderungskündigung – eine Skizze, DB 2002, 1322; *Hunold,* Die „überflüssige Änderungskündigung, NZA 2008, 860; *Kalb,* Der Vorrang von Änderungskündigung und Teilkündigung im Arbeitsverhältnis, FS Küttner, 2006, S. 309; *Kappelhoff,* Die Änderung von Arbeitsbedingungen durch Änderungskündigung, ArbRB 2005, 244; *Küttner,* Ausgewählte Probleme der Änderungskündigung, Kündigung und Kündigungsschutz in der betrieblichen Praxis, 2000, S. 171; *Linck,* Die Änderungskündigung, AR-Blattei SD 1020.1.1 (2006); *Löwisch/Caspers,* Auswirkungen des Gesetzes zu Reformen am Arbeitsmarkt auf die betriebsbedingte Änderungskündigung, Gedächtnisschrift Heinze, 2005, S. 565; *Merzhäuser,* Der Vorrang der Änderungskündigung vor der Beendigungskündigung – Neue Sichtweisen des BAG seit dem 21. 4. 2005 –, FS Leinemann, 2006, S. 341; *Osterheider,* Die Meldepflicht nach § 37b SGB III bei Änderungskündigungen, FA 2004, 41; *Otto,* Die Änderungskündigung zur Entgeltreduzierung, 2001; *Quecke,* Änderungskündigung mit tarifwidrigem Inhalt, NZA 2001, 818; *Reiserer/Powietzka,* Änderungskündigung zur Entgeltsenkung, BB 2006, 1106; *Rost,* Aktuelle Probleme der Änderungskündigung, Brennpunkte des Arbeitsrechts, 2002, S. 75; *ders.,* Neues zur Änderungskündigung, FS Hromadka, 2008, S. 319; *Schrader/Straube,* Die Änderungskündigung oder die Unzumutbarkeit der Zumutbarkeit, DB 2006, 1678; *Sibben,* Betriebsbedingte Änderungskündigung: Keine Zweckmäßigkeitskontrolle des unternehmerischen Konzepts durch die Arbeitsgerichte, DB 2000, 1029; *Spirolke,* Änderungskündigung zur Reduzierung bisheriger tariflicher Sonderzahlungen, BB 2002, 1918; *Spirolke/Regh,* Die Änderungskündigung, 2004; *Stoffels,* Gestaltungsmöglichkeiten durch Änderungskündigungen, ZfA 2002, 401; *Stück,* Checkliste: Die arbeitsrechtliche Änderungskündigung, MDR 2004, 794; *Trenkle,* Die Vorbehaltserklärung im Arbeitsrecht, NZA 2000, 289; *Wallner,* Die ordentliche Änderungskündigung des Arbeitgebers, 2001;

Übersicht

	RN
I. Überblick	1 ff.
1. Begriff	1, 2
2. Änderungskündigung vor Beendigungskündigung	3–7
3. Überflüssige Änderungskündigung	8, 9
4. Kündigungsfrist	10, 11
5. Formelle Anforderungen	12, 13
6. Änderungsangebot	14–18
7. Mitbestimmung des Betriebsrats	19–24
II. Annahme unter Vorbehalt	25 ff.
1. Gesetzeszweck	25
2. Erklärung des Vorbehalts	26, 27
3. Verspätete Vorbehaltserklärung	28
4. Rechtsfolgen	29–31
III. Annahme ohne Vorbehalt	32 f.
1. Willenserklärung	32
2. Frist	33
IV. Ablehnung des Angebots	34
V. Soziale Rechtfertigung	35 ff.
1. Überblick	35
2. Annahme unter Vorbehalt	36
3. Ablehnung des Vorbehalts	37
4. Einzelfälle	38–53
VI. Prozessuale Fragen	54 ff.
1. Klageantrag	54, 55
2. Entscheidung	56–58

I. Überblick

1 **1. Begriff.** Nach § 2 KSchG liegt eine Änderungskündigung vor, wenn der Arbeitgeber das Arbeitsverhältnis kündigt und im Zusammenhang mit der Kündigung die Fortsetzung des Arbeitsverhältnisses zu geänderten Bedingungen anbietet. Die Änderungskündigung ist daher ein aus zwei Willenserklärungen zusammengesetztes Rechtsgeschäft.[1] Sie enthält eine Kündigung des Arbeitsverhältnisses sowie das Angebot zur Fortsetzung des Arbeitsverhältnisses zu geänderten Bedingungen. Bei einer Teilkündigung werden demgegenüber einzelne Vertragsbedingungen gekündigt. Solche Teilkündigungen sind nach h. M. unzulässig, weil sie das vereinbarte Ordnungs- und Äquivalenzgefüge des Vertrags zerstören. Die einzelnen Teile eines Arbeitsvertrags stehen in einem inneren Zusammenhang und in Wechselwirkungen.[2] Der Neunte Senat des BAG hat allerdings abweichend hiervon eine Teilkündigung hinsichtlich der Aufgaben des Datenschutzbeauftragten für zulässig gehalten.[3]

2 Die Kündigung und das Änderungsangebot können **auf verschiedene Weise miteinander verknüpft** werden. Der Arbeitgeber kann eine unbedingte Kündigung erklären und daneben die Fortsetzung des Arbeitsverhältnisses zu geänderten Bedingungen anbieten. Er kann auch

[1] BAG 16. 9. 2004 AP 78 zu § 2 KSchG 1969 = NZA 2005, 635; 17. 5. 2001 EzA 3 zu § 620 BGB Kündigung = NZA 2002, 54.
[2] Vgl. KR/*Rost* § 2 KSchG RN 51 m. w. N.
[3] BAG 13. 3. 2007 AP 1 zu § 4f BDSG = NZA 2007, 563.

eine bedingte Kündigung aussprechen, wobei die Bedingung in der Ablehnung des Änderungsangebots durch den Arbeitnehmer liegt.[4] Hierbei handelt es sich um eine zulässige Potestativbedingung, weil der Eintritt der Bedingung vom Willen des Kündigungsempfängers abhängt.[5]

2. Änderungskündigung vor Beendigungskündigung. a) Aus dem Verhältnismäßigkeitsgrundsatz folgt der Vorrang der Änderungskündigung vor der Beendigungskündigung. Soweit die Möglichkeit einer **Weiterbeschäftigung zu geänderten – gleichwertigen oder verschlechterten – Arbeitsbedingungen** besteht, hat der Arbeitgeber anstelle einer Beendigungskündigung eine Änderungskündigung auszusprechen. Nach früherer Auffassung des BAG hatte der Arbeitgeber dem Arbeitnehmer vor Ausspruch der Beendigungskündigung ein bestimmtes Änderungsangebot zu unterbreiten.[6] Davon ist das BAG inzwischen abgerückt. Zu Recht geht das BAG nunmehr davon aus, dass der Arbeitgeber nicht verpflichtet ist, in jedem Fall mit dem Arbeitnehmer eine einvernehmliche Lösung zu suchen. Der Arbeitgeber kann vielmehr auch ohne vorherige Verhandlungen mit dem Arbeitnehmer direkt eine Änderungskündigung aussprechen.[7] Damit sind vor Ausspruch der Änderungskündigung Gespräche zwischen Arbeitgeber und Arbeitnehmer mit dem Ziel einer einvernehmlichen Vertragsänderung selbstverständlich nicht ausgeschlossen, sie sind lediglich nicht notwendige Voraussetzung einer wirksamen Kündigung. Erklärt der Arbeitnehmer sein Einverständnis mit den neuen Bedingungen vor Ausspruch der Kündigung unter Vorbehalt, muss der Arbeitgeber eine Änderungskündigung erklären. 3

b) Bei einer **Ablehnung des Angebots** kommt kein Änderungsvertrag zustande. Der Arbeitgeber muss dann vor einer Beendigungskündigung keine Änderungskündigung aussprechen, wenn die Ablehnung vorbehaltlos und endgültig erfolgt ist. Hierzu muss der Arbeitnehmer unmissverständlich zu erkennen geben, dass er unter keinen Umständen – auch nicht unter dem Vorbehalt der sozialen Rechtfertigung – bereit sei, zu den geänderten Arbeitsbedingungen zu arbeiten.[8] Allein die Ablehnung eines der Kündigung vorangegangenen Angebots auf einvernehmliche Abänderung des Arbeitsverhältnisses durch den Arbeitnehmer soll den Arbeitgeber jedoch nach Auffassung des BAG noch nicht von der Verpflichtung zum Ausspruch einer Änderungskündigung entbinden. Damit überspannt das BAG indes die Anforderungen. Wenn der Arbeitnehmer ein ihm unterbreitetes Angebot unter dem Vorbehalt der sozialen Rechtfertigung annehmen will, hat er dies zum Ausdruck zu bringen. Dafür ist ausreichend aber auch erforderlich, dass der Arbeitnehmer deutlich macht, das Änderungsangebot gerichtlich überprüfen lassen zu wollen. Daran fehlt es jedoch, wenn er das Änderungsangebot ablehnt und ein Gegenangebot macht (§ 150 II BGB).[9] Unterbreitet der Arbeitgeber dem Arbeitnehmer vor Ausspruch der Kündigung ein Änderungsangebot, wird er bei Beachtung der Auffassung des BAG nunmehr sicherheitshalber im Falle der Ablehnung vom Arbeitnehmer die ausdrückliche Erklärung verlangen, das Angebot auch keinesfalls unter Vorbehalt annehmen zu wollen.[10] 4

c) Der Arbeitgeber hat dem Arbeitnehmer nur **zumutbare Weiterbeschäftigungsangebote** zu machen. Das Angebot darf nach Auffassung des BAG nur in Extremfällen entfallen (z. B. Angebot einer Pförtnerstelle an den bisherigen Personalchef), d. h. wenn der Arbeitgeber bei vernünftiger Betrachtung nicht mit einer Annahme des neuen Vertragsangebots durch den Arbeitnehmer rechnen konnte und ein derartiges Angebot vielmehr beleidigenden Charakter haben würde. Eine solche Situation kann unter Umständen gegeben sein, wenn der betroffene Arbeitnehmer so weit in der Personalhierarchie zurückgestuft würde, dass viele seiner bisher Untergebenen ihm nunmehr Weisungen erteilen könnten.[11] Über die Zumutbarkeit habe grundsätzlich der Arbeitnehmer zu entscheiden. Deshalb dürfe etwa das Angebot einer Teilzeitbeschäftigung, wenn es die einzige Alternative zu einer Beendigungskündigung darstelle, nicht mit der Begrün- 5

---

[4] BAG 27. 9. 2001 EzA 44 zu § 1 TVG; ErfK/*Oetker* § 2 KSchG RN 11; APS/*Künzl* § 2 KSchG RN 12; KR/*Rost* § 2 KSchG RN 15.

[5] Dazu BAG 10. 11. 1994 AP 24 zu § 9 KSchG 1969 = NZA 95, 309.

[6] BAG 27. 9. 1984 AP 8 zu § 2 KSchG 1969 = NZA 85, 455.

[7] Vgl. BAG 21. 4. 2005 AP 79 zu § 2 KSchG 1969 = NZA 2005, 1289; zust. BBDW/*Bram* § 2 RN 42; im Ergebnis auch *Annuß* NZA 2005, 443; ErfK/*Oetker* § 2 KSchG RN 4; KR/*Rost* § 2 KSchG RN 18 d ff.; Stahlhacke/*Preis* RN 1010.

[8] BAG 21. 4. 2005 AP 79 zu § 2 KSchG 1969 = NZA 2005, 1289; abweichend *Buchner* Anm. zu BAG EzA 52 zu § 2 KSchG.

[9] Kritisch zur Rechtsprechung insoweit auch *Annuß/Bartz* NJW 2006, 2153, 2154; *Bauer/Winzer* BB 2006, 266, 268; *Berkowsky* NZA 2006, 697, 700.

[10] *Annuß/Bartz* NJW 2006, 2153, 2154; *Bauer/Winzer* BB 2006, 266, 268.

[11] BAG 21. 9. 2006 AP 130 zu § 2 KSchG 1969 = NZA 2007, 431; 21. 4. 2005 AP 79 zu § 2 KSchG 1969 = NZA 2005, 1289.

dung unterbleiben, mit dem verbleibenden Einkommen könne der Arbeitnehmer seine Familie nicht ernähren.[12] Gegen diese Rechtsprechung bestehen Bedenken, weil das BAG die Pflicht, Weiterbeschäftigungsmöglichkeiten anzubieten, nicht konsequent am Verhältnismäßigkeitsgrundsatz misst, sondern allgemeine Zumutbarkeitsüberlegungen anstellt.[13] Der Verhältnismäßigkeitsgrundsatz bestimmt Inhalt und Grenzen der Weiterbeschäftigungspflicht. Die Änderungen müssen daher geeignet sein, den Inhalt des Arbeitsvertrags den geänderten Beschäftigungsmöglichkeiten anzupassen. Das ist anzunehmen, wenn der Arbeitnehmer persönlich und fachlich in der Lage ist, die geänderten Arbeitsaufgaben zu erledigen. Hierfür sind neben „harten" Faktoren, wie beispielsweise Ausbildung und besondere arbeitsplatzbezogene Kenntnisse und Fähigkeiten, auch „weiche" Faktoren von Bedeutung. Die Geeignetheit einer Weiterbeschäftigungsmöglichkeit ist objektiv zu bestimmen. Dieser Prüfungsmaßstab wird verlassen, wenn der Umfang der Weiterbeschäftigungsmöglichkeiten allein davon abhängig gemacht wird, ob sich der Arbeitnehmer die geänderten Arbeitsbedingungen subjektiv zumuten möchte oder nicht.

6 Eine vorhandene **Weiterbeschäftigungsmöglichkeit wird regelmäßig ungeeignet** sein, wenn ein vormals leitender Mitarbeiter, z. B. Bereichsleiter, nur noch als Sachbearbeiter tätig sein könnte und ehemals untergebene Abteilungs- und Teamleiter nunmehr direkte Vorgesetzte wären. Hier sind Konflikte vorprogrammiert. Ein ehemaliger Vorgesetzter wird sich nicht ohne Weiteres Weisungen vormals untergebener Mitarbeiter unterwerfen.[14] Ein freier Arbeitsplatz mit geänderten Arbeitsbedingungen wird allerdings in der Regel dann als objektiv geeignet anzusehen sein, wenn damit eine erheblich geringere Vergütung und eine verkürzte Wochenarbeitszeit verbunden ist, sofern der Arbeitnehmer die „harten" und „weichen" Eignungsanforderungen erfüllt. Allein ein **geringeres Einkommen,** bedingt durch kürzere Arbeitszeit und niedrigere Stundenvergütung, schließt die objektive Eignung noch nicht aus. Deshalb kann das Angebot einer Teilzeitbeschäftigung, wenn es die einzige Alternative zu einer Beendigungskündigung darstellt, seitens des Arbeitgebers nicht mit der Begründung unterbleiben, mit dem verbleibenden Einkommen könne der Arbeitnehmer seine Familie nicht ernähren. Entgegen der Auffassung des BAG ist hierfür allerdings nicht maßgebend, dass allein der Arbeitnehmer beurteilen könne, ob die Möglichkeit eines Zuverdienstes bestehe oder ob eine Teilzeitbeschäftigung seinen Interessen entgegenkomme.[15] Entscheidend ist vielmehr, dass eine Weiterbeschäftigung zu geänderten Arbeitsbedingungen mit einer geringeren Vergütung objektiv **geeignet** ist, den Inhalt des Arbeitsverhältnisses den geänderten Beschäftigungsmöglichkeiten anzupassen, sofern die neue Tätigkeit keine erhebliche Änderung der Unterstellungsverhältnisse zur Folge hat und deshalb wegen der damit einhergehenden Spannungen ungeeignet ist.[16]

7 **d)** Bestehen mehrere geeignete Weiterbeschäftigungsmöglichkeiten, hat der Arbeitgeber dem Arbeitnehmer grundsätzlich den Arbeitsplatz anzubieten, dessen Arbeitsbedingungen sich am wenigsten weit von den bisherigen entfernen. Nur dann ist das konkrete Änderungsangebot erforderlich.[17] Ist die **Bewertung der Arbeitsplätze nicht eindeutig,** ist es Sache des Arbeitnehmers zu entscheiden, welche der Tätigkeiten für ihn in Betracht kommt. Der Arbeitgeber kann in diesem Fall eine Änderungskündigung aussprechen und dem Arbeitnehmer dabei alternativ und hinreichend bestimmt[18] die in Betracht kommenden Beschäftigungsmöglichkeiten anbieten. Es ist dann Sache des Arbeitnehmers, sich für eine der Varianten zu entscheiden.[19] Fallen infolge einer unternehmerischen Entscheidung Arbeitsplätze weg und hat der Arbeitgeber für die betroffenen Arbeitnehmer nicht genügend freie Arbeitsplätze, hat der Arbeitgeber zunächst eine Reihung der Arbeitnehmer vorzunehmen. Das BAG hat bislang zwar eine Auswahl ausreichen lassen, die den Anforderungen des § 315 BGB entspricht,[20] in seiner neuesten Rechtsprechung hat der Zweite Senat jedoch zu Recht darauf hingewiesen, es sprächen ge-

---

[12] BAG 21. 4. 2005 AP 79 zu § 2 KSchG 1969 = NZA 2005, 1289; 22. 9. 2005 AP 10 zu § 81 SGB IX = NZA 2006, 486.

[13] Kritisch hierzu auch *Annuß/Bartz* NJW 2006, 2153, 2155; *Bauer/Winzer* BB 2006, 266, 267 f.; *v. Hoyningen-Huene/Linck* § 2 RN 84 ff.; *Schrader/Straube* DB 2006, 1678 f.; *Wank* Anm. zu BAG AP 79 zu § 2 KSchG 1969.

[14] *Annuß/Bartz* NJW 2006, 2153, 2155; *Bauer/Winzer* BB 2006, 266, 267 f.; kritisch auch *Wank* Anm. zu BAG AP 79 zu § 2 KSchG 1969.

[15] BAG 21. 4. 2005 AP 80 zu § 2 KSchG 1969 = NZA 2005, 1294.

[16] A. A. insoweit *Bauer/Winzer* BB 2006, 266, 267 f.

[17] BAG 22. 9. 2005 AP 10 zu § 81 SGB IX = NZA 2006, 486; zur außerordentlichen Änderungskündigung BAG 17. 3. 2005 AP 58 zu § 15 KSchG 1969 = NZA 2005, 949.

[18] Dazu BAG 15. 1. 2009 – 2 AZR 641/07 z. V. v.

[19] Vgl. dazu BAG 28. 10. 1999 AP 44 zu § 15 KSchG 1969 = NZA 2000, 825.

[20] BAG 21. 9. 2000 AP 111 zu § 1 KSchG 1969 Betriebsbedingte Kündigung.

wichtige Gründe dafür, die Auswahlentscheidung nicht lediglich am Maßstab billigen Ermessens (§ 315 BGB) zu beurteilen, sondern insoweit die Grundsätze der Sozialauswahl nach § 1 III KSchG entsprechend heranzuziehen.[21] Dem sozial schutzwürdigsten Arbeitnehmer hat der Arbeitgeber einen für diesen Arbeitnehmer objektiv geeigneten Arbeitsplatz anzubieten, dessen Arbeitsbedingungen am wenigsten weit von den bisherigen entfernt liegen. In Zweifelsfällen empfiehlt sich auch eine Änderungskündigung mit Alternativangeboten.[22]

3. Überflüssige Änderungskündigung. a) Nach dem im Kündigungsschutzrecht geltenden Grundsatz der Verhältnismäßigkeit darf der Arbeitgeber erst dann eine Änderungskündigung aussprechen, wenn keine Möglichkeit besteht, die beabsichtigte Änderung mit weniger einschneidenden Mitteln zu erreichen. Sofern der Arbeitgeber daher seinen Änderungswunsch auch durch Ausübung seines Direktionsrechts umsetzen kann, verstößt er gegen den Grundsatz der Verhältnismäßigkeit, wenn er stattdessen eine Änderungskündigung erklärt. Eine solche Änderungskündigung ist nach h. M. wegen der damit verbundenen Bestandsgefährdung unwirksam, wenn der Arbeitnehmer das Änderungsangebot **nicht unter Vorbehalt** annimmt.[23] **8**

b) Spricht der Arbeitgeber eine Änderungskündigung aus, obwohl die von ihm angestrebte Änderung der Tätigkeit im Wege des Weisungsrechts durchzusetzen gewesen wäre, führt das nach Auffassung des BAG nicht zur Unwirksamkeit der Änderungskündigung, wenn der Arbeitnehmer das Änderungsangebot **unter Vorbehalt** annimmt. Die Änderungskündigung sei nicht wegen eines Verstoßes gegen den Grundsatz der Verhältnismäßigkeit unwirksam. Zwar sei an sich eine überflüssige Änderungskündigung wegen der damit verbundenen Bestandsgefährdung unverhältnismäßig mit der Folge der Unwirksamkeit. Bei Annahme des mit der Änderungskündigung verbundenen Angebots unter Vorbehalt führe eine „überflüssige" Änderungskündigung jedoch nicht zur Unwirksamkeit der Änderung der Arbeitsbedingungen wegen eines Verstoßes gegen den Grundsatz der Verhältnismäßigkeit, weil Streitgegenstand der Änderungsschutzklage nicht eine mögliche Beendigung des Arbeitsverhältnisses sei, sondern dessen inhaltliche Ausgestaltung. Unverhältnismäßig könne jedoch nur das Element der Kündigung sein, nicht dagegen das mit der Kündigung verbundene Änderungsangebot.[24] Hiergegen spricht jedoch, dass sich die Wirksamkeit einer Änderungskündigung nach den Verhältnissen zum Zeitpunkt des Zugangs der Kündigung beurteilt. Kündigung und Änderungsangebot bilden eine Einheit, weil der Arbeitgeber die Änderung der Arbeitsbedingungen mit dem Mittel der Kündigung zu erreichen versucht.[25] **9**

4. Kündigungsfrist. a) Bei einer ordentlichen Änderungskündigung, von der § 2 KSchG ausgeht, hat der Arbeitgeber die **einschlägige Kündigungsfrist** einzuhalten. Eine ordentliche Änderungskündigung, die auf eine vor Ablauf der Kündigungsfrist des betreffenden Arbeitnehmers wirksam werdende Verschlechterung der Arbeitsbedingungen zielt, ist nach § 2 KSchG sozial ungerechtfertigt.[26] Der Arbeitnehmer ist nicht verpflichtet, auf einen Teil der ihm zustehenden Kündigungsfrist zu verzichten und vorzeitig in eine Vertragsänderung mit schlechteren Arbeitsbedingungen (insbesondere eine Lohnminderung) einzuwilligen.[27] Ein solches Angebot des Arbeitgebers kann nach Auffassung des BAG nicht ohne Weiteres als Angebot verstanden werden, die neuen Arbeitsbedingungen bei Unzulässigkeit der vorfristigen Änderung erst mit dem Ablauf der ordentlichen Kündigungsfrist eintreten zu lassen. Da der Arbeitnehmer auf das Vertragsangebot des Arbeitgebers reagieren und sich entscheiden müsse, ob er die geänderten Arbeitsbedingungen ablehne oder mit bzw. ohne Vorbehalt annehme, erfordere schon die Rechtssicherheit, dass zweifelsfrei klargestellt sei, zu welchen neuen Arbeitsbedingungen das Arbeitsverhältnis nach dem Willen des Arbeitgebers fortbestehen solle.[28] Allerdings wird stets im **10**

---

[21] BAG 22. 9. 2005 AP 59 zu § 15 KSchG 1969 = NZA 2006, 558.

[22] Sehr anschaulich hierzu *Bauer/Winzer* BB 2006, 266, 271 f.; vgl. dazu auch *Kock* NJW 2006, 728.

[23] Vgl. BAG 6. 9. 2007 AP 135 zu § 2 KSchG 1969 = NZA-RR 2008, 291; 24. 6. 2004 ZTR 2004, 579; 9. 7. 1997 AP 233 zu §§ 22, 23 BAT 1975; 26. 1. 1995 AP 37 zu § 2 KSchG 1969; 9. 2. 1989 RzK I 7 a Nr. 15; APS/*Künzl* § 2 KSchG RN 116; KR/*Rost* § 2 KSchG RN 106 a; kritisch dazu *Hunold* NZA 2008, 860.

[24] BAG 26. 1. 1995 AP 36 zu § 2 KSchG 1969 = NZA 95, 626; 9. 7. 1997 AP 233 zu §§ 22, 23 BAT 1975 = NZA 98, 494; 24. 8. 2004 AP 77 zu § 2 KSchG 1969 = NZA 2005, 51; 26. 8. 2008 – 1 AZR 353/07 z. V. v.; offengelassen nunmehr von BAG 6. 9. 2007 AP 135 zu § 2 KSchG 1969 = NZA-RR 2008, 291.

[25] Ablehnend auch *Berkowsky* NZA-RR 2003, 449, 455; APS/*Künzl* § 2 KSchG RN 119; KR/*Rost* § 2 KSchG RN 106 b.

[26] BAG 21. 9. 2006 AP 86 zu § 2 KSchG 1969 = NZA 2007, 435.

[27] BAG 21. 4. 2005 AP 80 zu § 2 KSchG 1969 = NZA 2005, 1294.

[28] BAG 21. 9. 2006 AP 86 zu § 2 KSchG 1969 = NZA 2007, 435.

Wege der Auslegung zu prüfen sein, ob der Arbeitgeber nicht mit der zutreffenden Frist kündigen wollte.

11 **b)** Zulässig ist aber auch eine **außerordentliche fristlose Änderungskündigung**[29] oder eine außerordentliche Änderungskündigung mit **Auslauffrist.**[30] Denkbar sind auch **Massenänderungskündigungen.**[31]

12 **5. Formelle Anforderungen. a)** Die Änderungskündigung nach § 2 KSchG muss die Erklärung einer ordentlichen Kündigung des Arbeitsverhältnisses enthalten. Sie bedarf deshalb gem. § 623 BGB der **Schriftform.** Da die Kündigung und das Änderungsangebot eine innere Einheit bilden, bezieht sich das Schriftformerfordernis auch auf das Änderungsangebot.[32] Wird die Änderungskündigung nicht schriftlich ausgesprochen, ist sie nach § 125 BGB nichtig. Das Formerfordernis ist gewahrt, wenn der Inhalt des Änderungsangebots im Kündigungsschreiben hinreichenden Anklang gefunden hat.

13 **b)** Der Arbeitgeber muss weiterhin die jeweils einschlägigen **besonderen gesetzlichen Kündigungsschutzbestimmungen,**[33] wie z. B. § 9 MuSchG, § 85 SGB IX, §§ 15, 17 KSchG, § 5 PflegeZG beachten.

14 **6. Änderungsangebot. a)** Das Änderungsangebot muss **bestimmt bzw. bestimmbar** sein.[34] Es hat den Voraussetzungen des § 145 BGB zu entsprechen.[35] Der Arbeitnehmer muss erkennen können, welche Arbeitsbedingungen künftig gelten sollen. Dem genügt nicht, wenn der Arbeitgeber anbietet, das Arbeitsverhältnis „in einer niedrigeren Vergütungsgruppe" fortzusetzen.[36] Fehlt es an einem hinreichend bestimmten, annahmefähigen Änderungsangebot, ergibt sich jedoch andererseits aus der Erklärung des Arbeitgebers und den Umständen (§§ 133, 157 BGB), dass es ihm in erster Linie um die Änderung der Arbeitsbedingungen ging und er keine von einem Änderungsangebot unabhängige Beendigung des Arbeitsverhältnisses wollte, ist die von ihm erklärte (Beendigungs-)Kündigung unwirksam (§ 139 BGB).[37]

15 **b)** Hat der Arbeitgeber die **Wahl zwischen verschiedenen Änderungsangeboten,** gebietet der Ultima-Ratio-Grundsatz die Wahl des mildesten Mittels, d. h. der Arbeitgeber muss mit der Änderungskündigung grundsätzlich die Vertragsänderung anbieten, die dem Arbeitnehmer bei objektiver Betrachtung am ehesten zumutbar ist und die ihn am wenigsten belastet. In Zweifelsfällen kann der Arbeitgeber mit der Änderungskündigung Alternativangebote unterbreiten.[38]

16 **c)** Der Arbeitgeber ist nicht verpflichtet, dem Arbeitnehmer eine **freie Mitarbeit** anzubieten.[39] § 2 Satz 1 KSchG verlangt ein Angebot zur Fortsetzung des – modifizierten – Arbeitsverhältnisses. Die gesetzliche Regelung will einen Schutz vor einseitigen Veränderungen des Arbeitsverhältnisses schaffen.

17 **d)** Das Änderungsangebot kann auch die **nachträgliche Befristung** eines zunächst auf unbestimmte Zeit eingegangenen Arbeitsverhältnisses zum Gegenstand haben.[40] Die Inhaltskontrolle der Befristungsabrede hat nunmehr nach der allgemeinen Regelung in § 307 I 1 BGB zu erfolgen (§ 38 RN 67).[41]

18 **e)** Der erforderliche **Zusammenhang zwischen Kündigung und Änderungsangebot** besteht nur dann, wenn das Änderungsangebot spätestens mit dem Zugang der Kündigungserklärung abgegeben wird. Ein nach diesem Zeitpunkt unterbreitetes Änderungsangebot ist nicht zu berücksichtigen. Ansonsten würden in die Bewertung der Kündigung Umstände einbezogen, die im Zugangszeitpunkt noch gar nicht vorlagen. Dies wäre mit dem Grundsatz, dass die Wirksamkeit einer Kündigung nur nach den objektiven Verhältnissen im Zeitpunkt des Kündigungs-

---

[29] BAG 2. 3. 2006 AP 82 zu § 2 KSchG 1969 = NZA 2006, 985; 27. 9. 2001 EzA 54 zu § 15 KSchG n. F. = NZA 2002, 815; 4. 10. 1990 AP 12 zu § 626 BGB Druckkündigung = NZA 91, 468.
[30] BAG 21. 6. 1995 AP 34 zu § 15 KSchG 1969 = NZA 95, 1157.
[31] BAG 18. 10. 1984 AP 6 zu § 1 KSchG 1969 Soziale Auswahl = NZA 85, 423.
[32] BAG 16. 9. 2004 AP 78 zu § 2 KSchG 1969 = NZA 2005, 635.
[33] BAG 10. 3. 1982 AP 2 zu § 2 KSchG 1969.
[34] BAG 15. 1. 2009 – 2 AZR 641/07 z. V. v.
[35] BAG 17. 5. 2001 EzA 3 zu § 620 BGB Kündigung = NZA 2002, 54.
[36] LAG Rheinland-Pfalz 6. 2. 1987 LAGE § 2 KSchG Nr. 6.
[37] BAG 17. 5. 2001 EzA 3 zu § 620 BGB Kündigung = NZA 2002, 54.
[38] BAG 28. 10. 1999 AP 44 zu § 15 KSchG 1969 = NZA 2000, 825.
[39] BAG 21. 2. 2001 EzA 45 zu § 2 KSchG.
[40] BAG 25. 4. 1996 AP 78 zu § 1 KSchG 1969 Betriebsbedingte Kündigung = NZA 96, 1197.
[41] BAG 27. 7. 2005 AP 6 zu § 307 BGB = NZA 2006, 40.

zugangs zu beurteilen ist, nicht vereinbar.[42] Bei einem vorangehenden Änderungsangebot liegt eine Änderungskündigung nur vor, wenn der Arbeitgeber in der Kündigungserklärung auf das Angebot Bezug nimmt und klarstellt, dass er das Angebot aufrechterhält.[43] Eine unbedingte Kündigungserklärung ohne gleichzeitiges oder vorausgegangenes Änderungsangebot, auf das in der Kündigung Bezug genommen wird, ist nicht als Änderungskündigung, sondern als Beendigungskündigung zu behandeln.[44]

7. Mitbestimmung des Betriebsrats. a) Bei Änderungskündigungen hat der Arbeitgeber den Betriebsrat nicht nur nach **§ 102 I BetrVG,** sondern im Falle der Versetzung oder Umgruppierung auch noch nach **§ 99 I BetrVG** zu beteiligen. Führt die Änderungskündigung zu neuen Arbeitszeiten des Arbeitnehmers oder einer Änderung des Vergütungssystems, kommt eine Mitwirkung nach **§ 87 I Nr. 2 bzw. Nr. 10 BetrVG** in Betracht. 19

b) Vor Ausspruch der Änderungskündigung hat der Arbeitgeber den Betriebsrat anzuhören (§ 102 BetrVG). Dabei sind dem Betriebsrat die **Gründe für die Änderung der Arbeitsbedingungen sowie das Änderungsangebot mitzuteilen** (näher dazu § 124).[45] Wird dem Betriebsrat das Änderungsangebot nicht mitgeteilt und muss dieser deswegen davon ausgehen, es gehe um eine Beendigungskündigung, führt dies zur Unwirksamkeit nach § 102 I 3 BetrVG.[46] Unterbreitet der Arbeitgeber dem Arbeitnehmer vor Ausspruch der Kündigung ein Änderungsangebot und legt er im Rahmen der Anhörung zu einer beabsichtigten Änderungskündigung dem Betriebsrat neben dem Änderungsangebot auch die Stellungnahme des Arbeitnehmers hierzu vor, genügt diese Anhörung bei Ablehnung des Änderungsangebots durch den Arbeitnehmer nach Auffassung des BAG nicht den Erfordernissen für eine dann tatsächlich ausgesprochene Beendigungskündigung.[47] Die Beendigungskündigung sei nämlich nicht die zwingende Folge der Ablehnung des Änderungsangebots durch den Arbeitnehmer, da es im Ermessen des Arbeitgebers stehe, dem Arbeitnehmer auch nach Ablehnung des Änderungsangebots eine Änderungskündigung auszusprechen. Der Arbeitgeber habe dem Betriebsrat deshalb zu verdeutlichen, dass er bei einer Ablehnung des Angebots eine Beendigungskündigung beabsichtige. 20

c) Bezüglich der **Folgen einer nicht ordnungsgemäßen Betriebsratsanhörung** ist zu unterscheiden: **(1)** Nimmt der Arbeitnehmer das Änderungsangebot nicht, auch nicht unter Vorbehalt an, führt eine nicht ordnungsgemäße Betriebsratsanhörung nach § 102 I BetrVG ohne Weiteres zur Unwirksamkeit der Kündigung. **(2)** Bei vorbehaltloser Annahme des Änderungsangebots wirkt sich die nicht ordnungsgemäße Betriebsratsanhörung nicht aus. Mit der Annahme ohne Vorbehalt bringt der Arbeitnehmer zum Ausdruck, dass die geänderten Arbeitsbedingungen unabhängig von der Wirksamkeit der Änderungskündigung gelten sollen.[48] **(3)** Nimmt der Arbeitnehmer das Änderungsangebot unter dem Vorbehalt der sozialen Rechtfertigung an, kommt ein durch die rechtskräftige Feststellung der Unwirksamkeit der Änderungskündigung auflösend bedingter Änderungsvertrag zustande. Die Unwirksamkeit der Kündigung ergibt sich in diesem Fall schon aus dem Verstoß gegen § 102 I BetrVG. Mit der rechtskräftigen Feststellung der Unwirksamkeit der Kündigung entfällt die individualrechtliche Grundlage für die Änderung der Arbeitsbedingungen.[49] 21

d) Will der Arbeitgeber mit einer Änderungskündigung eine **Versetzung** des Arbeitnehmers i. S. v. § 95 III BetrVG bewirken, ist die Zustimmung des Betriebsrats nach § 99 BetrVG nur Wirksamkeitsvoraussetzung für die tatsächliche Zuweisung des neuen Arbeitsbereichs nach Ablauf der Kündigungsfrist. Ist die Zustimmung des Betriebsrats nach § 99 BetrVG nicht erteilt oder ersetzt, führt dies nicht zur – schwebenden – Unwirksamkeit der Änderungskündigung. Der Arbeitgeber kann nach der Rechtsprechung des BAG allerdings die geänderten Vertragsbedingungen nicht durchsetzen, solange das Verfahren nach § 99 BetrVG nicht ordnungsgemäß durchgeführt ist. Der Arbeitnehmer sei dann in dem alten Arbeitsbereich weiterzubeschäftigen, 22

---

[42] BAG 17. 5. 2001 EzA 3 zu § 620 BGB Kündigung = NZA 2002, 54.

[43] BAG 27. 9. 1984 AP 8 zu § 2 KSchG 1969 = NZA 85, 455.

[44] BAG 17. 5. 2001 EzA 3 zu § 620 BGB Kündigung = NZA 2002, 54; 10. 12. 1975 AP 90 zu §§ 22, 23 BAT.

[45] BAG 27. 9. 2001 AP 40 zu § 4 TVG Nachwirkung = NZA 2002, 750; 19. 5. 1993 AP 31 zu § 2 KSchG 1969 = NZA 93, 1075.

[46] BAG 27. 5. 1982 BB 85, 56.

[47] BAG 30. 11. 1989 AP 53 zu § 102 BetrVG 1972 = NZA 90, 529.

[48] Ebenso ErfK/*Oetker* § 2 KSchG RN 19; KR/*Rost* § 2 KSchG RN 121; a. A. KDZ/*Zwanziger* § 2 KSchG RN 187.

[49] ErfK/*Oetker* § 2 KSchG RN 21.

der ihm nicht wirksam entzogen worden sei.[50] Eine Weiterbeschäftigung des Arbeitnehmers zu den bisherigen Arbeitsbedingungen kommt nach kündigungsrechtlich wirksamer Änderungskündigung entgegen der Auffassung des BAG jedoch nicht in Betracht. Die Annahme des Änderungsangebots führt nicht – wie das BAG meint – zu einer Erweiterung des Direktionsrechts des Arbeitgebers, sondern zu einer Veränderung der arbeitsvertraglich geschuldeten Arbeitsleistung.[51]

23 **e)** Im **öffentlichen Dienst** können weitergehende Beteiligungsrechte des Personalrats bestehen.[52] So ist eine Änderungskündigung in der Regel unwirksam, wenn der Personalrat fristgerecht Einwendungen erhebt und der Arbeitgeber eine nach dem einschlägigen Personalvertretungsgesetz vorgeschriebene Erörterung mit dem Personalrat unterlassen hat.[53]

24 **f)** Nach Auffassung des Zweiten Senats des BAG hat das **Mitbestimmungsrecht des Betriebsrats aus § 87 I Nr. 10 BetrVG** keine Auswirkungen auf die Wirksamkeit einer Änderungskündigung. Eine nicht mitbestimmte, aber sozial gerechtfertigte Änderung der Vertragsbedingungen könne der Arbeitgeber lediglich nicht durchsetzen, solange die Mitbestimmung nicht durchgeführt sei.[54] Diese Auffassung ist abzulehnen.[55] Hierbei wird nicht genügend berücksichtigt, dass eine Maßnahme des Arbeitgebers, die der notwendigen Mitbestimmung entbehrt, rechtswidrig und unwirksam ist. Die tatsächlich durchgeführte Mitbestimmung ist Wirksamkeitsvoraussetzung für Maßnahmen zum Nachteil des Arbeitnehmers.[56]

II. Annahme unter Vorbehalt

25 **1. Gesetzeszweck.** Spricht der Arbeitgeber eine Änderungskündigung aus, kann der Arbeitnehmer das Änderungsangebot unter dem **Vorbehalt der sozialen Rechtfertigung** annehmen. Ohne diese Regelung stünde der Arbeitnehmer nur vor der Alternative, entweder die angebotene Änderung sogar bei erheblichen Zweifeln an deren sozialer Berechtigung hinzunehmen oder aber sie ganz abzulehnen und die dann verbleibende Kündigung mit der Kündigungsschutzklage nach § 4 Satz 1 KSchG anzugreifen und dabei im Falle des Unterliegens den Arbeitsplatz zu verlieren. Zweck des § 2 KSchG ist, dem Arbeitnehmer dieses Risiko zu nehmen. Wird der Klage stattgegeben, bestehen die ursprünglichen Arbeitsbedingungen unverändert weiter. Für die Vergangenheit kann der Arbeitnehmer ggf. Annahmeverzugsvergütung beanspruchen. Wird die Klage rechtskräftig abgewiesen, tritt die Bedingung nicht ein und das Arbeitsverhältnis besteht zu den geänderten Vertragsbedingungen fort. In jedem Fall behält der Arbeitnehmer seinen Arbeitsplatz.

26 **2. Erklärung des Vorbehalts. a)** Der Vorbehalt muss **gegenüber dem Arbeitgeber erklärt** werden. Er muss hinreichend bestimmt sein und den an eine Willenserklärung zu stellenden Anforderungen genügen. Die Vorbehaltserklärung ist nicht an eine bestimmte Form gebunden. Der Vorbehalt kann deshalb auch konkludent, mündlich oder per Telefax erfolgen. Aus Beweisgründen sollte der Vorbehalt jedoch schriftlich erklärt werden.[57] Nach § 2 Satz 2 KSchG hat der Arbeitnehmer den Vorbehalt innerhalb der Kündigungsfrist, spätestens jedoch innerhalb von drei Wochen nach Zugang der Kündigung zu erklären. Die Fristberechnung erfolgt nach §§ 187 ff. BGB. Maßgeblich ist der Zugang der Vorbehaltserklärung beim Arbeitgeber. § 167 ZPO findet keine Anwendung, weil zur Wahrung der Frist keine Prozesshandlung erforderlich ist.[58] Es ist nicht ratsam, die Vorbehaltserklärung in der Kündigungsschutzklage abzugeben, weil die Klageschriften dem Arbeitgeber häufig erst nach Ablauf der Dreiwochenfrist zugestellt werden.

---

[50] BAG 30. 9. 1993 AP 33 zu § 2 KSchG 1969 = NZA 94, 615; 7. 11. 2002 AP 98 zu § 615 BGB.

[51] Vgl. ErfK/*Oetker* § 2 KSchG RN 26 f.; APS/*Künzl* § 2 KSchG RN 154; *v. Hoyningen-Huene/Linck* § 2 RN 202.

[52] Vgl. BAG AP 2 zu § 72 LPVG NW = NZA 89, 364.

[53] BAG 20. 1. 2000 AP 56 zu § 2 KSchG 1969 = NZA 2000, 367.

[54] Vgl. BAG 17. 6. 1998 AP 49 zu § 2 KSchG 1969 = NZA 98, 1225; 1. 7. 1999 AP 53 zu § 2 KSchG 1969 = NZA 99, 1336; 23. 11. 2000 FA 2001, 243; zust. APS/*Künzl* § 2 KSchG RN 171; HK-KSchG/*Weller/Hauck* § 2 RN 176; – ähnlich *Löwisch/Spinner* § 2 RN 112 (schwebend unwirksame Änderungskündigung).

[55] Ebenso *Fitting* § 102 RN 10; HaKo/*Pfeiffer* § 2 KSchG RN 71; KR/*Rost* § 2 KSchG RN 145 ff.; KDZ/*Zwanziger* § 2 KSchG RN 189 a; *v. Hoyningen-Huene/Linck* § 2 RN 205.

[56] Vgl. dazu BAG 11. 6. 2002 AP 113 zu § 87 BetrVG 1972 Lohngestaltung = NZA 2003, 570 sowie BAG GS 3. 12. 1991 AP 51 zu § 87 BetrVG 1972 Lohngestaltung = NZA 92, 749.

[57] BBDW/*Bram* § 2 RN 31; APS/*Künzl* § 2 KSchG RN 212; *Löwisch/Spinner* § 2 RN 29; ErfK/*Oetker* § 2 KSchG RN 37; KR/*Rost* § 2 KSchG RN 70; Stahlhacke/*Vossen* RN 2050.

[58] BAG 17. 6. 1998 AP 49 zu § 2 KSchG 1969 = NZA 98, 1225.

b) Nach Zugang einer **außerordentlichen Änderungskündigung** hat der Arbeitnehmer den Vorbehalt unverzüglich zu erklären. Die sofortige widerspruchslose Weiterarbeit des Arbeitnehmers auf dem ihm mit der fristlosen Änderungskündigung angebotenen neuen Arbeitsplatz ist jedenfalls in der Regel solange nicht als vorbehaltlose Annahme des Änderungsangebots und damit als Verzicht auf die Geltendmachung der Unwirksamkeit der außerordentlichen Änderungskündigung zu verstehen, wie der Arbeitnehmer noch rechtzeitig, d.h. ohne schuldhaftes Zögern, einen Vorbehalt entsprechend § 2 KSchG erklären kann.[59] Das BAG hat eine Vorbehaltserklärung, die dem Arbeitgeber unter Einschluss des Wochenendes fünf Tage nach der außerordentlichen Änderungskündigung zuging, als noch wirksam erachtet.[60] 27

3. Verspätete Vorbehaltserklärung. Erklärt der Arbeitnehmer den Vorbehalt nicht rechtzeitig (§ 2 Satz 2 KSchG), steht es dem Arbeitgeber frei, sich hierauf einzulassen oder nicht. Denn in dem verspätet erklärten Vorbehalt liegt gem. § 150 I BGB ein **neues Angebot des Arbeitnehmers,** auf Fortsetzung des Arbeitsverhältnisses zu den vom Arbeitgeber angebotenen Bedingungen. Dieses Angebot kann der Arbeitgeber annehmen. Die Annahmeerklärung kann ausdrücklich auch durch Weiterbeschäftigung des Arbeitnehmers zu den geänderten Bedingungen erfolgen.[61] 28

4. Rechtsfolgen. a) Erklärt der Arbeitnehmer ordnungsgemäß den Vorbehalt, besteht das Arbeitsverhältnis rückwirkend **(§ 8 KSchG) auflösend bedingt (§ 158 II BGB)** durch die rechtskräftige Feststellung der Unwirksamkeit der Änderungskündigung vorläufig zu den geänderten Bedingungen weiter.[62] 29

b) Die Annahme eines Angebots unter Vorbehalt kann nach § 4 V TVG die **Nachwirkung eines Tarifvertrags beenden.**[63] So bleibt nach dem Austritt des Arbeitgebers aus dem Arbeitgeberverband zunächst die Tarifgebundenheit des Arbeitgebers nach § 3 III TVG bestehen. Es tritt die verlängerte Tarifgebundenheit (Nachbindung) ein. Die verlängerte Tarifgebundenheit nach § 3 III TVG endet mit jeder Änderung eines Tarifvertrags. Sie erfasst dabei auch die unveränderten Tarifregelungen.[64] Bei einem Verbandsaustritt schließt sich an das Ende der verlängerten Tarifgebundenheit nach § 3 III TVG die Nachwirkung nach § 4 V TVG an.[65] Die Nachwirkung hat nur eine Überbrückungsfunktion. Sie endet ihrerseits, wenn die Tarifnormen durch eine andere Abmachung ersetzt werden. Das kann durch eine einzelvertragliche Abmachung erfolgen.[66] Eine solche Abmachung kann auch dadurch zustande kommen, dass ein Arbeitnehmer das in einer Änderungskündigung enthaltene Änderungsangebot unter Vorbehalt annimmt. Nimmt er das Änderungsangebot unter Vorbehalt an, liegt eine Zustimmung vor, die zur Abänderung der Arbeitsbedingungen zum Zeitpunkt des Ablaufs der Kündigungsfrist führt, sobald die soziale Rechtfertigung der Änderungskündigung gemäß §§ 2, 1 KSchG rechtskräftig festgestellt ist.[67] 30

c) Der Arbeitnehmer ist bis zur rechtskräftigen Entscheidung im Kündigungsschutzverfahren zur Weiterarbeit zu den geänderten Arbeitsbedingungen verpflichtet.[68] Es besteht **kein Weiterbeschäftigungsanspruch** nach § 102 V BetrVG.[69] Des Weiteren scheidet auch eine Weiterbeschäftigung zu den alten Arbeitsbedingungen auf Grund des allgemeinen Weiterbeschäftigungsanspruchs aus.[70] 31

III. Annahme ohne Vorbehalt

1. Willenserklärung. Der Arbeitnehmer kann das in der Änderungskündigung enthaltene Angebot zur Änderung der Arbeitsbedingungen vorbehaltlos annehmen. Die Annahme des 32

---

[59] BAG 27. 3. 1987 AP 20 zu § 2 KSchG 1969 = NZA 88, 737; 19. 6. 1986 AP 16 zu § 2 KSchG 1969 = NZA 87, 94.

[60] BAG 27. 3. 1987 AP 20 zu § 2 KSchG 1969 = NZA 88, 737.

[61] BAG 17. 6. 1998 AP 49 zu § 2 KSchG 1969 = NZA 98, 1225.

[62] BAG 24. 3. 2004 AP 22 zu § 3 EFZG; 27. 9. 1984 AP 8 zu § 2 KSchG 1969 = NZA 85, 455.

[63] BAG 27. 9. 2001 AP 40 zu § 4 TVG Nachwirkung = NZA 2002, 750.

[64] Vgl. BAG 7. 11. 2001 AP 11 zu § 3 TVG Verbandsaustritt = NZA 2002, 748; 18. 3. 1992 AP 13 zu § 3 TVG = NZA 92, 700.

[65] BAG 4. 4. 2001 AP 9 zu § 3 TVG Verbandsaustritt = NZA 2002, 104.

[66] BAG 24. 11. 1999 AP 34 zu § 4 TVG Nachwirkung = NZA 2000, 435.

[67] BAG 27. 9. 2001 AP 40 zu § 4 TVG Nachwirkung = NZA 2002, 750.

[68] BAG 18. 1. 1990 AP 27 zu § 2 KSchG 1969 = NZA 90, 734.

[69] Ebenso KR/*Etzel* § 102 BetrVG RN 199c; APS/*Künzl* § 2 KSchG RN 232; ErfK/*Oetker* § 2 KSchG RN 22.

[70] BAG 18. 1. 1990 AP 27 zu § 2 KSchG 1969 = NZA 90, 734.

Änderungsangebots ist eine **empfangsbedürftige Willenserklärung.** Sie bedarf anders als die Änderungskündigung nicht der Schriftform nach § 623 BGB.[71] Das Arbeitsverhältnis besteht dann mit dem geänderten Inhalt fort, eine Beendigung erfolgt nicht. Die Vertragsänderung tritt nach Ablauf der Kündigungsfrist oder – bei einer außerordentlichen fristlosen Änderungskündigung – nach Zugang der Kündigung in Kraft.

33 **2. Frist.** Im Gesetz ist nicht ausdrücklich geregelt, **bis zu welchem Zeitpunkt** die vorbehaltlose Annahme des Änderungsangebots wirksam erklärt werden kann. Nach Auffassung des BAG ist die vorbehaltlose Annahme des in einer Änderungskündigung enthaltenen Änderungsangebots nicht an die Höchstfrist von drei Wochen nach Zugang der Kündigung (§ 2 Satz 2 KSchG) gebunden.[72] Diese gelte nur für die Vorbehaltserklärung. Anders sei es, wenn der Arbeitnehmer die Kündigung als solche nicht angreifen wolle und nur überlege, ob er nach Ablauf der Kündigungsfrist zu den neuen Bedingungen weiterarbeiten wolle oder nicht. Nach Ablauf der Dreiwochenfrist wisse der Arbeitgeber regelmäßig, dass nur noch zwei Möglichkeiten bestehen: Entweder arbeite der Arbeitnehmer zu den neuen Bedingungen weiter oder das Arbeitsverhältnis ende mit Ablauf der Kündigungsfrist. Eine Verkürzung der Frist könne sich im Einzelfall aus § 147 II BGB ergeben.[73] Darüber hinaus könne der Arbeitgeber nach § 148 BGB eine seine besonderen Interessen berücksichtigende Frist setzen. Kündige der Arbeitgeber lange vor dem Zeitpunkt, zu dem er unter Einhaltung der ordentlichen Kündigungsfrist zu dem beabsichtigten Kündigungstermin noch hätte kündigen können, könne er regelmäßig nicht erwarten, dass der Arbeitnehmer die existenzielle Entscheidung, ob er sein Arbeitsverhältnis aufgebe oder zu geänderten Arbeitsbedingungen weiterarbeite, in kürzester Frist treffe. Mindestfrist für die Erklärung der vorbehaltlosen Annahme des Änderungsangebots sei die gesetzliche Frist des § 2 Satz 2 KSchG. Eine zu kurze Bestimmung der Annahmefrist führe nicht zur Unwirksamkeit der Kündigung. Sie setze vielmehr die gesetzliche Frist des § 2 Satz 2 KSchG in Lauf. Der Arbeitnehmer könne in jedem Fall die Annahme vorbehaltlos oder unter Vorbehalt innerhalb der Frist des § 2 Satz 2 KSchG erklären.[74]

IV. Ablehnung des Angebots

34 Der Arbeitnehmer kann das Änderungsangebot auch ablehnen. In diesem Fall wirkt die in der Änderungskündigung enthaltene Kündigung als **Beendigungskündigung.** Hiergegen kann der Arbeitnehmer mit einer Kündigungsschutzklage nach § 4 Satz 1 KSchG vorgehen.

V. Soziale Rechtfertigung

35 **1. Überblick.** Bei der Prüfung der Wirksamkeit einer Änderungskündigung ist grundsätzlich danach zu **unterscheiden,** ob der Arbeitnehmer das Änderungsangebot unter Vorbehalt angenommen oder es abgelehnt hat. Nach der ordnungsgemäßen Annahme unter Vorbehalt geht es nicht mehr um die Beendigung des Arbeitsverhältnisses, sondern nur um die Wirksamkeit der Änderung der Arbeitsbedingungen. Bei einer Ablehnung des Angebots wird dagegen um den Bestand des Arbeitsverhältnisses gestritten.

36 **2. Annahme unter Vorbehalt.** Nach der Annahme des Änderungsangebots unter dem Vorbehalt der sozialen Rechtfertigung ist im Kündigungsschutzprozess im Rahmen der §§ 1, 2 KSchG zu prüfen, ob das **Beschäftigungsbedürfnis für den betreffenden Arbeitnehmer zu den bisherigen Vertragsbedingungen entfallen** ist und sich der Arbeitgeber bei einem an sich anerkennenswerten Anlass zur Änderungskündigung darauf beschränkt hat, nur solche Änderungen vorzunehmen, die der Arbeitnehmer billigerweise hinnehmen muss.[75] Ob der Arbeitnehmer eine ihm vorgeschlagene Änderung billigerweise hinnehmen muss, ist nach dem Verhältnismäßigkeitsgrundsatz zu ermitteln. Die Änderungen müssen geeignet und erforderlich sein, um den Inhalt des Arbeitsvertrags den geänderten Beschäftigungsmöglichkeiten anzupassen. Diese Voraus-

---

[71] BBDW/*Bram* § 2 RN 17b; *Spirolke/Regh* S. 110.

[72] BAG 1. 2. 2007 AP 132 zu § 2 KSchG 1969 = NZA 2007, 925; 18. 5. 2006 AP 83 zu § 2 KSchG 1969 = NZA 2006, 1092; 6. 2. 2003 AP 71 zu § 2 KSchG 1969 = NZA 2003, 659; ebenso nunmehr BBDW/*Bram* § 2 RN 25; MünchKommBGB/*Hergenröder* § 2 KSchG RN 74; *Löwisch/Spinner* § 2 RN 23; ErfK/*Oetker* § 2 KSchG RN 30; HaKo/*Pfeiffer* § 2 KSchG RN 27; KR/*Rost* § 2 KSchG RN 77a; Stahlhacke/*Vossen* RN 2049.

[73] BAG 6. 2. 2003 AP 71 zu § 2 KSchG 1969 = NZA 2003, 659.

[74] BAG 1. 2. 2007 AP 132 zu § 2 KSchG 1969 = NZA 2007, 925; 18. 5. 2006 AP 83 zu § 2 KSchG 1969 = NZA 2006, 1092; zur Kritik an dieser Rechtsprechung vgl. *v. Hoyningen-Huene/Linck* § 2 RN 96ff.

[75] BAG 26. 6. 2008 NZA 2008, 1182; 22. 4. 2004 AP 74 zu § 2 KSchG 1969 = NZA 2004, 1158.

setzungen müssen für alle Vertragsänderungen vorliegen.[76] Ausgangspunkt ist die bisherige vertragliche Regelung. Die angebotenen Änderungen dürfen sich daher nicht weiter vom Inhalt des bisherigen Arbeitsverhältnisses entfernen, als es zur Erreichung des angestrebten Zieles erforderlich ist.[77] So ist eine Änderungskündigung durch dringende betriebliche Erfordernisse i. S. v. § 1 II KSchG bedingt, wenn sich der Arbeitgeber zu einer organisatorischen Maßnahme entschließt, bei deren innerbetrieblicher Umsetzung das Bedürfnis für die Weiterbeschäftigung des Arbeitnehmers unter Zugrundelegung des Vertragsinhalts zu den bisherigen Arbeitsbedingungen entfällt.[78]

3. Ablehnung des Vorbehalts. Auch wenn der Arbeitnehmer das Änderungsangebot nicht unter Vorbehalt annimmt oder der Vorbehalt verspätet erklärt wird (dazu RN 28), ist im Kündigungsschutzprozess das **Änderungsangebot zu berücksichtigen.** Auch nach Ablehnung des Änderungsangebots ist zu prüfen, ob der Arbeitgeber einen Grund i. S. v. § 1 II und III KSchG zur Kündigung hatte und sich bei einem an sich anerkennenswerten Anlass zur Änderungskündigung darauf beschränkt hat, nur solche Änderungen vorzunehmen, die der Arbeitnehmer billigerweise hinnehmen muss.[79] Der Arbeitnehmer, der eine zumutbare Weiterbeschäftigungsmöglichkeit ablehnt, schlägt selbst eine angemessene Alternative zur Kündigung aus. Der Arbeitnehmer ist allerdings nicht verpflichtet, sich auf eine Änderung der Arbeitsbedingungen einzulassen. Die Ablehnung des Änderungsangebots ist deshalb keineswegs selbst der Kündigungsgrund.[80] 37

4. Einzelfälle. Nachfolgend findet sich eine Übersicht über einzelne Kündigungsgründe. Bei einer Übertragung auf andere Fallgestaltungen sind stets die Besonderheiten des Einzelfalles zu berücksichtigen. 38

a) Personenbedingte Gründe zur Änderung der Arbeitsbedingung können insbesondere im Gesundheitszustand des Arbeitnehmers liegen. Erforderlich ist, dass der Arbeitnehmer aus **gesundheitlichen Gründen** seine bisherige Tätigkeit nicht weiter ausüben kann und ein anderer freier, gleichwertiger oder schlechter bezahlter Arbeitsplatz vorhanden ist, auf dem die gesundheitlichen Beeinträchtigungen nicht mehr in erheblichem Umfang auftreten, so dass künftig nicht mit erheblichen betrieblichen Beeinträchtigungen des Arbeitgebers zu rechnen ist.[81] Entsprechendes gilt bei **Sicherheitsbedenken** gegen einen Arbeitnehmer.[82] 39

Auch bei **nachlassendem Leistungsvermögen** ist eine Änderungskündigung möglich. Nach h. M. kann im Wege der Änderungskündigung allerdings nur eine Änderung der Tätigkeit und infolge der geänderten Arbeitsbedingungen eine Senkung der Vergütungshöhe herbeigeführt werden. Eine Änderungskündigung mit dem Ziel der Entgeltreduzierung ohne Änderung der Tätigkeit ist grundsätzlich unzulässig, weil der Arbeitnehmer keinen bestimmten Leistungserfolg schuldet.[83] Eine Änderungskündigung ist allerdings in Betracht zu ziehen, wenn sie sich auf die **Streichung von Zulagen** bezieht, die einen Bezug zur Arbeitsleistung haben.[84] 40

b) Verhaltensbedingte Gründe führen selten zu einer Änderungskündigung. Sie kommt etwa bei Streitereien unter Arbeitskollegen am Arbeitsplatz in Betracht, wenn durch eine Versetzung der Konflikt bereinigt werden kann. Ferner, wenn es um Schlechtleistungen geht, die sowohl personen- als auch verhaltensbedingt sind. Voraussetzung der Änderungskündigung ist dabei regelmäßig, dass ihr eine Abmahnung vorangegangen ist.[85] 41

c) Die **betriebsbedingte Änderungskündigung** kommt in der Praxis am häufigsten vor. Eine betriebsbedingte Änderungskündigung ist durch dringende betriebliche Erfordernisse i. S. v. § 1 II KSchG bedingt, wenn sich der Arbeitgeber zu einer organisatorischen Maßnahme entschließt, bei deren innerbetrieblichen Umsetzung das Bedürfnis für die Weiterbeschäftigung des 42

---

[76] BAG 29. 3. 2007 NZA 2007, 855; 2. 3. 2006 AP 84 zu § 2 KSchG 1969 = NZA 2006, 985.

[77] BAG 26. 6. 2008 NZA 2008, 1182; 23. 6. 2005 AP 81 zu § 2 KSchG 1969 = NZA 2006, 92.

[78] BAG 16. 5. 2002 AP 69 zu § 2 KSchG 1969 = NZA 2003, 147; 1. 7. 1999 AP 53 zu § 2 KSchG 1969 = NZA 99, 1336.

[79] BAG 3. 7. 2003 AP 74 zu § 2 KSchG 1969; 27. 3. 2003 AP 72 zu § 2 KSchG 1969 = NZA 2003, 1029; 21. 2. 2002 NZA 2002, 1416.

[80] BAG 7. 6. 1973 AP 1 zu § 626 BGB Änderungskündigung; KR/*Rost* § 2 KSchG RN 104.

[81] Vgl. BAG 22. 9. 2005 AP 10 zu § 81 SGB IX = NZA 2006, 486; 3. 7. 2003 AP 73 zu § 2 KSchG 1969; 3. 11. 1977 AP 1 zu § 75 BPersVG.

[82] BAG 20. 7. 1989 AP 2 zu § 1 KSchG 1969 Sicherheitsbedenken.

[83] *Hromadka* NZA 97, 1, 11; APS/*Künzl* § 2 KSchG RN 243; *Wallner* RN 394 ff.; a. A. *Tschöpe* BB 2006, 213, 216; vgl. auch BAG 11. 12. 2003 AP 48 zu § 1 KSchG 1969 Verhaltensbedingte Kündigung = NZA 2004, 784, das beiläufig eine Vergütungsreduzierung in Betracht zieht.

[84] Ebenso KPK/*Bengelsdorf* § 2 RN 113; *Hromadka* NZA 97, 1, 11 f.

[85] BAG 21. 11. 1985 AP 12 zu § 1 KSchG 1969.

Arbeitnehmers in diesem Betrieb überhaupt oder unter Zugrundelegung des Vertragsinhalts zu den bisherigen Arbeitsbedingungen entfällt.[86] Dies gilt auch, wenn der Arbeitgeber die unternehmerische Organisationsentscheidung getroffen hat, eine Abteilung stillzulegen, bestimmte Arbeiten an ein anderes Unternehmen zur selbstständigen Erledigung zu vergeben und/oder an einem bestimmten Standort zu konzentrieren.[87] Der Arbeitgeber muss sich bei einem an sich anerkennenswerten Anlass darauf beschränken, lediglich solche Änderungen vorzuschlagen, die der Arbeitnehmer billigerweise hinnehmen muss. Die Änderungen müssen geeignet und erforderlich sein, um den Inhalt des Arbeitsvertrags den geänderten Beschäftigungsmöglichkeiten anzupassen. Diese Voraussetzungen müssen für alle Vertragsänderungen vorliegen. Ausgangspunkt ist die bisherige vertragliche Regelung. Die angebotenen Änderungen dürfen sich nicht weiter vom Inhalt des bisherigen Arbeitsverhältnisses entfernen, als zur Erreichung des angestrebten Zieles erforderlich ist.[88]

43 Auch bei der betriebsbedingten Änderungskündigung hat der Arbeitgeber eine **soziale Auswahl** (§ 1 III KSchG) vorzunehmen. Für die Frage der in die Sozialauswahl einzubeziehenden vergleichbaren Arbeitnehmer kommt es bei einer Änderungskündigung nicht nur darauf an, ob die betreffenden Arbeitnehmer nach ihren bisherigen Tätigkeiten miteinander verglichen werden können und damit auf ihren innegehabten Arbeitsplätzen austauschbar sind. Hinzukommen muss, dass diese Arbeitnehmer auch für die Tätigkeit, die Gegenstand des Änderungsgebots ist, wenigstens annähernd gleich geeignet sind. Die Austauschbarkeit muss sich also auch auf den mit der Änderungskündigung angebotenen Arbeitsplatz beziehen.[89] Anders als bei der Beendigungskündigung ist bei der betriebsbedingten Änderungskündigung die Sozialauswahl nicht daran auszurichten, welcher von mehreren vergleichbaren Arbeitnehmern durch den Verlust des Arbeitsplatzes am wenigsten hart getroffen wird. Da es bei der ordentlichen Änderungskündigung unabhängig davon, ob der Arbeitnehmer sie unter Vorbehalt angenommen hat oder nicht, um die soziale Rechtfertigung des Änderungsangebotes geht, ist auch bei der sozialen Auswahl darauf abzustellen, wie sich die vorgeschlagene Vertragsänderung auf den sozialen Status vergleichbarer Arbeitnehmer auswirkt. Es ist zu prüfen, ob der Arbeitgeber, statt die Arbeitsbedingungen des gekündigten Arbeitnehmers zu ändern, diese Änderung einem anderen vergleichbaren Arbeitnehmer hätte anbieten können, dem sie unter Berücksichtigung der in § 1 III 1 KSchG genannten Gesichtspunkte eher zumutbar gewesen wäre. Die Austauschbarkeit der Arbeitnehmer (dazu § 135 RN 11) muss sich auch auf den mit der Änderungskündigung angebotenen Arbeitsplatz beziehen. Da bei der Änderungskündigung im Rahmen der Sozialauswahl zu prüfen ist, welchen Arbeitnehmern die angebotene Änderung der Arbeitsbedingungen eher zumutbar ist, muss sich die Abwägung auch daran orientieren, welchem Arbeitnehmer eine Umstellung auf die neue Tätigkeit nach seiner Vorbildung und seinen persönlichen Eigenschaften leichter oder schwerer fällt. Hier können Eigenschaften wie Wendigkeit, schnelle Auffassungsgabe, Anpassungsfähigkeit und Gesundheitszustand von Bedeutung sein. Alle diese Umstände, die jeweils ein verschiedenes Gewicht haben können, fließen in die Sozialauswahl ein und sind gegeneinander abzuwägen.[90]

44 Bei betriebsbedingten Änderungskündigungen sind **verschiedene Fallgestaltungen** zu unterscheiden:

45 **(1)** Der Entschluss eines Unternehmens, die **Arbeitsorte zu ändern** und bestimmte Arbeiten an einem bestimmten Standort zu konzentrieren, stellt eine freie unternehmerische Entscheidung dar. Führt diese Entscheidung zum Wegfall von Beschäftigungsmöglichkeiten an einem Arbeitsort, ist der Arbeitgeber nicht verpflichtet, dem Arbeitnehmer statt eines Arbeitsplatzes in einem räumlich entfernt liegenden Betrieb (Neuß statt zuvor Kassel) am bisherigen Arbeitsort eine Tätigkeit als freier Mitarbeiter anzubieten. Das Gesetz verlangt ein Angebot zur Fortsetzung des – geänderten – Arbeitsverhältnisses.[91]

46 **(2)** Im Wege einer Änderungskündigung kann die vertraglich vereinbarte **Arbeitszeit** geändert werden. Der Unternehmer ist grundsätzlich frei darin, wie er die Kapazitäten und Arbeitszeiten auf seine Produktion verteilt. Allerdings verstößt nach Auffassung des BAG ein Ände-

---

[86] St. Rspr., vgl. BAG 23. 6. 2005 AP 81 zu § 2 KSchG 1969 = NZA 2006, 92; 16. 5. 2002 AP 69 zu § 2 KSchG 1969 = NZA 2003, 147; 21. 2. 2002 EzA 45 zu § 2 KSchG = NZA 2002, 1416.

[87] BAG 29. 3. 2007 NZA 2007, 855.

[88] St. Rspr., vgl. BAG 18. 1. 2007 AP 89 zu § 1 KSchG 1969 Soziale Auswahl; 21. 9. 2006 AP 86 zu § 2 KSchG 1969 = NZA 2007, 435 m. w. N.

[89] BAG 13. 6. 1986 AP 13 zu § 1 KSchG 1969 Soziale Auswahl = NZA 87, 155.

[90] BAG 18. 1. 2007 AP 89 zu § 1 KSchG 1969 Soziale Auswahl; 19. 5. 1993 AP 31 zu § 2 KSchG 1969 = NZA 93, 1075.

[91] BAG 21. 2. 2002 EzA 45 zu § 2 KSchG.

rungsangebot zur Lage der Arbeitszeit einer **teilzeitbeschäftigten** Verkäuferin im Einzelhandel, die jeden Samstag arbeiten muss, während Vollzeitbeschäftigte nur jeden sechsten Samstag arbeiten, gegen § 2 I BeschFG (jetzt § 4 I TzBfG).[92] Die **Einführung von Samstagsarbeit** ist eine unternehmerische Entscheidung, die einen billigenswerten Anlass zur Änderung von Arbeitsbedingungen darstellen kann. Voraussetzung ist freilich, dass diese Arbeitszeitgestaltung rechtlich zulässig ist. Tarifvertragliche Arbeitszeitregelungen, welche die Samstagsarbeit zeitlich beschränken, können dem entgegenstehen. Dies gilt unabhängig von der Tarifbindung des einzelnen Arbeitnehmers, weil es sich insoweit um Betriebsnormen (§ 3 II TVG) handelt.[93] Die unternehmerische Entscheidung, die **Arbeitszeit herab- oder heraufzusetzen,** kann gleichfalls eine betriebsbedingte Änderungskündigung rechtfertigen.[94] Wegen § 8 TzBfG hat der Arbeitgeber plausibel darzulegen, dass die Arbeitszeitänderung zur Aufrechterhaltung einer geordneten Betriebsorganisation oder zur Vermeidung von Störungen im Arbeitsablauf oder der Sicherheit des Betriebs erforderlich ist.[95] Ein dringendes betriebliches Erfordernis liegt vor, wenn ein Land zukünftig den Vertretungsbedarf an Grundschulen grundsätzlich mit pädagogischen Mitarbeitern und nicht mehr mit Lehrern abdecken will **(„verlässliche Grundschule").** Dementsprechend entfällt das Bedürfnis für eine Beschäftigung von Vertretungslehrern.[96]

Entschließt sich der Arbeitgeber zu einer betrieblichen Umorganisation, die zu einer anderen **47** zeitlichen Lage und **Herabsetzung der Dauer der Arbeitszeit** führt, handelt es sich dabei um eine im Ermessen des Arbeitgebers stehende unternehmerische Entscheidung. Das ist beispielsweise anzunehmen, wenn der Arbeitgeber einem vollzeitbeschäftigten Arbeitnehmer eine Änderungskündigung ausspricht und ihm unter Wegfall eines Teils seiner Arbeitsaufgaben eine Halbtagsstelle mit entsprechend geringerer Vergütung anbietet. Eine solche Änderungskündigung ist von den Arbeitsgerichten nicht auf ihre Zweckmäßigkeit, sondern lediglich – zur Vermeidung von Missbrauch – auf offenbare Unvernunft oder Willkür zu überprüfen. Ein Missbrauch der unternehmerischen Organisationsfreiheit ist nicht schon dann gegeben, wenn der Arbeitgeber die Möglichkeit hatte, auf die Reorganisation zu verzichten. Missbrauch kann allerdings vorliegen, wenn der Arbeitgeber den Arbeitsplatz umgestaltet, nachdem der Arbeitnehmer Streit mit dem Vorgesetzten hatte, und hieraus der Schluss zu ziehen ist, die Arbeitszeitverringerung sei zur Maßregelung des Arbeitnehmers erfolgt.[97]

(3) Bei der betriebsbedingten Änderungskündigung zur **Entgeltreduzierung** greift der Arbeitgeber **48** in das arbeitsvertraglich vereinbarte Verhältnis von Leistung und Gegenleistung ein. Geschlossene Verträge sind jedoch grundsätzlich einzuhalten. Ein Geldmangel allein entlastet den Schuldner nicht.[98] Die Unrentabilität des Betriebs kann einer Weiterbeschäftigung des Arbeitnehmers zu unveränderten Bedingungen entgegenstehen und ein dringendes betriebliches Erfordernis zur Änderung der Arbeitsbedingungen sein, wenn bei Aufrechterhaltung der bisherigen Personalkostenstruktur weitere, betrieblich nicht mehr auffangbare Verluste entstehen, die absehbar zu einer Reduzierung der Belegschaft oder sogar zu einer Schließung des Betriebes führen.[99] Regelmäßig setzt deshalb eine solche Kündigung einen umfassenden Sanierungsplan des Arbeitgebers voraus, der alle gegenüber der beabsichtigten Änderungskündigung milderen Mittel ausschöpft.[100] Liegen diese Voraussetzungen vor und hat sich die große Mehrheit der Arbeitnehmer (hier ca. 97%) mit der Reduzierung der Vergütung freiwillig einverstanden erklärt, kann sich ein Arbeitnehmer, dem gegenüber die Reduzierung durch Änderungskündigung erfolgt, nicht darauf berufen, die Änderungskündigung sei ihm gegenüber nicht mehr erforderlich, weil der Sanierungserfolg schon durch die freiwilligen Gehaltsreduzierungen erreicht sei.[101] Der Arbeitgeber muss mit der Änderungskündigung nicht warten, bis sein Ruin

---

[92] BAG 24. 4. 1997 AP 42 zu § 2 KSchG 1969 = NZA 97, 1047; ablehnend *Henssler* Anm. zu BAG AP 42 zu § 2 KSchG 1969; *v. Hoyningen-Huene/Linck* § 2 RN 121.

[93] BAG 18. 12. 1997 AP 46 zu § 2 KSchG 1969 = NZA 98, 304.

[94] Dazu BAG 19. 5. 1993 AP 31 zu § 2 KSchG 1969 = NZA 93, 1075; LAG Rheinland-Pfalz 10. 5. 1988 NZA 89, 273; einschränkend LAG Hamm 26. 9. 1996 LAGE § 2 KSchG Nr. 23.

[95] Vgl. BAG 7. 12. 2006 AP 88 zu § 1 KSchG 1969 Soziale Auswahl = NZA-RR 2007, 460; *Rost* ArbRGgw. 39 (2002) S. 83, 100; siehe dazu auch den Hinweis in BAG 18. 2. 2003 AP 2 zu § 8 TzBfG.

[96] BAG 29. 11. 2007 AP 136 zu § 2 KSchG 1969 = NZA 2008, 523.

[97] Vgl. BAG 22. 4. 2004 AP 74 zu § 2 KSchG 1969 = NZA 2004, 1158.

[98] BAG 12. 1. 2006 AP 82 zu § 2 KSchG 1969 = NZA 2006, 587; 16. 5. 2002 EzA 46 zu § 2 KSchG.

[99] BAG 26. 6. 2008 NZA 2008, 1182.

[100] BAG 16. 5. 2002 AP 69 zu § 2 KSchG 1969 = NZA 2003, 147; 27. 9. 2001 AP 40 zu § 4 TVG Nachwirkung = NZA 2002, 750; 12. 11. 1998 AP 51 zu § 2 KSchG 1969 = NZA 99, 741; 20. 8. 1998 AP 50 zu § 2 KSchG 1969 = NZA 99, 255.

[101] BAG 26. 6. 2008 NZA 2008, 1182.

unmittelbar bevorsteht.[102] Entscheidend ist, ob die schlechte Geschäftslage einer Weiterbeschäftigung des Arbeitnehmers zu unveränderten Bedingungen entgegensteht (zur außerordentlichen Änderungskündigung zur Entgeltsenkung § 128 RN 30a).[103] Bei der Prüfung, ob ein dringendes betriebliches Erfordernis zu einer Änderung der Arbeitsbedingungen einzelner Arbeitnehmer besteht, ist auf die wirtschaftliche Situation des Gesamtbetriebs und nicht nur auf die Lage eines unselbstständigen Betriebsteils abzustellen.[104] Die Absicht des Arbeitgebers, die Lohnkosten durch Senkung der Arbeitsvergütung der Arbeitnehmer zu kürzen, ist keine unternehmerische Entscheidung, die der gerichtlichen Überprüfung entzogen wäre.[105] Der Arbeitgeber hat zur Begründung einer Änderungskündigung zur Entgeltsenkung die Finanzlage des Betriebs, den Anteil der Personalkosten, die Auswirkung der erstrebten Kostensenkungen für den Betrieb und für die Arbeitnehmer darzulegen und vorzutragen, warum andere Maßnahmen nicht in Betracht kommen.[106] Die Änderung der Entgelthöhe muss unter Berücksichtigung der betrieblichen Umstände zur Vermeidung von Beendigungskündigungen geeignet und erforderlich sein und dem Verhältnismäßigkeitsgrundsatz entsprechen.[107] Deshalb muss der Arbeitnehmer nicht hinnehmen, dass sein Einkommen durch eine Änderungskündigung auf Dauer, sondern nur vorübergehend ohne Gegenleistung abgesenkt wird, wenn die Entgeltkürzung nur mit vorübergehenden wirtschaftlichen Verlusten begründet wird.[108]

49 **(4)** Die **Gleichbehandlung** mit anderen Arbeitnehmern stellt kein dringendes betriebliches Erfordernis dar, das die Verschlechterung einer arbeitsvertraglichen Vergütungsregelung im Wege der Änderungskündigung bedingen kann.[109] Beim Abschluss eines Arbeitsvertrags hat der Grundsatz der Vertragsfreiheit Vorrang vor dem arbeitsrechtlichen Gleichbehandlungsgrundsatz. Dem Arbeitgeber, der mit einzelnen Arbeitnehmern einzelvertraglich eine höhere Vergütung vereinbart hat, als sie dem betrieblichen Niveau entspricht, ist es deshalb verwehrt, unter Berufung auf den Gleichbehandlungsgrundsatz diese Vergütung dem Arbeitsentgelt der übrigen Arbeitnehmer anzupassen, mit denen er eine solche höhere Lohnvereinbarung nicht getroffen hat.[110] Dies gilt auch dann, wenn sich der Arbeitgeber für die angestrebte Neuregelung auf eine Betriebsvereinbarung berufen kann, der das Änderungsangebot inhaltlich entspricht.[111]

50 **(5)** Der Entschluss eines Einzelhandelsunternehmens, sein **Verkaufskonzept** von einem beratungsorientierten Facheinzelhandel mit ansprechender Warenpräsentation und vielfältigem Angebot zu einem beratungsarmen Discountgeschäft mit eingeschränktem Warenangebot umzuwandeln, stellt zusammen mit dem Entschluss, das Anforderungsprofil der Arbeitsplätze dahin zu ändern, dass alle Arbeitnehmer alle anfallenden Arbeiten auszuführen haben, keine rechtsmissbräuchliche Unternehmerentscheidung dar.[112]

51 **(6)** Auch dann, wenn durch das Änderungsangebot die **Tätigkeit und die Vergütung des Arbeitnehmers geändert** werden sollen, ist das Änderungsangebot insgesamt am Verhältnismäßigkeitsgrundsatz zu messen.[113] Ausgangspunkt der Verhältnismäßigkeitsprüfung ist die bisherige vertragliche Regelung. Die angebotenen Änderungen dürfen sich nicht weiter vom Inhalt des bisherigen Arbeitsverhältnisses entfernen, als es zur Erreichung des angestrebten Zieles erforderlich ist. Der Arbeitgeber muss darlegen, inwiefern sich der Wert der Arbeitsleistung gegenüber dem bisherigen Zustand verändert hat. Das Vorbringen des Arbeitgebers muss erkennbar machen, dass er auch unter Berücksichtigung der vertraglich eingegangenen Verpflichtungen alles Zumutbare unternommen hat, die durch die unternehmerische Entscheidung notwendig

[102] BAG 12. 1. 2006 AP 82 zu § 2 KSchG 1969 = NZA 2006, 587; 27. 9. 2001 AP 40 zu § 4 TVG Nachwirkung = NZA 2002, 750; 1. 7. 1999 AP 53 zu § 2 KSchG 1969 = NZA 99, 1336.

[103] BAG 1. 3. 2007 AP 207 zu § 626 BGB = NZA 2007, 1445; 1. 7. 1999 AP 53 zu § 2 KSchG 1969 = NZA 99, 1336.

[104] BAG 11. 7. 1999 AP 53 zu § 2 KSchG 1969 = NZA 99, 1336; 20. 8. 1998 AP 50 zu § 2 KSchG 1969 = NZA 99, 255.

[105] BAG 20. 3. 1986 AP 14 zu § 2 KSchG 1969 = NZA 86, 824; 11. 10. 1989 RzK I 7b 9.

[106] BAG 26. 6. 2008 NZA 2008, 1182; 23. 6. 2005 AP 81 zu § 2 KSchG 1969 = NZA 2006, 92; 27. 9. 2001 AP 40 zu § 4 TVG Nachwirkung = NZA 2002, 750.

[107] ErfK/*Oetker* § 2 KSchG RN 63.

[108] BAG 1. 3. 2007 AP 207 zu § 626 BGB = NZA 2007, 1445.

[109] BAG 1. 3. 2007 AP 207 zu § 626 BGB = NZA 2007, 1445.

[110] BAG 12. 1. 2006 AP 82 zu § 2 KSchG 1969 = NZA 2006, 587; 16. 5. 2002 EzA 46 zu § 2 KSchG; 1. 7. 1999 AP 53 zu § 2 KSchG 1969 = NZA 99, 1336.

[111] BAG 20. 1. 2000 AP 40 zu § 103 BetrVG 1972 = NZA 2000, 592.

[112] BAG 23. 6. 2005 AP 81 zu § 2 KSchG 1969 = NZA 2006, 92.

[113] BAG 3. 4. 2008 AP 137 zu § 2 KSchG 1969 = NZA 2008, 812; 2. 3. 2006 AP 84 zu § 2 KSchG 1969 = NZA 2006, 985; 23. 6. 2005 AP 81 zu § 2 KSchG 1969 = NZA 2006, 92; ablehnend *Annuß/Bartz* NJW 2006, 2153, 2156; kritisch auch *Schrader/Straube* DB 2006, 1678.

gewordenen Anpassungen auf das unbedingt erforderliche Maß zu beschränken. Eine Entgeltreduzierung bei geändertem Arbeitsinhalt kann auch durch einen evident geringeren Marktwert der neu angebotenen gegenüber der bisherigen Tätigkeit gerechtfertigt sein.[114] Eine gesonderte Rechtfertigung der Vergütungsänderung ist nur dann entbehrlich, wenn sich die geänderte Vergütung aus einem im Betrieb angewandten Vergütungssystem ergibt (Tarifautomatik).[115] Sind auf das Arbeitsverhältnis Tarifverträge nicht anwendbar, kann ein innerbetriebliches Vergütungssystem als Maßstab dienen.[116] Zur Bemessung des Werts der Arbeit ist im Übrigen auf die übliche Vergütung abzustellen (§ 612 II BGB). Hierfür bietet die tarifliche Vergütung der Tätigkeit in der jeweiligen Branche am Arbeitsort einen wichtigen Anhaltspunkt.[117] Ggf. sind branchenähnliche Tarife heranzuziehen. Besteht kein Entgeltsystem, sondern leistet der Arbeitgeber individuell vereinbarte Arbeitsvergütungen, kann ggf. die Gesamtschau dieser Vergütungen Aufschluss über den Wert der Arbeit geben. Nach den Grundsätzen der abgestuften Darlegungs- und Beweislast ist zu prüfen, ob die dem Arbeitnehmer konkret angebotene Vergütung dessen Änderungsschutz hinreichend berücksichtigt. Der Arbeitgeber ist nicht verpflichtet, dem betroffenen Arbeitnehmer im Wege der Änderungskündigung die höchste für vergleichbare Tätigkeiten gezahlte Vergütung anzubieten. Er hat lediglich den Arbeitnehmer, dem gegenüber er eine Änderungskündigung ausspricht, unter Berücksichtigung seines Änderungsschutzes in das frei ausgehandelte Vergütungsgefüge einzuordnen.[118]

(7) Ein dringendes betriebliches Erfordernis zur Änderung der Arbeitsbedingungen kann in Betracht kommen, wenn die Parteien eine **Nebenabrede zum Arbeitsvertrag** vereinbart haben, die an Umstände anknüpft, die erkennbar nicht während der gesamten Dauer des Arbeitsverhältnisses gleich bleiben müssen. Möchte sich der Arbeitgeber wegen veränderter Umstände von einer solchen Nebenabrede lösen, kann dies eine Änderungskündigung erforderlich machen, wenn die Parteien nicht von vornherein in der Nebenabrede einen Widerrufsvorbehalt vereinbart haben (dazu § 32 RN 84). Entschieden ist dies für den Fall, dass in einem Arbeitsverhältnis ursprünglich eine **pauschale Überstundenabgeltung** vereinbart war, der Arbeitgeber aber wegen veränderter Umstände zur „Spitzabrechnung" der Mehrarbeitsvergütung übergehen wollte.[119] Weiterhin kann ein **Mietzuschuss,** der ursprünglich die Preisdifferenz zwischen einer billigen Werkwohnung und einer Wohnung auf dem freien Markt ausgleichen sollte, wegen veränderter Umstände nicht mehr gerechtfertigt sein.[120] Entsprechendes gilt für einen **kostenlosen Busverkehr vom Wohnort zum Arbeitsort,** wenn dieser nach mehreren Jahren nur noch von sehr wenigen Arbeitnehmern in Anspruch genommen wird.[121] Durften die **Kontrollschaffner eines Verkehrsunternehmens** zunächst ihre Arbeit an der ihrer Wohnung nächstgelegenen Haltestelle aufnehmen, können betriebliche Gründe für die geänderte Regelung bestehen, die Arbeit nunmehr stets vom Betriebshof aus aufzunehmen.[122] 52

(8) Entschließt sich ein Unternehmen zu einer **Umstrukturierung der Arbeitsorganisation** und fallen infolge dieser Maßnahme Führungsebenen weg, kann eine Änderungskündigung mit dem Angebot der Weiterbeschäftigung in der nächst möglichen Hierarchieebene sozial gerechtfertigt sein. Dies gilt auch für eine außerordentliche (§ 15 I KSchG) Änderungskündigung eines Betriebsratsmitglieds.[123] Läuft die unternehmerische Entscheidung aber letztlich nur auf den Abbau einer Hierarchieebene hinaus verbunden mit einer Neuverteilung der dem betroffenen Arbeitnehmer bisher zugewiesenen Aufgaben, bedarf es der Konkretisierung dieser Entscheidung, damit überhaupt geprüft werden kann, ob der Arbeitsplatz des betroffenen Arbeitnehmers tatsächlich weggefallen ist. Der Arbeitgeber muss plausibel darlegen, in welchem Umfang die bisher vom Arbeitnehmer ausgeübten Tätigkeiten zukünftig anfallen. Er hat auf Grund seiner unternehmerischen Vorgaben die zukünftige Entwicklung der Arbeitsmenge anhand einer näher konkretisierten Prognose darzustellen und anzugeben, wie die anfallenden 53

[114] BAG 29. 11. 2007 AP 136 zu § 2 KSchG 1969 = NZA 2008, 523; 23. 6. 2005 AP 81 zu § 2 KSchG 1969 = NZA 2006, 92.
[115] BAG 29. 11. 2007 AP 136 zu § 2 KSchG 1969 = NZA 2008, 523; ErfK/*Oetker* § 2 KSchG RN 61.
[116] BAG 3. 4. 2008 AP 137 zu § 2 KSchG 1969 = NZA 2008, 812; 23. 6. 2005 AP 81 zu § 2 KSchG 1969 = NZA 2006, 92.
[117] Vgl. MünchKommBGB/*Müller-Glöge* § 612 RN 30.
[118] BAG 3. 4. 2008 AP 137 zu § 2 KSchG 1969 = NZA 2008, 812.
[119] BAG 23. 11. 2000 AP 64 zu § 2 KSchG 1969 = NZA 2001, 492.
[120] BAG 28. 4. 1982 AP 3 zu § 2 KSchG 1969.
[121] BAG 27. 3. 2003 AP 72 zu § 2 KSchG 1969 = NZA 2003, 1029.
[122] BAG 26. 7. 2001 EzBAT § 8 BAT Direktionsrecht Nr. 50.
[123] BAG 21. 6. 1995 AP 36 zu § 15 KSchG 1969 = NZA 95, 1157.

Arbeiten vom verbliebenen Personal ohne überobligationsmäßige Leistungen erledigt werden können.[124]

VI. Prozessuale Fragen

54 **1. Klageantrag.** Nimmt der Arbeitnehmer das Änderungsangebot unter Vorbehalt an, hat er zur Überprüfung der Wirksamkeit der vom Arbeitgeber beabsichtigten Änderung der Arbeitsbedingungen gem. § 4 Satz 2 KSchG auf die **Feststellung** zu klagen, **dass die Änderung der Arbeitsbedingungen sozial ungerechtfertigt ist.** Die Änderungsschutzklage des Arbeitnehmers zielt auf die Feststellung, dass für das Arbeitsverhältnis nicht die Bedingungen gelten, die in dem mit der Kündigung verbundenen Änderungsangebot des Arbeitgebers enthalten sind.[125]

55 Nach Auffassung des BAG kann sich der Arbeitnehmer auf **sonstige Unwirksamkeitsgründe** (z. B. § 102 I BetrVG) auch dann noch berufen, wenn er die Klage erst nach Ablauf der Frist des § 4 Satz 1 KSchG erhebt.[126] Dieser – abzulehnenden[127] – Rechtsprechung ist durch die zum 1. 1. 2004 in Kraft getretene Neuregelung des § 4 Satz 1 KSchG die Grundlage weitgehend entzogen.[128]

56 **2. Entscheidung.** Ist die Änderung der Arbeitsbedingungen wirksam, ist die Klage abzuweisen. Stellt das Arbeitsgericht fest, dass die beabsichtigte Änderung unwirksam ist, gilt die Änderungskündigung gem. § 8 KSchG als von Anfang an rechtsunwirksam. Der Arbeitgeber hat dann dem Arbeitnehmer etwaige Vergütungsdifferenzen nachzuzahlen und ihm den alten, vertragsgemäßen Arbeitsplatz wieder zuzuweisen. Wird die Klagefrist versäumt, erlischt der Vorbehalt; die Änderung gilt gem. § 7 KSchG als wirksam.

57 Hat der Arbeitnehmer die im Zusammenhang mit der Kündigung angebotene **Vertragsänderung abgelehnt,** ist die ausgesprochene Änderungskündigung rechtlich eine Beendigungskündigung, für die das normale Kündigungsschutzverfahren gilt.

58 Nimmt der Arbeitnehmer das Änderungsangebot unter Vorbehalt an, scheidet eine **Auflösung des Arbeitsverhältnisses nach §§ 9, 10 KSchG** aus.[129] Streitgegenstand des Rechtsstreits ist nicht die Beendigung des Arbeitsverhältnisses, sondern die Wirksamkeit der Änderung der Arbeitsbedingungen.

§ 138. Kündigungsschutzklage

Ab 2000, sonst frühere Auflagen: *Berkowsky,* Kündigungsschutzklage und allgemeine Feststellungsklage – eine „liaison dangereuse"?, NZA 2001, 801; *ders.,* Umfang der Rechtskraft klagstattgebender Kündigungsschutzurteile, NZA 2008, 1112; *Boewer,* Ausgewählte Aspekte des Kündigungsschutzprozesses, RdA 2001, 380; *Diller,* Der Arbeitnehmer der GbR!? – Neue und alte Fallen im Prozess, NZA 2003, 401; *Grimm,* Zur Frage der Rechtskraft eines der Kündigungsschutzklage stattgebenden Urteils, NJW 2008, 3237; *Grimm/Brock/Windeln,* Einschränkung des besonderen Kündigungsschutzes für Schwerbehinderte im SGB IX, DB 2005, 282; *Henkel,* Elemente der Mediation im arbeitsgerichtlichen Verfahren, dargestellt am Modell des Kündigungsschutzprozesses, NZA 2000, 929; *Keßler,* Mitteilung der Schwangerschaft nach Zugang der Kündigung – Verhältnis zwischen § 4 Satz 1 und Satz 4 KSchG, RdA 2007, 252; *Lingemann/Beck,* Wiederholungskündigung und Wiederholungsauflösungsantrag, NZA-RR 2007, 225; *Nägele,* Das Verfahren der nachträglichen Klagezulassung, ArbRB 2003, 157; *Opolony,* Prozessuale Fragen des Kündigungsrechts, AR-Blattei SD 1020.3; *Pfarr/Bothfeld/Kaiser,* REGAM-Studie: Die Kündigungs-, Klage- und Abfindungspraxis in den Betrieben, BB 2004, 106; *Sasse,* Arbeitsrecht und Insolvenz – „Der richtige Beklagte", ArbRB 2003, 63; *Vetter,* Kündigungsschutzprozesse richtig führen – häufige Fehler aus Sicht eines Instanzrichters, NZA 2005, Beil.1, S. 64; *Vossen,* Betriebsübergang und Kündigungsschutzprozess, FS für Leinemann, 2006, S. 273; *Zeuner,* Die Behandlung mehrfacher Kündigungen im Kündigungsrechtsstreit, FS Otto, 2008, S. 647.

Zu den am 1. 1. 2004 in Kraft getretenen Änderungen des KSchG: *Bader,* Das Gesetz zu Reformen am Arbeitsmarkt: Neues im Kündigungsschutzgesetz und im Befristungsrecht, NZA 2004, 65; *Bauer/Krieger,* Kündigungsrecht – Reformen 2004, 2004; *dies.,* Neuer Abfindungsanspruch – 1 a daneben, NZA

---

[124] BAG 27. 9. 2001 AP 6 zu § 14 KSchG 1969 = NZA 2002, 1277.

[125] BAG 26. 8. 2008 – 1 AZR 353/07 z. V. v.

[126] BAG 25. 8. 1998 AP 48 zu § 2 KSchG 1969 = NZA 98, 1167.

[127] Wie hier KR/*Rost* § 7 KSchG RN 14 c; *v. Hoyningen-Huene/Linck* § 7 RN 10; *Berkowsky* BB 99, 1266.

[128] Stahlhacke/*Vossen* RN 2057.

[129] BAG 29. 1. 1981 AP 6 zu § 9 KSchG 1969; KR/*Rost* § 2 KSchG RN 166; ErfK/*Kiel* § 9 KSchG RN 4; *v. Hoyningen-Huene/Linck* § 9 RN 20; Stahlhacke/*Vossen* RN 1195.

2004, 77; *Bender/Schmidt,* Neuer Schwellenwert und einheitliche Klagefrist, NZA 2004, 358; *Berkowsky,* Umfang der Rechtskraft klagestattgebender Kündigungsschutzurteile, NZA 2008, 1112; *Berrisch,* § 4 KSchG nF und die behördliche Zustimmung zur Kündigung, FA 2004, 6; *Biebl,* Das neue Kündigungs- und Befristungsrecht, 2004; *Dewender,* Einbeziehung der fehlerhaft berechneten Kündigungsfrist in die Klagefrist nach § 4 Satz 1 KSchG?, DB 2005, 337; *Dollmann,* Wahrung der Anrufungsfrist des § 4 Satz 1 KSchG 2004 bei nicht fristgerechten Kündigungen?, BB 2004, 2073; *Eberle,* Geltendmachung der Unwirksamkeit der mündlichen Kündigung, NZA 2003, 1121; *Gaul/Bonnani,* Agenda 2010 – Änderungen im Kündigungsrecht, bei befristeten Arbeitsverhältnissen und im BErzGG, ArbRB 2004, 48; *Hanau,* Die wiederholte Reform des arbeitsrechtlichen Kündigungs- und Befristungsschutzes, ZIP 2004, 1169; *Kamanabrou,* Europarechtliche Bedenken gegen die Klagefrist bei Kündigungen wegen Betriebsübergangs, NZA 2004, 950; *Kampen/Winkler,* Zur Anwendbarkeit der 3-wöchigen Klagefrist nach § 4 KSchG im Rahmen der Geltendmachung zu kurz bemessener Kündigungsschutzfristen, AuR 2005, 171; *Löwisch,* Die kündigungsschutzrechtlichen Vorschläge der Agenda 2010, NZA 2003, 689; *ders.,* Neuregelung des Kündigungs- und Befristungsrechts durch das Gesetz zu Reformen am Arbeitsmarkt, BB 2004, 154; *Meinel,* Agenda 2010 – Regierungsentwurf zu Reformen am Arbeitsmarkt, DB 2003, 1438; *Meixner,* Neue arbeitsrechtliche Regelungen 2004, 2004; *Preis,* Die Reform des Kündigungsschutzrechts, DB 2004, 70; *Quecke,* Die Änderung des Kündigungsschutzgesetzes zum 1. 1. 2004, RdA 2004, 86; *Richardi,* Die neue Klagefrist bei Kündigungen, NZA 2003, 764; *ders.,* Misslungene Reform des Kündigungsschutzes durch das Gesetz zu Reformen am Arbeitsmarkt, DB 2004, 486; *Rolfs,* Der allgemeine Kündigungsschutz nach dem Gesetz zu Reformen am Arbeitsmarkt, SozFortschritt 2006, 34; *Schiefer/Worzalla,* Neues – altes – Kündigungsrecht, NZA 2004, 345; *Schmidt,* § 4 S. 4 KSchG und Gesetz zu Reformen am Arbeitsmarkt, NZA 2004, 79; *Sprenger,* Kündigung wegen Betriebsübergangs: Ist § 13 Abs. 3 KSchG n. F. europarechtskonform?, AuR 2005, 175; *Thüsing/Stelljes,* Fragen zum Entwurf eines Gesetzes zu Reformen am Arbeitsmarkt, BB 2003, 1673; *Tschöpe,* Neues Kündigungsschutzrecht 2004, MDR 2004, 193; *Ulrici,* Dreiwochenfrist auch für die Klage wegen Vertretungsmängeln der Kündigung – Bedenken gegen die Neuregelung der §§ 4, 7 KSchG, DB 2004, 250; *Willemsen/Annuß,* Kündigungsschutz nach der Reform, NJW 2004, 177; *Wolff,* Die qualifizierte Abfindungsvereinbarung nach § 1 a KSchG – eher Steine statt Brot, BB 2004, 378; *Zeising/Kröpelin,* Die Geltung der Drei-Wochen-Frist des § 4 Satz 1 KSchG bei behördlichen Zustimmungserfordernissen – Realität oder bloße Fiktion?, DB 2005, 1626; *Zerres/Rhotert,* Die Neuregelungen im allgemeinen Kündigungsschutzrecht, FA 2004, 2; *Zimmer,* Sozialauswahl und Klagefrist ab 2004, FA 2004, 34.

Übersicht

	RN
I. Überblick	1 ff.
1. Zweck der Dreiwochenfrist	1
2. Geltungsbereich	2–5
3. Keine Hinweispflicht	6
4. Klageverzicht	6 a
II. Feststellungsklage	7 ff.
1. Streitgegenstand	7, 8
2. Feststellungsinteresse	9
3. Verbindung mit einem Feststellungsantrag nach § 256 ZPO	10–15
4. Geltendmachung aller Unwirksamkeitsgründe	16–20
5. Anforderungen an die Kündigungsschutzklage	21–30
6. Klagefrist	31
7. Behördliche Zustimmung	32–37
8. Aussetzen wegen eines vorgreiflichen Rechtsstreits	38
9. Das Urteil	39, 40
10. Wiederholungskündigung	41
11. Auswirkungen auf Ausschlussfristen	42–44
12. Folgen für die Verjährung	45
13. Urlaubsansprüche	46

I. Überblick

Klagemuster: ArbR-Formb., § 61.

1. Zweck der Dreiwochenfrist. Will ein Arbeitnehmer geltend machen, dass eine schriftliche Kündigung sozial ungerechtfertigt oder aus anderen Gründen rechtsunwirksam ist, muss er innerhalb einer Frist von drei Wochen nach Zugang der Kündigung beim Arbeitsgericht Klage mit dem Antrag erheben, „festzustellen, dass das Arbeitsverhältnis durch die Kündigung vom . . . nicht aufgelöst worden ist" (§ 4 Satz 1 KSchG).[1] Die befristete Klagemöglichkeit ist im Zusammenhang mit § 7 KSchG zu sehen, wonach eine Kündigung als rechtswirksam gilt, wenn der Arbeitnehmer nicht innerhalb der Dreiwochenfrist Kündigungsschutzklage erhoben hat. Dieser systematische Zusammenhang macht den Zweck der kurzen Klagefrist deutlich: Der Arbeitgeber soll **alsbald Klarheit** darüber erlangen, ob der Arbeitnehmer die Kündigung hinnimmt oder ihre Unwirksamkeit gerichtlich geltend machen will.[2] Das allgemeine Ziel des § 4 Satz 1 KSchG, einen längeren Schwebezustand zu vermeiden, wird durch die zum 1. 1. 2004 in Kraft getretene Ausdehnung der Dreiwochenfrist des § 4 Satz 1 KSchG auf alle Unwirksamkeitsgründe bekräftigt. 1

[1] Muster: ArbR-Formb., § 61 RN 1.
[2] BAG 14. 9. 1994 AP 32 zu § 4 KSchG 1969 = NZA 95, 417.

2 **2. Geltungsbereich. a)** § 4 Satz 1 KSchG findet nach dem Wortlaut des Gesetzes nur für **ordentliche Kündigungen** des Arbeitsverhältnisses Anwendung. Nach § 4 Satz 2 KSchG gilt die Dreiwochenfrist auch, wenn sich der Arbeitnehmer nach einer **Änderungskündigung** gegen die Änderung der Arbeitsbedingungen wendet. Die Unwirksamkeit einer **außerordentlichen Kündigung** kann wegen des Verweises in § 13 I 2 KSchG gleichfalls nur innerhalb der Dreiwochenfrist geltend gemacht werden. Erfolgt eine **Anfechtung** des Arbeitsvertrags durch den Arbeitgeber, ist die Dreiwochenfrist nicht zu beachten, weil die Anfechtung keine Kündigung ist.[3]

3 **b)** Die Dreiwochenfrist gilt nach dem eindeutigen Wortlaut des § 4 Satz 1 KSchG nur für **schriftliche** Kündigungen. Die Unwirksamkeit einer die Schriftform nicht wahrenden Kündigung kann auch noch nach Ablauf dieser Frist bis zur Grenze der Verwirkung im Wege der allgemeinen Feststellungsklage (§ 256 ZPO) geltend gemacht werden.[4]

4 **c)** Die Dreiwochenfrist gilt zunächst für die Kündigung von **Arbeitsverhältnissen.** Bei der außerordentlichen Kündigung von **Auszubildenden** nach § 22 BBiG gilt auf Grund der Verweisung in § 13 I 2 KSchG auch die Dreiwochenfrist. Ggf. ist vorher ein Ausschuss nach § 111 II ArbGG zu beteiligen. § 4 Satz 1 KSchG ist auch bei Kündigungen durch den **Insolvenzverwalter** zu beachten, nachdem mit Wirkung vom 1. 1. 2004 die Sonderregelung in § 113 II InsO gestrichen wurde.[5]

5 **d)** Gemäß § 23 I 2 und 3 KSchG gilt die Dreiwochenfrist auch für Arbeitnehmer in **Kleinbetrieben.**[6] Arbeitnehmer, welche die **Wartezeit des § 1 I KSchG noch nicht erfüllt** haben, müssen gleichfalls innerhalb der Dreiwochenfrist Kündigungsschutzklage erheben.[7] Diese können sich zwar nicht auf die mangelnde soziale Rechtfertigung der Kündigung berufen, aber sonstige Unwirksamkeitsgründe, wie einen Verstoß gegen § 242 BGB oder § 9 MuSchG geltend machen. Seit 1. 1. 2004 sind jedoch gem. § 4 Satz 1 KSchG alle Unwirksamkeitsgründe einer schriftlichen ordentlichen, nach § 13 I 2 KSchG auch außerordentlichen Kündigung, innerhalb der Dreiwochenfrist geltend zu machen. Dies gilt sowohl im Kleinbetrieb als auch innerhalb der Wartezeit des § 1 I KSchG.[8] Gem. § 13 III KSchG sind die Vorschriften der §§ 4 bis 7 KSchG auch auf eine Kündigung anwendbar, die aus anderen als den in § 1 II und III KSchG bezeichneten Gründen unwirksam ist. Weiterhin ist in § 13 II KSchG der Satz 1 gestrichen worden, wonach die Sittenwidrigkeit einer Kündigung unabhängig von den Vorschriften des KSchG geltend gemacht werden konnte. Damit nimmt das Gesetz an keiner Stelle Arbeitnehmer vom Geltungsbereich der §§ 4 bis 7 KSchG aus, die noch nicht die Wartezeit des § 1 I KSchG erfüllt haben. Dies entspricht auch dem Zweck der Neuregelung, bei allen Kündigungen, unabhängig vom Erfüllen der Wartezeit des § 1 I KSchG, alsbald Klarheit zu schaffen, ob die Wirksamkeit der Kündigung gerichtlich überprüft wird oder nicht.[9]

6 **3. Keine Hinweispflicht.** Trotz der weitreichenden Folgen ist der Arbeitgeber **nicht verpflichtet,** den Arbeitnehmer auf die nur befristete Klagemöglichkeit hinzuweisen. Der Arbeitgeber ist nicht zur allgemeinen Rechtsberatung des Arbeitnehmers verpflichtet. Über die für das Arbeitsverhältnis einschlägigen Vorschriften muss sich der Arbeitnehmer grundsätzlich selbst informieren.[10]

6a **4. Klageverzicht**. Der Arbeitnehmer kann **nach Erhalt der Kündigung** grundsätzlich auf die Erhebung einer Kündigungsschutzklage verzichten. Der formularmäßige Verzicht auf eine Kündigungsschutzklage in AGB des Arbeitgebers ohne kompensatorische Gegenleistung des Arbeitgebers hält jedoch nach Auffassung des BAG einer Inhaltskontrolle nach § 307 I 1 BGB nicht stand.[11]

II. Feststellungsklage

7 **1. Streitgegenstand.** Die Kündigungsschutzklage ist eine Feststellungsklage. Sie unterscheidet sich von der allgemeinen Feststellungsklage nach § 256 ZPO durch den Streitgegenstand.

---

[3] MünchKommBGB/*Hergenröder* § 4 KSchG RN 7; *Löwisch/Spinner* vor § 1 RN 26; a. A. KR/*Friedrich* § 4 KSchG RN 16 a.
[4] BAG 28. 6. 2007 AP 61 zu § 4 KSchG 1969 = NZA 2007, 9728.
[5] KR/*Friedrich* § 4 KSchG RN 11.
[6] *Richardi* DB 2004, 486, 489.
[7] BAG 9. 2. 2006 AP 56 zu § 4 KSchG 1969 = NZA 2006, 1207.
[8] BAG 28. 6. 2007 AP 61 zu § 4 KSchG 1969 = NZA 2007, 972.
[9] Vgl. BT-Drucks. 15/1587.
[10] BAG 26. 8. 1993 AP 8 zu § 72 LPVG NW = NZA 94, 281.
[11] BAG 6. 9. 2007 AP 62 zu § 4 KSchG 1969 = NZA 2008, 219.

Während dort um das Bestehen oder Nichtbestehen eines Rechtsverhältnisses gestritten wird, ist Gegenstand der Kündigungsschutzklage ein Element eines Rechtsverhältnisses, nämlich die Wirksamkeit der im Antrag näher bezeichneten Kündigung des Arbeitsverhältnisses zu dem in ihr vorgesehenen Termin. Die Kündigungsschutzklage nach § 4 KSchG hat damit einen **punktuellen Streitgegenstand.**[12] Das Gericht hat zu prüfen, ob zum Zeitpunkt des Zugangs der Kündigung ein Arbeitsverhältnis bestanden hat[13] und ob es durch die Kündigung aufgelöst worden ist.

Hat der Arbeitgeber **mehrere Kündigungen** ausgesprochen, muss der Arbeitnehmer grundsätzlich jede einzelne Kündigung mit dem Kündigungsschutzantrag nach § 4 Satz 1 KSchG angreifen und beantragen festzustellen, dass das Arbeitsverhältnis durch die Kündigung vom … nicht aufgelöst worden ist. Dem kann der Arbeitnehmer nach der Rechtsprechung des BAG begegnen, indem er die Kündigungsschutzklage mit einem allgemeinen Feststellungsantrag nach § 256 ZPO verbindet (dazu RN 10).[14] Ergibt die Auslegung von zwei Kündigungsschreiben, dass der Arbeitgeber lediglich eine (doppelt verlautbarte) Kündigungserklärung abgegeben hat, deren Zugang er auf zwei verschiedenen Wegen sicherstellen wollte, reicht es aus, dass der Arbeitnehmer gegen diese doppelt verlautbarte Kündigungserklärung nur einmal rechtzeitig nach Kündigungsschutzklage erhebt. Dies kann auch dann gelten, wenn beide Kündigungsschreiben an zwei aufeinanderfolgenden Tagen abgeschickt werden und deshalb unterschiedliche Daten tragen.[15] 8

2. Feststellungsinteresse. Ein besonderes Feststellungsinteresse ist für die Kündigungsschutzklage nicht erforderlich. Die Notwendigkeit, Klage zu erheben, folgt aus § 7 KSchG, wonach die Kündigung als wirksam gilt, wenn der Arbeitnehmer nicht fristgerecht Kündigungsschutzklage erhebt.[16] 9

3. Verbindung mit einem Feststellungsantrag nach § 256 ZPO. a) Ein Arbeitnehmer kann neben einer Kündigungsschutzklage nach § 4 Satz 1 KSchG eine **allgemeine Feststellungsklage nach § 256 ZPO** auf Fortbestehen des Arbeitsverhältnisses zu unveränderten Bedingungen über den Kündigungsendtermin hinaus erheben. Damit macht der Arbeitnehmer zwei selbstständige prozessuale Ansprüche geltend. Diese Anträge kann er gem. § 260 ZPO zulässig in einer Klage verbinden.[17] Streitgegenstand dieser Feststellungsklage ist der Fortbestand des Arbeitsverhältnisses über den Kündigungstermin hinaus bis zum Zeitpunkt der letzten mündlichen Verhandlung in der Tatsacheninstanz.[18] Die Rechtskraft eines positiven Feststellungsurteils erfasst bis dahin alle Beendigungsgründe.[19] 10

b) Soll die Kündigungsschutzklage nach § 4 KSchG mit der allgemeinen Feststellungsklage nach § 256 ZPO verbunden werden, hat der Kläger dies hinreichend **deutlich im Antrag zu formulieren.** Unklarheiten bereitet häufig der dem Antrag nach § 4 KSchG floskelhaft hinzugefügte Zusatz „sondern ungekündigt fortbesteht". Unter Berücksichtigung der Klagebegründung ist durch Auslegung festzustellen, ob hierin ein unselbstständiges Anhängsel zum Antrag nach § 4 Satz 1 KSchG oder ein stark verkürzt formulierter Feststellungsantrag nach § 256 I ZPO zu sehen ist. Fehlen Ausführungen zur allgemeinen Feststellungsklage, kann der Zusatz regelmäßig nicht als Feststellungsantrag nach § 256 ZPO behandelt werden.[20] Bei Unklarheiten ist der Richter zur Aufklärung nach § 139 ZPO verpflichtet.[21] 11

---

[12] BAG 12. 5. 2005 AP 53 zu § 4 KSchG 1969 = NZA 2005, 1259; 10. 10. 2002 AP 49 zu § 4 KSchG 1969 = NZA 2003, 684; 13. 3. 1997 AP 38 zu § 4 KSchG 1969 = NZA 97, 844; 27. 1. 1994 AP 28 zu § 4 KSchG 1969 = NZA 94, 812.

[13] BAG 11. 6. 2003 AP 88 zu § 2 ArbGG 1979; 20. 9. 2000 AP 8 zu § 2 ArbGG 1979 Zuständigkeitsprüfung = NZA 2001, 210.

[14] Dazu auch ArbR-Formb., § 61 RN 1.

[15] BAG 6. 9. 2007 AP 208 zu § 626 BGB = NZA 2008, 636.

[16] BAG 11. 2. 1981 AP 8 zu § 4 KSchG 1969; KR/*Friedrich* § 4 KSchG RN 26; Stahlhacke/*Vossen* RN 1740.

[17] BAG 12. 5. 2005 AP 53 zu § 4 KSchG 1969 = NZA 2005, 1259; 10. 10. 2002 AP 49 zu § 4 KSchG 1969 = NZA 2003, 684; 13. 3. 1997 AP 38 zu § 4 KSchG 1969 = NZA 97, 844.

[18] BAG 10. 10. 2002 AP 49 zu § 4 KSchG 1969 = NZA 2003, 684; 16. 3. 1994 AP 29 zu § 4 KSchG 1969 = NZA 94, 860; 16. 8. 1990 AP 10 zu § 611 BGB Treuepflicht = NZA 91, 141; näher dazu *v. Hoyningen-Huene/Linck* § 4 RN 124 ff.

[19] BAG 12. 5. 2005 AP 53 zu § 4 KSchG 1969 = NZA 2005, 1259.

[20] BAG 27. 1. 1994 AP 28 zu § 4 KSchG 1969 = NZA 94, 812; 16. 3. 1994 AP 29 zu § 4 KSchG 1969 = NZA 94, 860; 28. 2. 1995 AP 17 zu § 17 a GVG = NZA 95, 595; offengelassen von BAG 7. 12. 1995 AP 33 zu § 4 KSchG 1969 = NZA 96, 334.

[21] BAG 27. 1. 1994 AP 28 zu § 4 KSchG 1969 = NZA 94, 812.

12 **c)** Für die Klage nach § 256 ZPO ist zur **Begründung eines Interesses an alsbaldiger Feststellung** Tatsachenvortrag zur Möglichkeit weiterer Beendigungsgründe erforderlich. Das Feststellungsinteresse besteht nicht schon deshalb, weil eine bestimmt bezeichnete Kündigung ausgesprochen worden und wegen dieser Kündigung ein Kündigungsschutzrechtsstreit anhängig ist. Der klagende Arbeitnehmer hat vielmehr durch Tatsachenvortrag weitere streitige Beendigungstatbestände in den Prozess einzuführen oder wenigstens deren Möglichkeit glaubhaft darzustellen und damit zu belegen, warum an der – noch dazu alsbaldigen – Feststellung ein rechtliches Interesse bestehen soll. Ein solcher Sachvortrag ist im Falle einer ursprünglich mangels ausreichender Begründung unzulässigen Klage auch noch nach Ablauf der Dreiwochenfrist bei einer inzwischen ausgesprochenen, weiteren Kündigung nachholbar und ergänzbar.[22]

13 **d)** Ein innerhalb der Frist des § 4 Satz 1 KSchG erhobener Antrag nach § 256 I ZPO, mit dem die Feststellung des Fortbestehens des Arbeitsverhältnisses begehrt wird, **wahrt nach Auffassung des BAG die Klagefrist für spätere Kündigungen** jedenfalls dann, wenn der Arbeitnehmer die Sozialwidrigkeit der Kündigungen noch bis zum Schluss der mündlichen Verhandlung erster Instanz geltend mache.[23] Dies gelte unabhängig davon, ob für den Antrag zunächst ein Feststellungsinteresse i. S. v. § 256 I ZPO bestand.[24] Bei einer zulässigen allgemeinen Feststellungsklage nach § 256 ZPO werde der Fortbestand des Arbeitsverhältnisses, und zwar auch unter Einbeziehung eventueller Kündigungen geprüft. Es seien deshalb alle nach dem Vortrag der Parteien in Betracht kommenden Beendigungsgründe zu erörtern.[25]

14 **e)** Wird eine **später ausgesprochene Kündigung mit einer Kündigungsschutzklage nach § 4 KSchG angegriffen,** liegt hierin nach Auffassung des BAG zugleich eine gemäß § 264 Nr. 2 ZPO, § 6 KSchG zulässige Änderung des Feststellungsantrags dahin, dass von dem Kündigungsschutzantrag der Zeitraum erfasst werde, der vor dem Ablauf der Kündigungsfrist der nun gesondert angegriffenen Kündigung liege. Werde daneben der allgemeine Feststellungsantrag nach § 256 ZPO aufrechterhalten, beziehe sich dieser dann auf die Zeit danach bis zum Schluss der mündlichen Verhandlung. Spätestens zum letztgenannten Zeitpunkt müsse für den weiterhin gestellten allgemeinen Feststellungsantrag allerdings ein nicht mehr aus der gesondert angegriffenen Kündigung herleitbares rechtliches Interesse an alsbaldiger Feststellung gemäß § 256 I ZPO vorliegen. Andernfalls sei die Klage insoweit teilweise abzuweisen.[26]

15 **f)** Von einem – neben dem Kündigungsschutzantrag nach § 4 KSchG gestellten – allgemeinen Feststellungsantrag sind Kündigungen des Arbeitgebers nicht erfasst, die **nach dem Schluss der mündlichen Verhandlung** vor dem Arbeitsgericht ausgesprochen und vom Arbeitnehmer mit einer gesonderten Kündigungsschutzklage angegriffen werden. Im Zeitraum zwischen Verkündung eines Urteils erster Instanz und der Einlegung der Berufung kann sich der Streitgegenstand nicht ohne neuen Vortrag der Parteien ändern. Wird der allgemeine Feststellungsantrag wegen fehlenden Rechtsschutzinteresses vom Arbeitsgericht abgewiesen, hat das zur Folge, dass auch mit der Einlegung der Berufung der Feststellungsantrag so aufrechterhalten wird, wie er bereits im ersten Rechtszug gestellt wurde. Will der Kläger weitere Beendigungstatbestände zum Gegenstand seines allgemeinen Feststellungsantrags machen, muss er sie in den Rechtsstreit zumindest durch ergänzenden Tatsachenvortrag einführen.[27]

16 **4. Geltendmachung aller Unwirksamkeitsgründe. a)** Will der Arbeitnehmer geltend machen, eine schriftliche Kündigung sei rechtsunwirksam, hat er seit 1. 1. 2004 innerhalb von drei Wochen Kündigungsschutzklage zu erheben. Dies gilt nicht nur, wenn er die fehlende soziale Rechtfertigung rügt, sondern auch dann, wenn er nur **sonstige Unwirksamkeitsgründe** geltend macht.[28] Der Arbeitnehmer kann damit nicht mehr – wie bis zum 31. 12. 2003 – nach Ablauf der Dreiwochenfrist mit der Begründung Klage erheben, die Kündigung sei wegen Verstoßes gegen § 102 I BetrVG, § 85 SGB IX oder § 9 I MuSchG unwirksam. Auch bei nicht ordnungsgemäßer Betriebsratsanhörung sowie bei Vorliegen allgemeiner rechtsgeschäftlicher

---

[22] BAG 13. 3. 1997 AP 38 zu § 4 KSchG 1969 = NZA 97, 844.

[23] BAG 13. 3. 1997 AP 38 zu § 4 KSchG 1969 = NZA 97, 844; krit. hierzu *v. Hoyningen-Huene/Linck* § 4 RN 127; *Boemke* RdA 95, 211, 220.

[24] BAG 7. 12. 1995 AP 33 zu § 4 KSchG 1969 = NZA 96, 334.

[25] BAG 10. 10. 2002 AP 49 zu § 4 KSchG 1969 = NZA 2003, 684 m. w. N.

[26] BAG 7. 12. 1995 AP 33 zu § 4 KSchG 1969 = NZA 96, 334 sowie BAG 16. 8. 1990 AP 10 zu § 611 BGB Treuepflicht = NZA 91, 141; zur Kritik an dieser Rechtsprechung *v. Hoyningen-Huene/Linck* § 4 RN 134.

[27] BAG 10. 10. 2002 AP 49 zu § 4 KSchG 1969 = NZA 2003, 684.

[28] Anders zu der bis zum 31. 12. 2003 geltenden Rechtslage, vgl. BAG 21. 6. 2000 AP 121 zu § 102 BetrVG 1972 = NZA 2001, 271 sowie BAG 31. 5. 1979 AP 50 zu § 256 ZPO.

Mängel der Kündigung (z. B. §§ 138, 174, 242 BGB) muss nunmehr innerhalb der Dreiwochenfrist Klage erhoben werden.[29] Gleiches gilt, wenn der Arbeitnehmer geltend machen will, die ordentliche Kündigung sei unwirksam, weil er auf Grund einer tarifvertraglichen oder arbeitsvertraglichen Vereinbarung unkündbar sei.[30] Weist der Arbeitnehmer die Kündigung nach § 174 BGB unverzüglich zurück, führt das zur Unwirksamkeit der Kündigung (§ 123 RN 19ff.). Der Arbeitnehmer muss diesen sonstigen Unwirksamkeitsgrund innerhalb der Dreiwochenfrist gerichtlich geltend machen.[31] Eine Ausnahme gilt bei einem Verstoß gegen das in § 623 BGB normierte Schriftformerfordernis, weil § 4 Satz 1 KSchG eine schriftliche Kündigung voraussetzt. Kündigt der Arbeitgeber mündlich, kann sich der Arbeitnehmer auf diesen Unwirksamkeitsgrund (§ 125 BGB) auch noch Ablauf der Dreiwochenfrist berufen.[32] Zeitliche Grenze ist hier die Verwirkung.[33]

b) Gegen die Einbeziehung der Unwirksamkeit einer Kündigung wegen eines Betriebsübergangs nach § 613a IV BGB werden im Schrifttum **europarechtliche Bedenken** erhoben. Werde eine Betriebsstilllegung nur vorgeschoben und komme es nach Ausspruch der Kündigung zu einem Betriebsübergang, sei oftmals die Dreiwochenfrist bereits abgelaufen. Damit stehe dem Arbeitnehmer kein effektiver Rechtsschutz gegen Kündigungen wegen eines Betriebsübergangs zu, was mit Art. 4 Abs. 1 der Richtlinie 2001/23/EG vom 12. 3. 2001[34] nicht vereinbar sei.[35] Diesen Bedenken ist Rechnung zu tragen, indem die Kündigungsschutzklage nach § 5 I KSchG nachträglich zuzulassen ist, wenn der Arbeitgeber den Arbeitnehmer arglistig über das Bestehen eines Betriebsübergangs getäuscht und so von einer fristgemäßen Klageerhebung abgehalten hat.[36] Ggf. ist dabei die Ausschlussfrist des § 5 III 2 KSchG im Wege der europarechtskonformen Auslegung einschränkend auszulegen.[37] 17

c) Nach Auffassung des BAG kann der Arbeitnehmer die **Nichteinhaltung der Kündigungsfrist** auch nach der am 1. 1. 2004 in Kraft getretenen Neufassung des § 4 außerhalb der Dreiwochenfrist geltend machen.[38] Der Arbeitnehmer, der lediglich die Einhaltung der Kündigungsfrist verlange, wolle gerade nicht die Sozialwidrigkeit oder die Unwirksamkeit der Kündigung als solche festgestellt wissen. Er gehe im Gegenteil von der Wirksamkeit der Kündigung aus. Dies ist nicht überzeugend.[39] Die Dreiwochenfrist erfasst nach dem Wortlaut des § 4 Satz 1 KSchG alle Unwirksamkeitsgründe. Ergibt die Auslegung der Kündigungserklärung keine Anhaltspunkte für die Einhaltung der einschlägigen Kündigungsfrist, ist eine mit zu kurzer Kündigungsfrist ausgesprochene Kündigung unwirksam. Nur deshalb ist eine vom BAG in der Vergangenheit vorgenommene Umdeutung nach § 140 BGB überhaupt möglich.[40] Für diese Auslegung des § 4 Satz 1 KSchG spricht auch das Ziel der Neuregelung, alsbald Klarheit über die Frage zu erlangen, ob der Arbeitnehmer gegen die Kündigung gerichtlich vorgehen will. 18

d) Nach der Rechtsprechung des BAG hat ein Verstoß gegen die Pflicht zur Anzeige bei **Massenentlassungen** bislang nicht zur Unwirksamkeit der Kündigung geführt, sondern nur dazu, dass die Entlassung nicht vollzogen werden kann.[41] Ob es hieran festhält, nachdem es im 19

---

[29] *Bader* NZA 2004, 65, 67; *Richardi* NZA 2003, 764, 765; ausf. zu Vertretungsmängeln *Bender/Schmidt* NZA 2004, 358, 362f.; *Ulrici* DB 2004, 250 mit teilweise anderer Auffassung.

[30] BAG 8. 11. 2007 AP 63 zu § 4 KSchG 1969 = NZA 2008, 936.

[31] ErfK/*Kiel* § 4 KSchG RN 4; *Bender/Schmidt* NZA 2004, 358, 362; KR/*Friedrich* § 13 KSchG RN 287a; HaKo/*Gallner* § 4 RN 132d; MünchKommBGB/*Hergenröder* § 4 KSchG RN 11; Stahlhacke/*Vossen* RN 1735a; a. A. *Hanau* ZIP 2004, 1169, 1175; *Raab* RdA 2004, 321, 325; *Ulrici* DB 2004, 250, 251.

[32] BAG 28. 6. 2007 AP 61 zu § 4 KSchG 1969 = NZA 2007, 972.

[33] Dazu BAG 2. 12. 1999 AP 6 zu § 242 BGB Prozessverwirkung = NZA 2000, 540; 20. 5. 1988 AP 5 zu § 242 BGB Prozessverwirkung = NZA 89, 19.

[34] ABl. L 82 v. 22. 3. 2001, S. 16.

[35] Vgl. *Sprenger* AuR 2005, 175; *Kamanabrou* NZA 2004, 950.

[36] Ebenso KR/*Friedrich* § 13 KSchG RN 259c; *Kamanabrou* NZA 2004, 950, 951; *Vossen* FS Leinemann, 2006, S. 273, 277; *Willemsen/Annuß* NJW 2004, 177, 184; für die Notwendigkeit einer gesetzgeberischen Korrektur *Sprenger* AuR 2005, 175, 177.

[37] *Kamanabrou* NZA 2004, 950, 952.

[38] BAG 15. 12. 2005 AP 55 zu § 4 KSchG 1969 = NZA 2006, 791; 6. 7. 2006 AP 57 zu § 4 KSchG 1969 = NZA 2006, 1405; ebenso *Bender/Schmidt* NZA 2004, 358, 363; *Dollmann* DB 2004, 2073, 2077; KR/*Friedrich* § 13 KSchG RN 225; *Hanau* ZIP 2004, 1169, 1175; *Kampen/Winkler* AuR 2005, 171, 174; *Quecke* RdA 2004, 86, 100.

[39] Wie hier *Bader* NZA 2004, 65, 68; *Dewender* DB 2005, 337; HaKo/*Gallner* § 6 KSchG RN 15; *Löwisch* BB 2004, 154, 158f.; ErfK/*Müller-Glöge* § 622 BGB RN 12.

[40] Ausf. hierzu APS/*Linck* § 622 BGB RN 66f.

[41] BAG 13. 4. 2000 AP 13 zu § 17 KSchG 1969 = NZA 2001, 144.

Anschluss an die Rechtsprechung des EuGH für die Erstattung der Anzeige nicht mehr auf den Zeitpunkt der Entlassung, sondern auf den der Kündigung abstellt (§ 142), hat das BAG zuletzt offengelassen.[42] Bleibt das BAG – zutreffend – bei seiner Auffassung, findet die Dreiwochenfrist bei Verstößen gegen die Anzeigepflicht keine Anwendung,[43] ansonsten dürfte auch insoweit die Dreiwochenfrist gelten, weil die fehlende Anzeige ein sonstiger Unwirksamkeitsgrund ist.[44]

20 **e)** Hat der Arbeitnehmer innerhalb der Klagefrist von drei Wochen im Klagewege geltend gemacht, dass eine wirksame schriftliche Kündigung nicht vorliege, kann er sich gem. **§ 6 KSchG** in diesem Verfahren bis zum Schluss der mündlichen Verhandlung erster Instanz zur Begründung der Unwirksamkeit der Kündigung auch auf innerhalb der Klagefrist nicht geltend gemachte Gründe berufen. Auf dieses Recht soll ihn das Arbeitsgericht hinzuweisen. Ist die Klage rechtzeitig erhoben worden, können grundsätzlich alle – weiteren – Einwendungen in den Grenzen des Novenrechts (§§ 61 a, 67 ArbGG) vorgebracht werden. Die Geltendmachung einzelner Aspekte eines Unwirksamkeitsgrundes wird weder durch § 4 Satz 1 KSchG noch durch die Regelung des § 6 KSchG ausgeschlossen.[45]

21 **5. Anforderungen an die Kündigungsschutzklage. a)** Die Klage ist an das **zuständige Arbeitsgericht** mit dem Antrag „festzustellen, dass das Arbeitsverhältnis durch die Kündigung vom … nicht aufgelöst worden ist" zu richten. Die im Übrigen form- und fristgerechte Klageerhebung vor dem örtlich unzuständigen Arbeitsgericht oder dem Amts- bzw. Landgericht wahrt die Dreiwochenfrist, wenn der Rechtsstreit an das zuständige Arbeitsgericht verwiesen wird. Dies gilt auch, wenn die Verweisung erst nach Ablauf der Dreiwochenfrist erfolgt.[46] Schwebt ein Prozess in der Berufungsinstanz, soll die Kündigungsschutzklage auch noch dort im Wege der Klageänderung einbezogen werden können.[47] Die Zuständigkeit der Arbeitsgerichte ist immer dann gegeben, wenn der Kläger behauptet, ein Arbeitsverhältnis sei ordentlich gekündigt worden (sog. sic-non-Fall).[48] Ist der Kläger nicht Arbeitnehmer, ist die Klage als unbegründet abzuweisen.[49] Zur Änderungskündigung vgl. § 137.

22 **b)** Das Recht zur **Erhebung der Klage ist ein höchstpersönliches Recht.**[50] Dritte können sich auf die Sozialwidrigkeit nicht berufen. Für die Klage sind der Pfändungspfandgläubiger oder der Zessionar von Lohnforderungen nicht aktiv legitimiert. Verstirbt der Arbeitnehmer vor Ablauf der Kündigungsfrist, sind auch seine Erben nicht klagebefugt, weil das Arbeitsverhältnis wegen des Todes und nicht auf Grund der Kündigung endet. Anders ist die Rechtslage, wenn der Arbeitnehmer nach Ablauf der Kündigungsfrist bzw. nach einer außerordentlichen Kündigung stirbt. Dann können die Erben Kündigungsschutzklage erheben bzw. die Klage fortsetzen, um etwaige Annahmeverzugsansprüche über das Ende der Kündigungsfrist bis zum Todeszeitpunkt durchzusetzen.[51]

23 **c)** Die Klage ist gegen den **Arbeitgeber** zu richten. Im Falle einer **Gesellschaft bürgerlichen Rechts** (GbR) muss die Gesellschaft verklagt werden.[52] Dies folgt aus der zutreffenden Rechtsprechung des BGH zur Parteifähigkeit der GbR.[53] Bei Personengesellschaften, wie **OHG, KG,** ist die Klage gem. §§ 124 I, 161 II HGB gegen die Gesellschaft zu richten. Eine Kündigungsschutzklage gegen einen einzelnen Gesellschafter ist unzulässig.[54] Bei juristischen Personen, wie **GmbH oder AG,** ist diese zu verklagen.[55] **Partnergesellschaften** können unter dem Namen ihrer Partnerschaft verklagt werden. Richtige Partei für eine Kündigungsschutzkla-

---

42 BAG 23. 3. 2006 AP 21 zu § 17 KSchG 1969 = NZA 2006, 971.

43 Ebenso *Bauer/Krieger* RN 106; *Willemsen/Annuß* NJW 2004, 177, 184; a. A. *Bader* NZA 2004, 65, 67; *Meixner* RN 298.

44 So ErfK/*Kiel* § 17 KSchG RN 36.

45 BAG 8. 11. 2007 AP 63 zu § 4 KSchG 1969 = NZA 2008, 936; 21. 9. 2006 AP 130 zu § 2 KSchG 1969 = NZA 2007, 431.

46 KR/*Friedrich* § 4 KSchG RN 181, 186.

47 BAG 10. 12. 1970 AP 40 zu § 3 KSchG.

48 BAG 8. 11. 2006 AP 89 zu § 2 ArbGG 1979.

49 BAG 24. 4. 1996 AP 1 zu § 2 ArbGG 1969 Zuständigkeitsprüfung = NZA 96, 1005; 20. 9. 2000 AP 8 zu § 2 ArbGG 1979 Zuständigkeitsprüfung = NZA 2001, 210.

50 ErfK/*Kiel* § 4 KSchG RN 14; KR/*Friedrich* § 4 KSchG RN 74.

51 ErfK/*Kiel* § 4 KSchG RN 16; *v. Hoyningen-Huene/Linck* § 4 RN 63 f.; KR/*Friedrich* § 4 KSchG RN 82.

52 KR/*Friedrich* § 4 KSchG RN 94; Stahlhacke/*Vossen* RN 1787.

53 BAG 1. 12. 2004 AP 14 zu § 50 ZPO; BGH 29. 1. 2001 NJW 2001, 1056.

54 KR/*Friedrich* § 4 KSchG RN 94; Stahlhacke/*Vossen* RN 1787.

55 Zum Wegfall der Parteifähigkeit nach Auflösung und Liquidation: BAG 9. 7. 1981 AP 4 zu § 50 ZPO = NJW 82, 1831.

ge gegen eine Partnerschaftsgesellschaft ist die Gesellschaft selbst und sind nicht deren Gesellschafter (§ 7 II PartGG, § 124 HGB). Wie etwa bei der BGB-Gesellschaft ist jedoch bei einer Klage gegen die Gesellschafter zu prüfen, ob sie nicht in Wahrheit gegen die Gesellschaft selbst gerichtet sein soll.[56] Im Falle eines mittelbaren Arbeitsverhältnisses ist die Klage gegen dem Mittelsmann zu richten.[57] Die Klagefrist wird nach Auffassung des BAG auch dann gewahrt, wenn der Arbeitgeber nur hilfsweise verklagt wird.[58]

d) Ist der **Arbeitgeber nur falsch bezeichnet,** steht jedoch von vornherein fest, wer richtiger Beklagter sein soll, kann das Rubrum berichtigt werden. Ist der Klage das Kündigungsschreiben beigefügt, aus dem sich der Arbeitgeber ergibt, kann die Klage entsprechend ausgelegt werden.[59] Dies soll auch gelten, wenn der Kläger im Rubrum der Klageschrift irrtümlich nicht seinen Arbeitgeber, sondern dessen Bevollmächtigten als Beklagten benennt.[60] Im Hinblick auf Art. 20 GG dürfe der Zugang zu den Gerichten nicht in einer aus Sachgründen nicht mehr zu rechtfertigenden Weise erschwert werden.[61] Ist streitig, wer der richtige Arbeitgeber ist, kann nach Auffassung des BAG der richtige Arbeitgeber auch durch eine hilfsweise gegen ihn gerichtete Klage in den Prozess einbezogen werden, obwohl eine evtl. subjektive Klagehäufung unzulässig ist.[62] Selbst bei äußerlich eindeutiger, aber offenkundig unrichtiger Bezeichnung ist grundsätzlich diejenige Person als Partei angesprochen, die erkennbar durch die Parteibezeichnung betroffen werden soll, wenn sich dies durch Auslegung ergibt.[63] 24

e) Wird versehentlich anstatt des **Insolvenzverwalters** die Schuldnerin verklagt, macht dies den Insolvenzverwalter nicht zur Partei. Eine solche Klage wahrt deshalb auch nicht die Klagefrist nach § 4 KSchG.[64] In diesen Fällen ist jedoch stets zu prüfen, ob der Fehler durch eine Rubrumsberichtigung beseitigt werden kann. Lässt sich der Klageschrift entnehmen, dass der Insolvenzverwalter die Kündigung ausgesprochen hat, oder auch nur, dass das Insolvenzverfahren gegen die Schuldnerin eröffnet worden ist, wird nach Auffassung des BAG regelmäßig eine Ergänzung des Beklagtenrubrums möglich sein.[65] Enthält die Klageschrift jedoch keinen Hinweis auf ein eröffnetes Insolvenzverfahren und die Bestellung des Insolvenzverwalters und wird vielmehr die Schuldnerin eindeutig als Beklagte bezeichnet, kann die Klageschrift nur dahin aufgefasst und ausgelegt werden, dass sich die Klage allein gegen die Schuldnerin richten soll. Die Klage ist dann abzuweisen.[66] 25

f) Beim **Betriebsübergang** (§ 613 a BGB) ist die Klage gegen eine noch vom Veräußerer als Arbeitgeber vor dem Betriebsübergang ausgesprochene Kündigung gegen diesen zu richten und fortzusetzen.[67] Dies gilt nicht nur für den Fall der Klageerhebung vor dem Betriebsübergang, sondern auch, wenn die Klage erst nach dem Betriebsübergang erhoben wird.[68] Dem gekündigten Arbeitnehmer bleibt es allerdings unbenommen, im Wege der Klagenhäufung (§ 260 ZPO) gegen den Erwerber eine allgemeine Feststellungsklage zu erheben.[69] Eine Klage gegen den Betriebserwerber ist darauf zu richten, dass festgestellt werde, das Arbeitsverhältnis bestehe zu unveränderten Arbeitsbedingungen mit dem Betriebserwerber fort.[70] Das notwendige Feststellungsinteresse besteht, wenn der Übergang des Arbeitsverhältnisses streitig ist.[71] Werden Betriebsveräußerer und Betriebserwerber in demselben Rechtsstreit als Arbeitgeber verklagt, sind sie Streitgenossen.[72] 26

---

[56] BAG 1. 3. 2007 AP 60 zu § 4 KSchG 1969 = NZA 2007, 1013.
[57] BAG 21. 2. 1990 EzA 32 zu § 611 BGB Arbeitnehmerbegriff.
[58] BAG 31. 3. 1993 AP 27 zu § 4 KSchG 1969 = NZA 94, 237.
[59] BAG 28. 8. 2008 NZA 2009, 221; 21. 9. 2006 AP 58 zu § 4 KSchG 1969 = NZA 2007, 404; 15. 3. 2001 AP 46 zu § 4 KSchG 1969 = NZA 2001, 1267.
[60] BAG 21. 2. 2002 EzA 63 zu § 4 KSchG n. F.
[61] BAG 12. 2. 2004 AP 50 zu § 4 KSchG 1969.
[62] BAG 31. 3. 1993 AP 27 zu § 4 KSchG 1969 = NZA 94, 237.
[63] BAG 28. 8. 2008 NZA 2009, 221; 21. 9. 2006 AP 58 zu § 4 KSchG 1969 = NZA 2007, 404.
[64] BAG 21. 9. 2006 AP 58 zu § 4 KSchG 1969 = NZA 2007, 404.
[65] BAG 17. 1. 2002 EzA 62 zu § 4 KSchG n. F. = NZA 2002, 999.
[66] BAG 21. 9. 2006 AP 58 zu § 4 KSchG 1969 = NZA 2007, 404.
[67] BAG 16. 5. 2002 AP 9 zu § 113 InsO; 18. 3. 1999 AP 44 zu § 4 KSchG 1969 = NZA 99, 706.
[68] Ebenso BAG 18. 3. 1999 AP 44 zu § 4 KSchG 1969 = NZA 99, 706; KR/*Friedrich* § 4 KSchG RN 96; Stahlhacke/*Vossen* RN 1792; KR/*Pfeiffer* § 613 a BGB RN 117; – ausf. hierzu *Vossen,* FS Leinemann, 2006, S. 273 ff.
[69] Stahlhacke/*Vossen* Rn. 1792 a.
[70] BAG 16. 5. 2002 AP 9 zu § 113 InsO; 22. 7. 2004 AP 274 zu § 613 a BGB = NZA 2004, 1383.
[71] BAG 22. 7. 2004 AP 274 zu § 613 a BGB = NZA 2004, 1383.
[72] Vgl. BAG 25. 4. 1996 AP 1 zu § 59 ZPO.

27 Stützt ein Arbeitnehmer eine Kündigungsschutzklage gegen einen Betriebsveräußerer allein auf die **Behauptung, der Betrieb sei bereits vor der Kündigung auf einen Erwerber übergegangen,** führt dies zur Unschlüssigkeit der Klage.[73] Ein Erfolg im Kündigungsschutzprozess setzt voraus, dass zum Zeitpunkt der Kündigung (noch) ein Arbeitsverhältnis zum Kündigenden besteht. Eine gleichwohl erhobene Klage auf Feststellung der Unwirksamkeit der Kündigung ist unbegründet, denn ein Arbeitsverhältnis besteht – und zwar schon nach dem eigenen Vorbringen des gegen den Veräußerer vorgehenden Klägers – nicht mehr.[74] Auf eine Kündigungsbefugnis des Veräußerers kommt es nicht an.[75] Macht der beklagte Arbeitgeber in diesem Fall geltend, ein Betriebsübergang habe nicht stattgefunden, kann sich der Arbeitnehmer dieses Vorbringen hilfsweise zu eigen machen.[76] Dann ist die Klage zwar nach dem Hauptvorbringen unschlüssig, nach dem Hilfsvorbringen aber schlüssig. Besteht das Arbeitsverhältnis im Zeitpunkt der Kündigung nach den festgestellten Umständen tatsächlich nicht mehr, ist die Kündigungsschutzklage im Ergebnis unbegründet. Lag kein Betriebsübergang vor, bestand zum Zeitpunkt der Kündigung ein Arbeitsverhältnis, das nur durch eine wirksame Kündigung beendet werden konnte.

28 Macht der Arbeitnehmer mit seiner Klage einen **Verstoß gegen § 613 a IV 1 BGB** geltend, konnte er dies bis zum 31. 12. 2003 auch im Wege der allgemeinen Feststellungsklage nach § 256 ZPO gegenüber dem Erwerber tun.[77] Denn diese Bestimmung stellt ein eigenständiges Kündigungsverbot i. S. d. § 134 BGB dar, das gemäß § 13 III KSchG auch außerhalb der Dreiwochenfrist des § 4 Satz 1 KSchG geltend gemacht werden konnte.[78] Auf Grund der Neuregelung des § 4 Satz 1 KSchG muss der Arbeitnehmer nunmehr zur Vermeidung der Fiktionswirkung des § 7 KSchG gegen den kündigenden Arbeitgeber Kündigungsschutzklage erheben.[79] Daneben ist allerdings eine Feststellungsklage gegen den Erwerber möglich. Wird in einem Kündigungsrechtsstreit zwischen Arbeitnehmer und bisherigem Betriebsinhaber rechtskräftig die Unwirksamkeit der vom Veräußerer ausgesprochenen Kündigung wegen Betriebsübergangs festgestellt, findet § 325 ZPO im Verhältnis zu der vom Arbeitnehmer als Übernehmer in Anspruch genommenen Person weder unmittelbare noch entsprechende Anwendung, wenn der behauptete Betriebsübergang vor Eintritt der Rechtshängigkeit der Kündigungsschutzklage vollzogen wurde.[80]

29 **g)** Die BRD ist Prozessstandschafter für Kündigungsschutzklagen der bei den **Alliierten Streitkräften** beschäftigten Arbeitnehmer (Art. 56 VIII ZA-NTS).[81]

30 **h)** Nach § 4 Satz 1 KSchG muss der **Antrag einer Kündigungsschutzklage** auf die Feststellung gerichtet sein, „dass das Arbeitsverhältnis durch die Kündigung nicht aufgelöst ist". Entspricht der Antrag nicht dieser Vorgabe, ist durch Auslegung festzustellen, ob der Kläger einen solchen Kündigungsschutzantrag stellen wollte. Dabei ist ein großzügiger Maßstab anzulegen, und zwar auch dann, wenn der ungenaue Antrag von einem Fachanwalt für Arbeitsrecht formuliert wurde.[82] Ausreichend ist, wenn sich ergibt, dass der Arbeitnehmer mit einer näher bezeichneten oder der Klage beigefügten Kündigung nicht einverstanden ist.[83] Die Klage ist nach § 130 Nr. 6 ZPO **eigenhändig zu unterschreiben.** Geht innerhalb der Dreiwochenfrist des § 4 KSchG beim Arbeitsgericht ein nicht unterzeichneter, jedoch im Übrigen den Erfordernissen einer Klageschrift entsprechender Schriftsatz ein, kann der Mangel der fehlenden Unterzeichnung noch fristwahrend nach § 295 ZPO geheilt werden.[84] Eine per Telefax beim Arbeitsgericht eingereichte Klage genügt dem Formerfordernis.[85]

---

[73] BAG 26. 7. 2007 AP 324 zu § 613 a BGB.

[74] ErfK/*Kiel* § 4 KSchG RN 17.

[75] BAG 18. 4. 2002 AP 232 zu § 613 a BGB = NZA 2002, 1207; 24. 5. 2005 AP 284 zu § 613 a BGB = NZA 2005, 1302; 15. 12. 2005 AP 294 zu § 613 a BGB = NZA 2006, 597.

[76] BAG 26. 7. 2007 AP 324 zu § 613 a BGB; 15. 12. 2005 AP 294 zu § 613 a BGB = NZA 2006, 597.

[77] BAG 31. 1. 1985 AP 40 zu § 613 a BGB, KR/*Friedrich* § 4 KSchG RN 97.

[78] Vgl. KR/*Friedrich* § 4 KSchG RN 97; *Hillebrecht* NZA 89, Beil. 4 S. 10, 13; LAG Hamm 9. 3. 1989 LAGE § 613 a BGB Nr. 15.

[79] ErfK/*Kiel* § 4 KSchG RN 17; Stahlhacke/*Vossen* RN 1792 a.

[80] Vgl. BAG 18. 2. 1999 AP 5 zu § 325 ZPO = NZA 99, 648; 18. 3. 1999 AP 44 zu § 4 KSchG 1969 = NZA 99, 706.

[81] LAG Rheinl.-Pfalz NZA 91, 613.

[82] BAG 13. 12. 2007 AP 64 zu § 4 KSchG 1969 = NZA 2008, 589.

[83] BAG 21. 5. 1981 AP 7 zu § 4 KSchG 1969.

[84] BAG 26. 6. 1986 AP 14 zu § 4 KSchG 1969 = NZA 86, 761.

[85] BAG 14. 1. 1986 AP 2 zu § 94 ArbGG 1979.

6. Klagefrist. Die Kündigungsschutzklage ist innerhalb von **drei Wochen nach Zugang der Kündigung** beim Arbeitsgericht zu erheben (zum Zugang vgl. § 123 RN 34ff.). Maßgebend ist der Zeitpunkt, zu dem die Klageschrift beim Arbeitsgericht eingeht, sofern die Klage demnächst zugestellt wird, § 167 ZPO.[86] Die Fristberechnung erfolgt nach §§ 186ff. BGB. Durch die Anrufung einer Schlichtungsstelle (z. B. § 44 AVR-Diakonie) wird die Klagefrist weder gehemmt noch gewahrt.[87] Die Besatzung von Seeschiffen, Binnenschiffen und Luftfahrzeugen hat gem. § 24 III KSchG abweichend von § 4 KSchG die Kündigungsschutzklage binnen 3 Wochen, nachdem das Besatzungsmitglied zum Sitz des Betriebes zurückkehrt, zu erheben, spätestens jedoch binnen 6 Wochen nach Zugang der Kündigung. Wird die Kündigung während der Fahrt des Schiffs oder des Luftfahrzeugs ausgesprochen, beginnt nach der Ausnahmebestimmung des Satzes 2 die 6-Wochen-Frist nicht vor dem Tag, an dem das Schiff oder das Luftfahrzeug einen deutschen Hafen oder Liegeplatz erreicht.[88] 31

7. Behördliche Zustimmung. a) Nach § 4 Satz 4 KSchG läuft die Frist zur Anrufung des Arbeitsgerichts, soweit die Kündigung der Zustimmung einer Behörde bedarf, erst von der **Bekanntgabe der Entscheidung** der Behörde an den Arbeitnehmer ab. In der Rechtsprechung des BAG ist anerkannt, dass § 4 Satz 4 KSchG bei dem Erfordernis der vorherigen Zustimmung einer Behörde zur Kündigung jedenfalls dann anzuwenden ist, wenn das Integrationsamt die nach § 85 SGB IX erforderliche Zustimmung zur Kündigung eines Schwerbehinderten dem Arbeitgeber vor Ausspruch der Kündigung wirksam erteilt hatte, die Entscheidung der Behörde dem Arbeitnehmer jedoch erst nach Ausspruch der Kündigung bekanntgegeben worden ist.[89] 32

b) Bis zum **Inkrafttreten der Änderungen des KSchG** am 1. 1. 2004 hatte die Regelung des § 4 Satz 4 KSchG nur eine geringe praktische Bedeutung. Lag nämlich die nach den Sonderkündigungsschutzbestimmungen, wie z. B. § 18 I BEEG, § 9 I MuSchG, § 5 PflegeZG oder § 85 SGB IX behördliche Zustimmung vor Ausspruch der Kündigung nicht vor, war die Kündigung aus anderen Gründen i. S. v. § 13 III KSchG a. F. unwirksam. Die Unwirksamkeit aus sonstigen Gründen konnte noch außerhalb der Dreiwochenfrist geltend gemacht werden. Dies galt allerdings nicht im Insolvenzfall. Nach § 113 II InsO a. F. hatte der Arbeitnehmer auch vor dem 1. 1. 2004 bei einer Kündigung durch den Insolvenzverwalter innerhalb von drei Wochen Kündigungsschutzklage zu erheben, wenn er andere Unwirksamkeitsgründe als die in § 1 II und III KSchG genannten geltend machen wollte. Hierzu hat das BAG in einem Fall, in dem der Insolvenzverwalter einen Antrag auf Zulässigerklärung der Kündigung nach § 18 BEEG nicht gestellt hatte, angenommen, die Dreiwochenfrist habe nicht zu laufen begonnen. Eine ohne Bekanntgabe einer Zulässigkeitserklärung der Behörde an den Arbeitnehmer diesem gegenüber ausgesprochene Kündigung setze den Lauf der Dreiwochenfrist wegen § 4 Satz 4 KSchG nicht in Gang.[90] Der Arbeitnehmer könne deshalb ohne die Begrenzung durch die Dreiwochenfrist das Fehlen einer Zulässigerklärung nach § 18 I 2 BEEG – bis zur Grenze der Verwirkung – jederzeit geltend machen, wenn ihm die diesbezügliche Entscheidung der zuständigen Behörde – welchen Inhalts auch immer – nicht bekanntgegeben worden sei.[91] 33

c) Nach dem Inkrafttreten der **Neufassung des § 4 Satz 1 KSchG** ist im Einzelnen zu prüfen, inwieweit diese Rechtsprechung fortzuführen ist. Auszugehen ist vom Zweck des § 4 Satz 4 KSchG. Diese Regelung berücksichtigt, dass der Arbeitnehmer bis zur Bekanntgabe der Entscheidung der Behörde an ihn nicht immer sicher weiß, ob der Arbeitgeber die behördliche Zustimmung beantragt hat. Auch wenn der Arbeitnehmer hiervon Kenntnis hat, weil er in dem Verfahren beteiligt wurde, ist ihm jedenfalls bis zur Bekanntgabe nicht der Inhalt der Entscheidung der Behörde bekannt und damit, ob dem Arbeitgeber bereits rechtswirksam eine Zustimmung erteilt worden ist und aus welchen Gründen dies ggf. geschehen ist. Diesem Informationsdefizit trägt § 4 Satz 4 KSchG Rechnung, indem die Klagefrist erst ab Bekanntgabe der behördlichen Entscheidung an den Arbeitnehmer zu laufen beginnt.[92] Dieser Zweck trifft jedoch nur zu, wenn der Arbeitnehmer weiß, dass dem Arbeitgeber die tatsächlichen Voraussetzungen für das Zustimmungserfordernis bekannt sind. Kündigt der Arbeitgeber einem schwerbehinderten Arbeitnehmer in Kenntnis von dessen **Schwerbehinderteneigenschaft,** ohne 34

---

[86] Dazu BAG 8. 4. 1976 AP 2 zu § 4 KSchG 1969.
[87] LAG Hamm 25. 1. 1994 LAGE § 4 KSchG Nr. 24.
[88] Dazu BAG 9. 1. 1986 AP 1 zu § 24 KSchG 1969.
[89] BAG 17. 2. 1982 AP 1 zu § 15 SchwbG.
[90] BAG 3. 7. 2003 AP 7 zu § 18 BErzGG = NZA 2003, 1335.
[91] Näher dazu *Raab* RdA 2004, 321, 330ff.; *Schmidt* NZA 2004, 79.
[92] BAG 3. 7. 2003 AP 7 zu § 18 BErzGG = NZA 2003, 1335; ebenso bereits BAG 17. 2. 1982 AP 1 zu § 15 SchwbG; HaKo/*Gallner* § 4 KSchG RN 116; dies übersehen *Zeising/Kröpelin* DB 2005, 1626, 1628.

zuvor nach § 85 SGB IX die erforderliche Zustimmung des Integrationsamts zur Kündigung einzuholen, kann der Arbeitnehmer die Unwirksamkeit der Kündigung bis zur Grenze der Verwirkung gerichtlich geltend machen.[93] Ist dagegen dem Arbeitgeber bei Ausspruch der Kündigung die Schwerbehinderung des Arbeitnehmers bzw. dessen Gleichstellung nicht bekannt und hatte der Arbeitgeber die Zustimmung des Integrationsamts folglich auch nicht beantragt, muss sich der Arbeitnehmer – zur Erhaltung seines Sonderkündigungsschutzes nach § 85 SGB IX – innerhalb von drei Wochen nach Zugang der Kündigung auf diesen Sonderkündigungsschutz berufen.[94] Teilt der Arbeitnehmer dem Arbeitgeber seinen Schwerbehindertenstatus bzw. seine Gleichstellung nicht innerhalb dieser drei Wochen mit, kann sich der Arbeitnehmer auf den Sonderkündigungsschutz nicht mehr berufen. Die Kündigung gilt gem. § 7 KSchG als wirksam. § 4 Satz 4 KSchG kommt hier nicht zur Anwendung, denn eine Entscheidung war nicht erforderlich und konnte dem Arbeitnehmer deshalb auch nicht bekannt gegeben werden. Gleiches gilt, wenn der Arbeitnehmer dem Arbeitgeber seinen Schwerbehindertenstatus bzw. seine Gleichstellung innerhalb von drei Wochen nach der Kündigung mitteilt, aber nicht fristgerecht Klage erhebt. Dann kann sich der Arbeitnehmer zwar auf den Sonderkündigungsschutz berufen. Allerdings muss er zugleich auch die Klagefrist des § 4 Satz 1 KSchG einhalten, denn zum Zeitpunkt des Zugangs der Kündigung war dem Arbeitgeber der Sonderkündigungsschutz nicht bekannt und er konnte eine Zustimmung nicht beantragen.[95]

35 Ist dem Arbeitgeber die **Schwangerschaft oder die Entbindung** der Arbeitnehmerin zur Zeit der Kündigung nicht bekannt, wurde sie ihm aber innerhalb von zwei Wochen nach Zugang der Kündigung mitgeteilt (§ 9 I 1 MuSchG), ist die Kündigung nur mit Zustimmung der Behörde zulässig (dazu § 169 RN 10ff.). In diesem Fall ist die Klagefrist nach § 4 Satz 1 KSchG angelaufen, weil im Zeitpunkt des Zugangs der Kündigung die Voraussetzungen des Sonderkündigungsschutzes (Kenntnis des Arbeitgebers von Schwangerschaft bzw. Entbindung) nicht vorgelegen haben. Zur Erlangung des Sonderkündigungsschutzes muss die Arbeitnehmerin den Arbeitgeber von der Schwangerschaft bzw. der Entbindung in Kenntnis setzen. § 4 Satz 4 KSchG greift in diesem Fall nicht ein, weil im Zeitpunkt des Zugangs der Kündigung die Voraussetzungen des Sonderkündigungsschutzes und damit die Notwendigkeit einer behördlichen Zustimmung nicht gegeben waren und damit die Klagefrist nach § 4 Satz 1 KSchG mit Zugang der Kündigung bei der Arbeitnehmerin in Gang gesetzt wurde. Erhebt die Arbeitnehmerin keine Kündigungsschutzklage, obwohl sie den Arbeitgeber innerhalb der Zweiwochenfrist des § 9 I 1 MuSchG von ihrer Schwangerschaft nachträglich in Kenntnis gesetzt hat, gilt die Kündigung gem. § 7 KSchG als von Anfang an wirksam.[96] Dieser Gedanke liegt auch § 5 I 2 KSchG zugrunde.[97] Erlangt eine Arbeitnehmerin aus einem von ihr nicht zu vertretenden Grund erst nach Ablauf der Dreiwochenfrist von ihrer Schwangerschaft Kenntnis, kann sie die nachträgliche Zulassung der Kündigungsschutzklage beantragen. Diese Vorschrift setzt damit voraus, dass in diesen Fällen bei einer Kündigung des Arbeitgebers die Dreiwochenfrist des § 4 Satz 1 KSchG mit Zugang der Kündigung zu laufen begonnen hat.[98] § 5 I 2 KSchG ist deshalb auch keineswegs überflüssig,[99] weil in dem dort geregelten Fall § 4 Satz 4 KSchG nicht anwendbar ist.

36, 37 Befindet sich der Arbeitnehmer in **Elternzeit,** hat der Arbeitgeber hiervon wegen § 16 I 1 BEEG Kenntnis. Er hat daher gem. § 18 I 2 BEEG die Zustimmung zur Kündigung zu beantragen. § 4 Satz 4 KSchG ist in diesem Fall uneingeschränkt anwendbar.

38 **8. Aussetzen wegen eines vorgreiflichen Rechtsstreits.** Es steht **im pflichtgemäßen Ermessen** der Arbeitsgerichte, ob sie den Kündigungsschutzrechtsstreit **aussetzen** oder nicht, wenn ein verwaltungsgerichtlicher Rechtsstreit über die Zustimmung des Integrationsamts noch anhängig ist. Gegenüber dem vorrangigen Zweck einer Aussetzung – einander widersprechende Entscheidungen zu vermeiden – sind der Nachteil einer langen Verfahrensdauer und die daraus für

---

[93] BAG 13. 2. 2008 NZA 2008, 1055; KR/*Friedrich* § 4 KSchG RN 202a; *Hanau* ZIP 2004, 1169, 1175; *Löwisch* BB 2004, 154, 159; *Preis* DB 2004, 70, 77; *Quecke* RdA 2004, 86, 100; *Raab* RdA 2004, 321, 331; *Richardi* DB 2004, 486, 489; *Schmidt* NZA 2004, 79, 80f.; – a.A. *Bauer/Powietzka* NZA-RR 2004, 505, 514; KR/*Fischermeier* § 626 BGB RN 372; *Fornasier/Werner* NJW 2007, 2729, 2731; *Schiefer/Worzalla* NZA 2004, 345, 356; *Zeising/Kröpelin* DB 2005, 1626.

[94] BAG 12. 1. 2006 AP 3 zu § 85 SGB IX.

[95] BAG 13. 2. 2008 NZA 2008, 1055.

[96] BAG 13. 2. 2008 NZA 2008, 1055; *v. Hoyningen-Huene/Linck* § 4 RN 109; KR/*Friedrich* § 4 KSchG RN 203.

[97] Dazu LAG Düsseldorf 10. 2. 2005 NZA-RR 2005, 382.

[98] MünchKommBGB/*Hergenröder* § 4 KSchG RN 52; *Raab* RdA 2004, 321, 331; *Schmidt* NZA 2004, 79, 80f.; wohl auch *Löwisch/Spinner* § 4 RN 66.

[99] So aber *Bader* NZA 2004, 65, 68; *Willemsen/Annuß* NJW 2004, 177, 184.

die Parteien entstehenden Folgen abzuwägen. Auch kommt bei Bestandsschutzstreitigkeiten dem gesetzlich geregelten Beschleunigungsgrundsatz (§ 9 I, § 64 VIII und § 61 a ArbGG) eine besondere Bedeutung zu. Auf Grund dessen hat das Interesse der Parteien, die Verkündung möglicherweise einander widersprechender Entscheidungen zu verhindern, grundsätzlich zurückzutreten.[100] Dem Kläger steht ggf. der Restitutionsgrund des § 580 Nr. 7 Buchst. b ZPO analog zur Seite, falls er später vor dem Verwaltungsgericht obsiegen sollte. Entsprechendes gilt für die Zulässigkeitserklärung nach § 9 III MuSchG.[101]

9. Das Urteil. a) Wird die Kündigungsschutzklage **rechtskräftig abgewiesen,** steht die Beendigung des Arbeitsverhältnisses durch die streitgegenständliche Kündigung fest. In einem Folgeprozess kann nicht mehr darüber gestritten werden, ob die Kündigung aus anderen Gründen unwirksam war. Dies gilt nicht nur, wenn die vom Arbeitgeber dargelegten Kündigungsgründe vorliegen, sondern ebenso für eine Abweisung der Klage wegen Versäumung der Dreiwochenfrist. Auch in diesem Fall ist die Klage wegen der materiell-rechtlichen Wirkung des § 7 KSchG als unbegründet abzuweisen.[102] 39

b) Wird der Kündigungsschutzklage rechtskräftig **stattgegeben,** steht fest, dass das Arbeitsverhältnis nicht durch die streitgegenständliche Kündigung beendet worden ist.[103] Damit ist nach der Rechtsprechung des BAG grundsätzlich zugleich entschieden, dass bei einer außerordentlichen Kündigung zum Zeitpunkt des Zugangs der Kündigung zwischen den Parteien ein Arbeitsverhältnis bestanden hat.[104] Diese Rechtsprechung verstößt weder gegen Art. 20 III noch gegen Art. 19 IV GG.[105] Der Arbeitgeber kann den Eintritt dieser Rechtsfolgen verhindern, indem er die Aussetzung des Kündigungsrechtsstreits über die spätere Kündigung beantragt (§ 148 ZPO). Einem solchen Aussetzungsantrag ist regelmäßig stattzugeben. Gegen die Ablehnung der Aussetzung des Verfahrens besteht die Möglichkeit der sofortigen Beschwerde nach § 252 ZPO. Des Weiteren kann der Arbeitgeber die zur Begründung der ersten Kündigung verfassten Schriftsätze in den Rechtsstreit über die Wirksamkeit der zweiten Kündigung einführen und unter Bezugnahme darauf geltend machen, zum Termin der zweiten Kündigung habe kein Arbeitsverhältnis mehr bestanden. Gegen ein der Kündigungsschutzklage stattgebendes Urteil kann der Arbeitgeber Berufung einlegen.[106] In Rechtskraft erwächst allerdings nicht der Kündigungsgrund, d. h. die Feststellung, dass die Kündigung sozialwidrig war und deshalb das Arbeitsverhältnis nicht aufgelöst hat.[107] Die Unwirksamkeit der Kündigung hat zur Folge, dass der Arbeitgeber, wenn er den Arbeitnehmer in der Zwischenzeit nicht beschäftigt hat, in **Annahmeverzug** geraten ist und dem Arbeitnehmer gemäß § 615 BGB das Entgelt fortzuzahlen hat (dazu § 95). Gegenüber dem Anspruch des Arbeitnehmers auf Zahlung der Annahmeverzugsvergütung kann der Arbeitgeber nicht nochmals die Wirksamkeit der Kündigung einwenden.[108] Da das Arbeitsverhältnis fortbesteht, ist der Arbeitnehmer andererseits jederzeit auf Verlangen des Arbeitgebers zur Wiederaufnahme der Arbeit verpflichtet.[109] 40

10. Wiederholungskündigung.[110] Ist in einem Kündigungsrechtsstreit entschieden, dass das Arbeitsverhältnis durch eine bestimmte Kündigung nicht aufgelöst worden ist, kann der Arbeitgeber eine erneute Kündigung **nicht auf Kündigungsgründe stützen,** die er schon zur Begründung der ersten Kündigung vorgebracht hat und die in dem ersten Kündigungsschutzprozess materiell geprüft worden sind mit dem Ergebnis, dass sie die Kündigung nicht rechtfertigen können.[111] Dies gilt sowohl, wenn der Arbeitgeber noch während des ersten Kündigungsschutz- 41

---

[100] BAG 18. 1. 2007 AP 44 zu § 1 KSchG 1969 Krankheit; 26. 9. 1991 AP 28 zu § 1 KSchG 1969 Krankheit = NZA 92, 1073.

[101] BAG 17. 6. 2003 AP 33 zu § 9 MuSchG 1968 = NZA 2003, 1329.

[102] BAG 26. 6. 1986 AP 14 zu § 4 KSchG 1969 = NZA 86, 761.

[103] BAG AP 3 zu § 4 KSchG 1969.

[104] BAG 28. 11. 2007 NZA-RR 2008, 344; 27. 4. 2006 AP 55 zu § 9 KSchG 1969 = NZA 2007, 229; 27. 9. 2001 AP 41 zu § 9 KSchG 1969 = NZA 2002, 1171; 5. 10. 1995 AP 48 zu § 519 ZPO = NZA 96, 651; 12. 6. 1986 AP 17 zu § 4 KSchG 1969 = NZA 87, 273; zust. *Berkowsky* NZA 2008, 1112; krit. hierzu *Boemke* RdA 95, 211, 222 f.; Stahlhacke/*Vossen* RN 1900.

[105] BAG 26. 6. 2008 NZA 2008, 1145.

[106] BAG 26. 6. 2008 NZA 2008, 1145.

[107] BAG 27. 9. 2001 AP 41 zu § 9 KSchG 1969 = NZA 2002, 1171.

[108] *Löwisch/Spinner* § 4 RN 85.

[109] Zutr. LAG Düsseldorf 14. 10. 1969 DB 70, 545.

[110] Dazu *Lingemann/Beck* NZA-RR 2007, 225.

[111] BAG 8. 11. 2007 AP 209 zu § 626 BGB; 12. 2. 2004 AP 75 zu § 1 KSchG 1969; 22. 5. 2003 AP 71 zu § 1 KSchG 1969; 7. 3. 1996 AP 76 zu § 1 KSchG 1969 Betriebsbedingte Kündigung = NZA 96, 931; 26. 8. 1993 AP 113 zu § 626 BGB = NZA 94, 70.

verfahrens für den Fall seines Unterliegens vorsorglich eine oder mehrere Kündigungen mit demselben Kündigungsgrund nachschiebt, sog. Wiederholungskündigung, als auch für eine sog. Trotzkündigung nach Rechtskraft des Urteils in dem ersten Prozess. Gegen die zweite Kündigung muss der Arbeitnehmer zwar nach §§ 4, 7 KSchG Klage erheben, der zweiten rechtzeitig erhobenen Klage ist jedoch aus Gründen der Präjudizialität ohne Weiteres stattzugeben.[112]

42–44 **11. Auswirkungen auf Ausschlussfristen. a)** Verlangt eine tarifliche Ausschlussklausel die **schriftliche Geltendmachung** aller gegenseitigen Ansprüche aus dem Arbeitsverhältnis innerhalb einer bestimmten Frist, erfasst die fristgerecht erhobene Kündigungsschutzklage regelmäßig auch Entgeltansprüche.[113] Die Erhebung einer Kündigungsschutzklage wahrt die tarifliche Ausschlussfrist allerdings nur für solche Ansprüche, die für den Arbeitgeber erkennbar mit dem Fortbestand des Arbeitsverhältnisses im Normalfall verbunden sind. Zahlungsansprüche, die zusätzlich auf eine unrichtige Eingruppierung gestützt werden, bedürfen auch dann zur Wahrung der Ausschlussfrist einer gesonderten, hierauf gestützten Geltendmachung, wenn sie erst während des Kündigungsrechtsstreits fällig werden.[114] Werden die Lohnansprüche auf diese Weise rechtzeitig geltend gemacht, finden die Vorschriften über Dauer und Ende der Hemmung von Verjährungsfristen bei Klage und Klagerücknahme (§§ 203 ff. BGB) keine entsprechende Anwendung. Die fristwahrende Wirkung der Kündigungsschutzklage entfällt weder durch Klagerücknahme noch dadurch, dass der Kündigungsschutzprozess ohne triftigen Grund nicht betrieben wird und deshalb in Stillstand gerät.[115] Zu weiteren Fragen § 32 RN 61.

45 **12. Folgen für die Verjährung.** Durch die Kündigungsschutzklage nach § 4 KSchG oder eine Klage auf Feststellung des Fortbestehens des Arbeitsverhältnisses gemäß § 256 ZPO wird die Verjährung der sich aus §§ 611, 615 BGB ergebenden Zahlungsansprüche des Arbeitnehmers nicht unterbrochen.[116] Die auf Verfassungsbeschwerde eines Arbeitnehmers vom BVerfG aufgehobene – zunächst rechtskräftige – Abweisung einer Kündigungsschutzklage ist als solche keine „höhere Gewalt" i. S. d. § 203 II BGB a. F. Sie hemmt die Verjährungsfrist für vom Ausgang des Kündigungsschutzprozesses abhängige Annahmeverzugsansprüche nicht, wenn der Kläger keinerlei Anstrengungen zur Wahrung der Verjährungsfrist unternommen hat, obwohl er dazu in der Lage war.[117]

46 **13. Urlaubsansprüche.** Die Erhebung einer Kündigungsschutzklage hat regelmäßig **nicht die Geltendmachung** von Urlaubs- oder Urlaubsabgeltungsansprüchen zum Inhalt (vgl. § 102 RN 96). Gegenstand der Kündigungsschutzklage ist die rechtliche Wirkung der vom Arbeitgeber abgegebenen Kündigungserklärung auf das Arbeitsverhältnis, nicht jedoch die Feststellung von Ansprüchen aus dem mit der Kündigung zu beendenden Arbeitsverhältnis.[118]

§ 139. Nachträgliche Zulassung der Kündigungsschutzklage

Bader, Übergangsprobleme bei § 5 KSchG n. F., NZA 2008, 620; *Berkowsky,* Die Kündigungsschutzklage und ihre nachträgliche Zulassung, NZA 97, 352; *Bernstein,* Die Zurechnung von Fehlverhalten und Verschulden anlässlich der Klageerhebung nach § 4 KSchG – ein Klassiker des Kündigungsschutzrechts, FS Stege, 1997, S. 25; *Dietermann/Gaumann,* Rechtsbeschwerde im Verfahren der nachträglichen Zulassung einer Kündigungsschutzklage, NJW 2003, 799; *Dresen,* Die Zurechnung des Vertreterverschuldens im Rahmen der Erhebung der Kündigungsschutzklage, §§ 4 S. 1, 5 III KSchG – Wohin geht die Reise?, NZA-RR 2004, 7; *Eylert,* Nachträgliche Zulassung der Kündigungsschutzklage, AuA 96, 414; *Francken,* Das Verschulden des Prozessbevollmächtigten an der Versäumung der Klagefristen des § 4 KSchG, § 1 Abs. 5 BeschFG und des § 113 Abs. 2 InsO, 1998; *Francken/Natter/Rieker* Die Novellierung des Arbeitsgerichtsgesetzes und des § 5 KSchG durch das SGGArbGG-Änderungsgesetz, NZA 2008, 377; *Gravenhorst,* Zur Statthaftigkeit der Rechtsbeschwerde gegen Entscheidungen nach § 5 IV 2 KSchG, NZA 2006, 1199; *Griebeling,* Die Zurechnung von Bevollmächtigtenverschulden im Kündigungsrecht, NZA 2002, 838; *Holthaus,* Versäumung der Dreiwochenfrist des § 4 KSchG – Nachträgliche Zulassung der Kündigungsschutzklage trotz Anwaltsverschuldens, 1998; *Kamanabrou,* Europarechtliche Bedenken gegen die Klagefrist bei Kündigungen wegen Betriebsübergang, NZA 2004, 950; *Köhne,* Nachträgliche Zulassung von Kündigungsschutzklagen, AR-Blattei SD 1020.3.1; *Nägele,* Das Verfahren der nachträglichen Klagezulassung, ArbRB 2003, 157; *Nebeling/Schmid,* Zulassung der verspäteten Kündigungsschutzklage nach Anfechtung

[112] BAG 12. 2. 2004 AP 75 zu § 1 KSchG 1969; 26. 8. 1993 AP 113 zu § 626 BGB = NZA 94, 70.
[113] BAG 9. 8. 1990 AP 46 zu § 615 BGB = NZA 91, 226.
[114] BAG 14. 12. 2005 AP 281 zu § 1 TVG Tarifverträge: Bau = NZA 2006, 998.
[115] BAG 7. 11. 1991 AP 114 zu § 4 TVG Ausschlussfristen = NZA 92, 521.
[116] BAG 7. 11. 1991 AP 6 zu § 209 BGB.
[117] BAG 7. 11. 2002 AP 13 zu § 580 ZPO = NZA 2003, 963.
[118] BAG 21. 9. 1999 AP 77 zu § 7 BUrlG Abgeltung = NZA 2000, 590.

eines Abwicklungsvertrags wegen arglistiger Täuschung, NZA 2002, 1310; *Reinhard/Böggemann,* Gesetz zur Änderung des Sozialgerichtsgesetzes und des Arbeitsgerichtsgesetzes – Änderungen des ArbGG, NJW 2008, 1263; *Karsten Schmidt,* Die nachträgliche Zulassung der Kündigungsschutzklage durch Beschluss, 2001; *ders.,* Versäumung prozessualer Fristen bei Einschaltung von Hilfspersonen, BB 2001, 1198; *Schwab,* Zulässigkeit der Rechtsbeschwerde im arbeitsgerichtlichen Verfahren, NZA 2002, 1378; *ders.,* Neue Regeln für die nachträgliche Zulassung der Kündigungsschutzklage, FA 2008, 135; *Tschöpe/Fleddermann,* Zurechnung anwaltlichen Verschuldens bei Versäumung der Klagefrist nach § 4 KSchG, BB 98, 157; *Vollkommer,* Verlust der Kündigungsrechtsschutzes des Arbeitnehmers bei Versäumung der Klagefrist durch Vertreterverschulden, FS Stahlhacke, 1995, S. 599; *ders.,* Zulassung einer Kündigungsschutzklage, MDR 2001, 42; *Wenzel,* Neue Aspekte im Streit um die Anrechnung des Vertreterverschuldens bei der Versäumung der Klagefrist des § 4 KSchG, FS Egon Schneider, 1997, S. 325.

Übersicht

	RN		RN
1. Überblick	1	5. Antragsfrist	17, 18
2. Zuzumutende Sorgfalt	2	6. Glaubhaftmachung	19, 20
3. Einzelfälle	3–15	7. Entscheidung	21–23
4. Antrag	16		

1. Überblick. Gemäß § 5 I 1 KSchG kann der Arbeitnehmer bei Versäumung der Klagefrist 1 die nachträgliche Zulassung einer verspätete Kündigungsschutzklage verlangen, wenn er **trotz Anwendung aller ihm nach Lage der Umstände zuzumutenden Sorgfalt verhindert** war, rechtzeitig Klage zu erheben. Gleiches gilt nach dem zum 1. 1. 2004 in das Gesetz eingefügten § 5 I 2 KSchG, wenn eine Frau von ihrer Schwangerschaft aus einem von ihr nicht zu vertretenden Grund erst nach Ablauf der Dreiwochenfrist Kenntnis erlangt. Der Antrag auf nachträgliche Zulassung ist nur innerhalb von zwei Wochen seit Behebung des Hindernisses, das der Wahrung der Klagefrist entgegenstand, **zulässig,** längstens bis zum Ablauf von sechs Monaten seit Ablauf der Klagefrist (§ 5 III KSchG). Mit dem Antrag ist die Klageerhebung zu verbinden oder, sofern diese bereits erhoben ist, auf diese Bezug zu nehmen (§ 5 II 1 KSchG). Der Antrag muss die Angabe der Tatsachen enthalten, die die Zulassung begründen sollen, sowie die Mittel ihrer Glaubhaftmachung bezeichnen (§ 5 II KSchG).

2. Zuzumutende Sorgfalt. Voraussetzung der nachträglichen Zulassung der Kündigungs- 2 schutzklage ist, dass der Arbeitnehmer trotz Anwendung aller ihm nach Lage der Umstände zuzumutenden Sorgfalt verhindert war, rechtzeitig Klage zu erheben. Es ist der konkret betroffene Arbeitnehmer in seiner ganz individuellen Situation und nach seinen persönlichen Fähigkeiten zu beurteilen. Es gilt ein subjektiver Maßstab.[1] Das Gesetz stellt strenge Anforderungen. Es kommt auf „alle" dem Arbeitnehmer zuzumutende Sorgfalt an. Ihn darf an der Fristversäumung **kein Verschulden** treffen. Es darf auch keine leichte Fahrlässigkeit vorliegen.[2]

3. Einzelfälle. Zur zuzumutenden Sorgfalt hat sich eine kaum überschaubare **Kasuistik** 3 entwickelt. Nachfolgend sind die wichtigsten Fälle in alphabetischer Reihenfolge aufgelistet.

- **Arbeitsgericht:** Ist am letzten Tag der Klagefrist das Arbeitsgericht wegen eines Betriebsaus- 4 flugs geschlossen, so dass der Arbeitnehmer nicht die Rechtsantragsstelle in Anspruch nehmen kann, ist eine nachträgliche Zulassung gerechtfertigt.[3]
- **Auskunft:** Falsche Auskünfte entlasten den Arbeitnehmer nur dann, wenn er die **Auskunft** 5 **bei einer geeigneten Stelle** eingeholt hat. Als geeignet anzusehen sind **Rechtsanwälte** oder **Rechtssekretäre** der Gewerkschaften. Ein Verschulden dieser Personen bei der Beratung ist dem Arbeitnehmer nicht zuzurechnen, wohl aber bei Prozesshandlungen (siehe RN 9). Geeignet ist weiterhin die **Rechtsantragsstelle** des Arbeitsgerichts.[4] Für einen bei einem deutschen Arbeitgeber angestellten Arbeitnehmer, der in einem südosteuropäischen Land (hier: Rumänien) eine fristlose Kündigung erhält, ist die **deutsche Botschaft** in diesem Land eine zuverlässige Stelle, bei der sich der Arbeitnehmer Rechtsrat bzgl. der Einlegung einer Kündigungsschutzklage holen kann.[5] **Ungeeignete Stellen** sind der **Betriebsrat,**[6] die

---

[1] Stahlhacke/*Vossen* RN 1832; KR/*Friedrich* § 5 KSchG RN 11 f.; *v. Hoyningen-Huene/Linck* § 5 RN 4; KDZ/*Zwanziger* § 5 KSchG RN 4.

[2] LAG Bremen 21. 10. 2001 NZA 2002, 580; LAG Düsseldorf 21. 10. 1997 LAGE § 5 KSchG Nr. 89; ErfK/*Kiel* § 5 KSchG RN 2.

[3] LAG Frankfurt 29. 9. 1993 BB 94, 1083.

[4] LAG Baden-Württemberg 11. 4. 1988 NZA 89, 153.

[5] LAG Bremen 31. 10. 2001 NZA 2002, 580.

[6] LAG Baden-Württemberg 3. 4. 1998 LAGE § 5 KSchG Nr. 98; LAG Berlin 17. 6. 1991 LAGE § 5 KSchG Nr. 52.

Geschäftsstelle eines Arbeitsgerichts,[7] die **Agenturen für Arbeit**[8] sowie Vertreter der **Rechtsschutzversicherungen.**[9] Die **Büroangestellte** eines Rechtsanwalts ist keine zuverlässige Stelle.[10] Ein **Richter am Landgericht** soll gleichfalls grundsätzlich nicht als zuverlässige Stelle für die Erteilung von Auskünften in arbeitsrechtlichen Fragen anzusehen sein (sehr zweifelhaft).[11]

6 – **Dreiwochenfrist:** Die **Unkenntnis** vom Kündigungsschutzverfahren und der dabei einzuhaltenden Klagefrist ist grundsätzlich vorwerfbar, weil heute jeder Arbeitnehmer die Grundzüge des Kündigungsschutzrechts und insbesondere die dabei zu beachtende Klagefrist kennen muss oder sich diese Kenntnisse alsbald nach Zugang der Kündigung bei einer zuverlässigen Stelle verschaffen muss.[12] Dies gilt auch für ausländische Arbeitnehmer.[13]

6a – **Erfolgsaussichten:** Allein die Angabe des Arbeitgebers in einem Kündigungsschreiben, die Kündigung erfolge aus „dringenden betrieblichen Erfordernissen" stellt ohne weitere Umstände keine Täuschung des Arbeitnehmers über die Erfolgsaussichten der Kündigungsschutzklage dar, die die nachträgliche Zulassung der Kündigungsschutzklage rechtfertigt.[14]

7 – **Krankheit:** Eine Krankheit rechtfertigt die nachträgliche Zulassung einer Klage nur dann, wenn der Arbeitnehmer dadurch gehindert ist, die Klage selbst rechtzeitig zu erheben und auch keine andere Person mit der Klageerhebung beauftragen konnte.[15] Es kommt also auf die Art der Erkrankung, auf ihre konkreten Auswirkungen auf den Arbeitnehmer an, der die nachträgliche Zulassung begehrt. Allein das Vorliegen einer psychischen Erkrankung rechtfertigt nicht die Annahme, dass ein Arbeitnehmer ohne das Hinzutreten weiterer Umstände an der Erhebung einer Kündigungsschutzklage gehindert gewesen wäre. Der Kläger muss vielmehr glaubhaft machen, während welcher Zeit und im welchem Umfang eine erhebliche Einschränkung des Urteilsvermögens bestanden hat.[16] Entsprechendes gilt für einen Krankenhausaufenthalt. Solange Krankheitsverlauf oder Behandlungsmethode nicht entgegenstehen, besteht kein durchschlagender Grund, den Krankenhauspatienten von der Anforderung freizustellen, sich nötigenfalls telefonisch beraten zu lassen.[17] Erkrankt ein Arbeitnehmer erst im letzten Teil der Klagefrist und ist er deshalb an der Klageerhebung objektiv gehindert, ist die Klage nachträglich zuzulassen.[18] Ist der Arbeitnehmer indes zu Beginn der Dreiwochenfrist wegen einer Erkrankung an der Klageerhebung gehindert, kann er die nachträgliche Zulassung der Kündigungsschutzklage nicht mit der Begründung verlangen, ihm habe wegen der Erkrankung nicht die volle dreiwöchige Überlegungsfrist zur Verfügung gestanden.[19] Ist die Frist noch nicht verstrichen, hat der Arbeitnehmer unverzüglich Klage zu erheben.[20] Ob ein Arbeitnehmer, der während einer urlaubsbedingten Ortsabwesenheit erkrankt und deshalb nicht rechtzeitig an seinen Wohnort zurückkehrt, im Rahmen des Zumutbaren sicherzustellen hat, dass ihn rechtsgeschäftliche Erklärungen erreichen, die ihm nach Urlaubsende an seinem Wohnort zugehen, ist sehr umstritten.[21]

8 – **Postlauf:** Der Arbeitnehmer darf grundsätzlich auf die von der Post angegebenen Postlaufzeiten vertrauen.[22] Ein Arbeitnehmer darf daher darauf vertrauen, dass eine Kündigungsschutzklage am Montag beim Arbeitsgericht eingeht, wenn er die Klage am Samstag in den Postbriefkasten wirft, sofern dieser am Samstag geleert wird.[23] Dies gilt allerdings nicht während

[7] LAG Köln 28. 11. 1985 LAGE § 5 KSchG Nr. 21.
[8] LAG Düsseldorf 25. 4. 1991 LAGE § 5 KSchG Nr. 51.
[9] Sächs. LAG 23. 7. 1998 NZA 99, 112.
[10] LAG Düsseldorf 21. 10. 1997 NZA 98, 728.
[11] LAG Düsseldorf 25. 7. 2002 NZA-RR 2003, 101.
[12] LAG Köln 28. 12. 2007 PersV 2008, 478; 26. 11. 1999 LAGE § 5 KSchG Nr. 97; Sächs. LAG 23. 7. 1998 NZA 99, 112.
[13] LAG Düsseldorf 6. 3. 1980 EzA 9 zu § 5 KSchG; LAG Hamburg 6. 7. 1990 LAGE § 130 BGB Nr. 16.
[14] LAG Rheinland-Pfalz 23. 5. 2008 – 9 Ta 85/08.
[15] LAG Köln 28. 12. 2007 PersV 2008, 478; LAG Berlin 14. 4. 1999 RzK I 10 d Nr. 97; LAG Köln 1. 9. 1993 LAGE § 5 KSchG Nr. 62; LAG Köln 18. 2. 1997 RzK I 10 d Nr. 82.
[16] LAG Köln 28. 12. 2007 AuR 2008, 232.
[17] LAG Düsseldorf 19. 9. 2002 NZA-RR 2003, 78.
[18] LAG Berlin 14. 4. 1999 RzK I 10 d Nr. 97.
[19] Zutr. LAG Hamm 5. 8. 1981 EzA 11 zu § 5 KSchG; LAG Köln 1. 9. 1993 LAGE § 5 KSchG Nr. 62.
[20] ErfK/*Kiel* § 5 KSchG RN 11.
[21] LAG Niedersachsen 8. 11. 2002 RzK I 10 d Nr. 120; a. A. LAG Berlin 23. 8. 2001 NZA-RR 2002, 355.
[22] BVerfG 27. 2. 1992 EzA 14 zu § 233 ZPO; Postlaufzeit von Usbekistan Hess. LAG 24. 5. 2000 BB 2001, 1907.
[23] LAG Schleswig-Holstein 29. 5. 2008 – 4 Ta 71/08.

eines Streiks bei der Post.[24] Wird die Klage per Telefax bei der Staatsanwaltschaft eingereicht und von dort verspätet an das Arbeitsgericht weiterleitet, scheidet eine nachträgliche Zulassung aus.[25] Eine Pflicht, sich bei Gericht nach dem rechtzeitigen Eingang der Klageschrift zu erkundigen, ist nur anzunehmen, wenn die Klage so knapp vor Fristablauf abgesandt wird, dass der rechtzeitige Eingang nicht mehr ohne Weiteres unterstellt werden kann oder wenn aus anderen Gründen konkrete Zweifel am rechtzeitigen Eingang der Klage angebracht sind.[26]

– **Prozessbevollmächtigte** (Rechtsanwalt, Gewerkschaftssekretär): In der Rechtsprechung der LAG ist umstritten, ob dem Arbeitnehmer ein Verschulden seines Prozessbevollmächtigten zuzurechnen ist. Nachdem in § 85 ZPO klargestellt ist, dass die von dem Bevollmächtigten vorgenommenen Prozessbehandlungen, wozu auch eine Klageerhebung gehört, in gleicher Weise für die Partei verpflichtend sind, wie wenn sie von der Partei selbst vorgenommen worden wären, muss der Kläger sich dessen Verschulden entgegenhalten lassen.[27] Dies hat das BAG nunmehr klargestellt.[28] Schuldhaft handelt der Rechtsanwalt, wenn er bei Wiederholungskündigungen nur gegen die letzte Kündigung Klage erhebt.[29] Teilt ein Anwalt eine zu notierende Frist für die Einlegung einer Kündigungsschutzklage seiner Büroangestellten nur mündlich mit, muss er Vorkehrungen dafür treffen, dass die **Frist korrekt eingetragen** wird und insbesondere Hörfehler ausgeschlossen sind.[30] Ein gewerkschaftlich vertretener Arbeitnehmer muss sich bei verspäteter Klageerhebung ein Verschulden seiner Einzel- bzw. Fachgewerkschaft im Rahmen des § 5 I KSchG nach § 85 II ZPO zurechnen lassen – auch wenn nur der DGB-Rechtsschutz GmbH Prozessmandat erteilt wurde.[31] Nach Auffassung des LAG Bremen sind Fehlleistungen einer um Rechtsschutz gebetenen Fachgewerkschaft dagegen nur dann nach § 85 II ZPO zuzurechnen, wenn diese ausdrücklich ein Mandat zur Prozessführung angenommen hat – oder wenn sie durch ausdrückliches Rechtsgeschäft mit ihrem Mitglied die Funktion eines Bindegliedes zwischen diesem und dem, den Prozess führenden Prozessbevollmächtigten übernommen habe. Die im Rahmen des Antrages auf Rechtsschutz üblicherweise stattfindende Beratung des Mitgliedes, die Sachverhaltsermittlung und Weitergabe der Unterlagen an die Prozessbevollmächtigten reiche nicht für die Annahme eines Mandates der Fachgewerkschaft als „Verkehrsanwalt" aus.[32] 9

– **Prozesskostenhilfe:** Stellt eine Klagepartei gleichzeitig einen Prozesskostenhilfeantrag und einen für den Fall der Prozesskostenhilfebewilligung bedingten Kündigungsschutzantrag, kommt einer Prozesskostenhilfebewilligung keine Rückwirkung zu. Wird über den Prozesskostenhilfeantrag erst nach Ablauf der Frist des § 4 KSchG entschieden, steht damit gleichzeitig fest, dass die Erfolgsaussicht der Kündigungsschutzklage fehlt, der Prozesskostenhilfeantrag ist abzuweisen. Die Erfolgsaussicht der Kündigungsschutzklage kann auch nicht mit der Überlegung bejaht werden, der Arbeitnehmer könne nach Bewilligung der Prozesskostenhilfe nachträglich Klagezulassung gemäß § 5 KSchG beantragen und damit die Fristversäumung heilen. Die Mittellosigkeit des Arbeitnehmers kommt als Hindernis für eine rechtzeitige Klageerhebung nicht in Betracht, weil die Klageerhebung beim Arbeitsgericht inhaltlich nur geringe Anforderungen stellt, die Hilfe einer Rechtsantragsstelle des Arbeitsgerichts offensteht und der Arbeitnehmer auch nicht mit einem Gebührenvorschuss belastet wird, § 12 IV 2 ArbGG.[33] 10

---

[24] BVerfG 29. 12. 1994 EzA 28 zu § 233 ZPO.

[25] LAG Nürnberg 23. 7. 1993 BB 94, 650.

[26] LAG Köln 23. 3. 2005 – 7 Ta 43/05.

[27] Ebenso LAG Bremen 26. 5. 2003 MDR 2003, 1059; LAG Düsseldorf 20. 12. 2002 NZA-RR 2003, 323; LAG Frankfurt 26. 10. 1993 LAGE § 5 KSchG Nr. 63; LAG Köln 26. 7. 1994 LAGE § 5 KSchG Nr. 67; LAG Köln 22. 12. 1998 NZA-RR 99, 664; LAG Nürnberg 28. 7. 1987 LAGE § 5 KSchG Nr. 30; LAG Rheinl.-Pfalz 19. 5. 1992 LAGE § 5 KSchG Nr. 59; Sächs. LAG 9. 5. 2000 FA 2001, 215; Thüringer LAG 30. 11. 2000 LAGE § 5 KSchG Nr. 103; **a. A.** LAG Hamburg 18. 5. 2005 NZA-RR 2005, 489; LAG Hamburg 24. 1. 1997 LAGE § 5 KSchG Nr. 85; LAG Hamm 27. 1. 1994, 27. 2. 1997 LAGE § 5 KSchG Nr. 65, 86; Hess. LAG 10. 9. 2002 – 15 Ta 98/02 n. v.; LAG Niedersachsen 27. 7. 2000 LAGE § 5 KSchG Nr. 98.

[28] BAG 11. 12. 2008 – 2 AZR 472/08 z. V. v.

[29] BGH 11. 2. 1999 EzA 1 zu § 675 BGB.

[30] LAG Köln 10. 10. 2002 AuR 2003, 77.

[31] LAG Düsseldorf 30. 7. 2002 NZA-RR 2003, 80; Sächs. LAG 9. 5. 2000 FA 2001, 215; siehe hierzu auch BGH 10. 1. 2002 AP 17 zu § 11 ArbGG 1979 Prozessvertreter = NZA 2002, 446.

[32] LAG Bremen 26. 5. 2003 MDR 2003, 1059.

[33] LAG Nürnberg 23. 10. 2003 ZTR 2004, 98.

11 – **Rechtsschutzversicherung:** Wartet der Arbeitnehmer mit der Erhebung der Kündigungsschutzklage bis zur Deckungszusage der Rechtsschutzversicherung, rechtfertigt dies nicht die nachträgliche Zulassung.[34]

12 – **Schwangerschaft:** Hat eine Frau von ihrer Schwangerschaft aus einem von ihr nicht zu vertretenden Grund erst nach Ablauf der Frist des § 4 Satz 1 KSchG Kenntnis erlangt, kann sie nach § 5 I 2 KSchG nachträgliche Zulassung der Klage beantragen. Die Regelung ist in das Gesetz **zum 1. 1. 2004 eingefügt** worden, weil nunmehr nach § 4 Satz 1 KSchG alle Unwirksamkeitsgründe der Kündigung innerhalb der Dreiwochenfrist gerichtlich geltend gemacht werden müssen. Da § 9 I MuSchG der Schwangeren das Recht einräumt, auch noch nach Zugang der Kündigung den Arbeitgeber über das Bestehen einer Schwangerschaft zu unterrichten und der Unterrichtungszeitpunkt nach § 9 I Halbs. 2 MuSchG nach Ablauf der Dreiwochenfrist liegen kann, war eine Ergänzung des § 5 veranlasst (vgl. § 138 RN 35). Die Frage, zu welchem Zeitpunkt die Schwangerschaft eingetreten ist, ist im Verfahren der nachträglichen Zulassung der Kündigungsschutzklage nach § 5 I 2 nicht Prüfungsgegenstand. Maßgeblich ist allein, ob die verspätete Klageerhebung verschuldet ist.[35]

13 – **Unterschrift:** Eine Kündigungsschutzklage ist nachträglich zuzulassen, wenn die Partei zwar schuldhaft vergessen hat, die innerhalb der Klagefrist eingereichte Klage zu unterschreiben, dies jedoch hätte rechtzeitig nachholen können, wenn sie vom Gericht einen im Rahmen des normalen Geschäftsganges ohne Weiteres noch vor Ablauf der Klagefrist möglichen Hinweis erhalten hätte. Die Pflicht zur Neutralität verbietet es dem Gericht nicht, schon vor Ablauf der Klagefrist einen Hinweis auf das Fehlen der Unterschrift zu geben.[36]

14 – **Urlaub:** Der Arbeitnehmer ist unverschuldet an der rechtzeitigen Klageerhebung gehindert, wenn das Arbeitsverhältnis während seines Urlaubs gekündigt wird, ihm das an die Wohnanschrift gerichtete Kündigungsschreiben zugeht und er **während des Urlaubs verreist** ist.[37] Während der Dauer des Urlaubes muss er keine Vorsorge treffen, dass ihm die Post an den Urlaubsort nachgesandt wird, oder er in sonstiger Weise von der zu Hause eingehenden Post Kenntnis erlangt.[38] Dies gilt jedenfalls bei einer urlaubsbedingter Abwesenheit von **bis zu sechs Wochen.**[39] Ist der Arbeitnehmer zum Zwecke des Erholungsurlaubs von den Hauptpflichten des Arbeitsverhältnisses befreit und ist er urlaubsbedingt ortsabwesend, kann von ihm nicht erwartet werden, dass er auf Erklärungen des Arbeitgebers reagiert. Der Arbeitgeber andererseits muss während des Urlaubes typischerweise mit einer Ortsabwesenheit rechnen, weshalb es nicht sorgfaltswidrig ist, wenn der urlaubsbedingt abwesende Arbeitnehmer keine Vorkehrungen trifft, um am Urlaubsort von seiner zu Hause eingehenden Post Kenntnis zu erlangen.[40] Ein Sonderfall ist gegeben, wenn nach Urlaubsrückkehr nur noch eine geringe Restfrist zur Klageerhebung läuft. Eine Restfrist von einer Woche reicht regelmäßig aus.[41] Beträgt die Restfrist nur zwei Tage, trifft den Arbeitnehmer kein Verschulden, wenn er nicht innerhalb der Frist Klage erhebt.[42] Geht die Kündigung dem Arbeitnehmer im Ausland zu, muss er ggf. versuchen, von dort aus Klage zu erheben.[43]

15 – **Vergleichsverhandlungen:** Die Hoffnung des Arbeitnehmers auf einen Erfolg außergerichtlicher Vergleichsverhandlungen schließt ein Verschulden i. S. v. § 5 I KSchG nicht aus.[44] Hat der Arbeitnehmer von der rechtzeitigen Erhebung einer Kündigungsschutzklage abgesehen, weil ihm von einem anderen Unternehmen mit demselben Geschäftsführer eine nahtlose Weiterbeschäftigung zugesagt worden sein soll, rechtfertigt dessen spätere Weigerung keine nachträgliche Klagezulassung. Der Arbeitnehmer ist dann vielmehr auf die Durchsetzung seines Einstellungsanspruchs verwiesen.[45]

16 **4. Antrag.** Die nachträgliche Zulassung der Kündigungsschutzklage kommt **nur nach einem entsprechenden Antrag** des Arbeitnehmers in Betracht. Mit dem Antrag ist die Kün-

---

[34] LAG Rheinland-Pfalz 23. 1. 1972 BB 72, 839.
[35] LAG Düsseldorf 10. 2. 2005 NZA-RR 2005, 382.
[36] LAG Mecklenburg-Vorpommern 27. 7. 1999 LAGE § 5 KSchG Nr. 95.
[37] BAG 16. 3. 1988 AP 16 zu § 130 BGB.
[38] LAG Hamm 28. 3. 1996 LAGE § 5 KSchG Nr. 78; LAG Köln 4. 3. 1996 LAGE § 5 KSchG Nr. 75.
[39] LAG Nürnberg 23. 8. 2005 MDR 2006, 274.
[40] LAG Niedersachsen 8. 11. 2002 RzK I 10 d Nr. 120.
[41] LAG Köln 17. 4. 1997 LAGE § 5 KSchG Nr. 87; enger LAG München 23. 1. 1992 NZA 93, 266, das drei Tage noch ausreichen lässt.
[42] LAG Thüringen 19. 4. 2001 RzK I 10 d Nr. 108.
[43] LAG Bremen 31. 10. 2001 LAGE § 233 ZPO Nr. 28.
[44] LAG Köln 26. 11. 1999 LAGE § 5 KSchG Nr. 97.
[45] LAG Berlin 17. 12. 2002 LAGE § 139 ZPO 2002 Nr. 1.

digungsschutzklage zu erheben. War die Klage bereits eingereicht, ist auf sie Bezug zu nehmen. Der Antrag auf nachträgliche Zulassung ist nach Auffassung des BAG stets **Hilfsantrag** für den Fall, dass die Kündigungsschutzklage verspätet ist.[46]

5. Antragsfrist. Der Antrag ist gem. § 5 III 1 KSchG innerhalb von **zwei Wochen nach Behebung des Hindernisses** zu stellen. Nach sechs Monaten, gerechnet vom Ende der versäumten Frist, kann der Antrag nicht mehr gestellt werden. Das Hindernis ist spätestens behoben, wenn der Arbeitnehmer erkennt, dass die Klagefrist abgelaufen ist.[47] Gegen die Versäumung der Antragsfrist gibt es **keine Wiedereinsetzung in den vorigen Stand.**[48] 17

Die zweiwöchige Antragsfrist beginnt zu laufen, wenn ein Anwalt bei einer Wiedervorlage erkennen kann, dass **nach mehr als zwei Monaten noch keine Reaktion des Gerichts** erfolgt ist. Nicht maßgeblich ist, wann über den Nichteingang der Klageschrift positive Kenntnis gegeben war. Angesichts der engen Zeitvorgabe, innerhalb der nach gesetzgeberischem Willen die Güteverhandlung durchzuführen ist, führt eine Wiedervorlagefrist zur Überprüfung des Klageeingangs von mehr als zweieinhalb Monaten zur verschuldeten Unkenntnis vom fehlenden Klageeingang. Spätestens nach drei Wochen ohne Ladungseingang muss sich der Verlust der Klageschrift aufdrängen.[49] Nach Auffassung des Hessischen LAG beginnt die Frist des § 5 III 1 KSchG mit dem Eingang der Ladung zum Gütetermin, wenn die Ladung auch die Mitteilung über den Zeitpunkt des Klageeingangs bei Gericht enthält.[50] 18

6. Glaubhaftmachung. a) Die Mittel zur Glaubhaftmachung der die nachträgliche Zulassung begründenden Tatsachen sind **innerhalb der Antragsfrist des § 5 III KSchG von zwei Wochen anzugeben.** Danach benannte Mittel der Glaubhaftmachung können nicht mehr berücksichtigt werden.[51] Möglich ist nur noch eine Konkretisierung der angegebenen Mittel der Glaubhaftmachung.[52] Dies gilt nur dann nicht, wenn die die Zulassung rechtfertigenden Tatsachen offenkundig, gerichtsbekannt oder aktenkundig sind.[53] Sind die Mittel zur Glaubhaftmachung dem Antrag nicht beigefügt, sind sie bis zur Beschlussfassung nachzureichen.[54] Ein vom Arbeitnehmer selbst verfasster Antrag auf nachträgliche Zulassung soll regelmäßig dahin auszulegen sein, dass er wegen der Glaubhaftmachung auf seine eigene eidesstattliche Versicherung verweist.[55] Zu weit geht es indessen, einem von einem Rechtsanwalt verfassten Antrag auf nachträgliche Zulassung der Kündigungsschutzklage in der Regel auch ohne ausdrückliche Hervorhebung zu entnehmen, es sollten die Tatsachen, welche die Zulassung begründen, soweit sie im Wissen des Arbeitnehmers stehen, durch dessen eidesstattliche Versicherung glaubhaft gemacht werden.[56] Hier wird unzulässig mit Unterstellungen gearbeitet, um mangelnde Sorgfalt zu verdecken. 19

b) Zur Glaubhaftmachung genügt auch die **Versicherung an Eides Statt,** es sind aber auch alle anderen Beweismittel zuzulassen (vgl. § 294 ZPO). Der Beweiswert einer eigenen eidesstattlichen Versicherung einer Partei ist mit besonderer Sorgfalt zu würdigen. Beruft sich ein Arbeitnehmer unter Vorlage einer entsprechenden eigenen eidesstattlichen Versicherung darauf, dass ein per Bote in seinen Hausbriefkasten eingeworfenes Schriftstück weder von ihm noch von seiner Ehefrau oder 15-jährigen Tochter darin vorgefunden wurde, rechtfertigt allein dieses Vorbringen nach Auffassung des LAG Rheinland-Pfalz eine nachträgliche Zulassung der Kündigungsschutzklage jedenfalls dann nicht, wenn dieser Arbeitnehmer schon in der Vergangenheit wahrheitswidrig behauptet hatte, auch ein per Boten ihm übermitteltes Abmahnschreiben nicht in diesem Briefkasten vorgefunden zu haben.[57] 20

7. Entscheidung. Seit dem 1. 4. 2008 ist das Verfahren über den Antrag auf nachträgliche Zulassung gem. § 5 IV KSchG mit dem Verfahren über die Klage zu **verbinden** (zur früheren 21

---

[46] BAG 5. 4. 1984 AP 6 zu § 5 KSchG.
[47] LAG Hamm 4. 11. 1996 LAGE § 5 KSchG Nr. 81.
[48] BAG 16. 3. 1988 AP 16 zu § 130 BGB = NZA 88, 875; LAG Köln 14. 3. 2003 – 4 Ta 3/03; LAG Hamm 26. 6. 1995 LAGE § 5 KSchG Nr. 76.
[49] LAG Köln 11. 8. 2004 LAGReport 2005, 29.
[50] Hessisches LAG 11. 3. 2005 NZA-RR 2005, 322; ebenso LAG Köln 23. 3. 2005 – 7 Ta 43/05.
[51] LAG Baden-Württemberg 8. 3. 1988 LAGE § 5 KSchG Nr. 37; LAG Berlin 19. 1. 1987 LAGE § 5 KSchG Nr. 27.
[52] LAG Nürnberg 6. 11. 1995 LAGE § 5 KSchG Nr. 71.
[53] LAG Hamm 5. 1. 1998 NZA-RR 98, 209.
[54] LAG Baden-Württemberg 8. 3. 1988 LAGE § 5 KSchG Nr. 37; LAG Berlin 20. 7. 1983 DB 84, 885.
[55] LAG Hamm 19. 6. 1986 AP 7 zu § 5 KSchG 1969; LAG Hamm 18. 4. 1996 NZA-RR 96, 454.
[56] So aber LAG Hamm 18. 4. 1996 LAGE § 5 KSchG Nr. 79; LAG Hamburg 18. 5. 2005 NZA-RR 2005, 489; – kritisch hierzu auch KR/*Friedrich* § 4 KSchG RN 92.
[57] LAG Rheinland-Pfalz 27. 7. 2005 – 2 Ta 148/05.

Rechtslage vgl. Vorauflage).[58] Die gemeinsame Verhandlung und Entscheidung über die Frage der nachträglichen Zulassung und Bestandsschutzklage ist nach dem Wortlaut dieser Bestimmung der Regelfall.[59] In diesem Fall hat das Arbeitsgericht durch Endurteil zu entscheiden, gegen das nach § 64 II Buchst. c ArbGG die Berufung statthaft ist. Über die Berufung entscheidet das LAG gleichfalls durch Urteil. Da hiergegen unter den Voraussetzungen des § 72 I ArbGG die Revision statthaft ist, hat nunmehr auch das BAG über Anträge auf nachträgliche Klagezulassungen zu entscheiden.

22 Das Arbeitsgericht kann das Verfahren zunächst auf die Verhandlung und Entscheidung über den Antrag beschränken. In diesem Fall ergeht die Entscheidung durch **Zwischenurteil** (§ 303 ZPO), das nach der ausdrücklichen Regelung des § 5 IV 3 KSchG wie ein Endurteil angefochten werden kann. Hierdurch soll sichergestellt werden, dass auch in diesem Fall die Möglichkeit der Berufung und ggf. der Revision zum BAG gegeben ist und eine bundeseinheitliche Rechtsprechung ermöglicht wird.

23 Hat das Arbeitsgericht über einen Antrag auf nachträgliche Klagezulassung nicht entschieden oder wird ein solcher **Antrag erstmals vor dem LAG gestellt,** entscheidet hierüber gem. § 5 V KSchG die Kammer des LAG.

§ 140. Wahlrecht des Arbeitnehmers bei Fortbestand des Arbeitsverhältnisses

Bauer, Taktische Erwägungen und Möglichkeiten im Zusammenhang mit § 12 KSchG, BB 93, 2444; *Brill,* Das Wahlrecht des Arbeitnehmers zwischen altem und neuem Arbeitsverhältnis (§ 12 KSchG), DB 83, 2519; *Diller,* Sonderkündigungsrecht bei selbstständiger Tätigkeit, RdA 2008, 299.

I. Wahlrecht

1 Hat der Arbeitnehmer nach Zugang der Kündigung ein **neues Arbeitsverhältnis begründet** und stellt das Gericht auf die Kündigungsschutzklage fest, dass die Kündigung rechtsunwirksam ist, stellt sich für den Arbeitnehmer die Frage, ob er das alte Arbeitsverhältnis fortsetzen oder das neue aufrechterhalten will. § 12 KSchG räumt ihm ein Wahlrecht ein. Dies gilt auch dann, wenn er in dem neuen Vertrag die Dienste noch nicht aufgenommen hat.[1] Kein Wahlrecht besteht, wenn der Arbeitnehmer einen Werkvertrag abgeschlossen oder sich selbstständig gemacht hat.[2] Ist das Arbeitsverhältnis nach §§ 9, 10 KSchG durch das Gericht aufgelöst worden, findet § 12 KSchG keine Anwendung. Dagegen bleibt das Wahlrecht unberührt, wenn der Auflösungsantrag zurückgewiesen worden ist.

II. Fortsetzung des alten Arbeitsverhältnisses

2 **1. Fortsetzung des Arbeitsverhältnisses.** Entschließt sich der Arbeitnehmer für die Fortsetzung des alten Arbeitsverhältnisses, muss er das neu eingegangene entsprechend den gesetzlichen, kollektivvertraglichen oder einzelvertraglich vereinbarten Kündigungsfristen kündigen. Ein Recht zur außerordentlichen Kündigung besteht nicht. Die Kündigung unterliegt dem Formzwang des § 623 BGB.

3 **2. Rechte des alten Arbeitgebers.** Tritt der Arbeitnehmer die Arbeit bei dem alten Arbeitgeber erst nach Ablauf der Kündigungsfrist an, kann dieser aus einer solchen Verzögerung keine Rechte herleiten, weil das Verhalten des Arbeitnehmers nicht schuldhaft ist.[3] Etwas anderes kann dann gelten, wenn sich der Arbeitnehmer langfristig an den neuen Arbeitgeber gebunden hat, sei es, dass die Kündigungsfrist erheblich verlängert oder ein unkündbares befristetes Arbeitsverhältnis abgeschlossen worden ist. Gelingt es dem Arbeitnehmer nicht, dieses Arbeitsverhältnis einvernehmlich zu beenden, kann für den alten Arbeitgeber ein Recht zur verhaltens-

---

[58] Dazu *Bader* NZA 2008, 620; *Francken/Natter/Rieker* NZA 2008, 377; *Reinhard/Böggemann* NJW 2008, 1263; *Schwab* FA 2008, 135.

[59] *Francken/Natter/Rieker* NZA 2008, 377, 380.

[1] KR/*Rost* § 12 KSchG RN 10; APS/*Biebl* § 12 RN 7.

[2] BAG 25. 10. 2007 AP 3 zu § 12 KSchG 1969 = NJW 2008, 1466; ErfK/*Kiel* § 12 KSchG RN 4; BBDW/*Dörner* § 12 RN 10; HaKo/*Fiebig* § 12 KSchG RN 14; *Löwisch/Spinner* § 12 RN 5; a. A. KDZ/*Kittner/Deinert* § 12 KSchG RN 6; KR/*Rost* § 12 KSchG RN 9.

[3] LAG Köln 23. 11. 1994 BB 95, 1544.

oder betriebsbedingten Kündigung entstehen. Der alte Arbeitgeber bleibt gemäß § 615 Satz 1 BGB zur Verfügungsfortzahlung verpflichtet; erzielter Zwischenverdienst ist allerdings nach § 11 KSchG anzurechnen.[4] Hat der Arbeitnehmer in dem neuen Arbeitsverhältnis mehr verdient als in dem alten, erhält er nichts; hat er weniger verdient, erhält er nur den Unterschiedsbetrag nachgezahlt.

III. Fortsetzung des neuen Arbeitsverhältnisses

1. Fortsetzung des neuen Arbeitsverhältnisses. Entscheidet sich der Arbeitnehmer für die Fortsetzung des neuen Arbeitsverhältnisses, kann er bis zum Ablauf einer Woche nach Rechtskraft des Urteils[5] durch Erklärung gegenüber dem alten Arbeitgeber die Fortsetzung des Arbeitsverhältnisses verweigern.[6] Hierbei handelt es sich nicht um ein Leistungsverweigerungsrecht, sondern um ein befristet bestehendes Sonderkündigungsrecht, das die Wirkung einer fristlosen Kündigung hat.[7] Deshalb bedarf die Erklärung auch der Schriftform des § 623 BGB.[8] Aus der Erklärung muss sich ergeben, dass der Arbeitnehmer die Fortsetzung des Arbeitsverhältnisses ablehnt. 4

Der Eintritt der **Rechtskraft** bestimmt sich nach dem Prozessrecht (§ 705 ZPO). Bei der Berechnung der Wochenfrist wird der Tag, an dem die Rechtskraft eintritt, nicht mitgerechnet (§ 187 I BGB). Ausreichend ist, wenn die schriftliche Erklärung des Arbeitnehmers innerhalb der Wochenfrist zur Post gegeben wird, auch wenn sie erst nach ihrem Ablauf dem alten Arbeitgeber zugeht (§ 12 Satz 2 KSchG). Vereitelt der Arbeitnehmer den alsbaldigen Zugang, z. B. durch schuldhaft fehlerhafte Adressierung, kann er dem Arbeitgeber schadensersatzpflichtig werden. Versäumt er die Erklärungsfrist, kann er nur noch ordentlich mit der vertraglichen Frist kündigen.[9] Eine Wiedereinsetzung in den vorigen Stand ist nicht vorgesehen.[10] 5

2. Beendigung des alten Arbeitsverhältnisses. Das Arbeitsverhältnis erlischt im Zeitpunkt des Zugangs der Nichtfortsetzungserklärung (§ 12 Satz 3 KSchG).[11] Eine Ausnahme hiervon besteht, wenn der Arbeitnehmer die neue Stelle schon vor Eintritt der Rechtskraft angetreten und die Nichtfortsetzungsanzeige schon abgegeben hat. Die Erklärung des Arbeitnehmers wirkt in diesem Fall wie eine Kündigung zu dem Zeitpunkt, zu dem das Urteil rechtskräftig wird.[12] 6

3. Vergütungsfortzahlung. a) Verweigert der Arbeitnehmer die Fortsetzung des Arbeitsverhältnisses, hat der Arbeitgeber unter den Voraussetzungen des Annahmeverzugs (§ 615 BGB) die Vergütung für die Zeit zwischen der Entlassung und dem Tag des Eintritts in das neue Arbeitsverhältnis fortzuzahlen (§ 12 Satz 4 KSchG; vgl. § 95).[13] Entscheidend ist nicht der Abschluss des neuen Arbeitsvertrags, sondern der Arbeitsbeginn, weil der Arbeitnehmer anderenfalls ohne Vergütung stünde. Der alte Arbeitgeber ist daher nach Ausübung des Sonderkündigungsrechts nur für den Zeitraum zwischen der Entlassung und dem Tag der Arbeitsaufnahme in dem neuen Arbeitsverhältnis zur Vergütungszahlung verpflichtet. Für die Zeit vom Antritt der neuen Tätigkeit bis zum Erlöschen des alten Arbeitsverhältnisses bestehen keine Vergütungsansprüche.[14] Ist das Urteil bereits vor dem Zeitpunkt ergangen, zu dem der Arbeitnehmer die Arbeit in dem neuen Arbeitsverhältnis aufzunehmen hat, muss er auf Verlangen des Arbeitgebers während der Zwischenzeit noch arbeiten, um den Vergütungsanspruch zu erhalten. Tritt der Arbeitnehmer die neue Stelle erst nach dem Erlöschen des Arbeitsverhältnisses an, hat er nach dem Erlöschen keine Vergütungsansprüche. 7

b) Auf den Vergütungsfortzahlungsanspruch ist der erzielte **Zwischenverdienst** gemäß § 11 KSchG anzurechnen. Der Zahlungsanspruch ist echter Vergütungsanspruch, auf den die Entgeltschutzvorschriften Anwendung finden (§§ 86 ff.). 8

---

[4] LAG Schleswig-Holstein 17. 12. 1985 RzK I 13 a Nr. 9.

[5] BAG 19. 10. 1972 AP 1 zu § 12 KSchG 1969.

[6] Zur Auslegung: LAG Düsseldorf/Köln EzA 2 zu § 12 KSchG.

[7] ErfK/*Kiel* § 12 KSchG RN 1; KR/*Rost* § 12 KSchG RN 22.

[8] HaKo/*Fiebig* § 12 KSchG RN 19; MünchKommBGB/*Hergenröder* § 12 KSchG RN 14; ErfK/*Kiel* § 12 KSchG RN 6; HWK/*Thies* § 12 KSchG RN 4; ErfK/*Müller-Glöge* § 623 BGB RN 3; a. A. BBDW/*Bader* § 623 BGB RN 12; *Löwisch/Spinner* § 12 RN 7.

[9] LAG Düsseldorf DB 70, 545.

[10] KR/*Rost* § 12 RN 25; APS/*Biebl* § 12 KSchG RN 14.

[11] BAG 19. 7. 1978 AP 16 zu § 242 BGB Auskunftspflicht = NJW 79, 285.

[12] ErfK/*Kiel* § 12 KSchG RN 7; KR/*Rost* § 12 KSchG RN 22.

[13] BAG 19. 7. 1978 AP 16 zu § 242 BGB Auskunftspflicht = NJW 79, 285.

[14] Dazu BAG 19. 7. 1978 AP 16 zu § 242 BGB Auskunftspflicht = NJW 79, 285; 6. 11. 1986 RzK I 13 b Nr. 4; zu taktischen Überlegungen im Hinblick auf Vergleichsverhandlungen vgl. *Bauer* BB 93, 2444 ff.

9 **c)** Für den Arbeitnehmer kann es von Interesse sein, das alte Arbeitsverhältnis nicht durch eine Erklärung nach § 12 Satz 1 KSchG zu beenden, sondern eine **ordentliche Kündigung** zu erklären. Alsdann können Annahmeverzugsansprüche ohne die Grenzen des § 12 KSchG geltend gemacht werden.

§ 141. Auflösung des Arbeitsverhältnisses gegen Zahlung einer Abfindung

Seit 1990: *Backmeister,* Auflösungsantrag des Arbeitgebers – Treu und Glauben – Provokation, AuR 2006, 66; *Bauer,* Die Auflösung des Arbeitsverhältnisses durch Urteil, FS Hanau, 1999, S. 151; *Bauer/Hahn,* Der Auflösungsantrag in zweiter Instanz, DB 90, 2471; *Bauer/Krets,* Auflösungsantrag im Rahmen einer Änderungsschutzklage, DB 2002, 1937; *Berkowsky,* Auflösungsantrag und Betriebsübergang, NZI 2006, 81; *Compensis,* Die Vererblichkeit von Sozialplanansprüchen und anderen Abfindungen, DB 92, 888; *A. C. Gravenhorst,* Der Auflösungsantrag des Arbeitgebers gem. § 9 KSchG; NZA-RR 2007, 57; *Hertzfeld,* Auflösungsantrag bei Unwirksamkeit der Kündigung aus „anderen als den in § 1 II und III KSchG bezeichneten Gründen", NZA 2004, 298; *Hümmerich,* Die arbeitsgerichtliche Abfindung, NZA 99, 342; *Keßler,* Der Auflösungsantrag nach § 9 KSchG im Spiegel der Judikatur, NZA-RR 2002, 1; *Klingelhöffer,* Unterhaltsrechtliche und güterrechtliche Auswirkungen von Abfindungen, BB 97, 2216; *Kraushaar,* Arbeitsplatzbeschaffung statt Abfindung, BB 97, 1848; *Kreßel,* Derzeitige und künftige Bedeutung der Abfindung, NZA 97, 1138; *Kunz,* Die arbeitsrechtliche Abfindung – Rechtsanspruch, Höhe, Steuervorteile, BuW 98, 71; *Lelley,* Der Auflösungsantrag nach außerordentlicher Kündigung des Betriebsratsmitglieds, FA 2007, 74; *Leisten,* Der beiderseitige Auflösungsantrag im Kündigungsschutzprozess, BB 94, 2138; *Lingemann/Beck,* Wiederholungskündigung und Wiederholungsauflösungsantrag, NZA-RR 2007, 225; *Lunk,* Auflösungsantrag (§ 9 KSchG) und Betriebsratsanhörung, NZA 2000, 807; *Matissek,* Der Auflösungsantrag des Arbeitgebers, FS zum 50jährigen Bestehen der Arbeitsgerichtsbarkeit in Rhinland-Pfalz, 1999, S. 287; *Meyer,* Abfindung bei vorzeitigem Tod des Arbeitnehmers, BB 98, 1479; *Müller,* Der Auflösungsantrag des Arbeitgebers nach § 9 I 2 KSchG, Diss. Leipzig 2004; *ders.,* Auflösungsantrag des Arbeitgebers und Weiterbeschäftigungsanspruch des Arbeitnehmers im Lichte der Rechtsprechung, BB 2004, 1849; *ders.,* Betriebsratsanhörung bei einem Auflösungsantrag nach § 9 Abs. 1 Satz 2 KSchG, BB 2002, 2014; *ders.,* Änderungskündigung und Auflösungsantrag nach § 9 Abs. 1 Satz 2 KSchG, DB 2002, 2597; *Nägele,* Auflösungsantrag bei besonderem Kündigungsschutz, ArbRB 2005, 143; *Neumann,* Die Kündigungsabfindung, AR-Blattei SD 1020. 6; *Pauly,* Höhe und Bemessungskriterien der Abfindung, AuA 97, 145; *ders.,* Neues und Altes zur Kündigungsabfindung der §§ 9, 10 KSchG, AuR 2007, 155; *Rolfs,* Abfindung, AR-Blattei, Abfindung, SD 10; *Schiefer,* Abfindungszahlungen bei Beendigung des Arbeitsverhältnisses, Teil 1 und 2, WiB 96, 1081, 1143; *Trappehl/Lambrich,* Auflösungsantrag des Arbeitgebers nach außerordentlicher Kündigung, RdA 99, 243; *Wolf,* Entlassungsentschädigungen – der dritte Anlauf, AuA 99, 214.

Übersicht

	RN
I. Grundgedanken und Zweck	1–4
II. Voraussetzungen	5 ff.
1. Bestehendes Arbeitsverhältnis zum Auflösungszeitpunkt	5
2. Betriebsübergang	6
3. Sozialwidrigkeit der Kündigung	7–10
4. Weitere Unwirksamkeitsgründe	11–13
5. Rücknahme der Kündigung	14
6. Änderungskündigung	15
7. Berufsausbildungsverhältnis	16
III. Antrag	17 ff.
1. Antragserfordernis	17
2. Rechtsnatur	18
3. Zeitpunkt der Antragstellung	19
4. Antragsformulierung	20
5. Antrag des Arbeitnehmers	21
6. Antrag des Arbeitgebers	22, 23
7. Antrag beider Parteien	24
IV. Auflösungsgründe	25 ff.
1. Übersicht	25
2. Maßgeblicher Zeitpunkt	26
3. Antrag des Arbeitnehmers	27–29
4. Antrag des Arbeitgebers	30–37
V. Auflösungszeitpunkt	38
VI. Auflösungsurteil	39 ff.
1. Entscheidungsmöglichkeiten	39–41
2. Vergütungsfortzahlung	42
VII. Auflösungsvergleich	43
VIII. Abfindung	44 ff.
1. Überblick	44
2. Bemessungskriterien	45, 46
3. Höchstgrenzen	47
4. Berechnung des Monatseinkommens	48, 49
5. Steuerrechtliche Behandlung	50
6. Sozialversicherungsrechtliche Behandlung	51
7. Vererbbarkeit	52
8. Pfändung, Abtretung, Aufrechnung, Verfallfrist	53

I. Grundgedanken und Zweck

Das KSchG schützt den Bestand des Arbeitsverhältnisses. Plakativ formuliert das BAG: Das **KSchG ist ein „Bestandsschutzgesetz" und kein „Abfindungsgesetz".**[1] Allerdings erkennt auch das KSchG an, dass es Fälle geben kann, in denen dem Arbeitnehmer oder dem Arbeitgeber nach gerichtlich festgestellter Sozialwidrigkeit der Kündigung die Fortsetzung des Arbeitsverhältnisses unzumutbar ist. Deshalb sieht § 9 I 1 KSchG vor, dass das Gericht auf Antrag des Arbeitnehmers das Arbeitsverhältnis durch Urteil aufzulösen hat, wenn dem Arbeitnehmer die Fortsetzung des Arbeitsverhältnisses nicht zuzumuten ist. Entsprechendes gilt, wenn Gründe vorliegen, die eine den Betriebszwecken dienliche weitere Zusammenarbeit zwischen Arbeitgeber und Arbeitnehmer nicht erwarten lassen, und der Arbeitgeber die Auflösung des Arbeitsverhältnisses beantragt. Die Auflösung tritt durch das Urteil des Gerichts ein. Hierbei handelt es sich nicht um ein Feststellungsurteil, sondern um ein rückwirkendes Gestaltungsurteil.[2] Die Höhe der vom Gericht festzusetzenden Abfindung berechnet sich nach Maßgabe von § 10 KSchG (dazu RN 44 ff.). 1

Die §§ 9, 10 KSchG enthalten keine allgemein anzuwendende Abfindungsregelung. Sie stellen eine **Ausnahmeregelung** dar und verkörpern keinen allgemeinen Rechtsgedanken. An die Auflösungsgründe sind strenge Anforderungen zu stellen.[3] Die §§ 9, 10 KSchG können nur bei besonderer gesetzlicher Verweisung – etwa durch § 113 I und III BetrVG – entsprechend angewendet werden. Nur wenn die besonderen Voraussetzungen des § 9 KSchG erfüllt sind, tritt das Bestandsschutzinteresse des Arbeitnehmers hinter das bereits durch den Kündigungsausspruch geäußerte Beendigungsinteresse des Arbeitgebers zurück. Nur in diesem im KSchG geregelten Fall sollen die dem Arbeitnehmer durch den Verlust des Arbeitsplatzes entstehenden Nachteile in pauschalierter Form in Gestalt einer Abfindung abgegolten werden. Für andere Beendigungstatbestände enthalten die §§ 9, 10 KSchG weder das Verbot einer abfindungsfreien Beendigung noch das Gebot einer Beendigung nur gegen Abfindung. Die Regelung des § 9 KSchG ist **verfassungsrechtlich nicht zu beanstanden.** Sie dient dem Ausgleich der wechselseitigen Interessen der Arbeitgeber und Arbeitnehmer bei der Auflösung zerrütteter Arbeitsverhältnisse.[4] § 9 II KSchG verstößt weder gegen den Gleichheitssatz des Art. 3 I GG noch gegen die Eigentumsgarantie des Art. 14 GG und schließlich auch nicht gegen das in Art. 20 III GG verankerte Rechtsstaatsprinzip.[5] 2

Die in §§ 9 und 10 KSchG geregelte Auflösung des Arbeitsverhältnisses gegen Zahlung einer Abfindung ist von der **Abfindungsregelung des § 1a KSchG** zu unterscheiden (dazu § 134 RN 62). Der Abfindungsanspruch nach § 1a KSchG besteht nur, wenn der Arbeitgeber dem Arbeitnehmer freiwillig ein entsprechendes Angebot macht. Dem Arbeitnehmer steht es dann frei, dieses Angebot anzunehmen oder abzulehnen. Demgegenüber erfolgt die Auflösung des Arbeitsverhältnisses gegen Zahlung einer Abfindung nach §§ 9, 10 KSchG, wenn Arbeitgeber oder Arbeitnehmer einen entsprechenden Antrag stellen und die tatbestandlichen Voraussetzungen des § 9 I 1 und 2 KSchG vorliegen auch gegen den Willen des jeweils anderen durch gerichtliches Urteil. 3

Die Auflösung des Arbeitsverhältnisses nach §§ 9, 10 KSchG kann Folgen für die **betriebliche Altersversorgung** haben. Wird im Rahmen der gerichtlichen Auflösung des Arbeitsverhältnisses eine Abfindung nach §§ 9, 10 KSchG zuerkannt, kann der durch die Beendigung des Arbeitsverhältnisses eingetretene Verlust einer Anwartschaft auf betriebliche Altersversorgung daneben nicht als Schadensersatz nach § 628 II BGB oder § 280 BGB verlangt werden.[6] Denn bei der Bemessung der Abfindungshöhe sind bereits die für den Arbeitnehmer eintretenden Folgen der Entlassung, wozu der Verlust einer Ruhegeldanwartschaft vor Eintritt der Unverfallbarkeit gehört, angemessen zu berücksichtigen (RN 45).[7] 4

II. Voraussetzungen

1. Bestehendes Arbeitsverhältnis zum Auflösungszeitpunkt. Eine gerichtliche Auflösung des Arbeitsverhältnisses kommt nur in Betracht, wenn das Arbeitsverhältnis zu dem in 5

---

[1] BAG 23. 6. 2005 AP 52 zu § 9 KSchG 1969 = NZA 2006, 363; 10. 10. 2002 AP 45 zu § 9 KSchG 1969; 7. 5. 1987 AP 19 zu § 9 KSchG 1969 = NZA 88, 15.

[2] Vgl. ErfK/*Kiel* § 9 KSchG RN 2; HK-KSchG/*Hauck* § 9 RN 2.

[3] BAG 6. 9. 2007 AP 208 zu § 626 BGB = NZA 2008, 636; 10. 10. 2002 AP 45 zu § 9 KSchG 1969; 7. 3. 2002 AP 42 zu § 9 KSchG 1969 = NZA 2003, 261.

[4] BVerfG 22. 10. 2004 AP 49 zu § 9 KSchG 1969 = NZA 2005, 41.

[5] BVerfG 29. 1. 1990 EzA 34 zu § 9 KSchG n. F.; BAG 16. 5. 1984 AP 12 zu § 9 KSchG 1969.

[6] BAG 12. 6. 2003 AP 16 zu § 628 BGB.

[7] Vgl. dazu BAG 28. 11. 1968 AP 19 zu § 1 KSchG Betriebsbedingte Kündigung.

§ 9 II KSchG vorgeschriebenen Auflösungszeitpunkt (dazu RN 38) noch bestanden hat. Andernfalls kann durch das Urteil nichts mehr gestaltet werden.[8] Hat das Arbeitsverhältnis schon vor dem Auflösungszeitpunkt, d.h. vor dem Zeitpunkt, zu dem es bei sozial gerechtfertigter Kündigung geendet hätte (§ 9 II KSchG), beispielsweise auf Grund einer während der Kündigungsfrist ausgesprochenen außerordentlichen Kündigung oder durch Tod des Arbeitnehmers geendet, scheidet eine Auflösung des Arbeitsverhältnisses nach § 9 KSchG durch Urteil aus. Das Kündigungsschutzverfahren ist in diesem Fall einschließlich des Auflösungsantrags in der Hauptsache erledigt.[9] Deshalb ist es regelmäßig ermessensfehlerhaft, über einen Kündigungsschutzantrag hinsichtlich einer **zweiten Kündigung** und einen hierauf bezogenen Auflösungsantrag eher zu entscheiden, als über einen zeitlich vorhergehenden Auflösungsantrag.[10] Liegt der anderweitige Beendigungszeitpunkt vor Erlass des Auflösungsurteils, aber nach dem gem. § 9 II KSchG festzusetzenden Zeitpunkt, ist eine Gestaltung des Arbeitsverhältnisses noch möglich. Eine rückwirkend auf einen in der Vergangenheit liegenden Zeitpunkt wirkende Auflösung kann nach § 9 II KSchG beantragt werden.[11] Maßgeblicher Beurteilungszeitpunkt für die Auflösungsgründe ist in diesem Fall freilich nicht die letzte mündliche Verhandlung in der Tatsacheninstanz, sondern der Zeitpunkt der anderweitigen Beendigung des Arbeitsverhältnisses.[12] Bei der Bemessung der Höhe der Abfindung ist zu berücksichtigen, dass das Arbeitsverhältnis auch ohne die gerichtliche Auflösung nicht mehr lange über den in § 9 II KSchG bestimmten Zeitpunkt hinaus bestanden hätte.[13]

6 **2. Betriebsübergang.** Kommt es während des Laufs der Kündigungsfrist **nach Rechtshängigkeit der Kündigungsschutzklage** zu einem Betriebsübergang, kann der Arbeitnehmer einen bislang noch nicht gestellten Auflösungsantrag mit Erfolg nur in einem Prozess gegen den ihm bekannten Betriebserwerber stellen. Ein Auflösungsantrag gegen den früheren Arbeitgeber kommt nicht mehr in Frage. Das Arbeitsverhältnis besteht, wenn der Arbeitnehmer dem Betriebsübergang nicht widerspricht, zum Erwerber fort.[14] Nach Auffassung des BAG kann der Betriebsveräußerer allerdings noch einen Auflösungsantrag stellen, wenn der Betriebsübergang nach Ablauf der Kündigungsfrist erfolgt. Andernfalls sei der Betriebsveräußerer allein wegen des Betriebsübergangs gezwungen, die Pflichten aus dem Arbeitsverhältnis bis zum Zeitpunkt des Betriebsübergangs zu erfüllen, obwohl ihm die Fortsetzung des Arbeitsverhältnisses unzumutbar sei.[15]

7 **3. Sozialwidrigkeit der Kündigung. a)** Die Auflösung des Arbeitsverhältnisses nach § 9 KSchG setzt zunächst voraus, dass das Arbeitsverhältnis durch die mit der Kündigungsschutzklage angegriffene Kündigung nicht aufgelöst worden ist, weil sie **nicht sozial gerechtfertigt** ist. Um das feststellen zu können, hat der Arbeitnehmer eine ordnungsgemäße Kündigungsschutzklage zu erheben (§ 4 Satz 1 KSchG). Er kann sich nicht unmittelbar mit einem Auflösungsantrag gegen die Kündigung wenden.[16] Nach der Grundkonzeption des Kündigungsschutzgesetzes führt die Sozialwidrigkeit der Kündigung zu deren Rechtsunwirksamkeit und zum Fortbestand des Arbeitsverhältnisses. Der Auflösungsgrund und die festzusetzende Abfindung ersetzen den Kündigungsgrund aus § 1 II KSchG, wenn die Kündigung nicht sozial gerechtfertigt ist. Eine Auflösung nach § 9 KSchG scheidet deshalb aus, wenn der Arbeitnehmer mit der Kündigungsschutzklage lediglich einen sonstigen Unwirksamkeitsgrund, wie etwa die fehlende Zustimmung des Integrationsamts nach § 85 SGB IX oder die fehlende Unterrichtung des Betriebsrats nach § 102 I BetrVG rügt und nicht gem. § 6 KSchG bis zum Schluss der mündlichen Verhandlung erster Instanz auch die fehlende soziale Rechtfertigung geltend macht.[17] Dem Gericht ist in diesem Fall eine Prüfung der sozialen Rechtfertigung der Kündigung nicht möglich.

---

[8] BAG 20. 3. 1997 AP 30 zu § 9 KSchG 1969 = NZA 97, 937.

[9] Vgl. BAG 15. 12. 1960 AP 21 zu § 3 KSchG.

[10] BAG 27. 4. 2006 AP 55 zu § 9 KSchG 1969 = NZA 2007, 229 unter Aufgabe von BAG 17. 9. 1987 RzK I 11 a Nr. 16; dazu *Lingemann/Beck* NZA-RR 2007, 225, 331 ff.

[11] BAG 24. 5. 2005 AP 282 zu § 613 a BGB = NZA 2005, 1178; ErfK/*Kiel* § 9 KSchG RN 10; KR/*Spilger* § 9 KSchG RN 34; a. A. *Löwisch/Spinner* § 9 RN 28; Stahlhacke/*Vossen* RN 2011.

[12] BAG 24. 5. 2005 AP 282 zu § 613 a BGB = NZA 2005, 1178.

[13] Ebenso APS/*Biebl* § 9 KSchG RN 88; KR/*Spilger* § 9 KSchG RN 35.

[14] BAG 20. 3. 1997 AP 30 zu § 9 KSchG 1969 = NZA 97, 937.

[15] BAG 24. 5. 2004 AP 282 zu § 613 a BGB = NZA 2005, 1178; dazu *Andelewski* DB 2005, 2083; *Berkowsky* NZI 2006, 81.

[16] BAG 29. 5. 1959 AP 19 zu § 3 KSchG; LAG Baden-Württemberg 3. 6. 1991 LAGE § 9 KSchG Nr. 20.

[17] HaKo/*Fiebig* § 9 KSchG RN 26; KR/*Spilger* § 9 KSchG RN 27 c.

b) Probleme entstehen, wenn der Arbeitnehmer erst nach Ablauf der Dreiwochenfrist mit einer allgemeinen Feststellungsklage nach § 256 ZPO die Formunwirksamkeit (§ 125 Satz 1 BGB) einer **mündlichen Kündigung** des Arbeitsverhältnisses geltend macht. Die Dreiwochenfrist muss in diesem Fall nicht eingehalten werden, weil § 4 Satz 1 KSchG nur für schriftliche Kündigungen gilt (§ 138 RN 3). Da eine Auflösung des Arbeitsverhältnisses nach § 9 KSchG jedoch die Sozialwidrigkeit der Kündigung voraussetzt und diese nach § 4 Satz 1 KSchG nur innerhalb der Dreiwochenfrist geltend gemacht werden kann, scheidet eine Auflösung des Arbeitsverhältnisses nach § 9 KSchG aus, wenn der Arbeitnehmer gegen eine mündliche Kündigung erst nach Ablauf der Dreiwochenfrist Klage erhebt.[18] Die soziale Rechtfertigung der Kündigung wird dann nach § 7 KSchG fingiert. 8

c) Der Auflösung nach § 9 KSchG steht bei **Wiederholungskündigungen,** die auf denselben Kündigungsgrund gestützt werden (dazu § 138 RN 41), nicht entgegen, dass die Unwirksamkeit der Kündigung im Ergebnis aus der Präjudizialität der Entscheidung im Vorverfahren hergeleitet wird. Zwar setzt eine Auflösung des Arbeitsverhältnisses nach § 9 KSchG bei mehreren Unwirksamkeitsgründen stets voraus, dass auch die Sozialwidrigkeit der Kündigung festgestellt wird. Dass bei der wiederholten Kündigung keine erneute abweichende Beurteilung der sozialen Rechtfertigung der Kündigung nach § 1 KSchG erfolgen darf, führt aber zu dem notwendigen Schluss, dass auch die zweite Kündigung nach § 1 KSchG als unwirksam anzusehen ist, wenn auch die erste Kündigung sozialwidrig war.[19] 9

d) Kommt es zu einem **Wiederholungsauflösungsantrag,** weil der Arbeitgeber sowohl im Vorprozess als auch im Kündigungsschutzverfahren über die Wiederholungskündigung einen Auflösungsantrag stellt, ist zunächst über den zeitlich vorgehenden Auflösungsantrag zu entscheiden, wenn der erste Auflösungsantrag sich auf ein Auflösungsdatum bezieht, das vor der zweiten Kündigung liegt.[20] Wird der zweite Auflösungsantrag auf dieselben Gründe gestützt wie der erste Auflösungsantrag, sind sie durch die Entscheidung über den ersten Auflösungsantrag verbraucht; der zweite Auflösungsantrag ist als unbegründet abzuweisen.[21] Unter Umständen gibt es aber neue Gesichtspunkte, die der Antragsteller zur Begründung seines Auflösungsantrags anführen kann. 10

4. Weitere Unwirksamkeitsgründe. Ist die Kündigung nicht nur sozialwidrig, sondern auch aus anderen Gründen nichtig, ist für die Beurteilung der Wirksamkeit von Auflösungsanträgen zwischen dem **Antrag des Arbeitnehmers und dem des Arbeitgebers zu unterscheiden.** Praktische Bedeutung hat dies vor allem, wenn die Kündigung auch wegen nicht ordnungsgemäßer Anhörung des Betriebsrats nach § 102 I BetrVG oder wegen fehlender Zustimmung des Integrationsamts nach § 85 SGB IX oder der zuständigen Behörden nach § 9 MuSchG, § 18 BEEG oder § 5 PflegeZG unwirksam ist. 11

a) Der **Arbeitnehmer** kann den Auflösungsantrag stellen, wenn die aus anderen Gründen unwirksame Kündigung zumindest auch sozialwidrig ist und der Arbeitnehmer dies im Rahmen einer ordnungsgemäß erhobenen Kündigungsschutzklage geltend macht.[22] Die Fortsetzung des Arbeitsverhältnisses kann für den Arbeitnehmer auch dann unzumutbar sein, wenn die Kündigung noch an einem **weiteren Mangel** leidet. Stellt der Arbeitnehmer einen Auflösungsantrag und hat er zuvor die mangelnde soziale Rechtfertigung der Kündigung gerügt, hat das Arbeitsgericht allerdings auch beim Vorliegen sonstiger Unwirksamkeitsgründe die soziale Rechtfertigung der Kündigung zu prüfen. Nur wenn die Kündigung auch gem. § 1 II KSchG sozialwidrig ist, kommt eine Auflösung nach § 9 I KSchG in Betracht. Bei einem **Anerkenntnisurteil**, das die Unwirksamkeit einer Kündigung feststellt, ist – wenn die Unwirksamkeit der Kündigung sowohl auf die fehlende Anhörung des Betriebsrats als auch auf die Sozialwidrigkeit gestützt worden ist – durch Auslegung zu ermitteln, ob der Arbeitgeber auch die Sozialwidrigkeit der Kündigung anerkannt hat. Zur Auslegung sind ergänzend zum Tenor die Anerkenntniserklärung und das Parteivorbringen heranzuziehen.[23] 12

b) Der **Arbeitgeber** kann eine Auflösung des Arbeitsverhältnisses nach § 9 I KSchG nur verlangen, wenn die Kündigung lediglich nach § 1 II KSchG sozialwidrig ist. Die Lösungsmöglich- 13

---

[18] *v. Hoyningen-Huene/Linck* § 9 RN 13; *Quecke* RdA 2004, 86, 100; a. A. HaKo/*Gallner* § 4 KSchG RN 2 a.
[19] BAG 26. 8. 1993 AP 113 zu § 626 BGB = NZA 94, 70.
[20] BAG 27. 4. 2006 AP 55 zu § 9 KSchG 1969 = NZA 2007, 229
[21] *Lingemann/Beck* NZA-RR 2007, 225, 233.
[22] BAG 20. 3. 1997 AP 30 zu § 9 KSchG 1969 = NZA 97, 937; 29. 1. 1981 AP 6 zu § 9 KSchG 1969.
[23] BAG 29. 1. 1981 AP 6 zu § 9 KSchG 1969.

keit nach § 9 KSchG bedeutet für den Arbeitgeber eine Vergünstigung, die nur in Betracht kommt, wenn eine Kündigung **„nur" sozialwidrig** und nicht auch aus anderen Gründen nichtig ist.[24] Die Unwirksamkeit muss nach Auffassung des BAG allerdings Folge eines Verstoßes gegen eine Schutznorm zugunsten des Arbeitnehmers sein. Sonst bestehe kein Grund, dem Arbeitgeber die Vergünstigung eines Auflösungsantrages nach § 9 KSchG bei sozialwidriger Kündigung zu verwehren.[25] Ein Auflösungsantrag des Arbeitgebers scheidet danach aus, wenn die Kündigung nicht nur sozialwidrig, sondern auch wegen fehlerhafter Beteiligung des Betriebsrats rechtsunwirksam ist oder gegen § 85 SGB IX, § 9 MuSchG, § 18 BEEG oder § 5 PflegeZG verstößt. Liegen der Kündigung mehrere Kündigungssachverhalte zugrunde und beruht bei einem Kündigungssachverhalt die Unwirksamkeit allein auf der fehlenden sozialen Rechtfertigung nach § 1 II KSchG, ist es unschädlich, wenn der Arbeitgeber zusätzlich weitere Kündigungssachverhalte geltend macht, die aus anderen Gründen die Unwirksamkeit der Kündigung begründen. Es ist kein sachlicher Grund dafür ersichtlich, dem Arbeitgeber die Vergünstigung des § 9 KSchG zu entziehen, wenn er die Kündigung zusätzlich auf weitere Kündigungsgründe stützt, die wegen Verstoßes gegen Vorschriften außerhalb des Kündigungsschutzgesetzes – z. B. nicht ordnungsgemäße Unterrichtung des Betriebsrats über diesen Kündigungssachverhalt – nicht zur Wirksamkeit der Kündigung führen können.[26] Zur außerordentlichen Kündigung RN 22.

14 **5. Rücknahme der Kündigung.** Der Arbeitgeber kann einen drohenden Auflösungsantrag des Arbeitnehmers nicht durch **„Rücknahme" der Kündigung** verhindern. Nach „Rücknahme" der Kündigung durch den Arbeitgeber entfällt nicht ohne Weiteres das Rechtsschutzinteresse für die anhängige Kündigungsschutzklage. Da in der Erhebung der Kündigungsschutzklage nicht die vorweggenommene Zustimmung des Arbeitnehmers zu dem in der Kündigungsrücknahme liegenden Vertragsangebot zur Fortsetzung des Arbeitsverhältnisses liegt (dazu § 123 RN 54), ist der Arbeitnehmer im Prozess frei zu entscheiden, ob er das Angebot des Arbeitgebers annimmt oder es wegen Unzumutbarkeit der Weiterbeschäftigung ablehnt und deshalb einen Auflösungsantrag stellt.[27]

15 **6. Änderungskündigung.** Bei einer Änderungskündigung kommt eine Auflösung des Arbeitsverhältnisses nicht in Betracht, wenn der Arbeitnehmer das Änderungsangebot nach § 2 KSchG **unter Vorbehalt angenommen** hat.[28] Streitgegenstand der Änderungsschutzklage ist die Wirksamkeit der Änderung der Arbeitsbedingungen (§ 4 Satz 2 KSchG) und nicht die Beendigung des Arbeitsverhältnisses. Hat der Arbeitnehmer dagegen das Änderungsangebot nicht angenommen, sondern Kündigungsschutzklage nach § 4 Satz 1 KSchG erhoben, wird über die Wirksamkeit der Kündigung des Arbeitsverhältnisses und nicht über die Änderung der Arbeitsbedingungen gestritten. Eine Auflösung des Arbeitsverhältnisses ist deshalb nach Maßgabe von § 9 KSchG möglich.[29]

16 **7. Berufsausbildungsverhältnis.** Im Falle der außerordentlichen Kündigung eines Berufsausbildungsverhältnisses nach § 22 II BBiG **scheidet eine Auflösung des Arbeitsverhältnisses aus.** § 13 I 3 KSchG ist auf das Berufsausbildungsverhältnis nicht anwendbar.[30]

III. Antrag

17 **1. Antragserfordernis.** Die Auflösung des Arbeitsverhältnisses erfolgt nicht von Amts wegen, sondern nur auf Antrag einer Partei.[31] Der **Antrag ist zu begründen.**[32] Der Antragsteller muss darlegen, aus welchem Grunde eine Fortsetzung des Arbeitsverhältnisses unzumutbar sein

---

[24] BAG 28. 8. 2008 – 2 AZR 63/07; 10. 2. 2005 AP zu § 174 BGB = NZA 2005, 1207; 10. 10. 2002 AP 45 zu § 9 KSchG 1969; 27. 9. 2001 AP 41 zu § 9 KSchG 1969 = NZA 2002, 1171.

[25] BAG 10. 2. 2005 AP zu § 174 BGB = NZA 2005, 1207; 10. 11. 1994 AP 24 zu § 9 KSchG 1969 = NZA 95, 309; krit. hierzu BBDW/*Bader* § 9 RN 4; HaKo/*Fiebig* § 9 KSchG RN 31 a; *v. Hoyningen-Huene/Linck* § 9 RN 18; *Löwisch/Spinner* § 9 RN 46.

[26] BAG 21. 9. 2000 AP 35 zu § 9 KSchG 1969 = NZA 2001, 102.

[27] BAG 29. 1. 1981, 19. 8. 1982 AP 6, 9 zu § 9 KSchG 1969.

[28] BAG 29. 1. 1981 AP 6 zu § 9 KSchG 1969; LAG Düsseldorf 20. 5. 1997 NZA-RR 98, 111, 114; ErfK/*Kiel* § 9 KSchG RN 4; APS/*Biebl* § 9 KSchG RN 14; *Müller* DB 2002, 2597; KR/*Spilger* § 9 KSchG RN 30; *Tschöpe* FS Schwerdtner S. 217, 223 f.; a. A. *Bauer/Krets* DB 2002, 1937; *Corts* SAE 82, 103, 104.

[29] BAG 27. 9. 2001 AP 6 zu § 14 KSchG 1969 = NZA 2002, 1277; MünchKommBGB/*Hergenröder* § 2 KSchG RN 67 und 72; Stahlhacke/*Vossen* RN 1971; KR/*Spilger* § 9 KSchG RN 30.

[30] BAG 29. 11. 1984 AP 6 zu § 13 KSchG 1969; *Leinemann/Taubert* BBiG § 22 RN 172.

[31] BAG 28. 1. 1961 AP 8 zu § 7 KSchG.

[32] BAG 18. 10. 2000 AP 39 zu § 9 KSchG 1969 = NZA 2001, 437.

soll oder eine weitere gedeihliche Zusammenarbeit ausscheidet.[33] Das Gericht darf nur Auflösungsgründe verwerten, die vom Antragsteller vorgetragen worden sind. Soweit er sich auf die Prozessführung des Gegners oder andere Gründe stützen will, hat er diese konkret darzulegen. Zur schlüssigen Begründung des Auflösungsantrags gehört der Vortrag konkreter Tatsachen. Allgemeine Redewendungen etwa des Inhalts, die Vertrauensgrundlage sei weggefallen oder ein unüberbrückbares Zerwürfnis sei eingetreten, genügen nicht.

2. Rechtsnatur. Der Antrag auf Auflösung des Arbeitsverhältnisses ist eine **Prozesshandlung,**[34] für welche die allgemeinen prozessualen Anforderungen gelten. Wie jede andere Prozesshandlung ist auch der Auflösungsantrag auslegungsfähig. Der Auflösungsantrag des Arbeitnehmers ist ein sog. unechter Eventualantrag.[35] Der Auflösungsantrag des Arbeitnehmers ist nur für den Fall gestellt, dass der Feststellungsantrag begründet ist. Ist der Kündigungsschutzantrag unbegründet, fällt der Auflösungsantrag nicht zur Entscheidung an, weil das Arbeitsverhältnis bereits durch die angegriffene Kündigung aufgelöst worden ist. Wird der Auflösungsantrag in dem Sinn „hilfsweise" gestellt, dass er nur bei Abweisung des Antrags auf Feststellung der Sozialwidrigkeit der Kündigung gelten solle, ist er nicht begründet. Der Auflösungsantrag des Arbeitgebers ist ein echter Eventualantrag.[36] Der Auflösungsantrag ist nur für den Fall gestellt, dass der Klage stattgegeben wird und damit an sich das Arbeitsverhältnis fortbestünde. Weist das erstinstanzliche Gericht die Kündigungsschutzklage ab, hat es über den Hilfsantrag des Arbeitgebers nach § 9 KSchG nicht zu befinden. Der Arbeitgeber kann allerdings auch davon absehen, die Sozialwidrigkeit der Kündigung zu bestreiten, und nur die Auflösung des Arbeitsverhältnisses nach § 9 KSchG beantragen.[37] Der Auflösungsantrag ist dann Hauptantrag. Praktisch wird das selten vorkommen, weil der Arbeitgeber, wenn das Gericht die Sozialwidrigkeit der Kündigung verneint, die Auflösung des Arbeitsverhältnisses ohne Abfindung erreicht. 18

3. Zeitpunkt der Antragstellung. Der Auflösungsantrag kann von der Erhebung der Klage **bis zum Schluss der mündlichen Verhandlung in der Berufungsinstanz** gestellt werden.[38] Über den Antrag ist allerdings nicht mehr zu entscheiden, wenn er nach Schluss der mündlichen Verhandlung vor einem Verkündungstermin gestellt wird. Soll der Auflösungsantrag erstmals im zweiten Rechtszug gestellt werden, sind hierbei nicht die Förmlichkeiten der Berufung bzw. Anschlussberufung einzuhalten. § 9 I 3 KSchG ist insoweit lex specialis. Der Antrag kann deshalb auch in der mündlichen Verhandlung vor dem Landesarbeitsgericht gestellt werden (§ 525 Satz 1, § 297 I 3, § 261 II 2 ZPO).[39] Eine Zurückweisung des Antrags wegen Verspätung (§ 67 ArbGG) scheidet aus.[40] Soweit das BAG in einer älteren Entscheidung angenommen hat, der Berufungsbeklagte habe den Auflösungsantrag im Wege der Anschlussberufung (§ 522 a a. F. ZPO) mit Antrag und Begründung anzubringen,[41] ist diese Auffassung durch die Änderung der gesetzlichen Anforderungen an die Anschlussberufung überholt.[42] Nach dem zum 1. 9. 2004 in Kraft getretenen Justizmodernisierungsgesetz (BGBl. I S. 2198) ist die Anschlussberufung gem. § 524 II ZPO nur noch bis zum Ablauf der dem Berufungsbeklagten gesetzten Frist zur Berufungserwiderung zulässig. Demgegenüber kann nach § 9 I 3 KSchG der Auflösungsantrag bis zum Schluss der mündlichen Verhandlung gestellt werden. Nimmt der im Kündigungsschutzprozess in erster Instanz unterlegene Arbeitgeber die von ihm eingelegte Berufung in der Berufungsverhandlung zurück, wird damit der vom Arbeitnehmer erstmals durch Anschlussberufung verfolgte Auflösungsantrag unzulässig. Die Berufungsinstanz ist jedenfalls dann abgeschlossen, wenn das zunächst angefochtene Urteil nicht mehr angefochten, sondern in Rechtskraft erwachsen ist. Der Arbeitgeber kann demnach unter diesen Voraussetzungen durch Berufungsrücknahme den Auflösungsantrag zu Fall bringen.[43] Der Auflösungsantrag kann nicht mehr in der Revisionsinstanz gestellt werden. 19

---

[33] BAG 14. 5. 1987 AP 18 zu § 9 KSchG 1969 = NZA 88, 16.

[34] Ebenso ErfK/*Kiel* § 9 KSchG RN 7; APS/*Biebl* § 9 KSchG RN 22; KR/*Spilger* § 9 KSchG RN 18.

[35] Vgl. BAG 23. 6. 1993 AP 23 zu § 9 KSchG 1969 = NZA 94, 264; ErfK/*Kiel* § 9 KSchG RN 6.

[36] BAG 25. 10. 1989 AP 36 zu § 611 BGB Direktionsrecht; ErfK/*Kiel* § 9 KSchG RN 18; APS/*Biebl* § 9 KSchG RN 46; KR/*Spilger* § 9 KSchG RN 17.

[37] Vgl. BAG 9. 10. 1997 – 2 AZR 32/97 n. v.; Stahlhacke/*Vossen* RN 1980.

[38] LAG Berlin 5. 5. 1997 LAGE § 9 KSchG Nr. 29.

[39] LAG Niedersachsen 4. 6. 2004 LAGReport 2005, 103; KR/*Spilger* § 9 KSchG RN 20; Stahlhacke/*Vossen* RN 1966.

[40] LAG Schleswig-Holstein 25. 2. 2004 NZA-RR 2005, 132; ErfK/*Kiel* § 9 KSchG RN 8; APS/*Biebl* § 9 KSchG RN 25.

[41] BAG 26. 11. 1981 AP 8 zu § 9 KSchG 1969; ebenso *Bauer,* FS für Hanau, S. 151, 161.

[42] Zutr. *Tschöpe,* FS Schwerdtner, S. 217, 239 f.

[43] BAG 3. 4. 2008 AP 58 zu § 9 KSchG 1969 = NZA 2008, 1258; a. A. Stahlhacke/*Vossen* RN 2003.

20 **4. Antragsformulierung.** Der **Antrag lautet:** „Das Arbeitsverhältnis wird gegen Zahlung einer Abfindung in Höhe von … Euro zum … aufgelöst." Die Angabe eines Abfindungsbetrags ist zwar nicht erforderlich. Die Parteien können auch die Auflösung des Arbeitsverhältnisses gegen Zahlung einer angemessenen Abfindung beantragen. Das kommt insbesondere bei einer vom Arbeitgeber beantragten Auflösung des Arbeitsverhältnisses in Betracht. Allerdings sollte auch in diesem Fall die Größenordnung der festzusetzenden Abfindung in der Antragsbegründung angegeben werden. Dies kann im Antrag durch folgenden Zusatz erfolgen: „Das Arbeitsverhältnis wird gegen Zahlung einer angemessenen Abfindung, die jedoch … Euro nicht über- (bzw. unter-)schreiten soll, zum … aufgelöst." Der Auflösungsantrag kann bis zum Schluss der mündlichen Verhandlung in der Berufungsinstanz **zurückgenommen** werden. Hierzu bedarf es nicht der Einwilligung des Prozessgegners, da damit keine Klagerücknahme verbunden ist. Die Rücknahme des Auflösungsantrags bedeutet in der Regel keinen Klageverzicht i. S. v. § 306 ZPO.[44]

21 **5. Antrag des Arbeitnehmers.** Der Arbeitnehmer kann bei **einer ordentlichen und gem. § 13 I 3 KSchG auch bei einer außerordentlichen Kündigung** die Auflösung des Arbeitsverhältnisses beantragen. Kommt die Umdeutung einer fristlosen Kündigung des Arbeitgebers in eine ordentliche Kündigung in Betracht, hat der Arbeitnehmer grundsätzlich die Möglichkeit, die Auflösung des Arbeitsverhältnisses nach § 9 KSchG bezogen auf die fristlose Kündigung oder nur auf die umgedeutete fristgerechte Kündigung zu beantragen.[45] Dies hat u. U. erhebliche Auswirkungen auf etwaige Annahmeverzugsansprüche. Hat der Arbeitnehmer in der ersten Instanz keinen Auflösungsantrag gestellt und hat das Arbeitsgericht der Kündigungsschutzklage stattgegeben, kann er nicht **Berufung** einlegen, um in der zweiten Instanz einen Auflösungsantrag zu stellen. Die Berufung des Arbeitnehmers gegen das Urteil des Arbeitsgerichts ist wegen fehlender Beschwer unzulässig.[46] Legt jedoch der Arbeitgeber Berufung ein, kann der Arbeitnehmer im zweiten Rechtszug auch dann noch einen Auflösungsantrag anbringen, wenn er ihn in der ersten Instanz nicht gestellt hatte.[47] Da das Gesetz diese Möglichkeit ausdrücklich vorsieht, bedarf der Antrag keiner Zulassung als Klageänderung nach § 263 ZPO; auch kann er nicht nach § 67 ArbGG als nachträgliches oder verspätetes Vorbringen zurückgewiesen werden.[48]

22 **6. Antrag des Arbeitgebers.** Während der Arbeitnehmer auch nach einer außerordentlichen Kündigung einen Auflösungsantrag stellen kann, ist dies dem Arbeitgeber nur nach einer **ordentlichen Kündigung** möglich. Dies folgt mittelbar aus gem. § 13 I 3 KSchG, der bei einer außerordentlichen Kündigung nur dem Arbeitnehmer die Möglichkeit eines Auflösungsantrags zuweist. Ist die ordentliche Kündigung **vertraglich oder tarifvertraglich ausgeschlossen,** kommt eine Auflösung nach § 9 I 2 KSchG nicht in Betracht.[49] Bei einer außerordentlichen Kündigung scheidet eine Auflösung des Arbeitsverhältnisses auf Antrag des Arbeitgebers aus. Nur wenn die außerordentliche Kündigung nach § 140 BGB in eine ordentliche Kündigung **umgedeutet** werden kann, kommt eine Auflösung in Betracht, sofern die allgemeinen Voraussetzungen vorliegen. Hat das Arbeitsgericht die Klage abgewiesen, fällt der Hilfsantrag auch ohne Anschlussrechtsmittel des Arbeitgebers ohne Weiteres in der Rechtsmittelinstanz an.[50] Wird im ersten Rechtszug der Kündigungsschutzklage des Arbeitnehmers stattgegeben und das Arbeitsverhältnis auf Antrag des Arbeitgebers aufgelöst, kann der Arbeitgeber gegen das Urteil Berufung einlegen, um den Klageabweisungsantrag weiter zu verfolgen.[51]

23 Hat das Arbeitsgericht angenommen, eine ordentliche Arbeitgeberkündigung sei sowohl nach § 1 KSchG als auch wegen fehlerhafter Personalratsbeteiligung unwirksam, und deshalb den Auflösungsantrag des Arbeitgebers zurückgewiesen, kann das Berufungsgericht auch bei einer **auf den Auflösungsantrag beschränkten Berufung des Arbeitgebers** erneut prüfen, ob eine ordnungsgemäße Personalratsbeteiligung vorliegt. Der Streitgegenstand des Auflösungsantrags wird durch die rechtskräftige Entscheidung über den Kündigungsschutzantrag, erst recht durch deren Begründung nicht berührt. Tatsächliche Feststellungen als solche erwachsen nicht

---

[44] BAG 26. 10. 1979 AP 5 zu § 9 KSchG 1969 = NJW 80, 1484.
[45] BAG 26. 8. 1993 AP 113 zu § 626 BGB = NZA 94, 70.
[46] BAG 23. 6. 1993 AP 23 zu § 9 KSchG 1969 = NZA 94, 264.
[47] Ebenso HK-KSchG/*Hauck* § 9 RN 31; *Löwisch/Spinner* § 9 RN 23.
[48] LAG Bremen 29. 6. 2006 – 3 Sa 222/05; ErfK/*Kiel* § 9 KSchG RN 8; *Bauer/Hahn* DB 90, 2471.
[49] BAG 28. 11. 2007 NZA-RR 2008, 344.
[50] BAG 10. 10. 2002 AP 123 zu § 1 KSchG 1969 Betriebsbedingte Kündigung; 25. 10. 1989 AP 36 zu § 611 BGB Direktionsrecht = NZA 90, 561.
[51] BAG 28. 1. 1961 AP 8 zu § 7 KSchG.

in Rechtskraft. Werden andere Rechtsfolgen aus demselben Tatsachenkomplex hergeleitet, greift die Präklusionswirkung nicht ein.[52]

7. Antrag beider Parteien. Stellen beide Parteien einen Auflösungsantrag nach § 9 KSchG oder stimmt eine Partei dem Auflösungsantrag der Gegenpartei zu, **steht fest, dass ein Auflösungsgrund besteht.** Das Gericht braucht in diesen Fällen nur noch zu prüfen, ob die Kündigung sozial gerechtfertigt (dann Klageabweisung) oder ungerechtfertigt war und in welcher Höhe die Abfindung festzusetzen ist.[53] Die Parteien können nicht an einem Arbeitsverhältnis festgehalten werden, das sie beide nicht mehr wollen. Haben in einem Kündigungsschutzprozess beide Parteien einen Auflösungsantrag gestellt und löst das Arbeitsgericht daraufhin das Arbeitsverhältnis auf, ist der Arbeitnehmer, der die Höhe der festgesetzten Abfindung nicht angreift, durch dieses Urteil grundsätzlich nicht beschwert. Die Berufung des Arbeitnehmers ist deshalb regelmäßig unzulässig, auch wenn das Arbeitsgericht das Arbeitsverhältnis auf den Antrag des Arbeitgebers hin auflöst. Der Arbeitnehmer kann in einem derartigen Fall nicht allein mit dem Ziel Berufung einlegen, seinen erstinstanzlich gestellten Auflösungsantrag zurückzunehmen und eine Fortsetzung des Arbeitsverhältnisses zu erreichen.[54] 24

IV. Auflösungsgründe

1. Übersicht. Nach § 9 I 1 KSchG hat das Gericht auf Antrag des Arbeitnehmers das Arbeitsverhältnis aufzulösen, wenn dem Arbeitnehmer die **Fortsetzung des Arbeitsverhältnisses nicht zuzumuten** ist. Auf Antrag des Arbeitgebers hat gem. § 9 I 2 KSchG eine Auflösung des Arbeitsverhältnisses zu erfolgen, wenn Gründe vorliegen, die eine **den Betriebszwecken dienliche weitere Zusammenarbeit** zwischen Arbeitgeber und Arbeitnehmer nicht erwarten lassen. Eine Auflösung kommt vor allem, aber nicht ausschließlich in Betracht, wenn während eines Kündigungsschutzprozesses zusätzliche Spannungen zwischen den Parteien auftreten, die eine Fortsetzung des Arbeitsverhältnisses sinnlos erscheinen lassen.[55] 25

2. Maßgeblicher Zeitpunkt für die Beurteilung der Frage, ob die Fortsetzung des Arbeitsverhältnisses unzumutbar oder eine den Betriebszwecken dienliche weitere Zusammenarbeit zwischen Arbeitgeber und Arbeitnehmer nicht zu erwarten ist, ist – anders als bei der Beurteilung der Wirksamkeit einer Kündigung (dazu § 130 RN 34) – der Zeitpunkt der letzten mündlichen Verhandlung in der Tatsacheninstanz.[56] Für die Auflösung des Arbeitsverhältnisses ist eine Vorausschau auf die künftige Gestaltung der Rechtsbeziehungen zwischen den Parteien anzustellen. Wegen dieses zeitlichen Beurteilungsansatzes ist es denkbar, dass mögliche Auflösungsgründe ihr Gewicht wieder verlieren, weil die tatsächlichen oder rechtlichen Umstände sich im Zeitpunkt der abschließenden Entscheidung geändert haben.[57] 26

3. Antrag des Arbeitnehmers. a) Voraussetzung für die Auflösung des Arbeitsverhältnisses auf Antrag des Arbeitnehmers ist, dass ihm die Fortsetzung des Arbeitsverhältnisses **nicht zuzumuten** ist. Die Auflösungsgründe müssen nicht so erheblich sein, dass ein wichtiger Grund i. S. v. § 626 I BGB vorliegt. Nach dieser Bestimmung ist erforderlich, dass dem Arbeitnehmer die Fortsetzung des Arbeitsverhältnisses auch nur bis zum Ablauf der Kündigungsfrist unzumutbar macht. Für die Auflösung des Arbeitsverhältnisses nach § 9 I 1 KSchG reicht es dagegen aus, wenn die Fortsetzung des Arbeitsverhältnisses auf unbestimmte Dauer unzumutbar ist.[58] Die Unzumutbarkeit des § 9 KSchG ist weiterhin nicht identisch mit der Sozialwidrigkeit der Kündigung. Ist eine Kündigung unwirksam, ist nicht schon allein deshalb dem Arbeitnehmer die Fortsetzung des Arbeitsverhältnisses unzumutbar. Die Unzumutbarkeit muss sich aus weiteren Gründen ergeben, die der Arbeitgeber gesetzt hat. Der Arbeitnehmer hat nicht etwa die freie Wahl, ob er bei festgestellter Unwirksamkeit der Kündigung das Arbeitsverhältnis fortsetzen oder ob er gegen eine Abfindung ausscheiden will. In der Regel treten durch jede Kündigung Spannungen zwischen Arbeitgeber und Arbeitnehmer auf. Diese allein vermögen einen Auflösungsantrag noch nicht zu rechtferti- 27

---

[52] BAG 27. 9. 2001 AP 41 zu § 9 KSchG 1969 = NZA 2002, 1171.

[53] Vgl. BAG 29. 3. 1960 AP 7 zu § 7 KSchG; *v. Hoyningen-Huene/Linck* § 9 RN 74; ErfK/*Kiel* § 9 KSchG RN 29; KDZ/*Zwanziger* § 9 KSchG RN 29.

[54] BAG 23. 6. 1993 AP 23 zu § 9 KSchG 1969 = NZA 94, 264.

[55] BAG 6. 9. 2007 AP 208 zu § 626 BGB = NZA 2008, 636.

[56] BAG 6. 11. 2003 AP 46 zu § 1 KSchG 1969 Verhaltensbedingte Kündigung; 7. 3. 2002 AP 42 zu § 9 KSchG 1969 = NZA 2003, 261.

[57] BAG 6. 11. 2003 AP 46 zu § 1 KSchG 1969 Verhaltensbedingte Kündigung; 7. 3. 2002 AP 42 zu § 9 KSchG 1969 = NZA 2003, 261.

[58] BAG 27. 3. 2003 AP 48 zu § 9 KSchG 1969; 26. 11. 1981 AP 8 zu § 9 KSchG 1969.

gen.[59] Die Auflösungsgründe müssen im Zusammenhang mit der Kündigung oder dem Kündigungsschutzprozess stehen.[60] Fehlt dieser Zusammenhang, kann der Arbeitnehmer ggf. außerordentlich kündigen und nach § 628 BGB Schadensersatz verlangen (dazu § 127 RN 53 ff.).

28 **b)** Das Verhalten des Arbeitgebers im Zusammenhang mit der ausgesprochenen sozialwidrigen Kündigung ist geeignet, die Unzumutbarkeit der Fortsetzung des Arbeitsverhältnisses zu begründen, wenn durch unzutreffende, **ehrverletzende Behauptungen des Arbeitgebers** über die Person oder das Verhalten des Arbeitnehmers das Vertrauensverhältnis zwischen den Arbeitsvertragsparteien unheilbar zerrüttet ist. Weiter kommt eine Auflösung in Betracht, wenn das **Kündigungsschutzverfahren mit einer derartigen Schärfe** geführt worden ist, dass der Arbeitnehmer mit einem schikanösen Verhalten des Arbeitgebers und anderer leitender Mitarbeiter rechnen muss, wenn er in den Betrieb zurückkehrt. Die Fortsetzung des Arbeitsverhältnisses kann für den Arbeitnehmer ferner unzumutbar sein, wenn feststeht, dass der Arbeitgeber ungeachtet der Rechtsauffassung des Gerichts sich **auf jeden Fall von dem Arbeitnehmer trennen will** und offensichtlich beabsichtigt, mit beliebigen Begründungen so lange Kündigungen auszusprechen, bis er sein Ziel erreicht hat. Die Fortsetzung des Arbeitsverhältnisses kann dem Arbeitnehmer des Weiteren nicht zumutbar sein, wenn sich der Arbeitgeber im Laufe des Kündigungsschutzprozesses unberechtigt an den Arzt des Arbeitnehmers wendet und **Zweifel an der Berechtigung zur Krankschreibung äußert.**[61] In Frage kann auch kommen, dass für den Arbeitnehmer, falls er auf Grund eines obsiegenden Urteils in den Betrieb zurückkehrt, die Gefahr besteht, dass er dort nicht mehr ordnungsgemäß behandelt wird, der Arbeitgeber oder ein Vorgesetzter sich vielmehr für den Verlust des Prozesses zu **„rächen"** sucht.[62] Allerdings müssen für eine solche Gefahr tatsächliche Anhaltspunkte gegeben sein. Unter Umständen kann auch eine **völlig unberechtigte Suspendierung** von der Arbeit während der Kündigungsfrist einen Auflösungsantrag rechtfertigen.[63] Wird ein **ausländischer Arbeitnehmer wegen seiner Nationalität gekündigt,** ist ihm eine Fortsetzung des Arbeitsverhältnisses regelmäßig nicht mehr zumutbar.[64] Auch konkret zu **erwartende Spannungen mit Mitarbeitern,** etwa wegen deren Benennung als sozial weniger schutzbedürftig im Streit über die soziale Auswahl nach § 1 III KSchG, können den Antrag rechtfertigen,[65] wobei klarzustellen ist, dass die unbegründete ordentliche Kündigung allein einen Auflösungsantrag noch nicht rechtfertigt.[66] Unzumutbarkeit ist jedoch nicht allein deshalb gegeben, weil der Arbeitgeber nach dem der Klage stattgebenden Urteil erster Instanz im Kündigungsschutzprozess nunmehr aus seiner Sicht unter Beachtung der Rechtsauffassung des Gerichts **erneut kündigt.** Auch die Ankündigung, er wolle **alle rechtlichen Mittel einsetzen,** um seine unternehmerische Entscheidung weiterzuverfolgen, hält sich noch im Rahmen der Wahrnehmung berechtigter Interessen. Die Drohung mit einer erneuten, nunmehr aus Sicht des Arbeitgebers nach § 1 KSchG sozial gerechtfertigten Kündigung ist ohne das Vorliegen weiterer Umstände nicht als rechtswidrig anzusehen.[67]

29 Der Arbeitnehmer kann sich grundsätzlich nicht auf Auflösungsgründe berufen, die er **selbst in treuwidriger Weise herbeigeführt** hat.[68] Dies folgt aus dem Rechtsgedanken des § 162 BGB, wonach sich niemand auf den Eintritt oder Nichteintritt eines Ereignisses berufen darf, das er selbst treuwidrig herbeigeführt oder verhindert hat.[69] Die Eingehung eines **neuen Arbeitsverhältnisses** rechtfertigt den Auflösungsantrag nicht, weil das Gesetz insoweit in § 12 KSchG eine Sonderregelung vorsieht.[70]

30 **4. Antrag des Arbeitgebers. a)** Stellt das Gericht in einem Kündigungsrechtsstreit fest, dass das Arbeitsverhältnis nicht durch die Kündigung aufgelöst worden ist, hat es nach § 9 I 2 KSchG auf Antrag des Arbeitgebers das Arbeitsverhältnis gegen Zahlung einer angemessenen

---

[59] BAG 24. 9. 1992 AP 3 zu Einigungsvertrag Anlage I Kap XIX = NZA 93, 362.
[60] BAG 24. 9. 1992 AP 3 zu Einigungsvertrag Anlage I Kap XIX = NZA 93, 362.
[61] Vgl. BAG 27. 3. 2003 AP 48 zu § 9 KSchG 1969; 20. 11. 1997 – 2 AZR 803/96 n. v.
[62] *Molitor* DB 51, 702, 703; weitere Beispiele bei *Brill* AuR 66, 268, 269.
[63] BAG 24. 9. 1992 AP 3 zu Einigungsvertrag Anlage I Kap. XIX = NZA 93, 362.
[64] Vgl. LAG Hamm 17. 5. 1993 RzK I 11 b Nr. 12.
[65] Vgl. LAG Hamm 23. 5. 1975 DB 75, 1514; LAG Köln 2. 2. 1987 LAGE § 9 KSchG Nr. 5; ErfK/*Kiel* § 9 KSchG RN 13; – einschränkend *Bauer,* FS Hanau, S. 151, 154; MünchKommBGB/*Hergenröder* § 9 KSchG RN 40.
[66] BAG 24. 9. 1992 AP 3 zu Einigungsvertrag Anlage I Kap. XIX = NZA 93, 362; *Löwisch/Spinner* § 9 RN 39; KR/*Spilger* § 9 KSchG RN 45.
[67] BAG 27. 3. 2003 AP 48 zu § 9 KSchG 1969.
[68] BAG 24. 9. 1992 AP 3 zu Einigungsvertrag Anlage I Kap. XIX = NZA 93, 362.
[69] Vgl. dazu *Soergel/M. Wolf* § 162 RN 16.
[70] ErfK/*Kiel* § 9 KSchG RN 14.

Abfindung aufzulösen, wenn Gründe vorliegen, die eine den **Betriebszwecken dienliche weitere Zusammenarbeit** zwischen Arbeitgeber und Arbeitnehmer nicht erwarten lassen. Als Auflösungsgründe für den Arbeitgeber kommen solche Umstände in Betracht, die das persönliche Verhältnis zum Arbeitnehmer, die Wertung seiner Persönlichkeit, seiner Leistung oder seiner Eignung für die ihm gestellten Aufgaben und sein Verhältnis zu den übrigen Mitarbeitern betreffen.[71] Stets ist zu prüfen, ob ein an sich geeigneter Auflösungsgrund wegen eines **zwischenzeitlich eingetretenen Wandels der betrieblichen Verhältnisse** seine Bedeutung verloren hat.[72] Bei der Gewichtung der Gründe ist die Stellung des Arbeitnehmers im Betrieb zu berücksichtigen. Eine weitere den Betriebszwecken dienliche Zusammenarbeit zwischen Arbeitgeber und Arbeitnehmer kann gerade deshalb nicht zu erwarten sein, weil der Arbeitnehmer, ohne leitender Angestellter im Sinne von § 14 II KSchG zu sein, im Betrieb eine Schlüsselstellung innehat und aus beachtlichen Gründen das Vertrauen des Arbeitgebers verloren hat.[73]

b) Der Arbeitgeber kann sich zur Begründung des Auflösungsantrags auch auf Umstände be- **31**
rufen, die er dem Betriebsrat oder Personalrat vor Ausspruch der Kündigung nicht mitgeteilt hat. **Betriebsverfassungs- oder personalvertretungsrechtliche Verwertungsverbote** für nicht mitgeteilte Kündigungsgründe erstrecken sich nicht auf die Verwendung dieser Gründe im Rahmen eines Auflösungsantrags nach § 9 I 2 KSchG.[74]

c) Hat der Arbeitnehmer nach **Zugang der Kündigung ein betriebsverfassungs- oder** **32**
personalvertretungsrechtliches Amt übernommen, ist das beim Auflösungsgrund besonders zu berücksichtigen. Der Auflösungsgrund muss im Hinblick auf den durch § 15 KSchG gewährleisteten Schutz so gewichtig sein, dass er eine Kündigung aus wichtigem Grund rechtfertigen könnte.[75] Die Zustimmung des Betriebsrats zum Auflösungsantrag in entsprechender Anwendung von § 103 BetrVG sowie die Einhaltung der Zweiwochenfrist des § 626 II BGB ist dagegen nicht erforderlich.[76] Für eine analoge Anwendung dieser Vorschriften besteht kein Bedürfnis, weil dem besonderen Schutz der Betriebsratsmitglieder bei der Prüfung des Auflösungsgrunds hinreichend Rechnung getragen werden kann.

d) Entsprechendes gilt, wenn eine Arbeitnehmerin nach Ausspruch der Kündigung **schwan-** **33**
ger wird und so dem besonderen Schutz des § 9 MuSchG unterliegt. Der verfassungsrechtlich gebotene Schutz der Schwangeren kann mit einer strengeren Prüfung der Auflösungsgründe erreicht werden. Eine Zustimmung der Aufsichtsbehörde in analoger Anwendung von § 9 MuSchG ist nicht erforderlich.[77] Entsprechendes gilt für Arbeitnehmer in der **Eltern- und Pflegezeit.** Der Auflösungsantrag bedarf bei **schwerbehinderten Menschen** nicht der Zustimmung des Integrationsamts. Dies gilt auch, wenn der minderbehinderte Arbeitnehmer seinen Antrag auf Gleichstellung mit einem Schwerbehinderten nach Zugang der Kündigung gestellt hat.[78] Der besondere Kündigungsschutz schwerbehinderter Menschen wird vom BAG im Rahmen der Gesamtabwägung berücksichtigt.[79]

e) Die Auflösung des Arbeitsverhältnisses eines **Mitglieds der Mitarbeitervertretung in** **34**
Einrichtungen der katholischen Kirche ist gemäß § 9 I KSchG in Fällen der Kündigung wegen Loyalitätspflichtverletzungen uneingeschränkt zulässig.[80] Denn § 19 I 2 MAVO lässt eine ordentliche Kündigung des Dienstgebers gegenüber dem Mitglied der Mitarbeitervertretung wegen Verletzung von Loyalitätsobliegenheiten zu. Der besondere Kündigungsschutz der Mitarbeitervertreter, der hinsichtlich der Loyalitätsobliegenheiten stark eingeschränkt ist, wird durch den Auflösungsantrag nicht umgangen.

f) Keiner Begründung bedarf der Auflösungsantrag des Arbeitgebers, wenn es sich um das **35**
Arbeitsverhältnis eines **leitenden Angestellten** i. S. v. § 14 II 2 KSchG handelt.

---

[71] BAG 7. 3. 2002 AP 42 zu § 9 KSchG 1969 = NZA 2003, 261.
[72] BAG 7. 3. 2002 AP 42 zu § 9 KSchG 1969 = NZA 2003, 261.
[73] BAG 26. 6. 1997 – 2 AZR 502/96 n. v.
[74] BAG 10. 10. 2002 AP 45 zu § 9 KSchG 1969.
[75] Vgl. dazu BAG 7. 12. 1972 AP 1 zu § 9 KSchG 1969; ErfK/*Kiel* § 9 KSchG RN 26; KDZ/*Kittner* § 9 KSchG RN 24; differenzierend APS/*Biebl* § 9 KSchG RN 58; – a. A. LAG Hamm 30. 9. 1999 LAGE § 102 BetrVG 1972 Nr. 73.
[76] Ebenso MünchKommBGB/*Hergenröder* § 9 KSchG RN 55; kritisch dazu APS/*Biebl* § 9 KSchG RN 58; – a. A. HK-KSchG/*Hauck* § 9 RN 53; KR/*Spilger* § 9 KSchG RN 62.
[77] A. A. Sächsisches LAG 12. 4. 1996 RzK I 5 c Nr. 71; KR/*Spilger* § 9 KSchG RN 62 a.
[78] VGH Baden-Württemberg 12. 12. 2005 NZA-RR 2006, 356.
[79] BAG 7. 3 2002 AP 42 zu § 9 KSchG 1969 = NZA 2003, 261.
[80] BAG 16. 9. 1999 AP 1 zu Art. 4 GrO kath. Kirche = NZA 2000, 208.

36 **g)** Die **Auflösungsgründe** müssen zwar nicht im Verhalten, insbesondere nicht im schuldhaften Verhalten des Arbeitnehmers liegen.[81] Andererseits darf der Arbeitgeber **Spannungen zwischen dem Arbeitnehmer und Kollegen** oder Vorgesetzten nicht ohne Beachtung der Verursachungsanteile zulasten eines Arbeitnehmers lösen. Weder kann die bloße Weigerung von Arbeitskollegen, mit einem Arbeitnehmer zusammenzuarbeiten, die Auflösung nach § 9 I 2 KSchG rechtfertigen, noch ist dem Arbeitgeber gestattet, sich auf Auflösungsgründe zu berufen, die von ihm selbst oder von Personen, für die er einzustehen hat, provoziert worden sind.[82] **Beleidigungen,** sonstige ehrverletzende Äußerungen oder persönliche Angriffe des Arbeitnehmers gegen Arbeitgeber, Vorgesetzte oder Kollegen sind als Auflösungsgrund geeignet.[83] So verletzt ein Angestellter, der der Verwaltung der Stadt, bei der er beschäftigt ist, öffentlich vorwirft, sie mache mit der Zuweisung eines bestimmten Dezernats an einen Beigeordneten „den Bock zum Gärtner" und „mangels Kompetenz" des betreffenden „erfolg- und glücklosen Wirtschaftsbürgermeisters" stelle die Dezernatsaufteilung eine „Mogelpackung" dar, in erheblichem Maße das sich für ihn aus § 8 BAT bzw. § 241 II BGB ergebende Gebot der Mäßigung und Zurückhaltung. Er handelt insoweit nicht als Privatperson ohne Bezug zu seiner beruflichen Tätigkeit.[84] Gleiches gilt, wenn ein in Leitungsfunktion tätiger Arbeitnehmer im Rahmen eines Streits um einen Anspruch aus dem Arbeitnehmererfindungsgesetz seinem Arbeitgeber schriftlich vorwirft, er sei „bekanntlich und wie bereits exerziert nicht sonderlich an einer wahrheitsgemäßen Klärung von Vergütungsansprüchen interessiert", „die zur Vergütung verpflichteten deutschen Konzerntöchter hüllten sich in organisierte Unwissenheit", „die wissentliche Duldung einer nicht geeigneten Organisation, die den Mitarbeiter zwangsläufig benachteiligt, erfüllt den Straftatbestand des Betruges, mindestens aber den der arglistigen Täuschung".[85] Behauptet der Arbeitnehmer im Prozess, das **Vertrauensverhältnis zu Vorgesetzten sei völlig zerrüttet,** weil die notwendige Kooperationsbereitschaft nicht mehr bestehe, kann sich der Arbeitgeber zur Begründung seines Auflösungsantrages diesen Vortrag zu eigen machen.[86] Ein Auflösungsantrag des Arbeitgebers kann weiterhin dann berechtigt sein, wenn sich der gekündigte Arbeitnehmer mit unzutreffenden Tatsachenbehauptungen gegen den Arbeitgeber an die Öffentlichkeit wendet und so den **Arbeitgeber in Misskredit** bringt.[87] Gleiches gilt bei einer offenbar nicht begründeten **Strafanzeige gegen den Arbeitgeber**[88] oder wenn der Arbeitnehmer seinen Kollegen und Vorgesetzten vorwirft, Mobbing gegen ihn zu betreiben, ohne hierfür ausreichende Tatsachen vorzutragen.[89] **Strafanzeigen gegen Vorgesetzte** können einen Auflösungsantrag begründen, wenn der Arbeitnehmer den Vorgesetzten wahrheitswidrig beschuldigt hat oder insoweit zumindest der dringende Verdacht fehlt.[90] Auf Grund der besonderen Glaubwürdigkeit, auf die **Kirchengemeinden** in der Öffentlichkeit angewiesen sind, kann im Einzelfall der Eindruck einer heillosen Zerstrittenheit des Gemeindepersonals die Auflösung eines Arbeitsverhältnisses eines kirchlichen Arbeitnehmers rechtfertigen.[91]

37 Ungeeignet sind **wirtschaftliche oder betriebliche Gründe,** diese können nur Anlass für eine betriebsbedingte Kündigung sein.[92] Die **mehrfache Verweigerung des Grußes** gegenüber dem Geschäftsführer eines mittelständischen Betriebes nach dessen vorherigem Gruß bei Begegnungen außerhalb des Betriebes in Anwesenheit dritter Personen stellt nach Auffassung des LAG Köln keinen Grund zur Auflösung des Arbeitsverhältnisses dar, wenn der Gruß aus Verärgerung über ein zuvor geführtes Personalgespräch verweigert worden ist.[93] Eine **völlig unsachliche Prozessführung** des Arbeitnehmers kann für den Arbeitgeber einen Auflösungsgrund darstellen. Hierzu genügt jedoch nicht, dass der Arbeitnehmer nach einer betriebsbeding-

---

[81] BAG 14. 5. 1987 AP 18 zu § 9 KSchG 1969 = NZA 88, 16.

[82] BAG 10. 10. 2002 AP 45 zu § 9 KSchG 1969; hierzu auch BAG 18. 11. 1999 AP 5 zu § 14 KSchG 1969 = NZA 2000, 427.

[83] BAG 6. 11. 2003 AP 46 zu § 1 KSchG 1969 Verhaltensbedingte Kündigung; 10. 10. 2002 AP 45 zu § 9 KSchG 1969.

[84] BAG 6. 11. 2003 AP 46 zu § 1 KSchG 1969 Verhaltensbedingte Kündigung.

[85] LAG Köln 14. 9. 2005 – 7 Sa 242/05.

[86] Vgl. LAG Berlin 5. 5. 1997 LAGE § 9 KSchG Nr. 29.

[87] LAG Düsseldorf 8. 9. 1978 DB 79, 556; LAG Köln 29. 9. 1982 DB 83, 124.

[88] LAG Rheinland-Pfalz 20. 12. 2005 – 5 Sa 504/05.

[89] LAG Schleswig-Holstein 18. 10. 2001 RzK I 11 a Nr. 36.

[90] LAG Hamburg 27. 6. 1995 LAGE § 9 KSchG Nr. 26.

[91] BVerfG 2. 2. 1990 EzA 36 zu § 9 KSchG n. F.

[92] BAG 14. 10. 1954 AP 6 zu § 3 KSchG; 9. 12. 1955 AP 2 zu § 7 KSchG; APS/*Biebl* § 9 KSchG RN 62; *Löwisch/Spinner* § 9 RN 61; KR/*Spilger* § 9 KSchG RN 55.

[93] LAG Köln 29. 11. 2005 – 9 (7) Sa 657/05.

ten Kündigung die Richtigkeit der vom Arbeitgeber in den Prozess eingeführten Umsatzzahlen bestreitet und darüber hinaus auch eigene Behauptungen über höhere Umsätze aufgestellt.[94] Ebenso wenig genügen falsche Rechtsbehauptungen, wie die Kündigung sei sittenwidrig oder willkürlich.[95] Für die Beantwortung der Frage, ob eine weitere Zusammenarbeit mit dem Arbeitnehmer dienlich ist, kann auch das **Verhalten seines Prozessbevollmächtigten** mit zu berücksichtigen sein.[96] Dies gilt für vom Arbeitnehmer nicht veranlasste Erklärungen des Prozessbevollmächtigten jedenfalls dann, wenn der Arbeitnehmer sich diese zu eigen macht und sich auch nachträglich nicht hiervon distanziert.[97] Das **Verhalten sonstiger dritter Personen** ist als Grund für den Auflösungsantrag des Arbeitgebers nach § 9 KSchG nur dann geeignet, wenn der Arbeitnehmer dieses Verhalten durch eigenes Tun entscheidend veranlasst hat.[98]

V. Auflösungszeitpunkt

Nach § 9 II KSchG ist das Arbeitsverhältnis bei einer **ordentlichen Kündigung** zu dem Zeitpunkt aufzulösen, zu dem es bei sozial gerechtfertigter Kündigung geendet hätte. Dieser Zeitpunkt bestimmt sich nach der auf das Arbeitsverhältnis anwendbaren Kündigungsfrist (dazu § 126). Bei einer **außerordentlichen Kündigung** ist nach dem zum 1. 1. 2004 neu in das Gesetz eingefügten § 13 I 4 KSchG der Zeitpunkt maßgebend, zu dem die außerordentliche Kündigung ausgesprochen wurde. Dies entsprach auch zuvor der h. M., die dieses Ergebnis aus § 9 II KSchG hergeleitet hat. Hat der Arbeitgeber eine außerordentliche, hilfsweise ordentliche Kündigung ausgesprochen, kommt für den Arbeitnehmer sowohl eine Auflösung nach § 13 I 4 wie nach § 9 II KSchG in Betracht. Maßgebend ist allein, welchen Antrag der Arbeitnehmer gestellt hat.[99] 38

VI. Auflösungsurteil

1. Entscheidungsmöglichkeiten. a) In einem Kündigungsrechtsstreit, in dem ein Auflösungsantrag gestellt worden ist, sind **drei Prozessergebnisse denkbar: (1)** Die Kündigung ist **sozial gerechtfertigt.** Dann wird die Klage kostenpflichtig abgewiesen. Die vom Arbeitnehmer oder Arbeitgeber gestellten Auflösungsanträge fallen nicht zur Entscheidung an, weil sie nur hilfsweise für den Fall gestellt sind, dass der Kündigungsschutzklage stattgegeben wird. **(2)** Die Kündigung ist **sozial ungerechtfertigt und** die vom Arbeitgeber oder Arbeitnehmer gestellten **Auflösungsanträge sind unbegründet.** In dieser Konstellation hat das Arbeitsgericht im Tenor auszusprechen, dass das Arbeitsverhältnis durch die Kündigung vom . . . zum . . . nicht aufgelöst worden ist und den Auflösungsantrag abzuweisen. Hatte der Arbeitgeber den Auflösungsantrag gestellt, hat er die gesamten Kosten des Rechtsstreits zu tragen, weil er voll unterlegen ist (§ 91 ZPO). Ist dagegen der Auflösungsantrag des Arbeitnehmers zurückgewiesen worden, hat i. d. R. eine Kostenteilung zu erfolgen (§§ 91, 92 ZPO), wobei der Arbeitgeber die überwiegenden Kosten zu tragen hat.[100] **(3)** Die Kündigung ist **nicht sozial gerechtfertigt und der Auflösungsantrag des Arbeitnehmers und/oder Arbeitgebers ist begründet.** In diesem Fall ist das Arbeitsverhältnis durch Gestaltungsurteil aufzulösen und zugleich im Urteil die Abfindung festzusetzen. Nach h. M. ist in diesen Fällen zu tenorieren:[101] „Das Arbeitsverhältnis wird mit dem … aufgelöst. Der Beklagte wird zur Zahlung einer Abfindung in Höhe von … Euro verurteilt.“ Für die Kostenentscheidung gelten die vorstehenden Ausführungen sinngemäß. Hat der Arbeitnehmer einen bezifferten Abfindungsantrag gestellt, hat er die Kosten anteilig zu tragen, wenn ihm das Gericht der Höhe nach nicht folgt.[102] Zur Antragstellung im zweiten Rechtszug RN 19. 39

b) Unzulässig ist es, im Wege des Teilurteils über die Wirksamkeit der Kündigung und durch Schlussurteil über die Auflösung des Arbeitsverhältnisses zu entscheiden.[103] Der Grund- 40

---

[94] BAG 10. 10. 2002 AP 123 zu § 1 KSchG 1969 Betriebsbedingte Kündigung.
[95] BAG 21. 9. 2000 AP 112 zu § 1 KSchG 1969 Betriebsbedingte Kündigung = NZA 2001, 255.
[96] BAG 3. 11. 1983 RzK I 11 a Nr. 7; 30. 6. 1959 AP 56 zu § 1 KSchG.
[97] BAG 7. 3. 2002 AP 42 zu § 9 KSchG 1969 = NZA 2003, 261.
[98] BAG 14. 5. 1987 AP 18 zu § 9 KSchG 1969 = NZA 88, 16.
[99] BAG 20. 5. 1988 RzK I 11 b Nr. 7.
[100] Vgl. BAG 28. 1. 1961 AP 8 zu § 7 KSchG: Verteilung $^3/_4$ zu $^1/_4$.
[101] BAG 9. 12. 1955 und 13. 12. 1956 AP 2, 5 zu § 7 KSchG; KR/*Spilger* § 9 KSchG RN 86.
[102] BAG 26. 6. 1986 AP 3 zu § 10 KSchG 1969 = NZA 87, 139.
[103] BAG 9. 12. 1971 AP 3 zu Art. 56 ZA-Nato-Truppenstatut; 4. 4. 1957 AP 1 zu § 301 ZPO; LAG Rheinland-Pfalz 10. 7. 1997 LAGE § 68 ArbGG Nr. 4; KR/*Spilger* § 9 KSchG RN 83.

satz, dass über die Rechtswirksamkeit der Kündigung und über die Auflösung des Arbeitsverhältnisses nur einheitlich entschieden werden kann, steht im Geltungsbereich des Kündigungsschutzgesetzes dem Erlass eines **Teilanerkenntnisurteils** über die Unwirksamkeit der Kündigung nicht entgegen.[104]

41 **c)** Bei der Bemessung des **Streitwerts** (§ 61 I ArbGG) ist die Abfindungssumme nicht zu berücksichtigen.[105] Maximal ist die Vergütung eines Vierteljahres der Streitwertbemessung zugrunde zu legen.

42 **2. Vergütungsfortzahlung.** Der Arbeitgeber hat gemäß §§ 611, 615 BGB bis zu dem Zeitpunkt, zu dem das Arbeitsverhältnis aufgelöst wird, die Arbeitsvergütung fortzuzahlen.

VII. Auflösungsvergleich

43 Die Prozessparteien können in einem Vergleich die Beendigung des Arbeitsverhältnisses gegen Zahlung einer Abfindung vereinbaren (näher dazu § 122).

VIII. Abfindung

44 **1. Überblick.** Wird das Arbeitsverhältnis nach § 9 KSchG aufgelöst, hat das Arbeitsgericht zugleich eine Abfindung festzusetzen. Die Berechnung der Abfindungshöhe ist in **§ 10 KSchG nur rudimentär geregelt.** Die Abfindung muss nach § 9 I KSchG angemessen sein. Sie ist vom Gericht nach pflichtgemäßem Ermessen festzusetzen.[106] Bei der Bemessung der Abfindung sind alle Umstände des Einzelfalls zu berücksichtigen.

45 **2. Bemessungskriterien.** Maßgeblich sind **soziale Faktoren** wie insbesondere das Lebensalter,[107] die Dauer der Betriebszugehörigkeit[108] und die wirtschaftliche Lage des Arbeitgebers[109] (nicht dagegen die des Arbeitnehmers,[110] weil sonst der sparsame Arbeitnehmer benachteiligt wird – BT-Drucks. V/3913 S. 9). Bei Fehlen besonderer Anzeichen für eine überdurchschnittliche Leistungsfähigkeit ist davon auszugehen, dass für Kleinbetriebe eine Abfindungssumme in Höhe von über 20000,– Euro eine größere wirtschaftliche Belastung als für einen Großbetrieb bedeutet.[111] Weiterhin sind zu berücksichtigen Unterhaltspflichten, der Verlust etwaiger betrieblicher Anwartschaftsrechte auf Ruhegelder,[112] die Chancen, eine neue Stelle zu finden.[113] Zu den Umständen des Einzelfalls gehört nach Auffassung des BAG auch die Sicherheit des Arbeitsplatzes.[114] Da die Abfindung nach §§ 9, 10 KSchG in erster Linie ein Ausgleich für den Verlust des Arbeitsplatzes sei, wiege der Verlust des Arbeitsplatzes umso schwerer, je sicherer der Arbeitsplatz gewesen sei, d.h. je weniger der Arbeitnehmer befürchten musste, diesen in absehbarer Zeit zu verlieren. Lägen dagegen zum Zeitpunkt der Auflösungsentscheidung Anzeichen dafür vor, dass der Arbeitnehmer auch ohne eine gerichtliche Auflösung des Arbeitsverhältnisses in naher Zukunft mit einem Verlust seines Arbeitsplatzes rechnen musste, sei dies abfindungsmindernd zu berücksichtigen.

46 Bedeutung hat ferner das **Maß der Sozialwidrigkeit** der Kündigung, weil der Abfindung u.a. auch eine Sanktionsfunktion zukommt, um ungerechtfertigten Kündigungen vorzubeugen.[115] Auch das sonstige Maß des Auflösungsverschuldens, wie z.B. schwere Beleidigungen und Bedrohungen während des Kündigungsschutzprozesses sind zu berücksichtigen. Mindernd kann berücksichtigt werden, wenn der Arbeitnehmer den Auflösungsgrund schuldhaft herbeigeführt hat.[116]

---

[104] BAG 29. 1. 1981 AP 6 zu § 9 KSchG 1969.

[105] Vgl. BAG AP 7 zu § 12 ArbGG 1953; andere Abfindungen werden hinzugerechnet: LAG Berlin 17. 3. 1995 NZA 95, 1072.

[106] BAG 26. 8. 1976 AP 68 zu § 626 BGB.

[107] Zum Berechnungszeitpunkt: LAG Rheinl.-Pfalz 16. 12. 1994 BB 95, 935 (Auflösungsentscheidung).

[108] APS/*Biebl* § 10 KSchG RN 21; KR/*Spilger* § 10 KSchG RN 45.

[109] BAG 28. 11. 1968 AP 19 zu § 1 KSchG Betriebsbedingte Kündigung.

[110] LAG Köln 15. 9. 1994 BB 95, 523.

[111] BAG 20. 11. 1997 RzK I 11 c Nr. 13.

[112] BAG 31. 3. 1969 AP 1 zu § 242 BGB Ruhegehalt – Lebensversicherung; 28. 11. 1968 AP 19 zu § 1 KSchG Betriebsbedingte Kündigung.

[113] ErfK/*Kiel* § 10 KSchG RN 7; *Löwisch/Spinner* § 10 RN 14; *v. Hoyningen-Huene/Linck* § 10 RN 20; a.A. APS/*Biebl* § 10 KSchG RN 25.

[114] BAG 20. 11. 1997 RzK I 11 c Nr. 13.

[115] BAG 20. 11. 1997 RzK I 11 c Nr. 13; 25. 11. 1982 AP 10 zu § 9 KSchG 1969; 15. 2. 1973 AP 2 zu § 9 KSchG 1969; LAG Düsseldorf 29. 11. 1994 BB 95, 523 = NZA 95, 579.

[116] BAG 18. 3. 1993 AP 20 zu Einigungsvertrag Anlage I Kap. XIX = NZA 93, 601.

3. Höchstgrenzen. Das Höchstmaß der Abfindung beträgt gem. § 10 I KSchG **zwölf Monatsverdienste;** sie kann nach § 10 II KSchG auf **15 Monatsverdienste** erhöht werden, wenn der Arbeitnehmer das 50. Lebensjahr vollendet und das Arbeitsverhältnis mindestens 15 Jahre bestanden hat; auf **18 Monatsverdienste,** wenn der Arbeitnehmer das 55. Lebensjahr vollendet hat und das Arbeitsverhältnis mindestens 20 Jahre bestanden hat. Die Erhöhung gilt nicht, wenn der Arbeitnehmer im Auflösungszeitpunkt das Rentenalter erreicht hat. Wie in § 1 KSchG wird auf die ununterbrochene **Betriebszugehörigkeit** abgestellt.[117] Hat das Arbeitsverhältnis zu einem früheren Zeitpunkt einmal geendet, sind die Vordienstzeiten grundsätzlich nicht zu berücksichtigen. Etwas anderes kann dann gelten, wenn zwischen den beiden Arbeitsverhältnissen ein enger zeitlicher und sachlicher Zusammenhang besteht (dazu § 130 RN 24). Dass das **Lebensalter** des Arbeitnehmers für die Bestimmung der Abfindungshöhe von Bedeutung ist, ist zulässig.[118] Das im AGG geregelte Verbot der Benachteiligung wegen des Alters steht dem nicht entgegen. § 10 Nr. 6 AGG, der die Berücksichtigung des Alters bei der Bemessung von Sozialplanabfindungen regelt, ist zu entnehmen, dass bei Abfindungsregelungen die vom Alter abhängigen Chancen auf dem Arbeitsmarkt berücksichtigt werden können. Das bedeutet allerdings, dass das Alter regelmäßig bis etwa zum 40. Lebensjahr des Arbeitnehmers die Abfindungshöhe nicht nachhaltig beeinflussen werden kann. Bis dahin wirken sich Altersunterschiede auf die Arbeitsmarktchancen kaum aus. Steht der Arbeitnehmer kurz vor der Altersgrenze, die ihn zum Bezug einer Regelaltersrente berechtigt, kann dies, wie § 10 II 2 KSchG zeigt, abfindungsmindernd berücksichtigt werden. Nach einer allerdings nicht allseitig anerkannten **Faustregel** wird je Beschäftigungsjahr ein halbes Monatseinkommen als Abfindung festgesetzt. Der sich hieraus ergebende Betrag ist einzelfallbezogen zu modifizieren. 47

4. Berechnung des Monatseinkommens. Als Monatsverdienst gilt, was dem Arbeitnehmer bei **regelmäßiger betriebsüblicher Arbeitszeit** in dem Monat, in dem das Arbeitsverhältnis kraft richterlicher Auflösung endet, an Geld und Sachbezügen zusteht (§ 10 III KSchG). Überstunden und Kurzarbeit bleiben unberücksichtigt. Weicht die tatsächliche Arbeitszeit über einen längeren Zeitraum von der tariflichen oder im Arbeitsvertrag vereinbarten Arbeitszeit ab, ist sie maßgeblich, weil sie Ausdruck des wirklichen Willens der Arbeitsvertragsparteien ist. Insoweit gelten die zu § 4 I, Ia EFZG entwickelten Grundsätze auch hier (dazu § 98 RN 83ff.). 48

Das Gesetz stellt in § 10 III KSchG auf den **Monat der Beendigung des Arbeitsverhältnisses** und nicht, wie bei der Berechnung des Urlaubsgelds und des Mutterschutzlohns, auf eine in der Vergangenheit liegende Referenzperiode ab. Bei **Gehaltssteigerungen** im Ausscheidensmonat ist von dem erhöhten Betrag auszugehen. Die **Sachbezüge** sind mit dem wahren Wert in Ansatz zu bringen. Für privat genutzte Dienstwagen (dazu § 68 RN 6ff.) beträgt der Wert gemäß § 6 I Nr. 4 EStG für jeden Kalendermonat 1% des inländischen Listenpreises im Zeitpunkt der Erstzulassung zuzüglich der Kosten für Sonderausstattungen einschließlich Umsatzsteuer. Geldleistungen, die für einen längeren Zeitraum erbracht werden (z.B. 13. Monatsgehalt, Tantiemen, Provisionen) sind anteilig für den Ausscheidungsmonat zu berücksichtigen. Leistungen mit Gratifikationscharakter bleiben außer Betracht.[119] Nicht zu berücksichtigen sind weiterhin Zuwendungen mit Aufwendungscharakter (Schmutzzulagen, Spesen usw.). 49

5. Steuerrechtliche Behandlung. Nach § 3 Nr. 9 EStG waren bis zum 31. 12. 2005 Abfindungen wegen einer vom Arbeitgeber veranlassten oder gerichtlich ausgesprochenen Auflösung des Arbeitsverhältnisses innerhalb bestimmter Höchstgrenzen **von der Einkommensteuer befreit.** Diese Vorschrift ist **zum 1. 1. 2006 aufgehoben** worden. Nach der Übergangsregelung in § 52 IVa EStG ist § 3 Nr. 9 EStG weiter anzuwenden für die vor dem 1. 1. 2006 entstandenen Ansprüche der Arbeitnehmer auf Abfindungen oder für Abfindungen wegen einer vor dem 1. 1. 2006 getroffenen Gerichtsentscheidung oder einer am 31. 12. 2005 anhängigen Klage, soweit die Abfindung dem Arbeitnehmer vor dem 1. 1. 2008 zufließt. 50

6. Sozialversicherungsrechtliche Behandlung. Abfindungen, die für künftig entfallende Verdienstmöglichkeiten vom Arbeitgeber gezahlt werden, sind in der Kranken-, Pflege-, Renten- und Arbeitslosenversicherung beitragsfrei.[120] Enthält die Abfindung dagegen verdeckte Vergütungszahlungen oder ist in ihr die Urlaubsabgeltung enthalten, unterliegt sie in diesem Um- 51

---

[117] Vgl. BAG 26. 8. 1976 AP 68 zu § 626 BGB.

[118] Vgl. *Annuß* BB 2006, 325, 326.

[119] APS/*Biebl* § 10 KSchG RN 18; *v. Hoyningen-Huene/Linck* § 10 RN 16; Stahlhacke/*Vossen* RN 2015; KR/*Spilger* § 10 RN 33; a. A. ErfK/*Kiel* § 10 KSchG RN 3.

[120] BAG 9. 11. 1988 AP 6 zu § 10 KSchG 1969; BSG 21. 2. 1990 EzA 35, 37 zu § 9 KSchG n. F.; 3. 12. 2002 BSGE 91, 293.

fang der Beitragspflicht. Ansprüche auf Arbeitslosengeld können nach Maßgabe von § 143 SGB III ruhen (dazu § 23). Eine Abfindung, die wegen Verringerung der Wochenarbeitszeit bei weiterbestehendem versicherungspflichtigen Beschäftigungsverhältnis gezahlt wird, ist beitragspflichtiges Arbeitsentgelt.[121]

52 **7. Vererbbarkeit.** Wird das **Auflösungsurteil vor dem nach § 9 II KSchG zu bestimmenden Auflösungszeitpunkt rechtskräftig,** wie dies namentlich bei langen Kündigungsfristen möglich ist, entfällt die Verpflichtung des Arbeitgebers zur Zahlung der im Urteil festgesetzten Abfindung selbst dann nicht, wenn der Arbeitnehmer vor dem Auflösungszeitpunkt aber nach Rechtskraft des Urteils stirbt.[122] Mit dem vor dem Tod des Arbeitnehmers rechtskräftig gewordenen Auflösungsurteil ist der Abfindungsanspruch des Arbeitnehmers entstanden und damit auch vererblich.

53 **8. Pfändung, Abtretung, Aufrechnung, Verfallfrist.** Die Abfindung ist Arbeitseinkommen i. S. v. § 850 ZPO. Sie unterliegt dem Pfändungsschutz nach § 850 i ZPO, nicht aber dem Schutz nach § 850 c ZPO, weil die Abfindung nicht zum laufenden Arbeitsentgelt gehört, das für einen bestimmten Zeitraum gezahlt wird.[123] Sie wird durch einen sich nur auf Vergütungsansprüche beziehenden Pfändungs- und Überweisungsbeschluss erfasst, auch wenn sie nicht besonders erwähnt wird.[124] Sie ist abtretbar und gegen sie kann aufgerechnet werden, sofern der Arbeitnehmer keinen Antrag nach § 850 i ZPO gestellt hat (§ 394 BGB).[125] Für das Insolvenzverfahren besteht eine besondere Regelung (§ 93).

§ 142. Anzeigepflichtige Massenentlassungen

Alber, Die Rechtsprechung des EuGH zur Richtlinie über Massenentlassungen, FS Wißmann 2005, S. 507 ff.; *Appel,* Die Junk-Entscheidung des EuGH zur Massenentlassung – Nur eine Aufforderung an den Gesetzgeber?, DB 2005, 1002; *Bachner/Schindele,* Beschäftigungssicherung durch Interessenausgleich und Sozialplan, NZA 99, 130; *Bauer/Haußmann,* Die Verantwortung des Arbeitgebers für den Arbeitsmarkt, NZA 97, 1100; *Bauer/Krieger/Powietzka,* Geänderte Voraussetzungen für Massenentlassungen nach der Junk-Entscheidung des EuGH, DB 2005, 445; *dies.,* Erstes BAG-Urteil nach der Junk-Entscheidung des EuGH, DB 2005, 1570; *dies.,* Geklärte und ungeklärte Probleme der Massenentlassung, BB 2006, 2023; *Bauer/Powietzka,* Heilung unterbliebener Massenentlassungsanzeige nach § 17 KSchG, DB 2000, 1073; *dies.,* Neues zur Nachholbarkeit von Massenentlassungsanzeigen, DB 2001, 383; *Berscheid,* Der Kündigungsschutz bei Massenentlassungen, AR-Blattei, SD, 1020.2 (1996); *Boeddinghaus,* Rechtslage zum Kündigungsschutz bei Massenentlassungen, AuR 2005, 389; *Dornbusch/Wolff,* Paradigmenwechsel bei Massenentlassung, BB 2005, 885; *Dzida/Hohenstatt,* BAG schafft Klarheit bei Massenentlassungen, DB 2006, 1897; *Ermer,* Neuregelungen der anzeigepflichtigen Entlassungen nach §§ 17 ff. KSchG, NJW 98, 1288; *Fermé/Lipinski,* Neues Recht der Massenentlassungen nach §§ 17, 18 KSchG, ZIP 2005, 593; *dies.,* Änderung der Rechtsprechung des BAG bei Massenentlassungen, NZA 2006, 937; *Hinrichs,* Kündigungsschutz und Arbeitnehmerbeteiligung bei Massenentlassungen, 2001; *Kleinebrink,* Ordnungsgemäße Beteiligung des Betriebsrats vor der Anzeige von Massenentlassungen, FA 2000, 366; *Lembke,* Kündigung vor Massenentlassungsanzeige – Vertrauensschutz nach Junk-Entscheidung, BB 2007, 161; *Lembke/Oberwinter,* Massenentlassungen zwei Jahre nach Junk – Eine Bestandsaufnahme NJW 2007, 721; *Leuchten/Lipinski,* Die Anrechnung des Nachteilsausgleichs auf die Sozialplanabfindung nach der Massenentlassungsrichtlinie 98/59/EG, NZA 2003, 1361; *Lipinski,* Die Unwirksamkeit der Kündigung bei fehlender oder fehlerhafter Massenentlassungsanzeige gem. § 17 KSchG auch unter Berücksichtigung der Richtlinie 98/59/EG, BB 2005, 1790; *Mauthner,* Die Massenentlassungsrichtlinie der EG und ihre Bedeutung für das deutsche Massenentlassungsrecht, 2004; *Moll,* in: Henssler/Moll, Kündigung und Kündigungsschutz, 2000, Massenentlassung, S. 141; *Nicolai,* Neue Regeln für Massenentlassung?, NZA 2005, 206; *Opolony,* Die anzeigepflichtige Entlassung, NZA 99, 791; *Osnabrügge,* Massenentlassungen – Kein russisches Roulette für Arbeitgeber, NJW 2005, 1093; *Reinhard,* Rechtsfolgen fehlerhafter Massenentlassungen, RdA 2007, 207; *Riesenhuber/Domröse,* Die „Entlassung" nach der Massenentlassungsrichtlinie, EWS 2005, 97; *dies.,* Richtlinienkonforme Auslegung der §§ 17, 18 KSchG und Rechtsfolgen fehlerhafter Massenentlassungen, NZA 2005, 568; *Schaub,* Die besondere Verantwortung von Arbeitgeber und Arbeitnehmer für den Arbeitsmarkt – Wege aus der Krise oder rechtlicher Sprengstoff, NZA 97, 810; *ders.,* Personalabbau im Konzern, ZIP 99, 1949; *Schieck,* Auslegung von § 17 KSchG im Lichte der Rechtsprechung des EuGH, AuR 2006, 41; *Schwartz,* Von der Massenentlassung zur Massenkündigung, FS Leinemann, 2006, S. 365 ff.; *Seel,* Personalabbau – Leitfaden für ordnungsgemäßen Ablauf einer Massenentlassung, MDR 2007, 937; *Steffan,* Massenentlassungen, HAS III § 19 (1997); *Valverde,* Die Mas-

[121] BSG 28. 1. 1999 EzA 1 zu § 14 SGB III.
[122] BAG 25. 6. 1987 EzA 23 zu § 9 KSchG n. F.; KR/*Spilger* § 9 KSchG RN 33.
[123] BAG 13. 11. 1991 AP 13 zu § 850 ZPO = NZA 92, 384.
[124] BAG 13. 11. 1991 AP 13 zu § 850 ZPO = NZA 92, 384.
[125] Stahlhacke/*Vossen* RN 2006; APS/*Biebl* § 10 KSchG RN 44.

senentlassung im spanischen Recht und die europäischen Massenentlassungs-Richtlinien 75/129 und 92/56, RdA 98, 216; *Welslau,* Aufhebungsvertrag und Massenentlassung – Vorsicht Falle!, BuW 2000, 77; *Wißmann,* Probleme bei der Umsetzung der EG-Richtlinie über Massenentlassungen in deutsches Recht, RdA 98, 221; *Zwanziger,* Der Einfluß des Europäischen Rechts auf das Kündigungsschutzrecht, AuR 2001, 384.

Übersicht

	RN
I. Allgemeines	1, 2
II. Anwendungsbereich	3 ff.
1. Betrieblicher Geltungsbereich	3–7
2. Persönlicher Geltungsbereich	8
3. Entlassung	9–11
4. Kündigungsgründe	12, 13
5. Fristlose Entlassung	14
6. Sonstige Beendigungstatbestände	15
III. Voraussetzungen der Massenentlassung	16 ff.
1. Zahl der Entlassenen	16, 17
2. Beurteilungszeitpunkt	18
IV. Unterrichtungs- und Anzeigepflichten	19 ff.
1. Unterrichtung des Betriebsrats	19–20
2. Anzeige bei der Agentur für Arbeit	21, 22
3. Zeitpunkt der Anzeige	23
4. Abschrift für Betriebsrat	24
5. Weitere Beteiligungsrechte des Betriebsrats	25
6. Form der Anzeige	26
7. Rücknahme und Vorratsanzeige	27
V. Rechtsfolgen einer unterlassenen oder fehlerhaften Anzeige	28 f.
1. Unterbliebene Anzeige	28
2. Geltendmachung der Unwirksamkeit	29
VI. Wirkungen der Anzeige	30 ff.
1. Sperrfrist	30
2. Verlängerung der Sperrfrist	31
3. Verkürzung der Sperrfrist	32
4. Genehmigung unter Auflagen	33
5. Kurzarbeit	34
6. Negativattest	35
VII. Wirkungen des Ablaufs der Sperrfrist	36 f.
1. Vornahme der Kündigung	36
2. Frist für Entlassung	37
VIII. Entscheidungen der Agentur für Arbeit und ihre Anfechtung	38 ff.
1. Ausschuss	38, 39
2. Verwaltungsakt	40

I. Allgemeines

Der in §§ 17 bis 22 KSchG geregelte Massenentlassungsschutz dient **arbeitsmarktpolitischen Zielen.** Er soll der Arbeitsverwaltung die Möglichkeit geben, einer Massenarbeitslosigkeit zu begegnen, sei es, dass sie den Unternehmer unterstützt, sei es, dass sie Vorsorge für eine anderweitige Vermittlung der Arbeitnehmer trifft. Die Schutzvorschriften über die Massenentlassung sind neben den übrigen Kündigungsschutzvorschriften zu beachten.[1] 1

Durch die **Richtlinie des Rates** zur Angleichung der Rechtsvorschriften der Mitgliedstaaten (75/129/EWG) vom 17. 2. 1975 (ABl. EG Nr. L 48 v. 22. 2. 1975, S. 29), geändert durch die Richtlinie 92/56/EWG vom 24. 6. 1992 (ABl. EG Nr. L 245 vom 26. 8. 1992) und die Richtlinie 98/59/EG vom 20. 7. 1998 (ABl. EG Nr. L 225 vom 12. 8. 1998 S. 16 ff.) wird eine Vereinheitlichung der Rechtslage in der EU und damit namentlich für multinationale Unternehmen eine **Beseitigung von Wettbewerbsverzerrungen angestrebt.** 2

II. Anwendungsbereich

1. Betrieblicher Geltungsbereich. a) Die §§ 17 ff. KSchG gelten für **alle Betriebe und Verwaltungen des privaten Rechts** sowie für Betriebe, die von einer öffentlichen Verwaltung zur Erreichung wirtschaftlicher Zwecke geführt werden (§ 23 II KSchG), sofern jeweils mehr als i. d. R. 20 Arbeitnehmer beschäftigt werden. Wirtschaftliche Zwecke können auch verfolgt werden, wenn der öffentlichen Verwaltung die Erwerbsabsicht fehlt. Die §§ 17 ff. KSchG gelten mithin für alle Betriebe der öffentlichen Verwaltung, die auch von einer Person des Privatrechts betrieben werden könnten (z. B. Gas-, Wasser- und Elektrizitätswerke, Verkehrsunternehmen, Theater, Sparkassen, Krankenhäuser usw.), nicht dagegen für Betriebe der Hoheitsverwaltung oder solche, die spezifisch öffentlich-rechtliche Aufgaben der Fürsorgeverwaltung durchführen (Forschungsbetriebe, Schulen, Universitäten, u. U. Heilstätten usw.).[2] Zu den Betrieben i. S. v. § 17 I gehören auch Gemeinschaftsbetriebe.[3] 3

---

[1] BAG 6. 12. 1973 AP 1 zu § 17 KSchG 1969; 27. 2. 1958 AP 1 zu § 1 KSchG Betriebsbedingte Kündigung.

[2] Vgl. BAG 21. 5. 1970 AP 11 zu § 15 KSchG.

[3] APS/*Moll* § 17 KSchG RN 5.

4 Der Massenentlassungsschutz gilt nur in Betrieben mit **mindestens 21 Arbeitnehmern.** Die Arbeitnehmer werden nach der Kopfzahl bestimmt, unabhängig davon, ob sie teilzeit- oder vollzeitbeschäftigt sind.[4] Betriebsteile werden nach Maßgabe von § 4 BetrVG dem Hauptbetrieb zugerechnet.

5 Die Rspr. des BAG zum Betriebsbegriff (dazu § 18) wird teilweise durch die des EuGH überlagert und ist deshalb richtlinienkonform anzupassen.[5] Unter dem Begriff des Betriebs ist danach die **Einheit** zu verstehen, der die von der Entlassung betroffenen Arbeitnehmer zur Erfüllung ihrer Aufgaben angehören. Ob die Einheit eine Leitung hat, die selbstständige Massenentlassungen vornehmen kann, ist hiernach für die Definition des Betriebs nicht entscheidend.[6] Deshalb ist nach der Rechtsprechung des EuGH ein Betrieb auch eine getrennte Produktionseinheit einer Gesellschaft, die über eine eigene Ausstattung und eigenes Fachpersonal verfügt, deren Betrieb nicht von dem der anderen Einheiten abhängt und die einen Produktionsleiter hat, der die ordnungsgemäße Durchführung der Arbeit und die Kontrolle des Gesamtbetriebs der Einrichtungen der Einheit sowie die Lösung technischer Probleme sicherstellt.[7]

6 **b)** Die §§ 17ff. KSchG finden keine Anwendung in **Saison- und Kampagnebetrieben,** wenn die Entlassungen durch die Eigenart des Betriebs bedingt sind (§ 22 KSchG).[8] Der Massenentlassungsschutz gilt in diesen Betrieben allerdings dann, wenn die Entlassungen während der Saison oder der Kampagne notwendig werden. Saisonbetriebe sind alle Betriebe, die regelmäßig in einer bestimmten Jahreszeit aus witterungsabhängigen (z. B. Ziegeleien, Drahtseilbahnen usw.) oder anderen Gründen (z. B. Weihnachten) verstärkt arbeiten.[9] Kampagnebetriebe sind solche, die regelmäßig nicht mehr als einige Monate arbeiten (z. B. Zuckerfabriken, Freibäder, vorübergehend geöffnetes Strandhotel).

7 **c)** Die Massenentlassungsvorschriften gelten ferner nicht für **Seeschiffe** und ihre Besatzungen (§ 23 II KSchG), wohl aber für die dazugehörigen Landbetriebe (Docks, Werften, Wartungsbetriebe, Lagerhäuser).[10] Anders als nach früherem Recht sind dagegen Binnenschiffe, Luftfahrzeuge und deren Besatzungen in den Geltungsbereich der Vorschriften einbezogen worden, weil die EG-Richtlinie derartige Ausnahmen nicht kennt.[11]

8 **2. Persönlicher Geltungsbereich.** Der Massenentlassungsschutz gilt für **alle Arbeitnehmer** einschl. der Auszubildenden, Volontäre usw. unabhängig von deren Alter. Er gilt nicht für Vorstandsmitglieder, Gesellschaftsvertreter und sonstige leitende Angestellte, die zur selbstständigen Einstellung und Entlassung befugt sind (§ 17 V KSchG). Dies dürfte mit der EG-Richtlinie über Massenentlassungen 98/59/EG nicht vereinbar sein, weil die Richtlinie für leitende Angestellte keine Ausnahme vorsieht. Gleichwohl ist § 17 V KSchG weiter anzuwenden, weil die Richtlinie zwischen Bürgern nicht unmittelbar gilt.[12] § 17 KSchG gilt des Weiteren nicht für Handelsvertreter, Heimarbeiter und andere arbeitnehmerähnliche Personen sowie Familienangehörige, es sei denn, dass sie auf Grund eines Arbeitsvertrags tätig werden. Dieser Personenkreis darf weder bei der Berechnung der Gesamtzahl der Arbeitnehmer, noch bei der Zahl der zu Entlassenden mitgerechnet werden.

9 **3. Entlassung. a)** Der Massenentlassungsschutz gilt für alle Entlassungen. Die Entlassung wurde von der Rechtsprechung des BAG zunächst von der Kündigung unterschieden. Die Kündigung war die Willenserklärung, die rechtsgestaltend das Vertragsverhältnis beendet, Entlassung war die vom Arbeitgeber durch einseitige Willenserklärung im Wege der ordentlichen Kündigung herbeigeführte **tatsächliche Beendigung** des Arbeitsverhältnisses.[13]

10 **b)** Der **EuGH** hat jedoch am 27. 1. 2005 entschieden, die Massenentlassungsrichtlinie sei dahingehend auszulegen, dass die Kündigungserklärung des Arbeitgebers das Ereignis darstelle, das als Entlassung gelte. Der Arbeitgeber dürfe Massenentlassungen erst nach Ende des Konsultationsverfahrens i. S. d. Art. 2 Richtlinie 98/59/EG und nach der Anzeige der beabsichtigten

---

[4] APS/*Moll* § 17 KSchG RN 16; *v. Hoyningen-Huene/Linck* § 17 RN 7; KDZ/*Kittner/Deinert* § 17 KSchG RN 10.

[5] APS/*Moll* § 17 KSchG RN 8.

[6] EuGH 7. 12. 1995 NZA 96, 471.

[7] EuGH 15. 2. 2007 AP 4 zu EWG-Richtlinie Nr. 98/59 = NZA 2007, 319.

[8] *Reinfeld,* Saison- und Kampagnearbeit, AR-Blattei SD 1390.

[9] BSG 20. 10. 1960 AP 1 zu § 20 KSchG.

[10] Vgl. BAG 18. 9. 2003 AP 14 zu § 17 KSchG 1969 = NZA 2004, 375.

[11] BT-Drucks. 8/1041 S. 6 = BR-Drucks. 400/77 S. 10.

[12] BBDW/*Dörner* § 17 RN 27; *v. Hoyningen-Huene/Linck* § 17 RN 8; APS/*Moll* § 17 KSchG RN 15.

[13] BAG 18. 9. 2003 AP 14 zu § 17 KSchG 1969 = NZA 2004, 375; 13. 4. 2000 AP 13 zu § 17 KSchG 1969 = NZA 2001, 144; 6. 12. 1973 AP 1 zu § 17 KSchG 1969; 3. 10. 1963 AP 9 zu § 15 KSchG.

Massenentlassung i. S. d. Art. 3 und 4 der Richtlinie vornehmen.[14] Im Anschluss an diese Entscheidung des EuGH geht das BAG nunmehr davon aus, dass unter einer **Entlassung i. S. v. § 17 I KSchG die Erklärung der Kündigung** des Arbeitsverhältnisses zu verstehen ist.[15] § 17 I KSchG lässt eine richtlinienkonforme Auslegung zu. Der verwendete Begriff der „Entlassung" kann nach allgemeinem Sprachgebrauch auch im Sinne von „Kündigung" verstanden werden. Auch aus § 18 KSchG ergibt sich kein zwingendes entgegenstehendes systematisches Argument. § 18 I und II KSchG betreffen zunächst nur die Folgen einer Massenentlassungsanzeige. Auch behält diese Bestimmung bei – kurzen – Kündigungsfristen einen Anwendungsbereich; § 18 IV KSchG ist ggf. teleologisch zu reduzieren.[16]

c) Eine nach Ausspruch der Kündigung erstattete Massenentlassungsanzeige bei der Agentur für Arbeit führt jedenfalls dann nicht zur Unwirksamkeit der Kündigung, wenn sich der Arbeitgeber berechtigterweise auf den auch bei einer Änderung der Rechtsprechung zu beachtenden **Vertrauensschutz** berufen kann. Wurde die Massenentlassungsanzeige im Einklang mit der früheren Rechtsprechung und Verwaltungspraxis erst nachträglich erstattet, kann sich der Arbeitgeber hinsichtlich der Wirksamkeit der Kündigungen auf Vertrauensschutz berufen, solange er von der geänderten Rechtsauffassung der Arbeitsverwaltung keine Kenntnis haben musste.[17] **11**

4. Kündigungsgründe. a) Unerheblich ist, aus welchen **Gründen** die Entlassung vorgenommen wurde. Entsprechende Einschränkungen der Richtlinie sind nicht übernommen worden.[18] Erfasst werden mithin Entlassungen aus personen-, verhaltens-, betriebsbedingten Gründen, auf Verlangen des Betriebsrats usw.[19] Das BAG hat § 17 KSchG entsprechend angewandt, wenn der Arbeitnehmer das Arbeitsverhältnis selbst kündigt, die Kündigung aber allein vom Arbeitgeber veranlasst worden ist.[20] Nach § 17 I 2 KSchG stehen den Entlassungen andere Beendigungen des Arbeitsverhältnisses gleich, die vom Arbeitgeber veranlasst werden. Hierzu gehören namentlich **Aufhebungsverträge.**[21] Eine Massenentlassung kann auch dann gegeben sein, wenn die Arbeitnehmer kündigen, weil über das Vermögen des Arbeitgebers das Insolvenzverfahren eröffnet worden ist.[22] **12**

b) Bei **Änderungskündigungen** tritt dann keine Beendigung des Arbeitsverhältnisses ein, wenn die Arbeitnehmer das Änderungsangebot – ggf. unter Vorbehalt – annehmen (§ 137). Dagegen setzt der Massenentlassungsschutz ein, wenn eine so große Zahl von Arbeitnehmern die Änderungsangebote ablehnt, dass die in § 17 KSchG genannten Mindestzahlen erreicht werden. Deshalb steht bei Ausspruch der Änderungskündigungen noch nicht fest, ob es zu Massenentlassungen i. S. v. § 17 I KSchG kommen wird. Der Arbeitgeber hat in diesen Fällen zu prüfen, ob er eine vorsorgliche Anzeige erstattet.[23] **13**

5. Fristlose Entlassung. Der Massenentlassungsschutz gilt grundsätzlich **nicht für fristlose Entlassungen** (§ 17 IV 1 KSchG), auch wenn aus sozialen Gründen eine Auslauffrist eingehalten wird.[24] Entscheidend ist, dass dem Arbeitgeber das Recht zur außerordentlichen Kündigung zusteht und eine solche Kündigung erfolgt. Von der Gewährung einer sozialen Auslauffrist ist die **notwendige Auslauffrist** zu unterscheiden, die der Arbeitgeber insbesondere bei der betriebsbedingten Kündigung unkündbarer Arbeitnehmer einzuhalten hat (§ 128). Eine solche **14**

---

[14] EuGH 27. 1. 2005 [Junk] AP 18 zu § 17 KSchG 1969 = NZA 2005, 213.

[15] BAG 23. 3. 2006 AP 21 zu § 17 KSchG 1969 = NZA 2006, 971; 13. 7. 2006 AP 22 zu § 17 KSchG 1969 = NZA 2007, 25; 24. 8. 2006 AP 152 zu § 1 KSchG 1969 Betriebsbedingte Kündigung; 22. 3. 2007 NZA 2007, 1101; zuletzt BAG 31. 1. 2008 AP 339 zu § 613 a BGB; 6. 11. 2008 – 2 AZR 935/07.

[16] BAG 23. 3. 2006 AP 21 zu § 17 KSchG 1969 = NZA 2006, 971.

[17] BAG 23. 3. 2006 AP 21 zu § 17 KSchG 1969 = NZA 2006, 971; 13. 7. 2006 AP 22 zu § 17 KSchG 1969 = NZA 2007, 25; 22. 3. 2007 NZA 2007, 1101; zuletzt BAG 31. 1. 2008 AP 339 zu § 613 a BGB.

[18] BAG 8. 6. 1989 AP 6 zu § 17 KSchG 1969 = NZA 90, 224; siehe dazu auch Bericht des Ausschusses für Arbeits- und Sozialordnung, BT-Drucks. 8/1546 S. 7 f.

[19] APS/*Moll* § 17 KSchG RN 37; BBDW/*Dörner* § 17 RN 32.

[20] BAG 6. 12. 1973 AP 1 zu § 17 KSchG 1969; zust. BBDW/*Dörner* § 17 RN 34; *v. Hoyningen-Huene/Linck* § 17 RN 19; ErfK/*Kiel* § 17 KSchG RN 12; APS/*Moll* § 17 KSchG RN 32 f.; KDZ/*Kittner* § 15 KSchG RN 21.

[21] Vgl. hierzu BAG 11. 3. 1999 AP 12 zu § 17 KSchG 1969 = NZA 99, 761; ErfK/*Kiel* § 17 KSchG RN 14.

[22] EuGH 12. 2. 1985 Samml. 1985, 544.

[23] BAG 10. 3. 1982 AP 2 zu § 2 KSchG 1969; BBDW/*Dörner* § 17 RN 37; ErfK/*Kiel* § 17 KSchG RN 13.

[24] Ebenso BBDW/*Dörner* § 17 RN 39; *v. Hoyningen-Huene/Linck* § 17 RN 34 f.; ErfK/*Kiel* § 17 KSchG RN 16; APS/*Moll* § 17 KSchG RN 42.

Kündigung fällt nicht unter § 17 IV KSchG, weil in diesen Fällen kein Grund zur fristlosen Entlassung vorliegt.[25]

15 **6. Sonstige Beendigungstatbestände.** Die §§ 17 ff. KSchG gelten weiterhin nicht, wenn Arbeitnehmer auf Grund **befristeter oder auflösend bedingter Arbeitsverhältnisse** ausscheiden.[26] Nicht anzuwenden ist der Massenentlassungsschutz bei **Werksbeurlaubung** oder sonstigen Fällen vorübergehender Arbeitsbefreiung. § 17 I KSchG gilt auch bei der Kündigung durch den **Insolvenzverwalter.**[27] Hierbei handelt es sich nicht um fristlose Entlassungen i. S. v. § 17 IV KSchG.

III. Voraussetzungen der Massenentlassung

16 **1. Zahl der Entlassenen. a)** Eine Massenentlassung liegt vor, wenn der Arbeitgeber in Betrieben mit i. d. R. mehr als 20 und weniger als 60 Arbeitnehmern sechs oder mehr Arbeitnehmer, in Betrieben mit i. d. R. mindestens 60 und weniger als 500 Arbeitnehmern 10 v. H. der im Betrieb regelmäßig beschäftigten Arbeitnehmer oder aber mehr als 25 Arbeitnehmer, in Betrieben mit i. d. R. mindestens 500 Arbeitnehmern mindestens 30 Arbeitnehmer innerhalb von 30 Kalendertagen entlässt.

17 **b)** Für die **Feststellung der Beschäftigungszahlen** sind nur die in der Regel beschäftigten Arbeitnehmer maßgebend. Es kommt damit nicht auf die Anzahl der im konkreten Zeitpunkt der Entlassung beschäftigten Arbeitnehmer an. Der Begriff „in der Regel" lässt sich nicht im Sinne eines Durchschnitts auslegen. Maßgeblich ist die normale Beschäftigtenzahl des Betriebs, d. h. die Personalstärke, die für den Betrieb im Allgemeinen kennzeichnend ist. Zur Feststellung der regelmäßigen Beschäftigtenzahl bedarf es grundsätzlich eines Rückblicks auf die bisherige personelle Stärke des Betriebs und einer Einschätzung der künftigen Entwicklung, wobei Zeiten außergewöhnlich hohen oder niedrigen Geschäftsanfalls nicht zu berücksichtigen sind.[28] Im Falle einer Betriebsstilllegung kommt jedoch nur ein Rückblick auf die bisherige Belegschaftsstärke in Frage.[29] Unberücksichtigt bleiben Ersatz- und Aushilfskräfte. Bei der Berechnung der Zahl der Ausscheidenden zählen weiterhin Arbeitnehmer nicht mit, die auf Grund von Tatbeständen ausscheiden, die nicht dem Massenentlassungsschutz unterliegen (RN 13 f.). Ohne Einfluss auf den Massenentlassungsschutz ist, ob an die Stelle der Entlassenen andere Arbeitnehmer eingestellt werden.[30]

18 **2. Beurteilungszeitpunkt.** Für die Berechnung der Zahlen wurde vor der Entscheidung des EuGH vom 27. 1. 2005[31] nicht auf den Zeitpunkt des Ausspruchs der Kündigung, sondern auf den Zeitpunkt des Ausscheidens aus dem Betrieb abgestellt.[32] Dabei wurden aber alle Entlassungen zusammengerechnet, auch wenn sie sukzessive erfolgen.[33] Bei kurzen Kündigungsfristen konnte also zunächst keine Anzeigepflicht bestehen. Diese konnte rückwirkend entstehen, wenn sich der Arbeitgeber zu weiteren Entlassungen entschlossen hatte.[34] Unter Berücksichtigung der neuen Rechtsprechung (RN 10) dürfte nunmehr auf den **Zeitpunkt der Kündigung** abzustellen sein.[35] Der 30-Tagerhythmus kann an jedem Tage zu laufen beginnen.[36] Wurden Arbeitnehmer auf Grund der Weiterbeschäftigungspflicht beschäftigt, waren sie nach der Definition der Entlassung nicht mitzuzählen. Indes entspricht dies nicht dem Zweck des Gesetzes, da

---

[25] ErfK/*Kiel* § 17 KSchG RN 16.

[26] BAG 21. 5. 1981 AP 15 zu § 611 BGB Bühnenengagementsvertrag; BBDW/*Dörner* § 17 RN 36; *v. Hoyningen-Huene/Linck* § 17 RN 27.

[27] BAG 20. 9. 2006 AP 24 zu § 17 KSchG 1969; ErfK/*Kiel* § 17 KSchG RN 16; APS/*Moll* § 17 KSchG RN 44; zur Massenentlassungsrichtlinie vgl. EuGH 17. 12. 1998 (Dansk Metalarbejderforbund) NZA 99, 305.

[28] BAG 22. 3. 2001 AP 59 zu Art. 101 GG = NZA 2002, 1349; 13. 4. 2000 AP 13 zu § 17 KSchG 1969 = NZA 2001, 144; 8. 6. 1989 AP 6 zu § 17 KSchG 1969 = NZA 90, 224; 31. 7. 1986 AP 5 zu § 17 KSchG 1969 = NZA 87, 587.

[29] BAG 13. 4. 2000 AP 13 zu § 17 KSchG 1969 = NZA 2001, 144; 8. 6. 1989 AP 6 zu § 17 KSchG 1969 = NZA 90, 224.

[30] BAG 13. 3. 1969 AP 10 zu § 15 KSchG.

[31] EuGH 27. 1. 2005 [Junk] AP 18 zu § 17 KSchG 1969 = NZA 2005, 213.

[32] BAG 31. 7. 1986 AP 5 zu § 17 KSchG 1969 = NZA 87, 587.

[33] Zur Berechnung vgl. BAG 13. 3. 1969 AP 10 zu § 15 KSchG.

[34] KR/*Weigand* § 18 KSchG RN 42, 43.

[35] MünchKommBGB/*Hergenröder* § 17 KSchG RN 29; *v. Hoyningen-Huene/Linck* § 17 RN 42; KR/*Weigand* § 17 KSchG RN 52.

[36] ErfK/*Kiel* § 17 KSchG RN 17; APS/*Moll* § 17 KSchG RN 49.

sie gleichfalls den Arbeitsmarkt durch Stellensuche belasten. Stellt man auf die Kündigung ab, sind sie ohne Weiteres zu berücksichtigen.[37]

IV. Unterrichtungs- und Anzeigepflichten

1. Unterrichtung des Betriebsrats (Muster ArbR-Formb. § 28 RN 2). **a)** Beabsichtigt der Arbeitgeber eine Massenentlassung vorzunehmen, hat er nach § 17 II KSchG dem Betriebsrat rechtzeitig die zweckdienlichen **Auskünfte zu erteilen** und ihn schriftlich insbesondere zu **unterrichten** über **(1)** die Gründe für die geplanten Entlassungen, **(2)** die Zahl und die Berufsgruppen der zu entlassenden Arbeitnehmer, **(3)** die Zahl und die Berufsgruppen der i. d. R. beschäftigten Arbeitnehmer, **(4)** den Zeitraum, in dem die Entlassungen vorgenommen werden sollen, **(5)** die vorgesehenen Kriterien für die Auswahl der zu entlassenden Arbeitnehmer, **(6)** die für die Berechnung etwaiger Abfindungen vorgesehenen Kriterien.[38] Ist noch kein Sozialplan abgeschlossen, genügt der Arbeitgeber der Verpflichtung zur Unterrichtung über die für etwaige Abfindungen maßgeblichen Kriterien nach § 17 II Nr. 6 KSchG mit dem Hinweis, dass sich diese aus dem noch abzuschließenden Sozialplan ergeben. **19**

Ein vor der „Entlassung" abgeschlossener **Interessenausgleich** erfüllt die Beratungspflicht nach § 17 II 2 KSchG. Es ist allerdings weder nach nationalem Recht noch nach Art. 2 I und II der Richtlinie 98/59/EG erforderlich, dass außer der Unterrichtung des Betriebsrats und Beratung mit dem Betriebsrat auch eine Einigung vor „Durchführung der Massenentlassung" erzielt worden ist.[39] Der Betriebsrat muss unterrichtet und es muss mit ihm beraten worden sein, dagegen muss eine Einigung vor Durchführung der Massenentlassung mit ihm nicht erzielt werden.[40] Weder nach dem KSchG noch zur Erfüllung der Konsultationspflichten gem. der Richtlinie 98/59/EG ist es notwendig, nach dem Scheitern der Verhandlungen der Betriebsparteien noch einen unparteiischen Dritten einzuschalten, wie dies § 112 II BetrVG vorsieht. Die Richtlinie schreibt nur Konsultationen zwischen dem Arbeitgeber und der zuständigen Arbeitnehmervertretung vor.[41] **19a**

b) Die Unterrichtung des Betriebsrats hat **schriftlich** zu erfolgen. Eine nur mündliche Unterrichtung ist unzureichend, es sei denn, der Betriebsrat gibt sich damit zufrieden. Wird er nur mündlich unterrichtet, kann er die Abgabe seiner Stellungnahme verweigern. Dagegen ist es ausreichend, wenn die weiteren Auskünfte nur mündlich erteilt werden. Nach der Unterrichtung hat eine **gemeinsame Beratung** darüber stattzufinden, ob Entlassungen vermieden werden können (§ 17 II 2 KSchG). Unterbleibt eine gemeinsame Beratung, kann dies die Agentur für Arbeit bei ihrer Ermessensentscheidung berücksichtigen. Von der Auskunftspflicht nach § 17 II KSchG bleiben die Mitwirkungs- und Informationsrechte nach §§ 92, 106, 111 BetrVG unberührt. **20**

2. Anzeige bei der Agentur für Arbeit (Muster: ArbR-Formb. § 28 RN 1). **a)** Steht eine Massenentlassung bevor und sind die Vorschriften über die Massenentlassung nach ihrem betrieblichen, persönlichen und sachlichen Geltungsbereich anzuwenden (RN 3 ff.), hat der Arbeitgeber vor den Kündigungen[42] selbst oder durch seinen bevollmächtigten Vertreter zur Wahrung seiner Interessen[43] eine **schriftliche, unterschriebene Anzeige** (§ 126 BGB) bei der Agentur für Arbeit zu erstatten, in deren Bezirk sein Betrieb (nicht Unternehmen) liegt (§ 17 I KSchG). Im Falle der Insolvenz ist der Insolvenzverwalter zuständig.[44] Bei einer anschließenden Betriebsnachfolge bleibt die Anzeige des Veräußerers wirksam. **21**

b) Die Auskunfts-, Beratungs- und Anzeigepflichten bestehen auch dann, wenn die Entscheidung über die Entlassung von einem den Arbeitgeber **beherrschenden Unternehmen** getroffen wurde (§ 17 III a KSchG). Betriebe im Geschäftsbereich des Bundesministers für Verkehr oder Post- und Telekommunikation haben bei der Entlassung von mehr als **22**

---

[37] APS/*Moll* § 17 KSchG RN 27.

[38] Vgl. EuGH 8. 6. 1994 EWS 95, 125.

[39] BAG 21. 5. 2008 NZA 2008, 753; 18. 9. 2003 AP 14 zu § 17 KSchG 1969 = NZA 2004, 375.

[40] BAG 13. 7. 2006 AP 22 zu § 17 KSchG 1969 = NZA 2007, 25.

[41] BAG 21. 5. 2008 NZA 2008, 753; 16. 5. 2007 AP 64 zu § 111 BetrVG 1972 = NZA 2007, 1296; vgl. dazu näher *Bauer/Krieger/Powietzka* DB 2005, 445, 447; *Klumpp* NZA 2006, 703, 705 ff.; kritisch *Wolter* AuR 2005, 135.

[42] BAG 24. 10. 1996 AP 8 zu § 17 KSchG 1969 = NZA 97, 373; 31. 7. 1986 AP 5 zu § 17 KSchG 1969 = NZA 87, 587; 25. 5. 1960 AP 6 zu § 15 KSchG.

[43] Die Anzeigepflicht ist nicht durch Strafandrohung gesichert; bei ihrer Vernachlässigung erleidet der ArbG allein Rechtsnachteile. Daher ist § 17 KSchG auch kein Schutzgesetz im Sinne von § 823 II BGB.

[44] Vgl. BAG 20. 9. 2006 AP 24 zu § 17 KSchG 1969.

500 Arbeitnehmern die Anzeige an die Hauptstelle der Bundesagentur für Arbeit zu richten (§ 21 KSchG). Bei Stilllegung eines privaten Luftfahrtunternehmens ist die Massenentlassungsanzeige nicht an die Hauptstelle der Bundesagentur für Arbeit, sondern an die zuständige Agentur für Arbeit zu richten. Das Unternehmen gehört nicht zum Geschäftsbereich des Bundesministers für Verkehr; dass dieses die Luftfahrtgenehmigung erteilt, ist unerheblich.[45]

23 **3. Zeitpunkt der Anzeige.** Die Anzeige ist nunmehr vor Ausspruch der Kündigungen zu erstatten.[46] Der Arbeitgeber muss mit der Anzeige nicht warten, bis das Konsultationsverfahren abgeschlossen, insbesondere ein Sozialplan abgeschlossen ist.[47] Der Arbeitgeber muss nach § 17 II 2 KSchG mit dem Betriebsrat beraten, er muss sich aber nicht mit ihm einigen (RN 19 a).[48] Unter Berücksichtigung der neueren Rechtsprechung, die den Begriff Entlassung mit dem der Kündigung gleichsetzt (RN 10), dürfte der Arbeitgeber die Anzeige nach Ausspruch der Kündigung nicht mehr nachholen können.[49] Kann der Arbeitgeber die Zahl der notwendigen Kündigungen nicht voraussehen, ist eine vorsorgliche Anzeige möglich.[50]

24 **4. Abschrift für Betriebsrat.** Der Arbeitgeber hat der Anzeige eine Abschrift der Mitteilung an den Betriebsrat (§ 17 III 1 KSchG) sowie eine **Stellungnahme des Betriebsrats** (Muster ArbR-Formb. § 28 RN 3) beizufügen (§ 17 III 2 KSchG). Die Mitteilung an den Betriebsrat muss zumindest die in § 17 II 1 Nr. 1–5 KSchG vorgeschriebenen Angaben enthalten. Eine ohne Stellungnahme des Betriebsrats vorgelegte Anzeige ist unwirksam.[51] Etwas anderes gilt nur dann, wenn eine Stellungnahme des Betriebsrats nicht vorliegt und der Arbeitgeber glaubhaft macht, dass er den Betriebsrat mindestens zwei Wochen vor Erstattung der Anzeige von der beabsichtigten Massenentlassung unterrichtet hat, und den Stand der Verhandlungen darlegt (§ 17 III 3 KSchG). Unter diesen Voraussetzungen kann die Stellungnahme auch nachgereicht werden.[52] Die Anzeige ist auch wirksam, wenn der Betriebsrat seine Stellungnahme unmittelbar an die Agentur für Arbeit abgibt.[53] Erst nach Eingang der Stellungnahme des Betriebsrats ist die Anzeige bei der Agentur für Arbeit vollständig. Mit der Vollständigkeit der Anzeige bei der Bundesagentur für Arbeit beginnt die Monatsfrist des § 18 I KSchG.[54] Ein **Interessenausgleich mit Namensliste** nach § 1 V KSchG (dazu § 136) ersetzt gem. § 1 V 3 KSchG die Stellungnahme des Betriebsrats. Gibt es in dem Betrieb keinen Betriebsrat, hat der Arbeitgeber auf diesen Umstand in der Anzeige hinzuweisen.

25 **5. Weitere Beteiligungsrechte des Betriebsrats.** Der Arbeitgeber hat zusätzlich nach § 102 I BetrVG **vor Ausspruch der Kündigung den Betriebsrat zu hören.** Etwas anderes kann dann gelten, wenn der Arbeitgeber neben der Information des Betriebsrats nach § 17 II KSchG zugleich das Anhörungsverfahren nach § 102 BetrVG eingeleitet hat. Sollen beide Verfahren gleichzeitig durchgeführt werden, ist dies klarzustellen. Auch im Falle der Massenkündigung hat der Betriebsrat keinen Anspruch auf Verlängerung der Anhörungsfrist. Das Beharren des Arbeitgebers auf Einhaltung der Anhörungsfrist kann nach Auffassung des BAG bei Massenentlassungen rechtsmissbräuchlich sein. Hierfür reichen allerdings objektive Umstände wie die Zahl der Kündigungen und die sich hieraus für die Bearbeitung im Betriebsrat ergebenden Schwierigkeiten nicht aus. Wesentlich sei, ob der Betriebsrat innerhalb der Wochenfrist vom Arbeitgeber eine Fristverlängerung verlangt habe und wie sich beide Betriebspartner bis zur formellen Einleitung des Anhörungsverfahrens verhalten haben.[55] Soll im Wege der Massenänderungskündigung eine Umgruppierung oder Versetzung erfolgen, kann weiterhin ein Mitbestimmungsrecht des Betriebsrats nach §§ 99 ff. BetrVG bestehen.

---

[45] BAG 4. 3. 1993 AP 60 zu § 1 KSchG 1969 Betriebsbedingte Kündigung = NZA 93, 840.

[46] ErfK/*Kiel* § 17 KSchG RN 33; APS/*Moll* § 17 KSchG RN 124.

[47] Im Grundsatz auch BAG 18. 9. 2003 AP 14 zu § 17 KSchG 1969, das diese Frage aber letztlich offengelassen hat; KR/*Weigand* § 17 KSchG RN 64; ein Vorlagebeschluss des ArbG Berlin vom 21. 2. 2006 NZA 2006, 739 zu dieser Frage wurde zwischenzeitlich zurückgenommen, nachdem sich die Parteien geeinigt haben, ArbG Berlin 26. 7. 2006 BB 2006, 2084; vgl. diesen Fragen *Klumpp* NZA 2006, 703; *Franzen* ZfA 2006, 437.

[48] BAG 21. 5. 2008 NZA 2008, 753.

[49] BBDW/*Dörner* § 17 RN 76.

[50] BAG 3. 10. 1963 AP 9 zu § 15 KSchG; ErfK/*Kiel* § 17 KSchG RN 34.

[51] BAG 11. 3. 1999 AP 12 zu § 17 KSchG 1969; 21. 5. 1970 AP 11 zu § 15 KSchG; LAG Frankfurt 16. 3. 1990 DB 91, 658.

[52] BAG 21. 5. 2008 NZA 2008, 753.

[53] LAG Hamm 6. 6. 1986 LAGE § 17 KSchG Nr. 2.

[54] BAG 21. 5. 2008 NZA 2008, 753.

[55] BAG 14. 8. 1986 AP 43 zu § 102 BetrVG 1972 = NZA 87, 601.

6. Form der Anzeige. In der Anzeige müssen angegeben werden der Name des Arbeitgebers, der Sitz und die Art des Betriebs, die Gründe für die geplanten Entlassungen, die Zahl und die Berufsgruppen der zu Entlassenden und der i. d. R. beschäftigten Arbeitnehmer, der Zeitraum, in dem die Entlassungen vorgenommen werden sollen und die vorgesehenen Kriterien für die Auswahl der zu entlassenden Arbeitnehmer (§ 17 III 4 KSchG). Falsche Angaben eines Arbeitgebers in einer Massenentlassungsanzeige über die Anzahl der in der Regel Beschäftigten sind folgenlos, wenn die Arbeitsverwaltung dadurch nicht bei ihrer sachlichen Prüfung beeinflusst wurde.[56] Fehlt eine der zwingend vorgeschriebenen Angaben, so ist die Anzeige **unwirksam.**[57] Erst mit einer vollständigen Anzeige läuft die Sperrfrist des § 18 KSchG.[58] Neben diesen notwendigen Angaben sollen im Einvernehmen mit dem Betriebsrat Angaben gemacht werden zum Geschlecht, zum Alter, zum Beruf und zur Staatsangehörigkeit der zu entlassenden Arbeitnehmer. Fehlen derartige Angaben, ist die Anzeige zwar wirksam. Die Agentur für Arbeit kann aber insoweit um Ergänzung bitten. Die Bundesagentur für Arbeit hat Formblätter herausgegeben, die in eigenem Interesse benutzt werden sollten.[59] 26

7. Rücknahme und Vorratsanzeige. Die Anzeige kann **jederzeit** zurückgenommen werden.[60] Andererseits kann der Arbeitgeber bei wirtschaftlich nicht zu übersehenden Verhältnissen die Anzeige vorsorglich erstatten. 27

V. Rechtsfolgen einer unterlassenen oder fehlerhaften Anzeige

1. Unterbliebene Anzeige. Ist die erforderliche Anzeige nicht, nicht rechtzeitig, nicht in der gesetzlichen Form oder ohne Stellungnahme des Betriebsrats erfolgt, war nach der älteren Rechtsprechung des BAG die Kündigung unwirksam.[61] Ab 1999 hat das BAG die Auffassung vertreten, bei fehlender oder fehlerhafter Massenentlassungsanzeige nach §§ 17, 18 KSchG sei nur die **Entlassung des betreffenden Arbeitnehmers unzulässig.** Sei die Entlassung nicht möglich, weil der Arbeitgeber die Massenentlassungsanzeige vor der tatsächlichen Entlassung nicht erstattet und auch später nicht nachgeholt habe, könne die Entlassung nicht vollzogen werden.[62] Die Kündigung als einseitiges Rechtsgeschäft sei dagegen wirksam, wenn sie im Übrigen den gesetzlichen Voraussetzungen entspreche.[63] Diese Differenzierung konnte von Bedeutung sein, wenn die Kündigungsfrist länger als die Sperrfrist war und die Anzeige nachgeholt wurde oder die Agentur für Arbeit die Genehmigung rückwirkend erteilte. An der Rechtsfolge, dass die Entlassung aus dem Arbeitsverhältnis bei einer fehlenden Anzeige nicht vollzogen werden kann, dürfte sich unter Berücksichtigung der richtlinienkonformen Auslegung des § 17 I KSchG (RN 10) nichts geändert haben.[64] Auch das BAG hält es nicht für zwingend geboten, die Kündigung nach § 134 BGB als unwirksam anzusehen, wenn der Arbeitgeber vor Ausspruch der Kündigung keine Anzeige erstattet hat.[65] Dass ein Verstoß gegen die Anzeigepflicht nach § 17 KSchG nicht zur Unwirksamkeit der Kündigung führt, sondern nur der Entlassung entgegensteht, ist mit Art. 6 der Richtlinie 98/59/EG vereinbar.[66] Kann der Arbeitgeber nach § 18 I KSchG den Arbeitnehmer nicht entlassen, hat das zur Folge, dass der Arbeitgeber während der Dauer der Entlassungssperre verpflichtet bleibt, den Arbeitnehmer weiterzubeschäftigen und ihm sein Arbeitsentgelt weiterzuzahlen. 28

2. Geltendmachung der Unwirksamkeit. Der Arbeitnehmer ist **nicht verpflichtet,** die Unwirksamkeit der Entlassung geltend zu machen. Er hat ein Wahlrecht. Er kann sich auf die Unwirksamkeit berufen, dann kann das Arbeitsverhältnis nicht aufgelöst werden; er kann die Entlassung hinnehmen, wenn er z. B. die Chancen des Betriebs als schlecht beurteilt. Im Prozess um den Fortbestand des Arbeitsverhältnisses wird die Unwirksamkeit wegen Verstoßes gegen die 29

---

[56] BAG 22. 3. 2001 AP 59 zu Art. 101 GG = NZA 2002, 1349.
[57] ErfK/*Kiel* § 17 KSchG RN 28.
[58] BAG 21. 5. 2008 NZA 2008, 753; KR/*Weigand* § 17 KSchG RN 83.
[59] Formulare finden sich unter http://www.arbeitsagentur.de.
[60] ErfK/*Kiel* § 17 KSchG RN 34.
[61] BAG 4. 3. 1993 AP 60 zu § 1 KSchG 1969 Betriebsbedingte Kündigung = NZA 93, 840; 19. 6. 1991 AP 53 zu § 1 KSchG 1969 Betriebsbedingte Kündigung = NZA 91, 891; offengelassen von BAG 24. 10. 1996 AP 8 zu § 17 KSchG 1969 = NZA 97, 373.
[62] Vgl. BAG 18. 9. 2003 AP 14 zu § 17 KSchG 1969; 13. 4. 2000 AP 13 zu § 17 KSchG 1969 = NZA 2001, 144; 11. 3. 1999 AP 12 zu § 17 KSchG 1969 = NZA 99, 761; hierzu *Bauer/Powietzka* DB 2001, 384.
[63] Vgl. dazu ausf. *v. Hoyningen-Huene/Linck* § 18 RN 25 ff.
[64] APS/*Moll* § 17 KSchG RN 46 m. w. N. zum Streitstand.
[65] BAG 23. 3. 2006 AP 21 zu § 17 KSchG 1969 = NZA 2006, 971.
[66] BAG 18. 9. 2003 AP 14 zu § 17 KSchG 1969.

Vorschriften der Massenentlassung nur berücksichtigt, wenn der Arbeitnehmer dies geltend macht.[67] Die Berufung auf den Entlassungsschutz bei Massenentlassungen ist vom BAG als rechtsmissbräuchlich angesehen worden, als der Arbeitnehmer wegen grober Treuepflichtverletzung entlassen wurde.[68] Das Recht, die fehlende Rechtmäßigkeit der Entlassung geltend zu machen, kann **verwirken.**[69]

VI. Wirkungen der Anzeige

30 **1. Sperrfrist.** Die Anzeige setzt mit ihrem Eingang bei der Agentur für Arbeit eine Sperrfrist von **regelmäßig einem Monat** in Lauf. Entlassungen innerhalb dieses Zeitraums sind unwirksam (§ 18 KSchG). Die Kündigung ist wirksam, lediglich ihre Wirkungen werden bis zum Ablauf der Sperrfrist gehemmt. § 18 I KSchG verschiebt nicht den Beginn der Kündigungsfrist.[70]

31 **2. Verlängerung der Sperrfrist.** Die Agentur für Arbeit kann durch innerhalb der normalen Sperrfrist dem Arbeitgeber zugehenden Verlängerungsbeschluss diese bis zur **Höchstdauer von zwei Monaten** verlängern (§ 18 II KSchG). Die Verlängerung ist nur begründet, wenn sie aus arbeitsmarktpolitischen Gründen erfolgt. Sie ist dagegen unbegründet, wenn sie erfolgt, um den Arbeitnehmern noch für einen Monat den Verdienst zu sichern oder um die Arbeitslosenversicherung zu entlasten.[71] Die Verlängerung kann nur für den Betrieb, nicht jedoch für eine einzelne Kündigung erfolgen.

32 **3. Verkürzung der Sperrfrist.** Die Agentur für Arbeit kann die Sperrfrist auch verkürzen, und zwar rückwirkend bis zum Tage der Antragstellung (§ 18 I KSchG). Die **Verkürzung muss beantragt werden.**[72] Das Arbeitsverhältnis endet dann mit Ablauf der Kündigungsfrist, frühestens aber zum Zeitpunkt der Antragstellung. Wird der Arbeitnehmer nach Antragstellung, aber vor dem rückwirkenden Bescheid der Agentur für Arbeit entlassen, erlischt mit dem Bescheid ein nach § 615 BGB entstandener Anspruch auf Annahmeverzugslohn.

33 **4. Genehmigung unter Auflagen.** Die Agentur für Arbeit kann schließlich die Zustimmung zur Massenentlassung unter Auflagen, z. B. der **Zahlung von Abfindungen** an die Arbeitnehmer, erteilen. Damit erlangen die Arbeitnehmer freilich nicht unmittelbar einen zivilrechtlichen Anspruch gegen den Arbeitgeber. Dieser kann vielmehr den Ablauf der gesetzlichen (§ 18 I KSchG) oder von der Agentur für Arbeit bestimmten Sperrfrist (§ 18 II KSchG) abwarten und alsdann ohne Zahlung der Abfindung die Arbeitnehmer entlassen oder die Kündigungen teilweise zurücknehmen, so dass die für die Massenentlassung maßgebliche Zahl unterschritten wird.[73]

34 **5. Kurzarbeit.** Die Agentur für Arbeit kann, wenn der Arbeitgeber nicht in der Lage ist, sämtliche Arbeitnehmer während der Dauer der Sperrfrist zu beschäftigen, die Einführung von Kurzarbeit gestatten (§ 19 I KSchG).[74] Die Zulassung ist ein privatrechtsgestaltender **Verwaltungsakt,** der eine Ermächtigung des Arbeitgebers zum Inhalt hat. Hat die Agentur für Arbeit eine Ermächtigung zur Einführung von Kurzarbeit erteilt, kann nach h. M. der Arbeitgeber einseitig die Arbeitsverhältnisse ändern.[75] Indes kann die Agentur für Arbeit sich bei der Genehmigung nicht über Bestimmungen eines Tarifvertrags über Einführung, Ausmaß und Bezahlung der Kurzarbeit hinwegsetzen. Ob bei der Einführung der Kurzarbeit mit Zustimmung der Agentur für Arbeit der Betriebsrat ein erzwingbares Mitbestimmungsrecht nach § 87 I Nr. 3 BetrVG hat, ist umstritten,[76] aber zu bejahen. § 19 KSchG verändert nicht die Mitbestimmungsrechte des Betriebsrats.

35 **6. Negativattest.** Teilt die Agentur für Arbeit (der zuständige Ausschuss) dem Arbeitgeber mit, eine Genehmigung zur Massenentlassung sei nicht notwendig, obwohl diese in Wahrheit doch erforderlich war, wirkt diese Mitteilung wie eine Genehmigung, da sich der Arbeitgeber

---

[67] Ständige Rechtsprechung: zuletzt BAG 13. 4. 2000 AP 13 zu § 17 KSchG 1969 = NZA 2001, 144.

[68] BAG 13. 3. 1969 AP 10 zu § 15 KSchG.

[69] Dazu BAG 18. 9. 2003 AP 14 zu § 17 KSchG 1969.

[70] BAG 6. 11. 2008 – 2 AZR 935/07.

[71] BSGE 46, 99; für das Konkursverfahren vgl. LSG München NJW 77, 1255.

[72] Vgl. BSG DB 79, 1283.

[73] Vgl. BAG 22. 5. 1960 AP 6 zu § 15 KSchG.

[74] Die Ermächtigung berechtigt auch zur Einführung der Kurzarbeit gegenüber Schwangeren: BAG 7. 4. 1970 AP 3 zu § 615 BGB Kurzarbeit.

[75] ErfK/*Kiel* § 19 KSchG RN 4; *v. Hoyningen-Huene/Linck* § 19 RN 16.

[76] Bejahend: *Fitting* § 87 RN 155; *v. Hoyningen-Huene/Linck* § 19 RN 17; *Richardi* § 87 RN 355; GK-BetrVG/*Wiese* § 87 RN 393; a. A. BBDW/*Dörner* § 19 RN 12; HSWG/*Worzalla* § 87 RN 196.

auf die Auskunft verlassen kann. Die Agentur für Arbeit ist nach § 20 I KSchG zuständige Stelle. Dies gilt indes nicht, wenn der Arbeitgeber nur angefragt hat, ob eine Genehmigung der Massenentlassung notwendig sei.

VII. Wirkungen des Ablaufs der Sperrfrist

1. Vornahme der Kündigung. Nach Ablauf der gesetzlichen oder von der Agentur für Arbeit bestimmten Sperrfrist können Entlassungen beliebig vorgenommen werden. Vorausgesetzt ist, dass **(1)** die Wirksamkeitsvoraussetzungen der Kündigung eingehalten sind und **(2)** der Kündigung keine Kündigungsbeschränkungen (§ 129) entgegenstehen. Das gilt z. B. auch für die Kündigung eines erfolglosen Wahlbewerbers innerhalb von sechs Monaten nach Bekanntgabe des Wahlergebnisses.[77] War die Kündigung bereits vor Zustimmung ausgesprochen und lief die Kündigungsfrist innerhalb der Sperrfrist ab, verlängert sie sich bis zum Ablauf der Sperrfrist (RN 30). Gleichfalls ist es zulässig, zum Ablauf der Sperrfrist zu kündigen. 36

2. Frist für Entlassung. Die Entlassungen müssen gem. § 18 IV KSchG innerhalb von 90 Tagen nach Ablauf der Sperrfrist durchgeführt werden. Dieser sog. Freifrist kommt wegen des geänderten Verständnisses des Entlassungsbegriffs (RN10) keine Bedeutung mehr zu.[78] 37

VIII. Entscheidungen der Agentur für Arbeit und ihre Anfechtung

1. Ausschuss. Die Entscheidungen der Agentur für Arbeit werden durch einen Ausschuss getroffen, der sich zusammensetzt aus dem **Geschäftsführer der Agentur für Arbeit** oder einem von ihm beauftragten Angehörigen der Agentur für Arbeit sowie **je zwei Vertretern der Arbeitnehmer, der Arbeitgeber und der öffentlichen Körperschaften,** die von dem Verwaltungsausschuss der Agentur für Arbeit benannt werden (§ 20 II 1 KSchG). Die Agentur für Arbeit hat vor ihren mit Stimmenmehrheit gefassten Beschlüssen Arbeitgeber und Betriebsrat anzuhören (§ 20 III KSchG). Sie kann Auskünfte vom Arbeitgeber und Betriebsrat einholen (§ 20 III 2 KSchG). 38

Der Ausschuss hat bei seinen Entscheidungen das Interesse des Arbeitgebers, der zu entlassenden Arbeitnehmer, das öffentliche Interesse und die Lage des Arbeitsmarkts zu berücksichtigen (§ 20 IV KSchG). Insoweit handelt es sich um **unbestimmte Rechtsbegriffe,** bei denen dem Ausschuss ein gerichtlich voll nachprüfbarer Beurteilungsspielraum zukommt. Dagegen sind die Entscheidungen über Verkürzung oder Verlängerung der Sperrfrist Ermessensentscheidungen, die gerichtlich nur auf die Einhaltung des Ermessens überprüft werden. 39

2. Verwaltungsakt. Die Entscheidungen der Agentur für Arbeit sind Verwaltungsakte nach § 31 SGB X.[79] Sie sind mit ausreichender Begründung und Rechtsmittelbelehrung zu versehen. Die **Arbeitsgerichte** überprüfen, ob eine Entlassung nach § 17 KSchG anzeigepflichtig war oder nicht. Sie sind an die Auffassung des Ausschusses nicht gebunden. Stimmt die Agentur für Arbeit jedoch der Entlassung durch einen bestandskräftigen Verwaltungsakt zu und stellt sie damit inzident fest, dass eine wirksame Massenentlassungsanzeige vorliegt, ist das Arbeitsgericht daran gebunden.[80] Wird der Arbeitgeber durch eine Entscheidung der Agentur für Arbeit in seinen Rechten beeinträchtigt, kann er nach Durchführung des Vorverfahrens nach §§ 78 ff. SGG gemäß § 51 SGG Klage[81] vor dem Sozialgericht erheben. Dagegen steht dem Arbeitnehmer nach h. M. keine Klagebefugnis zu, da er am Verfahren nicht beteiligt ist und ihm der Schutz nur mittelbar zugutekommt.[82] 40

---

[77] BAG 9. 4. 1987 AP 28 zu § 15 KSchG 1969 = NZA 87, 807.

[78] BBDW/*Dörner* § 17 RN 19; ErfK/*Kiel* § 18 KSchG RN 12.

[79] BAG 13. 4. 2000 AP 13 zu § 17 KSchG 1969 = NZA 2001, 144; BSG 30. 10. 1959 AP 1 zu § 18 KSchG; ErfK/*Kiel* § 20 KSchG RN 4; BBDW/*Dörner* § 18 RN 9.

[80] BAG 24. 10. 1996 AP 8 zu § 17 KSchG 1969 = NJW 97, 2131.

[81] Die Klage ist gegen die BA zu richten: BSG 30. 10. 1959 AP 1 zu § 18 KSchG; *v. Hoyningen-Huene/Linck* § 20 RN 27.

[82] BSG 30. 10. 1959 AP 1 zu § 18 KSchG.

§ 143. Kündigungsschutz von Mitgliedern oder Wahlbewerbern der Betriebsverfassungsorgane

Annuß, Kündigung widersprechender Betriebsratsmitglieder bei Betriebs(teil)übergang, DB 99, 798; *Ascheid,* Zustimmungsersetzung nach § 103 BetrVG und Individualprozess, FS Hanau, 1999, S. 685; *Bengelsdorf,* Freikündigungsobliegenheit zur Durchsetzung von Sonderkündigungsschutzrechten, BB 2007, 661; *Diller,* § 103 BetrVG – Der Wahnsinn hat Methode, NZA 98, 1163; *ders.,* Der Wahnsinn hat Methode (Teil II), NZA 2004, 579; *Eisenbeis,* Die Ausschlussfrist im Zustimmungsersetzungsverfahren nach § 103 BetrVG oder der sichere Weg in die Fristversäumnis?, FA 97, 34; *Fischermeier,* Die Beteiligung des Betriebsrats bei außerordentlichen Kündigungen gegenüber Betriebsratsmitgliedern und anderen Funktionsträgern, ZTR 98, 433; *Hilbrandt,* Sonderkündigungsschutz von Betriebsratsmitgliedern bei Massenänderungskündigungen, NZA 97, 465; *ders.,* Neue Entwicklungen beim Sonderkündigungsschutz von Mandatsträgern, NZA 98, 1258; *Kleinebrink,* Versetzung von Mitgliedern des Betriebsrats – Individualrechtliche und kollektivrechtliche Voraussetzungen nach neuem Recht, ArbRB 2002, 81; *Löwisch,* Kündigungsschutz allein gebliebener Initiatoren zur Betriebsratswahl, DB 2002, 1503; *Nägele/Nestel,* Besonderer Kündigungsschutz bei erstmaliger Wahl des Betriebsrats, BB 2002, 354; *Nerreter,* Die Kündigung von Betriebsratsmitgliedern bei Stillegung eines Betriebs nach § 15 IV KSchG, NZA 95, 54; *Pätzold,* Besonderer Kündigungsschutz für Mitglieder des Wirtschaftsausschusses, Diss. Marburg, 2001; *Roos,* Schutz der Betriebsratsmitglieder vor Maßnahmen des Arbeitgebers, AiB 98, 610; 99, 12; *Schleusener,* Die Freikündigung eines Arbeitsplatzes zugunsten eines Betriebsratsmitglieds bei Stillegung eines Betriebsteils, DB 98, 2368; *Schulz,* Das Erlöschen der betriebsverfassungsrechtlichen Amtsträgereigenschaft während des Zustimmungsersetzungsverfahrens, NZA 95, 1130; *Stahlhacke,* Außerordentliche betriebsbedingte Änderungskündigungen von Betriebsratsmitgliedern, FS für Hanau, 1999, S. 281; *Uhmann,* Kündigungsschutz von Ersatzmitgliedern des Betriebsrats, NZA 2000, 576; *ders.,* Kündigungsschutz von Ersatzmitgliedern, AuA 2001, 220; *Weber/Lohr,* Der Sonderkündigungsschutz von Betriebsratsmitgliedern, BB 99, 2350; *Wilfurth/Hubmann,* Kostenerstattungsanspruch des Betriebsratsmitglieds gegen den Arbeitgeber bei Obsiegen im Zustimmungsersetzungsverfahren nach § 103 Abs. 2 BetrVG, FA 2000, 273; *Witt,* Kündigungsschutz im Rahmen der Betriebsverfassung und Personalvertretung, AR-Blattei SD 530.9 (1996); *Zumkeller,* Die Anhörung des Betriebsrats bei der Kündigung von Ersatzmitgliedern, NZA 2001, 823.

Übersicht

	RN
I. Allgemeines	1 ff.
1. Zweck	1
2. Zwingende Regelung	2
3. Arbeitskampf	3
4. Insolvenz	4
II. Persönlicher Geltungsbereich	5 f.
1. Geschützter Personenkreis	5
2. Nicht geschützte Personen	6
III. Beginn und Ende des Kündigungsschutzes	7 ff.
1. Beginn	7
2. Ende	8, 9
IV. Materieller Kündigungsschutz	10 ff.
1. Ausschluss der ordentlichen Kündigung	10–14
2. Wichtiger Grund	15–20
V. Zustimmung des Betriebsrats	21 ff.
1. Allgemeines	21
2. Tendenzbetriebe	22
3. Zustimmungsverfahren	23–27
4. Kündigung nach Zustimmung	28
5. Zustimmungsersetzungsverfahren	29–36
6. Individueller Kündigungsschutz	37
7. Vergütungsansprüche	38
VI. Betriebsstillegung	39 ff.
1. Allgemeines	39, 40
2. Begriff der Betriebsstilllegung	41
3. Stillegung einer Betriebsabteilung	42–44
4. Beteiligung des Betriebsrats	45
5. Öffentlicher Dienst	46
VII. Vergütungsfortzahlung und Ablehnung der Weiterbeschäftigung	47 f.
1. Verweigerung der Weiterbeschäftigung	47
2. Unwirksamkeit der Kündigung	48

I. Allgemeines

1 **1. Zweck.** Wahlbewerber und Mitglieder der Betriebsverfassungsorgane haben einen besonderen Kündigungsschutz damit sie sich ohne Furcht vor Entlassung um ein Amt bewerben und frei und unabhängig ihre Aufgaben wahrnehmen können. Zweck des § 15 KSchG ist aber nicht nur, die Betriebsratsmitglieder verstärkt vor Kündigungen zu schützen, sondern auch die Stetigkeit der Arbeit der jeweiligen Arbeitnehmervertretung dadurch zu sichern, dass diese als Ganzes für die Dauer ihrer Wahlperiode in ihrer personellen Zusammensetzung möglichst unverändert erhalten bleibt.[1] Die **ordentliche Kündigung** ist für diesen Personenkreis nach § 15 I KSchG grundsätzlich ausgeschlossen. Eine außerordentliche Kündigung bedarf gemäß § 103 I BetrVG der **Zustimmung des Betriebsrats.** Da der besondere Kündigungsschutz zum Schutz der

[1] BAG 23. 1. 2002 AP 230 zu § 620 BGB Befristeter Arbeitsvertrag = NZA 2002, 986.

Funktionsfähigkeit der Betriebsverfassungsorgane eingeführt worden ist, stellt § 15 KSchG kein Schutzgesetz i. S. von § 823 II BGB zugunsten der einzelnen Betriebsratsmitglieder dar.[2]

2. Zwingende Regelung. Die gesetzliche Regelung des § 15 KSchG ist zwingend. Sie kann weder durch Einzelvertrag noch kollektivrechtliche Vereinbarung ausgeschlossen oder eingeschränkt werden. Vor Ausspruch einer Kündigung ist sie **unverzichtbar.** Jedoch wird eine anderweitige Beendigung des Arbeitsverhältnisses (Befristung, Bedingung oder Aufhebungsvertrag) hiervon grundsätzlich nicht berührt (zum Auflösungsantrag vgl. § 141 RN 32).[3] Soweit in § 103 BetrVG keine besondere Regelung enthalten ist, gilt § 102 BetrVG ergänzend. 2

3. Arbeitskampf. Während eines rechtmäßigen Arbeitskampfs kommt als Reaktion des Arbeitgebers nur eine **Aussperrung** in Betracht, die bei Betriebsratsmitgliedern nur suspendierende Wirkung hat.[4] Will der Arbeitgeber einem rechtswidrigen Arbeitskampf mit Kampfkündigungen begegnen, ruht nach bestrittener Rechtsprechung des BAG das Mitbestimmungsrecht des Betriebsrats. Indes hat der Arbeitgeber in diesen Fällen das Zustimmungsersetzungsverfahren beim Arbeitsgericht einzuleiten.[5] 3

4. Insolvenz. Auch in der Insolvenz des Arbeitgebers genießen Betriebsratsmitglieder den besonderen Kündigungsschutz. § 125 InsO stellt lediglich gegenüber § 1 KSchG eine „lex specialis" dar, nicht aber gegenüber § 15 KSchG.[6] 4

II. Persönlicher Geltungsbereich

1. Geschützter Personenkreis. Dem Kündigungsschutz unterliegen die Mitglieder **(a)** eines **Betriebsrats** (Gesamt-, Konzernbetriebsrats), **(b)** einer **Jugend- und Auszubildendenvertretung, (c)** einer **Bordvertretung, (d)** eines **Seebetriebsrats** (§ 15 I KSchG), **(e)** eines **Personalrats,** der in einem Arbeitsverhältnis steht (§ 47 BPersVG), sowie des entspr. Jugend- und Auszubildendenvertreters, Wahlvorstandsmitglieds usw., **(f) Ersatzmitglieder**[7] der in (a)–(e) genannten Personen; Ersatzmitglieder genießen freilich nur einen eingeschränkten Kündigungsschutz. Er besteht während der gesamten Dauer der Vertretung eines ordentlichen Betriebsratsmitglieds und nicht nur an den Tagen, an denen die Vertreter Geschäfte eines verhinderten Betriebsratsmitglieds wahrnehmen.[8] Die Vertretungstätigkeit beginnt mit der Arbeitsaufnahme des Ersatzmitglieds an dem Tag, an dem das ordentliche Betriebsratsmitglied erstmals verhindert ist, ohne dass es auf die Benachrichtigung des Arbeitgebers ankommt.[9] Der Schutz des § 15 I 2 KSchG entfällt nicht allein deshalb, weil sich im Nachhinein herausstellt, dass ein Vertretungsfall in Wahrheit nicht vorgelegen hat, sofern der Vertretungsfall nicht durch kollusive Absprachen zum Schein herbeigeführt worden ist oder das Ersatzmitglied weiß bzw. sich ihm aufdrängen muss, dass kein Vertretungsfall vorliegt.[10] Fällt in eine kurze Vertretung oder zu Beginn einer längeren Vertretung eine Betriebsratssitzung, genießt das Ersatzmitglied auch in der Vorbereitungszeit den besonderen Schutz. Dies ist die Zeit der Ladung, i. d. R. sind nach Auffassung des BAG drei Tage Vorbereitungszeit ausreichend.[11] Ersatzmitglieder, die nach Beendigung der Vertretungszeit wieder aus dem Betriebsrat ausgeschieden sind, sind nach § 15 I 2 KSchG nach jedem Vertretungsfall für ein Jahr gegen eine ordentliche Kündigung geschützt. In dieser Zeit bedarf die außerordentliche Kündigung allerdings nicht der Zustimmung des Betriebsrats.[12] Keinen Schutz genießen Ersatzmitglieder, solange sie nicht in die Betriebsvertretung nachgerückt sind oder nicht in dieser tätig werden; sie genießen nach § 15 III 2 KSchG nur innerhalb von sechs Monaten nach Bekanntgabe des Wahlergebnisses nachwirkenden Kündigungsschutz als Wahlbewerber; **(g)** des **Wahlvorstands zur Betriebsratswahl,** auch wenn die Belegschaft nach Bestellung erklärt, sie wolle keinen Betriebsrat wählen,[13] 5

---

[2] BAG 14. 2. 2002 AP 21 zu § 611 BGB Haftung des Arbeitgebers = NZA 2002, 1027.
[3] Vgl. hierzu BAG 23. 1. 2002 AP 230 zu § 620 BGB Befristeter Arbeitsvertrag = NZA 2002, 986.
[4] BVerfG 19. 2. 1975 AP 50 zu Art. 9 GG Arbeitskampf.
[5] BAG 14. 2. 1978 AP 57 zu Art. 9 GG Arbeitskampf = NJW 78, 2054.
[6] BAG 17. 11. 2005 AP 60 zu § 15 KSchG 1969 = NZA 2006, 370.
[7] Hierzu *Uhmann* NZA 2000, 576.
[8] BAG 9. 11. 1977, 17. 1. 1979 AP 3, 5 zu § 15 KSchG 1969; näher dazu APS/*Linck* § 15 KSchG RN 108 ff.
[9] BAG 18. 5. 2006 AP 2 zu § 15 KSchG 1969 Ersatzmitglied = NZA 2006, 1037; 5. 9. 1986 AP 26 zu § 15 KSchG 1969 = DB 87, 1641; 17. 1. 1979 AP 5 zu § 15 KSchG 1969 = DB 79, 1136.
[10] BAG 12. 2. 2004 AP 1 zu § 15 KSchG 1969 Ersatzmitglied.
[11] BAG 17. 1. 1979 AP 5 zu § 15 KSchG 1969 = DB 79, 1136.
[12] BAG 26. 9. 1996 AP 3 zu § 15 KSchG 1969 Ersatzmitglied = NZA 96, 1037.
[13] LAG Hamm DB 74, 389.

(h) Wahlbewerber zu den in (a)–(f) genannten Ämtern, dagegen nicht der Bewerber zum Wahlvorstand.[14] Der besondere Kündigungsschutz der Wahlbewerber setzt voraus, dass diese für das Amt wählbar sind;[15] **(i) Initiatoren einer Betriebsratswahl** (§ 15 IIIa KSchG), ihnen kann im Fall der Betriebsstilllegung unter den Voraussetzungen des § 15 IV KSchG ordentlich gekündigt werden, die Nichterwähnung von Absatz 3a in § 15 IV KSchG beruht auf einem Redaktionsversehen;[16] **(j) ehemalige Mitglieder** der Betriebsverfassungsorgane innerhalb eines Jahres nach Beendigung der Amtszeit (§ 15 I 2 KSchG), **(k)** der **Schwerbehindertenvertretung** (§ 96 III SGB IX, § 15 I KSchG), **(l) Wahlbewerber und Wahlvorstand** für das Amt der Schwerbehindertenvertretung, **(m)** in **Heimarbeit** beschäftigte Mitglieder des Betriebsrats (§ 29a HAG).

6 **2. Nicht geschützte Personen.** Keinem besonderen Kündigungsschutz unterliegen **(a)** Mitglieder des **Wirtschaftsausschusses** (§§ 106ff. BetrVG); **(b)** Arbeitnehmervertreter im **Aufsichtsrat** (§§ 76ff. BetrVG 52);[17] **(c)** Arbeitnehmervertreter der **sonstigen betrieblichen Institutionen** (Einigungsstelle, Schlichtungsstelle, Beschwerdestelle); **(d) Bewerber zum Wahlvorstand für das Amt des Vertrauensmannes der Schwerbehinderten.** Dieser Personenkreis kann sich nur auf den allgemeinen Kündigungsschutz berufen. Darüber hinaus kann deren Kündigung jedoch nach § 78 BetrVG dann unwirksam sein, wenn sie erfolgt ist, um ein Mitglied des Wirtschaftsausschusses oder Aufsichtsrats zu maßregeln (§ 612a BGB), in der Amtsausübung zu beeinflussen oder zu beschränken.[18]

III. Beginn und Ende des Kündigungsschutzes

7 **1. Beginn.** Der Kündigungsschutz beginnt ohne Rücksicht auf die Kenntnis des Arbeitgebers **(a)** beim **Wahlvorstand** mit der Bestellung; **(b)** bei **Wahlbewerbern** zum Zeitpunkt der Aufstellung des Wahlvorschlags (§ 14 III BetrVG),[19] sofern der Wahlbewerber nach § 8 BetrVG überhaupt wählbar ist. Der Wahlvorschlag ist nach Auffassung des BAG aufgestellt, wenn er die erforderliche Zahl von Unterschriften hat,[20] also noch nicht bereits bei Aufstellung einer Kandidatenliste durch die Gewerkschaft; andererseits ist nach der Rechtsprechung des BAG die Einreichung des Wahlvorschlags beim Wahlvorstand nicht notwendig (a.A. teilw. das Schrifttum).[21] Der besondere Kündigungsschutz nach § 15 III KSchG besteht nach Auffassung des BAG auch dann, wenn der Wahlvorschlag lediglich behebbare Mängel aufweist;[22] **(c)** bei **Mitgliedern eines Betriebsrats,** einer **Jugend- und Auszubildendenvertretung,** einer **Bordvertretung** oder eines **Seebetriebsrats** bzw. eines **Personalrats** mit dem Beginn der Amtszeit (§ 21 I 2 BetrVG). Bis zum Beginn der Amtszeit haben die gewählten Arbeitnehmer den Kündigungsschutz des Wahlbewerbers. In dieser Zeit ist § 103 BetrVG entsprechend anzuwenden.[23] Für den Kündigungsschutz unerheblich ist, ob die Wahl mit Mängeln behaftet ist, solange sie nicht wirksam angefochten (§ 19 BetrVG) und der Beschluss rechtskräftig geworden ist.[24] Die erfolgreiche Anfechtung der Wahl nach § 19 I BetrVG hat keine Rückwirkung, sondern wirkt nur für die Zukunft.[25] Kein Schutz besteht, wenn die Wahl auch ohne Anfechtung absolut nichtig ist. Im Kündigungsschutzstreit kann inzidenter die Nichtigkeit einer Wahl überprüft werden.[26]

8 **2. Ende.** Der Kündigungsschutz endet: **(a)** Bei **Wahlvorständen und Wahlbewerbern** sechs Monate nach Bekanntgabe des Wahlergebnisses, es sei denn, der Wahlvorstand ist durch gerichtliche Entscheidung nach § 18 I BetrVG durch einen anderen Wahlvorstand ersetzt worden

---

[14] LAG Baden-Württemberg NJW 75, 232; BBDW/*Dörner* § 15 RN 14; *v. Hoyningen-Huene/Linck* § 15 RN 20; KDZ/*Kittner/Deinert* § 15 KSchG RN 15.

[15] BAG 26. 9. 1996 AP 3 zu § 15 KSchG 1969 Wahlbewerber = NZA 97, 666.

[16] BAG 4. 11. 2004 AP 57 zu § 15 KSchG 1969 = NZA 2005, 656; hierzu näher APS/*Linck* § 15 KSchG RN 58aff.

[17] BAG 4. 4. 1974 AP 1 zu § 626 BGB Arbeitnehmervertreter im Aufsichtsrat.

[18] Vgl. BAG 6. 7. 1955 AP 1 zu § 20 BetrVG Jugendvertreter; 4. 4. 1974 AP 1 zu § 626 BGB Arbeitnehmervertreter im Aufsichtsrat.

[19] BAG 4. 4. 1974 AP 1 zu § 626 BGB Arbeitnehmervertreter im Aufsichtsrat.

[20] BAG 5. 12. 1980 AP 9 zu § 15 KSchG 1969; 4. 3. 1976 AP 1 zu § 15 KSchG 1969 Wahlbewerber.

[21] BAG 4. 3. 1976 AP 1 zu § 15 KSchG 1969 Wahlbewerber; *Fitting* § 103 RN 10; a. A. APS/*Linck* § 15 KSchG RN 76; GK-BetrVG/*Raab* § 103 RN 17; Richardi/*Thüsing* § 103 RN 19.

[22] BAG 17. 3. 2005 AP 6 zu § 27 BetrVG 1972 = NZA 2005, 1064.

[23] BBDW/*Dörner* § 15 RN 24; KR/*Etzel* § 103 BetrVG RN 19; *v. Hoyningen-Huene/Linck* § 15 RN 39.

[24] BAG 29. 9. 1983 AP 15 zu § 15 KSchG 1969 = DB 84, 302.

[25] BAG 13. 3. 1991 AP 20 zu § 19 BetrVG 1972 = NZA 91, 946.

[26] BAG 27. 4. 1976 AP 4 zu § 19 BetrVG 1972.

(§ 15 III 2 KSchG). In diesen Fällen endet der Kündigungsschutz mit der Ersetzung. Das Zustimmungserfordernis des Betriebsrats nach § 103 I BetrVG endet vor Bekanntgabe des Wahlergebnisses im Fall der Rücknahme der Kandidatur zum Betriebsrat;[27] **(b)** bei **Mitgliedern des Betriebsrats,** einer **Personalvertretung,** einer **Jugend- und Auszubildendenvertretung** oder eines **Seebetriebsrats** ein Jahr, bei Mitgliedern einer **Bordvertretung** sechs Monate nach Beendigung der Amtszeit; eine Verlängerung des Kündigungsschutzes über die Amtszeit hinaus tritt dann nicht ein, wenn die Beendigung auf einer gerichtlichen Entscheidung beruht (§ 24 Nr. 5 und 6 BetrVG). Nachwirkender Kündigungsschutz besteht unabhängig von der Amtszeit des Organs auch dann, wenn ein einzelnes Betriebsratsmitglied[28] oder Wahlvorstandsmitglied[29] sein **Amt niederlegt.** Widerspricht ein Mitglied des Betriebsrats eines nach § 613a BGB übergehenden Betriebs dem Übergang seines Arbeitsverhältnisses, scheidet es mit dem Betriebsübergang aus dem Betriebsrat aus. Das Betriebsratsmitglied genießt dann nur nachwirkenden Kündigungsschutz.[30] **(c)** Dauernd in den Betriebsrat nachrückende **Ersatzmitglieder** haben nachwirkenden Kündigungsschutz. Umstr., aber zu bejahen ist, dass auch nur vorübergehend in den Betriebsrat nachrückende Ersatzmitglieder nachwirkenden Kündigungsschutz haben.[31] Etwas anderes gilt nur dann, wenn das Ersatzmitglied weder an Sitzungen des Betriebsrats teilgenommen, noch andere Aufgaben wahrgenommen hat.[32]

Ist der **besondere Kündigungsschutz beendet,** kann der Arbeitgeber dem Amtsträger oder Bewerber wie jedem anderen Arbeitnehmer kündigen. Diese Kündigung kann er auch auf Pflichtverletzungen des Arbeitnehmers stützen, die dieser während der Schutzfrist begangen hat und die erkennbar nicht im Zusammenhang mit der Wahlbewerbung oder dem Amt stehen.[33] 9

IV. Materieller Kündigungsschutz

1. Ausschluss der ordentlichen Kündigung. a) Während der Dauer des Kündigungsschutzes ist jede **ordentliche Kündigung,** Änderungskündigung[34] und nach gefestigter Rechtsprechung des BAG auch die Massenänderungskündigung[35] des Arbeitgebers grundsätzlich unzulässig. Gleiches gilt für eine verhaltensbedingte außerordentliche Kündigung mit notwendiger Auslauffrist.[36] Wirksam ist dagegen die **Entlassung eines Dienstordnungsangestellten.**[37] Eine ordentliche Kündigung ist nur in den Fällen des § 15 IV und V KSchG möglich (dazu RN 39ff.) 10

b) Eine **vor Beginn des Sonderkündigungsschutzes erklärte Kündigung** bleibt jedoch wirksam, auch wenn die Kündigungsfrist erst nach Eintritt des Schutzes ausläuft (zum Auflösungsantrag vgl. § 141 RN 32). Andererseits ist eine Kündigung während des Schutzes unwirksam, auch wenn die Kündigungsfrist erst nach dem Ende des Schutzes abläuft. Ist eine Massenänderungskündigung wegen des besonderen Kündigungsschutzes gegenüber den Betriebsverfassungsorganen unwirksam, ist zu prüfen, ob nicht eine außerordentliche Kündigung mit Auslauffrist in Betracht kommt.[38] 11

c) Kann der Arbeitgeber im Wege des Direktionsrechts ein Betriebsratsmitglied **versetzen,** besteht zwar nach § 15 KSchG kein besonderer Schutz. Die Versetzung bedarf aber nach § 103 III BetrVG der Zustimmung des Betriebsrats, wenn sie zu einem Verlust des Amtes oder der Wählbarkeit führen würde.[39] 12

---

[27] BAG 17. 3. 2005 AP 6 zu § 27 BetrVG 1972 = NZA 2005, 1064.

[28] BAG 5. 7. 1979 AP 6 zu § 15 KSchG 1969; dazu *Nickel* SAE 80, 322ff.; LAG Hamm EzA 17 zu § 15 KSchG.

[29] BAG 9. 10. 1986 AP 23 zu § 15 KSchG 1969 = NZA 87, 279.

[30] BAG 25. 5. 2000 AP 209 zu § 613a BGB = NZA 2000, 1115.

[31] BAG 12. 2. 2004 AP 1 zu § 15 KSchG 1969 Ersatzmitglied; 6. 9. 1979 AP 7 zu § 15 KSchG 1969; dazu *Nickel* SAE 80, 329ff., 263ff.

[32] BAG 6. 9. 1979 AP 7 zu § 15 KSchG 1969.

[33] BAG 13. 6. 1996 AP 2 zu § 15 KSchG Wahlbewerber = NZA 96, 1032.

[34] BAG 25. 2. 1958 AP 10 zu § 13 KSchG; 6. 3. 1986 AP 19 zu § 15 KSchG 1969 = NZA 87, 102.

[35] BAG 7. 10. 2004 AP 56 zu § 15 KSchG 1969 = NZA 2005, 156; 21. 6. 1995 AP 36 zu § 15 KSchG 1969 = NZA 95, 1157; 9. 4. 1987 AP 28 zu § 15 KSchG 1969 = NZA 87, 807; 6. 3. 1986 AP 19 zu § 15 KSchG 1969 = NZA 87, 102; a. A. *Fitting* § 103 RN 12; ErfK/*Kiel* § 15 KSchG RN 22.

[36] BAG 17. 1. 2008 AP 62 zu § 15 KSchG 1969 = NZA 2008, 777.

[37] BAG 9. 5. 1986 AP 27 zu § 15 KSchG 1969 = NZA 87, 636.

[38] Dazu BAG 21. 6. 1995 AP 36 zu § 15 KSchG 1969 = NZA 95, 1157; 6. 3. 1986 AP 19 zu § 15 KSchG 1969 = NZA 87, 102.

[39] A. A. zur Rechtslage vor Inkrafttreten des BetrVG-Reformgesetzes BAG 11. 7. 2000 AP 44 zu § 103 BetrVG 1972.

13 **d)** Das Kündigungsverbot gilt auch für solche Kündigungen, die ein **Tendenzunternehmen** gegenüber einem dem Betriebsrat angehörenden Tendenzträger (RN 22) wegen nicht tendenzbezogener Leistungsmängel erklärt. Tendenzbezogene Leistungsmängel liegen nur vor, wenn die vom Tendenzträger erbrachte Arbeitsleistung als solche dem Tendenzzweck zuwiderläuft. Um tendenzneutrale Leistungsstörungen handelt es sich, wenn sie keinen unmittelbaren Bezug zum verfolgten Tendenzzweck haben.[40] Zur Zustimmung des Betriebsrats RN 22.

14 **e)** Die ordentliche Kündigung ist schlechthin unwirksam. Auf Grund der zum 1. 1. 2004 in Kraft getretenen Neufassung des § 4 KSchG ist auch ein Verstoß gegen das Kündigungsverbot des § 15 KSchG innerhalb der **Dreiwochenfrist** des § 4 KSchG geltend zu machen.

15 **2. Wichtiger Grund. a)** Eine außerordentliche Kündigung der dem Sonderkündigungsschutz unterliegenden Personen ist nur zulässig, wenn ein **wichtiger Grund i. S. v. § 626 BGB** vorliegt.[41] Ein wichtiger Grund ist dann gegeben, wenn Tatsachen vorliegen, auf Grund derer dem Kündigenden unter Berücksichtigung aller Umstände des Einzelfalls und unter Abwägung der Interessen beider Vertragsteile die Fortsetzung des Arbeitsverhältnisses bis zum Ablauf der Kündigungsfrist nicht zugemutet werden kann (§ 127). Bei der Zumutbarkeitsprüfung ist auf die **fiktive Kündigungsfrist** abzustellen, die ohne den besonderen Kündigungsschutz bei einer ordentlichen Kündigung gelten würde.[42] Nicht erforderlich ist, dass der Arbeitgeber auch fristlos kündigt. Will er mit einer sozialen Auslauffrist kündigen, muss er jedoch eindeutig zum Ausdruck bringen, dass eine außerordentliche Kündigung gewollt ist.[43] Denn nach § 15 KSchG ist eine verhaltensbedingte außerordentliche Kündigung mit notwendiger Auslauffrist gegenüber dem geschützten Personenkreis unzulässig.[44]

16 **b)** Nach § 626 II BGB kann die außerordentliche Kündigung nur binnen einer **Frist von zwei Wochen** seit Kenntnis des Kündigungsgrundes erfolgen (vgl. § 127 RN 20). Diese Frist gilt auch für die Kündigungen von Mitgliedern der Betriebsverfassungsorgane. Der Arbeitgeber muss innerhalb der Frist die Zustimmung des Betriebsrats beantragen. Hierbei muss der Arbeitgeber für den Betriebsrat die Äußerungsfrist des § 102 II 3 BetrVG berücksichtigen. Der Zustimmungsantrag muss daher so rechtzeitig gestellt werden, dass im Falle des Schweigens des Betriebsrats oder der Verweigerung der Zustimmung noch innerhalb der Zweiwochenfrist des § 626 II BGB ein Zustimmungsersetzungsantrag beim Arbeitsgericht gestellt werden kann.[45] Der Antrag ist deshalb **spätestens am zehnten Tag** nach Kenntnis vom Kündigungsgrund (§ 626 II 1 BGB) beim Betriebsrat zu stellen. Nur ein zulässiger Zustimmungsersetzungsantrag wahrt die Ausschlussfrist des § 626 II BGB.[46] Ein vorsorglich für den Fall der Zustimmungsverweigerung gestellter Ersetzungsantrag ist unwirksam und wirkt daher nicht fristwahrend.[47] Ein vor der Zustimmungsverweigerung gestellter Antrag auf Zustimmungsersetzung ist unzulässig.[48]

17 **c)** Wegen der **Doppelfunktion als Arbeitnehmer und Funktionsträger** kann der wichtige Grund im arbeitsvertraglichen Bereich, im Amtsbereich oder in beiden Bereichen gleichzeitig liegen. Liegt die Pflichtverletzung allein im arbeitsvertraglichen Bereich, kommt allein eine außerordentliche Kündigung in Betracht. Verletzt eine Person, die dem Sonderkündigungsschutz unterliegt, allein ihre Amtspflichten, rechtfertigt dies keine außerordentliche Kündigung, sondern lediglich ein Amtsenthebungsverfahren nach § 23 I BetrVG.[49] Eine Amtspflichtverletzung kann zugleich eine Verletzung der Pflichten aus dem Arbeitsverhältnis sein.[50] Dies ist dann der Fall, wenn das Arbeitsverhältnis unmittelbar berührt wird. In diesen Fällen ist eine außer-

---

[40] BAG 3. 11. 1982 AP 12 zu § 15 KSchG 1969 = NJW 83, 1221.

[41] BAG 23. 4. 2008 AP 56 zu § 103 BetrVG = NZA 2008, 1081.

[42] BAG 17. 1. 2008 AP 62 zu § 15 KSchG 1969 = NZA 2008, 777; 27. 9. 2001 EzA 54 zu § 15 KSchG n. F. = NZA 2002, 815; 10. 2. 1999 AP 42 zu § 15 KSchG 1969 = NZA 99, 708; 21. 6. 1995 AP 36 zu § 15 KSchG 1969 = NZA 95, 1157; 18. 2. 1993 AP 35 zu § 15 KSchG 1969 = NZA 94, 74.

[43] Vgl. BAG 5. 7. 1979 AP 6 zu § 15 KSchG 1969; 3. 12. 1954 AP 2 zu § 13 KSchG.

[44] BAG 17. 1. 2008 AP 62 zu § 15 KSchG 1969 = NZA 2008, 777.

[45] BAG 24. 10. 1996 AP 32 zu § 103 BetrVG 1972 = NZA 97, 371; 18. 8. 1977 AP 10 zu § 103 BetrVG 1972.

[46] BAG 7. 5. 1986 AP 18 zu § 103 BetrVG 1972 = NZA 86, 719.

[47] BAG 7. 5. 1986 AP 18 zu § 103 BetrVG 1972 = NZA 86, 719.

[48] BAG 24. 10. 1996 AP 32 zu § 103 BetrVG 1972 = NZA 97, 371.

[49] Vgl. BAG 16. 10. 1986 AP 95 zu § 626 BGB = NZA 87, 392; 26. 1. 1962 AP 8 zu § 626 BGB Druckkündigung.

[50] Vgl. BAG 16. 10. 1986 AP 95 zu § 626 BGB = NZA 87, 392; 23. 10. 1969 AP 19 zu § 13 KSchG.

ordentliche Kündigung gerechtfertigt, wenn die Amtspflichtverletzung zugleich eine schwere Verletzung arbeitsvertraglicher Pflichten darstellt (RN 18).[51]

d) Grundsätzlich erhöht die Mitgliedschaft im Betriebsrat oder Personalrat nicht den Schutz vor Kündigungen aus wichtigem Grund.[52] Die Pflichtverletzungen der besonders geschützten Personen sind daher **nicht strenger oder milder als bei sonstigen Arbeitnehmern zu bewerten.** Nur wenn die Vertragsverletzung der Amtstätigkeit entspringt, ist nach Auffassung des BAG ein strengerer Maßstab geboten, weil die Pflichtverletzung dann häufig aus einer Konfliktsituation entsteht, welcher der Arbeitnehmer, der nicht Betriebsratsmitglied ist, nicht ausgesetzt ist. Genau genommen geht es hierbei jedoch lediglich um die Berücksichtigung einer möglichen Konfliktsituation im Rahmen der Interessenabwägung. Dies ist beispielsweise anzunehmen, wenn es bei Verhandlungen zwischen Arbeitgeber und Betriebsrat im Verlauf langer, schwieriger und erregter Auseinandersetzungen je nach der Persönlichkeitsstruktur der Teilnehmer zu verbalen Entgleisungen kommt.[53] **18**

e) Ein wichtiger Grund zur Kündigung ist **beispielsweise** angenommen worden bei wiederholter parteipolitischer Agitation im Betrieb,[54] fortgesetzter Störung des Betriebsfriedens,[55] beleidigenden Äußerungen gegenüber dem Werkleiter in einer Betriebsversammlung,[56] Beeinflussung nicht demonstrationswilliger Arbeitnehmer zum Verlassen des Arbeitsplatzes,[57] persönlicher Bereicherung des Betriebsratsmitglieds durch unrichtige Spesenabrechnungen,[58] wahrheitswidrigen Behauptungen über den Arbeitgeber gegenüber Belegschaft und in Flugblättern,[59] Bereitschaft zur Falschaussage,[60] vorsätzlicher Falschaussage gegen den Arbeitgeber vor Gericht,[61] Diebstahl,[62] überzogener Systemkritik und Ehrverletzungen,[63] gewerkschaftlicher Werbung unter Ausnutzung des Betriebsratsamts,[64] wiederholtem rechtswidrigen Verlassen des Arbeitsplatzes,[65] Verdacht einer strafbaren Handlung[66] oder schwerer Arbeitsvertragsverletzung (Erschleichen einer Arbeitsunfähigkeitsbescheinigung),[67] Aufforderung, langsam zu arbeiten,[68] Annahme eines auf mehrere Jahre befristeten Wahlamts bei der Gewerkschaft ohne entsprechende Arbeitsfreistellung.[69] **19**

f) Eine **außerordentliche betriebsbedingte Änderungskündigung** zur Angleichung der Arbeitsbedingungen der nach § 15 KSchG geschützten Arbeitnehmer an die übrigen Mitglieder einer bestimmten Arbeitnehmergruppe ist grundsätzlich möglich.[70] Die mit notwendiger Auslauffrist zu erklärende Änderungskündigung gegenüber einem Betriebsratsmitglied kommt etwa dann in Betracht, wenn ohne die Änderung der Arbeitsbedingungen ein sinnlos gewordenes Arbeitsverhältnis über einen erheblichen Zeitraum nur durch Gehaltszahlungen fortgesetzt werden müsste und der Arbeitgeber möglicherweise sogar eine unternehmerische Entscheidung, bestimmte Arbeitsplätze einzusparen, wegen des Beschäftigungsanspruchs des Mandatsträgers nicht vollständig umsetzen könnte.[71] Dagegen soll die außerordentliche Kündigung mit Aus- **20**

---

[51] Vgl. BAG 16. 10. 1986 AP 95 zu § 626 BGB = NZA 87, 392; 13. 1. 1965 AP 4 zu § 13 KSchG.
[52] Vgl. BAG 27. 9. 2001 EzA 54 zu § 15 n. F. KSchG = NZA 2002, 815; 16. 10. 1986 AP 95 zu § 626 BGB = NZA 87, 392.
[53] Vgl. BAG 16. 10. 1986 AP 95 zu § 626 BGB = NZA 87, 392.
[54] BAG 3. 12. 1954 AP 2 zu § 13 KSchG; 13. 1. 1956 AP 4 zu § 13 KSchG; einschränkend BVerfG 28. 4. 1976 AP 2 zu § 74 BetrVG 1972.
[55] LAG Köln 28. 11. 1996 LAGE § 15 KSchG Nr. 14 = NZA 97, 1166.
[56] BAG 2. 4. 1987 AP 96 zu § 626 BGB.
[57] BAG 23. 10. 1969 AP 19 zu § 13 KSchG.
[58] BAG 22. 8. 1974 AP 1 zu § 103 BetrVG 1972.
[59] BAG 15. 12. 1977 DB 78, 1038; siehe auch BAG 26. 5. 1977 AP 5 zu § 611 BGB Beschäftigungspflicht.
[60] BAG 16. 10. 1986 AP 95 zu § 626 BGB = NZA 87, 392.
[61] LAG Berlin 29. 8. 1988 NZA 89, 280.
[62] BAG 10. 2. 1999 AP 24 zu § 15 KSchG 1969 = NZA 99, 708.
[63] BAG 15. 12. 1977 AP 69 zu § 626 BGB; siehe dazu auch BAG 24. 6. 2004 AP 49 zu § 1 KSchG 1969 Verhaltensbedingte Kündigung = NZA 2005, 158 zur Kündigung eines gewerkschaftlichen Vertrauensmanns wegen kritischer Äußerungen gegenüber dem Arbeitgeber.
[64] LAG Hamm DB 72, 917.
[65] LAG Hamm DB 72, 1124.
[66] Vgl. LAG Hamm DB 73, 484.
[67] LAG Berlin 3. 8. 1998 LAGE § 15 KSchG Nr. 17.
[68] LAG Mainz BB 67, 248.
[69] LAG Berlin 16. 10. 1995 NZA-RR 96, 368.
[70] BAG 21. 6. 1995 AP 36 zu § 15 KSchG 1969 = NZA 95, 1157.
[71] BAG 7. 10. 2004 AP 56 zu § 15 KSchG 1969 = NZA 2005, 156.

lauffrist eines Betriebsratsmitglieds wegen häufiger krankheitsbedingter Fehlzeiten regelmäßig unzulässig sein,[72] bei Wahlwerbung während der Arbeitszeit sei die Gehaltskürzung gegenüber der fristlosen Kündigung das mildere Mittel.[73]

V. Zustimmung des Betriebsrats

21 **1. Allgemeines.** Der Arbeitgeber bedarf zur Kündigung eines Wahlvorstandsmitglieds bis zur Bekanntgabe des Wahlergebnisses, eines Wahlbewerbers vom Zeitpunkt der Aufstellung des Wahlvorschlags bis zur Bekanntgabe des Wahlergebnisses und eines Mitglieds des Betriebsrats, einer Jugend- und Auszubildendenvertretung, einer Bordvertretung oder eines Seebetriebsrats vom Beginn bis zum Ende der Amtszeit der **vorherigen**[74] **Zustimmung des amtierenden**[75] **Betriebsrats (§ 103 I BetrVG).**[76] Die Kündigung im Nachwirkungszeitraum nach Beendigung der Amtszeit ist dagegen nicht zustimmungspflichtig; hierfür ist lediglich die Unterrichtung nach § 102 I BetrVG erforderlich.[77] Das Zustimmungserfordernis soll verhindern, dass der Arbeitgeber durch eine willkürliche außerordentliche Kündigung eine geschützte Person aus dem Betrieb entfernt und diese nach längerer Verfahrensdauer dem Betrieb entfremdet ist, so dass eine Wahl zum Betriebsrat nicht mehr in Betracht kommt. Wird die Zustimmung nicht erteilt, hat der Arbeitgeber nach § 103 II BetrVG ein Zustimmungsersetzungsverfahren beim Arbeitsgericht einzuleiten. Das Zustimmungsverfahren ist grundsätzlich ein um die Zustimmung erweitertes Anhörungsverfahren. Es gelten daher ergänzend die Grundsätze des § 102 BetrVG.[78]

22 **2. Tendenzbetriebe.** Die Kündigung eines als Tendenzträger beschäftigten Betriebsratsmitglieds aus tendenzbezogenen Gründen bedarf **nicht der Zustimmung** des Betriebsrats nach § 103 I BetrVG. Der Betriebsrat ist nur nach § 102 I BetrVG anzuhören.[79] Einem als Tendenzträger beschäftigten Betriebsratsmitglied kann deshalb ohne Zustimmung des Betriebsrats nach § 103 I BetrVG aus tendenzbedingten Gründen gekündigt werden. Eine von einer politischen Partei getragene politische Stiftung ist auf Grund der von ihr verfolgten allgemeinen politischen Zielsetzung grundsätzlich als ein Tendenzunternehmen i. S. v. § 118 I 1 Nr. 1 BetrVG anzusehen. Ein Arbeitnehmer ist Tendenzträger, wenn er in verantwortlicher Stellung tätig ist und unmittelbar einen maßgeblichen Einfluss auf die Tendenzverwirklichung hat. Daran fehlt es, wenn sein Gestaltungsspielraum stark eingeschränkt ist. Unschädlich ist allerdings, wenn der Tendenzträger im Einzelfall nach vorgegebenen allgemeinen Richtlinien und Weisungen arbeiten muss.[80] Nicht zu den Tendenzträgern zählen solche Mitarbeiter, die Tätigkeiten verrichten, die unabhängig von der Eigenart des Tendenzbetriebes in jedem Betrieb anfallen, wie z. B. Buchhalter, Bürogehilfen, Schreibkräfte, Hausmeister, Registrator, Lagerarbeiter. Allgemein anerkannt ist, dass die Funktionsinhaber (hauptamtliche Funktionäre) bei den Parteien und Koalitionen Tendenzträger sind.[81]

23 **3. Zustimmungsverfahren. a)** Der Arbeitgeber hat dem Betriebsrat die **Gründe zur außerordentlichen Kündigung mitzuteilen.** Der Umfang der Unterrichtung richtet sich nach den zu § 102 I BetrVG entwickelten Grundsätzen (dazu § 124 RN 21 ff.).[82] Die Kündigung wie auch das Verfahren zur Ersetzung der Zustimmung zur Kündigung kann nur auf solche Gründe gestützt werden, die dem Betriebsrat zuvor mitgeteilt worden sind.[83] Will der Arbeitgeber seine Kündigung in erster Linie auf den dringenden Verdacht einer erheblichen arbeitsvertraglichen Pflichtverletzung stützen, muss er dies dem Betriebsrat mitteilen und die Umstände angeben, aus denen sich der konkrete Verdacht ergeben soll. Informiert er den Betriebsrat nur über eine aus seiner Sicht erwiesene Vertragspflichtverletzung des Arbeitnehmers, kann er sich im späteren Kündigungsschutzprozess zur Begründung der Kündigung nicht mehr auf den Verdacht stützen,

---

[72] BAG 18. 2. 1993 AP 35 zu § 15 KSchG 1969 = NZA 94, 74; 9. 7. 1998 EzA 1 zu § 626 BGB Krankheit.

[73] LAG Köln 1. 2. 1991 LAGE § 15 KSchG Nr. 7.

[74] BAG 20. 3. 1975, 11. 11. 1976 AP 2, 8 zu § 103 BetrVG 1972; 9. 7. 1998 AP 36 zu § 103 BetrVG 1972 = NZA 98, 1273.

[75] BAG 28. 9. 1983 AP 1 zu § 21 BetrVG 1972 = DB 84, 833.

[76] Im öffentlichen Dienst vgl. § 15 II KSchG i. V. m. § 47 BPersVG.

[77] GK-BetrVG/*Raab* § 103 RN 21.

[78] BAG 18. 8. 1977 AP 10 zu § 103 BetrVG 1972; KR/*Etzel* § 103 BetrVG RN 66.

[79] BAG 28. 8. 2003 AP 49 zu § 103 BetrVG 1972.

[80] Dazu BAG 28. 10. 1986 AP 32 zu § 118 BetrVG 1972 = NZA 87, 531.

[81] BAG 6. 12. 1979 AP 2 zu § 1 KSchG 1969 Verhaltensbedingte Kündigung.

[82] BAG 23. 4. 2008 AP 56 zu § 103 BetrVG = NZA 2008, 1081; KR/*Etzel* § 103 BetrVG RN 78.

[83] BAG 27. 5. 1975, 27. 1. 1977 AP 4, 7 zu § 103 BetrVG 1972.

wenn die Verdachtsmomente bei Ausspruch der Kündigung bekannt waren. Insoweit liegt ein unzulässiges Nachschieben von Kündigungsgründen vor.[84]

b) Die **Entscheidung über die Zustimmung** erfolgt durch Beschluss des Betriebsrats bzw. des zuständigen Ausschusses (§§ 27, 28 BetrVG). Die Übertragung des Zustimmungsrechts des Betriebsrats zu einer beabsichtigten außerordentlichen Kündigung eines Betriebsratsmitglieds nach § 103 BetrVG auf einen Betriebsausschuss gem. § 27 II 2 BetrVG oder einen besonderen Ausschuss nach § 28 BetrVG ist grundsätzlich zulässig. Das Zustimmungsrecht nach § 103 BetrVG muss dem Ausschuss nur ausdrücklich übertragen worden sein. Im schriftlichen Übertragungsbeschluss müssen die übertragenen Befugnisse so genau umschrieben werden, dass der Zuständigkeitsbereich des Ausschusses eindeutig feststeht. Es muss zweifelsfrei feststellbar sein, in welchen Angelegenheiten der Betriebsausschuss anstelle des Betriebsrats rechtsverbindliche Beschlüsse fassen kann.[85] Eine Übertragung auf eine Arbeitsgruppe nach § 28a BetrVG ist nicht möglich. 24

c) Das **betroffene Betriebsratsmitglied** ist nicht berechtigt, an der Sitzung teilzunehmen oder abzustimmen, da es sonst die Meinungsbildung des Betriebsrats beeinflussen könnte.[86] Der Ausschluss folgt aus dem allgemeinen Grundsatz, dass niemand „Richter in eigener Sache" sein kann.[87] Soll sämtlichen Mitgliedern des Betriebsrats außerordentlich gekündigt werden, hat nach der Rspr. des BAG der Betriebsrat jede einzelne Kündigung zu beraten; das jeweils betroffene Betriebsratsmitglied ist gehindert, an der Beratung und Abstimmung über seine Kündigung teilzunehmen. Ihm kann jedoch Gelegenheit gegeben werden, zu den erhobenen Vorwürfen Stellung zu nehmen.[88] Ist ein Betriebsrat wegen fehlender Ersatzmitglieder nicht mehr in voller Stärke vorhanden, nimmt in entsprechender Anwendung des § 22 i. V. m. § 13 II Nr. 2 BetrVG der Restbetriebsrat das Zustimmungsrecht nach § 103 BetrVG wahr.[89] Besteht der Betriebsrat nur aus einer Person und soll dieser gekündigt werden, ist die Zustimmung des Ersatzmitglieds notwendig. Ist ein solches nicht vorhanden, ist das Zustimmungsersetzungsverfahren beim Arbeitsgericht einzuleiten.[90] 25

d) Schweigt der Betriebsrat (drei Tage) auf das Ersuchen des Arbeitgebers zur Ersetzung der Zustimmung, liegt keine Zustimmung zur Kündigung vor.[91] Die Zustimmung, wie ihre Ablehnung, kann formlos erteilt werden. Zweifelhaft ist, ob sie unter einer Bedingung erteilt werden kann. Das Zustimmungsverfahren ist nicht beendet, wenn der Betriebsrat noch die Erklärung eines Belastungszeugen verlangt.[92] Hat der Betriebsrat die Zustimmung zur Kündigung erklärt, kann sie später nicht zurückgenommen werden, wenn der Arbeitgeber von der Kündigungsmöglichkeit Gebrauch macht.[93] Umgekehrt kann der Betriebsrat die von ihm zunächst verweigerte Zustimmung nach Einleitung des Verfahrens nach § 103 II BetrVG noch nachträglich erteilen. Durch eine wirksame nachträgliche Zustimmung des Betriebsrats erledigt sich das Beschlussverfahren zur gerichtlichen Ersetzung der Zustimmung nach § 103 II BetrVG in der Hauptsache.[94] Der Arbeitgeber muss in diesem Falle die Kündigung unverzüglich aussprechen, nachdem er von der nachträglichen Zustimmung Kenntnis erlangt hat.[95] 26

e) Hat der Betriebsrat in einem **rechtlich fehlerhaften Verfahren** zugestimmt, ist zweifelhaft, welche Auswirkungen das auf die Kündigung hat.[96] Ein Betriebsratsbeschluss ist grundsätzlich nur bei schweren Mängeln nichtig. Andererseits setzt § 103 BetrVG konstitutiv die wirksame Zustimmung voraus. Nach den Grundsätzen des Vertrauensschutzes darf der Arbeitgeber regelmäßig auf die Wirksamkeit eines Zustimmungsbeschlusses nach § 103 BetrVG vertrauen, wenn ihm der Betriebsratsvorsitzende oder sein Vertreter mitteilt, der Betriebsrat habe die bean- 27

---

[84] BAG 23. 4. 2008 AP 56 zu § 103 BetrVG = NZA 2008, 1081.
[85] BAG 17. 3. 2005 AP 6 zu § 27 BetrVG 1972 = NZA 2005, 1064.
[86] BAG 26. 8. 1981 AP 13 zu § 103 BetrVG 1972 = DB 81, 1937, 2627; 23. 8. 1984 AP 17 zu § 103 BetrVG 1972 = NZA 85, 254.
[87] Vgl. BAG 3. 8. 1999 AP 7 zu § 25 BetrVG 1972 = NZA 2000, 440.
[88] BAG 3. 8. 1999 AP 7 zu § 25 BetrVG 1972 = NZA 2000, 440.
[89] BAG 16. 10. 1986 AP 95 zu § 626 BGB.
[90] BAG 14. 9. 1994 EzA 36 zu § 103 BetrVG sowie allgemein BAG 16. 12. 1982 AP 13 zu § 15 KSchG 1969 = DB 83, 1049.
[91] BAG 18. 8. 1977, 17. 9. 1981 AP 10, 14 zu § 103 BetrVG 1972.
[92] BAG 1. 12. 1977 AP 11 zu § 103 BetrVG 1972.
[93] Vgl. BAG 3. 2. 1982 AP 1 zu § 72 BPersVG; KR/*Etzel* § 103 BetrVG RN 86.
[94] BAG 23. 6. 1993 AP 2 zu § 83 ArbGG 1979 = NZA 93, 1052.
[95] BAG 17. 9. 1981 AP 14 zu § 103 BetrVG 1972.
[96] Näher hierzu APS/*Linck* § 103 BetrVG RN 20ff.

tragte Zustimmung erteilt. Das gilt nur dann nicht, wenn der Arbeitgeber die Tatsachen kennt oder kennen muss, aus denen die Unwirksamkeit des Beschlusses folgt. Den Arbeitgeber trifft freilich keine Erkundigungspflicht.[97] Kenntnis ist anzunehmen, wenn der Betriebsratsvorsitzende nach Mitteilung der Kündigungsgründe sofort und ohne Beratung des Betriebsrats erklärt, der Betriebsrat stimme der Kündigung zu. Wenn der Arbeitgeber wegen Bedenken gegen die Wirksamkeit der ersten Kündigung eine weitere Kündigung aussprechen will, hat er erneut die Zustimmung des Betriebsrats zu beantragen. Ein stattdessen gestellter Zustimmungsersetzungsantrag ist unzulässig.[98]

28 **4. Kündigung nach Zustimmung.** Der Arbeitgeber kann die Kündigung erst nach erfolgter Zustimmung des Betriebsrats aussprechen. Kündigt der Arbeitgeber **ohne vorherige Zustimmung** des Betriebsrats oder Zustimmungsersetzung, ist die Kündigung nichtig.[99] Eine Genehmigung der Kündigung durch den Betriebsrat ändert hieran nichts.[100]

29 **5. Zustimmungsersetzungsverfahren. a)** Verweigert der Betriebsrat die Zustimmung, kann sie das Arbeitsgericht auf Antrag des Arbeitgebers im Beschlussverfahren, an dem der betroffene Arbeitnehmer beteiligt ist, ersetzen (§ 103 II BetrVG). Der Zustimmungsersetzungsantrag kann nicht vorsorglich unter der Bedingung gestellt werden, dass der Betriebsrat die Zustimmung zu der beabsichtigten außerordentlichen Kündigung verweigert.[101] Bei einem Betriebsratsmitglied, das zugleich **Schwerbehinderter** ist, kann das Ersetzungsverfahren nach Erteilung der Zustimmung des Integrationsamts bzw. deren Fiktion unverzüglich eingeleitet werden.[102] Sind die Schutzfristen des § 15 KSchG, innerhalb derer der Betriebsrat einer außerordentlichen Kündigung nach § 103 I BetrVG zustimmen muss, abgelaufen, bedarf es zur Kündigung eines (ehemaligen) Mitglieds der Betriebsverfassungsorgane im Nachwirkungszeitraum nur der Anhörung nach § 102 BetrVG. Im Rahmen des Zustimmungsersetzungsverfahrens kann der Arbeitgeber auch noch solche Umstände zur Begründung des Antrags heranziehen, die erst während des laufenden Verfahrens entstanden sind. Er muss allerdings vor der Einführung dieser Umstände im Zustimmungsersetzungsverfahren dem Betriebsrat Gelegenheit gegeben haben, seine Stellungnahme im Lichte der neuen Tatsachen zu überprüfen.[103]

30 **b)** In dem **Beschlussverfahren** (§§ 80ff. ArbGG) ist das Betriebsratsmitglied, das gekündigt werden soll, nach § 103 II 2 BetrVG Beteiligter. Aus der Beteiligtenstellung folgt auch die Befugnis des betroffenen Arbeitnehmers, gegen einen Beschluss, der die Zustimmung zur außerordentlichen Kündigung ersetzt, Beschwerde nach §§ 87ff. ArbGG einzulegen (RN 31).[104] Gleiches gilt für die Einlegung einer Rechtsbeschwerde nach §§ 92ff. ArbGG. Das Arbeitsgericht hat nach § 103 II BetrVG die verweigerte Zustimmung des Betriebsrats zu ersetzen, wenn die außerordentliche Kündigung unter Berücksichtigung aller Umstände gerechtfertigt ist. Der Arbeitgeber hat daher in der Antragsschrift die Gründe für die beabsichtigte Kündigung vorzutragen und darzulegen, dass der Betriebsrat die Zustimmung zu der beabsichtigten Kündigung verweigert hat. Das Arbeitsgericht muss dann prüfen, ob Tatsachen vorliegen, die die beabsichtigte außerordentliche Kündigung aus einem wichtigen Grund i. S. d. § 626 I BGB rechtfertigen.

31 **c)** Das **Rechtsschutzinteresse des Arbeitgebers für das Beschlussverfahren** entfällt, wenn die Zustimmungsbedürftigkeit zur Kündigung wegfällt, z. B. weil ein Wahlbewerber nicht gewählt worden ist. In diesen Fällen ist das Beschlussverfahren erledigt.[105] Der Antrag des Arbeitgebers nach § 103 II BetrVG auf Ersetzung der Zustimmung des Betriebsrats zur fristlosen Entlassung eines Betriebsratsmitglieds wird unzulässig, wenn während des laufenden Beschlussverfahrens das Arbeitsverhältnis mit dem Betriebsratsmitglied beendet wird.[106]

---

[97] BAG 23. 8. 1984 AP 17 zu § 103 BetrVG 1972 = NZA 85, 254.

[98] BAG 24. 10. 1996 AP 32 zu § 103 BetrVG 1972 = NZA 97, 371.

[99] BAG 28. 4. 1994 AP 12 zu Art. 20 Einigungsvertrag = NZA 95, 168; 22. 8. 1974 AP 1 zu § 103 BetrVG 1972.

[100] BAG 9. 7. 1998 AP 36 zu § 103 BetrVG 1972 = NZA 98, 1273; 20. 3. 1975 AP 2 zu § 103 BetrVG 1972.

[101] BAG 7. 5. 1986 AP 18 zu § 103 BetrVG 1972 = NZA 86, 719.

[102] BAG 22. 1. 1987 AP 24 zu § 103 BetrVG 1972 = NZA 87, 563; vgl. hierzu auch BAG 11. 5. 2000 AP 42 zu § 103 BetrVG 1972 = NZA 2000, 1106.

[103] BAG 23. 4. 2008 AP 56 zu § 103 BetrVG = NZA 2008, 1081.

[104] BAG 23. 6. 1993 AP 2 zu § 83a ArbGG 1979 = NZA 93, 1052; 10. 12. 1992 AP 4 zu § 87 ArbGG 1979 = NZA 93, 501.

[105] BAG 30. 5. 1978 AP 4 zu § 15 KSchG 1969.

[106] BAG 27. 6. 2002 AP 47 zu § 103 BetrVG 1972 = NZA 2003, 229.

d) Im Falle der **Zustimmungsersetzung** kann das betroffene Betriebsratsmitglied gegen den Ersetzungsbeschluss auch dann Beschwerde einlegen, wenn der Betriebsrat die gerichtliche Entscheidung hinnimmt.[107] Da der Betriebsrat bei der Frage der Zustimmung keinen Ermessensspielraum hat, muss das Arbeitsgericht die Zustimmung ersetzen, wenn die Voraussetzungen des wichtigen Grundes vorliegen.[108] Das Arbeitsgericht hat bei der Beurteilung des wichtigen Grundes alle bekannt gewordenen Umstände zu berücksichtigen; indes ist notwendig, dass sie zuvor dem Betriebsrat mitgeteilt waren.[109] Der Amtsermittlungsgrundsatz des Beschlussverfahrens führt nicht dazu, dass ein von Amts wegen ermittelter Sachverhalt der gerichtlichen Entscheidung zugrunde gelegt wird, auf den sich der Arbeitgeber nicht berufen hat.[110] 32

e) Die Zustimmung ist ersetzt, wenn der Beschluss des Arbeitsgerichts **rechtskräftig** ist.[111] Der Arbeitgeber kann die außerordentliche Kündigung grundsätzlich erst zu diesem Zeitpunkt aussprechen. Eine zuvor erklärte Kündigung ist nicht nur schwebend unwirksam, sondern unheilbar nichtig.[112] Hat das Arbeitsgericht die Zustimmung rechtskräftig ersetzt oder der Betriebsrat der Kündigung zugestimmt, muss die Kündigung unverzüglich ausgesprochen werden.[113] Ist ein Zustimmungsersetzungsantrag abgewiesen worden, kann ein neuer Antrag nur dann in Betracht kommen, wenn es für die Kündigung neue Tatsachen gibt.[114] Die formelle Rechtskraft tritt, sofern die Rechtsbeschwerde gegen den die Zustimmung ersetzenden Beschluss des LAG nicht zugelassen worden ist, mit dem Ablauf der Frist für die Einlegung der Nichtzulassungsbeschwerde oder mit der Zurückweisung der Nichtzulassungsbeschwerde durch das BAG ein.[115] Im Allgemeinen kann der Arbeitgeber ein unverzüglich eingeholtes Rechtskraftzeugnis abwarten. Die Zustimmung des Betriebsrats zur außerordentlichen Kündigung eines Betriebsratsmitglieds nach § 103 BetrVG ist keine Zustimmung i. S. der §§ 182 ff. BGB. Das Betriebsratsmitglied kann daher die Kündigung nicht nach § 182 III BGB i. V. mit § 111 Satz 2, 3 BGB zurückweisen, weil ihm der Arbeitgeber die vom Betriebsrat erteilte Zustimmung nicht in schriftlicher Form vorgelegt hat.[116] 33

f) Eine Ersetzung der Zustimmung im Wege **einstweiliger Verfügung** ist unzulässig. Der **Verfahrensstreitwert** für das Ersetzungsverfahren beträgt i. d. R. drei Monatsverdienste.[117] Die Beteiligung des Betriebsratsmitglieds am Beschlussverfahren ist keine Amtstätigkeit, so dass etwaige **Anwaltskosten** vom Arbeitgeber nicht zu ersetzen sind.[118] Etwas anderes gilt dann, wenn auf die Beschwerde des beteiligten Betriebsratsmitglieds der Antrag auf Ersetzung der Zustimmung abgewiesen worden ist. Das gebietet das Benachteiligungsverbot des § 78 II BetrVG.[119] 34

g) Besteht kein Betriebsrat, welcher der außerordentlichen Kündigung z. B. eines Wahlvorstands oder -bewerbers zustimmen könnte, beispielsweise weil ein Betriebsrat erstmals gewählt werden soll, hat der Arbeitgeber sofort die Zustimmung des Arbeitsgerichts einzuholen. Nur so wird dem besonderen Schutzbedürfnis Rechnung getragen.[120] Dasselbe gilt, wenn der **Betriebsrat funktionsunfähig** ist.[121] Der Betriebsrat ist funktionsunfähig, wenn alle Betriebsrats- und Ersatzmitglieder nicht nur kurzfristig an der Amtsausübung verhindert sind, also bei- 35

---

[107] BAG 10. 12. 1992 AP 4 zu § 87 ArbGG 1979 = NZA 93, 501.

[108] BAG 22. 8. 1974 AP 1 zu § 103 BetrVG 1972.

[109] BAG 27. 1. 1977 AP 7 zu § 103 BetrVG 1972.

[110] BAG 27. 1. 1977 AP 7 zu § 103 BetrVG 1972.

[111] BAG 9. 7. 1998 AP 36 zu § 103 BetrVG 1972 = NZA 98, 1273.

[112] BAG 20. 3. 1975 AP 2 zu § 103 BetrVG 1972; 24. 10. 1996 AP 32 zu § 103 BetrVG 1972 = NZA 97, 371; 9. 7. 1998 AP 36 zu § 103 BetrVG 1972 = NZA 98, 1273.

[113] BAG 24. 4. 1975 AP 3 zu § 103 BetrVG 1972; 9. 7. 1998 AP 36 zu § 103 BetrVG 1972 = NZA 98, 1273.

[114] BAG 16. 9. 1999 AP 38 zu § 103 BetrVG 1972 = NZA 2000, 158.

[115] BAG 9. 7. 1998 AP 36 zu § 103 BetrVG 1972 = NZA 98, 1273, auch zur Möglichkeit der Kündigung vor der Entscheidung über eine Nichtzulassungsbeschwerde; näher hierzu *Diller* NZA 2004, 579 ff.; APS/*Linck* § 103 BetrVG RN 36 f.

[116] BAG 4. 3. 2004 AP 50 zu § 103 BetrVG 1972 = NZA 2004, 717.

[117] LAG Berlin DB 75, 503; LAG Bremen DB 84, 2416.

[118] BAG 21. 1. 1990 AP 28 zu § 103 BetrVG 1972 = NZA 91, 152; 3. 4. 1979 AP 16 zu § 40 BetrVG 1972.

[119] BAG 21. 1. 1990 AP 28 zu § 103 BetrVG 1972 = NZA 91, 152; hierzu auch *Wilfurth/Hubmann* FA 2000, 273.

[120] BAG 12. 8. 1976 AP 2 zu § 15 KSchG 1969; 30. 5. 1978 AP 4 zu § 15 KSchG 1969; 16. 12. 1982 AP 13 zu § 15 KSchG 1969.

[121] BAG 16. 12. 1982 AP 13 zu § 15 KSchG 1969.

spielsweise wegen Krankheit[122] oder vor der konstituierenden Sitzung des neu gewählten Betriebsrats (§ 29 I BetrVG).[123]

36 **h)** Bis zur Ersetzung der Zustimmung hat der Arbeitgeber das Betriebsratsmitglied **weiterzubeschäftigen.** Eine Ausnahme besteht nur dann, wenn der Arbeitgeber berechtigt ist, einen Arbeitnehmer von der Arbeit zu suspendieren.[124] In diesem Fall behält das Mitglied des Betriebsverfassungsorgans entsprechend dem Normzweck von § 103 BetrVG bis zur Rechtskraft des Ersetzungsbeschlusses und Ausspruch der außerordentlichen Kündigung grundsätzlich ein Zutrittsrecht zum Betrieb, um das Amt auszuüben.[125] Bei besonders schweren Pflichtverletzungen, die den Betriebsfrieden nachweisbar konkret und erheblich beeinträchtigen, kann es allerdings untragbar sein, dem zur fristlosen Kündigung vorgesehenen Betriebsratsmitglied bis zum rechtskräftigen Abschluss des Zustimmungsersetzungsverfahrens nach § 103 BetrVG uneingeschränkten Zutritt zum Betrieb zu gewähren.[126] Die Entscheidungen ergehen im Streitfall durch einstweilige Verfügung. Mit dem Beschlussverfahren nach § 103 II BetrVG kann hilfsweise der Antrag verbunden werden, den betroffenen Arbeitnehmer wegen grober Verletzung seiner gesetzlichen Pflichten nach § 23 I aus dem Betriebsrat auszuschließen.[127]

37 **6. Individueller Kündigungsschutz.** Wird die Zustimmung ersetzt, hat das betroffene Betriebsratsmitglied gleichwohl noch die Möglichkeit, gegen die dann ausgesprochene außerordentliche Kündigung **Kündigungsschutzklage** zu erheben.[128] Dieser Klage steht weder fehlendes Rechtsschutzinteresse noch die rechtskräftige Zustimmungsersetzung entgegen. Allerdings ist der in dem Zustimmungsersetzungsverfahren ergangene Beschluss **präjudiziell,** so dass der Arbeitnehmer nur noch solche Einwendungen erheben kann, die erst nach Abschluss des Beschlussverfahrens oder nach Ausspruch der Kündigung bekannt geworden sind.[129] Keine Bindungswirkung entsteht, wenn das betroffene Betriebsratsmitglied am Beschlussverfahren nicht beteiligt war. Ist es dagegen formell beteiligt worden und hat es von seinem Beteiligungsrecht lediglich keinen Gebrauch gemacht, tritt zu seinen Lasten die Präklusionswirkung ein. Gleiches gilt, wenn der Arbeitgeber nach Abschluss des Zustimmungsersetzungsverfahrens und Ausscheiden des Arbeitnehmers aus dem Betriebsrat eine ordentliche Kündigung ausspricht. Die rechtskräftige Ersetzung der vom Betriebsrat verweigerten Zustimmung zu einer außerordentlichen Kündigung nach § 103 BetrVG entfaltet nach Auffassung des BAG allerdings keine Bindungswirkung hinsichtlich des Kündigungsgrundes für einen späteren Kündigungsschutzprozess, in dem der Arbeitnehmer die Sozialwidrigkeit einer auf denselben Sachverhalt gestützten ordentlichen Kündigung geltend macht.[130]

38 **7. Vergütungsansprüche.** Das Betriebsratsmitglied hat Anspruch auf Vergütungsfortzahlung bis zur Rechtswirksamkeit der außerordentlichen Kündigung. Allerdings soll nach Auffassung des BAG der Arbeitgeber dann die Vergütungsfortzahlung verweigern können, wenn die Erhebung der Ansprüche **gegen Treu und Glauben verstoße.**[131] Dieser Verstoß wird aber noch nicht dadurch festgestellt, dass das Arbeitsgericht in einem noch nicht rechtskräftigen Beschluss die Zustimmung zur Kündigung ersetzt hat.

VI. Betriebsstilllegung

39 **1. Allgemeines. a)** Die Kündigung gegenüber einer dem Sonderkündigungsschutz unterliegenden Person ist auch dann zulässig, wenn der Betrieb oder eine Betriebsabteilung stillgelegt wird (§ 15 IV und V KSchG). Hierbei handelt es sich um eine **ordentliche Kündigung,** bei der die einzel- oder kollektivvertraglichen bzw. gesetzlichen Kündigungsfristen einzuhalten

---

[122] BAG 5. 9. 1986 AP 26 zu § 15 KSchG 1969 = BB 87, 1319.

[123] BAG 23. 8. 1984 AP 36 zu § 102 BetrVG 1972 = NZA 85, 566.

[124] LAG Hamm 24. 10. 1974 EzA 5 zu § 103 BetrVG 1972; zur Suspendierung LAG Sachsen 14. 4. 2000 NZA-RR 2000, 588; teilw. wird die Suspendierung nur mit Zustimmung des Betriebsrats zugelassen, vgl. *Dütz* Anm. zu EzA 9 zu § 103 BetrVG 1972; *ders.* Beil. 13 zu DB 78; KR/*Etzel* § 103 BetrVG RN 145.

[125] LAG Hamm 27. 4. 1972 EzA 1 zu § 103 BetrVG 1972; LAG Düsseldorf DB 77, 1053.

[126] LAG München 19. 3. 2003 NZA-RR 2003, 641; KR/*Etzel* § 103 BetrVG RN 150; HWK/*Ricken* § 103 BetrVG RN 24.

[127] BAG 21. 2. 1978 AP 1 zu § 74 BetrVG 1972; LAG Niedersachsen 25. 10. 2004 NZA-RR 2005, 530.

[128] BR-Drucks. 715/70.

[129] BAG 24. 4. 1975 AP 3 zu § 103 BetrVG 1972; zur erforderlichen Zustimmung des Intergrationsamts BAG 11. 5. 2000 AP 42 zu § 103 BetrVG 1972 = NZA 2000, 1106.

[130] BAG 15. 8. 2002 AP 48 zu § 103 BetrVG 1972 = NZA 2003, 432.

[131] Vgl. BAG 11. 11. 1976 AP 8 zu § 103 BetrVG 1972.

sind.[132] Die nach § 15 KSchG geschützten Personen können bei einer Betriebsstilllegung oder Stilllegung einer Betriebsabteilung (§ 15 IV und V KSchG) in gleicher Weise gekündigt werden können wie andere von der unternehmerischen Entscheidung betroffene Arbeitnehmer. Dies gilt auch, wenn der Mandatsträger auf Grund einer tarifvertraglichen Bestimmung ordentlich unkündbar ist. In diesen Fällen tritt lediglich an die Stelle der ordentlichen Kündigungsmöglichkeit § 15 IV und V KSchG die grundsätzlich mögliche außerordentliche Kündigung mit Auslauffrist (dazu § 128 RN 30).[133]

b) Die Kündigung ist **frühestens zum Zeitpunkt der Stilllegung** wirksam, und zwar auch dann, wenn die Belegschaft etappenweise abgebaut wird.[134] Solange im Betrieb noch Arbeit vorhanden ist, muss die dem Sonderschutz unterliegende Person vorrangig beschäftigt werden. Sie ist also notfalls innerhalb des Betriebs zu versetzen. Dies gilt nur dann nicht, wenn die Kündigung zu einem früheren Zeitpunkt durch zwingende betriebliche Erfordernisse bedingt ist.[135] Dies ist der Fall, wenn für die Arbeit kein Bedürfnis mehr besteht, z. B. wenn ein Betriebsmaurer oder Reparaturschlosser infolge der Betriebsstilllegung nicht mehr gebraucht wird. Hat der Arbeitgeber **mehrere Betriebe,** z. B. mehrere Einzelhandelsgeschäfte oder Versicherungsniederlassungen, hat er zur Vermeidung der Kündigung eine Versetzung in einen anderen Betrieb zu prüfen. Das BAG hat diesen Grundsatz auch für Betriebsräte angewandt. Ist in einem anderen Betrieb ein freier Arbeitsplatz vorhanden, muss das Betriebsratsmitglied dort weiterbeschäftigt werden.[136] 40

2. Begriff der Betriebsstilllegung. Unter einer Betriebsstilllegung ist die Auslösung der zwischen Arbeitgeber und Arbeitnehmer bestehende Betriebs- und Produktionsgemeinschaft zu verstehen, die ihre Veranlassung und zugleich ihren unmittelbaren Ausdruck darin findet, dass der Arbeitgeber die wirtschaftliche Betätigung in der ernstlichen Absicht einstellt, den bisherigen Betriebszweck dauernd oder für eine ihrer Dauer nach unbestimmte, wirtschaftlich nicht unerhebliche Zeitspanne nicht weiterzuverfolgen.[137] Die Stilllegung braucht keine endgültige zu sein; nur darf die Wiederaufnahme des Betriebs nicht kurzfristig beabsichtigt sein, so dass sie als Fortsetzung des bisherigen Betriebs erscheint (Betriebsunterbrechung).[138] Keine Stilllegung liegt vor, wenn der Unternehmer den Betrieb nur vorübergehend schließt, um den Kündigungsschutz zu umgehen, oder wenn er den Betriebszweck ändert, jedoch die Betriebsorganisation beibehält, oder wenn er den Betrieb veräußert und dieser unter Beibehaltung der Identität vom Erwerber fortgesetzt wird (§ 613 a BGB), oder wenn das Insolvenzverfahren eröffnet wird und der Insolvenzverwalter den Betrieb weiterführt. Wird der Betrieb an einen anderen Ort verlegt, ist eine Stilllegung gegeben, wenn die alte bestehende Betriebsgemeinschaft aufgelöst und am neuen Ort eine neue begründet wird.[139] Über die Beteiligungsrechte des Betriebsrats bei Betriebsstilllegung vgl. § 244. 41

3. Stilllegung einer Betriebsabteilung. a) Wird nur eine Betriebsabteilung (§ 214)[140] stillgelegt, ist der Arbeitgeber nach § 15 V KSchG verpflichtet, **mit allen ihm zur Verfügung stehenden Mitteln** für die Weiterbeschäftigung eines Mitglieds der Betriebsvertretung zu sorgen. Er muss dem Mandatsträger grundsätzlich eine gleichwertige Stelle anbieten. Durch das Angebot eines geringerwertigen Arbeitsplatzes mit geringerer Entlohnung genügt er regelmäßig noch nicht seinen gesetzlichen Verpflichtungen. Die Übernahme des Betriebsratsmitglieds in einer anderen Betriebsabteilung ist nach Auffassung des BAG notfalls durch **Freikündigen** eines geeigneten Arbeitsplatzes sicherzustellen.[141] Eine Betriebsabteilung i. S. v. § 15 V KSchG wird im Rahmen eines **Gemeinschaftsbetriebs** nur dann stillgelegt, wenn bezogen auf den gesam- 42

---

[132] BAG 21. 6. 2001 AP 50 zu § 15 KSchG 1969 = NZA 2002, 212.

[133] BAG 15. 2. 2007 AP 2 zu § 613 a BGB Widerspruch; 18. 9. 1997 AP 35 zu § 103 BetrVG 1972 = NZA 98, 189.

[134] BAG 26. 10. 1967 AP 17 zu § 13 KSchG; 29. 3. 1977 AP 11 zu § 102 BetrVG 1972.

[135] Ebenso KR/*Etzel* § 15 KSchG RN 103 f.

[136] BAG 13. 8. 1992 AP 32 zu § 15 KSchG 1969 = NZA 93, 224.

[137] BAG 13. 2. 2003 AP 24 zu § 611 BGB Organvertreter; 21. 6. 2001 AP 50 zu § 15 KSchG 1969 = NZA 2002, 212; 11. 3. 1998 AP 43 zu § 111 BetrVG 1972.

[138] BAG 21. 6. 2001 AP 50 zu § 15 KSchG 1969 = NZA 2002, 212; 27. 9. 1984 AP 39 zu § 613 a BGB = NZA 85, 493.

[139] BAG 12. 2. 1987 AP 67 zu § 613 a BGB = NZA 88, 170.

[140] Zum Begriff BAG 20. 1. 1984 AP 16 zu § 15 KSchG 1969.

[141] BAG 2. 3. 2006 AP 61 zu § 15 KSchG 1969 = NZA 2006, 988; 18. 10. 2000 AP 49 zu § 15 KSchG 1969 = NZA 2001, 321; *Krause* RdA 2002, 56; a. A. BBDW/*Dörner* § 15 RN 99 a m. w. N. zur Gegenauffassung; ausf. dazu *Bengelsdorf* BB 2007, 661; zum Zusammentreffen von Betriebsteilstilllegung und Betriebsübergang vgl. LAG Sachsen-Anhalt 16. 3. 1999 BB 99, 1875; *Leuchten* NZA 2007, 585.

ten gemeinsamen Betrieb die Arbeits- und Produktionsgemeinschaft zwischen Unternehmer und Belegschaft der Betriebsabteilung aufgelöst wird und dies auf einem ernstlichen Willen des Arbeitgebers beruht.[142]

43 **b)** Wird eine Betriebsabteilung stillgelegt und kann ein dort beschäftigtes Betriebsratsmitglied nach entsprechender Änderungskündigung zu im Übrigen unveränderten Bedingungen auf einem freien Arbeitsplatz in einer anderen Betriebsabteilung weiterbeschäftigt werden, ist der Arbeitgeber grundsätzlich nicht verpflichtet, einen örtlich näher gelegenen und deshalb das Betriebsratsmitglied weniger belastenden Arbeitsplatz frei zu kündigen.[143] Im Rahmen einer **Interessenabwägung** zwischen dem besonderen Schutz des Betriebsratsmitglieds und dem Weiterbeschäftigungsinteresse der anderen Arbeitnehmer ist der Mitarbeiter zu ermitteln, den die Kündigung relativ am wenigsten hart treffen würde.[144] Ist die Übernahme in eine andere Abteilung aus betrieblichen Gründen nicht möglich, ist ggf. eine Versetzung in einen anderen Betrieb des Unternehmens vorzunehmen, wenn dort ein geeigneter freier Arbeitsplatz vorhanden ist.[145] Die aktiven Mandatsträger genießen Vorrang vor den Ersatzmitgliedern im Nachwirkungszeitraum bei der Weiterbeschäftigung auf einer Stelle in einer anderen Abteilung.[146]

44 **c)** Der Arbeitgeber ist **darlegungs- und beweispflichtig** dafür, dass eine Versetzung nicht möglich ist. Der Arbeitnehmer hat darzulegen, wie er sich seine Weiterbeschäftigung vorstellt.[147]

45 **4. Beteiligung des Betriebsrats.** Bei der Stilllegung ist der Betriebsrat nach **§ 102 BetrVG** zu beteiligen.[148] Dem Betriebsrat ist im Rahmen des Anhörungsverfahrens neben der Unternehmerentscheidung über die geplante Stilllegung auch der voraussichtliche Stilllegungstermin mitzuteilen.[149] Auch im Falle der **tariflichen Unkündbarkeit** eines Betriebsratsmitglieds bedarf es bei Betriebsstilllegungen nicht der Zustimmung des Betriebsrats. Dies hat das Arbeitsgericht im Zustimmungsersetzungsverfahren festzustellen. Die Entscheidung des Arbeitsgerichts hat insoweit auch präjudizielle Wirkung für das nachfolgende Kündigungsschutzverfahren.[150]

46 **5. Öffentlicher Dienst.** § 15 IV und V KSchG gelten **auch im öffentlichen Dienst.** Aus dem Umstand, dass die Auflösung einer Dienststelle oder einer Abteilung einer Dienststelle der öffentlichen Verwaltung keine ausdrückliche Erwähnung finden, kann nicht gefolgert werden, dass diese Vorschrift nur auf Funktionsträger aus dem Bereich der Betriebsverfassung anzuwenden wäre. Denn die Absätze 4 und 5 des § 15 KSchG beziehen sich nach deren Wortlaut ohne Einschränkung auf die „in den Absätzen 1–3 genannten Personen", somit auch auf die in § 15 II KSchG genannten Mitglieder einer Personalvertretung.[151] Die Übernahmeverpflichtung ist dabei dienstellenbezogen, weil die Dienststelle dem Betrieb entspricht. Im Falle einer Abteilungsstilllegung ist der Arbeitgeber deshalb nicht verpflichtet, ein Mitglied der Stufenvertretung (Bezirksbetriebsvertretung) über die Dienststelle hinaus in eine zur Zuständigkeit der Bezirksbetriebsvertretung gehörende Dienststelle weiterzubeschäftigen.[152]

VII. Vergütungsfortzahlung und Ablehnung der Weiterbeschäftigung

47 **1. Verweigerung der Weiterbeschäftigung.** Stellt das Gericht die Unwirksamkeit der Kündigung einer dem Sonderkündigungsschutz unterliegenden Person fest, kann diese nach § 16 KSchG, wenn sie inzwischen ein neues Arbeitsverhältnis eingegangen ist, binnen einer Woche nach Rechtskraft des Urteils durch Erklärung gegenüber dem alten Arbeitgeber die Weiterbeschäftigung verweigern. Die Frist wird gewahrt, wenn die Erklärung fristgemäß zur Post gegeben wird. Diese Vorschrift entspricht § 12 KSchG (§ 140).

48 **2. Unwirksamkeit der Kündigung.** Wird die Unwirksamkeit der Kündigung festgestellt, kann der Gekündigte aber auch an den Arbeitsplatz zurückkehren. Unter den Voraussetzungen des Annahmeverzugs haftet der Arbeitgeber für den entgangenen Zwischenverdienst, auf den jedoch anderweitig erzielter oder böswillig nicht erzielter Verdienst anzurechnen ist (§ 16 KSchG).

---

[142] BAG 15. 2. 2007 AP 2 zu § 613a BGB Widerspruch.
[143] BAG 28. 10. 1999 AP 44 zu § 15 KSchG 1969 = NZA 2000, 825.
[144] Ebenso KR/*Etzel* § 15 KSchG RN 126; *v. Hoyningen-Huene/Linck* § 15 RN 170a.
[145] Ebenso ErfK/*Kiel* § 15 KSchG RN 47; *Bader/Dörner* § 15 RN 103; *Stahlhacke* RN 1635.
[146] BAG 2. 3. 2006 AP 61 zu § 15 KSchG 1969 = NZA 2006, 988.
[147] LAG Berlin DB 87, 178.
[148] BAG 29. 3. 1977 AP 11 zu § 102 BetrVG 1972.
[149] LAG Köln 13. 1. 1993 ZIP 93, 1107.
[150] BAG 18. 9. 1997 AP 35 zu § 103 BetrVG 1972 = NZA 98, 189.
[151] BAG 22. 9. 2005 AP 59 zu § 15 KSchG 1969 = NZA 2006, 558.
[152] BAG 22. 9. 2005 AP 59 zu § 15 KSchG 1969 = NZA 2006, 558.

§ 144. Kündigungsschutz bei Einberufung zum Wehrdienst

I. Allgemeines

Der Kündigungsschutz richtet sich nach dem **ArbPlSchG.** Das Arbeitsverhältnis wird durch die Einberufung des Arbeitnehmers zum Grundwehrdienst oder zu einer Wehrübung nicht automatisch beendet (§ 177). Vielmehr ruht es während dieser Zeit (§ 1 I ArbPlSchG). 1

II. Kündigung während des Wehrdienstes

1. Kündigungsschutz bei ordentlicher Kündigung. Von der Zustellung des Einberufungsbescheids bis zur Beendigung des Grundwehrdienstes sowie während einer Wehrübung darf der Arbeitgeber das Arbeitsverhältnis **nicht kündigen** (§ 2 I ArbPlSchG). Entspr. gilt für die in § 16a ArbPlSchG genannten Soldaten auf Zeit. Beim Grundwehrdienst beginnt der Kündigungsschutz mit der Zustellung des Einberufungsbescheids, also i. d. R. vier bis sechs Wochen vor Dienstantritt bei der Bundeswehr. Bei Wehrübungen beträgt dagegen die Einberufungsfrist häufig mehrere Monate, so dass hier eine Ausdehnung bei der zumeist nur 2 bis 3 Wochen andauernden Wehrübung nicht angemessen erschien. Eine während des Kündigungsschutzes ausgesprochene ordentliche Kündigung ist nach § 134 BGB unwirksam.[1] Geht dem Arbeitnehmer nach der Zustellung des Einberufungsbescheids oder während des Wehrdienstes eine Kündigung zu, beginnt die Dreiwochenfrist des § 4 KSchG erst zwei Wochen nach dem Ende des Wehrdienstes (§ 2 IV ArbPlSchG). 2

2. Außerordentliche Kündigung. Das Recht zur außerordentlichen Kündigung aus **wichtigem Grund** bleibt unberührt (§ 2 III ArbPlSchG).[2] Der Arbeitgeber kann mithin aus einem wichtigen Grunde kündigen, den er erst nach Beginn des Kündigungsschutzes erfahren hat. Die Einberufung ist grundsätzlich kein wichtiger Grund. Hiervon macht das Gesetz eine Ausnahme. Im Falle des Grundwehrdienstes von mehr als sechs Monaten kann einem unverheirateten Arbeitnehmer in einem Betrieb mit i. d. R. fünf oder weniger Arbeitnehmern ausschließlich der Auszubildenden außerordentlich gekündigt werden, wenn dem Arbeitgeber infolge Einstellung einer Ersatzkraft die Weiterbeschäftigung des Arbeitnehmers nach der Entlassung aus dem Wehrdienst nicht zugemutet werden kann (§ 2 III 2 ArbPlSchG). Bei der Feststellung der Zahl der beschäftigten Arbeitnehmer sind teilzeitbeschäftigte Arbeitnehmer mit einer regelmäßigen wöchentlichen Arbeitszeit von nicht mehr als 20 Stunden mit 0,5 und nicht mehr als 30 Stunden mit 0,75 zu berücksichtigen. Wegen der längerfristig Beschäftigten enthält das Gesetz eine Überleitungsbestimmung. Eine solche außerordentliche Kündigung ist nur mit einer Frist von zwei Monaten für den Zeitpunkt der Entlassung aus dem Wehrdienst zulässig (§ 2 III 5 ArbPlSchG). Versäumt der Arbeitgeber diese Frist, verliert er das Kündigungsrecht, die Kündigung ist unwirksam.[3] 3

3. Klagefrist. Geht dem Arbeitnehmer nach der Zustellung des Einberufungsbescheids oder während des Wehrdienstes eine Kündigung zu, beginnt bei Anwendung des KSchG die Klagefrist des § 4 S. 1 KSchG erst **zwei Wochen nach dem Ende des Wehrdienstes** (§ 2 IV ArbPlSchG). Seit 1. 1. 2004 hat der Arbeitnehmer diese Frist stets zu wahren, wenn er sich gegen die Unwirksamkeit der Kündigung wenden will, und zwar auch, wenn er einen Verstoß gegen das Kündigungsverbot des § 2 I ArbPlSchG geltend machen will. 4

III. Kündigung vor und nach dem Wehrdienst

1. Wirksamkeit. Grundsätzlich ist der Arbeitgeber berechtigt, vor oder nach dem Wehrdienst das Arbeitsverhältnis ordentlich oder außerordentlich zu kündigen. Hiervon macht das Gesetz **zwei Ausnahmen.** 5

2. Wehrdienst als Anlass. Aus Anlass des Wehrdienstes darf der Arbeitgeber vor oder nach dem Wehrdienst nicht kündigen (§ 2 II 1 ArbPlSchG).[4] Eine hiergegen verstoßende Kündigung ist rechtsunwirksam (§ 134 BGB). Dieser Kündigungsschutz gilt auch für Arbeitnehmer, die nicht dem KSchG unterliegen. Denn gerade für diesen Personenkreis musste der Kündigungs- 6

---

[1] Ebenso ErfK/*Gallner* § 2 ArbPlSchG RN 10.
[2] Zur Betriebsstilllegung: ArbG Bochum DB 72, 441.
[3] MünchArbR/*Berkowsky* § 160 RN 103.
[4] LAG Bremen DB 64, 1230.

schutz erweitert werden. Aus Anlass des Wehrdienstes erfolgt jede Kündigung, für die der bestehende oder der bereits abgeleistete **Wehrdienst die Ursache** ist.[5] Untersagt ist mithin auch eine Kündigung aus Anlass der Wehrerfassung, der Musterung, Ableistung einer Wehrübung[6] usw. Die Beweislast dafür, dass das Arbeitsverhältnis nicht aus Anlass des Wehrdienstes gekündigt worden ist, trifft den Arbeitgeber (§ 2 II 3 ArbPlSchG). Seit 1. 1. 2004 hat der Arbeitnehmer einen Verstoß gegen § 2 II 1 ArbPlSchG innerhalb der Dreiwochenfrist des § 4 Satz 1 KSchG durch Erhebung einer Kündigungsschutzklage geltend zu machen. Die Frist beginnt gem. § 2 IV ArbPlSchG zwei Wochen nach dem Ende des Wehrdienstes.

7 **3. Soziale Auswahl.** Einen noch weitergehenden Schutz schafft das Gesetz für die dem KSchG unterliegenden Arbeitnehmer. Muss ein Arbeitgeber aus dringenden betrieblichen Erfordernissen (§ 1 II KSchG; vgl. § 131) Arbeitnehmer kündigen, darf er bei der Auswahl der zu Kündigenden die Einberufung eines Arbeitnehmers zum **Wehrdienst nicht zu dessen Ungunsten berücksichtigen** (§ 2 II ArbPlSchG).[7] Auch insoweit trifft den Arbeitgeber – allerdings abweichend von § 1 III 3 KSchG – die Beweislast dafür, dass er bei der Auswahl der zu Kündigenden den Wehrdienst nicht zuungunsten des Arbeitnehmers berücksichtigt hat (§ 2 II 3 ArbPlSchG).[8]

IV. Zivildienst

8 Der Kündigungsschutz nach dem ArbPlSchG gilt für Zivildienstleistende **entsprechend** (§ 78 I Nr. 1 ZDG).

9 Bei anerkannten Beschäftigungsstellen sind nach Grundsätzen für den Dienst von Zivildienstleistenden vom 15. 9. 1998 und Richtlinien des Bundesamtes für den Zivildienst Zivildienstbeauftragte zu bestellen. Deren Kündigung und Versetzung richtet sich nach den allgemeinen arbeitsrechtlichen Vorschriften.[9]

§ 145. Sonderfälle des Kündigungsschutzes

I. Kündigungsschutz der am Luftschutzdienst oder Katastrophenschutz Beteiligten

1 Nach § 21 des Gesetzes über den Zivilschutz (ZSG) vom 25. 3. 1997 (BGBl. I S. 726) richten sich die Rechte und Pflichten der im Zivilschutz mitwirkenden Helferinnen und Helfer nach den landesrechtlichen Vorschriften für den Katastrophenschutz, soweit durch das ZSG oder durch andere Rechtsvorschriften des Bundes nichts anderes bestimmt ist. In §§ 11 ff. ZSG ist der Katastrophenschutz im Zivilschutz geregelt.

II. Kündigungsschutz für Abgeordnete

v. Arnim, Das neue Abgeordnetengesetz, NJW 96, 1233; *Berger-Delhey,* „Ohne Wahl verteilt die Gaben, ohne Billigkeit das Glück", ZTR 98, 357; *Koch,* Arbeitsverträge der Mitarbeiter von Fraktionen und Gruppen nach dem Ende der Wahlperiode aus parlamentsrechtlicher Sicht, NZA 98, 1160; KR/*Weigand,* Kündigungsschutz für Parlamentarier; *Welti,* Abgeordnete und Arbeitsrecht, AuR 98, 345.

2 **1. Bundestagsabgeordneter. a)** Nach Art. 48 II 1 GG darf niemand gehindert werden, das Amt eines Abgeordneten zu übernehmen und auszuüben. Eine Kündigung oder Entlassung aus Anlass oder wegen der Abgeordnetentätigkeit ist unwirksam (Art. 48 II 2 GG).[1] Diese Rechtsgrundsätze sind im Gesetz über die Rechtsverhältnisse der Mitglieder des Deutschen Bundestags (Abgeordnetengesetz – AbgG) v. 21. 2. 1996 (BGBl. I S. 326) m. spät. Änd. näher ausgestaltet. Nach § 2 III AbgG ist eine Kündigung oder Entlassung wegen der Annahme oder Ausübung des Mandats unzulässig, also nach § 134 BGB unwirksam. Eine Kündigung ist im Übrigen nur aus wichtigem Grund zulässig. Ein solcher kann nicht die Übernahme des Mandats sein. Der Kündigungsschutz beginnt mit der Aufstellung des Bewerbers durch das dafür zuständige Organ

---

[5] Vgl. auch die ähnliche Formulierung in § 8 EFZG; hierzu § 98.
[6] LAG Hamm DB 67, 1272; AuR 67, 250.
[7] Dazu ArbG Hamburg 23. 4. 1998 AiB 99, 50.
[8] ErfK/*Gallner* § 2 ArbPlSchG RN 5.
[9] BAG 12. 9. 1996 AP 1 zu § 30 ZDG = NZA 97, 381.
[1] BAG 30. 6. 1994 AP 2 zu Art. 9 Einigungsvertrag = NZA 95, 426.

der Partei oder mit der Einreichung des Wahlvorschlags. Er gilt bis ein Jahr nach Beendigung des Mandats. Der Kündigungsschutz gilt jeweils nur für abhängig Beschäftigte. Dagegen besteht kein Kündigungsschutz für die Kündigung von Sozietätsverträgen.[2]

b) Die **Länder** haben nach einem Musterentwurf der Landtagspräsidentenkonferenz AbgG erlassen. Diese entspr. im Wesentlichen wegen des Kündigungsschutzes dem Kündigungsschutz für Bundestagsabgeordnete. Weiter gefasst ist das AbgG von Brandenburg, NRW und Sachsen-Anhalt.[3] 3

c) Für Mitglieder in **Landkreis- und Gemeindeparlamenten** sowie den übrigen kommunalen Vertretungskörperschaften gelten die Grundsätze des AbgG entspr., soweit nicht noch speziellere Vorschriften bestehen. Diese ergeben sich vielfach aus den KreisO und GO. 4

d) Besonderheiten gelten für **Angehörige des öffentlichen Dienstes.** Auch insoweit bestehen in den einzelnen Bundesländern geringfügig abweichende Vorschriften. 5

2. Europaabgeordnete. Der Kündigungsschutz von Bewerbern und Abgeordneten zum Europäischen Parlament ist im Gesetz über die Rechtsverhältnisse der Mitglieder des Europäischen Parlaments aus der BRD **(Europaabgeordnetengesetz – EuAbgG)** vom 6. 4. 1979 (BGBl. I S. 413) m. spät. Änd. geregelt. Nach § 3 III EuAbgG ist eine Kündigung oder Entlassung wegen der Übernahme oder Ausübung des Mandats unzulässig. Im Übrigen ist eine Kündigung nur aus wichtigem Grund zulässig. Der Kündigungsschutz beginnt mit der Aufstellung des Bewerbers durch für dafür zuständige Organe der Wahlvorschlagsberechtigten. Er gilt ein Jahr nach Beendigung des Mandats fort. 6

III. Kündigungsschutz von Immissionsschutzbeauftragten

Schaub, Die arbeitsrechtliche Stellung des Betriebsbeauftragten für den Umweltschutz, Beil. 15 zu BB 93 Heft 22.

1. Benachteiligungsverbot. Der Immissionsschutzbeauftragte sowie die Abfall- und Gewässerbeauftragten dürfen wegen der Erfüllung der ihnen übertragenen Aufgaben **nicht benachteiligt** werden. 7

2. Kündigungsschutz. a) Ist der Immissionsschutzbeauftragte **Arbeitnehmer des zur Bestellung verpflichteten Betriebs,** so ist die Kündigung des Arbeitsverhältnisses unzulässig, es sei denn, dass Tatsachen vorliegen, die den Betreiber zur Kündigung aus wichtigem Grund ohne Einhaltung einer Kündigungsfrist berechtigen (§ 58 II BImSchG). Entsprechendes gilt gem. § 55 III KrW-/AbfG bzw. § 21 f II WHG für Abfall- und Gewässerschutzbeauftragte. 8

b) Nach der **Abberufung des Immissionsschutzbeauftragten** ist die Kündigung innerhalb eines Jahres, vom Zeitpunkt der Beendigung der Bestellung an gerechnet, unzulässig, es sei denn, dass Tatsachen vorliegen, die den Betreiber zur Kündigung aus wichtigem Grund ohne Einhaltung einer Kündigungsfrist berechtigen (§ 58 II 2 BImSchG). Der Immissionsschutzbeauftragte kann abberufen werden. Er kann aber auch jederzeit sein Amt niederlegen. Eine solche Amtsniederlegung löst jedenfalls dann nicht den nachwirkenden Kündigungsschutz des § 58 II 2 BImSchG aus, wenn sie nicht durch ein Verhalten des Arbeitgebers, etwa durch Kritik an seiner Amtsführung oder Behinderung in der Wahrnehmung seiner Amtspflichten, veranlasst worden, sondern allein von dem Arbeitnehmer selbst ausgegangen ist.[4] 9

IV. Kündigungsschutz von Datenschutzbeauftragten

Berger-Delhey, Besonderer Kündigungsschutz des Datenschutzbeauftragten?, ZTR 95, 14; *Ehrich,* Ordentliche Kündigung des betrieblichen Datenschutzbeauftragten, CR 93, 226.

1. Benachteiligungsverbot. Der Datenschutzbeauftragte darf wegen der Erfüllung seiner Aufgaben **nicht benachteiligt** werden (§ 4f III 3 BDSG). Hieraus folgt nach verbreiteter Auffassung, dass ihm wegen der Erfüllung seiner Aufgaben nicht gekündigt werden darf.[5] 10

2. Abberufung. Die Bestellung zum Beauftragten für den Datenschutz kann gem. § 4f III 4 BDSG nur auf Verlangen der Aufsichtsbehörde oder in entsprechender Anwendung von § 626 BGB widerrufen werden. 11

---

[2] BGH 2. 5. 1985 AP 5 zu Art. 48 GG.
[3] Dazu KR/*Weigand* Kündigungsschutz für Parlamentarier RN 55.
[4] BAG 22. 7. 1992 AP 1 zu § 58 BImSchG = NZA 93, 557.
[5] Zur Probezeitkündigung LAG Niedersachsen 16. 6. 2003 NZA-RR 2004, 354.

§ 146. Zeugnis

Adam, Praxisprobleme des Zeugnisrechts, MDR 2005, 553; *Bährle,* Angabe des Beendigungsgrundes im Zeugnis, BuW 98, 839; *Braun,* Das Arbeitszeugnis, RiA 2000, 113; *ders.,* Zeugnissprache RiA 2001, 105; *Dachrodt,* Zeugnisse lesen und verstehen, 6. Aufl., 2001; *Fischer,* Das Arbeitszeugnis: Zankapfel, Gefälligkeitspapier oder Transferhilfe? Versuch einer Standortbestimmung, FA 2004, 7; *Friederich,* Zeugnisse im Beruf richtig schreiben, 4. Aufl., 1998; *Haas/Müller,* Dienstzeugnisse in öffentlichen Verwaltungen und Betrieben, 3. Aufl., 1997; *Grimm,* Das Arbeitszeugnis, AR-Blattei SD 1850 (2007); *Haupt,* Zeugnissprache – Quadratur des Kreises?, FA 99, 280; *Haupt/Welslau,* Klagegrund Zeugnis, FA 97, 37; *Hohmeister,* Zeugnisanspruch für freie Mitarbeiter, NZA 98, 571; *Huber,* Das Arbeitszeugnis in Recht und Praxis, 8. Aufl., 2001; *Kempe,* Zeugnisse – Menschenwert per Katalog, AuA 99, 532; *Knebel,* Taschenbuch Personalbeurteilung, 10. Aufl., 1999; *Löw,* Aktuelle Rechtsfragen zum Arbeitszeugnis, NJW 2005, 3605; *Mühlhausen,* Die Erwähnung von Ausfallzeiten im Arbeitszeugnis, NZA-RR, 2006, 337; *Müller* in: Boemke, Gewerbeordnung, Kommentar zu §§ 105–110, 2003; *Popp,* Die Bekanntgabe des Austrittsgrundes im Arbeitszeugnis, NZA 97, 588; *ders.,* Die Formalien des Arbeitszeugnisses, Personal, 98, 581; *Ring,* Rechtliche Anforderungen an das Arbeitszeugnis und Konsequenzen seiner Unrichtigkeit, BuW 2001, 208; *Roth,* Das Arbeitszeugnis – Zankapfel und Eiertanz, FA 2001, 299; *ders.,* Das Arbeitszeugnis – Einzelfragen, FA 2002, 9; *Schäfer,* Die Abwicklung des beendeten Arbeitsverhältnisses, 2. Aufl., 1999; *Schleßmann,* Das Arbeitszeugnis, 17. Aufl., 2004; *ders.,* Historisches zum Arbeitszeugnis, NZA 2006, 1392; *Stiller,* Der Zeugnisanspruch in der Insolvenz des Arbeitgebers, NZA 2005, 330; *Wendling-Schröder,* Aktuelle Rechtsfragen zum Zeugnis und zur Auskunftserteilung, AiB 98, 570; *Stück,* Das Arbeitszeugnis, MDR 2006, 791; *Weuster,* Formulierung und Analyse von Zeugnissen, BuW 2001, 300, 344, 431; *Weuster/Scheer,* Arbeitszeugnisse in Textbausteinen, 8. Aufl., 2000; *Witt,* Die Erwähnung des Betriebsratsamts und der Freistellung im Arbeitszeugnis, BB 96, 2194.

Übersicht

	RN
I. Voraussetzungen des Zeugnisanspruchs	1 ff.
1. Anspruchsberechtigte	1
2. Dauerndes Dienstverhältnis	2
3. Aussteller des Zeugnisses	3–6
4. Entstehung des Anspruchs	7, 8
5. Zwischenzeugnis	9
6. Erlöschen	10–12
7. Einrede des nicht erfüllten Vertrags	13
8. Unabdingbarkeit	14
9. Holschuld	15
II. Form des Zeugnisses	16 f.
1. Schriftform	16
2. Zeichen	17
III. Inhalt des Zeugnisses	18 ff.
1. Einfaches Zeugnis	18
2. Qualifiziertes Zeugnis	19–27
3. Grundsatz der Wahrheit und des Wohlwollens	28
4. Bindung	29
IV. Berichtigung des Zeugnisses	30 ff.
1. Mängel des Zeugnisses	30
2. Darlegungs- und Beweislast	31
3. Klage	32, 33
4. Vollstreckung	34
5. Urteilsstreitwert	35
V. Widerruf des Zeugnisses	36 f.
1. Widerruf	36
2. Zwischenzeugnis	37
VI. Rechtsfolgen bei Verletzung der Zeugnispflicht	38 f.
1. Schadensersatz	38
2. Mitbestimmung	39
VII. Haftung gegenüber Dritten bei unrichtiger Zeugniserteilung	40 ff.
1. Schadensersatz	40, 41
2. Mitverschulden	42

I. Voraussetzungen des Zeugnisanspruchs

1 **1. Anspruchsberechtigte.** Nach § 109 GewO hat der **Arbeitnehmer** einen unabdingbaren Anspruch auf ein schriftliches Zeugnis in deutscher Sprache. Diese zum 1. 1. 2003 in Kraft getretene Bestimmung hat für Arbeitnehmer § 630 BGB abgelöst. § 630 BGB ist nur noch für freie Dienstverhältnisse von Bedeutung. Auszubildende können nach § 16 BBiG vom Ausbilder ein Zeugnis verlangen. Damit besteht ein einheitliches Zeugnisrecht für alle Arbeitnehmer. Bejaht wird ein Anspruch auch bei arbeitnehmerähnlichen Personen und „kleinen" Handelsvertretern (§ 84 II HGB).[1] Auch die freien Mitarbeiter haben daher einen Zeugnisanspruch. In jedem Fall steht er einem Geschäftsführer zu, der nicht gleichzeitig Gesellschafter ist.[2]

2 **2. Dauerndes Dienstverhältnis.** Nach § 630 BGB entsteht der Anspruch auf ein Zeugnis in **Dienstverhältnissen** nur bei Beendigung eines „dauernden" Dienstverhältnisses, mag es sich dabei auch um nebenberufliche Tätigkeit handeln. Diese Einschränkung enthält § 109 GewO

[1] RAG ARS 27, 7; MünchKommBGB/*Henssler* § 630 RN 9.
[2] BGH 9. 11. 1967 NJW 68, 396; *Mohrbutter* BB 67, 1354; dagegen *Ordemann* DB 66, 1958.

für den Zeugnisanspruch von Arbeitnehmern ebenso wenig wie § 16 BBiG für Auszubildende. Ein „dauerndes" Dienstverhältnis i. S. von § 630 BGB ist dann gegeben, wenn es auf eine solche Zeit zugeschnitten ist,[3] die eine Beurteilung der fachlichen und persönlichen Qualitäten des Dienstverpflichteten erlaubt. Dies kann auch bei einer kurzzeitigen Tätigkeit von sechs Wochen der Fall sein.[4]

3. Aussteller des Zeugnisses. Zur Ausstellung ist der **Arbeitgeber** verpflichtet. Er kann sich zur Erfüllung seiner Verpflichtung eines angestellten[5] Vertreters bedienen, der es in seinem Namen auszufüllen hat. Der Vertreter muss – aus dem Zeugnis ablesbar – ranghöher als der Empfänger des Zeugnisses sein.[6] Unzureichend ist deshalb die Erstellung des Zeugnisses durch einen lediglich betriebsintern ranghöheren Prokuristen für einen anderen Prokuristen.[7] War der Angestellte als wissenschaftlicher Mitarbeiter tätig, ist das Zeugnis zumindest auch von einem der ihm vorgesetzten Wissenschaftler zu unterzeichnen. Eine von diesem Grundsatz abweichende behördeninterne Regelung der Zeichnungsbefugnis rechtfertigt keine Ausnahme.[8] Lässt sich der Arbeitgeber bei der Ausstellung des Zeugnisses durch einen Angestellten vertreten, ist im Zeugnis deutlich zu machen, dass dieser Vertreter dem Arbeitnehmer gegenüber weisungsbefugt war.[9] Das Vertretungsverhältnis und die Funktion sind regelmäßig durch einen Zusatz zum Namen anzugeben, weil Person und Rang des Unterzeichnenden Aufschluss über die Wertschätzung des Arbeitnehmers geben. Der Arbeitgeber hat dabei sicherzustellen, dass der als Aussteller Genannte das Zeugnis auch persönlich unterschreibt, weil ansonsten der Eindruck entstehen kann, der Aussteller distanziere sich vom Inhalt des Zeugnisses.[10] Ist der Arbeitnehmer direkt der Geschäftsführung unterstellt, muss das Zeugnis zumindest auch von einem der Geschäftsführer unterzeichnet sein.[11] Das von einem leitenden Angestellten im eigenen Namen erstellte „Referenz-Zeugnis" lässt die Verpflichtung des Arbeitgebers unberührt.[12] 3

Zeugnisse für die bei den **Stationierungsstreitkräften** tätigen Arbeitnehmer haben die von den Streitkräften dazu bestimmten Dienststellen zu erstellen. Der Rechtsstreit wird gegen die Bundesrepublik als Prozessstandschafter geführt.[13] 4

Ist das Arbeitsverhältnis beendet worden, wird ein Zeugnisrechtsstreit nicht gem. § 240 ZPO durch die Eröffnung des **Insolvenzverfahrens** unterbrochen und ist deshalb gegen den Schuldner fortzusetzen.[14] Der Schuldner hat das Arbeitszeugnis zu erteilen, weil er zum Zeitpunkt der Beendigung des Arbeitsverhältnisses die Arbeitgeberstellung innehatte. § 108 I InsO fingiert keine Arbeitgeberstellung des Insolvenzverwalters für bereits beendete Arbeitsverhältnisse. Der vorläufige Insolvenzverwalter hat vor Insolvenzeröffnung den Zeugnisanspruch nur dann zu erfüllen, wenn dem Schuldner ein allgemeines Verfügungsverbot gemäß § 22 I InsO auferlegt worden ist, so dass die Verwaltungs- und Verfügungsbefugnis auf den „starken" vorläufigen Insolvenzverwalter übergegangen und dieser deshalb in die Arbeitgeberstellung eingerückt ist. Dies kann auch auf Grund einer Einzelermächtigung gem. § 22 II InsO geschehen. Ein allgemeiner Zustimmungsvorbehalt i. S. v. § 21 I Nr. 2 2. Alt. InsO genügt dafür nicht.[15] Hat der Insolvenzverwalter den Arbeitnehmer weiter beschäftigt, ist er zur Erfüllung des Zeugnisanspruchs verpflichtet, soweit er sich die notwendigen Informationen verschaffen kann. Zur Erfüllung dieser Verpflichtung hat der Insolvenzverwalter einen Auskunftsanspruch nach § 97 InsO gegenüber dem Schuldner.[16] Ist dieser verstorben, besteht die Verpflichtung auf Zeugniserteilung als Nachlassverbindlichkeit. Der Erbe muss sich aus den verfügbaren Unterlagen unterrichten.[17] Kommt dies nicht in Betracht, ist die Erfüllung des Anspruchs unmöglich.[18] 5

---

[3] Vgl. ErfK/*Müller-Glöge* § 630 BGB RN 2; Staudinger/*Preis* § 630 RN 4; weitergehend LAG Düsseldorf DB 63, 1260 (Arbeitnehmer war nach 2 Tagen ausgeschieden).
[4] LAG Köln 30. 3. 2001 BB 2001, 1959.
[5] LAG Düsseldorf DB 69, 534; nicht eines Rechtsanwaltes: LAG Hamm 2. 11. 1966 DB 66, 1815.
[6] BAG 4. 10. 2005 AP 32 zu § 630 BGB = NZA 2006, 436.
[7] BAG 16. 11. 1995 EzA 18 zu § 630 BGB; siehe auch LAG Köln 14. 7. 1994 NZA 95, 685.
[8] BAG 4. 10. 2005 AP 32 zu § 630 BGB = NZA 2006, 436.
[9] BAG 26. 6. 2001 AP 27 zu § 630 BGB = NZA 2002, 34.
[10] BAG 21. 9. 1999 AP 23 zu § 630 BGB = NZA 2000, 257.
[11] BAG 16. 11. 1995 EzA 18 zu § 630 BGB.
[12] MünchKommBGB/*Henssler* § 630 RN 51.
[13] BAG 29. 1. 1986 AP 2 zu § 48 TVAL II = NZA 87, 384.
[14] LAG Nürnberg 5. 12. 2002 NZA-RR 2003, 463.
[15] BAG 23. 6. 2004 AP 29 zu § 630 BGB = NZA 2004, 1392.
[16] BAG 23. 6. 2004 AP 29 zu § 630 BGB = NZA 2004, 1392.
[17] ArbG Münster 10. 4. 1990 BB 90, 2266.
[18] ErfK/*Müller-Glöge* § 109 GewO RN 4.

6 Nach einem **Betriebsübergang** hat der Erwerber das Zeugnis auszustellen, und zwar für den gesamten Zeitraum des Arbeitsverhältnisses. Die erforderlichen Auskünfte hat der Erwerber ggf. beim Veräußerer einzuholen, wobei es für den Arbeitnehmer in diesem Fall besonders nützlich sein wird, vor dem Betriebsübergang ein Zwischenzeugnis einzuholen (dazu RN 9). Der Betriebserwerber ist an ein vom Veräußerer erstelltes Zwischenzeugnis gebunden, soweit die späteren Leistungen und das spätere Verhalten des Arbeitnehmers keine andere Beurteilung rechtfertigen (dazu RN 9). Fehlen dem Betriebsbewerber selbst die nötigen Informationen, um die Tätigkeit, die Leistung und das Verhalten des Arbeitnehmers vor dem Betriebsübergang zu beurteilen, steht ihn in der Regel ein Auskunftsanspruch gegenüber dem Betriebsveräußerer zu. Der neue Arbeitgeber kann sich deshalb im Verhältnis zu seinem Arbeitnehmer nicht auf die Unkenntnis der zeugnisrelevanten Tatsachen vor dem Betriebsübergang berufen.[19]

7 **4. Entstehung des Anspruchs.** Der Anspruch entsteht bei Beendigung des Arbeitsverhältnisses. Zu diesem Zeitpunkt ist der Anspruch auch fällig. Ein fristgerecht gekündigter Arbeitnehmer hat **spätestens mit Ablauf der Kündigungsfrist** oder bei seinem tatsächlichen Ausscheiden Anspruch auf ein Zeugnis über Leistung und Verhalten (§ 109 I 2 GewO) und nicht lediglich auf ein Zwischenzeugnis. Das gilt auch dann, wenn die Parteien in einem Kündigungsschutzprozess über die Rechtmäßigkeit der Kündigung streiten. Im Hinblick auf den Zusammenhang zwischen § 629 BGB und § 109 GewO kann der Arbeitnehmer ein Zeugnis regelmäßig schon nach der Kündigung des Arbeitsverhältnisses verlangen.[20] Endet das Arbeitsverhältnis ohne Ausspruch einer Kündigung (z. B. wegen Befristung), ist das Zeugnis ab dem Zeitpunkt auf Verlangen zu erteilen, der dem Beginn der gesetzlichen Kündigungsfrist entspricht. Ein vor Ablauf der Kündigungsfrist erteiltes Zeugnis kann der Arbeitgeber als vorläufiges Zeugnis bezeichnen, weil noch Änderungen eintreten können.[21] Bei einer außerordentlichen Kündigung ist das Zeugnis sofort zu erteilen.

8 **Verliert der Arbeitnehmer das Zeugnis** oder wird es beschädigt, kann der Arbeitnehmer vom Arbeitgeber – ggf. gegen Kostenerstattung – eine neue Ausfertigung des Zeugnisses verlangen. Der Arbeitgeber hat dabei grundsätzlich eine Zweitschrift mit demselben Datum und Inhalt des Originals zu fertigen.[22] Ein solcher Anspruch besteht nicht, wenn die Erfüllung dem Arbeitgeber unmöglich oder unzumutbar ist, also beispielsweise der Aussteller nicht mehr in dem Unternehmen beschäftigt ist und deshalb die Zweitschrift nicht unterzeichnen kann. Die Kopie des alten Zeugnisses reicht grundsätzlich nicht aus.[23]

9 **5. Zwischenzeugnis.** In Ausnahmefällen kann der Arbeitnehmer schon vor Beendigung des Arbeitsverhältnisses ein Zeugnis verlangen. Erforderlich ist ein **triftiger Grund.**[24] Dies ist vor allem der Fall, wenn der Arbeitgeber dem Arbeitnehmer demnächst eine Kündigung in Aussicht stellt, der Vorgesetzte wechselt,[25] die Tätigkeit erheblich verändert wird, bei einem Betriebsübergang oder wenn das Arbeitsverhältnis wegen Wehrdienst, Elternzeit u. ä. längere Zeit ruhen wird. Der Anspruch auf ein Zwischenzeugnis nach § 61 II BAT bzw. § 35 II TVöD besteht aber noch nicht dann, wenn der Arbeitnehmer das Zeugnis nur in einem Höhergruppierungsprozess verwenden will.[26] Für das Zwischenzeugnis gelten nach Form und Inhalt dieselben Grundsätze wie für das Zeugnis. Unerheblich ist, ob das Zwischenzeugnis auf einem Entwurf des Arbeitnehmers beruht. Mit seiner Unterschrift macht sich der Arbeitgeber oder sein Vertreter den entworfenen Zeugnisinhalt zu eigen.[27] Der Arbeitgeber braucht im Schlusszeugnis nicht die Formulierungen des Zwischenzeugnisses zu verwenden.[28] Er kann allerdings grundsätzlich bei gleicher Beurteilungsgrundlage seine im Zwischenzeugnis vorgenommene Beurteilungen im Schlusszeugnis nicht ändern. Schließt sich nach der Erteilung des Zwischenzeugnisses ein weiterer im Endzeugnis zu beurteilender Zeitraum an, darf der Arbeitgeber vom Inhalt des Zwischenzeugnisses nur abweichen, wenn die späteren Leistungen und das spätere Verhalten des Arbeitnehmers das rechtfertigen.[29]

---

[19] BAG 16. 10. 2007 AP 33 zu § 630 BGB = NZA 2008, 298.
[20] BAG 27. 2. 1987 AP 16 zu § 630 BGB = NZA 87, 628.
[21] ErfK/*Müller-Glöge* § 109 GewO RN 8; Boemke/*Müller* GewO § 109 RN 4 f.
[22] LAG Hamm 15. 7. 1986 LAGE § 630 BGB Nr. 5.
[23] Ebenso ErfK/*Müller-Glöge* § 109 GewO RN 58; Boemke/*Müller* GewO § 109 RN 20.
[24] ErfK/*Müller-Glöge* § 109 GewO RN 50; MünchArbR/*Wank* § 128 RN 11.
[25] BAG 1. 10. 1998 AP 2 zu § 61 BAT = NZA 99, 894.
[26] BAG 21. 1. 1993 AP 1 zu § 61 BAT = NZA 93, 1031.
[27] BAG 16. 10. 2007 AP 33 zu § 630 BGB = NZA 2008, 298.
[28] LAG Düsseldorf 2. 7. 1976 DB 76, 2310.
[29] BAG 16. 10. 2007 AP 33 zu § 630 BGB = NZA 2008, 298; LAG Köln 22. 8. 1997 LAGE § 630 BGB Nr. 30.

6. Erlöschen. Der Anspruch auf Erteilung eines Zeugnisses erlischt, wenn der Arbeitgeber den vom Arbeitnehmer geltend gemachten Anspruch nach Form und Inhalt **ordnungsgemäß erfüllt** hat. Verlangt der Arbeitnehmer ein qualifiziertes Zeugnis nach § 109 I 3 GewO, erlischt der Anspruch nicht mit Ausstellung eines einfachen Zeugnisses nach § 109 I 2 GewO. Entsprechendes gilt im umgekehrten Fall. Genügt das Zeugnis nicht den Anforderungen, kann der Arbeitnehmer dessen Berichtigung oder Ergänzung beanspruchen (dazu RN 30ff.).[30] 10

Der Zeugnisanspruch unterliegt der **allgemeinen Verjährungsfrist** von drei Jahren. Wie jeder schuldrechtliche Anspruch kann er aber bereits vorher **verwirken.**[31] Ein qualifiziertes Zeugnis kann dann nicht mehr verlangt werden, wenn der Arbeitnehmer den Anspruch nicht angemessene Zeit nach Beendigung des Arbeitsverhältnisses geltend gemacht hat und so ein schutzwürdiges Vertrauen des Arbeitgebers entstanden ist.[32] Hat der Arbeitgeber in unmittelbarer zeitlicher Nähe zu einem arbeitsgerichtlichen Vergleich ein qualifiziertes Zeugnis erteilt, darf er davon ausgehen, dass der Arbeitnehmer alsbald Einwendungen erheben wird, wenn er mit dem Inhalt des Zeugnisses nicht einverstanden ist. Wartet der Arbeitnehmer 15 Monate ab, einen Anspruch auf Zeugnisberichtigung geltend zu machen, führt dies regelmäßig zur Verwirkung des Anspruchs auf Abänderung des Zeugnisses.[33] Das BAG hat die Verwirkung in einem Fall bejaht, in dem der Arbeitnehmer zehn Monate nach Ausstellung eines qualifizierten Zeugnisses dessen Berichtigung vom Arbeitgeber verlangt hat.[34] Ein einfaches Zeugnis kann so lange verlangt werden, wie die Unterlagen über Art und Dauer der Beschäftigung im normalen Geschäftsbetrieb aufbewahrt werden. Im Übrigen kommt es auf die Umstände des Einzelfalls an. 11

Der Zeugnisanspruch unterliegt als Anspruch aus dem Arbeitsverhältnis tariflichen **Ausschlussfristen.**[35] Maßgebend ist, ob die jeweilige Verfallklausel auch Ansprüche erfasst, die bei Beendigung des Arbeitsverhältnisses entstehen.[36] Dies gilt etwa für § 70 II BAT/§ 37 I TVöD, die „alle Ansprüche aus dem Arbeitsverhältnis" erfassen.[37] 12

7. Die **Einrede des nicht erfüllten Vertrags** oder ein sonstiges Zurückbehaltungsrecht kann gegenüber dem Zeugnisanspruch nicht erhoben werden, weil zwischen dem Anspruch auf Arbeitsleistung und der Zeugnispflicht kein Gegenseitigkeitsverhältnis besteht und dies im Übrigen den Arbeitnehmer in unverhältnismäßiger Weise bei der Stellensuche beeinträchtigt würde.[38] Das Zeugnis ist daher bei Beendigung des Arbeitsverhältnisses zu erteilen. 13

8. Unabdingbarkeit. Der Anspruch auf Zeugniserteilung ist unabdingbar, d.h., er kann **nicht von vornherein für die Zukunft ausgeschlossen** oder erlassen werden. Da es im Ermessen des Arbeitnehmers steht, ob er den Zeugnisanspruch geltend macht, kann auf den Anspruch nach Beendigung des Arbeitsverhältnisses **verzichtet** werden.[39] Von einer Ausgleichsquittung wird er im Allgemeinen nicht erfasst.[40] 14

9. Holschuld. Die Zeugniserteilung ist eine Holschuld.[41] Wird das Zeugnis entgegen dem Verlangen des Arbeitnehmers bei Beendigung des Arbeitsverhältnisses nicht bereitgehalten, hat der Arbeitgeber es auf seine Gefahr und Kosten dem Arbeitnehmer zu übersenden. 15

II. Form des Zeugnisses

1. Schriftform. Das Zeugnis ist schriftlich zu erteilen und zu unterschreiben. Es ist auf einem Firmenbogen oder weißem Bogen (alsdann Unterzeichnung mit Firma) abzufassen. Wer- 16

---

[30] BAG 12. 8. 2008 NZA 2008, 1349; 21. 6. 2005 AP 31 zu § 630 BGB = NZA 2006, 104.

[31] BAG 26. 6. 2001 AP 27 zu § 630 BGB = NZA 2002, 34; 17. 2. 1988 AP 17 zu § 630 BGB = NZA 88, 427; LAG Düsseldorf 11. 11. 1994 DB 95, 1135 = BB 95, 2064; LAG Saarland 28. 2. 1990 LAGE § 630 BGB Nr. 9; LAG Hamm 16. 3. 1989 BB 89, 1486.

[32] Näher zur Verwirkung BAG 16. 10. 2007 AP 33 zu § 630 BGB = NZA 2008, 298; 25. 4. 2001 NZA 2001, 966; LAG München 11. 2. 2008 – 6 Sa 539/07 (Verwirkung nach 21 Monaten Untätigkeit).

[33] LAG Hamm 3. 7. 2002 NZA-RR 2003, 73.

[34] BAG 17. 2. 1988 AP 17 zu § 630 BGB = NZA 88, 427.

[35] BAG 4. 10. 2005 AP 32 zu § 630 BGB = NZA 2006, 436; ErfK/*Müller-Glöge* § 109 GewO RN 107; Staudinger/*Preis* § 630 RN 56.

[36] Zu Unrecht verneinend ArbG Hamburg 5. 3. 1997 BB 97, 1212; zu vertraglichen Ausschlussfristen LAG Nürnberg 18. 1. 1994 LAGE § 630 BGB Nr. 20.

[37] BAG 23. 2. 1983 AP 10 zu § 70 BAT = DB 83, 2043.

[38] ErfK/*Müller-Glöge* § 109 GewO RN 48.

[39] Ebenso AnwK-ArbR/*Boecken* § 109 GewO RN 5; Staudinger/*Preis* § 630 RN 7.

[40] BAG 16. 9. 1974 AP 9 zu § 630 BGB; LAG Düsseldorf 23. 5. 1995 LAGE § 630 BGB Nr. 24; dagegen freilich LAG Köln 17. 6. 1994 LAGE § 630 BGB Nr. 22.

[41] BAG 8. 3. 1995 AP 21 zu § 630 BGB = NZA 95, 671.

den üblicherweise **Firmenbögen** verwandt, ist ein Zeugnis nur dann ordnungsgemäß, wenn es auf Firmenpapier geschrieben ist.[42] Das Zeugnis ist mit dem **Ausstellungsdatum** zu versehen.[43] Ein vom Arbeitgeber berichtigtes Zeugnis ist auf das ursprüngliche Ausstellungsdatum zurückzudatieren, wenn die verspätete Ausstellung nicht vom Arbeitnehmer zu vertreten ist.[44] Dies ist nicht der Fall bei einer Berichtigung im Rahmen eines Prozessvergleichs.[45] Schließt das Arbeitszeugnis mit dem in Maschinenschrift angegebenen Namen des Ausstellers und seiner Funktion, muss das Zeugnis von diesem **persönlich unterzeichnet** werden.[46] Das Zeugnis ist vom Aussteller mit einem dokumentenechten Stift zu unterzeichnen.[47] Ein nur mit Bleistift oder ein unsauber geschriebenes Zeugnis (Flecken, Durchstreichung, Radierungen usw.) kann der Arbeitnehmer zurückweisen.[48] Eine vom Arbeitgeber im Arbeitszeugnis verwendete überdimensionierte, im Wesentlichen aus bloßen Auf- und Abwärtslinien bestehende Unterschrift kann nicht ordnungsgemäß sein, wenn sie darauf hindeutet, der Arbeitgeber wolle sich von dem Zeugnisinhalt, zu dessen Aufnahme in das Zeugnis er durch rechtskräftiges Urteil verpflichtet worden ist, distanzieren.[49] Ein **Anspruch auf ein ungeknicktes Zeugnis besteht nicht,** wenn das Originalzeugnis kopierfähig ist und die Knicke im Zeugnisbogen sich nicht auf den Kopien abzeichnen, z.B. durch Schwärzungen.[50] Der Arbeitnehmer kann verlangen, dass das Zeugnis frei von **Rechtschreibmängeln** ist, weil hieraus ein Leser des Zeugnisses auf eine Geringschätzung des Arbeitnehmers schließen könnte.[51] Während früher für Zeugnisse ein fortlaufender Text üblich war, finden sich in neuerer Zeit auch Zeugnismuster, die nach Bewertungsmerkmalen aufgebaut sind.[52] Dies ist aus Rechtsgründen nicht zu beanstanden. Die Erteilung des Zeugnisses in **elektronischer Form** ist gem. § 109 III GewO ausgeschlossen.

17 **2. Zeichen.** Das Zeugnis darf nicht mit **geheimen Zeichen** versehen werden, durch die der Arbeitnehmer in positiver oder negativer Sicht gekennzeichnet wird.[53] Dieser allgemeine Rechtsgrundsatz kommt in § 109 II 2 GewO zum Ausdruck.

III. Inhalt des Zeugnisses

18 **1. Einfaches Zeugnis.** Das einfache Zeugnis erstreckt sich nur auf **Art und Dauer der Beschäftigung.** Aus ihm muss die Person des Arbeitnehmers mit Namen, Vornamen und Beruf (akademischer Grad) zweifelsfrei hervorgehen. Anschrift und Geburtsdatum sind nur im Einverständnis des oder der Arbeitnehmer(in) aufzunehmen. Die Art der Beschäftigung ist so genau und vollständig zu beschreiben, dass sich ein Dritter hierüber ein Bild machen kann.[54] Hierzu gehört die Beschreibung der übertragenen Arbeitsplätze, besondere Leitungsbefugnisse, Dauer des Bestands einer Prokura,[55] durchgeführte Fortbildungsmaßnahmen usw. Gegebenenfalls kann auf die Stellenbeschreibung zurückgegriffen werden.[56] Dagegen gehört die Tätigkeit oder Mitgliedschaft im Betriebsrat nicht in das Arbeitszeugnis, da sie mit der erbrachten Arbeitsleistung nichts zu tun hat.[57] Etwas anderes gilt bei einem qualifizierten Zeugnis, wenn der Arbeitnehmer so lange dem Betriebsrat angehört hat, dass seine Leistung nicht mehr beurteilt werden kann.[58] Die rechtliche Dauer des Arbeitsverhältnisses ist anzugeben. Kürzere Unterbrechungen[59] (Urlaub, Krankheit usw.) sind nicht aufzunehmen. Der Arbeitgeber darf in einem Zeugnis die Elternzeit eines Arbeit-

---

[42] BAG 3. 3. 1993 AP 20 zu § 630 BGB = NZA 93, 219.
[43] LAG Nürnberg 13. 9. 1994 LAGE § 630 BGB Nr. 21.
[44] BAG 9. 9. 1992 AP 19 zu § 630 BGB = NZA 93, 698.
[45] LAG Nürnberg 13. 9. 1994 LAGE § 630 BGB Nr. 21.
[46] BAG 21. 9. 1999 AP 23 zu § 630 BGB = NZA 2000, 257.
[47] LAG Bremen 23. 6. 1989 LAGE § 630 BGB Nr. 6.
[48] BAG 3. 3. 1993 AP 20 zu § 630 BGB = NZA 93, 697.
[49] LAG Nürnberg 3. 8. 2005 NZA-RR 2006, 13.
[50] BAG 21. 9. 1999 AP 23 zu § 630 BGB = NZA 2000, 257.
[51] Ebenso LAG Düsseldorf 23. 5. 1995 LAGE § 630 BGB Nr. 24; Staudinger/*Preis* § 630 RN 27; einschränkend ErfK/*Müller-Glöge* § 109 GewO RN 15.
[52] Vgl. ArbR-Formb. § 36 RN 18.
[53] ErfK/*Müller-Glöge* § 109 GewO RN 16.
[54] BAG 12. 8. 1976 AP 11 zu § 630 BGB.
[55] LAG Baden-Württemberg 19. 6. 1992 NZA 93, 127.
[56] LAG Hamm 28. 8. 1997 NZA-RR 98, 490.
[57] BAG 19. 8. 1992 AP 5 zu § 8 BPersVG = NZA 93, 222; LAG Hamm 12. 4. 1976 DB 76, 1112.
[58] LAG Frankfurt 10. 3. 1977 DB 78, 167; ErfK/*Müller-Glöge* § 109 GewO RN 21; vgl. *Witt* BB 96, 2194.
[59] MünchKommBGB/*Henssler* § 630 RN 26; anders zu langfristigen Erkrankungen Sächs. LAG 30. 1. 1996 NZA 97, 47.

nehmers nur erwähnen, sofern sich die Ausfallzeit als eine wesentliche tatsächliche Unterbrechung der Beschäftigung darstellt. Das ist der Fall, wenn diese nach Lage und Dauer erheblich ist und wenn bei ihrer Nichterwähnung für Dritte der falsche Eindruck entstünde, die Beurteilung des Arbeitnehmers beruhe auf einer der Dauer des rechtlichen Bestands des Arbeitsverhältnisses entsprechenden tatsächlichen Arbeitsleistung. Befindet sich ein Arbeitnehmer (Koch) von dem 50 Monate dauernden Arbeitsverhältnisses während 33½ Monaten in Elternzeit, ist das eine erhebliche Unterbrechung, weil im Gaststättengewerbe der Berufserfahrung eine erhebliche Bedeutung zukommt.[60] Der Beendigungsgrund ist nach h. M. nur auf Verlangen anzugeben.[61] Auch bei berechtigter fristloser Kündigung ist diese nach h. M. grundsätzlich nicht anzugeben.[62]

2. Qualifiziertes Zeugnis. a) Ein qualifiziertes Zeugnis erstreckt sich auf **Art und Dauer** sowie **Leistung und Verhalten** im Arbeitsverhältnis. Es muss daher neben den Angaben des einfachen Zeugnisses auch Tatsachen und Beurteilungen zu Leistung und Verhalten enthalten.[63] Dagegen ist es nicht ausreichend, nur die Leistung oder das Verhalten zu beurteilen, da das Zeugnis ein Gesamtbild ergeben soll.[64] Der Arbeitnehmer kann nicht verlangen, und der Arbeitgeber ist nicht berechtigt, die Beurteilung nur auf bestimmte Zeiträume im Arbeitsverhältnis zu erstrecken.[65] 19

b) Die **Wortwahl** steht im Ermessen des Arbeitgebers; auf eine bestimmte Formulierung hat der Arbeitnehmer keinen Anspruch.[66] Der Arbeitgeber entscheidet deshalb auch darüber, welche positiven oder negativen Leistungen er stärker hervorheben will als andere.[67] Jedoch ist das Zeugnis nach Form und Stil objektiv abzufassen, wobei der Verkehrssitte Rechnung zu tragen ist, die mit bestimmten Formulierungen („er hat sich bemüht …") den Ausdruck des Tadels verbindet[68] oder die in Zeugnissen bestimmter Arbeitnehmergruppen die Attestierung gewisser Eigenschaften verlangt.[69] Weder Wortwahl noch Auslassungen dürfen dazu führen, dass bei Lesern des Zeugnisses der Wahrheit nicht entsprechende Vorstellungen entstehen können. Ein Zeugnis darf insbesondere dort keine Auslassungen enthalten, wo der verständige Leser eine positive Hervorhebung erwartet. Anspruch auf ausdrückliche Bescheinigung bestimmter Merkmale hat damit der Arbeitnehmer, in dessen Berufskreis dies üblich ist und bei dem das Fehlen einer entsprechenden Aussage im Zeugnis sein berufliches Fortkommen behindern könnte. Soweit bestimmte Merkmale in besonderem Maße gefragt sind und deshalb der allgemeine Brauch besteht, diese im Zeugnis zu erwähnen, kann die Nichterwähnung (beredtes Schweigen) ein erkennbarer Hinweis für den Zeugnisleser sein.[70] Arbeitnehmern, die mit Geld oder anderen Vermögenswerten umgegangen sind (wie z. B. Handlungsgehilfen, Kassierer, Laden- und Fahrverkäufer, Auslieferungsfahrer, Filialleiter, Außendienstmitarbeiter [wegen Spesenabrechnungen], Hotelpersonal, Hausgehilfinnen), können regelmäßig die Erwähnung der „Ehrlichkeit" im Arbeitszeugnis fordern, wenn branchenüblich davon ausgegangen wird, dass beim Fehlen des Wortes Zweifel an ihrer Ehrlichkeit bestehen, und wenn vom bisherigen Arbeitgeber keine Tatsachen vorgetragen werden, die gegen ein ehrliches Verhalten sprechen.[71] Hat der Arbeitgeber die Arbeitsleistung während des Arbeitsverhältnisses nicht beanstandet, bedeutet dies aber noch nicht, dass sie als sehr gute Leistung bewertet werden muss.[72] Bei längerer Beschäftigung ist eine fundierte Beurteilung zu erwarten.[73] Doppelsinnige Ausdrucksweisen, missverständliche Wortwahl oder Satzstellung, Auslassungen usw. sind zu vermeiden. Der Arbeitnehmer kann die Berichtigung eines solchen Zeugnisses verlangen. 20

---

[60] BAG 10. 5. 2005 AP 30 zu § 630 BGB = NZA 2005, 1237.

[61] Vgl. dazu BAG 12. 8. 1976 AP 11 zu § 630 BGB; LAG Hamm 12. 7. 1994 LAGE § 630 BGB Nr. 26; LAG Köln 29. 11. 1990 LAGE § 630 BGB Nr. 11; LAG Baden-Württemberg 9. 5. 1968 DB 67, 48; 68, 1319; einschränkend ErfK/*Müller-Glöge* § 109 GewO RN 26.

[62] LAG Düsseldorf NZA 88, 399 = BB 88, 1463; LAG Köln BB 90, 856.

[63] Dazu LAG Hamm 1. 12. 1994, LAG Köln 30. 6. 1999 LAGE § 630 BGB Nr. 28, 34.

[64] LAG Köln 30. 3. 2001 BB 2001, 1959; LAG Düsseldorf 30. 5. 1990 LAGE § 630 BGB Nr. 10.

[65] LAG Frankfurt 14. 9. 1984 BB 85, 1397 = DB 85, 820.

[66] BAG 16. 10. 2007 AP 33 zu § 630 BGB = NZA 2008, 298; 14. 10. 2003 AP 28 zu § 630 BGB = NZA 2004, 843; LAG Berlin 10. 12. 1998 BB 99, 851; LAG Köln 22. 8. 1997 LAGE § 630 BGB Nr. 30.

[67] BAG 12. 8. 2008 NZA 2008, 1349.

[68] Vgl. zu typ. Zeugnisformulierungen ArbR-Formb. § 36.

[69] Vgl. BAG 29. 7. 1971 AP 6 zu § 630 BGB (Ehrlichkeit).

[70] BAG 12. 8. 2008 NZA 2008, 1349.

[71] LAG Hamm 29. 7. 2005 – 4 Ta 594/04.

[72] LAG Düsseldorf 26. 2. 1985 DB 85, 2692 = NZA 85, 503.

[73] BAG 24. 3. 1977 AP 12 zu § 630 BGB = DB 77, 1369.

21 **c)** Das qualifizierte Zeugnis soll Leistung und Führung während der **gesamten Dauer des Arbeitsverhältnisses** charakterisieren. Es muss daher alle wesentlichen Tatsachen und Bewertungen enthalten, die für die Gesamtbeurteilung des Arbeitnehmers von Bedeutung und für den Dritten von Interesse sind.[74] Einmalige Vorfälle oder Umstände, die für den Arbeitnehmer, seine Führung und Leistung nicht charakteristisch sind – seien sie für ihn vorteilhaft oder nachteilig – gehören nicht in das Zeugnis.[75] Das außerdienstliche Verhalten ist im Zeugnis grundsätzlich nicht zu erwähnen, da der Arbeitgeber nicht Sittenwächter des Arbeitnehmers ist. Die „dienstliche Führung" eines Arbeitnehmers ist allerdings betroffen, wenn dieser unbefugt ein Dienstfahrzeug seines Arbeitgebers in fahruntüchtigem Zustand zu einer Privatfahrt benutzt hat und deswegen strafgerichtlich verurteilt worden ist.[76] Langfristige Erkrankungen können in ein Zeugnis aufgenommen werden, wenn sie für die Gesamtbeurteilung von Bedeutung sind.[77]

22 **d)** Das qualifizierte Zeugnis muss eine **Bewertung von Leistung und Verhalten** des Arbeitnehmers enthalten. Indikatoren der Leistung sind insbesondere Arbeitsumfang, Qualität, Tempo, Ökonomie, Fachkenntnisse, Arbeitsbereitschaft, Ausdrucksvermögen und Verhandlungsgeschick. Die Beurteilung des Verhaltens hat sich nur auf den Dienst und nicht auf das Privatleben zu erstrecken. Für die Bewertung der Leistung hat sich zwischenzeitlich ein Sprachgebrauch entwickelt, der aus einem Gestrüpp beschönigender Formulierungen besteht.[78]

23 Überwiegend geht die Praxis von einer **sechsstufigen Notenskala** aus,[79] deren einzelne Stufen jedoch in dem letztlich fehlgeschlagenen Bemühen um stetes Wohlwollen nicht einheitlich verwendet werden:

(1) Eine sehr gute Leistung wird mit **„stets (oder jederzeit, immer) zu unserer vollsten Zufriedenheit"** bezeichnet.[80]

(2) Eine gute Leitung wird mit **„stets zu unserer vollen Zufriedenheit"**[81] bewertet.

(3) Wird die Leistung mit **„stets zu unserer Zufriedenheit"**[82] oder **„zu unserer vollen Zufriedenheit"** bewertet, soll dies eine befriedigende bzw. gut durchschnittliche Beurteilung sein.[83]

(4) Eine unterdurchschnittliche, aber noch ausreichende Leistung wird mit **„zu unserer Zufriedenheit"**[84] bewertet.

(5) Eine mangelhafte Leistung wird mit **„insgesamt zu unserer Zufriedenheit"**[85] oder mit **„eine im Großen und Ganzen zufriedenstellende Erledigung der Arbeit"**[86] gekennzeichnet.

(6) Bezeichnet der Arbeitgeber die Leistungen mit **„der Arbeitnehmer hat sich bemüht"**, die Arbeitsanforderungen zu erfüllen, heißt dies, dass der Arbeitnehmer eine unzureichende Leistung erbracht hat. Die Beurteilung entspricht der Schulnote ungenügend.[87] Gleiches gilt, wenn formuliert wird, der Arbeitnehmer **„hat die ihm übertragenen Aufgaben mit großem Fleiß und Interesse durchgeführt"**.[88]

24 **Arbeitserfolg und Arbeitsweise** werden im Allgemeinen wie folgt formuliert: Seine Aufgaben erledigte er stets mit äußerster Sorgfalt und großer Genauigkeit (sehr gut), mit großer Sorgfalt und Genauigkeit (gut), bei Weglassen des groß (befriedigend), darunter ausreichend bis mangelhaft.

---

[74] BAG 12. 8. 1976 AP 11 zu § 630 BGB.

[75] Die Erfindung eines Forschers ist in das Zeugnis aufzunehmen: BAG 24. 3. 1977 AP 12 zu § 630 BGB.

[76] BAG 29. 1. 1986 AP 2 zu § 48 TVAL II.

[77] Sächsisches LAG 30. 1. 1996 NZA 97, 47.

[78] Vgl. ArbRFormb. § 36; ErfK/*Müller-Glöge* § 109 GewO RN 77 ff.

[79] Noch differenzierter *Schleßmann* S. 102 f.; a. A. ErfK/*Müller-Glöge* § 109 GewO RN 30 ff.; Boemke/*Müller* GewO § 109 RN 42; LAG Hamm 13. 2. 1992 LAGE § 630 BGB Nr. 16.

[80] Vgl. BAG 23. 9. 1992 EzA 16 zu § 630 BGB; LAG Düsseldorf 12. 3. 1986, LAG Saarland 28. 2. 1990, LAG Frankfurt 6. 9. 1991 LAGE § 630 BGB Nr. 2, 9, 14; Staudinger/*Preis* § 630 RN 51; *Schleßmann* S. 150.

[81] BAG 14. 10. 2003 AP 28 zu § 630 BGB = NZA 2004, 843; LAG Bremen 9. 11. 2000 NZA-RR 2001, 287; LAG Düsseldorf 23. 5. 1995 LAGE § 630 BGB Nr. 24; *Schleßmann* S. 150.

[82] Vgl. LAG Köln 2. 7. 1999 LAGE § 630 BGB Nr. 35.

[83] LAG Bremen 9. 11. 2000 NZA-RR 2001, 287; LAG Köln 18. 5. 1995 LAGE § 630 BGB Nr. 23.

[84] LAG Köln 2. 7. 1999 LAGE § 630 BGB Nr. 35; LAG Hamm 19. 10. 1990 LAGE § 630 BGB Nr. 12.

[85] LAG Hamm 13. 2. 1992, LAG Köln 30. 6. 1999 LAGE § 630 BGB Nr. 16, 34.

[86] ErfK/*Müller-Glöge* § 109 GewO RN 34.

[87] LAG Rheinland-Pfalz 6. 7. 2006 MDR 2007, 284.

[88] BAG 24. 3. 1977 AP 12 zu § 630 BGB; LAG Hamm BB 89, 1486.

Bei der **Bewertung des Verhaltens** werden üblicherweise folgende Formulierungen verwandt:[89] Sein Verhalten bei Vorgesetzten und Mitarbeitern war stets einwandfrei/vorbildlich (sehr gut), ohne stets (gut), sein Verhalten war gut (befriedigend), war stets befriedigend (ausreichend). Die Formulierung, der Arbeitnehmer sei „ehrlich und pünktlich", kann die durchschnittliche Leistungsbeurteilung „zu unserer vollen Zufriedenheit" entwerten, weil durch die Hervorhebung dieser Selbstverständlichkeiten und das Weglassen des Beurteilungskriteriums „Zuverlässigkeit" der Eindruck entstehen kann, der Arbeitnehmer sei unzuverlässig.[90] Die Bewertung des Verhaltens bezieht sich nicht auf ein sozial-ethisches Verhalten, sondern das Sozialverhalten gegenüber Vorgesetzten, Kollegen und Dritten, Verantwortungsbereitschaft, Beachtung der betrieblichen Ordnung und Führungsverhalten gegenüber Mitarbeitern. Es finden sich Formulierungen wie: Er verstand es, seine Mitarbeiter so zu überzeugen und zu motivieren, dass er alle ihm übertragenen Aufgaben mit großem Erfolg verwirklichen konnte (sehr gut); er überzeugte seine Mitarbeiter und förderte die Zusammenarbeit (gut); er führte seine Mitarbeiter zielbewusst zu überdurchschnittlichen Leistungen (befriedigend); er motivierte seine Mitarbeiter (ausreichend) usw. Die Feststellung in einem Zeugnis, der Arbeitnehmer habe es stets verstanden, seine Interessen im Betrieb durchzusetzen, besagt regelmäßig, dass der Arbeitnehmer seine Interessen im Arbeitsverhältnis stets rücksichtslos durchgesetzt hat. Sie ist nur zulässig, wenn sie für das Arbeitsverhältnis kennzeichnend war.[91] 25

e) Wegen der **Beendigungstatbestände** finden sich folgende Formulierungen: ... verlässt unser Unternehmen auf eigenen Wunsch (Kündigung durch Arbeitnehmer), das Arbeitsverhältnis endete am ... (Kündigung durch Arbeitgeber), das Arbeitsverhältnis endete im besten beiderseitigen Einvernehmen (einvernehmliche Trennung), wir haben uns ... einvernehmlich getrennt (Aufhebungsvertrag auf Initiative des Arbeitgebers), unsere besten Wünsche begleiten ihn (wir weinen ihm keine Träne nach). 26

f) Arbeitszeugnisse enden typischerweise mit einer **Schlussformel,** in der das Bedauern über das Ausscheiden, der Dank für die geleistete Arbeit sowie die Wünsche für die Zukunft ausgedrückt werden. Hierdurch kann der übrige Inhalt bekräftigt bzw. durch Weglassung relativiert werden. Jedenfalls dann, wenn dem Arbeitnehmer eine nur durchschnittliche Leistungs- und Verhaltensbeurteilung zusteht, braucht der Arbeitgeber das Arbeitszeugnis nicht mit einer „Dankes- und Wunschformel" abzuschließen.[92] Der Arbeitgeber ist nach Auffassung des BAG allerdings von Gesetzes wegen nicht verpflichtet, das Arbeitszeugnis mit einer solchen Schlussformel abzuschließen.[93] 27

3. Grundsatz der Wahrheit und des Wohlwollens. Jedes Zeugnis muss der Wahrheit entsprechen.[94] Der Grundsatz der Zeugniswahrheit erstreckt sich auf alle wesentlichen Tatsachen, die für die Gesamtbeurteilung des Arbeitnehmers von Bedeutung sind und an deren Kenntnis ein künftiger Arbeitgeber ein berechtigtes und verständiges Interesse haben kann. Die Tätigkeiten des Arbeitnehmers sind so vollständig und genau zu beschreiben, dass sich ein künftiger Arbeitgeber ein klares Bild machen kann.[95] Das Zeugnis darf daher nur Tatsachen, dagegen keine Behauptungen, Annahmen oder Verdächtigungen enthalten.[96] Dass ein Ermittlungsverfahren gegen den Arbeitnehmer anhängig ist, stellt keine Tatsache in diesem Sinne dar und hat daher regelmäßig keine Erwähnung im Arbeitszeugnis zu finden.[97] Der Grundsatz der Zeugniswahrheit wird nach ständiger Rechtsprechung ergänzt durch das Verbot, das weitere Fortkommen des Arbeitnehmers ungerechtfertigt zu erschweren.[98] Die Bewertung von Leistung und Verhalten des Arbeitnehmers muss daher zugleich die eines **wohlwollenden verständigen Arbeitgebers** sein. Hieraus ergibt sich vielfach ein Spannungsverhältnis zur Wahrheitspflicht. Wenngleich jede Beurteilung notwendig subjektive Momente enthält, ist die subjektive Einstellung 28

---

[89] Vgl. *Schleßmann* S. 153 ff.

[90] Vgl. ArbG Nürnberg 2. 5. 2001 LAGE § 630 BGB Nr. 36 sowie andererseits ArbG Bayreuth 26. 11. 1991 NZA 92, 799.

[91] Hessisches LAG 16. 6. 1998 – 9 Sa 132/98.

[92] LAG Düsseldorf 21. 5. 2008 LAGE § 630 BGB 2002 Nr. 5.

[93] BAG 20. 2. 2001 AP 26 zu § 630 BGB = NZA 2001, 843.

[94] BAG 16. 10. 2007 AP 33 zu § 630 BGB = NZA 2008, 298; 10. 5. 2005 AP 30 zu § 630 BGB = NZA 2005, 1237.

[95] BAG 12. 8. 2008 NZA 2008, 1349.

[96] LAG Hamm 13. 2. 1992 LAGE § 630 BGB Nr. 16.

[97] LAG Düsseldorf 3. 5. 2005 DB 2005, 1799.

[98] BAG 10. 5. 2005 AP 30 zu § 630 BGB = NZA 2005, 1237; 3. 3. 1993 AP 20 zu § 630 BGB = NZA 93, 219.

möglichst zurückzudrängen. Wohlwollende Beurteilung heißt grundsätzlich nicht, dass Ungünstiges nicht gesagt werden darf.[99] In eine Beurteilung gehören auch schwerwiegende Mängel (z. B. Nichtbestehen einer Prüfung).[100] Jedoch soll dem Arbeitnehmer das Fortkommen nicht unnötig erschwert werden. Angaben über den Gesundheitszustand gehören nur dann in das Zeugnis, wenn dadurch das Arbeitsverhältnis grundsätzlich beeinflusst wird.[101] Ein Strafverfahren wegen sittlicher Verfehlung eines Heimerziehers darf nicht unerwähnt bleiben.[102] Nach Auffassung des LAG Baden-Württemberg widerspricht es „dem zeugnisrechtlichen Wohlwollensgebot", im Arbeitszeugnis neben einem Hinweis auf das beiderseitige Einvernehmen über die Beendigung des Arbeitsverhältnisses anzugeben, dies sei auf Veranlassung des Arbeitgebers geschehen, wenn sich Arbeitgeber und Arbeitnehmer im Anschluss an eine verhaltensbedingte Kündigung des Arbeitgebers in einem Prozessvergleich darauf geeinigt haben, das Arbeitsverhältnis habe auf Grund einer Kündigung des Arbeitgebers geendet, und sich der Arbeitgeber zugleich zur Zahlung einer Abfindung verpflichtet hat.[103]

29 **4. Bindung.** Der Arbeitgeber muss sich an der im Zeugnis zum Ausdruck kommenden Beurteilung der Leistungen des Arbeitnehmers festhalten lassen. Dies ist insbesondere für **Zwischenzeugnisse** zu beachten (RN 9).[104] Erteilt ein Arbeitgeber ein wohlwollendes Zeugnis und kündigt er zwei Tage später fristlos, ohne dass sich der Sachverhalt geändert hat, kann dies im Kündigungsschutzprozess Bedeutung erlangen. Der Arbeitgeber hat den Wertungswiderspruch aufzuklären.[105] Ein Arbeitgeber, der auf das berechtigte Verlangen des Arbeitnehmers nach einer Berichtigung des Zeugnisses dem Arbeitnehmer ein „neues" Zeugnis zu erteilen hat, ist an seine bisherige Verhaltensbeurteilung gebunden, soweit keine neuen Umstände eine schlechtere Beurteilung rechtfertigen.[106]

IV. Berichtigung des Zeugnisses

30 **1. Mängel des Zeugnisses.** Der Arbeitgeber hat den Zeugnisanspruch des Arbeitnehmers erfüllt, wenn er ein **formell zutreffendes, inhaltlich vollständiges und in der Bewertung mindestens durchschnittliches Zeugnis** erstellt hat. Die Leistung des Arbeitgebers ist dann frei von Mängeln i. S. v. § 362 BGB.[107] Bei der Einschätzung des Verhaltens und der Leistung hat der Arbeitgeber einen Beurteilungsspielraum, der von den Gerichten nur beschränkt überprüfbar ist. Voll überprüfbar sind dagegen die Tatsachen, die der Arbeitgeber seiner Leistungsbeurteilung zugrunde gelegt hat.[108]

31 **2. Darlegungs- und Beweislast.** Die Verteilung der Darlegungs- und Beweislast hängt vom Inhalt des Zeugnisses ab. Hat der Arbeitgeber dem Arbeitnehmer insgesamt eine **„durchschnittliche" Leistung** bescheinigt, muss der Arbeitnehmer die Tatsachen vortragen und beweisen, aus denen sich eine bessere Beurteilung ergeben soll. Hat der Arbeitgeber den Arbeitnehmer „unterdurchschnittlich" beurteilt, obliegt dem Arbeitgeber, die seiner Beurteilung zugrunde liegenden Tatsachen darzulegen und zu beweisen.[109] Für eine sehr gute Beurteilung genügt nicht der Vortrag, die Arbeitsleistungen seien nie beanstandet worden. Erforderlich ist vielmehr die Darlegung von Tatsachen, die auf eine regelmäßige Bestleistung schließen lassen.[110] Genügt eine der Parteien ihrer jeweiligen Darlegungs- und Beweislast für die Leistungsbeurteilung nicht, ist der Arbeitgeber zu einer durchschnittlichen Beurteilung zu verurteilen.[111]

32 **3. Klage.** Hat der Arbeitgeber nach Ansicht des Arbeitnehmers kein ordnungsgemäßes Zeugnis erteilt, kann der Arbeitnehmer gerichtlich dessen Berichtigung oder Ergänzung verlangen. Mit einer solchen Klage macht der Arbeitnehmer keinen dem Gesetz fremden Berichti-

---

[99] BAG 23. 6. 1960 AP 1 zu § 73 HGB; 29. 7. 1971 AP 6 zu § 630 BGB; ErfK/*Müller-Glöge* § 109 GewO RN 52 ff.

[100] LAG Hamm 24. 9. 1985 LAGE § 630 BGB Nr. 1.

[101] Sächsisches LAG 30. 1. 1996 NZA 97, 47.

[102] BAG 5. 8. 1976 AP 10 zu § 630 BGB = BB 77, 297.

[103] LAG Baden-Württemberg 25. 1. 2007 – 5 Sa 1442/06.

[104] BAG 8. 2. 1972 AP 7 zu § 630 BGB; LAG Köln 9. 7. 1993 LAGE § 630 BGB Nr. 18.

[105] Zu weitgehend freilich LAG Bremen 22. 11. 1983 BB 84, 473.

[106] BAG 21. 6. 2005 AP 31 zu § 630 BGB = NZA 2006, 104.

[107] Zutr. ErfK/*Müller-Glöge* § 109 GewO RN 65.

[108] BAG 14. 10. 2003 AP 31 zu § 630 BGB = NZA 2004, 843.

[109] BAG 14. 10. 2003 AP 31 zu § 630 BGB = NZA 2004, 843; LAG Saarland 28. 2. 1990 LAGE § 630 BGB Nr. 9; LAG Düsseldorf 12. 3. 1986 LAGE § 630 BGB Nr. 2.

[110] LAG Frankfurt 6. 9. 1991 LAGE § 630 BGB Nr. 14.

[111] LAG Köln 30. 6. 1999 LAGE § 630 BGB Nr. 34.

gungsanspruch geltend, sondern weiterhin die Erfüllung seines Zeugnisanspruchs.[112] Begehrt der Arbeitnehmer die **Erteilung eines Zeugnisses,** muss er beantragen, den Arbeitgeber zu verurteilen, ihm ein einfaches bzw. ein qualifiziertes Zeugnis zu erteilen. Verlangt ein Arbeitnehmer nicht nur ein einfaches oder qualifiziertes Zeugnis, sondern außerdem auch einen bestimmten Zeugnisinhalt, hat er im Klageantrag genau zu bezeichnen, was in welcher Form das Zeugnis enthalten soll. Nur wenn der Entscheidungsausspruch bereits die dem Gericht zutreffend erscheinende Zeugnisformulierung enthält, wird verhindert, dass sich der Streit über den Inhalt des Zeugnisses vom Erkenntnis- in das Vollstreckungsverfahren verlagert.[113]

Hat der Arbeitgeber ein Zeugnis erteilt und verlangt der Arbeitnehmer **Berichtigungen,** 33
muss er den Antrag bestimmt fassen (§ 253 II Nr. 2 ZPO) und die zu ändernden Passagen selbst formulieren.[114] Der Antrag, der Arbeitgeber habe ein Zeugnis zu erteilen, „aus dem sich ergibt", dass der Arbeitnehmer „stets zur vollsten Zufriedenheit gearbeitet" hat, ist unbestimmt und deshalb unzulässig.[115] Da das Zeugnis ein einheitliches Ganzes ist und seine Teile nicht ohne Gefahr der Sinnentstellung auseinandergerissen werden können, sind die Gerichte befugt, das gesamte Zeugnis zu überprüfen und u. U. selbst neu zu formulieren.[116] Der Arbeitgeber hat alsdann das Zeugnis zu erteilen, ohne dass er auf das Urteil verweisen darf.[117] Das Zeugnis ist auf den Tag der ersten Ausstellung zurückzudatieren, da der Arbeitgeber die Nicht- oder Schlechterfüllung zu vertreten hat.[118]

4. Die **Vollstreckung** eines der Klage stattgebenden Urteils erfolgt nach § 888 ZPO durch 34
Androhung von Zwangsgeld oder Zwangsstrafen.[119] Im Vollstreckungsverfahren kann nur geprüft werden, ob das Zeugnis nach Form und Inhalt den Anforderungen an ein Zeugnis genügt.[120] Dagegen ist die inhaltliche Richtigkeit nur in einem Berichtigungsprozess nachprüfbar.[121] Nach § 61 II ArbGG[122] ist die Zwangsvollstreckung nach § 888 ZPO dann ausgeschlossen, wenn im Urteil auf Antrag des Klägers für den Fall der Nichterteilung des Zeugnisses innerhalb einer bestimmten Frist eine Geldentschädigung zugesprochen wird. Der Arbeitnehmer bleibt dann freilich ohne Zeugnis.[123] Ist gegen eine Partei, die verpflichtet ist, ein Arbeitszeugnis zu erteilen, ein Zwangsgeld gem. § 888 ZPO festgesetzt worden, darf ein weiterer Zwangsgeldbeschluss erst dann ergehen, wenn der erste Beschluss vollstreckt worden ist.[124]

5. Der **Urteilsstreitwert** für ein qualifiziertes Zeugnis ist regelmäßig in Höhe der Arbeitsver- 35
gütung für einen Monat festzusetzen,[125] bei einem Zwischenzeugnis in Höhe von 500 Euro[126] bis zu einem halben Monatsverdienst.[127] Der Zeugnisstreit ist vermögensrechtlicher Art.[128] Der Streitwert bei der Zwangsvollstreckung zur Durchsetzung des Zeugnisanspruchs richtet sich nach dem der Hauptsache, nicht dagegen nach dem festgesetzten Zwangsgeld.[129]

V. Widerruf des Zeugnisses

1. Widerruf. Die Erteilung eines Zeugnisses kann als **Wissenserklärung** grundsätzlich 36
nicht angefochten werden.[130] Erkennt der Arbeitgeber nachträglich, dass ihm bis dahin nicht bekannte Umstände eine wesentlich andere Beurteilung begründen, kann er das Zeugnis wider-

---

[112] BAG 12. 8. 2008 NZA 2008, 1349; 16. 10. 2007 AP 33 zu § 630 BGB = NZA 2008, 298.
[113] BAG 14. 3. 2000 FA 2000, 286.
[114] BAG 19. 1. 1983 AP 28 zu § 102 BetrVG 1972; LAG Hamm 13. 2. 1992 LAGE § 630 BGB Nr. 16.
[115] BAG 14. 3. 2000 FA 2000, 286.
[116] BAG 24. 3. 1977 AP 12 zu § 630 BGB; 23. 6. 1960 AP 1 zu § 73 HGB.
[117] LAG Baden-Württemberg BB 67, 161; ErfK/*Müller-Glöge* § 109 GewO RN 12.
[118] BAG 9. 9. 1992 AP 19 zu § 630 BGB = NZA 93, 658.
[119] BAG 29. 1. 1986 AP 2 zu § 48 TVAL II = NZA 87, 384; LAG Nürnberg 14. 1. 1993 BB 93, 365; ErfK/*Müller-Glöge* § 109 GewO RN 76.
[120] LAG Frankfurt NZA 90, 192; weiter LAG Düsseldorf 8. 1. 1958 AP 1 zu § 888 ZPO.
[121] LAG Hamburg DB 69, 887; LAG Frankfurt DB 81, 648; eine Übersicht über die Art der Klageanträge LAG Düsseldorf DB 73, 1853.
[122] Hierzu *Opolony* FA 2001, 66.
[123] ErfK/*Müller-Glöge* § 109 GewO RN 78.
[124] LAG Schleswig-Holstein 19. 4. 2006 NZA-RR 2006, 540.
[125] BAG 20. 2. 2001 AP 26 zu § 630 BGB = NZA 2001, 843; 20. 1. 1967 AP 16 zu § 12 ArbGG 1953; LAG Düsseldorf 5. 11. 1987 LAGE § 3 ZPO Nr. 6.
[126] LAG Hamburg 30. 6. 2005 – 8 Ta 5/05.
[127] Sächsisches LAG 19. 10. 2000 LAGE § 3 ZPO Nr. 12; LAG Hamm DB 89, 1344 = BB 89, 634.
[128] LAG Düsseldorf 26. 8. 1992 EzA 18 zu § 12 ArbGG 1979 Streitwert.
[129] LAG Baden-Württemberg DB 85, 2004.
[130] Ebenso ErfK/*Müller-Glöge* § 109 GewO RN 56; Staudinger/*Preis* § 630 BGB RN 59.

rufen und Zug um Zug gegen Neuerteilung seine Herausgabe verlangen.[131] Für seinen Irrtum ist er beweispflichtig. Der Rückforderungsanspruch ist ausgeschlossen, wenn der Arbeitgeber das Zeugnis von vornherein bewusst unrichtig erteilt hat (Gefälligkeitszeugnis).[132] Etwas anderes kann gelten, wenn der Gebrauch eines solchen Zeugnisses gegen die guten Sitten verstößt.[133] Der Berichtigungsanspruch ist ferner ausgeschlossen, wenn der Arbeitgeber durch Urteil oder Vergleich zur Erteilung des Zeugnisses verpflichtet worden ist.

37 **2. Zwischenzeugnis.** Ein Zwischenzeugnis ist Zug um Zug gegen Herausgabe des endgültigen Zeugnisses zurückzugeben.

VI. Rechtsfolgen bei Verletzung der Zeugnispflicht

38 **1. Schadensersatz.** Bei verschuldeter Schlechterfüllung oder verspäteter Erfüllung der Zeugnispflicht kann der Arbeitnehmer nach § 280 I BGB bzw. §§ 286, 288 IV BGB Ersatz des Schadens verlangen, den er dadurch erleidet, dass er infolge der verspäteten Zeugniserteilung oder des mängelbehafteten Zeugnisses keine oder eine schlechtere Arbeitsstelle erhalten hat. Die **Darlegungs- und Beweislast** dafür, dass die Nichterteilung, die verspätete Erteilung oder die Erteilung eines unrichtigen Zeugnisses für den Schaden des Arbeitnehmers ursächlich gewesen ist, liegt nach der Rechtsprechung des BAG beim Arbeitnehmer. Macht der Arbeitnehmer einen Schadensersatzanspruch geltend, weil er wegen des fehlenden ordnungsgemäßen Zeugnisses einen Verdienstausfall erlitten habe, muss er darlegen und ggf. beweisen, dass ein bestimmter Arbeitgeber bereit gewesen sei, ihn einzustellen, sich aber wegen des fehlenden Zeugnisses davon habe abhalten lassen.[134] Für den Nachweis des Minderverdienstes infolge der Zeugnisverletzung kommen dem Arbeitnehmer die Beweiserleichterungen nach § 252 Satz 2 BGB zugute, deren Voraussetzungen nach § 287 I ZPO zu schätzen sind.[135] Einen Erfahrungssatz dahin, dass bei leitenden Angestellten oder Arbeitnehmern das Fehlen eines Zeugnisses Ursache für den Misserfolg von Bewerbungen ist, gibt es nicht.[136] Der Schadensersatzanspruch kann wegen Mitverschuldens gemindert sein, wenn der Arbeitnehmer dem Arbeitgeber nicht mitteilt, dass er im Rahmen einer Bewerbung unverzüglich das Zeugnis vorlegen muss.

39 **2. Mitbestimmung.** Der Betriebsrat hat bei Erteilung, Form und Inhalt des Zeugnisses **kein Mitbestimmungsrecht.** Er kann Zeugnisse lediglich durch Beurteilungsrichtlinien beeinflussen (§ 94 II BetrVG). Der Arbeitnehmer kann den Betriebsrat nach §§ 84ff. BetrVG – durch eine Beschwerde in Streitigkeiten mit dem Arbeitgeber – einschalten.

VII. Haftung gegenüber Dritten bei unrichtiger Zeugniserteilung

40 **1. Schadensersatz.** Da das Zeugnis der Wahrheit entsprechen muss, kann der Arbeitgeber bei unrichtiger Zeugnisausstellung nach § 826 BGB[137] schadensersatzpflichtig werden, wenn er **wissentlich unwahre Angaben** gemacht hat, das Bewusstsein der Möglichkeit schädlicher Folgen hatte und diese billigend in Kauf genommen hat. Bedingter Vorsatz ist ausreichend, nicht dagegen Fahrlässigkeit. Die Voraussetzungen liegen selten vor, da das Zeugnis i. d. R. im Interesse des Arbeitnehmers erteilt wird und der Arbeitgeber häufig berechtigte Hoffnung haben kann, ein bestimmter Vorfall sei einmalig.

41 Weitergehend vertritt der BGH die Auffassung, der Arbeitgeber gebe mit der Erteilung des Zeugnisses auch eine **rechtsgeschäftliche Erklärung** gegenüber dem Folgearbeitgeber ab, auf Grund derer er zum Schadensersatz verpflichtet sein könne, wenn diese Erklärung unrichtig sei.[138] Hierbei unterstellt der BGH allerdings unzutreffend[139] eine vertragsähnliche Rechtsbeziehung zwischen dem Aussteller des Zeugnisses und dem Folgearbeitgeber, weshalb der Arbeitgeber für das Verschulden seiner Erfüllungsgehilfen hafte (§ 278 BGB).

---

[131] Vgl. ArbG Passau 15. 10. 1990 BB 91, 350; Boemke/*Müller* GewO § 109 RN 30.

[132] LAG Berlin BB 51, 559; ArbG Duisburg BB 50, 396; a. A. ArbG Heidelberg ARS 65, 153.

[133] LAG Frankfurt DB 51, 308; Staudinger/*Preis* § 630 RN 61.

[134] BAG 16. 11. 1995 EzA 20 zu § 630 BGB; 26. 2. 1976 AP 3 zu § 252 BGB; 25. 10. 1967 AP 6 zu § 73 HGB.

[135] BAG 16. 11. 1995 EzA 20 zu § 630 BGB; 26. 2. 1976 AP 3 zu § 252 BGB.

[136] BAG 16. 11. 1995 EzA 20 zu § 630 BGB.

[137] BGH 26. 11. 1963, 22. 9. 1970 AP 10, 16 zu § 826 BGB; *Gleisberg* DB 79, 1227; *Löwenheim* JZ 80, 469.

[138] BGH 15. 5. 1979 AP 13 zu § 630 BGB = NJW 79, 1882.

[139] Mit Recht ablehnend auch ErfK/*Müller-Glöge* § 109 GewO RN 71; *Löwenheim* JZ 80, 469.

2. Mitverschulden. Die Schadensersatzpflicht kann wegen Mitverschuldens gemindert sein, wenn der Folgearbeitgeber aus der Formulierung des Zeugnisses erkennen konnte, dass Verfehlungen vorgekommen sind. Dies gilt insbesondere, wenn das Verschweigen bestimmter Tatsachen beredt ist, also zu erwartende Angaben über Ehrlichkeit usw. fehlen (§ 254 BGB). 42

§ 147. Auskunft

Ring, Auskunftsrechte und -pflichten des Arbeitgebers versus Selbstbestimmungsrecht des Arbeitnehmers, BuW 2001, 475.

1. Allgemeines. Vielfach sind Arbeitgeber daran interessiert, über das Zeugnis hinaus In- 1 formationen über den neu einzustellenden Arbeitnehmer einzuholen. Dies gilt insbesondere dann, wenn es sich um leitende Angestellte oder solche in besonderer Vertrauensstellung handelt. Neben dem Zeugnis haben Auskünfte des ehemaligen Arbeitgebers erheblich an Bedeutung gewonnen. Die Auskünfte werden zumeist mündlich erteilt; sie sollen den derzeitigen Leistungs- und Befähigungsstand charakterisieren.

2. Rechtspflicht. Eine rechtliche Verpflichtung zur Auskunftserteilung des früheren **Ar-** 2 **beitgebers gegenüber einem Dritten** besteht nicht, es sei denn, der frühere Arbeitgeber und der Dritte haben vertraglich besondere Abmachungen über die wechselseitige Auskunftserteilung geschlossen, wie dies gelegentlich bei konzerngebundenen Unternehmen der Fall ist (zur Zustimmung des Arbeitnehmers RN 3). Behörden sind untereinander zwar zur Amtshilfe verpflichtet (Art. 35 GG). Daraus kann entgegen der älteren Rechtsprechung jedoch nicht gefolgert worden, die öffentlichen Arbeitgeber hätten sich ohne Weiteres wechselseitig Auskünfte zu erteilen und die Personalakten zur Verfügung zu stellen.[1] Dem widersprechen § 90d II 3 BBG, § 56d II 3 BRRG. Auskünfte können daher nur mit Zustimmung des Bediensteten erteilt werden.[2]

3. Berechtigung zur Auskunftserteilung. Nach der älteren Rechtsprechung des BAG ist 3 der Arbeitgeber berechtigt, auch ohne Einverständnis seines ehemaligen Arbeitnehmers Auskünfte an Dritte zu erteilen, sofern diese daran ein **berechtigtes Interesse** haben.[3] Dem kann nicht zugestimmt werden. Grenze des Auskunftsrechts ist das Persönlichkeitsrecht des Arbeitnehmers. Das durch Art. 1 und 2 GG gewährleistete allgemeine Persönlichkeitsrecht schützt den Arbeitnehmer nicht nur vor einer zu weitgehenden Kontrolle und Ausforschung seiner Persönlichkeit, sondern es umfasst ebenfalls den Schutz vor der Offenlegung personenbezogener Daten, und zwar auch solcher, von denen der Arbeitgeber in zulässiger Weise Kenntnis erlangt hat.[4] Ohne Zustimmung des Arbeitnehmers ist der Arbeitgeber deshalb nicht zur Auskunftserteilung berechtigt.[5] Zulässig soll allerdings die Auskunft an einen Arbeitgeber des Baunebengewerbes sein, der Arbeitnehmer leide an epileptischen Anfällen. Im konkreten Fall hat dies der Arbeitnehmer aber bereits früher selbst erzählt.[6]

Erteilt der Arbeitgeber Auskunft, ist er verpflichtet, seinen **Arbeitnehmer auf Verlangen** 4 **über den Inhalt der Auskunft zu unterrichten** und einen etwaigen Durchschlag einer schriftlichen Auskunft zur Einsicht vorzulegen,[7] damit dieser in die Lage versetzt wird, eine unrichtige Auskunft richtigzustellen. Es muss in jedem Fall verhindert werden, dass ein Arbeitnehmer durch die ohnehin schwer zu kontrollierenden Auskünfte in irgendeiner Weise abgestempelt oder gekennzeichnet wird. Der Arbeitgeber kann sich gegenüber seinem Arbeitnehmer **verpflichten, keine Auskünfte zu geben.**

4. Verpflichtung gegenüber dem Arbeitnehmer. Der Arbeitgeber hat nach Auffassung 5 des BAG auch nach Beendigung des Arbeitsverhältnisses die **nachwirkende Vertragspflicht,** auf Wunsch des Arbeitnehmers Dritten Auskünfte zu erteilen, sofern das besondere Interesse des Arbeitnehmers es verlangt und die Auskunftserteilung nicht mit besonderen Belastungen ver-

---

[1] BAG 15. 7. 1960 AP 1 zu Art. 35 GG.
[2] Ebenso ErfK/*Müller-Glöge* § 109 GewO RN 61; MünchKommBGB/*Henssler* § 630 RN 81.
[3] BAG 25. 10. 1957 AP 1 zu § 630 BGB; 18. 12. 1984 AP 8 zu § 611 BGB Persönlichkeitsrecht = NZA 85, 811.
[4] BAG 4. 4. 1990 AP 21 zu § 611 BGB Persönlichkeitsrecht = NZA 90, 933.
[5] Ebenso HWK/*Gäntgen* § 109 GewO RN 40; MünchKommBGB/*Henssler* § 630 RN 80; ErfK/*Müller-Glöge* § 109 GewO RN 61.
[6] LAG Köln 27. 6. 1997 NZA-RR 98, 533.
[7] BGH 10. 7. 1959 AP 2 zu § 630 BGB; Staudinger/*Preis* § 630 RN 83.

bunden ist.[8] Allerdings braucht er nicht noch einmal mündlich ein allgemeines Urteil abzugeben, sondern lediglich Auskunft über solche Fragen zu erteilen, die im Zeugnis nicht behandelt sind. Verweigert der Arbeitgeber eine eingehende Auskunftserteilung, werden daraus im Rechtsverkehr vielfach für den Arbeitnehmer nachteilige Schlüsse gezogen. Es sollte daher nachdrücklich klargestellt werden, warum eine Auskunftserteilung nicht erfolgt (fehlendes Erinnerungsvermögen; grundsätzlich keine Auskünfte ohne Einverständnis des Arbeitnehmers usw.).

6 **5. Inhalt.** Dem Inhalt nach muss die Auskunft sorgfältig und **wahrheitsgemäß** erteilt werden.[9] Insoweit gelten die Ausführungen über das Zeugnis entsprechend (§ 146 RN 28). Da die Auskunft den nächstfolgenden Arbeitgeber in ein genaueres Bild setzen soll, dürfen auch ungünstige Umstände geschildert werden.

7 **6. Schadensersatz.** Hat der Arbeitgeber rechtswidrig und schuldhaft eine unrichtige, unvollständige oder sonst fehlerhafte Auskunft erteilt und ist hierdurch dem Arbeitnehmer ein Schaden entstanden, haftet der Arbeitgeber nach § 280 I BGB auf Schadensersatz.[10] Der Schaden kann sich aus der **unterbliebenen Einstellung** bei einem neuen Arbeitgeber ergeben.[11] Neben dem Anspruch aus positiver Vertragsverletzung kann ein solcher aus unerlaubter Handlung gegeben sein (§ 826 BGB). Ist die Gefahr weiterer Auskunftserteilung gegeben, kann der Arbeitnehmer auf Unterlassung klagen. Er trägt grundsätzlich die Beweislast für die Unrichtigkeit der Auskunft, soweit es nicht um ehrverletzende Äußerungen geht (§ 186 StGB).[12] Dem Dritten haftet der Arbeitgeber wegen eines durch eine fehlerhafte Auskunft verursachten Schadens unter den Voraussetzungen von § 826 BGB.

§ 148. Personalakten

Bläser, Betriebliches Personalaktenrecht, 2. Aufl., 1999; *Dütz,* Personalakten und Drittbeziehungen, FS Wlotzke, 1996, S. 27; *Hunold,* Personalakten richtig führen, AuA 97, 364; *Kossens,* Personalakte, AR-Blattei SD 1250 (1999).

Übersicht

	RN
I. Allgemeines	1 ff.
1. Begriff	1
2. Vollständigkeit der Personalakte und Schutz des Persönlichkeitsrechts	2–5
3. Einsichtnahme	6
4. Elektronische Personalakte	7
II. Einsichtsrecht des Arbeitnehmers	8 ff.
1. Grundsatz	8
2. Betriebsrat	9
3. Persönliche Einsicht	10
4. Einsichtnahme	11
5. Bestand des Arbeitsverhältnisses	12
III. Dienstliche Beurteilungen	13, 14
IV. Berichtigungsansprüche	15 ff.
1. Gegendarstellung und Berichtigungsansprüche	15
2. Unterlassungsanspruch	16
3. Schadensersatz	17
4. Amtshilfe	18
5. Prozessuales	19
V. Personalinformationssysteme	20 ff.
1. Personalinformationssystem	20, 21
2. Persönlichkeitsrecht	22
3. Datenschutz	23–25
4. Erhebung, Verarbeitung und Nutzung personenbezogener Daten	26–29
5. Videoüberwachung	30–32
6. Ansprüche nach dem BDSG	33–38
7. Subsidiarität des BDSG	39
8. Arbeitsrechtliche Erlaubnisnormen	40–42
9. Grundrecht auf informationelle Selbstbestimmung	43, 44
VI. Mitbestimmung des Betriebsrats bei Personalinformationssystemen	45 ff.
1. Unterrichtungs- und Beratungsrecht	45
2. Personalfragebogen	46
3. Allgemeine Richtlinien	47
4. Überwachung	48
5. Datenschutzbeauftragter	49–51
VII. Aufsichtsbehörden	52

I. Allgemeines

1 **1. Begriff.** Der Begriff der Personalakte ist gesetzlich nicht definiert. Die Begriffsbestimmung der Personalakte muss entsprechend dem Schutzzweck der jeweiligen gesetzlichen und

[8] BAG 18. 12. 1984 AP 8 zu § 611 BGB Persönlichkeitsrecht; 5. 8. 1976 AP 10 zu § 630 BGB; Staudinger/*Preis* § 630 RN 83.
[9] BAG 5. 8. 1976 AP 10 zu § 630 BGB.
[10] Staudinger/*Preis* § 630 RN 86.
[11] LAG Frankfurt 20. 12. 1979 DB 80, 1224.
[12] Vgl. MünchKommBGB/*Henssler* § 630 RN 84.

tariflichen Bestimmung erfolgen. Im Allgemeinen sind Personalakten im materiellen Sinne alle Urkunden und Vorgänge, die persönliche und dienstliche Verhältnisse eines Arbeitnehmers betreffen und in einem inneren Zusammenhang mit dem Arbeitsverhältnis stehen.[1] Es geht um **personenbezogene Daten i. S. d. § 3 I BDSG.** Unerheblich für den Begriff der Personalakte ist, ob sie in Haupt- und Nebenakten, in Personalinformationssystemen oder an verschiedenen Stellen im Betrieb geführt werden.[2] Der Arbeitnehmer hat keinen Anspruch darauf, dass der Arbeitgeber die zu den Personalakten genommenen Unterlagen paginiert.[3] Der Arbeitgeber ist nicht verpflichtet, überhaupt Personalakten zu führen.[4] Zur Personalakte gehören auch die Unterlagen des Werkschutzes,[5] ärztliche Gutachten,[6] Schlussberichte im Disziplinarverfahren.[7] Aufbewahrte Bewerbungsunterlagen sind Teil der Personalakte.[8] Nicht zu den Personalakten gehören die dem Arbeitgeber nicht zugänglichen Unterlagen des Werksarztes.[9] Ferner zählen hierzu nicht Personalaufzeichnungen des Arbeitgebers (Gedankenskizzen, Zeugnisentwürfe usw.), betriebliche Unterlagen, in denen der Arbeitnehmer nur erwähnt ist (Personal- und Lohnlisten usw.). Etwas anderes gilt nur, wenn sich auch aus Gemeinschaftsunterlagen eine Qualifizierung oder Bewertung des Arbeitnehmers ergibt.

2. Vollständigkeit der Personalakte und Schutz des Persönlichkeitsrechts. a) Es besteht ein legitimes Anliegen des Arbeitgebers, dass von ihm geführte Personalakten vollständig sind. Sie sollen möglichst lückenlos über die Person des Angestellten und seine dienstliche Laufbahn Aufschluss geben. Grundsätzlich steht es dem Arbeitgeber deshalb frei zu entscheiden, welche Unterlagen in die Personalakten aufgenommen werden. Sie müssen freilich mit dem Arbeitsverhältnis im Zusammenhang stehen.[10] Den berechtigten Interessen des Arbeitgebers steht der Schutz des Persönlichkeitsrechts des Arbeitnehmers (Art. 2 I GG) entgegen.[11] Im Einzelfall hat eine **Abwägung** zwischen dem Interesse des Arbeitgebers an der Personalaktenführung und dem Interesse des Arbeitnehmers an der Unverletzlichkeit seiner Persönlichkeit stattzufinden.[12] Verletzt der Arbeitgeber diese Verpflichtung, liegt regelmäßig ein Eingriff in das allgemeine Persönlichkeitsrecht vor. Eine solche Rechtsverletzung führt zu Schadensersatz- und Schmerzensgeldansprüchen. Eine Ausnahme besteht dann, wenn die Einsichtnahme Dritter zu keinem Nachteil für den Arbeitnehmer geführt hat und aus der Sicht des Arbeitgebers auch den Interessen des Arbeitnehmers dienen sollte.[13] Dasselbe gilt, wenn zur Verschwiegenheit verpflichtete Revisoren einer Sparkasse im Einzelfall zur Überprüfung von Personalausgaben in Personalakten Einsicht nehmen.[14] Durch die in § 95 I BHO normierte Verpflichtung der Dienststelle, dem Bundesrechnungshof Schaublätter aus Fahrtenschreibern in von Bediensteten der Dienststelle gefahrenen Kraftfahrzeugen vorzulegen, wird der Arbeitnehmer, dessen Fahrzeiten in den Schaublättern aufgezeichnet sind, nicht in seinem Persönlichkeitsrecht verletzt.[15] Nehmen andere Arbeitnehmer unberechtigt Einsicht in eine Personalakte, kann deren Kündigung gerechtfertigt sein.[16] 2

b) Die Personalakten dürfen **nicht allgemein zugänglich** sein und müssen sorgfältig verwahrt werden. Zudem muss der Arbeitgeber die Informationen vertraulich behandeln oder für die vertrauliche Behandlung durch die Sachbearbeiter Sorge tragen und den Kreis der mit Per- 3

---

[1] BAG 7. 5. 1980 AuR 81, 124; BVerwG 23. 1. 1991 NJW 91, 1658.

[2] LAG Bremen DB 77, 1006.

[3] BAG 16. 10. 2007 AP 3 zu § 241 BGB = NZA 2008, 367.

[4] MünchArbR/*Blomeyer* § 98 RN 9; Richardi/*Thüsing* § 83 RN 12.

[5] LAG Bremen 4. 3. 1977 DB 77, 1006; GK-BetrVG/*Wiese* § 83 RN 18.

[6] Vgl. BVerwG NJW 62, 694.

[7] LAG Bremen 4. 3. 1977 DB 77, 1006.

[8] BVerwG 49, 89; zum Anspruch auf Rückgabe bei Nichteinstellung: BAG 6. 6. 1984 AP 7 zu § 611 BGB Persönlichkeitsrecht = NJW 84, 2910.

[9] LAG Bremen 4. 3. 1977 DB 77, 1006; GK-BetrVG/*Wiese* § 83 RN 18.

[10] Aufnahme eines Strafurteils BAG 2. 9. 1977 AP 83 zu § 611 BGB Fürsorgepflicht.

[11] BAG 12. 9. 2006 NZA 2007, 269.

[12] Vgl. zu pornografische Aufnahmen LAG Hamm DB 70, 887; Ehescheidungsakten BVerfG AP 17 zu Art. 2 GG; nachteilige Schriftstücke LAG Niedersachsen 10. 7. 1982 AP 85 zu § 611 BGB Fürsorgepflicht; Vorhaltungen bei Trunkenheitsfahrt: LAG München ZTR 89, 449; Teilnahme am Arbeitskampf ArbG Stuttgart 14. 11. 1979 AP 68 zu Art. 9 GG Arbeitskampf, am Warnstreik: LAG Rheinland Pfalz 20. 3. 1981 EzA 28 zu § 611 BGB Fürsorgepflicht.

[13] BAG 18. 12. 1984 AP 8 zu § 611 BGB Persönlichkeitsrecht = NZA 85, 811.

[14] BAG 4. 4. 1990 AP 21 zu § 611 BGB Persönlichkeitsrecht = NZA 90, 933.

[15] BAG 12. 1. 1988 AP 23 zu § 75 BPersVG.

[16] ArbG Marburg 27. 5. 1994 BB 95, 259.

sonalakten befassten Beschäftigten möglichst eng halten.[17] Der Arbeitgeber hat die Personalakten vor dem Zugriff und der Einsichtnahme Dritter zu schützen. Dies gilt insbesondere für Angaben zum Gesundheitszustand des Arbeitnehmers.[18]

4 **c)** Der Arbeitgeber ist weitergehend verpflichtet, **besonders sensible Daten** besonders zu schützen. Hierzu gehören insbesondere solche über den körperlichen, geistigen und gesundheitlichen Zustand und allgemeine Aussagen über die Persönlichkeit des Arbeitnehmers. Der Schutz betrifft nicht nur die Beschränkung des informationsberechtigten Personenkreises, sondern ebenso die Sicherung vor zufälliger Kenntnisnahme. Personalakten werden routinemäßig aus unterschiedlichen Gründen eingesehen, etwa bei Urlaubserteilung, Erstellung von Beurteilungen usw. Eine Kenntnisnahme sensibler Gesundheitsdaten ist in diesen Fällen regelmäßig nicht erforderlich. Daher dürfen solche Schreiben nicht offen in der Personalakte aufbewahrt werden, so dass sie eingesehen oder zufällig zur Kenntnis genommen werden können, obwohl der Grund der Einsichtnahme dies nicht erfordert. Verstößt der Arbeitgeber gegen diese Grundsätze, hat der Arbeitnehmer nach den §§ 12, 862, 1004 BGB einen Anspruch darauf, dass der Arbeitgeber ausreichende Maßnahmen zum Schutz der sensiblen Gesundheitsdaten vor unbefugter Einsichtnahme, z. B. durch Aufbewahrung in einem verschlossenen Umschlag, ergreift.[19]

5 **d)** Dritte haben keinen Anspruch auf Herausgabe der Personalakten. Dies folgt aus dem **informationellen Selbstbestimmungsrecht** des Arbeitnehmers. Der Petitionsausschuss[20] oder die Gerichte können mithin grundsätzlich nur dann die Vorlage der Personalakten anordnen, wenn der Arbeitnehmer zustimmt.

6 **3. Einsichtnahme.** Das Recht auf Einsichtnahme des Arbeitnehmers in die Personalakten ist seit Langem anerkannt.[21] Es folgt aus § 83 I 1 BetrVG. Im öffentlichen Dienst finden sich neben den für Beamte und Soldaten geltenden Vorschriften tarifliche Regelungen in § 3 V TVöD (früher: § 13 BAT, § 13 a BMTV-Arb, § 11 a BMT-G II). Im Allgemeinen finden auf die herkömmliche Personalakte die Vorschriften über die Datenverarbeitung im BDSG keine Anwendung (§ 27 II BDSG). Zu Personalinformationssystemen und maschineller Datenverarbeitung unten RN 20 ff.

7 **4. Elektronische Personalakte.** Im Rahmen der **Personalinformationssysteme** werden auch elektronische Personalakten geführt, die aber regelmäßig die Personalakten aus Papier nicht vollständig ersetzen können.

II. Einsichtsrecht des Arbeitnehmers

8 **1. Grundsatz.** Der Arbeitnehmer kann unter Wahrung der betrieblichen Interessen (Dienststunden, in angemessenen Abständen) das Recht auf Einsicht in die Personalakte jederzeit ausüben. Es braucht dafür **kein besonderer Anlass** zu bestehen.[22] Soweit die Einsichtnahme während der Dienstzeit zulässig ist, darf das **Arbeitsentgelt nicht gekürzt** werden (entspr. §§ 20 III, 39 III, 44 I BetrVG).[23]

9 **2. Betriebsrat.** Der Arbeitnehmer kann bei der Einsichtnahme ein **Mitglied des Betriebsrats nach seiner Wahl hinzuziehen** (§ 83 I BetrVG). Das Wahlrecht kann durch die Geschäftsverteilung des Betriebsrats nicht beseitigt werden. Schwerbehinderte können die Schwerbehindertenvertretung beiziehen (§ 95 III SGB IX). Da vertragliche Rechtsbeziehungen zwischen Arbeitnehmer und Betriebsrat nicht bestehen, hat das Gesetz dem Betriebsratsmitglied und der Schwerbehindertenvertretung gegenüber dem Arbeitnehmer eine besondere **Verschwiegenheitspflicht** auferlegt (Schutzgesetz i. S. von § 823 II BGB). Das Betriebsratsmitglied darf Dritten über den Inhalt der Personalakten nur dann Auskunft geben, wenn es von dem Arbeitnehmer von der Verschwiegenheitspflicht befreit wurde (§ 83 BetrVG); ein Zeugnisverweigerungsrecht im prozessualen Sinne besteht freilich nicht.

10 **3. Persönliche Einsicht.** Das Einsichtsrecht steht grundsätzlich nur dem **Arbeitnehmer persönlich** zu. Etwas anderes gilt allerdings, wenn der Arbeitnehmer selbst verhindert ist, weil er

---

[17] BAG 12. 9. 2006 NZA 2007, 269.
[18] BAG 12. 9. 2006 NZA 2007, 269; 15. 7. 1987 AP 14 zu § 611 BGB Persönlichkeitsrecht = NZA 88, 53.
[19] BAG 12. 9. 2006 NZA 2007, 269.
[20] OVG Münster 3. 6. 1988 NJW 88, 2496; BVerfG 1. 10. 1987 NJW 88, 890.
[21] BAG 17. 3. 1970 AP 78 zu § 611 BGB Fürsorgepflicht.
[22] MünchArbR/*Blomeyer* § 98 RN 23; Richardi/*Thüsing* § 83 RN 22; GK-BetrVG/*Wiese* § 83 RN 33.
[23] DKK/*Buschmann* § 83 RN 6; *Fitting* § 83 RN 12; GK-BetrVG/*Wiese* § 83 RN 33.

z. B. krank ist.[24] Der Arbeitgeber ist nicht verpflichtet, einem Bevollmächtigten des Arbeitnehmers Zutritt zum Betrieb zu gewähren. Das Gesetz sieht lediglich vor, dass der Arbeitnehmer ein Mitglied des Betriebsrats hinzuziehen kann (§ 83 I 2 BetrVG). Deshalb kann gegen den Willen des Arbeitgebers das Einsichtsrecht nicht von einem Bevollmächtigten ausgeübt werden, d. h. grundsätzlich auch nicht von einem Anwalt oder Gewerkschaftsvertreter.[25] Etwas anderes gilt, wenn die sofortige Akteneinsicht erforderlich ist und der Arbeitnehmer unverschuldet daran gehindert ist. Im **öffentlichen Dienst**[26] kann die Einsichtnahme auch durch einen schriftlich Bevollmächtigten ausgeübt werden (§ 3 V TVöD; bzw. § 13 I 2 BAT, § 13 a BMTV-Arb). Die Vollmacht ist zu den Personalakten zu nehmen. Der Bevollmächtigte darf nur dann zurückgewiesen werden, wenn es aus dienstlichen oder betrieblichen Gründen geboten ist (Geheimhaltungsinteresse).

4. Einsichtnahme. Der Arbeitnehmer darf bei der Einsichtnahme vom Inhalt der **gesamten Akten** Kenntnis nehmen. Er darf auch Abschriften oder **Kopien** (gegen Kostenerstattung) fertigen.[27] Die Akteneinsicht braucht nur in Gegenwart des Dienstvorgesetzten oder einer von diesem beauftragten Person gestattet werden. EDV-gespeicherte Personaldaten sind dem Arbeitnehmer zur Einsichtnahme vollständig auszudrucken. Ein Anspruch auf Überlassung der Personalakte, um sie mit nach Hause zu nehmen, besteht nicht. 11

5. Bestand des Arbeitsverhältnisses. Das Recht auf Einsicht besteht vom Beginn bis zur Beendigung des Arbeitsverhältnisses. Aus vorvertraglichen Vertrauensbeziehungen folgt kein Einsichtsrecht. Nach Auffassung des BAG kann sich aus nachwirkender Fürsorgepflicht ein Recht des Arbeitnehmers auf Einsicht in seine Personalakten auch nach Beendigung des Arbeitsverhältnisses ergeben. Voraussetzung sei, dass der Arbeitnehmer ein berechtigtes Interesse darlegt. Bei der erforderlichen Interessenabwägung dürften angesichts der Anerkennung des informationellen Selbstbestimmungsrechts durch das BVerfG an die Darlegung des berechtigten Interesses keine zu hohen Anforderungen gestellt werden.[28] 12

III. Dienstliche Beurteilungen

Für das berufliche Fortkommen des Arbeitnehmers sind im öffentlichen Dienst die in die Personalakten aufgenommenen **Regelbeurteilungen** von besonderer Bedeutung. Sie sind grundsätzlich zulässig. Der Arbeitgeber darf Eignung, Befähigung und fachliche Leistung der bei ihm beschäftigten Arbeitnehmer beurteilen und die Beurteilung in der Personalakte festhalten. Auch formalisierte Regelbeurteilungen können erstellt werden.[29] Sie werden in regelmäßigen Abständen vorgenommen[30] und sind so zu erstellen, dass sie unter Abwägung der beiderseitigen Interessen ein möglichst objektives Bild von der Person und den Leistungen des Arbeitnehmers ergeben.[31] Ihre tatsächlichen Angaben müssen zutreffend sein. Eine ehrenamtliche Tätigkeit nach dem BPersVG darf im Regelfall in einer dienstlichen Regelbeurteilung nicht erwähnt werden.[32] Das allgemeine Verbot, Personalratsmitglieder wegen ihrer Tätigkeit in ihrer beruflichen Entwicklung weder zu benachteiligen noch zu begünstigen, kann den Arbeitgeber verpflichten, bei einer für eine Höhergruppierung maßgeblichen Beurteilung eines teilweise freigestellten Personalratsmitglieds auch dessen Werdegang ohne Freistellung fiktiv nachzuzeichnen und die Ergebnisse der Nachzeichnung neben der Bewertung der dienstlichen Leistungen zu berücksichtigen.[33] Bei der Bewertung von Führung und Leistung steht dem Arbeitgeber ein Beurteilungsspielraum zu. Dienstliche Beurteilungen können nur daraufhin überprüft werden, ob der Beurteiler allgemeine Beurteilungsgrundsätze beachtet, alle wesentlichen Umstände berücksichtigt und ein fehlerfreies Verfahren eingehalten hat.[34] 13

---

[24] MünchArbR/*v. Hoyningen-Huene* § 303 RN 42; GK-BetrVG/*Wiese* § 83 RN 37; a. A. DDK/*Buschmann* § 83 RN 7; *Fitting* § 83 RN 12.

[25] Richardi/*Thüsing* § 83 RN 27; GK-BetrVG/*Wiese* § 83 RN 33; a. A. *Fitting* § 83 RN 12.

[26] Zur Einsicht und Vorlage von Personalakten Dritter im Prozess: BVerwG PersV 65, 132.

[27] *Fitting* § 83 RN 11; GK-BetrVG/*Wiese* § 83 RN 35 f.

[28] BAG 11. 5. 1994 AuR 94, 381; Richardi/*Thüsing* § 83 RN 31; enger GK-BetrVG/*Wiese* § 83 RN 38.

[29] BAG 18. 11. 2008 NZA 2009, 206; 8. 5. 2001 EzA 60 zu § 611 BGB Fürsorgepflicht.

[30] BAG 10. 3. 1982 AP 1 zu § 13 BAT = BB 82, 1547; LAG Berlin 16. 10. 1989 LAGE § 611 BGB Fürsorgepflicht Nr. 18.

[31] BAG 28. 3. 1979 AP 3 zu § 75 BPersVG; 8. 5. 2001 – 9 AZR 208/00 n. v.

[32] BAG 19. 8. 1992 AP 5 zu § 8 BPersVG = NZA 93, 222.

[33] BAG 19. 3. 2003 AP 1 zu § 8 LPVG Sachsen = NZA-RR 2004, 53.

[34] BAG 18. 11. 2008 NZA 2009, 206; 6. 3. 2003 EzA 2 zu § 626 BGB 2002; 8. 5. 2001 EzA 60 zu § 611 BGB Fürsorgepflicht; 29. 10. 1998 AP 22 zu § 46 BPersVG = NZA 99, 717; 28. 3. 1979 AP 3 zu § 75 BPersVG; BVerwG 30. 4. 1981 DVBl. 81, 1062.

14 Vor der Aufnahme von Beschwerden oder Behauptungen tatsächlicher Art, die dem Arbeitnehmer nachteilig sind oder werden können, war im öffentlichen Dienst beschäftigten Angestellten nach § 13 BAT die **Möglichkeit der Stellungnahme** einzuräumen und diese gleichfalls zu den Akten zu nehmen. Verletzte der Arbeitgeber diese Verpflichtung, waren die Angaben zu entfernen.[35] Der TVöD enthält keine dem entsprechende Regelung. Beurteilungen sind zu begründen.[36] Dagegen kann der Arbeitnehmer keine Stellungnahme zu Vorgängen abgeben, die nicht zu den Personalakten genommen sind. Werturteile müssen vom Standpunkt eines billig und gerecht denkenden Arbeitgebers abgegeben werden. Da sie ein objektives Bild ergeben sollen, können sie Günstiges wie Ungünstiges enthalten. Im Bereich der Privatwirtschaft ist zwar eine Anhörung des Arbeitnehmers vor der Aufnahme nachteiliger Tatsachenbehauptungen zur Personalakte rechtlich nicht erforderlich, gleichwohl aber ratsam.

IV. Berichtigungsansprüche

15 **1. Gegendarstellung und Berichtigungsansprüche.** Der Arbeitnehmer hat Anspruch auf Aufnahme seiner **Gegendarstellung** zu den Personalakten (§ 83 II BetrVG, § 13 BAT, § 13a BMTV-Arb). Er kann die **Berichtigung oder Entfernung** unrichtiger bzw. sonst unzulässiger Personalunterlagen sowie deren Ersetzung durch eine zutreffende Unterlage vom Arbeitgeber verlangen. Unzureichend ist das Überkleben der beanstandeten Passagen, weil dies sich nachteilig auf den Berufsweg auswirken kann.[37] Das BAG hat den Anspruch sowohl auf die Fürsorgepflicht des Arbeitgebers[38] als auch auf das Persönlichkeitsrecht des Arbeitnehmers gestützt.[39] Der Anspruch kann sich auf Teile einer Eintragung in die Personalakte beziehen.[40] Ein Anspruch auf Entfernung besteht nach Auffassung des BAG auch dann, wenn die Angaben nicht mehr zur Beurteilung des Arbeitnehmers erforderlich sind.[41] Ansprüche wegen Verletzung des Persönlichkeitsrechts unterliegen nicht den tariflichen Verfallfristen.[42]

16 **2. Unterlassungsanspruch.** Ist im öffentlichen Dienst eine unzutreffende dienstliche Beurteilung erstellt worden, kann der Arbeitnehmer vom Arbeitgeber verlangen, diese Beurteilung nicht zu den Personalakten zu nehmen.[43] Ist sie bereits zu den Akten genommen worden, kann er verlangen, dass sie berichtigt oder entfernt[44] oder durch eine zutreffende ersetzt wird.[45] Der Arbeitnehmer trägt die **Beweislast** dafür, in welchen Punkten die Beurteilung in tatsächlicher Hinsicht unrichtig und welche Bewertungen unter Überschreitung des Beurteilungsspielraums abgegeben wurden.[46]

17 **3. Schadensersatz.** Ist dem Arbeitnehmer infolge der unrichtigen Regelbeurteilung ein Schaden entstanden, ist der Arbeitgeber nach § 280 BGB bzw. nach § 823 BGB **schadensersatzpflichtig.**[47] Behauptet der Arbeitnehmer, infolge des unrichtigen Personalaktenvermerks sei er nicht befördert worden, hat er zu beweisen, dass er sonst befördert worden wäre.[48]

18 **4. Amtshilfe.** Nach Art. 35 GG haben die Behörden einander Amtshilfe zu leisten. Daraus folgt, dass sie sich auch wechselseitig Auskünfte über den Arbeitnehmer zu erteilen oder die Personalakten zur Verfügung zu stellen haben, sofern der Angestellte damit einverstanden ist (§ 147 RN 2).

19 **5. Prozessuales.** Die Beiziehung von Personalakten nach § 143 ZPO liegt im pflichtgemäßen Ermessen der Tatsachengerichte.[49] Zur Anordnung der Vorlage ist die Zustimmung des Arbeitnehmers notwendig (oben RN 5).

---

[35] BAG 16. 11. 1989 AP 2 zu § 13 BAT = NZA 90, 477.
[36] BAG 28. 3. 1979 AP 3 zu § 75 BPersVG.
[37] LAG Köln 4. 7. 1988 DB 89, 636.
[38] BAG 18. 11. 2008 NZA 2009, 206; 25. 11. 1985 AP 93 zu § 611 BGB Fürsorgepflicht = NZA 86, 227.
[39] BAG 15. 1. 1986 AP 96 zu § 611 BGB Fürsorgepflicht = NZA 86, 421.
[40] BAG 15. 7. 1987 AP 14 zu § 611 BGB Persönlichkeitsrecht = NZA 88, 53.
[41] BAG 13. 4. 1988 AP 100 zu § 611 BGB Fürsorgepflicht = NZA 88, 654.
[42] BAG 14. 12. 1994 AP 15 zu § 611 BGB Abmahnung = NZA 95, 676; 15. 7. 1987 AP 14 zu § 611 BGB Persönlichkeitsrecht = NZA 88, 53.
[43] BAG 25. 2. 1959 AP 4 zu § 630 BGB; BGH 27. 4. 1961 AP 6 zu § 839 BGB.
[44] Vgl. BAG 8. 5. 2001 EzA 60 zu § 611 BGB Fürsorgepflicht; BGH 27. 4. 1961 AP 6 zu § 839 BGB; BAG 25. 4. 1972 AP 9 zu § 611 BGB Öffentlicher Dienst; vgl. *Münzel* DÖD 91, 58; über die Entfernung von Strafregisterauszügen über getilgte Strafen: BAG 17. 1. 1956 AP 1 zu § 611 BGB Fürsorgepflicht.
[45] BAG 25. 2. 1959 AP 4 zu § 630 BGB.
[46] BAG 25. 2. 1959 AP 4 zu § 630 BGB.
[47] Vgl. BGH 27. 4. 1961 AP 6 zu § 839 BGB.
[48] BAG 26. 7. 1979 AP 18 zu § 249 BGB.
[49] BAG 13. 2. 1974 AP 4 zu § 70 BAT.

V. Personalinformationssysteme

Däubler, Gläserne Belegschaften – Datenschutz in Betrieb und Dienststelle, 4. Aufl., 2002; *ders.,* Das neue Bundesdatenschutzgesetz und seine Auswirkungen auf das Arbeitsrecht, NZA 2001, 874; *Däubler/Klebe/Wedde/Weichert,* Bundesdatenschutzgesetz, 2. Aufl., 2007; *Dammann/Simitis,* EG-Datenschutzrichtlinie, 1997; *Diller/Powietzka,* Drogenscreenings und Arbeitsrecht, NZA 2001, 1227; *Ehmann/Helfrich,* EG-Datenschutzrichtlinie, Kurzkommentar, 1999; *Ehmann/Sutschert,* EU-Datenschutzrichtlinie – Umsetzungsbedarf und Auswirkungen aus der Sicht des Arbeitsrechts, RDV 97, 3; *Fleck,* Brauchen wir ein Arbeitnehmerdatenschutzgesetz?, BB 2003, 306; *Franzen,* Die Zulässigkeit der Erhebung und Speicherung von Gesundheitsdaten der Arbeitnehmer nach dem novellierten BDSG, RDV 2003, 1; *Gola,* Datenschutz und Multimedia am Arbeitsplatz, 2. Aufl. 2008; *ders.,* Datenschutz bei der Kontrolle „mobiler" Arbeitnehmer – Zulässigkeit und Transparenz, NZA 2007, 1139; *ders.,* Das Gebot der Direkterhebung im Arbeitsverhältnis und Informationspflichten gegenüber Bewerbern, RDV 2003, 177; *ders.,* Die Einwilligung als Legitimation für die Verarbeitung von Arbeitnehmerdaten, RDV 2002, 109; *ders.,* Die Umsetzung der gesetzlichen Vorgaben zur Eingliederung der betrieblichen Datenschutzbeauftragten in die Unternehmensorganisation, RDV 2001, 263; *ders.,* Die Erhebung und Verarbeitung „besonderer Arten personenbezogener Daten" im Arbeitsverhältnis, RDV 2001, 125; *Gola/Klug,* Die Entwicklung des Datenschutzrechts in den Jahren 2000/2001, NJW 2001, 3747; *Gola/Schomerus,* BDSG, Kommentar, 9. Aufl., 2007; *Gola/Wronka,* Handbuch zum Arbeitnehmerdatenschutz, 4. Aufl., 2008; *Grobys,* Wir brauchen ein Arbeitnehmerdatenschutzgesetz, BB 2003, 682; *Krimphove,* Neuer Europäischer Datenschutz im Arbeitsrecht, NZA 96, 1121; *Lambrich/Cahlik,* Austausch von Arbeitnehmerdaten im multinationalen Konzern – Datenschutz- und betriebsverfassungsrechtliche Rahmenbedingungen, RDV 2002, 287; *Leuze,* Datenschutz im Betriebsverfassungs- und Personalvertretungsrecht, ZTR 2002, 558; *Liedtke,* Das rechtliche Schicksal des Datenschutzbeauftragten im Falle der Betriebsveräußerung – Zwei Datenschutzbeauftragte im Erwerberbetrieb?, NZA 2005, 390; *Maties,* Arbeitnehmerüberwachung mittels Kamera?, NJW 2008, 2219; *Moos/Bandehzadeh/Bodenstedt,* Datenschutzrechtliche Zulässigkeit der Aufbewahrung von Bewerberunterlagen unter Berücksichtigung des AGG, DB 2007, 1194; *Schierbaum,* Datenschutz im Personalratsbüro, PersR 2002, 499; *ders.,* EG-Datenschutzrichtlinie – Änderungsbedarf des BDSG und Auswirkungen auf die Beteiligungsrechte der Betriebsräte, AuR 98, 350; *Schild,* Der interne Datenschutzbeauftragte – Neue Aufgaben durch neues BDSG in Betrieb und Verwaltung, RDV 98, 52; *ders.,* Die EG-Datenschutzrichtlinie, EuZW 96, 549; *Schlosser,* Datenschutzrechtliche Bedenken bei der Direktansprache von Beschäftigten durch Personalberater, DB 2003, 554; *Simitis,* Bundesdatenschutzgesetz 6. Aufl., 2006; *ders.,* Arbeitnehmerdatenschutzgesetz – Realistische Erwartung oder Lippenbekenntnis, AuR 2001, 429; *ders.,* Die betrieblichen Datenschutzbeauftragten – Zur notwendigen Korrektur einer notwendigen Kontrollinstanz, NJW 98, 2395; *Tinnefeld/Viethen,* Arbeitnehmerdatenschutz und Internet-Ökonomie, NZA 2000, 977; *Thon,* Datenschutz im Arbeitsverhältnis, FS 25 Jahre Deutscher Anwaltsverein, 2006, S. 1373; *Wedde,* Die Novelle des Bundesdatenschutzgesetzes – Inhalt und Auswirkungen auf die Arbeitswelt, AiB 2001, 373; *Wolber,* Keine Kontrolle der Personalvertretung durch einen behördeninternen Datenschutzbeauftragten, PersR 98, 420.

1. Personalinformationssystem. a) Sowohl von öffentlichen Verwaltungen und Betrieben als von den Unternehmen der Privatwirtschaft werden zunehmend Personalinformationssysteme aufgebaut, um zu rationalisieren, die Personalverwaltung und Personalplanung zu verbessern und den wachsenden Auskunftsverpflichtungen gegenüber Behörden zu genügen. Es werden **administrative und dispositive Personalinformationssysteme** unterschieden. Administrative Personalinformationssysteme dienen dazu, die rechtlichen und betrieblichen Erfordernisse der Lohn- und Gehaltsabrechnung, der Einstellung und Versetzung von Arbeitnehmern sowie ihrer Beförderung und Kündigung zu bewältigen. Dispositive Informationssysteme dienen vor allem der Personalplanung. Mit einer Personaldatenbank lassen sich der Bedarf an Arbeitnehmern, ihre Beschaffung und Einsatzmöglichkeiten, Freistellung, Aus- und Weiterbildung usw. berechnen. Werden die Angaben einer Personaldatenbank über Ausbildung, Fortbildung, Entwicklung, Fähigkeiten, Leistungen und Leistungsbewertungen, medizinische Eignung usw. mit einer Arbeitsplatzdatenbank, die Angaben über Arbeitsplätze, Stellenfunktionen, Stellenanforderungen und Sicherheitsanforderungen enthält, verbunden, lässt sich der Personaleinsatz weitgehend steuern. **20**

b) Der Arbeitnehmer bedarf zur Wahrung seines allgemeinen Persönlichkeitsrechts (Art. 2 I GG) des **Schutzes vor der Personaldatenverarbeitung** durch den Arbeitgeber. Der Datenschutz wird gewährleistet **(1)** individualrechtlich auf Grund des Vertrags- und Deliktsrechts, das Eingriffe in das allgemeine Persönlichkeitsrecht des Arbeitnehmers verbietet; **(2)** durch das BDSG, das die Bearbeitung personenbezogener Daten grundsätzlich unabhängig davon verbietet, ob der Verarbeitungsvorgang eine Persönlichkeitsverletzung darstellt; **(3)** durch den Grundrechtsschutz auf Grund des vom BVerfG gefundenen Grundrechts auf informationelle Selbstbestimmung in der Volkszählungsentscheidung;[50] **(4)** durch das BetrVG, nach dem Mitbestimmungsrechte des Betriebsrats bei der Personaldatenverarbeitung bestehen. **21**

[50] BVerfG 5. 12. 1983 NJW 84, 419.

22 **2. Persönlichkeitsrecht.** Es wird definiert als ein „**Recht auf Achtung und auf Nichtverletzung der Person** (Individualsphäre), und zwar in ihren unmittelbaren Äußerungen (Erscheinungsbild, Schrift, Rede), ihrer sozialen Geltung (Ehre) und ihrem ihr unmittelbar zugehörigen Daseinsbereich (Privat- und Intimsphäre)".[51] Verletzung ist jede Handlung, durch die in das Persönlichkeitsrecht eingegriffen wird. Ob diese Verletzung rechtswidrig ist, kann nur nach einer Interessenabwägung beurteilt werden. Im Arbeitsrecht kommt dem Schutz des Persönlichkeitsrechts insbesondere Bedeutung zu bei der persönlichen Befragung von Bewerbern (§§ 25, 26), Erteilung von Zeugnissen und Auskünften (§§ 146, 147), Gestaltung der Personalakten (oben RN 1 ff.), Aufstellung von Beurteilungsgrundsätzen, Leibesvisitationen (§ 55) usw. Die Personaldatenverarbeitung ist rechtswidrig, wenn in das Persönlichkeitsrecht des Arbeitnehmers unverhältnismäßig eingegriffen wird.

23 **3. Datenschutz. a)** Das **Bundesdatenschutzgesetz** (BDSG) vom 20. 12. 1990 (BGBl. I S. 2954) hat in der Fassung der Bekanntmachung vom 14. 1. 2003 (BGBl. I S. 66) die EG-Datenschutzrichtlinie 95/46/EG vom 24. 10. 1995 (ABl. Nr. L 281) in nationales Recht umgesetzt.[52] Nach § 1 II Nr. 3 BDSG gilt das BDSG auch für die Erhebung, Verarbeitung und Nutzung personenbezogener Daten durch nicht öffentliche Stellen, soweit sie die Daten unter Einsatz von Datenverarbeitungsanlagen verarbeiten, nutzen oder dafür erheben oder die Daten in oder aus nicht automatisierten Dateien verarbeiten, nutzen oder dafür erheben, es sei denn, die Erhebung, Verarbeitung oder Nutzung der Daten erfolgt ausschließlich für persönliche oder familiäre Tätigkeiten.

24 **b)** Das Gesetz enthält in § 3 BDSG eine Reihe von **Begriffsbestimmungen.** Nach § 3 II BDSG ist **automatisierte Datenverarbeitung** die Erhebung, Verarbeitung oder Nutzung personenbezogener Daten unter Einsatz von Datenverarbeitungsanlagen. Eine **nicht automatisierte Datei** ist jede nicht automatisierte Sammlung personenbezogener Daten, die gleichartig aufgebaut ist und nach bestimmten Merkmalen zugänglich ist und ausgewertet werden kann. Hierzu gehören im nicht öffentlichen Bereich auch Akten, Aktensammlungen und ihre Deckblätter, wenn sie nach bestimmten Kriterien strukturiert sind.[53] Individuelle Akten, die keine strukturierte personenbezogene Datensammlung enthalten, zählen nicht hierzu.[54] Dem entspricht auch Art. 2 Buchst. c der Richtlinie 95/46/EG sowie die Erwägung 27 der Begründung der Richtlinie. Auf die automatisierte Auswertbarkeit kommt es nicht an.

25 **c) Personenbezogene Daten** sind nach § 3 I BDSG Einzelangaben über persönliche oder sachliche Verhältnisse einer bestimmten oder bestimmbaren natürlichen Person (Betroffener). Das **Erheben** von Daten ist das Beschaffen von Daten über den Betroffenen (§ 3 III BDSG). Die Erhebung von Daten über Arbeitnehmer kann durch Befragung des betroffenen Arbeitnehmers, durch Befragung Außenstehender und durch Beobachtung betriebsinterner Stellen erfolgen. **Verarbeiten** von Daten ist das Speichern, Verändern, Übermitteln, Sperren und Löschen personenbezogener Daten (§ 3 IV BDSG). **Nutzen** von Daten ist jede Verwendung personenbezogener Daten, soweit es sich nicht um Verarbeiten handelt (§ 3 V BDSG).

26 **4. Erhebung, Verarbeitung und Nutzung personenbezogener Daten. a)** Das BDSG enthält auch in der geänderten Fassung **keine spezifischen Regelungen zum Schutz der Daten des Arbeitnehmers.** Die Vorschriften der §§ 27 ff. BDSG gelten jedoch auch für Arbeitsverhältnisse. Gemäß § 28 I Nr. 1 BDSG ist das Erheben, Speichern, Verändern oder Übermitteln personenbezogener Daten oder ihre Nutzung als Mittel für die Erfüllung eigener Geschäftszwecke zulässig, wenn es der Zweckbestimmung des Vertragsverhältnisses, d. h. des Arbeitsverhältnisses, dient. Bei der Datenerhebung personenbezogener Daten sind nach § 28 I 2 BDSG die Zwecke, für welche die Daten verarbeitet oder genutzt werden sollen, konkret festzulegen. Die Datenerhebung zum Zweck der Zeiterfassung stellt beispielsweise einen hinreichend konkreten Zweck dar.[55] Die Datenerhebung bei **Stellenbewerbern** ist nach § 28 I 1 Nr. 1 BDSG zulässig, weil sie der Zweckbestimmung eines vertragsähnlichen Vertrauensverhältnisses dient.[56] Das BDSG enthält, abgesehen von § 4 II 1 BDSG, der die vorrangige Datenerhebung beim Betroffenen vorsieht, keine allgemeine Regelung über die Ausgestaltung des Fragerechts.

---

[51] Überblick bei Erman/*Ehmann,* BGB, 12. Aufl., Anh. zu § 12; MünchKommBGB/*Rixecker* Anhang zu § 12.

[52] Hierzu *Däubler* NZA 2001, 874.

[53] Vgl. BT-Drucks. 14/4329 S. 32; AnwK-ArbR/*Gola* § 3 BDSG RN 7; Gola/*Schomerus* § 3 RN 16 ff.

[54] *Ehmann/Helfrich* EG-Datenschutzrichtlinie Art. 2 RN 33.

[55] *Däubler* NZA 2001, 874, 876.

[56] *Däubler* NZA 2001, 874, 876; *Moos/Bandehzadeh/Bodenstedt* DB 2007, 1194.

b) Die Erhebung, Verarbeitung und Nutzung personenbezogener Daten sind nach § 4 I BDSG weiterhin zulässig, wenn der Betroffene – **schriftlich (§ 4a I 3 BDSG) – eingewilligt** hat. Nach § 4a I 1 BDSG muss die Einwilligung auf der freien Entscheidung des Betroffenen beruhen. Er ist deshalb zuvor auf den Zweck der Erhebung, Verarbeitung oder Nutzung sowie ggf. auf die Folgen der Verweigerung der Einwilligung hinzuweisen.[57] 27

c) Sensible personenbezogene Daten (§ 3 IX BDSG) genießen einen besonderen Schutz. So können Angaben über die rassische oder ethnische Herkunft, politische Meinungen (z.B. Parteimitgliedschaft), religiöse oder philosophische Überzeugungen, Gewerkschaftszugehörigkeit, Gesundheit (z.B. Aids, Alkoholprobleme) oder Sexualleben (z.B. gleichgeschlechtliche Lebenspartnerschaft) gemäß § 28 VI BDSG bei **fehlender Einwilligung** des Betroffenen nur unter **vier Voraussetzungen** erhoben, verarbeitet oder genutzt werden: Voraussetzung ist, dass **(1)** dies zum Schutz lebenswichtiger Interessen des Betroffenen oder eines Dritten erforderlich ist und der Betroffene seine Einwilligung nicht erteilen kann, oder **(2)** der Betroffene die Daten öffentlich gemacht hat, also beispielsweise für ein Partei- oder Gewerkschaftsamt kandidiert oder sich in einer Fernsehsendung „outet", oder **(3)** dies zur Geltendmachung, Ausübung oder Verteidigung rechtlicher Ansprüche erforderlich ist und kein Grund zur Annahme besteht, dass das schutzwürdige Interesse des Betroffenen überwiegt. Hierdurch wird Art. 8 II Buchst. b der Richtlinie 95/46/EG umgesetzt, der die Verarbeitung dieser Daten erlaubt, wenn sie erforderlich ist, um arbeitsrechtlichen Rechten und Pflichten Rechnung zu tragen. Damit ist die Erhebung, Verarbeitung und Nutzung von Daten, die der Arbeitgeber zur Durchführung der **Sozialauswahl nach § 1 III KSchG** und zur prozessualen Darlegung im Kündigungsschutzprozess benötigt (z.B. Schwerbehinderung, Unterhaltspflicht gegenüber gleichgeschlechtlichem Lebenspartner), datenschutzrechtlich zulässig. Gleiches gilt für die Erhebung, Verarbeitung und Nutzung dieser in **Bewerbungsunterlagen** enthaltenen Daten.[58] **(4)** Sensible personenbezogene Daten können schließlich erforderlichenfalls zur Durchführung wissenschaftlicher Forschung verarbeitet werden. 28

d) In § 4b BDSG ist die **Übermittlung personenbezogener Daten ins Ausland** geregelt. Für die Übermittlung personenbezogener Daten in Mitgliedstaaten der EU oder anderer Vertragsstaaten des Abkommens über den Europäischen Wirtschaftsraum gilt auch § 28 BDSG. Diese Bestimmung ist insbesondere für internationale Konzerne von Bedeutung. 29

5. Videoüberwachung.[59] **a)** In § 6b BDSG ist die **Videoüberwachung** öffentlich zugänglicher Räume geregelt. Diese Regelung gilt mit Ausnahme von § 6b I Nr. 1 BDSG auch für nicht öffentliche Stellen[60] und damit auch auf dem Gebiet des Arbeitsrechts, soweit öffentlich zugängliche Räume betroffen sind. Die Videoüberwachung ist zulässig, soweit sie **(1)** zur Aufgabenerfüllung öffentlicher Stellen, **(2)** zur Wahrnehmung des Hausrechts oder **(3)** zur Wahrnehmung berechtigter Interessen für konkret festgelegte Zwecke erforderlich ist und keine Anhaltspunkte bestehen, dass schutzwürdige Interessen der Betroffenen überwiegen. Nach § 6b II BDSG ist die Videoüberwachung durch geeignete Maßnahmen erkennbar zu machen. 30

b) Das **berechtigte Interesse** bestimmt sich nicht nach dem subjektiven Interesse des Arbeitgebers, sondern nach objektiven Gesichtspunkten. Nach der Gesetzesbegründung kann von der Wahrnehmung berechtigter Interessen nicht ausgegangen werden, wenn die Beobachtung mit optisch-elektronischen Einrichtungen der Hauptzweck oder ein wesentlicher Nebenzweck der Geschäftstätigkeit ist. Eine Videoüberwachung mit dem Ziel der Vermarktung der hierdurch gewonnenen Bilder wäre unzulässig. Zulässig ist demgegenüber die Videoüberwachung in den Geschäftsräumen von Kaufhäusern und Tankstellen zur Verhinderung von Diebstählen, nicht dagegen in Umkleidekabinen und auf Kundentoiletten.[61] 31

c) Auf die Videoüberwachung an einem **nicht öffentlich zugänglichen Arbeitsplatz** (z.B. Briefverteilzentrum der Post) ist § 6b BDSG weder unmittelbar noch entsprechend anwendbar.[62] Die Grenzen der Zulässigkeit bestimmen sich in diesen Fällen nach allgemeinen Grundsätzen. Der Arbeitgeber hat bei der Einführung der Videoüberwachung das Mitbestimmungsrecht des Betriebsrats aus § 87 I Nr. 6 BetrVG einzuhalten. Die Betriebspartner müssen 32

---

[57] AnwK-ArbR/*Gola* § 4a BDSG RN 4.

[58] Dazu *Moos/Bandehzadeh/Bodenstedt* DB 2007, 1194.

[59] Vgl. dazu *Müller*, Die Zulässigkeit der Videoüberwachung am Arbeitsplatz, 2008; *Schierbaum* PersR 2008, 180.

[60] BT-Drucks. 14/5793 S. 61.

[61] BT-Drucks. 14/5793 S. 62.

[62] BAG 29. 6. 2004 AP 41 zu § 87 BetrVG 1972 Überwachung = NZA 2004, 1278.

gem. § 75 II 1 BetrVG das grundrechtlich durch Art. 2 I i.V.m. Art. 1 I GG gewährleistete allgemeine Persönlichkeitsrecht der Arbeitnehmer beachten. Eingriffe der Betriebsparteien in das allgemeine Persönlichkeitsrecht der Arbeitnehmer müssen durch schutzwürdige Belange anderer Grundrechtsträger gerechtfertigt sein.[63] Das zulässige Maß eines Eingriffs in das allgemeine Persönlichkeitsrecht bestimmt sich nach dem Grundsatz der Verhältnismäßigkeit. Danach muss die Regelung geeignet, erforderlich und angemessen sein, um den erstrebten Erfolg zu erreichen. Für die Angemessenheit einer grundrechtsbeschränkenden Maßnahme ist die Eingriffsintensität mitentscheidend. Bei einer Videoüberwachung ist u.a. von Bedeutung, wie viele Personen ihr ausgesetzt sind, ob diese anonym oder bekannt sind, ob sie einen Anlass für den Eingriff gegeben haben, insbesondere ob sie einer bereits begangenen oder drohenden Straftat oder Rechtsgutverletzung verdächtig sind, wo die Überwachungsmaßnahmen stattfinden, wie lange und intensiv sie sind und welche Technik dabei eingesetzt wird.[64] Die Überwachung ist gerechtfertigt, wenn überwiegende schutzwürdige Interessen des Arbeitgebers sie erfordern, wie etwa, wenn die Videoüberwachung das einzig zumutbare Mittel ist, einen konkret bestehenden Verdacht strafbarer Handlungen aufzuklären.[65]

33 **6. Ansprüche nach dem BDSG. a)** Der Betroffene hat Anspruch auf **Benachrichtigung** (§ 33 BDSG), **Auskunft** (§ 34 I BDSG), **Berichtigung** (§ 35 I BDSG), **Löschung** (§ 35 II BDSG), **Sperrung** (§ 35 IV BDSG) und **Schadensersatz** (§ 7 BDSG). Die Ansprüche sind unabdingbar und können weder durch Einzelarbeitsvertrag noch durch Betriebsvereinbarung ausgeschlossen oder eingeschränkt werden.

34 **b)** Werden **erstmals personenbezogene Daten gespeichert,** ist der Betroffene von der Speicherung und der Art der Daten zu benachrichtigen (§ 33 I 1 BDSG). Werden im Verlauf des Beschäftigungsverhältnisses weitere Daten gespeichert, wird hierüber eine Benachrichtigung erfolgen müssen, weil auch über die Art der Daten zu unterrichten ist. In § 33 II BDSG sind eine Reihe von Ausnahmen von der Benachrichtigungspflicht zusammengestellt. Eine Pflicht zur Benachrichtigung besteht nicht, wenn der Betroffene auf andere Weise Kenntnis von der Speicherung oder Übermittlung erhalten hat. Zum Teil wird hieraus abgeleitet, dass eine Benachrichtigung im Arbeitsverhältnis überhaupt unterbleiben könne. Dies kann aber nur die Grunddaten wie Name, Geburtstag, Anschrift und Beruf betreffen. Darüber hinaus muss der Arbeitgeber den Arbeitnehmer benachrichtigen.[66] Entsprechendes wird für die Bankverbindung gelten, die der Arbeitnehmer zur bargeldlosen Überweisung des Arbeitsentgelts mitgeteilt hat. Des Weiteren soll bei einem Bewerber diese Kenntnis bereits vorhanden sein, wenn dieser einen Personalfragebogen ausfüllen muss oder wenn ein Fragebogen auf computerlesbarem Papier gedruckt ist. Wird die Verarbeitung der Daten in einer Betriebsvereinbarung geregelt, ist von deren Bekanntheit im Betrieb auszugehen.[67]

35 **c)** Der Betroffene kann **Auskunft** verlangen über **(1)** die zu seiner Person gespeicherten Daten, auch soweit sie sich auf die **Herkunft** dieser Daten beziehen, **(2)** den **Zweck der Speicherung** und **(3) Personen** und Stellen, an die seine Daten **regelmäßig übermittelt werden** (§ 34 I Nr. 1 bis 3 BDSG). Herkunft meint die Quelle, also die Person oder Institution, von der die Information stammt. Empfänger sind alle Personen und Institutionen, an die in der Vergangenheit Daten übermittelt wurden. Sind z.B. Informationen des früheren Arbeitgebers gespeichert, müssen diese kenntlich gemacht werden. Das Auskunftsverlangen ist nicht formgebunden; es kann mündlich oder schriftlich gestellt werden. Die Auskunft des Arbeitgebers ist nach § 34 III BDSG grundsätzlich schriftlich zu erteilen. Ausnahmen von der Auskunftspflicht ergeben sich aus § 34 IV BDSG.

36 **d)** Nach § 35 BDSG besteht ein Anspruch auf **Berichtigung, Löschung oder Sperrung** der Daten. Daten sind zu berichtigen, wenn sie unrichtig sind (§ 35 I BDSG). Unrichtig sind sie dann, wenn sie mit der Wirklichkeit nicht übereinstimmen. Unrichtig sind sie auch bei einem sog. Kontextverlust der Daten. Dies ist z.B. der Fall, wenn nur die Fehlzeiten eines Arbeitnehmers gespeichert werden, nicht aber die Gründe z.B. Krankheit, Urlaub usw. Die **Löschung**

[63] BAG 26. 8. 2008 DB 2008, 2144; 29. 6. 2004 AP 41 zu § 87 BetrVG 1972 Überwachung = NZA 2004, 1278; zust. *Bender* Anm. BAG EzA § 611 BGB 2002 Persönlichkeitsrecht Nr. 2; krit. dazu *Ehmann* Anm. BAG AP 41 zu § 87 BetrVG 1972 Überwachung.

[64] BAG 29. 6. 2004 AP 41 zu § 87 BetrVG 1972 Überwachung = NZA 2004, 1278.

[65] BAG 27. 3. 2003 AP 36 zu § 87 BetrVG 1972 Überwachung = NZA 2003, 1193; 7. 10. 1987 AP 15 zu § 611 BGB Persönlichkeitsrecht = NZA 88, 92; enger LAG Baden-Württemberg BB 99, 1439.

[66] *Gola/Schomerus* § 33 RN 30.

[67] AnwK-ArbR/*Gola* § 33 BDSG RN 4.

der Daten kann verlangt werden, wenn **(1)** die Speicherung unzulässig war. Das ist anzunehmen, wenn die Daten auf nicht rechtmäßige Weise erhoben worden sind, also beispielsweise, wenn sie unter Überschreitung der Grenzen des Fragerechts erhoben worden sind oder der Arbeitgeber Mitbestimmungsrechte des Betriebsrats, z. B. nach § 94 BetrVG verletzt hat; **(2)** es sich um Daten über gesundheitliche Verhältnisse, strafbare Handlungen, Ordnungswidrigkeiten sowie religiöse oder politische Anschauungen handelt und ihre Richtigkeit von der speichernden Stelle nicht bewiesen werden kann; **(3)** die Kenntnis der Daten für die Erfüllung des Zwecks der Speicherung nicht mehr erforderlich ist oder **(4)** bei geschäftsmäßiger Verarbeitung zum Zwecke der Übermittlung eine Prüfung am Ende des vierten Kalenderjahres beginnend mit der ersten Speicherung ergibt, dass eine weitere Speicherung der Daten nicht erforderlich ist. **Bewerbungsunterlagen** dürfen bis zur Einstellungsentscheidung aufbewahrt werden. Umstritten ist allerdings, ob der Arbeitgeber sie auch darüber hinaus speichern oder aufbewahren darf. Dies dürfte im Hinblick auf mögliche Schadensersatzansprüche nach § 15 AGG und die Beweislastverteilung in § 22 AGG zu bejahen sein.[68]

e) An die Stelle der Löschung tritt nach § 35 III BDSG die **Sperrung,** wenn **(1)** einer Löschung gesetzliche, satzungsgemäße oder vertragliche Aufbewahrungsfristen entgegenstehen (§ 35 III Nr. 1 BDSG), **(2)** Grund zu der Annahme besteht, dass durch eine Löschung schutzwürdige Interessen des Betroffenen beeinträchtigt würden oder **(3)** eine Löschung wegen der besonderen Art der Speicherung nicht oder mit unverhältnismäßigem Aufwand möglich ist. Personenbezogene Daten sind nach § 35 IV BDSG ferner zu sperren, soweit ihre Richtigkeit vom Betroffenen bestritten wird und sich weder die Richtigkeit noch die Unrichtigkeit feststellen lässt. Der Arbeitgeber trägt damit im Streitfall das Risiko der Nichterweislichkeit der streitigen Behauptung. **37**

f) Gemäß § 7 BDSG kann der Arbeitnehmer vom Arbeitgeber **Schadensersatz** verlangen, wenn durch eine unzulässige oder unrichtige Erhebung, Verarbeitung oder Nutzung seiner personenbezogenen Daten dem Arbeitnehmer ein Schaden zugefügt wird. Der Schadenersatzanspruch besteht freilich nicht, wenn der Arbeitgeber die nach den Umständen des Falles gebotene Sorgfalt beachtet hat. Diese Exkulpationsmöglichkeit beruht auf Art. 23 II der EG-Datenschutzrichtlinie. **38**

7. Subsidiarität des BDSG. Soweit **andere Rechtsvorschriften des Bundes** auf personenbezogene Daten einschl. deren Veröffentlichung anzuwenden sind, gehen sie den Vorschriften des BDSG vor (§ 1 III BDSG). Nach § 83 BetrVG hat der Arbeitnehmer ein Einsichtsrecht in seine Personalakten (vgl. §§ 148, 234). Das Einsichtsrecht hat nur insoweit Vorrang vor dem BDSG, als eine Deckungsgleichheit der Normen besteht. Teils sind die Rechte aus § 83 BetrVG weiter, teils enger. Nach § 34 I BDSG bezieht sich die Auskunft auch auf Herkunft und Empfänger der Daten sowie den Zweck der Speicherung. Insoweit bestehen nach § 83 BetrVG keine Rechte. Die Regelungen des TKG und des TMG (früher TDDSG), die insbesondere bei der privaten Internetnutzung am Arbeitsplatz eine Rolle spielen,[69] sind Sonderregelungen, die das BDSG ergänzen (dazu § 55 RN 19).[70] **39**

8. Arbeitsrechtliche Erlaubnisnormen. a) Nach § 4 I BDSG ist die Verarbeitung personenbezogener Daten nur zulässig, wenn das BDSG selbst oder eine andere Rechtsvorschrift sie erlaubt. Gerade im Personalbereich gibt es eine Vielzahl von entsprechenden Normen. Der gesetzliche Erlaubnisvorbehalt betrifft auch den **Betriebsrat.** Die dem Betriebsrat nach § 89 I 2 BetrVG obliegende Pflicht, die für den Arbeitsschutz zuständigen Behörden zu unterstützen, berechtigt ihn nicht stets und einschränkungslos, den Aufsichtsbehörden die vom Arbeitgeber elektronisch erfassten tatsächlich geleisteten Arbeitszeiten der Arbeitnehmer namensbezogen mitzuteilen. Hierbei handelt es sich um personenbezogene Daten. Aus Gründen des Datenschutzes muss daher der Betriebsrat im Einzelfall die Erforderlichkeit der Datenweitergabe prüfen und hierbei die Interessen der betroffenen Arbeitnehmer berücksichtigen.[71] **40**

b) Bei **nicht automatisierten Personalakten** hat der Arbeitnehmer ein Einsichtsrecht in sämtliche über ihn gefertigte Akten, sofern die Akten gleichartig aufgebaut und nach bestimmten Merkmalen zugänglich sind und ausgewertet werden (§ 3 II 2 BDSG). Bei **automatisierter Datenverarbeitung** hat der Arbeitnehmer Anspruch darauf, dass die über ihn gefertigten Daten sichtbar gemacht werden und er ein Einsichtsrecht erhält (§ 34 BDSG). **41**

---

[68] *Moos/Bandehzadeh/Bodenstedt* DB 2007, 1194, 1196.
[69] Dazu *Gola*, Datenschutz und Multimedia am Arbeitsplatz, 2. Aufl. 2008.
[70] *Simitis/Walz* § 1 RN 170.
[71] BAG 3. 6. 2003 AP 1 zu § 89 BetrVG 1972.

42 **c)** Die **Berichtigung der Personalakten** kann nach § 35 BDSG verlangt werden. Der Berichtigungsanspruch hat insbesondere Bedeutung für den sog. **Profilabgleich.** Um jeweils den richtigen Arbeitnehmer am richtigen Arbeitsplatz zu haben, können Arbeitsplatzprofile und Fähigkeitsprofile erstellt werden, die jeweils aus Listen von Eigenschaften mit zugeordneten Gewichtungen bestehen. Der automatisiert durchgeführte Profilabgleich soll denjenigen Arbeitnehmer herausfinden, der am besten den Anforderungen eines Arbeitsplatzes entspricht. So werden Leistungs-, Fähigkeits-, Arbeitsbelastungs- und Eignungsprofile erstellt, die nur einen Ausschnitt aus der Gesamtpersönlichkeit erfassen. Medizinische Profilabgleiche werden auch auf Grund des ASiG erstellt. Zwar unterliegt der medizinische Befund der ärztlichen Schweigepflicht, dagegen gelangen die daraus abgeleiteten Aussagen in die Personalabteilung (§§ 3 II 2, 8 I 2 ASiG). Nach § 6a I BDSG ist eine Entscheidung, die ausschließlich auf eine automatisierte Verarbeitung personenbezogener Daten gestützt wird, grundsätzlich unzulässig. Erforderlich ist, dass die aus den gespeicherten Persönlichkeitsmerkmalen gewonnenen Erkenntnisse unmittelbar zu einer Entscheidung führen. Dienen sie hingegen lediglich als Grundlage für eine von einem Menschen zu treffende abschließende Entscheidung, findet § 6a I BDSG keine Anwendung.[72]

43 **9. Grundrecht auf informationelle Selbstbestimmung. a)** Nach der Rspr. des **BVerfG** besteht ein drittwirkendes Grundrecht auf informationelle Selbstbestimmung. Hierunter wird die Befugnis des Einzelnen verstanden, grundsätzlich selbst zu entscheiden, wann und innerhalb welcher Grenzen er persönliche Lebenssachverhalte offenbaren möchte.[73] Der Wirkbereich dieses Grundrechts ist im Einzelnen umstritten.

44 **b)** Ein **Eingriff in das Grundrecht** auf informationelle Selbstbestimmung ist rechtmäßig, wenn eine gesetzliche Ermächtigung besteht, der Gesetzgeber den Verwendungszweck bereichsspezifisch und präzise bestimmt hat und die Angaben für den gesetzlichen Zweck erforderlich sind. Es muss eine Güter- und Interessenabwägung nach Maßgabe des Verhältnismäßigkeitsgrundsatzes angestellt werden. In die Interessenabwägung sind auch andere Grundrechte, z. B. Art. 2, 5, 12, 14 GG einzubeziehen. Die vom BVerfG entwickelten Grundsätze sind auf das Arbeitsrecht zu übertragen. Aus dem Grundrecht auf informationelle Selbstbestimmung können Auskunftsansprüche gegen die verantwortliche Stelle entstehen.[74]

VI. Mitbestimmung des Betriebsrats bei Personalinformationssystemen

Datenschutzbeauftragte: *Ehmann,* Datenschutzkontrolle beim Betriebsrat, CR 98, 331; *Lopacki,* Einsicht in Personalakten durch Datenschutzbeauftragte, PersV 98, 368; *Riegel,* Schutz des informationellen Selbstbestimmungsrechts durch externe und interne Datenschutzbeauftragte, ZTR 97, 61; *Rudolf,* Aufgaben und Stellung des betrieblichen Datenschutzbeauftragten, NZA 96, 296; *Simitis,* Die betrieblichen Datenschutzbeauftragten – Zur notwendigen Korrektur einer notwendigen Kontrollinstanz, NJW 98, 2395; *Weidemann,* Kontrollbefugnis des betrieblichen/behördlichen Datenschutzbeauftragten hinsichtlich der Datenverarbeitung durch Betriebs- und Personalräte, ZfPR 99, 31.

45 **1. Unterrichtungs- und Beratungsrecht.** Der Betriebsrat hat bei der **Einführung eines Personalinformationssystems** ein Unterrichtungs- und Beratungsrecht (§ 90 BetrVG), weil es sich um die Planung von technischen Anlagen (§ 90 Nr. 2 BetrVG) und von Arbeitsverfahren und Arbeitsabläufen handelt (§ 90 Nr. 3 BetrVG).[75] Der Betriebsrat ist bereits dann zu beteiligen, wenn noch Handlungsalternativen bestehen. Umstr. ist, in welchem Umfang das BDSG auch für Datensammlungen des Betriebs- oder Personalrats gilt.[76] Das BAG geht zu Recht von der Anwendbarkeit des BDSG bei der Datenverarbeitung durch den Betriebsrat aus.[77] Allerdings unterliege der Betriebsrat nicht der Kontrollbefugnis des betrieblichen Datenschutzbeauftragten.[78] Dem Einsichtsrecht in die Personalunterlagen steht das BDSG nicht entgegen.[79] Der Betriebsrat bedarf einer Schulung nach § 37 VI BetrVG.

46 **2. Personalfragebogen.** Der Betriebsrat hat bei der Aufstellung von Personalfragebögen, die in Personalinformationssysteme eingehen sollen, ein erzwingbares Mitbestimmungsrecht

[72] *Gola/Schomerus* § 6 RN 5.
[73] BVerfG 15. 12. 1983 BVerfGE 65, 1 = NJW 84, 419.
[74] Vgl. im Bereich des Verfassungsschutzes: BVerwG NJW 90, 2761; der Kriminalakten: BVerwG NJW 90, 2765; 2768.
[75] Zum Wechsel der EDV-Anlage vgl. VGH Kassel NJW 89, 2641.
[76] BVerwG 4. 9. 1990 ZTR 91, 80; *Batis/Bleckmann* CR 89, 532; *Gola/Wronka* NZA 91, 790; *Weidemann* ZfPR 99, 31.
[77] Vgl. BAG 3. 6. 2003 AP 1 zu § 89 BetrVG 1972.
[78] BAG 11. 11. 1997 AP 1 zu § 36 BDSG = NZA 98, 385.
[79] BAG 17. 3. 1983 AP 18 zu § 80 BetrVG 1972.

(§ 94 I 1 BetrVG). Dies gilt auch, soweit diese der Erstellung von Fähigkeits- und/oder Eignungsprofilen dienen, da dies allgemeinen Beurteilungsgrundsätzen entspricht (§ 94 II BetrVG). Teilweise wird im Schrifttum die Meinung vertreten, § 94 I 1 BetrVG müsse erweiternd dahin ausgelegt werden, dass sich das Mitbestimmungsrecht auf die Erhebung aller sensiblen arbeitnehmerbezogenen Daten beziehe.[80]

3. Allgemeine Richtlinien. Aus der Mitbestimmungskompetenz des Betriebsrats bei der Aufstellung von **Auswahlrichtlinien** (§ 95 BetrVG) folgt, dass der Betriebsrat auch bei der damit zusammenhängenden Erhebung und Speicherung von Auswahlgesichtspunkten für die Entlassung von Arbeitnehmern mitwirkungsberechtigt ist. 47

4. Überwachung. Nach § 87 I Nr. 6 BetrVG hat der Betriebsrat ein erzwingbares Mitbestimmungsrecht bei der **Einführung und Anwendung von technischen Einrichtungen,** die dazu bestimmt sind, das Verhalten oder die Leistungen der Arbeitnehmer zu überwachen. Das Mitbestimmungsrecht besteht, wenn auf Grund des verwendeten Programms Verhaltens- oder Leistungsdaten erfasst und aufgezeichnet werden, gleichgültig, ob diese Daten zur Überwachung genutzt werden dürfen oder lediglich zur Erledigung der mit dem Anwendungsprogramm zu bearbeitenden Aufgaben erforderlich oder nützlich sind oder für andere Zwecke benötigt werden (Einzelheiten: § 235 RN 34 ff.).[81] 48

5. Datenschutzbeauftragter. a) Nach § 4f I BDSG ist ein Datenschutzbeauftragter[82] zu bestellen, wenn personenbezogene Daten automatisiert erhoben, verarbeitet oder genutzt werden und hierbei i. d. R. mindestens fünf Arbeitnehmer beschäftigt werden. Das Gleiche gilt, wenn personenbezogene Daten auf andere Weise erhoben, verarbeitet oder genutzt werden und damit in der Regel mindestens als 20 Personen beschäftigt sind. Der Datenschutzbeauftragte muss die zur Erfüllung seiner Aufgaben erforderliche Fachkunde und Zuverlässigkeit besitzen. Er ist gemäß § 4f III BDSG unmittelbar der Geschäftsführung bzw. dem Vorstand zu unterstellen und in der Ausübung seiner Fachkunde auf dem Gebiet des Datenschutzes weisungsfrei. Die Bestellung zum Datenschutzbeauftragten kann nur aus wichtigem Grund (§ 626 BGB analog) widerrufen werden. 49

b) Mit der Bestellung zum Beauftragten für den Datenschutz ändert sich regelmäßig der Inhalt des Arbeitsvertrags. Die Aufgabe des Datenschutzbeauftragten wird zur **zusätzlichen Arbeitsaufgabe.** Die Beauftragung ist regelmäßig nicht vom Direktionsrecht des Arbeitgebers umfasst. Gehört die Tätigkeit des Datenschutzbeauftragten zum arbeitsvertraglichen Pflichtenkreis des Arbeitnehmers, kann der Widerruf der Bestellung wirksam nur bei gleichzeitiger **Teilkündigung** dieser arbeitsvertraglich geschuldeten Sonderaufgabe erfolgen.[83] Schuldrechtliches Grundverhältnis und Bestellung nach dem BDSG sind unlösbar miteinander verknüpft. Die Zulässigkeit der Teilkündigung ist nach Auffassung des BAG wegen des Benachteiligungsverbots des § 4f III 3 BDSG geboten. Es stelle eine Benachteiligung dar, wenn der Widerruf der Bestellung nur durch Beendigungskündigung oder Änderungskündigung des Arbeitsverhältnisses umgesetzt werden könnte. Das Arbeitsverhältnis würde dann ausschließlich wegen der Tätigkeit als Datenschutzbeauftragter in seinem gesamten Bestand gefährdet. Demgegenüber bestehe das Arbeitsverhältnis bei einer Teilkündigung im Übrigen fort. 50

c) Nach h. M. unterliegt die Bestellung eines im Betrieb tätigen Arbeitnehmers zum Datenschutzbeauftragten nicht der **Mitbestimmung des Betriebsrats.** Die Einstellung und Versetzung eines Arbeitnehmers mit dem Ziel, ihn zum betrieblichen Datenschutzbeauftragten zu machen, unterliegt dagegen der Mitwirkung des Betriebsrats nach § 99 BetrVG.[84] Der Betriebsrat kann der beabsichtigten Versetzung eines Arbeitnehmers auf einen Arbeitsplatz des Datenschutzbeauftragten mit der Begründung widersprechen, der Arbeitnehmer besitze nicht die geforderte Fachkunde und Zuverlässigkeit. Bedenken gegen die Zuverlässigkeit können sich daraus ergeben, dass der Arbeitnehmer Aufgaben wahrnimmt, die mit seiner Kontrollfunktion unvereinbar sind.[85] Das Mitwirkungsrecht des Betriebsrats entfällt dann, wenn der Datenschutzbeauftragte leitender Angestellter ist, was in Großbetrieben der Fall sein kann. 51

---

[80] *Fitting* § 94 RN 9; *Simitis* AuR 77, 103; *ders.* NJW 85, 402; a. A. *Ehmann,* Beil. 1 zu NZA 85, 1, 7; GK-BetrVG/*Kraft* § 94 RN 15 f.
[81] BAG 6. 12. 1983 AP 7 zu § 87 BetrVG 1972 Überwachung.
[82] Zum Kündigungsschutz § 145 RN 10 sowie unten RN 50.
[83] BAG 13. 3. 2007 AP 1 zu § 4f BDSG = NZA 2007, 563.
[84] *Fitting* § 99 RN 131.
[85] BAG 22. 3. 1994 AP 4 zu § 99 BetrVG 1972 = NZA 94, 1049.

VII. Aufsichtsbehörden

52 Die Einhaltung des Datenschutzes wird durch Aufsichtsbehörden in den Ländern überwacht **(§ 38 BDSG).** Sie werden nur tätig, wenn hinreichende Anhaltspunkte bestehen, dass die Datenschutzvorschriften durch die nicht-öffentlichen Stellen verletzt werden, insbesondere wenn der Betroffene selbst begründete Verletzungen darlegt. Nach § 38 III BDSG haben die der Prüfung unterliegenden Stellen sowie die mit deren Leitung Beauftragten eine Auskunftspflicht gegenüber den Aufsichtsbehörden. Der Bundesbeauftragte für den Datenschutz hat nur die Aufgabe, für die Einhaltung des Datenschutzes in der Bundesverwaltung zu sorgen (§ 23 BDSG).

§ 149. Herausgabe und Aufbewahrung von Arbeitspapieren

Boemke, Nachwirkungen des Arbeitsverhältnisses, AR-Blattei SD 220.10 (1997); *Bolten/Pulte,* Aufbewahrungsnormen und -fristen im Personalbereich, 4. Aufl., 1999; *C. S. Hergenröder,* Das Recht der Arbeitspapiere, AR-Blattei SD 180 (2001); *Seewald/Baumgartner,* Das Meldeverfahren in der Sozialversicherung nach der neuen Datenerfassungs- und -übermittlungsverordnung, NJW 99, 474.

Übersicht

	RN
I. Herausgabepflicht	1 ff.
1. Allgemeines	1
2. Arbeitspapiere	2, 3
3. Holschuld	4
4. Vollstreckung	5
5. Zurückbehaltungsrecht	6
6. Schadensersatz	7
II. Ausfüllung der Lohnsteuerkarte	8 ff.
1. Lohnkonto	8
2. Lohnsteuerkarte und Lohnsteuerbescheinigung	9
3. Öffentlich-rechtliche Pflicht	10, 11
4. Unvollständige Ausfüllung	12
5. Unrichtige Ausfüllung	13
6. Zuständiges Gericht	14, 15
7. Schadensersatz	16
III. Meldeverfahren in der Sozialversicherung	17 f.
1. Abmeldung	17
2. Mitteilungspflicht	18
IV. Ausfüllung der Arbeitsbescheinigung nach § 312 SGB III	19 ff.
1. Erteilung der Arbeitsbescheinigung	19
2. Berichtigung	20
3. Schadensersatz	21, 22
V. Aufbewahrung von Personalunterlagen	23 ff.
1. Allgemeines	23
2. Allgemeine Personalunterlagen	24
3. Quittungsbelege	25
4. Lohnberechnungsunterlagen	26
5. Lohnkonten	27
6. Gesetzliche Sonderregelungen	28

I. Herausgabepflicht

1 **1. Allgemeines.** Grundsätzlich hat der Arbeitgeber **mit der rechtlichen Beendigung** des Arbeitsverhältnisses die Arbeitspapiere herauszugeben. Ist das Arbeitsverhältnis fristlos gekündigt worden, muss dem Arbeitgeber angemessene, nach den Umständen des Einzelfalls zu bemessende Zeit zu deren Ausfüllung eingeräumt werden. Erfolgt die Ausfüllung im Wege der Datenverarbeitung, wird zumeist eine sofortige Ausfüllung und Aushändigung nicht möglich und zumutbar sein. Der Arbeitgeber hat dem Arbeitnehmer einen nach amtlich vorgeschriebenem Muster gefertigten Ausdruck der elektronischen Lohnsteuerbescheinigung mit Angabe des lohnsteuerlichen Ordnungsmerkmals auszuhändigen oder elektronisch bereitzustellen. Wenn das Dienstverhältnis vor Ablauf des Kalenderjahres beendet wird, hat der Arbeitgeber dem Arbeitnehmer die Lohnsteuerkarte auszuhändigen (§ 41 b I EStG).

2 **2. Arbeitspapiere** (§ 35 RN 1 ff.). Zu den Arbeitspapieren gehören vor allem das **Zeugnis** (§ 109 GewO; dazu § 146), die **Urlaubsbescheinigung** (§ 6 II BUrlG; dazu § 102 RN 42), die **Arbeitsbescheinigung** (§ 312 SGB III), die **Versicherungskarten** (§ 286 SGB VI) und **Lohnsteuerkarte** (§ 39 EStG; dazu § 35 RN 6), eine Durchschrift der **Abmeldung bei der Einzugsstelle,** im Baugewerbe die **Lohnnachweiskarte** und etwaige bei Einstellung übergebene Zeugnisse.

3 **Bewerbungsunterlagen,** die der Arbeitnehmer auf Anforderung des Arbeitgebers vorgelegt hat, sind nach Beendigung des Bewerbungsverfahrens zurückzugeben. Keine Rückgabepflicht besteht dagegen bei unaufgefordert zugesandten Unterlagen.[1]

[1] Küttner/*Reinecke* „Bewerbung" RN 3.

3. Holschuld. Die Pflicht zur Aushändigung der Arbeitspapiere ist keine Bringschuld, sondern eine Holschuld.[2] Der Arbeitnehmer hat die Papiere deshalb grundsätzlich im Betrieb **abzuholen** (§ 269 BGB). Der Arbeitgeber ist allerdings dann zur Übersendung verpflichtet, wenn die Aushändigung zum Zeitpunkt der Beendigung noch nicht erfolgen konnte oder es dem Arbeitnehmer unverhältnismäßige Schwierigkeiten machen würde, die Papiere abzuholen oder sicher abholen zu lassen. Der Arbeitgeber ist für die erfolgte Übergabe der Arbeitspapiere darlegungs- und beweispflichtig. Er hat deshalb nach § 368 BGB einen Anspruch darauf, dass der Arbeitnehmer dem Empfang der Papiere durch eine Quittung bestätigt. Befand sich der Arbeitgeber mit der Aushändigung im Verzug, hat er die Papiere auf seine Gefahr und Kosten zu übersenden (§ 292 BGB). 4

4. Vollstreckung. Die Vollstreckung eines Urteils auf **Herausgabe** der Arbeitspapiere erfolgt nach § 883 ZPO,[3] die Vollstreckung der Anordnung zur **Ausfüllung der Papiere** erfolgt i. d. R. nach § 888 ZPO.[4] Mit dem Herausgabetitel kann keine Verurteilung nach § 61 II ArbGG verbunden werden, da diese nur bei Verurteilung zur Vornahme einer Handlung zulässig ist.[5] 5

5. Zurückbehaltungsrecht. Wegen etwaiger Gegenforderungen steht dem Arbeitgeber an den Arbeitspapieren **kein Zurückbehaltungsrecht** nach § 273 BGB zu (dazu § 50).[6] Dies rechtfertigt sich daraus, dass dem Arbeitgeber keine Zwangsrechte zur Arbeitserfüllung eingeräumt werden sollen und der Arbeitnehmer die Arbeitspapiere wegen der öffentlich-rechtlichen Verpflichtungen sowie zur Arbeitssuche und Arbeitsvermittlung benötigt. 6

6. Schadensersatz. Verletzt der Arbeitgeber die Herausgabepflicht, indem er die **Papiere nicht oder verspätet herausgibt,** ist er dem Arbeitnehmer zum Ersatz des daraus erwachsenden Schadens verpflichtet (§§ 280 II, 286 BGB).[7] Dasselbe gilt, wenn er die Arbeitspapiere unrichtig ausfüllt. Die Darlegungs- und Beweislast dafür, dass die Nichterteilung, verspätete Erteilung oder die Erteilung mit unrichtigem Inhalt für einen Schaden ursächlich geworden ist, trifft den Arbeitnehmer. 7

II. Ausfüllung der Lohnsteuerkarte

1. Lohnkonto. Der Arbeitgeber hat für jeden Arbeitnehmer ein Lohnkonto zu führen (§ 41 I 1 EStG i. V. m. § 4 LStDV). Der Arbeitgeber hat im Lohnkonto den Vornamen, den Familiennamen, den Geburtstag, den Wohnort, die Wohnung, die Gemeinde, die die Lohnsteuerkarte ausgestellt hat, das Finanzamt, in dessen Bezirk die Lohnsteuerkarte oder die entspr. Bescheinigung ausgestellt worden ist, sowie die auf der Lohnsteuerkarte oder in einer entspr. Bescheinigung eingetragenen allgemeinen Besteuerungsmerkmale und in den Fällen, in denen die Lohnsteuer nach einer besonderen Tabelle erhoben wird, den Buchstaben B einzutragen. In das Lohnkonto hat er bei jeder Lohnabrechnung den Arbeitslohn ohne jeden Abzug getrennt nach Barlohn und Sachbezügen, den Tag der Lohnzahlung, den Lohnzahlungszeitraum und die einbehaltene Lohn- und Kirchensteuer einzutragen. Ändern sich im Laufe des Jahres die Angaben, ist der Zeitpunkt der Änderung zu vermerken (§ 4 I Nr. 1 Satz 2 LStDV). Reichen seine Mittel zur Zahlung des vollen vereinbarten Lohns nicht aus, ist die Lohnsteuer von dem niedrigeren, zur Auszahlung gelangenden Lohn einzubehalten und einzutragen. Das Lohnkonto ist beim Ausscheiden des Arbeitnehmers, spätestens am Ende des Kalenderjahres abzuschließen und bis zum Ablauf des sechsten Kalenderjahres, das auf die zuletzt eingetragene Lohnzahlung folgt, aufzubewahren (§ 41 I 10 EStG). Das Finanzamt überwacht die ordnungsgemäße Einbehaltung und Abführung der Lohnsteuer durch eine Prüfung (Außenprüfung) des Arbeitgebers (§ 42f EStG). 8

2. Lohnsteuerkarte und Lohnsteuerbescheinigung. Bei Beendigung des Arbeitsverhältnisses oder am Ende des Kalenderjahres hat der Arbeitgeber spätestens bis zum 28. 2. des Folgejahres nach amtlich vorgeschriebenem Datensatz durch Datenfernübertragung an die amtlich bestimmte Übermittlungsstelle eine elektronische Lohnsteuerbescheinigung zu übersenden. Der Arbeitgeber hat dem Arbeitnehmer einen nach amtlich vorgeschriebenem Muster gefertigten Ausdruck der elektronischen Lohnsteuerbescheinigung auszuhändigen oder elektronisch bereit- 9

---

[2] Vgl. BAG 8. 3. 1995 AP 21 zu § 630 BGB = NZA 95, 671; *Boemke* AR-Blattei SD 220.10 RN 97.
[3] LAG Frankfurt 25. 6. 1980 DB 81, 534.
[4] MünchArbR/*Wank* § 129 RN 9.
[5] BAG AP 22 zu § 61 ArbGG 1953; LAG Stuttgart BB 57, 712.
[6] ArbG Wetzlar DB 89, 1428; *Boemke* AR-Blattei SD 220.10 RN 99; MünchArbR/*Wank* § 129 RN 8.
[7] LAG Frankfurt DB 84, 2200.

zustellen. Endet das Arbeitsverhältnis vor Ablauf des Kalenderjahres, hat der Arbeitgeber dem Arbeitnehmer die Lohnsteuerkarte auszuhändigen. Nach Ablauf des Kalenderjahres darf der Arbeitgeber die Lohnsteuerkarte nur aushändigen, wenn sie eine Lohnsteuerbescheinigung enthält und der Arbeitnehmer zur Einkommensteuer veranlagt wird. Dem Arbeitnehmer nicht ausgehändigte Lohnsteuerkarten ohne Lohnsteuerbescheinigungen kann der Arbeitgeber vernichten; nicht ausgehändigte Lohnsteuerkarten mit Lohnsteuerbescheinigungen hat er dem Betriebsstättenfinanzamt einzureichen (§ 41 b I 6 EStG).

10 **3. Öffentlich-rechtliche Pflicht. a)** Zur Erteilung der Lohnsteuerbescheinigung ist der Arbeitgeber **öffentlich-rechtlich** verpflichtet. Das Finanzamt kann ihn hierzu durch Zwangsmittel, insbesondere durch Androhung und Auferlegung eines Erzwingungsgelds gemäß §§ 328 ff. AO anhalten. Die Finanzämter werden von Amts wegen, aber auch auf Bitten des Arbeitnehmers tätig.

11 **b)** Daneben kann der Arbeitnehmer auf Erteilung und Ausfüllung der Lohnsteuerbescheinigung **klagen.** Die Vollstreckung eines entsprechenden Urteils erfolgt nach § 888 ZPO, es sei denn, dass die Lohnsteuerbescheinigung anhand der Bücher durch einen Dritten erfolgen kann. Dann wird nach § 887 ZPO vollstreckt.

12 **4. Unvollständige Ausfüllung.** Hat der Arbeitgeber die Lohnsteuerkarte unvollständig ausgefüllt, also z. B. unterlassen, die Beschäftigungszeit, die Höhe des Lohns oder die einbehaltene Lohn- oder Kirchensteuer einzutragen, kann der Arbeitnehmer klageweise die **Ergänzung** mit dem Antrag begehren, den Arbeitgeber zu verurteilen, die erteilte Lohnsteuerbescheinigung hinsichtlich der Beschäftigungszeit, des Arbeitslohns oder der Lohnsteuer zu ergänzen. Als ein Fall der Ergänzung ist auch anzusehen, wenn der Arbeitgeber nachträglich, z. B. in Ausführung eines Urteils oder Vergleichs, noch weiteren Arbeitslohn zahlt oder wenn in einem Kündigungsrechtsstreit sich ergibt, dass das Arbeitsverhältnis erst zu einem späteren Zeitpunkt endet.

13 **5. Unrichtige Ausfüllung.** Ist die Lohnsteuerbescheinigung unrichtig ausgefüllt, kann sich der **Arbeitnehmer an das Finanzamt wenden** (§ 42 e EStG), das nach §§ 328 ff. AO eine ordnungsgemäße Lohnsteuerbescheinigung erzwingen kann.

14 **6. Zuständiges Gericht.** Für Klagen auf Berichtigung der Berichtigung der Lohnsteuerbescheinigung sind die **Finanzgerichte** zuständig.[8] Nach § 2 I Nr. 3 e ArbGG sind die Arbeitsgerichte zwar für bürgerliche Rechtsstreitigkeiten zwischen Arbeitnehmern und Arbeitgebern über Arbeitspapiere zuständig. Dies bezieht sich grundsätzlich auch auf deren Berichtigung.[9] Voraussetzung ist freilich nach dem Eingangssatz des § 2 I Nr. 3 ArbGG, dass eine „bürgerliche Rechtsstreitigkeiten" zwischen Arbeitnehmern und Arbeitgebern über Arbeitspapiere vorliegt. Ob eine Streitigkeit bürgerlich-rechtlicher oder öffentlich-rechtlicher Art ist, richtet sich nach der Natur des Rechtsverhältnisses, aus dem der Klageanspruch hergeleitet wird.[10] Die Verpflichtung zur ordnungsgemäßen Ausfüllung der Lohnsteuerkarte ist nicht nur eine Nebenpflicht des Arbeitgebers aus dem Arbeitsverhältnis, sondern in erster Linie nach § 41 b EStG eine öffentlich-rechtliche Verpflichtung. In dieser Vorschrift ist im Einzelnen bestimmt, was der Arbeitgeber auf der Lohnsteuerkarte zu bescheinigen hat. Prägend für die inhaltliche Ausgestaltung der Lohnsteuerbescheinigung ist nicht die auf § 242 BGB beruhende Nebenpflicht des Arbeitgebers, sondern die lohnsteuerrechtliche Verpflichtung. Die arbeitsrechtliche Nebenpflicht wird inhaltlich durch Regelungen des EStG ausgestaltet. Es gibt keine konkrete arbeitsrechtliche Vorschrift, die bestimmt, wie eine Lohnsteuerbescheinigung auszusehen hat. Demzufolge liegt hier keine bürgerlich-rechtliche Streitigkeit, sondern eine steuerrechtliche Streitigkeit vor. Hierfür sind nicht die Gerichte für Arbeitssachen, sondern die Finanzgerichte zuständig.[11] Besteht Streit, ob Lohnsteuer-Abzugsbeträge, die in der Lohnabrechnung vorgenommen worden sind, in der Lohnsteuerbescheinigung auszuweisen sind, ist gleichfalls der Finanzrechtsweg gegeben.[12]

15 Die Berichtigung etwaiger Fehler beim Lohnsteuerabzug kann nach Abschluss des Lohnsteuerabzugs gemäß § 42 b III 1 EStG durch den Arbeitgeber nur noch im Rahmen der Lohnsteuerveranlagung des Arbeitnehmers durchgeführt werden. Für eine Berichtigung der Lohnsteuerbescheinigung besteht kein **Rechtsschutzbedürfnis** mehr.[13]

---

[8] BAG 11. 6. 2003 AP 84 zu § 2 ArbGG 1979 = NZA 2003, 877.
[9] BT-Drucks. 8/2535, S. 34.
[10] GmS-OGB 4. 6. 1974 AP 3 zu § 405 RVO; BGH 23. 2. 1988 ZIP 88, 676.
[11] BAG 11. 6. 2003 AP 84 zu § 2 ArbGG 1979 = NZA 2003, 877; a. A. FG Hamburg 30. 6. 2003 AP 86 zu § 2 ArbGG 1979.
[12] BFH 13. 12. 2007 DB 2008, 737; ausf. *Thomas* FS Küttner 2006 S. 239 ff.
[13] BFH 19. 10. 2001 DStRE 2002, 434.

7. Schadensersatz. Hat der Arbeitgeber seine **Nebenpflicht verletzt,** weil er eine Lohnsteuerbescheinigung nicht, nicht vollständig oder unrichtig erteilt hat, ist er zum Ersatz des dem Arbeitnehmer hieraus entstandenen Schadens verpflichtet. Der Schaden kann in einer entgangenen Erstattung von Lohnsteuern im Lohnsteuerjahresausgleich bestehen. Macht der Arbeitnehmer gegen den Arbeitgeber neben der Herausgabe der ausgefüllten Lohnsteuerkarte zugleich für den Fall nicht fristgerechter Ausfüllung und Herausgabe uneingeschränkt eine Entschädigung nach § 61 II ArbGG geltend, sind mit der Entschädigung in der Regel sämtliche Schadensersatzansprüche wegen der Nichtherausgabe (auch wegen entgangener Lohnsteuererstattung) abgegolten.[14] 16

III. Meldeverfahren in der Sozialversicherung

1. Abmeldung. Die sozialversicherungsrechtlichen Meldepflichten des Arbeitgebers ergeben sich aus **§ 28a bis § 28c SGB IV** sowie aus der Datenerfassungs- und -übermittlungsverordnung (DEÜV) vom 10. 2. 1998 (BGBl. I S. 343) i. d. F. vom 23. 1. 2006 (BGBl. I S. 152) mit spät. Änd. In § 28a I–III SGB IV sind detailliert die erforderlichen Angaben aufgelistet (dazu § 35 RN 16ff.). 17

2. Mitteilungspflicht. Nach § 28a V SGB IV hat der Arbeitgeber dem Beschäftigten den **Inhalt der Meldung schriftlich mitzuteilen.** Wird über die inhaltliche Richtigkeit der Meldung gestritten, also in welchem Umfang Versicherungspflicht besteht, liegt eine öffentlich-rechtliche Streitigkeit vor. Da es sich bei der Beurteilung des Sozialversicherungsabzugs nicht um eine bürgerliche Rechtsstreitigkeit handelt, sind die Sozialgerichte zuständig.[15] 18

IV. Ausfüllung der Arbeitsbescheinigung nach § 312 SGB III

1. Erteilung der Arbeitsbescheinigung. Nach § 312 SGB III ist der Arbeitgeber **öffentlich-rechtlich** gegenüber der Bundesagentur für Arbeit verpflichtet, nach Beendigung des Arbeitsverhältnisses eine Arbeitsbescheinigung nach Vordruck zu erteilen. Macht der Arbeitgeber geltend, die Beendigung des Arbeitsverhältnisses sei die Folge eines Arbeitskampfs, hat er dies darzulegen, glaubhaft zu machen und eine Stellungnahme der Betriebsvertretung beizufügen (§ 312 II SGB III). Für Klagen auf Erteilung einer Arbeitsbescheinigung ist der Rechtsweg zu den Gerichten für Arbeitssachen gegeben.[16] Dies gilt auch für Klagen arbeitnehmerähnlicher Personen.[17] 19

2. Berichtigung. Die Berichtigung einer Arbeitsbescheinigung kann vor den Arbeitsgerichten nicht verlangt werden. Für eine **Klage, die sich auf den Inhalt einer Arbeitsbescheinigung** bezieht, sind die Gerichte für Arbeitssachen unzuständig.[18] Der Arbeitnehmer hat gegen einen das Arbeitslosengeld versagenden Bescheid beim Sozialgericht (nach abgeschlossenem Vorverfahren) Klage gegen die Bundesagentur für Arbeit zu erheben. In diesem Verfahren ist alsdann der Arbeitgeber als Zeuge zu vernehmen. Die Bundesagentur für Arbeit kann in der Arbeitsbescheinigung nach § 312 SGB III nur die Angabe von Tatsachen verlangen, dagegen keine rechtlichen Wertungen, die über einfache Rechtsbegriffe wie Urlaubsgeld, Arbeitszeit usw. hinausgehen. Beantwortet der Arbeitgeber eine Wertungsfrage falsch, so ist er der Bundesagentur für Arbeit nicht zum Schadensersatz verpflichtet.[19] 20

3. Schadensersatz. Erteilt der Arbeitgeber eine **Arbeitsbescheinigung nicht, verspätet oder unrichtig,** liegt hierin gegenüber dem Arbeitnehmer eine Nebenpflichtverletzung. Ein Schadensersatzanspruch des Arbeitnehmers wegen verspäteter Erteilung (§ 280 I BGB) setzt aber voraus, dass ein Verspätungsschaden (etwa Kreditzinsen) entstanden ist. Im Übrigen kann ein Anspruch wegen mitwirkenden Verschuldens (§ 254 BGB) ausgeschlossen sein.[20] 21

Der **Anspruch der Bundesagentur für Arbeit** gegen den Arbeitgeber auf Schadensersatz wegen unrichtiger Ausfüllung der Arbeitsbescheinigung (§ 321 Nr. 1 SGB III) ist öffentlich-rechtlicher Natur. Die Bundesagentur für Arbeit kann den Anspruch nicht durch Verwaltungs- 22

---

[14] BAG 20. 2. 1997 AP 4 zu § 611 BGB Haftung des Arbeitgebers = NZA 97, 880.

[15] Vgl. BAG 13. 7. 1988 AP 11 zu § 2 ArbGG 1979 = NZA 89, 315.

[16] BAG 15. 1. 1992 AP 21 zu § 2 ArbGG 1979 = NZA 92, 996; LAG Köln 19. 7. 1988 NZA 89, 152.

[17] BAG 30. 8. 2000 AP 75 zu § 2 ArbGG 1979 = NZA 2000, 1359.

[18] BAG 15. 1. 1992 AP 21 zu § 2 ArbGG 1979 = NZA 92, 996; 13. 7. 1988 AP 11 zu § 2 ArbGG 1979 = NZA 89, 315; BSG 12. 12. 1990 NZA 91, 696.

[19] BSG 28. 6. 1991 NZA 92, 330; 16. 10. 1991 NZA 93, 46; vgl. bei überflüssiger Ausfüllung BSG 30. 1. 1990 NZA 90, 790.

[20] BSG 20. 10. 1983 NZA 84, 59.

akt, sondern nur durch Leistungsklage geltend machen.[21] Der Arbeitgeber haftet für das Verschulden seiner Angestellten bei der Verletzung seiner Verpflichtung zur Abgabe einer richtigen und vollständigen Bescheinigung.

V. Aufbewahrung von Personalunterlagen

23 **1. Allgemeines.** Das Arbeitsverhältnis kann auch nach Beendigung des Arbeitsvertrags **Nachwirkungen** entfalten. Der Arbeitgeber hat daher die sich auf das Arbeitsverhältnis beziehenden Unterlagen so lange aufzubewahren, wie noch mit Ansprüchen des Arbeitnehmers zu rechnen ist, es sei denn, dass ihm kraft besonderer gesetzlicher Vorschrift längere Verwahrungsfristen auferlegt sind.

24 **2. Allgemeine Personalunterlagen.** Für die Aufbewahrung von allgemeinen Personalunterlagen bestehen **keine gesetzlichen Verwahrungsfristen.** Sie können daher nach Ablauf der für das Arbeitsverhältnis geltenden tariflichen Verfallfristen, spätestens nach Ablauf der Verjährungsfristen vernichtet werden. Da das BAG für einzelne Ansprüche aus dem Arbeitsverhältnis die Geltung der tariflichen Verfallfristen verneint (vgl. § 205), sind die Akten weitgehend auch nach deren Ablauf aufzubewahren. In derartigen Fällen können allgemeine Personalunterlagen dann vernichtet werden, wenn die Erfüllung des Anspruchs dem Arbeitgeber nicht mehr zumutbar ist.

25 **3. Quittungsbelege.** Solche über Zahlungen von Arbeitslohn sind gemäß § 257 HGB **zehn Jahre** aufzubewahren. Die Unterlagen können auf einem Bildträger oder auf anderen Datenträgern aufbewahrt werden (§ 257 HGB).

26 **4. Lohnberechnungsunterlagen,** die für die Besteuerung Bedeutung haben, sind zehn Jahre aufzubewahren (§ 147 AO). Gleiches gilt für Bücher, Inventare und Bilanzen. Die Aufbewahrung auf Bild- oder Datenträger ist zulässig. Indes ist handels- wie steuerrechtlich notwendig, dass Hilfsmittel zur Verfügung gehalten werden, sie lesbar zu machen (§ 257 HGB, § 147 AO).

27 **5. Lohnkonten.** Sie sind nach § 41 I 10 EStG bis zum **Ende des sechsten Jahres,** das auf die zuletzt eingetragene Lohnzahlung folgt, aufzubewahren. Die Verletzung der Aufbewahrungspflicht, namentlich im steuerrechtlichen Bereich, kann dazu führen, dass die Buchführung nicht als ordnungsgemäß anerkannt wird.

28 **6. Gesetzliche Sonderregelungen.** Es bestehen zahllose gesetzliche Sonderregelungen, wegen derer auf das Schrifttum zur Personalverwaltung § 148 verwiesen werden muss.

§ 150. Herausgabepflichten des Arbeitnehmers nach Beendigung des Arbeitsverhältnisses

1 **1. Herausgabepflicht des Arbeitnehmers.** Nach Beendigung des Arbeitsverhältnisses hat der Arbeitnehmer die ihm zur Verfügung gestellten Arbeitsmittel an den Arbeitgeber herauszugeben. Zu den Arbeitsmitteln gehören insbesondere Werkzeuge, Mobiltelefone, Notebooks und Geschäftsunterlagen. Die Herausgabepflicht ergibt sich aus den **possessorischen und petitorischen Ansprüchen** (§§ 861, 985 BGB) sowie aus den getroffenen arbeitsvertraglichen Vereinbarungen.

2 **2. Verletzung der Herausgabepflicht.** Kommt der Arbeitnehmer seiner Rückgabepflicht nicht nach und bestehen Zweifel über den Umfang der in seinem Besitz befindlichen Werkzeuge und Geschäftsunterlagen, hat der Arbeitgeber neben den Herausgabeansprüchen in entsprechender Anwendung von § 666 BGB einen klagbaren Anspruch auf **Auskunftserteilung**[1] und Abgabe der eidesstattlich versicherten[2] Vermögensoffenbarung. Gelegentlich wird angenommen, der Arbeitgeber sei gehalten, bei Beendigung des Arbeitsverhältnisses eine Bestandsaufnahme der Arbeitsgeräte durchzuführen, wenn er später Herausgabe oder Schadensersatz verlangen wolle.[3] Dies dürfte freilich zu weit gehen.

3 Der Arbeitnehmer trägt bei Rückgabe der dem Arbeitgeber gehörenden Gegenstände die Transportgefahr, weil Erfüllungsort für die Rückgabeverpflichtung die Betriebsstätte des Arbeit-

---

[21] BSG 12. 2. 1980 DB 81, 535; LSG München 10. 5. 1984 NZA 85, 71.

[1] *Boemke* AR-Blattei SD 220.10 RN 78.

[2] ArbG Marburg DB 69, 2041.

[3] ArbG Hamburg 23. 1. 1995 DB 95, 930.

gebers ist.[4] Wird dem Arbeitnehmer die Herausgabe unmöglich, **haftet** er nach § 280 BGB mit der Möglichkeit der Haftungseinschränkung wegen betrieblich veranlasster Tätigkeit (§ 619a BGB). Der Arbeitnehmer handelt grob fahrlässig, wenn er übersandte Güter nicht hinreichend sichert. Er wird dann in aller Regel auf vollen Schadensersatz haften, ohne sich auf die Grundsätze der Haftungseinschränkung berufen zu können. Unabhängig hiervon ist die Rücksendung auch nicht stets betriebliche Tätigkeit. Bei verspäteter Herausgabe haftet der Arbeitnehmer nach §§ 280 II, 286 BGB.

3. Zurückbehaltungsrecht. Dem Arbeitnehmer steht im Allgemeinen an den Arbeitsmit- 4
teln **kein Zurückbehaltungsrecht** zu (§ 273 BGB). I.d.R. hat der Arbeitnehmer an den Arbeitsmitteln keinen Eigenbesitz, sondern ist nur Besitzdiener. Die Umwandlung der tatsächlichen Gewalt des Besitzdieners über die Sache in Eigenbesitz ist verbotene Eigenmacht und damit rechtswidrig.[5] Ist der Arbeitnehmer unrechtmäßiger Fremdbesitzer geworden, schuldet er Nutzungsentschädigung (§§ 987ff. BGB)[6] und Schadensersatz.[7]

4. Kraftfahrzeug. Sind dem Arbeitnehmer Gegenstände des Arbeitgebers auch zur privaten 5
Nutzung überlassen worden **(Dienstwagen),** handelt es sich um eine Naturalvergütung (vgl. Einzelheiten § 68).[8] Der Arbeitgeber kann mithin grundsätzlich erst nach dem Ende des Arbeitsverhältnisses die Rückgabe verlangen, sofern in dem Überlassungsvertrag nichts anderes vereinbart ist.

§ 151. Wiedereinstellungsanspruch

Adam, Die zweifelhafte Wirkung der Prognose im Kündigungsrecht, ZTR 99, 113; *Beckschulze,* Der Wiedereinstellungsanspruch nach betriebsbedingter Kündigung, DB 98, 417; *Boewer,* Der Wiedereinstellungsanspruch, NZA 99, 1121 und 1177; *Kaiser,* Wegfall des Kündigungsgrunds – Weder Unwirksamkeit der Kündigung noch Wiedereinstellungsanspruch, ZfA 2000, 205; *Langenbucher,* Der Wiedereinstellungsanspruch des Arbeitnehmers beim Betriebsübergang, ZfA 99, 299; *Lepke,* Zum Wiedereinstellungsanspruch nach krankheitsbedingter Kündigung, NZA-RR 2002, 617; *Linck,* Der Wiedereinstellungsanspruch, FA 2000, 334; *Nädler,* Der Wiedereinstellungsanspruch des Arbeitnehmers nach Wegfall des Kündigungsgrundes, 2004; *Nägele,* Die Renaissance des Wiedereinstellungsanspruchs, BB 98, 1686; *Nicolai/Noack,* Grundlagen und Grenzen des Wiedereinstellungsanspruchs nach wirksamer Kündigung des Arbeitsverhältnisses, ZfA 2000, 87; *Oetker,* Der Wiedereinstellungsanspruch des Arbeitnehmers bei nachträglichem Wegfall des Kündigungsgrundes, ZIP 2000,643; *Otto,* Grünes Licht für die Wiedereinstellung bei betriebsbedingten Kündigungen?, FS Kraft, 1998, S. 451; *Raab,* Der Wiedereinstellungsanspruch des Arbeitnehmers bei Wegfall des Kündigungsgrundes, RdA 2000, 147; *Bettina Schmidt,* Der Wiedereinstellungsanspruch nach Beendigung des Arbeitsverhältnisses, 2003; *Schubert,* Der Wiedereinstellungsanspruch des Arbeitnehmers nach betriebsbedingter Kündigung in der Insolvenz, ZIP 2002, 554; *Strathmann,* Der Wiedereinstellungsanspruch eines wirksam gekündigten Arbeitnehmers, 2001; *dies.,* Wiedereinstellungsanspruch eines wirksam gekündigten Arbeitnehmers: Tendenzen der praktischen Ausgestaltung, DB 2003, 2438; *Westera,* Der Wiedereinstellungsanspruch nach wirksamer Kündigung, 2001; *Zwanziger,* Neue Tatsachen nach Zugang einer Kündigung, BB 97, 42.

Übersicht

	RN
I. Allgemeines	1 ff.
1. Rechtsgrundlagen	1, 2
2. Befristung des Anspruchs	3, 4
3. Auswahlentscheidung	5
II. Einzelfälle	6 ff.
1. Betriebsbedingte Kündigung	6
2. Krankheitsbedingte Kündigung	7
3. Verdachtskündigung	8, 9
4. Betriebsübergang	10, 11
5. Aufhebungsvertrag	12, 13
6. Befristung	14
III. Durchsetzung des Wiedereinstellungsanspruchs	15

I. Allgemeines

1. Rechtsgrundlagen. Nach der Rechtsprechung des BAG folgt der Wiedereinstellungsan- 1
spruch aus einer vertraglichen, den Vorgaben des KSchG und der staatlichen Schutzpflicht aus Art. 12 I GG Rechnung tragenden, letztlich auf § 242 BGB beruhenden **arbeitsvertraglichen**

[4] LAG Rheinland-Pfalz 8. 5. 1996 NZA-RR 97, 163 = BB 97632.
[5] ArbG Marburg DB 69, 2041.
[6] LAG Düsseldorf 4. 7. 1975 DB 75, 2040.
[7] LAG Berlin 26. 5. 1986 DB 87, 542.
[8] BAG 23. 6. 1994 AP 34 zu § 249 BGB = NZA 94, 1128; 11. 10. 2000 AP 13 zu § 611 BGB Sachbezüge = NZA 2001, 445.

Nebenpflicht. Der Wiedereinstellungsanspruch entspricht dem durch § 1 KSchG intendierten Bestandsschutz. Er stellt ein notwendiges Korrektiv für die Fälle dar, in denen die Kündigung auf Grund des maßgeblichen Prüfungszeitpunkts ihres Zugangs zwar wirksam ist, die maßgeblichen Umstände sich aber noch während der Kündigungsfrist entgegen der im Zeitpunkt des Ausspruchs der Kündigung angestellten Prognose nachträglich ändern.[1] Entfallen nachträglich die Umstände, die Grundlage der negativen Prognose und damit der Kündigung waren, und liegen diese Umstände in der Sphäre des Arbeitgebers, kann es aus Gründen der Billigkeit gerechtfertigt sein, dem Arbeitnehmer einen Wiedereinstellungsanspruch zu gewähren. Wegen der engen Verknüpfung mit dem durch § 1 KSchG bewirkten Bestandsschutz besteht ein Wiedereinstellungsanspruch nicht bei einer Kündigung innerhalb der Wartezeit (§ 1 I KSchG) und in einem Kleinbetrieb i. S. v. § 23 I KSchG.[2]

2 Der Wiedereinstellung des Arbeitnehmers können **berechtigte Interessen des Arbeitgebers** entgegenstehen, wenn dieser im Hinblick auf die zunächst gegebene Wirksamkeit der Kündigung Dispositionen getroffen hat.[3] Dies ist u. a. dann der Fall, wenn der Arbeitgeber den unvorhergesehen frei gewordenen Arbeitsplatz schon wieder mit einem anderen Arbeitnehmer besetzt hat. Dadurch erlischt grundsätzlich ein etwa entstandener Wiedereinstellungsanspruch. Hiervon ist dann eine Rückausnahme zu machen, wenn der Arbeitgeber den – erneuten – Wegfall der in Betracht kommenden Beschäftigungsmöglichkeit treuwidrig herbeigeführt hat, indem er den Arbeitsplatz in Kenntnis des Wiedereinstellungsverlangens des Arbeitnehmers treuwidrig mit einem anderen Arbeitnehmer besetzt hat. Dies folgt auch aus dem in § 162 BGB normierten allgemeinen Rechtsgedanken, nach dem niemand aus einem von ihm selbst treuwidrig herbeigeführten Ereignis Vorteile herleiten darf.[4]

3 **2. Befristung des Anspruchs.** Ein Wiedereinstellungsanspruch kommt grundsätzlich nur im bestehenden Arbeitsverhältnis bis zum **Ablauf der Kündigungsfrist** in Betracht.[5] Da der Rechtsgrund des Wiedereinstellungsanspruchs in dem Vertrauen des Arbeitnehmers darauf zu sehen ist, dass der Kündigungsgrund auch noch zum Zeitpunkt des Ablaufs der Kündigungsfrist besteht, begründen danach eintretende Umstände kein schutzwürdiges Vertrauen des Arbeitnehmers. Nach Ablauf der Kündigungsfrist bestehen keine vertraglichen Beziehungen mehr, die nach der Rechtsprechung des BAG Grundlage des Wiedereinstellungsanspruchs sind.[6] Der Arbeitgeber darf dann grundsätzlich darauf vertrauen, dass danach eintretende Umstände die Wirksamkeit der Kündigung nicht mehr beeinflussen. Dem steht nicht entgegen, dass es auch nach Beendigung des Arbeitsverhältnisses nachwirkende Nebenpflichten des Arbeitgebers gibt.[7] Diese beziehen sich nur auf die Abwicklung des beendeten Arbeitsverhältnisses und betreffen im Wesentlichen Bescheinigungen, Auskünfte und Herausgabeansprüche.[8] Ein Anspruch auf Wiedereinstellung kann hierauf grundsätzlich nicht gestützt werden. Schließlich ist es auch aus Gründen der Rechtssicherheit geboten, den Wiedereinstellungsanspruch zeitlich zu begrenzen.[9] Für einen Wiedereinstellungsanspruch kommt daher grundsätzlich nur eine Veränderung der tatsächlichen Umstände in Betracht, die noch während der laufenden Kündigungsfrist eintritt. Der Arbeitgeber ist im Einzelfall nach § 242 BGB verpflichtet, den Arbeitnehmer über die veränderten Umstände zu **unterrichten.**[10]

4 Soweit gegen die zeitliche Begrenzung des Wiedereinstellungsanspruchs eingewandt wird, diese führe bei einer **Massenentlassung** dazu, dass der Arbeitgeber nur die Arbeitnehmer wieder einstellen müsse, deren Kündigungsfristen im Zeitpunkt der Änderung der Beschäftigungs-

---

[1] BAG 27. 2. 1997 AP 1 zu § 1 KSchG 1969 Wiedereinstellung = NZA 97, 757; 6. 8. 1997 AP 2 zu § 1 KSchG 1969 Wiedereinstellung = NZA 98, 254; 28. 6. 2000 AP 6 zu § 1 KSchG 1969 Wiedereinstellung = NZA 2000, 1097; 16. 5. 2007 AP 14 zu § 1 KSchG 1969 Wiedereinstellung.

[2] LAG Hamm 26. 8. 2003 NZA-RR 2004, 76.

[3] BAG 27. 2. 1997 AP 1 zu § 1 KSchG 1969 Wiedereinstellung = NZA 97, 757; 4. 12. 1997 AP 3 zu § 1 KSchG 1969 Wiedereinstellung; 28. 6. 2000 AP 6 zu § 1 KSchG 1969 Wiedereinstellung = NZA 2000, 1097.

[4] BAG 28. 6. 2000 AP 6 zu § 1 KSchG 1969 Wiedereinstellung = NZA 2000, 1097; 4. 5. 2006 AP 304 zu § 613 a BGB = NZA 2006, 1096.

[5] BAG 6. 8. 1997 AP 2 zu § 1 KSchG 1969 Wiedereinstellung = NZA 98, 254; 28. 6. 2000 AP 6 zu § 1 KSchG 1969 Wiedereinstellung = NZA 2000, 1097; – zu den Besonderheiten der Verdachtskündigung vgl. RN 8 ff.

[6] Vgl. BAG 28. 6. 2000 AP 6 zu § 1 KSchG 1969 Wiedereinstellung = NZA 2000, 1097.

[7] So aber *Walker* SAE 98, 103, 106.

[8] Vgl. hierzu näher *Boemke* AR-Blattei SD 220.10 RN 62 ff.

[9] Zutr. *Bartel* SAE 98, 318; HWK/*Quecke* § 1 KSchG RN 81.

[10] Ebenso *Boewer* NZA 99, 1177, 1180; APS/*Kiel* § 1 KSchG RN 843; *Raab* RdA 2001, 243, 251; HWK/*Quecke* § 1 KSchG RN 85; a. A. *Berkowsky* Betriebsbedingte Kündigung § 21 RN 23.

möglichkeiten noch nicht abgelaufen seien,[11] begründet dies kein anderes Ergebnis.[12] Denn mit zunehmender Dauer der Betriebszugehörigkeit verfestigen sich die Bindungen der Arbeitsvertragsparteien, was im Kündigungsrecht und auch im Arbeitsförderungsrecht zu zahlreichen Differenzierungen je nach Dauer des Arbeitsverhältnisses führt. Auf die verlängerten Kündigungsfristen (§ 622 II BGB), die Abfindungsfestsetzung nach § 10 KSchG sowie die geringere Anrechnung von Abfindungen auf das Arbeitslosengeld bei längerer Betriebszugehörigkeit nach § 143a II 3 SGB III sei beispielhaft hingewiesen. Mit dieser Verfestigung der Vertragsbindung erhöht sich das schutzwürdige Vertrauen des Arbeitnehmers. Dies kommt auch in der Regelung der Sozialauswahl nach § 1 III KSchG zum Ausdruck und rechtfertigt unterschiedlichen zeitlichen Grenzen für den Weiterbeschäftigungsanspruch.

3. Auswahlentscheidung. Kommt es bei einer Kündigung wegen beabsichtigter Betriebs- 5
teilstilllegung während der Kündigungsfrist zu einer eingeschränkten Fortführung des von der Stilllegung bedrohten Betriebsteils und kann der Arbeitgeber deshalb einzelne der gekündigten Arbeitnehmer wieder einstellen, hat er eine Auswahl unter den Gekündigten vorzunehmen.[13] Hierbei hat der Arbeitgeber nicht nach § 1 III KSchG vorzugehen, sondern nach § 315 BGB **neben betrieblichen Belangen auch soziale Gesichtspunkte** wie Alter, Betriebszugehörigkeit, Unterhaltspflichten zu berücksichtigen.[14] Ein geändertes Anforderungsprofil für einen eingerichteten Arbeitsplatz kann einem Wiedereinstellungsanspruch entgegenstehen.[15]

II. Einzelfälle

1. Betriebsbedingte Kündigung. Dem betriebsbedingt gekündigten Arbeitnehmer kann 6
ein Wiedereinstellungsanspruch zustehen, wenn sich zwischen der Kündigung und dem Ablauf der Kündigungsfrist **unvorhergesehen eine Weiterbeschäftigungsmöglichkeit ergibt.** Kommt es in einem Kündigungsschutzprozess zu einem Abfindungsvergleich, kann dies dem Wiedereinstellungsanspruch entgegenstehen. Die im Abfindungsvergleich vereinbarte Beendigung des Arbeitsverhältnisses entfällt wegen Störung der Geschäftsgrundlage (§ 313 BGB) nur dann, wenn das Festhalten an dem Vergleich für eine Partei unzumutbar ist. Der Arbeitgeber kann den Vergleich auch bei der Auswahl des wieder einzustellenden Arbeitnehmers berücksichtigen. Ein überwiegendes schutzwürdiges Interesse des Arbeitgebers an der Beendigung des Arbeitsverhältnisses besteht, wenn sich eine nach dem Kündigungszeitpunkt unerwartet ergebende Möglichkeit, den Betrieb zu veräußern, vom Erwerber davon abhängig gemacht wird, dass die Rationalisierungsmaßnahmen durchgeführt werden. Denn ohne die Umsetzung dieser Maßnahmen würde der Verkauf scheitern und es müsste deshalb zu der von Anfang an geplanten Betriebsstilllegung kommen.[16]

2. Krankheitsbedingte Kündigung. Ob bei krankheitsbedingten Kündigungen ein Wie- 7
dereinstellungsanspruch besteht, ist bislang vom BAG offengelassen worden. Er kommt allenfalls in Betracht, wenn sich nachträglich innerhalb der Kündigungsfrist herausstellt, dass die bei Ausspruch der Kündigung begründete Besorgnis lang anhaltender oder dauerhafter Arbeitsunfähigkeit nicht mehr gerechtfertigt ist und der Wiedereinstellung berechtigte Interessen des Arbeitgebers insbesondere wegen zwischenzeitlicher anderweiter Dispositionen nicht entgegenstehen. Nicht ausreichend ist, wenn die Gesundheitsprognose lediglich zweifelhaft wird. Erforderlich ist vielmehr, dass die Besorgnis der wiederholten Erkrankung ausgeräumt ist und eine veränderte, **positive Prognose** besteht. Dafür trägt der Arbeitnehmer die Darlegungs- und Beweislast.[17] Außerdem scheidet ein Wiedereinstellungsanspruch aus, wenn die neu eintretenden Umstände auf einem neuen Kausalverlauf beruhen.[18]

3. Verdachtskündigung. Bei einer Kündigung wegen des **Verdachts einer strafbaren** 8
Handlung (dazu § 127 RN 136ff.) kommt ein Wiedereinstellungsanspruch in Betracht, wenn sich später die Unschuld des Arbeitnehmers herausstellt oder nachträglich Umstände bekannt

---

[11] So *Kiel/Koch* Die betriebsbedingte Kündigung RN 860.

[12] Vgl. *Linck* FA 2000, 334, 336.

[13] BAG 4. 12. 1997 AP 4 zu § 1 KSchG 1969 Wiedereinstellung = NZA 98, 701; 2. 12. 1999 AP 45 zu § 1 KSchG 1969 Soziale Auswahl = NZA 2000, 531; 28. 6. 2000 AP 6 zu § 1 KSchG 1969 Wiedereinstellung = NZA 2000, 1097.

[14] BAG 28. 6. 2000 AP 6 zu § 1 KSchG 1969 Wiedereinstellung = NZA 2000, 1097; 4. 5. 2006 AP 304 zu § 613a BGB = NZA 2006, 1096; APS/*Kiel* § 1 KSchG RN 840f.; HWK/*Quecke* § 1 KSchG RN 84.

[15] BAG 4. 5. 2006 AP 304 zu § 613a BGB = NZA 2006, 1096.

[16] Vgl. BAG 27. 2. 1997 AP 1 zu § 1 KSchG 1969 Wiedereinstellung = NZA 97, 757.

[17] BAG 27. 6. 2001 AP 10 zu § 1 KSchG 1969 Wiedereinstellung = NZA 2001, 1135.

[18] BAG 7. 11. 2001 AP 40 zu § 1 KSchG 1969 Krankheit.

werden, die den bestehenden Verdacht beseitigen.[19] Die bloße Einstellung des staatsanwaltschaftlichen Ermittlungsverfahrens nach § 170 II 1 StPO begründet jedoch noch keinen Wiedereinstellungsanspruch. Denn die Einstellungsverfügung stellt lediglich eine vorläufige Beurteilung durch die staatlichen Ermittlungsbehörden dar, der keinerlei Bindungswirkung für ein Arbeitsgerichtsverfahren zukommt.[20]

9 Als **zeitliche Grenze** ist hier nicht auf die Dauer der Kündigungsfrist abzustellen. Der Arbeitnehmer kann im Falle einer Verdachtskündigung auch noch nach Ablauf der Kündigungsfrist einen Wiedereinstellungsantrag stellen. Diese Ausnahme ist gerechtfertigt, weil eine Kündigung, die mit dem letztlich ungerechtfertigten Verdacht einer Straftat begründet worden ist, zu einer erheblichen Verletzung des allgemeinen Persönlichkeitsrechts des Arbeitnehmers führt. Im Hinblick darauf muss der Arbeitnehmer die Möglichkeit haben, bei erwiesener Unrichtigkeit der erhobenen Vorwürfe voll rehabilitiert zu werden und an seinen Arbeitsplatz zurückkehren zu können.[21] Der Wiedereinstellungsanspruch muss jedoch bis zum Abschluss des Kündigungsschutzprozesses geltend gemacht werden. In dieser Zeit hat der Arbeitgeber kein schutzwürdiges Vertrauen darauf, dass der Arbeitnehmer die Kündigung hinnehmen wird. Für die Prozessdauer als zeitliche Grenze spricht auch, dass das Kündigungsschutzverfahren Gelegenheit gibt, die Verdachtsmomente im Einzelnen zu überprüfen. Ferner wird in dieser Zeit auch in den meisten Fällen ein staatsanwaltschaftliches Ermittlungsverfahren abgeschlossen sein, wobei insoweit zusätzlich eine Aussetzung des Verfahrens nach § 149 ZPO zu erwägen ist. Hat der Arbeitnehmer keine Kündigungsschutzklage erhoben, kann der Wiedereinstellungsanspruch bei einer Verdachtskündigung bis zur Grenze der Verwirkung geltend gemacht werden.

10 **4. Betriebsübergang.** Kommt es nach einer betriebsbedingten Kündigung zu einem Betriebsübergang, kann der Arbeitnehmer nach der Rechtsprechung des BAG auch noch nach Ablauf der Kündigungsfrist die Fortsetzung des Arbeitsverhältnisses beim Erwerber verlangen,[22] weil ein Betriebsübergang nicht nur durch die Übernahme materieller und/oder immaterieller Betriebsmittel, sondern auch durch die willentliche Übernahme der Hauptbelegschaft erfolgen könne. Nur so werde ein den europarechtlichen Vorgaben genügender Bestandsschutz bei Betriebsübergängen gewährleistet.[23] Ein Fortsetzungsanspruch der Arbeitnehmer gegenüber dem neuen Betriebsinhaber bestehe, wenn der Betriebsübergang zwar erst am Tag nach Ablauf der Kündigungsfrist erfolge, die Weiterbeschäftigungsmöglichkeit jedoch schon während des Laufs der Kündigungsfrist entstanden und die ursprünglich bei Ausspruch der Kündigung anzustellende Prognose dadurch während des Laufs der Kündigungsfrist unzutreffend geworden sei. Weder der frühere noch der neue Betriebsinhaber könnten sich auf die Wirksamkeit der Kündigung berufen, wenn die an sich wirksame Kündigung noch während des Laufs der Kündigungsfrist durch einen Fortsetzungsanspruch korrigiert werden müsse, weil mittlerweile Tatsachen entstanden seien, welche die Prognose bei Kündigungsausspruch nachträglich als unzutreffend erscheinen ließen.[24] Für den Sonderfall des Betriebsübergangs nach Ablauf der Kündigungsfrist anlässlich einer insolvenzbedingten Kündigung hat der Achte Senat bislang einen Wiedereinstellungsanspruch verneint.[25]

11 Der Arbeitnehmer hat **unverzüglich nach Kenntnis** von den tatsächlichen Umständen, die den Betriebsübergang ausmachen, sein Fortsetzungsverlangen gegenüber dem Betriebserwerber **geltend zu machen.** Erfährt der Arbeitnehmer von der willentlichen Übernahme der Hauptbelegschaft, ist es ihm zumutbar, ohne schuldhaftes Zögern (§ 121 BGB) seinen Antrag auf Abschluss eines Arbeitsvertrags zur Fortsetzung des Arbeitsverhältnisses zu unveränderten Arbeitsbedingungen unter Anrechnung der früheren Beschäftigungsdauer an den Betriebserwerber zu richten.[26]

---

[19] Vgl. BAG 14. 12. 1956 AP 3 zu § 611 BGB Fürsorgepflicht; 20. 8. 1997 AP 27 zu § 626 BGB Verdacht strafbarer Handlungen = NZA 97, 1340; APS/*Dörner* § 626 BGB RN 370; KR/*Fischermeier* § 626 BGB RN 234.

[20] BAG 20. 8. 1997 AP 27 zu § 626 BGB Verdacht strafbarer Handlungen = NZA 97, 1340.

[21] Ähnlich *Fischermeier* in: FS 25 Jahre Arbeitsgemeinschaft Arbeitsrecht im DAV, S. 275, 286 f.; *Nicolai/Noack* ZfA 2000, 87, 101 f.; *Oetker* ZIP 2000, 643, 649; *Otto* FS Kraft, S. 451, 461.

[22] Vgl. BAG 13. 11. 1997 AP 169 zu § 613 a BGB = NZA 98, 251; 12. 11. 1998 AP 5 zu § 1 KSchG 1969 Wiedereinstellung = NZA 99, 311.

[23] Im Ergebnis ebenso *Nicolai/Noack* ZfA 2000, 87, 97 f.; *Langenbucher* ZfA 99, 299, 306 ff.

[24] BAG 25. 10. 2007 AP 2 zu § 613 a BGB Wiedereinstellung = NZA 2008, 357.

[25] BAG 13. 5. 2004 AP 264 zu § 613 a BGB; 28. 10. 2004 NZA 2005, 405; ebenso *Annuß* ZInsO 2001, 49, 59; *Schubert* ZIP 2002, 554, 558; a. A. KDZ/*Zwanziger* § 613 a BGB RN 161.

[26] BAG 12. 11. 1998 AP 5 zu § 1 KSchG 1969 Wiedereinstellung = NZA 99, 311; MünchKomm-BGB/*Müller-Glöge* § 613 a RN 198; weitergehend APS/*Kiel* § 1 KSchG RN 847 und ErfK/*Preis* § 613 a RN 165: Drei Wochen.

5. Aufhebungsvertrag. Wird das Arbeitsverhältnis durch einen Aufhebungsvertrag beendet, kann dem Arbeitnehmer nur ausnahmsweise ein Anspruch auf Wiedereinstellung zustehen.[27] Kommt es auf Veranlassung des Arbeitgebers zur Vermeidung einer betriebsbedingten Kündigung zum Abschluss eines Aufhebungsvertrags, ist dieser Vertrag nach den Regeln über den **Wegfall der Geschäftsgrundlage** (§ 313 BGB) anzupassen, wenn sich in der Zeit zwischen dem Abschluss des Aufhebungsvertrags und dem vereinbarten Vertragsende unvorhergesehen eine Weiterbeschäftigungsmöglichkeit für den Arbeitnehmer ergibt.[28] Die Vertragsanpassung kann dabei auch in einer Wiedereinstellung liegen. Dabei sind nach § 242 BGB alle Umstände des Einzelfalls zu berücksichtigen. Insoweit ist von Bedeutung, ob in dem Aufhebungsvertrag durch eine Abfindung ein als angemessen erscheinender Ausgleich der beiderseitigen Interessen geschaffen wurde. In diesem Fall wird häufig das Festhalten an dem Vergleich auch für den Arbeitnehmer nicht unzumutbar sein. Dies gilt umso mehr, als regelmäßig ohnehin keine Anpassung, sondern lediglich die grundsätzlich nicht vorgesehene ersatzlose Aufhebung des Abfindungsvergleichs in Betracht kommt. Die Wiedereinstellung ist letztlich keine Anpassung des Abfindungsvergleichs, sondern das Gegenteil dessen, was die Parteien in diesem vereinbart haben.[29] 12

Ob in den Allgemeinen Geschäftsbedingungen eines Aufhebungsvertrags ein **Ausschluss des Wiedereinstellungsanspruchs** ohne Weiteres wirksam vereinbart werden kann, ist fraglich. Dagegen spricht, dass hierin eine Abweichung von den im Wege der Rechtsfortbildung entwickelten Rechtsgrundsätzen liegt (§ 307 II Nr. 1 BGB), wonach ein Aufhebungsvertrag nach den Regeln über den Wegfall der Geschäftsgrundlage (§ 313 BGB) anzupassen ist (RN 12). Der Annahme eines Verstoßes gegen § 307 II Nr. 1 BGB steht nicht entgegen, dass der Wiedereinstellungsanspruch grundsätzlich einzelvertraglich in Abfindungsvergleichen abbedungen werden kann.[30] Denn zum gesetzlichen Leitbild i. S. v. § 307 II Nr. 1 BGB gehören die Vorschriften des dispositiven Rechts und nicht die zwingenden Vorschriften, weil eine Abweichung hiervon bereits nach § 134 BGB zur Unwirksamkeit führt.[31] Für die Anwendung des § 307 II Nr. 1 BGB ist vielmehr maßgebend, ob die Regelung, von der durch Allgemeine Geschäftsbedingungen abgewichen wird, nicht nur auf Zweckmäßigkeitserwägungen beruht, sondern eine Ausprägung des Gerechtigkeitsgebots darstellt.[32] Dies ist für den aus Billigkeitsgründen entwickelten Wiedereinstellungsanspruch zu bejahen (dazu RN 1). Ein Verzicht auf diesen Anspruch in einem vorformulierten Aufhebungsvertrag könnte allerdings wirksam sein, wenn er durch eine angemessene Abfindung kompensiert wird. Eine Kompensation benachteiligender Klauseln mit begünstigenden Regelungen kann die Unangemessenheit nach § 307 I 1 BGB ausschließen, sofern zwischen beiden Klauseln ein sachlicher Zusammenhang besteht.[33] Dieser besteht bei einem Aufhebungsvertrag zwischen der Abfindungshöhe und dem Verzicht auf einen Widereinstellungsanspruch. Fehlt eine kompensatorische Gegenleistung, setzt der Arbeitgeber einseitig sein Interesse an „klaren Verhältnissen" durch. Er nimmt dann dem Arbeitnehmer das zu seinen Gunsten entwickelte Korrektiv des Wiedereinstellungsanspruchs und damit die Möglichkeit, im Falle einer Änderung der Verhältnisse unter Beachtung grundrechtlich durch Art. 12 I GG geschützter Positionen das Arbeitsverhältnis fortsetzen zu können. Der formularmäßig vereinbarte Ausschluss des Wiedereinstellungsanspruchs ist in diesem Fall nach § 307 I 1 BGB unwirksam. 13

6. Befristung. Nach Ablauf eines wirksam befristeten Arbeitsvertrags besteht, sofern nicht tarifvertraglich oder einzelvertraglich etwas anderes vereinbart ist, grundsätzlich **kein Wiedereinstellungsanspruch** (vgl. § 38 RN 76).[34] 14

III. Durchsetzung des Wiedereinstellungsanspruchs

Macht der Arbeitnehmer einen Wiedereinstellungsantrag gerichtlich geltend, ist der Antrag auf die **Abgabe einer Willenserklärung,** nämlich der Annahme des Angebots des Arbeit- 15

[27] BAG 22. 4. 2004 AP 27 zu § 620 BGB Aufhebungsvertrag.

[28] BAG 27. 2. 1997 AP 1 zu § 1 KSchG 1969 Wiedereinstellung = NZA 97, 757; 4. 12. 1997 AP 4 zu § 1 KSchG 1969 Wiedereinstellung = NZA 98, 701; 28. 6. 2000 AP 6 zu § 1 KSchG 1969 Wiedereinstellung = NZA 2000, 1097.

[29] BAG 28. 6. 2000 AP 6 zu § 1 KSchG 1969 Wiedereinstellung = NZA 2000, 1097.

[30] Vgl. hierzu BAG 28. 6. 2000 AP 6 zu § 1 KSchG 1969 Wiedereinstellung = NZA 2000, 1097.

[31] Siehe nur *Palandt/Heinrichs* § 307 RN 26.

[32] BAG 7. 12. 2005 AP 4 zu § 12 TzBfG = NZA 2006, 423.

[33] Vgl. dazu Staudinger/*Coester* (2006) § 307 RN 125 ff.; Däubler/*Dorndorf*/Bonin/*Deinert* § 307 RN 94 ff.

[34] BAG 20. 2. 2002 AP 11 zu § 1 KSchG 1969 Wiedereinstellung = NZA 2002, 896.

nehmers auf Abschluss eines Arbeitsvertrags zu den bisherigen Bedingungen zu richten.[35] Es handelt sich hierbei um einen eigenen Streitgegenstand, was ggf. bei einer Rechtsmittelbegründung zu beachten ist.[36] Die Arbeitsbedingungen sind gemäß § 253 II Nr. 1 ZPO näher zu bezeichnen. Hierzu kann auf den bisherigen Arbeitsvertrag Bezug genommen werden. Die Vollstreckung der Annahmeerklärung des Arbeitgebers richtet sich nach § 894 ZPO. Seit dem 1. 1. 2002 ist wegen des Inkrafttretens des § 311 a BGB nach der Rechtsprechung des BAG auch eine rückwirkende Verurteilung zum Abschluss eines Vertrags möglich.[37] Für die Voraussetzungen eines etwaigen Wiedereinstellungsanspruchs ist der Arbeitnehmer darlegungs- und beweispflichtig.[38]

[35] Ebenso BAG 27. 2. 1997 AP zu § 1 KSchG 1969 Wiedereinstellung = NZA 97, 757; 28. 6. 2000 AP 6 zu § 1 KSchG 1969 Wiedereinstellung = NZA 2000, 1097.

[36] Vgl. BAG 8. 5. 2008 AP 40 zu § 620 BGB Aufhebungsvertrag = NZA 2008, 1148.

[37] BAG 9. 11. 2006 AP 1 zu § 311 a BGB; 25. 10. 2007 AP 2 zu § 613 a BGB Wiedereinstellung = NZA 2008, 357.

[38] BAG 17. 6. 1999 AP 37 zu § 1 KSchG 1969 Krankheit = NZA 99, 1328.

X. Buch. Arbeitsschutz

§ 152. Begriff, Funktion und Gliederung des Arbeitsschutzes

Kommentare: *Aufhauser/Brunhöber/Igl,* Arbeitssicherheitsgesetz, Handkommentar, 3. Aufl., 2004; *Hamacher/LangLanghof/Pieper/Schmauder/Vorath,* Handbuch Arbeitsschutz, 2. Aufl., 2005; *Kittner/Pieper,* Arbeitsschutzrecht, 3. Aufl., 2005; *Kolmer,* Praxiskommentar Arbeitsschutzgesetz, Loseblatt; *Spinnarke/Schork,* Kommentar zum Arbeitssicherheitsgesetz (AsiG) und zum Arbeitsschutzgesetz (ArbSchG), 2004; *Wank,* Kommentar zum technischen Arbeitsschutz, 1999.

Aufsätze grundsätzlich ab 2000, sonst frühere Aufl.: *Bartels,* Die Beteiligungsrechte der Mitarbeitervertretung bei Arbeitsschutz und Arbeitssicherheit, ZMV 2007, 239; *Fischer,* Arbeitsschutz – Artikelgesetz, BArBl. 96, Nr. 1, 21; Arbeitssicherheit über Rechtsgrundlagen und Verantwortlichkeiten im öffentlichen Dienst, DÖD 2001, 49; *Horstkötter/Wahsner,* Stiefkinder des Arbeits- und Gesundheitsschutzes? Beschäftigte in kleinen und mittleren Betrieben, AiB 2001, 397; *Kollmer,* Grundlagen des Arbeitssicherheits- und Arbeitsschutzrechts, AR-Blattei, SD 210, 1; *Kremer,* Pflichten des Unternehmers, der Beschäftigten und des Betriebsrats für einen umfassenden Arbeitsschutz im Bergwerksbetrieb, NZA 2000, 132; *Leube,* Arbeitsschutzgesetz: Pflichten des Arbeitgebers und der Beschäftigten zum Schutz anderer Personen, BB 2000, 302; *Molkentin,* Das Recht auf Arbeitsverweigerung bei Gesundheitsgefährdung des Arbeitnehmers, NZA 97, 849; *Neumann,* Psychische Lasten als Gefährdungspotential, AuA 2001, 355; *Pieper,* Zwischen europäischem Verfassungsauftrag und Deregulierung: Arbeitsschutzrecht in der Bewährung, ArbuR 2005, 248; *Podehl,* Haftung des Arbeitgebers wegen Stress am Arbeitsplatz?, DB 2007, 2090; *Richter,* Psychische Belastung am Arbeitsplatz, ArbuR 2001, 46; *Rieble/Jochums,* Hitzefrei am Arbeitsplatz?, BB 2003, 1897; *Wilrich,* Verantwortlichkeit und Haftung im Arbeitsschutz, DB 2008, 182; *Wlotzke,* Das betriebliche Arbeitsschutzrecht – Ist-Zustand und künftige Aufgaben, NZA 2000, 19.

Internetadressen: http://www.bmas.de; http://www.baua.de; http://osha.europa.eu.

Übersicht

	RN		RN
I. Begriff und Zweck	1 ff.	3. Träger des Arbeitsschutzes	9
1. Öffentliches und privates Recht	1, 2	III. Einfluss des Europäischen Rechts	10 f.
2. Öffentliches Recht	3–5	1. Richtlinien	10
II. Einteilung des Arbeitsschutzrechts	6 ff.	2. Umsetzung durch nationale Gesetze	11
1. Einteilung nach Inhalt	7	IV. Bundesanstalt für Arbeitsschutz und Arbeitsmedizin	12, 13
2. Einteilung nach Zielgruppen	8		

I. Begriff und Zweck

1. Öffentliches und privates Recht. a) Das gesamte Arbeitsrecht ist **Arbeitnehmerschutzrecht.** Gleichwohl versteht man unter Arbeitsschutzrecht im engeren Sinne die Summe derjenigen Rechtsnormen, deren Einhaltung behördlicher Aufsicht unterliegt oder durch Strafen und Bußgelder gesichert ist. 1

b) Zum Arbeitsschutzrecht im engeren Sinne gehört der **technische Arbeitsschutz,** der den Arbeitnehmer vor den Gefahren der Betriebsanlagen und Produktionsweisen sichern will; der **medizinische Arbeitsschutz,** durch den eine gesunde Arbeitsumgebung erreicht werden soll; der **soziale Arbeitsschutz** mit dem Arbeitszeitrecht und dem Schutzrecht für besondere Arbeitnehmergruppen (Frauen und Jugendliche). Der Arbeitsschutz setzt entweder vorgreiflich zur Herstellung sicherer Produkte und Arbeitsmittel (Gerätesicherheitsgesetz, GefahrStoffVO) oder betrieblich bei der Arbeitsausführung ein. 2

2. Öffentliches Recht. a) Arbeitsschutzrecht in dem engeren, hier gebrauchten Sinne ist öffentliches Recht. Arbeitgeber und Arbeitnehmer sind gegenüber dem Staat zur Einhaltung des Arbeitsschutzrechts verpflichtet. Verletzen Arbeitgeber oder Arbeitnehmer den Arbeitsschutz, kann dieser durch Verwaltungsakt durchgesetzt werden. Gelegentlich stellt die Verletzung des Arbeitsschutzes eine Ordnungswidrigkeit oder sogar eine Straftat dar. 3

Der Arbeitsschutz ist **dual aufgebaut.** Neben dem staatlichen Arbeitsschutz steht derjenige der Berufsgenossenschaften. 4

b) Gleichwohl kommt der Verletzung des Arbeitsschutzes auch **privatrechtliche Bedeutung** zu. **(1)** Arbeitsschutznormen stellen Schutzgesetze i. S. von § 823 II BGB dar. Ihre Einhaltung ist 5 damit auch durch Schadensersatzansprüche des Arbeitnehmers gesichert. **(2)** Erfüllt der Arbeitgeber seine arbeitsschutzrechtlichen Verpflichtungen nicht, so erlangt der Arbeitnehmer an seiner Arbeitsleistung ein Zurückbehaltungsrecht (§ 273 BGB).[1] Gleichzeitig gerät der Arbeitgeber in Annahmeverzug, wenn der leistungsfähige, leistungswillige und leistungsbereite Arbeitnehmer seine Arbeitsleistung nur mit Rücksicht auf bestehende Zurückbehaltungsrechte verweigert. **(3)** Das Arbeitsschutzrecht gestaltet auch den Inhalt der Arbeitsverhältnisse. Die Verletzung von Arbeitsschutznormen bedeutet damit gleichzeitig eine Arbeitsvertragsverletzung mit der Rechtsfolge eines Schadensersatzesanspruchs gegen den Arbeitgeber (§ 280 I BGB).

II. Einteilung des Arbeitsschutzrechts

6 Das Arbeitsschutzrecht wird eingeteilt nach dem Inhalt und nach den Zielgruppen.

7 **1. Einteilung nach Inhalt.** Nach dem Inhalt unterteilt man es in **(1)** Betriebs- oder Gefahrenschutz, **(2)** den Arbeitszeitschutz, **(3)** Entgeltschutz und **(4)** den Datenschutz.

8 **2. Einteilung nach Zielgruppen.** Nach der Zielgruppe wird das Arbeitsschutzrecht unterteilt in den Frauen- und Mutterschutz, Jugendarbeitsschutz, Schutz von schwerbehinderten Menschen, Heimarbeiterschutz. In den meisten dieser Rechtsgebiete finden sich öffentliche und private Schutznormen zusammen.

9 **3. Träger des Arbeitsschutzes.** Nach dem Träger des Arbeitsschutzes wird unterschieden zwischen **(1)** staatlichem Arbeitsschutz, der durch den Staat gewährleistet wird, **(2)** dem autonomen Arbeitsschutz, der von den Unfallversicherungsträgern gewährleistet wird und **(3)** dem privaten Arbeitsschutz, in den der Betriebs- und Personalrat eingeschaltet ist.

III. Einfluss des Europäischen Rechts

Allgemein: *Döhring,* Europäisches Arbeitnehmerschutzrecht bei wirtschaftlichen Notlagen von Betrieben, EurAS 99, 104; *Horst,* Europäischer Arbeitsschutz – Gemeinsame Werte, BArbBl. Nr. 6, 12; *Pieper,* Zwischen europäischen Verfassungsauftrag und Deregulierung: Arbeitsschutzrecht in der Bewährung, ArbuR 2005, 248.

Datenschutz: *Eul/Godefroid,* Übermittlung personenbezogener Daten ins Ausland nach Ablauf der Umsetzungsfrist der EG-Datenschutzrichtlinie, RDV 98, 185; *Krimphove,* Neuer Europäischer Datenschutz im Arbeitsrecht, NZA 96, 1121; *Schierbaum,* EG-Datenschutzrichtlinie – Änderungsbedarf des BDSG und Auswirkungen auf die Beteiligungsrechte von Betriebsräten, ArbuR 98, 350; *Wohlgemuth,* Auswirkungen der EG-Datenschutzrichtlinie auf den Arbeitnehmer-Datenschutz, BB 96, 690.

Internetadresse: http://europa.eu.int/eur-lex/de. Stichwort: Gesetzgebung, Fundstellennachweis des geltenden Gemeinschaftsrechts.

10 **1. Richtlinien.** Namentlich auf dem Gebiet des Arbeitsschutzes wird ein europäisches Arbeitsrecht vorangetrieben.[2] In der EU bestehen inzwischen zahlreiche Richtlinien zum Arbeitsschutz, die sich aus der angegebenen Internetadresse abrufen lassen sowie im Wesentlichen auch in § 3 RN 85 aufgeführt sind.

11 **2. Umsetzung durch nationale Gesetze.** Die Rahmenrichtlinie 89/391/EWG ist durch das Gesetz zur Umsetzung der EG-Rahmenrichtlinie Arbeitsschutz und weiterer Arbeitsschutz-Richtlinien vom 7. 8. 1996 (BGBl. I S. 1246) in das nationale Recht umgesetzt worden. Die verschiedenen Einzelrichtlinien für bestimmte Sachgebiete, wie Arbeitsstätten, Benutzung von persönlichen Schutzausrüstungen, manuelle Handhabung schwerer Lasten und Bildschirmarbeitsplätze sind auf der Grundlage des neuen Gesetzes durch Rechtsverordnungen in das nationale Recht umgesetzt werden (vgl. § 154). Das Umsetzungsgesetz enthält in Art. 1 das Gesetz über die Durchführung von Maßnahmen des Arbeitsschutzes zur Verbesserung der Sicherheit und des Gesundheitsschutzes der Beschäftigten bei der Arbeit (Arbeitsschutzgesetz – ArbSchG).

IV. Bundesanstalt für Arbeitsschutz und Arbeitsmedizin

Internetadresse: http://www.baua.de.

12 Die Bundesanstalt für Arbeitsschutz und Arbeitsmedizin ist am 1. Juli 1996 durch Erlass des Bundesministeriums für Arbeit und Sozialordnung errichtet worden. Die neue Bundesanstalt

[1] *Molkentin* NZA 97, 849.
[2] Vgl. hierzu *Krimphove,* Europäisches Arbeitsrecht, 2. Aufl., 2001, RN 517 ff.

entstand durch Fusion der Bundesanstalt für Arbeitsschutz in Dortmund und der Bundesanstalt für Arbeitsmedizin in Berlin. Folgende **zentrale Aufgaben** hat sie vor allem zu erfüllen:

(1) Unterstützung des Bundesministeriums für Wirtschaft und Arbeit in allen Fragen des Arbeitsschutzes, einschließlich des medizinischen Arbeitsschutzes

(2) Beobachtung und Analyse der Arbeitssicherheit, der Gesundheitssituation, der Arbeitsbedingungen und der Auswirkungen der Arbeitsbedingungen auf die Gesundheit der Arbeitnehmer in Betrieben und Verwaltungen

(3) Entwicklung von Problemlösungen unter Anwendung sicherheitstechnischer und ergonomischer Erkenntnisse sowie epidemiologischer und arbeitsmedizinischer Methoden

(4) Erarbeiten von Beiträgen für die präventive Gestaltung von Arbeitsbedingungen, für die Bekämpfung arbeitsbedingter Erkrankungen einschließlich Berufskrankheiten und für die arbeitsmedizinischen Vorsorgeuntersuchungen

(5) Auswertung der wissenschaftlichen und praktischen Entwicklungen auf dem Gebiet des Arbeitsschutzes im In- und Ausland

(6) Förderung der Anwendung der gewonnenen Erkenntnisse

(7) Mitarbeit bei der Regelsetzung

(8) Entwicklung von Aus- und Fortbildungsmaßnahmen für den Arbeitsschutz

(9) Information der Öffentlichkeit zu Fragen des technischen und medizinischen Arbeitsschutzes

(10) Anmeldestelle nach dem Chemikaliengesetz

(11) Wahrnehmung von Aufgaben nach dem Gerätesicherheitsgesetz

(12) Verwaltung und Nutzung des Gesundheitsdatenarchivs der Wismut für wissenschaftliche Zwecke

(13) Deutsches Zentrum der Internationalen Dokumentationsstelle für Arbeitsschutz (CIS) beim Internationalen Arbeitsamt in Genf

(14) WHO Collaborating Centre für Arbeitsmedizin

(15) Deutsche Arbeitsschutzausstellung (DASA).

Die Bundesanstalt für Arbeitsschutz und Arbeitsmedizin **forscht** zur Erfüllung ihrer Aufgaben **13**
im notwendigen Umfang selbst oder vergibt Forschungsaufträge an Dritte.

§ 153. Durchführung des Arbeitsschutzrechts

Übersicht

	RN
I. Betriebliche Durchführung des Arbeitsschutzrechts	1 ff.
1. Arbeitgeber	1, 2
2. Arbeitnehmer	3, 4
3. Sicherheitsbeauftragte	5, 6
4. Personalvertretung	7
5. Betriebsärzte und Fachkräfte für Arbeitssicherheit	8
6. Beauftragte	9–19
II. Staatliche Aufsichtsorgane	20 ff.
1. Einzelne Aufsichtsorgane	20
2. Gewerbeaufsicht	21–27
3. Staatliche Gewerbeärzte	28
4. Ordnungsbehörden	29
5. Sonderaufsichtsbehörden	30
6. Rechtsbehelfe	31
III. Berufsgenossenschaftliche Aufsicht	32 f.
1. Unfallverhütungsvorschriften	32
2. Zusammenarbeit	33
IV. Aushang	34

I. Betriebliche Durchführung des Arbeitsschutzrechts

Mitwirkung des Betriebsrats (ab 1998, sonst frühere Auflagen): *Geyer,* Die Mitbestimmung bei der Bildschirmarbeit, FA 2005, 104; *Grimm,* Heiße Tage am Arbeitsplatz, DB 2004, 1666; *Hähn/Oppholzer,* Mitbestimmung des Betriebsrates im Arbeitsschutz, AiB 2003, 604; *Hamann,* Der Sicherheitsbeauftragte, BuW 2003, 612; *Kittner/Pieper,* Sicherheit und Gesundheitsschutz als Handlungsfeld des Betriebsrates und des Personalrates, PersR 2005, 339; *Klug,* BDSG – Interpretation, Materialien zur EU-konformen Auslegung, 2002; *Koch* u. a., Der betriebliche Datenschutzbeauftragte, 5. Aufl., 2003; *Martin,* Die dritte Säule des Arbeitsschutzes, AiB 2007, 483; *Pauli,* Mit Recht gegen Lärm, AiB 2007, 454; *Pulte,* Beteiligungsrechte des Betriebsrats außerhalb der Betriebsverfassung, NZA-RR 2008, 113; *Rudow,* Arbeitsschutz und psychische Belastungen, AiB 2007, 470; *Schierbaum,* Datenverarbeitung im Auftrag und Mitbestimmung, AiB 98, 494; *Schoof,* Mitbestimmen beim Arbeitsschutz – Neue Entscheidungen, AiB 2006, 578; *Simitis,* Die betrieblichen Datenschutzbeauftragten, NJW 98, 2395; *Strecker,* Beteiligung des Betriebsrats im Zusammenhang mit der Gefahrgutbeauftragtenverordnung, AiB 95, 768; *Tinnefeld,* Arbeitnehmerdatenschutz und Internet-Ökonomie, NZA 2000, 977; *Uhl/Polloczek,* Ermittlung von psychischen Belastungen am Arbeitsplatz als „Regelungen über den Gesundheitsschutz“ im Sinne von § 87 Abs. 1 Nr. 1 BetrVG?, BB 2007, 2401; *Wiese,* Genetische Analysen und Arbeitsschutz, BB 94, 1209; *Wolber,* Keine Kontrolle der Personalvertretung durch den behördeninternen Datenschutzbeauftragten, PersR 98, 420.

Betriebsbeauftragte: *Becker/Kniep,* Die Beauftragten im betrieblichen Umweltschutz – arbeitsrechtliche Aspekte, NZA 99, 243; *Dreher,* Unternehmensbeauftragte und Gesellschaftsrecht, Festschrift für Clausen, 1997, S. 69; *Ehrich,* Betriebsbeauftragte, AR-Blattei SD 475; *ders.,* Die neue Verordnung über Immissionsschutz- und Störfallbeauftragte, DB 93, 1772; *ders.,* Die gesetzliche Neuregelung des Betriebsbeauftragten für Abfall, DB 96, 1468; *Fischer,* Betriebsbeauftragte für den Umweltschutz und Mitwirkung des Betriebsrats, ArbuR 96, 474; *Kaster,* Die Rechtsstellung des Betriebsbeauftragten für Umweltschutz, GewArch 98, 129; *Koch* (Hrsg.), Der betriebliche Datenschutzbeauftragte, 5. Aufl., 2003; *Pulte,* Betriebsbeauftragte in der gewerblichen Wirtschaft, 3. Aufl., 2000; *Schaub,* Die arbeitsrechtliche Stellung des Betriebsbeauftragten für den Umweltschutz, DB 93, 481; *Schierbaum/Nahrmann,* Betriebsbeauftragte für den Umweltschutz, AiB 97, 36; *Schneider,* Die EG-Richtlinie zum Datenschutz – Verbotsprinzip, betrieblicher Datenschutzbeauftragter, Haftung, CR 93, 35; *Wohlgemuth,* Betrieblicher Datenschutzbeauftragter, Arbeit und Arbeitsrecht, Personal-Profi 2003, 26.

Datenschutz: *Bergmann/Möhrle/Herb,* Datenschutzrecht, Handkommentar zum BDSG, Loseblatt, Stand 2008; *Gola/Schomerus,* Bundesdatenschutzgesetz, Kommentar, 9. Aufl., 2007; *Gola/Wronka,* Handbuch zum Arbeitnehmerdatenschutzrecht, 3. Aufl., 2004, *Schaffland/Wiltfang,* Bundesdatenschutzgesetz, Loseblatt Stand 2008; *Simitis,* Kommentar zum Bundesdatenschutzgesetz, 6. Aufl., 2006.

1 **1. Arbeitgeber. a)** Der Arbeitgeber hat die **organisatorischen Voraussetzungen** des gesetzlichen Arbeitsschutzes zu schaffen, die sachlichen Arbeitsschutzmittel bereitzustellen und die **Durchführung** des Arbeitsschutzes zu überwachen (§ 3 ArbSchG). Erfüllt der Arbeitgeber die Vorschriften des Arbeitsschutzes nicht, so kann er durch Verwaltungszwangsmaßnahmen angehalten werden; außerdem begeht er Ordnungswidrigkeiten, gelegentlich sogar Straftaten (§§ 25, 26 ArbSchG). Dagegen soll der Arbeitgeber nicht durch Anordnungsverfügungen angehalten werden können, dass die Arbeitnehmer auch die Schutzeinrichtungen benutzen.[1]

2 **b)** Die **Grundpflichten des Arbeitgebers** sind in § 3 bis § 14 ArbSchG geregelt (s. hierzu § 154 RN 6 ff.).

3 **2. Arbeitnehmer. a)** Die Arbeitnehmer haben die Arbeitnehmerschutzvorschriften, insbesondere die Unfallverhütungsvorschriften zu beachten.[2] Sie haben also Schutzkleidung zu tragen, Sicherheitsvorrichtungen zu benutzen usw. Die Beachtung des Arbeitsschutzes ist eine **arbeitsvertragliche Nebenpflicht** (§§ 15 ff. ArbSchG). Hieraus folgt eine Meldepflicht gegenüber dem Arbeitgeber, wenn sich Mängel an Produktionseinrichtungen oder Sicherheitsmaßnahmen einstellen (§ 55 RN 44). Verstößt der Arbeitnehmer gegen den technischen Arbeitsschutz, so kann nach vorheriger Abmahnung eine Kündigung des Arbeitsverhältnisses gerechtfertigt[3] und der Arbeitnehmer zum Schadensersatz (§ 280 I BGB) verpflichtet sein. In Ausnahmefällen ist die Durchführung des Arbeitsschutzes durch den Arbeitnehmer auch durch Straf- und Bußandrohungen gesichert (§ 147 I Nr. 2 GewO). Ferner unterliegt der Arbeitnehmer der Ordnungsstrafgewalt der Sozialversicherungsträger (§ 209 SGB VII).

4 **b)** Nach Art. 13 der **Rahmenrichtlinie 89/391/EWG** sind die Beschäftigten verpflichtet, zum eigenen wie auch zum Schutz derjenigen, die von den eigenen Handlungen betroffen sein können, nach den gegebenen Möglichkeiten und den erhaltenen Unterweisungen zum Arbeitsschutz beizutragen. Entsprechend enthält das Arbeitsschutzgesetz in §§ 15–17 allgemeine Rechtspflichten des Arbeitnehmers (s. hierzu § 154 RN 13 ff.).

5 **3. Sicherheitsbeauftragte.** Der Arbeitgeber hat unter Mitwirkung der **Betriebsvertretung** grundsätzlich in allen Unternehmen mit mehr als 20 Beschäftigten Sicherheitsbeauftragte zu bestellen (§ 22 SGB VII). In Betrieben mit hoher Unfallgefahr kann auch in kleineren Unternehmen ein Sicherheitsbeauftragter zu bestellen sein. In Betrieben mit geringer Unfallgefahr kann durch Satzung der Berufsgenossenschaft bestimmt werden, dass erst bei einer höheren Beschäftigtenzahl ein Sicherheitsbeauftragter zu bestellen ist. Die Zahl der zu bestellenden Sicherheitsbeauftragten wird jeweils durch die Unfallverhütungsvorschriften näher geregelt (§ 22 SGB VII). Die Sicherheitsbeauftragten haben den Unternehmer bei der Durchführung des Unfallschutzes zu unterstützen, sich insbesondere von dem Vorhandensein und der ordnungsgemäßen Benutzung der vorgeschriebenen Schutzvorrichtungen fortlaufend zu überzeugen. Stellen die Sicherheitsbeauftragten Mängel fest, so haben sie den Arbeitgeber zu benachrichtigen. Sorgt

[1] BayVGH 20. 12. 1988 NZA 89, 850 (LS), zu §§ 120 a, 120 d GewO, nunmehr geregelt im ArbSchG §§ 3, 22.
[2] *Wlotzke* in: FS für Hanau, 1999, S. 317 ff.
[3] LAG Rheinland-Pfalz 14. 4. 2005 NZA-RR 2006, 194; § 127 RN 71.

dieser nicht für Abhilfe, ist die Berufsgenossenschaft einzuschalten. Zur Unterscheidung zu den Fachkräften für Sicherheit nach dem ASiG s. § 154 RN 47.

Die **Ausbildung der Sicherheitsbeauftragten** erfolgt unter Beteiligung der zuständigen Landesbehörde durch die Berufsgenossenschaft. Diese trägt auch die unmittelbaren Ausbildungskosten wie die damit zusammenhängenden Fahrt-, Unterbringungs- und Verpflegungskosten (§ 23 SGB VII).[4] 6

4. Personalvertretung. Betriebsrat und Personalrat haben die Einhaltung der arbeitsschutzrechtlichen Vorschriften (also sowohl den gesetzlichen wie autonomen Arbeitsschutz) zu überwachen (§ 89 BetrVG), die für den Arbeitsschutz zuständigen Stellen zu unterstützen sowie sich für die Durchführung der Vorschriften über den Arbeitsschutz im Betrieb einzusetzen (§ 89 BetrVG). Sie sollen sowohl auf den Arbeitgeber wie den Arbeitnehmer einwirken. Die dem Betriebsrat obliegende Pflicht, die für den Arbeitsschutz zuständigen Behörden zu unterstützen, berechtigt ihn nicht, den Aufsichtsbehörden die vom Arbeitgeber elektronisch erfassten tatsächlich geleisteten Arbeitszeiten namensbezogen weiterzugeben. Vielmehr muss er aus Gründen des Datenschutzes die Erforderlichkeit im Einzelfall prüfen.[5] Weiter kann der Betriebsrat nach § 88 BetrVG mit dem Arbeitgeber **Betriebsvereinbarungen** über zusätzliche Maßnahmen zur Verhütung von Arbeitsunfällen und Gesundheitsschädigungen abschließen[6] (s. hierzu § 236). Die nach § 193 V SGB VII erforderlichen Anzeigen über schwerwiegende Unfälle sind vom Betriebsrat bzw. Personalrat mit zu unterzeichnen. 7

5. Betriebsärzte und Fachkräfte für Arbeitssicherheit. Sie sind vom Arbeitgeber zu bestellen (§ 154 RN 40ff.). 8

6. Beauftragte. Der Arbeitgeber hat weitere Beauftragte zu bestellen.[7] Zu diesen gehören insbesondere: 9

a) Für den **Datenschutz:** Die Bestellung richtet sich bei Datenverarbeitung öffentlicher und nicht-öffentlicher Stellen nach § 4f BDSG (zur Mitwirkung des Betriebsrats § 148 RN 51). Die Datenschutzbeauftragten müssen die erforderliche Fachkunde und Zuverlässigkeit besitzen (§ 4f II BDSG). Sie sollen die Ausführung der Vorschriften über den Datenschutz sicherstellen, sind bei Anwendung ihrer Fachkunde weisungsfrei und unmittelbar dem Inhaber, Vorstand, Geschäftsführer oder sonstigen gesetzlichen Vertretern zu unterstellen (§§ 4f, g BDSG). Der Datenschutzbeauftragte kann dem Betrieb angehören oder als Externer verpflichtet werden. Der Datenschutzbeauftragte ist nicht zur Kontrolle des Betriebsrats berechtigt.[8] 10

b) Für den **Strahlenschutz** (§§ 30, 31 StrahlenschutzVO i.d.F. vom 20. 7. 2001, BGBl. I S. 1714, ber. 2002 S. 1459, zul. geändert am 29. 8. 2008, BGBl. I S. 1714, als Umsetzung der Richtlinie 96/29/EURATOM vom 13. 5. 1995), bei Umgang mit radioaktiven Stoffen und Kernbrennstoffen, Errichtung und Betrieb von Anlagen zur Erzeugung ionisierender Strahlen. Der Beauftragte muss die erforderliche Fachkunde und Zuverlässigkeit besitzen, hat dafür zu sorgen, dass die Schutzvorschriften eingehalten werden und ist dem Strahlenschutzverantwortlichen zu unterstellen. Es muss ein innerbetrieblicher Entscheidungsbereich festgelegt werden. Die Bestellung ist der zuständigen Behörde anzuzeigen. Ferner ist ein Strahlenschutzbeauftragter nach der § 13 der VO über den Schutz vor Schäden durch Röntgenstrahlen (Röntgenverordnung – RöV) i.d.F. vom 30. 4. 2003 (BGBl. I S. 604) vorgesehen. 11

c) Für **schwerbehinderte Menschen** (§ 98 SGB IX), wenn eine Beschäftigungspflicht für Schwerbehinderte besteht oder sie beschäftigt werden. Der Beauftragte soll über das notwendige Fachwissen verfügen, ist dem Arbeitgeber zu unterstellen und vertritt ihn in Angelegenheiten der Schwerbehinderten. Er ist dem Integrationssamt und der Agentur für Arbeit zu melden (§ 80 VIII SGB IX). 12

d) Für den **Gewässerschutz** (§§ 21a bis 21f WasserhaushaltsG). 13

e) Für den **Abfall** ein Betriebsbeauftragter für Abfall (§§ 54 Kreislaufwirtschafts- und Abfallgesetz, §§ 54, 55 KrW-/AbfG, §§ 55–58 BImSchG).[9] 14

---

[4] Vgl. BAG 10. 3. 1976 AP 17 zu § 618 BGB; zu Lohnfortzahlungsansprüchen: BAG 20. 7. 1977 AP 1 zu § 720 RVO.

[5] BAG 3. 6. 2003 AP 1 zu § 89 BetrVG 1972.

[6] S. hierzu *Wiese* BB 2002, 674 ff.

[7] Schrifttum s. vor RN 1.

[8] BAG 11. 11. 1997 AP 1 zu § 36 BDSG = NZA 98, 385.

[9] *Ehrich* DB 96, 1468.

15 **f)** Für den **Immissionsschutz** (§§ 53 bis 58 BImSchG i. d. F. vom 26. 9. 2002 – BGBl. I S. 3830, zul. geänd. 23. 10. 2007 – BGBl. I S. 2470).[10] Ferner ist ein Störfallbeauftragter nach § 58 a BImSchG vorgesehen. Weitere Einzelheiten in den zahlreichen Verordnungen zur Durchführung des BImSchG.

16 **g)** Bei **Gefahrguttransport** ein Gefahrgutbeauftragter nach der VO über die Bestellung von Gefahrgutbeauftragten und die Schulung der beauftragten Personen in Unternehmen und Betrieben vom 26. 3. 1998 (BGBl. I S. 648, zul. geänd. 31. 10. 2006, BGBl. I S. 2407).[11]

17 **h)** Bei **Gentechnik** nach dem Gesetz zur Regelung der Gentechnik (Gentechnikgesetz – GentG) i. d. F. vom 16. 12. 1993 (BGBl. I S. 2066, zuletzt geändert am 1. 4. 2008, BGBl. I S. 499) i. V. m. VO über die Sicherheitsstufen und Sicherheitsmaßnahmen bei gentechnischen Arbeiten in gentechnischen Anlagen i. d. F. vom 14. 3. 1995 (BGBl. I S. 297, zuletzt geändert am 18. 12. 2008, BGBl. I S. 2768).[12]

18 **i)** Betriebsbeauftragte für den **Umweltschutz.** Deren Bestellung richtet sich nach den jeweils anwendbaren Umweltschutzgesetzen, z. B. dem BImSchG.[13]

19 **j)** Für **Frauenfragen** Frauen- und Gleichstellungsbeauftragte (nach BGleiG sowie verschiedenen landesgesetzlichen Bestimmungen).

II. Staatliche Aufsichtsorgane

20 **1. Einzelne Aufsichtsorgane.** Dies sind die Gewerbeaufsicht, die staatlichen Gewerbeärzte, die Ordnungs- und Polizeibehörden und Sonderaufsichtsbehörden. Ein Überblick über die bei Ministerien des Bundes und der Länder, Gewerbeaufsichtsämtern und sonstigen öffentlichen Stellen für den Arbeitsschutz zuständigen Stellen findet sich bei *Nipperdey* II, Arbeitssicherheit, Nr. 950. Sie können auch regelmäßig im Internet aufgerufen werden. Die Regierungspräsidenten und die Arbeitsministerien haben regelmäßig **Aufsichtsfunktionen.** Sie haben nur ausnahmsweise Vollzugszuständigkeiten.

21 **2. Gewerbeaufsicht.** Sie ist eine technische Sonderverwaltung, deren Einrichtung von den Ländern geregelt wird. **Unterste Arbeitsbehörde** sind die Gewerbeaufsichtsämter. **Oberste Arbeitsbehörde** eines Landes sind regelmäßig die Landesarbeitsminister. In den Ländern Hessen, Niedersachsen und Nordrhein-Westfalen ist eine **Mittelinstanz** beim Regierungspräsidenten eingerichtet; in Rheinland-Pfalz ist die Mittelinstanz das Landesgewerbeaufsichtsamt.

22 **Zuständig** sind die Gewerbeaufsichtsämter für den gesamten Arbeitsschutz mit Ausnahme der gesundheitlichen Maßnahmen und der See- und Bergaufsicht. Die Aufgaben des Gewerbeaufsichtsamtes ergeben sich nicht nur aus § 139 b GewO, sondern aus allen Bestimmungen des Gefahrenschutzes, der Gewerbehygiene, des Arbeitszeitschutzes und den Vorschriften des MuSchG und JArbSchG (vgl. § 51 JArbSchG, § 20 MuSchG, § 30 SprengG).

23 Die **Aufgaben der Gewerbeaufsicht** bestehen in der Befugnis **(1)** Arbeitsstätten zu betreten und zu beaufsichtigen, **(2)** von Arbeitgebern die Erteilung von Auskünften und die Vorlage von Unterlagen zu verlangen, soweit dies zur Erfüllung der Aufgaben notwendig ist, **(3)** technische Prüfungen vorzunehmen und die Bereitstellung der dazu erforderlichen Arbeitskräfte sowie Hilfsmittel zu verlangen, **(4)** Stoffproben zu entnehmen und untersuchen zu lassen, **(5)** Sachverständige hinzuzuziehen. Die Art der Überwachung ist regelmäßig in den Dienstanweisungen für die Gewerbeaufsichtsämter geregelt.

24 Bei der **Ausführung der Kontrollen** stehen den Gewerbeaufsichtsämtern alle Befugnisse der Ortspolizei **(Ordnungsbehörden)** zu (§ 139 b GewO). Zu den Betriebsbesichtigungen ist ein Vertreter des Betriebsrats hinzuzuziehen. Der Arbeitgeber kann sich durch einen Vertreter vertreten lassen.

25 Die Gewerbeaufsicht soll den Arbeitgeber bei der Durchführung des Arbeitnehmerschutzes **beraten, anregen** und mit allen betrieblichen Stellen, insbesondere dem Betriebsrat, Fühlung halten.

26 Bei **Feststellung von Mängeln** und Gesetzesverstößen hat sie auf ihre Behebung hinzuwirken. Sie kann Anordnungen erlassen. Das Anordnungsrecht ergibt sich aus dem Arbeitsschutzrecht. Spezialregelungen finden sich in § 8 Geräte- und Produktsicherheitsgesetz (GPSG), § 32

[10] *Ehrich* DB 93, 1772; *Schaub* DB 93, 481; *Schneider* CR 93, 35.
[11] *Strecker* AiB 95, 768.
[12] Vgl. *Wiese* BB 94, 1209.
[13] *Becker/Kniep* NZA 99, 243; *Fischer* ArbuR 96, 474; *Schierbaum/Nahrmannn* AiB 97, 36; *Schaub* DB 93, 481.

SprengG, § 2 V MuSchG, § 12 ASiG. Fehlt eine spezielle Eingriffsnorm, folgt das Eingriffsrecht aus § 139b GewO. Die Gewerbeaufsicht kann von den ihr nach den Landesgesetzen zustehenden Zwangsmitteln Gebrauch machen. Das sind regelmäßig die Ersatzvornahme, d.h. die Ausführung der zu erzwingenden Maßnahmen auf Kosten des Arbeitgebers, die Festsetzung von Zwangsgeld und der unmittelbare Zwang. Daneben kann sie die ganze oder teilweise Einstellung des Betriebes verfügen oder Straf- und Ordnungswidrigkeitsverfahren einleiten.

Den Gewerbeaufsichtsämtern ist regelmäßig die Entscheidung über **Ausnahmebewilligungen,** z.B. auf dem Gebiet des Arbeitsschutzes, übertragen. Die jeweilige Zuständigkeit richtet sich nach Landesrecht. Bei der Ausübung ihrer Tätigkeit sind die Gewerbeaufsichtsbeamten zur Geheimhaltung verpflichtet (§ 139b I 3 GewO). 27

3. Staatliche Gewerbeärzte. Sie sind in den Ländern zumeist nicht in die Gewerbeaufsichtsämter eingegliedert. Sie finden sich bei den Unter-, Mittel- und Oberbehörden der Länder, dem BMAS und bei besonderen Instituten. Sie überwachen die gesundheitsgefährdenden Betriebe, beraten die Gewerbeaufsichtsämter in arbeitsmedizinischen Fragen und wirken bei der Durchführung des Mutter- und Jugendarbeitsschutzes mit. Auch sie sollen mit den Betriebsräten zusammenarbeiten. Sie besitzen keine Anordnungs- und Strafbefugnis, sondern bedienen sich insoweit der Hilfe der Ordnungs- und Polizeibehörden. 28

4. Ordnungsbehörden. Sie sind neben den Gewerbeaufsichtsämtern zuständig, soweit letzteren nicht die alleinige Zuständigkeit übertragen ist (§ 139b GewO). Die Schutzpolizei besitzt nach den meisten Polizeiorganisationsgesetzen der Länder eine Notzuständigkeit. 29

5. Sonderaufsichtsbehörden. Sie bestehen für den Bergbau in den Bergämtern und den ihnen vorgesetzten Oberbergämtern, für die Seeschifffahrt in den Seemannsämtern. Dem Gefahrenschutz der schwerbehinderten Menschen dienen die Integrationsämter und die Bundesagentur für Arbeit. Für den Arbeitnehmerschutz im Güterfernverkehr ist das Amt für den Güterfernverkehr zuständig. 30

6. Rechtsbehelfe. Verwaltungsakte der staatlichen Gewerbeaufsichtsämter können mit dem Widerspruch angegriffen werden (§ 69 VwGO). Über den Widerspruch entscheidet bei einem dreistufigen Verwaltungsaufbau die Mittelinstanz (Regierungspräsident oder Landesgewerbeaufsichtsamt), bei zweistufigem Verwaltungsaufbau das Gewerbeaufsichtsamt, das den Verwaltungsakt erlassen hat (vgl. § 73 VwGO). Der Widerspruch ist innerhalb eines Monats nach Bekanntgabe der Anordnung schriftlich oder zur Niederschrift des Gewerbeaufsichtsamtes einzulegen. Gegen den Widerspruchsbescheid kann Klage vor den Verwaltungsgerichten erhoben werden. Der Widerspruch hat nach § 80 I VwGO aufschiebende Wirkung, d.h., der Verwaltungsakt braucht nicht mehr beachtet zu werden. Es kann jedoch die sofortige Vollziehung angeordnet werden. 31

III. Berufsgenossenschaftliche Aufsicht

Internetadresse: http://www.hvbg.de (= Hauptverband der gewerblichen Berufsgenossenschaften)

1. Unfallverhütungsvorschriften. Sie werden durch die Berufsgenossenschaften vollzogen (§§ 17ff. SGB VII). Die Einhaltung der Unfallverhütung wird durch die technischen Aufsichtsbeamten überwacht. Die Anordnungen zur Durchführung der Unfallverhütungsvorschriften erlässt der Geschäftsführer der Berufsgenossenschaft. Der zuständige technische Aufsichtsbeamte ist nach § 19 II SGB VII ermächtigt, bei Gefahr im Verzuge sofort vollziehbare Anordnungen zu erlassen. Die Berufsgenossenschaften können nach den Verwaltungsvollstreckungsgesetzen des Bundes und der Länder die Anordnungen vollstrecken. Die Ausübung unmittelbaren Zwanges wird jedoch den staatlichen Behörden überlassen. Gegen die Anordnungen und sonstigen Maßnahmen kann Widerspruch eingelegt werden. Gegen den Widerspruchsbescheid ist die Anfechtungsklage bei den Sozialgerichten gegeben. 32

2. Zusammenarbeit. Die technischen Aufsichtsbeamten haben mit den Gewerbeaufsichtsämtern zusammenzuarbeiten,[14] um sich widersprechende Anordnungen zu vermeiden. Die AVV über das Zusammenwirken der Träger der Unfallversicherung und der Gewerbeaufsichtsbeamten sieht eine gegenseitige Unterrichtung über die im Betrieb festgestellten erheblichen Mängel und die zu ergreifenden Maßnahmen zu ihrer Beseitigung vor. Nach der AVV über das 33

[14] Vgl. Allgemeine Verwaltungsvorschrift über das Zusammenwirken der Träger der Unfallversicherung und der Gewerbeaufsichtsbehörden vom 21. 6. 1968 (BAnz. Nr. 116), i.d.Änd. vom 28. 11. 1977 (BAnz. Nr. 225 vom 2. 12. 1977), abgedruckt bei *Nipperdey* II, Arbeitssicherheit Nr. 740.

Zusammenwirken mit den Betriebsvertretungen sind u. a. Besichtigungsberichte und andere Niederschriften der technischen Aufsichtsbeamten unmittelbar dem Betriebsrat zuzusenden. Indes dürfen Betriebs- und Geschäftsgeheimnisse nicht aufgenommen werden.

IV. Aushang

Kollmer, Aushangspflichtige Arbeitsschutzgesetze im Betrieb, DB 95, 1962; *Pulte,* Die arbeitsrechtlichen Aushang- und Bekanntmachungspflichten, BB 95, 250; *ders.,* Die arbeitsrechtlichen Aushang- und Bekanntmachungspflichten BB 2008, 2569.

34 Zur Durchsetzung des Arbeitsschutzes hat der Arbeitgeber einzelne Arbeitsschutzgesetze im Betrieb auszuhängen (s. z. B. § 16 ArbZG, § 18 MuSchG, § 47 JArbSchG).

§ 154. Betriebs- oder Gefahrenschutz

Internetadresse: http://www.bmas.de.

Übersicht

	RN
I. Grundlagen des Arbeitsschutzrechts	1 f.
1. Alte und neue Bundesländer	1
2. EG-Recht	2
II. Arbeitsschutzgesetz	3 ff.
1. Geltungsbereich	3–5
2. Verantwortung des Arbeitgebers	6–11
3. Übertragung von Arbeitgeberpflichten	12
4. Verpflichtungen der Arbeitnehmer	13–16
5. Zivilrechtliche Anspruchsgrundlagen	17–20
III. Ausführungsverordnungen – Übersicht	21–30
IV. Durchführung des Arbeitsschutzes nach dem ArbSchG	31 ff.
1. Arbeitgeber und Arbeitnehmer	31
2. Betriebsrat	32
3. Betriebliche Stellen	33
4. Staatliche Stellen	34
5. Selbstverwaltungsorgane	35
V. Gesundheits- und Gefahrenschutz	36 ff.
1. Generalklausel	36
2. Arbeitsstätten	37
3. Besondere Rechtsverordnungen für den Gesundheitsschutz	38
4. Allgemeine Gesetze	39
VI. Gesetz über Betriebsärzte, Sicherheitsingenieure und Fachkräfte für Arbeitssicherheit	40 ff.
1. Betriebsärzte	40–45
2. Fachkräfte für Arbeitssicherheit	46–48
3. Unterstellung	49
4. Haftung	50–52
5. Zusammenarbeit	53
6. Bergbau	54
VII. Allgemeiner Gefahrenschutz für gewerbliche Arbeiter nach der GewO	55
VIII. Datenschutz	56
IX. Bildschirmarbeit	57

I. Grundlagen des Arbeitsschutzrechts

1 **1. Alte und neue Bundesländer.** Das Arbeitsschutzrecht in den alten Bundesländern hat sich wesentlich von dem Arbeitsschutzrecht der ehemaligen DDR unterschieden. Nach Art. 30 Einigungsvertrag war es Aufgabe des gesamtdeutschen Gesetzgebers, **(1)** das Arbeitsvertragsrecht sowie das öffentliche Arbeitszeitrecht einschließlich der Zulässigkeit von Sonn- und Feiertagsarbeit und den besonderen Frauenarbeitsschutz möglichst bald einheitlich zu kodifizieren, **(2)** den öffentlich-rechtlichen Arbeitsschutz in Übereinstimmung mit dem Recht der EG und den damit konformen Teil des Arbeitsschutzrechts der ehemaligen DDR zeitgemäß neu zu regeln. Darauf ist zunächst das Recht der Arbeitszeit und der Frauenarbeitsschutz neu geregelt und verbessert worden.

2 **2. EG-Recht.** Die EG hat die Richtlinie 89/391/EWG vom 12. 6. 1989 über die Durchführung von Maßnahmen zur Verbesserung der Sicherheit und des Gesundheitsschutzes der Arbeitnehmer bei der Arbeit (ABl. EG Nr. L 183 S. 1), die sog. Arbeitsschutz-Rahmenrichtlinie (89/391/EWG) erlassen. Diese Rahmenrichtlinie ist durch das Gesetz zur Umsetzung der EG-Rahmenrichtlinie Arbeitsschutz und weiterer Arbeitsschutz-Richtlinien vom 7. 8. 1996 (BGBl. I S. 1296) in das nationale Recht umgesetzt worden. Dieses Gesetz enthält in Art. 1 das Gesetz über die Durchführung von Maßnahmen des Arbeitsschutzes zur Verbesserung der Sicherheit und des Gesundheitsschutzes der Beschäftigten bei der Arbeit (Arbeitsschutzgesetz – ArbSchG) vom 7. 8. 1996 (BGBl. I S. 1246, zuletzt geändert am 5. 2. 2009, BGBl. I S. 160).

II. Arbeitsschutzgesetz

Kommentare, Aufsätze und Internetadressen: s. § 152 vor RN 1

1. Geltungsbereich. a) Das ArbSchG gilt für **alle Beschäftigten** (§ 1 I ArbSchG). Beschäftigte im Sinne des Gesetzes sind gem. § 2 II ArbSchG **(1)** Arbeitnehmerinnen und Arbeitnehmer, **(2)** die zu ihrer Berufsausbildung Beschäftigten, **(3)** arbeitnehmerähnliche Personen i. S. von § 5 ArbGG, ausgenommen die in Heimarbeit Beschäftigten und ihnen Gleichgestellten, **(4)** Beamtinnen und Beamte, **(5)** Richterinnen und Richter, **(6)** Soldatinnen und Soldaten, **(7)** die in Werkstätten von Behinderten Beschäftigten. 3

b) Ausgenommen vom ArbSchG sind Hausangestellte in privaten Haushalten (§ 1 II 1 ArbSchG) und die in Heimarbeit Beschäftigten (§ 2 II Nr. 3 ArbSchG). Es gilt ferner nicht in der Seeschifffahrt und im Bergbau, soweit dort Sonderregeln bestehen. Besonderheiten bestehen nach der VO über die modifizierte Anwendung von Vorschriften des Arbeitsschutzgesetzes für bestimmte Tätigkeiten im öffentlichen Dienst des Bundes im Geschäftsbereich des BMI (Bundesministerium des Innern-Arbeitsschutzgesetzanwendungsverordnung – BMI-ArbSchGAnwV) vom 8. 2. 2000 (BGBl. I S. 114) sowie im Geschäftsbereich des BMVg (Bundesministerium der Verteidigung-Arbeitsschutzgesetzanwendungsverordnung – BMVg-ArbSchGAnwV) vom 3. 6. 2002 (BGBl. I S. 1850).[1] 4

c) Durch das ArbSchG ist das **klassische Arbeitsschutzrecht,** das der Verhütung von Arbeitsunfällen und der Berufskrankheiten und sonstigen arbeitsbedingten Gesundheitsgefahren diente, **erweitert.** Es will nicht nur die menschengerechte Gestaltung der Arbeit sichern (§ 2 I ArbSchG), sondern Sicherheits- und Gesundheitsschutz schon in das Vorfeld verlegen. Es dient dagegen nicht dem Schutz des Eigentums der Arbeitnehmer.[2] 5

2. Verantwortung des Arbeitgebers. a) Grundsätzlich ist der Arbeitgeber für den Arbeitsschutz verantwortlich (§ 3 bis § 14 ArbSchG). Der Arbeitgeber ist **verpflichtet,** die erforderlichen Maßnahmen des Arbeitsschutzes unter Berücksichtigung der Umstände zu treffen, die die Sicherheit und Gesundheit bei der Arbeit beeinflussen. Er hat die getroffenen Maßnahmen auf ihre Wirksamkeit zu überprüfen (§ 3 I ArbSchG). Es gilt der Grundsatz der Verhältnismäßigkeit.[3] 6

In § 4 ArbSchG sind eine Reihe von **Einzelgrundsätzen** aufgezählt, die der Arbeitgeber zu beachten hat. Hiernach hat er insbesondere die Arbeit so zu gestalten, dass eine Gefährdung für Leben und Gesundheit möglichst vermieden wird; die Gefahren sind an ihrer Quelle zu bekämpfen; bei den getroffenen Maßnahmen sind der Stand der Technik, Arbeitsmedizin und Hygiene sowie sonstige gesicherte arbeitswissenschaftliche Erkenntnisse zu berücksichtigen; individuelle Schutzmaßnahmen sind nachrangig zu anderen Maßnahmen; spezielle Gefahren für besonders schutzbedürftige Beschäftigungsgruppen sind zu berücksichtigen. Unmittelbar oder mittelbar geschlechtsspezifisch wirkende Maßnahmen sind nur zulässig, wenn dies aus biologischen Gründen zwingend geboten ist. 7

b) Der Arbeitgeber hat durch eine Beurteilung der für die Beschäftigten mit ihrer Arbeit verbundenen Gefährdungen zu ermitteln, welche **Maßnahmen des Arbeitsschutzes** erforderlich sind (§ 5 I ArbSchG). Aus § 5 I ArbSchG i. V. m. § 618 BGB folgt ein Anspruch des Arbeitnehmers auf Beurteilung der mit der Beschäftigung verbundenen Gefährdung.[4] Er kann aber nicht eine Gefährdungsbeurteilung nach von ihm vorgegebenen Kriterien verlangen. Vielmehr steht dem Arbeitgeber ein **Beurteilungsspielraum** zu, der nach § 315 BGB auszufüllen ist. Insoweit besteht ein Mitbestimmungsrecht des Betriebsrats nach **§ 87 I Nr. 7 BetrVG.**[5] Durch die dem Arbeitgeber auferlegten Beurteilungspflichten sollen mögliche Gefährdungen aus der Arbeit erkannt werden. Ausreichend ist bei gleichen Arbeitsbedingungen, wenn ein Arbeitsplatz oder eine Tätigkeit beurteilt wird (§ 5 II 2 ArbSchG). Von der Beurteilung der Arbeitsbedingungen und deren Dokumentation sind auch für Kleinbetriebe keine Ausnahmen zulässig.[6] 8

---

[1] Zu Besonderheiten des öffentlichen Dienstes: *Geffken* RiA 98, 265; *Graßl/Zakrzewski* DÖD 2000, 49.

[2] BAG 25. 5. 2000 AP 8 zu § 611 BGB Parkplatz = NZA 2000, 1052.

[3] Vgl. BAG 12. 8. 2008 AP 29 zu § 618 BGB = NZA 2009, 102.

[4] BAG 12. 8. 2008 AP 29 zu § 618 BGB = NZA 2009, 102; anders noch die Vorinstanz: LAG Schleswig-Holstein 23. 11. 2006 LAGE § 618 BGB 2002 Nr. 2.

[5] BAG 8. 6. 2004 AP 13 zu § 87 BetrVG 1972 Gesundheitsschutz = NZA 2004, 1175; 12. 8. 2008 AP 29 zu § 618 BGB = NZA 2009, 102.

[6] EuGH 7. 2. 2002 AP 1 zu § 6 ArbSchG = NZA 2002, 321; als Konsequenz aus dieser Entscheidung hat der Gesetzgeber § 14 II ASiG aufgehoben.

9 c) Die **Dokumentationspflicht** ist in § 6 ArbSchG geregelt. Der Arbeitgeber muss über die je nach Art der Tätigkeit und der Zahl der Beschäftigten erforderlichen Unterlagen verfügen, aus denen das Ergebnis der Gefährdungsbeurteilung, die von ihm festgesetzten Maßnahmen des Arbeitsschutzes und das Ergebnis ihrer Überprüfung ersichtlich sind. Es ist nicht notwendig, für jeden Arbeitsplatz Unterlagen verfügbar zu halten, wenn die Gefährdungssituation gleich ist.

10 d) Bei der **Übertragung von Arbeit** muss der Arbeitgeber darauf achten, ob die Beschäftigten befähigt sind, die für die Sicherheit und den Gesundheitsschutz bei der Aufgabenerfüllung zu beachtenden Bestimmungen und Maßnahmen einzuhalten (§ 7 ArbSchG). Nach § 11 ArbSchG hat der Arbeitgeber den Beschäftigten je nach den Gefahren für ihre Sicherheit und Gesundheit bei der Arbeit zu ermöglichen, sich regelmäßig **arbeitsmedizinisch untersuchen** zu lassen. Eine spezielle **Unterweisungspflicht** ergibt sich aus § 12 ArbSchG. Der Arbeitgeber hat die Beschäftigten über Sicherheit und Gesundheitsschutz bei der Arbeit zu unterweisen. Die Unterweisung muss individuell zugeschnitten, der Gefährdungsentwicklung angepasst sein und gegebenenfalls wiederholt werden. Die Zusammenarbeit mehrerer Arbeitgeber regelt § 8 ArbSchG. Die Vorschrift hat Schutzcharakter (§ 823 II BGB) und kann bei Verletzung zu Schadensersatzansprüchen führen.

11 e) Der Arbeitgeber hat Maßnahmen zu treffen, damit nur Beschäftigte Zugang zu **besonders gefährlichen Arbeitsbereichen** haben, die zuvor geeignete Arbeitsanweisungen erhalten haben (§ 9 ArbSchG). Neben § 9 ArbSchG gelten u. a. § 20 DrucklV, § 14 GefStoffV, § 18 RöV (s. auch § 153 RN 11). Erste Hilfe und Notfallmaßnahmen sind in § 10 geregelt.

12 **3. Übertragung von Arbeitgeberpflichten.**[7] In § 13 I ArbSchG sind die Personen aufgezählt, die für die Erfüllung der Arbeitgerpflichten nach dem ASiG verantwortlich sind. Von § 13 I Nr. 4 ArbSchG wird nicht jeder Vorgesetzte erfasst, sondern nur, wer eigenverantwortlich ein Unternehmen oder einen Betrieb führt. Der Arbeitgeber kann gem. § 13 II ArbSchG zuverlässige und fachkundige Personen schriftlich damit beauftragen, ihm obliegende Aufgaben nach dem ArbSchG in eigener Verantwortung wahrzunehmen.[8]

13 **4. Verpflichtungen der Arbeitnehmer. a)** Durch das ArbSchG werden nicht nur Obliegenheiten sondern Verpflichtungen der Arbeitnehmer begründet. Die Beschäftigten sind gem. § 15 I ArbSchG **verpflichtet,** nach ihren Möglichkeiten sowie gemäß der Unterweisung und Weisung des Arbeitgebers für ihre eigene Sicherheit und Gesundheit und derjenigen Person zu sorgen, die von ihren Handlungen und Unterlassungen betroffen sind. Nach den Unfallverhütungsvorschriften müssen sie sich in Erster Hilfe ausbilden lassen.[9] Bei den in §§ 15, 16 ArbSchG geregelten Pflichten handelt es sich um öffentliche Pflichten, die aber zugleich Konkretisierungen der privatrechtlichen Pflichten darstellen.[10]

14 **b)** Die Arbeitnehmer haben **technische Arbeitsmittel** bestimmungsgemäß zu verwenden (§ 15 ArbSchG). Hierzu gehört auch, dass sie nicht verändert werden. Persönliche Schutzausrüstungen müssen getragen werden.

15 Nach § 16 ArbSchG haben die Beschäftigten dem Arbeitgeber oder dem zuständigen Vorgesetzten jede **von ihnen festgestellte unmittelbar erhebliche Gefahr** für die Sicherheit und Gesundheit sowie jeden an den Schutzsystemen festgestellten Defekt unverzüglich zu melden. Die Meldepflicht bezieht sich nur auf unmittelbare erhebliche Gefahren. Die Beschäftigten sollen neben der Meldung an den Arbeitgeber die Fachkraft für Arbeitssicherheit, den Betriebsarzt und den Sicherheitsbeauftragten nach § 22 SGB VII einschalten (§ 16 II 2 ArbSchG).

16 **c)** Nach § 17 I 1 ArbSchG sind die Beschäftigten berechtigt, dem Arbeitgeber **Vorschläge zu allen Fragen der Sicherheit und des Gesundheitsschutzes** bei der Arbeit zu machen. Sind Beschäftigte auf Grund konkreter Anhaltspunkte der Auffassung, dass die vom Arbeitgeber getroffenen Maßnahmen und bereitgestellten Mittel nicht ausreichen, um die Sicherheit und Gesundheit bei der Arbeit zu gewährleisten und hilft der Arbeitgeber darauf gerichteten Beschwerden der Beschäftigten nicht ab, so können sich diese gem. § 17 II 1 ArbSchG an die zuständigen Behörden wenden.

17 **5. Zivilrechtliche Anspruchsgrundlagen.** Das ArbSchG enthält neben den in § 152 RN 5 dargestellten zivilrechtlichen Auswirkungen des Arbeitsschutzes **drei weitere zivilrechtliche Anspruchsgrundlagen.**

---

7 *Gerhard* AuA 98, 236.

8 Zum Mitbestimmungsrecht des Betriebsrats bei der Auswahl: LAG Niedersachsen 4. 4. 2008 LAGE § 87 BetrVG 2001 Gesundheitsschutz Nr. 2.

9 *Leube* BB 98, 1738.

10 ErfK/*Wank* §§ 15, 16 ArbSchG RN 1.

a) Nach § 9 III ArbSchG hat der Arbeitgeber Maßnahmen zu treffen, die es dem Beschäftigten **bei unmittelbarer erheblicher Gefahr** ermöglichen, sich durch sofortiges Verlassen des Arbeitsplatzes in Sicherheit zu bringen. Dem Beschäftigten dürfen hierdurch keine Nachteile erwachsen. Hält die unmittelbare Gefahr an, darf der Arbeitgeber die Beschäftigten nur in besonders begründeten Ausnahmefällen auffordern, ihre Tätigkeit wieder aufzunehmen. Das Recht steht dem Beschäftigten nur bei unmittelbarer und erheblicher Gefahr zu, nicht dagegen dann, wenn der Arbeitnehmer nur irrtümlich an eine Gefahr glaubt.[11] 18

b) Mit dem Recht der Beschäftigten, nach § 17 I ArbSchG dem Arbeitgeber **Vorschläge zu allen Fragen** der Arbeitssicherheit zu machen (s. RN 16), korrespondiert eine Verpflichtung des Arbeitgebers zur Kenntnisnahme. Dagegen erwächst daraus keine Verpflichtung zur Berücksichtigung. 19

c) Nach § 17 II ArbSchG wird der Arbeitnehmer von der arbeitsvertraglichen **Schweigepflicht** befreit. Die Beschäftigten haben ein abgestuftes **Beschwerderecht** (s. RN 16). Durch dessen Ausübung dürfen ihnen **keine Nachteile** entstehen (§ 17 II 2 ArbSchG). 20

III. Ausführungsverordnungen – Übersicht

Allgemein: *Bieler/Heilmann,* Arbeitnehmerschutz in der BRD nach Umsetzung einschlägiger EU-Richtlinien, Euro AS 98, 4; *Faber,* Die neue Arbeitsstättenverodnung, AiB 2006, 528; *Heilmann/Hien,* die neue Gefahrstoffverordnung, AiB 2005, 520; *Kohte/Faber,* Novellierung des Arbeitsstättenrechts – Risiken und Nebenwirkungen einer legislativen Schlankheitskur, DB 2005, 224; *Lorenz,* Nichtraucherschutz am Arbeitsplatz, DB 2003, 721; *Moderegger,* No Smoking?, Neuerungen der Arbeitsstättenverordnung, ArbRB 2003, 15; *Müller-Knöss,* Der Gefahrstoffverordnung in der betrieblichen Praxis, AiB 2006, 539; *Pauli,* Mit Recht gegen Lärm, AiB 2007, 454; *Pieper,* Die novellierte Arbeitsstättenverordnung 2004, PersR 2005, 281; *Pulte,* Beteiligungsrechte des Betriebsrats außerhalb der Betriebsverfassung, NZA-RR 2008, 113; *Schoof,* Grundlagen für den Arbeitsschutz, AiB 2005, 511; *Träger/Rose,* Kontroverse um das neue Arbeitsstättenrecht: „Umkehr der Beweislast" ohne dramatische Folgen, DB 2005,1852; *Wlotzke,* Fünf Verordnungen zum Arbeitsschutz, NJW 97, 1469.

Bildschirmarbeit: *Bährle,* Bildschirmarbeitsverordnung, BuW 98, 397; *Doll,* Sicherheit und Gesundheitsschutz bei der Arbeit an Bildschirmgeräten, PersV 98, 420; *Diezemann/Mühlhausen,* Wenig Raum für Mitbestimmung in puncto Bildschirmarbeit, AuA 99, 15; *Fischer/Schierbaum,* Die Bildschirmarbeitsverordnung, PersR 97, 95; *Funk,* Ergonomie der Bildschirmarbeit, PersF 2001, Heft 9, 44; *Hilla,* Gesundheitsvorsorge bei der Bildschirmarbeit und die Frage der Brillenversorgung, PersF 98, 50; *Kiesche/Schierbaum,* Bildschirmarbeitsverordnung, AiB 97, 624; *Lohbeck,* Arbeitsunterbrechungen an Bildschirmarbeitsplätzen i. S. der VO über Sicherheit und Gesundheitsschutz bei der Arbeit an Bildschirmgeräten (BildscharbV), ZTR 2001, 502; *Lorenz,* Bildschirmarbeit, AR-Blattei SD 555; *Opfermann/Rückert,* Sicherheit und Gesundheitsschutz bei der Arbeit – Neuregelungen zur Tätigkeit an Bildschirmgeräten, AuA 97, 69; *Richenhagen,* Abeto – Ein Verfahren zu Arbeitsplatzanalyse bei Bildschirmarbeitsplätzen, PersR 96, 10; *Schierbaum/Franz,* Bildschirmarbeitsverordnung – Mitbestimmung des Betriebsrates nach § 87 I Nr. 7 BetrVG, ArbuR 99, 82; *Wagner,* Rechtsprechung zur Mitbestimmung des Betriebsrats bei der Umsetzung des Arbeitsschutzgesetzes und der Bildschirmarbeitsverordnung, DB 98, 2366.

Internetadressen: s. § 152 vor RN 1.

Das ArbSchG ist (gem. der Ermächtigung der §§ 18, 19 ArbSchG) durch eine Reihe von Ausführungsverordnungen ergänzt worden, die entsprechende Richtlinien der EG umsetzen. Hierzu gehören u. a.:[12] 21

(1) VO über Sicherheit und Gesundheitsschutz bei der Benutzung persönlicher Schutzausrüstung bei der Arbeit (PSA-BenutzungsVO – PSA-BV) vom 4. 12. 1996 (BGBl. I S. 1841). 22

(2) VO über Sicherheit und Gesundheitsschutz bei der manuellen Handhabung von Lasten bei der Arbeit (Lastenhandhabungsverordnung – LasthandhabV) vom 4. 12. 1996 (BGBl. I S. 1841, 1842, m. spät. Änd.).[13] 23

(3) VO über Sicherheit und Gesundheitsschutz bei der Arbeit an Bildschirmgeräten (Bildschirmarbeitsverordnung – BildscharbV) vom 4. 12. 1996 (BGBl. I S. 1841, 1843) m. spät. Änd.[14] Unter den Begriff des Bildschirms i. S. des Art. 2 der Richtlinie 90/270 EWG fallen auch Bildschirme, auf denen Filmaufzeichnungen in analoger oder digitalisierter Form darge- 24

---

[11] ErfK/*Wank* § 9 ArbSchG RN 1.

[12] Weitere Verordnungen s. *CD Nipperdey plus* Nr. 373 ff. oder *Nipperdey* II Arbeitssicherheit Nr. 200 ff.

[13] Vgl. *Geray* AiB 97, 520; *Opfermann* u. a. AuA 97, 187.

[14] Schrifttum s. vor RN 21.

stellt werden.[15] Soweit die Kosten für eine Bildschirmarbeitsbrille in Normalausführung von der Krankenkasse getragen werden, entfällt mangels Erforderlichkeit ein gegen den Arbeitgeber gerichteter allgemeiner Anspruch.[16]

25 **(4)** VO über Arbeitsstätten vom 12. 8. 2004 (BGBl. I S. 2179) m. spät. Änd.

26 **(5)** VO über Sicherheit und Gesundheitsschutz bei der Bereitstellung von Arbeitsmitteln und deren Benutzung bei der Arbeit, über Sicherheit beim Betrieb überwachungsbedürftiger Anlagen und über die Organisation des betrieblichen Arbeitsschutzes (BetrSichV) vom 27. 9. 2002 (BGBl. I S. 3777, m. spät. Änd.).[17] Durch sie haben zahlreiche Einzelrichtlinien umgesetzt werden sollen, nämlich RL 95/63/EG des Rates vom 5. 12. 1995 über Mindestvorschriften für Sicherheit und Gesundheitsschutz bei Benutzung von Arbeitsmitteln durch Arbeitnehmer bei der Arbeit (Zweite Einzelrichtlinie, RL 1999/92/EG des Europäischen Parlaments und des Rates vom 16. 12. 1999 über Mindestvorschriften zur Verbesserung des Gesundheitsschutzes und der Sicherheit der Arbeitnehmer, die durch explosionsfähige Atmosphären gefährdet werden können, der Richtlinie 75/324 des Rates vom 20. 5. 1975 zur Angleichung der Rechtsvorschriften über Aerosolpackungen (ABl. EG Nr. L 147 S. 40), der Richtlinie 97/23/EG über Druckgeräte (ABl. EG Nr. L 181 S. 1, ABl. EG Nr. L 265 S. 110), der Richtlinien zum Schutz der Arbeitnehmer der Gefährdungen durch Karzinogene bei der Arbeit und der RL 98/24/EG vom 7. 4. 1998 zum Schutz vor der Gefährdung durch chemische Arbeitsstoffe (Zusammenfassung von drei Richtlinien).

27 **(6)** VO zum Schutze der Mütter am Arbeitsplatz (MuSchArbV) vom 15. 4. 1997 (BGBl. I S. 782) m. spät. Änd.

28 **(7)** Verordnung über Sicherheit und Gesundheitsschutz auf Baustellen (BaustellV) vom 10. 6. 1998 (BGBl. I S. 1283) m. spät. Änd.[18]

29 **(8)** Verordnung zur Umsetzung von EG-Richtlinien über den Schutz der Beschäftigten gegen Gefährdung durch biologische Arbeitsstoffe bei der Arbeit (BioStoffV) vom 27. 1. 1999 (BGBl. I S. 50) m. spät. Änd. Sie findet Anwendung für Tätigkeiten mit biologischen Arbeitsstoffen.

30 **(9)** Verordnung zum Schutz der Beschäftigten vor Gefährdungen durch Lärm und Vibrationen (LärmVibrationsArbSchV) vom 6. 3. 2007 (BGBl. I S. 261) m. spät. Änd.

IV. Durchführung des Arbeitsschutzes nach dem ArbSchG

31 **1. Arbeitgeber und Arbeitnehmer.** Die Normen des Arbeitsschutzrechts wenden sich überwiegend an den Arbeitgeber; dieser muss den Arbeitsschutz durchführen. Der Arbeitnehmer ist zumeist nur zu einem dem Arbeitsschutz entsprechenden Verhalten verpflichtet. Allerdings hat das ArbSchG echte Pflichten geschaffen. Der Arbeitnehmer kann aber auch in bestimmten Fällen Ordnungswidrigkeiten begehen, wenn er die Normen des Arbeitsschutzes nicht einhält. Mittelbar wird die Einhaltung eines arbeitsschutzgerechten Verhaltens erzwungen durch: **(1)** Erwachsen von Schadensersatzansprüchen gegen den Arbeitnehmer; **(2)** Entlassung aus dem Arbeitsverhältnis; Verletzungen des Arbeitsschutzes können verhaltensbedingte Kündigungsgründe sein; **(3)** Ordnungsgelder der Berufsgenossenschaften.

32 **2. Betriebsrat.**[19] Besondere Bedeutung kommt dem Betriebsrat bei der Durchführung des Arbeitsschutzes zu. Der Betriebsrat hat nach § 80 I Nr. 1 BetrVG die Einhaltung des Arbeitsschutzes zu überwachen. Er hat im Rahmen von § 87 I Nr. 7 BetrVG ein erzwingbares Mitbestimmungsrecht bei der Ausfüllung von Arbeitsschutzvorschriften,[20] nach § 88 Nr. 1 BetrVG ein freiwilliges Mitbestimmungsrecht bei der Schaffung zusätzlicher Regelungen und nach § 89 BetrVG Mitwirkungsrechte bei der Durchführung des Arbeitsschutzes[21] sowie nach § 90 BetrVG Mitwirkungsrechte zur Arbeitssicherheit. Das erzwingbare Mitbestimmungsrecht bezieht sich insbesondere auf die Gefährdungsbeurteilung nach § 5 ArbSchG, die Ausgestaltung der Dokumentation gem. § 6 ArbSchG, die Unterweisung der Arbeitnehmer gem. § 12 ArbSchG, Maßnahmen des Gesundheitsschutzes gem. § 3 ArbSchG einschließlich einer Pausenregelung und

---

[15] EuGH 6. 7. 2000 AP 3 zu EWG-Richtlinie 90/270 = NZA 2000, 877; vgl. auch EuGH 24. 10. 2002 – Rs. C-455/00.

[16] LAG Hamm 29. 10. 1999 NZA-RR 2000, 351.

[17] *Wilrich* DB 2002, 1553; *ders.* DB 2002, 2165.

[18] *Klindt* AR-Blattei SD 370.2; *Kossens* AiB 98, 550; *Pieper* ArbuR 99, 88.

[19] Schrifttum s. § 153 vor RN 1.

[20] BAG 10. 4. 1979 AP 1 zu § 87 BetrVG 1972 Arbeitssicherheit; 8. 6. 2004 AP 13 zu § 87 BetrVG 1972 Gesundheitsschutz = NZA 2004, 1175; 12. 8. 2008 AP 29 zu § 618 BGB = NZA 2009, 102.

[21] Dazu BAG 3. 6. 2003 AP 1 zu § 89 BetrVG 1972.

präventiver Maßnahmen des Gesundheitsschutzes, betriebliche Maßnahmen der Organisation des Gesundheitsschutzes gem. § 3 ArbSchG, Beauftragung fachkundiger Personen mit Aufgaben des Gesundheitsschutzes gem. § 13 ArbSchG[22] und arbeitsmedizinische Vorsorgeuntersuchungen gem. § 11 ArbSchG.[23] Entsprechende Mitbestimmungsrechte bestehen bei den Regelungstatbeständen der Bildschirmarbeitsverordnung.

3. Betriebliche Stellen. Der Durchführung des Arbeitsschutzes dienen folgende betriebliche Stellen: Betriebsärzte, Fachkräfte für Arbeitssicherheit, Sicherheitsbeauftragte der Berufsgenossenschaften. 33

4. Staatliche Stellen. In den Arbeitsschutz eingeschaltet sind Gewerbeaufsichtsamt (Arbeitsschutzämter), Bergämter, Seemannsämter, Güterfernverkehrsamt für Fernlastfahrer. 34

5. Selbstverwaltungsorgane. Hierzu gehören die Berufsgenossenschaften. 35

V. Gesundheits- und Gefahrenschutz

Kollmer, Zivilrechtliche und arbeitsrechtliche Auswirkungen des Gerätesicherheitsgesetzes, NJW 97, 2015; *Maaß,* Schutz vor Gefahrstoffen am Arbeitsplatz, NZA 98, 688; *Müller-Knöss,* Die Gefahrstoffverordnung in der betrieblichen Praxis, AiB 2006, 539; *Ostermann/Klindt,* Der Umbau von Maschinen und Maschinenanlagen im Spiegel des Gerätesicherheitsgesetzes, NZA 2001, 237.

1. Generalklausel. Nach § 3 ArbStättV hat der Arbeitgeber **(1)** die Arbeitsstätte nach dieser VO, den sonst geltenden Arbeitsschutz- und Unfallverhütungsvorschriften und nach den allgemein anerkannten sicherheitstechnischen, arbeitsmedizinischen und hygienischen Regeln sowie den sonstigen gesicherten arbeitswissenschaftlichen Erkenntnissen einzurichten und zu betreiben, **(2)** den in der Arbeitsstätte beschäftigten Arbeitnehmern die Räume und Einrichtungen zur Verfügung zu stellen, die in der ArbstättVO vorgeschrieben sind. 36

2. Arbeitsstätten.[24] Auf Grund § 18 ArbSchG ist die Verordnung über Arbeitsstätten (ArbStättV) vom 12. 8. 2004 (BGBl. I S. 2179) ergangen. Nach § 3 ArbStättVO hat der Arbeitgeber dafür zu sorgen, dass Arbeitsstätten den Vorschriften der ArbStättVO einschließlich ihrer Anhänge entsprechen, diese instand gehalten werden und Mittel zur Einrichtung einer ersten Hilfe zur Verfügung zu stellen (§ 4 ArbStättVO), die erforderlichen Maßnahmen zu treffen, damit die nicht rauchenden Beschäftigten in Arbeitsstätten wirksam vor den Gesundheitsgefahren durch Tabakrauch geschützt sind (§ 5 I ArbStättVO). In Betrieben mit Publikumsverkehr hat der Arbeitgeber Schutzmaßnahmen insoweit zu treffen, als die Natur des Betriebes und die Art der Beschäftigung es zulassen(§ 5 II ArbStättVO). Nach § 6 ArbStättVO sind solche Arbeitsräume bereitzustellen, die eine ausreichende Grundfläche und Höhe sowie einen ausreichend Luftraum aufweisen sowie hinreichende Toilettenräume, sowie (falls die Beschäftigten besondere Arbeitskleidung tragen müssen) geeignete Umkleideräume haben, und zwar jew. getrennt für Männer und Frauen. 37

3. Besondere Rechtsverordnungen für den Gesundheitsschutz. Auf Grund § 18 ArbStättVO sind eine Reihe weiterer Verordnungen i. S. d. Gesundheitsschutzes erlassen worden. Hierzu gehört die Verordnung über Arbeiten in Druckluft (DruckluftV) vom 4. 10. 1972 (BGBl. I S. 1909) m. spät. Änd. 38

4. Allgemeine Gesetze. Dem Gesundheitsschutz dienen schließlich allgemeine, nicht nur im Interesse des Arbeitsschutzes erlassene Gesetze. Hierzu gehören: **(1)** das Gesetz zum Schutz vor gefährlichen Stoffen (Chemikaliengesetz – ChemG) i. d. F. vom 2. 7. 2008 (BGBl. I S. 1146) und die zu seiner Durchführung ergangenen VO, insbesondere die VO über gefährliche Arbeitsstoffe (Gefahrstoffverordnung – GefStoffV) i. d. F. vom 23. 12. 2004 (BGBl. I S. 3758, m. spät. Änd.);[25] ein besonderer Arbeitsschutz besteht bei der Verwendung von Asbest;[26] **(2)** Gesetz über technische Arbeitsmittel und Verbraucherprodukte (Geräte- und Produktsicherheitsgesetz – GPSG), i. d. F. vom 6. 1. 2004 (BGBl. I S. 2, m. spät. Änd.) nebst zahlreichen DVO.[27] 39

---

[22] LAG Niedersachsen 4. 4. 2008 LAGE § 87 BetrVG 2001 Gesundheitsschutz Nr. 2.

[23] LAG Hamburg 21. 9. 2000 LAGE § 87 BetrVG 1972 Gesundheitsschutz Nr. 1 = NZA-RR 2001, 190.

[24] Literaturnachweise s. vor RN 21.

[25] *Maaß* NZA 98, 688; *Müller-Knöss* AiB 2006, 539.

[26] BayObLG 17. 3. 1998 NZA-RR 98, 385; zum Zurückbehaltungsrecht wegen Asbestbelastung BAG 8. 5. 1996 AP 23 zu § 618 BGB = NZA 97, 86; 19. 2. 1997 AP 24 zu § 618 BGB = NZA 97, 821.

[27] *Kollmer* NJW 97, 2015; *Ostermann/Klindt* NZA 2001, 237.

VI. Gesetz über Betriebsärzte, Sicherheitsingenieure und Fachkräfte für Arbeitssicherheit

Kollmer, Fachkraft für Arbeitssicherheit, AR-Blattei SD 210.2; *Schwede,* Aufsichtspersonen, Sicherheitsbeauftragte und Fachkräfte für Arbeitssicherheit – Die Rolle des Betriebsrats, AiB 98, 664.

Weitere Kommentare, Aufsätze und Internetadressen: s. § 152 vor RN 1.

40 **1. Betriebsärzte.** Auf Grund des Gesetzes über Betriebsärzte, Sicherheitsingenieure und andere Fachkräfte für Arbeitssicherheit (ASiG) vom 12. 12. 1973 (BGBl. I S. 1885, zuletzt geändert am 31. 10. 2006, BGBl. I S. 2407) ist der Arbeitgeber, dem unverändert die Verantwortung für Arbeitsschutz und Unfallverhütung obliegt, verpflichtet, Betriebsärzte und Fachkräfte für Arbeitssicherheit zu bestellen (§ 1 Satz 1 ASiG). Diese sollen ihn sachverständig beim Arbeitsschutz und der Unfallverhütung unterstützen. Die Bestellung kann u. U. auch im Wege des Direktionsrecht erfolgen.[28]

41 **a) Betriebsärzte sind zu bestellen** und ihnen die in § 3 ASiG aufgezählten Aufgaben zu übertragen, wenn dies im Hinblick auf **(1)** die Betriebsart und die damit für die Arbeitnehmer verbundenen Unfall- und Gesundheitsgefahren, **(2)** die Zahl der beschäftigten Arbeitnehmer und die Zusammensetzung der Arbeitnehmerschaft und **(3)** die Betriebsorganisation, insbesondere im Hinblick auf die Zahl und die Art der für den Arbeitsschutz und Unfallverhütung verantwortlichen Personen, erforderlich ist (§ 2 I ASiG). Hieraus folgt, dass der Arbeitgeber unter Beachtung des Mitbestimmungsrechts des Betriebsrats (§ 87 I Nr. 7 BetrVG, s. RN 32)[29] selbst verantwortlich zu prüfen hat, ob überhaupt und welche Maßnahmen für seinen Betrieb zu treffen sind. Für die Beurteilung der Notwendigkeit zur Bestellung und Übertragung von Aufgaben sind dem Arbeitgeber drei Kriterien als Maßstab an die Hand gegeben, die jeweils in ihrem Zusammenhang betrachtet werden müssen. Eine ärztliche Betreuung ist danach erforderlich, wenn nach der spezifischen Art des Betriebes und der darin anfallenden Arbeit (ohne Rücksicht auf den Gewerbezweig) Unfall- und Gesundheitsgefahren für die Arbeitnehmer bestehen. Die Berufsgenossenschaften haben die Unfallverhütungsvorschriften Betriebsärzte und Fachkräfte für Arbeitssicherheit (BGV A 2) erlassen (s. § 22 SGB VII).[30]

42 **b)** Die **Bestellung,** die nicht mit der Anstellung zu verwechseln ist, hat schriftlich zu erfolgen (§ 126 BGB). In welcher Rechtsform der Betriebsarzt vom Arbeitgeber beschäftigt wird, ist diesem überlassen. Der Arbeitgeber kann mithin einen Betriebsarzt hauptberuflich auf Grund eines Arbeitsvertrages einstellen; er kann jedoch auch einen freiberuflichen Arzt auf Grund eines Arbeits- oder Dienstvertrages nebenberuflich beschäftigen[31] oder einen überbetrieblichen arbeitsmedizinischen Dienst in Anspruch nehmen, z. B. ein Werkarztzentrum usw. Derartige Dienste können von mehreren Betrieben oder etwa einem Arbeitgeberverband eingerichtet werden (§ 19 ASiG). Für die Verträge mit Betriebsärzten sind Musterverträge herausgegeben worden (ArbR-Formb. § 7 RN 53). Bei der Entscheidung des Arbeitgebers, ob er einen Betriebsarzt einstellen, einen freiberuflichen verpflichten oder sich einem überbetrieblichen Dienst anschließen will, hat der Betriebsrat ein Mitbestimmungs- und Initiativrecht (§ 87 I Nr. 7 BetrVG).[32] Neben dem Mitbestimmungsrecht nach § 9 III ASiG sind ggfs. die Mitbestimmungsrechte nach §§ 99 ff. BetrVG zu wahren, wenn ein **Arbeitsverhältnis** begründet werden soll. Insoweit ist grundsätzlich zwischen dem Arbeitsverhältnis und der Funktion nach dem ASiG zu unterscheiden. Dasselbe gilt bei der Abberufung, Aufgabenerweiterung und Beschränkung (§ 9 III ASiG). Die Zustimmung des Betriebsrats ist Voraussetzung der Abberufung. Ist der Zustimmungsbeschluss unwirksam, führt das aber nicht zur Unwirksamkeit der Abberufung, wenn der Arbeitgeber auf die Wirksamkeit vertrauen durfte.[33] Da die Abberufung des Betriebsarztes der Zustimmung des Betriebsrats bedarf (§ 9 III ASiG), hat dies auch Auswirkungen auf den Kündigungsschutz des Betriebsarztes, wenn dessen Zustimmung nicht ersetzt wird. Zumindest dann, wenn eine Beendigungskündigung auf Gründe gestützt wird, die sachlich mit der Tätigkeit des Betriebsarztes in untrennbarem Zusammenhang stehen, ist die Kündigung bei feh-

---

[28] LAG Berlin 2. 2. 1998 NZA-RR 98, 437.

[29] BAG 10. 4. 1979 AP 1 zu § 87 BetrVG 1972 Arbeitssicherheit.

[30] Näher: *Kittner/Pieper,* Arbeitssicherheitsgesetz RN 26 ff.

[31] Nach einer Stellungnahme der Spitzenverbände der Kranken- und Rentenversicherungsträger sind sie versicherungspflichtig, sofern nicht die Voraussetzungen von § 8 I Nr. 1 SGB IV vorliegen.

[32] BAG 10. 4. 1979 AP 1 zu § 87 BetrVG 1972 Arbeitssicherheit.

[33] LAG Brandenburg 2. 4. 1998 ZTR 98, 526 (LS).

lender Zustimmung unwirksam.[34] Andererseits ist eine vom Arbeitgeber mit Zustimmung des Betriebsrats erfolgte Abberufung regelmäßig betriebsbedingt.[35] Betriebsärzte sind keine leitenden Angestellten (§ 212 RN 15ff.), weil sie keine unternehmerischen Teilaufgaben erfüllen. Bei der Bestellung und Abberufung **freiberuflicher Betriebsärzte** besteht gem. § 9 III 3 ASiG lediglich ein Anhörungsrecht des Betriebsrates.

c) Der **Arbeitgeber hat dafür zu sorgen,** dass die bestellten Betriebsärzte ihre Aufgabe erfüllen. Er hat sie bei ihrer Aufgabe zu unterstützen, Räume und Hilfsmittel zur Verfügung zu stellen usw.[36] Den fest angestellten Betriebsärzten ist die zur Erfüllung ihrer Aufgaben erforderliche Fortbildung (nicht Ausbildung) unter Berücksichtigung der betrieblichen Belange (dagegen keine allgemeine Fortbildung) zu ermöglichen (§ 2 II, III ASiG). Unter den Fortbildungsmöglichkeiten ist die zweckmäßigste und kostengünstigste zu wählen. **43**

d) Die **Aufgaben der Betriebsärzte** sind beispielhaft in § 3 ASiG aufgezählt. Welche Aufgaben dem Betriebsarzt übertragen werden, entscheiden die betriebsspezifischen Erfordernisse. Zu unterscheiden sind vier Hauptgruppen, nämlich die Beratung, die Untersuchung, Überwachung und Verhaltensbeeinflussung. Die Beratung erstreckt sich auf den Arbeitgeber, sowie die sonst für den Arbeitsschutz und die Unfallverhütung verantwortlichen Personen. Zur Beratung gehört insbesondere auch die Organisation der Ersten Hilfe. Die Untersuchung bezieht sich auf die Arbeitnehmer; sie sind medizinisch zu beurteilen und zu beraten. In Betracht kommen Einstellungs- und Nachuntersuchungen gesetzlich vorgesehener Untersuchungen. Diese können beruhen auf § 15 SGB VII, dem JArbSchG sowie diversen Arbeitschutzverordnungen (s. RN 22ff., 37ff.). Schließlich sollen die Betriebsärzte der Verhütung von Arbeitsunfällen dienen und etwaige Mängel beim Arbeitsschutz und der Unfallverhütung aufdecken sowie die Arbeitnehmer zu einem der Unfallverhütung entsprechenden Verhalten beeinflussen. Ihnen obliegt dagegen nicht die Überprüfung von Krankmeldungen der Arbeitnehmer auf ihre Berechtigung (§ 3 III ASiG). **44**

e) Die Betriebsärzte unterliegen wegen der Gesundheitsdaten der einzelnen Arbeitnehmer gem. § 8 I 3 ASiG der **ärztlichen Schweigepflicht.** **45**

2. Fachkräfte für Arbeitssicherheit.[37] Das sind Sicherheitsingenieure, Techniker und Meister. Sie sind vom Arbeitgeber unter denselben Voraussetzungen wie Betriebsärzte zu bestellen. Die Berufsgenossenschaften haben Unfallverhütungsvorschriften Betriebsärzte und Fachkräfte für Arbeitssicherheit (BGV A 2) erlassen (s. § 22 SGB VII). Aus deren Anlage ergeben sich Tabellen der einzelnen Berufsgenossenschaften, wie viele Fachkräfte erforderlich sind. Die Bestellung der Fachkräfte muss schriftlich erfolgen (§ 5 I ASiG). Für ihre tarifliche Eingruppierung sind nicht die Bestimmungen des ASiG, sondern ausschließlich die tariflichen Gruppenmerkmale entscheidend.[38] **46**

Die Fachkräfte für Arbeitssicherheit sind nicht zu verwechseln mit dem nach § 22 SGB VII bestellten **Sicherheitsbeauftragten** (§ 153 RN 5). Der Sicherheitsbeauftragte hat den Unternehmer bei der Durchführung des Unfallschutzes zu unterstützen, insbesondere sich von dem Vorhandensein und der Benutzung der vorgeschriebenen Sicherheitsvorkehrungen zu überzeugen. Die Fachkräfte für Arbeitssicherheit haben die Aufgabe, den Arbeitgeber beim Arbeitsschutz und bei der Unfallverhütung in allen Fragen der Arbeitssicherheit, einschließlich der menschengerechten Gestaltung der Arbeit zu unterstützen (§ 6 I 1 ASiG). Als besonderes Beispiel dieser Allzuständigkeit zählt das Gesetz in § 6 I 2 ASiG Beratungsaufgaben, Überprüfungsaufgaben sowie Schulungs- und Belehrungsaufgaben gegenüber der Belegschaft auf (§ 6 I 2 Nr. 1–3 ASiG). **47**

Die Fachkräfte für Arbeitssicherheit können von einem Arbeitgeber **fest angestellt** oder aber auch **nebenberuflich beschäftigt** werden. Ferner kann sich der Arbeitgeber eines überbetrieblichen sicherheitstechnischen Dienstes bedienen. Die fest angestellten Fachkräfte haben wie die Betriebsärzte einen Anspruch auf Fortbildungsunterstützung. Zur Mitbestimmung gilt das für Betriebsärzte Ausgeführte (s. oben RN 42). **48**

3. Unterstellung. Betriebsärzte und Fachkräfte für Arbeitssicherheit oder, sofern mehrere bestellt sind, der Leiter der Betriebsärzte bzw. der Fachkräfte für Arbeitssicherheit unterstehen unmittelbar dem Betriebsleiter. Das Gesetz geht von dem Modell einer sicherheitstechnischen **49**

[34] BAG 24. 3. 1988 AP 1 zu § 9 ASiG = NZA 89, 60; MünchArbR/*Wlotzke* § 210 RN 54.
[35] LAG Bremen 9. 1. 1998 AP 3 zu § 9 ASiG = NZA-RR 98, 250.
[36] Vgl. Internetadresse: http://www.hvbg.de m. zahlr. Informationen der Berufsgenossenschaften.
[37] *Kollmer* AR-Blattei SD 210.2; *Schwede* AiB 98, 664; Muster für die Bestellung s. ArbR-Fromb. § 49 RN 13.
[38] BAG 16. 10. 1985 AP 108 zu §§ 22, 23 BAT 1985.

Stabsstelle aus und will gewährleisten, dass diesem Personenkreis keine nur untergeordnete Stellung im Betrieb zukommt. Das schließt es aus, sie organisatorisch oder disziplinarisch einem Abteilungsleiter zu unterstellen; dagegen können personelle Angelegenheiten, wie etwa Urlausgewährung an die Personalabteilung delegiert werden.[39] Sie sind bei der Anwendung ihrer arbeitsmedizinischen und sicherheitstechnischen Fachkunde unabhängig; d. h., ihnen darf insoweit keine Weisung erteilt werden (§ 8 ASiG). Können sie sich mit dem Leiter des Betriebes über die zu treffenden Maßnahmen nicht verständigen, so können sie ihren Vorschlag unmittelbar dem Arbeitgeber unterbreiten. Lehnt auch dieser den Vorschlag ab, so ist der Vorschlagende schriftlich und begründet zu bescheiden (§ 8 III ASiG). Der Betriebsrat erhält eine Abschrift des Bescheides.

50 **4. Haftung. a)** Wird der Arbeitnehmer durch eine fehlerhafte Diagnose oder durch die Untersuchung des Betriebsarztes an Körper oder Eigentum geschädigt, so bestehen **keine vertraglichen Schadensersatzansprüche** gegen den Betriebsarzt, da kein Behandlungsvertrag zwischen Betriebsarzt und Arbeitnehmer besteht. Unberührt bleiben Ansprüche aus unerlaubter Handlung.

51 **b)** Ist der Betriebsarzt bei einem Arbeitgeber fest angestellt oder nebenberuflich für ihn tätig, so ist der Betriebsarzt **Erfüllungsgehilfe des Arbeitgebers** (§ 278 BGB). Grundsätzlich haftet der Arbeitgeber daher aus Vertrag auf Schadensersatz wegen Behandlungsfehlern.

52 **c)** Die **Haftung des Arbeitgebers wie des Betriebsarztes** aus unerlaubter Handlung kann jedoch eingeschränkt sein. Die durch Untersuchung und Behandlung verursachten Körperschäden können einen Arbeitsunfall (s. hierzu § 109) darstellen (§§ 7 ff., 104 SGB VII). Ist dies der Fall, ist die Haftung für Körperschäden ausgeschlossen; dagegen bleibt die Haftung für Sachschäden bestehen (§ 109 RN 5).

53 **5. Zusammenarbeit.** Die Betriebsärzte und Fachkräfte für Arbeitssicherheit haben bei der Erfüllung ihrer Aufgabe mit dem Betriebsrat zusammenzuarbeiten (vgl. § 9 ASiG).[40]

54 **6. Bergbau.**[41] Im Bergbau richtet sich der Gesundheitsschutz nach der Bergverordnung zum gesundheitlichen Schutz der Beschäftigten (Gesundheitsschutz-Bergverordnung – GesBergV) vom 31. 7. 1991 (BGBl. I S. 1751 m. spät. Änd.).

VII. Allgemeiner Gefahrenschutz für gewerbliche Arbeiter nach der GewO

55 Die Regelungen über den Gefahrenschutz nach der Gewerbeordnung sind nach Erlass des ArbSchG aufgehoben. § 120 b GewO, der Sitte und Anstand im Betrieb, Umkleide- und Waschräumen regelte, ist mit Ablauf des 31. 12. 2002 außer Kraft getreten und durch § 6 ArbStättV ersetzt worden.

VIII. Datenschutz

56 Der Datenschutz ist in § 148 RN 20 ff. behandelt.

IX. Bildschirmarbeit

57 Zur Bildschirmarbeit s. § 237 RN 19 ff.

§ 155. Arbeitszeitschutz

I. Allgemeines

1 **1. Regelungsbereiche.** Der Arbeitsvertrag erschöpft sich nicht in dem einmaligen Austausch von Leistungen; vielmehr hat der Arbeitnehmer seine Leistung in einer gewissen Zeitspanne zu verrichten. Dies gilt sowohl dann, wenn seine Vergütung nach Zeiteinheiten bemessen wird, als auch dann, wenn eine Leistungsentlohnung vereinbart ist (§§ 64, 65). Der Arbeitsschutz gewährt dem Arbeitnehmer einen vierfachen Schutz. **(a)** Er setzt eine **Höchst-**

[39] LAG Köln 3. 4. 2003 NZA-RR 2003, 319; VG Münster 16. 1. 2002 – 9 K 2097/99 – n. v.; ArbG Osnabrück 15. 6. 1993 ArbuR 96, 29.

[40] *Hüttig* DB 75, 594.

[41] *Kremer* NZA 2000, 132.

dauer für die tägliche Arbeitszeit fest (§ 156); **(b)** er regelt die **zeitliche Lage der Arbeitszeit** (§ 157); **(c)** er schreibt **Arbeitspausen** und **Ruhezeiten** vor (§ 158); **(d)** er beschränkt die Arbeit an **Sonn- und Feiertagen** (§ 159).

2. Rechtsgrundlagen. Das Arbeitszeitrecht gliedert sich in die öffentlich-rechtlichen, kollektivrechtlichen und individualrechtlichen Regelungen. 2

3. Vertragliche Regelungen. Vereinbarungen, durch die der Arbeitnehmer **über die Höchstgrenzen** des Arbeitszeitschutzrechts zur Arbeit verpflichtet wird, sind nichtig (§ 134 BGB).[1] Dies gilt auch dann, wenn die Verpflichtung zur Arbeitsleistung auf mehreren Arbeitsverträgen beruht.[2] Eine Ausnahme kann dann bestehen, wenn der Arbeitnehmer nur für kurze Zeit ein nebenberufliches Beschäftigungsverhältnis eingegangen ist. In diesen Fällen hat er ein Leistungsverweigerungsrecht bei Überschreitung der gesetzlich zulässigen Arbeitszeit.[3] Infolge der Nichtigkeit einer Arbeitszeitvereinbarung tritt regelmäßig nicht die Nichtigkeit des gesamten Vertragswerkes ein (§ 32 RN 49ff., § 36 RN 20f.). 3

Ob ein Arbeitnehmer im Rahmen der gesetzlich zulässigen Arbeitsleistung, zur Ableistung von **Überstunden** verpflichtet ist, richtet sich nach dem Inhalt des Arbeitsvertrages (§ 45 RN 47f.). Dasselbe gilt für die Frage, ob und inwieweit der Arbeitgeber Mehr- und Überarbeitsstunden zu vergüten hat (§ 69 RN 5ff.). 4

4. Anspruch. Der Arbeitnehmer hat auf Einhaltung des Arbeitszeitschutzes einen klagbaren Anspruch. Bei Verletzung des Arbeitszeitschutzes hat der Arbeitnehmer ein **Zurückbehaltungsrecht** (§ 50), ohne dass dem Arbeitgeber deswegen ein Recht zur Kündigung erwächst. Ferner wird der Arbeitgeber wegen Verletzung der Fürsorgepflicht schadensersatzpflichtig. Die Arbeitszeitvorschriften sind **Schutzgesetz** im Sinne von § 823 II BGB. 5

5. Sicherung der Arbeitszeit. Zur Sicherung der Einhaltung der Arbeitszeit hat der Arbeitgeber **(a)** an geeigneter Stelle im Betrieb einen Abdruck der ArbZG auszulegen (§ 16 I ArbZG); **(b)** die auf Grund des ArbZG erlassenen Rechtsverordnung und die für den Betrieb geltenden Tarifverträge und Betriebsvereinbarungen, durch die von den Vorschriften des Gesetzes abgewichen wird, auszulegen oder auszuhängen (§ 16 I ArbZG). **(c)** Nachweise über Abweichungen von der regelmäßigen täglichen Arbeitszeit zu führen und dem Gewerbeaufsichtsamt und dem Betriebsrat zugänglich zu machen (§§ 16 II, 17 ArbZG). Die Einhaltung der Arbeitszeit wird durch das Gewerbeaufsichtsamt überwacht (§ 17 ArbZG). Zuwiderhandlungen gegen die Vorschriften des Arbeitszeitschutzes, die durchweg zwingend sind, sind unter Strafandrohung und Ordnungsgeld-Androhung gestellt (§§ 22, 23 ArbZG, §§ 5ff. FPersG, § 147 GewO; §§ 24, 25 LadSchlG). Im ArbZG ist ein gesetzlicher Anspruch auf Über- und Mehrarbeitsstundenvergütung nicht mehr vorgesehen. Das Gesetz ist als reines Arbeitnehmerschutzgesetz konzipiert. 6

II. Grundbegriffe

Die Grundbegriffe sind in § 45 RN 53ff. und § 156 RN 13ff. erörtert. 7

III. Rechtsgrundlagen

Die wichtigsten Rechtsgrundlagen sind das Gesetz zur Vereinheitlichung und Flexibilisierung des Arbeitszeitrechts (Arbeitszeitrechtsgesetz – ArbZRG) vom 6. 6. 1994 (BGBl. I S. 1170), das in Art. 1 das Arbeitszeitgesetz (ArbZG) enthält, das zuletzt am 31. 10. 2006 (BGBl. I S. 2407) geändert worden ist. Es wird namentlich für Unternehmen, die noch Beamte beschäftigen, durch VO ergänzt, vgl. z.B. Telekom-Arbeitszeitverordnung 2000 vom 23. 6. 2000 (BGBl. I S. 931, zul. geänd. am 15. 12. 2005, BGBl. I S. 3490). 8

Die **Sonn- und Feiertagsarbeit** wird in §§ 9ff. ArbZG geregelt. Die meisten Sonderregelungen sind aufgehoben. Es gelten noch die Verordnung über Ausnahmen vom Verbot der Beschäftigung von Arbeitnehmern an Sonn- und Feiertagen in der Eisen- und Stahlindustrie i. d. F. vom 31. 7. 1968 (BGBl. I S. 885, zul. geänd. am 6. 6. 1994, BGBl. I S. 1170) und die Verordnung über Ausnahmen vom Verbot der Beschäftigung von Arbeitnehmern an Sonn- und Feiertagen in der Papierindustrie vom 20. 7. 1963 (BGBl. I S. 491, zul. geänd. 6. 6. 1994, BGBl. I S. 1170) sowie das Ladenschlussgesetz (LadSchlG) i. d. F. vom 2. 6. 2003 (BGBl. I S. 744)[4] bzw. die landesrechtlichen Ladenschlussbestimmungen. 9

---

[1] BAG 24. 2. 2005 AP 51 zu § 1 KSchG 1969 = NZA 2005, 759.
[2] BAG 19. 6. 1959 AP 1 zu § 611 BGB Doppelarbeitsverhältnis = NJW 59, 2036.
[3] BAG 14. 12. 1967 AP 2 zu § 1 AZO.
[4] Zur Verfassungsmäßigkeit BVerfG 9. 6. 2004 BVerfGE 111, 10 = NJW 2004, 2363.

10 Arbeitszeitregelungen für **besondere Arbeitnehmergruppen** sind enthalten im Jugendarbeitsschutzgesetz (JArbSchG) vom 12. 4. 1976 (BGBl. I S. 965, zul. geänd. 31. 10. 2008, BGBl. I S. 2149); Mutterschutzgesetz (MuSchG) i. d. F. vom 20. 6. 2002 (BGBl. I S. 2318, zul. geänd. 17. 3. 2009, BGBl. I S. 550); das Gesetz über das Fahrpersonal von Kraftfahrzeugen und Straßenbahnen i. d. F. vom 19. 2. 1987 (BGBl. I S. 640, zul. geänd. 6. 7. 2007, BGBl. I S. 1270) sowie VO zur Durchführung des Fahrpersonalgesetzes vom 27. 6. 2005 (BGBl. I S. 1882, zul. geänd. 22. 1. 2008, BGBl. I S. 54).

11 Im **europäischen Recht** bestehen die die Richtlinie 2003/88/EG vom 4. 11. 2003 (ABl. EG Nr. L 299 S. 9) sowie die Verordnung Nr. 561/2006/EG des Europäischen Parlaments und des Rates vom 15. 3. 2006 zur Harmonisierung bestimmter Sozialvorschriften im Straßenverkehr und zur Änderung der Verordnungen Nr. 3821/85/EWG und Nr. 2135/98/EG des Rates sowie zur Aufhebung der Verordnung Nr. 3820/85/EWG des Rates.

§ 156. Höchstdauer der Arbeitszeit

Allgemein, grundsätzlich ab 2000, sonst frühere Aufl.: *Baeck/Lösler,* Neue Entwicklungen im Arbeitszeitrecht, NZA 2005, 247; *Bauer/Krieger,* Bereitschaftsdienst – (un-)geklärte Fragen zu Arbeitszeit und Vergütung, BB 2004, 549; *Bermig,* Die Änderungen des Arbeitszeitgesetzes durch das Gesetz zu Reformen am Arbeitsmarkt, BB 2004, 101; *Boerner,* Anpassung des Arbeitszeitgesetzes an das Gemeinschaftsrecht, NJW 2004, 1559; *Buschmann,* Bereit – bereiter – am bereitesten, Reform des Arbeitszeitgesetzes, AiB 2003, 649; *Fischer,* Neues aus Europa: Arbeitszeitrichtlinie für das Luftfahrtpersonal, NZA 2001, 1064; *Hamm,* Das neue Arbeitszeitgesetz, AiB 2004, 133; *Hock,* Bereitschaftsdienst und Arbeitsbereitschaft ab 1. 1. 2004, ZTR 2004, 114; *Körner,* Arbeitszeit und Bereitschaftsdienst, NJW 2003, 3606; *Kühl,* Arbeitszeit und Lebensqualität, AuA 2002, 412; *Kufer,* Arbeitszeit, AR-Blattei-SD 240 (2004); *Litschen,* Ist die Weitergeltung des § 25 ArbZG europarechtskonform?, ZTR 2004, 119; *Lorenz,* Änderung des Arbeitszeitgesetzes zum 1. Januar 2004, ZMV 2004, 30; *Matthiessen/Shea,* Europarechtswidrige tarifliche Arbeitszeitregelungen; DB 2005, 106; *Ohnesorg,* Das Arbeitszeitrecht heute – eine Bestandsaufnahme, PersR 2001, 99; *Reim,* Die Neuregelungen im Arbeitszeitgesetz zum 1. 1. 2004, DB 2004, 186; *Schliemann,* Allzeit bereit, NZA 2004, 513; *ders.,* Bereitschaftsdienst im EG-Recht, NZA 2006, 1009; *Schoffeld,* Vertrauensarbeitszeit und arbeitsrechtliche Aufzeichnungspflicht nach § 16 II ArbZG, NZA 2001, 530; *Ulber,* Die Vereinbarkeit der Neuregelungen des Arbeitszeitgesetzes mit dem Europarecht und dem Grundgesetz, ZTR 2005, 70; *Zetl,* Die wichtigsten Begriffe zur Arbeitszeit, ZMV 98, 67; ZMV 2003, 281; *Zwanziger,* Das BAG und das Arbeitszeitgesetz – Aktuelle Tendenzen, DB 2007, 1356.

Kommentare/Monographien zum ArbZG: *Anzinger/Koberski,* Kommentar zum Arbeitszeitgesetz, 2. Aufl., 2005; *Baeck/Deutsch,* Arbeitszeitgesetz, 2. Aufl., 2004; *Buschmann/Ulber,* Arbeitszeitgesetz, 6. Aufl., 2009; *Dobberahn,* Das neue Arbeitszeitgesetz in der Praxis, 2. Aufl., 1996; *Linnenkohl/Rauschenberg,* Arbeitszeitgesetz, 2. Aufl., 2004; *Neumann/Biebl,* Arbeitszeitgesetz, 15. Aufl., 2008; *Schliemann,* Arbeitszeitrecht, Kommentar, 2009.

Internetadressen: http://www.sozial-mv.de/doku/ArbZG.pdf (Broschüre zum Arbeitszeitgesetz, herausgegeben vom Soz.min. Mecklenburg-Vorpommern, Stand: März 2003); http://www.arbeitszeitberatung.de.; www.arbeitszeiten.nrw.de/b3f Arbeitszeitberatung.htm; Bundesanstalt für Arbeitsschutz und Arbeitsmedizin, http://www.baua.de.

Übersicht

	RN
I. Zweck des ArbZG	1 ff.
1. Arbeitsschutzziel	1, 2
2. Gliederung	3
II. Geltungsbereich des ArbZG	4 ff.
1. Räumlicher Geltungsbereich	4
2. Persönlicher Geltungsbereich	5–12
III. Begriffsbestimmungen des Gesetzes.	13 ff.
1. Arbeitszeit	13, 14
2. Wegezeit, Dienstreisezeit	15, 16
3. Arbeitsbereitschaft	17
4. Bereitschaftsdienst	18, 19
5. Rufbereitschaft	20
6. Nachtarbeit	21
IV. Dauer der gesetzlich zulässigen Höchstarbeitszeit	22 ff.
1. Höchstarbeitszeit	22–27
2. Arbeitsverpflichtung	28–32
V. Tarifliche Regelung	33 ff.
1. Vorrang des Tarifvertrages	33–35
2. Kirche	36
3. Ausnahmeregelungen	37
VI. Ausnahmen in besonderen Fällen	38 f.
1. Notfall	38
2. Abweichende Fälle nach § 14 II ArbZG	39

I. Zweck des ArbZG

1 **1. Arbeitsschutzziel.** Mit dem am 1. 7. 1994 in Kraft getretenen ArbZG, das die aus dem Jahr 1938 stammende AZO abgelöst hat, wird der Gesundheitsschutz der Arbeitnehmer verbes-

sert, den Tarifvertragsparteien und Betriebspartnern bei Arbeitszeitfragen eine erweiterte Gestaltungsmöglichkeit eingeräumt und die Sonn- und Feiertagsruhe geschützt (vgl. § 1 ArbZG).[1] Es werden aber auch die Rahmenbedingungen für flexible Arbeitszeitmodelle durch Verlängerung des Ausgleichszeitraums zur Einhaltung des Acht-Stunden-Tages von bisher zwei Wochen auf sechs Monate geschaffen. Hierdurch soll ein Schritt zur größeren Flexibilität und zur Sicherung des Industriestandortes Deutschland vorgenommen werden (vgl. BR-Drucks. 626/93 S. 45).

Das ArbZG ist **Schutzgesetz** im Sinne von § 823 II BGB.[2] 2

2. Gliederung. Das ArbZG ist in acht Abschnitte gegliedert, nämlich in **(1)** allgemeine Vorschriften (Zweck des Gesetzes; Begriffsbestimmungen); **(2)** werktägliche Arbeitszeit und arbeitsfreie Zeiten; **(3)** Sonn- und Feiertagsruhe; **(4)** Ausnahmen in besonderen Fällen; **(5)** Durchführung des Gesetzes; **(6)** Sonderregeln; **(7)** Straf- und Bußgeldvorschriften; **(8)** Schlussvorschriften. 3

II. Geltungsbereich des ArbZG

1. Räumlicher Geltungsbereich. Für den räumlichen Geltungsbereich des ArbZG gilt das Territorialitätsprinzip;[3] d. h., es gilt für alle sich im Bereich der BRD aufhaltenden Personen, also auch für Deutsche, die bei ausländischen Unternehmen oder für ausländische Arbeitnehmer, die bei deutschen oder ausländischen Unternehmen[4] beschäftigt sind. Es gilt dagegen, sofern nicht Abweichendes vereinbart ist, nicht für deutsche Arbeitnehmer, die außerhalb der BRD arbeiten.[5] Für die bei den Stationierungsstreitkräften beschäftigten Arbeitnehmer ergibt sich die Geltung aus Art. 56 Zusatzabkommen zum Truppenstatut i. d. F. vom 3. 8. 1973 (BGBl. II S. 1021). Ausgenommen sind lediglich die Arbeitskräfte, die bei ausländischen Missionen arbeiten. 4

2. Persönlicher Geltungsbereich. a) Das ArbZG **gilt mit wenigen Ausnahmen** für alle Arbeitnehmer in allen Beschäftigungsbereichen. Arbeitnehmer im Sinne des Gesetzes sind gem. § 2 II ArbZG Arbeiter und Angestellte sowie die zu ihrer Berufsausbildung Beschäftigten (zum Arbeitnehmerbegriff s. § 8). Anders als nach dem Regierungsentwurf gilt das ArbZG auch für im Haushalt beschäftigte Arbeitnehmer (BT-Drucks. 12/6990 S. 44). Wegen der Sonn- und Feiertagsruhe ist das Ladenschlussgesetz für im Einzelhandel beschäftigte Arbeitnehmer lex specialis. 5

Das ArbZG **gilt nicht für Personen,** die in einem öffentlich-rechtlichen Dienst- oder Treueverhältnis stehen.[6] 6

b) Das **ArbZG ist nicht anzuwenden** (§ 18 ArbZG) auf 7

(1) leitende Angestellte im Sinne des § 5 III BetrVG (§ 212 RN 15 ff.) sowie Chefärzte, d. h. ärztliche Leiter eines Krankenhauses oder einer Krankenhausabteilung mit Vorgesetztenfunktion und ärztlicher Gesamtverantwortung für die Patientenversorgung in ihrem Bereich (nicht dagegen: Ober- oder Assistenzärzte),[7]

(2) Leiter von öffentlichen Dienststellen und deren Vertreter sowie Arbeitnehmer im öffentlichen Dienst, die zu selbstständigen Entscheidungen in Personalangelegenheiten befugt sind; zu selbstständigen Entscheidungen befugt sind sie, wenn sie nach § 75 BPersVG eine autonome Entscheidungsbefugnis haben,

(3) Arbeitnehmer, die in häuslicher Gemeinschaft mit den ihnen anvertrauten Personen zusammenleben und sie eigenverantwortlich erziehen, pflegen oder betreuen, z. B. Erzieher in SOS-Kinderdörfern (BT-Drucks. 12/6990 S. 44),

(4) den liturgischen Bereich der Kirchen und der Religionsgemeinschaften. Zum liturgischen Bereich gehören nach dem Selbstverständnis der Kirchen insbes. die Verkündigung des Wortes Gottes, die Gottesdienste, das gemeinschaftliche Gebet, die Austeilung der Sakramente und die Seelsorge.[8] Dagegen ist das ArbZG anzuwenden in den sozialen Diensten.

---

[1] Zum Schutzzweck vgl. BAG 11. 7. 2006 AP 10 zu § 611 BGB Dienstreise = NZA 2007, 155.

[2] *Neumann/Biebl* § 1 RN 10.

[3] BAG 9. 5. 1959 AP 3 zu Internat. Privatrecht, Arbeitsrecht = NJW 59, 1702; 13. 5. 1959 AP 4 zu Internat. Privatrecht, Arbeitsrecht = NJW 59, 1893; 12. 12. 1990 AP 2 zu § 4 TVG Arbeitszeit = NZA 91, 386.

[4] Zu Ausländern mit dem Status der Exterritorialität: BAG 10. 5. 1962 AP 6 zu Internat. Privatrecht, Arbeitsrecht = NJW 62, 1885.

[5] BAG 12. 12. 1990 AP 2 zu § 4 TVG Arbeitszeit = NZA 91, 386.

[6] *Schliemann* ZfPR 99, 94.

[7] *Schliemann* § 18 ArbZG RN 19.

[8] *Schliemann* § 18 ArbZG RN 25.

8 **c)** Für die Beschäftigung von **Personen unter 18 Jahren** gilt gem. § 18 II ArbZG anstelle des ArbZG das JArbSchG (s. § 161 RN 9f., 19f.).

9 Für die Beschäftigung von Arbeitnehmern auf **Kauffahrteischiffen** (§ 186 RN 39ff.) als Besatzungsmitglieder im Sinne von § 3 SeemG gilt anstelle des ArbZG das SeemG (§ 18 III ArbZG).

10 Für die Beschäftigung von Arbeitnehmern in **Bäckereien und Konditoreien** galt gem. § 18 IV anstelle des ArbZG das Gesetz über die Arbeitszeit in Bäckereien und Konditoreien. § 18 IV ArbZG ist durch Art. 2 Nr. 3 i. V. m. Art. 8 des Gesetzes über den Ladenschluss und zur Neuregelung der Arbeitszeit in Bäckereien und Konditoreien vom 30. 7. 1996 (BGBl. I S. 1186) aufgehoben. Es gilt insoweit das ArbZG (Besonderheiten s. §§ 2 III, 10 III).

11 **d)** Bei der Wahrnehmung **hoheitlicher Aufgaben** im öffentlichen Dienst, wenn also der Staat bzw. eine öffentlich-rechtliche Körperschaft oder Anstalt kraft öffentlich-rechtlicher Überordnung tätig wird, können, soweit keine tarifvertragliche Regelung besteht, durch die zuständige Dienstbehörde die für Beamte geltenden Bestimmungen über die Arbeitszeit auf die Arbeitnehmer übertragen werden. Insoweit finden die §§ 3 bis 13 ArbZG keine Anwendung (§ 19 ArbZG). Für Bundesbeamte gilt die VO zur Neuordnung der Arbeitszeit der Beamtinnen und Beamten des Bundes vom 23. 2. 2006 (BGBl. I S. 427).

12 Sonderregeln sind ferner vorgesehen für die Beschäftigung in der **Luftfahrt** (§ 20 ArbZG) und in der **Binnenschifffahrt** (§ 21 ArbZG).

III. Begriffsbestimmungen des Gesetzes

Bereitschaftsdienst: *Bauer/Krieger,* Bereitschaftsdienst – (un-)geklärte Fragen zu Arbeitszeit und Vergütung, BB 2004, 549; *Becker/Bertelsmann,* Bereitschaftsdienst als Bestandteil der Arbeitszeit, PersR 2002, 187; *Benecke,* Die Vergütung von Bereitschaftsdiensten, ZTR 2005, 521; *Bermig,* Die Änderung des Arbeitszeitgesetzes durch das Gesetz zu Reformen am Arbeitsmarkt, BB 2004, 101; *Boerner,* Anpassung des Arbeitszeitgesetzes an das Gemeinschaftsrecht, NJW 2004, 1559; *Boerner/Boerner,* Bereitschaftsdienst – auch in Deutschland Arbeitszeit, NZA 2003, 883; *Breezmann,* Bereitschaftsdienst in deutschen Krankenhäusern – Auswirkungen der Simap-Entscheidung einmal anders, NZA 2002, 946; *Buschmann,* Allzeit bereit, Folgerungen aus der Entscheidung des EuGH zum Bereitschaftsdienst für das deutsche Arbeitsrecht, ArbuR 2003, 1; *ders.,* Vorwärts Kameraden, es geht zurück, ArbuR 2004, 1; *Ebner/Schmalz,* Bereitschaftsdienst als Arbeitszeit im Sinne des Arbeitszeitgesetzes, DB 2001, 813; *St. Griebeling,* Der EuGH und die Arbeitszeit, FA 2003, 38; dazu FA 2003, 71; *Heins/Leder,* Die arbeitsrechtlihce Behandlung von Wegezeiten bei Dienstreisen, NZA 2007, 249; *Heinze,* Ärztlicher Bereitschaftsdienst als Arbeitszeit im Sinne des Arbeitszeitgesetzes?, ZTR 2002, 102; *Hock,* Bereitschaftsdienst und Arbeitsbereitschaft ab 1. 1. 2004, ZTR 2004, 114; *Karthaus,* Bereitschaftsdienste der Ärzte ist wirklich Arbeitszeit, ArbuR 2001, 485; *Koehler,* Das aktuelle Thema – Bereischaftsdienst = Arbeitszeit, ZfPR 2001, 66; *Körner,* Arbeitszeit und Bereitschaftsdienst, NJW 2003, 3606; *Linnenkohl,* Das „Simap" Urteil des EuGH vom 3. 10. 2000 und seine Bedeutung für die tarifvertragliche Gestaltung der einzelvertraglichen Arbeitsbeziehungen (horizontale Wirkung), ArbuR 2002, 211; *Linnenkohl/Schütz,* Bereitschaftsdienst – Problem nicht nur bei Ärzten, AuA 2002, 316; *Litschen,* Die Zukunft des Bereitschaftsdienstes im öffentlich-rechtlichen Gesundheitswesen, NZA 2001, 1355; *Mayer,* Bereitschaftsdienst – ade? AiB 2001, 195; *ders.,* Bereitschaftsdienst ist Arbeitszeit, AiB 2003, 224; *Pieper,* Neues zur Rufbereitschaft, ZTR 2001. 292; *ders.,* Arbeitsaufnahme aus der Rufbereitschaft, ZTR 2002, 420; *Rapatinski,* Bereitschaftsdienst als Arbeitszeit, RdA 2003, 328; *Rixen,* Europäische Grenzen des deutschen Arbeitszeitrechts, EuZW 2001, 421; *Richardi,* EG-richtlinienwidrige deutsches Arbeitsrecht, NZA 2004, Sonderbeil. Heft 18, 12; *Schliemann,* SIMAP, Arbeitszeit und Dienstplan – dienstvertragliche Pflichten des Chefarztes, ZTR 2003, 61; *ders.,* Bereitschaftsdienst ist Arbeitszeit, FA 2003, 290; *ders.,* Allzeit bereit, NZA 2004, 513; *ders.,* Bereitschaftsdienst im EG-Recht, NZA 2006, 1009; *Schmitt,* Grenzen für Ärzte, Arbeitszeit, AuA 2001, 167; *ders.,* Bereitschaftsdienste – Klarheit in Sicht?, AuA 2003, Heft 11/03 S. 14; *Tietje,* Ist Bereitschaftsdienst wirklich Arbeitszeit, NZA 2001, 241; *Trägner,* Bereitschaftsdienst angestellter Krankenhausärzte, NZA 2002, 126; *Wahlers,* Europarechtliche Aspekte der Arbeitszeitgestaltung in Krankenhäusern öffentlich-rechtlicher Träger, PersV 2001, 251; *ders.,* Aspekte der Arbeitszeitgestaltung – Bereitschaftsdienst als Arbeitszeit, PersV 2003, 444; *Weber,* Zur Neuordnung des ärztlichen Bereitschaftsdienstes nach Ausgabe des EuGH, ArztR 2002, 288; *Zwanziger,* Das BAG und das Arbeitszeitgesetz – Aktuelle Tendenzen, DB 2007, 1356.

13 **1. Arbeitszeit.** Dies ist nach § 2 I ArbZG die Zeit von Beginn bis Ende der Arbeit ohne Ruhepausen. Arbeitszeit ist mithin die Summe der Zeiten zwischen dem Arbeitsbeginn und dem Arbeitsende. Im Bergbau unter Tage zählen die Ruhepausen zur Arbeitszeit (§ 2 I 2 ArbZG). Für den Begriff der Arbeitszeit ist unerheblich, ob der Arbeitnehmer auch tatsächlich arbeitet. Ausreichend ist, wenn er sich am Arbeitsplatz bereithält (Verfügbarkeit). Daher gehören auch **Arbeitsunterbrechungen** z. B. wegen Maschinenstillstandes oder fehlender Arbeitsmaterialien zur Arbeitszeit. Arbeitszeit ist auch diejenige Zeit, die der Mitarbeiter zur Erledigung der übertragenen Arbeiten benötigt. **Wasch- und Umkleidezeiten** sind dann Arbeitszeit, wenn

das Umkleiden zur geschuldeten Arbeitsleistung gehört, dagegen nicht, wenn es zur persönlichen Arbeitsvorbereitung dient (z. B. bei einem Koch).[9]

Nicht gesetzlich geregelt ist der **Beginn und das Ende der Arbeitszeit.** Insoweit ist auf Regelungen des Tarifvertrages, einer Betriebsvereinbarung oder des Einzelarbeitsvertrages abzustellen. 14

2. Wegezeit, Dienstreisezeit. a) Keine Arbeitszeit sind **Wegezeiten,** die der Arbeitnehmer benötigt, um von seiner Wohnung zum Betrieb oder wieder zurückzukommen.[10] Dagegen gehören zur Arbeitszeit Wege im Betrieb und zu außerhalb des Betriebes gelegenen Betriebsorten. 15

b) Dienstreisezeit ist dagegen diejenige Zeit, die der Arbeitnehmer benötigt, um von dem Betriebs- oder Wohnort an einen vom Arbeitgeber bestimmten Ort außerhalb der Gemeindegrenzen des Betriebs- oder Wohnorts zu gelangen, an dem die Dienstgeschäfte zu erledigen sind. Die Dienstreisezeit gehört dann zur Arbeitszeit, wenn der Arbeitnehmer selbst arbeitet, z. B. ein Auto fährt oder sonstige Aufgaben für den Arbeitgeber erledigt.[11] Die Dienstreisezeit zählt nicht zur Arbeitszeit, wenn der Arbeitnehmer sich in dieser Zeit erholen und entspannen kann (näher § 45 RN 61). Das gilt z. B. dann, wenn der Arbeitgeber lediglichdie Benutzung eines öffentlichen Verkehrsmittels vorgibt und dem Arbeitnehmer überlassen bleibt, wie er die Zeit nutzt.[12] 16

3. Arbeitsbereitschaft. Arbeitszeitrechtlich sind Zeiten der Arbeitsbereitschaft in die Arbeitszeit einzubeziehen. Arbeitsbereitschaft liegt vor, wenn die Art der vom Arbeitnehmer verrichteten Arbeit einen Wechsel zwischen voller und geringerer Beanspruchung beinhaltet. Sie ist wache Achtsamkeit im Zustand der Entspannung.[13] Arbeitsbereitschaft ist gegeben, wenn die Verkäuferin auf den Kunden wartet oder der Pförtner an der offenen Haustür auf den Besucher (s. auch § 45 RN 56). 17

4. Bereitschaftsdienst[14] liegt vor, wenn der Arbeitnehmer sich an einer vom Arbeitgeber bestimmten Stelle innerhalb oder außerhalb des Betriebes aufzuhalten hat, um, sobald es notwendig ist, seine Arbeit sofort oder zeitnah aufzunehmen zu können, ohne sich im Zustand wacher Achtsamkeit zu befinden.[15] Bereitschaftsdienst ist nach der Richtlinie 93/104/EG Arbeitszeit im arbeitsschutzrechtlichen Sinne, auch wenn der Arbeitgeber hierfür einen Ruheraum zur Verfügung stellt.[16] Dies hat Bedeutung für die Höchstarbeitszeit in § 5 III und § 7 II Nr. 1 ArbZG a. F. Nach diesen Bestimmungen war der Bereitschaftsdienst nicht als Arbeitszeit im Sinne von § 2 I ArbZG anzusehen.[17] Ob diese Vorschriften europarechtswidrig waren, war umstritten.[18] Das BAG hat dies bejaht und entschieden, dass eine europarechtskonforme Auslegung des ArbZG nicht möglich sei, denn dadurch würden §§ 5 III, 7 II Nr. 1 ArbZG aufgehoben. Das müsse aber der Gesetzgeber und nicht das Gericht machen. Da die Richtlinie sich nur an den Staat wende, müsse vom Wortlaut des Gesetzes ausgegangen werden.[19] Hat ein Mitgliedstaat eine Richtlinie nicht oder nicht richtig umgesetzt, kann sich der Bürger gegenüber dem Staat und seinen Untergliederungen unmittelbar auf die Richtlinie berufen, wenn die betreffenden Vorschriften inhaltlich unbedingt und hinreichend bestimmt sind.[20] Untergliederungen sind 18

---

[9] BAG 28. 7. 1994 AP 32 zu § 15 BAT = NZA 95, 437; 22. 3. 1995 AP 8 zu § 611 BGB Arbeitszeit = NZA 96, 107; 11. 10. 2000 AP 20 zu § 611 BGB Arbeitszeit = NZA 2001, 458.

[10] BAG 26. 8. 1960 AP 2 zu § 611 BGB Wegezeit; 8. 12. 1960 AP 1 zu § 611 BGB Wegezeit; 19. 1. 1977 AP 5 zu § 42 BAT.

[11] BAG 23. 7. 1996 AP 26 zu § 87 BetrVG 1972 Ordnung des Betriebes = NZA 97, 216; 11. 7. 2006 AP 10 zu § 611 BGB Dienstreise = NZA 2007, 155; *Loritz* NZA 97, 1188 (1191 f.); *Heins/Leder* NZA 2007, 249 (250).

[12] BAG 11. 7. 2006 AP 10 zu § 611 BGB Dienstreise = NZA 2007, 155.

[13] BAG 28. 1. 1981 AP 1 zu § 18 MTL II; 18. 2. 2003 AP 12 zu § 611 BGB Arbeitsbereitschaft = NZA 2003, 742; 11. 7. 2006 AP 10 zu § 611 BGB Dienstreise = NZA 2007, 155.

[14] Schrifttum s. vor RN 13.

[15] BAG 18. 2. 2003 AP 12 zu § 611 BGB Arbeitsbereitschaft = NZA 2003, 742; 16. 3. 2004 AP 2 zu § 2 ArbZG = NZA 2004, 927; 25. 4. 2007 AP 53 zu § 15 BAT = NZA 2007, 1108.

[16] EuGH 3. 10. 2000 AP 2 zu EWG-Richtlinie 93/104 (SIMAP) = NZA 2000, 1227; 9. 9. 2003 AP 7 zu EWG-Richtlinie 93/104 = NZA 2003, 1019 (Jaeger); 1. 12. 2005 AP 1 zu Richtlinie 93/104/EG = NZA 2006, 89 (Dellas).

[17] BAG 18. 2. 2003 AP 12 zu § 611 BGB Arbeitsbereitschaft = NZA 2003, 742.

[18] S. die Nachweise bei *Schliemann* § 2 ArbZG RN 27; vgl. zur europarechtskonformen Auslegung *Griebeling* FA 2003, 38.

[19] BAG 18. 2. 2003 AP 12 zu § 611 BGB Arbeitsbereitschaft = NZA 2003, 742; 5. 6. 2003 AP 7 zu § 611 BGB Bereitschaftsdienst = NZA 2004, 164.

[20] EuGH 19. 1. 1982 Slg. 1982, 53, 71 = NJW 82, 499 (Becker); 26. 2. 1986 Slg. 1986, 723, 749 = NJW 86, 2178 (Marshall); 4. 12. 1997 AP 3 zu EWG-Richtlinie 91/533 = NZA 98, 137 (Kampelmann).

auch öffentliche Verwaltungen als Arbeitgeber. Dagegen entfalten die Richtlinien nach Ansicht des BAG keine Bindung gegenüber privaten Arbeitgebern. Das hat dazu geführt, dass unterschiedliche Arbeitszeitregelungen in öffentlichen und privaten Krankenhäusern notwendig wurden. Nunmehr spricht der EuGH einer nicht ordnungsgemäß in nationales Recht umgesetzten Richtlinie faktisch auch Auswirkungen im Verhältnis zu einem privaten Arbeitgeber zu: Die nationalen Gerichte seien verpflichtet, das nationale Recht (auch Tarifverträge) so weit wie möglich so auszulegen, um zu einem Ergebnis zu gelangen, das mit dem von der Richtlinie verfolgten Ziel vereinbar ist; die Gerichte müssten alles tun, um die Überschreitung der in der Richtlinie festgelegten wöchentlichen Höchstarbeitszeit von 48 Stunden zu verhindern.[21] Das BAG hat auf der Vergütungsseite angenommen, dass die Richtlinie 93/104/EG (jetzt: Richtlinie 2003/88/EG) für die arbeitsvertragliche Abgrenzung von Überstunden und Bereitschaftsdienst keine Bedeutung hat.[22]

19 Durch das Gesetz zu Reformen am Arbeitsmarkt vom 24. 12. 2003 (BGBl. I S. 2003) ist das Arbeitszeitgesetz geändert worden. Bereitschaftsdienst und Arbeitsbereitschaft sind danach zur Arbeitzeit im Sinne von § 2 I ArbZG zu rechnen (vgl. § 7 I Nr. 1 Buchst. a) ArbZG).[23] In vielen Bereichen ist es aber notwendig, auf Arbeitszeitorganisationen zurückzugreifen, die lange Anwesenheitszeiten erforderlich machen. Nach § 7 I Nr. 1 ArbZG wird daher die Möglichkeit eröffnet, dass in einem Tarifvertrag oder auf Grund eines Tarifvertrages durch eine Betriebs- oder Dienstvereinbarung die Arbeitszeit über zehn Stunden werktäglich verlängert werden kann, wenn in die Arbeitszeit in erheblichem Umfang Arbeitsbereitschaft oder Bereitschaftsdienst fällt. In Tarifverträgen oder in Betriebs- und Dienstvereinbarungen auf Grund eines Tarifvertrages kann vorgesehen werden, dass ein Ausgleich nicht erfolgt (§ 7 IIa ArbZG). Es muss aber sichergestellt werden, dass die Gesundheit der Arbeitnehmer nicht gefährdet ist. Wichtigste Voraussetzung für die Arbeitszeitverlängerung ist die Zustimmung des einzelnen betroffenen Beschäftigten (§ 7 VII ArbZG). Sie muss schriftlich erfolgen und ersetzt keine der zuvor genannten Tatbestandsvoraussetzungen. Der Einzelne kann ein einmal gegebenes Einverständnis jederzeit widerrufen. Er muss dabei jedoch eine Frist von sechs Monaten einhalten, innerhalb derer der Arbeitgeber die erforderlichen Dispositionen treffen kann. Arbeitnehmer, die ihre Zustimmung nicht erteilen oder widerrufen, dürfen nicht benachteiligt werden (§ 7 VII 3 ArbZG). Wird die Arbeitszeit verlängert, darf sie 48 Stunden wöchentlich im Durchschnitt von zwölf Kalendermonaten nicht überschreiten (§ 7 VIII ArbZG). Wird die Arbeitszeit über zwölf Stunden verlängert, muss in unmittelbarem Anschluss an die Beendigung der Arbeitszeit eine Ruhezeit von mindestens elf Stunden gewährt werden (§ 7 IX ArbZG). Betriebe, die keinem Tarifvertrag unterliegen, sowie Kirchen und öffentlich-rechtliche Religionsgesellschaften können die Arbeitszeitverlängerung mit Individualzustimmung unter denselben Voraussetzungen nutzen wie die bisher eröffneten Flexibilisierungsmöglichkeiten (§ 7 III, IV ArbZG). Es muss eine Verweisung auf § 7 I 1 ArbZG aufgenommen werden. Übergangsregelungen für die Zeit bis zum 31. 12. 2006 sind in § 25 ArbZG enthalten. Auf Grund einer europarechtskonformen Auslegung der Vorschrift wird hiervon aber die 48-Stunden-Grenze für die durchschnittliche Wochenarbeitszeit gem. § 7 VIII ArbGG nicht erfasst.[24]

20 5. **Rufbereitschaft** ist die Verpflichtung des Arbeitnehmers, sich an einem selbstbestimmten, aber dem Arbeitgeber anzugebenden Ort auf Abruf zur Arbeit bereitzuhalten.[25] Sie kann gegeben sein, wenn der Arbeitnehmer sein Mobiltelefon einschalten muss.[26] Setzt der Arbeitgeber eine zeitlich kurze Frist (z.B. 10 oder 20 Minuten), innerhalb derer die Arbeit aufgenommen werden muss, fehlt es an dem für die Rufbereitschaft prägenden Merkmal der freien Wahl des Aufenthalts-

---

[21] EuGH 5. 10. 2004 AP 12 zu EWG-Richtlinie 93/104 = NZA 2004, 1145 (Pfeiffer); s. hierzu *Matthiesen/Shea* DB 2005, 106; kritisch zu den Grenzen einer richtlinienkonformen Auslegung: *Thüsing* ZIP 2004, 2301.

[22] BAG 5. 6. 2003 AP 7 zu § 611 BGB Bereitschaftsdienst = NZA 2004, 164; 28. 1. 2004 AP 10 zu § 611 BGB Bereitschaftsdienst = NZA 2004, 656; 14. 10. 2004 AP 3 zu § 2 BAT SR 2r = DB 2005, 834; s. auch § 45 RN 57, 58.

[23] BAG 16. 3. 2004 AP 2 zu § 2 ArbZG = NZA 2004, 927.

[24] BAG 24. 1. 2006 AP 8 zu § 3 ArbZG = NZA 2006, 862; zur Frage der (Un-)Vereinbarkeit des § 25 ArbZG mit dem Europarecht: *Schliemann* NZA 2004, 513 (518); *Bermig* BB 2004, 101, 105; *Bauer/Krieger* BB 2004, 549, 550; *Boerner* NJW 2004, 1559 (1562); *Matthiesen/Shea* DB 2005, 106.

[25] Vgl. BAG 19. 12. 1991 AP 1 zu § 67 BMT-G II = NZA 92, 560; 31. 1. 2002 ZTR 2002, 432 = NZA 2002, 871 (LS); 11. 7. 2006 AP 10 zu § 611 BGB Dienstreise = NZA 2007, 155.

[26] BAG 29. 6. 2000 AP 41 zu § 15 BAT = NZA 2001, 165; dazu *Pieper* ZTR 2001, 292; *Zetl* ZMV 2001, 187.

ortes, so dass eine Arbeitsbereitschaft oder ein Bereitschaftsdienst anzunehmen ist.[27] Allerdings ist der Arbeitnehmer auch bei einer Rufbereitschaft in der Wahl seines Aufenthaltsortes nicht völlig frei. Zwischen dem Abruf und der Arbeitsaufnahme darf nur eine solche Zeitspanne liegen, die den Arbeitseinsatz nicht gefährdet und im Bedarfsfall die Arbeitsaufnahme gestattet. Der Aufenthaltsort des Arbeitnehmers muss sich noch in einer Entfernung von der Arbeitsstelle befinden, die es ihm ermöglicht, die Arbeitsstelle in angemessen kurzer Zeit zu erreichen.[28] Bei der Rufbereitschaft ist nur die Zeit, die für die tatsächliche Erbringung von Leistungen aufgewandt wird, als Arbeitszeit anzusehen[29] (vgl. §§ 5 III, 7 II Nr. 1 ArbZG). Bei der Einführung von Rufbereitschaft hat der Betriebsrat ein erzwingbares Mitbestimmungsrecht.[30]

6. Nachtarbeit. Sie ist jede Arbeit, die mehr als zwei Stunden der Nachtzeit umfasst (§ 2 IV ArbZG). **Nachtzeit** ist gem. § 2 III ArbZG die Zeit von 23 bis 6 Uhr (in Bäckereien und Konditoreien: von 22 bis 5 Uhr). **Nachtarbeitnehmer** im Sinne des ArbZG sind Arbeitnehmer, die **(1)** auf Grund ihrer Arbeitszeitgestaltung normalerweise Nachtarbeit in Wechselschicht zu leisten haben oder **(2)** Nachtarbeit an mindestens 48 Tagen im Kalenderjahr leisten (§ 2 V ArbZG). Nicht jeder Arbeitnehmer, der Nachtarbeit gem. § 2 IV ArbZG leistet, ist damit auch Nachtarbeitnehmer im Sinne von § 2 V ArbZG, für den die in § 6 ArbZG geregelten Rechte (s. § 157 RN 9ff.) gelten.[31] 21

IV. Dauer der gesetzlich zulässigen Höchstarbeitszeit

1. Höchstarbeitszeit. a) Die **werktägliche Arbeitszeit** der Arbeitnehmer darf acht Stunden nicht überschreiten (§ 3 Satz 1 ArbZG). Sie kann ohne bestimmte Anlässe auf bis zu zehn Stunden verlängert werden, wenn innerhalb von sechs Kalendermonaten (das sind ca. 26 Wochen) oder innerhalb von 24 Wochen im Durchschnitt acht Stunden werktäglich nicht überschritten werden (§ 3 Satz 2 ArbZG). Mit dieser Regel sollte eine einwandfreie gesetzliche Grundlage für alle Formen der Modelle der Gleitzeit und der flexiblen Arbeitszeit geschaffen werden. Werktage sind alle Tage, die nicht Sonn- oder Feiertage sind. Anders als der Kalendertag wird der Werktag nicht von 0.00 bis 24.00 Uhr gerechnet, sondern zählt ab Beginn der Arbeit (z.B. Montag um 7 Uhr) und endet 24 Stunden später bis (in diesem Beispiel am Dienstag um 7 Uhr).[32] Ob der Arbeitgeber als Ausgleichszeitraum sechs Kalendermonate oder 24 Wochen wählt, steht in seinem Ermessen. Es ist umstritten, ob der Ausgleichszeitraum der Arbeitszeitrichtlinie entspricht. Zum Teil wird § 3 ArbZG wegen eines Verstoßes gegen die Regelung in Art. 6 lit. b der Richtlinie 2003/88/EG für europarechtswidrig gehalten.[33] Die Berücksichtigung von Ausfallzeiten (Urlaub, Krankheit, vorübergehende Verhinderung gem. § 616 BGB, Feiertage) ist umstritten. Überwiegend wird die Ansicht vertreten, dass solche Zeiten bei der Berechnung des Ausgleichszeitraumes unberücksichtigt bleiben müssen.[34] Dies entspricht Art. 16 Nr. 2 der EU-Arbeitszeitrichtlinie (jetzt Art. 16 lit. b der Richtlinie 2003/88/EG). Der Betriebsrat hat nach § 87 I Nr. 3 BetrVG ein erzwingbares Mitbestimmungsrecht. 22

b) Der **gesetzliche Höchstrahmen** für die Arbeitszeit beträgt mithin 6 × 8 Stunden = 48 Stunden × 48 Wochen (52 Jahreswochen minus 4 Wochen gesetzlicher Urlaub) = 2304 Arbeitsstunden. Die Arbeitszeit kann bis zu 60 Stunden wöchentlich erhöht werden, wenn innerhalb des gesetzlich festgelegten Ausgleichszeitraums von 6 Monaten bzw. 24 Wochen die Arbeitszeit von acht Stunden werktäglich nicht überschritten wird. Der Ausgleich der Mehrarbeit innerhalb des Ausgleichszeitraums ist die einzige Voraussetzung für die Verlängerung der regelmäßigen Arbeitszeit. Ist ausnahmsweise Arbeit an Sonn- und Feiertagen zulässig, wird diese dem Arbeitszeitbudget nicht hinzugerechnet (§ 11 II ArbZG). 23

c) Da die **Verlängerung der gesetzlichen Arbeitszeit** nur von der Gewährung von Ausgleichszeit abhängig ist, sind praktisch alle Formen der Arbeitszeitflexibilisierung möglich. Denk- 24

---

[27] BAG 19. 12. 1991 AP 1 zu § 67 BMT-G II = NZA 92, 560; 31. 1. 2002 ZTR 2002, 432 = NZA 2002, 871 (LS).

[28] BAG 12. 2. 1969 AP 1 zu § 9 TVAL II; 31. 5. 2001 ZTR 2002, 173 = NZA 2002, 351 (LS).

[29] EuGH 3. 10. 2000 AP 2 zu EWG-Richtlinie 93/104 (SIMAP) = NZA 2000, 1227.

[30] BAG 23. 1. 2001 AP 78 zu § 75 BPersVG = NZA 2001, 741.

[31] *Schliemann* § 2 ArbZG RN 113.

[32] *Schliemann* § 3 ArbZG RN 6 m. w. N.

[33] ErfK/*Wank* § 3 ArbZG RN 7; *Buschmann/Ulber* § 3 ArbZG RN 12; a. A. *Linnenkohl/Rauschenberg* § 3 ArbZG RN 18.

[34] *Erasmy* NZA 94, 1105, 1107; *Junker* ZfA 98, 105, 112; ausführlich *Schliemann* § 3 ArbZG RN 81ff.; a. A. *Dobberahn* RN 31.

bar wäre z. B. ein Arbeitszeitmodell von 48 Stunden wöchentlich (6 × 8 Stunden). Bei einem Ausgleichszeitraum von 24 Wochen ergibt sich eine Gesamtarbeitszeit von 1152 Stunden. Dies entspricht 144 Werktagen je acht Stunden. Im äußersten Fall kann die Gesamtarbeitszeit von 1152 Stunden auf 115 Werktage mit je 10 Stunden und einem Werktag von zwei Stunden verteilt werden (1152 : 10 = 115,2). Alsdann wären 28,8 Werktage arbeitsfrei.

25 Umstritten ist, ob z. B. ein Arbeitzeitmodell zulässig ist, in dem der Arbeitnehmer zunächst 115,2 Tage arbeitet und alsdann freigestellt wird und im nächsten Ausgleichszeitraum zunächst freigestellt wird und dann in der Sechs-Tage-Woche 60 Stunden arbeitet. In der Regierungsbegründung (BT-Drucks. 12/5888 S. 24) heißt es, dass in den „folgenden" sechs Kalendermonaten der Ausgleich erfolgen müsse. Insoweit wird es sich um ein sprachliches Versehen handeln, weil eine weitestgehende Flexibilisierung gewollt war. Der Gesetzestext enthält jedenfalls **keine Vorgaben für die Wahl des Ausgleichzeitraums.** Daher ist es ohne Bedeutung, ob die Tage mit kürzerer Arbeitszeit am Anfang, am Ende oder in der Mitte des Ausgleichzeitraums liegen.[35]

26 **d) Arbeitszeiten bei mehreren Arbeitgebern** sind zusammenzurechnen (§ 2 I ArbZG).

27 **e)** Der **Betriebsrat** hat nach § 87 I Nr. 3 BetrVG bei der Festlegung des Ausgleichszeitraumes ein erzwingbares Mitbestimmungsrecht, sofern es sich nicht um eine individuelle Regelung ohne kollektiven Bezug handelt.

28 **2. Arbeitsverpflichtung. a)** Das ArbZG enthält allein einen **gesetzlich zulässigen Höchstrahmen** für die Tagesarbeitszeit. Dagegen enthält es keine Aussage zur zeitlichen Verpflichtung des Arbeitnehmers, Arbeit zu leisten. Dies gilt sowohl für die Zahl der Arbeitsstunden als auch die Zahl der Werktage in der Woche. In welchem Umfang der Arbeitnehmer zur Arbeitsleistung verpflichtet ist, muss im Tarifvertrag, einer Betriebsvereinbarung oder im Einzelarbeitsvertrag festgelegt sein.

29 **b)** Der Arbeitgeber, der einen Arbeitnehmer **länger als 10 Stunden beschäftigt** oder Überschreitungen der Zehn-Stunden-Grenze duldet, handelt nach § 22 I Nr. 1 ArbZG ordnungswidrig. Die Ordnungswidrigkeit kann mit einer Geldbuße bis zu 15 000 Euro geahndet werden.

30 **Vereinbarungen** zwischen Arbeitgeber und Arbeitnehmer, nach denen der Arbeitnehmer verpflichtet wird, über die gesetzlich zulässige Arbeitszeit hinaus zu arbeiten, sind nach § 134 BGB unwirksam. Der Arbeitnehmer hat insoweit an seiner Arbeitsleistung ein Zurückbehaltungsrecht (§ 273 BGB).

31 **c)** Erbringt der Arbeitnehmer eine **Leistung über seine individualvertraglich geschuldete Arbeitsleistung** bis zur Dauer der gesetzlich zulässigen Arbeitszeit, so muss sich im Wege der Auslegung kollektivrechtlicher oder individualrechtlicher Vereinbarungen ergeben, inwieweit dem Arbeitnehmer Anspruch auf **Überstundenvergütung** zusteht. Fehlt eine solche Regelung, folgt ein Anspruch auf Überstundenvergütung u. U. aus § 612 I BGB (s. § 69 RN 10 ff.). Ein gesetzlicher Anspruch auf Zahlung von Überstundenzuschlägen besteht dagegen nicht. Bei einem **Überschreiten der gesetzlichen regelmäßigen Arbeitszeit** spricht man üblicherweise von **Mehrarbeit** (zu den Begriffen s. § 45 RN 55). Das ArbZG normiert (anders als die frühere Regelung in § 15 AZO) keinen Anspruch auf Zahlung eines Mehrarbeitszuschlages. Es ist als reines Arbeitsschutzgesetz konzipiert.

32 **d) Sommerzeit.**[36] Die mitteleuropäische Sommerzeit beginnt jeweils am letzten Sonntag im März um 2 Uhr mitteleuropäischer Zeit und endet am letzten Sonntag im Oktober. Sie wird zu Beginn von 2 auf 3 Uhr vorgestellt und am Ende von 3 auf 2 Uhr zurückgestellt.[37] Die mit der Einführung der Sommerzeit zusammenhängenden Probleme sind zumeist tariflich besonders geregelt. Bestehen keine Sonderregeln, so erlangt der Arbeitnehmer entsprechend der geleisteten Arbeitszeit Vergütungsansprüche. Das BAG hat dies aber bislang erst anerkannt, soweit der Arbeitnehmer trotz der ausgefallenen Arbeitsstunde die vereinbarte Zahl von Arbeitsstunden und damit die geschuldete Arbeitsvergütung erreicht.[38] Bei Einführung der Winterzeit fällt regelmäßig eine Arbeitsstunde mehr an. Insoweit kommt es auf den Wortlaut des Tarifvertrages an, ob Ansprüche auf Überstundenvergütung erwachsen.

---

[35] H. M., s. *Erasmy* NZA 94, 1105, 1106; *Zmarzlik* DB 94, 1082, 1083; *Schliemann* § 3 ArbZG RN 63 ff.; ErfK/*Wank* § 3 ArbZG RN 8; *Dobberahn* RN 32; a. A. *Buschmann/Ulber* § 3 ArbZG RN 13; *Roggendorf* § 3 ArbZG RN 12.

[36] Zu arbeitsrechtlichen Problemen bei Einführung der Sommerszeit: *Zilius* ArbuR 80, 236.

[37] VO über die Einführung der mitteleuropäischen Sommerzeit ab dem Jahr 2002 (Sommerzeitverordnung – SoZV) vom 12. 7. 2001 (BGBl. I S. 1591).

[38] BAG 11. 9. 1985 AP 38 zu § 615 BGB = NZA 86, 1781.

V. Tarifliche Regelung

1. Vorrang des Tarifvertrages. a) In einem Tarifvertrag oder auf Grund eines Tarifvertrages in einer Betriebsvereinbarung kann zugelassen werden, **abweichend von § 3 ArbZG** **(a)** die Arbeitszeit über zehn Stunden werktäglich auch ohne Ausgleich zu verlängern, wenn in die Arbeitszeit regelmäßig und in erheblichem Umfang Arbeitsbereitschaft fällt, **(b)** einen anderen Ausgleichszeitraum festzulegen; Art. 17 IV der EU-Arbeitszeitrichtlinie 93/104/EG begrenzt den Spielraum auf ein Jahr, **(c)** ohne Ausgleich die Arbeitszeit auf bis zu zehn Stunden werktäglich an höchstens 60 Tagen im Jahr zu verlängern (§ 7 I Nr. 1 ArbZG). Regelmäßig bedeutet, dass es zur Eigenart der Tätigkeit gehören muss, dass Zeiten der Vollarbeit mit Zeiten geringerer Inanspruchnahme wechseln. Für das Merkmal des erheblichen Umfangs (§ 7 I Nr. 1 lit. a ArbZG) kommt es auf das Verhältnis von Arbeitsbereitschaft zur vollen Arbeitsleistung an. Es wird als erfüllt anzusehen sein, wenn die während der Vollarbeit anfallende Zeit der Arbeitsbereitschaft einen Richtwert von 1/4 bis 1/3 erreicht.[39] 33

b) Von der gesetzlichen Regelung kann im Rahmen der gesetzlichen Ermächtigung durch Tarifvertrag abgewichen werden. Abweichungen in einer **Betriebsvereinbarung** sind nur dann wirksam, wenn ein Tarifvertrag vorliegt und sich aus diesem eindeutig ergibt, dass und in welchem Umfang die Tarifvertragsparteien ihre Befugnis zur Zulassung von Abweichungen auf die Betriebspartner übertragen haben. Im Geltungsbereich eines Tarifvertrages können abweichende tarifvertragliche Regelungen im Betrieb eines nicht tarifgebundenen Arbeitgebers durch Betriebsvereinbarung oder, wenn ein Betriebsrat nicht besteht, durch schriftliche Vereinbarung zwischen dem Arbeitgeber und dem Arbeitnehmer übernommen werden (§ 7 III 1 ArbZG). Weitere Einzelheiten ergeben sich aus § 7 III ArbZG. 34

c) Für **bestehende oder kraft Nachwirkung geltende Tarifverträge** ist eine Übergangsvorschrift in § 25 ArbZG (s. RN 19) enthalten. 35

2. Kirche. Die Kirchen und die öffentlich-rechtlichen Religionsgemeinschaften können die Arbeitszeit und den Ausgleichszeitraum in ihren Regelungen vorsehen (§ 7 IV ArbZG). Diese regeln üblicherweise die Arbeitszeit durch arbeitsvertragliche Einheitsregelungen, die nicht den Rang von Tarifverträgen haben (vgl. § 185). 36

3. Ausnahmeregelungen. In einem Bereich, in dem Regelungen durch Tarifvertrag üblicherweise nicht getroffen werden, können Ausnahmen durch die Aufsichtsbehörde bewilligt werden, wenn dies aus betrieblichen Gründen erforderlich ist und die Gesundheit der Arbeitnehmer nicht gefährdet wird (§ 7 V ArbZG). Schließlich kann die BReg. durch RechtsVO mit Zustimmung des Bundesrats Ausnahmen zulassen, sofern dies aus betrieblichen Gründen erforderlich ist und die Gesundheit der Arbeitnehmer nicht gefährdet wird (§ 7 VI ArbZG). 37

VI. Ausnahmen in besonderen Fällen

1. Notfall. Nach § 14 I ArbZG kann von den §§ 3 bis 5 ArbZG (Vorschriften über die Höchstarbeitszeit, Mindestruhepausen und Mindestruhezeiten), § 6 II ArbZG (Höchstarbeitszeit der Nachtarbeitnehmer), § 7 ArbZG (Abweichende Tarifregelungen) sowie §§ 9 bis 11 ArbZG (Sonn- und Feiertagsausgleich) abgewichen werden bei vorübergehenden Arbeiten in Notfällen und in außergewöhnlichen Fällen, die unabhängig vom Willen der Betroffenen eintreten und deren Folgen nicht auf andere Weise zu beseitigen sind, besonders, wenn Rohstoffe oder Lebensmittel zu verderben oder Arbeitsergebnisse zu misslingen drohen. Ein **Notfall** ist durch die Gefahr des Eintritts eines unverhältnismäßigen Schadens infolge eines unvorhergesehenen und plötzlich eintretenden Ereignisses gekennzeichnet. Aus dem Gesetz ergeben sich keine Untergrenzen des drohenden Schadens. Notfälle sind insbes. Fälle höherer Gewalt (z. B. Überschwemmungen, Schneekatastrophen, Stürme). Ein streikbedingter Ausfall von Arbeitskräften ist nur dann als Notfall anzusehen, wenn dessen Folgen über die für einen Arbeitskampf typischen Produktionsausfälle hinausgehen[40] (z. B. bei einer Existenzbedrohung des Betriebes). Keine Notfälle sind nach h. M. Ereignisse, die sich als Folge von Organisationsmängeln einstellen oder die auf fehlerhaften Entscheidungen des Arbeitgebers beruhen.[41] Das ist im Hinblick auf fahrlässig 38

[39] *Schliemann* § 7 ArbZG RN 41; ErfK/*Wank* § 7 ArbZG RN 6; abweichend *Baeck/Deutsch* § 7 RN 51, die als Untergerenze 20% annehmen sowie *Buschmann/Ulber* § 7 RN 8, die 50% voraussetzen wollen.

[40] OLG Celle 8. 10. 1986 NZA 87, 283.

[41] BAG 28. 2. 1958 AP 1 zu § 14 AZO = ArbuR 58, 378; *Buschmann/Ulber* § 14 ArbZG RN 6; *Anzinger/Koberski* § 14 ArbZG RN 5; *Linnenkohl/Rauschenberg* § 14 RN 5; *Schliemann* § 14 ArbZG RN 6; ErfK/*Wank* § 14 ArbZG RN 2.

verursachte Notsituationen zweifelhaft, weil die Verhütung unverhältnismäßiger Schäden nicht unter dem Gebot der schuldlosen Verursachung steht.[42] Im Fall einer vorsätzlichen Verursachung durch den Arbeitgeber dürfte schon § 242 BGB (unzulässige Rechtsausübung) einer Abweichung nach § 14 ArbZG entgegenstehen. Der **außergewöhnliche Fall** unterscheidet sich vom Notfall graduell. Außergewöhnliche Fälle sind zumeist durch eine geringere Intensität des drohenden Schadens gekennzeichnet. Voraussetzung für die abweichende Arbeitszeit ist, dass der außergewöhnliche Fall unabhängig vom Willen der Betroffenen eintritt und dass die Folgen nicht auf andere Weise zu beseitigen sind. Sowohl der Begriff des Notfalls als auch des außergewöhnlichen Falls setzt eine Unvorhersehbarkeit voraus. Diese liegt nicht vor, wenn das Ereignis mit einer gewissen Wahrscheinlichkeit als Nebenfolge des Betriebes eintritt. Die Folgen des Notfalls oder des außergewöhnlichen Falles müssen nicht unbedingt den Arbeitgeber treffen. Sie können vielmehr auch bei einem Dritten, z.B. einem Kunden, auftreten.[43]

39 **2. Abweichende Fälle nach § 14 II ArbZG.** § 14 II Nr. 1 ArbZG gestattet abweichende Arbeitszeiten, wenn eine verhältnismäßig geringe Zahl von Arbeitnehmern vorübergehend mit Arbeiten beschäftigt wird, deren Nichterledigung das Ergebnis der Arbeiten gefährden oder einen unverhältnismäßigen Schaden zur Folge haben würde. Eine verhältnismäßig geringe Zahl der eingesetzten Arbeitnehmer ist nicht nur dann anzunehmen, wenn die Zahl der beschäftigten Arbeitnehmer in Relation zur Gesamtbelegschaft gering ist, sondern auch dann, wenn sich deren absolute Zahl (in einem Kleinbetrieb) als objektiv gering darstellt.[44] Der Anwendungsbereich der Vorschrift kann nicht von der jeweiligen Betriebsorganisation und Betriebsgröße abhängen. § 14 II Nr. 2 ArbZG erlaubt Abweichungen in Forschung und Lehre, bei unaufschiebbaren Vor- und Abschlussarbeiten sowie bei unaufschiebbaren Arbeiten zur Behandlung, Pflege und Betreuung von Personen oder zur Behandlung und Pflege von Tieren an einzelnen Tagen. Beide Ausnahmeregelungen setzen voraus, dass sich die Abweichungen von den Arbeitszeitnormen nicht durch andere dem Arbeitgeber zumutbare Maßnahmen vermeiden lassen.

§ 157. Zeitliche Lage der Arbeitszeit

Übersicht

	RN		RN
I. Allgemeine Rechtslage	1 ff.	3. Rechte der Nachtarbeitnehmer	9–12
1. Gesetz	1	4. Tarifvorrang	13
2. Tarifvertrag	2	III. Ladenschluss	14 ff.
3. Betriebsrat	3	1. Geltende Regelungen	14–30
II. Nacht- und Schichtarbeit	4 ff.	2. Geltungsbereich	31
1. Vorgaben	4, 5	3. Abweichende Ladenschlusszeiten	32
2. Gesicherte arbeitswissenschaftliche Erkenntnisse	6–8	4. Arbeitnehmerschutz	33

I. Allgemeine Rechtslage

1 **1. Gesetz.** Die zeitliche Lage der Arbeitszeit ist gesetzlich nicht allgemein geregelt. Insoweit gelten für alle Arbeitnehmer nur besondere Schutzvorschriften bei Nachtarbeit (RN 4). Für einige besondere Wirtschaftszweige gelten gesetzliche Sonderbestimmungen (RN 14 ff.).

2 **2. Tarifvertrag.** Für die zeitliche Lage können sich aus Tarifverträgen Regelungen ergeben.

3 **3. Betriebsrat.** Der Betriebsrat hat nach § 87 I Nr. 2 BetrVG ein erzwingbares Mitbestimmungsrecht bei der täglichen Arbeitszeit (§ 235).

II. Nacht- und Schichtarbeit

4 **1. Vorgaben. a) Verfassungsrecht.** Das BVerfG hat in der **Entscheidung** vom 28. 1. 1992 ausgeführt:[1] „Der Gesetzgeber ist verpflichtet, den Schutz der Arbeitnehmer vor den schädli-

---

[42] So auch *Baeck/Deutsch* § 14 ArbZG RN 8.

[43] Vgl. BVerwG 23. 6. 1992 BVerwGE 90, 238 = MDR 92, 1191 = NJW 93, 1027 (LS); *Linnenkohl/Rauschenberg* § 14 ArbZG RN 8.

[44] OLG Celle 8. 10. 1986 NZA 87, 283.

[1] BVerfG 28. 1. 1992 BVerfGE 85, 191= AP 2 zu § 19 AZO = NZA 92, 270; vgl. auch BVerfG 17. 11. 1992 BVerfGE 87, 363 = AP 13 zu § 5 BAZG.

chen Folgen der Nachtarbeit neu zu regeln. Eine solche Regelung ist notwendig, um dem objektiven Gehalt der Grundrechte, insbesondere des Rechtes auf körperliche Unversehrtheit (Art. 2 II 1 GG), Genüge zu tun. Eine Schutzpflicht des Staates besteht gerade im Hinblick auf dieses Grundrecht. Dem Gesetzgeber kommt bei der Erfüllung dieser Schutzpflicht zwar ein weiter Einschätzungs-, Wertungs- und Gestaltungsspielraum zu, der auch Raum für die Berücksichtigung konkurrierender öffentlicher und privater Interessen lässt. Die von ihm getroffenen Maßnahmen dürfen aber zur Wahrung des Grundrechtsschutzes nicht ganz ungeeignet sein. Daran muss sich auch die Neuregelung des Arbeitnehmerschutzes vor den gesundheitlichen Folgen der Nachtarbeit messen lassen." Für Nachtarbeitnehmer wird der Gesundheitsschutz nunmehr durch § 6 ArbZG gewährleistet.

b) Europarecht. Art. 8 der Richtlinie 2003/88/EG regelt die Grenzen zulässiger Nachtarbeit. Danach darf die normale Arbeitszeit für Nachtarbeiter im Durchschnitt grundsätzlich acht Stunden pro 24-Stunden-Zeitraum nicht überschreiten. Nach Art. 2 Nr. 4 der Richtlinie ist Nachtarbeiter jeder Arbeitnehmer, der während der Nachtzeit normalerweise mindestens drei Stunden seiner täglichen Arbeitszeit verrichtet oder der während der Nachtzeit gegebenenfalls einen bestimmten Teil seiner jährlichen Arbeitszeit verrichtet, der nach Wahl des jeweiligen Mitgliedstaates festgelegt wird. Nachtzeit ist nach Art. 2 Nr. 3 der Richtlinie 2003/88/EG jede in den einzelstaatlichen Rechtsvorschriften festgelegte Zeitspanne von mindestens sieben Stunden, welche auf jeden Fall die Zeitspanne zwischen 24 Uhr und 5 Uhr umfasst. Zur Frage der Auswirkungen der Richtlinie auf das nationale Recht vgl. § 155 RN 18. 5

2. Gesicherte arbeitswissenschaftliche Erkenntnisse. Die Arbeitszeit der Nacht- und Schichtarbeitnehmer ist nach den gesicherten arbeitswissenschaftlichen Erkenntnissen über die menschengerechte Gestaltung der Arbeit festzulegen (§ 6 I ArbZG). Nacht- und Schichtarbeit wird mithin nicht verboten, sondern es soll der Gesundheitsschutz verbessert werden. 6

a) Über § 6 I ArbZG sollen die Erkenntnisse der Schichtarbeitsforschung in die **Schichtplanungsgestaltung** einfließen. Die Europäische Stiftung zur Verbesserung der Lebens- und Arbeitsbedingungen, Dublin, hat die Erkenntnisse zusammengefasst: **(1)** Möglichst kurze Nachtschichtfolgen, in der Regel nicht mehr als zwei bis vier Nachtschichten; **(2)** ausreichende Ruhezeiten zwischen den Schichten; **(3)** regelmäßige freie Wochenenden; **(4)** keine Arbeitsperioden von acht oder mehr Tagen; **(5)** Vorwärtswechsel der Schichten, also Früh-, Spät- und Nachtschicht; **(6)** Flexibilität bei den Übergabezeiten; **(7)** Spielraum für individuelle Wünsche der Arbeitnehmer; **(8)** rechtzeitige Information der Arbeitnehmer über den Schichtplan. Die BAnst. für Arbeitsschutz und Arbeitsmedizin[2] soll eine Bilanzierung der bisherigen Arbeitserkenntnisse zur Nacht- und Schichtarbeitsforschung vorlegen und interessierten Betrieben zur Verfügung stellen. 7

b) Die **werktägliche Arbeitszeit der Nachtarbeitnehmer** (zum Begriff § 156 RN 21) darf gem. § 6 II ArbZG acht Stunden nicht überschreiten. Sie kann auf bis zu zehn Stunden nur verlängert werden, wenn abweichend vom Ausgleichszeitraum des § 3 ArbZG innerhalb von einem Kalendermonat oder innerhalb von vier Wochen im Durchschnitt werktäglich acht Stunden nicht überschritten werden. Der verkürzte Ausgleichzeitraum gilt für die gesamte Arbeitszeit des Nachtarbeitnehmers, also auch für Zeiten, die nicht zur Nachtarbeit im Sinne von § 2 III ArbZG gehören. Ebenso gilt er für Zeiträume, in denen Entgeltansprüche ohne Arbeitsleistung bestehen (Urlaub, Arbeitsunfähigkeit, vorübergehende Verhinderung nach § 616 BGB). Auch hier ist – wie im Fall des § 3 ArbZG (s. § 156 RN 25) – eine Koppelung der Ausgleichzeiträume möglich.[3] Für Zeiträume, in denen Nachtarbeitnehmer nach § 2 V Nr. 2 ArbZG nicht zur Nachtarbeit herangezogen werden, bleibt es gem. § 6 II 3 ArbZG bei dem Ausgleichzeitraum des § 3 Satz 2 ArbZG; erfasst werden hiervon nur Arbeitnehmer, die an mindestens 48 Tagen im Kalenderjahr Nachtarbeit leisten, aber nicht nach § 2 V Nr. 1 ArbZG normalerweise Nachtarbeit in Wechselschicht erbringen. 8

3. Rechte der Nachtarbeitnehmer. a) Nachtarbeitnehmer sind berechtigt, sich vor Beginn der Beschäftigung und danach in regelmäßigen Zeitabständen von nicht länger als drei Jahren **arbeitsmedizinisch untersuchen** zu lassen. Unzureichend ist eine hausärztliche Untersuchung. Nach Vollendung des 50. Lebensjahres steht Nachtarbeitnehmern dieses Recht in Zeitabständen von einem Jahr zu. Die Kosten der Untersuchung trägt der Arbeitgeber. Er kann sie aber durch einen Betriebsarzt oder überbetrieblichen Dienst von Betriebsärzten durchführen lassen (§ 6 III ArbZG). Will der Arbeitnehmer sich von einem von ihm ausgewählten Arzt un- 9

[2] Internetadresse: http.//www.baua.de.
[3] *Schliemann* § 6 ArbZG RN 35.

tersuchen lassen, steht ihm dies nach dem Grundsatz der freien Arztwahl zu. Allerdings muss er nach dem Wortlaut des Gesetzes die Kosten tragen. Wird durch die Wahl eines anderen Arztes ein zusätzlicher Arbeitsausfall verursacht, hat der Arbeitgeber nach § 616 BGB den Verdienstausfall zu bezahlen. Kein Anspruch besteht bei Untersuchungen außerhalb der Schichtzeit. Unterbleibt die Untersuchung aus vom Arbeitgeber zu vertretenden Gründen, hat der Arbeitnehmer ein Zurückbehaltungsrecht (§ 50).

10 **b)** Der Arbeitgeber hat den Arbeitnehmer gem. § 6 IV ArbZG auf dessen Verlangen auf einen für ihn **geeigneten Tagesarbeitsplatz** umzusetzen, wenn **(a)** nach arbeitsmedizinischer Feststellung die weitere Nachtarbeit den Arbeitnehmer in seiner Gesundheit gefährdet, **(b)** oder im Haushalt ein Kind unter 12 Jahren lebt, das nicht von einer anderen im Haushalt lebenden Person betreut werden kann **(c)** oder der Arbeitnehmer einen schwerpflegebedürftigen Angehörigen (vgl. § 15 I 1 Nr. 2 und 3 SGB XI) zu versorgen hat, der nicht von einem anderen im Haushalt lebenden Angehörigen versorgt werden kann. Weitere Voraussetzung ist jeweils, dass keine dringenden betrieblichen Erfordernisse entgegenstehen. Tagesarbeitsplatz ist ein Arbeitsplatz, an dem die Arbeit regelmäßig außerhalb der Nachtzeit gem. § 2 III ArbZG zu erbringen ist. Das zu betreuende Kind gem. § 6 IV lit. b ArbZG muss nicht das eigene Kind des Arbeitnehmers sein. Voraussetzung ist lediglich, dass es im Haushalt des Betreffenden lebt, z. B. auf Grund einer eheähnlichen Gemeinschaft. Umgekehrt muss aber auch die in Betracht kommende andere Betreuungsperson nicht unbedingt ein Familienangehöriger sein.[4] Angehörige im Sinne von § 6 IV lit. c ArbZG sind nicht nur Verwandte und Verschwägerte sondern auch Pflegeeltern oder Pflegekinder. Streitig ist, ob auch Lebenspartner und deren Verwandte dazu zählen.[5] Der Arbeitnehmer ist für die Voraussetzungen darlegungs- und beweispflichtig. Der Anspruch des Arbeitnehmers besteht nur im Rahmen der objektiven Beschäftigungsmöglichkeiten im Betrieb, nicht dagegen des Unternehmens. Der Arbeitgeber braucht keinen entsprechenden Tagesarbeitsplatz zu schaffen. Streitig ist, ob der Arbeitgeber verpflichtet ist, einen solchen Arbeitsplatz durch Versetzung eines anderen Arbeitnehmers im Rahmen des Direktionsrechts frei zu machen.[6] Jedenfalls ist er nicht verpflichtet, gegenüber einem anderen Arbeitnehmer eine Änderungskündigung auszusprechen. Die Eignung des Tagesarbeitsplatzes beurteilt sich nach der arbeitsvertraglichen Arbeitspflicht.[7] Die Einschränkung des Anspruches ist an § 1 II KSchG angelehnt. Es bedarf hiernach einer Abwägung nach den Grundsätzen der Verhältnismäßigkeit. Die Darlegungs- und Beweislast für die Einschränkung trifft den Arbeitgeber. Kommt der Arbeitgeber einer bestehenden Umsetzungsverpflichtung nicht nach, erlangt der Arbeitnehmer ein Zurückbehaltungsrecht nach § 273 BGB (§ 50). Ist die Nachtarbeit für den Arbeitnehmer unzumutbar, fehlt es jedoch an den Voraussetzungen für einen Umsetzungsanspruch (z. B. weil ein geeigneter Tagesarbeitsplatz nicht zur Verfügung steht), kann der Arbeitnehmer zwar die Arbeit verweigern, verliert aber den Entgeltanspruch.[8]

11 **c)** Soweit keine **tarifvertraglichen Ausgleichsregelungen** bestehen, haben Nachtarbeitnehmer gem. § 6 V ArbZG nach Wahl des Arbeitgebers Anspruch auf eine angemessene Zahl bezahlter **freier Tage** oder auf einen angemessenen **Entgeltzuschlag.** Zweck der Regelung ist es, im Interesse der Gesundheit der Arbeitnehmer Nachtarbeit zu verteuern und für den Arbeitgeber damit weniger attraktiv zu machen.[9] Es besteht ein Wahlrecht des Arbeitgebers.[10] Die Wahlschuld (§ 262 BGB) konkretisiert sich erst dann auf eine der geschuldeten Leistungen, wenn der Arbeitgeber das Wahlrecht ausübt; die Leistung zur Abwendung der Zwangsvollstreckung aus einem Urteil stellt keine Ausübung des Wahlrechts dar.[11] Ist das Arbeitsverhältnis beendet, kommt naturgemäß nur die Zahlung eines Zuschlages in Betracht. Der Zuschlag kann arbeitsvertraglich geregelt werden, wobei auch eine entsprechende Erhöhung des Grundlohns wegen der Nachtarbeit zulässig ist.[12] Fehlt es an einer arbeitsvertraglichen Regelung, kann der Arbeitge-

---

[4] *Schliemann* § 6 ArbZG RN 68.

[5] So *Neumann/Biebl* § 6 ArbZG RN 21; *Baeck/Deutsch* § 6 RN 72; abl. *Schliemann* § 6 ArbZG RN 71.

[6] So *Baeck/Deutsch* § 6 ArbZG RN 58; *Linnenkohl/Rauschenberg* § 6 ArbZG RN 78; a. A. ErfK/*Wank* § 6 ArbZG RN 10.

[7] ErfK/*Wank* § 6 ArbZG RN 10; *Linnenkohl/Rauschenberg* § 6 ArbZG RN 74; weitergehend (Maßgeblichkeit der individuellen Voraussetzungen des Arbeitnehmers): *Buschmann/Ulber* § 6 ArbZG RN 21.

[8] *Schliemann* § 6 ArbZG RN 77 f.

[9] Vgl. BAG 27. 5. 2003 AP 5 zu § 6 ArbZG = ZTR 2004, 212; 31. 8. 2005 AP 8 zu § 6 ArbZG = NZA 2006, 324.

[10] BAG 5. 9. 2002 AP 4 zu § 6 ArbZG = NZA 2003, 563.

[11] BAG 1. 2. 2006 AP 9 zu § 6 ArbZG = NZA 2006, 494.

[12] BAG 24. 2. 1999 AP 17 zu § 3 TVG Verbandszugehörigkeit = NZA 99, 995; 5. 9. 2002 AP 4 zu § 6 ArbZG = NZA 2003, 563.

ber die Höhe nach billigen Ermessen (§ 315 BGB) bestimmen.[13] Als angemessen hat das BAG z. B. bei Dauernachtschichtarbeit 30% angenommen,[14] bei Wechselschicht 25%.[15] Es ist auf die Art der Arbeitsleistung abzustellen, so dass ein geringerer Ausgleich erforderlich sein kann, wenn in die Nachtarbeit Arbeitsbereitschaft fällt. Da für Angehörige eines Rettungsdienstes zudem der Gesetzeszweck, die Nachtarbeit einzuschränken, nicht erreichbar ist, ist für diese ein Zuschlag von (nur) 10% angemessen.[16] Für die Bemessung des Zuschlags können die im Wirtschaftszweig des Arbeitgebers bestehenden Tarifverträge eine Orientierung bieten.[17] Entsprechende Grundsätze gelten für die Bemessung des Freizeitausgleichs; die Angemessenheit des Zuschlags ist bei der Zahlung und der Freizeitgewährung nach einem einheitlichen Maßstab zu beurteilen.[18] Ein Anspruch auf Zahlung eines Sonn- und Feiertagszuschlages (neben dem Nachtzuschlag) für an einem Sonn- oder Feiertag geleistete Nachtarbeit ergibt sich aus § 6 V (i. V. m. § 11 II) ArbZG nicht.[19]

d) Nachtarbeitnehmern ist der gleiche **Zugang zur betrieblichen Weiterbildung** und zu aufstiegsfördernden Maßnahmen wie den übrigen Arbeitnehmern zu gewähren (§ 6 VI ArbZG). Der Grundsatz stellt eine Konkretisierung des allgemeinen Gleichbehandlungsgrundsatzes dar (BT-Drucks. 12/5888 S. 41 [Nr. 22], S. 52 [zu Nr. 22]). 12

4. Tarifvorrang. Die Tarifvertragsparteien und auf Grund eines Tarifvertrages die Betriebspartner können abweichend von § 6 II ArbZG bei Arbeitsbereitschaft die Arbeitszeit über zehn Stunden werktäglich hinaus und auch ohne Ausgleich regeln (§ 7 I Nr. 4 a ArbZG). Sie können ferner einen längeren Ausgleichszeitraum festlegen und den Beginn des siebenstündigen Nachtzeitraums auf die Zeit zwischen 22.00 und 24.00 Uhr festlegen, also jeweils um eine Stunde vor- oder zurücklegen (vgl. § 7 I Nr. 4, 5 ArbZG). 13

III. Ladenschluss

Kommentare: *Neumann,* Ladenschlussgesetz, 4. Aufl., 2003; *Stober,* Ladenschlussgesetz, 4. Aufl., 2000; *Zmarzlik/Roggendorff,* Ladenschlussgesetz, 2. Aufl., 1997.

Aufsätze seit 2003 (vgl. frühere Aufl.): *Horstmann,* Neue Gesetzgebungskompetenzen bei Ladenschluss und Arbeitszeit, NZA 2006, 1246; *Kühling,* Ladenschluss nach der Föderalismusreform, ArbuR 2006, 384; *Kühn,* Öffnen ja, Arbeiten nein?, ArbuR 2006, 418; *Rose,* Ladenschluss an Sonnabenden, DB 2003, 1223; *Müller,* Eine Woche voller Samstage?, NVwZ 2003, 824; *Rose,* Ladenschluss an Sonnabenden – Eine halbherzige Regelung, DB 2003, 1223; *Rozek,* Ladenschluss in der Verfassung, ArbuR 2005, 169; *Schunder,* Der Ladenschluss auf dem Rückzug, NJW 2003, 2131; *Zmarzlik/Kossens,* Der Ladenschluss, AR-Blattei SD 1050.

1. Geltende Regelungen. Das **Gesetz über den Ladenschluss** (LadSchlG) i. d. F. vom 2. 6. 2003 (BGBl. I S. 744) dient sowohl der Verhinderung ungesunden Wettbewerbs als auch dem Arbeitnehmerschutz, indem bestimmte Ladenschlusszeiten festgelegt werden.[20] Die Regelung ist verfassungskonform.[21] Nach der am 1. 9. 2006 in Kraft getretenen Föderalismusreform[22] unterliegt der Ladenschluss jetzt der Regelungszuständigkeit der Länder. Bis zum Inkrafttreten entsprechender Landesgesetze bleibt das bisherige LadSchlG aber gem. Art. 125 a I GG bestehen.[23] Ob eine Gesetzgebungskompetenz der Länder für die Regelungen über die zulässige Arbeitszeit im Einzelhandel, also für den Arbeitnehmerschutz gilt, ist umstritten.[24] Inzwischen haben fast alle Bundesländer jeweils eigene Ladenschlussgesetze erlassen: 14

Baden-Württemberg: Gesetz über die Ladenöffnung in Baden-Württemberg vom 14. 2. 2007 (LadÖG, BBl. S. 135), es gilt eine 6 x 24 Regelung (d. h. unbegrenzte Öffnungszeit an Werktagen), drei verkaufsoffene Sonn- und Feiertage pro Jahr; 15

---

[13] BAG 24. 2. 1999 AP 17 zu § 3 TVG Verbandszugehörigkeit = NZA 99, 995; zum Mitbestimmungsrecht des Betriebsrats: BAG 26. 4. 2005 AP 118 zu § 87 BetrVG 1972 Arbeitszeit = NZA 2005, 884.

[14] BAG 5. 9. 2002 AP 4 zu § 6 ArbZG = NZA 2003, 563.

[15] BAG 27. 5. 2003 AP 5 zu § 6 ArbZG = ZTR 2004, 212.

[16] BAG 31. 8. 2005 AP 8 zu § 6 ArbZG = NZA 2006, 324.

[17] BAG 27. 5. 2003 AP 5 zu § 6 ArbZG = ZTR 2004, 212.

[18] BAG 1. 2. 2006 AP 9 zu § 6 ArbZG = NZA 2006, 494.

[19] BAG 11. 1. 2006 AP 2 zu § 11 ArbZG = NZA 2006, 372.

[20] BR-Drucks. 324/99.

[21] BVerfG 9. 6. 2004 BVerfGE 111, 10 = NJW 2004, 2363; so auch schon BVerfG 29. 11. 1961 BVerfGE 13, 237 = AP 4 zu § 3 LSchlG = NJW 62, 99; 21. 2. 1962 BVerfGE 14, 19 = NJW 62, 579; 9. 2. 1982 BVerfGE 59, 336 AP 5 zu § 18 LSchlG = NJW 82, 1509; zur Übereinstimmung mit dem EG-Recht: EuGH 23. 11. 1989 NJW 91, 626.

[22] BGBl. I S. 2034.

[23] Vgl. *Kühn* ArbuR 2006, 418 ff.; *Horstman* NZA 2006, 1246 ff.

[24] So: *Horstmann* NZA 2006, 1246, 1250; a. A. *Kühn* ArbuR 2006, 419 m. w. N.

16 Bayern: noch keine Regelung;

17 Berlin: Berliner Ladenöffnungsgesetz vom 14. 11. 2006 (BerlLadÖffG, GVBl. S. 580), es gilt eine 6 × 24 Regelung, bis zu vier von der Senatsverwaltung festzulegende verkaufsoffene Sonn- und Feiertage pro Jahr zuzügl. zwei weitere zu besondern Anlässen;

18 Brandenburg: Brandenburgisches Ladenöffnungsgesetz vom 27. 11. 2006 (Bbg LÖG, GVBl. S. 158), es gilt eine 6 × 24 Regelung, bis zu sechs von der örtlichen Ordnungsbehörde festzulegende verkaufsoffene Sonn- und Feiertage pro Jahr;

19 Bremen: Bremisches Ladenschlussgesetz vom 22. 3. 2007 (Brem.GBl. S. 221), es gilt eine 6x 24 Regelung, bis zu vier vom Senat bzw. dem Magistrat der Stadt Bremerhaven festzulegende verkaufsoffene Sonn- und Feiertage pro Jahr;

20 Hamburg: Hamburgisches Gesetz zur Regelung der Ladenöffnungszeiten vom 22. 12. 2006 (Ladenöffnungsgesetz, HmbGVBl. S. 611), es gilt eine 6x 24 Regelung, bis zu vier von dem Senat festzulegende verkaufsoffene Sonn- und Feiertage pro Jahr;

21 Hessen: Hessisches Ladenöffnungsgesetz vom 23. 11. 2006 (HlöG, GVBl. I S. 606), es gilt eine 6 × 24 Regelung, bis zu vier von den Gemeinden festzulegende verkaufsoffene Sonn- und Feiertage pro Jahr;

22 Mecklenburg-Vorpommern: Gesetz über die Ladenöffnungszeiten für das Land Mecklenburg-Vorpommern vom 18. 6. 2007 (LöffG M-V, GVOBl. M-V S. 226), es gilt eine 5 × 24 Regelung, Samstagsöffnungszeiten von 0.00 bis 22.00 Uhr, bis zu vier verkaufsoffene Sonn- und Feiertage pro Jahr;

23 Niedersachsen: Niedersächsisches Gesetz über Ladenöffnungs- und Verkaufszeiten vom 8. 3. 2007 (NLöffVZG, Nds. GVBl. S. 111), es gilt eine 6 × 24 Regelung bis zu vier verkaufsoffene Sonn- und Feiertage pro Jahr;

24 Nordrhein-Westfalen: Gesetz zur Regelung der Ladenöffnungszeiten vom 16. 11. 2006 (LÖG NRW, GV. NRW. S. 516), es gilt eine 6×24 Regelung bis zu vier verkaufsoffene Sonn- und Feiertage pro Jahr;

25 Rheinland-Pfalz: Ladenöffnungsgesetz Rheinland-Pfalz vom 21. 11. 2006 (LadöffnG, GVBl., S. 351), Montags bis Samstags Öffnungszeiten von 6.00 bis 22.00 Uhr (erweiterte Öffnungszeiten durch Rechstsverordnung regelbar), auf Grund kommunaler Regelung bis zu vier verkaufsoffene Sonn- und Feiertage pro Jahr;

26 Saarland: Gesetz Nr. 1606 zur Regelung der Ladenöffnungszeiten vom 15. 11. 2006 (LÖG Saarland, Amtsbl. S. 1974), montags bis samstags Öffnungszeiten von 6.00 bis 22.00 Uhr, bis zu vier verkaufsoffene Sonn- und Feiertage pro Jahr;

27 Sachsen: Sächsisches Gesetz über die Ladenöffnungszeiten vom 16. 3. 2007 (SächsLadÖffG, SächsGVBl. S. 42), montags bis samstags Öffnungszeiten von 6.00 bis 22.00 Uhr, bis zu vier von den Gemeinden zu bestimmende verkaufsoffene Sonn- und Feiertage pro Jahr;

28 Sachsen-Anhalt: Gesetz über die Ladenöffnungszeiten im Land Sachsen-Anhalt vom 22. 11. 2006 (LöffzeitG LSA, GVBl. LSA S. 528), es gilt eine 5 × 24 Regelung, Samstagsöffnungszeiten bis 20.00 Uhr, auf Grund Erlaubnis der Gemeinde bis zu vier verkaufsoffene Sonn- und Feiertage pro Jahr;

29 Schleswig-Holstein: Gesetz über die Ladenöffnungszeiten vom 29. 11. 2006 (LöffZG, GVOBl. Schl.-H. S. 243), es gilt eine 6 × 24 Regelung, bis zu vier verkaufsoffene Sonn- und Feiertage pro Jahr;

30 Thüringen: Thüringer Ladenöffnungsgesetz vom 24. 11. 2006 (GVBL. S. 541), montags bis samstags Öffnungszeiten von 6.00 bis 22.00 Uhr, auf Grund kommunaler Regelung bis zu vier verkaufsoffene Sonn- und Feiertage pro Jahr.

31 **2. Geltungsbereich.** Die einzelnen Landesgesetze beschreiben den Geltungsberich ähnlich wie das LSchlG (s. hierzu die Vorauflage § 157 RN 15). Betrieblich galt das LadSchlG (und gilt es zur Zeit noch in Bayern) für alle Verkaufsstellen, in denen **Warenumsatzgeschäfte an jedermann** vorgenommen werden (§ 1 LadSchlG).[25] Hierzu gehören **(1) Ladengeschäfte aller**

---

[25] Vgl. für Großhandlungen, die nur an Wiederverkäufer und Großverbraucher verkaufen: OLG Hamm 24. 9. 1963 AP 1 zu § 1 LSchlG; zu Warenpassagen: BayObLG 18. 12. 1964 AP 2 zu § 1 LSchlG = DB 65, 252; Selbstbedienungsgroßhandlung: BGH 22. 12. 1965 AP 3 zu § 1 LSchlG = NJW 66, 828; Tankstellen, bei Verkauf von Waren für den Fahrer: OVG Münster 3. 12. 1990 NJW 91, 1374.

Zulässig ist aber, z. B. ein Möbelgeschäft sonntags offenzuhalten, wenn damit den Kunden Gelegenheit zur Besichtigung gegeben wird; BVerwG 12. 12. 1967 AP 15 zu § 3 LSchG; BGH 26. 3. 1976 AP 23 zu § 3 LSchG; zum Anprobieren und Reservieren von Kleidung BGH 7. 11. 1980 AP 26 zu § 3 LSchlG (vgl. AP 6, 7, 8, 10, 12, 19, 25 a. a. O.). Als unzulässig wird die Warenaushändigung während der Ladenschlusszeiten angesehen oder die Besichtigung von Kraftfahrzeugen, wenn Provisionsvertreter Aufsicht führt:

Art. Dies sind Verkaufsstellen, die in Räumen betrieben werden, die nicht nur vorübergehend mit dem Grund und Boden verbunden sind und mit zum Verkauf erforderlichen Einrichtungen ausgestattet sind; **(2) sonstige Verkaufsstände und -buden,** Kioske, Basare und ähnliche Einrichtungen, falls in ihnen ebenfalls von einer festen Stelle aus ständig Waren zum Verkauf an jedermann feilgeboten werden. Zu den Einrichtungen muss jedermann Zugang haben. Dies ist dann der Fall, wenn der Zugang für jedermann frei ist oder für Mitglieder einer Organisation, wenn jedermann die Mitgliedschaft erwerben kann.[26] In der Verkaufseinrichtung müssen Waren feilgeboten werden. Dem Feilbieten gleichgestellt ist das Zeigen von Mustern, Proben und Ähnlichem, wenn Warenbestellungen entgegengenommen werden; **(3) Verkaufsstellen von Genossenschaften.** Dies beruht darauf, dass Konsumvereine früher Waren nur an Mitglieder verkaufen durften, als der Zugang für jedermann fehlte.

3. Abweichende Ladenschlusszeiten. Die verschiedenen Landesgesetze lassen ebenso wie das LSchlG für bestimmte Geschäfte Ausnahmen zu. Das sind Apotheken (vgl. § 4 LSchlG), Zeitungs- und Zeitschriftenkioske (vgl. § 5 LSchlG), Tankstellen (vgl. § 6 LSchlG),[27] Verkaufsstellen auf Personenbahnhöfen (vgl. § 8 LSchlG), auf Flugplätzen und in Fährhäfen (vgl. § 9 LSchlG)[28] sowie in Kur- und Erholungsorten (vgl. § 10 LSchlG).[29] Zu den nach dem LSchlG zulässigen Ausnahmebewilligungen vgl. die Vorauflage § 157 RN 19. 32

4. Arbeitnehmerschutz.[30] Der eigentliche Arbeitnehmerschutz war in **§ 17 LadSchlG** (der zur Zeit noch in Bayern anwendbar ist) enthalten, wodurch jedoch ein weitergehender Schutz nach anderen Gesetzen unberührt blieb.[31] Wegen der Einzelheiten kann auf § 17 LadSchlG verwiesen werden. Die landesrechtlichen Bestimmungen enthalten ebenfalls Arbeitnehmerschutzregelungen, die meist die Sonn- und Feiertagsbeschäftigung wie in § 17 LadSchlG auf die zugelassenen Öffnungszeiten zuzüglich 30 Minuten für Vorbereitungs- und Abschlussarbeiten und auf 22 Tage pro Jahr beschränken und in Anlehnung an § 17 III LadSchlG Freistellungsansprüche vorsehen. Das LadSchlG dient dem Schutz der Arbeitnehmer und ist ein **Schutzgesetz** gem. § 823 II BGB. Entsprechendes gilt für die Landesgesetze zum Ladenschluss. Soweit die Bestimmungen verletzt werden, hat der Arbeitnehmer wegen seiner Arbeitsleistung ein Zurückbehaltungsrecht nach § 273 BGB (§ 50). 33

§ 158. Pausen und Ruhezeiten

Didier, Arbeitszeit im Straßentransport, NZA 2007, 120; *Rehwald,* Gebetspausen während der Arbeitszeit, ArbuR 2003, 73; *Röhsler,* AR-Blattei, SD 1240, Ruhezeiten und Ruhepausen.

I. Zweck und Rechtsgrundlagen

1. Zweck. Zum Schutz des Arbeitnehmers gegen Überanstrengungen dient nicht nur die **Festlegung von Höchstarbeitszeiten,** sondern auch das **Gebot von Mindestruhezeiten** zwischen den einzelnen Schichten und von **Pausen** während der Schicht. 1

2. Rechtsgrundlagen. Die wichtigsten Rechtsgrundlagen sind enthalten in §§ 4, 5 ArbZG. Den Tarifvertragsparteien ist eine abweichende Regelung gestattet (§§ 7, 25 ArbZG). Ferner finden sich Regelungen in der GefStoffVO, der ArbStättVO, in Verordnungen für die Eisen- und Stahlindustrie sowie die Papierindustrie, im JArbSchG, MuSchG, SeemG, LadSchlG und im FahrpersonalG. 2

BayObLG 17. 9. 1981 AP 27 zu § 3 LSchlG; 31. 7. 1990 DB 91, 393; die Vorführung von Elektrogeräten durch Herstellerfirma: BGH 8. 12. 1983 NJW 84, 872; Betrieb eines Waschsalons: OVG Nordrhein-Westfalen 22. 2. 1994 GewArch 94, 264 = DB 94, 1580 (LS); Hessischer VGH 24. 11. 1993 GewArch 94, 160 = DB 94, 1580 (LS).

[26] OVG Hamburg 30. 9. 1986 GewArch 87, 102.

[27] Zum Wagenwaschen vgl. BayObLG 9. 3. 1967 AP 1 zu § 6 LSchlG; OLG Frankfurt 12. 4. 1983 BB 84, 1808; BayVGH 24. 2. 1986 GewArch 86, 142; OLG Hamm 25. 1. 1990 AP 2 zu § 6 LSchlG; BVerwG 26. 10. 1993 NJW 94, 1017; dazu *Schunder* NJW 94, 1773.

[28] BGH 19. 5. 1982 AP 1 zu § 9 LSchlG; OLG Frankfurt 1. 10. 1987 DB 87, 2518 = NJW-RR 88, 166; vgl. zu Flughäfen: *Wohlrabe* GewArch. 88, 112; *Zmarzlik* DB 88, 119.

[29] Zu Ausnahmebewilligungen *Rozek* NJW 99, 2921.

[30] Hierzu: *Kerwer* NZA 99, 1313.

[31] Vgl. aber OVG Koblenz 14. 10. 1994 NJW 95, 741.

II. Ruhezeiten

3 **1. Begriff.** Ruhezeit ist die Zeit zwischen dem Ende der Arbeit und ihrem Wiederbeginn. Es ist der Zeitraum zwischen zwei Arbeitsschichten, in dem der Arbeitnehmer zu keiner Arbeit herangezogen wird.[1] Nicht zur Ruhezeit gehören **Arbeitsbereitschaft** (§ 156 RN 17) und **Bereitschaftsdienst** (§ 156 RN 18 f.); wohl dagegen regelmäßig die **Rufbereitschaft** (§ 156 RN 20).[2] Unzulässig ist, dem Arbeitnehmer für die Dauer der Ruhezeit Arbeiten zur häuslichen Erledigung mitzugeben. Ruhezeiten sind nicht die Kabinenzeiten der Fahrer von Fernlastkraftwagen (vgl. RN 9).

4 **2. Dauer. a)** Nach § 5 I ArbZG müssen Arbeitnehmer nach Beendigung der täglichen Arbeitszeit eine **ununterbrochene Ruhezeit** von mindestens elf Stunden haben. Von dieser Regelung gibt es eine Reihe von Ausnahmen. Jede Unterbrechung der Ruhezeit setzt die elf Stunden erneut in Lauf.

5 **b)** Die **Dauer der Ruhezeit** kann

- in Krankenhäusern und anderen Einrichtungen zur Behandlung, Pflege und Betreuung von Personen (also etwa Altersheimen), in Gaststätten und anderen Einrichtungen zur Bewirtung und Beherbergung,
- in Verkehrsbetrieben, das sind alle öffentlichen und privaten Betriebe, deren Zweck auf die Beförderung von Personen gerichtet ist, sowie die dazugehörigen selbstständigen oder unselbstständigen Hilfs- und Nebenbetriebe,
- beim Rundfunk sowie
- in der Landwirtschaft (wirtschaftliche Nutzung des Erdbodens zur Gewinnung pflanzlicher und/oder tierischer Erzeugnisse, nicht: Forstwirtschaft, Gärtnereien[3]) und in der Tierhaltung (auch: zoologische Gärten, Tierparks, Tierpensionen, Fischzucht)

um bis zu eine Stunde verkürzt werden, wenn jede Verkürzung der Ruhezeit innerhalb eines Kalendermonats oder innerhalb von vier Wochen durch Verlängerung einer anderen Ruhezeit auf mindestens zwölf Stunden ausgeglichen wird (§ 5 II ArbZG).

6 Durch die Ausnahmeregelung für die im **Rundfunkbereich** beschäftigten Arbeitnehmer soll der Informationsvermittlung des Rundfunks Rechnung getragen werden. Erfasst werden der gesamte öffentlich-rechtliche und private Hörfunk sowie das öffentlich-rechtliche und private Fernsehen.

7 **c) Abweichend** von der vorab geschilderten Regelung können in Krankenhäusern und anderen Einrichtungen zur Behandlung, Pflege und Betreuung von Personen Kürzungen der Ruhezeit durch Inanspruchnahme während der Rufbereitschaft, die nicht mehr als die Hälfte der Ruhezeit betragen, zu anderen Zeiten ausgeglichen werden (§ 5 III ArbZG).

8 **d)** Zur **Sonn- und Feiertagsruhe** s. § 159 RN 3 ff.

9 **e) Weitere Sonderregelungen** sind im EU-Bereich für **Kraftfahrer** vorgesehen (§ 21 a ArbZG). Für Arbeitnehmer als Fahrer oder Beifahrer bei Straßenverkehrstätigkeiten gilt ab dem 11. 4. 2007 grundsätzlich die Verordnung Nr. 561/2006/EG des Europäischen Parlaments und des Rates vom 15. 3. 2006 zur Harmonisierung bestimmter Sozialvorschriften im Straßenverkehr und zur Änderung der Verordnungen Nr. 3821/85/EWG und Nr. 2135/98/EG des Rates sowie zur Aufhebung der Verordnung Nr. 3820/85/EWG des Rates. Nach ihrem sachlichen Geltungsbereich sind Ausnahmen vorgesehen. Diese sind in Art. 3 Verordnung Nr. 561/2006/EG aufgeführt. Daneben gilt die Richtlinie 2002/15/EG des Euroäischen Parlaments und des Rates zur Regelung der Arbeitszeit von Personen, die Fahrtätigkeiten im Bereich des Staßentransports ausüben.[4] Sie ist Spezialgesetz im Verhältnis zur allgemeinen Arbeitszeitrichtlinie 2003/88/EG und ergänzt die Verordnung Nr. 561/2006/EG. Beim grenzüberschreitenden Verkehr auf öffentlichen Straßen und Plätzen der EG-Mitgliedstaaten gilt das Europäische Übereinkommen über die Arbeit des im internationalen Straßenverkehr beschäftigten Fahrpersonals (AETR) i. d. F. vom 31. 7. 1985 (BGBl. II S. 889, geändert am 18. 8. 1997, BGBl. I S. 1550).

10 Zur Durchführung der EWG-VO Nr. 3820/85 ist das Gesetz über das Fahrpersonal von Kraftfahrzeugen und Straßenbahnen (FahrpersonalG – FPersG) i. d. F. vom 19. 2. 1987 (BGBl. I S. 640, zul. geänd. 6. 7. 2007, BGBl. I S. 1270) sowie die VO zur Durchführung des Fahrpersonalgeset-

---

[1] BAG 23. 11. 1960 AP 6 zu § 12 AZO; 13. 2. 1992 AP 13 zu § 12 AZO = NZA 92, 891.

[2] OLG Karlsruhe 29. 4. 1981 AP 7 zu § 611 BGB Arbeitsbereitschaft = NJW 81, 2526; BAG 11. 7. 2006 AP 10 zu § 611 BGB Dienstreise = NZA 2007, 155.

[3] *Schliemann* § 5 ArbZG RN 42.

[4] Diese Richtlinie soll 2009 geändert werden.

zes (Fahrpersonalverordnung – FPersV) vom 27. 6. 2005 (BGBl. I S. 1882, zul. geänd. 22. 1. 2008, BGBl. I S. 54) ergangen. Die nach § 2 FPersG für die digitalen Tachografen vorgesehene Fahrerkarte ist kein vom Arbeitgeber zu beschaffendes Betriebsmittel, so dass die für die Beschaffung erforderlichen Aufwendungen des Arbeitnehmers nicht analog § 670 BGB vom Arbeitgeber zu erstatten sind.[5]

Die Vorschriften dienen der Sicherheit im Straßenverkehr, dem Gesundheitsschutz der Fahrer und der Gewährleistung des Wettbewerbs im grenzüberschreitenden Straßenverkehrsgewerbe. 11

Die Lenkzeiten müssen in ganz Europa eingehalten werden.[6] Die tägliche Lenkzeit darf nach Art. 6 I Verordnung Nr. 561/2006/EG neun Stunden nicht überschreiten; sie darf höchstens zweimal in der Woche auf höchstens zehn Stunden verlängert werden. Die wöchentliche Lenkzeit darf 56 Stunden und die summierte Lenkzeit während zweier aufeinanderfolgender Wochen darf 90 Stunden nicht überschreiten (Art. 6 II Verordnung Nr. 561/2006/EG). Die Pausen- und Ruhezeiten sind in Art. 7 ff. Verordnung Nr. 561/2006/EG geregelt. Weitere Sonderreglungen enthält das ArbZG in § 21 a II–VIII.[7] Das Recht zum Schutz des Fahrpersonals gilt nicht für das Fahrer von Straßenbahnen, weil dauerhaft auf Schienen verkehrende Fahrzeuge nicht erfasst werden (Art. 4 Verordnung Nr. 561/2006/EG).[8] 12

III. Pausen

1. Begriff. a) Der Begriff der Ruhepause ist **gesetzlich nicht definiert.** Ruhepausen sind im voraus festgelegte, zumindest jedoch vorhersehbare Zeiten einer Arbeitsunterbrechung von bestimmter Dauer, in denen der Arbeitnehmer von jeglicher Arbeitspflicht befreit ist und sich zu keiner Arbeitsleistung bereithalten muss, sondern frei darüber entscheiden kann, wie er diese Freizeit verbringen will.[9] Für die Ruhepause ist unschädlich, dass der Arbeitnehmer auch während der Ruhepause einen sog. Euro-Piper mit sich zu führen hat.[10] Keine Voraussetzung für eine Pause ist, dass der Arbeitnehmer das Betriebsgelände verlassen darf.[11] Für das Merkmal „im voraus feststehend" im Sinne von § 4 Satz 1 ArbZG genügt es, wenn bei Beginn der täglichen Arbeitszeit ein zeitlicher Rahmen feststeht, innerhalb dessen Ruhepausen angetreten werden können.[12] Spätestens zu Beginn der Arbeitsunterbrechung muss auch deren Dauer feststehen.[13] Ruhepausen können in die Zeit einer Rufbereitschaft gelegt werden, nicht dagegen in Zeiten von Arbeitsbereitschaft und Bereitschaftsdienst, weil diese zur Arbeitszeit zählen.[14] In Betrieben mit mehr als 10 Beschäftigten, oder wenn Sicherheits- oder Gesundheitsgründe dies erfordern, ist gem. § 6 III ArbStättV ein **Pausenraum** oder ein entsprechender Pausenbereich zur Verfügung zu stellen. Dies gilt nicht, wenn die Beschäftigten in Büroräumen oder vergleichbaren Arbeitsräumen beschäftigt sind und dort gleichwertige Voraussetzungen für eine Erholung während der Pause gegeben sind; für Jugendliche gilt die Sonderreglung des § 11 III JArbSchG (s. § 161 RN 28). 13

b) Die Ruhepause ist zu unterscheiden von **Betriebspausen.** Diese sind kurzfristige Arbeitsunterbrechungen, die nicht im Interesse der Arbeitnehmer, sondern aus technischen Gründen erforderlich oder notwendig sind. Derartige Betriebspausen kommen insbesondere bei unvorhergesehenen Betriebsstillstandszeiten vor. Sie sind arbeitszeit- und vergütungsrechtlich auf die Arbeitszeit anzurechnen.[15] 14

2. Dauer und zeitliche Lage. Die Arbeit ist durch im Voraus feststehende Ruhepausen von mindestens 30 Minuten bei einer Arbeitszeit von mehr als sechs bis zu neun Stunden und 45 Minuten bei einer Arbeitszeit von mehr als neun Stunden insgesamt zu unterbrechen. Die Ruhezeiten können in Zeitabschnitten von jeweils mindestens 15 Minuten aufgeteilt werden. Länger als sechs Stunden hintereinander dürfen Arbeitnehmer nicht ohne Ruhepausen beschäftigt werden (§ 4 ArbZG). Unterschiedlich Pausenregelungen für Männer und Frauen wie noch in § 12 II und § 18 AZO gibt es nicht mehr. **Jugendlichen** ist bei einer Beschäftigung von $4^1/_2$ 15

---

[5] BAG 16. 10. 2007 AP 34 zu § 670 BGB = NZA 2008, 1012.
[6] Vgl. BayObLG 28. 2. 2001 NZV 2001, 309 = DB 2001, 985 (LS).
[7] S. hierzu *Didier* NZA 2007, 120.
[8] BAG 18. 11. 2008 – 9 AZR 737/07.
[9] BAG 1. 7. 2003 AP 107 zu § 87 BetrVG 1972 Arbeitszeit = NZA 2004, 620.
[10] LAG Niedersachsen 9. 10. 1991 ZTR 92, 251.
[11] BAG 21. 8. 1990 AP 17 zu § 87 BetrVG 1972 Ordnung des Betriebes = NZA 91, 154.
[12] *Erasmy* NZA 94, 1105, 1107; *Junker* ZfA 98, 105, 115.
[13] BAG 29. 10. 2002 AP 11 zu § 611 BGB Arbeitsbereitschaft = NZA 2003, 1212.
[14] S. § 156 RN 17 ff.; ErfK/*Wank* § 4 ArbZG RN 1.
[15] Vgl. BAG 23. 11. 1960 AP 6 zu § 12 AZO.

bis 6 Stunden Arbeitszeit eine Pause von 30 Minuten, bei mehr als 6 Stunden 1 Stunde Ruhepause zu gewähren (§ 11 I JArbSchG). Bei Jugendlichen dürfen die Pausen gem. § 11 II JArbSchG nicht in der ersten und der letzten Arbeitsstunde gewährt werden. Für Erwachsene gilt diese Einschränkung nicht, weil § 4 ArbZG eine entsprechende Regelung nicht enthält.[16] Eine Pausengewährung kurz nach Arbeitsbeginn oder kurz vor Arbeitsende kann allerdings im Einzelfall eine Überschreitung des billigen Ermessens gem. § 315 BGB darstellen, weil dies dem Zweck der Pausengewährung nicht entspricht.[17] Auf keinen Fall zulässig ist es jedenfalls, die Pausen unmittelbar an den Beginn oder das Ende der Arbeitszeit zu legen, weil dann keine Arbeitsunterbrechung im Sinne von § 4 Satz 1 ArbZG vorliegt. Wegen der Ausnahmeregelungen in § 14 I und II ArbZG s. § 156 RN 38 f. Werden die Pausen zu Unrecht nicht gewährt, so erwächst kein Anspruch auf geldliche Abgeltung, wenn die Wochenarbeitszeit nicht überschritten wird.[18]

16 **3. Tarifvorrang.** Die Tarifvertragsparteien und auf Grund eines Tarifvertrages die Betriebspartner können abweichend von § 4 Satz 2 ArbZG die Gesamtdauer der Ruhezeiten in Schichtbetrieben und Verkehrsbetrieben auf Kurzpausen von angemessener Dauer aufteilen. Verkehrsbetriebe sind alle öffentlichen und privaten Betriebe, deren Zweck auf die Beförderung von Personen, Gütern, Nachrichten gerichtet ist, sowie die dazu gehörigen selbstständigen oder unselbstständigen Hilfs- und Nebenbetriebe (BT-Drucks. 12/5888 S. 25). Unterschiedliche Regelungen für Männer und Frauen sind beseitigt (vgl. EWG-VO 3820/85 sowie PersG).

17 **4. Betriebsrat.** Bei der Festlegung der Pausen hat der Betriebsrat nach § 87 I Nr. 2 BetrVG ein erzwingbares Mitbestimmungsrecht (s. § 235 RN 41).

§ 159. Sonn- und Feiertagsruhe

Richardi, Sonn- und Feiertagsruhe im Arbeitsleben, ArbuR 2006, 379; *Rose,* Die uneingeschränkte Erlaubnis der Sonn- und Feiertagsarbeit, DB 2000, 1662; *Webers,* Ladenschluss und Sonntagsschutz, GewArch 2005, 60; *Zmarzlik,* Sonderregelungen der Sonn- und Feiertagsarbeit, AR-Blattei, Arbeitszeit VI C SD 240.6.3.

Übersicht

	RN		RN
I. Einleitung	1 f.	III. Ausgleich für die Ausnahme vom Beschäftigungsverbot	37 ff.
1. Abgrenzung	1	1. Ausgleichsleistungen	37–42
2. Feiertagsruhe	2	2. Tarifvorrang	43
II. Sonn- und Feiertagsruhe	3 ff.	IV. Rechtsfolgen der Überschreitung des Beschäftigungsverbotes	44 f.
1. Beschäftigungsverbot	3	1. Zivilrechtliche Folgen	44
2. Inhalt	4, 5	2. Ordnungswidrigkeit	45
3. Gesetzliche Ausnahmen	6–8	V. Kirchliche Feiertage	46
4. Ausnahmetatbestände	9–26		
5. Rechtsverordnung	27		
6. Aufsichtsbehörde	28–36		

I. Einleitung

1 **1. Abgrenzung.** Im Feiertagsrecht sind vier Rechtsfragen zu unterscheiden: **(1)** In welchem Umfang der Arbeitnehmer an Feiertagen zur Arbeit verpflichtet ist; **(2)** in welchem Umfang er Fortzahlung der Arbeitsvergütung verlangen kann, wenn die Arbeit infolge eines Feiertages ausfällt (§ 104); **(3)** ob der Arbeitnehmer Anspruch auf Vergütungszuschläge hat, wenn er am Feiertag beschäftigt wird (§ 105); **(4)** welche Tage Feiertage sind (§ 106).

2 **2. Feiertagsruhe.** In welchem Umfang Feiertagsruhe herrscht war außerordentlich verstreut geregelt. Die Rechtslage ist durch das Gesetz zur Vereinheitlichung und Flexibilisierung des Arbeitszeitrechtes (Arbeitszeitrechtsgesetz – ArbZRG) vom 6. 6. 1994 (BGBl. I S. 1170) vereinheitlicht worden, das am 1. 7. 1994 in Kraft getreten ist.

---

[16] ErfK/*Wank* § 4 ArbZG RN 3; a. A. *Roggendorf* RN 14.
[17] *Schliemann* § 4 ArbZG RN 26.
[18] BAG 28. 9. 1972 AP 9 zu§ 12 AZO.

II. Sonn- und Feiertagsruhe

1. Beschäftigungsverbot. Nach übereinstimmender Auffassung in Rspr. und Schrifttum enthalten Art. 140 GG i. V. m. Art. 139 WRV eine institutionelle Garantie der Sonn- und Feiertagsruhe. Sie gebietet dem Gesetzgeber einen verbindlichen Gestaltungsrahmen vorzugeben. 3

2. Inhalt. a) Nach § 9 I ArbZG dürfen Arbeitnehmer an Sonn- und Feiertagen von 0.00 bis 24.00 Uhr nicht beschäftigt werden. Im Unterschied zu § 5 I ArbZG ist damit auch die Ruhezeit festgelegt. In mehrschichtigen Betrieben mit Nachtschichtarbeit kann aber nach § 9 II ArbZG die Ruhezeit um 6 Stunden verlegt (nicht: verkürzt) werden, wenn für die auf den Beginn der Ruhezeit folgenden 24 Stunden der Betrieb ruht. Die Feiertagsruhe kann mithin von 18.00 Uhr vor dem Feiertag bis 18.00 Uhr am Feiertag oder von 6.00 Uhr am Feiertag bis 6.00 Uhr am darauf folgenden Tag gehen. Voraussetzung ist eine **objektive Betriebsruhe,** nicht bloß eine 24-stündige Ruhezeit für den einzelnen Arbeitnehmer.[1] Gem. § 9 III ArbZG kann der Arbeitgeber den Beginn der 24-stündigen Sonn- und Feiertagsruhe für Kraftfahrer und Beifahrer (korrespondierend mit der Regelung des „Sonntagsfahrverbots" in § 30 III StVO) um bis zu zwei Stunden vorverlegen. 4

b) Von dem Beschäftigungsverbot an Sonn- und Feiertagen bestehen **Ausnahmen** kraft Gesetzes (RN 6ff.), durch Rechtsverordnung (RN 27) und durch Verwaltungsakt (RN 28ff.). 5

3. Gesetzliche Ausnahmen. a) Die **gesetzlichen Ausnahmen vom Beschäftigungsverbot** an Sonn- und Feiertagen sind in 16 Ausnahmetatbeständen zusammengefasst (§ 10 ArbZG). Die Ausnahmen gelten kraft Gesetzes. Eine Ausnahmegenehmigung der zuständigen Behörde ist nicht notwendig. Der Arbeitgeber hat in jedem Einzelfall zu prüfen, ob die Ausnahmetatbestände gegeben sind. Er trägt hierfür die straf- und bußgeldrechtliche Verantwortung (§ 22 I Nr. 5, § 23 I ArbZG). In Zweifelsfällen kann er gem. § 13 III Nr. 1 ArbZG durch die Aufsichtsbehörde feststellen lassen, ob eine Beschäftigung nach § 10 ArbZG zulässig ist. 6

b) Die **Ausnahme ist davon abhängig,** dass die Arbeiten nicht an Werktagen vorgenommen werden können. Diese Voraussetzung ist jedenfalls dann gegeben, wenn die Arbeiten aus rein **technischen Gründen** nicht auf einen Werktag verlegt werden können. Umstritten ist, ob die Arbeiten auch dann nicht verlegt werden können, wenn der Verlegung **wirtschaftliche Gründe** entgegenstehen, weil die Vornahme der Arbeiten an Werktagen für den Betrieb mit unverhältnismäßigen wirtschaftlichen oder sozialen Folgen verbunden wäre.[2] Die h. M. bejaht das zu Recht, weil der Gesetzeswortlaut an die frühere Rechtslage (§ 105c Nr. 3 und 4 GewO) angelehnt ist. Entstehungsgeschichte und Zweck, den Standort Deutschland zu sichern, sprechen ebenfalls für die herrschende Meinung.[3] Die Ausnahmen vom Beschäftigungsverbot umfassen auch die zulässigen Hilfs- und Nebentätigkeiten. Der Umfang der Arbeiten und die Anzahl der betroffenen Arbeitnehmer sind aber auf das erforderliche Maß zu beschränken. Unerheblich ist, ob die Arbeiten durch rechtlich selbstständige Betriebe oder Betriebsabteilungen erbracht werden. 7

c) Die **Mitbestimmungsrechte des Betriebsrats** bleiben nach § 87 I BetrVG unberührt. 8

4. Ausnahmetatbestände. a) In den in **§ 10 I ArbZG** aufgelisteten Fällen bestehen Ausnahmen vom Beschäftigungsverbot. 9

(1) In Not- und Rettungsdiensten sowie bei der Feuerwehr. Hiervon erfasst werden auch die handwerklichen Notdienste, die Notrufzentralen auch der Automobilclubs und die Zentralen Sperrannahmestellen der Bank- und Kreditorganisationen (BT-Drucks. 12/5888 S. 29). 10

(2) Zur Aufrechterhaltung der öffentlichen Sicherheit und Ordnung sowie der Funktionsfähigkeit von Gerichten und Behörden und für Zwecke der Verteidigung. 11

(3) In Krankenhäusern und anderen Einrichtungen zur Behandlung, Pflege und Betreuung von Personen. Zu den anderen Einrichtungen zählen auch die ambulanten Pflegedienste (BT-Drucks. 12/5888 S. 29). 12

(4) In Gaststätten und anderen Einrichtungen zur Bewirtung und Beherbergung sowie im Haushalt. Ein Party-Service zählt zu den Einrichtungen zur Bewirtung (BT-Drucks. 12/6990 S. 40). 13

---

[1] Ganz h. M., vgl. *Schliemann* § 9 ArbZG RN 13 m. w. N.

[2] ErfK/*Wank* § 10 ArbZG RN 2; *Schliemann* § 10 ArbZG RN 8; *Dobberahn* RN 100; *Neumann/Biebl* § 10 ArbZG RN 3; a. A. *Buschmann/Ulber* § 10 ArbZG RN 5.

[3] *Erasmy* NZA 95, 97, 98; *Zmarzlik* RdA 88, 257, 263.

14 **(5)** Bei Musikaufführungen, Theatervorstellungen, Filmvorführungen, Schaustellungen, Darbietungen und anderen ähnlichen Veranstaltungen. Auch öffentliche Proben zählen hierzu.[4] Erfasst wird ferner das Aufstellen und Betreiben von Musik- und Unterhaltungsautomaten sowie die Störungsbeseitigung.[5]

15 **(6)** Bei nichtgewerblichen Aktionen und Veranstaltungen der Kirchen, Religionsgesellschaften, Verbände, Vereine, Parteien und anderer ähnlicher Vereinigungen.

16 **(7)** Beim Sport (Wettkämpfe und sonstige sportliche Veranstaltungen) und in Freizeit-, Erholungs- und Vergnügungseinrichtungen, beim Fremdenverkehr sowie in Museen und wissenschaftlichen Präsenzbibliotheken (insbes. Universitätsbibliotheken).

17 **(8)** Beim Rundfunk, bei der Tages- und Sportpresse, bei Nachrichtenagenturen, sowie bei den der Tagesaktualität dienenden Tätigkeiten für andere Presseerzeugnisse einschließlich des Austragens, bei der Herstellung von Satz, Filmen und Druckformen für tagesaktuelle Nachrichten und Bilder bei tagesaktuellen Aufnahmen auf Ton- und Bildträger sowie beim Transport und Kommissionieren von Presseerzeugnissen, deren Ersterscheinungstag am Montag oder am Tag nach einem Feiertag liegt. Die Ausnahmen vom Beschäftigungsverbot bestehen bei den sog. Sonntagszeitungen, aber auch für am Sonntag erscheinende Tageszeitungen (BT-Drucks. 12/5888 S. 29).

18 **(9)** Bei Messen, Ausstellungen und Märkten im Sinne des Titels IV der Gewerbeordnung (§§ 64 ff. GewO) sowie bei Volksfesten (§ 60 b GewO). Hausmessen des Großhandels sowie der Einkaufsverbände werden nicht erfasst, da es an einer Vielzahl von Ausstellern fehlt.

19 **(10)** In Verkehrsbetrieben (§ 158 RN 5) sowie beim Transport und Kommissionieren von leicht verderblichen Waren im Sinne des § 30 III Nr. 2 der StVO. Zum Kommissionieren zählt das Aufarbeiten, Verpacken und Zusammenstellen von Waren zum Zweck des Versandes. Bei Obst und Gemüse sowie leicht verderblichen Waren gehört hierzu auch das Sortieren nach Sorten, Qualität und Größe, das Abfüllen in Transport- und Verkaufsbehälter, die Kennzeichnung, die Qualitätsprüfung- und Sicherung, die Zusammenstellung der Kundenaufträge sowie alle sonstigen Arbeiten zum Herstellen der Versandfertigkeit.[6]

20 **(11)** In den Energie- und Wasserversorgungsbetrieben sowie in Abfall- und Abwasserentsorgungsbetrieben (z. B. Klärwerke) und deren Zulieferbetrieben, soweit dies zur Energieversorgung notwendig ist (vgl. BT-Drucks. 12/6990 S. 40).

21 **(12)** In der Landwirtschaft und in der Tierhaltung (§ 158 RN 5) sowie in Einrichtungen zur Behandlung und Pflege von Tieren (z. B. Tierkliniken, Tierheime).

22 **(13)** Im Bewachungsgewerbe (§ 34 a GewO: gewerbsmäßiges Bewachen von Leben oder Eigentum fremder Personen) und bei der Bewachung von Betriebsanlagen (nicht: die Überwachung laufender Produktionsanlagen[7]).

23 **(14)** Bei der Reinigung und Instandhaltung von Betriebseinrichtungen, soweit hierdurch der regelmäßige Fortgang des eigenen oder eines fremden Betriebs bedingt ist, bei der Vorbereitung der Wiederaufnahme des vollen werktägigen Betriebs sowie bei der Aufrechterhaltung der Funktionsfähigkeit von Datennetzen und Rechnersystemen. Die Ausnahme vom Beschäftigungsverbot besteht auch dann, wenn die Ingangsetzung von Maschinen zur Funktionsprüfung zwingend mit dem Ingangsetzen der Produktion verbunden ist (BT-Drucks. 12/6990 S. 40). Durch den angestiegenen bargeldlosen Zahlungsverkehr mit Eurocheque, Kredit-, Tank- und ähnlichen Karten müssen Großrechenanlagen kontinuierlich arbeiten. Erfasst wird damit sowohl die Kontrolle der Einsatzfähigkeit wie deren Instandhaltung (BT-Drucks. 12/6990 S. 43). Dagegen wird das Bestücken der Geldautomaten nicht erfasst.[8]

24 **(15)** Zur Verhütung des Verderbens von Naturerzeugnissen oder Rohstoffen oder des Misslingens von Arbeitsergebnissen sowie bei kontinuierlich durchzuführenden Forschungsarbeiten. Ein Misslingen von Arbeitsergebnissen ist dann anzunehmen, wenn wegen der Unterbrechung an Sonn- und Feiertagen nicht oder fehlerhaft gelungene Arbeitserzeugnisse in Höhe von 5% einer Wochenproduktion an fehlerfreien Arbeitserzeugnissen anfallen (BT-Drucks. 12/5888 S. 29), und zwar bezogen auf die jeweilige Maschine oder Fertigungsanlage (nicht: den Gesamtbetrieb[9]). Die 5%-Grenze wird nach den Grundsätzen der Verhältnismäßigkeit unterschritten werden können, z. B. wenn ansonsten weitere unzumutbare Folgeschäden drohen. Arbeitsergeb-

[4] BAG 26. 4. 1990 NZA 90, 979.
[5] BVerwG 7. 10. 1965 BVerwGE 22, 144 = AP 2 zu § 105 b GewO.
[6] *Schliemann* § 10 ArbZG RN 33.
[7] OVG Münster 16. 12. 1993 GewArch 94, 241 = DB 94, 1580 (LS).
[8] *Erasmy* NZA 95, 97 (99); *Schliemann* § 10 ArbZG RN 52; *Neumann/Biebl* § 10 ArbZG RN 42.
[9] *Baeck/Deutsch* § 10 ArbZG RN 126.

nisse sind misslungen, wenn sie zu dem vom Arbeitgeber vorgesehenen Zweck nicht brauchbar sind, weil ihre bestimmungsgemäße Verwendung ausgeschlossen oder wesentlich beeinträchtigt ist. Die Unterbrechung der Beschäftigung an Sonn- und Feiertagen muss ursächlich für eine je nach den betrieblichen Verhältnissen relevante Misslingensquote sein. Sie muss zur Vermeidung der Fehler erforderlich sein.[10]

(16) Zur Vermeidung einer Zerstörung oder erheblichen Beschädigung der Produktionseinrichtungen. Erheblich ist eine Beschädigung, die einen ins Gewicht fallenden Reparaturaufwand bedingt, der zu einer unzumutbaren Belastung des Arbeitgebers (Reparaturkosten, Produktionsausfall) führt.[11] **25**

b) Abweichend vom Beschäftigungsverbot dürfen Arbeitnehmer gem. § 10 II ArbZG an Sonn- und Feiertagen mit den **Produktionsarbeiten** beschäftigt werden, wenn die infolge der Unterbrechung der Produktion nach Nr. 14 zulässigen Arbeiten den Einsatz von mehr Arbeitnehmern als bei durchgehender Produktion erfordern, also z. B. für Reinigungsarbeiten. Gesetzgeberisches Ziel war, die Zahl der von Sonntagsarbeit betroffenen Arbeitnehmer zu verringern. Zum Teil wird dagegen die Auffassung vertreten, die Bestimmung sei analog auf die Fälle nach Nr. 15 und 16 anzuwenden.[12] Diese Ansicht ist abzulehnen.[13] In Anbetracht des klaren Gesetzeswortlauts lässt sich schon die für eine Analogie erforderliche Gesetzeslücke nicht feststellen. § 10 III ArbZG erlaubt für **Bäckereien und Konditoreien** eine Beschäftigung für bis zu drei Stunden mit der Herstellung und dem Austragen oder Ausfahren von Backwaren, die an Sonn- oder Feiertagen zum Verkauf kommen. Für das Verkaufspersonal gilt § 17 ArbZG i. V. m. §§ 12, 15 LadSchlG (s. § 157 RN 20). **26**

5. Rechtsverordnung. In § 13 ArbZG wird die BReg. ermächtigt, durch Rechtsverordnung mit Zustimmung des BRats zur Vermeidung erheblicher Schäden unter Berücksichtigung des Schutzes der Arbeitnehmer und der Sonn- und Feiertagsruhe die Bereiche mit Sonn- und Feiertagsbeschäftigung sowie die dort zugelassenen Arbeiten näher zu bestimmen sowie weitere Ausnahmen zuzulassen. Soweit die BReg. von der Ermächtigung keinen Gebrauch macht, können in bestimmten Fällen die LReg. Ausnahmen zulassen. Umfang und Grenzen der Bedarfsgewerbeverordnungen der Länder sind umstritten.[14] **27**

6. Aufsichtsbehörde. Die Aufsichtsbehörde kann nach **§ 13 III Nr. 1 ArbZG** feststellen, ob eine Beschäftigung nach § 10 ArbZG zulässig ist. Ferner kann sie in drei Fällen Ausnahmen vom Beschäftigungsverbot an Sonn- und Feiertagen zulassen. Dabei ist nicht zwischen „hohen" Feiertagen und „normalen" Sonn- und Feiertagen zu unterscheiden.[15] **28**

a) Es ist ihr nach näher in **§ 13 III Nr. 2 ArbZG** beschriebenen Tatbeständen ermöglicht, Ausnahmen zu bewilligen. Arbeitnehmer, die arbeitsvertraglich an Sonn- und Feiertagen beschäftigt werden dürfen, sind befugt, gegen eine auf Antrag des Unternehmens ergangene behördliche Feststellung zu klagen, dass eine Beschäftigung von Arbeitnehmern an Sonn- und Feiertagen zulässig ist.[16] **29**

b) Nach **§ 13 IV ArbZG** soll die Aufsichtsbehörde Abweichungen vom Beschäftigungsverbot bewilligen, wenn diese aus chemischen, biologischen, technischen oder physikalischen Gründen einen ununterbrochenen Fortgang auch an Sonn- und Feiertagen erfordern. **30**

c) Nach **§ 13 V ArbZG** hat die Aufsichtsbehörde Ausnahmen zu bewilligen, wenn folgende Voraussetzungen festgestellt werden (vgl. BT-Drucks. 12/6990 S. 37, 41, 42):[17] **31**

(1) das antragstellende Unternehmen die gesetzlich zulässigen wöchentlichen Betriebszeiten von 144 (6 × 24) Stunden weitgehend ausnutzt. Es muss also auch samstags gearbeitet werden. Bestimmte Stillstandszeiten stehen aber der Genehmigung nicht entgegen. Abgestellt ist auf wöchentliche Betriebszeiten, so dass auch mehrwöchige Betriebsferien einer Genehmigung nicht entgegenstehen; **32**

(2) ausländische Konkurrenten des Unternehmens mehr als 144 Stunden in der Woche produzieren; grundsätzlich ist es Sache der Behörde, die ausländischen Betriebszeiten zu ermitteln. **33**

---

[10] BVerwG 19. 9. 2000 AP 1 zu § 10 ArbZG = NZA 2000, 1232.
[11] *Schliemann* § 10 ArbZG RN 71.
[12] *Baeck/Deutsch* § 10 RN 148.
[13] So die h. M., s. *Erasmy* NZA 95, 97 (100); *Neumann/Biebl* § 10 ArbZG RN 54; *Linnenkohl/Rauschenberg* § 10 ArbZG RN 93; *Schliemann* § 10 ArbZG RN 76.
[14] Vgl. *Richardi/Annuß* NZA 99, 953.
[15] OVG Münster 10. 4. 2000 NZA-RR 2000, 491.
[16] BVerwG 19. 9. 2000 AP 1 zu § 10 ArbZG = NZA 2000, 1232.
[17] OVG Münster 10. 4. 2000 NZA-RR 2000, 491 = DB 2000, 1671 (LS); dazu *Rose* DB 2000, 1662.

Im Verwaltungsverfahren herrscht der Untersuchungsgrundsatz. Zweckmäßig werden aber dem Antrag entsprechende Unterlagen beigefügt;

34 **(3)** die Konkurrenzfähigkeit des Unternehmens unter Berücksichtigung der verfassungsmäßig garantierten Sonn- und Feiertagsruhe beeinträchtigt ist, z.B. bei höheren Fertigungskosten.[18] Die Beeinträchtigung muss unzumutbar sein, d.h. der Wettbewerbsvorteil der ausländischen Konkurrenz muss so hoch sein, dass der Antragsteller ansonsten mit dem Verlust entscheidender Marktanteile zu rechnen hat.[19] Nicht erforderlich ist eine drohende Existenzgefährdung des Betriebes. Die längeren Arbeitszeiten brauchen nicht kausal für die fehlende Konkurrenzfähigkeit zu sein. Ausreichend ist, dass im Ausland längere Arbeitszeiten gegeben sind („bei");[20]

35 **(4)** ohne die Genehmigung von Sonn- und Feiertagsarbeit Arbeitsplätze verloren gehen. Die Genehmigung muss mithin Arbeitsplätze sichern. Längere Maschinenlaufzeiten ermöglichen eine kostengünstigere Produktion.

36 Liegen die vorstehenden Voraussetzungen vor, so hat die Behörde die Genehmigung zu erteilen. Es ist ein gebundenes Ermessen. Eine Beteiligung des Betriebsrats am Verwaltungsverfahren ist nicht vorgesehen.

III. Ausgleich für die Ausnahme vom Beschäftigungsverbot

37 **1. Ausgleichsleistungen.** Für Arbeitnehmer, die an Sonn- und Feiertagen beschäftigt werden, sieht § 11 ArbZG eine Reihe von Ausgleichsleistungen vor.

38 **a) Mindestens fünfzehn Sonntage** im (Zeit-)Jahr (nicht: Kalenderjahr)[21] müssen **beschäftigungsfrei** (auch kein Bereitschaftsdienst oder Rufbereitschaft) bleiben (§ 11 I ArbZG). Abzustellen ist auf den einzelnen Arbeitnehmer und nicht auf den Betrieb. Dies ergibt sich aus dem gesetzessystematischen Zusammenhang, der auf den Ausgleich für den einzelnen Arbeitnehmer abstellt. Weil auf die tatsächlichen Umstände abzustellen ist, sind beschäftigungsfrei auch Zeiten von Urlaub oder bestehender Arbeitsunfähigkeit.

39 **b)** Durch die Beschäftigung an Sonn- und Feiertagen darf weder die **Höchstarbeitszeit** noch der **Ausgleichszeitraum** des § 3 ArbZG überschritten werden (§ 11 II ArbZG). Im Einzelfall kann es damit zu einer 70-stündigen Arbeitszeit kommen. Der erforderliche Ersatzruhetag muss nur innerhalb von zwei Wochen gewährt werden. Im Ausgleichszeitraum darf aber der Schnitt von 48 Stunden nicht überschritten werden.

40 **c)** Für die Beschäftigung an Sonn- oder Feiertag ist ein **Ersatzruhetag** zu gewähren, und zwar für die Beschäftigung am Sonntag innerhalb eines Zeitraums von zwei Wochen und für die Beschäftigung am Feiertag innerhalb von acht Wochen (§ 11 III ArbZG).[22] Der Ersatzruhetag für Feiertagsbeschäftigung kann durch einen Werktag (Sonnabend) gewährt werden, der ohnehin arbeitsfrei ist; ein Anspruch auf eine bezahlte Freistellung an einem Beschäftigungstag besteht nicht.[23] Ist die Gewährung eines Ersatzruhetages für einen ausschließlich an Sonntagen beschäftigten Arbeitnehmer unmöglich, weil dieser an den übrigen sechs Wochentagen bei einem anderen Arbeitgeber beschäftigt ist, liegt ein personenbedingter Kündigungsgrund vor.[24]

41 **d)** Sowohl die Sonn- und Feiertagsruhe als auch der Ersatzruhetag sind nach § 11 IV ArbZG in unmittelbarem **Zusammenhang mit einer täglichen Ruhezeit** (§ 5 ArbZG) von elf Stunden zu gewähren, soweit dem technische oder arbeitsorganisatorische Gründe[25] nicht entgegenstehen. Damit soll grundsätzlich eine ununterbrochene Ruhezeit von 35 Stunden sichergestellt werden (BT-Drucks. 12/5888 S. 30).

42 **e)** Einen gesetzlichen Anspruch auf Zahlung eines **Entgeltzuschlages** für geleistete Sonn- und Feiertagsarbeit regelt das ArbZG nicht. Ein Anspruch auf Zahlung eines Sonn- und Feier-

[18] *Erasmy* NZA 95, 97, 101.

[19] *Baeck/Deutsch* § 10 ArbZG RN 83 m. w. N.

[20] *Schliemann* § 13 ArbZG RN 84.

[21] ErfK/*Wank* § 11 ArbZG RN 1.

[22] *Ulber* AiB 99, 181.

[23] BAG 12. 12. 2001 AP 1 zu § 11 ArbZG = NZA 2002, 505; 23. 3. 2006 AP 3 zu § 11 ArbZG = DB 2006, 1435 (LS); 13. 7. 2006 AP 1 zu § 15 MTArb = NZA 2007, 173.

[24] BAG 24. 2. 2005 AP 51 zu § 1 KSchG 1969 Verhaltensbedingte Kündigung = NZA 2005, 759.

[25] Bei einem Schichtwechsel der bis 22.00 Uhr dauernden Schicht am Samstag und Beginn der nächsten Schicht am Montag um 6.00 Uhr, vgl. *Neumann/Biebl* § 10 ArbZG RN 15; *Schliemann* § 11 ArbZG RN 24.

tagszuschlages (neben einem Nachtzuschlag) für an einem Sonn- oder Feiertag geleistete Nachtarbeit folgt auch nicht aus § 11 II i. V. m. § 6 V ArbZG.[26]

2. Tarifvorrang. Gem. § 12 ArbZG können durch Tarifvertrag oder auf Grund eines Tarif- 43
vertrages durch Betriebsvereinbarung Abweichungen von den Ausgleichsregelungen des § 11 ArbZG zugelassen werden. Diese können aus Gründen der Tarifautonomie die Arbeitsbedingungen der Arbeitnehmer sowohl verbessern als auch verschlechtern.

IV. Rechtsfolgen der Überschreitung des Beschäftigungsverbotes

1. Zivilrechtliche Folgen. Verpflichtet ein Arbeitgeber einen Arbeitnehmer über die Gren- 44
zen des Beschäftigungsverbotes zu arbeiten, so ist diese Verpflichtung nach § 134 BGB unwirksam. Der Arbeitnehmer hat an seiner Arbeitsleistung ein Zurückbehaltungsrecht (§ 273 BGB, § 50). Da er bei einer entgegen dem Beschäftigungsverbot geleisteten Arbeit eine nicht geschuldete Arbeitsleistung erbringt, ist diese zu vergüten (§ 105 RN 21).

2. Ordnungswidrigkeit. Die Einhaltung des Beschäftigungsverbots ist durch Bußgeld und 45
Strafe gegen den Arbeitgeber gesichert (§§ 22, 23 ArbZG).

V. Kirchliche Feiertage

An kirchlichen Feiertagen besteht keine gesetzlich vorgeschriebene Arbeitsbeschränkung (vgl. 46
§ 104 RN 8).

§ 160. Besondere Arbeitszeitgestaltungen

Internetadresse zu besonderen Arbeitszeitgestaltungen mit umfangreicher Materialsammlung: http://www.arbeitszeitberatung.de; s. auch § 156 vor RN 1.

Übersicht

	RN
I. Gleitende Arbeitszeit	1 ff.
1. Begriff und Formen	1–3
2. Einführung	4, 5
3. Inhalt der Gleitzeitregelung	6
4. Pause	7, 8
5. Höchstarbeitszeit	9, 10
6. Tarifvorrang	11
7. Besondere Arbeitnehmergruppen	12
8. Über- und Mehrarbeit	13, 14
9. Aufzeichnung	15
II. Vier-Tage-Woche	16 ff.
1. Einführung	16–18
2. Vier-Tage-Woche und Gleitzeit	19
3. Arbeitsplatzsicherung	20
III. Flexibilisierung der Arbeitszeit	21 ff.
1. Begriff	21
2. Grundtypen der Arbeitszeitflexibilisierung	22–25
3. Grundprinzip der tariflichen Regelungen des Leber/Rüthers-Kompromisses	26–28
4. Regelungsbedarf	29, 30
5. Kollektivrechtliche Rechtsbedenken	31, 32
6. Individualrechtliche Rechtsfragen	33–36
7. Die Ablösung des Leber/Rüthers-Kompromisses	37–39
8. Einzelvertragliche Arbeitszeitregelung und der Tarifvertrag	40–43
IV. Arbeitszeitkonten	44 ff.
1. Zeit- und Geldkonten	44–46
2. Tarifliche Arbeitszeitkonten	47–49
3. Betriebliche Arbeitszeitkontenregelungen	50–54
4. Kündigung	55
V. Jahresarbeitszeitvertrag mit Zeitkorridor	56 ff.
1. Arbeitsvertrag mit Zeitkorridor	56
2. Rechte des Betriebsrats	57
3. Verstetigtes Arbeitsentgelt	58
VI. Sozial- und insolvenzrechtliche Absicherung von Arbeitszeitkonten	59 ff.
1. Gesetzliche Regelungen	59
2. Vereinbarung einer Arbeitszeitflexibilisierung	60, 61
3. Wertguthabenvereinbarung	62–64
4. Sozialversicherungsschutz	65–70
5. Führung und Verwaltung der Wertguthaben	71
6. Insolvenzschutz	72–75

I. Gleitende Arbeitszeit

Blank, Moderne (Arbeits-)Zeiten im Spiegel der Rechtsprechung, FS Wißmann, 2005, S. 15; *Reinecke,* Flexibilisierung der Arbeitszeit im Arbeitgeber- und Arbeitnehmerinteresse – ein Rechtsprechungsbericht, BB Beilage 2008 Nr. 4, S. 21.

[26] BAG 11. 1. 2006 AP 2 zu § 11 ArbZG = NZA 2006, 372.

1 **1. Begriff und Formen.** Von gleitender Arbeitszeit wird dann gesprochen, wenn der Arbeitnehmer nicht an eine genau bestimmte Arbeitszeit an einem Arbeitstag gebunden ist, sondern die Arbeit innerhalb einer gewissen Zeitspanne zu einem selbst gewählten Zeitpunkt beginnen und nach Ablauf der betrieblichen Arbeitszeit beenden **(einfache Gleitarbeitszeit)** oder auch am Abend innerhalb einer gewissen Zeitspanne zu einem selbst gewählten Zeitpunkt beenden kann **(qualifizierte Gleitarbeitszeit oder gleitende Arbeitszeit mit Zeitausgleich).** Für die einfache gleitende Arbeitszeit ist mithin charakteristisch, dass der Arbeitnehmer zwar an seine tägliche Arbeitszeitdauer gebunden ist, aber früher oder später als sonst üblich beginnen oder aufhören kann. Bei der qualifizierten Gleitarbeitszeit kann der Arbeitnehmer zusätzlich über die tägliche Dauer der Arbeitszeit entscheiden und so zusätzlich Arbeitszeit ansparen oder nachholen. Gleitarbeitszeit wird seit etwa 1970 praktiziert.

2 Die Einführung der gleitenden Arbeitszeit liegt vielfach im **öffentlichen Interesse,** weil dadurch den Verkehrsüberlastungen in den Spitzenzeiten vorgebeugt werden kann; im **Interesse des Arbeitnehmers,** der je nach Arbeitsvermögen mehr oder minder lange arbeiten und bei der qualifizierten Gleitarbeitszeit für Besorgungen auch Zeitreserven ansparen kann; im **Interesse des Arbeitgebers,** da hierdurch die Dienstbefreiungen für Besorgungen und Arztbesuche weitgehend entfallen können und das Pünktlichkeitsrisiko verlagert wird.

3 Die Einführung der gleitenden Arbeitszeit ist i. d. R. ausgeschlossen, wenn Arbeitnehmer im Takt oder am Fließband arbeiten. In der Praxis haben sich gewisse Prototypen der gleitenden Arbeitszeit herausgebildet.

4 **2. Einführung.** Die Einführung der gleitenden Arbeitszeit kann, soweit gesetzliche und tarifliche Arbeitszeitregelungen nicht bestehen, im Wege der **erzwingbaren Mitbestimmung** des Betriebsrates erfolgen (§ 87 I BetrVG). Der Betriebsrat hat wegen der zeitlichen Lage der Arbeitszeit und auch wegen der Dauer (umstr.) der täglichen Arbeitszeit ein erzwingbares Mitbestimmungsrecht (§ 235 RN 12ff., 37ff.).[1] Soweit die Arbeitnehmer die Lage und die Dauer der Arbeitszeit an einzelnen Arbeitstagen selbst festlegen, sind hieraus betriebsverfassungsrechtlich keine Bedenken herzuleiten. Das Mitbestimmungsrecht des Betriebsrates besteht zugunsten der Arbeitnehmer; soweit diesen aber eine Eigenbestimmung überlassen bleibt, ist ihrem Individualinteresse hinreichend Rechnung getragen. Zudem bleibt dem Betriebsrat die Rahmenbestimmung. Der Arbeitgeber verletzt aber Mitbestimmungsrechte des Betriebsrats, wenn er Schulungsveranstaltungen für Mitarbeiter nicht in die Kern- sondern Gleitzeit legt.[2] Ist ein Betriebsrat nicht vorhanden oder ist der Betrieb nicht betriebsratspflichtig, so kann die Einführung der gleitenden Arbeitszeit kraft **Direktionsrechts** des Arbeitgebers erfolgen.

5 Besteht bei einer Bank eine Gleitzeitvereinbarung mit Festlegung von Kernarbeitszeiten und Gleitzeitrahmen, so ist der Arbeitgeber nicht gehindert, die Banköffnungszeiten ohne Zustimmung des Betriebsrats zu ändern, wenn diese noch innerhalb des Gleitzeitrahmens liegen.[3]

6 **3. Inhalt der Gleitzeitregelung.** Im Falle der Einführung der gleitenden Arbeitszeit werden zweckmäßig Bestimmungen getroffen über **(a)** die eigentliche Normalarbeitszeit; **(b)** die Gleitspanne am Vor- und Nachmittag, innerhalb der die Arbeit begonnen und beendet werden kann; **(c)** die Kernarbeitszeit, innerhalb der alle Arbeitnehmer grundsätzlich am Arbeitsplatz sein müssen; das Zeitguthaben bzw. den Zeitrückstand, welcher bei der qualifizierten gleitenden Arbeitszeit innerhalb einer bestimmten Frist für einen Arbeitnehmer höchstens bestehen darf; **(d)** den Ausgleichszeitraum, innerhalb dessen bei der qualifizierten gleitenden Arbeitszeit Zeitguthaben und Zeitrückstand auszugleichen sind; **(e)** Bestimmungen, wie bei einem Guthabenüberhang bzw. einem Rückstandsüberhang zu verfahren ist; **(f)** über die Kontrolle der Arbeitszeit und **(g)** ob die Ausgleichung des Zeitkontokorrents Vorrang vor etwaigen Mehr- oder Überstunden hat. Muster einer Regelung: Münch.-Vertragshandbuch Bd. IV sowie ArbR-Formb. § 45 RN 16ff.[4]

7 **4. Pause.** Die gleitende Arbeitszeit bringt im Allgemeinen bei Pausen keine arbeitszeitrechtlichen Probleme. Nach § 4 Satz 1 ArbZG ist die Arbeitszeit durch im voraus feststehende Ruhepausen von mindestens 30 Minuten bei einer Arbeitszeit von mehr als sechs bis zu neun Stunden und 45 Minuten bei einer Arbeitszeit von mehr als neun Stunden insgesamt zu unter-

---

[1] Vgl. BAG 30. 3. 2000 AP 2 zu § 15 BAT-O = NZA 2001, 111; Ausfall wegen Betriebsausflug: BAG 27. 1. 1998 AP 14 zu § 87 BetrVG 1972 Sozialeinrichtung = NZA 98, 835.

[2] BAG 18. 4. 1989 AP 33 zu § 87 BetrVG 1972 Arbeitszeit.

[3] LAG Rheinland-Pfalz 20. 3. 1997 NZA-RR 97, 390.

[4] Vgl. die zugrundeliegende Regelung bei BAG 29. 4. 2004 AP 3 zu § 77 BetrVG 1972 Durchführung = NZA 2004, 670.

brechen. Ausreichend ist, wenn im voraus ein zeitlicher Rahmen für die Pausen festgelegt wird (§ 158 RN 11, 13).

Für **Jugendliche** bestimmt § 11 JArbSchG, dass sie nicht länger als $4^1/_2$ Stunden ohne Pause beschäftigt werden dürfen. Außerdem muss die Pause auch für sie im voraus feststehen (vgl. § 158 RN 11, 13). Für Jugendliche besteht mithin nur die Möglichkeit, entweder die Pausen von vornherein festzulegen oder zu bestimmen, dass in bestimmten Zeitabständen nach Arbeitsaufnahme Pausen einzulegen sind. 8

5. Höchstarbeitszeit. a) Wegen der Höchstarbeitszeiten erwachsen bei der **einfachen gleitenden Arbeitszeit** arbeitsrechtlich keine Probleme. Die Arbeitszeit wird lediglich verschoben, während die Höchstdauer der Arbeitszeit unverändert bleibt. Wird die Gleitspanne so groß gewählt, dass der Arbeitnehmer noch in den Abendstunden arbeiten kann, so erwachsen keine tariflichen Spätdienstzulagen usw. Diese sollen die besonderen Erschwernisse und Beanspruchungen des Arbeitnehmers abgelten, die vom Arbeitgeber ausgehen. Wenn der Arbeitnehmer aber selbst diese Arbeitszeit wählt, so kann die vornehmlich in seinem Interesse eingeführte gleitende Arbeitszeit nicht zu einer Verdiensterhöhung führen. 9

b) Die **qualifizierte gleitende Arbeitszeit ist hinsichtlich der einzuhaltenden Höchstarbeitszeit im Allgemeinen nicht problematisch.** Zu beachten ist, dass nach § 3 ArbZG die werktägliche Arbeitszeit der Arbeitnehmer acht Stunden nicht überschreiten darf. Sie kann aber bis auf 10 Stunden verlängert werden, wenn innerhalb von sechs Kalendermonaten oder innerhalb von 24 Wochen im Durchschnitt acht Stunden werktäglich nicht überschritten werden. 10

6. Tarifvorrang. Nach § 7 ArbZG können die Tarifvertragsparteien vom ArbZG abweichende Regelungen vereinbaren. Bereits bestehende Tarifverträge haben nach § 25 ArbZG den Vorrang vor der gesetzlichen Regelung (s. aber § 156 RN 19). Insoweit kann die Möglichkeit zur Einführung der gleitenden Arbeitszeit eingeschränkt sein. 11

7. Besondere Arbeitnehmergruppen. Für **Schwangere und Jugendliche** ist die Einführung der gleitenden Arbeitszeit mit Zeitausgleich praktisch ausgeschlossen, da wegen der Arbeitszeitbegrenzung ein Ansparen oder Nachholen der Arbeitszeit nicht möglich ist (vgl. § 8 MuSchG, § 8 JArbSchG). Insbesondere ist die Ausnahmeregelung von § 8 II JArbSchG nicht anwendbar, die sich nur auf den Arbeitsausfall im Zusammenhang mit Feiertagen bezieht. Für diese Beschäftigten kommt eine gleitende Arbeitszeit mit Zeitausgleich im Allgemeinen nur in Betracht, wenn die Wochenarbeitszeit unter 40 Stunden liegt. 12

8. Über- und Mehrarbeit. a) Im ArbZG ist eine Vorschrift über die **Vergütung von Über- und Mehrarbeit** nicht mehr enthalten. In Tarifverträgen kann die Höchstarbeitszeit festgelegt sein. Im Wege der Auslegung des Tarifvertrages ist zu ermitteln, ob Über- und Mehrarbeitszuschläge dann gezahlt werden müssen, wenn die tarifliche Höchstarbeitszeit individuell überschritten wird. Im Allgemeinen werden aber keine Zuschläge anfallen, da die tariflichen Zuschlagsregelungen die Arbeitserschwernis des Arbeitnehmers abgelten sollen. Arbeitet der Arbeitnehmer aus persönlichen Gründen über die tarifliche Höchstarbeitszeit hinaus, handelt es sich weder um angeordnete noch gebilligte Überstunden.[5] 13

b) Fällt Arbeitszeit infolge eines Arbeitskampfes aus, so kann in aller Regel nicht das **Gleitzeitkonto** gekürzt werden. Vielmehr ist die Vergütung zu kürzen. Grundsätzlich ist es aber möglich, in einer Betriebsvereinbarung Regelungen zu treffen, wonach Zeiten der Streikteilnahme mit dem Gleitzeitkonto verrechnet werden.[6] 14

9. Aufzeichnung. Nach § 16 II ArbZG ist der Arbeitgeber verpflichtet, die über die werktägliche Arbeitszeit von acht Stunden hinausgehende Arbeitszeit der Arbeitnehmer aufzuzeichnen. Ausreichend ist die Erfassung durch Stempelkarten oder durch sonstige elektronische Erfassungssysteme.[7] Die Eintragungen können auch in die Lohnlisten oder die Lohnkartei erfolgen. Gleitzeitmanipulationen können u. U. eine außerordentliche Kündigung rechtfertigen.[8] 15

II. Vier-Tage-Woche

Löwisch, Viertagewoche durch Änderungskündigung?, BB 93, 2371; *Monk,* Voraussetzungen für die Einführung einer 4-Tage-Woche in den Betrieben und Unternehmen, Jura 94, 287; *Unterhinninghofen,* Zwei Jahre sichere Arbeitsplätze – Vier-Tage-Woche bei VW, AiB 94, 82.

---

[5] Vgl. LAG Köln 4. 11. 1992 BB 93, 436 (LS).

[6] BAG 30. 8. 1994 AP 131 zu Art. 9 GG Arbeitskampf = NZA 95, 32; 30. 8. 1994 AP 132 zu Art. 9 GG Arbeitskampf = NZA 95, 183.

[7] *Forster/Vatteroth* Co-Pers. 93, 19; *dies.* Arbeitgeber 93, 125; *Hoff* PersF 94, 788.

[8] BAG 12. 8. 1999 AP 51 zu § 123 BGB = NZA 2000, 27.

16 **1. Einführung. a)** Nach § 3 ArbZG ist die Einführung der Vier-Tage-Woche **ohne rechtliche Schwierigkeiten** möglich, sofern die Arbeitszeit 40 Stunden wöchentlich nicht übersteigt. Von ihr auszunehmen sind nur Schwangere (§ 8 MuSchG) und Jugendliche (§ 8 JArbSchG), da deren tägliche Arbeitszeit acht Stunden nicht übersteigen darf. Beträgt die wöchentliche Arbeitszeit über 40 Stunden, dürfte die Einführung einer Vier-Tage-Woche ohne behördliche Genehmigungen ausgeschlossen sein (vgl. § 156).

17 **b)** Wegen des **Tarifvorranges** in §§ 7, 25 ArbZG kann die Einführung der Vier-Tage-Woche mit Schwierigkeiten verbunden sein, wenn die tägliche Höchstarbeitszeit so festgelegt ist, dass durch die Vier-Tage-Woche die Höchstgrenzen überschritten werden.

18 **c)** Da im ArbZG die **Pausenregelungen** für Männer und Frauen vereinheitlicht worden sind, bestehen wegen der Festlegung keine Schwierigkeiten mehr.

19 **2. Vier-Tage-Woche und Gleitzeit.** Die Vier-Tage-Woche kann mit der einfachen gleitenden Arbeitszeit, aber mangels Möglichkeit eines Zeitausgleichs kaum mit der qualifizierten gekoppelt werden. Möglich erscheint ein Mischsystem einzuführen, wonach einzelne Arbeitnehmer auf die Vier-Tage-Woche übergehen, wenn die Kernarbeitszeit montags oder/und freitags aufgehoben wird.

20 **3. Arbeitsplatzsicherung.** Durch Tarifvertrag wird die Vier-Tage-Woche im Zusammenhang mit der Arbeitsplatzsicherung eingeführt. Durch Tarifvertrag vom 15. 12. 1993 zwischen der Volkswagen AG und der IG-Metall-Bezirksleitung wurde die Arbeitszeit ab 1. 1. 1994 verkürzt. Die 35-Stunden-Woche wurde auf den 1. 1. 1994 vorgezogen und die regelmäßige Arbeitszeit auf 28,8 Stunden in der Woche im Jahresdurchschnitt begrenzt.[9] Entsprechende Regelungen wurden durch eine Vereinbarung der IG-Metall mit Gesamt-Metall vom 5. 3. 1994 ermöglicht.[10]

III. Flexibilisierung der Arbeitszeit

Allgemein seit 2001, sonst frühere Aufl.: *Engelhardt,* Betriebliche Vereinbarungen zur Arbeitszeitflexibilisierung, AiB 2001, 451; *Fauth-Herkner,* Modelle für ihr Unternehmen, Arbeitszeitflexibilisierung, AuA 2002, 196; *dies.,* Vom Modell zum Arbeitszeitmanagement, CoPers 1/2003, 26; *Frank,* Sozialrechtliche Absicherung flexibler Arbeitszeitregelungen, ZRP 2008, 255; *Hamm,* Flexible Arbeitszeiten in der Praxis, 2001; *Hohenstatt/Schramm,* Neue Gestaltungsmöglichkeiten zur Flexibilisierung der Arbeitszeit, NZA 2007, 238; *Knospe,* Die Verpflichtung zum Insolvenzschutz für Vertragsparteien einer Wertguthabenvereinbarung im Rahmen flexibler Arbeitszeitgestaltung, NZA 2006, 187; *Knospe/Ewert/Marx,* Die Flexibilisierung der Arbeitszeit in der Sozialversicherung, NZS 2001, 459; *Kock,* Arbeitszeitflexibilisierung- Gestaltung einer Betrtiebsvereinbarung zur Anordnung von Überstunden, MDR 2005, 1261; *Linnenkohl/Rauschenberg/Gressierer,* Arbeitszeitflexibilisierung, 4. Aufl., 2001; *Marschner,* Flexibilisierung, AR-Blattei SD 240.1; *Reinecke,* Flexibilisierung der Arbeitszeit im Arbeitgeber- und Arbeitnehmerinteresse – ein Rechtsprechungsbericht, BB Beilage 2008 Nr. 4, S. 21; *Schmitz,* Grenzen der Arbeitszeitflexibilisierung, ZMV 2001, 53; *ders.,* Flexible Arbeitszeitformen, ZMV 2001, 111; Volkswagen-Vertrag unter Dach und Fach (ohne Verf.), AuA 2001, 466.

Tarifliche Arbeitszeitbestimmungen: *Auktor,* Flexibilität durch Arbeitszeitverlängerung, DB 2002, 1714; *Buchner,* Die Umsetzung tariflicher Arbeitszeitregelungen im Betrieb, FS Dieterich, 1999, S. 29.

21 **1. Begriff.** Unter dem Stichwort der Flexibilisierung der Arbeitszeit werden verschiedene Gestaltungsformen zusammengefasst. Hierunter werden Formen **(1)** der Teilzeitarbeit (§ 43), **(2)** der Abrufarbeit (§ 43 RN 9 ff.), **(3)** der kapazitätsorientierten Arbeitszeit (§ 43 RN 9 ff.), **(4)** des Job Sharing (§ 43 RN 22 ff.), **(5)** der Altersteilzeit (§ 81 RN 8) und **(6)** die verschiedenen Formen der Verkürzung der betrieblichen Arbeitszeit, **(7)** Jahresarbeitsverträge und Arbeitszeitkonten verstanden. Im Zusammenhang der Arbeitszeit werden nur Rechtsformen der Verkürzung der betrieblichen Arbeitszeit erörtert.

22 **2. Grundtypen der Arbeitszeitflexibilisierung.**[11] **a)** Moderne Arbeitszeitmodelle entfernen sich immer mehr von der festen Arbeitszeit und den Gleitzeitmodellen und entwickeln sich zum Zeitkonto, der Vertrauensarbeitszeit und der Arbeitszeitfreiheit. Auf einem **Zeitkonto** werden Abweichungen der tatsächlichen von der vertraglichen Arbeitszeit saldiert. Hierzu bedarf es im allgemeinen einer Zeiterfassung. Aus dem Zeitkonto ergibt sich, auf wie viel Freizeitausgleich der Mitarbeiter und auf wie viel nachzuleistende Arbeit der Arbeitgeber Anspruch hat.

---

[9] Vgl. NZA 94, 111 = ArbuR 94, 230 = DB 94, 42 m. Anm. *Bauer;* hierzu:*Bauer/Diller* NZA 94, 353; *Zachert* ArbuR 95, 1.

[10] Vgl. ArbuR 94, 232.

[11] Umfangreiche Übersichten: http://www.arbeitszeitberatung.de; auch erreichbar über http://www.bmas.de.

Von dem Zeitkonto kann nicht in das Geldkonto übergegangen werden. Es muss daher eine größere Abweichung von der Wochenarbeitszeit vermieden werden. So wird gelegentlich eine Abweichung von +/– 60 Stunden vereinbart. Erwachsen mehr Plusstunden für den Mitarbeiter, werden sie gekappt. Dasselbe geschieht, wenn mehr Minusstunden anfallen. Die Kappung wird als zulässig angesehen, weil der Mitarbeiter weitgehend frei seine Arbeitszeit gestalten kann. Gelegentlich ist vorgesehen, dass der Mitarbeiter den Zeitrahmen nach Rücksprache mit dem Vorgesetzten erweitern kann.

b) Bei der **Vertrauensarbeitszeit** ohne Zeitkonto und Zeiterfassung (außer einer Arbeitszeiterfassung durch den Mitarbeiter) vertraut der Arbeitgeber darauf, dass die Mitarbeiter ihre vertragliche Arbeitszeit-Verpflichtung auch ohne Kontrolle erfüllen. Die Arbeitszeit bleibt als Leistungsmaßstab unberührt, wenngleich andere Maßstäbe wie das Erreichen wirtschaftlicher oder kundenorientierter Ziele stärker in den Vordergrund treten. Kommt ein Mitarbeiter mit seiner Arbeitszeit nicht aus, muss er sich an seinen Vorgesetzten wenden, damit die Lücke zwischen vorhandener und verfügbarer Arbeitszeit geschlossen wird. Dagegen werden die Überstunden nicht bezahlt. 23

c) Bei der **Arbeitszeitfreiheit** wird die Arbeitszeit als Leistungsmaßstab durch einen oder mehrere andere abgelöst. Es werden Ziele vereinbart, die in einer bestimmten Zeitspanne erledigt werden müssen. Diese müssen allerdings so bemessen sein, dass sie in der vertraglichen bzw. in der betriebsüblichen Arbeitszeit im Rahmen der gesetzlichen und tariflichen Grenzen erledigt werden können. Überstunden kann es nicht geben. Andererseits hat der Arbeitgeber auch keinen Nacharbeitsanspruch, wenn der Arbeitnehmer sein Ziel in der Hälfte der Arbeitszeit erreicht. 24

d) Zeitvergütete Mitarbeiter können innerhalb der Zeitkontengrenzen arbeiten und sich dann, wenn eine **Pluskappung** droht, durch den Vorgesetzten entlasten lassen oder mit diesem ein Arbeitszeit-Zusatzbudget über den Ankauf zusätzlicher Arbeitszeit vereinbaren. Sie können aber auch gelegentliche Pluskappungen hinnehmen. Diese werden durch eine von der Unternehmensleitung und dem Betriebsrat paritätisch besetzte **Arbeitszeitkommission** kontrolliert, damit gewährleistet ist, dass sie nur freiwillig hingenommen wird. Die Mitarbeiter können in Vertrauensarbeitszeit arbeiten und sich jede Kontrolle ersparen. 25

3. Grundprinzip der tariflichen Regelungen des Leber/Rüthers-Kompromisses. **a)** Bei den **Tarifauseinandersetzungen im Jahre 1984** verfolgte die Arbeitgeberseite das Verhandlungsziel, die 40-Stunden-Woche zu erhalten, während von Gewerkschaftsseite die 35-Stunden-Woche angestrebt wurde. Das Ergebnis der Tarifauseinandersetzung beruht auf einem Schlichtungsspruch (Leber/Rüthers) vom 28. 6. 1984 (RdA 84, 362 = NZA 84, 79), der auf folgendem Grundprinzip beruht. **(1)** Die durchschnittliche tarifliche wöchentliche Arbeitszeit ohne Pausen beträgt 38,5 Stunden. Die Arbeitszeit im Betrieb wird im Rahmen dieses Volumens durch Betriebsvereinbarungen geregelt. Dabei können für Teile des Betriebes, für einzelne Arbeitnehmer oder Gruppen von Arbeitnehmern unterschiedliche Wochenarbeitszeiten zwischen 37 und 40 Stunden festgelegt werden. **(2)** Auf Grund der Betriebsvereinbarungen ergeben sich unterschiedliche Arbeitszeiten in den Betrieben. **(3)** Der Durchschnitt der tariflichen wöchentlichen Arbeitszeit im Betrieb wird monatlich kontrolliert. 26

b) Vordergründig sollte der **Kompromissvorschlag** beiden Seiten helfen, den Arbeitskampf ohne offensichtliche Niederlage zu beenden. Die Arbeitnehmerseite wollte den Einstieg in die 35-Stunden-Woche erreichen; andererseits strebte die Arbeitgeberseite eine bessere Ausnutzung der Produktionsmittel zur Verzinsung der Investitionskosten an. 27

c) Das von den Tarifpartnern gewollte **Regelungsmodell** hat zu umfangreichen wissenschaftlichen Kontroversen geführt. 28

4. Regelungsbedarf. **a)** Die Tarifverträge zur Einführung der Flexibilisierung der Arbeitszeit haben regelmäßig die **betriebliche Arbeitszeit** auf 38,5 Stunden gesenkt. Nach den Normen des Tarifvertrages ist es jedoch erforderlich, dass nur die durchschnittliche Arbeitszeit auf 38,5 Stunden gesenkt wird. Dagegen ist es durchaus möglich, dass Teile der Belegschaft des Betriebes weiterhin 40 Stunden, andere dagegen nur 37,0 Stunden arbeiten. Die Durchschnittsberechnung wird dadurch erreicht, dass im Wege der Betriebsvereinbarung (§ 87 I Nr. 3 BetrVG) für Gruppen von Arbeitnehmern bestimmte Arbeitszeitgrenzen vereinbart werden. 29

b) In der **betrieblichen Praxis** sind die verschiedensten Regelungsmodelle entwickelt worden. So finden sich Regelungen, bei denen **(1)** die Arbeitszeit des Betriebes schematisch gesenkt wird, **(2)** produktivitätsfordernde Abteilungen weiterhin 40 Stunden, andere dagegen nur noch 37 Stunden arbeiten, **(3)** differenzierte, nach Produktivitätsgesichtspunkten orientierte Lösungen gefun- 30 den werden, **(4)** für Gruppen von Arbeitnehmern Freischichten eingeführt werden, so dass im Wochendurchschnitt eine Arbeitszeit von 38,5 Stunden erreicht wird.

31 **5. Kollektivrechtliche Rechtsbedenken. a)** Die **Regelungsmacht der Tarifpartner** ist grundsätzlich auf die Tarifgebundenen (§ 206) beschränkt. Durch die notwendig abzuschließenden Betriebsvereinbarungen über die Dauer der Arbeitszeit werden auch die Außenseiter von den tariflichen Regelungen erfasst. In der wissenschaftlichen Literatur bestand nicht nur Streit darüber, ob die Bindung der Außenseiter an die Tarifverträge wirksam ist, sondern auch, ob die Tarifpartner die Betriebspartner ermächtigen können, über den Inhalt von § 87 I BetrVG hinaus Regelungen zur Arbeitszeit zu treffen. Das BAG ist jedenfalls von der Wirksamkeit derartiger Regelungen ausgegangen.[12] Im ArbZG ist vorgesehen, dass die Tarifvertragsparteien die Betriebspartner ermächtigen können, Arbeitszeitregelungen vorzunehmen (vgl. § 7 ArbZG). Umstr. ist, ob die Tarifvertragsparteien eine Betriebsvereinbarung angreifen können, wenn sie diese für unwirksam halten, weil sie sich nicht im Regelungsrahmen hält. Das BAG hat das zunächst verneint.[13] Inzwischen räumt es aber den Tarifvertragsparteien einen Unterlassungsanspruch ein.[14]

32 **b)** Die **Aufspaltung in die tarifliche und betriebsindividuelle Arbeitszeit** führt für Gruppen von Arbeitnehmern zu erheblichen Verdiensteinbußen. Insoweit wird gegen das System eingewandt, dass ein Verstoß gegen die Lohngleichheit vorliege und die Beschränkung der Verdienstmöglichkeiten der Außenseiter nicht möglich sei. So wird vor allem vertreten, dass entgegen § 75 BetrVG Lohndifferenzierungen vorgenommen würden.[15]

33 **6. Individualrechtliche Rechtsfragen. a)** Nach dem Wortlaut des Tarifvertrages muss entschieden werden, ob die tarifliche Arbeitszeit **allgemein auf 38,5 Stunden** gesenkt worden ist. In diesem Fall ist es denkbar, dass diejenigen Arbeitnehmergruppen, die mehr als 38,5 Stunden arbeiten, Ansprüche auf Überstundenvergütung erlangen.

34 **b)** Rechtsprobleme ergeben sich ferner bei der Gewährung von **Sondervergütungen** und im Falle der **Vergütungsfortzahlung ohne Arbeitsleistung.** Die Berechnung der Vergütungsfortzahlung ohne Arbeitsleistung hängt vom Wortlaut der tarifvertraglichen Regelungen ab. Insoweit hat sich eine umfangreiche Rspr. des BAG entwickelt.[16, 17, 18]

35 **c)** Umstr. war vor allem auch, inwieweit bei Tariflohnerhöhungen eine **Anrechnung der Effektivverdienste** erfolgen darf (s. § 204 RN 44).

36 **d)** Schließlich können sich Schwierigkeiten ergeben, wenn ein Arbeitnehmer in eine **Arbeitsgruppe mit anderer Arbeitszeitregelung** umgesetzt werden soll. Dies wird im Wege des Direktionsrechts möglich sein, da die betrieblichen Arbeitszeitregelungen auf der gewollten Anpassung an betriebliche Bedürfnisse beruhen.

37 **7. Die Ablösung des Leber/Rüthers-Kompromisses. a)** In den **Tarifabschlüssen der Metallindustrie des Jahres 1990** ist in den Altbundesländern der Leber/Rüthers-Kompromiss abgelöst worden. In der Metallindustrie wurde die tarifliche wöchentliche Arbeitszeit auf 37 Stunden, ab 1. 4. 1993 auf 36 Stunden und ab 1. 10. 1995 auf 35 Stunden verkürzt. Alsdann wurde bestimmt, dass die individuelle regelmäßige wöchentliche Arbeitszeit (Irwaz) der Vollzeitbeschäftigten grundsätzlich der tariflichen wöchentlichen Arbeitszeit entspricht. Jedoch kann mit Zustimmung der einzelnen Arbeitnehmer die individuelle regelmäßige wöchentliche Arbeitszeit auf bis zu 40 Stunden verlängert werden. Die Zahl der Arbeitnehmer mit verlängerter Arbeitszeit darf allerdings je nach Tarifbezirk einen bestimmten Prozentsatz der Arbeitnehmer des Betriebes (13–18%) nicht übersteigen. Mit dieser Regelung ist ein neues Tarifmodell eingeführt worden, das den unterschiedlichen Bedürfnissen der Betriebe Rechnung tragen soll.

38 **b)** Wegen der Arbeitszeitregelungen sind **drei unterschiedliche Grundmodelle** denkbar: **(1)** Die tarifliche Arbeitszeit dient nur als Bemessungsgrundlage für die Tariflohnfestlegung. Sie bedeutet keine normative Regelung der Arbeitszeit. **(2)** Die tariflichen Arbeitszeitregelungen

---

[12] BAG 10. 8. 1987 AP 23 zu § 77 BetrVG 1972 = NZA 87, 779.
[13] BAG 20. 8. 1991 AP 2 zu § 77 BetrVG 1972 Betriebsvereinbarung = NZA 92, 317.
[14] BAG 20. 4. 1999 AP 89 zu Art. 9 GG = NZA 99, 887.
[15] *Zöllner,* Gutachten für den 52. DJT, S. D 43; *Joost* ZfA 84, 173 ff.
[16] Zur Feiertagsvergütung im Freischichtenmodell s. § 105 RN 19; zur Überstundenvergütung im Freischichtenmodell vgl. § 69 RN 14.
[17] Zur Krankenvergütung und Freischichten bei Krankheit s. § 98 RN 83 ff.; *Vogelsang,* Entgeltfortzahlung RN 462.
[18] Zur Berechnung der Urlaubsvergütung im Freischichtenmodell s. § 102 RN 134.

dienen auch der Festlegung einer Grenze für zulässige Arbeitszeitvereinbarungen, ohne dass sie den Umfang der Arbeitspflicht normieren. **(3)** Tarifliche Arbeitszeitregelungen können auch den Umfang der Arbeitsverpflichtung regeln. Sie bestimmen also den Umfang der Rechte und Pflichten aus dem Arbeitsverhältnis nach § 4 I TVG. Welche der Regelungen gewollt ist, muss sich aus der Auslegung des Tarifvertrages ergeben.

Bei allen Gestaltungen können sich rechtliche Schwierigkeiten wegen der **Mehrarbeits- oder Überstundenzuschläge** ergeben. Im Wege der Auslegung des Tarifvertrages kann sich ergeben, dass bereits bei Überschreitung der regulären betrieblichen Arbeitszeit Zuschläge zu zahlen sind. 39

8. Einzelvertragliche Arbeitszeitregelung und der Tarifvertrag.[19] **a)** Bereits nach dem Leber/Rüthers Kompromiss war die **Streitfrage** erwachsen, ob individualvertraglich die Arbeitszeit über die betriebliche Arbeitszeit verlängert werden kann. Soweit die Tarifverträge eine Öffnungsklausel für die Verlängerung der Arbeitszeit enthalten, ist die Verlängerung tarifrechtlich ohne weiteres möglich. 40

b) Umstr. ist dagegen, ob und inwieweit **individualvertraglich Arbeitszeitregelungen** über den Tarifvertrag hinaus getroffen werden können, insbes. ob insoweit ein Günstigkeitsvergleich zwischen individueller Arbeitszeit und tariflicher Arbeitszeit vorgenommen werden kann.[20] 41

c) Jedenfalls kann der **Betriebsrat** nach § 99 BetrVG einer Einstellung nicht widersprechen, wenn er Wahlmöglichkeiten des Arbeitnehmers generell verneint. Dies gilt zumindest dann, wenn die Einstellung sich im Rahmen der Prozentregelung des Tarifvertrages hält.[21] 42

d) Auch wegen der **Durchführungspflicht der Tarifverträge** (vgl. § 201 RN 15 ff.) bestehen Meinungsverschiedenheiten. Prinzipiell kann keine Durchführungspflicht bejaht werden, günstigere Vertragsabreden zu verhindern. 43

IV. Arbeitszeitkonten

Monographien: *Adamski,* Praktisches Arbeitszeitmanagement, 2. Aufl., 2000; *Boemke/Föhr,* Arbeitsformen der Zukunft, 1999; *Preis* u. a., Innovative Arbeitsformen, 2005; *Pulte/Mensler,* Variable Arbeitszeitgestaltung, 1999.

Aufsätze: *Boemke,* Sozialversicherungsrechtliche Behandlung von Arbeitszeitkonten bei geringfügig Beschäftigten, BB 2008, 722; *Engelhardt,* Flexible Jahresarbeitszeit und Arbeitszeitkonten, AiB 2000, 466; *Fauth-Herkner/Wiebrock,* Arbeitszeit, Flexible Modelle – Auswahl und erfolgreiche Umsetzung, AuA 99, 148; *Grawert/Knoll,* Die Entkoppelung von Arbeit und Vergütung, PersF 2002, Heft 6, 138; *Klemm,* Lebensarbeitszeitkonten – ein Modell für die Zukunft, NZA 2006, 946; *Märkle/Petri,* Probleme um Arbeitszeitkonten, ArbuR 2000, 443; *Perreng,* Insolvenzsicherung von Arbeitszeitkonten, FA 2005, 333; *Reiter,* Vererbung arbeitsvertraglicher Ansprüche, BB 2006, 42; *Niermann,* Flexibilisierung von Vergütungsabreden durch Einrichtung von Arbeitszeitkonten, DB 2002, 2124; *Schütz,* Das Modell des Jahresarbeitszeitkontos unter besonderer Berücksichtigung des Überstundenbegriffs, ZfPR 2000, 180; *Seifert,* Zeitkonten: Von der Normalarbeitszeit zur kontrollierten Flexibilität, WS I-Mitteilungen 2001, 84; Spitzenorganisationen, Flexible Arbeitszeitmodelle: Frage-/Antwortkatalog der Spitzenorganisationen der Sozialversicherung zum Versicherungs-, Beitrags- und Melderecht, DB 2001, 1724; *Skorczyk/Klups/Jakobsen,* Die Gestaltung von Lebensarbeitszeitkontenreglungen, BB Beilage 2007, Nr. 4, S. 2; *Tacke,* Betriebsrenten aus Zeitguthaben, BetrAV 2001, 226; *Wellisch/Moog,* Arbeitszeitkonten und Portabilität, BB 2005, 1790.

Internetadresse: http://www.arbeitszeitberatung.de.

1. Zeit- und Geldkonten. a) Zur Flexibilisierung der Arbeitszeit werden Geld- und Zeitkonten eingeführt. Beim **Geldkonto** werden Zeitguthaben und Zeitverluste in Geldbeträgen ausgewiesen. In das Geldkonto können auch Überstundenentgelte eingebracht werden. In der betrieblichen Praxis sind aber die **Zeitkonten** vorherrschend. Erbringt der Arbeitnehmer mehr Arbeitsleistung als die betriebsübliche Arbeitszeit, erlangt er ein Zeitguthaben; erbringt er weniger, entstehen Zeitverluste auf dem Zeitkonto. 44

b) Unterschieden werden **kurzfristige und langfristige Konten.** Möglich sind aber auch sog. Lebensarbeitszeitkonten, die häufig mit Altersteilzeitregelungen verbunden sind. Aus der Volkswagen AG ist ein Lebensarbeitszeitmodell bekannt geworden, das als wesentlichen Bestandteil sog. Zeit-Wertpapiere vorsieht.[22] Sie werden aus dem Zeitgegenwert (Geld in Zeit) für 45

---

[19] Schrifttum s. vor RN 21.
[20] Vgl. § 204 RN 56 ff.; LAG Niedersachsen 28. 5. 1998 NZA-RR 98, 362; *Kort* NJW 97, 1476.
[21] Vgl. BAG 17. 6. 1997 AP 2 zu § 3 TVG Betriebsnormen = NZA 98, 213.
[22] PersF 2001, 15; *Polley* AuA 96, 387.

Mehrleistungen, Teilen von Erholungszeiten, Zulagen, Prämien, Boni und ersparten Sozialplanmitteln finanziert. Der Anspruch auf andere Vergütungsformen wird durch das Zeitwertpapier ersetzt. Bei Einlösung der Wertpapiere ergibt sich der Umrechnungskurs aus den geltenden Lohn- und Gehaltstarifverträgen. Ein Zeitwertpapier wird gegen eine zeitnahe Vergütung im vorgezogenen Ruhestand oder in Altersteilzeit getauscht.

46 c) Regelmäßig werden aber **überschaubare Zeitkonten** von 100 bis 500 Stunden eingeführt. Ferner werden im allgemeinen Zeitspannen geregelt, innerhalb derer das Zeitplus abgebaut oder das Zeitminus vom Arbeitnehmer ausgeglichen werden muss.

47 **2. Tarifliche Arbeitszeitkonten. a)** Sie sind inzwischen **in mehreren Tarifgebieten und Bezirken** eingeführt. So heißt es z. B. im Manteltarifvertrag für die Arbeitnehmer der Obst und Gemüse verarbeitenden Industrie: „Wird durch die durchschnittliche Verteilung der Arbeitszeit die regelmäßige tarifliche wöchentliche Arbeitszeit über- bzw. unterschritten, so ist die sich daraus ergebende Zeitdifferenz einem für jeden betroffenen Arbeitnehmer zu führenden Arbeitszeitkonto gutzuschreiben bzw. zu belasten. Beträgt die tarifliche Arbeitszeit 38 Stunden und arbeitet er 42 Stunden in der Woche, erhält er ein Zeitplus von vier Stunden." In einigen Tarifverträgen wird auf die Differenz zwischen der tariflichen und betrieblichen Arbeitszeit abgestellt. Im Gaststätten- und Beherbergungsgewerbe in Bayern kann die Arbeitszeit zwischen 32 und 48 Stunden schwanken.

48 **b)** In die Arbeitszeitkonten werden häufig **Zuschläge für Über- und Mehrarbeit** eingebracht. Zusätzlich können auch sonstige Zulagen und Zuschläge aufgenommen werden, die alsdann in Freizeit ausgeglichen werden. Insoweit wird eine Beschäftigungssicherung angestrebt. Ob für geleistete Überstunden eine zusätzliche Vergütung geschuldet wird, ist nach dem Inhalt des jeweiligen Tarifvertrags zu entscheiden.[23]

49 **c)** Will der Arbeitnehmer das **Arbeitszeitplus abbauen,** muss er im Allgemeinen eine bestimmte Ankündigungsfrist einhalten, wenn er z. B. mehrere Tage oder Wochen fehlen will. Andererseits erhält er Zuschläge, wenn der Arbeitgeber die Freistellung verweigert.

50 **3. Betriebliche Arbeitszeitkontenregelungen. a)** Betriebliche Regelungen sind im Allgemeinen differenzierter als die Rahmenregelungen der Tarifverträge.

51 **b) Rechtliche Hindernisse für betriebliche Arbeitszeitkonten** können sich aus dem ArbZG und den jeweiligen Tarifverträgen ergeben. Die Arbeitszeit von 48 bzw. 60 Stunden nach § 3 ArbZG ist einzuhalten. Sofern die Tarifverträge keine Öffnungsklauseln für Arbeitszeitkonten enthalten, kann die Einführung von Arbeitszeitkonten ausgeschlossen sein, wenn Obergrenzen festgeschrieben sind.

52 **c)** Wegen der Einführung von Arbeitszeitkonten hat der Betriebsrat nach § 87 I BetrVG ein **erzwingbares Mitbestimmungsrecht.** Dagegen besteht kein Mitbestimmungsrecht bei der individuellen Arbeitszeit bzw. Freizeit. Dies widerspräche der individuellen Gestaltung der Arbeitszeit.

53 **d) Scheidet der Arbeitnehmer aus,** wird im Allgemeinen das Arbeitszeitkonto auszugleichen sein. Eine Übertragung von Zeitguthaben oder Zeitverlusten ist nur möglich, wenn der neue Arbeitgeber sie übernimmt.[24] Bei einem **Betriebsübergang** geht das Zeitguthaben gem. § 613 a I 1 BGB auf den neuen Arbeitgeber über. Da er in alle Rechte und Pflichten aus dem bestehenden Arbeitsverhältnis eintritt, erwirbt er auch den Anspruch auf den Ausgleich eines negativen Arbeitszeitkontos. Verstirbt der Arbeitnehmer, so wird ein Zeitplus als vorweggenommene Arbeitsleistung **vererblich** sein.[25] Die Rspr. zur Unvererblichkeit von Urlaubsansprüchen (§ 102 RN 155) passt nicht. Ein Zeitminus geht dagegen unter, weil der Erbe nicht verpflichtet ist, die Arbeit fortzusetzen. Zur Übertragung eines Wertguthabens i. S. v. § 7 b SGB IV s. unten RN 64.

54 **e) Rechtliche Risiken** können sich daraus ergeben, dass die Parteien sich wechselseitig Arbeitszeitkredite einräumen, wenn es zur Insolvenz kommt.

55 **4. Kündigung.** Ob Arbeitszeitkonten im Wege der Änderungskündigung eingeführt werden können, ist zweifelhaft.[26]

---

[23] Vgl. BAG 25. 10. 2000 AP 174 zu § 1 TVG Tarifverträge: Metallindustrie = DB 2001, 1620.
[24] *Knospe* NZA 2006, 187 (192).
[25] *Reiter* BB 2006, 42.
[26] Vgl. (grundsätzlich bejahend zur Änderung der Arbeitszeitregelung): BAG 18. 12. 1997 AP 46 zu § 2 KSchG 1969 = NZA 98, 304; LAG Berlin 31. 3. 1998 NZA 98, 1061; s. auch *Gaul* DB 98, 1913.

V. Jahresarbeitszeitvertrag mit Zeitkorridor

ArbR-Formb. § 6 RN 5; § 45 RN 27 (Betriebsvereinbarung über Jahresarbeitsvertrag mit Erl.). *Brötzmann/Martiny,* Jahresarbeitsvertrag, 1997; *Striegel,* Zeit ist Geld, ArbRB 2004, 317.

1. Arbeitsvertrag mit Zeitkorridor. Er ist eine besondere Form eines Arbeitsvertrages mit einem Arbeitszeitkonto. Mit dem Arbeitsvertrag mit Zeitkorridor wird eine Anpassung der Arbeitszeit an die betrieblichen Bedürfnisse angestrebt. Für einen Betrieb gilt z. B. die 37 Stunden-Woche. Es wird aber zumeist tariflich ermöglicht, dass der Arbeitgeber die Arbeitszeit in auftragsstarken Zeiten auf 40 Stunden erhöhen kann, wenn er zu anderen Zeiten nur 34 Stunden arbeiten lässt. 56

2. Rechte des Betriebsrats. Der Betriebsrat hat ein erzwingbares Mitbestimmungsrecht (§ 87 I Nr. 3 BetrVG). 57

3. Verstetigtes Arbeitsentgelt. Der Arbeitnehmer erhält in aller Regel ein verstetigtes Arbeitsentgelt entsprechend der regulären betrieblichen Arbeitszeit. Er verliert aber den Anspruch auf Überstundenprozente, da die Arbeitszeit flexibel festgesetzt wird. Wirtschaftlich gewähren sich die Arbeitsvertragsparteien wechselseitig Darlehen; der Arbeitgeber gewährt ein Entgeltdarlehn bei herabgesetzter Arbeitszeit; der Arbeitnehmer gewährt ein Arbeitszeitdarlehen bei heraufgesetzter Arbeitszeit. Ferner wird regelmäßig dafür Vorsorge getroffen, dass die Zeitsalden in angemessener Zeit ausgeglichen werden. Die Arbeitnehmerseite verlangt häufig, dass ein Zeitminus verfällt, wenn es der Arbeitgeber innerhalb bestimmter Fristen nicht abarbeiten lässt. Die Forderung ist dann ungerechtfertigt, wenn der Arbeitnehmer selbst über die Entstehung eines negativen Zeitkontos entscheiden kann, weil ein negativer Zeitsaldo bei verstetigtem Arbeitsentgelt rechtlich einen Entgeltvorschuss darstellt.[27] Ob positive Zeitsalden mit Prozenten abzugelten sind, richtet sich nach dem Inhalt des jeweiligen Tarifvertrages. Insofern wird zumeist bei Abgeltung eines Zeitplus ein Überstundenzuschlag nicht anfallen.[28] Das Modell konnte zu zahlreichen sozialversicherungsrechtlichen Schwierigkeiten, insbesondere beim Konkursausfallgeld/Insolvenzgeld führen. Letztes war dann der Fall, wenn der Arbeitnehmer ein Zeitguthaben hatte, das durch das Konkursausfallgeld/Insolvenzgeld nicht mehr gesichert war. Um diese sozialversicherungsrechtlichen Schwierigkeiten zu beheben, ist das Gesetz zur sozialversicherungsrechtlichen Absicherung flexibler Arbeitszeitregelungen vom 6. 4. 1998 (BGBl. I S. 688) erlassen worden. 58

VI. Sozial- und insolvenzrechtliche Absicherung von Arbeitszeitkonten

Balle, Zum Ausgleich von Wertguthaben auf dem Arbeitszeitkonto nach einem Betriebsübergang, EwiR 2005, 163; *Bichlmeier,* ATZ, Arbeitszeitkonten und die Insolvenz des Arbeitgebers, AiB 2003, 236; *Cisch/Webrich,* Flexi-Gesetz II: Licht und Schatten, BB 2009, 550; *Hamm,* Insolvenzschutz von Arbeitskonten, AiB 2005, 92; *Hanau/Veit,* Neues Gesetz zur Verbesserung der Rahmenbedingungen für die Absicherung flexibler Arbeitszeitregelungen und zur Änderung anderer Gesetze, NJW 2009, 182; *Knospe,* Die Verpflichtung zu Insolvenzschutz für Vertragsparteien einer Wertguthabenvereinbarung im Rahmen flexibler Arbeitszeitgestaltung, NZA 2006, 187; *Knospe/Ewert/Marx,* Die Flexibilisierung in der Arbeitszeit, NZS 2001, 459; *Müll,* Flexible Arbeitszeiten und ihre soziale Absicherung, ZTR 2000, 111; *Perreng,* Insolvenzsicherung von Arbeitskonten, FA 2005, 333; *Podewin,* Die Insolvenzsicherung von Wertguthaben in Arbeitszeitkonten, RdA 2005, 295; *Wellisch/Lenz,* Wertkonten und andere Arbeitszeitkonten – Neuerungen durch Flexi II – Auswirkungen auf die Arbeitszeitgestaltung, DB 2008, 2762; *Wiener,* Insolvenzsicherung von Arbeitszeitkonten, AuA 2005, 105.

1. Gesetzliche Regelungen. Das Gesetz zur sozialrechtlichen Absicherung flexibler Arbeitszeitregelungen vom 6. 4. 1998 (BGBl. I S. 688) dient der sozialversicherungsrechtlichen Absicherung der Flexibilisierung der Arbeitszeit und entwickelt die Altersteilzeit weiter. Hauptziele der gesetzlichen Regelung sind eine eindeutige Regelung der Beitragspflicht zur Sozialversicherung und den Versicherungsschutz bei Flexibilisierungsregelungen zu schaffen. Das sog. Flexigesetz ist in das SGB IV eingefügt (s. insbes. §§ 7 I a und b, 7 a, 23 I 3, 23 b SGB IV) und inzwischen mehrfach geändert worden. Zum 1. 1. 2009 ist jetzt das neue Gesetz zur Verbesserung der Rahmenbedingungen für die Absicherung flexibler Arbeitszeitregelungen und zur Änderung anderer Gesetze (Flexi-II-Gesetz vom 21. 12. 2008, BGBl. I S. 2940) in Kraft getreten, durch das die Absicherung flexibler Arbeitszeitreglungen weiter verbessert werden soll. 59

---

[27] BAG 13. 12. 2000 AP 31 zu § 394 BGB = NZA 2002, 390.

[28] Vgl. BAG 25. 10. 2000 AP 174 zu § 1 TVG Tarifverträge: Metallindustrie = DB 2001, 1620.

60 **2. Vereinbarung einer Arbeitszeitflexibilisierung. a)** Arbeitsrechtlich ist für die Arbeitszeitflexibilisierung typisch, dass die in der Freistellungsphase nicht erbrachte Arbeitsleistung in der vorhergehenden oder nachfolgenden Arbeitsphase geleistet wird. Fehlt die **Vor- oder Nacharbeit** wie z. B. bei Erholungsurlaub, Krankheit oder Freistellung zu Bildungsmaßnahmen unter Entgeltfortzahlung, greift das Flexigesetz nicht ein.

61 **b)** Gem. § 7 III 1 SGB IV gilt eine **Beschäftigung gegen Arbeitsentgelt** als **fortbestehend**, solange das Beschäftigungsverhältnis ohne Anspruch auf Arbeitsentgelt fortdauert, jedoch nicht länger als einen Monat. Nach § 7 I a SGB IV besteht während der Freistellung von mehr als einem Monat eine Beschäftigung gegen Arbeitsentgelt fort, wenn für Zeiten einer Freistellung Arbeitsentgelt aus einem **Wertguthaben** nach § 7b SGB IV fällig ist und das monatlich fällige Arbeitsentgelt in der Zeit der Freistellung nicht unangemessen von dem für die vorausgegangenen zwölf Kalendermonate abweicht, in denen Arbeitsentgelt bezogen wurde. Nach dem Rundschreiben der Spitzenverbände der Sozialversicherungsträger vom 29. 8. 2003 in der bis zum 31. 12. 2008 geltenden Fassung war letzteres der Fall, wenn das Entgelt während der Freistellung mindestens 70% des Monatsentgelts während des Referenzzeitraums betrug. Das dürfte nach der Neufassung von § 7 I a SGB IV weiterhin gelten.[29] Nach § 7 I a 2 SGB IV kann die Beschäftigung unter denselben Voraussetzungen auch mit einer Freistellungsphase beginnen. Unschädlich ist es, wenn das Arbeitsverhältnis aus unvorhergesehenen Gründen nach der Freistellungsphase endet (§ 7 I a 3 SGB IV). Ferner besteht das Arbeitsverhältnis sozialversicherungsrechtlich fort, wenn Arbeitsentgelt aus einem der Deutschen Rentenversicherung Bund übertragenen Wertguthaben (s. RN 64) bezogen wird (§ 7 III 2 SBG IV).

62 **3. Wertguthabenvereinbarung. a)** Eine Wertguthabenvereinbarung gem. § 7 I a 1 Nr. 1 SGB IV setzt nach **§ 7b SGB IV** voraus, dass (Nr. 1.) eine schriftliche Vereinbarung über den Aufbau des Wertguthabens getroffen wurde, (Nr. 2.) die Vereinbarung nicht das Ziel der flexiblen Gestaltung der werktäglichen oder wöchentlichen Arbeitszeit oder den Ausgleich betrieblicher Produktions- und Arbeitszyklen verfolgt, (Nr. 3.) Arbeitsentgelt in das Wertguthaben eingebracht wird, um es für Zeiten der Freistellung von der Arbeitsleistung oder der Verringerung der vertraglich vereinbarten Arbeitszeit zu entnehmen, (Nr. 4.) das aus dem Wertguthaben fällige Arbeitsentgelt mit einer vor oder nach der Freistellung von der Arbeitsleistung oder der Verringerung der vertraglich vereinbarten Arbeitszeit erbrachten Arbeitsleistung erzielt wird und (Nr. 5.) das fällige Arbeitsentgelt 400 € monatlich übersteigt, es sein denn, die Beschäftigung wurde vor der Freistellung als geringfügige Beschäftigung ausgeübt. Mit der Neuregelung sind jetzt sog. Flexikonten, deren primärer Zweck nicht die Freistellung sondern die flexible Arbeitszeitgestaltung ist, vom Insolvenzschutz ausgenommen (§ 7b Nr. 2 SGB IV).

63 **b)** § 7c SGB IV regelt die **Zwecke,** für die ein Wertguthaben verwendet werden kann. Das sind gem. § 7c I Nr. 1 SGB IV zum einen gesetzlich geregelte vollständige oder teilweise Freistellungen von der Arbeitsleistung oder gesetzlich geregelte Verringerungen der Arbeitszeit. Die Aufzählung in § 7c I Nr. 1 Buchst. a) bis c) (Pflege von pflegebedürftigen nahen Angehörigen; Kinderbetreuung nach § 15 BEEG, Fälle der Arbeitszeitverringerung nach § 8 TzBfG), ist, wie sich aus der Formulierung „insbesondere" ergibt, nicht abschließend. Zum anderen sind gem. § 7c I Nr. 2 SGB IV vertraglich geregelte vollständig oder teilweise Freistellungen oder Arbeitszeitreduzierungen erfasst. Wertgutvereinbarungen sind (neben der Altersteilzeit, s. § 81) insbesondere als Mittel zum **Vor- und Frühruhestand** möglich. Gem. § 7c II SGB IV können die Parteien diese Zwecke für die Anspruchnahme eines Wertguthabens durch Vereinbarung beschränken.

64 **c)** Die **Übertragung** des Wertguthabens ist in § 7f SGB IV geregelt. Der Arbeitnehmer kann bei Beendigung der Beschäftigung durch schriftliche Erklärung gegenüber seinem bisherigen Arbeitgeber verlangen, dass das Wertguthaben auf den neuen Arbeitgeber übertragen wird, wenn dieser mit Arbeitnehmer eine Wertguthabenvereinbarung nach § 7b SGB IV geschlossen und deren Übertragung zugestimmt hat (§ 7f I 1 Nr. 1 SGB IV). Alternativ kann der Arbeitnehmer (insbes. wenn der neue Arbeitgeber nicht mit einer Übertragung einverstanden ist) eine Übertragung auf die Deutsche Rentenversicherung Bund verlangen, sofern das Wertguthaben einschließlich des Gesamtsozialversicherungsbeitrages einen Betrag in Höhe des Sechsfachen der monatlichen Bezugsgröße (2009: alte Bundesländer 15 120 Euro, neue Bundesländer 12 810 Euro übersteigt (§ 7f I 1 Nr. 2 SGB IV). Zur Inanspruchnahme des Guthabens s. § 7f III SGB IV, zur Verwaltung s. § 7f IV SGB IV.

[29] *Hanau/Veit* NJW 2009, 182 (183).

4. Sozialversicherungsschutz. a) Liegt eine **Vereinbarung über flexible Arbeitszeiten** vor, besteht für den gesamten Zeitraum der Vereinbarung, also auch für Zeiten der Freistellung mit Bezug von Arbeitsentgelt Versicherungsschutz in allen Zweigen der gesetzlichen Sozialversicherung. Korrespondierend besteht auch Versicherungspflicht. Nach § 23b I SGB IV ist für Zeiten der tatsächlichen Arbeitsleistung und der Freistellung das in dem jeweiligen Zeitraum fällige Arbeitsentgelt als Arbeitsentgelt im Sinne des § 23 I SGB III maßgebend; d.h. die Beiträge für auf dem Arbeitszeitkonto angesparte Arbeitsentgelte sind gestundet, bis sie in der Freistellungsphase ausgezahlt werden.[30] Gem. § 22 I 2 SGB IV gilt für die Pflicht zur Zahlung der Sozialversicherungsbeiträge die Auszahlung von Entgeltguthaben (auch bei Flexikonten) in der Freistellungsphase das Zuflussprinzip. **65**

b) In der **Krankenversicherung** wird klargestellt, dass ein Arbeitnehmer Krankengeld nur auf der Basis des tatsächlich gezahlten Arbeitsentgeltes erhält (§ 47 II 4, 5 SGB V). Nach § 49 I Nr. 6 SGB V ruht der Anspruch auf Krankengeld, soweit und solange für Zeiten einer Freistellung von der Arbeitsleistung eine Arbeitsleistung nicht geschuldet wird. In § 186 I SGB V wird klargestellt, dass eine Mitgliedschaft der gesetzlichen Krankenversicherung auch dann besteht, wenn das Beschäftigungsverhältnis mit einer Freistellungsphase beginnt. **66**

c) Die Regelung, wonach in der **Rentenversicherung** die im Zeitpunkt des Versicherungsfalles (z.B. bei Tod des Arbeitnehmers) noch offenen Arbeitsentgelte eines Wertguthabens dem Versicherungskonto gutgeschrieben wurden (§ 75 I 2 SGB VI), ist durch Gesetz vom 20. 12. 2000 (BGBl. I S. 1983) mit Wirkung vom 1. 1. 2001 gestrichen worden. **67**

d) In der **Arbeitslosenversicherung** wird bei der Bemessung des Arbeitslosengeldes nicht das ursprünglich vereinbarte Arbeitsentgelt zugrunde gelegt, sondern das Arbeitsentgelt, das der Arbeitslose für die geleistete Arbeitszeit ohne eine Vereinbarung nach § 7 Ia SGB IV erzielt hätte. Für Zeit der Freistellung wird das tatsächlich erzielte Arbeitsentgelt zugrunde gelegt (§ 131 III Nr. 2 SGB III). **68**

e) Störfälle. aa) Von Störfällen wird dann gesprochen, wenn Vereinbarungen zur flexiblen Arbeitszeitregelung durch Gründe, die bei einem der beiden Vertragspartner liegen, **nicht eingehalten** werden. Nach § 7 Ia 3 SGB IV besteht eine Versicherungspflicht auch dann, wenn die Beschäftigung gegen Arbeitsentgelt mit der Freistellung beginnt und die Arbeitsleistung nicht mehr erbracht wird, weil das Arbeitsverhältnis z.B. wegen Auftragsmangel gekündigt werden musste. Das Gesetz vermeidet, dass dem Arbeitnehmer rückwirkend der Sozialversicherungsschutz entzogen wird. **69**

bb) Ist dagegen auf dem Ansparkonto bereits ein Zeitwert- oder Geldwertguthaben angesammelt und wird die Freistellungsphase nicht mehr durchgeführt, stellt sich die Frage, was beitragsrechtlich mit diesem Konto geschehen soll. Für diese Fälle regelt § 23b II SGB IV, dass als Arbeitsentgelt i.S.v. § 23 SGB IV die Summe der Arbeitsentgelte maßgebend ist, die zum Zeitpunkt der tatsächlichen Arbeitsleistung ohne die Berücksichtigung der Wertguthabenvereinbarung beitragspflichtig gewesen wäre. **70**

5. Führung und Verwaltung von Wertguthaben. Nach § 7d I SGB IV (in der ab dem 1. 1. 2009 geltenden Fassung) sind Wertguthaben als Arbeitsentgeltguthaben einschließlich des darauf entfallenden Arbeitgeberanteils am Gesamtsozialversicherungsbeitrag zu führen. Die Zeitguthaben sind **in Arbeitsentgelt umzurechnen.** § 7d II SGB IV verpflichtet den Arbeitgeber, die Beschäftigten mindestens einmal jährlich in Textform über die Höhe ihres im Wertguthaben enthaltenen Arbeitsentgeltguthabens zu **unterrichten**. § 7d regelt die **Anlage der Wertguthaben.** Die Regelung verweist dabei auf die §§ 80ff. SGB IV mit der Maßgabe, dass eine Anlage in Aktien oder Aktienfons bis zu einem Anteil von 20% erlaubt ist, sofern ein Rückfluss zum Zeitpunkt der Inanspruchnahme des Wertguthabens mindestens in der Höhe des angelegten Betrages gewährleistet ist (§ 7c III 1 SGB IV). Gem. § 7c III 2 SGB IV darf auch ein höherer Anlageteil in Aktien oder Aktienfonds erfolgen, wenn dies in einem Tarifvertrag oder auf Grund eines Tarifvertrages in einer Betriebsvereinbarung vereinbart ist oder das Wertguthaben ausschließlich für den Vorruhestand in Anspruch genommen werden kann. Die Anlagerendite ist nicht geregelt. Sie steht daher, falls die Parteien nichts Abweichendes vereinbaren, dem Arbeitgeber als der die Guthabenanlage durchführende Vertragspartei zu.[31] Die Regelung des § 7d SGB IV **gilt nicht für Flexikonten,** weil diese gem. § 7b Nr. 2 SGB IV keine Wertguthabenvereinbarungen darstellen. **71**

---

[30] Zur beitragsrechtlichen Behandlung der Wertguthaben bei Arbeitgeberwechsel: BB 2000, 467.

[31] *Hanau/Veit* NJW 2009, 182 (185).

72 **6. Insolvenzschutz. a)** Spart der Arbeitnehmer in der Phase der Erbringung von Arbeitsleistung Zeit- oder Geldwertkonten an, so tritt er in **Vorleistung,** bevor das Geld in der Freistellungsphase ausgezahlt wird. Dies kann zu Schäden im Insolvenzverfall führen. Das Arbeitszeitkonto drückt nur in anderer Form den Vergütungsanspruch des Arbeitnehmers aus.[32] Daher sind die auf Vergütung der vorgeleisteten Arbeit gerichteten Ansprüche Insolvenzforderungen (§ 38 InsO). Sie unterliegen nicht der Aussonderung (§ 47 InsO), und zwar auch dann nicht, wenn der Arbeitgeber hierfür entsprechende Geldbeträge auf einem besonderen Bankkonto bereitstellt, über das Arbeitgeber und Betriebsrat nur gemeinsam verfügen können.[33]

73 **b)** Nach § 7e I SGB IV haben die Vertragsparteien im Rahmen ihrer **Wertguthabenvereinbarung** nach § 7b SGB (also **nicht** bei einer **Arbeitszeitflexibilisierung,** vgl. § 7b Nr. 2 SGB, zu **Altersteilzeitvereinbarungen** s. § 81 RN 11) durch den Arbeitgeber zu erfüllende Vorkehrungen zu treffen, um das Wertguthaben einschließlich des darin enthaltenen Gesamtsozialversicherungsbeitrages gegen das Risiko einer Insolvenz des Arbeitgebers vollständig abzusichern, soweit kein Anspruch auf Insolvenzgeld besteht und das Wertguthaben einschließlich Gesamtsozialversicherungsbeitrag einen Betrag in Höhe der monatlichen Bezugsgröße (2009: alte Bundesländer 2520 Euro, neue Bundesländer 2135 Euro) übersteigt. Insoweit kann durch Tarifvertrag oder auf Grund eines Tarifvertrages durch Betriebsvereinbarung gem. § 7e I 2 ein von § 7e I 1 Nr. 2 SGB IV abweichender Betrag vereinbart werden. Kein Insolvenzschutz ist notwendig, soweit ein Anspruch auf Insolvenzgeld besteht oder bei nicht insolvenzfähigen **juristischen Personen des öffentlichen Rechts** (§ 7e IX SGB IV). Für den Begriff des Insolvenzfalles dürfte auf die Regelung in § 7 I BetrAVG (s. hierzu § 84 RN 126ff.) zurückzugreifen sein.[34]

74 Wegen der **zugelassenen Sicherungsmittel** eröffnet § 7e II SGB IV zwei Alternativen. Wertguthaben können dabei zum einen unter Ausschluss der Rückführung **durch einen Dritten** geführt werden, der im Fall der Insolvenz des Arbeitgebers für die Erfüllung der Ansprüche aus dem Wertguthaben einsteht, insbesondere in einem Treuhandverhältnis, das die unmittelbare Übertragung des Wertguthabens in das Vermögen des Dritten und die Anlage des Wertguthabens auf einem offenen Treuhandkonto oder in anderer geeigneter Weise sicherstellt (§ 7e II 1 SGB IV). Zum anderen können die Wertguthaben auch **vom Arbeitgeber** selbst geführt werden, sofern die Parteien ein anderes, einem Treuhandverhältnis i. S. v. § 7e II 1 SGB IV gleichwertiges Sicherungsmittel vereinbaren, insbesondere ein Versicherungsmodell oder ein schuldrechtliches Verpfändungs- oder Bürgschaftsmodell mit ausreichender Sicherung gegen Kündigung (§ 7e II 2 SGB IV). § 7e III SBG IV stellt klar, dass bilanzielle Rückstellungen sowie zwischen Konzernunternehmen begründete Einstandspflichten, insbesondere Bürgschaften, Patronatserklärungen oder Schuldbeitritte, keine geeignete Sicherungsvorkehrungen darstellen. Die Prüfung der Sicherungsvorkehrungen obliegt nach § 7e VI SGB IV den Trägern der Rentenversicherung.

75 Kommt es wegen eines nicht geeigneten oder nicht ausreichenden Insolvenzschutzes zu einer Verringerung oder einem Verlust des Wertguthabens, haftet der Arbeitgeber gem. § 7e VII 1 SGB IV für den entstanden Schaden. Diese Haftung ist bei einer Insolvenz des Arbeitgebers allerdings wirtschaftlich wertlos. Eine persönliche Haftung der Organvertreter eine juristischen Person kam bisher nur in Ausnahmefällen in Betracht (vgl. zur Altersteilzeit § 81 RN 11). Mit dem Flexi-II-Gesetz wurde jetzt in § 7e IX 2 SGB IV eine Regelung aufgenommen, die **Haftung der organschaftlichen Vertreter** einer juristischen Person oder einer Gesellschaft ohne Rechtspersönlichkeit normiert. Diese haften nur dann nicht, wenn sie den Schaden nicht zu vertreten haben (§ 7e VII 3 SGB IV).

§ 161. Jugendarbeitsschutzrecht

Kommentare: *Borrmann,* Jugendarbeitschutzrecht, 2. Aufl., 1985; *Eichler/Oestereicher/Decker,* JArbSchG, Loseblatt, Stand 1998; *Gröninger/Gehring/Taubert,* Gesetz zum Schutz der arbeitenden Jugend, Loseblattkommentar, 2003; *Lorenz,* Kommentar zum JArbSchG, 1997; *Molitor/Volmer/Germelmann,* JArbSchG, 3. Aufl., 1986; *Schoden,* Jugendarbeitsschutz, 4. Aufl., 1998; *Ukrow,* Jugendschutzrecht, 2004; *Weber,* Jugendarbeitsschutzgesetz, 10. Aufl., 2000; *Zmarzlik/Anzinger,* JArbSchG, 5. Aufl., 1998.

[32] BAG 13. 2. 2002 AP 57 zu § 4 EntgeltFG = NZA 2002, 683.
[33] BAG 24. 9. 2003 AP 1 zu § 47 InsO = NZA 2004, 980.
[34] So *Hanau/Veit* NJW 2009, 182 (185).

Aufsätze seit 1997: *Anzinger,* Die aktuellen Änderungen des Jugendarbeitsschutzgesetzes, AuA 97, 185; *Dembkowski,* Neue Entwicklungen im Kinder- und Jugendarbeitsschutz, NJW 98, 3540; *Düwell,* Die Beseitigung der schlimmsten Formen der Kinderarbeit, AuA 2000, 492; *ders.,* Das IAO-Übereinkommen zur Beseitigung der schlimmsten Formen der Kinderarbeit, NZA 2000, 308; *Frank,* Die geplanten Neuerungen des Jugendarbeitsschutzes, AiB 2007, 452; *Kossens,* Änderungen des Jugendarbeitsschutz- und Mutterschutzgesetzes, RdA 97, 209; *Kufer,* Jugendarbeitsschutz, AR-Blattei SD 930; *Lakies,* Minderjährige als Vertragspartner im Arbeitsrecht, AR-Blattei SD 1200; *Mitsch/Richter,* Beschäftigungsmöglichkeiten volljähriger Lehrlinge, AuA 97, 256; *Schmidt,* Defizite im Jugendarbeitsschutz, BB 98, 1362; *Schoden,* Neues zum Jugendarbeitsschutz, AiB 97, 256; *Schlüter,* Jugendarbeitsschutz, BArbBl. 97, Nr. 4 S. 17; *Stück/Wein,* Die ärztliche Untersuchung des Arbeitnehmers, NZA-RR 2005, 505; *Taubert,* Änderungen im Jugendarbeitsschutzgesetz, BB 97, 575; *Wenzel,* Einsatz von Minderjährigen bei Inventuren, DB 2001, 1613; *Zmarzlik,* Änderungen des Jugendarbeitsschutzes, DB 97, 674.

Internetadressen: http://www.bmas.de (Stichwort: Jugendarbeitsschutz); http://www.jugendarbeitsschutz.de (Staatliches Amt für Arbeitsschutz, Aachen).

Übersicht

	RN
I. Allgemeines	1 ff.
1. Rechtsgrundlagen	1, 2
2. Persönlicher Geltungsbereich	3, 4
3. Arbeitgeber	5
4. Sachlicher Geltungsbereich	6, 7
5. Ausnahmen vom Jugendarbeitsschutz	8
6. Arbeitszeit	9, 10
II. Kinderarbeit	11 ff.
1. Beschäftigungsverbot	11, 12
2. Ausnahmen	13–17
III. Beschäftigung Jugendlicher	18 ff.
1. Mindestalter	18
2. Arbeitszeit	19
3. Ausnahmen vom Höchstarbeitszeitschutz	20
4. Berufsschule	21–25
5. Geltung für Personen über 18 Jahre	26
6. Pausen, Ruhezeiten und Lage der Arbeitszeit	27–30
7. Fünf-Tage-Woche	31
8. Urlaub	32
9. Sonderregeln, Abweichungen durch Tarifvertrag	33
IV. Beschäftigungsverbote und Beschränkungen für Jugendliche	34 ff.
1. Allgemeines Beschäftigungsverbot	34–36
2. Verbotene Beschäftigungen	37, 38
3. Leistungsunabhängige Entlohnung	39
4. Bergbau	40
5. Verbot der Beschäftigung durch bestimmte Personen	41
6. Ermächtigungen	42
V. Besondere Fürsorgepflichten für Jugendliche	43
VI. Gesundheitliche Betreuung der Jugendlichen (§§ 32–46 JArbSchG)	44 ff.
1. Allgemeines	44
2. Erstuntersuchung	45, 46
3. Nachuntersuchung	47, 48
4. Außerordentliche Nachuntersuchung	49
5. Ärztliche Untersuchung und Wechsel des Arbeitgebers	50
6. Eingreifen der Aufsichtsbehörde	51
7. Inhalt und Durchführung der Untersuchung	52
8. Freistellung für Untersuchungen	53
VII. Durchführung des Jugendarbeitsschutzes	54 ff.
1. Aushänge, Auslagen	54
2. Verzeichnisse und Auskunft	55
3. Aufsichtsbehörde	56
4. Bußgeld und Strafvorschriften	57

I. Allgemeines

1. Rechtsgrundlagen. a) Der Jugendarbeitsschutz ist im Wesentlichen im JArbSchG vom 12. 4. 1976 (BGBl. I S. 965, zul. geänd. 31. 10. 2008 BGBl. I S. 2149) geregelt. Es enthält neben öffentlich-rechtlichen **Arbeitnehmerschutzvorschriften** auch **Arbeitsvertragsrecht.** Im Interesse der besseren Übersichtlichkeit sind beide Normenkreise zusammen behandelt. 1

b) Im **Bereich der EU** gilt die Richtlinie des Rates über den Jugendarbeitsschutz (94/33/EWG) vom 22. 6. 1994 (ABl. EG Nr. L 216 S. 12). Der Schutz von Kindern und Jugendlichen wird insbes. durch folgende Regeln gewährleistet: **(1)** Die Arbeit von Kindern ist grundsätzlich verboten. Soweit Kinder ausnahmsweise beschäftigt werden dürfen, darf die Arbeit an einem Schultag zwei Stunden nicht überschreiten. Kinder sind vor Nachtarbeit geschützt. Für alle Kinder und Jugendlichen müssen zwei Tage in der Woche arbeitsfrei bleiben. **(2)** In besonderem Maße sind Kinder und Jugendliche vor Überbelastungen und vor schädlichen Einwirkungen von Gefahrstoffen am Arbeitsplatz geschützt. **(3)** Jugendliche, die die Schule verlassen haben, genießen einen besonderen Schutz im Arbeits- und Ausbildungsverhältnis. **(4)** Jugendliche dürfen grundsätzlich nicht mehr als acht Stunden täglich und 40 Stunden in der Woche beschäftigt werden. Nachtarbeit ist grundsätzlich unzulässig. **(5)** Es besteht die Möglichkeit, Ausnahmen zuzulassen. 2

3 **2. Persönlicher Geltungsbereich. a)** Nach seinem persönlichen Geltungsbereich gilt das JArbSchG für Personen, die noch nicht 18 Jahre alt sind. Nach den Definitionsnormen (§ 2 JArbSchG) sind **Kinder** Personen, die das 15. Lebensjahr noch nicht vollendet haben, **Jugendliche** dagegen solche, die das 15., aber noch nicht das 18. Lebensjahr vollendet haben. Soweit ein besonderer Schutz für über 18-Jährige notwendig ist, ist dieser besonderen Verordnungen vorbehalten. Im Wege der Fiktion gelten gem. § 2 III JarbSchG auch solche Jugendliche, die der **Vollzeitschulpflicht** unterliegen, noch als Kinder. Der Begriff der Vollzeitschulpflicht ist aus § 2 II des Abkommens zwischen den Ländern der Bundesrepublik zur Vereinheitlichung auf dem Gebiet des Schulwesens (Hamburger Abkommen) vom 28. 10. 1964 entnommen; sie beträgt heute 9 Schuljahre, in Berlin, Brandenburg, Bremen und Nordrhein-Westfalen 10 Jahre.

4 **b)** Besonderheiten gelten für Kinder über 13 Jahre und vollzeitschulpflichtige Jugendliche. Gem. § 5 III JArbSchG können sie mit Einwilligung des Personensorgeberechtigten mit einer leichten und für Kinder geeigneten Tätigkeit beschäftigt werden. Durch die auf Grundlage des § 5 IV a JArbSchG ergangene Verordnung über den Kinderarbeitsschutz (Kinderarbeitsschutzverordnung – KindArbSchV) vom 23. 6. 1998 (BGBl. I S. 1508) sind die entsprechenden Tätigkeiten näher bestimmt (s. RN 15).

5 **3. Arbeitgeber.** Der Begriff des Arbeitgebers ist weiter als der allgemein arbeitsrechtliche (§ 17). Da nicht nur Arbeitsverhältnisse vom JArbSchG erfasst werden (RN 6), ist jeder Arbeitgeber, der ein Kind oder einen Jugendlichen gem. § 1 JArbSchG beschäftigt. Funktionale Arbeitgeber sind auch die in § 14 I, II StGB, § 9 I, II OWiG genannten Personen, also Organmitglieder, vertretungsberechtigte Gesellschafter, gesetzliche Vertreter sowie ausdrücklich mit Aufgaben des Betriebsinhabers beauftragte Personen, wie etwa Betriebsleiter, Personalleiter, Ausbildungsleiter. In mittelbaren und Leiharbeitsverhältnissen kommt im Interesse der Durchführung des JArbSchG sowohl dem Mittelsmann wie dem Dienstberechtigten, also auch Verleiher und Entleiher[1] Arbeitgebereigenschaft zu.

6 **4. Sachlicher Geltungsbereich.** Nach seinem sachlichen Geltungsbereich gilt das JArbSchG für **jede Form der Beschäftigung von Jugendlichen,** und zwar in der betrieblichen Berufsausbildung (vgl. § 174; ausgenommen also der Schulunterricht), als Arbeitnehmer oder Heimarbeiter, bei der Beschäftigung mit sonstigen Dienstleistungen, die der Arbeitsleistung von Arbeitnehmern oder Heimarbeitern ähnlich sind sowie in einem der Berufsausbildung ähnlichen Ausbildungsverhältnis (§ 1 I JArbSchG). Beschäftigung i. S. des JArbSchG ist jede Leistung abhängiger, weisungsgebundener Arbeit im Rahmen eines privatrechtlichen Rechtsverhältnisses (vgl. § 7 I SGB IV). Eine selbständige, eigenwirtschaftliche Tätigkeit fällt nicht hierunter. Unerheblich ist, ob ein rechtswirksamer Vertrag vorliegt,[2] denn sonst könnte das JArbSchG umgangen werden. Auf die Vereinbarung eines Entgelts kommt es ebenfalls nicht an. Zur Berufsausbildung i. S. v. § 1 I Nr. 1 JArbSchG gehören auch die nicht dem BBiG unterfallende Ausbildung in einem Berufsausbildungsverhältnis, das mit dem Ziel einer späteren Verwendung als Beamter begründet wird sowie die nicht dem BBiG unterfallende Ausbildung in Heil- und Heilhilfsberufen (s. hierzu § 173 RN 11 ff.). Nicht vom JArbSchG erfasst wird dagegen die Ausbildung in einem öffentlich-rechtlichen Dienstverhältnis (§ 3 II Nr. 2 BBiG). Sondervorschriften gelten für die Ausbildung von Jugendlichen auf Kauffahrteischiffen (§ 61 JArbSchG), die Beschäftigung im Vollzug einer Freiheitsentziehung (§ 62 JArbSchG), um unter Berücksichtigung der besonderen Verhältnisse, vor allem des Strafvollzuges, das Leben den allgemeinen Lebensverhältnissen anzupassen.

7 **Nicht unter den Beschäftigungsbegriff** fällt das Spiel, eine Hobbytätigkeit oder die Mitwirkung von Kindern und Jugendlichen in Vereinen und Gruppen, wenn sie im freien Willen stehen und im eigenen Interesse ausgeführt werden sowie die Befriedigung des eigenen Bedarfs, etwa bei Aufnahme in Heimen und Anstalten.

8 **5. Ausnahmen vom Jugendarbeitsschutz.** Vom JArbSchG ausgenommen sind gem. § 1 II Nr. 1 JArbSchG **geringfügige Hilfeleistungen,** soweit sie **gelegentlich** entweder aus Gefälligkeit (Buchst. a), auf Grund familienrechtlicher Vorschriften (Buchst. b), in Einrichtungen der Jugendhilfe (Buchst. c) oder in Einrichtungen zur Eingliederung Behinderter (Buchst. d) erbracht werden. Geringfügig ist eine Hilfeleistung, wenn sie unter Berücksichtigung des Alters und des Entwicklungsstandes das bei Kindern und Jugendlichen übliche Maß nicht übersteigt.[3] Gelegent-

---

[1] S. § 120 RN 67.
[2] BayObLG 21. 12. 1973 AP 1 zu § 66 JugArbSchutzG; OLG Hamm 14. 8. 1987 AiB 89, 267.
[3] Vgl. hierzu BayObLG 26. 8. 1982 AP 1 zu § 1 JugArbSchutzG.

lich sind Leistungen, wenn sie nicht regelmäßig wiederkehren, ihnen also kein Zeitplan zugrunde liegt. Nicht gelegentlich ist dauernde Arbeitsbereitschaft.[4] **Gefälligkeitsleistungen** (Buchst. a) sind solche, die uneigennützig, ohne rechtliche Verpflichtung erbracht werden. Belohnungen usw. stehen nicht entgegen. Hierunter können insbesonderere Tätigkeiten im Bereich der Nachbarschaftshilfe fallen, wie etwa Babysitting, Einkäufe, Blumengießen sowie Tätigkeiten aus karitativen oder religiösen Gründen.[5] Ferner sind (gelegentliche, geringfügige) Leistungen **auf Grund familienrechtlicher Vorschriften** ausgenommen (Buchst. b). Hierunter fallen die sich aus § 1619 BGB ergebenden Pflichten. Der Regierungsentwurf hatte eine weitere Einschränkung dahin enthalten, dass eine Ausnahme vom Jugendarbeitsschutzgesetz aus Gefälligkeit im Rahmen der Nachbarschaftshilfe oder anderer sozialer Tätigkeiten bestehen sollte. Dieser Zusatz wurde gestrichen, um die Heranziehung etwa bei Sporteinrichtungen und dergleichen zu ermöglichen. Unter **Einrichtungen der Jugendhilfe** (Buchst. c) fallen insbes. Heime und Tageseinrichtungen, in denen Kinder und Jugendliche dauernd oder zeitweise ganztägig oder für einen Teil des Tages betreut werden (vgl. §§ 23, 32, 34 SGB VIII).[6] **Einrichtungen zur Eingliederung Behinderter** – gemeint: behinderter Menschen – (Buchst. d) sind vornehmlich solche, die sich mit der beruflichen Bildung behinderter Menschen befassen, insbes. Werkstätten für Behinderte. Ferner gilt das Jugendarbeitsschutzgesez gem. § 1 II Nr. 2 nicht bei der Beschäftigung durch Personensorgeberechtigte im **Familienhaushalt**; hierunter sind in der Landwirtschaft Haus und Hof zu verstehen.[7] Hier greift die Beschränkung auf geringfügige, gelegentlich erbrachte Hilfeleistungen, wie in § 1 II Nr. 1 Buchst. a) bis d) JArbSchG nicht. Personensorgeberechtigte sind die gem. §§ 1626, 1626 a BGB grundsätzlich die Eltern (bei Getrenntlebenden s. §§ 1671, 1672, bei Adoptivkindern § 1754 BGB).

6. Arbeitszeit. Dies ist die Zeit vom Beginn bis zum Ende der täglichen Beschäftigung 9
ohne die Ruhepausen. Die Definition stimmt im Wesentlichen mit der in § 2 ArbZG überein (s. § 156 RN 13). Beschäftigungszeit ist die Zeit, in der der Jugendliche am Arbeitsplatz sein muss oder die er zur Verrichtung der aufgetragenen Beschäftigung benötigt, also auch außerhalb des Betriebs. Arbeitszeit ist mithin nicht nur die Zeit, in der gearbeitet wird, sondern auch die Zeit des Wartens auf Arbeit am Arbeitsplatz sowie die der Ausbildung oder des Bereitschaftsdienstes. Die Verrichtung von Schularbeiten unterfällt auch dann nicht der Arbeitszeit, wenn sie im Betrieb erledigt wird. Beginn und Ende der Beschäftigung richten sich nach der Ausformung durch Vertrag, Gesetz, Tarifvertrag oder Betriebsvereinbarung. Im Allgemeinen wird der Beginn das arbeitsfertige Einfinden am Arbeitsplatz, das Ende das Verlassen des Arbeitsplatzes sein. Indes kann auch das Passieren des Tores (Stechuhr, Torkontrolle usw.) Beginn sein. **Schichtzeit** ist gem. § 4 II JArbSchG die tägliche Arbeitszeit unter Hinzurechnung der Pausen (§ 11 JARbSchG). Sie wird auch durch eine mehrstündige Pause nicht unterbrochen, in der der Jugendliche den Arbeitsplatz verlassen darf.[8] Für den Bergbau gilt die Sonderregelung des § 4 III JArbSchG. Danach gilt die Schichtzeit als Arbeitszeit. Sie wird gerechnet vom Betreten des Förderkorbes bei der Einfahrt bis zum Verlassen des Förderkorbes oder vom Eintritt in das Stollenmundloch bis zum Wiederaustritt.

Für die Berechnung der **Wochenarbeitszeit** wird auf den Zeitraum von Montag bis darauf 10
folgenden Sonntag abgestellt (§ 4 IV JArbSchG). Fällt im Laufe der Woche infolge eines gesetzlichen Feiertages die Arbeit aus, so wird die ausfallende Arbeitszeit mitgerechnet. Durfte ein Jugendlicher nach § 17 II, III JArbSchG auch an Sonntagen arbeiten, so ist diese Arbeitszeit entgegen dem Gesetzeswortlaut des § 4 IV 2 JArbSchG anzurechnen, wenn sie infolge des Feiertages ausfällt.[9] Insoweit liegt ein Redaktionsversehen vor.[10] Es können mithin bereits dann Mehrarbeitsstunden anfallen, wenn die effektive Arbeitszeit weniger als 40 Stunden in der Woche beträgt. Wird ein Kind oder ein Jugendlicher **von mehreren Arbeitgebern beschäftigt** (§ 4 V JArbSchG), so werden die Arbeitstage sowie die Arbeits- und Schichtzeiten **zusammengerechnet** (ebenso: § 2 I ArbZG). Insoweit hat das Gesetz die Rechtsprechung des BAG festgeschrieben.[11] Zum Mitbestimmungsrecht des Betriebsrates bei der Festlegung der Arbeitszeit s. § 235 RN 37.

---

[4] OLG Hamm 29. 10. 1954 BB 55, 97.
[5] ErfK/*Schlachter* § 1 JArbSchG RN 15.
[6] *Zmarzlik/Anzinger* § 1 JArbSchG RN 39.
[7] BT-Drucks. VI/4544 S. 4 zu § 1.
[8] BayObLG 28. 1. 1982 AP 1 zu § 4 JugArbSchutzG.
[9] ErfK/*Schlachter* § 4 JArbSchG RN 6.
[10] *Molitor/Volmer/Germelmann* § 4 RN 35.
[11] BAG 14. 12. 1967 AP 2 zu § 1 AZO; 19. 6. 1959 AP 1 zu § 611 BGB Doppelarbeitsverhältnis.

II. Kinderarbeit

Anzinger, Die neue Kinderarbeitsschutzverordnung, BB 98, 1843; *Dembkowski*, Neu Entwicklungen im Kinder-und Jugendarbeitsschutz, JJW 1998, 3540; *Düwell,* Die Neuregelung des Kinderarbeitsschutzes, ArbuR 98, 232; *ders.*, Kinderarbeitsschutzverordnung, FA 98, 211; *ders.*, Kinderarbeitsschutz – national und global, Recht der Jugend und des Bildungswesens, Sonderdruck 1997, S. 51; *ders.*, Das IAO-Übereinkommen Nr. 182 zur Beseitigung der schlimmsten Formen der Kinderarbeit, NZA 2000, 308; *Kollmer,* Grundzüge der neuen Kinderarbeitsschutz-Verordnung, NZA 98, 1268; *ders.*, Kinderarbeitsschutzverordnung, AR-Blattei SD 945; *Kufer,* Jugendarbeitsschutz, AR-Blatei SD 930; *Rudolph,* Kinderarbeitsschutzverordnung, AiB 99, 123; *Schmidt,* Defizite im Jugendarbeitsschutz, BB 1998, 1362.

11 **1. Beschäftigungsverbot. a)** Die Beschäftigung von Kindern (RN 3, 4) ist im Rahmen der in § 1 JArbSchG genannten Tätigkeiten **grundsätzlich verboten** (§§ 5, 7 JArbSchG),[12] auch wenn diese während ihrer Freizeit die Tätigkeit als Hobby ausführen, um das Taschengeld aufzubessern, sofern nicht die Voraussetzungen des § 1 II JArbSchG (s. RN 8) vorliegen.[13] Das Beschäftigungsverbot gilt auch in Notfällen (arg. § 21 JArbSchG); allenfalls gilt eine Ausnahme bei übergesetzlichem Notstand.[14] Bei gleichwohl erfolgter Beschäftigung scheidet eine vertragliche Haftung des Kindes gegenüber der Person, die es beschäftigt, schon wegen des Fehlens eines wirksamen Vertrages aus.[15]

12 **b)** Nach § 1 KindArbSchV besteht ein grundsätzliches **Beschäftigungsverbot** auch **für Kinder über 13 Jahre** und **vollzeitschulpflichtige Jugendliche.** Ausnahmen sind nur zulässig, soweit sie im JArbSchG oder in § 2 der KindArbSchV vorgesehen sind.

13 **2. Ausnahmen. a) Ohne Altersgrenze** können Kinder gem. § 5 II JArbSchG zum Zwecke der Beschäftigungs- und Arbeitstherapie,[16] im Rahmen des Betriebspraktikums während der Vollzeitschulpflicht (s. RN 3) und in Erfüllung einer richterlichen Weisung beschäftigt werden. Die Ausnahmen dienen dem Interesse der Kinder, etwa um sie zu heilen oder ihnen die Orientierung für das zukünftige Berufsleben zu erleichtern. Nach Art. 4 II Buchst. b) der Richtlinie 94/33/EG ist ein Mindestalter von 14 Jahren für die Beschäftigung im Betriebspraktikum erforderlich. Die Ausnahmen in Erfüllung einer richterlichen Weisung tragen den §§ 10, 23 JGG[17] sowie den bürgerlich-rechtlichen Maßnahmen nach §§ 1631 II, 1666, 1915 BGB Rechnung.

14 Ist eine Beschäftigung von Kindern zulässig, so darf sie gem. § 5 II 2 i.V.m. § 7 JArbSchG nur mit **leichten, für sie geeigneten Tätigkeiten** bis zu 7 Stunden täglich = 35 Stunden wöchentlich erfolgen. Dagegen gelten keine besonderen Begrenzungen im Rahmen eines Berufsausbildungsverhältnisses. Im Übrigen finden auf die Beschäftigung von Kindern die Vorschriften der §§ 9 bis 46 JArbSchG entsprechende Anwendung.

15 Ferner gilt das Beschäftigungsverbot gem. § 5 III JArbSchG nicht für die Beschäftigung von Kindern über 13 Jahren mit Einwilligung des Personensorgeberechtigten (RN 8), soweit die Beschäftigung leicht und für Kinder geeignet ist. Die Beschäftigung ist leicht, wenn sie auf Grund ihrer Beschaffenheit und der besonderen Bedingungen, unter denen sie ausgeführt wird, **(1)** die Sicherheit, Gesundheit und Entwicklung der Kinder, **(2)** ihren Schulbesuch, ihre Beteiligung an Maßnahmen zur Berufswahlvorbereitung oder Berufsbildung, die von der zuständigen Stelle anerkannt sind, und **(3)** ihre Fähigkeit, dem Unterricht mit Nutzen zu folgen, nicht nachteilig beeinflusst. Durch die auf Grundlage des § 5 IVa JArbSchG ergangene Verordnung über den Kinderarbeitsschutz (Kinderarbeitsschutzverordnung – KindArbSchV) vom 23. 6. 1998 (BGBl. I S. 1508) sind die entsprechenden Tätigkeiten näher bestimmt. Zulässig sind gem. § 1 der Verordnung nur die dort in § 2 genannten Tätigkeiten. Die Aufzählung ist damit abschließend, d.h. andere als die dort genannten Beschäftigungen sind für Kinder und vollzeitschulpflichtige Jugendliche (s. RN 3) nicht erlaubt, unabhängig davon, ob sie ebenfalls als leicht und für Kinder geeignet i. S. v. § 5 III JArbschG eingeordnet werden könnten. Nach **§ 2 KindArbSchV** sind folgende Tätigkeiten erlaubt:

---

[12] Das Verbot verstößt nicht gegen das GG: OLG Hamm 2. 5. 1963 AP 1 zu § 7 JugArbSchutzG. Zur Frage, ob sich der Arbeitgeber vergewissern muss, ob jemand Jugendlicher oder Kind ist: BayObLG 11. 11. 1981 AP 1 zu § 5 JugArbSchutzG.

[13] BAG 23. 1. 1973 AP 3 zu § 7 JugArbSchutzG.

[14] BT-Drucks. VII/4544 S. 4.

[15] BAG 23. 1. 1973 AP 3 zu § 7 JugArbSchutzG.

[16] Im Allgemeinen wird nur die eigene Beschäftigungs- und Arbeitstherapie in Betracht kommen; es sollen Rehabilitationsmaßnahmen ermöglicht werden. Die Therapie darf nicht in Form eines Arbeitsverhältnisses erbracht werden.

[17] Vgl. zur Verfassungsmäßigkeit: BVerfG 13. 1. 1987 BVerfGE 74, 102 = AP 59 zu Art. 12 GG.

(1) das Austragen von Zeitungen, Zeitschriften, Anzeigenblättern und Werbeprospekten,

(2) in privaten und landwirtschaftlichen Haushalten: **(a)** Tätigkeiten in Haushalt und Garten, **(b)** Botengänge, **(c)** Betreuung von Kindern und anderen zum Haushalt gehörenden Personen, **(d)** Nachhilfeunterricht, **(e)** Betreuung von Haustieren, **(f)** Einkaufstätigkeiten mit Ausnahme des Einkaufs von alkoholischen Getränken und Tabakwaren,

(3) in landwirtschaftlichen Betrieben Tätigkeiten **(a)** bei der Ernte und der Feldbestellung, **(b)** der Selbstvermarktung landwirtschaftlicher Erzeugnisse, **(c)** der Versorgung von Tieren,

(4) Handreichungen beim Sport,

(5) Tätigkeiten bei nichtgewerblichen Aktionen und Veranstaltungen der Kirchen, Religionsgemeinschaften, Verbänden, Vereinen und Parteien.

Voraussetzung ist aber immer, dass die Beschäftigung gem. § 5 III JArbSchG leicht und für Kinder über 13 Jahre und vollzeitschulpflichtige Jugendliche geeignet ist. In § 2 II 1 KindArbSchV ist festgelegt, für welche Tätigkeiten das jedenfalls nicht gilt, nämlich Beschäftigungen, **(1)** die mit einer manuellen Handhabung von Lasten verbunden ist, die regelmäßig das maximale Lastgewicht von 7,5 kg oder gelegentlich das maximale Lastgewicht von 10 kg überschreiten (diese Einschränkung gilt nur für unter 15-jährige, § 2 II 2 KindArbSchV), **(2)** die infolge einer ungünstigen Körperhaltung physisch belastend sind, **(3)** die mit Unfallgefahren verbunden sind, die typischerweise von Kindern und Jugendlichen nicht erkannt oder abgewendet werden können. Nach § 3 KindArbSchV kann die Aufsichtsbehörde im Einzelfall feststellen, ob die Beschäftigung nach § 2 der Verordnung zulässig ist.

Die Kinder dürfen bei all diesen Tätigkeiten gem. § 5 III 3 JArbSchG nicht mehr als zwei **16** Stunden täglich, in landwirtschaftlichen Familienbetrieben nicht mehr als drei Stunden täglich, nicht zwischen 18 bis 8 Uhr, nicht vor und während des Schulunterrichts beschäftigt werden. Das Verbot gilt nach § 5 IV JArbSchG nicht für die Beschäftigung von Jugendlichen (§ 2 III JArbSchG) während der Schulferien für höchstens vier Wochen.

b) Ausnahmen vom Beschäftigungsverbot bestehen schließlich kraft aufsichtsbehördlicher **17** Ausnahme[18] gem. § 6 bei Theaterveranstaltungen und Musikaufführungen,[19] aber auch bei Werbeveranstaltungen, sofern die Kinder gestaltend mitwirken, also selbst Teil der Aufführung sind (z. B. als Schauspieler, Musiker), und nicht lediglich Tätigkeiten aus Anlass der Veranstaltung ausüben. Keine Ausnahmemöglichkeit besteht mithin für die sonstige Beschäftigung, etwa als Kartenverkäufer, Garderobiere oder Platzanweiser. Die Genehmigung ist bei dem örtlich zuständigen Gewerbeaufsichtsamt zu beantragen. Die Entscheidung erfolgt nach Anhörung des Jugendamtes. Die zeitlichen Einschränkungen der Beschäftigung sind in § 6 JArbSchG geregelt bzw. ergeben sich aus der Genehmigung der Aufsichtsbehörde

III. Beschäftigung Jugendlicher

1. Mindestalter. Nach § 5 I JArbSchG ist die Beschäftigung Jugendlicher unter 15 Jahren **18** verboten. Sind sie noch nicht 15 Jahre alt, unterliegen sie aber bei vorzeitiger Einschulung nicht mehr der Schulpflicht, so dürfen sie gem. § 7 JArbSchG im Berufsausbildungsverhältnis (oder einem in § 26 BBiG genannten Vertragsverhältnis)[20] und außerhalb eines Berufsausbildungsverhältnisses mit leichten und für sie geeigneten Tätigkeiten bis zu 7 Stunden täglich und 35 Stunden wöchentlich beschäftigt werden. Die Vorschrift hat nur geringe praktische Bedeutung, weil eine neun- bzw. zehnjährige Schulpflicht besteht. Für die leichte und geeignete Tätigkeit hat das Gesetz keine Bestimmung getroffen und von der Verordnungsermächtigung in § 26 JArbSchG wurde bisher kein Gebrauch gemacht. Die für Kinder über 13 Jahre und vollzeitschulpflichtige Jugendliche geltenden Grundsätze (s. RN 15) können insoweit Anhaltspunkte geben. Dabei ist allerdings das etwas höhere Lebensalter der unter § 7 JArbSchG fallenden Jugendlichen (14 bzw. 15 Jahre, statt 13 bzw. 14 Jahre) zu berücksichtigen. Als Richtbeispiele werden im Schrifttum genannt das Austragen von Waren und Zeitungen, Botentätigkeit, Lager und Sortierarbeit, Verkaufstätigkeit.[21]

---

[18] Vgl. OVG Münster 17. 2. 1986 NJW 87, 1443.

[19] Vgl. Art. 8 Übereinkommen Nr. 138 über das Mindestalter für die Zulassung zur Beschäftigung der Internationalen Arbeitsorganisation Genf; Nr. 3 b Entschl. (72) 4 des Ministerkomitees des Europarats betreffend den Schutz der Jugendlichen bei der Arbeit vom 18. 2. 1972 (BArBl., Facht. Arbeitsschutz 1972, 378); Nr. 5 der Empfehlung der Kommission der EWG zum Jugendarbeitsschutz vom 31. 1. 1967 (ABl. EG S. 405). Anstelle der Empfehlung vgl. die Richtlinie RN 2.

[20] Da die Ausbildung der Jugendlichen erleichtert werden soll, besteht auch die Ausnahme in Anlern-, Praktikanten- und Volontärverhältnissen (*Molitor/Volmer/Germelmann* § 7 RN 10; *Zmarzlik/Anzinger* § 7 RN 10).

[21] S. *Zmarzlik/Anzinger* § 7 RN 14; ErfK/*Schlachter* § 7 JArbSchG RN 2.

19 **2. Arbeitszeit.** Die Arbeitszeit (RN 9, 10) der Jugendlichen darf 8 Stunden täglich oder 40 Stunden wöchentlich nicht überschreiten (§ 8 JArbSchG). Zur Beschäftigung bei mehreren Arbeitgebern s. RN 10. In der Landwirtschaft dürfen Jugendliche über 16 Jahre während der Erntezeit nicht mehr als 9 Stunden täglich und 85 Stunden in der Doppelwoche beschäftigt werden (§ 8 III JArbSchG). Die Verlängerung der Arbeitszeit beruht auf der Erwägung, dass während der Erntezeit auf die Hilfe der Jugendlichen nicht verzichtet werden kann und durch Verkürzung der Arbeitszeit in den übrigen Jahreszeiten ein Ausgleich zu erzielen sei. Pausen werden in die Arbeitszeit nicht eingerechnet. Da die Arbeitszeit grundsätzlich 8 Stunden nicht übersteigen darf, ist eine anderweitige Verteilung der Arbeitszeit ausgeschlossen. Ebenso wenig können Jugendliche über 8 Stunden im Rahmen der qualifizierten gleitenden Arbeitszeit (vgl. § 160 RN 1, 6) beschäftigt werden. Wenn an einzelnen Werktagen die Arbeitszeit auf weniger als acht Stunden verkürzt ist, können Jugendliche an den übrigen Werktagen in derselben Woche 8½ Stunden beschäftigt werden (§ 8 II a JArbSchG). Wenn Jugendliche unzulässige **Mehrarbeit**[22] geleistet haben, ist dies durch Freizeit auszugleichen, ein Anspruch auf **Mehrarbeitsvergütung**[23] kommt auf Grund des Normzwecks nur in Betracht, wenn ein Freizeitausgleich wegen Beendigung der Beschäftigung nicht mehr möglich ist (vgl. auch § 21 II JArbSchG). Ein Anspruch auf Zahlung eines **Mehrarbeitszeitzuschlags** besteht nach Wegfall des früheren § 12 JArbSchG nicht. Es können aber, weil z. B. die betriebliche Arbeitszeit auf 37,5 Stunden begrenzt ist, vergütungspflichtige **Überstunden** anfallen, für die u. U. tarifliche Zuschläge zu zahlen sind.

20 **3. Ausnahmen vom Höchstarbeitszeitschutz.** Soll in Verbindung mit (gesetzlichen wie kirchlichen)[24] Feiertagen zum Zwecke der Gewährung einer längeren **zusammenhängenden Freizeit** an einzelnen Tagen nicht gearbeitet werden, darf die ausfallende Arbeitszeit auf die Werktage von 5 zusammenhängenden, die Ausfalltage einschließenden Wochen dergestalt verteilt werden, dass die Wochenarbeitszeit im Durchschnitt dieser 5 Wochen 40 Stunden nicht übersteigt. Die tägliche Arbeitszeit darf nicht über 8½ Stunden ausgedehnt werden (§ 8 II JArbSchG). Die infolge des Wochenfeiertages ausfallende Arbeitszeit wird auf die Wochenarbeitszeit angerechnet. Der Ausgleichszeitraum stimmt nicht mit dem ArbZG überein, so dass gemeinsame Arbeitszeitgestaltungen unmöglich sein können.

21 **4. Berufsschule.**[25] Nach § 9 I 1 JArbSchG, der redaktionell an § 7 Satz 1 BBiG a. F./jetzt § 15 Satz 1 BBiG angepasst wurde, sind Jugendliche für die tatsächliche Teilnahme am Berufsschulunterricht einschließlich der notwendigen Wegezeiten[26] **freizustellen.** Insoweit hat der Jugendliche ein Leistungsverweigerungsrecht. Die öffentlich-rechtliche Berufsschulpflicht geht der privatrechtlich begründeten Arbeitspflicht vor. Der Arbeitgeber hat den Jugendlichen gem. § 14 I Nr. 4 BBiG zum Besuch der Berufsschule anzuhalten. Freizustellen ist für die Unterrichtszeit, die Schulpausen, die Wegezeiten von und zur Berufsschule, verbindliche Schulveranstaltungen, Tätigkeit in der Schülermitverwaltung. Nicht freigestellt zu werden braucht für Hausaufgaben und freiwillige Schulveranstaltungen. Für volljährige Auszubildende können die Summe der Ausbildungszeit und die betrieblichen Ausbildungszeiten größer sein als die tarifliche Wochenarbeitszeit.[27]

22 Um sie vor einer Überforderung zu schützen, besteht für Jugendliche nach § 9 JArbSchG ein **Beschäftigungsverbot** vor einem vor 9 Uhr beginnenden Unterricht,[28] an einem Berufsschultag mit mehr als fünf Unterrichtsstunden von mindestens je 45 Minuten einmal in der Woche (entscheidend ist Anwesenheit in Berufsschule; auch Ausfallstunden sind mitzuzählen)[29] und in Berufsschulwochen mit einem planmäßigen Blockunterricht von mindestens 25 Stunden an mindestens 5 Tagen. Ist an zwei Tagen in der Woche Berufsschulunterricht, so besteht für den zweiten kein besonderes Beschäftigungsverbot. Beim Blockunterricht sind zusätzliche betriebliche Ausbildungsveranstaltungen bis zu zwei Stunden wöchentlich zulässig. Das Gesetz trägt damit dem sog. Blockunterricht Rechnung, bei dem an die Stelle des bisherigen eintägigen Unterrichts jährlich einmal eine zusammenhängende Berufsschulzeit von etwa 10 Wochen tritt. Das Beschäftigungsverbot

[22] Zur Unterscheidung der Begriffe Mehrarbeit und Überarbeit s. § 45 RN 55.
[23] Vgl. zum alten Recht BAG 4. 10. 1963 AP 3 zu § 10 JugArbSchutzG.
[24] ErfK/*Schlachter* § 8 JArbSchG RN 3.
[25] Vgl. *Zmarzlik* DB 81, 2490; *Natzel/Natzel* DB 87, 1734; *Ressel/Naujoks* AiB 98, 127.
[26] BAG 26. 3. 2001 AP 1 zu § 7 BBiG = NZA 2001, 892; zur Fahrtkostenerstattung BAG 11. 1. 1973 AP 1 zu § 6 BBiG.
[27] BAG 13. 2. 2003 AP 2 zu § 7 BBiG = NZA 2003, 984.
[28] Nicht maßgebend ist der Zeitpunkt des Fahrtbeginns zur Berufschule, *Zmarzlik/Anzinger* § 9 RN 21.
[29] ErfK/*Schlachter* § 9 JArbSchG RN 7.

bleibt auch dann bestehen, wenn der Umfang des Blockunterrichts wegen eines außergewöhnlichen Ereignisses (Rosenmontag) nicht erreicht wird.[30] Durch den Besuch der Berufsschule darf ein Entgeltausfall nicht eintreten (§ 9 III JArbSchG), damit der Jugendliche keinen Anreiz erhält, den Unterricht zu versäumen. Für erwachsene Berufsschulpflichtige gilt § 19 I Nr. 1, § 15 BBiG (s. § 174 RN 72). Fällt der Berufsschultag auf einen arbeitsfreien Tag, so ist diese Unterrichtszeit zu vergüten, soweit sie auf die Arbeitszeit angerechnet wird.[31] Die Freistellungspflicht gilt auch in Notfällen; § 21 I JArbSchG verweist nämlich gerade nicht auf § 9 JArbSchG.[32]

Gem. § 9 II Nr. 1 JArbSchG zählen **Berufsschultage** mit mehr als fünf Unterrichtsstunden von 45 Minuten als 8stündige Arbeitszeit, und zwar auch dann, wenn sie auf einen arbeitsfreien Sonnabend fallen.[33] Fällt eine geplante Stunde aus, kommt es darauf an, ob es sich um eine Randstunde handelt oder nicht. Nur bei Randstunden kann eine Verkürzung unter 5 Stunden eintreten, es sei denn, dass dies nicht vorhersehbar war. Diese Anrechnung gilt jedoch nur für einen Berufsschultag in der Woche. Hat der Jugendliche an zwei Tagen in der Woche Unterricht, so gilt nur die Unterrichtszeit einschließlich der Pausen als Arbeitszeit (§ 9 II Nr. 3 JArbSchG). Die Anrechnungsbestimmung basiert auf einer 40stündigen wöchentlichen Arbeitszeit. Ist im Zuge der Arbeitszeitverkürzung die Tagesarbeitszeit auf weniger als 8 Stunden festgesetzt, so sind Berufsschultage mit mehr als fünf Unterrichtsstunden von mindestens je 45 Minuten mit jeweils acht Stunden nur auf die gesetzliche Höchstarbeitszeit von 40 Stunden wöchentlich und nicht auf die kürzere tarifliche Arbeits- bzw. Ausbildungszeit anzurechnen.[34] Der wöchentliche planmäßige Blockunterricht von mindestens 25 Stunden entspricht der 40-Stunden-Woche. Im Übrigen entspricht die Unterrichtszeit einschließlich der Pausen der Arbeitszeit. 23

§ 10 JArbSchG normiert einen Freistellungsanspruch im Zusammenhang mit Prüfungen und Ausbildungsmaßnahmen. Diese Verpflichtung geht etwas weiter als die aus § 15 BBiG (s. § 174 RN 72) und hat darüber hinausgehende Bedeutung für den öffentlichen Dienst. Nach § 10 I JArbSchG hat der Arbeitgeber den Jugendlichen für die **Teilnahme an Prüfungen** (Zwischen-, Abschluss- und Wiederholungsprüfungen) und Ausbildungsmaßnahmen, die auf Grund öffentlich-rechtlicher oder vertraglicher Bestimmungen außerhalb der Arbeitsstätte durchzuführen sind, sowie am Arbeitstag, der der schriftlichen Abschlussprüfung unmittelbar vorangeht, ohne Entgeltausfall freizustellen. Diese Freistellung ist mit 8 Stunden auf die Arbeitszeit anzurechnen; die Prüfungszeit wird mit ihrer tatsächlichen Dauer angerechnet (§ 10 II 1 JArbSchG). Ist der Tag vor der Prüfung ohnehin arbeitsfrei (z.B. ein Sonntag), besteht hierfür keine Freistellungsverpflichtung. Streitig ist, ob ein Freistellungsanspruch für den vorletzten Tag vor der der schriftlichen Prüfung besteht, wenn der letzte Tag vor der Prüfung ein Berufschultag ist. Angesichts des unmissverständlichen Wortlauts der Norm („unmittelbar vorangeht") ist das zu verneinen.[35] 24

Infolge des Besuches der Berufsschule darf der Jugendliche gem. § 10 II 2 JArbSchG keinen **Entgeltausfall** erleiden. Andererseits hat der Jugendliche keinen Entgeltzahlungsanspruch für Unterrichtszeiten, in denen er keinen Lohnausfall hat (z.B. bei Kurzarbeit).[36] Findet die Berufsschule an arbeitsfreien Sonnabenden statt und war der Jugendliche an anderen Tagen wegen der bestehenden Höchstarbeitszeiten freizustellen, so darf gleichfalls keine Entgeltminderung eintreten. Aus dem Lohnausfallprinzip folgt, dass die Vergütung einschließlich aller Zuschläge fortzuzahlen ist. 25

5. Geltung für Personen über 18 Jahre. Die Anrechnungsvorschrift des § 9 II JArbSchG ist auf über 18 Jahre alte Auszubildende nicht anzuwenden. Für diese Personen kann deshalb die Summe der Berufsschulzeit und der betrieblichen Ausbildungszeiten Kalenderwöchentlich größer sein als die regelmäßige tarifliche Wochenausbildungszeit.[37] 26

---

30 OVG Münster 11. 3. 1985 AP 1 zu § 9 JugArbSchutzG.

31 ErfK/*Schlachter* § 9 RN 14.

32 *Zmarzlik/Anzinger* § 9 RN 13

33 LAG Schleswig-Holstein 16. 6. 1966 AP 2 zu § 13 JugArbSchutzG.

34 BAG 27. 5. 1992 AP 1 zu § 8 JugArbSchutzG = NZA 93, 453; dazu *Taubert* BB 92, 133; *Zmarzlik* DB 92, 526; *ders.* ZTR 92, 506.

35 *Molitor/Volmer/Germelmann* § 10 RN 19a; a.A. *Zmarzlik/Anzinger* § 9 RN 18; ErfK/*Schlachter* § 10 JArbSchG RN 3.

36 BAG 3. 9. 1960 AP 1 zu § 13 JugArbSchutzG. Zur Lohnfortzahlung am Rosenmontag bei Arbeitsausfall im Betrieb: BAG 17. 11. 1972 AP 3 zu § 13 JugArbSchutzG.

37 BAG 13. 2. 2003 AP 2 zu § 7 BBiG = NZA 2003, 984; 26. 3. 2001 AP 1 zu § 7 BBiG = NZA 2001, 892.

27 **6. Pausen, Ruhezeiten und Lage der Arbeitszeit.** Den Jugendlichen müssen bei einer Arbeitszeit von mehr als 4$^1/_2$ Stunden eine oder mehrere im Voraus feststehende **Ruhepausen** (zum Begriff s. auch § 158 RN 13) gewährt werden. Diese müssen mindestens betragen bei mehr als 4$^1/_2$ bis 6 Stunden 30 Minuten und bei mehr als 6 Stunden Arbeitszeit 60 Minuten. Länger als 4$^1/_2$ Stunden hintereinander dürfen Jugendliche nicht ohne Ruhepausen beschäftigt werden. Als solche gelten nur Arbeitsunterbrechungen von mindestens 15 Minuten (§ 11 JArbSchG). Während der Ruhepausen muss der Jugendliche von jeder Anweisung des Arbeitgebers freigestellt sein; indes gilt während des Aufenthalts im Betrieb das Hausrecht. Es ist nicht nötig, dass der Betrieb verlassen werden darf.[38] Keine Ruhepausen sind Betriebspausen, also technisch bedingte Arbeitsunterbrechungen, selbst wenn sie vorausberechnet werden können,[39]Arbeitsbereitschaft oder Bereitschaftsdienst.[40] Die Ruhepausen müssen in angemessener zeitlicher Lage gewährt werden (§ 11 II JArbSchG). Arbeitgeber, die regelmäßig mindestens drei Jugendliche beschäftigen, haben die Pausenordnung gem. § 48 durch Aushang bekanntzumachen, um zu verhindern, dass unvorhergesehene Unterbrechungen mit Pausen verrechnet werden. Die Festlegung der Pausen ist mitbestimmungspflichtig (§ 87 I Nr. 2 BetrVG). An Berufsschultagen, an denen eine Beschäftigung im Betrieb zulässig ist (s. RN 22), sind die entsprechenden Zeiträume (sowohl die Unterrichtszeit als auch die Pausenzeiten) für die Ermittlung der Dauer und der Lage der Ruhepausen mit zu berücksichtigen, so dass in der Berufschule gewährte Pausen auf die Pausenzeiten gem. § 11 JArbSchG anzurechnen sind. Dies folgt aus der Anrechnungsregelung des § 9 II Nr. 3 JArbSchG.[41]

28 In Betrieben mit mehr als 10 Beschäftigten, oder wenn Sicherheits- oder Gesundheitsgründe dies erfordern, ist gem. § 6 III ArbStättV ein **Pausenraum** oder ein entsprechender Pausenbereich zur Verfügung zu stellen. Dies gilt nicht, wenn die Beschäftigten in Büroräumen oder vergleichbaren Arbeitsräumen beschäftigt sind und dort gleichwertige Voraussetzungen für eine Erholung während der Pause gegeben sind. Jugendlichen darf der Aufenthalt während der Ruhepausen in den Arbeitsräumen gem. § 11 III JArbSchG aber nur gestattet werden, wenn die Arbeit in diesen Räumen während dieser Zeit eingestellt ist und auch sonst die notwendige Erholung nicht beeinträchtigt wird; diese Einschränkung gilt gem. § 11 IV JArbSChG nicht für den Bergbau unter Tage.

29 Nach **Beendigung der täglichen Arbeit** ist Jugendlichen mindestens 12 Stunden ununterbrochene **Freizeit** zu gewähren (§ 13 JArbSchG). Unzulässig ist auch die Festlegung von Arbeitsbereitschaft (§ 156 RN 17), Rufbereitschaft (§ 156 RN 20) oder Bereitschaftsdienst (§ 156 RN 18f.).[42] Unschädlich ist aber, wenn der Jugendliche in einem Betriebsheim wohnt und wegen der Schließung des Heimes zu bestimmten Zeiten anwesend sein muss.

30 **Nachtruhe:** Nach § 14 I JArbSchG dürfen Jugendliche nur in der Zeit von 6 bis 20 Uhr beschäftigt werden. Um den besonderen Bedürfnissen einzelner Gewerbezweige, insbesondere der hinreichenden Ausbildung Rechnung zu tragen, dürfen Jugendliche über 16 Jahre im Gaststätten- und Schaustellergewerbe bis 22 Uhr, in mehrschichtigen Betrieben bis 23 Uhr, in der Landwirtschaft ab 5 Uhr oder bis 21 Uhr, in Bäckereien und Konditoreien ab 5 Uhr (über 17 Jahre ab 4 Uhr) beschäftigt werden. Nach vorheriger Anzeige an die Aufsichtsbehörde dürfen Jugendliche in Betrieben, in denen die übliche Arbeitszeit aus verkehrstechnischen Gründen nach 20 Uhr endet, bis 21 Uhr beschäftigt werden, wenn unnötige Wartezeiten verhindert werden. Weitere Ausnahme: § 14 V JArbSchG. In jedem Fall ist eine Beschäftigung nach 20 Uhr dann verboten, wenn am Folgetag der Berufsschulunterricht vor 9 Uhr beginnt (§ 14 IV JArbSchG). Schließlich finden sich eine Reihe von Ausnahmen kraft aufsichtsbehördlicher Genehmigung; ferner können auch nach § 21 JArbSchG im Wege der Rechtsverordnung bei entsprechendem Bedarf weitere Ausnahmen vom Verbot der Beschäftigung zur Nachtzeit geschaffen werden.

31 **7. Fünf-Tage-Woche.** Wegen des höheren **Freizeit- und Erholungswertes** zweier Tage dürfen Jugendliche nur an 5 Tagen in der Woche beschäftigt werden (§ 15 JArbSchG). Nach §§ 16 I, 17 I JArbSchG dürfen Jugendliche an Samstagen und Sonntagen grundsätzlich nicht beschäftigt werden. Zulässig ist die Beschäftigung von Jugendlichen an Samstagen oder Sonntagen nur (§§ 16 II, 17 II JArbSchG), soweit dies in den im Gesetz aufgezählten Wirtschaftsberei-

---

[38] BAG 21. 8. 1990 AP 17 zu § 87 BetrVG 1972 Ordnung des Betriebes = NZA 91, 154.

[39] BAG 23. 9. 1992 AP 6 zu § 3 AZO Kr; ErfK/*Schlachter* § 11 JArbSchG RN 2; *Molitor/Volmer/Germelmann* § 11 RN 6.

[40] S. § 158 RN 11; § 156 RN 17ff.

[41] *Zmarzlik/Anzinger* § 11 RN 14; ErfK/*Schlachter* § 11 JArbSchG RN 3.

[42] *Zmarzlik/Anzinger* § 13 RN 7.

chen notwendig ist;[43] in diesen Fällen haben die Jugendlichen gem. §§ 16 III, 17 III JArbSchG – auch bei einem nur kurzzeitigen Arbeitseinsatz an einem Samstag oder Sonntag[44] – jedoch Anspruch auf Arbeitsfreistellung an einem anderen berufsschulfreien Tag in derselben Woche[45] (s. § 4 IV 1 JArbSchG), wobei es sich um einen Tag handeln muss, an dem im Betrieb üblicherweise gearbeitet wird und der Jugendliche ohne die Freistellung ebenfalls arbeiten müsste; das kann in den Fällen des §§ 16 II, 17 II JArbSchG auch ein Samstag oder Sonntag sein.[46] Kann ein Jugendlicher in Verkaufsstellen wegen des vorzeitigen Ladenschlusses an Sonnabenden nicht 8 Stunden beschäftigt werden, so kann die nicht verbrauchte Arbeitszeit auf den Ersatzruhetag gelegt werden (§ 16 IV JArbSchG). Nach § 16 II 2 JArbSchG sollen mindestens zwei Samstage im Monat arbeitsfrei bleiben. Die Vorschrift begründet keine erzwingbare Verpflichtung, diese kann sich aber aus einem Tarifvertrag oder auch aus der Fürsorgepflicht des Arbeitgebers ergeben.[47] Für die Sonntagsarbeit gilt gem. § 17 II 2 JArbSchG, dass jeder zweite Sonntag beschäftigungsfrei bleiben soll und zwei Sonntage im Monat beschäftigungsfrei bleiben müssen. Von der in § 17 II 2 JArbSchG enthaltenen Sollvorschrift darf nur aus sachlichen Gründen abgewichen werden.[48] Generell können die beschäftigungsfreien Samstage oder Sonntage nicht in anderen Monaten vorgezogen oder nachgeholt werden. Die Einzelheiten zur **Feiertagsruhe** sind in § 18 JArbSchG geregelt.

8. Urlaub. Wegen der Sonderregelung in § 19 JArbSchG über den Urlaubsanspruch s. § 102 **32**
RN 168ff.

9. Sonderregeln, Abweichungen durch Tarifvertrag. Gewisse Sonderregelungen sind **33**
kraft Gesetzes für die **Binnenschifffahrt** vorgesehen (§ 20 JArbSchG). Im Übrigen kann nach § 21 I JArbSchG in **Notfällen,** also bei plötzlich eintretenden unvorhersehbaren Ereignissen, denen durch die Beschäftigung Erwachsener nicht Rechnung getragen werden kann, von den vorstehenden Vorschriften mit Ausnahme der Freistellung vom Berufsschulunterricht und den Prüfungen sowie der Festlegung des Urlaubs abgewichen werden. Weitere Ausnahmen können im Wege der Rechtsverordnung geschaffen werden (§ 21 II JArbSchG). Nach § 21 a JArbSchG sind die verschiedenen Arbeitszeitregelungen weitgehend **tarifdispositiv** oder können, wenn der Tarifvertrag dies vorsieht, durch Betriebsvereinbarung oder, falls ein Betriebsrat nicht besteht, durch schriftliche Vereinbarung mit dem Jugendlichen abbedungen werden.

IV. Beschäftigungsverbote und Beschränkungen für Jugendliche

1. Allgemeines Beschäftigungsverbot. Gefahren für die Gesundheit und Entwicklung **34**
von Kindern und Jugendlichen können sich aus der Arbeitszeit (RN 19), aus der Art der Tätigkeit sowie aus der Person des Beschäftigten ergeben. Kinder und Jugendliche sind im Allgemeinen geringer belastbar und leichter beeinflussbar. Der allgemein geltende Arbeitsschutz ist daher für sie verschärft.

Nach § 22 I JArbSchG ist die Beschäftigung von Jugendlichen mit den im Gesetz aufgezähl- **35**
ten **gefährlichen Arbeiten** verboten. Es handelt sich um eine Vorschrift des technischen Arbeitsschutzes, der sich mit dem für Erwachsene weitgehend deckt. Diese Beschäftigungsverbote können durch Rechtsverordnung gem. § 26 JArbSchG weiter konkretisiert werden, sie gelten indes auch ohne den Erlass weiterer Rechtsverordnungen.

Erheblich sind insoweit z. B. § 9 II DruckluftVO, die ArbStättV, die StrahlenschutzVO und **36**
die RöntgenVO. Unabhängig von §§ 22, 26 JArbSchG sind die allgemeinen Schutzvorschriften zu beachten. Darüber hinaus gilt für Jugendliche das Jugendschutzgesetz vom 23. 7. 2002 (JuSchG, BGBl. I S. 2730, zul. geänd. am 31. 10. 2008, BGBl. I S. 2149). Es enthält zum Teil abweichende Begriffsbestimmungen für den Begriff des Jugendlichen, den Jugendschutz in der Öffentlichkeit beim Besuch von Gaststätten und Tanzveranstaltungen sowie zum Verbot der Abgabe von Alkohol und Rauchwaren. In einem Abschnitt 3 ist der Jugendschutz im Bereich der Medien geregelt. Diese Regelungen werden ergänzt durch den Jugendmedienschutz-Staatsvertrag (MStV) der Länder vom 10./27. 9. 2002. Der Staatsvertrag ist am 1. 4. 2003 in Kraft getreten.[49]

---

[43] Zu Kfz-Reparaturbetrieben: OLG Karlsruhe 14. 1. 1983 AP 1 zu § 16 JArbSchutzG.

[44] Weil es auf die Dauer der Beschäftigung insoweit nicht ankommt, ErfK/*Schlachter* § 16 JArbSchG RN 13, § 17 JArbSchG RN 7.

[45] BayObLG 21. 2. 1983 AP 2 zu § 16 JArbSchutzG.

[46] *Zmarzlik/Anzinger* § 16 RN 47.

[47] *Zmarzlik/Anzinger* § 16 RN 43, 44.

[48] ErfK/*Schlachter* § 17 JArbSchG RN 6.

[49] http://www.bmfsfj.de, unter Publikationen; dazu *Bornemann* NJW 2003, 787; *Liesching* NJW 2002, 3281.

37 **2. Verbotene Beschäftigungen.** Unzulässig ist die Beschäftigung von Jugendlichen gem. § 22 I JArbSchG mit Arbeiten, die ihre **physische und psychische Leistungsfähigkeit**[50] übersteigt (Nr. 1), bei denen sie sittlichen Gefahren[51] ausgesetzt sind (Nr. 2), die mit besonderen Unfallgefahren[52] verbunden sind, die Jugendliche wegen mangelnden Sicherheitsbewusstseins oder mangelnder Erfahrung nicht erkennen oder abwenden können (Nr. 3), mit Arbeiten unter besonderer Einwirkung der Umwelt (Hitze, Kälte, starke Nässe, vgl. Nr. 4; Lärm, Erschütterungen, Strahlen Vgl. Nr. 5),[53] mit Arbeiten, bei denen sie schädlichen Einwirkungen von Gefahrstoffen i. S. des Chemikaliengesetzes ausgesetzt sind (Nr. 6), mit Arbeiten, bei denen sie schädlichen Einwirkungen von biologischen Arbeitsstoffen i. S. der Richtlinie 90/679/EWG des Rates vom 26. 11. 1990 zum Schutze der Arbeitnehmer gegen Gefährdung durch biologische Arbeitsstoffe bei der Arbeit ausgesetzt sind (Nr. 7).[54] Es handelt sich jeweils um individuelle Beschäftigungsverbote, die eine Prüfung im Einzelfall erforderlich machen.

38 Eine **Ausnahme vom Beschäftigungsverbot** gem. § 22 I Nr. 3 bis 7 JArbSchG gilt wiederum für die Beschäftigung von Jugendlichen, soweit dies zur Erreichung ihres Ausbildungszieles notwendig und ihr Schutz durch die Aufsicht eines Fachkundigen, der theoretische und praktische Kenntnisse zur Überprüfung der Funktionsfähigkeit der Betriebsanlagen haben muss, gewährleistet ist und der Luftgrenzwert bei gefährlichen Stoffen unterschritten wird (§ 22 II 1 JArbSchG), es sei denn es geht um denn absichtlichen Umgang mit biologischen Arbeitsstoffen, wie sie von § 22 I Nr. 7 JArbSchG erfasst werden (§ 22 II 2 JArbSchG). Der Fachkundige braucht nicht notwendig ein Arzt oder eine Fachkraft für Arbeitssicherheit zu sein. Außerdem muss bei Jugendlichen, die in einem Betrieb beschäftigt werden, für den ein Betriebsarzt oder eine Fachkraft für Arbeitssicherheit verpflichtet ist, ihre betriebsärztliche oder sicherheitstechnische Betreuung gewährleistet sein (§ 22 III JArbSchG).

39 **3. Leistungsunabhängige Entlohnung.** Grundsätzlich dürfen Jugendliche nicht beschäftigt werden **(1)** mit **Akkordarbeit** oder jeglichen Arbeiten, bei denen durch ein gesteigertes Arbeitstempo (z. B. Prämienlohn) ein höheres Entgelt erzielt werden kann. Es soll vermieden werden, dass der Jugendliche durch den Lohnanreiz seine Kräfte überschätzt. Untersagt sind auch Prämiensysteme, die neben dem Arbeitstempo die Arbeitsqualität anreizen. Wird an mehrere Faktoren angeknüpft, so sind die Systeme untersagt, bei denen vom Tempoanreiz entscheidender Einfluss ausgeht. Zulässig ist dagegen die Beschäftigung mit Arbeiten, die üblicherweise im Akkord vergütet werden, bei denen der Jugendliche Zeitlohn erhält (sofern nicht § 23 I Nr. 2 JArbSchG einschlägig ist) sowie Arbeiten im Stücklohn in Heimarbeit (arg. § 11 II 3 HAG). Außerdem dürfen Jugendliche nicht beschäftigt werden **(2)** in einer **Arbeitsgruppe mit erwachsenen Arbeitnehmern,** die Arbeiten nach **(1)** verrichten, auch wenn der Jugendliche nur Zeitlohn erhält. Hier soll dem von der Gruppe ausgehenden Leistungsdruck vorgebeugt werden. Verboten ist ferner die Beschäftigung **(3)** mit allen Arbeiten, bei denen das **Arbeitstempo** nicht nur gelegentlich vorgeschrieben, vorgegeben oder auf andere Weise erzwungen wird. Nicht zulässig ist daher eine Beschäftigung, bei der das Arbeitstempo vorgegeben ist. Erlaubt ist dagegen die mechanische Zuführung von Material und Werkzeug. Eine Ausnahme der Beschäftigung Jugendlicher in Leistungsgruppen besteht nach § 23 II JArbSchG dann, wenn dies zur Erreichung des Ausbildungszieles notwendig oder wenn sie eine Berufsausbildung für die vorgegebene Beschäftigung abgeschlossen haben und jeweils durch die Aufsicht eines Fachkundigen ausreichender Schutz gewährleistet ist.

40 **4. Bergbau.** Grundsätzlich besteht ein **Beschäftigungsverbot** für Jugendliche **unter Tage (§ 24 I JArbSchG).** Das Verbot musste in das Gesetz aufgenommen werden, um das Übereinkommen Nr. 123 der internationalen Arbeitsorganisation über das Mindestalter für die Zulassung zu Untertagearbeiten in Bergwerken, ergänzt durch die Empfehlung Nr. 124 betreffend das Mindestalter für die Zulassung zu Untertagearbeiten in Bergwerken, ratifizieren zu kön-

---

[50] Abzustellen ist auf die individuelle physische, psychische und geistige Leistungsfähigkeit.

[51] Sittliche Gefahr ist gegeben, wenn die Ausübung der Tätigkeit geeignet ist, bestehende Wertmaßstäbe – nicht nur sexueller Art – negativ zu beeinflussen. Verboten mithin Beschäftigung in Sexläden, bei Damenring- und Boxkämpfen; unzulässig ist eine Beschäftigung, bei der die Gefahr der Verrohung besteht. Vgl. JuSchG vom 23. 7. 2002 (BGBl. I S. 2730).

[52] Ausreichend ist eine abstrakte Unfallgefährdung. Zu beachten sind Gesetze und Verordnungen zur Vermeidung von Unfällen.

[53] Zu beachten sind insbes. die allgemeinen ArbeitsschutzVO.

[54] Hierbei handelt es sich z. B. um sehr giftige, krebserzeugende, fruchtschädigende, erbgutverändernde oder sonst chronisch schädigende Stoffe; vgl. ErfK/*Schlachter* § 22 ArbSchG RN 10.

nen.[55] Eine Beschäftigung unter Tage kann nach dem Schutzzweck der Norm auch dann vorliegen, wenn es sich nicht um bergmännische Tätigkeit handelt, sondern um eine Tätigkeit in Anlagen, die ihrer Natur nach unterirdisch in einer ähnlichen Weise wie im Bergbau angelegt sind, weil auch hier besondere Erschwernisse wegen geringer Frischluft, eines höheren Lärms, ständiger Nässe, eines höheren Gefahrenpotentials, dem Fehlen eines unmittelbaren Zugangs zum Tageslicht bestehen (z. B. unterirdische Steinbrüche, nicht dagegen Verkaufsräume im Kellergeschoss).[56] **Ausnahmen** vom Beschäftigungsverbot bestehen gem. § 24 II JArbSchG für Jugendliche über 16 Jahren, sofern **(1)** dies zur Erreichung des Ausbildungsziels erforderlich ist, **(2)** wenn sie eine Berufsausbildung für eine Beschäftigung unter Tage[57] abgeschlossen haben oder **(3)** wenn sie an einer von der Bergbehörde genehmigten Ausbildungsmaßnahme für Bergjungarbeiter[58] teilnehmen oder teilgenommen haben. In all diesen Fällen muss außerdem der Schutz der Jugendlichen durch die Aufsicht eines Fachkundigen gewährleistet sein.

5. Verbot der Beschäftigung durch bestimmte Personen. Nach § 25 ist die Beschäfti- 41
gung Jugendlicher durch solche Personen verboten, die rechtskräftig zu einer **Freiheitsstrafe** von mindestens zwei Jahren verurteilt worden sind oder bestimmte im Gesetz bezeichnete Delikte sowie mehrfache Ordnungswidrigkeiten nach § 58 JArbSchG begangen haben. Bei einer Beschäftigung durch eine Personengesellschaft gilt das Verbot schon dann, wenn nur einer der vertretungsberechtigten Gesellschafter unter § 25 I und II JArbSchG fällt. Es greift ferner dann ein, wenn nicht der Arbeitgeber selbst, aber die von ihm beauftragte Person (s. RN 5) betroffen ist. Das Verbot gilt gem. § 25 III nicht für die Beschäftigung durch die Personensorgeberechtigten (s. RN 8); insoweit kann aber § 1666 BGB eingreifen. Gem. § 29 BBiG ist dieser Personenkreis auch nicht persönlich geeignet als Ausbildender oder Ausbilder im Berufsausbildungsverhältnis (s. § 174 RN 18 ff.).

6. Ermächtigungen. Gerade auf dem Gebiet des Arbeitsschutzes kann der Gesetzgeber 42
nicht alle Entwicklungen voraussehen. Nach § 26 ist daher das BMAS mit Zustimmung des Bundesrates ermächtigt, zum Schutze der Jugendlichen gegen Gefahren für Leben und Gesundheit sowie zur Vermeidung einer Beeinträchtigung der körperlichen oder seelisch-geistigen Entwicklung Rechtsverordnungen zu erlassen, in denen der Begriff der für Jugendliche geeigneten, leichten Arbeiten näher umschrieben oder über die Beschäftigungsverbote von §§ 22 bis 25 hinaus weitere geschaffen werden. Andererseits kann aber auch die Situation eintreten, dass Zweifel über die Anwendung des Gesetzes auf bestimmte Arbeiten bestehen. Insoweit haben die Verwaltungsbehörden ein gerichtlich nachprüfbares Feststellungsrecht (§ 27 JArbSchG).

V. Besondere Fürsorgepflichten für Jugendliche

Den Arbeitgeber treffen eine Reihe von besonderen Fürsorgepflichten gegenüber Kindern 43
und Jugendlichen. Er hat

(1) bei der **Einrichtung und Unterhaltung der Arbeitsstätte** einschließlich der Maschinen, Werkzeuge und Geräte und bei der Regelung der Beschäftigung die erforderlichen Vorkehrungen und Maßnahmen zum Schutze von Leben, Gesundheit und Sittlichkeit zu treffen (§ 28 JArbSchG);

(2) vor Beginn der Beschäftigung Jugendlicher und bei wesentlichen Änderungen die **Arbeitsbedingungen** die mit der Beschäftigung verbundenen Gefährdungen Jugendlicher zu beurteilen (§ 28 a JArbSchG). Im Übrigen wird auf das ArbSchG (§ 5) verwiesen (s. hierzu § 154 RN 8);

(3) sie vor Beginn der Beschäftigung und bei wesentlicher Änderung der Arbeitsbedingungen in angemessenen Zeitabständen über die **Unfall- und Gesundheitsgefahren** und die Vorkehrungsmaßnahmen zu **belehren** (§ 29 JArbSchG); Maß und Umfang richten sich nach der Art der Arbeit und den mit ihr verbundenen Gefahren für Leben und Gesundheit. Auf die Auffassungsgabe des Jugendlichen ist Rücksicht zu nehmen;[59]

---

[55] Vgl. BT-Drucks. VII/2305, S. 33.

[56] *Molitor/Volmer/Germelmann* § 24 RN 8; ErfK/*Schlachter* § 24 JArbSchG RN 1; a. A. *Zmarzlik/Anzinger* § 24 RN 3.

[57] Hierzu gehören nicht nur die klassischen Ausbildungsberufe im Bergbau, sondern auch sonstige, soweit sie ihrer Natur nach auf eine Tätigkeit unter Tage ausgerichtet sind; s. *Molitor/Volmer/Germelmann* § 24 RN 16.

[58] Hierbei handelt es sich nicht um einen Ausbildungsberuf, sondern um einen Anlernberuf, wobei die Ausbildung nach einem von der Bergbehörde genehmigten Ausbidlungsplan erfolgt.

[59] Vgl. *Molitor/Volmer/Germelmann* § 29 RN 7.

(4) den in die **häusliche Gemeinschaft** Aufgenommenen in sittlicher und gesundheitlicher Beziehung einwandfreie Unterkunft, ausreichende, gesunde Kost und bei Erkrankung, soweit nicht Sozialversicherungsträger eintreten, bis zur Dauer von 6 Wochen, jedoch nicht über die Beendigung des Arbeitsverhältnisses hinaus, die erforderliche Pflege und Behandlung zuteil werden zu lassen (§ 30 JArbSchG); häusliche Gemeinschaft kann auch eine bloße Gemeinschaft der Arbeitnehmer untereinander sein (Lehrlingsheim usw.),[60] sofern sie der Hausordnung unterstellt sind;

(5) sie vor **körperlicher Züchtigung** und Misshandlung und sittlicher Gefährdung zu schützen (§ 31 I, II JArbSchG). Körperliche Züchtigung ist jede Einwirkung auf den Körper, durch die jemand zu einem bestimmten Verhalten gezwungen werden oder für eine bestimtes Verhalten bestraft werden soll; Misshandlung ist jede üble, unangemessene Behandlung, die das Wohlbefinden oder die körperliche Unversehrtheit nicht unwesentlich beeinträchtigt.[61] Im übrigen wird der Schutz der körperlichen und seelischen Gesundheit durch die strafrechtlichen Normen (§§ 223 ff. StGB) gewährleistet.

(6) die Verabreichung **alkoholischer Getränke und Tabakwaren** an Jugendliche unter 16 Jahren und von Branntwein und branntweinhaltigen Genussmitteln an Jugendliche überhaupt zu verhindern (§ 31 II 2 JArbSchG);

(7) das JArbSchG und die Anschrift der zuständigen Aufsichtsbehörde **auszuhängen** (§ 47 JArbSchG), einen Aushang über Beginn und Ende der regelmäßigen Arbeitszeit und der Ruhepausen zu fertigen (§ 48 JArbSchG) und bestimmte Verzeichnisse zu führen (§ 49 JArbSchG). Ferner sind Aushänge über Ausnahmebewilligungen (§ 54 III JArbSchG) vorgeschrieben.[62]

VI. Gesundheitliche Betreuung der Jugendlichen (§§ 32–46 JArbSchG)

44 **1. Allgemeines.** Damit Jugendliche nicht mit gesundheitsschädigenden oder ihrem Entwicklungsstand nicht entsprechenden Arbeiten beschäftigt werden, sind ärztliche Untersuchungen vorgeschrieben. Nach den Übereinkommen Nr. 77 und 78 der IAO sind jährliche Wiederholungsuntersuchungen vorgesehen; die Übereinkommen sind nicht ratifiziert, da das JArbSchG dahinter zurückbleibt.

45 **2. Erstuntersuchung.** Mit der tatsächlichen Beschäftigung eines Jugendlichen darf nur begonnen werden, wenn dieser **(a)** innerhalb der letzten 14 Monate von einem Arzt untersucht worden ist und **(b)** dem Arbeitgeber eine ärztlich ausgestellte Bescheinigung vorlegt (§ 32 I JArbSchG). Das Verbot gilt nach § 32 II JArbSchG nicht bei einer nur geringfügigen oder nicht länger als zwei Monate dauernden Beschäftigung mit leichten Arbeiten (vgl. § 5 III 2 JArbSchG), von denen keine gesundheitlichen Nachteile für den Jugendlichen zu befürchten sind.[63] Für die Beschaffung dieser Bescheinigung hat der Jugendliche zu sorgen. § 32 I JArbSchG enthält ein Beschäftigungsverbot, das überwindbar ist, wenn die Bescheinigung vorgelegt wird. Der zugrunde liegende Vertrag ist mithin nicht nach § 134 BGB nichtig (s. § 311 a I BGB).[64] Bringt der Jugendliche die Bescheinigung nicht bei, hat er keinen Beschäftigungsanspruch. Da der Jugendliche ohne Beibringung der Bescheinigung den Arbeitgeber nicht in Annahmeverzug (§ 615 BGB) setzen kann, entfällt auch der Entgeltanspruch. Nach vorheriger Abmahnung ist eine fristlose Kündigung des Jugendlichen berechtigt.[65] Berufsausbildungsverträge Jugendlicher werden in das Berufsausbildungsverzeichnis oder die Handwerksrolle erst eingetragen, wenn die Bescheinigung vorliegt (§ 35 I Nr. 3 BBiG, § 29 I Nr. 3 HwO).

46 Die **Untersuchung** muss durch einen Arzt vorgenommen werden. Arzt i. S. v. § 32 JArbSchG ist eine Personen, die über eine Approbation oder Bestallung als Arzt verfügt. Das kann auch der Arzt sein, der den Jugendlichen selbst beschäftigen möchte. Für den Jugendlichen gilt die freie Arztwahl.

47 **3. Nachuntersuchung.** Vor Ablauf des 1. Beschäftigungsjahres hat sich der Arbeitgeber gem. § 33 JArbSchG die Bescheinigung eines Arztes vorlegen zu lassen, dass der Jugendliche nachuntersucht worden ist (erste Nachuntersuchung). Neun Monate nach Aufnahme der ersten

---

[60] Vgl. BAG 8. 6. 1955 AP 1 zu § 618 BGB.
[61] *Zmarzlik/Anzinger* § 31 RN 4, 6.
[62] Vgl. *Pulte* BB 2008, 2569; *ders.,* AR-Blattei, Aushänge und Verzeichnisse. S. auch § 3 JuSchG.
[63] BayObLG 11. 1. 1983 AP 1 zu § 32 JugArbSchutzG.
[64] Vgl. zum alten Recht BAG 22. 2. 1972 AP 1 zu § 15 BBiG; allgemein zu Beschäftigungsverboten § 34 RN 71.
[65] ErfK/*Schlachter* § 32 JArbSchG RN 1.

Beschäftigung hat der Arbeitgeber den Arbeitnehmer nachdrücklich auf den Zeitpunkt hinzuweisen, bis zu dem der Jugendliche ihm die Bescheinigung über die **erste Nachuntersuchung** vorzulegen hat, um ihn dann zur Nachuntersuchung aufzufordern. Ein Jahr nach Aufnahme der ersten Beschäftigung hat der Arbeitgeber sich alsdann die Bescheinigung des Arztes über die erste Nachuntersuchung vorlegen zu lassen. Legt der Jugendliche die Bescheinigung über die Nachuntersuchung nicht vor, so hat ihn der Arbeitgeber binnen Monatsfrist schriftlich unter Hinweis auf das Beschäftigungsverbot aufzufordern, die Bescheinigung einzureichen. Eine Durchschrift des Schreibens ist den Personensorgeberechtigten und dem Betriebs- oder Personalrat zuzusenden. Nach Ablauf von 14 Monaten darf der Jugendliche nicht mehr weiter beschäftigt werden, wenn er die Bescheinigung nicht vorlegt (§ 33 III JArbSchG). Dies gilt auch dann, wenn der Arzt eine Bescheinigung nicht erteilt, weil er eine weitere Untersuchung für notwendig hält. Auch in dieser Zeit besteht kein Vergütungsanspruch (§ 326 BGB).

Gem. § 34 JArbSchG kann sich der Jugendliche nach Ablauf eines jeden weiteren Jahres er- 48
neut nachuntersuchen lassen, sog. **weitere Nachuntersuchungen.** Der Arbeitgeber soll ihn auf diese Möglichkeit hinweisen und auf die Vorlage einer Bescheinigung drängen.

4. Außerordentliche Nachuntersuchung. Der Arzt, der eine Untersuchung vorgenom- 49
men hat, soll eine Nachuntersuchung anordnen, wenn sich ergeben hat, dass der Jugendliche nicht seinem Alter entsprechend entwickelt ist, oder wenn sonst gesundheitliche Schäden oder Schwächen festgestellt werden, deren Folgen noch nicht übersehbar sind (§ 35 JArbSchG).

5. Ärztliche Untersuchung und Wechsel des Arbeitgebers. Wechselt der Jugendliche 50
den Arbeitgeber, so darf ihn der neue Arbeitgeber erst beschäftigen, wenn ihm die Bescheinigung über die Erstuntersuchung und, falls seit der Aufnahme der Beschäftigung ein Jahr vergangen ist, die Bescheinigung über die erste Nachuntersuchung vorliegt (§ 36 JArbSchG).

6. Eingreifen der Aufsichtsbehörde. Die Aufsichtsbehörde hat, wenn die dem Jugendli- 51
chen übertragenen Arbeiten Gefahren für seine Gesundheit befürchten lassen, dies dem Personensorgeberechtigten und dem Arbeitgeber mitzuteilen und eine ärztliche Nachuntersuchung durch einen von ihr ermächtigten Arzt[66] zu verlangen (§ 42 JArbSchG). Die Mitteilung begründet noch kein Beschäftigungsverbot, durch ihre Missachtung kann sich der Arbeitgeber aber u. U. schadensersatzpflichtig machen. Der Jugendliche ist zwar nicht verpflichtet, sich einer Untersuchung zu unterziehen. Unterbleibt sie jedoch, so ist der Arbeitgeber zur Kündigung berechtigt.

7. Inhalt und Durchführung der Untersuchung. Die ärztliche Untersuchung hat sich auf 52
den Gesundheits- und den Entwicklungsstand und die körperliche Beschaffenheit des Jugendlichen sowie die Auswirkungen der Beschäftigung aus seine Gesundheit und Entwicklung zu beziehen (vgl. § 37 JArbSchG). Evtl. kann eine Ergänzungsuntersuchung durch einen anderen Arzt oder Zahnarzt erforderlich sein (s. § 38 JArbSchG). Der **Untersuchungsbefund** ist schriftlich festzuhalten; das wesentliche Ergebnis ist dem Personensorgeberechtigten des Jugendlichen mitzuteilen (§ 39 JArbSchG). Für den Arbeitgeber ist eine schriftliche Bescheinigung über die Untersuchung auszustellen. In ihr sind die Arbeiten zu vermerken, mit denen der Jugendliche nicht beschäftigt werden darf (§ 39 II JArbSchG). Die Bescheinigung ist vom Arbeitgeber aufzubewahren (§ 41 JArbSchG). Sind in der Bescheinigung verbotene Arbeiten aufgenommen, so darf der Jugendliche mit diesen nur beschäftigt werden, wenn die Aufsichtsbehörde dies im Einvernehmen mit einem Arzt zulässt (§ 40 II JArbSchG).

8. Freistellung für Untersuchungen. Der Arbeitgeber hat dem Jugendlichen die für die Un- 53
tersuchung notwendige Zeit unter Fortzahlung des Entgeltes zu gewähren (§ 43 JArbSchG). Der Jugendliche kann den Untersuchungstermin auch in die Arbeitszeit legen, muss dabei aber auf die betrieblichen Belange Rücksicht nehmen. Wird die Untersuchung während der Freizeit durchgeführt, entsteht dadurch kein Anspruch auf Freizeitausgleich, [67] eine § 9 II oder § 10 II JArbSchG entsprechende Regelung enthält § 43 JArbSchG nicht. Die **Kosten der Untersuchung** trägt das Land, also nicht die Krankenkasse (§ 44 JArbSchG). Es handelt sich um einen öffentlich-rechtlichen Anspruch, den der Arzt mit dem Land abrechnet und notfalls im Verwaltungsrechtsweg durchsetzt.[68] Nach § 2 VO über die ärztlichen Untersuchungen nach dem JArbSchG i. d. F. vom 16. 10. 1990 (BGBl. I S. 2221) erfolgt eine Kostenerstattung nur dann, wenn der Arzt der Kostenforderung einen von der nach Landesrecht zuständigen Stelle ausgegebenen Untersuchungsberechtigungsschein ausgefüllt hat.

---

[66] Insoweit gilt für den Jugendlichen keine freie Arztwahl.
[67] ErfK/*Schlachter* § 43 JArbSchG RN 1.
[68] BVerwG 28. 11. 1974 BVerwGE 47, 229.

VII. Durchführung des Jugendarbeitsschutzes

54 **1. Aushänge, Auslagen.** Um den Jugendlichen über seine Rechte zu informieren, hat der Arbeitgeber einen Abdruck des JArbSchG an geeigneter Stelle (etwa im Betriebsratsbüro) auszulegen und einen Aushang über Beginn und Ende der regelmäßigen täglichen Arbeitszeit und der Ruhepausen der Jugendlichen an sichtbarer Stelle im Betrieb anzubringen (§ 47 JArbSchG). Verletzt der Arbeitgeber seine Pflichten aus dem JArbSchG, kann der Jugendliche Schadensersatz verlangen und bei nachhaltiger Pflichtverletzung außerordentlich kündigen.

55 **2. Verzeichnisse und Auskunft.** Der Durchführung des JArbSchG dient ferner die Führung von Verzeichnissen (§§ 49, 50 JArbSchG). Der Arbeitgeber hat der Personalvertretung, den beteiligten Jugendlichen sowie den zuständigen Behörden Einsicht in die Verzeichnisse zu gewähren (§ 50 JArbSchG).

56 **3. Aufsichtsbehörde.** Die Aufsicht über die Einhaltung des Jugendarbeitsschutzes wird regelmäßig durch die Gewerbeaufsichts- und Bergämter ausgeübt (§ 51 JArbSchG). Die Aufsichtsbehörden haben die Befugnisse nach § 139b GewO. Sie können einen Jugendlichen notfalls zwangsweise entfernen. Nach § 55 I JArbSchG haben alle LReg. bei einer obersten Arbeitsbehörde Landesausschüsse für Jugendarbeitsschutz zu bilden.

57 **4. Bußgeld und Strafvorschriften.** Schließlich ist die Einhaltung durch Bußgeld und Strafandrohungen gesichert (§§ 58 bis 60 JArbSchG). Die Strafandrohungen gelten für den Arbeitgeber, soweit er eine natürliche Person ist und für die gesetzlichen Vertreter juristischer Personen (s. § 14 StGB, § 9 OWiG, s. auch RN 5). Der Arbeitgeber kann die Erfüllung der Pflichten aus dem JArbSchG Angehörigen des Betriebes übertragen.[69] Eine **konkludente Übertragung** genügt nicht. Ausreichend ist eine **formlose Übertragung;** regelmäßig sollte aber schon aus Beweisgründen die Schriftform eingehalten werden. Hat der Arbeitgeber die Sorge für die Einhaltung der Pflichten aus dem JArbSchG auf Betriebsangehörige übertragen, so richtet sich die Strafandrohung gegen diese. Der Arbeitgeber kann aber bei mangelhafter Auswahl oder Überwachung strafrechtlich verantwortlich bleiben.

§ 162. Mindestarbeitsbedingungen

Bayreuther, Die Novellen des Arbeitnehmerentsende- und des Mindestarbeitsbedingungsgesetzes, DB 2009, 678; *Gastell,* Wie funktioniert der Mindestlohn?, AuA 2008, 471; *Hohenstatt/Schramm,* Tarifliche Mindestlöhne: Ihre Wirkungsweise und ihre Vermeidung am Beispiel des Tarifvertrags zum Post-Mindestlohn, NZA 2008, 433; *Klebeck,* Grenzen staatlicher Mindestlohntariferstreckung, NZA 2008, 446; *Nielebock,* Streit um Mindestlöhne, AiB 2008, 186; *Rieble/Klebeck,* Gesetzlicher Mindestlohn?, ZIP 2006, 829; *Sansone/Ulber,* Neue Bewegung in der Mindestlohndebatte?, ArbuR 2008, 25; *Schmitt-Rolfes,* Flächendeckende Mindestlöhne, AuA 2008, 199; *Willemsen/Sagan,* Mindestlohn und Grundgesetz, NZA 2008, 1216.

1 **1. Tarifvorrang.** Grundsätzlich ist den Arbeitgeber- und Arbeitnehmerorganisationen die Aushandlung und Festsetzung von Arbeits- und Wirtschaftsbedingungen übertragen (Art. 9 III GG; vgl. § 190). Nach der Neufassung des AEntG und des MiArbG gibt es jetzt aber immerhin vier Möglichkeiten, um durch eine staatliche Rechtssetzung Mindestarbeitsbedingungen festzulegen, und zwar durch **(1)** Allgemeinverbindlicherklärung von Tarifverträgen gem. § 5 TVG (§ 207), **(2)** Rechtsverordnung gem. § 7 AEntG (§ 207 RN 28ff.), **(3)** Festsetzung von Mindestarbeitsbedingungen im Pflegebereich gem. §§ 10ff. AEntG sowie **(4)** durch Rechtsverordnung gem. § 4 III MiArbG (RN 2ff.).

2 **2. Festsetzung von Mindestentgelten nach dem MiArbG.** Grundlage für die Festsetzung war bisher das Gesetz über die Festsetzung von Mindestarbeitsbedingungen vom 11. 1. 1952 (MiArbG 1952, BGBl. I S. 17, zul. geänd. 31. 10. 2006, BGBl. I S. 2407). Tatsächlich wurde aber von der Möglichkeit zum Erlass von Rechtsverordnungen nach § 4 III MiArbG 1952 nie Gebrauch gemacht. Durch die im April 2009 in Kraft getretene Novelle des MiArbG (v. 22. 4. 2009, BGBl. I S. 818) soll die Festsetzung von Mindestentgelten erleichtert werden.

[69] Vgl. OLG Hamm 4. 9. 1973 NJW 74, 72.

Ziel der Regelung ist es, angemessene Arbeitsbedingungen zu schaffen, faire und funktionierende Wettbewerbsbedingungen zu gewährleisten und sozialversicherungspflichtige Beschäftigung zu erhalten (vgl. § 4 III 3 MiArbG).[1]

a) Voraussetzungen. Mindestentgelte können gem. § 1 II MiArbG nur in Wirtschaftszwei- 3
gen festgesetzt werden, in denen weniger als 50% der Arbeitnehmer bei tarifgebundenen Arbeitgebern beschäftigt sind. Maßgeblicher Beurteilungszeitpunkt ist dabei der Zeitpunkt des Erlasses der Rechtsverordnung. Spätere Änderungen der Quote der Tarifunterworfenheit machen die Festsetzung nicht etwa nachträglich unwirksam.[2] Der Begriff des Wirtschaftszweiges ist weit zu verstehen und umfasst Gewerbe und Tätigkeiten.[3] Voraussetzung für eine Festsetzung ist, dass in dem betreffenden Wirtschaftszweig soziale Verwerfungen (nicht: ein „sozialer Notstand" wie in § 5 I 2 TVG gefordert) vorliegen. Das Gesetz erläutert diesen Begriff nicht. Maßstab dürfte sein, inwieweit die Gewährleistung der in § 4 III 3 MiArbG formulierten Kriterien gefährdet ist. Dabei besteht für die zuständigen Stellen ein Beurteilungsspielraum.[4]

b) Regelungsgegenstand. Anders als das MiArbG 1952 ermöglicht das novellierte MiArbG 4
nicht mehr die Festsetzung von Mindestarbeitsbedingungen, sondern ausschließlich von **Mindestarbeitsentgelten.** Dabei sind Differenzierungen nach der Art der Tätigkeit, der Qualifikation der Arbeitnehmer und nach Regionen möglich (§ 4 IV 2 MiArbG), nicht dagegen die Festsetzung eines gesamten Lohngitters.[5] Wenn § 4 III 1 MiArbG von einer Festlegung der „untersten Grenze der Entgelte" spricht, bedeutet dies nicht, dass nur ein absolut notwendiges Existenzminimum festgelegt werden kann. Denn gesetzgeberisches Ziel ist gem. § 4 III 2 Nr. 1 MiArbG die Schaffung angemessener Arbeitsbedingungen.

c) Verfahren. Für den ersten Verfahrensschritt ist der beim Bundesministerium für Arbeit 5
und Soziales (BMAS) angesiedelte (nunmehr ständige) **Hauptausschuss** zuständig. Dieser besteht aus sieben Mitgliedern, von denen drei einschließlich des Vorsitzenden durch das BMAS und je zwei weitere durch die Spitzenverbände von Arbeitgebern und Arbeitnehmern benannt werden (§ 2 III MiArbG). Der Hauptausschuss stellt gem. § 3 III 1 MiArbG unter umfassender Berücksichtigung der sozialen und ökonomischen Auswirkungen durch Beschluss fest, ob in einem Wirtschaftszweig soziale Verwerfungen vorliegen und Mindestarbeitsbedingungen festgesetzt, geändert oder aufgehoben werden sollen. Der schriftlich zu begründende Beschluss bedarf der Zustimmung des BMAS (§ 3 I 2, 3 MiArbG). In einem zweiten Verfahrensschritt setzt der für den betreffenden Wirtschaftszweig errichtete **Fachausschuss,** der gem. § 5 I MiArbG aus einem vom BMAS benannten Vorsitzenden und je drei Beisitzern aus Kreisen der beteiligten Arbeitnehmer und Arbeitgeber besteht, die Mindestarbeitsentgelte fest. Gem. § 3 III MiArbG kann dann die Bundesregierung im dritten Verfahrensschritt auf Vorschlag des BMAS die vom Fachausschuss festgesetzten Mindestarbeitsentgelte als Rechtsverordnung erlassen.

d) Wirkung. Die Arbeitgeber sind gem. § 8 I 1 MiArbG verpflichtet, den Arbeitnehmern 6
mindestens das in der Rechtsverordnung festgelegte Entgelt zu zahlen. § 8 I 2 MiArbG verweist auf die für Tarifverträge geltenden Vorschriften. Daher gilt das Günstigkeitsprinzip gem. § 4 III TVG. Ebenfalls anwendbar ist die Regelung in § 4 V TVG über die Nachwirkung. Nach § 12a TVG werden auch arbeitnehmerähnliche Personen von der Rechtsverordnung erfasst.[6]

Die frühere Regelung in § 8 II MiArbG 1952, die einen Vorrang tariflicher Bestimmungen 7
vorsah, ist weggefallen. Damit geht die Rechtsverordnung auf Grund ihrer in der Normenhierarchie höheren Stellung tarifvertraglichen Regelungen vor.[7] Die Novelle enthält in § 8 II 1 MiArbG aber eine **Übergangsregelung,** wonach Entgeltregelungen eines vor dem 16. 7. 2008 abgeschlossenen Tarifvertrages für die Zeit seines Bestehens vorgehen. Das gilt auch, soweit Tarifregelungen während ihrer Laufzeit und in ihrem Geltungsbereich auf Grund einer arbeitsvertraglichen Bezugnahme anwendbar sind.[8] Die Formulierung „Bestehens des Tarifvertrages" deu-

---

[1] Zur Verfassungsgemäßheit des Gesetzes *Sansone/Ulber* AuR 2008, 125 (129 ff.); einen Verstoß gegen die Tarifautonomie sehen *Willemsen/Sagan* NZA 2009, 1216 (1221 f.).

[2] *Sansone/Ulber* AuR 2008, 125 (126).

[3] BT-Drucks. 16/10 485 S. 8.

[4] Vgl. zu § 5 TVG BAG 3. 2. 1965 AP 12 zu § 5 TVG; 24. 1. 1979 AP 16 zu § 5 TVG; 28. 3. 1990 AP 25 zu § 5 TVG; *Willemsen/Sagan* NZA 2008, 1216 (1222).

[5] BT-Drucks. 16/10 485 S. 10.

[6] *Bayreuther* DB 2009, 678 (683).

[7] BT-Drucks. 16/10 485 S. 11.

[8] BT-Drucks. 16/10 485 S. 11/12.

tet darauf hin, dass gem. § 4 V TVG nachwirkende Tarifverträge von der Regelung des § 8 II 1 MiArbG nicht erfasst sein sollen.[9] Ferner gelten Tarifverträge weiter, die einen bestehenden Tarifvertrag ablösen oder diesen nach seinem Ablauf durch einen Folgetarifvertrag, der mit diesem in einem engen zeitlichen und sachlichen Zusammenhang steht, ersetzen (§ 8 II 2 MiArbG). Dieser Zusammenhang kann auch dann noch gegeben sein, wenn der nachfolgende Tarifvertrag zwar innerhalb weniger Monate, aber nicht ohne zeitliche Unterbrechung an den früheren Tarifvertrag anschließt, sofern dies darauf beruht, dass vor Außerkrafttreten der früheren tariflichen Regelung begonnene Tarifvertragsverhandlungen noch nicht abgeschlossen waren.[10]

8 Gem. § 8 III 1 MiArbG ist ein **Verzicht** auf das durch Rechtsverordnung geregelte Mindestarbeitsentgelt nur durch einen gerichtlichen Vergleich zulässig. Das gilt nach dem klaren Gesetzeswortlaut unabhängig davon, ob dieser Verzicht (oder Erlassvertrag) vor oder nach Fälligkeit des Entgeltanspruchs zustande gekommen ist. Eine **Verwirkung** des Anspruchs (§ 242 BGB) ist nach § 8 III 2 MiArbG ausgeschlossen. **Ausschlussfristen** für die Geltendmachung des Anspruchs sind unzulässig (§ 8 III 3 MiArbG). Entsprechende arbeitsvertragliche Regelungen sind gem. § 134 BGB nichtig. Sofern es sich um Allgemeine Geschäftsbedingungen handelt, ergibt sich die Unwirksamkeit zudem aus § 307 II Nr. 1 BGB mit der Folge, dass eine geltungserhaltende Reduktion (auf Entgeltansprüche, die nicht auf der Rechtsverordnung beruhen) nicht in Betracht kommt.[11]

9 **e) Überwachung/Durchsetzung.** Für die Überwachung der Einhaltung der Rechtsverordnungen sind gem. § 12 MiArbG die Behörden der Zollverwaltung zuständig. Verstöße sind gem. § 18 MiArbG bußgeldbewehrt. Außerdem können Arbeitgeber nach § 16 MiArbG bei Verstößen von der Vergabe öffentlicher Aufträge ausgeschlossen werden. Weggefallen ist die in § 14 MiArbG 1952 vorgesehene Möglichkeit der Geltendmachung von Ansprüchen durch die oberste Landesbehörde als Prozessstandschafter der Arbeitnehmer.

10 **3. AEntG.** Seit dem 1. 1. 1999 bestand für den Gesetzgeber die Möglichkeit, durch Rechtsverordnung die Normen eines Tarifvertrages, für den ein **Antrag auf Allgemeinverbindlichkeitserklärung** gestellt wurde, auf alle nicht tarifgebundenen Arbeitnehmer und Arbeitgeber (auch mit Sitz im Ausland) der Branche zu erstrecken (§ 1 III a AEntG a. F.). Hiervon ist in erheblichem Umfang Gebrauch gemacht worden:
- 6. VO über zwingende Arbeitsbedingungen im Baugewerbe (gültig bis zum 31. 8. 2009)[12]
- 4. VO über zwingende Arbeitsbedingungen im Maler- und Lackiererhandwerk (befristet bis zum 30. 6. 2009)[13]
- 4. VO über zwingende Arbeitsbedingungen im Dachdeckerhandwerk (gültig bis zum 31. 12. 2009)[14]
- 3. VO über zwingende Arbeitsbedingungen im Abbruchgewerbe (gültig bis zum 31. 8. 2008)[15]
- VO über zwingende Arbeitsbedingungen im Gebäudereinigerhandwerk (gültig bis zum 30. 9. 2009)[16]
- VO über zwingende Arbeitsbedingungen für die Branche Briefdienstleistungen (gültig bis zum 30. 4. 2010),[17] die allerdings durch das VG Berlin für rechtswidrig erklärt wurde.[18]

11 Mit der Novelle des AEntG sind die Rechtssetzungsmöglichkeiten nochmals erweitert worden (s. § 207 RN 28 ff.).

12 **4. Heimarbeitsrecht.** Vom MiArbG unberührt bleiben die Vorschriften des HAG (§ 163), das in weitem Umfang die Festsetzung von Arbeitsbedingungen zulässt (§ 163 RN 23).

---

[9] Vgl. BT-Drucks. 16/10 485 S. 11, wo auf die Laufzeit des Tarifvertrages abgestellt wird.
[10] *Bayreuther* DB 2009, 678 (683).
[11] Vgl. § 32 RN 50; BAG 25. 5. 2005 AP 1 zu § 310 BGB = NZA 2005, 1111.
[12] BAnz. 2008, S. 3145.
[13] BAnz. 2008, 1104.
[14] BAnz. 2006, 7461.
[15] BAnz. 2006, 2327.
[16] BAnz. 2008, S. 762.
[17] BAnz. 2007, S. 8410.
[18] VG Berlin 7. 3. 2008 NZA 2008, 482; so jetzt auch OVG Berlin/Brandenburg 18. 12. 2008 ArbuR 2008, 46; dazu *Klebeck* NZA 2008, 446; *Greiner* BB 2008, 840.

§ 163. Grundzüge des Heimarbeitsrechts

Kommentare: *Brecht,* Heimarbeitsgesetz, Kommentar, 1977; *Fenski,* Außerbetriebliche Arbeitsverhältnisse – Heim- und Telearbeit, 2. Aufl., 2000; *Schmidt/Koberski/Tiemann/Wascher,* HAG, 4. Aufl., 1998; *Otten,* Heim- und Telearbeit, 1996.

Aufsätze: *Mehrle,* Heimarbeitsrecht, AR-Blattei, Heimarbeit – SD 910.

Internetadresse: http://www.bmas.de (Stichwort Heimarbeit).

Übersicht

	RN
I. Allgemeines	1 ff.
1. Rechtsgrundlagen	1
2. Heimarbeiter	2
3. Gleichgestellte	3–12
4. Prüfung bei Ausgabe von Heimarbeit	13
II. Arbeitszeitschutz	14 f.
1. Schutz vor Zeitversäumnis	14
2. Verletzung des Arbeitszeitschutzes	15
III. Gefahrenschutz	16 ff.
1. Grundsätze des Gefahrenschutzes	16
2. Durchführung	17, 18
3. Hilfskräfte	19
4. Anzeigepflicht	20
IV. Arbeitsvergütung	21 ff.
1. Entgelt	21–28
2. Urlaub, Entgeltfortzahlung	29–31
3. Vermögensbildung	32
4. Sozialversicherung	33
5. Entgeltprüfung	34–36
6. Auskunft	37
V. Kündigungsschutz	38 ff.
1. Kündigung	38–42
2. Außerordentliche Kündigung	43
3. Geringere Arbeitsmenge	44
4. Aushungerung	45
5. Ersatzanspruch	46
6. Kündigungsschutz für Gleichgestellte	47
7. Allgemeiner Kündigungsschutz	48, 49
8. Anhörung des Betriebsrats	50
VI. Durchführung des Gesetzes	51 f.
1. Durchführungspflichten	51
2. Strafen und Bußgelder	52

I. Allgemeines

1. Rechtsgrundlagen. Wegen ihrer wirtschaftlichen Abhängigkeit bedürfen **Heimarbeiter** (§ 11 RN 2) und **Hausgewerbetreibende** (§ 11 RN 3), auch wenn sie keine Arbeitnehmer sind (s. § 11 RN 7), eines besonderen Schutzes. Dieser ist geregelt im **Heimarbeitsgesetz** (HAG) i. d. F. vom 29. 10. 1974 (BGBl. I S. 2879, ber. BGBl. 1975 I S. 1010, zuletzt geändert am 31. 10. 2006, BGBl. I S. 2407) nebst 1. RechtsVO zur Durchführung des HAG vom 26. 1. 1976 (BGBl. I S. 221) betr. das Gleichstellungsverfahren, die Errichtung und das Verfahren der Heimarbeits- und Entgeltausschüsse sowie die Durchführung der allgemeinen Schutzvorschriften. 1

2. Heimarbeiter. Zum Begriff des Heimarbeiters s. § 11 RN 2. Der **Inhalt des** Heimarbeitsverhältnisses richtet sich nach den vertraglichen Vereinbarungen. Jedoch kann durch die Bezeichnung des Rechtsverhältnisses der Heimarbeitsschutz nicht umgangen werden. Über die rechtliche Einordnung entscheidet vielmehr der Geschäftsinhalt und die praktische Durchführung des Vertrages.[1] Auch geringfügig Beschäftigte können Heimarbeiter oder Gleichgestellte sein.[2] 2

3. Gleichgestellte. a) Den Heimarbeitern können, wenn dies wegen ihrer Schutzwürdigkeit gerechtfertigt erscheint, gleichgestellt werden: 3

(a) Natürliche[3] Personen, die i. d. R. allein oder mit ihren Familienangehörigen (§ 2 V HAG) in eigener Wohnung oder selbst gewählter Betriebsstätte eine sich in regelmäßigen Arbeitsvorgängen wiederholende Arbeit im Auftrag eines anderen gegen Entgelt ausüben, ohne dass ihre Tätigkeit als gewerblich anzusehen oder dass der Auftraggeber ein Gewerbetreibender oder Zwischenmeister (§ 2 III HAG) ist (§ 1 II Buchst. a) HAG). Die Definition entspricht im Wesentlichen der des Heimarbeiters. Die gelegentliche Beschäftigung von dritten Personen hindert die Gleichstellung nicht. Die Arbeit darf nicht in der Wohnung oder der Betriebsstätte des Auftraggebers ausgeübt werden. Unerheblich ist für die Gleichstellung, ob Maschinen und 4

---

[1] BAG 3. 4. 1990 AP 11 zu § 2 HAG = NZA 91, 267.

[2] BAG 12. 7. 1988 AP 10 zu § 2 HAG = NZA 89, 141.

[3] Gleichstellungsmöglichkeit besteht nur für natürl. Personen: OLG Oldenburg 15. 12. 1961 AP 50 zu § 2 ArbGG 1953; a. A. anscheinend BFH 8. 7. 1971 BFHE 104, 454 = BStBl. 1972 II 385; offen gelassen: BAG 8. 3. 1988 AP 5 zu § 1 HAG = NZA 88, 613.

Werkzeuge durch den Auftraggeber überlassen werden. Die Arbeit muss in sich regelmäßig wiederholenden Arbeitsvorgängen verrichtet werden, ohne dass sie als gewerblich angesehen wird. Gleichstellungsfähig sind mithin nur nichtgewerbliche Arbeiten; das sind Arbeiten in der Urproduktion, z. B. Verlesen von Sämereien für Samenzüchter, Arbeiten für die freien Berufe (Rechtsanwälte, Notare, Ärzte) sowie juristische Personen des öffentlichen Rechts. Von der Gleichstellungsmöglichkeit ist z. B. für Büroheimarbeiter Gebrauch gemacht worden (Gleichstellung vom 24. 11. 1975, BAnz. Nr. 54 vom 18. 3. 1976).

5 **(b) Hausgewerbetreibende,** die mit mehr als zwei fremden Hilfskräften oder Heimarbeitern arbeiten (§ 1 II Buchst. b) HAG). Der Unterschied zu den unmittelbar dem HAG unterfallenden Hausgewerbetreibenden (§ 11) besteht allein darin, dass sie mit mehr als zwei Hilfskräften oder Heimarbeitern arbeiten. Unerheblich ist die Beschäftigung von Familienangehörigen, es sei denn, dass sie als Arbeitnehmer arbeiten (vgl. § 9 RN 34). Es handelt sich bei ihnen um kleinere Unternehmer, die tatsächlich und wirtschaftlich von größeren abhängen. Eine Gleichstellung von Hausgewerbetreibenden, die auf bestimmte Tätigkeiten abstellt, gilt im Zweifel auch für Mischbetriebe, wenn die überwiegend ausgeführten Arbeiten von der Gleichstellung erfasst werden.[4]

6 **(c) Andere, im Lohnauftrag arbeitende Gewerbetreibende,** die infolge ihrer wirtschaftlichen Abhängigkeit eine ähnliche Stellung wie Hausgewerbetreibende einnehmen (§ 1 II Buchst. c) HAG). Lohngewerbetreibende sind wie Hausgewerbetreibende selbstständige Gewerbetreibende, die nicht für den Absatzmarkt, sondern auf Bestellung arbeiten.[5] Sie brauchen nicht mehr selbst am Stück mitzuarbeiten. Gleichstellungsfähig sind auch im Handelsregister Eingetragene. Der Unterschied zu den Hausgewerbetreibenden besteht darin, dass sie auch andere als gewerbliche Arbeiten (RN 4) verrichten können (Büroheimgewerbetreibende).[6]

7 **(d) Zwischenmeister** (§ 1 II Buchst. d) HAG). Das sind diejenigen, die, ohne Arbeitnehmer zu sein, die ihnen von Gewerbetreibenden übertragenen Arbeiten (etwa nach dem Zuschneiden) an Heimarbeiter oder Hausgewerbetreibende weitergeben (§ 2 III HAG; vgl. § 11 RN 4).

8 **b)** Die Gleichstellung darf nur erfolgen, wenn dies **wegen der Schutzbedürftigkeit** der genannten Personen **gerechtfertigt** ist. Die Voraussetzungen sind von Amts wegen zu prüfen; indes trägt der Antragsteller die materielle Beweislast für das Vorliegen der Voraussetzungen (vgl. ArbR-Formb. § 36 RN 1 ff.). Maßgebliches Kriterium für die Gleichstellung ist das Ausmaß der wirtschaftlichen Abhängigkeit. Hierbei darf es sich nicht nur um eine allgemeine, wirtschaftliche Abhängigkeit handeln, sondern um eine gesteigerte, die die Existenz des oder der Gewerbetreibenden in einer das normale Maß übersteigenden Weise gefährdet.[7] Hierbei ist der sozialpolitische Zweck des HAG zu beachten.[8] § 1 II 3 HAG enthält nicht abschließend aufgezählte („insbesondere") Entscheidungskriterien zur Feststellung der Schutzbedürftigkeit; bei der Entscheidung sind zu berücksichtigen die Zahl der fremden Hilfskräfte, Abhängigkeit von einem oder mehreren Auftraggebern, Möglichkeit des unmittelbaren Zugangs zum Absatzmarkt, Höhe und Art der Eigeninvestitionen sowie der Umsatz. Auf die Gleichstellung besteht kein Rechtsanspruch; sie ist in das Ermessen der zuständigen Stelle gestellt. Von der Gleichstellung können Personenhandelsgesellschaften ausgenommen werden.[9] Die Gleichstellung erfolgt auf Antrag der an der Gleichstellung interessierten Personen und Personengruppen (Antragsprinzip). Das Verfahren selbst wird von der Offizialmaxime (vgl. ArbR-Formb. § 58 RN 48) beherrscht. Nach dem HAG ist zwischen der Einzel- und Gruppengleichstellung zu unterscheiden.

9 **c) Zuständig für die Gleichstellung** ist der zuständige Heimarbeitsausschuss (§ 1 IV HAG). Besteht ein Heimarbeitsausschuss für den Gewerbezweig oder die Beschäftigungsart nicht, so entscheidet die zuständige Arbeitsbehörde (§ 1 V HAG). Wegen der Verfahrenseinzelheiten vgl. § 1 IV, V i. V. m. 1. DurchführungsVO vom 26. 1. 1976.

10 **Zuständige Arbeitsbehörde** sind die Landesarbeitsminister (LAM) oder, sofern die Angelegenheit den Zuständigkeitsbereich mehrerer Länder berührt, die beteiligten LAM im Einvernehmen mit dem BMAS und, sofern eine Vereinbarung der LAM nicht zustande kommt oder die Angelegenheit das gesamte Bundesgebiet betrifft, der BMAS (§ 3 HAG). Die zuständige Arbeitsbehörde errichtet Heimarbeitsausschüsse, die aus je drei Beisitzern aus Kreisen der betei-

---

[4] BAG 8. 4. 1986 AP 3 zu § 1 HAG = NZA 86, 832.
[5] BAG 19. 1. 1988 AP 12 zu § 19 HAG = NZA 88, 805.
[6] *Schmidt/Koberski/Tiemann/Wascher* § 1 RN 24.
[7] BAG 8. 3. 1988 AP 5 zu § 1 HAG = NZA 88, 613; *Schmidt/Koberski/Tiemann/Wascher* § 1 RN 35 ff.
[8] Vgl. BAG 27. 10. 1972 AP 8 zu § 2 HAG.
[9] BAG 8. 3. 1988 AP 5 zu § 1 HAG = NZA 88, 613.

ligten Auftraggeber und der Beschäftigten und einem unparteiischen Vorsitzenden bestehen (§ 4 HAG). Die Abberufung des Vorsitzenden ist ein Verwaltungsakt, der erst mit Bekanntgabe an den Adressaten wirksam wird.[10] Die Beisitzer werden auf Vorschlag der Koalitionen berufen (§ 5 HAG). Die Heimarbeitsausschüsse können innerhalb ihres Zuständigkeitsbereiches Unterausschüsse bilden (§ 4 I HAG). Die Zuständigkeit von Heimarbeitsausschüssen richtet sich nicht nach dem Gewerbezweig, dem der Auftraggeber angehört; maßgebend ist das Produkt, das in Heimarbeit hergestellt wird.[11]

d) Die **Rechtsnatur der Gleichstellung** ist umstr. Nach einer Meinung soll es sich bei der Gruppengleichstellung um einen Normsetzungsakt handeln.[12] Nach anderer Meinung ist sowohl die Einzel- wie die Gruppengleichstellung ein Rechtssetzungsakt.[13] Nach dritter Meinung ist zu differenzieren zwischen der Gruppengleichstellung als Rechtssetzungsakt und der Einzelgleichstellung als mehrstufigem Verwaltungsakt.[14] Letzterer Meinung ist zu folgen, da sich die Einzelgleichstellung auf einen bestimmten Betroffenen bezieht, während bei der Gruppengleichstellung nach abstrakten Merkmalen eine unbestimmte Zahl von Personen den Heimarbeitern gleichgestellt wird. Die Gleichgestellten sind nicht zu überblicken, so dass die Qualifizierung als Allgemeinverfügung ausscheidet.[15] 11

Aus der Qualifizierung folgt, dass sie bei der **Gruppengleichstellung** von den Betroffenen nicht verwaltungsgerichtlich angefochten werden kann. Vielmehr unterliegt sie lediglich der Incidentprüfung in Verfahren vor dem Arbeitsgericht. Wird dagegen die Gleichstellung abgelehnt, so haben die Antragsteller die Möglichkeit einer Verpflichtungsklage vor den Verwaltungsgerichten. Die Rechtslage ist also ähnlich wie bei der Allgemeinverbindlichkeitserklärung (§ 207). 12

4. Prüfung bei Ausgabe von Heimarbeit. Wer Heimarbeit ausgibt, hat den besonderen Heimarbeitsschutz zu beachten. Der Unternehmer hat mithin die Voraussetzungen des Heimarbeitsschutzes zu überprüfen. Nach ständiger Rechtsprechung des BAG haben die Beschäftigten von sich aus keine Verpflichtung, den Unternehmer zu benachrichtigen, ob sie dem HAG unterliegen.[16] Die Nachforschungspflicht des Unternehmers ist indes gemildert. Gleichgestellte haben bei Entgegennahme von Heimarbeit auf Befragen des Auftraggebers ihre Gleichstellung bekannt zu geben (§ 1 VI HAG). Gibt der Gleichgestellte seine Stellung nicht bekannt, kann ihm eine unzulässige Rechtsausübung entgegengehalten werden.[17] Lohnnachzahlungsaufforderungen (§ 24 HAG) und Amtsklagen (§ 25 HAG) kommen alsdann nicht in Betracht. 13

II. Arbeitszeitschutz

1. Schutz vor Zeitversäumnis. Unter der Bezeichnung „Arbeitszeitschutz" werden dem Gesetz unterfallende Personen in doppelter Weise geschützt: **(1)** Bei der Ausgabe von Heimarbeit ist unnötige Zeitversäumnis bei Ausgabe oder Abnahme zu vermeiden. Die oberste Arbeitsbehörde bzw. die von ihr bestimmte Stelle kann die notwendigen Anordnungen treffen. Verwaltungsakte sind vor den Verwaltungsgerichten anfechtbar (§ 10 HAG); **(2)** Die Arbeitsmenge soll gleichmäßig unter Berücksichtigung der Leistungsfähigkeit der HA-Betriebe verteilt werden; u. U. können gem. § 11 II HAG besondere Festlegungen durch den Heimarbeitsausschuss erfolgen. Ferner soll auf diesem Wege die Arbeitszeit der Heimarbeiter und der ihnen Gleichgestellten kontrolliert werden.[18] 14

2. Verletzung des Arbeitszeitschutzes. Verletzt der Ausgeber von Heimarbeit seine Pflicht, für eine zügige Abfertigung zu sorgen, so kann er aus dem Vertrag oder nach § 823 II BGB i. V. m. § 10 HAG schadensersatzpflichtig werden. 15

III. Gefahrenschutz

1. Grundsätze des Gefahrenschutzes. Die Arbeitsstätten der in Heimarbeit Tätigen einschließlich der Maschinen, Werkzeuge und Geräte müssen so beschaffen, eingerichtet und un- 16

---

[10] BAG 19. 1. 1988 AP 1 zu § 4 HAG = NZA 88, 463.
[11] BAG 10. 11. 1981 AP 10 zu § 19 HAG.
[12] BAG 10. 3. 1972 AP 6 zu § 19 HAG m. Anm. *Schneider.*
[13] OVG Münster 26. 4. 1961 BB 62, 224; *Etzel* DB 67, 1321 ff.
[14] *Schmidt/Koberski/Tiemann/Wascher* § 1 RN 69.
[15] Vgl. BVerfG 27. 2. 1973 AP 7 zu § 19 HAG.
[16] BAG 15. 12. 1960 AP 2 zu § 2 HAG; 21. 1. 1965 AP 1 zu § 1 HAG.
[17] BAG 10. 7. 1969 AP 6 zu § 2 HAG; vgl. BAG 21. 1. 1965 AP 1 zu § 1 HAG; 13. 7. 1967 AP 2 zu § 1 HAG; 19. 1. 1988 AP 12 zu § 19 HAG = NZA 88, 805.
[18] *Schmidt/Koberski/Tiemann/Wascher* § 10 RN 1.

terhalten werden und die Heimarbeit ist so auszuführen, dass keine vermeidbaren Gefahren für Leben, Gesundheit oder Sittlichkeit der Beschäftigten und ihrer Mitarbeiter oder für die öffentliche Gesundheit entstehen (§ 12 I HAG).

17 **2. Durchführung.** Zur Durchführung des Gefahrenschutzes kann die BReg. mit Zustimmung des Bundesrats RechtsVO erlassen (§ 13 I HAG) oder die Heimarbeit ganz verbieten. Sie kann ferner RechtsVO zum Schutz der Öffentlichkeit gegen gemeingefährliche und übertragbare Krankheiten erlassen (§ 14 HAG). Schließlich können durch die Gewerbeaufsichtsämter besondere Verwaltungsakte erlassen werden (§ 14 II HAG).

18 Auf der Grundlage eines früheren HAG waren zahlreiche RechtsVOen ergangen, die nach § 34 II 2 HAG bis zum 1. 10. 1986 weiter gegolten haben. Sie sind mit dem Inkrafttreten der VO über gefährliche Stoffe (Gefahrstoffverordnung – GefStoffV) i. d. F. vom 15. 11. 1999 (BGBl. I S. 2233) außer Kraft getreten. Die VO zum Schutz vor Gefahrstoffen (Gefahrstoffverordnung – GefStoffV) ist neu gefasst vom 23. 12. 2004 (BGBl. I S. 3758 m. spät. Änd.). Auftraggeber und Zwischenmeister sind den Arbeitgebern gleichgestellt (§ 3 V GefStoffV). Nach § 18 II GefStoffV dürfen Heimarbeiter nur Tätigkeiten mit geringer Gefährdung durchführen. Nach § 13 II HAG kann die Bundesregierung mit Zustimmung des Bundesrats Heimarbeit, die mit erheblichen Gefahren für Leben, Gesundheit oder Sittlichkeit der Beschäftigten verbunden ist, durch Rechtsverordnung verbieten. Verstöße gegen die GefStoffV sind Ordnungswidrigkeiten.

19 **3. Hilfskräfte.** Werden von Hausgewerbetreibenden oder Gleichgestellten fremde Hilfskräfte beschäftigt, so gelten die Vorschriften des Arbeitsschutzes und die übrigen Verpflichtungen des Arbeitgebers gegenüber seinen Arbeitnehmern (§ 12 II HAG).

20 **4. Anzeigepflicht.** Wer Heimarbeit ausgibt, für die zur Durchführung des Gefahrenschutzes besondere Vorschriften gelten, hat dem Gewerbeaufsichtsamt und der Polizei (Ordnungsamt) Namen und Arbeitsstätte der von ihm in Heimarbeit Beschäftigten anzugeben (§ 15 HAG). Gegenüber den Heimarbeitern und Gleichgestellten hat der Unternehmer die Fürsorgepflicht, dass durch ausgegebene Arbeitsmittel und Arbeitsstoffe Leben und Gesundheit nicht gefährdet werden (§ 16 HAG). Ferner sind die Heimarbeiter und Gleichgestellten über die Gefahren- und Unfallverhütung zu belehren (§ 7 a HAG).

IV. Arbeitsvergütung

21 **1. Entgelt. a)** Die Arbeitsvergütung der Heimarbeiter, Hausgewerbetreibenden und der ihnen Gleichgestellten kann **grundsätzlich frei vereinbart** werden. Damit die in Heimarbeit Beschäftigten die Möglichkeit haben, sich jederzeit über die zustehenden Entgelt zu informieren (Prinzip der Lohnklarheit),[19] hat derjenige, der Heimarbeit ausgibt oder annimmt, gem. § 8 HAG in den Räumen der Ausgabe und Abnahme **Entgeltverzeichnisse** und Nachweise über die sonstigen Vertragsbedingungen offen auszulegen. Wird die Heimarbeit in die Wohnung oder die Betriebsstätte der Beschäftigten gebracht, hat der Auftraggeber dafür zu sorgen, dass das Entgeltverzeichnis zur Einsichtnahme vorgelegt wird. Ferner sind nach § 9 HAG Entgeltbücher bzw. Entgelt- oder Arbeitszettel auszufüllen. **Zwingende Entgeltregelungen** können sich aus Tarifverträgen, bindenden Festsetzungen von Entgelten und sonstigen Vertragsbedingungen (§ 19 HAG) sowie Mindestarbeitsbedingungen für fremde Hilfskräfte (§ 17 II HAG) ergeben.

22 **b)** Da Heimarbeiter, Hausgewerbetreibende und Gleichgestellte keine Arbeitnehmer im Rechtssinne sind, enthält § 17 I HAG eine Klarstellung. Als **Tarifverträge** gelten auch **schriftliche Vereinbarungen** zwischen Gewerkschaften einerseits und Auftraggebern oder deren Vereinigungen andererseits über Inhalt, Abschluss oder Beendigung von Vertragsverhältnissen der in Heimarbeit Beschäftigten oder Gleichgestellten mit ihren Auftraggebern (§ 17 HAG). Für den Abschluss derartiger Vereinbarungen gelten die Vorschriften über Tarifverträge (§ 199) entsprechend. Sie können sowohl einen normativen wie einen schuldrechtlichen Teil haben und im normativen Teil für allgemeinverbindlich erklärt werden.

23 **c) Bindende Festsetzungen.** Bestehen für den Zuständigkeitsbereich eines Heimarbeitsausschusses keine Koalitionspartner oder umfassen sie nur eine Minderheit der Auftraggeber oder Beschäftigten, so kann der Heimarbeitsausschuss nach Anhörung der Beteiligten mit Zustimmung der zuständigen Arbeitsbehörde Entgelte und sonstige Vertragsbedingungen mit bindender Wirkung für alle Auftraggeber und Beschäftigten seines Zuständigkeitsbereiches festsetzen, wenn unzulängliche Entgelte gezahlt werden oder die sonstigen Vertragsbedingungen unzulänglich sind (§ 19 HAG). Missachtet der Heimarbeitsausschuss im Verfahren zur bindenden Festset-

[19] BAG 5. 11. 2002 AP 2 zu § 8 HAG = NZA 2003, 1267.

zung das Anhörungsrecht eines Auftraggebers, so liegt ein schwerer Verfahrensmangel vor, der bewirken kann, dass die bindende Festsetzung für die Beschäftigungsverhältnisse der nicht angehörten Auftraggeber nicht anzuwenden ist. Der Verfahrensverstoß bleibt ohne Auswirkungen, wenn der nicht angehörte Auftraggeber nicht darlegen kann, dass der Heimarbeitsausschuss bei ordnungsgemäßer Anhörung einen Beschluss mit anderem Inhalt hätte fassen können.[20] Die Zuständigkeit richtet sich nach den hergestellten Produkten, dagegen nicht nach der Branche oder dem Gewerbezweig, dem der Arbeitgeber angehört (s. RN 10).

Bindende Festsetzungen sind **Rechtsregeln** wie die normativen Bestimmungen der Tarifverträge (vgl. § 202); sie werden wie die normativen Bestimmungen der Tarifverträge ausgelegt.[21] Sie werden von den Gerichten für Arbeitssachen nicht auf Zweckmäßigkeit oder Billigkeit kontrolliert, sondern nur auf ihre Vereinbarkeit mit höherrangigem Verfassungs- und Gesetzesrecht, die guten Sitten und tragenden Grundsätze des Arbeitsrechts.[22] Unzulänglich sind Entgelte und Vertragsbedingungen, wenn sie unter Berücksichtigung der sozialen und wirtschaftlichen Eigenart der Heimarbeit unter den tariflichen Arbeitsbedingungen für gleiche oder gleichwertige Betriebsarbeit liegen. Durch die Anbindung an die Tariflöhne soll der Abstand zu den tariflichen Entgelten vermindert werden. Gleichzeitig ist darauf Rücksicht zu nehmen, dass die Heimarbeiter auch Betriebskosten usw. haben. Soweit im Zuständigkeitsbereich Entgelte und Vertragsbedingungen tarifvertraglich vereinbart sind, sollen zum Schutz der Tarifautonomie die bindenden Festsetzungen keine günstigeren Regelungen als die Tarifverträge enthalten (§ 19 I 3 HAG). 24

Im Interesse der Rechtsstaatlichkeit bedarf die bindende Festsetzung der **Zustimmung der zuständigen Arbeitsbehörde** und der Veröffentlichung (Einzelheiten § 19 II HAG). Das BVerfG hat unabhängig von Art. 80 bzw. Art. 20 GG die Verfassungsmäßigkeit von § 19 HAG anerkannt; entscheidend sei der systematische Zusammenhang der Regelungen im HAG mit dem Arbeitsrecht, im Besonderen mit dem für diese Materie zentralen Tarifrecht, dessen Besonderheiten durch Art. 9 III GG zugelassen und garantiert sei.[23] 25

Die bindende Festsetzung hat die **Wirkung eines Tarifvertrages** nach Allgemeinverbindlicherklärung und ist in das Tarifregister einzutragen (§ 19 III 1 HAG). § 19 III HAG entspricht weitgehend den Regelungen des § 4 III, IV TVG, auf die in Satz 6 zudem generell verwiesen wird. Von der bindenden Festsetzung kann nur zugunsten des Beschäftigten abgewichen werden. Nach Entstehung der Rechte kann auf diese in einem Vergleich nur mit Zustimmung der obersten Arbeitsbehörde verzichtet werden (§ 19 III 3 HAG). Die Verwirkung (§ 73 RN 17 ff.) ist ausgeschlossen (§ 19 III 4 HAG). Ausschlussfristen (§ 205) können nur in den bindenden Festsetzungen normiert werden (§ 19 III 5 HAG). Für gleichgestellte Zwischenmeister können Entgeltregelungen getroffen werden (§ 21 HAG). Hierdurch sollen die Zwischenmeister und die bei ihnen in Heimarbeit Beschäftigten geschützt werden. Dem Schutz der Heimarbeiter dient auch die **Mithaftung** der Arbeitgeber gegenüber den Heimarbeitern der Zwischenmeister (§ 21 II HAG). Diese Mithaftung kann der Auftraggeber nur ausschließen, wenn er bei der Kalkulation der Vergütung des Zwischenmeisters die üblicherweise beim Zwischenmeister anfallenden Kosten berücksichtigt, zu denen sämtliche Kosten der Heimarbeitnach den jewieligen bindenden Festsetzungen unter Einbeziehung aller gesetzlicher Abgaben sowie sonstige anfallende Kosten und ein Ertrag des Zwischenmeisters gehören.[24] Sind die Entgelte der Hausgewerbetreibenden oder Gleichgestellten durch bindende Festsetzung geregelt, so können durch besondere Entgeltausschüsse auch für deren fremde Hilfskräfte **Mindestarbeitsbedingungen** erlassen werden (§ 22 HAG). 26

d) Die **Entgelte** für Heimarbeiter sollen gem. § 20 HAG nach Möglichkeit auf der Grundlage von Stückzeiten als Stückentgelte festgesetzt werden. Hierdurch soll gewährleistet sein, dass der Heimarbeiter wirklich auf einen angemessenen Stundenlohn kommt.[25] Das Entgelt kann wie bei Geldakkord durch Multiplikation von Arbeitsmenge × Geldfaktor oder beim Zeitakkord durch Multiplikation von Arbeitsmenge × Vorgabezeit × Geldfaktor berechnet werden (§ 67 RN 15). Werden Vorgabezeiten so kurz bemessen, dass die Normalleistung nicht ausreicht, um ein bindend festgesetztes Mindeststundenentgelt zu erzielen, so ist die entsprechende Regelung unwirksam.[26] Die Vorgabezeiten können zum Inhalt des Heimarbeitsvertrages werden; sollen sie dann 27

[20] BAG 5. 5. 1992 AP 14 zu § 19 HAG = NZA 93, 315.
[21] BAG 12. 8. 1976 AP 9 zu § 19 HAG.
[22] BAG 5. 5. 1992 AP 14 zu § 19 HAG = NZA 93, 315.
[23] BVerfG 27. 2. 1973 BVerfGE 34, 307 = AP 7 zu § 19 HAG.
[24] BAG 5. 11. 2002 AP 2 zu § 8 HAG = NZA 2003, 1267.
[25] Vgl. BAG 13. 3. 1963 AP 1 zu § 20 HAG.
[26] BAG 13. 9. 1983 AP 11 zu § 19 HAG.

geändert werden, so bedarf es hierzu eines Änderungsvertrages.[27] Wird das Entgelt eines Heimarbeiters nach Vorgabezeit und bindend festgesetztem Entgelt berechnet, so kann sich der Auftraggeber nicht darauf berufen, eine Unterschreitung des bindend festgesetzten Entgelts werde durch erhöhte Vorgabezeiten ausgeglichen.[28] Geänderte Vorgabezeiten kann der Auftraggeber den Heimarbeitern nur entgegenhalten, wenn er die Entgeltverzeichnisse in Form des § 8 HAG offengelegt hat.[29] Haben Heimarbeiter von ihrem Auftraggeber (konkludent) die Zusage erhalten, dass sie auf absehbare Zeit mit bestimmten Arbeitsmengen rechnen dürfen, so kann ein Anspruch auf Schadensersatz erwachsen, wenn die zugesicherte Auftragsmenge vertragswidrig gekürzt wird.[30] Zur Mithaftung des Auftraggeber neben dem Zwischenmeister s. RN 26.

28 **e)** Sind in einer bindenden Festsetzung **Entgeltgruppen** enthalten, so hat der Betriebsrat bei der Eingruppierung der Heimarbeiter ein Mitwirkungsrecht nach § 99 BetrVG.[31]

29 **2. Urlaub, Entgeltfortzahlung.** Als **Urlaubsentgelt** ist nach § 12 BUrlG bei einem Anspruch von 24 Werktagen ein Urlaubsentgelt von 9, 1% des Entgelts im Referenzzeitraum vom 1. 5 bis 30. 4. des Folgejahres oder der Beendigung des Beschäftigungsverhältnisses zu zahlen (§ 102 RN 176f.).[32] Anstelle der Entgeltfortzahlung im **Krankheitsfall** ist den in Heimarbeit Beschäftigten und einem Teil der Gleichgestellten ein **besonderer Zuschlag** zu zahlen (§ 10 EFZG). Der Zuschlag ist Arbeitsentgelt. Gem. § 1 I Nr. 5 Sozialversicherungsentgeltverordnung (SvEV) sind hierauf aber keine Beiträge zur Sozialversicherung zu entrichten. Der Zuschlag soll es den Beschäftigten ermöglichen, Rücklagen für den Fall der Arbeitsverhinderung zu bilden. Der Anspruch besteht unabhängig davon, ob der Beschäftigte arbeitsunfähig ist oder war. Während der **Stillzeit** besteht ein Entgeltanspruch gem. § 7 IV MuSchG, und zwar in Höhe von 75% des durchschnittlichen Stundenverdienstes (auch bei einer Stücklohnvereinbarung),[33] mindestens aber 0, 38 € für jeden Werktag.

30 Heimarbeiter und Gleichgestellte haben nach Maßgabe von § 11 EFZG Anspruch auf **Feiertagsbezahlung.** Das Feiertagsgeld beträgt gem. § 11 II EFZG 0, 72% des Verdienstes für einen Zeitraum von 6 Monaten ohne Unkostenzuschläge (z. B. Aufwendungen für die zu beschaffenden Rohstoffe). Den Referenzzeitraum für die in die Zeit vom 1. 5. bis 31. 10 bilden die vorhergehenden Monate vom 1. 11. bis 30. 4. und für die in die Zeit vom 1. 11. bis 30.4. fallenden Feiertage die vorhergehenden Monate vom 1. 5. bis zum 31. 10. Der Anspruch ist unabhängig davon, ob im laufenden Halbjahreszeitraum noch eine Beschäftigung in Heimarbeit stattfindet, so dass das Feiertagsgeld über die letzte Auftragsvergabe hinaus zu zahlen ist. Voraussetzung für den Anspruch auf Feiertagsgeld ist, dass der Feiertag die alleinige Ursache für den Arbeitsausfall darstellt.[34] Das ergibt sich aus dem Verweis auf § 2 I EFZG, der eine Monokausalität voraussetzt.[35] Ein Anspruch besteht daher nicht, wenn der Feiertag auf einen Sonntag fällt und Arbeitszeit nicht ausgefallen ist, wobei in Anbetracht der fehlenden Bindung der Heimarbeiter an bestimmte Arbeitszeiten naturgemäß schwer feststellbar ist, ob am Sonntag gearbeitet worden wäre.[36] Das Feiertagsgeld ist gem. § 11 II grundsätzlich bei der letzten Entgeltzahlung vor dem Feiertag zu zahlen; Sonderregelungen gelten bei Unterbrechung der Beschäftigung und Einstellung der Ausgabe von Heimarbeit (s. § 11 III 2, 3 EFZG).

31 Ein wirksamer **Verzicht** auf die Ansprüche nach RN 29, 30 ist weder während noch nach dem Ende des Beschäftigungsverhältnisses möglich (s. § 12 EFZG).[37] **Abweichende Regelungen durch Tarifvertrag** sind bei der Entgeltfortzahlung im Krankheitsfall zulässig, allerdings nur mit dem in § 10 IV EFZG geregelten Inhalt. Die Leistungsbeträge sind in den Entgeltbelegen jeweils gesondert auszuweisen (§§ 10 III, 11 II 4 EFZG). Ein Auftraggeber oder Zwischenmeister ist für seine Behauptung, das gezahlte Entgelt enthalte auch die Zuschläge, darlegungs- und beweispflichtig.[38]

---

[27] BAG 13. 9. 1983 AP 11 zu § 19 HAG.
[28] BAG 5. 11. 2002 AP 2 zu § 8 HAG = NZA 2003, 1267.
[29] BAG 5. 5. 1981 AP 1 zu § 8 HAG; 5. 11. 2002 AP 2 zu § 8 HAG = NZA 2003, 1267.
[30] BAG 13. 9. 1983 AP 1 zu § 29 HAG.
[31] LAG Bremen 26. 1. 1990 DB 90, 1571.
[32] Dazu näher *Leinemann/Linck* Erl. zu § 12 BUrlG.
[33] ErfK/*Schlachter* § 7 MuSchG RN 3.
[34] BAG 26. 7. 1979 AP 34 zu § 1 Feiertagslohnzahlungsgesetz; ErfK/*Dörner* § 11 EFZG RN 4; *Schmidt* § 11 EFZG RN 32ff. m.w.N.; a.A. *Schmidt/Koberski/Tiemann/Wascher* Anh. § 19 RN 79; *Kunz/Wedde* § 11 EFZG RN 15; *Treber* § 11 EFZG RN 9.
[35] S. § 105 RN 3.
[36] BAG 26. 7. 1979 AP 34 zu § 1 FeiertagslohnzahlungsG.
[37] BAG 22. 10. 1964 AP 1 zu § 25 HAG; 28. 7. 1966 AP 2 zu § 25 HAG.
[38] BAG 13. 3. 1963 AP 1 zu § 20 HAG.

3. Vermögensbildung. Heimarbeiter sind durch § 1 II 5. VermBG begünstigt. Vermögenswirksame Leistungen können auch durch bindende Festsetzungen geregelt werden (§ 19 V HAG). 32

4. Sozialversicherung. Heimarbeiter unterliegen der gesetzlichen Sozialversicherung (s. hierzu im Einzelnen § 11 RN 10ff.). Eine geringfügige und damit versicherungsfreie Beschäftigung liegt vor, wenn das Arbeitsentgelt aus dieser Beschäftigung im Monat 400 Euro nicht übersteigt (§ 8 SGB IV) oder die Beschäftigung innerhalb eines Jahres seit ihrem Beginn auf längstens zwei Monate oder 50 Arbeitstage nach ihrer Eigenart begrenzt zu sein pflegt oder im Voraus vertraglich begrenzt ist, es sei denn, dass die Beschäftigung berufsmäßig ausgeübt wird und ihr Entgelt 400 Euro im Monat übersteigt. Bei Heimarbeitern ist wegen der Ermittlung der wöchentlichen Arbeitszeit grundsätzlich von der Arbeitszeit auszugehen, die sich aus der Natur der Sache ergibt. Es ist jedoch bei Heimarbeitern möglich, aus dem Arbeitsentgelt auf die wöchentliche Arbeitszeit zu schließen.[39] In allen Fällen, in denen ein Mindeststundenentgelt festgelegt ist, wird die wöchentliche Arbeitszeit aus diesem Mindeststundenentgelt abgeleitet. Die Rechenformel lautet (Mindeststundenentgelt × 15 bzw. 18 Stunden × 13 Wochen) : 3 = Monatsgrenzwert. 33

5. Entgeltprüfung. a) Die Landesarbeitsminister haben für eine wirksame Überwachung der Entgelte und sonstigen Vertragsbedingungen durch **Entgeltprüfer** zu sorgen. Diese haben die Einhaltung der allgemeinen Schutzvorschriften, sonstigen Vertragsbedingungen und die ordnungsmäßige Zahlung der Entgelte zu überwachen, sowie auf Antrag bei der Errechnung der Stückentgelte Berechnungshilfe zu leisten (§ 23 II HAG). Die Berechnungshilfe kann vom Auftraggeber wie vom Beschäftigten in Anspruch genommen werden. Zur Durchführung der Entgeltprüfung usw. sind durch die Obersten Arbeitsbehörden i. d. R. bei den Gewerbeaufsichtsämtern Entgeltüberwachungsstellen eingerichtet. Diese leisten im Rahmen anhängiger Prozesse auch Berechnungshilfe. 34

b) Hat ein Auftraggeber oder Zwischenmeister ein zu geringes Entgelt oder zu geringe Zuschläge gezahlt, kann der Landesarbeitsminister oder die von ihm bezeichnete Stelle zur **Nachzahlung** und zur **Vorlage eines Zahlungsnachweises** auffordern (§ 24 HAG). Entsprechendes gilt bei Außerachtlassung sonstiger nach den §§ 17–19 HAG festgesetzten Vertragsbedingungen. Hat der Auftraggeber falsche Angaben gemacht oder ist er der Zahlungsaufforderung nicht nachgekommen, so kann die weitere Ausgabe von Heimarbeit durch die oberste Arbeitsbehörde verboten werden (§ 30 Nr. 2, 3 HAG). Notfalls kann das Land zugunsten des Heimarbeiters, Hausgewerbetreibenden oder der Gleichgestellten die Ansprüche gerichtlich geltend machen (§ 25 HAG). Die gleiche Rechtslage gilt zugunsten der fremden Hilfskräfte, wenn der Hausgewerbetreibende oder Gleichgestellte diesen ein geringeres als in Mindestarbeitsbedingungen festgelegtes Entgelt gezahlt hat **(Prozessstandschaft der Länder).** Die Klagebefugnis ist eingeräumt worden, weil vielfach Heimarbeiter, Hausgewerbetreibende und Gleichgestellte wegen ihrer wirtschaftlichen Abhängigkeit von der Durchsetzung der Rechte absehen. Gerichtlich geltend gemacht werden können Zahlungs- und Auskunftsklagen, soweit sie Zahlungsklagen vorbereiten sollen. Ist den Heimarbeitern aber bereits eine vollständige Abrechnung erteilt, kann die Arbeitsbehörde unter Berufung auf § 25 HAG keine nochmalige Auskunft erzwingen.[40] 35

c) Das Entgelt, das den in Heimarbeit Beschäftigten und Gleichgestellten gezahlt wird, ist nur nach Maßgabe der besonderen **Pfändungsschutzbestimmungen** für Arbeitsvergütung (§§ 850–850i ZPO) pfändbar (§ 27 HAG). 36

6. Auskunft. Auftraggeber, Zwischenmeister, die in Heimarbeit Beschäftigten und fremde Hilfskräfte haben den mit der Entgeltfestsetzung oder Entgeltprüfung beauftragten Stellen auf Verlangen Auskunft über alle die Entgelte betreffenden Fragen zu erteilen und die einschlägigen Belege vorzulegen (§ 28 HAG). Heimarbeiter und Gleichgestellte können vom Auftraggeber verlangen, dass ihnen die Berechnung und Zusammensetzung ihres Entgeltes erläutert wird (§ 28 II HAG). 37

V. Kündigungsschutz

1. Kündigung. a) Wenngleich den Heimarbeitern jeweils einzelne Aufträge erteilt werden, die nach früherer Rechtsprechung auf Grund von Dienst- oder Werkverträgen ausgeführt werden, bedarf es zur **Beendigung des Rechtsverhältnisses** der Kündigung. Die Formvorschrift des **§ 623 BGB gilt nicht**, weil die vom HAG erfassten Personen keine Arbeitnehmer sind (s. § 11 RN 7). Aus demselben Grund **findet das KSchG keine Anwendung** (s. RN 48). Die **Kün-** 38

[39] BSG 11. 6. 1992 BSGE 71, 4 = NZS 93, 555.
[40] BAG 10. 4. 1984 AP 4 zu § 25 HAG = NZA 85, 362.

digungsfristen sind in Anlehnung an § 622 BGB geregelt.[41] Die Kündigungsfristen des § 29 HAG gelten nicht allgemein für arbeitnehmerähnliche Personen (§ 10).[42]

39 **b)** Das Beschäftigungsverhältnis eines in Heimarbeit Beschäftigten kann beiderseits **an jedem Tag für den Ablauf des folgenden Tages** gekündigt werden (§ 29 I HAG). Wird ein in Heimarbeit Beschäftigter von einem Auftraggeber oder Zwischenmeister länger als vier Wochen beschäftigt, so kann das Arbeitsverhältnis beiderseits nur mit einer Frist von zwei Wochen gekündigt werden (§ 29 II HAG).

40 **c)** Bei **überwiegender Beschäftigung** eines in Heimarbeit Beschäftigten durch einen Auftraggeber oder Zwischenmeister beträgt die **beiderseitige Kündigungsfrist** vier Wochen zum 15. oder zum Ende eines Kalendermonats. Während einer vereinbarten Probezeit, längstens für die Dauer von sechs Monaten beträgt die Kündigungsfrist zwei Wochen (§ 29 III HAG). Allein die Frist für den Auftraggeber oder Zwischenmeister beträgt, wenn das Beschäftigungsverhältnis **(1)** 2 Jahre bestanden hat, einen Monat zum Ende eines Kalendermonats; **(2)** 5 Jahre bestanden hat, zwei Monate zum Ende eines Kalendermonats; **(3)** 8 Jahre bestanden hat, drei Monate zum Ende eines Kalendermonats; **(4)** 10 Jahre bestanden hat, vier Monate zum Ende eines Kalendermonats; **(5)** 12 Jahre bestanden hat, fünf Monate zum Ende eines Kalendermonats; **(6)** 15 Jahre bestanden hat, sechs Monate zum Ende eines Kalendermonats; **(7)** 20 Jahre bestanden hat, sieben Monate zum Ende eines Kalendermonats. Bei der Berechnung der Beschäftigungsdauer werden Zeiten, die vor der Vollendung des 25. Lebensjahres des Beschäftigten liegen, nicht berücksichtigt (§ 29 IV 2 HAG). Ebenso wie bei der Altersgrenze nach § 622 II 2 BGB[43] ist allerdings fraglich, ob die die Bestimmung des § 29 IV 2 HAG wegen eines Verstoßes gegen das **europarechtliche Verbot der Benachteiligung wegen des Alters** gem. Art. 2 I i. V. m. Art. 1 der Rahmenrichtlinie 2000/78/EG unwirksam ist.[44] Problematisch ist darüber hinaus, ob die nationalen Gerichte die Bestimmung unanwendbar lassen können[45] (so dass die Beschäftigungszeiten vor dem 25. Lebensjahr zu berücksichtigen sind) oder ob eine Vorlage an den EuGH erforderlich ist.[46] Wegen der fehlenden unmittelbaren Wirkung einer EU-Richtlinie (s. hierzu § 3 RN 65 ff.) kann § 29 IV 2 HAG nach richtiger Ansicht nicht unangewendet bleiben. Allerdings hat der EuGH in seiner Mangold-Entscheidung[47] (zu § 14 III TzBfG a. F.) angenommen, dass das Verbot der Diskriminierung wegen Alters als allgemeiner Grundsatz des Gemeinschaftsrechts anzusehen und jede entgegenstehende Regelung des nationalen Rechts unangewendet zu lassen sei. Diesen unzutreffenden Ansatz[48] hat der EuGH allerdings in seiner späteren Palacios-Entscheidung[49] (zu tariflichen Altersgrenzen) nicht erneut herangezogen.

41 **d) Überwiegend** wird ein in Heimarbeit Beschäftigter von einem Auftraggeber oder Zwischenmeister beschäftigt, wenn bei zwei oder mehr Heimarbeitsverhältnissen mehr als die Hälfte der Zeit für das Beschäftigungsverhältnis bei diesem Auftraggeber oder Zwischenmeister aufgewandt wird. Auf die Höhe des Verdienstes kommt es nicht an.[50] In den Vergleich nicht einbezogen wird ein daneben bestehendes Arbeitsverhältnis. Besteht nur ein Heimarbeitsverhältnis, so ist der **erhöhte Kündigungsschutz** auch dann gegeben, wenn der Heimarbeiter noch sonstige Einnahmen z. B. aus Renten oder Pensionen hat.

42 **e) Kürzere Kündigungsfristen** können durch Tarifvertrag vereinbart werden. Nach § 29 V HAG gelten § 622 IV bis VI BGB entsprechend (vgl. § 126 RN 45 ff.).

---

[41] Ausf. hierzu APS/*Linck* § 29 HAG RN 9 ff.

[42] BAG 8. 5. 2007 AP 15 zu § 611 BGB Arbeitnehmerähnlichkeit.

[43] Zum Verstoß von § 622 II 2 BGB gegen Art. 2 I der Rahmenrichtlinie 2000/78/EG: LAG Berlin-Brandenburg 24. 7. 2007 NZA-RR 2007, 17; LAG Schleswig-Holstein 28. 5. 2008 – 3 Sa 31/08 – n. v.; LAG Düsseldorf 21. 11. 2007 LAGE § 622 BGB Nr. 3 = DB 2007, 2655 (LS); s. auch *Voigt* in Schleusener/Suckow/Voigt § 10 AGG RN 79, der eine Rechtfertigung nach Art. 6 der Richtlinie annimmt; s. auch § 126 RN 19 m. w. N.

[44] So: APS/*Linck* § 29 HAG RN 20.

[45] So: LAG Berlin-Brandenburg 24. 7. 2007 NZA-RR 2007, 17; LAG Schleswig-Holstein 28. 5. 2008 – 3 Sa 31/08 – DB 2008, 1976 (LS).

[46] So: LAG Düsseldorf 21. 11. 2007 (Vorlagebeschluss an den EuGH) LAGE § 622 BGB Nr. 3 = DB 2007, 2655 (LS); *Tavakoli/Westhauser* DB 2008, 702.

[47] EuGH 22. 11. 2005 AP 2 zu EWG-Richtlinie Nr. 99/70 = NZA 2005, 1345; vgl. auch BAG 3. 4. 2007 AP 14 zu § 81 SGB IX = NZA 2007, 1098; anders dagegen BAG 27. 6. 2006 AP 6 zu § 1 b BetrAVG = NZA 2006, 1276.

[48] Kritisch insbes. *Preis* NZA 2006, 401.

[49] EuGH 16. 10. 2007 – Rs. C-411/05 (Palacios) – NZA 2007, 1219.

[50] APS/*Linck* § 29 HAG RN 17 m. w. N.

2. Außerordentliche Kündigung. Für die außerordentliche Kündigung gilt § 626 BGB entsprechend (§ 29 VI HAG). 43

3. Geringere Arbeitsmenge. Um eine Umgehung der Kündigungsbestimmungen durch geringere Zuteilung von Arbeitsaufträgen während der Kündigungsfristen zu verhindern, sieht § 29 VII eine Entgeltsicherung vor. Für die Dauer der Kündigungsfristen nach § 29 II–V HAG hat der Heimarbeiter auch bei Ausgabe einer geringeren Arbeitsmenge Anspruch auf Arbeitsentgelt in Höhe von $^{1}/_{12}$ bei einer Kündigungsfrist von zwei Wochen, $^{2}/_{12}$ bei einer solchen von vier Wochen, $^{3}/_{12}$ bei einer Kündigungsfrist von einem Monat, $^{4}/_{12}$ bei einer von zwei Monaten, $^{6}/_{12}$ bei einer Kündigungsfrist von 3 Monaten, $^{8}/_{12}$ bei einer von vier Monaten, $^{10}/_{12}$ bei einer von fünf Monaten, $^{12}/_{12}$ bei einer von sechs Monaten und $^{14}/_{12}$ bei einer Kündigungsfrist von sieben Monaten des Gesamtbetrages, den er in den dem Zugang der Kündigung vorausgegangenen 24 Wochen als Entgelt erhalten hat. Die gesetzliche Einkommensgarantie umfasst nur den Zeitraum der gesetzlichen Fristen, nicht dagegen den Zeitraum einer einzelvertraglich etwa vereinbarten längeren Kündigungsfrist[51] Bei der Berechnung der Verdienstsicherung sind das Stückentgelt, der Unkostenzuschlag und der Krankengeldzuschlag zu berücksichtigen. Feiertagsgelder sind stets außer Ansatz zu lassen. Urlaubszahlungen sind einzubeziehen, soweit dem Heimarbeiter auf seinen Antrag Urlaub gewährt worden ist.[52] War der Heimarbeiter in der Referenzperiode arbeitsunfähig und hat er Krankengeld bezogen oder hat er Kurzarbeitergeld erhalten, so sind die Ausfallzeiten aus der Referenzperiode herauszurechnen (§ 29 VII 3 HAG). Sind während des Bezugszeitraums Entgelterhöhungen eingetreten, so ist während der Kündigungsfrist von dem erhöhten Entgelt auszugehen (§ 29 VII 2 HAG); d. h., es bedarf einer fiktiven Entgeltberechnung nach dem erhöhten Verdienst während der Referenzperiode und Division des erhöhten Entgeltes. Die Entgeltabrechnung entspricht mithin im Wesentlichen der Berechnung des Urlaubsentgelts bzw. des Mutterschaftsgeldes. 44

4. Aushungerung. Schließlich beugt das Gesetz einer „Aushungerung" des Heimarbeiters vor. Will ein Auftraggeber oder Zwischenmeister die einem Heimarbeiter erteilte Arbeitsmenge, die er mindestens 1 Jahr regelmäßig ausgegeben hat oder bei kürzerer Dauer der Beschäftigung während der Beschäftigung ausgegeben hat, um mehr als $^{1}/_{4}$ verringern, so hat er die Kündigungsfristen einzuhalten. Etwas anderes gilt nur dann, wenn die Kürzung der Arbeitsmenge auf einer anderweitigen Verteilung der Arbeit durch die zuständige Stelle (§ 11 II HAG) oder auf Kurzarbeit beruht (§ 29 VIII 1, 3 HAG). 45

5. Ersatzanspruch. Schließlich erlangt der Zwischenmeister einen Ersatzanspruch, wenn ihm die Kürzung der Arbeitsmenge nicht rechtzeitig mitgeteilt worden ist und er aus diesem Grunde seinen Heimarbeitern ohne Einhaltung einer Kündigungsfrist nur eine geringere Arbeitsmenge zuteilen kann (§ 29 IX HAG). 46

6. Kündigungsschutz für Gleichgestellte. Für Gleichgestellte gilt der Kündigungsschutz nach dem HAG nur dann, wenn sich die Gleichstellung hierauf bezieht (§ 1 III 2 HAG).[53] 47

7. Allgemeiner Kündigungsschutz. Neben dem Kündigungsschutz nach dem HAG gelten die allgemeinen Bestimmungen für die Kündigung. Diese ist also nichtig, wenn sie gegen ein gesetzliches Verbot (§ 134 BGB), die guten Sitten (§ 138 BGB) oder Treu und Glauben (§ 242 BGB) verstößt. Dagegen findet das KSchG keine Anwendung.[54] Einbezogen sind Heimarbeiter in den Kündigungsschutz nach § 9 I MuSchG, §§ 18, 20 BEEG, § 7 ArbPlSchG, § 127 SGB IX; §§ 3, 7 I 3 PflegeZG. Für dem Mutterschutz unterliegende Gleichgestellte gilt der Kündigungsschutz nur, wenn sich die Gleichstellung ausdrücklich auf § 29 HAG bezieht (§ 9 I 2 MuSchG). In Heimarbeit Beschäftigte und ihnen Gleichgestellte dürfen während der Schwangerschaft und bis zum Ablauf von vier Monaten nach der Entbindung nicht gegen ihren Willen bei der Ausgabe von Heimarbeit ausgeschlossen werden (§ 9 IV MuSchG). Ferner genießen Heimarbeiter und Hausgewerbetreibende, die einer Jugend- und Auszubildendenvertretung oder dem Betriebsrat angehören, einen besonderen Kündigungsschutz nach § 29a HAG. Dieser ist dem Kündigungsschutz der Arbeitnehmer nachgebildet. Insoweit kann auf § 143 verwiesen werden. 48

Eine **Befristung** von Heimarbeitsverhältnissen ist nach § 620 BGB zulässig. Das TzBfG findet keine Anwendung, weil hierfür bei den vom HAG erfassten Beschäftigten an der Arbeitnehmereigenschaft fehlt (vgl. § 11 RN 7). 49

---

[51] BAG 13. 9. 1983 AP 1 zu § 29 HAG.

[52] BAG 11. 7. 2006 AP 5 zu § 29 HAG = NZA 2007, 1365.

[53] *Schmidt/Koberski/Tiemann/Wascher* § 29 RN 28.

[54] Vgl. BAG 3. 7. 1980 AP 23 zu § 613a BGB; *Schmidt/Koberski/Tiemann/Wascher* § 29 RN 18; APS/*Linck* § 29 HAG RN 1.

50 **8. Anhörung des Betriebsrats.** Vor Ausspruch der Kündigung eines Heimarbeiters ist die Anhörung des Betriebsrats (§ 124) dann notwendig, wenn der Heimarbeiter in der Hauptsache für den Betrieb arbeitet; denn nur dann ist das BetrVG überhaupt anwendbar (§ 5 I 2 BetrVG).[55] Der Betriebsrat hat gegen die Kündigung des Heimarbeiters auch ein Widerspruchsrecht nach § 102 III BetrVG. Ein Weiterbeschäftigungsanspruch nach § 102 V BetrVG kann nicht entstehen, da Heimarbeiter nicht dem KSchG unterliegen.

VI. Durchführung des Gesetzes

51 **1. Durchführungspflichten.** Der Durchführung dienen zahlreiche Informations-, Benachrichtigungs- und Schutzpflichten gegenüber Heimarbeitern, Hausgewerbetreibenden und Gleichgestellten. Hierzu gehören: **(1)** Anzeige bei erstmaliger Ausgabe von Heimarbeit an den Landesarbeitsminister oder die von diesem bezeichnete Stelle (§ 7 HAG); **(2)** Führung von Listen über die mit Heimarbeit Beschäftigten oder Zwischenmeister, deren sich der Auftraggeber zur Weitergabe bedient; Aushängung der Listen und halbjährliche Übersendung an den Landesarbeitsminister oder die von diesem bezeichneten Stellen; diese leiten ihrerseits je eine Abschrift an die entsprechenden Koalitionen weiter (§ 6 HAG); **(3)** Auslegen von Entgeltverzeichnissen und sonstigen Arbeitsbedingungen (§ 8 HAG); **(4)** Aushändigung von Entgeltbelegen (Entgeltbüchern oder mit Zustimmung der zuständigen Arbeitsbehörde von Entgeltzetteln usw.). Die in Heimarbeit Beschäftigten haben diese aufzubewahren und sie auf Verlangen den Aufsichtsbehörden vorzulegen (§ 9 HAG).

52 **2. Strafen und Bußgelder.** Ferner ist die Einhaltung des HAG in vielen Fällen durch Strafen und Bußgelder gesichert (§§ 31 ff. HAG). Die oberste Arbeitsbehörde kann bestimmten Personen die Ausgabe von Heimarbeit verbieten (§ 30 HAG).[56]

§ 164. Grundzüge des Arbeitsrechts der Telearbeit

Monographien: *Bieler* u. a., Organisation von Telearbeit, 2001; *Collardin,* Aktuelle Rechtsfragen der Telearbeit, 1995; *Gola,* Datenschutz im Call Center, 2001; *Fenski,* Außerbetriebliche Arbeitsverhältnisse – Heim- und Telearbeit, 2. Aufl., 2000; *Kappus,* Rechtsfragen der Telearbeit, 1981; *Mocker,* Intranet – Internet im betrieblichen Einsatz, 3. Aufl., 2000; *Wank,* Telearbeit, 1997; *Wedde,* Telearbeit, 2002.

Muster: ArbR-Formb. § 18; *Boemke/Kaufmann,* Der Telearbeitsvertrag, Heidelberger Musterverträge, 2000.

Aufsätze: *Boemke,* Das Telearbeitsverhältnis, BB 2000, 147; *Boemke/Ankersen,* Das Telearbeitsverhältnis – Arbeitsschutz, Datenschutz und Sozialversicherungsrecht, BB 2000, 1570; *dies.,* Telearbeit und Betriebsverfassung, BB 2000, 2254; *Brockbartold,* Arbeitsform im europäischen Rahmen, Telearbeit, AuA 2002, 543; *Cranen,* Telearbeit am Beispiel der Kreisverwaltung Düren, AuA 2000, 10; *Fricke,* Virtuelle Betriebe – Auswirkungen auf die Betriebratsarbeit, AiB 1997, 31; *Gola,* Neuer Teledatenschutz für Arbeitnehmer?, MDR 99, 322; *Gola/Jaspers,* Datenschutz bei Telearbeit – Zur Anwendung von BDSG, TKG und TDDSG, RDV 98, 243; *Habermann,* Know-how zum Nulltarif: Telelernen und -arbeit, AuA 97, 289; *Haupt/Wollenschläger,* Virtueller Arbeitsplatz Scheinselbständigkeit bei einer modernen Arbeitsorganisation, NZA 2001, 289; *Heilmann/Tege,* Informationstechnologie im Unternehmen, AuA 2001, 52; *Hentschel,* Einfluss von Telearbeit und neuen Technologien auf das Wohnen, WuM 2000, 638; *Hohmeister,* Individualvertragliche Arbeitszeitgestaltung bei der alternierenden Telearbeit, NZA 98, 1206; *Huber,* Arbeitsrechtliche Aspekte der Telearbeit, FA 99, 109; *ders.,* Telearbeit – Arbeitsvertrag und betriebsverfassungsrechtliche Besonderheiten, FA 99, 146; *Kieper,* Datenschutz für Telearbeitnehmer, DUD 98, 583, 576; *Körner,* Telearbeit – neue Form der Erwerbsarbeit, alte Regeln?, NZA 99, 1190; *Kramer,* Gestaltung arbeitsvertraglicher Regelungen zur Telearbeit, DB 2000, 1329; *Kreilkamp,* Ihre Einführung will gut vorbereitet sein, AuA 99, 64; *Linnenkohl,* Cyberspace und Arbeitsbedingungen, BB 2001, 42; *Moderegger,* Leitfaden zur Telearbeit, ArbRB 2001, 90; *Nägele,* Der Telearbeitsvertrag, ArbRB 2002, 313; *Oechsler,* Telearbeit: Organisatorische und rechtliche Probleme bei der Flexibilisierung des Arbeitsortes, ZBVR 2001, 38; *Olbert,* Recht im Call Center, 2001; *Prinz,* Europäische Rahmenvereinbarung über Telearbeit, NZA 2002, 1268; *Raffelsiefen,* Telearbeit – eine Arbeitsform der Zukunft, PersR 2001, 139; *Reisach,* Teilzeit- und Telearbeit als Wettbewerbsfaktor, Personal 2001, 352; *Saller,* Rechtsfragen einer neuen Arbeitsform – Telearbeit, NJW-CoR 96, 300; *Post-Ortmann,* Der Arbeitgeber als Anbieter von Telekommunikations- und Telediensten, RDV 99, 102; *Schaub,* Flexibilisierung des Personaleinsatzes, BB 98, 2106; *ders.,* Heim- und Telearbeit bei Dritten beschäftigte Arbeitnehmer im Referenten- und Regierungsentwurf zum BetrVG, NZA 2001, 364; *Schierbaum/Fischer,* Telearbeit und Datenschutz, CR 98, 231; *Wank,* Das Individualarbeitsrecht der Telearbeit, Arbeitgeber 98, 99; *ders.,* Telearbeit und Arbeitsrecht, AuA 98, 192; *ders.,* Telearbeit, NZA 99, 225; *Zilkens/Werhahn,* Datenschutz und Datensicherheit bei Telearbeit in der Kommunalverwaltung, RDV 99, 60.

Internetadresse: http://www.bmas.de (Stichwort: Telearbeit).

---

[55] BAG 7. 11. 1995 AP 74 zu § 102 BetrVG 1972 = NZA 96, 380; *Schmidt* NJW 76, 930.

[56] Zur Verfassungsgemäßheit der Strafbestimmungen BVerfG 11. 2. 1976 BVerfGE 41, 314 = DB 76, 727.

Übersicht

	RN
I. Allgemeines	1 ff.
1. Einleitung	1
2. Begriff	2, 3
3. Voraussetzungen	4, 5
4. Durchführung	6–8
5. Rechtspolitische Meinungsstreitigkeiten	9–12
II. Arbeitsrechtliche Rahmenbedingungen	13 ff.
1. Rahmenvereinbarung über Telearbeit	13
2. Arbeitsvertrag	14–18
3. Selbstständiger	19–21
4. Heimarbeit	22, 23
5. Freie Mitarbeiter	24, 25
III. Rechtliche Behandlung	26 ff.
1. Vertragsgestaltung	26–28
2. Haftung	29, 30
3. Kosten	31–33
4. Arbeitsschutz	34, 35
5. Aus- und Weiterbildung	36
IV. Mitwirkung und Mitbestimmung	37 ff.
1. Mitwirkungsrechte	37–39
2. Soziale Mitbestimmung	40
3. Wirtschaftliche Mitbestimmung	41
V. Tarifvertrag	42
VI. Internationalisierung	43
VII. Sozialversicherung	44

I. Allgemeines

1. Einleitung. Während beim Outsourcing Funktionen des Betriebes mit und ohne eine wirtschaftliche Einheit übertragen werden können, wird der Arbeitnehmer bei der Telearbeit aus dem Betrieb ausgegliedert. Der Kostensenkungseffekt liegt in der Einsparung der betrieblichen Räumlichkeiten. 1

2. Begriff. a) Telearbeit stellt eine **neue Form der Arbeitsorganisation** dar, bei der der Mitarbeiter sowohl zu Hause als auch im Büro arbeitet. Die alternierende Telearbeit verbindet die Vorteile der Flexibilität des Arbeitsortes mit den notwendigen Kommunikationsbedürfnissen der Mitarbeiter. Die Telearbeit wird in verschiedenen Organisationsformen realisiert. 2

b) Bei der **Teleheimarbeit** befindet sich der Arbeitsplatz permanent zu Hause. Bei der **alternierenden Telearbeit** wechseln einzelne Arbeitsplätze. Sie befinden sich teilweise zu Hause und teilweise im Büro. Beim **Satellitenbüro** sind mehrere Arbeitsplätze teilweise oder permanent wohnortnah. Beim **Nachbarschaftsbüro** sind mehrere Arbeitsplätze teilweise oder permanent wohnortnah. Beim **Teleservicecenter** liegt ein Dienstleistungsangebot für dezentrale Unternehmen wohnortnah vor. Bei der **mobilen Telearbeit** sind einzelne oder beliebige Arbeitsplätze teilweise oder permanent an beliebigen Orten. **On-site-Telearbeit** bezeichnet die Ausführung von Telearbeit am Ort des Wertschöpfungspartners oder -prozesses, wobei die Telearbeitsplätze stationär eingerichtet sind, z. B. ein Reisebüro arbeitet stationär in einem Industrieunternehmen, in dem viele Geschäftsreisen anfallen. 3

3. Voraussetzungen. Die Einführung von Telearbeit wirft eine Reihe von **Fragestellungen** auf: **(1)** Für welche Arbeitsplätze und in welcher Form kann Telearbeit eingeführt werden und wie kann die Koordination, Kommunikation, Führung und Kontrolle geregelt werden? Die Einführung von Telearbeit empfiehlt sich nur, wenn der Mitarbeiter die Arbeit auch außerhalb des Betriebes verrichten kann. Dies ist vor allem dann der Fall, wenn es darauf ankommt, dass der Mitarbeiter über Problemlösungen nachdenkt. **(2)** Wie muss die Ausstattung der Arbeitsplätze erfolgen? **(3)** Wie sind die rechtlichen Beziehungen zwischen Unternehmen und Mitarbeiter auszugestalten? **(4)** Ist die Telearbeit wirtschaftlich sinnvoll? **(5)** Wie sind die sozialen Aspekte und das zu berücksichtigende Umfeld der Telearbeit? 4

Nach Schätzungen sind rund 5 bis 10% der **Arbeitsplätze für Telearbeit geeignet.** Das sind zwischen 1,75 und 3,5 Mill. in Deutschland.[1] Inzwischen sollen knapp 7% der Arbeitnehmer in Telearbeit tätig sein.[2] 5

4. Durchführung. a) Die **Einführung der Telearbeit** bedarf des organisatorischen Eigenstudiums und der Schulung und der Förderung der Akzeptanz bei Mitarbeitern und Betriebsrat. Im Allgemeinen sind nur solche Mitarbeiter geeignet, die eine besondere Selbstdisziplin zur Arbeit aufweisen. 6

Insoweit sind umfangreiche Untersuchungen durchgeführt worden. Als **Voraussetzungen der Mitarbeiter** werden vor allem genannt Selbstmotivation und Selbstdisziplin, geringes Bedürfnis nach sozialen Kontakten, Vertrauenswürdigkeit, Aufgabenorientierung, Flexibilität, gutes Zeit und Arbeitsmanagement, geringer Bedarf an Aufsicht, gute Arbeitsleistung als Einzelner, 7

[1] Untersuchung des Fraunhofer Institutes, http://www.fraunhofer.de.

[2] http://www.bmas.de.

bevorzugt die häusliche Umgebung und verfügt über eine hohe Loyalität zu den Unternehmenszielen, wirksame Kommunikation mit elektronischen Medien, klare Karriereplanung, technologische Kompetenz.[3]

8 **b)** Im Rahmen der Beurteilung der Wirtschaftlichkeit werden im Allgemeinen **drei Ziele** verfolgt: **(1)** Reduktion der Kosten durch Einsparung von Raum- und Mietkosten, aber auch durch weniger Krankmeldungen; **(2)** Verbesserung der unternehmerischen Leistungsfähigkeit, z. B. durch Steigerung der Mitarbeiterproduktivität; **(3)** Bindung qualifizierter Mitarbeiter durch Erhöhung der Motivation.[4] Für die Einführung der Telearbeit bestehen zahlreiche Fördermöglichkeiten.[5]

9 **5. Rechtspolitische Meinungsstreitigkeiten.** Die Einführung der Telearbeit ist sozialpolitisch umstritten.

10 **a)** Die **Vorteile der Telearbeit** für den Telearbeiter werden darin gesehen, dass **(1)** dieser keine Wegekosten hat, **(2)** seine Arbeitszeit freier einteilen kann, **(3)** Frauen, Kinder und soziale Randgruppen (z. B. Behinderte) in den Arbeitsprozess eingegliedert werden können, **(4)** das Berufsleben in die Familie reintegriert wird, **(5)** Teilzeitarbeitsmöglichkeiten geschaffen werden und für junge Mütter die Familienbindung erhöht werden kann.

11 **b)** Die **Nachteile der Telearbeit** werden gesehen **(1)** in der sozialen Isolation, **(2)** in der Entsolidarisierung und Schwächung der gewerkschaftlichen Tarifposition, **(3)** in der technischen Leistungsüberwachung, **(4)** in der Monotonie und Standardisierung der Arbeitsaufgaben, **(5)** in geringeren beruflichen Aufstiegschancen, **(6)** in der erhöhten Arbeitsplatzunsicherheit, **(7)** in fließenden Grenzen zwischen Arbeitszeit und Freizeit, insbesondere bei vereinbarter Abrufarbeit (§ 43 RN 9 ff.), **(8)** in der Doppelbelastung der Frauen, **(9)** in der Kinderarbeit und **(10)** im Arbeitsstress in der Familie.

12 **c) Betriebswirtschaftlich nachweisbar** sind im Allgemeinen **(1)** an Vorteilen für den Arbeitgeber die Einsparung von Kosten für Räumlichkeiten und deren Ausstattung, die Verbesserung der Arbeitsergebnisse, größere Flexibilität im Personaleinsatz, effizientere Kundenbetreuung, Abwälzung der Kosten für die technische Einrichtung des Arbeitsplatzes, Einsparung von Kosten für die Papierkommunikation; **(2)** an Nachteilen: hohe Ausstattungskosten für besondere Arbeitsplätze, schlechte Überwachungsmöglichkeiten, Verminderung der Vertraulichkeit überlassener Dokumente, Abhängigkeit von den Gebühren für die Benutzung der allgemeinen Kommunikationssysteme.

II. Arbeitsrechtliche Rahmenbedingungen

13 **1. Rahmenvereinbarung über Telearbeit.** Der Europäische Rat hat im Rahmen der europäischen Beschäftigungsstrategie die Sozialpartner aufgerufen, Vereinbarungen zur Modernisierung der Arbeitsorganisation einschließlich einer flexiblen Arbeitsgestaltung mit dem Ziel auszuhandeln, die Produktivität und Wettbewerbsfähigkeit der Unternehmen zu erhöhen und dabei das nötige Gleichgewicht zwischen Flexibilität und Sicherheit zu erreichen. Am 20. 9. 2001 gaben der EGB, UNICE/UEAPME und CEEP ihre Absicht bekannt, die Verhandlungen für eine Vereinbarung zu beginnen, die von den Mitgliedern der Unterzeichnerparteien in den Mitgliedstaaten und den Ländern umgesetzt wird. Am 16. 7. 2002 ist eine Rahmenvereinbarung über Telearbeit geschlossen worden.

14 **2. Arbeitsvertrag. a)** Für die Mitarbeiter, für die Telearbeit eingeführt werden soll, bedarf es der **Umgestaltung der Verträge.**[6] Die Teleheimarbeit, die alternierende Telearbeit, die Arbeit in einem Telecenter, in einem Teleservicecenter, in mobiler Telearbeit und die on-site-Telearbeit kann auf Grund eines Arbeitsvertrages, eines Dienstvertrages oder eines Werkvertrages erfolgen. Für die Teleheimarbeit und die alternierende Telearbeit kann auch ein Heimarbeitsverhältnis in Betracht kommen. Die Abgrenzung der Vertragstypen erfolgt danach, ob und in welchem Umfang die Arbeit in persönlicher Abhängigkeit oder in einem freien Mitarbeiterverhältnis geleistet wird bzw. ob Arbeits-/Dienstleistung geschuldet wird oder ein Arbeitserfolg, also eine Werkleistung.

15 **b)** Ein Arbeitsverhältnis[7] wird immer dann anzunehmen sein, wenn dem Mitarbeiter Weisungen im Hinblick auf Arbeitsdurchführung **(fachliche Weisungsgebundenheit),** Arbeitsort und Arbeitszeit gegeben werden und eine Eingliederung in die betriebliche Organisation vorliegt.

---

[3] *Bieler/Lammich* RN 31 ff.
[4] Vgl. *Bieler/Lammich* RN 82 ff.
[5] http://www.fz-juelich.de; http://www.kfw.de; auch www.bmas.de.
[6] *Albrecht* NZA 96, 1240; *Wank* Arbeitgeber 98, 99.
[7] Allgemein zu den Merkmalen § 8; zur Telearbeit § 8 RN 45.

Eine fachliche Weisungsgebundenheit kann sich aus der täglichen Zuweisung neuer Arbeit ergeben. Eine fachliche Bindung kann auch dann bestehen, wenn durch ein automatisches Verteilungssystem ständig neue Telefongespräche durchgestellt werden. Eine Weisungsgebundenheit ist im Allgemeinen anzunehmen, wenn eine ständige online-Verbindung zum Arbeitgeber sowie Anmelde- und Abmeldeverpflichtungen bestehen. In diesen Fällen ergibt sich eine kontinuierliche Überwachungsmöglichkeit.

Bei der häuslichen Telearbeit oder der alternierenden Telearbeit ergibt sich die **örtliche Bindung** durch die Verrichtung der Arbeit an verschiedenen häuslichen oder betrieblichen Computern. Die **zeitliche Bindung** kann durch die Einbindung in die betrieblichen Arbeitszeiten erfolgen. Die zeitliche Bindung kann sich auch durch einen Zeitrahmen ergeben. Seine Einhaltung kann durch die Zugriffszeiten zum Rechner kontrolliert und gesteuert werden. Dagegen begründet allein die Abhängigkeit vom Rechner noch keine Arbeitnehmereigenschaft. 16

Ferner sprechen für ein Arbeitsverhältnis Vorgabe bestimmter Erledigungszeiten, Inanspruchnahme der gesamten Arbeitskraft, hohe Berührungsdichte mit den Betriebsabläufen, Zusammenarbeit mit den übrigen Mitarbeitern des Betriebes, insbesondere Bürotage, Notwendigkeit ständiger Berichterstattung, fehlendes unternehmerisches Risiko, Abführung von Sozialversicherungsbeiträgen. 17

c) Liegen die Merkmale eines Arbeitsverhältnisses nicht vor, kann bei häuslicher Telearbeit immer noch ein Heimarbeitsverhältnis gegeben sein. Hierfür sprechen fehlende Weisungsbefugnis im Hinblick auf Arbeitsdurchführung, Arbeitszeit und Arbeitsort, keine Eingliederung in den Betrieb, aber gleichwohl eine Anbindung, Tätigwerden für mehrere Auftraggeber, Mithilfe von Familienangehörigen, wirtschaftliche Abhängigkeit. Auch sonstige in der Telearbeit Beschäftigte können arbeitnehmerähnliche Personen sein. 18

3. Selbstständiger. a) Ein Telearbeiter ist selbstständig, wenn er **(1)** entweder als freier Mitarbeiter selbstständig über Arbeitszeit, Arbeitsort und Art der Arbeitsleistung bestimmen kann. Eine Bestimmung über die Art der Arbeitsleistung ist insbesondere dann gegeben, wenn Hard- und Software innerhalb eines selbst bestimmten Organisationsrahmens zur Verfügung gestellt und die Arbeitskraft für verschiedene Auftraggeber angeboten wird; **(2)** als Unternehmer über eine innere und äußere Unternehmensorganisation verfügt, für die er das unternehmerische Risiko trägt. Die äußere Betriebsorganisation ist insbesondere gegeben, wenn er für den Absatzmarkt arbeitet. 19

b) Der Dienstnehmer kann möglicherweise als arbeitnehmerähnliche Person anzusehend sein. Die Abgrenzung erfolgt nach den allgemeinen Merkmalen.[8] Ist der Dienstnehmer arbeitnehmerähnlich, finden § 5 I 2 ArbGG, § 2 Satz 2 und § 12a TVG Anwendung. 20

c) Die Arbeit in einem **Satelliten- oder Nachbarschaftsbüro** wird im Allgemeinen nur in einem Arbeitsverhältnis zu leisten sein. 21

4. Heimarbeit. a) Heimarbeiter ist, wer in selbst gewählter Arbeitsstätte allein oder mit seinen Familienangehörigen im Auftrag von Gewerbetreibenden oder Zwischenmeistern gewerbsmäßig arbeitet, jedoch die Verwertung des Arbeitsergebnisses dem unmittelbar oder mittelbar Auftraggebenden überlässt (§ 2 I HAG; dazu § 11). Zum Begriff des Heimarbeiters gehört mithin eine eigene Arbeitsstätte. Das kann die Wohnung, ein Regional- oder Nachbarschaftsbüro sein. Der Heimarbeiter überlässt die Verwertung der Arbeit (Schreib- und Programmierarbeiten usw.) einem Gewerbetreibenden oder Zwischenmeister. Er trägt nicht das kaufmännische Risiko, das Verwertungsrisiko. Heimarbeiter sind wirtschaftlich, aber nicht persönlich abhängig. 22

b) Denkbar ist eine **Gleichstellung von Telearbeitnehmern** nach dem HAG (§ 163 RN 3ff.). 23

5. Freie Mitarbeiter. a) Telearbeit kann von freien Mitarbeitern verrichtet werden. Dies sind vor allem solche Personen, die für mehrere Unternehmen hoch qualifizierte Programmierarbeit im Bereich der Datentechnik für mehrere Unternehmen anbieten. 24

b) Denkbar ist aber auch, dass solche Personen freie Mitarbeiter sind, die **einfache Schreibarbeit für mehrere Unternehmen** verrichten. Insoweit entscheidet das Merkmal der Abhängigkeit. Insoweit kann aber eine Scheinselbstständigkeit vorliegen (vgl. § 8 RN 6). 25

III. Rechtliche Behandlung

1. Vertragsgestaltung.[9] **a)** Wird der Arbeitnehmerstatus beibehalten, so ist für die Formulierung des Arbeitsvertrages den Vorgaben des **Nachweisgesetzes Rechnung zu tragen.** In jedem 26

[8] Zu den Merkmalen der arbeitnehmerähnlichen Personen s. § 10.
[9] Mustervertrag: ArbR-Formb. § 18; http://www.bmas.de.

Fall bedarf es der Regelungen im Arbeitsvertrag über die Art der zu leistenden Arbeit, das Volumen der Arbeitszeit und die Arbeitsmittel. Ferner sind Regelungen notwendig über die Überlassung von Büroraum, Versicherung der Maschinen und einer Hausratsversicherung. Im Rahmen der Sozialversicherung sollte klargestellt werden, dass der Mitarbeiter weiter in der Sozialversicherung, insbesondere aber auch in der Unfallversicherung versichert bleibt.

27 **b)** Regelungen über die **Verteilung der Arbeitszeit** sind nur notwendig, wenn der Arbeitgeber zu bestimmten Zeiten auf die Arbeitsleistung Zugriff nehmen muss (betriebsbestimmte Arbeitszeit). Ist der Mitarbeiter auf die ständige Zugriffsmöglichkeit auf den Rechner des Unternehmens angewiesen, lässt sich die Arbeitszeit leicht steuern und kontrollieren. Andererseits geht damit die Flexibilität verloren, die gerade angestrebt wird. Zweckmäßig erscheint daher ein Aufschreiben der geleisteten Stunden (Vertrauensarbeitszeit, s. § 160 RN 23). In jedem Fall ist eine Unterscheidung zwischen betriebsbestimmten und selbstbestimmten Arbeitszeiten erforderlich. Der Betriebsrat/Personalrat hat nur bei betriebsbestimmten Arbeitszeiten ein erzwingbares Mitbestimmstimmungsrecht nach § 87 I Nr. 3 BetrVG/§ 75 III Nr. 1 BPersVG. Bei selbstbestimmten Arbeitszeiten fehlt es an dem vom Gesetz verfolgten Schutzzweck. Auch bei häuslicher Telearbeit ist der Arbeitszeitschutz einzuhalten. Es kann daher sinnvoll sein, Höchstarbeitszeit, Ruhepausen und Ruhezeiten entsprechend dem Gesetz vertraglich zu regeln. Bei alternierender Telearbeit sind u. U. Bürotage festzulegen.

28 **c)** Bei der häuslichen Telearbeit bedarf es der **Regelung des Zutrittsrechts des Arbeitgebers** (und ggfs. des Betriebsrats).[10] Wegen des Grundrechtsschutzes aus Art. 13 I GG ist ein Betreten der Wohnung ohne Zustimmung des Beschäftigten nicht möglich. Allein in der Vereinbarung einer häuslichen Tätigkeit liegt noch keine solche Zustimmung.[11] Denkbar ist, dass der häuslichen Telearbeit Bestimmungen in der Teilungserklärung für Eigentumswohnungen entgegenstehen. Bei einem Zutrittsrecht können sich außerdem Probleme im Hinblick auf die Rechte der Mitbewohner ergeben. Auch wenn sich der Beschäftigte verpflichtet, zu gewährleisten, dass Personen, mit denen er in häuslicher Gemeinschaft lebt, das Zutrittsrecht nicht vereiteln, wird damit deren Recht auf Unverletzlichkeit der Wohnung nicht berührt. Bei einer Zutrittsverweigerung kann aber zugunsten des Arbeitgebers im Hinblick auf Sachverhaltsfragen, die im Zusammenhang mit der Arbeitstätte stehen, eine Beweislastlastumkehr eingreifen.

29 **2. Haftung.** Wird die Telearbeit in einem Arbeitsverhältnis verrichtet, gelten für den Telearbeitnehmer die allgemeinen **Grundsätze der Haftungsbegrenzung** im Arbeitsverhältnis (§ 53 RN 32ff.). Besonderheiten ergeben sich aber daraus, dass bei der häuslichen Telearbeit und der alternierenden Telearbeit der Schaden auch von Dritten verursacht sein kann. Verursacht ein Kollege, etwa bei einem Besuch, den Schaden, wird die Haftung nach den arbeitsrechtlichen Grundsätzen begrenzt sein. Zweifelhaft ist die Rechtslage bei Familienmitgliedern des Telearbeitnehmers. Steht der Schaden in Zusammenhang mit der Telearbeit, greift eine Haftungsbegrenzung nach den Prinzipien des Vertrages mit Schutzwirkung zugunsten Dritter[12] ein.[13] Erfolgt die Schädigung unabhängig von der Telearbeit, z. B. durch Verrat verschaffter Betriebsgeheimnisse, kommt eine Haftungsbeschränkung nicht in Betracht.

30 Der Telearbeitgeber trägt das **Lohnrisiko,** wenn die Arbeit infolge einer betrieblichen Störung nicht erbracht werden kann (zum Betriebsrisiko s. § 101).

31 **3. Kosten. a)** Einer besonderen Regelung bedarf die **Tragung der Kosten.** Alle Fragen der Arbeitsausrüstung, der Haftung und der Kosten sollten vor der Aufnahme der Telearbeit unmissverständlich geregelt werden (s. auch Nr. 7 der europäischen Rahmenvereinbarung, RN 13). Die Kosten für den Außenarbeitsplatz trägt der Arbeitgeber. Hierzu gehört die Anschaffung der Büroeinrichtung, Anschaffung, Wartung und Pflege der Kommunikationseinrichtung, dienstlicher Anteil der Raummiete, Beleuchtung und Heizung. Erbringt der Telearbeitnehmer derartige Aufwendungen, hat er einen Erstattungsanspruch nach § 670 BGB.

32 **b)** Die Rechtslage wegen etwaiger **Fahrtkosten** ist differenziert. Ist ausschließlich häusliche Telearbeit vereinbart, besteht ein Fahrtkostenerstattungsanspruch, wenn der Telearbeitnehmer in den Betrieb kommen muss. Anders ist es bei alternierender Telearbeit oder bei Arbeit im Nachbarschaftsbüro und Teleservicecenter. Hier handelt es sich um einen im Voraus vereinbarten Arbeitsort

---

[10] Formulierungsvorschläge: ArbR-Formb. § 18 RN 13; *Moderegger* ArbRB 2001, 90 (92); *Nägele* ArbRB 2002, 313 (315).

[11] *Wank* AR-Blattei SD 1565 RN 38 b.

[12] S. hierzu z. B. *Palandt/Grüneberg* § 328 BGB RN 13ff.

[13] Vgl. *Bieler* RN 180; *Wank,* Telearbeit RN 472; *ders.* AR-Blattei SD 1565 RN 45 a; MünchArbR/*Heenen* § 239 RN 19.

und normale Kosten des Dienstantritts. Die Arbeitsleistung ist Bringschuld. Gleichwohl ist nicht zu verkennen, dass für einen weit entfernt arbeitenden Telearbeitnehmer erhebliche Fahrtkosten anfallen können; diese sollten vertraglich geregelt werden.

Bei **Privatnutzung der Telekommunikationseinrichtungen** ist zu differenzieren. Ist der Arbeitnehmer Eigentümer, darf er diese auch privat benutzen. Ist der Arbeitgeber Eigentümer, ist dem Arbeitnehmer die private Nutzung untersagt. Insoweit gelten dieselben Grundsätze wie bei der privaten Telefon- und Internetbenutzung (vgl. § 55 RN 45, 18ff.). Es kann aber vertraglich vereinbart werden, dass die Privatnutzung eine Naturalvergütung darstellt oder der Arbeitnehmer eine Pauschale zahlt. Der Anteil der Privatnutzung ist im Streitfall notfalls zu schätzen. 33

4. Arbeitsschutz.[14] **a)** Dem **Arbeitgeber** obliegt auch bei der häuslichen Telearbeit der Arbeitsschutz. Diese Pflichten ergeben sich aus § 618 I BGB sowie § 3 I, II ArbSchG. Nach der europäischen Rahmenvereinbarung (s. RN 13) hat der Arbeitgeber für den Gesundheitsschutz und die Sicherheit des Telearbeitnehmers zu sorgen. Der Arbeitgeber muss Räume, Vorrichtungen und Gerätschaften so einrichten und unterhalten, dass der Telearbeitnehmer gegen Gefahren für Leben und Gesundheit geschützt ist. Die Einzelheiten ergeben sich aus zahlreichen Gesetzen und Verordnungen des Arbeitsschutzes (§§ 152–154). 34

b) Je nach der Art der ausgelagerten Arbeit können **Fragen des Datenschutzes** (s. hierzu auch § 148 RN 20ff.)[15] eine Rolle spielen, also z. B., wenn Teile der Personalverwaltung ausgelagert werden. Es sind drei Problemkreise zu unterscheiden. **(1)** Bei der Verarbeitung von Daten durch den Telearbeiter liegt interne Datenverarbeitung i. S. v. § 28 BDSG vor. Dagegen liegt Auftragsdatenverarbeitung i. S. des § 11 BDSG vor, wenn der Arbeitgeber die Aufträge an Selbstständige vergibt. **(2)** Der Telearbeiter ist zum Datenschutz verpflichtet, indem er etwa Familienmitglieder von den Daten fernhält. **(3)** Schließlich genießt der Telearbeiter selbst Datenschutz. Der Rechner erlaubt Arbeitszeit, Pausen, Häufigkeit von Fehlern zu kontrollieren. Datenschutzrechtlich ist die Verarbeitung personenbezogener Daten nur nach der Zweckrichtung des Vertrages zulässig. Nach der europäischen Rahmenvereinbarung (RN 13) hat der Arbeitgeber den Telearbeitnehmer insbesondere über etwaige Einschränkungen der Benutzung informationstechnologischer Geräte oder Hilfsmittel zu informieren wie z. B. das Internet und die Sanktionen bei Nichteinhaltung. 35

5. Aus- und Weiterbildung. Telearbeitnehmer haben denselben Zugang zu Aus- und Weiterbildungs- und Karriereentwicklungsmöglichkeiten wie vergleichbare Arbeitnehmer in den Einrichtungen des Arbeitgebers. Für Telearbeitnehmer gelten dieselben Beurteilungskriterien wie für diese anderen Arbeitnehmer. Telearbeitnehmer sollen nach der Rahmenvereinbarung eine angemessene gezielte Schulung über die ihnen zur Verfügung stehende technische Ausrüstung erhalten. 36

IV. Mitwirkung und Mitbestimmung

Boemke/Ankersen, Telearbeit und Betriebsverfassung, BB 2000, 2254; *Fricke,* Virtuelle Betriebe – Auswirkungen auf die Betriebratsarbeit, AiB 1997, 31; *Wedde,* Telearbeit und Mitbestimmung des Betriebsrats, CR 94, 230.

1. Mitwirkungsrechte.[16] Der Betriebsrat hat bei der Einführung von Telearbeit nur dann Mitwirkungsrechte, wenn sie auf Grund eines Arbeitsverhältnisses oder eines Heimarbeitsverhältnisses geleistet wird. 37

Mitwirkungsrechte können nach **§§ 80ff. BetrVG** bestehen. Er ist über Einführung und Ausgestaltung umfassend zu unterrichten. Die Telearbeit nimmt Einfluss auf den Arbeitsplatz, die technische Arbeitsumgebung und auf die Arbeitsabläufe. Insoweit kommen Mitwirkungsrechte nach §§ 90, 91 BetrVG in Betracht. Es können sich bei Fragen der **Arbeitszeit** aber auch erzwingbare Mitbestimmungsrechte aus § 87 I BetrVG bei betriebsbestimmten Arbeitszeiten ergeben. 38

Die **personelle Mitbestimmung** der §§ 92ff., insbesondere der §§ 99ff. BetrVG bleibt unberührt. Wird eine werkvertragliche Lösung gewählt, bestehen keine Mitbestimmungsrechte des Betriebsrats. 39

2. Soziale Mitbestimmung. Im Rahmen der sozialen Mitbestimmung können sich Mitbestimmungsrechte ergeben 40

– nach § 87 I Nr. 2 BetrVG (§ 235 RN 37ff.) bei Beginn und Beendigung der Arbeitszeit, soweit sie betrieblich bedingt ist;

---

[14] *Boemke/Ankersen* BB 2000, 1570; *Gola/Jaspers* RDV 98, 243.

[15] *Gola* MDR 99, 322; *Kieper* DUD 98, 583, 576; *Schierbaum/Fischer* CR 98, 231; *Zilkens/Werhahn* RDV 99, 60.

[16] Musterbetriebsvereinbarung: ArbR-Formb. § 55 RN 120ff.; http://www.bmas.de.

– nach § 87 I Nr. 3 BetrVG (§ 235 RN 46ff.) bei einer vorübergehenden Verkürzung oder Verlängerung der betriebsüblichen Arbeitszeit; ein Mitbestimmungsrecht nach § 87 I Nr. 3 BetrVG besteht nur bei einer kollektiven Maßnahme (§ 235 RN 49);
– nach § 87 I Nr. 6 BetrVG (§ 235 RN 63ff.) bei der technischen Überwachung; ausreichend ist, wenn die technische Einrichtung zur Überwachung objektiv geeignet ist (§ 235 RN 66); moderne Kommunikationstechnologie erlaubt die lückenlose Überwachung des Telearbeitnehmers durch Kontrolle der Zugriffszeiten auf den Rechner. Nach § 87 I Nr. 6 BetrVG können insoweit Mitbestimmungsrechte bestehen;
– nach § 87 I Nr. 7 BetrVG (§ 235 RN 69ff.) im Rahmen der Unfallverhütung; das Mitbestimmungsrecht bei der Ausfüllung gesetzlicher Rahmenvorschriften zur Verhütung von Arbeitsunfällen und Berufskrankheiten. Insoweit stellt sich insbesondere die Frage, inwieweit die Bildschirmarbeitsverordnung Rahmenvorschriften enthält. Maßgebend für die Beurteilung ist, ob dem Arbeitgeber ein eigener Regelungsspielraum verbleibt;
– nach § 87 I Nr. 10 und 11 BetrVG (§ 235 RN 89ff., 109ff.) bei der Lohngestaltung.

41 **3. Wirtschaftliche Mitbestimmung.** Schließlich ist denkbar, dass im Rahmen der wirtschaftlichen Mitbestimmung (§§ 111ff. BetrVG) Mitwirkungsrechte bestehen. Die Einführung der Telearbeit stellt eine Betriebsänderung dar. Führt diese zu wirtschaftlichen Nachteilen für die Telearbeitnehmer, so kann der Betriebsrat nach § 112 BetrVG einen Sozialplan verlangen. Von Gewerkschaftsseite wird befürchtet, dass die Telearbeit zu einer Ausdünnung der Mitwirkungsrechte des Betriebsrats führt.[17]

V. Tarifvertrag

42 Für die Telearbeit sind bislang mehrere Tarifverträge u. a. bei der Telekom bekannt geworden. Nach ihm bleibt der Arbeitnehmerstatus unberührt, um die Scheinselbstständigkeit zu vermeiden (vgl. § 8). Die Einrichtung und die Beschäftigung auf Telearbeitsplätzen erfolgt freiwillig. Es darf keine Benachteiligung bei dem beruflichen Fortkommen eintreten. Die Arbeitszeit soll mit der größtmöglichen Flexibilität gestaltet werden.[18]

VI. Internationalisierung

Fenski, „Fünf-Stufen-Theorie" des BAG im Internationalen Privatrecht – dargestellt anhand der länderübergreifenden Telearbeit, FA 2000, 41; *Mankowski,* Internet und Telearbeit im Internationalen Arbeitsvertragsrecht, DB 99, 1854.

Internetadresse: http://europa.eu.

43 Die Telearbeit wird zu einer weiteren Internationalisierung des Arbeitsrechts führen. Ob der Telearbeitsplatz auf den Bahamas oder in einem Programmierzentrum in Neu-Delhi liegt, ist nur eine Frage der unternehmerischen Entscheidung. Das Arbeitsstatut richtet sich nach den in § 6 RN 6ff. dargestellten Grundsätzen. Hiernach gilt das vereinbarte Recht (Art. 30 EGBGB), mangels einer Vereinbarung gem. den in Art. 30 II EGBGB genannten Anknüpfungspunkten. Deutsches Tarifvertragsrecht kann zwar auch für im Ausland gelegene „Konzernunternehmen" geschaffen werden.[19] Das Betriebsverfassungsrecht ist aber auf das Gebiet der Bundesrepublik beschränkt.[20]

VII. Sozialversicherung

Spitzenorganisationen der SozVers., Beschäftigungsort i. S. d. Sozialversicherung, BB 2001, 684.

44 Telearbeitnehmer sind in der Renten-, Kranken- und Arbeitslosenversicherung versicherungspflichtig. Haben sie den Status von Heimarbeitern, ergibt sich die Versicherungspflicht aus den für diese geltenden Bestimmungen (s. § 11 RN 10ff.). In der Unfallversicherung können sich Abgrenzungsprobleme ergeben, was dem dienstlichen Bereich und was dem häuslichen Bereich zuzuordnen ist.[21] Zurzeit wird die Telearbeit überwiegend als sozialversicherungspflichtige Voll- oder Teilzeitbeschäftigung angeboten.

---

[17] *Fricke* AiB 97, 31.

[18] Vgl. zum Tarifvertrag: NZA 96, 189.

[19] BAG 11. 9. 1991 AP 29 zu Internat. Privatrecht, Arbeitsrecht = NZA 92, 321 (Goethe-Institut).

[20] BAG 16. 1. 1990 ZTR 90, 299; 7. 12. 1989 AP 27 zu Internat. Privatrecht, Arbeitsrecht = NZA 90, 658.

[21] Vgl. zu einem Unfall in der Wohnung auf dem Weg zum Arbeitsplatz LSG Nordrhein-Westfalen 19. 9. 2007 NZS 2008, 379.

XI. Buch. Schutz besonderer Personengruppen

1. Abschnitt. Gleichbehandlung männlicher und weiblicher Arbeitnehmer

§ 165. Entgeltgleichbehandlung von Männern und Frauen

Schrifttum: siehe § 33. – Speziell zur **Entgeltgleichheit:** *Lorenz,* Zur Lohngleichheit von Männern und Frauen, DB 96, 1234; *Schlachter,* Vergleichbare Arbeitnehmergruppe bei behaupteter Entgeltdiskriminierung, BB 2002, 2128; *Thüsing,* Gleicher Lohn für gleichwertige Arbeit, NZA 2000, 570; *Winter,* Mittelbare Diskriminierung bei gleichwertiger Arbeit, ZTR 2001, 7.

Übersicht

	RN
I. Rechtsgrundlagen	1, 2
II. Gemeinschaftsrechtlicher Grundsatz des gleichen Entgelts	3 ff.
1. Allgemeines	3, 4
2. Entgeltbegriff	5, 6
3. Unmittelbare Entgeltdiskriminierung	7–11
4. Mittelbare Entgeltdiskriminierung	12–15
5. Rechtsfolgen einer Diskriminierung	16
6. Beweislast	17–20
7. Zeitliche Wirkung des Verbots der Entgeltdiskriminierung	21–23

I. Rechtsgrundlagen

Nach Inkrafttreten des AGG sind die allgemeinen Fragen des Verbots der Benachteiligung wegen des Geschlechts im Zusammenhang mit der Darstellung des AGG behandelt (§ 33). Nachfolgend werden die besonderen Probleme der Benachteiligung weiblicher Beschäftigter beim Entgelt dargestellt. 1

Das BAG hat den Grundsatz der Entgeltgleichheit zunächst aus **Art. 3 III GG** hergeleitet.[1] Ein unmittelbarer Anspruch auf Entgeltgleichheit ergibt sich daneben aus **Art. 141 EG (ex Art. 119 EWG-Vertrag).** Gem. Art. 141 I EG stellt jeder Mitgliedstaat die Anwendung des Grundsatzes des gleichen Entgelts für Männer und Frauen bei gleicher Arbeit sicher. Gleichheit des Arbeitsentgelts ohne Diskriminierung auf Grund des Geschlechts bedeutet nach Art. 141 II 2 Buchst. b EG, dass für eine nach Zeit bezahlte Arbeit das Entgelt bei gleichem Arbeitsplatz gleich ist. 2

II. Gemeinschaftsrechtlicher Grundsatz des gleichen Entgelts

1. Allgemeines. Das in Art. 141 EG enthaltene Gebot gleichen Entgelts für Männer und Frauen bei gleicher Arbeit ist in den Mitgliedstaaten der EU und damit auch in Deutschland **unmittelbar geltendes Recht.** Der einzelne Arbeitnehmer kann sich gegenüber dem Arbeitgeber hierauf berufen.[2] 3

Bei einem Widerspruch zwischen Gemeinschaftsrecht und nationalem Recht hat das in Art. 141 EG enthaltene Gebot des gleichen Entgelts von Männern und Frauen bei gleicher Arbeit **Vorrang vor innerstaatlichen Regelungen.** Dieser Vorrang des Gemeinschaftsrechts gilt auch gegenüber Tarifverträgen.[3] Verstößt eine Tarifnorm gegen Art. 141 EG, ist der tarifgebundene Arbeitgeber zur Zahlung verpflichtet.[4] 4

2. Entgeltbegriff. Entgelt i. S. v. Art. 141 EG sind nach Abs. 2 dieser Bestimmung die üblichen **Arbeitslöhne und -gehälter,** die der Arbeitgeber auf Grund des Dienstverhältnisses dem 5

---

[1] BAG 1. 12. 1961 AP 70 zu Art. 3 GG.

[2] EuGH 17. 5. 1990 AP 20 zu Art. 119 EWG-Vertrag; 7. 9. 2004 AP 15 zu § 1 BetrAVG Gleichberechtigung = NZA 2005, 1239; ErfK/*Schlachter* Art. 141 EGV RN 2.

[3] EuGH 27. 6. 1990 AP 21 zu Art. 119 EWG-Vertrag = NZA 90, 771; BAG 3. 6. 1997 AP 35 zu § 1 BetrAVG Gleichbehandlung.

[4] HWK/*Strick* Art. 141 EGV RN 6.

Arbeitnehmer mittelbar oder unmittelbar in bar oder in Sachleistungen bezahlt.[5] Art. 141 EG gilt damit zunächst für Arbeitsentgelt im engeren Sinne, d.h. für den Stunden- oder Monatslohn. Er erfasst aber auch Stücklohnsysteme, bei denen das Entgelt ganz oder in wesentlichem Umfang vom Arbeitsergebnis des Arbeitnehmers abhängt.[6] Art. 141 EG ist weiterhin anwendbar auf alle sonstigen gegenwärtigen oder künftigen Vergütungen, vorausgesetzt, sie werden vom Arbeitgeber wenigstens mittelbar auf Grund des Dienstverhältnisses gewährt.[7] Gleiches gilt für eine monatliche Zulage, die den betroffenen Arbeitnehmern nach ihrem Einzelarbeitsvertrag zusteht und vom Arbeitgeber auf Grund des Beschäftigungsverhältnisses gezahlt wird,[8] sowie für Zulagen für ungünstige Arbeitszeiten.[9]

6 Unter den Entgeltbegriff des Art. 141 II EG fallen aber auch **Sonderzahlungen** und **Gratifikationen,**[10] insbes. auch **Weihnachtsgeld.**[11] Weiterhin gehören hierzu die **Entgeltfortzahlung** im Krankheitsfall,[12] **bezahlte Freistellungen von Betriebsratsmitgliedern** für Schulungsveranstaltungen[13] sowie die im Laufe eines Arbeitslebens erdienten **Betriebsrenten,**[14] und zwar auch dann, wenn die für die Betriebsrenten gezahlten Beiträge und die sich hieraus ergebenden Leistungen teilweise an die Stelle der Beiträge und Leistungen des gesetzlichen Altersrentensystems treten.[15] Auch **Zusatzleistungen,** die im Falle der Arbeitslosigkeit gewährt werden, **Entschädigungsleistungen bei betriebsbedingter Entlassung**[16] und nach Beendigung des Arbeitsverhältnisses gezahltes tarifliches **Übergangsgeld**[17] gehören nach der Rechtsprechung des EuGH zum Entgelt i. S. v. Art. 141 EG.

7 **3. Unmittelbare Entgeltdiskriminierung. a)** Art. 141 EG verbietet zunächst nur die unmittelbare Diskriminierung wegen des Geschlechts. Das ist jede Benachteiligung, bei der das **Geschlecht oder ein unmittelbar mit dem Geschlecht zusammenhängendes Kriterium** (z.B. Schwangerschaft) für die unterschiedliche Behandlung von Männern und Frauen maßgeblich ist (vgl. Art. 2 II der Richtlinie 76/207/EWG i.d.F. der Richtlinie 2002/73/EG, ab 15. 8. 2009 Richtlinie 2006/54/EG vom 5. 7. 2006[18]). Nach der Rechtsprechung des EuGH ist Art. 141 EG unmittelbar auf jede Art von Diskriminierung anwendbar, die sich schon allein anhand der in dieser Bestimmung verwendeten Merkmale „gleiche Arbeit" und „gleiches Entgelt" feststellen lässt, ohne dass gemeinschaftliche oder nationale Maßnahmen zur Bestimmung dieser Kriterien für deren Anwendung erforderlich wären.[19]

8 **b)** Zur Feststellung, ob Arbeitnehmer **gleiche oder als gleichwertig anzuerkennende Arbeit** verrichten, ist zu prüfen, ob diese Arbeitnehmer unter Zugrundelegung der Gesamtumstände, wie Art der Arbeit, Ausbildungsanforderungen und Arbeitsbedingungen, als in einer vergleichbaren Situation befindlich angesehen werden können. Wenn verschiedene Arbeitnehmergruppen, die nicht dieselbe Berufsberechtigung oder -qualifikation für die Ausübung ihres Berufes besitzen, eine anscheinend identische Tätigkeit ausüben, ist zu prüfen, ob sie – unter Berücksichtigung der Art der Aufgaben, die den einzelnen Arbeitnehmergruppen jeweils übertragen werden können, der an die Ausübung dieser Tätigkeit geknüpften Ausbildungserfordernisse und der Arbeitsbedingungen, unter denen die Tätigkeiten ausgeübt werden – eine gleiche Arbeit i.S. von Art. 141 EG ausüben. Die Berufsausbildung stellt somit nicht nur einen Faktor dar, der eine unterschiedliche Vergütung für Arbeitnehmer, welche die gleiche Arbeit verrichten, objektiv rechtfertigen kann. Sie gehört vielmehr auch zu den Kriterien, anhand deren sich feststellen lässt, ob die Arbeitnehmer die gleiche Arbeit verrichten.[20] Aus der tariflichen Ein-

---

[5] Vgl. dazu ErfK/*Schlachter* Art. 141 EGV RN 4f.; HWK/*Strick* Art. 141 EGV RN 8f.
[6] EuGH 31. 5. 1995 AP 68 zu Art. 119 EWG-Vertrag.
[7] EuGH 4. 6. 1992 AP 39 zu Art. 119 EWG-Vertrag; 13. 2. 1996 AP 74 zu Art. 119 EWG-Vertrag.
[8] EuGH 26. 6. 2001 AP 2 zu Art. 138 EG; BAG 21. 5. 2008 AP 1 zu § 15 BEEG = NZA 2008, 955.
[9] EuGH 30. 3. 2000 AP 15 zu EWG-Richtlinie 75/117.
[10] Vgl. EuGH 9. 9. 1999 AP 11 zu Art. 119 EWG-Vertrag.
[11] EuGH 21. 10. 1999 AP 14 zu Art. 119 EWG-Vertrag = NZA 99, 1325.
[12] EuGH 8. 9. 2005 AP 13 zu Art. 141 EG.
[13] EuGH 4. 6. 1992 AP 39 zu Art. 119 EWG-Vertrag.
[14] St. Rspr., vgl. BAG 17. 9. 2008 – 3 AZR 1061/06 z. V. v.; 20. 11. 1990 AP 8 zu § 1 BetrAVG Gleichberechtigung.
[15] EuGH 17. 5. 1990, 24. 10. 1996 AP 20, 75 zu Art. 119 EWG-Vertrag.
[16] EuGH 8. 6. 2004 EuGHE 2004 I S. 5907, 5952.
[17] EuGH 9. 12. 2004 AP 20 zu EWG-Richtlinie 75/117.
[18] ABl. Nr. L S. 23.
[19] EuGH 17. 5. 1990 AP 20 zu Art. 119 EWG-Vertrag; 14. 12. 1993 AP 16 zu § 1 BetrAVG Gleichbehandlung.
[20] EuGH 11. 5. 1999 AP 1 zu Art. 141 EG-Vertrag = NZA 99, 699.

gruppierung allein kann noch nicht auf gleiche oder gleichwertige Arbeit geschlossen werden.[21] Höhere Qualifikationen und bessere Leistungen können daher eine unterschiedliche Vergütung rechtfertigen. Da die besseren Leistungen feststellbar sein müssen, können sie eine unterschiedliche Vergütung zu Einstellungsbeginn grundsätzlich nicht begründen (dazu RN 15).[22]

c) Art. 141 EG **verbietet keine Ungleichbehandlung wegen der sexuellen Orientierung** eines Arbeitnehmers. Aus diesem Grund verstößt es nach Auffassung des EuGH nicht gegen Art. 119 EWG-Vertrag (nunmehr: Art. 141 EG), wenn sich ein Arbeitgeber weigert, einen Personalrabatt für eine Person des gleichen Geschlechts, mit welcher der Arbeitnehmer eine feste Beziehung unterhält, zu gewähren, während er eine solche Vergünstigung für den Ehepartner des Arbeitnehmers oder die Person des anderen Geschlechts, mit welcher der Arbeitnehmer eine feste nichteheliche Beziehung unterhält, erteilt.[23] Ob an dieser Rechtsprechung angesichts des in der Rahmenrichtlinie 2000/78/EG vom 27. 11. 2000 enthaltenen Verbots der Diskriminierung wegen der sexuellen Ausrichtung, das gem. Art. 3 I Buchst. c) der Richtlinie auch in Bezug auf das Arbeitsentgelt gilt, festgehalten werden kann, erscheint zweifelhaft.[24] 9

d) Eine Rechtsnorm verstößt gegen Art. 141 EG, wenn sie **an die Zugehörigkeit zu einem der beiden Geschlechter eine nachteilige Wirkung** knüpft, die unterschiedliche Entgelthöhe bei gleicher Arbeit also an das Geschlecht oder an geschlechtsspezifische Umstände gebunden ist. Eine unmittelbare Diskriminierung ist beispielsweise anzunehmen, wenn ein Tarifvertrag sog. „Frauenabschläge" enthält, die dazu führen, dass Frauen – bei im Übrigen gleicher oder gleichwertiger Arbeit – eine geringere Vergütung erhalten. Gleiches gilt, wenn Kindererziehungszeiten in der Rentenversicherung nur bei Müttern berücksichtigt werden, nicht aber bei Vätern, die nachweisen können, dass sie die Erziehung ihrer Kinder wahrgenommen haben.[25] Eine tarifliche Vergütungsregelung, die dazu führt, dass **Mutterschutzfristen** nicht in die Bemessungsgrundlage eines ergebnisbezogenen Entgelts einbezogen werden, beinhaltet die Vereinbarung einer geringeren Vergütung wegen des Geschlechts.[26] 10

e) In einigen Tarifverträgen ist die Diskriminierung von Frauen gegenüber Männern bei der Entgelthöhe durch ein Lohngruppensystem verdeckt, das an die **Schwere der körperlichen Arbeit** anknüpft. Den Erfordernissen des gemeinschaftsrechtlichen Lohngleichheitssatzes ist zwar grundsätzlich genügt, wenn zur Differenzierung der Lohnstufen ein Kriterium verwendet wird, das auf den objektiv messbaren, für die Verrichtung der Tätigkeit erforderlichen Krafteinsatz abstellt. Ein Entlohnungssystem muss jedoch, soweit die Art der Tätigkeit dies zulässt, um nicht insgesamt diskriminierend zu sein und damit den Grundsätzen der Lohngleichheitsrichtlinie 75/117/EWG zu entsprechen, so ausgestaltet sein, dass es andere Arbeitsplätze als gleichwertig anerkennt, bei denen auch weitere Kriterien berücksichtigt werden, die von Arbeitnehmerinnen besonders gut erfüllt werden können.[27] Hieran anschließend hat das BAG im Wege einer **gemeinschaftsrechtskonformen Auslegung** des tariflichen Lohngruppenmerkmals „schwere körperliche Arbeit" auf alle den Körper belastende Umstände abgestellt, die – so das BAG – bei Männern und Frauen zu körperlichen Reaktionen führen können. Zu den Umständen, die schwere körperliche Arbeit ausmachen, gehören u. a. die zur Verrichtung der Arbeit notwendige Körperhaltung sowie die nervliche oder sensorische Belastung durch Lärm bzw. taktgebundene oder repetitive Arbeit. Das Tarifmerkmal wird daher nicht nur durch starke muskelmäßige Belastung erfüllt.[28] 11

4. Mittelbare Entgeltdiskriminierung. Neben der unmittelbaren Diskriminierung erfasst Art. 141 EG auch die mittelbare Entgeltdiskriminierung (zum Begriff vgl. § 33 RN 32 ff.). Von praktischer Bedeutung war die mittelbare Entgeltdiskriminierung insbesondere bei **Teilzeitbeschäftigten.** Dort hat sie allerdings inzwischen ihre praktische Bedeutung weitestgehend verloren, weil § 4 I TzBfG ein ausdrückliches Verbot der Benachteiligung wegen der Teilzeitbeschäftigung enthält (dazu § 43 RN 35 ff.). Diese Bestimmung ist gegenüber Art. 141 EG vorrangig zu prüfen, weil sie den weiteren Anwendungsbereich hat. § 4 I TzBfG ist nicht auf Fälle der 12

[21] EuGH 26. 6. 2001 AP 2 zu Art. 138 EG = NZA 2002, 883.
[22] EuGH 26. 6. 2001 AP 2 zu Art. 138 EG = NZA 2002, 883.
[23] EuGH 17. 2. 1998 AP 9 zu Art. 119 EWG-Vertrag [Lisa Grant].
[24] Vgl. dazu nunmehr EuGH 1. 4. 2008 AP 9 zu Richtlinie 2000/78/EG [Maruko] = NZA 2008, 459.
[25] EuGH 19. 11. 2001 NZA 2002, 143.
[26] BAG 2. 8. 2006 AP 72 zu § 612 BGB = NZA 2006, 1411.
[27] Vgl. EuGH 1. 7. 1986 AP 13 zu Art. 119 EWG-Vertrag; zu Stücklohnsystemen vgl. EuGH 31. 5. 1995 AP 68 Art. 119 EWG-Vertrag.
[28] BAG 29. 7. 1992 AP 32 zu § 1 TVG Tarifverträge: Einzelhandel = NZA 93, 181.

Geschlechtsdiskriminierung beschränkt und erstreckt sich über die Gleichheit des Arbeitsentgelts hinaus auch auf die Gleichheit der sonstigen Arbeitsbedingungen.[29]

13 **a)** Eine Regelung, die mittelbar die Angehörigen eines Geschlechts benachteiligt, verstößt dann nicht gegen das gemeinschaftsrechtliche Diskriminierungsverbot aus Art. 141 EG, wenn die Benachteiligung durch **objektive Faktoren** gerechtfertigt ist, die nichts mit einer Diskriminierung wegen des Geschlechts zu tun haben.[30] Hierzu genügt freilich nicht jeder sachliche Grund. Die Rechtfertigungsgründe müssen einem **wirklichen Bedürfnis des Arbeitgebers** dienen und für die Erreichung dieses Ziels geeignet und erforderlich sein. Eine benachteiligende Maßnahme ist erforderlich, wenn zur Erreichung des Ziels kein milderes, gleich wirksames Mittel zur Verfügung steht.[31] Ein beachtlicher Grund für eine unterschiedliche Behandlung liegt beispielsweise vor, wenn das gewählte Mittel einem legitimen Ziel der Sozialpolitik des Mitgliedstaates der EU dient und zur Erreichung des rechtfertigenden Zieles erforderlich und geeignet ist.[32] Der Ausschluss der Teilzeitbeschäftigung bei der Berechnung des Dienstalters kann gerechtfertigt sein, wenn mit dem Dienstalter nach dem Regelungszweck Betriebstreue belohnt oder erworbenes Erfahrungswissen anerkannt werden soll. Das hat das jeweilige nationale Gericht festzustellen.[33]

14 Art. 141 EG und Art. 1 der Richtlinie 75/117/EWG stehen allerdings einer Regelung entgegen, nach der Teilzeitbeschäftigte ebenso wie Vollzeitbeschäftigte eine **Vergütung für Mehrarbeit** erst erhalten, wenn die Mehrarbeit drei Unterrichtsstunden im Kalendermonat übersteigt. Der EuGH begründet dies damit, dass Mehrarbeit von drei Unterrichtsstunden im Kalendermonat für Teilzeitbeschäftigte im Verhältnis zur individuellen Arbeitszeit eine stärkere Mehrbelastung darstelle als für Vollzeitbeschäftigte.[34] Dies steht nicht in Widerspruch zur Rechtsprechung des EuGH, wonach Vollzeit- und Teilzeitkräfte ungleich vergütet werden, wenn für jeweils die gleiche Stundenzahl nicht die gleiche Gesamtvergütung gezahlt wird.[35] Wird die von einem Vollzeitbeschäftigten und einem Teilzeitbeschäftigten geleistete Mehrarbeit als Arbeit definiert, die von den Beschäftigten über ihre individuelle Arbeitszeit hinaus geleistet wird, aber zu einem geringeren Satz vergütet als dem Stundensatz, der auf die innerhalb der individuellen Arbeitszeit geleistete Arbeit entfällt, erhält der Teilzeitbeschäftigte für die Arbeit, die er über seine individuelle Arbeitszeit hinaus bis zu der Stundenzahl leistet, die ein Vollzeitbeschäftigter im Rahmen seiner Arbeitszeit erbringen muss, eine geringere Vergütung als der Vollzeitbeschäftigte. Dies ist mit Art. 141 EG nicht vereinbar, wenn von allen Beschäftigten, für die diese Regelung gilt, ein erheblich höherer Prozentsatz weiblicher als männlicher Beschäftigter betroffen ist und die Ungleichbehandlung nicht durch Faktoren sachlich gerechtfertigt ist, die nichts mit einer Diskriminierung auf Grund des Geschlechts zu tun haben.[36]

15 **b)** Art. 141 EG verbietet nicht, Arbeitnehmer verschiedener Gruppen differenziert zu vergüten, wenn die unterschiedliche Vergütung auf Unterschieden zwischen den **individuellen Arbeitsergebnissen der Arbeitnehmer** beruht. Die unterschiedlichen Arbeitsleistungen sind dabei anhand gleicher Maßstäbe zu messen.[37] Der Arbeitgeber kann dagegen nicht in der Person des Arbeitnehmers liegende Umstände, die sich bei seiner Einstellung objektiv nicht bestimmen lassen, sondern sich erst während der konkreten Ausübung einer Tätigkeit herausstellen, als Rechtfertigung dafür anführen, dass für das Beschäftigungsverhältnis von Anfang an ein anderes Entgelt festgesetzt worden ist, als einem Kollegen des anderen Geschlechts, der eine gleiche oder vergleichbare Arbeit verrichtet, gezahlt wird. Zu solchen Umständen gehören die persönliche **Leistungsfähigkeit oder die Qualität der tatsächlich erbrachten Leistungen des Arbeitnehmers.** Diese Gründe sind denknotwendig bei Abschluss der Vergütungsvereinbarungen für den Arbeitgeber nicht bestimmend.[38] Ein Vergütungssystem darf die Vergütungshöhe von der Dauer der tatsächlichen Beschäftigungszeit abhängig machen und damit Zeiten des Ruhens des

---

[29] BAG 24. 9. 2008 NZA-RR 2009, 221; MünchKommBGB/*Müller-Glöge* § 4 TzBfG RN 15; ErfK/*Preis* § 4 TzBfG RN 15.

[30] EuGH 6. 2. 1996 AP 72 zu Art. 119 EWG-Vertrag.

[31] EuGH 13. 5. 1986 AP 10 zu Art. 119 EWG-Vertrag; 26. 6. 2001 AP 2 zu Art. 138 EG = NZA 2002, 883.

[32] EuGH 6. 2. 1996 AP 72 zu Art. 119 EWG-Vertrag.

[33] EuGH 10. 3. 2005 AP 14 zu Art. 141 EG.

[34] EuGH 27. 5. 2004 AP 10 zu Art. 141 EG = NZA 2004, 783.

[35] Dazu EuGH 15. 12. 1994 AP 7 zu § 611 BGB Teilzeit = NZA 95, 218.

[36] EuGH 2. 12. 2007 AP 17 zu Art. 141 EG = NZA 2008, 31.

[37] EuGH 31. 5. 1995 AP 68 zu Art. 119 EWG-Vertrag.

[38] EuGH 26. 6. 2001 AP 2 zu Art. 138 EG = NZA 2002, 883.

Arbeitsverhältnisses während der Elternzeit unberücksichtigt lassen, wenn mit der tatsächlichen Arbeitsleistung ein Zuwachs an Erfahrungswissen verbunden ist, der durch das Entgelt vergütet werden soll.[39] Da der Rückgriff auf das Dienstalter in der Regel zur Erreichung des legitimen Ziels geeignet ist, die Berufserfahrung zu honorieren, die den Arbeitnehmer befähigt, seine Arbeit besser zu verrichten, hat der Arbeitgeber in einem solchen Fall nicht besonders darzulegen, dass der Rückgriff auf dieses Kriterium zur Erreichung des genannten Ziels in Bezug auf einen bestimmten Arbeitsplatz geeignet ist. Art. 141 EG steht dem Rückgriff auf das Kriterium des Dienstalters als entgeltbestimmenden Faktor nicht entgegen.[40]

5. Rechtsfolgen einer Diskriminierung. Ein Verstoß gegen Art. 141 EG führt zunächst zur **Unanwendbarkeit der diskriminierenden Bestimmung.** Für die benachteiligten Arbeitnehmer besteht jedoch kein rechtloser Zustand. Die diskriminierten Arbeitnehmer sind vielmehr grundsätzlich so zu stellen wie die begünstigten.[41] Bei diskriminierenden Entlohnungsregelungen haben daher die benachteiligten Arbeitnehmer Anspruch auf die gleiche – bei kürzerer Arbeitszeit anteilige – Vergütung wie die begünstigten Arbeitnehmer. 16

6. Beweislast. a) Grundsätzlich trägt der **Arbeitnehmer** die Beweislast für das Vorliegen einer Diskriminierung wegen des Geschlechts. Es ist seine Sache, mit allen rechtlich vorgesehenen Mitteln zu beweisen, dass der Arbeitgeber ihm ein niedrigeres Entgelt zahlt als einem zum Vergleich herangezogenen Kollegen des anderen Geschlechts. Der Arbeitnehmer hat weiterhin darzulegen und zu beweisen, dass er tatsächlich die gleiche oder eine gleichwertige Arbeit verrichtet, so dass er dem ersten Anschein nach Opfer einer nur mit dem unterschiedlichen Geschlecht erklärbaren Diskriminierung ist. Die Beweislast dreht sich jedoch nach der Rechtsprechung des EuGH um, wenn Arbeitnehmer, die dem ersten Anschein nach diskriminiert sind, sonst kein wirksames Mittel hätten, die Einhaltung des Grundsatzes des gleichen Entgelts durchzusetzen.[42] Diese Rechtsprechung des EuGH ist in der **Richtlinie 97/80/EG** über die Beweislast bei Diskriminierung auf Grund des Geschlechts vom 15. 12. 1997 zusammengefasst worden (ab 15. 8. 2009 Art. 19 der Richtlinie 2006/54/EG). 17

b) Dem Arbeitgeber obliegt ferner auch dann der Nachweis, dass seine Lohnpolitik nicht diskriminierend ist, wenn er ein **Entlohnungssystem anwendet, dem jede Durchschaubarkeit fehlt,** und ein Arbeitnehmer darlegt, eine größere Zahl von Arbeitnehmern seines Geschlechts verdiene durchschnittlich weniger als Arbeitnehmer des anderen Geschlechts. In einem solchen System können die Arbeitnehmerinnen nämlich die verschiedenen Bestandteile ihres Gehalts nicht mit denen ihrer männlichen Kollegen, die derselben Gehaltsgruppe angehören, vergleichen, sondern nur Unterschiede zwischen Durchschnittsgehältern feststellen, so dass sie praktisch kein wirksames Mittel hätten, die Beachtung des Grundsatzes des gleichen Entgelts zu kontrollieren, wenn der Arbeitgeber nicht angeben müsste, wie er die Zulagekriterien angewandt hat.[43] 18

Hiervon zu unterscheiden ist jedoch ein Sachverhalt, in dem es um eine **Ungleichheit eines bestimmten Bestandteils des Gesamtentgelts** geht, das ein Arbeitgeber zwei einzelnen Arbeitnehmern unterschiedlichen Geschlechts zahlt. Hier ist es Sache der Arbeitnehmerin zu beweisen, dass der Arbeitgeber ihr ein niedrigeres Entgelt zahlt als ihrem zum Vergleich herangezogenen männlichen Kollegen und sie tatsächlich die gleiche oder eine gleichwertige Arbeit verrichtet, so dass sie dem ersten Anschein nach Opfer einer nur mit dem unterschiedlichen Geschlecht erklärbaren Diskriminierung ist. In einem solchen Fall muss also nicht der Arbeitgeber nachweisen, dass die Tätigkeiten der beiden betroffenen Arbeitnehmer verschieden sind. Dabei kann aus der Eingruppierung der betroffenen Arbeitnehmer in dieselbe Tätigkeitsgruppe des anwendbaren Tarifvertrags allein noch nicht gefolgert werden, dass sie die gleiche oder eine gleichwertige Arbeit verrichten.[44] 19

c) Wenn der erste Anschein für eine Diskriminierung spricht, könnte der Arbeitgeber bestreiten, dass die von den beiden betroffenen Arbeitnehmern tatsächlich ausgeübten Tätigkeiten gleichwertig sind.[45] Sind die Tätigkeiten gleichwertig, hat der **Arbeitgeber** nachzuweisen, dass 20

---

[39] BAG 21. 5. 2008 AP 1 zu § 15 BEEG = NZA 2008, 955.
[40] EuGH 3. 10. 2006 AP 15 zu Art. 141 EG [Cadman]= NZA 2006, 1205.
[41] EuGH 27. 6. 1990 AP 21 zu Art. 119 EWG-Vertrag; 7. 2. 1991 AP 25 zu § 23 a BAT.
[42] EuGH 27. 10. 1994 EzA 20 zu Art. 119 EWG-Vertrag; 26. 6. 2001 AP 2 zu Art. 138 EG = NZA 2002, 883.
[43] EuGH 17. 10. 1989 AP 19 zu Art. 119 EWG-Vertrag [Danfoss]; 27. 10. 1994 EzA 20 zu Art. 119 EWG-Vertrag; 26. 6. 2001 AP 2 zu Art. 138 EG = NZA 2002, 883.
[44] EuGH 26. 6. 2001 AP 2 zu Art. 138 EG = NZA 2002, 883.
[45] EuGH 26. 6. 2001 AP 2 zu Art. 138 EG = NZA 2002, 883.

es **sachliche Gründe für die unterschiedlichen Arbeitsvergütungen** gibt.[46] Hierzu müsste der Arbeitgeber beispielsweise darlegen und ggf. beweisen, dass die festgestellte unterschiedliche Entlohnung durch objektive Faktoren, die nichts mit einer Diskriminierung auf Grund des Geschlechts zu tun haben, gerechtfertigt ist, indem er darlegt und beweist, dass die Zahlung eines höheren monatlichen Entgelts an den zum Vergleich herangezogenen Kollegen des anderen Geschlechts auf einem geschlechtsunabhängigen Unterschied beruht.[47]

21 **7. Zeitliche Wirkung des Verbots der Entgeltdiskriminierung.** In seinem Urteil vom 8. 4. 1976[48] hat der EuGH die **zeitlichen Wirkungen des damaligen Art. 119 EWG-Vertrag (heute Art. 141 EG) beschränkt.** Aus zwingenden Erwägungen der Rechtssicherheit können keine Ansprüche auf die unmittelbare Geltung des Art. 119 EWG-Vertrag gestützt werden, die vor dem Tag der Verkündung des Urteils, dem 8. 4. 1976, liegende Lohn- oder Gehaltsperioden betreffen, soweit Arbeitnehmer nicht bereits Klage erhoben oder einen entsprechenden Rechtsbehelf eingelegt haben.

22 Unterschiedliche Berechnungen einer **Betriebsrente,** die auf der Voraussetzung eines geschlechtsbezogenen **unterschiedlichen Rentenalters** beruhen, verstoßen gegen das in Art. 141 EG enthaltene europarechtliche Gebot der Entgeltgleichheit für die Geschlechter. Soweit nationales Recht dem Gemeinschaftsrecht entgegensteht, wird es verdrängt. Das Gemeinschaftsrecht ist vorrangig anzuwenden.[49] Das gemeinschaftsrechtliche Gebot der Entgeltgleichheit von Männern und Frauen kann gegen die aus einer unterschiedlichen Altersgrenze resultierende Ungleichheit jedoch nur für den Teil der betrieblichen Rentenleistung in Anspruch genommen werden, der auf Beschäftigungszeiten nach dem Erlass des Barber-Urteils am 17. 5. 1990 beruht.[50] In diesem Urteil hat der EuGH angenommen, niemand könne sich auf die unmittelbare Geltung des Art. 119 EWG-Vertrag berufen, um mit Wirkung von einem Zeitpunkt vor Erlass dieses Urteils, d. h. dem 17. 5. 1990, einen Rentenanspruch geltend zu machen, soweit nicht bereits Klage erhoben oder ein entsprechender Rechtsbehelf eingelegt worden sei. Später hat der EuGH seine Rechtsprechung konkretisiert und ausgeführt, die zeitliche Beschränkung der Wirkungen des Urteils „Barber" betreffe nur die Formen von Diskriminierung, die der Arbeitgeber und die Rentensysteme auf Grund der vorübergehenden Ausnahmeregelungen, die das auf Betriebsrenten anwendbare Gemeinschaftsrecht vorsahen, vernünftigerweise als zulässig ansehen konnten.[51]

23 Anders zu entscheiden ist jedoch für den **Anspruch auf Anschluss an Betriebsrentensysteme.** Bereits 1986 hatte der EuGH in der „Bilka-Entscheidung" festgestellt, dass Leistungen des Arbeitgebers aus einer betrieblichen Altersversorgung, die nicht unmittelbar auf einem Gesetz beruhen, Entgelt i. S. v. Art. 119 EWG-Vertrag sind.[52] Deshalb geht der EuGH heute zur Frage der Rückwirkung von Ansprüchen auf Anschluss an Betriebsrentensysteme davon aus, es gebe keinen Anhaltspunkt dafür, dass sich die Arbeitgeber über die Anwendbarkeit des Art. 119 EWG-Vertrag auf Betriebsrentensysteme irren konnten.[53] Da die Wirkungen des „Bilka-Urteils" zeitlich nicht beschränkt worden seien, könne ein Arbeitnehmer seinen Anspruch auf Anschluss an ein Betriebsrentensystem aus Gleichbehandlung nach Art. 119 bzw. heute Art. 141 EG rückwirkend bis zum Tag des Erlasses des „Defrenne-Urteils"[54] geltend machen.[55]

---

[46] EuGH 31. 5. 1995 AP 68 zu Art. 119 EWG-Vertrag.
[47] EuGH 26. 6. 2001 AP 2 zu Art. 138 EG = NZA 2002, 883.
[48] NJW 76, 2068 – [Defrenne II].
[49] BAG 17. 9. 2008 – 3 AZR 1061/06 z. V. v.
[50] EuGH 17. 5. 1990 AP 20 zu Art. 119 EWG-Vertrag – „Barber".
[51] EuGH 28. 9. 1994 AP 56 zu Art. 119 EWG-Vertrag und EzA 23 zu Art. 119 EWG-Vertrag – [Vroege] und [Fisscher] sowie EuGH 24. 10. 1996 AP 75 zu Art. 119 EWG-Vertrag – [Dietz]; dazu auch BAG 23. 5. 2000 AP 47 zu § 1 BetrAVG Gleichbehandlung.
[52] EuGH 13. 5. 1986 AP 10 zu Art. 119 EWG-Vertrag.
[53] EuGH 24. 10. 1996 AP 75 zu Art. 119 EWG-Vertrag – [Dietz].
[54] EuGH 8. 4. 1976 NJW 76, 2068.
[55] EuGH 10. 2. 2000 AP 18 zu Art. 119 EG-Vertrag.

2. Abschnitt. Schwangerschaft

§ 166. Mutterschutzrecht

Kommentare und Monografien: *Aubel,* Der verfassungsrechtliche Mutterschutz, 2003; *Buchner/Becker,* MuSchG und BEEG, 8. Aufl., 2008; *Eisel,* Kommentar zum Mutterschutzgesetz, Mutterschutz nach MuSchG, Mutterschaftshilfe nach dem SGB, Loseblattausgabe; *Graue,* Mutterschutzgesetz 2002; *Gröninger/Thomas,* Mutterschutzgesetz, Loseblattkommentar, (2004); *Meisel/Sowka,* Mutterschutz und Erziehungsurlaub, 5. Aufl., 1999; *Rancke* (Hrsg.), Mutterschutz, Elterngeld, Elternzeit, 2007; *Töns,* Mutterschaftshilfe und Mutterschutz, Loseblattkommentar (1997); *Willikonsky,* Kommentar zum Mutterschutzgesetz, 2. Aufl., 2007; *Winkler,* Die Risiko- und Lastenverteilung im Mutterschutzrecht, 2002; *Zmarzlik/Zipperer/Viethen/Vieß,* Mutterschutzgesetz, Mutterschaftsleistungen – mit Mutterschutzverordnung, 9. Aufl., 2006.

Aufsätze (ab 2000): *Bennecke,* Mutterschutz trotz Kündigung nach Ablauf der Schutzzeit, EuZA 2008, 385; *Friese,* Das neue Mutterschutzrecht, NJW 2002, 3208; *Glatzel,* Mutterschutz, AR-Blattei, SD 1220.1 (2003); *Graue,* Das neue Mutterschutzrecht, AiB 2002, 589; *Jacklofsky,* Vorzeitige Entbindungen gleichgestellt, AuA 2002, 298; *Jenak,* Zuschüsse und Leistungen, AuA 2006, 224; *Joussen,* Das neue Mutterschutzrecht, NZA 2002, 702; *Moderegger,* Entwurf eines zweiten Gesetzes zur Änderung des Mutterschutzrechts – Kritische Auseinandersetzung mit den geplanten wesentlichen Änderungen, ArbRB 2002, 111; *Peters-Lange/Rolfs,* Reformbedarf und Reformgesetzgebung im Mutterschutz- und Erziehungsgeldrecht, NZA 2000, 682; *Schäfer,* „Schwebende Wirksamkeit" von Kündigungen, NZA 2004, 833; *Schimmelpfennig-Schütte,* Mutterschutz und Infektionskrankheiten, NZA 2006, 21; *Schliemann,* Neuere höchstrichterliche Rechtsprechung zum Mutterschutz, NZA-RR 2000, 113; *Spickhoff,* Der Mutterschutz bei Infektionsgefahren zwischen Fürsorge und bevormundender Fremdbestimmung, FS Richardi, 2007, S. 421; *Tege,* Facelifting nach fünfzig Jahren – das Mutterschutzgesetz in der Bundesrepublik Deutschland, BB 2002, 2602; *Will,* Änderung des Mutterschutzgesetzes, FA 2002, 268.

Internetadresse: http://www.bundesregierung.de (Stichwort: Mutterschutz).

I. Allgemeines

Kernstück des Mutterschutzrechts ist das MuSchG i. d. F. vom 5. 12. 2006 (BGBl. I S. 2748). 1
Hierdurch wird Frauen, die in einem Arbeitsverhältnis beschäftigt sind, ein **Schutz vor Gefahren für Leben und Gesundheit** für die Dauer der Schwangerschaft und die ersten Wochen nach der Entbindung gewährt. Weiterhin schützt das Mutterschutzrecht die Schwangere bzw. Mutter vor und nach der Entbindung vor **Verdiensteinbußen** und **Kündigungen.**

Die Notwendigkeit eines besonderen Mutterschutzes für Arbeitnehmerinnen folgt **gemeinschaftsrechtlich** aus der Richtlinie 92/85/EWG des Rates vom 19. 10. 1992 über die Durchführung von Maßnahmen zur Verbesserung der Sicherheit und des Gesundheitsschutzes von schwangeren Arbeitnehmerinnen, Wöchnerinnen und stillenden Arbeitnehmerinnen am Arbeitsplatz (Mutterschutzrichtlinie)[1] sowie **verfassungsrechtlich** aus Art. 6 IV GG.[2] Daneben gibt es mehrere **internationale Übereinkommen** zum Mutterschutz.[3] 2

Der Umsetzung der Mutterschutzrichtlinie 92/85/EWG dient auch die Verordnung zur ergänzenden Umsetzung der EG-Mutterschutz-Richtlinie (**Mutterschutzverordnung** – MuSchV) vom 15. 4. 1997 (BGBl. I S. 782) mit spät. Änd.[4] Hierdurch wird vor allem die Gefährdungsbeurteilungspflicht des Arbeitgebers aus § 5 ArbSchG verstärkt. 3

Für **Beamtinnen** des Bundes gilt die VO über den Mutterschutz für Beamtinnen i. d. F. vom 25. 4. 1997 (BGBl. I S. 986) mit späteren Änd.; für weibliche Offiziere und Sanitäter, Soldatinnen gilt die MutterschutzVO für Soldatinnen vom 2. 10. 1997 (BGBl. I S. 2453) mit späteren Änd.; für Beamtinnen der Länder gelten LandesVOen. 4

---

[1] 10. Einzelrichtlinie i. S. des Art. 16 Abs. 1 der Richtlinie 89/391/EWG, ABl. EG L 348 S. 1; hierzu *Hanau/Steinmeyer/Wank,* Handbuch des europäischen Arbeits- und Sozialrechts, § 18 RN 364 ff.; *Krimphove,* Europäisches Arbeitsrecht, 2. Aufl. RN 491 ff.; *Zmarzlik* DB 94, 96.

[2] Vgl. BVerfG 25. 1. 1972 BVerfGE 32, 273 = NJW 72, 572; *Buchner/Becker* Einf. RN 59 ff.

[3] Übereinkommen Nr. 3 der Internationalen Arbeitsorganisation betreffend die Beschäftigung der Frauen vor und nach der Niederkunft von 1919 (G. v. 16. 7. 1927, RGBl. II S. 497) und Ratifikationsbekanntmachung v. 26. 11. 1927 (RGBl. II S. 1124) sowie Bekanntmachung v. 5. 6. 1952 (BGBl. II S. 607; die Neufassung Nr. 103 von 1952 ist nicht ratifiziert; Übereinkommen zum Mutterschutz v. 15. 6. 2000 (Nr. 183). Einzelheiten vgl. *Buchner/Becker* Einf. RN 41 ff.; *Weber* RdA 75, 229.

[4] *Kollmer* AR-Blattei SD 1220.2; *Sowka* NZA 97, 927.

II. Geltungsbereich des MuSchG

5 **1. Örtlicher Geltungsbereich.** Das MuSchG findet grundsätzlich unabhängig von der Staatsangehörigkeit der Arbeitnehmerin[5] und des Arbeitgebers Anwendung, wenn der **Arbeitsort in Deutschland** liegt. Dem steht die vereinbarte Geltung ausländischen Rechts nicht entgegen, weil die Vorschriften des MuSchG zwingendes Recht i. S. d. Art. 30 I EGBGB sind. Somit ist es auch anzuwenden, wenn die Frau im Ausland wohnt, jedoch in Deutschland beschäftigt ist (Grenzgängerin),[6] wenn sie bei den Stationierungsstreitkräften[7] oder bei den sog. Exterritorialen[8] (ausländische Botschaft oder Gesandtschaft) arbeitet. Liegt der Arbeitsort einer deutschen Arbeitnehmerin im Ausland und hat sie die Geltung ausländischen Rechts mit einem Arbeitgeber vereinbart, der in Deutschland wirtschaftlich tätig ist, kommen die Bestimmungen des MuSchG nur dann zur Anwendung, wenn es sich hierbei um Eingriffsnormen i. S. d. Art. 34 EGBGB handelt. Dies ist für jede einzelne Vorschrift des Gesetzes gesondert zu prüfen und für § 14 I MuSchG bejaht worden.[9] Liegt der Arbeitsort der Frau im Ausland, ist das MuSchG in der Regel auch dann nicht anwendbar, und zwar auch dann, wenn Arbeitnehmerin und Arbeitgeber im Inland wohnen und beide die deutsche Staatsangehörigkeit besitzen, es sei denn, es liegt eine vorübergehende Entsendung ins Ausland vor[10] oder das Arbeitsverhältnis ist vertraglich dem deutschen Arbeitsrecht unterstellt.

6 **2. Sachlicher Geltungsbereich.** Das MuSchG findet in **Betrieben und Verwaltungen aller Art,** insbes. auch in Tendenzbetrieben sowie für Beschäftigte in Familienhaushalten, in der Landwirtschaft und in der See- und Luftfahrt Anwendung.[11] Die Geltung des MuSchG ist nicht von einer bestimmten Betriebsgröße abhängig.

7 **3. Persönlicher Geltungsbereich.** Der gesetzliche Mutterschutz gilt für alle Arbeitnehmerinnen und gemäß § 10 II BBiG weibliche Auszubildenden, gleichgültig, ob sie als Arbeiterinnen, Angestellte,[12] Anlernlinge, Volontärinnen, Praktikantinnen oder in einem ähnlichen Ausbildungsverhältnis, z. B. Lernschwester, angestellt sind und ob das Arbeitsverhältnis zur Probe, zur Aushilfe, auf Dauer, auf haupt- oder nebenberufliche Voll- oder Teilzeitbeschäftigung angelegt ist. Maßgeblich ist der allgemeine Arbeitnehmerbegriff (dazu § 8). Das MuSchG ist nach § 1 Nr. 2 MuSchG auch auf in Heimarbeit Beschäftigte und ihnen Gleichgestellte anwendbar, soweit sie am Stück mitarbeiten. Bei mittelbaren Arbeitsverhältnissen (§ 183) muss es grundsätzlich sowohl vom Mittelsmann wie vom Unternehmer beachtet werden.[13] In Leiharbeitsverhältnissen (§ 120) treffen den Verleiher die Vergütungspflichten, Beschäftigungs- und Kündigungsverbote, den Entleiher die Beachtung der Beschäftigungsverbote.[14] In faktischen Arbeitsverhältnissen (§ 36) sind die öffentlich-rechtlichen Arbeitsschutzvorschriften (§§ 2 bis 8, § 16 MuSchG) anzuwenden, weil sie an die bloße Beschäftigung anknüpfen. Soweit die Arbeitnehmerin im Rahmen des faktischen Arbeitsverhältnisses gearbeitet hat, kann sie für die geleistete Arbeit Vergütung verlangen. Gleiches gilt für Ansprüche nach §§ 11, 14 MuSchG, wenn die Frau nur wegen eines Beschäftigungsverbots nicht gearbeitet hat und die Parteien ihre Rechtsbeziehungen wie ein fehlerfrei zustande gekommenes Arbeitsverhältnis behandelt haben.[15] Dagegen gilt der Kündigungsschutz nach § 9 MuSchG nicht, weil kein Arbeitsverhältnis besteht.[16] Probleme entstehen im Rahmen des Weiterbeschäftigungsanspruchs. Hier ist zu differenzieren. Bei einer Weiterbeschäftigung nach § 102 V BetrVG gelten die Vorschriften des MuSchG bis zur rechtskräftigen

---

[5] Es besteht ein Diskriminierungsverbot für Ausländerinnen, das für Frauen aus Mitgliedstaaten der EU aus Art. 39 Abs. 2 EG und für andere aus § 75 BetrVG bzw. § 67 BPersVG und Art. 12 GG folgt; vgl. *Buchner/Becker* § 1 MuSchG RN 4.

[6] MünchArbR/*Birk* § 20 RN 175; *Buchner/Becker* § 1 MuSchG RN 132; ErfK/*Schlachter* § 1 MuSchG RN 5.

[7] *Buchner/Becker* § 1 MuSchG RN 126; vgl. hierzu Art. IX. Abs. 4 des NATO-Truppenstatuts v. 19. 6. 1951 (BGBl. 1961 II S. 1190; 1963 II S. 745) und Art. 56 I lit. a Zusatzabkommen vom 3. 8. 1959 (BGBl. 1961 II S. 1218). Wegen der Einzelheiten zu Klagen siehe *Beitzke* RdA 68, 1.

[8] *Buchner/Becker* § 1 MuSchG RN 133.

[9] BAG 12. 12. 2001 AP 10 zu Art. 30 EGBGB = NZA 2002, 734.

[10] *Buchner/Becker* § 1 MuSchG RN 137 ff.

[11] Z. T. sind namentlich in den letzten Fällen Einschränkungen gemacht. Diese werden im Zusammenhang erörtert.

[12] BVerwG 26. 8. 1970 AP 32 zu § 9 MuSchG.

[13] *Gröninger/Thomas* § 1 RN 15.

[14] *Buchner/Becker* § 1 MuSchG RN 48.

[15] BAG 19. 12. 1966 AP 3 zu § 12 MuSchG.

[16] BAG 19. 12. 1966 AP 3 zu § 12 MuSchG.

Entscheidung des Kündigungsschutzprozesses. Gleiches gilt bei einer einvernehmlichen Weiterbeschäftigung bis zum Ablauf des Kündigungsrechtsstreits. Erfolgt die Weiterbeschäftigung dagegen nach Maßgabe des vom Großen Senat des BAG[17] entwickelten allgemeinen Weiterbeschäftigungsanspruchs, gelten für die Zeit der tatsächlichen Beschäftigung der Arbeitnehmerin die Beschäftigungsverbote. Da dieser Weiterbeschäftigungsanspruch nach der Rechtsprechung des BAG nur auf tatsächliche Beschäftigung gerichtet ist und die ausgetauschten Leistungen nach Bereicherungsrecht rückabzuwickeln sind, wenn die Kündigung wirksam ist (dazu § 125 RN 23),[18] bestehen keine Vergütungsansprüche nach §§ 11 und 14 MuSchG.

4. Unanwendbar ist das MuSchG auf **arbeitnehmerähnliche Personen** (§ 9),[19] selbstständige Gewerbetreibende, Organmitglieder juristischer Personen,[20] vertretungsberechtigte Gesellschafterinnen von Personengesellschaften, Frauen, die lediglich auf Grund familienrechtlicher Verpflichtung Familienarbeit leisten[21] oder die aus karitativen bzw. religiösen Gründen außerhalb eines Arbeitsverhältnisses Dienstleistungen erbringen, Beamtinnen (oben RN 4), weibliche Offiziere im Sanitätsdienst usw. 8

§ 167. Mitteilungspflichten der Schwangeren

1. Mitteilung der Schwangerschaft. Nach § 5 I 1 MuSchG sollen Schwangere, sobald ihnen ihr Zustand bekannt ist, dem Arbeitgeber ihre Schwangerschaft und den mutmaßlichen Tag der Entbindung mitteilen. Eine bestimmte Form sieht das Gesetz nicht vor, die Mitteilung kann daher auch mündlich erfolgen. Die Mitteilung ist eine **geschäftsähnliche Handlung,** auf die § 130 BGB entsprechend anwendbar ist; d. h., sie wird wirksam mit Zugang beim Arbeitgeber.[1] Es reicht aber auch aus, wenn sie seinem **Vertreter** in personellen Angelegenheiten (z. B. Personalabteilung) oder dem Dienstvorgesetzten zugeht.[2] Nicht ausreichend ist die Unterrichtung eines nur fachlich vorgesetzten Arbeitnehmers (z. B. Vorarbeiter).[3] Der Arbeitgeber muss die Mitteilung auch dann gegen sich gelten lassen, wenn er sie wegen Verwendung **medizinischer Fachausdrücke** (Hyperemesis gravid = Erbrechen während der Schwangerschaft; Gravidität = Schwangerschaft) missverstanden hat.[4] Die Mitteilung muss nicht durch die Schwangere persönlich, sondern kann auch durch eine Vertreterin erfolgen. Die Mitteilung soll erfolgen, sobald der Arbeitnehmerin die Schwangerschaft bekannt ist. Der Arbeitnehmerin ist es allerdings gesetzlich nicht verwehrt, erst zu Beginn eines Beschäftigungsverbots nach § 3 MuSchG den Arbeitgeber über die Schwangerschaft zu unterrichten.[5] 1

2. Rechtspflicht. a) Die Mitteilungspflicht des § 5 I 1 MuSchG ist **nicht als Rechtspflicht** ausgestaltet, sondern beinhaltet lediglich eine nachdrückliche Empfehlung an die Arbeitnehmerin im Interesse ihrer und der Gesundheit des Kindes.[6] Im Rahmen des bestehenden Arbeitsverhältnisses ist aus arbeitsvertraglicher Rücksichtnahmepflicht (§ 53) die Schwangere jedoch dann zur unverzüglichen Mitteilung verpflichtet, wenn berechtigte Arbeitgeberinteressen berührt sind.[7] Dies kann z. B. der Fall sein, wenn Beschäftigungsverbote zur Anwendung kommen und die Arbeitsvertretung der Schwangeren einer erheblichen Einarbeitungszeit bedarf oder wenn das Arbeitsverhältnis nach Eintritt der Schwangerschaft sinnvoll (Sportlehrerin, Artistin usw.) nicht mehr durchgeführt werden kann. In diesen Fällen kann die Schwangere bei verspäteter oder völliger Unterlassung der Mitteilung gem. § 280 BGB schadensersatzpflichtig wer- 2

[17] BAG GS 27. 2. 1985 AP 14 zu § 611 BGB Beschäftigungspflicht = NZA 85, 702.

[18] Dazu BAG 10. 3. 1987 AP 1 zu § 611 BGB Weiterbeschäftigung = NZA 87, 373.

[19] Heimarbeiter zählen zwar zu den arbeitnehmerähnlichen Personen, sind aber ausdrücklich in den Geltungsbereich einbezogen (§ 1 Nr. 2 MuSchG).

[20] Soweit nicht ausnahmsweise ein Arbeitsverhältnis vorliegt, vgl. § 14; dann greift der Schutz des MuSchG ein, vgl. *Buchner/Becker* § 1 RN 95.

[21] Anders ist es, wenn Mitarbeit auf Arbeitsvertrag beruht.

[1] BAG 15. 11. 1990 AP 17 zu § 9 MuSchG 1968 = NZA 91, 669.

[2] Ausreichend: Personalsachbearbeiterin (BAG 13. 4. 1956 AP 9 zu § 9 MuSchG; ähnlich LAG Köln 30. 6. 1994 NZA 95, 995 zur Unterrichtung über eine Schwerbehinderung); Filialleiterin (LAG Düsseldorf DB 65, 223); leitende Angestellte, die auch zur Kündigung berechtigt wären (BAG 18. 2. 1965 AP 26 zu § 9 MuSchG).

[3] BAG 18. 2. 1965 AP 26 zu § 9 MuSchG.

[4] BAG 13. 4. 1956 AP 9 zu § 9 MuSchG.

[5] Ebenso *Buchner/Becker* § 5 MuSchG RN 4.

[6] BAG 6. 6. 1974 AP 3 zu MuSchG 1968; 13. 6. 1996 AP 22 zu § 9 MuSchG 1968 = NZA 96, 1154.

[7] *Meisel/Sowka* § 5 MuSchG RN 3 ff.; HWK/*C. W. Hergenröder* § 5 MuSchG RN 2.

den.[8] Sie handelt aber nicht schuldhaft, wenn sie trotz Kenntnis vom Bestehen einer Schwangerschaft mit der entspr. Mitteilung abwartet, bis sie vom Arzt eine Bestätigung der Schwangerschaft erhält.[9]

2a **b)** Eine Arbeitnehmerin, die dem Arbeitgeber das Bestehen einer Schwangerschaft mitgeteilt hat, ist verpflichtet, ihn unverzüglich zu unterrichten, wenn die **Schwangerschaft vorzeitig endet** (etwa auf Grund einer Fehlgeburt);[10] dies gilt auch dann, wenn der Arbeitgeber sich mit der Annahme ihrer Dienste in Verzug befindet und eine von ihm erklärte Kündigung wegen Verstoßes gegen § 9 MuSchG rechtskräftig für rechtsunwirksam erklärt worden ist. Hat eine Arbeitnehmerin diese Mitteilung schuldhaft unterlassen und hat der Arbeitgeber deshalb das Arbeitsverhältnis nicht gekündigt, kann der Arbeitgeber freilich die „Nichtbeendigung" des Arbeitsverhältnisses und die Erfüllung der sich aus dem Arbeitsverhältnis ergebenden Ansprüche der Arbeitnehmerin auf Entgelt nach Auffassung des BAG nicht als Schaden geltend machen.[11]

3 **3. Mitteilungspflichten bei Einstellung.** Wegen bestehender Offenbarungspflichten vor Begründung des Arbeitsverhältnisses im Zuge der Einstellungsverhandlungen (siehe § 26 RN 32).[12]

4 **4. Benachrichtigungspflicht. a)** Gemäß § 5 I 3 MuSchG hat der Arbeitgeber die örtlich zuständige **Aufsichtsbehörde** (§ 20 MuSchG) von der Mitteilung der Schwangeren zu benachrichtigen. Diese Verpflichtung des Arbeitgebers ist nach § 21 Nr. 6 MuSchG bußgeldbewehrt. Ob die Pflicht zur Unterrichtung der Aufsichtsbehörde auch dann gilt, wenn der Arbeitgeber von dritter Seite von der Schwangerschaft erfahren hat, ist umstr., aber nach dem Gesetzeswortlaut zu verneinen. Eine Gegenzeichnung durch den Betriebsrat ist nicht vorgeschrieben. Die einzelnen Länder können nach § 19 MuSchG den Umfang der Mitteilungspflicht im Einzelnen bestimmen. Die Mitteilungspflicht besteht nicht gegenüber der Krankenkasse.

5 **b)** Der Arbeitgeber darf die Mitteilung **nicht unbefugten Dritten bekannt geben** (§ 5 I 4 MuSchG). Unbefugt ist eine Weitergabe, wenn für sie kein rechtfertigender Grund besteht. Die Weitergabe der Mitteilung an unmittelbare Vorgesetzte oder den Betriebsrat wird regelmäßig gerechtfertigt sein, weil diese mit der Einhaltung des Mutterschutzes betraut sind (vgl. § 89 II BetrVG). Die Arbeitnehmerin kann den Arbeitgeber jedoch auch insoweit zur Verschwiegenheit verpflichten, weil insoweit ihr Persönlichkeitsrecht Vorrang genießt.[13] Von einer Information des Betriebsrats ist auf Wunsch der Schwangeren in jedem Fall abzusehen, weil es die Arbeitnehmerin ohnehin in der Hand hat, den Zeitpunkt der Unterrichtung des Arbeitgebers zu bestimmen.[14] Neben der sich aus § 5 I 4 MuSchG ergebenden Verschwiegenheitspflicht besteht nach § 241 II BGB eine entsprechende arbeitsvertragliche Rücksichtnahmepflicht. Diese besteht insbesondere, wenn der Arbeitgeber von **dritter Seite** von der Schwangerschaft erfahren hat. Bei Verletzung der Verschwiegenheitspflicht kann die Arbeitnehmerin zur außerordentlichen Kündigung berechtigt[15] oder der Arbeitgeber nach § 280 I BGB oder § 823 II BGB zum Schadensersatz verpflichtet sein.[16]

6 Die Verschwiegenheitspflicht besteht nicht, wenn die Arbeitnehmerin den Arbeitgeber, aus welchen Gründen auch immer, hiervon **entbunden** hat.[17] Die Entbindung von der Verschwiegenheitspflicht kann ausdrücklich oder konkludent erfolgen. Letzteres wird im Allgemeinen anzunehmen sein, wenn die Arbeitnehmerin von ihrer Schwangerschaft vor der Information des Arbeitgebers im Betrieb erzählt hat.

7 Gegenüber **Betriebsfremden** wird sich kaum jemals eine Information rechtfertigen lassen. Lediglich bei minderjährigen Auszubildenden kann der gesetzliche Vertreter benachrichtigt werden.

8 **5. Nachweis.** Zum Nachweis der bestehenden Schwangerschaft kommen zwei Zeugnisse in Betracht.

---

[8] *Buchner/Becker* § 5 MuSchG RN 32.

[9] LAG Nürnberg 17. 3. 1992 NZA 93, 946 = BB 92, 1009.

[10] HWK/*C. W. Hergenröder* § 5 MuSchG RN 2.

[11] BAG 18. 1. 2000 AP 1 zu § 5 MuSchG 1968 = NZA 2000, 1157; 13. 11. 2001 AP 37 zu § 242 BGB Auskunftspflicht = NZA 2002, 1176; krit. hierzu *Bittner* RdA 2001, 336; *Buchner/Becker* § 5 MuSchG RN 18.

[12] Dazu zuletzt BAG 6. 2. 2003 AP 21 zu § 611 a BGB = NZA 2003, 848; *Feldhoff* ZTR 2004, 58; *v. Koppenfels-Spies* AuR 2004, 43.

[13] HWK/*C. W. Hergenröder* § 5 MuSchG RN 6; a. A. BAG 27. 2. 1968 AP 1 zu § 58 BetrVG; *Leinemann* DB 70, 1735.

[14] Ebenso BVerwG 29. 8. 1990 AP 2 zu § 68 BPersVG = NJW 91, 373; *Buchner/Becker* § 5 MuSchG RN 133; *Hey* RdA 95, 303; ErfK/*Schlachter* § 5 MuSchG RN 5; *Richardi/Thüsing* § 80 RN 59.

[15] Diese kann nach § 628 BGB zum Schadensersatz des Arbeitgebers führen.

[16] *Buchner/Becker* § 5 MuSchG RN 137 f.

[17] Vgl. BAG 8. 6. 1955 AP 2 zu § 9 MuSchG.

a) Nach § 5 I 2 MuSchG soll die Schwangere auf Verlangen des Arbeitgebers das **Zeugnis eines Arztes oder einer Hebamme** vorlegen. Der Arbeitgeber kann nicht das Zeugnis eines bestimmten Arztes verlangen. Das Zeugnis soll dem Arbeitgeber den Nachweis liefern, dass die Arbeitnehmerin schwanger ist. Die Vorlage kann nicht erzwungen werden.[18] Wird es nicht vorgelegt, kann die Realisierung des Mutterschutzes gefährdet sein. Der Arbeitgeber kann zwar die Einhaltung des Mutterschutzes nicht von der Vorlage abhängig machen, indes kann der Schuldvorwurf beseitigt sein. Die Vorlage ist vom Verlangen, das keiner Begründung bedarf, abhängig. Die Schwangere kann auch von sich aus das Zeugnis vorlegen. Unabhängig vom MuSchG kann sich die Vorlagepflicht aus arbeitsvertraglicher Rücksichtspflicht nach § 241 II BGB ergeben. 9

b) Arzt oder Hebamme nach Wahl der Arbeitnehmerin haben gem. § 5 II MuSchG den **mutmaßlichen Tag der Entbindung** zu attestieren. Der angegebene Entbindungstag ist maßgebend. Dies gilt insbesondere für die Berechnung der Schutzfrist des § 3 II MuSchG, bei der Bestimmung von Beschäftigungsverboten nach § 4 II MuSchG sowie bei der Berechnung des Tages der Empfängnis zur Bestimmung des Beginns des Kündigungsschutzes nach § 9 MuSchG (dazu § 170 RN 5). Der bescheinigte voraussichtliche Geburtstermin ist auch dann für die Berechnung der Schutzfrist mit allen sich daraus ergebenden Konsequenzen maßgebend, wenn sich der Arzt oder die Hebamme geirrt haben. In diesem Fall verlängert oder verkürzt sich die Schutzfrist je nach tatsächlichem Geburtstermin (§ 5 II 2 MuSchG).[19] Allerdings besteht die Möglichkeit einer Korrektur durch ein neueres ärztliches Zeugnis.[20] 10

c) Die **Kosten** des auf Verlangen, nicht dagegen des freiwillig vorgelegten Attestes, trägt der Arbeitgeber (§ 5 III MuSchG). Das gilt selbst dann, wenn eine Schwangerschaft nicht attestiert wird, denn es soll dazu dienen, dem Arbeitgeber Gewissheit über das Bestehen einer Schwangerschaft zu vermitteln. Hiervon besteht nur dann eine Ausnahme, wenn die Frau vorsätzlich oder grob fahrlässig unrichtig eine Schwangerschaft behauptet hat, etwa um unliebsame Maßnahmen des Arbeitgebers zu hintertreiben. In der gesetzlichen Krankenversicherung Versicherte (Pflicht- oder freiwillig Versicherte) haben nach § 196 RVO einen Anspruch gegen die Krankenkasse auf Untersuchungen zur Feststellung der Schwangerschaft, Vorsorgeuntersuchungen einschließlich der laborärztlichen Untersuchungen (vgl. dazu Richtlinie des Bundesausschusses der Ärzte und Krankenkassen über die ärztliche Betreuung während der Schwangerschaft und nach der Entbindung vom 10. 12. 1985 (BAnz. Nr. 60a v. 27. 3. 1987) zul. geänd. am 24. 3. 2003 (BAnz. Nr. 126 vom 11. 7. 2003, in Kraft getreten am 12. 7. 2003). 11

6. Entstehen der mutterschutzrechtlichen Pflichten. Sobald der Arbeitgeber von der Schwangerschaft erfahren hat, sind die mutterschutzrechtlichen Vorschriften, die häufig unter Bußgeldandrohung stehen (§ 21 MuSchG), einzuhalten. 12

§ 168. Gefahrenschutz werdender und stillender Mütter sowie Mutterschaftsurlaub

Übersicht

	RN
I. Allgemeines	1 f.
1. Arbeitsschutz	1
2. Zivilrechtliche Folgen	2
II. Anpassung des Arbeitsplatzes	3 f.
1. Öffentlich-rechtliche Pflichten	3
2. Verordnung	4
III. Beschäftigungsverbote	5 ff.
1. Individuelles Beschäftigungsverbot für werdende Mütter	5–9
2. Zweifel an der Richtigkeit des individuellen Beschäftigungsverbots	10, 11
3. Beschäftigungsverbote vor und nach der Entbindung	12–16
4. Beschäftigungsverbote wegen der Art der Tätigkeit	17, 18
5. Mehrarbeit, Nacht- und Sonntagsarbeit	19
6. Zumutbare Ersatztätigkeit	20
7. Weitere Rechtsfolgen	21
8. Stillzeit	22
IV. Verbot bestimmter Vergütungsformen	23
V. Beschäftigungsverbote und Urlaub	24 ff.
1. Wartezeit	24
2. Urlaubserteilung	25–28

---

[18] BAG 6. 6. 1974 AP 3 zu § 9 MuSchG 1968.
[19] *Buchner/Becker* § 5 MuSchG RN 104; *Gröninger/Thomas* § 5 RN 24; *Meisel/Sowka* § 5 MuSchG RN 12; ausf. hierzu *Birk/Deffner* SGB 80, 6.
[20] BAG 27. 10. 1983 AP 14 zu § 9 MuSchG 1968 = NZA 85, 222.

I. Allgemeines

1 **1. Arbeitsschutz.** Dem **Gefahrenschutz** dienen die Anpassung des Arbeitsplatzes an die **arbeitsphysiologischen Erfordernisse** werdender und stillender Mütter (RN 3), **Beschäftigungsverbote** zu bestimmten **Zeiten** (RN 5), mit bestimmten **Beschäftigungsarten** (RN 12) und in bestimmten **Entlohnungsformen** (RN 23).

2 **2. Zivilrechtliche Folgen.** Verlangt der Arbeitgeber eine **verbotene Beschäftigung,** hat die werdende und stillende Mutter ein Leistungsverweigerungsrecht; der Arbeitgeber gerät in Annahmeverzug (§ 615 BGB), sofern die Arbeitnehmerin sich auf das Beschäftigungsverbot beruft. Die Beschäftigungsverbote sind Schutzgesetze i. S. von § 823 II BGB. Ferner kann die Arbeitnehmerin u. U. außerordentlich kündigen.

II. Anpassung des Arbeitsplatzes

3 **1. Öffentlich-rechtliche Pflichten.** Wer eine werdende oder stillende Mutter beschäftigt, hat nach § 2 I MuSchG bei der Einrichtung und Unterhaltung des Arbeitsplatzes einschließlich der Maschinen, Werkzeuge und Geräte und bei der Regelung der Beschäftigung die erforderlichen Vorkehrungen und **Maßnahmen zum Schutz** ihres **Lebens** und der **Gesundheit** zu treffen. Arbeitsplatz ist die Stelle, an der die Frau arbeitet, seine nähere Umgebung, also der Betriebsraum einschließlich des Zu- und Abganges und der Toiletten usw. Bei Beschäftigung im Stehen oder Gehen (z. B. als Verkäuferin) ist für Sitzgelegenheiten zu sorgen, bei sitzender Beschäftigung für kurze Arbeitsunterbrechungen. Die Verpflichtung bezieht sich auch auf die Arbeitsorganisation, d. h. beispielsweise auf Arbeitszeiten und Pausenregelungen.[1]

4 **2. Verordnung.** Die BReg. kann im Wege der RechtsVO anordnen, dass ein Liegeraum eingerichtet oder sonstige Schutzmaßnahmen getroffen werden. Die Aufsichtsbehörde kann darüber hinaus in Einzelfällen besondere Anordnungen zum Schutz erlassen (§ 2 IV MuSchG). Bislang ist eine VO des BReg. nicht ergangen; allerdings enthält § 6 III 4 ArbStättV vom 12. 8. 2004 das Gebot, werdenden und stillenden Müttern zu ermöglichen, sich während der Pausen und u. U. auch während der Arbeitszeit in einem geeigneten Raum auf einer Liege auszuruhen. In Ausführung von § 2 IV Nr. 2 MuSchG ist die Mutterschutz-RichtlinienVO vom 15. 4. 1997 (BGBl. I S. 782) erlassen worden.[2]

III. Beschäftigungsverbote

Graue, Beschäftigungsverbote in der Schwangerschaft und Stillzeit, AiB 99, 271; *dies.,* Fehlerhafte Umsetzung der EG-Mutterschutz-Richtlinie 92/85/EWG v. 19. 10. 1992 durch den bundesdeutschen Gesetzgeber bei vorzeitiger Entbindung, NJW 99, 2795; *Paul,* Einstellung Schwangerer bei Beschäftigungsverboten nach dem Mutterschutzgesetz, DB 2000, 974; *Schliemann/König,* Ärztliches Beschäftigungsverbot und krankheitsbedingte Arbeitsunfähigkeit der werdenden Mutter, NZA 98, 1030.

5 **1. Individuelles Beschäftigungsverbot für werdende Mütter. a)** Vor der Entbindung dürfen schwangere Arbeitnehmerinnen gemäß § 3 I MuSchG nicht beschäftigt werden, soweit nach ärztlichem Zeugnis **Leben oder Gesundheit von Mutter oder Kind** bei Weiterbeschäftigung gefährdet werden. Die Norm verlangt eine Prognose, ob die Gefährdung von Leben oder Gesundheit eintritt, wenn die Beschäftigung andauert. Das individuelle Beschäftigungsverbot des § 3 I MuSchG greift erst ein, wenn der Arzt es im Einzelfall mündlich oder schriftlich ausgesprochen hat. Das objektive Vorliegen einer Gefährdung allein genügt nicht. Das ärztliche Zeugnis ist deshalb für das Beschäftigungsverbot konstitutiv.[3] Durch das Verbot nach § 3 I MuSchG wird die Arbeitspflicht der Arbeitnehmerin suspendiert. Beruht der Arbeitsausfall allein auf dem Beschäftigungsverbot, hat die Arbeitnehmerin gem. § 11 MuSchG Anspruch auf Mutterschutzlohn (dazu § 171).

6 **b)** Für ein Beschäftigungsverbot nach § 3 I MuSchG sind der **individuelle Gesundheitszustand und die konkrete Arbeitstätigkeit** der schwangeren Arbeitnehmerin maßgebend. Es genügt, dass die Fortsetzung der Arbeit mit einer Gefährdung der Gesundheit von Mutter oder Kind verbunden ist. Unerheblich ist die genaue Ursache der Gefährdung. Die Arbeitstätigkeit der Schwangeren oder ihr räumlicher Arbeitsbereich müssen nicht gesundheitsgefährdend sein.

---

[1] ErfK/*Schlachter* § 2 MuSchG RN 2.

[2] Dazu *Kollmer* AR-Blattei SD 1220.2 (1998); *Sowka* NZA 97, 927.

[3] BAG 7. 11. 2007 AP 21 zu § 3 MuSchG 1968; 11. 11. 1998 AP 12 zu § 3 MuSchG 1968 = NZA 99, 763; 12. 3. 1997 AP 10 zu § 3 MuSchG 1968 = NZA 97, 882.

Ein Beschäftigungsverbot ist vielmehr auch dann auszusprechen, wenn die Beschäftigung für andere Frauen unabhängig von einer Schwangerschaft keinerlei Gefährdung ergibt, aber im Einzelfall auf Grund der individuellen Verhältnisse der schwangeren Frau die Gesundheit von Mutter oder Kind gefährden würde. Unter dieser Voraussetzung können auch psychische Belastungen der Arbeitnehmerin ein Beschäftigungsverbot begründen.[4]

c) Auch im Falle der **Arbeitsunfähigkeit** kann der Arzt bei einer hierauf beruhenden Gefährdung von Leben oder Gesundheit der Mutter oder des Kindes ein Beschäftigungsverbot aussprechen.[5] Die krankheitsbedingte Arbeitsunfähigkeit schließt allerdings den Anspruch auf Entgeltzahlung nach § 11 MuSchG aus (dazu § 170 RN 7 ff.). 7

d) Die Voraussetzungen eines besonderen gesetzlichen Beschäftigungsverbots nach § 4 MuSchG und der individuelle Tatbestand des § 3 I MuSchG können zugleich erfüllt sein. Liegt ein Fall des Beschäftigungsverbots nach § 4 MuSchG vor, besteht immer auch eine Gefährdung des Lebens oder der Gesundheit von Mutter oder Kind im Sinne des § 3 I MuSchG. Sind die Voraussetzungen des § 4 MuSchG gegeben, geht diese **speziellere Vorschrift** vor. Solange sich dieser Bestimmung ein bestimmter Fall aber nicht mit Gewissheit zuordnen lässt, kann gleichwohl ein Beschäftigungsverbot nach § 3 I MuSchG in Betracht kommen.[6] 8

e) Der Arbeitgeber hat das in einem ärztlichen Zeugnis ausgesprochene Verbot mit seinem jeweiligen Inhalt **zwingend zu beachten,** unabhängig von seiner Richtigkeit (zu Zweifeln an der Richtigkeit RN 10). Der Arbeitgeber darf die Arbeitnehmerin nicht mehr verbotswidrig einsetzen, und zwar auch dann nicht, wenn sie hiermit einverstanden ist.[7] Er kann nicht seine Beurteilung an die Stelle des Arztes setzen. Falls er die Arbeitnehmerin gleichwohl zur Arbeitsleistung auffordert, steht dieser ein Leistungsverweigerungsrecht zu.[8] 9

2. Zweifel an der Richtigkeit des individuellen Beschäftigungsverbots. a) Der schriftlichen Bescheinigung nach § 3 I MuSchG kommt grundsätzlich ein hoher Beweiswert zu.[9] Hat der Arbeitgeber gleichwohl Zweifel an dem ausgesprochenen Beschäftigungsverbot, kann er vom ausstellenden Arzt **Auskünfte über die Gründe für das Attest verlangen,** soweit diese nicht der ärztlichen Schweigepflicht unterliegen. Auf Verlangen des Arbeitgebers hat der Arzt ihm mitzuteilen, von welchen tatsächlichen Arbeitsbedingungen der Arbeitnehmerin er bei Erteilung seines Zeugnisses ausgegangen ist und ob krankheitsbedingte Arbeitsunfähigkeit vorgelegen hat. Will der Arbeitgeber das Beschäftigungsverbot wegen objektiv begründbarer Zweifel nicht gegen sich gelten lassen, kann er eine weitere ärztliche Untersuchung der Arbeitnehmerin verlangen.[10] 10

b) Der Arbeitgeber kann unabhängig von einer neuerlichen Untersuchung Umstände vortragen, die den **Beweiswert des ärztlichen Zeugnisses erschüttern.** Er könnte z. B. einwenden, die Arbeitnehmerin habe dem Arzt ihre Arbeitsbedingungen, die für den Ausspruch des Verbots ausschlaggebend gewesen seien, unzutreffend beschrieben. Der Beweiswert eines zunächst nicht näher begründeten ärztlichen Beschäftigungsverbots ist ferner erschüttert, wenn die Arbeitnehmerin trotz Aufforderung des Arbeitgebers keine ärztliche Bescheinigung vorlegt, aus der hervorgeht, von welchen Arbeitsbedingungen der Arzt beim Ausspruch des Beschäftigungsverbots ausgegangen ist und welche Einschränkungen für die Arbeitnehmerin bestehen.[11] Solche Angaben verletzen nicht das Persönlichkeitsrecht der Arbeitnehmerin (Art. 2 I GG), weil nicht die Mitteilung des medizinischen Befunds verlangt wird, sondern die Angabe der Verhaltensanordnungen, die der Arzt der Arbeitnehmerin auf der Grundlage seiner Untersuchungen erteilt hat. So muss der Arzt auf Nachfrage beispielsweise mitteilen, ob und inwieweit die Arbeitnehmerin Arbeiten sitzend oder stehend verrichten soll und ob sie körperlich belastende 11

---

[4] BAG 7. 11. 2007 AP 21 zu § 3 MuSchG 1968; 13. 2. 2002 AP 22 zu § 11 MuSchG 1968 = NZA 2002, 738; 21. 3. 2001 AP 16 zu § 3 MuSchG 1968 = NZA 2001, 1017; 11. 11. 1998 AP 12 zu § 3 MuSchG 1968 = NZA 99, 763; 12. 3. 1997 AP 10 zu § 3 MuSchG 1968 = NZA 97, 882.

[5] BAG 13. 2. 2002 AP 22 zu § 11 MuSchG 1968 = NZA 2002, 738; *Buchner/Becker* vor §§ 3–8 MuSchG RN 8.

[6] BAG 11. 11. 1998 AP 12 zu § 3 MuSchG 1968 = NZA 99, 763; ErfK/*Schlachter* § 3 MuSchG RN 1.

[7] *Buchner/Becker* § 3 MuSchG RN 33; ErfK/*Schlachter* § 3 MuSchG RN 13; *Gröninger/Thomas* § 3 RN 30; *Meisel/Sowka* § 3 MuSchG RN 28.

[8] BAG 11. 11. 1998 AP 12 zu § 3 MuSchG 1968 = NZA 99, 763; *Buchner/Becker* vor §§ 3–8 MuSchG RN 26.

[9] Vgl. BAG 7. 11. 2007 AP 21 zu § 3 MuSchG 1968.

[10] BAG 13. 2. 2002 AP 22 zu § 11 MuSchG 1968 = NZA 2002, 738; 21. 3. 2001 AP 16 zu § 3 MuSchG 1968 = NZA 2001, 1017.

[11] BAG 7. 11. 2007 AP 21 zu § 3 MuSchG 1968.

Arbeiten verrichten kann. Bei einem auf „Stresssituationen am Arbeitsplatz" oder „Probleme mit Vorgesetzten und Kollegen" gestützten Beschäftigungsverbot kann der Arbeitgeber die konkrete Beschreibung der zugrunde liegenden Umstände verlangen. Auch genügt der Arbeitgeber, der die Berechtigung des Verbots anzweifelt, seiner Darlegungslast zunächst dadurch, dass er solche Probleme am Arbeitsplatz bestreitet. Es ist Sache der Arbeitnehmerin, sie näher zu erläutern und entsprechende Geschehnisse zu konkretisieren. Erst dann ist der Arbeitgeber gehalten, dies substantiiert zu bestreiten und seinen Vortrag zu beweisen.[12] Die nicht weiter sustantiierte Behauptung der Arbeitnehmerin, sie habe unter „Mobbing" gelitten, ist unzureichend.[13]

12 **3. Beschäftigungsverbote vor und nach der Entbindung. a)** In den letzten 6 Wochen **vor der Entbindung** ist nach § 3 II MuSchG eine Beschäftigung unzulässig, es sei denn, dass sich die Frau ausdrücklich zur Arbeitsleistung bereit erklärt. Diese Erklärung kann jederzeit widerrufen werden. Verzichtet eine schwangere Angestellte gegenüber dem Arbeitgeber auf das Beschäftigungsverbot vor der Entbindung, kann der Arbeitgeber sich nicht ohne Weiteres darauf berufen, er könne sie aus Fürsorgegesichtspunkten nicht beschäftigen. Das Beschäftigungsverbot vor der Entbindung dient dem Schutz der werdenden Mutter, nicht des Arbeitgebers. Es fällt in die Entscheidung der Arbeitnehmerin, ob sie auf das Beschäftigungsverbot verzichten will.[14] Zur Berechnung der Frist hat die Arbeitnehmerin das Zeugnis eines Arztes oder einer Hebamme vorzulegen (§ 5 II MuSchG). Der Beginn der Frist wird gemäß §§ 187 ff. BGB in der Weise ermittelt, dass von dem mutmaßlichen Tag der Entbindung 6 Wochen zurückgerechnet werden. Die Frist beginnt mit dem Beginn des Tages, mit dem 6 Wochen weitergerechnet die Schutzfrist erfüllt ist.[15] Ist Dienstag, der 17. 9. der vom Arzt bestimmte voraussichtliche Geburtstermin, beginnt die Schutzfrist am Dienstag, dem 6. 8.

13 **b) Nach der Entbindung** beträgt die Schutzfrist gemäß § 6 I MuSchG grundsätzlich 8 Wochen. Bei Früh- und Mehrlingsgeburten verlängert sie sich auf 12 Wochen. Bei Frühgeburten und sonstigen vorzeitigen Entbindungen verlängert sich die Schutzfrist nach der Geburt gem. § 6 I 2 MuSchG zusätzlich um den Zeitraum der Schutzfrist nach § 3 II MuSchG, der nicht in Anspruch genommen werden konnte. Damit wird der Mutterschutzrichtlinie 92/85/EWG des Rates vom 19. 10. 1992 Rechnung getragen, die in Art. 8 I einen Mutterschaftsurlaub von mindestens 14 Wochen vorsieht. Das Beschäftigungsverbot nach der Entbindung ist im Gegensatz zu dem vor der Entbindung beidseitig zwingend. Eine Einwilligung der Arbeitnehmerin schließt das Verbot nicht aus.[16] Verboten sind alle Formen der Beschäftigung, damit auch eine Tätigkeit für den Arbeitgeber, die in der Wohnung der Arbeitnehmerin erbracht wird. Stirbt das Kind nach der Entbindung, kann die Arbeitnehmerin nach § 6 I 3 MuSchG auf ihr ausdrückliches Verlangen schon vor Ablauf der Schutzfrist, aber nicht in den ersten zwei Wochen nach der Entbindung, wieder beschäftigt werden, wenn nach ärztlichem Zeugnis nichts dagegen spricht.

14 **c)** Der Begriff **Entbindung** ist im MuSchG nicht näher bestimmt. Zur Definition wird einheitlich im Arbeits- und Sozialversicherungsrecht auf § 31 PStV i. d. F. vom 22. 11. 2008 (BGBl. I S. 2263) zurückgegriffen.[17] Danach liegt eine Lebendgeburt vor, wenn bei einem Kind nach der Scheidung vom Mutterleib entweder das Herz geschlagen oder die Nabelschnur pulsiert oder die natürliche Lungenatmung eingesetzt hat. Hat sich keines dieser Merkmale des Lebens gezeigt, beträgt das Gewicht der Leibesfrucht jedoch mindestens 500 Gramm, gilt sie als ein tot geborenes oder in der Geburt verstorbenes Kind. Beträgt das Gewicht der Leibesfrucht weniger als 500 Gramm, liegt eine Fehlgeburt vor, die in den Personenstandsbüchern nicht beurkundet wird. Eine **Frühgeburt** ist eine Entbindung, bei der das Kind – bei Mehrlingsgeburten das schwerste Kind – bei der Geburt weniger als 2500 g wiegt oder das Kind trotz höheren Gewichtes wegen noch nicht voll ausgebildeter Reifezeichen oder wegen verfrühter Beendigung der Schwangerschaft einer wesentlich erweiterten Pflege bedarf.[18] Eine **Mehrlingsgeburt** ist die Entbindung von mehr als einem Kind bei einem einheitlichen Geburtsvorgang.

---

[12] BAG 13. 2. 2002 AP 22 zu § 11 MuSchG 1968 = NZA 2002, 738.

[13] BAG 7. 11. 2007 AP 21 zu § 3 MuSchG 1968.

[14] LAG Schleswig-Holstein 15. 12. 2005 NZA-RR 2006, 178; *Nebe* AuR 2007, 141.

[15] *Buchner/Becker* § 3 MuSchG RN 43; *Meisel/Sowka* § 3 MuSchG RN 31 f.

[16] BAG 14. 10. 1954 AP 1 zu § 13 MuSchG; *Buchner/Becker* § 6 MuSchG RN 12; HWK/*C. W. Hergenröder* § 6 MuSchG RN 4.

[17] BAG 15. 12. 2005 AP 37 zu § 9 MuSchG 1968 = NZA 2006, 994; *Ullmann* NJW 94, 544; *Meisel/Sowka* § 6 MuSchG RN 3; krit. dazu APS/*Rolfs* § 9 MuSchG RN 25; *E. Wolf* Anm. zu BAG AP 2 zu § 9 MuSchG 1968.

[18] BAG 12. 3. 1997 AP 4 zu § 6 MuSchG 1968 = NZA 97, 764.

d) Das Beschäftigungsverbot des § 6 II MuSchG gilt **nicht bei Fehlgeburten**[19] **und Schwangerschaftsabbrüchen.**[20] Hierbei handelt es sich nicht um Entbindungen i. S. d. Vorschrift. 15

e) Frauen, die nach ärztlichem Zeugnis in den ersten Monaten nach der Entbindung nicht voll leistungsfähig sind, dürfen nicht zu einer ihrer Leistungsfähigkeit übersteigenden Arbeit herangezogen werden (§ 6 II MuSchG). Ist die Frau nicht voll leistungsfähig, gilt das **individuelle Beschäftigungsverbot.** Ist sie dagegen arbeitsunfähig, greifen die Vorschriften über die Entgeltfortzahlung im Krankheitsfall ein.[21] 16

4. Beschäftigungsverbote wegen der Art der Tätigkeit. a) Werdende und stillende Mütter dürfen nicht mit **schweren körperlichen Arbeiten** und nicht mit Arbeiten beschäftigt werden, bei denen sie **schädlichen Immissionen** (Staub, Gase, Dämpfe, Hitze, Kälte, Nässe, Erschütterungen, Lärm usw.) ausgesetzt sind[22] oder die in § 4 II MuSchG aufgezählt sind. Weitere Beschäftigungsverbote ergeben sich aus §§ 3–5 MuSchArbVO, §§ 22, 31 a RöntgenVO und § 37 StrahlenschutzVO. Eine in einem **Kindergarten als Erzieherin tätige werdende Mutter, die nicht über Mumps-Antikörper** verfügt, ist auf Grund ihrer Tätigkeit der Gefahr, sich mit Mumps zu infizieren, im Sinne der Nummer 3101 der Anlage zu § 1 Berufskrankheiten-Verordnung besonders ausgesetzt. Dieses Risiko der Entstehung einer Berufskrankheit bewirkt nach § 4 II Nr. 6 2. Alternative MuSchG ein mutterschutzrechtliches Beschäftigungsverbot.[23] 17

b) Die Aufsichtsbehörde kann nach § 4 V MuSchG in **Ausnahmefällen** bestimmen, ob eine Beschäftigung unter ein Beschäftigungsverbot fällt. Es kann die Beschäftigung von Schwangeren in den Räumen einer Tankstelle verboten werden, wenn der Benzolgehalt der Luft bestimmte Grenzwerte überschreitet.[24] Für ein Beschäftigungsverbot, mit dem der Gefahr einer Infektion mit Aids- oder Hepatitisviren vorgebeugt werden soll, genügt bereits eine geringe Infektionsgefahr.[25] 18

5. Mehrarbeit, Nacht- und Sonntagsarbeit. Werdende und stillende Mütter dürfen nicht mit Mehrarbeit, nicht in der Nacht zwischen 20.00 und 6.00 Uhr und nicht an Sonn- und Feiertagen beschäftigt werden (§ 8 I MuSchG). Mehrarbeit ist jede Arbeit, die von Frauen unter 18 Jahren über 8 Stunden täglich oder 80 Stunden in der Doppelwoche, von sonstigen Frauen über 8½ Stunden täglich oder 90 Stunden in der Doppelwoche geleistet wird (§ 8 II MuSchG). Im Hotel- und Gaststättengewerbe dürfen Frauen in den ersten 4 Monaten der Schwangerschaft und stillende Mütter bis 22.00 Uhr beschäftigt werden, in der Landwirtschaft mit dem Melken von Vieh ab 5.00 Uhr (§ 8 III MuSchG), Künstlerinnen bei Musikaufführungen, Theaterveranstaltungen und ähnlichen Aufführungen bis 23.00 Uhr. Im Verkehrswesen, in Gaststätten und Hotels, in der Krankenpflege – und in Badeanstalten, bei Musikaufführungen, Theatervorstellungen und anderen Schaustellungen, Darbietungen oder Lustbarkeiten dürfen werdende oder stillende Mütter an Sonn- und Feiertagen beschäftigt werden, wenn ihnen in jeder Woche einmal eine ununterbrochene Ruhezeit von mindestens 24 Stunden im Anschluss an eine Nachtruhe gewährt wird (§ 8 IV MuSchG). Die Ausnahme gilt dann nicht, wenn die Frau z. B. in einem Krankenhaus beschäftigt ist, aber Arbeitgeber ein Dritter ist (Gebäudereinigung).[26] Die Aufsichtsbehörde kann in begründeten Einzelfällen weitere Ausnahmen zulassen (§ 8 VI MuSchG). Sondervorschriften gibt es auch für in Heimarbeit Beschäftigte. Schließlich ist stillenden Müttern die erforderliche Stillzeit einzuräumen (§ 7 MuSchG; dazu RN 22). 19

6. Zumutbare Ersatztätigkeit. Der Arbeitgeber darf der von einem Beschäftigungsverbot nach § 3 I MuSchG betroffenen schwangeren Arbeitnehmerin eine zumutbare Ersatztätigkeit zuweisen, wenn sich das **Beschäftigungsverbot nur auf einzelne Tätigkeiten bezieht.**[27] Hierzu muss der Arbeitgeber die Einzelheiten des Beschäftigungsverbots kennen, weil er nur dann prüfen kann, ob er der Arbeitnehmerin andere zumutbare Arbeiten zuweisen kann, die dem Beschäftigungsverbot nicht entgegenstehen. Lehnt die Arbeitnehmerin eine solche zumut- 20

---

[19] BAG 16. 12. 1973 AP 2 zu § 9 MuSchG 1968.

[20] *Buchner/Becker* § 6 MuSchG RN 14; ErfK/*Schlachter* § 6 MuSchG RN 2; *Meisel/Sowka* § 6 RN 3.

[21] Vgl. EuGH 19. 11. 1998 NZA 99, 757 (Handels- og Kontorfunktionaerernes Forbund).

[22] *Mäder* BB 72, 319; *Frey* BB 72, 623; *Kukat* BB 73, 667.

[23] BVerwG 26. 4. 2005 NZA-RR 2005, 649; dazu auch *Spickhoff* FS Richardi, 2007, S. 421 ff.

[24] OVG Berlin 13. 7. 1992 NZA 92, 1083.

[25] BVerwG 27. 5. 1993 NJW 94, 401.

[26] Unentschieden: BAG 12. 12. 1990 AP 3 zu § 8 MuSchG = NZA 91, 505; zuvor a. A. LAG Niedersachsen 10. 10. 1989 NZA 90, 568.

[27] Dazu BAG 15. 11. 2000 AP 7 zu § 4 MuSchG 1968 = NZA 2001, 386; 21. 4. 1999 AP 5 zu § 4 MuSchG 1968 = NZA 99, 1044.

bare Arbeit ab, verliert sie ihren Anspruch auf Mutterschutzlohn aus § 11 I MuSchG. Bei der Zuweisung einer Ersatztätigkeit hat der Arbeitgeber nach billigem Ermessen zu entscheiden (§ 106 GewO). Dabei ist eine umfassende Interessenabwägung vorzunehmen. Einerseits gebot die vertragliche Rücksichtspflicht (§ 241 II BGB) der Arbeitnehmerin, daran mitzuwirken, die bis zum Inkrafttreten des Aufwendungsausgleichsgesetzes – AAG (dazu § 100) – finanziell nicht unerheblichen Folgen eines Beschäftigungsverbots für den Arbeitgeber möglichst gering zu halten. Dieser Gesichtspunkt ist nunmehr weitgehend entfallen, weil der Arbeitgeber gemäß § 1 II Nr. 2 AAG den Mutterschutzlohn erstattet bekommt. Gleichwohl entstehen dem Arbeitgeber durch den Einsatz einer Ersatzkraft regelmäßig Mehraufwendungen, so dass die schwangere Arbeitnehmerin für die absehbare Zeit bis zum Beginn der Mutterschutzfrist des § 3 II MuSchG unter Umständen auch solche – mutterschutzrechtlich erlaubten und zumutbaren – Tätigkeiten ausüben muss, zu denen sie im Wege des Direktionsrechts (§ 106 GewO) nicht angewiesen werden könnte.[28] Die Grenzen des Zumutbaren dürften allerdings nunmehr enger zu ziehen sein als vor dem Inkrafttreten des AAG. Der Arbeitgeber muss beim Angebot einer anderen Arbeit auf den besonderen Zustand der Schwangeren und deren berechtigte persönliche Belange Rücksicht nehmen. Dies kann im Einzelfall auch zur Folge haben, dass eine auf Grund des Direktionsrechts des Arbeitgebers an sich zulässige Zuweisung veränderter Arbeitsaufgaben für die schwangere Arbeitnehmerin unzumutbar ist.

21 **7. Weitere Rechtsfolgen.** Schließt eine schwangere Frau einen **Arbeitsvertrag,** der sie zu Tätigkeiten verpflichtet, die für die Dauer der Schwangerschaft einem Beschäftigungsverbot unterliegen, ist dieser nicht nichtig.[29] Wird eine Schwangere nicht eingestellt, weil sie Beschäftigungsverboten unterliegt, verstößt dies gegen das AGG (§ 33) sowie die Richtlinie 76/207/EWG.[30] Darf eine werdende/stillende Mutter wegen eines Beschäftigungsverbots nicht beschäftigt werden, hat sie grundsätzlich nach § 11 MuSchG Anspruch auf **Mutterschutzlohn** (dazu § 171). Fällt in Ausbildungsverhältnissen infolge der Beschäftigungsverbote Arbeitszeit aus, verlängern sich diese nicht automatisch. Auf Antrag der Auszubildenden kann jedoch die zuständige Stelle (vgl. § 173) die Ausbildungszeit verlängern (§ 8 II BBiG).

22 **8. Stillzeit.** Stillenden Müttern ist nach § 7 MuSchG auf Verlangen die erforderliche Stillzeit, mindestens aber zweimal täglich eine halbe Stunde oder einmal täglich eine Stunde freizugeben. Bei einer zusammenhängenden Arbeitszeit von mehr als 8 Stunden soll auf Verlangen zweimal eine Stillzeit von mindestens 45 Minuten oder, wenn in der Nähe der Arbeitsstätte keine Stillgelegenheit vorhanden ist, einmal eine Stillzeit von mindestens 90 Minuten gewährt werden. Nach § 7 II MuSchG darf durch die Gewährung der Stillzeit ein Verdienstausfall nicht eintreten.[31] Bei der Beurteilung dessen, was als Stillzeit erforderlich ist, sind in erster Linie die Belange des Mutterschutzes zu berücksichtigen, denn das MuSchG soll nach seinem Sinn und Zweck die besonderen Belastungen der Mutter und ihre Stellung im Berufsleben im Interesse der Gesunderhaltung von Mutter und Kind ausgleichen. Die Arbeitnehmerin ist jedoch gehalten, durch zumutbare organisatorische Maßnahmen die Stillzeiten in angemessenen Grenzen zu halten und damit auch den betrieblichen Belangen Rechnung zu tragen. Deshalb hat eine stillende Arbeitnehmerin jedenfalls dann keinen Anspruch mehr auf bezahlte Stillzeiten, wenn das Kind bereits $2^1/_2$ Jahre alt ist.[32]

IV. Verbot bestimmter Vergütungsformen

23 Werdende und stillende Mütter dürfen **nicht** mit Arbeit **im Akkord** und sonstigen Arbeiten, bei denen durch ein gesteigertes Arbeitstempo ein höheres Entgelt erzielt werden kann (z. B. Prämie), beschäftigt werden (§ 4 III MuSchG).[33] Ein hierauf gerichteter Arbeitsvertrag ist aber nicht schlechthin nichtig, denn Schwangerschaft und Stillzeit sind vorübergehende Zustände.[34] Denkbar ist, die Frau während des Verbots der Akkordarbeit am selben Arbeitsplatz im Zeitlohn zu beschäftigen oder entsprechend unzusetzen. Die Aufsichtsbehörde kann im Übrigen Ausnahmen bewilligen, wenn die Art der Arbeit und das Arbeitstempo eine Beeinträchtigung der

---

[28] Dazu BAG 21. 4. 1999 AP 5 zu § 4 MuSchG 1968 = NZA 99, 1044.

[29] EuGH 5. 5. 1994 (Habermann-Beltermann) AP 2 zu EWG-Richtlinie Nr. 76/207 Art. 2 = NZA 94, 609; BAG 6. 2. 2003 AP 21 zu § 611 a BGB = NZA 2003, 848.

[30] EuGH 3. 2. 2000 AP 18 zu § 611 a BGB = NZA 2000, 255 (Mahlburg).

[31] BAG 3. 7. 1985 AP 1 zu § 7 MuSchG = NZA 86, 131.

[32] LAG Niedersachsen 29. 10. 1987 NZA 88, 312.

[33] Zu Provisionen: BAG 25. 5. 1983 AP 9 zu § 11 MuSchG 1968.

[34] LAG Düsseldorf AuR 72, 250.

Gesundheit von Mutter und Kind nicht befürchten lassen. Sie kann in Einzelfällen bestimmen, ob vorgesehene Arbeiten unter die Beschäftigungsverbote fallen (Feststellungswirkung auch für das Arbeitsgericht). Lohnanreizsysteme, die nicht auf die Arbeitsschnelligkeit, sondern Arbeitsgüte abstellen, bleiben zulässig, also z. B. Güte- und Ersparnisprämie.

V. Beschäftigungsverbote und Urlaub

Friese, Das Verhältnis von Erholungsurlaub und Mutterschutz – die Neuregelung in § 17 MuSchG, NZA 2003, 597; *Sowka,* Urlaubsanspruch und Mutterschutzfristen – noch eine Sonderregelung, DB 2002, 1658.

1. Wartezeit. Nach § 17 Satz 1 MuSchG, der zum 20. 6. 2002 in Kraft getreten ist,[35] gelten für den Anspruch auf bezahlten Erholungsurlaub und dessen Dauer die Ausfallzeiten wegen mutterschutzrechtlicher **Beschäftigungsverbote als Beschäftigungszeiten.** Diese Regelung hat für die Berechnung der sechsmonatigen Wartezeit des § 4 BUrlG klarstellende Bedeutung.[36] Auch vor Inkrafttreten dies § 17 MuSchG war anerkannt, dass Zeiten der mutterschutzrechtlichen Beschäftigungsverbote nicht zu einer Unterbrechung der Wartezeit führen.[37] 24

2. Urlaubserteilung. a) Für die Urlaubserteilung während des Mutterschutzes gelten die **allgemeinen zu § 7 I BUrlG entwickelten Grundsätze** (dazu § 102 RN 82 ff.). Erklärt der Arbeitgeber während eines Beschäftigungsverbots, er könne der Arbeitnehmerin keine andere Arbeit anbieten, liegt darin keine Urlaubserteilung, sondern nur ein Verzicht auf Arbeitsleistung.[38] Hat der Arbeitgeber auf Antrag der Arbeitnehmerin zu Beginn des Urlaubsjahres den Urlaub festgelegt, besteht kein Anspruch auf Neufestsetzung, wenn die Arbeitnehmerin inzwischen einem Beschäftigungsverbot unterliegt.[39] Durch die Freistellung hat der Arbeitgeber seine Verpflichtung erfüllt. Eine weitere Freistellung ist ihm unmöglich, ohne dass er dies zu vertreten hat. Damit erlischt der Urlaubsanspruch. 25

b) Hat die schwangere Arbeitnehmerin ihren **Urlaub vor Beginn der Beschäftigungsverbote nicht oder nicht vollständig erhalten,** kann sie nach § 17 Satz 2 MuSchG den Resturlaub im laufenden oder im nächsten Jahr beanspruchen. Damit wird wie bei § 17 II BEEG ein weiterer Übertragungstatbestand geschaffen. Voraussetzung der Übertragung ist, dass die Beschäftigungsverbote einer Urlaubserteilung entgegenstanden. Dies ist für die Verbote nach § 3 II und § 6 I MuSchG ohne Weiteres anzunehmen, weil hier keinerlei Arbeitspflichten der Schwangeren bestehen, von denen sie durch die Urlaubserteilung befreit werden könnte. Beim individuellen Beschäftigungsverbot nach § 3 I MuSchG hängt es vom Inhalt der ärztlichen Bescheinigung ab, ob der Arbeitnehmerin noch Arbeiten zugewiesen werden können. Entsprechendes gilt für die in § 4 MuSchG geregelten Beschäftigungsverbote.[40] Bestanden trotz der Beschäftigungsverbote noch Arbeitspflichten, weil der Arbeitgeber der schwangeren Arbeitnehmerin andere zumutbare Arbeiten zuweisen konnte, war auch eine Urlaubserteilung möglich. Eine Übertragung der Resturlaubsansprüche nach § 17 Satz 2 MuSchG scheidet in diesem Falle aus. Es bleibt dann bei der Übertragungsregelung des § 7 III BUrlG bzw. entsprechender tariflicher Bestimmungen. 26

Von der Übertragung nach § 17 Satz 2 MuSchG wird nicht nur der laufende Urlaub des Urlaubsjahres erfasst, sondern auch der aus dem **Vorjahr nach § 7 III BUrlG übertragene Urlaub,** soweit dieser zu Beginn des Beschäftigungsverbots noch erfüllbar war.[41] Wäre der Urlaubsanspruch jedoch ohne das Beschäftigungsverbot wegen Überschreitens des Übertragungszeitraums des § 7 III BUrlG ganz oder teilweise erloschen, scheidet insoweit eine Übertragung nach § 17 Satz 2 MuSchG aus.[42] Beginnt z. B. das Beschäftigungsverbot des § 3 II MuSchG am 26. 3. und hat die Arbeitnehmerin noch einen Resturlaub von 10 Urlaubstagen, wären bei angenommenen 4 Arbeitstagen bis zum 31. 3. ohne die Übertragungsregelung des § 17 Satz 2 MuSchG nur 4 Urlaubstage erfüllbar. Die übrigen 6 Tage verfielen. Von § 17 Satz 2 MuSchG werden in diesem Fall daher nur 4 Tage Resturlaub erfasst. 27

Die Arbeitnehmerin kann nach § 17 Satz 2 MuSchG den übertragenen Resturlaub nach Ablauf der Fristen im **laufenden oder nächsten Urlaubsjahr** beanspruchen. Eine weitere Über- 28

---

[35] BGBl. I S. 1812.
[36] Ebenso *Friese* NZA 2003, 597, 598; *Joussen* NZA 2002, 702, 705.
[37] Vgl. ErfK/*Dörner* § 4 BUrlG RN 4; *Leinemann/Linck* § 4 RN 12.
[38] BAG 25. 1. 1994 AP 16 zu § 7 BUrlG = NZA 94, 652.
[39] BAG 9. 8. 1994 AP 19 zu § 7 BUrlG.
[40] *Friese* NZA 2003, 597, 601.
[41] Ebenso zu § 17 II BErzGG BAG 1. 10. 1991 AP 2 zu § 17 BErzGG = NZA 92, 419.
[42] Ebenso *Friese* NZA 2003, 597, 601; *Sowka* DB 2002, 1658.

tragung nach § 7 III BUrlG scheidet aus, weil § 17 Satz 2 MuSchG insoweit eine abschließende Spezialregelung enthält. Nimmt die Arbeitnehmerin unmittelbar nach Ablauf der Schutzfrist des § 6 I MuSchG Elternzeit in Anspruch, werden die nach § 17 Satz 2 MuSchG übertragenen Urlaubsansprüche von § 17 II BEEG erfasst und nach Maßgabe dieser Bestimmung übertragen (§ 172 RN 26 ff.).[43]

§ 169. Arbeitsplatzschutz werdender Mütter und Wöchnerinnen

Übersicht

	RN
I. Zweck und Geltungsbereich	1 ff.
1. Zweck	1
2. Absolutes Kündigungsverbot	2
3. Persönlicher Geltungsbereich	3
4. Unabdingbarkeit	4
II. Voraussetzungen des Kündigungsschutzes	5 ff.
1. Schwangerschaft zum Zeitpunkt der Kündigung	5–7 a
2. Kenntnis der Schwangerschaft	8, 9
3. Nachträgliche Mitteilung der Schwangerschaft	10–12
4. Kündigung	13
5. Elternzeit	14
III. Wirkungen des Kündigungsverbots	15 ff.
1. Absolutes Kündigungsverbot	15
2. Kündigungsschutzklage	16
3. Vergütungsfortzahlung	17
IV. Ausnahmen vom Kündigungsschutz	18 ff.
1. Behördliche Zustimmung zur Kündigung	18
2. Antrag auf Zustimmung	19, 20
3. Entscheidung	21–24
4. Schwangerschaft während der Elternzeit	25
5. Form der Kündigung	26
V. Auflösung des Arbeitsverhältnisses aus anderen Gründen als durch Kündigung des Arbeitgebers	27 ff.
1. Sonstige Beendigungsgründe	27
2. Unwirksamkeit des Arbeitsvertrags	28
3. Arbeitskampf	29
4. Aufhebungsvertrag	30
VI. Sonderkündigung der Frau	31 ff.
1. Sonderkündigungsrecht	31
2. Wiedereinstellung	32
3. Anrechnungswegfall	33
VII. Mitteilungspflichten des Arbeitgebers bei Auflösung des Arbeitsverhältnisses	34

I. Zweck und Geltungsbereich

1 **1. Zweck.** Durch den **besonderen Kündigungsschutz des § 9 MuSchG** soll die Frau vor dem Verlust ihres Arbeitsplatzes und den damit verbundenen Belastungen geschützt werden. Kündigt der Arbeitgeber entgegen dem bestehenden Kündigungsverbot, ist die Kündigung gemäß § 134 BGB nichtig. Der Arbeitgeber kann in Annahmeverzug geraten (§ 95). Außerdem ist § 9 MuSchG Schutzgesetz i. S. von § 823 II BGB.[1] Der Arbeitgeber kann daher auch zum Ersatz eines weitergehenden Schadens verpflichtet sein.

2 **2. Absolutes Kündigungsverbot.** § 9 MuSchG enthält ein absolutes Verbot der Kündigung mit Erlaubnisvorbehalt.[2] Das Kündigungsverbot ist verfassungsrechtlich zulässig.[3] Es gilt auch für solche Arbeitnehmerinnen, die zur Vertretung von in Mutterschutz stehenden Arbeitnehmerinnen eingestellt sind, wenn sie selbst schwanger werden.[4]

3 **3. Persönlicher Geltungsbereich.** Kündigungsschutz genießen **alle Arbeitnehmerinnen** einschließlich der zu ihrer **Ausbildung beschäftigten Frauen.**[5] Letztere stehen zwar nicht in einem Arbeitsverhältnis, § 9 MuSchG gilt aber wegen des Verweises in § 10 II BBiG. Voraussetzung ist ein rechtswirksamer Arbeitsvertrag. Der Kündigungsschutz nach § 9 MuSchG setzt nicht die Erfüllung einer Wartezeit voraus, sondern besteht vom Beginn des Arbeitsverhältnisses an.[6] Besteht nur ein faktisches Vertragsverhältnis, kann sich der Arbeitgeber jederzeit davon lösen. Arbeitet die Frau in einem Gruppenarbeitsverhältnis, wirkt der Kündigungsschutz auch

[43] *Friese* NZA 2003, 597, 602.

[1] Ebenso *Buchner/Becker* § 9 MuSchG RN 185; HWK/*C. W. Hergenröder* § 9 MuSchG RN 10; ErfK/*Schlachter* § 9 MuSchG RN 11.

[2] APS/*Rolfs* § 9 MuSchG RN 15.

[3] BVerfG 25. 1. 1972 BVerfGE 32, 273 = AP 1 zu § 9 MuSchG 1968; BAG 11. 9. 1979 AP 6 zu § 9 MuSchG 1968.

[4] EuGH 14. 7. 1994 (Webb) NZA 94, 783.

[5] LAG Berlin 1. 7. 1985 BB 86, 62; ErfK/*Schlachter* § 9 MuSchG RN 2.

[6] *Buchner/Becker* § 9 MuSchG RN 2.

zugunsten der übrigen Gruppenmitglieder.[7] Etwas anderes gilt dann, wenn der Fortbestand des Arbeitsverhältnisses der Frau resolutiv vom Bestand des Arbeitsverhältnisses einer nicht kündigungsgeschützten Person abhängt (Hausmeisterehepaar).[8] In Job-Sharing-Arbeitsverhältnissen sind regelmäßig die Arbeitsverhältnisse in ihrem Bestand voneinander unabhängig. Gegen eine Änderungskündigung nach § 13 II TzBfG ist die Frau durch § 9 MuSchG geschützt. Heimarbeiterinnen, die am Stück arbeiten (§ 1 Nr. 2 MuSchG), genießen den gleichen Kündigungsschutz wie Arbeitnehmerinnen (§ 9 I 2, IV MuSchG). Für die ihnen Gleichgestellten gilt dies nach § 9 I 2 MuSchG nur dann, wenn sich die Gleichstellung auch auf den 9. Abschnitt – Kündigung – des HAG erstreckt. Das Kündigungsverbot des § 9 MuSchG gilt nicht, wenn der Arbeitgeber das Arbeitsverhältnis einer Schwangeren vor Dienstantritt fristgemäß kündigt.[9]

4. Unabdingbarkeit. Die Arbeitnehmerin kann auf den besonderen Kündigungsschutz 4
nicht im Vorhinein verzichten.[10] Sie kann jedoch nach Ausspruch der Kündigung, ggf. in einem Abwicklungsvertrag gegen Zahlung einer Abfindung von einer Kündigungsschutzklage absehen.

II. Voraussetzungen des Kündigungsschutzes

1. Schwangerschaft zum Zeitpunkt der Kündigung. a) Der Sonderkündigungsschutz 5
besteht, wenn die Kündigung während einer Schwangerschaft[11] innerhalb eines Zeitraums von vier Monaten nach der Entbindung[12] erfolgt. Wird die Frau innerhalb der vier Monate nach der Entbindung erneut schwanger, besteht der Kündigungsschutz ununterbrochen bis vier Monate nach der folgenden Entbindung. Die Bestimmung des **Beginns der Schwangerschaft** erfolgt grundsätzlich durch Rückrechnung um 280 Tage von dem ärztlich festgestellten voraussichtlichen Entbindungstermin.[13] Die Schwangere genügt deshalb in einem Kündigungsschutzprozess ihrer Darlegungslast für das Bestehen einer Schwangerschaft im Kündigungszeitpunkt zunächst durch Vorlage der ärztlichen Bescheinigung über den mutmaßlichen Tag der Entbindung, wenn der Zugang der Kündigung innerhalb des Zeitraums von 280 Tagen vor diesem Termin liegt. Dabei ist der voraussichtliche Tag der Entbindung nicht mitzuzählen. Der Arbeitgeber kann jedoch den Beweiswert der Bescheinigung erschüttern und Umstände darlegen und beweisen, auf Grund derer es der wissenschaftlich gesicherten Erkenntnis widersprechen würde, von einem Beginn der Schwangerschaft der Arbeitnehmerin vor Kündigungszugang auszugehen. So ist es dem Arbeitgeber nicht verwehrt, im Rechtsstreit Umstände darzulegen und zu beweisen, die darauf schließen lassen, dass der erste Tag der letzten Menses tatsächlich erst nach Ausspruch der Kündigung lag. Die Arbeitnehmerin hat sich dazu zu erklären (§ 138 II ZPO) und ggf. ihren Arzt von der Schweigepflicht zu entbinden.[14]

b) § 9 MuSchG ist nicht anwendbar, wenn die Arbeitnehmerin erst nach Zugang der Kündi- 6
gung **während der Kündigungsfrist** schwanger wird.[15] Die **irrtümliche Annahme** der Frau oder eines Arztes, sie sei schwanger, bewirkt keinen Kündigungsschutz.[16]

c) Der Kündigungsschutz **endet** gem. § 9 I 1 MuSchG vier Monate nach der Entbindung. 7
Davor endet er bei einer Fehlgeburt[17] oder einem Schwangerschaftsabbruch.[18] Dagegen berührt die Totgeburt oder der nachfolgende Tod des geborenen Kindes den Kündigungsschutz nicht. Die unterschiedlichen Regelungen sind nicht verfassungswidrig.[19] Eine medizinisch indizierte

---

[7] BAG 21. 10. 1971 AP 1 zu § 611 BGB Gruppenarbeitsverhältnis; LAG Düsseldorf DB 65, 399; ArbG Siegburg DB 68, 855.
[8] BAG 17. 5. 1962 AP 2 zu § 620 BGB Bedingung.
[9] Str., vgl. *Linck* AR-Blattei SD 1010.1.3. RN 17; KR/*Spilger* § 622 BGB RN 129 a; a. A. LAG Düsseldorf 30. 9. 1992 LAGE § 9 MuSchG Nr. 18 = NZA 93, 1041; KR/*Bader* § 9 MuSchG RN 13.
[10] APS/*Rolfs* § 9 MuSchG RN 15.
[11] LAG Niedersachsen 12. 5. 1997 NZA-RR 97, 460; auch Bauchhöhlenschwangerschaft: APS/*Rolfs* § 9 MuSchG RN 21.
[12] Zum Begriff § 168 RN 14.
[13] BAG 12. 12. 1985 AP 15 zu § 9 MuSchG 1968 = NZA 86, 613; LAG Köln 30. 9. 1993 NZA 95, 229.
[14] Dazu näher BAG 7. 5. 1998 AP 24 zu § 9 MuSchG 1968 = NZA 98, 1049.
[15] ErfK/*Schlachter* § 9 MuSchG RN 3.
[16] *Buchner/Becker* § 9 MuSchG RN 13; APS/*Rolfs* § 9 MuSchG RN 21.
[17] BAG 16. 2. 1973 AP 2 zu § 9 MuSchG 1968; LAG Hamm BB 84, 1877; *Gröninger/Thomas* § 9 RN 11; zum Begriff § 168 RN 14.
[18] APS/*Rolfs* § 9 MuSchG RN 42.
[19] BAG 16. 2. 1973 AP 2 zu § 9 MuSchG 1968.

vorzeitige Einleitung der Geburt steht der Annahme einer Entbindung i. S. v. § 9 I 1 MuSchG nicht entgegen, wenn die Voraussetzungen nach § 29 II PStV gegeben sind (vgl. § 168 RN 14).[20]

7a **d)** Das Kündigungsverbot ist im Lichte des in Art. 10 der Richtlinie 92/85/EWG normierten Kündigungsverbots, das vom Beginn der Schwangerschaft bis zum Ende des Mutterschaftsurlaubs reicht, auszulegen. Nach der Rechtsprechung des EuGH schließt das Kündigungsverbot der Richtlinie sowohl aus, dass eine Kündigungsentscheidung getroffen wird, als auch, dass **Vorbereitungen für eine Kündigung** getroffen werden, wie etwa die Suche und Planung eines endgültigen Ersatzes für die betroffene Angestellte auf Grund der Schwangerschaft und/oder der Geburt eines Kindes. Eine Beschränkung des Kündigungsverbots allein auf die Mitteilung einer Kündigungsentscheidung während der in Art. 10 der Richtlinie 92/85/EWG vorgesehenen Schutzzeit nähme – so der EuGH – dieser Bestimmung ihre praktische Wirksamkeit und könnte zu einer Umgehung des Kündigungsverbots führen.[21] Eine Kündigung ist daher nach § 9 I MuSchG i. V. m. § 134 BGB auch dann nichtig, wenn die Kündigungsentscheidung während der Schutzfrist getroffen wurde, aber erst nach Ablauf der Schutzzeit mitgeteilt wird.

8 **2. Kenntnis der Schwangerschaft. a)** Voraussetzung des Sonderkündigungsschutzes ist grundsätzlich, dass der Arbeitgeber zum Zeitpunkt der Kündigung von der Schwangerschaft oder der Entbindung Kenntnis hat oder ihm binnen zwei Wochen nach Zugang der Kündigung hiervon Mitteilung gemacht wird, § 9 I 1 MuSchG. Erforderlich ist die **positive Kenntnis** des Arbeitgebers. Bloße Vermutungen oder Gerüchte genügen nicht.[22] Der Arbeitgeber ist nicht verpflichtet, sich näher zu erkundigen.[23] Der Arbeitgeber würde hierdurch in das Persönlichkeitsrecht der Arbeitnehmerin eingreifen; andererseits bedarf die Frau keines besonderen Schutzes, da sie durch unverzügliche Mitteilung der Schwangerschaft die Unwirksamkeit der Kündigung herbeiführen kann. Unerheblich ist, worauf die Kenntnis von der Schwangerschaft beruht.

9 **b)** Maßgeblich ist grundsätzlich die Kenntnis des **Arbeitgebers,** d. h. bei juristischen Personen die Kenntnis des gesetzlichen Vertreters. Bei Gesamtvertretung genügt die Kenntnis eines Vertreters.[24] Der Arbeitgeber muss sich die Kenntnis eines kündigungsberechtigten Vertreters zurechnen lassen.[25] Die Kenntnis eines Dritten ist dem Kündigungsberechtigten nach Treu und Glauben dann zuzurechnen, wenn dessen Stellung im Betrieb nach den Umständen des Einzelfalles erwarten lässt, er werde den Kündigungsberechtigten von dem Kündigungssachverhalt unterrichten. Der Kündigungsberechtigte darf sich dann nicht auf seine erst später erlangte Kenntnis berufen, wenn dies darauf beruht, dass die Organisation des Betriebs zu einer Verzögerung des Fristbeginns führt, obwohl eine andere Organisation sachgemäß und zumutbar wäre.[26] Ausreichend ist daher die Mitteilung an das Personalbüro sowie die Ehefrau des Arbeitgebers, wenn diese im Betrieb mitarbeitet und die Frau ihr unterstellt ist.[27] Nicht ausreichend ist dagegen eine Mitteilung an den Vorarbeiter,[28] auch wenn dieser kürzere Arbeitsbefreiungen erteilen darf, den Betriebsrat sowie an den Werksarzt.[29] Für die Kenntnis des Arbeitgebers ist die Arbeitnehmerin darlegungs- und beweispflichtig.[30]

10 **3. Nachträgliche Mitteilung der Schwangerschaft. a)** Kannte der Arbeitgeber die Schwangerschaft nicht, etwa weil die Arbeitnehmerin eine Mitteilung nach § 5 MuSchG unterlassen hat, bleibt der Kündigungsschutz nur erhalten, wenn die Frau innerhalb einer **Ausschlussfrist von zwei Wochen** nach Zugang der Kündigung von der Schwangerschaft oder Entbindung schriftlich oder mündlich Mitteilung macht. Die nachträgliche Mitteilung ist eine geschäftsähnliche Handlung, auf die die Vorschriften über Willenserklärungen im Einzelfall ent-

---

[20] BAG 15. 12. 2005 AP 37 zu § 9 MuSchG 1968 = NZA 2006, 994.

[21] EuGH 11. 10. 2007 NZA 2007, 1271; zust. *M. Schmidt* ZESAR 2008, 193; differenzierend *Benecke* EuZA 2008, 385.

[22] KR/*Bader* § 9 MuSchG RN 34; APS/*Rolfs* § 9 MuSchG RN 28; ErfK/*Schlachter* § 9 MuSchG RN 5; a. A. *Zmarzlik/Zipperer/Viethen/Vieß* § 9 RN 16.

[23] Umstritten: so mit Recht LAG Baden-Württemberg 30. 11. 1967 DB 68, 624; *Buchner/Becker* § 9 MuSchG RN 99; APS/*Rolfs* § 9 MuSchG RN 28; *Meisel/Sowka* § 9 MuSchG RN 83; a. A. LAG Düsseldorf DB 64, 1416; HWK/*C. W. Hergenröder* § 9 MuSchG RN 7; ErfK/*Schlachter* § 9 MuSchG RN 7.

[24] BAG 20. 9. 1984 AP 1 zu § 28 BGB.

[25] BAG 18. 2. 1965 AP 26 zu § 9 MuSchG; LAG Köln 30. 6. 1994 NZA 95, 995.

[26] So BAG 5. 5. 1977 AP 11 zu § 626 BGB Ausschlußfrist zu der vergleichbaren Rechtslage bei § 626 II BGB.

[27] LAG Mannheim BB 53, 1041; ArbG Wilhelmshaven DB 64, 996.

[28] BAG 18. 2. 1965 AP 26 zu § 9 MuSchG.

[29] *Buchner/Becker* § 9 MuSchG RN 106; *Linck* AuA 92, 176, 178; ErfK/*Schlachter* § 9 MuSchG RN 5.

[30] BAG 13. 1. 1982 AP 9 zu § 9 MuSchG 1968.

sprechend anzuwenden sind.[31] Eine besondere Form wird nicht verlangt.[32] Die Mitteilung der Schwangerschaft kann durch die Arbeitnehmerin selbst oder durch bevollmächtigte Dritte (Ehemann, Mutter usw.) erfolgen.[33] Die Mitteilung erhält den besonderen Kündigungsschutz grundsätzlich nur dann aufrecht, wenn sie dem Arbeitgeber innerhalb einer Frist von zwei Wochen seit Zugang der Kündigung zugeht (§ 130 BGB); die Absendung der Mitteilung innerhalb dieser Frist genügt nicht.[34] Die Fristberechnung für die nachträgliche Mitteilung erfolgt nach §§ 187 bis 193 BGB. Geht die Kündigung der Arbeitnehmerin z.B. am Dienstag, den 5. 8. zu, endet die Frist mit Ablauf des Dienstags, dem 19. 8. Ist der letzte Tag der Frist ein Sonnabend, Sonntag oder gesetzlicher Feiertag, endet die Frist mit Ablauf des nächsten Werktags (§ 193 BGB). Ausreichend ist, wenn die Arbeitnehmerin in einem Kündigungsschutzprozess innerhalb der gesetzlichen Frist dem Prozessbevollmächtigten des Arbeitgebers das Bestehen einer Schwangerschaft zum Zeitpunkt der Kündigung mitteilt.[35]

b) Die nachträgliche Mitteilung der Schwangerschaft nach § 9 MuSchG muss das Bestehen **11**
einer **Schwangerschaft im Zeitpunkt des Zugangs der Kündigung** oder die Vermutung einer solchen Schwangerschaft zum Inhalt haben. Hat die Arbeitnehmerin selbst noch keine sichere Kenntnis von der Schwangerschaft, genügt es, wenn sie dem Arbeitgeber mitteilt, sie sei zum Zeitpunkt der Kündigung wahrscheinlich schon schwanger gewesen.[36] Die Arbeitnehmerin verliert den Kündigungsschutz des § 9 MuSchG nicht, wenn sie dem Arbeitgeber auf Verlangen das Bestehen der Schwangerschaft nicht binnen einer vom Arbeitgeber gesetzten kürzeren Frist nachweist.[37] Maßgeblich ist die gesetzliche Frist. Die Mitteilung der Schwangerschaft ohne Rücksicht darauf, ob der Arbeitgeber ihr auch das Bestehen der Schwangerschaft zu diesem Zeitpunkt entnehmen kann, genügt grundsätzlich nicht. Bei Unklarheiten ist die Erklärung der Schwangeren nach §§ 133, 157 BGB auszulegen.[38]

c) Versäumt die Schwangere die Zweiwochenfrist, ist dies nach § 9 I 1 2. Halbs. **12**
MuSchG unschädlich, wenn dies auf einem von der Frau nicht zu vertretenden Grund beruht und die Mitteilung unverzüglich nachgeholt wird. Die Überschreitung der Frist ist von der Schwangeren zu vertreten, wenn sie auf einen gröblichen Verstoß gegen das von einem verständigen Menschen im eigenen Interesse billigerweise zu erwartende Verhalten zurückzuführen ist (Verschulden gegen sich selbst).[39] Einen solchen gröblichen Verstoß stellt es nicht dar, wenn die Schwangere die Bescheinigung über die Schwangerschaft mit normaler Post an den Arbeitgeber versendet und der Brief dann aus ungeklärter Ursache verloren geht.[40] Eine unverschuldete Versäumung der Zweiwochenfrist kann auch dann vorliegen, wenn die Arbeitnehmerin zwar ihre Schwangerschaft beim Zugang der Kündigung kennt oder während des Laufs der Zweiwochenfrist von ihr erfährt, aber durch sonstige Umstände unverschuldet an der rechtzeitigen Mitteilung gehindert ist. Arbeitnehmerinnen, die noch während des Laufs der gesetzlichen Mitteilungspflicht von ihrer Schwangerschaft Kenntnis erlangen, ist ein gewisser Überlegungszeitraum zuzubilligen, auch um einen qualifizierten juristischen Rat einzuholen.[41] Geht einer schwangeren Arbeitnehmerin während ihres Urlaubs eine Kündigung zu und teilt sie dem Arbeitgeber unverzüglich nach Rückkehr aus dem Urlaub ihre Schwangerschaft mit, ist die Überschreitung der Zweiwochenfrist des § 9 I 1 2. Halbs. MuSchG nicht allein deshalb als verschuldet anzusehen, weil die Arbeitnehmerin es unterlassen hat, dem Arbeitgeber ihre Schwangerschaft vor Urlaubsantritt anzuzeigen.[42] Bei der Prüfung, ob eine Mitteilung der Schwangerschaft bei unverschuldeter Versäumung der Frist des § 9 I MuSchG unverzüglich nachgeholt worden ist, kann weder auf eine Mindestfrist (in der die Verzögerung der Mitteilung regelmäßig als unverschuldet anzusehen ist) noch auf eine Höchstfrist (nach deren Ablauf stets von einem schuldhaften Zögern auszugehen ist) abgestellt werden. Entscheidend sind vielmehr stets die besonderen

31 BAG 15. 11. 1990 AP 17 zu § 9 MuSchG 1968 = NZA 91, 669.
32 HWK/*C. W. Hergenröder* § 9 MuSchG RN 8; ErfK/*Schlachter* § 9 MuSchG RN 6.
33 LAG Hamm 11. 2. 1958 DB 58, 988; *Buchner/Becker* § 9 MuSchG RN 116; *Gröninger/Thomas* § 9 RN 21.
34 *Buchner/Becker* § 9 MuSchG RN 127; APS/*Rolfs* § 9 MuSchG RN 35.
35 BAG 20. 5. 1988 AP 16 zu § 9 MuSchG 1968 = NZA 88, 799.
36 BAG 15. 11. 1990 AP 17 zu § 9 MuSchG 1968 = NZA 91, 669; APS/*Rolfs* § 9 MuSchG RN 35.
37 Vgl. BAG 6. 6. 1974 AP 3 zu § 9 MuSchG 1968.
38 BAG 15. 11. 1990 AP 17 zu § 9 MuSchG 1968 = NZA 91, 669; APS/*Rolfs* § 9 MuSchG RN 35.
39 BAG 16. 5. 2002 AP 30 zu § 9 MuSchG 1968 = NZA 2003, 217; 13. 6. 1996 AP 22 zu § 9 MuSchG 1968 = NZA 96, 1154.
40 BAG 16. 5. 2002 AP 30 zu § 9 MuSchG 1968 = NZA 2003, 217.
41 BAG 26. 9. 2002 AP 31 zu § 9 MuSchG 1968.
42 BAG 13. 6. 1996 AP 22 zu § 9 MuSchG 1968 = NZA 96, 1154.

Umstände des konkreten Falles (§ 121 BGB).[43] Ein Zeitraum von einer Woche kann nach Auffassung des BAG regelmäßig noch als nicht zu lang für ein unverzügliches Nachholen der Mitteilung angesehen werden.[44]

13 **4. Kündigung.** Unwirksam ist **jegliche Kündigung** des Arbeitgebers (vgl. RN 15). Unter das Kündigungsverbot fallen deshalb die ordentliche, außerordentliche und die Änderungskündigung, Kündigungen im Rahmen einer Massenentlassung oder Stilllegung. Das Kündigungsverbot gilt auch im Insolvenzfall.[45] Zulässig bleibt die kollektivrechtliche Einführung von Kurzarbeit[46] oder der Widerruf einzelner Arbeitsbedingungen sowie die Zuweisung einer anderen Tätigkeit durch Ausübung des **Weisungsrechts** nach § 106 GewO. Der Versetzung einer schwangeren Arbeitnehmerin in eine Vermittlungs- und Qualifizierungseinheit (z. B. Vivento der Deutschen Telekom) steht § 9 MuSchG nicht entgegen.[47] **Keine Kündigung** ist die Nichtverlängerungsmitteilung eines Arbeitsvertrags, die in den Tarifverträgen für Künstler vorgesehen ist,[48] die Anfechtung eines Arbeitsvertrags,[49] die Befristung oder auflösende Bedingung.[50] Auch eine dem Arbeitgeber im Zeitpunkt des Vertragsschlusses bekannte Schwangerschaft einer Arbeitnehmerin hindert nicht die Befristung des Arbeitsvertrags.[51] Soweit die Nichtverlängerung eines befristeten Arbeitsvertrags ihren Grund in der Schwangerschaft der Arbeitnehmerin hat, liegt allerdings eine unmittelbare Diskriminierung auf Grund des Geschlechts vor, die gegen Art. 2 der Gleichbehandlungsrichtlinie 76/207/EWG des Rates vom 9. 2. 1976[52] bzw. §§ 1, 7 AGG verstößt. Unter das Kündigungsverbot fallen weiterhin nicht Aufhebungsverträge und Eigenkündigungen der Arbeitnehmerin.[53]

14 **5. Elternzeit.** Das Kündigungsverbot besteht über die Schutzfrist des § 9 MuSchG hinaus, wenn die Frau Elternzeit in Anspruch nimmt (§ 172). Die Kündigungsverbote nach § 9 MuSchG und § 18 BEEG können nebeneinander bestehen.[54]

III. Wirkungen des Kündigungsverbots

15 **1. Absolutes Kündigungsverbot.** Eine innerhalb der Fristen des § 9 MuSchG der Arbeitnehmerin zugegangene Kündigung **ist rechtsunwirksam** (§ 9 MuSchG, § 134 BGB). Sie kann auch nicht mit der Maßgabe erklärt werden, sie solle erst zum Ablauf der Schutzfrist wirken. Vielmehr muss sie nach deren Ablauf erneut (zum nächstzulässigen Termin) ausgesprochen werden (zur behördlichen Zustimmung RN 18 ff.).[55]

16 **2. Kündigungsschutzklage.** Im Unterschied zum früheren Recht muss die Unwirksamkeit der Kündigung wegen eines Verstoßes gegen § 9 MuSchG gemäß § 4 Satz 1 KSchG innerhalb einer Klagefrist von **drei Wochen** geltend gemacht werden (§ 138 RN 16). Zur nachträglichen Zulassung enthält § 5 I 2 KSchG eine Sonderregelung (§ 139 RN 12).

17 **3. Vergütungsfortzahlung.** Hat der Arbeitgeber verbotswidrig gekündigt, ist er zur Fortzahlung der Vergütung verpflichtet, wenn er sich in Annahmeverzug (§ 95) befindet. Dieser kann auch dann gegeben sein, wenn die Frau nachträglich die Schwangerschaft anzeigt und

---

[43] BAG 20. 5. 1988 AP 16 zu 3 9 MuSchG 1968 = NZA 88, 799; siehe auch LAG Hamm 17. 10. 2006 LAGE § 9 MuSchG Nr. 26, wonach im Einzelfall auch 13 Kalendertage unverzüglich sein können.

[44] BAG 26. 9. 2002 AP 31 zu § 9 MuSchG 1968; 27. 10. 1983 AP 13 zu § 9 MuSchG 1968.

[45] Ebenso ErfK/*Müller-Glöge* § 113 InsO RN 10; APS/*Rolfs* § 9 MuSchG RN 43; zur Zulässigkeit einer Kündigung nach § 9 III MuSchG bei einer Betriebsstilllegung im Rahmen der Insolvenz BVerwG 18. 8. 1977 AP 5 zu § 9 MuSchG 1968.

[46] BAG 7. 4. 1970 AP 3 zu § 615 BGB Kurzarbeit.

[47] LAG Nürnberg 16. 2. 2005 – 3 Sa 447/04.

[48] BAG 23. 10. 1991 AP 45 zu § 611 BGB Bühnenengagementsvertrag = NZA 92, 925.

[49] BAG 6. 10. 1962 AP 24 zu § 9 MuSchG; eine Anfechtung wegen arglistiger Täuschung (§ 123 I BGB) bei einer wahrheitswidrigen Beantwortung der Frage nach einer Schwangerschaft ist wegen unmittelbarer Benachteiligung wegen des Geschlechts grundsätzlich unwirksam, vgl. EuGH 5. 5. 1994 (Habermann-Beltermann) AP 2 zu EWG-Richtlinie Nr. 76/207 Art. 2 = NZA 94, 609; BAG 6. 2. 2003 AP 21 zu § 611 a BGB = NZA 2003, 848.

[50] BAG 12. 10. 1960 AP 16 zu § 620 BGB Befristeter Arbeitsvertrag; *Buchner/Becker* § 9 MuSchG RN 69; APS/*Rolfs* § 9 MuSchG RN 49.

[51] BAG 6. 11. 1996 AP 188 zu § 620 BGB Befristeter Arbeitsvertrag = NZA 97, 1222.

[52] EuGH 4. 10. 2001 AP 3 zu EWG-Richtlinie Nr. 92/85 = NZA 2001, 1243.

[53] BAG 8. 12. 1955 AP 4 zu § 9 MuSchG; *Buchner/Becker* § 9 MuSchG RN 84 und 94; APS/*Rolfs* § 9 MuSchG RN 52 f.

[54] BAG 31. 3. 1993 AP 20 zu § 9 MuSchG 1968 = NZA 93, 946.

[55] *Buchner/Becker* § 9 MuSchG RN 158; ErfK/*Schlachter* § 9 MuSchG RN 8.

dadurch der Kündigungsschutz eingreift.[56] Diese Verpflichtung zur Entgeltzahlung soll nach älterer Rechtsprechung des BAG entfallen, wenn der Arbeitgeber die Arbeitnehmerin nach Treu und Glauben und unter Berücksichtigung der Gepflogenheiten des Arbeitslebens sowie des Zwecks des MuSchG nicht zu beschäftigen brauche;[57] in diesen Fällen könne er die Entgegennahme der Arbeitsleistung ablehnen. Richtigerweise besteht ein Recht des Arbeitgebers zur Freistellung der Arbeitnehmerin ohne Vergütungszahlung jedoch nur dann, wenn außerhalb der Schwangerschaft liegende Umstände eine Weiterbeschäftigung wegen konkreter Gefährdung verfassungsrechtlich geschützter Rechtsgüter unzumutbar erscheinen lassen. Insoweit stellt die Rechtsprechung jedoch sehr strenge Anforderungen auf, z.B. tätliche Bedrohung des Arbeitgebers mit einem Beil.[58] Da das Arbeitsverhältnis infolge verbotswidriger Kündigung nicht beendet wird, kann die Frau kein Arbeitslosengeld beziehen. Hat die Agentur für Arbeit gleichwohl Arbeitslosengeld gezahlt, geht in Höhe der Zahlungen der Anspruch auf Vergütungsfortzahlung auf die Agentur für Arbeit über (§ 115 SGB X). Vgl. § 23.

IV. Ausnahmen vom Kündigungsschutz

1. Behördliche Zustimmung zur Kündigung. Nach § 9 III MuSchG kann die zuständige oberste Landesbehörde oder die von ihr bestimmte Stelle in besonderen Fällen ausnahmsweise auf Antrag des Arbeitgebers die Kündigung für zulässig erklären. Zweck der Regelung ist, im Falle der Unzumutbarkeit der Weiterbeschäftigung die Möglichkeit einer außerordentlichen Kündigung zu eröffnen (§ 127).[59] Die Kündigung kann rechtswirksam erst **nach Zulässigkeitserklärung** ausgesprochen werden.[60] Die Zulässigkeitserklärung muss noch nicht bestandskräftig sein.[61] Allein die Einlegung des Widerspruchs bzw. die Erhebung einer Anfechtungsklage gegen die Zulässigkeitserklärung führt noch nicht zur Unwirksamkeit der Kündigung.[62] Maßgeblich ist allein die darauf ergehende Entscheidung. Ist die Kündigung vor der Zulässigkeitserklärung ausgesprochen worden, muss sie wiederholt werden, da rückwirkend eine Heilung nicht eintritt, selbst wenn die Behörde sie rückwirkend genehmigen sollte. Verzögert die Verwaltungsbehörde schuldhaft die Zustimmung, kann sie schadensersatzpflichtig sein.[63] In keinem Fall ersetzt ein sog. **Negativtest** die Zulässigkeitserklärung.[64] Soll eine außerordentliche Kündigung erfolgen, ist innerhalb von zwei Wochen die Zustimmung zu beantragen (§ 626 II BGB) und nach Erteilung entsprechend § 91 V SGB IX unverzüglich zu kündigen.[65] 18

2. Antrag auf Zustimmung. a) Der Antrag auf Zustimmung zur Kündigung ist bei der zuständigen Behörde zu stellen. Schriftform ist zwar nicht erforderlich, aber zweckmäßig. In der Begründung des Antrags sind die Gründe für die beabsichtigte Kündigung genau zu bezeichnen. Im Falle einer außerordentlichen Kündigung muss der Antrag auf Zustimmung binnen der Frist nach § 626 II BGB gestellt werden; nach Zustimmung muss unverzüglich gekündigt werden.[66] Der Arbeitgeber braucht die Rechtskraft des Bescheides nicht abzuwarten. Kündigt der Arbeitgeber bevor der Bescheid bestandskräftig wird, ist eine Aussetzung des Arbeitsrechtsstreits bis zum Abschluss des Verwaltungsgerichtsverfahrens grundsätzlich nicht geboten. Sollte dort der Bescheid endgültig aufgehoben werden, kann die Arbeitnehmerin dies in den Kündigungsschutzprozess einführen oder nach rechtskräftigem Abschluss die Wiederaufnahme des arbeitsgerichtlichen Verfahrens beantragen (§ 580 ZPO).[67] 19

b) Zuständig sind in Baden-Württemberg, Bayern, Bremen, Mecklenburg-Vorpommern, Niedersachsen, NRW, Sachsen, Sachsen-Anhalt, Schleswig-Holstein die örtlichen Gewerbeaufsichtsämter, in Berlin, Brandenburg, Rheinland-Pfalz und Thüringen die Landesämter für Arbeitsschutz.[68] Diese stellen u.U. unter Einschaltung der Gewerbeaufsichtsämter weitere Ermitt- 20

---

56 BAG 26. 9. 2002 AP 31 zu § 9 MuSchG 1968; LAG Hamm 14. 3. 1995 LAGE § 615 BGB Nr. 43.
57 BAG GS 26. 4. 1956 AP 5 zu § 9 MuSchG.
58 BAG GS 26. 4. 1956 AP 5 zu § 9 MuSchG.
59 Vgl. BVerwG 2. 7. 1981 AP 1 zu § 9a MuSchG 1968.
60 BAG 29. 7. 1968 AP 28 zu § 9 MuSchG; völlig h. M.
61 BAG 17. 6. 2003 AP 33 zu § 9 MuSchG 1968 = NZA 2003, 1329.
62 BAG 25. 3. 2004 AP 36 zu § 9 MuSchG 1968.
63 *Herschel* AuR 59, 259.
64 BAG 28. 1. 1965 AP 25 zu § 9 MuSchG; *Gröninger/Thomas* § 9 RN 105; differenzierend APS/*Rolfs* § 9 MuSchG RN 68.
65 LAG Köln 21. 1. 2000 NZA-RR 2001, 303; APS/*Rolfs* § 9 MuSchG RN 95.
66 LAG Rheinland-Pfalz LAGE 14. 2. 1996 § 9 MuSchG Nr. 21 = NZA 96, 984.
67 BAG 17. 6. 2003 AP 33 zu § 9 MuSchG 1968 = NZA 2003, 1329.
68 Zusammenstellung bei APS/*Rolfs* § 9 MuSchG RN 70; siehe auch die Zusammenstellung im Internet unter http://www.bmfsfj.bund.de.

lungen an, hören die Arbeitnehmerin (§ 28 SGB X)[69] sowie den Betriebs- bzw. Personalrat an (vgl. §§ 89 BetrVG, 68 I PersVG).

21 **3. Entscheidung. a)** Die Verwaltungsbehörde kann nach **pflichtgemäßem Ermessen** die Kündigung zulassen, wenn ein besonderer Fall vorliegt. Das Tatbestandsmerkmal besonderer Fall ist ein unbestimmter Rechtsbegriff, der in vollem Umfang verwaltungsgerichtlicher Kontrolle unterliegt.[70] In den Ländern bestehen einschlägige Verwaltungsvorschriften.[71]

22 **b)** Ein **besonderer Fall** ist nicht schon bei Vorliegen eines wichtigen Grundes (§ 626 BGB) gegeben. Er liegt nur ausnahmsweise dann vor, wenn außergewöhnliche Umstände es rechtfertigen, die vom Gesetz als vorrangig angesehenen Interessen der Schwangeren hinter die des Arbeitgebers zurücktreten zu lassen.[72] Dies kann z. B. der Fall sein bei schwerwiegenden vorsätzlichen Arbeitspflichtverletzungen der Schwangeren, Diebstählen, Unterschlagungen, tätlichen Bedrohungen des Arbeitgebers, beharrlichen (wiederholten) Verletzungen arbeitsvertraglicher Pflichten,[73] zerrüttetem Arbeitsverhältnis,[74] Stilllegung des Betriebs,[75] wirtschaftlicher Gefährdung des Arbeitgebers[76] oder Massenentlassung bei lange nach der Schutzfrist ablaufender Kündigungsfrist. Kein besonderer Fall ist gegeben, wenn die Arbeitnehmerin gegenüber der Ehefrau des Geschäftsführers ihres Arbeitgebers eine Indiskretion über dessen Privatleben vornimmt.[77] Soll die Kündigung wegen häufiger Erkrankung erfolgen, stellt es keine Geschlechtsdiskriminierung dar, wenn die die Kündigung auslösende Erkrankungen auf der Schwangerschaft beruhen und nach Ablauf der Schutzfrist auftreten.[78] Während der Schutzfristen dürfen schwangerschaftsbedingte Fehlzeiten dagegen nicht zur Begründung einer Kündigung herangezogen werden.[79] Zur Zustimmung bei Bardamen.[80]

23 **c)** Liegt ein besonderer Fall vor, so steht es im **Ermessen** (kann) der Behörde, ob sie die Zustimmung erteilt. Insoweit besteht nur eine eingeschränkte verwaltungsgerichtliche Kontrolle. Jedoch wird ein Ermessensfehler im Allgemeinen nicht vorliegen, wenn ein besonderer Fall gegeben ist und die Zustimmung erteilt wird.[81]

24 **d)** Gegen die Entscheidung der Verwaltungsbehörde kann im Falle der Zurückweisung durch den Arbeitgeber, im Falle der Zustimmung von der Schwangeren, binnen Monatsfrist **Widerspruch** eingelegt werden (§§ 68 ff. VwGO). Der Widerspruchsbescheid kann bei dem örtlich zuständigen Verwaltungsgericht mit der **Verpflichtungs- oder Anfechtungsklage** angegriffen werden.[82] Bis zur Rechtskraft ist die Kündigung im Falle der Zustimmung schwebend wirksam.[83] Widerspruch und Klage der Schwangeren können wegen Rechtsmissbrauch unzulässig sein. Das soll dann der Fall sein, wenn die Schwangere weiß, dass der Betrieb endgültig stillgelegt wird, eine weitere Beschäftigungsmöglichkeit nicht besteht und sie in Kenntnis des Kündigungsschutzes eine Abfindung in Höhe des im Sozialplan vorgesehenen Betrags annimmt und die Abfindung ausdrücklich mit „für den Verlust des Arbeitsplatzes" bezeichnet ist.[84]

25 **4. Schwangerschaft während der Elternzeit.** Wird eine **Arbeitnehmerin** während der Elternzeit schwanger, bestehen die Kündigungsverbote nach § 9 I MuSchG und § 18 BEEG (dazu § 172 RN 50 ff.) **nebeneinander.** Der Arbeitgeber bedarf in diesem Fall für eine Kündigung der Zulässigkeitserklärung der Arbeitsschutzbehörden nach beiden Vorschriften.[85]

---

[69] OVG Lüneburg AP 19 zu § 9 MuSchG.
[70] BVerwG 21. 10. 1970 AP 33 zu § 9 MuSchG.
[71] Vgl. Bad.-Württemberg Erl. 17. 2. 1953 RdA 53, 324; Hessen 6. 6. 1972 Hess.Staatsanzeiger; NRW 22. 8. 1955 RdA 56, 146.
[72] BVerwG 18. 8. 1977 AP 5 zu § 9 MuSchG 1968; OVG Lüneburg 5. 12. 1990 AP 18 zu § 9 MuSchG 1968.
[73] VG Ansbach 30. 3. 2005 – AN 14 K 04.03 125.
[74] Bayerischer VGH 29. 3. 2007 – 9 C 06.2456.
[75] BVerwG 18. 8. 1977 AP 5 zu § 9 MuSchG 1968.
[76] OVG Hamburg NJW 83, 1748.
[77] VGH Bad.-Württemberg 7. 12. 1993 BB 94, 940.
[78] EuGH 30. 6. 1998 AP 16 zu EWG-Richtlinie 76/207 = NZA 98, 871 (Mary Brown).
[79] EuGH 8. 11. 1990 AP 24 zu Art. 119 EWG-Vertrag = NZA 91, 173 (Hertz); näher dazu APS/*Linck*, 2. Aufl., § 611 a BGB RN 69 ff.
[80] BVerwG 21. 10. 1970 AP 33 zu § 9 MuSchG.
[81] OVG Hamburg 10. 9. 1982 NJW 83, 1748.
[82] BVerwG 10. 2. 1960 AP 21 zu § 9 MuSchG.
[83] BAG 17. 6. 2003 AP 33 zu § 9 MuSchG 1968 = NZA 2003, 1329; LAG Rheinland-Pfalz 14. 2. 1996 LAGE § 9 MuSchG Nr. 21 = NZA 96, 984; a. A. *Schäfer* NZA 2004, 833: schwebend unwirksam.
[84] OVG Münster 8. 8. 1997 NZA-RR 98, 159.
[85] BAG 31. 3. 1993 AP 20 zu § 9 MuSchG 1968 = NZA 93, 646.

5. Form der Kündigung. Die Kündigung bedarf wie jede Kündigung der Schriftform. 26
Darüber hinaus muss sie gem. § 9 III 2 MuSchG den **zulässigen Kündigungsgrund angeben.** Die Kündigungsgründe sind in dem Kündigungsschreiben so zu bezeichnen, dass die Arbeitnehmerin erkennen kann, um welche konkreten Umstände es sich handelt. Die bloße Bezeichnung der Kündigung als „betriebsbedingt" genügt nicht diesen Anforderungen (siehe dazu § 123 RN 61).[86]

V. Auflösung des Arbeitsverhältnisses aus anderen Gründen als durch Kündigung des Arbeitgebers

1. Sonstige Beendigungsgründe. Die Arbeitnehmerin ist während der Schutzfrist des § 9 27
I 1 MuSchG oder während der Elternzeit (§ 172) nur vor einer Kündigung des Arbeitsverhältnisses durch den Arbeitgeber, nicht aber vor seiner **Beendigung aus sonstigen Gründen** geschützt. Eine unwirksame Kündigung kann nicht in eine Anfechtung des Arbeitsvertrages (§ 143 BGB) umgedeutet werden.[87]

2. Unwirksamkeit des Arbeitsvertrags. Ist der Arbeitsvertrag nichtig (§ 36 RN 1), kann 28
sich der Arbeitgeber jederzeit für die Zukunft von ihm lösen. Für die Vergangenheit besteht ein **sog. faktisches Arbeitsverhältnis** (§ 36 RN 51), das den Arbeitgeber verpflichtet, die Leistungen so zu erbringen, als sei der Arbeitsvertrag rechtswirksam abgeschlossen worden. Er kann mithin für die Vergangenheit verpflichtet sein, den Mutterschaftslohn nach § 11 MuSchG zu zahlen.[88] Der Arbeitsvertrag mit einer bereits schwangeren Frau ist grundsätzlich auch dann nicht nichtig, wenn sie durch ihn zu Arbeiten verpflichtet wurde, die ihr nach dem MuSchG verboten sind, denn die Schwangerschaft ist nur ein vorübergehender Zustand.[89]

3. Arbeitskampf. Die Kündigungsverbote nach § 9 I MuSchG gelten nicht für eine wäh- 29
rend des Arbeitskampfs erfolgende lösende Aussperrung. Jedoch hat die Arbeitnehmerin nach dem Ende des Arbeitskampfs Anspruch auf Wiedereinstellung.[90]

4. Aufhebungsvertrag. Nach § 9 MuSchG ist nur eine Kündigung des Arbeitgebers un- 30
wirksam. **Keine Bedenken** bestehen, vor wie nach einer Kündigung einen Aufhebungsvertrag abzuschließen (dazu näher § 122).[91] Der Aufhebungsvertrag muss schriftlich abgeschlossen werden (§ 623 BGB). Damit haben sich Rechtsstreitigkeiten über einen konkludenten Aufhebungsvertrag weitgehend erledigt. Wird das Arbeitsverhältnis durch Aufhebungsvertrag aufgelöst, hat die schwangere Arbeitnehmerin keinen Anspruch auf Mutterschaftsgeld nach § 13 II MuSchG oder § 200a RVO.

VI. Sonderkündigung der Frau

1. Sonderkündigungsrecht. Die schwangere Arbeitnehmerin ist berechtigt, während der 31
Schwangerschaft oder nach deren Beendigung das Arbeitsverhältnis ordentlich oder bei Vorliegen der entsprechenden Voraussetzungen (§ 626 BGB) außerordentlich zu kündigen. In § 10 I 1 MuSchG wird der Arbeitnehmerin darüber hinaus das Recht eingeräumt, während der Schwangerschaft und während der Schutzfrist des § 6 I (also nicht § 6 II) MuSchG nach der Entbindung **ohne Einhaltung einer Frist zum Ende der Schutzfrist** zu kündigen. Durch das Sonderkündigungsrecht soll die Frau in die Lage versetzt werden, sich ganz der Pflege ihres Kindes zu widmen.[92] Durch den inzwischen bestehenden Anspruch auf Elternzeit ist die praktische Bedeutung dieser Vorschrift gering. Endet die Schwangerschaft ohne Entbindung, kommt es also zu einer Fehlgeburt, entfällt das Sonderkündigungsrecht. Hat die Frau schon vorher vom Sonderkündigungsrecht Gebrauch gemacht, ist die Kündigung unwirksam, weil es ihr nicht zustand. Will die Frau gleichwohl ausscheiden, müssen die regelmäßigen Kündigungsfristen eingehalten werden, es sei denn, dass sich die Arbeitsvertragsparteien auf die Beendigung des Arbeitsverhältnisses einigen. Das Sonderkündigungsrecht kann mit und ohne Einhaltung einer Kündigungsfrist ausgeübt werden. Die Vertragspartner können im Wege der Vereinbarung ein früheres oder

---

[86] Vgl. BAG 10. 2. 1999 AP 3 zu § 54 BMT-G = NZA 99, 603 zu einem tarifl. Begründungserfordernis.
[87] BAG 14. 10. 1975 AP 4 zu § 9 MuSchG 1968.
[88] Vgl. dazu BAG 19. 12. 1966 AP 3 zu § 12 MuSchG.
[89] Vgl. EuGH 3. 2. 2000 AP 18 zu § 611a BGB = NZA 2000, 255; 6. 2. 2003 AP 21 zu § 611a BGB = NZA 2003, 848.
[90] Vgl. BAG AP 11, 24, 43 zu Art. 9 GG Arbeitskampf.
[91] BAG 14. 10. 1975 AP 4 zu § 9 MuSchG; *Buchner/Becker* § 9 MuSchG RN 94; *Gröninger/Thomas* § 9 RN 75.
[92] BT-Drucks. IV/3652 S. 6.

späteres Ende des Arbeitsverhältnisses vereinbaren. Die Arbeitnehmerin sollte wegen ihrer vertraglichen Rücksichtspflicht (§ 241 II BGB) rechtzeitig vor dem Ende der Schutzfrist die Kündigung aussprechen, zumindest ankündigen; jedoch ist das Zuwarten bis kurz vor Ablauf der Schutzfrist kaum jemals eine zum Schadensersatz verpflichtende Pflichtverletzung, weil die Arbeitnehmerin oftmals erst gegen Ende der Schutzfrist den Betreuungsaufwand für das Kind richtig abschätzen kann. Das Sonderkündigungsrecht ist unabdingbar. Daher besteht auch nicht die Möglichkeit, nach der Entbindung mit der Frau zu vereinbaren, dass sie von der Kündigungsmöglichkeit keinen Gebrauch macht.

32 **2. Wiedereinstellung.** Wird die Frau innerhalb eines Jahres nach der Entbindung in ihrem bisherigen Betrieb wieder eingestellt, gilt, soweit Rechte aus dem Arbeitsverhältnis von der Dauer der Betriebs- oder Berufszugehörigkeit (Urlaubs-, Gratifikationsansprüche usw.) oder von der Dauer der Beschäftigungs- oder Dienstzeit abhängen, das Arbeitsverhältnis als nicht unterbrochen (§ 10 II 1 MuSchG). Entsprechendes hat nach dem Grundgedanken des Gesetzes bei Wiedereinstellung nach einem Aufhebungsvertrag zum Ende der Schutzfrist,[93] nicht dagegen bei ordentlicher oder sonstiger außerordentlicher Kündigung der Frau zu einem anderen Termin zu gelten. Für die Fristberechnung gelten §§ 187 I, 188 II BGB. Einen Anspruch auf Wiedereinstellung hat die Frau jedoch nicht.[94] Bei der Berechnung der Betriebszugehörigkeit usw. sind die Zeiten des ersten und zweiten Arbeitsverhältnisses zusammenzurechnen. Dagegen ist umstritten, ob auch die Zeit zwischen den beiden Arbeitsverhältnissen mitzurechnen ist. Teils wird die Frage bejaht,[95] teils verneint, teils eine vermittelnde Auffassung vertreten, nach der auf den Charakter der Wartezeit abgestellt werden soll;[96] so soll z. B. der Unterbrechungszeitraum auf die Wartefristen nach § 1 KSchG, § 4 BUrlG wegen der notwendigen Erprobung und Arbeitsleistung der Frau nicht angerechnet, dagegen bei zusätzlichen sozialen Leistungen (Wartezeit für betriebliches Ruhegeld, Gratifikationen) mitgerechnet werden. Richtigerweise wird die Zwischenzeit überhaupt nicht zu berücksichtigen sein, weil das Gesetz lediglich sicherstellen will, dass die Frau die von der Dauer der betrieblichen Beschäftigung abhängigen Leistungen ohne Rücksicht auf die vorübergehende Beendigung erhält; dagegen sollten dem Arbeitgeber nicht zusätzlich versteckte Sozialleistungen aufgebürdet werden.[97]

33 **3. Anrechnungswegfall.** Die Anrechnung der früheren Dienstzeit der Frau entfällt, wenn sie vor Wiedereinstellung eine Beschäftigung bei einem anderen Arbeitgeber, wenn auch nur in Teilzeit oder zur Aushilfe, aufgenommen hat (§ 10 II 2 MuSchG). Dagegen bleibt die **Anrechnungspflicht** bestehen, wenn die Frau sich vorübergehend selbstständig gemacht hat. Das Gleiche hat zu gelten, wenn sie vor Aufnahme einer anderweitigen Beschäftigung ihre Arbeitskraft dem ersten Arbeitgeber angeboten hat, da dieser sonst die unvollkommenen Ansprüche zunichtemachen könnte.

VII. Mitteilungspflichten des Arbeitgebers bei Auflösung des Arbeitsverhältnisses

34 Kündigt eine schwangere Frau, hat der Arbeitgeber die Aufsichtsbehörde **unverzüglich zu benachrichtigen** (§ 9 II MuSchG). Das Gleiche wird nach dem Grundgedanken des Gesetzes zu gelten haben, wenn das Arbeitsverhältnis infolge Aufhebungsvertrags endet.[98] Zweck der Vorschrift ist, die Aufsichtsbehörde in die Lage zu versetzen, die Frau darüber aufzuklären, welche Rechte sie nunmehr hat. Entgegen einer verbreiteten Ansicht ist jedoch die Wirksamkeit der Kündigung oder des Aufhebungsvertrages nicht von der Benachrichtigung des Arbeitgebers an die Aufsichtsbehörde abhängig,[99] weil die Kündigung mit dem Zugang und der Aufhebungsvertrag mit dem Abschluss wirksam werden. Die Einhaltung der Mitteilungspflicht ist auch nicht durch Straf- oder Bußgeldandrohung gesichert; der Arbeitgeber kann lediglich bei ihrer Nichteinhaltung schadensersatzpflichtig werden, denn § 9 II MuSchG ist Schutzgesetz i. S. von § 823 II BGB. Dies kann z. B. aktuell werden, wenn Kündigung oder Aufhebungsvertrag durch die Schwangere hätten angefochten werden können.[100]

---

[93] *Buchner/Becker* § 10 MuSchG RN 23; APS/*Rolfs* § 9 MuSchG RN 18.
[94] *Buchner/Becker* § 10 MuSchG RN 36.
[95] So *Zmarzlik/Zipperer/Viethen/Vieß* § 10 MuSchG RN 14.
[96] So offenbar ErfK/*Schlachter* § 10 MuSchG RN 4.
[97] Ebenso *Buchner/Becker* § 10 MuSchG RN 48; HWK/*C. W. Hergenröder* § 10 MuSchG RN 4; APS/*Rolfs* § 10 MuSchG RN 24; KR/*Bader* § 10 MuSchG RN 51.
[98] Ebenso *Buchner/Becker* § 9 MuSchG RN 291; a. A. ErfK/*Schlachter* § 9 MuSchG RN 11; APS/*Rolfs* § 9 MuSchG RN 64 m. w. N.
[99] BAG 19. 8. 1982 AP 10 zu § 9 MuSchG 1968.
[100] Teilw. a. A. BAG 19. 8. 1982 AP 10 zu § 9 MuSchG 1968.

§ 170. Mutterschutzlohn

Bährle, Mutterschutzlohn und ärztliches Beschäftigungsverbot, BuW 2002, 40; *Feldhoff,* Mutterschutzlohn und ärztliches Beschäftigungsverbot, AiB 2003, 383; *Gutzeit,* Die schwangere Kranke vor dem BAG – Monokausale Wirrungen, NZA 2003, 81; *Jorkowski,* Die finanziellen Auswirkungen von Schwangerschaft und Mutterschaft im Arbeitsverhältnis, ZTR 2003, 275; *Lembke,* Mutterschutzlohn und Entgeltfortzahlung, NZA 98, 349; *Reufels,* Anrechnung anderweitigen Erwerbs während eines Beschäftigungsverbots?, ArbRB 2005, 56; *Schliemann/König,* Ärztliches Beschäftigungsverbot und krankheitsbedingte Arbeitsunfähigkeit, NZA 98, 1030.

Übersicht

	RN
I. Voraussetzungen für den Anspruch auf Mutterschutzlohn	1 ff.
1. Arbeitsentgelt bei Beschäftigungsverboten	1
2. Zweck	2
3. Persönlicher Geltungsbereich	3–6
4. Kausalzusammenhang	7–12
5. Verdienstminderung	13
6. Steuer und Sozialversicherung	14
II. Berechnung des Mutterschutzlohns	15 ff.
1. Berechnungsmethode	15
2. Berechnungsformel	16
3. Referenzzeitraum	17
4. Referenzzeitraum vor Beginn der Schwangerschaft	18
5. Arbeitsverhältnis nach Beginn der Schwangerschaft	19
6. Kurze Beschäftigung vor Schwangerschaftsbeginn	20
7. Referenzzeitraum ohne Arbeitsentgelt	21
8. Gesamtverdienst	22
9. Bestandteile des Gesamtverdienstes	23
10. Nicht zu berücksichtigendes Entgelt	24
11. Verdiensterhöhungen	25
12. Verdienstkürzungen	26, 27
13. Verdienstkürzung während des Zahlungszeitraums	28
14. Lohnausfallzeiten	29
15. Bezahlte Zeiteinheiten	30
16. Zahlungszeitraum	31

I. Voraussetzungen für den Anspruch auf Mutterschutzlohn

1. Arbeitsentgelt bei Beschäftigungsverboten. Nach § 11 MuSchG besteht ein **Anspruch auf Mutterschutzlohn,** wenn die Arbeitnehmerin **(a)** unter den Geltungsbereich von § 1 MuSchG fällt, **(b)** kein Mutterschaftsgeld nach den Vorschriften der RVO bezieht, **(c)** wegen eines Verbotes nach §§ 3 I, 4, 6 II, III, 8 I, III, V MuSchG ganz oder teilweise nicht arbeiten kann oder wegen dieser Verbote die Beschäftigung oder die Vergütungsart gewechselt hat und **(d)** infolge der unter (c) genannten Verbote eine Minderung ihres bisherigen Verdienstes erlitten hat. Die Vorschrift ist verfassungsgemäß.[1] § 11 MuSchG hat zur Folge, dass entgegen § 326 I BGB der Anspruch auf die Gegenleistung nicht entfällt. Die Auswirkungen für die Arbeitgeber werden seit dem 1. 1. 2006 durch das neue Aufwendungsausgleichsgesetz – AAG weitgehend ausgeglichen (§ 100). 1

2. Zweck. Zweck des § 11 MuSchG ist, die Arbeitnehmerin vor **Verdiensteinbußen zu bewahren,** die bei Einhaltung und Beachtung der Beschäftigungsverbote ohne die Regelung des § 11 MuSchG eintreten würden, weil die für das Arbeitsentgelt zu erbringende Arbeitsleistung ausbleibt. Mit § 11 MuSchG soll zugleich verhindert werden, dass die Arbeitnehmerin gesundheitsgefährdende Arbeiten übernimmt und ausführt, um keine Verdiensteinbuße zu erleiden.[2] 2

3. Persönlicher Geltungsbereich. a) Nach § 11 I 1 MuSchG hat die schwangere Arbeitnehmerin Anspruch auf Mutterschutzlohn, **soweit sie kein Mutterschaftsgeld** nach den Vorschriften der RVO beziehen kann (vgl. § 171). Dies wiederum bestimmt sich nach § 13 MuSchG. Der Anspruch auf Mutterschaftsgeld richtet sich gemäß § 13 MuSchG unabhängig von der Versicherungspflicht in der gesetzlichen Krankenversicherung nach der RVO. In der gesetzlichen Krankenversicherung versicherte Arbeitnehmerinnen sind anspruchsberechtigt nach § 200 RVO; nicht versicherte Arbeitnehmerinnen haben gemäß § 13 II MuSchG Anspruch in entspr. Anwendung der RVO. Arbeitnehmerinnen, die nicht Mitglied einer gesetzlichen Krankenkasse sind, erhalten nach § 13 II 1 MuSchG Mutterschaftsgeld, wenn sie bei Beginn der Schutzfrist nach § 3 II MuSchG in einem Arbeitsverhältnis stehen oder in Heimarbeit beschäftigt sind, für die Zeit der Schutzfristen des § 3 II und des § 6 I MuSchG sowie für den Entbin- 3

[1] BVerfG 3. 2. 1985 NJW 86, 422; BSG 24. 6. 1992 NZA 92, 1103.
[2] BAG 8. 8. 1990 AP 13 zu § 11 MuSchG 1968 = NZA 90, 974.

dungstag zulasten des Bundes in entsprechender Anwendung der Vorschriften der RVO über das Mutterschaftsgeld, höchstens jedoch insgesamt 210 Euro. Das Mutterschaftsgeld wird diesen Frauen auf Antrag vom Bundesversicherungsamt gezahlt. Dies gilt nach § 13 II 3 MuSchG entsprechend für Arbeitnehmerinnen, deren Arbeitsverhältnis während ihrer Schwangerschaft oder der Schutzfrist des § 6 I MuSchG nach Maßgabe von § 9 III MuSchG aufgelöst worden ist.

4 **b) Mutterschaftsgeld** wird nach § 13 I MuSchG **für die Schutzfristen des § 3 II und § 6 I MuSchG gewährt.** Hieraus folgt, dass Mutterschutzlohn nach § 11 MuSchG nicht für die Zeiträume zu zahlen ist, in denen die Krankenkasse oder das Bundesversicherungsamt Mutterschaftsgeld gewähren müssen. Der Anspruch auf Mutterschutzlohn ist ferner ausgeschlossen, wenn die Krankenkasse noch kein Mutterschaftsgeld leistet oder die Frau deren Leistungen nicht in Anspruch genommen hat. Für Versicherte, deren Arbeitsverhältnis während der Mutterschutzfristen vor oder nach der Geburt beginnt, wird das Mutterschaftsgeld von Beginn des Arbeitsverhältnisses an gezahlt. Ein Anspruch auf Mutterschaftsgeld entsteht auch, wenn eine Frau aus einem Beamtenverhältnis in ein Arbeitsverhältnis wechselt (§ 13 III MuSchG).

5 **c)** Der **Anspruch auf Mutterschutzlohn ist ausgeschlossen,** wenn das Mutterschaftsgeld niedriger sein sollte als der Mutterschutzlohn oder die Frau sich ausdrücklich während der Schutzfristen des § 3 II MuSchG zur Arbeit bereit erklärt (vgl. § 171). In letzterem Fall hat die Arbeitnehmerin einen Arbeitsentgeltanspruch nach § 611 BGB, dagegen besteht kein Anspruch auf Mutterschaftsgeld. Der Anspruch auf Mutterschaftsgeld ruht, soweit und solange das Mitglied beitragspflichtiges Arbeitsentgelt oder Arbeitseinkommen erhält (§ 200 IV RVO).

6 **d) Erkrankt** die Arbeitnehmerin vor oder während der allgemeinen Schutzfristen der §§ 3 II, 6 I MuSchG, hat sie für die Zeit dieser Schutzfristen – gleichgültig ob die Erkrankung mit der Schwangerschaft zusammenhängt – keinen Entgeltfortzahlungsanspruch[3] (§ 3 EFZG), sondern ausschließlich Ansprüche auf Mutterschaftsgeld. Dauert die Erkrankung über das Ende der allgemeinen Schutzfrist an, besteht ein Entgeltfortzahlungsanspruch nach §§ 3, 4 EFZG.[4]

7 **4. Kausalzusammenhang. a)** Der Anspruch auf Mutterschutzlohn nach § 11 I 1 MuSchG besteht nur, wenn allein das mutterschutzrechtliche Beschäftigungsverbot (§ 168 RN 5 ff.) dazu führt, dass die Schwangere mit der Arbeit aussetzt. Das Beschäftigungsverbot muss die **nicht wegzudenkende Ursache für das Nichtleisten der Arbeit** und den damit verbundenen Verdienstausfall sein.[5]

8 **b)** Für die Zeit, in der die **Schwangere arbeitsunfähig krank** ist, besteht dieser alleinige Ursachenzusammenhang nicht. Das gilt auch dann, wenn der Arbeitgeber nach Ablauf des Sechswochenzeitraums nicht mehr zur Entgeltfortzahlung im Krankheitsfalle verpflichtet ist. Es kommt darauf an, ob ein krankhafter Zustand, sei es im Zusammenhang mit der Schwangerschaft, sei es unabhängig von dieser, besteht, der zur Arbeitsunfähigkeit der Schwangeren führt. Ist dies der Fall, so ist krankheitsbedingte Arbeitsunfähigkeit zu bescheinigen. Worauf die krankheitsbedingte Arbeitsunfähigkeit beruht, ist insoweit unerheblich. Der behandelnde Arzt hat zu beurteilen, ob krankheitsbedingte Arbeitsunfähigkeit vorliegt oder ohne eine aktuelle Arbeitsunfähigkeit Leben oder Gesundheit von Mutter oder Kind bei Fortdauer der Beschäftigung gefährdet sind. Hierbei besteht für den Arzt ein Beurteilungsspielraum.[6] Ist die Schwangere arbeitsunfähig, führt ein gleichzeitig ausgesprochenes Beschäftigungsverbot (dazu § 168 RN 5 ff.) allein dazu, dass der Arbeitgeber die Arbeitnehmerin nicht beschäftigen darf (§§ 3 I, 21, 24 MuSchG). Das Beschäftigungsverbot begründet in diesem Fall aber keine Vergütungspflicht nach § 11 MuSchG. Liegt Arbeitsunfähigkeit vor, hat die Schwangere einen – gesetzlich nach § 3 I EFZG auf sechs Wochen beschränkten – Anspruch auf Entgeltfortzahlung wegen krankheitsbedingter Arbeitsunfähigkeit gegen den Arbeitgeber und anschließend einen Anspruch auf Krankengeld gegen die Krankenkasse (§ 44 SGB V). Liegt dagegen keine Arbeitsunfähigkeit vor, hat sie gegen den Arbeitgeber einen – nicht auf sechs Wochen beschränkten – Anspruch auf Mutterschutzlohn nach § 11 I 1 MuSchG.[7]

9 **c)** Diese **Risikoabgrenzung** beim Zusammentreffen von zwei Tatbeständen, die jeweils für sich einen Ausfall der Arbeit bewirken, ist dadurch gerechtfertigt, dass die wirtschaftlichen Fol-

---

[3] Vgl. *Buchner/Becker* § 11 MuSchG RN 13.

[4] Statt mehrerer: *Gröninger/Thomas* § 11 RN 9.

[5] BAG 9. 10. 2002 AP 23 zu § 11 MuSchG 1968; 13. 2. 2002 AP 22 zu § 11 MuSchG 1968 = NZA 2002, 738; kritisch hierzu *Gutzeit* NZA 2003, 81.

[6] BAG 9. 10. 2002 AP 23 zu § 11 MuSchG 1968; 31. 7. 1996 AP 8 zu § 3 MuSchG 1968 = NZA 97, 29; 5. 7. 1995 AP 7 zu § 3 MuSchG 1968 = NZA 96, 137.

[7] BAG 13. 2. 2002 AP 22 zu § 11 MuSchG 1968 = NZA 2002, 738; 12. 3. 1997 AP 10 zu § 3 MuSchG 1968 = NZA 97, 882; 1. 10. 1997 AP 11 zu § 3 MuSchG 1968 = NZA 98, 194.

gen der krankheitsbedingten Arbeitsunfähigkeit, wie dargestellt, zwischen dem einzelnen Arbeitgeber und der Versichertengemeinschaft aufgeteilt sind. Es wäre nicht gerechtfertigt, die gesetzliche Aufteilung deswegen zulasten des Arbeitgebers zu verschieben, weil zu der krankheitsbedingten Arbeitsunfähigkeit die Gefährdung der Gesundheit der schwangeren Arbeitnehmerin hinzutritt. Die zeitlich abgegrenzte und materiell abgestufte Sicherung des Arbeitnehmers durch Entgeltfortzahlung im Krankheitsfall und Krankengeld mit Leistungspflicht der Krankenkasse (§§ 44, 48, 49 SGB V) ist das vorrangige Prinzip. § 11 MuSchG füllt demgegenüber nur eine verbleibende Lücke zugunsten eines vorbeugenden Schutzes der Schwangeren.[8] Hieran hat das AAG (§ 100) nichts geändert. Insoweit ist zu berücksichtigen, dass die Umlage zur Finanzierung der Zahlungen von den Arbeitgebern allein gezahlt wird und die Höhe der Umlage wiederum vom Leistungsaufkommen abhängig ist.

d) Führt bei einer bestehenden Krankheit die **Fortführung der Beschäftigung zu einer weiteren Verschlechterung der Gesundheit** und wird erst dadurch die Unfähigkeit zur Arbeitsleistung bewirkt, kann der Arzt krankheitsbedingte Arbeitsunfähigkeit bescheinigen, ohne dass der Arbeitnehmer die Arbeit zuvor wieder aufnehmen müsste.[9] Auch in diesem Fall schließt die krankheitsbedingte Arbeitsunfähigkeit den Anspruch nach § 11 MuSchG grundsätzlich aus. Ein Anspruch auf Mutterschutzlohn besteht nicht, wenn Arbeitsunfähigkeit vorliegt, wie sie jede Arbeitnehmerin treffen kann. Ist die entscheidende Verschlechterung der Gesundheit bei Fortführung der Beschäftigung allerdings ausschließlich in der Schwangerschaft begründet, ist das sich verwirklichende Risiko der §§ 3 I, 11 MuSchG dem Arbeitgeber zuzuweisen. Die Arbeitsunfähigkeit ist dagegen subsidiär. Bei einer anderen Auslegung liefe § 11 MuSchG weitgehend leer.[10] 10

e) Die Arbeitnehmerin genügt ihrer **Darlegungslast** zur Suspendierung der Arbeitspflicht und zur Begründung eines Anspruchs aus § 11 I MuSchG zunächst durch Vorlage der ärztlichen Bescheinigung. Der Arbeitgeber, der ein Beschäftigungsverbot nach § 3 I MuSchG anzweifelt, kann vom ausstellenden Arzt Auskünfte über die Gründe für das Attest verlangen, soweit diese nicht der ärztlichen Schweigepflicht unterliegen. Ist der Beweiswert des ärztlichen Zeugnisses erschüttert, steht nicht mehr mit der gebotenen Zuverlässigkeit fest, dass die Arbeitnehmerin im Sinne von § 11 I MuSchG „wegen eines Beschäftigungsverbots" mit der Arbeit ausgesetzt hat. Es ist dann ihre Sache, die Tatsachen darzulegen und gegebenenfalls zu beweisen, auf Grund derer ein Beschäftigungsverbot gleichwohl bestand. Diese Verteilung der Beweislast für die Voraussetzungen des Vergütungsanspruchs ergibt sich aus dem allgemeinen Grundsatz, dass jede Partei die für ihr Begehren notwendigen Tatsachen beweisen muss. Zur Beweisführung kann die Arbeitnehmerin ihren behandelnden Arzt von seiner Schweigepflicht entbinden und ihn als sachverständigen Zeugen für die Verbotsgründe benennen. Dann erst kommt der ärztlichen Begründung gegenüber dem Gericht ein ausreichender Beweiswert zu, wobei das Gericht den Arzt mit den festgestellten Tatsachen konfrontieren muss. Wegen der Komplexität und Schwierigkeit der Materie wird vielfach eine schriftliche Auskunft des Arztes (§ 377 III ZPO) nicht genügen, sondern dessen persönliche Befragung durch das Gericht erforderlich sein.[11] Befreit die Arbeitnehmerin den Arzt nicht von seiner Schweigepflicht, sind die tatsächlichen Behauptungen des Arbeitgebers der Entscheidungsfindung zugrunde zu legen (§ 138 III ZPO).[12] 11

f) Hieraus sind folgende **Schlussfolgerungen** zu ziehen: Es besteht kein Anspruch auf Mutterschutzlohn, wenn sich die Arbeitnehmerin, ohne dass ein Beschäftigungsverbot besteht, von der Arbeit befreien lässt, wenn sie ohne Nachweis der Voraussetzungen von §§ 3 I, 6 II MuSchG vertragswidrig die Arbeit versäumt, schlecht arbeitet[13] oder verspätet zum Dienst erscheint,[14] wenn sie eine ihr angebotene, zumutbare Ersatzarbeit ablehnt[15] oder wenn die Arbeit 12

---

[8] BAG 9. 10. 2002 AP 23 zu § 11 MuSchG 1968; 13. 2. 2002 AP 22 zu § 11 MuSchG 1968 = NZA 2002, 738; zust. *Buchner/Becker* § 11 MuSchG RN 51; *Coester* SAE 97, 24, 30; krit. dazu ErfK/*Schlachter* § 11 MuSchG RN 5.

[9] Dazu BAG 7. 8. 1991 AP 94 zu § 1 LohnFG.

[10] BAG 9. 10. 2002 AP 23 zu § 11 MuSchG 1968; 13. 2. 2002 AP 22 zu § 11 MuSchG 1968 = NZA 2002, 738.

[11] BAG 7. 11. 2007 AP 21 zu § 3 MuSchG 1968; 13. 2. 2002 AP 22 zu § 11 MuSchG 1968 = NZA 2002, 738.

[12] BAG 31. 7. 1996 AP 8 zu § 3 MuSchG 1968 = NZA 97, 29.

[13] Vgl. BAG 17. 7. 1970 AP 3 zu § 11 MuSchG 1968.

[14] *Gröninger/Thomas* § 11 RN 47.

[15] BAG 21. 4. 1999 AP 5 zu § 4 MuSchG 1968 = NZA 99, 1044; 15. 11. 2000 AP 7 zu § 4 MuSchG 1968 = NZA 2001, 386.

aus betrieblichen Gründen, die mit der Mutterschaft nicht im Zusammenhang stehen, ausfällt (z. B. Betriebsstörungen, Kurzarbeit, Inventuren usw.). In den letzten Fällen kann sie allein, wie die übrigen nicht geschützten Arbeitnehmer, nach allgemeinen Grundsätzen Ansprüche geltend machen, z. B. wegen Annahmeverzugs.[16] Kein Anspruch besteht, wenn die Arbeitnehmerin nur deshalb nicht arbeiten kann, weil ihr der Arzt wegen ihrer Schwangerschaft die Fahrt von der Wohnung zur Arbeit und zurück verboten hat, obgleich sie ohne die Fahrt arbeiten könnte[17] **(Wegerisiko).** Der Anspruch entfällt in gleicher Weise, wenn ein Arbeitskampf, Streik, Aussperrung, zum Aussetzen der Arbeit führt oder geführt hätte, sofern nicht die Arbeitnehmerin auf Grund eines individuellen Beschäftigungsverbots schon vorher mit der Arbeit ausgesetzt hatte.[18] Es gelten die gleichen Grundsätze wie bei einer Erkrankung während des Arbeitskampfs. Nach der Rspr. des BAG soll ein Arbeitnehmer, der während seines Urlaubs, der vor Beginn des Streiks gewährt wurde, arbeitsunfähig erkrankt, seinen Anspruch auf Entgelt behalten, solange er sich nicht am Streik beteiligt.[19]

13 **5. Verdienstminderung.** Der Arbeitgeber ist nur dann zur Zahlung des Mutterschutzlohns verpflichtet, wenn die Arbeitnehmerin infolge eines Beschäftigungsverbots eine Verdienstminderung erleiden würde. Ist ihr unabhängig davon eine andere Tätigkeit zugewiesen worden, ist die für diese Arbeit geschuldete Vergütung zu zahlen.

14 **6. Steuer und Sozialversicherung.** Der Mutterschutzlohn ist steuer-, sozialversicherungs- und pfändungsrechtlich wie jede andere Arbeitsvergütung zu behandeln. Auch bei kurzfristiger Beschäftigung kann dem Anspruch auf Mutterschutzlohn nicht mit der Einrede der Arglist begegnet werden.[20]

II. Berechnung des Mutterschutzlohns

15 **1. Berechnungsmethode.** Die Berechnung des Mutterschutzlohns erfolgt nach einer **modifizierten Referenz- oder Bezugsmethode;** d. h. für seine Höhe ist der Durchschnittsverdienst eines in der Vergangenheit liegenden Referenzzeitraums maßgebend. Das Referenzprinzip ist durch das Entgeltausfallprinzip modifiziert. Nach § 11 I 1 und 2 MuSchG werden nicht nur vorübergehende Verdiensterhöhungen, die während oder nach Ablauf des Berechnungszeitraums eintreten, berücksichtigt. Es ist dann von dem erhöhten Verdienst auszugehen. Entsprechendes gilt für dauerhafte Verdienstkürzungen, die nicht auf einem mutterschutzrechtlichen Beschäftigungsverbot beruhen, § 11 II 3 MuSchG. Unberücksichtigt bleiben Verdienstkürzungen, die infolge von Kurzarbeit, Arbeitsausfällen oder unverschuldeter Arbeitsversäumnis eintreten. Die BReg. ist ermächtigt, durch RechtsVO Vorschriften über die Berechnung des Durchschnittsverdienstes zu erlassen (§ 11 III MuSchG). Eine solche ist bislang nicht ergangen.

16 **2. Berechnungsformel.** Die maßgebliche Berechnungsformel lautet: Gesamtverdienst (RN 22 ff.) des Referenzzeitraums (RN 17 ff.) dividiert durch die bezahlten Zeiteinheiten (RN 30) zuzüglich der unentschuldigten Fehlzeiten (RN 29 f.) = Mutterschutzlohn je Zeiteinheit.

17 **3. Referenzzeitraum.** Als Referenzzeitraum kommen nach Wahl des Arbeitgebers im Interesse einer rationalen Lohnabrechnung 13 Wochen oder 3 Monate in Betracht.[21] Bei wochenweiser Lohnabrechnung ist auf volle Lohnwochen abzustellen, auch wenn sie nicht dem Monatsbezugszeitraum entsprechen.[22]

18 **4. Referenzzeitraum vor Beginn der Schwangerschaft.** Als Referenzzeitraum kommen grundsätzlich die letzten 3 Monate oder 13 Wochen vor Beginn des Monats in Betracht, in dem die Schwangerschaft eingetreten ist (§ 11 I 1 MuSchG). Hierdurch sollen schwangerschaftsbedingte Verdienstminderungen vermieden und verhindert werden, dass die Schwangere zum Nachteil ihrer Gesundheit und der Gesundheit ihres Kindes durch erhöhten Einsatz unmittelbar nach Beginn der Schwangerschaft die Höhe des Mutterschutzlohnes manipuliert.[23] Der Beginn

---

[16] BAG 9. 9. 1971 AP 5 zu § 11 MuSchG 1968; 7. 4. 1970 AP 3 zu § 615 BGB Kurzarbeit; *Buchner/Becker* § 11 RN 34 ff.
[17] BAG 7. 8. 1970 AP 4 zu § 11 MuSchG 1968.
[18] *Buchner/Becker* § 11 RN 38 ff.; ErfK/*Schlachter* § 11 MuSchG RN 5.
[19] BAG 1. 10. 1991 AP 121 zu Art. 9 GG Arbeitskampf.
[20] BAG 14. 4. 1972 AP 6 zu § 11 MuSchG 1968.
[21] *Buchner/Becker* § 11 RN 98; HWK/*C. W. Hergenröder* § 11 MuSchG RN 6.
[22] *Buchner/Becker* § 11 RN 106; *Gröninger/Thomas* § 11 RN 30.
[23] BAG 8. 9. 1978 AP 8 zu § 11 MuSchG 1968; 20. 9. 2000 AP 17 zu § 11 MuSchG 1968 = NZA 2001, 657.

der Schwangerschaft wird ermittelt auf Grund eines Zeugnisses nach § 5 II MuSchG über den mutmaßlichen Tag der Entbindung und Zurückrechnung um die durchschnittliche Schwangerschaftsdauer von 280 Tagen.[24]

5. Arbeitsverhältnis nach Beginn der Schwangerschaft. Hat das Arbeitsverhältnis erst nach Eintritt der Schwangerschaft begonnen, ist der Durchschnittsverdienst aus dem Arbeitsentgelt der ersten 13 Wochen oder 3 Monate der Beschäftigung zu entnehmen (§ 11 I 3 MuSchG). Das kann auch ein Akkordverdienst sein, den die Arbeitnehmerin in Unkenntnis ihrer Schwangerschaft erzielt hat.[25] 19

6. Kurze Beschäftigung vor Schwangerschaftsbeginn. Hat das Arbeitsverhältnis zwar vor Beginn der Schwangerschaft begonnen, ist aber der Referenzzeitraum kürzer als 3 Monate oder 13 Wochen, so ist gemäß § 11 I 4 MuSchG Referenzzeitraum der kürzere Zeitraum bis zum Beginn des Monats, in dem die Schwangerschaft eingetreten ist. Da zur Berechnung des Mutterschutzlohns jedoch ein möglichst repräsentativer Referenzzeitraum vorliegen muss, ist dann, wenn die Zeitspanne kürzer als einen Monat oder 4 Wochen ist,[26] dieser Zeitraum bis zur Dauer von drei Monaten oder 13 Wochen in die Zeit nach Beginn der Schwangerschaft zu erstrecken und hieraus der Mutterschutzlohn zu berechnen.[27] Ist dies nicht ergiebig, weil von Beginn der Schwangerschaft an ein Beschäftigungsverbot bestand, ist der kürzere Zeitraum maßgebend. Verdienste bei einem früheren Arbeitgeber können nicht berücksichtigt werden. 20

7. Referenzzeitraum ohne Arbeitsentgelt. Hat die Arbeitnehmerin in dem maßgeblichen Referenzzeitraum ohne ihr Verschulden kein Arbeitsentgelt bezogen, ist von dem Durchschnittsverdienst auszugehen, den die Frau während der letzten drei Monate oder 13 Wochen hatte, der dem Zeitabschnitt ohne Arbeitsentgelt unmittelbar vorausging.[28] 21

8. Gesamtverdienst. Zum Gesamtverdienst gehört alles, was im Sinne des Arbeitsrechts Arbeitsvergütung als Gegenleistung für die Arbeit der Frau darstellt.[29] Für die Berechnung ist maßgebend, was die Arbeitnehmerin im Berechnungszeitraum verdient hat, nicht was ihr zugeflossen ist.[30] Dabei sind stets die Bruttobezüge zugrunde zu legen, weil auch vom Mutterschutzlohn wie von jeder anderen Vergütung Lohnsteuern und Sozialversicherungsbeiträge abzuführen sind.[31] 22

9. Bestandteile des Gesamtverdienstes. Zum Gesamtverdienst gehören grundsätzlich der von der Arbeitnehmerin in ihrer üblichen, regelmäßigen Arbeitszeit im Berechnungszeitraum erzielte **Arbeitsverdienst;** d.i. bei Akkord oder Prämienlohn dieser. War dagegen ein **Mindestlohn** garantiert und hat die Arbeitnehmerin diesen Mindestlohn nicht erreicht, ist von der garantierten Mindestsumme auszugehen;[32] **Provisionen,** die allein oder neben einem Festgehalt gezahlt werden, gehören zu den wechselnden Bezügen (§ 74b II HGB). Sie sind mit dem Betrag zu berücksichtigen, der im Bezugszeitraum verdient,[33] also entstanden ist; **Bedienungsprozente** im Gaststättengewerbe, nicht dagegen die freiwillig vom Gast gewährten Trinkgelder;[34] die während des Bezugszeitraums gewährten **Zulagen,** gleichgültig, ob es sich um Sozialzulagen (z.B. Wohnungs- und Kindergeld, Familienzuschläge, Alters- und Dienstzeitzulagen), Erschwerniszulagen (z.B. Gefahren-, Hitze-, Lärm- und Schmutzzulagen) oder Leistungszulagen handelt;[35] Vergütungen für erlaubte und unerlaubte[36] **Mehr-, Nacht-, Sonn- und Feiertagsarbeit** einschließlich der sog. **Antrittsgebühr** und des auf diese Zeiten entfallenden Grundlohns. Entscheidend ist der Erwerb der Forderung, nicht seine Fälligkeit.[37] Dagegen ist 23

---

[24] BAG 7. 5. 1998 AP 24 zu § 9 MuSchG 1968 = NZA 98, 1049.

[25] BAG 20. 12. 1972 AP 7 zu § 11 MuSchG 1968.

[26] BAG 15. 1. 1969 AP 1 zu § 11 MuSchG.

[27] *Gröninger/Thomas* § 11 RN 33; *Meisel/Sowka* § 11 RN 39; teilweise a. A. *Buchner/Becker* § 11 RN 118.

[28] BAG 15. 1. 1969 AP 1 zu § 11 MuSchG 1968; *Buchner/Becker* § 11 RN 125 ff.

[29] *Gröninger/Thomas* § 11 RN 11; *Buchner/Becker* § 11 RN 76 ff.; *Zmarzlik/Zipperer/Viethen/Vieß* § 11 RN 30.

[30] BAG 28. 11. 1984 AP 10 zu § 11 MuSchG 1968 = NZA 85, 564; 6. 3. 1985 AP 11 zu § 11 MuSchG 1968.

[31] *Buchner/Becker* § 11 MuSchG RN 76; ErfK/*Schlachter* § 11 MuSchG RN 7.

[32] *Meisel/Sowka* § 11 RN 41 ff.

[33] Vgl. BAG 25. 5. 1983 AP 9 zu § 11 MuSchG 1968 *Buchner/Becker* § 11 MuSchG RN 93 f.

[34] *Gröninger/Thomas* § 11 RN 14; *Buchner/Becker* § 11 RN 84; vgl. zu Trinkgeldern BAG 28. 6. 1995 AP 112 zu § 37 BetrVG 1972.

[35] *Buchner/Becker* § 11 RN 85; *Meisel/Sowka* § 11 RN 44.

[36] BSG 25. 8. 1960 AP 3 zu § 13 MuSchG.

[37] BAG 8. 9. 1978 AP 8 zu § 11 MuSchG 1968; 28. 11. 1984 AP 10 zu § 11 MuSchG 1968 = NZA 85, 564.

die Vergütung für gelegentliche Mehrarbeitsleistungen außer Betracht zu lassen, weil lediglich der Normalverdienst der Arbeitnehmerin gesichert werden soll. Als regelmäßig sind Überstunden dann anzusehen, wenn sie laufend, wenn auch in unterschiedlicher Höhe, angefallen sind.[38] Soweit Zuschläge bei tatsächlicher Arbeitsleistung nach § 3b EStG steuerfrei sind, entfällt dieses Privileg bei der Bezahlung des Mutterschutzlohns, weil hier die Arbeitnehmerin nicht arbeitet.[39] Die anfallenden Steuern hat die Arbeitnehmerin zu tragen;[40] Vergütungen, die als **Ersatz des Verdienstausfalls** vom Arbeitgeber gezahlt werden. Hierzu gehören: der Feiertagslohn (§ 2 I EFZG); Entgeltfortzahlung gemäß § 3 EFZG und § 616 BGB; Lohnausfallerstattung für Betriebs- und Personalratsmitglieder (§ 37 BetrVG; § 46 BPersVG) usw.;[41] **Urlaubsentgelt.**[42] Jedoch zählen hierzu nicht das zusätzlich gezahlte Urlaubsgeld oder die Urlaubsabgeltung, weil sich diese Leistungen nicht auf den Bezugszeitraum, sondern auf das ganze Jahr beziehen.[43]

24 **10. Nicht zu berücksichtigendes Entgelt.** Zum Gesamtverdienst gehören grundsätzlich nicht: Alle **außergewöhnlichen Zuwendungen,** die nicht für den Bezugszeitraum als Durchschnittsverdienst charakteristisch sind, wie Weihnachtsgratifikation, zusätzliches Urlaubsgeld, Tantiemen, zusätzliches Monatsgehalt usw.[44] Diese können bei der Berechnung des Mutterschutzgelds jedoch dann zu berücksichtigen sein, wenn sie pro rata temporis für kürzere Bezugszeiträume gezahlt werden. Ein Anspruch auf ein 13. Monatsgehalt, das als Teil der im Austauschverhältnis zur Arbeitsleistung stehenden Vergütung vereinbart ist (arbeitsleistungsbezogene Sondervergütung), entsteht auch für Zeiten, in denen auf Grund der Beschäftigungsverbote keine Arbeitsleistung erbracht wird.[45] Zulagen, die einen **bestimmten Aufwand** ersetzen sollen, z. B. Reise-, Tage-, Übernachtungsgelder, Trennungsentschädigung, Auslösung usw. sind grundsätzlich nicht zu berücksichtigen, weil sie einen Aufwand abgelten und nicht Gegenleistung für erbrachte Arbeitsleistung sind. Sie sind jedoch neben dem Mutterschutzlohn zu zahlen, wenn die speziellen Anspruchsvoraussetzungen gegeben sind.[46] Werden derartige Aufwendungen pauschal abgegolten oder enthalten sie einen „versteckten Verdienst", sind sie bei der Berechnung des Mutterschutzlohns zu berücksichtigen. Dies kommt in vielen Fällen bei der **Nahauslösung** vor.[47] **Deputate, Sachzuwendungen** oder Ähnliches sind grundsätzlich weiterzugewähren.[48] Gänzlich unberücksichtigt bleiben Zuwendungen, die der Arbeitgeber aus Anlass der tatsächlichen Arbeit aus sozialen Gründen macht, wie Kantinenzuschüsse, Essensmarken usw.[49] Aus Vorstehendem folgt, dass die Schwangere während der Schutzfristen grundsätzlich auch Anspruch auf einen Dienstwagen hat, der ihr auch zur privaten Nutzung überlassen worden ist.[50]

25 **11. Verdiensterhöhungen.** Da der Mutterschutzlohn nach der modifizierten Referenzmethode berechnet wird, sind Verdiensterhöhungen **nicht nur vorübergehender Natur,** die während oder nach Ablauf des Referenzzeitraums eintreten, gemäß § 11 II 1 MuSchG zu berücksichtigen. Verdiensterhöhungen können beruhen auf Entgelterhöhungen kraft Tarifvertrags oder vertraglicher Verbesserung der Arbeitsvergütung, Gewährung von Zulagen usw. Erfolgen die Verdiensterhöhungen bereits während des Referenzzeitraums, ist der Mutterschutzlohn in der Weise zu berechnen, dass die Verdiensterhöhung auf den ersten Tag des Berechnungszeitraums fingiert wird. Alsdann ergibt sich bei der Berechnung der erhöhte zu zahlende Mutterschutzlohn. Tritt die Verdiensterhöhung erst während des Bezugs des Mutterschutzlohns in Kraft, muss eine doppelte Berechnung erfolgen. Bis zum Tage des Inkrafttretens der Verdiensterhöhung erhält die Schwangere den Mutterschutzlohn, der sich unter Außerachtlassung der

---

[38] *Gröninger/Thomas* § 11 RN 19; *Meisel/Sowka* § 11 RN 44a; weitergehend *Buchner/Becker* § 11 MuSchG RN 86, die alle Überstunden berücksichtigen.
[39] BFH 26. 10. 1984 BB 85, 317.
[40] Vgl. BAG 29. 7. 1980 AP 37 zu § 37 BetrVG 1972.
[41] *Buchner/Becker* § 11 RN 79.
[42] *Gröninger/Thomas* § 11 RN 19.
[43] *Buchner/Becker* § 11 RN 95.
[44] *Buchner/Becker* § 11 RN 95; HWK/*C. W. Hergenröder* § 11 MuSchG RN 8; *Meisel/Sowka* § 11 RN 47; *Gröninger/Thomas* § 11 RN 20.
[45] BAG 25. 11. 1998 AP 212 zu § 611 BGB Gratifikation = NZA 98, 766.
[46] *Buchner/Becker* § 11 RN 96; *Meisel/Sowka* § 11 RN 49; *Gröninger/Thomas* § 11 RN 16.
[47] Vgl. oben zur Lohnfortzahlung § 98 RN 87ff.; ferner BAG AP 15 zu § 2 ArbKrankhG.
[48] BAG 11. 10. 2000 AP 13 zu § 611 BGB Sachbezüge = NZA 2001, 445; *Buchner/Becker* § 11 RN 78; *Gröninger/Thomas* § 11 RN 15.
[49] *Gröninger/Thomas* § 11 RN 15.
[50] BAG 11. 10. 2000 AP 13 zu § 611 BGB Sachbezüge = NZA 2001, 445.

Verdiensterhöhung ergibt; danach ist der erhöhte Mutterschutzlohn zu zahlen.[51] Hat ein Arbeitgeber mit einer Arbeitnehmerin vor Eintritt der Schwangerschaft vereinbart, dass sie ab einem bestimmten Zeitpunkt Nacht- und Sonntagsdienste zu leisten hat, die sie wegen einer inzwischen eingetretenen Schwangerschaft nicht mehr leisten darf (§ 8 MuSchG), ist die Vergütung für diese Dienste als Vergütungserhöhung zu berücksichtigen.[52]

12. Verdienstkürzungen. a) Entgeltkürzungen, die im Berechnungszeitraum infolge von **Kurzarbeit, Arbeitsausfällen oder unverschuldeter Arbeitsversäumnis** eintreten, bleiben für die Berechnung des Gesamtverdienstes nach § 11 II 2 MuSchG außer Betracht.[53] Ein Verdienstausfall infolge Kurzarbeit liegt nur dann vor, wenn die betriebliche Arbeitszeit vorübergehend, z.B. infolge Auftrags-, Absatz-, Rohstoff- oder Energiemangels unter die betriebsübliche Arbeitszeit absinkt. Wird dagegen die Arbeitszeit auf Dauer verkürzt, liegt keine Kurzarbeit im Rechtssinne vor.[54] Ein Arbeitsausfall liegt vor, wenn die Arbeitnehmerin zur Arbeit bereit ist, aber aus betrieblichen oder sonstigen Gründen der Arbeitgeber zur Entgegennahme der Arbeit nicht in der Lage ist. Schuldet er gleichwohl die Arbeitsvergütung, etwa aus § 615 BGB in den Fällen des Betriebsrisikos, sind die entsprechenden Zeiten und das zugehörige Entgelt bei der Berechnung des Gesamtverdienstes zu berücksichtigen.[55] Ein verschuldetes Arbeitsversäumnis ist dann anzunehmen, wenn die Arbeitnehmerin gröblich gegen das von einem verständigen Menschen im eigenen Interesse zu erwartende Verhalten verstößt. Insoweit kann auf die Grundsätze der Entgeltfortzahlung im Krankheitsfall verwiesen werden (§ 98 RN 37ff.). Hat der Arbeitgeber Verdienstkürzungen, Arbeitsausfälle oder unverschuldete Arbeitsversäumnisse unberücksichtigt zu lassen, ist die Berechnung des Mutterschutzlohns in der Weise vorzunehmen, dass in der unter RN 16 aufgeführten Berechnungsformel die Zahl der Zeiteinheiten um die unberücksichtigt zu lassenden Zeiteinheiten vermindert wird. 26

b) Seit dem Zweiten Gesetz zur Änderung des Mutterschutzrechts vom 16. 6. 2002 (BGBl. I S. 1812) sind gem. § 11 II 3 MuSchG auch **dauerhafte Verdienstkürzungen** zu berücksichtigen, die während oder nach Ablauf des Berechnungszeitraums eintreten und nicht auf einem mutterschutzrechtlichen Beschäftigungsverbot beruhen.[56] Der Gesetzgeber hat damit das Urteil des BAG vom 20. 9. 2000[57] umgesetzt. Generelle Verdienstkürzungen, die während des Beschäftigungsverbots eintreten, beruhen nicht auf einem mutterschutzrechtlichen Beschäftigungsverbot. Die Arbeitnehmerin, die mit der Arbeit wegen eines mutterschutzrechtlichen Beschäftigungsverbots aussetzen muss, soll nicht besser gestellt werden als diejenige, die arbeitet. Es könnte sonst auch der Fall eintreten, dass eine schwangere Arbeitnehmerin, die auf Grund eines individuellen Beschäftigungsverbots nach § 3 I MuSchG mit der Arbeit aussetzen muss, höher vergütet wird als eine ebenfalls schwangere Arbeitnehmerin, deren persönliche Konstitution es zulässt, dass sie ihrer Arbeit weiterhin nachgeht, und die aus diesem Grunde von einer allgemeinen Verdienstkürzung erfasst wird. Diesen Wertungswiderspruch löst die Neuregelung auf. 27

13. Verdienstkürzung während des Zahlungszeitraums. Tritt der Anlass der Verdienstverkürzungen nicht im Referenzzeitraum, sondern während des Laufs des Mutterschutzlohns ein, wirken sich die Verdienstkürzungen voll aus. Fällt also z.B. die Arbeit während der Zahlungszeit des Mutterschutzlohns aus, entfällt auch der Anspruch auf Mutterschutzlohn, es sei denn, dass aus allgemeinen Rechtsgründen (z.B. §§ 615, 616 BGB) ein Entgeltfortzahlungsanspruch besteht.[58] Verdienstverkürzungen wirken sich auch dann aus, wenn sie erst nach Beendigung des Berechnungszeitraumes eintreten.[59] Allgemeine Verdienstkürzungen, etwa durch Herabsetzung des Tariflohns, muss auch die Arbeitnehmerin gegen sich gelten lassen. Dagegen sind allgemeine Verdienständerungen mittels Änderungskündigung gegenüber der unter Mutterschutz stehenden Frau wegen des bestehenden Kündigungsschutzes (§ 9 MuSchG) grundsätzlich nicht durchzusetzen. 28

14. Lohnausfallzeiten. Der Gesamtverdienst des Referenzzeitraums kann schließlich durch Entgeltausfallzeiten beeinflusst sein. Diese haben nach § 11 I 5 MuSchG unberücksichtigt zu 29

---

[51] *Buchner/Becker* § 11 MuSchG RN 140; *Gröninger/Thomas* § 11 RN 22, 23; *Meisel/Sowka* § 11 RN 65–70.

[52] BAG 8. 8. 1990 AP 13 zu § 11 MuSchG 1968 = NZA 90, 974.

[53] *Buchner/Becker* § 11 MuSchG RN 130ff.; *Gröninger/Thomas* § 11 RN 24; *Meisel/Sowka* § 11 RN 52, 55–59, 79–82.

[54] *Buchner/Becker* § 11 MuSchG RN 130; *Gröninger/Thomas* § 11 RN 25.

[55] *Gröninger/Thomas* § 11 RN 26.

[56] Hierzu *Friese* NJW 2002, 3208, 3209; *Joussen* NZA 2002, 702, 704f.

[57] BAG 20. 9. 2000 AP 17 zu § 11 MuSchG 1968 = NZA 2001, 657.

[58] *Gröninger/Thomas* § 11 RN 28.

[59] BAG 20. 9. 2000 AP 17 zu § 11 MuSchG 1968 = NZA 2001, 657.

bleiben, weil nur so eine repräsentative Durchschnittslohnberechnung möglich ist. Dem Grunde nach wird es sich um Ausfallzeiten handeln, die auf Kurzarbeit, Arbeitsausfällen und Arbeitsversäumnissen beruhen und schon nach § 11 II MuSchG erfasst sind. Aus der Verbindung von § 11 I 5 MuSchG und § 11 II MuSchG folgt jedoch, dass etwaige unentschuldigte Fehlzeiten der Arbeitnehmerin – z.B. in den Fällen des § 616 BGB – Berücksichtigung finden sollen. Verschuldeter Arbeitsausfall während des Bezugszeitraumes führt zu einer Minderung des Mutterschutzlohns.[60]

30 **15. Bezahlte Zeiteinheiten.** Der Gesamtverdienst des Bezugszeitraumes ist durch die Zahl der Zeiteinheiten (Stunden, Tage, Wochen, Monate) zu teilen, für die er gezahlt worden ist. Unbezahlte Zeiteinheiten sind nur zu berücksichtigen, soweit es sich um unentschuldigte versäumte Schichten oder Teile von Schichten handelt (oben RN 26).

31 **16. Zahlungszeitraum.** Der Mutterschutzlohn ist für die gleichen Entgeltzeiträume wie der frühere Verdienst zu zahlen. Durch ihn ändert sich also die Entgeltbemessungsgrundlage nicht.[61]

§ 171. Anspruch auf Mutterschaftsgeld und Zuschuss zum Mutterschaftsgeld[1]

Aubel, Diskriminierung von Frauen durch finanzielle Belastung des Arbeitgebers, RdA 2004, 41; *Buchner,* Die Neuordnung des Mutterschaftsgeldzuschusses als Chance zur Korrektur sozialpolitischer Fehlentwicklung, NZA 2004, 1121; *Eichenhofer,* Zuschuss zum Mutterschaftsgeld durch den Arbeitgeber – wie geht es weiter nach dem „Verfassungswidrigkeitsverdikt“?, BB 2004, 382; *von Koppenfels-Spies,* Auf dem Weg zu einem nicht-diskriminierenden Mutterschutzrecht?, AuR 2005, 52; *Kube,* Arbeitgeberzuschuss zum Mutterschaftsgeld-Verfassungswidrigkeit, JZ 2004, 358; *Leisner,* Verpflichtung zur Neuordnung des Mutterschaftsgelds nach dem BVerfG-Beschluss vom 18. 11. 2003, DB 2004, 598; *Müll,* Das Gesetz zur Änderung des Mutterschutzrechts, ZTR 98, 69.

I. Mutterschaftsgeld

1 **1. Anspruchsvoraussetzungen. a)** Arbeitnehmerinnen, die **Mitglied einer Krankenkasse** sind, erhalten nach § 13 I MuSchG für die Zeit der Schutzfristen des § 3 II und § 6 I MuSchG sowie für den Entbindungstag Mutterschaftsgeld nach den Vorschriften der RVO oder des Gesetzes über die Krankenversicherung der Landwirte. Arbeitnehmerinnen, die **nicht Mitglied einer gesetzlichen Krankenversicherung** sind, erhalten nach § 13 II MuSchG für die Zeiten der Schutzfristen Mutterschaftsgeld in entsprechender Anwendung der RVO bzw. des KVLG, höchstens jedoch 210 Euro. Das Mutterschaftsgeld wird auf Antrag vom Bundesversicherungsamt gezahlt. Schließlich erhalten Arbeitnehmerinnen, die während der allgemeinen Schutzfristen **von einem Beamten- in ein Arbeitsverhältnis** wechseln, von diesem Zeitpunkt nach § 13 III MuSchG Mutterschaftsgeld in entsprechender Anwendung der Vorschriften der RVO.

2 **b)** Beschäftigte, die Anspruch auf Mutterschaftsgeld nach § 200 I, II 1–4, III RVO, § 29 KVLG oder § 13 II, III MuSchG haben, erhalten nach § 14 I MuSchG für die Zeiten der allgemeinen Schutzfristen der §§ 3 II, 6 I MuSchG sowie den Entbindungstag von ihrem Arbeitgeber einen **Zuschuss in Höhe des Unterschiedsbetrags zwischen 13 Euro und dem um die gesetzlichen Abzüge verminderten kalendertäglichen Arbeitsentgelt.**[2] Der Zuschuss des Arbeitgebers dient dazu, den Verdienstausfall auszugleichen, soweit er den Betrag von 13,00 Euro täglich übersteigt, weil sich die Zeit der Mutterschutzfristen nicht lohnmindernd auswirken soll.[3] Schuldner des Zuschusses ist der Arbeitgeber, bei Arbeitgeberwechsel der neue Arbeitgeber. Der Anspruch ist seiner Rechtsnatur nach ein gesetzlich begründeter Anspruch auf teilweise Fortzahlung des Arbeitsentgelts. Die Vergütungspflicht des Arbeitgebers wird während der Zeiten der Beschäftigungsverbote nach § 3 II, § 6 I MuSchG trotz fehlender Arbeitsleistung nicht in vollem Umfang aufgehoben, sondern besteht nach Maßgabe des § 14 I MuSchG fort.[4] Der Anspruchszeitraum verlängert sich nach Frühgeburten gem. § 6 I 2

---

[60] *Buchner/Becker* § 11 MuSchG RN 136.

[61] *Gröninger/Thomas* § 11 RN 58.

[1] Vgl. das Besprechungsergebnis v. 11./12. 11. 1996 der Spitzenverbände der Krankenkassen BB 97, 530.

[2] Zu verfassungsrechtlichen Fragen vgl. RN 7.

[3] BAG 22. 10. 1986 AP 4 zu § 14 MuSchG 1968 = NZA 87, 494; BSG 20. 3. 1984 SozR 4100 AFG § 113 Nr. 3.

[4] BAG 29. 1. 2003 AP 20 zu § 14 MuSchG 1968; 24. 2. 1999 AP 213 zu § 611 BGB Gratifikation = NZA 99, 772.

MuSchG.[5] Der Anspruch auf Zuschuss verjährt in drei Jahren.[6] Die Geltendmachung eines Anspruchs auf einen Zuschuss genügt nicht, um einen auf Falschauskunft des Arbeitgebers gestützten Schadensersatzanspruch wegen entgangenen Verdienstes in Höhe dieses Zuschusses vor dem Verfall auf Grund einer tariflichen Ausschlussfrist zu bewahren.[7]

c) Für den Anspruch der Arbeitnehmerin gegen den Arbeitgeber auf Zuschuss zum Mutterschaftsgeld kommt es nicht auf die tatsächliche Zahlung von Mutterschaftsgeld durch die Krankenkasse, sondern das **Bestehen des sozialrechtlichen Anspruchs** auf Mutterschaftsgeld an. Der Anspruch auf Mutterschaftsgeld entfällt dabei nicht für den gesamten Zeitraum der Schutzfristen, wenn das Arbeitsverhältnis bei Beginn der Schutzfrist des § 3 II MuSchG wegen eines vereinbarten Sonderurlaubs unter Wegfall der Hauptleistungspflichten geruht hat. Vielmehr ist der Anspruch auf Mutterschaftsgeld nur bis zur vereinbaren Beendigung des unbezahlten Sonderurlaubs ausgeschlossen.[8] Der Anspruch auf einen Zuschuss zum Mutterschaftsgeld entfällt nach § 14 IV MuSchG für die Zeit, in der Arbeitnehmerinnen **Elternzeit** in Anspruch nehmen, soweit sie nicht eine zulässige Teilzeitarbeit leisten. Der Ausschluss des Zuschusses zum Mutterschaftsgeld nach § 14 IV MuSchG dient der Klarstellung. Auch ohne diese Regelung bestünde kein Anspruch auf Zuschuss zum Mutterschaftsgeld während der Elternzeit, weil der Arbeitgeber in dieser Zeit – sofern keine Teilzeitarbeit geleistet wird – nicht zur Zahlung von Arbeitsentgelt verpflichtet ist.[9] 3

d) Ein Anspruch besteht nur, wenn das **durchschnittliche kalendertägliche Entgelt** mehr als 13 Euro betragen hat. Bestehen Arbeitsverhältnisse zu mehreren Arbeitgebern, werden die Bezüge zusammengerechnet. Die Arbeitnehmerin hat alsdann einen anteiligen Anspruch gegen jeden Arbeitgeber.[10] 4

e) Frauen, deren Arbeitsverhältnis während ihrer Schwangerschaft oder während der Schutzfrist des § 6 I MuSchG nach Maßgabe von § 9 III MuSchG **wirksam gekündigt** worden ist, erhalten gemäß § 14 II MuSchG bis zum Ende der Schutzfrist den Zuschuss zum Mutterschaftsgeld zulasten des Bundes von der für die Zahlung des Mutterschaftsgeldes zuständigen Stelle. Dies gilt nach § 14 III MuSchG entsprechend, wenn der Arbeitgeber wegen eines **Insolvenzereignisses** i. S. d. § 183 I 1 SGB III seinen Zuschuss zum Mutterschaftsgeld nicht zahlen kann. 5

f) Da Zuschuss und Mutterschaftsgeld **Lohnersatzfunktion** haben, besteht ein Anspruch nur, wenn und soweit nicht gleichzeitig Arbeitsentgelt bezogen wird. Wird zugleich Arbeitsentgelt bezogen, kann die Arbeitnehmerin einen anteiligen Zuschuss beanspruchen, wenn sie ihre Arbeitszeit aus schwangerschaftsbedingten Gründen reduziert hat. 6

2. Verfassungsrecht. § 14 I MuSchG ist vom BVerfG mit Beschluss vom 18. 11. 2003 **für verfassungswidrig erklärt worden.** Die Verpflichtung des Arbeitgebers aus § 14 I MuSchG zur Zahlung eines Zuschusses zum Mutterschaftsgeld sei mit Art. 12 GG unvereinbar. Die Regelung leiste im Widerspruch zu Art. 3 II GG einer Diskriminierung von Frauen im Arbeitsleben Vorschub und stelle deshalb keine verfassungsmäßige Beschränkung der Berufsfreiheit dar.[11] Das BVerfG hatte dem Gesetzgeber aufgegeben, bis zum 31. 12. 2005 eine verfassungskonforme Regelung zu treffen. Dies ist durch das Aufwendungsausgleichsgesetz – AAG (§ 100) erfolgt. Danach erhält der Arbeitgeber den Zuschuss nach § 14 MuSchG in vollem Umfang erstattet.[12] 7

3. Krankengeld. Neben dem Mutterschaftsgeld nach § 200 RVO wird Krankengeld nicht gewährt. Der Anspruch auf Mutterschaftsgeld ruht, wenn und soweit Arbeitsentgelt gezahlt wird (§ 200 IV 1 RVO). Dies gilt insbesondere dann, wenn die Mutter erwerbstätig wird. 8

4. Geltendmachung. Die Mutter muss den Anspruch auf Mutterschaftsgeld bei der zuständigen Stelle geltend machen. Arbeitnehmerinnen, die in der gesetzlichen Krankenversicherung versichert sind, müssen das Mutterschaftsgeld bei der Krankenversicherung beantragen, bei der 9

---

[5] BAG 12. 3. 1997 AP 16 zu § 14 MuSchG 1968 = NZA 97, 763.

[6] *Buchner/Becker* § 14 MuSchG RN 123; vgl. auch LAG Berlin 14. 1. 2000 NZA-RR 2000, 362.

[7] LAG Berlin 17. 3. 2000 NZA-RR 2001, 361.

[8] BAG 25. 2. 2004 AP 24 zu § 14 MuSchG 1968 = NZA 2004, 537; siehe dazu auch BSG 17. 2. 2004 NZS 2005, 147.

[9] BAG 29. 1. 2003 AP 20 zu § 14 MuSchG 1968.

[10] BAG 3. 6. 1987 AP 6 zu § 14 MuSchG 1968 = NZA 87, 851.

[11] BVerfG 18. 11. 2003 AP 23 zu § 14 MuSchG 1968 = NZA 2004, 33; dazu *Aubel* RdA 2004, 41; *Buchner* NZA 2004, 1121; *Eichenhofer* BB 2004, 382; *von Koppenfels-Spies* AuR 2005, 52; *Kube* JZ 2004, 358; *Leisner* DB 2004, 598.

[12] BAG 25. 2. 2004 AP 24 zu § 14 MuSchG 1968 = NZA 2004, 537.

sie versichert sind. Andere Arbeitnehmerinnen müssen die Zahlung beim Bundesversicherungsamt in Berlin beantragen. Der Antrag soll möglichst bis zum Ablauf der Schutzfrist nach § 6 I MuSchG gestellt werden.

II. Sonstige Leistungen nach der RVO

10 Nach § 15 MuSchG, § 195 RVO erhalten Frauen, die in der gesetzlichen Krankenversicherung versichert sind, auch die sonstigen Leistungen der Mutterschaftshilfe nach der RVO. Zu den sonstigen Leistungen der Mutterschaftshilfe gehören ärztliche Betreuung und Hilfe sowie Hebammenhilfe (§ 196 RVO), Versorgung mit Arznei-, Verbands- und Heilmitteln, Pflege in einem Krankenhaus oder einer entsprechenden Einrichtung bis zu sechs Tagen (§ 197 RVO) sowie häusliche Pflege, soweit erforderlich.

III. Berechnung des Zuschusses zum Mutterschaftsgeld

11 Nach § 14 I MuSchG erhalten Frauen, die Anspruch auf Mutterschaftsgeld nach § 200 I, § 200 II 1–4 und § 200 RVO haben, für die Zeit der Schutzfrist des § 3 II und § 6 I MuSchG sowie den Entbindungstag von ihrem Arbeitgeber **einen Zuschuss in Höhe des Unterschiedsbetrags zwischen 13 Euro und dem um die gesetzlichen Abzüge verminderten durchschnittlichen kalendertäglichen Arbeitsentgelt.** Verändert die Frau willkürlich die Steuermerkmale, ist dies unerheblich.[13] Der Anspruch auf den Zuschuss ist im Streitfall vor den Gerichten für Arbeitssachen geltend zu machen. Bei der Berechnung des Zuschusses zum Mutterschaftsgeld bleiben einmalig gezahltes Arbeitsentgelt sowie Tage, an denen infolge von Kurzarbeit, Arbeitsausfällen oder unverschuldeter Arbeitsversäumnis kein oder ein vermindertes Arbeitsentgelt gezahlt wurde, außer Betracht.

12 Das **durchschnittliche kalendertägliche Arbeitsentgelt** ist aus den letzten drei abgerechneten Kalendermonaten, bei wöchentlicher Abrechnung aus den letzten dreizehn abgerechneten Wochen vor Beginn der Schutzfrist nach § 3 II MuSchG zu berechnen (vgl. § 170 RN 18). Es ist also nicht vom Tage des Beginns der Schutzfrist kalendermäßig um die drei Monate zurückzurechnen, sondern vom Zeitpunkt des letzten abgerechneten Kalendermonats um drei – volle – abgerechnete Kalendermonate.[14] Nicht nur vorübergehende **Erhöhungen des Arbeitsentgelts,** die während der Schutzfristen wirksam werden, sind ab diesem Zeitpunkt in die Berechnung einzubeziehen. Zu den allgemeinen Erhöhungen zählen Erhöhungen des Tarifentgelts ebenso wie solche, die durch die Geburt des Kindes verursacht sind, wie z. B. eine höhere Stufe des Ortszuschlags im öffentlichen Dienst.[15] Eine rückwirkende Erhöhung der Vergütung ist insoweit zu berücksichtigen, wie sie sich in dem Berechnungszeitraum auswirkt.[16] Nach § 14 I 5 MuSchG sind **dauerhafte Verdienstkürzungen,** die während oder nach Ablauf des Berechnungszeitraums eintreten und nicht auf einem mutterschutzrechtlichen Beschäftigungsverbot beruhen, zu berücksichtigen.[17] Im Übrigen sind bei der Berechnung des Zuschusses zum Mutterschaftsgeld in den Schutzfristen wirksam werdende allgemeine Entgelterhöhungen von ihrem jeweiligen Wirksamkeitszeitpunkt zu berücksichtigen.

13 **Einmalige Zuwendungen** oder Verdienstkürzungen[18] infolge von Kurzarbeit, Arbeitsausfällen oder unverschuldeter Arbeitsversäumnis bleiben außer Betracht. Berücksichtigt werden dauerhafte Verdienstkürzungen (§ 14 I 5 MuSchG). **Vermögenswirksame Leistungen** werden nicht gesondert abgeführt; sie werden bei der Berechnung des Entgelts berücksichtigt.[19] Kein Anspruch besteht, solange sich die Arbeitnehmerin in einem unbezahlten Sonderurlaub befindet.[20]

---

[13] Zur Veränderung der Steuerklasse: BAG 22. 10. 1986 AP 5 zu § 14 MuSchG 1968 = NZA 87, 703; 18. 9. 1991 AP 10 zu § 14 MuSchG 1968 = NZA 92, 411; LAG Frankfurt BB 91, 1048; LAGE Hamm § 14 MuSchG Nr. 2; LAGE Köln a. a. O. Nr. 3; ArbG Stuttgart BB 84, 1685; zu gesetzlichen Abzügen: BAG 1. 6. 1988 AP 8 zu § 14 MuSchG 1968 = NZA 88, 691; zum Weihnachtsfreibetrag: BAG 7. 3. 1990 AP 9 zu § 14 MuSchG 1968 = NZA 90, 609.

[14] LAG Bremen 9. 12. 2004 LAGE § 14 MuSchG Nr. 12.

[15] BAG 31. 7. 1996 AP 15 zu § 14 MuSchG 1968 = NZA 96, 1205.

[16] BAG 6. 6. 1994 AP 11 zu § 14 MuSchG 1968 = NZA 94, 793.

[17] Dazu BAG 11. 6. 1986 AP 3 zu § 14 MuSchG = NZA 87, 97.

[18] Vgl. BAG 11. 6. 1986 AP 3 zu § 14 MuSchG 1968 = NZA 87, 97.

[19] BAG 15. 8. 1984 AP 2 zu § 14 MuSchG 1968 = NZA 85, 223.

[20] BAG 25. 2. 2004 AP 24 zu § 14 MuSchG 1968 = NZA 2004, 537.

3. Abschnitt. Elternzeit

§ 172. Elternzeit

Kommentare: *Buchner/Becker,* Mutterschutzgesetz und Bundeserziehungsgeldgesetz, 8. Aufl., 2008; *Hönsch,* Elternzeit und Erziehungsgeld, 2001; *Meisel/Sowka,* Mutterschutz und Erziehungsurlaub, 5. Aufl., 1999; *Willikonsky,* MuSchG, 2. Aufl., 2007.

Ausgewähltes Aufsatzschrifttum: *Barth,* Ablehnung eines Antrages auf Teilzeitarbeit während der Elternzeit – Präklusion im Hinblick auf nicht oder nicht ordnungsgemäß geltend gemachte Gründe?, BB 2007, 2567; *Gaul/Bonanni,* Teilzeit bei Elternzeit, ArbRB 2003, 144; *Joussen,* Teilzeit bei einem fremden Arbeitgeber während der Elternzeit, NZA 2003, 644; *B. Reinecke,* Teilzeitarbeit während der Elternzeit – Erfahrungen mit dem neuen Recht – gelöste und ungelöste Fragen, FS Leinemann, 2006, 191; *Sowka,* Bundeserziehungsgeldgesetz – Änderungen zur Elternzeit ab 1. 1. 2004, NZA 2004, 82; *Winterfeld,* Neuregelungen zu Erziehungsgeld und Elternzeit, DB 2004, 930.

Zur Neuregelung des BEEG: *Brosius-Gersdorf,* Das Elterngeld als Einkommensersatzleistung des Staates, NJW 2007, 177; *Düwell,* Das Gesetz zur Einführung des Elterngeldes, FA 2007, 44; *Fröhlich,* Das neue Gesetz zum Elterngeld und zur Elternzeit, ArbRB 2007, 54; *Scholz,* Das neue Elterngeld, FamRZ 2007, 7; *Seiler,* Das Elterngeld im Lichte des Grundgesetzes, NVwZ 2007, 129.

Übersicht

	RN
I. Allgemeines	1 f.
1. Rechtsgrundlage	1
2. Zweck	2
II. Voraussetzungen des Anspruchs auf Elternzeit	3 ff.
1. Allgemeines	3
2. Unabdingbarkeit	4
3. Anspruchsberechtigte	5, 6
4. Beziehung zum Kind	7
5. Dauer der Elternzeit	8–10
6. Geltendmachung	11, 12
7. Festlegung der Elternzeit	13, 14
8. Änderungen der Elternzeit	15–18
III. Auswirkungen der Elternzeit auf das Arbeitsverhältnis	19 ff.
1. Suspendierung der Hauptpflichten	19
2. Betriebsratsmitglieder	20
3. Arbeitsentgelt und Jahressonderzahlungen	21
4. Sachbezüge	22
5. Vermögenswirksame Leistungen	23
6. Bewährungsaufstieg	24
7. Entgeltfortzahlung im Krankheitsfall	25
8. Urlaub	26–32
9. Betriebliche Altersversorgung	33
10. Berufsbildung	34
11. Tarifvertragliche Regelungen	35
12. Sozialplan	36
13. Wettbewerbsverbot	36 a
IV. Erwerbstätigkeit während der Elternzeit	37 ff.
1. Allgemeines	37
2. Bei einem anderen Arbeitgeber	38, 39
3. Teilzeitbeschäftigung beim Vertragsarbeitgeber	40–49
V. Sonderkündigungsschutz während der Elternzeit	50 ff.
1. Grundsatz	50
2. Persönlicher Geltungsbereich	51–54
3. Zeitlicher Geltungsbereich	55
4. Zulassung der Kündigung	56–59
5. Sonstiger Kündigungsschutz	60
VI. Sonderkündigungsrecht des Elternzeitberechtigten	61 ff.
1. Sonderkündigungsrecht	61
2. Ende der Elternzeit	62
3. Rechtsfolgen	63
VII. Befristetes Arbeitsverhältnis einer Ersatzkraft	64 ff.
1. Sachlicher Grund	64–66
2. Kündigung des befristeten Arbeitsverhältnisses	67, 68
3. Beschäftigtenzahl	69

I. Allgemeines

1. Rechtsgrundlage. Der **Erziehungsurlaub** wurde durch Gesetz über die Gewährung von Erziehungsgeld und Erziehungsurlaub (Bundeserziehungsgeldgesetz – BErzGG) vom 6. 12. 1985 (BGBl. I S. 2154), zuletzt in der Fassung der Bekanntmachung vom 9. 2. 2004 (BGBl. I S. 206) eingeführt.[1] Seit der Neubekanntmachung des BErzGG vom 1. 12. 2000 (BGBl. I **1**

[1] Unmittelbar gegen das Gesetz eingelegte Verfassungsbeschwerden sind unzulässig: BVerfG NJW 86, 1741.

S. 1645) hat sich die Terminologie geändert. An die Stelle des Erziehungsurlaubs ist die **Elternzeit** getreten. Damit sollte der Wunsch der Gesetzgebung verdeutlicht werden, beiden Elternteilen die Erziehung der Kinder durch zeitweise Freistellung von den Arbeitspflichten zu ermöglichen.[2] Das BErzGG ist mit Wirkung vom 1. 1. 2007 durch das Bundeselterngeld- und Elternzeitgesetz – BEEG vom 5. 12. 2006 (BGBl. I S. 2748) abgelöst worden. Das BEEG regelt den Anspruch auf Elterngeld neu. Die im BErzGG enthaltenen Bestimmungen zur Elternzeit sind im Wesentlichen redaktionell dem neuen Sprachgebrauch des BEEG angepasst worden.[3] Nach Maßgabe der Übergangsvorschrift des § 27 BEEG gilt das BErzGG noch in Einzelfällen weiter.

2 **2. Zweck.** Durch Elterngeld und Elternzeit soll die **Betreuung und Erziehung des Kindes in den ersten Lebensjahren** gefördert werden. Das Elterngeld soll es Vater und Mutter erleichtern, im Anschluss an die Mutterschutzfrist von acht bzw. zwölf Wochen (§ 168 RN 12ff.) nach der Geburt auf eine Erwerbstätigkeit zu verzichten. Dadurch soll es ihnen ermöglicht werden, sich in der Frühphase der Elternschaft selbst um das Kind kümmern zu können. Der betreuende Elternteil erhält als Einkommensersatzleistung einen an seinem Verdienst bemessenen Ausgleich.[4] Das Elterngeld muss EU-Bürgern unter den gleichen Voraussetzungen wie Deutschen gewährt werden. Das Gemeinschaftsrecht verbietet einem Mitgliedstaat, die Gewährung von Elterngeld an Angehörige anderer Mitgliedstaaten, denen der Aufenthalt in seinem Gebiet erlaubt ist, von der Vorlage einer von der inländischen Verwaltung ausgestellten förmlichen Aufenthaltserlaubnis abhängig zu machen, während Inländer lediglich einen Wohnsitz oder ihren gewöhnlichen Aufenthalt in diesem Mitgliedstaat haben müssen.[5] Dementsprechend hat nach § 1 I Nr. 1 BEEG Anspruch auf Elterngeld, wer seinen Wohnsitz oder seinen gewöhnlichen Aufenthaltsort in Deutschland hat.

II. Voraussetzungen des Anspruchs auf Elternzeit

3 **1. Allgemeines.** Nach § 15 II 1 BEEG besteht bis zur Vollendung des dritten Lebensjahres des Kindes ein Anspruch auf Elternzeit. Hierbei handelt es sich um einen privatrechtlichen Anspruch des Arbeitnehmers gegen den Arbeitgeber **auf unbezahlte Freistellung von der Arbeit** aus Anlass der Betreuung des Kindes. Vom Anspruch auf Erholungsurlaub unterscheidet sich der Anspruch auf Elternzeit dadurch, dass die Befreiung von den Arbeitspflichten nicht durch eine Freistellungserklärung des Arbeitgebers erfolgt. Die Inanspruchnahme des Rechts auf Elternzeit ist nicht von der Zustimmung des Arbeitgebers abhängig. Die Geltendmachung der Elternzeit führt auf Grund des dem Arbeitnehmer eingeräumten Gestaltungsrechts unmittelbar zum Ruhen der sich aus dem Arbeitsvertrag ergebenen wechselseitigen Hauptpflichten; Arbeits- und Vergütungspflicht werden suspendiert. Für den Eintritt dieser Rechtsfolge wird nach § 16 BEEG lediglich vorausgesetzt, dass der Arbeitnehmer die dort bestimmten Ankündigungsfristen eingehalten hat. Der Arbeitgeber soll die Elternzeit lediglich „bescheinigen" (§ 16 I 6 BEEG).[6]

4 **2. Unabdingbarkeit.** Die Vorschriften über die Elternzeit sind zwingendes Gesetzesrecht, von dem weder durch Einzelverträge noch durch Betriebsvereinbarung oder Tarifverträge abgewichen werden kann. § 15 II 6 BEEG verbietet nicht nur Vereinbarungen, die den Anspruch auf Elternzeit unmittelbar betreffen, sondern auch solche, die sich auf die arbeitsrechtliche Stellung des Arbeitnehmers vor oder nach der Elternzeit nachteilig auswirken, etwa hinsichtlich der Berechnung von Leistungen oder Vergütungen.[7]

5 **3. Anspruchsberechtigte. a)** Anspruchsberechtigt sind **Arbeitnehmer** (§ 15 I BEEG), die zu ihrer **Berufsausbildung Beschäftigten** (§ 20 I BEEG), **Heimarbeiter** und die ihnen Gleichgestellten, soweit sie am Stück mitarbeiten (§ 20 II BEEG). Der Begriff des Arbeitnehmers richtet sich nach den allgemeinen Grundsätzen (§ 8). Keinen Anspruch haben daher freie Mitarbeiter und arbeitnehmerähnliche Personen. Unerheblich ist, ob das Arbeitsverhältnis auf Dauer, befristet oder als Teilzeitarbeitsverhältnis abgeschlossen ist. Bei Heimarbeitern tritt an die Stelle des Arbeitsverhältnisses das Beschäftigungsverhältnis. Während eines unbezahlten Sonder-

---

[2] *Hönsch*, Elternzeit, RN 203.
[3] Kritisch dazu *Düwell* FA 2007, 44, 46.
[4] Vgl. *Düwell* FA 2007, 44, 45.
[5] Vgl. EuGH 12. 5. 1998 AP 6 zu Art. 48 EG-Vertrag (Maria Martinez Sala); 10. 10. 1996 NZA 96, 1195 (Ingrid Hoever u. a.).
[6] BAG 19. 4. 2005 AP 44 zu § 15 BErzGG = NZA 2005, 1354; 22. 6. 1988 AP 1 zu § 15 BErzGG = NZA 89, 13.
[7] Vgl. BAG 26. 11. 2003 AP 30 zu § 1 TVG Tarifverträge: Lufthansa.

urlaubs besteht grundsätzlich kein Anspruch auf Elternzeit. Der Arbeitgeber kann allerdings nach § 242 BGB verpflichtet sein, der vorzeitigen Beendigung des Sonderurlaubs zuzustimmen, wenn der Arbeitnehmer stattdessen Elternzeit beantragt.[8]

b) Steht der Arbeitnehmer in **zwei Arbeitsverhältnissen,** hat er die Wahl: Er kann in beiden oder nur in einem Arbeitsverhältnis Elternzeit beanspruchen. Nimmt er nur in einem Arbeitsverhältnis Elternzeit in Anspruch, ist eine Zustimmung dieses Arbeitgebers nach § 15 IV BEEG zur Fortsetzung der Arbeit in dem anderen Arbeitsverhältnis nicht erforderlich. Denn diese Bestimmung betrifft nur den Fall der Erwerbstätigkeit bei einem anderen Arbeitgeber, die während der Elternzeit neu aufgenommen wird.[9] 6

4. Beziehung zum Kind. Arbeitnehmer und die anderen Anspruchsberechtigten haben gem. § 15 I BEEG für die ab dem 1. 1. 2007 geborenen Kinder[10] Anspruch auf Elternzeit, wenn sie **(1)** mit ihrem Kind oder **(2)** mit einem Kind, für das sie die Anspruchsvoraussetzungen des § 1 III oder IV BEEG erfüllen, oder **(3)** mit einem Kind, das sie in Vollzeitpflege (§ 33 SGB VIII) aufgenommen haben, **in einem Haushalt leben** und dieses Kind **selbst betreuen und erziehen.** 7

5. Dauer der Elternzeit. a) Nach § 15 II 1 BEEG besteht der Anspruch auf Elternzeit bis zur **Vollendung des dritten Lebensjahres** eines Kindes. Das ist das Ende des Tages, der dem Geburtstag des Kindes vorausgeht.[11] Die Zeit der Mutterschutzfrist nach § 6 I MuSchG wird angerechnet. Bei mehreren Kindern besteht der Anspruch auf Elternzeit für jedes Kind, auch wenn sich die Zeiträume überschneiden. 8

b) Das Gesetz ermöglicht den Eltern, einen **Anteil von bis zu zwölf Monaten mit Zustimmung des Arbeitgebers** auf die Zeit bis zur Vollendung des achten Lebensjahres des Kindes zu **übertragen** (§ 15 II 4 BEEG). Diese Möglichkeit besteht auch, wenn sich die Zeiträume der Elternzeit bei mehreren Kindern überschneiden. Der Arbeitnehmer hat hierauf freilich keinen Anspruch, wie auf die Elternzeit in den ersten drei Lebensjahren des Kindes. Er benötigt für die Übertragung vielmehr die Zustimmung des Arbeitgebers. Der Arbeitgeber ist in seiner Entscheidung nicht an bestimmte Versagungsgründe gebunden.[12] Die Entscheidung hat jedoch billigem Ermessen zu entsprechen, § 315 BGB.[13] Mit der Übertragungsmöglichkeit soll einem besonderen Betreuungsbedürfnis im Zusammenhang mit der Einschulung des Kindes Rechnung getragen werden.[14] Verweigert der Arbeitgeber die Zustimmung, hat der Arbeitnehmer Klage auf Zustimmung zu erheben. 9

c) Bei einem **Arbeitgeberwechsel** kann der Arbeitnehmer den Rest der beim früheren Arbeitgeber noch nicht vollständig genommenen Elternzeit für die ersten drei Lebensjahre des Kindes beim neuen Arbeitgeber auch in der Probezeit zu Beginn des Arbeitsverhältnisses mit der Folge des Kündigungsverbots nach § 18 BEEG geltend machen.[15] Dagegen ist der neue Arbeitgeber an die Zustimmung des alten Arbeitgebers zur Übertragung von Elternzeit auf die Zeit nach dem dritten Lebensjahr bis zum achten Lebensjahr nicht gebunden.[16] Damit besteht für die Eltern die Gefahr, dass sie nach dem dritten Geburtstag des Kindes diese restliche Elternzeit nicht mehr nutzen können. Kommt es zu einem Betriebsübergang, ist der Erwerber gemäß § 613 a I 1 BGB an die erteilte Zustimmung des Veräußerers gebunden.[17] 10

6. Geltendmachung. a) Nach § 16 I 1 BEEG müssen Arbeitnehmerinnen und Arbeitnehmer die Elternzeit spätestens **sieben Wochen vor dem Beginn** schriftlich beim Arbeitgeber verlangen und gleichzeitig erklären, für welchen Zeitraum innerhalb von zwei Jahren Elternzeit genommen werden soll. Die Elternzeit kann gem. § 16 I 5 BEEG auf zwei Zeitabschnitte verteilt werden. Eine Verteilung auf weitere Zeitabschnitte bedarf der Zustimmung des Arbeitgebers. Das Frist- und Formerfordernis bezieht sich nicht nur auf das Verlangen 11

---

[8] BAG 16. 7. 1997 AP 23 zu § 15 BErzGG = NZA 98, 104.

[9] *Buchner/Becker* § 15 BEEG RN 42.

[10] Vgl. die Übergangsvorschrift § 27 I BEEG, dazu BAG 5. 6. 2007 AP 49 zu § 15 BErzGG = NZA 2007, 1352.

[11] ErfK/*Dörner* § 15 BEEG RN 6; HWK/*Gaul* § 15 BEEG RN 5.

[12] *Lindemann/Simon* NJW 2001, 258, 259.

[13] BAG 21. 4. 2009 – 9 AZR 391/08; ErfK/*Dörner* § 15 BEEG RN 7.

[14] BT-Drucks. 14/3118 S. 20.

[15] BAG 11. 3. 1999 AP 4 zu § 18 BErzGG = NZA 99, 1047.

[16] Hierauf weist bereits die Gesetzesbegründung hin, vgl. BT-Drucks. 14/3118 S. 20; ebenso *Buchner/Becker* § 15 BEEG RN 18; HWK/*Gaul* § 15 BEEG RN 6.

[17] *Buchner/Becker* § 15 BEEG RN 18; HWK/*Gaul* § 15 BEEG RN 6; *Lindemann/Simon* NJW 2001, 258, 259; *Peters-Lange/Rolfs* NZA 2000, 682, 685.

selbst, sondern auch auf die Zeitabschnitte, in denen Elternzeit in Anspruch genommen werden soll. Nimmt die Mutter die Elternzeit im Anschluss an die Mutterschutzfrist, wird gemäß § 16 I 3 BEEG die Zeit der Mutterschutzfrist nach § 6 I MuSchG angerechnet. Entsprechendes gilt nach § 16 I 4 BEEG, wenn die Mutter die Elternzeit im Anschluss an einen auf die Mutterschutzfrist folgenden Erholungsurlaub nimmt. In diesem Fall werden die Zeit der Mutterschutzfrist § 6 I MuSchG und die Zeit des Erholungsurlaubs auf den Zweijahreszeitraum nach Satz 1 angerechnet. Kann die Elternzeitberechtigte aus von ihr nicht zu vertretenden Gründen die Siebenwochenfrist zur Abgabe des Elternzeitverlangens nicht einhalten, z. B. wegen schweren Komplikationen nach der Geburt und einem damit verbundenen Krankenhausaufenthalt, kann sie gem. § 16 II BEEG das Verlangen innerhalb einer Woche nach Wegfall des Grundes nachholen. Die Schriftform ist gem. § 125 BGB Wirksamkeitsvoraussetzung für die Inanspruchnahme der Elternzeit. Im Einzelfall kann es allerdings rechtsmissbräuchlich sein, wenn sich der Arbeitgeber auf die fehlende Schriftform beruft.[18] Die Elternzeit muss sich nicht an die Schutzfrist des § 6 I MuSchG anschließen. Auch in diesem Fall beträgt die Antragsfrist seit dem 1. 1. 2007 sieben Wochen. Bei dringenden Gründen ist gemäß § 16 I 2 BEEG ausnahmsweise auch eine angemessene kürzere Frist möglich. Dies betrifft insbesondere die Fälle der Adoptionspflege,[19] kommt aber auch bei einer schweren Erkrankung nach der Geburt in Betracht.

12 **b)** Gem. § 15 III 1 BEEG kann die Elternzeit, **auch anteilig, von jedem Elternteil** allein oder von beiden Elternteilen gemeinsam genommen werden. Auch bei einer vollständigen gemeinsamen Nutzung der Elternzeit durch beide Elternteile bis zum dritten Geburtstag des Kindes handelt es sich um eine längstens dreijährige Elternzeit.[20] Das Gesetz ermöglicht beiden Elternteilen, zeitgleich für die Dauer von drei Jahren Elternzeit in Anspruch zu nehmen.[21] Dies gilt unabhängig von einer etwaigen Teilzeitbeschäftigung nach § 15 IV BEEG. Bei gleichzeitiger Inanspruchnahme von Elternzeit verkürzt sich der Anspruch nicht auf je $1^1/_2$ Jahre je Elternteil.[22] Damit ist seit 1. 1. 2004 die zum früheren Recht umstrittene Frage der anteiligen Inanspruchnahme von Elternzeit geklärt worden.[23]

13 **7. Festlegung der Elternzeit. a)** Wer Elternzeit in Anspruch nehmen will, hat gemäß § 16 I 1 BEEG zugleich schriftlich zu erklären, für welche **Zeiten innerhalb von zwei Jahren er Elternzeit nehmen** wird (§ 16 I 1 BEEG). Diese Angaben sind notwendige Voraussetzung einer wirksamen Inanspruchnahme von Elternzeit und nach Abgabe der Erklärung auch – vorbehaltlich der in § 16 III BEEG aufgeführten Fälle – verbindlich.[24] Damit wird dem Planungsinteresse des Arbeitgebers Rechnung getragen. Zugleich werden die Flexibilisierungsmöglichkeiten nach § 15 II 4 BEEG berücksichtigt (dazu RN 9). Bei der Festlegung der Elternzeit hat der Arbeitnehmer zu beachten, dass eine Verlängerung der Elternzeit über die Zeit nach Vollendung des dritten Lebensjahres des Kindes gem. § 15 II 4 BEEG der Zustimmung des Arbeitgebers bedarf (RN 9). Gleiches gilt, wenn der Arbeitnehmer innerhalb der ersten zwei Jahre nach der Geburt des Kindes zunächst nur einen Elternzeitblock in Anspruch genommen hat und sodann für das dritte Jahr den zweiten Teilanspruch beantragt.[25] Ein Anspruch des Arbeitnehmers besteht in diesen Fällen nur dann, wenn ein vorgesehener Wechsel in der Anspruchsberechtigung aus einem wichtigen Grund nicht erfolgen kann (§ 16 III 4 BEEG).

14 **b)** Durch § 16 I 1 BEEG ist der Arbeitnehmer nicht gehindert, von vornherein den gesamten in Betracht kommenden Zeitraum bis zur **Vollendung des dritten Lebensjahres** des Kindes (§ 15 II BEEG) abzudecken.[26] Die Erklärung ist dann allerdings auch für ihn verbindlich.[27] Hält der Arbeitnehmer die Frist des § 16 I 1 BEEG nicht ein, erlischt nach Auffassung des BAG der

---

[18] BAG 26. 6. 2008 NZA 2008, 1241; *Buchner/Becker* § 16 BEEG RN 3; a. A. HWK/*Gaul* § 16 BEEG RN 1.

[19] *Sowka* NZA 2000, 1185, 1187.

[20] BT-Drucks. 14/3118 S. 20.

[21] ErfK/*Dörner* § 15 BEEG RN 6.

[22] *Winterfeld* DB 2004, 930, 932.

[23] Vgl. dazu *Peters-Lange/Rolfs* NZA 2000, 682, 685; *Reiserer/Lemke* MDR 2001, 241, 243; wie hier *Buchner/Becker* § 15 BEEG RN 18; *Lindemann/Simon* NJW 2001, 258, 259; *Reinecke* FA 2001, 10 f.; *Sowka* NZA 2000, 1185, 1187.

[24] ErfK/*Dörner* § 16 BEEG RN 4.

[25] ErfK/*Dörner* § 16 BEEG RN 4; a. A. Hk-MuSchG/BEEG/*Rancke* § 16 BEEG RN 3.

[26] BAG 9. 5. 2006 AP 47 zu § 15 BErzGG = NZA 2006, 1413; 27. 4. 2004 AP 39 zu § 15 BErzGG = NZA 2004, 1039.

[27] BAG 19. 4. 2005 AP 44 zu § 15 BErzGG = NZA 2005, 1354.

Anspruch auf Elternzeit nicht, es verschiebt sich nur der Zeitpunkt des gewünschten Beginns entsprechend.[28]

8. Änderung der Elternzeit. a) Eine Änderung der nach § 16 I 1 BEEG durch das Verlangen des Arbeitnehmers festgesetzten Elternzeit kann innerhalb des Zeitraums des § 15 II 1 BEEG jederzeit einvernehmlich erfolgen (§ 16 III 1 BEEG). Eine **Verlängerung** der zunächst festgelegten Elternzeit kann der Arbeitnehmer nach § 16 III 4 BEEG verlangen, wenn ein vorgesehener Wechsel in der Anspruchsberechtigung aus einem wichtigen Grund nicht erfolgen kann und die sonstigen Voraussetzungen des § 15 II BEEG vorliegen. Das kann beispielsweise bei Arbeitslosigkeit oder schwerer Krankheit des anderen Sorgeberechtigten angenommen werden.[29] **15**

b) Zur Beendigung der vollen Inanspruchnahme der Elternzeit führt auch eine im Laufe der Elternzeit vom Arbeitnehmer beantragte **Teilzeitbeschäftigung** nach § 15 V BEEG. Diese ist auch dann zulässig, wenn zunächst nur die völlige Freistellung von der vertraglichen Arbeit (Elternzeit) in Anspruch genommen und keine Verringerung der Arbeitszeit (Elternteilzeit) beantragt worden war.[30] **16**

c) Die vorzeitige Beendigung der Elternzeit wegen der **Geburt eines weiteren Kindes** kann der Arbeitgeber gemäß § 16 III 2 BEEG innerhalb einer Frist von vier Wochen aus von ihm darzulegenden dringenden betrieblichen Gründen ablehnen. Die Arbeitnehmerin kann gemäß § 16 III 3 BEEG ihre Elternzeit nicht wegen der Mutterschutzfristen des § 3 II und § 6 I MuSchG vorzeitig beenden. Damit wird ein Missbrauch verhindert, der dadurch entstünde, dass eine Arbeitnehmerin zu Beginn des Beschäftigungsverbots nach § 3 II MuSchG die Elternzeit beendet und nach dem Ende der Schutzfrist des § 6 I MuSchG erneut Elternzeit beansprucht, um in der Zwischenzeit vom Arbeitgeber den Zuschuss zum Mutterschaftsgeld nach § 14 I MuSchG verlangen zu können.[31] Eine vorzeitige Beendigung der Elternzeit ist jedoch nach § 16 III 3 Halbs. 2 BEEG möglich, wenn die Arbeitnehmerin während der Elternzeit nach § 15 IV BEEG eine Teilzeitbeschäftigung bei ihrem Arbeitgeber ausübt. Ihr steht dann für die Dauer der Mutterschutzfristen des § 3 II und § 6 I MuSchG gemäß § 14 IV 2 MuSchG ein Zuschuss zum Mutterschaftsgeld zu. **17**

d) Die Elternzeit endet nach § 16 IV BEEG schließlich vorzeitig, wenn das Kind während der Elternzeit **stirbt.** **18**

III. Auswirkungen der Elternzeit auf das Arbeitsverhältnis

1. Suspendierung der Hauptpflichten. Während der Elternzeit sind die Hauptpflichten aus dem Arbeitsverhältnis suspendiert. Das **Arbeitsverhältnis ruht** in dieser Zeit.[32] Der Arbeitnehmer schuldet keine Arbeitsleistung und der Arbeitgeber keine Vergütung. Die Nebenpflichten (z. B. Wettbewerbsverbot, Verschwiegenheitspflicht) bestehen fort.[33] Am Tag des dritten Geburtstags des Kindes leben die Hauptpflichten wieder auf. Der Arbeitnehmer hat also unaufgefordert zur Arbeit zu erscheinen. Eine „Arbeitsplatzgarantie" in dem Sinne, dass der Arbeitnehmer nach Rückkehr einen Anspruch auf Beschäftigung an seinem alten, vor der Elternzeit eingenommenen Arbeitsplatz hat, gibt es allerdings nicht. Der Arbeitgeber kann den Arbeitnehmer auf einem neuen Arbeitsplatz einsetzen, soweit dies durch sein Direktionsrecht gedeckt ist. Bei Versetzungen und Änderungskündigungen sind die Rechte des Betriebsrats nach §§ 99, 102 BetrVG zu beachten. **19**

2. Betriebsratsmitglieder. Die Elternzeit führt **weder zum Erlöschen der Mitgliedschaft** im Betriebsrat nach § 24 Nr. 3 BetrVG noch zu einer zeitweiligen Verhinderung nach § 25 I 2 BetrVG. Das Betriebsratsmitglied verliert während der Elternzeit auch nicht seine Wählbarkeit nach § 8 I BetrVG. Ein Betriebsratsmitglied hat auch während der ohne Erwerbstätigkeit in Anspruch genommenen Elternzeit gegen den Arbeitgeber gemäß § 40 I BetrVG einen Anspruch auf Erstattung der erforderlichen Fahrtkosten, die ihm wegen der Teilnahme an den **20**

---

[28] BAG 17. 2. 1994 AP 115 zu § 626 BGB = NZA 94, 656; 17. 10. 1990 AP 4 zu § 15 BErzGG = NZA 91, 320.

[29] ErfK/*Dörner* § 16 BEEG RN 20.

[30] BAG 19. 4. 2005 AP 44 zu § 15 BErzGG = NZA 2005, 1354.

[31] Vgl. BT-Drucks. 14/3118 S. 22; dazu *Sowka* NZA 2000, 1185, 1188.

[32] BAG 15. 4. 2008 AP 50 zu § 15 BErzGG = NZA 2008, 998; 24. 5. 1995 AP 175 zu § 611 BGB Gratifikation = NZA 96, 31; 10. 2. 1993 AP 7 zu § 15 BErzGG = NZA 93, 801.

[33] BAG 10. 5. 1989 AP 2 zu § 15 BErzGG = NZA 89, 759; 10. 2. 1993 AP 7 zu § 15 BErzGG = NZA 93, 801.

Betriebsratssitzungen entstanden sind.[34] Dasselbe gilt auch für das Recht auf Teilnahme an einer Betriebsversammlung, da § 44 eine eigene Anspruchsgrundlage enthält (§ 223).[35]

21 **3. Arbeitsentgelt und Jahressonderzahlungen.** Während der Elternzeit besteht kein Anspruch auf laufendes Arbeitsentgelt. Dies ist mit Gemeinschaftsrecht vereinbar.[36] Ob der Arbeitgeber bei Inanspruchnahme von Elternzeit Jahressonderzahlungen zu leisten hat, hängt von dem **Inhalt der maßgeblichen Zuwendungsvereinbarung** ab. Sieht diese vor, dass die Sonderzahlung nur für Zeiten tatsächlich geleisteter Arbeit bezahlt wird, wirkt die Elternzeit anspruchsmindernd bzw. -ausschließend.[37] Auch § 15 II 6 BEEG verbietet keine tarifvertragliche Regelung, nach der die Zeiten des ruhenden Arbeitsverhältnisses für eine zusätzliche tarifliche Leistung nicht anspruchssteigernd berücksichtigt werden. Die Nichtberücksichtigung von Elternzeit bei der Berechnung der für die Vergütungshöhe maßgeblichen Beschäftigungszeit ist zulässig (zu Art. 141 EG vgl. § 165 RN 15).[38] Angestellten, die während der Elternzeit eine Teilzeittätigkeit ausüben, steht kein geringerer Zuwendungsanspruch zu, als wenn sie während der Elternzeit nicht gearbeitet hätten.[39] Eine Angestellte des öffentlichen Dienstes, die Anspruch auf eine Zuwendung nach dem Zuwendungs-TV hat, verliert diesen nicht dadurch, dass sie während der Elternzeit bei demselben Arbeitgeber ihre bisherige Tätigkeit im Umfange einer geringfügigen Beschäftigung weiterhin ausübt.[40] Weder der arbeitsrechtliche Gleichbehandlungsgrundsatz noch das europarechtliche Lohngleichheitsgebot für Männer und Frauen verbieten es allerdings, von der Gewährung einer Weihnachtsgratifikation Arbeitnehmer auszunehmen, deren Arbeitsverhältnisse wegen Elternzeit ruhen.[41] Ergibt die Auslegung einer arbeitsvertraglichen Vereinbarung über die Zahlung eines „13. Monatsgehalts", dass es sich um einen Teil der im Austauschverhältnis zur Arbeitsleistung stehenden Vergütung handelt, entsteht kein anteiliger Anspruch auf das „13. Monatsgehalt" für Zeiten, in denen das Arbeitsverhältnis wegen Elternzeit ruht.[42] Elternzeit ist bei der Bemessung eines Übergangsgelds nach § 63 BAT nicht zu berücksichtigen.[43] Ergibt die Auslegung der Anspruchsgrundlage für ein Urlaubsgeld, dass dieses unabhängig von geleisteter Arbeit bezahlt wird, führt die Elternzeit nicht zu einem Anspruchsausschluss.[44]

22 **4. Sachbezüge.** Der Anspruch auf Sachbezüge, **die von geleisteter Arbeit abhängen** (freie Kost, Deputate, Naturalleistungen, private Dienstwagennutzung), ruht während der Elternzeit. Der Anspruch auf Wohnraumüberlassung besteht dagegen regelmäßig fort, weil dieser an den Bestand des Arbeitsverhältnisses anknüpft. Hat der Arbeitgeber zinsgünstige Arbeitnehmerdarlehen gewährt, bestehen nach Auffassung des BAG Bedenken gegen die Wirksamkeit einer Vereinbarung, wonach die während der Dauer der Elternzeit weitergewährten Zinsvergünstigungen für Arbeitgeberdarlehen rückwirkend entfallen, wenn das Arbeitsverhältnis nach § 19 BEEG zum Ende der Elternzeit gekündigt wird.[45]

23 **5. Vermögenswirksame Leistungen.** Ob der Arbeitgeber während der Elternzeit vermögenswirksame Leistungen fortzuzahlen hat, richtet sich nach der **Zuwendungsvereinbarung.** Im Wege der Auslegung des Tarifvertrags, der Betriebsvereinbarung oder des Arbeitsvertrags ist zu ermitteln, ob die Zahlung auch ohne Arbeitsleistung erfolgen muss.

---

[34] BAG 25. 5. 2005 AP 13 zu § 24 BetrVG 1972 = NZA 2005, 1002.

[35] BAG 31. 5. 1989 AP 9 zu § 44 BetrVG 1972 = NZA 90, 449.

[36] EuGH 13. 2. 1996 AP 74 zu Art. 119 EWG-Vertrag.

[37] BAG 28. 9. 1994 AP 165 zu § 611 BGB Gratifikation = NZA 95, 176; 10. 2. 1993 AP 7 zu § 15 BErzGG = NZA 93, 801.

[38] BAG 21. 5. 2008 AP 1 zu § 15 BEEG = NZA 2008, 955; zur Auslegung entsprechender Regelungen vgl. BAG 21. 10. 1992 AP 1 zu § 1 TVG Tarifverträge: Milch-Käseindustrie = NZA 93, 323; 9. 11. 1994 AP 33 zu § 23 a BAT = NZA 95, 1003.

[39] BAG 12. 2. 2003 AP 37 zu § 15 BErzGG.

[40] BAG 24. 2. 1999 AP 21 zu §§ 22, 23 BAT Zuwendungs-TV = NZA 99, 830.

[41] BAG 12. 1. 2000 AP 223 zu § 611 BGB Gratifikation = NZA 2000, 944; 24. 5. 1995 AP 175 zu § 611 BGB Gratifikation = NZA 96, 31; vgl. dazu auch EuGH 21. 10. 1999 AP 14 zu Art. 119 EG-Vertrag.

[42] BAG 19. 4. 1995 AP 173 zu § 611 BGB Gratifikation = NZA 95, 1098.

[43] BAG 10. 11. 1994 AP 11 zu § 63 BAT = NZA 95, 692; 21. 2. 1991 AP 9 zu § 63 BAT = NZA 91, 595.

[44] BAG 19. 1. 1999 AP 67 zu § 1 TVG Tarifverträge: Einzelhandel = NZA 99, 832; 19. 1. 1999 AP 68 zu § 1 TVG Tarifverträge: Einzelhandel = NZA 99, 1223; 18. 3. 1997 AP 8 zu § 17 BErzGG = NZA 97, 1168; 23. 4. 1996 AP 7 zu § 17 BErzGG = NZA 97, 160; siehe aber auch BAG 14. 8. 1996 AP 19 zu § 15 BErzGG = NZA 96, 1204.

[45] BAG 16. 10. 1991 AP 1 zu § 19 BErzGG = NZA 92, 793.

6. Bewährungsaufstieg. Zeiten der Elternzeit sind auf die fünfjährige **Bewährungszeit** des Fallgruppenbewährungsaufstiegs nicht anzurechnen.[46] 24

7. Entgeltfortzahlung im Krankheitsfall. Verrichtet der Arbeitnehmer **während der Elternzeit Teilzeitarbeit,** steht ihm bei Arbeitsunfähigkeit im Umfang der Teilzeitarbeit Entgeltfortzahlung nach §§ 3, 4 EFZG zu. Verrichtet er dagegen keine Teilzeitarbeit, entfällt auch der Anspruch auf Entgeltfortzahlung im Krankheitsfall.[47] Erkrankt der Arbeitnehmer vor Beginn der Elternzeit, endet der Entgeltfortzahlungsanspruch mit deren Beginn. Ab diesem Zeitpunkt ist die Krankheit nicht mehr ursächlich für den Arbeitsausfall. Durch die Krankheit wird die Elternzeit nicht verlängert.[48] Erkrankt der Arbeitnehmer während der Elternzeit, wird die Zeit des Ruhens nicht auf den Sechswochenzeitraum des § 3 I EFZG angerechnet. Dieser Zeitraum beginnt nicht mit der Erkrankung, sondern erst mit der tatsächlichen Verhinderung an der Arbeitsleistung infolge der Krankheit. Das ist der Zeitpunkt der Aktualisierung des Arbeitsverhältnisses.[49] 25

8. Urlaub. a) Nach § 17 I 1 BEEG kann der Arbeitgeber den Erholungsurlaub, der dem Arbeitnehmer für das Urlaubsjahr aus dem Arbeitsverhältnis zusteht, für jeden vollen Kalendermonat, für den der Arbeitnehmer Elternzeit nimmt, **um $^1/_{12}$ kürzen.**[50] Die Kürzungsmöglichkeit betrifft jeglichen Erholungsurlaub, ganz gleich, auf welcher Rechtsgrundlage er beruht.[51] Die Kürzung setzt eine empfangsbedürftige rechtsgeschäftliche Erklärung des Arbeitgebers voraus. Der Arbeitgeber kann auf die Kürzung verzichten. Er ist nicht verpflichtet, dem Arbeitnehmer vor Antritt der Elternzeit mitzuteilen, dass er den Erholungsurlaub anteilig kürzen will. Die Kürzung kann noch bei Erteilung des Urlaubs erfolgen. Es reicht aus, dass dem Arbeitnehmer nur der gekürzte Urlaub gewährt wird oder ihm erkennbar ist, dass der Arbeitgeber von der Kürzungsmöglichkeit Gebrauch machen will.[52] Eine entsprechende Erklärung des Arbeitgebers kann noch in der Klageerwiderung zu einer Klage auf Urlaubsabgeltung gesehen werden.[53] Nach Rückkehr aus der Elternzeit richtet sich die Berechnung des Urlaubsentgelts nach den allgemeinen Vorschriften.[54] 26

b) Bei der Kürzung ist nach dem Wortlaut des Gesetzes auf **volle Kalendermonate** abzustellen.[55] Dauert z.B. die Elternzeit vom 2. 6. bis zum 30. 7., kommt keine Kürzung in Betracht. Es werden also nicht Zeiten am Anfang oder bei Beendigung der Elternzeit zusammengerechnet. Die Berechnung des Urlaubsanspruchs erfolgt zweckmäßig in der Weise, dass zunächst ermittelt wird, welchen Urlaub der Arbeitnehmer ohne Elternzeit beanspruchen könnte. Alsdann wird dieser für jeden vollen Kalendermonat der Elternzeit um $^1/_{12}$ des zustehenden Urlaubsanspruchs gekürzt. Entstehen bei der Kürzung Bruchteile von Urlaubsansprüchen, kommt weder eine Aufrundung noch eine Abrundung in Betracht; § 5 II BUrlG ist nicht anwendbar.[56] 27

c) Hat der Arbeitnehmer den ihm zustehenden Urlaub vor dem Beginn der Elternzeit nicht oder nicht vollständig erhalten, hat der Arbeitgeber den gekürzten Resturlaub nach der Elternzeit im laufenden oder im **nächsten Urlaubsjahr zu gewähren** (§ 17 II BEEG).[57] § 17 II BEEG ist insoweit lex specialis zu § 7 III BUrlG. Nach § 17 II BEEG wird auf die Zeit nach der Elternzeit nur der Urlaub übertragen, den der Arbeitnehmer wegen der Elternzeit nicht genommen hat. Der nach dem Ende der Elternzeit neu entstehende Urlaub bleibt gemäß § 7 III BUrlG auf das Kalenderjahr befristet. Entscheidend ist, in welchem Umfang der übertragene und noch nicht genommene Urlaub zu Beginn der Elternzeit hätte beansprucht werden können. Der übertragene Urlaub erlischt gemäß § 17 II BEEG ersatzlos, wenn er bis zum Ende des nächsten Urlaubsjahres nach dem Ende der Elternzeit nicht vollständig gewährt wurde. Macht 28

---

[46] BAG 18. 6. 1997 AP 3 zu § 23 b BAT = NZA 98, 267; siehe dazu aber auch BAG 21. 10. 1992 AP 1 zu § 1 TVG Tarifverträge: Milch-Käseindustrie.

[47] Vgl. BAG 22. 6. 1988 AP 1 zu § 15 BErzGG = NZA 89, 13.

[48] ErfK/*Dörner* § 15 BEEG RN 26.

[49] BAG 29. 9. 2004 AP 24 zu § 3 EntgeltFG = NZA 2005, 225.

[50] BAG 28. 7. 1992 AP 3 zu § 17 BErzGG = NZA 94, 27.

[51] ErfK/*Dörner* § 17 BEEG RN 2.

[52] BAG 28. 7. 1992 AP 3 zu § 17 BErzGG = NZA 94, 27.

[53] BAG 23. 4. 1996 AP 6 zu § 17 BErzGG = NZA 97, 44.

[54] Vgl. zum BAT: BAG 19. 3. 1996 AP 20 zu § 47 BAT = NZA 96, 1218.

[55] *Buchner/Becker* § 17 BEEG RN 12; ErfK/*Dörner* § 17 BEEG RN 3.

[56] ErfK/*Dörner* § 17 BEEG RN 5; *Leinemann/Linck* § 17 BErzGG RN 4.

[57] BAG 1. 10. 1991 AP 2 zu § 17 BErzGG = NZA 92, 419; 28. 7. 1992 AP 3 zu § 17 BErzGG = NZA 94, 27; 23. 4. 1996 AP 6 zu § 17 BErzGG = NZA 97, 44.

beispielsweise ein Arbeitnehmer, der am 26. 3. 2003 die Elternzeit angetreten hatte, nach Beendigung der Elternzeit am 25. 3. 2004 den Erholungsurlaubsanspruch für das Jahr 2002 geltend, hat er – wenn die Voraussetzungen für eine Übertragung des Resturlaubs von 2002 in den Übertragungszeitraum des Jahres 2003 nach § 7 III BUrlG vorlagen – insoweit lediglich einen Anspruch auf vier Urlaubstage. Denn nur in diesem Umfang war der Urlaubsanspruch in der Zeit vom 26. 3. bis 31. 3. 2003 erfüllbar. Mögliche weitere Urlaubsansprüche wären auch ohne Elternzeit am 31. 3. 2003 verfallen, weil der übertragene Urlaub im Übertragungszeitraum bis zum 31. 3. des Folgejahres genommen werden muss (dazu § 102 RN 103 ff.).[58] Nimmt der Arbeitnehmer eine weitere Elternzeit in Anspruch, galten diese Grundsätze nach einer Entscheidung des BAG aus dem Jahre 1997 auch dann, wenn der Urlaub wegen der zweiten Elternzeit nicht erteilt wurde.[59] Diese Rechtsprechung hat der Neunte Senat nunmehr aufgegeben. Danach wird der vor einer ersten Elternzeit entstandene Anspruch auf Erholungsurlaub nach § 17 II BEEG auf die Zeit nach einer weiteren Elternzeit übertragen, die sich unmittelbar an die frühere Elternzeit anschließt. Endet das Arbeitsverhältnis während der späteren Elternzeit oder wird es im Anschluss an sie nicht fortgesetzt, wandelt sich der nach § 17 II BEEG übertragene Urlaubsanspruch gem. § 17 III BEEG in einen Abgeltungsanspruch um.[60]

29 **d)** Hat der Arbeitnehmer vor Beginn der Elternzeit **mehr Urlaub erhalten, als ihm nach § 17 I BEEG zusteht,** kann der Arbeitgeber den Urlaub, der dem Arbeitnehmer nach dem Ende der Elternzeit zusteht, gemäß § 17 IV BEEG um die zu viel gewährten Urlaubstage kürzen.

30 **e) Endet das Arbeitsverhältnis** während der Elternzeit oder wird es nach der Elternzeit nicht fortgesetzt, hat der Arbeitgeber den noch ausstehenden Urlaub abzugelten. § 17 III BEEG enthält eine Spezialregelung zu § 7 IV BUrlG. Auf den Grund der Beendigung des Arbeitsverhältnisses kommt es nicht an. Die längere Befristung in § 17 II BEEG ist ebenso zu beachten wie die Kürzungsmöglichkeiten nach § 17 I und IV BEEG.[61] Voraussetzung für die Verpflichtung zur Gewährung der Urlaubsabgeltung ist auch nach § 17 III BEEG, dass die Urlaubsgewährung nicht wegen Arbeitsunfähigkeit des Arbeitnehmers ausgeschlossen wäre. Insoweit gilt nichts anderes als nach § 7 IV BUrlG.[62] Hat der Arbeitnehmer das Arbeitsverhältnis während oder zum Ende der Elternzeit gekündigt und vor Beginn der Elternzeit mehr Urlaub erhalten, als ihm unter Berücksichtigung von § 17 I BErzGG zustand, besteht kein Bereicherungsanspruch des Arbeitgebers, denn zum Zeitpunkt der Urlaubserteilung bestand ein Rechtsgrund für die Urlaubsgewährung.[63]

31 **f)** Wird für einen zusätzlichen **Urlaubsgeldanspruch** die Wiederaufnahme der Tätigkeit vorausgesetzt, besteht dieser Anspruch nicht, wenn der Arbeitnehmer im Anschluss an die Elternzeit die Arbeit bei einem anderen Arbeitgeber (im öffentlichen Dienst) antritt.[64] Sieht ein Tarifvertrag eine anteilige Minderung des Anspruchs auf Urlaubsgeld für die Dauer der Elternzeit vor, gilt dies auch für die Zeiten der Beschäftigungsverbote wegen der Geburt eines weiteren Kindes nach § 3 II und § 6 I MuSchG, soweit die Elternzeit nicht unterbrochen wird. Hierin liegt kein Verstoß gegen Art. 141 EG, Art. 11 Nr. 2 der Richtlinie 92/85, oder § 2 VI des Anhangs der Richtlinie 96/34 des Rates vom 3. 6. 1996 zu der von der UNICE, CEEP und EGB geschlossenen Rahmenvereinbarung über Elternurlaub. Das Europäische Gemeinschaftsrecht verbietet es dem Arbeitgeber nicht, bei der Bemessung von Sonderzuwendungen Zeiten der Elternzeit anteilig leistungsmindernd zu berücksichtigen.[65]

32 **g)** Hat der Arbeitnehmer bei seinem Arbeitgeber **Teilzeitarbeit geleistet,** bleibt der Urlaubsanspruch unberührt (§ 17 I 2 BEEG). Die Teilzeitarbeit kann allerdings zu einer Umrechnung des Urlaubsanspruchs führen (dazu § 102 RN 47).

33 **9. Betriebliche Altersversorgung.** Während der Elternzeit bleibt das Arbeitsverhältnis bestehen. Hieraus folgt, dass die Elternzeit als Betriebszugehörigkeit im Rahmen der **Unverfall-**

---

[58] BAG 1. 10. 1991 AP 2 zu § 17 BErzGG = NZA 92, 419.

[59] BAG 21. 10. 1997 AP 75 zu § 7 BUrlG Abgeltung = NZA 98, 648; ähnlich bereits BAG 23. 4. 1996 AP 6 zu § 17 BErzGG = NZA 97, 44.

[60] BAG 20. 5. 2008 NZA 2008, 1237.

[61] Vgl. BAG 23. 4. 1996 AP 6 zu § 17 BErzGG = NZA 97, 44; 28. 7. 1992 AP 3 zu § 17 BErzGG = NZA 94, 27.

[62] ErfK/*Dörner* § 17 BEEG RN 12; HWK/*Gaul* § 17 BEEG RN 9; *Leinemann/Linck* § 17 BErzGG RN 14; *Meisel/Sowka* § 17 BErzGG RN 31.

[63] ErfK/*Dörner* § 17 BEEG RN 7; a. A. HWK/*Gaul* § 17 BEEG RN 12.

[64] BAG 25. 8. 1992 AP 1 zu §§ 22, 23 BAT = NZA 93, 322.

[65] BAG 15. 4. 2003 AP 4 zu § 1 TVG Tarifverträge: Bäcker.

barkeitsfristen (§ 1 BetrAVG), der **Wartezeiten** sowie der den Anspruch steigernden **Ruhegeldzeiten** zu berücksichtigen ist.[66] Eine Ausnahme gilt für Wartezeiten und Ruhegeld steigernde Zeiten dann, wenn der Arbeitgeber nur mit Entgelt belegte Zeiten bei einer Pensionskasse oder Lebensversicherung versichert.

10. Berufsbildung. Die Elternzeit wird auf Berufsbildungszeiten **nicht angerechnet** (§ 20 34
I 2 BEEG). Dies gilt unabhängig davon, ob der Berechtigte ganz mit der Arbeit aussetzt oder Teilzeitarbeit leistet. Die Berufsbildungszeit wird automatisch um die Elternzeit verlängert. Berufsbildungszeiten sind die Zeiten der Ausbildung, Fortbildung und Umschulung (§ 1 BBiG).

11. Tarifvertragliche Regelungen. In Tarifverträgen kann vorgesehen sein, dass ein Ar- 35
beitnehmer auch nach Beendigung der Elternzeit noch der Arbeit fernbleiben kann und einen befristeten Rückkehranspruch behält. Im Wege der Auslegung ist zu ermitteln, ob der Anspruch erlischt, wenn er nicht fristgerecht geltend gemacht wird.[67]

12. Sozialplan. Haben die Betriebsparteien in einem Sozialplan für die Höhe der Abfindung 36
auch auf die Dauer der Beschäftigung abgestellt, **verstößt es gegen die Grundsätze von Recht und Billigkeit,** wenn sie davon die Elternzeit ausnehmen. Die Herausnahme dieser Zeiten widerspricht den in Art. 6 GG enthaltenen Wertungen, die nach § 75 I BetrVG auch von den Betriebsparteien zu beachten sind.[68]

13. Wettbewerbsverbot. Die Höhe der Karenzentschädigung richtet sich gem. § 74 II HGB 36a
auch dann, wenn der Arbeitnehmer Elternteilzeit gem. § 15 VI BEEG in Anspruch genommen hat und sein Arbeitsverhältnis während der Elternzeit endet, nach der letzten vor Beendigung des Arbeitsverhältnisses bezogenen vertragsgemäßen Vergütung. Es ist dann weder auf die letzte vertragsgemäße Vergütung vor Beginn der Elternzeit abzustellen noch auf den dreijährigen Bezugszeitraum gem. § 74b II 1 HGB.[69]

IV. Erwerbstätigkeit während der Elternzeit

1. Allgemeines. Während der Elternzeit ist gemäß § 15 IV BEEG **Erwerbstätigkeit** zuläs- 37
sig, wenn die vereinbarte wöchentliche Arbeitszeit nicht 30 Stunden übersteigt. Erwerbstätigkeit ist jede selbstständige oder unselbstständige Beschäftigung, die gegen Entgelt verrichtet wird. Unerheblich ist die Höhe der Vergütung oder des Entgelts. Eine i. S. d. § 23 SGB VIII geeignete Tagespflegeperson kann gemäß § 15 IV 2 BEEG bis zu fünf Kinder in Tagespflege betreuen, auch wenn die wöchentliche Betreuungszeit 30 Stunden übersteigt.

2. Bei einem anderen Arbeitgeber. a) Teilzeitarbeit bei einem anderen Arbeitgeber oder 38
als Selbstständiger bedarf nach § 15 IV 3 BEEG der **Zustimmung des Arbeitgebers.** Diese Bestimmung enthält ein befristetes Verbot mit Erlaubnisvorbehalt. Der Arbeitgeber darf die Frist zur Zustimmungserteilung grundsätzlich voll ausschöpfen. Die Ablehnung hat innerhalb einer Frist von vier Wochen schriftlich unter Angabe der Gründe zu erfolgen (§ 15 IV 4 BEEG).[70] Der Arbeitgeber kann eine Ablehnung der Zustimmung nur auf entgegenstehende dringende betriebliche Gründe stützen. Erklärt sich der Arbeitgeber nicht frist- oder formgerecht, entfällt das Zustimmungserfordernis.[71] Der Arbeitnehmer kann dann die Tätigkeit aufnehmen. Zu den entgegenstehenden dringenden betrieblichen Gründen gehört der Vorrang der Teilzeittätigkeit im eigenen Unternehmen des Arbeitgebers oder die Gefahr der Bekanntgabe von Betriebs- und Geschäftsgeheimnissen an einen Konkurrenten des Arbeitgebers.[72] Die Vierwochenfrist des § 15 IV 4 BEEG für die schriftlich begründete Ablehnung der Zustimmung (Schriftform erfordert die Unterschrift, § 127 BGB) beginnt mit dem Zugang des Antrags des Arbeitnehmers auf Erteilung der Zustimmung zur Teilerwerbstätigkeit bei einem anderen Arbeitgeber und berechnet sich nach den §§ 187, 188, 193 BGB.

b) Wird die **Ablehnung form- und fristgerecht begründet,** darf der Arbeitnehmer auch 39
dann nicht bei einem anderen Arbeitgeber arbeiten, wenn er die Ablehnungsbegründung für

[66] BAG 15. 2. 1994 AP 12 zu § 1 BetrAVG Gleichberechtigung = NZA 94, 794.
[67] Vgl. LAG Hamm 18. 3. 1998 NZA-RR 98, 548.
[68] BAG 21. 10. 2003 AP 163 zu § 112 BetrVG 1972 = NZA 2004, 559; 12. 11. 2002 AP 159 zu § 112 BetrVG 1972.
[69] BAG 22. 10. 2008 – 10 AZR 360/08 z. V. v.
[70] ErfK/*Dörner* § 15 BEEG RN 20; HWK/*Gaul* § 15 BEEG RN 21.
[71] BAG 26. 6. 1997 AP 22 zu § 15 BErzGG = NZA 97, 1156.
[72] LAG Düsseldorf 8. 10. 2003 AnwBl. 2004, 187; *Buchner/Becker* § 15 BEEG RN 39; *Sowka* NZA 94, 102, 104.

nicht stichhaltig hält. Er muss vielmehr gegen den Arbeitgeber klagen und beantragen, die Zustimmung zur Teilzeitarbeit bei einem anderen Arbeitgeber zu erteilen.[73] Die Urteilsvollstreckung bestimmt sich nach § 894 ZPO. Weil die Zustimmungserklärung demnach erst mit der Rechtskraft des Urteils als abgegeben gilt, wird der Arbeitnehmer hiervon nur selten etwas haben. Die Vorschrift ist wegen der Nichtberücksichtigung vollstreckungsrechtlicher Zusammenhänge daher kaum handhabbar. Übt der Arbeitnehmer die Erwerbstätigkeit ohne Zustimmung des Arbeitgebers aus, kann dieser vor dem Arbeitsgericht Unterlassungsklage gegen den Arbeitnehmer erheben, das Arbeitsverhältnis unter Beachtung von § 18 BEEG kündigen oder bei Bestehen eines Schadens auch Schadensersatz verlangen.

40 **3. Teilzeitbeschäftigung beim Vertragsarbeitgeber. a)** Nach § 15 IV BEEG ist während der Elternzeit auch **beim eigenen Arbeitgeber** eine Teilzeitbeschäftigung zulässig, wenn die wöchentliche Arbeitszeit 30 Stunden in der Woche nicht übersteigt. Der Arbeitnehmer kann frühestens mit der Inanspruchnahme von Elternzeit (§ 16 I 1 BEEG) eine Verringerung der regelmäßigen Arbeitszeit während der Elternzeit (Elternteilzeit) beantragen.[74] Über den Antrag auf Verringerung der Arbeitszeit sollen sich Arbeitnehmer und Arbeitgeber gem. § 15 V 1 BEEG innerhalb von vier Wochen einigen. Der Gesetzgeber geht daher wie in § 8 III TzBfG von einer Verhandlungslösung aus. Der Arbeitnehmer hat jedoch die Möglichkeit, zur Fristwahrung den Antrag auf Teilzeitbeschäftigung zugleich mit der Mitteilung nach § 15 VII Nr. 5 BEEG zu verbinden. Damit wird der Arbeitgeber unter Entscheidungsdruck gesetzt, weil er gem. § 15 VII 4 BEEG die beanspruchte Verringerung innerhalb von vier Wochen mit schriftlicher Begründung ablehnen muss.

41 **b)** War der Arbeitnehmer vor Beginn der Elternzeit bereits teilzeitbeschäftigt, kann er gemäß § 15 V 4 BEEG auch während der Elternzeit durch einseitige Erklärung sein **Teilzeitarbeitsverhältnis von bis zu 30 Stunden wöchentlich „fortsetzen".** Will der Arbeitnehmer die vor der Elternzeit bestehende Teilzeitarbeit gemäß § 15 V 4 BEEG mit Beginn der Elternzeit unverändert fortsetzen, ist das bereits im Rahmen eines Verlangens nach Inanspruchnahme der Elternzeit nach § 16 I 1 BEEG schriftlich zu erklären. Die Regelung dient der Planungssicherheit des Arbeitgebers. Mit diesem Zweck wäre es nicht vereinbar, an die Mitteilung der für die Personaldisposition wichtigen Entscheidung, ob die Arbeitnehmerin oder der Arbeitnehmer während der Elternzeit die Teilzeittätigkeit fortsetzen möchte oder nicht, geringere Anforderungen zu stellen als an die Inanspruchnahme der völligen Freistellung von der Arbeitspflicht während der Elternzeit.[75] Der Arbeitnehmer kann für die Teilzeitbeschäftigung während der Elternzeit die Verringerung der vertraglich geschuldeten Arbeitszeit auch dann noch verlangen, wenn er sich bereits in Elternzeit befindet und somit von der Arbeitspflicht befreit ist.[76] Verlangt ein Teilzeitbeschäftigter erst nach Beginn der Elternzeit die Fortsetzung des Arbeitsverhältnisses zu den alten Bedingungen, müssen die Voraussetzungen für den gesetzlichen Anspruch auf Verringerung der Arbeitszeit nach § 15 V bis VII BEEG vorliegen (RN 43).

42 **c)** Kommt eine Einigung über die Verringerung der Arbeitszeit nach § 15 V BEEG nicht zustande, kann der Arbeitnehmer gem. § 15 VI BEEG vom Arbeitgeber während der Gesamtdauer der Elternzeit **zweimal eine Verringerung seiner Arbeitszeit** beanspruchen, sofern die Voraussetzungen des § 15 VII BEEG vorliegen. § 15 VI und VII BEEG geben dem Arbeitnehmer – anders als § 8 TzBfG – keinen Anspruch auf eine bestimmte Lage der verringerten Arbeitszeit. Der Arbeitgeber kann diese vielmehr, ggf. unter Beachtung des Mitbestimmungsrechts des Betriebsrats aus § 87 I Nr. 2 BetrVG, nach billigem Ermessen (§ 315 BGB) festsetzen.[77] Bei der Ermessensausübung hat er den Wunsch des Arbeitnehmers zu berücksichtigen und zu beachten, dass die Verringerung der Arbeitszeit aus familiären Gründen erfolgt.

43 **d)** Der Anspruch auf Verringerung der Arbeitszeit besteht nach **§ 15 VII BEEG unter fünf Voraussetzungen,** nämlich wenn

(1) der Arbeitgeber, unabhängig von der Anzahl der Personen in Berufsbildung, in der Regel **mehr als 15 Arbeitnehmer beschäftigt.** Maßgeblich ist damit nicht die Betriebsgröße, sondern die Zahl der im Unternehmen beschäftigten Arbeitnehmer. Teilzeitbeschäftigte zählen voll;

---

[73] Zutr. *Buchner/Becker* § 15 BEEG RN 41; HWK/*Gaul* § 15 BEEG RN 21; *Sowka* NZA 94, 102; a. A. ErfK/*Dörner* § 15 BEEG RN 23; DLF/*Böck* § 15 BEEG RN 14.

[74] BAG 5. 6. 2007 AP 49 zu § 15 BErzGG = NZA 2007, 1352.

[75] BAG 27. 4. 2004 AP 39 zu § 15 BErzGG = NZA 2004, 1039.

[76] BAG 9. 5. 2006 AP 47 zu § 15 BErzGG = NZA 2006, 1413.

[77] Ebenso *Gaul/Wisskirchen* DB 2000, 2466, 2468.

(2) das Arbeitsverhältnis des Arbeitnehmers in demselben Betrieb oder Unternehmen ohne Unterbrechung **länger als sechs Monate** besteht. Maßgeblich ist der Zeitpunkt der Antragstellung;[78]

(3) die vertraglich vereinbarte regelmäßige Arbeitszeit für mindestens zwei Monate auf einen **Umfang zwischen 15 und 30 Wochenstunden** verringert werden soll. Die Obergrenze folgt aus § 15 IV BEEG, die Untergrenze orientiert sich an § 8 SGB IV a.F. Hierdurch sollten geringfügige Beschäftigungsverhältnisse ausgeschlossen werden;

(4) dem Anspruch **keine dringenden betrieblichen Gründe entgegenstehen.** Das gilt auch für die vom Arbeitnehmer verlangte Verteilung der Arbeitszeit.[79] Die Gesetzesbegründung verweist insoweit auf § 7 II 1 BUrlG, was wenig geglückt ist.[80] Die zusammenhängende Urlaubsgewährung steht in keinem Zusammenhang mit dem Anspruch auf Verringerung der Arbeitszeit. Die Anforderungen an die betrieblichen Gründe in § 15 VII Nr. 4 BEEG sind höher als in § 8 IV 1 TzBfG, weil das BEEG „dringende" Gründe fordert.[81] Die entgegenstehenden betrieblichen Interessen müssen mithin von erheblichem Gewicht sein. Sie müssen sich gleichsam als zwingende Hindernisse für die beantragte Verkürzung der Arbeitszeit darstellen.[82] Das ist anzunehmen, wenn für eine Beschäftigung des Arbeitnehmers während der Elternzeit kein Bedarf besteht, weil z.B. eine Dienststelle/ein Betrieb mit Personal „überbesetzt" ist. Dem Arbeitgeber wird gesetzlich nicht zugemutet, den Arbeitnehmer trotz **fehlenden Beschäftigungsbedarfs** während der Elternzeit als Teilzeitkraft zu beschäftigen. Bei der Prüfung einer Beschäftigungsmöglichkeit sind nur freie Arbeitsplätze zu berücksichtigen. Arbeitsplätze, die mit Arbeitnehmern besetzt werden sollen, um deren Beschäftigungsanspruch zu erfüllen, sind nicht einzubeziehen. Eine Sozialauswahl zwischen dem, der Elternzeit in Anspruch genommen hat, und anderen ist nicht zu treffen. Während der Elternzeit besteht keine Beschäftigungspflicht.[83] Dringende betriebliche Gründe liegen des Weiteren vor, wenn es dem Arbeitgeber nicht möglich ist, für das Arbeitszeitvolumen, um das sich die Arbeitszeit des in Elternzeit befindlichen Arbeitnehmers verringern soll, eine **geeignete Ersatzkraft** zu finden. Der Arbeitgeber hat hier zu prüfen, inwieweit innerhalb der bestehenden Betriebsorganisation Umsetzungen und andere Aufgabenverteilungen möglich sind. Zu berücksichtigen ist weiter, dass es regelmäßig schwer sein wird, für ein relativ geringes zeitliches Volumen eine qualifizierte Fachkraft zu finden.[84] Der Arbeitgeber ist regelmäßig nicht verpflichtet, alle vergleichbaren Arbeitnehmer nach ihrer Bereitschaft zu befragen, ihre Arbeitsverträge so zu ändern, dass die Beschäftigung des Arbeitnehmers mit der gewünschten Elternteilzeit möglich wird. Eine solche Pflicht zur Nachfrage kann im Einzelfall nur dann bestehen, wenn der Arbeitgeber Anhaltspunkte für eine entsprechende Bereitschaft bei einem Arbeitnehmer oder bei einer Gruppe von Arbeitnehmern hat.[85] Einem während der Gesamtdauer der Elternzeit geltend gemachten Anspruch auf Elternteilzeit stehen regelmäßig dringende betriebliche Gründe entgegen, wenn der Arbeitgeber befristet einen **Elternzeitvertreter eingestellt** hat und sowohl dieser als auch mit dem Arbeitnehmer in Elternzeit vergleichbare Arbeitnehmer eine vorübergehende Verringerung ihrer vertraglichen Arbeitszeit abgelehnt haben. Der Arbeitgeber ist dann nicht verpflichtet, den Antragsteller trotz fehlender Arbeitskapazität in Elternteilzeit zu beschäftigen oder anderen Arbeitnehmern Kündigungen bzw. Änderungskündigungen auszusprechen, um Arbeitskapazität für den Arbeitnehmer in Elternzeit „freizumachen";[86]

(5) der Anspruch dem Arbeitgeber **sieben Wochen vorher schriftlich mitgeteilt** wurde. Der Arbeitnehmer kann gleichzeitig mit der Inanspruchnahme von Elternzeit eine Verringerung der regelmäßigen Arbeitszeit während der Elternzeit (Elternteilzeit) beantragen.[87] Die gewünschte Verteilung der Arbeitszeit soll im Antrag angegeben werden. Wird der Antrag mit

---

[78] Ebenso *Lindemann/Simon* NJW 2001, 258, 261.

[79] BAG 9. 5. 2006 AP 47 zu § 15 BErzGG = NZA 2006, 1413.

[80] Kritisch auch Annuß/Thüsing/*Lambrich* § 23 RN 27; *Leßmann* DB 2001, 94, 97; *Lindemann/Simon* NJW 2001, 258, 261.

[81] Annuß/Thüsing/*Lambrich* § 23 RN 27; *Meinel/Heyn/Herms* § 23 RN 10.

[82] BAG 5. 6. 2007 AP 49 zu § 15 BErzGG = NZA 2007, 1352.

[83] BAG 15. 4. 2008 AP 50 zu § 15 BErzGG = NZA 2008, 998.

[84] Vgl. hierzu *Leßmann* DB 2001, 94, 97f.; *Lindemann/Simon* NJW 2001, 258, 262; *Sowka* NZA 2000, 1185, 1189; *Worzalla* u.a., Teilzeitarbeit und befristete Arbeitsverhältnisse, 2001, S. 348.

[85] BAG 15. 4. 2008 AP 50 zu § 15 BErzGG = NZA 2008, 998.

[86] BAG 19. 4. 2005 AP 44 zu § 15 BErzGG = NZA 2005, 1354.

[87] BAG 15. 4. 2008 AP 50 zu § 15 BErzGG = NZA 2008, 998.

zu kurzer Frist gestellt, braucht sich der Arbeitgeber erst zum Ablauf der Frist mit einer Verringerung der Arbeitszeit einverstanden zu erklären.[88]

44 **e)** Der Arbeitgeber trägt die **Darlegungs- und Beweislast** für die entgegenstehenden Gründe. Dabei sind die zugrunde liegenden Tatsachen im Einzelnen zu bezeichnen. Die bloße Behauptung, es bestehe keine Beschäftigungsmöglichkeit, genügt regelmäßig nicht zur schlüssigen Darlegung der Zustimmungsverweigerung. Nach Auffassung des BAG sind in die erforderliche Darlegung alle Aufgaben einzubeziehen, die der Arbeitgeber dem Arbeitnehmer auf Grund seines Weisungsrechts (§ 106 GewO) übertragen kann. Der Arbeitgeber habe seinen bestehenden Gesamtbedarf an Arbeitszeitkapazität vorzutragen und dem die tatsächliche Besetzungssituation gegenüberzustellen. Insbesondere bei größeren Betrieben könne hierauf wegen der dynamischen Entwicklung im Personalbereich durch Fluktuation oder Inanspruchnahme von Elternzeit nicht verzichtet werden.[89]

45 **f)** Falls der Arbeitgeber die beanspruchte Verringerung der Arbeitszeit **ablehnen** will, muss er dies innerhalb von vier Wochen mit schriftlicher Begründung tun. Dem ist genügt, wenn der wesentliche Kern der betrieblichen Hinderungsgründe benannt wird. Es bedarf weder einer „schlüssigen" noch einer „substantiierten" Darlegung.[90] Beantragt der Arbeitnehmer die Verringerung mit einer längeren Frist als in § 15 VII Nr. 5 BEEG vorgesehen, hat der Arbeitgeber die Möglichkeit, den Antrag erst innerhalb der gesetzlichen Frist des § 15 VII 4 BEEG abzulehnen, d. h. innerhalb von vier Wochen, gerechnet ab dem rechnerischen Beginn der Antragsfrist nach § 15 VII Nr. 5 BEEG, die sieben Wochen beträgt. Damit wird gewährleistet, dass der Arbeitgeber sachgerecht über entgegenstehende dringende betriebliche Gründe entscheiden kann, was bei einer u. U. um ein Jahr vorgezogenen Antragstellung ausgeschlossen wäre. Das wird von der h. M. nicht genügend berücksichtigt, wonach die Vierwochenfrist mit Zugang des Antrags zu laufen beginnt.[91] Das BEEG sieht für die Fälle des Unterbleibens einer Ablehnung sowie einer nicht form- oder fristgerechten Ablehnung anders als § 8 V 3 TzBfG keine Zustimmungsfiktion vor.

46 **g)** Der Arbeitnehmer kann den Anspruch auf Verringerung der Arbeitszeit im Klagewege durchsetzen (§ 15 VII 5 BEEG). Die **Klage ist auf Zustimmung** zur Verringerung der Arbeitszeit zu richten. Eine solche Erklärung gilt nach § 894 ZPO erst mit Rechtskraft des Urteils als abgegeben.[92] Nach einer im Schrifttum vertretenen Auffassung soll der Arbeitgeber dabei in entsprechender Anwendung von § 9 III 2 MuSchG im gerichtlichen Verfahren mit Gründen präkludiert sein, die er nicht zuvor schriftlich mitgeteilt hat.[93] Für eine solche Analogie fehlen jedoch die Voraussetzungen.[94] Eine einstweilige Verfügung scheidet grundsätzlich aus. Von der Rechtsprechung der Landesarbeitsgerichte wird zur Gewährung effektiven Rechtsschutzes der Erlass einer **einstweilige Verfügung** (Regelungsverfügung – § 940 ZPO) ausnahmsweise für zulässig gehalten, wenn ein Obsiegen des Verfügungsklägers in der Hauptsache überwiegend wahrscheinlich, die angestrebte einstweilige Regelung dringend geboten ist und sich bei Abwägung der beiderseitigen Interessen ergibt, dass dem Arbeitgeber eher als dem Arbeitnehmer das Risiko zuzumuten ist, dass die weitere Aufklärung des Sachverhalts im Hauptsacheverfahren dort zu einer abweichenden Beurteilung der Rechtslage führen kann.[95] Der Verfügungsgrund setzt voraus, dass der Erlass der einstweiligen Verfügung zur Abwehr wesentlicher Nachteile erforderlich erscheint. Dies kann der Fall sein, wenn der Arbeitnehmer ohne die beantragte Arbeitszeitverkürzung nicht in der Lage ist, die Betreuung seiner Kinder zuverlässig zu gewährleisten. Er hat insoweit darzulegen und glaubhaft zu machen, dass er alle ihm zumutbaren Anstrengungen unternommen hat, die Betreuung der Kinder sicherzustellen.[96]

47 **h)** Übt ein Arbeitnehmer während der Elternzeit beim eigenen Arbeitgeber eine Teilzeitbeschäftigung nach § 15 IV BEEG aus, wird dadurch das **ursprüngliche Arbeitsverhältnis für die Dauer der Elternzeit modifiziert.** Es wird jedoch kein weiteres, zusätzliches Arbeitsverhältnis begründet.[97] Der Arbeitgeber kann dieses Teilzeitarbeitsverhältnis wegen des besonderen

[88] Vgl. BAG 27. 4. 2004 AP 39 zu § 15 BErzGG = NZA 2004, 1039.
[89] BAG 5. 6. 2007 AP 49 zu § 15 BErzGG = NZA 2007, 1352.
[90] BAG 5. 6. 2007 AP 49 zu § 15 BErzGG = NZA 2007, 1352.
[91] Vgl. *Buchner/Becker* § 15 BEEG RN 47; ErfK/*Dörner* § 15 BEEG RN 18.
[92] ErfK/*Dörner* § 15 BEEG RN 18; *Leßmann* DB 2001, 94, 98 f.; *Reinecke* FA 2001, 10, 13.
[93] *Gaul/Wisskirchen* DB 2000, 2466, 2468; HWK/*Gaul* § 15 BEEG RN 21.
[94] Ebenso Annuß/Thüsing/*Lambrich* § 23 RN 33; *Barth* BB 2007, 2567; *Leßmann* DB 2001, 94, 96.
[95] LAG Hamm 6. 5. 2002 NZA-RR 2003, 178.
[96] LAG Rheinland-Pfalz 12. 4. 2002 NZA 2002, 85.
[97] BAG 19. 3. 2002 AP 2 zu §§ 22, 23 BAT Urlaubsgeld; *Buchner/Becker* § 15 BEEG RN 34; *Ramrath* DB 87, 1785, 1786.

Kündigungsschutzes aus § 18 I 1 BEEG grundsätzlich nicht kündigen.[98] Während der Teilzeitbeschäftigung beim eigenen Arbeitgeber unterliegt der Arbeitnehmer dem Schutz des § 4 I TzBfG. Der Arbeitnehmer darf daher nicht **wegen der Teilzeitarbeit benachteiligt** werden. Aus diesem Grunde sind Tarifregelungen unwirksam, die vorsehen, dass Arbeitnehmer für die Monate keine Zuwendungen erhalten, in denen sie nur einer erziehungsgeldunschädlichen Teilzeitbeschäftigung bei ihrem Arbeitgeber nachgehen.[99]

i) Umstritten ist das Verhältnis des Anspruchs auf Verringerung der Arbeitszeit nach § 15 IV bis VII BEEG zum Anspruch nach § 8 TzBfG.[100] Nach Auffassung des BAG wird die Anwendung des § 8 TzBfG nicht durch die Möglichkeit verdrängt, den Verringerungsanspruch nach § 15 VI BEEG „während der Gesamtdauer der Elternzeit“ in Anspruch nehmen zu können.[101] Dagegen spricht jedoch, dass im Hinblick auf die besonderen Voraussetzungen, die § 15 VII BEEG aufstellt, § 15 BEEG **im Verhältnis zu § 8 TzBfG lex specialis** ist, soweit die tatbestandlichen Voraussetzungen des § 15 BEEG vorliegen. Während der Elternzeit kommt daher eine Verringerung der Arbeitszeit nur nach Maßgabe der im BEEG genannten Voraussetzungen in Betracht.[102] **48**

j) Die nach § 15 BEEG erfolgte **Arbeitszeitverkürzung endet mit Ablauf der Elternzeit.** Der Arbeitnehmer hat danach wieder zu den zunächst vereinbarten vertraglichen Arbeitszeiten zu arbeiten. Er kann jedoch noch während der Elternzeit für die Zeit nach deren Ende gemäß § 8 TzBfG eine Verringerung der Arbeitszeit vom Arbeitgeber verlangen.[103] Die Sperrzeit des § 8 VI TzBfG steht dem nicht entgegen, weil diese nur Teilzeitansprüche nach dem TzBfG betrifft. **49**

V. Sonderkündigungsschutz während der Elternzeit

1. Grundsatz. Nach § 18 I 1 BEEG darf der Arbeitgeber das Arbeitsverhältnis ab dem Zeitpunkt, von dem an Elternzeit verlangt worden ist, höchstens jedoch acht Wochen vor Beginn der Elternzeit, und während der Elternzeit nicht kündigen. Der Sonderkündigungsschutz besteht nur, wenn der Arbeitnehmer die Elternzeit in der gesetzlich vorgeschriebenen Form beantragt hat (Rn 11). Im Einzelfall kann allerdings ein Berufen des Arbeitgebers auf die fehlende Schriftform des § 16 I BEEG rechtsmissbräuchlich i. S. v. § 242 BGB sein.[104] § 18 I 1 BEEG enthält ein **gesetzliches Verbot,** das sich gegen die Kündigungserklärung selbst richtet. Eine Kündigung, die trotzdem erfolgt, ist nach § 134 BGB nichtig.[105] Sie kann nicht in eine Kündigung nach Ablauf der Elternzeit umgedeutet werden.[106] Die für den Arbeitsschutz zuständige oberste Landesbehörde oder die von ihr bestimmte Stelle kann in besonderen Fällen ausnahmsweise die Kündigung für zulässig erklären (§ 18 I 1, 2 BEEG). Kündigt der Insolvenzverwalter einem in Elternzeit befindlichen Arbeitnehmer, konnte dieser bis zu der am 1. 1. 2004 in Kraft getretenen Neuregelung des § 4 KSchG das Fehlen der nach § 18 I 2 BEEG erforderlichen Zulässigkeitserklärung bis zur Grenze der Verwirkung jederzeit geltend machen, wenn ihm die entsprechende Entscheidung der zuständigen Behörde nicht bekannt gegeben worden ist (§ 113 II 2 a. F. InsO, § 4 Satz 4 KSchG).[107] Dies gilt auch nach der Änderung des § 4 KSchG (vgl. § 138 RN 32ff.). **50**

2. Persönlicher Geltungsbereich. a) Nach seinem persönlichen Geltungsbereich gilt der Sonderkündigungsschutz für **alle voll- und teilzeitbeschäftigten Arbeitnehmer,** für die in **Heimarbeit** und die zur **Berufsausbildung Beschäftigten** (§ 20 BEEG). Der Sonderkündigungsschutz gilt gemäß § 18 II Nr. 1 BEEG auch dann, wenn der Arbeitnehmer während der Elternzeit in zulässigem Umfang (§ 15 IV BEEG) Teilzeitarbeit bei seinem Arbeitgeber leistet. **51**

---

[98] ErfK/*Gallner* § 18 BEEG RN 6; *Stichler* BB 95, 355.

[99] Vgl. BAG 28. 6. 1995 AP 1 zu § 3h MTAng-LV = NZA 96, 151.

[100] Dazu *Feldhoff* ZTR 2006, 58.

[101] BAG 8. 5. 2007 AP 21 zu § 8 TzBfG, zu dem insoweit gleichlautenden § 15 BErzGG; wie das BAG KDZ/*Zwanziger* KSchR § 6 TzBfG RN 26; *Meinel/Heyn/Herms* TzBfG § 23 RN 7; ErfK/*Preis* § 8 TzBfG RN 56f.

[102] Ebenso Annuß/Thüsing/*Lambrich* § 23 RN 37; *Boewer* TzBfG § 23 RN 11f.; *Buchner/Becker* § 15 BEEG RN 55; ErfK/*Dörner* § 15 BEEG RN 19; MünchArbR/*Heenen* Erg.band § 229 RN 10; HWK/*Schmalenberg* § 23 TzBfG RN 4; *Sowka* BB 2001, 935, 936.

[103] *Boewer* TzBfG § 8 RN 13.

[104] BAG 26. 6. 2008 NZA 2008, 1241.

[105] BAG 31. 3. 1993 AP 20 zu § 9 MuSchG 1968 = NZA 93, 646; 17. 2. 1994 AP 116 zu § 626 BGB = NZA 94, 656; 11. 3. 1999 AP 4 zu § 18 BErzGG = NZA 99, 1047.

[106] ErfK/*Gallner* § 18 BEEG RN 9.

[107] BAG 3. 7. 2003 AP 7 zu § 18 BErzGG = NZA 2003, 1335.

Übersteigt der Umfang der Arbeitszeit 30 Stunden, greift das Kündigungsverbot des § 18 I BEEG nicht ein.[108] Leistet der Arbeitnehmer Voll- oder Teilzeitarbeit bei einem anderen Arbeitgeber, besteht der Sonderkündigungsschutz nach § 18 I BEEG beim Hauptarbeitgeber, nicht aber bei dem anderen Arbeitgeber.[109]

52 **b)** Beabsichtigt der Arbeitgeber, einer **schwangeren Arbeitnehmerin, die sich in Elternzeit** befindet, zu kündigen, bedarf er der Zulässigkeitserklärung der Arbeitsschutzbehörde für die Kündigung nach beiden Vorschriften. Die Kündigungsverbote nach § 9 I MuSchG und § 18 I BEEG bestehen nebeneinander. Beide Zulässigkeitserklärungen der Behörde müssen jeweils vor der beabsichtigten Kündigung vorliegen.[110]

53 **c)** Nach **§ 18 II Nr. 2 BEEG** werden Teilzeitbeschäftigte in den Kündigungsschutz einbezogen, die ohne Elternzeit und ohne Änderung ihrer Arbeitszeit bei ihrem Arbeitgeber weiterarbeiten, weil ihre Arbeitszeit ohnehin schon weniger als 30 Wochenstunden beträgt. Voraussetzung ist, dass der Arbeitnehmer Anspruch auf Elterngeld nach § 1 BEEG während des Bezugszeitraums nach § 4 I BEEG hat. Der Kündigungsschutz gilt auch für Arbeitsverhältnisse, die nach der Geburt des Kindes begründet worden sind, wenn bei Vertragsschluss ein zuvor bestehendes anderes Arbeitsverhältnis bereits beendet war.[111] Das BEEG enthält keine Regelung, wie zu verfahren ist, wenn der Arbeitgeber den Teilzeitbeschäftigten in Unkenntnis des Kündigungsschutzes kündigt. Der Kündigungsschutz wird davon abhängen, dass der Arbeitnehmer dem Arbeitgeber den Bestand des Sonderkündigungsschutzes mitteilt. Insoweit ist denkbar, dass die Rechtsprechung im Wege ergänzender Auslegung des Gesetzes die zu §§ 85 ff. SGB IX entwickelten Rechtsgrundsätze (§ 179) oder die Zweiwochenfrist des § 9 I MuSchG entspr. anwendet. Nach der Interessenlage ist die letzte Lösung vorzuziehen, so dass bis zur Klärung der zu erwartenden Streitfragen der Arbeitnehmer die Zweiwochenfrist einhalten sollte.[112]

54 **d)** Der Sonderkündigungsschutz des § 18 BEEG bezieht sich auf die Kündigung des **Arbeitsverhältnisses,** das im Zeitpunkt des Antritts der Elternzeit bestanden hat, wie auch dasjenige, das die Arbeitsvertragsparteien durch Vereinbarung von Teilzeitarbeit umgestaltet haben.[113] Er besteht nur, wenn der Arbeitnehmer die Elternzeit angetreten hat. Das Kündigungsverbot des § 18 BEEG gilt jedoch nicht für Arbeitsverhältnisse mit dem „anderen" Arbeitgeber i. S. d. § 15 IV 3 BEEG.[114] Unberührt vom Kündigungsschutz nach § 18 BEEG ist die Beendigung des Arbeitsverhältnisses aus anderen Rechtsgründen (vgl. dazu zu § 9 III MuSchG; § 169).

55 **3. Zeitlicher Geltungsbereich.** Der Kündigungsschutz **beginnt** mit dem Zeitpunkt, von dem an **Elternzeit verlangt** worden ist, längstens jedoch acht Wochen vor Beginn der Elternzeit. Bei Kündigungsschutz ohne Elternzeit (§ 18 II Nr. 2 BEEG) beginnt er mit dem Zeitpunkt, zu dem die Elternzeit hätte verlangt werden können, weil der Arbeitnehmer keine Elternzeit hat. Maßgeblich ist der Zeitpunkt des Zugangs der Kündigung. Der Kündigungsschutz **endet mit dem Ende der Elternzeit.** Unerheblich ist, ob die Elternzeit regulär oder vorzeitig (§ 16 III BEEG) endet. Der Arbeitgeber kann deshalb nur vor oder nach Beendigung der Elternzeit kündigen. Haben die Elternzeitberechtigten die Elternzeit gewechselt, endet der Kündigungsschutz mit jedem Abschnitt. Nachwirkender Kündigungsschutz besteht nicht. Der besondere Kündigungsschutz des § 18 BEEG besteht auch dann, wenn der Elternzeitberechtigte in einem zweiten Arbeitsverhältnis den Rest der beim früheren Arbeitgeber noch nicht vollständig genommenen Elternzeit gemäß §§ 15, 16 BEEG geltend gemacht hat.[115] Muss der Arbeitgeber aus dringenden betrieblichen Gründen kündigen, darf er bei der sozialen Auswahl nicht zum Nachteil eines Arbeitnehmers berücksichtigen, dass er Elternzeit in Anspruch genommen hat.

56 **4. Zulassung der Kündigung. a)** Nach § 18 I 2 BEEG kann die für den Arbeitsschutz zuständige oberste Arbeitsbehörde oder die von ihr bestimmte Stelle in besonderen Fällen ausnahmsweise die Kündigung für zulässig erklären. Die Zustimmung muss **vor Ausspruch der Kündigung** vorliegen. Eine zuvor ausgesprochene Kündigung ist nichtig. Die Zustimmung muss nicht rechtskräftig sein. Wird im Rechtsmittelverfahren der Verwaltungsakt aufgehoben, wird die zunächst schwebend wirksame Kündigung unwirksam (vgl. insoweit die Rechtslage bei § 9

[108] ErfK/*Gallner* § 18 BEEG RN 6; APS/*Rolfs* § 18 BEEG RN 5.
[109] BAG 2. 2. 2006 AP 10 zu § 18 BEEG = NZA 2006, 678.
[110] BAG 31. 3. 1993 AP 20 zu § 9 MuSchG 1968 = NZA 93, 646.
[111] BAG 27. 3. 2003 AP 6 zu § 18 BEEG.
[112] Ebenso ErfK/*Gallner* § 18 BEEG RN 9; APS/*Rolfs* § 18 BEEG RN 7; KR/*Bader* § 18 BEEG RN 20.
[113] ErfK/*Gallner* § 18 BEEG RN 7; *Buchner/Becker* § 18 BEEG RN 35.
[114] BAG 2. 2. 2006 AP 10 zu § 18 BErzGG = NZA 2006, 678.
[115] BAG 11. 3. 1999 AP 4 zu § 18 BErzGG = NZA 99, 1047.

MuSchG und § 85 SGB IX). Die Zuständigkeit für die Zustimmung zur Kündigung ist in den einzelnen Ländern unterschiedlich geregelt. Im Allgemeinen sind die auch für § 9 III MuSchG zuständigen Behörden zuständig, d. h. die Gewerbeaufsichtsämter, bzw. die Ämter für Arbeitsschutz, in Hessen und Nordrhein-Westfalen die Regierungspräsidien (vgl. § 169 RN 20).

b) Die Zustimmung kann nach § 18 I 2 BEEG **in besonderen Fällen** ausnahmsweise erfolgen. Der Begriff des besonderen Falles ist ein unbestimmter Rechtsbegriff, der in vollem Umfang von den Verwaltungsgerichten überprüft werden kann. Nach § 18 I 4 BEEG kann die Bundesregierung mit Zustimmung des Bundesrates zur Durchführung von § 18 I 2 BEEG besondere Verwaltungsvorschriften erlassen. Hiervon hat das zuständige BMFSFJ Gebrauch gemacht (Allgemeine Verwaltungsvorschriften zum Kündigungsschutz bei Elternzeit vom 3. 1. 2007 – BAnz. Nr. 5 vom 9. 1. 2007 S. 247). Die Verwaltungsvorschriften binden nur die Behörden und haben keine Außenwirkungen. Sie erweitern nicht den Kündigungsschutz der betreffenden Arbeitnehmer und begründen deshalb nicht die Pflicht des Arbeitgebers, bei Ausspruch der Kündigung wegen Betriebsstilllegung eine soziale Auslauffrist bis zum Ende des der Elternzeit einzuräumen.[116] Der besondere Fall ist nicht mit dem wichtigen Grund i. S. v. § 626 I BGB gleichzusetzen. Er ist dann gegeben, wenn das nach § 18 I 1 BEEG als vorrangig angesehene Interesse des Arbeitnehmers am Fortbestand seines Arbeitsverhältnisses wegen außergewöhnlicher Umstände hinter den Interessen des Arbeitgebers zurücktreten muss (vgl. § 1 Allgemeine Verwaltungsvorschrift). Besondere Fälle sind insbesondere die Stilllegung von Betrieben,[117] Betriebsabteilungen, ihre Verlegung, schwere Pflichtverstöße des Arbeitnehmers und die Existenzgefährdung des Arbeitgebers. In den Verwaltungsvorschriften ist schließlich ein besonderes Verfahren für die Einholung der Zustimmung vorgesehen. Im kirchlichen Bereich können sich Besonderheiten ergeben.[118] 57

c) Ob die Behörde die Zustimmung erteilt, steht in ihrem **pflichtgemäßen Ermessen.** Insoweit ist verwaltungsgerichtlich überprüfbar, ob die gesetzlichen Grenzen überschritten sind oder die Behörde von dem Ermessen in einer dem Zweck der Ermächtigung nicht entsprechenden Weise Gebrauch gemacht hat (vgl. dazu § 40 VwVfG, § 114 VwGO). Die Wirksamkeit der Zulässigkeitserklärung durch die zuständige Behörde nach § 18 BEEG kann, wenn eine Nichtigkeit des Bescheids nicht in Betracht kommt, nur im Widerspruchsverfahren und gegebenenfalls im Verfahren vor den Verwaltungsgerichten nachgeprüft werden. An den bestandskräftigen Verwaltungsakt sind die Arbeitsgerichte gebunden.[119] 58

d) Das Recht, sich auf das Fehlen der nach § 18 I 2 BEEG erforderlichen Zulässigkeitserklärung zu berufen, unterliegt der **Verwirkung.** Je nach den Umständen ist es dem Arbeitgeber nicht zumutbar, sich auf die nach mehrjähriger Prozessdauer in der letzten mündlichen Verhandlung erhobene Rüge, § 18 I 2 BEEG sei verletzt, einzulassen.[120] 59

5. Sonstiger Kündigungsschutz. Der Arbeitnehmer kann sich neben dem Kündigungsschutz aus § 18 BEEG auf alle Vorschriften des **allgemeinen und besonderen Kündigungsschutzes** (§ 126) berufen, deren Voraussetzungen vorliegen. Wird eine Frau während der Elternzeit schwanger, benötigt der Arbeitgeber sowohl die Zustimmung nach § 9 MuSchG als auch nach § 18 BEEG.[121] 60

VI. Sonderkündigungsrecht des Elternzeitberechtigten

1. Sonderkündigungsrecht. Nach § 19 BEEG kann der Arbeitnehmer das Arbeitsverhältnis unter Einhaltung einer Kündigungsfrist von **drei Monaten zum Ende der Elternzeit** kündigen. Die Kündigung bedarf der Schriftform, § 623 BGB. Das Kündigungsrecht steht nur Arbeitnehmern zu, die sämtliche Voraussetzungen des Anspruchs auf Elternzeit erfüllen. Es besteht daher nicht in den Fällen des § 18 II Nr. 2 BEEG.[122] Sind die gesetzlichen oder vertraglich vereinbarten Kündigungsfristen kürzer als die Sonderkündigungsfrist, kann der Arbeitnehmer von dem ihm zustehenden Kündigungsrecht Gebrauch machen. § 19 BEEG betrifft nur den Fall der Kündigung zum Ende der Elternzeit. Kann und will der Arbeitnehmer auf Grund der gel- 61

---

[116] BAG 20. 1. 2005 AP 8 zu § 18 BErzGG = NZA 2005, 687.

[117] Hierzu BAG 20. 1. 2005 AP 8 zu § 18 BErzGG = NZA 2005, 687; OVG Nordrhein-Westfalen 21. 3. 2000 AP 5 zu § 18 BErzGG.

[118] Dazu OLG Düsseldorf 17. 10. 1991 DB 92, 1193.

[119] BAG 20. 1. 2005 AP 8 zu § 18 BErzGG = NZA 2005, 687.

[120] BAG 25. 3. 2004 AP 36 zu § 9 MuSchG 1968.

[121] BAG 31. 3. 1993 AP 20 zu § 9 MuSchG = NZA 93, 646.

[122] ErfK/*Gallner* § 19 BEEG RN 2.

tenden Kündigungsfrist zu einem anderen Zeitpunkt vor oder nach dem Ende der Elternzeit kündigen, steht ihm dies frei.[123]

62 **2. Ende der Elternzeit.** Das Sonderkündigungsrecht ist auf das Ende der Elternzeit beschränkt. Es kann daher nicht verkürzt werden; es hat Schutzfunktion für den Arbeitgeber, der sich auf Personalentscheidungen im Betrieb einrichten muss. Von dem Sonderkündigungsrecht kann frühestens mit dem Verlangen der Elternzeit Gebrauch gemacht werden.

63 **3. Rechtsfolgen.** Sie sind dieselben wie bei jeder Kündigung des Arbeitnehmers. Das Arbeitsverhältnis wird vollständig gelöst. Es kann der Verlust von Sonderzuwendungen eintreten oder eine Rückzahlungsverpflichtung nach den allgemeinen Grundsätzen.

VII. Befristetes Arbeitsverhältnis einer Ersatzkraft

64 **1. Sachlicher Grund. a)** § 21 I BEEG normiert u. a. für den Fall der Elternzeit den bereits nach den allgemeinen Grundsätzen der Befristungskontrolle anerkannten Sachgrund der Vertretung (dazu § 40) und hat insoweit bestätigende, klarstellende Bedeutung. Der Sachgrund der Vertretung kommt sowohl in Fällen unmittelbarer als auch in Fällen mittelbarer Vertretung in Betracht. Die Vertretungskraft muss nicht dieselben Aufgaben verrichten, die der ausgefallene Arbeitnehmer zu verrichten gehabt hätte. Notwendig, aber auch ausreichend ist, dass zwischen dem zeitweiligen Ausfall eines Mitarbeiters und dem dadurch hervorgerufenen Vertretungsbedarf einerseits und der befristeten Einstellung der Vertretungskraft andererseits ein Kausalzusammenhang besteht.[124]

65 **b)** Nach § 21 I, II BEEG liegt ein sachlicher Grund zur **Befristung des Vertretungsarbeitsverhältnisses** vor **(1)** für die Dauer der Beschäftigungsverbote des MuSchG nach § 3 I, II, § 6 MuSchG, **(2)** für die Dauer einer zu Recht verlangten Elternzeit, **(3)** für Zeiten einer auf Tarifvertrag, Betriebsvereinbarung oder einzelvertraglichen Vereinbarung beruhenden Freistellung zur Betreuung eines Kindes, **(4)** für alle Zeiten zusammen, **(5)** für Teile davon, **(6)** für die notwendigen Zeiten einer Einarbeitung. Diese wird sich nach den zu stellenden Arbeitsanforderungen richten. Neben der Befristung nach § 21 BEEG kann die nach § 14 I TzBfG in Betracht kommen, ohne dass die besonderen Voraussetzungen von § 21 BEEG vorliegen.

66 **c)** Die **Dauer der Befristung** muss kalendermäßig bestimmt oder bestimmbar sein oder dem Vertretungszweck zu entnehmen sein (§ 21 III BEEG). Die bei der Befristung zur Vertretung eines Mitarbeiters erforderliche Prognose des Arbeitgebers muss sich nur auf den Wegfall des Vertretungsbedarfs durch die zu erwartende Rückkehr des zu vertretenden Mitarbeiters, nicht aber auch auf den Zeitpunkt dieser Rückkehr und damit nicht auf die Dauer des Vertretungsbedarfs erstrecken. Die Prognose muss sich deshalb auch nicht darauf beziehen, ob der in Elternzeit befindliche Arbeitnehmer seine Arbeit in vollem Umfang wieder aufnehmen wird.[125] Die Befristungsdauer kann kürzer als die erwartete Ausfallzeit sein.[126]

67 **2. Kündigung des befristeten Arbeitsverhältnisses. a)** Ein befristetes Arbeitsverhältnis kann aus wichtigem Grund **außerordentlich** und, soweit sie vorbehalten ist, **ordentlich** gekündigt werden. Für diese Kündigungen gilt der allgemeine und besondere Kündigungsschutz.

68 **b)** In § 21 IV BEEG ist daneben ein **besonderes Kündigungsrecht** geschaffen. Hiernach kann der befristete Arbeitsvertrag unter Einhaltung einer Frist von mindestens drei Wochen gekündigt werden, wenn die Elternzeit ohne Zustimmung des Arbeitgebers vorzeitig endet und der Arbeitnehmer dem Arbeitgeber die vorzeitige Beendigung seiner Elternzeit mitgeteilt hat. Die Kündigung ist frühestens zu dem Zeitpunkt der Beendigung der Elternzeit zulässig. Auf diese Kündigung ist gemäß § 21 V BEEG das KSchG nicht anwendbar. Jedoch kann vertraglich die Anwendung des allgemeinen Kündigungsschutzes vereinbart werden (§ 21 VI BEEG). Unberührt bleibt dagegen § 102 BetrVG sowie der besondere Kündigungsschutz z. B. nach § 9 MuSchG oder § 85 SGB IX. Das Arbeitsverhältnis endet alsdann nach Ablauf der Befristung.

69 **3. Beschäftigtenzahl.** Hat der Arbeitgeber während der Elternzeit einen anderen Arbeitnehmer eingestellt, ändert sich die Zahl der Beschäftigten. In § 21 VII BEEG wird sichergestellt, dass **keine Doppelzählungen** vorgenommen werden, wenn die Anwendung arbeitsrechtlicher Vorschriften von der Zahl der Arbeitnehmer abhängt. Die durch befristet beschäftigte Arbeitnehmer vertretenen Mitarbeiter werden nicht mitgezählt.

---

[123] ErfK/*Gallner* § 19 BEEG RN 2; APS/*Rolfs* § 19 BEEG RN 3.

[124] Vgl. hierzu zusammenfassend BAG 15. 8. 2001 AP 5 zu § 21 BErzGG = NZA 2002, 85.

[125] BAG 6. 12. 2000 AP 22 zu § 2 BAT SR 2y = NZA 2001, 721; 9. 11. 1994 AP 1 zu § 21 BErzGG = NZA 95, 575.

[126] ErfK/*Müller-Glöge* § 21 BEEG RN 8.

4. Abschnitt. Berufsbildung

§ 173. Recht der Berufsbildung

Kommentare: *Braun/Mühlhausen/Munk/Stück,* Berufsbildungsgesetz, Kommentar, 2004; *Gedon/Hurlebaus,* Berufsbildungsrecht, Loseblatt, Stand 2008; *Götz,* Berufsbildungsrecht, 1992; *Herkert/Töltl,* Das neue Berufsbildungsgesetz: Kommentar mit Nebenbestimmungen, Loseblatt, 2008; *Hurlebaus,* Entscheidungssammlung zum Berufsbildungsrecht, Loseblatt, 2000; *Knopp/Kraegeloh,* Berufsbildungsgesetz, 5. Aufl., 2005; *Leinemann/Taubert,* Berufsbildungsgesetz, 2. Aufl. 2008; *Nehls,* Berufsbildungsgesetz, Kurzkommentar, 2005; *Opolony,* Taschenbuch Berufsausbildungsrecht, 2001; *Schieckel/Oestreicher/Decker,* Berufsbildungsgesetz, Berufsbildungsförderungsgesetz, Kommentar und Rechtssammlung 2005; *Weber,* Berufsbildungsgesetz und Berufsbildungsförderungsgesetz, Loseblatt, Stand 2000; *Wohlgemuth/Lakies/Malottke/Pieper/Proyer,* Berufsbildungsgesetz, 3. Aufl., 2006.

Aufsätze: *Gallenberger,* Weiterbildung älterer Beschäftigter, AiB 2002, 690; *Düwell,* Gesetzliche Interessenvertretung für Auszubildende blockiert, FA 2002, 271; *Fuchs,* Beteiligung des Betriebsrats bei der beruflichen Erstausbildung, AiB 2002, 682; *Habenicht/Heimann,* Die neuen Mitbestimmungsrechte bei der betrieblichen Bildung, AiB 2002, 693; *Grünwald,* Das duale System der Berufsausbildung, AiB 2002, 666; *Hänlein,* Die Verbundausbildung im neuen Berufsbildungsgesetz, NZA 2006, 348; *Judith,* Ausbildung in den Betrieben, AiB 2002, 661; *Künne,* Neuerungen in der Berufsausbildung nach der Reform des Berufsbildungsgesetzes – dargestellt am Ausbildungsberuf des Steuerfachangestellten, DStR 2006, 2190; *Lakies,* Rechtsfragen der Berufsausbildung, AIB 2002, 671; *ders.,* Berufsbildung, AR-Blattei SD 400; *Litterscheid,* Die Ausbildungsvergütung nach dem Berufsbildungsgesetz in seiner Fassung vom 1. 4. 2005, NZA 2006, 639; *Mallottke,* Rechtsprobleme bei außerbetrieblicher Ausbildung, AiB 2002, 677; *ders.,* Beteiligung der JAV bei Maßnahmen der Berufsausbildung, AiB 2002, 685; *ders.,* Berufsbildung, AiB 2008, 128; *Maties,* Generation Praktikum, RdA 2007, 135; *Natzel,* Das Berufsausbildungsvorbereitungsverhältnis, DB 2003, 719; *ders.,* Das neue Berufsbildungsgesetz, DB 2005, 610; *ders.,* Duale Studiengänge – arbeitsrechtliches Neuland?, NZA 2008, 567; *Nehls,* Das reformierte Berufsbildungsgesetz, Neue Aufgaben für die Akteure der Berufsbildung, AiB 2005, 332; *Opolony,* Vergütung in der Ausbildung, AuA 2004, 39; *ders.,* Das Recht der Berufsausbildung nach dem Berufsausbildungsreformgesetz, BB 2005, 1050; *ders.,* Die Teilzeitausbildung, AuA 2005, 656; *Rudolph,* Betriebsrat und JAV, AiB 2008, 164; *Sarge,* Aktuelle Rechtsfragen der Auslandsausbildung, AiB 2007, 107; *Schulze,* Die Übernahmeverpflichtung von Auszubildenden nach Tarifvertrag, NZA 2007, 1329; *Stück,* Aktuelle Rechtsfragen der Auslandsausbildung, NZA 2005, 1393; *Stück/Mühlhausen,* Aktuelle Rechtsfragen der Verbundausbildung, Ausbildungspartnerschaften und Ausbildungsverbände, NZA-RR 2006, 169; *Taubert,* Das neue Berufbildungsgesetz, DB 2005, 610; *ders.,* Neureglungen im Berufsbildungsrecht, NZA 2005, 503; *Weitz,* Der Ausbilder und Azubi, AuA 2001, 244; *Wohlgemuth,* Reform des Berufsbildungsrechts, ArbuR 2005, 241.

Internetadresse: http://www.bibb.de.

Übersicht

	RN
I. Allgemeines	1 ff.
1. Duale Bildung	1, 2
2. Betriebliche Bildung	3
3. Berufsbildungsförderungsgesetz	4
4. Berufsbildungsforschung, Planung und Statistik	5
5. Aufstiegsfortbildungsförderungsgesetz	6
II. Geltungsbereich des Berufsbildungsgesetzes	7 ff.
1. Persönlicher Geltungsbereich	7, 8
2. Lernorte der Berufsbildung	9–15
III. Zuständige Stellen	16 ff.
1. Übersicht der zuständigen Stellen	16
2. Bundesinstitut für Berufsbildung	17, 18
3. EU	19

I. Allgemeines

1. Duale Bildung. Die **schulische Ausbildung** gehört verfassungsrechtlich in den Bereich der Kulturhoheit der Länder. Das BBiG vom 14. 8. 1969 (BGBl. I S. 1112) m. spät. Änd. konnte sich daher nur mit der Aus- und Fortbildung in den Betrieben beschäftigen (§ 2 I BBiG).[1] Das Berufsbildungsgesetz vom 23. 3. 2005 (BGBl. I S. 931) m. spät. Änd. hat das duale Ausbildungssystem beibehalten. Beide Gesetze verzahnen jedoch die betriebliche Aus- und Fortbildung mit der ländergesetzlich geregelten schulischen Ausbildung und sehen einen geordneten Rahmen für die staatliche Ausbildungsförderung vor (s. § 22). 1

[1] BAG 19. 6. 1974 AP 3 zu § 3 BAT; 24. 2. 1999 AP 45 zu § 5 ArbGG 1979 = NZA 99, 557.

2 Das BBiG enthält neben arbeitsrechtlichen Bestimmungen auch öffentlich-rechtliche Regelungen z. B. über das Prüfungswesen, die Organisation und Überwachung der Berufsbildung.

3 **2. Betriebliche Bildung.** Das BBiG fasst unter dem Oberbegriff der Berufsbildung die **Berufsausbildungsvorbereitung,** die **Berufsausbildung,** die **berufliche Fortbildung** und die **berufliche Umschulung** zusammen (§ 1 I BBiG). Es versteht unter Berufsausbildung die berufliche Grundausbildung, die dem Arbeitnehmer im Interesse seiner Mobilität eine breit angelegte berufliche Grundbildung und die für die Ausübung einer qualifizierten beruflichen Tätigkeit notwendigen fachlichen Fertigkeiten, Kenntnisse und Fähigkeiten in einem geordneten Ausbildungsgang vermitteln soll (berufliche Handlungsfähigkeit; § 1 III BBiG). Die berufliche Fortbildung soll ihm ermöglichen, die berufliche Handlungsfähigkeit zu erhalten und anzupassen, also Kenntnisse und Fertigkeiten zu erhalten, zu erweitern, der technischen Entwicklung anzupassen oder beruflich aufzusteigen (§ 1 IV BBiG). Die berufliche Umschulung soll zu einer anderen beruflichen Tätigkeit befähigen (§ 1 V BBiG). Auf Umschulungsverhältnisse i. S. von §§ 1 V, 58 bis 63 BBiG sind §§ 10 ff. BBiG nicht anzuwenden.[2] Die Berufsausbildungsvorbereitung richtet sich an lernbeeinträchtigte oder sozial benachteiligte Personen, deren Entwicklungsstand eine erfolgreiche Ausbildung in einem anerkannten Ausbildungsberuf oder eine gleichwertige Berufsausbildung noch nicht erwarten lässt (§ 68 I 1 BBiG). Maßnahmen der Berufausbildungsvorbereitung müssen nach Inhalt, Art, Ziel und Dauer den in § 68 I BBiG genannten Personenkreisen entsprechen und durch umfassende sozialpädagogische Betreuung und Unterstützung begleitet werden (§ 68 I 2 BBiG). Die Berufsausbildungsvorbereitung erfolgt nach Maßgabe des SGB III. Sie kann aber auch durch ein Unternehmen erfolgen.

4 **3. Berufsbildungsförderungsgesetz.** Das Gesetz ist durch das Berufsbildungsreformgesetz aufgehoben worden. Seine Bestimmungen sind weitgehend in das BBiG (§§ 84 ff. BBiG) übernommen worden.

5 **4. Berufsbildungsforschung, Planung und Statistik.** Die Berufsbildungsforschung soll Grundlagen der Berufsbildung klären sowie nationale und internationale Entwicklungen beobachten. Weitere Einzelheiten in § 84 BBiG. Durch die Berufsbildungsplanung sollen die Grundlagen für eine abgestimmte und den technischen, wirtschaftlichen und gesellschaftlichen Anforderungen entsprechende Entwicklung der Berufsausbildung geschaffen und ein besonderer Beitrag zu einer an Angebot und Nachfrage möglichst ausgeglichenen Ausbildungsplatzlage geleistet werden (§ 85 BBiG). Als Planungsinstrument sieht § 86 BBiG einen jährlich vom Bundesministerium für Bildung und Forschung zu erstellenden Berufsbildungsbericht vor (§ 86 BBiG). Der Bericht soll die in § 86 II BBiG aufgezählten Angaben enthalten. Als Hilfe für die Berufsbildungsplanung dient eine amtliche Berufsbildungsstatistik, die vom statistischen Bundesamt mit Unterstützung der Bundesagentur für Arbeit und des Bundesinstituts für Berufsbildung geführt wird (§ 87 BBiG). Die statistischen Erhebungen betreffen die Auszubildenden, die Ausbilder, die Prüfungsteilnehmer und die Ordnung und Überwachung der Berufsausbildung durch die nach dem BBiG zuständigen Stellen (§ 88 BBiG).

6 **5. Aufstiegsfortbildungsförderungsgesetz.** Das Gesetz zur Förderung der beruflichen Aufstiegsfortbildung (Aufstiegsfortbildungsförderungsgesetz – AFBG) i. d. F. vom 10. 1. 2002 (BGBl. I S. 402) zul. geänd. 19. 8. 2007 (BGBl. I S. 1970) ist das Pendant zum früheren Bundesausbildungsförderungsgesetz. Es verfolgt das Ziel, die berufliche Aufstiegsfortbildung durch Beiträge zu den Kosten der Maßnahme und zum Lebensunterhalt finanziell zu unterstützen und Existenzgründungen zu erleichtern. Förderungsfähig ist gem. § 2 I AFBG die Teilnahme an Fortbildungsmaßnahmen, die einen Abschluss in einem nach § 4 BBiG oder § 25 HwO anerkannten Ausbildungsberuf, einen vergleichbaren bundes- oder landesgesetzlich geregelten Berufsabschluss oder einen sonstigen Nachweis über eine berufliche Qualifikation voraussetzen. Außerdem muss die Maßnahme auf eine Prüfung auf der Grundlage der §§ 53, 54 und 56 BBiG, §§ 42, 42 a, 42 c, 45, 51 c und 122 HwO oder auf gleichwertige Abschlüsse vorbereiten. Die Förderung erfolgt in Form eines Beitrags, der teilweise als Zuschuss und teilweise als Darlehen geleistet wird (Einzelheiten §§ 10 ff. AFBG).

II. Geltungsbereich des Berufsbildungsgesetzes

7 **1. Persönlicher Geltungsbereich.** Das **BBiG** erfasst nach seinem persönlichen Geltungsbereich **sämtliche Personen,** die sich in einer anerkannten beruflichen Aus- und Fortbildung oder

[2] Vgl. BAG 15. 3. 1991 AP 2 zu § 47 BBiG = NZA 92, 452; 19. 1. 2006 AP 7 zu § 623 BGB = NZA 2007, 97; s. auch § 16 RN 15.

in einem Umschulungsverhältnis befinden. Durch seinen weitreichenden Geltungsbereich trägt es den veränderten Verhältnissen Rechnung, nach denen sich der Arbeitnehmer infolge des ständig wachsenden Wissens- und Lernstoffes in einem lebenslangen Lernprozess befindet und in vielen Fällen gezwungen ist, im Laufe seines Lebens umzuschulen, weil für den erlernten Beruf infolge Absterbens alter Wirtschafts- und Berufszweige kein oder kein hinreichender Bedarf mehr besteht. Auch eine zweite Berufsausbildung im Anschluss an eine erste unterliegt uneingeschränkt den Vorschriften für die Berufsausbildung.[3]

In Berufsausbildungsverhältnissen heißt die Person, die ausgebildet wird, **Auszubildender,** 8
derjenige der die Ausbildung verantwortlich durchführt, **Ausbilder** und der, der dem Auszubildenden als Vertragspartner gegenübersteht, **Ausbildender.** Derjenige, der im Bereich des Betriebes die einzelnen Unterweisungshandlungen durchführt, wird zumeist **Ausbildungsgehilfe** genannt. Das Gesetz hat damit die alte Bezeichnung des Lehrlings und Lehrherrn grundsätzlich beseitigt. Diese findet sich nur noch im Bereich des Handwerks. Die HwO setzt aber jeweils in Klammer die Begriffe Auszubildender und Ausbildender hinzu und macht damit kenntlich, dass sie den Begriff des Lehrlings im Bedeutungsumfang des Auszubildenden versteht (s. auch § 16 RN 4).

2. Lernorte der Berufsbildung. a) Berufsbildung wird durchgeführt in Betrieben der 9
Wirtschaft sowie vergleichbaren Einrichtungen außerhalb der Wirtschaft, insbesondere des öffentlichen Dienstes, der Angehörigen freier Berufe und der Haushalte (betriebliche Berufsbildung), in berufsbildenden Schulen (schulische Berufsbildung) und in sonstigen Berufsbildungseinrichtungen außerbetriebliche Berufsbildung), § 2 I BBiG. Die Lernorte wirken bei der Durchführung der Berufsbildung zusammen (Lernortkooperation, § 2 II BBiG).

Teile der Berufsausbildung können im **Ausland** durchgeführt werden (§ 2 III BBiG), wenn 10
dies dem Ausbildungsziel dient. Hiervon ist auszugehen, wenn die im Ausland vermittelten Ausbildungsinhalte im Wesentlichen dem Gegenstand der heimischen Ausbildung entsprechen und Sprachkenntnisse vermitteln oder sonstige zusätzliche Kompetenzen erworben werden.[4] Die Gesamtdauer der im Ausland durchgeführten Teile der Ausbildung, die in mehreren Abschnitten absolviert werden können, soll gem. § 2 III 2 BBiG ein Viertel der in der Ausbildungsordnung festgelegten Ausbildungsdauer nicht überschreiten. Die Durchführung wird von der zuständigen Stelle (§§ 71 ff. BBiG, s. unten RN 16) gem. § 76 III 1 BBiG überwacht und gefördert. Bei einem mehr als vierwöchigen Ausbildungsabschnitt im Ausland ist ein hierfür mit der zuständigen Stelle abgestimmter Plan erforderlich (§ 76 III 2 BBiG). Da der Auslandsabschnitt das Ausbildungsverhältnis nicht unterbricht, erübrigen sich zusätzliche Regelungen etwa zur Vergütungspflicht, zur Anerkennung der im Ausland erworbenen Fertigkeiten, Kenntnisse und Fähigkeiten oder zum Status als Auszubildender im Sozialversicherungs- und Steuerrecht. Der Auslandsaufenthalt kann nur mit dem Willen des Auszubildenden erfolgen[5] und bedarf der Vereinbarung der Vertragspartner im Ausbildungsvertrag (bzw. bei einer späteren Regelung in einem Änderungsvertrag) und muss gem. § 11 I Nr. 3 BBiG in die Vertragsniederschrift aufgenommen werden. Zu den Kosten bei Durchführung eines Teils der Ausbildung im Ausland s. § 174 RN 48. Alternativ besteht auch die Möglichkeit, den Auszubildenden für eine Auslandsausbildung freizustellen und nachfolgend eine Entscheidung der zuständigen Stelle über eine Anrechnung dieses Zeitraums zu erwirken; bei dieser Variante besteht allerdings für den betreffenden Zeitraum kein Anspruch auf Ausbildungsvergütung.[6]

b) Das BBiG gilt für die Berufsbildung, soweit sie nicht in berufbildenden Schulen durch- 11
geführt wird, die den Schulgesetzen der Länder unterstehen. Es gilt demnach in allen Berufs- und Wirtschaftszweigen.[7] Von seinem Geltungsbereich **ausgenommen** sind lediglich die Berufsbildung **(a)** in berufsqualifizierenden oder vergleichbaren Studiengängen an Hochschulen auf der Grundlage des Hochschulrahmengesetzes und der Hochschulgesetze der Länder (§ 3 II Nr. 1 BBiG), **(b)** in einem öffentlich-rechtlichen Dienstverhältnis, **(c)** auf den die deutsche Bundesflagge führenden Kauffahrteischiffen (§ 3 II Nr. 3 BBiG) und **(d)** in Heil- und Heilhilfsberufen, sofern entsprechende bundes- oderlandesgesetzliche Regelungen bestehen. Insoweit sind die Vorschriften des Krankenpflegegesetzes anzuwenden. Für die Berufbildung in **Berufen der Handwerksordnung** gelten die §§ 4 bis 9, 27 bis 49, 53 bis 70, 76 bis 80 so-

[3] BAG 3. 6. 1987 AP 85 zu § 1 TVG Tarifverträge: Bau = NZA 88, 66.
[4] Vgl. BT-Drucks. 15/3980, S. 107.
[5] *Stück* NZA 2005, 1393 (1394).
[6] ErfK/*Schlachter* § 2 BBiG RN 2; *Stück* NZA 2005, 1393 (1394).
[7] Bekanntmachung des Verzeichnisses der anerkannten Ausbildungsberufe und des Verzeichnisses der zuständigen Stellen v. 19. 6. 2008 (Beil. z. BAnz. v. 12. 9. 2008).

wie 102 BBiG nicht. Einschlägig sind vielmehr die Vorschriften der Handwerksordnung (§ 3 III BBiG).

12 **c)** Im **Gesundheitswesen** bestehen folgende bundesgesetzliche Regelungen.[8]

Lfd. Nr.	Berufsbezeichnung/Rechtsgrundlage/Fundstelle	Ausbildungsdauer in Monaten
1	**Altenpfleger/Altenpflegerin** (Voll-/Teilzeit) Gesetz über die Berufe in der Altenpflege (Altenpflegegesetz – AltPflG) vom 17. 11. 2000 (BGBl. I S. 1513) in der Neufassung vom 25. 8. 2003 (BGBl. I S. 1690), zuletzt geändert durch Artikel 16 des Gesetzes vom 28. 5. 2008 (BGBl. I S. 874) Ausbildungs- und Prüfungsverordnung für den Beruf der Altenpflegerin und des Altenpflegers (Altenpflege-Ausbildungs- und Prüfungsverordnung – AltPflAPrV) vom 26. 11. 2002 (BGBl. I S. 4418, 4429), zuletzt geändert durch Art. 31 des Gesetzes vom 2. 12. 2007 (BGBl. I S. 2686)	36/60
2	**Diätassistent/Diätassistentin** Gesetz über den Beruf der Diätassistentin und des Diätassistenten und zur Änderung verschiedener Gesetze über den Zugang zu anderen Heilberufen (Heilberufsänderungsgesetz – DiätAssG) vom 8. 3. 1994 (BGBl. I S. 446), zuletzt geändert durch Artikel 25 des Gesetzes vom 2. 12. 2007 (BGBl. I S. 2686) AO und PrVO für Diätassistentinnen und Diätassistenten (DiätAssAPrV) vom 1. 8. 1994 (BGBl. I S. 2088), zuletzt geändert durch Artikel 26 des Gesetzes vom 2. 12. 2007 (BGBl. I S. 2686)	36
3	**Entbindungspfleger/Hebamme** Gesetz über den Beruf der Hebamme und des Entbindungspflegers (Hebammengesetz – HebG) vom 4. 6. 1985 (BGBl. I S. 902), zuletzt geändert durch durch Artikel 18 des Gesetzes vom 2. 12. 2007 (BGBl. I S. 2686); Anlage geändert durch V vom 17. 12. 2007 (BGBl. I S. 2945) AO und PrVO für Hebammen und Entbindungspfleger (HebAPrV) i. d. F. der Bekanntmachung vom 16. 3. 1987 (BGBl. I S. 929), zuletzt geändert durch Artikel 11 des Gesetz vom des Gesetzes vom 2. 12. 2007 (BGBl. I S. 2686)	36
4	**Ergotherapeut/Ergotherapeutin** Gesetz über den Beruf der Ergotherapeutin/des Ergotherapeuten (Ergotherapeutengesetz – ErgThG) vom 25. 5. 1976 (BGBl. I S. 1246), zuletzt geändert durch Artikel 14 des Gesetzes vom 2. 12. 2007 (BGBl. I S. 2686) AO und PrVO für Ergotherapeutinnen und Ergotherapeuten (Ergotherapeuten-Ausbildungs- und Prüfungsverordnung – ErgThAPrV) vom 2. 8. 1999 (BGBl. I S. 1731), zuletzt geändert durch Artikel 15 des Gesetzes vom 2. 12. 2007 (BGBl. I S. 2686)	36
5	**Gesundheits- und Kinderkrankenpfleger/Gesundheits- und Kinderkrankenpflegerin** (Voll-Teilzeit) Gesetz über die Berufe in der Krankenpflege (Krankenpflegegesetz – KrPflG) vom 16. 7. 2003 (BGBl. I S. 1442), zuletzt geändert durch Artikel 15 des Gesetzes vom 28. 5. 2008 (BGBl. I S. 874); Anlage geändert durch Art. 5 V vom 17. 12. 2007 (BGBl. I S. 2945) Ausbildungs- und Prüfungsverordnung für die Berufe in der Krankenpflege (KrPflAPrV) vom 10. 11. 2003 (BGBl. I S. 2263), zuletzt geändert durch Artikel 35 des Gesetzes vom 2. 12. 2007 (BGBl. I S. 2686)	36/60
6	**Gesundheits- und Krankenpfleger/Gesundheits- und Krankenpflegerin** (Voll-/Teilzeit) Gesetz über die Berufe in der Krankenpflege (Krankenpflegegesetz – KrPflG) vom 16. 7. 2003 (BGBl. I S. 1442), zuletzt geändert durch Artikel 15 des Gesetzes vom 28. 5. 2008 (BGBl. I S. 874); Anlage geändert durch Art. 5 V vom 17. 12. 2007 (BGBl. I S. 2945) Ausbildungs- und Prüfungsverordnung für die Berufe in der Krankenpflege (KrPflAPrV) vom 10. 11. 2003 (BGBl. I S. 2263), zuletzt geändert durch Artikel 35 des Gesetzes vom 2. 12. 2007 (BGBl. I S. 2686)	36/60

[8] Bekanntmachung des Verzeichnisses der anerkannten Ausbildungsberufe und des Verzeichnisses der zuständigen Stellen v. 19. 6. 2008 (Beil. z. BAnz. v. 12. 9. 2008).

Lfd. Nr.	Berufsbezeichnung/Rechtsgrundlage/Fundstelle	Ausbildungs-dauer in Monaten
7	**Logopäde/Logopädin** Gesetz über den Beruf des Logopäden (LogopG) vom 7. 5. 1980 (BGBl. I S. 529), zuletzt geändert durch Artikel 16 des Gesetzes vom 2. 12. 2007 (BGBl. I S. 2686) AO und PrO für Logopäden (LogAPrO) vom 1. 10. 1980 (BGBl. I S. 1892) zuletzt geändert Artikel 17 des Gesetzes vom 2. 12. 2007 (BGBl. I S. 2686)	36
8	**Masseur und medizinischer Bademeister/Masseurin und medizinische Bademeisterin** Gesetz über die Berufe in der Physiotherapie (Masseur- und Physiotherapeutengesetz – MPhG) vom 26. 5. 1994 (BGBl. I S. 1084), zuletzt geändert durch Artikel 27 des Gesetzes vom 2. 12. 2007 (BGBl. I S. 2686) AO und PrVO für Masseure und medizinische Bademeister (MB-APrV) vom 6. 12. 1994 (BGBl. I S. 3770), zuletzt geändert durch Artikel 28 des Gesetzes vom 2. 12. 2007 (BGBl. I S. 2686)	30
9	**Medizinisch-technischer Assistent/Medizinisch-technische Assistentin Funktionsdiagnostik** Gesetz über technische Assistenten in der Medizin (MTA-Gesetz – MTAG) vom 2. 8. 1993 (BGBl. I S. 1402), zuletzt geändert durch Artikel 23 des Gesetzes vom 2. 12. 2007 (BGBl. I S. 2686) AO und PrVO für technische Assistenten in der Medizin (MTA-APrV) vom 25. 4. 1994 (BGBl. I S. 922), zuletzt geändert durch Artikel 24 des Gesetzes vom 2. 12. 2007 (BGBl. I S. 2686)	36
10	**Medizinisch-technischer Laboratoriumsassistent/Medizinisch-technische Laboratoriumsassistentin** Gesetz über technische Assistenten in der Medizin (MTA-Gesetz – MTAG) vom 2. 8. 1993 (BGBl. I S. 1402), zuletzt geändert durch Artikel 23 des Gesetzes vom 2. 12. 2007 (BGBl. I S. 2686) AO und PrVO für technische Assistenten in der Medizin (MTA-APrV) vom 25. 4. 1994 (BGBl. I S. 922), zuletzt geändert durch Artikel 24 des Gesetzes vom 2. 12. 2007 (BGBl. I S. 2686)	36
11	**Medizinisch-technischer Radiologieassistent/Medizinisch-technische Radiologieassistentin** Gesetz über technische Assistenten in der Medizin (MTA-Gesetz – MTAG) vom 2. 8. 1993 (BGBl. I S. 1402), zuletzt geändert durch Artikel 23 des Gesetzes vom 2. 12. 2007 (BGBl. I S. 2686) AO und PrVO für technische Assistenten in der Medizin (MTA-APrV) vom 25. 4. 1994 (BGBl. I S. 922), zuletzt geändert durch Artikel 24 des Gesetzes vom 2. 12. 2007 (BGBl. I S. 2686)	36
12	**Orthoptist/Orthoptistin** Gesetz über den Beruf der Orthoptistin und des Orthoptisten (Orthoptistengesetz – OrthoptG) vom 28. 11. 1989 (BGBl. I S. 2061), zuletzt geändert durch Artikel 21 des Gesetzes vom 2. 12. 2007 (BGBl. I S. 2686) AO und PrVO für Orthoptistinnen und Orthoptisten (OrthoptAPrV) vom 21. 3. 1990 (BGBl. I S. 563) zuletzt geändert durch Artikel 22 des Gesetzes vom 2. 12. 2007 (BGBl. I S. 2686)	36
13	**Pharmazeutisch-technischer Assistent/Pharmazeutisch-technische Assistentin** Gesetz über den Beruf des pharmazeutisch-technischen Assistenten (PharmTAG) i. d. F. der Bekanntmachung vom 23. 9. 1997 (BGBl. I S. 2349), zuletzt geändert durch Artikel 12 des Gesetzes vom 2. 12. 2007 (BGBl. I S. 2686) AO und PrVO für pharmazeutisch-technische Assistentinnen und pharmazeutisch-technische Assistenten (PTA-APrV) vom 23. 9. 1997 (BGBl. I S. 2352), zuletzt geändert durch Artikel 13 des Gesetzes vom 2. 12. 2007 (BGBl. I S. 2686)	30
14	**Physiotherapeut/Physiotherapeutin** Gesetz über die Berufe in der Physiotherapie (Masseur- und Physiotherapeutengesetz – MPhG) vom 26. 5. 1994 (BGBl. I S. 1084), zuletzt geändert durch Artikel 27 des Gesetzes vom 2. 12. 2007 (BGBl. I S. 2686) AO und PrVO für Physiotherapeuten (PhysTh-APrV) vom 6. 12. 1994 (BGBl. I S. 3786), zuletzt geändert durch Artikel 29 Gesetz über die Berufe in der Physiotherapie (Masseur- und Physiotherapeutengesetz – MPhG) vom 26. 5. 1994 (BGBl. I S. 1084)	36

Lfd. Nr.	Berufsbezeichnung/Rechtsgrundlage/Fundstelle	Ausbildungsdauer in Monaten
15	**Podologe/Podologin** (Voll-/Teilzeit) Gesetz über den Beruf der Podologin und des Podologen (Podologengesetz – PodG) vom 4. 12. 2001 (BGBl. I S. 3320), zuletzt geändert durch Artikel 32 des Gesetzes vom 2. 12. 2007 (BGBl. I S. 2686) Ausbildungs- und Prüfungsverordnung für Podologinnen und Podologen (PodAPrV) vom 18. 12. 2001 (BGBl. I S. 12), zuletzt geändert durch Artikel 33 des Gesetzes vom 2. 12. 2007 (BGBl. I S. 2686)	24/48
16	**Rettungsassistent/Rettungsassistentin** Gesetz über den Beruf der Rettungsassistentin und des Rettungsassistenten (Rettungsassistentengesetz – RettAssG) vom 10. 7. 1989 (BGBl. I S. 1384), zuletzt geändert durch Artikel 19 des Gesetzes vom 2. 12. 2007 (BGBl. I S. 2686) AO und PrVO für Rettungsassistentinnen und Rettungsassistenten (RettAssAPrV) vom 7. 11. 1989 (BGBl. I S. 1966), zuletzt geändert durch Artikel 20 des Gesetzes vom 2. 12. 2007 (BGBl. I S. 2686)	24
17	**Veterinärmedizinisch-technischer Assistent/Veterinärmedizinisch-technische Assistentin** Gesetz über technische Assistenten in der Medizin (MTA-Gesetz – MTAG) vom 2. 8. 1993 (BGBl. I S. 1402), zuletzt geändert durch Artikel 23 des Gesetzes vom 2. 12. 2007 (BGBl. I S. 2686) AO und PrVO für technische Assistenten in der Medizin (MTA-APrV) vom 25. 4. 1994 (BGBl. I S. 922), zuletzt geändert durch Artikel 24 des Gesetzes vom 2. 12. 2007 (BGBl. I S. 2686)	36

13 Seit dem In-Kraft-Treten des Gesetzes über die **Berufe in der Krankenpflege** (Krankenpflegegesetz – KrPflG) v. 16. 7. 2003 (BGBl. I S. 442) zul. geänd. 28. 5. 2008 (BGBl. I S. 874) hat die Berufsausbildung für Krankenschwestern und Pfleger, Kinderkrankenschwestern und Pfleger sowie Krankenpflegehelferinnen und Helfer eine Vereinheitlichung erfahren.[9] Ferner sind die europarechtlichen Vorgaben berücksichtigt worden. Das Gesetz enthält über Abschluss, Inhalt und Dauer des Ausbildungsverhältnisses detaillierte Regelungen, durch die weitgehend die früheren Streitfragen zur Beendigung des Ausbildungsverhältnisses mit der Maßgabe beendet worden sind, dass das Ausbildungsverhältnis nicht mit der Prüfung, sondern erst mit Ablauf der Ausbildungszeit beendet wird (§ 14 KrPflG). Zweck der Regelung ist, den Krankenhäusern bis zum Ende der Ausbildungszeit die Arbeitskraft zu erhalten. Für die dem KrPflG unterfallenden Berufe ist die Verbindung zum **BBiG** beendet. Dessen Vorschriften finden **keine ergänzende Anwendung** (§ 22 KrPflG).

14 **d)** Eine Berufsausbildung in einem **öffentlich-rechtlichen Dienstverhältnis** (§ 3 II Nr. 2 BBiG) liegt nur insoweit vor, wie die Aus- und Fortbildung in einem kraft Verwaltungsakt begründeten Dienstverhältnis, also z. B. im Beamten- oder Soldatenverhältnis erfolgt. Vom BBiG erfasst wird dagegen die im Rahmen eines privatrechtlichen Vertrages durchgeführte Berufsausbildung im öffentlichen Dienst für den Beruf eines Angestellten oder Arbeiters.

15 **e)** Nicht anwendbar ist das BBiG für die **Berufsbildung auf Kauffahrteischiffen**, die nach dem Flaggenrechtsgesetz die Bundesflagge führen (§ 3 II Nr. 3 BBiG).[10] Der Begriff des Kauffahrteischiffs entspricht dem des Handelsschiffes.[11] Nicht von der Bereichsausnahme erfasst werden damit Besatzungen auf Yachten oder Segelbooten[12] sowie Beschäftigte im Bereich der Flößerei und auf Binnenschiffen, weil Flößen und Binnenschiffen[13] kein Flaggenrecht zukommt. Ferner gilt das BBiG für Auszubildende auf Schiffen der kleinen Hochseefischerei oder der Küstenfischerei.[14] Im Bereich der Seeschifffahrt haben sich dagegen eigenständige Bildungssysteme

[9] *Opolony* NZA 2004, 18; *Zetl* ZMV 2003, 220.
[10] Näher hierzu *Bemm/Lindemann* § 1 SeemG RN 10 ff.
[11] *Bemm/Lindemann* § 1 SeemG RN 3.
[12] *Bemm/Lindemann* § 1 SeemG RN 9.
[13] Zum Begriff: *Bemm/Lindemann* Einf. RN 31.
[14] Diese Begriffe finden sich in den Quaifikationsnachweisen für Kapitäne. Als Künstenfischerei bezeichnet man den Fischfang in küstennahen Gewässern mit Schiffen bis zu einer Länge von 16 m. Die kleine Hochseefischerei („Kapitän BK") wird in Europa in der Ost- und Nordsee, im englischen Kanal und im Seegebiet um Irland betrieben. Große Hochseeschiffahrt ist dagegen die Fischerei mit großen Schiffen in entfernten Fanggebieten („Kapitän BG").

herausgebildet, die aus praktischen Gründen nicht in das BBiG eingebaut wurden. Allerdings gelten für die Ausbildungsberufe zum Schiffsmechaniker/zur Schiffsmechanikerin gem. §§ 4, 4a der Verordnung über die Berufsausbildung zum Schiffsmechaniker/zur Schiffsmechanikerin und über den Erwerb des Schiffsmechanikerbriefes (SMAusbV) vom 12. 4. 1994 (BGBl. I S. 797, zul. geänd. 31. 10. 2006, BGBl. I S. 2407) die Vorschriften des BBiG über das Berufsausbildungsverhältnis entsprechend.

III. Zuständige Stellen

1. Übersicht der zuständigen Stellen. Die für die Berufsausbildung zuständigen Stellen sind die jeweiligen Berufsorganisationen der Ausbildenden. Das sind für **(a)** Industrie, Handel und Gewerbe die Industrie- und Handelskammern (§ 71 II BBiG); **(b)** das Handwerk die Handwerkskammern (§ 71 I BBiG, § 91 HwO) – der Aufgabenbereich der Innungen ergibt sich aus § 54 HwO; **(c)** freie Berufe deren Kammern (z.B. Rechtsanwalts-, Notar-, Apotheker- und Ärztekammern, §§ 71 IV bis VI. BBiG); **(d)** die Landwirtschaft die Landwirtschaftskammern (§ 71 III BBiG). Das Verzeichnis der zuständigen Stellen vom 19. 6. 2008 ist in der Beilage zum BAnz. Nr. 139a vom 12. 9. 2008 abgedruckt. Im **öffentlichen Dienst** bestimmt für den Bund die oberste Bundesbehörde für ihren Geschäftsbereich die zuständige Stelle (§§ 3 II Nr. 2, 73 BBiG i.V.m. VOen die im Fundstellenverzeichnis A zu BGBl. III 800–21–2–1ff. aufgeführt sind). Für den Bereich der Ausbildung auf Kauffahrteischiffen und in Heil- und Heilhilfsberufen haben sich eigenständige Bildungssysteme herausgebildet, die aus praktischen Gründen nicht in das BBiG eingebaut wurden. 16

2. Bundesinstitut für Berufsbildung.[15] Es ist als juristische Person des öffentlichen Rechtes errichtet (§ 89 BBiG) und hat seinen Sitz in Bonn. Es wird über Zuschüsse aus dem Haushalt des BM für Bildung und Forschung vom Bund finanziert (§ 96 BBiG). Es unterliegt einer weitgehenden Rechts- und Fachaufsicht (vgl. § 90 BBiG). Organe des Bundesinstituts (BI) sind der Hauptausschuss und der Präsident oder die Präsidentin (§ 91 BBiG). Der Präsident oder die Präsidentin vertritt das Bundesinstitut gerichtlich und außergerichtlich und verwaltet es nach den Weisungen des zuständigen Bundesministers und des Hauptausschusses (§ 93 I 2 BBiG). Der Hauptausschuss beschließt über die Angelegenheiten des BI (§ 92 BBiG). Dem Hauptausschuss gehören je 8 Beauftragte der Arbeitgeber, der Arbeitnehmer und der Länder sowie fünf Beauftragte des Bundes an, die jedoch 8 einheitlich abzugebende Stimmen haben. Zur Beratung des BI im Bereich der Behinderten ist ein Ausschuss zu errichten (§ 95 BBiG). Die weiteren Einzelheiten der Organisation werden durch eine Satzung geregelt (§ 98 BBiG). 17

Die **Aufgabenstellung** des BI ist in § 90 BBiG geregelt. Dem BI ist im Wesentlichen übertragen, **(a)** nach Weisung des BM für Bildung und Forschung an der Vorbereitung von Ausbildungsordnungen, dem Berufsbildungsbericht und der Berufsbildungsstatistik mitzuwirken, Modellversuche einschließlich wissenschaftlicher Begleituntersuchungen zu fördern, an der internationalen Zusammenarbeit in der beruflichen Bildung mitzuwirken und weitere Verwaltungsaufgaben des Bundes zur Förderung der Berufsbildung zu übernehmen; **(b)** nach allgemeinen Verwaltungsvorschriften des zuständigen Ministers die Planung, Errichtung und Weiterentwicklung überbetrieblicher Berufsbildungsstätten zu unterstützen, **(c)** Berufsbildungsforschung zu betreiben, **(d)** das Verzeichnis der anerkannten Ausbildungsberufe zu führen (§ 90 BBiG). 18

3. EU. Im Bereich der EWG ist ein Europäisches Zentrum für die Förderung der Berufsbildung (Cedefop) mit Sitz in Thessaloniki geschaffen (VO (EWG) Nr. 337/75 des Rats vom 10. 2. 1975 über die Errichtung eines europäischen Zentrums für die Förderung der Berufsbildung (ABl. EG Nr. L 39/1 vom 13. 2. 1975 – RdA 75, 251)). Es soll einen wissenschaftlichen und fachtechnischen Beitrag zur Förderung der Berufsbildung und Weiterbildung auf Gemeinschaftsebene leisten. 19

---

[15] Internetadresse: http://www.bibb.de.

§ 174. Berufsausbildungsverhältnis

Kommentare zum BBiG, Aufsätze, Internetadresse: s. § 173 vor RN 1.

Übersicht

	RN
I. Allgemeines	1–3
II. Begründung des Berufsausbildungsvertrages	4 ff.
1. Vertragsabschluss	4–8
2. Form	9, 10
3. Inhalt der Vertragsniederschrift	11–13
4. Vertragsänderung	14
5. Berufsrechtliche Voraussetzungen	15–24
6. Anerkennung von Ausbildungsberufen	25–30
7. Berufsausbildungsverzeichnis	31
III. Unzulässige Berufsausbildungsverträge und Vereinbarungen	32 ff.
1. Unzulässige Berufsausbildungsverträge	32
2. Nichtigkeit einzelner Abreden	33–39
IV. Pflichten des Ausbildenden	40 ff.
1. Ausbildung	40
2. Sachliche Ausbildung	41–45
3. Persönliche Ausbildung	46
4. Ausbildungsmittel	47–50
5. Schulbesuch, Prüfungen	51, 52
6. Hilfspersonen des Ausbildenden	53, 54
7. Verletzung der Ausbildungspflicht	55
8. Zeugnis	56–59
V. Ausbildungsvergütung	60 ff.
1. Allgemeines	60
2. Bemessung der Vergütung	61–67
3. Sachleistungen	68, 69
4. Bemessungszeitraum, Fälligkeit, Zahlungsort	70
5. Vergütungsfortzahlung	71–74
6. Krankheit	75
7. Sonstige Entgeltansprüche	76
8. Steuern und Sozialversicherung	77
VI. Pflichten des Auszubildenden	78 ff.
1. Allgemeines	78
2. Arbeitspflicht	79
3. Teilnahme an der Ausbildung	80
4. Befolgung der Weisungen des Arbeitgebers	81
5. Obhutspflichten	82
6. Treuepflicht	83
7. Haftung	84
VII. Beendigung des Berufsausbildungsverhältnisses	85 ff.
1. Überblick	85
2. Probezeit	86–88
3. Kündigung nach Ende der Probezeit	89–102
4. Aufhebungsvertrag	103
5. Ablauf der Ausbildungszeit	104–107
6. Bestehen der Abschlussprüfung	108–112
VIII. Schadensersatz bei vorzeitiger Beendigung	113 ff.
1. Anspruch nach § 23 BBiG	113
2. Anspruchsvoraussetzungen	114
3. Erstattungsfähiger Schaden	115–117
4. Erlöschen des Anspruchs	118
IX. Betriebsverfassung	119 ff.
1. Arbeitnehmer	119
2. Personalplanung	120
3. Bildungsbeauftragter	121
4. Interessenvertretung	122
X. Übergang in ein Arbeitsverhältnis	123 ff.
1. Gesetzliche Übernahmeverpflichtung	123
2. Tarifliche oder vertragliche Übernahmeverpflichtung	124–126
3. Weiterarbeit (§ 24 BBiG)	127
4. Mitwirkung des Betriebsrats	128
5. Anrechnung der Ausbildungszeit	129

I. Allgemeines

1 Das BBiG vom 23. 3. 2005 (BGBl. I S. 2005), zul. geänd. 5. 2. 2009 (BGBl. I S. 160), enthält im zweiten Teil die vertragsrechtlichen Bestimmungen der Berufsausbildung. Sie können weder durch Einzel- noch durch Kollektivvertrag zum Nachteil des Auszubildenden **abbedungen** werden (§ 25 BBiG). Das BBiG unterscheidet sich insoweit von neueren arbeitsrechtlichen Gesetzen, in denen zumeist den Tarifparteien eröffnet ist, auch zu Ungunsten der Arbeitnehmer von arbeitsvertraglichen Schutzvorschriften abzuweichen. Bei einem Günstigkeitsvergleich zwischen einer arbeits- und kollektivvertraglichen Regelung und dem Gesetz hat ein Einzelvergleich stattzufinden. Es ist jeweils im Einzelfall zu entscheiden, ob der gesamte Ausbildungsvertrag oder nur eine einzelne Abrede nichtig ist. Unzulässige Vereinbarungen machen nicht den Vertrag unwirksam. An ihre Stelle treten vielmehr die entsprechenden gesetzlichen Bestimmungen.[1]

2 Berufsausbildung i. S. v. § 1 III, §§ 10–52 BBiG ist die Vermittlung der für die Ausübung einer qualifizierten beruflichen Tätigkeit notwendigen Fertigkeiten, Kenntnisse und Fähigkeiten in einem geordneten Ausbildungsgang. Hierunter fällt auch ein Vertragsverhältnis, bei dem das

[1] Vgl. BAG 13. 3. 1975 AP 2 zu § 5 BBiG.

Ziel der Ausbildung mit dem Bestehen der Ausbildungsprüfung noch nicht beendet ist, sondern anschließend noch eine weitere Qualifikation erworben werden soll, für die § 1 III BBiG nicht einschlägig ist. Hier gelten dann die Regelungen über das Berufsausbildungsverhältnis für den Zeitraum der Berufsausbildung bis zum Bestehen der Abschlussprüfung.[2] Nicht erforderlich ist eine Erstausbildung. Berufsausbildung liegt auch dann vor, wenn im Anschluss eine abgeschlossene Berufsausbildung eine **Zweitausbildung** durchgeführt wird, ohne dass eine erhebliche zwischenzeitliche Beschäftigung im zuerst erlernten Beruf erfolgt ist.[3] Das gleiche gilt, falls ein Auszubildender eine erste Ausbildung abbricht und eine **neue Ausbildung** in einem anerkannten Ausbildungsberuf aufnimmt.[4]

Dagegen liegt eine **Umschulung** (§ 1 V BBiG, s. § 16 RN 15) vor, wenn nach Ausübung einer bisherigen beruflichen Tätigkeit die Befähigung zu einem anderen Beruf erworben werden soll. Der Umschüler muss also schon beruflich tätig geworden sein, und zwar entweder ohne einen Beruf erlernt zu haben oder nach einer abgeschlossenen Berufsausbildung.[5] Für den Umschulungsvertrag sind die Bestimmungen der §§§ 10–52 BBiG nicht anwendbar,[6] vielmehr gelten die Sonderregelungen in §§ 58–63 BBiG. Die Umschulung kann sowohl im Rahmen eines gesonderten Berufsbildungsvertrages als auch im Rahmen eines bestehenden oder neu begründeten Arbeitsverhältnisses durchgeführt werden. Näher zur Umschulung und zur beruflichen Fortbildung § 176. **3**

II. Begründung des Berufsausbildungsvertrages

1. Vertragsabschluss. a) Das Berufsausbildungsverhältnis wird durch einen vom Auszubildenden und Ausbildenden abzuschließenden Berufsausbildungsvertrag begründet, der zum Inhalt hat **(a)** die **berufliche Grundausbildung** des Auszubildenden und **(b)** die **Vermittlung fachlicher Fertigkeiten und Kenntnisse** und Fähigkeiten (berufliche Handlungsfähigkeit) für eine qualifizierte berufliche Tätigkeit. **4**

b) Das Ausbildungsverhältnis ist **kein Arbeitsverhältnis**.[7] Auf den Berufsausbildungsvertrag sind jedoch gem. § 10 II BBiG, soweit sich aus seinem Wesen und Zweck und aus dem BBiG nichts anderes ergibt, **die für den Arbeitsvertrag** geltenden **Rechtsvorschriften** und **Rechtsgrundsätze** anzuwenden. Das gilt z. B. für den **Betriebsübergang** gem. § 613 a BGB.[8] **5**

Für den Abschluss des Ausbildungsvertrages sind daher grundsätzlich die arbeitsrechtlichen Rechtsvorschriften und Rechtsgrundsätze (§ 34) anwendbar. Erforderlich sind also Vertragsangebot und -Annahme nach Maßgabe der §§ 145 ff. BGB. Ist der Auszubildende bei Abschluss des Vertrages noch minderjährig, so wird er durch den **gesetzlichen Vertreter** vertreten (vgl. § 34 RN 40 ff., 43).[9] Bei einer Ausbildung im Betrieb der Eltern sind diese nach § 10 III BBiG von dem Verbot des Insichgeschäftes **(§ 181 BGB**) befreit. Die Befreiung gilt nicht für den Vormund. Der Vormund braucht zum Abschluss eines Berufsausbildungsvertrages die **Genehmigung durch das Vormundschaftsgericht,** das vor seiner Entscheidung das Mündel hören soll (§ 1822 Nr. 6 BGB). Eine Ermächtigung des Minderjährigen nach § 113 BGB zum Abschluss eines Ausbildungsvertrages (vgl. § 34 RN 39) kommt nicht in Betracht, weil beim Berufsausbildungsverhältnis der Ausbildungszweck und nicht das Erbringen einer Arbeitsleistung im Vordergrund steht.[10] **6**

c) Bereits durch die Aufnahme von Vertragsverhandlungen zum Abschluss eines Berufsausbildungsvertrages erwachsen wechselseitige **Informations- und Aufklärungspflichten** (§ 311 II BGB, vgl. § 25). Da die Ausbildung von erheblicher Bedeutung ist, muss der Arbeitgeber auf evtl. Umstände hinweisen, die die Durchführung der Berufsausbildung in Frage stellen können, wie z. B. bestehende finanzielle Schwierigkeiten.[11] Stellt die zuständige Stelle Anforderungen für **7**

---

[2] BAG 25. 7. 2002 AP 9 zu § 5 BBiG = DB 2003, 510.

[3] BAG 3. 6. 1987 AP 85 zu § 1 TVG Tarifverträge: Bau = NZA 88, 66.

[4] *Leinemann/Taubert* § 1 RN 64.

[5] Vgl. BAG 15. 3. 1991 AP 2 zu § 47 BBiG = NZA 92, 452.

[6] Vgl. BAG 15. 3. 1991 AP 2 zu § 47 BBiG = NZA 92, 452; 19. 1. 2006 AP 7 zu § 623 BGB = NZA 2007, 97.

[7] BAG 10. 7. 2003 AP 1 zu § 1 MTA-O = NZA 2004, 269.

[8] BAG 13. 7. 2006 AP 1 zu § 613 a BGB Widerspruch = NZA 2006, 1406.

[9] Vgl. BAG 29. 5. 1969 AP 1 zu § 181 BGB. Dieser darf ihn auch dann vertreten, wenn dieser zugleich gesetzlicher Vertreter des Arbeitgebers ist.

[10] Wohlgemuth/*Lakies*/Malottke/Pieper/Proyer § 10 RN 21; *Leinemann/Taubert* § 10 RN 23; ErfK/*Schlachter* § 10 BBiG RN 7.

[11] BAG 8. 3. 1977 EzB BBiG § 15 Abs. 1 Nr. 5 = DB 77, 1322 (n. a. v.).

die künftige Eintragung von Berufsausbildungsverträgen nach §§ 34ff. BBiG, begründet das eine Aufklärungspflicht für den Ausbildenden bei Vertragsabschluss nur, wenn sich aus den Anforderungen ein Risiko für die Vertragsdurchführung ergibt; in diesem Fall ist der Vertrauensschaden zu ersetzen, d.h. der Vertragspartner ist gem. § 249 I BGB so zu stellen, wie er stünde, wenn er sich auf den Ausbildungsvertrag nicht eingelassen hätte (s. § 26 RN 7).[12] Wird die Anstellung zugesagt, bevor eine Einigung über wesentliche Vertragsbedingungen des Ausbildungsvertrages erzielt ist, kann u.U. ein Vorvertrag (s. hierzu § 34 RN 27) vorliegen, aus dem auf Abschluss des Vertrages geklagt werden kann.

8 Die Ausbildung kann als **Verbundausbildung** erfolgen (§ 10 V BBiG). Zur Erfüllung der vertraglichen Verpflichtungen der Ausbildenden können mehrere natürliche oder juristische Personen in einem Ausbildungsverbund zusammenwirken, soweit die Verantwortlichkeit für die einzelnen Ausbildungsabschnitte sowie für die Ausbildungszeit insgesamt sichergestellt ist. Kleinen und mittelständischen Unternehmen soll so ermöglicht werden, ihre Ausbildungspotentiale zu bündeln und zugleich eine breit angelegte Ausbildung zu sichern (BT-Drucks. 15/4752 zu § 10). Streitig ist, ob dabei auch jeweils gesonderte Ausbildungsverträge mit den einzelnen Ausbildern geschlossen werden können.[13] Dies ist zu verneinen. Zweck des BBiG ist es nämlich, eine einheitliche Berufsausbildung zu gewährleisten,[14] bei der für den Auszubildenden ein Vertragspartner feststeht, der für die Erfüllung aller sich aus dem Vertrag ergebenden Verpflichtungen haftet. Der Ausbildungsverbund, bei dem es sich zumeist um eine BGB-Gesellschaft handeln wird, ist dem Auszubildenden für die Einhaltung sämtlicher Verpflichtungen verantwortlich, nur ihm steht ein (einheitliches) Kündigungsrecht zu. Bei getrennten Vertragsbeziehungen wäre demgegenüber unklar, ob ein Arbeitgeber das Vertragsverhältnis auch mit Wirkung für die anderen Verbundarbeitgeber beenden könnte, bei wem die Ausbildung im Falle des § 21 III BBiG fortzusetzen ist und wem etwaige Schadensersatzansprüche nach § 23 BBiG zustehen. Zulässig dürfte es aber sein, wenn einer der Verbundpartner Vertragspartner des Auszubildenden wird und die übrigen ihm gegenüber für die Erfüllung einzelner Ausbildungsabschnitte verantwortlich sind. Auf jeden Fall gilt die Probezeit nach § 20 BBiG nur einmal.

9 **2. Form. a)** Der Berufsausbildungsvertrag kann **mündlich** oder **schriftlich** abgeschlossen werden.[15] Das Fehlen einer Niederschrift gem. § 11 BBiG stellt zwar eine Ordnungswidrigkeit nach § 102 I Nr. 1 BBiG dar, macht aber den Vertrag nicht unwirksam. Die **Schriftform** hat nur deklaratorische Bedeutung und soll den Vertragsparteien jederzeit eine Orientierung über die wechselseitigen Rechte und Pflichten erlauben. Hieran hat die Nachweisrichtlinie (RL 91/533/EWG) nichts geändert.[16] Ein konkludenter Abschluss des Berufsausbildungsvertrages ist theoretisch nicht ausgeschlossen. Er ist jedoch kaum denkbar, weil er eine Einigung über den wesentlichen Inhalt des Ausbildungsverhältnisses nach Art, Zeit und Gliederung enthalten muss. Ein nur mündlich abgeschlossener Vertrag ist spätestens **vor Beginn der betrieblichen Berufsausbildung** schriftlich niederzulegen (§ 11 I BBiG). Hierzu werden zweckmäßig die von den zuständigen Stellen verfassten Formblätter verwandt.[17] Die elektronische Form ist ausgeschlossen. Die Vertragsurkunde ist von dem Ausbildenden, dem Auszubildenden und – soweit seine Mitwirkung zum Vertragsabschluss notwendig ist – dem gesetzlichen Vertreter des Auszubildenden zu unterschreiben (§ 11 II BBiG). Der Ausbildende hat sämtlichen Unterzeichnern des Ausbildungsvertrags, auch den gesetzlichen Vertretern eines Minderjährigen, eine Ausfertigung auszuhändigen (§ 11 III BBiG). Auch diese Vorschrift dient der Klarstellung und Beweiserleichterung.

10 **b) Unterbleibt** die schriftliche Vertragsniederlegung und Aushändigung, so können sich als Rechtsfolgen ergeben: **(a)** die Belegung des Ausbildenden mit einer **Geldbuße** bis zu 5000 Euro (§ 102 BBiG), **(b) Schadensersatzverpflichtungen** des Ausbildenden, **(c) berufs-**

---

[12] BAG 17. 7. 1997 AP 2 zu § 16 BBiG = NZA 97, 1224.

[13] Bejahend: *Opolony* BB 2005, 1050 (1051); *Hänlein* NZA 2006, 348 (351); ErfK/*Schlachter* § 10 BBiG RN 11; wohl auch *Herkert/Töltl* § 10 RN 22, die mehrere hintereinander geschaltete Ausbildungsverträge für möglich halten; a.A. *Wohlgemuth* AuR 2005, 241 (243); *Leinemann/Taubert* § 10 BBiG RN 89; uneinheitlich: *Stück/Mühlhausen* NZA-RR 2006, 169 (170) sowie *Mühlhausen/Stück* AuA 2005, 272 (273).

[14] *Leinemann/Taubert* § 10 BBiG RN 89.

[15] BT-Drucks. V/4260 zu § 4; BAG 22. 2. 1972 AP 1 zu § 15 BBiG; 21. 8. 1997 AP 1 zu § 4 BBiG = NZA 98, 37.

[16] BAG 21. 8. 1997 AP 1 zu § 4 BBiG = NZA 98, 37.

[17] Die Eintragung in das Ausbildungsverzeichnis kann aber nicht von der Verwendung der Musterverträge abhängig gemacht werden: OVG Rheinland-Pfalz 10. 4. 1974 BB 74, 788 = EzA 1 zu § 32 BBiG (LS).

rechtliche Mängel, die zu Schwierigkeiten bei der Prüfungsablegung führen können, und **(d)** das Recht zur **außerordentlichen Kündigung** nach vorheriger Abmahnung.

3. Inhalt der Vertragsniederschrift. Die Vertragsniederschrift soll den wesentlichen Inhalt des Berufsausbildungsverhältnisses enthalten. Dies sind die in § 11 I 3 Nr. 1–9 BBiG aufgeführten **Mindestangaben.** Fehlt eine dieser Mindestangaben, ist der Vertrag gleichwohl nicht nichtig (s. oben RN 7). Mindestangaben sind: **(1)** Die **Art,**[18] die **sachliche**[19] **und zeitliche**[20] **Gliederung** sowie das **Ziel der Berufsausbildung,** insbesondere die berufliche Tätigkeit, für die ausgebildet wird.[21] Hiermit soll eine Ausbildung je nach Arbeitsanfall verhindert und eine logisch gegliederte Ausbildung gewährleistet werden. **(2) Beginn und Dauer der Berufsausbildung.**[22] Die Ausbildungsdauer soll nicht mehr als drei und nicht weniger als zwei Jahre betragen (§ 5 BBiG). Die Ausbildungszeit ergibt sich aus der Ausbildungsordnung. Auf die Ausbildungszeit können durch die Landesregierung nach Anhörung des Landesausschusses für Berufsbildung durch RechtsVO Schul- und Fachschulzeiten angerechnet werden (§ 7 BBiG). Die Anrechnung bedarf des gemeinsamen Antrags des Auszubildenden und Ausbildenden. Dies ergibt sich aus der Vorschrift des § 7 II BBiG, die allerdings erst am 1. 8. 2009 in Kraft tritt. Bis dahin gilt § 7 I 3 BBiG, wonach dies durch Rechtsverordnung auf Länderebene entsprechend geregelt werden kann. Nach Art. 8 IV des Berufsbildungsreformgesetzes blieben die bisherigen VO bis zum 1. 7. 2006 in Kraft. **(3)** Die **Ausbildungsmaßnahmen außerhalb der Ausbildungsstätte.**[23] **(4)** Die **Dauer der regelmäßigen täglichen Ausbildungszeit.** Insoweit ist das tarifliche und gesetzliche Arbeitsschutzrecht zu beachten. **(5)** Die **Dauer der Probezeit** (vgl. RN 86). **(6)** Die **Zahlung**[24] und die **Höhe der Vergütung. (7)** Die **Dauer des Urlaubs;** insoweit sind neben tariflichen Regelungen insbesondere § 19 JArbSchG, das BUrlG, § 4 ArbPlSchG und § 125 SGB IX zu beachten. **(8)** Die Voraussetzungen, unter denen der Berufsausbildungsvertrag **gekündigt** werden kann.[25] **(9)** Ein in allgemeiner Form gehaltener Hinweis auf die **Tarifverträge, Betriebs- oder Dienstvereinbarungen,** die auf das Berufsausbildungsverhältnis anzuwenden sind. 11

Erfüllt der Ausbilder seine Hinweispflicht nach § 11 I Nr. 9 BBiG nicht, so haftet er dem Auszubildenden gem. §§ 280, 249 BGB (vormals: §§ 286, 285 BGB a. F.) auf Schadensersatz. Dies gilt auch für Tarifverträge, die nach anschließender Begründung des Arbeitsverhältnisses infolge Allgemeinverbindlichkeit auf das Arbeitsverhältnis Anwendung finden.[26] Dem Arbeitgeber ist es dann z. B. zwar nicht verwehrt, sich auf tarifliche Ausschlussfristen zu berufen. Er muss den Auszubildenden aber im Wege der Naturalrestitution so stellen, als hätte er den Hinweispflichten genügt. Die Fristen greifen in diesem Fall dann nicht, wenn der Auszubildende seine Ansprüche bei Kenntnis der Ausschlussfrist rechtzeitig geltend gemacht hätte, wovon im Zweifel auszugehen ist.[27] 12

Den Parteien ist es unbenommen, weitere Vereinbarungen zu treffen. Zu denken ist insoweit vor allem an Vereinbarungen über freiwillige Sozialleistungen, Regelung der Überzahlung, des Eigentums an Prüfungsstücken, Anzeigepflichten bei Erkrankung oder sonstiger Dienstverhinderung, Abtretung von Schadensersatzansprüchen bei Verkehrsunfällen. 13

4. Vertragsänderung. Wird der Ausbildungsvertrag geändert, so ist auch hierüber eine **Niederschrift** aufzunehmen. Hierfür gelten § 11 I–III BBiG entsprechend (§ 11 IV BBiG). Denkbar ist eine Aktualisierung der vorhandenen Niederschrift, die Fertigung einer neuen Niederschrift oder einer Nachtragsurkunde, die lediglich die Änderungen wiedergibt. In allen Fäl- 14

---

[18] Es muss angegeben werden, wo und wie betrieblich die Ausbildung durchgeführt wird, z. B. in der Ausbildungswerkstatt, im betrieblichen Durchlauf usw.

[19] Die sachliche Gliederung ergibt sich aus dem Ausbildungs-Berufsbild oder -Rahmenplan.

[20] Es ist festzulegen, in welcher Reihenfolge die betriebliche Ausbildung erfolgt. Einerseits muss die Bestimmung hinreichend genau sein, damit das System der Ausbildung ersichtlich ist. Andererseits ist aber auch ein gewisser zeitlicher Spielraum zu lassen, damit etwaigen betrieblichen oder persönlichen Störungen in der Ausbildung Rechnung getragen werden kann.

[21] Hierzu ist etwa anzugeben: Ablegung der Facharbeiterprüfung als Schlosser usw.

[22] Im Einzelfall kann die Dauer unter- oder überschritten werden (vgl. § 8 BBiG; § 6 III ArbPlSchG). Hier ist nur an die abstrakte Ausbildungsdauer im ergriffenen Beruf gedacht.

[23] Hierzu gehören z. B. Angaben über etwaige Ausbildungsmaßnahmen in überbetrieblichen Werkstätten, Labors, im Ausland (§ 173 RN 10).

[24] Gemeint ist hier wohl die Zahlungsart (vgl. § 87 I Nr. 4 BetrVG) und der Zahlungstermin, soweit er abweichend vom Gesetz geregelt wird (§ 11 II BBiG).

[25] Im Wesentl. wird hier die gesetzl. Regelung wiederholt werden müssen.

[26] BAG 24. 10. 2002 AP 2 zu § 4 BBiG = NZA 2004, 105.

[27] BAG 24. 10. 2002 AP 2 zu § 4 BBiG = NZA 2004, 105.

len sind aber die Vorschriften über die Unterzeichnung (§ 11 II BBiG) und Aushändigung (§ 11 III BBiG) zu wahren. Eine Änderung ist nach § 35 BBiG in das Verzeichnis der Berufsausbildungsverhältnisse einzutragen. Keine Niederschrift ist bei sich auf den Vertrag auswirkenden gesetzlichen oder tariflichen Änderungen erforderlich.

15 **5. Berufsrechtliche Voraussetzungen.**[28] Auszubildende darf nur **einstellen,** wer **(1)** persönlich geeignet ist (§ 28 I 1 BBiG) und **(2)** eine geeignete Ausbildungsstätte besitzt (§ 27 BBiG). Die Eignungsvoraussetzungen sind im BBiG abschließend geregelt. Entsprechende Regelungen für den Bereich des Handwerks finden sich in den §§ 21–22c HwO. Einstellen heißt, dass ein Ausbildender mit einem Auszubildenden einen Ausbildungsvertrag abschließt. Vom Ausbildenden zu unterscheiden ist der Ausbilder (§ 173 RN 8). Ein **Mangel in der Berechtigung,** Auszubildende einzustellen, berührt die zivilrechtliche Wirksamkeit des Ausbildungsvertrages nicht. Der Auszubildende kann jedoch u. U. außerordentlich kündigen (§ 22 BBiG). Der Ausbildende kann schadensersatzpflichtig und bußgeldpflichtig werden (§ 102 BBiG).

16 **Ausbilden** darf nur, wer **(1)** persönlich und **(2)** fachlich geeignet ist. In Kleinbetrieben werden Ausbildender und Ausbilder häufig zusammenfallen. In Mittel- und Großbetrieben werden dagegen zumeist besondere Personen zum Ausbilder bestellt (§ 28 BBiG, s. auch § 22 II HwO). Die Bestellung muss ausdrücklich erfolgen. Der Ausbilder muss die Ausbildungsinhalte in der Ausbildungsstätte unmittelbar, verantwortlich und in wesentlichem Umfang vermitteln (§ 28 II BBiG). Die Bestellung von Ausbildern ist nach § 36 II i. V. m. § 34 II Nr. 8 BBiG auf Verlangen der zuständigen Stelle anzuzeigen.

17 Vom Ausbildenden und Ausbilder sind sog. **Ausbildungsgehilfen** zu unterscheiden (§ 28 III BBiG, s. auch § 22 III HwO). Das sind solche Personen, die die Ausbildung rein faktisch im Betrieb durchführen, ohne dass sie die Verantwortung für die Ausbildung tragen. Sie müssen die für die Vermittlung von Ausbildungsinhalten erforderlichen beruflichen Fertigkeiten, Kenntnisse und Fähigkeiten besitzen und (gem. § 29 BBiG) persönlich geeignet sein.

18 **a)** Die **persönliche Eignung** von Ausbildenden, Ausbildern sowie Ausbildungsgehilfen ist in § 29 BBiG geregelt (für den Bereich des Handwerks: § 22 HwO). Die Bestimmung nennt zwei Fallgruppen einer fehlenden Eignung. Diese Aufzählung ist aber nicht abschließend, wie die Formulierung „insbesondere" deutlich macht. Bei Vorliegen der Voraussetzungen des § 29 BBiG hat die zuständige Behörde gem. § 33 II BBiG das Einstellen und das Ausbilden zu untersagen.

19 Gem. **§ 29 Nr. 1 BBiG** ist persönlich nicht geeignet, wer auf Grund gesetzlicher oder richterlicher Verbote Kinder und Jugendliche nicht beschäftigen darf. Das Gesetz verweist damit auf die Regelung in **§ 25 JArbSchG** (s. hierzu § 161 RN 41) und stellt klar, dass Personen, die keine Jugendliche beschäftigen dürfen, generell nicht Ausbildende, Ausbilder sowie Ausbildungsgehilfen im Rahmen eines Ausbildungsvertrages, und zwar auch nicht mit Volljährigen sein können.

20 Ferner ist gem. **§ 29 Nr. 2 BBiG** persönlich nicht geeignet, wer **wiederholt** oder **schwer** gegen das BBiG oder die auf Grund dieses Gesetzes erlassenen Vorschriften und Bestimmungen verstoßen hat. Verstöße sind nicht nur Ordnungswidrigkeiten nach § 102 BBiG, sondern auch sonstige (z. B. gegen §§ 11 II, 14 I, 15, 17, 36 BBiG). Ein schwerer Verstoß liegt vor, wenn durch das Verhalten die persönliche Integrität so in Frage gestellt wird, dass es nicht zu verantworten ist, Auszubildende weiterhin der Obhut der betreffenden Person anzuvertrauen.[29] Wiederholte Verstöße erfordern zumindest zwei Verstöße. Bei leichteren Verstößen bedarf es einer Wertung, ob diese in ihrer Gesamtheit die persönliche Integrität in der beschriebenen Weise in Frage zu stellen vermögen. Auf keinen Fall geeignet ist ein wiederholt rechtskräftig Verurteilter.[30]

21 Da § 29 Nr. 1 u. 2 BBiG die Gründe fehlender persönlicher Eignung nur beispielhaft nennt (s. oben RN 18), können auch andere Ursachen eine persönliche Eignung ausschließen. Diese müssen aber in ihrer Tragweite denen in § 29 Nr. 1 u. 2 BBiG entsprechen. Hierunter kann z. B. das wiederholte Ohrfeigen von Auszubildenden fallen sowie die Begehung einer Straftat nach § 25 JArbSchG, wegen derer aber noch keine rechtskräftige Verurteilung vorliegt. Ungeeignet kann auch sein, wer seine Stellung ausnutzt, um die Auszubildenden im Sinne der Lehren von Scientology zu beeinflussen.[31]

---

[28] Vgl. Ausbilder-EignungsVO (AusbEignV) i. d. F. v. 21. 1. 2009 (BGBl. I S. 88), siehe hierzu RN 23; vgl. *Kngge*AR-Blattei, SD 400.3.

[29] *Leinemann/Taubert* § 29 RN 18.

[30] VGH Bad.-Württemberg 20. 6. 1989 DVBl. 89, 1265; OVG Münster 3. 8. 1984 GewArch. 85, 21.

[31] OVG Nordrhein-Westfalen 10. 10. 1994 EzB BBiG §§ 23, 24 Nr. 11.

b) Die **fachliche Eignung** setzt gem § 30 BBiG (für den Bereich des Handwerks s. § 22b HwO) die beruflichen sowie die berufs- und arbeitspädagogischen Fertigkeiten, Kenntnisse und Fähigkeiten voraus. Die beruflichen Fertigkeiten, Kenntnisse und Fähigkeiten besitzt, wer **(1)** die Abschlussprüfung in einer dem Ausbildungsberuf entsprechenden Fachrichtung oder **(2)** eine Prüfung an einer Ausbildungsstätte oder die Abschlussprüfung an einer staatlich oder staatlich anerkannten Schule oder **(3)** die Abschlussprüfung an einer deutschen Hochschule bestanden hat und eine angemessene Zeit in seinem Beruf praktisch tätig gewesen ist (§ 30 II BBiG). Das zuständige Bundesministerium kann im Einvernehmen mit dem Bundesministerium für Bildung und Forschung nach Anhörung des Hauptausschusses des Bundesinstituts für Berufsbildung weitere Einzelheiten regeln. Unter bestimmten Voraussetzungen können auch in den neuen Bundesländern (§ 103 BBiG) und im Ausland abgelegte Prüfungen anerkannt werden, die die erforderlichen berufs- und arbeitspädagogischen Kenntnisse belegen. Die nach Landesrecht zuständige Behörde kann eine einfache fachliche Eignung nach § 30 VI BBiG widerruflich zuerkennen. 22

Die Qualifikation zur Berufsausbildung ist in der **Ausbilder-Eignungsverordnung** (AusbEignV) vom 16. 2. 1999 (BGBl. I S. 157, ber. S. 700) zul. geänd. 14. 5. 2008 (BGBl. I S. 854) geregelt. Sie hat die früher für die einzelnen Berufe bestehenden Verordnungen vereinheitlicht. Ab dem 1. 8. 2009 gilt die neue Ausbilder-Eignungsverordnung i. d. F. vom 21. 1. 2009 (BGBl. I S. 88). Nach § 1 gilt sie für die Ausbildung in anerkannten Ausbildungsberufen nach dem BBiG, nicht anwendbar ist sie im Bereich der freien Berufe. Auf Grund der Ausbilder-Eignungsverordnung (AusbEignV) ist im Rahmen der fachlichen Eignung der Nachweis einschlägiger berufs- und arbeitspädagogischer Kenntnisse in einer Prüfung nachzuweisen (§ 4 AusbEignV). Die Ausbilder müssen die Kompetenz zum selbstständigen Planen, Durchführen und Kontrollieren der Berufsausbildung erwerben, und zwar in den Handlungsfeldern **(1)** Prüfen und Planen der Ausbildungsvoraussetzungen, **(2)** Vorbereitung der Ausbildung und Mitwirkung bei der Einstellung der Auszubildenden, **(3)** Durchführung der Ausbildung und **(4)** Abschluss der Ausbildung vgl. §§ 2, 3 AusbEignV. Zu Prüfungsbefreiungen für langjährige Ausbilder vgl. §§ 6, 7 AusbEignV. Bei Fehlen der fachlichen Eignung hat die zuständige Behörde gem. § 33 II BBiG das Einstellen und das Ausbilden zu untersagen. 23

c) Die **betriebliche Eignung** setzt eine geeignete Ausbildungsstätte sowie ein angemessenes Verhältnis zwischen der Zahl der Auszubildenden und der Ausbildungsplätze oder der beschäftigten Fachkräfte (§ 27 BBiG, s. auch § 21 HwO) voraus. Für die Angemessenheit kann auf die Empfehlung des Bundesausschusses für Berufsbildung über die Eignung von Ausbildungsstätten (BArbBl. 1972, 344) zurückgegriffen werden. Danach können auf 1–2 Fachkräfte 1 Auszubildender, auf 3–5 Fachkräfte 2 Auszubildende, auf 6–8 Fachkräfte 3 Auszubildende und auf je 3 weitere 1 weiterer Auszubildender entfallen. Überschreitet die Zahl der Auszubildenden das angemessene Verhältnis, kann der Ausbildende schadensersatzpflichtig werden.[32] Unter Ausbildungsstätte sind die Einrichtungen zu verstehen, in denen betriebliche Berufsausbildung stattfindet. Der Begriff umfasst z. B. Arbeitsräume in Gebäuden, auf dem Betriebsgelände, im Freien, auf Baustellen (vgl. § 2 ArbStättV). Die betriebliche Eignung wird durch die zuständigen Stellen überwacht (§§ 32, 76 BBiG). Gegebenenfalls kann die Einstellung und Ausbildung von Auszubildenden untersagt werden (§§ 32 II, 33 BBiG). 24

6. Anerkennung von Ausbildungsberufen. a) Nach § 4 BBiG bzw. § 25 HwO können der BMAS oder die sonst zuständigen Fachminister im Einvernehmen mit dem BM für Bildung und Forschung durch RechtsVO, die nicht der Zustimmung des Bundesrats bedarf, Ausbildungsberufe staatlich anerkennen, die Anerkennung aufheben und für die Ausbildungsberufe Ausbildungsordnungen erlassen. Die Befugnis dient dazu, eine geordnete und einheitliche Berufsausbildung zu gewährleisten sowie zu ihrer Anpassung an die technischen, wirtschaftlichen und gesellschaftlichen Erfordernisse beizutragen. Die Ausbildungsverordnungen werden im Allgemeinen nach einem Schema erlassen, das auf einer Empfehlung des früheren Bundesausschusses für Berufsbildung beruht. Wegen weiterer Einzelheiten s. §§ 4, 5 BBiG; § 25 HwO. Das Bundesinstitut für Berufsbildung (vgl. § 173) führt ein **Verzeichnis der anerkannten Ausbildungsberufe,** das jährlich zu veröffentlichen ist (§ 90 BBiG). 25

Wegen der alphabetischen Zusammenstellung der VO über die Ausbildungsberufe, soweit sie nach Inkrafttreten des BBiG erlassen sind, vgl. das Verzeichnis der anerkannten Ausbildungsberufe vom 19. 6. 2008 (Beilage zum BAnz. Nr. 139a vom 12. 9. 2008). 26

b) Nach §§ 4 II BBiG, 25 II HwO darf nur nach der Ausbildungsordnung ausgebildet werden. Zweck dieser Regelung ist, unter bildungspolitischen, wirtschaftspolitischen und sozialen 27

[32] LAG Berlin 26. 10. 1978 ArbuR 79, 284.

Gesichtspunkten zu gewährleisten, dass die Berufsausbildung der erforderlichen Anpassungsfähigkeit genügt.[33] Eine **Ausnahme** besteht für körperlich, geistig oder seelisch Behinderte (§ 64 BBiG).

28 **c)** Nach §§ 4 III BBiG, 25 III HwO dürfen **Jugendliche unter 18 Jahren in anderen als anerkannten Ausbildungsberufen** nicht ausgebildet werden, es sei denn, dass die Berufsausbildung auf den Besuch weiterführender Bildungsgänge vorbereitet; untersagt wäre mithin eine Ausbildung als Tanzlehrer. Ein Verstoß macht den Ausbildungsvertrag gem. § 134 BGB nichtig[34] (zum Entgeltanspruch s. unten RN 32). Personen über 18 Jahre erschienen dem Gesetzgeber weniger schutzbedürftig.[35] Zulässig ist die Ausbildung von Jugendlichen ausgerichtet auf den Besuch weiterbildender Schulen (Praktika vor dem Besuch von Hoch- und Fachschulen).[36] Auch bei Hilfsarbeitern kann wegen der Differenziertheit der Arbeitsvorgänge eine längere Unterweisung notwendig sein. Diese sollte durch § 4 III BBiG nicht unterbunden werden.

29 **Ausnahmen vom Verbot des Ausschließlichkeitsgrundsatzes** können sich aus einer RechtsVO gem. § 6 BBiG[37] sowie für geistig, körperlich und seelisch Behinderte ergeben (§§ 64 ff. BBiG). Für letztere gilt dies jedoch nur, soweit die Art und Schwere der körperlichen, geistigen und seelischen Behinderung dies erfordert. Ferner bleibt § 26 BBiG unberührt.

30 **d)** Bei **Verstößen gegen § 4 BBiG, § 25 HwO** kann die zuständige Stelle nach § 9 BBiG Regelungen treffen. Außerdem hat sie gem. § 76 BBiG die Ausbildung zu überwachen.

31 **7. Berufsausbildungsverzeichnis.** Der Ausbildungsvertrag und seine etwaigen Änderungen sind nach der schriftlichen Ausfertigung unverzüglich durch den Ausbildenden zur Eintragung in das von der zuständigen Stelle geführte Berufsausbildungsverzeichnis anzumelden. Die Eintragung ist für den Auszubildenden gebührenfrei (vgl. §§ 34–36 BBiG). Die Ausbildungsverträge sind unabhängig von der Eintragung rechtswirksam. Jedoch erfolgt die Zulassung zur Abschlussprüfung nur nach Eintragung bzw. dann, wenn dies ohne Verschulden des Auszubildenden und seines gesetzlichen Vertreters unterblieben ist. Die Industrie- und Handelskammern als zuständige Stellen sind nicht befugt, durch Satzungsrecht für die Eintragung die Benutzung des von ihnen herausgegebenen Vertragsformulars vorzuschreiben.[38] Die Eintragung kann mit der Verpflichtungsklage verfolgt werden.[39]

III. Unzulässige Berufsausbildungsverträge und Vereinbarungen

32 **1. Unzulässige Berufsausbildungsverträge.** Unwirksam ist der Berufsausbildungsvertrag, wenn der Vertragsabschluss mit Rechtsmängeln behaftet ist oder nach dem Vertragsinhalt Jugendliche in anderen als anerkannten Ausbildungsberufen (vgl. RN 25 ff.) ausgebildet werden sollen, es sei denn, dass auf einen weiterführenden Bildungsgang vorbereitet wird (§ 3 III BBiG). Für die Vergangenheit ist er nach den Grundsätzen des fehlerhaften Vertragsverhältnisses (§ 36 RN 51)[40] abzuwickeln. Der Auszubildende kann gem. § 612 BGB grundsätzlich nur die **Ausbildungsvergütung** verlangen. Etwas anderes kann dann gelten, wenn der Auszubildende wie ein Hilfsarbeiter beschäftigt wurde.[41] Der Berufsbildungsvertrag ist ein gem. § 117 I BGB nichtiges Scheingeschäft, wenn er nur abgeschlossen wurde, um Zugang zu einem von einem Dritten getragenen Ausbildungsverbund zu erhalten.[42]

33 **2. Nichtigkeit einzelner Abreden.** Das BBiG bestimmt, dass im Berufsausbildungsvertrag bestimmte Abreden nicht getroffen werden können (s. § 12 BBiG). Diese sind rechtsunwirksam. Der Ausbildende kann sich nicht darauf berufen, die nichtige Klausel werde durch andere, für den Auszubildenden günstige Regelungen kompensiert.[43] Die Nichtigkeit einzelner Abreden

---

[33] BT-Drucks. V/4260 zu § 28 BBiG.

[34] LAG Schleswig-Holstein 26. 3. 1981 EzB BBiG § 28 Nr. 10.

[35] S. LAG Düsseldorf 21. 4. 1988 EzA 10 zu § 28 BBiG.

[36] BT-Drucks. V/4260 zu § 28 BBiG.

[37] Die Bestimmung knüpft an die sog. „Experimentierklausel" in § 28 III BBiG a. F. an. Es hat VOen für Gießereitechniker, Lebensmitteltechniker und Verfahrenstechniker in der Hütten- und Halbzeugindustrie gegeben, die wieder außer Kraft getreten sind.

[38] OVG Rheinland-Pfalz 10. 4. 1974 BB 74, 788 = EzA 1 zu § 32 BBiG (LS).

[39] OVG Münster 25. 1. 1980 AP 1 zu § 32 BBiG; VG Kassel 30. 1. 1980 GewArch. 80, 167.

[40] Häufig auch als „faktisches Arbeitsverhältnis" bezeichnet.

[41] LAG Hamm 3. 8. 1965 DB 65, 1599; s. a. LAG Schleswig-Holstein 26. 3. 1981 EzB BBiG § 28 Nr. 10.

[42] LAG Hamm 24. 10. 2006 NZA-RR 2007, 64.

[43] *Leinemann/Taubert* § 12 RN 34.

macht aber nicht den Vertrag insgesamt unwirksam (s. auch § 36 RN 20). Insoweit gilt eine **Ausnahme von § 139 BGB.**[44]

a) Berufsbeschränkungen. Grundsätzlich sind Vereinbarungen nichtig, durch die der Auszubildende für die Zeit nach Beendigung des Berufsausbildungsverhältnisses in der Ausübung seiner beruflichen Tätigkeit beschränkt wird (§ 12 I 1 BBiG). Das Gesetz will verhindern, dass der Auszubildende seine – naturgemäß – noch unvollkommenen beruflichen Grundkenntnisse nicht vertiefen kann oder brachliegen lassen muss. Demnach sind alle Abreden unwirksam, durch die der Auszubildende rechtlich oder faktisch an seinen bisherigen Betrieb gebunden (Bleibeverpflichtung) oder in seiner beruflichen Tätigkeit beschränkt wird. Eine Beschränkung kann von Gratifikationsrückzahlungsklauseln,[45] von Klauseln auf Rückzahlung außerbetrieblicher Lehrgänge[46] und vor allem von Wettbewerbsverboten[47] (§ 58) sowie von Anschlussbeschäftigungsklauseln (vgl. unten RN 126) ausgehen. **34**

Eine **Ausnahme** von dem Verbot solcher Klauseln besteht nach **§ 12 I 2 BBiG,** wenn sich der Auszubildende innerhalb der letzten sechs Monate des Berufsausbildungsverhältnisses dazu verpflichtet, mit dem Ausbildenden ein Arbeitsverhältnis einzugehen. Da sich das Verbot der Vereinbarung einer Vertragsstrafe nach § 12 II Nr. 2 BBiG nur auf das Berufsausbildungsverhältnis bezieht, kann innerhalb der Frist auch eine Vertragsstrafe (zur AGB-Kontrolle § 60 RN 9ff.) für den Fall des Nichtantreten des Arbeitsverhältnisses vereinbart werden.[48] Für ein anschließendes Arbeitsverhältnis kann dann auch ein nachvertragliches Wettbewerbsverbot vereinbart werden, es sei denn das Dauerarbeitsverhältnis wird nur abgeschlossen, um den Ausschluss des Wettbewerbsverbotes für das Berufsausbildungsverhältnis zu umgehen. Die Frist des § 12 I 2 BBiG rechnet von der im Vertrag vorausgesetzten Beendigung. Wird die Ausbildungszeit verkürzt oder verlängert (§ 8 BBiG, § 27b HwO), kommt es auf den entsprechenden früheren oder späteren vorausgesetzten Beendigungszeitpunkt an. **35**

Eine Ausnahme von dem Verbot der Berufsbeschränkung bestand nach § 85 BBiG a. F. dann, wenn der Auszubildende sich für die Zeit nach Abschluss der Berufsausbildung bis zur Dauer von 4 Jahren als Soldat auf Zeit verpflichtete. Diese Regelung ist in die Neufassung des BBiG nicht übernommen worden. **36**

b) Lehrgeld.[49] Nichtig ist die Vereinbarung über die Verpflichtung des Auszubildenden oder seiner gesetzlichen Vertreter,[50] für die Berufsausbildung eine Entschädigung zu zahlen (§ 12 II Nr. 1 BBiG). Damit sind auch Vereinbarungen nichtig, die eine Rückzahlung von ausnahmsweise vom Ausbildenden zu tragenden **Unterkunfts- und Verpflegungskosten** vorsehen.[51] Ansonsten steht es den Vertragsparteien frei, eine Entschädigung für die Gewährung von Unterkunft und Verpflegung zu vereinbaren, sofern der Auszubildende in den gemeinsamen Haushalt aufgenommen wird oder im Rahmen des Betriebes Unterkunft und Verpflegung erhält. Das Verbot des § 12 II Nr. 1 BBiG gilt auch dann, wenn das Ausbildungsverhältnis vorzeitig endet.[52] Bei der Ausbildung zum Berufskraftfahrer gehört der Erwerb der Fahrerlaubnis der Klasse 2 zur fachlichen Ausbildung; mit diesen Kosten darf der Auszubildende daher nicht belastet werden.[53] Eine unzulässige Entschädigungsverpflichtung kann auch dann gegeben sein, wenn sich der Auszubildende verpflichten muss, als Gegenleistung für die Ausbildungsstelle Waren (Autobus, Büroausrüstung) zu erwerben oder Eignungstests zu bezahlen.[54] In diesen Fällen liegt eine Umgehung des § 12 II Nr. 1 BBiG vor. Besucht ein Auszubildender auf Veranlassung des Arbeitgebers an Stelle der staatlichen Berufschule eine andere Bildungseinrichtung, sind die hierdurch entstehenden Mehrkosten vom Arbeitgeber zu tragen, eine entgegenstehende Vereinbarung verstößt gegen § 12 II Nr. 1 BBiG.[55] Das Gesetz will sicherstellen, dass die betriebliche Berufsausbildung als solche nicht zu bezahlen ist. Bei einer von der betrieblichen Ausbildung nach dem BBiG gelösten, verschulten Ausbildung ist es da- **37**

---

[44] ErfK/*Schlachter* § 12 RN 1.
[45] BAG 25. 4. 2001 AP 8 zu § 5 BBiG = NZA 2002, 1396.
[46] BAG 25. 4. 1984 EzB § 5 BBiG Nr. 16; LAG Köln 7. 3. 1988 LAGE § 5 BBiG Nr. 1.
[47] Vgl. BAG 20. 9. 2006 AP 13 zu § 60 HGB = NZA 2007, 977.
[48] BAG 23. 6. 1982 AP 4 zu § 5 BBiG.
[49] Hierzu *Salje* ArbuR 89, 37.
[50] BAG 28. 7. 1982 AP 3 zu § 5 BBiG = NJW 83, 783.
[51] BAG 21. 9. 1995 AP 6 zu § 5 BBiG = NZA 96, 205.
[52] BAG 25. 7. 2002 AP 9 zu § 5 BBiG = DB 2003, 510.
[53] BAG 25. 4. 1984 AP 5 zu § 5 BBiG = NZA 85, 184.
[54] Vgl. OLG Hamm 16. 12. 1982 NJW 83, 2708.
[55] BAG 25. 7. 2002 AP 9 zu § 5 BBiG = DB 2003, 510.

gegen zulässig, den Auszubildenden an den Kosten zu beteiligen. Deshalb kann z. B. ein Flugschüler an den Ausbildungskosten beteiligt werden.[56]

38 **c) Vertragsstrafe, Schadensersatz.** Vereinbarungen über **Vertragsstrafen** sind nach § 12 II Nr. 2 BBiG nichtig. Das gilt auch bei einer Vertragsstrafenvereinbarung zulasten der Eltern des Auszubildenden. Insoweit gilt dasselbe wie bei einer Verpflichtung zur Zahlung von Ausbildungskosten.[57] Das Verbot erfasst nur solche Vertragsstrafen, die sich auf das Berufsausbildungsverhältnis beziehen (s. RN 35).[58] Gem. § 12 II Nr. 3, 4 BBiG sind darüber hinaus Vereinbarungen über den **Ausschluss** oder die **Beschränkung von Schadensersatzansprüchen** sowie über die Festsetzung der Höhe eines Schadensersatzes in **Pauschbeträgen** (§ 12 II Nr. 2–4 BBiG) nichtig. Das gilt auch wegen der Haftung des Ausbildenden für seine Erfüllungsgehilfen (§ 278 BGB) und Verrichtungsgehilfen (§ 831 BGB).

39 Während § 12 II Nr. 1 BBiG ausdrücklich nur Vereinbarungen zuungunsten des Auszubildenden anspricht, sind nach dem Gesetzeswortlaut die in § 12 II Nr. 2–4 BBiG genannten Vereinbarungen auch **zum Nachteil des Arbeitgebers** unwirksam. Nach dem Normzweck ist jedoch § 25 BBiG entsprechend anzuwenden, so dass derartige Vereinbarungen nur zu Ungunsten des Auszubildenden unwirksam sind.[59] Daraus folgt, dass die Erfüllung der Vertragspflichten des Arbeitgebers durch Vertragsstrafen gesichert und Schadensersatzansprüche gegen den Auszubildenden ausgeschlossen werden können.

IV. Pflichten des Ausbildenden

40 **1. Ausbildung.** Die Hauptpflicht des Ausbildenden besteht in der **sachlichen und persönlichen Ausbildung** des Auszubildenden.

41 **2. Sachliche Ausbildung. a)** Zur sachlichen Ausbildung gehört die Vermittlung der für das vereinbarte Berufsziel notwendigen beruflichen Handlungsfähigkeit. Hierzu gehört die Vermittlung von Fertigkeiten und Kenntnissen in planmäßiger, zeitlich und sachlich gegliederter Form, damit das Ausbildungsziel in der Ausbildungszeit erreicht werden kann (§ 14 I Nr. 1 BBiG). Es ist also ausgeschlossen, dass die Ausbildung nach dem gerade vorhandenen betrieblichen Arbeitsanfall erfolgt (vgl. § 5 I Nr. 4 BBiG). Zur Erreichung des Ausbildungszieles sind dem Auszubildenden alle im Rahmen des Berufsbildes **üblichen Arbeiten** zu übertragen, auch wenn sie in der Ausbildungsstätte nicht verrichtet werden. Es sind also „Lehraufträge" zu beschaffen und zu erteilen. Die Verbundausbildung nach § 10 V BBiG (s. oben RN 8) kann die Ausbildung insoweit erleichtern.

42 Für den Auszubildenden besteht ein **Beschäftigungsanspruch.**[60] Weil Auszubildende zum Zweck der Ausbildung beschäftigt werden und keine Arbeit auf Grund eines Arbeitsverhältnisses leisten, kann für sie **keine Kurzarbeit** angeordnet werden.[61] Ebenso wie Auszubildende an einem **Streik** teilnehmen können (s. unten RN 79), können sie im Rahmen des Arbeitskampfes auch **ausgesperrt** werden,[62] eine lösende Aussperrung ist aber schon wegen des Ausbildungszwecks und auf Grund des § 22 BBiG ausgeschlossen. Die vom Großen Senat des BAG entwickelten Grundsätze über den Beschäftigungsanspruch eines Arbeitnehmers nach Ausspruch einer unwirksamen Kündigung[63] müssen auch für Auszubildende gelten. Jedenfalls können für sie keine strengeren Voraussetzungen zugrunde gelegt werden.[64] Ein Beschäftigungsanspruch gem. § 102 V BetrVG kommt dagegen nicht in Betracht, da diese Regelung nur für die im Ausbildungsverhältnis ausgeschlossene ordentliche Kündigung gilt und die Widerspruchsgründe gem. § 102 III BetrVG ohnehin an den sozialen Rechtfertigungsgründen des § 1 II KSchG orientiert sind.[65] Bei einer zu Unrecht ausgesprochenen außerordentlichen Kündigung kann der Beschäftigungsanspruch auch im einstweiligen Verfügungsverfahren durchgesetzt werden. Das gilt auch

---

[56] S. BAG 19. 2. 2004 AP 33 zu § 611 BGB Ausbildungsbeihilfe.

[57] S. hierzu BAG 28. 7. 1982 AP 3 zu § 5 BBiG = NJW 83, 783.

[58] BAG 23. 6. 1982 AP 4 zu § 5 BBiG = NJW 83, 1575.

[59] Ebenso *Leinemann/Taubert* § 5 RN 27, 30; Wohlgemuth/*Lakies*/Malottke/Pieper/Proyer § 12 RN 38, 41; ErfK/*Schlachter* § 12 BBiG RN 5.

[60] BAG 11. 12. 1964 AP 22 zu § 611 BGB Lehrverhältnis; LAG Düsseldorf 24. 1. 1968 DB 68, 401.

[61] *Leinemann/Taubert* § 10 RN 54; Wohlgemuth/*Lakies*/Malottke/Pieper/Proyer § 10 RN 5; teilw. abw. *Herkert/Töltl* § 10 RN 42, die Kurzarbeit zulassen wollen, wenn alle Ausbildungsmöglichkeiten im Betrieb erschöpft sind.

[62] *Leinemann/Taubert* § 10 RN 52; Erfk/*Schlachter* § 10 BBiG RN 11; a. A. *Herkert/Töltl* § 13 RN 30.

[63] BAG 27. 2. 1985 AP 14 zu § 611 BGB Beschäftigungspflicht = NZA 85, 702; s. § 110 RN 5 ff.

[64] BAG 11. 8. 1987 AP 1 zu § 16 BBiG = NZA 88, 93.

[65] *Leinemann/Taubert* § 22 RN 176.

während des Verfahrens vor dem Ausschuss nach § 111 ArbGG.[66] Der erforderliche Verfügungsgrund liegt hier neben der drohenden Anspruchsvereitelung in der Gefährdung des Ausbildungsziels. Die Verpflichtung zur Ausbildung wird nach § 888 ZPO vollstreckt.[67]

Erfüllt der Ausbildende seine Ausbildungspflicht nicht, ist er gem. § 280 I BGB zum **Schadensersatz** verpflichtet, wenn der Ausbildende die Ausbildungsprüfung deshalb nicht besteht.[68] Ein Schadensersatzanspruch setzt im Allgemeinen voraus, dass ein gescheiterter Prüfungsversuch vorausgeht. Jedenfalls muss der Auszubildende substantiiert darlegen, warum eine erfolgreiche Prüfung aussichtslos gewesen wäre.[69] Die Höhe des Schadens bemisst sich nach der Differenz der gezahlten Vergütung zu dem Einkommen, das der Auszubildende nach bestandener Prüfung hätte verdienen können.[70] Ggfs. kann nach § 254 BGB ein Mitverschulden des Auszubildenden zu berücksichtigen sein.[71] Für die Darlegung des Mitverschuldens genügt aber nicht der pauschale Vorwurf der Faulheit oder Interesselosigkeit.[72] Dagegen besteht bei Nichterfüllung der Ausbildungsverpflichtung kein Anspruch des Auszubildenden auf Zahlung eines Arbeitsentgelts wie ein Arbeitnehmer.[73] 43

b) Dem Auszubildenden dürfen kraft **Direktionsrecht** nur solche Verrichtungen übertragen werden, die dem Ausbildungszweck dienen und denen er körperlich gewachsen ist (§ 14 II BBiG). Das Gesetz will die körperliche Überanstrengung des Auszubildenden verhindern und gewährleisten, dass er nur mit solchen Arbeiten beschäftigt wird, die unmittelbar der Ausbildung förderlich sind. Die Einhaltung dieser Verpflichtung ist durch Bußgeldandrohung gesichert (§ 102 I Nr. 3 BBiG). 44

Welche Arbeiten dem Auszubildenden im Einzelfall übertragen werden dürfen, kann nur nach dem **vereinbarten Berufsziel und der berufspädagogischen Zielsetzung** entschieden werden. Im Allgemeinen gehören dazu nicht Besorgungen, es sei denn, dass es sich um Materialbeschaffung handelt, Hilfsarbeiten oder sonstige berufsfremde Tätigkeiten. Es ist dagegen nicht zu beanstanden, wenn der Auszubildende angehalten wird, seinen Arbeitsplatz zu reinigen und aufzuräumen, Warenpflegarbeiten vorzunehmen oder Warenkenntnisse zu erwerben. Da der Auszubildende sich in betriebliche Ordnungen einzufügen hat (§ 13 I Nr. 4 BBiG), darf der Ausbildende ihn auch mit Hilfs- und Nebentätigkeiten betrauen (z.B. Reinigung der Werkstatt), sofern auch die anderen Belegschaftsmitglieder des entsprechenden Bereichs hierzu herangezogen werden. Bei Direktionsrechtsüberschreitung steht dem Auszubildenden nicht nur ein **Beschwerderecht** bei der Berufsorganisation und dem Betriebsrat (§ 84 BetrVG), sondern auch ein Zurückbehaltungsrecht (§ 50) zu. In schwerwiegenden Fällen kann nach vorheriger Abmahnung eine außerordentliche Kündigung durch den Auszubildenden gerechtfertigt sein. 45

3. Persönliche Ausbildung. Zur persönlichen Ausbildung gehört die charakterliche Förderung des Auszubildenden und die Bewahrung vor sittlichen und körperlichen Gefährdungen (§ 14 I Nr. 5 BBiG). Die Vorschrift hat vor allem Bedeutung in Ausbildungsverhältnissen Jugendlicher. Eine körperliche Züchtigung ist schon gem. §§ 223ff. StGB ausgeschlossen. Für Jugendliche gilt darüber hinaus § 31 JArbSchG (s. § 161 RN 43). Unzulässig ist auch die religiöse Beeinflussung.[74] Die dem Arbeitgeber in §§ 22–31 JArbSchG auferlegten öffentlich-rechtlichen Schutzpflichten zugunsten Jugendlicher sind zugleich auch privatrechtlich geschuldete Fürsorgepflichten. 46

4. Ausbildungsmittel. a) Der Ausbildende hat dem Auszubildenden **kostenlos** (leihweise) die zur Ausbildung und zur Ablegung der Zwischen- und Abschlussprüfung notwendigen[75] Bücher, Werkzeuge und Werkstoffe zur Verfügung zu stellen, selbst wenn die Prüfungen erst nach Beendigung des Ausbildungsverhältnisses erfolgen (§ 14 I Nr. 3 BBiG).[76] Zu den zur Verfügung zu stellenden Mittel kann auch das E-Learning gehören, also Mittel zum computerun- 47

---

[66] LAG Bremen 26. 10. 1983 AP 26 zu § 102 BetrVG 1972.
[67] LAG Berlin 19. 1. 1978 AP 9 zu § 888 ZPO; s. § 110 RN 7.
[68] BAG 10. 6. 1976 AP 2 zu § 6 BBiG; zur Darlegungslast LAG Rheinland-Pfalz 6. 7. 2005 EzA-VjA BGB 2002 § 280 Nr. 2.
[69] LAG Köln 30. 10. 1998 NZA 99, 317 = LAGE § 16 BBiG Nr. 2.
[70] BAG 10. 6. 1976 AP 2 zu § 6 BBiG.
[71] BAG 10. 6. 1976 AP 2 zu § 6 BBiG.
[72] BAG 10. 6. 1976 AP 2 zu § 6 BBiG.
[73] LAG Köln 25. 1. 1989 AR-Blattei Berufsausbildung Entsch. 64; LAG Rheinland-Pfalz 11. 1. 2008 – 9 Sa 587/07 – n. v.
[74] BVerwG 9. 11. 1962 BVerwGE 15, 134 = AP 1 zu Art. 4 GG.
[75] Freiwillige Aufwendungen des Auszubildenden brauchen nicht ersetzt zu werden.
[76] Vgl. BAG AP 2 zu § 23 HandwO.

terstützten Lernen.[77] Nach § 3 Nr. 4 Musterausbildungsvertrag ist auch Fachliteratur zur Verfügung zu stellen. Die für die betriebliche Ausbildung notwendige Ausbildungsliteratur wird dem Auszubildenden auch zu häuslichen Studien überlassen werden müssen. Da sich die Berufsausbildung in einem dualen System vollzieht, ist der Arbeitgeber ohne gesonderte Vereinbarung nicht verpflichtet, dem Auszubildenden auch die für den Berufsschulunterricht notwendigen Bücher zu überlassen. Etwas anderes gilt für Fachbücher, die für die betriebliche Ausbildung erforderlich sind.[78] Kommt der Arbeitgeber seiner Verpflichtung zur Beschaffung dieser Ausbildungsmittel nicht nach, so kann der Auszubildende die Bücher selbst kaufen und Zug um Zug gegen Übereignung der Bücher an den Ausbildenden Ersatz der notwendigen Kosten verlangen.[79] Nicht zu den Ausbildungsmitteln i. S. v. § 14 I Nr. 3 BBiG zählt die Arbeitskleidung. Diese muss der Auszubildende (sofern nicht durch Tarifvertrag, Betriebsvereinbarung oder Ausbildungsvertrag abweichend geregelt) auf eigene Kosten anschaffen. Allerdings kann sich auch für Auszubildende gem. § 618 BGB (vgl. § 86 RN 20) sowie aus Unfallverhütungsvorschriften ein Anspruch auf Anschaffung einer Schutzausrüstung ergeben. Der Arbeitgeber hat die zur Ablegung der Prüfungen notwendigen Ausbildungsmittel zur Verfügung zu stellen (§ 14 I Nr. 3 BBiG). Es verstößt gegen § 14 I Nr. 3 BBiG, wenn der Auszubildende dem Ausbildenden die Kosten für das für das Prüfungsstück benötigte Material ersetzen muss.[80]

48 Die durch einen **Auslandsaufenthalt** des Auszubildenden entstehenden Kosten einschließlich der Verpflegungs- und Übernachtungskosten sind jedenfalls dann vom Arbeitgeber zu tragen, wenn erst durch die Teilnahme an der Maßnahme die volle Erfüllung der Ausbildungspflicht gewährleistet ist.[81] Teilweise wird eine Kostentragungspflicht gem. § 670 BGB angenommen, wenn der Ausbildende eine eigenes Interesse an dem Auslandsaufenthalt des Auszubildenden hat.[82]

49 Aufwendungen der Eltern für die Berufsausbildung ihrer Kinder gehören grundsätzlich zu den Lebenshaltungskosten. Sie sind nicht allein deshalb Betriebsausgaben, weil sie eine spätere Unternehmensnachfolge vorbereiten sollen.[83]

50 **b)** Die im Rahmen des Ausbildungsverhältnisses hergestellten **Ausbildungsstücke** gelangen in das Eigentum des Ausbildenden. Insoweit bestehen keine Besonderheiten gegenüber einem normalen Arbeitsverhältnis. Bei **Prüfungsstücken** erwirbt der Auszubildende gemäß § 950 BGB Eigentum hieran.[84] Etwas anderes gilt, wenn der Wert des Materials (etwa bei Schmuck) den Wert der Verarbeitung erheblich[85] übersteigt[86] oder wenn das Prüfungsstück (z. B. bei Arbeiten an einem Gebäude oder einem Kraftfahrzeug) fest mit dem Eigentum eines Dritten verbunden ist.[87] Ferner tritt der Eigentumserwerb nicht ein, wenn bei einem nicht fertiggestellten Prüfungsstück nach der Verkehrsanschauung noch keine neue Sache i. S. v. § 950 BGB entstanden ist.[88] Abweichende vertragliche Vereinbarungen oder tarifliche Vorschriften über den Eigentumsübergang sind aber wirksam;[89] § 25 BBiG steht dem nicht entgegen, weil diese Frage nicht in Teil 2 des BBiG geregelt ist. Erlangt der Auszubildende Eigentum an den Prüfungsstücken, so besteht nach überwiegender Auffassung kein Wertersatzanspruch nach § 951 BGB.[90] Dem ist nicht zuzustimmen, weil § 14 I Nr. 3 BBiG keinen Rechtsgrund für einen Eigentumsübergang beinhaltet.

---

[77] *Schmolke,* Neuer Trend „Pervasive learning“, Co Pers 9/2001 S. 56; digitales Lernen (Buchauszüge aus *Lutz P. Michel,* 2006) t-learning ist tot – es lebe E-Learning, Co Pers B/2006 S. 10. Vgl. http://www.bibb.de (Informationssystem ELDOC).

[78] BAG 16. 12. 1976 AP 3 zu § 611 BGB Ausbildungsverhältnis m. krit. Anm. *Schwerdtner.*

[79] BAG 16. 12. 1976 AP 3 zu § 611 BGB Ausbildungsverhältnis.

[80] LAG Schleswig-Holstein 14. 2. 2006 NZA-RR 2006, 461.

[81] *Leinemann/Taubert* § 2 RN 37, die als Anspruchsgrundlage § 14 I Nr. 3 BBiG ansehen; vgl. BAG 29. 6. 1988 EzB BBiG § 5 Nr. 25; 21. 9. 1995 AP 6 zu § 5 BBiG = NZA 96, 205.

[82] *Stück* NZA 2005, 1393 (1394/1395).

[83] BFH 29. 10. 1997 BB 98, 1827.

[84] LAG Köln 20. 12. 2001 EzB-VjA BGB § 950 Nr. 1; LAG München 8. 8. 2002 NZA-RR 2003, 187; *Monjau* DB 69, 1841 (1845); *Leinemann/Taubert* § 14 RN 30; Wohlgemuth/*Lakies*/Malottke/Pieper/Proyer § 14 BBiG RN 12; *Herkert/Töltl* § 14 RN 26; a. A. *Natzel* DB 70, 1319 (1323).

[85] Das ist jedenfalls bei einem Verhältnis von 60 : 100 anzunehmen; vgl. BGH 22. 5. 1995 NJW 95, 2633.

[86] *Leinemann/Taubert* § 14 RN 30; ErfK/*Schlachter* § 14 BBiG RN 4.

[87] Wohlgemuth/*Lakies*/Malottke/Pieper/Proyer § 14 BBiG RN 12.

[88] LAG Schleswig-Holstein 14. 2. 2006 NZA-RR 2006, 461.

[89] LAG München 8. 8. 2002 NZA-RR 2003, 187; vgl. auch BAG 3. 3. 1960 AP 2 zu § 23 HandwO.

[90] BAG 3. 3. 1960 AP 2 zu § 23 HandwO m. zust. Anm. v. *Schnorr von Carolsfeld;* LAG Köln 20. 12. 2001 EzB-VjA BGB § 950 Nr. 1; *Herkert/Töltl* § 14 RN 26; a. A. *Leinemann/Taubert* § 14 RN 30.

5. Schulbesuch, Prüfungen.[91] Der Ausbildende hat den Auszubildenden zum Besuch der Berufsschule anzuhalten[92] und die Berichtshefte[93] (§ 14 I Nr. 4 BBiG) durchzusehen, soweit diese im Rahmen der Berufsausbildung verlangt werden. Welche Maßnahmen zum „Anhalten" erforderlich sind, muss im Einzelfall entschieden werden (Ermahnung, Anmahnung, Benachrichtigung der gesetzlichen Vertreter usw.). Wenn der Arbeitgeber verpflichtet ist, zum Berufsschulbesuch anzuhalten, ist er auch zur Kontrolle des Besuches berechtigt. Dies gilt auch beim Blockunterricht. Der Auszubildende hat den Ausbildenden bei Versäumnis von Ausbildungsmaßnahmen (Berufsschule, Blockunterricht usw.) unter Angabe von Gründen zu benachrichtigen. Für den Schulbesuch und für außerhalb der Betriebsstätte erfolgende Ausbildungsmaßnahmen hat der Ausbildende den Auszubildenden unter Fortzahlung der Vergütung (§ 19 I Nr. 1 BBiG) von der Arbeit **freizustellen** (§ 15 BBiG, für Jugendliche gilt außerdem § 9 JArbSchG, s. hierzu § 161 RN 21 ff.). Weil die Anrechnungsvorschriften des § 9 II BBiG für volljährige Auszubildende (nach Außerkrafttreten von § 9 IV BBiG) nicht mehr gelten, kann für diese Auszubildenden die Summe der Berufsschulzeiten und der betrieblichen Ausbildungszeiten größer sein als die kalenderwöchentliche tarifliche Arbeitszeit.[94] Das Verbot der Beschäftigung vor einem vor 9.00 Uhr beginnenden Unterricht gem. § 9 I Nr. 1 JArbSchG gilt aber auch für volljährige Auszubildende. Bei der Kollision der betrieblichen mit der schulischen Ausbildung hat die schulische den Vorrang. Der Freistellungsanspruch umfasst auch die Zeiträume, in denen der Auszubildende zwar nicht am Unterricht teilnimmt, aber wegen des Schulbesuchs aus tatsächlichen Gründen gehindert ist, an der betrieblichen Ausbildung teilzunehmen, etwa während der Wegezeiten, der Schulpausen oder der Freistunden zwischen zwei Unterrichtsstunden.[95] Ein Freistellungsanspruch besteht gem. § 15 Satz 1 BBiG ferner für die **Teilnahme an Prüfungen.** Hierzu zählen alle nach der Ausbildungsordnung vorgesehenen mündlichen oder schriftlichen Zwischen- und Abschlussprüfungen sowie etwaige Wiederholungsprüfungen. Wie bei der Freistellung für den Berufsschulunterricht ist auch für evtl. Wege-, Warte-, Wasch-, Umkleidezeiten freizustellen. Der erweiterte Freistellungsanspruch des § 10 I Nr. 2 JArbSchG (s. hierzu § 161 RN 24) gilt nur für jugendliche Auszubildende. 51

Der Ausbildende hat die **Kosten einer erforderlichen außerbetrieblichen Ausbildung** zu tragen.[96] Hierzu gehören auch die Kosten für Unterkunft und Verpflegung bei auswärtiger Unterbringung.[97] Dagegen besteht kein Anspruch auf Erstattung der **Fahrtkosten zur Berufsschule**[98] oder auf Freizeitausgleich wegen der Wegezeit.[99] Dasselbe gilt für die Ablegung von Prüfungen.[100] 52

6. Hilfspersonen des Ausbildenden. a) Der Ausbildende kann die Ausbildung selbst vornehmen oder damit einen Ausbilder, der die persönlichen und fachlichen Voraussetzungen des § 28 BBiG haben muss, beauftragen (RN 15 ff.). Die **Beauftragung** muss ausdrücklich erfolgen, damit der berufsrechtlich verantwortliche Ausbildungsleiter ersichtlich ist (§§ 34 II Nr. 9, 36 I 1 BBiG, 30 II Nr. 2 HwO). Die Bestellung des Ausbilders ist mitbestimmungspflichtig (vgl. § 239). Der Ausbilder ist im Rahmen des Ausbildungsverhältnisses Erfüllungsgehilfe des Ausbildenden (§ 278 BGB).[101] Bei Verletzungen der Ausbildungspflicht durch den Ausbilder haftet mithin der Ausbildende auf Schadensersatz. Die Bestellung eines persönlich oder fachlich ungeeigneten Ausbilders kann mit Geldbußen belegt werden; auch der ungeeignete Ausbilder ist bußgeldpflichtig (§ 102 I Nr. 5 BBiG). 53

b) Der Ausbilder kann bei Verletzung der ihm obliegenden Ausbildungspflichten gem. § 280 BGB gegenüber dem Ausbildenden schadensersatzpflichtig werden.[102] Dagegen hat der Ausbildende keine Schadensersatzansprüche aus §§ 831, 832 BGB gegen den Ausbilder, wenn der Auszubildende bei der Arbeit dem Ausbildenden einen Schaden zufügt, denn „Geschäftsherr" 54

---

[91] Hierzu *Berger-Delhey/Platz* DB 88, 1898; *B. u. J. Natzel* DB 87, 1734.

[92] Eine derartige Verpflichtung ergibt sich vielfach auch aus den Schulgesetzen der Länder.

[93] Nach den Vorschriften des BBiG besteht kein Anspruch darauf, dass sie während der Arbeitszeit geführt werden; s. BAG 11. 1. 1973 AP 1 zu § 6 BBiG.

[94] BAG 13. 2. 2003 AP 2 zu § 7 BBiG = NZA 2003, 984.

[95] BAG 26. 3. 2001 AP 1 zu § 7 BBiG = NZA 2001, 892.

[96] BAG 25. 4. 1984 AP 5 zu § 5 BBiG = NZA 85, 184; 29. 6. 1988 EzB BBiG § 5 Nr. 25 (n. a. v.).

[97] BAG 21. 9. 1995 AP 6 zu § 5 BBiG = NZA 96, 205.

[98] BAG 11. 1. 1973 AP 1 zu § 6 BBiG; 14. 12. 1983 AP 1 zu § 34 BBiG; LAG Köln 4. 5. 2006 NZA-RR 2006, 635.

[99] LAG Frankfurt 9. 12. 1987 BB 88, 631.

[100] BAG 14. 12. 1983 AP 1 zu § 34 BBiG.

[101] Vgl. BAG 11. 12. 1964 AP 22 zu § 611 BGB Lehrverhältnis.

[102] *Barfuss* BB 76, 935.

ist der Ausbildende. Mangels vertraglicher Beziehungen kommen im Verhältnis zwischen Ausbilder und Auszubildendem nur **Ansprüche aus unerlaubter Handlung** in Betracht. Der Ausbilder kann bei Inanspruchnahme durch den Auszubildenden einen Freistellungsanspruch gegen den Ausbildenden haben (vgl. § 53 RN 71ff.). Gegenüber Ansprüchen Dritter gelten keine Besonderheiten. Jedoch haftet auch insoweit der Ausbilder nicht nach § 831 BGB. Im Rahmen von §§ 823ff. BGB kann eine Pflichtverletzung in der mangelhaften Beaufsichtigung des Auszubildenden bestehen.

55 **7. Verletzung der Ausbildungspflicht.** Sie kann für den Ausbildenden zu **(1)** einer Belegung mit **Geldbußen** (§ 102 BBiG), **(2) Entziehung der Befugnis** zur Einstellung und Ausbildung (§ 33 BBiG, s. oben RN 23, 24), **(3) Schadensersatzpflicht** gegenüber dem Auszubildenden (s. oben RN 43) oder **(4)** einem Recht des Auszubildenden zur fristlosen **Kündigung** (s. unten RN 100) i. d. R. nach vorheriger Abmahnung führen; **(5)** der Auszubildende kann auch **auf Erfüllung** der Ausbildungspflicht **klagen** (s. oben RN 42).

56 **8. Zeugnis** (allgemein zum Zeugnisanspruch § 146). **a)** Bei Beendigung des Ausbildungsverhältnisses hat der Ausbildende dem Auszubildenden ein Zeugnis auszustellen (§ 16 I BBiG). Auf seine Erteilung und Berichtigung kann geklagt werden. Der Auszubildende kann bereits vor Beendigung ein **Zwischenzeugnis** verlangen, wenn feststeht, dass das Ausbildungsverhältnis nicht in ein Arbeitsverhältnis übergeleitet wird, und wenn er es zur Stellensuche benötigt (vgl. auch § 146 RN 9). Das Zwischenzeugnis ist Zug um Zug gegen Herausgabe des Abschlusszeugnisses zurückzugeben (s. § 146 RN 37). Für die **Form des Zeugnisses** gelten die Ausführungen unter § 146 RN 16 entsprechend. Wenn der Ausbildende die Ausbildung nicht selbst durchgeführt hat, soll das Berufsausbildungszeugnis nach § 16 I 3 BBiG auch vom Ausbilder (bei mehreren Ausbildern: vom Ausbildungsleiter) unterzeichnet werden. Unterbleibt eine Unterzeichnung, so kann der Auszubildende hierauf klagen.[103] Da § 16 I 3 BBiG eine Sollvorschrift enthält, kann die Mitunterzeichnung nicht verlangt werden, wenn der Ausbilder den Inhalt des Zeugnisses nicht mitverantworten kann.[104] Zur Insolvenz sowie zum Betriebsübergang s. § 146 RN 5, 6. Im Fall des Todes des Ausbildenden richtet sich der Anspruch gegen die Erben.[105] Nach dem Tod des Auszubildenden geht der Anspruch unter.[106] Vor Beendigung des Ausbildungsverhältnisses ist ein Verzicht auf das Zeugnis unwirksam (§ 25 BBiG). Nach der Beendigung ist ein Erlass möglich. Allgemeine Ausgleichsklauseln in gerichtlichen Vergleichen stellen aber noch keinen Verzicht auf den Zeugnisanspruch dar.[107]

57 **b)** Seinem **Inhalt** nach muss das Zeugnis Angaben enthalten über Art, Dauer und Ziel der Berufsausbildung sowie über die erworbenen Fertigkeiten, Kenntnisse und Fähigkeiten des Auszubildenden (§ 16 II 1 BBiG). I. d. R. wird auch ein erfolgloser Ausbildungsabschluss angegeben werden dürfen.[108] Auf Verlangen des Auszubildenden ist nach § 16 II 2 BBiG ein erweitertes Zeugnis zu erteilen, in dieses sind Angaben über Verhalten und Leistung aufzunehmen.

58 Zweckmäßig wird das Zeugnis in 4 Abschnitte gegliedert. Im ersten wird das Ausbildungsverhältnis nach Art, Dauer und berufsrechtlichem Ziel charakterisiert, im zweiten werden die übertragenen Arbeiten beschrieben, im dritten die erworbenen Fertigkeiten, Kenntnisse und Fähigkeiten beurteilt und im vierten schließlich auf Verlangen die qualifizierten Angaben nach § 16 II 2 BBiG mitgeteilt.

59 **c)** Das Berufsausbildungszeugnis wird in besonderem Maße von den **Grundsätzen der Wahrheit und der wohlwollenden Beurteilung** beherrscht, da es für den Lebensweg des Berufsanfängers vielfach von entscheidender Bedeutung ist. Wegen der weiteren Einzelheiten kann insoweit auf § 146 RN 19ff. verwiesen werden.

V. Ausbildungsvergütung

Basedau, Zur Dauer des Anspruchs auf die Ausbildungsvergütung bei Ausfall der Ausbildung, NZA 88, 417; *v. Hoyningen-Huene,* Zum Anspruch auf angemessene Ausbildungsvergütung, EwiR 2003, 673; *Litterscheid,* Die Ausbildungsvergütung nach dem Berufsbildungsgesetz in seiner neuen Fassung, NZA 2006, 639; *Malottke,* Angemessenheit der Ausbildungsvergütung, AiB 2005, 58; *Natzel,* Ausbildungsvergütung bei ab-

[103] *Herkert/Töltl* § 16 RN 28; Wohlgemuth/*Lakies*/Malottke/Pieper/Proyer § 16 BBiG RN 10; ErfK/*Schlachter* § 16 BBiG RN 1; a. A. *Leinemann/Taubert* § 16 RN 6.
[104] Wohlgemuth/*Lakies*/Malottke/Pieper/Proyer § 16 BBiG RN 10.
[105] ArbG Münster 10. 4. 1990 BB 90, 2266 (LS); s. auch § 146 RN 5.
[106] *Leinemann/Taubert* § 16 RN 5.
[107] BAG 16. 9. 1974 AP 9 zu § 630 BGB m. Anm. *G. Küchenhoff.*
[108] Vgl. ArbG Darmstadt 6. 4. 1967 DB 67, 734.

gekürzter oder verlängerter Ausbildungsdauer, DB 79, 1357; *ders.*, Zur Angemessenheit der Ausbildungsvergütung, BB 92, 1521; *Opolony*, Die angemessene Ausbildungsvergütung gemäß § 10 I BBiG, BB 2000, 510.

1. Allgemeines. Zwingender Bestandteil eines jeden Ausbildungsvertrages ist eine Vereinbarung über die vom Ausbildenden zu zahlende Vergütung (§§ 11 I 2 Nr. 6, 17 BBiG).[109] Sie soll den Eltern des Auszubildenden eine finanzielle Hilfe sichern, der Heranbildung eines qualifizierten Nachwuchses dienen und die Arbeitsleistung abgelten.[110] In der **Ausbildungsvergütung** mischen sich ausbildungs-, sozialversicherungs- und arbeitsrechtliche Elemente. Hieraus folgt: Sie kann nicht gepfändet (§ 850a Nr. 6 ZPO),[111] nicht abgetreten (§ 400 BGB) und gegen sie kann nicht aufgerechnet werden (§ 394 BGB). In der Insolvenz ist die rückständige Ausbildungsvergütung Insolvenzforderung nach § 38 InsO (vgl. § 93). Sie verjährt in drei Jahren (§ 195 BGB). Bei Ausfall der Vergütung in der Insolvenz besteht Anspruch auf Insolvenzgeld (§ 94). **60**

2. Bemessung der Vergütung. a) Regelmäßig werden in der betrieblichen Praxis die für den Betrieb geltenden **tariflichen Mindestsätze** vereinbart. Richtet sich vertraglich die Vergütung nach einem vom Landesinnungsverband empfohlenen Tarif und wird die Erhöhung vom Landesinnungsverband empfohlen, so hat der Auszubildende nach den Regeln der Auslegung Anspruch auf die Erhöhung. Dagegen besteht keine Rechtsgrundlage für eine berufsständische Kammer (z. B. Rechtsanwaltskammer), Mindestsätze für die Ausbildungsvergütung festzusetzen und die Eintragung des Berufsausbildungsvertrages von der Vereinbarung der Mindestsätze abhängig zu machen.[112] **61**

b) Grundsätzlich ist es Sache der Vertragsparteien, die Höhe der Vergütung zu bestimmen, sofern nicht bei bestehender Tarifbindung ohnehin die tarifliche Vergütung als Mindestvergütung maßgeblich ist. Dabei haben die Vertragspartner einen Spielraum,[113] der aber durch die **Rahmenvorschrift des § 17 BBiG** begrenzt wird. Die Ausbildungsvergütung muss eine angemessene Höhe haben und nach dem Lebensalter des Auszubildenden so bemessen sein, dass sie mit fortschreitender Berufsausbildung mindestens jährlich ansteigt. Die zu § 10 BBiG a. F. (jetzt § 17 BBiG) entwickelten Grundsätze gelten nach Wortlaut und Zweck des § 12 I KrPflG auch für die Ausbildungsberufe in der Krankenpflege (vgl. § 173 RN 12f.).[114] **62**

Der unbestimmte Rechtsbegriff der **Angemessenheit** ist nach dem Zweck der Vergütung (RN 60) zu bestimmen. Die Ausbildungsvergütung ist angemessen, wenn sie hilft, die Lebenshaltungskosten zu bestreiten, und zugleich eine Mindestentlohnung für die Leistungen des Auszubildenden darstellt.[115] Die Angemessenheit wird unter Abwägung der Interessen beider Vertragspartner und unter Berücksichtigung der Umstände des Einzelfalles bestimmt.[116] Im Allgemeinen ist eine Ausbildungsvergütung angemessen, wenn sie sich an einem einschlägigen **Tarifvertrag** orientiert.[117] Fehlen tarifliche Regelungen der Vergütung für bestimmte Berufe, so kann für die Beurteilung der Angemessenheit auf einen vergleichbaren Ausbildungsgang zurückgegriffen werden, für den tarifliche Regelungen bestehen.[118] Gibt es keine tarifliche Regelung, ist auf die **branchenüblichen Sätze** oder auf eine der Verkehrsauffassung des entsprechenden Industriezweiges entsprechende Vergütung abzustellen. Hierbei kann man auf die **Empfehlungen der Kammern oder Handwerksinnungen** zurückgreifen.[119] Bei der Prü- **63**

[109] Mit der jetzigen Formulierung des BBiG ist der Jahrzehnte alte Streit, ob das Entgelt Vergütung oder Ausbildungsbeihilfe ist, zugunsten der Vergütung entschieden.

[110] Vgl. BT-Drucks. V/4260 S. 9 zu § 10; BAG 12. 3. 1962 AP 1 zu § 84 HandwO; 25. 7. 2002 AP 11 zu § 10 BBiG; 15. 12. 2005 AP 15 zu § 10 BBiG = NZA 2007, 1392 (LS); 22. 1. 2008 AP 7 zu § 17 BBiG = NJW 2008, 1833; 19. 2. 2008 AP 8 zu § 17 BBiG = NZA 2008, 828.

[111] *Leinemann/Taubert* § 17 BBiG 7; *Wohlgemuth*/Lakies/Malottke/*Pieper*/Proyer § 17 RN 3; ErfK/*Schlachter* § 17 BBiG RN 2; a. A. *Herkert/Töltl* § 10 RN 46; Zöller/*Stöber* § 850a ZPO RN 13; MünchKommZPO/*Smid* § 850a ZPO RN 18.

[112] BVerwG 26. 3. 1981 BVerwGE 62, 117 = NJW 81, 2209.

[113] BAG 22. 1. 2008 AP 7 zu § 17 BBiG = NJW 2008, 1833; 19. 2. 2008 AP 8 zu § 17 BBiG = NZA 2008, 828.

[114] BAG 19. 2. 2008 AP 8 zu § 17 BBiG = NZA 2008, 828

[115] BAG 8. 12. 1982 AP 1 zu § 29 BBiG; 10. 4. 1991 AP 3 zu § 10 BBiG = NZA 91, 773; 11. 10. 1995 AP 6 zu § 10 BBiG = NZA 96, 698; 15. 12. 2005 AP 15 zu § 10 BBiG = NZA 2007, 1392 (LS).

[116] BAG 15. 12. 2005 AP 15 zu § 10 BBiG = NZA 2007, 1392 (LS).

[117] BAG 10. 4. 1991 AP 3 zu § 10 BBiG = NZA 91, 773; 25. 7. 2002 AP 11 zu § 10 BBiG; 24. 10. 2002 AP 12 zu § 10 BBiG = NZA 2003, 1203; 15. 12. 2005 AP 15 zu § 10 BBiG= NZA 2007, 1392 (LS).

[118] BAG 7. 3. 1990 AP 28 zu § 611 BGB Ausbildungsverhältnis.

[119] BAG 25. 4. 1985 EzB BBiG § 10 Abs. 1 Nr. 45; 30. 9. 1998 AP 8 zu § 10 BBiG = NZA 99, 265; 25. 7. 2002 AP 11 zu § 10 BBiG; 15. 12. 2005 AP 15 zu § 10 BBiG = NZA 2007, 1392 (LS).

fung der Angemessenheit der Ausbildungsvergütung ist der Zeitpunkt der Fälligkeit und nicht der Zeitpunkt des Vertragsabschlusses maßgeblich.[120] Bei einer **Verbundausbildung** nach § 10 V BBiG (s. oben RN 8) ist für die Angemessenheit auf die Bedingungen im Betrieb des Vertragspartners abzustellen.[121] Eine vereinbarte Vergütung ist regelmäßig dann nicht mehr angemessen, wenn sie die in einem einschlägigen Tarifvertrag geregelte um mehr als 20% unterschreitet.[122] Wird die Ausbildung teilweise oder vollständig **durch öffentliche Gelder** zur Schaffung zusätzlicher Ausbildungsplätze **finanziert** und ist sie für den Ausbilder mit keinerlei finanziellen Vorteilen verbunden, können auch Vergütungen, die erheblich unter den tariflichen Ausbildungsvergütungen liegen, noch angemessen sein.[123] Bei lernbeeinträchtigten und sozial benachteiligten Auszubildenden können die der Ausbildungsvergütung auch zukommenden Funktionen des Unterhaltsbeitrags und der „Entlohnung" der erbrachten Leistungen zurücktreten.[124] Generell unanwendbar soll die Regelung über die Angemessenheit der Ausbildungsvergütung für ausschließlich von der Bundesanstalt für Arbeit[125] finanzierte Ausbildungsverhältnisse mit einem gemeinnützigen Bildungsträger sein. In diesen Fällen bedient sich die Bundesanstalt eines privaten Trägers, um die Rehabilitanden gewährte berufsfördernde Leistung in Form einer Berufsausbildung praktisch durchzuführen.[126] Die Organisationsform der Gemeinnützigkeit eines Bildungsträgers rechtfertigt für sich genommen aber noch nicht ein Unterschreiten der tariflichen Ausbildungsvergütung,[127] ebenso wenig wie der Umstand, dass der Ausbildende nur über beschränkte finanzielle Mittel verfügt.[128] Die zuständige Stelle kann eine Eintragung wegen Unangemessenheit der Vergütung nur ablehnen, wenn es sonst zu unerträglichen Nachteilen käme.[129] Ist die vereinbarte Ausbildungsvergütung unangemessen, so ist die Vergütungsvereinbarung gem. **§ 134 BGB** nichtig. An die Stelle der vereinbarten tritt dann die angemessene Vergütung.[130] Nicht zulässig ist eine geltungserhaltende Reduktion der vertraglichen Regelung bis zur Grenze dessen, was noch als angemessen angesehen anzusehen wäre.[131]

64 Der Regelung, wonach die Vergütung **mit fortschreitender Berufsausbildung zumindest jährlich ansteigen** muss, liegt die Erwägung zugrunde, dass mit ansteigendem Lebensalter und fortschreitender Berufsausbildung die Arbeitskraft des Auszubildenden auch betrieblich von Interesse wird. Maßgebend ist insoweit das Ausbildungsjahr, nicht das Kalenderjahr. Besteht der Auszubildende vorzeitig eine Zwischenprüfung, so hat er auch schon Anspruch auf die für den folgenden Ausbildungsabschnitt vorgesehene Vergütung.[132] Anspruch auf die Vergütung des späteren Ausbildungsabschnittes besteht auch dann, wenn dem Auszubildenden Ausbildungszeit angerechnet wird.[133] Besteht er dagegen die Abschlussprüfung nicht, so hat er während der Verlängerungszeit keinen Anspruch auf die erhöhte Vergütung.[134]

65 Eine über die vereinbarte regelmäßige tägliche Ausbildungszeit (§ 11 I Nr. 4 BBiG) hinausgehende Beschäftigung ist gem. **§ 17 III BBiG** besonders zu vergüten oder durch Freizeit auszugleichen. Von welcher Möglichkeit Gebrauch gemacht werden soll, unterliegt der Regelungsfreiheit der Vertragsparteien. Enthält der Ausbildungsvertrag hierzu keine Regelung und können sich die Parteien insoweit auch nicht aus Anlass der Arbeitszeitüberschreitung einigen, besteht gem. § 262 BGB im Zweifel ein Wahlrecht des Schuldners, also des Ausbildenden. Man mag

---

[120] BAG 30. 9. 1998 AP 8 zu § 10 BBiG = NZA 99, 265.

[121] Abweichend: *Leinemann/Taubert* § 17 RN 18.

[122] BAG 8. 5. 2003 AP 14 zu § 10 BBiG = NZA 2003, 1343.

[123] BAG 11. 10. 1995 AP 6 zu § 10 BBiG = NZA 96, 698; 24. 10. 2002 AP 12 zu § 10 BBiG = NZA 2003, 1203; 8. 5. 2003 AP 14 zu § 10 BBiG = NZA 2003, 1343; 22. 1. 2008 AP 7 zu § 17 BBiG = NJW 2008, 1833.

[124] BAG 22. 1. 2008 AP 7 zu § 17 BBiG = NJW 2008, 1833.

[125] Jetzt: Bundesagentur.

[126] BAG 15. 11. 2000 AP 9 zu § 10 BBiG = NZA 2001, 1248; 16. 1. 2003 AP 13 zu § 10 BBiG = NZA-RR 2003, 607; vgl. auch BAG 22. 1. 2008 AP 7 zu § 17 BBiG = NJW 2008, 1833.

[127] BAG 8. 5. 2003 AP 14 zu § 10 BBiG = NZA 2003, 1343; 22. 1. 2008 AP 7 zu § 17 BBiG = NJW 2008, 1833; 19. 2. 2008 AP 8 zu § 17 BBiG = NZA 2008, 828.

[128] BAG 19. 2. 2008 AP 8 zu § 17 BBiG = NZA 2008, 828.

[129] VG Würzburg 2. 7. 1974 BB 74, 1073.

[130] BAG 10. 4. 1991 AP 3 zu § 10 BBiG = NZA 91, 773.

[131] Zu § 12 I KrPflG BAG 19. 2. 2008 AP 8 zu § 17 BBiG = NZA 2008, 828.

[132] ArbG Bochum 17. 10. 1978 DB 79, 172.

[133] BAG 22. 9. 1982 AP 5 zu § 611 BGB Ausbildungsverhältnis; zur Verkürzung BAG 8. 12. 1982 AP 1 zu § 29 BBiG = NJW 83, 1629; vgl. LAG Schleswig-Holstein 11. 8. 1970 ArbuR 71, 94 (LS); LAG Hamm 24. 7. 1980 DB 80, 2088.

[134] BAG 8. 2. 1978 AP 1 zu § 10 BBiG; LAG Hamm 14. 7. 1976 DB 77, 126; nach Tarifvertrag, differenzierend: LAG Berlin 20. 12. 1982 DB 83, 2095 = LAGE § 14 BBiG Nr. 1.

die Verkürzung der Ausbildungszeit infolge des Freistellungsanspruchs unter dem Gesichtspunkt des Ausbildungszwecks für nicht zweckmäßig halten,[135] dies ändert aber nichts an der durch das Gesetz ausdrücklich eingeräumten Wahlmöglichkeit. Der Anspruch gem. § 17 III BBiG besteht auch dann, wenn es sich um eine nach dem ArbZG oder für Jugendliche nach §§ 8 ff. JArbSchG **unzulässige Mehrarbeit** handelt.

Bei einem **Ausgleich in Form von Freizeit** ist grundsätzlich eine dem Umfang der zusätzlichen Arbeitszeit entsprechende und nicht etwa eine ausgehend von einem Überstundenzuschlag proportional höhere Freistellung vorzunehmen, wie sich schon aus der Formulierung „entsprechende Freizeit" in § 17 III BBiG ergibt.[136] Etwas anderes kann auf Grund eines anwendbaren Tarifvertrages, einer vertraglichen Vereinbarung oder auf Grund des Grundsatzes der Angemessenheit der Vergütung nach § 17 I BBiG gelten (vgl. RN 63, 67), wenn nach einem Tarifvertrag oder auf Grund Branchenüblichkeit erhöhte Freizeitausgleichsansprüche gewährt werden. Eine Frist für den Freizeitausgleich sieht das Gesetz nicht vor; insoweit ist auch § 18 II BBiG wegen seines anderen Regelungsgegenstandes nicht entsprechend anzuwenden.[137] 66

Einen gesetzlichen Anspruch auf **Mehrarbeitszuschläge**[138] gibt es weder nach dem ArbZG noch nach dem JArbSchG. Bei einem Ausgleich durch besondere Vergütung kann sich aus einem Tarifvertrag oder auch dem Ausbildungsvertrag ein Anspruch auf **Überstundenvergütung** (bei Überschreiten der regelmäßigen täglichen Ausbildungszeit) ergeben. Gibt es für tarifgebundene Auszubildende entsprechende Regelungen, oder sind sie branchenüblich, beinhaltet eine angemessene Vergütung auch die Zahlung von entsprechenden Zuschlägen. Denn auch für die Bemessung der Mehrarbeitsvergütung gilt das Merkmal der Angemessenheit in § 17 I BBiG.[139] Gelegentlich wird sogar angenommen, dass dann, wenn die Überstunden nicht im Zusammenhang mit der Ausbildung stehen (Wochenendfütterung in der Landwirtschaft) der Lohn für gewerbliche Arbeitnehmer zu zahlen ist.[140] Wird die Ausbildungszeit dagegen regelmäßig erheblich unterschritten, so kann u. U. bei Nichtbestehen der Prüfung ein Schadensersatzanspruch erwachsen (vgl. hierzu oben RN 43). 67

3. Sachleistungen. Sachleistungen, insbesondere die Gewährung von Unterkunft und Verpflegung, können auf die vereinbarte Vergütung angerechnet werden. Für die Anrechnung bedarf es einer vertraglichen Vereinbarung oder einer entsprechenden tariflichen Regelung.[141] Unterkunft sind alle geldwerten Leistungen, die zu Wohnzwecken gewährt werden. Hierzu gehören auch die Nebenkosten (z. B. Heizkosten, Strom). Für die Sachleistung darf ein höherer als der in § 17 I Nr. 4 SGB IV i. V. m. der jeweiligen SvEV (vormals: SachBezV) geregelte Sachbezugswert nicht in Ansatz gebracht werden; der Anrechnungsbetrag darf ferner 75 v. H. der Bruttovergütung nicht übersteigen, damit dem Auszubildenden ein bestimmter Teil seiner Vergütung verbleibt. Teilweise wird angenommen, dass bei einer diesen Prozentsatz übersteigenden Anrechnung die gesamte Anrechnungsklausel unwirksam sein soll.[142] 68

Kann der Auszubildende aus berechtigtem Grund die Sachleistungen nicht in Empfang nehmen (z. B. Urlaub, Krankheit usw.), so sind sie gem. § 19 II BBiG mit dem in § 17 SGB I Nr. 4 IV i. V. m. der jeweiligen SvEV (vormals: SachBezV) bestimmten Wert abzugelten.[143] 69

4. Bemessungszeitraum, Fälligkeit, Zahlungsort. Die Ausbildungsvergütung ist **monatlich** zu bemessen (§ 18 I 1 BBiG) und wird spätestens am letzten Arbeitstag des Monats fällig (§ 18 II BBiG). Da § 113 BGB auf das Ausbildungsverhältnis nicht anwendbar ist (s. § 34 RN 39), muss bei minderjährigen Auszubildenden grundsätzlich an die Eltern gezahlt werden. Diese können jedoch dem Minderjährigen einen Generalkonsens zur Empfangnahme erteilen. Die Tagesvergütung wird ermittelt, indem die Monatsvergütung durch 30 geteilt wird (§ 18 I 2 BBiG). Vereinbarungen, wonach im Laufe des Monats nur Abschläge gezahlt werden und die Restzahlung mit der Abrechnung im folgenden Monat erfolgt, sind unwirksam (§ 25 BBiG). Wegen des Zahlungsortes bestehen keine Besonderheiten (s. hierzu § 70 RN 5 ff.) 70

---

[135] So *Litterscheid* NZA 2006, 629 (640); ErfK/*Schlachter* § 17 BBiG RN 6.

[136] *Gedon/Hurlebaus* § 17 RN 67; a. A. *Litterscheid* NZA 2006, 629 (640).

[137] *Lehmann/Taubert* § 17 RN 49; a. A. *Litterscheid* NZA 2006, 629 (640).

[138] Zur Unterscheidung der Begriffe Mehrarbeit und Überstunden s. § 45 RN 55.

[139] *Lehmann/Taubert* § 17 RN 45; *Gedon/Hurlebaus* § 17 RN 66; vgl. auch BAG 25. 4. 1984 – 5 AZR 528/82 n. v.

[140] ArbG Rheine 13. 11. 1991 NZA 92, 413.

[141] LAG Niedersachsen 31. 10. 1973 EzB BBiG § 10 Abs. 2 Nr. 1; *Gedon/Hurlebaus* § 17 RN 53.

[142] *Leinemann/Taubert* § 17 RN 37; *Herkert/Töltl* § 17 RN 33.

[143] Zu den Besonderheiten bei einem stationären Krankenhausaufenthalt vgl. BAG 22. 9. 1960 AP 27 zu § 616 BGB; *Vogelsang,* Entgeltfortzahlung RN 506.

71 **5. Vergütungsfortzahlung.** Kommt der Auszubildende seinen Verpflichtungen aus dem gegenseitigen Ausbildungsvertrag (§§ 320 ff. BGB) nicht nach, so besteht grundsätzlich kein Vergütungsanspruch. § 19 I BBiG macht hiervon drei Ausnahmen für die Fälle der **Arbeitsfreistellung,** des **Betriebsrisikos** und der **Dienstverhinderung** (s. RN 72–74). In diesen Fällen hat der Auszubildende Anspruch auf diejenige Vergütung, die er erzielt hätte, wenn er seinen Verpflichtungen genügt hätte **(Entgeltausfallprinzip).** § 19 BBiG kann gem. § 25 BBiG nicht zum Nachteil des Auszubildenden abbedungen werden. § 19 BBiG ist lex specialis zu den gesetzlichen Vorschriften, die den gleichen Tatbestand regeln. Die Regelung ist aber nicht abschließend. Daneben gelten gem. § 10 II BBiG die allgemeinen Vorschriften des Arbeitsrechts. Unterbleibt die Ausbildung aus vom Ausbildenden zu vertretenden Gründen (§ 326 II BGB), also insbesondere beim Annahmeverzug, so besteht die Fortzahlungsverpflichtung ohne zeitliche Begrenzung. Insoweit gelten die Regeln des allgemeinen Schuldrechts, das EFZG erfasst diese Fälle ebenfalls nicht.

72 **a) Arbeitsfreistellung.** (Zum Freistellungsanspruch s. oben RN 51) Für die Teilnahme am Berufsschulunterricht und an Prüfungen ist die Ausbildungsvergütung für unbegrenzte Zeit fortzuzahlen (§ 19 I Nr. 1 BBiG). Dasselbe gilt bei Freistellung für Ausbildungsmaßnahmen außerhalb des Betriebes. Ein Anspruch auf Erstattung von Fahrkosten im Zusammenhang mit der Freistellung folgt aus § 19 I Nr. BBiG nicht (s. auch RN 52).

73 **b) Betriebsrisiko usw.** Die Vergütung ist für die Dauer von 6 Wochen fortzahlen, wenn sich der Auszubildende zur Berufsausbildung bereithält,[144] arbeitsfähig und arbeitswillig ist (§ 294 BGB), diese aber aus von keiner Partei zu vertretenden Gründen ausfällt (§ 19 I Nr. 2 Buchst. a) BBiG). Gedacht ist an solche Fälle wie **Krankheit** des Ausbildenden sowie **Betriebsstörungen,** die in den Risikobereich des Ausbildenden fallen. Die Bestimmung erfasst auch Streiks, an denen sich der Auszubildende nicht beteiligt, das Arbeitskampfrisiko trägt insoweit abweichend von § 615 S. 3 BGB allein der Arbeitgeber.[145] Kein Anspruch besteht, wenn dem Auszubildenden die Erfüllung seiner Pflichten infolge eines objektiven Hinderungsgrundes unmöglich wird, also z. B. bei Verkehrsstörungen oder Naturkatastrophen (vgl. § 97 RN 19 ff.). Unterbleibt die Ausbildung aus in der Person des Auszubildenden (§ 97) liegenden Gründen, so kann nur ein Anspruch nach § 19 I Nr. 2 Buchst. b) BBiG bestehen.

74 **c) Dienstverhinderung.** Nach § 19 I Nr. 2b BBiG ist die Vergütung für die Dauer von 6 Wochen fortzuzahlen, wenn der Auszubildende aus einem in seiner Person liegenden Grund unverschuldet verhindert ist, seinen Pflichten aus dem Berufsausbildungsverhältnis zu genügen. Die Vorschrift entspricht § 616 BGB; es kann daher auf die Ausführungen unter § 97 verwiesen werden. § 19 I Nr. 2b BBiG geht aber wegen des Anspruchszeitraums über § 616 Satz 1 BGB deutlich hinaus. Außerdem ist der Anspruch nach § 19 I Nr. 2b BBiG anders als der Anspruch nach § 615 BGB (vgl. § 97 RN 29 f.) nicht abdingbar. Der Begriff „unverschuldet" in § 19 I Nr. 2b BBiG entspricht wie bei § 616 Satz 1 BGB dem Verschuldensbegriff des § 3 I 1 EFZG[146] (s. hierzu § 98 RN 37 ff.).

75 **6. Krankheit.** Die **Entgeltfortzahlung** bei Krankheit richtet sich nach den Regeln des EFZG (§ 10 II BBiG). Die frühere Bestimmung des § 12 BBiG enthielt für diesen Bereich ebenfalls keine eigenständige Regelung, sondern bedeutete lediglich einen Verweis auf das Entgeltfortzahlungsrecht. Besonderheiten können sich nur insoweit ergeben, als bei der Frage des Verschuldens i. S. v. § 3 I 1 EFZG das jugendliche Alter des Betroffenen zu berücksichtigen sein kann.

76 **7. Sonstige Entgeltansprüche.** Für die sonstigen Ansprüche des Auszubildenden gelten gem. § 10 II BBiG die allgmeinen arbeitsrechtlichen Rechtsvorschriften und Rechtsgrundsätze. Das gilt inbesondere für die Entgeltfortzahlung und den **Urlaub**. Schließt ein Arbeitsverhältnis an ein Berufsausbildungsverhältnis an, ist die Abgeltung von noch nicht erfüllten Urlaubsansprüchen aus dem Berufsausbildungsverhältnis ausgeschlossen. Diese Urlaubsansprüche sind nach den für das Arbeitsverhältnis maßgebenden Vorschriften zu erfüllen.[147]

77 **8. Steuern und Sozialversicherung.** Der Auszubildende ist lohnsteuer- und sozialversicherungspflichtig.[148] Bei **Arbeitsunfällen** im Betrieb ist der Auszubildende durch die betrieb-

---

[144] Vgl. BT-Drucks. V/4260 S. 10.

[145] *Herkert/Töltl* § 19 RN 19; *Leinemann/Taubert* § 19 RN 18; *Wohlgemuth*/Lakies/Malottke/*Pieper*/Proyer § 17 RN 9.

[146] *Leinemann/Taubert* § 19 RN 23; ErfK/*Schlachter* § 19 BBiG RN 6.

[147] BAG 29. 11. 1984 AP 22 zu § 7 BUrlG Abgeltung = NZA 85, 598.

[148] *Marburger* BB 86, 316.

liche Berufsgenossenschaft, bei Berufsschulwegen durch den Gemeindeunfallversicherungsverband versichert.

VI. Pflichten des Auszubildenden

1. Allgemeines. Das Gesetz vermeidet es, Formulierungen wie Lern-, Gehorsams- und Treuepflichten des Auszubildenden zu verwenden. Hierin kommt die Tendenz zum Ausdruck, auch den Ausbildungsvertrag als schuldrechtlichen Austauschvertrag zu begreifen, in dem der Auszubildende Arbeit gegen Vergütung und Ausbildung leistet. **78**

2. Arbeitspflicht. Der Auszubildende ist zur Leistung von Arbeit verpflichtet. Art und Umfang der zu leistenden Arbeit richten sich unter Berücksichtigung berufs- und kollektivrechtlicher Regelung nach dem Berufsausbildungsvertrag. In dessen Rahmen steht dem Ausbildenden das **Direktionsrecht** zu (§ 45). Bei der Ausübung des Direktionsrechtes ist auf den besonderen **Ausbildungszweck** Rücksicht zu nehmen. Dem Auszubildenden dürfen nur solche Arbeiten übertragen werden, die der Ausbildung dienen (vgl. RN 44f.). Der Auszubildende hat die ihm übertragenen Aufgaben sorgfältig auszuführen (§ 13 Satz 2 Nr. 1 BBiG). Auch für Auszubildende besteht ein **Streikrecht,** soweit es um die (auch) für sie geltenden tariflichen Regelungen geht. Art. 9 III GG enthält keine ausdrückliche Beschränkung auf Arbeitsverhältnisse, und die Vergütung von Auszubildenden, die auch Entgelt für eine Arbeitsleistung darstellt (s. RN 60), ist typischerweise Gegenstand von tariflichen Regelungen. Außerdem verweist § 10 II BBiG nunmehr explicit auf die für Arbeitsverhältnisse geltenden Rechtsvorschriften und Rechtsgrundsätze, zu denen auch das Arbeitskampfrecht zählt. Nach Ansicht des BAG ist das Streikrecht zumindest dann gegeben, wenn über die Ausbildungsvergütung verhandelt wird.[149] Zur Aussperrung s. RN 42. **79**

3. Teilnahme an der Ausbildung. Der Auszubildende hat sich zu bemühen, die für das Ausbildungsziel erforderlichen Kenntnisse und Fähigkeiten zu erlernen. Er hat an den Ausbildungsmaßnahmen teilzunehmen, für die er von der Arbeit freigestellt ist (§ 13 S. 2 Nr. 2 BBiG). Das Gleiche gilt für die Teilnahme am Berufsschulunterricht,[150] an Prüfungen, für die er freigestellt wurde, und an außerbetrieblichen Ausbildungsmaßnahmen (vgl. § 15 BBiG).[151] Bei schwerwiegenden Pflichtverletzungen kann nach vorheriger Abmahnung eine außerordentliche Kündigung gerechtfertigt sein (§ 22 BBiG); dies insbesondere dann, wenn das Ausbildungsziel nicht mehr erreicht werden kann. **80**

4. Befolgung der Weisungen des Arbeitgebers (§ 13 Satz 2 Nr. 3 BBiG). Aus der Eigenart des Berufsausbildungsverhältnisses folgt, dass der Auszubildende in weiterem Umfang als ein anderer Arbeitnehmer dem **Direktionsrecht** des Arbeitgebers unterliegt. Das Weisungsrecht erfährt nach zwei Richtungen eine besondere Ausgestaltung. Der Auszubildende hat den Weisungen zu folgen, die ihm im Rahmen der Berufsausbildung (s. oben RN 44f., 79) vom Ausbildenden, dem Ausbilder oder von einer anderen weisungsberechtigten Person erteilt werden. Er hat sich zum anderen in den Betriebsablauf einzupassen und die für die Ausbildungsstätte geltende Ordnung zu beachten (§ 13 Satz 2 Nr. 4 BBiG). Ein **Züchtigungsrecht** steht dem Ausbildenden und seinen Hilfspersonen nicht zu (für Jugendliche s. auch § 31 JArbSchG, § 161 RN 43). **81**

5. Obhutspflichten. Der Auszubildende hat die ihm überlassenen oder von ihm benutzten Werkzeuge, Maschinen und sonstigen Einrichtungen pfleglich zu behandeln (§ 13 Satz 2 Nr. 5 BBiG). Verletzt er diese Pflicht schuldhaft, kann er **schadensersatzpflichtig** (s. RN 84), u.U. auch außerordentlich gekündigt werden. Der Pflichtenumfang ist sorgfältig zu ermitteln. Geldbotengänge mit höheren Beträgen gehören im ersten Ausbildungsjahr nicht zu vertraglichen Tätigkeiten.[152] **82**

6. Treuepflicht. Die Treuepflicht trifft den Auszubildenden wie einen Arbeitnehmer. Nach § 13 Satz 2 Nr. 6 BBiG hat er über **Betriebs- und Geschäftsgeheimnisse** (§ 55 RN 51ff.) Stillschweigen zu bewahren. Während des Bestandes des Ausbildungsverhältnisses hat er ferner **83**

---

[149] Jew. für Warnstreiks in Form der „Neuen Beweglichkeit“: BAG 12. 9. 1984 AP 81 zu Art. 9 GG Arbeitskampf = NZA 84, 393; 29. 1. 1985 AP 83 zu Art. 9 GG Arbeitskampf; vgl. auch BAG 30. 8. 1994 AP 131 zu Art. 9 GG Arbeitskampf = NZA 95, 32; ablehnend z.B. *Hromadka* DB 72, 870ff.; zu Einzelfragen s. *Leinemann/Taubert* § 10 RN 42ff.

[150] BAG 5. 12. 1985 AP 10 zu § 620 BGB Bedingung = NZA 87, 20.

[151] *Leinemann/Taubert* § 13 RN 10.

[152] LAG Düsseldorf 23. 2. 1973 DB 73, 974.

Wettbewerb zu Lasten seines Ausbildenden zu unterlassen.[153] Wenngleich insoweit eine besondere gesetzliche Bestimmung nicht gegeben ist, folgt dies aus der allgemeinen Treuepflicht. Das BAG begreift die §§ 60, 61 HGB lediglich als Ausfluss des Treuegedankens. Dagegen ist eine Wettbewerbsbeschränkung für die Zeit nach Beendigung des Ausbildungsverhältnisses nur bei vertraglicher Vereinbarung und dies nur in Ausnahmefällen zulässig (RN 34 f.).

84 **7. Haftung.** Verursacht der Auszubildende im Rahmen seinen Tätigkeit einen **Schaden,** kommt gegenüber dem Ausbildenden und Dritten eine Haftung nach § 280 BGB sowie § 823 BGB in Betracht. Insoweit gelten die allgemeinen Grundsätze des Arbeitsrechts (§ 10 II BBiG).[154] Die Haftung ist daher nach den allgemeinen arbeitsrechtlichen Grundsätzen der Arbeitnehmerhaftung (§ 53 RN 32 ff.) eingeschränkt. Bei **Schädigung Dritter** kommt ein Freistellungsanspruch gegenüber dem Ausbildenden in Betracht. Das Ausbildungsverhältnis als solches führt allerdings für sich genommen nicht zu einer noch weiterreichenden Haftungseinschränkung.[155] Bei dem Sorgfaltsmaßstab sind aber das jugendliche Alter (bei Jugendlichen schon gem. §§ 828 III, 276 I 2 BGB) und die auf Grund des Standes der Ausbildung u. U. fehlende Erfahrung des Auszubildenden zu berücksichtigen. Die Haftung ist ferner bei mitwirkendem Verschulden des Auszubildenden oder Ausbilders (§ 254 BGB) gemindert, insbesondere, wenn dem Auszubildenden Arbeiten übertragen werden, die seinen Ausbildungsstand übersteigen,[156] oder wenn der Ausbildende oder seine Erfüllungsgehilfen den Überwachungspflichten nicht nachkommen. Die Haftungsbeschränkungen gelten erst recht bei einer **Schlechtleistung im Rahmen unzulässig übertragener Aufgaben.**[157] Dies rechtfertigt sich daraus, dass der Auszubildende dabei eine überobligationsmäßige Leistung erbringt. Schadensersatzpflichtig wird der Auszubildende z. B., wenn er entgegen ausdrücklichem Verbot ohne Fahrerlaubnis auf dem Betriebsgelände fährt. Im Verhältnis zu **Arbeitskollegen** gilt die Haftungsbeschränkung nach § 105 SGB VII (§ 53 RN 76 ff.).

VII. Beendigung des Berufsausbildungsverhältnisses

Große, Rechtliche Gestaltungsmöglichkeiten zur vorzeitigen Beendigung des Berufsausbildungsverhältnisses, BB 93, 2081; *Grünberger,* Beendigung von Berufsausbildungsverträgen, AuA 96, 155; *Kleinebrink,* Beendigung von Berufsausbildungsverhältnissen durch Kündigung und Aufhebungsvertrag, ArbRB 2002, 174; *Kreutzfeldt/Kramer,* Rechtsfragen der Kündigung des Berufsausbildungsverhältnisses, DB 95, 975; *Opolony,* Die Beendigung von Berufsausbildungsverhältnissen, BB 99, 1706; *ders.,* Das Schlichtungsverfahren im Berufsausbildungsverhältnis, FA 2003, 133; *Richter/Mitsch,* Berufsausbildungsverhältnisse – kaum begonnen und schon passé, AuA 98, 303; *Sarge,* Verlängerung der Berufsausbildung bei entschuldigtem Fehlen in der Abschlussprüfung, DB 93, 1034; *Sander,* Kein Fehlstart ins Berufsleben, AuA Personal-Profi 8/03 S. 18; *Witt,* Bestandsschutz von Auszubildenden in betriebsverfassungs- oder personalvertretungsrechtlichen Ämtern, AR-Blattei SD 530. 13.1; *Zirwes,* Klagefrist bei der außerordentlichen Kündigung eines Berufsausbildungsverhältnisses, GewArch. 95, 465.

85 **1. Überblick.** Das Ausbildungsverhältnis kann enden durch **(1)** Kündigung in der Probezeit (RN 86 ff.), **(2)** Kündigung nach Ablauf der Probezeit (RN 89 ff.), **(3)** Aufhebungsvertrag (RN 103), **(4)** Ablauf der Ausbildungszeit (RN 104 ff.) und **(5)** vorzeitiges Bestehen der Abschlussprüfung (RN 108 ff.). Bei ausländischen Arbeitnehmern kann die Beendigung der Berufsausbildung Auswirkungen auf die Aufenthaltserlaubnis haben. Mit dem Abschluss ändert sich der Aufenthaltszweck, auch wenn noch die Ablegung der Meisterprüfung beabsichtigt ist.[158]

86 **2. Probezeit. a)** Das Berufsausbildungsverhältnis beginnt mit einer Probezeit, die mindestens einen Monat betragen muss und **höchstens vier Monate** betragen darf (§ 20 BBiG). Innerhalb der Probezeit soll beiden Parteien Gelegenheit gegeben werden zu prüfen, ob der Auszubildende für den gewählten Beruf geeignet ist. Die Vereinbarung einer kürzeren oder längeren Probezeit ist nach § 25 BBiG unwirksam. Da die Probezeit auch im Interesse des Auszubildenden an einer evtl. kurzfristigen Lösungsmöglichkeit vom Vertrag besteht, sind Vereinbarun-

---

[153] BAG 20. 9. 2006 AP 13 zu § 60 HGB = NZA 2007, 977.

[154] BAG 7. 7. 1970 AP 59 zu § 611 BGB Haftung des Arbeitnehmers; 20. 9. 2006 AP 13 zu § 60 HGB = NZA 2007, 977; LAG Rheinland-Pfalz 13. 12. 1989 LAGE § 611 BGB Gefahrgeneigte Arbeit Nr. 8.

[155] BAG 18. 4. 2002 AP 122 zu § 611 BGB Haftung des Arbeitnehmers = NZA 2003, 37.

[156] Vgl. BAG 7. 7. 1970 AP 59 zu § 611 BGB Haftung des Arbeitnehmers; 20. 9. 2006 AP 13 zu § 60 HGB = NZA 2007, 977; a. A. *Natzel* DB 70, 1975 ff.

[157] Vgl. ArbG Kiel 24. 4. 1963 AP 21 zu § 611 BGB Lehrverhältnis; LAG Düsseldorf 23. 2. 1973 DB 73, 974; *Natzel* DB 70, 1975 ff.

[158] Hess. VGH 12. 1. 1998 BB 98, 1011.

gen[159] unzulässig, die eine zu kurze oder keine Probezeit vorsehen. Allerdings kann sich der Arbeitgeber bei einer Kündigung nicht etwa mit Erfolg darauf berufen, es habe eine (längere) Probezeit vereinbart werden müssen, so dass eine Probezeitkündigung gem. § 22 I BBiG möglich sei. Denn § 25 BBiG bezweckt allein den Schutz des Auszubildenden. Die Probezeit beginnt mit dem gem. § 11 I 2 Nr. 2 BBiG vereinbarten Beginn der Berufsausbildung und nicht mit der tatsächlichen Aufnahme der Ausbildung.[160] Eine etwaige vorherige Tätigkeit als Praktikant ist auf die Probezeit grundsätzlich nicht anzurechnen,[161] es sei denn die Parteien vereinbaren dies.[162] Schließen die Parteien im Rahmen einer **Stufenausbildung** über jede Stufe einen neuen Ausbildungsvertrag, so ist wegen des Beginns des Berufsausbildungsverhältnisses auf die erste Stufe abzustellen, es sei denn die Folgestufe wird bei einem anderen Ausbildenden absolviert.[163] Dagegen ist bei Vereinbarung eines weiteren Ausbildungsverhältnisses im Anschluss an ein vorzeitig beendetes anderes Berufsausbildungsverhältnis eine neue Probezeit zu vereinbaren.[164] Das muss auch bei Aufnahme der neuen Ausbildung in demselben Betrieb gelten, weil die Eignung des Auszubildenden für den jetzigen Ausbildungsberuf erneut zu prüfen ist. Die Vereinbarung einer Probezeit von drei Monaten im Berufsausbildungsvertrag war nach der Rspr. des BAG auch dann nach § 13 Satz 2 BBiG a. F. zulässig, wenn sich das Ausbildungsverhältnis an ein Arbeitsverhältnis anschließt.[165] Wird die Ausbildung während der Probezeit für eine nicht unverhältnismäßige Zeit, z. B. durch Erkrankung des Auszubildenden, **unterbrochen,** so verlängert diese sich nicht automatisch um die Dauer der Unterbrechung. Jedoch konnten die Parteien des Ausbildungsverhältnisses nach Ansicht des BAG in solchen Fällen die Probezeit (jedenfalls um ein Drittel der vereinbarten Probezeit) verlängern, auch wenn dadurch die Grenzen des § 13 BBiG a. F. überschritten wurden.[166] Diese Rspr. kann auf die wortgleiche Bestimmung des § 20 BBiG n. F. übertragen werden. Es kann daher auch von vornherein vereinbart werden, dass die Probezeit bei einer Unterbrechung von einem Monat um diese Zeit verlängert wird. Der Auszubildende kann sich hierauf jedoch nicht berufen, wenn er die Unterbrechung selbst vertragswidrig herbeigeführt hat.[167] Findet bereits während der Probezeit Blockunterricht statt, so ist dies jedoch keine Unterbrechung, da auch hierbei die Eignung des Auszubildenden überprüft werden kann.[168] Wechselt ein Auszubildender während der Ausbildungszeit den Ausbildenden, so kann eine neue Probezeit vereinbart werden.[169]

b) Auch während der Probezeit gelten uneingeschränkt die beiderseitigen Verpflichtungen 87
aus dem Ausbildungsverhältnis. Eine **Befristung der Probezeit** mit der Folge, dass mangels Verlängerung der Ausbildungsvertrag endet, ist unwirksam. Dies folgt schon daraus, dass das Gesetz in § 20 Satz 1 BBiG keine Befristung des Ausbildungsverhältnisses, sondern nur den Beginn des Ausbildungsverhältnisses mit der Probezeit normiert. Die Probezeit ist in die Vertragsniederschrift aufzunehmen (§ 11 I Nr. 5 BBiG). Wird eine unzulässige Probezeit vereinbart, so gilt die im Wege der ergänzenden Vertragsauslegung zu ermittelnde im Rahmen des Gesetzes.

c) Während der Probezeit kann das Berufsausbildungsverhältnis jederzeit ohne Einhaltung 88
einer Kündigungsfrist **schriftlich** gekündigt werden (§ 22 I BBiG). Die Kündigung muss bei **Minderjährigen** dem gesetzlichen Vertreter zugehen,[170] die Erklärung gegenüber einem Elternteil ist ausreichend.[171] Die Kündigung kann im Zweifel auch schon nach Abschluss des Ausbildungsvertrages, aber vor Aufnahme der Tätigkeit erfolgen.[172] Die Kündigung kann auch aus Gründen erfolgen, die nicht mit der Ausbildung zusammenhängen. Allerdings sind die allge-

---

[159] Z. B. bei Aufnahme einer neuen Ausbildung im Anschluss an den Abbruch der früheren.
[160] *Leinemann/Taubert* § 20 RN 7; a. A. LAG Berlin 12. 10. 1998 LAGE § 13 BBiG Nr. 2.
[161] LAG Baden-Württemberg 25. 8. 1976 EzB BBiG § 13 Nr. 10; a. A. Erfk/*Schlachter* § 20 BBiG RN 3.
[162] LAG Berlin 12. 10. 1998 LAGE § 13 BBiG Nr. 2.
[163] BAG 27. 11. 1991 AP 2 zu § 13 BBiG = NZA 92, 506.
[164] LAG Sachsen-Anhalt 25. 2. 1997 EzB BBiG § 13 Nr. 26; LAG Berlin 30. 4. 2004 EzB-VjA BBiG § 15 Abs. 1 Nr. 27; *Leinemann/Taubert* § 20 RN 22.
[165] BAG 16. 12. 2004 AP 13 zu 15 BBiG = NZA 2005, 578.
[166] BAG 15. 1. 1981 AP 1 zu § 13 BBiG = NJW 82, 2628.
[167] BAG 15. 1. 1981 AP 1 zu § 13 BBiG = NJW 82, 2628.
[168] ArbG Mainz 10. 4. 1980 BB 80, 781.
[169] LAG Rheinl.-Pfalz 19. 4. 2001 EzB-VjA BBiG § 13 Nr. 29.
[170] BAG 25. 11. 1976 AP 4 zu § 15 BBiG.
[171] LAG Hessen 15. 12. 1975 EzB BBiG § 15 Abs. 3 Nr. 13.
[172] BAG 17. 9. 1987 AP 7 zu § 15 BBiG = NZA 88, 735; a. A. die Vorinstanz: LAG Berlin 4. 11. 1986 NZA 87, 421.

mein geltenden Grenzen (§§ 138, 242 BGB) zu wahren (vgl. § 129).[173] Bei der Kündigung kann eine Auslauffrist eingehalten werden. Die Auslauffrist muss so bemessen sein, dass sie nicht zu einer unangemessenen langen Fortsetzung des Ausbildungsverhältnisses führt.[174] Auf die Kündigung sind die allgemeinen **Kündigungsschutzbestimmungen,** insbesondere § 9 MuSchG, §§ 5 I, 7 I Nr. 2 PflegeZG und § 18 BEEG, anzuwenden.

89 **3. Kündigung nach Ende der Probezeit.** Das Berufsausbildungsverhältnis ist während seines Bestandes grundsätzlich **unkündbar.** Bei einer gleichwohl zulässigen Kündigung muss diese bei Minderjährigen durch und an die gesetzlichen Vertreter erfolgen. § 113 BBG ist nicht anwendbar (s. oben RN 6). Vom Kündigungsausschluss macht das Gesetz zwei Ausnahmen. Zulässig ist eine Berufsaufgabekündigung durch den Auszubildenden (§ 22 II Nr. 2 BBiG) sowie eine Kündigung aus wichtigem Grund durch den Ausbildenden oder den Auszubildenden (§ 22 II Nr. 1 BBiG).

90 **a) Berufsaufgabekündigung.** Der Auszubildende kann mit einer Kündigungsfrist von vier Wochen kündigen, wenn er die **Berufsausbildung aufgeben** oder sich für eine **andere Berufstätigkeit** ausbilden lassen will (§ 22 II Nr. 2 BBiG). Dasselbe gilt bei Aufnahme einer Fachschulausbildung, auch wenn diese sich im gleichen Berufsbild hält.[175] Der Auszubildende soll nicht gezwungen werden, einen Vertrag durchzuführen, wenn er das Interesse am Ausbildungsberuf verloren hat, sei es, weil er seine fehlende Eignung entdeckt hat oder weil er heiraten will oder eine höher bezahlte Stelle anstrebt. Es genügt, wenn der Auszubildende den **ernsthaften Willen** zum Berufswechsel oder zur Berufsaufgabe zum Ausdruck bringt. Nicht erforderlich ist, dass der Wille auch tatsächlich vorhanden ist, glaubhaft gemacht oder später realisiert wird.[176] Etwaige Missbrauchsmöglichkeiten sind vom Gesetzgeber bewusst in Kauf genommen worden. Der Auszubildende muss die Kündigung gem. § 22 III begründen, ansonsten ist sie nichtig (s. auch RN 102). Insoweit bedarf es aber nur der Angabe, dass er die Berufsausbildung aufgeben oder dass er sich für eine andere Berufstätigkeit ausbilden lassen will. Wird die Kündigung ohne Einhaltung der Frist ausgesprochen, so wird sie im Allgemeinen nach § 139 BGB in eine fristgemäße umzudeuten sein.

91 **b) Außerordentliche Kündigung.** Das Berufsausbildungsverhältnis kann ferner gem. § 22 II Nr. 1 BBiG von beiden Parteien gekündigt werden, wenn hierfür ein **wichtiger Grund** besteht. Für den Begriff des wichtigen Grundes gelten die Ausführungen zu § 626 BGB entsprechend (§ 127 RN 40ff.). Eine vertragliche Bestimmung darüber, welche Gründe zu einer außerordentlichen Kündigung berechtigen sollen, ist wegen des zwingenden Charakters der §§ 22 BBiG, 626 BGB (s. auch § 127 RN 10ff.) weder für die Kündigung des Ausbildenden noch des Auszubildenden möglich.

92 **aa)** Für die **Kündigung gegenüber dem Auszubildenden** sind im Rahmen der erforderlichen **Interessenabwägung** aber die besondere Rechtsnatur des Berufsausbildungsverhältnisses und die zurückgelegte Ausbildungszeit zu beachten.[177] Gründe, die für die außerordentliche Kündigung eines Arbeitsverhältnisses nicht ausreichen würden, können die Kündigung eines Ausbildungsverhältnisses erst recht nicht rechtfertigen. Je näher das Ausbildungsziel, desto strenger sind die Anforderungen an den wichtigen Grund.[178] Kurz vor Abschluss der Ausbildung ist eine außerordentliche Kündigung daher nur noch in Ausnahmefällen möglich. Aus dem **Erziehungs- und Ausbildungszweck** des Auszugbildungsverhältnisses folgt, dass im Allgemeinen solche Gründe nicht zur außerordentlichen Kündigung berechtigen, die von einem verständigen Ausbildenden hingenommen werden.

93 Das gilt insbesondere für eine **verhaltensbedingte Kündigung.** Bei der außerordentlichen Kündigung sind der Grad der geistigen, charakterlichen und körperlichen Reife mit zu berücksichtigen. Vor der Kündigung sind im Allgemeinen angemessene Erziehungsmaßnahmen einzuleiten.[179] Pflichtverletzungen, insbesondere mangelnde Eingliederung in die betriebliche Ordnung,[180] Leistungsmängel oder **Straftaten** (z.B. Diebstahl oder Unterschla-

---

[173] BAG 8. 3. 1977 EzB BBiG § 15 Abs. 1 Nr. 5.
[174] BAG 10. 11. 1988 AP 8 zu § 15 BBiG = NZA 89, 268.
[175] LAG Düsseldorf 2. 2. 1972 DB 72, 688.
[176] *Leinemann/Taubert* § 22 RN 117.
[177] Vgl. BAG 10. 5. 1973 AP 3 zu § 15 BBiG m. Anm. *Söllner;* LAG Düsseldorf 24. 2. 1966 BB 66, 822; LAG Köln 25. 6. 1987 LAGE § 15 BBiG Nr. 4.
[178] BAG 10. 5. 1973 AP 3 zu § 15 BBiG; LAG Köln 25. 6. 1987 LAGE § 15 BBiG Nr. 4.
[179] LAG Baden-Württemberg 31. 10. 1996 NZA-RR 97, 288.
[180] LAG Hamm 7. 11. 1978 DB 79, 606.

gung,[181] Drogendelikte,[182] Gewaltanwendung oder ernstgemeinte Gewaltandrohung gegenüber dem Ausbildenden oder Betriebsangehörigen[183]) berechtigen nur dann zur Kündigung, wenn nach Treu und Glauben die Fortsetzung des Ausbildungsverhältnisses billigerweise nicht erwartet werden kann. Außerhalb des Ausbildungsverhältnisses begangene Straftaten können eine Kündigung lediglich dann rechtfertigen, wenn sie konkrete Auswirkungen auf das Ausbildungsverhältnis haben.[184] Teilweise wird verlangt, dass bei einer Ausbildung bei einem öffentlich-rechtlichen Arbeitgeber auch dem Gedanken der Resozialisierung Rechnung getragen werden muss.[185] Beharrliche unterlassene oder verspätete Vorlage von **Berichtsheften**[186] sowie das wiederholte schuldhafte **Versäumen des Berufsschulunterrichts**[187] können nach vorheriger Abmahnung ein wichtiger Grund sein. Dies gilt insbesondere, wenn das Ausbildungsziel nicht mehr zu erreichen ist.[188] Politische **Meinungsäußerungen** berechtigen nur dann zur Kündigung, wenn das Ausbildungsverhältnis konkret beeinträchtigt wird.[189] Rassistische und ausländerfeindliche Äußerungen können eine fristlose Kündigung rechtfertigen. Dies gilt z.B. bei dem Stanzen eines Blechschildes „Arbeit macht frei – Türkei schönes Land" und dessen Anbringung an der Werkbank eines türkischen Auszubildenden.[190] **Verhaltensweisen des gesetzlichen Vertreters** des Auszubildenden stellen grundsätzlich keinen wichtigen Grund zur Kündigung dar. Denn der Auszubildende bedient sich des gesetzlichen Vertreters nicht zur Erfüllung seiner Verbindlichkeit (§ 278 BGB). Ausnahmsweise kann das Verhalten des gesetzlichen Vertreters ein Kündigungsgrund sein, wenn es auf ein Fehlverhalten des Auszubildenden zurückzuführen ist (z.B. diskriminierende Informationen) oder wenn die Aufrechterhaltung des Ausbildungsverhältnisses als Erziehungsverhältnis wegen des Verhaltens des gesetzlichen Vertreters schlechthin nicht mehr zumutbar ist.

In schwerwiegenden Fällen kann ausnahmsweise eine vorherige **Abmahnung** des Auszubil- 94
denden **entbehrlich** sein. Dies setzt voraus, dass die Rechtswidrigkeit des Verhaltens für den Auszubildenden ohne weiteres erkennbar ist und eine Hinnahme des Verhaltens durch den Ausbildenden offensichtlich ausgeschlossen ist.[191]

Eine **Verdachtskündigung** (§ 127 RN 136ff.) gegenüber einem Auszubildenden ist nicht 95
von vornherein ausgeschlossen, setzt aber voraus, dass auf Grund des Verdachts eines schwerwiegenden Vertragsverstoßes ein für die betreffende Ausbildung erforderliches Vertrauensverhältnis nicht mehr hergestellt werden kann.[192]

Gründe in der Person des Auszubildenden können eine außerordentliche Kündigung 96
nur in Ausnahmefällen begründen. Die **fehlende Eignung für den Beruf** kann nach Ablauf der Probezeit grundsätzlich keine Kündigung rechtfertigen, weil die Probezeit ja gerade u.a. dazu dient, die Eignung des Auszubildenden für den zu erlernenden Beruf zu erproben. Etwas anderes dürfte aber dann gelten, wenn die Umstände, die eine Nichteignung begründen (z.B. bestimmte körperliche Beeinträchtigungen), erst im Nachhinein eintreten oder wenn sie erst nach Ende der Probezeit erkannt werden konnten.[193] Aus dem Erziehungszweck des Ausbildungsverhältnisses folgt, dass charakterliche **Defizite** (z.B. mangelndes Verantwortungsbewusstsein, Unzuverlässigkeit) eine Kündigung nur zu rechtfertigen vermögen, wenn sie im Rahmen der Ausbildung nicht behoben werden können. Eine pauschale Übertragung der für die Beendi-

---

[181] Sehr weitgehend bei einem Diebstahl (von 1,– DM) LAG Düsseldorf 6. 11. 1973 DB 74, 928; abweichend ArbG Gelsenkirchen 20. 3. 1980 EzB BBiG § 15 Abs. 2 Nr. 1, Nr. 21 = BB 80, 679 (LS) (Unterschlagung von Waren im Wert von 20,– DM).

[182] Zum Drogenkonsum vgl. ArbG Wilhelmshaven 16. 4. 1982 EzB BBiG § 15 Abs. 2 Nr. 1, Nr. 47.

[183] LAG Düsseldorf 13. 2. 1990 EzB BBiG § 15 Abs. 2 Nr. 73.

[184] *Leinemann/Taubert* § 22 RN 60.

[185] So ArbG Reutlingen 20. 5. 1977 AP 5 zu § 15 BBiG.

[186] Hess. LAG 3. 11. 1997 LAGE § 15 BBiG Nr. 12 = BB 98, 2268 (LS); LAG Schleswig-Holstein 20. 3. 2002 EzB-VjA BBiG § 15 Abs. 2 Nr. 1, Nr. 87a.

[187] LAG München 14. 3. 1978 EzB BBiG § 15 Abs. 2 Nr. 1, Nr. 34; LAG Düsseldorf 15. 4. 1993 EzB BBiG § 15 Abs. 2 Nr. 1, Nr. 76.

[188] LAG Düsseldorf 24. 1. 1968 DB 68, 401.

[189] LAG Rheinland-Pfalz 29. 5. 1978 BB 78, 1414; vgl. BVerfG 19. 5. 1992 BVerfGE 86, 122 = AP 12 zu Art. 5 Abs. 1 GG Meinungsfreiheit = NJW 92, 2409.

[190] LAG Berlin 22. 10. 1997 NZA-RR 98, 442; BAG 1. 7. 1999 AP 11 zu § 15 BBiG = NZA 99, 1270.

[191] BAG 1. 7. 1999 AP 11 zu § 15 BBiG = NZA 99, 1270.

[192] Vgl. LAG Köln 19. 9. 2006 LAGE 22 BBiG 2005 Nr. 1; LAG Rheinland-Pfalz 31. 8. 2007 – 9 Sa 40/07 n.v.

[193] *Gedon/Hurlebaus* § 22 RN 63.

gung von Arbeitsverhältnissen aus **krankheitsbedingten Gründen** geltenden Grundsätze (s. § 131 RN 31 ff.) auf das Ausbildungsverhältnis scheidet schon wegen der unterschiedlichen Zwecke von Arbeits- und Ausbildungsverhältnis aus.[194] Eine **langanhaltende Krankheit** kann eine außerordentliche Kündigung dann rechtfertigen, wenn innerhalb der Ausbildungszeit nicht mit einer Wiedergenesung gerechnet werden kann oder wenn die Krankheit die mangelnde Eignung für den Ausbildungsberuf bewirkt. Eine außerordentliche Kündigung des Ausbildungsverhältnisses wegen **häufiger Kurzerkrankungen** kommt nur in Betracht, wenn hierdurch der Ausbildungszweck nicht mehr erreicht werden kann. Bei einer **Alkohol- oder sonstigen Drogenabhängigkeit** sind die für Arbeitnehmer entwickelten Grundsätze (s. § 131 RN 17) auf das Ausbildungsverhältnis übertragbar.[195]

97 **Betriebliche Gründe** können die außerordentliche Kündigung nur ganz ausnahmsweise rechtfertigen. Dies kann der Fall sein, wenn wegen einer Betriebsschließung eine Ausbildung nicht mehr möglich ist.[196] Ein bloßer Arbeitsmangel reicht aber nicht aus, solange verbleibende Arbeiten noch eine Ausbildung als durchführbar erscheinen lassen.[197] Die Eröffnung des **Insolvenzverfahrens** über das Vermögen des Ausbildungsbetriebes rechtfertigt für sich genommen keine Kündigung. Entscheidet sich der Insolvenzverwalter, den Betrieb stillzulegen, kann er das Ausbildungsverhältnis kündigen. Es ist aber keine außerordentliche sondern nur eine ordentliche Kündigung mit der dreimonatigen Kündigungsfrist des § 113 Satz 2 InsO möglich.[198] Ein **Mangel an Ausbildungspersonal** rechtfertigt keine außerordentliche Kündigung. In diesem Fall hat der Ausbildende vielmehr die Pflicht, geeignete Ausbilder einzustellen.[199] Im Fall eines **Betriebsübergangs** geht das Ausbildungsverhältnis gem. § 613 a BGB auf den Betriebserwerber über; eine Kündigung wegen des Betriebsübergangs ist gem. § 613 a IV BGB ausgeschlossen.

98 Bei einer Kündigung durch den Arbeitgeber ist der **Betriebsrat** nach §§ 102, 103 BetrVG zu beteiligen (s. § 124).

99 Für die **gerichtliche Geltendmachung** der Unwirksamkeit der Kündigung durch den Auszubildenden ist nach der Rspr. des BAG zu unterscheiden, ob zur Beilegung von Streitigkeiten zwischen Ausbildenden und Auszubildenden ein **Ausschuss nach § 111 II ArbGG** eingerichtet ist. Besteht ein solcher Ausschuss, ist dieser zunächst anzurufen. Für diese Anrufung gilt keine Frist. Vielmehr gelten lediglich die Grundsätze über die Verwirkung.[200] Die Frist des § 4 KSchG läuft während dieses Verfahrens nicht. Die Klage vor dem Arbeitsgericht kann aber nach dem Spruch nur innerhalb der Zwei-Wochen-Frist des § 111 II 3 ArbGG erhoben werden (sofern der Spruch eine entsprechende Belehrung enthält, s. § 9 V ArbGG). Hierbei handelt es sich um eine prozessuale Ausschlussfrist.[201] Ist die Anrufung des Ausschusses unterblieben, so wird der Verfahrensmangel geheilt, wenn die Anrufung bis zur Entscheidung nachgeholt wird[202] (vgl. ArbV-Hdb. § 11 RN 13). Besteht ein solcher Ausschuss nicht, so muss der Auszubildende die Klagefrist nach §§ 13, 4 KSchG einhalten, um eine fiktive Wirksamkeit der Kündigung zu vermeiden.[203] Das gilt auch für Kleinbetriebe, weil § 23 I 2 und 3 KSchG die Regelung des § 4 bis 7 KSchG gerade nicht für unanwendbar erklären. Gem. § 4 KSchG n. F. gilt die Klagefrist nunmehr für alle Kündigungsmängel. Zum **Weiterbeschäftigungsanspruch** s. RN 43. Die Vorschrift des § 13 I 3 KSchG über die **Auflösung** des Arbeitsverhältnisses auf Antrag des Arbeitnehmers nach unwirksamer fristloser Arbeitgeberkündigung ist auf das Berufsausbildungsverhältnis nicht anwendbar.[204]

100 **bb)** Für die **Kündigung durch den Auszubildenden** gelten dieselben Grundsätze wie bei einer Kündigung des Ausbildenden. Auch hier sind strenge Maßstäbe anzulegen. Der Dauer der zurückgelegten Ausbildung kommt hier bei der Interessenabwägung ebenfalls maßgebliche Bedeutung zu. Vor Ausspruch einer verhaltensbedingten außerordentlichen Kündigung bedarf es

---

[194] *Gedon/Hurlebaus* § 22 RN 72.
[195] *Leinemann/Taubert* § 22 RN 73.
[196] LAG München 21. 11. 1958 WA 61, 149; *Leinemann/Taubert* § 22 RN 80.
[197] LAG Nürnberg 25. 11. 1975 EzB BBiG § 15 Abs. 2 Nr. 1, Nr. 38.
[198] BAG 27. 5. 1993 AP 9 zu § 22 KO = NZA 93, 845 (zum alten Recht); *Leinemann/Taubert* § 22 RN 82 f.
[199] *Leinemann/Taubert* § 22 RN 84.
[200] BAG 13. 4. 1989 AP 21 zu § 4 KSchG 1969 = NZA 90, 395; str., für eine analoge Anwendung des § 4 KSchG: KR/*Weigand* §§ 22, 23 BBiG RN 116 m. w. N.
[201] BAG 13. 4. 1989 AP 21 zu § 4 KSchG 1969 = NZA 90, 395.
[202] BAG 25. 11. 1976 AP 4 zu § 15 BBiG; 13. 3. 2007 AP 13 zu § 14 BBiG = NZA 2007, 1391.
[203] BAG 5. 7. 1990 AP 23 zu § 4 KSchG 1969 = NZA 91, 671; 26. 1. 1999 AP 43 zu § 4 KSchG 1969 = NZA 99, 934; str., abweichend z. B. *Leinemann/Taubert* § 22 RN 155 ff. m. w. N.
[204] BAG 29. 11. 1984 AP 6 zu § 13 KSchG 1969 = NZA 86, 230.

grundsätzlich einer **Abmahnung** des Ausbildenden.[205] Eine außerordentliche Kündigung kann bei erheblichen Mängeln der Ausbildung (z. B. ständige Übertragung ausbildungsfremder Arbeiten) gerechtfertigt sein, erst recht dann wenn Ausbildung nach § 33 BBiG behördlich untersagt wird[206] oder wenn kein geeigneter Ausbilder zur Verfügung steht.[207] Gründe für eine außerordentliche Kündigung können sich ferner aus Körperverletzungsdelikten, Beleidigungen, der Anstiftung zu Straftaten, sexuellen Übergriffen, Verstößen gegen die Arbeitsschutzvorschriften (insbes. des JArbSchG), der Verweigerung der weiteren Ausbildung[208] oder dem Verzug bei der Zahlung der Ausbildungsvergütung ergeben. Kündigungsgründe können auch in der Person des Auszubildenden begründet sein, z. B. bei im Zusammenhang mit der Tätigkeit auftretenden Allergien. Nicht ausreichend ist aber ein Wohnsitzwechsel des Erziehungsberechtigten.[209] Für den Fall der Aufgabe der Berufsausbildung sowie des Berufswechsels greift die Sonderregelung des § 22 II Nr. 2 BBiG (RN 90).

cc) Ausschlussfrist. Nach § 22 IV 1 BBiG ist eine außerordentliche Kündigung unwirksam, **101**
wenn die **Kündigungsgründe** dem Kündigenden länger als **zwei Wochen** bekannt sind. Die Frist beginnt mit der **Kenntnis** von den die Kündigung rechtfertigenden **Tatsachen.** Für die Berechnung der Frist des § 22 IV 1 BBiG gelten die zu § 626 II BGB für die außerordentliche Kündigung eines Arbeitsverhältnisses entwickelten Grundsätze.[210] Insoweit wird auf das zu § 626 II BGB Ausgeführte (s. § 127 RN 20 ff.) verwiesen. Der Ablauf der Frist ist gem. § 22 IV 2 BBiG gehemmt, solange zwischen den Parteien ein **Güteverfahren** vor einer dafür vorgesehenen außergerichtlichen Stelle schwebt. Ein solches Güteverfahren kann im Ausbildungsvertrag oder einer kollektiv-rechtlichen Regelung vorgesehen sein. Das BBiG legt keine Voraussetzungen über die Besetzung und das Verfahren der außergerichtlichen Stelle fest. Das Güteverfahren ist nicht identisch mit dem Verfahren nach § 111 II ArbGG. Im Streitfall hat der Kündigende die Einhaltung der Frist darzulegen und zu beweisen (s. § 127 RN 39).

c) Formvorschriften. Während des Berufsausbildungsverhältnisses muss jede Kündigung **102**
schriftlich (§ 126 BGB, s. hierzu § 123 RN 56 ff.) erfolgen. Das gilt für beide Vertragsparteien. Erfolgt die Kündigung aus wichtigem Grund oder durch den Auszubildenden wegen Wechsels oder Aufgabe der Berufsausbildung, so ist sie unter **Angabe der Kündigungsgründe** auszusprechen (§ 22 III BBiG). Eine ohne Angabe der Gründe ausgesprochene Kündigung ist gem. § 125 BGB nichtig.[211] Eine Heilung tritt auch nicht durch Nachschieben der Gründe ein. Dies gilt selbst dann, wenn dem Arbeitgeber die Kündigungsgründe im Zeitpunkt der Kündigung noch unbekannt waren.[212] Der Umfang der anzugebenden Gründe ist nach dem Gesetzeswerk zu beurteilen. Erforderlich ist die Bennennung eines konkreten kündigungsrelevanten Sachverhaltes. Der Kündigungsgegner soll sich ein Bild davon machen können, auf Grund welchen Sachverhaltes das Ausbildungsverhältnis beendet wird.[213] Es sind daher die wesentlichen Tatsachen anzugeben. Unzureichend ist Kündigung aus „den bekannten Gründen," die Bezugnahme auf mündlich mitgeteilte Gründe,[214] die Bezugnahme auf gegenüber Dritten (z. B. der Polizei) abgegebene Erklärungen,[215] die bloße Nennung der verletzten Vertragspflichten[216] oder die Angabe von Werturteilen.[217] In einem Rechtsstreit über die Rechtswirksamkeit der Kündigung kann sich der Kündigende **nur auf die genannten Gründe stützen,**[218] andere als die angegebenen Gründe können nur zur Unterstützung, aber nicht zur selbständigen Begründung der außerordentlichen Kündigung herangezogen werden.[219] Ist der Auszubildende minderjährig, so

---

[205] LAG Niedersachsen 14. 8. 2006 NZA-RR 2007, 348.
[206] Vgl. ArbG Celle 15. 12. 1971 EzB BBiG § 15 Abs. 2 Nr. 1, Nr. 39 = ARSt. 72, 56.
[207] LAG Hessen 6. 2. 1981 EzB § 15 Abs. 2 Nr. 1, Nr. 45.
[208] BAG 11. 8. 1987 AP 1 zu § 16 BBiG = NZA 88, 93.
[209] ArbG Verden 17. 2. 1964 WA 64, 151; a. A. *Gedon/Hurlebaus* § 22 RN 106.
[210] LAG Köln 25. 6. 1987 LAGE § 15 BBiG Nr. 4; ErfK/*Schlachter* § 626 BGB RN 8.
[211] BAG 22. 2. 1972 AP 1 zu § 15 BBiG; 25. 11. 1976 AP 4 zu § 15 BBiG; 17. 6. 1998 EzB BBiG § 15 Abs. 2 Nr. 1, Nr. 84 (LS).
[212] LAG Köln 21. 8. 1987 EzA 11 zu § 15 BBiG (LS).
[213] BAG 17. 6. 1998 EzB BBiG § 15 Abs. 2 Nr. 1, Nr. 84 (LS).
[214] LAG Köln 26. 1. 1982 LAGE § 15 BBiG Nr. 1.
[215] LAG Nürnberg 21. 6. 1994 LAGE § 15 BBiG Nr. 8.
[216] LAG Köln 18. 2. 2004 ZTR 2004, 606 (LS); LAG Hamburg 30. 9. 1994 LAGE § 15 BBiG Nr. 9 (Angabe „unentschuldigtes Fehlen" bei verspäteter Vorlage von Arbeitsunfähigkeitsbescheinigungen).
[217] BAG 25. 11. 1976 AP 4 zu § 15 BBiG; LAG Köln 26. 1. 1982 LAGE § 15 BBiG Nr. 1.
[218] BAG 22. 2. 1972 AP 1 zu § 15 BBiG; LAG Hamburg 29. 8. 1997 LAGE § 15 BBiG Nr. 11.
[219] LAG Köln 21. 8. 1987 EzA 11 zu § 15 BBiG (LS).

hat die Begründung gegenüber dem gesetzlichen Vertreter zu erfolgen.[220] Die bloße Mitteilung an den Minderjährigen ist unzureichend.[221]

103 **4. Aufhebungsvertrag.** Grundsätzlich zulässig ist eine **einvernehmliche Beendigung** des Ausbildungsverhältnisses. Hierfür gilt gem. § 10 II BBiG die Formvorschrift des § 623 BGB (s. § 122 RN 2). Vereinbarungen, wonach das Arbeitsverhältnis endet, wenn der Auszubildende bestimmte **Berufsschulnoten** nicht erreicht, sind aber wegen Umgehung des Kündigungsschutzes unwirksam.[222]

104 **5. Ablauf der Ausbildungszeit. a)** Das Berufsausbildungsverhältnis endet grundsätzlich mit Ablauf der Zeit, für die es eingegangen ist (§ 21 I 1 BBiG). Im Falle der **Stufenausbildung** endet es mit Ablauf der letzten Stufe (§ 21 I 2 BBiG). Daher besteht nicht mehr die Möglichkeit der Vereinbarung eines Ausbildungsvertrages als Kurzvertrag.[223] In anerkannten Ausbildungsberufen kann nur die in den AusbildungsVOen vorgesehene Ausbildungszeit vereinbart werden. Eine Verlängerung des Berufsausbildungsverhältnisses kann sich aus den Bestimmungen der §§ 8 BBiG (s. RN 106), 6 III ArbPlSchG (s. § 177 RN 3), 20 I 2 BEEG (§ 172 RN 34), 4 I 4 PflegeZG (§ 107 RN 9) ergeben. Das Ausbildungsverhältnis verlängert sich nicht automatisch, wenn die **Prüfung erst nach Ablauf der Ausbildungszeit** abgelegt wird. Das Gesetz enthält für diesen Fall anders als bei der vorzeitigen Prüfung gerade keine Regelung. Etwas Abweichendes folgt weder aus einer ergänzenden Auslegung des BBiG noch einer konkludenten Änderung oder ergänzenden Auslegung des Ausbildungsvertrages. Eine Verlängerung der Ausbildung gem. dem Rechtsgedanken des § 24 BBiG (vormals § 17 BBiG a. F.) und § 15 V TzBfG kommt nach Ansicht des BAG nur in Betracht, wenn die Parteien das Berufsausbildungsverhältnis fortgesetzt haben, was eine Tätigkeit des Auszubildenden an der betrieblichen Ausbildungsstätte voraussetzt; die bloße Teilnahme am Berufsschulunterricht ist hierfür nicht ausreichend.[224] Da es zur Beendigung wegen der Befristung keiner Kündigung bedarf, sind auch die in § 129 aufgezählten Kündigungsbeschränkungen nicht anwendbar. Zu den Folgen einer Weiterbeschäftigung nach Ende des Berufsbildungsverhältnisses s. RN 127.

105 **b)** Gem. § 8 I 1 BBiG ist die Ausbildungszeit auf gemeinsamen Antrag von Auszubildendem und Ausbildenden durch die zuständige Stelle (§ 71 BBiG, s. § 173 RN 16) zu **kürzen,** wenn zu erwarten ist, dass das Ausbildungsziel in der gekürzten Zeit erreicht wird.[225] Maßgebend sind allein leistungsbezogene Merkmale, nicht dagegen persönliche Umstände wie z. B. eine wirtschaftliche Notlage. Die Verkürzung der Ausbildungszeit führt nicht zu einer (fiktiven) Vorverlegung des Ausbildungsbeginns, so dass die für spätere Abschnitte vorgesehene höhere Ausbildungsvergütung in diesen Fällen nicht bereits zu einem früheren Zeitpunkt zu gewähren ist.[226] Will der Arbeitgeber generell eine nach § 8 I BBiG verkürzte Ausbildung vorsehen, besteht ein Mitbestimmungsrecht des Betriebsrates nach § 98 BetrVG.[227] Bei Vorliegen eines berechtigten Interesses ist nach § 8 I 2 BBiG (bei Vorliegen der Voraussetzungen gem. § 8 I 1 BBiG) auch eine Verkürzung der täglichen oder wöchentlichen Ausbildungszeit **(Teilzeitberufsausbildung)** möglich. Ein berechtigtes Interesse kann z. B. bei Auszubildenden vorliegen, die ein Kind oder nahe Angehörige zu betreuen haben.[228]

106 Nach § 8 II BBiG kann die zuständige Stelle die Ausbildungszeit in Ausnahmefällen auf Antrag des Auszubildenden **verlängern,** wenn dies erforderlich ist, um das Ausbildungsziel zu erreichen. Vor der Entscheidung ist der Ausbildende zu hören. Die Verlängerung kann insbesondere nach eine längeren Krankheit des Auszubildenden oder bei sonstigen Ausfällen der Ausbildung erforderlich sein. Da das Gesetz keinen Termin für die Antragstellung bestimmt, können Anträge nach § 8 I oder II BBiG auch noch nach Beginn der Ausbildung gestellt werden.

107 Wird die Ausbildungszeit für einen bestimmten Beruf nachträglich gem. § 8 BBiG durch die zuständige Stelle verkürzt oder verlängert, so verkürzt oder verlängert sich durch diesen **privat-**

---

220 BAG 25. 11. 1976 AP 4 zu § 15 BBiG; LAG Nürnberg 21. 6. 1994 LAGE § 15 BBiG Nr. 8; LAG Düsseldorf 6. 11. 1973 DB 74, 928.

221 BAG 25. 11. 1976 AP 4 zu § 15 BBiG.

222 BAG 5. 12. 1985 AP 10 zu § 620 BGB Bedingung = NZA 87, 20.

223 *Taubert* NZA 2005, 503 (506); *Hänlein* NZA 2006, 348 (350/351); *Herkert/Töltl* § 5 RN 20; *Leinemann/Taubert* § 5 RN 38; Erfk/*Schlachter* § 5 BBiG RN 2.

224 BAG 13. 3. 2007 AP 13 zu § 14 BBiG = NZA 2007, 1391 (LS), zu § 14 BBiG a. F.; die Regelungen sind insoweit in der Neufassung des BBiG (§ 21 BBiG) unverändert übernommen worden.

225 Hierzu hat der Bundesausschuss für Berufsbildung am 25. 10. 1974 entsprechende Kriterien beschlossen (BWP 5/1974), abgedr. bei *Gedon/Hurlebaus* § 8 RN 21.

226 BAG 8. 12. 1982 AP 1 zu § 29 BBiG.

227 BAG 24. 8. 2004 AP 12 zu § 98 BetrVG 1972 = NZA 2005, 371.

228 BT-Drucks. 15/4752, S. 35.

rechtsgestaltenden Verwaltungsakt auch der Berufsausbildungsvertrag, ohne dass es hierzu einer vertraglichen Vereinbarung bedarf.[229]

6. Bestehen der Abschlussprüfung. Besteht der Auszubildende bereits **vor dem Ende der Ausbildungszeit** die Abschlussprüfung, so endet das Ausbildungsverhältnis gem. § 21 II BBiG mit **Bekanntgabe des Ergebnisses** durch den Prüfungsausschuss.[230] Auf welche Weise die Mitteilung ergeht, ergibt sich aus der jeweils einschlägigen Prüfungsordnung. Von diesem Zeitpunkt an hat der beschäftigende Betrieb bei einer Weiterbeschäftigung den Facharbeiter- oder Gehilfenlohn zu bezahlen.[231] Umgekehrt verlängert sich das Ausbildungsverhältnis nicht etwa dadurch, dass die **Prüfung** erst **nach dem Ende der vereinbarten Ausbildungszeit** stattfindet (s. RN 104). Die Abschlussprüfung findet bei einer **Stufenausbildung** erst nach der letzten Stufe statt (s. §§ 5 II Nr. 1, 21 I 2 BBiG). 108

Besteht der Auszubildende die Abschlussprüfung nicht, so endet das Ausbildungsverhältnis an sich mit dem **Ablauf der Ausbildungszeit.** Auf Verlangen des Auszubildenden verlängert es sich jedoch gem. § 21 III BBiG bis zur nächstmöglichen Wiederholungsprüfung, höchstens um ein Jahr. Der Anspruch entsteht mit Kenntnis vom Nichtbestehen der Prüfung. Das **Verlängerungsverlangen** ist eine – formlos mögliche – empfangsbedürftige einseitige Willenserklärung, die automatisch zur Verlängerung des Ausbildungsverhältnisses führt. Eine Frist enthält das BBiG hierfür nicht. Das BAG sieht eine bis zum Ablauf der Ausbildungszeit erfolgte Geltendmachung als wirksam an, ein Verlangen nach diesem Zeitpunkt muss aber auf Grund der Mitwirkungspflicht des Auszubildenden (s. RN 80) und wegen des mit der Verlängerung verbundenen Eingriffs in die Berufsfreiheit des Ausbildenden (Art. 12 GG) **unverzüglich** erklärt werden.[232] Ob das Verlängerungsverlangen unverzüglich erklärt wurde, ist nach den Umständen des Einzelfalles zu beurteilen. Dem Auszubildenden muss eine angemessene Zeit bleiben, um zu entscheiden, ob er die Ausbildung fortführen will. Darlegungs- und beweispflichtig für die Rechtzeitigkeit des Verlangens ist der Auszubildende.[233] Die Verlängerung erfolgt bis zur nächsten nach Treu und Glauben[234] tatsächlich und rechtlich möglichen Wiederholungsprüfung, längstens für die Dauer eines Jahres. Die Jahresfrist rechnet bei einem Verlängerungsverlangen vor Ablauf der Ausbildungszeit ab dem Ausbildungzeitende gem. § 21 I 1 BBiG, und zwar auch dann, wenn die Prüfung vor diesem Zeitpunkt stattgefunden hat. Bei einem (unverzüglichen) späteren Verlängerungsverlangen rechnet die Frist ab dem Zugang der Erklärung.[235] In diesem Fall war das Ausbildungsverhältnis rechtlich unterbrochen; die Zeitspanne vom Ausbildungszeitende bis zum Zugang des Verlängerungsverlangens zählt dann weder bei der Betriebszugehörigkeit noch bei der Urlaubsberechnung.[236] Etwas anderes kann sich allerdings aus § 24 BBiG oder einer abweichenden Vereinbarung der Parteien ergeben. Während der Verlängerung befindet sich der Auszubildende nicht im Rechtssinne im 4. Ausbildungsjahr, so dass er nicht etwa eine tariflich vorgesehene erhöhte Ausbildungsvergütung verlangen kann.[237] Das Verlängerungsverlangen kann in entsprechender Anwendung des § 21 III BBiG auch dann gestellt werden, wenn der Auszubildende die **Prüfung entschuldigt,** z. B. wegen krankheitsbedingter Arbeitsunfähigkeit **versäumt.**[238] Sofern die Abschlussprüfung in zwei zeitlich auseinanderfallenden Teilen durchgeführt wird, ist der erste Teil der Abschlussprüfung nicht eigenständig wiederholbar (§ 37 I 3 BBiG). 109

Besteht der Auszubildende die Wiederholungsprüfung, endet das Ausbildungsverhältnis damit. Fällt er nochmals durch, kann er die **Prüfung** gem. § 37 I 2 BBiG **ein zweites Mal wie-** 110

[229] *Leinemann/Taubert* § 8 RN 33; Wohlgemuth/Lakies/*Malottke*/Pieper/Proyer § 8 RN 10; *Herkert/Töltl* § 8 RN 25; *Gedon/Hulebaus* § 8 RN 11, 16; vgl. LAG Rheinland-Pfalz 20. 6. 1997 LAGE § 29 BBiG Nr. 1 (zur Vorgängerregelung des § 29 BBiG a. F.); a. A. *Natzel* DB 81, 1407 (1409).

[230] Die Neuregelung greift die frühere Rspr. des BAG zu § 14 II BBiG a. F. auf; vgl. BAG 16. 6. 2005 AP 12 zu § 14 BBiG = NZA 2006, 680 m. w. N.

[231] BAG 16. 2. 1994 AP 7 zu § 14 BBiG = NZA 94, 877; 16. 2. 1994 AP 6 zu § 14 BBiG = NZA 94, 855; 16. 2. 1994 AP 8 zu § 14 BBiG = NZA 94, 1006.

[232] BAG 23. 9. 2004 AP 11 zu § 14 BBiG = NZA 2005, 413; vgl. hierzu auch *Brill* BB 78, 208.

[233] BAG 23. 9. 2004 AP 11 zu § 14 BBiG = NZA 2005, 413.

[234] Dem Auszubildenden muss eine Ausbildungszeit zugebilligt werden; entscheidend also nicht die zeitlich nächste, sondern die billigerweise zu erwartende Prüfung.

[235] *Gedon/Hurlebaus* § 21 RN 46.

[236] *Leinemann/Taubert* § 21 RN 35.

[237] BAG 8. 2. 1978 AP 1 zu § 10 BBiG; LAG Hamm 14. 7. 1976 DB 77, 126; differenzierend LAG Berlin 20. 12. 1982 LAGE § 14 BBiG Nr. 1.

[238] BAG 30. 9. 1998 AP 9 zu § 14 BBiG = NZA 99, 434; LAG Rheinland-Pfalz 5. 3. 1985 EzB BBiG § 14 Abs. 3 Nr. 10.

derholen. In diesem Fall (und im Fall eines entschuldigten Versäumens der Prüfung, s. RN 109) verlängert sich das Ausbildungsverhältnis bei einem Verlängerungsverlangen nochmals bis zur zweiten Wiederholungsprüfung. Eine Verlängerung kann aber insgesamt nur für ein Jahr erfolgen.[239] Nach der zweiten Ausbildungsprüfung endet das Ausbildungsverhältnis in jedem Fall, also auch dann, wenn der Auszubildende sie nicht besteht.[240]

111 Dem Prüfling ist ein Zeugnis auszustellen. Ausbildenden werden auf deren Verlangen die Ergebnisse der Abschlussprüfung der Auszubildenden übermittelt. Sofern die Abschlussprüfung in zwei zeitlich aufeinander folgenden Teilen durchgeführt wird, ist das Ergebnis im ersten Teil der Abschlussprüfung dem Prüfling schriftlich mitzuteilen (§ 37 II BBiG).

112 Dem Zeugnis ist auf Antrag des Auszubildenden eine englischsprachige und eine französischsprachige Übersetzung beizufügen (§ 37 III 1 BBiG). Diese Regelung dient der Förderung der grenzüberschreitenden Mobilität und der Transparenz der Befähigungsnachweise. Auf Antrag des Auszubildenden kann das Ergebnis berufsschulischer Leistungsfeststellungen im Zeugnis ausgewiesen werden (§ 37 III 2 BBiG).

VIII. Schadensersatz bei vorzeitiger Beendigung

113 **1. Anspruch nach § 23 BBiG.** § 23 BBiG regelt die **Rechtsfolgen** wegen vorzeitiger Beendigung des Berufsausbildungsverhältnisses **nach Ablauf der Probezeit.** Die Bestimmung enthält nach dem Wortlaut eine Erweiterung gegenüber den Rechten aus dem allgemeinen Vertragsrecht, da ein Schadensersatzanspruch auch dann gegeben sein kann, wenn die Beendigung wegen einverständlicher Aufhebung des Ausbildungsverhältnisses erfolgt, die Gründe hierzu aber von der Gegenseite zu vertreten sind. § 23 BBiG ist eine Sonderregelung gegenüber § 628 II BGB.[241] Andererseits sind § 628 I und §§ 323 ff. BGB neben § 23 BBiG anwendbar, soweit dort andere Rechtsfolgen als ein Schadensersatzanspruch geregelt sind. Der Schadensersatzanspruch umfasst den gesamten Mehraufwand, der durch die vorzeitige Beendigung des Ausbildungsverhältnisses ausgelöst wird.[242] Er betrifft aber nur das Auflösungsverschulden; neben ihm können Ansprüche aus Verschulden bei Vertragsabschluss[243] (§ 311 II i. V. m. § 280 I BGB) oder der schuldhaften Verletzung vertraglicher Pflichten (§ 280 I BGB) bestehen.

114 **2. Anspruchsvoraussetzungen.** Im Einzelnen gilt zu den Anspruchsvoraussetzungen folgendes: Das Berufsausbildungsverhältnis muss nach Ablauf der Probezeit tatsächlich oder rechtlich **vorzeitig geendet** haben. Es kommt nicht darauf an, ob die den Schadensersatz begehrende Vertragspartei das Ausbildungsverhältnis gelöst hat.[244] Auch die Art des Lösungstatbestandes ist unerheblich. Die **tatsächliche Beendigung** ist ausreichend. Auf eine rechtliche Beendigung kommt es dagegen nicht an, so dass eine wirksame Kündigung nicht verlangt werden kann. Entscheidend ist, dass sich mindestens eine Vertragsteil von dem Ausbildungsverhältnis löst.[245] Ein Schadensersatzanspruch erwächst dann nicht, wenn für die vorzeitige Beendigung ein besonderer Rechtsgrund besteht, wenn sie z. B. auf einer vorzeitigen Ablegung der Ausbildungsprüfung oder der Kündigung des Auszubildenden wegen Ausbildungswechsels oder Aufgabe der Berufsausbildung beruht (§ 23 I 2 BBiG). Der Anspruchsgegner muss die Gründe zur Auflösung des Ausbildungsverhältnisses zu **vertreten haben.** Zu vertreten hat er eigenen Vorsatz und Fahrlässigkeit und die seiner Erfüllungsgehilfen (§§ 276, 278 BGB). Zu vertreten hat z. B. der Ausbildende, wenn das Ausbildungsverhältnis infolge einer verschuldeten Insolvenz aufgelöst werden musste.

115 **3. Erstattungsfähiger Schaden.** Zu ersetzen ist der **Schaden,** der infolge vorzeitiger Beendigung des Ausbildungsverhältnisses erwächst. Bei der Schadensermittlung ist das nicht ordnungsgemäß erfüllte Berufsausbildungsverhältnis nach Maßgabe der §§ 249 ff. BGB mit einem

---

[239] BAG 15. 3. 2000 AP 10 zu § 14 BBiG = NZA 2001, 214; 26. 9. 2001 NZA 2002, 232 (LS); *Leinemann/Taubert* § 21 RN 43; *Herkert/Töltl* § 21 RN 39; a. A. LAG Düsseldorf 9. 6. 1998 LAGE § 14 BBiG Nr. 3.

[240] BAG 15. 3. 2000 AP 10 zu § 14 BBiG = NZA 2001, 214.

[241] BAG 17. 7. 1997 AP 2 zu § 16 BBiG = NZA 97, 1224; 8. 5. 2007 AP 5 zu § 16 BBiG = NJW 2007, 3594.

[242] BAG 11. 8. 1987 AP 1 zu § 16 BBiG = NZA 88, 93; LAG Niedersachsen 14. 8. 2006 NZA-RR 2007, 348.

[243] BAG 17. 7. 1997 AP 2 zu § 16 BBiG = NZA 97, 1224.

[244] BAG 17. 8. 2000 AP 7 zu § 3 BBiG = NZA 2001, 150.

[245] BAG 17. 8. 2000 AP 7 zu § 3 BBiG = NZA 2001, 150; 17. 7. 2007 AP 14 zu § 14 BBiG = DB 2008, 709.

ordnungsgemäßen zu vergleichen.[246] Der Schadensersatzpflichtige hat den Zustand herzustellen, der bestünde, wenn der zum Ersatz verpflichtende Umstand nicht eingetreten wäre. Der Anspruch umfasst gem. § 249 I BGB die Aufwendungen des Geschädigten, soweit er sie nach den Umständen des Falles für erforderlich halten durfte. Dabei ist auf den Zeitpunkt abzustellen, in dem die Maßnahme zu treffen war.

a) Der **Anspruch des ehemaligen Auszubildenden** nach § 23 BBiG umfasst auch Aufwendungen, die erforderlich waren, um die Ausbildung in einem anderen Betrieb fortzusetzen.[247] Hierzu können auch zusätzliche Fahrtkosten zur neuen Ausbildungsstelle gehören. Erstattungsfähig ist ferner ein Verdienstausfall, der sich aus eine Verschiebung des Ausbildungsabschlusses ergibt.[248] Auf den Betrag ist im Rahmen eines Vermögensvergleichs aber dasjenige anzurechnen, das der frühere Auszubildende auf Grund des schädigenden Ereignisses als vermögenswerten Vorteil durch einen Verdienst auf Grund einer anderweitigen Tätigkeit erworben hat. [249] Ein erstattungsfähiger Schaden kann auch darin bestehen, dass der ehemalige Auszubildende auf Grund eines verzögerten Abschlusses der Ausbildung erst zu einem späteren Zeitpunkt ein seiner Ausbildung entsprechendes Arbeitsverhältnis eingehen kann. Der Schaden ist dabei aber durch die Dauer der zeitlichen Verschiebung begrenzt.[250] Allerdings kann ein nach § 254 BGB anzurechnendes **Mitverschulden** vorliegen, wenn der Geschädigte nicht das nach den Umständen Zumutbare unternimmt, um einen anderen Ausbildungsplatz zu finden. Der Schadensersatzanspruch des Auszubildenden ist ein sog. Bruttoanspruch. Er unterliegt wie der nach § 628 II BGB der Einkommensteuer.[251] 116

b) Für den **ehemaligen Ausbildenden** können z. B. Inseratkosten ersatzfähig sein, soweit sie tatsächlich erforderlich waren, um eine erneute Besetzung der Ausbildungsstelle zu ermöglichen.[252] Er kann als Schadensersatz gem. § 23 BBiG dagegen nicht die Kosten für die Übernahme der Tätigkeiten des ehemaligen Auszubildenden durch einen Arbeitnehmer verlangen.[253] Dies ergibt sich schon aus dem unterschiedlichen Vertragszweck von Ausbildungsverhältnis und Arbeitsverhältnis. 117

4. Erlöschen des Anspruchs. Gem. § 23 II BBiG **erlischt** der Schadensersatzanspruch, wenn er nicht innerhalb von drei Monaten seit Beendigung des Ausbildungsverhältnisses gegenüber dem Anspruchsgegner geltend gemacht wird. Dabei ist auf das **vertragsgemäße rechtliche Ende** des Berufsausbildungsverhältnisses nach § 21 BBiG (vormals § 14 BBiG a. F.) und nicht auf das tatsächliche Ende der Ausbildung abzustellen.[254] Eine schriftliche Geltendmachung verlangt das Gesetz nicht. Sie kann sich aber aus Beweissicherheitsgründen empfehlen. Ein Güteverfahren nach § 111 ArbGG kommt für die Verfolgung der Schadensersatzansprüche nicht in Betracht, wenn die Beendigung des Ausbildungsverhältnisses feststeht. 118

IX. Betriebsverfassung

1. Arbeitnehmer. Auszubildende sind **Arbeitnehmer i. S. des BetrVG** (§ 5 BetrVG). Sie besitzen das **aktive Wahlrecht,** wenn sie am letzten Tage der Stimmabgabe das 18. Lebensjahr vollendet haben (§ 7 BetrVG). **Passiv wahlfähig** sind sie unter den Voraussetzungen von § 8 BetrVG. Erfolgt die Berufsausbildung in mehreren Betrieben, so sind die Auszubildenden in dem Betrieb wahlberechtigt, von dem die Ausbildung geleitet wird.[255] Zur Wahl von Jugend- und Auszubildendenvertretungen vgl. §§ 227–229. 119

2. Personalplanung. Arbeitgeber und Betriebsrat haben im Rahmen der betrieblichen Personalplanung und in Zusammenarbeit mit den für die Berufsausbildung und den für die Förderung der Berufsbildung zuständigen Stellen zusammenzuarbeiten. Das Mitbestimmungsrecht des Personalrats an der Durchführung der Berufsausbildung i. S. v. § 75 BPersVG betrifft nur die unmittelbar damit zusammenhängenden Maßnahmen.[256] Einzelheiten unter § 239. 120

---

[246] BAG 17. 7. 1997 AP 2 zu § 16 BBiG = NZA 97, 1224; 17. 7. 2007 AP 14 zu § 14 BBiG = DB 2008, 709.
[247] BAG 11. 8. 1987 AP 1 zu § 16 BBiG = NZA 88, 93; 17. 7. 2007 AP 14 zu § 14 BBiG = DB 2008, 709.
[248] LAG Niedersachsen 14. 8. 2006 NZA-RR 2007, 348.
[249] BAG 8. 5. 2007 AP 5 zu § 16 BBiG = NJW 2007, 3594.
[250] Vgl. LAG Niedersachsen 14. 8. 2006 NZA-RR 2007, 348.
[251] LAG Nürnberg 27. 10. 1987 LAGE § 16 BBiG Nr. 1.
[252] Für den Anspruch gegen einen Arbeitnehmer vgl. BAG 26. 3. 1981 AP 7 zu § 276 BGB Vertragsbruch.
[253] BAG 17. 8. 2000 AP 7 zu § 3 BBiG = NZA 2001, 150.
[254] BAG 17. 7. 2007 AP 14 zu § 14 BBiG = DB 2008, 709 (zum inhaltsgleichen § 16 BBiG a. F.).
[255] BAG 13. 3. 1991 AP 2 zu § 60 BetrVG 1972 = NZA 92, 223.
[256] BVerwG 10. 11. 1999 AP4 zu § 78 BPersVG = NZA-RR 2000, 615.

121 **3. Bildungsbeauftragter.** Nach § 98 II BetrVG kann der Betriebsrat der Bestellung einer mit der Durchführung der betrieblichen Berufsbildung beauftragten Person widersprechen oder ihre Abberufung verlangen, wenn diese die persönliche oder fachliche Eignung im Sinne des BBiG nicht besitzt oder ihre Aufgaben vernachlässigt (näher hierzu § 239 RN 7).

122 **4. Interessenvertretung.** Auszubildende, deren praktische Berufsbildung in einer sonstigen Berufsbildungseinrichtung außerhalb der schulischen und betrieblichen Berufsbildung (§ 2 I Nr. 3 BBiG) mit in der Regel mindestens fünf Auszubildenden[257] stattfindet und die nicht zum Betriebsrat (§ 7 BetrVG), der Jugend- und Auszubildendenvertretung (§ 60 BetrVG) oder zur Mitwirkungsvertretung (§ 36 SGB IX) wahlberechtigt sind, wählen eine besondere Interessenvertretung (§ 51 I BBiG). Die Regelung gilt gem. § 51 II BBiG mit Rücksicht auf das nach Art. 104 GG i. V. m. Art. 137 WRV verfassungsrechtlich gewährleistete kirchliche Selbstbestimmungsrecht nicht für Berufsbildungseinrichtungen von Religionsgemeinschaften. Ferner gilt es nicht für andere Berufsbildungseinrichtungen, soweit sie vergleichbare Regelungen getroffen haben. Im Wege der RechtsVO können weitere Einzelheiten geregelt werden (§ 52 BBiG).

X. Übergang in ein Arbeitsverhältnis

123 **1. Gesetzliche Übernahmeverpflichtung.** Hat das Berufsausbildungsverhältnis durch Ablauf der Frist oder durch Bestehen der Prüfung sein Ende gefunden, so sind die Parteien grundsätzlich **nicht verpflichtet,** ein Arbeitsverhältnis zu begründen.[258] Da das Berufsausbildungsverhältnis infolge der Befristung bzw. Eintritts der Bedingung endet, besteht für den Auszubildenden kein Kündigungsschutz. Etwas anderes gilt für Mitglieder der Betriebsverfassungsorgane nach § 78a BetrVG oder nach dem PersVG des Bundes und der Länder (§ 227).[259] Ferner kann ein Einstellungsanspruch bestehen, wenn die Nichtübernahme in ein Arbeitsverhältnis allein auf Grund einer Meinungsäußerung des Auszubildenden erfolgt. In diesem Fall liegt eine Verletzung der Grundrechte des Auszubildenden (hier Art. 5 I GG) vor.[260] Ferner ist nunmehr zudem die Bestimmung sowie des § 612a BGB anwendbar (s. hierzu § 108). Eine Ablehnung der Übernahme ausschließlich wegen einer bestehenden Schwangerschaft kann als Diskriminierung wegen des Geschlechts gegen § 1 AGG verstoßen.[261]

124 **2. Tarifliche oder vertragliche Übernahmeverpflichtung.** Die **Verpflichtung zur Begründung eines Arbeitsverhältnisses** kann sich auf Grund Kollektiv- oder Einzelvertrages ergeben.[262]

125 In Tarifverträgen zur Beschäftigungssicherung in der Metallindustrie sind vielfach Ansprüche auf Übernahme in ein (befristetes) Arbeitsverhältnis geregelt.[263] Meist enthalten die Verpflichtungsnormen Vorbehalte bei Vorliegen bestimmter personen- oder betriebsbedingter Gründe, die gegen eine Übernahme sprechen. Verstößt der Arbeitgeber gegen die Übernahmeverpflichtung, macht er sich schadensersatzpflichtig, wobei der Schadensersatz regelmäßig auf Geldersatz gerichtet ist.[264] Ein Anspruch auf spätere Begründung eines Arbeitsverhältnisses (anstelle der unmittelbaren Übernahme) besteht nach dem Zweck solcher Tarifregelungen nicht.[265]

126 Die von den zuständigen Stellen herausgegebenen Formblätter für Berufsausbildungsverträge enthalten häufig noch **Weiterarbeitsklauseln.** Sie besagen, dass dann ein Arbeitsverhältnis beginnt, wenn nicht drei Monate vor dem Ende des Berufsausbildungsverhältnisses Mitteilung

---

[257] Bei der Ermittlung der Beschäftigtenzahl ist wie bei § 1 BetrVG nicht auf einen bestimmten Beurteilungszeitpunkt abzustellen (s. § 214 RN 7). Maßgeblich ist vielmehr die Zahl der bei Rückblick und prognostischer Betrtachtung im Allgemeinen beschäftigten Auszubildenden.

[258] BAG 5. 4. 1984 AP 2 zu § 17 BBiG = NZA 85, 329.

[259] Vgl. BAG 23. 8. 1984 AP 1 zu § 9 BPersVG.

[260] BVerfG 19. 5. 1992 BVerfGE 86, 122 = AP 12 zu Art. 5 Abs. 1 GG Meinungsfreiheit = NJW 92, 2409.

[261] *Leinemann/Taubert* § 24 RN 6.

[262] Vgl. BAG 13. 3. 1975 AP 2 zu § 5 BBiG; 28. 1. 1987 AP 16 zu § 4 TVG Nachwirkung; 17. 6. 1998 AP 158 zu § 1 TVG Tarifverträge: Metallindustrie = NZA 98, 1178.

[263] NRW: BAG 17. 1. 1998 AP 158 zu § 1 TVG Tarifverträge: Metallindustrie = NZA 98, 1178; 12. 11. 1997 AP 3 zu § 611 BGB Übernahme ins Arbeitsverhältnis = NZA 98, 1013; Nordwürttemberg/Nordbaden: BAG 14. 10. 1997 AP 154 zu § 1 TVG Tarifverträge: Metallindustrie = NZA 98, 775; 14. 10. 1997 AP 155 zu § 1 TVG Tarifverträge: Metallindustrie = NZA 98, 778; Rheinland-Pfalz: BAG 14. 5. 1997 AP 2 zu § 611 BGB Übernahme ins Arbeitsverhältnis = NZA 98, 50; Rheinland-Rheinhessen: BAG 29. 9. 2005 AP 35 zu§ 611 BGB Haftung des Arbeitgebers; s. hierzu auch *Schulze* NZA 2007, 1329 ff.

[264] BAG 14. 5. 1997 AP 2 zu § 611 BGB Übernahme ins Arbeitsverhältnis = NZA 98, 50; 14. 10. 1997 AP 155 zu § 1 TVG Tarifverträge: Metallindustrie = NZA 98, 778.

[265] BAG 14. 10. 1997 AP 155 zu § 1 TVG Tarifverträge: Metallindustrie = NZA 98, 778.

erfolgt, dass die Begründung eines Arbeitsverhältnisses nicht beabsichtigt sei. Die **Nichtverlängerungsmitteilung** ist keine Kündigung, so dass keine Anhörung des Betriebsrates (§ 102 BetrVG) erfolgen muss. Unterbleibt die Mitteilung, so haben die Parteien ein Arbeitsverhältnis zu vereinbaren, was nach dem Inhalt der Klausel auch dann gelten kann, wenn der Auszubildende die Prüfung nicht besteht.[266] Derartige Weiterarbeitsklauseln sind nach § 12 I BBiG (s. hierzu RN 34 ff.) insoweit unwirksam, als der Auszubildende zur Meidung des Abschlusses eines Arbeitsvertrages zur Abgabe einer Nichtverlängerungsanzeige gehalten ist.[267] Gegenüber dem Arbeitgeber sind sie jedoch entspr. dem Rechtsgedanken aus § 24 BBiG wirksam.[268] Kommt es über den Inhalt des Arbeitsvertrages nicht zu einer Absprache, so sind branchenübliche Bedingungen als vereinbart anzusehen. Dies folgt daraus, dass mit Abschluss der Weiterarbeitsklausel der Wille zum Ausdruck kommt, nach dem Ende der Berufsausbildung ein Arbeitsverhältnis zu verkehrsüblichen Bedingungen zu begründen. Eine Anwendung von § 15 V TzBfG, § 625 BGB scheidet dagegen aus, weil es an einer Identität von Berufsausbildungs- und Arbeitsverhältnis fehlt. Gelegentlich finden sich Tarifverträge, in denen eine Mitteilungspflicht des Arbeitgebers begründet wird, ob er den Auszubildenden übernehmen will. Aus einer Verletzung der Mitteilungspflicht ergibt sich aber (sofern der Tarifvertrag nichts Abweichendes regelt) noch kein Anspruch auf Übernahme in ein Arbeitsverhältnis[269] Für die Auswahl der weiter zu beschäftigenden Auszubildenden können Auswahlrichtlinien (§ 238 RN 28) bestehen.[270] Die Mitteilung, ein Arbeitsverhältnis nicht begründen zu wollen, ist eine Willenserklärung und nicht eine bloße, auf Zerstörung des Rechtsscheins angelegte Anzeige, keinen Willen zum Abschluss des Arbeitsvertrages zu haben. Sie ist die Ausübung des in der Weiterarbeitsklausel enthaltenen Vorbehaltsrechts. Hieraus folgt, dass sie grundsätzlich an den gesetzlichen Vertreter des Minderjährigen zu richten ist.[271] Dagegen sind auf die Nichtverlängerungsanzeige die Kündigungsbeschränkungen nicht anzuwenden.

3. Weiterarbeit (§ 24 BBiG). Arbeitet der Auszubildende nach Beendigung des Ausbil- **127**
dungsverhältnisses weiter, ohne dass hierüber ausdrücklich etwas vereinbart wurde, so gilt ein **Arbeitsverhältnis** auf unbestimmte Zeit als **begründet** (§ 24 BBiG). [272] Es handelt sich also um eine gesetzliche **Fiktion.** Diese gilt auch dann, wenn der Auszubildende die Abschlussprüfung nicht bestanden hat.[273] Die Weiterbeschäftigung muss **unmittelbar** nach dem rechtlichen Ende des Ausbildungsverhältnisses erfolgen, also an dem nächsten hierauf folgenden Arbeitstag. Ist der Auszubildende in diesem Zeitpunkt arbeitsunfähig oder aus anderen Gründen an der Arbeitsleistung verhindert, kann ein Arbeitsverhältnis auch dann noch begründet werden, wenn der ehemalige Auszubildende unmittelbar nach Wegfall des Hindernisses die Arbeit aufnimmt.[274] Streitig ist, ob ein Arbeitsverhältnis nach § 24 BBiG nur dann begründet wird, wenn der Ausbilder den Auszubildenden wissentlich und willentlich in Kenntnis der Beendigung des Ausbildungsverhältnisses beschäftigt. Das BAG hat diese Frage bisher offen gelassen, jedenfalls seien die für § 625 BGB geltenden Grundsätze nicht zu übertragen, weil es nicht um eine unveränderte Fortsetzung der bisherigen Tätigkeit gehe.[275] In der Rspr. der LAGe wird allgemein eine gewollte Weiterbeschäftigung (also im Fall des § 21 II BBiG in Kenntnis des Bestehens der Abschlussprüfung) vorausgesetzt.[276] Dieser Ansicht ist zuzustimmen. § 24 BBiG verlangt nämlich nicht lediglich eine Arbeitsleistung des ehemaligen Auszubildenden, sondern eine Handlung („beschäftigt") des Ausbildenden und fingiert dessen auf Abschluss eines Arbeitsvertrages gerichtete

---

[266] Vgl. LAG Schleswig-Holstein 7. 3. 1967 AP 25 zu § 611 BGB Lehrverhältnisse = DB 67, 1902.

[267] BAG 31. 1. 1974 AP 1 zu § 5 BBiG m. Anm. *Natzel.*

[268] BAG 13. 3. 1975 AP 2 zu § 5 BBiG.

[269] BAG 5. 4. 1984 AP 2 zu § 17 BBiG = NZA 85, 329; 30. 11. 1984 AP 1 zu § 22 MTV Ausbildung.

[270] LAG Köln 12. 4. 1983 LAGE § 98 BetrVG 1972 Nr. 1 = EzA 1 zu § 98 BetrVG 1972.

[271] ArbG Rheine 31. 5. 1968 DB 68, 1363.

[272] Hierzu *Felder* FA 2000, 339.

[273] Vgl. LAG Hamm 14. 7. 1976 DB 77, 126.

[274] *Leinemann/Taubert* § 24 RN 11; *Gedon/Hurlebaus* § 24 RN 22; *Herkert/Töltl* § 24 RN 22; a. A. Wohlgemuth/*Lakies*/Malottke/Pieper/Proyer § 24 RN 16.

[275] BAG 5. 4. 1984 EzB BBiG § 14 Abs. 2 Nr. 18.

[276] LAG Hamm 14. 7. 1976 DB 77, 126; LAG Hamburg 12. 9. 1980 EzB BBiG § 17 Nr. 7; LAG Rheinland-Pfalz 18. 1. 2006 – 6 Ta 12/06 – n. v.; LAG Rheinland-Pfalz 10. 5. 2007 – 2 Sa 32/07 – n. v.; LAG Berlin-Brandenburg 20. 4. 2007 – 13 Sa 330/07 – NJ 2007, 431 (die Revision gegen das Urteil hat das BAG am 14. 1. 2009 zurückgewiesen – 3 AZR 427/07); so auch *Leinemann/Taubert* § 24 RN 13; Wohlgemuth/*Lakies*/Malottke/Pieper/Proyer § 24 RN 18; *Gedon/Hurlebaus* § 24 RN 21; *Herkert/Töltl* § 24 RN 22; a. A. im Hinblick auf die Kenntnis vom Bestehen der Prüfung ErfK/*Schlachter* § 24 BBiG RN 2.

Willenserklärung. Eine Willenserklärung setzt aber ein voluntatives Element voraus, das nur bei Kenntnis der Umstände vorliegen kann. Liegen die Voraussetzungen des § 24 BBiG vor, erlangt der ehemalige Auszubildende einen notfalls nach § 612 BGB zu bemessenden Vergütungsanspruch. Dieser entfällt jedoch mit Abschluss eines Verlängerungsvertrages auf Grund § 21 III BBiG. Es ist ihm die Vergütung, die seiner Beschäftigung entspricht, zu zahlen.[277] Die Fiktion des § 24 BBiG greift nicht ein, wenn eine **ausdrückliche** abweichende Vereinbarung getroffen wurde. Beweispflichtig hierfür ist der ehemalige Ausbildende, der sich auf die Vereinbarung beruft.[278] Nach Ansicht des BAG kann sich eine ausdrückliche Erklärung auch aus den Umständen ergeben.[279] Ein bloßer einseitiger Vorbehalt, man wolle den Auszubildenden aus sozialen Gründen für zwei Monate weiterbeschäftigen, reicht hierfür aber nicht aus.[280] Darüber hinaus darf die Vereinbarung nicht nach § 12 BBiG nichtig sein. (s. hierzu RN 34ff.). Soll eine befristete Beschäftigung vereinbart werde, bedarf dies gem. § 14 IV TzBfG der Schriftform. Grundsätzlich ist auch die Vereinbarung einer Probezeit möglich (s. § 41 RN 3), und zwar auch bei einer Beschäftigung im erlernten Beruf, weil die Ausbildung und die Tätigkeit als Arbeitnehmer einen unterschiedlichen Zweck haben.[281]

128 **4. Mitwirkung des Betriebsrats.** Weil für das Vorliegen einer Einstellung i. S. v. § 99 I BetrVG auf die tatsächliche Eingliederung in den Betrieb abzustellen ist (s. § 241 RN 11), hat der Betriebsrat nach §§ 99ff. BetrVG ein **Mitwirkungsrecht,** wenn das Ausbildungsverhältnis in ein Arbeitsverhältnis überführt wird, es sei denn es liegt ein Fall des § 78a BetrVG vor (§ 241 RN 11a).

129 **5. Anrechnung des Ausbildungszeit.** Wird der Auszubildende in ein Arbeitsverhältnis übernommen oder wird die Begründung eines Arbeitsverhältnisses gem. § 24 BBiG fingiert, ist die Ausbildungszeit auf die **Wartefrist des § 1 KSchG** anzurechen (s. § 130 RN 22). Das Gleiche gilt für die **Wartezeit des § 3 III EFZG.**[282] **Tarifverträge,** die während der Ausbildung in Kraft waren, sich zur Zeit der Begründung des unmittelbar anschließenden Arbeitsverhältnisses im Nachwirkungszeitraum nach § 4 V TVG befanden, gelten auch für den ehemaligen Auszubildenden kraft **Nachwirkung.**[283]

§ 175. Sonstige Berufsausbildung

I. Abgrenzung

1 Eine Berufsausbildung im Sinne des BBiG liegt nur dann vor, wenn der Arbeitnehmer für einen **anerkannten Ausbildungsberuf** ausgebildet wird (§ 173 RN 7; § 174 RN 25ff.), auch wenn diese wiederholt zu verschiedenen Berufen erfolgt. Zur **Umschulung** s. § 16 RN 15f. Im Berufsleben kommt es vor, dass jemand eingestellt wird, um ihm die Möglichkeit zu geben, berufliche Kenntnisse, Fertigkeiten und Erfahrungen zu sammeln, ohne dass dies im Rahmen einer Ausbildung in einem staatlich anerkannten Ausbildungsberuf erfolgen soll. Das gilt insbesondere für Anlernlinge, Volontäre und Praktikanten (vgl. § 16). Ferner ergibt sich in der betrieblichen Praxis häufig die Notwendigkeit, einen Arbeitnehmer kurzfristig für bestimmte Zwecke auszubilden. Insoweit sind zwei Formen vertraglicher Gestaltungsmöglichkeiten denkbar, nämlich ein normaler **Arbeitsvertrag** (RN 2) sowie ein besonderer **Berufsausbildungsvertrag** (§ 26 BBiG, RN 3).

II. Arbeitsvertrag

2 Wird ein Arbeitnehmer eingestellt, um berufliche Kenntnisse, Fertigkeiten oder Erfahrungen zu erwerben, so kann mit ihm ein Arbeitsvertrag vereinbart werden. Ein Arbeitsverhältnis liegt aber nur vor, sofern die **Leistung von Arbeit** (und nicht die Fortbildung) **im Vordergrund** steht.[1] Die Bestimmungen des BBiG finden auf ein solches Arbeitsverhältnis keine Anwendung, weil es von dem Verweis in § 26 BBiG nicht erfasst wird. Aus einem solchen Arbeitsvertrag

---

[277] ArbG Kiel 7. 10. 1970 AP 1 zu § 17 BBiG.
[278] Vgl. BAG 30. 11. 1984 AP 1 zu § 22 MTV Ausbildung.
[279] BAG 30. 11. 1984 AP 1 zu § 22 MTV Ausbildung.
[280] LAG Düsseldorf 22. 10. 1985 DB 86, 176 = EzB BBiG § 17 Nr. 15.
[281] Einschränkend *Leinemann/Taubert* § 24 RN 23.
[282] BAG 20. 8. 2003 AP 20 zu § 3 EntgeltFG = NZA 2004, 205.
[283] BAG 7. 5. 2008 AP 30 zu § 4 TVG = NZA 2008, 886.
[1] BAG 5. 12. 2002 AP 2 zu § 19 BBiG = DB 2004, 141.

ergeben sich die normalen Rechte und Pflichten eines Arbeitsverhältnisses. Insbesondere hat der Arbeitnehmer Anspruch auf Vergütung. Sind die Parteien tarifgebunden oder ist der Tarifvertrag allgemeinverbindlich, so hat der Arbeitnehmer regelmäßig Anspruch auf die volle Vergütung, die für die Arbeit in der entsprechenden Tarifgruppe zu zahlen ist. Es kann nur dann etwas anderes gelten, wenn der Tarifvertrag ein geringeres Entgelt für noch nicht voll eingearbeitete Arbeitnehmer vorsieht. Ist mit dem Arbeitsvertrag eine schulische Ausbildung eng verzahnt, z. B. bei den Beratungsanwärtern der Bundesagentur für Arbeit, so kann auch in diesen Fällen die Vergütung tariflich geregelt werden.[2] Ist die Ausbildung mit erheblichen Kosten für beide Parteien verbunden, etwa bei Piloten, so kann sich auch dann, wenn das Recht zur ordentlichen Kündigung nicht ausgeschlossen ist, aus dem Vertragszweck ergeben, dass es nur wegen fehlender Eignung gekündigt werden kann.[3]

III. Besonderer Ausbildungsvertrag

1. Rechtsnatur. Die Parteien können einen besonderen Ausbildungsvertrag vereinbaren, 3
wenn jemand eingestellt wird, um ihm berufliche Kenntnisse, Fähigkeiten und Erfahrungen zu vermitteln, ohne dass eine Ausbildung in einem geordneten Ausbildungsgang erfolgt. Dieser Vertrag unterscheidet sich von einem Arbeitsverhältnis dadurch, dass bei ihm der **Ausbildungszweck im Vordergrund** steht.[4] Aus diesem Grunde sind hierauf nach § 26 BBiG einzelne für den Berufsausbildungsvertrag geltenden Bestimmungen anwendbar. Der im besonderen Ausbildungsverhältnis Beschäftigte hat daher in jedem Fall einen unabdingbaren Anspruch auf **angemessene Vergütung** (§ 17 BBiG). Damit kann grundsätzlich ein Praktikant oder Volontär nicht ohne Vergütung beschäftigt werden (Einzelheiten § 16).[5] Voraussetzung für die Anwendbarkeit des Schutznorm des § 26 BBiG ist aber eine Eingliederung in den Betrieb. Der Vertragspartner muss durch ein Mindestmaß an Pflichtenbindung am arbeitstechnischen Zweck des Betriebes mitwirken. Daran fehlt es z. B., wenn keinerlei Anwesenheits- und Mitwirkungspflichten des Fortzubildenden bestehen.[6]

2. Ausnahmen von den Vorschriften des BBiG. Für das besondere Ausbildungsverhältnis 4
gelten nur drei Ausnahmen von den für den Berufsausbildungsvertrag geltenden Rechtsvorschriften (§ 26 BBiG). Die **Probezeit** kann auf weniger als einen Monat abgekürzt werden oder ganz entfallen. Es kann auf die **schriftliche Niederlegung der Vertragsbestimmungen** verzichtet werden. Damit ist aber nicht entbehrlich eine Vereinbarung über Art und Dauer der Ausbildung, den Ausbildungsplan, Ausbildungsmaßnahmen und die sonstigen aufgezählten Vertragsbedingungen. Unberührt bleibt die schriftliche Niederlegung nach dem NachwG. Schließlich ist ein **Schadensersatzanspruch** nach § 23 I 1 BBiG ausgeschlossen, wenn der befristet abgeschlossene Ausbildungsvertrag vorzeitig beendet wird. Da § 26 BBiG lex specialis ist im Verhältnis zu § 628 BGB (i.V.m. § 10 II BBiG), kann auch aus dieser Bestimmung kein Schadenersatzanspruch hergeleitet werden,[7] sofern ein Rechtsverhältnis nach § 26 BBiG und kein Arbeitsverhältnis (s. RN 2) vorliegt.

§ 176. Fortbildungsvertrag

Busse/Heidemann, Berufliche Weiterbildung, 2. Aufl. 2005; *Geldermann,* Betriebliche Weiterbildung – ein Leben lang, AuA 2007, 72; *Hofmann,* Qualität in der Weiterbildung. Was zählt wirklich?, PersF 95, 204; *Hoß,* Fortbildungsvereinbarung, ArbRB 2002, 216; *Lenzen,* Erfolgsfaktor, Schlüsselqualifikationen, 1998; *Raab,* Betriebliche und außerbetriebliche Bildungsmaßnahmen, NZA 2008, 270; *Reska,* Lernen in Netzen, AiB 2001, 524; *Rieble,* Qualifizierungstarifverträge, FS 50 Jahre BAG 2004, 831; *Richter/Gamisch,* Tarifliche Ansprüche auf Weiterbildung, AuA 2007, 95; *Sandmann/Schmitt-Rolfes,* Arbeitsrechtliche Probleme der Arbeitnehmerweiterbildung, ZfA 2002, 295; *Sehrbrock,* Fortbildung mit Mehrwert, PersR 2008, 92; *Stück,* Recht auf Fortbildung, PERSONAL 2008, 58.

Muster: ArbR-Formb. § 16 RN 10 ff.

---

[2] BAG 20. 1. 1977 AP 1 zu § 1 TVG Ausbildungsverhältnis; 30. 4. 1987 AP 2 zu § 1 TVG Ausbildungsverhältnis = NZA 87, 818.

[3] BAG 22. 6. 1972 AP 1 zu § 611 BGB Ausbildungsverhältnis; vgl. BAG 20. 1. 1977 AP 1 zu § 1 TVG Ausbildungsverhältnis; zum Schadensersatz bei fehlgeschlagener Ausbildung: BAG 24. 6. 1999 AP 36 zu § 611 BGB Ausbildungsverhältnis = NZA 99, 1275.

[4] BAG 15. 12. 1993 AP 17 zu § 611 BGB Ausbildungsbeihilfe = NZA 94, 835; 5. 12. 2002 AP 2 zu § 19 BBiG = DB 2004, 141.

[5] ArbG Berlin 7. 2. 1992 NZA 92, 842.

[6] BAG 17. 7. 2007 AP 3 zu § 19 BBiG = NZA 2008, 416.

[7] *Leinemann/Taubert* § 26 RN 37; *Gedon/Hurlebaus* § 26 RN. 46; *Herkert/Töltl* § 26 RN 17.

Übersicht

	RN		RN
I. Allgemeines	1 ff.	III. Pflichten des Fortzubildenden	13
1. Zweck	1	IV. Beendigung des Fortbildungsvertrages	14 ff.
2. Fortbildungsvertrag	2	1. Zweckerreichung	14
3. Öffentliche Förderung	3–5	2. Kündigung	15, 16
4. Zuständige Stellen	6, 7	3. Arbeitsvertrag	17
II. Pflichten des Arbeitgebers aus dem Fortbildungsvertrag	8 ff.	V. Rückzahlungsklausel	18 ff.
1. Hauptpflicht	8	1. Grundsatz	18, 19
2. Arbeitsentgelt	9, 10	2. Arbeitsvertragliche Regelungen	20–27
3. Kosten	11	3. Tarifverträge	28
4. Nebenpflichten	12	4. Betriebsvereinbarungen	29
		5. Fälligkeit, Ausschlussfristen	30

I. Allgemeines

1 **1. Zweck.** Der Berufsfortbildungsvertrag soll es dem Arbeitnehmer ermöglichen, die beruflichen Kenntnisse und Fertigkeiten zu erhalten, zu erweitern oder der technischen Entwicklung anzupassen oder beruflich aufzusteigen (§ 1 IV BBiG). Die Fortbildung kann also entweder darauf abzielen, die berufliche Handlungsfähigkeit zu erhalten oder anzupassen **(Anpassungsfortbildung)** oder darauf, einen beruflichen Aufstieg zu ermöglichen **(Aufstiegsfortbildung).** Eine gesonderte **gesetzliche Regelung** des Berufsfortbildungsvertrages fehlt. Das BBiG enthält neben der Zweckbestimmung eine Regelung in §§ 53 bis 57 BBiG. Für den Bereich des Handwerks gelten die §§ 42 a–42 d HwO. Auf Berufsfortbildungsverträge ist nach seiner systematischen Stellung § 23 BBiG (Schadensersatz, § 174 RN 113 ff.) nicht, auch nicht entsprechend anzuwenden. Die Regelung des Berufsfortbildungsvertrages beruht im Wesentlichen auf der Rechtsprechung des Bundesarbeitsgerichtes.

2 **2. Fortbildungsvertrag.** Die Fortbildung kann sowohl im Rahmen eines schon bestehenden Arbeitsverhältnisses auf der Grundlage einer entsprechenden ergänzenden Vertragsabrede als auch auf Grund eines eigenständigen Fortbildungsvertrages erfolgen. Die Ausbildung kann dabei innerbetrieblich oder außerhalb des Betriebes durchgeführt werden.

3 **3. Öffentliche Förderung.** Die Bundesagentur für Arbeit fördert die **berufliche Weiterbildung** (§ 22 RN 16 ff.). Die Förderung erfolgt, um die Arbeitslosigkeit zu vermeiden und Arbeitnehmer mit fehlendem Berufsabschluss zu qualifizieren (Einzelheiten §§ 77 ff. SGB III).

4 Ziel des Gesetzes zur Förderung der beruflichen **Aufstiegsfortbildung** (Aufstiegsfortbildungsförderungsgesetz – AFBG) v. 10. 1. 2002 (BGBl. I S. 402), zul. geänd. 19. 8. 2007 (BGBl. I S. 1970) ist es, Teilnehmerinnen und Teilnehmern an Maßnahmen der beruflichen Aufstiegsfortbildung durch Beiträge zu den Kosten der Maßnahme und zum Lebensunterhalt finanziell zu unterstützen (s. auch § 173 RN 6).

5 Aufwendungen von Arbeitnehmern zur beruflichen Fortbildung können u. U. **steuerlich** absetzbare Werbungskosten gem. § 9 I 1 EStG sein (Berufsausbildungskosten sind nach Maßgabe des § 10 I Nr. 7 EStG als Sonderausgaben absetzbar).

6 **4. Zuständige Stellen. a)** Die **Regelung der zuständigen Stellen** für die berufliche Fortbildung und Umschulung ergeben sich aus der Bekanntmachung des Verzeichnisses der anerkannten Ausbildungsberufe und des Verzeichnisses der zuständigen Stellen vom 19. 6. 2008 (Beil. zum BAnz. Nr. 139 a v. 12. 9. 2008; vgl. § 173 RN 16).

7 **b)** In Teil B sind die **Regelungen des Bundes** für die berufliche Fortbildung und Umschulung sowie Empfehlungen des Bundes für die Durchführung von Fortbildungslehrgängen zusammengefasst. Insbesondere ergeben sich hieraus die Regelungen für die Meisterprüfung nach § 45 HwO, die fortbestehenden Regelungen und die RechtsVO über die Anforderungen in Meisterprüfungen.

II. Pflichten des Arbeitgebers aus dem Fortbildungsvertrag

8 **1. Hauptpflicht** des Arbeitgebers ist, den Arbeitnehmer auf dem vereinbarten Gebiet zu schulen oder schulen zu lassen. Die dem Arbeitnehmer vermittelten Kenntnisse müssen für diesen **zusätzliche** Vorteile bewirken, andernfalls kann eine bloße **Einweisung** oder **Einarbeitung** in den Arbeitsplatz vorliegen. Zur Erreichung des Fortbildungszieles wird der Arbeitgeber dem Arbeitnehmer regelmäßig die betrieblichen Lehr- und Lernmittel zur Verfügung zu stellen.

2. Arbeitsentgelt. Umstritten ist, ob der Arbeitgeber zur Zahlung einer Vergütung **verpflichtet** ist. Das BAG hat einen Anspruch in einer vor Erlass des BBiG ergangenen Entscheidung verneint,[1] während in der Literatur teilweise eine Vergütungsverpflichtung angenommen wurde.[2] Zutreffenderweise dürfte auf die getroffenen Vereinbarungen abzustellen sein[3] und darauf, inwieweit der Arbeitnehmer in dem betreffenden Zeitraum (auch) eine Arbeitsleistung für den Betrieb erbringt, die gem. § 611 I BGB zu vergüten ist. Jedenfalls lässt sich ein Entgeltanspruch nicht aus § 17 BBiG ableiten, weil diese Bestimmung nur für das Berufsausbildungsverhältnis sowie die in § 26 BBiG geregelten Vertragsbeziehungen gilt. 9

Wird Vergütung gezahlt, so ist diese beitragspflichtiges Einkommen i. S. der **Sozialversicherung** und Arbeitseinkommen i. S. des **Steuerrechts.** Steuerpflichtig sind auch Zuwendungen an Arbeitnehmer, um ihre Bemühungen zur beruflichen Fortbildung anzuerkennen. Steuerfrei sind Beihilfen nach § 3 Nr. 11 EStG. 10

3. Kosten. Regelmäßig wird der Arbeitgeber die Kosten der Fortbildung übernehmen; hierzu gehören regelmäßig Reise-, Übernachtungs-, Verpflegungskosten und die Kosten der Schulung und Unterweisung. Insoweit ist auch eine Pauschalierungsvereinbarung denkbar. 11

4. Nebenpflichten. Im Übrigen obliegen dem Arbeitgeber **dieselben Pflichten** wie in sonstigen Arbeitsverträgen. Er hat also dem Arbeitnehmer **Urlaub** und, soweit die Fortbildung im Betrieb erfolgte, ein **Zeugnis** zu erteilen. Die Erteilung des Urlaubes kann nicht zur Unzeit erfolgen, d. h. zu einem Zeitpunkt, in dem die Fortbildungsmaßnahmen erheblich gestört würden. 12

III. Pflichten des Fortzubildenden

Hauptpflicht des Fortzubildenden ist, während des Fortbildungsvertrages alles daran zu setzen, das Ziel der vereinbarten Fortbildung zu erreichen. Er hat also die vereinbarten Kurse zu besuchen, den Lehr- und Lernstoff zu er- und durchzuarbeiten, die betrieblichen Fortbildungsarbeiten zu verrichten usw. Erfolgt die Fortbildung im Rahmen eines bestehenden Arbeitsverhältnisses, gelten unverändert die hieraus folgenden Nebenpflichten (§ 55). Aber auch bei einem gesonderten Fortbildungsvertrag werden entsprechende Verpflichtungen begründet, so dass auch hier z. B. Obhutspflichten und Treuepflichten – wie auch bei einem Auszubildenden (vgl. § 174 RN 82f.) – bestehen. 13

IV. Beendigung des Fortbildungsvertrages

1. Zweckerreichung. Ein gesonderter Fortbildungsvertrag endet, wenn das mit ihm **bezweckte** Ziel erreicht ist (Ablegung der berufsrechtlich vorgeschriebenen Prüfungen) oder wenn die **Zeit,** für die er eingegangen ist, abgelaufen ist. Dies wird auch dann der Fall sein, wenn der Fortzubildende in diesem Zeitpunkt die berufsrechtlich notwendigen Prüfungen noch nicht abgelegt hat. Allerdings hat der Fortzubildende das Recht, etwaige Wiederholungsprüfungen auf eigene Kosten durchzuführen. Insoweit ist der Arbeitgeber verpflichtet, den Arbeitnehmer von der Arbeit freizustellen. Die Schriftform des § 14 IV TzBfG für die Befristung ist nur dann einzuhalten, wenn ein Arbeitsvertrag vereinbart wurde. 14

2. Kündigung. Im Wege der Auslegung des Fortbildungsvertrages ergibt sich zumeist, dass das Recht zur ordentlichen Kündigung ausgeschlossen ist.[4] **Außerordentlich** kann es gem. § 626 BGB aus wichtigem Grund gekündigt werden. Wichtiger Grund kann auch sein, dass der Fortzubildende nach den bisherigen Leistungen und nach objektiver Anschauung nicht mehr in der Lage ist, das vereinbarte Fortbildungsziel zu erreichen. 15

Schließlich hat der **Fortzubildende** das Recht zur außerordentlichen Kündigung, wenn er die vereinbarte Fortbildung nicht mehr fortsetzen will. Jedoch trifft ihn dann die Verpflichtung, die dem Arbeitgeber erwachsenden Auslagen zu ersetzen, sofern ihm eine angemessene Überlegungszeit gewährt worden ist, in der er ohne Kostenrisiko entscheiden kann, ob er die Ausbildung aufgeben oder fortsetzen will.[5] Wurde eine Fortbildungsvergütung bezahlt, so ist nach § 287 I ZPO zu schätzen, inwieweit diese eine etwaige Arbeitsleistung abgelten sollte und inwieweit sie der Ermöglichung der Fortbildung diente. Hat der Arbeitgeber zu Unrecht gekün- 16

---

[1] BAG 29. 6. 1962 AP 25 zu Art. 12 GG.
[2] *Hohn* BB 64, Beilage 3 zu Heft 15, S. 1ff.; *Fauth* DB 65, 1478 (1482).
[3] So *Leinemann/Taubert* § 1 RN 41.
[4] Vgl. BAG 22. 6. 1972 AP 1 zu § 611 BGB Ausbildungsverhältnis.
[5] BAG 20. 2. 1975 AP 2 zu § 611 BGB Ausbildungsbeihilfe; s. RN 21.

digt und ist er mit der Fortbildung in Schuldnerverzug gekommen, so braucht sich der Fortzubildende nicht als Schadensmitverursachung anrechnen zu lassen, wenn er unterdessen ein Studium aufgenommen hat.[6]

17 **3. Arbeitsvertrag.** Bei einer Fortbildung im Rahmen eines bestehenden Arbeitsverhältnisses treten mit Beendigung der Fortbildungsvereinbarung die ursprünglichen Rechte und Pflichten aus dem Arbeitsverhältnis wieder in Kraft. War das Arbeitsverhältnis, etwa bei Umschulung und Fortbildung durch die Agentur für Arbeit, zuvor beendet, so entsteht nach Ablauf der Fortbildung nicht ohne weiteres ein Wiedereinstellungsanspruch des Arbeitnehmers.[7]

V. Rückzahlungsklausel

Für das vor 1995 erschienene Schrifttum vgl. frühere Aufl.: *Berroth,* Fort- und Weiterbildung auf Kosten des Arbeitgebers und Rückzahlungsverpflichtung, ZMV 98, 58; *Düwell/Ebeling,* Rückzahlung von verauslagten Bildungsinvestitionen, DB 2008, 406; *Heller,* Rückzahlung von Aus-, Fort- und Weiterbildungskosten, PflR 2002, 439; *Hennige,* Rückzahlung von Aus- und Fortbildungskosten, NZA-RR 2000, 617; *Hoffmann,* Rückzahlung von Fort- und Ausbildungskosten, AuA 96, 194; *Huber/Blömeke,* Rückzahlung von Fortbildungskosten im Arbeitsverhältnis, BB 98, 2157; *Kleinbrink,* Problembereiche bei der Gestaltung von Fortbildungsvereinbarungen durch AGB, ArbRB 2006, 345; *Lakies,* AGB-Kontrolle von Rückzahlungsvereinbarungen über Weiterbildungskosten, BB 2004, 1903; *ders.,* Rückzahlungsklauseln bei betrieblicher Fort- und Weiterbildung, AiB 2008, 135; *Maier/Mosig,* Unwirksame Rückzahlungsklauseln bei arbeitgeberseitigter Übernehme der Ausbildungskosten, NZA 2008, 1168; *Meier/Schulz,* Die Rückzahlung von Ausbildungskosten bei vorzeitiger oder erfolgloser Beendigung der Ausbildung, NZA 96, 742; *Oberthür/Becke,* Drum prüfe, wer sich ewig bindet – Bindungsklauseln im Wandel der Rechtsprechung, ArbRB 2008, 215; *Rischar,* Arbeitsrechtliche Klauseln zur Rückzahlung von Fortbildungskosten, BB 2002, 2550; *Schmidt,* Die Beteiligung der Arbeitnehmer an den Kosten der beruflichen Bildung, NZA 2004, 1002; *Schröder,* Rückzahlungsklauseln wirksam gestalten, AuA 2007, 108; *Waas,* Ausbildungskosten – Erstattung bei Arbeitgeberkündigung, RdA 2005, 120; *Winkelhake,* Rückzahlung von Ausbildungskosten, 2003, H. 12 S. 14; *Zeranski,* Rückzahlung von Ausbildungskosten bei Kündigung des Arbeitsverhältnisses, NJW 2000, 336; *Zundel,* Wirksamkeit arbeitsvertraglicher Klauseln insbesondere unter dem Aspekt der AGB-Kontrolle, NJW 2006, 1237.

18 **1. Grundsatz. a)** Wenn Arbeitgeber die Fortbildungskosten ihrer Arbeitnehmer übernehmen oder sich hieran beteiligen, tun sie das regelmäßig, um sich einen qualifizierten Nachwuchs zu verschaffen und damit in der Erwartung, dass der Arbeitnehmer nach Beendigung der Fortbildung einen gewissen Zeitraum in ihren Diensten bleibt. Zumeist werden daher für den Fall Rückzahlungsklauseln vereinbart, dass der Arbeitnehmer nach Beendigung der Fortbildung seine Stelle nicht antritt oder das Arbeitsverhältnis vor Ablauf bestimmter Fristen beendet.

19 **b)** Von den Rückzahlungsklauseln sind solche Verträge zu unterscheiden, nach denen sich der Arbeitnehmer verpflichtet, zu den Ausbildungskosten beizutragen, die Beträge aber zunächst **gestundet** werden.[8] Die vom BAG entwickelten Grundsätze zur Zulässigkeit von Rückzahlungsvereinbarungen gelten demgegenüber uneingeschränkt, wenn die Parteien vereinbaren, dass der Rückzahlungsbetrag als **Darlehen** geschuldet werden soll.[9] Im Übrigen reicht es für die Einordnung als Darlehensvertrag gem. § 488 BGB ohnehin nicht aus, wenn der Sache nach eine Vereinbarung über die Rückzahlung von Ausbildungskosten vorliegt, die von den Partein lediglich fälschlicherweise als „Darlehen" bezeichnet wird.[10]

20 **2. Arbeitsvertragliche Regelungen. a) Vertragsfreiheit.** Für Rückzahlungsklauseln in Arbeitsverträgen gilt grundsätzlich das Prinzip der Vertragsfreiheit. Die Vertragsfreiheit findet ihre Grenze, wo sie durch Gesetz, Tarifverträge oder Betriebsvereinbarung eingeschränkt ist. Arbeitsvertraglich vereinbarte Rückzahlungsverpflichtungen sind zudem eingeschränkt durch **§§ 305 ff. BGB**. Zu den Voraussetzungen für die Geltung des AGB-Rechts s. § 32 RN 5 ff. Bei den **Richtlinien** für Arbeitsverträge in den Einrichtungen des **Deutschen Caritasverbandes** handelt es sich um Allgemeine Geschäftsbedingungen, auf die nach § 310 IV BGB die §§ 305 ff. BGB anzuwenden sind.[11] Im **kirchlichen Bereich** sind allerdings nach der Rechtsprechung des BAG gerade bei Rückzahlungsklauseln von den allgemeinen Grundsätzen abweichende Gestaltungen zulässig.[12] Es sind hier die für die Überprüfung tarifvertraglicher Regelungen geltenden

---

[6] BAG 30. 5. 1975 AP 2 zu § 284 BGB.
[7] BAG 10. 11. 1977 AP 1 zu § 611 BGB Einstellungsanspruch.
[8] BAG 16. 10. 1974 AP 1 zu § 1 BBiG.
[9] BAG 26. 10. 1994 AP 19 zu § 611 Ausbildungsbeihilfe = NZA 95, 305.
[10] Vgl. BAG 18. 3. 2008 AP 12 zu § 310 BGB = NZA 2008, 1004.
[11] BAG 17. 11. 2005 AP 45 zu § 611 BGB Kirchendienst = NZA 2006, 872; s. auch § 185 RN 24, 37.
[12] BAG 17. 11. 2005 AP 45 zu § 611 BGB Kirchendienst = NZA 2006, 872.

Grundsätze (s. RN 28) entsprechend heranzuziehen, soweit die Richtlinien einschlägige tarifvertragliche Bestimmungen ganz oder ihrem wesentlichen Inhalt nach übernehmen.[13] Insoweit handelt es sich um Besonderheiten des Arbeitsrechts i. S. v. § 310 IV Satz 2 BGB.[14]

b) Inhaltskontrolle. Rückzahlungsklauseln sind nach der ständigen Rechtsprechung des BAG grundsätzlich zulässig. Sie sind aber einer Inhaltskontrolle nach **§ 242 BGB** zu unterziehen. Über diese Generalklausel wird das in **Art. 12 I GG** geschützte Grundrecht des Arbeitnehmers auf freie Wahl des Arbeitsplatzes gewährleistet. Hierdurch wird der Einzelne in seinem Entschluss geschützt, eine bestimmte Beschäftigungsmöglichkeit zu ergreifen, beizubehalten oder aufzugeben.[15] Handelt es sich bei der Rückzahlungsvereinbarung um eine **Allgemeine Geschäftsbedingung,** ist sie gem. § 307 I 1 BGB daran zu messen, ob sie den Arbeitnehmer unangemessen benachteiligt. Insoweit gelten dieselben Grundsätze wie zu § 242 BGB, d. h. Rückzahlungsklauseln beeinträchtigen den Arbeitnehmer nicht generell unangemessen und sind nach wie vor grundsätzlich zulässig. Die Rückzahlungspflicht muss vom Standpunkt eines verständigen Betrachters einem begründeten und zu billigendem Interesse des Arbeitgebers entsprechen. Bei der Inhaltskontrolle von Rückzahlungsklauseln ist eine **Interessenabwägung** vorzunehmen. Diese hat sich vor allem daran zu orientieren, ob und in welchem Maße der Arbeitnehmer mit der Aus- und Weiterbildung einen geldwerten Vorteil erlangt. Eine Kostenbeteiligung ist ihm umso eher zuzumuten, je größer der **mit der Ausbildung verbundene Vorteil** für ihn ist. Dieser Vorteil kann darin liegen, dass ihm die Ausbildung entweder bei dem bisherigen Arbeitgeber oder auf dem allgemeinen Arbeitsmarkt berufliche Möglichkeiten eröffnet, die für ihn bisher nicht bestanden. Für die Dauer der zulässigen Bindung kommt es auf den Umfang der Fortbildungsmaßnahme, die Höhe des Rückzahlungsbetrages und dessen Abwicklung an.[16] Diese Grundsätze gelten entsprechend auch bei vorzeitigem **Abbruch der Ausbildung,** sofern hierdurch nach der Vereinbarung[17] eine Beteiligung des Arbeitnehmers an Ausbildungskosten ausgelöst wird. Bei Allgemeinen Geschäftsbedingungen gilt insoweit allerdings die Unklarheitenregel des § 305 c II BGB. Im Rahmen der Interessenabwägung ist aber dabei jedenfalls zu prüfen, ob der Arbeitnehmer eine hinreichende Einarbeitungszeit hatte, in der er die Ausbildung noch ohne Rückzahlungsverpflichtung abbrechen konnte.[18] Steht am Ende der Ausbildung eine Prüfung und besteht der Arbeitnehmer diese nicht, kann eine Rückzahlungspflicht nur in Betracht kommen, wenn die Vereinbarung dies hinreichend deutlich vorsieht und das Nichtbestehen der Prüfung auf Gründen in der Sphäre des Arbeitnehmers beruht. Eine Rückzahlungsverpflichtung dürfte in diesen Fällen aber auch dann ausscheiden, wenn eine für den Arbeitgeber von vornherein erkennbar intellektuelle Überforderung des Arbeitnehmers vorlag.[19] 21

Die Regelung darf wegen des den Rückzahlungsanspruchs auslösenden Tatbestandes nicht zu weit gefasst sein. Insbesondere ist es nicht zulässig, die Zahlungspflicht generell an jedes Ausscheiden des Arbeitnehmers zu knüpfen. Vielmehr muss nach dem **Grund des Ausscheidens** differenziert werden. Zulässig sind nur solche Bestimmungen, nach denen es der Arbeitnehmer in der Hand hat, der Rückzahlungspflicht durch eigene **Betriebstreue** zu entgehen. Handelt es sich bei der Rückzahlungsvereinbarung um eine **Allgemeine Geschäftsbedingung,** folgt dies aus § 307 I BGB, weil ansonsten eine unangemessene Benachteiligung des Arbeitnehmers vorliegt.[20] Erfolgt die Vertragsbeendigung aus Gründen, die in der Sphäre des Arbeitgebers liegen, kann hierdurch ein Rückzahlungsanspruch nicht ausgelöst werden.[21] Dabei kommt es nicht darauf an, welche Vertragspartei das Arbeitsverhältnis beendet hat. Beendet der Arbeitgeber das Ar- 22

---

[13] BAG 6. 11. 1996 AP 1 zu § 10 a AVR Caritasverband = NZA 97, 778; 28. 1. 1998 AP 11 zu § 12 AVR Caritasverband = NZA-RR 98, 424; 17. 11. 2005 AP 45 zu § 611 BGB Kirchendienst = NZA 2006, 872.

[14] BAG 17. 11. 2005 AP 45 zu § 611 BGB Kirchendienst = NZA 2006, 872.

[15] BVerfG 24. 4. 1991 BVerfGE 84, 133 = AP 70 zu Art. 12 GG = NJW 91, 1667.

[16] BAG 29. 6. 1962 AP 25 zu Art. 12 GG; 24. 1. 1963 AP 29 zu Art. 12 GG; 23. 2. 1983 AP 6 zu § 611 BGB Ausbildungsbeihilfe; 24. 7. 1991 AP 16 zu § 611 BGB Ausbildungsbeihilfe = NZA 92, 405; 16. 3. 1994 AP 18 zu § 611 BGB Ausbildungsbeihilfe = NZA 94, 937; 5. 12. 2002 AP 32 zu § 611 BGB Ausbildungsbeihilfe = NZA 2003, 559.

[17] Vgl. die sehr weit gehende Auslegung bei BAG 12. 12. 1979 AP 4 zu § 611 BGB Ausbildungsbeihilfe.

[18] BAG 20. 2. 1975 AP 2 zu § 611 BGB Ausbildungsbeihilfe.

[19] Einschränkend insoweit ErfK/*Preis* § 611 BGB RN 439.

[20] BAG 11. 4. 2006 AP 16 zu§ 307 BGB = NZA 2006, 1042; 23. 1. 2007 AP 38 zu § 611 BGB Ausbildungbeihilfe = NZA 2007, 748.

[21] BAG 6. 5. 1998 AP 28 zu § 611 BGB Ausbildungsbeihilfe = NZA 99, 79; 24. 6. 2004 AP 34 zu § 611 BGB Ausbildungbeihilfe = NZA 2004, 1035; 24. 6. 2004 EzA 7 zu § 611 BGB 2002 Ausbildungsbeihilfe = NZA 2004, 1295 (LS); 11. 4. 2006 AP 16 zu § 307 BGB = NZA 2006, 1042; 23. 1. 2007 AP 38 zu § 611 BGB Ausbildungbeihilfe = NZA 2007, 748.

beitsverhältnis auf Grund eines vertragswidrigen Verhaltens des Arbeitnehmers, kann das eine Rückzahlungsverpflichtung begründen.[22] Voraussetzung ist bei Geltung des KSchG, dass eine **verhaltensbedingte Kündigung** gem. § 1 II 1 KSchG sozial gerechtfertigt ist. Findet das KSchG keine Anwendung, ist zu prüfen, ob ein verständiger Arbeitgeber das Verhalten des Arbeitnehmers zum Anlass genommen hätte, das Vertragsverhältnis zu beenden.[23] Entsprechendes muss für eine Kündigung aus **Gründen in der Person des Arbeitnehmers** gelten, weil auch hier die Ursache für die fehlende Betriebstreue in der Risikosphäre des Arbeitnehmers liegt.[24] Bei einem **Aufhebungsvertrag** kommt es darauf an, aus wessen Sphäre die Gründe für die einvernehmliche Vertragsbeendigung herrühren.[25] Unwirksam ist eine Rückzahlungsklausel in den Fällen, in denen der Arbeitnehmer keinen Anspruch auf Fortsetzung des Arbeitsverhältnisses nach Beendigung der Ausbildung hat.[26] Enthalten Rückzahlungsklauseln in den **Allgemeinen Geschäftsbedingungen** keine Differenzierung danach, aus wessen Sphäre der Beendigungsgrund herrührt, sind sie insgesamt unwirksam und können auch nicht mit einem eingeschränkten, zulässigen Inhalt aufrechterhalten werden, weil § 306 BGB dies gerade nicht vorsieht.[27]

23 Bei der Beurteilung der Rückzahlungsvereinbarung ist auf den **Zeitpunkt ihres Abschlusses** abzustellen.[28] **Darlegungs- und beweispflichtig** für die Tatsachen, aus denen sich ergibt, dass der Arbeitnehmer durch die Ausbildung einen beruflichen Vorteil erlangt hat, ist der Arbeitgeber.[29]

24 **c) Einzelgrundsätze.** Eine Vereinbarung, die den Arbeitnehmer zur Rückzahlung von Ausbildungskosten verpflichtet, darf nicht unter Druck während der Dauer der Ausbildung erzwungen werden. Der Arbeitnehmer muss auf alle Folgen, die sich für ihn aus dem Abschluss einer solchen Vereinbarung ergeben, **zu Beginn der vereinbarten Ausbildung** klar und unmissverständlich hingewiesen werden.[30] Für Rückzahlungsklauseln in Allgemeinen Geschäftsbedingungen folgt das Transparenzgebot nunmehr aus § 307 I 2 BGB.[31]

25 Eine Rückzahlungsklausel ist unwirksam, wenn die durchgeführte Fortbildung zum **Inhalt** des zwischen den Parteien geschlossenen Arbeitsvertrages gehört. Das ist dann der Fall, wenn der Arbeitnehmer die geschuldete Arbeitsleistung auch ohne besondere Fortbildungsmaßnahmen erbringen konnte oder wenn die Fortbildung allein im Interesse des Arbeitgebers liegt, weil es zur Einarbeitung auf dem konkreten Arbeitsplatz einer besonderen Einweisung oder Einarbeitung bedarf.[32]

26 Die Dauer der Bindung ist an Hand der **Fortbildungsdauer** und der **Qualität der erworbenen Qualifikation** des Arbeitnehmers zu beurteilen. Die Vorteile der Ausbildung und die Dauer der Bindung müssen in einem angemessenen Verhältnis zueinander stehen. Nach der Rechtsprechung des BAG ist bei einer Ausbildungsdauer mit Fortzahlung des Entgelts von nicht mehr als einem Monat in der Regel nur eine Bindung bis zu 6 Monaten zulässig.[33] Eine Ausbildungsdauer von bis zu 4 Monaten rechtfertigt grundsätzlich eine Bindungsdauer von bis zu 24 Monaten.[34] Bei einer Ausbildungsdauer von 6 bis 12 Monaten kann grundsätzlich eine Bin-

---

[22] *Düwell/Ebeling* DB 2008, 406 (408).

[23] BAG 24. 6. 2004 AP 34 zu § 611 BGB Ausbildungbeihilfe = NZA 2004, 1035.

[24] LAG Niedersachsen 31. 10. 2008 – 10 Sa 346/08 – n. v. ; a. A. *Schmidt* NZA 2004, 1002 (1005); *Düwell/Ebeling* DB 2008, 406 (408).

[25] *Düwell/Ebeling* DB 2008, 406 (409); vgl. auch BAG 5. 7. 2000 AP 29 zu § 611 BGB Ausbildungsbeihilfe = NZA 2001, 394.

[26] Vgl. BAG 18. 3. 2008 AP 12 zu § 310 BGB = NZA 2008, 1004 (zu einem „Volontariatsvertrag"); 18. 11. 2008 DB 2009, 853.

[27] BAG 11. 4. 2006 AP 16 zu § 307 BGB = NZA 2006, 1042; 23. 1. 2007 AP 38 zu § 611 BGB Ausbildungbeihilfe = NZA 2007, 748.

[28] BAG 24. 7. 1991 AP 15 zu § 611 BGB Ausbildungsbeihilfe = NZA 92, 211; 18. 3. 2008 AP 12 zu § 310 BGB = NZA 2008, 1004.

[29] BAG 18. 6. 1976 AP 3 zu § 611 BGB Ausbildungsbeihilfe; 24. 7. 1991 AP 16 zu § 611 BGB Ausbildungsbeihilfe = NZA 1992, 405; 16. 3. 1994 AP 18 zu § 611 BGB Ausbildungsbeihilfe = NZA 94, 937.

[30] BAG 19. 3. 1980 AP 5 zu § 611 BGB Ausbildungsbeihilfe; 9. 12. 1992 EzB BGB § 611 Aus- und Weiterbildungskosten Nr. 43; 21. 11. 2002 EzA 2 zu § 611 BGB 2002 Ausbildungsbeihilfe = NZA 2003, 991 (LS).

[31] BAG 18. 3. 2008 AP 12 zu § 310 BGB = NZA 2008, 1004.

[32] Vgl. BAG 29. 6. 1962 AP 26 zu Art. 12 GG; 14. 6. 1995 AP 21 zu § 611 BGB Ausbildungsbeihilfe = NZA 95, 1108 (zu SR 2a Nr. 7 BAT); LAG Schleswig-Holstein 10. 5. 1966 DB 66, 1482; LAG Rheinland-Pfalz 23. 10. 1981 LAGE Art. 12 GG Nr. 3 = EzA 18 zu Art. 12 GG.

[33] BAG 5. 12. 2002 AP 32 zu § 611 BGB Ausbildungsbeihilfe = NZA 2003, 559.

[34] BAG 6. 9. 1995 AP 23 zu § 611 BGB Ausbildungsbeihilfe = NZA 96, 314; 21. 7. 2005 AP 37 zu § 611 BGB Ausbildungsbeihilfe = NZA 206, 542.

dungsdauer von 36 Monaten vereinbart werden.[35] Bei einer mehr als zweijährigen Dauer der Fortbildungsmaßnahme ohne Arbeitsleistung kommt eine Bindungsdauer von 5 Jahren in Betracht.[36] Besteht die Bildungsmaßnahme aus **mehreren unterschiedlichen Abschnitten,** sind die dazwischen liegenden Zeiten bei der Berechnung der Ausbildungsdauer nicht mitzurechnen.[37] Die Dauer der Ausbildung ist aber nur ein **Indiz** für die Qualität der erworbenen Ausbildung. Daher kann auch bei kürzerer Ausbildung eine verhältnismäßig lange Bindung gerechtfertigt sein, wenn der Arbeitgeber ganz erhebliche Mittel aufwendet oder die Teilnahme an der Ausbildung dem Arbeitnehmer überdurchschnittlich große Vorteile bringt.[38] Überschreitet die in Allgemeinen Geschäftsbedingungen vereinbarte Rückzahlungsklausel die angemessene Bindungsdauer, ist die Klausel damit insgesamt unwirksam. Eine geltungserhaltende Reduktion wie nach der bisherigen Rechtsprechung des BAG[39] ist nach § 306 BGB für Allgemeine Geschäftsbedingungen (nicht aber für Individualvereinbarungen) ausgeschlossen.[40] Auch § 310 IV 2 BGB gebietet keine Abweichung.[41] Insoweit muss dasselbe gelten wie bei einer Regelung, die den einen Rückzahlungsanspruch auslösenden Tatbestand zu weit fasst.[42] Etwas anderes kann nur dann gelten, wenn die Besonderheiten des Arbeitsrechts und -lebens eine ergänzende Vertragsauslegung fordern. Voraussetzung hierfür ist nach Ansicht des BAG, dass es für den Arbeitgeber objektiv schwierig war, die zulässige Bindungsdauer zu bestimmen und sich dieses Prognoserisiko für den Arbeitgeber verwirklicht.[43]

In der Praxis ist eine monatliche Minderung der Rückzahlungsverpflichtung (z. B. um $^1/_{36}$ 27
bei dreijähriger Bindung) üblich. Eine mit einem Arbeitnehmer vereinbarte Rückzahlung von Ausbildungskosten ist aber wohl nicht schon deshalb unwirksam, weil sich die Rückzahlungspflicht beispielsweise nur um jeweils ein Drittel für jedes Jahr der Betriebszugehörigkeit nach Abschluss der Ausbildung mindert und nicht für jeden Monat.[44] Angemessener erscheint allerdings eine monatliche **ratierliche Kürzung** des Erstattungsbetrages. Jedenfalls eine quartalsweise gestaffelte Rückzahlungshöhe ist zulässig.[45]

3. Tarifverträge. Für Tarifverträge gilt eine eingeschränkte Rechtmäßigkeitskontrolle (s. 28
§ 200 RN 14). Sie werden nur an höherrangigem Recht gemessen. Sie sehen vielfach Rückzahlungsklauseln vor, wenn der Arbeitnehmer die Beendigung des Arbeitsverhältnisses zu vertreten hat.[46] Tarifvertragliche Regelungen bestehen insbesondere im Krankenpflegebereich. Sie sehen vor, dass im ersten Jahr die vollen Fortbildungsaufwendungen, im zweiten Jahr $^2/_3$ und im dritten Jahr $^1/_3$ zurückzuzahlen sind. Das BAG hat diese Regelung als wirksam angesehen. Es hat dabei den Tarifvertragsparteien einen großen Spielraum eingeräumt.[47] Zu den Arbeitsvertragsrichtlinien im kirchlichen Bereich s. RN 18.

4. Betriebsvereinbarungen. In Betriebsvereinbarungen kommen Rückzahlungsklauseln vor 29
allem in Sozialplänen und Rationalisierungsschutzabkommen vor. Zur Inhaltskontrolle s. § 231 RN 10.

---

[35] Vgl. BAG 15. 12. 1993 AP 17 zu § 611 BGB Ausbildungsbeihilfe = NZA 94, 835; 21. 7. 2005 AP 37 zu § 611 BGB Ausbildungsbeihilfe = NZA 2006, 542.

[36] BAG 19. 6. 1974 AP 1 zu § 611 BGB Ausbildungsbeihilfe; 12. 12. 1979 AP 4 zu § 611 BGB Ausbildungsbeihilfe.

[37] BAG 6. 9. 1995 AP 23 zu § 611 BGB Ausbildungsbeihilfe = NZA 96, 314.

[38] BAG 21. 7. 2005 AP 37 zu § 611 BGB Ausbildungsbeihilfe = NZA 2006, 542; vgl. auch BAG 15. 12. 1993 AP 17 zu § 611 BGB Ausbildungsbeihilfe = NZA 94, 835; 5. 12. 2002 AP 32 zu § 611 BGB Ausbildungsbeihilfe = NZA 2003, 559.

[39] Vgl. BAG 6. 9. 1995 AP 23 zu § 611 BGB Ausbildungsbeihilfe = NZA 96, 314; 5. 12. 2002 AP 32 zu § 611 BGB Ausbildungsbeihilfe = NZA 2003, 559.

[40] *Annuß* BB 2002, 458 (462); *Birnbaum* NZA 2003, 944 (988); ErfK/*Preis* § 611 BGB RN 444; a. A. *Thüsing* NZA 2002, 591 (594); *Schmitt* NZA 2004, 1002 (1010).

[41] *Lakies* BB 2004, 1903 (1909).

[42] S. hierzu BAG 11. 4. 2006 AP 16 zu § 307 BGB = NZA 2006, 1042; 23. 1. 2007 AP 38 zu § 611 BGB Ausbildungbeihilfe = NZA 2007, 748.

[43] BAG 14. 1. 2009 – 3 AZR 900/07.

[44] BAG 23. 4. 1986 AP 10 zu § 611 BGB Ausbildungsbeihilfe = NZA 86, 741; vgl. auch BGH 5. 6. 1984 AP 11 zu § 611 BGB Ausbildungsbeihilfe = NZA 84, 290; zu einer tariflichen Regelung: BAG 6. 9. 1995 DB 95, 1866; 6. 9. 1995 AP 22 zu § 611 BGB Ausbildungsbeihilfe = NZA 96, 437.

[45] *Düwell/Ebeling* DB 2008, 406 (410)

[46] BAG 15. 3. 2000 AP 9 zu § 2 BAT SR 2a = NZA 2001, 39; 5. 7. 2000 AP 29 zu § 611 BGB Ausbildungsbeihilfe = NZA 2001, 394.

[47] BAG 6. 9. 1995 DB 95, 1866; 6. 9. 1995 AP 22 zu § 611 BGB Ausbildungsbeihilfe = NZA 96, 437; s. auch *Schmidt* NZA 2004, 1002 (1009); ErfK/*Preis* § 611 BGB RN 452.

30 **5. Fälligkeit, Ausschlussfristen.** Sieht eine Rückzahlungsregelung vor, dass die Ausbildungskosten zu erstatten sind, wenn das Arbeitsverhältnis endet, entsteht der Erstattungsanspruch nicht bereits mit der auf Beendigung des Arbeitsverhältnis gerichteten Willenserklärung, sondern mit der Beendigung des Arbeitsverhältnisses. Erst ab diesem Zeitpunkt beginnen etwaige Ausschlussfristen zu laufen.[48]

[48] BAG 18. 11. 2004 AP 36 zu § 611 BGB Ausbildungsbeihilfe = NZA 2005, 516.

5. Abschnitt. Wehrdienst

§ 177. Auswirkungen des Wehrdienstes auf das Arbeitsverhältnis

Boemke, Die Zulässigkeit der Frage nach Grundwehrdienst und Zivildienst, RdA 2008, 129; *Brors,* Ungleichbehandlung im Tarifvertrag. Zur tarifrechtlichen Benachteiligung ehemaliger Wehrdienstleistender der Grenztruppen der DDR bei der Anrechnung von Beschäftigungszeiten, ZTR 98, 57; *Kreizberg,* Wehr- und Zivildienst, AR-Blattei SD 1800; *Rudolph,* Schutz der Wehrpflichtigen, AuA 92, 278; *Sahmer/Busemann,* Gesetz über den Schutz des Arbeitsplatzes bei Einberufung zum Wehrdienst (Arbeitsplatzschutzgesetz), Loseblatt, Stand Nov. 2006.

Übersicht

	RN
I. Räumlicher und persönlicher Geltungsbereich des Arbeitsplatzschutzgesetzes	1
II. Musterung	2
III. Rechte und Pflichten aus dem Arbeitsverhältnis	3 ff.
1. Ruhen des Arbeitsverhältnisses	3
2. Nebenpflichten	4–6
IV. Kündigungsschutz	7
V. Schutzvorschriften nach Entlassung aus dem Wehrdienst	8–14
VI. Eignungsübung	15

I. Räumlicher und persönlicher Geltungsbereich des Arbeitsplatzschutzgesetzes

Das ArbeitsplatzschutzG i. d. F. vom 14. 2. 2001 (BGBl. I S. 253, zul. geänd. 5. 2. 2009 (BGBl. I S. 160)) gilt im Bereich der BRD gem. §§ 1 I, 15 I ArbPlSchG für alle Arbeitnehmer (§ 8) und die zu ihrer Berufsausbildung Beschäftigten (§§ 173 ff.). Das Gesetz soll die Arbeitnehmer vor beruflichen Nachteilen schützen, die sich infolge der Einberufung zum Wehrdienst und Zivildienst ergeben können. Es korrespondiert insoweit mit § 31 Soldatengesetz (SG) sowie § 35 I des Gesetzes über den Zivildienst der Kriegsdienstverweigerer (ZDG)[1] Sachlich gilt das ArbPlSchG, wenn ein Arbeitnehmer zum Grundwehrdienst oder zu einer Wehrübung einberufen wird (§ 1 I ArbPlSchG). Es gilt mit gewissen Modifikationen im Falle des Wehrdienstes in der Verfügungsbereitschaft und des unbefristeten Wehrdienstes im Verteidigungsfall sowie des freiwilligen Wehrdienstes in der Auslandsverwendung und für Arbeits- und Dienstverhältnisse von Personen, die zu Dienstleistungen nach §§ 51 II, 51 a, 54 V oder 58 a Soldatengesetz herangezogen werden (§ 16 I–IV ArbPlSchG); ferner gilt es bei Soldaten auf Zeit für die zunächst auf sechs Monate festgesetzte Dienstzeit oder für die endgültig auf insgesamt nicht mehr als zwei Jahre festgesetzte Dienstzeit (§ 16 a ArbPlSchG). Für **anerkannte Kriegsdienstverweigerer** gilt das ArbPlSchG entsprechend (§ 78 ZDG). Das ArbPlSchG gilt nicht für ausländische Arbeitnehmer,[2] es sei denn, dass sie aus einem der Mitgliedstaaten der EU stammen.[3] Es gilt als Nebengesetz zum Wehrpflichtgesetz und zum SOG nicht für den in der DDR abgeleisteten Wehrdienst.[4] Gem. der am 9. 8. 2008 in Kraft getretenen Regelung des § 16 VI ArbPlSchG gelten die §§ 1 I, III u. IV, 2–8 ArbPlSchG auch für in Deutschland beschäftigte Ausländer, die in ihrem Heimatstaat zur Erfüllung ihrer dort bestehenden Wehrpflicht zum Wehrdienst herangezogen werden, sofern sie Staatsangehörige der Vertragsparteien der Europäischen Sozialcharta vom 18. 10. 1961[5] sind und ihren rechtmäßigen Aufenthalt in Deutschland haben. Damit werden u. a. auch türkische Arbeitnehmer erfasst. Nach der früheren Rspr. des BAG hatten diese während des verkürzten Wehrdienstes in der Türkei ein Zurückbehaltungsrecht an ihrer Arbeitsleistung.[6] Kein Zurückbehaltungsrecht bestand bei Wehrdienst von mehr als zwei Monaten. 1

[1] I. d. F. vom 17. 5. 2005 (BGBl. I S. 1346, ber. S. 2301) zul. geänd. 5. 2. 2009 (BGBl. I S. 160).
[2] BAG 22. 12. 1982 AP 23 zu § 123 BGB = NJW 83, 2782; 30. 7. 1986 AP 22 zu § 13 BUrlG = NZA 87, 13.
[3] EuGH 15. 10. 1969 AP 2 zu Art. 177 EWG-Vertrag; 14. 3. 1996 NZA 96, 523; BAG 5. 12. 1969 AP 3 zu Art. 177 EWG-Vertrag; 22. 12. 1982 AP 23 zu § 123 BGB = NJW 83, 2782.
[4] BAG 27. 1. 2000 AP 40 zu § 1 TVG Tarifverträge: DDR = NZA 2000, 1238.
[5] Ursprungsfassung (BGBl. 1964 II, S. 1262), nicht der revidierten Fassung vom 3. 5. 1996.
[6] BAG 22. 12. 1982 AP 23 zu § 123 BGB = NJW 83, 2782; 7. 9. 1983 AP 7 zu § 1 KSchG 1969 Verhaltensbedingte Kündigung = NJW 84, 575.

Sofern es hierdurch zu betrieblichen Schwierigkeiten kam, konnte eine Kündigung gerechtfertigt sein.[7] Diese Grundsätze gelten nach wie vor für solche Arbeitnehmer, die nicht unter das ArbPlSchG fallen.

II. Musterung

2 Der Arbeitnehmer ist verpflichtet, eine Ladung der Erfassungsbehörde oder der Wehrersatzbehörde oder einen Einberufungsbescheid unverzüglich seinem Arbeitgeber vorzulegen (§§ 1 III, 7 I, 10, 14 II ArbPlSchG). Bei Verletzung dieser Pflicht ist keine Kündigung gerechtfertigt; der Arbeitnehmer kann aber schadensersatzpflichtig werden. Der Arbeitgeber hat den Arbeitnehmer unter dem Gesichtspunkt seiner vorrangigen öffentlich-rechtlichen Verpflichtung von der Arbeit freizustellen. Jedoch kann der Arbeitnehmer gemäß § 12 WPflG, § 11 ZDG **zurückgestellt** und gemäß § 13 WPflG, § 16 ZDG **unabkömmlich gestellt** werden.[8] Eine Zurückstellung kommt insbesondere bei Unterbrechung eines weitgehend geförderten Ausbildungsabschnitts in Betracht.[9] Nach § 14 I ArbPlSchG hat der Arbeitgeber für die Dauer der Arbeitsverhinderung die **Arbeitsvergütung** fortzuzahlen, wenn der Arbeitnehmer sich auf Grund der Wehrpflicht bei den Erfassungsbehörden oder den Wehrersatzbehörden persönlich melden muss (Erfassung § 15, Musterung §§ 17 IV, 19, 33 VII; Tauglichkeitsprüfung bereits gedienter Wehrpflichtiger § 23, Wehrüberwachung § 24 VI Nr. 3 WPflG i. d. F. vom 16. 9. 2008 (BGBl. I S. 1886)).

III. Rechte und Pflichten aus dem Arbeitsverhältnis

3 **1. Ruhen des Arbeitsverhältnisses.** Wird der Arbeitnehmer zum Grundwehrdienst bzw. zum Zivildienst oder zu einer Wehrübung von mehr als drei Tagen Dauer einberufen, so erlischt das Arbeitsverhältnis nicht, sondern es ruht (§ 1 I ArbPlSchG).[10] Befristete Arbeitsverträge erlöschen mit Zeitablauf (§ 1 IV ArbPlSchG) außer bei den zur Berufsausbildung Beschäftigten (§ 6 III ArbPlSchG).[11] Das Gleiche gilt, wenn das Arbeitsverhältnis aus anderen Gründen während des Wehrdienstes geendet hätte (§ 1 IV ArbPlSchG). Während des Ruhens entfallen die Hauptpflichten aus dem Arbeitsvertrag (Arbeitsleistung, Vergütung). Ausnahmen bestehen im öffentlichen Dienst (§ 1 II ArbPlSchG).[12] Rundfunkmoderatoren, die als freie Mitarbeiter von einer öffentlichen Rundfunkanstalt beschäftigt werden, sind, auch wenn sie als arbeitnehmerähnliche Personen behandelt werden, keine Arbeitnehmer i. S. des ArbPlSchG. Sie haben daher während einer Wehrübung keinen Anspruch nach § 1 II ArbPlSchG auf Entgeltfortzahlung, sondern nur auf Unterhaltssicherung gegen den Bund.[13]

4 **2. Nebenpflichten.** Dem Arbeitnehmer obliegt jedoch weiter die Schweigepflicht über Betriebsgeheimnisse usw. Der Arbeitgeber hat auf Verlangen Sachbezüge, Deputate (z. B. Kohlen), allerdings gegen angemessene Vergütung, weiterzugewähren (§ 3 III, IV ArbPlSchG). In gleicher Weise bleibt die Verpflichtung zur Überlassung einer Wohnung unberührt (§ 3 I ArbPlSchG). Bei Kündigung einer Werkswohnung darf die durch die Wehrpflicht bedingte Abwesenheit nicht zum Nachteil des Arbeitnehmers berücksichtigt werden. Das gilt bei alleinstehenden Arbeitnehmern jedoch nur dann, wenn sie den Wohnraum während ihrer Abwesenheit aus besonderen Gründen benötigen, etwa um Möbel unterzustellen (§ 3 II ArbPlSchG). Jedoch muss der Arbeitnehmer für die Überlassung der Wohnung Vergütung zahlen (§ 3 III ArbPlSchG).

5 Ferner hat der Arbeitgeber gem. § 14a II ArbPlSchG im Falle einer **zusätzlichen Alters- und Hinterbliebenenversorgung** für Arbeitnehmer des **öffentlichen Dienstes** die Arbeitge-

---

[7] BAG 20. 5. 1988 AP 9 zu § 1 KSchG Personenbedingte Kündigung = NZA 89, 464.

[8] VO über die Zuständigkeit und das Verfahren bei der Unabkömmlichstellung v. 24. 8. 2005 (BGBl. I S. 2538) m. spät. Änd.; vgl. auch BVerwG 22. 5. 1987 NVwZ-RR 89, 26; 3. 11. 2006 – 6 B 21/06 – (bei einem Mitglied der Jugend- und Ausbildungsvertretung); 13. 11. 2006 NVwZ-RR 2007, 330 (bei einem befr. Arbeitsverhältnis);

[9] BVerwG 27. 2. 1969 BVerwGE 31, 318 = NJW 69, 1789; 10. 12. 1969 BVerwGE 34, 278 = 70, 675; 14. 11. 1980 BVerwGE 61, 152 = 81, 1460; vgl. *Creutzig* NJW 71, 1395 sowie *Kreutzer* AR-Blattei, D – Wehrdienst V, Unabkömmlichstellung und Zurückstellung.

[10] Zu Auswirkung auf Vergütung: BAG 27. 1. 1994 AP 5 zu § 6 ArbPlatzSchG = NZA 94, 1007.

[11] BAG 27. 6. 2006 AP 8 zu § 6 ArbPlatzSchG = NZA 2007, 512; *Bährle* BuW 99, 676.

[12] BAG 2. 3. 1971 AP 1 zu § 1 ArbPlatzSchG; 18. 1. 1984 AP 1 zu § 78 ZDG = NZA 84, 92; vgl. BVerwG 27. 6. 1968 RiA 69, 32.

[13] BVerwG 22. 4. 1998 NZA-RR 99, 63.

ber- und Arbeitnehmerbeiträge weiterzuzahlen,[14] er kann aber Erstattung verlangen.[15] Ein **EU-Ausländer,** der Staatsangehöriger eines Mitgliedstaates ist und im Hoheitsgebiet eines anderen Mitgliedstaates beschäftigt ist, hat keinen Anspruch auf Weiterentrichtung der Beiträge (Arbeitgeber- und Arbeitnehmeranteil) zur zusätzlichen Alters- und Hinterbliebenenversorgung für Arbeitnehmer im öffentlichen Dienst, wenn das Arbeitsverhältnis aus Anlass der Einberufung zum Wehrdienst nicht ruhen würde, selbst wenn den im öffentlichen Dienst beschäftigten Staatsangehörigen dieses Staates ein solcher Anspruch gesetzlich bei Ableistung des Wehrdienstes dieses Staates zusteht.[16] Nach § 12a IV ArbPlSchG sind einem Arbeitnehmer die aus seinem Arbeitseinkommen freiwillig zur gesetzlichen Rentenversicherung oder einer sonstigen Alters- und Hinterbliebenenversorgung geleisteten Beiträge zu erstatten, wenn die zu Grunde liegende Versicherung bei Beginn des Wehrdienstes mindestens 12 Monate bestanden hat und der Arbeitgeber nicht zur Weiterentrichtung verpflichtet ist. Für Beiträge zu einer Kapitallebensversicherung gilt da aber nur, wenn die Versicherung frühestens mit Vollendung des 60. Lebensjahres fällig wird.[17]

Der Arbeitgeber kann den **Urlaub** für jeden vollen Monat, den der Arbeitnehmer **Wehrdienst** (Grundwehrdienst oder (Pflicht-)Wehrübung, vgl. § 1 I ArbPlSchG) leistet, um $^{1}/_{12}$ kürzen (§ 4 I 1ArbPlSchG). Der zustehende Erholungsurlaub ist auf Verlangen des Arbeitnehmers vor Beginn des Grundwehrdienstes zu gewähren (§ 4 I 2 ArbPlSchG). Wird der Urlaub nicht oder nicht vollständig gewährt, so hat der Arbeitgeber ihn nach dem Grundwehrdienst im laufenden oder im nächsten Urlaubsjahr zu erteilen (§ 4 II ArbPlSchG). Endet das Arbeitsverhältnis während des Grundwehrdienstes oder wird es danach nicht fortgesetzt, so hat der Arbeitgeber den noch nicht gewährten Urlaub abzugelten (§ 4 III ArbPlSchG). Hat der Arbeitnehmer vor dem Grundwehrdienst mehr Urlaub erhalten, als ihm zustand, kann der Arbeitgeber den Urlaub nach dem Grundwehrdienst um die zu viel gewährten Tage kürzen (§ 4 IV ArbPlSchG). Im Übrigen bleiben die Bestimmungen des BUrlG unberührt. Auch dem vom Grundwehrdienst zurückgekehrten Angestellten, auf dessen Arbeitsverhältnis der BAT/TVöD Anwendung findet, steht die Zulage zum Urlaubsentgelt gemäß § 47 II BAT/vgl. jetzt § 27 TVöD – AT nur unter den dort genannten Voraussetzungen zu; sie ist also von der tatsächlichen Zahlung der Zulage im Berechnungszeitraum abhängig.[18] Wird der Arbeitnehmer zu einer **Wehrübung auf Grund freiwilliger Verpflichtung** einberufen, so erwächst Urlaub auch für die Zeit der Übung; auf Verlangen ist Urlaub vor der Wehrübung zu gewähren (§ 10 ArbPlSchG).[19] Zur Erkrankung während des Wehrdienstes vgl. § 98 sowie RN 8, 9. 6

IV. Kündigungsschutz

Der Kündigungsschutz ist in § 144 im Zusammenhang mit den Kündigungsbeschränkungen des Arbeitgebers dargestellt. 7

V. Schutzvorschriften nach Entlassung aus dem Wehrdienst

Nimmt der Arbeitnehmer im Anschluss an den Wehrdienst die Arbeit in seinem bisherigen Betrieb wieder auf, so darf ihm gem. § 6 I ArbPlSchG aus Anlass der Wehrdienstabwesenheit in beruflicher und betrieblicher Hinsicht **kein Nachteil** erwachsen. Der Wehrdienst wird vielmehr auf die Berufs- und Betriebszugehörigkeit auch bei Arbeitnehmern aus den EU-Mitgliedstaaten (Art. 7 EWG-VO 1612/68), die den Wehrdienst in ihrem Heimatland verrichten,[20] angerechnet. Für die Teilnahme an freiwilligen Wehrübungen gilt gem § 10 ArbPlSchG Entsprechendes, soweit sie allein oder zusammen mit anderen freiwilligen Wehrübungen nicht länger als 6 Wochen im Kalenderjahr dauern. § 6 I ArbPlSchG erfasst nur Arbeitnehmer, die im Anschluss an den Wehrdienst in ihren bisherigen Betrieb zurückkehren. Bei einem zwischenzeitlichen Betriebsübergang gelten die Rechte gegenüber dem Betriebsübernehmer. Bei den zur Berufsausbildung Beschäftigten wird die Wehrdienstzeit jedoch erst auf die Zeit nach der Ausbil- 8

[14] Die weitergezahlten Beiträge werden auf Grund gesetzlicher Verpflichtung gezahlt und sind kein lohnsteuerpflichtiger Arbeitslohn. BVerwG 9. 12. 1971 BVerwGE 39, 143 = AP 1 zu § 5 ArbPlatzSchG; 9. 12. 1971 AP 2 zu § 5 ArbPlatzSchG.

[15] DVO 20. 10. 1980 (BGBl. I S. 2006); BVerwG 20. 8. 1993 BWV 94, 15; 30. 5. 1997 DB 97, 2031.

[16] EuGH 14. 3. 1996 NZA 96, 523 (Peter de Vos/Stadt Bielefeld).

[17] BVerwG 30. 5. 1997 NVwZ-RR 98, 46.

[18] BAG 27. 1. 1981 AP 2 zu § 47 BAT.

[19] *Sahmer/Busemann* § 10 Anm. 13.

[20] EuGH 15. 10. 1969 AP 2 zu Art. 177 EWG-Vertrag; BAG 5. 12. 1969 AP 3 zu Art. 177 EWG-Vertrag; anders bei sonstigen ausländ. Arbeitnehmern: LAG Frankfurt 2. 3. 1973 NJW 74, 2198.

dung angerechnet. Es erfolgt also auch keine Verkürzung von Probe- und Ausbildungszeit (§ 6 II ArbPlSchG).

9 Unter den Begriff des Nachteils fällt jede Art von schlechterer Behandlung in tatsächlicher und rechtlicher Beziehung, die ohne die Einberufung zum Wehrdienst nicht eingetreten wäre.[21] Vor Nachteilen, die sich zwischenzeitlich für die übrige Belegschaft ergeben haben, besteht kein Schutz. Umgekehrt muss der Arbeitnehmer an Vorteilen teilhaben, die während seines Wehrdienstes allgemein eingetreten sind.

10 Richtet sich eine Tariflohnerhöhung gemäß den vorgesehenen **Steigerungsstufen** nach jedem Beschäftigungsjahr in der entspr. Gehaltsgruppe, so sind Wehrdienstzeiten auf die Steigerung der Gehaltsstufen nicht anzurechnen. Etwas anderes kann gelten, wenn sich die Steigerung nach Dienstjahren richtet.[22] Auf **Bewährungszeiten,** die für eine Einstufung in eine höhere Lohn- oder Vergütungsgruppe vereinbart sind, wird die Zeit des Grundwehrdienstes nicht angerechnet (§ 6 IV 1 ArbPlSchG). Während der Zeit, um die sich die Einstufung in eine höhere Lohn- oder Vergütungsgruppe hierdurch verzögert, erhält der Arbeitnehmer von seinem Arbeitgeber zum Arbeitsentgelt eine Zulage in Höhe des Unterschiedsbetrages zwischen seinem Arbeitsentgelt und dem Arbeitsentgelt, das ihm bei der Einstufung in die höhere Lohn- und Vergütungsgruppe zustehen würde (§ 6 IV 2 ArbPlSchG). Das gilt entsprechend für tarifliche Entgeltregelungen, die einen Zeitaufstieg vorsehen.[23] Für die Dauer des Wehrdienstes können dem Arbeitnehmer dagegen **Erfolgsvergütungen** verweigert werden.[24] Tarifliche **Sonderzuwendungen** können um $^1/_{12}$ für jeden Kalendermonat gekürzt werden, für den der Angestellte infolge der wehrdienstbedingten Abwesenheit keine Bezüge aus dem Arbeitsverhältnis erhalten hat.[25]

11 Die Regelungen in § 6 II–IV ArbPlSchG gelten nach Vollendung einer sechsmonatigen Betriebszugehörigkeit gem. § 12 ArbPlSchG auch für Arbeitnehmer, die im Anschluss an den Grundwehrdienst oder an eine Wehrübung als Arbeitnehmer eingestellt werden, bzw. (unter den weiteren Voraussetzungen des § 12 I 2 ArbPlSchG) nach einer zwischenzeitlichen Ausbildung eingestellt werden. Regelzeit i. S. v. § 12 I 2 ArbPlSchG ist dabei nicht die durchschnittliche Studienzeit, sondern die jeweilige im Hochschulrecht festgelegte Regelstudienzeit.[26] Ein zeitlicher Abstand von einem Monat hindert nicht die Annahme, dass die Einstellung oder die vorherige Ausbildung „im Anschluss" an den Wehrdienst erfolgt ist.[27] § 12 ArbPlSchG i. V. m § 6 II–IV ArbPlSchG regelt aber nur die Gewährleistung von Rechten, die dem Grunde oder der Höhe nach von der Dauer der Betriebszugehörigkeit abhängen. Die Bestimmung begründet dagegen keinen Anspruch auf Leistungen aus einer vor Eintritt in den neuen Beschäftigungsbetrieb außer Kraft gesetzten Regelung (z. B. auf bestimmte Altersversorgungsleistungen), die für vor einem bestimmten Stichtag eingetretene Arbeitnehmer nur aus Gründen der Besitzstandswahrung weiter gewährt werden.[28] Der Wehrdienst wird gleichfalls auf die Zeit einer mehrjährigen Tätigkeit angerechnet, die bei der Zulassung zu weiterführenden Prüfungen im Beruf nachzuweisen ist (§ 13 ArbPlSchG).

12 Für die ehemaligen Zeitsoldaten, die nicht durch § 16 a ArbPlSchG erfasst werden, gilt die Regelung des § 8 SVG.

13 Ist der Arbeitnehmer während des Wehrdienstes erkrankt, so hat er nach Entlassung aus der Bundeswehr und Rückkehr in das alte Arbeitsverhältnis Anspruch auf **Entgeltfortzahlung im Krankheitsfall,** wobei der 6-Wochen-Zeitraum des § 3 I 1 EFZG mit der Wiederaufnahme des Arbeitsverhältnisses beginnt.[29]

14 Wird der Grundwehrdienst oder eine Wehrübung vorzeitig beendet und muss der Arbeitgeber deswegen für zwei Personen Arbeitsvergütung zahlen, so werden ihm die hierdurch ohne sein

---

[21] BAG 4. 11. 1970 AP 119 zu § 1 TVG Auslegung.

[22] BAG 10. 9. 1980 AP 125 zu § 1 TVG Auslegung; für anrechenbare Gesellenjahre bei Zeitsoldaten: BAG 23. 5. 1984 AP 1 zu § 16 a ArbPlatzSchG; zum Senioritätsprinzip bei Flugzeugführern: BAG 28. 9. 1983 AP 1 zu § 1 TVG Tarifverträge: Seniorität; Vergütung und Beschäftigungszeit: BAG 1. 6. 1988 AP 7 zu § 1 TVG Tarifverträge: Seniorität.

[23] BAG 28. 6. 1994 AP 6 zu § 6 ArbPlatzSchG = NZA 95, 433.

[24] BAG 8. 11. 1962 AP 1 zu § 6 ArbPlatzSchG.

[25] BAG 13. 5. 1970 AP 2 zu § 6 ArbPlatzSchG; s. auch § 78 RN 47.

[26] BAG 19. 8. 2008 NZA 2009, 261.

[27] BAG 25. 7. 2006 AP 8 zu § 6 ArbPlatzSchutzG = NZA 2007, 512; vgl. auch Hess. LAG 2. 6. 2005 – 11 Sa 570/04 n. v., das auf die Rspr. des BAG zu § 8 III SVG zurückgreift.

[28] BAG 25. 7. 2006 AP 8 zu § 6 ArbPlatzSchutzG = NZA 2007, 512.

[29] BAG 30. 10. 1969 AP 46 zu § 1 ArbKrankhG; vgl. auch 3. 3. 1961 AP 27 zu § 63 HGB; 2. 3. 1971 AP 1 zu § 1 ArbPlatzSchG.

Verschulden entstandenen **Mehraufwendungen** erstattet (§ 1 V ArbPlSchG).[30] Im öffentlichen Dienst haben entlassene Soldaten einen Einstellungsvorrang (§ 11 a ArbPlSchG).

VI. Eignungsübung

Wird ein Arbeitnehmer auf Grund freiwilliger Verpflichtung zu einer Übung zur Auswahl von freiwilligen Soldaten einberufen, so ruht das Arbeitsverhältnis während der Eignungsübung bis zur Dauer von 4 Monaten (§ 1 I EignungsÜbG) i. d. F. vom 20. 1. 1956 (BGBl. I S. 13) m. spät. Änd. Während, vor und nach der Eignungsübung besteht ein ähnlich gearteter Kündigungsschutz wie nach dem ArbPlSchG (§ 2 EignungsÜbG). Bleibt der Arbeitnehmer im Anschluss an die Eignungsübung als freiwilliger Soldat in den Streitkräften, so endet das Arbeitsverhältnis mit Ablauf der Übung (§ 3 EignungsÜbG). **15**

---

[30] Vgl. OVG Münster 1. 9. 1993 NZA 94, 219.

6. Abschnitt. Schwerbehinderte Menschen und Bergmannsversorgungsschein-Inhaber

§ 178. Das Arbeitsverhältnis der behinderten und von Behinderung bedrohten Menschen

Kommentare: *Bihr/Fuchs/Krauskopf,* SGB IX, 2006; *Cramer/Fuchs/Hirsch/Ritz,* SGB IX, 2009; *Dau/Düwell/Haines,* SGB IX, 2. Aufl., 2009; *Ernst/Adlhoch/Seel,* Sozialgesetzbuch IX, Loseblatt Stand 2008; *Feldes/Kohte/Stevens-Bartol,* SGB IX, 2009; *Kossens/von der Heide/Maaß,* SGB IX, 3. Aufl., 2008; *Lachwitz/Schellhorn/Welti,* HK-SGB IX, 2. Aufl., 2006; *Neumann/Pahlen/Majerski-Pahlen,* Sozialgesetzbuch IX, 11. Aufl., 2005.

Aufsätze: *Beaucamp,* Das Behindertengrundrecht (Art. 3 III 3 GG) im System der Grundrechtsdogmatik, DVBl. 2002, 997; *Bissels/Lützeler,* Rechtsprechungsübersicht zum AGG, BB 2008, 666; *Braakmann,* Wirkungen der Beschäftigungspflicht schwerbehinderter Arbeitnehmer, ZAF 2008/1, 9; *Braun,* Änderungen des SGB IX, MDR 2005, 62; *Cramer,* Die Neuregelungen im Schwerbehindertenrecht, NZA 2004, 698; *Düwell,* Neue Entwicklungen im Behindertenrecht, FA 2008, 362; *Fenski,* Die Neuregelung des Zusatzurlaubs im Schwerbehindertenrecht, NZA 2004, 1255; *Helml,* Anspruch auf behindertengerechte und angemessene Beschäftigung, AiB 2008, 94; *Knickrehm,* Die Feststellungen nach § 69 SGB IX im Lichte des „modernen" Behinderungsbegriffs, SGb 2008, 220; *Mohr,* Der Diskriminierungsschutz (schwer-)behinderter Arbeitnehmer nach dem AGG und dem SGB IX, Behindertenrecht 2008, 34; *Nebe,* (Re-)Integration von Arbeitnehmern, DB 2008, 1801; *Petri/Stähler,* Menschenrechte und Behinderung, ZESAR 2008, 167; *Stähler,* Rechte behinderter Menschen, NZA 2002, 777; *Stähler/Wimmer,* Die Neuordnung des Rehabilitations- und Schwerbehindertenrechts, NZS 2002, 570; *Thüsing,* Ortsübliche Vergütung im Sinne des § 72 Abs. 3 S. 1 HS. 1 Nr. 2 SGB XI, SGb 2008, 629; *Welti,* Europäische Gleichbehandlungsrichtlinien und deutsches Sozial- und Schwerbehindertenrecht, Behindertenrecht 2007, 57.

Internetadresse: http://www.bmgs.bund.de (Themenschwerpunkte: Teilhabe behinderter Menschen); http://www.bmas.de (Stichwort: Schwerbehinderter Mensch).

Übersicht

	RN
I. Allgemeines	1 ff.
1. Gemeinschafts- und Völkerrecht	1, 1 a
2. Grundgesetz	2
3. SGB IX	3, 4
4. Behindertengleichstellungsgesetz	5
II. Geschützter Personenkreis	6 ff.
1. Schwerbehinderte Menschen	6–10
2. Verfahren	11–18
3. Gleichgestellte	19–26
III. Beginn und Ende des Schwerbehindertenschutzes und der Gleichstellung	27 ff.
1. Schwerbehinderung	27–29
2. Gleichstellung	30, 31
IV. Beschäftigungspflicht und Ausgleichsabgabe	32 ff.
1. Beschäftigungspflichtige Arbeitgeber	32, 33
2. Beschäftigung besonderer Gruppen	34
3. Pflichtarbeitsplatzzahl	35, 36
4. Ausgleichsabgabe	37, 38
5. Ausgleichsfonds	39
6. Inhalt	40
7. Förderung	41
V. Sonstige Pflichten des Arbeitgebers nach dem SGB IX	42 ff.
1. Anzeigepflichten	42
2. Besetzung freier Arbeitsplätze	43, 43 a
3. Diskriminierungsverbot	44
4. Besondere Individualansprüche von schwerbehinderten Arbeitnehmern	45–55
5. Arbeitsentgelt	56–60
6. Zusatzurlaub	61–66
7. Mehrarbeit	67–69
VI. Schwerbehindertenvertretung	70 ff.
1. Amtsbezeichnung	70
2. Wahl	71–75
3. Aufgaben	76–82
4. Persönliche Rechtsstellung der Vertrauensperson	83–86
5. Sächliche Kosten	87
6. Stufenvertretung	88
VII. Durchführung des Gesetzes	89 ff.
1. Allgemeines	89
2. Integrationsamt	90, 91
3. Bundesagentur für Arbeit	92, 93
4. Beratende Ausschüsse	94
5. Integrationsfachdienste	95, 96
6. Integrationsprojekte	97
7. Sonstige am Schwerbehindertenschutz beteiligte Behörden	98
8. Arbeitnehmervertretungen	99

I. Allgemeines

1 **1. Gemeinschafts- und Völkerrecht. a) Gemeinschaftsrecht.** Das Verbot der Diskriminierung von behinderten Arbeitnehmern ist in der Richtlinie 2000/78/EG des Rates vom

27. 11. 2000 (ABl. EG Nr. L 303 v. 2. 12. 2000, S. 21) zur Festlegung eines allgemeinen Rahmens für die Verwirklichung der Gleichbehandlung in Beschäftigung und Beruf (2000/78/EG) enthalten. Die Richtlinie verfolgt den Zweck, einen allgemeinen Rahmen zur Bekämpfung der in Art. 1 genannten Merkmale im Hinblick auf die Verwirklichung des Grundsatzes der Gleichbehandlung in den Mitgliedstaaten zu schaffen. Die Vorgaben der Richtlinie erfordern eine Gleichbehandlung zwischen behinderten und nicht behinderten Arbeitnehmern. Nach Art. 4 I RL ist eine unterschiedliche Behandlung zulässig, wenn eine bestimmte körperliche Funktion wesentliche und entscheidende berufliche Anforderung für eine Tätigkeit ist. Der Arbeitgeber muss nach Art. 5 RL die geeigneten und im konkreten Fall erforderlichen Maßnahmen ergreifen, um den Menschen mit Behinderung den Zugang zur Beschäftigung, die Ausübung eines Berufs, den beruflichen Aufstieg und die Teilnahme an Aus- und Weiterbildungsmaßnahmen ermöglichen, es sei denn, diese Maßnahmen würden den Arbeitgeber unverhältnismäßig belasten. Die Belastung ist nicht unverhältnismäßig, wenn sie durch geltende Maßnahmen im Rahmen der Behindertenpolitik kompensiert werden. Der deutsche Gesetzgeber hat die RL 2000/78/EG hinsichtlich des Merkmals der Behinderung u. a. durch die Änderung des § 81 II SGB IX umgesetzt, der eine Benachteiligung von schwerbehinderten Beschäftigten untersagte und dem schwerbehinderten Arbeitnehmer bei einem Verstoß einen Entschädigungsanspruch gewährte.[1] Das Diskriminierungsverbot ist nunmehr in das AGG übernommen, das, weitergehender als § 81 II SGB IX a. F., eine nicht gerechtfertigte Benachteiligung wegen einer Behinderung untersagt. Allerdings hat die Kommission die unzureichende Umsetzung der RL 2000/78/EG bei der Förderung von behinderten Arbeitnehmern gerügt, da die besonderen Rechte in § 81 IV, V SGB IX nur für schwerbehinderte Menschen und ihnen Gleichgestellte gelten.[2] Bereits vor Inkrafttreten des AGG war es einem öffentlichen Arbeitgeber verwehrt, einen Bewerber wegen einer Behinderung mit einem GdB von weniger als 50 zu benachteiligen.[3] Nach der Rspr. des EuGH stellt eine Krankheit allein keine Behinderung i. S. d. RL 2000/78/EG dar.[4]

b) Völkerrecht. Bundestag und Bundesrat haben durch G vom 21. 12. 2008 (BGBl. II S. 1419) das von der Generalversammlung der Vereinten Nationen am 13. 12. 2006 angenommene und von der Bundesrepublik am 30. 3. 2007 unterzeichnete Übereinkommen der Vereinten Nationen über die Rechte von Menschen mit Behinderungen sowie das dazu ergangene Fakultativprotokoll in innerstaatliches Recht übernommen. Das Abkommen konkretisiert bestehende Menschenrechte für die Lebenssituation von Menschen mit Behinderungen mit dem Ziel, ihre Chancengleichheit in der Gesellschaft zu fördern.[5] 1a

2. Grundgesetz. Nach Art. 3 III 2 GG darf niemand wegen seiner Behinderung benachteiligt werden. Die Vorschrift ist durch das G zur Änderung des GG v. 27. 10. 1994 (BGBl. I S. 3146) in den Grundrechtsabschnitt eingefügt worden. Der verfassungsrechtliche Begriff der Behinderung lehnt sich an den des § 3 I 1 SchwbG 1986 (jetzt § 2 I SGB IX) an. Danach ist Behinderung die Auswirkung einer nicht nur vorübergehenden Funktionsbeeinträchtigung, die auf einem regelwidrigen körperlichen, geistigen oder seelischen Zustand beruht. Art. 3 III 2 GG verbietet nicht nur, dass die Behinderung unmittelbar oder mittelbar den Anknüpfungspunkt für eine benachteiligende Ungleichbehandlung darstellt, sondern enthält darüber hinaus ein an staatliche Stellen gerichtetes besonderes Förderungsgebot zu Gunsten von behinderten Menschen. Art. 3 III 2 GG steht daher einer Bevorzugung von behinderten Menschen durch staatliche Regelungen und Maßnahmen nicht entgegen. Die besondere Situation der behinderten Menschen soll weder zu gesellschaftlichen noch zu rechtlichen Ausgrenzungen führen, vielmehr sollen diese verhindert oder überwunden werden können. Das BVerfG hat bisher ausdrücklich offen gelassen, ob sich aus Art. 3 III 2 GG originäre Leistungsansprüche ableiten lassen,[6] jedoch ist der Inhalt des Grundrechts über die zivilrechtlichen Generalklauseln bei der Auslegung und Anwendung auch im Arbeitsrecht zu beachten. 2

3. SGB IX. a) Rechtsentwicklung. Das Schwerbeschädigtengesetz diente dem Schutz der Versehrten der beiden Weltkriege. Es wurde zunächst durch das Schwerbehindertengesetz i. d. F. vom 8. 10. 1979 (BGBl. I S. 1649) m. spät. Änd. abgelöst. Die für Schwerbehinderte geltenden arbeitsrechtlichen Vorschriften wurden dann in das Gesetz zur Sicherung der Eingliederung 3

[1] BAG 15. 2. 2005 AP 7 zu § 81 SGB IX = NZA 2005, 870.
[2] ArbuR 2008,145.
[3] BAG 3. 4. 2007 AP 14 zu § 81 SGB IX = NZA 2007, 1098 – gemeinschaftskonforme Auslegung.
[4] EuGH 11. 7. 2006 AP 3 zu Richtlinie 2000/78/EG = NZA 2006, 839.
[5] Dazu *Petri/Stähler* ZESAR 2008, 167; *Düwell* FA 2008, 362.
[6] BVerfG 8. 10. 1997 BVerfGE 96, 288 = NJW 98, 131.

Schwerbehinderter in Arbeit, Beruf und Gesellschaft (Schwerbehindertengesetz – SchwbG) i.d.F. vom 26. 8. 1986 (BGBl. I S. 1421, 1550) m. spät. Änd. übernommen. Die sozialrechtlichen Vorschriften über Leistungen und Hilfen für Behinderte waren verstreut geregelt. Mit dem SGB IX – Rehabilitation und Teilhabe behinderter Menschen – vom 19. 6. 2001 (BGBl. I S. 1046), zul. geänd. 22. 12. 2008 (BGBl. I S. 2959) sollten die sozialrechtlichen Vorschriften in Teil 1 weitgehend vereinheitlicht werden und das SchwbG in Teil 2 in das SGB IX eingefügt werden. Die Regelungen entsprechen im Wesentlichen inhaltsgleich dem SchwbG 1986 in seiner Ausgestaltung durch das Gesetz zur Bekämpfung der Arbeitslosigkeit Schwerbehinderter vom 29. 9. 2000 (BGBl. I S. 1394). Das SGB IX wollte zwar die Leistungen und Hilfen für schwerbehinderte Menschen einander anpassen. Kranken-, Unfall-, Renten- und Arbeitslosenversicherung sind jedoch weiter dort geregelt. Die sich aus einer ungerechtfertigten Benachteiligung wegen einer Behinderung ergebenden Ansprüche von schwerbehinderten Menschen sind nunmehr im AGG geregelt.

4 **b) Normzweck.** Mit Teil 2 des SGB IX werden drei Hauptziele verfolgt, **(1)** die Eingliederung von schwerbehinderten Menschen in das Arbeitsleben; **(2)** ihr Schutz gegen ungerechtfertigten Verlust des Arbeitsplatzes (§ 179) sowie **(3)** die besondere Ausgestaltung der Arbeitgeberpflichten gegenüber schwerbehinderten Menschen und ihnen Gleichgestellten in einem bestehenden Arbeitsverhältnis.

5 **4. Behindertengleichstellungsgesetz.**[7] Mit dem Gesetz zur Gleichstellung behinderter Menschen und zur Änderung anderer Gesetze (Behindertengleichstellungsgesetz – BGG) vom 27. 4. 2002 (BGBl. I S. 1467), zul. geänd. 19. 12. 2007 (BGBl. I S. 3024), werden nicht die Fürsorge und Versorgung behinderter Menschen, sondern ihr bürgerlich-rechtlicher Anspruch auf selbstbestimmte Teilhabe am gesellschaftlichen Leben und die Beseitigung der Hindernisse, die ihrer Chancengleichheit im Wege stehen, verfolgt (§ 1 BGG). Zur Herstellung von Barrierefreiheit ist das Instrument der Zielvereinbarungen eingeführt worden. Zielvereinbarungen sind zivilrechtliche Verträge, deren Inhalt von den Vertragspartnern frei vereinbart und ausgestaltet werden (§ 5 BGG). Anerkannte Verbände und Unternehmen oder Unternehmensverbände sollen selbstständig und in eigener Verantwortung vereinbaren, wie und in welchem Zeitraum Barrierefreiheit vor Ort konkret verwirklicht wird. Vertragspartner sind auf der einen Seite anerkannte Verbände, auf der anderen Seite Unternehmen oder Unternehmensverbände. Sie können als Interessenvertreter behinderter Menschen Zielvereinbarungen verlangen. Sie haben nach § 12 BGG eine Vertretungsbefugnis behinderter Menschen und nach § 13 BGG ein Verbandsklagerecht. Kernstück des Gesetzes ist die Herstellung einer umfassend verstandenen Barrierefreiheit. Gemeint ist damit nicht nur die Beseitigung räumlicher Barrieren für Rollstuhlfahrer und Gehbehinderte, sondern auch die Kommunikation blinder und sehbehinderter in den elektronischen Medien und ihre Teilnahme an Wahlen. Behinderten Menschen soll ermöglicht werden, alle Lebensbereiche wie bauliche Anlagen, Verkehrsmittel, technische Gebrauchsgegenstände und Kommunikationseinrichtungen in der allgemein üblichen Weise, ohne besondere Erschwernis und ohne fremde Hilfe zu nutzen. Dafür wurden zahlreiche Gesetze geändert und ein umfangreicher Katalog von Maßnahmen ergriffen. Ferner sind eine Reihe von RechtsVO ergangen.[8]

II. Geschützter Personenkreis

6 **1. Schwerbehinderte Menschen. a) Begriff.** Menschen sind i.S.d. Teils 2 des SGB IX schwerbehindert, wenn bei ihnen ein Grad der Behinderung von wenigstens 50 vorliegt, sofern sie ihren Wohnsitz, ihren gewöhnlichen Aufenthalt oder ihre Beschäftigung auf einem Arbeitsplatz (§ 73 SGB IX) rechtmäßig im Geltungsbereich des SGB IX haben (§ 2 II SGB IX).

7 **b) Behinderung.** Der Begriff der Behinderung ist in § 2 I SGB IX enthalten. Menschen sind behindert, wenn ihre körperliche Funktion, geistige Fähigkeit oder seelische Gesundheit mit ho-

---

[7] Vgl. http://www.brags.bund.de; http://www.bmas.de (Stichwort: Behindertengleichstellungsgesetz); http://www.bagh.de (Bundesarbeitsgemeinschaft Hilfe für Behinderte e.V., Kirchfeldstr. 149, 40215 Düsseldorf).

[8] VO zur Verwendung von Gebärdensprache und anderen Kommunikationshilfen im Verwaltungsverfahren nach dem Behindertengleichstellungsgesetz (Kommunikationshilfenverordnung – KHV) v. 17. 7. 2002 (BGBl. I S. 2650), zul. geänd. 18. 12. 2007 (BGBl. I S. 2984); VO zur Zugänglichmachung von Dokumenten für blinde und sehbehinderte Menschen im Verwaltungsverfahren nach dem Behindertengleichstellungsgesetz (VO über barrierrefreie Dokumente in der Bundesverwaltung – VBD) v. 17. 2. 2002 (BGBl. I S. 2652); VO zur Schaffung barrierefreier Informationstechnik nach dem Behindertengleichstellungsgesetz (Barrierefreie Informationstechnik-Verordnung – BITV) v. 17. 2. 2002 (BGBl. I S. 2654).

her Wahrscheinlichkeit länger als sechs Monate von dem für das Lebensalter typischen Zustand abweichen und daher ihre Teilhabe am Leben in der Gesellschaft beeinträchtigt ist. Sie sind von Behinderung bedroht, wenn die Beeinträchtigung zu erwarten ist. Die Behinderung muss immer auf einem regelwidrigen Gesundheitszustand beruhen; Funktionsbeeinträchtigungen, die sich altersbedingt entwickeln und für das Alter typisch sind, können eine Behinderung nicht bedingen. Etwas anderes gilt nur dann, wenn sie das altersbedingte Ausmaß erheblich übersteigen. Als nicht nur vorübergehend gilt eine Funktionsbeeinträchtigung, wenn ihre Dauer prognostisch sechs Monate überschreitet.[9] Art und Ursache der Behinderung sind ohne Bedeutung.

c) Umfang. Gegenüber § 3 I, II SchwbG 1986 stellt das SGB IX für die Definition der Begriffe Behinderung und GdB nicht mehr allein auf Funktionsbeeinträchtigungen als Auswirkungen regelwidriger körperlicher, geistiger oder seelischer Zustände ab, sondern ergänzend als Folge davon die Beeinträchtigung des Betroffenen auf seine Teilhabe am Leben in der Gesellschaft. Der Grad der Behinderung muss für die Anerkennung als schwerbehinderter Mensch zumindest 50 betragen. Er ist unabhängig von einem ausgeübten oder angestrebten Beruf. Aus dem Grad der Behinderung ist nicht ohne weiteres auf die Einschränkung der Leistungsfähigkeit des Behinderten zu schließen. Der Grad der Behinderung wird nach Zehnergraden abgestuft von 20–100 festgelegt. Genaue gesetzliche Vorgaben für die Bewertung einer Behinderung bestehen nicht. In der Vergangenheit haben sich die Versorgungsämter und Gerichte bei der Festsetzung des GdB an den vom BMAS herausgegebenen „Anhaltspunkten für die ärztliche Gutachtertätigkeit" (AHP) orientiert,[10] die Erfahrungswerte der Versorgungsverwaltung und den Stand der medizinischen Wissenschaft wiedergeben und als antizipierte Sachverständigengutachten wie untergesetzliche Normen gewertet wurden.[11] Eine stärkere Verrechtlichung der in den „Anhaltspunkten" enthaltenen Bewertungen ist vom BVerfG angemahnt und von der Bundesregierung durch die zum 1. 1. 2009 in Kraft getretene Versorgungsmedizin-Verordnung – VersMedV v. 10. 12. 2008 (BGBl. I S. 2412) umgesetzt worden. Die VersMedV knüpft an die bisher geltenden Bewertungsgrundsätze und Verfahrensabläufe an, ohne die bisher in den AHP niedergelegten Grundsätze und Kriterien inhaltlich zu ändern. Die VersMedV gilt auch für die Feststellung weiterer gesundheitlicher Merkmale, die Voraussetzung für die Inanspruchnahme von Rechten und Nachteilsausgleichen sind. 8

d) Räumlich ist das SGB IX auf das Gebiet der BRD beschränkt. Es gilt unabhängig von der Staatsangehörigkeit des behinderten Menschen und seines Arbeitgebers für alle Arbeitsverhältnisse, deren Erfüllungsort im Inland liegt; Ausnahme: Exterritoriale. Nicht anzuwenden ist es auf im Ausland zu erfüllende Arbeitsverhältnisse, auch wenn beide Parteien deutsche Staatsangehörige sind (§ 6).[12] Ausnahmen bestehen, wenn die Tätigkeit im Ausland nur eine Ausstrahlung der Inlandstätigkeit ist, z. B. bei einem Kraftfahrer. Voraussetzung ist aber stets, dass der Behinderte rechtmäßig im Inland wohnt, sich dort aufhält oder als Grenzgänger auf einem Arbeitsplatz i. S. von § 73 SGB IX beschäftigt wird. 9

e) Schwerbehinderteneigenschaft. Sie folgt unmittelbar aus dem Gesetz, wenn die Voraussetzungen vorliegen.[13] Bescheide, Entscheidungen und Ausweise haben keine konstitutive, sondern nur deklaratorische Bedeutung und dienen allein dem Nachweis der Schwerbehinderung.[14] Ebenso wenig kommt es für die Schwerbehinderteneigenschaft auf die Kenntnis des Arbeitgebers an. Eine andere Frage ist, in welchem Umfang der Schwerbehinderte Schutzrechte geltend machen kann. 10

2. Verfahren. a) Zuständigkeit. Das Verfahren zur Feststellung von Art und Grad der Behinderung ist im Interesse einer einheitlichen Handhabung den Behörden der Versorgungsverwaltung (Versorgungsämter, Landesversorgungsämter, versorgungsärztliche Untersuchungsstellen) übertragen worden (§ 69 I 1 SGB IX). Das Landesrecht kann eine abweichende Zuordnung treffen (§ 69 I 7 SGB IX). 11

b) Örtliche Zuständigkeit. Zuständig ist das Versorgungsamt, in dessen Bezirk der Behinderte im Zeitpunkt der Antragstellung seinen Wohnsitz oder gewöhnlichen Aufenthalt hat. Antragsberechtigt ist der Behinderte. Vertretung ist zulässig. Die Vollmacht ist auf Verlangen der Behörde schriftlich nachzuweisen (§ 13 I 3 SGB X). 12

---

[9] BSG 12. 4 2000 SozR 3–3870 § 3 Nr. 9.
[10] http://www.bmgs.bund.de und http://www.bmas.de (Stichwort: Versorgungsmedizin).
[11] BSG 18. 9. 2003 SozR 4–3250 § 69 Nr. 2; gebilligt BVerfG 6. 3. 1995 SozR 3–3870 § 3 Nr. 6.
[12] BAG 30. 4. 1987 AP 15 zu § 12 SchwbG = NZA 88, 135.
[13] BAG 27. 2. 1987 AP 26 zu § 626 BGB Ausschlussfrist = NZA 88, 429.
[14] BAG 19. 4. 1979 AP 5 zu § 12 SchwbG – st. Rspr.

13 **c) Festsetzung. aa)** Die Feststellungen erfolgen nach denselben Grundsätzen wie bei den in § 1 BVersG genannten Personen (§ 30 I BVersG, § 69 I 5 SGB IX). Eine Feststellung ist nur zu treffen, wenn ein Grad der Behinderung von wenigstens 20 vorliegt (§ 69 I 6 SGB IX). Bei mehreren sich wechselseitig beeinflussenden Funktionsbeeinträchtigungen ist deren Gesamtwirkung maßgebend (§ 69 III SGB IX). Sind neben einer Behinderung weitere gesundheitliche Merkmale Voraussetzung für die Inanspruchnahme einer Vergünstigung, so werden die Feststellungen in derselben Weise getroffen (§ 69 IV SGB IX). Eine Überprüfung des festgesetzten GdB auf eine Besserung des Gesundheitszustands ist möglich. Das Versorgungsamt hat nach pflichtgemäßem Ermessen zu entscheiden, ob eine solche Überprüfung angebracht ist. Gegebenenfalls kann dann eine Neufeststellung der Behinderung erfolgen. Im SGB IX sind keine Fristen mehr vorgesehen, innerhalb deren eine Neufestsetzung nicht erfolgen darf.

14 **bb)** Feststellungen durch die Versorgungsverwaltung werden nicht getroffen, wenn das Vorliegen und der GdB schon in einem **Rentenbescheid** oder einer entsprechenden **Verwaltungs- oder Gerichtsentscheidung** oder einer vorläufigen Bescheinigung der für diese Entscheidungen zuständigen Dienststellen enthalten ist (§ 69 II SGB IX). Dem Behinderten soll eine wiederholte Untersuchung und einander widersprechende Feststellungen erspart werden. In den genannten Fällen werden die Versorgungsämter nur auf Antrag des Behinderten tätig, wenn ein besonderes Interesse an der Feststellung glaubhaft gemacht ist. Das besondere Interesse kann auch darin bestehen, dass z. B. die Beurteilungsmaßstäbe in den beiden Verfahren unterschiedlich sind oder eine Erhöhung des GdB erreicht werden soll. Das Versorgungsamt hat zu prüfen, ob eine rechtskräftige Feststellung der Behinderung vorliegt oder ob diese anderweitig festgestellt ist.

15 **d) Frist.** Mit Wirkung vom 1. 5. 2004 ist für die Feststellung der Behinderung eine Frist eingeführt worden. § 69 I 2 SGB IX verweist insoweit auf die Fristen des § 14 II und V SGB IX, so dass die Feststellung grundsätzlich nach drei Wochen zu treffen ist, wenn für die Beurteilung ein Gutachten nicht erforderlich ist (§ 14 II 2 SGB IX). Ist für die Feststellung des GdB ein Gutachten erforderlich, beauftragt das Versorgungsamt unverzüglich einen Sachverständigen (§ 14 V 2 SGB IX). Dieser hat das Gutachten innerhalb von zwei Wochen nach Auftragserteilung zu erstellen (§ 14 V 5 SGB IX). Das Versorgungsamt muss dann seine Entscheidung innerhalb von zwei weiteren Wochen nach Vorliegen des Gutachtens treffen (§ 14 II 4 SGB IX); daher muss bei Erforderlichkeit eines Gutachtens die Entscheidung innerhalb von 7 (3 + 2 + 2) Wochen nach der Antragstellung getroffen werden.[15]

16 **e) Bescheid.** Das Feststellungsverfahren ist durch einen schriftlich abzufassenden und zu begründenden Bescheid abzuschließen, der das Vorliegen und den GdB feststellt. Er muss eine Belehrung über den zulässigen Rechtsbehelf enthalten und ist dem Antragsteller bekannt zu geben (vgl. §§ 33, 35–37 SGB X). Soweit Dritte am Verfahren beteiligt waren, sind sie vom Ausgang in Kenntnis zu setzen. Wird der Antrag des Behinderten abgelehnt, hat er binnen eines Monats seit Bekanntgabe das Recht des Widerspruchs (§§ 77 ff. SGG X; § 118 SGB IX). Gegen den Widerspruchsbescheid ist binnen eines Monats Klage zu den Sozialgerichten zulässig. Im Bescheid wird nur über den GdB und nicht über die Eigenschaft als schwerbehinderter Mensch entschieden, dazu dient der Ausweis nach § 69 V SGB IX.

17 **f) Schwerbehindertenausweis.** Die Versorgungsverwaltung stellt über die Eigenschaft als Behinderter und den GdB sowie die sonstigen gesundheitlichen Merkmale auf Antrag einen Ausweis aus (§ 69 V SGB IX).[16] Antragsberechtigt ist der schwerbehinderte Mensch. Für Behinderte mit einem GdB von weniger als 50, die ihre Gleichstellung betreiben wollen, gilt § 69 V SGB IX nicht, da für das Gleichstellungsverfahren die Nachweise nach § 69 I, II SGB IX genügen. Da in dem Ausweis auch die Schwerbehinderteneigenschaft bescheinigt wird, sind sämtliche Voraussetzungen des § 2 SGB IX zu prüfen. Der Ausweis dient dem Nachweis der Schwerbehinderteneigenschaft, des GdB und gegebenenfalls weiterer gesundheitlicher Merkmale (§ 69 V 2 SGB IX). Bei entsprechender Kennzeichnung dient er auch als Ausweis für die unentgeltliche Beförderung. Der Ausweis soll befristet werden. Er ist zu berichtigen oder einzuziehen, wenn eine Neufeststellung unanfechtbar geworden ist (§ 69 V SGB IX). Der Ausweis ist eine Urkunde i. S. von § 418 ZPO und entfaltet Feststellungswirkung im arbeitsgerichtlichen Verfahren.

---

[15] *Düwell* JbArbR Bd. 43 (2006), S. 91, 100.

[16] Vgl. Schwerbehindertenausweisverordnung i. d. F. v. 25. 7. 1991 (BGBl. I S. 1739) zul. geänd. 13. 12. 2007 (BGBl. I S. 2904).

g) Rechtsweg. Für Streitigkeiten um das Vorliegen des GdB ist der Rechtsweg zu den Sozialgerichten gegeben (§ 118 SGB IX). Ein Arbeitgeber kann die Feststellung über den GdB durch das Versorgungsamt nicht anfechten.[17] 18

3. Gleichgestellte. a) Personenkreis. aa) Personen mit einem GdB (RN 8) von weniger als 50, aber wenigstens 30, bei denen im Übrigen die Voraussetzungen des § 2 II SGB IX vorliegen, sollen auf Grund einer Feststellung nach § 69 SGB IX auf ihren Antrag hin von der Arbeitsverwaltung schwerbehinderten Menschen gleichgestellt werden, wenn sie infolge der Behinderung ohne die Gleichstellung einen geeigneten Arbeitsplatz nicht erlangen oder nicht behalten können (gleichgestellte behinderte Menschen, § 2 III SGB IX). Die Gleichstellung kann auch für ausländische Staatsangehörige ausgesprochen werden. 19

bb) Berufsausbildung. Nach § 68 IV SGB IX sind schwerbehinderten Menschen gleichgestellt auch behinderte Jugendliche und junge Erwachsene (§ 2 I SGB IX) während der Zeit einer Berufsausbildung in Betrieben und Dienststellen, auch wenn der GdB weniger als 30 beträgt oder ein Grad der Behinderung nicht festgestellt ist. Bei diesem Personenkreis wird der Nachweis der Behinderung durch eine Stellungnahme der Agentur für Arbeit oder durch einen Bescheid über Leistungen zur Teilhabe am Arbeitsleben erbracht. Der Sonderkündigungsschutz für schwerbehinderte Menschen (§§ 85ff. SGB IX) findet auf diesen Personenkreis keine Anwendung (§ 68 IV 3 SGB IX). 20

b) Antrag. Die Gleichstellung ist ein mitwirkungsbedürftiger Verwaltungsakt, der nur auf Antrag des behinderten Menschen ergeht. Andere Personen, der Betriebsrat, Verbände oder die Berufsgenossenschaft sind nicht antragsberechtigt.[18] Der Antrag ist an keine Frist oder Form gebunden; er kann jederzeit zur Niederschrift der Behörde gestellt werden; eine Vertretung bei einer Antragstellung ist zulässig. Die Vollmacht ist auf Verlangen der Behörde schriftlich nachzuweisen (§ 13 I 3 SGB X). Für die Durchführung der Gleichstellung ist die Agentur für Arbeit örtlich zuständig, in deren Bezirk der Behinderte seinen Wohnsitz oder Aufenthalt hat oder bei Grenzgängern die Beschäftigungsstelle liegt. 21

c) Voraussetzungen. aa) Behinderte Menschen sollen durch die Gleichstellung nicht allgemein gefördert werden, sondern nur davor bewahrt werden, dass sie wegen ihrer Behinderung im Wettbewerb mit nicht behinderten Arbeitnehmern berufliche Nachteile erleiden.[19] Erforderlich ist daher eine materielle Schutzbedürftigkeit auf Grund der Behinderung; ob diese gegeben ist, richtet sich nach den Umständen des Einzelfalls (Vorbildung, Eignung, Art der Behinderung, Einsatzmöglichkeit).[20] Die Gleichstellung mit einem schwerbehinderten Menschen zur Erlangung eines geeigneten Arbeitsplatzes setzt kein konkretes Arbeitsplatzangebot voraus.[21] Unzureichend ist die nur abstrakte Gefährdung des Arbeitsplatzes; ausreichend ist es aber, wenn der Arbeitnehmer ernstlich mit dem Verlust seines Arbeitsplatzes rechnen muss und er sich sonst nicht gegen nicht behinderte Menschen im Wettbewerb um einen anderen Arbeitsplatz behaupten kann.[22] Zwischen der Behinderung und der Gefährdung der Beschäftigung muss daher ein kausaler Zusammenhang bestehen. 22

bb) Bei einem schwerbehinderten Arbeitnehmer kommt eine Gleichstellung in Betracht, wenn zu befürchten ist, dass er seinen Arbeitsplatz infolge der Behinderung nicht behalten kann. Sie wird daher abzulehnen sein, wenn der Arbeitgeber die Arbeitsleistung als vollwertig anerkennt und bei Personen, die bereits einen **besonderen Kündigungsschutz** genießen, z.B. ordentlich unkündbare Arbeitnehmer. Hierzu zählen nicht die in § 15 KSchG genannten Personen, da der Kündigungsausschluss nur zeitweise besteht und überdies in den Fällen der § 15 IV, V KSchG ganz entfällt. 23

d) Verfahren. Die Gleichstellung ist eine Ermessensentscheidung. Sie erfolgt allgemein und ist nicht auf bestimmte Betriebe oder Berufe beschränkt. Die Gleichstellung soll ausgesprochen werden, wenn nicht besondere Umstände entgegenstehen (arg. § 2 III SGB IX). Auf ihren Ausspruch besteht kein Rechtsanspruch, sondern nur ein gerichtlich nachprüfbarer Anspruch auf fehlerfreie Ermessensausübung, ob eine Abweichung vom Regelfall vorliegt. Die Gleichstellung kann befristet werden (§ 68 II 3 SGB IX), was jedoch wohl nur im Ausnahmefall in Betracht kommt. 24

---

[17] BSG 22. 10. 1986 AP 1 zu § 3 SchwbG.

[18] BVerwG 21. 10. 1987 NZA 88, 431 – Arbeitgeber.

[19] OVG Münster 31. 7. 1957 AP 2 zu § 2 SchwBeschG.

[20] BVerwG 17. 5. 1973 BVerwGE 42, 189 = Buchholz 436.6 § 2 SchwbG Nr. 5.

[21] BSG 2. 3. 2000 SozR 3–3870 § 2 Nr. 1.

[22] BSG 2. 3. 2000 SozR 3–3870 § 2 Nr. 1.

25 **e) Wirkung.** Durch die Gleichstellung (konstitutive Wirkung) erlangt der Gleichgestellte die Rechte aus dem SGB IX mit Rückwirkung auf den Tag der Antragstellung (§§ 2 III, 68 II SGB IX).[23] Nicht notwendig ist, dass die Bescheide bereits rechtskräftig sind. Die Vorschriften über den Zusatzurlaub (§ 125 SGB IX) und die unentgeltliche Beförderung schwerbehinderter Menschen im öffentlichen Personenverkehr (§§ 145 ff. SGB IX) sind auf den Personenkreis des § 68 SGB IX nicht anzuwenden (§ 68 III SGB IX). Ob andere Vorschriften für schwerbehinderte Menschen auf Gleichgestellte anzuwenden sind, ist durch Auslegung zu ermitteln. Im Allgemeinen werden Vorschriften des öffentlichen Rechts (Steuerrecht) auch für Gleichgestellte gelten. Dagegen wird es für solche privaten Rechts (Tarifverträge, Betriebsvereinbarungen) der besonderen Erwähnung bedürfen, es sei denn, dass die Beschränkung auf Schwerbehinderte der Sache nach nicht gerechtfertigt ist (umstr.). Die Gleichstellung bleibt auch nach einem Arbeitsplatzwechsel erhalten.

26 **f) Rechtsweg.** Gegen die Ablehnung der Gleichstellung kann der behinderte Mensch Widerspruch (§ 118 SGB IX) einlegen und ggf. Klage beim Sozialgericht erheben. Wird seinem Antrag stattgegeben, hat der Arbeitgeber kein Widerspruchs- und Klagerecht.[24]

III. Beginn und Ende des Schwerbehindertenschutzes und der Gleichstellung

27 **1. Schwerbehinderung. a) Beginn.** Die Eigenschaft als schwerbehinderter Mensch besteht, ohne dass es einer förmlichen Anerkennung nach § 69 SGB IX bedarf, sobald die Voraussetzungen von § 2 SGB IX objektiv erfüllt sind.[25] Die Kenntnis des Arbeitnehmers oder des Arbeitgebers von der Schwerbehinderteneigenschaft ist ohne Bedeutung. Die sich aus der Schwerbehinderteneigenschaft ergebenden Rechte können jedoch nur beansprucht werden, wenn die Schwerbehinderteneigenschaft mitgeteilt wird oder sonst offenkundig ist. Der schwerbehinderte Mensch ist für die Eigenschaft als Schwerbehinderter darlegungs- und beweispflichtig. Er kann den Nachweis durch einen Ausweis nach § 69 V SGB IX (RN 17) oder durch den Feststellungsbescheid nach § 69 I SGB IX erbringen. Wird nur letzterer vorgelegt, so muss wegen des beschränkteren Inhalts (RN 16) zusätzlich geprüft werden, ob die übrigen Voraussetzungen des § 2 SGB IX (Wohnsitz oder Aufenthaltsort) vorliegen. Bevor der Nachweis erbracht wird, ist die Eigenschaft als schwerbehinderter Mensch nicht nachgewiesen (Ausnahme: Offenkundigkeit). Der behinderte Arbeitnehmer ist bis dahin nicht wahlberechtigt zur Schwerbehindertenvertretung und der Arbeitgeber kann die zu seinen Gunsten eintretenden Rechtsfolgen bei der Berechnung der Pflichtplatzerfüllung noch nicht geltend machen. Wegen der Anfechtung des Arbeitsvertrags vgl. § 179 RN 17; zum Kündigungsschutz s. § 179 RN 2 ff.

28 **b) Beendigung.** Die schwerbehinderten Menschen verlieren alle Rechte aus dem SGB IX, wenn die Voraussetzungen des § 2 II SGB IX entfallen, insbesondere der GdB auf weniger als 50 absinkt. Anders als bei seinem Beginn endet der Schutz erst am Ende des dritten Kalendermonats nach Eintritt der Unanfechtbarkeit des die Verringerung feststellenden Bescheids (§ 116 I SGB IX). Solange sich der schwerbehinderte Mensch auf den Schutz des Gesetzes berufen kann, wird seine Beschäftigung auf die Zahl der Pflichtplätze angerechnet (§§ 75, 116 III SGB IX). Darüber hinaus können einem schwerbehinderten oder gleichgestellten Menschen, der einen zumutbaren Arbeitsplatz ohne berechtigten Grund zurückweist oder aufgibt oder sich ohne berechtigten Grund weigert, an einer Maßnahme zur Teilhabe am Arbeitsleben teilzunehmen, oder sonst durch sein Verhalten seine Teilhabe am Arbeitsleben schuldhaft vereitelt, die besonderen Hilfen für schwerbehinderte Menschen zeitweilig entzogen werden (§ 117 SGB IX). Auch während der Dauer der Entziehung ist der Beschäftigte weiter auf die Pflichtplatzzahl anzurechnen.

29 Gegen die **Neufestsetzung der Erwerbsminderung** kann der schwerbehinderte Mensch nach Erhebung eines Widerspruchs den Rechtsweg zu den Sozialgerichten und gegen die Entziehung den zu den Verwaltungsgerichten beschreiten (vgl. unter RN 93 ff.).

30 **2. Gleichstellung. a) Beginn.** Bei Gleichgestellten beginnt der Schutz im Falle der Gleichstellung mit dem Tage des Eingangs des Antrags (§ 68 II 2 SGB IX). Dagegen ist die Zustellung an den Arbeitgeber ohne Belang. Wird im Rechtsmittelverfahren die Gleichstellung aufgehoben, so entfällt (rückwirkend) die Gleichstellung und damit auch der Schutz des Gesetzes. Daraus folgt, dass der Arbeitgeber im Falle der Gleichstellung in der Zeit nach der Antragstellung nicht mehr ohne Zustimmung des Integrationsamts kündigen kann; Einzelheiten unter § 179.

---

[23] BAG 20. 3. 1969 AP 6 zu § 2 SchwBeschG; durch Widerspruchsausschuss: BVerwGE 37, 79.
[24] BSG 19. 12. 2001 AP 1 zu § 2 SchwbG = NZA 2002, 664.
[25] BAG 27. 2. 1987 AP 26 zu § 626 BGB Ausschlussfrist = NZA 88, 429.

b) Widerruf und Rücknahme. Die Gleichstellung kann von der Arbeitsverwaltung widerrufen oder zurückgenommen werden (§ 116 II SGB IX). Die Rechtsinstitute des Widerrufs bzw. der Rücknahme sind dem allgemeinen Verwaltungsrecht nachgebildet. Der **Widerruf** ist zulässig, wenn die Voraussetzungen der Gleichstellung (RN 22) weggefallen sind. Er wird wirksam am Ende des 3. Kalendermonats nach Eintritt seiner Unanfechtbarkeit. Die **Rücknahme** der Gleichstellung kommt in Betracht, wenn die Aufrechterhaltung der Gleichstellung gegen Treu und Glauben verstoßen würde, z. B. wenn die Gleichstellung erschlichen oder der Gleichgestellte sonst durch schuldhaftes Verhalten die Durchführung des Gesetzes erschwert oder vereitelt. Die im Gesetz nicht ausdrücklich geregelten Voraussetzungen der Rücknahme ergeben sich aus den Grundsätzen zum begünstigenden Verwaltungsakt bzw. aus der Verwendung des Grundgedankens von § 117 SGB IX; zur Rücknahme bei der Verweigerung von Rehabilitationsmaßnahmen RN 28. 31

IV. Beschäftigungspflicht und Ausgleichsabgabe

1. Beschäftigungspflichtige Arbeitgeber. a) Beschäftigungspflicht. Alle privaten und öffentlichen Arbeitgeber, die jahresdurchschnittlich über mindestens 20 Arbeitsplätze i. S. von § 73 SGB IX verfügen, haben auf zumindest 5 v. H. der Arbeitsplätze schwerbehinderte Menschen zu beschäftigen (§ 71 I SGB IX). Dabei sind schwerbehinderte Frauen besonders zu berücksichtigen. Die Beschäftigungspflicht richtet sich nach der Zahl der Arbeitsplätze, die sich im Jahresdurchschnitt im Monat ergeben. Die Zahl der monatlichen Arbeitsplätze wird zu einer Jahressumme addiert und dann durch zwölf geteilt. Für **Kleinunternehmen** besteht eine Sonderregelung in § 71 I 3 SGB IX. Arbeitgeber mit jahresdurchschnittlich monatlich weniger als 40 Arbeitsplätzen haben jahresdurchschnittlich je Monat einen schwerbehinderten Menschen, Arbeitgeber mit jahresdurchschnittlich monatlich weniger als 60 Arbeitsplätzen haben jahresdurchschnittlich je Monat zwei schwerbehinderte Menschen zu beschäftigen. Genügen die Arbeitgeber ihrer Beschäftigungspflicht nicht, so haben sie unabhängig davon, ob sie zur Einstellung schwerbehinderter Menschen in der Lage oder bereit sind, eine Ausgleichsabgabe zu zahlen (vgl. unten RN 37). 32

b) Arbeitgeber. Dies ist jede natürliche oder juristische Person auf dem Gebiet der BRD, also auch ein ausländisches Unternehmen,[26] nicht dagegen ein deutsches Unternehmen im Ausland (Territorialitätsprinzip; vgl. § 6), das Personen mit abhängiger Arbeit beschäftigt. Der Begriff des öffentlichen Arbeitgebers ergibt sich aus § 71 III SGB IX. Zur Anpassung an veränderte wirtschaftliche Verhältnisse kann die Pflichtquote nach § 79 Nr. 1 SGB IX durch RechtsVO geändert werden. 33

2. Beschäftigung besonderer Gruppen. Unter den vom Arbeitgeber zu beschäftigenden schwerbehinderten Menschen müssen sich in angemessenem Umfang besondere Gruppen von schwerbehinderten Menschen befinden (§ 72 SGB IX). Das sind schwerbehinderte Menschen, die nach Art oder Schwere ihrer Behinderung im Arbeitsleben besonders betroffen sind. Die Beschäftigungspflicht aus § 72 SGB IX kann nicht zwangsweise durchgesetzt werden. Wegen der verschiedenartigen wirtschaftlichen Verhältnisse und Arbeitsbedingungen hat das Gesetz davon abgesehen, bestimmte Pflichtzahlen aufzustellen. Es sucht die Beschäftigung der besonderen Gruppen von schwerbehinderten Menschen dadurch zu erreichen, dass die Arbeitsverwaltung die Anrechnung einer dieser Personen auf mehr als einen Pflichtplatz gestatten kann (§ 76 SGB IX). Die Anrechnung kann auf höchstens drei Pflichtplätzen erfolgen; soweit nach früherem Recht eine Anrechnung auf mehrere Pflichtplätze erfolgt ist, gelten entspr. Verwaltungsakte fort (§ 76 I, III SGB IX). Namentlich schwerbehinderte Menschen in Ausbildungsstellen können mehrfach angerechnet werden (§ 76 II SGB IX). 34

3. Pflichtarbeitsplatzzahl. a) Arbeitsplätze. Der Umfang der Beschäftigungspflicht richtet sich nach der Zahl der vorhandenen Arbeitsplätze. Bei der Errechnung der einem Arbeitgeber zur Verfügung stehenden Arbeitsplätze sind alle Stellen mitzuzählen, auf denen Arbeitnehmer, mittelbar Beschäftigte (vgl. § 183), Beamte oder Richter und zu ihrer beruflichen Bildung Eingestellte beschäftigt werden (§ 73 I SGB IX), auch wenn die zur Dienstleistung Verpflichteten beurlaubt, krank oder aus sonstigen Gründen fehlen. Bei Schichtarbeit zählen die Arbeitsplätze entspr. zwei- oder dreifach. Nicht mitgezählt werden Arbeitsplätze von Leiharbeitnehmern und die Arbeitsplätze der in § 73 II SGB IX genannten Personen, das sind z. B. Stellen, auf denen Behinderte zur beruflichen Anpassung und Weiterbildung beschäftigt werden;[27] 35

---

[26] Wegen alliierter Streitkräfte: vgl. BAG AP 17 zu Art. 44 Truppenvertrag.

[27] Vgl. BT-Drucks. 10/3138 S. 30; *Neumann/Pahlen/Majerski-Pahlen* § 73 RN 49.

der Personen, deren Beschäftigung nicht in erster Linie ihrem Erwerb dient, sondern die aus karitativen Gründen (Ordensschwestern, Missionare usw.) beschäftigt werden (§ 73 II Nr. 2 SGB IX)[28] oder zu ihrer eigenen Heilung tätig werden (§ 73 II Nr. 3 SGB IX), Teilnehmer an Maßnahmen zur Arbeitsbeschaffung (§§ 260ff. SGB III, § 73 II Nr. 4 SGB IX), Personen, die in ihre Stellung gewählt werden (§ 73 II Nr. 5 SGB IX), und Personen, deren Arbeits-, Dienst- oder sonstiges Beschäftigungsverhältnis wegen Wehr- oder Zivildienst, unbezahltem Urlaub, Bezugs einer Rente auf Zeit oder bei Altersteilzeitarbeit während der Freistellungsphase (Verblockungsmodell) ruht, solange für sie eine Vertretung eingestellt ist (§ 73 II Nr. 7 SGB IX). Als Arbeitsplätze gelten ferner nicht Stellen, die nach der Natur der Arbeit oder nach den zwischen den Parteien getroffenen Vereinbarungen nur auf die Dauer von höchstens acht Wochen besetzt sind, sowie Stellen, auf denen Arbeitnehmer weniger als 18 Stunden wöchentlich arbeiten (§ 73 III SGB IX).

36 **b) Berechnung.** Bei Errechnung der Pflichtzahl werden Bruchteile von mehr als 0,5 v. H. nach oben aufgerundet, bei Arbeitgebern mit jahresdurchschnittlich weniger als 60 Arbeitsplätzen abgerundet (§ 74 II SGB IX). Zur Ermittlung des Umfangs der Beschäftigungspflicht werden von der Gesamtzahl der betrieblichen Arbeitsplätze zunächst die in § 73 II SGB IX genannten abgezogen.[29] Ferner werden Stellen, auf denen Auszubildende beschäftigt werden, nicht mitgezählt. Dasselbe gilt für Arbeitsplätze von Rechts- und Studienreferendaren, die einen Anspruch auf einen Pflichtplatz haben. Die Berechnungsformel lautet: anrechnungspflichtige Arbeitsplätze nach § 73 SGB IX (A) multipliziert mit Pflichtsatz nach § 71 SGB IX (P) dividiert durch 100 (A X P): 100. Damit steht die auf- oder abzurundende Zahl der zu Beschäftigenden fest. Früher bestehende Sonderregelungen für Saison- und Kampagnebetriebe sind ersatzlos gestrichen. Teilzeitbeschäftigte mit mindestens 18 Stunden wöchentlich werden auf einen Pflichtplatz angerechnet; bei geringerer Beschäftigung kann eine Anrechnungsbestimmung ergehen (§ 75 II SGB IX). Auch ein schwerbehinderter Arbeitgeber wird auf einen Pflichtplatz angerechnet; dies sind aber nur natürliche Personen, nicht Organe juristischer Personen oder gesetzliche Vertreter von Personengesellschaften (§ 75 III SGB IX).[30] Inhaber von Bergmannsversorgungsscheinen (§ 180) werden auf die Pflichtzahl angerechnet, auch wenn sie nicht Schwerbehinderte sind (§ 75 II SGB IX). Bei **mehreren Betrieben desselben Arbeitgebers** ist die Zahl der Pflichtplätze für alle Betriebe zusammen zu errechnen.[31] Da das SGB IX keine Altersgrenze enthält, werden auch schwerbehinderte Arbeitnehmer angerechnet, die das gesetzliche Rentenalter bereits vollendet haben.[32]

37 **4. Ausgleichsabgabe. a) Voraussetzungen.** Solange öffentliche oder private Arbeitgeber die vorgeschriebene Zahl von schwerbehinderten Menschen nicht beschäftigen, haben sie für jeden unbesetzten Pflichtplatz monatlich eine Ausgleichsabgabe in Höhe von 105 bis 260 Euro zu entrichten. Die Einzelheiten ergeben sich aus § 77 II, III SGB IX sowie der Schwerbehinderten-AusgleichsabgabeVO v. 28. 3. 1988 (BGBl. I S. 2001), zul. geänd. 22. 12. 2008 (BGBl. I S. 2959). Die Beschäftigungspflicht und die Zahlung einer Ausgleichsabgabe sind auch für private Arbeitgeber mit dem GG und dem Gemeinschaftsrecht vereinbar.[33] Ihrer Rechtsnatur nach ist die Ausgleichsabgabe eine öffentliche Abgabe. Die Zahlungspflicht entsteht unabhängig von der Bereitschaft oder der Möglichkeit des Arbeitgebers, schwerbehinderte Menschen einzustellen. Sie besteht auch dann, wenn im Betrieb keine Beschäftigung ausgeübt wird, z. B. im Falle der Kurzarbeit. Sie soll die Vorteile, die der Arbeitgeber gegenüber schwerbehinderten Menschen beschäftigenden Unternehmen erlangt, abschöpfen, da seine Soziallasten z. B. wegen des erhöhten Urlaubsanspruchs des schwerbehinderten Menschen geringer sind. Eine Befreiung von der Entrichtung der Ausgleichsabgabe ist im Gesetz nicht mehr vorgesehen. Indes kann die BReg. durch RechtsVO für Arbeitgeber, die über weniger als 30 Arbeitsplätze verfügen, Ausgleichsabgaben für einen bestimmten Zeitraum allgemein oder für einzelne Bundesländer herabsetzen oder erlassen, wenn die Zahl der unbesetzten

---

[28] § 73 II Nr. 2 SGB IX entspricht § 5 II Nr. 4 BetrVG. Vgl. dazu § 212 RN 16ff. Dagegen wohl BSG 26. 3. 1992 NZA 93, 335.

[29] Zur Berechnung: OVG Münster 31. 10. 2002 DB 2003, 2449.

[30] BSG 30. 9. 1992 NZA 93, 432; BVerwG 24. 2. 1994 NZA 95, 428, ebenso für geschäftsführende Mitgesellschafter: dazu BVerwG 25. 7. 1997 NZA 97, 1166; zu Fremdgeschäftsführern: BVerwG 8. 3. 1999 NZA 99, 826; 26. 9. 2002 NZA 2003, 1094; a. A. VG Magdeburg 8. 1. 2008 NZA-RR 2008, 495 für Leistungen des Integrationsamts nach § 102 SGB IX.

[31] BVerwG 6. 7. 1989 NZA 90, 192.

[32] BVerwG 13. 10. 1990 Buchholz 436.61 § 4 SchwbG Nr. 2 = NJW 91, 1127.

[33] BVerfG 1. 10. 2004 AP 1 zu § 72 SGB IX = NZA 2005, 102; 26. 5. 1981 AP 1 zu § 4 SchwbG.

Pflichtplätze die Zahl der unterzubringenden schwerbehinderten Menschen so erheblich übersteigt, dass die Pflichtplätze dieser Arbeitgeber nicht in Anspruch genommen zu werden brauchen (§ 79 Nr. 4 SGB IX).

b) Verfahren. Der Arbeitgeber hat die von ihm zu zahlende Ausgleichsabgabe selbst zu errechnen (§ 80 II SGB IX) und einmal jährlich zugleich mit der Erstattung der Anzeige (§ 80 II SGB IX) an das für seinen Sitz zuständige Integrationsamt abzuführen (§ 77 SGB IX).[34] Für die Berechnung der Ausgleichsabgabe muss für jeden Monat festgestellt werden, wie viele Arbeitsplätze vorliegen und wie viele davon mit schwerbehinderten Menschen besetzt sind. Daraus ist dann der Jahresdurchschnitt zu ermitteln, in welcher Höhe die Beschäftigungsquote erfüllt wurde. Danach bestimmt sich die Höhe der Ausgleichsabgabe im abgelaufenen Kalenderjahr. Für die Monate, in denen die Quote nicht erfüllt wurde, ist dann nach der Zahl der unbesetzten Pflichtplätze die Ausgleichsabgabe zu berechnen. Auf den Gesamtbetrag der Ausgleichsabgabe kann der Arbeitgeber 50 v. H. des Rechnungsbetrags aus Lieferungen von Behindertenwerkstätten absetzen (§ 140 SGB IX).[35] Spätestens zum 31. 3. des Folgejahres ist die Anzeige abzugeben und die Ausgleichsabgabe zu bezahlen. Nur dann, wenn der Arbeitgeber länger als 3 Monate in Rückstand kommt, erlässt das Integrationsamt einen Feststellungsbescheid über die rückständigen Beiträge, auf Grund dessen sie gegenüber privaten Arbeitgebern nach den landesrechtlichen Vorschriften über das Verwaltungszwangsverfahren beigetrieben werden.[36] Bei öffentlichen Arbeitgebern hat sich das Integrationsamt an die Aufsichtsbehörde zu wenden. Für rückständige Beiträge kann das Integrationsamt nach dem 31. 3. Säumniszuschläge festsetzen (§ 77 IV SGB IV). Die Richtigkeit der Anzeige wird vom Integrationsamt überprüft. Die Förderung aus Festsetzungsbescheiden verjährt in vier Jahren.[37] 38

5. Ausgleichsfonds. Die Ausgleichsabgabe darf nur für die Zwecke der Teilhabe schwerbehinderter Menschen am Arbeitsleben einschließlich begleitender Hilfen im Arbeitsleben verwandt werden (§ 77 V SGB IX). Die Integrationsämter leiten den in der VO nach § 79 SGB IX bestimmten Prozentsatz des Aufkommens an der Ausgleichsabgabe an den Ausgleichsfonds weiter. Der Ausgleichsfonds ist beim BMAS errichtet und wird von diesem als besondere Vermögensmasse verwaltet. Er ist zur Förderung des Ausgleichs bei der Unterbringung schwerbehinderter Menschen und zur Förderung von Einrichtungen und Maßnahmen bestimmt, die dem Interesse mehrerer Länder auf dem Gebiet der Arbeit und Berufsförderung schwerbehinderter Menschen (§ 78 SGB IX) dienen. Die Verwendung der Ausgleichsabgabe ist in der Schwerbehinderten-AusgleichsabgabeVO geregelt. 39

6. Inhalt. Die Einhaltung der Vorgaben über die Anzahl der zu beschäftigenden schwerbehinderten Menschen ist eine öffentlich-rechtliche Pflicht des Arbeitgebers; der schwerbehinderte Mensch hat demgegenüber keinen Anspruch auf Beschäftigung gegen einen bestimmten Arbeitgeber oder auf Schaffung von Arbeitsplätzen gegenüber der öffentlichen Hand. Eine Verpflichtung des Arbeitgebers gegenüber dem Arbeitnehmer wird erst durch Abschluss des Arbeitsvertrags begründet. 40

7. Förderung. Die Beschäftigung von schwerbehinderten Menschen wird gefördert durch **(a)** Leistungen nach dem **SGB III.** Gewährt werden **(1)** Leistungen zur beruflichen Eingliederung (§ 97 SGB III), **(2)** Leistungen nach § 100 SGB III. Hierzu gehören Unterstützung der Beratung und Vermittlung, Verbesserung der Eingliederungsaussichten, Förderung der Aufnahme einer Beschäftigung, Förderung der Aufnahme einer selbstständigen Tätigkeit, Förderung der Berufsausbildung und Förderung der beruflichen Weiterbildung, **(3)** Gewährung besonderer Leistungen (§ 102 SGB III), **(4)** Unterhaltsgeld (§ 104 SGB III), **(5)** Teilnahmekosten für Schulungsveranstaltungen (§ 109 SGB III). **(b)** Leistungen nach dem **SGB IX.** Leistungen werden gewährt **(1)** nach § 104 SGB IX mit dazu ergangenen Durchführungsbestimmungen, **(2)** im Rahmen der begleitenden Hilfe im Arbeits- und Berufsleben. 41

---

[34] Berechnungsbeispiel: Pflichtsatz nach § 71 SGB IX, 5% Arbeitsplätze nach § 73 SGB IX: Betrieb A 360, Betrieb B 90, Haushalt 1 = 451. Davon ab Personen nach § 73 II SGB IX (z. B. Teilnehmer an Arbeitsbeschaffung, Aushilfen, geringfügig Beschäftigte) 20. Bereinigte Zahl 431.

Berechnung der Pflichtzahl: 431 × 5100 = 21,55, abgerundet 22 (§ 74 SGB IX).

Davon ab Erfüllung Schwerbehinderte (§ 1), Gleichgestellte (§ 2), Heimarbeiter (§ 49), Arbeitgeber nach § 75 III SGB IX und Anrechnung = Abgabepflichtige Arbeitsplätze × 200 = Geschuldeter Betrag. Vgl. *Neumann/Pahlen/Majerski-Pahlen,* SGB IX § 77 RN 16 ff.

[35] *Cramer/Schall* NZA 97, 638.

[36] Zur Bindungswirkung OVG Münster 12. 12. 2001 NZA-RR 2002, 632.

[37] OVG Lüneburg 22. 2. 1989 NZA 89, 722; OVG Münster DB 87, 392.

V. Sonstige Pflichten des Arbeitgebers nach dem SGB IX

Rolfs, Die Pflichten des Arbeitgebers und die Rechte schwerbehinderter Arbeitnehmer nach § 81 SGB IX, BB 2002, 1260; *Welti,* Arbeits- und sozialrechtliche Ansprüche behinderter Menschen auf Qualifizierung, ArbuR 2003, 445.

42 **1. Anzeigepflichten.** Im Interesse der Durchführung des SGB IX sind den Arbeitgebern, die zur Beschäftigung von schwerbehinderten Menschen verpflichtet sind, eine Reihe von öffentlich-rechtlichen Anzeige- und Auskunftspflichten auferlegt. Sie haben der Arbeitsverwaltung unter Beifügung einer Durchschrift für das Integrationsamt einmal jährlich bis spätestens 31. 3. für das vorangegangene Kalenderjahr die Daten anzuzeigen, die zur Berechnung des Umfangs der Beschäftigungspflicht, zur Überwachung ihrer Erfüllung und der Ausgleichsabgabe notwendig sind. Der Anzeige ist eine Abschrift des laufend zu führenden Verzeichnisses über die beschäftigten schwerbehinderten Menschen, Gleichgestellten und sonstigen anrechnungsfähigen Personen beizufügen. Je eine Abschrift des Verzeichnisses und der Anzeige ist der Betriebsvertretung, der Schwerbehindertenvertretung und dem Beauftragten des Arbeitgebers auszuhändigen (§ 80 II SGB IX). Für die Anzeige sind Vordrucke zu verwenden (§ 80 VI SGB IX). Die beschäftigungspflichtigen Arbeitgeber haben ferner der Agentur für Arbeit und dem Integrationsamt die für die Durchführung des Gesetzes notwendigen Auskünfte zu erteilen (§ 80 V SGB IX), in ihre Betriebe Einblick zu gewähren, soweit das im Interesse der schwerbehinderten Menschen notwendig ist und Betriebsgeheimnisse nicht gefährdet werden (§ 80 VII SGB IX). Unmittelbar nach ihrer Wahl oder Bestellung hat der Arbeitgeber die Vertrauensperson der schwerbehinderten Menschen und seinen Beauftragten der zuständigen Agentur für Arbeit zu benennen (§ 80 VIII SGB IX).

43 **2. Besetzung freier Arbeitsplätze. a) Grundsatz.** Nach § 81 I 2 SGB IX hat der Arbeitgeber– unabhängig von der Beschäftigungspflicht und deren Erfüllung – zu prüfen, ob schwerbehinderte Menschen, insbesondere die bei der AA arbeitslos oder arbeitsuchend gemeldeten schwerbehinderten Menschen beschäftigt werden können. Daher muss jeder Arbeitgeber vor einer Einstellung mit der Arbeitsverwaltung Verbindung aufnehmen, um die Einstellungsmöglichkeiten von schwerbehinderten Arbeitnehmern zu prüfen. Die Prüfungspflicht setzt ein, wenn Arbeitsplätze frei werden, und nicht erst dann, wenn Bewerbungen eingehen. Die Verletzung dieser Pflicht kann zu einem Entschädigungsanspruch von behinderten Bewerbern führen.[38] Dies gilt auch, wenn die Leistungsminderung auf der Behinderung beruht und die Voraussetzungen des § 8 I AGG (§ 33 RN 44) erfüllt sind.[39] Teilt ein Bewerber im Bewerbungsschreiben seine Schwerbehinderung mit, ist der Arbeitgeber verpflichtet, das Bewerbungsschreiben bei seinem Eingang vollständig zur Kenntnis zu nehmen.[40] Bewerbungen von schwerbehinderten Menschen sind mit der Schwerbehindertenvertretung zu erörtern und mit ihrer Stellungnahme dem Betriebsrat zur Durchführung des Zustimmungsverfahrens nach § 99 BetrVG (§ 241 RN 45) zuzuleiten.[41] Von der Einschaltung der Schwerbehindertenvertretung kann nur abgesehen werden, wenn der schwerbehinderte Mensch deren Beteiligung ausdrücklich ablehnt (§ 81 I 10 SGB IX). Hiervon bleiben deren Rechte nach § 95 SGB IX (RN 77) unberührt.[42] Im Interesse der Durchsetzung der Beschäftigung von schwerbehinderten Menschen ist die Schwerbehindertenvertretung zu dem Vorstellungsgespräch eines schwerbehinderten Bewerbers hinzuzuziehen (§ 95 II 3 SGB IX). Verstößt der Arbeitgeber bei der Einstellung gegen diese Pflichten, können sich Ansprüche der schwerbehinderten Bewerber nach dem AGG ergeben (§ 33 RN 13, 16ff.). Eine Verletzung von § 81 I 2 SGB IX begründet kein Zustimmungsverweigerungsrecht des Betriebsrats bei der nachfolgenden Einstellung.[43]

43 a **b) Öffentlicher Dienst.** Besonderheiten bei der Einstellung gelten nach § 82 SGB IX für öffentliche Arbeitgeber. Haben sich bei ihnen schwerbehinderte Menschen auf einen ausgeschriebenen Arbeitsplatz beworben oder sind sie von der BA oder einem von dieser beauftragten Integrationsfachdienst vorgeschlagen worden, sind sie von einem öffentlichen Arbeitgeber obligatorisch zu einem Vorstellungsgespräch einzuladen, es sei denn, ihnen fehlt offensichtlich die

[38] BAG 12. 9. 2006 AP 13 zu § 81 SGB IX = NZA 2007, 507.
[39] Offengelassen von BAG 28. 5. 1975 AP 6 zu § 12 SchwBeschG.
[40] BAG 16. 9. 2008 AP 15 zu § 81 SGB IX = NZA 2009, 79.
[41] BAG 14. 11. 1989 AP 77 zu § 99 BetrVG 1972; 10. 11. 1992 AP 100 zu § 99 BetrVG 1972.
[42] BT-Drucks. VII/1515 S. 11.
[43] BAG 17. 6. 2008 AP 46 zu § 99 BetrVG Versetzung = NZA 2008, 1139.

Eignung für die vorgesehenen Tätigkeit[44] (§ 82 SGB IX); die Vorschrift erfasst auch interne Bewerbungen von schwerbehinderten Arbeitnehmern.[45] Ein Verstoß gegen die Einladungspflicht kann zu einem Entschädigungsanspruch führen.[46]

3. Diskriminierungsverbot. Arbeitgeber dürfen schwerbehinderte Beschäftigte nicht wegen ihrer Behinderung benachteiligen (§ 81 II 1 SGB IX). Mit der Vorschrift hat der nationale Gesetzgeber für schwerbehinderte und ihnen gleichgestellte Arbeitnehmer die sich aus der Richtlinie 2000/78/EG vom 27. 11. 2000 (RN 1) ergebenden Vorgaben in nationales Recht umgesetzt; die Umsetzung war jedoch unvollkommen, da die RL jede ungerechtfertigte Benachteiligung wegen einer Behinderung verbietet (RN 1). Für die Feststellung einer zu einer Entschädigung führenden Benachteiligung reicht es aus, dass der Schwerbehinderte entsprechende Tatsachen, die auf eine entsprechende Benachteiligung wegen der Behinderung weisen, glaubhaft macht und der Arbeitgeber, der hierfür die Beweislast trägt, nicht nachgewiesen hat, dass nicht auf die Behinderung bezogene, sachliche Gründe eine unterschiedliche Behandlung rechtfertigen.[47] Bei der Auswahl unter mehreren, auch nicht behinderten Bewerbern darf der Arbeitgeber indes seine Auswahl nach Leistung und Eignung der Bewerber treffen. 44

4. Besondere Individualansprüche von schwerbehinderten Arbeitnehmern. a) Beschäftigungsanspruch. aa) Grundsatz. Nach § 81 IV 1 Nr. 1 SGB IX haben schwerbehinderte Menschen gegenüber ihren Arbeitgebern einen im Wege der Leistungsklage[48] durchsetzbaren Anspruch auf Beschäftigung, bei der sie ihre Fähigkeiten und Kenntnisse möglichst voll verwerten und weiterentwickeln können. Der Arbeitgeber erfüllt diesen Anspruch regelmäßig dadurch, dass er dem Arbeitnehmer die im Arbeitsvertrag vereinbarte Arbeit zuweist. Kann der schwerbehinderte Arbeitnehmer die ihm zugewiesenen Tätigkeiten wegen seiner Behinderung nicht mehr wahrnehmen, führt dieser Verlust nicht ohne weiteres zum Wegfall des Beschäftigungsanspruchs. Der Arbeitnehmer kann Anspruch auf Zuweisung einer anderweitigen Beschäftigung haben und, soweit der bisherige Arbeitsvertrag diese Beschäftigungsmöglichkeit nicht abdeckt, auf eine entsprechende Vertragsänderung[49] (RN 46). Voraussetzung ist, dass sich der Arbeitnehmer auf die Schwerbehinderung beruft und den Arbeitgeber über sein Leistungsvermögen unterrichtet. Um eine behinderungsgerechte Beschäftigung zu ermöglichen, ist der Arbeitgeber nach § 81 IV 1 Nr. 4 SGB IX auch zu einer Umgestaltung der Arbeitsorganisation verpflichtet. So kann der schwerbehinderte Arbeitnehmer verlangen, dass er nur mit leichteren Arbeiten beschäftigt wird, sofern im Betrieb die Möglichkeit zu einer solchen Aufgabenumverteilung besteht.[50] Nach § 81 IV 1 Nr. 5 SGB IX haben schwerbehinderte Menschen zudem Anspruch auf Ausstattung ihres Arbeitsplatzes mit den erforderlichen technischen Arbeitshilfen. Die schuldhafte Verletzung dieser Pflicht kann auf Ersatz der entgangenen Vergütung gerichtete Schadensersatzansprüche des Arbeitnehmers aus § 280 I BGB sowie aus § 823 II BGB i. V. m. § 81 IV 1 SGB IX begründen.[51] 45

bb) Keine Beschäftigungsmöglichkeit zu den bisherigen Vertragsbedingungen. Kann der schwerbehinderte Arbeitnehmer die bisher arbeitsvertraglich vereinbarten Tätigkeiten wegen seiner Behinderung nicht mehr ausüben, hat er einen Anspruch auf eine anderweitige Zuweisung einer von ihm zu bewältigenden Tätigkeit, wenn dies dem Arbeitgeber zumutbar ist. Diesen Anspruch muss der behinderte Arbeitnehmer gegenüber dem Arbeitgeber unter Angabe seines Leistungsvermögens geltend machen. Ist die Zuweisung von leichteren Tätigkeiten im Wege des Direktionsrechts nicht möglich oder für den Arbeitgeber unzumutbar, hat er als Nächstes zu prüfen, ob der schwerbehinderte Arbeitnehmer mit anderen, möglichst gleichwertigen Tätigkeiten, die eine Vertragsänderung erfordern würden, betraut werden kann, deren Zuweisung dem Arbeitgeber zumutbar ist. Ist dies der Fall, besteht ein Anspruch des schwerbehinderten Arbeitnehmers auf die entsprechende Vertragsänderung zu betriebsüblichen Arbeitsbedingungen.[52] Allerdings folgt aus § 81 IV 1 Nr. 1 SGB IX kein Anspruch auf einen selbst bestimmten 46

---

[44] BAG 16. 9. 2008 AP 15 zu § 81 SGB IX = NZA 2009, 79; BVerwG 22. 2. 2008 Buchholz 436.61 § 81 SGB IX Nr. 1.

[45] A. A. LAG Saarland 13. 2. 2008 LAGE § 82 SGB IX Nr. 2; Rechtsbeschwerde anh. 9 ABR 20/08.

[46] BAG 16. 9. 2008 AP 15 zu § 81 SGB IX = NZA 2009, 79.

[47] BVerwG 22. 2. 2008 Buchholz 436.61 § 81 SGB IX Nr. 1.

[48] BAG 3. 12. 2002 AP 2 zu § 81 SGB IX = NZA 2003, 1215.

[49] BAG 4. 10. 2005 AP 9 zu § 81 SGB IX = NZA 2006, 442; 10. 5. 2005 AP 8 zu § 81 SGB IX = NZA 2006, 155; 28. 4. 1998 AP 2 zu § 14 SchwbG 1986 = NZA 99, 152.

[50] BAG 28. 4. 1998 AP 2 zu § 14 SchwbG 1986 = NZA 99, 152.

[51] BAG 4. 10. 2005 AP 9 zu § 81 SGB IX = NZA 2006, 442.

[52] BAG 28. 4. 1998 AP 2 zu § 14 SchwbG 1986 = NZA 99, 152.

(Wunsch-)Arbeitsplatz,[53] was insbesondere bei der Abfassung des Klageantrags zu berücksichtigen ist.[54] Ist ein schwerbehinderter Arbeitnehmer auf Grund seiner Behinderung außerstande, seine (ursprünglich) arbeitsvertraglich geschuldete Leistung zu erbringen, gerät der Arbeitgeber nicht in Annahmeverzug.[55] Besteht ein Anspruch des schwerbehinderten Arbeitnehmers auf die Zuweisung von anderen als den bisher ausgeübten Tätigkeiten und wird dieser vom Arbeitgeber nicht erfüllt, kommt eine verschuldensabhängige Haftung des Arbeitgebers wegen der Verletzung seiner sich aus § 81 IV SGB IX ergebenden Pflichten in Betracht;[56] dies setzt die vorherige ordnungsgemäße Geltendmachung seines Beschäftigungsanspruchs voraus. Ein schwerbehinderter Arbeitnehmer kann die Beschäftigung zur stufenweisen Wiedereingliederung verlangen.[57]

47 **cc) Veränderungen nur bei Zumutbarkeit. (1) Individualrecht.** Kommt eine anderweitige Beschäftigung in Betracht, ist der Arbeitgeber gleichwohl dann nicht zur Beschäftigung des schwerbehinderten Menschen verpflichtet, wenn ihm die Beschäftigung unzumutbar oder mit unverhältnismäßig hohen Aufwendungen verbunden ist (§ 81 IV 3 SGB IX). Der Arbeitgeber ist nicht verpflichtet, für den schwerbehinderten Menschen einen zusätzlichen Arbeitsplatz einzurichten[58] oder anderen unbeteiligten Arbeitnehmern eine Beendigungs- bzw. Änderungskündigung auszusprechen.[59] Diese Frage hat das BAG zuletzt offen gelassen.[60] In einer älteren Entscheidung hat es demgegenüber eine Verpflichtung des Arbeitgebers zur Freikündigung angenommen, wenn der zu kündigende Arbeitnehmer nicht auch behindert ist und die Kündigung für ihn aus besonderen Gründen keine soziale Härte darstellt.[61] Beruft sich der Arbeitgeber auf eine wirtschaftliche Unzumutbarkeit, muss er seine Aufwendungen für die Umgestaltung der Arbeitsorganisation unter Berücksichtigung der möglichen Fördermöglichkeiten (RN 41) substantiiert darlegen.[62] Bei einem behinderungsbedingtem Wegfall der bisherigen Beschäftigungsmöglichkeiten kann der Arbeitgeber auf Verlangen des schwerbehinderten Menschen verpflichtet sein, diesem höherwertige Aufgaben zu übertragen, sofern der schwerbehinderte Arbeitnehmer hierzu geeignet und die Übertragung dem Arbeitgeber möglich und zumutbar ist.[63]

48 **(2) Betriebsratsbeteiligung.** Ist zur Erfüllung des Beschäftigungsanspruchs eine Versetzung (§ 95 III BetrVG) erforderlich, kann der schwerbehinderte Arbeitnehmer beanspruchen, dass der Arbeitgeber die Zustimmung nach § 99 BetrVG beim Betriebsrat einholt. Wird diese verweigert und bestehen für den Arbeitgeber Anhaltspunkte für eine willkürliche, d. h. nicht auf den Katalog des § 99 II BetrVG gestützte Zustimmungsverweigerung des Betriebsrats, soll der Arbeitgeber zur Vermeidung von Schadensersatzansprüchen gegenüber dem schwerbehinderten Arbeitnehmer zur ordnungsgemäßen Durchführung eines Zustimmungsersetzungsverfahrens (§ 99 IV BetrVG, dazu § 241 RN 57) verpflichtet sein.[64] Mit dieser sehr weitgehenden Vorgabe des BAG soll letztlich ein kollusives Zusammenwirken von Arbeitgeber und Betriebsrat zur Vereitelung des Beschäftigungsanspruchs des schwerbehinderten Arbeitnehmers verhindert werden. Diese Grundsätze gelten nicht für die Prüfung, ob eine Beendigungskündigung eines schwerbehinderten Arbeitnehmers durch eine mit einer Änderungskündigung verbundene Versetzung auf einen anderen Arbeitsplatz vermieden werden kann.[65]

49 **dd) Darlegungs- und Beweislast.** Macht der schwerbehinderte Arbeitnehmer die Ansprüche nach § 81 IV SGB IX geltend, hat er nach den allgemeinen Regeln grundsätzlich die Darlegungs- und Beweislast für die anspruchsbegründenden Voraussetzungen. Dagegen hat der Arbeitgeber die anspruchshindernden Umstände vorzutragen. Dazu gehören insbesondere diejenigen, aus denen sich die Unzumutbarkeit der Beschäftigung des Arbeitnehmers ergeben

---

[53] BAG 23. 1. 1964 AP 2 zu § 12 SchwBeschG.
[54] BAG 10. 5. 2005 AP 8 zu § 81 SGB IX = NZA 2006, 155.
[55] BAG 23. 1. 2001 AP 1 zu § 81 SGB IX = NZA 2001, 1020.
[56] BAG 4. 10. 2005 AP 9 zu § 81 SGB IX = NZA 2006, 442; 10. 7. 1991 AP 1 zu § 14 SchwbG = NZA 92, 27.
[57] BAG 13. 6. 2006 AP 12 zu § 81 SGB IX = NZA 2007, 91.
[58] BAG 4. 10. 2005 AP 9 zu § 81 SGB IX = NZA 2006, 442; 10. 5. 2005 AP 8 zu § 81 SGB IX = NZA 2006, 155; 28. 4. 1998 AP 2 zu § 14 SchwbG 1986 = NZA 99, 152.
[59] Vgl. BVerwG 28. 2. 1968 AP 29 zu § 14 SchwBeschG.
[60] BAG 3. 12. 2002 AP 2 zu § 81 SGB IX = NZA 2003, 1215; 28. 4. 1998 AP 2 zu § 14 SchwbG 1986 = NZA 99, 152.
[61] Vgl. BAG 10. 7. 1991 AP 1 zu § 14 SchwbG = NZA 92, 27; 8. 2. 1966 AP 4 zu § 12 SchwBeschG; 4. 5. 1962 AP 1 zu § 12 SchwBeschG.
[62] BAG 14. 3. 2006 AP 11 zu § 81 SGB IX = NZA 2006, 1214.
[63] Vgl. BAG 8. 2. 1966 AP 4 zu § 12 SchwBeschG; 7. 8. 1964 AP 3 zu § 12 SchwBeschG.
[64] BAG 3. 12. 2002 AP 2 zu § 81 SGB IX = NZA 2003, 1215.
[65] BAG 22. 9. 2005 AP 10 zu § 81 SGB IX = NZA 2006, 486.

soll.[66] Steht fest, dass der Arbeitnehmer seine Arbeitspflicht nur nach einer Umgestaltung oder besonderer Ausstattung seines Arbeitsplatzes erfüllen kann, hat er zumindest nachvollziehbar darzulegen, welche Maßnahmen hierzu notwendig sind. Ansonsten zeigt er nicht schlüssig eine anderweitige Beschäftigungsmöglichkeit auf;[67] zur Darlegungslast bei fehlender Durchführung des Präventionsverfahrens RN 50.

ee) Präventionsverfahren. Gemäß § 84 I SGB IX ist der Arbeitgeber bei Eintreten von personen-, verhaltens- oder betriebsbedingten Schwierigkeiten im Arbeits- oder Beschäftigungsverhältnis, die zur Gefährdung dieses Verhältnisses führen können, verpflichtet, das Integrationsamt und die Schwerbehindertenvertretung einzuschalten. Ziel dieser gesetzlichen Prävention ist die frühzeitige Klärung, ob und welche Maßnahmen zu ergreifen sind, um eine möglichst dauerhafte Fortsetzung des Beschäftigungsverhältnisses zu erreichen. Die Beteiligung einer sachkundigen Stelle soll gewährleisten, dass alle Möglichkeiten zur Fortsetzung des Arbeitsverhältnisses fachkundig untersucht und deren technische sowie wirtschaftliche Realisierbarkeit geprüft werden. Führt der Arbeitgeber das Präventionsverfahren nicht durch, hat dies Auswirkungen auf die Darlegungs- und Beweislast gegenüber einem von dem schwerbehinderten Menschen erhobenen Beschäftigungs- bzw. Schadenersatzanspruch. Ein unterbliebenes Präventionsverfahren begründet keine ansonsten nicht bestehenden materiell-rechtlichen Pflichten des Arbeitgebers.[68] Ihn trifft jedoch die erweiterte Darlegungslast dafür, dass ihm auch bei Durchführung des Präventionsverfahrens eine zumutbare Beschäftigung des schwerbehinderten Arbeitnehmers nicht möglich gewesen wäre.[69] Die Durchführung eines Präventionsverfahrens ist keine Rechtmäßigkeitsvoraussetzung für die Zustimmungsentscheidung des Integrationsamts nach §§ 85ff. SGB IX.[70] Ebenso führt die unterlassene Durchführung des Präventionsverfahrens nicht zur Unwirksamkeit einer Beendigungskündigung, dieser Umstand kann aber bei der Bewertung der Kündigungsgründe von Bedeutung sein,[71] (§ 131 RN 5); Einzelheiten zum betrieblichen Eingliederungsmanagement (§ 84 II SGB IX) bei § 131 RN 6ff. 50

ff) Prozessuales. Selbst wenn zur Verwirklichung des Beschäftigungsanspruchs aus § 81 IV 1 Nr. 1 SGB IX eine Vertragsänderung erforderlich ist, ist der Arbeitnehmer nicht zur Erhebung einer auf Zustimmung zur Vertragsänderung gerichteten Klage (§ 894 ZPO) verpflichtet. Der besondere Beschäftigungsanspruch entsteht unmittelbar kraft Gesetzes und kann daher ohne vorherige Vertragsänderung durch Leistungsklage geltend gemacht werden.[72] Ist zu der von einem schwerbehinderten Menschen beantragten Beschäftigung die Zustimmung des Betriebsrats (§ 99 I BetrVG, RN 48) erforderlich, so kann unter den Voraussetzungen des § 259 ZPO der Arbeitgeber zu dieser Beschäftigung unter dem Vorbehalt der Zustimmung des Betriebsrats verurteilt werden.[73] 51

b) Bildungsmaßnahmen. Bei betrieblichen Bildungsmaßnahmen (vgl. § 96 BetrVG, dazu § 239) sind schwerbehinderte Menschen bevorzugt zu berücksichtigen (§ 81 IV Nr. 2 SGB IX). Die Teilnahme an außerbetrieblichen Bildungsmaßnahmen ist zu erleichtern (§ 81 IV Nr. 3 SGB IX). Der schwerbehinderte Mensch hat daher u. U. einen besonderen Freistellungsanspruch von der Arbeit. Während derartiger außerbetrieblicher Bildungsmaßnahmen besteht jedoch grundsätzlich kein Anspruch auf Vergütungsfortzahlung. 52

c) Ausstattung der Arbeitsumgebung. Schwerbehinderte Menschen haben einen einklagbaren Anspruch auf behinderungsgerechte Einrichtung und Unterhaltung der Arbeitsstätten einschließlich der Betriebsanlagen, Maschinen und Geräte sowie der Gestaltung der Arbeitsplätze, des Arbeitsumfeldes, der Arbeitsorganisation und der Arbeitszeit, unter besonderer Berücksichtigung der Unfallgefahr (§ 81 IV Nr. 4 SGB IX). Für von schwerbehinderten Menschen benötigten Kraftwagen hat der Arbeitgeber im Rahmen seiner Zumutbarkeit bevorzugte Parkplätze einzurichten,[74] auf denen nach Möglichkeit eine Beschädigung ausgeschlossen ist.[75] § 81 IV 1 Nr. 4 SGB IX schließt eine Verpflichtung des Arbeitgebers zur behinderungsgerechten Gestal- 53

---

[66] BAG 10. 5. 2005 AP 8 zu § 81 SGB IX = NZA 2006, 155.
[67] BAG 4. 10. 2005 AP 9 zu § 81 SGB IX = NZA 2006, 442.
[68] LAG Düsseldorf 25. 1. 2008 LAGE § 81 SGB IX Nr. 7; Revision anhängig: 9 AZR 171/08.
[69] BAG 4. 10. 2005 AP 9 zu § 81 SGB IX = NZA 2006, 442.
[70] BVerwG 29. 8. 2007 Buchholz 436.62 § 84 SGB IX Nr. 1 = NJW 2008, 166.
[71] BAG 7. 12. 2006 AP 56 zu § 1 KSchG 1969 Verhaltensbedingte Kündigung = NZA 2007, 617.
[72] BAG 10. 5. 2005 AP 8 zu § 81 SGB IX = NZA 2006, 155; 14. 10. 2003 AP 3 zu § 81 SGB IX = NZA 2004, 614 – Teilzeitanspruch.
[73] BAG 3. 12. 2002 AP 2 zu § 81 SGB IX = NZA 2003, 1215.
[74] Vgl. BAG 4. 12. 1960 AP 7 zu § 618 BGB.
[75] Zur Haftung: BAG 4. 2. 1960 AP 4 zu § 611 BGB Parkplatz.

tung der Arbeitszeit ein, woraus sich für den schwerbehinderten Arbeitnehmer ein Anspruch auf die Unterlassung der Zuweisung von Nachtarbeit und auf eine besondere Verteilung der Arbeitszeit auf die Wochentage ergeben kann.[76] Daneben besteht ein Anspruch auf Ausstattung des Arbeitsplatzes mit den erforderlichen technischen Arbeitshilfen (§ 81 IV Nr. 5 SGB IX).

54 **d) Arbeitszeitumfang.** Der Arbeitgeber hat die Einrichtung von Teilzeitarbeitsplätzen zu fördern (§ 81 V SGB IX). Schwerbehinderte Menschen haben neben dem allgemeinen Anspruch auf Einräumung von Teilzeitarbeit einen besonderen Anspruch nach § 81 V SGB IX, wenn die kürzere Arbeitszeit wegen Art und Schwere der Behinderung notwendig ist. Das Verlangen des schwerbehinderten Menschen nach § 81 V 3 SGB IX bewirkt unmittelbar eine Verringerung der geschuldeten Arbeitszeit, ohne dass es einer Zustimmung des Arbeitgebers zur Änderung der vertraglichen Pflichten bedarf.[77] Ein Anspruch auf Abschluss eines Altersteilzeitvertrags folgt aus § 81 V SGB IX nicht;[78] die Zumutbarkeitsgrenze des § 81 IV 3 SGB IX findet bei § 81 V SGB IX entspr. Anwendung.

55 **e) Zumutbarkeit, Rechtsfolgen.** Die besonderen Ansprüche wegen der Schwerbehinderung stehen unter dem Vorbehalt der Zumutbarkeit. Ihre Durchsetzung ist daher ausgeschlossen, soweit die Erfüllung eines Verlangens nach § 81 IV 1 Nr. 1–4 SGB IX für den Arbeitgeber nicht zumutbar oder mit unverhältnismäßigen Aufwendungen verbunden wäre oder soweit die staatlichen oder berufsgenossenschaftlichen Arbeitsschutzvorschriften oder beamtenrechtliche Vorschriften entgegenstehen (§ 81 IV 3 SGB IX). Verstößt der Arbeitgeber gegen seine sich aus § 81 IV SGB IX ergebenden Verpflichtungen, haftet er verschuldensabhängig auf Schadensersatz nach § 280 I BGB und § 823 II BGB i. V. m. § 81 IV SGB IX.

56 **5. Arbeitsentgelt. a) Rentenbezug.** Bei der Bemessung des Arbeitsentgelts und der Dienstbezüge aus einem bestehenden Beschäftigungsverhältnis dürfen Renten und vergleichbare Leistungen, die wegen der Behinderung bezogen werden, nicht berücksichtigt werden. Vor allem ist es unzulässig, sie ganz oder teilweise auf das Arbeitsentgelt oder die Dienstbezüge anzurechnen (§ 123 SGB IX). Die Vorschrift will verhindern, dass die dem schwerbehinderten Menschen wegen der von ihm erbrachten Sonderopfer und erlittenen Gesundheitsbeschädigungen gewährten Sozialleistungen mit der Arbeitsvergütung verrechnet werden. Diese Bestimmungen sind unabdingbar; sie können weder durch Tarifvertrag geändert werden, noch kann der schwerbehinderte Mensch durch Einzelvertrag darauf verzichten.[79] Die Vorschrift entspricht § 83 BVersG und verbietet die Anrechnung aller Renten, die wegen der Behinderung gewährt werden. Hierzu gehören auch die Berufsunfähigkeits- und die Erwerbsunfähigkeitsrente/Rente wegen verminderter Erwerbsfähigkeit sowie das vorgezogene Altersruhegeld für schwerbehinderte Menschen.[80]

57 **b) Rentenbezugsmöglichkeit.** Tarifliche Regelungen, nach der ein schwerbehinderter Mensch, der die Voraussetzungen zum Bezug eines vorgezogenen Altersruhegeldes hat, keinen Anspruch auf Überbrückungsgeld hat, sind wirksam.[81] Es stellt auch keine unzulässige mittelbare Diskriminierung schwerbehinderter Beschäftigter dar, wenn ein Tarifvertrag nur den Anspruch auf Abschluss solcher Altersteilzeitarbeitsverträge einräumt, die enden sollen, sobald der Arbeitnehmer berechtigt ist, eine Altersrente ohne Abschläge in Anspruch zu nehmen, wie das nach § 236 a SGB VI möglich ist.[82]

58 **c) Einmalzahlungen.** Zulässig ist es, zusätzliche in Gratifikationsform ausgestaltete Urlaubsgelder in gleicher Weise für schwerbehinderte Menschen und andere Arbeitnehmer auszugestalten.[83] Es liegt auch kein Verstoß gegen den Gleichheitssatz vor, wenn die Einigungsstelle bei der Aufstellung des Sozialplans wegen einer Betriebsstilllegung Sozialabfindungen nur für solche schwerbehinderten Arbeitnehmer vorsieht, deren Schwerbehinderteneigenschaft zu dieser Zeit feststeht.[84]

---

[76] BAG 3. 12. 2002 AP 1 zu § 124 SGB IX = NZA 2004, 1219.

[77] BAG 14. 10. 2003 AP 3 zu § 81 SGB IX = NZA 2004, 614.

[78] BAG 26. 6. 2001 AP 2 zu § 3 ATG = NZA 2002, 44.

[79] BAG 10. 5. 1978 AP 1 zu § 42 SchwbG; 9. 12. 1981 AP 2 zu § 42 SchwbG; 13. 7. 1982 AP 3 zu § 42 SchwbG; 21. 8. 1984 AP 13 zu § 42 SchwbG = NZA 85, 739; davon abweichend BAG 27. 11. 1986 AP 11 zu § 62 BAT; nach BAG 8. 12. 1982 AP 7 zu § 42 SchwbG kann die Verdienstsicherung auf den Ausgleich des Nachteils beschränkt werden, der nicht anderweitig ausgeglichen wird.

[80] BAG 9. 12. 1981 AP 2 zu § 42 SchwbG; 13. 7. 1982 AP 3 zu § 42 SchwbG.

[81] BAG 30. 3. 2000 AP 33 zu § 4 TVG Rationalisierungsschutz = NZA-RR 2001, 203.

[82] BAG 18. 11. 2003 AP 4 zu § 81 SGB IX = NZA 2004, 545.

[83] BAG 9. 1. 1979 AP 1 zu § 44 SchwbG.

[84] BAG 19. 4. 1983 AP 124 zu Art. 9 GG = NJW 84, 82.

d) Leistungsfähigkeit. Ist der schwerbehinderte Mensch gegenüber einem nicht behinderten Arbeitnehmer nicht gleichermaßen leistungsfähig, so kann wegen der geminderten Leistungsfähigkeit eine geringere Entlohnung vereinbart werden. Dasselbe gilt, wenn die Leistungsfähigkeit absinkt[85] oder nach der Zuweisung einer geänderten Tätigkeit. Eine Ausnahme besteht, wenn Tarifverträge eine Minderleistungsklausel nicht vorsehen und die Vertragsparteien tarifgebunden sind (§§ 206, 107). Für alle Arbeitnehmer geltende Leistungsvorgaben müssen auch schwerbehinderte Menschen gegen sich gelten lassen. Eine Diskriminierung liegt nicht vor, da nicht an die Schwerbehinderung, sondern an das Leistungsvermögen angeknüpft wird. Ist im Betrieb z. B. Akkordlohn üblich, besteht regelmäßig kein Anspruch auf Beschäftigung im Zeitlohn; ggf. kann der von einer Leistungseinbuße betroffene schwerbehinderte Arbeitnehmer nach § 81 IV 1 Nr. 1 SGB IX seine Umsetzung auf einen Arbeitsplatz verlangen, an dem seine Vergütung das bisherige Niveau erreicht (RN 45). Ein schwerbehinderter Mensch kann sich wirksam verpflichten, für den Fall der Rentengewährung einen Lohnausgleich zurückzuzahlen, den er wegen seiner Behinderung von seinem Arbeitgeber zur Sicherung seines Lebensstandards erhält.[86] 59

e) Arbeitslosengeld. Bei der Bemessung des Alg. ist der für die Besteuerung des Arbeitslohns geltende Freibetrag für schwerbehinderte Menschen nicht zu berücksichtigen.[87] 60

6. Zusatzurlaub.[88] **a) Voraussetzungen.** Schwerbehinderte Menschen haben nach § 125 SGB IX Anspruch auf Zusatzurlaub.[89] Die Vorschrift findet auf gleichgestellte Arbeitnehmer keine Anwendung (§ 68 III SGB IX). Sie beruht auf dem Gedanken, dass schwerbehinderte Menschen stärker belastet sind und daher eine längere Erholungszeit benötigen. Die Dauer des Zusatzurlaubs beträgt fünf Arbeitstage im Urlaubsjahr. Verteilt sich die regelmäßige Arbeitszeit des schwerbehinderten Menschen auf weniger oder mehr Arbeitstage in der Kalenderwoche, so erhöht oder vermindert sich der Urlaub entspr. (§ 125 I 1 SGB IX). Besteht die Schwerbehinderteneigenschaft nicht während des gesamten Kalenderjahres, hat der schwerbehinderte Mensch für jeden vollen Monat der im Beschäftigungsverhältnis vorliegenden Schwerbehinderteneigenschaft einen Anspruch auf ein Zwölftel des Zusatzurlaubs von fünf Tagen. Bruchteile von Urlaubstagen, die mindestens einen halben Tag ergeben, sind auf volle Urlaubstage aufzurunden. Der so ermittelte Zusatzurlaub ist dem Erholungsurlaub hinzurechnen und kann bei einem nicht im ganzen Kalenderjahr bestehenden Beschäftigungsverhältnis nicht erneut gemindert werden (§ 125 II SGB IX). Wird die Schwerbehinderteneigenschaft nach § 69 I und II SGB IX rückwirkend festgestellt, finden auch für die Übertragbarkeit des Zusatzurlaubs in das nächste Kalenderjahr die für das Arbeitsverhältnis zugrunde liegenden urlaubsrechtlichen Regelungen Anwendung (§ 102 RN 103). 61

b) Konkurrenzen. Soweit tarifliche, betriebliche oder sonstige Urlaubsregelungen für schwerbehinderte Menschen einen längeren Zusatzurlaub vorsehen, bleiben sie unberührt (§ 125 I 2 SGB IX). § 125 I 1 SGB IX hat die Dauer des Zusatzurlaubs gegenüber dem SchwbG 1986 um einen Tag reduziert. Soweit in Tarifverträgen und Betriebsvereinbarungen lediglich die frühere Fassung des SchwbG in Bezug genommen worden ist oder sie wiederholt worden ist, ist regelmäßig anzunehmen, dass derartige Bestimmungen keinen eigenständigen Anspruch begründen, sondern ihnen lediglich deklaratorische Bedeutung zukommt. Soweit dagegen in Individualverträgen oder Gesamtzusagen der Zusatzurlaub nur in Anlehnung an das frühere Recht geregelt wurde, haben diese Vereinbarung Vorrang.[90] 62

c) Urlaubsgrundsätze. Der Urlaub ist wie der Erholungsurlaub auf das Kalenderjahr bezogen; nach dessen Ablauf erlischt er, sofern nicht die Übertragungsvoraussetzungen vorliegen (§ 102 RN 103 ff.).[91] Der Anspruch auf Zusatzurlaub muss wie der Erholungsurlaub geltend gemacht werden. Unzureichend ist eine Vorratsgeltendmachung.[92] Eine Geltendmachung liegt 63

---

[85] BAG 10. 7. 1991 AP 1 zu § 14 SchwbG = NZA 92, 27.

[86] BAG 10. 11. 1982 AP 4 zu § 42 SchwbG = NJW 83, 1135.

[87] BSG 24. 7. 1997 NZA-RR 98, 182.

[88] *Dörner,* Die Rechtsprechung des Bundesarbeitsgerichts zum Zusatzurlaub nach dem SchwbG, DB 95, 1174; *Düwell,* Änderungsbedarf beim Zusatzurlaub für schwerbehinderte Menschen, FA 2003, 226; *Fenski,* Die Neuregelung des Zusatzurlaubs im Schwerbehindertenrecht, NZA 2004, 1255.

[89] BAG 28. 1. 1982 AP 3 zu § 44 SchwbG.

[90] Vgl. LAG Rheinland-Pfalz 8. 7. 1988 NZA 89, 482.

[91] BAG 26. 6. 1986 AP 6 zu § 44 SchwbG = NZA 86, 833; 21. 2. 1995 AP 6 zu § 47 SchwbG 1986 = NZA 95, 746; LAG Düsseldorf 7. 7. 1993 LAGE § 47 SchwbG Nr. 1.

[92] BAG 26. 6. 1986 AP 6 zu § 44 SchwbG = NZA 86, 833.

noch nicht in der Mitteilung der Antragstellung nach § 2 SGB IX.[93] Wird der Antrag auf Zusatzurlaub trotz rechtzeitiger Geltendmachung nicht erfüllt, entsteht ein Schadensersatzanspruch.[94] Die Ungewissheit über den Ausgang des Feststellungsverfahrens nach § 69 SGB IX kann die Übertragung nicht rechtfertigen;[95] die Übertragbarkeit richtet sich wegen § 105 III SGB IX nach § 7 III BUrlG oder den bestehenden tariflichen Regelungen (§ 13 I BUrlG). Kann der Zusatzurlaub wegen der Beendigung des Arbeitsverhältnisses nicht mehr gewährt werden, ist er abzugelten, selbst wenn er zuvor nicht geltend gemacht worden ist.[96] Der Zusatzurlaub kann Lehrern auch während der Schulferien (unterrichtsfreie Zeit) erteilt werden.[97]

64 **d) Anteilige Gewährung.** Der Zusatzurlaub ist zusätzlich zu dem vertraglich vereinbarten Urlaub zu gewähren.[98] Besteht die Schwerbehinderteneigenschaft nicht während des gesamten Kalenderjahres, besteht nur ein Anspruch auf ein Zwölftel des Zusatzurlaubs nach § 125 I 1 SGB IX. Bruchteile von Urlaubstagen, die mindestens einen halben Tag ergeben, sind auf volle Urlaubstage aufzurunden (§ 125 II 1, 2 SGB IX). Eine Abrundung findet nicht statt.[99] Die gesetzlichen Vorschriften über die Wartezeit und Zwölftelung des Mindesturlaubs nach §§ 4, 5 BUrlG sind auf den Zusatzurlaub danach nur im Jahr des Ausscheidens aus dem Arbeitsverhältnis anwendbar.[100] Scheidet der schwerbehinderte Arbeitnehmer in der zweiten Jahreshälfte aus, ist der Zusatzurlaub stets in voller Höhe zu gewähren; er wird von tarifvertraglichen Zwölftelungsvorschriften nicht erfasst.[101]

65 **e) Urlaubsgeld.** Wird auf Grund eines Tarifvertrags ein zusätzliches Urlaubsgeld gewährt, so ist im Wege der Auslegung zu entscheiden, ob auch für den Zusatzurlaub ein zusätzliches Urlaubsgeld zu zahlen ist.[102] Ist in der Tarifvorschrift bestimmt, dass sich das Urlaubsentgelt nach dem durchschnittlichen Arbeitsverdienst der letzten drei Monate nach einem Zuschlag von 50% bemisst, so hat auch der schwerbehinderte Mensch während des gesetzlichen Zusatzurlaubs einen Anspruch auf Urlaubsentgelt in dieser Höhe.[103]

66 **f) Landesrecht.** Der Anspruch auf Zusatzurlaub nach dem zwischenzeitlich aufgehobenen Saarländischen Gesetz Nr. 186 bedarf des Vorbringens, dass die Behinderung des Arbeitnehmers auf einer Kriegs- oder Unfallschädigung beruht.[104] Das BAG hat seine Fortgeltung für die bei privaten Arbeitgebern Beschäftigten für verfassungsgemäß gehalten.[105]

67–69 **7. Mehrarbeit.** Schwerbehinderte Arbeitnehmer und ihnen Gleichgestellte sind auf ihr Verlangen hin von Mehrarbeit freizustellen (§ 124 SGB IX). Mehrarbeit i. S. d. § 124 SGB IX betrifft nicht die individuelle oder tarifliche Arbeitszeit, sondern ist jede über acht Stunden werktäglich (§ 3 Satz 1 ArbZG) hinaus geleistete Arbeit;[106] hierzu zählen auch Bereitschaftsdienste.[107]

VI. Schwerbehindertenvertretung

Adlhoch, Auswirkungen des BetrVG-Reformgesetzes auf die Wahl der Schwerbehindertenvertretung, Behindertenrecht 2002, 161; *Seidel,* Persönliche Rechte und Pflichten der Schwerbehindertenvertretung, PersR 2002, 458.

70 **1. Amtsbezeichnung.** Die im SGB IX verwendete Bezeichnung Schwerbehindertenvertretung ersetzt die des Vertrauensmannes des Schwerbehinderten. Die Amtsinhaber werden als Vertrauensperson der schwerbehinderten Menschen bezeichnet.

---

[93] BAG 28. 1. 1982 AP 3 zu § 44 SchwbG.
[94] BAG 26. 6. 1986 AP 5 zu § 44 SchwbG = NZA 87, 98.
[95] BAG 21. 2. 1995 AP 8 zu § 47 SchwbG 1986 = NZA 95, 1008.
[96] BAG 25. 6. 1996 AP 11 zu § 47 SchwbG = NZA 96, 1153.
[97] BAG 13. 2. 1996 AP 12 zu § 47 SchwbG = NZA 96, 1103.
[98] BAG 24. 10. 2006 AP 1 zu § 125 SGB IX = NZA 2007, 330; 19. 5. 1971 AP 7 zu § 34 SchwBeschG 1961.
[99] BAG 31. 5. 1990 AP 14 zu § 5 BUrlG = NZA 91, 105; 22. 10. 1991 AP 1 zu § 47 SchwbG = NZA 92, 797.
[100] BAG 21. 2. 1995 AP 7 zu § 47 SchwbG = NZA 95, 839.
[101] BAG 8. 3. 1994 AP 5 zu § 47 SchwbG 1987 = NZA 94, 1095.
[102] BAG 20. 10. 1983 AP 4 zu § 44 SchwbG; 30. 7. 1986 AP 7 zu § 44 SchwbG = NZA 86, 835; LAG Niedersachsen BB 81, 1834.
[103] BAG 23. 1. 1996 AP 9 zu § 47 SchwbG = NZA 96, 831.
[104] BAG 8. 3. 1994 AP 2 zu § 1 Saarland ZusatzurlaubsG.
[105] BAG 5. 9. 2002 AP 2 zu § 1 SonderUrlG Saarland = DB 2003, 888.
[106] BAG 3. 12. 2002 AP 1 zu § 124 SGB IX; 8. 11. 1989 AP 1 zu § 46 SchwbG = NZA 90, 309.
[107] BAG 21. 11. 2006 AP 2 zu § 124 SGB IX = NZA 2007, 446.

2. Wahl. a) Wahlberechtigung und Wählbarkeit. In Betrieben und Dienststellen, in denen nicht nur vorübergehend fünf schwerbehinderte Menschen beschäftigt werden, ist eine Vertrauensperson und wenigstens ein Stellvertreter zu wählen.[108] Hat der Arbeitgeber mehrere Bezirke oder Dienststellen, die ganz oder teilweise als einzelne die Voraussetzungen nicht erfüllen, so kann er im Benehmen mit dem zuständigen Integrationsamt diese zusammenfassen (§ 94 I SGB IX). **Wahlberechtigt** sind alle im Betrieb beschäftigten schwerbehinderten Menschen (§ 94 II SGB IX). Schwerbehinderte Menschen, die an Maßnahmen zur Rehabilitation in einem privatwirtschaftlichen Berufsbildungswerk teilnehmen, sind bei der Wahl der Schwerbehindertenvertretung wahlberechtigt.[109] **Wählbar** sind alle in dem Betrieb oder der Dienststelle nicht nur vorübergehend beschäftigten Arbeitnehmer (auch Betriebsratsmitglieder), die am Wahltag das 18. Lebensjahr vollendet haben und dem Betrieb seit 6 Monaten angehören. Nicht wählbar ist, wer kraft Gesetzes nicht zum Betriebs- oder Personalrat wählen kann. Hierzu gehören die in § 5 III BetrVG aufgezählten Personen, also auch die leitenden Angestellten. Bei einem Gericht können die jeweils eigenständigen Schwerbehindertenvertretungen der Richter und der übrigen Bediensteten nur getrennt gewählt werden; die Bildung einer gemeinsamen Schwerbehindertenvertretung ist nicht zulässig.[110] 71

b) Zeitpunkt. Die regelmäßigen Wahlen finden alle vier Jahre in der Zeit vom 1. 10.–30. 11. statt. Außerhalb dieser Zeit finden Wahlen statt, wenn das Amt der Schwerbehindertenvertretung vorzeitig erlischt und keine Stellvertreter nachrücken, die Wahl mit Erfolg angefochten worden ist oder eine Schwerbehindertenvertretung noch nicht gewählt ist (§ 94 V SGB IX). 72

c) Wahlgrundsätze. Die Wahl erfolgt nach den Grundsätzen der Mehrheitswahl. Sie ist geheim und unmittelbar (§ 94 VI SGB IX). Im Übrigen sind die Vorschriften über das Wahlverfahren, den Wahlschutz und die Wahlkosten bei der Wahl des Betriebs-, Personal-, Richter- oder Staatsanwaltsrats sinngemäß anzuwenden. In der Privatwirtschaft sind daher für die Bestimmung der Organisationseinheit grundsätzlich die Vorschriften der §§ 1, 3 und 4 BetrVG maßgebend,[111] im öffentlichen Dienst ist der Dienststellenbegriff des § 6 BPersVG maßgebend.[112] In Betrieben und Dienststellen mit weniger als 50 wahlberechtigten schwerbehinderten Menschen sind die Vertrauensperson und ihre Vertreter im vereinfachten Wahlverfahren zu wählen.[113] Maßgeblich ist die Anzahl der wahlberechtigten schwerbehinderten Menschen im Zeitpunkt der Einleitung der Wahl. Dies ist bei der Wahl im förmlichen Wahlverfahren der Erlass des Wahlausschreibens, bei der Wahl im vereinfachten Wahlverfahren die Einladung zu der Wahlversammlung.[114] Die BReg. hat durch die WahlO zur Durchführung des SchwbG (SchwbVWO) i. d. F. vom 23. 4. 1990 (BGBl. I S. 811) zul. geänd. 19. 6. 2001 (BGBl. I S. 1046) das Wahlverfahren geregelt. Für die Wahlanfechtung sind die Gerichte für Arbeitssachen zuständig.[115] 73

d) Einleitung. Die Einleitung der Wahl hat durch die Schwerbehindertenvertretung zu erfolgen. Ist im Betrieb bislang keine Vertrauensperson gewählt, kann das für den Betrieb oder die Dienststelle zuständige Integrationsamt zu einer Versammlung der schwerbehinderten Menschen zum Zwecke der Wahl einladen (§ 94 VI SGB IX). 74

e) Amtszeit. Die Amtszeit der Schwerbehindertenvertretung beträgt 4 Jahre. Die Erlöschenstatbestände sind denen des Betriebsverfassungs- bzw. Personalvertretungsrechts nachgebildet (§ 94 VII SGB IX). 75

3. Aufgaben. Die Schwerbehindertenvertretung hat die Interessen der im Betrieb oder der Dienststelle beschäftigten schwerbehinderten Menschen zu fördern. In Einrichtungen der beruflichen Rehabilitation repräsentiert die Schwerbehindertenvertretung auch die in Ausbildung befindlichen schwerbehinderten Rehabilitanden.[116] Für den kirchlichen Bereich sind die Beteiligungsrechte durch die EvKiMAVertrG bzw. die MAVORahmenO näher ausgestaltet.[117] 76

a) Allgemeine Aufgaben. § 95 I, II SGB IX ist in Anlehnung an § 80 BetrVG (§ 233) formuliert. **(1)** Die Schwerbehindertenvertretung hat die Eingliederung von schwerbehinderten Men- 77

---

[108] Zur Heranziehung des Stellvertreters: BAG 7. 4. 2004 AP 2 zu § 95 SGB IX = NZA 2004, 1103.
[109] BAG 27. 6. 2001 AP 2 zu § 24 SchwbG 1986.
[110] BVerwG 8. 12. 1999 NZA-RR 2000, 333.
[111] BAG 10. 11. 2004 AP 4 zu § 3 BetrVG 1972.
[112] BAG 18. 5. 2006 – 7 ABR 40/05 n. a. v.
[113] BAG 7. 4. 2004 AP 3 zu § 94 SGB IX = NZA 2004, 745.
[114] BAG 16. 11. 2005 AP 4 zu § 94 SGB IX = NZA 2006, 340.
[115] BAG 11. 11. 2003 AP 1 zu § 94 SGB IX = NZA-RR 2004, 657.
[116] BAG 16. 4. 2003 AP 1 zu § 95 SGB IX = NZA 2003, 1105.
[117] Dazu *Oxenknecht-Witzsch* ZMV 2007, 7.

schen (§ 95 SGB IX) in den Betrieb oder die Dienststelle zu fördern, **(2)** darüber zu wachen, dass die zugunsten der Schwerbehinderten geltenden Schutznormen eingehalten werden, **(3)** Maßnahmen, die den Schwerbehinderten dienen, bei der zuständigen Stelle zu beantragen, **(4)** Anregungen und Beschwerden von schwerbehinderten Menschen entgegenzunehmen. Die Schwerbehindertenvertretung hat das Recht, an allen Sitzungen des Betriebs-, Personal-, Richter-, Staatsanwalts- oder Präsidialrats und deren Ausschüssen beratend teilzunehmen (§ 95 IV SGB IX).

78 **b) Sitzungen, Versammlungen.** Das Recht der Schwerbehindertenvertretung zur beratenden Teilnahme an Sitzungen des Betriebsrats und dessen Ausschüssen nach § 95 IV 1 SGB IX umfasst auch die beratende Teilnahme an Sitzungen gemeinsamer Ausschüsse des Betriebsrats und des Arbeitgebers i. S. des § 28 III BetrVG.[118] Das Teilnahmerecht besteht unabhängig davon, ob Fragen schwerbehinderter Menschen anstehen.[119] Die Schwerbehindertenvertretung kann erzwingen, einzelne Beratungsgegenstände auf die Tagesordnung zu setzen.[120] Sie hat das Recht, an den Monatsbesprechungen (§ 74 BetrVG) mit dem Betriebsrat teilzunehmen (§ 95 V SGB IX) und mindestens einmal im Jahr die schwerbehinderten Menschen zu einer Versammlung einzuberufen (§ 95 VI SGB IX). Nach dem neu eingefügten § 95 VIII SGB IX kann sie an Betriebsversammlungen mit Rederecht teilnehmen.

79 **c) Einsichtsrecht.** Nach dem SGB IX besteht für die Schwerbehindertenvertretung kein eigenständiges Einsichtsrecht in die Bruttolohn- und Gehaltslisten. Ein Einsichtsrecht kommt daher nur zur Erfüllung der allgemeinen Aufgaben in Betracht, z. B. um die Überwachung zu ermöglichen, ob die zugunsten der schwerbehinderten Menschen geltenden Vorschriften eingehalten werden. Auch ein eigenes Einsichtsrecht in die Personalakten besteht nicht. Der schwerbehinderte Mensch kann jedoch zur Einsicht in seine Personalakte ein Mitglied der Schwerbehindertenvertretung hinzuziehen.[121] § 95 III SGB IX ist § 83 BetrVG nachgebildet, so dass auf die Erläuterungen unter § 234 RN 15 verwiesen wird.

80 **d) Informations- und Anhörungsrecht. aa)** Die Schwerbehindertenvertretung ist vom Arbeitgeber in allen Angelegenheiten, die einen einzelnen schwerbehinderten Menschen oder die Schwerbehinderten als Gruppe berühren, rechtzeitig und umfassend zu unterrichten und vor einer Entscheidung zu hören; die getroffene Entscheidung ist unverzüglich mitzuteilen (§ 95 II SGB IX). Anhörungspflichtig sind daher Einstellung,[122] Versetzung, Umgruppierung und Kündigung, sowie alle rechtsgeschäftlichen und tatsächlichen Maßnahmen, durch die ein schwerbehinderter Mensch betroffen wird.[123] Das Anhörungsrecht ist ein eigenes der Schwerbehindertenvertretung kraft Amtes zustehendes Recht.

81 **bb) Zuwiderhandlungen.** Umstr. war seit jeher, welche Rechtsfolgen individualrechtlich eintreten, wenn die Anhörung der Schwerbehindertenvertretung unterblieben ist. Im Gesetzgebungsverfahren war gefordert worden, dass eine ohne Anhörung durchgeführte Maßnahme rechtswidrig und damit nichtig sei. Wegen der Auswirkungen auf die Rechte Dritter und die Rechtssicherheit ist eine derartige Rechtsfolge abgelehnt worden.[124] Statt dessen ist in § 95 II 2 SGB IX vorgesehen, dass die Durchführung oder Vollziehung einer ohne Beteiligung der Schwerbehindertenvertretung getroffenen Entscheidung auszusetzen ist. Die Anhörung ist innerhalb von sieben Tagen nachzuholen und alsdann endgültig zu entscheiden. In aller Regel wird der schwerbehinderte Mensch um Hilfe bei der Schwerbehindertenvertretung nachsuchen, die ihrerseits die Aussetzung der Maßnahme verlangt. Sind Maßnahmen des Arbeitgebers fristgebunden, kann das Aussetzungsverlangen zur zeitweisen Undurchführbarkeit der Maßnahme führen. Da es anders als bei § 102 I BetrVG an der Anordnung der individualrechtlichen Nichtigkeit der Maßnahme fehlt, ist eine unter Verletzung des Beteiligungsrechts der Schwerbehindertenvertretung ausgesprochene Maßnahme (z. B. eine Kündigung) nicht allein deshalb unwirksam. Eine öffentlich-rechtliche Maßnahme, zu der die Vertrauensperson hätte gehört werden müssen, ist bei deren Unterbleiben anfechtbar.[125]

---

[118] BAG 21. 4. 1993 AP 4 zu § 25 SchwbG = NZA 94, 43.
[119] LAG Hessen 4. 12. 2001 NZA-RR 2002, 587.
[120] BAG 21. 4. 1993 AP 4 zu § 25 SchwbG = NZA 94, 43.
[121] *Neumann/Pahlen/Majerski-Pahlen* § 95 RN 13.
[122] BAG 15. 8. 2006 AP 2 zu § 25 HRG = NZA 2007, 224.
[123] Zum Umfang der Unterrichtungspflicht: LAG München 30. 8. 1989 BB 89, 2111.
[124] Vgl. BT-Drucks. 10/5701 zu II f., S. 7 und Nr. 21 b cc S. 11; LAG Rheinland-Pfalz 18. 8. 1993 NZA 93, 1133.
[125] Vgl. BVerwG 15. 2. 1990 ZBR 90, 323; 25. 10. 1989 ZBR 90, 180; a. A. zum Auswahlverfahren OVG Münster 19. 6. 2007 PersR 2007, 359 = PersV 2007, 524.

e) Rechtsstreitigkeiten über Rechte und Pflichten der Schwerbehindertenvertretung sind im Beschlussverfahren zu entscheiden. Bei Streitigkeiten in Dienststellen, für die Personalvertretungsrecht gilt, sind die Verwaltungsgerichte zuständig.[126] 82

4. Persönliche Rechtsstellung der Vertrauensperson. Sie ist derjenigen eines Betriebsratsmitglieds angenähert worden.[127] § 96 SGB IX ist in Anlehnung an § 37 BetrVG aufgebaut (vgl. auch § 221). 83

a) Ehrenamt, Schutz. Die Vertrauensperson verwaltet ihr Amt unentgeltlich als Ehrenamt. Sie darf in Ausübung ihres Amtes nicht behindert oder wegen ihres Amtes nicht benachteiligt oder begünstigt werden. Dies gilt auch für ihre berufliche Entwicklung.[128] 84

Die Vertrauensperson genießt den gleichen **Kündigungs-, Versetzungs- und Abordnungsschutz** wie ein Mitglied der Betriebsvertretung (§ 96 I–III SGB IX). Stellvertreter besitzen diesen Schutz während der Dauer der Vertretung und der Heranziehung nach § 95 I 4 SGB IX (§ 96 III SGB IX). Im Falle einer außerordentlichen Kündigung des Arbeitgebers bedarf diese daher der Zustimmung des Betriebs- oder Personalrats (§§ 15, 16 KSchG, § 103 BetrVG, §§ 47, 108 BPersVG). 85

b) Arbeitsbefreiung. Die Vertrauensperson ist von der beruflichen Tätigkeit ohne Minderung des Arbeitsentgeltes oder der Dienstbezüge zu befreien, **wenn und soweit es zur Durchführung der Aufgaben erforderlich ist.**[129] Entsprechendes gilt für die Teilnahme an Schulungs- und Bildungsveranstaltungen, soweit diese konkrete, betriebsbezogene Kenntnisse vermitteln, die für die Arbeit der Vertrauensperson erforderlich sind (vgl. § 96 IV SGB IX, § 37 VI BetrVG). Mitglieder der Schwerbehindertenvertretung haben aber ebenso wenig wie Betriebsratsmitglieder einen Anspruch auf bezahlten Freizeitausgleich für außerhalb der Arbeitszeit durchgeführte **Schulungsveranstaltungen.**[130] Von ihrer beruflichen Tätigkeit freigestellte Schwerbehindertenvertreter haben ebenso wie ein freigestelltes Personalratsmitglied Anspruch auf eine monatliche **Aufwandsentschädigung.**[131] Vergütungs- wie Kostenersatzansprüche werden im Urteilsverfahren durchgesetzt.[132] § 96 V SGB IX setzt voraus, dass eine Vertrauensperson auch vollständig von der Arbeit freizustellen ist. Indes ist der Anspruch auf vollständige Freistellung allein nach der Erforderlichkeit zu bestimmen. Dies kann im Einzelfall dazu führen, dass ein Freistellungsanspruch auch dann gegeben ist, wenn die Staffel von § 38 IV BetrVG nicht erreicht wird. Wie ein Betriebsratsmitglied hat eine Vertrauensperson Anspruch auf entsprechende Arbeits- und Dienstbefreiung unter Fortzahlung der Vergütung, wenn sie Aufgaben außerhalb ihrer Arbeitszeit durchführt (§ 96 VI SGB IX). 86

5. Sächliche Kosten. Diese trägt der Arbeitgeber, soweit sie zur ordnungsgemäßen Aufgabenerledigung erforderlich sind.[133] § 96 VIII, IX SGB IX entspricht der Regelung beim Betriebsrat (§ 222). 87

6. Stufenvertretung. Ist für mehrere Betriebe des Arbeitgebers ein Gesamtbetriebs- oder für mehrere Dienststellen ein Gesamtpersonalrat gebildet, so ist eine Gesamtbehindertenvertretung zu wählen. In mehrstufigen Verwaltungen sind Haupt-[134] und Bezirksschwerbehindertenvertretung zu wählen. Einzelh. s. § 97 SGB IX. Aufgaben und Befugnisse entsprechen im Wesentlichen denjenigen des Gesamtbetriebsrats. Einzelheiten siehe RN 76. Mitglieder der Stufenvertretung dürfen auch an einer ersten Versammlung der schwerbehinderten Menschen teilnehmen, wenn es nicht um überörtliche Angelegenheiten geht.[135] 88

VII. Durchführung des Gesetzes

1. Allgemeines. Das SGB IX wird, soweit seine Verpflichtungen nicht durch freie Entschließung der Arbeitgeber erfüllt werden, gemeinsam von den Integrationsämtern und der Bundesagentur für Arbeit durchgeführt (§ 101 SGB IX). Die Aufgaben mit mehr fürsorgeri- 89

---

[126] BAG 21. 9. 1989 AP 1 zu § 25 SchwbG = NZA 90, 362.
[127] BAG 14. 8. 1986 AP 2 zu § 23 SchwbG = NZA 87, 277.
[128] LAG Berlin 15. 2. 2002 DB 2002, 1840.
[129] BAG 16. 8. 1977 AP 1 zu § 23 SchwbG; LAG Berlin 19. 5. 1988 DB 88, 1708; VGH Kassel 15. 11. 1989 DB 90, 1243; für Freigestellte: BAG 30. 4. 1987 AP 3 zu § 23 SchwbG = NZA 88, 172.
[130] BAG AP 2 zu § 26 SchwbG = NZA 90, 698; LAG Bad.-Württemberg 11. 12. 1992 DB 93, 1816.
[131] BAG 14. 8. 1986 AP 2 zu § 23 SchwbG = NZA 87, 277.
[132] BAG 16. 8. 1977 AP 1 zu § 23 SchwbG.
[133] BVerwG 25. 2. 2004 AP 4 zu § 47 BPersVG – nicht bei Kündigung der Vertrauensperson.
[134] Dazu BAG 24. 5. 2006 AP 1 zu § 97 SGB IX = PersV 2007, 75.
[135] BAG 28. 4. 1988 AP 3 zu § 22 SchwbG = NZA 88, 701.

schem Einschlag obliegen dabei dem Integrationsamt, die mit der Arbeitsvermittlung und Berufsberatung zusammenhängenden Aufgaben der Bundesagentur. Durch Verordnung der Landesregierung können Aufgaben der Integrationsämter auf örtliche Fürsorgestellen übertragen werden (§ 107 II SGB IX).[136]

90 **2. Integrationsamt. a) Aufgaben.** Im Einzelnen sind die Integrationsämter zuständig für: **(1)** die Erhebung und Verwendung der Ausgleichsabgabe, **(2)** den Kündigungsschutz, **(3)** die begleitende Hilfe im Arbeitsleben und **(4)** die zeitweilige Entziehung des Schwerbehindertenschutzes (§ 117 SGB IX). Die begleitende Hilfe soll vor allem bewirken, dass die schwerbehinderten Menschen in ihrer sozialen Stellung nicht absinken, sondern auf Arbeitsplätzen beschäftigt werden, auf denen sie ihre Fähigkeiten und Kenntnisse voll verwerten und weiterentwickeln können (§ 102 II SGB IX). Zu diesem Zweck kann das Integrationsamt sowohl schwerbehinderten Menschen als auch Arbeitgebern Geldleistungen gewähren (§ 102 III SGB IX). Während das Integrationsamt für die begleitende Hilfe, also alle Maßnahmen und Leistungen, die geeignet sind, dem schwerbehinderten Menschen den Arbeitsplatz zu sichern, zuständig ist, ist die Bundesagentur für berufsfördernde Leistungen zur Rehabilitation zuständig (§§ 3, 97 SGB III).

91 **b) Rechtsschutz.** Der Rechtsschutz gegen vom Integrationsamt erlassene oder rechtswidrig nicht erlassene Verwaltungsakte wird nach Durchführung eines Vorverfahrens nach den Vorschriften der VwGO durch die Verwaltungsgerichte gewährt. Der obligatorische Widerspruch (§ 118 SGB IX) wird durch den bei jedem Integrationsamt aus sieben Personen (zwei schwerbehinderte Arbeitnehmer, zwei Mitglieder, die Arbeitgeber sind, je einem Vertreter des Integrationsamts und der Arbeitsverwaltung und einer Vertrauensperson) gebildeten Widerspruchsausschuss beschieden (§ 119 I SGB IX).

92 **3. Bundesagentur für Arbeit. a) Zuständigkeit.** Sie ist zuständig für die in § 104 SGB IX aufgezählten Aufgaben. Sie hat für die Beratung und Vermittlung Behinderter besondere Stellen einzurichten (§ 104 IV SGB IX).

93 **b) Rechtsschutz.** Der Widerspruch gegen Verwaltungsakte der Bundesagentur wird von einem bei der Agentur für Arbeit aus sieben Personen (zwei schwerbehinderten Menschen, zwei Arbeitgebern, einem Vertreter des Integrationsamts, einem Vertreter der Arbeitsverwaltung und einer Vertrauensperson gebildeten Widerspruchsausschuss beschieden (§§ 118 II, 120 SGB IX). Der weitere Rechtsschutz erfolgt durch die Sozialgerichte. Das Verfahren richtet sich nach dem SGG.

94 **4. Beratende Ausschüsse.** Sie sind bei der Zentrale der Bundesagentur (§ 105 SGB IX) und den Integrationsämtern (§ 103 SGB IX) zu bilden.

95 **5. Integrationsfachdienste. a)** Integrationsfachdienste sind Dienste Dritter, die im Auftrag der Bundesagentur, der Rehabilitationsträger und der Integrationsämter bei der Durchführung der Maßnahmen zur Teilhabe schwerbehinderter Menschen am Arbeitsleben beteiligt werden (§ 109 SGB IX). Der Integrationsfachdienst kann auch im Rahmen seiner Aufgabenstellung zu Gunsten von behinderten, aber nicht schwerbehinderten Menschen tätig werden. Ein Teil der arbeitslosen schwerbehinderten Menschen, bei denen es sich überwiegend um Ältere, Langzeitarbeitslose, unzureichend beruflich Qualifizierte oder wegen Art und Schwere der Behinderung besonders Betroffene handelt, lässt sich auch unter Einsatz vorhandener Fördermöglichkeit auf dem allgemeinen Arbeitsmarkt nur vermitteln, wenn bei der Eingliederung in das Arbeitsleben besondere Fachdienste zur Verfügung stehen.[137] Schwerbehinderte Menschen bei denen ein Integrationsfachdienst tätig werden kann, sind in § 109 II SGB IX gesondert definiert.

96 **b) Aufgaben.** Sie ergeben sich aus § 110 SGB IX. Die Integrationsfachdienste können zur Teilhabe schwerbehinderter Menschen am Arbeitsleben (Aufnahme, Ausübung und Sicherung einer möglichst dauerhaften Beschäftigung) beteiligt werden, in dem sie die schwerbehinderten Menschen beraten, unterstützen und auf geeignete Arbeitsplätze vermitteln sowie die Arbeitgeber informieren, beraten und ihnen Hilfe leisten. In § 110 II SGB IX ist ein Arbeitsprogramm für die Fachdienste aufgelistet. Die **Inanspruchnahme** von Integrationsfachdiensten wird vom Auftraggeber, also zumeist der BA oder dem Integrationsamt, vergütet (§ 113 SGB IX).

97 **6. Integrationsprojekte.** Integrationsprojekte dienen der Beschäftigung auf dem allgemeinen Arbeitsmarkt. Sie sind als Integrationsunternehmen entweder rechtlich und wirtschaftlich

---

[136] BW: § 3 JSVG v. 1. 7. 2004 (GVBl. S. 469); NRW: ZustVO SGB IX v. 31. 1. 1989 (GV NRW S. 78); SL: § 2 G Nr. 1318 v. 9. 7. 1993 (Amtsbl. S. 758); SH: ZustVO SGB IX v. 29. 1. 2003 (GVOBl. S. 28).

[137] BT-Drucks. 14/3372 S. 22.

selbstständig oder als unternehmensinterne Betriebe oder Abteilungen rechtlich unselbstständige Betriebe oder Abteilungen (§ 132 SGB IX). Sie werden vor allem tätig, wenn wegen der Schwere der Behinderung und des Ausschöpfens aller Fördermöglichkeiten und des Einsatzes von Integrationsfachdiensten Schwierigkeiten auftreten können. Die Integrationsprojekte bieten den schwerbehinderten Menschen **Beschäftigung und arbeitsbegleitende Betreuung** an, soweit erforderlich auch **Maßnahmen der beruflichen Bildung** (§ 133 SGB IX). Integrationsprojekte können aus Mitteln der Ausgleichsabgabe finanziert werden (§ 134 SGB IX). Schwerbehinderte Menschen können in Werkstätten für Behinderte arbeiten (vgl. § 186 RN 69ff.).

7. Sonstige am Schwerbehindertenschutz beteiligte Behörden. Dies sind **(a)** Dienststellen der Gewerbe-, Bergaufsicht sowie der Berufsgenossenschaften der Land-, Forstwirtschaft und des Gartenbaues, die für ihren Bereich die Gewerbeaufsicht ausüben. Ihre Beteiligung beruht auf der Erwägung, dass schwerbehinderte Menschen häufig besonders unfallgefährdet sind. Ihre Beteiligung ist vor allem vorgesehen bei Maßnahmen i. S. v. § 81 SGB IX; **(b)** Berufsgenossenschaften, die unmittelbar in die Berufsfürsorge für unfallgeschädigte Schwerbehinderte eingeschaltet und zur Verhütung von Unfällen verpflichtet sind; **(c)** Behörden der Versorgungsverwaltung (vgl. § 6 SGB IX). 98

8. Arbeitnehmervertretungen. Betriebs- und Personalrat haben die Unterbringung von schwerbehinderten Menschen zu fördern und für eine ihren Fähigkeiten und Kenntnissen entsprechende Beschäftigung zu sorgen (§ 93 SGB IX; § 80 I Nr. 4 BetrVG, § 68 I Nr. 4 BPersVG). Der Arbeitgeber hat einen oder mehrere **Beauftragte für Schwerbehindertenangelegenheiten** zu bestellen (§ 98 SGB IX).[138] Zur Meldepflicht s. § 80 SGB IX. 99

§ 179. Der Bestandsschutz der Arbeitsverhältnisse schwerbehinderter Menschen

Bachmann, Schwerbehindertenschutz durch Kündigungsschutz?, ZfA 2003, 43; *Bauer/Powietzka,* Kündigung schwerbehinderter Arbeitnehmer, NZA-RR 2004, 505; *Brock/Windeln,* Sonderkündigungsschutz für Schwerbehinderte, ArbRB 2008, 21; *Brose,* Die Auswirkungen des § 84 Abs. 1 SGB IX auf den Kündigungsschutz bei verhaltensbedingten, betriebsbedingten und personenbedingten Kündigungen, RdA 2006, 149; *Diller,* AGG-Hopping durch Schwerbehinderte, NZA 2007, 1321; *Düwell,* Schwerbehinderung im reformierten Kündigungsrecht, DB 2003, 1574; *ders.,* Der besondere Kündigungsschutz für schwerbehinderte Menschen, JbArbR 43 (2006), 91; *ders.,* Reform des Rechtswegs bei Beendigung von Arbeitsverhältnissen schwerbehinderter Menschen, FA 2005, 366; *ders.,* Der Kündigungsschutz schwerbehinderter Beschäftigter nach der Novelle vom 23. 4. 2004, BB 2004, 2811; *Enders,* Einholung der Zustimmung des Integrationsamtes zur Kündigung eines schwerbehinderten Arbeitnehmers, JurBüro 2008, 393; *Fenski,* Außerordentliche Kündigung von Schwerbehinderten, BB 2001, 570; *Etzel,* Die unendliche Geschichte des Sonderkündigungsschutzes für Schwerbehinderte, FS 25 Jahre AG ArbR DAV (2006), 241; *Gagel,* Das Verhältnis von Zustimmungsverfahren nach § 85 SGB IX und Kündigungsschutzverfahren, FS Schwerdtner (2003), 397; *Ganz,* Nicht gleich das Kind mit dem Bade ausschütten, NZA 2006, 24; *Göttling/Neumann,* Leicht verständlicher Kündigungsschutz schwerbehinderter Menschen, NZA-RR 2007, 281; *Gravenhorst, W.,* Plädoyer für eine Systemwechsel beim Sonderkündigungsschutz behinderter Arbeitnehmer, NZA 2005, 803; *Griebeling, J.,* Neues im Sonderkündigungsschutz schwerbehinderter Menschen, NZA 2005, 494; *Grimm/Brock/Windeln,* Einschränkung des besonderen Kündigungsschutzes für Schwerbehinderte im SGB IX, DB 2005, 282; *Großmann,* § 90 Abs. 2a SGB IX und das rechtsstaatliche Bestimmtheitsgebot, ArbuR 2007, 70; *Hohmann,* Vereinheitlichung des Rechtsschutzes bei der Kündigung schwerbehinderter Menschen, ZRP 2005, 159; *Joussen,* Die Kündigungsfristen bei der außerordentlichen Kündigung von Schwerbehinderten, DB 2002, 2162; *Kayser,* Das Zusammenwirken von erweitertem Beendigungsschutz nach dem SGB IX und tariflichen Beendigungsregelungen bei Erwerbsminderung, Behindertenrecht 2008, 153; *Lepping,* Entwicklung und Reformbedarf im besonderen Kündigungsschutz für schwerbehinderte Arbeitnehmer, FS Leinemann (2005), 333; *Mianowicz,* Zur Problematik des Sonderkündigungsschutzes nach den §§ 15ff. SchwbG, RdA 98, 281; *Neumann,* Kündigungsschutz schwerbehinderter Menschen, AR-Blattei SD 1440. 2; *Oelkers,* Kündigung schwerbehinderter Arbeitnehmer, NJW-Spezial 2009, 82; *Powietzka,* Aktuelle Rechtsprechung zum Kündigungsschutz schwerbehinderter Arbeitnehmer, BB 2007, 2118; *Reiter,* Anwendbare Rechtsnormen bei der Kündigung ins Ausland entsandter Arbeitnehmer, NZA 2004, 1246; *Schlewing,* Der Sonderkündigungsschutz schwerbehinderter Menschen nach der Novelle des SGB IX, NZA 2005, 1218; *Seidel,* Der Kündigungsschutz für schwerbehinderte Menschen im Arbeitsleben (SGB IX), 2. Aufl., 2001; *Zeising/Kröpelin,* Die Geltung der Drei-Wochen-Frist des § 4 Satz 1 KSchG bei behördlichen Zustimmungserfordernissen, DB 2005, 1626.

[138] *Braun,* Der Beauftragte des Arbeitgebers i. S. d. § 98 SGB IX, ZTR 2003, 18.

Übersicht

	RN
I. Voraussetzungen des Sonderkündigungsschutzes nach dem SGB IX	1 ff.
1. Persönlicher Geltungsbereich	1
2. Grundsatz	2
3. Schwerbehinderteneigenschaft	3–10
4. Kenntnis des Arbeitgebers	11–14
5. Erfasste Beendigungstatbestände	15
6. Nicht erfasste Tatbestände	16
7. Anfechtung, Fragerecht	17–18 b
II. Zustimmungsverfahren bei der ordentlichen Kündigung	19 ff.
1. Ordentliche Kündigung	19
2. Antrag auf Zustimmung	20
3. Entscheidung des Integrationsamts	21–29
4. Kündigungsausspruch	30
III. Zustimmungsverfahren bei der außerordentlichen Kündigung	31 ff.
1. Außerordentliche Kündigung	31
2. Antragsfrist	32
3. Entscheidungsgrundlagen	33
4. Entscheidungsfrist, Zustimmungsfiktion	34
5. Kündigungsausspruch	35
6. Beteiligung der Arbeitnehmervertretungen	36
7. Umdeutung	37
IV. Ausnahmen vom besonderen Kündigungsschutz	38 ff.
1. Wartefrist	38
2. Arbeitsplatz nach § 73 SGB IX	39
3. Ältere Arbeitnehmer	40
4. Entlassung aus Witterungsgründen	41
5. Streik und Aussperrung	42
6. Anzeigepflichten	43
V. Rechtsschutzsystem	44 ff.
1. Rechtsweg	44
2. Entscheidung des Integrationsamts	45–47
3. Verfahren vor dem Arbeitsgericht	48–50

I. Voraussetzungen des Sonderkündigungsschutzes nach dem SGB IX

Zum Fragerecht des Arbeitgebers nach der Schwerbehinderung: *Brecht-Heitzmann,* Die Anfechtbarkeit von Arbeitsverträgen wegen verschwiegener Schwerbehinderung, ZTR 2006, 639; *Joussen,* Schwerbehinderung, Fragerecht und positive Diskriminierung, NZA 2007, 174; *Messingschlager,* Sind Sie schwerbehindert?, NZA 2003, 301; *Pahlen,* Die Frage nach der Schwerbehinderteneigenschaft vor der Einstellung und Art. 3 Abs. 3 S. 2 GG, RdA 2001, 143; *Schaub,* Ist die Frage nach der Schwerbehinderung zulässig?, NZA 2003, 299; *Thüsing/Wege,* Das Verbot der Diskriminierung wegen der Behinderung, FA 2003, 296.

1 **1. Persönlicher Geltungsbereich.** Der besondere Bestandsschutz erstreckt sich auf die Arbeitsverhältnisse schwerbehinderter Menschen (§ 85 SGB IX) und der ihnen Gleichgestellter (§ 68 SGB IX). Eine Ausnahme gilt für schwerbehinderte Menschen, denen der Schwerbehindertenschutz entzogen ist (§ 117 SGB IX). Die Gleichstellung ist für den Kündigungsschutz konstitutiv. Der Kündigungsschutz gilt für Arbeitnehmer und Auszubildende,[1] für arbeitnehmerähnliche Personen, sofern sie auf Grund eines Arbeitsvertrags beschäftigt werden, und Heimarbeiter. Organvertreter werden von den §§ 85 ff. SGB IX erfasst, wenn sie auf der Grundlage eines Arbeitsvertrags beschäftigt werden,[2] wegen § 5 I 3 ArbGG müssen sie den besonderen Kündigungsschutz in den Verfahren vor den ordentlichen Gerichten geltend machen. Der Kündigungsschutz besteht nicht für Beschäftigte in Arbeitsangelegenheiten (§ 16 II SGB II).[3] Er gilt für eine Beschäftigung im Ausland nur dann, wenn das Arbeitsverhältnis deutschem Arbeitsrecht unterliegt (§ 68 II SGB IX).[4] Da nur zu Kündigungen von Arbeitsverhältnissen die Zustimmung erforderlich ist, sind Kündigungen von Personen, die auf Grund eines Dienstvertrags beschäftigt werden (Vorstandsmitglieder, Geschäftsführer usw.), zustimmungsfrei.[5]

2 **2. Grundsatz.** Voraussetzung für das Eingreifen des besonderen Kündigungsschutzes nach dem SGB IX ist grundsätzlich (zu Ausnahmen RN 38 ff.) **(1)** das Vorliegen der Voraussetzungen des § 2 II, III SGB IX, **(2)** der Nachweis der Schwerbehinderung bzw. der Gleichstellung oder die rechtzeitige Antragstellung (RN 6) und **(3)** die Kenntnis des Arbeitgebers von der Schwerbehinderteneigenschaft oder die rechtzeitige Mitteilung nach dem Kündigungsausspruch durch den Arbeitnehmer (RN 11). Schließlich muss der Arbeitnehmer **(4)** rechtzeitig **Kündigungsschutzklage** (§ 138) erheben; dabei können bei der Fristberechnung für die Klageerhebung Besonderheiten gelten (dazu § 138 RN 32).

3 **3. Schwerbehinderteneigenschaft. a) Rechtslage bis zum 30. April 2004.** Der besondere Kündigungsschutz nach den §§ 85 ff. SGB IX bestand bei bis zum 30. 4. 2004 ausgespro-

---

[1] BAG 10. 12. 1987 AP 11 zu § 18 SchwbG = NZA 88, 428.
[2] OLG München 16. 5. 2007 NZA-RR 2007, 579.
[3] Zu § 19 BSHG: BAG 4. 2. 1993 AP 2 zu § 21 SchwbG = NZA 94, 214.
[4] BAG 30. 4. 1987 AP 15 zu § 12 SchwbG = NJW 87, 2766 = NZA 88, 135.
[5] BGH 9. 2. 1978 AP 1 zu § 38 GmbHG; BVerwG 8. 3. 1999 NZA 99, 826; 26. 9. 2002 NZA 2003, 1094.

chenen Kündigungen regelmäßig nicht, wenn im Zeitpunkt des Kündigungszugangs **(1)** der für die Schwerbehinderteneigenschaft erforderliche GdB weder durch einen Bescheid des Versorgungsamts festgestellt oder offensichtlich war, noch **(2)** der Arbeitnehmer einen Antrag auf Erteilung eines entsprechenden Bescheids gestellt hatte.[6] Dies galt auch dann, wenn das Versorgungsamt das Vorliegen des für die Schwerbehinderteneigenschaft notwendigen GdB auf Grund eines nach dem Kündigungszugang gestellten Antrags rückwirkend für einen Zeitpunkt vor Kündigung feststellte.[7] In diesen Fällen konnte die Schwerbehinderteneigenschaft vom Arbeitsgericht nur im Rahmen von § 1 II KSchG bei der Interessenabwägung berücksichtigt werden.

b) Rechtslage nach dem 30. 4. 2004. Der zum 1. 5. 2004 eingefügte und nur schwer verständliche § 90 II a SGB IX bringt für nach dem 30. 4. 2004 zugegangene Kündigungen eine wichtige Einschränkung. Der besondere Kündigungsschutz nach den §§ 85ff. SGB IX gilt danach nicht, wenn zum Zeitpunkt der Kündigung **(1)** die Schwerbehinderteneigenschaft nicht nachgewiesen ist oder **(2)** das Versorgungsamt nach Ablauf der Frist des § 69 I 2 SGB IX eine Feststellung wegen fehlender Mitwirkung des Arbeitnehmers nicht treffen konnte. Die Vorschrift soll verhindern, dass Anerkennungs- bzw. Gleichstellungsanträge „in letzter Minute" gestellt werden und damit zur zeitnahen Klärung beitragen, ob die Zustimmung des Integrationsamts für den Kündigungsausspruch erforderlich ist. 4

aa) Vorliegen der Voraussetzungen des § 2 II SGB IX. Schwerbehinderte Arbeitnehmer haben den besonderen Kündigungsschutz nach dem SGB IX, wenn zum Zeitpunkt des Kündigungszugangs **(1)** der für die Schwerbehinderteneigenschaft erforderliche GdB durch einen Bescheid des Versorgungsamts festgestellt worden oder offensichtlich ist (RN 6) oder **(2)** sie innerhalb von drei Wochen vor dem Kündigungszugang einen Feststellungsantrag beim Versorgungsamt gestellt haben **(2.1)**, das Versorgungsamt eine Entscheidung nicht getroffen hat **(2.2)** und die fehlende Feststellung **nicht** auf einer fehlenden Mitwirkung des Antragstellers beruht **(2.3)**. 5

bb) Nachweis der Schwerbehinderung (§ 90 II a 1. Alt. SGB IX). Der Arbeitnehmer kann den besonderen Kündigungsschutz nach den §§ 85ff. SGB IX beanspruchen, wenn seine Schwerbehinderteneigenschaft beim Zugang der Kündigung nachgewiesen ist. Dies ist der Fall, wenn das Versorgungsamt durch Bescheid den erforderlichen GdB festgestellt hat oder die Schwerbehinderteneigenschaft, d. h. der erforderliche GdB, für den Arbeitgeber offensichtlich ist. Liegen die erforderlichen Feststellungen des Versorgungsamts vor, ist der Nachweis der Schwerbehinderteneigenschaft geführt und der Zeitpunkt des Eingangs des Antrag des Arbeitnehmers beim Versorgungsamt ohne Bedeutung. Ist das Verfahren zum Zeitpunkt des Kündigungszugangs noch nicht abgeschlossen, ist die Schwerbehinderteneigenschaft nicht nachgewiesen. Dies gilt selbst dann, wenn die Feststellung der Eigenschaft als schwerbehinderter Mensch später mit Rückwirkung erfolgt.[8] Auch der Zugang des Feststellungsbescheids bis zum Kündigungszugang ist nicht erforderlich. Eine offensichtliche Schwerbehinderteneigenschaft hat das BAG angenommen bei schwerwiegenden und ohne weiteres erkennbaren körperlichen Behinderungen wie z. B. Taubheit, Blindheit oder Stummheit (RN 13). 6

cc) Rechtzeitige Antragstellung (§ 90 II a 2. Alt. SGB IX). Auf den besonderen Kündigungsschutz nach den §§ 85ff. SGB IX kann sich auch der Arbeitnehmer berufen, der beim Versorgungsamt rechtzeitig einen Feststellungsantrag gestellt hat, wenn der Antrag bis zum Kündigungszeitpunkt noch nicht beschieden worden ist. Die 2. Alt. des § 90 II a SGB IX beruht auf dem Gedanken, dass es nicht zu Lasten des Arbeitnehmers gehen soll, wenn das Versorgungsamt eine Entscheidung über die Schwerbehinderteneigenschaft nicht innerhalb der dafür gesetzlich vorgesehenen Frist trifft. Hiervon macht das Gesetz nur eine Ausnahme. Der Sonderkündigungsschutz besteht nicht, wenn die unterbliebene Entscheidung der Behörde auf einer fehlenden Mitwirkung des Arbeitnehmers beruht. 7

(1) Antragsfrist: einheitliche Vorfrist von 3 Wochen. Der Feststellungsantrag des Arbeitnehmers ist nach dem Gesetz rechtzeitig gestellt, wenn der Antrag bis zum Kündigungszugang innerhalb der für seine Bearbeitung vorgesehenen gesetzlichen Fristen (§ 69 I 2 SGB IX) beschieden werden konnte (§ 178 RN 15); die Zustellung des Bescheids innerhalb der Frist ist nicht erforderlich. Sonderkündigungsschutz nach den §§ 85ff. SGB IX besteht daher nach § 90 8

---

[6] BAG 31. 12. 1989 AP 16 zu § 12 SchwbG = NZA 90, 612 – Antrag kurz vor Kündigungszugang.

[7] BAG 17. 2. 1977, 20. 10. 1977, 23. 2. 1978 AP 1, 2, 3 zu § 12 SchwbG; 16. 8. 1991 AP 2 zu § 15 SchwbG = NZA 92, 23; 7. 3. 2000 AP 11 zu § 18 SchwbG 1986; 7. 3. 2002; verfassungsgerichtlich bestätigt durch BVerfG 9. 4. 1987 NZA 87, 563.

[8] BAG 29. 11. 2007 AP 5 zu § 90 SGB IX = NZA 2008, 361.

II a SGB IX nicht, wenn die maßgebliche Frist des § 69 I 2 SGB IX zum Zeitpunkt des Zugangs der Kündigung noch läuft, selbst wenn das Versorgungsamt später den erforderlichen GdB feststellt. Auf Grund der Verweisung gelten eigentlich folgende Fristen: beträgt die Zeit zwischen Antragseingang beim Versorgungsamt und dem Kündigungszugang maximal drei Wochen, ist die Antragstellung nicht rechtzeitig erfolgt und es besteht kein Kündigungsschutz nach § 85 SGB IX. Erfordert die Feststellung ein medizinisches Gutachten, muss der Antrag beim Versorgungsamt mindestens sieben Wochen vor dem Kündigungszugang gestellt worden sein. Ob für die Feststellung ein Gutachten erforderlich ist, kann vielfach vorher nicht eingeschätzt werden. Daher hat das BAG entschieden, dass es für die Fristberechnung nicht darauf ankommt, ob die Feststellung des GdB ein medizinisches Gutachten erfordert oder nicht. Das Gericht geht von einer einheitlichen Vorfrist von 3 Wochen vor dem Kündigungszugang aus, binnen derer der Antrag gestellt sein muss. Ist dies der Fall und beruht das Fehlen des Nachweises nicht auf fehlender Mitwirkung des Arbeitnehmers, bleibt der Sonderkündigungsschutz erhalten.[9]

9 **(2) Korrektur im Widerspruchs- bzw. gerichtlichen Verfahren.** Ist der Antrag rechtzeitig gestellt (RN 8) und vom Versorgungsamt vor dem Kündigungszeitpunkt beschieden worden, erreicht der festgestellte GdB aber nicht die in § 2 II SGB IX genannte Grenze, besteht auch dann Kündigungsschutz nach § 85 SGB IX, wenn erst im Widerspruchs- oder Klageverfahren auf einen GdB erkannt wird, der für die Schwerbehinderteneigenschaft ausreichend ist.[10] Die nachträgliche Anerkennung als schwerbehinderter Mensch erst durch die Widerspruchsbehörde oder im Zuge eines sozialgerichtlichen Verfahrens steht im Rahmen der 2. Alt. des § 90 II a SGB IX einer Anerkennung durch das Versorgungsamt gleich.[11]

10 **(3) Verstoß gegen Mitwirkungspflichten.** Die rechtzeitige Antragstellung ist jedoch nicht ausreichend, wenn das Versorgungsamt die notwendigen Feststellungen nicht treffen konnte, weil der Arbeitnehmer seine sich aus § 60 SGB I ergebende Mitwirkungspflicht nicht erfüllt hat, weil er z. B. Untersuchungstermine nicht wahrnimmt, Befundberichte nicht einreicht oder seine behandelnden Ärzte nicht von der Schweigepflicht entbindet. Der Antragsteller ist verpflichtet, auf Verlangen des Integrationsamts zur mündlichen Erörterung seines Antrags persönlich zu erscheinen bzw. sich auf Verlangen ärztlicher und psychologischer Untersuchungsmaßnahmen zu unterziehen.[12] Nach dem Gesetzeswortlaut reicht die objektive Verletzung der Mitwirkungspflichten, während die Gesetzesbegründung auf einen schuldhaften Verstoß abstellt (BT-Drucks. 15/2357 S. 24). Hierdurch sollen die Fälle erfasst werden, in denen ein GdB von zumindest 50 nicht vom Versorgungsamt, sondern erst im Widerspruchs- bzw. Klageverfahren festgestellt wird, die Entscheidung aber bereits vom Versorgungsamt bei ordnungsgemäßer Mitwirkung des Arbeitnehmers hätte getroffen werden können.

11 **4. Kenntnis des Arbeitgebers. a) Nachträgliche Mitteilung. aa) Grundsatz.** Der Arbeitnehmer kann sich auf den Sonderkündigungsschutz nur berufen, wenn der Arbeitgeber positive Kenntnis (Kennenmüssen ist nicht ausreichend) von dem Umfang des maßgeblichen GdB hatte (z. B. durch eine Mitteilung des Arbeitnehmers bzw. eines Dritten sowie bei Offensichtlichkeit) oder der Arbeitnehmer dem Arbeitgeber die festgestellte Schwerbehinderteneigenschaft bzw. die rechtzeitige Antragstellung nach dem Kündigungszugang fristgemäß mitteilt. Die Mitteilung ist erforderlich, da der Arbeitgeber am Anerkennungsverfahren beim Versorgungsamt – anders als am Gleichstellungsverfahren – nicht beteiligt ist und nach Begründung des Arbeitsverhältnisses keine Verpflichtung des Arbeitnehmers besteht, ihm ungefragt die Anerkennung mitzuteilen.

12 **bb) Innerhalb von drei Wochen.** Bei fehlender Kenntnis des Arbeitgebers von der Schwerbehinderteneigenschaft war der Arbeitnehmer nach der früheren Rspr. des BAG verpflichtet, dem Arbeitgeber innerhalb einer Regelfrist von einem Monat nach Zugang der Kündigung Mitteilung von der Anerkennung als schwerbehinderter Mensch oder einer vor dem Kündigungszugang erfolgten Antragstellung beim Versorgungsamt zu machen. Wurde die Monatsfrist versäumt, war der Sonderkündigungsschutz verwirkt.[13] Die Ankündigung der Antragstellung war nicht ausreichend. Hinsichtlich der Frist für die nachträgliche Mitteilung der Schwerbehinderteneigenschaft bzw. einer fristgemäßen Antragstellung hat das BAG den auf Grund der Änderung der §§ 4, 13 KSchG erforderlichen Anpassungsbedarf erkannt und angenommen, dass für ab dem

---

[9] BAG 1. 3. 2007 AP 2 zu § 90 SGB IX = NZA 2008, 302 „Vorfrist".
[10] *Düwell* JbArbR Bd. 43 (2006), S. 91, 101; a. A. *Schlewing* NZA 2005, 1218, 1221 f.
[11] BAG 6. 9. 2007 AP 4 zu § 90 SGB IX = NZA 2008, 407.
[12] LAG Schleswig-Holstein 11. 12. 2007 NZA-RR 2008, 408.
[13] BAG 11. 12. 2008 – 2 AZR 395/07 – z. V. b. – die Kenntnis des Rechtsvorgängers bzw. des Betriebsveräußerers von dem erforderlichen GdB ist ausreichend.

1. 1. 2004 zugegangene Kündigungen eine Frist von drei Wochen einzuhalten ist. Das BAG hat sich bisher nicht festgelegt, ob – wie in der Vergangenheit – eine geringfügige Fristüberschreitung unschädlich ist[14] oder, was angesichts der notwendigen Angleichung der Fristläufe geboten erscheint, die Mitteilung außerhalb von drei Wochen stets als verspätet anzusehen ist; eine Ausnahme könnte dann geboten sein, wenn die Voraussetzungen des § 5 I KSchG vorliegen und die fristgemäße Mitteilung schuldlos unterblieben ist. Zu beachten ist allerdings, dass die nachträgliche Mitteilung innerhalb von drei Wochen beim Arbeitgeber eingehen muss, der Eingang bei Gericht (z. B. in der Kündigungsschutzklage) ist nicht fristwahrend. Adressat der Mitteilung kann auch ein kündigungsberechtigter oder vergleichbarer Vertreter des Arbeitgebers sein, nicht dagegen ein untergeordneter Vorgesetzter mit rein arbeitstechnischen Befugnissen.[15]

b) Offenkundigkeit. Die nachträgliche Mitteilung der Schwerbehinderteneigenschaft oder der Antragstellung ist entbehrlich, wenn **(1)** die die Schwerbehinderung begründende Behinderung offensichtlich ist, d. h. der Arbeitgeber aus den ihm bekannten Tatsachen vom Vorliegen eines GdB von zumindest 50 sicher ausgehen muss[16] (z. B. bei Blindheit, Taubheit). Die Ausnahme bei offenkundiger Schwerbehinderung rechtfertigt sich daraus, dass diese dem Arbeitgeber in jedem Fall bekannt ist und es auf die Ursachen der Behinderung nicht ankommt, **(2)** der Arbeitgeber bis zum Ablauf der Monatsfrist auf sonstige Weise von der Schwerbehinderteneigenschaft Kenntnis erhält[17] oder **(3)** der schwerbehinderte Arbeitnehmer den Arbeitgeber vor dem Kündigungsausspruch über seine körperlichen Beeinträchtigungen informiert und über die beabsichtigte Antragstellung in Kenntnis gesetzt hatte.[18] 13

c) Unwirksamkeit der Kündigung. Erhält der Arbeitgeber erst nach dem Kündigungszugang, aber innerhalb der Drei-Wochen-Frist von der Schwerbehinderteneigenschaft Kenntnis und hat er zu der ausgesprochenen Kündigung die Zustimmung des Integrationsamts nicht eingeholt, ist die Kündigung nach § 134 BGB i. V. m. § 85 SGB IX unwirksam. Der Arbeitgeber muss dann die Zustimmung des Integrationsamts beantragen und nach deren Erteilung eine neue Kündigung aussprechen. Teilt der Arbeitnehmer dem Arbeitgeber entweder vor dem Kündigungsausspruch oder innerhalb der Frist für die nachträgliche Mitteilung (RN 12) mit, dass er rechtzeitig (RN 8) einen **Antrag beim Versorgungsamt** gestellt hat, ist die Kündigung zunächst nicht wegen eines Verstoßes gegen § 85 SGB IX nichtig.[19] Die Unwirksamkeit tritt nur ein, wenn im anschließenden Verwaltungsverfahren auf Grund des rechtzeitigen Antrags bestands- bzw. rechtskräftig den für die Schwerbehinderteneigenschaft erforderlichen GdB von 50 festgestellt wird und den Arbeitnehmer an der verspäteten Feststellung kein Verschulden trifft (RN 10). Wird ein GdB von unter 50 festgestellt, gilt der Arbeitnehmer nicht als schwerbehinderter Mensch i. S. d. § 2 II SGB IX, weshalb die zuvor ausgesprochene Kündigung nicht gegen § 85 SGB IX verstößt. Der Arbeitgeber kann – um das Risiko der Unwirksamkeit nach § 85 SGB IX zu vermeiden – ein **vorsorgliches Zustimmungsverfahren** beim Integrationsamt einleiten für den Fall, dass zugunsten des Arbeitnehmers der für die Schwerbehinderteneigenschaft erforderliche GdB festgestellt wird. Erteilt das Integrationsamt die Zustimmung (RN 27), kann der Arbeitgeber (vorsorglich) eine zweite Kündigung für den Fall aussprechen, dass die erste Kündigung nach § 134 BGB i. V. m. § 85 SGB IX unwirksam war.[20] 14

5. Erfasste Beendigungstatbestände. Der besondere Kündigungsschutz bezieht sich auf jede ordentliche, außerordentliche, vorsorgliche Kündigung sowie Änderungskündigung,[21] Massenentlassung usw. des Arbeitgebers (§ 85 SGB IX). Die Zustimmung zur Beendigung des Arbeitsverhältnisses ist auch dann notwendig, wenn das Arbeitsverhältnis durch die Bewilligung einer Rente wegen Eintritts einer teilweisen Erwerbsminderung, der Erwerbsminderung auf Zeit, der Berufsunfähigkeit oder der Erwerbsunfähigkeit des Arbeitnehmers auflösend bedingt ist (§ 92 SGB IX; zum Sachgrunderfordernis § 40 RN 57).[22] Kein Mitwirkungserfordernis des Integrationsamts besteht daher bei einer vollständigen und dauerhaften Erwerbsminderung des 15

---

[14] BAG 12. 1. 2006 AP 3 zu § 85 SGB IX = NZA 2006, 1035.

[15] BAG 16. 8. 1991 AP 2 zu § 15 SchwbG = NZA 92, 23.

[16] BAG 7. 3. 2002 AP 11 zu § 15 SchwbG 1986 = NZA 2002, 1145; vgl. auch BAG 18. 10. 2000 AP 59 zu § 123 BGB; BVerfG 9. 4. 1987 NZA 87, 563.

[17] BAG 20. 1. 2005 AP 1 zu § 85 SGB IX = NZA 2005, 689; 31. 8. 1989 AP 16 zu § 9 SchwbG = NZA 90, 612; 19. 4. 1979 AP 3 zu § 12 SchwbG; 23. 2. 1978 AP 3 zu § 12 SchwbG.

[18] BAG 7. 3. 2002 AP 11 zu § 15 SchwbG 1986 = NZA 2002, 1145.

[19] BAG 16. 1. 1985 AP 14 zu § 12 SchwbG = NZA 85, 428.

[20] BAG 16. 8. 1991 AP 2 zu § 15 SchwbG 1986 = NZA 92, 23.

[21] BAG AP 2 zu § 611 BGB Direktionsrecht; BVerwG AP 14 zu § 12 SchwBeschG.

[22] BAG 15. 3. 2006 AP 14 zu § 59 BAT; 28. 6. 1995 AP 6 zu § 59 BAT.

Arbeitnehmers. Für eine Beendigung des Arbeitsverhältnisses durch eine auflösende Bedingung, die auf die volle Erwerbsminderung des Arbeitnehmers abstellt, dürfte allerdings dann kein Sachgrund i. S. d. § 21 TzBfG bestehen, wenn der Arbeitnehmer mit einer bis zu drei Stunden täglich umfassenden Tätigkeit weiterbeschäftigt werden kann. § 92 SGB IX ist entspr. anwendbar, wenn ein Dienstordnungsangestellter bei Eintritt der Dienstunfähigkeit in den Ruhestand versetzt wird.[23] Aber auch insoweit gelten die Rechtsgrundsätze zur Kündigung entspr. Keine Zustimmung ist notwendig, wenn der schwerbehinderte Mensch oder Gleichgestellte von sich aus das Arbeitsverhältnis beendet.

16 **6. Nicht erfasste Tatbestände.** Endet das Arbeitsverhältnis aus anderen Gründen als durch Kündigung des Arbeitgebers, z. B. infolge Aufhebungsvertrags,[24] Befristung, Eintritts einer auflösenden Bedingung (vgl. aber RN 15), Anfechtung, Ablehnung weiterer Arbeitsleistung bei nichtigem Arbeitsvertrag usw., so ist hierzu die Zustimmung des Integrationsamts nicht erforderlich. Nach Ausspruch der Kündigung kann der schwerbehinderte Mensch auch in einer Ausgleichsquittung auf den Kündigungsschutz verzichten.[25] Erforderlich ist aber, dass der Klageverzicht in der Urkunde hinreichend zum Ausdruck kommt (vgl. § 72 RN 6). Auch die Ausübung des Direktionsrechts oder die Einführung von Kurzarbeit[26] ist nicht von der Zustimmung des Integrationsamts abhängig.

17 **7. Anfechtung, Fragerecht. a) Irrtum.** Die Schwerbehinderteneigenschaft allein stellt keine verkehrswesentliche Eigenschaft (§ 119 II BGB) dar. Nur die Fähigkeit des Arbeitnehmers, seine vertragliche Tätigkeit auszuüben, ist eine wesentliche Eigenschaft seiner Person. Die Tatsache seiner erschwerten Kündbarkeit ist eine Rechtsfolge. Eine Anfechtung des Arbeitsvertrags nach § 119 II BGB kann lediglich dann gerechtfertigt sein, wenn der Arbeitnehmer nicht in der Lage ist, die vertraglich vereinbarte Tätigkeit auszuüben.[27] Eine Anfechtungsmöglichkeit scheidet aber aus, wenn dem schwerbehinderten Menschen nach längerer Beschäftigungszeit gekündigt und erst im Prozess die Anfechtung erklärt wird.[28]

18 **b) Täuschung. aa) Frühere Rechtslage.** Die Fragen nach einer Behinderung und der Schwerbehinderteneigenschaft sind von der Rspr. in der Vergangenheit für zulässig gehalten worden, da sie sowohl wegen der Prüfung der Eignung wie auch wegen der sich aus der Anerkennung der Schwerbehinderteneigenschaft ergebenden Rechtsfolgen hieran ein berechtigtes Interesse des Arbeitgebers bejahte. Der schwerbehinderte Mensch hatte die Frage wahrheitsgemäß zu beantworten.[29] Zur Begründung hatte das BAG u. a. auf die im Gegensatz zur Schwangerschaft nicht nur vorübergehenden finanziellen Belastung des Arbeitgebers durch die Schwerbehinderung hingewiesen und die Ausgestaltung des gesetzlichen Schutzes von schwerbehinderten Menschen durch das Quotensystem des § 14 I SchwbG (jetzt: § 71 SGB IX). Hieran ändere das im Jahr 1994 in Art. 3 III 2 GG eingefügte Benachteiligungsverbot von behinderten Menschen nichts, da dieses nicht dazu diene, neben dem durch das SchwbG geförderten Zugang von schwerbehinderten Menschen zum Arbeitsmarkt einen weiteren Weg zur Verfügung zu stellen. An dieser Rspr. konnte bereits seit dem In-Kraft-Treten des SGB IX auf Grund der § 611 a BGB nachgebildeten Fassung des § 81 II SGB IX a. F. und der vom EuGH zur Frage nach der Schwangerschaft herausgearbeiteten Kriterien nicht mehr festgehalten werden.[30]

18a **bb) Unzulässigkeit.** Die Frage nach der Schwerbehinderteneigenschaft bzw. ihrer Anerkennung ist danach vor der Begründung des Arbeitsverhältnisses regelmäßig unzulässig und eine allein auf die Falschbeantwortung der Frage nach der Schwerbehinderteneigenschaft gestützte Anfechtung unbegründet. Eine Ausnahme mag dann in Betracht kommen, wenn der Arbeitgeber nur schwerbehinderte Arbeitnehmer einstellen will, um die Belastungen aus der Ausgleichsabgabe zu vermeiden. In diesem Fall darf er nach einer anerkannten Schwerbehinderung fragen, sofern er dem Bewerber seine Absicht, zuvor mitgeteilt hat.[31]

---

[23] BAG 20. 10. 1977 AP 1 zu § 19 SchwbG.

[24] BAG 27. 3. 1958 AP 12 zu § 14 SchwBeschG.

[25] Vgl. BAG 25. 8. 1955 AP 1 zu § 14 SchwBeschG.

[26] BAG 1. 2. 1957 AP 8 zu § 14 SchwBeschG.

[27] BAG 28. 3. 1974 AP 3 zu § 119 BGB.

[28] BAG 12. 2. 1970 AP 17 zu § 123 BGB.

[29] Vgl. BAG 3. 12. 1998 AP 49 zu § 123 BGB = NZA 99, 584; 5. 10. 1995 AP 40 zu § 123 BGB = NJW 96, 2323; 11. 11. 1993 AP 38 zu § 123 BGB = BB 94, 357.

[30] LAG Hamm 19. 10. 2006 – 15 Sa 740/06 n. v.; ErfK/*Preis* § 611 BGB RN 274; *Düwell* BB 2001, 1527, 1529 f.; a. A. *Schaub* NZA 2003, 299.

[31] Nach MünchKommBGB/*Thüsing* § 11 AGG RN 21 muss der Bewerber auch in diesem Fall nicht wahrheitsgemäß antworten.

cc) Anerkannte Behinderung. Die damit nicht zu verwechselnde Frage nach einer Behinderung kann allerdings gerechtfertigt sein, wenn die Behinderung die vertragsgemäße Arbeitsleistung dauerhaft unmöglich macht und das Nichtvorliegen der Behinderung daher eine „wesentliche und entscheidende berufliche Anforderung" i. S. d. § 8 I AGG darstellt. Nicht ausreichend ist es, dass die Behinderung erfahrungsgemäß die Eignung des Stellenbewerbers für die vorgesehene Tätigkeit beeinträchtigt.[32] Insoweit gelten die Ausführungen zur Zulässigkeit der Frage nach Vorerkrankungen (§ 26 RN 33) entsprechend. Nach der bereits vor dem 1. 5. 2004 bestehenden Rechtslage berechtigte die Falschbeantwortung der Frage nach einer Schwerbehinderung den Arbeitgeber nicht zur Anfechtung, wenn die Schwerbehinderung für den Arbeitgeber offensichtlich (RN 13) war.[33] Nach der Begründung des Arbeitsverhältnisses kann der Arbeitgeber allerdings berechtigt sein, den Arbeitnehmer nach dem Vorliegen einer entsprechenden Feststellung des Versorgungsamts oder einer Gleichstellung zu fragen. Die Frage ist wahrheitsgemäß zu beantworten; ihre Falschbeantwortung kann nach § 280 I BGB zu Schadensersatzansprüchen des Arbeitgebers und ggf. zu Nachteilen bei der Sozialauswahl (§ 1 III KSchG, dazu § 135 RN 37) führen. **18b**

II. Zustimmungsverfahren bei der ordentlichen Kündigung

1. Ordentliche Kündigung. Jede ordentliche Kündigung des Arbeitgebers bedarf der vorherigen Zustimmung des Integrationsamts. Eine ohne Zustimmung ausgesprochene Kündigung ist nichtig (§ 85 SGB IX). Die Kündigungsfrist beträgt mindestens 4 Wochen (§ 86 SGB IX). Sie beginnt mit Zugang der Kündigung beim schwerbehinderten Menschen. Längere gesetzliche, tarifliche oder einzelvertragliche Kündigungsfristen sind einzuhalten. Für die Fristberechnung gelten die §§ 186 ff. BGB. **19**

2. Antrag auf Zustimmung. Die Zustimmung zur Kündigung hat der Arbeitgeber oder ein Bevollmächtigter[34] bei dem für den Sitz seines Betriebs (§§ 1, 4 I BetrVG) oder seiner Dienststelle (§ 6 BPersVG) zuständigen Integrationsamt schriftlich in doppelter Ausfertigung zu beantragen (§ 87 SGB IX). Die Begriffe des Betriebs bzw. der Dienststelle bestimmen sich nach dem BetrVG bzw. dem PersVG.[35] Der Antrag ist ausführlich und unter Darlegung der Kündigungsgründe und Beweismittel zu begründen (ArbR-Formb. § 28 RN 5). Das Integrationsamt holt eine Stellungnahme der zuständigen BA,[36] der Arbeitnehmervertretungen[37] und der Schwerbehindertenvertretung ein. Liegen der Wohnsitz des schwerbehinderten Menschen und der Betrieb des Arbeitgebers in verschiedenen Agenturbezirken, hat das Integrationsamt eine Stellungnahme von beiden Agenturen einzuholen.[38] Es hat ferner den schwerbehinderten Menschen zu hören. Es wird daher i. d. R. eine mündliche Verhandlung ansetzen (§ 88 SGB IX). Indes kann die Anhörung auch schriftlich erfolgen. Die Arbeitnehmervertretungen können gegenüber dem Integrationsamt jegliche Bedenken gegen die Kündigung erheben. Das Integrationsamt hat in jeder Lage des Verfahrens auf eine gütliche Einigung zwischen dem schwerbehinderten Menschen und dem Arbeitgeber hinzuwirken (§ 87 III SGB IX). Die Einigung kann auch darin bestehen, dass der schwerbehinderte Mensch einen Aufhebungsvertrag mit und ohne Zahlung einer Abfindung durch den Arbeitgeber abschließt. **20**

3. Entscheidung des Integrationsamts. a) Entscheidungsgrundlagen. aa) Amtsermittlung. Das Integrationsamt entscheidet über den Antrag des Arbeitgebers nach pflichtgemäßem Ermessen. Die Aufklärung des Sachverhalts erfolgt von Amts wegen (§ 20 SGB X). Das Integrationsamt hat die erforderlichen Tatsachen zu ermitteln, um die gegensätzlichen Interessen des Arbeitgebers und des schwerbehinderten Arbeitnehmers abwägen zu können; es darf sich nicht beschränken, das Vorbringen des Arbeitgebers nur auf seine Schlüssigkeit hin zu überprüfen.[39] Die Amtsermittlungspflicht findet jedoch ihre Grenze in der Mitwirkungspflicht des Arbeitnehmers (§ 21 II SGB X); von ihm nicht geltend gemachte Umstände aus seinem persön- **21**

[32] MünchKommBGB/*Thüsing* § 11 AGG RN 21, der die Frage „Haben Sie eine Behinderung, die es Ihnen unmöglich machen wird, die erwarteten Aufgaben zu erfüllen" für zulässig hält.
[33] BAG 18. 10. 2000 AP 59 zu § 123 BGB = NJW 2001, 1886 = NZA 2001, 315.
[34] Zum Gebührenrecht *Enders* JurBüro 2008, 393.
[35] BAG 24. 5. 2006 – 7 ABR 40/05 n. a. v.; 11. 11. 2004 AP 4 zu § 3 BetrVG 1972.
[36] BVerwG 10. 9. 1992 Buchholz 436.61 § 18 SchwbG Nr. 5 = NZA 93, 76 – unzichtbar, aber nachholbar BVerwG 11. 11. 1999 1 zu § 17 SchwbG 1986 = NZA 2000, 146.
[37] BVerwG 10. 2. 1997 Buchholz 436.61 § 17 SchwbG Nr. 7 – nachholbar; zur Zuständigkeit in Regiebetrieben: BAG 31. 8. 1989 AP 16 zu § 12 SchwbG = NZA 90, 612.
[38] BVerwG 28. 9. 1995 Buchholz 436.61 § 17 SchwbG Nr. 5 = NZA-RR 96, 290.
[39] BVerwG 19. 10. 1995 Buchholz 436.61 § 15 SchwbG Nr. 10 = BB 96, 1443 = NZA-RR 96, 288.

lichen Bereich sind nicht von Amts wegen zu ermitteln. Nicht berücksichtigungsfähig sind auch nach dem Kündigungszugang eintretende Tatsachen und Umstände.[40] Das Integrationsamt kann u. a. Sachverständige vernehmen oder die schriftliche Äußerung von Sachverständigen einholen, wenn ihm die eigene Sachkunde für die erforderliche Beurteilung fehlt.[41]

22 **bb) Ermessensausübung.** Das Integrationsamt kann die Zustimmung zur Kündigung nicht mit der Begründung verweigern, die arbeitsrechtlichen Voraussetzungen für die Kündigung lägen nicht vor; diese Beurteilung obliegt allein dem Arbeitsgericht. Die Durchführung eines Präventionsverfahrens nach § 84 SGB IX ist keine Rechtmäßigkeitsvoraussetzung für die Zustimmungsentscheidung des Integrationsamts nach den §§ 85ff. SGB IX.[42] Zweck des Sonderkündigungsschutzes für schwerbehinderte Menschen ist es, den schwerbehinderten Menschen vor den besonderen Gefahren, denen er wegen seiner Behinderung ausgesetzt ist, zu bewahren und sicherzustellen, dass er gegenüber den gesunden Arbeitnehmern nicht ins Hintertreffen gerät.[43] Berücksichtigungsfähig sind daher nur Erwägungen, die sich speziell aus der Behinderung und der damit verbundenen Benachteiligung herleiten. Rechtfertigen solche Erwägungen eine Versagung der Zustimmung nicht, so hat die behördliche Zustimmung dem Kündigenden diejenige Rechtsstellung zurückzugeben, die er hätte, wenn es keinen besonderen Kündigungsschutz für Schwerbehinderte gäbe.[44] Bei der Beurteilung sind die Interessen des Arbeitgebers an der wirtschaftlichen Nutzung der vorhandenen Arbeitsplätze gegen das Interesse des schwerbehinderten Menschen an der Erhaltung seines Arbeitsplatzes abzuwägen;[45] dies gilt insbesondere, wenn die Kündigung im Zusammenhang mit der Behinderung steht.[46] Der Arbeitgeber muss das Arbeitsverhältnis nicht aufrechterhalten, wenn die Beschäftigungsmöglichkeit für den schwerbehinderten Arbeitnehmer in der bisherigen Form entfallen ist und keine anderweitige adäquate Beschäftigungsmöglichkeit besteht. Andererseits ist bei der Interessenabwägung zu berücksichtigen, dass Zielsetzung des SGB IX ist, die Nachteile des Arbeitnehmers auf dem allgemeinen Arbeitsmarkt auszugleichen und seiner Rehabilitation zu dienen. Das Integrationsamt hat das gesamte Vorbringen der Parteien auf seine Schlüssigkeit zu überprüfen und unter Berücksichtigung der wechselseitigen Interessen gegeneinander abzuwägen.[47] Das Integrationsamt hat wie die Arbeitsgerichte auf Grund der Verfassungsgarantie des kirchlichen Selbstbestimmungsrechts die Entscheidungen der Kirchen über die Loyalitätspflichten bei der Beurteilung einer Kündigung zu respektieren.[48]

23 **cc) Einschränkung des Ermessensspielraums. (1) Betriebsstillegung bzw. -einschränkung.** Der Gesetzgeber hat den Ermessensspielraum des Integrationsamts in § 98 I–III SGB IX teilweise eingeschränkt. **(a)** Das Integrationsamt **muss** die Zustimmung zur Kündigung erteilen, wenn Betriebe oder Dienststellen nicht nur vorübergehend eingestellt oder aufgelöst werden, sofern zwischen dem Tag der Kündigung und dem Tag, bis zu dem die Arbeitsvergütung – auch wenn das Arbeitsverhältnis vorab endet – fortgezahlt wird, mindestens 3 Monate liegen (§ 89 I 1 SGB IX).[49] Der Begriff der Stilllegung entspricht dem allg. arbeitsrechtlichen Begriff (§ 134 RN 43). **(b)** Das Integrationsamt **soll** die Zustimmung erteilen, wenn Betriebe und Dienststellen nicht nur vorübergehend wesentlich eingeschränkt werden, sofern die Gesamtzahl der verbleibenden Schwerbehinderten zur Erfüllung der Pflichtzahl ausreicht (§ 89 I 2 SGB IX). Die vorstehend (a, b) beschriebene Ermessensbeschränkung gilt nicht, wenn eine Weiterbeschäftigung auf einem anderen Arbeitsplatz desselben Betriebes oder derselben Dienststelle oder auf einem freien Arbeitsplatz in einem anderen Betrieb oder einer anderen Dienststelle desselben Arbeitgebers mit Einverständnis des schwerbehinderten Arbeitnehmers möglich und für den Arbeitgeber zumutbar ist (§ 89 I 3 SGB IX),[50] in diesem Fall ist der Antrag abzulehnen.

24 **(2) Weiterbeschäftigungsmöglichkeit.** Das Integrationsamt soll die Zustimmung erteilen, wenn dem schwerbehinderten Menschen ein anderer angemessener und zumutbarer Arbeitsplatz bei einem anderen Arbeitgeber gesichert ist. Angemessen und zumutbar ist ein vom schwerbe-

---

[40] BVerwG 7. 3. 1991 Buchholz 436.61 § 12 SchwbG Nr. 3 = NZA 91, 511.
[41] BVerwG 18. 5. 1988 Buchholz 436.61 § 15 SchwbG 1986 Nr. 1.
[42] BVerwG 29. 8. 2007 Buchholz 436.62 § 84 SGB IX Nr. 1 = NJW 2008, 166.
[43] BVerwG 31. 7. 2007 – 5 B 81/06 n. v.
[44] BVerwG 2. 7. 1992 BVerwGE 90, 287 = Buchholz 436.61 § 15 SchwbG 1986 Nr. 6.
[45] BVerwG 18. 9. 1996 Buchholz 436.61 § 21 SchwbG Nr. 8.
[46] BVerwG 21. 10. 1964, 28. 2. 1968 AP 28, 29 zu § 14 SchwBeschG; OVG Hamburg BB 89, 220.
[47] BVerwG 19. 10. 1995 Buchholz 436.61 § 15 SchwbG Nr. 10 = BB 96, 1443 = NZA-RR 96, 288.
[48] VGH Mannheim 26. 5. 2003 NZA-RR 2003, 629.
[49] Vgl. zu Auflagen: BAG 12. 7. 1990 AP 2 zu § 19 SchwbG 1986 = NZA 91, 348.
[50] Die Vorschrift sollte die Rspr. des BAG umsetzen: BAG AP 21 zu § 1 KSchG 1969 Betriebsbedingte Kündigung = NZA 85, 489; BT-Drucks. 10/5701 zu Nr. 14 S. 11.

hinderten Menschen ohne Schwierigkeiten zu erreichender Arbeitsplatz, auf dem eine Minderung des sozialen Besitzstandes nicht eintritt und auf dem der schwerbehinderte Mensch seine erworbenen Fähigkeiten voll verwenden kann.[51]

(3) Insolvenzverfahren. Schließlich soll das Integrationsamt die Zustimmung erteilen, wenn das Insolvenzverfahren über das Vermögen des Arbeitgebers eröffnet wird und die in § 89 III SGB IX genannten Voraussetzungen vorliegen (Interessenausgleich mit Namensliste, Beteiligung der Schwerbehindertenvertretung, namentliche Benennung des schwerbehinderten Arbeitnehmers und eingehaltene Pflichtplatzzahl). Die Voraussetzungen nach § 89 I SGB IX und § 89 III SGB IX sind nicht gleich. Da die Kündigung im Insolvenzverfahren durch § 89 III SGB IX erleichtert werden soll, sind beide Vorschriften nebeneinander anzuwenden. 25

b) Form. Die Entscheidung des Integrationsamts ergeht durch Verwaltungsakt. Die Zustimmung kann unter Auflagen oder Bedingungen erteilt werden, die sich im Rahmen des mit dem SGB IX verfolgten Zwecks der Arbeitsplatzbeschaffung und Sicherung halten und nicht zu einer unerträglichen Unsicherheit über die Wirksamkeit der Kündigung führen. Das Integrationsamt kann daher die Zustimmung unter Verlängerung der Kündigungsfrist oder der Fortzahlung der Vergütung für eine bestimmte Zeit[52] erteilen. Unzulässig ist es jedoch, dem Arbeitgeber bestimmte bindende Verpflichtungen aufzuerlegen, ohne dass dieser die Möglichkeit hat, sich zu entscheiden, ob er die Weiterbeschäftigung des Arbeitnehmers vorzieht oder die Beendigung des Arbeitsverhältnisses gegen Erfüllung der Zustimmungsvoraussetzungen erreichen will. Hat das Integrationsamt der Kündigung zugestimmt, so ist eine **Rücknahme** der Zustimmung wegen der Wirkung für die privatrechtliche Kündigungserklärung unzulässig. Aus denselben Gründen verbietet sich auch eine vorläufige Zustimmung. 26

c) Frist. Die Entscheidung soll binnen Monatsfrist erfolgen (§ 88 I SGB IX). Bei Betriebsstilllegungen (§ 89 I 1 SGB IX) sowie in Fällen der Insolvenz (§ 89 III SGB IX) wird auf Grund des zum 1. 5. 2004 neu eingefügten § 88 V SGB IX beim Fehlen einer Entscheidung binnen Monatsfrist die Zustimmung fingiert. Eine Überschreitung der Frist kann im Übrigen allenfalls zu Schadensersatzansprüchen gegen das Integrationsamt führen. Die Zustimmung ist bereits dann wirksam erteilt, wenn nur dem Arbeitgeber, nicht aber dem schwerbehinderten Menschen der Zustimmungsbescheid des Integrationsamts zugestellt worden ist.[53] Der Zeitpunkt der Zustellung ist auch maßgebend für den Beginn der einmonatigen Frist zur Kündigung (§ 88 III SGB IX).[54] Sie wird durch eine Eröffnung des Insolvenzverfahrens nicht unterbrochen.[55] Das Integrationsamt kann die Zustimmung erteilen, ablehnen oder zu dem Ergebnis kommen, die Kündigung bedürfe keiner Zustimmung. Im letzten Falle erteilt es ein sog. Negativattest (unter RN 28). 27

d) Negativattest. Das Integrationsamt ist berechtigt, bei nur beantragter, aber noch nicht festgestellter Schwerbehinderteneigenschaft des Arbeitnehmers über Anträge des Arbeitgebers auf Zustimmung zu einer Kündigung zu entscheiden.[56] Erklärt das Integrationsamt, dass eine Zustimmung zur Kündigung nicht erforderlich ist (sog. Negativattest), ersetzt dieser Bescheid die erforderliche Zustimmung, wenn er den an eine Zustimmung zu stellenden Anforderungen entspricht, insbesondere wenn ein rechtzeitiger Antrag des Arbeitgebers auf Zustimmung gestellt, der Bescheid wirksam und dem Arbeitgeber und Arbeitnehmer wirksam zugestellt ist.[57] Ein Negativattest bindet das Arbeitsgericht.[58] 28

e) Bekanntgabe. Das Integrationsamt hat seinen Bescheid dem Arbeitgeber und dem schwerbehinderten Menschen zuzustellen und der Bundesagentur abschriftlich mitzuteilen (§ 88 II SGB IX). Für die Kündigungsmöglichkeit entscheidend ist die Zustellung an den Arbeitgeber.[59] Die Zustellung richtet sich nach den Vorschriften des Verwaltungszustellungsgesetzes i. d. F. vom 12. 8. 2005 (BGBl. I S. 2354), zul. geänd. 11. 12. 2008 (BGBl. I S. 2418), soweit dieses landesrechtlich eingeführt ist, sonst nach Landesrecht. 29

4. Kündigungsausspruch. Hat das Integrationsamt die Zustimmung erteilt, so muss der Arbeitgeber binnen eines Monats nach Zustellung der Entscheidung die ordentliche Kündigung 30

---

[51] BVerwG 6. 3. 1995 Buchholz 436.61 § 19 SchwbG Nr. 1.
[52] BAG 12. 7. 1990 AP 2 zu § 19 SchwbG 1986 = NZA 91, 348; LAG Hamm BB 85, 2244.
[53] BAG 16. 10. 1991 AP 1 zu § 18 SchwbG = NZA 92, 503.
[54] BAG 17. 2. 1982 AP 1 zu § 15 SchwbG.
[55] LAG Düsseldorf 3. 3. 1982 ZIP 82, 737.
[56] BVerwG 15. 12. 1988 Buchholz 436.61 § 18 SchwbG Nr. 2 = NZA 89, 554.
[57] BAG AP 4 zu § 1 SchwBeschG.
[58] LAG Bad.-Württemberg 23. 3. 2003 – 4 Sa 45/02.
[59] BAG 17. 2. 1982 AP 1 zu § 15 SchwbG.

aussprechen (§ 88 III SGB IX). Die Kündigung darf erst nach der Zustellung des Zustimmungsbescheids des Integrationsamts an den Arbeitgeber dessen Machtbereich verlassen;[60] zu Rechtsbehelfen RN 44ff. Die Kündigung muss dem schwerbehinderten Menschen innerhalb der Monatsfrist zugehen.[61] Sie kann auch auf solche Gründe gestützt werden, die nicht Gegenstand des Zustimmungsverfahrens waren.[62] Der Arbeitgeber kann innerhalb der Monatsfrist des § 88 III SGB IX von der Zustimmung des Integrationsamts mehrmals Gebrauch machen; der Durchführung eines erneuten Zustimmungsverfahrens bedarf es bei einem gleichbleibenden Kündigungssachverhalt nicht.[63] Vor Ausspruch der Kündigung hat der Arbeitgeber ggf. den Betriebsrat und die Schwerbehindertenvertretung (§ 95 II SGB IX) zu beteiligen.[64] Ihre Beteiligung durch das Integrationsamt macht das vom Arbeitgeber einzuleitende Anhörungsverfahren nicht entbehrlich. Die Beteiligungsverfahren gegenüber den genannten Arbeitnehmervertretungen können vor dem Antrag auf Zustimmung des Integrationsamts, während des Zustimmungsverfahrens oder nach dessen Ende eingeleitet werden;[65] zu den inhaltlichen Anforderungen § 124 RN 25ff. Die Schwerbehindertenvertretung kann die Aussetzung einer noch nicht ausgesprochenen Kündigung für sieben Tage verlangen. Sie kann dann erst nach Ablauf der Aussetzungsfrist ausgesprochen werden. Ist die Kündigung bereits vor dem Aussetzungsverlangen ausgesprochen, führt dies nicht zur Unwirksamkeit der Kündigung; der Verstoß gegen das Aussetzungsverlangen bleibt individualrechtlich folgenlos.

III. Zustimmungsverfahren bei der außerordentlichen Kündigung

31 **1. Außerordentliche Kündigung.** Für die außerordentliche Kündigung gelten mit Ausnahme von § 86 SGB IX (Dauer der Kündigungsfrist) die vorstehenden Ausführungen zur ordentlichen Kündigung entsprechend. Es bestehen jedoch die nachfolgend dargestellten Besonderheiten.

32 **2. Antragsfrist.** Die Zustimmung zur außerordentlichen Kündigung kann nur innerhalb einer Frist von zwei Wochen seit Kenntnis des die Kündigung rechtfertigenden Sachverhalts beantragt werden. Entscheidend ist der Eingang des Zustimmungsantrags beim Integrationsamt (§ 91 II SGB IX). Für den Fristbeginn gelten die Ausführungen zu § 626 II BGB sinngemäß (§ 127 RN 20). Die Einhaltung der Frist ist vom Integrationsamt zu prüfen,[66] jedoch bindet dessen (positive) Einschätzung über die Fristwahrung die nachfolgende Prüfung des § 626 II BGB durch das Arbeitsgericht nicht.[67] Die Frist des § 91 II SGB IX beginnt nicht bevor der Arbeitgeber von einer bereits festgestellten oder beantragten Schwerbehinderteneigenschaft des Arbeitnehmers Kenntnis hat.[68]

33 **3. Entscheidungsgrundlagen.** Das Ermessen des Integrationsamts ist bei einer außerordentlichen Kündigung stärker eingeschränkt als bei einer ordentlichen Kündigung. Die Zustimmung soll erteilt werden, wenn ein wichtiger Grund besteht, der nicht im Zusammenhang mit der Behinderung steht (§ 91 IV SGB IX). Schwerbehinderte Arbeitnehmer sollen regelmäßig nicht stärker gegen außerordentliche Kündigungen geschützt werden als nichtbehinderte Arbeitnehmer. Nur bei Vorliegen von Umständen, die den Fall als atypisch erscheinen lassen, darf das Integrationsamt nach pflichtgemäßem Ermessen entscheiden.[69] Jedoch darf es auch in diesem Fall die Wirksamkeit der beabsichtigten außerordentlichen Kündigung nicht prüfen, sondern hat grundsätzlich den vom Arbeitgeber genannten Kündigungsgrund zu unterstellen, sofern dieser nicht offensichtlich vorgeschoben erscheint.[70] Ein atypischer Fall liegt vor, wenn die Kündigung den schwerbehinderten Arbeitnehmer besonders hart trifft, d.h. ihm im Vergleich zu nicht schwerbehinderten Arbeitnehmern ein Sonderopfer abverlangt.[71] Ein Zusam-

---

[60] BAG 16. 10. 1991 AP 18 zu § 18 SchwbG 1986 = NZA 92, 583.
[61] LAG Köln 27. 2. 1997 NZA-RR 97, 337.
[62] LAG Sachsen-Anhalt 24. 11. 1999 BB 2000, 2051.
[63] BAG 8. 11. 2007 AP 30 zu § 1 KSchG 1969 Personenbedingte Kündigung = NZA 2008, 471.
[64] Nach dem SchwbG 1979 führte die Übergehung des Vertrauensmannes nicht zur Unwirksamkeit. Jetzt kann deren Aussetzung verlangt werden: BAG 28. 7. 1983 AP 1 zu § 22 SchwbG = NJW 84, 687.
[65] BAG 5. 9. 1979 AP 6 zu § 12 SchwbG; 3. 7. 1980 AP 2 zu § 18 SchwbG.
[66] BVerwG 2. 5. 1996 Buchholz 436.61 § 21 SchwbG Nr. 7.
[67] BAG 2. 3. 2006 AP 6 zu § 91 SGB IX = NZA 2006, 1211.
[68] BVerwG 5. 10. 1995 Buchholz 436.61 § 21 SchwbG Nr. 6.
[69] BVerwG 18. 9. 1996 Buchholz 436.61 § 21 SchwbG Nr. 8; 2. 7. 1992 Buchholz 436.61 § 21 SchwbG 1986 Nr. 3; VG Frankfurt 17. 1. 2006 AiB 2006, 126.
[70] Dazu BVerwG 18. 9. 1996 Buchholz 436.61 § 21 SchwbG Nr. 8.
[71] BVerwG 10. 9. 1992 Buchholz 436.61 § 18 SchwbG Nr. 5 = NZA 93, 76; 2. 7. 1992 AP 1 zu § 21 SchwbG 1986 = NZA 93, 123.

menhang zwischen Gesundheitsschädigung und Kündigungsgrund soll anzunehmen sein, wenn die Gesundheitsschädigung bei dem den Kündigungsgrund bildenden Verhalten des schwerbehinderten Menschen eine wesentliche Rolle gespielt hat.[72] Das Ermessen des Integrationsamts soll auch nicht eingeschränkt sein, wenn der Kündigungsgrund nur in einem mittelbaren Zusammenhang steht (Beschaffungskriminalität eines Heroinsüchtigen).[73]

4. Entscheidungsfrist, Zustimmungsfiktion. Das Integrationsamt hat nach Durchführung des Anhörungsverfahrens (RN 20) innerhalb einer Frist von zwei Wochen vom Tage des Eingangs des Antrags seine Entscheidung zu treffen (§ 91 III 1 SGB IX). Ein Zwischenbescheid oder eine Verlängerung der Frist ist unzulässig. Wird innerhalb dieser Frist eine Entscheidung durch das Integrationsamt nicht getroffen, gilt die Zustimmung als erteilt (§ 91 III 2 SGB IX). Die Zustimmungsfiktion greift nicht ein, wenn das Integrationsamt innerhalb der Zwei-Wochen-Frist den behördeninternen Entscheidungsvorgang abgeschlossen hat. Das BAG hat dies in der Vergangenheit angenommen, wenn das Ergebnis der getroffenen Entscheidung entweder (mündlich) bekannt gegeben[74] oder der Bescheid zum Versand gebracht worden ist.[75] Die förmliche Bekanntgabe der Entscheidung ist nicht erforderlich. § 91 III 2 SGB IX spricht vom „Treffen der Entscheidung"; dies ist bereits der Fall, wenn der Bescheid im Original unterzeichnet ist. Durch die Ankündigung des Integrationsamts, es sei beabsichtigt, die Frist des § 91 III SGB IX verstreichen zu lassen, erklärt dieses, dass es innerhalb der Frist des § 91 III 1 SGB IX keine Entscheidung über den Zustimmungsantrag des Arbeitgebers treffen will. Der Arbeitgeber muss mit dem Kündigungsausspruch gleichwohl bis zum Ablauf der Frist des § 91 III 1 SGB IX warten; eine vor 24 Uhr des letzten Tags der Frist dem Arbeitnehmer zugegangene Kündigung ist rechtsunwirksam.[76] Die nach § 91 III 2 SGB IX fingierte Zustimmung hat dieselbe Wirkung wie eine tatsächlich erteilte Zustimmung.[77] 34

5. Kündigungsausspruch. Hat das Integrationsamt die Zustimmung erteilt, kann der Arbeitgeber die außerordentliche Kündigung gegenüber dem Arbeitnehmer erklären. Liegt die Zustimmung vor Ablauf der Frist des § 626 II 1 BGB vor, muss der Arbeitgeber die Kündigung nicht unverzüglich erklären, er kann vielmehr die Zwei-Wochen-Frist voll ausschöpfen.[78] Wird die Zustimmung des Integrationsamts erst nach Ablauf der Frist des § 626 II 1 BGB erteilt, ermöglicht § 91 V SGB IX dem Arbeitgeber den Kündigungsausspruch auch außerhalb der Zwei-Wochen-Frist. Nach der genannten Norm kann die Kündigung auch nach Ablauf der Frist des § 626 II BGB erfolgen, wenn sie nur unverzüglich nach Erteilung der Zustimmung bzw. der Zustimmungsfiktion (RN 34) erklärt wird. § 91 V SGB IX will dem Umstand Rechnung tragen, dass es dem Arbeitgeber regelmäßig nicht möglich ist, bis zum Ablauf der zweiwöchigen Ausschlussfrist des § 626 II 1 BGB die Zustimmung des Integrationsamts einzuholen. Einen festen Zeitrahmen für den Kündigungsausspruch gibt das Gesetz nicht vor, jedoch wird die Überschreitung eines Zeitrahmens von 3 Tagen als zu lang anzusehen sein. Bei der Beurteilung, ob unverzüglich gekündigt worden ist, entscheidet der Zugang der Kündigung.[79] Wegen des Beginns der Frist des § 91 V SGB IX bei einer Zustimmungsfiktion muss sich der Arbeitgeber nach dem Zeitpunkt des Antragseingangs beim Integrationsamt erkundigen. Ebenso muss er nach Ablauf der 2-Wochen-Frist § 91 III SGB IX beim Integrationsamt nachfragen, ob innerhalb der Frist eine Entscheidung getroffen worden ist. Ist dies nicht der Fall und ist die Zustimmung des Integrationsamts fingiert, beginnt die Frist für den Kündigungsausspruch am Tag nach dem Ablauf der Frist des § 91 III SGB IX. Der Arbeitgeber darf nicht die Mitteilung des Integrationsamts abwarten, dass es innerhalb der 2-Wochen-Frist keine Entscheidung über den Antrag getroffen hat. Hat das Integrationsamt eine stattgebende Entscheidung getroffen, beginnt die Frist des § 91 V SGB IX mit dem Zugang des Bescheids, sofern nicht der Arbeitgeber zu einem früheren Zeitpunkt von der positiven Entscheidung Kenntnis erlangt. Das BAG hält den Arbeitgeber auch für berechtigt, erst nach der Zustimmung des Integrationsamts das Beteiligungsverfahren gegenüber der Arbeitnehmervertretung nach § 102 I, § 103 I, II BetrVG einzuleiten. Ist dieses beendet, muss der Arbeitgeber wegen § 91 V SGB IX gleichfalls unverzüglich kündigen. Die Frist des 35

[72] OVG Lüneburg 20. 10. 1977 AP 1 zu § 19 SchwbG 1986.

[73] OVG Münster 21. 5. 2000 AP 1 zu § 88 SGB IX = NZA-RR 2000, 587.

[74] BAG 12. 8. 1999 AP 7 zu § 21 SchwbG 1986 = NZA 99, 1267; 9. 2. 1994 AP 3 zu § 21 SchwbG 1986 = NZA 94, 1030; 15. 11. 1990 AP 6 zu § 21 SchwbG = NZA 91, 553.

[75] BAG 16. 3. 1983 AP 6 zu § 18 SchwbG = NJW 84, 1324; 13. 5. 1981 AP 3 zu § 18 SchwbG.

[76] BAG 19. 6. 2007 AP 8 zu § 91 SGB IX = NZA 2007, 1153.

[77] BVerwG 10. 9. 1992 Buchholz 436.61 § 18 SchwbG Nr. 5 = NZA 93, 76.

[78] BAG 15. 11. 2001 AP 45 zu § 626 BGB Ausschlussfrist = NZA 2002, 970.

[79] BAG 3. 7. 1980 AP 2 zu § 18 SchwbG.

§ 91 V SGB IX ist auch anwendbar, wenn die Voraussetzungen für den Kündigungsausspruch erst mit zeitlichem Abstand zum Verfahren vor dem Integrationsamt vorliegen, sofern nur die Antragstellung beim Integrationsamt rechtzeitig erfolgt ist. Dies betrifft z.B. den Abschluss eines personalvertretungsrechtlichen Einigungsstellenverfahrens[80] oder die Erteilung der Zustimmung nach den §§ 85ff. SGB IX erst im Rechtsbehelfs- bzw. Klageverfahren. In diesen Fällen beginnt der Fristlauf, wenn der Arbeitgeber sichere Kenntnis von der Erteilung der Zustimmung durch den Personalrat,[81] Widerspruchsausschuss[82] oder das Verwaltungsgericht hat (z.B. auf Grund der mündlichen Bekanntgabe der Entscheidung in der Sitzung). Wegen des Nebeneinanders der Fristen für den Kündigungsausspruch ist § 91 V SGB IX nicht einschlägig, wenn der Kündigungsgrund einen Dauertatbestand darstellt und deshalb der Lauf der Frist des § 626 II 1 BGB bei der Zustimmungserteilung durch das Integrationsamt noch nicht einmal begonnen hatte;[83] dies ist z.B. bei fortlaufendem unentschuldigtem Fehlen des Arbeitnehmers der Fall. § 91 V SGB IX gilt entsprechend, wenn von dem Integrationsamt ein Negativattest (RN 28) erteilt worden ist.[84] Bei einem Gleichgestellten beginnt die Frist des § 91 V SGB IX erst bei Kenntnis von der Gleichstellung.

36 **6. Beteiligung der Arbeitnehmervertretungen.** Der Arbeitgeber ist nach den allgemeinen kündigungsrechtlichen Vorschriften gehalten, den Betriebsrat und die Schwerbehindertenvertretung vor dem Kündigungsausspruch zu hören (§ 102 BetrVG, § 95 II SGB IX). Die Anhörung kann unabhängig von dem Verfahren vor dem Integrationsamt eingeleitet werden; wegen der Zwei-Wochen-Frist des § 626 II 1 BGB sollte der Arbeitgeber die verschiedenen Verfahren möglichst gleichzeitig einleiten, wenn er hinreichende Kenntnis von dem Kündigungssachverhalt hat. Verweigert der Betriebsrat bzw. Personalrat bei einem schwerbehinderten Arbeitnehmer, der zugleich Mitglied des Betriebsrats bzw. Personalrats ist, die Zustimmung zur Kündigung, ist das gerichtliche Zustimmungsersetzungsverfahren nach § 103 BetrVG unverzüglich nach Erteilung der Zustimmung durch das Integrationsamt oder Eintritt der Zustimmungsfiktion des § 91 III SGB IX einzuleiten.[85] Während des Zustimmungsverfahrens ist eine unbezahlte Arbeitsfreistellung des zu kündigenden Arbeitnehmers regelmäßig unzulässig.[86] Entfällt der Sonderkündigungsschutz nach dem BetrVG, weil z.B. der Arbeitnehmer aus dem Betriebsrat ausscheidet, muss die außerordentliche Kündigung in entspr. Anwendung von § 91 V SGB IX unverzüglich ausgesprochen werden.

37 **7. Umdeutung.** Das ArbG hat die gegen eine außerordentliche Kündigung gerichtete Klage u.a. auf das Vorliegen eines wichtigen Grundes hin zu überprüfen. Kommt es zu dem Ergebnis, dass dieser nicht vorliegt, indes der Kündigungssachverhalt eine ordentliche Kündigung rechtfertigt, so scheidet eine Umdeutung nach § 140 BGB aus, wenn die Zustimmung zur ordentlichen Kündigung beim Ausspruch der ordentlichen Kündigung nicht vorgelegen hat. Eine Umdeutung der Zustimmung zur außerordentlichen Kündigung in eine solche zur ordentlichen Kündigung kommt nicht in Betracht, weil die Entscheidungsgrundlagen für das Integrationsamt unterschiedlich sind.[87] Soll außerordentlich und hilfsweise ordentlich gekündigt werden, muss daher zuvor das jeweilige Zustimmungsverfahren nach dem SGB IX erfolgreich durchgeführt worden sein.

IV. Ausnahmen vom besonderen Kündigungsschutz

38 **1. Wartefrist.** Der besondere Kündigungsschutz gilt nicht für schwerbehinderte Menschen, deren Arbeitsverhältnis im Zeitpunkt des Zugangs der Kündigungserklärung ohne Unterbrechung noch nicht länger als sechs Monate besteht (§ 90 I Nr. 1 SGB IX). Es besteht daher für den besonderen Kündigungsschutz dieselbe Wartezeit wie nach § 1 I KSchG (§ 130 RN 22). Auf die Wartezeit sind Zeiten eines früheren Arbeitsverhältnisses mit demselben Arbeitgeber anzurechnen, wenn das neue Arbeitsverhältnis in einem engen sachlichen Zusammenhang mit dem früheren Arbeitsverhältnis steht.[88] Die innerhalb der Wartefrist erklärte Kündigung eines schwerbehinderten Men-

---

[80] BAG 2. 2. 2006 AP 199 zu § 626 BGB; 21. 10. 1983 AP 16 zu § 626 BGB Ausschlussfrist.
[81] BAG 2. 2. 2006 AP 199 zu § 626 BGB.
[82] BAG 21. 4. 2005 AP 4 zu § 91 SGB IX = NZA 2005, 991.
[83] BAG 7. 11. 2002 AP 19 zu § 620 BGB Kündigungserklärung = NZA 2003, 719.
[84] BAG 27. 5. 1983 AP 12 zu § 12 SchwbG.
[85] BAG 2. 2. 2006 AP 199 zu § 626 BGB; 8. 6. 2000 AP 164 zu § 626 BGB = NZA 2001, 212; 22. 1. 1987 AP 24 zu § 103 BetrVG 1972 = NZA 87, 563.
[86] BAG 20. 12. 1976 AP 1 zu § 18 SchwbG.
[87] BAG 16. 10. 1991 – 2 AZR 197/91 n. a. v.; LAG Schleswig-Holstein 8. 9. 1998 LAGE § 21 SchwbG Nr. 2; LAG Frankfurt 28. 6. 1977 NJW 78, 444.
[88] BAG 19. 6. 2007 AP 24 zu § 1 KSchG 1969 Wartezeit = NZA 2007, 1103.

schen ist auch dann nicht unwirksam, wenn er das in § 84 I, II SGB IX geregelte Präventionsverfahren bzw. das betriebliche Eingliederungsmanagement nicht durchgeführt hat.[89]

2. Arbeitsplatz nach § 73 SGB IX. Der besondere Kündigungsschutz findet keine Anwendung auf schwerbehinderte Menschen, die auf Arbeitsplätzen i.S. von § 73 II Nr. 2–6 SGB IX beschäftigt werden. 39

3. Ältere Arbeitnehmer. Der besondere Kündigungsschutz gilt nicht für Arbeitnehmer, deren Arbeitsverhältnis durch Kündigung beendet wird, sofern sie **(a)** das 58. Lebensjahr vollendet und Anspruch auf eine Abfindung, Entschädigung oder ähnliche Leistungen auf Grund eines Sozialplans haben oder **(b)** Anspruch auf Knappschaftsausgleichsleistung nach dem SGB VI oder Anpassungsgeld für Arbeitnehmer des Bergbaus haben, der Arbeitgeber ihnen die Kündigungsabsicht rechtzeitig mitgeteilt hat und sie der beabsichtigten Kündigung bis zu deren Ausspruch nicht widersprechen. Der schwerbehinderte Mensch muss aus dem Sozialplan anspruchsberechtigt sein.[90] Dagegen kommt es nach dem Wortlaut des Gesetzes auf die Höhe der Sozialplanleistung nicht an. Rechtzeitig ist die Mitteilung dann, wenn dem schwerbehinderten Menschen eine ausreichende Überlegungs- und Prüfungsmöglichkeit zwischen dem Abschluss des Sozialplans und dem Ausspruch der Kündigung verbleibt. Dies wird im Allgemeinen eine Frist von drei Wochen sein. Da das Gesetz den einfachen Widerspruch des schwerbehinderten Menschen ausreichen lässt, kommt es auf dessen Begründung und die tatsächlichen Gründe des Widerspruchs nicht an. 40

4. Entlassung aus Witterungsgründen. Der Entlassungsschutz der schwerbehinderten Menschen findet keine Anwendung, wenn die Kündigung aus witterungsbedingten Gründen erfolgt und die Wiedereinstellung bei Wiederaufnahme der Arbeit gewährleistet ist (§ 90 II SGB IX). Da in den Fällen von § 90 I, II SGB IX der besondere Kündigungsschutz schwerbehinderter Menschen nicht gilt, kann die Kündigungsfrist bei witterungsbedingten Entlassungen weniger als vier Wochen betragen. 41

5. Streik und Aussperrung. Der besondere Kündigungsschutz greift auch nicht ein, wenn dem schwerbehinderten Menschen allein aus Anlass eines Streiks oder einer Aussperrung außerordentlich gekündigt worden ist (§ 91 VI SGB IX). Er hat jedoch nach Beendigung des Arbeitskampfs einen individualrechtlich, klageweise zu verfolgenden Wiedereinstellungsanspruch. Dies gilt nicht, wenn er über die bloße Teilnahme am Arbeitskampf hinausgegangen ist. Unter den Begriff der Teilnahme fallen außer der eigentlichen Arbeitsniederlegung alle Handlungen, die sich im Rahmen der Gesetze halten und mit ihm eng verbunden sind (z.B. Streikpostenstehen usw.).[91] 42

6. Anzeigepflichten. Stellt ein Arbeitgeber einen schwerbehinderten Menschen zur Probe ein, so hat er dies innerhalb von vier Tagen unbeschadet anderer Anzeigepflichten dem Integrationsamt mündlich oder schriftlich anzuzeigen (§ 90 III SGB IX). Dasselbe gilt im Falle der Beendigung des Arbeitsverhältnisses bei fehlendem Kündigungsschutz vor Ablauf der Sechs-Monats-Frist des § 1 I KSchG. Die Verletzung der Anzeigepflicht lässt die Kündigungsmöglichkeit unberührt.[92] Allerdings kann der Arbeitgeber dem schwerbehinderten Menschen gegenüber wegen Verletzung der Anzeigepflicht zum Schadensersatz (§ 280 BGB) verpflichtet sein. 43

V. Rechtsschutzsystem

1. Rechtsweg. Die vom Arbeitgeber gegenüber einem schwerbehinderten Menschen ausgesprochene Kündigung ist nur wirksam, wenn sie **(a)** den arbeitsrechtlichen Anforderungen genügt und **(b)** die Zustimmung durch das Integrationsamt wirksam erteilt worden ist bzw. ihre Ersetzung rechtmäßig war. Für Streitigkeiten über die Wirksamkeit der Zustimmung ist der Rechtsweg zu den Verwaltungsgerichten gegeben. Die Doppelgleisigkeit des Rechtswegs wird insbesondere wegen der gegenüber dem Verfahren vor den Arbeitsgerichten unverhältnismäßig langen Verfahrensdauer in der Verwaltungsgerichtsbarkeit zunehmend kritisiert.[93] 44

2. Entscheidung des Integrationsamts. a) Verweigerung der Zustimmung. aa) Hat das Integrationsamt die Zustimmung zur Kündigung verweigert, kann der Arbeitgeber nach vorausgegangenem Widerspruchsverfahren (§§ 68ff. VwGO) eine Verpflichtungsklage vor den 45

[89] BAG 28. 6. 2007 AP 27 zu § 307 BGB = NZA 2007, 1049.
[90] LAG Köln 4. 4. 1997 NZA-RR 97, 430.
[91] BAG 17. 12. 1976 AP 5 zu Art. 9 GG Arbeitskampf.
[92] BAG 21. 3. 1980 AP 1 zu § 17 SchwbG.
[93] Vorschläge zur Reform des Rechtsschutzes bei *Düwell* JbArbR Bd. 43 (2006) S. 91, 104ff.

Verwaltungsgerichten erheben. Der Widerspruchsbescheid (§ 73 VwGO) wird vom Widerspruchsausschuss des Integrationsamts erlassen (§ 118 SGB IX). Wird die Zustimmung erst auf Widerspruch des Arbeitgebers durch den Widerspruchsausschuss oder auf weitere Klage erteilt, so kann der Arbeitgeber erst ab diesem Zeitpunkt kündigen. Dies folgt aus § 85 SGB IX, wonach eine Kündigung vor Zustimmung unwirksam ist. Die ordentliche Kündigung ist innerhalb der Monatsfrist auszusprechen, während eine außerordentliche Kündigung unverzüglich nach der Bekanntgabe einer die verweigerte Zustimmung des Integrationsamts ersetzenden Entscheidung auszusprechen ist (§ 91 V SGB IX, RN 35f.). Kommt es im Instanzenzug zu widersprechenden Entscheidungen, ist für die Wirksamkeit der Kündigung die verfahrensbeendende Entscheidung maßgeblich. Eine zwischenzeitliche Aufhebung der erteilten Zustimmung, die nicht rechtskräftig und wieder abgeändert wird, ist daher ohne Bedeutung.

46 **bb) Aufschiebende Wirkung.** Die Kündigung kann trotz einer erteilten oder ersetzten Zustimmung nicht ausgesprochen werden, wenn die Verwaltungsgerichte vor dem Kündigungsausspruch die aufschiebende Wirkung des Widerspruchs wieder hergestellt haben (§ 80 V VwGO). Die Wiederherstellung der aufschiebenden Wirkung des Widerspruchs kommt in Betracht, wenn die Rechtmäßigkeit der vom Integrationsamt oder vom Widerspruchsausschuss erteilten Zustimmung ernstlichen Zweifeln unterliegt; diese können sich sowohl aus der unterlassenen Sachverhaltsaufklärung wie auch aus offensichtlichen Abwägungsdefiziten bei der Ermessensausübung ergeben.[94] Allerdings unterliegt die Ermessensausübung nach allgemeinen verwaltungsrechtlichen Grundsätzen nur der eingeschränkten gerichtlichen Kontrolle; das Verwaltungsgericht darf insbesondere sein Ermessen nicht an die Stelle der Behörde setzen.[95] Ist die aufschiebende Wirkung des Widerspruchs wieder hergestellt, kann eine Kündigung nicht mehr ausgesprochen werden. Gegenüber einer bereits ausgesprochenen Kündigung geht ein Antrag nach § 80 V VwGO jedoch ins Leere, da es an einem Rechtsschutzbedürfnis für den Antrag fehlt,[96] in jedem Fall führt die nachträgliche Wiederherstellung der aufschiebenden Wirkung nicht zur Unwirksamkeit der Kündigung nach § 85 SGB IX.

47 **b) Erteilte Zustimmung.** Hat dagegen das Integrationsamt die Zustimmung erteilt, so kann der Arbeitgeber die Kündigung aussprechen; Widerspruch und Anfechtungsklage gegen die Zustimmung des Integrationsamts zur Kündigung haben keine aufschiebende Wirkung (§ 88 IV SGB IX). Der Verwaltungsakt entfaltet auch für die Arbeitsgerichte Bindungswirkung. Das Arbeitsgericht kann lediglich nachprüfen, ob ein nichtiger Verwaltungsakt vorliegt. Der schwerbehinderte Arbeitnehmer kann binnen Monatsfrist **Widerspruch** beim Widerspruchsausschuss einlegen und alsdann Anfechtungsklage (§ 42 VwGO) erheben. Dasselbe Recht steht ihm auch zu, wenn im Falle der außerordentliche Kündigung die Zustimmung des Integrationsamts fingiert wird (§ 91 III SGB IX).[97] Allerdings läuft in diesen Fällen nicht die Monatsfrist zur Einlegung des Widerspruchs, weil ihm ein zustimmender Verwaltungsakt nicht zugestellt worden ist. Er hat jedoch die Ausschlussfrist von einem Jahr zu beachten (§ 76 VwGO). Infolge der Anhörung durch das Integrationsamt ist er über das Zustimmungsverfahren unterrichtet; durch die Erklärung der Kündigung erfährt er, ob die Zustimmung erteilt ist oder nicht. Für die Klage auf Aufhebung der Zustimmung fehlt das Rechtsschutzinteresse, wenn die Parteien das Arbeitsverhältnis einvernehmlich beenden.[98]

48 **3. Verfahren vor dem Arbeitsgericht. a) Prüfungsumfang.** Die Gerichte für Arbeitssachen überprüfen die ausgesprochene Kündigung nur auf die Einhaltung der arbeitsrechtlichen Voraussetzungen. (z.B. §§ 1 KSchG, 626 BGB, 102 BetrVG). Die Kündigung ist nach § 134 BGB i.V.m. § 85 SGB IX unwirksam, wenn keine Zustimmung des Integrationsamts vor dem Kündigungsausspruch vorgelegen hat, z.B. weil der Arbeitgeber keine Kenntnis von der Schwerbehinderteneigenschaft des Arbeitnehmers hatte und der Arbeitnehmer die Mitteilung seiner Schwerbehinderung rechtzeitig nachgeholt hat. Versäumt er die nachträgliche Mitteilung, kann er sich auf den Kündigungsschutz nach den §§ 85ff. SGB IX nicht berufen, das Fehlen oder die Unwirksamkeit der Zustimmung des Integrationsamts ist dann ohne Bedeutung. Gleiches gilt auch, wenn der Arbeitnehmer nicht innerhalb der Frist der §§ 4, 13 KSchG Kündigungsschutzklage erhebt.

---

[94] OVG Bautzen 25. 8. 2003 NZA-RR 2004, 408.

[95] BVerwG 28. 2. 1968 AP 29 zu § 14 SchwBeschG; 21. 10. 1964 AP 28 zu § 14 SchwBeschG; OVG Münster BB 90, 1909 = DB 91, 103.

[96] A. A. OVG Hamburg 11. 2. 1997 DVBl. 97, 1446.

[97] BVerwG 10. 9. 1992 NZA 93, 76.

[98] OVG Münster 23. 9. 1996 BB 97, 1056.

b) Aussetzung des Kündigungsschutzverfahrens? Wird die Zustimmung im Instanzenzug rechtskräftig aufgehoben, so ist die Kündigung unwirksam. Die Wirksamkeit der Zustimmung des Integrationsamts ist daher nach § 148 ZPO für die Entscheidung des Kündigungsschutzverfahrens nur vorgreiflich, wenn keine arbeitsrechtlichen Unwirksamkeitsgründe bestehen; in diesem Fall müsste die Klage bei Wirksamkeit der Zustimmung nach § 85 SGB IX abgewiesen werden. Die verwaltungsgerichtliche Entscheidung über die Zustimmung ist nicht vorgreiflich, wenn die Kündigung bereits aus arbeitsrechtlichen Gründen unwirksam ist; hier ist der Klage auch ohne Zuwarten auf die verwaltungsgerichtliche Entscheidung stattzugeben.[99] Jedoch kommt eine Aussetzung des Kündigungsrechtsstreits auch bei Vorgreiflichkeit wegen des in § 61 a I ArbGG enthaltenen Beschleunigungsgebots nicht in Betracht. Zwar steht es grundsätzlich im pflichtgemäßen Ermessen der Arbeitsgerichte, ob das Kündigungsverfahren nach § 148 ZPO bis zum Abschluss des Verwaltungsrechtsstreits ausgesetzt wird.[100] Jedoch spricht selbst bei arbeitsrechtlicher Wirksamkeit der Kündigung vor allem die gesetzgeberische Wertung des § 88 IV SGB IX, wonach Widerspruch und Anfechtungsklage gegen die Entscheidung des Integrationsamts eben keine aufschiebende Wirkung haben, gegen eine Aussetzung. Durch die Fortführung entsteht dem Arbeitnehmer kein Nachteil, da er bei Obsiegen im Rechtsstreit über die Zustimmung die für ihn nachteilige rechtskräftige Entscheidung der Arbeitsgerichte durch eine Restitutionsklage (§ 580 Nr. 6 ZPO) beseitigen kann.[101] Der schwerbehinderte Arbeitnehmer hat unter den allgemeinen Voraussetzungen (Leistungsfähigkeit, Leistungsbereitschaft) einen Anspruch aus Annahmeverzug (§ 615 BGB) und zwar auch für die Zeit, in der die Zustimmung vorübergehend erteilt war. Der Arbeitgeber trägt in diesem Fall das Risiko der Nichtbeschäftigung. 49

c) Besonderheiten. Die Klagefrist für die Klage gegenüber einer einem schwerbehinderten Arbeitnehmer ausgesprochenen Kündigung beginnt mit dem Kündigungszugang. Allerdings enthält § 4 S. 4 KSchG nach Ansicht des BAG eine Sonderregelung, wonach der Lauf der Klagefrist frühestens seit Zustellung der Zustimmung zur Kündigung beginnt, selbst wenn der Arbeitnehmer Widerspruch eingelegt hat (§ 138 RN 37).[102] Ein Auflösungsantrag des Arbeitgebers (§ 9 I 2 KSchG) unterliegt nicht dem Zustimmungserfordernis des § 85 SGB IX.[103] War für die Kündigung die Zustimmung einer Arbeitnehmervertretung (z. B. § 103 BetrVG) notwendig, deren Zustimmung ersetzt wurde, so kann sich der Arbeitnehmer bei rückwirkender Anerkennung seiner Schwerbehinderteneigenschaft im Kündigungsschutzverfahren auf die fehlende Zustimmung des Integrationsamts berufen.[104] 50

§ 180. Sonderrecht der Bergmannsversorgungsschein-Inhaber

http://www.lwl.org/LWL/Soziales/integrationsamt/bergleute.

Wegen der besonderen Gefahren, die der bergmännische Beruf mit sich bringt, besteht neben der knappschaftlichen Sozialversicherung für Bergleute, die nach längerer bergmännischer Tätigkeit nicht mehr oder nur mit Gefahr völliger vorzeitiger Invalidität Untertagearbeit ausüben können,[1] in Nordrhein-Westfalen und im Saarland ein besonderer Arbeitsschutz, der in den Gesetzen über einen Bergmannsversorgungsschein (BVS) enthalten ist.[2] Die Voraussetzungen für die Erteilung eines BVS, die Unterbringungs- und Beschäftigungspflicht sowie die Sonderrechte der BVS-Inhaber sind ausführlich in der 11. Auflage an gleicher Stelle dargestellt worden; auf die dortigen Ausführungen wird verwiesen. 1

---

[99] LAG Rheinland-Pfalz 9. 10. 1997 MDR 98, 724; LAG Köln 19. 12. 1995 NZA-RR 96, 250.

[100] BAG 20. 1. 2000 AP 38 zu § 1 KSchG 1969 Krankheit = NZA 2000, 768; 13. 9. 1995 AP 25 zu § 626 BGB Verdacht strafbarer Handlung = NZA 96, 81.

[101] BAG 24. 11. 2005 AP 43 zu § 1 KSchG 1969 Krankheit = NZA 2006, 665; 26. 9. 1991 AP 28 zu § 1 KSchG 1969 Krankheit = NZA 92, 1073; 15. 8. 1984 AP 13 zu § 12 SchwbG = NJW 85, 1485; 25. 11. 1980 AP 7 zu § 12 SchwbG; vgl. auch zu § 9 MuSchG BAG 17. 6. 2003 AP 33 zu § 9 MuSchG 1968 = NZA 2003, 1329.

[102] BAG 17. 2. 1982 AP 1 zu § 15 SchwbG = NJW 82, 2630; zu § 18 BErzGG a. F. BAG 3. 7. 2003 AP 7 zu § 18 BErzGG = NZA 2003, 1335.

[103] BVerwG 11. 5. 2006 Behindertenrecht 2007, 107.

[104] BAG 11. 5. 2000 AP 42 zu § 103 BetrVG 1972.

[1] Präambel zum BergmVersSchG NRW.

[2] NRW i. d. F. v. 20. 12. 1983 (GV NRW S. 635), zul. geänd. 30. 10. 2007 (GV. NRW S. 482) Ansprechpartner ist das LWL-Integrationsamt Westfalen, Zentralstelle für den Bergmannsversorgungsschein NRW, Vattmannstraße 2–8, 45 879 Gelsenkirchen; Saarland i. d. F. v. 16. 10. 1981 (ABl. S. 825), zul. geänd. 15. 2. 2006 (ABl. S. 474, 530).

7. Abschnitt. Gruppenarbeitsverhältnis und mittelbares Arbeitsverhältnis

§ 181. Übersicht über das Recht der Gruppenarbeitsverhältnisse

1 **1. Gruppenarbeitsverhältnis bei neuen Organisationsstrukturen. a) Grundlagen.** Der Übergang von der handwerklichen Fertigung zur Serienfertigung wurde als erste industrielle Revolution bezeichnet. Als zweite industrielle Revolution wird die Lean production verstanden. In der Studie des Massachusetts institute of technology heißt es: „‚Lean' production ist ‚schlank', weil sie von allem weniger einsetzt als die Massenfertigung – die Hälfte des Personals in der Fabrik, die Hälfte der Investition in Werkzeuge, die Hälfte der Zeit für die Entwicklung eines neuen Produkts. Sie erfordert auch weit weniger als die Hälfte des notwendigen Lagerbestands, führt zu viel weniger Fehlern und produziert eine größere und noch wachsende Vielfalt von Produkten."[1] Die Management-Strategie der Lean production lebt von der Vision, die Unternehmensziele qualitativ besser, kostengünstiger und kundenorientierter einführen zu können, wenn der Arbeitnehmer an der Organisation der Arbeit beteiligt wird. Ein arbeitsrechtliches Kernstück ist die Einführung von Gruppenarbeit.

2 **b) Einteilung der Gruppenarbeit.** Unter dem Begriff der Gruppenarbeit verbergen sich mannigfache Arbeitsformen. **(1)** So wird von Gruppenarbeit gesprochen, wenn es um die gemeinsame Erledigung von Aufgaben geht. Dagegen ist Teamarbeit gegeben, wenn episodisch Gruppenkonzepte verwirklicht werden, also z. B. bei Qualitätszirkeln, Vertreterteams im Außendienst und schließlich Gruppenarbeit im engeren Sinne, wenn eine dauerhafte, partizipative und weitgehend selbstständige Tätigkeit in der Gruppe erfolgt.[2] **(2)** Nach *Lutz*[3] ist zu gliedern zwischen Kolonnenarbeit, bei der eine mehr oder minder große Kolonne von Arbeitskräften zur Durchführung einer Arbeit zusammen arbeitet; der Arbeit in Fertigungsinseln, bei denen die Arbeit in Einzelarbeit an Werkzeugmaschinen und anderen Betriebsmitteln erfolgt. Die Gruppenarbeit kommt vor allem in aufgabenübergreifenden Aktivitäten vor, z. B. Gruppenarbeit in Fertigungsinseln, auf Steuerbrücken, Arbeitsständen und Messwarten. **(3)** *Breisig*[4] sieht Gruppenarbeit nur dann als gegeben an, wenn folgende Merkmale gegeben sind: **(a)** Gruppe von fünf bis zwölf Arbeitnehmern, **(b)** dauerhafte Zusammenarbeit, **(c)** eigenständige Einheit in der Unternehmenshierarchie, **(d)** vollständige Herstellung eines Produkts oder Produktteils, **(e)** Selbstbestimmung des Arbeitsablaufs und nur geringe Kontrolle von außen, **(f)** vorgegebene Produktziele und Qualitätsstandards, **(g)** Fehlen einer eigenen Hierarchie, aber Vorhandensein eines Gruppensprechers, **(h)** gleiche Qualifikation aller Mitglieder, die allerdings als nur wünschenswert bezeichnet wird.

3 Nach § 87 I Nr. 13 BetrVG ist Gruppenarbeit gegeben, wenn im Rahmen des betrieblichen Arbeitsablaufs eine Gruppe von Arbeitnehmern eine ihr übertragene Gesamtaufgabe im Wesentlichen eigenverantwortlich übernimmt. Vgl. § 235 RN 86.

4 **c) Arbeitsfelder.** Als mögliche Aufgabenfelder werden angesehen: **(1)** Die Festlegung der Bearbeitungsfolgen im Rahmen der Arbeitsaufgabe, die Job-Rotation und die Feinplanung der Fertigungssteuerung, **(2)** die Mitsprache im Personalwesen bei der Arbeitseinteilung, bei der Zielfestlegung und Urlaubsplanung, **(3)** die kontinuierliche Verbesserung im Rahmen der Qualitätssicherung, Erhebung von Prüfungsergebnissen, **(4)** Instandhaltung, Störungsbeseitigung und kleinere Reparaturen, **(5)** Mitwirkung im Rahmen der Logistik bei Materialbereitstellung und Materialdisposition, **(6)** Feinplanung und Prozessoptimierung im Rahmen der Fertigungssteuerung, **(7)** bei Qualifizierung Learning by doing und Anleitung neuer Mitarbeiter.

5 **2. Gruppenformen.** Bei den Gruppenarbeitsverhältnissen werden die Betriebsgruppe (§ 182 RN 1) und die Eigengruppe (§ 182 RN 12), in denen die Arbeitnehmer gleichberechtigt nebeneinander stehen, und das Gehilfenverhältnis (§ 183 RN 2) mit einer Subordination der Ar-

---

[1] *Womack/Jones/Roos,* Zweite Revolution in der Autoindustrie, 7. Aufl., 1992.
[2] *Stürzl,* Lean Production in der Praxis, 2. Aufl., 1993, S. 33 ff.
[3] *Lutz,* Qualifizierte Gruppenarbeit, in Roth/Kohl, Perspektive: Gruppenarbeit, 1988.
[4] *Breisig,* Gruppenarbeit und ihre Regelung durch Betriebsvereinbarung, 1997.

beitnehmer untereinander unterschieden. Neben diesen Grundtypen finden sich zahlreiche Mischformen, z.B. kann auch bei einer Betriebsgruppe den Gruppenmitgliedern ein Mitwirkungsrecht bei der Zusammensetzung eingeräumt werden. Eine besondere Form des Gruppenarbeitsverhältnisses ist das Job-Sharing-Verhältnis (§ 43). Ein Gruppenarbeitsverhältnis kann auch dann entstehen, wenn auf Arbeitgeberseite mehrere Arbeitgeber beteiligt sind,[5] z.B. bei einem mittelbaren Arbeitsverhältnis (§ 183 RN 1). Für die Annahme eines einheitlichen Arbeitsverhältnisses ist nicht Voraussetzung, dass die Arbeitgeber zueinander in einem gesellschaftsrechtlichen Rechtsverhältnis stehen, einen gemeinsamen Betrieb führen oder den Arbeitsvertrag gemeinsam abschließen. Erforderlich ist vielmehr ein rechtlicher Zusammenhang zwischen den arbeitsvertraglichen Beziehungen des Arbeitnehmers zu den einzelnen Arbeitgebern, der es verbietet, diese Beziehungen rechtlich getrennt zu behandeln. Dieser rechtliche Zusammenhang kann sich aus einer Auslegung des Vertragswerks der Parteien, aber auch aus zwingenden rechtlichen Wertungen ergeben.[6]

§ 182. Betriebsgruppe und Eigengruppe

Übersicht

	RN		RN
I. Betriebsgruppe	1 ff.	II. Eigengruppe	12 ff.
1. Begriff	1	1. Begriff	12
2. Bildung und Auflösung	2	2. Bildung und Auflösung	13
3. Rechtsverhältnisse der Gruppenmitglieder untereinander	3, 4	3. Rechtsformen der Eigengruppe	14
4. Rechtsverhältnis der Gruppe zum Arbeitgeber	5	4. Vertretung	15
5. Vergütung	6–9	5. Rechtsverhältnisse der Gruppe und ihrer Mitglieder zum Arbeitgeber	16–19
6. Haftung der Betriebsgruppe	10	6. Leistungsstörungen	20–22
7. Betriebsverfassungsrecht	11	7. Kündigung	23–25

I. Betriebsgruppe

1. Begriff. In einer Betriebsgruppe ist eine Mehrheit von Arbeitnehmern, die jeweils einzeln und voneinander unabhängig ihren Arbeitsvertrag mit dem Arbeitgeber abgeschlossen haben, durch diesen aus arbeitsorganisatorischen Gründen zwecks Erreichung eines näheren Arbeitserfolges zusammengeschlossen worden. Dagegen liegt eine bloße Zufallsgemeinschaft (z.B. Bürogemeinschaft von Angestellten) vor, wenn die über die Betriebsgemeinschaft hinausgehende nähere Zwecksetzung fehlt. 1

2. Bildung und Auflösung. Der Arbeitgeber kann auf Grund des Weisungsrechts mehrere Arbeitnehmer aus organisatorischen Gründen zu einer Betriebsgruppe zusammenzufassen.[1] Ein Widerspruchsrecht gegen die Zusammensetzung der Betriebsgruppe haben die zugewiesenen Arbeitnehmer nicht. Auch die Änderung ihrer personellen Zusammensetzung und die Auflösung einer gebildeten Betriebsgruppe stehen grundsätzlich im Direktionsrecht des Arbeitgebers. Er ist daher berechtigt, einzelnen Gruppenmitgliedern zu kündigen oder sie auf andere Arbeitsplätze umzusetzen. Für eine Kündigung müssen in der Person des Gekündigten kündigungsrelevante Gründe vorliegen. Eine Vereinbarung, dass bei Vorliegen eines Kündigungsgrunds in der Person eines Gruppenmitglieds auch die andere Mitglieder der Betriebsgruppe gekündigt werden können, ist unwirksam. Zu Besonderheiten des Job-Sharing-Arbeitsverhältnisses s. § 43 RN 22. 2

3. Rechtsverhältnisse der Gruppenmitglieder untereinander. a) Ist die Gruppe allein durch den Arbeitgeber gebildet worden, so entsteht zwischen den Gruppenmitgliedern nur eine tatsächliche Gemeinschaft; der Arbeitgeber kann auf Grund des Direktionsrechts Rechtsbeziehungen zwischen den Gruppenmitgliedern nicht herstellen. Etwaige Mitwirkungsbefugnisse der beteiligten Arbeitnehmer bei der Gruppenbildung und Zusammensetzung können für die Auslegung maßgebend sein, ob eine tatsächliche Gemeinschaft, eine Interessengemeinschaft oder eine atypische Innengesellschaft vorliegt. Der Unterschied zwischen Interessengemeinschaft und 3

---

[5] BAG 27. 3. 1981 AP 2 zu § 611 BGB Hausmeister.

[6] BAG 27. 1. 1981 AP 1 zu § 611 BGB Arbeitgebergruppe.

[1] LAG Tübingen 24. 9. 1959 DB 59, 1291; diff. ErfK/*Preis* § 611 RN 191, 194; a.A. Staudinger/*Richardi* Vorbem. zu § 611 RN 517 ff.

Gesellschaft besteht darin, dass bei der Interessengemeinschaft die Interessen der Teilhaber bis zu einem gewissen Grad übereinstimmen, ihre Zwecke aber verschieden sind, während bei der Gesellschaft gemeinsame Zwecke vorhanden sein müssen. Da die Bildung und Zusammensetzung der Betriebsgruppe vom Direktionsrecht des Arbeitgebers umfasst ist, kann diese ein Gruppenmitglied nicht ausschließen, sondern nur eine entsprechende Maßnahme beim Arbeitgeber beantragen.

4 **b) Gruppenleiter und Gruppensprecher.** Der Arbeitgeber kann auf Grund seines Direktionsrechts einen Gruppenleiter bestimmen. Diesem wird regelmäßig ein Teil des Direktionsrechts des Arbeitgebers übertragen; er überwacht z.B. die Einhaltung der Arbeitsausführung und der Arbeitszeit. Daneben wird er auch ohne besondere Bevollmächtigung wie ein Vorarbeiter[2] als Empfänger und Adressat von Willenserklärungen anzusehen sein, die für den oder gegenüber dem Arbeitgeber abzugeben sind (z.B. Entgegennahme von Arbeitsunfähigkeitsmitteilungen, Erteilung von Urlaub). Für den Umfang der Vollmacht gelten die Grundsätze über die Anscheins- oder Duldungsmacht. Die Gruppenmitglieder können daneben einen Gruppensprecher wählen, der ihre Interessen gegenüber dem Gruppenleiter oder dem Arbeitgeber vertritt.

5 **4. Rechtsverhältnis der Gruppe zum Arbeitgeber.** Zwischen dem Arbeitgeber und den Mitgliedern der Betriebsgruppe besteht ein unmittelbares Arbeitsverhältnis.[3] Die einzelnen Vertragsbestimmungen können unterschiedlich sein, soweit sie nicht notwendig übereinstimmen müssen, z.B. für die Gruppenakkordberechnung. Es kann daher für das eine Arbeitsverhältnis Tarifbindung bestehen, für das andere nicht.

6 **5. Vergütung. a) Vereinbarung.** Die Mitglieder der Betriebsgruppe haben einen unmittelbaren Lohnanspruch gegen den Arbeitgeber. Das Direktionsrecht hinsichtlich der Zusammensetzung der Betriebsgruppe (RN 2) berechtigt den Arbeitgeber aber nicht zur einseitigen Einführung einer Gruppenentlohnung (Gruppenakkord, Gruppenprämie); hierzu ist die Zustimmung der betroffenen Gruppenmitglieder erforderlich. Die Zustimmung kann nach den allgemeinen Grundsätzen bei einer widerspruchslosen Hinnahme der Gruppenvergütung über einen längeren Zeitraum als erteilt gelten, z.B. bei wiederholter widerspruchsloser Entgegennahme der Abrechnung und der Vergütung. Ohne wirksame vertragliche Vereinbarung einer Gruppenentlohnung behalten die zugewiesenen Arbeitnehmer ihren bisherigen Vergütungsanspruch. Bei der Einstellung kann die Möglichkeit zu einer Gruppenentlohnung vereinbart werden. Ist mit den Mitgliedern der Betriebsgruppe eine Gruppenvergütung vereinbart, haftet der Arbeitgeber nach § 280 I BGB für die von ihm zu vertretenden Mängel bei der Veränderung der personellen Zusammensetzung der Gruppe, sofern die regelmäßig zu erzielende Vergütung wegen der ungenügenden Anordnungen des Arbeitgebers nicht mehr erzielt werden kann.

7 **b) Höhe.** Bei Entlohnung im Stundenlohn erfolgt die Lohnberechnung rein zeitbestimmt; bei Zeitakkord beruht sie auf Akkordvorgabe, festgestellter Arbeitsmenge und Geldfaktor; dem Stückakkord liegt i.d.R. nur die Zahl der gefertigten Arbeitsstücke zugrunde. Die Pflichten des Arbeitgebers bei der Lohnabrechnung und -zahlung bleiben grundsätzlich durch die Vereinbarung einer Gruppenvergütung unberührt; jedoch können sich je nach den getroffenen Vereinbarungen Mitteilungspflichten der Gruppenmitglieder ergeben. Der Arbeitgeber kann die Vergütung nur mit befreiender Wirkung an den Gruppensprecher auszahlen, wenn dieser entsprechend bevollmächtigt ist.[4]

8 **c) Minderleistung.** Besteht eine leistungsabhängige Gruppenentlohnung, vermindert sich bei geringerer Arbeitsleistung der Betriebsgruppe der Vergütungsanspruch der einzelnen Gruppenmitglieder automatisch. Das gilt nur dann nicht, wenn zur Arbeitsleistung eine Mitwirkungshandlung (§ 295 BGB) des Arbeitgebers erforderlich war und er mit dieser Mitwirkungshandlung in Verzug gerät. In diesen Fällen bleibt der Anspruch auf die vereinbarte Vergütung nach § 615 BGB erhalten.

9 **d) Schlechtleistung.** Erbringt die Betriebsgruppe nur eine mit Mängeln behaftete Arbeitsleistung, so hängt es von der Ausgestaltung der einzelnen Arbeitsverträge ab, ob sich der Lohnanspruch automatisch mindert oder in voller Höhe erwächst und dem Arbeitgeber nur anteilig, d.h. nach Kopfzahlen bemessene Schadensersatzansprüche zustehen. Eine Vereinbarung, wonach ein Vergütungsanspruch nur bei mangelfreier Arbeit besteht, ist unwirksam. Die Abhängigkeit von der Mangelfreiheit kann nur bei einer zusätzlichen Vergütung vereinbart werden. Daher behalten die Mitglieder einer Betriebsgruppe ihren Vergütungsanspruch auch bei Minder-

---

[2] BAG 10. 2. 1965 AP 26 zu § 9 MuSchG – Mitteilung der Schwangerschaft.
[3] BAG 23. 2. 1961 AP 2 zu § 611 BGB Akkordkolonne.
[4] BAG 23. 2. 1961 AP 2 zu § 611 BGB Akkordkolonne.

leistungen. Gegenüber etwaigen Arbeitsmängeln hat der Arbeitgeber nur Schadensersatzansprüche.

6. Haftung der Betriebsgruppe. Die Haftung einer Betriebsgruppe ist wegen der Mehrzahl der auf Arbeitnehmerseite Beteiligten kompliziert. Nach einer älteren Entscheidung des BAG musste zunächst der geschädigte Arbeitgeber nachweisen, dass sein Schaden durch vertragswidrige Schlechtleistung der Gruppe verursacht worden ist. Danach war es Sache der einzelnen Gruppenmitglieder sich zu entlasten, indem sie darlegten und bewiesen, dass sie selbst einwandfreie Arbeit geleistet und auch nicht durch Verletzung vertraglicher Nebenpflichten den Schaden mitverursacht hatten. Auch wegen des Verschuldens musste sich das Gruppenmitglied entlasten, wenn die vertragswidrige Schlechtleistung der Gruppe feststand.[5] Diese Grundsätze sind mit § 619a BGB unvereinbar, allerdings bestehen gegenüber dem Arbeitgeber Mitwirkungspflichten der Gruppenmitglieder bei der Aufklärung des maßgeblichen Sachverhalts, deren Verletzung ihrerseits zu Schadensersatzansprüchen des Arbeitgebers führen kann. Besteht eine Schadensersatzpflicht, besteht regelmäßig nur eine anteilige Haftung der Gruppenmitglieder.[6] Eine gesamtschuldnerische Haftung kommt in Betracht, wenn die Gruppenmitglieder auch aus gemeinschaftlich begangener unerlaubter Handlung haften. 10

7. Betriebsverfassungsrecht. Die Gruppenarbeit kann eine Vielzahl von Mitwirkungsrechten des Betriebsrats auslösen. Die Einführung der Gruppenarbeit kann eine Betriebsänderung (§ 244) i. S. von §§ 111, 112 BetrVG darstellen.[7] Daneben kann der Betriebsrat bei der Zusammensetzung nach §§ 90, 91, 99 ff. BetrVG zu beteiligen sein[8] (dazu §§ 239, 241). Im Rahmen der sozialen Mitbestimmung (§ 235) können Tatbestände nach § 87 I Nrn. 1, 3, 6, 7, 10, 11, 13 BetrVG betroffen sein. Insbesondere besteht ein Mitbestimmungsrecht bei der Gruppenentlohnung (Nrn. 10, 11) sowie bei der Durchführung der Gruppenarbeit (Nr. 13). Schließlich können sich im Rahmen der wirtschaftlichen Mitbestimmung Mitwirkungsrechte ergeben (§§ 106 ff. BetrVG). 11

II. Eigengruppe

1. Begriff. Unter Eigengruppe wird eine Mehrheit von Arbeitnehmern verstanden, die sich zu gemeinsamer Arbeitsleistung aus eigener Initiative zusammengeschlossen hat und als Gruppe ihre Dienstleistung dem Arbeitgeber anbietet.[9] Zum Arbeitgeber kann ein unmittelbares oder mittelbares Arbeitsverhältnis begründet werden. 12

2. Bildung und Auflösung. Da sich die Eigengruppe aus eigener Initiative zu gemeinsamer Arbeitsleistung zusammengeschlossen hat, ist es dem Arbeitgeber verwehrt, auch nach Begründung von Arbeitsverträgen zu jedem Gruppenmitglied, auf Bildung und Zusammensetzung der Gruppen Einfluss zu nehmen. Er darf also die Gruppe nicht durch Versetzungen, Umsetzungen oder Kündigungen auseinanderreißen. Jedoch können die Arbeitsverträge zu den einzelnen Gruppenmitgliedern differieren, soweit sie nicht notwendigerweise übereinstimmen müssen. Wie die Bildung der Eigengruppe ist auch ihre Auflösung ein interner Vorgang, der sich durch Willensübereinstimmung der Gruppenmitglieder vollzieht. Die Auflösung kann den Arbeitgeber zur fristlosen Kündigung der Gruppenmitglieder berechtigen, wenn damit eine Leistungsminderung der Gruppe verbunden ist. 13

3. Rechtsformen der Eigengruppe. Die Rechtsform der Eigengruppe richtet sich nach den von den Gruppenmitgliedern getroffenen Vereinbarungen. Im Rechtsverkehr finden sich Gruppen in der Form der BGB-Gesellschaft als Innen- und Außengesellschaft, des rechtsfähigen und nichtrechtsfähigen Vereins, einer Gesellschaft mit beschränkter Haftung und der Genossenschaft. Eine körperschaftliche Verfassung findet sich vielfach auch in den sog. alternativen Arbeitsverhältnissen, in denen sich mehrere Personen in einer Gesellschaft zusammenschließen, um gemeinsame Bauleistungen usw. zu erbringen.[10] Fehlt es an einer körperschaftlichen Verfassung ist regelmäßig vom Bestehen einer GbR auszugehen, da die gemeinsame, auf persönlichem Kontakt aufgebaute Arbeitsleistung im Vordergrund der Eigengruppe steht. Verwendet die Eigengruppe die Organisationsform der BGB-Gesellschaft, sind zwei Gestaltungsmöglichkeiten zu unterscheiden; werden die Mitglieder der Eigengruppe jeweils für sich allein Vertragspartner des Arbeitgebers, handelt es sich um eine BGB-Innengesellschaft. Tritt die Eigengruppe gegenüber 14

[5] BAG 24. 4. 1974 AP 4 zu § 611 BGB Akkordkolonne.
[6] LAG München 30. 6. 1971 ARSt. 73, 59.
[7] LAG Nürnberg 1. 8. 2000 AiB 2004, 438.
[8] LAG Köln 26. 7. 1996 LAGE § 99 BetrVG 1972 Versetzung Nr. 1 = NZA 97, 280.
[9] BAG 23. 2. 1961 AP 2 zu § 611 BGB Akkordkolonne.
[10] BAG 10. 4. 1991 AP 54 zu § 611 BGB Abhängigkeit = NZA 91, 856.

dem Auftraggeber als Vertragspartner auf, besteht eine BGB-Außengesellschaft. Schließen alle Gruppenmitglieder mit dem Arbeitgeber einen Arbeitsvertrag ab, werden dadurch unmittelbare arbeitsrechtliche Beziehungen zwischen den Gruppenmitgliedern und dem Arbeitgeber/Auftraggeber begründet.[11]

15 **4. Vertretung.** Je nach der von der Eigengruppe gewählten Rechtsform ist sie kraft Gesetzes zur Bestellung eines Geschäftsführers oder Vorstands verpflichtet. Aber auch im Falle einer Gesellschaft bürgerlichen Rechts bestellt die Gruppe i. d. R. einen Gruppensprecher, der die Aufgaben eines Vertreters erfüllt, da die gemeinsame Vertretung (§§ 709, 714 BGB) im Rechtsverkehr nicht praktikabel ist. Die das Gruppenverhältnis betreffende Geschäftsführungsbefugnis (§§ 709 ff. BGB) richtet sich nach den Vereinbarungen der Gruppenmitglieder. Die das Außenverhältnis betreffende Vertretungsmacht (§ 714 BGB) ergibt sich nach Inhalt und Umfang bei juristischen Personen aus dem Gesetz, im Übrigen aus der erteilten Vollmacht (§ 164 BGB). I. d. R. spricht der Rechtsschein dafür, dass der Gruppenführer bevollmächtigt ist, alle tatsächlichen und rechtlichen Handlungen, die zur Erreichung der von der Eigengruppe verfolgten Zwecke notwendig sind, mit Wirkung für und gegen die Eigengruppe vorzunehmen.

16 **5. Rechtsverhältnisse der Gruppe und ihrer Mitglieder zum Arbeitgeber.** Möglich ist, dass **(a)** nur die Eigengruppe in Rechtsbeziehung zum Arbeitgeber tritt oder **(b)** sowohl die Eigengruppe als auch die einzelnen Gruppenmitglieder und **(c)** schließlich, dass nur die Gruppenmitglieder vertragliche Beziehungen zum Arbeitgeber eingehen. Als Normaltatbestand wird der letzte Fall angesehen,[12] namentlich bei Putz- und Maurerkolonnen usw. Die Rechtsbeziehungen können entweder als Arbeitsvertrag oder als Werkvertrag (§ 9 RN 16), Dienstvertrag (§ 9 RN 1) bzw. Dienstverschaffungsvertrag (§ 9 RN 30) ausgestattet sein. Maßgeblich sind die getroffenen Vereinbarungen, bei abweichender Vertragsgestaltung ist diese maßgebend. Unmittelbare Rechtsbeziehungen zwischen dem Arbeitgeber und den einzelnen Gruppenmitgliedern können sich bei Fehlen anderweitiger Vereinbarungen nur bei der Begründung von Arbeitsverhältnissen mit den Gruppenmitgliedern ergeben.

17 **a) Ausschließliche Rechtsbeziehungen der Gruppe zum Arbeitgeber.** Erschöpfen sich die Rechtsbeziehungen in der Verpflichtung der Eigengruppe, eine bestimmte Leistung zu erbringen, bestehen zwischen dem Arbeitgeber und den Gruppenmitgliedern keine unmittelbaren Rechtsbeziehungen, auf Grund derer er eine bestimmte Leistung verlangen kann. Die Leistungspflicht der Eigengruppenmitglieder beruht auf dem Rechtsverhältnis der Gruppe, auf das Arbeitsrecht keine Anwendung findet. Die Gruppenmitglieder müssen sich den allgemeinen Ordnungsvorschriften des Betriebs anpassen, z. B. Rauchverbote einhalten. Andererseits hat nur die Gruppe einen Entgeltanspruch; das Entgelt wird mit Zahlung an die Gruppe Gesamthandseigentum, das Gruppenmitglied hat lediglich einen gesellschaftlichen Verteilungsanspruch. Bei Leistungsstörungen richten sich die Ansprüche gegen die Gruppe nach Gesellschaftsrecht.

18 **b) Kumulative Rechtsbeziehungen zwischen Gruppe und Gruppenmitgliedern einerseits und dem Arbeitgeber andererseits. aa)** In diesem Fall tritt neben den mit der Gruppe bestehenden Dienstverschaffungsvertrag ein dem Arbeitsrecht unterliegender Arbeitsvertrag zwischen den Gruppenmitgliedern und dem Arbeitgeber. Dieser kann dadurch zustande gekommen sein, dass der Gruppensprecher die einzelnen Gruppenmitglieder bei Vertragsbegründung vertreten hat; er kann aber auch erst konkludent mit der Arbeitsaufnahme entstehen.

19 **bb) Gegenseitige Leistungsansprüche.** Der Arbeitgeber erlangt neben dem gegen die Gruppe gerichteten Dienstverschaffungsanspruch einen unmittelbaren Leistungsanspruch gegen die Gruppenmitglieder. Ihm steht das Direktionsrecht zu, das allerdings durch den Inhalt der mit der Gruppe getroffenen Vereinbarungen beschränkt sein kann.[13] Der Arbeitgeber hat daher alles zu unterlassen, was die Zusammensetzung und den Fortbestand der Gruppe berührt. Die Gruppenmitglieder erlangen einen unmittelbaren Vergütungsanspruch gegen den Arbeitgeber, der zeit- oder erfolgsbezogen sein kann. Dessen Aufteilung richtet sich bei Fehlen anderweitiger Vereinbarungen mit dem Arbeitgeber nach Kopfteilen; im Gruppeninnenverhältnis können dann Ausgleichsansprüche bestehen.[14]

20 **6. Leistungsstörungen. a) Verzug.** Nimmt ein Gruppenmitglied die Arbeit nicht rechtzeitig auf oder begründet es nicht rechtzeitig einen Arbeitsvertrag, so kommt die Eigengruppe bei Erfüllung der übrigen Voraussetzungen in Verzug. Daneben haftet das säumige Gruppenmitglied

[11] LAG Sachsen-Anhalt 8. 3. 2000 NZA-RR 2000, 528.
[12] LG München 11. 11. 1957 AP 1 zu § 611 BGB Akkordkolonne.
[13] BAG 9. 2. 1960 AP 39 zu § 626 BGB.
[14] LAG Düsseldorf 26. 1. 1960 BB 60, 484.

wegen Verzugs oder Verschuldens bei Vertragsabschluss (§ 311 BGB). Nach der Rechtsprechung des BAG haften die anderen Mitglieder der Eigengruppe bei Vertragsbruch eines Mitglieds nur dann als Gesamtschuldner, wenn die Gruppenmitglieder die Verpflichtung übernommen haben, für die Erfüllung des Arbeitsverhältnisses einzustehen oder wenn der Vertragsbruch auf einem gemeinsamen Entschluss beruht.[15]

b) Unmöglichkeit. Wird der Gruppe die Dienstverschaffung schuldhaft unmöglich, so haftet sie auf Schadensersatz. Bei nur teilweiser Unmöglichkeit, z. B. weil ein Gruppenmitglied die Arbeit nicht erbringen kann oder will, kann der Arbeitgeber die Leistung der übrigen Gruppenmitglieder zurückweisen, also außerordentlich kündigen und Schadensersatz wegen Nichterfüllung verlangen, wenn er an einer Teilleistung kein Interesse hat.[16] 21

c) Schlechtleistung. Hier bestehen für den Arbeitgeber Schadensersatzansprüche nach den allgemeinen Grundsätzen der Arbeitnehmerhaftung (§ 52) gegen die Gruppe und das mangelhaft leistende Gruppenmitglied. Anders als bei der Betriebsgruppe haften die übrigen Gruppenmitglieder als Gesamtschuldner, da sie sich zur gemeinschaftlichen Arbeitsleistung verpflichtet haben. Eine Ausnahme hiervon besteht nur, wenn das Erfordernis des gemeinsamen Zusammenwirkens so schwach ausgeprägt ist, dass die Annahme einer gesamtschuldnerischen Haftung nicht mehr gerechtfertigt wäre Das Verschulden eines Gruppenmitglieds ist dem Arbeitgeber nicht über § 278 BGB zuzurechnen. 22

7. Kündigung. a) Erklärung. Die Kündigungserklärung kann nur gegenüber der gesamten Gruppe erfolgen.[17] Dabei ist zunächst anhand der vertraglichen Vereinbarungen zu ermitteln, ob die Kündigung von und gegenüber allen Gruppenmitgliedern bzw. von und allein gegenüber dem Gruppensprecher erklärt werden kann.[18] Bei kumulativen Rechtsbeziehungen muss die Kündigung schriftlich erfolgen (§ 623 BGB). 23

b) Alleinige Rechtsbeziehungen zwischen Eigengruppe und Arbeitgeber. Der Arbeitgeber kann ein einzelnes Gruppenmitglied nur an der weiteren Arbeitsleistung hindern, wenn die Gruppe damit einverstanden ist.[19] Besteht in der Person eines der Gruppenmitglieder ein Kündigungsgrund, kann der Arbeitgeber dennoch nur der gesamten Gruppe kündigen. Der gegenüber einem Gruppenmitglied bestehende Kündigungsgrund wirkt dann auch zu Lasten der anderen Gruppenmitglieder. Im umgekehrten Fall kann auch das einzelne Gruppenmitglied selbst dann nicht allein das Rechtsverhältnis beenden, wenn es gegenüber dem Arbeitgeber einen Grund zur außerordentlichen Kündigung hat, die Gruppe aber das Rechtsverhältnis aufrechterhalten will. 24

c) Kumulative Rechtsbeziehungen. Bei kumulativen Rechtsbeziehungen zwischen Gruppe und Gruppenmitgliedern einerseits und Arbeitgeber andererseits ist im Zweifel anzunehmen, dass die Arbeitsverträge voneinander abhängig sein sollen.[20] Dem gemäß kann die Minderleistung eines Arbeitnehmers zur Kündigung der Gruppe führen.[21] Wird z. B. einer Musikkapelle durch den Ausfall eines ihrer Mitglieder die Arbeitsleistung unmöglich, so ist dem Arbeitgeber die Fortsetzung des Arbeitsverhältnisses unzumutbar.[22] Werden Ehegatten für eine nur gemeinsam zu erbringende Dienstleistung für ein Kinderheim eingestellt, dann können die mit ihnen begründeten Arbeitsverhältnisse vom Arbeitgeber in der Regel nur gemeinsam gekündigt werden. Der Arbeitgeber ist in diesem Fall bei Ausschluss der Einzelkündigung berechtigt, beiden Ehegatten fristgemäß zu kündigen, sofern in der Person oder dem Verhalten nur eines Ehegatten Kündigungsgründe vorliegen. Genießt ein Gruppenmitglied einen besonderen Kündigungsschutz (z. B. die Ehefrau wegen Schwangerschaft bei einem Hausmeisterehepaar), kann sich dieser auch für den Mann auswirken.[23] Besonderheiten können sich im Job-Sharing-Arbeitsverhältnis ergeben (§ 43 RN 22). Hat eine Eigengruppe sich nicht zur Fertigstellung der gesamten Arbeit verpflichtet, kann sie jederzeit das Arbeitsverhältnis kündigen.[24] 25

---

[15] BAG 30. 5. 1972 AP 50 zu § 4 TVG Ausschlussfristen.

[16] LAG Hamm 10. 4. 1964 DB 64, 923.

[17] BAG 9. 2. 1960 AP 39 zu § 626 BGB; LAG Sachsen-Anhalt 8. 3. 2000 NZA-RR 2000, 528; vgl. auch BAG 21. 10. 1971 AP 1 zu § 611 BGB Gruppenarbeitsverhältnis.

[18] LAG Düsseldorf 18. 10. 1967 DB 67, 2231; LAG Hamm 13. 9. 1974 ARSt. 75, 78.

[19] Vgl. LAG Baden-Württemberg DB 59, 1291.

[20] BAG 9. 2. 1960 AP 39 zu § 626 BGB; LAG Bremen 8. 9. 1964 ArbuR 65, 151; LAG Düsseldorf BB 63, 1055.

[21] BAG 9. 2. 1960 AP 39 zu § 626 BGB.

[22] BAG 6. 9. 1956 AP 12 zu § 626 BGB.

[23] BAG 21. 10. 1971 AP 1 zu § 611 BGB Gruppenarbeitsverhältnis; LAG Hamm 8. 1. 1960 BB 60, 248.

[24] BAG 9. 9. 1965 AP 3 zu § 611 BGB Akkordkolonne.

§ 183. Mittelbares Arbeitsverhältnis und Gehilfenverhältnis

1 **1. Mittelbares Arbeitsverhältnis.** Ein mittelbares Arbeitsverhältnis liegt vor, wenn jemand von einem Mittelsmann, der seinerseits Arbeitnehmer eines Dritten ist, beschäftigt wird und die Arbeit mit Wissen des Dritten unmittelbar für diesen geleistet wird, ohne dass ein unmittelbarer Arbeitsvertrag zwischen dem Dritten und dem Gehilfen zustande kommt.[1] Es kann ein Missbrauch der Rechtsform eines mittelbaren Arbeitsverhältnisses vorliegen, wenn der Arbeitgeber die Arbeitskräfte nicht selbst einstellt, aber den Mittelsmann anweist, z. B. Reinigungskräfte nach bestimmten Richtlinien im eigenen Namen und für eigene Rechnung einzustellen, ohne dass der Mittelsmann unternehmerische Entscheidungen treffen kann.[2] Besteht ein mittelbares Arbeitsverhältnis, bestehen die allgemeinen Schutzpflichten des Arbeitgebers auch gegenüber dem mittelbaren Arbeitnehmer; der Arbeitgeber muss die notwendigen Maßnahmen zum Schutz von Leben und Gesundheit der mittelbaren Arbeitnehmer treffen (§ 618 BGB), hat darauf hinzuwirken, dass der Gehilfe seine Vergütung erhält[3] und muss die sich aus dem öffentlichen Arbeitsschutzrecht ergebenden Pflichten erfüllen. Die Pflichten aus dem Sozialversicherungsrecht treffen den mittelbaren Arbeitgeber, da sich diese aus dem Beschäftigungsverhältnis ergeben. Wird das mittelbare Arbeitsverhältnis vom Mittelsmann gekündigt, so ist gegen diesen die Kündigungsschutzklage zu richten.[4] Das mittelbare Arbeitsverhältnis stellt keine gewerbsmäßige Arbeitnehmerüberlassung dar (§ 120), da der Mittelsmann nicht Unternehmer, sondern Arbeitnehmer ist und der vermittelte Arbeitnehmer nicht gewerbsmäßig überlassen wird.

2 **2. Gehilfenverhältnis. a) Begriff.** Ein Gehilfenverhältnis liegt vor, wenn ein Arbeitnehmer sich zur Erfüllung seiner Arbeitsleistung eines Gehilfen bedient und dieser vom Arbeitnehmer eingestellt wird.[5] Dies kann z. B. der Fall sein, wenn ein Provisionsvertreter bei Verlust der Fahrerlaubnis vorübergehend einen Fahrer beschäftigt. Da nach § 613 Satz 1 BGB die Arbeitsleistung im Zweifel in Person zu leisten ist (§ 45 RN 1), bedarf der Arbeitnehmer im Allgemeinen der Zustimmung des Arbeitgebers zur Hinzuziehung eines Gehilfen. Kein echtes Gehilfenverhältnis ist gegeben, wenn der Arbeitnehmer den Gehilfen im Namen des Arbeitgebers einstellt. In diesem Fall erwachsen unmittelbare arbeitsvertragliche Beziehungen zwischen Arbeitgeber und Gehilfen. Kein Gehilfenverhältnis ist gegeben, wenn der Mittelsmann selbst Unternehmer ist und Gehilfen zur Erfüllung der versprochenen Leistung hinzuzieht. In diesen Fällen kann es zu Leiharbeitsverhältnissen kommen (§ 120). Die Frage, ob der Mittelsmann Arbeitnehmer oder Unternehmer ist, ist nach den unter § 8 aufgezeigten Kriterien zu beurteilen. Welche der Vertragsgestaltungen vorliegt, ist durch Auslegung der vertragsrechtlichen Beziehungen zu ermitteln. Im Zweifelsfall wird anzunehmen sein, dass der Mittelsmann den Gehilfen für den Arbeitgeber eingestellt hat.[6]

3 **b) Rechtsstellung des Gehilfen. aa) Einstellung durch den Arbeitgeber.** Hat ein Arbeitnehmer zur Erbringung der Arbeitsleistung einen weiteren Arbeitnehmer im Namen seines Arbeitgebers eingestellt, so entstehen arbeitsvertragliche Rechtsbeziehungen zwischen dem Gehilfen und dem Arbeitgeber. Den Arbeitgeber treffen die arbeits-, sozialversicherungs- sowie steuerrechtlichen Pflichten. Das Direktionsrecht kann allerdings zwischen dem Mittelsmann und dem Arbeitgeber geteilt sein. Dies muss im Wege der Auslegung der Rechtsbeziehungen ermittelt werden. Im Falle der Schlechtleistung des Gehilfen trifft den Mittelsmann nur dann eine Haftung, wenn er bei der Auswahl, Anweisung und Beaufsichtigung des Gehilfen schuldhaft gehandelt hat.

4 **bb) Einstellung durch den Arbeitnehmer.** Hat der Arbeitnehmer den Gehilfen in eigenem Namen eingestellt, entstehen keine unmittelbaren arbeitsvertraglichen Beziehungen zwischen dem Gehilfen und dem Arbeitgeber,[7] entsteht aber in aller Regel ein mittelbares Arbeitsverhältnis. Der starke wirtschaftliche und künstlerische Einfluss eines Rundfunksenders auf einen

---

[1] BAG 9. 4. 1957 AP 2 zu § 611 BGB Mittelbares Arbeitsverhältnis.

[2] BAG 20. 7. 1982 AP 5 zu § 611 BGB Mittelbares Arbeitsverhältnis = NJW 83, 645.

[3] Enger BAG 8. 8. 1958 AP 3 zu § 611 BGB Mittelbares Arbeitsverhältnis; weiter noch 9. 4. 1957 AP 2 zu § 611 BGB Mittelbares Arbeitsverhältnis – Haftung des mittelbaren Arbeitgebers.

[4] BAG 9. 4. 1957 AP 2 zu § 611 BGB Mittelbares Arbeitsverhältnis.

[5] Staudinger/*Richardi* Vorbem. § 611 BGB RN 528.

[6] Vgl. BAG 8. 8. 1958 AP 3 zu § 611 BGB Mittelbares Arbeitsverhältnis; 27. 8. 1964 AP 9 zu Internat. Privatrecht, Arbeitsrecht; LAG Bremen 15. 12. 1954 AP 1 zu § 611 BGB Mittelbares Arbeitsverhältnis.

[7] BAG 8. 8. 1958 AP 3 zu § 611 BGB Mittelbares Arbeitsverhältnis; 9. 4. 1957 AP 2 zu § 611 BGB Mittelbares Arbeitsverhältnis.

Mittelsmann bewirkt nicht, dass dessen Arbeitnehmer auch solche seines Arbeitgebers werden; eine andere Sichtweise hat das BAG nur in Betracht gezogen, wenn wichtige arbeitsrechtliche Schutzgesetze umgangen werden sollen.[8]

3. Drittmittelfinanzierte Arbeitsverträge. Von drittmittelfinanzierten Arbeitsverträgen 5
wird dann gesprochen, wenn ein Kostenträger anderen Personen die Eingehung von Arbeitsverträgen ermöglicht. Diese Rechtsgestaltung findet sich vor allem im Hochschulbereich, wenn z. B. die Deutsche Forschungsgemeinschaft einem Lehrstuhlinhaber Geldmittel zubilligt, aus denen Assistenten zu Forschungszwecken eingestellt werden dürfen. Die Beurteilung der Rechtsbeziehungen im drittmittelfinanzierten Arbeitsverhältnis hängt von der vertraglichen Ausgestaltung und der Vertragsdurchführung ab. Im Allgemeinen bestehen zwischen dem Arbeitnehmer und dem Kostenträger keine unmittelbaren oder auch nur mittelbaren[9] arbeitsvertraglichen Rechtsbeziehungen. Diese bestehen nur zwischen dem Arbeitnehmer und dem Drittmittelempfänger, also regelmäßig dem Lehrstuhlinhaber. Diesem steht das Direktionsrecht gegenüber dem Arbeitnehmer zu; er haftet aber auch für die Erfüllung seiner Ansprüche. Nach Ansicht des BAG kann eine Vertrauenshaftung der Universität entstehen, wenn der Arbeitnehmer zuvor bei der Universität angestellt war.[10] Ein arbeitsvertraglicher Ausschluss von vertraglichen Beziehungen zum Kostenträger ist bedeutungslos, wenn es während der Laufzeit des Vertrags zu einer unmittelbaren Einflussnahme des Drittmittelgebers auf die Tätigkeit des Arbeitnehmers kommt. Personen in drittmittelfinanzierten Arbeitsverhältnissen sind nicht wahlberechtigt.[11] Wird in dem drittmittelfinanzierten Arbeitsvertrag auf den BAT (jetzt: TVöD) verwiesen, so soll im Zweifel dessen Unkündbarkeitsregelung nicht vereinbart sein.[12]

---

[8] BAG 26. 11. 1975 AP 19 zu § 611 BGB Abhängigkeit.
[9] BAG 29. 6. 1988 AP 1 zu § 25 HRG = NZA 89, 342.
[10] BAG 29. 11. 1979 AP 10 zu § 242 BGB Ruhegehalt – VBL.
[11] BVerwG 15. 11. 1995 ZTR 96, 378.
[12] LAG Berlin 21. 4. 1997 ZTR 97, 523.

8. Abschnitt. Tariflich oder gesetzlich besonders gestaltete Arbeitsverhältnisse

§ 184. Arbeitsverhältnis im öffentlichen Dienst

Kommentare und Monografien zum BAT: *Böhm/Spiertz/Sponer/Steinherr,* BAT, Mehrbändige Loseblattausgabe; *Bredemeier/Neffke,* BAT/BAT-O, 2. Aufl., 2003; *Clemens/Scheuring/Steingen/Wiese,* BAT; *Clemens/Scheuring/Steingen/Wiese/Fohrmann/Jeske/Görgens,* Arbeits- und Tarifrecht der Angestellten des öffentlichen Dienstes im Beitrittsgebiet (ATB-Ang.), Loseblattwerk; *Crisolli/Tiedtke/Ramdohr,* Das Tarifrecht der Angestellten im öffentlichen Dienst, Mehrbändiges Loseblattwerk; *Dassau/Wiesend-Rothbrust,* BAT-Kompaktkommentar, 4. Aufl., 2004; *Ebert,* Das gesamte öffentliche Dienstrecht, 2. Aufl., 2007, Ergänzbares Handbuch; *Honsa,* Alkohol- und Drogenmissbrauch im öffentlichen Dienst, 2002; *Kiefer,* Das Tarifrecht im öffentlichen Dienst, Textsammlung mit Erläuterungen, Mehrbändiges Loseblattwerk; *Lanzerath,* Religiöse Kleidung und öffentlicher Dienst, 2003; *Müller,* Arbeitsrecht im öffentlichen Dienst, 5. Aufl., 2001; *Repenning/Seip/Berger,* BAT; *Schall/Heupel,* Arbeitsrecht für den öffentlichen Dienst, 4. Aufl., 2003; *Uttlinger/Breier,* BAT, sämtl. Loseblattausgaben; *Weiß/Steinmeier,* Arbeitsrecht für den öffentlichen Dienst, 3. Aufl., 1996; *Wind/Schimana,* Öffentliches Dienstrecht, 5. Aufl., 2002.

Ausgewähltes Schrifttum zum TVöD: *Bredemeier/Neffke/Cerff/Weizenegger,* TVöD/TV-L, 2007; *Clemens/Scheuring/Steingen/Wiese,* TVöD, Loseblatt; *Conze,* Personalbuch TVöD, 2006; *Dassau/Wiesend-Rothbrust,* TVöD-Kompaktkommentar, 2006; *Dörring/Kutzki,* TVöD Kommentar, 2006; *Guth,* Streifragen des TVöD im Spiegel der Rechtsprechung, PersR 2008, 313; *Kuner,* Der neue TVöD, 2006; *ders.,* Leistungsorientierte Bezahlung im TVöD und TV-L, 2007; *Wulfers/Hecht,* Altersdiskriminierung durch Tarifbestimmungen – Eine Analyse des TVöD und TV-L, ZTR 2007, 475.

Übersicht

	RN
I. Überblick	1 f.
1. Arbeitsvertrag	1
2. Tarifverträge	2
II. Bundesangestellten-Tarifvertrag (BAT)	3 ff.
1. Allgemeines	3, 4
2. Neue Bundesländer	5–10
III. Eingruppierung	11 ff.
1. Allgemeines	11
2. Arbeitsvorgang	12–14
3. Zusammenhangstätigkeiten	15–18
4. Einzelne Heraushebungsmerkmale	19–27 a
5. Aufstieg	28–35
6. Mitbestimmung des Personalrats	36
7. Eingruppierungsfeststellungsklage	37–42
8. Rückgruppierung	43–47
9. Vorübergehende und vertretungsweise Übertragung einer höherwertigen Tätigkeit	48–53
10. Erlasse und Richtlinien	54–62
11. Tariflücke	63
12. Maßregelungsverbot	64
IV. Tarifvertrag öffentlicher Dienst (TVöD)	65 ff.
1. Allgemeines	65
2. Überleitungstarifverträge	65 a–65 c
3. Überblick über das neue Tarifrecht	66–78

I. Überblick

1 **1. Arbeitsvertrag.** Das Arbeitsverhältnis der Arbeiter und Angestellten in den öffentlichen Verwaltungen und Betrieben beruht auf einem privatrechtlichen Arbeitsvertrag, auf den grundsätzlich die Vorschriften der §§ 611 ff. BGB und des übrigen Arbeitsrechts anwendbar sind. Die Besonderheit der Arbeit, die Tätigkeit für dem Haushaltsrecht unterliegende öffentliche Dienstherren, Arbeiten im öffentlichen Interesse und die Zusammenarbeit mit Beamten haben in der Vergangenheit im Tarifrecht allerdings zu **weitgehenden Anpassungen an die beamtenrechtlichen Bestimmungen** geführt. Es sind demnach für Beamte erlassene Gesetze und VOen für öffentliche Bedienstete häufig entsprechend anwendbar gewesen (Gesetz über Umzugskosten, Trennungsentschädigung, Beihilfevorschriften usw.). Hiervon hat sich das neue Tarifrecht des TVöD und TV-L gelöst (dazu RN 65 ff.).

2 **2. Tarifverträge.** Von besonderer Bedeutung für das öffentliche Dienstrecht war über Jahrzehnte der Bundesangestellten-Tarifvertrag **(BAT)** vom 23. 2. 1961 mit spät. Änd. Tarifvertragsparteien dieses Tarifvertrags waren auf Arbeitgeberseite: die Bundesrepublik Deutschland, die Tarifgemeinschaft deutscher Länder und die Vereinigung der kommunalen Arbeitgeberverbände;

auf Arbeitnehmerseite die Gewerkschaft ver.di. Der BAT galt grundsätzlich für die Angestellten des Bundes, der Bundesländer und der Stadtgemeinde Bremen sowie der Mitglieder der kommunalen Arbeitgeberverbände. In den letzten Jahren hatten einige Länder von der Kündigungsmöglichkeit Gebrauch gemacht, um die tarifliche Arbeitszeit verlängern zu können. Der BAT galt regelmäßig kraft Bezugnahme im Arbeitsvertrag; er war nicht für allgemeinverbindlich erklärt. Für die Arbeiter bei Bund und Ländern im Tarifgebiet West gab es den Manteltarifvertrag für Arbeiterinnen und Arbeiter des Bundes und der Länder **(MTArb),** für die Arbeiter in den Kommunen den Bundesmanteltarifvertrag für Arbeiter gemeindlicher Verwaltungen und Betriebe **(BMT-G II).** Seit dem 1. 10. 2005 gilt für alle Beschäftigten beim Bund und den Kommunen der **Tarifvertrag öffentlicher Dienst Bund und Kommunen (TVöD).** Am 12. 10. 2006 haben die Tarifparteien den neuen Tarifvertrag für den öffentlichen Dienst der Länder **(TV-L),** die zugehörigen Sondertarifverträge und die notwendigen Überleitungstarifverträge unterschrieben. Am 1. 11. 2006 sind die Regelungen in Kraft getreten. Nachdem der BAT nach wie vor Bedeutung hat, wird er nachfolgend in seinen Grundzügen dargestellt. Der Schwerpunkt liegt im nach wie vor maßgeblichen Eingruppierungsrecht.

II. Bundesangestellten-Tarifvertrag (BAT)

1. Allgemeines. a) Der BAT enthält eine detaillierte Regelung der allgemeinen Arbeitsbedingungen (§§ 6 bis 14 BAT), die sich stark an das **Beamtenrecht** anlehnen. Besonderen Ausdruck findet dies in der allgemeinen Verhaltenspflicht des § 8 BAT. Danach muss sich der Angestellte so verhalten, wie es von Angehörigen des öffentlichen Dienstes erwartet wird. Er muss sich durch sein gesamtes Verhalten zur freiheitlichen demokratischen Grundordnung im Sinne des Grundgesetzes bekennen.[1] Für Nebentätigkeiten finden gemäß § 11 BAT die für Beamte des Arbeitgebers jeweils geltenden Bestimmungen sinngemäß Anwendung. Die Arbeitnehmer des öffentlichen Dienstes sind in der gesetzlichen Rentenversicherung versichert. Sie erhalten aber regelmäßig eine **Zusatzversorgung.** Vor allem die Arbeitnehmer des Bundes und der Länder sind in der Versorgungsanstalt des Bundes und der Länder versichert (§ 84 RN 164ff.). 3

b) Die Mitwirkungsrechte der Arbeitnehmer ergeben sich im öffentlichen Dienst aus dem **BPersVG und entspr. Landespersonalvertretungsgesetzen** (dazu §§ 262–270). Die Frage, ob ein Arbeitnehmer im öffentlichen Dienst oder in der Privatwirtschaft beschäftigt wird, entscheidet sich, anknüpfend an § 130 BetrVG, § 1 BPersVG, nach der Rechtsform der Verwaltung oder des Betriebs. Ist danach Inhaber der Verwaltung oder des Betriebs eine Körperschaft des öffentlichen Rechts, findet das BPersVG (bzw. LPersVG) Anwendung; ist dagegen eine juristische Person des Privatrechts (AG, GmbH usw.) Arbeitgeber und Träger des Betriebs, findet das BetrVG Anwendung und es liegt kein öffentlicher Dienst vor.[2] Für in privater Rechtsform geführte Betriebe (GmbH, AG) wird ebenfalls vielfach das öffentliche Dienstrecht in Bezug genommen. Hier gilt freilich das BetrVG und nicht das Personalvertretungsrecht. 4

2. Neue Bundesländer. a) Der BAT galt **nicht einheitlich im gesamten Bundesgebiet.** Im Tarifgebiet Ost (BAT-O) galten einige Ausnahmen. Insbesondere die Vergütung ist in den neuen Bundesländern niedriger. Auch galten die Vorschriften über die Unkündbarkeit (§ 53 III und § 55 BAT) nicht in den neuen Bundesländern. Hieraus resultieren verschiedene Rechtsstreitigkeiten über die Frage der Anwendung des BAT-O.[3] Die im Vergleich zu den alten Bundesländern unterschiedliche tarifliche Regelung der Arbeitsbedingungen für im Beitrittsgebiet begründeten Arbeitsverhältnisse ist noch verfassungsgemäß.[4] 5

b) Nach der Rechtsprechung des BAG ist der BAT-O anzuwenden, wenn das **Arbeitsverhältnis in den neuen Bundesländern begründet** worden ist und einen Bezug zum Beitrittsgebiet aufweist.[5] Wurde ein Angestellter für eine Tätigkeit im Beitrittsgebiet eingestellt und wird er auf unbestimmte Zeit dort beschäftigt, so ist dieser Bezug gegeben. Auf Ort und Zeitpunkt des Arbeitsvertragsschlusses, den Wohnort des Angestellten und darauf, ob die Beschäftigungs- 6

---

[1] Dazu BAG 8. 6. 2000 AP 163 zu § 626 BGB = NZA 2000, 1282.

[2] BAG 7. 11. 1975 AP 1 zu § 130 BetrVG 1972; 30. 7. 1987 AP 3 zu § 130 BetrVG 1972 = NZA 88, 402.

[3] Vgl. hierzu *Peifer* FS Schaub, 1998, S. 557; *Schmitt* AuA 2000, 157.

[4] BVerfG 13. 11. 2003 ZBR 2004, 100; BAG 13. 3. 2008 NZA-RR 2008, 495.

[5] BAG 30. 7. 1992 AP 1 zu § 1 TV Ang Bundespost; 24. 2. 1994 AP 1 zu § 1 BAT-O = NZA 95, 133; 23. 2. 1995 AP 2 zu § 1 TV Ang Bundespost = NZA 96, 109; 21. 9. 1995 AP 6 zu § 1 BAT-O = NZA 97, 1003; 26. 10. 1995 AP 7 zu § 1 BAT-O = NZA 96, 765; 16. 11. 2000 AP 17 zu § 1 BAT-O; 6. 11. 2003 AP 19 zu § 1 BAT-O = NZA 2004, 751. Zusammenfassend: *Peifer* FS Schaub S. 557.

dienststelle ihren Sitz im Beitrittsgebiet hat, kommt es nicht an.[6] Wird ein Arbeitnehmer, dessen Arbeitsverhältnis im Beitrittsgebiet begründet worden ist, in den Geltungsbereich des BAT versetzt, gilt dieser bis der Angestellte wieder auf einen Arbeitsplatz im Beitrittsgebiet zurückkehrt.[7] Die Fortgeltung des BAT-O kommt in der Regel nur dann in Betracht, wenn der Angestellte durch die Arbeit im Geltungsbereich des BAT Aufgaben seiner bisherigen Dienststelle wahrnimmt oder in deren Interesse tätig wird. Dabei muss die Dauer der Tätigkeit im Voraus bestimmt und durch ihren Zweck gerechtfertigt sein. Liegen diese Voraussetzungen nicht vor, ist der BAT anzuwenden.[8] Einem Lehrer, dessen Arbeitsverhältnis im Beitrittsgebiet begründet ist, steht für die Dauer zweier jeweils auf ein Schulhalbjahr befristeter Einsätze im Unterricht an einer Schule im ehemaligen Westberlin Vergütung nach BAT zu.[9]

7 **c)** Wird ein Arbeitnehmer nach seinem Arbeitsvertrag an **ständig wechselnden Einsatzorten** jeweils kurzfristig sowohl im Geltungsbereich des TV Arb Deutsche Bundespost als auch im Geltungsbereich des TV Arb-O Deutsche Bundespost beschäftigt, bestimmt sich das Arbeitsverhältnis nach dem Tarifvertrag, in dessen Geltungsbereich die Beschäftigungsdienststelle liegt. Das ist die Dienststelle, welcher der Arbeitnehmer arbeitsorganisatorisch zugeordnet ist, die seine Arbeitseinsätze plant und koordiniert, von der aus er tätig wird und von der er Weisungen für seine tägliche Arbeit erhält. Auf die Dienststelle, welcher der Arbeitnehmer verwaltungsmäßig zugeordnet ist, kommt es nicht an.[10]

8 **d)** Ein im Jahr 1982 abgeschlossener **Firmentarifvertrag,** dessen Geltungsbereich sich auf „die Arbeitnehmer" des Unternehmens erstreckt, gilt seit dem 3. 10. 1990 mangels anderweitiger tariflicher Bestimmung auch für Arbeitnehmer, die in Betriebsstätten des Arbeitgebers im Beitrittsgebiet beschäftigt werden. Bestimmt ein solcher Firmentarifvertrag die Anwendung des BAT vom 23. 2. 1961 und der diesen ergänzenden Tarifverträge, richten sich auch die Arbeitsverhältnisse dieser Arbeitnehmer nach dem BAT und nicht nach dem BAT-O. Dieser ist kein den BAT ergänzender Tarifvertrag im Sinne der Verweisungsnorm des Firmentarifvertrags. Soll auf die Arbeitsverhältnisse dieser Arbeitnehmer künftig statt des BAT der BAT-O Anwendung finden, müssen die Tarifvertragsparteien dies vereinbaren. Eine dahingehende ergänzende Auslegung des Firmentarifvertrags von 1982 ist nicht möglich.[11]

9 **e)** Gewährt ein Arbeitgeber des öffentlichen Dienstes Angestellten, die nach einer Tätigkeit im Geltungsbereich des BAT auf einen Arbeitsplatz im Beitrittsgebiet zurückkehren, weiterhin Leistungen nach diesem Tarifvertrag und nicht nach dem auf diese Arbeitsverhältnisse anzuwendenden BAT-O, muss er andere Angestellte auf vergleichbaren Arbeitsplätzen **gleichbehandeln.** Allein darin, dass diese Angestellten nicht im Geltungsbereich des BAT beschäftigt waren, liegt kein sachlicher Grund für die Unterscheidung.[12] Der arbeitsrechtliche Gleichbehandlungsgrundsatz ist jedoch nicht verletzt, wenn der Arbeitgeber einer bestimmten Gruppe von Arbeitnehmern übertariflich Leistungen nach BAT gewährt, weil diese Arbeitnehmer besondere Eignungsanforderungen erfüllen und zu den Bedingungen des BAT-O geeignete Bewerber nicht gefunden werden können. Ob einzelne Arbeitnehmer der begünstigten Gruppe bereit gewesen wären, auch ohne übertarifliche Vergütung zu arbeiten, ist unerheblich.[13] Eine Pflicht zur Gleichbehandlung besteht nicht, wenn der Arbeitgeber seinen Irrtum alsbald nach Kenntniserlangung korrigiert hat, indem er die übertariflichen Leistungen an jene Arbeitnehmer eingestellt und die überzahlten Beträge zurückgefordert hat. Ein Anspruch auf Gleichbehandlung im Irrtum besteht nicht.[14]

10 **f)** Hat der **Arbeitgeber die Leistungen nach dem BAT weitergewährt,** weil er sich dazu tariflich oder gesetzlich für verpflichtet hielt, kann er diese Praxis jederzeit beenden. In diesem Fall kann für die Zukunft keiner der vergleichbaren Angestellten die Anwendung des BAT verlangen. Weiterhin ist, wenn der Arbeitgeber die zu Unrecht gewährten Leistungen nicht zurückfordert, für die Vergangenheit die Lohngleichheit dadurch zu verwirklichen, dass

---

[6] BAG 24. 2. 1994 AP 1 zu § 1 BAT-O = NZA 95, 133.
[7] BAG 23. 2. 1995 AP 2 zu § 1 BAT-O = NZA 95, 1057.
[8] BAG 20. 3. 1997 AP 8 zu § 1 BAT-O = NZA 98, 108; 6. 11. 2003 AP 19 zu § 1 BAT-O = NZA 2004, 751.
[9] BAG 20. 3. 1997 AP 8 zu § 1 BAT-O = NZA 98, 108.
[10] BAG 25. 6. 1998 AP 1 zu § 1 TV Arb Bundespost = NZA 99, 274.
[11] BAG 9. 12. 1999 AP 14 zu § 1 BAT-O = NZA 2000, 1167.
[12] BAG 26. 10. 1995 AP 7 zu § 1 BAT-O = NZA 96, 765; dazu auch *Söllner* FS Dieterich S. 629.
[13] BAG 16. 11. 2000 AP 17 zu § 1 BAT-O.
[14] BAG 26. 11. 1998 AP 11 zu § 1 BAT-O = NZA 99, 1108.

auch vergleichbare Angestellte, die nicht im Geltungsbereich des BAT tätig waren, die Leistungen nach diesem Tarifvertrag erhalten.[15]

III. Eingruppierung

11 **1. Allgemeines.** Die Vergütung der Angestellten im öffentlichen Dienst richtet sich nach der Vergütungsgruppe, in die sie eingruppiert sind (§ 22 I 2 BAT).[16] Für die Eingruppierung der Angestellten nach dem BAT sind die Tätigkeitsmerkmale der Vergütungsordnung der Anlagen 1a oder 1b zum BAT maßgebend. Der Angestellte ist danach in die Vergütungsgruppe eingruppiert, deren Tätigkeitsmerkmalen die gesamte von ihm nicht nur vorübergehend auszuübende Tätigkeit entspricht (§ 22 II BAT). Es gilt die sog. **Tarifautomatik.** Der Arbeitnehmer ist in der seiner Tätigkeit entsprechenden Vergütungsgruppe eingruppiert. Es besteht kein Anspruch auf eine bestimmte Vergütung.[17] Die Eingruppierung ist kein rechtsgestaltender Akt, sondern die Zuordnung einer Tätigkeit zu einer in Betracht kommenden Vergütungsgruppe.[18] Die Eingruppierung ist mithin nicht konstitutiv. Dies gilt sowohl für die erstmalige Eingruppierung als auch für die Höhergruppierung. Die Eingruppierung ist der subjektiven Bewertung des Arbeitgebers entzogen.[19] Teilt ein Arbeitgeber dem Arbeitnehmer das Ergebnis einer Kommission zur Bewertung der Stellenbeschreibung mit, so äußert er damit nur eine Rechtsauffassung.[20] Diese kann er wie andere Tätigkeitsbewertungen (z.B. durch Vorgesetzte) im Falle eines Bewertungsirrtums grundsätzlich wieder korrigieren, ggf. durch eine Rückgruppierung (dazu RN 43). Nach st. Rspr. ist die Bezeichnung der Vergütungsgruppe in dem Arbeitsvertrag oder in einer Eingruppierungsmitteilung gem. §§ 133, 157 BGB grundsätzlich nicht dahin auszulegen, dass dem Angestellten ein eigenständiger, von den tariflichen Bestimmungen unabhängiger arbeitsvertraglicher Anspruch auf diese Vergütung zustehen soll. Ohne Hinzutreten weiterer Umstände kann ein Arbeitnehmer eine solche Bedeutung der Angabe der Vergütungsgruppe schon deshalb nicht entnehmen, weil der Arbeitgeber des öffentlichen Dienstes grundsätzlich keine übertarifliche Vergütung, sondern nur das gewähren will, was dem Arbeitnehmer tarifrechtlich zusteht.[21] § 23 Unterabs. 1 BAT hat Bedeutung, wenn sich die Tätigkeit eines Angestellten aus sich heraus praktisch ändert und die Merkmale einer höheren Vergütungsgruppe erfüllt.

12 **2. Arbeitsvorgang. a)** Nach § 22 II Unterabs. 2 Satz 1 BAT entspricht die gesamte auszuübende Tätigkeit den Tätigkeitsmerkmalen einer Vergütungsgruppe, wenn zeitlich **mindestens zur Hälfte** Arbeitsvorgänge anfallen, die für sich genommen die Anforderungen eines Tätigkeitsmerkmals oder mehrerer Tätigkeitsmerkmale der Vergütungsgruppe erfüllen. Kann die Erfüllung einer Anforderung in der Regel erst bei der Betrachtung mehrerer Arbeitsvorgänge festgestellt werden (z.B. vielseitige Fachkenntnisse), sind diese Arbeitsvorgänge für die Feststellung, ob diese Anforderung erfüllt ist, zusammen zu beurteilen. Die Eingruppierung hängt daher wesentlich von der Bestimmung des Begriffs des Arbeitsvorgangs ab. Im Rahmen von Eingruppierungsstreitigkeiten kommt es darauf an, für welchen Zeitraum die Arbeitsvorgänge zu ermitteln und zu bewerten sind. Dies ist davon abhängig, welchen Schwankungen Qualität und Quantität die vom Arbeitnehmer geleistete Arbeit unterliegt. Bei einfachen Arbeiten reicht eine Zeitspanne von einem Monat, bei schwierigeren Arbeiten werden im Allgemeinen 6 Monate zugrunde zu legen sein.[22]

13 **b)** Mit dem **Begriff des Arbeitsvorgangs** sollte ein Tatbestandsmerkmal geschaffen werden, das der Disposition der Parteien entzogen ist und das die Gerichte nach entsprechendem Tatsachenvortrag anzuwenden haben.[23] Der Begriff ist in der Protokollnotiz zu § 22 II BAT definiert. Unter Arbeitsvorgang ist unter Hinzurechnung der Zusammenhangstätigkeiten und bei Berücksichtigung einer vernünftigen, sinnvollen praktischen Verwaltungsübung eine nach tatsächlichen Gesichtspunkten abgrenzbare und tarifrechtlich selbstständig bewertbare Arbeitseinheit der zu einem bestimmten Arbeitsergebnis führenden Tätigkeit eines Angestellten zu

[15] BAG 26. 10. 1995 AP 7 zu § 1 BAT-O = NZA 96, 765.
[16] Dazu *Krasemann,* Das Eingruppierungsrecht des BAT, 7. Aufl.
[17] BAG 18. 11. 1975 AP 91 zu §§ 22, 23 BAT.
[18] BAG 16. 2. 2000 AP 3 zu § 2 NachwG = NZA-RR 2001, 216.
[19] BAG 26. 1. 2006 AP 213 zu §§ 22, 23, BAT 1975.
[20] BAG 27. 8. 2008 – 4 AZR 484/07 z. V. v.; 22. 3. 2000 AP 275 zu §§ 22, 23, BAT 1975.
[21] BAG 21. 2. 2007 ZTR 2007, 677; 25. 9. 2003 AP 26 zu §§ 22, 23 BAT-O; 16. 2. 2000 AP 3 zu § 2 NachwG; 16. 4. 1997 AP 225 zu §§ 22, 23 BAT 1975.
[22] BAG 26. 4. 1966 AP 2 zu §§ 22, 23 BAT.
[23] BAG 8. 2. 1978 AP 5 zu §§ 22, 23 BAT 1975; 25. 11. 1981 AP 51 zu §§ 22, 23 BAT 1975.

verstehen.[24] Dabei ist es zwar rechtlich möglich, dass die gesamte Tätigkeit eines Angestellten einen Arbeitsvorgang bildet, wenn der Aufgabenkreis nicht weiter aufteilbar und einer einheitlichen rechtlichen Bewertung zugänglich ist. Tatsächlich trennbare Tätigkeiten mit unterschiedlicher Wertigkeit können jedoch nicht zu einem Arbeitsvorgang zusammengefasst werden. Bei der Prüfung, welche Arbeitsvorgänge in einer Tätigkeit anfallen, kommt es entscheidend auf die jeweiligen Arbeitsergebnisse an.[25] Hierbei sind alle Einzeltätigkeiten einschließlich der Zusammenhangstätigkeiten (dazu RN 15) zusammenzufassen. Bei Funktionsmerkmalen (z.B. Arzt, Kassenleiter) ist die gesamte Tätigkeit des Angestellten in dieser Funktion als einheitlicher Arbeitsvorgang zu bewerten.[26]

14 c) Sind die **Arbeitsvorgänge ermittelt,** ist jeder der Arbeitsvorgänge daraufhin zu überprüfen, in welche Vergütungsgruppe er einzureihen ist. Nur ausnahmsweise kommt die zusammenfassende Beurteilung aller Arbeitsvorgänge in Betracht, wenn die Erfüllung einer Anforderung erst bei der zusammenfassenden Betrachtung aller oder mehrerer Arbeitsvorgänge beurteilt werden kann (§ 22 II Unterabs. 2 Satz 2 BAT). Damit wird gewährleistet, dass einem Angestellten des öffentlichen Dienstes diejenige Qualifizierung zugutekommt, die sich daraus ergibt, dass er nebeneinander mehrere Tätigkeiten ausübt, aus deren Summierung sich erst die Erfüllung bestimmter tariflicher Merkmale ergibt. Dies kann z.B. der Fall sein bei „gründlichen Fachkenntnissen“[27] oder besonderen Leistungen (zu den Merkmalen RN 19ff.).[28] Besteht die gesamte Tätigkeit aus Arbeitsvorgängen, die verschiedenen Vergütungsgruppen zuzuordnen sind, ist der Angestellte in die Vergütungsgruppe einzuordnen, deren Merkmale er zu über 50% erfüllt.[29]

15 **3. Zusammenhangstätigkeiten. a)** Zur Feststellung der Arbeitsvorgänge kommt es nicht darauf an, ob die Einzelaufgaben einem oder mehreren Angestellten zugewiesen worden sind oder zugewiesen werden könnten. Maßgeblich sind vielmehr die Arbeitsergebnisse der übertragenen Aufgaben, wobei der **enge innere Zusammenhang einzelner Arbeitsleistungen** für die Annahme eines einheitlichen Arbeitsvorgangs sprechen kann.[30] Die Zusammenfassung von Aufgaben mit einem inneren Zusammenhang in einer Person macht es entbehrlich, sich in die Arbeitsergebnisse der einzelnen Aufgaben einzuarbeiten und bei Unklarheiten ggf. Rückfragen stellen zu müssen. Nur wenn dieser enge innere Zusammenhang der Arbeitsleistungen bzw. Arbeitsergebnisse gegeben ist, rechtfertigt das die Annahme eines einheitlichen Arbeitsvorganges im Sinne der natürlichen Betrachtungsweise. Dies hat aber mit der organisatorisch als sinnvoll erachteten Zusammenfassung bzw. Aufteilung von Aufgaben auf einen oder mehrere Angestellte nichts zu tun.[31] Zusammenhangstätigkeiten sind solche Tätigkeiten, die auf Grund ihres inneren Zusammenhangs mit bestimmten, insbesondere höherwertigen Aufgaben eines Angestellten bei der tarifrechtlichen Bewertung zwecks Vermeidung tarifwidriger Atomisierung der Arbeitseinheiten nicht abgetrennt werden dürfen, sondern ihnen zuzurechnen sind.[32] Das Heraussuchen einer Akte gehört mithin zur Aktenbearbeitung.

16 **b)** Auf der Grundlage dieser Rechtsprechung sind als Arbeitsvorgänge beispielsweise angesehen worden: Tätigkeit des **Betriebsleiters** für die Gas- und Wasserversorgung einer Stadtgemeinde; Stoffsammlung für eine Dokumentation, Durchsicht von Zeitungen und Zeitschriften zum Zwecke der Unterbreitung von Themenvorschlägen, Zeitungslektüre zur persönlichen Unterrichtung bei einem **Redakteur;**[33] Laborarbeiten und Literaturstudien eines **Restaurators;**[34] je nach Verwaltungsorganisation das Unterbreiten eines Konservierungsvorschlages oder von Konservierungsvorschlägen bei einem **Sachbearbeiter für Korrosionsschutz;**[35] Erstel-

[24] BAG 6. 6. 2007 AP 308 zu §§ 22, 23 BAT 1975 = NZA-RR 2008, 189; 20. 6. 2001 ZTR 2001, 561; 24. 9. 1997 AP 226 zu §§ 22, 23 BAT 1975.

[25] BAG 31. 7. 2002 AP 291 zu §§ 22, 23 BAT 1975 = NZA 2003, 1151.

[26] St. Rspr. BAG 5. 11. 2003 AP 83 zu § 256 ZPO 1977 = NZA-RR 2004, 442; 29. 11. 2001 AP 288 zu §§ 22, 23 BAT 1975 = NZA 2002, 1288.

[27] Vgl. BAG 31. 7. 2002 AP 291 zu §§ 22, 23 BAT 1975 = NZA 2003, 1151; 11. 11. 1998 AP 5 zu § 1 TVG Tarifverträge: Arbeiterwohlfahrt; 10. 12. 1997 AP 237 zu §§ 22, 23 BAT 1975.

[28] BAG 12. 12. 1990, 20. 10. 1993 AP 154, 173 zu §§ 22, 23 BAT 1975.

[29] BAG 28. 4. 1982 AP 62 zu §§ 22, 23 BAT 1975.

[30] BAG 9. 7. 1997 AP 7 zu §§ 22, 23 BAT-O.

[31] BAG 31. 7. 2002 AP 292 zu §§ 22, 23 BAT 1975 = NZA 2003, 445.

[32] BAG 19. 3. 1975 AP 85 zu §§ 22, 23 BAT; 24. 2. 1979 AP 15 zu §§ 22, 23 BAT 1975 = PersV 80, 207; 26. 7. 1995 AP 203 zu §§ 22, 23 BAT 1975.

[33] BAG 7. 12. 1977 AP 3 zu §§ 22, 23 BAT 1975.

[34] BAG 21. 10. 1998 AP 11 zu §§ 22, 23 BAT-O.

[35] BAG 14. 12. 1977 AP 4 zu §§ 22, 23 BAT 1975.

lung von Bebauungsplänen bei einem **vermessungstechnischen Angestellten;**[36] Arbeiten eines **technischen Angestellten** im Hochbauamt;[37] Einweisung studentischer Übungsgruppen an Versuchseinrichtungen, Beratung bei der Durchführung der Versuche, Sicherstellung des Versuchsablaufs, Vorschlagsuntersuchungen bei studentischen Arbeiten bei einem **Angestellten am Kernphysik- und Isotopenlabor;**[38] Forschungsvorhaben;[39] unterschriftsreife Bearbeitung von Anträgen auf Erteilung von Vertriebenenausweisen eines **Sachbearbeiters;**[40] Erstellung von Nachrichtenspiegeln durch **Redakteure** im Presse- und Informationsamt;[41] Leitung einer Elektrowerkstatt und persönliche Mitarbeit;[42] Leitung eines Gartenbaubezirks;[43] Verwaltung, Leitung und Abwicklung internationaler Ferienkurse bei **studentischer Betreuung;**[44] Leitung einer Referategruppe;[45] gutachterliche Tätigkeit eines **berufenden Ingenieurs** eines Integrationsamts;[46] **Betreuung** im Rahmen der Amtsbetreuung zugewiesener Personen;[47] **Einsatzsachbearbeiterin** in einer Feuerwehrleitstelle;[48] Herstellung von veterinärmedizinischen Illustrationen durch eine **Grafikerin;**[49] allgemeine und besondere Pflegearbeiten in einem psychiatrischen Krankenhaus,[50] **Küchenleitung;**[51] Tätigkeit von **Sozialarbeitern** im Sozialdienst für Nichtsesshafte;[52] Erziehungsbeistandschaften;[53] Organisation von therapeutischen Wohngemeinschaften[54] und betreutem Wohnen;[55] alle Tätigkeiten eines Angestellten in der sog. **„Servicegruppe Innenstadt",** die den Innenstadtbereich einer Großstadt kontrolliert und Verstöße gegen die unterschiedlichsten Gebote und Verbote verfolgt;[56] Führung eines Materiallagers.[57]

c) Keine Zusammenhangstätigkeit liegt vor, wenn zwar eine äußere Ähnlichkeit und funktionelle Zusammengehörigkeit zum gleichen Aufgabengebiet gegeben ist, aber die Einzeltätigkeiten von den Tarifvertragsparteien ausdrücklich verschiedenen Vergütungsgruppen zugeordnet und damit rechtlich unterschiedlich bewertet werden.[58] Die Zusammenfassung ist aber auch nur dann ausgeschlossen, wenn die Tätigkeiten voneinander getrennt werden können.[59] Andererseits müssen auch dann Einzeltätigkeiten als Zusammenhangstätigkeit gewürdigt werden, wenn die Tarifvertragsparteien einen bestimmten Aufgabenbereich bzw. Dienstposten, zu dem diese Einzeltätigkeiten gehören, zum selbstständigen Tätigkeitsmerkmal einer Vergütungsgruppe erheben.[60] Auch insoweit gibt es eine umfangreiche Judikatur.[61] Für die Abgrenzung der zu einem bestimmten Arbeitsergebnis führenden und rechtlich selbstständig zu bewertenden Tätigkeit ist eine sinnvolle, vernünftige Verwaltungsübung entscheidend.[62] **17**

---

[36] BAG 19. 4. 1978 AP 6 zu §§ 22, 23 BAT 1975.
[37] BAG 9. 7. 1997 AP 7 zu §§ 22, 23 BAT-O = ZTR 98, 33.
[38] BAG 13. 12. 1978 AP 12 zu §§ 22, 23 BAT 1975.
[39] BAG 23. 2. 1983 AP 70 zu §§ 22, 23 BAT 1975 = PersV 85, 36.
[40] BAG 14. 3. 1979 AP 17 zu §§ 22, 23 BAT 1975.
[41] BAG 4. 4. 1979 AP 20 zu §§ 22, 23 BAT 1975.
[42] BAG 16. 5. 1979 AP 22 zu §§ 22, 23 BAT 1975.
[43] BAG 16. 5. 1979 AP 23 zu §§ 22, 23 BAT 1975.
[44] BAG 23. 5. 1979 AP 24 zu §§ 22, 23 BAT 1975.
[45] BAG 26. 1. 2005 AP 302 zu §§ 22, 23 BAT 1975 = NZA-RR 2005, 660.
[46] BAG 21. 10. 1998 AP 258 zu §§ 22, 23 BAT 1975.
[47] BAG 30. 9. 1998 AP 257 zu §§ 22, 23 BAT 1975.
[48] BAG 22. 7. 1998 AP 254 zu §§ 22, 23 BAT 1975.
[49] BAG 26. 9. 1979 AP 26 zu §§ 22, 23 BAT 1975.
[50] BAG 3. 9. 1986 AP 124 zu §§ 22, 23 BAT 1975.
[51] BAG 23. 1. 1985 AP 99 zu §§ 22, 23 BAT 1975.
[52] BAG 4. 5. 1988 AP 143 zu §§ 22, 23 BAT 1975; 24. 9. 1997 AP 226 zu §§ 22, 23 BAT 1975 = ZTR 98, 79.
[53] BAG 6. 2. 1991 ZTR 91, 379.
[54] BAG 29. 9. 1993 AP 7 zu §§ 22, 23 BAT Sozialarbeiter.
[55] BAG 14. 6. 1995 AP 17 zu §§ 22, 23 BAT 1975 Sozialarbeiter.
[56] BAG 7. 7. 2004 AP 297 zu §§ 22, 23 BAT 1975.
[57] BAG 15. 9. 2004 1978 AP 298 zu §§ 22, 23 BAT 1975.
[58] BAG 20. 10. 1993 AP 172 zu §§ 22, 23 BAT 1975; 18. 5. 1994 AP 5 zu §§ 22, 23 BAT Datenverarbeitung; 26. 7. 1995 AP 203 zu §§ 22, 23 BAT 1975.
[59] BAG 19. 3. 1986, 20. 10. 1993 AP 116, 172 zu §§ 22, 23 BAT 1975; 22. 4. 1998 AP 240 zu §§ 22, 23 BAT 1975; 20. 6. 2001 ZTR 2001, 561.
[60] BAG 25. 3. 1981 AP 43 zu §§ 22, 23 BAT 1975 sowie BAG 29. 11. 2001 AP 288 zu §§ 22, 23 BAT 1975 = NZA 2002, 1288.
[61] *Menken* PersV 85, 498; unterschiedliche daktyloskopische Untersuchungen: BAG 12. 11. 1986 AP 129 zu §§ 22, 23 BAT 1975.
[62] BAG 3. 6. 1981 AP 45 zu §§ 22, 23 BAT 1975 = PersV 83, 296; 20. 6. 2001 ZTR 2001, 561: Lehre, Forschung und akademische Selbstverwaltung an einer Universität sind keine Zusammenhangstätigkeiten.

18 **d)** Ist eine tatsächliche und rechtlich selbstständige Bewertung der zu einem bestimmten Arbeitsergebnis führenden Einzeltätigkeiten unter Berücksichtigung einer sinnvollen, vernünftigen Verwaltungsübung nicht möglich, sind **weitere Tätigkeiten** des Angestellten hinzuzunehmen und alsdann zu prüfen, ob eine Abgrenzung möglich ist.[63] Dies kann im Einzelfall einmal dazu führen, dass die gesamte Tätigkeit eines Angestellten zusammenzufassen ist. Dies wurde z. B. angenommen für einen Betriebsleiter, der für die Gas- und Wasserversorgung einer Stadtgemeinde zuständig war oder dem die Leitung eines Gartenbaubezirkes übertragen war.[64] Die einzelnen Restaurierungsvorhaben einer Restaurateurin sind einzelne Arbeitsvorgänge; gleichartige und gleichwertige Restaurierungsvorhaben können jedoch zu einem Arbeitsvorgang zusammengefasst werden.[65]

19 **4. Einzelne Heraushebungsmerkmale. a)** Die Eingruppierungsmerkmale zeichnen sich durch zahlreiche **unbestimmte Rechtsbegriffe** aus. Teilweise ist hieraus die Schlussfolgerung gezogen worden, sie seien nicht mehr justiziabel. Das BAG ist dem stets entgegengetreten.[66] Im Rahmen von Höhergruppierungsprozessen obliegt es dem Kläger, Tatsachen zu den einzelnen Heraushebungsmerkmalen darzulegen (dazu RN 37 ff.).[67] Hierzu kann gehören, welche Gesetze, Verordnungen, Erlasse, Urteile oder Anweisungen bei der Tätigkeit zu berücksichtigen sind und welches Maß an Verantwortung vorliegt.

20 **b)** Nimmt der Kläger das tarifliche Heraushebungsmerkmal der **„besonderen Leistungen"** für seine Eingruppierung in Anspruch, reicht zum schlüssigen Vortrag eine genaue Darstellung seiner eigenen Tätigkeit nicht aus. Der Tatsachenvortrag muss vielmehr einen wertenden Vergleich mit den nicht unter das Heraushebungsmerkmal fallenden Tätigkeiten ermöglichen.[68] Der Vortrag des Klägers muss erkennen lassen, wodurch sich eine bestimmte Tätigkeit im Vergleich zur Grundtätigkeit heraushebt.[69]

21 **c)** Das Merkmal der **„besonderen Schwierigkeit"** (z. B. VergGr. III Fallgr. 1 b) bezieht sich auf die fachliche Qualifikation des Angestellten. Erforderlich ist ein Wissen und Können, das die Anforderungen der VergGr. IV b Fallgr. 1 a in beträchtlicher und gewichtiger Weise übersteigt. Diese erhöhte Qualifizierung kann sich im Einzelfall aus der Breite und Tiefe des geforderten fachlichen Wissens und Könnens ergeben, aber auch aus außergewöhnlichen Erfahrungen oder einer sonstigen gleichwertigen Qualifikation, etwa Spezialkenntnissen. Dabei muss sich die Schwierigkeit unmittelbar aus der Tätigkeit selbst ergeben, so dass diese nicht etwa deswegen als besonders schwierig im Tarifsinne angesehen werden kann, weil sie unter belastenden Bedingungen geleistet werden muss.[70] Hierzu hat der Arbeitnehmer im Streitfall im Rahmen wertender Betrachtung Tatsachen vorzutragen, die den Schluss ermöglichen, dass sich die ihm übertragenen Aufgaben im fachlichen Schwierigkeitsgrad aus einer Tätigkeit der VergGr. IV b Fallgr. 1 a herausheben. Er hat die Erfüllung der tariflichen Anforderung der „besonderen Schwierigkeit" mit der Breite des anzuwendenden Wissens und Könnens konkret bezogen auf die einzelnen Anforderungen seines Arbeitsgebiets zu begründen, ohne sich dabei mit allgemeinen im Abstrakten verharrenden Behauptungen zu begnügen. Er hat weiter konkret darzulegen, um welches Wissen und Können es sich handelt und warum insoweit ein Mehr im Vergleich zu unter die VergGr. IV b Fallgr. 1 a fallenden Tätigkeiten vorliegt.

22 **d)** Die **„besondere Bedeutung"** einer Tätigkeit kann sich aus der Bedeutung oder der Größe des Aufgabengebietes sowie aus der Tragweite für den innerdienstlichen Bereich und für die Allgemeinheit ergeben.[71]

23 **e) „Gründliche Fachkenntnisse"** haben ein qualitatives und ein quantitatives Element. Gründlich sind Fachkenntnisse von nicht ganz unerheblichem Ausmaß und nicht nur oberflächlicher Natur. Es werden nähere Fachkenntnisse verlangt. Diese Kenntnisse müssen erforderlich

---

[63] BAG 28. 4. 1983 AP 79 zu §§ 22, 23 BAT 1975.

[64] BAG 22. 11. 1977 AP 2 zu §§ 22, 23 BAT 1975; 16. 5. 1979 AP 23 zu §§ 22, 23 BAT 1975; 23. 5. 1979 AP 24 zu §§ 22, 23 BAT 1975, 476; 9. 9. 1981 AP 48 zu §§ 22, 23 BAT 1975; 15. 2. 1984 AP 86 zu §§ 22, 23 BAT 1975; 23. 1. 1985 AP 99 zu §§ 22, 23 BAT 1975; siehe auch BAG 2. 12. 1987 AP 141 zu §§ 22, 23 BAT 1975.

[65] BAG 31. 7. 2002 AP 292 zu §§ 22, 23 BAT 1975.

[66] Vgl. BAG 29. 1. 1986, 19. 3. 1986, 16. 4. 1986 AP 115, 116, 120 zu §§ 22, 23 BAT 1975.

[67] Vgl. BAG 19. 3. 1986, 16. 4. 1986 AP 116, 120 zu §§ 22, 23 BAT 1975.

[68] Vgl. BAG 20. 10. 1993, 22. 7. 1998 AP 173, 256 zu §§ 22, 23 BAT 1975.

[69] BAG 20. 3. 1996 AP 24 zu §§ 22, 23 BAT Sozialarbeiter.

[70] BAG 16. 10. 2002 AP 294 zu §§ 22, 23 BAT 1975; 1. 8. 2001 ZTR 2002, 178.

[71] BAG 14. 4. 1999 AP 263 zu §§ 22, 23 BAT 1975 = NZA-RR 2000, 219.

sein, sie müssen also zur ordnungsgemäßen Erledigung der auszuübenden Tätigkeiten benötigt werden.[72]

f) Es kann vorkommen, dass in den Vergütungsgruppen z. B. **„selbstständige Leistungen zu einem Drittel"** vorausgesetzt werden. Erforderlich ist ein den vorausgesetzten Fachkenntnissen entsprechendes selbstständiges Erarbeiten eines Ergebnisses unter Entwicklung einer eigenen geistigen Initiative; eine leichte geistige Arbeit kann diese Anforderung nicht erfüllen. Das Merkmal „selbstständige Leistungen" darf nicht mit dem Begriff „selbstständig arbeiten" verwechselt werden, worunter man eine Tätigkeit ohne direkte Aufsicht oder Leitung versteht. Eine selbstständige Leistung im Tarifsinne ist dann anzunehmen, wenn eine Gedankenarbeit erbracht wird, die im Rahmen der für die Vergütungsgruppe vorausgesetzten Fachkenntnisse hinsichtlich des einzuschlagenden Weges, insbesondere hinsichtlich des zu findenden Ergebnisses, eine eigene Beurteilung und eine eigene Entschließung erfordert.[73] Kennzeichnend für selbstständige Leistungen im tariflichen Sinne ist – ohne Bindung an verwaltungsrechtliche Fachbegriffe – ein wie auch immer gearteter Ermessens-, Entscheidungs-, Gestaltungs- oder Beurteilungsspielraum bei der Erarbeitung eines Arbeitsergebnisses. Vom Angestellten werden Abwägungsprozesse verlangt, in deren Rahmen Anforderungen an dessen Überlegungsvermögen gestellt werden. Der Angestellte muss dabei unterschiedliche Informationen verknüpfen, untereinander abwägen und zu einer Entscheidung kommen.[74] Das Merkmal ist bereits dann erfüllt, wenn Arbeitsvorgänge vorliegen, die mindestens $^{1}/_{3}$ der gesamten Arbeitszeit des Angestellten in Anspruch nehmen, die selbstständige Leistungen enthalten. Auf den Umfang der selbstständigen Leistungen innerhalb der einzelnen Arbeitsvorgänge kommt es nicht an. Die Arbeitsvorgänge müssen in rechtserheblichem Ausmaß das Erfordernis selbstständiger Leistungen erfüllen.[75] 24

g) Das Merkmal **„selbstständige Tätigkeit"** liegt vor, wenn der Angestellte bei seiner Tätigkeit eine den in der Vergütungsgruppe vorausgesetzten Fachkenntnissen entsprechende eigene Entscheidungsbefugnis über den zur Erbringung seiner Leistungen jeweils einzuschlagenden Weg und das zu findende Ergebnis hat. Dabei kann das Merkmal „selbstständige Tätigkeit" nicht mit dem Merkmal „selbstständige Leistungen" gleichgesetzt werden. Vor dem Hintergrund der unterschiedlichen Aufgaben, die Angestellten im Verwaltungsdienst und Technikern obliegen, setzt das Tätigkeitsmerkmal der selbstständigen Tätigkeit eine gewisse Eigenständigkeit des Aufgabenbereichs voraus, was eine fachliche Anleitung und Überwachung durch Vorgesetzte nicht gänzlich ausschließt. Die Annahme einer Eigenständigkeit eines Aufgabengebietes und einer eigenen Entscheidungsbefugnis des Angestellten hängt aber maßgeblich vom Ausmaß der organisatorischen Einbindung des Dienstpostens in den Verwaltungsaufbau der konkreten Dienststelle und der hier festzustellenden Eigenständigkeit ab.[76] 25

h) Das Heraushebungsmerkmal der **„besonders verantwortungsvollen"** Tätigkeit der VergGr. IV b Fallgr. 1 a ist erfüllt, wenn sich die Tätigkeit des Angestellten gemessen an und ausgehend von den Anforderungen der VergGr. V b Fallgr. 1 a durch das Maß der geforderten Verantwortung in gewichtiger, beträchtlicher Weise heraushebt.[77] Diese Anforderung kann auch dann erfüllt sein, wenn der Angestellte, obwohl er als der Verantwortliche nicht in Erscheinung tritt, an Maßnahmen mit erheblichen Auswirkungen gegenüber dem öffentlichen Arbeitgeber oder Dritten deshalb wesentlich beteiligt ist, weil sein Vorgesetzter zur Nachprüfung aller vom Angestellten bearbeiteten Vorgänge schon zeitlich nicht in der Lage und deshalb nicht dazu verpflichtet ist.[78] 26

i) Eine **„ausdrücklich angeordnete Unterstellung"** im organisatorischen Sinne verlangt eine Zuordnung als Untergebener. Das Tarifmerkmal erfordert die Weisungs- und die Aufsichtsbefugnis des vorgesetzten Angestellten gegenüber dem ihm zugeordneten Untergebenen. Durch die „ausdrückliche Anordnung" der Unterstellung wird klargestellt, dass eine lediglich tatsäch- 27

---

[72] BAG 31. 7. 2002 AP 291 zu §§ 22, 23 BAT 1975 = NZA 2003, 1151; 24. 8. 1983 AP 78 zu §§ 22, 23 BAT 1975.

[73] BAG 18. 5. 1994 AP 178 zu §§ 22, 23 BAT 1975.

[74] BAG 6. 6. 2007 AP 308 zu §§ 22, 23 BAT 1975 = NZA-RR 2008, 189.

[75] BAG 19. 3. 1986 AP 116 zu §§ 22, 23 BAT 1975; 20. 10. 1993 AP 172 zu §§ 22, 23 BAT 1975; 18. 5. 1994 AP 178 zu §§ 22, 23 BAT 1975; 22. 3. 1995 AP 193 zu §§ 22, 23 BAT 1975; zusammenfassend *Krasemann,* Das Eingruppierungsrecht des BAT/BAT-O, 7. Aufl., 2002, S. 464 f. und 511 ff.

[76] BAG 14. 4. 1999 AP 1 zu § 23 a BAT-O = NZA-RR 2000, 47; 10. 12. 1997 AP 234 zu §§ 22, 23 BAT 1975.

[77] BAG 27. 8. 2008 – 4 AZR 470/07; 9. 5. 2007 – 4 AZR 351/06.

[78] BAG 15. 2. 2006 AP 32 zu §§ 22, 23 BAT-O = NZA-RR 2006, 504.

liche Unterstellung der Angestellten unter einen Vorgesetzten und dessen Weisungs- und Aufsichtsbefugnis nicht ausreichend ist. Aus dem Merkmal der ausdrücklichen Anordnung folgt, dass eine Unterstellung nur bei unmittelbarer Zuordnung eines Mitarbeiters zu einem Vorgesetzten angenommen werden kann. Das Merkmal der „ausdrücklichen Anordnung" der Unterstellung schließt zwar nicht die Möglichkeit aus, einen Mitarbeiter jeweils mit einem Teil seiner Tätigkeit unterschiedlichen Vorgesetzten zu unterstellen. Ist aber ein Mitarbeiter einem bestimmten Vorgesetzten mit seiner ganzen Tätigkeit durch ausdrückliche Anordnung unterstellt, kann in dieser Anordnung nicht gleichzeitig eine Unterstellung unter den Vorgesetzten seines Vorgesetzten gesehen werden.[79]

27a j) **„Besonders umsichtig"** handelt danach derjenige, an den gesteigerte Anforderungen an seine Überlegungen gestellt werden.[80]

28 **5. Aufstieg.** Bei der Eingruppierung im Wege des Bewährungsaufstiegs ist zu **unterscheiden** zwischen dem Bewährungsaufstieg nach § 23 a BAT, dem Fallgruppenbewährungsaufstieg und einem reinen Zeitaufstieg.[81]

29 **a)** Sieht ein tarifliches Tätigkeitsmerkmal für einen **Bewährungsaufstieg** eine Bewährung in einer bestimmten Fallgruppe einer niedrigeren Vergütungsgruppe vor, kann für die Berechnung der Bewährungszeit nur ein Zeitraum herangezogen werden, während dessen der Tarifvertrag galt, der Arbeitnehmer tatsächlich in die niedrigere Vergütungsgruppe eingruppiert war und die der vorausgesetzten Fallgruppe entsprechenden Tätigkeiten ausgeübt hatte.[82] Ob die vor einem Betriebsübergang beim Veräußerer geleisteten Beschäftigungszeiten bei der Berechnung von bestimmten, für die Eingruppierung oder Einstufung bedeutungsvollen Beschäftigungszeiten anzurechnen sind oder nicht, hängt von der konkreten Tarifnorm ab, für die sie herangezogen werden sollen. Die Tarifvertragsparteien sind weitgehend frei zu entscheiden, ob und ggf. welche Vorbeschäftigungszeiten tariflich gewichtet werden sollen.[83]

29a Der **Bewährungsaufstieg nach § 23 a BAT** setzt die kumulative Erfüllung von drei Tatbestandsmerkmalen voraus: **(1)** Die Erfüllung eines der in der Anlage 1 zum BAT mit einem Sternchen gekennzeichneten Tätigkeitsmerkmale;[84] **(2)** den Ablauf der vorgeschriebenen Bewährungszeit; **(3)** die tatsächliche Bewährung in der vorgeschriebenen Bewährungszeit. Für den Bewährungsaufstieg nach § 23 a Satz 2 Nr. 1 BAT kommen nur Tätigkeiten in Betracht, die einer konkreten Vergütungsgruppe der Vergütungsordnung des BAT zugeordnet sind. Die Tätigkeit des Angestellten muss danach überhaupt vom BAT und seiner Vergütungsordnung erfasst sein.[85] Während der Bewährungszeit muss der Arbeitnehmer alle Aufgaben erfüllt haben, die zur auszuübenden Tätigkeit gehören.[86] Dabei kommt es auf eine objektive Betrachtungsweise und nicht auf die Bewertung der Parteien an.[87] Das Erfordernis der Bewährung ist erfüllt, wenn sich der Angestellte während der vorgeschriebenen Bewährungszeit den in der ihm übertragenen Tätigkeit auftretenden Aufgaben gewachsen gezeigt hat. Damit wird zum Ausdruck gebracht, dass die bloße Zeitdauer der in einer bestimmten Vergütungsgruppe verbrachten Tätigkeit zur Bewährung i. S. des § 23 a BAT nicht ausreicht. Hinzukommen muss vielmehr, dass die Leistungen des Angestellten in dieser Zeit nicht zu beanstanden, also ordnungsgemäß waren. Besonders gute Leistungen sind dagegen nicht zu fordern.[88] Der Bewährung i. S. von § 23 a BAT stehen nur solche Verfehlungen des Arbeitnehmers entgegen, die unter Berücksichtigung seiner im Übrigen gezeigten Leistungen und der Dauer der nach dem BAT für einen Aufstieg jeweils erforderlichen Bewährungszeit nennenswert ins Gewicht fallen.[89] Im Regelfall sind das außerdienstliche Verhalten des Angestellten, seine dienstliche Führung und seine Leistungen bei der Tätigkeit, auf der seine Eingruppierung nicht beruht, für seine Bewährung nicht maßgeblich. Reicht allerdings ein bei der Bundesagentur für Arbeit beschäftigter Berufsberater für Abiturienten und Hochschüler in betrügerischer Absicht Kostenbelege mehrfach zur Beihilfe ein,

[79] BAG 26. 1. 2005 AP 302 zu §§ 22, 23 BAT 1975 = NZA-RR 2005, 660.
[80] BAG 27. 8. 2008 – 4 AZR 484/07 z. V. v.
[81] Vgl. BAG 2. 12. 1987 AP 141 zu §§ 22, 23 BAT 1975 = PersV 89, 324.
[82] BAG 9. 4. 2008 NZA-RR 2009, 79.
[83] BAG 17. 10. 2007 AP 40 zu § 1 TVG = NZA 2008, 713.
[84] BAG 10. 9. 1975 AP 12 zu § 23 a BAT; 9. 11. 1983 AP 6 zu § 24 BAT.
[85] BAG 21. 10. 1992 AP 26 zu § 23 a BAT.
[86] BAG 10. 12. 1969 AP 9 zu § 23 a BAT; Vordienstzeiten in der DDR können berücksichtigt werden: BAG 14. 4. 1999 AP 1 zu § 23 a BAT-O.
[87] BAG 10. 9. 1975 AP 12 zu § 23 a BAT.
[88] BAG 17. 2. 1993 AP 29 zu § 23 a BAT.
[89] BAG 17. 2. 1993 AP 29 zu § 23 a BAT.

zerstört er damit das für diese Tätigkeit unverzichtbare Vertrauensverhältnis zu seiner Arbeitgeberin. Damit steht dieses Fehlverhalten einem Bewährungsaufstieg nach § 23a MTA entgegen.[90] Die Unterbrechung der Bewährungszeit ist in § 23a Nr. 4 BAT eingehend geregelt.[91] Die Zeiten der Unterbrechung während der Schutzfristen nach dem MuSchG werden nach Buchst. e angerechnet, nicht jedoch die Zeit des Wochenurlaubs nach § 244 AGB-DDR.[92]

b) Der **Fallgruppenbewährungsaufstieg** (§ 23b BAT) setzt nach der Formulierung der verschiedenen Tarifverträge entweder eine bestimmte Bewährungszeit in der Fallgruppe einer bestimmten Vergütungsgruppe oder eine Tätigkeit in einer bestimmten Vergütungsgruppe und Fallgruppe nach einer bestimmten Bewährungszeit voraus. Zeiten, während derer der Angestellte nach § 24 BAT vorübergehend in einer höheren Vergütungsgruppe eingruppiert ist, sind keine Zeiten, die in der Ausgangsvergütungsgruppe zurückgelegt sind.[93] Die Bewährungszeiten für den Fallgruppenaufstieg können auch bei einem anderen Arbeitgeber zurückgelegt sein. Maßgeblich ist die Fassung des jeweiligen Tätigkeitsmerkmals.[94] Auf den Fallgruppenbewährungsaufstieg ist § 23a BAT entspr. anzuwenden, soweit er allgemeine Rechtsgedanken enthält, die dem tariflichen Sinn und Zweck des Bewährungsaufstiegs und dem Gesamtzusammenhang der tariflichen Regelung des BAT entsprechen.[95] Im Übrigen scheidet eine unmittelbare oder entsprechende Anwendung von § 23a BAT auf den Fallgruppenbewährungsaufstieg aus.[96] Eine tariflich unterwertige Tätigkeit wird auf die Bewährungszeit für einen Fallgruppenaufstieg nicht angerechnet, wenn dem Angestellten diese Tätigkeit mit seinem Einverständnis übertragen worden ist und ihm die mögliche tarifliche Unterwertigkeit der Tätigkeit bekannt war.[97] Die Zuordnung der zutreffenden Lebensaltersstufe erfolgt kraft Tarifautomatik mit der vollständigen Erfüllung aller Anspruchsvoraussetzungen des Fallgruppenbewährungsaufstiegs. Sowohl die Bestimmung der Ausgangsstufe als auch das Aufrücken in eine höhere Stufe ist nicht an einen entsprechenden Einordnungsakt des Arbeitgebers gebunden, sondern folgt allein der tariflichen Einordnung. Eine dieser Einordnung entgegenstehende Praxis, die auf einer unrichtigen Beurteilung der zutreffenden Vergütungsgruppe durch den Arbeitgeber beruht, kann die Zuordnung zu der zutreffenden Stufe und damit den tariflichen Vergütungsanspruch eines Angestellten nicht beeinträchtigen.[98] Wegen des Verbots widersprüchlichen Verhaltens kann es dem Arbeitgeber des öffentlichen Dienstes ausnahmsweise verwehrt sein, einem Angestellten nach Ablauf der Bewährungszeit entgegenzuhalten, seine Vergütung sei wegen Fehlens einer Tatbestandsvoraussetzung des seiner Eingruppierung bislang zugrunde gelegten Eingruppierungsmerkmals übertariflich, so dass er trotz der Bewährung in seiner Tätigkeit an dem tariflich für dieses Eingruppierungsmerkmal vorgesehenen Bewährungsaufstieg nicht teilnehme.[99] 30

c) Im Falle der **Teilzeitbeschäftigung** hatte das BAG zunächst angenommen, die Bewährungszeit setze auch eine Bewährung in der Beschäftigung voraus. Hieraus folge, dass für die Teilzeitbeschäftigten die Bewährungszeit entsprechend verlängert sei.[100] Dieser Rspr. ist der EuGH zu Recht nicht gefolgt.[101] Das BAG hat daraufhin angenommen, der vollständige Ausschluss von Teilzeitbeschäftigten vom Bewährungsaufstieg sei wegen Verstoßes gegen § 2 I BeschFG (nunmehr: § 4 I TzBfG) nach § 134 BGB unwirksam. Schließlich hat der Vierte Senat entschieden, tarifliche Bestimmungen, die vorsehen, dass als Bewährungszeiten voll anrechenbare Zeiten der Teilzeitbeschäftigung im Falle des Übergangs zu längerer Arbeitszeit nur noch anteilig anzurechnen sind, wegen Verstoßes gegen Art. 3 I GG und § 2 I BeschFG 1985 nichtig seien.[102] 31

d) Sehr differenziert ist die Rechtsprechung zur Anrechnung von **Vordienstzeiten.** Für den Bewährungsaufstieg nach § 2 Nr. 1 des ÄnderungsTV Nr. 2 zum BAT sind auch Tätigkeiten zu 32

---

[90] BAG 17. 2. 1993 AP 2 zu § 23a MTA.
[91] BAG 9. 3. 1994 AP 32 zu § 23a BAT = NZA 95, 130; 9. 11. 1994 AP 33 zu § 23a BAT zur Unterbrechung wegen Erziehungsurlaubs (Elternzeit).
[92] BAG 16. 6. 2005 AP 3 zu § 23a BAT-O = NZA 2006, 283.
[93] BAG 9. 11. 1983 AP 6 zu § 24 BAT; 24. 9. 1997 AP 1 zu § 23b BAT = ZTR 98, 85.
[94] BAG 30. 5. 2001 AP 4 zu § 23b BAT = NZA-RR 2002, 664.
[95] BAG 9. 11. 1983 AP 6 zu § 24 BAT.
[96] BAG 9. 11. 1983 AP 6 zu § 24 BAT.
[97] BAG 12. 5. 2004 AP 300 zu §§ 22, 23 BAT 1975; 30. 5. 2001 AP 5 zu § 23b BAT.
[98] BAG 25. 1. 2006 AP 4 zu § 27 BAT-O = NZA-RR 2007, 45.
[99] BAG 8. 6. 2005 AP 8 zu § 2 NachwG = NZA 2006, 53 (hier allerdings verneint).
[100] BAG 14. 9. 1988 AP 24 zu § 23a BAT = NZA 89, 351.
[101] EuGH 7. 2. 1991 NZA 91, 513; dazu: *Berger-Delhey* ZTR 91, 318; *Mauer* NZA 91, 501.
[102] BAG 9. 3. 1994 AP 31 zu § 23a BAT = NZA 94, 1042.

berücksichtigen, die in die Zeit der DDR fielen.[103] Nach der Rechtsprechung des EuGH können auch im Dienst eines EU-Staates verbrachte Dienstzeiten im Rahmen des Bewährungsaufstiegs zu berücksichtigen sein.[104] Das BAG hat dagegen angenommen, der Entscheidung des EuGH habe ein reiner Zeitaufstieg und kein Bewährungsaufstieg zugrunde gelegen. Es hat die Anrechnung ausländischer Dienstzeiten abgelehnt und eine Abweichung von der Rechtsprechung des EuGH verneint.[105] Die Elternzeit ist auf die fünfjährige Bewährungszeit für den Fallgruppenbewährungsaufstieg aus Fallgruppe 1 der VergGr KR VIII in Fallgruppe 8 der VergGr. KR IX der Anlage 1 b zum BAT – Vergütungsordnung für Angestellte im Pflegedienst, Abschnitt A – Krankenanstalten – nicht anzurechnen. Der auf den Fallgruppenbewährungsaufstieg des § 23 b BAT im Ergebnis anwendbare § 23 a Nr. 4 BAT verstößt insoweit nicht gegen höherrangiges Recht.[106]

33 **e)** Die Tarifvertragsparteien sind nicht gehindert, eine **Änderung der Eingruppierungsmerkmale** auch zum Nachteil der Arbeitnehmer vorzunehmen. Die Beseitigung des Bewährungsaufstiegs in eine höhere Vergütungsgruppe durch einen neuen Tarifvertrag ist nicht verfassungswidrig. Die Angestellten erlangen durch die zurückgelegte Bewährungszeit keinen Besitzstand. Sie erwerben keine Anwartschaft als aufschiebend bedingten Anspruch auf höhere Vergütung.[107]

34 **f)** Der Arbeitgeber überschreitet sein **Direktionsrecht,** wenn er einem Arbeitnehmer Arbeiten einer niedrigeren VergGr zuweist, aus der allerdings ein Bewährungsaufstieg in die höhere VergGr möglich ist.[108] Weitgehend ungeklärt sind Rechtskraftfragen, wenn die Eingruppierung in einem Vorprozess festgestellt worden ist und der Arbeitnehmer jetzt seinen Bewährungsaufstieg begehrt.[109]

35 **g)** Die Grundsätze zur **Darlegungs- und Beweislast** bei der korrigierenden Rückgruppierung (RN 43 ff.) sind auf den Fall der Verweigerung des Bewährungsaufstiegs grundsätzlich übertragbar. Das gilt aber nur insoweit, wie sich aus der Mitteilung des Arbeitgebers über die Eingruppierung zwingend eine tarifliche Voraussetzung für den Bewährungsaufstieg ergibt.

36 **6. Mitbestimmung des Personalrats.** Bei der **Ein-, Um- und Höhergruppierung** hat der Personalrat Mitwirkungsrechte. Die Eingruppierung ist Rechtsanwendung, bei welcher der Personalrat ein Mitbeurteilungsrecht hat.[110] Die Überprüfung einer bestehenden Eingruppierung aus Anlass der Übertragung neuer Aufgaben, die auf einem neuen (anderen) bisher noch nicht bewerteten Arbeitsplatz anfallen, unterliegt als Neu-Eingruppierung der Mitbestimmung des Personalrats nach § 75 I Nr. 2 BPersVG. Die Mitbestimmung entfällt auch dann nicht, wenn die Neu-Eingruppierung weder zu einem Wechsel der Vergütungsgruppe noch zu einem Wechsel der Fallgruppe mit veränderten Möglichkeiten eines Zeit- oder Bewährungsaufstiegs führt.[111] Das Mitbestimmungsrecht des Personalrats erstreckt sich grundsätzlich auch auf den Zeitpunkt, zu dem die Höhergruppierung wirksam werden soll.[112] Ist der Arbeitnehmer unter Verletzung der Mitwirkungsrechte des Personalrats höhergruppiert worden, hat er – anders als bei der sog. korrigierenden Rückgruppierung[113] – für die Zeit der Zuweisung der höherwertigen Tätigkeit auch Anspruch auf entsprechende Vergütung.[114] Das Mitbestimmungsrecht des Personalrats bei der Übertragung einer niedriger zu bewertenden Tätigkeit besteht auch bei deren einvernehmlicher Übertragung. Seine Verletzung hat zur Folge, dass die Übertragung der niedriger zu bewertenden Tätigkeit unwirksam ist. Der Arbeitgeber bleibt daher verpflichtet, den Arbeitnehmer mit seiner bisherigen – höherwertigen – Tätigkeit weiterzubeschäftigen. Er gerät somit in Annahmeverzug, wenn der Arbeitnehmer ihm seine frühere Tätigkeit anbietet, der Arbeitgeber ihn damit aber nicht beschäftigt. Erfolgt die Tätigkeitsänderung im beiderseiti-

---

[103] BAG 14. 4. 1999 AP 1 zu § 23 a BAT-O.
[104] EuGH 15. 1. 1998 NZA 98, 205 (Kalliope Schöning).
[105] BAG 25. 3. 1998 AP 42 zu § 23 a BAT.
[106] BAG 9. 11. 1994 AP 33 zu § 23 a BAT; 18. 6. 1997 AP 3 zu § 23 b BAT = NZA 98, 267.
[107] BAG 14. 6. 1995 AP 13 zu § 1 TVG Rückwirkung = NZA-RR 96, 112.
[108] BAG 24. 4. 1996 AP 49 zu § 611 BGB Direktionsrecht = NZA 97, 104.
[109] Vgl. BAG 16. 4. 1997 AP 1 zu § 22 MT Ang LV = NZA-RR 98, 283; näher hierzu *Friedrich/Kloppenburg* ZTR 2003, 314.
[110] BAG 27. 7. 1993 AP 110 zu § 99 BetrVG 1972 = NZA 94, 952.
[111] BVerwG 8. 12. 1999 AP 74 zu § 75 BPersVG.
[112] BVerwG 6. 10. 1992 AP 3 zu § 80 LPVG Rheinland-Pfalz.
[113] Dazu BAG 30. 5. 1990 AP 31 zu § 75 BPersVG = NZA 90, 899.
[114] BAG 2. 3. 1988 AP 142 zu §§ 22, 23 BAT 1975.

gen Einvernehmen der Arbeitsvertragsparteien, fehlt regelmäßig ein solches Angebot, sofern es nicht später ausdrücklich erfolgt.[115]

7. Eingruppierungsfeststellungsklage. a) Vor den Gerichten für Arbeitssachen kann auf **Feststellung geklagt werden, dass der Arbeitgeber verpflichtet ist, den Arbeitnehmer nach einer bestimmten Vergütungsgruppe zu bezahlen** (vgl. ArbR-Formb. § 69 RN 5).[116] Eine solche Eingruppierungsfeststellungsklage ist auch außerhalb des öffentlichen Dienstes allgemein üblich. Gegen deren Zulässigkeit bestehen nach ständiger Rechtsprechung des BAG keine Bedenken.[117] Unzulässig ist dagegen eine Klage, mit der ein Arbeitnehmer die Feststellung der Vergütung nach einer bestimmten Fallgruppe einer Vergütungsgruppe beantragt.[118] Eine Eingruppierungsfeststellungsklage gegen einen Arbeitgeber des öffentlichen Dienstes bleibt trotz einer während des Rechtsstreits eingetretenen Beendigung des Arbeitsverhältnisses zulässig, wenn es um die Klärung geht, ob dem Arbeitnehmer für den Streitzeitraum eine höhere als die gezahlte Vergütung zu zahlen ist oder wenn die alsbaldige Feststellung aus anderen Gründen geboten ist.[119] Das BAG geht von einem Ausschluss der Verzugszinsen aus und spricht nur Prozesszinsen zu.[120] Ferner wurden Zinsen in der Vergangenheit vom Vierten Senat des BAG nur aus den Nettodifferenzbeträgen zugesprochen.[121] Dies dürfte nach dem Beschluss des Großen Senats des BAG vom 7. 3. 2001[122] zur Bruttoverzinsung nicht mehr haltbar sein.[123] 37

b) Der **Arbeitnehmer hat die Tatsachen darzulegen,** aus denen das Gericht auf einen bestimmten Arbeitsvorgang schließen kann. Der Begriff des Arbeitsvorgangs ist ein feststehender, abstrakter, von den Tarifvertragsparteien vorgegebener Rechtsbegriff (RN 12). Die Anwendung eines derart bestimmten Rechtsbegriffs durch die Tatsachengerichte ist in vollem Umfang durch das Revisionsgericht nachprüfbar.[124] Die Parteien können nicht unstreitig stellen, dass bestimmte Tätigkeiten einen Arbeitsvorgang im Rechtssinne bilden. Die Bestimmung des Arbeitsvorgangs ist als Rechtsanwendung Sache der Gerichte.[125] Der Arbeitnehmer hat darzulegen, welche Arbeitsergebnisse zu erarbeiten sind und wie die einzelnen Aufgaben ausgeführt werden, welche Zusammenhangstätigkeiten gegeben sind, welche Verwaltungsübungen zur Zusammenfassung bestehen und wie die Zusammenarbeit und Aufgaben der einzelnen Bediensteten geregelt sind. Darzulegen ist des Weiteren, inwieweit die Aufgaben tatsächlich voneinander abgegrenzt werden können und ob sie auch jeweils für sich selbstständig zu bewerten sind.[126] Schließlich muss die Zeit angegeben werden, die zur Erledigung eines Arbeitsvorgangs benötigt wird.[127] 38

c) Das Gericht hat gemäß § 139 ZPO zur Richtigstellung, Ergänzung und Vervollständigung des Tatsachenvortrags aufzufordern. Der Kläger braucht **keine tagebuchartigen Aufzeichnungen** über die Einzelheiten der Aufgaben vorzulegen, wenngleich diesen unter Beweisgesichtspunkten rechtliche Bedeutung zukommen kann.[128] Für die Darlegung des Zeitaufwands für jeden Arbeitsvorgang können allerdings neben Organisationsuntersuchungen, auch Tagebuchaufzeichnungen von Bedeutung sein.[129] In Eingruppierungsprozessen kann eine Schätzung nach § 287 ZPO erfolgen, wenn eine vollständige Aufklärung der Zeitanteile der einzelnen Arbeitsvorgänge an der Gesamtarbeitszeit mit Schwierigkeiten verbunden ist. Hierzu müssen ausreichende Schätzungsgrundlagen vorhanden sein, die vom Tatsachengericht im Urteil darzulegen sind.[130] 39

---

[115] BAG 12. 5. 2004 AP 300 zu §§ 22, 23 BAT 1975.
[116] St. Rspr., vgl. BAG 9. 4. 2008 ZTR 2008, 672 m. w. N.
[117] BAG 16. 4. 1997 AP 225 zu §§ 22, 23 BAT 1975; 26. 5. 1993 AP 2, 3, 4 zu § 12 AVR Caritasverband.
[118] BAG 7. 5. 2008 ZTR 2008, 66; 22. 1. 2003 AP 24 zu § 24 BAT = NZA 2003, 1111; 28. 9. 1994 AP 185 zu §§ 22, 23 BAT 1975.
[119] BAG 5. 11. 2003 AP 83 zu § 256 ZPO 1977 = NZA-RR 2004, 442.
[120] BAG 4. 10. 1981 AP 49 zu §§ 22, 23 BAT 1975; 11. 6. 1997 AP 1 zu § 291 BGB.
[121] BAG 13. 2. 1985 AP 3 zu § 1 TVG Tarifverträge: Presse.
[122] AP 4 zu § 288 BGB = NZA 2001, 1195.
[123] Ebenso nunmehr BAG 5. 9. 2002 AP 93 zu §§ 22, 23 BAT Lehrer.
[124] BAG 26. 7. 1995 AP 203 zu §§ 22, 23 BAT 1975.
[125] BAG 8. 9. 1999 AP 270 zu §§ 22, 23 BAT 1975; 26. 7. 1995 AP 203 zu §§ 22, 23 BAT 1975.
[126] BAG 24. 10. 1984 AP 97 zu §§ 22, 23 BAT 1975 = PersV 87, 345.
[127] BAG 14. 8. 1985 AP 109 zu §§ 22, 23 BAT 1975.
[128] BAG 28. 2. 1979, 28. 3. 1979 AP 16, 19 zu §§ 22, 23 BAT 1975.
[129] BAG 18. 5. 1994 AP 5 zu §§ 22, 23 BAT Datenverarbeitung.
[130] BAG 14. 2. 1979, 2. 4. 1980 AP 15, 35 zu §§ 22, 23 BAT 1975.

40 **d)** Bei sog. **Aufbaufallgruppen** hat der Arbeitnehmer zunächst darzulegen, dass die Anforderungen der allgemeinen und darauf jeweils nacheinander die der qualifizierenden Merkmale erfüllt sind. Anschließend sind die weiteren Merkmale der darauf aufbauenden höheren Vergütungsgruppen zu prüfen.[131] Die Prüfung der Merkmale von Aufbaufallgruppen verlangt den aufeinander bezogenen wertenden Vergleich mit dem entsprechenden Merkmal der niedrigeren Aufbaufallgruppe. Sie darf nicht umgangen werden durch einen wertenden Vergleich mit besonderen funktionsbezogenen Eingruppierungsmerkmalen für andere Regelungsbereiche.[132] Eine lediglich pauschale Überprüfung ist ausreichend, wenn der hierfür maßgebliche Sachverhalt unstreitig ist und der Arbeitgeber selbst für die Tätigkeit des Angestellten ein Tätigkeitsmerkmal der entsprechenden Vergütungsgruppe als erfüllt ansieht.[133] Eine Aufbaufallgruppe im Tarifsinne liegt nur vor, wenn das Tätigkeitsmerkmal ein „Herausheben" aus dem in Bezug genommenen Tätigkeitsmerkmal der niedrigeren Vergütungsgruppe durch eine zusätzliche Anforderung ausdrücklich vorsieht, nicht aber dann, wenn ein Tätigkeitsmerkmal im Vergleich zu einem anderen lediglich höhere Anforderungen stellt.[134] Sind einer Vergütungsgruppe Tarifbeispiele beigefügt, ist grundsätzlich davon auszugehen, dass ein Arbeitnehmer in die höhere Vergütungsgruppe einzugruppieren ist, wenn die Voraussetzungen der **Richtbeispiele** erfüllt sind.[135] Etwas anderes gilt dann, wenn der Tarifvertrag vorsieht, dass auch die allgemeinen Merkmale erfüllt sein müssen. Umstände, die für die Erfüllung eines Merkmals einer Aufbaufallgruppe berücksichtigt worden sind, können grundsätzlich nicht noch einmal für die Erfüllung eines Heraushebungsmerkmals einer höheren Aufbaufallgruppe herangezogen werden; sie sind „verbraucht". Von diesem Grundsatz kann abgewichen werden, wenn der Angestellte ausschließlich oder im Wesentlichen eine oder mehrere hochwertige Tätigkeiten auszuüben hat, so dass bei der Prüfung der Erfüllung der Merkmale der niedrigeren Aufbaufallgruppen keine geringerwertigen Tätigkeiten herangezogen werden können. In diesem Fall kann bei der Prüfung der Voraussetzungen der niedrigeren Aufbaufallgruppen auf Teilaufgaben oder Teilfunktionen der auszuübenden hochwertigen Tätigkeit abgestellt werden.[136]

41 **e)** Enthält das Tätigkeitsmerkmal der angestrebten Vergütungsgruppe eine **besondere quantitative Bestimmung** bezüglich des Anteils einer bestimmten Anforderung (hier: „mindestens zu einem Drittel selbstständige Leistungen" – VergGr. BAT Vc), dessen Vorliegen das Landesarbeitsgericht hinsichtlich des geforderten Anteils verneint, muss es jedenfalls dann auch ohne gesonderten Klageantrag das Tätigkeitsmerkmal der niedrigeren Vergütungsgruppe überprüfen, wenn ein ansonsten identisches Tätigkeitsmerkmal einen geringeren Anteil derselben Anforderung (hier: „mindestens zu einem Fünftel selbstständige Leistungen" – VergGr. BAT VIb) vorsieht und der Arbeitnehmer bislang Vergütung nach einer noch niedrigeren Vergütungsgruppe (VergGr. BAT VII) erhält.[137]

42 **f)** Umstritten sind die **Auswirkungen der Nachweisrichtlinie und des NachwG** auf die Darlegungs- und Beweislast im Eingruppierungsprozess. Die Nachweisrichtlinie selbst enthält keine Beweislastregel.[138] Das Ziel der Richtlinie, die Information des Arbeitnehmers über die Arbeitsbedingungen zu gewährleisten, würde aber – so der EuGH[139] – nicht erreicht, wenn der Arbeitnehmer die Unterrichtung nicht in einem Rechtsstreit zu Beweiszwecken verwenden könne. Die nationalen Beweislastregeln seien im Lichte des Zwecks der Richtlinie anzuwenden. Da die Richtlinie keine Beweislastregel enthalte, könne sich das Gericht nicht ausschließlich auf die dem Arbeitnehmer von Arbeitgeber ausgehändigte Mitteilung der Arbeitsbedingungen stützen. Vielmehr müsse dem Arbeitgeber der Beweis des Gegenteils ermöglicht werden. Hieraus wird die Schlussfolgerung zu ziehen sein, dass dann, wenn dem Arbeitnehmer eine bestimmte Vergütungsgruppe benannt wird, dem Arbeitgeber die Darlegungs- und Beweislast dafür obliegt, dass diese unrichtig ist. Dem entspricht die neuere Rechtsprechung zur korrigierenden Rückgruppierung (vgl. oben RN 43ff.).[140]

---

[131] St. Rspr., vgl. BAG 9. 4. 2008 ZTR 2008, 672; 16. 10. 2002, 22. 7. 1998 AP 294, 256 zu §§ 22, 23 BAT 1975.

[132] BAG 7. 5. 2008 ZTR 2008, 668.

[133] BAG 26. 1. 2005 AP 302 zu §§ 22, 23 BAT 1975.

[134] BAG 12. 5. 2004 AP 301 zu §§ 22, 23 BAT 1975.

[135] BAG 29. 10. 1980, 28. 9. 1994, 22. 3. 1995 AP 41, 192, 195 zu §§ 22, 23 BAT 1975.

[136] BAG 7. 5. 2008 ZTR 2008, 668.

[137] BAG 6. 6. 2007 ZTR 2008, 156.

[138] EuGH 4. 12. 1997 AP 3 zu EWG-Richtlinie Nr. 91/533 = NZA 98, 137.

[139] EuGH 4. 12. 1997 AP 3 zu EWG-Richtlinie Nr. 91/533 = NZA 98, 137.

[140] Dazu näher BAG 16. 2. 2000 AP 3 zu § 2 NachwG; *Friedrich/Kloppenburg* RdA 2001, 293; *Hohmeister* BB 98, 587; *Linck* FA 98, 105; *Schwarze* RdA 97, 343.

8. Rückgruppierung. a) Ist ein Arbeitnehmer zu hoch eingruppiert worden, sind im öffentlichen Dienst zwei Fallgruppen zu unterscheiden.[141] Ist der Arbeitnehmer ausnahmsweise **bewusst zu hoch eingruppiert** worden, kann eine Herabgruppierung nur im Wege der Änderungskündigung erfolgen. Die Darlegungs- und Beweislast dafür, dass eine übertarifliche Vergütung vereinbart worden ist, liegt bei dem, der daraus für sich Rechte herleitet.[142] 43

b) Hat der Arbeitgeber den Arbeitnehmer **irrtümlich zu hoch eingruppiert** und ist in seinem Arbeitsvertrag nur auf das Tarifrecht verwiesen, kann der Arbeitgeber im Rahmen des BAT eine erneute tarifvertragliche Zuordnung der zu bewertenden Tätigkeit auch zulasten des Angestellten vornehmen, sog. korrigierende Rückgruppierung. Im Streitfall kann sich der Angestellte zunächst auf die ihm vom Arbeitgeber mitgeteilte Vergütungsgruppe berufen. Sodann muss der Arbeitgeber die objektive Fehlerhaftigkeit der mitgeteilten Vergütungsgruppe darlegen und beweisen. Bestimmt sich die Eingruppierung des Arbeitnehmers nach Aufbaufallgruppen, ist bei einer korrigierenden Rückgruppierung über mehrere Vergütungsgruppen die Prüfung der Wirksamkeit der Rückgruppierung für alle Vergütungsgruppen oberhalb der nunmehr vom Arbeitgeber als zutreffend angesehenen Vergütungsgruppen erforderlich.[143] Die objektive Fehlerhaftigkeit liegt bereits vor, wenn auch nur eine der tariflichen Voraussetzungen für die bisherige Eingruppierung fehlt.[144] Für eine korrigierende Rückgruppierung reicht es nicht aus, dass der Arbeitgeber nur einen Fehler bei der Eingruppierung aufzeigt, sondern die Vermeidung des aufgezeigten Fehlers muss dazu führen, dass die mitgeteilte Vergütungsgruppe nicht diejenige ist, in der der Angestellte tarifgerecht eingruppiert ist. Denn es muss – den Vortrag des Arbeitgebers als richtig unterstellt – die mitgeteilte Vergütungsgruppe deswegen unrichtig sein, weil keines der Tätigkeitsmerkmale dieser Vergütungsgruppe erfüllt ist. Mit anderen Worten: Der darzulegende Fehler muss sich so auswirken, dass die Bezahlung nach der mitgeteilten Vergütungsgruppe nicht tarifgerecht ist.[145] Dies kann auch auf einer neuen tariflichen Bewertung der Tätigkeit beruhen.[146] Die Darlegung der Voraussetzungen für die korrigierende Rückgruppierung durch den Arbeitgeber ist entbehrlich, wenn die von ihm korrigierte Eingruppierung bereits nach dem Vorbringen des Klägers fehlerhaft war.[147] 44

Hat der Arbeitgeber die Voraussetzungen für die sog. korrigierende Rückgruppierung dargelegt und ggf. bewiesen, ist es Sache des Angestellten, die Tatsachen darzulegen und ggf. zu beweisen, aus denen folgt, dass ihm die begehrte höhere Vergütung zusteht. Aus dem Nachweisgesetz und der **Nachweisrichtlinie** (RL 91/533/EWG des Rates vom 14. 10. 1991) ergeben sich nach Auffassung des BAG im Rahmen des BAT für die sog. korrigierende Rückgruppierung weder eine weitergehende Darlegungs- oder Beweislast des Arbeitgebers noch weitergehende Erleichterungen der Darlegungs- und Beweislast für den Angestellten.[148] 45

c) Eine korrigierende Rückgruppierung wegen fehlender tarifvertraglich erforderlicher Eingruppierungsvoraussetzungen ist nicht **rechtsmissbräuchlich** i. S. d. § 242 BGB, wenn der Arbeitgeber nicht zu erkennen gegeben hat, eine Eingruppierung in eine höhere Lohngruppe würde auch ohne Vorliegen der tariflichen Voraussetzungen erfolgen.[149] Die wiederholte korrigierende Rückgruppierung des Arbeitnehmers bei unveränderter Tätigkeit und Tarifrechtslage ist allerdings als **widersprüchliches Verhalten** (venire contra factum proprium) nach § 242 BGB treuwidrig und deshalb regelmäßig unzulässig.[150] Ein schützenswertes Vertrauen, das den Einwand widersprüchlichen Verhaltens begründet, kann auch durch Umstände begründet oder verstärkt werden, die nicht ausreichen, um als konkludente Zusage oder Vereinbarung gewertet werden zu können. Anderenfalls gäbe es für ein durch den Verwirkungseinwand geschütztes Vertrauen keinen Anwendungsbereich.[151] 46

---

[141] *Wirges* ZTR 98, 62.
[142] BAG 16. 2. 2000 AP 3 zu § 2 NachwG.
[143] BAG 15. 2. 2006 AP 3 zu §§ 22, 23 BAT Rückgruppierung = NZA-RR 2007, 215.
[144] BAG 16. 2. 2000 AP 3 zu § 2 NachwG; 17. 5. 2000 AP 18 zu §§ 22, 23 BAT-O = NZA 2001, 1395; 20. 6. 2001 AP 19 zu §§ 22, 23 BAT-O; 7. 5. 2008 AP 34 zu §§ 22, 23 BAT-O.
[145] BAG 5. 11. 2003 AP 2 zu § 22 BAT Rückgruppierung = NZA-RR 2004, 383.
[146] BAG 25. 9. 2002 AP 1 zu §§ 22, 23 BAT Rückgruppierung.
[147] BAG 15. 2. 2006 AP 3 zu §§ 22, 23 BAT Rückgruppierung = NZA-RR 2007, 215.
[148] BAG 16. 2. 2000 AP 3 zu § 2 NachwG; hierzu auch EuGH 14. 12. 1997 AP 3 zu EWG-Richtlinie 91/533 sowie *Linck* FA 98, 105.
[149] BAG 23. 3. 2005 ZTR 2006, 78.
[150] BAG 23. 8. 2006 AP 4 zu §§ 22, 23 BAT Rückgruppierung = NZA 2007, 516.
[151] BAG 14. 9. 2005 AP 3 zu § 2 BAT-O.

47 **d)** Die korrigierende Rückgruppierung ist mitbestimmungspflichtig.[152] Hat der Arbeitgeber bei der korrigierenden Rückgruppierung das **Mitbestimmungsrecht des Personalrats** verletzt, folgt hieraus nach der Rechtsprechung des BAG noch nicht, dass er die bisherige Vergütung weiter zahlen muss. Vielmehr hat der Arbeitnehmer nur dann einen entsprechenden Anspruch, wenn die höhere Vergütung vertraglich vereinbart ist oder eine tarifliche Rechtsgrundlage besteht.[153]

48 **9. Vorübergehende und vertretungsweise Übertragung einer höherwertigen Tätigkeit. a)** Nach § 24 I BAT kann der Arbeitgeber im Wege Direktionsrechts dem Arbeitnehmer eine höherwertige Tätigkeit **vorübergehend übertragen.** Durch diese Bestimmung wird das Weisungsrecht des Arbeitgebers erweitert. § 24 I BAT regelt zwar lediglich die Voraussetzungen, nach denen der Angestellte in einem solchen Fall Anspruch auf Zahlung einer Zulage hat. Die Tarifvertragsparteien setzen damit aber die Zulässigkeit derartiger Zuweisungen als ungeschriebene Regel voraus.[154] Die vorübergehende Übertragung kann ausdrücklich oder konkludent erfolgen. In jedem Fall muss für den Arbeitnehmer deutlich sein, dass die Übertragung nur vorübergehend erfolgt.[155] Eine nur vorübergehend auszuübende Tätigkeit begründet gemäß § 24 I BAT einen Anspruch des Angestellten auf eine Zulage, nicht jedoch auf eine andere Eingruppierung.[156]

49 **b)** Die dem Arbeitgeber eingeräumte Befugnis durfte nach früherer Rechtsprechung nicht rechtsmissbräuchlich zur bewussten oder unbewussten Umgehung der tarifgerechten Entlohnung führen.[157] Hiervon ist der Vierte Senat inzwischen abgerückt und prüft nunmehr, ob die vorübergehende Übertragung **billigem Ermessen** (§ 315 BGB) entspricht.[158] Das billige Ermessen bei der Ausübung des Direktionsrechts muss sich auf die Tätigkeitsübertragung „an sich" und die „Nicht-Dauerhaftigkeit" der Übertragung beziehen – „doppelte Billigkeit".[159] Eine vorübergehende Übertragung kommt in Betracht, wenn die wahrzunehmende Tätigkeit keine Daueraufgabe darstellt. Eine Daueraufgabe liegt vor, wenn ständiger Vertretungsbedarf besteht.[160] Soweit keine Daueraufgabe vorliegt, ist für die vorübergehende Aufgabenübertragung in § 24 BAT eine zeitliche Grenze nicht vorgesehen.[161] Die vorübergehende Übertragung einer höherwertigen Tätigkeit zum Zwecke der Durchführung eines Bewerbungsverfahrens und der endgültigen Entscheidungsfindung der Einstellungsbehörde fällt unter § 24 I BAT.[162] Gleiches gilt für die vorübergehende Übertragung einer Tätigkeit zum Zweck der Erprobung[163] sowie für die Tätigkeit des Mitarbeiters einer Ratsfraktion, wenn er die gesamte Verwaltungsarbeit der Ratsfraktion auszuüben hat.[164] § 24 BAT ist für die Vergütung eines angestellten Lehrers während der kommissarischen Wahrnehmung einer höherwertigen Tätigkeit nicht anwendbar, weil nach Nr. 5 der Vorbemerkungen zu allen Vergütungsgruppen der Anlage 1 a zum BAT die Eingruppierungsbestimmungen der Anlage 1 a nicht für angestellte Lehrkräfte gelten. In diesem Fall kann § 46 BBesG analog anwendbar sein.[165]

50 **c)** Entspricht die vorübergehende **Übertragung der Tätigkeit nicht billigem Ermessen,** hat die Bestimmung der „Leistung" nach Auffassung des Vierten Senats des BAG entsprechend § 315 III 2 BGB durch eine richterliche Entscheidung zu erfolgen. Diese könne bei der vorübergehenden Übertragung einer höherwertigen Tätigkeit – je nachdem, worin die Unbilligkeit liege – darin bestehen, die Übertragung der Tätigkeit nicht als nur vorübergehend, sondern als auf Dauer vorgenommen zu erklären oder die zeitliche Dauer anders zu bestimmen. Eine solche

---

[152] BVerwG 10. 7. 1995 AP 59 zu § 75 BPersVG.
[153] BAG 30. 5. 1990 AP 31 zu § 75 BPersVG = NZA 90, 899; 26. 8. 1992 AP 37 zu § 75 BPersVG = NZA 93, 469.
[154] BAG 17. 1. 2006 AP 6 zu § 24 BAT-O = NZA 2006, 1064.
[155] BAG 19. 3. 1986 AP 116 zu §§ 22, 23 BAT 1975; vgl. aber BAG 25. 2. 1987 AP 14 zu § 24 BAT = NZA 87, 636.
[156] BAG 14. 12. 2005 AP 26 zu § 24 BAT = NZA-RR 2006, 388.
[157] BAG 2. 5. 1979 AP 4 zu § 24 BAT = PersV 80, 437; 10. 2. 1988 AP 15 zu § 24 BAT = BB 88, 1117; 16. 1. 1991 AP 2 zu § 24 MTA = NZA 91, 490.
[158] BAG 17. 4. 2002 AP 23 zu § 24 BAT = NZA 2003, 159 sowie im Anschluss daran BAG 22. 1. 2003 ZTR 2003, 514; 14. 12. 2005 AP 26 zu § 24 BAT = NZA-RR 2006, 388.
[159] BAG 14. 12. 2005 AP 26 zu § 24 BAT = NZA-RR 2006, 388.
[160] BAG 16. 1. 1991 AP 3 zu § 24 MTA.
[161] BAG 14. 12. 2005 AP 26 zu § 24 BAT = NZA-RR 2006, 388.
[162] BAG 16. 9. 1998 AP 2 zu § 24 BAT-O = NZA 99, 384.
[163] BAG 18. 6. 1997 AP 1 zu § 24 BAT-O; 17. 7. 1997 AP 52 zu § 611 BGB Direktionsrecht.
[164] BAG 14. 12. 2005 AP 26 zu § 24 BAT = NZA-RR 2006, 388.
[165] BAG 9. 11. 2005 AP 172 zu § 611 BGB Lehrer, Dozenten.

Bestimmung könne im Eingruppierungsrechtsstreit inzident vorgenommen werden.[166] Die Beweislast dafür, dass die Ausübung des Direktionsrechts billigem Ermessen entspreche, trage derjenige, der das Leistungsbestimmungsrecht ausübe. Das Tatbestandsmerkmal „vorübergehend" wird nicht rückschauend danach beurteilt, wie lange die Übertragung tatsächlich erfolgt ist, sondern nach dem bei der Übertragung ausdrücklich oder stillschweigend zum Ausdruck gekommenen Willen des Arbeitgebers.[167]

d) Um eine **Vertretung i. S. v. § 24 II BAT** handelt es sich nur dann, wenn der eigentliche Arbeitsplatzinhaber vorübergehend die ihm dauernd übertragene Tätigkeit nicht wahrnimmt.[168] § 24 II BAT kommt daher z. B. zur Anwendung bei längerer Arbeitsunfähigkeit, Urlaub, Elternzeit, Mutterschutz oder Abordnungen des zu Vertretenden. Bei einer vertretungsweisen Übertragung einer höherwertigen Tätigkeit nach § 24 II BAT darf die vertretene Planstelle nicht vakant sein. Ist die Stelle, auf der der Angestellte – vorübergehend – beschäftigt wird, noch nicht besetzt, weil sie z. B. für einen Beamten freigehalten wird, liegt deshalb kein Vertretungsfall, sondern eine vorübergehend auszuübende Tätigkeit i. S. d. § 24 I BAT vor. Ist ein Angestellter arbeitsvertraglich zum „ständigen Vertreter" bestellt und deshalb auch zur Abwesenheitsvertretung verpflichtet, hat er im Vertretungsfall keinen Anspruch auf eine Vertreterzulage nach § 24 II BAT.[169] Die Billigkeit einer vertretungsweisen Übertragung einer höherwertigen Tätigkeit nach § 24 II BAT folgt schon aus dem Übertragungsgrund. Denn nach Rückkehr des vertretenen Arbeitnehmers auf seinen Arbeitsplatz besteht kein Bedürfnis für die Beschäftigung des Vertreters auf diesem Arbeitsplatz. Die vertretungsweise Übertragung einer höherwertigen Tätigkeit für die Zeit der Verhinderung des Vertretenen entspricht daher regelmäßig billigem Ermessen.[170] 51

e) Hat der Angestellte die vorübergehend übertragene höherwertige Tätigkeit nach § 24 I BAT mindestens einen Monat ausgeübt, erhält er eine **persönliche Zulage.** Der Anspruch auf die Zulage besteht auch dann, wenn die Übertragung in der Probezeit erfolgt.[171] Die Höhe der Zulage bemisst sich gemäß § 24 III BAT aus dem Unterschied zwischen der Vergütung, die dem Angestellten zum Zeitpunkt der Übertragung der Tätigkeit zustehen würde, wenn er in die höhere Vergütungsgruppe eingruppiert wäre, und der Vergütung der Vergütungsgruppe, in der er eingruppiert ist. Für die Berechnung einer persönlichen Zulage ist nach § 24 III BAT ein Vergleich der Gesamtvergütungen beider Tätigkeiten einschließlich sämtlicher Zulagen vorzunehmen. Übersteigt die Gesamtvergütung aus der vertragsgemäß auszuübenden Tätigkeit die der vorübergehend übertragenen höherwertigen Tätigkeit, rechtfertigt das freilich keine Kürzung der vertraglich geschuldeten Vergütung.[172] Die Zulage nach § 24 II BAT erhöht sich nicht bei einem hypothetischen Bewährungsaufstieg, d. h. wenn der Angestellte bei dauerhafter Übertragung der höherwertigen Tätigkeit einen Bewährungsaufstieg erreicht hätte.[173] 52

f) Bedarf die vorübergehende Übertragung der anders bewerteten Tätigkeiten i. S. v. § 24 BAT der vorherigen **Zustimmung des Personalrats** und ist diese nicht erteilt worden, kann sich die Übertragung der anderen Tätigkeit als unwirksam erweisen. Aus der Unwirksamkeit einer vorübergehenden Übertragung einer höherwertigen Tätigkeit folgt nicht, dass diese Tätigkeit dem Arbeitnehmer auf Dauer übertragen ist. Vielmehr folgt daraus allein, dass die Übertragung der Tätigkeit unwirksam war und sie – ggf. sogar auf Betreiben des Personalrats – vom Arbeitgeber wieder zu beseitigen ist.[174] 53

10. Erlasse und Richtlinien. a) Vielfach haben die Tarifvertragsparteien des öffentlichen Dienstes ihre Regelungskompetenz für bestimmte Formen der Beschäftigung (Teilzeitarbeit unter die Hälfte der regelmäßigen wöchentlichen Arbeitszeit) oder für Gruppen von Arbeitnehmern zurückgenommen. Soweit keine tariflichen Merkmale bestehen, sind die Eingruppierungsvoraussetzungen in Richtlinien der Tarifgemeinschaft deutscher Länder (TdL) oder in den Erlassen der Minister enthalten. Dies gilt vor allem für die **Eingruppierung der Lehrer** oder im sonstigen Kulturbereich. Die Anwendung solcher Richtlinien kommt aber nur in Betracht, wenn sie von den Arbeitsvertragsparteien zum Inhalt des Arbeitsverhältnisses gemacht worden 54–60

---

[166] BAG 17. 4. 2002 AP 23 zu § 24 BAT = NZA 2003, 159.
[167] BAG 7. 10. 1981 AP 49 zu §§ 22, 23 BAT 1975; 10. 2. 1988 AP 15 zu § 24 BAT = DB 88, 1121.
[168] BAG 22. 1. 2003 ZTR 2003, 514.
[169] BAG 21. 10. 1998 AP 18 zu § 24 BAT = NZA 99, 492.
[170] BAG 17. 4. 2002 AP 23 zu § 24 BAT = NZA 2003, 159; 22. 1. 2003 ZTR 2003, 514.
[171] BAG 18. 6. 1997 AP 1 zu § 24 BAT-O.
[172] BAG 11. 9. 2003 AP 25 zu § 24 BAT = NZA-RR 2004, 332.
[173] BAG 21. 2. 2001 AP 20 zu § 24 BAT.
[174] BAG 17. 4. 2002 AP 23 zu § 24 BAT = NZA 2003, 159.

sind. Sie haben keine normativen Wirkungen.[175] Für etwaige Eingruppierungsprozesse ist zu unterscheiden, ob in dem Arbeitsvertrag nur auf eine bestimmte Vergütungsgruppe Bezug genommen worden ist, oder eine bestimmte Vergütungsgruppe in Bezug genommen und zugleich auf den Erlass in seiner jeweiligen Fassung verwiesen ist. In diesem Fall ist anzunehmen, dass die bestimmte Vergütungsgruppe nicht vertraglich vereinbart ist, sondern die zutreffende Eingruppierung gewollt ist.[176] Die nach den Lehrerrichtlinien-Ost der TdL gebotene Gleichbehandlung von angestellten und beamteten Lehrern schließt die Anwendung einer Tarifautomatik bei den angestellten Lehrern aus. Ein angestellter Lehrer kann danach nur dann eine Höhergruppierung verlangen, wenn er als Beamter in einer vergleichbaren Situation einen Beförderungsanspruch hätte. Umgekehrt ist eine einseitige Herabgruppierung eines angestellten Lehrers nur dann möglich, wenn auch ein beamteter Lehrer in vergleichbarer Situation in eine niedrigere Besoldungsgruppe eingestuft werden könnte.[177] Im Übrigen bedarf es für eine Rückgruppierung einer Änderungskündigung oder einer vertragsändernden Vereinbarung über die für die Eingruppierung maßgebende Tätigkeit.[178] Die Richtlinien für die Eingruppierung sind als einseitige Leistungsbestimmungen des Arbeitgebers einer gerichtlichen Angemessenheits- und **Billigkeitskontrolle** zugänglich.[179]

61 Ein Anspruch auf **Höhergruppierung eines angestellten Lehrers** setzt nach den Lehrerrichtlinien u. a. eine haushaltsrechtlich ausgewiesene und zur Besetzung vorgesehene freie Stelle voraus. Auf die Schaffung einer solchen Stelle gewährt Art. 33 II GG keinen Anspruch. Ist der öffentliche Arbeitgeber nach den Lehrerrichtlinien verpflichtet, freie Stellen, die für Höhergruppierungen zur Verfügung stehen, nach Maßgabe der Ergebnisse dienstlicher Beurteilungen zu besetzen, muss er nicht derartige ihm durch den Haushaltsgesetzgeber zugewiesene Stellen unmittelbar mit den landesweit am besten beurteilten Bewerbern besetzen. Auf Grund der haushaltsrechtlichen Personalbewirtschaftungsbefugnis kann er diese Stellen auch kontingentiert an die Regionalschulämter verteilen, die dann ihrerseits bei der Besetzung der Stellen an die Ergebnisse der dienstlichen Beurteilungen der Bewerber aus ihrem Zuständigkeitsgebiet gebunden sind.[180]

62 **b)** Bei der Eingruppierung von **Lehrern** wird teilweise zwischen **Erfüllern und Nichterfüllern** unterschieden. Von Erfüllern wird dann gesprochen, wenn die Voraussetzungen vorliegen, in ein Beamtenverhältnis übernommen zu werden. Nichterfüller genügen diesen Anforderungen nicht.[181] Die Höhergruppierung kann von Voraussetzungen abhängig gemacht werden, wie sie sonst nur im Beamtenrecht vorkommen („kann", „Vorhandensein von Vergütungsgruppen").[182] Die niedrigere Eingruppierung von Lehrern für muttersprachlichen Unterricht nach Ziff. 1.15 „Nichterfüllererlass" gegenüber Lehrkräften an Grundschulen nach Ziff. 1.1 „Erfüllererlass" stellt keine Verletzung des arbeitsrechtlichen Gleichbehandlungsgrundsatzes dar. Hierfür gibt es einleuchtende sachliche Gründe. Die Lehrer für **muttersprachlichen Unterricht** erteilen diesen Unterricht außerhalb des normalen Pflicht- und Wahlpflichtunterrichts. Der muttersprachliche Unterricht ist ein freiwilliges zusätzliches Unterrichtsangebot, durch das u. a. die Sprachkompetenz der Schüler mit ausländischer Herkunft in ihrer Muttersprache erhalten und gefördert werden soll. Die Leistungen in diesem Unterricht sind grundsätzlich weder versetzungs- noch abschlussrelevant. Die Lehrer brauchen keine Lehramtsbefähigung, schon weil der muttersprachliche Unterricht kein Ausbildungsfach in der Lehrerausbildung ist. Diese zulässige Eingruppierung verstößt nicht allein deshalb gegen das Diskriminierungsverbot wegen ausländischer Herkunft, weil der muttersprachliche Unterricht von Lehrern ausländischer Herkunft erteilt wird.[183] Wird im Arbeitsvertrag auf den BAT verwiesen, ist bei angestellten Lehrkräften auch Nr. 5 der Vorbemerkungen zu allen Vergütungsgruppen der Anlage 1 a zum BAT in Bezug

---

[175] BAG 25. 9. 2003 AP 26 zu §§ 22, 23 BAT-O; 27. 9. 2000 AP 15 zu §§ 22, 23 BAT-O; 7. 6. 2000 AP 82 zu §§ 22, 23 BAT Lehrer.

[176] BAG 25. 11. 1987 AP 23 zu §§ 22, 23 BAT Lehrer = PersV 89, 321; 21. 10. 1992 AP 23 zu § 23 a BAT; 21. 7. 1993, 15. 11. 1995 AP 32, 44 zu §§ 22, 23 BAT Lehrer; 27. 9. 2000 AP 15 zu §§ 22, 23 BAT-O.

[177] BAG 13. 3. 2008 ZTR 2008, 602; a. A. noch BAG 5. 9. 2002 AP 93 zu §§ 22, 23 BAT Lehrer.

[178] Vgl. *Donoli/Bauer* ZTR 2003, 323.

[179] BAG 27. 9. 2000 AP 15 zu §§ 22, 23 BAT-O; 7. 2. 2000 AP 82 zu §§ 22, 23 BAT Lehrer.

[180] BAG 24. 1. 2007 AP 20 zu § 2 BAT SR 21 = NZA-RR 2007, 608.

[181] Vgl. BAG 18. 5. 1994 AP 34 zu §§ 22, 23 BAT Lehrer; 17. 8. 1994 AP 34 zu §§ 22, 23 BAT Lehrer; 15. 11. 1995 AP 44 zu §§ 22, 23 BAT Lehrer.

[182] BAG 21. 7. 1993 AP 171 zu §§ 22, 23 BAT = NZA 94, 703; 24. 11. 1993 AP 1 zu § 2 BAT-O; 23. 7. 1997 AP 63 zu §§ 22, 23 BAT Lehrer.

[183] BAG 7. 5. 2008 ZTR 2008, 670.

genommen, nach der die Anlage 1a für Lehrkräfte grundsätzlich nicht gilt. Der **Ausschluss der Geltung der Anlage 1a für Lehrkräfte** hat zur Folge, dass für diese Arbeitnehmer ein Bewährungsaufstieg nach § 23a BAT nicht in Betracht kommt.[184] Im Einzelnen hat sich das BAG befasst mit: Bremer Lehrern,[185] Diplomsportlehrern,[186] Diplomlehrern für Englisch,[187] Fachhochschulen,[188] Freundschaftspionierleiterinnen,[189] Gewerbeschulräten,[190] Schwimmlehrern,[191] Sonderschullehrern,[192] Sprachlehrern der Bundeswehr,[193] Technische Lehrerin,[194] im Ausland erworbenen Hochschulabschlüssen.[195]

11. Tariflücke. Erfüllt die Tätigkeit eines Arbeitnehmers im Geltungsbereich eines Tarifvertrags keines der in der tariflichen Vergütungsordnung geregelten Tätigkeitsmerkmale, handelt es sich um eine Tariflücke. Eine solche Tariflücke kann durch die Arbeitsgerichte nur geschlossen werden, wenn es sich nicht um eine bewusste Auslassung der Tarifvertragsparteien handelt. Für die **Schließung einer unbewussten Tariflücke** ist erforderlich, dass sich aus dem Tarifvertrag selbst hinreichende Anhaltspunkte zum einen dafür ergeben, dass die Tarifvertragsparteien beabsichtigt hatten, eine vollständige Regelung für alle im Geltungsbereich des Tarifvertrages ausgeübten Tätigkeiten zu schaffen. Zum anderen müssen die Tätigkeitsmerkmale der vereinbarten Vergütungsordnung in ihrer Bewertung eindeutige Hinweise darauf ergeben, wie die Tarifvertragsparteien die nicht berücksichtigte Tätigkeit bewertet hätten.[196] **63**

12. Maßregelungsverbot. Gruppiert ein öffentlicher Arbeitgeber alle Arbeitnehmer höher, die eine auf diese Höhergruppierung gerichtete Klage nicht erhoben bzw. eine solche zurückgenommen haben und nimmt er nur die Arbeitnehmer von der Höhergruppierung aus, die ihre Klage nicht zurücknehmen, verstößt dies gegen das Maßregelungsverbot aus § 612a BGB. Dieser Verstoß führt zu einem Anspruch der betreffenden Arbeitnehmer auf die höhere Vergütung.[197] **64**

IV. Tarifvertrag öffentlicher Dienst (TVöD)

1. Allgemeines. Zum 1. 10. 2005 ist der TVöD in Kraft getreten. Mit Wirkung vom 1. 11. 2006 haben die Tarifparteien den neuen Tarifvertrag für den öffentlichen Dienst der Länder (TV-L) in Kraft gesetzt. Durch diese beiden Tarifverträge sowie die dazu gehörenden besonderen Teile und Überleitungstarifverträge sind der BAT, BAT-O, BAT-Ostdeutsche Sparkassen, MTArb, MTArbO, BMT-G, BMT-GO abgelöst worden. Die Neuerungen verfolgten das Ziel, die Unterscheidung von Arbeitern und Angestellten zu beseitigen, die Arbeitszeit zu flexibilisieren und ein neues Vergütungssystem zu schaffen. Zugleich soll das Regelungswerk vereinfacht werden. Bei der Vergütung erfolgt eine Abkehr von beamtenähnlichen Vergütungsstrukturen hin zu leistungsbezogenen Elementen. **65**

2. Überleitungstarifverträge. a) Die am 30. 9. 2005 bei kommunalen Arbeitgebern bzw. beim Bund beschäftigten Arbeitnehmer wurden mit ihren Arbeitsverhältnissen mit Wirkung vom 1. 10. 2005 nach den Bestimmungen des TVÜ-VKA/TVÜ-Bund in den TVöD übergeleitet. Die Zuordnung der bisherigen Vergütungs- bzw. Lohngruppen zu den neuen Entgeltgruppen sowie die Ermittlung der jeweiligen Stufen der neuen Entgeltgruppen bestimmen sich sowohl für den Bund als auch für die Kommunen nach den §§ 3ff. TVÜ-VKA/TVÜ-Bund. Die Höhe der Vergütung der übergeleiteten Arbeitnehmer ist in drei Schritten zu ermitteln. Für den Bereich der VKA bedeutet das Folgendes: Gem. § 4 I TVÜ-VKA wird im ersten Schritt die sich aus dem BAT/BMT-G ergebende Vergütungs- bzw. Lohngruppe der Beschäftigten nach **65a**

---

184 BAG 4. 4. 2001 AP 45 zu § 23a BAT.
185 BAG 15. 11. 1995 AP 44 zu §§ 22, 23 BAT Lehrer = NZA-RR 96, 430.
186 BAG 27. 1. 1999 AP 75 zu §§ 22, 23 BAT Lehrer.
187 BAG 25. 9. 1997 AP 20 zu § 11 BAT-O = ZTR 98, 318.
188 BAG 3. 12. 1997 AP 149 zu § 242 BGB Gleichbehandlung = NZA 98, 438.
189 Zusammenfassend BAG 27. 9. 2000 AP 15 zu §§ 22, 23 BAT-O.
190 BAG 10. 7. 1996 AP 6 zu § 12 AVR Diakonisches Werk = ZTR 97, 76.
191 BAG 25. 11. 1998 AP 74 zu §§ 22, 23 BAT Lehrer.
192 BAG 8. 8. 1996 AP 55 zu §§ 22, 23 BAT Lehrer = ZTR 97, 366; 7. 8. 1997 AP 19 zu § 11 BAT-O und AP 62 zu §§ 22, 23 BAT Lehrer; 30. 9. 1998 AP 159 zu § 242 BGB Gleichbehandlung; 18. 10. 2000 AP 24 zu § 11 BAT-O.
193 BAG 11. 11. 1998 AP 261 zu §§ 22, 23 BAT 1975.
194 BAG 5. 3. 1997 AP 56 zu §§ 22, 23 BAT Lehrer = ZTR 97, 463.
195 BAG 12. 12. 2002 AP 96 zu §§ 22, 23, BAT Lehrer.
196 BAG 24. 9. 2008 ZTR 2009, 81.
197 BAG 23. 2. 2000 AP 80 zu §§ 22, 23 BAT Lehrer.

Maßgabe der Anlage 1 zum TVÜ-VKA den Entgeltgruppen des TVöD zugeordnet. In einem zweiten Schritt ist nach § 5 TVÜ-VKA ein Vergleichsentgelt auf der Grundlage der im September 2005 erhaltenen Bezüge zu bilden. Bei Beschäftigten aus dem Geltungsbereich des BMT-G ist gemäß § 5 III TVÜ-VKA der Monatstabellenlohn als Vergleichsentgelt zugrunde zu legen. In einem dritten Schritt sind die Beschäftigten gemäß § 7 TVÜ-VKA der maßgeblichen Entgeltstufe zuzuordnen. Für die Stufenzuordnung innerhalb einer Entgeltgruppe ist die Dauer der Beschäftigungszeit i. S. v. § 6 I BMT-G maßgeblich; die Stufenzuordnung erfolgt zu der Stufe, die der Beschäftigte mit der genannten Beschäftigungszeit erreicht hätte, wenn die Entgelttabelle des TVöD bereits seit Beginn der Beschäftigungszeit gegolten hätte. Da § 7 I TVÜ-VKA andere Sachverhalte als § 16 II TVöD (VKA) regelt, können die in § 16 II 2 und 3 TVöD (VKA) vorgesehenen Möglichkeiten der Anrechnung anderer Beschäftigungszeiten bei Neueinstellungen nicht bei der in § 7 I TVÜ-VKA geregelten Stufenzuordnung übergeleiteter Arbeitsverhältnisse berücksichtigt werden.[198]

65b **b)** Die Bestimmung des nach § 5 TVÜ-VKA zu bildenden **Vergleichsentgelts** hat zu zahlreichen Rechtsstreitigkeiten geführt. Diese beruhen darauf, dass einerseits nach dem TVöD kein Ortszuschlag mehr gewährt wird und die Tarifvertragsparteien andererseits den Besitzstand der Arbeitnehmer zum Zeitpunkt der Überleitung sichern wollten. Das nach § 5 TVÜ-VKA ermittelte Vergleichsentgelt soll den Arbeitnehmer davor schützen, nach der Überleitung in den TVöD schlechter vergütet zu werden als zuvor. Das Vergleichsentgelt garantiert, dass auch nach der Überleitung des Arbeitsverhältnisses der bisherige Besitzstand gewahrt wird. Dass bei der Überleitung des Beschäftigten vom BAT in den TVöD gem. § 5 II 2 TVÜ-VKA bei der Bildung des Vergleichsentgelts die Stufe 1 des Ortszuschlags zugrunde zu legen ist, wenn der Beschäftigte mit einer Person verheiratet ist, die nach beamtenrechtlichen Grundsätzen einen Familienzuschlag erhält, verstößt weder gegen Art. 3 I noch gegen Art. 6 I GG. § 5 II 2 TVÜ-VKA stellt sicher, dass der Ortszuschlag Stufe 2 der Erwerbsgemeinschaft der Ehegatten zum Zeitpunkt der Überleitung eines Beschäftigten vom BAT in den TVöD einmal in grundsätzlich voller Höhe zukommt, weil sein Ehepartner in diesem Fall nach beamtenrechtlichen Grundsätzen gem. § 40 Abs. 4 BBesG den vollen Familienzuschlag bekommt.[199] In Bezug auf Leistungen mit besonderem Charakter, wie den tariflichen Ortszuschlag, sind die Tarifvertragsparteien nicht verpflichtet, ein Regelwerk zu vereinbaren, das sämtliche auch nur mittelbar auftretende Unterschiede berücksichtigt und finanziell ausgleicht. Die Tarifvertragsparteien können vielmehr unter Inkaufnahme im Einzelfall eintretender mittelbarer Nachteile Bestimmungen treffen, die familienbezogene Vergütungsbestandteile in genereller Weise behandeln. Die Tarifvertragsparteien müssen nicht bei der Aufstellung der Überleitungsregelungen den bisherigen Zustand unter Berücksichtigung aller Beschäftigungskonstellationen überzuleitender Paare erhalten.[200] Bei der Bildung des Vergleichsentgelts gem. § 5 II 2 Halbs. 1 TVÜ-VKA ist der Ortszuschlag Stufe 1 auch dann zugrunde zu legen, wenn der im Anwendungsbereich des BAT verbliebene Ehegatte des überzuleitenden Beschäftigten wegen einer Teilzeitbeschäftigung nur den entsprechend seiner Teilzeit gemäß § 34 BAT gekürzten Ortszuschlag beanspruchen kann.[201]

65c Die Regelung über die **Sicherung kinderbezogener Entgeltbestandteile** in § 11 TVÜ-VKA verstößt weder gegen Art. 3 I noch gegen Art. 6 I GG, soweit sie den in den TVöD übergeleiteten Arbeitnehmern, deren Ehegatten ebenfalls im öffentlichen Dienst beschäftigt waren und die nach der Konkurrenzregelung des § 29 Abschn. B VI BAT keinen Anspruch auf den kinderbezogenen Entgeltbestandteil im Ortszuschlag bzw. einen Sozialzuschlag nach § 33 BMT-G II hatten, keine Möglichkeit eingeräumt hat, durch Änderung des Kindergeldbezugs nach dem 30. 10. 2005 eine kinderbezogene Besitzstandszulage zu erhalten. Die Tarifvertragsparteien durften eine Gruppenbildung nach typisierender Betrachtung vornehmen und dabei davon ausgehen, dass die von den Eheleuten für September 2005 getroffene Wahl der Kindergeldberechtigung im Normalfall den Interessen der Betroffenen auch in der unmittelbaren Folgezeit noch gerecht werde. Die in diesem Zusammenhang in der Protokollnotiz Nr. 3 zu § 11 TVÜ-VKA i. d. F. des Änderungstarifvertrags Nr. 2 vom 31. 3. 2008 zum TVÜ-VKA vorgenommene Unterscheidung, wonach Beschäftigte mit mehr als zwei Kindern, die im September 2005 für das dritte und jedes weitere Kind keinen kindergeldbezogenen Entgeltbestandteil erhielten, weil sie nicht zum Kindergeldberechtigten bestimmt waren, für das dritte und jedes weitere Kind Anspruch auf die Besitzstandszulage haben, benachteiligt als Härtefallregelung

[198] BAG 26. 6. 2008 ZTR 2008, 547; zur Betriebsratsbeteiligung vgl. BAG 22. 4. 2009 – 4 AZR 14/08.
[199] BAG 30. 10. 2008 NZA 2009, 218.
[200] BAG 25. 10. 2007 ZTR 2008, 380.
[201] BAG 25. 10. 2007 AP 12 zu § 34 BAT = NZA-RR 2008, 386.

Familien mit nur einem oder zwei Kindern nicht sachwidrig.[202] Dagegen verstieß die von den Tarifvertragsparteien in § 11 I TVÜ-VKA in der bis zum 30. 6. 2008 geltenden Fassung vorgenommene Gruppenbildung, welche die Besitzstandszulage davon abhängig machte, dass der in den TVöD übergeleitete kindergeldberechtigte Arbeitnehmer im September 2005 Entgelt bezog, gegen Art. 3 I GG i. V. m. Art. 6 GG, soweit sie auch diejenigen Eltern vom Anspruch auf die Besitzstandszulage ausnahm, die im September 2005 ihr durch Art. 6 II GG gewährleistetes Elternrecht wahrnahmen und sich in Elternzeit befanden.[203]

3. Überblick über das neue Tarifrecht. a) Das neue Tarifrecht besteht im Wesentlichen aus **zwei Teilen,** nämlich den allgemeinen Tarifvorschriften und besonderen Tarifvorschriften für die Sparten Verwaltung, Krankenhäuser und Pflegeeinrichtungen, Sparkassen, Flughäfen und Entsorgungsbetriebe. Die allgemeinen Tarifvorschriften enthalten Regelungen, die für alle Beschäftigten gelten. Die besonderen Tarifvorschriften regeln Besonderheiten der einzelnen Sparten. Das Regelungsziel der Tarifvertragsparteien, ein einfacheres und übersichtlicheres Regelwerk zu schaffen, ist gründlich verfehlt. Der TVöD besteht bereits drei Jahre nach seinem Inkrafttreten aus einem Regelungsgestrüpp, in dem sich neben Tarifnormen zahllose Protokollerklärungen und Niederschriftserklärungen finden, die ihrerseits in zahlreichen Fällen nicht Tarifnormen klarstellen, sondern eigene Regelungen enthalten. **66**

b) Der TVöD gilt nach § 1 für Arbeitnehmerinnen und Arbeitnehmer, vom TVöD **Beschäftigte** genannt, die in einem Arbeitsverhältnis zum Bund oder zu einem Arbeitgeber stehen, der Mitglied eines Mitgliedverbandes der Vereinigung der kommunalen Arbeitgeberverbände (VKA) ist. In § 1 II TVöD-AT werden einzelne Arbeitnehmergruppen vom Geltungsbereich des TVöD ausgeschlossen. Zu den ausgenommenen Beschäftigten gehören u. a. leitende Angestellte i. S. v. § 5 III BetrVG, Beschäftigte, die ein Entgelt beziehen, das über die Entgeltgruppe 15 hinausgeht, sowie bei deutschen Dienststellen im Ausland eingestellte Ortskräfte. Bei fehlender Tarifbindung kann die Geltung durch eine Bezugnahmeklausel herbeigeführt werden. Ob die jeweilige Bezugnahmeklausel auch den neu in Kraft getretenen TVöD erfasst, ist durch Auslegung zu ermitteln (§ 208). Die häufig verwendete Klausel „Das Arbeitsverhältnis bestimmt sich nach dem BAT und den diesen ergänzenden, ändernden oder ersetzenden Tarifverträgen in der für den jeweiligen Bereich geltenden Fassung." erfasst den TVöD, weil der TVöD an die Stelle des BAT getreten ist. **67**

c) Abschluss und Inhalt des Arbeitsvertrags werden in § 2 TVöD-AT geregelt. Mit dieser Bestimmung werden die bisherigen §§ 4, 5 BAT in wesentlichen Teilen zusammengefasst. Das Schriftformerfordernis hat nur deklaratorische Bedeutung. Dagegen sind Nebenabreden im Interesse des Schutzes des öffentlichen Arbeitgebers nur wirksam, wenn sie schriftlich abgeschlossen werden. Die ersten sechs Monate der Beschäftigung gelten als Probezeit, soweit nicht eine kürzere Zeit vereinbart ist. Nur die Verkürzung der Probezeit bedarf der Vereinbarung. Die Probezeit entfällt, wenn ein Auszubildender im unmittelbaren Anschluss an das Ausbildungsverhältnis in ein Arbeitsverhältnis übernommen wird (§ 2 IV TVöD-AT). **68**

d) In § 3 TVöD-AT werden **allgemeine Arbeitsbedingungen** geregelt. Die Bestimmung normiert in den Absätzen 1 bis 3 Nebenpflichten des Beschäftigten und in Absatz 5 das Recht auf Einsicht in die Personalakte. Ein Gelöbnis, wie es § 6 BAT vorsah, ist nach dem TVöD nicht mehr vorgesehen. Für Nebentätigkeiten gelten gemäß § 3 III TVöD-AT grundsätzlich nicht mehr die einschlägigen beamtenrechtlichen Vorschriften, sondern allgemeine Grundsätze (dazu § 42).[204] Die Verpflichtung zur ärztlichen Untersuchung bei begründeter Veranlassung nach § 7 BAT ist in gestraffter Form nunmehr in § 3 IV TVöD-AT geregelt. Begründete Veranlassung ist gegeben, wenn konkrete Tatsachen vorliegen, die gewichtige Zweifel daran begründen, dass der Beschäftigte nicht in der Lage ist, seine arbeitsvertraglich geschuldete Leistung zu erbringen.[205] Die allgemeine Verhaltensanordnung des § 8 BAT, wonach sich der Angestellte so zu verhalten hat, wie es von Angehörigen des öffentlichen Dienstes erwartet wird, ist im Allgemeinen Teil des TVöD nicht mehr enthalten. In dem für die Verwaltung geltenden Besonderen Teil (TVöD-V) ist allerdings in § 42 bestimmt, dass die im Rahmen des Arbeitsvertrags geschuldete Leistung gewissenhaft und ordnungsgemäß auszuführen ist. Beschäftigte des Bundes und anderer Arbeitgeber, in deren Aufgabenbereichen auch hoheitliche Tätigkeiten wahrgenommen werden, müssen sich durch ihr gesamtes Verhalten zur freiheitlich demokratischen Grundordnung im **69**

[202] BAG 30. 10. 2008 AP 1 zu § 11 TVÜ = NZA 2009, 214.
[203] BAG 18. 12. 2008 – 6 AZR 287/07 z. V. v.
[204] Dörring/*Kutzki* § 3 RN 16 ff.
[205] Vgl. BAG 25. 6. 1992 AP 21 zu § 611 BGB Musiker = NZA 93, 81.

Sinne des Grundgesetzes bekennen. In § 5 TVöD-AT ist das Erfordernis der Qualifizierung der Mitarbeiter besonders hervorgehoben.

70 **e)** Gemäß § 4 I TVöD-AT können Beschäftigte aus dienstlichen oder betrieblichen Gründen **versetzt oder abgeordnet** werden. Nach den Protokollnotizen 1 und 2 zu § 4 TVöD-AT ist eine Abordnung die Zuweisung einer vorübergehenden Beschäftigung bei einer anderen Dienststelle oder einem anderen Betrieb desselben oder eines anderen Arbeitgebers unter Fortsetzung des bestehenden Arbeitsverhältnisses. Eine Versetzung ist die Zuweisung einer auf Dauer bestimmten Beschäftigung bei einer anderen Dienststelle oder einem anderen Betrieb desselben Arbeitgebers unter Fortsetzung des bestehenden Arbeitsverhältnisses. Ein dienstlicher Grund ist gegeben, wenn die ordnungsmäßige Aufgabenerledigung in der Verwaltung unter Beachtung des Grundsatzes der Wirtschaftlichkeit den Einsatz des Angestellten bei einer anderen Dienststelle erfordert.[206] Nach § 4 II TVöD-AT kann Beschäftigten im dienstlichen/betrieblichen oder öffentlichen Interesse vorübergehend eine mindestens gleich vergütete Tätigkeit bei einem Dritten zugewiesen werden. Der Beschäftigte muss der Zuweisung zwar zustimmen, er kann die Zustimmung jedoch nur aus wichtigem Grund verweigern. Erhält der Beschäftigte von der aufnehmenden Einrichtung eine Vergütung, wird diese auf seine Bezüge angerechnet. Zuweisungen nach § 4 II TVöD-AT erfolgen z. B. bei den Kommunen, wenn Beschäftigte bei einer Arbeitsgemeinschaft nach § 44 b SGB III eingesetzt werden.

71 **f)** Neu ist die in § 4 III TVöD-AT geregelte **Personalgestellung.** Werden Aufgaben der Beschäftigten zu einem Dritten verlagert, ist auf Verlangen des Arbeitgebers bei weiter bestehendem Arbeitsverhältnis die arbeitsvertraglich geschuldete Arbeitsleistung bei dem Dritten zu erbringen (Personalgestellung). Die Vorschriften über den Betriebsübergang (§ 613 a BGB) sowie gesetzliche Kündigungsrechte bleiben davon unberührt. Auch wenn die Personalgestellung wie eine Arbeitnehmerüberlassung erfolgt, findet das AÜG keine Anwendung, weil die Personalgestellung nicht gewerbsmäßig erfolgt.[207] Diese Vorschrift erfasst typische „Outsourcing-Fälle".[208] Lagert beispielsweise ein Kreiskrankenhaus einzelne Servicebereiche aus und kommt es hierbei zu einem Betriebsübergang, können die betroffenen Arbeitnehmer nach § 613 a VI BGB widersprechen. Widersprechende Arbeitnehmer bleiben beim Landkreis beschäftigt. Dieser kann dann nach § 4 III TVöD-AT die Beschäftigung beim Erwerber anordnen, wobei sich die Arbeitsbedingungen nach dem bisherigen Arbeitsvertrag bestimmen.[209] § 4 III TVöD-AT führt insoweit zu einer Erweiterung des Direktionsrechts, das im Einzelfall einer Ausübungskontrolle nach § 106 GewO unterliegt. Problematisch ist, ob der öffentliche Arbeitgeber in solchen Fällen eine Personalgestellung zur Vermeidung einer betriebsbedingten Kündigung in Betracht ziehen muss. Dagegen spricht, dass Weiterbeschäftigungsmöglichkeiten grundsätzlich nur unternehmensbezogen zu prüfen sind (§ 134 RN 16 ff.) und der Erwerber regelmäßig ein anderes Unternehmen ist. Auch die vom BAG entwickelten Grundsätze zum ausnahmsweise bestehenden Konzernbezug der Weiterbeschäftigungsmöglichkeiten (§ 134 RN 17) führen zu keinem anderen Ergebnis, weil der öffentliche Arbeitgeber nicht die Möglichkeit hat, die Weiterbeschäftigung bei dem Erwerber rechtlich durchzusetzen.[210]

72 **g)** In § 6 TVöD-AT ist eine detaillierte Regelung der **Arbeitszeit** enthalten. Während für die Beschäftigten des Bundes die Arbeitszeit einheitlich 39 Stunden beträgt, haben die Beschäftigten der Mitglieder eines Mitgliedverbandes der VKA im Tarifgebiet West durchschnittlich 39 Stunden wöchentlich, im Tarifgebiet Ost durchschnittlich 40 Stunden wöchentlich zu arbeiten. § 11 TVöD regelt einen eigenständigen Anspruch auf Teilzeitbeschäftigung, der sowohl tatbestandlich als auch bezüglich der Rechtsfolgen von § 8 TzBfG abweicht (dazu § 43 RN 80 ff.). Unterschiedliche Arbeitszeitregelungen finden sich auch in den Besonderen Teilen (BT) des TVöD für die jeweiligen Sparten. Die Arbeitszeitreduzierung nach § 49 II TVöD-BT-K (= § 6 III TVöD-K durchgeschriebene Fassung) stellt einen **Freizeitausgleich** i. S. v. § 8 I 2 Buchst. d TVöD-BT-K dar. Der Freizeitausgleich muss nicht denselben zeitlichen Umfang wie die Feiertagsarbeit haben. Soweit nach der Protokollerklärung zu § 8 I 2 Buchst. d TVöD-BT-K der Freizeitausgleich im Dienstplan besonders ausgewiesen und bezeichnet werden muss, dient dies der Klarstellung und dem Beweis. Diese Bestimmung begründet jedoch keine Wirksamkeitsvoraussetzung für den Freizeitausgleich.[211] Den bestehenden Flexibilisierungsbedürfnissen tragen

---

[206] BAG 30. 10. 1985 AP 1 zu § 12 BAT.
[207] *Dassau/Wiesend-Rothbrust* § 4 TVöD RN 21.
[208] Ausf. dazu *Preis/Greiner* ZTR 2006, 290, 291.
[209] *Dassau/Wiesend-Rothbrust* § 4 TVöD RN 21; *Kuner,* TVöD, RN 194.
[210] Ebenso im Ergebnis *Preis/Greiner* ZTR 2006, 290, 295.
[211] BAG 9. 7. 2008 ZTR 2008, 600.

§ 6 VI und VII TVöD-AT Rechnung. Danach kann durch Betriebs-/Dienstvereinbarung ein wöchentlicher Arbeitszeitkorridor von bis zu 45 Stunden eingerichtet werden. Die innerhalb eines Arbeitszeitkorridors geleisteten zusätzlichen Arbeitsstunden sind keine nach § 8 TVöD-AT zuschlagspflichtigen Überstunden und innerhalb eines Jahres auszugleichen. Durch Betriebs-/Dienstvereinbarung kann des Weiteren in der Zeit von 6 bis 20 Uhr eine tägliche Rahmenzeit von bis zu zwölf Stunden eingeführt werden. Die innerhalb der täglichen Rahmenzeit geleisteten zusätzlichen Arbeitsstunden sind gleichfalls innerhalb eines Jahres auszugleichen. Werden solche Arbeitszeitkorridore vereinbart, ist gemäß § 10 I 3 TVöD ein Arbeitszeitkonto einzurichten. Zuschlagspflichtige Arbeitszeiten sind im Einzelnen in § 8 TVöD geregelt. Die dort aufgeführten Zeitzuschläge für Nachtarbeit nach § 8 I Buchst. b TVöD-K sind nur für Zeiten tatsächlicher Arbeitsleistung zu bezahlen.[212]

Der **Bereitschaftsdienst** ist völlig neu geregelt. Nach § 7 III TVöD-AT leisten Beschäftigte Bereitschaftsdienst, wenn sie sich auf Anordnung des Arbeitgebers außerhalb der regelmäßigen Arbeitszeit an einer vom Arbeitgeber bestimmten Stelle aufhalten, um im Bedarfsfall die Arbeit aufzunehmen. Nach § 9 TVöD-AT sind **Bereitschaftszeiten** die Zeiten, in denen sich der Beschäftigte am Arbeitsplatz oder einer anderen vom Arbeitgeber bestimmten Stelle zur Verfügung halten muss, um im Bedarfsfall die Arbeit selbstständig, ggf. auch auf Anordnung, aufzunehmen und in denen die Zeiten ohne Arbeitsleistung überwiegen. Bereitschaftszeiten unterscheiden sich von dem Bereitschaftsdienst i. S. d. § 7 III TVöD-AT zum einen durch den Grad der Beanspruchung der Arbeitnehmer und zum anderen dadurch, dass der Bereitschaftsdienst außerhalb der regelmäßigen Arbeitszeit liegt und gesondert vergütet wird. Liegen Bereitschaftszeiten in wechselnden Arbeitsschichten, arbeiten die Arbeitnehmer „ununterbrochen" i. S. v. § 7 I TVöD und haben deshalb Anspruch auf die Wechselschichtzulage.[213] Hat der Arbeitnehmer während einer **Rufbereitschaft** mehrere Arbeitseinsätze, ist gem. § 8 III 4 TVöD-K die Dauer der einzelnen Arbeitseinsätze zunächst jeweils auf volle Stunden aufzurunden und anschließend zu addieren.[214] Ordnet der Arbeitgeber an einem Kalendertag oder binnen 24 Stunden an zwei aufeinanderfolgenden Kalendertagen zwei oder mehr jeweils weniger als zwölf Stunden umfassende Rufbereitschaften an, liegen mehrere Rufbereitschaften i. S. v. § 8 III TVöD vor. Für diese Rufbereitschaften ist deshalb lediglich die Stundenvergütung von 12,5% des tariflichen Stundenentgelts und nicht die Tagespauschale nach § 8 III 1 und 2 TVöD zu zahlen.[215] Der Begriff der Arbeitsbereitschaft aus § 15 II BAT wird nicht mehr fortgeführt. **72a**

h) Die Unterscheidung zwischen Arbeitern und Angestellten beim **Entgelt** entfällt. Gleiches gilt für lebensalter- und familienbezogene Vergütungsbestandteile. Die Vergütung richtet sich nach Erfahrungswissen und Leistung. Die kaum noch übersehbaren verschiedenen Eingruppierungsmerkmale des alten Tarifrechts werden in 15 Entgeltgruppen zusammengefasst. Das bisherige Weihnachts- und Urlaubsgeld ist in § 20 TVöD in eine **Jahressonderzahlung** zusammengefasst. Die Regelungen der TV-Zuwendung sind damit weggefallen. Die Höhe der Jahressonderzahlung ist nach Entgeltgruppen gestaffelt. In den Entgeltgruppen 1 bis 8 beträgt sie 90%, in den Entgeltgruppen 9 bis 12 80% und in den Entgeltgruppen 13 bis 15 60% des den Beschäftigten in den Kalendermonaten Juli bis September durchschnittlich gezahlten Entgelts. Der Anspruch vermindert sich um ein Zwölftel für jeden Kalendermonat, in dem der Beschäftigte keinen Anspruch auf Entgelt oder Fortzahlung des Entgelts hatte. Die Jahressonderzahlung wird mit dem Tabellenentgelt für den Monat November ausgezahlt. Besonderheiten bestehen für bestimmte Bereiche, wie die Sparkassen. Beschäftigte, für die die Regelungen des Tarifgebiets Ost Anwendung finden, erhalten 75% der Leistungen (§ 20 III TVöD). **73**

i) Bei **Arbeitsunfähigkeit** gelten gemäß §§ 21, 22 I TVöD im Wesentlichen die gesetzlichen Bestimmungen des EFZG. Die Beschäftigten haben darüber hinaus nach § 22 II und III TVöD einen Anspruch auf Krankengeldzuschuss, der nach der Beschäftigungsdauer begrenzt ist. In § 29 TVöD sind Fälle der **bezahlten Arbeitsbefreiung** i. S. v. § 616 BGB aufgeführt. **74**

j) Der **Erholungsurlaub** ist in § 26 TVöD geregelt. Bei Verteilung der wöchentlichen Arbeitszeit auf fünf Tage in der Kalenderwoche beträgt der Urlaubsanspruch in jedem Kalenderjahr bis zum vollendeten 30. Lebensjahr 26 Arbeitstage, bis zum vollendeten 40. Lebensjahr 29 Arbeitstage und nach dem vollendeten 40. Lebensjahr 30 Arbeitstage. Maßgebend ist das Lebensjahr, das im Laufe des Kalenderjahres vollendet wird. Diese Urlaubsregelung verstößt gegen das **75**

[212] BAG 24. 9. 2008 AP 2 zu § 8 TVöD.
[213] BAG 24. 9. 2008 NZA 2009, 45.
[214] BAG 24. 9. 2008 AP 2 zu § 8 TVöD.
[215] BAG 5. 2. 2009 – 6 AZR 114/08 z. V. v.

AGG (dazu § 33 RN 62). Der TVöD enthält eine Reihe zulässiger Abweichungen vom BUrlG. Im Unterschied zu § 7 III BUrlG muss der Urlaub im Falle der Übertragung in den ersten drei Monaten des folgenden Kalenderjahres angetreten werden. Kann der Erholungsurlaub wegen Arbeitsunfähigkeit oder aus dienstlichen Gründen nicht bis zum 31.3. angetreten werden, ist er bis zum 31.5. anzutreten. Beginnt oder endet das Arbeitsverhältnis im Laufe eines Jahres, erhält der Beschäftigte als Erholungsurlaub für jeden vollen Monat des Arbeitsverhältnisses ein Zwölftel des Urlaubsanspruchs. § 5 BUrlG bleibt unberührt. Damit erfolgt abweichend vom BUrlG (dazu § 102 RN 70) auch bei einer Beendigung des Arbeitsverhältnisses in der zweiten Jahreshälfte eine Zwölftelung des Urlaubsanspruchs. Ruht das Arbeitsverhältnis, vermindert sich der Urlaubsanspruch. Das fortzuzahlende Entgelt wird nach den allgemeinen Regeln des § 24 TVöD fällig. Zusatzurlaub und Sonderurlaub sind in §§ 27 und 28 TVöD geregelt.

76 **k)** § 31 TVöD sieht die **befristete Übertragung von Führungspositionen** vor. Innerhalb der Gesamtdauer von zwei Jahren ist eine höchstens zweimalige Verlängerung des Arbeitsvertrages zulässig. Besteht bereits ein Arbeitsverhältnis mit demselben Arbeitgeber, kann dem Beschäftigten vorübergehend eine Führungsposition bis zur Dauer von zwei Jahren übertragen werden. Der Beschäftigte erhält in dieser Zeit eine Zulage in Höhe des Unterschiedsbetrags zwischen den Tabellenentgelten nach der bisherigen Entgeltgruppe und dem sich bei Höhergruppierung ergebenden Tabellenentgelt. Nach Fristablauf endet die Erprobung. Bei Bewährung wird die Führungsfunktion auf Dauer übertragen; ansonsten erhält der Beschäftigte eine der bisherigen Eingruppierung entsprechende Tätigkeit.

77 **l)** Die **Kündigung** ist in § 34 TVöD geregelt. Die Kündigungsfristen in § 34 I TVöD gelten sowohl für den Arbeitgeber als auch für den Arbeitnehmer. Nach § 34 II TVöD besteht ein besonderer Kündigungsschutz. Diese Regelung wird für die Arbeiter der Kommunen durch § 14 III TVÜ-VKA ergänzt. Aus dem Geltungsbereich des BMT-G übergeleitete Beschäftigte, die am 30. 9. 2005 eine Beschäftigungszeit von mindestens zehn Jahren zurückgelegt haben, erwerben abweichend von § 34 II 1 TVöD den besonderen Kündigungsschutz nach Maßgabe des § 52 I BMT-G. Des Weiteren ist die Protokollerklärung zum 3. Abschnitt des TVÜ-Bund und TVÜ-VKA zu beachten. Danach bleibt § 55 II Unterabs. 2 Satz 2 BAT in seinem bisherigen Geltungsbereich unberührt. Für die Angestellten im Tarifgebiet West beliebt es deshalb beim Ausschluss der Kündigung wegen Leistungsminderung.

78 § 34 II TVöD gilt nicht in den neuen Bundesländern. Das ist mit **Art. 3 I GG nicht vereinbar.**[216] Bei einer personenbezogenen Ungleichbehandlung ist der Gleichheitssatz verletzt, wenn eine Gruppe von Normadressaten im Vergleich zu anderen Normadressaten anders behandelt wird, obwohl zwischen beiden Gruppen keine Unterschiede von solcher Art und solchem Gewicht bestehen, dass sie die ungleiche Behandlung rechtfertigen könnten. Es ist kein Grund ersichtlich, der diese Unterscheidung erforderlich macht. 15 Jahre nach der Wiedervereinigung ist nicht begründbar, warum eine Verwaltungsangestellte des BVerwG in Leipzig oder ein Angestellter des BAG in Erfurt nicht den besonderen tariflichen Kündigungsschutz erwerben kann, während Angestellte des BSG in Kassel oder des BGH in Karlsruhe nach einer Beschäftigungszeit von 15 Jahren und der Vollendung des 40. Lebensjahres unkündbar sind. Auch die Unterscheidung zwischen den Kommunen in den alten und neuen Ländern ist nicht begründbar. Es mag zwar nach wie vor in den Städten und Gemeinden der neuen Bundesländer eine Notwendigkeit zur Personalreduzierung geben. Soweit das der Fall ist, beruht dies darauf, dass einzelne Gebietskörperschaften die bis zum Inkrafttreten des TVöD vergangen 15 Jahre nicht für die erforderlichen Maßnahmen genutzt wurden. Die Besonderheiten der Wiedervereinigung können die Unterscheidung deshalb nicht begründen. Andere sachliche Gründe sind nicht erkennbar.[217]

§ 185. Arbeitsverhältnis der Kirchenbediensteten

Abel, Die aktuelle Entwicklung der Rechtsprechung zu neueren Glaubens- und Weltanschauungsgemeinschaften, NJW 2001, 410; *Beckers,* Errichtung von Betriebsräten in kirchlichen Einrichtungen, ZTR 2000, 63; *Berroth,* Änderungen der AVR-Diakonie zum 1. Januar 1999, ZMV 99, 125; *ders.,* Änderungen der Arbeitsvertragsrichtlinien des Diakonischen Werkes der EKD (AVR Diakonie), ZMV 2001, 228; *Bleistein/Thiel,* Kommentar zur Rahmenordnung für eine Mitarbeitervertretung (MAVO), 5. Aufl., 2006; *Däggelmann,* Die Europäische Union – ihre Auswirkungen auf kirchliche Einrichtungen und ihre Arbeitsplätze, ZMV 2001, 71; *Deinert,* Neugestaltung der Arbeitsvertragsgrundlagen in Einrichtungen der evangelischen Kirchen über den 3. Weg, ZTR 2005, 461; *Dütz,* Die „Tarif"wirkung von kirchlichen Arbeitsrechtsregelungen, FS Schaub,

[216] Ausf. dazu *Linck/Scholz* AR-Blattei SD 1010.7 RN 157 ff.
[217] Siehe auch *Bröhl* ZTR 2006, 174, 178, der die Regelung für „rechtlich nicht unbedenklich" hält.

1998, S. 157; *ders.*, Der Betriebsübergang im zivilen, öffentlichen und kirchlichen Arbeitsrecht, FS Wiese, 1998, S. 85; *ders.*, Arbeitsgerichtliche Überprüfung von kollektiven kirchlichen Arbeitsrechtsregelungen, FS Listl, 1999, S. 573; *ders.* Bischof und KODA-System, FS Richardi, 2007, S. 869; *Eder,* Inkompatibilität von Organisationen des Tarifrechts im Kodasystem, ZTR 2000, 496; *ders.*, Neue Arbeitszeitregelungen im Bereich der bayerischen (Erz)diözesen, ZTR 99, 52; *ders.*, Individualverfahren vor kirchlichen Gerichten?, ZMV 99, 120; *Fey,* Sinnvolle Vielfalt? – Die Struktur der Arbeitsrechtssetzung innerhalb der EKR und ihrer Diakonie, ZMV 97, 55; *Fischermeier,* Europäisches Antidiskriminierungsrecht versus kirchliche Loyalitätsanforderungen?, FS Richardi, 2007, S. 875; *Gaul,* Konsequenzen eines Betriebsübergangs für Kollektivvereinbarungen kirchlicher Rechtsträger, ZTR 2002, 368; *Guntau,* Die Bedeutung des rechtlichen Status der „verfassten" Kirchen und ihrer Diakonie für das Arbeitsrecht, ZMV 2000, 263; *Hammer,* Kirchliches Arbeitsrecht, 2002; *ders.*, Neues zur Normqualität kirchlicher Arbeitsvertragsordnungen?, ZTR 2003, 281; *ders.*, Die Rechtsqualität kirchlicher Arbeitsvertragsordnungen im Spiegel der BAG-Rechtsprechung, AuR 2002, 49; *ders.*, Neuere Entwicklungen der Normqualität kirchlicher Arbeitsvertragsordnungen, ZTR 2002, 302; *ders.*, Die Bewährungsprobe des kirchlichen Arbeitsrechts, ZMV 99, 19; *Hanau/Thüsing,* Europarecht und kirchliches Arbeitsrecht, 2001; *v. Hoyningen-Huene,* Inhaltskontrolle von kirchlichen Arbeitsvertragsbedingungen, FS Richardi, 2007, S. 909; *Müller-Volbehr,* Europa und das Arbeitsrecht der Kirchen, 1999; *ders.*, Teilzeitarbeit und kirchliche Arbeitsverhältnisse, NZA 2002, 301; *Papenheim,* Zur Kündigung kirchlicher Mitarbeiter/Mitarbeitervertreter, insbesondere wegen Verletzung der Loyalitätspflichten, ZMV 2000, 138; *Preis/Greiner,* Religiöse Symbole und Arbeitsrecht, FS Rüfner, 2003, S. 653; *Reichold,* Europäisches Rahmenrecht für kirchliche Mitbestimmung?, ZTR 2000, 57; *ders.*, Europa und das deutsche kirchliche Arbeitsrecht, NZA 2001, 1054; *Richardi,* Arbeitsrecht in der Kirche, 5. Aufl., 2009; *ders.*, Kirchenbedienstete, AR-Blattei SD 960 (1997); *ders.*, Die Mitbestimmung bei Kündigungen im kirchlichen Arbeitsrecht, NZA 98, 113; *ders.*, Neugestaltung im kollektiven Arbeitsrecht der katholischen Kirche, NZA 98, 1305; *ders.*, Arbeitsrecht und Kirchenrecht, RdA 99, 112; *ders.*, Preisgabe kirchlicher Einrichtungen durch Ausgliederung in eine Kapitalgesellschaft, FS Listl, 1999, S. 481; *ders.*, Staatlicher und kirchlicher Gerichtsschutz für das Mitarbeitervertretungsrecht der Kirchen, NZA 2000, 1305; *Schliemann,* Kirchliches Selbstbestimmungsrecht und Europäischer Tendenzschutz, FS Richardi, 2007, S. 959; *ders.*, Die neue Ordnung der Kirchengerichtsbarkeit in der Evangelischen Kirche in Deutschland, NJW 2005, 392; *ders.*, Europa und das deutsche kirchliche Arbeitsrecht, NZA 2003, 407; *ders.*, Die Aufgabe(n) der Schlichtungsstellen der evangelischen Kirchen in Deutschland und ihr(e) Verfahren, NZA 2000, 1311; *Schulze-Froning,* Kirchliche Mitarbeitervertretungen, Diss. Münster 2002; *Seelemann,* Kirchenmitgliedschaft als Voraussetzung kirchlicher Anstellungsverhältnisse, ZevKR 44, 226; *Sittinger,* Das Mitbestimmungsrecht bei Eingruppierungen in der evangelischen Kirche, ZMV 99, 7; *Thiel,* Aus der Rechtsprechung von Schlichtungsstellen, ZMV 99, 11; *ders.*, Fehlende Entscheidungsgründe der MAVO-Schlichtungsstelle als wesentlicher Verfahrensmangel, ZMV 99, 59; *Thüsing,* Kirchliches Arbeitsrecht, 2006, *ders.*, Leiharbeitnehmer in Caritas und Diakonie – Rechtliche Grundlage und personelle Grenzen der kirchlichen Dienstgemeinschaft, FS Richardi, 2007, S. 989; *ders.*, Das kirchliche Arbeitsrecht vor neuen Herausforderungen, ZTR 2006, 230; *ders.*, Inhaltskontrolle kirchlicher Arbeitsvertragsrichtlinien, ZTR 2005, 507; *ders.*, Religion und Kirche in einem neuen Anti-Diskriminierungsrecht, JZ 2004, 172; *ders.*, Das Kirchliche Arbeitsrecht und die Grundrechte des Arbeitnehmers, FS Rüfner, 2003, S. 901; *ders.*, Mitbestimmung und Tarifrecht im kirchlichen Konzern, ZTR 2002, 56; *ders.*, 20 Jahre Dritter Weg – Rechtsnatur und Besonderheiten kirchlicher Arbeitsverhältnisse, RdA 97, 163; *ders.*, Der Dritte Weg – seine Grundlagen und seine Zukunft, ZTR 99, 298; *Thüsing/Börschel,* Neuere Entwicklungen in der Rechtsprechung zum kirchlichen Arbeitsrecht, NZA-RR 99, 561; *Weth/Wern,* Vom weltlichen zum kirchlichen Betrieb – Probleme des Betriebsübergangs, NZA 98, 118; *Hinnerk Wißmann,* Gerichtsverbot, JZ 2004, 190.

Übersicht

	RN
I. Allgemeines	1 ff.
1. Kirchliches Selbstbestimmungsrecht	1, 2
2. Karitative und erzieherische Einrichtungen	3
3. Arbeitskampf	4
4. Koalitionsfreiheit	5
II. Dritter Weg	6 ff.
1. Überblick	6
2. Das Prinzip des Dritten Wegs	7–9
III. Kündigungsschutz	10
IV. Arbeitsrecht in der evangelischen Kirche	11 ff.
1. Verfassung der evangelischen Kirche	11
2. Mitarbeitervertretungsgesetz	12–20
3. Arbeitsrechtsregelungsgesetz	21
4. Arbeitsvertragsrichtlinien	22–27
V. Arbeitsrecht in der katholischen Kirche	28 ff.
1. Rechtsgrundlagen	28–30
2. Individualrechtlicher Inhalt der GO	31–33
3. Arbeitsvertragsrecht im kirchlichen Dienst	34–36
4. Arbeitsvertragsrichtlinien	37
5. Mitarbeitervertretungsordnung (MAVO)	38
6. Rechtsschutz	39

I. Allgemeines

1. Kirchliches Selbstbestimmungsrecht. a) Nach Art. 140 GG i. V. m. Art. 137 WV ordnet jede Religionsgesellschaft ihre Angelegenheit selbst im Rahmen der für alle geltenden Ge- 1 setze. Nach h. M. gehört das **kirchliche Ämterrecht** zu den eigenen Angelegenheiten des kirchlichen Selbstbestimmungsrechts.[1] Keine Arbeitnehmer sind deshalb solche Personen, die „in ein so enges Verhältnis zur Kirche treten, dass sie in der von ihnen selbst gewählten Lebensform einen Stand der Kirche bilden, wenn also der Dienst in der Nachfolge Christi die Grundlage des Beschäftigungsverhältnisses darstellt".[2] Dies gilt insbesondere für Mitglieder der Orden und Diakonissen.

2 **b)** Nach der Rspr. des BVerfG[3] gewährleistet die **Verfassungsgarantie des kirchlichen Selbstbestimmungsrechts** den Kirchen, darüber zu befinden, welche Dienste es in ihren Einrichtungen geben soll und in welchen Rechtsformen sie wahrzunehmen sind. Die Kirchen können sich dabei auch der Privatautonomie bedienen, um ein Arbeitsverhältnis zu begründen und zu regeln. Auf dieses findet zwar das staatliche Arbeitsrecht Anwendung, das kirchliche Selbstbestimmungsrecht bleibt aber wesentlich. Das ermöglicht den Kirchen, in den Schranken der für alle geltenden Gesetze den kirchlichen Dienst nach ihrem Selbstverständnis zu regeln und die spezifischen Obliegenheiten kirchlicher Arbeitnehmer verbindlich zu machen. Welche kirchlichen Grundverpflichtungen als Gegenstand des Arbeitsverhältnisses bedeutsam sein können, richtet sich nach den von der verfassten Kirche anerkannten Maßstäben. Dagegen kommt es weder auf die Auffassung der einzelnen betroffenen kirchlichen Einrichtungen, bei denen die Meinungsbildung von verschiedensten Motiven beeinflusst sein kann, noch auf diejenige breiter Kreise unter den Kirchengliedern oder etwa gar einzelner bestimmten Tendenzen verbundener Mitarbeiter an.

3 **2. Karitative und erzieherische Einrichtungen.** Das kirchliche Selbstbestimmungsrecht erfasst auch **kirchliche Organisationen,** die nach kirchlichem Selbstverständnis ihrem Zweck oder ihrer Aufgabe entsprechend berufen sind, einen Teil des kirchlichen Auftrags wahrzunehmen und zu erfüllen.[4] Für die Zuordnung einer rechtlich selbstständigen Einrichtung zur Kirche ist nicht ausreichend, dass die Einrichtung ihrem Zweck nach auf die Verwirklichung eines kirchlichen Auftrags gerichtet ist. Hinzukommen muss ein Mindestmaß an Einflussmöglichkeiten der Kirche, um auf Dauer eine Übereinstimmung der religiösen Betätigung der Einrichtung mit kirchlichen Vorstellungen gewährleisten zu können. Der ordnende Einfluss der Kirche bedarf keiner satzungsmäßigen Absicherung. Die Kirche muss jedoch in der Lage sein, einen etwaigen Dissens in religiösen Angelegenheiten zwischen ihr und der Einrichtung unterbinden zu können.[5] Dies gilt insbes. für karitative Einrichtungen der Kranken- und Altenpflege, kirchliche Krankenhäuser[6] sowie Schulen und Kindergärten, und zwar auch dann, wenn der Träger ein bürgerlich-rechtlicher Verein ist.[7] Ein auf die Verwirklichung des christlichen Auftrags gerichtetes, von einem Mitglied des Diakonischen Werkes betriebenes Krankenhaus ist eine karitative Einrichtung einer Religionsgemeinschaft.[8] Entsprechendes gilt für Einrichtungen, in denen Jugendliche betreut werden.[9] Die Sonderstellung dieser Einrichtungen beruht letztlich auf dem verfassungsrechtlich verbürgten Selbstbestimmungsrecht der Kirche. Diese Rechtsprechung hat auch Bestand vor dem Hintergrund der Richtlinie 2000/78/EG[10] vom 27. 11. 2000 zur Festlegung eines allgemeinen Rahmens für die Verwirklichung der Gleichbehandlung in Beschäftigung und Beruf (Rahmenrichtlinie) und dem AGG (dazu § 33 RN 127).

4 **3. Arbeitskampf.** Der Arbeitskampf ist nach h. M. im kirchlichen Dienst **unzulässig.**[11] Dies ist in § 7 II GrO der katholischen Kirche ausdrücklich bestimmt. Es ist mit dem Wesen des kirchlichen Dienstes nicht vereinbar, Verkündigung, Seelsorge oder helfende Liebe in Verfolgung wirtschaftlicher oder sozialpolitischer Ziele durch einen Arbeitskampf zu unterbrechen.

---

[1] BGHZ 22, 383; 34, 372; BAG 21. 10. 1970 AP 1 zu § 611 BGB Kirchendienst; BSG 20. 4. 1972 AP 2 zu § 611 BGB Kirchendienst.

[2] *Richardi,* ZevKR Bd. 19, 275–279; *ders.,* Arbeitsrecht in der Kirche, § 5 RN 6.

[3] BVerfG 4. 6. 1985 AP 24 zu Art. 140 = NZA 86 Beil. 1 S. 28.

[4] *Richardi,* Arbeitsrecht in der Kirche, § 3 RN 8f.

[5] BAG 30. 4. 1997 AP 60 zu § 118 BetrVG 1972 = NZA 97, 1240; 5. 12. 2007 AP 82 zu § 118 BetrVG 1972.

[6] BAG 9. 12. 1982 AP 24 zu § 118 BetrVG 1972; 5. 12. 2007 AP 82 zu § 118 BetrVG 1972.

[7] BAG 31. 10. 1984 AP 20 zu Art. 140 GG = NZA 85, 215.

[8] BAG 31. 7. 2002 AP 70 zu § 118 BetrVG 1972; einschränkend BAG 5. 12. 2007 AP 82 zu § 118 BetrVG 1972.

[9] BAG 14. 4. 1988 AP 36 zu § 118 BetrVG 1972 = NJW 88, 3283.

[10] ABl. EG Nr. L 303 S. 16.

[11] *Belling* FS 50 Jahre BAG S. 477; *Richardi* Arbeitsrecht in der Kirche § 10 RN 6ff.; *Richardi/Thüsing* AuR 2002, 94; *Thüsing,* Kirchliches Arbeitsrecht, S. 139ff.; a. A. *Kühling* AuR 2001, 241.

4. Koalitionsfreiheit. Dagegen steht nach allgemeiner Meinung den Mitarbeitern die Koalitionsfreiheit zu (Art. 9 III GG).[12] Im Bereich der ev. Kirche ist der Hauptverband von Verbänden kirchlicher Mitarbeiter im Bereich der ev. Kirche in Deutschland, Hannover, gegründet. Ebenso wenig wird grundsätzlich in Frage gestellt, dass die Koalitionen den verfassungsrechtlich privilegierten Zweck der Wahrung und Förderung der Arbeitsbedingungen verfolgen. Dass Vereinigungen kirchlicher Mitarbeiter **nicht streiken können,** steht dem nicht entgegen.[13] Die Kirchen können nicht gezwungen werden, Tarifverträge abzuschließen.[14] 5

II. Dritter Weg

1. Überblick. Die Arbeitsbedingungen der rd. 900000 bis 1,2 Mill. Mitarbeiter der ev. und kath. Kirche können theoretisch in drei verschiedenen Formen geregelt werden. Der **„Erste Weg"** ist die einseitige Gestaltung auf Grund der Organisationsgewalt der Kirchen, d.h. durch kirchlichen Gesetzgebungsakt oder eine Regelung durch ein von der Synode dazu ermächtigtes Organ. Diese Handlungsmöglichkeit wird auch in der katholischen Kirche nicht mehr vertreten.[15] Der **„Zweite Weg",** die Regelung durch Tarifverträge, wird von der katholischen Kirche abgelehnt. In der ev. Kirche ist er umstritten.[16] Zwar wird nicht in Abrede gestellt, dass die Kirchen Tarifverträge abschließen können. Indes wird das Instrumentarium des Tarifrechts mit Ausnahme der Nordelbischen Kirche und der Evangelischen Kirche in Berlin-Brandenburg als nicht kirchenadäquat angesehen. Die ehemalige Landeskirche Schleswig-Holstein hat mit den Gewerkschaften ÖTV, DAG und dem Verband der kirchlichen Arbeitnehmer Schleswig-Holsteins am 3. 5. 1960 für die von ihr beschäftigten Angestellten und Arbeiter Tarifverträge abgeschlossen. Die Landeskirche von Schleswig-Holstein ist seit dem 1. 1. 1977 in der nordelbischen ev.-lutherischen Kirche aufgegangen.[17] Die Nordelbische Kirche (NEK) hat sich durch das Kirchengesetz über die Regelung der Rechtsverhältnisse der in einem privatrechtlichen Arbeitsverhältnis beschäftigten Mitarbeiter in der Nordelbischen evangelisch-lutherischen Kirche (Arbeitsrechtsregelungsgesetz – ARRG) vom 9. 6. 1979 (GVBl. 79, 193) entschieden, die Rechtsverhältnisse ihrer Arbeitnehmer durch Tarifverträge zu regeln. Inzwischen hat die nordelbische Kirche eine Reihe von Tarifverträgen abgeschlossen.[18] Hierzu gehört der kirchliche Angestelltentarifvertrag für die Nordelbische Landeskirche vom 15. 1. 1982 (KAT-NEK). Nach dem sog. **„Dritten Weg"** entspricht die einseitige Einwirkungsmöglichkeit des Arbeitgebers auf die Arbeitsbedingungen der Mitarbeiter nicht mehr den heutigen Verhältnissen. Vielmehr sind die Mitarbeiter bei der Festsetzung der Arbeitsbedingungen zu beteiligen.[19] 6

2. Das Prinzip des Dritten Wegs.[20] **a)** Der Arbeitskampf ist mit dem kirchlichen Selbstverständnis nicht vereinbar. Ein Tarifvertragssystem kann aber in aller Regel nicht ohne Arbeitskampf funktionieren. Es musste daher ein Weg gefunden werden, der unter Wahrung des Auftrags der Kirche und Diakonie und der Interessen der Mitarbeiter an einer **paritätischen und partnerschaftlichen Konfliktlösung** zu einem angemessenen Interessenausgleich führt und das auf der Privatautonomie beruhende Tarifvertragssystem ersetzt. Der Dritte Wege ist in der kath. und der ev. Kirche unterschiedlich ausgestaltet, wobei in der ev. Kirche nach den einzelnen Landeskirchen unterschieden werden muss. Die Unterschiede betreffen sowohl die Auswahl der Mitarbeitervertreter als auch die Konfliktlösung für den Fall, dass eine Einigung nicht zustande kommt.[21] 7

b) Umstr. ist, welche Wirkungen die Regelungen entfalten, die im Rahmen des Dritten Wegs zustande gekommen sind. Im kirchenrechtlichen Bereich finden sich viele Stimmen, die auf Grund der Kirchenautonomie annehmen, die **Arbeitsvertragsrichtlinien (AVR)** erfassten 8

---

[12] Dazu *Richardi* Arbeitsrecht in der Kirche § 11.
[13] *Richardi* Arbeitsrecht in der Kirche § 11 RN 10f.
[14] *Frank* RdA 79, 86 (92); *Rothländer* RdA 79, 99 (100); *Richardi* ZTR 94, 99 m. w. N.
[15] Vgl. *Neuner,* Die Kirche – Monarchie, Demokratie, Gemeinschaft in Stimmen der Zeit, Heft 10/1990.
[16] Näher dazu *Richardi* Arbeitsrecht in der Kirche § 13 RN 10ff.
[17] *Blaschke,* Die Verfassung der Nordelbischen Evangelisch-Lutherischen Kirche, ZevKR 22, 254.
[18] Zur Eingruppierung von Erziehern: BAG 18. 3. 1987 AP 6 zu § 611 BGB Kirchendienst = ZTR 87, 152; 16. 6. 1993 AP 2 zu § 1 TVG Tarifverträge: Kirchen = NZA 94, 37; zur Auslegung des Tarifvertrags: BAG 23. 2. 1994 AP 3 zu § 1 TVG Tarifverträge: Kirchen.
[19] Hierzu *Thüsing* ZTR 99, 298; *ders.* RdA 97, 163.
[20] Ausf. Überblick bei *Richardi* Arbeitsrecht in der Kirche § 14 RN 1ff.; *Thüsing,* Kirchliches Arbeitsrecht, S. 114ff.
[21] Dazu *Thüsing,* Kirchliches Arbeitsrecht, S. 117f.

die Arbeitsverhältnisse normativ.[22] Nach der Rechtsprechung des BAG kommt kirchlichen Arbeitsvertragsordnungen dagegen keine normative Wirkung zu. Danach sind die AVR Kollektivvereinbarungen besonderer Art, in denen allgemeine Bedingungen für die Vertragsverhältnisse der bei den Kirchen beschäftigten Arbeitnehmer durch paritätisch zusammengesetzte Arbeitsrechtliche Kommissionen festgelegt werden. Wegen der verfassungsrechtlich gewährleisteten Eigenschaft als Körperschaften des öffentlichen Rechts (Art. 140 i. V. m. Art. 137 V WRV) haben die Kirchen die Dienstherrenfähigkeit und können ein eigenständiges Dienstrecht nach ihrem bekenntnismäßigen Verständnis auf öffentlich-rechtlicher Grundlage schaffen.[23] Für die Inhaltskontrolle kirchlicher Arbeitsvertragsrichtlinien sind die für Tarifverträge geltenden Maßstäbe heranzuziehen, soweit Tarifvertragsregelungen ganz oder mit im Wesentlichen gleichen Inhalten übernommen werden (zur AGB-Kontrolle im Übrigen RN 24).[24]

9 Die AVR finden nur kraft **einzelarbeitsvertraglicher Bezugnahme** auf ein Arbeitsverhältnis Anwendung.[25] Die Frage der Anerkennung der normativen Wirkung von kirchlichen Arbeitsrechtsregelungen im Sinne der unmittelbaren und zwingenden Wirkung stellt sich nur, wenn eine Arbeitsrechtsregelung die normative Wirkung überhaupt beansprucht. Auf Grund ihres Selbstbestimmungsrechts entscheiden die Kirchen über das „Ob“ und das „Wie“ der Einbeziehung der Arbeitsrechtsregelungen des „Dritten Weges“ in die Arbeitsverträge. Will die Kirche sich dabei nicht auf die anerkannten vertraglichen Instrumentarien der Einbeziehung der Arbeitsrechtsregelungen in die Arbeitsverhältnisse beschränken, sondern einen normativen Geltungsanspruch erheben, muss sie einen solchen Geltungsbefehl kirchengesetzlich anordnen. Dabei müssen Inhalt und Reichweite des normativen Geltungsanspruchs in der einschlägigen kirchenrechtlichen Regelung bestimmt sein. Es ist also zu regeln, für wen die unmittelbare und zwingende Wirkung gelten soll (kirchlicher Dienst- oder Arbeitgeber, verfasste Kirche, Diakonie, Caritas, Mitglieder der Kirche oder auch kirchlich gebundene Mitarbeiter bzw. Mitglieder anderer Kirchen).

III. Kündigungsschutz

10 Die Rspr. des BVerfG hat zu einer **erheblichen Einschränkung** des Kündigungsschutzes der Arbeitsverhältnisse im kirchlichen Dienst geführt.[26] Dies ist in § 133 RN 28 ff. erörtert. Kirchenspezifisch im Bereich der katholischen Kirche ist z. B., dass der Entzug der kirchlichen Lehrbefugnis von den staatlichen Gerichten nicht überprüft werden kann, so dass der Entzug der missio canonica einen Grund zur ordentlichen Kündigung darstellt.[27] Zu den Grundsätzen der katholischen Glaubens- und Sittenlehre gehört die herausragende Bedeutung der Ehe, die nicht nur ein Bund und ein Vertrag, sondern auch ein Sakrament ist. Nach katholischem Kirchenrecht stellt der Ehebruch daher ein schwerwiegendes Fehlverhalten dar, das eine ordentliche Kündigung rechtfertigen kann.[28] Überhaupt ist der Austritt aus der Kirche grundsätzlich ein Kündigungsgrund bei Arbeitnehmern, die zum kirchlichen Verkündigungsauftrag eine besondere Nähe aufweisen.[29]

IV. Arbeitsrecht in der evangelischen Kirche

Kommentare: *Bauman-Czichon/Dembski/Germer/Kopp,* Mitarbeitervertretungsgesetz der Evangelischen Kirche in Deutschland, 2. Aufl., 2003; *Fey/Rehren,* MVG-EKD, Kirchengesetz über Mitarbeitervertretungen in der Evangelischen Kirche in Deutschland, Praxiskommentar, Loseblattausgabe; *Fey/Rehren,* MVG.Kon, Mitarbeitervertretungsgesetz der Konföderation evangelischer Kirchen in Niedersachsen, Praxiskommentar, Loseblatt.

Aufsätze: *Busch,* Modell Koblenz, Öffnungsklauseln, Arbeitsvertragsrichtlinien, Tarifverträge, ZMV 97, 217; *Berroth,* AVR-Diakonie: Ortszuschlag grundsätzlich geändert, ZMV 2001, 57; *Dering,* Zur ersten Novellierung des Mitarbeitervertretungsgesetzes der Evangelischen Kirche in Deutschland, PersR 97, 155; *Fey,* Sozialpläne in Kirche, Diakonie und Caritas, ZMV 98, 12; *Kienitz,* Der kirchengerichtliche Rechtsschutz bei Streitigkeiten nach dem MVG EKD, NZA 96, 963; *ders.,* Zum Zustimmungsverweigerungsrecht der MAV

---

[22] Vgl. *Thüsing,* Kirchliches Arbeitsrecht, S. 119 ff.; *ders.* ZTR 99, 298 m. w. N.

[23] BAG 17. 6. 2003 AP 1 zu § 1 a AVR Diakonisches Werk = NZA-RR 2004, 423.

[24] BAG 6. 11. 1996 AP 1 zu § 10 a AVR Caritasverband = NZA 97, 778.

[25] BAG 20. 3. 2002 AP 53 zu Art. 140 GG = NZA 2002, 1402; 24. 9. 1997, 28. 1. 1998 AP 10, 11 zu § 12 AVR Caritasverband.

[26] Ausführlich hierzu *v. Hoyningen-Huene/Linck* § 1 RN 206 ff.

[27] BAG 25. 5. 1988 AP 36 zu Art. 140 GG.

[28] BAG 16. 9. 1999 AP 1 zu Art. 4 GrO Kath. Kirche; ebenso zu Mitgliedern der Mormonenkirche BAG 24. 4. 1997 AP 27 zu § 611 BGB Kirchendienst.

[29] LAG Rheinland-Pfalz 9. 1. 1997 ZTR 97, 474.

bei Kündigungen gemäß § 41 II MVG- EKD wegen Verstoß gegen das KSchG, ZMV 98, 118; *Krämer,* Aktuelle kirchen- und wirtschaftsrechtliche Probleme einer diakonischen GmbH, ZevKR 41, 66; *Leser,* MAV-Beteiligung bei Kündigung von Schwerbehinderten, ZMV 98, 217; *Lorenz,* Aufgaben und Beteiligungsrechte der MAV im Bereich des Arbeits- und Gesundheitsschutzes, ZMV 2001, 105; *Neumann,* Kirchliches Schlichtungswesen, ZTR 97, 241; *Richardi,* Die Mitbestimmung bei Kündigungen im kirchlichen Arbeitsrecht, NZA 98, 113; *Thiel,* Zum Rechtsschutz im Falle der Benachteiligung eines Mitglieds der Mitarbeitervertretung, ZMV 98, 171; *ders.,* Die Eine-Person-Mitarbeitervertretung, ZMV 98, 9; *Triebel,* Neuregelung des kirchlichen Arbeitsrechts in der Ev-luth. Kirche in Bayern und ihrer Diakonie, ZMV 2001, 60.

1. Verfassung der evangelischen Kirche. Die evangelische Kirche in Deutschland ist der Bund der 23 lutherischen, reformierten und unierten Landeskirchen (Art. 1 der GO EKD). Die Aufgaben der EKD ergeben sich aus Art. 6ff. GO EKD. Organe der EKD sind die Synode, die Kirchenkonferenz und der Rat der EKD (Art. 22 GO EKD). Die Synode hat die Aufgabe, der Erhaltung und dem inneren Wachstum der EKD zu dienen. Sie beschließt Kirchengesetze, erörtert Fragen des kirchlichen Lebens, gibt dem Rat Richtlinien und wählt in Gemeinschaft mit der Kirchenkonferenz den Rat der EKD. Die Synode besteht aus 106 Mitgliedern, die von den synodalen Organen der Gliedkirchen gewählt werden, und 20 Mitgliedern, die vom Rat berufen werden (Art. 24 GO EKD). Die Synode wählt für ihre Amtsdauer aus ihrer Mitte ein Präsidium, bestehend aus dem oder der Präses, zwei Vizepräsides und den Beisitzern oder Beisitzerinnen. Der Rat hat die Aufgabe, die EKD zu leiten und zu verwalten. Der Rat vertritt die EKD nach außen (Art. 29 I 3 GO EKD). 11

2. Mitarbeitervertretungsgesetz. a) Das Mitarbeitervertretungsrecht der Evangelischen Kirche ist **zersplittert.** Von der Synode der EKD wurde am 27. 11. 2002 ein Mitarbeitervertretungsgesetz (MVG) beschlossen, das für die Landeskirchen und ihre Einrichtungen, die das MVG-EKD unmittelbar anwenden, zum 1. 1. 2003 in Kraft trat. Elf der 23 Gliedkirchen haben sich für die unmittelbare Anwendbarkeit des MVG entschieden, eine andere Gruppe von Landeskirchen (z.B. die Bremische Evangelische Kirche und Evangelische Kirche im Rheinland) haben landeskirchliche Gesetze verabschiedet, die nur wenige Detailabweichungen vom MVG enthalten. Eine dritte Gruppe von Landeskirchen orientiert sich zwar am MVG, sieht aber eine Vielzahl von Abweichungen im Detail vor. 12

b) Das MVG ist in **zwölf Abschnitte** gegliedert, nämlich I. Allgemeine Bedingungen, II. Bildung und Zusammensetzung der Mitarbeitervertretung, III. Wahl der Mitarbeitervertretung, IV. Amtszeit, V. Rechtsstellung der Mitarbeitervertretung, VI. Geschäftsführung, VII. Mitarbeiterversammlung, VIII. Aufgaben und Befugnisse der Mitarbeitervertretung, IX. Interessenvertretung besonderer Mitarbeitergruppen, X. Gesamtausschuss der Mitarbeitervertretungen, XI. Vermittlungsgespräch und kirchenrechtlicher Rechtsschutz (Kirchengerichte), XII. Inkrafttreten, Schlussbestimmungen. 13

c) Für die Mitarbeiter und Mitarbeiterinnen der Dienststellen kirchlicher Körperschaften, Anstalten und Stiftungen der EKD, der Gliedkirchen sowie ihrer Zusammenschlüsse und der Einrichtungen der Diakonie sind nach Maßgabe des MVG **Mitarbeitervertretungen** zu bilden. Einrichtungen der Diakonie sind das Diakonische Werk der EKD sowie die gliedkirchlichen diakonischen Werke und die ihnen angeschlossenen Werke, Einrichtungen und Geschäftsstellen. Andere kirchliche Einrichtungen und freikirchliche Einrichtungen können das MVG auf Grund der Beschlüsse ihrer Organe anwenden. 14

d) Mitarbeiter und Mitarbeiterinnen i. S. des MVG sind die Personen, die hauptberuflich, nebenberuflich oder zu ihrer Berufsausbildung in einer Dienststelle beschäftigt sind, soweit die Beschäftigung oder Ausbildung nicht überwiegend ihrer Heilung oder Wiedereingewöhnung der beruflichen oder sozialen Rehabilitation oder ihrer Erziehung dient (§ 2 MVG). Ausnahmen können für den pfarramtlichen Dienst geschaffen werden. Weitere Besonderheiten bestehen für Mitarbeiter in Gestellungsverträgen. Sie gelten als Mitarbeiter; ihre rechtlichen Beziehungen zur entsendenden Stelle bleiben unberührt.[30] Der Begriff der Dienststelle folgt aus § 3 MVG. 15

e) Die Mitglieder der Mitarbeitervertretung üben ihr Amt **unentgeltlich als Ehrenamt** aus (§ 19 MVG). Sie können von der Arbeit freigestellt werden (§ 20 MVG). Sie haben einen Anspruch auf Aufwendungsersatz. Über ihn entscheiden die kirchlichen Gerichte.[31] Sie genießen einen besonderen **Abordnungs- und Versetzungsschutz**[32] **sowie Kündigungsschutz** (§ 21 16

---

[30] VerwG EKD 25. 4. 1996 NZA-RR 98, 479.
[31] VerwG EKD 30. 1. 1997 NZA 98, 1135.
[32] VerwG EKD 19. 2. 1998 ABl. EKD 2000, 36.

MVG). Einem Mitglied der Mitarbeitervertretung darf nur gekündigt werden, wenn Tatsachen vorliegen, die den Dienstgeber zur außerordentlichen Kündigung berechtigen. Die außerordentliche Kündigung bedarf der Zustimmung der Mitarbeitervertretung oder der Zustimmung des Ersatzmitglieds, falls die Mitarbeitervertretung nur aus einer Person besteht.[33] Die Kirchengerichte haben bei der Prüfung der Frage, ob Tatsachen vorliegen, die eine außerordentliche Kündigung rechtfertigen, wie ein staatliches Gericht vorzugehen.[34]

17 **f)** Im VIII. Abschnitt sind die **Aufgaben und Befugnisse der Mitarbeitervertretung** zusammengestellt. Nach § 33 MVG sind Mitarbeitervertretung und Dienststellenleitung verpflichtet, sich gegenseitig bei der Erfüllung ihrer Aufgaben zu unterstützen; sie arbeiten vertrauensvoll und partnerschaftlich zusammen. Sie achten darauf, dass alle Mitarbeiter und Mitarbeiterinnen nach Recht und Billigkeit behandelt werden und die Vereinigungsfreiheit nicht beeinträchtigt wird. Nach § 34 MVG hat die Mitarbeitervertretung zahlreiche Informationsrechte; ihre allgemeinen Aufgaben ergeben sich aus § 35 MVG. Dienstvereinbarungen sind in § 36 MVG geregelt. Nach § 37 MVG wird unterschieden zwischen den Verfahren der Mitbestimmung (§ 38 MVG), der eingeschränkten Mitbestimmung (§ 41 MVG) und der Mitberatung (§ 45 MVG). Schließlich bestehen die in § 47 MVG aufgezählten Initiativrechte.

18 **g)** Soweit eine Maßnahme der Mitbestimmung der Mitarbeitervertretung unterliegt, darf sie erst vollzogen werden, wenn die **Zustimmung der Mitarbeitervertretung** vorliegt oder durch den Gleichstellungsausschuss ersetzt worden ist. Eine der Mitbestimmung unterliegende Maßnahme ist unwirksam, wenn die Mitarbeitervertretung nicht beteiligt worden ist (§ 38 I 2 MVG).[35] Der Mitbestimmung unterliegen Fälle der allgemeinen personellen Angelegenheiten (Personalfragebogen, Beurteilungsgrundsätze, Grundsatz der Aus-, Fort- und Weiterbildung sowie der Teilnehmerauswahl, Auswahl der Teilnehmer und Teilnehmerinnen an Fortbildungsveranstaltungen). Ferner besteht ein Mitbestimmungsrecht in organisatorischen und sozialen Angelegenheiten (§ 40 MVG). Bei der **eingeschränkten Mitbestimmung** hat die Mitarbeitervertretung kein volles Mitbestimmungsrecht. Sie wird in ihren Argumentationsmöglichkeiten beschränkt, indem ihr die Ablehnung der Maßnahme des Arbeitgebers nur aus bestimmten Gründen gestattet ist (§ 41 MVG). Eingeschränkte Mitbestimmungsrechte bestehen in konkreten Personalangelegenheiten der privatrechtlich angestellten Mitarbeiter und Mitarbeiterinnen sowie der Mitarbeiter und Mitarbeiterinnen in öffentlich-rechtlichen Dienstverhältnissen. Eingeschränkte Mitbestimmungsrechte bestehen z. B. bei Einstellung, ordentlicher Kündigung,[36] Ein- und Umgruppierung, dauernder Übertragung einer Tätigkeit, die einen Anspruch auf Zahlung einer Zulage auslöst, Umsetzung, Versetzung, Weiterbeschäftigung über die Altersgrenze, Anordnungen, welche die Freiheit der Wahl der Wohnung beschränken, Versagung und Widerruf von Nebentätigkeiten, Ablehnung eines Antrags auf Ermäßigung der Arbeitszeit. Versetzung im mitarbeitervertretungsrechtlichen Sinne ist die auf Dauer angelegte Übertragung einer anderen Beschäftigung in einer anderen Dienststelle.[37]

19 **h)** In den Fällen der **Mitberatung** ist der Mitarbeitervertretung eine beabsichtigte Maßnahme rechtzeitig vor der Durchführung bekanntzugeben und auf Verlangen mit ihr zu erörtern. Die Mitarbeitervertretung kann die Erörterung binnen zwei Wochen verlangen. In bestimmten Fällen kann das Antragsrecht durch die Dienststelle abgekürzt werden. Äußert sich die Mitarbeitervertretung nicht, gilt die Maßnahme als gebilligt.

20 **i)** Bis zum 31. 12. 2003 waren in Streitfällen nach dem MVG-EKD die Schlichtungsstellen in erster Instanz und in zweiter Instanz das Verwaltungsgericht für mitarbeitervertretungsrechtliche Streitigkeiten der Evangelischen Kirche in Deutschland, kurz VerwG EKD, berufen. Mit dem von der Synode der EKD am 6. 11. 2003 verabschiedeten Kirchengesetz über die Errichtung, die Organisation und das Verfahren der Kirchengerichte der Evangelischen Kirche in Deutschland wurde im MVG-EKD eine Änderung der Bezeichnung der Schlichtungsstellen in **„Kirchengerichte"** vorgenommen, welche die Qualität und Verortung als kirchliche Rechtsprechungsorgane deutlich macht.[38] Die Kirchengerichte entscheiden in erster Instanz gemäß § 60 MVG-EKD über alle Streitigkeiten, die sich aus der Anwendung des MVG-EKD ergeben. Ihre Zuständigkeit

---

[33] Dazu APS/*Linck* Mitarbeitervertretung RN 59.

[34] VerwG EKD 27. 11. 1997 NZA 98, 1357; zur Überprüfung eines Schiedsspruchs durch staatliche Gerichte BAG 21. 5. 1992 – 2 AZR 49/92 n. v.

[35] Krit. hierzu *Richardi,* Arbeitsrecht in der Kirche, § 19 RN 29.

[36] LAG Köln 18. 1. 1995 NZA 95, 1200; APS/*Linck* Mitarbeitervertretung RN 50 ff.

[37] VerwG EKD 19. 2. 1998 NZA-RR 98, 576.

[38] Dazu *Schliemann* NJW 2005, 392; *Richardi,* Arbeitsrecht in der Kirche, § 22 RN 25 ff.

ist unterschiedlich geregelt, teilweise sind sie nur für Streitigkeiten aus dem Bereich einer Gliedkirche oder ihres gliedkirchlichen Diakonischen Werkes zuständig, teilweise aber auch für diese gemeinsam oder für mehrere Gliedkirchen oder gliedkirchliche Diakonische Werke. Gegen die Beschlüsse der Kirchengerichte erster Instanz findet gemäß § 63 MVG-EKD nun die Beschwerde an den **„Kirchengerichtshof der Evangelischen Kirche in Deutschland (KGH EKD)"** statt. Die Beschwerde bedarf der Annahme. Näheres über seine Errichtung und Organisation findet sich im Kirchengerichtsgesetz der Evangelischen Kirche in Deutschland (KiGG EKD). Die staatliche Gerichtsbarkeit ist bei Streitigkeiten aus dem MVG nicht zuständig.[39] Verfahrensbevollmächtigte müssen gemäß § 21 KiGG EKD Mitglied einer Kirche sein, die der Arbeitsgemeinschaft Christlicher Kirchen angehört. Soweit sie nicht zur Rechtsanwaltschaft zugelassen sind, kann ihnen der weitere Vortrag durch Beschluss untersagt werden, wenn ihnen die Fähigkeit zum sachgemäßen Vortrag mangelt. Der Beschluss ist unanfechtbar.

3. Arbeitsrechtsregelungsgesetz. Das Arbeitsrecht wird im Arbeitsrechtsregelungsgesetz der evangelischen Kirche in Deutschland (ARRG.EKD) vom 10. 11. 1988 m. spät. Änd. geregelt. Die Landeskirchen haben entsprechende Regelungen verabschiedet (Evangelisch-Lutherische Kirchen in Bayern vom 30. 3. 1977). Für die neuen Bundesländer gilt das Arbeitsrechtsregelungsgesetz EKD-Ost (ARRG.EKD-Ost) vom 5. 11. 2008. 21

4. Arbeitsvertragsrichtlinien. a) In der Richtlinie des Rates der EKD für ein Kirchengesetz über das Verfahren zur Regelung der Arbeitsverhältnisse der Mitarbeiter im kirchlichen Dienst (Arbeitsrechtsregelungsgesetz – ARRG) vom 10. 11. 1988 m. spät. Änd. wird den Gliedkirchen empfohlen, paritätisch aus Vertretern der Mitarbeiter im kirchlichen Dienst und Vertretern der kirchlichen Körperschaften sowie anderen Trägern zusammengesetzte **arbeitsrechtliche Kommissionen** zu bilden.[40] Sie sollen die Aufgabe haben, Regelungen zu erarbeiten, die den Inhalt, den Abschluss und die Beendigung von Arbeitsverhältnissen der Angestellten und Arbeiter im Haupt- und Nebenberuf sowie der nicht beamteten Mitarbeiter in der Ausbildung betreffen. Für den Konfliktfall werden **Schlichtungsausschüsse** gebildet, die sich aus Vertretern der Arbeitnehmer- und Arbeitgeberseite sowie einem unparteiischen Vorsitzenden zusammensetzen. Die Einzelheiten sind in den Landeskirchen unterschiedlich ausgestaltet. Überwiegend entscheidet der Schlichtungsausschuss verbindlich. 22

b) Die Kommissionen haben inzwischen **Arbeitsvertragsrichtlinien** erlassen. Diese gelten auch für Mitarbeiter des Diakonischen Werks. Die Arbeitsvertragsrichtlinien für Anstalten und Einrichtungen, die dem Diakonischen Werk der Evangelischen Kirche in Deutschland angeschlossen sind (AVR), sind nach st. Rspr. **keine Tarifverträge** und können ein Arbeitsverhältnis nicht wie ein Tarifvertrag unmittelbar und zwingend gestalten (RN 8f.).[41] Die AVR beruhen auf kirchenrechtlichen Bestimmungen und innerkirchlichen Vereinbarungen, die ohne Verhandlungen mit einer Gewerkschaft oder einem Zusammenschluss von Gewerkschaften als Tarifvertragspartei i. S. v. § 2 TVG zustande gekommen sind. Es bedarf deshalb stets der Übernahme durch Einzelvertrag, Gesamtzusage oder Einheitsregelung, wenn die in AVR enthaltenen Arbeitsvertragsrechtsregelungen in einem Arbeitsverhältnis gelten sollen. Wird im Arbeitsvertrag auf Arbeitsregelungen für die Angestellten in der Evangelischen Kirche in der jeweils geltenden Fassung Bezug genommen, wird damit auch auf das ARRG verwiesen.[42] 23

c) Umstr. ist, ob die AVR einer **Inhaltskontrolle nach §§ 307–309 BGB** unterliegen. Dafür spricht zwar, dass das BGB insoweit keine Bereichsausnahme wie in § 310 IV 1 BGB für Tarifverträge und Betriebsvereinbarungen enthält.[43] Andererseits sind die AVR als Regelungen des „Dritten Wegs" Ausdruck des verfassungsrechtlich geschützten Selbstbestimmungsrechts der Kirchen und könnten deshalb den in § 310 IV 1 BGB genannten Kollektivvereinbarungen gleichzustellen sein.[44] Dem ist das BAG jedoch nicht gefolgt.[45] Danach hat der Gesetzgeber 24

---

[39] BAG 11. 3. 1986 AP 25 zu Art. 140 GG = NZA 86, 685; 25. 4. 1989 AP 34 zu Art. 140 GG = BB 89, 1624; 9. 9. 1992 AP 40 zu Art. 140 GG = NZA 93, 597.

[40] Näher hierzu *Richardi,* Arbeitsrecht in der Kirche, § 14 RN 1 ff.

[41] BAG 8. 6. 2005 AP 1 zu § 42 MitarbeitervertretungG-EK Rheinland-Westfalen = NZA 2006, 611; 15. 11. 2001 EzA 48 zu § 611 BGB Kirchliche Arbeitnehmer = NZA 2002, 1055; 17. 4. 1996 AP 24 zu § 611 BGB Kirchendienst = NZA 97, 55.

[42] BAG 19. 2. 2003 AP 36 zu § 611 BGB Kirchendienst = NZA 2004, 54.

[43] *Däubler* NZA 2001, 1329, 1334.

[44] Ebenso *v. Hoyningen-Huene* FS Richardi S. 909, 919; *Müller-Volbehr* NZA 2002, 301, 305; *Richardi,* Arbeitsrecht in der Kirche, § 15 RN 42f.; *Stoffels* AGB-Recht RN 176; *Thüsing* NZA 2002, 306, 310.

[45] BAG 17. 11. 2005 AP 45 zu § 611 BGB Kirchendienst = NZA 2006, 872; 8. 6. 2005 AP 1 zu § 42 MitarbeitervertretungG-EK Rheinland-Westfalen = NZA 2006, 611.

kirchliche Arbeitsvertragsrichtlinien bei der Neuregelung des Rechts Allgemeiner Geschäftsbedingungen in Kenntnis der Rechtsprechung des BAG zur Rechtsqualität solcher Richtlinien nicht in die Formulierung des § 310 IV 1 BGB aufgenommen und damit zu erkennen gegeben, dass kirchliche Arbeitsvertragsregelungen grundsätzlich einer Überprüfung nach den §§ 305 ff. BGB unterliegen. Für die Inhaltskontrolle kirchlicher Arbeitsvertragsrichtlinien sind die für Tarifverträge anzuwendenden Maßstäbe heranzuziehen, soweit in den Arbeitsvertragsrichtlinien die entsprechenden Tarifvertragsregelungen des öffentlichen Dienstes für gleich gelagerte Sachbereiche ganz oder mit im Wesentlichen gleichen Inhalten übernommen werden, die dann kraft arbeitsvertraglicher Vereinbarung für das einzelne Arbeitsverhältnis gelten.[46]

25 **d)** In den Arbeitsvertragsrichtlinien werden im Allgemeinen die **Formulierungen der Tarifverträge des öffentlichen Dienstes** übernommen. Dies mag u. a. auch darauf zurückzuführen sein, dass viele Einrichtungen der Diakonie sich bei staatlichen Stellen refinanzieren. Bei der Eingruppierung in die AVR gelten deshalb die gleichen Eingruppierungsgrundsätze wie im BAT (§ 184 RN 11 ff.).[47] Werden in einem Arbeitsvertrag die jeweiligen AVR in Bezug genommen, ist davon auszugehen, dass die Eingruppierung eines Arbeitnehmers sich nach der richtigen Vergütungsgruppe richten soll. Dies gilt auch dann, wenn in einer folgenden Bestimmung auf eine bestimmte Vergütungsgruppe Bezug genommen ist.[48] Sind die Anforderungen einer Vergütungsgruppe abstrakt geregelt und dieser Regelung bestimmte Beispielstätigkeiten zugeordnet, ist der Arbeitnehmer gleichwohl in der Vergütungsgruppe eingruppiert, deren Beispielstätigkeit er erfüllt.

26 **e)** Mit der in einem Arbeitsvertrag mit einem kirchlichen Arbeitgeber vereinbarten Verpflichtung, bei Meinungsverschiedenheiten aus dem Vertrag zunächst eine kirchliche **Schlichtungsstelle anzurufen,** wird keine prozessual beachtliche Einwendung begründet, mit der die staatliche Gerichtsbarkeit ausgeschlossen ist.[49]

27 **f)** Umstr. ist, ob die Arbeitsvertragsrichtlinien **tarifdispositives Recht abbedingen** können.[50] In den älteren arbeitsrechtlichen Gesetzen sind entsprechende Öffnungsklauseln für Arbeitsvertragsrichtlinien nicht enthalten. Dagegen sind sie normiert in § 3 ATG und in § 7 IV ArbZG. Das BAG hat hierzu noch nicht ausdrücklich Stellung genommen. Dagegen ist die Abbedingungsmöglichkeit in der Rechtsprechung der Instanzgerichte bejaht worden.[51]

V. Arbeitsrecht in der katholischen Kirche

Erläuterungswerke: *Bleistein/Thiel,* Kommentar zur Rahmenordnung für eine Mitarbeitervertretungsordnung (MAVO), 5. Aufl., 2006; *Frey/Bahles,* Dienst- und Arbeitsrecht in der katholischen Kirche, Loseblattwerk.

Aufsätze: *Baur,* Der Dritte Weg – die katholische Kirche und die neue AVGO, ZTR 91, 150; *Beyer,* Erläuterung zu den Beschlüssen der Arbeitsrechtlichen Kommission vom 19. 6. 1997, Caritas Korrespondenz 1997, Nr. 10, 3; *Bleistein,* Schlichtungsverfahren in Streitigkeiten nach der Mitarbeitervertretungsordnung der Katholischen Kirche, RdA 98, 37; *Christoph,* 2. Tagung über „Europäisches Gemeinschaftsrecht – kirchliches Dienst- und Arbeitsrecht“, ZevKR 36, 395; *Eder,* Tarifdispositive Normen und Kirchenklausel, ZTR 97, 482; *ders.,* Erläuterungen zur Kirchlichen Arbeitszeitordnung in Bayern (KAZO), ZTR 97, 354; *ders.,* Neue Arbeitszeitregelungen im Bereich der bayerischen (Erz)Diözesen, ZTR 99, 52; *ders.,* Struktureller Aufbau des Arbeitsvertragsrechts im Bereich der bayerischen Erzdiözesen, ZTR 99, 354; *Hohn,* Arbeitsrecht und katholische Soziallehre, BB 95, 2648; *Klimpe-Auerbach,* Die Grundordnung des kirchlichen Dienstes im Rahmen kirchlicher Arbeitsverhältnisse, AuR 95, 170; *Reuter,* Die katholische Soziallehre und das deutsche Arbeitsrecht, RdA 95, 1; *Richardi,* Die Mitbestimmung bei Kündigungen im kirchlichen Bereich, NZA 98, 113; *ders.,* Neugestaltung im kollektiven Arbeitsrecht der katholischen Kirche, NZA 98, 1305; *Sczepanski,* Ordnung für Schlichtungsverfahren in den Bayerischen (Erz-)Diözesen, ZMV 2001, 67.

28 **1. Rechtsgrundlagen. a)** In der kath. Kirche ist auf Grund des Selbstbestimmungsrechts der Kirchen das kirchliche Arbeitsrecht umfassend geregelt. Die Deutsche Bischofskonferenz hat auf ihrer Herbst-Vollversammlung am 22. 9. 1993 in Fulda für die kath. Kirche die **Grundordnung des kirchlichen Dienstes im Rahmen kirchlicher Arbeitsverhältnisse** verabschiedet.[52] Die-

---

[46] BAG 17. 11. 2005 AP 45 zu § 611 BGB Kirchendienst = NZA 2006, 872.
[47] BAG 6. 8. 1997 AP 7 zu § 12 AVR Diakonisches Werk = NZA 98, 263.
[48] BAG 25. 8. 1993 AP 5 zu § 12 AVR Diakonisches Werk = BB 94, 1016.
[49] BAG 18. 5. 1999 AP 1 zu § 4 ArbGG 1979 = NZA 99, 1350.
[50] Ausf. dazu *Thüsing,* Kirchliches Arbeitsrecht, S. 125 ff.
[51] ArbG Berlin EzA 21 zu § 13 BUrlG; LAG Berlin AP 19 zu Art. 140 GG; vgl. dazu auch BAG 25. 3. 1987 AP 1 zu § 20 a AVR = BB 87, 2023.
[52] Abgedruckt NJW 94, 1394 = NZA 94, 112; hierzu *Dütz* NJW 94, 1369; *Richardi* NZA 94, 19.

se GO ist noch am selben Tage durch die Deutsche Bischofs-Konferenz mit normativer Kraft vom 1. 1. 1994 umgesetzt worden. Die Bischöfe haben auf ihrer Vollversammlung am 15. 6. 1998 auf der Grundlage des Art. 7 I GO die Ordnung für die Zentrale Kommission zur Ordnung des Arbeitsvertragsrechts im kirchlichen Dienst (Zentral-KODA-Ordnung) und die Rahmenordnung für die Kommission zur Ordnung des diözesanen Arbeitsvertragsrechts (Bistums/Regional-KODA-Ordnung) novelliert. Die Vollversammlung hat den Bistümern empfohlen, die **Zentral-KODA-Ordnung** zum 1. 1. 1999 in Kraft zu setzen. Die vier Buchstaben „KODA" stehen als Abkürzung für die Bezeichnung „**K**ommission zur **O**rdnung des **d**iözesanen **A**rbeitsvertragsrechts".

b) Der **Geltungsbereich der GO** ergibt sich aus Art. 2: „Die GO gilt für Arbeitsverhältnisse von Mitarbeitern und Mitarbeiterinnen bei den Dienststellen, Einrichtungen und sonstigen selbstständig geführten Stellen – nachfolgend als Einrichtung bezeichnet – **(a)** der Diözesen, **(b)** der Kirchengemeinden und Kirchenstiftungen, **(c)** der Verbände von Kirchengemeinden, **(d)** der Caritasverbände und deren Gliederungen, soweit sie öffentliche juristische Personen des canonischen Rechtes sind, **(e)** der sonstigen öffentlichen juristischen Personen des canonischen Rechts." Soweit die Bischöfe die GO nicht mit normativer Wirkung in Kraft setzen können, bestimmt Art. 2 II GO, dass die GO auch anzuwenden ist im Bereich der sonstigen kirchlichen Rechtsträger und ihrer Einrichtungen, unbeschadet ihrer Rechtsform sowie des Verbandes der Diözesen Deutschlands und des Deutschen Caritasverbandes. Diese haben die GO für ihren Bereich rechtsverbindlich zu übernehmen. Ausgenommen von der GO sind Mitarbeiter, die auf Grund eines klerikalen Dienstverhältnisses oder ihrer Ordenszugehörigkeit tätig sind. 29

c) In Art. 1 GO sind die **Grundprinzipien des kirchlichen Dienstes** zusammengefasst. „Alle in einer Einrichtung der kath. Kirche Tätigen tragen durch ihre Arbeit ohne Rücksicht auf die arbeitsrechtliche Stellung gemeinsam dazu bei, dass die Einrichtung ihren Teil am Sendungsauftrag der Kirche erfüllen kann (Dienstgemeinschaft). Alle Beteiligten, Dienstgeber sowie leitende und ausführende Mitarbeiter und Mitarbeiterinnen, müssen anerkennen und ihrem Handeln zugrunde legen, dass Zielsetzung und Tätigkeit, Organisationsstruktur und Leitung der Einrichtung, für die sie tätig sind, sich an der Glaubens- und Sittenlehre und an der Rechtsordnung der kath. Kirche auszurichten haben." Im Übrigen enthält die GO einen individualrechtlichen und einen kollektivrechtlichen Teil. 30

2. Individualrechtlicher Inhalt der GO. a) Nach Art. 3 GO hat der Dienstgeber bei der **Einstellung** darauf zu achten, dass eine Mitarbeiterin und ein Mitarbeiter die Eigenart des kirchlichen Dienstes bejaht. Der Dienstgeber muss prüfen, ob die Bewerberin und der Bewerber geeignet und befähigt sind, die vorgesehene Aufgabe so zu erfüllen, dass sie der Stellung der Einrichtung in der Kirche und der übertragenen Funktion gerecht werden. 31

b) In Art. 4 sind die **Loyalitätspflichten** zusammengefasst. Von kath. Mitarbeitern wird erwartet, dass sie die Grundsätze der kath. Glaubens- und Sittenlehre anerkennen und beachten.[53] Von nichtkatholischen christlichen Mitarbeitern wird erwartet, dass sie die Wertungen und Werte des Evangeliums achten und dazu beitragen, sie in der Einrichtung zur Geltung zu bringen. Nichtchristliche Mitarbeiter haben Kirchenfeindliches zu unterlassen. Sie dürfen die Glaubwürdigkeit der Kirche nicht gefährden. Bei Verstößen gegen Loyalitätsobliegenheiten greift nach Art. 5 GO ein abgestuftes System ein. Es ist zu beraten,[54] es kann abgemahnt, ein formeller Verweis oder eine andere Maßnahme (z.B. Versetzung, Änderungskündigung) erfolgen. Als letzte Maßnahme kommt eine Kündigung in Betracht. In Art. 5 II GG sind die für eine Kündigung kirchenspezifischen Gründe zusammengefasst. Hierzu gehören Verstöße gegen die von den Mitarbeitern nach Art. 3 bis 4 zu erfüllenden Obliegenheiten, der Kirchenaustritt, der Abschluss einer nach kirchlichem Verständnis ungültigen Ehe oder Handlungen, die als deutliche Distanzierung von der kath. Kirche anzusehen sind. Aus Art. 5 III–V GO ergeben sich für bestimmte Mitarbeiter unabweisbare Kündigungsgründe. Setzt ein pastoral, katechetisch oder leitend tätiger Mitarbeiter kirchenspezifische Kündigungsgründe, kann er nicht weiter beschäftigt werden. Leitend wird ein Mitarbeiter schon dann tätig, wenn er z.B. einen Kindergarten leitet. Der Begriff ist also nicht identisch mit dem des leitenden Angestellten. Maßgeblich ist der Bezug zur Wahrnehmung einer kirchlichen Grundfunktion.[55] Ebenfalls nicht weiter beschäftigt werden können solche Mitarbeiter, die aus der Kirche austreten oder die eine ungültige Ehe eingehen. 32

---

[53] Dazu BAG 16. 9. 1999 AP 1 zu Art. 4 GrO kath. Kirche = NZA 2000, 208.

[54] Zu dieser Verpflichtung als Voraussetzung einer Kündigung vgl. BAG 16. 9. 1999 AP 1 zu Art. 4 GrO kath. Kirche = NZA 2000, 208.

[55] *Richardi* Arbeitsrecht in der Kirche § 6 RN 7.

33 **c)** Mitarbeiterinnen und Mitarbeiter werden an der **Gestaltung ihrer Arbeitsbedingungen beteiligt** (Art. 7 GO). Der Abschluss von Tarifverträgen wird ausdrücklich abgelehnt. Das Verhandlungsgleichgewicht ihrer abhängig beschäftigten Mitarbeiterinnen und Mitarbeiter bei Abschluss und Gestaltung von Arbeitsverträgen sichert die kath. Kirche durch das ihr verfassungsgemäß gewährleistete Recht, ein eigenes Arbeitsrechts-Regelungsverfahren zu schaffen. Rechtsnormen für den Inhalt der Arbeitsverhältnisse kommen zustande durch Beschlüsse von Kommissionen, die mit Vertretern der Dienstgeber und Vertretern der Mitarbeiter paritätisch besetzt sind. Die Beschlüsse dieser Kommissionen bedürfen der bischöflichen Inkraftsetzung für das jeweilige Bistum. Das Nähere, insbesondere die jeweiligen Zuständigkeiten regeln die KODA-Ordnungen.[56] Die Kommissionen sind an diese Grundordnung gebunden.

34 **3. Arbeitsvertragsrecht im kirchlichen Dienst. a)** Kernstück des „Dritten Wegs" der katholischen Kirche ist die Beschlusszuständigkeit der **Zentral-KODA** (Ordnung für die Zentrale Kommission zur Ordnung des Arbeitsvertragsrechtes im kirchlichen Dienst in der Fassung des Beschlusses der Vollversammlung des Verbandes der Diözesen Deutschlands vom 15. 6. 1998). Diese Ordnung regelt das Zustandekommen von Rechtsnormen über Inhalt, Abschluss und Beendigung von Arbeitsverhältnissen mit Rechtsträgern im Geltungsbereich der Grundordnung. Der Zentral-KODA gehört eine gleiche Zahl von Vertretern der Dienstgeber und der Mitarbeiter an und zwar auf jeder Seite 21 Vertreter. Die Bistümer entsenden insgesamt 14 Vertreter der Dienstgeber und 14 Vertreter der Mitarbeiterseite nach Maßgabe eines in § 4 der KODA-Ordnung aufgeführten Schlüssels. Von Seite des Deutschen Caritasverbandes werden jeweils weitere 7 Vertreter von Dienstgeberseite und Mitarbeiterseite entsandt. Die Vertreter der Mitarbeiterseite werden von Vertretern der Mitarbeiterseiten in den in der Region bestehenden Kommissionen aus ihrer Mitte gewählt. Der Vorsitzende und der stellvertretende Vorsitzende werden von der Gesamtheit der Kommissionsmitglieder geheim gewählt und zwar in zweijährigem Wechsel, einmal aus der Dienstgeberseite und das andere Mal aus der Mitarbeiterseite, der stellvertretende Vorsitzende aus der jeweils anderen Seite. Ein Beschluss der Zentral-KODA, der den Erlass von Rechtsnormen zum Gegenstand hat, wird den für den Erlass der arbeitsrechtlichen Regelungen zuständigen Diözesanbischöfen zugeleitet.[57] Er wird nach Ablauf von drei Monaten nach Eingang des Beschlusses vom jeweiligen Diözesanbischof für seinen Bereich nach näherer Maßgabe in Kraft gesetzt. Sieht sich ein Diözesanbischof hierzu nicht in der Lage, unterrichtet er innerhalb einer Frist von acht Wochen nach Zugang des Beschlusses unter Angabe der Gründe die Zentral-KODA; dabei können Gegenvorschläge unterbreitet werden. Die Zentral-KODA berät alsdann die Angelegenheit nochmals. Fasst sie einen neuen Beschluss oder bestätigt sie ihren bisherigen Beschluss, leitet sie diesen allen Diözesanbischöfen zur Inkraftsetzung zu. Kommt ein solcher Beschluss nicht zustande, ist das Verfahren beendet. Kann auch der neue Beschluss nicht von allen Diözesanbischöfen angenommen werden, wird die Zentral-KODA, gegebenenfalls unter Beiziehung von Beratern, über die Sache weiterverhandeln mit dem Ziel, die bestehenden Einwände zu beheben. Sehen sich auch dann nicht alle Diözesanbischöfe in der Lage, den Beschluss in Kraft zu setzen, betrachten die Diözesanbischöfe, die nicht zustimmen können, den Beschluss der Kommission als qualifizierte Empfehlung.

35 **b) Gegenstand der Beschlusskompetenz** der Zentral-KODA sind die in § 3 I genannten Regelungen. Hierzu gehören die **(1)** Ausfüllung von Öffnungsklauseln in staatlichen Gesetzen; **(2)** die Fassung von Einbeziehungsabreden für Arbeitsverträge hinsichtlich der Loyalitätsobliegenheiten und Nebenpflichten gemäß der Grundordnung. Insoweit wird dem Nachweisgesetz Rechnung getragen; **(3)** kirchenspezifische Regelungen für die Befristung von Arbeitsverhältnissen, das kirchliche Arbeitszeitrecht, Mehrfacharbeitsverhältnisse für mehrere Dienstgeber sowie die Rechtsfolgen bei Wechsel des Dienstgebers.

36 **c)** Die Zentral-KODA hat keine ausschließliche Beschlusskompetenz. Vielmehr besteht daneben eine **Bistums- oder Regional-KODA-Ordnung.** Solche KODA-Ordnungen bestehen für die Diözesen Aachen, Köln, Essen, Münster (Nordrhein-westfälischer Teil) und Paderborn, die Diözese Osnabrück, in den in Bayern gelegenen Bistümern sowie in Berlin, Dresden-Meißen, Erfurt, Görlitz, Hamburg und Magdeburg (Regional KODA Ordnung Nord-Ost), die Bistümer Hildesheim, Fulda, Limburg, Mainz, Speyer, Trier, Freiburg und Rottenburg-Stuttgart. Die Regional-KODA hat die Aufgabe, bei der Ordnung der Arbeitsverhältnisse mitzuwirken. Der Kommission gehören als Mitglieder eine gleiche Anzahl von Vertretern der Dienstgeber und der Mitarbeiter an.

[56] Dazu auch MünchArbR/*Richardi* § 195 RN 17 ff.
[57] Hierzu *Dütz* FS Richardi S. 869.

4. Arbeitsvertragsrichtlinien. Für den kirchlichen Dienst sind Arbeitsvertragsrichtlinien ergangen. Vielfach wird aber auch in der katholischen Kirche auf den BAT und den MTL II Bezug genommen. Für den Bereich des Deutschen Caritasverbandes gelten die Richtlinien für Arbeitsverträge in den Einrichtungen des Deutschen Caritasverbandes. Zur Rechtswirkung und Inhaltskontrolle vgl. RN 8f., 24. 37

5. Mitarbeitervertretungsordnung (MAVO). Für die Kirchen und ihre Einrichtungen gilt gemäß § 118 II BetrVG nicht das BetrVG. Zur Sicherung ihrer **Selbstbestimmung in der Arbeitsorganisation kirchlicher Einrichtungen** wählen die Mitarbeiterinnen und Mitarbeiter nach Maßgabe kirchengesetzlicher Regelungen Mitarbeitervertretungen, die an Entscheidungen des Dienstgebers beteiligt werden (§ 8 GO). Das Mitarbeitervertretungsrecht der katholischen Kirche beruht auf der Rahmenordnung für eine Mitarbeitervertretungsordnung (MAVO) in der Fassung der Änderung gem. Beschluss der Deutschen Bischofskonferenz vom 21. 4. 2004 sowie der Fassung des Gesetzes zur Anpassung arbeitsrechtlicher Vorschriften an die kirchliche Arbeitsgerichtsordnung, in Kraft gesetzt zum 1. 7. 2005. Die letzte Änderung ist am 25. 6. 2007 erfolgt. Die Rahmenordnung gilt nicht unmittelbar in den Diözesen Deutschlands. Dort ist vielmehr die Fassung maßgebend, die der Ortsbischof gem. can. 391 § 2 CIC gegeben hat.[58] Die Rechtsetzungsbefugnis des Ortsbischofs erfasst nicht nur den Bereich der als öffentlich-rechtliche Körperschaft organisierten Kirche (auch Amtskirche, korporierte oder verfasste Kirche genannt), sondern ebenso die weiteren in § 1 MAVO aufgeführten Einrichtungen.[59] Im Allgemeinen sind die Beteiligungsrechte schwächer ausgebildet als in der ev. Kirche. Nach § 30 V MAVO ist eine ordentliche Kündigung ohne Beteiligung der Mitarbeitervertretung unwirksam.[60] Hierauf kann sich der Arbeitnehmer im Kündigungsrechtsstreit berufen.[61] 38

6. Rechtsschutz. Der gerichtliche Rechtsschutz ergibt sich aus Art. 10 GO. Soweit die Arbeitsverhältnisse kirchlicher Mitarbeiterinnen und Mitarbeiter dem staatlichen Arbeitsrecht unterliegen, sind die **staatlichen Arbeitsgerichte für den gerichtlichen Rechtsschutz zuständig.**[62] Die staatlichen Arbeitsgerichte müssen aber die Vorgaben aus dem kirchlichen Arbeitsrecht beachten. Dies gilt insbesondere bei Kündigungen. Ausgenommen von der staatlichen Gerichtsbarkeit sind innerkirchliche Maßnahmen, wenn eine Verletzung staatlichen Rechts durch das Kirchenrecht ausscheidet.[63] Bei innerkirchlichen Angelegenheiten sind die Kirchen nicht an die für alle geltenden Gesetz gebunden. Zu dem innerkirchlichen Bereich, in dem staatliche Gerichtsbarkeit in das Selbstbestimmungsrecht der Kirchen nicht eingreifen kann, gehören vor allem geistlich- seelsorgerische Angelegenheiten, Maßnahmen der Kirchenverfassung und -organisation.[64] 39

§ 186. Besondere Arbeitsverhältnisse

Übersicht

	RN
I. Baugewerbe	1 ff.
1. Geltungsbereich des BRTV	1–4
2. Bau-Arbeitsgemeinschaften	5
3. Kündigung	6
4. Arbeitsausfall und Aufwendungsersatz	7
5. Ausschlussfrist	8–10
6. Leistungslohn	11
7. Urlaub	12, 13
8. Saison-Kurzarbeitergeld	14
9. Altersbeihilfen	15
10. Vermögensbildung	16
11. Berufsbildung	17
II. Bergbau	18 ff.
1. Rechtsgrundlagen	18
2. Beschäftigungsverbot für Frauen unter Tage	19
3. Sozialschutz	20
III. Rechtsverhältnisse im Fußballsport	21 ff.
1. Rechtsgrundlagen	21
2. Deutscher Fußballbund (DFB)	22
3. Ligaverband	23–25
4. Rechtsverhältnisse der Fußballspieler	26–29
5. Lizenz	30
6. Ausbildungsentschädigung	31

---

58 Vgl. die Übersicht bei *Bleistein/Thiel* Präambel RN 5.

59 BAG 10. 12. 1992 AP 41 zu Art. 140 GG = NZA 93, 593.

60 Dazu APS/*Linck* Mitarbeitervertretung RN 25 ff.

61 BAG 10. 12. 1992 AP 41 zu Art. 140 GG = NZA 93, 593; zu den Einwendungen der Mitarbeitervertretung nach § 30 III MAVO vgl. BAG 25. 3. 2004 AP 40 zu § 611 BGB Kirchendienst.

62 Hierzu *Hinnerk Wißmann* JZ 2004, 190, der sich mit dem bischöflichen Verbot des Bischofs von Regensburg zur Anrufung weltlicher Gerichte auseinandersetzt.

63 BAG 25. 4. 1989 AP 34 zu Art. 140 GG.

64 BAG 11. 3. 1986 AP 25 zu Art. 140 GG = NZA 86, 685

	RN
7. Transferentschädigung	32
8. Arbeitnehmerschutz	33, 34
9. Arbeitsvertragsbedingungen	35
10. Außerordentliche Kündigung	36
11. Sonstiges	37, 38
IV. Seearbeitsrecht	39 ff.
1. Rechtsgrundlagen	39
2. Arbeitsstatut	40–42
3. Seemannsgesetz	43–46
4. Heuerverhältnis	47–53
5. Kranken- und Unfallversicherung	54
6. Kündigung	55, 56
7. Zurücklassung und Rückbeförderung	57
8. Arbeitsschutz	58–60
V. Entwicklungshelfer	61 ff.
1. Personenkreis	61
2. Träger des Entwicklungsdienstes	62
3. Entwicklungsdienstvertrag	63
4. Leistungen	64
5. Kollektivrecht	65
6. Haftpflichtversicherung	66
7. Sozialversicherung	67
8. Arbeitsgerichtsbarkeit	68
VI. Werkstattverhältnis	69 ff.
1. Arbeitsvertrag	69
2. Ausbildungsvertrag	70
3. Werkstattvertrag	71–73
4. Vergütung	74–76
5. Kollektivrecht	77, 78
6. Sozialversicherung	79
VII. Bühnenkünstler	80 ff.
1. Allgemeines	80
2. Geltungsbereich des NV Bühne	81, 82
3. Befristung	83
4. Nichtverlängerungsmitteilung	84–88
5. Kündigung	89
6. Abfindung	90
7. Schiedsgerichte	91
VIII. Musiker	92 ff.
1. Allgemeines	92
2. Instrument	93
3. Arbeitszeit	94, 95
4. Beendigung	96
5. Orchesteraushilfen	97
IX. Artisten und Schauspieler	98, 99

I. Baugewerbe

Feckler, Neuregelung bauspezifischer Arbeitszeitflexibilisierung, AuA 96, 5; *ders.,* Förderung ganzjähriger Beschäftigung im Baugewerbe reformiert, AuA 98, 13; *Hammer,* Winterausfallgeld für Bauarbeiter, BArbBl. 96, Nr. 2 S. 50; *Koch,* Die Zusatzversorgungskasse des Baugewerbes, 1994; *Kossens,* Neuregelung zur Förderung der ganzjährigen Beschäftigung in der Bauwirtschaft, FA 2000, 11; *Marschner,* Reform der Förderung der ganzjährigen Beschäftigung in der Bauwirtschaft (Winterausfallgeld), DB 97, 2330; *ders.,* Neuregelung zum Schlechtwettergeld, DB 99, 2263; *Opolony,* Die Einführung von Akkordlohn in Unternehmen des Baugewerbes, AuA 98, 376; *Schäfer,* Ist der Tarifvertrag über das Sozialkassenverfahren im Baugewerbe (VTV Bau) verfassungswidrig?, FA 2002, 194; *Schmidt,* Reform der Winterbauförderung des Arbeitsförderungsrechts, AR-Blattei SD 370.7 (2000); *Schwab,* Das Arbeitsverhältnis bei einer (Bau-) Arbeitsgemeinschaft, AR-Blattei SD 370.6 (2000); *Zander,* Neue Schlechtwetterregelung in Kraft, AuA 99, 544.

1 **1. Geltungsbereich des BRTV. a)** Für die Arbeiter des Baugewerbes gilt der allgemeinverbindliche Bundesrahmentarifvertrag (BRTV) i. d. F. vom 1. 6. 2006. Der BRTV wird durch zahlreiche Tarifverträge ergänzt, die Einzelfragen regeln. Besondere Bedeutung kommt dem Tarifvertrag über das Sozialkassenverfahren im Baugewerbe (VTV) vom 15. 12. 2005 zu. Der fachliche und persönliche Geltungsbereich der Tarifverträge ist jeweils unterschiedlich geregelt.[1]

[1] Die sehr umfangreiche BAG-Rechtsprechung zum Geltungsbereich ist in der AP zu § 1 TVG Tarifverträge: Bau abgedruckt. Es handelt sich i. d. R. um Rechtsstreitigkeiten zwischen der ZVK und den einzelnen Arbeitgebern, mit denen diese Auskunfts- und Beitragsansprüche durchzusetzen versucht. **Zum betrieblichen Geltungsbereich (Auswahl)** vgl. Arbeitnehmerüberlassung BAG 8. 7. 1998 AP 214 a. a. O. = NZA 99, 493; Ausbaugewerbe: BAG 7. 7. 1999 AP 221 a. a. O. = NZA 2000, 43; Bau- und Abbruchgewerbe: BAG 24. 1. 1990 AP 125 a. a. O. = NZA 90, 862; 28. 3. 1990 AP 130 a. a. O. = NZA 90, 628; Bausanierung für Eigenbedarf: BAG 26. 4. 1989 AP 115 a. a. O. = NZA 89, 933; Bodenbeläge: BAG 28. 9. 1988 AP 98 a. a. O. = NZA 89, 226; Drainierungsarbeiten: BAG 24. 1. 1990 AP 126 a. a. O. = NZA 90, 450; Fassadenverkleidung: BAG 3. 12. 1986 AP 73 a. a. O. = NZA 87, 282; 14. 10. 1987 AP 87 a. a. O.; 26. 4. 1989 AP 110 a. a. O.; Fassade und Flachdach: BAG 24. 2. 1988 AP 3 zu § 1 TVG Tarifverträge: Dachdecker; Fertigbauteile: BAG 20. 9. 2000 AP 238 a. a. O.; Gas-, Wasser- und Fernwärmerohr: BAG 22. 9. 1993 AP 166 a. a. O.; Garagentoreinbau: BAG 18. 8. 1993 AP 163 a. a. O.; Glaserhandwerk: BAG 13. 3. 1991 AP 139 a. a. O. = NZA 91, 695; 26. 1. 1994 AP 171 a. a. O. = NZA 95, 137; 23. 8. 1995 AP 193 a. a. O. = NZA-RR 96, 257; Industriefußböden: BAG 18. 8. 1993 AP 166 a. a. O; Malerhandwerk: BAG 7. 4. 1993 AP 153 a. a. O. = NZA 93, 1090; 5. 4. 1995 AP 8 zu § 1 TVG Tarifverträge: Maler = NZA 95, 1172; Säureschutzbau: BAG 28. 9. 1988 AP 96 a. a. O. = NZA 89, 859; Fliesenleger und Säurebau: BAG 27. 8. 1987 AP 71 a. a. O.; Heizungs- und Lüftungsbau: BAG 5. 9. 1990 AP 135 a. a. O. = NZA 91, 241; Isoliergewerbe, Betriebsabteilung: BAG 11. 9. 1991 AP 145 a. a. O. = NZA 92, 422; Kabelkanäle: BAG 24. 8. 1994 AP 181 a. a. O. = NZA 95, 1116; 29. 9. 2001 AP 244 a. a. O.; Marmorverarbeitung: BAG 14. 10. 1987 AP 86 a. a. O. = DB 88, 1455; Metallbauerhandwerk BAG 4. 12. 2002 AP 28 zu § 4 TVG Tarifkonkurrenz = NZA 2003, 632; Mietherstellung: BAG 11. 3. 1998 AP 204 a. a. O. = NZA 98,

Vom BRTV werden Betriebe erfasst, die nach ihrer **durch die Art der betrieblichen Tätigkeit geprägten Zweckbestimmung** und nach ihrer betrieblichen Einrichtung gewerblich bauliche Leistungen erbringen, die – mit oder ohne Lieferung von Stoffen oder Bauteilen – u. a. der Instandsetzung und Instandhaltung von Bauwerken dienen. Dazu gehören alle Arbeiten, die irgendwie – wenn auch nur auf einem kleinen und speziellen Gebiet – der Vollendung eines Bauwerks zu dienen bestimmt sind, d. h. der Herstellung oder Wiederherstellung der bestimmungsgemäßen Nutzbarkeit. Für die den Betrieb prägende Zweckbestimmung ist der Zweck der Gesamtleistung entscheidend. Daher muss darauf abgestellt werden, welchem Zweck die vom Unternehmen erledigten Arbeiten dienen.[2] In gemischt-gewerblichen Betrieben gelten die Bautarife dann, wenn die **überwiegende Arbeitszeit** der Arbeitnehmer für die baugewerbliche Tätigkeit aufgewandt wird.[3] Auf wirtschaftliche Gesichtspunkte wie Umsatz oder Verdienst bzw. auf handels- oder gewerberechtliche Kriterien kommt es dabei nicht an.[4] Den baugewerblichen Tätigkeiten ebenfalls zuzuordnen sind dabei diejenigen Nebenarbeiten, die zu einer sachgerechten Ausführung der baulichen Leistungen notwendig sind und deshalb mit ihnen in Zusammenhang stehen.[5]

b) Die **Darlegungs- und Beweislast** dafür, dass im Betrieb des beklagten Unternehmens überwiegend baugewerbliche Tätigkeiten verrichtet wurden, obliegt in Verfahren über Beiträge zur Zusatzversorgungskasse der ZVK. Der Vortrag hat substantiiert, schlüssig und einer Beweisaufnahme zugänglich zu erfolgen. Es ist nicht erforderlich, dass die ZVK jede Einzelheit der im Kalenderjahr als geleistet behaupteten Tätigkeiten vorträgt. Eine Partei, die – wie die ZVK – keine näheren Einblicke in dem Gegner bekannte Geschehensabläufe hat und deren Darlegung deshalb erschwert ist, kann auch von ihr nur vermutete Tatsachen behaupten und unter Beweis stellen. Das Vorbringen der ZVK wird auch nicht deshalb unschlüssig, weil die Parteien unterschiedliche Einzelheiten zu den von der ZVK vorgebrachten Indizien und Anhaltspunkten für die Richtigkeit ihrer Behauptungen vorgetragen haben.[6] Ist zwischen den Parteien unstreitig, dass im Betrieb Bauarbeiten ausgeführt werden, und ist nur der zeitliche Anteil an der betrieblichen Gesamtarbeitszeit zwischen ihnen streitig, kann eine Beweisaufnahme über die Behauptung der ZVK nicht mit der Begründung abgelehnt werden, die Behauptung eines arbeitszeitlichen Überwiegens sei „ins Blaue hinein" aufgestellt.[7] 2

c) Wird die im Wege einer **Auskunftsklage** erstrittene Auskunft nicht binnen einer bestimmten Frist vorgenommen, ist das beklagte Unternehmen auf Antrag des ZVK nach § 61 II ArbGG zur Zahlung einer vom Gericht nach freiem Ermessen festzusetzenden **Entschädigung** zu verurteilen. Die Höhe der Entschädigung ist bei einer Auskunftsklage der ZVK in der Regel mit 80% der erwarteten Beitragssumme zu berechnen.[8] Wird eine Klage auf Erteilung von Auskünften verbunden mit einem Antrag nach § 61 II ArbGG auf Entschädigung für den Fall der nicht fristgemäßen Erteilung der Auskunft, ist ein gleichzeitig für den Fall der fristgemäß erteil- 3

949; Mischbetriebe: BAG 12. 12. 1988 AP 106 a. a. O. = NZA 89, 315; 11. 12. 1996 AP 199 a. a. O. = NZA 97, 945; 22. 1. 1997 AP 9 zu § 1 TVG Tarifverträge: Maler = NZA 97, 948; Montage von Bürotrennwänden: BAG 23. 10. 2002 AP 255 a. a. O. = NZA 2003, 816; Natursteinplatten: BAG 23. 11. 1988 AP 101 a. a. O. = NZA 89, 859; Rohrleitungsbau: BAG 22. 9. 1993 AP 168 a. a. O. = NZA 94, 562; 13. 3. 1996 AP 194 a. a. O. = NZA 97, 209; Säurebau: BAG 22. 7. 1998 AP 213 a. a. O. = NZA 99, 213; Schädlingsbekämpfung und Holzschutz: BAG 20. 9. 1989 AP 121 a. a. O.; Schneiden von Baustahl: BAG 29. 5. 1991 AP 142 a. a. O. = NZA 91, 816; Schreinerarbeiten: BAG 25. 7. 2001 AP 240 a. a. O.; Stahlbiege- und Flechtarbeiten: BAG 26. 4. 1989 AP 110 a. a. O. = BB 89, 1346; 16. 3. 1994 AP 172 a. a. O.; Subunternehmerüberwachung: BAG 11. 6. 1997 AP 200 a. a. O. = NZA 97, 1353; Transportleistungen: BAG 20. 3. 2002 AP 253 a. a. O.; wärme-, kälte- und schallschutztechnische Gewerbe: BAG 9. 11. 1991 AP 145 a. a. O. = NZA 92; Wärmeverbundarbeiten: BAG 19. 7. 2000 AP 232 a. a. O.; Zäune: BAG 23. 11. 1988 AP 103 a. a. O. = NZA 89, 859.

Persönlicher Geltungsbereich: Geringfügig Beschäftigte: BAG 28. 9. 1988 AP 99 a. a. O. = NZA 89, 144; 23. 11. 1988 AP 100 a. a. O. = NZA 89, 307; Leitende Angestellte: BAG 10. 4. 1994 AP 141 a. a. O. = NZA 91, 857; GmbH-Geschäftsführer: BAG 28. 11. 1990 AP 137 a. a. O. = NZA 91, 392; Gesellschafter: BAG 28. 11. 1990 AP 137 a. a. O. = NZA 91, 392; Tendenzunternehmen: BAG 20. 4. 2988 AP 95 a. a. O. = NZA 89, 441; Wärmeverbundsystem: BAG 29. 5. 1991 AP 5 zu § 1 TVG Tarifverträge: Maler.

[2] BAG 14. 1. 2004 AP 263 zu § 1 TVG Tarifverträge: Bau.

[3] BAG 22. 4. 1987, 20. 10. 1993 AP 82, 167 zu § 1 TVG Tarifverträge: Bau.

[4] BAG 18. 10. 2006 AP 287 zu § 1 TVG Tarifverträge: Bau; 20. 3. 2002 AP 253 zu § 1 TVG Tarifverträge: Bau; 22. 1. 1997 AP 9 zu § 1 TVG Tarifverträge: Maler = NZA 97, 948.

[5] St. Rspr., vgl. BAG 28. 5. 2008 NZA-RR 2008, 639; 14. 1. 2004 AP 263 zu § 1 TVG Tarifverträge: Bau; 20. 3. 2002 AP 253 zu § 1 TVG Tarifverträge: Bau.

[6] BAG 28. 4. 2004 AP 264 zu § 1 TVG Tarifverträge: Bau = NZA-RR 2004, 587.

[7] BAG 23. 5. 2005 AP 271 zu § 1 TVG Tarifverträge: Bau = NZA 2005, 840.

[8] BAG 28. 7. 2004 AP 268 zu § 1 TVG Tarifverträge: Bau = NZA 2005, 1188.

ten Auskunft gestellter unbestimmter Antrag auf die Leistung, die sich aus der Auskunft ergibt, unzulässig.[9]

4 **d)** Örtlich gelten die Tarifverträge – vorbehaltlich der Regelungen des AEntG (dazu § 207 RN 28 ff.) – nur, soweit die Arbeitsverhältnisse deutschem Arbeitsrecht unterliegen.[10] Namentlich im Baugewerbe werden jedoch vielfach **ausländische Arbeitnehmer** eingesetzt, bei denen die Lohnkosten geringer als in Deutschland sind. Die EU-Kommission hat den Versuch unternommen, durch eine Entsenderichtlinie einen harten Kern von Arbeitsrechtsnormen, insbesondere von Tarifverträgen, auch für die aus anderen Ländern entsandten Arbeitskräfte verbindlich zu machen. Die Richtlinie ist durch das Gesetz über zwingende Arbeitsbedingungen bei grenzüberschreitenden Dienstleistungen (Arbeitnehmer-Entsendegesetz – AEntG) vom 26. 2. 1996 (BGBl. I S. 227) mit späteren Änderungen umgesetzt worden. Es sieht vor, dass allgemeinverbindliche tarifvertragliche Regelungen des Baugewerbes über Mindestentgelt, Überstundenzuschläge[11] und Urlaub[12] auch auf ausländische Arbeitgeber und ihre im Inland beschäftigten Arbeitnehmer erstreckt werden (näher dazu § 207 RN 28 ff.). Durch die Sechste VO über zwingende Arbeitsbedingungen im Baugewerbe vom 21. 8. 2008 (BAnz. 2008 Nr. 131 S. 3145) sind die Mindestlöhne für alle Arbeitnehmer im grenzüberschreitenden Verkehr für die Zeit vom 1. 9. 2008 bis 31. 8. 2009 festgesetzt worden. Einbezogen ist neben dem Bauhauptgewerbe auch das Bauausbaugewerbe. Das AEntG findet weiterhin Anwendung, wenn ein ausländischer Arbeitgeber im Inland mit Arbeitnehmern einen Arbeitsvertrag schließt.[13]

5 **2. Bau-Arbeitsgemeinschaften.** Mit seinem Einverständnis kann der Arbeitnehmer für eine Arbeitsgemeinschaft **freigestellt** werden, an der der Arbeitgeber beteiligt ist (§ 9 BRTV).[14] Die Arbeitsgemeinschaft ist eine Gesellschaft bürgerlichen Rechts[15] oder eine OHG.[16] Während der Dauer der Freistellung ruht das Arbeitsverhältnis des Arbeitnehmers zum Stammbetrieb. Mit der Arbeitsaufnahme tritt der Arbeitnehmer in ein Arbeitsverhältnis zur Arbeitsgemeinschaft. Bei Beendigung des Arbeitsverhältnisses zur Arbeitsgemeinschaft lebt das alte Arbeitsverhältnis wieder auf (Ausnahme berechtigte fristlose Entlassung durch die ARGE). Die Zeit der Freistellung zur ARGE ist dem Arbeitnehmer gem. § 9 Nr. 2.2 Satz 2 BRTV auf die Betriebszugehörigkeit anzurechnen. Die Überlassung an eine Arbeitsgemeinschaft ist grundsätzlich keine Arbeitnehmerüberlassung (§ 1 I 2 AÜG; hierzu § 120). Ob die Entsendung zu einer Arbeitsgemeinschaft eine mitbestimmungspflichtige Versetzung (§ 99 I BetrVG) darstellt, ist umstritten.[17] Wird ein Arbeitnehmer zu einer Arbeitsgemeinschaft abgestellt und erkrankt er dort, ist nach Auffassung des BAG die neue Erkrankung an demselben Grundleiden grundsätzlich keine Fortsetzungserkrankung, wenn das Arbeitsverhältnis im Stammbetrieb wieder fortgesetzt wird.[18]

6 **3. Kündigung.** Für Kündigungen enthält der BRTV eine Reihe von Sonderregelungen. Das Arbeitsverhältnis kann befristet unter Einhaltung einer Frist von sechs Werktagen, nach sechsmonatiger Dauer von 12 Werktagen gekündigt werden (§ 12 I BRTV). Die tarifliche Verkürzung der **Kündigungsfristen** ist gemäß § 622 IV BGB zulässig (§ 126 RN 45). Sie wird durch die Rspr. des BVerfG nicht berührt.[19] Für ältere Arbeitnehmer ist eine besondere Staffel für die Verlängerung der Kündigungsfrist geschaffen (§ 12 Nr. 1.2 BRTV). **Schwarzarbeit** kann ein Grund zur außerordentlichen Kündigung sein (§ 12 Nr. 3 BRTV). In der Zeit vom 1. 12. bis zum 31. 3. (Schlechtwetterzeit) kann das Arbeitsverhältnis nach § 12 Nr. 2 BRTV **nicht aus Witterungsgründen gekündigt** werden. Bei Beendigung des Arbeitsverhältnisses hat der Arbeitgeber spätestens am 15. des Folgemonats die **Arbeitspapiere** auszuhändigen und den Restlohn auszuzahlen (§ 12 Nr. 4 i. V. m. § 5 Nr. 7.2 BRTV).

---

[9] BAG 24. 11. 2004 AP 12 zu § 61 ArbGG 1979 = NZA 2005, 362.

[10] BAG 25. 6. 2002 AP 12 zu § 1 AEntG = NZA 2003, 275; 9. 7. 2003 AP 261 zu § 1 TVG Tarifverträge: Bau = NZA 2003, 1424.

[11] Dazu BAG 19. 5. 2004 AP 16 zu § 1 AEntG = NZA 2004, 1170.

[12] BAG 25. 6. 2002 AP 12 zu § 1 AEntG = NZA 2003, 275.

[13] BGH 21. 3. 2000 NZA 2000, 558; ausf. zum AEntG *Schwab* NZA-RR 2004, 1.

[14] Ausf. hierzu *Schwab* AR-Blattei SD 370.6 (2005).

[15] BAG 26. 2. 1987 AP 15 zu § 1 KSchG 1969 Soziale Auswahl = NZA 87, 775.

[16] OLG Dresden 20. 11. 2001 DB 2003, 713; *K. Schmidt* DB 2003, 703.

[17] Dafür *Fitting* § 99 RN 134; *Schwab* AR-Blattei SD 370.6 (2005) RN 67; dagegen LAG Düsseldorf 10. 12. 1973 BB 74, 1250; differenzierend DKK/*Kittner* § 99 RN 111; MünchArbR/*Winterfeld* § 184 RN 39 ff.

[18] BAG 23. 12. 1971 AP 10 zu § 1 LohnFG.

[19] BAG 2. 4. 1992 AP 38 zu § 622 BGB = NZA 92, 886.

4. Arbeitsausfall und Aufwendungsersatz. Der BRTV enthält Sondervorschriften für den **Arbeitsausfall** (§ 4 BRTV).[20] Im Falle der Auswärtsbeschäftigung[21] sind Fahrtkostenerstattung,[22] Auslösungen,[23] Verpflegungszuschuss,[24] Wegegelder,[25] zu zahlen und Übernachtungen zur Verfügung zu stellen,[26] die nicht durch höhere Löhne ausgeglichen werden können (§ 7 BRTV). Die **Auslösung** (34,50 Euro) ist nach Kalendertagen, und zwar auch für angebrochene, zu entrichten. Sie steht dem Arbeitnehmer auch dann zu, wenn er nicht öffentliche, sondern private Verkehrsmittel benutzt, selbst wenn er sich mitnehmen lässt.[27] Dem Auslösungsanspruch nach § 7 Nr. 4.1 BRTV Bau 2002 bei einem Einsatz auf einer Baustelle ohne tägliche Heimfahrt steht nicht entgegen, wenn der Arbeitnehmer trotz der großen Entfernung zwischen seiner Wohnung und dem Betrieb seines Arbeitgebers keine Zweitunterkunft unterhält, z. B. weil er durchgehend auf Baustellen ohne tägliche Heimfahrt eingesetzt wird.[28] „Wohnung" i. S. v. § 7 Nr. 4 Abs. 1 BRTV Bau 2002 ist dabei nicht notwendig der Hauptwohnsitz. Es kann vielmehr auch eine Zweitunterkunft sein, die der Arbeitnehmer wegen der weiten Entfernung zwischen dem Betrieb seines Arbeitgebers und seinem Hauptwohnsitz regelmäßig für die Unterkunft und Verpflegung während der Arbeitstage unterhält.[29] Das Entgelt für die Beförderung von Arbeitskollegen kann nach § 5 Nr. 4.4 BRTV einzelvertraglich oder durch Betriebsvereinbarung geregelt werden.[30] Erbringt ein Arbeitnehmer auf Grund einer solchen Vereinbarung regelmäßig zusätzlich vergütete Fahrleistungen, hat der Arbeitgeber nach § 2 EFZG das hierfür vereinbarte Arbeitsentgelt zu bezahlen, wenn die Arbeit infolge eines Feiertags ausfällt. Gleiches gilt nach § 3 I, § 4 I EFZG, wenn der Arbeitnehmer durch Arbeitsunfähigkeit infolge Krankheit an der Arbeitsleistung verhindert ist.[31] Die Abtretung und Verpfändung der Löhne ist nur mit Zustimmung des Arbeitgebers zulässig (§ 5 Nr. 7.4 BRTV), was für die Kreditwirtschaft von erheblicher Bedeutung ist. 7

5. Ausschlussfrist. a) Nach § 15 BRTV (bis 2002: § 16 BRTV) gilt eine **zweistufige Ausschlussfrist.** Alle beiderseitigen Ansprüche aus dem Arbeitsverhältnis und solche, die mit diesem in Verbindung stehen, verfallen, wenn sie nicht innerhalb von 2 Monaten nach der Fälligkeit gegenüber der anderen Vertragspartei schriftlich erhoben werden. Lehnt die Gegenpartei den Anspruch ab oder erklärt sie sich nicht innerhalb von 2 Wochen nach der Geltendmachung des Anspruches, verfällt dieser, wenn er nicht innerhalb von 2 Monaten nach der Ablehnung oder dem Fristablauf gerichtlich geltend gemacht wird. Die Ausschlussfrist des § 15 BRTV findet auch Anwendung, wenn der Arbeitgeber seine Pflichten gemäß § 2 NachwG verletzt, insbesondere nicht auf die Geltung des BRTV hingewiesen hat (§ 2 I 2 Nr. 10 NachwG). Allein der Verstoß gegen die aus § 2 I NachwG folgende Verpflichtung begründet nicht den Einwand rechtsmissbräuchlichen Verhaltens des Arbeitgebers; der Verstoß kann jedoch Schadensersatzansprüche auslösen.[32] Macht ein Arbeitnehmer einen Anspruch vor Fälligkeit schriftlich geltend, beginnt die Frist für die gerichtliche Geltendmachung (§ 15 Nr. 2 BRTV) nicht vor Fälligkeit des Anspruchs.[33] Die so ermittelte Frist gilt auch im Falle des Betriebsübergangs.[34] 8

b) Besonderheiten bestehen für Zahlungsansprüche des Arbeitnehmers, die während eines **Kündigungsschutzverfahrens** fällig werden und von dessen Ausgang abhängen. Hier beginnt die Verfallfrist von zwei Monaten nach rechtskräftiger Beendigung des Prozesses (§ 15 Nr. 2 Satz 3 BRTV). Diese Regelung gilt nicht, wenn ein Arbeitnehmer wegen einer vom Arbeitge- 9

[20] Zu arbeitsmedizinischen Untersuchungen: BAG 22. 1. 1986 AP 69 zu § 1 TVG Tarifverträge: Bau.
[21] BAG 4. 12. 1974 AP 20 zu § 1 TVG Tarifverträge: Bau.
[22] BAG 7. 2. 1995 AP 190 zu § 1 TVG Tarifverträge: Bau = NZA 95, 843; 11. 11. 1997 AP 1 zu § 1 TVG Tarifverträge: Isoliergewerbe = NZA 98, 893 (teilweise unter Aufgabe früherer Rspr.); zum ICE-Zuschlag: BAG 15. 12. 1998 AP 217 zu § 1 TVG Tarifverträge: Bau = NZA 99, 599.
[23] BAG 27. 2. 1996 AP 28 zu § 1 TVG Auslösung; 26. 5. 1998 AP 206 zu § 1 TVG Tarifverträge: Bau.
[24] BAG 10. 11. 1982 AP 44 zu § 1 TVG Tarifverträge: Bau; 2. 10. 1990 AP 136 zu § 1 TVG Tarifverträge: Bau = NZA 91, 355; 10. 3. 1993 AP 165 zu § 1 TVG Tarifverträge: Bau.
[25] BAG 14. 11. 1973 AP 16 zu § 1 TVG Tarifverträge: Bau; 15. 3. 1989 AP 9 zu § 611 BGB Wegezeit = NZA 90, 117.
[26] BAG 14. 2. 1996 AP 5 zu § 611 BGB Aufwandsentschädigung = NZA 96, 883.
[27] BAG 14. 11. 1973 AP 17 zu § 1 TVG Tarifverträge: Bau.
[28] BAG 24. 1. 2007 AP 294 zu § 1 TVG Tarifverträge: Bau.
[29] BAG 24. 1. 2007 AP 295 zu § 1 TVG Tarifverträge: Bau.
[30] BAG 1. 12. 1992 AP 3 zu § 77 BetrVG 1972 Tarifvorbehalt = NZA 93, 613.
[31] BAG 16. 1. 2002 AP 7 zu § 2 EFZG = NZA 2002, 1163.
[32] BAG 5. 11. 2003 AP 7 zu § 2 NachwG; 29. 5. 2002 EzA 4 zu § 2 NachwG = NZA 2002, 1360.
[33] BAG 26. 9. 2001 AP 160 zu § 4 TVG Ausschlussfristen = NZA 2002, 1218.
[34] BAG 13. 2. 2003 AP 244 zu § 613 a BGB = NZA 2003, 1295.

ber behaupteten Eigenkündigung des Arbeitnehmers gegen den Arbeitgeber einen Rechtsstreit über das Fortbestehen des Arbeitsverhältnisses führt.[35] Eine Kündigungsschutzklage steht einer schriftlichen Geltendmachung nach § 15 Nr. 1 BRTV (1. Stufe) gleich und ist deshalb geeignet, den Verfall der Entgeltansprüche zu verhindern, die von dem Ausgang des Kündigungsschutzrechtsstreits abhängen.[36] Die Erhebung einer Kündigungsschutzklage wahrt die Ausschlussfrist allerdings nur für solche Ansprüche, die für den Arbeitgeber erkennbar mit dem Fortbestand des Arbeitsverhältnisses im Normalfall verbunden sind. Zahlungsansprüche, die zusätzlich auf eine unrichtige Eingruppierung gestützt werden, bedürfen auch dann zur Wahrung der Ausschlussfrist des § 15 Nr. 1 BRTV einer gesonderten, hierauf gestützten Geltendmachung, wenn sie während des Kündigungsrechtsstreits fällig werden.[37] Die Kündigungsschutzklage wahrt nicht die 2. Stufe, gerichtliche Geltendmachung der Forderung. Hierzu bedarf es einer bezifferten Leistungsklage. Auch ein Weiterbeschäftigungsantrag genügt nicht.[38] (Zu vertraglichen Ausschlussfristen § 32 RN 61).

10 **c)** Die Verfallfrist umfasst **auch gesetzliche Ansprüche.**[39] Ansprüche eines Bauarbeitgebers auf Rückzahlung von Darlehen, die mit Rücksicht auf das Arbeitsverhältnis niedriger als marktüblich zu verzinsen und an den Bestand des Arbeitsverhältnisses geknüpft sind, sind „solche Ansprüche, die mit dem Arbeitsverhältnis in Verbindung stehen" i. S. v. § 15 Nr. 1 BRTV. Werden sie nicht fristgerecht geltend gemacht, verfallen sie.[40] Lohnforderungen aus einem nach § 10 I AÜG fingierten Arbeitsvertrag, die der Arbeitnehmer gegenüber dem Entleiher geltend macht, werden erst dann im Sinne der Ausschlussklausel des § 15 BRTV fällig, wenn der Entleiher seine Schuldnerstellung anerkannt hat.[41] Die Ausschlussfrist beginnt erst dann zu laufen, wenn die betroffene Forderung dem Grunde nach benennbar und wenigstens annähernd bezifferbar ist.[42] Die Ausschlussfrist für Provisionsansprüche läuft nicht, solange der Arbeitgeber die erforderliche Abrechnung unterlässt. Sobald jedoch der Anspruch auf Erteilung einer Abrechnung verfallen ist, beginnt auch der Lauf der Verfallfrist für den Zahlungsanspruch (vgl. § 205).[43]

11 **6. Leistungslohn.** Wird der Bauarbeiter im Leistungslohn beschäftigt, ist der nicht für allgemeinverbindlich erklärte **Rahmentarifvertrag für Leistungslohn (RTV Leilo)** im Baugewerbe vom 29. 7. 2005 zu beachten. Der RTV Leistungslohn regelt allgemeine Grundsätze über die Ermittlung der Vorgabewerte, die Leistungsbedingungen und die Leistungslohnvergütung. § 7 RTV Leilo enthält Vorschriften über Mängelrügen des Arbeitgebers. Sofern und soweit die Arbeiten nicht sach- und fachgerecht ausgeführt wurden, hat der Arbeitgeber Mängel unverzüglich zu rügen. Die Mängelrüge ist mit der Aufforderung zu verbinden, die Mängel zu beseitigen. Die Rüge ist nach 10 Arbeitstagen ausgeschlossen, gerechnet von dem Zeitpunkt, an dem der Mangel vom Arbeitgeber erkannt wurde oder hätte erkannt werden können. Bei versteckten Mängeln erlischt das Rügerecht nach einem Jahr. Mit dem Rügerecht erlöscht der Anspruch auf Mängelbeseitigung und Schadensersatz.[44] § 8 enthält eine detaillierte Regelung der **Haftung für Schlechtleistungen.** Wird ein Akkordarbeiter im Stundenlohn beschäftigt, hat er Anspruch auf einen Ausgleich.[45] Ferner bestehen besondere Regelungen im Rahmen des Gruppenarbeitsverhältnisses (vgl. §§ 181 ff.).[46] Im Platten- und Fliesenlegergewerbe sind Großbaustellenabschläge vorgesehen.[47]

12 **7. Urlaub. a)** Da die Fluktuation im Baugewerbe recht hoch ist, haben die Tarifvertragsparteien im Interesse einer zusammenhängenden Urlaubsgewährung **besondere Urlaubsregelungen** getroffen, die gemäß § 13 II BUrlG zulässig sind.[48] Die Rechtsgrundlagen hierfür finden sich in § 8 BRTV i. V. m. TV über das Sozialkassenverfahren im Baugewerbe (VTV) i. d. F.

---

[35] BAG 8. 8. 2000 AP 151 zu § 4 TVG Ausschlussfristen = NZA 2000, 1236.
[36] Vgl. BAG 13. 2. 2003 AP 244 zu § 613 a BGB = NZA 2003, 1295.
[37] BAG 14. 12. 2005 AP 281 zu § 1 TVG Tarifverträge: Bau = NZA 2006, 1175.
[38] BAG 8. 8. 2000 AP 151 zu § 4 TVG Ausschlussfristen = NZA 2000, 1336.
[39] Nachteilsausgleichsansprüche: BAG 22. 9. 1982 AP 42 zu § 1 TVG Tarifverträge: Bau = DB 83, 236; ausgenommen Nachteilsausgleichsansprüche im Konkurs: BAG 18. 12. 1984 AP 88 zu § 4 TVG Ausschlussfristen.
[40] BAG 20. 2. 2001 AP 5 zu § 611 BGB Arbeitnehmerdarlehen.
[41] BAG 27. 7. 1983 BAG AP 6 zu § 10 AÜG = NJW 84, 997.
[42] BAG 22. 9. 1999 – 10 AZR 801/98 n. v.
[43] BAG 27. 11. 1984 AP 89 zu § 4 TVG Ausschlussfristen.
[44] Vgl. BAG 7. 9. 1983 AP 4 zu § 1 TVG Tarifverträge: Fliesenleger.
[45] BAG 9. 2. 1983 AP 47 zu § 1 TVG Tarifverträge: Bau.
[46] BAG 18. 5. 1983 AP 51 zu § 1 TVG Tarifverträge: Bau.
[47] BAG 20. 10. 1993 AP 167 zu § 1 TVG Tarifverträge: Bau = NZA 94, 951.
[48] Ausführlich hierzu *Leinemann/Linck* Urlaubsrecht, 2. Aufl., 2001 § 13 RN 118 ff.

15. 12. 2005. Unterfällt ein Betrieb dem betrieblichen Geltungsbereich des für allgemeinverbindlich erklärten VTV, ist der Arbeitgeber nach § 1 III AEntG und somit gesetzlich zur Abführung von Beiträgen zur Urlaubskasse verpflichtet. Im Rahmen dieser gesetzlichen Bindung wird der VTV durch einen für den Betrieb an sich tarifrechtlich geltenden sachnäheren Tarifvertrag nicht verdrängt, wenn die Anwendung der Urlaubsregelungen des § 8 BRTV und die Teilnahme des Arbeitgebers am Urlaubskassenverfahren seinen Arbeitnehmern einen tatsächlichen Vorteil verschafft, der deutlich zu ihrem sozialen Schutz beiträgt. Insoweit wird im Geltungsbereich des AEntG der allgemeine Grundsatz der Tarifeinheit durchbrochen.[49]

b) Der Arbeitgeber hat einen bestimmten Prozentsatz des lohnsteuerpflichtigen Bruttolohns an die **Urlaubs- und Lohnausgleichskasse für die Bauwirtschaft (ULAK)** in Wiesbaden zu zahlen. Im Falle des Urlaubsantritts zahlt der Arbeitgeber dem Arbeitnehmer die Urlaubsvergütungen und erhält diesen Betrag von der ULAK erstattet (§ 8 BRTV i. V. m. § 13 VTV). Der VTV kann zulässig bestimmen, dass der Arbeitgeber nur über den Erstattungsanspruch verfügen kann, wenn das Betriebskonto ausgeglichen[50] und er auch vollständig seiner Meldepflicht nach § 15 VTV nachgekommen ist.[51] Zahlt der Arbeitgeber tarifwidrig das Urlaubsgeld aus, kann der Arbeitnehmer grundsätzlich die Durchführung des Ausgleichsverfahrens fordern, also die Streichung der Auszahlung auf dem Meldeschein verlangen. Andererseits steht dem Rückzahlungsverlangen des Arbeitgebers der Einwand aus § 817 BGB entgegen.[52] Hat der Bauarbeiter die tarifwidrige Auszahlung des Urlaubsgelds verlangt, kann dem Anspruch auf Streichung der Eintragung mit dem Einwand der Arglist begegnet werden.[53] Zur Herausgabe des Meldescheins bei Insolvenz des Arbeitgebers.[54] Besonderheiten bestehen wegen der Verfallfrist.[55] 13

8. Saison-Kurzarbeitergeld. Erhebliche Bedeutung haben ferner Sonderregelungen für den Fall des Arbeitsausfalls wegen **ungünstiger Witterung** in der Zeit vom 1. 12. bis zum 31. 3.[56] Zur Förderung der ganzjährigen Beschäftigung in der Bauwirtschaft werden von der BA besondere Leistungen erbracht. Seit 1. 4. 2006 sind hierfür die §§ 175 ff. SGB III maßgeblich. Die bis dahin geltenden §§ 209 ff. SGB III sind außer Kraft getreten. Nach § 175 SGB III haben Arbeitnehmer in der Zeit vom 1. 12. bis 31. 3. (Schlechtwetterzeit) Anspruch auf Saison-Kurzarbeitergeld, wenn sie in einem Betrieb beschäftigt sind, der dem Baugewerbe oder einem Wirtschaftszweig angehört, der von saisonbedingtem Arbeitsausfall betroffen ist, der Arbeitsausfall erheblich ist und der Arbeitsausfall der Agentur für Arbeit angezeigt worden ist. Ein **Arbeitsausfall ist erheblich,** wenn er auf wirtschaftlichen oder witterungsbedingten Gründen oder einem unabwendbaren Ereignis beruht, vorübergehend und nicht vermeidbar ist. Als nicht vermeidbar gilt auch ein Arbeitsausfall, der überwiegend branchenüblich, betriebsüblich oder saisonbedingt ist. Damit sind nicht nur witterungsbedingte, sondern auch auftragsbedingte Arbeitsausfälle relevant. Wurden seit der letzten Schlechtwetterzeit Arbeitszeitguthaben, die nicht mindestens ein Jahr bestanden haben, zu anderen Zwecken als zum Ausgleich für einen verstetigten Monatslohn, bei witterungsbedingtem Arbeitsausfall oder der Freistellung zum Zwecke der Qualifizierung aufgelöst, gelten im Umfang der aufgelösten Arbeitszeitguthaben Arbeitsausfälle als vermeidbar. Der Arbeitsausfall ist **witterungsbedingt,** wenn er ausschließlich durch zwingende Witterungsgründe verursacht ist und an einem Arbeitstag mindestens eine Stunde der regelmäßigen betrieblichen Arbeitszeit ausfällt (Ausfalltag). Zwingende Witterungsgründe sind atmosphärische Einwirkungen (insbesondere Regen, Schnee, Frost) oder deren Folgewirkungen, welche die Fortführung der Arbeiten technisch unmöglich, wirtschaftlich unvertretbar oder für die Arbeitnehmer unzumutbar machen. Wegen der Höhe der Leistungen verweist § 175 VIII SGB III auf die Regelungen über das Kurzarbeitergeld (dazu § 48). Ergänzende Leistungen sind in § 175 a SGB III vorgesehen. Die Tarifpartner hatten den Tarifvertrag zur Förderung der Aufrechterhaltung der Beschäftigungsverhältnisse im Baugewerbe während der Winterperiode (TV-Lohnausgleich) vom 20. 12. 1999 abgeschlossen (dazu 11. Aufl. § 186 RN 11). Dieser ist durch Tarifvertrag vom 29. 7. 2005 mit Wirkung vom 1. 1. 2006 außer Kraft gesetzt worden. 14

[49] BAG 18. 10. 2006 AP 287 zu § 1 TVG Tarifverträge: Bau.
[50] BAG 14. 12. 1977 AP 1 zu § 4 TVG Gemeinsame Einrichtungen.
[51] BAG 5. 11. 2002 AP 256 zu § 1 TVG Tarifverträge: Bau = NZA 2003, 982.
[52] Zum Klageantrag: BAG 10. 12. 1991 AP 20 zu § 253 ZPO = NZA 92, 472.
[53] LAG Düsseldorf DB 75, 1465.
[54] BAG 20. 6. 2000 AP 1 zu § 611 BGB Arbeitspapiere = NZA 2001, 620; vgl. zur Insolvenz auch BAG 20. 2. 2001 AP 241 zu § 1 TVG Tarifverträge: Bau.
[55] BAG 28. 4. 1998 AP 211 zu § 1 TVG Tarifverträge: Bau = NZA 99, 48.
[56] Hierzu *Marschner* AR-Blattei SD 370.7 (2007).

15 **9. Altersbeihilfen.** Sie werden nach dem **Tarifvertrag über Rentenbeihilfen** im Baugewerbe (TVR) vom 31. 10. 2002 von der Zusatzversorgungskasse des Baugewerbes VVaG (ZVK) gezahlt. Der Arbeitgeber hat nach § 13 I TVR für jede Stunde, für die ein Lohnanspruch des gewerblichen Arbeitnehmers besteht, einen Betrag von 0,246 Euro an die ZVK abzuführen. Die Leistungshöhe ist in § 5 gestaffelt geregelt.

16 **10. Vermögensbildung.** Sie ist im **Tarifvertrag über die Gewährung vermögenswirksamer Leistungen** zugunsten der gewerblichen Arbeitnehmer im Baugewerbe vom 1. 4. 1971 i. d. F. vom 15. 5. 2001 enthalten. Danach hat der Arbeitgeber dem Arbeitnehmer monatlich eine vermögenswirksame Leistung i. S. des 5. VermBG in Höhe von 0,13 Euro je geleisteter Arbeitsstunde zu gewähren, wenn der Arbeitnehmer gleichzeitig 0,02 Euro je geleisteter Arbeitsstunde aus seinem Arbeitslohn (Eigenleistung) im Wege der Umwandlung vom Arbeitgeber vermögenswirksam anlegen lässt. Entsprechende Tarife gelten für Poliere und Schachtmeister sowie für kaufmännische und technische Angestellte.

17 **11. Berufsbildung.** Sie richtet sich nach dem **Tarifvertrag über die Berufsbildung im Baugewerbe** (BBTV) vom 29. 1. 1987 i. d. F. vom 30. 6. 2006, der nach seinem persönlichen Geltungsbereich für Auszubildende anzuwenden ist, die in einem anerkannten Ausbildungsverhältnis stehen (§ 174) und eine nach den Sozialversicherungsgesetzen versicherungspflichtige Tätigkeit ausüben. Entsprechende Tarifverträge bestehen für technische und kaufmännische Angestellte im Baugewerbe sowie Poliere und Schachtmeister i. d. F. vom 13. 11. 1998 und 26. 5. 1999.

II. Bergbau

18 **1. Rechtsgrundlagen.** Für Bergleute galt früher eine Vielzahl besonderer arbeitsrechtlicher Vorschriften. Das ist inzwischen bereinigt worden. Für die Arbeitsverhältnisse im Bergbau gelten die allgemeinen arbeitsrechtlichen Gesetze. Das BBergG vom 13. 8. 1980 (BGBl. I S. 1311) m. spät. Änd. hat auch die letzten arbeitsrechtlichen Vorschriften in den ehemaligen Landesberggesetzen aufgehoben. Das BBergG beschränkt sich auf dem Gebiet des Arbeitsrechts auf die Regelung von Fragen des Arbeitsschutzes und der Betriebssicherheit. Die Aufnahme in das BBergG hat seinen Grund in den gegenüber den anderen Industriezweigen unterschiedlichen tatsächlichen Verhältnissen. Das Kündigungsrecht ist im KSchG, BGB und anderen auch für sonstige Arbeitsverhältnisse geltenden Gesetzen geregelt. Im Übrigen gelten im Bergbau zahlreiche Tarifverträge. Für die Arbeitnehmer des rheinisch-westfälischen Steinkohlenbergbaus gilt der MTV i. d. F. vom 14. 11. 1989 (gültig ab 1. 1. 1990) m. spät. Änd. Detaillierte Regelungen bestehen für die Eingruppierung von Bergleuten. Bergleute haben i. d. R. Anspruch auf ein Kohledeputat. Wird aus wirtschaftlichen Gründen eine Umstellung der Hausbrandversorgung notwendig, besteht ein Anspruch auf Abgeltung. Es bestehen je nach dem Zeitpunkt der Umstellung für Arbeitnehmer, Rentner und Berginvaliden unterschiedliche Ansprüche nach Tarifverträgen und Richtlinien des Unternehmensverbands wegen Ersatzleistungen (Barabgeltungen).[57] U. U. haben sie auch einen Anspruch auf die Hälfte der Kosten für neue Öfen.[58]

19 **2. Beschäftigungsverbot für Frauen unter Tage.** Nach § 64 I BBergG dürfen Frauen im Bergbau unter Tage nicht beschäftigt werden. Ein allgemeines **Beschäftigungsverbot für Frauen im untertägigen Bergbau** stellt nach der Rechtsprechung des EuGH jedoch eine nach Art. 2 III der Gleichbehandlungsrichtlinie 76/207/EWG unzulässige unterschiedliche Behandlung von Männern und Frauen hinsichtlich des Zugangs zur Beschäftigung, zur Berufsbildung und zum beruflichen Aufstieg sowie in Bezug auf die Arbeitsbedingungen dar, auch wenn Ausnahmen zugelassen sind. Diese Richtlinie lässt zwar zum Schutz der Frau, insbesondere bei Schwangerschaft und Mutterschaft, eine unterschiedliche Behandlung zu, erlaubt es jedoch nicht, dass Frauen nur mit der Begründung von einer Beschäftigung ausgeschlossen werden, sie müssten im Verhältnis zu Männern stärker gegen Gefahren geschützt werden, die Männer und Frauen in gleicher Weise betreffen und sich von den ausdrücklich erwähnten besonderen Schutzbedürfnissen unterscheiden.[59] Damit ist das in § 64 a I BBergG enthalte allgemeine Beschäftigungsverbot für Frauen unter Tage nicht vereinbar. Wegen Verstoßes gegen die Gleichbehandlungsrichtlinie ist § 64 a I BBergG unanwendbar.

---

[57] Vgl. BAG 22. 8. 1979 AP 3 zu § 611 BGB Deputat; 24. 10. 1979 AP 4 zu § 611 BGB Deputat; 1. 6. 1983 AP 5 zu § 611 BGB Deputat; 7. 12. 1983 AP 7 zu § 611 BGB Deputat; 2. 12. 1986 AP 9 zu § 611 BGB Deputat = NZA 87, 599.

[58] BAG 14. 12. 1977 AP 2 zu § 611 BGB Deputat.

[59] EuGH 1. 2. 2005 – C-203/03 – EuGRZ 2005, 124.

3. Sozialschutz. Die Arbeitnehmer des Bergbaus genießen einen weitgehenden öffentlich-rechtlichen Sozialschutz. Der **Einkommenssicherung** im Bergmannsberuf dient das Gesetz über die Bergmannsprämie i. d. F. vom 12. 5. 1969 (BGBl. I S. 434 m. spät. Änd.) nebst DVO vom 20. 12. 1977 (BGBl. I S. 3135). Hiernach erhalten Arbeitnehmer des Bergbaus (ausgenommen leitende Angestellte), die unter Tage beschäftigt werden, eine **Bergmannsprämie** für jede volle, unter Tage verfahrene Schicht. Sie beträgt 5 Euro je Schicht (§§ 1, 2 BergPG). Der **Wohnungsfürsorge** dienen das Gesetz zur Förderung des Bergarbeiterwohnungsbaus im Kohlenbergbau i. d. F. vom 25. 7. 1997 (BergArbWoFöG – BGBl. I S. 1942) sowie die DVO vom 13. 8. 1966 (BGBl. I S. 549). Bergarbeiterwohnungen sind Wohnräume, die aus Mitteln der KohlenAbg. auf Grund des G. vom 24. 8. 1965 (BGBl. I S. 909 m. spät. Änd.) errichtet und an Wohnungsberechtigte (§§ 4, 24)[60] vermietet worden sind. Nur wenn die Wohnungsberechtigung infolge Ausscheidens erlischt, gelten die §§ 576 ff. BGB (vgl. § 85). Die Sozialversicherung der Bergleute ist im **SGB VI** enthalten. 20

III. Rechtsverhältnisse im Fußballsport

Arens, Der Fall Bosman – Bewertung und Folgerungen aus der Sicht des nationalen Rechts, SpuRt 1996, 39; *ders.,* Zur Zulässigkeit von Transferzahlungen oder Ablösezahlungen im Amateurfußballsport, SpuRt 99, 239; *Arens/Jaques,* Rechtliche Überlegungen zu § 11 der Spielerverträge im Berufsfußball, SpuRt 1997, 41; *Arens/Scheffer,* Der Fußballsport, AR-Blattei, SD 1480.2 (1999); *Bepler,* Lizenzfußballer: Arbeitnehmer mit Beschäftigungsanspruch?, in Bepler (Hrsg.), Sportler, Arbeit und Statuten, Herbert Fenn zum 65. Geburtstag, 2000, S. 43; *Blanpain,* Geschichte und Hintergründe des Bosman-Urteils, AuR 96, 161; *Brömmekamp,* Berechnung des Urlaubsentgeltes im Profi-Fußball – Einbeziehung der Jahresprämie?, SpuRt 1997, 50; *Bühler,* Ist der Urlaubsentgeltanspruch von Profifußballern noch zeitgemäß? SpuRt 98, 143; *Fenn,* Einmal Bundestrainer – immer Bundestrainer. Oder: Hat sich der Verschleißtatbestand im Sport verschlissen?, JZ 2000, 347; *Fischer,* Die Spitzensportler des Mannschaftssports – Arbeitnehmer?, SpuRt 97, 181; *ders.,* Die Angst des Fußballers vor dem EG-Wettbewerbskommissar oder Tarifautonomie vs Kartellrecht – Ein Spielbericht, EuZW 2002, 97; *ders.,* Handlungsmöglichkeiten des Arbeitgebers bei Doping und Dopingverdacht, FA 2002, 134; *ders.,* Europäischer Profi – Mannschaftssport, Arbeitsrecht gegen Wettbewerbsrecht, FA 2003, 136; *Fritz/Düll,* Zu den neuen FIFA-Transferregelungen, SpuRt 2002, 144; *Fritzweiler,* Rechtsprechung zum Sportrecht in den Jahren 2002 und 2003, NJW 2004, 989; *ders.,* Zur Bedeutung von Schiedsrichterentscheidungen bei der Verschuldensprüfung bei Mitspielerverletzungen, SpuRt 98, 157; *Gitter,* Die Festsetzung von Gefahrtarifen in der gesetzlichen Unfallversicherung im Hinblick auf den Fußballsport, SpuRt 1997, 12; *Götze/Lauterbach,* Rechtsfragen der Anwendung des Videobeweises im Fußballsport, SpuRt 2003, 95, 145; *Gramlich,* Grundfreiheiten contra Grundrechte im Gemeinschaftsrecht?, DÖV 96, 801; *ders.,* Vertragsfreiheit für Sportler in EG-Mitgliedsstaaten am Beispiel Deutschlands, SpuRt 2000, 89; *Hilf/Pache,* Das Bosman-Urteil des EuGH, NJW 96, 1169; *Hilpert,* Notwendigkeit einer Anklageinstanz im Sportverbandsgerichtsverfahren?, SpuRt 1996, 50; *ders.,* Sport und Arbeitsrecht, RdA 97, 92; *ders.,* Tatsachenentscheidung und Regelverstoß im Fußball – Neuere Entwicklungen und Tendenzen, SpuRt 99, 49; *Imping,* Ausländer-Quote und Ablösesummen im Profi-Fußball, EWS 96, 193; *Jungheim,* Vertragsbeendigung bei Arbeitsverträgen von Lizenzfußballspielern, RdA 2008, 222; *Karakaya/Kartal,* Zur rechtlichen Zulässigkeit von Transfervereinbarungen im „bezahlten Amateursport", insbesondere im Amateurfußball, AuR 2002, 58; *Kelber,* Die Transferpraxis beim Vereinswechsel im Profifußball auf dem Prüfstand, NZA 2001, 11; *Kindler,* Einseitige Verlängerungsoptionen im Arbeitsvertrag des Berufsfußballers, NZA 2000, 744; *Klingmüller/Wichert,* Die Zulässigkeit von Ablösesummen für vertraglich gebundene Profifußballspieler, SpuRt 2001, 1; *Kreis/Schmid,* Bosman und kein Ende?, NZA 2003, 1013; *Küpperfahrenberg,* Die arbeitsrechtliche Stellung von Spielern und Trainern im Lizenzfußball, 2004; *Nasse,* Wirksamkeit des § 11 der Fußballprofiverträge hinsichtlich Art. 48 EGV, Art. 12 GG und AGBG analog, SpuRt 1997, 45; *ders.,* Die freie Arbeitsplatzwahl des Fußballprofis, SpuRt 99, 140; *Neuß,* Neuregelung des Transferwesens im professionell betriebenen Fußballsport, RdA 2003, 161; *Oberthür,* Das Transfersystem im Lizenzfußball, 2002; *dies.,* Die Entschädigungsregelung im internationalen Spielertransfer – Eine europarechtliche und nationalrechtliche Bestandsaufnahme, NZA 2003, 462; *Pfister,* Bindung an Verbandsrecht in der Verbandshierarchie, SpuRt 1996, 48; *Pröpper,* Die Vereinigung der Vertragsspieler als Gewerkschaft – Ist der Schritt zum Tarifvertragsrecht im deutschen Profifußball vollzogen?, NZA 2001, 1346; *Rohlfing,* Arbeitsunfähigkeit und Jahresleistungsprämie eines Profifußballspielers, SpuRt 2001, 120; *Rüsing/Schmülling,* Ersatzansprüche eines Profifußballvereins nach fristloser Kündigung eines vertragsbrüchigen Lizenzspielers, SpuRt 2001, 52; *Rüth,* Kollektives Arbeitsrecht im Lizenzsport, Diss. Bonn 2003; *Schamberger,* Die arbeitsrechtliche Zulässigkeit langfristiger Vertragsbindung bei Berufsfußballspielern, SpuRt 2002, 228 und 2003, 52; *Schloßer,* Führen Vertragsverhandlungen durch Spielervermittler zur Unwirksamkeit der Vermittlungsverträge? NZA 2001, 16; *Schneider,* Streikrecht der deutschen Profifußballer?, SpuRt 1996, 118; *Scholz/Aulehner,* Die „3 plus 2"-Regel und die Transferbestimmungen des Fußballsports im Lichte des europäischen Gemeinschaftsrechts, SpuRt 1996, 44; *Segna,* Bundesligaverein und Börse, ZIP 97, 1901; *Siebold/Wichert,* Das Widerspruchsrecht der Fußballspieler gemäß § 613 a BGB bei der Ausgliederung der Profi-Abteilungen auf Kapitalgesellschaften, SpuRt 99, 93; *Steinbeck/Menke,* Bundesliga an der Börse, NJW 98,

[60] BGH NJW 71, 561.

2169; *Summerer/Rösner,* Der Fall des Fußballtrainers Aad de Mos – Schutz vor kündigungsrelevanten Presseveröffentlichungen, SpuRt 1996, 8; *Weisemann/Spieker,* Sport, Spiel und Recht, 2. Aufl., 1997; *Weiss,* Transfersysteme und Ausländerklauseln unter dem Licht des EG-Kartellrechts, SpuRt 98, 97; *Wolfsgruber,* Transferzahlungen und Ausbildungsentschädigungen im Sport – Betrachtungen zu den Einwirkungen europäischer Grundfreiheiten auf das nationale Arbeitsrecht, ZESAR 2003, 106.

21 **1. Rechtsgrundlagen.** Arbeitsrechtliche Regelungen für den Profifußballsport ergeben sich aus der Satzung des DFB (DFB-Statuten), der Spielordnung sowie dem Lizenzspielerstatut. Daneben gelten die Rechtsnormen des bürgerlichen Rechts und, soweit die Spieler Arbeitnehmer sind, die allgemeinen arbeitsrechtlichen Bestimmungen.

22 **2. Deutscher Fußballbund (DFB).** Die Fußballlandes- und Regionalverbände in Deutschland haben zur Wahrung ihrer Interessen im In- und Ausland den Deutschen Fußballbund gegründet. Der DFB ist die **Vereinigung der Regional- und Landesverbände,** in denen Fußballsport betrieben wird, und seiner Vereine der Lizenzligen bzw. Kapitalgesellschaften mit den in sie eingegliederten Lizenzspielerabteilungen und ggf. weiteren wirtschaftlichen Geschäftsbetrieben (Tochtergesellschaften).[61] Er ist ein eingetragener Verein und hat seinen Sitz in Frankfurt (§ 1 Satzung). Er ist Mitglied der FIFA und der UEFA. Er erklärt deren Regelungen zum Bestandteil seiner Satzung (§ 3 Satzung). Sein Ziel ist, den Fußballsport zu fördern. Er selbst verfolgt ausschließlich, unmittelbar und selbstlos gemeinnützige Zwecke i. S. des 3. Abschnitts „Steuerbegünstigte Zwecke" der Abgabenordnung in ihrer jeweiligen Fassung (§ 5 Satzung). Der DFB regelt seinen eigenen Geschäftsbereich durch Ordnungen und Entscheidungen seiner Organe. Er erlässt zu diesem Zwecke insbesondere **(a)** eine Spiel-, eine Schiedsrichter- und eine Jugendordnung zur Durchführung der Bundesspiele, **(b)** eine Rechts- und Verfahrensordnung, **(c)** eine Geschäftsordnung, **(d)** eine Finanzordnung und **(e)** eine Nutzungsordnung. Der Regelung durch den DFB unterliegen die Förderung und der Schutz des Amateurfußballs durch zweckentsprechende Bestimmungen und die den bezahlten Fußball betreffenden Angelegenheiten (§ 6 Satzung). Die Mitglieder des DFB gliedern sich in ordentliche und außerordentliche Mitglieder sowie Ehrenmitglieder. Ordentliche Mitglieder sind die Regional- und Landesverbände sowie der Ligaverband (§ 7 Satzung). Die Mitgliederverbände regeln innerhalb ihres Bereichs alle mit der Pflege des Fußballsports zusammenhängenden Fragen (§ 12 Satzung). Die Mitgliederverbände sind verpflichtet, dafür zu sorgen, dass sie selbst, ihre Mitglieder und deren Einzelmitglieder die für Mitgliederverbände geltenden Verpflichtungen satzungsgemäß in ihre Satzung übernehmen und das Schiedsverfahren vereinbaren (§ 14 Satzung). Ferner ist ein Sportgericht errichtet (§§ 41 ff. Satzung).

23 **3. Ligaverband. a)** Der Ligaverband (§ 16–16 d Satzung des DFB) ist ein Zusammenschluss der lizenzierten Vereine und Kapitalgesellschaften der Bundesliga und 2. Bundesliga. Er ist Mitglied des DFB und ermittelt u. a. den Deutschen Fußballmeister. Der Ligaverband führt nach § 1 seiner Satzung den Namen „Die Liga – Fußballverband e. V.". Bei der Erfüllung ihrer Aufgaben sind für die Liga GmbH folgende Regelungen verbindlich: Die Satzung des Deutschen Fußballbundes, der Grundlagenvertrag zwischen dem Deutschen Fußballbund und dem Ligaverband e. V. sowie die Satzung des Ligaverbands e. V. Werden die Satzung des DFB, der Grundlagenvertrag zwischen DFB und Ligaverband e. V. oder die Satzung des Ligaverbandes e. V. geändert, gelten sie jeweils in ihrer geänderten Fassung.

24 **b)** Der Spielbetrieb der Bundesliga und 2. Bundesliga ist in der **Spielordnung des Ligaverbands** geregelt. Nach § 11 Nr. 1 dürfen in Lizenzmannschaften grundsätzlich nur Lizenzspieler spielen. In Spielen einer Lizenzmannschaft dürfen sich ausnahmsweise bis zu drei vereinseigene Amateure und Vertragsspieler gleichzeitig im Spiel befinden. Dies gilt entsprechend für den Einsatz von Amateuren und Vertragsspielern des Muttervereins in Spielen der Kapitalgesellschaft. In Spielen des DFB-Pokals ist jeder Verein verpflichtet, zwölf Lizenzspieler deutscher Staatsangehörigkeit unter Vertrag zu halten. Die an Pflicht-Bundesspielen teilnehmenden Vereine und Kapitalgesellschaften müssen im Rahmen der Förderung der Nachwuchsarbeit im deutschen Fußball eine Mindestanzahl lokal ausgebildeter Spieler als Lizenzspieler unter Vertrag haben. Lokal ausgebildete Spieler können „vom Club ausgebildet" oder „vom Verband ausgebildet" sein. Voraussetzung ist, dass nicht mehr als die Hälfte der Spieler vom Verband ausgebildet ist. In der Spielzeit 2006/2007 müssen mindestens vier, in der Spielzeit 2007/2008 mindestens sechs und in der Spielzeit 2008/2009 mindestens acht lokal ausgebildete Spieler bei dem Verein/der Kapitalgesellschaft als Lizenzspieler unter Vertrag stehen. Ein vom Club ausgebildeter Spieler ist ein Spieler, der in drei Spielzeiten/Jahren im Alter zwischen 15 und 21 Jahren für den

[61] Weitere Informationen im Internet unter http://www.bundesliga.de.

Verein/die Kapitalgesellschaft spielberechtigt war. Ein vom Verband ausgebildeter Spieler ist ein Spieler, der in drei Spielzeiten/Jahren im Alter zwischen 15 und 21 Jahren für einen Verein/eine Kapitalgesellschaft im Bereich des DFB spielberechtigt war (§ 5a Lizenzordnung Spieler).

c) Die **Lizenzordnung des Ligaverbandes** regelt die Kriterien für die Erteilung von Lizenzen an Spieler von lizenzierten Vereinen oder Kapitalgesellschaften. Sie regelt verbindlich die Beantragung und Erteilung von Spielberechtigungen und die Wechselbestimmungen für Spieler im Zuständigkeitsbereich des Ligaverbandes sowie andere Bestimmungen. Im Spielbetrieb des Lizenzfußballs sind nach der Lizenzordnung vom 21. 12. 2005 Amateure, Vertragsspieler und Lizenzspieler zugelassen. **Amateur** ist, wer auf Grund seines Mitgliedschaftsverhältnisses Fußball spielt und als Entschädigung kein Entgelt bezieht, sondern seine nachgewiesenen Auslagen und allenfalls einen pauschalierten Aufwendungsersatz bis zu 149,99 Euro im Monat erstattet erhält. Im pauschalierten Aufwendungsersatz sind insbesondere eventuelle Kosten für Ausrüstung, Vorbereitung und Versicherungen erfasst; Auslagenerstattung erfolgt insbesondere für Reise, Unterkunft und Verpflegung im Zusammenhang mit Spiel und Training. **Vertragsspieler** ist, wer über sein Mitgliedschaftsverhältnis hinaus einen schriftlichen Vertrag mit seinem Verein abgeschlossen hat und über seine nachgewiesenen Auslagen hinaus (Nr. 1) Vergütungen oder andere geldwerte Vorteile von mindestens 150,– Euro monatlich erhält. **Lizenzspieler** ist, wer das Fußballspiel auf Grund eines mit einem Lizenzverein oder einer Kapitalgesellschaft geschlossenen schriftlichen Vertrages betreibt und durch Abschluss eines schriftlichen Lizenzvertrages mit dem Ligaverband zum Spielbetrieb zugelassen ist. Er ist Vertragspartner besonderer Art eines vom Ligaverband lizenzierten Vereins oder einer vom Ligaverband lizenzierten Kapitalgesellschaft. 25

4. Rechtsverhältnisse der Fußballspieler. a) Die Vertragsspieler und Lizenzspieler stehen zu ihrem Verein in einem **Arbeitsverhältnis.**[62] Auf sie ist daher Arbeitsrecht mit allen Rechtsfolgen anzuwenden. Daran ändern entgegen einiger Äußerungen im Schrifttum auch die zum Teil exorbitanten Vergütungen nichts,[63] weil hiervon der Arbeitnehmerstatus nicht abhängt. Im Übrigen sind auch leitende Angestellte in Toppositionen großer Banken unabhängig von der Höhe ihres Verdienstes Arbeitnehmer. Der Inhalt des Vertrags zwischen einem Lizenzspieler und dem Verein unterliegt nur den rudimentären Vorgaben der §§ 6 und 10 Lizenzordnung Spieler. Ein Dienstverhältnis ist nur dann gegeben, wenn keine weisungsabhängige Beschäftigung besteht (§§ 8, 36). Diese ist aber mit Rücksicht auf die Verpflichtung, spieltechnische Anweisungen zu befolgen, Trainingsstunden einzuhalten, dienstliches und außerdienstliches Verhalten entsprechend einzurichten, an Trainingslagern teilzunehmen, gegeben.[64] Nach § 8 Nr. 3 Lizenzordnung Spieler kann der Nicht-Amateur mit Lizenz den Vertrag aus triftigem Grund außerordentlich kündigen. Ein solcher triftiger Grund liegt nach dieser Bestimmung vor, wenn der Spieler in der Spielzeit nur in höchstens vier Pflichtspielen eingesetzt worden ist. Dies gilt freilich nicht, wenn hierfür Verletzungen, Spielsperren, das Alter des Spielers oder die Position auf dem Feld (Ersatztorwart) ursächlich waren. Eine Kündigung aus sportlich triftigen Gründen kann nur innerhalb von zwei Wochen nach dem letzten Pflichtspiel des Vereins oder eine Kapitalgesellschaft in einer Spielzeit erfolgen. 26

b) Form, Inhalt und Abschluss des **Vertragsspielers** sind in § 22 der DFB-Spielordnung eingehend geregelt. Spielberechtigt ist nur dasjenige Vereinsmitglied, das nach den Vorschriften seines Mitgliedsverbands eine Spielerlaubnis für seinen Verein erhalten hat (§ 10 Nr. 1.1 DFB-Spielordnung). Eine rechtswirksame vorzeitige Vertragsbeendigung, gleich aus welchem Grund, hat nach § 22 Nr. 6 DFB-Spielordnung das sofortige Erlöschen der Spielerlaubnis zur Folge. 27

c) Will ein **Amateur den Verein wechseln,** muss er sich gemäß § 16 Nr. 1.1 DFB-Spielordnung bei seinem bisherigen Verein als aktiver Spieler abmelden und zusammen mit dem neuen Verein beim zuständigen Mitgliedsverband einen Antrag auf Spielerlaubnis stellen. Nach Eingang der vollständigen Vereinswechselunterlagen (Antrag auf Spielerlaubnis, bisheriger Spielerpass, Nachweis der Abmeldung) erteilt der zuständige Mitgliedsverband die Spielerlaubnis für den neuen Verein. Die Spielberechtigung wird ab dem Tag des Eingangs der vollständigen Vereinswechselunterlagen beim zuständigen Verband erteilt, sofern dies die Spielordnung im Übrigen zulässt (Wartefristen, Sperrstrafen). Nach § 16 Nr. 2 DFB-Spielordnung kann ein Vereinswechsel 28

[62] Ganz h. M., vgl. zu Lizenzspielern BAG 8. 12. 1998 AP 15 zu § 611 BGB Berufssport = NZA 99, 989; 19. 1. 2000 AP 19 zu § 611 BGB Berufssport = NZA 2000, 771; zu Vertragsamateuren BAG 10. 5. 1990 AP 51 zu § 611 BGB Abhängigkeit = NZA 91, 308; auch BGH 20. 3. 2002 NJW 2002, 1963.

[63] Vgl. *Seitz* NJW 2002, 2838.

[64] So bereits BAG 17. 1. 1979 AP 2 zu § 611 BGB Berufssport.

eines Amateurs grundsätzlich nur in zwei Wechselperioden stattfinden, nämlich vom 1. 7. bis zum 31. 8. (Wechselperiode I) und vom 1. 1. bis zum 31. 1. (Wechselperiode II). Ein Amateur kann sowohl in der Wechselperiode I als auch in der Wechselperiode II einen Vereinswechsel vornehmen, in der Wechselperiode II jedoch nur mit Zustimmung. Nach § 16 Nr. 3.2.1 DFB-Spielordnung kann bei Abmeldung des Spielers bis zum 30. 6. und Eingang des Antrags auf Spielerlaubnis bis zum 31. 8. die Zustimmung des abgebenden Vereins bis zum 31. 8. durch den Nachweis der Zahlung einer festgelegten Entschädigung ersetzt werden (RN 29). § 17 DFB-Spielordnung regelt den Wegfall der Wartefristen beim Vereinswechsel von Amateuren. Der Vereinswechsel von Vertragsspielern in Lizenzmannschaften ist in §§ 14 und 15 der Lizenzordnung Spieler geregelt.

29 **d)** Die **Höhe der Entschädigung** richtet sich nach der Spielklassenzugehörigkeit der ersten Mannschaft des aufnehmenden Vereins in dem Spieljahr, in dem die Spielerlaubnis für Pflichtspiele erteilt wird. Bei einem Vereinswechsel nach dem 1. 5. gilt die Spielklasse der neuen Saison. Die Höhe der Entschädigung beträgt in der 3. Liga und Regionalliga 5000,00 Euro, 3. Amateurspielklasse 3750,00 Euro, 4. Amateurspielklasse 2500,00 Euro, 5. Amateurspielklasse 1500,00 Euro, 6. Amateurspielklasse 750,00 Euro, 7. Amateurspielklasse 500,00 Euro sowie ab der 8. Amateurspielklasse 250,00 Euro. Die Höhe der Entschädigung beträgt bei **Spielerinnen** der Bundesliga 2500,00 Euro, 2. Frauen-Spielklasse 1000,00 Euro, 3. Frauen-Spielklasse 500,00 Euro und unterhalb der 3. Frauen-Spielklasse 250,00 Euro. Abweichende Festlegungen der Mitgliedsverbände über die Entschädigungsbeträge sind nicht zulässig. Wechselt ein Spieler zu einem Verein, dessen erste Mannschaft in einer niedrigeren Spielklasse spielt, errechnet sich die Entschädigung als Mittelwert der vorstehenden Beträge der Spielklasse der ersten Mannschaft des abgebenden und des aufnehmenden Vereins in der neuen Saison. Nach § 16 Nr. 3.2.5 DFB-Spielordnung sind abweichende schriftliche Vereinbarungen der beteiligten Vereine möglich. Abweichende schriftliche Vereinbarungen zwischen dem abgebenden Verein und dem Spieler sind ebenfalls möglich, jedoch dürfen die festgelegten Höchstbeträge nicht überschritten werden. Die in Nr. III.4.3.1 der Rahmenbedingungen der Regionalliga des Niedersächsischen Fußballverbandes (in der im Juli 1996 geltenden Fassung) vorgesehene Verpflichtung zur Zahlung einer Ausbildungs- und Förderungsentschädigung bei der Verpflichtung eines Amateurspielers als sog. Vertragsamateur durch einen Verein der Regionalliga wurde wegen Verstoßes gegen § 138 I BGB i. V. m. Art. 12 I GG für nichtig erklärt.[65]

30 **5. Lizenz.** Der Ligaverband erteilt auf der Grundlage der „Lizenzierungsordnung" Lizenzen an Vereine. Weiterhin werden nach Maßgabe der „Lizenzordnung Spieler" **Lizenzen an Spieler** von lizenzierten Vereinen und Kapitalgesellschaften erteilt. Der Spieler erhält die Lizenz durch einen Vertrag mit dem Ligaverband. Ein Arbeitsverhältnis zwischen Ligaverband und Spieler wird durch den Abschluss des Lizenzvertrags nicht begründet (§ 1 Lizenzordnung Spieler). Die Lizenz wird unbefristet erteilt. Der Lizenzvertrag regelt die Rechte und Pflichten des Spielers als Nicht-Amateur mit Lizenz und seine Unterwerfung unter die Satzungen, das Ligastatut, die Ordnungen und Durchführungsbestimmungen des Ligaverbandes und des DFB sowie die Entscheidungen der Organe des Ligaverbands und der DFL sowie des DFB. Nach § 4 „Lizenzordnung Spieler" kann ein Vertrag mit einem Lizenzspieler erst mit Aufnahme des Spielers in die Transferliste des Ligaverbands geschlossen werden. Die Voraussetzungen für die Aufnahme in die Transferliste ergeben sich aus § 4 Nr. 6, die Erteilung einer Spielerlaubnis ist in § 13 Lizenzordnung Spieler detailliert geregelt. Die Aufnahme in die Transferliste kann nicht durch einstweilige Verfügung erzwungen werden.[66] Die Verträge bedürfen der Schriftform.

31 **6. Ausbildungsentschädigung.** Die in § 27 DFB-Spielordnung enthaltenen Ausbildungsentschädigungen sind durch Beschluss des DFB-Vorstandes vom 13. 10. 2006 aufgehoben worden (dazu 11. Aufl. RN 100 a).

32 **7. Transferentschädigung.** Ob und in welchem Umfang der **Vereinswechsel von einer Entschädigung abhängig** gemacht werden kann, war seit jeher umstritten. Das BAG hatte bei Eishockeyspielern Bedenken gegen die Transferentschädigung geäußert; es hat die Frage aber nicht abschließend entschieden, weil der Arbeitgeber in Konkurs gefallen war und deswegen die Aufnahme einer neuen Berufstätigkeit nicht von der Transferentschädigung abhängig gemacht werden konnte.[67] Der EuGH hat im sog. Fall „Bosmann" entschieden, die Freizügigkeit (Art. 48

---

[65] BGH 27. 9. 1999 NZA 2000, 263.

[66] LAG Hamm 10. 6. 1998 LAGE § 611 BGB Berufssport Nr. 9 m. Anm. *Löwisch*.

[67] BAG 15. 11. 1989 AP 6 zu § 611 BGB Berufssport = NZA 90, 392; LAG Düsseldorf BB 90, 2196; BAG 20. 11. 1996 AP 12 zu § 611 BGB Berufssport = NZA 97, 647.

EGV a. F. = Art. 39 EG) stehe Regeln der Sportverbände entgegen, nach denen ein Berufsfußballspieler, der Staatsangehöriger eines Mitgliedstaates der EU ist, bei Ablauf des Vertrags, der ihn an einen Verein bindet, nur dann von einem Verein eines anderen Mitgliedstaats beschäftigt werden kann, wenn dieser dem bisherigen Verein eine Transfer-, Ausbildungs- oder Förderungsentschädigung gezahlt hat.[68] Im Anschluss hieran hat der BGH Transferbestimmungen in der Spielordnung des Deutschen Eishockeybundes, die „Aus- und Weiterbildungsentschädigungen" bei der Verpflichtung eines Amateurspielers durch einen Verein der Bundesliga vorsahen, wegen Verstoßes gegen § 138 I BGB i. V. mit Art. 12 I GG für nichtig erklärt.[69] Entsprechendes galt für die Zahlung einer Ausbildungs- und Förderungsentschädigung bei der Verpflichtung eines Amateurspielers als sog. Vertragsamateur.[70] Ob die neuen Statuten im deutschen und internationalen Fußball diesen Bedenken Rechnung tragen, ist fraglich.[71] Denn nach § 8 Lizenzordnung Spieler soll der Spieler bei einer außerordentlichen Kündigung durch den Verein nur in begründeten Ausnahmefällen für das laufende Spieljahr einen neuen Vertrag schließen können. Im Falle einer wirksamen fristlosen Kündigung durch den Spieler kann der Spieler für das laufende Spieljahr einen neuen Vertrag mit der Folge der sofortigen Spielerlaubnis in den Wechselperioden I und II schließen. Die Dauer des Vertrages muss sich mindestens auch auf das folgende Spieljahr erstrecken. Diese Regelungen statuieren letztlich nachvertragliche Wettbewerbsverbote, welche die Berufsausübungsfreiheit unverhältnismäßig einschränken.[72]

8. Arbeitnehmerschutz. a) Durch die arbeitsvertragliche Bindung des Spielers einerseits 33
und seine **satzungs- und lizenzmäßige Unterwerfung** andererseits besteht die Gefahr der Umgehung des Arbeitnehmerschutzes. Umfang und Grenzen des Ausschlusses staatlicher Gerichtsbarkeit sind umstr.[73] *Buchner* hatte vorgeschlagen, von einer gespaltenen Arbeitgeberfunktion der Vereine einerseits und des DFB (nunmehr Ligaverband) andererseits auszugehen;[74] die einzelnen Vereine hätten die Disziplinarrechte gleichsam auf den DFB und seine Einrichtungen übertragen, so dass ihre Entscheidungen arbeitsgerichtlich weitgehend nachprüfbar seien. In der Lizenzordnung Spieler sind aber vertragsrechtliche Beziehungen zwischen dem Ligaverband und dem Spieler ausgeschlossen.

b) Sagt ein Verein einem Spieler **Sonderzuwendungen** zu, die nach den Statuten unzulässig 34
sind, sind diese im Regelfall nicht wegen Verstoßes gegen die guten Sitten rechtsunwirksam.[75] Man wird hieraus allgemein die Schlussfolgerung ziehen können, dass Arbeitsverträge auch dann wirksam bleiben, wenn sie gegen die Satzungen des DFB verstoßen. Ob Gehaltsfortzahlungsansprüche bei **Spielsperren** bestehen, muss notfalls im Wege ergänzender Vertragsauslegung ermittelt werden.[76]

9. Arbeitsvertragsbedingungen. Wie alle hoch spezialisierten Arbeitnehmer hat der Li- 35
zenzfußballspieler einen Beschäftigungsanspruch.[77] Umstritten sind die **Suspendierungen** von tatsächlich oder vermeintlich erfolglosen Trainern. Auch diese sind Arbeitnehmer.[78] Im Hinblick auf die besondere Funktion des Trainers sind an die Suspendierung keine hohen Anforderungen zu stellen. Während der Freistellung ist das Gehalt fortzuzahlen. Umstritten ist weiterhin die Berechnung von Urlaubsentgelt und der Entgeltfortzahlung im Krankheitsfall. Die den Spielern der Bundesliga gezahlten Einsatz- und Spiel(Punkt)prämien sind bei der Berechnung des **Urlaubsentgelts** für den gesetzlichen Urlaub nach § 11 BUrlG zu berücksichtigen.[79] Bei der Bemessung des Urlaubsentgelts sind auch die in den letzten 13 Wochen vor Urlaubsbeginn ge-

---

[68] EuGH 15. 12. 1995 AP 10 zu § 611 BGB Berufssport = NZA 96, 191; zu vertraglichen Umgehungsversuchen vgl. *Kelber* NZA 2001, 11; *Kindler* NZA 2000, 744.

[69] BGH 27. 9. 1999 AP 17 zu § 611 BGB Berufssport.

[70] BGH 27. 9. 1999 NZA 2000, 263.

[71] Vgl. hierzu *Neuß* RdA 2003, 161; *Oberthür* NZA 2003, 462.

[72] Ebenso *Wüterich/Breucker,* Das Arbeitsrecht im Sport, 2007, RN 200 für die Kündigung durch den Arbeitgeber; anders allerdings für die Kündigung durch den Fußballer RN 481.

[73] Vgl. EuGH 4. 10. 1991 EuGHE I 1991, 4837; BAG 17. 1. 1979 AP 2 zu § 611 BGB Berufssport; *Vollkommer* RdA 82, 16.

[74] *Buchner* NJW 76, 2242; *ders.* RdA 82, 1; ebenso ArbG Gelsenkirchen NJW 77, 598; krit. *Meyer-Cording* RdA 82, 13.

[75] BAG AP 29 zu § 138 BGB; LAG Saarbrücken 29. 9. 1971 AP 1 zu § 611 BGB Berufssport; vgl. auch zu Handgeldern OLG Köln AR-Blattei, D, Sport, Entsch. 5.

[76] BAG 17. 1. 1979 AP 2 zu § 611 BGB Berufsport.

[77] Hierzu *Bepler,* Lizenzfußballer: Arbeitnehmer mit Beschäftigungsanspruch?, in Bepler (Hrsg.), Sportler, Arbeit und Statuten, Herbert Fenn zum 65. Geburtstag, 2000, S. 43.

[78] Vgl. BAG 4. 12. 2002 AP 28 zu § 620 BGB Bedingung = NZA 2003, 611.

[79] BAG 24. 11. 1992 AP 34 zu § 11 BUrlG = NZA 93, 750.

zahlten Teilbeträge einer gestaffelten Jahresprämie zu berücksichtigen, die nach den vertraglichen Abmachungen der Parteien innerhalb des laufenden Vertragsjahres jeweils nach Erreichen einer bestimmten Anzahl von Meisterschaftsspielen auszuzahlen sind.[80] Wird mit einem Spieler eine Vereinbarung getroffen, nach der mit der monatlichen Gehaltszahlung ein Vorschuss auf das Urlaubsentgelt geleistet wird, verstößt das nicht gegen § 11 I 1, § 13 I 3 BUrlG.[81] Die **Entgeltfortzahlung im Krankheitsfall** richtet sich nach dem Lohnausfallprinzip.[82] Fortzuzahlen sind auch Prämien. Sieht eine Prämienregelung für Berufsfußballspieler vor, dass der Spieler im Falle einer „Verletzung" sechs Wochen lang so behandelt wird, als habe er an Punktspielen teilgenommen, so ist diese Voraussetzung nicht erfüllt, wenn der Spieler auf Grund einer sonstigen Erkrankung, die weder spiel- noch trainingsbedingt war, nicht spielen konnte.[83]

36 **10. Außerordentliche Kündigung.** Nimmt ein Berufsfußballspieler von Dritten Siegprämien an oder verhandelt er über Prämien, die ihm dafür gezahlt werden, dass sein Verein verliert, ist seine **fristlose Kündigung** berechtigt.[84] Ein strenger Maßstab ist hier geboten, da der Spieler die Möglichkeit nicht unerheblicher Verdienste erhält und bei Unregelmäßigkeiten Dritte geschädigt (Fußballtoto) und betrogen werden.

37 **11. Sonstiges. a)** Kommt es bei einem Spiel zu **Körperverletzungen,** können Schadensersatzansprüche eingeschränkt sein. Nicht jede Verletzung einer dem Schutz des Mitspielers dienende Spielregel rechtfertigt den Vorwurf der Fahrlässigkeit. Vielmehr kommt es darauf an, ob das Verhalten des Verletzers außerhalb des Grenzbereichs zwischen kampfbedingter Härte und Unfairness liegt.[85]

38 **b)** Auch die Stellen der bei einem Verein beschäftigten Berufsfußballspieler sind bei der Anzahl der für das Entstehen und den Umfang der Pflicht zur **Beschäftigung von Schwerbehinderten** maßgeblichen Arbeitsplätze zu berücksichtigen.[86]

IV. Seearbeitsrecht

Sammlung der Vorschriften: Seemannsrecht. Tarife, Gesetze, Kommentare, Berufe, Adressen MAP Verlag, Loseblatt, Stand: 2001; *Bruhns,* Schifffahrtsrecht, Seerechtliche Gesetze, Verordnungen, Übereinkommen, MAP Verlag, Loseblatt.

Kommentare: *Bemm/Lindemann,* Seemannsgesetz und Tarifverträge für die deutsche Seeschiffahrt, 6. Aufl., 2007; *Schmid/Roßmann,* Das Arbeitsverhältnis der Besatzungsmitglieder, 1997.

Aufsätze: *Erbguth,* Die Zweitregisterentscheidung des BVerfG (1 BvF 1/90 u. a. vom 10. 1. 1995 – NJW 95, 2339), NJW 96, 18; *Franzen,* Seearbeitsrecht – Einführung und allgemeine Vorschriften, AR-Blattei, SD 1450.2 (2000); *ders.,* Das Heuerverhältnis, AR-Blattei, SD 1450.3 (2000); *ders.,* Arbeitsschutz, Ordnung an Bord, Strafen, SD 1450.4 (2000); *ders.,* Die Betriebsverfassung in der Seeschifffahrt, AR-Blattei, SD 1450.5 (2000); *Mankowski,* Internationales Seeschifffahrtsregister, Anknüpfung von Heuerverträgen und Qualifikationsfragen im internationalen Arbeitsrecht, IPRax 96, 405; *Schwarze,* Beweiswirkungen des Heuerscheins (§ 24 SeemG), NZA 96, 685.

39 **1. Rechtsgrundlagen.** Die wichtigsten Rechtsgrundlagen des Seearbeitsrechts befinden sich im **SeemG** vom 26. 7. 1957 (BGBl. II S. 713) m. zahlr. Änd.; der VO über die Sicherheit der Seeschiffe **(SchiffssicherheitsVO)** i. d. F. vom 18. 9. 1998 (BGBl. I S. 3013) m. spät. Änd.; der **SchiffsbesetzungsVO** – SchBesV vom 26. 8. 1998 (BGBl. I S. 2577) m. spät. Änd. und dem Gesetz über das Flaggenrecht der Seeschiffe und die Flaggenführung der Binnenschiffe **(FlaggRG)** i. d. F. vom 26. 10. 1994 (BGBl. I S. 3140) m. spät. Änd. Auf dem Gebiet des kollektiven Arbeitsrechts sind von besonderer Bedeutung **§ 114 BetrVG** sowie die **2. VO zur Durchführung des BetrVG** (WahlO Seeschifffahrt – WOS). Von den Übereinkommen der internationalen Arbeitsorganisation beschäftigen sich 34 mit der Seeschifffahrt. Die wichtigsten tariflichen Grundlagen sind der **Manteltarifvertrag und Kapitäns-MTV für die deutsche Seeschifffahrt,** beide vom 17. 4. 1986, die Schlichtungsvereinbarung vom 28. 1. 1977 sowie der Kapitäns-HTV und Heuertarifvertrag für die deutsche Seeschifffahrt, beide vom 26. 4. 1985.

40 **2. Arbeitsstatut. a)** Welches Arbeitsstatut auf das Arbeitsverhältnis anzuwenden ist, richtet sich nach den Grundsätzen des internationalen Privatrechts (§ 6). Nach Art. 27 I EGBGB unter-

[80] BAG 23. 4. 1996 AP 40 zu § 11 BUrlG = NZA 96, 1207.
[81] BAG 8. 12. 1998 AP 15 zu § 611 BGB Berufssport = NZA 99, 989.
[82] BAG 6. 12. 1995 AP 9 zu § 611 BGB Berufssport = NZA 96, 640.
[83] BAG 19. 1. 2000 AP 19 zu § 611 BGB Berufssport = NZA 2000, 771.
[84] LAG Düsseldorf DB 72, 1443.
[85] LAG Köln NJW 85, 991.
[86] OVG Saarbrücken 12. 4. 1991 – 1 R 215/89; nachgehend BVerwG 10. 12. 1991 – 5 B 125/91.

liegt das Seearbeitsverhältnis dem von den Parteien **gewählten Recht.** Damit ist grundsätzlich die Rechtswahl eines ausländischen Statutes zulässig. Nach Art. 30 I EGBGB darf die Rechtswahl nicht dazu führen, dass dem Arbeitnehmer der Schutz entzogen wird, der ihm durch die zwingenden Bestimmungen des Rechts gewährt wird, das mangels einer Rechtswahl anzuwenden wäre. Mangels einer Rechtswahl ergeben sich aus Art. 30 II EGBGB Anknüpfungspunkte, welches Arbeitsstatut maßgebend ist. Insoweit wird an die Flagge,[87] also die besondere Form des Arbeitsorts angeknüpft (Art. 30 II 1 EGBGB). Die Seeschifffahrt hat daraufhin versucht, die Seeschiffe auszuflaggen und die Schiffe unter der Flagge von Billigländern fahren zu lassen. Um den Entzug arbeitsrechtlicher Schutzvorschriften zu verhindern, wurde im Hinblick auf Art. 30 II Nr. 2 2. Halbs. EGBGB angenommen, dass zur Bestimmung des maßgeblichen Rechts nicht an die Flagge anzuknüpfen sei, wenn sich aus der Gesamtheit der Umstände ergebe, dass der Arbeitsvertrag oder das Arbeitsverhältnis engere Verbindungen zu einem anderen Staat aufweise.[88]

b) Durch das Gesetz zur **Einführung eines zusätzlichen Registers für Seeschifffahrt unter der Bundesflagge** im internationalen Verkehr (Internationales Seeschifffahrtsregister – ISR) vom 23. 3. 1989 (BGBl. I S. 550) sollte der Tendenz zur Ausflaggung entgegengewirkt werden. Eintragungsfähig sind Schiffe, die zur Führung der Bundesflagge berechtigt sind und im internationalen Verkehr i. S. des EStG betrieben werden. Das Arbeitsstatut derjenigen Besatzungsmitglieder, die im Inland keinen Wohnsitz oder ständigen Aufenthalt haben und deren Kauffahrteischiff im Internationalen Seeschifffahrtsregister eingetragen ist, unterliegt allerdings nicht schon deshalb deutschem Recht, weil es die Bundesflagge führt (vgl. § 21 IV FlaggRG). Es ist damit denkbar, dass auf einem Schiff unter der Bundesflagge Arbeitnehmer beschäftigt werden, deren Heuerverhältnis verschiedenen Rechtsordnungen unterliegt. Für deutsche Arbeitnehmer gilt deutsches Arbeitsrecht. Die Arbeitsverhältnisse der Seeleute aus dem Nicht-EU-Ausland auf im internationalen Schiffsregister eingetragenen Schiffen unter deutscher Flagge richten sich mangels Rechtswahl nach dem Recht des Staates, zu dem sich aus der Gesamtheit der Umstände die engere Verbindung ergibt.[89] Außerdem gibt es die Möglichkeit, Tarifverträge mit den Heimatgewerkschaften der ausländischen Seeleute zu vereinbaren, die aber nur bei Vereinbarung die Wirkung des TVG entfalten. Nach Auffassung des BVerfG[90] werden zwar auf den Zweitregisterschiffen die deutschen Gewerkschaften in ihrer Koalitionsbetätigung berührt. Dieser Eingriff in den Kernbereich der grundrechtlichen Gewährleistung sei aber größtenteils mit Art. 9 III GG vereinbar. Die Berufsfreiheit der deutschen Seeleute werde nicht dadurch verletzt, dass der Gesetzgeber auf deutschen Handelsschiffen, die in das internationale Seeschifffahrtsregister eingetragen sind, den Abschluss von arbeitsrechtlichen Vereinbarungen nach Maßgabe ausländischen Rechtes erleichtert zulässt. Es verstoße nicht gegen den allgemeinen Gleichheitssatz, dass nach § 21 IV FlaggRG ausländische Seeleute auf deutschen Handelsschiffen zu Heimatheuern beschäftigt werden können.[91] 41

c) Die Vorschriften des SeemG gelten nur für **Kauffahrteischiffe,** die nach dem Flaggenrechtsgesetz vom 26. 10. 1994 (BGBl. I S. 3140 m. spät. Änd.) die **Bundesflagge führen.** Hierzu gehören die für die Seefahrt bestimmten Fracht- und Passagierschiffe, Fahrzeuge der Hochsee- und Küstenschifferei, Fährschiffe des Seebäderverkehrs sowie Schlepp- und Bergungsfahrzeuge, dagegen nicht Schiffe, die im Eigentum und im öffentlichen Dienst des Bundes, eines Landes oder einer öffentlich-rechtlichen Körperschaft oder Anstalt mit Sitz im Geltungsbereich des GG stehen, da sie keine Kauffahrteischiffe sind (§ 21 II FlaggRG). Letztlich sind vor allem Schiffe der Bundesmarine usw. ausgenommen. 42

3. Seemannsgesetz. a) Das SeemG ist in sieben Abschnitte gegliedert, nämlich allgemeine Vorschriften mit den Definitionen und dem Grundsatz der Unabdingbarkeit zum Nachteil der Besatzungsmitglieder (§ 10 SeemG), dem Abschnitt über Seefahrtsbücher und Musterung, dem über das Heuerverhältnis der Besatzungsmitglieder, der in die Unterabschnitte Begründung und Inhalt des Heuerverhältnisses (§§ 23 ff. SeemG), Verpflegung, Unterbringung und Krankenfürsorge (§§ 39 ff. SeemG), Urlaub und Landgang (§§ 53 ff. SeemG) sowie Beendigung des Heuerverhältnisses (§§ 62 ff. SeemG) und der Regelung der Anwendung der Vorschriften auf den Kapi- 43

---

[87] Vgl. Flaggenrechtsgesetz i. d. F. vom 26. 10. 1994 (BGBl. I S. 3140).

[88] BAG 24. 8. 1989 AP 28 zu Intern. Privatrecht, Arbeitsrecht = NZA 90, 754; *Franzen* AR-Blattei SD 1450.2 RN 11.

[89] BAG 3. 5. 1995 AP 32 zu Intern. Privatrecht, Arbeitsrecht = NZA 95, 1191.

[90] BVerfG 10. 1. 1995 NZA 95, 272; dazu auch EuGH 17. 3. 1993 NZA 93, 799 (Sloman Neptun Schifffahrts AG); *Hofft* NJW 95, 2329.

[91] Zur Heuer i. V. m. dem sog. „blue-card-Abkommen" vgl. BAG 16. 2. 2000 AP 54 zu § 2 TVG.

tän und die in § 7 I SeemG genannten Personen gegliedert ist, dem 4. Abschnitt über den Arbeitsschutz, dem 5. über die Ordnung an Bord, dem 6. über Straftaten und Ordnungswidrigkeiten sowie dem 7. über Schluss- und Übergangsvorschriften.

44 **b) Kapitän** ist der vom Reeder auf Grund eines den Mindestbedingungen der §§ 78ff. SeemG genügenden Anstellungsvertrags bestellte Führer des Schiffs, der im Besitz eines staatlichen Befähigungszeugnisses sein muss. Der Begriff des Kapitäns entspricht dem des Schiffers nach § 511 HGB. Das SeemG regelt sein arbeitsrechtliches Verhältnis zum Reeder und seine Rechtsstellung als Vertreter des Arbeitgebers; seine disziplinären Befugnisse folgen aus §§ 106ff. SeemG. Seine handelsrechtlichen Befugnisse und seine Haftung folgen aus §§ 511ff. HGB. Der Kapitän ist leitender Angestellter.[92] Ist ein Kapitän nicht vorhanden oder ist er verhindert, werden seine Rechte vom 1. Offizier des Deckdienstes oder dem Alleinsteuermann wahrgenommen (§ 2 III SeemG).

45 **c)** Zu den **Besatzungsmitgliedern** zählen die Schiffsoffiziere, die sonstigen Angestellten und die Schiffsleute (§ 3 SeemG). Schiffsoffiziere sind die Angestellten des nautischen oder technischen Schiffsdienstes, die eines staatlichen Befähigungszeugnisses bedürfen, die Schiffsärzte, die besonderen Voraussetzungen nach § 15 III VO über die Krankenfürsorge auf Kauffahrteischiffen genügen müssen, die Seefunker, die Inhaber eines Seefunkzeugnisses erster oder zweiter Klasse sind (§ 2 VIII SicherheitsVO), und Zahlmeister (§ 4 SeemG). Neben den Schiffsoffizieren stehen die sonstigen Angestellten (§ 5 SeemG), die in arbeitsrechtlicher Hinsicht den Schiffsoffizieren angeglichen sind. Sie müssen nach seemännischer Verkehrsanschauung als Angestellte angesehen werden und insbesondere überwiegend leitend, beaufsichtigend oder büromäßig arbeiten oder eine verantwortliche Tätigkeit ausüben. Nach § 5 MTV für die deutsche Seeschifffahrt vom 17. 4. 1986 gehören hierzu Funker, Elektriker, Oberköche, Obersteward usw. Schiffsmann (§ 6 SeemG) ist jedes andere in einem Heuerverhältnis stehende Besatzungsmitglied, das nicht Schiffsoffizier oder sonstiger Angestellter ist.

46 **d)** Nicht zu den Besatzungsmitgliedern gehören sonstige im Rahmen des Schiffsbetriebs an Bord tätige Personen (§ 7 SeemG). Hierzu zählen die **sonstigen Gewerbetreibenden** an Bord oder nicht in einem Heuerverhältnis angestellte Arbeitnehmer wie Friseure oder Buchhändler. Arbeitnehmer, die im Schiffsbetrieb an Bord von Fähren als Personal des Pächters der Serviceeinrichtungen tätig sind, sind keine Besatzungsmitglieder im Sinne des Seemanngesetzes. Das gilt auch dann, wenn sie auf Grund einer Vereinbarung zwischen Pächter und Reeder verpflichtet sind, als Feuerschutz- oder Rettungsbootsmänner an Übungsmanövern und Sicherheitsübungen teilzunehmen.[93]

47 **4. Heuerverhältnis. a)** Das **Arbeitsverhältnis der Besatzungsmitglieder** auf Kauffahrteischiffen heißt Heuerverhältnis. Es unterliegt den Vorschriften der §§ 23 bis 79 SeemG und hilfsweise den allgemeinen Grundsätzen des Arbeitsrechts einschließlich des KSchG und TVG.[94] Für Kapitäne, die im Rechtssinne nicht zu den Besatzungsmitgliedern gehören (arg. §§ 2, 3 SeemG; oben RN 44), gelten die Vorschriften über das Heuerverhältnis sinngemäß (§ 78 SeemG). Das Heuerverhältnis kann auf unbestimmte oder bestimmte Zeit, insbesondere für eine Reise (§ 23 SeemG), mündlich oder schriftlich nach §§ 145ff. BGB begründet werden. Die Befristung bedarf nach § 15 IV TzBfG der Schriftform. Der wesentliche Inhalt des Heuerverhältnisses ist vom Reeder oder seinem Vertreter in eine von ihm zu unterzeichnende Urkunde, den sog. Heuerschein,[95] aufzunehmen und den Besatzungsmitgliedern auszuhändigen (§ 24 SeemG).[96] Ein Heuerschein entfällt, wenn das Heuerverhältnis schriftlich begründet worden ist und dieser Vertrag die Angaben des Heuerscheins enthält. Die Wirksamkeit des Heuerverhältnisses wird durch den Heuerschein nicht berührt.

48 **b)** Nach § 25 SeemG ist dem Besatzungsmitglied rechtzeitig der **Zeitpunkt mitzuteilen, zu dem es sich an Bord einzufinden** hat. Dabei ist ihm der Liegeplatz des Schiffs oder ein Meldeort anzugeben. Das Besatzungsmitglied hat dem Reeder oder Kapitän unverzüglich unter Angabe der Gründe Mitteilung zu machen, wenn es infolge eines unabwendbaren Ereignisses verhindert ist, den Dienst anzutreten. Unabwendbar sind Naturereignisse oder andere Umstände, die durch vernünftigerweise zu erwartende Vorkehrungen nicht abgewendet werden können. Die Besatzungsmitglieder haben Anspruch auf Ersatz der notwendigen Fahrtkosten vom

---

[92] BAG 28. 9. 1983 AP 1 zu § 62 SeemG.
[93] BAG 17. 2. 1998 AP 1 zu § 3 SeemG = DB 98, 2374.
[94] Dazu *Franzen* AR-Blattei SD 1450.3.
[95] Dazu *Schwarze* NZA 96, 685.
[96] Vgl. zum Nachweis des Vertragabschlusses: BAG 21. 12. 1972 AP 1 zu § 24 SeemG.

Ort der Begründung des Heuerverhältnisses zum Liegeplatz des Schiffs sowie auf ein angemessenes Tages- und Übernachtungsgeld.

c) Schiffsmänner sind grundsätzlich nur zur **Arbeitsleistung** auf dem im Heuerschein angegebenen Schiff verpflichtet; Schiffsoffiziere und sonstige Angestellte können aus wichtigen betrieblichen Gründen auf andere dem Reeder gehörende Schiffe umgesetzt werden (§ 27 SeemG). Der Arbeitsplatz des Kapitäns richtet sich nach dem Inhalt des Arbeitsvertrags. Dem Inhalt nach ist das Besatzungsmitglied zur Leistung der nach dem Heuerverhältnis vorausgesetzten Dienste verpflichtet (§ 29 SeemG). Wegen der besonderen mit der Seeschifffahrt verbundenen Gefahren ist das Direktionsrecht in Notfällen erweitert (§ 29 SeemG). Nach ausdrücklicher gesetzlicher Vorschrift muss sich das Besatzungsmitglied mit Ausnahme des Landgangs und Urlaubs auch während der dienstfreien Zeit an Bord aufhalten (§ 28 SeemG). **49**

d) Für seine Arbeitsleistung erhält das Besatzungsmitglied die **Heuer;** sie umfasst alle auf Grund des Heuerverhältnisses gewährten Vergütungen.[97] Dabei ist die Grundheuer das dem Besatzungsmitglied zustehende feste, gleichbleibend nach Monaten[98] bemessene Gehalt (§§ 30, 31 SeemG). Auf Schiffen, die in das internationale Schiffsregister eingetragen sind, kann mit den ausländischen Seeleuten die Heuer nach ihrem Heimatrecht vereinbart werden.[99] Der Anspruch auf Heuer beginnt mit dem Dienstantritt (§§ 32 ff. SeemG). Er wird fällig nach Ablauf eines Monats oder am Ende des Heuerverhältnisses (§§ 34 ff. SeemG). Das Besatzungsmitglied hat nur im Hafen oder auf Reede Anspruch auf Barauszahlung der Heuer (§ 35 SeemG). In Gast- und Schankwirtschaften darf die Heuer nach § 35 II SeemG nicht ausbezahlt werden. Zur Sicherstellung des Unterhalts für Angehörige des Besatzungsmitgliedes dient der auf sein Verlangen ausgestellte **Ziehschein** (§ 36 SeemG). Danach ist der Reeder auf Verlangen des Besatzungsmitglieds verpflichtet, am 15. und am letzten Tag eines jeden Monats Abschlagszahlungen bis zu 75% der Nettobezüge des Besatzungsmitglieds an die von ihm bezeichneten Angehörigen zu bezahlen und hierüber einen Verpflichtungsschein (Ziehschein) zu erteilen. Über die Heuer muss nach Ablauf des Kalendermonats oder bei Beendigung des Heuerverhältnisses schriftlich abgerechnet werden (§ 37 SeemG). Wird die Abrechnung beanstandet, muss die Beanstandung schriftlich auf ihr durch den Kapitän oder Reeder vermerkt werden. Vermindert sich die Besatzung und wird dadurch die Arbeit der Besatzungsmitglieder vermehrt, ist die ersparte Heuer zu verteilen (§ 38 SeemG).[100] Dies gilt nicht, wenn Überstundenvergütung gezahlt worden ist. Haben die Besatzungsmitglieder eines Kauffahrteischiffes ein anderes Schiff aus Seenot gerettet, bestehen Ansprüche auf Berge- und Hilfslohn (§§ 740 ff. HGB). **50**

e) Von der Entstehung des Anspruchs auf Heuer bis zur Beendigung des Heuerverhältnisses hat das Besatzungsmitglied **Anspruch auf Verpflegung** (§ 39 SeemG).[101] Das Mindestmaß der einem Besatzungsmitglied zu gewährenden Speisen und Getränke regelt die Speiserolle. Nähere Anordnungen über die Speiserolle, Menge, Art und Lagerung der mitzuführenden Speisevorräte können in RechtsVO geregelt werden (hierzu vgl. Bremen GBl. 51, 85; Hamburg: GVBl. 51, 121; Niedersachsen: GVBl. 51, 168; NRW: GVBl. 51, 88; Schleswig-Holstein: GVBl. 51, 135, 170). Bei ungewöhnlich langer Reise kann der Kapitän abweichend von der Speiserolle Speisen und Getränke kürzen. Im Schiffstagebuch hat er Zeitpunkt, Gründe und Umfang der Abweichung von der Speiserolle einzutragen. Sonstige im Schiffsbetrieb an Bord tätige Personen, die zur Erfüllung öffentlich-rechtlicher Vorschriften über die Schiffssicherheit vom Kapitän herangezogen werden, haben nach § 79 i. V. mit § 39 SeemG keinen Anspruch auf Verpflegungsgeld für nicht an Bord gewährte Verpflegung.[102] Das Besatzungsmitglied ist an Bord **angemessen unterzubringen.** Ihm ist eine sichere Aufbewahrung seiner Kleidungsstücke und seiner anderen Gebrauchsgegenstände zu gewähren. Kann die Unterbringung nicht an Bord erfolgen, muss es anderweitig angemessen untergebracht werden oder für die Unterbringung entschädigt werden (§ 41 SeemG). **51**

f) Das Besatzungsmitglied hat unabhängig vom Erholungsurlaub Anspruch auf **Landgang** (§ 61 SeemG). Der Landgang ist eine vorübergehende Befreiung von der Bordanwesenheitspflicht, wenn das Schiff in einem Hafen festgemacht oder auf der Reede ankert.[103] Der An- **52**

---

[97] Vgl. zum Tarifbegriff BAG 9. 7. 1980 AP 2 zu § 1 TVG Tarifverträge: Seeschifffahrt.
[98] BAG 3. 11. 1976 AP 1 zu § 31 SeemG.
[99] BAG 3. 5. 1995 AP 32 zu Internat. Privatrecht, Arbeitsrecht = NZA 95, 1191.
[100] Hierzu BAG 6. 11. 1961 AP 1 zu § 38 SeemG.
[101] Näher dazu *Leinemann/Linck* Urlaubsrecht, 2. Aufl., Teil II D.
[102] BAG 17. 2. 1998 AP 1 zu § 3 SeemG.
[103] Vgl. bei Verhinderung: BAG 22. 2. 1983 AP 11 zu § 38 MTB II.

spruch besteht nur unter den in § 61 SeemG aufgezählten Voraussetzungen. Zu unterscheiden ist dabei zwischen einem Landgang innerhalb oder außerhalb der Hafenarbeitszeit (§§ 84, 86 SeemG).[104]

53 **g)** Das Besatzungsmitglied hat Anspruch auf **Erholungsurlaub** (§§ 53–60, 78 I SeemG). Das BUrlG findet auf den Urlaubsanspruch des Besatzungsmitglieds nur insoweit Anwendung, als das SeemG keine abweichenden Bestimmungen trifft (§ 53 II SeemG). Der Urlaubszeitpunkt wird vom Reeder oder vom Kapitän festgesetzt (§ 55 I SeemG). Dabei sind die Wünsche der Besatzungsmitglieder zu berücksichtigen. Das Heuerverhältnis eines Seemanns verlängert sich nach dem MTV-See von selbst um die Zeit des noch nicht gewährten Urlaubs, jedoch längstens bis zu dem Zeitpunkt, zu dem der Seemann ein Studium oder einen Schulbesuch antritt oder ein neues Heuer- oder sonstiges Arbeitsverhältnis eingeht.[105] Grundsätzlich wird der Urlaub im Geltungsbereich des Grundgesetzes gewährt, es sei denn, dass mit dem Besatzungsmitglied etwas anderes vereinbart wird. Der Urlaub ist zusammenhängend zu gewähren, es sei denn, dass dringende betriebliche oder in der Person des Besatzungsmitglieds liegende Gründe eine Teilung des Urlaubs erforderlich machen. Er ist nach der zum 1. 1. 2005 in Kraft getretenen Neufassung des § 55 SeemG möglichst nach neunmonatigem ununterbrochenen Dienst an Bord, spätestens aber bis zum Schluss des Beschäftigungsjahres zu erteilen (§ 55 III SeemG). Nach Ablauf dieser Zeit erlischt er.[106] Während des Urlaubs darf das Besatzungsmitglied keiner dem Urlaubszweck widersprechenden Erwerbsarbeit nachgehen. Diese Regelung entspricht § 8 BUrlG (dazu § 102 RN 62). Wird Heimaturlaub von einem Hafen außerhalb des Geltungsbereichs des Grundgesetzes erteilt, beginnt der Urlaub erst, wenn das Besatzungsmitglied in Deutschland eintrifft. Der Reeder hat die Reisekosten zu zahlen (§ 56 SeemG). Für jeden Urlaubstag und jeden in den Urlaub fallenden Feiertag ist ein $^1/_{30}$ der Monatsgrundheuer zu zahlen. Sachbezüge und erfolgs- bzw. leistungsabhängige Vergütungsbestandteile sind angemessen zu berücksichtigen (§ 57 SeemG).[107] Erkrankt es während des Urlaubs, werden die Krankentage nicht auf den Urlaub angerechnet. Indes ist das Besatzungsmitglied auch nicht berechtigt, von sich aus den noch nicht verbrauchten Urlaub im Anschluss an die Krankheitstage zu nehmen (§ 58 SeemG). Im Falle der Beendigung des Heuerverhältnisses ist der Urlaub abzugelten, wenn eine Verlängerung des Heuerverhältnisses infolge Eingehens eines neuen Heuer- oder sonstigen Arbeitsverhältnisses nicht möglich ist. Ansonsten verlängert sich das Arbeitsverhältnis automatisch um die Resturlaubstage (§§ 59, 60 SeemG). Hierzu bedarf es keiner Willenserklärungen der Arbeitsvertragsparteien. Steht bei Beendigung des Heuerverhältnisses allerdings fest, dass dem Arbeitnehmer für den gesamten Verlängerungszeitraum die Erbringung der Arbeitsleistung unmöglich ist, scheidet eine Verlängerung des Heuerverhältnisses um den noch nicht gewährten Urlaub aus. In diesen Fällen ist das mit dem Verbot der Urlaubsabgeltung verfolgte Ziel der bezahlten Freizeitgewährung nicht erreichbar. Der Urlaubsanspruch ist dann nicht erfüllbar, dem Arbeitnehmer steht deshalb auch kein Anspruch auf Urlaubsentgelt zu.[108] Die Insolvenz des Reeders rechtfertigt keine weiteren Ausnahmen von dem in § 60 SeemG und § 65 MTV-See enthaltenen grundsätzlichen Verbot der Urlaubsabgeltung.[109]

54 **5. Kranken- und Unfallversicherung.** Kapitän und alle Besatzungsmitglieder sowie die Empfänger von Vorruhestandsgeld sind ohne Rücksicht auf die Höhe ihres Einkommens in der gesetzlichen Krankenversicherung und der gesetzlichen Unfallversicherung **versicherungspflichtig** (§§ 6 I Nr. 1 SGB V, 2 SGB VII). Ferner hat die Krankenfürsorge an Bord eine besondere Ausgestaltung erfahren (§§ 42 bis 47, 50, 78 I SeemG). Die VO über die Krankenfürsorge auf Kauffahrteischiffen vom 25. 4. 1972 (BGBl. I S. 734) m. spät. Änd. will sicherstellen, dass der Reeder seinen Verpflichtungen auch nachkommt. Die Fortzahlung der Heuer im Krankheitsfalle ist in §§ 48, 78 II SeemG geregelt. Das erkrankte oder verletzte Besatzungsmitglied hat nach § 48 I SeemG Anspruch auf Weiterzahlung der Heuer mindestens bis zu dem Tage, an welchem es das Schiff verlässt. Im Übrigen gelten die Vorschriften des EFZG. Wird ein Schiffsoffizier während seines Urlaubs arbeitsunfähig krank, ist ihm für die Zeit seiner Arbeitsunfähigkeit bis zur Dauer von sechs Wochen die Heuer nach dem Lohnausfallprinzip weiterzuzahlen.[110]

---

[104] Zum Ausgleich für nicht gewährten Landgang: BAG AP 1 zu § 1 TVG Tarifverträge: Seeschifffahrt.
[105] BAG 19. 1. 1993 AP 1 zu § 53 SeemG = NZA 93, 1129.
[106] BAG 19. 1. 1993 AP 1 zu § 53 SeemG = NZA 93, 1129.
[107] BAG 3. 11. 1976 AP 1 zu § 31 SeemG.
[108] BAG 24. 6. 2003 AP 5 zu § 60 SeemG.
[109] BSG 22. 11. 1994 ZIP 95, 301.
[110] BAG 9. 9. 1992 AP 1 zu § 58 SeemG = NZA 93, 1085.

6. Kündigung. a) Das auf unbestimmte Zeit eingegangene Heuerverhältnis kann von beiden Arbeitsvertragsparteien **schriftlich** gekündigt werden (§ 62 I SeemG). Das Heuerverhältnis eines **Besatzungsmitglieds** kann nach § 63 I SeemG während der ersten drei Monate mit einer Frist von einer Woche gekündigt werden. Dauert die erste Reise länger als drei Monate, kann die Kündigung während der ersten sechs Monate noch in den auf die Beendigung der Reise folgenden drei Tagen mit Wochenfrist ausgesprochen werden. Nach Ablauf der genannten Zeit beträgt die Kündigungsfrist vier Wochen zum 15. oder zum Ende eines Kalendermonats. Sie erhöht sich auf zwei Monate zum Ende des Kalendermonats, wenn das Heuerverhältnis in dem Betrieb oder Unternehmen zwei Jahre bestanden hat. Für eine Kündigung durch den Reeder beträgt die Kündigungsfrist, wenn das Heuerverhältnis in dem Betrieb oder Unternehmen **(1)** acht Jahre bestanden hat, drei Monate zum Ende eines Kalendermonats, **(2)** zehn Jahre bestanden hat, vier Monate zum Ende eines Kalendermonats, **(3)** zwölf Jahre bestanden hat, fünf Monate zum Ende eines Kalendermonats, **(4)** 15 Jahre bestanden hat, sechs Monate zum Ende eines Kalendermonats, **(5)** 20 Jahre bestanden hat, sieben Monate zum Ende eines Kalendermonats. Bei der Berechnung der Beschäftigungsdauer werden Zeiten, die vor der Vollendung des 25. Lebensjahres des Besatzungsmitglieds liegen, nicht berücksichtigt. Im Übrigen findet § 622 III bis VI BGB sinngemäß Anwendung (vgl. § 126). Das auf unbestimmte Zeit eingegangene Heuerverhältnis des **Kapitäns** kann mit einer Frist von vier Wochen zum 15. oder zum Ende des Kalendermonats schriftlich gekündigt werden. Die Kündigungsfrist erhöht sich auf zwei Monate zum Ende eines Kalendermonats, wenn das Heuerverhältnis in dem Betrieb oder Unternehmen zwei Jahre bestanden hat. Im Übrigen findet die Rechtslage bei Besatzungsmitgliedern sinngemäß Anwendung. Das Arbeitsverhältnis setzt sich unabhängig davon, wer gekündigt hat, bei Seereisen über das Ende der Kündigungsfrist bis zur Ankunft des Schiffes in einem Hafen in Deutschland fort,[111] es sei denn, dass etwas anderes vereinbart ist (§ 63 III SeemG) oder dass der Arbeitgeber für eine kostenfreie, zumutbare Rückschaffung sorgt.[112] Das KSchG findet in einigen Modifikationen wegen des Laufes der Dreiwochenfrist (§§ 23, 24 KSchG) Anwendung. 55

b) Eine eingehende Regelung hat das Recht der **außerordentlichen Kündigung** erfahren (§§ 64 bis 73 SeemG).[113] Liegen die Voraussetzungen von § 64 I Nr. 1–3, 5 SeemG vor, kann das Besatzungsmitglied fristlos entlassen werden, ohne dass es darauf ankommt, ob die Fortsetzung des Heuerverhältnisses für die Dauer der ordentlichen Kündigungsfrist zumutbar ist.[114] § 67 SeemG enthält absolute Kündigungsgründe für die Kündigung durch das Besatzungsmitglied. Im Unterschied zu § 626 I BGB kann bei Vorliegen eines der genannten Tatbestände das Heuerverhältnis fristlos gekündigt werden, ohne dass zusätzlich im Einzelnen noch nachzuprüfen ist, ob die Fortsetzung des Heuerverhältnisses für die Dauer der ordentlichen Kündigungsfrist oder bis zum vereinbarten Vertragsende zumutbar ist. Beim Vorliegen einer der in § 67 Nr. 1 (schwere Pflichtverletzung des Reeders oder Kapitäns) und Nr. 2 (erhebliche Ehrverletzung) SeemG genannten Tatbestände ist eine außerordentliche Kündigung stets berechtigt. Nicht in jedem – unberechtigten – Vorhalt eines Verdachts – wie z. B. behaupteter Diebstahl – liegt eine erhebliche Ehrverletzung im Sinne von § 67 Nr. 2 SeemG. Etwas anderes ergibt sich allerdings dann, wenn der Arbeitgeber den Arbeitnehmer entweder mit einem völlig grundlosen, nicht auf konkrete Anhaltspunkte gestützten Verdacht leichtfertig konfrontiert oder aber den Arbeitnehmer bei einem auf Tatsachen gestützten Verdacht einer nur geringen Pflichtverletzung mit unverhältnismäßigen Mitteln und Äußerungen unter Druck setzt.[115] Wird die fristlose Kündigung auf See ausgesprochen oder bleibt das Besatzungsmitglied nach einer fristlosen Kündigung an Bord, hat es den bei der Heimschaffung hilfsbedürftiger Seeleute üblichen Verpflegungssatz zu zahlen. Die Höhe ergibt sich aus § 5 des Gesetzes betreffend die Verpflichtung der Kauffahrteischiffe zur Mitnahme heimzuschaffender Seeleute vom 2. 6. 1902 (RGBl. S. 212). 56

7. Zurücklassung und Rückbeförderung. Schließlich sind die Zurücklassung und Rückbeförderung geregelt (§§ 71 ff. SeemG). 57

8. Arbeitsschutz. a) Der Reeder ist verpflichtet, den gesamten Schiffsbetrieb und alle Geräte so einzurichten und zu unterhalten und die Beschäftigung sowie den Ablauf der Arbeit so zu regeln, dass die Besatzungsmitglieder gegen **See- und Feuergefahr** sowie gegen sonstige **Ge-** 58

---

[111] BAG 15. 3. 1973 AP 3 zu § 63 SeemG.
[112] BAG 15. 3. 1973, 20. 1. 1977 AP 3, 4 zu § 63 SeemG.
[113] Hierzu BAG 8. 11. 1973 AP 1 zu § 67 SeemG bei Flaggenwechsel.
[114] BAG 30. 11. 1978 AP 1 zu § 64 SeemG.
[115] BAG 16. 1. 2003 AP 2 zu § 67 SeemG.

fahren für Leben, Gesundheit und Sittlichkeit soweit geschützt sind, wie es die Art des Schiffsbetriebs gestattet. Die zur Durchführung notwendigen Sicherheitsvorschriften können durch RechtsVO erlassen werden (§ 143 Nr. 10 SeemG). Hiervon ist noch kein Gebrauch gemacht worden.

59 **b)** Als Kapitän oder Besatzungsmitglied darf nur beschäftigt werden, wer nach Maßgabe der gemäß § 143 I Nr. 12, 13 SeemG erlassenen RechtsVO von einem von der Seeberufsgenossenschaft ermächtigten Arzt auf **Seediensttauglichkeit** untersucht sowie von ihm als seediensttauglich erklärt worden ist und hierüber ein Zeugnis dieses Arztes vorlegt (§§ 81–83 SeemG).

60 **c)** Im SeemG wird zwischen der **Seearbeitszeit und der Hafenarbeitszeit** unterschieden. Die Vorschriften über die Seearbeitszeit gelten von dem Zeitpunkt ab, in dem das Schiff zum Antritt oder zur Fortsetzung der Reise seinen Liegeplatz im Hafen oder auf der Reede zu verlassen beginnt. Die Vorschriften über die Hafenarbeitszeit gelten von dem Zeitpunkt ab, in dem das Schiff im Hafen ordnungsgemäß festgemacht oder auf der Reede geankert hat (§ 84 SeemG). Die Seearbeitszeit der zum Wachdienst bestimmten Besatzungsmitglieder darf acht Stunden täglich nicht überschreiten. Sie wird nach dem Dreiwachenplan eingeteilt (§ 85 I SeemG). An Werktagen zwischen 18.00 und 6.00 Uhr sowie an Sonn- und Feiertagen dürfen Besatzungsmitglieder während der Wache neben dem Wachdienst nur mit gelegentlichen Instandsetzungsarbeiten und mit Arbeiten beschäftigt werden, die zur Sicherung des Schiffes und der Ladung notwendig sind (§ 85 II SeemG). Die Hafenarbeitszeit der Besatzungsmitglieder mit Ausnahme des Verpflegungs-, Bedienungs- und Krankenpflegepersonals darf von montags bis freitags acht Stunden täglich nicht überschreiten (vgl. § 86 SeemG). Besondere Arbeitszeitregelungen bestehen für die See- und Hafenarbeitszeit des Verpflegungs-, Bedienungs- und Krankenpflegepersonals (§ 87 SeemG).

V. Entwicklungshelfer

61 **1. Personenkreis.** Entwicklungshelfer sind sämtliche Personen, die im Ausland zur Förderung der wirtschaftlichen, sozialen und kulturellen Belange der dort gelegenen Länder tätig werden. Im Rechtssinne sind Entwicklungshelfer nur die in **§ 1 Entwicklungshelfer-Gesetz (EhfG)** vom 18. 6. 1969 (BGBl. I S. 549), zul. geänd. 24. 12. 2003 (BGBl. I S. 2954) bezeichneten Personen. Entwicklungshelfer sind demnach Personen, die **(1)** in Entwicklungsländern ohne Erwerbsabsicht Dienste leisten, um in partnerschaftlicher Zusammenarbeit zum Fortschritt dieser Länder beizutragen, **(2)** sich zur Leistung des Entwicklungsdienstes gegenüber einem anerkannten Träger des Entwicklungsdienstes für eine ununterbrochene Zeit von mindestens 2 Jahren verpflichten, **(3)** für den Entwicklungsdienst nur Leistungen erhalten, die das EhfG vorsieht, **(4)** das 18. Lebensjahr vollendet haben und Deutsche i. S. von Art. 116 GG sind. Als Entwicklungshelfer gelten auch solche Personen, die durch einen anerkannten Träger der Entwicklungshilfe auf den Dienst vorbereitet werden und die übrigen Voraussetzungen erfüllen (§ 1 II EhfG).

62 **2. Träger des Entwicklungsdienstes.** Als Träger des Entwicklungsdienstes kommen nur **juristische Personen des Privatrechtes** in Betracht. Dies sind regelmäßig private und kirchliche Organisationen und vor allem der Deutsche Entwicklungsdienst, eine vom Bund gegründete GmbH.

63 **3. Entwicklungsdienstvertrag.** Der Entwicklungshelfer schließt mit dem Träger des Entwicklungsdienstes einen Entwicklungshelferdienstvertrag (§ 4 EhfG). Dieser ist **kein Arbeitsvertrag** im Rechtssinne; der Entwicklungshelfer ist nicht Arbeitnehmer.[116] Der Dienstvertrag ist schriftlich abzuschließen; jedoch wird im Interesse des Schutzes des Entwicklungshelfers bereits ein mündlich abgeschlossener Vertrag wirksam sein. In Vorbereitungsverträgen kann zur Sicherung des Abschlusses eines Entwicklungshelfervertrags eine Vertragsstrafenklausel aufgenommen werden.[117] Der Entwicklungshelfer wird sowohl während der Vorbereitungszeit als auch während der Ausübung des Entwicklungsdiensts mangels entgegenstehender vertraglicher Abreden eine Nebenbeschäftigung ausüben dürfen; indes dürfen dadurch die Ziele des Entwicklungsdienstes nicht gefährdet werden.

64 **4. Leistungen.** Der Entwicklungshelfer darf nur die im EhfG vorgesehenen Leistungen erhalten, andernfalls er seinen Status als Entwicklungshelfer verliert. Im Entwicklungsdienstvertrag müssen als Leistungen vorgesehen sein:

---

[116] BAG 27. 4. 1977 AP 1 zu § 611 BGB Entwicklungshelfer.
[117] BAG 27. 7. 1977 AP 2 zu § 611 BGB Entwicklungshelfer.

(a) Ein **Unterhaltsgeld und Sachleistungen** zur Sicherung des Lebensbedarfs. Das Unterhaltsgeld liegt deutlich unter den Bezügen, die für eine vergleichbare Tätigkeit sonst im Ausland gezahlt werden. Jedoch ist eine Abstufung möglich (§ 4 I Nr. 1 EhfG).

(b) Eine angemessene **Wiedereingliederungsbeihilfe** nach Beendigung des Entwicklungsdienstes (§ 4 I Nr. 2 EhfG).

(c) Die Erstattung der notwendigen **Reisekosten** (§ 4 I Nr. 3 EhfG).

(d) Die Übernahme der Verpflichtung zur Gewährung von **Urlaub** und Leistungen nach dem **MuSchG** durch den Träger der Entwicklungshilfe (§ 4 I Nr. 4 EhfG). Soweit ein Anspruch auf Mutterschaftsgeld davon abhängt, dass die werdende Mutter innerhalb der Rahmenfrist in einem Arbeitsverhältnis gestanden hat, werden auch Zeiten des Entwicklungsdienstes berücksichtigt.[118] Die vertragliche Übernahme durch den Träger der Entwicklungshilfe ist notwendig, weil der Entwicklungshelfer kein Arbeitnehmer im Rechtssinne ist.

(e) Gewährung von Leistungen im Verhinderungsfalle, insbesondere bei **Erkrankung** (§§ 8, 9 EhfG).

(f) Auf den Entwicklungshelferdienstvertrag sind eine Reihe allgemeiner Grundsätze des Arbeitsrechts entsprechend anzuwenden. So hat der Entwicklungshelfer Anspruch auf Gewährung eines **Zeugnisses** (§ 18 EhfG). Das **Direktionsrecht** kann nur entsprechend den Bedürfnissen des Vertrags ausgeübt werden. Die **Kündigung** ist während der Laufzeit des Vertrags grundsätzlich nur aus wichtigem Grund möglich; dies ergibt sich aus seiner Befristung. Bei der Beurteilung des wichtigen Grunds ist auf die besonderen Verhältnisse des Entwicklungsdienstes Rücksicht zu nehmen.

5. Kollektivrecht. Kollektivrechtlich wird dem Entwicklungshelfer das Koalitionsrecht zu- 65
stehen (Art. 9 III GG). Indes wird ihnen ein Streikrecht nicht zukommen, da dieses gegen die Rechtsnatur des Vertrags verstoßen würde; außerdem würden damit die Rechte des Drittlandes berührt. Es kommt daher nur ein individualrechtlich auszuübendes Zurückbehaltungsrecht in Betracht (§ 273 BGB). Da Entwicklungshelfer keine Arbeitnehmer sind, ist das BetrVG nicht anwendbar.

6. Haftpflichtversicherung. Der **Träger der Entwicklungshilfe** ist verpflichtet, zum 66
Schutz des Entwicklungshelfers und seiner Angehörigen gegen Haftungsansprüche im Zusammenhang mit seiner Tätigkeit eine Haftpflichtversicherung abzuschließen (§ 6 EhfG).

7. Sozialversicherung. Die sozialversicherungsrechtliche Absicherung des Entwicklungs- 67
helfers ist weitgehend mit Mitteln des öffentlichen Rechtes geregelt. Für Rechtsstreitigkeiten sind insoweit die **Sozialgerichte** zuständig.

8. Arbeitsgerichtsbarkeit. Obwohl der Entwicklungshelferdienstvertrag kein Arbeitsvertrag 68
ist, sind für **bürgerliche Rechtsstreitigkeiten** zwischen Entwicklungshelfer und Träger der Entwicklungshilfe kraft ausdrücklicher gesetzlicher Zuweisung die Arbeitsgerichte zuständig (§ 2 I Nr. 7 ArbG, § 19 I EhfG). Für **öffentlich-rechtliche Streitigkeiten** in den Fällen des § 7 III, der §§ 9, 10, 15 EhfG ist nach § 19 II EhfG der Rechtsweg zu den Gerichten der Sozialgerichtsbarkeit gegeben.

VI. Werkstattverhältnis

Cramer, Werkstätten für behinderte Menschen, 4. Aufl., 2006; *Pünnel,* Der Beschäftigte in der Werkstatt für Behinderte, AuR 96, 483; *Schröder,* Arbeitsgerichtliche Fragen des Werkstattverhältnisses, AuR 2001, 172; *Thiel,* Werkstätten-Mitwirkungsverordnung für Werkstätten für behinderte Menschen, ZMV 2001, 219.

1. Arbeitsvertrag. Auf Grund der **Neuregelung des Schwerbehindertenrechts** durch das 69
SBG IX vom 19. 6. 2001 (BGBl. I S. 1046) zuletzt geändert durch Gesetz vom 22. 12. 2008 (BGBl. I S. 2959) haben auch die Regelungen über die Werkstatt für Behinderte Änderungen erfahren. Sie finden sich nunmehr in den §§ 136ff. SGB IX sowie in der WVO. Das in § 3 WVO vorgesehene Eingangsverfahren ist nicht nur in Zweifelsfällen durchzuführen, sondern obligatorisch, um feststellen zu können, ob die Werkstatt die richtige Einrichtung ist. Nach § 13 I der **WVO** vom 13. 8. 1980 (BGBl. I S. 1365) zuletzt geändert durch Gesetz vom 22. 12. 2008 (BGBl. I S. 2959) haben die Werkstätten mit den im Arbeitsbereich beschäftigten behinderten Menschen, soweit auf sie die für einen Arbeitsvertrag geltenden Rechtsvorschriften oder Rechtsgrundsätze nicht anwendbar sind, Werkstattverträge in schriftlicher Form abzuschließen, in denen das arbeitnehmerähnliche Rechtsverhältnis zwischen der Werkstatt und dem Behinderten

[118] BSG 25. 6. 1991 NZA 92, 87.

näher geregelt wird. Über die Vereinbarungen sind die zuständigen Rehabilitationsträger zu unterrichten. In den angebotenen Verträgen ist die dem behinderten Menschen zustehende Vergütung zu regeln (§ 13 II WVO).

70 **2. Ausbildungsvertrag.** In der Praxis sind **Berufsausbildungs-, Anlern- und Arbeitsverträge eher selten.** Wenn mit Behinderten Berufsausbildungsverträge abgeschlossen werden, können die Prüfungsanforderungen gemindert sein.

71 **3. Werkstattvertrag. a)** Die Verpflichtung der Werkstatt, mit den behinderten Menschen Verträge abzuschließen, ist auf vielfache **Kritik** gestoßen. So wird vor allem eingewandt, der Verordnungsgeber habe die tatsächlichen Verhältnisse in den Werkstätten für Behinderte verkannt, weil die Behinderten selbst regelmäßig mangels Geschäftsfähigkeit die Verträge nicht abschließen könnten, ihre Entmündigung vorausgesetzt werde, die aber regelmäßig nicht erfolgt sei, und mangels hierfür geeigneter Personen die Bestellung eines Pflegers oder gesetzlichen Vertreters in der Praxis auf Schwierigkeiten stoße.[119]

72 **b)** Im Schrifttum bestehen unterschiedliche Auffassungen, wie das **Rechtsverhältnis der behinderten Menschen zum Träger der Werkstatt** zu bestimmen ist. Die wohl h. M.[120] geht davon aus, der Behinderte sei kein Arbeitnehmer, weil er nicht zu einer bestimmten Arbeitsleistung verpflichtet sei, einem andersgearteten Direktionsrecht unterliege und die Behinderteneinrichtungen keine Arbeitgeber, sondern besondere Sozialeinrichtungen im Interesse des Behinderten seien. Dies ist in dieser Allgemeinheit mit § 138 SGB IX, der inhaltlich § 54 b SchwbG entspricht, nicht vereinbar. Danach kann der behinderte Mensch in einem Arbeitsverhältnis oder in einem arbeitnehmerähnlichen Rechtsverhältnis stehen, soweit sich aus dem zugrunde liegenden Sozialrechtsverhältnis nichts anderes ergibt. Tatsächlich ist zu differenzieren. Es kann ein sonstiger Ausbildungsvertrag i. S. v. § 26 BBiG vorliegen, aber auch ein Rechtsverhältnis eigener Art nach § 138 I SGB IX.[121]

73 **c)** Der **Abschluss des Werkstattverhältnisses** nach § 13 I WVO vollzieht sich nach den Vorschriften des BGB (§§ 104 ff., 145 BGB). Der Behinderte muss mithin durch seinen gesetzlichen Vertreter vertreten werden, sofern er selbst geschäftsunfähig oder in der Geschäftsfähigkeit beschränkt ist. Wird der Geschäftsunfähige nicht vertreten, fehlt es an einer zivilrechtlichen Grundlage.

74 **4. Vergütung. a)** Das **Arbeitsentgelt** soll sich aus einem Grundbetrag und, soweit der zur Auszahlung zur Verfügung stehende Betrag die Zahlung eines weiteren Betrags zulässt, einem Steigerungsbetrag zusammensetzen. Der Steigerungsbetrag ist nach dem individuellen Leistungsvermögen zu bemessen, wie er sich in der tatsächlichen Arbeitsleistung niederschlägt (§ 138 II SGB IX, § 12 IV und V WVO). Dagegen sind die Werkstätten nicht berechtigt, bereits den Grundbetrag nach dem Leistungsvermögen zu berechnen.[122]

75 **b)** Auch soweit ein arbeitnehmerähnliches Rechtsverhältnis besteht, kann der Behinderte die arbeitsrechtlichen Nebenleistungen wie **Urlaub, Feiertagsbezahlung** verlangen. Dasselbe gilt für die Leistungen bei Arbeitsverhinderung und Erkrankung.[123]

76 **c)** Soweit das Werkstattverhältnis nicht als Arbeitsverhältnis qualifiziert wird, sind die **Kündigungsschutzbestimmungen nicht unmittelbar** und der allgemeine und besondere Kündigungsschutz nicht anzuwenden. Wegen der Rechtsnatur des besonderen Sozialverhältnisses wird eine Kündigung wegen Minderleistung in der Regel ausgeschlossen sein.

77 **5. Kollektivrecht. a)** Soweit keine Arbeitsverhältnisse bestehen, ist der Abschluss von Tarifverträgen ausgeschlossen (§ 1 TVG). Im Übrigen wäre die **Regelungsmacht der Tarifpartner eingeschränkt,** da die Vergütung sich nach dem Arbeitsergebnis zu richten hat (§ 13 II WVO).

78 **b)** Umstr. ist, inwieweit das **BetrVG** anzuwenden ist.[124] Nach Auffassung des BAG dient eine Werkstatt für Behinderte im Sinne von § 52 SchwbG (= § 136 SGB IX) karitativen Bestimmungen im Sinne von § 118 I 1 Nr. 1 BetrVG und ist daher ein Tendenzbetrieb. Darauf, ob die Behinderten in einer solchen Werkstatt in einem Arbeitsverhältnis oder in einem Rechtsver-

---

[119] *Pünnel/Vater* AuR 81, 230.

[120] LAG Saarland 15. 7. 1987 EEK I/950; *Pünnel* AuR 78, 44; *ders.* AuR 87, 104; *v. Maydell/Eylert* RdA 81, 148; *Neumann* RdA 81, 143.

[121] *Neumann/Pahlen/Majerski-Pahlen* § 13 WVO RN 4; vgl. auch *Cramer* § 13 WVO RN 9 ff.

[122] BAG 3. 3. 1999 AP 1 zu § 54 b SchwbG 1986 = NZA 99, 825.

[123] *Cramer* § 138 SGB IX RN 14 f.

[124] Vgl. BAG 7. 4. 1981 AP 16 zu § 118 BetrVG 1972 = NJW 82, 254; LAG Berlin BB 90, 1063.

hältnis besonderer Art beschäftigt werden, komme es nicht an.[125] Nach § 14 WVO hat die Werkstatt den behinderten Menschen jedoch eine angemessene Mitwirkung in den ihre Interessen berührenden Angelegenheiten zu ermöglichen.

6. Sozialversicherung. Von der arbeitsrechtlichen Beurteilung ist die sozialversicherungsrechtliche zu unterscheiden. Nach § 2 II Nr. 2 SGB IV sind Behinderte, die in geschützten Einrichtungen beschäftigt werden, **in allen Zweigen der Sozialversicherung versichert.** 79

VII. Bühnenkünstler

Germelmann, Die Schließung einer staatlichen Bühne – Einige Probleme des Bühnenarbeitsrechts, ZfA 2000, 149; *ders.,* Die Auswirkungen arbeitsrechtlicher Neuregelungen auf das Bühnenarbeitsrecht, Bühnengen. 2001, 19; *Nix/Hegemann/Hemke,* Normalvertrag Bühne, 2008; *Opolony,* Die Befristung von Bühnenarbeitsverhältnissen, ZfA 2000, 179; *ders.,* Die Nichtverlängerungsmitteilung bei befristeten Bühnenarbeitsverhältnissen, NZA 2001, 1351; *ders.,* Arbeitsrechtliche Fragen der Privatisierung von Bühnen, ZTR 2004, 338; *Schimana/Glasz,* Befristete Arbeitsverhältnisse und Nichtverlängerungsmitteilungen, AuR 2002, 365; *Vogel,* Bühnenarbeitsrecht, AR-Blattei SD 1030.2 (1996).

1. Allgemeines. Das Arbeitsrecht der Bühnenkünstler und Musiker ist durch tarifvertragliche Regelungen bestimmt. Die bis Ende 2002 geltenden Normalverträge für Solisten (NV Solo),[126] Opernchor- und Tanzgruppenmitglieder (NV Chor/Tanz)[127] sind zum 1. 1. 2003 durch den **NV Bühne** abgelöst worden. Dieser Tarifvertrag, inzwischen i. d. F. 1. 8. 2008 enthält einen Allgemeinen Teil, in dem Bestimmungen für alle Bühnenmitglieder enthalten sind. Dazu gehören u. a. Regelungen über die Begründung des Arbeitsverhältnisses, der Arbeitszeit, allgemeine Regelungen der Vergütungszahlung, des Urlaubs sowie der Beendigung des Arbeitsverhältnisses. Der Besondere Teil enthält Sonderregelungen für Solisten, Bühnentechniker, Chor und Tanzgruppenmitglieder. In der Anlage zum NV Bühne befinden sich Musterarbeitsverträge für die einzelnen Berufsgruppen. 80

2. Geltungsbereich des NV Bühne. a) Der NV Bühne vom 15. 10. 2002 mit spät. Änd. gilt für Solomitglieder und Bühnentechniker sowie Opernchor- und Tanzgruppenmitglieder an Bühnen innerhalb der Bundesrepublik Deutschland, die von einem Lande oder von einer Gemeinde oder von mehreren Gemeinden oder von einem Gemeindeverband oder mehreren Gemeindeverbänden ganz oder überwiegend rechtlich oder wirtschaftlich getragen werden. **Solomitglieder** i. S. d. Tarifvertrags sind Einzeldarsteller einschließlich Kabarettisten und Puppentheaterspielern, Dirigenten, Kapellmeister, Studienleiter, Repetitoren, Orchestergeschäftsführer, Direktoren des künstlerischen Betriebs (insbesondere Operndirektor, Schauspieldirektor, Ballettdirektor, Leiter des Kinder- und Jugendtheaters), Spielleiter (Regisseure), Chordirektoren, Choreografen, Tanz-/Ballettmeister sowie Trainingsleiter, Dramaturgen, Leiter des künstlerischen Betriebsbüros, Disponenten, Ausstattungsleiter, Bühnenbildner, Kostümbildner und Lightdesigner, Inspizienten, Theaterpädagogen, Schauspielmusiker, Referenten und Assistenten von Intendanten sowie des künstlerischen Betriebs, Souffleure, Theaterfotografen und Grafiker, Pressereferenten und Referenten der Öffentlichkeitsarbeit sowie Personen in ähnlicher Stellung. **Bühnentechniker** sind Technische Direktoren und technische Leiter, Vorstände der Malsäle, Leiter des Beleuchtungswesens, Leiter der Bühnenplastikerwerkstätten, Leiter des Kostümwesens, Leiter der Ausstattungswerkstätten, Chefmaskenbildner, Referenten und Assistenten der Technischen Direktoren und technischen Leiter, Tonmeister. Inspektoren, Theater- und Kostümmaler, Beleuchtungsmeister und Beleuchter, Bühnenplastiker (Kascheure), Maskenbildner, Requisitenmeister und Requisiteure, Gewandmeister, Bühnenmeister, Veranstaltungstechniker, Tontechniker und Personen in ähnlicher Stellung sind Bühnentechniker im Sinne dieses Tarifvertrags, wenn mit ihnen im Arbeitsvertrag vereinbart wird, dass sie überwiegend künstlerisch tätig sind. 81

[125] BAG 7. 4. 1981 AP 16 zu § 118 BetrVG 1972 = NJW 82, 254.

[126] Zur Zulässigkeit von Sonntagsproben: BAG AP 42 zu § 611 BGB Bühnenengagementsvertrag; Verwertung in den Medien: BAG AP 4 zu § 43 UrhG = NZA 89, 859; zur Abgrenzung: BAG 16. 11. 1995 AP 49 zu § 611 BGB Bühnenengagementsvertrag = NZA 96, 720.

[127] Zur Gagenberechnung bei Streik: BAG 21. 3. 1984 AP 22 zu § 611 BGB Bühnenengagementsvertrag = NJW 85, 2156; zu Tanzleistungen einer Chorsängerin, BAG 28. 5. 1986 AP 24 zu § 611 BGB Bühnenengagementsvertrag = NZA 86, 819; zur Probendauer: BAG 12. 5. 1982 AP 20 zu § 611 BGB Bühnenengagementsvertrag = DB 82, 2575; Anspruch auf Einzelzimmer bei Gastspielreise: BAG 26. 4. 1990 AP 41 zu § 611 BGB Bühnenengagementsvertrag = NZA 90, 981; Ankleide- und Schminkzeiten: BAG 17. 9. 1987 AP 32 zu § 611 BGB Bühnenengagementsvertrag; freie Tage: BAG 30. 9. 1987 AP 33 zu § 611 BGB Bühnenengagementsvertrag; Mitwirkung bei Aufführung anderer Bühnen: BAG AP 12 zu § 1 TVG Tarifverträge: Musiker.

82 **b)** Für Solomitglieder, mit denen **Gastspielverträge** abgeschlossen werden, gilt der NV Bühne mit Ausnahme der §§ 53, 60 und 98 nicht. Gleiches gilt für Mitglieder, die von Fall von Fall (Aushilfen) oder auf Stückdauer für einzelne Inszenierungen beschäftigt werden. Gastspielverträge sind gemäß § 1 V NV Bühne Verträge, die der Arbeitgeber zur Ergänzung seines ständigen Personals und zur Ausgestaltung seines Spielplans mit Solomitgliedern in der Weise abschließt, dass sie nicht als ständige Solomitglieder gestellt, sondern nur zur Mitwirkung für eine bestimmte Anzahl von Aufführungen, aber nicht für mehr als 72 während der Spielzeit, verpflichtet werden.[128] Bei Serientheatern liegt ein Gastspielvertrag nur vor, wenn das dem Gast bewilligte Entgelt die festen Bezüge der meisten von dem Arbeitgeber fest angestellten Mitglieder weit übersteigt; in diesem Fall fällt die ziffernmäßige Beschränkung der Aufführungen fort.

83 **3. Befristung.** Gemäß § 2 II NV Bühne ist der Arbeitsvertrag mit Rücksicht auf die künstlerischen Belange der Bühne ein Zeitvertrag (zur Zulässigkeit der Befristung § 40 RN 30).[129] Auch die jahrelange Beschäftigung einer Opernsängerin auf der Grundlage mehrerer Gastspielverträge ist wirksam.[130]

84 **4. Nichtverlängerungsmitteilung. a)** Eine Besonderheit des Bühnenarbeitsrechts ist, dass sich ein mindestens für eine Spielzeit abgeschlossener Arbeitsvertrag zu den gleichen Bedingungen **um eine weitere Spielzeit verlängert,** wenn nicht eine Vertragspartei der anderen vorher schriftlich mitteilt, sie beabsichtige nicht, den Arbeitsvertrag zu verlängern (Nichtverlängerungsmitteilung). Die Zeitpunkte für die Abgabe sind in den einzelnen Sonderregelungen näher bestimmt (§ 61 SR Solo, § 69 SR Bühnentechniker, § 83 SR Chor, § 96 SR Tanz). Die Frist verlängert sich mit zunehmender Dauer des Arbeitsverhältnisses. Nach 15 Jahren (Spielzeiten) ist der Ausspruch einer Nichtverlängerungsmitteilung durch den Arbeitgeber nur noch eingeschränkt möglich. Er hat zu prüfen, ob das Bühnenmitglied anderweitig beschäftigt werden kann, wobei die einzelnen Sonderregelungen insoweit differenzierte Anforderungen stellen.

85 **b)** Bevor der Arbeitgeber eine Nichtverlängerungsmitteilung ausspricht, hat er das Bühnenmitglied – auf dessen schriftlichen Wunsch auch den Sprecher der jeweiligen Sparte, der das Bühnenmitglied angehört, oder das vom Arbeitnehmer benannte Vorstandsmitglied des Orts-/Lokalverbands einer der vertragsschließenden Gewerkschaften, das an der gleichen Bühne beschäftigt ist – **anzuhören.** Das Bühnenmitglied ist fünf Tage vor der Anhörung zur Anhörung einzuladen. Die Einladung zur Anhörung gilt als ordnungsgemäß zugestellt, wenn der Arbeitgeber nachweist, dass die Absendung der Einladung fünf Tage vor der Anhörung an die dem Arbeitgeber bekannte Adresse erfolgt ist. Während der Theaterferien oder bei einem Gastierurlaub beträgt die Frist zwei Wochen, es sei denn, das Bühnenmitglied verzichtet schriftlich darauf, gehört zu werden. Ohne fristgerechte Anhörung ist die Nichtverlängerungsmitteilung **unwirksam.** Ist das Solomitglied durch Arbeitsunfähigkeit oder aus einem anderen Grunde verhindert, die Anhörung wahrzunehmen, oder nimmt das Solomitglied die Anhörung nicht wahr, bedarf es seiner Anhörung zur Wirksamkeit der Nichtverlängerungsmitteilung nicht. Im Falle der Verhinderung ist der Arbeitgeber auf schriftlichen Wunsch des Solomitglieds jedoch verpflichtet, den Sprecher der Sparte, der das Solomitglied angehört, oder das von dem Solomitglied benannte Vorstandsmitglied des Orts-/Lokalverbands einer der vertragsschließenden Gewerkschaften, das an der gleichen Bühne beschäftigt ist, zu hören. Wird die Nichtverlängerungsanzeige versäumt, kommt es zur Vertragsverlängerung.[131]

86 **c)** Der Ausspruch der **Nichtverlängerungsmitteilung ist keine Kündigung.** Deshalb ist die Anhörung des Betriebsrats entbehrlich.[132] Das Kündigungsverbot des § 9 I MuSchG ist auf die Nichtverlängerungsmitteilung weder unmittelbar noch entsprechend anzuwenden.[133] Die Nichtverlängerungsmitteilung bedarf keines rechtfertigenden Grundes und kann auch aus betrieblichen Gründen erfolgen.[134] Soll der befristete Arbeitsvertrag eines Bühnenmitglieds aus Anlass eines Intendantenwechsels nicht verlängert werden, genügt deshalb bei der Anhörung des Bühnenmitglieds vor der Nichtverlängerungsmitteilung der Hinweis auf den Intendantenwech-

---

128 Vgl. BAG 24. 9. 1986 AP 28 zu § 611 BGB Bühnenengagementsvertrag; 27. 9. 2001 ZTR 2002, 389.

129 NV-Tanz: BAG 18. 4. 1986 AP 27 zu § 611 BGB Bühnenengagementsvertrag; LAG Köln 11. 1. 1995 NZA 95, 958.

130 Vgl. BAG 2. 7. 2003 AP 39 zu § 611 BGB Musiker.

131 BAG 29. 5. 1991 AP 49 zu § 611 BGB Bühnenengagementsvertrag = NZA 91, 942; zu Abfindungsansprüchen: BAG 7. 11. 1995 AP 48 zu § 611 BGB Bühnenengagementsvertrag = NZA 96, 487.

132 BAG 28. 10. 1986 AP 32 zu § 118 BetrVG 1972 = NZA 87, 531.

133 BAG 23. 10. 1991 AP 45 zu § 611 BGB Bühnenengagementsvertrag = NZA 92, 925.

134 Vgl. BAG 26. 8. 1998 AP 53 zu § 611 BGB Bühnenengagementsvertrag = NZA 99, 442.

sel.[135] Die Nichtverlängerungsmitteilung zur Fortsetzung des Arbeitsverhältnisses eines langjährig beschäftigten künstlerischen Bühnenmitglieds zu geänderten Arbeitsbedingungen muss billigem Ermessen (§ 315 BGB) entsprechen.[136] Wird die Nichtverlängerungsmitteilung nur zum Zwecke der Änderung der Arbeitsbedingungen ausgesprochen, bedarf diese keiner inhaltlichen Rechtfertigung.[137] Der Intendant muss aber seine subjektive Motivation angeben.[138]

d) Gilt der NV Bühne kraft beiderseitiger Tarifbindung, ist ein Verzicht auf die Nichtverlän- 87
gerungsmitteilung gemäß § 4 IV TVG unzulässig. Deshalb verhindert auch ein **mit dem Arbeitsvertrag zeitgleich abgeschlossener Auflösungsvertrag** nicht, dass sich der Arbeitsvertrag im Falle des Unterbleibens einer rechtzeitigen und formgerechten Nichtverlängerungsmitteilung um ein Jahr (Spielzeit) verlängert.[139]

e) Klagen gegen Nichtverlängerungsmitteilungen sind innerhalb einer Ausschlussfrist von 88
vier Monaten nach den in einzelnen Sonderregelungen (RN 84) aufgeführten Terminen zur Nichtverlängerungsmitteilung zu erheben.

5. Kündigung. Das Recht der ordentlichen Kündigung kann nach § 43 I NV Bühne im 89
Arbeitsvertrag nur so vereinbart werden, dass zum Schluss eines Vertragsjahres oder einer Spielzeit mit einer Frist von sechs Wochen gekündigt werden darf. Das Arbeitsverhältnis endet deshalb mit dem im Arbeitsvertrag vereinbarten Zeitpunkt. Das Recht zur außerordentlichen Kündigung besteht ohne weitere Einschränkung.[140]

6. Abfindung. Nach den Sonderregelungen für die einzelnen Bühnenmitglieder besteht ein 90
von der Dauer des Arbeitsverhältnisses abhängiger Abfindungsanspruch, wenn das Bühnenmitglied **aus Anlass eines Intendantenwechsels** infolge einer durch den Arbeitgeber ausgesprochenen Nichtverlängerungsmitteilung in der ersten Spielzeit nach dem Intendantenwechsel nicht mehr im Arbeitsverhältnis steht und das Bühnenmitglied innerhalb von drei Monaten nach Beendigung des Arbeitsverhältnisses kein unter den NV Bühne fallendes Arbeitsverhältnis oder kein anderes volles Arbeitsverhältnis begründen konnte. Kann der Arbeitnehmer innerhalb von drei Monaten eine vollschichtige neue Beschäftigung mit einem Monatsverdienst beginnen, der erheblich über dem Mindestverdienst nach dem einschlägigen Tarifvertrag liegt, kommt es auf die vereinbarte Dauer dieses Arbeitsverhältnisses jedenfalls dann nicht an, wenn es dem Arbeitnehmer innerhalb des Dreimonatszeitraums gelingt, einen Arbeitsvertrag über ein sich unmittelbar anschließendes weiteres Arbeitsverhältnis abzuschließen, das mehr als eine Spielzeit dauern soll.[141] Erfolgt der Intendantenwechsel zu Beginn einer neuen Spielzeit, ist diese Spielzeit die „erste Spielzeit nach dem Intendantenwechsel" i. S. der tariflichen Regelung. Endet das Arbeitsverhältnis infolge der Nichtverlängerungsmitteilung erst mit Ablauf dieser Spielzeit, besteht kein Anspruch auf Abfindung.[142] Begründet ein neuer Intendant bei Ausspruch einer Nichtverlängerungsmitteilung dem betroffenen Bühnenmitglied gegenüber die Trennungsabsicht allein mit künstlerischen Erwägungen, ist die Nichtverlängerungsmitteilung aus Anlass des Intendantenwechsels erfolgt.[143]

7. Schiedsgerichte. Gemäß § 53 NV Bühne sind für alle bürgerlichen Rechtsstreitigkeiten 91
i. S. v. § 2 ArbGG zwischen den Arbeitsvertragsparteien unter Ausschuss der Arbeitsgerichtsbarkeit ausschließlich die nach Maßgabe der vereinbarten Bühnenschiedsgerichtsordnungen eingesetzten Schiedsgerichte zuständig.[144]

VIII. Musiker

1. Allgemeines. Die Arbeitsverhältnisse der Musiker **unterscheiden sich nach ihrer** 92
künstlerischen Zielsetzung. Unterschieden werden im Allgemeinen Musiker in **(1)** Gaststätten, Varietés, Kabaretts und Zirkussen, **(2)** Kurkapellen, **(3)** Kulturorchestern. Für **Musiker in Gaststätten** usw. finden ergänzend die Vorschriften der Gewerbeordnung Anwendung. Sie

---

135 BAG 15. 3. 1989 AP 35 zu § 611 BGB Bühnenengagementsvertrag.
136 BAG 3. 11. 1999 AP 54 zu § 611 BGB Bühnenengagementsvertrag = NZA 2000, 491.
137 Bezirksbühnenschiedsgericht Berlin 26. 11. 1992 NZA 94, 183.
138 BAG 15. 3. 1989 AP 35 zu § 611 BGB Bühnenengagementsvertrag; 26. 8. 1998 AP 53 zu § 611 BGB Bühnenengagementsvertrag = NZA 99, 442.
139 BAG 29. 5. 1991 AP 43 zu § 611 BGB Bühnenengagementsvertrag = NZA 91, 942.
140 BAG 13. 4. 2000 AP 162 zu § 626 BGB = NZA 2001, 277.
141 BAG 7. 11. 1995 AP 48 zu § 611 BGB Bühnenengagementsvertrag = NZA 96, 487.
142 BAG 30. 3. 2000 AP 55 zu § 611 BGB Bühnenengagementsvertrag = NZA 2000, 1242.
143 BAG 28. 5. 1998 AP 52 zu § 611 BGB Bühnenengagementsvertrag = NZA 98, 1015.
144 Dazu *Vogel* NZA 99, 26.

können als Betriebs- und Eigengruppe beschäftigt werden (§§ 182, 183). Es gilt der Manteltarifvertrag für Musiker in Gaststätten und Unterhaltungsbetrieben (MTV Musiker) vom 21. 4. 1986 mit spät. Änderungen. Das Arbeitsrecht der **Musiker in Kurkapellen** ist wesentlich durch die Tarifordnung für Mitglieder von Kurkapellen vom 6. 3. 1936 und den Zusatztarifvertrag vom 21. 1. 1965 m. spät. Änd. geprägt worden. Inzwischen gilt der Tarifvertrag für Mitglieder von Kurkapellen (TV Kurkapellen) vom 25. 9. 1996 mit spät. Änd. Für **Musiker der Kulturorchester**[145] gilt der zwischenzeitlich gekündigte Tarifvertrag für Musiker in Kulturorchestern vom 1. 7. 1971 (TVK)[146] m. spät. Änd. kraft Nachwirkung. Auch insoweit hat sich eine umfangreiche Rspr. zu den wechselseitigen Verpflichtungen ergeben.[147]

93 **2. Instrument.** Nach § 12 II 3 TVK trägt der Arbeitgeber, soweit der Musiker (Arbeitnehmer) ein eigenes Instrument benutzt, die „als erforderlich nachgewiesenen **Instandsetzungskosten**". Für die Höhe der erforderlichen Instandsetzungskosten sind das Interesse des Musikers als Eigentümer des Instruments und das Interesse des Arbeitgebers an der Einsparung von Betriebskosten gegeneinander abzuwägen. Es kann nicht gefordert werden, dass der Musiker stets von dem niedrigsten Instandsetzungsangebot Gebrauch macht.[148] Dem Verschulden des Musikers nach § 12 III TVK bei der **Beschädigung eines Instruments** kann § 254 BGB entgegengehalten werden. Die Tarifnorm enthält keine abschließende Regelung in dem Sinne, dass Mitverschulden und Mitverantwortung auf Grund einer zu vertretenden Sach- oder Betriebsgefahr unberücksichtigt bleiben.[149]

94 **3. Arbeitszeit. a)** Die Arbeitszeit der Musiker in Kulturorchestern wird durch die Zahl der zu leistenden Dienste bestimmt. Gemäß § 15 II TVK richtet sich die Zahl der Dienste nach der Größe und den Aufgaben des Kulturorchesters. Zur regelmäßigen Arbeitszeit der Musiker in einem großen Kulturorchester zählen auch die Dienste, die sie infolge mutterschutzbedingten Ausfalls von Musikerinnen zu leisten haben.[150] Unabhängig von dem gespielten Instrument sind Musiker verpflichtet, im Durchschnitt von acht Kalenderwochen (sog. Ausgleichszeitraum) wöchentlich höchstens acht Dienste zu leisten. Davon abweichend können die Arbeitsvertragsparteien einzelvertraglich eine „Diensterleichterung" vereinbaren, so dass der betreffende Musiker weniger Dienste zu leisten hat.[151] Bei einem auswärtigen Gastspiel des Orchesters endet die **Reisezeit** am Ort der Aufführung (Protokollnotiz Nr. 2 zu § 15 I–III TVK). Dieser ist bei gemeinsamer Anreise der Musiker mit der Ankunft im Hotel erreicht oder – bei sofortiger Aufführung oder Probe – mit der Ankunft an der Spielstätte. Dies gilt auch, wenn nach dem Eintreffen der Musiker auf dem Flughafen oder dem Bahnhof der Zielgemeinde die Reise mit einem vom Arbeitgeber veranlassten gemeinsamen Transfer zum Hotel oder zur Spielstätte fortgesetzt wird.[152] Dem **Teilzeitwunsch** eines Arbeitnehmers nach § 8 I TzBfG können auch subjektive künstlerische Belange entgegenstehen (Art. 5 III 1 GG). Dabei dürfen an die Darlegung der Beeinträchtigung der Kunstfreiheit durch die verlangte Verringerung der Arbeitszeit keine überzogenen Anforderungen gestellt werden. Die Gründe müssen jedoch nachvollziehbar sein.[153]

---

[145] Zum Begriff: BAG 18. 4. 1984 AP 9 zu § 611 BGB Musiker = NJW 85, 2154.

[146] Zu Tätigkeitszulagen: BAG 18. 4. 1984 AP 7 zu § 611 BGB Musiker; zum Begriff des Schlagzeugers: BAG 28. 5. 1986 AP 12 zu § 611 BGB Musiker = ZUM 87, 342.

[147] Operettenmusik keine ernst zu nehmende Musik i. S. des TV: BAG 18. 4. 1984 AP 9 zu § 611 BGB Musiker = NJW 85, 2154; Wechselhornist: BAG AP 16 zu § 611 BGB Musiker = NZA 90, 163; Kannzulage für Solobratschen: BAG 18. 7. 1990 – 4 AZR 281/89 – PersV 91, 546; Begriff der Probe: BAG 21. 5. 1992 AP 20 zu § 611 BGB Musiker = NZA 93, 83; Spielen eines ungewöhnlichen Instrumentes: BAG 23. 6. 1993 AP 17 zu § 611 BGB Musiker = NZA 93, 1140; Arbeitspflicht am Fagott: BAG 8. 9. 1994 AP 6 zu § 1 TVG Tarifverträge: Musiker; Trompeter – Pflicht zum Spielen der Jazztrompete: BAG 21. 3. 2002 AP 17 zu § 1 TVG Tarifverträge: Musiker; Schlagzeuger – Pflicht zur Bedienung eines Regenmachers: BAG 27. 9. 2001 AP 16 zu § 1 TVG Tarifverträge: Musiker = NZA 2002, 565; zur Berücksichtigung eines ungewöhnlichen Instrumentes bei der Eingruppierung: BAG 7. 12. 1994 AP 5 zu § 1 TVG Tarifverträge: Musiker; gleichzeitiger Einsatz mehrerer erster Konzertmeister: LAG München NJW 88, 375; zur Anpassungsverpflichtung der Gehälter an Gehaltssteigerungen: BAG 25. 9. 1997 AP 9 zu § 1 TVG Tarifverträge: Musiker = NZA 98, 381; zur Tätigkeitszulage einer Solo-Harfenistin BAG 3. 12. 2003 AP 2 zu § 554 ZPO 2002.

[148] BAG 13. 2. 1992 AP 19 zu § 611 BGB Musiker; zum Verschulden nach § 12 III TVK vgl. BAG 27. 1. 2000 AP 31 zu § 611 BGB Musiker = NZA 2000, 727.

[149] BAG 27. 1. 2000 AP 31 zu § 611 BGB Musiker = NZA 2000, 727.

[150] BAG 10. 1. 1996 AP 23 zu § 611 BGB Musiker = NZA 96, 825.

[151] BAG 13. 3. 2003 – 6 AZR 698/01 n. v.; 3. 4. 2003 – 6 AZR 163/02 n. v.

[152] BAG 27. 6. 2002 AP 18 zu § 1 TVG Tarifverträge: Musiker.

[153] BAG 27. 4. 2004 AP 12 zu § 8 TzBfG = NZA 2004, 1225.

b) Nach § 16 I TVK gilt für Musiker die **Sechstagewoche.** Da die Diensteinteilung unabhängig von einer Unterscheidung zwischen Werktagen einerseits und Sonn- und Feiertagen andererseits erfolgt, steht gemäß § 16 I TVK allen Musikern einheitlich ein dienstfreier Tag je Kalenderwoche zu und nicht denjenigen, die – zufällig – an einem Wochenfeiertag Dienst geleistet haben, ein weiterer. An den nach § 16 V TVK beschäftigungsfreien Sonntagen einer Spielzeit hat der Musiker auch nicht erreichbar i. S. von § 14 TVK zu sein. Der zur Erreichbarkeit nach § 14 TVK verpflichtete Musiker kann den betreffenden Tag zwar weitgehend unbeeinträchtigt verbringen, muss sich aber „spielfähig" halten. Demnach kann der Musiker, der eventuell für die Abendvorstellung erreichbar sein muss, den Nachmittag und Abend für seine Freizeitgestaltung nicht ungehindert verplanen.[154] **95**

4. Beendigung. Die in § 51 TVK für den Anspruch auf eine **Abfindung** vorausgesetzten 15 Beschäftigungsjahre als Musiker bei Kulturorchestern erfordern, dass diese in Kulturorchestern in der Bundesrepublik Deutschland, deren Träger ein Unternehmermitglied des Deutschen Bühnenvereins ist, zurückgelegt sein müssen.[155] Nach § 20 I und III TVK sind als Dienstzeit eines Musikers in Kulturorchestern nur Zeiten anzurechnen, die im Rahmen von Arbeitsverhältnissen zurückgelegt wurden. Zeiten freier Mitarbeit auf der Grundlage von Honorarverträgen gehören dazu nicht.[156] **96**

5. Orchesteraushilfen. Bei Orchesteraushilfen kommt es oftmals zum Streit, ob ein Arbeitsverhältnis vorliegt. Für den **Arbeitnehmerstatus** eines zur Aushilfe engagierten Orchestermusikers ist entscheidend, ob der Mitarbeiter auch im Rahmen des übernommenen Engagements seine Arbeitszeit noch im Wesentlichen frei gestalten kann oder insoweit einem umfassenden Weisungsrecht der Orchesterleitung unterliegt.[157] § 2 I b TVK stellt keine Kriterien für die Abgrenzung von Arbeitnehmern und freien Mitarbeitern in Kulturorchestern auf, vielmehr schließt diese Vorschrift lediglich bestimmte Personengruppen – auch wenn sie Arbeitnehmer sind – vom Geltungsbereich des TVK aus. Deshalb kann der über mehrere Jahre turnusmäßig erfolgende Einsatz eines Orchestermusikers auf einer Position, die nach der künstlerischen Ausrichtung des Orchesters regelmäßig bei bestimmten Stücken zu besetzen ist, zu einer persönlichen Abhängigkeit und damit zum Entstehen eines Arbeitsverhältnisses führen.[158] **97**

IX. Artisten und Schauspieler

Rechtsgrundlage der Beschäftigung von **Artisten**[159] sind das BGB und besondere Tarifverträge, die zwischen dem Internationalen Varieté-, Theater- und Zirkus-Direktorenverband, Düsseldorf und dem Verband Deutscher Theater und verwandte Unternehmungen (Direktorenverband) München einerseits und dem Gal Berufsverband Show – Unterhaltung in der Gewerkschaft Kunst im DGB abgeschlossen sind. **98**

Die Rechtsverhältnisse der **Schauspieler**[160] zum Produzenten können sehr unterschiedlich ausgestaltet sein. Der Arbeitgeber kann dabei Inhalt und Umfang der Arbeitspflicht kraft seines Weisungsrechts im Rahmen des jeweiligen Arbeitsvertrags festlegen. Hiernach richtet sich auch, inwieweit ein Filmschauspieler Änderungen an seiner arbeitsvertraglich vorgesehenen Filmrolle hinnehmen muss. Die Vertragspartner bestimmen selbst über den Ausgleich ihrer gegenläufigen Interessen und grundrechtlich geschützten Positionen. Bei der Vertragsauslegung ist die Bedeutung der Freiheit der künstlerischen Betätigung für beide Vertragspartner angemessen zu berücksichtigen.[161] **99**

---

[154] BAG 22. 9. 2005 AP 21 zu § 1 TVG Tarifverträge: Musiker = NZA 2006, 329.
[155] BAG 18. 5. 2006 ZTR 2007, 42.
[156] BAG 18. 5. 2000 AP 15 zu § 1 TVG Tarifverträge: Musiker = NZA 2000, 1343.
[157] BAG 22. 8. 2001 AP 109 zu § 611 BGB Abhängigkeit = NZA 2003, 662.
[158] BAG 9. 10. 2002 AP 114 zu § 611 BGB Abhängigkeit.
[159] *Vogel,* Arbeitsverhältnis der Artisten/Unterhaltungskünstler, AR-Blattei, SD 1030.5.
[160] *Meiser/Theelen,* Filmschaffende und Arbeitsrecht, NZA 98, 1041.
[161] Dazu BAG 13. 6. 2007 AP 11 zu § 611 BGB Film = NZA 2007, 974.

XII. Buch. Das Recht der Koalitionen

§ 187. Koalition

Bayreuther, Gewerkschaftspluralismus im Spiegel der aktuellen Rechtsprechung – Abschied vom „Einheitstarifvertrag“?, BB 2005, 2633; *Höfling,* Der verfassungsrechtliche Koalitionsbegriff, RdA 99, 182; *Hümmerich/Holthausen,* Soziale Mächtigkeit durch aktive Teilnahme am Tarifgeschehen, NZA 2006, 1070; *Löwisch,* Die Voraussetzungen der Tariffähigkeit, ZfA 70, 295; *Schleusener,* Die soziale Mächtigkeit einer Koalition als Voraussetzung ihrer Parteifähigkeit im arbeitsgerichtlichen Verfahren, RdA 99, 186; *Unterhinninghofen,* Tarifausstieg durch Wechsel der Tarifpartei? Zu Anforderungen an die Durchsetzungskraft einer Gewerkschaft, ArbuR 2006, 1.

Übersicht

	RN
I. Begriff	1 ff.
1. Voraussetzungen	1, 2
2. Abschließender Katalog	3
3. Verfahrensrecht	4, 5
II. Freie, auf Dauer angelegte Vereinigungen	6 ff.
1. Dauer	6
2. Privatrechtlicher Zusammenschluss	7
3. Korporative Verfassung	8
4. Freiwillige Zusammenschlüsse	9
5. Demokratische Organisation	10
III. Unabhängige und gegnerfreie Vereinigung	11 ff.
1. Gegnerfreiheit	11, 12
2. Unabhängigkeit	13, 14
3. Überbetriebliche Organisation	15
4. Weisungsfreiheit	16
IV. Qualifizierte Wahrnehmung und Förderung der Arbeits- und Wirtschaftsbedingungen	17 ff.
1. Arbeits- und Wirtschaftsbedingungen	17
2. Arbeitsbedingungen	18
3. Abschluss von Tarifverträgen	19
4. Arbeitskampfbereitschaft	20, 21
5. Schlichtung	22
6. Durchsetzungskraft	23

I. Begriff

1. Voraussetzungen. a) Grundsatz. Koalitionen sind Zusammenschlüsse von Arbeitneh- 1
mern oder Arbeitgebern zur Wahrung und Förderung ihrer Interessen bei der Gestaltung von Arbeits- und Wirtschaftsbedingungen. Das BVerfG hat auch Zusammenschlüsse von Heimarbeitern als Koalition anerkannt;[1] dasselbe wird auch für andere Gruppen von wirtschaftlich abhängigen Selbstständigen gelten.[2] Die Anerkennung als Koalition setzt voraus:[3] **(1)** eine Vereinigung entweder von Arbeitnehmern oder von Arbeitgebern; **(2)** eine vom Mitgliederwechsel unabhängige Struktur; **(3)** einen freiwilligen Zusammenschluss; **(4)** die Gegnerunabhängigkeit; **(5)** eine parteipolitische Neutralität; **(6)** die Unabhängigkeit von Staat und Kirche; **(7)** die Organisation auf überbetrieblicher Grundlage; **(8)** die Bereitschaft zum Abschluss von Tarifverträgen;[4] **(9)** die Anerkennung des geltenden Schlichtungsrechts sowie **(10)** die Fähigkeit, auf die jeweils andere Seite Druck auszuüben.[5] Die Gewerkschaftseigenschaft setzt daneben voraus, dass die Gewerkschaft **(11)** ihre Aufgaben sinnvoll erfüllen kann.[6] Umstritten ist, ob auch die Bereitschaft zum Arbeitskampf zu den Voraussetzungen einer arbeitsrechtlichen Koalition zählt[7] (dazu RN 20).

---

[1] BVerfG 27. 2. 1973 AP 8 zu § 19 HAG = NJW 73, 1319, 2100.

[2] ErfK/*Dieterich* Art. 9 RN 28.

[3] Zuletzt BAG 28. 3. 2006 AP 4 zu § 2 TVG Tariffähigkeit = NZA 2006, 1112; 14. 12. 2004 AP 1 zu § 2 TVG Tariffähigkeit = NZA 2005, 697; vgl. BVerfG 26. 6. 1991 AP 117 zu Art. 9 GG Arbeitskampf = NZA 91, 809; 20. 10. 1981 AP 31 zu § 2 TVG = NJW 82, 815.

[4] Vgl. dazu *Löwisch* ZfA 74, 29 sowie das Schrifttum zur Tarifbindung (§ 205).

[5] BAG 9. 7. 1968, 14. 3. 1978 AP 25, 30 zu § 2 TVG; 10. 9. 1985 AP 34 a. a. O.; 25. 11. 1986 AP 36 a. a. O. = NZA 87, 492; AP 2 zu § 97 ArbGG; AP 24 zu Art. 9 GG; AP 3 zu § 97 ArbGG 1953; 16. 1. 1990 AP 39 zu § 2 TVG = NZA 90, 623; 6. 6. 2000 AP 55 zu § 2 TVG = NZA 2001, 160; BVerfG 20. 10. 1981 AP 31 a. a. O. = NJW 82, 815; BAG 10. 9. 1985 AP 34 zu § 2 TVG; 19. 9. 2006 AP 5 zu § 2 BetrVG 1972 = NZA 2007, 518; dazu *Unterhinninghofen* ArbuR 2006, 7.

[6] BAG 6. 6. 2000 AP 55 zu § 2 TVG = NZA 2001, 160.

[7] Bejahend: BAG AP 1 zu § 11 ArbGG; verneinend: BVerfG 6. 5. 1964 AP 15 zu § 2 TVG.

2 **b)** Der von der Rspr. gestaltete Koalitionsbegriff ist durch den Staatsvertrag zwischen den beiden deutschen Staaten vom 18. Mai 1990 bestätigt worden. Dort heißt es im gemeinsamen Protokoll über Leitsätze zu III 2: **Tariffähige Gewerkschaften** und **Arbeitgeberverbände** müssen frei gebildet, gegnerfrei, auf überbetrieblicher Grundlage organisiert und unabhängig sein sowie das geltende Tarifrecht als für sich verbindlich anerkennen; ferner müssen sie in der Lage sein, durch Ausüben von Druck auf den Tarifpartner zu einem Tarifabschluss zu kommen.

3 **2. Abschließender Katalog.** Die aufgezählten Merkmale sind erschöpfend. Weitere Begriffsmerkmale für die Koalition sind nicht aufzustellen. Insbesondere gehört zum Begriff der Koalition nicht ein bestimmtes Organisationsprinzip, etwa die Gliederung nach dem Industrieverbandsprinzip usw.[8] Ebenso ist die gelegentlich vorgenommene Unterscheidung zwischen **tariffähigen** und **nicht tariffähigen Koalitionen** rechtlich ohne Bedeutung.

4, 5 **3. Verfahrensrecht.** Nach §§ 97, 2a ArbGG kann die Tariffähigkeit und Tarifzuständigkeit in einem besonderen Beschlussverfahren festgestellt werden. Ist die Tariffähigkeit rechtskräftig bejaht oder verneint worden, kann ein neues Beschlussverfahren nur nach wesentlicher Änderung der Umstände eingeleitet werden.

II. Freie, auf Dauer angelegte Vereinigungen

6 **1. Dauer.** Nach überwiegender und zutreffender Auffassung sind nur solche Vereinigungen von Arbeitnehmern[9] oder Arbeitgebern im verfassungsrechtlichen Sinn Koalitionen, die auf eine gewisse Dauer angelegt sind.[10] Nach einer Mindermeinung können auch solche Zusammenschlüsse als Koalitionen angesehen werden, bei denen eine organisierte Willensbildung möglich ist und die ihre Mitglieder namentlich aufführen können.[11] Nach ihr ist also auch denkbar, dass sich Arbeitnehmer zu einer **ad hoc-Koalition** zusammenschließen, um einen **spontanen Arbeitskampf** zu führen. Die h. M. begründet das Erfordernis eines dauernden Zusammenschlusses damit, dass die Autonomie der Koalitionen mit ihren Normsetzungsbefugnissen und weitreichenden Mitwirkungsrechten in der Arbeits- und Wirtschaftsverfassung nur dann verwirklicht werden kann, wenn sie auf eine gewisse Dauer angelegt sind.

7 **2. Privatrechtlicher Zusammenschluss.** Die Koalition ist ein privatrechtlicher Zusammenschluss einer größeren Anzahl von Personen zur Förderung der Arbeits- und Wirtschaftsbedingungen. **Öffentlich-rechtliche Verbände** können keine Koalitionen sein, weil sie zu ihrer Anerkennung eines Staatsaktes bedürfen und selbst der amtlichen Aufsicht unterliegen. Eine aufsichtsrechtliche Einflussnahme des Staats auf die Tätigkeit der Koalitionen ist daher unzulässig. Eine Ausnahme besteht nur für die Innungen und Landesinnungsverbände, denen die Tariffähigkeit durch Gesetz übertragen ist (§§ 54, 82 HwO).[12] Keine Koalition ist die Bundeslotsenkammer.[13]

8 **3. Korporative Verfassung.** Die Koalitionen müssen eine korporative Verfassung haben. Hierzu gehört ein Mitgliederbestand, eine vom Wechsel der Mitglieder unabhängige Organisation und korporative Organe. Koalitionen können daher nicht in der Rechtsform einer Personengesellschaft gegründet werden. Die Gewerkschaften sind überwiegend in der Rechtsform eines nicht rechtsfähigen Vereins organisiert. Dies hat historische Gründe. Nach § 61 II BGB a. F. konnte die Verwaltung die Eintragung eines Vereins mit sozialpolitischen Zwecken verhindern. Die Gewerkschaften wollten sich einer behördlichen Kontrolle nicht unterwerfen und haben daher auch nach der Beseitigung des behördlichen Kontrollrechts auf die zur Rechtsfähigkeit notwendige konstitutive Eintragung ins Vereinsregister verzichtet. Eine Ausnahme gilt für nur für die Gewerkschaft Ver.di (§ 189 RN 12). Wenngleich den Gewerkschaften die Rechtsfähigkeit fehlt, sind sie im Prozess passiv (§ 50 II ZPO) und aktiv parteifähig.[14] Zum Erwerb von Grundeigentum haben sie zumeist Kapitalgesellschaften (GmbH) gegründet. Nach der partiellen Anerkennung der GbR im Rechtsverkehr, dürften sie wohl auch im Grundbuch

---

[8] BAG 19. 1. 1962 AP 13 zu § 2 TVG; 27. 11. 1964 AP 1 zu § 2 TVG Tarifzuständigkeit.
[9] Zu arbeitnehmerähnlichen Personen: BAG 15. 11. 1963 AP 14 zu § 2 TVG.
[10] Krit. *Däubler,* TVG (2003), Einl. RN 94.
[11] *Söllner,* AR, § 9 I; vgl. auch *Seiter,* Streikrecht und Aussperrungsrecht, 1975, S. 76 ff.
[12] BVerfG 19. 10. 1966 AP 24 zu § 2 TVG.
[13] LAG Schleswig-Holstein 28. 10. 1969 AP 27 zu § 2 TVG.
[14] Dies ist in § 10 ArbGG für den Arbeitsgerichtsprozess ausdrücklich bestimmt. Im Übrigen vgl. BGH 6. 10. 1964 AP 6 zu § 54 BGB; 11. 7. 1968 AP 1 zu § 50 ZPO; verneint bei einer Bezirksorganisation der Gewerkschaft: BGH 21. 3. 1972 DB 72, 928.

als eintragungsfähig anzusehen sein. Die Arbeitgeberverbände sind zumeist als rechtsfähige Vereine organisiert.

4. Freiwillige Zusammenschlüsse. Koalitionen können nur freiwillige Zusammenschlüsse von Arbeitnehmern oder Arbeitgebern sein.[15] Auch die Innungen[16] und Landesinnungsverbände[17] sind freiwillige Zusammenschlüsse (§§ 52, 79 HO); dagegen nicht die Kreishandwerkerschaften.[18] Die Voraussetzung der Freiwilligkeit folgt daraus, dass die Zwangsmitgliedschaft die Mitglieder daran hindert, andere Verbände mit weiterreichenden Zielen zu gründen. So würde z. B. bei Zulassung von Zwangsverbänden die Friedenspflicht des Zweckverbandes den frei gebildeten Verband hindern, seine Ziele zu verfolgen. 9

5. Demokratische Organisation. Die Koalition und ihre Willensbildung müssen demokratisch organisiert sein.[19] Die Mitglieder müssen daher an der Willensbildung teilnehmen und durch die Verbandsorgane auf die Tarifverträge Einfluss nehmen können. Dies ist auch bei Betriebsrentnern der Fall.[20] 10

III. Unabhängige und gegnerfreie Vereinigung

1. Gegnerfreiheit. Koalitionen müssen gegnerfrei sein, d. h., Mitglied eines Arbeitgeber- oder Arbeitnehmerverbands darf nicht ein sozialer Gegenspieler des Verbands sein.[21] Zusammenschlüsse, die sowohl Arbeitgeber wie Arbeitnehmer umfassen, sind, auch wenn sie die Förderung der Wirtschaftsbedingungen verfolgen, keine Koalitionen. Sie werden als **Harmonieverbände** bezeichnet. Die Voraussetzung ergibt sich aus dem Sinn und Zweck der Koalitionsfreiheit. Nur ein gegnerfreier Verband ist in der Lage, seine Interessen gegenüber dem sozialen Gegenspieler zu verfolgen. 11

Das Prinzip der Gegnerfreiheit ist **nicht formalistisch zu handhaben.** Zulässig ist etwa die Ehrenmitgliedschaft bei dem sozialen Gegenspieler.[22] Mit dem Zweck der Koalition unvereinbar ist dagegen, wenn eine Person bei beiden sozialen Gegenspielern Entscheidungsbefugnisse hat; z. B. ein Vorstandsmitglied einer Kapitalgesellschaft ist zugleich Mitglied der Tarifkommission einer Gewerkschaft usw. Die Mitgliedschaft des nach dem MitbestG bestellten Arbeitsdirektors in einer Gewerkschaft stellt deren Gegnerfreiheit ebenso nicht in Frage wie die Beteiligung von Vertretern der Gewerkschaften in den Aufsichtsorganen der Selbstverwaltungskörperschaften (BA, Sozialversicherungsträger). 12

2. Unabhängigkeit. Nur solche Zusammenschlüsse sind Koalitionen, die von ihrem sozialen Gegenspieler tatsächlich und rechtlich unabhängig sind.[23] Nur ein unabhängiger Berufsverband ist in der Lage, die Interessen seiner Mitglieder gegenüber dem sozialen Gegenspieler zu verfolgen. Ob ein Verband unabhängig ist, muss unter Berücksichtigung aller Umstände des Einzelfalls beurteilt werden. Auch eine Abhängigkeit vom Staat oder einer politischen Partei steht der Koalitionseigenschaft entgegen. 13

Eine Abhängigkeit von der Gegenseite ist z. B. dann gegeben, wenn der soziale Gegenspieler oder deren Mitglieder bei der Gründung des Verbandes mitwirken, ihn tatsächlich, insbesondere mit finanziellen Zuwendungen, oder rechtlich unterstützen. Nach h. M. stellt ein **Einzug der Gewerkschaftsbeiträge** durch den Arbeitgeber die Unabhängigkeit der begünstigten Gewerkschaft regelmäßig nicht in Frage. 14

3. Überbetriebliche Organisation. Koalitionen müssen grundsätzlich überbetrieblich organisiert sein, weil Gewerkschaften, die auf einen Betrieb beschränkt sind, leicht unter den Einfluss des Arbeitgebers geraten können. Ihr Mitgliederbestand wäre von Einstellungen und Entlassungen des Arbeitgebers abhängig. Die sog. **Werkvereine** sind daher keine Koalitionen. Eine Ausnahme von dem Erfordernis der überbetrieblichen Organisation gilt nur für große Unternehmen, die ganze Wirtschaftszweige umfassen, wie z. B. die Bahn- und Postnachfolgeunternehmen sowie für bestimmte Berufszweige, wie z. B. die Lehrer eines Bundeslandes. 15

---

[15] BVerfG 18. 11. 1954 AP 1 zu Art. 9 GG; 6. 5. 1964 AP 15 zu § 2 TVG.
[16] Vgl. BAG 22. 2. 1957 AP 2 zu § 2 TVG.
[17] Vgl. BAG 6. 12. 1956 AP 8 zu § 616 BGB.
[18] BAG 10. 12. 1960 AP 12 zu § 11 ArbGG 1953 = NJW 61, 623.
[19] BVerfG 6. 5. 1964 AP 15 zu § 2 TVG.
[20] BAG 17. 6. 2008 AP 136 zu Art. 9 GG = NZA 2008, 1244.
[21] BVerfG 18. 11. 1954 AP 1 zu Art. 9 GG; 6. 5. 1964 AP 15 zu § 2 TVG; BAG 25. 11. 1986 AP 36 zu § 2 TVG = NZA 87, 492; 15. 3. 1977 AP 24 zu § 2 TVG.
[22] Vgl. BAG 19. 1. 1962 AP 13 zu § 2 TVG.
[23] BVerfG 6. 5. 1964 AP 15 zu § 2 TVG; BAG 25. 11. 1986 AP 36 zu § 2 TVG = NZA 87, 492; 1. 3. 1979 AP 1 zu § 1 MitbestG; vgl. auch das Übereinkommen Nr. 98 der IAO (BGBl. II 1955, S. 1123).

16 **4. Weisungsfreiheit.** Die Koalition muss von staatlichen, parteipolitischen oder kirchlichen[24] Weisungen unabhängig sein. Im Falle der Weisungsunterworfenheit ist eine freie Verbandsentscheidung beschnitten oder unmöglich. Keine Koalitionen sind daher von einer politischen Partei gesteuerte Arbeitnehmer- oder Arbeitgebervereinigungen. Der Grundsatz der Weisungsfreiheit von dritten Stellen hindert aber nicht sog. **Richtungsgewerkschaften,** d. h. solche Gewerkschaften, die sich an bestimmten parteipolitischen oder weltanschaulichen Prinzipien ausrichten. Der CGB ist daher vom BAG als eine Koalition im Rechtssinne angesehen worden (RN 7). Dasselbe gilt für den Marburger Bund.[25]

IV. Qualifizierte Wahrnehmung und Förderung der Arbeits- und Wirtschaftsbedingungen

17 **1. Arbeits- und Wirtschaftsbedingungen.** Koalitionen sind nur Vereinigungen von Arbeitnehmern oder Arbeitgebern, die sich die Förderung der Arbeits- und Wirtschaftsbedingungen zum Ziel gesetzt haben (Art. 9 III GG). Beide Zwecke müssen kumulativ verfolgt werden; unerheblich ist dagegen, ob noch weitere Ziele verfolgt werden. Von ihnen zu unterscheiden sind die **Wirtschaftsvereine,** die die wirtschaftlichen Interessen ihrer Mitglieder verfolgen, z. B. Konsumvereine, Unternehmenszusammenschlüsse, Unternehmensverbände sowie die **selbstständigen Vereinigungen von Arbeitnehmern mit sozial- oder berufspolitischer Zwecksetzung** (vgl. § 11 ArbGG).

18 **2. Arbeitsbedingungen.** Von dem Begriff der Arbeitsbedingungen werden alle Materien erfasst, die in einem Arbeits- oder Tarifvertrag geregelt werden können. Der Begriff der Wirtschaftsbedingungen bezeichnet alle „arbeitsrechtlichen und sozialpolitischen Interessen" der Mitglieder der Koalitionen, sofern sie mit der abhängigen Arbeit in Zusammenhang stehen. Der Förderungswille muss gegenüber dem sozialpolitischen Gegenspieler bestehen; er kann sich daneben aber auch gegen den Staat im Hinblick auf die zukünftige Gesetzgebung richten. Die Förderungsmittel sind grundsätzlich der Abschluss von Tarifverträgen, die Schlichtung und der Arbeitskampf. Zu den Arbeits- und Wirtschaftsbedingungen gehören aber auch Fragen aus der modernen Entwicklung des Arbeitslebens, also der Schutz vor Rationalisierungen und modernen Technologien[26] sowie die Betriebsverfassung.[27]

19 **3. Abschluss von Tarifverträgen.** Umstritten ist, ob das Bekenntnis zum Abschluss von Tarifverträgen zur wesensmäßigen Voraussetzung der Koalition gehört. Mit Rücksicht auf die historische Entwicklung der Koalitionen wird dies von der h. M. für Arbeitnehmerverbände bejaht.[28] Unerheblich ist dagegen, mit welcher Härte Tarifverhandlungen geführt werden können.[29] Nach h. M. sind demnach keine Koalitionen die Verbände der leitenden Angestellten, wenn sie sich nicht den Abschluss von Tarifverträgen zum Ziel gesetzt haben. Dagegen wird die Beschränkung der tariflich regelbaren Gegenstände als zulässig angesehen, da diese nur eine Beschränkung der Vertretungsmacht des Vorstands der Koalition darstellt. Eine Ausnahme von der Voraussetzung der Tariffähigkeit macht die h. M. nur für solche Verbände, deren Zweck ausschließlich in der Förderung der Arbeits- und Wirtschaftsbedingungen von Personen besteht, deren Dienstverhältnis nicht tariflich geregelt werden kann. Das gilt nach der derzeitigen Rechtslage vor allem für Beamte und Kirchenbedienstete.[30] Eine Mindermeinung hält eine Koalition auch dann für gegeben, wenn sie tarifunwillig ist, aber sonst mit anderen Mitteln die Arbeits- und Wirtschaftsbedingungen fördern will. Dies gilt vor allem für Arbeitgeberverbände, die eine Verbandsmitgliedschaft ohne Abschluss von Tarifverträgen oder mit gewollter Tarifunfähigkeit vorsehen (vgl. § 206 RN 25).

20 **4. Arbeitskampfbereitschaft. a) Grundsatz.** Nach überwiegender Auffassung zählt die Arbeitskampfbereitschaft regelmäßig zu den Voraussetzungen einer Koalition.[31] Unerheblich ist dagegen, ob die Koalition auch tatsächlich in der Lage ist, einen Arbeitskampf zu führen.[32] Der

---

[24] *Herschel,* Kirche und Koalitionsrecht, 1978.
[25] BAG 21. 11. 1975 AP 6 zu § 118 BetrVG 1972 = NJW 76, 1165.
[26] BAG 3. 4. 1990 AP 56 zu Art. 9 GG.
[27] BVerfG 1. 3. 1979 AP 1 zu § 1 MitbestG.
[28] BVerfG 18. 11. 1954 AP 1 zu Art. 9 GG; 6. 5. 1964 AP 15 zu § 2 TVG; BAG 15. 11. 1963 AP 14 zu § 2 TVG; 25. 11. 1986 AP 36 zu § 2 TVG = NZA 87, 492.
[29] BAG 25. 11. 1986 AP 36 zu § 2 TVG = NZA 87, 492; 10. 9. 1985 AP 34 zu § 2 TVG.
[30] Vgl. dazu BAG 6. 7. 1956 AP 11 zu § 11 ArbGG 1953.
[31] BAG 19. 1. 1962 AP 13 zu § 2 TVG.
[32] BAG 19. 1. 1962 AP 13 zu § 2 TVG; AP 2 zu § 97 ArbGG.

Arbeitskampf steht mangels Zwangsschlichtung in untrennbarem Zusammenhang mit dem Abschluss von Tarifverträgen. Fehlt die Arbeitskampfbereitschaft, so kann der Abschluss eines jeden Tarifvertrages verhindert werden.

b) Ausnahmen. Von dem Erfordernis der Arbeitskampfbereitschaft bestehen zwei Ausnahmen, nämlich **(a)** wenn den Dienstnehmern kraft Gesetzes ein Streikrecht nicht zusteht (z. B. bei Beamten § 193 RN 14) oder **(b)** die Arbeitnehmer aus ethischen Grundsätzen ihr Streikrecht nicht wahrnehmen. So hat das BVerfG dem Verband katholischer Hausgehilfinnen die Koalitions- und Tariffähigkeit zuerkannt,[33] obwohl diesem Verband die Arbeitskampfbereitschaft fehlte. Nach dem Leitsatz sowie einem Teil der Gründe wird der Eindruck erweckt, als ob es der Auffassung wäre, dass es eine Koalition generell auch bei fehlender Arbeitskampfbereitschaft anerkennen wolle. Andererseits lässt es aber auch dahingestellt, welche Rechtsfolgen aus dem Fehlen der Arbeitskampfbereitschaft für den gewerblichen Verband zu ziehen sind. 21

5. Schlichtung. Zum Begriff der Koalition gehört schließlich das Bekenntnis zur Schlichtung, also auf eine gütliche Beilegung. Daher fehlt solchen Verbänden die Koalitionseigenschaft, deren Zielsetzung nicht auf einen Ausgleich der wechselseitigen Interessen gerichtet ist. 22

6. Durchsetzungskraft. Nach der Rspr. des BAG muss eine Arbeitnehmervereinigung ungeschriebene Mindestvoraussetzungen erfüllen, um als Gewerkschaft im arbeitsrechtlichen Sinne anerkannt werden zu können.[34] Dazu gehört insbesondere eine gewisse Durchsetzungskraft gegenüber dem sozialen Gegenspieler, die „sicherstellt, dass dieser wenigstens Verhandlungsangebote nicht übersehen kann".[35] Eine Gewerkschaft muss daher ausreichend leistungsfähig sein, damit sich ihr Gegenspieler jedenfalls veranlasst sieht, auf Verhandlungen einzugehen. Unterhalb dieser Mindestschwelle kommt der Vereinigung keine ausreichende Autorität zu, um den Anwendungsbereich der Koalitionsfreiheit sinnvoll gestalten zu können. Diese Rspr. ist vom BVerfG in verfassungsrechtlicher Hinsicht nicht beanstandet worden.[36] Tariffähige Koalitionen sind daher nur Vereinigungen von Arbeitnehmern und Arbeitgebern, die die tarifrechtlichen Aufgaben einer Koalition sinnvoll, d. h. durch einen im Rahmen der Rechtsordnung sich haltenden wirkungsvollen Druck und Gegendruck erfüllen können.[37] Vereinigungen, denen nur eine zahlenmäßig unbedeutende Gruppe von Arbeitnehmern oder Arbeitgebern angehören, sind in der Regel nicht tariffähig. Etwas anderes kann dann gelten, wenn sie in der Lage sind, einen wirkungsvollen Druck oder Gegendruck auszuüben, wie z. B. die Vereinigung der Fluglotsen usw.[38] Bei der Beurteilung der Frage der Koalitionseigenschaft kommt es auf die gegenwärtige Zahl der Mitglieder an und nicht auf die zu erwartende Anzahl in der Zukunft. Die Tariffähigkeit ist anerkannt worden bei der Gewerkschaft der Flugsicherung[39] und der Christlichen Gewerkschaft Metall.[40] Sie ist wegen fehlender Tariffähigkeit verneint worden bei dem Verband der Gewerkschaftsbeschäftigten (VGB).[41] 23

§ 188. Koalitionsfreiheit

Auktor, Gewerkschaftliche E-Mail Werbung am Arbeitsplatz, BuW 2002, 744; *Gamillscheg,* Kollektives Arbeitsrecht, Bd. I, 1997; *Gaumann,* Gewerkschaftsausschluss wegen Betriebsratskandidatur auf konkurrierender Liste, NJW 2002, 2155; *v. Hoyningen-Huene,* Die Koalitionsfreiheit, AR-Blattei, SD 1650.1; *Kempen/Peukert/Kieper,* Koalitionsfreiheit und Risikoverteilung, ArbuR 2006, 297; *Klebe/Wedde,* Gewerkschaftsrechte auch per E-Mail und Intranet, ArbuR 2000, 401; *Ladeur,* Methodische Überlegungen zur gesetzlichen „Ausgestaltung" der Koalitionsfreiheit, AöR 2006, 643; *Mair,* Dimensionen der Koalitionsfreiheit, ZIAS 2006, 158; *Oetker,* Das private Vereinsrecht als Ausgestaltung der Koalitionsfreiheit RdA 99, 96; *Schaub,* Tarifautonomie in der Rechtsprechung, RdA 95, 65; *I. Schmidt,* Die Ausgestaltung der kollektiven Koalitionsfreiheit durch die Gerichte, FS Richardi (2007), S. 765; *Schubert,* Ist der Außenseiter vor der

[33] BVerfG 6. 5. 1964 AP 15 zu § 2 TVG.

[34] BAG 9. 7. 1968, 14. 3. 1978 AP 25, 30 zu § 2 TVG; AP 34 a. a. O.; AP 2 zu § 97 ArbGG; AP 24 zu Art. 9 GG; AP 34 a. a. O.; AP 36 a. a. O. = NZA 87, 492; AP 3 zu § 97 ArbGG 1953; ebenso BVerwG 25. 7. 2006 NJW 2006, 3593.

[35] BVerfG 20. 10. 1981 AP 31 zu § 2 TVG = BVerfGE 58, 233, 249.

[36] BVerfG 31. 7. 2007 AP 2 zu § 22 LPVG NW; 14. 12. 2004 AP 1 zu § 2 TVG Tariffähigkeit = NZA 2005, 697; 20. 10. 1981 AP 31 zu § 2 TVG = NJW 82, 815.

[37] *Däubler,* TVG-Komm. Einl. 96.

[38] BAG 14. 12. 2004 AP 1 zu § 2 TVG Tariffähigkeit = NZA 2005, 697.

[39] LAG Hessen 22. 7. 2004 AP 168 zu Art 9 GG Arbeitskampf = NZA-RR 2005, 262.

[40] BAG 28. 3. 2006 AP 4 zu § 2 TVG Tariffähigkeit = NZA 2006, 1112.

[41] BAG 19. 9. 2006 AP 5 zu § 2 BetrVG 1972 = NZA 2007, 518.

Normsetzung durch die Tarifvertragsparteien geschützt?, RdA 2001, 199; *Zachert,* Vereinigungsfreiheit/Koalitionsfreiheit, AR-Blattei SD 1650; *ders.,* Höheres Entgelt nur bei Gewerkschaftsaustritt oder Verzicht auf wichtige Gewerkschaftsrechte, ArbuR 2003, 370.

Übersicht

	RN
I. Allgemeines	1
II. Träger des Koalitionsrechts	2 f.
1. Jedermann	2
2. Arbeits- und Wirtschaftsbedingungen	3
III. Individuelle Koalitionsfreiheit	4 ff.
1. Positive Koalitionsfreiheit	4
2. Negative Koalitionsfreiheit	5
3. Rechtswidrigkeit der Beschränkung	6–8
4. Einzelfragen	9-11
IV. Individuelle Betätigungsfreiheit	12
V. Bestandsgarantie der Verbände	13 ff.
1. Institutionelle Garantie	13
2. Verwirkung	14
3. Bestandsschutz gegenüber Mitgliedern	15
4. Bestandsschutz gegenüber Dritten	16
5. Bestandsschutz gegenüber konkurrierenden Organisationen	17
VI. Betätigungsschutz der Verbände	18 ff.
1. Koalitionsmäßige Betätigung	18
2. Grenzen	19
3. Werbung	20, 21
4. Teilnahme an Tarifvertragsverhandlungen	22

I. Allgemeines

1 Neben Art. 9 GG ist die **Koalitionsfreiheit** geregelt im Internationalen Pakt über wirtschaftliche, soziale und kulturelle Rechte (§ 3 RN 44) und in Art. 28 der Grundrechtscharta (§ 3 RN 50). Die Koalitionsfreiheit schützt als Individualgrundrecht für jedermann das Recht, zur Wahrung und Förderung der Arbeits- und Wirtschaftsbedingungen Vereinigungen zu bilden und sich am Koalitionsleben zu beteiligen oder ihm fernzubleiben.[1] Als **Bestands- und Betätigungsgarantie** für die Verbände sichert sie den Bestand der Koalition[2] und deren Rechte zur spezifisch koalitionsmäßigen Betätigung. Einschränkungen der verfassungsrechtlich garantierten Betätigungsfreiheit der Koalitionen sind nur dann mit Art. 9 III GG vereinbar, wenn sie entweder dem Schutz des jeweiligen Koalitionspartners und damit gerade der Erhaltung der Funktionsfähigkeit der Tarifautonomie oder dem Schutz der Grundrechte Dritter dienen oder sie durch die Rücksicht auf andere Rechte mit Verfassungsrang gerechtfertigt sind.

II. Träger des Koalitionsrechts

2 **1. Jedermann.** Während die Vereinigungsfreiheit (Art. 9 I GG) nur den Deutschen zusteht, ist die Koalitionsfreiheit als Menschenrecht ausgestaltet. Sie steht „jedermann" zu. Für sie ergeben sich keine Beschränkungen aus der Staatsangehörigkeit oder dem Berufsstand. Sie steht daher sowohl Deutschen und ausländischen Staatsangehörigen als auch Ärzten, Beamten, Richtern, Soldaten, Auszubildenden zu.[3] Grundrechtsträger können auch Heimarbeiter[4] und arbeitnehmerähnliche Personen sein (vgl. § 12 a TVG, § 5 ArbGG). Die Koalitionsfreiheit schützt auch Arbeitgeber.[5] Gewerkschaftsbeschäftigte können zum Zweck der tarifvertraglichen Regelung ihrer Arbeitsbedingungen einen Verband gründen. Ihre Loyalitätspflichten gegenüber ihrem Arbeitgeber können aber zu Einschränkungen des Streikrechts führen.[6] Keine Koalitionsfreiheit können Insassen von Strafanstalten beanspruchen, die ihre Arbeitsleistung außerhalb eines Arbeitsverhältnisses erbringen. Sie sind keine Arbeitnehmer; ihre Vereinigungen können daher nicht auf die Förderung der Arbeits- und Wirtschaftsbedingungen gerichtet sein.

3 **2. Arbeits- und Wirtschaftsbedingungen.** Die Koalitionsfreiheit bezieht sich auf die Regelung der Arbeits- und Wirtschaftsbedingungen. Dies ist die Gesamtheit der Bedingungen, unter denen der Arbeitnehmer arbeiten und der Arbeitgeber beschäftigen darf. Die Regelungskompetenz bezieht sich sowohl auf die Arbeits- als auch die Wirtschaftsbedingungen.[7] Das Grundrecht kann

---

[1] BVerfG 26. 5. 1970 AP 16 zu Art. 9 GG.
[2] BVerfG 18. 11. 1954, 26. 5. 1970 AP 1, 16 zu Art. 9 GG.
[3] BVerfG 26. 6. 1991 AP 117 zu Art. 9 GG Arbeitskampf; 30. 11. 1965 AP 7 zu Art. 9 GG; 7. 4. 1981 AP 34 zu Art. 9 GG.
[4] BVerfG 27. 2. 1973 AP 7 zu § 19 HAG.
[5] BVerfG 14. 11. 1995 AP 80 zu Art. 9 GG; 26. 6. 1991 AP 17 zu Art. 9 GG Arbeitskampf = NZA 91, 809.
[6] BAG 17. 2. 1998 AP 87 zu Art. 9 GG = NZA 98, 754.
[7] ErfK/*Dieterich* Art. 9 RN 23; *Gamillscheg,* Kollektives Arbeitsrecht, S. 219 ff.

verwirken, wenn es zum Kampf gegen die freiheitliche demokratische Grundordnung missbraucht wird. Die Verwirkung und ihr Ausmaß werden durch das BVerfG festgestellt.[8]

III. Individuelle Koalitionsfreiheit

1. Positive Koalitionsfreiheit. Als solches wird das Recht des Einzelnen bezeichnet, einer Koalition beizutreten. Unstreitig ist der Einzelne gegen Eingriffe der öffentlichen Gewalt vor Einschränkungen seiner Koalitionsfreiheit geschützt (Art. 9 III 1 GG). Dies gilt auch im Falle des Notstands bei der Teilnahme an Arbeitskämpfen (Art. 9 III 3 GG). Das Grundrecht der Koalitionsfreiheit entfaltet Drittwirkung, weshalb der Einzelne gegen beschränkende privatrechtliche Abreden und Maßnahmen geschützt ist. Auf den Einzelnen darf auch kein Zwang ausgeübt werden darf, einer **anderen Koalition** beizutreten. Hierdurch würde in die positive Koalitionsfreiheit eingegriffen. Unberührt bleibt das Recht der Koalition, Beitritt, Verbleiben und Austritt der Mitglieder zu regeln. 4

2. Negative Koalitionsfreiheit. So heißt die Freiheit des Einzelnen, sich einer Koalition nicht anzuschließen sowie aus ihr auszutreten.[9] Ob und inwieweit das Recht des Einzelnen, überhaupt keiner Koalition beizutreten, grundrechtlich geschützt ist, war umstritten. Im Wesentlichen werden drei Grundauffassungen vertreten. **(a)** Nach Auffassung von BAG und BVerfG[10] ist die negative Koalitionsfreiheit in Art. 9 III GG verankert. Nach ihr ist die Koalitionsfreiheit nur dann in vollem Umfang gewährleistet, wenn der Einzelne sowohl bei seiner Entscheidung, ob er überhaupt einer Koalition beitreten soll, als auch bei seiner Entscheidung, welcher Koalition er beitreten soll, von jedem Zwang befreit ist. **(b)** Nach einer weitgehend überholten Ansicht in der Literatur[11] wird die negative Koalitionsfreiheit nicht durch Art. 9 III GG, sondern nur durch die allgemeinen Handlungsfreiheit (Art. 2 I GG) geschützt. Sie begründet ihre Auffassung im Wesentlichen mit den Thesen: Im Rahmen der historischen Entwicklung sei das Recht, einer Koalition fernzubleiben, niemals streitig gewesen. Es habe daher verfassungsrechtlich immer nur ein Bedürfnis bestanden, die Koalitionsfreiheit zu erkämpfen. Dagegen habe man die negative Koalitionsfreiheit immer als Ausfluss der allgemeinen Handlungsfreiheit aufgefasst. Entsprechend der historischen Entwicklung habe der parlamentarische Rat auch einen Passus in Art. 9 GG gestrichen, der den Beitrittszwang verboten habe. Schließlich könne auch bei teleologischer Auslegung die negative Koalitionsfreiheit nur aus Art. 2 GG abgeleitet werden. Im Rahmen des Wirtschaftslebens könne auf einen gewissen Zwang zum Beitritt zu den Koalitionen nicht verzichtet werden. Zwang entwickle sich z. B. schon aus der Unterscheidung zwischen Organisierten und Nichtorganisierten bei der Frage der Tarifbindung.[12] **(c)** Nach einer dritten Meinung ist die negative Koalitionsfreiheit überhaupt nicht verfassungsrechtlich geschützt.[13] 5

3. Rechtswidrigkeit der Beschränkung. Nach Art. 9 III 2 GG sind alle Abreden, durch die die positive oder negative Koalitionsfreiheit objektiv eingeschränkt wird oder versucht wird, einzuschränken, unwirksam (§ 134 BGB).[14] Der Begriff der Abrede ist i. S. eines Vertrags zu verstehen. Unwirksam sind danach Verträge, durch die der Arbeitnehmer verpflichtet wird, keiner Gewerkschaft[15] oder nur einer im Betrieb vertretenen Gewerkschaft beizutreten oder durch die sich Arbeitgeber verpflichten, keinen gewerkschaftlich organisierten Arbeitnehmer einzustellen[16] sowie Mitglied im Arbeitgeberverband zu werden bzw. zu bleiben.[17] Enthält ein Vertrag eine nach Art. 9 III 2 GG, § 134 BGB nichtige Vereinbarung, so bleibt abweichend von § 139 BGB der übrige Vertrag wirksam. Der Betriebsrat kann aber der Zustimmung zu einer Einstellung nicht allein mit der Begründung widersprechen, weil eine untertarifliche Bezahlung vorgesehen ist.[18] 6

---

[8] Vgl. BVerfG 26. 1. 1995 AP 77 zu Art 9 GG = NJW 95, 3377.

[9] BVerfG 14. 6. 1983 AP 21 zu § 9 BergmannVersorgSchein; 21. 1. 1987 AP 47 zu Art. 9 GG.

[10] BAG 29. 11. 1967 AP 13 zu Art. 9 GG; vgl. BVerfGE 20, 312, 321, 322; 44, 352; 1. 3. 1979 AP 1 zu § 1 MitbestG = NJW 79, 699.

[11] *Nipperdey,* Arbeitsrecht II/1, § 10 II 2; *Söllner* § 9 IV; *Galperin* DB 70, 302.

[12] *Gamillscheg,* Kollektives Arbeitsrecht, S. 382; *Zachert* AR-Blattei SD 1650.1 RN 64, 57.

[13] Vgl. BAG 28. 3. 2000 AP 27 zu § 99 BetrVG 1972 Einstellung = NZA 2000, 1294.

[14] BAG 19. 9. 2006 AP 22 zu § 3 TVG Verbandszugehörigkeit = NZA 2007, 277.

[15] BAG 28. 3. 2000 AP 27 zu § 99 BetrVG 1972 Einstellung = NZA 2000, 1294.

[16] EGMR 13. 8. 1981 NJW 82, 2717.

[17] BAG 19. 9. 2006 AP 22 zu § 3 TVG Verbandszugehörigkeit = NZA 2007, 277.

[18] BAG 28. 3. 2000 AP 27 zu § 99 BetrVG 1972 Einstellung = NZA 2000, 1294.

7 Zu den nach Art. 9 III 2 GG rechtswidrigen **tatsächlichen oder rechtlichen Maßnahmen** zählen Kündigungen oder Versetzungen wegen der Gewerkschaftszugehörigkeit eines Arbeitnehmers oder zur Durchsetzung eines für den Arbeitnehmer verbandsfremden Tarifvertrags.[19] Andererseits ist ein Arbeitskampf rechtswidrig, durch den der Arbeitgeber gezwungen werden soll, einem bestimmten Arbeitgeberverband beizutreten oder aus einem Verband auszutreten.

8 Wird der Einzelne in seiner individuellen Koalitionsfreiheit beeinträchtigt, so hat er ohne Rücksicht auf Verschulden des Störers bei Wiederholungsgefahr einen **Beseitigungs- und Unterlassungsanspruch** (§§ 823, 1004 BGB; negatorischer Unterlassungsanspruch) sowie im Falle des Verschuldens einen Schadensersatzanspruch (§§ 823 I, II, 826, 839 BGB).

9 **4. Einzelfragen. a) Austritt.** Kündigungsfristen, die den Austritt aus einer Koalition beschränken, sind grundsätzlich mit der negativen Koalitionsfreiheit vereinbar (zu Einzelheiten § 191 RN 12).

10 **b) Differenzierung nach der Verbandszugehörigkeit.** Auf nicht verbandsangehörige Arbeitnehmer und Arbeitgeber darf ein sozial adäquater Druck zum Verbandsbeitritt sowie zum Verbandswechsel ausgeübt werden. Der Arbeitgeber ist aber nicht verpflichtet, an Nicht- bzw. Andersorganisierte tarifliche Leistungen zu erbringen.[20] Die Differenzierungsmöglichkeit zwischen organisierten Arbeitnehmern und nichtorganisierten Arbeitnehmern gehört zu den gesetzlich (§§ 3 I, 4 I TVG) anerkannten Gruppenbildungen innerhalb der Arbeitnehmerschaft. Als unzulässig werden angesehen: **(a)** die **beschränkten Organisations- oder Differenzierungsklauseln.** Diese machen die Beschäftigung im Betrieb oder die Gewährung tariflicher Leistungen davon abhängig, dass der Arbeitnehmer einer bestimmten Gewerkschaft beitritt. **(b)** Die **allgemeinen Organisationsklauseln,** nach denen nur gewerkschaftlich organisierte Arbeitnehmer im Betrieb beschäftigt werden dürfen (closed shop).[21] Hierdurch wird die Freiheit der Berufswahl der Arbeitnehmer beeinträchtigt (Art. 12 I GG). **(c)** Die **allgemeinen Differenzierungsklauseln** (Tarifausschluss- oder Abstandsklauseln). Durch sie soll verhindert werden, dass Außenseitern dieselben Rechte wie Tarifgebundenen gewährt werden.[22] In seiner Entscheidung vom 29. November 1967 hat sich der GS des BAG ganz allgemein gegen die Wirksamkeit von tarifvertraglichen Regelungen ausgesprochen, die Leistungen ausschließlich für Gewerkschaftsmitglieder vorsehen. Der 4. Senat des BAG hat zuletzt jedoch offen gelassen, ob dem GS des BAG zu folgen ist und ggf. mit welcher Regelungstechnik und in welchem Umfang zusätzliche Leistungen bestimmt werden können, die nur Gewerkschaftsmitglieder erhalten sollen.[23] Es ist in der Tat fraglich, warum der Gruppe der Organisierten nicht durch Tarifvertrag höhere Leistungen gewährt werden dürfen als der Gruppe der Nichtorganisierten. Zulässig ist die Verpflichtung der Koalitionspartner, nicht die Allgemeinverbindlicherklärung von Tarifverträgen zu beantragen, um die Außenseiter nicht in den Schutz der Tarifverträge zu bringen; zu Regelungen über gewerkschaftliche Vertrauensleute § 191 RN 14. **(d)** Die sog. **Solidaritätsverträge,** wonach nichtorganisierte Arbeitnehmer zu Beiträgen für die Gewerkschaften herangezogen werden.[24] **(e) Arbeitskämpfe** zur Erzwingung der Kündigung von nichtorganisierten Arbeitnehmern. Zur Sozialwidrigkeit der Druckkündigung vgl. § 127 RN 56, § 133 RN 16. **(f)** Für zulässig wurde dagegen angesehen, dass im Rahmen des Überforderungsschutzes nach § 2 I Nr. 4 VRG sowohl tarif- wie nichttarifgebundene Arbeitnehmer gezählt werden.

11 Umstritten ist, in welchem Umfang Außenseiter gegen die **Normsetzung der Organisationen** geschützt sind.[25] Dies gilt vor allem für die Betriebsnormen, die nach § 3 II TVG von den Koalitionen auch für Außenseiter gesetzt werden können, oder für tarifliche Öffnungsklauseln. Die Rechtsprechung hält diese Normen für zulässig.[26] Das BVerfG hat in zwei Nichtannahmebeschlüssen anerkannt, dass § 3 III TVG bis zum Ende des Tarifvertrags nachwirkt und der Mindestlohn-Tarifvertrag im Baugewerbe auf die nicht organisierten Unternehmen erstreckt werden kann.[27]

---

[19] BAG 15. 2. 1957 AP 33 zu § 1 KSchG.

[20] BAG 19. 10. 1966 AP 24 zu § 2 TVG; 21. 1. 1987 AP 47 zu Art. 9 GG.

[21] EGMR 11. 1. 2006 RIW 2006, 378; 13. 8. 1981 NJW 82, 2717.

[22] BAG GS 29. 11. 1967 AP 13 zu Art. 9 GG; ebenso BAG 21. 1. 1987 AP 47 zu Art. 9 GG = NZA 87, 233; 21. 1. 1987 46 zu Art. 9 GG; 21. 3. 1978 AP 62 zu Art 9 GG Arbeitskampf.

[23] BAG 9. 5. 2007 AP 23 zu § 3 TVG Verbandszugehörigkeit = NZA 2007, 1439; der Streitstand im Schrifttum ist in der Entscheidung unter RN 30 dargestellt; a. A. LAG Niedersachsen 11. 12. 2007 DB 2008, 1977; nunmehr auch BAG 18. 3. 2009 – 4 AZR 64/08 z. V. b.

[24] *Biedenkopf* JZ 61, 346; *Söllner* § 9 V 2.

[25] Dazu *Schubert* RdA 2001, 199.

[26] Vgl. BAG 7. 11. 1995 AP 1 zu § 3 TVG Betriebsnormen = NZA 96, 1214.

[27] BVerfG 3. 7. 2000 AP 36 zu § 4 TVG Nachwirkung = NZA 2000, 947.

IV. Individuelle Betätigungsfreiheit

Die Koalitionsfreiheit umfasst das Recht des Einzelnen, sich koalitionsmäßig zu betätigen und am Koalitionsleben teilzunehmen. Hieraus folgt, dass der Einzelne an Koalitionshandlungen teilnehmen darf, also z. B. an einem Streik seines Verbandes. Ferner darf er sich werbend, etwa vor Betriebs- und Personalratswahlen, für seinen Verband einsetzen;[28] zu weiteren Einzelheiten RN 20. 12

V. Bestandsgarantie der Verbände

1. Institutionelle Garantie. Nach Art. 9 III GG ist nicht nur der Einzelne, sondern auch die Koalition in ihrem Bestande verfassungsrechtlich geschützt (institutionelle Garantie).[29] Wenngleich der Bestandsschutz nicht unmittelbar aus dem Wortlaut von Art. 9 III GG folgt, so ergibt sich dieser im Wege der historischen und teleologischen Verfassungsinterpretation. Bereits die Weimarer Verfassung (Art. 165 I WRV) hat ausdrücklich Verbände der Arbeitgeber und Arbeitnehmer anerkannt. Das Bekenntnis des GG zum sozialen Rechtsstaat verbietet eine andere Auslegung der Koalitionsfreiheit. Der verfassungsrechtliche Schutz erstreckte sich nach der Rspr. des BVerfG zunächst nur auf den Kernbereich.[30] Zumindest im Rahmen des Betätigungsschutzes hat das BVerfG die Kernbereichslehre aufgegeben.[31] Danach schützt Art. 9 III GG die Freiheit einer Koalition in ihrem Bestand, ihrer organisatorischen Ausgestaltung und ihrer koalitionsspezifischen Betätigung.[32] Zur koalitionsspezifischen Betätigung gehört der Abschluss von Tarifverträgen, durch die tariffähige Koalitionen die Arbeitsbedingungen ihrer Mitglieder in eigener Verantwortung ordnen.[33] Die in Art. 9 III GG vorbehaltlos garantierte Koalitionsfreiheit kann zum Schutz von Rechtsgütern und Gemeinwohlbelangen eingeschränkt werden, denen gleichermaßen verfassungsrechtlicher Rang zukommt. Den Koalitionen ist dabei ein weitgehender, aber nicht unbeschränkter Handlungsspielraum zuerkannt. Die Grenzen zulässiger Beeinträchtigungen sind überschritten, soweit einschränkende Regelungen nicht zum Schutz anderer Rechtsgüter von der Sache her geboten sind. Als solche hat das BVerfG z. B. die Störung des Arbeitsablaufs und des Betriebsfriedens oder die Wahrung des Vertrauens in die Neutralität einer Arbeitnehmervertretung angesehen.[34] Im Einzelfall müssen die Grundrechtsbeeinträchtigung und das Gewicht der entgegenstehenden Güter gegeneinander abgewogen werden. Es müssen die Grundsätze der Verhältnismäßigkeit gewahrt bleiben. Die Bestandsgarantie erstreckt sich auf den Koalitionszweck, nämlich die Förderung der Arbeits- und Wirtschaftsbedingungen. Wird in die Bestandsgarantie des Verbandes eingegriffen, steht der Koalition ein Unterlassungsanspruch zu.[35] Der Anspruch ist im Wege des Beschlussverfahrens zu verfolgen, wenn er sich gegen den Abschluss tarifwidriger Betriebsvereinbarungen richtet.[36] 13

2. Verwirkung. Der Bestandsschutz wird verwirkt, wenn die Koalition die Koalitionsfreiheit zum Kampf gegen die freiheitliche und demokratische Grundordnung missbraucht. Umfang und Grenzen der Verwirkung werden durch das BVerfG festgestellt (Art. 18 GG). Im Vereinsrecht ist der besonderen Stellung der Koalitionen Rechnung getragen. Nach § 16 VereinsG vom 5. 8. 1964 (BGBl. I S. 593) m. spät. Änd. werden Verbote gem. §§ 3, 8 gegen Koalitionen erst dann wirksam, wenn sie durch das zuständige Verwaltungsgericht (OVG, BVerwG) bestätigt worden sind. 14

3. Bestandsschutz gegenüber Mitgliedern. Der Bestandsschutz der Koalitionen besteht gegenüber ihren Mitgliedern. Die Koalitionen sind daher berechtigt, den Austritt ihrer Mitglie- 15

---

[28] BVerfG 30. 11. 1965 AP 7 zu Art. 9 GG; BAG 14. 2. 1967 AP 10 zu Art. 9 GG.

[29] BVerfG 24. 4. 1996 AP 2 zu § 57a HRG = NZA 96, 1157; 2. 3. 1993 AP 126 zu Art. 9 GG Arbeitskampf = NJW 93, 1379; 18. 11. 1954 AP 1 zu Art. 9 GG; BAG 24. 2. 1999 EzA 64 zu Art. 9 GG; 26. 6. 1991 NJW 91, 2549 = NZA 91, 809; 2. 6. 1987 AP 49 zu Art. 9 GG = NZA 88, 64.

[30] BVerfG 26. 6. 1991 AP 117 zu Art. 9 GG Arbeitskampf = NZA 91, 809; 1. 3. 1979 AP 1 zu § 1 MitbestG = NJW 79, 593, 833; 30. 11. 1965 AP 7 zu Art. 9 GG = NJW 66, 491; AP 1 zu Art. 9 GG.

[31] BVerfG 27. 4. 1999 BVerfGE 100, 271 = NZA 99, 992; 24. 2. 1999 AP 18 zu § 20 BetrVG 1972 = NZA 99, 713; 24. 4. 1996 AP 2 zu § 57a HRG = NZA 96, 1157; 14. 11. 1995 AP 80 zu Art. 9 GG = NZA 96, 381.

[32] BVerfG 10. 9. 2004 AP 167 zu Art. 9 GG Arbeitskampf = NZA 2004, 1338.

[33] BVerfG 11. 6. 2006 AP 129 zu Art 9 GG = NZA 2007, 42; BAG 24. 4. 2007 AP 2 zu § 1 TVG Sozialplan = NZA 2007, 987.

[34] BVerfG 6. 2. 2007 NZA 2007, 394.

[35] BAG 20. 4. 1999 AP 89 zu Art. 9 GG = NZA 99, 887.

[36] BAG 20. 4. 1999 AP 89 zu Art. 9 GG = NZA 99, 887; 13. 3. 2001 AP 17 zu § 2a ArbGG 1979 = NZA 2001, 1037.

der im Rahmen der Kündigungsvorschriften des BGB zu beschränken. Nur unbillig lange Kündigungsfristen verstoßen gegen das individuelle Koalitionsrecht (§ 191 RN 12). Ferner können Bestimmungen zur Wahrung der Verbandsdisziplin erlassen werden.[37]

16 **4. Bestandsschutz gegenüber Dritten.** Der Bestand der Koalitionen ist gegenüber Dritten geschützt. Abreden und Maßnahmen Dritter, durch die in den Bestand der Koalition eingegriffen wird, sind rechtswidrig. Abreden sind alle zwei- oder mehrseitigen Vereinbarungen, unerheblich, ob es sich um Verträge im Rechtssinne handelt. Maßnahmen sind dagegen einseitige Akte wie Kündigungen, Maßregelungen usw. Die Koalition kann aus eigenem Recht Unterlassungs- oder Schadensersatzklage erheben (oben RN 6). Maßnahmen gegen den Bestand der Koalition liegen bereits dann vor, wenn die Mitgliederzahl der Koalitionen in irgendeiner Weise beeinträchtigt wird oder die Einstellung vom Austritt aus der Gewerkschaft abhängig gemacht wird.[38]

17 **5. Bestandsschutz gegenüber konkurrierenden Organisationen.** Umstritten ist, ob der Bestandsschutz auch gegenüber konkurrierenden Koalitionen besteht. Die Rspr. bejaht dies für den Fall der unfairen Mitgliederwerbung mit der Begründung, eine solche beeinträchtige in rechtlich unzulässiger Weise den Mitgliederbestand und das Wirken der Gewerkschaft.[39] Die Literatur hält dies vielfach für zu weitgehend.[40] Entsprechend der geschichtlichen Entwicklung schütze die Koalitionsfreiheit nicht vor rivalisierenden Verbänden. Bei unfairer Werbung kämen allein Ansprüche aus §§ 824, 826 BGB in Betracht.[41]

VI. Betätigungsschutz der Verbände

Lelley, Die Grenzen digitaler Gewerkschaftsrechte im Betrieb, BB 2002, 252; *I. Schmidt,* Die Ausgestaltung der kollektiven Koalitionsfreiheit durch die Gerichte, FS Richardi (2007), S. 765.

18 **1. Koalitionsmäßige Betätigung.** Der Schutz des Art. 9 III GG bezieht sich auch auf die „spezifisch koalitionsmäßige Betätigung", also auf die Betätigung im „Bannkreis" ihres Aufgabenbereiches **(funktionelle Garantie).**[42] Was unter diesem Begriff zu verstehen ist, ist umstritten. Der Schutz ist nicht auf die Förderung der Arbeits- und Wirtschaftsbedingungen durch Abschluss von Tarifverträgen begrenzt, sondern erfasst jede Tätigkeit zur Erfüllung der in Art. 9 III GG gestellten Aufgaben.[43] Nach dem BVerfG beschränkt sich der Schutz des Art. 9 III GG auch nicht auf diejenigen Tätigkeiten, die für die Erhaltung und die Sicherung des Bestandes der Koalition unerlässlich sind; er umfasst vielmehr alle koalitionsspezifischen Verhaltensweisen, zur Mitgliederwerbung RN 20.[44] Durch Art. 9 III GG werden garantiert die Tarifautonomie,[45] die Schlichtung, das Recht zum Arbeitskampf,[46] die Wahrnehmung der Koalitionsinteressen und der ihrer Mitglieder in Gesetzgebung, Verwaltung, Gerichtsverfahren, Rechtsberatung[47] und Betriebsverfassung.[48] Die Koalitionen können sich auf allen Gebieten betätigen, die zur sinnvollen Ordnung des Arbeitslebens gehört. Dagegen ist ihre allgemeinpolitische Betätigung nur im Rahmen der allgemeinen Handlungsfreiheit (Art. 2 GG) geschützt.[49] Die Wahlwerbung für politische Parteien oder vor einer politischen Wahl gehört nicht zur koalitionsmäßigen Betätigungsfreiheit.[50]

---

[37] BAG 2. 12. 1960 AP 2 zu § 19 BetrVG.

[38] BAG 2. 6. 1987 AP 49 Art. 9 GG = NZA 88, 64.

[39] BGH 6. 10. 1964 AP 6 zu § 54 BGB; BAG 11. 11. 1968 AP 14 zu Art. 9 GG; BGH NJW 65, 29. Zum „Ehrenschutz" der Koalitionen untereinander BGH AP 6 zu Art. 5 I GG.

[40] *Mayer-Maly/Däubler,* Negative Koalitionsfreiheit, 1971; *Reichel,* Das Schutzbedürfnis der negativen Koalitionsfreiheit, DB 72, 2062ff.; 2110ff.

[41] Vgl. z. B. *Fenn* JuS 1965, 175; *Söllner* JZ 1966, 404; *ders.* § 9 III 3.

[42] BVerfG 6. 5. 1964 AP 15 zu § 2 TVG; AP 7, 16 zu Art. 9 GG; 26. 5. 1970 AP 16 zu Art. 9 GG = NJW 70, 1635; BAG AP 5, 13 zu Art. 9 GG; AP 49 a. a. O. = NZA 88, 64.

[43] Z. B. BVerfG 14. 11. 1995 AP 80 zu Art 9 GG = NZA 96, 381; BVerfGE 19, 303; 18, 18; 17, 319.

[44] BVerfG 14. 11. 1995 AP 80 zu Art. 9 GG = NZA 96, 381; BAG 20. 1. 2009 – 1 AZR 515/08 z. V. b. – E-mail; 31. 5. 2005 AP 124 Art. 9 GG = NZA 2005, 1182.

[45] BVerfG 24. 5. 1977 AP 15 zu § 5 TVG; 18. 12. 1974 AP 23 zu Art. 9 GG.

[46] BVerfG 2. 3. 1993 AP 126 zu Art. 9 GG Arbeitskampf; 4. 7. 1995 AP 4 zu § 116 AFG; BAG AP 64 zu Art. 9 GG Arbeitskampf = NJW 80, 1642.

[47] BVerfG 2. 12. 1992 AP 1 zu § 2 BeratungshilfeG; LG Berlin 3. 5. 1996 NZA 96, 985.

[48] BVerfG 30. 11. 1965 AP 7 zu Art 9 GG; BAG 14. 2. 1967 AP 10 zu Art. 9 GG = NJW 67, 843.

[49] Zu Soldaten in Uniform BVerwG 8. 12. 1982 NJW 84, 747.

[50] BVerfG 28. 4. 1976 AP 2 zu § 74 BetrVG 1972 = NJW 76, 1627.

2. Grenzen. Wenngleich grundsätzlich eine funktionelle Betätigungsgarantie anerkannt wird, ist der Staat nicht an der gesetzlichen Ausgestaltung der Arbeits- und Wirtschaftsbedingungen gehindert. Art. 9 III GG verleiht den Tarifvertragsparteien zwar ein Normsetzungsrecht, aber kein Normsetzungsmonopol. Im Rahmen der Verhältnismäßigkeitsprüfung kommt es wesentlich auf den Gegenstand der gesetzlichen Regelung an. Der Grundrechtsschutz ist nicht für alle koalitionsmäßigen Betätigungen gleich intensiv. Der Schutz der Koalitionen durch Art. 9 III GG nimmt vielmehr in dem Maße zu, in dem eine Materie aus Sachgründen am besten von ihnen geregelt werden kann, weil sie nach der dem Art. 9 III GG zugrunde liegenden Vorstellung des Verfassungsgebers die gegenseitigen Interessen angemessener zum Ausgleich bringen können als der Staat.[51] Der Gesetzgeber darf im Rahmen seiner Gestaltungsfreiheit der Betätigung der Koalitionen zum Schutz anderer Rechtsgüter Grenzen ziehen.[52] Kollidiert die gewerkschaftliche Betätigungsfreiheit mit anderen geschützten Rechtspositionen muss im Wege der Abwägung eine praktische Konkordanz zwischen den Rechtsgütern hergestellt werden. Bei Grundrechtskollisionen kann es in bestimmten Bereichen Sache des Gesetzgebers sein, die für die Grundrechtsverwirklichung maßgeblichen Regelungen selbst zu treffen. Legt eine Gewerkschaft in einer Polizeidienststelle Unterschriftenlisten aus, um Planstellen zu vermehren, kollidiert die Betätigungsfreiheit mit dem verfassungsrechtlichen Gebot der Gesetzmäßigkeit der Verwaltung. Die Betätigungsfreiheit muss zurücktreten.[53] 19

3. Werbung. Die Mitgliederwerbung ist Teil der durch Art. 9 III 1 GG geschützten Betätigungsfreiheit der Gewerkschaften.[54] Durch diese schaffen die Koalitionen das Fundament für die Erfüllung ihrer Aufgaben und sichern ihren Fortbestand. Ferner hängt von der Mitgliederzahl ihre Verhandlungsstärke ab. Die Koalitionen können dabei selbst bestimmen, welche Personen sie mit der Werbung betrauen, und die Möglichkeit, dort um Mitglieder zu werben, wo Arbeitnehmer zusammenkommen und als solche angesprochen werden können. Die Betätigungsfreiheit kann einen Anspruch darauf gewähren, in nichtkirchlichen Betrieben auch mit betriebsfremden Beauftragten Mitgliederwerbung zu betreiben, soweit überwiegende schützenswerte Interessen des Arbeitgebers und Betriebsinhabers nicht entgegenstehen.[55] Zu den verfassungsrechtlich geschützten Belangen des Arbeitgebers gehören sein Interesse an einem störungsfreien Arbeitsablauf und der Wahrung des Betriebsfriedens. Entscheidend sind die Umstände des Einzelfalls.[56] Hiernach kann ein Anspruch der Koalition gegenüber dem Arbeitgeber bestehen, auch außerhalb von Betriebs- und Personalratswahlen Wahlwerbung zu betreiben,[57] die Verteilung von **Werbe- und Informationsmaterial** mit spezifisch koalitionsmäßigem Inhalt durch der Gewerkschaft angehörende Belegschaftsmitglieder außerhalb der Arbeitszeit und während der Pausen[58] sowie die Benutzung bestehender Anschlagbretter zu dulden.[59] Auch der unaufgeforderte Versand von Gewerkschaftswerbung an die dienstlichen Internetadressen der Arbeitnehmer kann vom Arbeitgeber hinzunehmen sein.[60] Verneint worden ist in der Vergangenheit die Verteilung von Werbe- und Informationsmaterial während der Arbeitszeit,[61] die Benutzung des hausinternen Postverteilungssystems,[62] die Werbung durch betriebsfremde Beauftragte in kirchlichen Einrichtungen,[63] die Durchführung der Wahlen für gewerkschaftliche Vertrauensleute im Betrieb[64] oder das Aufbringen von Gewerkschaftsplaketten auf dem Arbeitgeber gehörenden Schutzhelmen.[65] Die gewerkschaftliche Mitgliederwerbung ist auch im Verhältnis zu konkurrierenden Gewerkschaften geschützt.[66] Zu einer zulässigen Wahlwerbung gehört es auch, 20

---

[51] BVerfG 24. 4. 1996 AP 2 zu § 57 a HRG = NZA 96, 1157.
[52] BVerfG 26. 5. 1970 AP 16 zu Art. 9 GG – Werbemaßnahmen.
[53] BAG 25. 1. 2005 AP 123 zu Art. 9 GG = NZA 2005, 592; dazu BVerfG 6. 2. 2007 NZA 2007, 394.
[54] So bereits BVerfG AP 7 zu Art. 9 GG; BAG AP 10, 26, 30 zu Art. 9 GG; AP 38 a. a. O.; AP 45 a. a. O. = NZA 87, 164; 6. 12. 2000 AP 48 zu § 19 BetrVG 1972; BGH 31. 5. 2005 AP 124 zu Art. 9 GG = NZA 2005, 1182.
[55] BAG 28. 2. 2006 AP 127 zu Art. 9 GG = NZA 2006, 798.
[56] BAG 28. 2. 2006 AP 127 zu Art. 9 GG = NZA 2006, 798; 28. 2. 2006 SAE 2007, 106.
[57] BVerfG 30. 11. 1965 AP 7 zu Art. 9 GG.
[58] BAG 28. 2. 2006 AP 127 zu Art. 9 GG = NZA 2006, 798; AP 6, 10, zu Art. 9 GG.
[59] LAG Frankfurt DB 72, 1027; einschränkend BB 73, 1394.
[60] BAG 20. 1. 2009 – 1 AZR 515/08 z. V. b.
[61] BAG 26. 1. 1982 AP 35 zu Art. 9 GG.
[62] BAG 23. 9. 1986 AP 45 zu Art. 9 GG = NZA 87, 164; EuGH 18. 1. 1990 NZA 91, 189.
[63] BAG 19. 1. 1982 AP 10 zu Art. 140 GG = NJW 82, 2279.
[64] BAG 8. 12. 1978 AP 28 zu Art. 9 GG = NJW 79, 1847; 14. 2. 1989 AP 52 a. a. O. = NZA 89, 601.
[65] BAG 23. 2. 1979 AP 30 zu Art. 9 GG = NJW 79, 1847.
[66] BAG 31. 5. 2005 AP 124 zu Art. 9 GG = NZA 2005, 1182.

wenn Wahlberechtigte generell oder individuell dazu aufgefordert werden, ihr Wahlrecht überhaupt oder in einer bestimmten Weise auszuüben. Die hiermit verbundene Ansprache und Beeinflussung der Wahlberechtigten ist Bestandteil eines demokratischen Wahlverfahrens. Die Grenzen zulässiger Werbung werden überschritten, wenn sie mit unlauteren Mitteln erfolgt oder auf die Existenzvernichtung einer konkurrierenden Gewerkschaft gerichtet ist.

21 Nach § 74 III BetrVG können sich Betriebs- und Personalratsmitglieder an der Werbung für ihre Gewerkschaft beteiligen. Jedoch fordert ihre Verpflichtung zur gewerkschaftsneutralen Amtsführung (§ 75 BetrVG) eine deutliche Abgrenzung zwischen gewerkschaftlichem und betriebsverfassungsrechtlichem Einsatz. Einzelheiten § 215.

22 **4. Teilnahme an Tarifvertragsverhandlungen.** Aus der funktionellen Betätigungsgarantie der Koalitionen lässt sich kein Rechtsanspruch der Gewerkschaften auf Teilnahme an Tarifvertragsverhandlungen herleiten.[67] Im Vorfeld von Tarifverhandlungen kann noch nicht auf Feststellung der Unrechtmäßigkeit der Tarifziele geklagt werden.[68]

§ 189. Aufbau und Organisation der Koalitionen

Allgemein: *Gergen,* Gewerkschaften in der deutschen Rechtsgeschichte, ArbuR 2006, 307; *Rieble,* Gewerkschaftliche Selbstdarstellung im Internet und Intranet, ZfA 2001, 341.

Europäischer Gewerkschaftsbund: *Arnold,* Die Stellung der Sozialpartner in der europäischen Sozialpolitik, NZA 2002, 1261; *Gabaglio/Fonteneau/Lörcher,* Der Europäische Gewerkschaftsbund zur Europäischen Sozialcharta, ArbuR 97, 345; *Lörcher,* Der Europäische Gewerkschaftsbund (EGB) und seine Beteiligung am europäischen Arbeitsrecht, NZA 2003, 184.

Internetadressen: http://www.dgb.de; http://www.cgb.info; http://www.bdi-online.de.

Übersicht

	RN
I. Aufbau der Gewerkschaften	1 ff.
1. Gliederung bis 1933	1, 1 a
2. Richtungsgewerkschaften	2
3. Neugründung nach dem Zweiten Weltkrieg	3, 4
4. Gewerkschaften	5, 5 a
5. Leitende Angestellte	6, 7
6. Ärzte	8
7. Nicht rechtsfähige Vereine	9
8. Europäischer Gewerkschaftsbund	10
II. Der DGB und die angeschlossenen Gewerkschaften	11 ff.
1. DGB-Gewerkschaften	11–13
2. Organe des DGB	14–18
3. Einzelgewerkschaften	19
4. Verbandsvermögen	20, 21
III. Die vormalige DAG	22 ff.
1. Rechtsentwicklung	22–24
2. Gewerkschaftliche Vertretung	25–27
IV. Christlicher Gewerkschaftsbund Deutschland (CGB)	28 ff.
1. Ziel	28
2. Organe des CGB	29–32
3. Gliederung	33–37
V. Gemeinschaft von Gewerkschaften: dbb tarifunion	38 ff.
1. Organisation	38, 39
2. Angeschlossene Organisationen	40
VI. Beamtengewerkschaften	41 ff.
1. DGB-Gewerkschaften	41
2. Beamtenbund	41 a
3. dbb tarifunion	41 b
VII. Arbeitgeberverbände	42 ff.
1. Organisation	42, 43
2. TdL	44
3. BDI	45
4. Organe der einzelnen Arbeitgeberverbände	46
5. OT-Verbände	47
VIII. Internationale Organisationen	48

I. Aufbau der Gewerkschaften

1 **1. Gliederung bis 1933.** Zu Beginn des 19. Jahrhunderts begann in Deutschland der Übergang von der handwerklichen zur industriellen Fertigung. Während der Revolution von 1848/49 wurden überregionale Organisationen gegen die Ausbeutung von Arbeitnehmern gegründet. Als die Revolution scheiterte, wurden diese Organisationen wieder aufgelöst. Nach 1861 wurden in einigen deutschen Ländern die Koalitionsverbote aufgehoben, so dass sich wieder Gewerkschaften bilden konnten. Mit der Verabschiedung der Gewerbeordnung 1869 wurden alle Beschränkungen beseitigt. Durch die Sozialistengesetze von 1878 wurden die Gewerkschaften nur noch vorübergehend untersagt. Diese Gesetze wurden 1890 wieder aufgehoben. 1914 hatten die freien sozialdemokratischen Gewerkschaften rund 2,5 Mio. Mitglieder, die christlichen

[67] BAG AP 5 zu Art. 9 GG; AP 1 zu § 1 TVG Verhandlungspflicht = NJW 82, 2395; AP 52 zu Art. 9 GG = NZA 89, 601.

[68] BAG 19. 6. 1984 AP 3 zu § 1 TVG Verhandlungspflicht = NJW 85, 220 = NZA 84, 261.

340 000 und die liberalen 105 000. Von rund 13 500 Tarifverträgen wurden rund 10% der Arbeitnehmer erfasst.

Bis zum Jahre 1933 waren die Gewerkschaften nach dem Berufs- und dem Industrieverbandssystem gegliedert. Bei dem **Berufsverbandssystem** sind die Arbeitnehmer nach dem von ihnen ausgeübten Beruf organisiert. Beim **Industrieverbandssystem** sind sie nach dem Wirtschaftszweig, in dem sie beschäftigt sind, koaliert. Für letzteres gilt das Schlagwort: Ein Betrieb – eine Gewerkschaft. 1a

2. Richtungsgewerkschaften. Neben einigen Splittergewerkschaften bestanden bis 1933 drei große Richtungsgewerkschaften: Die freien Gewerkschaften mit sozialer Grundhaltung, die christlichen Gewerkschaften und die liberalen Hirsch-Dunckerschen Gewerkschaften. 2

3. Neugründung nach dem Zweiten Weltkrieg. a) Nach dem Zweiten Weltkrieg wurden die Gewerkschaften unter dem Einfluss der Besatzungsmächte neu gegründet. In der amerikanischen Besatzungszone entstanden sie nach dem **Industrieverbandssystem.** In der britischen Besatzungszone wurden neben den nach dem Industrieverbandssystem gegründeten Gewerkschaften eine nach dem **Berufsverbandssystem** organisierte Angestelltengewerkschaft gebildet, die Angestellte aus allen Industriezweigen aufnahm. Die Gewerkschaften wollen keine Richtungsgewerkschaften mehr sein; sie betonen ihre weltanschauliche und parteipolitische Neutralität. Erst seit dem Jahre 1959 ist zu den sog. **Einheitsgewerkschaften** der Christliche Gewerkschaftsbund Deutschlands hinzugetreten. 3

b) In der ehemaligen DDR wurde eine **Einheitsgewerkschaft** (FDGB) gegründet. Diese ist im Zuge der Wiedervereinigung aufgelöst worden. Die Gewerkschaften der Altbundesländer haben ihre Betätigung auch auf die neuen Bundesländer erstreckt und haben eine eigene Verwaltungsorganisation aufgebaut. 4

4. Gewerkschaften.[1] Die wichtigsten Gewerkschaften sind **(a)** die im Deutschen Gewerkschaftsbund (DGB) zusammengeschlossenen Industriegewerkschaften. Die Mitgliederzahlen zum 31. 12. 2008 ergeben sich aus folgender Übersicht: 5

Mitglieder in den DGB-Gewerkschaften 2008

Mitgliederstatistik (Stand: 31. 12. 2008)	Deutscher Gewerkschaftsbund (Gesamt)					
Gewerkschaft	Männlich		Weiblich		Insgesamt	in v. H.
	Gesamt	in v. H.	Gesamt	in v. H.		
IG Bauen-Agrar-Umwelt	330 405	84,4	61 141	15,6	391 546	5,8
IG Bergbau, Chemie, Energie	606 057	80,9	142 795	19,1	748 852	11,0
Gew. Erziehung und Wissenschaft*	78 865	31,3	172 721	68,7	251 586	3,7
IG Metall*	1 943 660	81,8	432 565	18,2	2 376 225	35,1
Gew. Nahrung- Genuss-Gaststätten*	130 345	60,3	85 812	39,7	216 157	3,2
Gew. der Polizei	138 082	79,0	36 634	21,0	174 716	2,6
TRANSNET	205 699	79,1	54 256	20,9	259 955	3,8
ver.di	1 187 252	50,3	1 172 140	49,7	2 359 392	34,8
DGB-Gesamt	4 620 365	68,2	2 158 064	31,8	6 778 429	100,0
	Männlich		Weiblich		Insgesamt	in v. H.
	Gesamt	in v. H.	Gesamt	in v. H.		
Arbeiter und Angestellte	3 978 415	80,4	1 890 167	19,6	5 868 582	86,6
Beamte	336 478	68,7	153 028	31,3	489 506	7,2
Sonstige** ***	305 472	72,7	114 869	27,3	420 341	6,2
DGB-Gesamt	4 620 365	68,2	2 158 064	31,8	6 778 429	100,0

* Die GEW führt in ihrer Mitgliederverwaltung die Kategorie „Arbeiter" nicht, die IG Metall und die NGG führen die Kategorie „Beamte" nicht.

** In der Kategorie „Sonstige" sind alle Mitglieder eingetragen, die die Gewerkschaften in anderen als den Kategorien Arbeiter, Angestellte und Beamte erfasst haben.

*** Die IG Metall gibt ab 2005 ihre Mitglieder nur in den Kategorien „Arbeiter" und „Angestellte" an. Im Vergleich zu 2004, wo sie auch Zahlen für „Sonstige" angegeben hat, kann dies zu größeren Schwankungen führen!

[1] http://www.dgb.de.

5a **(b)** Die Deutsche Angestelltengewerkschaft wurde im Jahre 2001 in die Gewerkschaft ver.di eingegliedert;[2] **(c)** der dbb beamtenbund und tarifunion hat über 1,25 Mio. Mitglieder (Ende 2008);[3] **(d)** der Christliche Gewerkschaftsbund Deutschlands hatte im Jahr 2008 nach eigenen Angaben ca. 280 000 Mitglieder. Die Tariffähigkeit der im CGB zusammengeschlossenen 16 Einzelgewerkschaften ist teilweise umstr.[4] Im Verfahren des ArbG Stuttgart hat die CGM ausgeführt, dass bei ihr 88 044 aktive Arbeitnehmer und 9345 Rentner organisiert sind; diese Zahlen hat die IG Metall bestritten.

6 **5. Leitende Angestellte.**[5] Die leitenden Angestellten werden zzt. in sieben Verbänden mit über 50 000 Mitgliedern erfasst: **(a)** VAA Verband angestellter Akademiker und leitender Angestellter der chemischen Industrie e. V., Köln; **(b)** die Führungskräfte, Köln; **(c)** VDL-Bundesverband, Berufsverband Agrar, Ernährung, Umwelt e. V., Berlin, **(d)** VGA kooperierend, Bundesverband der Assekuranzführungskräfte e. V., Köln; **(e)** Kreis Deutschsprachiger Führungskräfte Círculo de Directivos de Habla Alemana, Barcelona; **(f)** Europäischer Dachverband CEC Confédération Européenne des Cadres, Bruxelles; **(g)** Service-Gesellschaft GVS Gesellschaft für Verlags- und Serviceleistungen mbH, Berlin. Diese Verbände sind im Deutschen Führungskräfteverband ((ULA) ehemals Union der Leitenden Angestellten), Postfach 19 14 46, 14 004 Berlin zusammengefasst. Auf EU-Ebene ist die ULA Mitglied der Confédération Européenne des Cadres (CEC)[6] Rue de la Loi 81 A, 1040 Bruxelles, Belgien.

7 Ob die genannten Verbände Gewerkschaften sind, ist teilweise umstr. Vom BAG ist es für den ehemaligen VFE bejaht.[7] Der VAA hat mehrere Tarifverträge, insbesondere für akademisch gebildete Angestellte, abgeschlossen, die Bedeutung erlangt haben.

8 **6. Ärzte.** Die angestellten Ärzte sind im Marburger Bund organisiert, der Gewerkschaftseigenschaft hat.[8] Für Arzt- und Zahnarzthelferinnen gibt es den Berufsverband der Arzt- und Zahnarzthelferinnen, dem Gewerkschaftseigenschaft zukommen soll.[9]

9 **7.** Die Gewerkschaften sind i. d. R. **nicht rechtsfähige Vereine.**

10 **8. Europäischer Gewerkschaftsbund.**[10] Dies ist ein Zusammenschluss von Gewerkschaften im Rahmen der EU. Der EGB ist nach dem Stand Ende 2008 eine Dachorganisation, der 76 nationale Gewerkschaftsbünde aus 34 Ländern Europas angehören. Darüber hinaus sind 11 Gewerkschaftsverbände der verschiedenen Branchen Mitglied. Er vertritt rund 60 Mio. Arbeitnehmer. Der EGB wird von der Kommission im Rahmen des Anhörungsverfahrens des sozialen Dialogs gehört (Art. 118 a EGV/Art. 138 EG).

II. Der DGB und die angeschlossenen Gewerkschaften

Bührig/Schuster, Der Deutsche Gewerkschaftsbund (DGB), AR-Blattei, SD 420.3; *Kempen/Lörcher/Platow/Tiefenbacher/Trümner,* ver.di – Die neue Dienstleistungsgewerkschaft, koalitions- und tarifrechtliche Aspekte, JbArbR 39, 65.

11 **1. DGB-Gewerkschaften.** Der DGB ist Spitzenorganisation. Sein Sitz ist Henriette-Herz-Platz 2, 10 178 Berlin. Ihm gehören acht Einheitsgewerkschaften an, nämlich **(a)** IG Bauen-Agrar-Umwelt, Frankfurt; **(b)** IG BCE (Bergbau, Chemie und Energie), Hannover; **(c)** Transnet Gewerkschaft GdED, Frankfurt; **(d)** Gewerkschaft Erziehung und Wissenschaft, Frankfurt; **(e)** IG Metall, Frankfurt; **(f)** Gewerkschaft Nahrung, Genuss, Gaststätten, Hamburg; **(g)** Gewerkschaft der Polizei, Berlin; **(h)** ver.di, Berlin. Die Gewerkschaften IG Chemie, Bergbau und Energie und Leder haben sich auf dem Gewerkschaftskongress vom 6. bis 10. 10. 1997 zusammengeschlossen. Ferner haben sich die Gewerkschaften IG Bau, Steine, Erden und Gartenbau,

---

[2] http://www.verdi.de.

[3] http://www.dbb.de.

[4] http://www.cgb.info. Tarifunfähig sind: CG Bergbau-Chemie-Energie: BAG AP 39 zu § 2 TVG = NZA 90, 623; CG Holz und Bau: BAG AP 38 zu § 2 TVG = NZA 90, 626; CGM ArbG Stuttgart 12. 9. 2003 BB 2004, 827; dazu *Rieble,* Der CGM-Beschluss des ArbG Stuttgart, BB 2004, 885; *Deinert,* Zur Tariffähigkeit einer Arbeitnehmerkoalition ArbuR 2004, 212.

[5] *Borgwardt,* Union der Leitenden Angestellten, AR-Blattei SD 420.2.3; Internetadresse: http://www.ula.de.

[6] http://www.cec-managers.org.

[7] BAG 16. 11. 1982 AP 32 zu § 2 TVG.

[8] BAG 21. 11. 1975 AP 6 zu § 118 BetrVG 1972 = NJW 76, 1165; vgl. OVG Münster NJW 72, 1156.

[9] LAG Hamm 15. 7. 1987 LAGE § 11 ArbGG 1979 Nr. 6.

[10] Schrifttum siehe vor Übersicht; Internet: http://www.etuc.org.

Land- und Forstwirtschaft mit Wirkung vom 1. 1. 1996 vereinigt. Die Integration der Gewerkschaft Holz und Kunststoff in die IG Metall wurde zum 31. 12. 1999 vollzogen. In der Gewerkschaft ver.di sind aufgegangen die DAG, IG Medien, HBV, Deutsche Postgewerkschaft (DPG) und die ötv.

Der Vereinigungskongress der fünf Gewerkschaften zur ver.di hat im März 2001 stattgefunden. Die Gründung von ver.di ist nach dem Umwandlungsgesetz erfolgt. Danach ist ver.di mit der Eintragung in das Vereinsregister am 2. 7. 2001 existent. Mit diesem Zeitpunkt traten die Verschmelzungswirkungen ein. **12**

Die ÖTV und die DAG haben zur Vertretung der Interessen ihrer Beschäftigten in internationalen Organisationen eine gemeinsame Tochtergesellschaft gegründet. Die neue Organisation soll den Namen International Public Servants Organisation (Ipso) tragen. Sie wird jetzt von ver.di getragen. **13**

2. Organe des DGB. Dies sind der Bundeskongress, der Bundesausschuss, der Bundesvorstand, der geschäftsführende Bundesvorstand und die Revisionskommission (Satzung Juli 2002). **14**

Der **Bundeskongress** ist eine Delegiertenversammlung, die von den Mitgliedern der Einzelgewerkschaften gewählt werden. Er hat 400 Mitglieder. Zu den Aufgaben des Bundeskongresses gehören Satzungsänderungen, Festlegung der Grundzüge der Gewerkschaftspolitik, Wahl des Vorstandes usw. (§ 7 der Satzung). **15**

Der **Bundesausschuss** besteht aus 70 von den Gewerkschaften zu entsendenden Mitgliedern, dem Bundesvorstand und den Landesbezirksvorsitzenden. Er hat den Vorstand zu überwachen, zu gewerkschaftspolitischen Fragen Stellung zu nehmen usw. (§ 8 der Satzung). **16**

Der **Revisionskommission** obliegt die Überwachung der Kassenführung (§ 10 der Satzung). **17**

Der **Bundesvorstand** besteht aus der bzw. dem Vorsitzenden, der bzw. dem stellvertretenden Vorsitzenden, drei weiteren hauptamtlichen Vorstandsmitgliedern und aus den Vorsitzenden der im Bund vereinigten Gewerkschaften. Er vertritt den Bund nach innen und außen. Der geschäftsführende Bundesvorstand (5 Mitglieder) führt die laufenden Geschäfte der Verwaltung. Bei ihm sind 15 Abteilungen eingerichtet (z. B. Wirtschaftspolitik, berufliches Bildungswesen, Frauen, Tarifpolitik usw.) (§ 9 der Satzung). Der DGB besitzt eine eigene Untergliederung in acht Landesbezirke, die ihrerseits wieder in Kreis, Nebenstellen und Ortskartelle (94) untergliedert sind (vgl. §§ 11 ff. der Satzung). **18**

3. Einzelgewerkschaften. Sie sind untergliedert in die **Landesbezirke** und diese wieder in **Orts- bzw. Kreisverwaltungen.** **19**

4. Verbandsvermögen. Zur Verwaltung des Verbandsvermögens[11] haben die meisten im DGB zusammengeschlossenen Gewerkschaften eigene Vermögens- und Treuhandgesellschaften in der Rechtsform einer AG oder GmbH gegründet, z. B. August Schmidt & Co., Vermögensverwaltung- und Treuhandgesellschaft der IG Bergbau und Energie. Die Gründung war notwendig, da die Gewerkschaften keine Rechtsfähigkeit besitzen. **20**

Die Beteiligungsgesellschaft der Gewerkschaften (BGAG)[12] wurde im Jahre 1974 gegründet. Sie managte einen großen Teil des Vermögens der Gewerkschaften und des Deutschen Gewerkschaftsbundes. Ende 2002 betreute sie ein Vermögen im Werte von 2,13 Mia. Euro. Den Schwerpunkt des zum Jahresende 2002 bilanzierten Vermögens bildeten Beteiligungen an Finanzdienstleistungsunternehmen (63,9%) und an Unternehmen der Immobilienbranche (28,2%). Hinzu kommen kleinere Beteiligungen im Bereich Information und Wissen (0,1%) sowie ein Bestand an Wertpapieren (6,9%). Die BGAG verstand sich als strategische Beteiligungs- und Managementholding, die nach betriebswirtschaftlichen Grundsätzen handelt. 1987/1990 beschließen der DGB Bundesvorstand und der DGB Bundeskongress den Rückzug aus der unternehmerischen Wohnungswirtschaft und den vollständigen Ausstieg aus der Gemeinwirtschaft. Die BGAG wandelt sich von der Holdinggesellschaft gemeinwirtschaftlicher Unternehmen zu einer gewerkschaftlichen Vermögensverwaltungsgesellschaft. 1994 wird die BSV-Bank zur Allgemeinen Direktbank gewandelt. Sie geht 1998 eine Partnerschaft mit der niederländischen Allfinanzgruppe Ing ein, die die Mehrheit an der DiBa im Jahr 2000 erwirbt. 2005 werden die BHW-Aktien an die Deutsche Postbank AG verkauft. 2005 werden die Anteile an der BauBeCon-Gruppe an Cerberus und die Aktien an der Allgemeinen Hypothekenbank Rheinboden AG an Lone Star verkauft. 2006 ist alsdann ein bundesweites Immobilienportfolio mit Gewerbeimmobilien verkauft worden. **21**

---

[11] Vgl. DGB-Geschäftsbericht 2006; http://www.dgb.de. → Bundeskongress 2006.

[12] http://www.bgag.de.

III. Die vormalige DAG

Tiefenbacher, Deutsche Angestellten-Gewerkschaft, AR-Blattei SD 420.2.1.

22–24 **1. Rechtsentwicklung.** Die DAG ist mit der IG Medien, der HBV, der DPG und der ötv nach dem UmwG zur vereinigten Dienstleistungsgewerkschaft verschmolzen worden. Sie ist mit der Eintragung in das Vereinsregister am 2. 7. 2001 erloschen. Wegen der früheren Gliederung vgl. die Vorauflagen.

25–27 **2. Gewerkschaftliche Vertretung.** Vor der Verschmelzung sind Geschäftsbesorgungsverträge mit den DGB-Gewerkschaften geschlossen worden, nach denen diese die gewerkschaftliche Vertretung, insbesondere den Abschluss der Tarifverträge übernehmen.

IV. Christlicher Gewerkschaftsbund Deutschland (CGB)

Internetadresse: http://www.cgb.info.

28 **1. Ziel.** Der CGB ist die **Spitzenorganisation der Christlichen Gewerkschaft.** Sein Sitz ist Bonn (§ 1 Satzung). Er bekennt sich zu den Grundsätzen des Christentums und strebt dessen Verwirklichung in Wirtschaft, Staat und Gesellschaft an. Er bekennt sich weiter zu den Menschenrechten, den verfassungsmäßigen Grundsätzen der Demokratie, zum sozialen Rechtsstaat und zur Völkerverständigung. Er ist an Konfessionen nicht gebunden, parteipolitisch neutral und lehnt Bindungen an Arbeitgeber und sonstige Verbände ab. Er bekennt sich zum Koalitions- und Streikrecht (§ 4 Satzung). Mitglied des CGB können Gewerkschaften werden, die die Grundsätze von § 4 der Satzung anerkennen.

29 **2. Organe des CGB.** Dies sind der Bundeskongress, der Hauptausschuss, der Bundesvorstand.

30 **a)** Der **Bundeskongress** tritt alle vier Jahre zusammen. Er wird durch den Hauptausschuss einberufen. Es sind außerordentliche Tagungen vorgesehen. Er hat über die Satzung des Bundes zu beschließen, die gewerkschaftspolitischen Richtlinien festzulegen, den Geschäfts- und Kassenbericht entgegenzunehmen und über die Entlastung des Vorstandes zu beschließen. Die Mitglieder des Bundeskongresses werden durch die satzungsmäßigen Organe der Mitglieder gewählt.

31 **b)** Der **Hauptausschuss** setzt sich zusammen aus den Mitgliedern des Bundesvorstandes, den Vorsitzenden oder einem Vertreter der Mitgliederverbände, den Vorsitzenden oder einem Mitglied der Landesverbände. Jährlich sollen mindestens zwei Sitzungen des Hauptausschusses stattfinden (§ 9 Satzung). Dem Hauptausschuss obliegen die Überwachung und Durchführung der Kongressbeschlüsse, Aufstellung einer Vorschlagsliste für die Wahl des Bundesvorstandes, Feststellung des Haushaltsplanes und Abnahme der Jahresrechnungen des Bundes, Stellungnahme zu gewerkschaftlichen Ereignissen, die für die Durchsetzung der gewerkschaftlichen Ziele von entscheidender Bedeutung sind, Festlegung eines Delegiertenschlüssels für den Bundeskongress und Erlass einer Gliederungsordnung.

32 **c)** Der **Bundesvorstand** besteht aus neun vom Bundeskongress zu wählenden Mitgliedern, den Vorsitzenden der drei Gesamtverbände und dem Bundesjugendleiter. Der Generalsekretär gehört dem Bundesvorstand mit beratender Stimme an.

33 **3. Gliederung. a)** Der CGB ist **horizontal gegliedert** in **drei Gesamtverbände,** nämlich den **(1)** Gesamtverband der Christlichen Gewerkschaften Deutschlands (CGD), **(2)** Gesamtverband Deutscher Angestellten-Gewerkschaften (GEDAG) und **(3)** Gesamtverband der Christlichen Gewerkschaften, öffentlicher Dienst, Bahn und Post (GCöD).

34 Zum **Gesamtverband der Christlichen Gewerkschaften Deutschlands** (CGD) gehören **(1)** Christlicher Metallarbeiter-Verband (CMV), Stuttgart, **(2)** Christliche Gewerkschaft Bergbau-Chemie-Energie (CGBCE), Saarbrücken,[13] **(3)** Christliche Gewerkschaft Holz und Bau (CGHB), Bonn,[14] **(4)** Christlicher Textil-, Bekleidungs- und Lederarbeiter – Verband Deutschlands (CTBLV), Münster, **(5)** Bund der Hotel-, Restaurant- und Caféangestellten – Union Ganymed, Bonn, **(6)** Christliche Gewerkschaft Medien (CGM), Stuttgart, **(7)** Arbeitnehmerverband land- und ernährungswirtschaftlicher Berufe (ALEB), Hude, **(8)** Christliche Gewerkschaft Deutschlands, Gera.

---

[13] Tarifunfähig: BAG 16. 1. 1990 AP 39 zu § 2 TVG = NZA 90, 623.
[14] Tarifunfähig: BAG 16. 1. 1990 AP 38 zu § 2 TVG = NZA 90, 626.

Zum **Gesamtverband Deutscher Angestellten-Gewerkschaften** (GEDAG) gehören **(1)** Deutscher Handels- und Industrieangestellten-Verband (DHV),[15] Hamburg, **(2)** Verband Deutscher Techniker (VDT), Essen, **(3)** Deutscher land- und forstwirtschaftlicher Angestellten-Bund, Gehrden, **(4)** Arbeitnehmerverband Deutscher Milchkontroll- und Tierzuchtbedienste-ten (ADM), Korbach. 35

Zum **Gesamtverband der Christlichen Gewerkschaften Öffentlicher Dienst, Bahn und Post** (GCÖD) gehören **(1)** Gewerkschaft öffentlicher Dienst im CGD (GCÖD), Bonn, **(2)** Christliche Gewerkschaft Deutscher Eisenbahner (CGDE), Saarbrücken, **(3)** Christliche Gewerkschaft Post (CGP), Bonn, **(4)** Verein katholischer deutscher Lehrerinnen (VdkL), Essen. 36

b) Vertikal ist der CGB gegliedert in Landes-, Bezirks-, Kreis- und Ortsverbände. Die Gliederungen haben als Organe einen Ausschuss und einen Vorstand. 37

V. Gemeinschaft von Gewerkschaften: dbb tarifunion[16]

1. Organisation. a) Die GGVöD war eine **Gemeinschaft von Gewerkschaften und Verbänden des öffentlichen Dienstes.** Sie war Spitzenorganisation und bildete keine Untergliederungen. Ihr gehörten tariffähige Gewerkschaften an, die Arbeitnehmer des Bundes, der Länder und der Gemeinden sowie sonstiger öffentlich-rechtlicher Körperschaften, Anstalten und Betriebe, deren Anteile sich überwiegend im Besitz der öffentlichen Hand befinden, sowie der privaten Dienstleistungsunternehmen, die Aufgaben oder Aufgabenbereiche der öffentlichen Hand ganz oder überwiegend übernommen haben, organisieren. Gleichgestellt sind noch eine Reihe von Organisationen. Die Satzung ist auf dem Gewerkschaftstag am 11. 9. 1995 beschlossen worden. 38

b) Organe der GGVöD waren der Gewerkschaftstag, der Vorstand, der geschäftsführende Vorstand und die Tarifkommission. Der Vorstand beschließt über alle Angelegenheiten, soweit nicht der Gewerkschaftstag zuständig ist. In Grundsatzfragen entscheidet er über den Forderungsrahmen. Der geschäftsführende Vorstand besteht aus dem 1. und 2. Vorsitzenden und sechs gleichberechtigten Vertretern und dem Bundesvorsitzenden des DBB. Aufgaben des Gewerkschaftstages sind grundlegende Beschlüsse. Die Tarifkommission besteht aus dem Vorsitzenden, zwei Stellvertretern und den Vertretern der Mitglieder. 39

2. Angeschlossene Organisationen. In der Gewerkschaft dbb tarifunion sind 44 Einzelgewerkschaften zusammengeschlossen. Hierzu gehören u. a. die Bünde Deutscher Kriminalbeamten, Deutscher Rechtspfleger, des Bundesgrenzschutzes, Deutscher Handels- und Industrieangestellten Verband (DHV). Die dbb tarifunion hat etwa 360 000 Mitglieder. 40

VI. Beamtengewerkschaften

1. DGB-Gewerkschaften. Die im DGB vereinigten Gewerkschaften organisieren rund 570 000 Beamtinnen und Beamte. Diese sind organisiert in der GdP, GEW, IG BAU, IG BCE, Transnet und ver.di. 41

2. Beamtenbund.[17] Der dbb ist die Spitzenorganisation der Gewerkschaften des öffentlichen Dienstes und des privatisierten Dienstleistungssektors und organisiert keine Einzelmitglieder. Ihm gehören 39 einzelne Fachgewerkschaften an. 41a

3. dbb tarifunion. Hier sind zahlreiche Beamte in Spezialberufen organisiert (vgl. RN 40). 41b

VII. Arbeitgeberverbände

1. Organisation. a) Die Arbeitgeberverbände sind i. d. R. **rechtsfähige Vereine mit nicht wirtschaftlichen Zwecken** (§ 21 BGB). Die Arbeitgeberverbände sind einmal fachlich organisiert, so dass die Arbeitgeber des gleichen Faches für einen bestimmten Bezirk, Ort oder Wirtschaftsbereich einen Verband bilden. Die Fachverbände sind auf Landesebene zusammengeschlossen und die Landesverbände wiederum auf Bundesebene (z. B. Gesamtverband metallindustrieller Arbeitgeberverbände e. V.). Neben den Fachverbänden bestehen gemischt gewerblich zusammengefasste Arbeitgeberverbände, die für einen bestimmten Bezirk, Ort oder Wirtschaftsbereich gebildet sind. Auch diese sind wiederum in Landesverbänden zusammengeschlossen. Alle Spitzenverbände der überfachlichen Landesvereinigungen und Fachspitzenverbände gehö- 42

---

[15] *Schlatterer,* DHV – Deutscher Handels- und Industrieangestellten-Verband, AR-Blattei SD 420.2.2.

[16] http://www.tarifunion.dbb.de.

[17] http://www.dbb.de, dort sind auch die Einzelgewerkschaften aufgeführt, die Mitglied der dbb sind.

ren alsdann der Bundesvereinigung der deutschen Arbeitgeberverbände (BDA)[18] im Haus der Deutschen Wirtschaft, Breite Str. 29, 10178 Berlin an (Satzung vom 6. 12. 1961 i. d. Änd. vom 18. 11. 2002). Sie ist Spitzenorganisation sowohl der fachlichen Zentralverbände als auch der überfachlichen Landesverbände. Organe der Bundesvereinigung sind die Mitgliederversammlung, der Vorstand, das Präsidium, die Geschäftsführung (§ 10 Satzung). Das Organisationsschema ist auch in den neuen Bundesländern übertragen worden.

43 **b)** Der BDA gehören **54 Mitglieder- und Gastverbände** an, und zwar u. a. aus der Industrie 25, Verkehrsgewerbe 4, Handwerk 2, Finanzwirtschaft und Versicherungen 15, Handel 3, Landwirtschaft 2, Dienstleistungen 15, überfachliche Landesverbände 15.

44 **2. TdL.**[19] Nicht zum BDA gehören die Tarifgemeinschaft deutscher Länder (Satzung vom 12. 2. 1959, zul. geänd. 18. 12. 2002), die Vereinigung der kommunalen Arbeitgeberverbände und der Arbeitgeberverband der Eisen- und Stahlindustrie. Letztere hat keine Aufnahme in die BDA gefunden, weil in seinem Vorstand Arbeitsdirektoren vertreten sind.

45 **3. BDI.** Die BDA arbeitet mit dem Bundesverband der Deutschen Industrie zusammen, dessen Aufgaben auf wirtschaftlichem Gebiet liegen. BDA und BDI haben gemeinsam das **Deutsche Industrieinstitut** gegründet. Seine Aufgaben liegen in der wirtschafts- und sozialpolitischen Grundlagenforschung.

46 **4. Organe der einzelnen Arbeitgeberverbände.** Diese sind die Verbandsversammlung und der Vorstand, dem ein oder mehrere Geschäftsführer beigegeben sind, die auf Grund Vollmacht des Vorstandes, der an sich zur Vertretung des Verbandes berechtigt ist, oder kraft Satzung die laufenden Geschäfte des Verbandes führen und ihn vertreten.

47 **5. OT-Verbände.** Umstr. ist, ob es **Arbeitgeberverbände ohne Tariffähigkeit** geben kann (§ 206 RN 25).

VIII. Internationale Organisationen

Zachert, Tarifverträge in globalisierter Wirtschaft, NZA 2000, 121.

48 Die Internationale Transportarbeiter Föderation = International Transport Worker's Federation (ITF) mit Sitz in London wurde 1896 als internationale Organisation gegründet. Sie ist Spitzenorganisation von über 300 Gewerkschaften. Ihr Ziel ist es, Gewerkschaften der Transportarbeiter aller Länder ohne Unterschiede der Hautfarbe, der Nationalität und der Rasse zusammenzufassen.

§ 190. Aufgaben der Koalitionen

I. Allgemeines

1 **1. Mitgliederverband und Berufsorgan.** Die Koalitionen sind Mitgliederverbände, Berufsorgane und öffentliche Interessenwalter der Arbeitnehmer- und Arbeitgeberinteressen (§ 7 RN 35). Als solche sind sie zu einem integrierenden Bestandteil der Wirtschafts- und Sozialpolitik in der BRD geworden. Ihr Aufgaben- und Zuständigkeitskatalog kann nicht abschließend aufgezählt werden. Vielmehr legen sie ihre Aufgaben selbst fest und treten in einer Vielzahl der Bereiche des wirtschaftlichen, sozialen, bildungspolitischen und kulturellen Lebens mit Anregungen hervor.

2 **2. Soziologische Gliederung.** Soziologisch deckt sich die Gliederung nach Arbeitnehmern und Arbeitgebern weitgehend mit der Gliederung nach **Konsumenten** und **Produzenten.** Entsprechend werden den Koalitionen auch insoweit Aufgaben in der unmittelbaren und mittelbaren Staatsverwaltung übertragen.

3 **3. Gliederung der Aufgaben.** Herkömmlich werden die den Koalitionen zugewachsenen Aufgaben in drei Bereiche gegliedert: **(a)** Aufgaben, die **selbstständig,** außerhalb staatlicher Verwaltung von ihnen wahrgenommen werden; **(b)** Anhörungs- und Antragsrechte gegenüber Gesetzgebung, Verwaltung und Rechtsprechung; **(c)** Benennungs- und Entsendungsrechte gegenüber staatlicher Gerichtsbarkeit und Verwaltung. Im Folgenden werden nur auszugsweise wesentliche Aufgaben aufgezählt.

---

[18] http://www.bda-online.de.
[19] *Schaub,* Die Zukunft des Arbeitsrechts im öffentlichen Dienst, ZTR 99, 250; http://www.tdl-online.de.

II. Aufgaben der Koalitionen außerhalb staatlicher Verwaltung

1. Förderung der Arbeits- und Wirtschaftsbedingungen. Zu den Aufgaben, die den Koalitionen zur selbstständigen Erledigung übertragen sind, gehören vor allem die klassischen Aufgaben der Förderung der Arbeits- und Wirtschaftsbedingungen. 4

2. Einzelne Aufgaben. Die wichtigsten Aufgaben sind: **(a)** Der Abschluss von Tarifverträgen (§§ 198ff.); im Rahmen der konzertierten Aktion waren sie in die staatliche Stabilitätspolitik einbezogen (§ 3 StabilitätsG). **(b)** Der Ausgleich der Interessen durch das Schlichtungswesen (§§ 195ff.), sofern die Tarifverhandlungen nicht unmittelbar zum Abschluss kommen. **(c)** Der Arbeitskampf (§§ 192ff.) zur Durchsetzung der wechselseitigen Interessen. **(d)** Die Beteiligung an der Betriebsverfassung (§ 215 RN 1) und im Personalvertretungsrecht (§ 262 RN 13); dagegen sind sie in die Sprecherausschussverfassung nur wenig einbezogen worden. **(e)** Mitbestimmung und Mitwirkung im Rahmen der Unternehmensverfassung (§§ 257ff.). **(f)** Festsetzung von **Arbeitsschutzvorschriften** (vgl. §§ 7, 12 ArbZG; dazu §§ 156ff.). 5

III. Anhörungs- und Antragsrecht gegenüber Gesetzgebung, Verwaltung und Rechtsprechung

1. Rechtsgrundlage. Ein gesetzlicher Rahmen für die Anhörungs- und Antragsrechte der Koalitionen fehlt. Vielmehr finden sich in der Rechtsordnung nur **Einzelausgestaltungen.** Die Anhörungs- und Antragsrechte entsprechen der Empfehlung Nr. 113 der IAO vom 20. 6. 1960 (BArbBl. 62, 489) über die Beratung und Zusammenarbeit zwischen Staatsorganen und den Arbeitgeber- und Arbeitnehmerverbänden in einzelnen Wirtschaftszweigen und im gesamtstaatlichen Rahmen. Nach Art. 138 EG hört die Kommission die Sozialpartner. 6

Nach Art. 137 IV EUV kann ein Mitgliedstaat der EU den Sozialpartner die Durchführung von Richtlinien übertragen. Das TzBfG beruht z.B. auf einer Vereinbarung der Sozialpartner, die zu einer Richtlinie geführt hat. 6a

2. Einzelne Anhörungs- und Antragsrechte. Hierzu gehören: **(a)** Anhörung der Koalitionen bei allen wichtigen sozialpolitischen Gesetzentwürfen; **(b)** Antragsrechte bei der Allgemeinverbindlicherklärung von Tarifverträgen (§ 207); **(c)** Anhörungsrechte bei der Festsetzung von Mindestarbeitsbedingungen (§ 162); **(d)** Anhörungs- und Mitwirkungsrechte bei dem Erlass von DurchführungsVO und Verwaltungsvorschriften zu Gesetzen (z.B. § 11 TVG, § 16 MindestarbeitsbedingungG, § 33 HAG, § 11 ArbNErfG usw.); **(e)** Mitwirkungsrechte im Rahmen der Betriebs- und Unternehmensverfassung; **(f)** Prozessführungsbefugnisse vor den Arbeitsgerichten (§ 11 ArbGG); **(g)** Mitwirkungsrechte bei der Errichtung und Organisation der Arbeitsgerichte (§§ 14, 15, 34, 36 ArbGG). 7

IV. Benennungs- und Entsendungsrechte

1. Entsendungsrechte. Die Koalitionen haben zu zahlreichen staatlichen Institutionen, die sich mit arbeits- und wirtschaftsrechtlichen Fragen beschäftigen, ein Benennungs- und Entsendungsrecht ihrer Angehörigen. Hierdurch soll die besondere Sachkunde der Verbände und ihrer Mitglieder nutzbar gemacht und praxisnahe Entscheidungen gefördert und ermöglicht werden. Zu unterscheiden sind Benennungs- und Entsendungsrechte auf dem Gebiet **(a)** des Arbeitsrechts, **(b)** der Sozialversicherung, **(c)** der Wirtschaft und **(d)** der internationalen Organisationen. 8

2. Entsendungsrechte im Arbeitsrecht. Auf dem Gebiet des Arbeitsrechts sind die wichtigsten Benennungs- und Entsendungsrechte **(a)** die Benennung von ehrenamtlichen Richtern für die Arbeitsgerichte aller Instanzen; außerdem haben sie ein Beratungsrecht bei der Bestellung der Arbeitsgerichtsvorsitzenden (§§ 20–29, 37, 43, 18, 36 ArbGG); **(b)** Benennung der Beisitzer in den Schieds- und Schlichtungsausschüssen (Art. VII KRG Nr. 35); **(c)** Benennung und Entsendung von Mitgliedern zu den Verwaltungsräten, Ausschüssen usw. der Körperschaften der sozialen Selbstverwaltung (z.B. BA); **(d)** Benennung und Entsendung von Mitgliedern zu den verschiedensten Ausschüssen, die sich mit arbeitsrechtlichen Fragen beschäftigen (z.B. bei der Festsetzung von Mindestarbeitsbedingungen, bei den Arbeitsagenturen- und Landesdirektionen für Arbeit zur Entscheidung über die Anträge von Massenentlassungen, Schwerbehindertenausschüsse usw.). 9

3. Entsendungsrechte im Sozialversicherungsrecht. Auf dem Gebiete des Sozialversicherungsrechts: **(a)** Benennung und Entsendung von ehrenamtlichen Richtern zu den Sozialge- 10

richten (§ 14 II SGG). **(b)** Entsendung von Mitgliedern in die Ausschüsse der Selbstverwaltungskörperschaften.

11 **4. Wirtschaftsrecht.** Auf dem Gebiet des Wirtschaftsrechts bestehen Benennungs- und Entsendungsbefugnisse zu den verschiedensten Einfuhr- und Vorratsstellen.

12 **5. Internationale Entsendungsrechte.** Auf internationaler Ebene werden Mitglieder zu der IAO und zum Sozialausschuss der EU entsandt.

§ 191. Mitgliedschaft in den Koalitionen

Übersicht

	RN
I. Erwerb der Mitgliedschaft	1 f.
1. Beitritt	1
2. Beitrittserklärung	2
II. Pflichten der Mitglieder	3 ff.
1. Förderungspflicht	3
2. Verbandsbeitrag	4
3. Offenbarungspflicht	5
III. Rechte der Mitglieder	6 ff.
1. Koalitionsbeschlüsse	6, 7
2. Schiedsverfahren	8
3. Koalitionsfreiheit der Beschäftigten von Gewerkschaften	9, 10
IV. Beendigung der Mitgliedschaft	11 ff.
1. Zahlungsverzug	11
2. Austritt	12
3. Ausschluss	13
V. Gewerkschaftliche Vertrauensleute	14 ff.
1. Ziele	14
2. Arbeitsschutzrecht	15–18
3. Werbung	19
4. Tarifliche Schutzregelungen	20, 21

I. Erwerb der Mitgliedschaft

1 **1. Beitritt.** Die Mitgliedschaft in einer Koalition wird durch Beitritt erworben. Bei den Arbeitgeberverbänden bedarf es zur Aufnahme des Mitgliedes häufig eines Verbandsbeschlusses des zuständigen Verbandsorgans. Durch Verbandssatzung kann bestimmt werden, dass nur solche Personen aufgenommen werden, die im örtlichen, industriellen und fachlichen Tätigkeitsbereich des Verbandes arbeiten. Es besteht ein Anspruch auf Aufnahme in eine Koalition.[1] Etwas anderes gilt für oppositionelle Bewerber, die eine koalitionsfeindliche Haltung einnehmen.[2] Die Aufnahmevoraussetzungen sind so zu gestalten, dass dem Verbandszweck genügt wird, sie aber auch von den Beitrittswilligen erfüllt werden können.[3]

2 **2. Beitrittserklärung.** Bei den Arbeitgeberverbänden werden nicht die Betriebe, sondern deren Inhaber, also die natürlichen oder juristischen Personen, Mitglieder. Ist der Beitrittswillige in der Geschäftsfähigkeit beschränkt, so bedarf er zum Beitritt grundsätzlich der Zustimmung seines gesetzlichen Vertreters. Eine Ausnahme ist jedoch für Minderjährige dann zu machen, wenn sie ermächtigt sind, ein Erwerbsgeschäft zu führen (§ 112 BGB) oder in Dienst oder Arbeit zu treten (§ 113 BGB). Dies ist freilich für minderjährige Arbeitnehmer, die einer Gewerkschaft beitreten wollen, bestritten. Jedoch muss Jugendlichen und Heranwachsenden die Beitrittsmöglichkeit eröffnet sein, da sie nur so die Arbeitsbedingungen hinreichend bestimmen können und das Koalitionsrecht allen Personen gewährleistet ist.[4]

II. Pflichten der Mitglieder

3 **1. Förderungspflicht.** Die Verbandsmitglieder sind verpflichtet, für die Ausbreitung des Verbandes und die Erreichung seiner Ziele zu sorgen. Insoweit haben sie die durch die zuständigen Verbandsstellen erteilten Weisungen zu befolgen. Sie machen sich u. U. schadensersatzpflichtig, wenn sie während ihrer Mitgliedschaft für einen von ihnen neu gegründeten Verband werben.[5] Vgl. § 218.

4 **2. Verbandsbeitrag.** Die Hauptpflicht besteht in der Zahlung der Verbandsbeiträge. Diese sind bei den Gewerkschaften nach der Höhe der Vergütung gestaffelt. Die Beiträge der Arbeit-

[1] BGH 10. 12. 1984 NJW 85, 1216 = NZA 85, 540; 19. 10. 1987 NJW 88, 552; 15. 10. 1990 NJW 91, 485; *Grunewald* AcP 182, 181; *Küttner* NJW 80, 968.
[2] Vgl. OLG Frankfurt ZIP 84, 61; dazu BGH ZIP 85, 474.
[3] Vgl. BGH 9. 12. 1969 AP 1 zu § 27 GWB; NJW 75, 771.
[4] Ebenso LG Frankfurt FamRZ 67, 680; Schrifttum siehe vor RN 1.
[5] BGH 4. 7. 1977 AP 25 zu Art. 9 GG; NJW 78, 1270; 81, 2178; 88, 552; 91, 485.

geber werden nach den zu den Berufsgenossenschaften gemeldeten Lohn- und Gehaltssummen berechnet. Sie sind einklagbar. Zuständig sind die ordentlichen Gerichte am Sitz der Gewerkschaft (§ 22 ZPO).[6] Die Spitzenorganisationen erhalten von den angeschlossenen Verbänden einen Prozentsatz des Beitragsaufkommens. Satzungsbestimmungen, wonach Gewerkschaftsmitglieder Aufsichtsratsvergütungen teilweise an Dritte abzuführen haben, sind unwirksam, wenn sie sich damit nicht einverstanden erklärt haben.[7]

3. Offenbarungspflicht. Ob die Koalitionsmitglieder verpflichtet sind, ihren Vertragskontrahenten die Mitgliedschaft bekannt zu geben, ist umstritten.[8] Das BAG verneint die Offenbarungspflicht der Mitgliedschaft in einer Gewerkschaft. 5

III. Rechte der Mitglieder

1. Koalitionsbeschlüsse. a) Die Mitglieder sind berechtigt, an den grundlegenden **Beschlüssen des Verbandes** mitzuwirken (§ 188 RN 12). Ob aus dem Erfordernis der demokratischen Struktur des Verbandes die Notwendigkeit einer Urabstimmung vor Einleitung von Arbeitskämpfen folgt, ist umstritten (§ 193 RN 26). In den Arbeitskampfrichtlinien des DGB ist sie nicht mehr zwingend vorgesehen. Nach Ansicht des BAG ist sie jedenfalls bei Warnstreiks nicht notwendig.[9] Die Mitglieder des Verbandes sind ferner berechtigt, die **Einrichtungen des Verbandes** in Anspruch zu nehmen, also namentlich die Rechtsberatung und Rechtsschutzeinrichtungen. Der DGB gewährt Rechtsschutz über die DGB Rechtsschutz GmbH. Deren Prozessführung muss den Anforderungen genügen, die auch an die Prozessführung durch Rechtsanwälte zu stellen sind.[10] Bei den Gewerkschaften sind zumeist besondere Unterstützungseinrichtungen vorgesehen (z. B. bei Streik, Maßregelung, Erwerbslosigkeit, aber auch Bildungseinrichtungen, Kureinrichtungen usw.). Ein Rechtsanspruch ist i. d. R. ausgeschlossen, so dass sie nicht der Versicherungsaufsicht unterliegen. Jedoch haben die Organisationen im Verhältnis zu ihren Mitgliedern den Gleichbehandlungsgrundsatz zu beachten. 6

b) Verschafft eine Gewerkschaft durch einen Vertrag mit einem Rechtsschutzversicherer ihren Mitgliedern ohne deren Zustimmung **Familien- und Wohnungsrechtsschutz,** so liegt ein Verstoß gegen § 1 UWG a. F. vor.[11] 7

2. Schiedsverfahren. Für Streitigkeiten zwischen Verbänden und ihren Mitgliedern sind Schiedsgerichte geschaffen worden. Im Übrigen sind die ordentlichen Gerichte zuständig. 8

3. Koalitionsfreiheit der Beschäftigten von Gewerkschaften. Die Arbeitsbedingungen der Gewerkschaftsbediensteten werden nicht durch Tarifvertrag, sondern durch Vereinbarungen mit dem Gesamtbetriebsrat geregelt.[12] Eine derartige Vergütungsregelung kann vorsehen, dass die Wochenarbeitszeit ohne Lohnausgleich gekürzt wird, dafür aber ein Kündigungsausschluss vereinbart wird.[13] Umstr. war, ob auch eine Gewerkschaft der Bediensteten gebildet werden kann. Dies ist vom BAG inzwischen bejaht.[14] Die Gewerkschaft Ver.di ist nach ihrer Satzung für die Organisation der Beschäftigten der DGB-Gewerkschaft zuständig. 9

Die **Eingruppierung** von Gewerkschaftssekretären ist gerichtlich nachprüfbar.[15] 10

IV. Beendigung der Mitgliedschaft

Austritt: *Melot de Beauregard,* Verbandsaustritt – Kündigungsfristen für den Arbeitgeber, DB 2005, 1283; *Reuter,* Verbandsaustritt – Kündigungsfristen für den Arbeitgeber, RdA 2006, 117.

Ausschluss: *Reuter,* Ausschluss von Gewerkschaftsmitgliedern, RdA 2000, 101; *Sachse,* Der Ausschluss von Gewerkschaftsmitgliedern wegen Kandidatur auf konkurrierenden Listen bei Betriebsratswahlen, ArbuR 99, 387.

1. Zahlungsverzug. In den Satzungen der Verbände ist häufig bestimmt, dass die Mitgliedschaft endet, wenn die Mitgliederbeiträge nicht gezahlt werden. 11

---

[6] BGH 26. 10. 1979 NJW 80, 343.
[7] LG München 17. 3. 2005 NJW 2005, 1724.
[8] Vgl. oben § 26 RN 16.
[9] BAG 17. 12. 1976 AP 51 zu Art. 9 GG Arbeitskampf.
[10] BGH 26. 2. 1981 NJW 81, 1553; 9. 7. 1984 NJW 85, 44.
[11] BGH 25. 1. 1990 AP 58 zu Art. 9 GG = NJW 91, 287.
[12] BAG 14. 12. 1999 AP 104 zu § 87 BetrVG 1972 Lohngestaltung = NZA 2000, 783.
[13] BAG 20. 2. 2001 AP 107 zu § 87 BetrVG Lohngestaltung = NZA 2001, 1204.
[14] BAG 17. 2. 1998 AP 87 zu Art. 9 GG = NZA 98, 754.
[15] BAG 16. 4. 1997 AP 1 zu § 1 TVG Tarifverträge: Gewerkschaften = NZA-RR 98, 189; 17. 5. 2001 AP 4 zu § 611 BGB Gewerkschaftsangestellte = NZA 2001, 1087.

12 **2. Austritt.** Die Mitgliedschaft endet ferner durch Austritt. Für die Kündigung der Mitgliedschaft können im Rahmen von § 39 BGB Fristen bestimmt werden.[16] Eine mehr als halbjährige Kündigungsfrist ist jedoch zu lang.[17] Unerheblich ist dabei, ob das Gewerkschaftsmitglied einer anderen Koalition oder überhaupt keiner beitreten will. Ob diese Rechtsprechung auf Arbeitgeberverbände uneingeschränkt übertragbar ist, hat das BAG bisher offen gelassen.[18] Es ist umstr., ob ein Austritt fristlos erfolgen kann.[19] Ein außerordentliches Austrittsrecht kommt nur in Betracht, wenn ein wichtiger Grund vorliegt. Satzungen von Arbeitgeberverbänden können vorsehen, dass die Austrittserklärung schriftlich erfolgen muss.[20] Wendungen in einem Kündigungsschreiben eines Verbandsmitgliedes „Hiermit kündigen wir die Mitgliedschaft … zum nächstmöglichen Termin" sind in der Regel als eine satzungsgemäße Beendigung der Mitgliedschaft im Arbeitgeberverband auszulegen.[21] Die Möglichkeit einer nach Vereins- und Satzungsrecht wirksamen **Vereinbarung** über die Beendigung der Mitgliedschaft in einem Arbeitgeberverband ohne Einhaltung der satzungsmäßig vorgesehenen Austrittsfrist hat das BAG aus koalitionsrechtlichen Gründen eingeschränkt, wenn durch eine solche Vereinbarung die Funktionsfähigkeit der Tarifautonomie beeinträchtigt wird. Dies kommt insbesondere dann in Betracht, wenn durch sie die Grundlagen der Tarifverhandlungen und ihrer Ergebnisse nicht unerheblich verändert werden. Bedenken wegen des Schutzes der Tarifautonomie bestehen dann nicht, wenn eine Tarifvertragspartei auf eine kurzfristige, verbandsrechtlich zulässige Beendigung der Mitgliedschaft im gegnerischen Verband auch nach dem Beginn der Tarifverhandlungen reagieren kann.[22]

13 **3. Ausschluss.** Schließlich endet die Mitgliedschaft durch Ausschluss aus dem Verband.[23] Gewerkschaftsmitglieder können ausgeschlossen werden, die auf einer konkurrierenden Liste zur Betriebsratswahl kandidieren.[24] Umstritten ist, ob und inwieweit die Ausschließung der richterlichen Nachprüfung unterliegt. Nach Auffassung des BGH kann bei einem Ausschluss aus einem Verein nur die formelle Gültigkeit des Ausschließungsbeschlusses nachgeprüft werden, d. h., ob das satzungsgemäße Verfahren bei der Ausschließung eingehalten worden ist.[25] Dagegen soll die Nachprüfung, ob ein satzungsgemäßer oder wichtiger Grund für die Ausschließung vorliegt, grundsätzlich nicht statthaft sein. Eine Ausnahme wird nur dann gemacht, wenn die Ausschließung offenbar unbillig ist oder wichtige Vermögensinteressen des Mitglieds auf dem Spiele stehen.[26] Bei der Mitgliedschaft zu den Koalitionen werden zumeist wichtige Vermögensinteressen des Einzelnen in Frage kommen (Geltung von Tarifverträgen, Teilnahme an Unterstützungseinrichtungen usw.). Hinzu kommt noch, dass die Koalitionen heute wichtige Aufgaben im Rahmen der unmittelbaren oder mittelbaren Staatsverwaltung ausüben. Hieraus folgt, dass die Ausschließung sowohl formal wie materiell der vollen richterlichen Nachprüfung unterliegen muss.[27] Auch eine Koalition kann aus einem Landesverband ausgeschlossen werden.[28]

V. Gewerkschaftliche Vertrauensleute

Franzen, Vorteilsregelungen für Gewerkschaftsmitglieder, RdA 2006, 1; *Hunnekuhl/Zäh,* Die Rechtsstellung gewerkschaftlicher Vertrauensleute, NZA 2006, 1022; *Steiner,* Die Tripolarität in der Dienststelle, PersV 2009, 50.

14 **1. Ziele.** Unabhängig von den Betriebsräten gibt es in den Betrieben gewerkschaftliche Vertrauensleute und deren Organisationen. Sie sind entsprechend den Weisungen ihrer Gewerk-

---

[16] BAG 9. 11. 1956 AP 1 zu § 3 TVG Verbandszugehörigkeit.
[17] BGH 4. 7. 1977 AP 25 zu Art. 9 GG = BB 77, 1449; 22. 9. 1980 AP 33 zu Art. 9 GG = NJW 81, 340; AG Ettenheim 28. 9. 1984 NJW 85, 979; drei Monate wirksam: ArbG Hamburg 16. 4. 1986 NJW 87, 2380.
[18] BAG 19. 9. 2006 AP 22 zu § 3 TVG Verbandszugehörigkeit = NZA 2007, 277.
[19] ArbG Berlin 8. 5. 2003 DB 2003, 1518 = ZTR 2003, 447.
[20] BAG 9. 11. 1956 AP 1 zu § 3 TVG Verbandszugehörigkeit.
[21] BAG 1. 12. 2004 AP 12 zu § 3 TVG Verbandsaustritt = NZA 2005, 645.
[22] BAG 28. 2. 2008 AP 134 zu Art. 9 GG = NZA 2008, 946.
[23] Schrifttum siehe vor RN 11.
[24] BVerfG 24. 2. 1999 NJW 99, 2657.
[25] Vgl. BGH 28. 9. 1972 AP 21 zu Art. 9 GG; 27. 2. 1978 AP 27 zu Art. 9 GG = NJW 78, 1370; 3. 4. 1990 AP 56 zu Art. 9 GG Arbeitskampf; OLG Düsseldorf 18. 5. 1994 ArbuR 95, 381.
[26] BGH 13. 6. 1966 AP 5 zu § 19 BetrVG (abweichend teilweise BAG AP 2 zu § 19 BetrVG); BGHZ 87, 337 = NJW 84, 918; BGHZ 102, 265 = NJW 88, 552; 91, 485.
[27] EGMR 28. 6. 1984 NJW 86, 1414; BVerfG 21. 12. 1994 NJW 93, 1972 = NZA 93, 655; BGH NJW 78, 1270; 81, 2178; 84, 918; 88, 552; 4. 3. 1991 EWiR 91, 535; 15. 10. 1990 NJW 90, 485; 25. 3. 1991 NJW 92, 914; 27. 9. 1993 NJW 94, 43.
[28] BVerfG 9. 1. 2007 NZA 2007, 514.

schaft zuständig für die **Wahrnehmung der Interessen** der Gewerkschaftsmitglieder im Betrieb, die **Vermittlung von Tarifverträgen und Tarifpolitik** für die Arbeitnehmer sowie die **Information der Gewerkschaft** über Wünsche der Arbeitnehmerschaft. Die Gewerkschaften haben weder aus Art. 9 III GG noch nach dem Übereinkommen Nr. 135 IAO vom 23. 6. 1971 einen Anspruch gegen den Arbeitgeber, dass die Wahlen der gewerkschaftlichen Vertrauensleute im Betrieb durchgeführt werden.[29]

2. Arbeitsschutzrecht. a) Umstr. ist, ob und inwieweit die Rechtsstellung von Gewerkschaftsmitgliedern und gewerkschaftlichen Vertrauensleuten durch Tarifvertrag besonders ausgestaltet werden kann. Hierzu gehören insbesondere die Bildung von Vertrauenskörperschaften im Betrieb, die Teilnahme an gewerkschaftlichen Schulungsveranstaltungen während der Arbeitszeit,[30] bezahlte Freistellung zum Besuch von Gewerkschaftsveranstaltungen,[31] Anhörung der zuständigen Gewerkschaftsgeschäftsstelle vor einer Kündigung usw. **15**

Im Allgemeinen wird die Einführung eines besonderen Kündigungsschutzes für gewerkschaftliche Vertrauensleute für zulässig gehalten.[32] Die Zulässigkeit eines besonderen **Kündigungsschutzes** ist mit drei Argumenten angezweifelt worden. Die Schutzbestimmungen verstießen gegen Art. 9 III GG, verletzten das Prinzip der Gegnerunabhängigkeit und höhlten die Rechte des Betriebsrats aus. Alle Einwendungen vermögen nicht zu überzeugen. Selbst wenn durch die Kündigungsschutzbestimmungen zu Gunsten der gewerkschaftlichen Vertrauensleute auch organisationspolitische Ziele verfolgt werden, verbietet es die in Art. 9 III GG gewährleistete Tarifautonomie, die Tarifparteien in ihren Zielsetzungen zu beeinträchtigen. Ein Eingriff in die negative Koalitionsfreiheit ist nicht gegeben, weil der Kündigungsschutz nicht den Gewerkschaftsmitgliedern als solchen zugute kommt. Das Prinzip der Gegnerunabhängigkeit ist nicht verletzt, weil gerade die Unabhängigkeit der gewerkschaftlichen Vertrauensleute gefördert wird. Ob die Befugnisse des Betriebsrats ausgehöhlt werden, ist eine Frage des Einzelfalls, in welchem Umfang den gewerkschaftlichen Vertrauensleuten ein Recht zur Anhörung bei Kündigungen durch den Arbeitgeber eingeräumt wird. Kündigungen, die unter Verstoß gegen tarifliche Regelungen ausgesprochen werden, sind nach § 134 BGB nichtig,[33] müssen jedoch innerhalb der Klagefrist des § 4 KSchG n. F. angegriffen werden. Problematisch ist, ob besonders geschützte Vertrauensleute in die soziale Auswahl bei betriebsbedingten Kündigungen einbezogen werden müssen. Wenn die Tarifvertragsparteien nach § 1 IV KSchG Auswahlrichtlinien aufstellen können, muss ihnen auch das Recht zustehen, Arbeitnehmer aus der sozialen Auswahl herauszunehmen. Daneben dürfte es bei dem Bestehen eines besonderen tariflichen Kündigungsschutzes an der rechtlichen Vergleichbarkeit mit nicht kündigungsgeschützten Arbeitnehmern fehlen. **16**

b) Schulungsveranstaltungen für gewerkschaftliche Vertrauensleute sind keine Bildungsveranstaltungen i. S. der Arbeitnehmerweiterbildungsgesetze. Vielmehr führen sie zur Verbesserung der Funktionärsarbeit.[34] **17**

c) Der Bericht der gewerkschaftlichen Vertrauensperson auf einer **Betriebsversammlung** ist grundsätzlich ein zulässiges Thema.[35] **18**

3. Werbung. Gewerkschaftliche Vertrauensleute haben kein originäres Recht, während der Arbeitszeit für ihre Organisation zu werben.[36] Anerkannt ist dagegen, dass in Ausfüllung von § 616 BGB leitenden Gewerkschaftsfunktionären tariflich ein bezahlter Freistellungsanspruch zu Gewerkschaftsveranstaltungen zustehen kann.[37] **19**

4. Tarifliche Schutzregelungen. Nach Untersuchungen des BMA aus dem Jahre 1991 weisen inzwischen zahlreiche Tarifverträge Regelungen für gewerkschaftliche Vertrauensleute aus. **20**

Ist durch Tarifvertrag ein **besonderer Kündigungsschutz** für gewerkschaftliche Vertrauensleute eingeführt, so entfaltet dieser nach seiner Kündigung grundsätzlich Nachwirkung. Diese **21**

---

[29] BAG 8. 12. 1978 AP 28 zu Art. 9 GG = DB 79, 1043.

[30] Bejahend ArbG Kassel 5. 8. 1976 DB 76, 1975.

[31] BAG 20. 4. 1999 AP 28 zu § 1 TVG Tarifverträge: Rundfunk; 21. 2. 2001 AP 76 zu § 1 TVG Tarifverträge: Einzelhandel.

[32] LAG Düsseldorf 25. 8. 1997 ArbuR 96, 238.

[33] LAG Düsseldorf EzBAT § 53 Schwerbehinderte Nr. 16.

[34] Vgl. LAG Köln 23. 6. 1988 LAGE § 7 ArbeitnehmerweiterbildungsG NW Nr. 3; LAG Hamm 5. 11. 1987 EzB AWbG Nordrhein-Westfalen § 7 Nr. 29.

[35] LAG Hamm 3. 12. 1986 DB 87, 2659.

[36] ArbG Kiel BB 78, 152.

[37] Vgl. MTV-Banken: BAG 5. 4. 1978 AP 2 zu § 1 TVG Banken; 11. 9. 1985 AP 7 a. a. O.; 11. 9. 1985 AP 67 zu § 616 BGB; Urlaubsanspruch: BVerwG 29. 8. 1991 DVBl. 92, 101 = ZTR 92, 130.

kann aber konkludent ausgeschlossen sein. Dies soll bereits dann der Fall sein, wenn eine Nachverhandlungspflicht vereinbart worden ist.[38]

---

[38] BAG 8. 10. 1997 AP 29 zu § 4 TVG Nachwirkung = NZA 98, 492.

XIII. Buch. Übersicht über das Recht des Arbeitskampfs

§ 192. Einführung

Allgemeines Schrifttum zum Arbeitskampfrecht seit 2000: *Andermatt,* Das Streikrecht: Geschichte und neue Bundesverfassung, ArbuR 2000, 45; *Bartz,* Reichweite und Grenzen gewerkschaftlicher Friedenspflicht aus Tarifverträgen, ZTR 2004, 122; *Bartholomä,* „Tarifkonflikte", BB 2006, 378; *Buchner,* „Arbeitskampfrecht im Wandel", FS Hromadka (2008), S. 39; *Dieterich,* Die grundrechtsdogmatischen Grenzen der Tarifautonomie in der Rechtsprechung des Bundesarbeitsgerichts, FS Wiedemann (2002), S. 229; *Döring,* Zur Konfliktfähigkeit deutscher Großunternehmen bei Tarifauseinandersetzungen, DB 2001, 1430; *Fischinger,* Zur Begrenzung des Streikrechts durch den Grundsatz der Verhältnismäßigkeit, RdA 2007, 99; *Friese,* Tarifverträge nach § 3 BetrVG im System des geltenden Tarif- und Arbeitskampfrechts, ZfA 2003, 237; *Häuser,* Bestreikbarkeit von Außenseiter-Arbeitgebern im Verbandsarbeitskampf?, FS Konzen (2006), S. 217; *Hensche,* Zu Praktikabilität und Nutzen des arbeitskampfrechtlichen Paritätsprinzips, RdA 96, 293; *Hettlage,* Demokratisierung des Streikrechts, ZRP 2003, 366; *ders.,* Sind Streiks ohne Urabstimmung wilde Streiks?, NJW 2004, 3299; *ders.,* Keine Arbeitskämpfe gegen den Willen der Mehrheit!, BB 2004, 714; *Kempen,* Fernwirkungen von Arbeitskämpfen auf die Unternehmensmitbestimmung?, GD Heinze (2005), S. 437; *Kerwer,* Von Lokführern, solidarischen Druckern und Nürnberger Haushaltsgeräten, EuZA 2008, 335; *Kissel,* Der Warnstreik, FS Justus-Liebig-Universität Gießen (2007) S. 491; *Kittner,* Arbeitskampf und Arbeitskampfrecht im Wandel, JbArbR Bd. 43 (2006), S. 107; *Konzen,* Fünfzig Jahre richterliches Arbeitskampfrecht, FS 50 Jahre BAG (2004), S. 515; *Donat/Kühling,* Arbeitskampf und Versammlungsrecht, ArbuR 2009, 1; *Löwisch,* Aussperrung 1963, ZfA 2002, 551; *Löwisch/Krauß,* Rechtsfolgen für die Arbeitsverhältnisse der kampfbeteiligten Arbeitnehmer und Arbeitgeber, AR-Blattei SD 170.3.1; *Loritz,* Das überkommende Arbeitskampfrecht und die aktuellen Entwicklungen des Wirtschaftslebens, FS 50 Jahre BAG (2004), S. 557; *ders.,* Die Rechtsstellung des Außenseiter-Arbeitgebers beim Verbandsarbeitskampf, GD Heinze (2005), S. 515; *Mayer-Maly,* Die Kriterien der Rechtmäßigkeit von Arbeitskämpfen, FS Richardi (2007), S. 691; *Melot de Beauregard,* Das Arbeitskampfrecht im Spiegel der jüngeren Rechtsprechung, NZA-RR 2003, 617; *C. Meyer,* Arbeitskampfrecht im Wandel?, NZA 2004, 145; *Olbertz/Reinartz,* Die erweiterten Kampfrechte der Gewerkschaften, BB 2008, 310; *Otto, H.,* Tarifzensur und Arbeitskampf, FS Konzen (2006), S. 663; *Plander,* Tarifflucht durch kurzfristig vereinbarten Verbandsaustritt?, NZA 2005, 897; *Platow,* Arbeitskampfbedingungen im Medienbereich, JbArbR Bd. 37 (2000), S. 73; *Reichold,* Der Betriebsrat – ein „Trojanisches Pferd" im Arbeitskampf?, NZA 2004, 247; *Rieble,* Flash-Mob – ein neues Kampfmittel?, NZA 2008, 796; *ders.,* Urabstimmung als Streikvoraussetzung, FS Canaris (2007), S. 1439; *ders.,* Modernisierung des Arbeitskampfrechts zu einem Tarifverhandlungsrecht, ZAF 2005, 218; *Rieble/Bitterberg,* Arbeitskampf und Verbandsrecht, AR-Blattei SD 170.6; *Rolfs/Clemens,* Entwicklungen und Fehlentwicklungen im Arbeitskampfrecht, NZA 2004, 410; *Sunnus,* Arbeitskampfrecht in Bewegung?, ArbuR 2008, 1; *Sutschet,* Firmenstreik und Abwehrmaßnahmen, ZfA 2005, 581; *Thüsing/Hanau,* Neue Sensibilisierungen im Arbeitskampfrecht: Der Streik in der Luftfahrt, Tarifautonomie im Wandel 2003, 35; *Thüsing/Stelljes,* Verbandsmitgliedschaft und Tarifgebundenheit, ZfA 2005, 527; *Wißmann,* Die aktuelle Rechtsprechung des Bundesarbeitsgerichts zum Arbeitskampfrecht, ArbRGegwart 35 (1997), S. 115; *Zachert,* Vereinigungsfreiheit/Koalitionsfreiheit, AR-Blattei SD 1650.1; *ders.,* „Wilder Streik" – noch zeitgemäß?, ArbuR 2001, 401; *ders.,* Dezentralisierung des Tarifvertrages, FS Wißmann (2005), S. 202; *ders.,* Richterrechtliche Regulierung und Ausgleich der Interessen beim Arbeitskampf, FS BAG (2004), S. 577; *Zielke,* Arbeitsniederlegungen zur Verhinderung der Rentenreform in Deutschland?, BB 2003, 1785; *Zimmerling,* Die „Zwischenverfügung" und das Streikrecht, ZTR 2006, 365.

Tarifsozialplan: *Bauer/Krieger,* „Firmentarifsozialplan" als zulässiges Ziel eines Arbeitskampfes?, NZA 2004, 1014; *Bayreuther,* Der Streik um einen Tarifsozialplan, NZA 2007, 1017; *Braun/Schreiner,* Erstreikbarkeit von tariflichen Sozialplänen, ArbRB 2006, 243; *Fischinger,* Streik um Tarifsozialpläne?, NZA 2007, 310; *Brecht-Heitzmann,* Verhinderung von Betriebsstilllegungen durch Sozialtarifvertrag?, NJW 2007, 3617; *Franzen,* Standortverlagerung und Arbeitskampf, ZfA 2005, 315; *Gaul,* Neue Felder des Arbeitskampfs: Streikmaßnahmen zur Erzwingung eines Tarifsozialplans, RdA 2008, 13; *Grau,* Streik um Tarifsozialplan, NJW 2007, 3660; *Grimm/Pelzer,* Tarifsozialpläne im Tendenzunternehmen? NZA 2008, 1321; *Henssler,* Der „Arbeitgeber in der Zange", FS Richardi (2007), S. 553; *Höfling,* Streikbewehrte Forderung nach Abschluss von Tarifsozialplänen anlässlich konkreter Standortentscheidungen, ZfA 2008, 1; *Hohenstatt/Schramm,* Erstreikbarkeit von „tariflichen Sozialplänen"?, DB 2004, 2214; *Kappenhagen/Lambrich,* Streik um Tarifsozialplan zulässig, BB 2007, 2238; *Lindemann/Dannhorn,* Erstreikung von Tarifsozialplänen, BB 2008, 1226; *Lipinski/Reinhardt,* Wäre eine neue kombinierte Gewerkschaftsstrategie von Unterstützungsstreik mit Streik um einen Tarifsozialplan zulässig?, BB 2008, 2234; *Lipinski/Ferme,* Erstreikbarkeit von Tarifsozialplänen zulässig, DB 2007, 1250; *Meyer, C.,* Der Firmentarif-Sozialplan als Kombinationsvertrag, DB 2005, 830; *Nicolai,* Zur Zulässigkeit tariflicher Sozialpläne, RdA 2006, 33; *Paschke/Ritschel,* Erstreikbarkeit von Tarifverträgen aus Anlass von Standortentscheidungen. ArbuR 2007, 110; *Reichold,* Zulässigkeitsgrenzen eines Arbeitskampfs zur Standortsicherung, BB 2004, 2814; *Ricken,* Der Sozialplantarifvertrag als zulässiges Arbeitskampfziel?, ZfA 2008, 283; *Rieble,* Arbeitsniederlegung zur Standorterhaltung, RdA 2005, 200; *Rolf/ Clemens,* Erstreikbarkeit firmenbezogener Verbandstarifverträge?, DB 2003, 1678; *Schiefer/ Worzalla,* Unzulässige Streiks um Tarifsozialpläne, DB 2006, 46; *Thüsing/ Ricken,* Zweimal Otis, JbArbR 42 (2005), S. 113; *Schmidt, T.,* Der Abfindungstarifvertrag im Insolvenzverfahren, ZInsO 2008, 247; *Schneider/ Sittard,* Streik um Firmentarifsozialpläne, ZTR 2007, 590; *Stück,* Interessenausgleich, Sozialplan und tarifliche Sozialpläne, MDR 2008, 127; *Weller,* Streiks gegen Unternehmerentscheidungen?, GmbHR 2007, 241; *Willemsen/ Stamer,* Erstreikbarkeit tariflicher Sozialpläne, NZA 2007, 413.

Arbeitskampf von Spartengewerkschaften: *Bayreuther,* Der Arbeitskampf des Marburger Bundes, NZA 2006, 642; *ders.,* Tarif- und Arbeitskampfrecht in der Neuorientierung, NZA 2008, 12; *Buchner,* Der Bahnstreik BB 2007, 2520; *ders.,* Turbulenzen im Arbeitskampfrecht, BB 2008, 106; *ders.,* Arbeitnehmerrechte im Zugriff der Bahn?, NZA 2007, 1411; *ders.,* Der „Funktionseliten"-Streik, BB 2003, 2121; *ders.,* Unternehmensbezogene Tarifverträge, DB Beilage 2001, Nr. 9, S. 1; *Feudner,* Zum Arbeitskampfrecht von Berufsgruppengewerkschaften, RdA 2008, 104; *Glanz,* Streikrecht zwischen Tarifeinheit und Verhältnismäßigkeit, NJW-Spezial 2007, 578; *Greiner,* Der Arbeitskampf der GDL, NZA 2007, 1023; *Hanau,* Ordnung und Vielfalt von Tarifverträgen und Arbeitskämpfen im Betrieb, RdA 2008, 98; *Höfling/ Engels,* Der "Bahnstreik", NJW 2007, 3102; *Kamanabrou,* Der Streik durch Spartengewerkschaften, ZfA 2008, 241; *Pflüger,* Verhandlungsparität beim Spezialistenstreik, RdA 2008, 185; *Reichold,* Arbeitnehmerrechte im Zugriff der Bahn, NZA 2007, 1262; *Reuter,* Die Tarifautonomie der Spartengewerkschaften, SchlHA 2007, 413; *Rieble,* Zulässigkeit des Lokführer-„Funktionseliten"-Streiks, BB 2003, 1227; *Sittard,* Die Bedeutung der Daseinsvorsorge und des Grundsatzes der Tarifeinheit für das Arbeitskampfrecht am Beispiel des Bahnstreiks, ZTR 2008, 178.

Unterstützungsstreik: *Bieder,* Paradigmenwechsel im Arbeitskampf, NZA 2008, 799; *Hohenstatt/ Schramm,* Erneute Erweiterung des Kampfarsenals, NZA 2007, 1034; *Kreft,* Zur Zulässigkeit von Unterstützungsstreiks, BB-Special 2008, 11; *Olbertz/ Reinartz,* Der Arbeitskampf im Ungleichgewicht: Rechtmäßigkeit des Unterstützungsstreiks?, DB 2008, 814; *Paukner,* Die Zulässigkeit des Unterstützungsstreiks. ZTR 2008, 130; *Rieble,* Das neue Arbeitskampfrecht des BAG, BB 2008, 1506.

Gemeinschaftsrecht und internationale Abkommen: *Bayreuther,* Das Verhältnis zwischen dem nationalen Streikrecht und der EU-Wirtschaftsverfassung, EuZA 2008, 395; *Bepler,* Deutsches Streikrecht und Europäische Sozialcharta (ESC), FS Wißmann (2005), S. 97; *Birk,* Arbeitskampf und Europarecht, FS 50 Jahre BAG (2004), S. 1165; *Bruun/ Jacobs,* Das ILO-Übereinkommen 94 am Morgen nach Rüffert, ArbuR 2008, 417; *Däubler,* ITF-Aktionen gegen Billig-Flaggen-Schiffe, ArbuR 2008, 409; *Engels,* Das Gemeinschaftsgrundrecht auf Durchführung kollektiver Maßnahmen, ZESAR 2008, 475; *Evju,* Grenzüberschreitender Arbeitskampf auf Schiffen und Rechtswahl, RIW 2007, 898; *Hergenröder,* Arbeitskampfrecht III, Internationales Arbeitskampfrecht, AR-Blattei 170.8; *ders.,* Internationales Arbeitskampfrecht, FS Birk (2008), S. 197; *Joussen,* Schritte zum europäischen Streikrecht, ZESAR 2008, 323; *Knöpfel,* Internationales Arbeitskampfrecht nach der Rom II-Verordnung, EuZA 2008, 228; *Kocher,* Kollektivverhandlungen und Tarifautonomie, ArbuR 2008, 13; *Kohte/Doll,* Neues aus Erfurt zur Bedeutung der Europäischen Sozialcharta im Arbeitskampfrecht?!, ZESAR 2003, 393; *Rebhahn,* Grundfreiheit vor Arbeitskampf – der Fall Viking, ZESAR 2008, 109; *ders.,* Überlegungen zur Bedeutung der Charta der Grundrechte der EU für den Streik und für die Kollektive Rechtsgestaltung, GD Heinze (2005), S. 649; *Schlachter,* Die Verhältnismäßigkeit von Arbeitskampfmaßnahmen gegen grenzüberschreitende Standortverlagerungen, FS Birk (2008), S. 809; *Schmidt-Kessel,* Arbeitskampf und Vertragserfüllung im Europäischen Privatrecht, FS Löwisch (2007), S. 325; *Schubert,* Europäische Grundfreiheiten und nationales Arbeitskampfrecht im Konflikt RdA 2008, 289; *Zwanziger,* Arbeitskampf- und Tarifrecht nach den EuGH-Entscheidungen „Laval" und „Viking", DB 2008, 294.

Übersicht

	RN		RN
1. Wesen	1	5. Ziele	7
2. Begriffe	2–4	6. Umfang	8
3. Parteien des Arbeitskampfs	5	7. Angriffs- oder Abwehrmittel	9
4. Arbeitskampfmittel	6		

1 **1. Wesen.** Der Arbeitskampf ist ein Zwangsmittel, mit dem die Tarifvertragspartien regelmäßig den Abschluss eines Tarifvertrags herbeiführen oder abwehren wollen (zu den sonstigen Zielen von Arbeitskämpfen § 193 RN 8). Auf Arbeitnehmerseite ist der Streik das klassische Kampfmittel, auf Arbeitgeberseite die Aussperrung.

2 **2. Begriffe. a) Arbeitskampf.** Eine gesetzliche Definition des Arbeitskampfs fehlt. Der Begriff wird vom Gesetzgeber in mehreren Bundesgesetzen vorausgesetzt (z.B. Art. 9 III GG, §§ 2 I Nr. 2 ArbGG, 74 II BetrVG, 66 II BPersVG, 11 V AÜG, 25 KSchG, 36 III, 146, 174 SGB III, 91 VI SGB IX). Daneben wird der Streik in mehreren Landesverfassungen erwähnt (Berlin: Art. 18 III, Brandenburg: Art. 51 I, Bremen: Art. 51 III, Hessen: Art. 29 IV, Rheinland-Pfalz: Art. 66 II, Saarland: Art. 56 und Thüringen: Art. 37 II). Welchen Inhalt der Begriff des Arbeitskampfs oder des Streiks in den einzelnen gesetzlichen Vorschriften hat, ist durch Auslegung zu ermitteln. Üblicherweise werden alle kollektiven Maßnahmen, durch die die Arbeit-

nehmer- oder Arbeitgeberseite die Gegenseite absichtlich unter Druck setzt, um ein bestimmtes Ziel zu erreichen, als Arbeitskampf bezeichnet.

b) Streik. Dies ist die von einer größeren Anzahl von Arbeitnehmern planmäßig und gemeinschaftlich durchgeführte Verletzung arbeitsvertraglicher Pflichten zur Erreichung eines gemeinschaftlichen Ziels. Nach einem Teil der Lehre gehört zum Begriff des Streiks die Absicht, nach dem Ende des Arbeitskampfs die Arbeit bei dem bisherigen Arbeitgeber wieder aufzunehmen. Nach richtiger Meinung gehört das subjektive Moment nicht zur Begriffsbestimmung des Streiks, denn der Arbeitskampf verliert nicht dadurch seinen Charakter, dass einzelne oder alle Arbeitnehmer versuchen, anderweitig Arbeit zu finden. 3

c) Aussperrung. Als solche wird die von einem oder mehreren Arbeitgebern planmäßig erfolgte Arbeitsausschließung mehrerer Arbeitnehmer bezeichnet, die unter Verweigerung der Lohnfortzahlung zur Erreichung bestimmter Ziele erfolgt. Die Aussperrung kann uno actu oder sukzessive erfolgen, sofern sie nur auf einem einheitlichen Kampfentschluss beruht.[1] Nach der Rechtsprechung des BAG[2] ist mit der Aussperrungserklärung die (stillschweigende) Aufforderung an die Arbeitnehmer verbunden, nach Beendigung des Kampfs Angebote zur Erneuerung der Arbeitsverhältnisse abzugeben. 4

3. Parteien des Arbeitskampfs. Auf Arbeitnehmerseite können Arbeitskämpfe nur von einer Mehrheit von Arbeitnehmern oder von Arbeitnehmerkoalitionen geführt werden, auf Arbeitgeberseite können der einzelne Arbeitgeber oder eine bzw. mehrere Arbeitgeberkoalitionen Parteien des Arbeitskampfs sein. Regelmäßig werden Arbeitskämpfe durch tariffähige Vereinigungen (§ 187 RN 1) geführt. Ein Arbeitskampf liegt auch vor, wenn organisierte Gruppen von Arbeitnehmern, die bewusst und gewollt gemeinsam handeln,[3] Druck auf einen Arbeitgeber oder eine Arbeitgeberkoalition ausüben. Legen Arbeitnehmer unabhängig voneinander die Arbeit nieder, fehlt es an einem kollektiven Zusammenwirken; es handelt sich um keinen Arbeitskampf, sondern um die Ausübung von individuellen Zurückbehaltungsrechten, deren Zulässigkeit nach Vertragsrecht zu beurteilen ist. Von den Parteien des Arbeitskampfs sind die an ihm Beteiligten zu unterscheiden; **(a)** unmittelbar beteiligt an einem Arbeitskampf sind die Personen und Koalitionen, deren arbeitsvertragliche Rechte und Pflichten von der Auseinandersetzung unmittelbar betroffen sind; **(b)** mittelbar beteiligt sind die Rechtssubjekte, die von dem Arbeitskampf entweder rechtlich oder wirtschaftlich betroffen werden, ohne jedoch selbst Kampfteilnehmer zu sein (z. B. Arbeitnehmer und Arbeitgeber in anderen vom Arbeitskampf betroffenen Wirtschaftszweigen oder Tarifgebieten) und **(c)** sonstige Drittbetroffene (z. B. Kunden von bestreikten Unternehmen). 5

4. Arbeitskampfmittel. Dies sind alle kollektiven Maßnahmen zur Störung der Arbeitsbeziehungen, durch die die Arbeitnehmer- oder Arbeitgeberseite die Gegenseite absichtlich unter Druck setzt, um ein bestimmtes Ziel zu erreichen. Die wichtigsten Arbeitskampfmittel sind zweifellos Streik und Aussperrung. In Betracht kommen daneben auf Arbeitnehmerseite **(a)** offene und verdeckte Leistungsbeschränkungen (z. B. verabredete Krankmeldungen, Bummelstreik,[4] Dienst nach Vorschrift), **(b)** Produktionsbehinderungen (Betriebsblockaden und -besetzungen, § 193 RN 35), **(c)** Massenkündigungen[5] und **(d)** der Boykott (§ 193 RN 37) sowie der sog. Flashmob (§ 193 RN 37 a). Nicht zu den Arbeitskampfmitteln auf Arbeitnehmerseite zählen die kollektive Ausübung von Zurückbehaltungsrechten[6] und von Widerspruchsrechten nach § 613 a BGB.[7] Auf Arbeitgeberseite kommen neben der Aussperrung als Arbeitskampfmittel in Betracht die (vorübergehende) Betriebseinstellung (§ 194 RN 4), der Ausspruch von Massenkündigungen,[8] die Zahlung von besonderen Prämien (z. B. für Streikbrecher, § 194 RN 17) und die Aufnahme der streikenden Arbeitnehmer in sog. „schwarze Listen" der Arbeitgeber. 6

---

[1] BAG 14. 10. 1960 AP 10 zu Art. 9 GG Arbeitskampf.

[2] BAG 6. 12. 1963 AP 31 zu Art. 9 GG Arbeitskampf.

[3] BAG GS 28. 1. 1955 AP 1 zu Art. 9 GG Arbeitskampf; 28. 4. 1966 AP 37 zu Art. 9 GG Arbeitskampf; zu eng BAG 30. 9. 2004 AP 275 zu § 613 a BGB = NZA 2005, 43.

[4] BGH 16. 6. 1977 AP 53 zu Art. 9 GG Arbeitskampf = NJW 77, 1875 – Fluglotsenstreik.

[5] BAG 28. 4. 1966 AP 37 zu Art. 9 GG Arbeitskampf; 8. 2. 1957 AP 1 zu § 1 TVG Friedenspflicht.

[6] BAG 20. 12. 1963 AP 32 zu Art. 9 GG Arbeitskampf – kein Arbeitskampfmittel; ähnlich BAG 30. 9. 2004 AP 275 zu § 613 a BGB = NZA 2005, 43 zu § 613 a VI BGB.

[7] BAG 30. 9. 2004 AP 275 zu § 613 a BGB = NZA 2005, 43.

[8] Einschränkend aber BAG AP 37, 39 zu Art. 9 GG Arbeitskampf; AP 4 zu § 56 BetrVG; AP 1 zu § 1 TVG Friedenspflicht; AP 25 zu § 123 GewO; vgl. auch AP 1 zu Art. 9 GG Arbeitskampf.

7 **5. Ziele.** Arbeitskämpfe können nur zur Durchsetzung tariflich regelbarer Ziele geführt werden. Insoweit hat der Arbeitskampf eine Hilfsfunktion zur Sicherung der Tarifautonomie. Werden die Kampfmaßnahmen zunächst nur vorübergehend geführt, liegt ein **Warnstreik** (§ 193 RN 20) bzw. eine Warnaussperrung vor. Soll der Gegenspieler veranlasst werden, auf die mit ihm verbundenen Arbeitgeber einzuwirken, um den Forderungen bereits Kämpfender nachzugeben, handelt es sich um einen **Solidaritäts- bzw. Sympathiestreik** (§ 193 RN 10), sofern die Kampfmaßnahmen von der Arbeitnehmerseite eingeleitet werden; dagegen um eine Sympathieaussperrung, wenn die Maßnahmen von Arbeitgebern ausgehen. Von **politischen Arbeitskämpfen** (§ 193 RN 9) wird gesprochen, wenn auf das Parlament oder die Regierung Druck ausgeübt werden soll. Schließlich kann es zu einfachen Demonstrationsmaßnahmen im Zusammenhang mit politischen Ereignissen kommen (§ 193 RN 11).

8 **6. Umfang.** Die Arbeitskämpfe können auch nach ihrem Umfang unterschieden werden. Beim **Generalstreik** legen sämtliche Arbeitnehmer, bei einem totalem oder Vollstreik alle Arbeitnehmer eines bestimmten Wirtschaftszweigs, bei einem Teil- oder **Schwerpunktstreik** nur die Arbeitnehmer einzelner Abteilungen oder Betriebe, denen eine Schlüsselfunktion zukommt, die Arbeit nieder. Auf Arbeitgeberseite sind entsprechende Aussperrungen denkbar. Weitere Formen des Streiks sind der **roulierende Streik** (die bestreikten Betriebe im Kampfgebiet werden planmäßig ausgewechselt, um Produktionsverlagerungen während des Arbeitskampfs zu erschweren), der sukzessive Streik (die Anzahl der streikenden Arbeitnehmer wird nach und nach erhöht) und der **Wellenstreik** (die Arbeitnehmer einzelner Schichten treten nach einem Konzept in den Ausstand).

9 **7. Angriffs- oder Abwehrmittel.** Je nachdem, ob der Kampfmaßnahme bereits eine Maßnahme der Gegenseite vorausgegangen ist, spricht man von Angriffs- und Abwehrstreiks bzw. -aussperrungen. Ein von den Gewerkschaften geführter Streik wird als gewerkschaftlicher oder organisierter Streik bezeichnet; alle anderen Streikformen werden als wilder oder spontaner Streik bezeichnet. Ein **wilder Streik** kann nachträglich durch die Gewerkschaft übernommen werden (§ 193 RN 13).

§ 193. Bewertung des Arbeitskampfs in der Rechtsordnung

Übersicht

	RN		RN
I. Rechtsgrundlagen des Arbeitskampfs	1 ff.	III. Durchführung des Arbeitskampfs	25 ff.
1. Verfassung	1, 2	1. Arbeitskampfrichtlinien	25
2. Gemeinschaftsrecht	3, 3 a	2. Einleitung des Arbeitskampfs	26–29
3. Europäische Sozialcharta	4	3. Beendigung des Arbeitskampfs	30
4. Vereinte Nationen, IAO	5	IV. Rechtswidrige Arbeitskämpfe	31 ff.
5. Europäische Menschenrechtskonvention	6	1. Grundsatz	31
II. Rechtmäßiger Arbeitskampf	7 ff.	2. Öffentlicher Dienst, Kirchen	32, 32 a
1. Grundsatz	7	3. Betriebsverfassungsrechtliche Konflikte	33
2. Tarifvertragliche Regelung	8–11	4. Unzulässige Kampfmittel	34–36
3. Kampfparteien und -beteiligte	12–13	5. Boykott	37
4. Kampfbeginn	14–16	6. Flash-Mob	37 a
5. Verhältnismäßigkeitsgrundsatz	17–23	7. Rechtsfolgen des rechtswidrigen Arbeitskampfs	38–40
6. Gemeinwohlbindung	24		

I. Rechtsgrundlagen des Arbeitskampfs

1 **1. Verfassung. a) Grundgesetz.** Das Grundgesetz setzt die Zulässigkeit des Arbeitskampfs voraus. Nach heute überwiegender Ansicht enthält Art. 9 III GG eine institutionelle Garantie des Arbeitskampfs; Satz 3 der Vorschrift erwähnt ihn in Zusammenhang mit etwaigen Notstandsmaßnahmen. Auch das BVerfG hält den Arbeitskampf aus der Garantie der Koalitionsfreiheit und dem Bekenntnis des GG zum sozialen Rechtsstaat durch das Grundgesetz für gewährleistet.[1] Das System des Aushandelns von Arbeitsbedingungen durch die Tarifpartner setzt ein Druckmittel zur Durchsetzung der wechselseitigen Forderungen voraus. Allerdings besteht der

[1] BVerfG 4. 7. 1995 AP 4 zu § 116 AFG = NJW 96, 185; 2. 3. 1993 AP 126 zu Art. 9 GG Arbeitskampf = NJW 93, 1379; 26. 6. 1991 AP 117 zu Art. 9 GG Arbeitskampf = NZA 91, 809.

verfassungsrechtliche Schutz nur für einen Arbeitskampf, der um den Abschluss von rechtmäßigen Tarifverträgen geführt wird. In diesem Rahmen können die Koalitionen frei über die Mittel entscheiden, die sie zur Erreichung des koalitionsgemäßen Zwecks für geeignet halten. Für die Ausgestaltung des Arbeitskampfrechts stellt die Funktionsfähigkeit der Tarifautonomie sowohl Rechtfertigung als auch Grenze dar. Konkrete Maßstäbe, nach denen das Kräftegleichgewicht der Tarifvertragsparteien beurteilt werden könnte, lassen sich Art. 9 III GG nicht entnehmen. Die Kampfstärke von Koalitionen hängt von einer im Einzelnen kaum überschaubaren Fülle von Faktoren ab, die in ihren Wirkungen schwer abschätzbar sind. Aus der Herleitung des Arbeitskampfs aus der Koalitionsfreiheit wird negativ gefolgert, dass der Staat das Kampfrecht nicht durch die generelle Festsetzung von Mindestarbeitsbedingungen (§ 162) oder durch die Einführung einer Zwangsschlichtung[2] aushöhlen darf.

b) Länder. Soweit einzelne Landesverfassungen (vgl. § 192 RN 2) Regelungen über den Arbeitskampf, insbesondere über das Streikrecht und die Aussperrung enthalten, kommt ihnen wegen des Fehlens einer bundesgesetzlichen Regelung zumindest eine theoretische Bedeutung zu. Im Rahmen der institutionellen Garantie des Arbeitskampfs (RN 1) sind die Länder aber nicht zu einer eigenständigen Rechtssetzung befugt. Aus diesem Grund hat das BAG das Aussperrungsverbot in Art. 29 V der Hessischen Landesverfassung für verfassungswidrig gehalten, soweit die Abwehraussperrung betroffen ist.[3] 2

2. Gemeinschaftsrecht. a) Zuständigkeit. Nach Art. 137 VI EG besteht keine Rechtssetzungskompetenz der Gemeinschaft für das Arbeitskampfrecht, insoweit wird die nationale Rechtssetzungsbefugnis der Mitgliedstaaten nicht eingeschränkt. Die noch nicht von allen Mitgliedstaaten ratifizierte Grundrechtscharta von Nizza enthält in Art. 12 I allgemein eine Garantie der Koalitionsfreiheit und in Art. 28 das Recht zum Aushandeln von Tarifverträgen und das Recht, im Konfliktfall kollektive Interessen „einschließlich Streiks" zu ergreifen. Eine Regelung über die Rechtsfolgen von Arbeitskämpfen in den Mitgliedstaaten der Gemeinschaft ist in Art. 9 der VO 864/2007 des Europäischen Parlaments und des Rates vom 11. 7. 2007 (Rom II) enthalten.[4] Danach ist bei außervertraglichen Schuldverhältnissen für Schäden, die aus bevorstehenden oder durchgeführten Arbeitskampfmaßnahmen entstanden sind, das Recht des Staates anzuwenden, in dem die Arbeitskampfmaßnahme erfolgen soll oder erfolgt ist. 3

b) Arbeitskämpfe mit Gemeinschaftsbezug. Der Europäische Gerichtshof hat trotz der fehlenden Rechtssetzungskompetenz der Gemeinschaft in zwei vielbeachteten Entscheidungen[5] im Dezember 2007 klargestellt, dass Arbeitskämpfe zur Durchsetzung von Kollektivmaßnahmen dem Primärrecht der Gemeinschaft unterliegen, wenn sie in die Grundfreiheiten der betroffenen Unternehmen eingreifen.[6] Als betroffene Grundfreiheiten hat der EuGH die Niederlassungs- und die Dienstleistungsfreiheit (Art. 43, 49 EG) angesehen, daneben dürfte auch noch die Warenverkehrsfreiheit (Art. 28 EG) als eine mögliche Grundfreiheit anzusehen sein, auf die sich ein Unternehmen berufen kann. Der EuGH hat das Recht auf Kollektivmaßnahmen als Grundrecht der betroffenen Arbeitnehmer angesehen, das eine Beeinträchtigung der Grundfreiheiten rechtfertigen könne. Dabei ist der EuGH nur formal von einem Gleichordnungsverhältnis zwischen Grundfreiheiten und Grundrechten ausgegangen.[7] Kollidiere eine Grundfreiheit mit einem Grundrecht, sei ein verhältnismäßiger Ausgleich herzustellen. Allerdings müsse erwiesen sein – so der EuGH –, dass die Beschränkungen zu Gunsten der Arbeitnehmer geeignet sind, die Erreichung des verfolgten legitimen Ziels zu gewährleisten, und dass sie nicht über das hinausgehen, was zur Erreichung dieses Ziels erforderlich ist. Die beiden Entscheidungen lassen viele Fragen offen. Denkbar ist, dass zukünftig rein inländische Arbeitskämpfe dem Gemeinschaftsrecht unterliegen, wenn sie sich auch in einem anderen Mitgliedstaat auswirken (z. B. bei einer Einschränkung der Warenverkehrsfreiheit), oder ein bekämpftes Unternehmen seinen Sitz in einem anderen Mitgliedstaat hat; im letzteren Fall können die Niederlassungs- oder Dienstleistungsfreiheit betroffen sein. Problematisch ist die vom EuGH offenbar beabsichtigte Kontrolle der Arbeitskampfziele und -maßnahmen am Grundsatz der Verhältnismäßigkeit, die sich – anders als nach nationalem Recht – nicht nach den Regeln der praktischen Konkordanz richtet und für die der Gerichtshof seine Zuständigkeit beansprucht. Daneben bleibt unklar, ob die 3a

---

[2] BVerfG 6. 5. 1964 AP 15 zu § 2 TVG.

[3] BAG 26. 4. 1988 AP 101 zu Art. 9 GG Arbeitskampf = NZA 88, 775.

[4] Zur Entstehungsgeschichte *Knöpfel* EuZA 2008, 228; *Schmidt-Kessel* FS Löwisch (2007), S. 325.

[5] Schrifttumsnachweise vor § 192 RN 1.

[6] EuGH 18. 12. 2007 AP 15 zu Art. 49 EG = NZA 2008, 159 – Laval; 11. 12. 2007 AP 3 zu Art. 43 EG = NZA 2008, 124 – Viking.

[7] Kritisch dazu *Rebhahn* ZESAR 2008, 109.

Arbeitskampfschranken des nationalen Rechts (z.B. die Friedenspflicht) auch bei Arbeitskämpfen im Geltungsbereich des Gemeinschaftsrechts gelten.

4 **3. Europäische Sozialcharta.** Am 18. 10. 1961 hat die BRD die Europäische Sozialcharta unterzeichnet. Diese ist durch den Bundestag ratifiziert worden[8] und seit dem 26. 2. 1965 in Kraft. Nach ihrem Teil II Art. 6 Nr. 4 ist das Recht der Arbeitnehmer und der Arbeitgeber auf kollektive Maßnahmen einschließlich des Streikrechts im Falle von Interessenskonflikten vorbehaltlich etwaiger Verpflichtungen aus geltenden Gesamtarbeitsverträgen anerkannt. Der Ministerrat des Europarats hat im Jahr 1998 eine individuelle Empfehlung an die Bundesregierung gegeben, wonach „das Verbot aller Streiks in Deutschland, die nicht auf den Abschluss eines Tarifvertrags gerichtet sind, und die nicht von einer Gewerkschaft ausgerufen oder übernommen sind, mit den Erfordernissen von Art 6 Nr. 4 ESC unvereinbar sei".[9] Die ESC stellt eine von der Bundesrepublik Deutschland eingegangene völkerrechtliche Verpflichtung dar, deren Regeln die Gerichte beachten müssen, wenn sie die im Gesetzesrecht bezüglich der Ordnung des Arbeitskampfs bestehenden Lücken anhand von Wertentscheidungen der Verfassung ausfüllen. Bei einer Begrenzung des in Teil II Art. 6 Nr. 4 ESC anerkannten Streikrechts dürfen sie nur solche Grundsätze aufstellen, die nach Teil V Art. 31 Abs. 1 ESC zulässig sind. Als eine danach zulässige Beschränkung der Arbeitskampffreiheit hat das BAG die gesetzesvertretende Ausgestaltung des Arbeitskampfrechts durch den Grundsatz der Verhältnismäßigkeit und die Grundsätze über die Friedenspflicht angesehen.[10]

5 **4. Vereinte Nationen, IAO.** Art. 23 Nr. 4 der Allgemeinen Erklärung der Menschenrechte vom 10. 12. 1948 garantiert die Koalitionsfreiheit. Weiterhin enthalten auch Art. 22 des Internationalen Paktes über bürgerliche und politische Rechte[11] und Teil III Art. 8 des Internationalen Paktes über wirtschaftliche, soziale und kulturelle Rechte vom 19. 12. 1966[12] inhaltliche Aussagen zur Koalitionsfreiheit: daneben erlaubt Art. 2, 10 des Übereinkommens Nr. 87 der Internationalen Arbeitsorganisation vom 9. 7. 1948 Arbeitnehmern und Arbeitgebern, ohne vorherige Genehmigung Organisationen ihrer Wahl zu gründen. Die genannten Regelungen enthalten jedoch kein verbindliches innerstaatliches Recht.

6 **5. Europäische Menschenrechtskonvention.** Unmittelbar geltendes Recht enthält hingegen die Europäische Konvention zum Schutz der Menschenrechte und Grundfreiheiten vom 4. 11. 1950. Nach Art. 11 I haben alle Menschen das Recht, sich friedlich zu versammeln und frei mit anderen zusammenzuschließen, sowie das Recht, zum Schutz ihrer Interessen Gewerkschaften zu bilden und ihnen beizutreten. Das hier eingeräumte Recht, das auch die Arbeitskampffreiheit umfassen muss, geht aber nicht über Art. 9 III GG hinaus.[13] Der EGMR geht davon aus, dass den Gewerkschaften erlaubt sein muss, auch zum Schutz ihrer Mitglieder zu kämpfen.[14]

II. Rechtmäßiger Arbeitskampf

Birk, Die Betriebsschließung aus Anlass eines Streiks nach französischem und deutschem Recht, FS Wiedemann (2002), S. 199; *Zielke,* Welche Rechte hat der Arbeitgeber bei politisch motivierten Arbeitsniederlegungen?, BB 2005, 1274.

7 **1. Grundsatz.** Die Zulässigkeit des Arbeitskampfs folgt grundsätzlich aus der durch Art. 9 III GG geschützten Betätigungsfreiheit der Koalitionen. Einschränkungen der verfassungsrechtlich garantierten Betätigungsfreiheit der Koalitionen sind nur dann mit Art. 9 III GG vereinbar, wenn sie entweder dem Schutz des jeweiligen Koalitionspartners und damit gerade der Erhaltung der Funktionsfähigkeit der Tarifautonomie oder dem Schutz der Grundrechte Dritter dienen oder sie durch die Rücksicht auf andere Rechte mit Verfassungsrang gerechtfertigt sind.[15] Dazu zählt die Beschränkung des Kampfziels auf eine tarifvertragliche Regelung (RN 8), bestimmte Anforderungen an die Kampfparteien (RN 12), den Kampfbeginn bzw. inhaltliche Schranken bei der Kampfdurchführung (RN 14). Eine Begrenzung des Arbeitskampfs durch das Gemeinwohl erfolgt regelmäßig nicht (RN 24).

---

[8] Gesetz zur Europäischen Sozialcharta v. 19. 9. 1964 (BGBl. II S. 1261); *Lörcher* ArbuR 96, 48.
[9] Vgl. *Däubler* ArbuR 98, 144; Empfehlung des Ministerkomitees des Europarats: ArbuR 98, 156.
[10] BAG 19. 6. 2007 AP 173 zu Art. 9 GG Arbeitskampf = NZA 2007, 1055.
[11] BGBl. II 1973, S. 1534.
[12] BGBl. II 1973, S. 1570.
[13] BAG 10. 6. 1980 AP 65 zu Art. 9 GG Arbeitskampf = NJW 80, 1653.
[14] EGMR 13. 8. 1981 EuGRZ 81, 559; 27. 10. 1975 EuGRZ 75, 262.
[15] BVerfG 24. 4. 1996 BVerfGE 94, 368; 26. 6. 1991 BVerfGE 84, 212.

2. Tarifvertragliche Regelung. a) Grundsatz. Aus der Verankerung der Arbeitskampffreiheit in Art. 9 III GG folgt, dass ein Arbeitskampf um den Abschluss oder die Abwehr eines Tarifvertrags geführt werden muss. So ist ein Streik verfassungsrechtlich nicht geschützt, wenn er um rechtswidrige Ziele geführt wird;[16] maßgeblich ist die von der Gewerkschaft verlautbarte Streikforderung.[17] Daher sind solche Arbeitskämpfe rechtswidrig, die um Forderungen zum Gegenstand haben, die nicht nach § 1 TVG Gegenstand des normativen Teils eines Tarifvertrags sein können. Dies wird insbesondere angenommen für Regelungen für die keine Regelungskompetenz der Tarifvertragsparteien nach § 1 I TVG besteht[18] oder bei einem Streit um Rechtsansprüche aus einem Tarifvertrag bzw. deren Durchsetzbarkeit.[19] Dass bei Umsetzung der Forderung in die unternehmerische Freiheit eingegriffen wird, ist grundsätzlich ohne Bedeutung. Zulässig sind daher Auseinandersetzungen um die Regelung der Ladenschlusszeiten im Einzelhandel,[20] sowie ein Streik zur Erzwingung des Abschlusses eines Tarifvertrags mit dem eine Betriebsstilllegung bzw. -verlagerung erschwert oder zeitlich hinausgeschoben werden soll. Das BAG hat Gewerkschaftsforderungen über die Verlängerung von Kündigungsfristen bis zu einem Jahr als zulässig angesehen.[21] Weitergehende Tarifforderungen, die auf den Abschluss eines Standortsicherungsvertrags, d.h. einer Vereinbarung über die Beibehaltung der Betriebstätigkeit, dürften aber nicht von Art. 9 III GG umfasst sein, [22] weil sie auf kein tariflich regelbares Ziel gerichtet sind. Wo hier die Grenze liegt, kann wohl nur im Einzelfall entschieden werden. Die Rechtmäßigkeit von gewerkschaftlichen Arbeitskämpfen um **Firmentarifsozialpläne** hat das BAG grundsätzlich anerkannt.[23] Es hat angenommen, dass entsprechenden Gewerkschaftsforderungen insbesondere nicht die Vorschriften der §§ 111 ff. BetrVG über die Durchführung einer Betriebsänderung entgegenstehen (dazu §§ 244, 245). § 112 I 4 BetrVG beseitigt nur die Tarifsperre des § 77 III BetrVG für betriebliche Vereinbarungen. Auch ein bestehender oder gegenwärtig mit dem Betriebsrat verhandelter Sozialplan schließt gewerkschaftliche Streikmaßnahmen nicht aus; § 112 I 4 BetrVG geht gerade von einer Konkurrenz von betrieblichen und tariflichen Sozialplänen aus.[24] Die Begrenzungsregeln des § 123 InsO gelten für Tarifsozialpläne nicht. 8

Dagegen unterliegen **Streikforderungen** einer Gewerkschaft, deren Gegenstand grundsätzlich tariflich regelbar ist, keiner gerichtlichen Übermaßkontrolle. Eine solche Kontrolle würde nach Ansicht des BAG gegen die durch Art. 9 III GG gewährleistete Koalitionsbetätigungsfreiheit der Gewerkschaften verstoßen und die Funktionsfähigkeit der Tarifautonomie in Frage stellen.[25] Nach Ansicht des BAG besteht eine tatsächliche Vermutung dafür, dass ein von einer Gewerkschaft geführter Streik zur Regelung von Arbeits- und Wirtschaftsbedingungen geführt wird. Nach der ursprünglichen Auffassung des BAG sollte ein derartiger Streik die Vermutung der Rechtmäßigkeit für sich haben.[26] Diese Aussage hat das Gericht später zu Recht dahingehend eingeschränkt, dass die kampfführende Gewerkschaft oder Dritte nicht darauf vertrauen könnten, dass ein von einer Gewerkschaft geführter Streik rechtmäßig sei; vielmehr sei entscheidend, ob die Rechtswidrigkeit des Streiks für den Arbeitnehmer erkennbar gewesen sei.[27] Werden teilweise rechtswidrige Ziele verfolgt, ist der ganze Arbeitskampf rechtswidrig.[28] 8a

---

[16] BAG 10. 12. 2002 AP 162 zu Art. 9 GG Arbeitskampf = NZA 2003, 734 – Mitgliedschaft im Arbeitgeberverband; 5. 3. 1985 AP 85 zu Art. 9 GG Arbeitskampf = NZA 85, 504; 21. 3. 1978 AP 62 zu Art. 9 GG Arbeitskampf = NJW 72, 599; 26. 10. 1971 AP 44 zu Art. 9 GG Arbeitskampf.

[17] BAG 24. 4. 2007 AP 2 zu § 1 TVG Sozialplan = NZA 2007, 987.

[18] BAG 26. 4. 1990 AP 57 zu Art. 9 GG = NZA 90, 850 – Besetzungsregeln; 10. 2. 1988 AP 53 zu § 99 BetrVG 1972 – Mitbestimmung.

[19] BAG 7. 6. 1988 AP 106 zu Art. 9 GG Arbeitskampf = NZA 88, 883; 14. 2. 1978 AP 57 zu Art. 9 GG Arbeitskampf = NJW 79, 236; 17. 12. 1976 AP 52 zu Art. 9 GG Arbeitskampf = NJW 77, 918.

[20] BAG 27. 6. 1989 AP 113 zu Art. 9 GG Arbeitskampf = NZA 89, 969.

[21] BAG 24. 4. 2007 AP 2 zu § 1 TVG Sozialplan = NZA 2007, 987.

[22] So LAG Hamm 31. 5. 2000 AP 158 zu Art. 9 GG Arbeitskampf = NZA-RR 2000, 535; vgl. dazu *Wolter* RdA 2002, 218.

[23] BAG 24. 4. 2007 AP 2 zu § 1 TVG Sozialplan = NZA 2007, 987; Schrifttumsnachweise vor § 192 RN 1.

[24] BAG 6. 12. 2006 AP 1 zu § 1 TVG Sozialplan = NZA 2007, 821; LAG Niedersachsen 2. 6. 2004 AP 164 zu Art. 9 GG Arbeitskampf = NZA-RR 2005, 200.

[25] BAG 24. 4. 2007 AP 2 zu § 1 TVG Sozialplan = NZA 2007, 987.

[26] BAG 19. 6. 1973 AP 47 zu Art. 9 GG Arbeitskampf = NJW 73, 1944; krit. MünchArbR/*Otto* § 285 RN 17.

[27] BAG 29. 11. 1983 AP 78 zu § 626 BGB = NZA 84, 34.

[28] BAG 4. 5. 1955 AP 2 zu Art. 9 GG Arbeitskampf.

9 **b) Politische Arbeitskämpfe.**[29] Dies sind solche, bei denen die Kampfparteien Maßnahmen in der Absicht ergreifen, staatliche Organe unter Druck zu setzen und zu einem bestimmten hoheitlichen Handeln zu zwingen. Politische Arbeitskämpfe sind grundsätzlich rechtswidrig;[30] eine Ausnahme besteht unter den engen Voraussetzungen des Widerstandsrechts (Art. 20 IV GG). Arbeitsrechtlich unzulässig ist auch die Teilnahme an einer gewerkschaftlichen Demonstration während der Arbeitszeit, mit der auf soziale Missstände hingewiesen werden soll, selbst wenn die Arbeitsniederlegung von vornherein räumlich, zeitlich und personell begrenzt ist und nicht der unmittelbaren Beeinflussung der Hoheitsträger dienen soll.[31]

10 **c) Sympathie- bzw. Solidaritätsarbeitskämpfe.**[32] Gewerkschaftliche Streiks, die der Unterstützung eines in einem anderen Tarifgebiet geführten (rechtmäßigen) Hauptarbeitskampfs dienen, sind als koalitionsspezifische Betätigung durch Art. 9 III GG geschützt.[33] Nach Ansicht des BAG sind Sympathiearbeitskämpfe nicht allein deshalb unzulässig, weil der Bekämpfte die Streikforderung nicht erfüllen kann. Denn der Unterstützungsstreik soll gleichermaßen zur Gestaltung der Arbeitsbedingungen der vom Hauptarbeitskampf betroffenen Arbeitnehmer beitragen. Durch einen Unterstützungsstreik verletzt eine Gewerkschaft regelmäßig nicht die Friedenspflicht gegenüber dem mit dem Unterstützungsstreik überzogenen Arbeitgeber.[34] Die Zulässigkeit von Unterstützungsstreiks richtet sich nach dem Grundsatz der Verhältnismäßigkeit. Ein rechtmäßiger Unterstützungsstreik kommt insbesondere in Betracht, wenn der Bekämpfte selbst Unterstützungshandlungen im Hauptarbeitskampf geleistet hat[35] oder bei einer engen wirtschaftlichen Verbindung des Arbeitgebers mit den Adressaten des Hauptarbeitskampfs (z. B. bei einem Konzernverbund). Der Unterstützungsstreik ist dagegen rechtswidrig, wenn er zur Unterstützung des Hauptarbeitskampfs offensichtlich ungeeignet, offensichtlich nicht erforderlich oder unangemessen ist, wobei der Gewerkschaft eine Einschätzungsprärogative zusteht. Maßgeblich sind auch die Dauer und der Umfang des Unterstützungsstreiks. Durch diesen darf sich der Schwerpunkt des Hauptarbeitskampfs nicht signifikant auf den Unterstützungsstreik verlagern.[36] Ein kurzfristiger Sympathiestreik kann nur durch einstweilige Verfügung untersagt werden, wenn die Arbeitgeberseite unter einen unverhältnismäßigen Druck gesetzt wird.[37]

11 **d) Demonstrationsarbeitskampf.** Er hat kein unmittelbares Kampfziel, sondern stellt lediglich einen Protest gegen ein bestimmtes Verhalten der Arbeitgeber oder politische Entscheidungen bzw. Maßnahmen dar. Der Demonstrationsstreik ist arbeitsrechtlich unzulässig, da er nicht um tariflich regelbare Ziele geführt wird.[38]

12 **3. Kampfparteien und -beteiligte. a)** Träger von Arbeitskampfmaßnahmen können nur Gewerkschaften, Arbeitgebervereinigungen und der einzelne Arbeitgeber sein. Beteiligen können sich auf Arbeitnehmerseite alle organisierten[39] Arbeitnehmer, arbeitnehmerähnliche Personen, soweit ihre Vertragsverhältnisse tariflich regelbar sind (§ 12 a TVG), nicht aber die in § 5 III ArbGG genannten Handelsvertreter. Auch ein nichtorganisierter Arbeitnehmer kann sich einem von der Gewerkschaft geführten rechtmäßigen Arbeitskampf anschließen.[40] Ein andersorganisierter Arbeitnehmer kann an einem Streik nur teilnehmen, sofern er nicht durch die Friedenspflicht gebunden ist. Ein Streikrecht für Auszubildende wird teils mit Rücksicht auf den Erziehungs- und Ausbildungscharakter des Berufsausbildungsverhältnisses verneint. Nach der wohl überwiegenden Ansicht können die Auszubildenden an Arbeitskämpfen teilnehmen, da von ihnen gegenüber anderen Arbeitnehmergruppen kein unsolidarisches Verhalten verlangt werden kann.[41]

---

[29] Dazu *Zielke* BB 2005, 1274 und BB 2003, 1785.

[30] LAG Hamm 17. 4. 1985 BB 85, 1396 = DB 85, 2691; LAG Rheinl.-Pfalz 5. 3. 1986 LAGE Art. 9 GG Nr. 26; ArbG Osnabrück 4. 6. 1996 NZA-RR 96, 341.

[31] BAG 23. 10. 1984 AP 82 zu Art. 9 GG Arbeitskampf = NZA 85, 459.

[32] Schrifttumsnachweise vor § 192 RN 1.

[33] BAG 19. 6. 2007 AP 173 zu Art. 9 GG Arbeitskampf = NZA 2007, 1055; a. A. noch BAG 5. 3. 1985 AP 85 zu Art. 9 GG Arbeitskampf = NZA 85, 504.

[34] BAG 21. 12. 1982 AP 76 zu Art. 9 GG Arbeitskampf = NJW 83, 1750.

[35] BAG 5. 3. 1985 AP 85 zu Art. 9 GG Arbeitskampf = NZA 85, 504.

[36] BAG 19. 6. 2007 AP 173 zu Art. 9 GG Arbeitskampf = NZA 2007, 1055.

[37] LAG Düsseldorf 11. 12. 1978 DB 79, 167.

[38] Vgl. BAG 7. 6. 1988 AP 106 zu Art. 9 GG Arbeitskampf = NZA 88, 883; 23. 10. 1984 AP 82 zu Art. 9 GG Arbeitskampf = NZA 85, 459.

[39] BAG 22. 3. 1994 AP 130 zu Art. 9 GG Arbeitskampf = NZA 94, 1097.

[40] BAG GS 29. 11. 1967 AP 13 zu Art. 9 GG.

[41] BAG 30. 8. 1994 AP 131 zu Art. 9 GG Arbeitskampf = NZA 95, 32; 12. 11. 1984 AP 81 zu Art. 9 GG Arbeitskampf = NZA 84, 393 – Warnstreik; ArbG Stuttgart 14. 11. 1979 AP 68 zu Art. 9 GG Arbeitskampf.

Auf **Arbeitgeberseite** können in eine Auseinandersetzung um einen Verbandstarifvertrag nicht nur die Mitglieder des Verbandes oder einzelne ihrer Betriebe einbezogen sein. Nach der Rspr. kann auch ein nicht verbandsangehöriger Arbeitgeber im Tarifgebiet bestreikt werden.[42] Bei einem Streit um den Abschluss eines **Firmentarifvertrags** kann ein verbandsangehöriger Arbeitgeber bestreikt werden, soweit sich aus dem Verbandstarifvertrag keine Friedenspflicht ergibt.[43] Außenseiterarbeitgeber können sich nach Ansicht des BVerfG einer Aussperrung anschließen, wenn die Beteiligung den Abschluss des Tarifvertrags beeinflussen soll.[44] 12a

b) „Wilder" Arbeitskampf. Der Arbeitskampf muss von einer Kampfpartei getragen sein. Auf Arbeitnehmerseite setzt dies einen gewerkschaftlichen Streikaufruf (RN 26) voraus. Fehlt es hieran, handelt es sich um einen wilden Streik, der rechtswidrig ist und nicht von Art. 9 III GG erfasst wird. Solche spontanen Arbeitskämpfe sind z. B. geführt worden, um Entlassungen von anderen Arbeitnehmern zu verhindern[45] oder zu erzwingen.[46] Die Teilnahme an einem wilden Streik kann zur fristlosen Entlassung der Arbeitnehmer[47] und zum Schadensersatz führen. Die Gewerkschaft kann aber nachträglich eine spontane Arbeitsniederlegung übernehmen. Die Übernahme eines Arbeitskampfs durch eine Kampfpartei hat rechtfertigende Wirkung,[48] nach Ansicht des BAG sogar mit Rückwirkung.[49] 13

4. Kampfbeginn. a) Ein Arbeitskampf ist unzulässig, wenn noch eine Friedenspflicht besteht (RN 15), die Verhandlungen noch nicht gescheitert sind bzw. ein Verbandsbeschluss fehlt (RN 19) oder der Grundsatz der Parität (RN 22) nicht beachtet wird. Als **Kampfmaßnahmen** hat das BAG sehr weitgehend alle Maßnahmen angesehen, die den Verhandlungspartner bewusst und gewollt unter den unmittelbaren Druck eingeleiteter Arbeitskämpfe setzen und damit seine Entschließungsfreiheit beeinträchtigen sollen.[50] Besser vertretbar erscheint es, alle vorbereitenden Maßnahmen bis zur Beschlussfassung eines Verbands über den Arbeitskampf nicht als Kampfmaßnahmen anzusehen. Auch von den Verbänden organisierte oder veranlasste Massenänderungskündigungen gelten als Kampfmaßnahmen, sofern sie zur Herab- oder Heraufsetzung tariflich vereinbarter Leistungen geführt werden.[51] 14

b) Friedenspflicht.[52] **aa)** Besteht zwischen den Kampfparteien noch eine tarifliche Friedenspflicht (§ 201 RN 8), ist ein Arbeitskampf regelmäßig unzulässig. Die Friedenspflicht verpflichtet die Parteien eines bestehenden Tarifvertrags, keine Kampfmaßnahmen durchzuführen, die Anstiftung ihrer Mitglieder zu einem solchen Arbeitskampf zu unterlassen[53] oder Kampfmaßnahmen zu unterstützen. Die Friedenspflicht muss nicht gesondert vereinbart werden. Sie ist vielmehr dem Tarifvertrag als einer Friedensordnung immanent.[54] Während der Laufzeit eines Tarifvertrags ist sein Inhalt daher regelmäßig kollektiven Auseinandersetzungen entzogen. Das Kampfverbot bezieht sich aber nur auf die in dem betreffenden Tarifvertrag geregelten Gegenstände (sog. relative Friedenspflicht). Die Friedenspflicht beginnt mit dem Abschluss des Tarifvertrags und endet mit seinem Ablauf. Untersagt ist lediglich ein Arbeitskampf, der sich gegen den Bestand gerade dieses Tarifvertrags oder um einzelne seiner Bestimmungen richtet. Regelt ein Tarifvertrag nur einzelne Arbeitsbedingungen, ist durch Auslegung zu ermitteln, ob die un- 15

---

[42] BAG 18. 2. 2003 AP 163 zu Art. 9 GG Arbeitskampf = NZA 2003, 866; 9. 4. 1991 AP 116 zu Art. 9 GG Arbeitskampf = NZA 91, 815; BGH 19. 1. 1978 AP 56 zu Art. 9 GG Arbeitskampf = NJW 78, 990.

[43] BAG 10. 12. 2002 AP 162 zu Art. 9 GG Arbeitskampf = NZA 2003, 734.

[44] BVerfG 26. 6. 1991 AP 117 zu Art. 9 GG Arbeitskampf = NJW 91, 2549 – „Kampfbündnis"; krit. MünchArbR/*Otto* § 285 RN 67.

[45] BAG 31. 10. 1995 AP 135 zu Art. 9 GG Arbeitskampf = NZA 96, 389; 7. 6. 1988 AP 106 zu Art. 9 GG Arbeitskampf = NZA 88, 883; 14. 2. 1978 AP 58 zu Art. 9 GG Arbeitskampf = NJW 79, 236; 21. 10. 1969 AP 41 zu Art. 9 GG Arbeitskampf = NJW 70, 486.

[46] LAG Berlin 3. 5. 1973 DB 73, 2097 = BB 74, 229.

[47] BAG 21. 10. 1969 AP 41 zu Art. 9 GG Arbeitskampf = NJW 70, 486; einschränkend jedoch BAG 29. 11. 1983 AP 78 zu § 626 BGB = NZA 84, 34.

[48] BAG 31. 10. 1995 AP 140 zu Art. 9 GG Arbeitskampf = NZA 96, 389 – Aussperrung; 5. 3. 1985 AP 85 zu Art. 9 GG Arbeitskampf = NZA 85, 504; 21. 10. 1969 AP 41 zu Art. 9 GG Arbeitskampf = NJW 70, 486.

[49] So wohl auch BAG 20. 12. 1963 AP 32, 33 zu Art. 9 GG Arbeitskampf; zu Recht kritisch MünchArbR/*Otto* § 285 RN 77.

[50] BAG 31. 10. 1958 AP 2 zu § 1 TVG Friedenspflicht.

[51] BAG 28. 4. 1966 AP 37 zu Art. 9 GG Arbeitskampf.

[52] *Otto,* Relative Friedenspflicht, tariflicher Regelungsgegenstand und Geschäftsgrundlage, FS Wiedemann (2002), S. 401.

[53] BAG 21. 12. 1982 AP 76 zu Art. 9 GG Arbeitskampf = NJW 83, 1750.

[54] BAG 10. 12. 2002 AP 162 zu Art. 9 GG Arbeitskampf = NZA 2003, 734.

geregelten Materien der Friedenspflicht unterliegen sollen.[55] So ist ein Arbeitskampf um einen Entgelttarifvertrag zulässig, wenn die Vorgängerregelung ausgelaufen ist, selbst wenn der für die Branche geltende Manteltarifvertrag noch weiter gilt. Ist die Friedenspflicht eines Verbandstarifvertrags abgelaufen, kann ein Firmentarifvertrag erkämpft werden.[56] Ein nicht verbandsangehöriger Arbeitgeber kann nach Ablauf eines Verbandstarifvertrags in einen um dessen Neuabschluss geführten Arbeitskampf einbezogen werden, wenn ein mit ihm abgeschlossener ungekündigter Firmentarifvertrag keine eigenständigen inhaltlichen Regelungen enthält, sondern lediglich auf die jeweils geltenden Verbandstarifverträge verweist;[57] zu Firmensozialplänen RN 8a.

16 **bb) Einwirkungspflicht.** Sie verpflichtet die Tarifvertragsparteien u. a. mit den ihnen zur Verfügung stehenden Verbandsmitteln auf ihre Mitglieder einzuwirken, die vom Verband übernommene Friedenspflicht zu beachten. Die Einhaltung der Friedenspflicht ist eine Vertragspflicht und entfaltet Schutzwirkungen zugunsten der Verbandsmitglieder.[58] Deshalb können die Tarifvertragsparteien gegen den sozialen Gegenspieler auf Einhaltung (Unterlassung und Einwirkung auf die Mitglieder zu tarifgerechtem Verhalten) klagen.[59] Im Falle der Verletzung der Friedenspflicht stehen den Tarifparteien, aber auch ihren Mitgliedern wegen der zu ihren Gunsten bestehenden Schutzwirkung eigene Schadensersatzansprüche gegen den Gegner zu. Ein Arbeitgeberverband ist aber nicht befugt, im Wege gewillkürter Prozessstandschaft, Rechtsansprüche seiner Mitglieder gegen die Gewerkschaft geltend zu machen.[60]

17 **5. Verhältnismäßigkeitsgrundsatz. a) Übermaßverbot.** Nach Ansicht des Großen Senats des BAG stehen Arbeitskampfmaßnahmen unter dem Gebot der Verhältnismäßigkeit.[61] In späteren Entscheidungen hat das Gericht dann klargestellt, dass es sich dabei letztlich um Beschränkungen handelt, die sich aus dem verfassungsrechtlichen Übermaßverbot ergeben. Arbeitskämpfe stellen einen Eingriff in vertragliche Rechte dar und berühren dabei nicht nur die Interessen der am Arbeitskampf unmittelbar Beteiligten, sondern auch die von Dritten und der Allgemeinheit. Daraus ergibt sich das Verbot, Kampfmaßnahmen bzw. -mittel zu ergreifen, die zur Herbeiführung eines Tarifvertrags über einen tariflich regelbaren Gegenstand unnötig oder ungeeignet sind[62] oder außer Verhältnis zum angestrebten Ziel stehen. Das Übermaßverbot führt aber nicht zu einer Inhaltskontrolle der erhobenen Tarifforderungen (RN 8a). Das BAG hat dann in späteren Entscheidungen versucht, zur Konkretisierung des Übermaßverbots ein System abgestufter Kampfmaßnahmen zu entwickeln,[63] die aber für die vielfältigen und kaum vorhersehbaren Problemlagen im Arbeitskampfrecht nur eingeschränkt geeignet erscheinen.[64] Letztlich verbietet das Übermaßverbot nur einen Arbeitskampf, der den Gegner wirtschaftlich vernichten soll,[65] weshalb die Kampfparteien auch zur Organisation von Not- und Erhaltungsarbeiten verpflichtet sind.

18 **b) Ausschöpfung von Verhandlungsmöglichkeiten? aa)** Der Große Senat hatte ursprünglich aus dem Verhältnismäßigkeitsgrundsatz hergeleitet, dass eine Arbeitskampfmaßnahme erst nach Ausschöpfung aller Verständigungsmöglichkeiten ergriffen werden darf; der Arbeitskampf müsse das letzte mögliche Mittel sein.[66] Das Ultima-Ratio-Prinzip verbietet aber nur Arbeitskämpfe um ihrer selbst und der Demonstration einer Stärke willen und zu einem Zeitpunkt, zu dem noch nicht einmal der Standpunkt der Gegenseite zur Kenntnis genommen worden ist. Arbeitskampfmaßnahmen sind daher erst dann zulässig, wenn zuvor Forderungen für

---

[55] BAG 10. 12. 2002 AP 162 zu Art. 9 GG Arbeitskampf = NZA 2003, 734.

[56] LAG Hamm 8. 8. 1985 NZA 85, 743; LAG Düsseldorf 31. 7. 1985 DB 86, 807.

[57] BAG 18. 2. 2003 AP 163 zu Art. 9 GG Arbeitskampf = NZA 2003, 866; bestätigt durch BVerfG 10. 9. 2004 AP 167 zu Art. 9 GG Arbeitskampf = NZA 2004, 1338.

[58] BAG 14. 11. 1958 AP 4 zu § 1 TVG Friedenspflicht; 31. 10. 1958 AP 2 zu § 1 TVG Friedenspflicht.

[59] BAG 8. 11. 1988 AP 111 zu Art. 9 GG Arbeitskampf = NZA 89, 475.

[60] BAG 21. 12. 1982 AP 76 zu Art. 9 GG Arbeitskampf = NJW 83, 1750.

[61] BAG GS 21. 4. 1971 AP 43 zu Art. 9 GG Arbeitskampf = NJW 71, 1668.

[62] LAG Rheinland-Pfalz 22. 6. 2004 AP 169 zu Art. 9 GG Arbeitskampf; Hessisches LAG 2. 5. 2003 FA 2003, 211 – jeweils zur Erstreikbarkeit bei möglicher Tarifeinheit.

[63] BAG 11. 5. 1993 AP 63 zu § 1 FeiertagslohnzahlungsG = NZA 93, 809; 12. 3. 1985 AP 84 zu Art. 9 GG Arbeitskampf = NZA 85, 537; 10. 6. 1980 AP 65 zu Art. 9 GG Arbeitskampf = NJW 80, 1653; zur Verfassungsmäßigkeit: BVerfG 26. 6. 1991 AP 117 zu Art. 9 GG Arbeitskampf = NZA 91, 809.

[64] So zutreffend ErfK/*Dieterich* Art. 9 GG RN 124; Bedenken gegen strikte Vorgaben finden sich auch in BAG 7. 6. 1988 AP 107 zu Art. 9 GG Arbeitskampf = NJW 89, 315; 12. 3. 1985 AP 84 zu Art. 9 GG Arbeitskampf = NZA 85, 537.

[65] BAG 30. 3. 1982 AP 74 zu Art. 9 GG Arbeitskampf = NJW 82, 2835; ähnlich MünchArbR/*Otto* § 285 RN 124 – Rechtsmissbrauch.

[66] BAG GS 21. 4. 1971 AP 43 zu Art. 9 GG Arbeitskampf = NJW 71, 1668.

den Inhalt des abzuschließenden Tarifvertrags erhoben worden sind und hierüber entweder Tarifverhandlungen geführt wurden oder die Gegenseite Verhandlungen über eine Forderung überhaupt ablehnt.[67]

bb) Der Große Senat hat sich nicht dazu geäußert, wann die **Verhandlungsmöglichkeiten ausgeschöpft** sind und wie dieser Zeitpunkt festzustellen ist. Das BAG überlässt es der freien Entscheidung der Tarifvertragsparteien, wann sie die Tarifverhandlungen für gescheitert halten; auch eine offizielle Erklärung über das Scheitern der Verhandlungen ist keine Voraussetzung für den Arbeitskampf. In der Einleitung von Arbeitskampfmaßnahmen liegt vielmehr die freie und nicht nachprüfbare Erklärung einer Kampfpartei, dass sie die Verständigungsmöglichkeiten ohne Ausübung von Druck als ausgeschöpft ansieht. Das Gericht verlangt nur eine Beschlussfassung des arbeitskampfführenden Verbands und die Bekanntgabe dieser Entscheidung. Aus dem Inhalt der nach außen kommunizierten Beschlussfassung muss die Gegenseite insbesondere erkennen können, ob es sich um eine vom kämpfenden Verband getragene oder unzulässige („wilde") Arbeitskampfmaßnahme handelt.[68] 19

cc) Insbesondere: Warnstreiks. Dies sind befristete Streiks, die der Arbeitgeberseite die Entschlossenheit der Arbeitnehmerseite zeigen sollen, notfalls tariflich regelbare Ziele auch mit einem dauernden Arbeitskampf durchzusetzen. Sie sind erst nach Ablauf der tariflichen Friedenspflicht zulässig. Warnstreiks werden von den Gewerkschaften vor allem parallel zu Tarifvertragsverhandlungen eingesetzt, indem kurzfristig einzelne Unternehmen bestreikt werden. Das BAG hält Warnstreiks während der Tarifvertragsverhandlungen auch dann für zulässig, wenn im Rahmen eines roulierenden Systems ständig wechselnde Arbeitgeber bestreikt werden.[69] In der sog. dritten Warnstreikentscheidung hat es auch Warnstreiks nach dem Grundsatz der Verhältnismäßigkeit den allgemeinen Formalien für Arbeitskämpfe unterworfen (RN 18 f.).[70] 20

dd) Arbeitgeber können im Rahmen der Verhältnismäßigkeit auch **Kurzstreiks** mit der **Abwehraussperrung** beantworten. Diese Möglichkeit hat auch der einzelne Arbeitgeber, der keinem Arbeitgeberverband angehört. Eine Aussperrung von zwei Tagen, mit der auf einen für $^1/_2$ Std. ausgerufenen Streik reagiert wird, verletzt aber das Übermaßverbot.[71] 21

c) Parität. aa) Schließlich werden die Arbeitskampfmittel der Arbeitgeber durch den Grundsatz der Parität begrenzt. Nach Ansicht des BAG ist durch einen Arbeitskampf ein ausreichender Interessenausgleich nur zu erreichen, wenn zwischen Arbeitnehmer- und Arbeitgeberseite annähernd gleichgewichtige Verhandlungschancen bestehen. Konkrete Maßstäbe, nach denen das Kräftegleichgewicht der Tarifvertragsparteien beurteilt werden könnte, lassen sich Art. 9 III GG nicht entnehmen. Das Paritätsprinzip ist wegen seiner Abstraktionshöhe als Maßstab zur Bewertung einzelner Kampfsituationen regelmäßig nicht ausreichend.[72] Die Kampfstärke von Koalitionen hängt von einer im Einzelnen kaum überschaubaren Fülle von Faktoren ab, die in ihren Wirkungen schwer abschätzbar sind.[73] Es bezeichnet daher nur eine Grenze, die bei der gerichtlichen Ausgestaltung nicht überschritten werden darf. Die Gerichte für Arbeitssachen dürfen das Kräfteverhältnis zwischen den Kampfparteien nicht beseitigen, ein vorhandenes Gleichgewicht der Kräfte nicht stören oder ein Ungleichgewicht verstärken.[74] Die Kampfparität ist bei einem gegen einen einzelnen verbandsangehörigen Arbeitgeber geführten Streik nicht verletzt.[75] Der Grundsatz der Kampfmittelparität stellt die Rechtfertigung für die arbeitskampfrechtliche Betriebsrisikolehre (§ 194 RN 2) dar und kann zu einer Einschränkung der Beteiligungsrechte des Betriebsrats während des Arbeitskampfs führen (§ 194 RN 18). Arbeitgeber und Betriebsrat können auch durch freiwillige Betriebsvereinbarungen keine Regelungen treffen, welche die Kampfparität beeinträchtigen.[76] 22

---

[67] BAG 21. 8. 1988 AP 108 zu Art. 9 GG Arbeitskampf = NZA 88, 846.

[68] BAG 31. 10. 1995 AP 140 zu Art. 9 GG Arbeitskampf = NZA 96, 389; 21. 6. 1988 AP 108 zu Art. 9 GG Arbeitskampf = NZA 88, 846.

[69] BAG 29. 1. 1985 AP 83 zu Art. 9 GG Arbeitskampf = NZA 85, 508; 12. 9. 1984 AP 81 zu Art. 9 GG Arbeitskampf = NZA 84, 393; 17. 12. 1976 AP 51 zu Art. 9 GG Arbeitskampf = NJW 77, 1079.

[70] BAG 31. 10. 1995 AP 140 zu Art. 9 GG Arbeitskampf = NZA 96, 389; 21. 6. 1988 AP 108 zu Art. 9 GG Arbeitskampf = NZA 88, 846.

[71] BAG 11. 8. 1992 AP 124 zu Art. 9 GG Arbeitskampf = NZA 93, 39; LAG Mecklenburg-Vorpommern 18. 7. 1996 LAGE Art. 9 GG Arbeitskampf Nr. 64.

[72] ErfK/*Dieterich* Art. 9 GG RN 128.

[73] BVerfG 4. 7. 1995 AP 4 zu § 116 AFG = NZA 95, 754.

[74] BAG 19. 6. 2007 AP 173 zu Art. 9 GG Arbeitskampf = NZA 2007, 1055.

[75] BAG 10. 12. 2002 AP 162 zu Art. 9 GG Arbeitskampf = NZA 2003, 734.

[76] BAG 30. 8. 1994 AP 132 zu Art. 9 GG Arbeitskampf = NZA 95, 183.

23 **bb) Stufenverhältnis.** Das BAG hatte zur Ausgestaltung der Parität zwischenzeitlich in seinen Entscheidungen vom 10. 6. 1980 eine Arithmetik zur Zulässigkeit der Abwehraussperrung entwickelt (sog. materielle Paritätslehre).[77] Die Aussperrung sollte nur gerechtfertigt sein, wenn die angreifende Gewerkschaft durch besondere Kampftaktiken ein Verhandlungsübergewicht erzielen kann. Danach galten folgende Grundsätze: **(1)** Die Arbeitgeberseite kann sich bei Schwerpunktstreiks damit begnügen, den Streik auszuhalten, sie wird dann nach den Grundsätzen der Betriebsrisikolehre von Lohn- und Beschäftigungsansprüchen frei. Sie kann **(2)** unter Wahrung der Grundsätze der Parität zu einer suspendierenden Abwehraussperrung greifen. Allerdings dürfen maximal 25% der Arbeitnehmer des Tarifgebietes ausgesperrt werden; jedoch dürfen im Laufe des Arbeitskampfs die aussperrenden Arbeitgeber ausgewechselt werden. Ferner können die zur Verfügung stehenden Aussperrungsmöglichkeiten zunächst nicht ausgenutzt werden, dann aber im weiteren Verlauf durch eine befristete Erweiterung des Arbeitskampfs bis auf das ganze Tarifgebiet nachgeholt werden. **(3)** Die Sympathieaussperrung außerhalb des umkämpften Tarifgebiets ist unzulässig, da das Tarifgebiet regelmäßig auch als angemessene Grenze des Kampfgebietes angesehen werden muss. **(4)** Bei eng geführten Teilstreiks, bei denen weniger als 25% der Arbeitnehmer des Tarifgebietes zur Arbeitsniederlegung aufgerufen werden, hat die Arbeitgeberseite die gleichen Möglichkeiten wie bei Schwerpunktstreiks (oben unter [1]). **(5)** Bei weit geführten Arbeitskämpfen, bei denen zwischen 25 und 50% der Arbeitnehmer zum Arbeitskampf aufgerufen werden, kann der Streik entweder ausgehalten oder bis zu 50% der Arbeitnehmer ausgesperrt werden. **(6)** Bei Streiks, bei denen mehr als 50% der Arbeitnehmer des Tarifgebiets zur Arbeitsniederlegung aufgerufen werden, besteht für die Arbeitgeberseite keine Aussperrungsmöglichkeit. In einer späteren Entscheidung hat das Gericht allerdings Bedenken geäußert, ob an einer starren Quotenregelung festzuhalten sei (dazu RN 17); den Zahlenwerten könnte aber immer noch eine Indizwirkung zukommen.

24 **6. Gemeinwohlbindung.** Nach der Entscheidung des Großen Senats vom 21. 4. 1971 darf durch Arbeitskämpfe das Gemeinwohl nicht offensichtlich verletzt werden.[78] *Dieterich* hat jedoch zu Recht darauf hingewiesen, dass der Gemeinwohlbindung keine eigenständige Bedeutung zukomme, soweit sich das Kampfziel auf eine tariflich regelbare Forderung erstrecke, da eine gerichtliche Kontrolle der Angemessenheit von Tarifzielen auch im Arbeitskampf unzulässig sei.[79] Die Gemeinwohlbindung hat dementsprechend nur Bedeutung für den Umfang von Notarbeiten (§ 194 RN 34). Umstr., aber wohl nur von theoretischer Bedeutung ist die Frage ist, ob Arbeitskämpfe zulässig sind, durch die gleichzeitig alle Medien betroffen sind.[80]

III. Durchführung des Arbeitskampfs

25 **1. Arbeitskampfrichtlinien.** Die Durchführung des Arbeitskampfs ist von den Verbänden in ihren Arbeitskampfrichtlinien geregelt (z. B. Arbeitskampfrichtlinie des DGB vom 5. 7. 1974; Hinweise für den Arbeitskampf i. d. F. vom 23. 7. 1976; Arbeitskampfrichtlinie der Gewerkschaft ver.di vom 9. 3. 2001; Arbeitskampfrichtlinien der VkA i. d. F. vom 19. 1. 2006). Der DGB hat den angeschlossenen Gewerkschaften empfohlen, diese Arbeitskampfrichtlinien zu beachten.

26 **2. Einleitung des Arbeitskampfs. a)** Das BAG hält es für erforderlich, dass der Arbeitskampf auf eine Beschlussfassung des kampfführenden Verbands zurückgeht, die der anderen Seite zugehen muss. Beschlussfassung und Bekanntgabe sind unverzichtbar, damit die Gegenseite über die Trägerschaft und den Umfang des Arbeitskampfs Kenntnis erlangt (RN 19);[81] bei der Übernahme eines wilden Arbeitskampfs muss der Zeitpunkt der Übernahme erkennbar werden. Dies gilt gleichermaßen für Streik und Aussperrung. Bei letzterer ist es unzureichend, wenn der Arbeitgeber die Arbeitnehmer nur nach Hause schickt. Ermächtigt der Arbeitgeberverband die Verbandsmitglieder zur Aussperrung, bedarf es auch der Mitteilung der Ermächtigung.[82] Über die Durchführung des Arbeitskampfs entscheidet der Vorstand oder das nach der Satzung zuständige Verbandsorgan. Ob die satzungsmäßigen Vorgaben über die interne Willensbildung eingehalten worden sind, ist für die Rechtmäßigkeit der Kampfmaßnahmen aber ohne Bedeutung.

---

[77] BAG 10. 6. 1980 AP 64, 65, 66 zu Art. 9 GG Arbeitskampf = NJW 80, 1642, 1653.
[78] BAG GS 21. 4. 1971 AP 43 zu Art. 9 GG Arbeitskampf = NJW 71, 1668.
[79] ErfK/*Dieterich* Art. 9 GG RN 121; ebenso MünchArbR/*Otto* § 285 RN 188.
[80] Vgl. LAG München 19. 12. 1979 EzA 35 zu Art. 9 GG Arbeitskampf = NJW 80, 957.
[81] BAG 23. 10. 1996 AP 146 zu Art. 9 GG Arbeitskampf = NZA 97, 397; 27. 6. 1995 AP 137 zu Art. 9 GG Arbeitskampf = NZA 96, 212; 31. 10. 1995 AP 140 zu Art. 9 GG Arbeitskampf = NZA 96, 389; 21. 6. 1988 AP 108 zu Art. 9 GG Arbeitskampf = NZA 88, 846.
[82] BAG 31. 10. 1995 AP 140 zu Art. 9 GG Arbeitskampf = NZA 96, 389.

b) Urabstimmung und Streikbeschluss. Einem Streik geht regelmäßig eine Urabstimmung der Gewerkschaftsmitglieder voraus, die aber für die Rechtmäßigkeit des Arbeitskampfs keine Bedeutung hat.[83] An die Urabstimmung schließt sich der Streikbeschluss an, der von dem nach der Satzung zuständigen Gewerkschaftsorgan getroffen wird. Dieses ist aber an die Entscheidung der abstimmenden Arbeitnehmer nicht gebunden, sondern kann bei der Auswahl der Kampfmaßnahmen taktische Gegebenheiten berücksichtigen. 27

c) Streikaufruf. Entschließt sich die Gewerkschaft zur Durchführung von Kampfmaßnahmen, ergeht ein Streikaufruf. Er enthält Angaben über Zeit, Ort und Umfang der Arbeitsniederlegung sowie eine Aufforderung zur Kampfbeteiligung an die nichtorganisierten Arbeitnehmer. Der Streikaufruf suspendiert die Arbeitspflicht der von ihm erfassten Arbeitnehmer nur, wenn sie ihm Folge leisten. Es ist dann Sache des einzelnen Arbeitnehmers, konkludent oder ausdrücklich dem Arbeitgeber zu erklären, dass er an dem Streik teilnimmt; erst dann wird die Arbeitspflicht suspendiert. Der betroffene Arbeitgeber kann aber im Regelfall davon ausgehen, dass die Arbeitnehmer, die nach einem Streikaufruf nicht zur Arbeit erscheinen, von ihrem Streikrecht Gebrauch machen. Auch eine nachträgliche Beachtung des Streikaufrufs ist möglich; in diesem Fall muss der Arbeitnehmer dem Arbeitgeber aber gegenüber zum Ausdruck bringen, dass er die Arbeit wegen der Beteiligung am Arbeitskampf einstellt.[84] Dies gilt insbesondere bei Arbeitnehmern, die zum Zeitpunkt des Streikbeginns von der Arbeitspflicht befreit waren[85] (z. B. wegen Krankheit oder Urlaub). Eine Beteiligung an einem Arbeitskampf liegt nicht vor, wenn der Arbeitnehmer nach Beendigung seiner Arbeit bzw. nach einer Abmeldung aus einem betrieblichen Zeiterfassungssystem an einer Warndemonstration teilnimmt.[86] Der Zutritt eines externen Gewerkschaftsbeauftragten zum Betrieb zur Bekanntgabe des Streikaufrufs kann nicht verlangt werden.[87] 28

d) Streikleitung und -posten. Zur Durchführung des Arbeitskampfs wird regelmäßig eine Streikleitung eingesetzt. Sie ist zuständig für die Durchführung des Arbeitskampfs, seine Organisation und Überwachung sowie Information der Öffentlichkeit. Ihre Zusammensetzung richtet sich regelmäßig nach dem Kampfbereich. Wird in einem größeren Bezirk gestreikt, werden i. d. R. eine zentrale Streikleitung und örtliche Streikleitungen gebildet. Daneben werden Streikposten eingesetzt, um etwaige Arbeitswillige zu veranlassen, den Streikaufruf zu befolgen. Die Beeinflussung durch Streikposten darf aber bestimmte Grenzen nicht überschreiten. Vom Streikrecht nicht gedeckt ist insbesondere die Blockade des Zu- und Abgangs von Waren und Kunden sowie die Hinderung arbeitswilliger Arbeitnehmer am Betreten des Betriebes, soweit dies über das bloße Zureden hinausgeht, sich am Streik zu beteiligen.[88] 29

3. Beendigung des Arbeitskampfs. Soll ein Arbeitskampf beendet werden, muss dies dem Kampfgegner mitgeteilt werden. Dies gilt insbesondere, wenn der Streik vor einem Feiertag beendet werden soll. Bei einem Streik um einen Verbandstarifvertrag hat die Mitteilung an den Arbeitgeberverband erfolgen. Bei einem Arbeitskampf um einen Firmentarifvertrag kann eine öffentliche Verlautbarung der Streikbeendigung über die Medien vor einem Feiertag die unmittelbare Bekanntgabe nur ersetzen, wenn sie vor dem Feiertag zur Kenntnis des betroffenen Arbeitgebers gelangt. Ferner muss klar zum Ausdruck kommen, dass der Beschluss von dem gegnerischen Verband herrührt.[89] 30

IV. Rechtswidrige Arbeitskämpfe

Kirche: *Belling,* Streik unter dem Kreuz?, FS 50 Jahre BAG (2004), S. 477; *Kühling,* Arbeitskampf in der Diakonie, ArbuR 2001, 241; *Richardi,* Tarifvertrag mit Arbeitskampf oder „Dritter Weg" in der Kirche?; NZA 2002, 929; *Richardi/Thüsing,* Kein Arbeitskampf in der Diakonie, ArbuR 2002, 94; *Thüsing,* Das kirchliche Arbeitsrecht und die Grundrechte des Arbeitnehmers, FS Rüfner (2003), S. 901; *Waldhoff,* Kirche und Streikrecht, GD Heinze (2005), S. 995.

---

83 *Gamillscheg* S. 1153; MünchArbR/*Otto* § 285 RN 108.

84 BAG 1. 10. 1991 AP 121 zu Art. 9 GG Arbeitskampf = NZA 92, 163; 15. 1. 1991 AP 114 zu Art. 9 GG Arbeitskampf = NZA 91, 604.

85 BAG 31. 5. 1988 AP zu § 1 FeiertagslohnzahlungsG; 9. 2. 1982 AP 16 zu § 1 BUrlG = NJW 82, 2087; 24. 2. 1961 AP 31 zu ArbKrankhG.

86 BAG 26. 7. 2005 AP 170 zu Art. 9 GG Arbeitskampf = NZA 2005, 1402; a. A. *Bengelsdorf* NZA 2006, 825.

87 LAG Hamm 23. 4. 1997 BB 97, 1537.

88 BAG 21. 6. 1988 AP 108 zu Art. 9 GG Arbeitskampf = NZA 88, 846.

89 BAG 23. 10. 1996 AP 146 zu Art. 9 GG Arbeitskampf = NZA 97, 397.

Öffentlicher Dienst: *Heinze,* Streikrecht der deutschen Fluglotsen als Angestellte der privatisierten Flugsicherung, FS BAG (2004), S. 493; *Klimpe-Auerbach,* Der Streik als legitimes Kampfmittel, PersR 2008, 51;*Leisner,* Der Streik im öffentlichen Dienst, NJW 2006, 1488; *Löwisch/Krauß,* Arbeitskampf und öffentlicher Dienst, AR-Blattei SD 170.9; *Rüthers,* Zum Arbeitskampf im öffentlichen Dienst, NJW 2006, 970; *Thüsing/Hanau,* Der Streik in der Luftfahrt, Tarifautonomie im Wandel (2003), S. 35.

31 **1. Grundsatz.** Ein Arbeitskampf ist rechtmäßig, der **(a)** eine zulässige tarifvertragliche Regelung zum Gegenstand hat, **(b)** von arbeitsrechtlichen Koalitionen getragen wird, wenn **(c)** die Regeln für den Kampfbeginn sowie **(d)** der Verhältnismäßigkeitsgrundsatz gewahrt werden und er sich **(e)** nicht außerhalb der Gemeinwohlbindung bewegt. Arbeitskämpfe, die diese Grenzen nicht einhalten, sind rechtswidrig. Zum politischen Arbeitskampf, Solidaritäts- bzw. Sympathiearbeitskampf und zum Demonstrationsstreik RN 9ff.

32 **2. Öffentlicher Dienst, Kirchen. a) Öffentlicher Dienst.** Arbeitskämpfe von Beamten sind unzulässig. Es ist ein hergebrachter Grundsatz des Berufsbeamtentums, dass die Treuepflicht des Beamten sein Streikrecht ausschließt.[90] Der BGH hat auch die sog. Bummelstreiks der beamteten Fluglotsen als grundsätzlich rechtswidrig angesehen.[91] Da bereits der Beamtenstatus das Streikrecht ausschließt, dürfen die nach der Privatisierung von Bundespost und Bundesbahn dort beschäftigten Beamten nicht streiken; etwas anders gilt bei beurlaubten Beamten, die im Rahmen eines befristeten Arbeitsverhältnisses beschäftigt werden.[92] Dagegen ist unbestritten, dass die Arbeitnehmer des öffentlichen Dienstes streiken dürfen. Umstr. ist lediglich, ob für einige Arbeitnehmergruppen das Arbeitskampfrecht eingeschränkt ist. Dies wird vertreten für in der Hoheitsverwaltung tätige Arbeitnehmer oder solche, die Aufgaben lebenswichtiger Daseinsvorsorge wahrnehmen. Nach der hier vertretenen Auffassung besteht das Streikrecht uneingeschränkt, es besteht lediglich eine weitgehende Pflicht zur Organisation von sog. Notarbeiten. Nach Auffassung des BVerfG ist der Einsatz von Beamten auf bestreikten Arbeitsplätzen nur auf Grund einer besonderen gesetzlichen Ermächtigung zulässig.[93]

32a **b) Kirchen.** Der Arbeitskampf im Bereich der Kirchen ist nach h. M. unzulässig. Es ist mit dem Wesen des kirchlichen Dienstes unvereinbar, Verkündigung, Seelsorge oder helfende Liebe in Verfolgung wirtschaftlicher oder sozialpolitischer Ziele durch einen Arbeitskampf zu unterbrechen. Umstr. aber wohl zu bejahen ist die Frage, ob Arbeitskämpfe in nachgeordneten Einrichtungen der Kirche zulässig sind, wenn sich von der Kirche lösen und sich der Rechtssetzung auf dem Dritten Weg entziehen wollen.[94]

33 **3. Betriebsverfassungsrechtliche Konflikte.** Arbeitskämpfe zur Regelung oder Durchsetzung betriebsverfassungsrechtlicher Streitfragen sind rechtswidrig. Derartige Meinungsverschiedenheiten sind vielmehr in dem gesetzlich vorgesehenen Verfahren (Einigungsstelle, arbeitsgerichtliches Beschlussverfahren) auszutragen.[95] Betriebsrat und Arbeitgeber bzw. Personalrat und Dienststelle haben alles zu unterlassen, was geeignet ist, die Arbeit und den Frieden des Betriebes bzw. der Dienststelle zu gefährden. Sie dürfen keine Maßnahmen des Arbeitskampfs gegeneinander durchführen (§§ 74 II BetrVG, 66 II BPersVG). Der Umfang des Begriffes „Maßnahmen des Arbeitskampfs" ist umstritten, in der Praxis jedoch ohne Belang, da alle Handlungen untersagt sind, die den Betriebsfrieden gefährden können. Hiervon erfasst sind auch Vorbereitungen zu Maßnahmen des Arbeitskampfs. Zur Beteiligung von Arbeitnehmervertretern am Arbeitskampf § 194 RN 18.

34 **4. Unzulässige Kampfmittel. a) Strafbare Handlungen.** Es sind zu unterscheiden strafbare Handlungen, die im Rahmen von Arbeitskämpfen vorkommen und gegen die Strafgesetze verstoßende Arbeitskämpfe. Politische Arbeitskämpfe können den Tatbestand der strafbaren Nötigung von Verfassungsorganen erfüllen (§ 105 StGB). Der Straftatbestand der einfachen Nötigung (§ 240 StGB) kann auch erfüllt sein, wenn ein Arbeitswilliger an der Arbeitsaufnahme gehindert wird oder er mit Gewalt zur Teilnahme an einem Arbeitskampf gezwungen wird.[96]

---

[90] BVerfG 11. 6. 1958 BVerfGE 8, 1; zur Unterbindung durch Zwangsgeldfestsetzung OVG Hamburg 7. 3. 1989 NJW 89, 2705.

[91] BGH 28. 2. 1980 NJW 80, 2457; 16. 6. 1977 AP 53 zu Art. 9 GG Arbeitskampf = NJW 77, 1875; 31. 1. 1978 AP 61 zu Art. 9 GG Arbeitskampf = NJW 78, 816; dazu BVerfG 2. 7. 1979 NJW 80, 169.

[92] Dazu *Schulz* ZTR 95, 438.

[93] BVerfG 2. 3. 1993 AP 126 zu Art. 9 GG Arbeitskampf = NJW 93, 1379; 7. 11. 1994 AP 144 zu Art. 9 GG Arbeitskampf; dazu *Adam* RiA 2003, 124.

[94] Schrifttumsnachweise vor RN 31.

[95] BAG 17. 12. 1976 AP 52 zu Art. 9 GG Arbeitskampf = NJW 77, 918.

[96] ArbG Stuttgart 4. 4. 1978 AR-Blattei, D, Arbeitskampf, Entsch. 17.

Strafbare Handlungen einzelner Kampfteilnehmer während des Arbeitskampfs führen nicht zur Rechtswidrigkeit des gesamten Arbeitskampfs.

b) Betriebsbesetzungen. Besetzungen oder Blockaden des Betriebes sind als Arbeitskampfmittel grundsätzlich rechtswidrig.[97] Unter Betriebsbesetzung wird das widerrechtliche Eindringen in den Betrieb oder das Verbleiben am Arbeitsplatz trotz Aufforderung, diesen zu verlassen, verstanden. Der Arbeitsvertrag gewährt regelmäßig kein Recht zur Anwesenheit im Betrieb, wenn keine Arbeitsleistung erbracht werden soll. Einen Grenzfall können kurzfristige Arbeitsniederlegungen z. B. durch einen Sitzstreik darstellen, wenn der Straftatbestand des Hausfriedensbruchs (§ 123 StGB) nicht erfüllt wird. 35

c) Betriebsblockaden. Unzulässig ist die Behinderung von Arbeitswilligen oder anderen Personen beim Betreten und Verlassen des Betriebsgeländes und die Behinderung von Fahrzeugen beim Passieren, wenn sie durch folgende Maßnahmen geschieht:[98] **(1)** Blockade einzelner Zu- und Ausgänge, und zwar auch dann, wenn andere passierbar bleiben, **(2)** Bildung von Menschenketten oder Menschenmauern, auch wenn der Passierende sich seinen Weg bahnen könnte, **(3)** Bildung von Streikbrechergassen in einer Form, die den Passierenden demütigen oder ihn der Lächerlichkeit preisgeben soll oder **(4)** Kontrollen zur Personenfeststellung oder Visitation und Feststellung mitgeführter Sachen. Erlaubt ist jedoch der Versuch, arbeitswillige Arbeitnehmer durch bloßes gütliches Zureden zu bewegen, sich am Streik zu beteiligen.[99] Werden die **Grenzen zulässiger Blockademaßnahmen** überschritten, kann der Unternehmensinhaber im Wege der einstweiligen Verfügung sowohl gegen die „Streikstörer" als auch die Gewerkschaft selbst vorgehen. Diese trifft eine Garantiepflicht für die Einhaltung fairer Kampfführung.[100] Die Ausgabe von Richtlinien reicht dazu nicht aus, vielmehr müssen die Gewerkschaften aktiv auf die Kämpfenden einwirken. Im Allgemeinen kann der bekämpfte Arbeitgeber mit einer einstweiligen Verfügung die Einhaltung eines drei Meter breiten Ganges durchsetzen, um Beeinträchtigungen von den Passanten zu verhindern.[101] 36

5. Boykott. Ein Boykott liegt vor, wenn ein bestimmter Personenkreis aufgefordert wird, die geschäftlichen Beziehungen zu einem Dritten ganz oder teilweise abzubrechen, oder die Durchführung der bestehenden Vereinbarungen (z. B. durch Absatz- bzw. Liefersperre) behindert werden soll. Der Boykott kann auch zum Ziel haben, den Abschluss oder die Durchführung von Arbeitsverträgen mit Nichtkämpfenden zu erreichen, im letzteren Fall werden sie auch als Absperrung bezeichnet. Boykottmaßnahmen sind zulässig, wenn auf die Arbeitnehmer in gehöriger Form, d. h. regelmäßig nur verbal eingewirkt wird. Auch Boykottmaßnahmen gegenüber Dritten zählen zu den rechtlich zulässigen Arbeitskampfmitteln,[102] obwohl ihnen das Merkmal der „Selbstschädigung" des kampfführenden Angreifers fehlt, das die klassischen Arbeitskampfmittel Streik und Aussperrung kennzeichnet. Sprechen z. B. Streikposten Kunden an und bitten diese um Solidarität mit den Streikenden, ist darin kein unzulässiger Boykottaufruf zu sehen, da die potentiellen Kunden selbst entscheiden können, ob sie sich solidarisch zeigen wollen.[103] Ein Boykottaufruf gegenüber Dritten (z. B. Geschäftspartnern des bekämpften Arbeitgebers) muss die Friedenspflicht und das Übermaßverbot beachten.[104] Eine schwerwiegende und nachhaltige Diskreditierung des Kampfgegners in der Öffentlichkeit wird als unzulässig anzusehen sein, hingegen ist ein „rauer" Ton hinzunehmen. Boykottmaßnahmen, die zu einer Existenzgefährdung des Kampfgegners führen können, sind unzulässig.[105] 37

6. Flash-Mob. Die Gewerkschaft ver.di hat 2007 zur Durchsetzung ihrer Tarifforderungen im Einzelhandel Dritte aufgerufen, durch den gleichzeitigen Einkauf von „Pfennig-Artikeln" länge- 37a

---

[97] BAG 14. 2. 1978 AP 59 zu Art. 9 GG Arbeitskampf = NJW 79, 239; LAG Düsseldorf 24. 2. 1994 LAGE Art. 9 GG Arbeitskampf Nr. 54; *Gamillscheg* S. 1059; MünchArbR/*Otto* § 286 RN 60 ff.; großzügiger wohl ErfK/*Dieterich* Art. 9 GG RN 273.

[98] BAG 21. 6. 1988 AP 109 zu Art. 9 GG Arbeitskampf = NZA 88, 884; 19. 10. 1976 AP 6 zu § 1 TVG Form = NJW 77, 318; LAG Köln 2. 7. 1984 NZA 84, 402; LAG Schleswig-Holstein 25. 6. 1986 NZA 87, 65.

[99] LAG Schleswig-Holstein 28. 6. 1993 LAGE Art. 9 GG Arbeitskampf Nr. 51.

[100] LAG Baden-Württemberg 8. 8. 1973 ArbuR 74, 316.

[101] LAG Köln 2. 7. 1984 NZA 84, 402.

[102] LAG Schleswig-Holstein 24. 3. 2005 ArbuR 2007, 280; ArbG Bremen 7. 10. 1999 NZA-RR 2000, 35.

[103] ArbG Darmstadt 13. 12. 2005 – 3 Ga 8/05 – n. v.

[104] BAG 19. 10. 1976 AP 6 zu § 1 TVG Form = NJW 77, 318; ErfK/*Dieterich* Art. 9 GG RN 274; MünchArbR/*Otto* § 286 RN 119.

[105] LAG Baden-Württemberg 8. 8. 1973 ArbuR 74, 316.

re Zeit den Kassenbereich zu blockieren und vollgepackte Einkaufswagen in der Filiale stehen zu lassen. Es ist umstr., ob diese Handlungen ein Arbeitskampfmittel darstellen und durch Art. 9 III GG geschützt werden.[106] Hiergegen spricht, dass den Flash-Mob-Aktionen das Merkmal der „Selbstschädigung" fehlt. Eine Entscheidung des BAG wird für das Jahr 2009 erwartet.[107]

38 **7. Rechtsfolgen des rechtswidrigen Arbeitskampfs.**[108] **a) Kampfführende Verbände. aa) Unterlassungsanspruch.** Ist der Arbeitskampf oder seine Durchführung rechtswidrig, kann der bekämpfte Gegenspieler einschließlich seiner Mitglieder die kämpfende Organisation und deren Mitglieder auf Unterlassung in Anspruch nehmen.[109] Der Unterlassungsanspruch wird sich zwischen den kämpfenden Organisationen regelmäßig aus den obligatorischen Bestimmungen des Tarifvertrags ergeben. Eine Streikmaßnahme kann im einstweiligen Verfügungsverfahren untersagt werden, wenn sie rechtswidrig ist und dies glaubhaft gemacht wird.[110] Zuständig sind die Arbeitsgerichte. Die beantragte Untersagungsverfügung muss zum Schutz des Rechts am eingerichteten ausgeübten Gewerbebetrieb (§ 823 I BGB) und zur Abwendung drohender wesentlicher Nachteile geboten und erforderlich sein. Zur Prüfung, ob eine auf Unterlassung eines Arbeitskampfs gerichtete einstweilige Verfügung im Sinne des § 940 ZPO zur Abwendung wesentlicher Nachteile nötig erscheint, hat eine Interessenabwägung stattzufinden, in die sämtliche in Betracht kommenden materiell-rechtlichen und vollstreckungsrechtlichen Erwägungen sowie die wirtschaftlichen Auswirkungen für beide Parteien einzubeziehen sind. Bei schwierigen und ungeklärten Rechtslagen sind die Anforderungen an den Verfügungsgrund erhöht. Ein gegen eine kampfführende Gewerkschaft gerichteter Unterlassungsanspruch ist jedenfalls unbegründet, wenn ihr oder ihren Organen die rechtswidrigen Handlungen nicht zugerechnet werden können.[111] Zur Vermeidung von einstweiligen Verfügungen werden von den Verbänden vielfach sog. Schutzschriften beim Arbeitsgericht eingereicht. Diejenige Partei, die den Erlass einer einstweiligen Verfügung befürchtet, wendet sich darin bereits vor Eingang eines Antrags bei Gericht oder dessen Zustellung an das zuständige Arbeitsgericht und erhebt Einwendungen oder beantragt vorsorglich die Anberaumung einer mündlichen Verhandlung.[112]

39 **bb) Schadensersatzansprüche.**[113] Schadensersatzpflichtig kann der den rechtswidrigen Arbeitskampf führende Verband, dessen Funktionäre, der einzelne Arbeitgeber und der Arbeitnehmer sein. Anspruchsgrundlage sind regelmäßig die Verletzung der tarifvertraglichen Friedenspflicht, bei deliktischen Handlungen die §§ 823 ff. BGB. Rechtsfähige Vereine haben schädigendes Verhalten ihrer satzungsgemäß zur körperschaftlichen Willensbildung berufenen Organe unmittelbar zu vertreten, für das Verhalten ihrer satzungsgemäßen Vertreter haften sie gemäß § 31 BGB. Die Gewerkschaften sind zwar regelmäßig als nicht rechtsfähige Vereine organisiert, wegen ihrer körperschaftlichen Struktur gelten jedoch nach h. M. die Ausführungen für die rechtsfähigen Organisationen entsprechend (§ 187 RN 8). Für einen rechtswidrigen Arbeitskampf kann die Einstandspflicht wegen eines fehlenden Verschuldens entfallen, wenn die Auseinandersetzung um tariflich regelbare Ziele geführt wird, deren Zulässigkeit in der Rechtswissenschaft umstr. sind, z. B. bei der Ausgestaltung von Differenzierungsklauseln.[114] Die Orga-

---

[106] Dafür LAG Berlin-Brandenburg 29. 9. 2008 ArbuR 2009, 47; dagegen *Rieble* NZA 2008, 796.

[107] Revision anhängig: 1 AZR 972/08.

[108] *Steinbrück,* Streikposten und einstweiliger Rechtsschutz im Arbeitskampfrecht der Bundesrepublik Deutschland, 1992; *Walker,* Einstweiliger Rechtsschutz im Arbeitskampf, ZfA 95, 185.

[109] Nach BAG 12. 9. 1984 AP 81 zu Art. 9 GG Arbeitskampf = NJW 85, 85 soll dem Arbeitgeberverband kein Anspruch zustehen; aufgegeben von BAG 26. 4. 1988 AP 101 zu Art. 9 GG Arbeitskampf = = NZA 88, 775.

[110] LAG Köln 12. 12. 2005 AP 171 zu Art. 9 GG Arbeitskampf – Tarifzuständigkeit; 14. 6. 1996 AP 149 zu Art. 9 GG Arbeitskampf – Friedenspflicht; Hessisches LAG 22. 7. 2004 AP 168 zu Art. 9 GG Arbeitskampf – Tariffähigkeit; LAG Schleswig-Holstein 25. 11. 1999 AP 157 zu Art. 9 GG Arbeitskampf – Friedenspflicht; LAG Hamm 31. 5. 2000 AP 158 zu Art. 9 GG Arbeitskampf – Standortsicherung; 31. 1. 1991 LAGE § 1 TVG Friedenspflicht Nr. 7 – Tarifzuständigkeit; 17. 3. 1987 DB 87, 846; LAG Niedersachsen 25. 3. 1987 DB 88, 714; LAG Düsseldorf 31. 7. 1985 LAGE Art. 9 GG Arbeitskampf Nr. 21; LAG München 19. 12. 1979 NJW 80, 957; LAG Rheinland-Pfalz 22. 6. 2004 AP 169 zu Art. 9 GG Arbeitskampf – Friedenspflicht; 20. 1. 1996 LAGE § 1 TVG Friedenspflicht Nr. 8 – Firmentarifvertrag; 5. 3. 1986 NZA 86, 264; LAG Hamburg 24. 3. 1987 LAGE Art. 9 GG Arbeitskampf Nr. 33; ArbG Stralsund 13. 5. 1993 AuA 93, 219.

[111] BAG 8. 11. 1988 AP 111 zu Art. 9 GG Arbeitskampf = NZA 89, 475.

[112] Dazu *Leipold* RdA 83, 164; zur Kostentragung BGH 13. 2. 2003 NJW 2003, 1257.

[113] Dazu *Käppler* JuS 90, 618; *Kreissel* ZfA 96, 503.

[114] BAG 9. 5. 2007 AP 23 zu § 3 TVG Verbandszugehörigkeit = NZA 2007, 1439; 21. 3. 1978 AP 62 zu Art. 9 GG Arbeitskampf = NJW 78, 2114; dazu § 188 RN 10.

ne der Gewerkschaft haben daneben die Pflicht, ggf. auf rechtswidrig handelnde Gewerkschaftsmitglieder einzuwirken.[115] Für Personen in besonderen Funktionen (z. B. Streikposten) haftet die Gewerkschaft nur nach § 831 BGB. Neben der Haftung der Organisationen kommt die persönliche Haftung ihrer Funktionäre in Betracht, wenn sie objektiv und subjektiv die Voraussetzungen der unerlaubten Handlung erfüllen. Bei einem spontanen Arbeitskampf kann die Gewerkschaft aus der Einwirkungspflicht (RN 16) verpflichtet sein, auf die streikenden Arbeitnehmer Einfluss zu nehmen. Verletzt sie diese Pflicht schuldhaft, kommt auch die Haftung gegenüber dem einzelnen Arbeitgeber in Betracht, da die Einwirkungspflicht auch gegenüber diesem bestehen soll.[116]

b) Einzelne Kampfteilnehmer. Ein Arbeitnehmer kann sich dem Arbeitgeber gegenüber 40
bei einer bloßen Teilnahme an einem rechtswidrigen Arbeitskampf schadensersatzpflichtig machen. Eine vertragliche oder deliktische Einstandspflicht kommt jedoch nur in Betracht, wenn der Arbeitnehmer die Rechtswidrigkeit des Arbeitskampfs erkennen konnte. Die rechtskräftige Feststellung der Rechtswidrigkeit im einstweiligen Verfügungsverfahren, bindet die Gerichte in einem nachfolgenden Individualrechtsstreit nicht.[117]

§ 194. Einfluss des Arbeitskampfs auf das Arbeitsverhältnis

Übersicht

	RN
I. Allgemeines	1
II. Auswirkungen des Arbeitskampfs auf das Arbeitsverhältnis	2 ff.
1. Grundsatz: Suspendierung	2
2. Arbeitsvergütung, Arbeitszeit	3–6
3. Nebenpflichten und Anwartschaften	7
4. Sonderzuwendungen	8
5. Urlaub	9
6. Krankheit	10
7. Sonstige Arbeitsverhinderung	11–13
8. Kündigung	14
9. Wiederaufnahme der Arbeit	15
10. Maßregelungsverbote	16, 17
11. Betriebsverfassung	18
III. Besonderheiten bei der Aussperrung	19 ff.
1. Grundsatz	19
2. Umfang	20
3. Rechtsfolgen der Aussperrung	21
4. Wiedereinstellung	22
IV. Arbeitskampf und sozialrechtliche Leistungen	23 ff.
1. Grundsatz	23
2. Unmittelbar vom Arbeitskampf betroffene Arbeitnehmer	24–29
3. Mittelbar vom Arbeitskampf betroffene Arbeitnehmer	30–33
V. Not- und Erhaltungsarbeiten während des Arbeitskampfs	34 ff.
1. Grundsatz	34–36
2. Durchführung	37
VI. Folgen des Arbeitskampfs für Dritte	38 ff.
1. Vertragspartner des Arbeitgebers	38–41
2. Deliktische Haftung der Gewerkschaft	42, 43

I. Allgemeines

Auktor, Die Reichweite der Arbeitskampfrisikolehre bei Mitverursachung des Arbeitsausfalls durch den Arbeitgeber, RdA 2003, 23; *Löwisch/Rieble,* Leistungsstörungen durch Arbeitskampf, AR-Blattei SD 170.7; vgl. auch Schrifttumsnachweise vor § 192 RN 1.

Mit der Anerkennung des Arbeitskampfs als Rechtsinstitut des kollektiven Arbeitsrechts ist 1
noch nichts über seine Auswirkungen auf das Einzelarbeitsverhältnis ausgesagt. Nach der heute völlig vorherrschender Auffassung stellt die Teilnahme an einem rechtmäßigen Arbeitskampf keine Arbeitsvertragsverletzung dar; vielmehr ist der Arbeitskampf kollektiv- und individualrechtlich nach einheitlichen Grundsätzen zu beurteilen (Einheitstheorie).[1]

II. Auswirkungen des Arbeitskampfs auf das Arbeitsverhältnis

1. Grundsatz: Suspendierung. Durch die Teilnahme an einem rechtmäßigen Arbeitskampf 2
werden die Pflichten aus dem Arbeitsverhältnis nur suspendiert, sein Bestand bleibt erhalten. Die Arbeitnehmer sind nicht zur Erbringung der Arbeitsleistung verpflichtet (Ausnahme: Erhal-

[115] BAG 8. 11. 1988 AP 111 zu Art. 9 GG Arbeitskampf = NZA 89, 475.
[116] Vgl. BAG 8. 11. 1988 AP 111 zu Art. 9 GG Arbeitskampf = NZA 89, 475.
[117] LAG Sachsen-Anhalt 12. 3. 1997 LAGE Art. 9 GG Arbeitskampf Nr. 67 = NZA-RR 98, 270.
[1] BAG GS 28. 1. 1955 AP 1 zu Art. 9 GG Arbeitskampf = NJW 55, 882.

tungs- und Notstandsarbeiten), verlieren aber ihren Lohnanspruch. Liegt ein entspr. gewerkschaftlicher Streikbeschluss vor, können sich an dem Streik nach ganz herrschender Auffassung nicht nur die in der streikführenden Gewerkschaft organisierten, sondern auch die nicht- und andersorganisierten Arbeitnehmer beteiligen;[2] letztere jedoch nur, soweit für sie keine Friedenspflicht besteht. Diese Grundsätze gelten auch für **Auszubildende**[3] (§ 193 RN 12). Bei einem rechtswidrigen Arbeitskampf werden die arbeitsvertraglichen Pflichten nicht suspendiert, sondern bestehen uneingeschränkt fort; zur Aussperrung RN 19.

3 **2. Arbeitsvergütung, Arbeitszeit. a) Unmittelbare Beteiligung am Arbeitskampf. aa) Grundsatz.** Während des Streiks haben die streikenden Arbeitnehmer nach den Grundsätzen der arbeitskampfrechtlichen Sphärentheorie keinen Anspruch auf Vergütung und Beschäftigung,[4] soweit der Ausfall der Arbeit allein auf Grund des Arbeitskampfs erfolgt. Wird ein Arbeitnehmer für einen Tag von der Arbeit freigestellt und ruft die Gewerkschaft für diesen Tag zum Streik auf, behält daher der Arbeitnehmer, der sich nicht am Streik beteiligt, seinen Vergütungsanspruch.[5] Können Arbeitnehmer wegen Produktionskürzungen, Einsatz von Aushilfskräften und Fremdvergabe von Aufträgen für den Rest der Schicht nicht beschäftigt werden, verlieren sie insoweit nach den Grundsätzen des Arbeitskampfrisikos den Entgeltanspruch.[6] Bereits vor dem Arbeitskampf verdiente Vergütung muss ausgezahlt werden, da dem Arbeitgeber wegen des Arbeitskampfs kein Zurückbehaltungsrecht zusteht. Wird in einem Streik eine rückwirkende Entgelterhöhung erstreikt, die als Pauschale ausgezahlt wird, kann je nach Formulierung des Tarifvertrags die Pauschale um die Streiktage gekürzt werden.[7] Für die Arbeitsleistung im Rahmen von erforderlichen Not- und Erhaltungsmaßnahmen besteht ein vertraglicher Vergütungsanspruch.

4 **bb) Gegenmaßnahmen.** Zu den Streikfolgen, die den Arbeitnehmern zuzurechnen sind, gehören auch solche Arbeitsausfälle, die durch Gegenmaßnahmen verursacht werden, mit denen der Arbeitgeber die streikbedingten Betriebsstörungen möglichst gering halten will.[8] Wird ein Unternehmen bestreikt und ist in diesem Unternehmen die Arbeitsleistung nicht möglich, kann der Arbeitgeber eine Abwehraussperrung vornehmen. Er kann sich aber auch damit begnügen, die Vergütungszahlung für alle Arbeitnehmer zu verweigern.[9] Beschränkt sich der Streik nur auf einen Teil des Betriebs, verlieren auch diejenigen Arbeitnehmer den Vergütungsanspruch, die in anderen Betriebsteilen beschäftigt werden. Der Arbeitgeber ist nicht verpflichtet, einen nur teilweise bestreikten Betrieb aufrechtzuerhalten, sondern kann ihn vollständig stilllegen. Dies hat zur Folge, dass auch arbeitswillige Arbeitnehmer ihren Vergütungsanspruch verlieren.[10] Erforderlich ist jedoch eine Stilllegungserklärung des Arbeitgebers. Vergibt der Arbeitgeber in Erwartung künftiger Streikmaßnahmen vorsorglich Arbeiten an ein Fremdunternehmen, gerät er in Annahmeverzug, wenn die Streikmaßnahmen ausbleiben. Dies gilt nach der Rechtsprechung auch dann, wenn der Arbeitgeber bereits von überraschenden Kurzstreiks betroffen war.[11]

4 a **cc) Wellenstreik.** Bei Wellenstreiks lassen sich die Abwehrmaßnahmen des Arbeitgebers nicht so genau steuern, dass sie sich nur während des Arbeitskampfs auswirken. Richtet sich ein solcher Streik gegen die Produktion einer Tageszeitung und müssen während einer unbefristeten Arbeitsniederlegung die Vorbereitungen für den Druck getroffen werden, so ist die Entscheidung des Arbeitgebers, nur eine Notausgabe vorzubereiten, als Abwehrmaßnahme zu werten. In diesem Fall tragen die Arbeitnehmer, die wegen des geringeren Arbeitsanfalls nicht beschäftigt werden können, das Beschäftigungs- und Lohnrisiko auch dann, wenn der Streik vor Beginn des Drucks endet. Ist dem Arbeitgeber die Beschäftigung wenigstens eines Teils der Arbeitnehmer zum Druck der Notausgabe möglich und zumutbar, so hat er insoweit in Ausübung seines

---

[2] BAG GS 21. 4. 1971 AP 43 zu Art. 9 GG Arbeitskampf = NJW 71, 1668; 29. 11. 1967 AP 13 zu Art. 9 GG; 22. 3. 1994 AP 130 zu Art. 9 GG Arbeitskampf = NZA 94, 1097.

[3] BAG 30. 8. 1994 AP 131 zu Art. 9 GG Arbeitskampf = NZA 95, 32.

[4] Vgl. BAG 11. 7. 1995 AP 138 zu Art. 9 GG Arbeitskampf = NZA 96, 214; 11. 7. 1995 AP 139 zu Art. 9 GG Arbeitskampf = NZA 96, 209; 22. 3. 1994 AP 130 zu Art. 9 GG Arbeitskampf; 30. 8. 1994 AP 131 zu Art. 9 GG Arbeitskampf; 14. 12. 1993 AP 129 zu Art. 9 GG Arbeitskampf = NZA 94, 331.

[5] BAG 7. 4. 1992 AP 122 zu Art. 9 GG Arbeitskampf = NZA 93, 37.

[6] BAG 12. 12. 1996 AP 147 zu Art. 9 GG Arbeitskampf = NZA 97, 393.

[7] BAG 20. 12. 1995 AP 141 zu Art. 9 GG Arbeitskampf = NZA 96, 491.

[8] Vgl. hierzu BAG 12. 11. 1996 AP 147 zu Art. 9 GG Arbeitskampf = NZA 97, 393.

[9] BAG 22. 3. 1994 AP 130 zu Art. 9 GG Arbeitskampf = NZA 94, 1097 (unter Aufgabe von BAG 14. 12. 1993 AP 129 zu Art. 9 GG Arbeitskampf).

[10] BAG 22. 3. 1994 AP 130 zu Art. 9 GG Arbeitskampf = NZA 94, 1097; 31. 1. 1995 AP 135 zu Art. 9 GG Arbeitskampf = NZA 95, 985; 11. 7. 1995 AP 139 zu Art. 9 GG Arbeitskampf = NZA 96, 209.

[11] BAG 15. 12. 1998 AP 154 zu Art. 9 GG Arbeitskampf = NZA 99, 552.

Direktionsrechts eine Auswahl zu treffen. Unterbleibt diese, gerät er gegenüber allen Arbeitnehmern, die ihre Arbeit ordnungsgemäß anbieten, in Annahmeverzug.[12] Die Entgeltzahlungspflicht entfällt nicht, wenn der Arbeitgeber Fremdkräfte beschäftigt, um möglichen Arbeitsniederlegungen zu begegnen. Das wäre im Ergebnis nichts anderes als eine Aussperrung, die aber an besondere Voraussetzungen gebunden ist.[13]

b) Fernwirkung von Arbeitskämpfen. Seine Rechtsprechung zur arbeitskampfbedingten Betriebsrisikolehre hat das BAG in seinen Entscheidungen vom 22. 11. 1980 weiterentwickelt.[14] In diesen hatte sich das Gericht mit Störungen zu befassen, die auf Streiks oder Aussperrungen in anderen Betrieben beruhten und die die Fortsetzung des Betriebs ganz oder teilweise unmöglich oder wirtschaftlich unzumutbar machten. Nach Auffassung des BAG hat die jeweils kampfführende Seite wegen des Grundsatzes der Kampfparität (§ 193 RN 22) auch dann das auf sie entfallende Arbeitskampfrisiko zu tragen, wenn die Fernwirkungen eines anderen Arbeitskampfs das Kräfteverhältnis der kampfführenden Parteien beeinflussen können. Die betroffenen Arbeitnehmer verlieren daher für die Dauer der Betriebsstörung ihre Beschäftigungs- und Vergütungsansprüche. Entsprechendes gilt, wenn in einem Betriebsteil die Arbeit unmöglich oder dem Arbeitgeber unzumutbar wird, weil in einem anderen Betriebsteil gestreikt wird, oder weil eine Kampfmaßnahme Störungen verursacht, welche die sofortige Wiederaufnahme der Arbeit nach Abschluss der Arbeitskampfhandlung unmöglich oder unzumutbar macht. Unerheblich ist dabei, ob hiervon die an der Kampfmaßnahme beteiligten oder andere Arbeitnehmer des Betriebs betroffen sind. In allen diesen Fällen tragen die Arbeitnehmer, deren Arbeit ausfällt, das Entgeltrisiko.[15] 4 b

c) Gleitzeit. Wegen der Streikteilnahme ausgefallene Arbeitszeiten können nicht zur Ermittlung des geschuldeten Arbeitszeitvolumens herangezogen werden. Es besteht weder eine Pflicht des Arbeitnehmers zur Nacharbeit, noch ist er zur Nachholung der arbeitskampfbedingt ausgefallenen Stunden berechtigt.[16] Besteht eine Gleitzeitregelung, wird das Arbeitsstundensoll und damit das Arbeitsentgelt durch die Zeiten des Arbeitskampfs entsprechend gemindert. Dagegen erfolgt keine Verrechnung mit dem Gleitzeitkonto.[17] Das BAG hält aber wohl Betriebsvereinbarungen für zulässig, nach denen Zeiten der Teilnahme an einem Arbeitskampf nicht zur Kürzung des Entgelts, sondern zur Belastung des Gleitzeitkontos führen.[18] 5

d) Streikunterstützung. Gewerkschaftsmitglieder haben Anspruch auf Streikunterstützung ihrer Gewerkschaft. Eine Klausel in der Satzung einer Gewerkschaft, wonach die Streikunterstützung zurückzuzahlen ist, wenn der Arbeitnehmer austritt, ist wegen zurückliegender Zeiträume unwirksam.[19] Die Streikunterstützung unterliegt nicht der Einkommensteuerpflicht nach § 24 Nr. 1 a EStG.[20] 6

3. Nebenpflichten und Anwartschaften. Da nur die Hauptpflichten aus dem Arbeitsverhältnis suspendiert sind, bleiben die Nebenpflichten, insbesondere die wechselseitigen Schutzpflichten bestehen. Der Arbeitgeber ist daher weiterhin verpflichtet, für eingebrachte Sachen des Arbeitnehmers zu sorgen, während der Arbeitnehmer beispielsweise zur Wettbewerbsenthaltung und zur Verschwiegenheit verpflichtet bleibt. Werkswohnungen können aus Anlass des Streiks nicht gekündigt werden. Auch Anwartschaftsrechte bleiben während des Arbeitskampfs bestehen. Die Arbeitsunterbrechung kann sich allenfalls auf die Anspruchshöhe auswirken. 7

4. Sonderzuwendungen. Diese stellen regelmäßig eine Anerkennung für geleistete und Anreiz für zukünftige Dienste (§ 78) dar. Grundsätzlich sind arbeitskampfbedingte Kürzungen zulässig. Maßgeblich ist die Ausgestaltung der Sonderzuwendung. Knüpft sie die Minderung an den rechtlichen Bestand des Arbeitsverhältnisses, ist eine Kürzung wegen der Streiktage unzulässig.[21] Stellt sie hingegen auf das „Ruhen“ des Arbeitsverhältnisses ab, ist wie folgt zu unterschei- 8

---

[12] BAG 17. 2. 1998 AP 152 zu Art. 9 GG Arbeitskampf = NZA 98, 896.

[13] BAG 15. 12. 1998 AP 154, 155 zu Art. 9 GG Arbeitskampf = NZA 99, 550 und 552.

[14] BAG 22. 11. 1980 AP 70, 71 zu Art. 9 GG Arbeitskampf.

[15] BAG 15. 12. 1998 AP 154, 155 zu Art. 9 GG Arbeitskampf = NZA 99, 550 und 552.

[16] BAG 26. 7. 2005 AP 170 zu Art. 9 GG Arbeitskampf = NZA 2005, 1402.

[17] BAG 30. 8. 1994 AP 132 zu Art. 9 GG Arbeitskampf = NZA 95, 183; 30. 8. 1994 AP 131 zu Art. 9 GG Arbeitskampf = NZA 95, 32.

[18] BAG 30. 8. 1994 AP 132 zu Art. 9 GG Arbeitskampf = NZA 95, 183.

[19] AG Ahrensburg 12. 4. 1996 NJW 96, 2516.

[20] BFH 24. 10. 1990 NJW 91, 1007 = NZA 91, 277 unter Aufgabe früherer Rspr.: BFH 30. 10. 1970 AP 42 zu Art. 9 GG Arbeitskampf.

[21] BAG 13. 2. 2007 – 9 AZR 52/06 n. v.; 13. 2. 2007 AP 18 zu § 1 TVG Tarifverträge: Presse = NZA 2007, 573 – „unbezahlte Arbeitsfreistellung“; 20. 12. 1995 AP 141 zu Art. 9 GG Arbeitskampf = NZA 96, 491; 4. 8. 1987 AP 89 zu Art. 9 GG Arbeitskampf = NZA 87, 817.

den. Wird die Sonderzuwendung um solche Tage gekürzt, in denen das Arbeitsverhältnis „kraft Gesetzes oder Vereinbarung oder aus sonstigen Gründen“ ruht, erfasst eine solche Regelung auch das Ruhen während eines Arbeitskampfs.[22] Ist die Minderung hingegen von dem Vorliegen tatbestandsmäßig bestimmter Voraussetzungen abhängig, muss der Arbeitskampf ausdrücklich erwähnt sein; eine analoge Anwendung von anderen Ruhenstatbeständen ist nicht zulässig.[23] Auch bei Sonderzuwendungen, die als Anwesenheitsprämien ausgestaltet sind, führen Fehltage auf Grund eines Arbeitskampfs zu einer Entgeltminderung; hierin liegt keine unzulässige Maßregelung.[24]

9 **5. Urlaub.** Der Arbeitskampf hat keinen Einfluss auf die Wartezeit für die Entstehung des Urlaubsanspruches, da dieser allein vom rechtlichen Bestand des Arbeitsverhältnisses abhängt (§ 4 BUrlG). Dasselbe gilt für die Urlaubsdauer.[25] Die Teilnahme am Arbeitskampf ist kein Grund zur Urlaubsübertragung.[26] Ist einem Arbeitnehmer **vor Streikbeginn** während der Zeit des Arbeitskampfs Urlaub bewilligt worden, kann er sich entscheiden, ob er sich an dem Streik beteiligt oder den genehmigten Urlaub nimmt.[27] Tritt er seinen Urlaub an, hat er auch Anspruch auf das Urlaubsentgelt; der Streik führt zu keiner Urlaubsunterbrechung. Beteiligt sich der Arbeitnehmer an dem Streik, kann er während des Arbeitskampfs keinen Urlaub fordern, da eine Arbeitspflicht nicht besteht, von der er urlaubsbedingt freigestellt werden könnte.[28] Etwas anderes gilt nur, wenn er vor Urlaubsbeginn ausdrücklich gegenüber dem Arbeitgeber erklärt, seine Streikteilnahme zumindest vorübergehend zu beenden.[29] Allerdings soll der Arbeitgeber berechtigt sein, wegen der Kampfparität die Urlaubsgewährung zu verweigern. Ein Rückruf aus dem Urlaub wegen des Arbeitskampfs steht dem Arbeitgeber nicht zu. Ebenso wenig kann ein im Urlaub befindlicher Arbeitnehmer seinen Urlaub wegen eines Arbeitskampfs abbrechen und sich einem Streik anschließen.[30] Ein tarifvertraglich vereinbarter Verfalltag für Urlaubsansprüche bleibt auch während des Streiks maßgeblich; eine auf Nachgewährung des Urlaubs gerichtete Schadensersatzpflicht des Arbeitgebers besteht nur, wenn dieser sich im Schuldnerverzug befunden hat.[31]

10 **6. Krankheit.** Erkrankt ein Arbeitnehmer während des Streiks, hat er keinen Anspruch auf Entgeltfortzahlung im Krankheitsfall, wenn sein Arbeitsverhältnis zu Beginn der Erkrankung wegen des Arbeitskampfs suspendiert war. Die Krankheit muss die alleinige Ursache für den Arbeitsausfall sein. War der Arbeitnehmer hingegen bereits bei Beginn des Streiks erkrankt, hat er nach dem BAG Anspruch auf Entgeltfortzahlung ohne Rücksicht darauf, ob er sich am Arbeitskampf beteiligt hätte oder nicht. Dies gilt selbst dann, wenn er sich nach der Wiedergenesung am Streik beteiligt hat.[32] Der Anspruch besteht nur dann nicht, wenn der Arbeitnehmer seine Teilnahme am Streik erklärt oder sich tatsächlich am Streikgeschehen beteiligt.[33] Die Streikbeteiligung kann aber durch eine entsprechende Erklärung des Arbeitnehmers gegenüber dem Arbeitgeber beendet werden;[34] allein die Übersendung einer Arbeitsunfähigkeitsbescheinigung ist hierfür aber nicht ausreichend. Das BAG begründet seine Ansicht mit der zu Beginn des Arbeitskampfs krankheitsbedingt nicht bestehenden Arbeitspflicht. Dementsprechend behält auch ein Arbeitnehmer, der während eines vor Streikbeginn gewährten Urlaubs arbeitsunfähig erkrankt, seinen Entgeltanspruch, solange er sich nicht am Streik beteiligt. Nach der hier vertretenen Auffassung ist stets darauf abzustellen, ob sich der Arbeitnehmer ohne die Erkrankung am Streik beteiligt hätte; die Beweislast für die Teilnahme trägt der Arbeitgeber. Allerdings gelten auch insoweit die Grundsätze der arbeitskampfrechtlichen Sphärentheorie, so dass der Anspruch

---

[22] BAG 3. 8. 1999 AP 156 zu Art. 9 GG Arbeitskampf = NZA 2000, 487.

[23] BAG 20. 12. 1995 AP 141 zu Art. 9 GG Arbeitskampf = NZA 96, 491.

[24] BAG 31. 10. 1995 AP 140 zu Art. 9 GG Arbeitskampf = NZA 96, 389; 3. 8. 1999 AP 156 zu Art. 9 GG Arbeitskampf = NZA 2000, 487.

[25] BAG 15. 6. 1965 AP 35, 36 zu Art. 9 GG Arbeitskampf; 28. 1. 1982 AP 11 zu § 3 BUrlG = NJW 82, 1548.

[26] LAG Nürnberg 25. 1. 1995 NZA 95, 854.

[27] BAG 9. 2. 1982 AP 16 zu § 11 BUrlG = NJW 82, 2087.

[28] BAG 15. 6. 1964 AP 35, 36 zu Art. 9 GG Arbeitskampf.

[29] BAG 24. 9. 1996 AP 22 zu § 7 BUrlG = NZA 97, 507; LAG Nürnberg 25. 1. 1995 NZA 95, 854.

[30] BAG 31. 5. 1988 AP 58 zu § 1 FeiertagslohnzahlungsG = NJW 89, 124 für die Aussperrung; anders *Kissel,* Arbeitskampfrecht § 46 RN 48 für den Streik.

[31] BAG 24. 9. 1996 AP 22 zu § 7 BUrlG = NZA 97, 507.

[32] BAG 24. 2. 1961 AP 31 zu § 1 ArbKrankhG.

[33] BAG 1. 10. 1991 AP 121 zu Art. 9 GG Arbeitskampf = NZA 92, 163; 15. 1. 1991 AP 114 zu Art. 9 GG Arbeitskampf = NZA 91, 604.

[34] BAG 31. 5. 1988 AP 56 zu § 1 FeiertagslohnzahlungsG = NZA 88, 886.

entfällt, wenn der Betrieb bis auf einen Notdienst stillgelegt ist.[35] Der Zeitraum für die Entgeltfortzahlung wird nicht um die Streikdauer verlängert.[36] Arbeitnehmer des **öffentlichen Dienstes** sind während der Teilnahme an einem Streik nicht beihilfeberechtigt. Aufwendungen, die ihnen während dieser Zeit entstehen, sind nicht beihilfefähig.[37] Die vorgenannten Ausführungen gelten sinngemäß auch bei einer Krankheit während einer Aussperrung.[38]

7. Sonstige Arbeitsverhinderung. a) Für die Dauer einer rechtmäßigen Aussperrung besteht nach Ansicht des BAG kein Anspruch auf Mutterschaftsgeld oder einen Zuschuss zum Mutterschaftsgeld, wenn das Beschäftigungsverbot nicht die ausschließliche Ursache des Arbeitsausfalls ist, die Arbeitnehmerin also voraussichtlich am Streik teilgenommen hätte.[39] 11

b) Freistellung. Nach Auffassung des BAG hat ein Arbeitnehmer, der vor Beginn eines Arbeitskampfs für einen festliegenden Zeitraum von seiner Arbeitspflicht freigestellt war, Anspruch auf die während des Freistellungszeitraums zu zahlende Vergütung auch während des Streiks. Dies gilt beispielsweise für vereinbarte Freistellungen während der Kündigungsfrist und für Schulungsveranstaltungen von Betriebsratsmitgliedern.[40] 12

c) Feiertag. Der Arbeitnehmer hat keinen Entgeltfortzahlungsanspruch für einen Feiertag, wenn dieser nicht die alleinige Ursache des Arbeitsausfalls ist.[41] Ein Anspruch kann bestehen, wenn die Gewerkschaft einen unbefristeten Streik ausgerufen hat und diesen für den Feiertag aussetzt.[42] Soll ein Streik vor einem Feiertag beendet werden, muss dies dem Arbeitgeber von der streikführenden Gewerkschaft oder den streikbeteiligten Arbeitnehmern mitgeteilt werden. Im Konflikt um einen Verbandstarifvertrag kann die Mitteilung auch an den Arbeitgeberverband erfolgen. Eine öffentliche Verlautbarung über die Medien ist nur ausreichend, wenn sie vor dem Feiertag zur Kenntnis des Arbeitgebers gelangt.[43] Hat der Arbeitgeber die Arbeitnehmer ausgesperrt, besteht kein Anspruch auf Entgeltfortzahlung, wenn für den auf den Feiertag jeweils folgenden Werktag (sog. Brückentag) durch Betriebsvereinbarung Betriebsruhe unter Anrechnung auf den Tarifurlaub vereinbart worden ist.[44] Ansonsten sind die in einem bewilligten Urlaub fallenden gesetzlichen Feiertage auch während einer Aussperrung zu bezahlen.[45] 13

8. Kündigung. Der Arbeitgeber kann das Arbeitsverhältnis während des Arbeitskampfs kündigen. Die Beteiligung an einem rechtmäßigen Arbeitskampf stellt jedoch für sich allein genommen keinen Grund für eine außerordentliche oder ordentliche Kündigung dar. Die Teilnahme an einem rechtswidrigen Streik kann hingegen zur Kündigung berechtigen.[46] Umstritten ist, ob sich der Arbeitnehmer ein Verschulden seiner Gewerkschaft anrechnen lassen muss. Nach richtiger Meinung ist darauf abzustellen, ob der Arbeitnehmer die Rechtswidrigkeit seines Handelns erkennen konnte. Teilnehmer an einem wilden Streik können außerordentlich entlassen werden, wenn sie trotz wiederholter Aufforderung die Arbeit nicht aufnehmen. Nach zutreffender Ansicht ist bei der Kündigung jedoch der Gedanke der Solidarität der Arbeitnehmer untereinander bei der Interessenabwägung zu berücksichtigen.[47] Eine betriebsbedingte Kündigung ist auch während des Arbeitskampfs zulässig, wenn nach dessen Beendigung keine Beschäftigungsmöglichkeit mehr besteht, z.B., weil der Arbeitsplatz infolge Rationalisierung wegfallen wird. Zu solchen Kündigungen ist die Anhörung des Betriebsrats nicht arbeitskampfbedingt eingeschränkt.[48] Entsprechendes gilt für die anderen Kündigungsarten. Eine tarifvertragliche Maßregelungsklausel, dass eine außerordentliche Kündigung aus betriebswirtschaftlichen Gründen in 14

---

[35] ErfK/*Dörner* § 3 EFZG RN 34.
[36] BAG 8. 3. 1973 AP 29 zu § 1 LohnFG.
[37] BAG 5. 11. 1992 AP 7 zu § 40 BAT = NZA 93, 757.
[38] BAG 7. 6. 1988 AP 107 zu Art. 9 GG Arbeitskampf = NJW 89, 315.
[39] BAG 5. 7. 1995 AP 7 zu § 3 MuSchG 1968 = NZA 96, 137; 22. 10. 1986 AP 4 zu § 14 MuSchG 1986 = NZA 87, 493.
[40] BAG 15. 1. 1991 AP 114 zu Art. 9 GG Arbeitskampf = NZA 91, 604.
[41] BAG 11. 7. 1995 AP 138 zu Art. 9 GG Arbeitskampf = NZA 96, 214; 1. 3. 1995 AP 68 zu § 1 FeiertagslohnzahlungsG = NZA 95, 996.
[42] BAG 11. 5. 1993 AP 63 zu § 1 FeiertagslohnzahlungsG = NZA 93, 809; vgl. früher: BAG 31. 5. 1988 AP 56 zu § 1 FeiertagslohnzahlungsG = NZA 88, 886.
[43] BAG 23. 10. 1996 AP 146 zu Art. 9 GG Arbeitskampf = NZA 97, 397; LAG Hamm 31. 1. 1996 BB 96, 1015.
[44] BAG 31. 5. 1988 AP 57 zu § 1 FeiertagslohnzahlungsG = NJW 89, 123.
[45] BAG 31. 5. 1988 AP 58 zu § 1 FeiertagslohnzahlungsG = NJW 89, 124.
[46] BAG GS 21. 4. 1971 AP 43 zu Art. 9 GG Arbeitskampf = NJW 71, 1668.
[47] A. A. BAG 21. 10. 1969 AP 41 zu Art. 9 GG Arbeitskampf = NJW 70, 486.
[48] BAG 6. 3. 1979 AP 20 zu § 102 BetrVG 1972 = NJW 79, 2635.

eine ordentliche betriebsbedingte Kündigung umgedeutet wird, ist zulässig.[49] Zum Kündigungsschutz von Betriebs- und Personalratsmitgliedern während des Arbeitskampfs RN 21.

15 **9. Wiederaufnahme der Arbeit.** Mit der Beendigung des Arbeitskampfs entfällt die Suspendierung der gegenseitigen Hauptpflichten. Die Arbeitnehmer haben die Arbeit wieder aufzunehmen. Weigert sich der Arbeitgeber nach Beendigung des Arbeitskampfs die Arbeitsleistung entgegenzunehmen, gerät er grundsätzlich in Annahmeverzug. Dies gilt nicht, solange der Arbeitgeber die Arbeitnehmer infolge der Auswirkungen des (beendeten) Arbeitskampfs auf seinen Betrieb zeitweilig nicht beschäftigen kann. Ihm muss deshalb eine angemessene Zeit bleiben, seinen Betrieb wieder arbeitsbereit zu machen.[50] Dazu hat er unverzüglich alle dazu notwendigen und zumutbaren Maßnahmen zu ergreifen.[51] Besteht danach eine Beschäftigungspflicht, gerät der Arbeitgeber aber nur nach einem entsprechenden Angebot der Arbeitnehmer in Annahmeverzug; das Angebot kann auch durch die Streikleitung erfolgen.[52]

16 **10. Maßregelungsverbote. a)** Diese können vereinbart werden, um nach Beendigung des Arbeitskampfs Nachteile von Arbeitnehmern abzuwenden, weil diese sich rechtmäßig oder rechtswidrig am Arbeitskampf beteiligt haben. Sie sind zulässig[53] und sollen regelmäßig Schadenersatzansprüche wegen der Teilnahme am Arbeitskampf verhindern. Durch Auslegung ist zu entscheiden, ob auch Ansprüche bei Teilnahme an rechtswidrigen Arbeitskämpfen beseitigt werden sollen. Dies wird regelmäßig zu bejahen sein, da die Teilnahme an einem rechtmäßigen Arbeitskampf ohnehin keine zum Schadensersatz verpflichtende Handlung ist.

17 **b) Streikprämien.** Verbietet ein Tarifvertrag die Maßregelung von Arbeitnehmern wegen ihrer Teilnahme am Arbeitskampf, wird hierdurch kein Anspruch auf Arbeitsentgelt für Streikzeiten begründet.[54] Die Zahlung von Prämien an Arbeitnehmer, die sich nicht an einem Streik beteiligen, ist grundsätzlich zulässig, wenn sie **vor oder während** des Arbeitskampfs zugesagt werden, die Fortführung des Betriebes sichern sollen und gleichermaßen für organisierte Arbeitnehmer und Außenseiter gelten.[55] Anders ist bei Zusagen nach dem Ende des Arbeitskampfs zu entscheiden. Hier verstoßen Leistungen an Nichtstreikende regelmäßig gegen ein vereinbartes Maßregelungsverbot. Dies gilt auch für Leistungen, die der Arbeitgeber nachträglich für Aussperrungstage erbringt und dabei zwischen Arbeits- und Streikwilligen unterscheidet.[56] Gleiches gilt, wenn der Arbeitgeber Arbeitnehmern allein dafür, dass sie sich nicht am Streik beteiligt haben, nach Abschluss des Arbeitskampfs eine Zulage gewährt. Ebenso kann die Vorenthaltung von betriebsüblichen Leistungen nicht allein mit der Teilnahme an einem rechtmäßigen Streik gerechtfertigt werden.[57] Zulässig ist hingegen die Gewährung einer Erschwerniszulage für Arbeitnehmer, wenn diese während des Streiks Belastungen ausgesetzt waren, die erheblich über das normale Maß der mit jeder Streikarbeit verbundenen Erschwerungen hinausgehen.[58]

18 **11. Betriebsverfassung.** Ein Arbeitskampf bleibt ohne Auswirkungen auf die Amtsstellung der Betriebsrats- und Personalratsmitglieder; gleiches gilt auch für die Arbeitnehmervertreter im Aufsichtsrat.[59] Der Betriebsrat ist während eines Arbeitskampfs im Betrieb nicht generell funktionsunfähig. Er bleibt mit allen Rechten und Pflichten im Amt und hat dieses auch während eines Arbeitskampfs neutral wahrzunehmen. Die Mitbestimmungsrechte ruhen jedoch insoweit, wie die Kampfparität verletzt sein kann.[60] Diese Einschränkungen betreffen zunächst die personellen Einzelmaßnahmen wie Einstellungen, Versetzungen und Entlassungen, bei denen der Betriebsrat während eines Arbeitskampfs nicht mitzubestimmen hat. Hinsichtlich derartiger

---

[49] LAG Sachsen-Anhalt 12. 3. 1997 LAGE Art. 9 GG Arbeitskampf Nr. 67.

[50] BAG 26. 10. 1971 AP 45 zu Art. 9 GG Arbeitskampf = NJW 72, 600.

[51] BAG 21. 4. 1971 AP 43 zu Art. 9 GG Arbeitskampf = NJW 71, 1668.

[52] BAG 26. 10. 1971 AP 44 zu Art. 9 GG Arbeitskampf = NJW 72, 599.

[53] BAG 24. 9. 1996 AP 22 zu § 7 BUrlG = NZA 97, 507; LAG Sachsen-Anhalt 12. 3. 1997 ArbuR 98, 423.

[54] BAG 17. 6. 1997 AP 150 zu Art. 9 GG Arbeitskampf = NZA 98, 47.

[55] BAG 28. 7. 1992 AP 123 zu Art. 9 GG Arbeitskampf = NZA 93, 267.

[56] Vgl. BAG 10. 6. 1980 AP 66 zu Art. 9 GG Arbeitskampf = NJW 80, 1653.

[57] BAG 11. 8. 1992 AP 124 a. a. O. = NZA 93, 39; 13. 7. 1993 AP 127 zu Art. 9 GG Arbeitskampf = NZA 93, 1135; 4. 8. 1987 AP 88 zu Art. 9 GG Arbeitskampf = NZA 88, 61; best. durch BVerfG 11. 4. 1988 AP 88a zu Art. 9 GG Arbeitskampf = NZA 88, 473; zur Verjährung BAG 17. 9. 1991 AP 120 zu Art. 9 GG Arbeitskampf = NZA 92, 164.

[58] BAG 28. 7. 1992 AP 123 zu Art. 9 GG Arbeitskampf = NZA 93, 267.

[59] *Gaumann/Schafft,* Auswirkungen eines Arbeitskampfs auf die Rechtsstellung der Arbeitnehmervertreter im Aufsichtsrat, DB 2000, 1514.

[60] BAG 22. 12. 1980 AP 71 zu Art. 9 GG Arbeitskampf = NJW 81, 942.

Maßnahmen ist der Betriebsrat wegen ihrer Wirkungen auf das Kampfgeschehen funktionsunfähig, unabhängig davon, ob sich seine Mitglieder sämtlich, teilweise oder gar nicht am Streik beteiligen.[61] Will der Arbeitgeber rechtswidrigen Arbeitsniederlegungen durch Kampfkündigungen begegnen, entfällt das Anhörungsrecht des Betriebsrats nach § 102 BetrVG;[62] kündigt der Arbeitgeber aus anderen als arbeitskampfbedingten Gründen, bleibt es bestehen.[63] Zur außerordentlichen Kündigung eines an einem rechtswidrigen Arbeitskampf teilnehmenden Betriebsratsmitglieds braucht der Arbeitgeber nicht die Zustimmung des Betriebsrats einzuholen (§ 103 BetrVG), vielmehr ist er gehalten, sogleich das Ersetzungsverfahren beim Arbeitsgericht einzuleiten.[64] Die Mitbestimmung des Betriebsrats ist auch im Bereich der sozialen Angelegenheiten nach § 87 I Nrn. 2, 3 BetrVG eingeschränkt. Will der Arbeitgeber während eines Streiks in seinem Betrieb für arbeitswillige Arbeitnehmer aus streikbedingten Gründen vorübergehend die betriebsübliche Arbeitszeit verlängern, so bedarf er dazu nicht der Zustimmung des Betriebsrats.[65] Die nach dem BetrVG bestehenden Unterrichtungsrechte des Betriebsrats (§ 80 I BetrVG) bleiben auch während eines Arbeitskampfs bestehen, sofern durch die Unterrichtungsverpflichtung des Arbeitgebers die Kampfparität nicht beeinträchtigt wird.[66] Der Arbeitgeber kann im Rahmen einer Abwehraussperrung auch Betriebsratsmitglieder mit suspendierender Wirkung aussperren. In diesem Fall besteht für Mitglieder des Betriebsrats auch dann kein Entgeltanspruch für die auf Grund der Aussperrung ausgefallene Arbeitszeit, wenn sie während der Aussperrung Betriebsratsaufgaben wahrgenommen haben.[67] Zum Arbeitskampfverbot von Betriebsratsmitgliedern § 230 RN 12; dem betriebsverfassungsrechtlichen Zutrittsrecht der Gewerkschaften während des Arbeitskampfs § 215 RN 7 und zur Entgeltfortzahlung während einer Betriebsversammlung § 223 RN 21.

III. Besonderheiten bei der Aussperrung

1. Grundsatz. Der Große Senat des BAG hatte noch in seiner Entscheidung vom 28. 1. 1955 angenommen, dass der Arbeitgeber sowohl mit lösender wie auch mit lediglich suspendierender Wirkung aussperren kann.[68] Diese Auffassung hat der Große Senat in seiner Entscheidung vom 21. 4. 1971 nicht mehr aufrechterhalten. Wegen des für Arbeitskampfmaßnahmen geltenden Gebotes der Verhältnismäßigkeit haben Streiks und Aussperrungen regelmäßig nur suspendierende Wirkung. Nur in seltenen Ausnahmefällen kann auch eine lösende Aussperrung zulässig sein. Derartige Ausnahmefälle können z. B. gegeben sein: bei wildem Streik, längerem Arbeitskampf oder Rationalisierung[69] (Stufentheorie). Unzulässig ist die lösende Aussperrung aber bei sozial besonders geschützten Personen (Schwangeren, schwerbehinderten Menschen) und gegenüber Mitgliedern der Arbeitnehmervertretungen.[70] **19**

2. Umfang. Das BAG hat in den Entscheidungen vom 10. 6. 1980 klargestellt, dass die Abwehraussperrung zulässig ist (§ 193 RN 22). Die Koalitionsfreiheit umfasst jedenfalls auch Aussperrungen mit suspendierender Wirkung, die zur Abwehr bei Schwerpunktstreiks zur Herstellung der Kampfparität dienen;[71] dies gilt auch für die besonders geschützten Arbeitnehmergruppen.[72] Zur Zulässigkeit von suspendierenden Angriffsaussperrungen hat sich das BAG bisher nicht geäußert. Sie dürften grds. zulässig sein, um auch der Arbeitgeberseite eine Neuverhandlung bestehender Arbeitsbedingungen zu ermöglichen. **20**

---

[61] BVerfG 7. 4. 1997 AP 11 zu Art. 100 GG = NZA 97, 773; BAG 10. 12. 2002 AP 59 zu § 80 BetrVG 1972 = NZA 2004, 223; 10. 2. 1988 AP 5 zu § 98 BetrVG 1972 = NZA 88, 549; 26. 10. 1974 AP 41 zu Art. 9 GG Arbeitskampf; LAG Köln 22. 6. 1992 BB 93, 1009 – Einsatz von Streikbrechern.

[62] BAG 14. 2. 1978 AP 58 zu Art. 9 GG Arbeitskampf = NJW 79, 236.

[63] BAG 6. 3. 1979 AP 20 zu § 102 BetrVG 1972 = NJW 79, 2635.

[64] BAG 14. 2. 1978 AP 57 zu Art. 9 GG Arbeitskampf = NJW 78, 2054.

[65] BAG 30. 8. 1994 AP 131 zu Art. 9 GG Arbeitskampf = NZA 95, 183; 16. 12. 1986 AP 13 zu § 87 BetrVG 1972 Ordnung des Betriebes = NJW 87, 1358; 24. 4. 1979 AP 63 zu Art. 9 GG Arbeitskampf = NJW 80, 140.

[66] BAG 10. 12. 2002 AP 59 zu § 80 BetrVG 1972 = NZA 2004, 223.

[67] BAG 25. 10. 1988 AP 110 zu Art. 9 GG Arbeitskampf = NZA 89, 353.

[68] BAG 28. 1. 1955 GS AP 1 zu Art. 9 GG Arbeitskampf.

[69] BAG GS 21. 4. 1971 AP 43 zu Art. 9 GG Arbeitskampf = NJW 71, 1668.

[70] BAG GS 21. 4. 1971 AP 43 zu Art. 9 GG Arbeitskampf = NJW 71, 1668; best. durch BVerfG 19. 2. 1975 AP 50 zu Art. 9 GG Arbeitskampf = NJW 75, 968.

[71] BVerfG 26. 6. 1991 AP 17 zu Art. 9 GG Arbeitskampf = NZA 91, 809.

[72] BAG 7. 6. 1988 AP 107 zu Art. 9 GG Arbeitskampf = NJW 89, 315 – Arbeitsunfähigkeit und Schwerbehinderung.

21 **3. Rechtsfolgen der Aussperrung.** Im Falle der suspendierenden Aussperrung treten dieselben Rechtsfolgen ein wie beim Streik (oben RN 2ff.). Darüber hinaus hat der einzelne Arbeitnehmer das Recht zur Abkehr; d. h. der suspendierend ausgesperrte Arbeitnehmer kann durch einseitige empfangsbedürftige Willenserklärung das Arbeitsverhältnis endgültig lösen.[73] Im Falle der Zulässigkeit der lösenden Aussperrung würde das Arbeitsverhältnis vollständig beendet. Damit müsste der Arbeitnehmer an sich sämtliche Rechte einschließlich etwaiger Ruhegeldanwartschaften verlieren. Diese Konsequenz wird aber selbst von ihren Verfechtern nicht vertreten; vielmehr soll ein Rest der arbeitsvertraglichen Beziehungen bestehen bleiben.[74]

22 **4. Wiedereinstellung.** Endet die suspendierende Aussperrung, muss der Arbeitgeber die Arbeitnehmer im Rahmen des fortbestehenden Arbeitsvertrags wieder beschäftigen (oben RN 17). Nach dem Ende einer lösenden Aussperrung ist der Arbeitgeber grundsätzlich zur Wiedereinstellung aller Arbeitnehmer, d. h. zur Neubegründung der Arbeitsverhältnisse mit dem ursprünglichen Inhalt verpflichtet.[75] Gleiches gilt, wenn der Arbeitgeber eine Kampfkündigung ausgesprochen hatte. Keine Wiedereinstellungspflicht besteht, wenn die Kündigung nur während des Arbeitskampfs ausgesprochen worden ist, aber dieser nicht Grund für die Lösung des Arbeitsverhältnisses war. Die Wiedereinstellungspflicht kann tariflich geregelt werden.

IV. Arbeitskampf und sozialrechtliche Leistungen

Bittner, Arbeitskampf und Sozialrecht, AR-Blattei SD 170.4; *Böhm,* Arbeitskampfbedingte Werksblockade: Kurzarbeitergeld für dort eingesetzte Fremdfirmenmitarbeiter?, NZS 2007, 404; *Karrasch,* Nachgefragt: Was macht eigentlich die Änderung des Streikparagrafen?, ArbuR 2007, 257.

23 **1. Grundsatz.** Die Versicherungspflicht in der Kranken-, Pflege-, Renten- und Arbeitslosenversicherung setzt voraus, dass eine Beschäftigung (§ 7 SGB IV) gegen Entgelt tatsächlich ausgeübt wird. Lediglich in der Unfallversicherung ist das Bestehen eines Arbeits- oder Ausbildungsverhältnisses ausreichend. Das sozialversicherungsrechtliche Beschäftigungsverhältnis wird daher durch einen rechtmäßigen Arbeitskampf zunächst nicht beendet.[76] Führt der Arbeitskampf zum Wegfall der Vergütungsansprüche, entfällt damit auch die Pflicht des Arbeitgebers zur Beitragsentrichtung.[77] Aus diesem Grund können sich in den einzelnen Zweigen der Sozialversicherung vereinzelt Nachteile für die Teilnehmer an Arbeitskämpfen ergeben.

24 **2. Unmittelbar vom Arbeitskampf betroffene Arbeitnehmer. a) Arbeitslosenversicherung.** Die unmittelbar am Arbeitskampf Beteiligten erhalten weder Arbeitslosen- noch Kurzarbeitergeld (§§ 146, 174 SGB III).[78] Die Neutralitätspflicht des Staates verbietet die Gewährung von Lohnersatzleistungen. Ist nach Beendigung des Arbeitskampfs für den Anspruch auf Alg. das Bestehen einer Anwartschaft maßgeblich, wird innerhalb der Rahmenfrist (§§ 123, 124 I SGB III) das Fortbestehen des Beschäftigungsverhältnisses bis zu einer Dauer von einem Monat fingiert (§ 7 III 1 SGB IV). Bei einer rechtswidrigen Aussperrung besteht hingegen für den ausgesperrten Arbeitnehmer ein Anspruch auf Alg. nach den Grundsätzen der Gleichwohlgewährung (§ 143 III SGB III).

25 **b) Kranken- und Pflegeversicherung.** Der Krankenversicherungsschutz bleibt bei einem rechtmäßigen Arbeitskampf unabhängig von seiner Dauer auch ohne Beitragsleistung bestehen, auch wenn die Arbeitnehmer erst während des Arbeitskampfs erkranken (§ 192 I Nr. 1 SGB V). Gleiches gilt für die gesetzliche Pflegeversicherung (§ 49 II 1 SGB XI). Streikende und ausgesperrte Arbeitnehmer, die Pflichtmitglieder ihrer Krankenkasse sind, haben bei Eintritt eines Versicherungsfalles daher Anspruch auf die Leistungen der Krankenversicherung (§§ 11ff. SGB V), insbesondere auf Zahlung von Krankengeld.[79] Bei einem rechtswidrigen Streik endet die Mitgliedschaft des Arbeitnehmers unmittelbar mit Streikbeginn; für die Dauer eines Monats hat er aber noch Anspruch auf Leistungen (§ 19 II SGB V). Eine rechtswidrige Aussperrung berührt das Fortbestehen der Mitgliedschaft hingegen nicht.

26 **c) Rentenversicherung.** Nach § 1 I 1 Nr. 1 SGB VI besteht die Versicherungspflicht in der Rentenversicherung bei Personen, die gegen Arbeitsentgelt oder zu ihrer Berufsausbildung be-

---

[73] BAG GS 21. 4. 1971 AP 43 zu Art. 9 GG Arbeitskampf = NJW 71, 1668.
[74] Wegen des Urlaubs; vgl. BAG 15. 6. 1964 AP 36 zu Art. 9 GG Arbeitskampf.
[75] BAG GS 21. 4. 1971 AP 43 zu Art. 9 GG Arbeitskampf = NJW 71, 1668.
[76] BSG GS 11. 12. 1973 AP 48 zu Art. 9 Arbeitskampf; 15. 12. 1971 AP 46 zu Art. 9 GG Arbeitskampf = NJW 72, 1001.
[77] BSG GS 15. 12. 1971 E 33, 254; BSGE 37, 10.
[78] BSG 5. 6. 1991 NZA 91, 982; BVerfG 4. 7. 1995 DB 95, 1464.
[79] BSG GS 15. 11. 1971 AP 46 zu Art. 9 GG Arbeitskampf = NJW 72, 1001.

schäftigt sind. Da streikende und rechtmäßig ausgesperrte Arbeitnehmer für die Dauer des Arbeitskampfs keinen Anspruch auf Arbeitsvergütung haben, kann während des Arbeitskampfs die Versicherungspflicht in der gesetzlichen Rentenversicherung entfallen.[80] Da die Beitragspflicht aber an den Kalendermonat anknüpft, endet die Versicherungspflicht bei einem Arbeitskampf erst, wenn sich dieser über den gesamten Kalendermonat erstreckt (vgl. § 122 I SGB VI). Die Unterscheidung zwischen Monat und Kalendermonat ist insbesondere für die Berechnung der allgemeinen Wartezeit (§§ 50 I, 51 I SGB VI) in der gesetzlichen Rentenversicherung von Bedeutung, für die die Zahl (und nicht die Höhe) der Monatsbeiträge maßgeblich ist. Entfällt die Beitragspflicht für den gesamten Kalendermonat, sind diese Zeiten als beitragfreie Zeiten nicht berücksichtigungsfähig. Lediglich bei der Erfüllung der Wartezeit von 35 Jahren für die Altersrente für langjährig Versicherte und für schwerbehinderte Menschen zählen sie mit, wenn sie als Überbrückungszeit einen Anrechnungstatbestand (§ 58 SGB VI) enthalten (§§ 51 III, 54 IV SGB VI).[81] Ansprüche auf laufende und beantragte Leistungen aus der gesetzlichen Rentenversicherung werden durch den Arbeitskampf nicht berührt. Bei einem rechtswidrigen Streik wird die Erfüllung des Anrechnungstatbestandes in § 58 I 1 Nr. 1 SGB VI allerdings kaum in Betracht kommen.

d) Unfallversicherung. Der Schutz der gesetzlichen Unfallversicherung besteht nur für einen Unfall, den der Arbeitnehmer bei der versicherten Tätigkeit erleidet (§ 7 I SGB VII). Da die am Arbeitskampf beteiligten Arbeitnehmer keine versicherten Tätigkeiten (§ 8 I SGB VII) ausüben, besteht kein Versicherungsschutz, selbst wenn sie zum Betrieb gehen, um Streikposten[82] zu stehen oder sich an sonstigen Kampfmaßnahmen zu beteiligen. Eine Ausnahme kommt in Betracht, wenn der Unfall noch mit einer versicherten Tätigkeit in Zusammenhang steht (z. B. bei einem Warnstreik).[83] Zu den versicherten Tätigkeiten gehören jedoch die Erhaltungsarbeiten. Arbeiten Gewerkschaftsmitglieder als Streikhelfer, besteht Unfallversicherungsschutz, wenn sie Arbeiten ausführen, die ansonsten von Arbeitnehmern der Gewerkschaft ausgeübt worden wären.[84] Dies gilt gleichermaßen bei einem rechtswidrigen Streik. 27

e) Sozialhilfe. Während eines rechtmäßigen Arbeitskampfs besteht unter den allgemeinen Voraussetzungen ein Anspruch auf Sozialhilfe. Zwar ist dieser ausgeschlossen, wenn sich der Bedürftige weigert, zumutbare Arbeit zu leisten (§ 39 SGB XII). Die Beteiligung an einem rechtmäßigen Streik stellt keine Arbeitsverweigerung dar, ebenso ist Streikarbeit unzumutbar. Der Anspruch ist ausgeschlossen oder eingeschränkt, wenn dem Arbeitnehmer Streikgeld gezahlt wird oder er einen entsprechenden Anspruch hat. Sozialhilfeleistungen werden wegen der nur vorübergehenden Notlage regelmäßig als Darlehen gewährt werden (§ 38 SGB XII). Ob die Hilfe zum Lebensunterhalt bei einem rechtswidrigen Streik auf das zum Lebensunterhalt Unerlässliche beschränkt werden kann, ist umstr. und wohl nur bei eindeutiger und für den Arbeitnehmer erkennbarer Rechtswidrigkeit anzunehmen.[85] Entsprechendes gilt für Bezieher von Alg. II (§ 31 I Nr. 1 SGB II). 28

f) Sonstige Sozialleistungen. Der Anspruch auf Mutterschaftsgeld (§ 13 MuSchG) und Elterngeld (§§ 1 ff. BEEG) besteht auch während eines Arbeitskampfs. An die Stelle des Arbeitgeberzuschusses tritt bei einem rechtmäßigen Arbeitskampf oder rechtwidrigen Streik ein entsprechender Zuschuss des Bundes (§ 14 II MuSchG) oder die Zahlung von Mutterschaftsgeld in Höhe des Krankengeldes (§ 200 II 6 RVO). Bei einer rechtswidrigen Aussperrung bleibt der Arbeitgeber weiterhin zur Zahlung des Zuschusses verpflichtet. 29

3. Mittelbar vom Arbeitskampf betroffene Arbeitnehmer. a) Arbeitslosenversicherung. Der Gesetzgeber hat die Gewährung von Alg. und Kurzarbeitergeld für die nur mittelbar vom Arbeitskampf betroffenen Arbeitnehmer in § 146 SGB III geregelt. Die Vorschrift unterscheidet die Arbeitnehmergruppen nach ihrer Betroffenheit durch den betreffenden Arbeitskampf. Das BVerfG hat die Vorgängerregelung in § 116 AFG als verfassungsgemäß angesehen.[86] § 146 SGB III differenziert dabei nach der möglichen Betroffenheit der Arbeitnehmer von dem umkämpften Tarifvertrag. Nach § 174 I SGB III gilt die Vorschrift entsprechend für die Gewährung von Kurzarbeitergeld bei Arbeitskämpfen.[87] 30

---

80 BSG GS 11. 12. 1973 AP 48 zu Art. 9 GG Arbeitskampf.
81 Vgl. BSG GS 11. 12. 1973 AP 48 zu Art. 9 GG Arbeitskampf.
82 LAG Hamm 17. 2. 1999 NZA-RR 99, 656.
83 MünchArbR/*Otto* § 292 RN 5.
84 BSG 8. 10. 1991 SozR 2200 § 539 Nr. 83.
85 Enger MünchArbR/*Otto* § 292 RN 31 – schuldhafte Beteiligung an rechtswidrigem Streik reicht.
86 BVerfG 4. 7. 1995 AP 4 zu § 116 AFG = NZA 95, 754.
87 BSG 5. 6. 1991 BB 91, 2225 = NZA 91, 982.

31 **aa) Potentiell Begünstigte.** Bei Arbeitnehmer innerhalb des räumlichen und fachlichen Geltungsbereiches des umkämpften Tarifvertrags ruht der Anspruch auf die Leistungen, da sie die potentiell vom Arbeitskampf Begünstigten sind (§ 146 III 1 Nr. 1 SGB III). Diesen werden auch solche Arbeitnehmer außerhalb des Kampfgebietes gleichgestellt, die dem fachlichen Geltungsbereich des umkämpften Tarifvertrags zuzuordnen sind, wenn zwei zusätzliche Voraussetzungen erfüllt sind. Es muss **(1)** von Gewerkschaftsseite eine Forderung erhoben (nicht: formell beschlossen) sein, die der Hauptforderung im Kampfgebiet nach ihrem Gegenstand und ihrer Höhe vergleichbar ist. Daneben muss **(2)** das Arbeitskampfergebnis aller Voraussicht nach in dem räumlichen Geltungsbereich des nicht umkämpften Tarifvertrags im Wesentlichen übernommen werden (§ 146 III 1 Nr. 2 SGB III). An die danach erforderliche Übernahmeprognose sind hohe Anforderungen zu stellen.[88] Zuständig für die Entscheidung ist der sog. Neutralitätsausschuss der BA (§ 116 V, VI SGB III).

32 **bb) Keine potentielle Begünstigung.** Eine Leistungsgewährung kommt hingegen in Betracht für die nicht vom persönlichen Geltungsbereich des Tarifvertrags erfassten Arbeitnehmer (§ 146 III 3 SGB III) und für solche, bei denen der Tarifvertrag keine Anwendung finden würde, z.B. weil der Arbeitgeber nicht tarifgebunden ist und auch keine vertragliche Bezugnahmeklausel besteht. Diese werden von dem erstrebten Tarifvertragsanschluss nicht erfasst und sind daher nicht potentiell begünstigt. Auf Arbeitnehmer außerhalb des fachlichen Geltungsbereichs des umkämpften Tarifvertrags wirkt sich der Arbeitskampf nicht aus, sie erhalten ggf. Leistungen von der Arbeitsverwaltung (§ 146 I 2 SGB III).

33 **b) Kranken- und Pflegeversicherung.** Für diese gilt dasselbe wie für die unmittelbar kämpfenden Arbeitnehmer (RN 25). Bei Bezug von Alg. bleiben sie kranken- und rentenversichert (§ 23 RN 89). Auch mittelbar betroffene Arbeitnehmer, die Kurzarbeitergeld erhalten, bleiben kranken- und rentenversichert; die Beiträge werden von der BA übernommen (§§ 249 II Nr. 3 SGB V, 168 I Nr. 1 a SGB VI). Erkranken sie während des Bezuges von Kurzarbeitergeld, erhalten sie Krankengeld (§ 172 II Nr. 2 SGB III).

V. Not- und Erhaltungsarbeiten während des Arbeitskampfs

Gaumann, Ausgabe von Werksausweisen bei Erhaltungsarbeiten im Arbeitskampf – ein mitbestimmungspflichtiger Tatbestand?, NZA 2001, 245; *ders.,* Einseitige Anordnungsbefugnis des Arbeitgebers bezüglich der Erhaltungsarbeiten im Arbeitskampf nach fehlgeschlagener Einigung mit der Gewerkschaft, DB 2001, 1722.

34 **1. Grundsatz. a)** Der Zweck des Arbeitskampfs liegt darin, Kampfgegner zur Gewährung besserer Arbeitsbedingungen zu veranlassen und danach die Arbeit wieder fortzusetzen. Aus dem Verbot des ruinösen Arbeitskampfs folgt, dass auch während des Arbeitskampfs solche Arbeiten zu leisten sind, die eine Fortführung des Betriebes nach Abschluss des Arbeitskampfs sicherstellen sollen. Dabei werden Notstands- und Erhaltungsarbeiten unterschieden. Die Notwendigkeit der Durchführung von Notstands- und Erhaltungsarbeiten während eines Arbeitskampfs ist allgemein anerkannt.

35 **b) Notstandsarbeiten.** Als solche werden die Arbeiten bezeichnet, die die Versorgung der Bevölkerung mit lebensnotwendigen Diensten und Gütern während eines Arbeitskampfs sicherstellen sollen.[89] Die Verpflichtung zu Notstandsarbeiten folgt aus der Gemeinwohlbindung des Arbeitskampfs. Umstr. aber wohl zu verneinen ist, ob auch die Herausgabe der Notausgabe einer Zeitung zu den zulässigen Notstandsarbeiten zählt.

36 **c) Erhaltungsarbeiten.** Dies sind Arbeiten, die erforderlich sind, um das Unbrauchbarwerden der sächlichen Betriebsmittel zu verhindern.[90] Hierzu zählen insbesondere Arbeiten zum Schutz des Betriebes und zur Abwehr von Gemeingefahren, die vom Betrieb ausgehen, Maßnahmen zur Erhaltung der Betriebsanlagen, notwendige Erhaltungsarbeiten zur Sicherung empfindlicher Rohstoffe und Fertigwaren (Lebensmittel) und Arbeiten zur Abwehr unverhältnismäßiger Schäden, z.B. Abwicklungsarbeiten zu Vermeidung eines endgültigen Verderbens von Halbfertigerzeugnissen. Arbeiten, die lediglich die Weiterbeschäftigung arbeitswilliger Arbeitnehmer ermöglichen oder eine wirtschaftliche Schädigung vermeiden sollen, sind keine Erhaltungsarbeiten.[91]

---

[88] BSG 4. 10. 1994 AP 3 zu § 116 AFG = NZA 95, 320.

[89] BAG 30. 3. 1982 AP 74 zu Art. 9 GG Arbeitskampf = NJW 82, 2835.

[90] BAG 31. 1. 1995 AP 135 zu Art. 9 GG Arbeitskampf = NZA 95, 959; ErfK/*Dieterich* Art. 9 GG RN 174 – „Substanz" der sächlichen Betriebsmittel darf nicht zerstört werden.

[91] BAG 30. 3. 1982 AP 74 zu Art. 9 GG Arbeitskampf = NJW 82, 2835.

2. Durchführung. In den Arbeitskampfrichtlinien der Verbände finden sich regelmäßig Bestimmungen über die Organisation der Erhaltungsarbeiten. Die Regelung der Modalitäten eines arbeitskampfbedingten Notdienstes ist grundsätzlich gemeinsame Aufgabe des Arbeitgebers und der streikführenden Gewerkschaft. Kommt eine solche nicht zustande, kann der Arbeitgeber die Durchsetzung eines Notdienstes im Wege der einstweiligen Verfügung durchsetzen; bis zu einer Entscheidung besteht eine sog. Notkompetenz des Arbeitgebers. Verhindert die Gewerkschaft die notwendigen Arbeiten, macht sie sich schadenersatzpflichtig.[92] Kommt eine Vereinbarung zustande, entfaltet diese aber keine unmittelbaren Rechtswirkungen auf das zwischen Arbeitgeber und Arbeitnehmer bestehende Arbeitsverhältnis. Bei der Ausgestaltung der Not- und Erhaltungsarbeiten steht den Kampfparteien ein weiter Beurteilungsspielraum zu. Insbesondere obliegt ihnen auch die Auswahl der zum Notdienst eingeteilten Arbeitnehmer. Diese sind zur Arbeitsleistung für die in der Vereinbarung bezeichneten Notarbeiten verpflichtet; insoweit ist der Streikaufruf der Gewerkschaft eingeschränkt.[93] Eine Zusicherung des Arbeitgebers, andere als die in der Vereinbarung benannten Arbeitnehmer während des Streiks nicht zu beschäftigen, ist zulässig, da die Arbeitnehmer während des Arbeitskampfs grundsätzlichen keinen Anspruch auf Beschäftigung haben.[94] Die Auswahl der Arbeitnehmer für den Notdienst darf aber nicht willkürlich erfolgen,[95] sie unterliegt nicht der Mitbestimmung des Betriebsrats.[96] 37

VI. Folgen des Arbeitskampfs für Dritte

Diller/Krieger, Streik im Kindergarten, FS Leinemann (2006), S. 65; *Hirte,* Streik und Drittbetroffenheit, NJW 2006, 1490; *Löwisch/Bitterberg,* Leistungsstörungen durch Arbeitskampf, AR-Blattei SD 170.7; *Löwisch,* Ersatz vergeblicher Aufwendungen bei Verletzung arbeitsvertraglicher Pflichten, FS Wißmann (2006), S. 37.

1. Vertragspartner des Arbeitgebers. a) Grundsatz. Infolge von Arbeitskämpfen kommt es regelmäßig zu Leistungsstörungen in Schuldverhältnissen zwischen dem Arbeitgeber (Unternehmer) und Dritten. Der Arbeitskampf ist dabei grundsätzlich ohne Bedeutung für den Bestand des Vertragsverhältnisses mit dem Dritten. Lediglich einige Rechte und Pflichten können vom Arbeitskampf berührt werden, wenngleich eine ausdrückliche Regelung im Zivilrecht fehlt. 38

b) Erfüllungsanspruch. Kampfunbeteiligte Dritte behalten gegen den kämpfenden Unternehmer während des Arbeitskampfs grundsätzlich den allgemeinen vertraglichen Erfüllungsanspruch. Etwas anderes kann dann gelten, wenn der Unternehmer im Verhältnis zu dem Dritten eine zulässige Freizeichnungsklausel für den Arbeitskampf vereinbart hat. Der Erfüllungsanspruch kann unter den Voraussetzungen des § 275 I BGB entfallen, wenn die Leistung für den kämpfenden Arbeitgeber unmöglich wird. Der Gläubiger kann in diesem Fall anstelle der Leistung Schadensersatz fordern, wenn der Schuldner die Nichtleistung zu vertreten hat (§§ 283, 281 I, 280 III BGB). Auf die Erfüllung einer Gattungs- oder Geldschuld hat der Arbeitskampf allerdings keinen Einfluss, der Arbeitgeber wird insoweit nicht von der Leistungspflicht befreit. 39

c) Schadensersatz. Kommt der Unternehmer mit seiner Leistung in Verzug (§§ 286ff. BGB) oder wird ihm die Leistung ganz oder teilweise unmöglich (§ 275 I BGB), kann er schadensersatzpflichtig werden. Die Schadensersatzpflicht wird nicht bereits dann ausgeschlossen, wenn der Arbeitskampf rechtmäßig geführt wird. Allerdings ist fraglich, ob und ggf. in welchem Umfang der kämpfende Arbeitgeber die Pflichtverletzung zu vertreten hat. Dies wird bei einer rechtswidrigen Aussperrung regelmäßig der Fall sein. Bei einer rechtsmäßigen Aussperrung entfällt das Verschulden des Arbeitgebers auf Grund einer Pflichtenkollision, sofern um einen Verbandstarifvertrag gestritten wird. Dies gilt im Ergebnis auch bei einem Arbeitskampf um einen Firmentarifvertrag, da dem Arbeitgeber die Hinnahme eines Streiks ohne die zulässige Gegenwehr nicht zumutbar ist.[97] Eine Haftung kann aber in Betracht kommen, wenn die vertragliche Verpflichtung in Voraussicht des bevorstehenden Arbeitskampfs eingegangen ist bzw. der Arbeitgeber das Arbeitskampfrisiko übernommen hat oder zumutbare Maßnahmen zur Abwendung der Leistungsstörung[98] nicht ergriffen worden sind. Eine Einstandspflicht für die streikenden 40

---

[92] BAG 14. 12. 1993 AP 129 zu Art. 9 GG Arbeitskampf = NZA 94, 331.
[93] ErfK/*Dieterich* Art. 9 GG RN 181.
[94] BAG 22. 3. 1994 AP 130 zu Art. 9 GG Arbeitskampf = NZA 94, 1097.
[95] BAG 31. 1. 1995 AP 135 zu Art. 9 GG Arbeitskampf = NZA 95, 959.
[96] Anders *Fitting* § 74 RN 24.
[97] MünchArbR/*Otto* § 290 RN 94.
[98] MünchArbR/*Otto* § 290 RN 94; a. A. *Kissel,* Arbeitskampfrecht, § 73 RN 38.

Arbeitnehmer nach § 278 BGB entfällt, da die Arbeitnehmer während des Streiks keine Erfüllungsgehilfen des Arbeitgebers sind.

41 **d) Annahmeverzug.** Kommt der kämpfende Unternehmer gegenüber einem Dritten mit der Abnahme der geschuldeten Leistung in Annahmeverzug (§ 293 BGB), bestehen keine arbeitskampfbedingten Besonderheiten, da es insoweit auf ein Vertretenmüssen des Unternehmers nicht ankommt.

42 **2. Deliktische Haftung der Gewerkschaft. a) Arbeitgeber.** Bei einem rechtmäßigen Streik kommt eine deliktische Haftung der Gewerkschaft regelmäßig nicht in Betracht. Denkbar ist nur eine Einstandspflicht nach § 823 BGB bei Streikexzessen (z. B. Gewaltanwendung von Streikposten) gegenüber dem jeweiligen Täter bzw. Tätern. Eine Zurechnung der deliktischen Handlungen von streikenden Arbeitnehmern gegenüber dem Arbeitgeber nach § 831 BGB ist ausgeschlossen. Die Gewerkschaft haftet für den Schaden, der durch die nicht vom Streikrecht gedeckten Handlungen entsteht, wenn Organmitglieder der Gewerkschaft trotz Kenntnis der rechtswidrigen Handlungen nicht versuchen, die streikenden Arbeitnehmer von den rechtswidrigen Handlungen abzuhalten.[99] Ruft sie zu Betriebsblockaden (§ 193 RN 35) auf, kann sich ihre Haftung aus einer Verletzung des Rechts am eingerichteten und ausgeübten Gewerbebetrieb ergeben.[100] Für unerlaubte Handlungen der Streikleitung haftet die Gewerkschaft nach § 31 BGB, für solche der Streikposten nach § 831 BGB.[101]

43 **b) Dritte.** Als Anspruchsgrundlage gegenüber kampfunbeteiligten Dritten kommen die §§ 823, 826 BGB in Betracht. So haftet die Gewerkschaft grundsätzlich, wenn sie zu einem Streik zur Durchsetzung eines tariflich nicht regelbaren Zieles oder einem politischen Streik[102] aufruft und sie ein Verschulden trifft.[103] Bei einem Streik im öffentlichen Dienst kommt darüber hinaus eine Einstandspflicht des Dienstherrn nach Art. 34 GG i. V. m. § 839 BGB in Betracht.[104]

---

[99] BAG 8. 11. 1988 AP 111 zu Art. 9 GG Arbeitskampf = NZA 89, 475.

[100] BAG 21. 6. 1988 AP 109 zu Art. 9 GG Arbeitskampf = NZA 88, 884; 5. 3. 1985 AP 85 zu Art. 9 GG Arbeitskampf = NZA 85, 504; BGH 16. 6. 1977 AP 53 zu Art. 9 GG Arbeitskampf = NJW 77, 1875.

[101] BAG 21. 6. 1988 AP 108 zu Art. 9 GG Arbeitskampf = NZA 88, 846.

[102] ArbG Hagen 23. 1. 1991 AP 118 zu Art. 9 GG Arbeitskampf.

[103] BAG 21. 3. 1978 AP 62 zu Art. 9 GG Arbeitskampf = NJW 78, 2114.

[104] BGH 16. 6. 1977 AP 53 zu Art. 9 GG Arbeitskampf = NJW 77, 1875 – Fluglotsenstreik.

XIV. Buch. Grundzüge des Schlichtungsrechts

§ 195. Schlichtung

An neueren Darstellungen sind hervorzuheben: *Gamillscheg,* Kollektives Arbeitsrecht, Bd. I, 1997; *Arnold,* Die Badische Landesschlichtungsordnung, RdA 96, 356; *v. Brauchitsch,* Arbeitskampf und Schlichtung, ArbuR 93, 137; *Kissel,* Arbeitskampfrecht, 2002; *Kreissl,* Zur Haftung des Unternehmers im Arbeitskampf, JR 95, 695; *Lembke,* Staatliche Schlichtung nach dem Kontrollratsgesetz Nr. 35, RdA 2000, 223; *Löwisch/Rieble,* Grundlagen des Arbeitskampf- und Schlichtungsrechts, AR-Blattei, SD 170.1; MünchArbR/*Otto* §§ 286–288; *Neumann,* Einigungsstelle und Schlichtung, RdA 97, 142; *Rüthers,* Tarifautonomie und Schlichtungszwang, Gedächtnisschrift für Dietz, 1993, S. 299; *Söllner,* „Schlichten ist kein Richten", ZfA 82, 1.

I. Begriff und Wesen

1 **1. Allgemeines.** Das Grundgesetz überlässt den tariffähigen Verbänden (§ 199 RN 1) die Regelung der Arbeits- und Wirtschaftsbedingungen. Das BetrVG lässt die Normierung von Arbeitsbedingungen durch den Arbeitgeber und die Betriebsvertretung zu (§§ 232ff.). Kommt es bei dem bestehenden Interessengegensatz nicht zu einem Ausgleich, so bedarf es der rechtlichen Möglichkeiten, einen Ausgleich zu erzwingen, zumindest aber der Hilfestellung zu seiner Beilegung. Während im tariflichen Bereich als Zwangsmittel der Arbeitskampf anerkannt ist (§ 193), ist er auf betrieblicher Ebene untersagt (§§ 74 BetrVG, 66 II BPersVG). Zur Förderung bzw. Erzwingung des Interessenausgleichs dient die Schlichtung. Dabei spricht man von Schlichtung im engeren Sinne, wenn ein Ausgleich auf **tariflicher Ebene** versucht wird, und im weiteren Sinne, wenn dabei auch die Verfahren auf betrieblicher Ebene einbezogen werden. Das Verfahren zur Beilegung von Interessengegensätzen auf **betrieblicher Ebene** ist zusammen mit dem BetrVG erörtert (§ 232).

2 **2. Begriff.** „Schlichtung ist Hilfeleistung zur Beendigung einer Gesamtstreitigkeit durch Abschluss einer Gesamtvereinbarung." Nach Art. 6 Europäische Sozialcharta (§ 193 RN 5) hat sich die BRD verpflichtet, um die wirksame Ausübung des Rechtes auf Kollektivverhandlungen zu gewährleisten, **(a)** Verfahren für freiwillige Verhandlungen zwischen Arbeitgebern oder Arbeitgeberorganisationen einerseits und Arbeitnehmerorganisationen andererseits zu fördern, soweit dies notwendig und zweckmäßig ist, die Beschäftigungsbedingungen durch Gesamtarbeitsverträge zu regeln; **(b)** die Einrichtung und die Benutzung geeigneter Vermittlungs- und freiwilliger Schlichtungsverfahren zur Beilegung von Arbeitsstreitigkeiten zu fördern.

3 Es sind die **vereinbarte** und die **staatliche Schlichtung** zu unterscheiden. Grundlage der vereinbarten Schlichtung ist die Muster-Schlichtungsvereinbarung vom 7. 9. 1954, die DGB und BDA ihren Mitgliedern zur Übernahme empfohlen haben.[1,2] Die staatliche Schlichtung ist im Kontrollratsgesetz Nr. 35[3] geregelt. Einige Länder haben das Schlichtungsrecht landesgesetzlich neu gestaltet,[4] einige haben Ausführungsbestimmungen erlassen.[5]

II. Allgemeine Grundsätze des Schlichtungsrechts

4 **1. Gegenstand der Schlichtung.** Dies sind Streitigkeiten zwischen Arbeitgebern oder Arbeitgeberverbänden einerseits und Arbeitnehmerorganisationen andererseits über kollektivrechtliche Regelungen, die zukünftig gelten sollen. Hieraus folgt:

---

[1] Vgl. Hattenheimer Empfehlung vom 12. 1. 1950, RdA 50, 63, 68; Margarethenhof-Abkommen vom 7. 9. 1954 RdA 54, 383; 95, 1ff.

[2] Vgl. die Schlichtungs- und Schiedsvereinbarungen in der a) Metallindustrie vom 1. 1. 1980 (RdA 80, 163); dazu *Kirchner* RdA 80, 129; b) Chemischen Industrie vom 28. 10. 1981 (RdA 82, 119); c) Ernährungsindustrie vom 11. 7. 1955 (RdA 55, 384); d) öffentl. Dienst vom 6. 12. 1976 i. d. Änd. vom 1. 10. 1990.

[3] Vom 20. 8. 1946 (Amtsbl. des KR S. 174).

[4] *Baden:* Landesgesetz über das Schlichtungswesen bei Arbeitsstreitigkeiten (Landesschlichtungsordnung) vom 19. 10. 1949 (GVBl. 1950, 60) m. spät. Änd. Vgl. *Arnold* RdA 96, 356. In einigen Landesverfassungen sind Schlichtungsregelungen enthalten: Bremen: Art. 51; Hessen Art. 29; Rheinland-Pfalz Art. 54 Abs. 1; Saarland Art. 56.

[5] *NRW:* 2. DVO zum KRG Nr. 35 v. 17. 7. 1948 (Arbeit und Sozialpolitik 1948 Nr. 18 S. 15). Die DVO beruht auf einer Vereinbarung der Länder der ehem. britischen Zone. Sie gilt daher gleich lautend in *Schleswig-Holstein* (GVOBl. 1971, S. 182).

5 Die Schlichtung setzt eine **Gesamtstreitigkeit** voraus. Sie ist nach ihrem Wesen die Hilfestellung zur Vermeidung von Arbeitskämpfen. Sie ist **keine Rechtsprechung.** Die Rechtsprechung subsumiert Tatbestände unter Rechtsnormen und trifft danach ihre Entscheidung. Die Schlichtung will dagegen eine zukünftige rechtliche Regelung nach den Grundsätzen von Recht und Billigkeit und unter Berücksichtigung der wirtschaftlichen und sozialen Lage konstitutiv herbeiführen. Die Rechtsprechung entscheidet Streitigkeiten nach Rechtsgrundsätzen, die Schlichtung nach Zweckmäßigkeitserwägungen. Sie gehört daher zur **Verwaltung.**

6 Die Schlichtung ist nur zulässig, wenn eine **Gesamtvereinbarung** über den Streitgegenstand nicht besteht. Besteht eine Gesamtvereinbarung, so ist jeder Streit über die in ihr geregelten Punkte eine rechtliche Auseinandersetzung, die von den Gerichten entschieden, nicht aber im Wege der Schlichtung geregelt werden kann. Würde man eine Schlichtung zulassen, so würde dies die Beseitigung des Grundsatzes „pacta sunt servanda" bedeuten. Eine bestehende Gesamtvereinbarung ist dann kein Hindernis des Schlichtungsverfahrens, wenn die Tarifpartner den Tarifvertrag ganz oder teilweise aufheben. Das kann konkludent erfolgen. Eine konkludente Aufhebung ist dann anzunehmen, wenn sich die Tarifpartner auf das vereinbarte oder staatliche Schlichtungsverfahren in einer Weise einlassen, aus der sich ergibt, dass die vertragliche Position aufgegeben und eine neue Gesamtvereinbarung getroffen werden soll.[6] Der bloße Eintritt in Schlichtungsverhandlungen lässt diesen Schluss noch nicht zu. Der dem im Schlichtungsverfahren ergehenden Schiedsspruch anhaftende Rechtsmangel kann geheilt werden, wenn die Tarifpartner sich trotz Bestandes einer Gesamtvereinbarung diesem unterwerfen. Alsdann wird die Alte durch die Neue abgelöst.

7 Streiten die Parteien über den Bestand einer Gesamtvereinbarung, so entscheiden die Gerichte mit bindender Wirkung für die Schlichtungsstellen über den Bestand der Vereinbarung. Ist ein Gericht nicht angerufen worden, so hat die Schlichtungsstelle den Bestand vorab zu prüfen. Hält die Schlichtungsstelle den Schiedsspruch rechtsirrtümlich für zulässig und stellt später ein Gericht den Bestand einer Gesamtvereinbarung fest, so ist der Schiedsspruch unwirksam, es sei denn, dass die Tarifpartner diesen konkludent angenommen haben.

8 **2. Ziel der Schlichtung.** Dies ist der Abschluss einer neuen Gesamtvereinbarung. Hieraus folgt: Parteien des Schlichtungsverfahrens können nur Träger von Gesamtvereinbarungen sein. Außerdem kann nur über solche Streitpunkte ein Schlichtungsverfahren durchgeführt werden, die zum Inhalt des obligatorischen oder normativen Teils einer Gesamtvereinbarung gemacht werden können.

9 **3. Mittel zur Schlichtung.** Der Staat hat ein erhebliches Interesse daran, Arbeitskämpfe zu vermeiden. Es wäre denkbar, dass er von sich aus Mindestarbeitsbedingungen (§ 162) festsetzt oder ein Zwangsschlichtungsverfahren einführt. So könnte z. B. die Amtseinleitung der Schlichtung, eine vorübergehende Aussetzung des Arbeitskampfes[7] oder ein verbindlicher Schiedsspruch vorgesehen sein. Aus dem Prinzip des freiheitlichen und sozialen Rechtsstaates leitet die herrschende Meinung ab, dass den Tarifpartnern die Festsetzung der Arbeitsbedingungen überlassen bleiben muss (§ 188 RN 18). Grundsätzlich ist daher die allgemeine Festsetzung von Mindestarbeitsbedingungen unzulässig.[8]

10 Umstritten ist, ob das geltende Verfassungsrecht die **Amtseinleitung** der Schlichtung zulässt.[9] Verfassungswidrig ist dagegen grundsätzlich ein staatliches Schlichtungsverfahren, das mit einem **bindenden Schiedsspruch** oder einer **Verbindlichkeitserklärung** endet.[10] Nicht verfassungswidrig sind dagegen **tariflich begründete Einlassungspflichten** oder Schiedssprüche, denn insoweit handelt es sich um vorweggenommene Unterwerfungserklärungen. Staatliche Schlichtung ist daher allein Hilfestellung zum Abschluss einer Gesamtvereinbarung, d. h. die Tarifpartner schließen die Gesamtvereinbarung selbst ab, der Staat beschränkt sich dagegen auf Förderungsmaßnahmen.

11 **4. Zwangsschlichtung.** Sie wird nach dem geltenden Verfassungsrecht nur dann für zulässig gehalten, wenn ein akuter sozialer Notstand behoben werden muss.[11] Das Sozialstaatsprinzip verlangt insoweit die Einschränkung der sozialen Selbstverwaltung im Gesamtinteresse der Be-

---

6 Vgl. auch RAG 5, 167 und RAG ARS 8, 544.

7 Vgl. vor allem die Regelungen in USA.

8 Die in der BRD vorgesehenen Mindestarbeitsbedingungen sind nicht zu beanstanden, da sie nur bei Fehlen von Tarifpartnern erlassen werden dürfen.

9 Vgl. *Hueck/Nipperdey* II 1 § 41 I 3 c; vgl. *Seiter* NJW 76, 1369.

10 *Kissel,* Arbeitskampfrecht § 70 RN 29 ff.

11 Vgl. die Aufstellung bei *Kissel* § 70 RN 29.

völkerung. Aus diesem Grunde werden die in den Landes-Schlichtungsgesetzen vorgesehenen Zwangsmaßnahmen überwiegend für verfassungsrechtlich zulässig angesehen.

§ 196. Staatliche Schlichtung

I. Allgemeines

1. Subsidiarität. Die staatliche Schlichtung ist gegenüber der vereinbarten Schlichtung subsidiär; d.h., die staatliche Schlichtung findet nur dann statt, wenn eine tarifliche Schlichtungsstelle nicht vorgesehen ist und sich eine oder beide Parteien an die staatliche Stelle gewandt haben oder wenn das vereinbarte Schlichtungsverfahren ohne Erfolg geblieben ist und die Tarifpartner sich darauf an die staatliche Stelle gewandt haben (Art. II Abs. 1 KRG 35; § 197). Dies führt dazu, dass eine mehrstufige Schlichtung möglich ist. 1

2. Ausgleichs- und Vermittlungsverfahren. Zu unterscheiden sind das Ausgleichs- oder Vermittlungsverfahren (unten RN 3) und das eigentliche Schlichtungsverfahren oder Schiedsverfahren (unten RN 6). Das Schiedsverfahren kann erst eingeleitet werden, wenn das Ausgleichs- oder vereinbarte Schlichtungsverfahren erfolglos geblieben ist (Art. II Abs. 1 KRG 35). 2

II. Ausgleichs- oder Vermittlungsverfahren

1. Behörde. Bei der obersten Arbeitsbehörde des Landes ist zumeist als besondere Abteilung die Ausgleichsstelle eingerichtet. Sie besteht aus dem **Landesschlichter,** dem ein oder mehrere Beamte zur Unterstützung beigegeben sind. Der Landesschlichter wird aus dem Personal der obersten Landesbehörde bestellt (Art. III KRG 35). Für die Organisation und das Verfahren bei der Bestellung des Landesschlichters bestehen zumeist keine besonderen Rechtsvorschriften. Die Landesschlichter unterliegen der Dienstaufsicht des zuständigen Landesarbeitsministers. Im Einzelfall sind sie unabhängig und nicht an Weisungen gebunden. 3

2. Aufgabenbereich. Die Aufgabe des Landesschlichters besteht darin, die Sozialpartner in Fragen der Arbeitsbeziehungen zu beraten; in Regelungsstreitigkeiten zu vermitteln, um eine gütliche Einigung zu erzielen; notfalls ein Schiedsverfahren vorzubereiten; insbesondere den Abschluss vereinbarter Schiedsverfahren zu fördern (Art. III KRG 35). Vorschriften für seine **sachliche und örtliche Zuständigkeit** im Übrigen bestehen nicht. Aus ihrer Rechtsstellung als Landesbeamte sind sie aber auf den Bereich ihres Landes beschränkt, es sei denn, dass es sich um eine Regelungsstreitigkeit handelt, die über den Bereich des Landes hinausgeht. Entscheidungsbefugnisse besitzen sie nicht; aus Gründen der Tarifautonomie haben sie den Sozialpartnern Hilfestellung zu leisten. 4

3. Verfahren. Der Landesschlichter wird auf Antrag der Sozialpartner tätig. Er kann jedoch in drohenden Regelungsstreitigkeiten beiden Parteien seine Dienste **anbieten.** Das Verfahren ist **formlos, mündlich** und **nicht öffentlich.** Die Sozialpartner brauchen sich auf das Verfahren vor dem Landesschlichter nicht einzulassen; tun sie es jedoch, so kann das Nichterscheinen zur Verhandlung und die Einleitung von Kampfmaßnahmen gegenüber dem anderen Sozialpartner ein Verstoß gegen Treu und Glauben (§ 242 BGB) sein. In der Verhandlung vor dem Landesschlichter soll dieser die Sozialpartner beraten und vermitteln. Das Verfahren kann enden durch **(a)** freiwilligen Abschluss einer Gesamtvereinbarung, in welcher die Streitfrage geregelt ist; **(b)** Einigung der Parteien über ein Schlichtungsverfahren vor einer unvereinbarten Stelle; **(c)** Einigung der Parteien, den Streit einer behördlichen Stelle (Schlichtungsausschuss) zu unterbreiten; **(d)** Abbruch der Verhandlungen. Das Ergebnis des Ausgleichsverfahrens ist zu **protokollieren** und von den Parteien zu unterschreiben. Vorgeschrieben ist dies nicht; ausreichend ist z.B. eine mündliche Vereinbarung, einen bestimmten Tarifvertrag abzuschließen. Dieser bedarf jedoch alsdann der Schriftform (§ 1 II TVG). 5

III. Schlichtungsverfahren

1. Behörde. Die **Schiedsausschüsse** sind Verwaltungsbehörden, die von ihnen errichtet, beaufsichtigt und aus deren Haushalt getragen werden (Art. IV KRG 35). Ihre **Verwaltungsorganisation** ist ausschließlich Landessache. Ihre **örtliche und fachliche Gliederung** ist zumeist nicht erfolgt. Die Schiedsausschüsse bestehen aus dem unparteiischen Vorsitzenden und aus einer gleichen Zahl (bis zu 5) von Beisitzern von jeder Seite als Vertreter der Arbeitgeber und Arbeitnehmer (Art. V KRG 35). 6

7 **2. Vorsitzender des Schiedsausschusses.** Er wird für den jeweiligen Regelungsstreit unter Billigung der Parteien (Art. IX Abs. 2 KRG 35) aus einer von der Landesarbeitsbehörde aufgestellten Vorsitzenden-Liste ausgewählt (Art. VI Abs. 1 KRG 35; Art. II DVO brit. Zone § 3 SchliVO Berlin). In Baden ist der Landesschlichter Vorsitzender (§ 10 SchliO). Die Vorsitzenden-Listen der Schiedsausschüsse werden für die Dauer von drei Jahren von der Landesarbeitsbehörde aufgestellt (Art. VI Abs. 3 KRG 35). Wiederwahl ist zulässig. In die Vorsitzenden-Liste sollen nur Personen aufgenommen werden, die **(a)** anerkannt demokratische Grundsätze haben; **(b)** in Fragen der Produktion, Arbeit und Arbeitsbeziehungen eine ausreichende Sachkunde besitzen; **(c)** sowohl für die Vertreter der Gewerkschaften wie die der Arbeitgeber annehmbar sind (Art. VI Abs. 2 KRG 35). Ob ein Vorsitzender vorzeitig aus der Liste gestrichen werden kann, ist zweifelhaft, aber anzuerkennen, sofern die Voraussetzungen zur Aufnahme nicht gegeben waren oder weggefallen sind. Der Vorsitzende wird nebenamtlich tätig. Er führt die Verwaltungsgeschäfte des Schiedsausschusses und leitet die Verhandlungen.

8 **3. Beisitzer des Schiedsausschusses.** Für sie werden nach Arbeitnehmern und Arbeitgebern getrennt Beisitzer-Listen von den Landesarbeitsbehörden aufgestellt (Art. VII KRG 35). Diese werden nach den Vorschlagslisten der Sozialpartner erstellt (Art. VII KRG 35; § 8 SchliVO Berlin; § 11 SchliVO Baden). Wenngleich in KRG 35 eine zeitliche Befristung der Berufung nicht vorgesehen ist, erfolgt die Neuberufung alle 3 Jahre. Eine öffentlich-rechtliche Verpflichtung zur Amtsübernahme besteht nicht. Das Beisitzeramt ist ein öffentlich-rechtliches Ehrenamt, für das keine Vergütung, wohl aber Ersatz der Auslagen und Aufwandsentschädigung gewährt wird. Für den konkreten Regelungsstreit werden die Beisitzer aus der Beisitzer-Liste entnommen. Sie bedürfen der Billigung des Sozialpartners, dessen Interessen sie vertreten (Art. IX Abs. 2 KRG 35). Eine bestimmte Reihenfolge der Bestellung ist nicht vorgesehen; vielmehr sollen sie nach ihrer Sachkunde aus dem Wirtschaftszweig ausgewählt werden.

9 **4. Örtliche und sachliche Zuständigkeit.** Regelmäßig ist der Schiedsausschuss nur für den Bereich eines Landes zuständig. Etwas anderes gilt dann, wenn der Regelungsstreit über den Bereich eines Landes hinausgeht. In diesen Fällen wird ein Ausschuss von den Sozialpartnern vereinbart werden können. Sachlich ist der Schiedsausschuss für alle Regelungsstreitigkeiten zwischen den Sozialpartnern zuständig. Ausgeschlossen ist seine Zuständigkeit dann, **(a)** wenn ein vereinbartes Schlichtungsverfahren und eine vereinbarte Schiedsstelle bestehen (Art. II 1 KRG 35), es sei denn, dass das Verfahren erfolglos geblieben ist und die Parteien alsdann oder von vornherein die Zuständigkeit des Schlichtungsausschusses vereinbart haben; **(b)** solange der Landesschlichter nicht angerufen worden ist (Art. II 1 KRG 35); **(c)** wenn es sich um eine betriebsverfassungsrechtliche Regelungsstreitigkeit handelt. Allerdings kann insoweit der Schiedsausschuss zuständig werden, wenn eine tarifliche Schlichtungsstelle vereinbart worden ist (§ 76 VIII BetrVG) und hier auf die staatliche Schlichtungsstelle verwiesen wurde.

10 **5. Verfahrensgrundsätze. a) Ziel** des Schlichtungsverfahrens ist, eine Einigung zwischen den Sozialpartnern herbeizuführen. Auch für Vertragsverhandlungen gelten keine Verfahrensvorschriften. Für die Schlichtung gilt daher gleichfalls der Grundsatz der Formfreiheit und der Beweglichkeit des Verfahrens.

11 **b)** Für die **Einleitung des Schlichtungsverfahrens** und die Annahme des Schiedsspruches gilt der Grundsatz der Freiwilligkeit. Das Verfahren wird eingeleitet, wenn beide schlichtungsfähigen Parteien es beantragen (Art. VIII KRG 35). Der Antrag kann schriftlich oder mündlich zu Protokoll der zuständigen Stelle gestellt werden. Eine Begründung ist im Allgemeinen nicht vorgeschrieben. Beantragt nur eine Partei seine Einleitung, so besteht für die andere grundsätzlich kein Einlassungszwang (Art. VIII KRG 35). Ausnahmen in Baden (§ 12 I, II SchliO). In Baden kann das Verfahren auch von Amts wegen eingeleitet werden, wenn die Streitigkeit wesentliche öffentliche Bedeutung hat.

12 **c)** Die Einleitung des Schiedsverfahrens wird **abgelehnt,** wenn keine schlichtungsfähige Gesamtstreitigkeit gegeben ist (§ 195 RN 5), die Schlichtungsbehörde nicht zuständig ist (oben RN 9) oder eine Einigung zwischen den Parteien noch oder schon besteht (§ 195 RN 6). Für die Bescheidung des Antrages zuständig ist der Landesschlichter oder der Landesarbeitsminister. Wird das Verfahren eingeleitet, so treten im Interesse der Verfahrensökonomie und der Rechtssicherheit ähnliche Wirkungen ein, wie sie in § 263 ZPO vorgesehen sind; d. h., ein weiteres Verfahren mit demselben Streitgegenstand ist vor einer weiteren Schlichtungsstelle unzulässig.

13 **d)** Der Landesschlichter bzw. der Vorsitzende des Schiedsausschusses setzen den **Termin** zur Verhandlung an und veranlassen die Ladung. Eine Erscheinungspflicht besteht nicht. Erscheinen beide Parteien nicht, so ist entweder zu vertagen oder das Schlichtungsverfahren einzustellen.

Erscheint eine Partei nicht, so kann verhandelt und ein Schiedsspruch erlassen werden, sofern eine hinreichende Sachaufklärung gewährleistet ist. Die Verhandlungsleitung hat der Vorsitzende des Schiedsausschusses.

e) Für das Schiedsverfahren gelten, soweit nicht der **Grundsatz der Freiwilligkeit** verletzt 14
wird, Amtsbetrieb und Untersuchungsmaxime. In verschiedenen Landesgesetzen bestehen Sonderregeln. Die Schlichtungsbehörden sind an Parteianträge nicht gebunden; sie haben von Amts wegen die für die Beurteilung wesentlichen Verhältnisse klarzustellen. Hierzu können sie Auskünfte einholen, die Beibringung von Unterlagen anordnen sowie Zeugen und Sachverständige hören; die eidliche Vernehmung erfolgt jedoch durch die zuständigen Gerichte im Wege der Rechtshilfe (Art. IX KRG 35). Die Verhandlungen sind im ehemaligen Land Baden (§ 14 II SchliO) öffentlich, in Berlin (§ 14 I Verfahrensregelungen) nicht öffentlich. Für die übrigen Länder bestehen keine Bestimmungen.

f) Für die Verhandlungen gelten das **Unmittelbarkeits- und Mündlichkeitsprinzip.** 15

g) Das Schlichtungsverfahren ist darauf abgestellt, eine Einigung zwischen den Parteien her- 16
beizuführen. Es gilt daher grundsätzlich das **Einigungsprinzip.** Während des Verfahrens gilt für die Sozialpartner die Friedenspflicht (§ 201 RN 8f.); diese resultiert daraus, dass sie sich freiwillig dem Einigungsverfahren unterworfen haben.

h) Das Schlichtungsverfahren ist **gebührenfrei.** 17

6. Schiedsspruch. Er ist ein Vorschlag des Schiedsausschusses zum Abschluss einer Gesamt- 18
vereinbarung. Er ist ein Verwaltungsakt, der nach h. M. nicht zurückgenommen werden kann.[1] Er muss inhaltlich genau bestimmt sein, also alle obligatorischen und normativen Bestimmungen einer Gesamtvereinbarung enthalten, so dass die Sozialpartner nur ihre Zustimmung zu erklären brauchen. Er ist schriftlich abzufassen und von dem Vorsitzenden des Schiedsausschusses zu unterschreiben. Eine Begründung ist nicht vorgeschrieben, aber empfehlenswert. Die Entscheidungen des Schiedsausschusses werden mit einfacher **Mehrheit** gefällt; Stimmenthaltungen sind zulässig und werden nicht mitgezählt. Bildet sich eine Mehrheit nicht, so ist das Verfahren einzustellen.

7. Wirkungen des Schiedsspruches. Der Schiedsspruch ist ein Vorschlag zum Abschluss 19
einer Gesamtvereinbarung. Er bindet die Sozialpartner nicht (Art. X KRG 35). Hiervon gelten drei Ausnahmen: Er ist für die Parteien bindend, wenn **(a)** diese vor Fällung des Schiedsspruches seine Annahme vereinbart haben; dies ist rechtlich zulässig, der Spruch unterliegt allerdings der Gerichtskontrolle;[2] **(b)** diese seine Annahme gegenüber dem Schiedsausschuss erklären (hierfür bestehen keine Formvorschriften), **(c)** er für verbindlich erklärt worden ist. Die **Verbindlicherklärung** ist unter bestimmten Voraussetzungen nur in Baden zulässig. Sie ist von der **Allgemeinverbindlicherklärung** (§ 207) eines Tarifvertrages zu unterscheiden. Die Verbindlichkeitserklärung schafft erst eine Gesamtvereinbarung; sie erstreckt sich auf den obligatorischen und normativen Teil. Die Allgemeinverbindlicherklärung bezieht sich nur auf den normativen Teil und erstreckt seine Wirkung auch auf Außenseiter. Der bindende Schiedsspruch entfaltet die Wirkung einer Gesamtvereinbarung; der normative Teil gilt daher nur für die Mitglieder der Vereinbarungsträger. Er kann durch Allgemeinverbindlichkeitserklärung auf Außenseiter erstreckt werden.

8. Rechtsweg. Schiedssprüche und Verbindlichkeitserklärungen können als Verwaltungsakte 20
vor den Verwaltungsgerichten angefochten werden. Für Streitigkeiten aus der Gesamtvereinbarung sind jedoch die Arbeitsgerichte zuständig.

§ 197. Vereinbarte Schlichtung

I. Allgemeines

1. Tarifliche Schlichtungsstellen. Zur Vermeidung von Arbeitskämpfen können die Tarif- 1
partner auf Grund der Tarifautonomie eigene Institutionen schaffen, vor denen sie ihre Gesamtstreitigkeiten austragen. Die vereinbarten Schlichtungsstellen haben den Vorrang vor dem staatlichen Ausgleichs- oder Schiedsverfahren (Art. II 1 KRG 35) (§ 196). Die Schlichtungsabreden können im Tarifvertrag oder in besonderen Schiedsvereinbarungen enthalten sein (§ 195).

---

[1] A. A. *Lembke* RdA 2000, 223 (verneint, dass Definition des Verwaltungsakts erfüllt ist).
[2] *Kissel,* Arbeitskampfrecht § 69 RN 62ff.

2 **2. Wirksamkeit.** Gegen die Zulässigkeit von Schlichtungsvereinbarungen bestehen so lange keine Rechtsbedenken, wie der Arbeitskampf nicht völlig ausgeschlossen ist.[1] Vor Durchführung des Schlichtungsverfahrens ist ein Arbeitskampf unzulässig, da dieser nur die ultima ratio sein soll. Die Schiedsabrede beinhaltet nach herrschender Meinung eine Erweiterung der Friedenspflicht.[2]

3 **3. Besondere Schlichtung.** In einigen Schlichtungsvereinbarungen ist eine sog. besondere Schlichtung vorgesehen, wenn es bereits zu Arbeitskampfmaßnahmen gekommen ist.[3] Daneben gibt es eine Reihe von weiteren Schlichtungsabkommen. Keine Schlichtung im Rechtssinne liegt vor, wenn ein Politiker oder Staatsmann versucht, einen Arbeitskampf beizulegen.

II. Verfahrensgrundsätze

4 **1. Vereinbartes Schlichtungsverfahren.** Es ist in den verschiedenen Wirtschaftsbereichen unterschiedlich ausgestaltet. Es kann auf Antrag einer oder beider Parteien eingeleitet werden. In neueren Abreden ist auch seine automatische Eröffnung vorgesehen, wenn die Tarifverhandlungen gescheitert sind.[4] Die Tarifparteien sind auf Grund der Schlichtungsvereinbarung verpflichtet, sich auf das Verfahren einzulassen und die Mitglieder der Schlichtungsstelle und ihren unparteiischen Vorsitzenden zu wählen, sofern sie nicht bereits im Zusammenhang mit der Abrede bestimmt worden sind.

5 **2. Schlichtungsstelle.** Sie ist zumeist von einem unparteiischen Vorsitzenden und einer gleichen Anzahl von Mitgliedern der streitenden Parteien besetzt. Regelmäßig ist sie auch dann beschlussfähig, wenn die Vertreter einer Seite nach ordnungsmäßiger Ladung nicht erscheinen.

6 **3. Verhandlung vor der Schlichtungsstelle.** Sie ist zumeist nicht öffentlich; in ihr sind die Standpunkte der Parteien zu hören. Die Schlichtungsstelle kann Auskünfte einholen und Sachverständige anhören. Ob insoweit die Verhandlungs- oder Untersuchungsmaxime gilt, ist umstritten.[5] Beide Maximen sind für zulässig zu halten; welche im Einzelfall gilt, richtet sich nach der konkreten Schlichtungsvereinbarung. Auch die vereinbarte Schlichtungsstelle hat zur gütlichen Beilegung der Gesamtstreitigkeit Hilfestellung zu leisten. Gelingt dies, so wird die Einigung protokolliert und von den Parteien unterschrieben. Die Einigung stellt einen Tarifvertrag dar und muss dessen Formerfordernissen genügen.

7 **4. Einigungsvorschlag.** Kommt eine Einigung nicht zustande, so hat die Schlichtungsstelle einen Einigungsvorschlag zu machen; dies ist ein für die Parteien unverbindlicher Vorschlag, wie die Gesamtstreitigkeit beizulegen ist. Verbindlich wird der Vorschlag dann, wenn die Parteien sich ihm im Voraus unterwerfen oder seine Annahme erklären. Schweigen auf den Vorschlag gilt grundsätzlich als Ablehnung. Der Vorschlag muss allen formellen und materiellen Voraussetzungen eines Tarifvertrages genügen. Wird er angenommen, so kommt ein Tarifvertrag zwischen den Parteien zustande.

8 **5. Ablehnung des Einigungsvorschlags.** Nehmen die Parteien den Einigungsvorschlag nicht an, so wird der Weg für den Arbeitskampf frei, sofern nicht noch das staatliche Schlichtungsverfahren eingreifen soll (§ 196).

9 **6. Vergütung des Vorsitzenden.** Sie richtet sich nach den getroffenen Vereinbarungen. Ist eine Vereinbarung nicht getroffen, kann der Vorsitzende nach billigem Ermessen die Vergütung bestimmen (§ 315 III BGB).[6]

---

[1] Der völlige Ausschluss würde gegen Art. 9 III GG verstoßen; *Söllner* § 14 II.
[2] A. A. *Ramm* ArbuR 67, 97 ff., der darin nur eine unvollkommene Verbindlichkeit sieht.
[3] Vgl. §§ 11–13 der Schlichtungsvereinbarung für die Metallindustrie vom 1. 1. 1980, RdA 80, 165.
[4] Das Scheitern von Tarifverhandlungen wird zweckmäßig jeweils schriftlich gegenüber dem Tarifpartner festgestellt.
[5] Vgl. *Söllner* § 14 II 2 sowie oben § 196 RN 14.
[6] OLG Stuttgart NZA 88, 215 = EWiR BGB § 315 Nr. 1/88 = ZIP 88, 864.

XV. Buch. Das Tarifrecht

Deutschland: *Bayreuther,* Tarifautonomie als kollektiv ausgeübte Privatautonomie, Tarifrecht im Spannungsgeld von Arbeits-, Privat- und Wirtschaftsrecht, 2005; *ders.,* Tarif- und Arbeitskampfrecht in der Neuorientierung, NZA 2008, 12; *Berg/Platow/Schoof/Unterhinninghofen,* Tarifvertragsgesetz und Arbeitskampfrecht, Basiskommentar, 2. Aufl., 2008; *Biedenkopf,* Grenzen der Tarifautonomie, 1964; *Bispinck/Dribbusch,* Tarifkonkurrenz der Gewerkschaften zwischen Über- und Unterbietung. Zu aktuellen Veränderungen in der Tarif- und Gewerkschaftslandschaft, Sozialer Fortschritt 2008, 153; *Buchner,* Turbulenzen im Arbeitskampfrecht, BB 2008, 106; *Däubler,* Tarifvertragsrecht, 3. Aufl., 1993; *ders.* (Hrsg.), Kommentar zum Tarifvertragsgesetz, 2003; *Gamillscheg,* Kollektives Arbeitsrecht, 1997; *Hanau,* Die tarifvertragliche Meistbegünstigung im öffentlichen Dienst, ZTR 2008, 234; *Hromadka,* Tarifvertrag, Tarifverhandlungen, Schlichtung, Arbeitskampf?, 2. Aufl., 1985; *Hromadka/Maschmann,* Arbeitsrecht Band 2, Kollektivarbeitsrecht + Arbeitstreitigkeiten, 3. Aufl., 2004; *Hromadka/Maschmann/Wallner,* Der Tarifwechsel, 1996; *Kannegiesser,* Vorstellungen der Wirtschaft von einem neuen System der Tarifvertragsverhandlungen, ZfA 2008, 325; *Kempen/Zachert,* Tarifvertragsgesetz, 4. Aufl., 2006; *Kissel,* Arbeitskampfrecht, 2002; *Leydecker,* Das Urheberrecht am Tarifvertrag, GRUR 2007, 1030; *Löwisch/Rieble,* Tarifvertragsgesetz, 2. Aufl., 2004; G. *Müller,* Die Tarifautonomie in der Bundesrepublik Deutschland, 1990; MünchArbR/*Löwisch* §§ 252–280; *Oetker/Preis/Rieble* (Hrsg.), 50 Jahre BAG, 2004; *Reichel/Ansey/Koberski,* Tarifvertragsrecht, 6. Aufl., 1988, Loseblatt; *Richardi,* Kollektivgewalt und Individualwille bei der Gestaltung des Arbeitsverhältnisses, 1968; *Säcker/Oetker,* Grundlagen und Grenzen der Tarifautonomie, 1992; *Schlachter/Ascheid/Friedrich* (Hrsg.), Tarifautonomie für ein neues Jahrhundert, 1998, FS für Schaub; *Schleef/Oetker,* Tarifpolitik im Wandel, 2000; *Stein,* Tarifvertragsrecht, 1997; *Waas,* Die Tariflandschaft im Umbruch – eine Betrachtung aus der Perspektive des Arbeitsrechts, Sozialer Fortschritt 2008, 137; *Wiedemann,* Tarifvertragsgesetz, 7. Aufl., 2007.

Aufsätze: *Finzer/Kadel,* Herausforderung Tarifvertrag, Beiträge zur Weiterentwicklung des Entgelttarifvertrags der Chemischen Industrie, Forschungsstelle für Betriebswirtschaft und Sozialpraxis, FBS Schriftenreihe Bd. 63; *Göhner,* Das Spannungsverhältnis von Tarifautonomie und Betriebspraxis im Arbeitsleben, S. 49; *Hanau/Kühling/Bertelsmann,* Tarifautonomie und Unternehmerfreiheit, NZA 2005, 1017; *Kempen,* Das Dilemma des Günstigkeitsprinzips im Rechtssystem der heutigen Arbeitsbedingungen, ZTR 2008, 237; *Möschel,* BB-Forum: Tarifvertragsreform zwischen Ökonomie und Verfassung, BB 2005, 490; *Park/Riederer, Freifrau v. Paar/Schüren,* Arbeits-, sozialstrafrechtliche Risiken bei der Verwendung von Scheintarifverträgen, NJW 2008, 3670; *Rieble,* Tarifvertrag und Beschäftigung, ZfA 2004, 64; *Rieble/Leitmeier,* Landesgesetze über tarifliche Arbeitsbedingungen, ZTR 2008, 237; *Rüthers,* Der Konflikt zwischen Kollektivautonomie und Privatautonomie im Arbeitsleben, 2002 mit Aufsätzen von *Picker,* Tarifautonomie – Betriebsautonomie – Privatautonomie – Zum Legitimationsgrund der arbeitsrechtlichen Regelungsmächte, S. 11; Tarifautonomie aus ökonomischer Sicht, S. 33; *Göhner,* Das Spannungsverhältnis von Tarifautonomie und Betriebspraxis im Arbeitsleben, S. 49; *Schliemann,* Der kollektivautonome Tarifvertrag als Gestaltungsmittel des individualautonomen Arbeitsverhältnisses, S. 59; *Wiedemuth,* Der Flächentarifvertrag als zukunftsorientiertes und flexibles Regelungs- und Gestaltungsinstrument sozialer Arbeitsbedingungen, S. 91; *Windbichler,* Das Spannungsverhältnis zwischen Kollektivautonomie und Privatautonomie im Arbeitsleben, S. 101; *Thüsing/von Hoff,* Leistungsbeziehungen und Differenzierungen nach der Gewerkschaftszugehörigkeit, ZfA 2008, 77; *Wissmann,* Jahrbuch des Arbeitsrechts, 2004 mit Aufsätzen verschiedener Autoren: *Schüren,* Tarifverträge für die Leiharbeit, S. 49; *Federlin,* Das Spannungsverhältnis zwischen Flächentarifvertrag und betrieblicher Regelungen, S. 71; *Zachert,* Drei aktuelle Vorschläge zur Öffnung des Flächentarifvertrags, S. 85.

Ausland: *Birk,* Die Tarifautonomie in rechtsvergleichender Sicht, RdA 95, 71; *Kocher,* Kollektivverhandlungen und Tarifautonomie- welche Rolle spielt das europäische Recht?, ArbuR 2008, 13; *Maschmann,* Tarifverträge in Europa, AuA 2005, 408; *Tomandl,* Die Tarifautonomie im österreichischen Recht, RdA 95, 76; *Zachert,* Tarifrecht, Tarifstrukturen und Tarifpraxis in Spanien, ZIAS 92, 1.

§ 198. Begriff, Bedeutung und Rechtsnatur des Tarifvertrages

Grundsätzlich seit 2000: Materialien zur Entstehung des Tarifvertragsgesetzes v. 9. 4. 1949, ZfA 73, 129; *Adomeit,* Grenzen der Tarifautonomie – neu gezogen, NJW 84, 595; *ders.,* Der Tarifvertrag liberal revidiert, NJW 2000, 1918; *Annuß,* Schutz der Gewerkschaften vor tarifwidrigem Handeln der Tarifparteien?, RdA 2000, 287; *Belling,* Die Verantwortung des Staates für die Normsetzung der Tarifvertragsparteien, ZfA 99, 547; *Butzer,* Verfassungsrechtliche Grundlagen zum Verhältnis zwischen Gesetzgebungshoheit und Tarifautonomie, RdA 94, 375; *Dieterich,* Mitbestimmung im Umbruch, ArbuR 97, 1; *ders.,* Zukunft der Tarifautonomie, ArbuR 2000, 441; *Dieterich/Hanau/Henssler/Wank/Wiedemann,* Empfehlungen zur Entwicklung des Tarifvertragsrechts, RdA 2004, 65; *Eich,* Tarifverträge und Sozialpartnerbeziehungen am Beispiel der chemischen Industrie, NZA 95, 149; *Fischer,* Das Arbeitsrecht – Zwangsjacke flexibilisierungswilliger Tarif-, Betriebs- und Arbeitsvertragsparteien, Veröffentlichung der Hanns Martin Schleyer-Stiftung, Bd. 52; *Glau-*

bitz, Unterlassungsanspruch der Gewerkschaften und Günstigkeitsprinzip nach der Entscheidung des BAG vom 20. 4. 1999, FA 2000, 276; *Göbel,* Reform der Tarifpolitik oder Änderung des Tarifrechts? Aus der Arbeit der BDA-Bundesvereinigung der Deutschen Arbeitgeberverbände, PersF 95, 164; *Hanau,* Die Deregulierung von Tarifverträgen durch Betriebsvereinbarungen als Problem der Koalitionsfreiheit (Art. 9 Abs. 3 GG), RdA 93, 1; *ders.,* Tarifvertrag in der Krise, RdA 98, 65; *ders.,* 50 Jahre Bundesarbeitsgericht, ZfA 2005, 273; *Heinze,* Anforderungen an einen zukunftsfähigen Flächentarifvertrag – Brauchen wir ein neues Tarifrecht, EuroAS 2003, 48; *Henssler,* Flexibilisierung der Arbeitsmarktordnung. Überlegungen zur Weiterentwicklung der tariflichen Regelungsmacht, ZfA 94, 487; *ders.,* Tarifautonomie und Gesetzgebung, ZfA 98, 1; *Hergenröder,* Internationales Tarifvertragsrecht, AR-Blattei, SD 1550.15; *Herschel,* Zur Entstehung des Tarifvertragsgesetzes, ZfA 73, 183; *Hromadka,* Reformbedarf im Tarifrecht?, AuA 96, 289; *ders.,* Mehr Flexibilität für die Betriebe. Ein Gesetzesvorschlag, NZA 96, 1233; *ders.,* Reformbedarf im Tarifrecht, FS für Wlotzke, 1996; *ders.,* Bündnisse für Arbeit – Angriff auf die Tarifautonomie, DB 2003, 42; *Junker,* Der Flächentarifvertrag im Spannungsverhältnis von Tarifautonomie und betrieblicher Regelung, ZfA 96, 383; *Kempen,* Betriebsverfassung und Tarifvertrag, RdA 94, 140; *ders.,* Akademie der Arbeit in der Universität Frankfurt. Struktur- und Funktionsunterschiede zwischen Tarifvertrag und Betriebsvereinbarung (dargestellt anhand des Problems gesetzlicher Tariföffnungsklauseln im kollektiven Arbeitsrecht), ZfA 93, 97; *ders.,* Der verfassungsrechtliche Vorrang der Tarifautonomie im arbeitsrechtlichen Regelungsgefüge, ArbuR 96, 336; *Kissel,* Kollektive Arbeitsbedingungen im Spannungsfeld zwischen Tarif- und Betriebsautonomie, NZA 95, 1; *ders.,* Rechtsprechung und Tariffreiheit, ArbR d. Gegenwart, Bd. 31, 1994, S. 21; *Lesch,* Dezentralisierung der Tarifpolitik und Reform des Tarifrechts, DB 2000, 322; *Meinel,* Probleme des Tarif- und Kollektivvertragsrechts in den neuen Bundesländern, AR-Blattei, Tarifvertrag XIV AR-Blattei, SD 1550.14; *Möschel,* Dezentrale Lohnfindung und Tarifautonomie, BB 2003, 1951; *Müller,* Sanierungstarifvertrag als unzulässige Lohnverwendungsabrede, DB 2000, 770; *Nauditt,* Tarifrechtliche Entwicklungen unter besonderer Berücksichtigung der neuen Bundesländer, ArbuR 2002, 288; *Neumann,* Der Vierte Senat des Bundesarbeitsgerichts als Tarifsenat, ArbRGgwart 27, 33; *ders.,* Tarif- und Betriebsautonomie, RdA 90, 257; *ders.,* 40 Jahre Rechtsprechung zum Tarifrecht, RdA 94, 370; *ders.,* Grenzen der Tarifautonomie, AR-Blattei SD 1550.1.4; *Oppolzer/Zachert,* Gesetzliche Karenztage und Tarifautonomie, BB 93, 1353; *Otto,* Tarifautonomie unter Gesetzes- oder Verfassungsvorbehalt, FS für Zeuner, 1994; *Picker,* Tarifautonomie – Betriebsautonomie – Privatautonomie, NZA 2002, 761; *Plander,* Was sind Tarifverträge?, ZTR 97, 145; *Raab,* Betriebliche Bündnisse für Arbeit – Königsweg aus der Beschäftigungskrise, ZfA 2004, 371; *Reichold,* Grundlagen und Grenzen der Flexibilisierung im Arbeitsvertrag, RdA 2002, 321; *Reiners,* Niedersachsens Modell zur Beschäftigungsförderung, AuA 99, 13; *Reuter,* Das Verhältnis von Individualautonomie, Betriebsautonomie und Tarifautonomie, RdA 91, 193; *ders.,* Betriebsverfassung und Tarifvertrag, RdA 94, 152; *ders.,* Möglichkeit und Grenzen des Tarifkartells, ZfA 95, 1; *Rieble,* Der Tarifvertrag als kollektiv-privatautonomer Vertrag, ZfA 2000, 5; *Rieble/Klebeck,* Tarifvertragliche Meistbegünstigung, RdA 2006, 65; *Rupp,* Methodenkritische Bemerkungen zum Verhältnis von tarifvertraglicher Rechtsetzung und parlamentarischer Gesetzgebungskompetenz, JZ 98, 919; *Schaub,* Tarifautonomie in der Rechtsprechung, RdA 95, 65; *ders.,* Einführung in das Tarifvertragsgesetz, AuA 92, 225; *ders.,* Aktuelle Fragen des Tarifvertragsrechts, BB 95, 2003; *ders.,* Probleme der Tarif- und Betriebsautonomie in der Rechtsprechung des BAG, BB 96, 2298; *ders.,* Tarifvertragsrecht 2000, NZA 2000, 15; *Sodan,* Verfassungsrechtliche Grenzen der Tarifautonomie, JZ 98, 421; *Söllner,* Grenzen des Tarifvertrages, NZA 96, 897; *ders.,* Tarifmacht – Grenzen und Grenzverschiebungen, NZA 2000, Beil. zu Heft 24; *Walker,* Der rechtliche Rahmen für tarifpolitische Reformen, ZTR 97, 193; *Waltermann,* Zu den Grundlagen der Tarifautonomie, ZfA 2000, 53; *Wiedemann/Peters,* Neuere Rechtsprechung zur Bedeutung des Gleichheitssatzes für Tarifverträge, RdA 97, 100; *Wolter,* Standortsicherung, Beschäftigungssicherung, Unternehmensautonomie, Tarifautonomie, RdA 2002, 218; *Zachert,* Zukunft des Flächentarifvertrags, AiB 2000, 204.

Sonstige Kollektivvereinbarungen: *Zachert,* „Jenseits des Tarifvertrags"?, NZA 2006, 10.

Übersicht

	RN
I. Entstehung und Zweck des Tarifvertrages	1 ff.
1. Geschichte	1–3
2. Zweck des Tarifvertrages	4–8 a
3. Europäischer Tarifvertrag	9
II. Begriff des Tarifvertrages	10 ff.
1. Begriff	10, 10 a
2. Normative Regelungen	11–13
3. Rechtsgrund der Tarifwirkungen	14
4. Koalitionsvereinbarung	15
III. Rechtsnatur	16 ff.
1. Doppelnatur	16–18
2. Abschluss	19–21
3. Auslegungsgrundsätze	22–36
4. Bewusste und unbewusste Regelungslücke	37–42
5. Dissens der Tarifvertragsparteien	43, 44
6. Protokollnotizen	45
7. Anfechtung	46
8. Verfahrensfragen	47, 48
9. Kirchen	48 a
IV. Verfassungsrechtliche Gewährleistung	49 ff.
1. Bestands- und Betätigungsschutz der Verbände	49
2. Kernbereichslehre und ihre Entwicklung	50–53
V. Internationales Tarifvertragsrecht	54 ff.
1. Territorialitätsprinzip	54, 55
2. Rechtswahl der Tarifvertragsparteien	56–59
3. Anzuwendendes Tarifrecht bei Arbeit im Ausland	60–63 b

	RN		RN
4. Anzuwendendes Tarifrecht bei Arbeit im Inland	64, 65	6. Ausländisches Arbeitsvertragsstatut	68, 69
5. Ausländische Tarifvertragsparteien	66, 67	7. EG-Recht	70
		8. Osterweiterung	71

I. Entstehung und Zweck des Tarifvertrages

1. Geschichte. a) Im 19. und zu Beginn des 20. Jahrhunderts waren die Arbeitgeber auf Grund ihrer wirtschaftlichen Überlegenheit in der Lage, einseitig die Arbeitsbedingungen festzusetzen. Der Tarifvertrag entstand als **Korrelat der Vertragsfreiheit.** Die Arbeitnehmer schlossen sich zu Verbänden, den Gewerkschaften zusammen, um damit ein Gegengewicht gegen die wirtschaftliche Überlegenheit der Arbeitgeber zu schaffen und um im Wege der Gesamtvereinbarung die Arbeitsbedingungen zu regeln. 1

b) Die **tarifliche Normsetzung** wurde erst durch die TarifVO vom 23. 12. 1918 eingeführt. 2
Sie sah bereits die unmittelbare und zwingende Wirkung der tariflichen Normen sowie die Möglichkeit einer Allgemeinverbindlichkeitserklärung dieser Normen vor. Unter dem Nationalsozialismus wurden 1933 die Koalitionen aufgelöst und 1934 durch das Gesetz zur Ordnung der nationalen Arbeit die Tarifvertragssysteme durch die Treuhänder der Arbeit ersetzt. Das Tarifvertragsgesetz vom 31. 3. 1949 (WiGBl. 55) knüpft an die TarifVO an. Das TVG wurde im Jahre 1952 wegen der Voraussetzungen der Allgemeinverbindlichkeitserklärung erweitert und nach einigen weiteren formalen Veränderungen am 25. 8. 1969 neu gefasst. Erweitert wurde das TVG durch Einfügung des § 12a TVG. Fortentwickelt wurde es durch das Arbeitnehmer-Entsendegesetz. Im Übrigen hat es nur wenige Veränderungen erfahren.

Die FDP-Fraktion hat einen **Antrag zur Reform des Tarifvertragsrechts** in den Deutschen Bundestag eingebracht.[1] In der großen Koalition ist eine Vereinbarung zur Reform des Tarifvertragsrechts nicht enthalten. 2a

c) Im **Staatsvertrag** vom 18. 5. 1990 (BGBl. II S. 537) hat sich die DDR (Anl. II Abschn. IV Nr. 6) verpflichtet, das TVG in Kraft zu setzen. Dieser Verpflichtung ist die DDR durch § 31 InkrG vom 21. 6. 1990 (GBl.-DDR I S. 357) nachgekommen. Hiervon waren lediglich einige Bestimmungen ausgenommen, die auch in den Altbundesländern keine Rolle mehr spielen oder durch den anderen Verwaltungsaufbau bedingt waren. Seit dem Beitritt der neuen Bundesländer gilt das TVG (Art. 8 Anl. I Kap. VIII Sachgebiet A Abschn. III Nr. 14). 3

2. Zweck des Tarifvertrages. Im modernen Arbeitsrecht hat der Tarifvertrag vier Funktionen, nämlich: die Schutz-, Verteilungs-, Ordnungs- und Friedensfunktion. 4

Schutzfunktion: Der Tarifvertrag soll auch heute noch den einzelnen Arbeitnehmer davor schützen, dass der Arbeitgeber auf Grund seiner wirtschaftlichen Überlegenheit einseitig die Arbeitsvertragsbedingungen festsetzt. Die Vorschriften des Tarifvertrages müssen daher von ihrer Funktion her zum Nachteil des Arbeitnehmers unabdingbar sein und unmittelbar und zwingend auf die Arbeitsverhältnisse einwirken. 5

Verteilungsfunktion: Die Tarifverträge bestimmen mit ihrer Differenzierung in Lohn- und Gehaltsgruppen die Einkommensverteilung zwischen den Arbeitnehmern. In der neueren Tarifpolitik steht die bedürfnisgerechte Verteilung im Vordergrund, also die Abschaffung niedriger Lohngruppen, Anhebung unterer Lohngruppen durch Sockelbeträge usw. In den Tarifverträgen, insbesondere den Entgeltrahmenabkommen der Metall und Elektroindustrie werden die Unterschiede zwischen Arbeitern und Angestellten beseitigt, die Vergütungsgruppen drastisch reduziert und die Eingruppierung erheblich erleichtert. Zum anderen wird durch die Tarifverträge eine Beteiligung der Arbeitnehmer am Sozialprodukt sichergestellt. 6

Ordnungsfunktion: Die Tarifverträge führen zu einer Typisierung der Arbeitsverträge und erleichtern damit wesentlich ihren Abschluss. Arbeitgeber und Arbeitnehmer dürfen während ihrer Laufzeit darauf vertrauen, dass die Arbeitsbedingungen unverändert bleiben. Die Personalkosten sind daher für eine gewisse Zeit im Voraus kalkulierbar. Bei Unterschreitung allgemeinverbindlicher Tarifverträge kann ein Wettbewerbsverstoß gegenüber dem Mitbewerber vorliegen.[2] 7

Friedensfunktion: Schließlich führt der Tarifvertrag zur Verhinderung von Arbeitskämpfen. 8

Verbreitung: Am 1. 7. 2008 existierten rund 69 600 als gültig in das Tarifregister eingetragene Tarifverträge.[3] 8a

---

[1] BT-Drucks. 14/2612.

[2] BGH 3. 12. 1992 AP 10 zu § 1 UWG = NJW 93, 1010.

[3] Verzeichnis der für allgemeinverbindlich erklärten Tarifverträge bei http://www.bmas.de unter „Arbeitsrecht".

9 **3. Europäischer Tarifvertrag.** Die Entwicklung eines europäischen Tarifvertrages ist notwendig, wenn es zur Bildung einer europäischen Aktiengesellschaft (Societas Europaea [S. E.]) kommt (vgl. §§ 3 RN 175; 198 RN 54).

II. Begriff des Tarifvertrages

Bötticher, Gestaltungsrecht und Unterwerfung im Privatrecht, 1964; *Ramm,* Die Parteien des Tarifvertrages, 1961; *Richardi,* Kollektivgewalt und Individualwille bei der Gestaltung des Arbeitsverhältnisses, 1968; *Zöllner,* Die Rechtsnatur der Tarifnormen nach deutschem Recht, 1966.

10 **1. Begriff. a)** Nach der schon klassischen Formulierung von *Nipperdey* ist „Tarifvertrag der schriftliche Vertrag zwischen einem oder mehreren Arbeitgebern oder Arbeitgeberverbänden und einer oder mehreren Gewerkschaften zur Regelung von arbeitsrechtlichen Rechten und Pflichten der Tarifvertragsparteien **(schuldrechtlicher oder obligatorischer Teil)** und zur Festsetzung von Rechtsnormen über Inhalt, Abschluss und Beendigung von Arbeitsverhältnissen sowie über betriebliche und betriebsverfassungsrechtliche Fragen und gemeinsame Einrichtungen der Vertragsparteien **(normativer Teil)**“.[4] Der Tarifvertrag hat mithin zwei Elemente, den obligatorischen Teil, in dem die Rechtsbeziehungen der Tarifvertragsparteien zueinander geregelt werden (§ 201), und den normativen Teil, der Rechtsnormen für die Arbeitsverhältnisse der Tarifunterworfenen aufstellt (§ 202). Kein Tarifvertrag sind die Arbeitgeberrichtlinien der zumeist öffentlichen Arbeitgeber, die allgemeinen Einstellungsbedingungen der Gewerkschaften für ihre Arbeitnehmer[5] oder die arbeitsvertraglichen Einheitsrichtlinien der Kirchen oder ihrer Einrichtungen (§ 185). Nach einer zunehmenden Meinung sollen die Arbeitsvertragsrichtlinien der Kirchen, soweit sie im sog. dritten Weg zustande gekommen sind, den Tarifverträgen gleichgestellt werden.

10a **b)** Die **Auslegung einer Vereinbarung** der tariffähigen Parteien zur Frage der Beantwortung, ob es sich bei der Vereinbarung überhaupt um einen Tarifvertrag handelt, erfolgt nach den für Verträge geltenden Grundsätzen (§§ 133, 157 BGB).[6] Bezeichnen die Tarifvertragsparteien eine Vereinbarung, die materiellrechtliche Abschluss-, Inhalts- und Beendigungsnormen für unterworfene Arbeitsverhältnisse sowie Regelungen über Geltungsbereich, Inkrafttreten, Laufzeit und Kündigungsfristen enthält, handelt es sich bei dieser Vereinbarung um einen Tarifvertrag.

11 **2. Normative Regelungen.** Der normative Teil des Tarifvertrages schafft Normen für Arbeitsverträge. Nach § 17 HAG gelten als Tarifverträge schriftliche Vereinbarungen zwischen Gewerkschaften und Auftraggebern von Heimarbeit und deren Verbänden über Inhalt, Abschluss oder Beendigung von Vertragsverhältnissen der in Heimarbeit Beschäftigten oder Gleichgestellten mit ihren Auftraggebern (§ 163 RN 21).

12 Durch das Heimarbeitsänderungsgesetz vom 29. 10. 1974 (BGBl. I S. 2879) wurde § 12a in das TVG eingeführt, wonach die Vorschriften des TVG entsprechend für bestimmte **Gruppen von arbeitnehmerähnlichen Personen** gelten (§ 10). Die Tarifvertragsparteien können den Begriff der arbeitnehmerähnlichen Person definieren.[7] Die Vorschriften des TVG gelten nur entsprechend, da die unterschiedlichen Rechtsverhältnisse der arbeitnehmerähnlichen Personen zu den Arbeitsverhältnissen eine unmittelbare Anwendung ausschließen. Regelmäßig gelten die Rechtsgrundsätze des schuldrechtlichen Teils generell auch für die Tarifverträge der arbeitnehmerähnlichen Personen (§ 201). Als Inhalt des normativen Teils kommen grundsätzlich alle Regelungen in Betracht, die auch für Arbeitnehmer getroffen werden können (§ 202). Indes bedürfen sie einer Anpassung an die Besonderheiten der Rechtsverhältnisse der Arbeitnehmerähnlichen. Durch die Erweiterung der Tarifvertragshoheit für Arbeitnehmerähnliche werden betriebliche und betriebsverfassungsrechtliche Normen für Arbeitnehmer nicht ohne weiteres auf Arbeitnehmerähnliche erstreckt. Allerdings ist es insoweit den Tarifpartnern unbenommen, eigene betriebliche und betriebsverfassungsrechtliche Normen zu schaffen.

13 **Tarifvertragsparteien** der Tarifverträge für Arbeitnehmerähnliche können die bestehenden Koalitionen sein (vgl. §§ 187, 189). Jedoch können sich wegen der Koalitionsfreiheit auch eigene Organisationen bilden (Art. 9 III GG).

---

[4] *Hueck/Nipperdey,* Bd. II S. 207.
[5] BAG 25. 6. 1964, 18. 9. 1969 AP 1, 2 zu § 611 BGB Gewerkschaftsangestellte.
[6] BAG 19. 9. 2007 AP 200 zu § 1 TVG Auslegung = NZA 2008, 950.
[7] BAG 15. 2. 2005 AP 6 zu § 12a TVG = NZA 2006, 223.

3. Rechtsgrund der Tarifwirkungen. Der Rechtsgrund für den Eintritt der Tarifwirkungen ist auch heute noch dogmatisch umstritten. Nach den rechtsgeschäftlichen Theorien treten die Tarifvertragswirkungen ein, weil **(a)** die Gewerkschaften kraft sozialer Vormundschaft die einzelnen Arbeitnehmer vertreten und die Arbeitgeberverbände für sich selbst und auf Grund rechtsgeschäftlich erteilter Vollmacht der einzelnen Arbeitgeber handeln **(Differenzierungstheorie);**[8] **(b)** die Tarifvertragsparteien durch den Gesetzgeber das Recht erhalten, gemäß § 317 BGB die Arbeitsbedingungen zu regeln, wobei sich Arbeitgeber und Arbeitnehmer durch ihren Verbandsbeitritt dem Gestaltungsrecht der Verbände unterwerfen **(mandatarische Theorie);**[9] **(c)** im Rahmen des Stufenaufbaues der Rechtsordnung den Tarifverträgen ein Platz in der Nähe der privatautonomen Regelungen zukommt.[10] Bei gesetzesorientierter Auslegung wird man den Rechtsgrund des Eintrittes der Tarifwirkungen darin zu sehen haben, dass den Koalitionen in Art. 9 III GG das Recht übertragen ist, die Arbeits- und Wirtschaftsbedingungen zu regeln und für die Tarifunterworfenen Rechtsnormen aufzustellen (§ 1 I TVG).[11] 14

4. Koalitionsvereinbarung. Der Tarifvertrag ist zu unterscheiden von Koalitionsvereinbarungen, in denen arbeitsrechtliche Fragen geregelt werden können. Diese entfalten aber keine normativen Wirkungen.[12] Gleichwohl gewinnen sie zunehmende Bedeutung im Bereich der Bündnisse für Arbeit. Vor allem in der chemischen Industrie werden Sozialpartnervereinbarungen abgeschlossen, die sich mit Vereinbarungen über Vertrauensleute, Umweltschutz, Leitende Angestellte, Betriebskontakte auf europäischer Ebene usw. befassen. Sie spielen vor allem eine Rolle bei Lehrerpersonalkonzepten,[13] Vereinbarungen unter Beteiligung Dritter,[14] Vertragsübernahmen durch dreiseitiges Rechtsgeschäft.[15] 15

III. Rechtsnatur

Auslegung von Tarifverträgen: *Dütz,* Subjektive Umstände bei der Auslegung kollektivvertraglicher Normen, FS für Karl Molitor, (1988), S. 63; *Gröbing,* Zur Auslegung von Tarifverträgen, ZTR 87, 236; *Herschel,* Tarifzensur und Kontrolle der Verfassungsmäßigkeit, RdA 85, 65; *Kohte,* Teleologische Tarifvertragsauslegung und Transformationsrecht, ArbuR 95, 124; *Löwisch,* Kollektivverträge und Allgemeines Gleichbehandlungsgesetz, DB 2006, 1729; *Neumann,* Zur Auslegung von Tarifverträgen, ArbuR 85, 320; *Plüm,* Aussetzung bis zur normativen Neuregelung, ZTR 91, 504; *Schaub,* Auslegung und Regelungsmacht von Tarifverträgen, NZA 94, 597; *Schielke,* Auslegung von kirchlichem Recht. Am Beispiel des Mitarbeitervertretungsgesetzes EKD (MVG-EKD-juris:EvKiMAVertrG), RdA 2008, 91; *Wank,* Die Auslegung von Tarifverträgen, RdA 98, 71; *Zachert,* Auslegung und Überprüfung von Tarifverträgen durch die Arbeitsgerichte, FS zum 100jährigen Bestehen des Deutschen Arbeitsgerichtsverbandes (1994), S. 573.

1. Doppelnatur. Nach herrschender Auffassung hat der Tarifvertrag eine rechtliche Doppelnatur. In seinem obligatorischen Teil ist er ein gegenseitiger, schuldrechtlicher Vertrag arbeitsrechtlichen Inhalts. In seinem normativen Teil ist er ein „für Dritte rechtsverbindlicher zweiseitiger korporativer Normenvertrag". Aus letzterem hat die h. M. gefolgert, dass der **Tarifvertrag Gesetz im materiellen Sinne** ist.[16] Wird in der Rechtsordnung von Gesetz und Gesetzgebung gesprochen, so ist damit grundsätzlich auch der normative Teil des Tarifvertrages gemeint. Etwas anderes gilt nur dann, wenn die Auslegung der konkreten Rechtsordnung ergibt, dass nur Gesetze im formellen Sinne gemeint sind. Gesetze im formellen Sinne sind nur die, die durch Parlamente beschlossen worden sind. 16

---

[8] *Ramm,* Die Parteien des Tarifvertrages, 1961, S. 84 ff.; dagegen BAG 23. 3. 1957 AP 16, 17 zu Art. 3 GG.

[9] *Bötticher,* Gestaltungsrecht und Unterwerfung im Privatrecht, 1964; ähnlich *Richardi,* Kollektivgewalt und Individualwille bei der Gestaltung des Arbeitsverhältnisses, 1968.

[10] *Zöllner,* Die Rechtsnatur der Tarifnormen nach deutschem Recht, 1966.

[11] BVerfG 18. 11. 1954, 30. 11. 1965 AP 1, 7 zu Art. 9 GG; 14. 4. 1964 AP 1 zu Art. 81 PersVG Bayern; 6. 5. 1964 AP 15 zu § 2 TVG; 19. 10. 1966 AP 24 zu § 2 TVG; 27. 2. 1973 AP 7 zu § 19 HAG; BAG 15. 1. 1955, 23. 3. 1957, 23. 3. 1957 AP 4, 16, 18 zu Art. 3 GG; 21. 12. 1954 AP 2 zu § 1 TVG Rückwirkung; 29. 11. 1967 AP 13 zu Art. 9 GG; 31. 3. 1955 AP 4 zu § 4 TVG; MünchArbR/*Löwisch/Rieble* § 253 RN 25 ff.

[12] BAG 5. 11. 1997 AP 29 zu § 1 TVG = NZA 98, 654; MünchArbR/*Löwisch/Rieble* § 253 RN 14.

[13] BAG 14. 4. 2004 AP 188 zu § 1 TVG Auslegung = NZA 2005, 178.

[14] BAG 7. 11. 2000 AP 14 zu § 77 BetrVG Tarifvorbehalt = NZA 2001, 727.

[15] BAG 20. 4. 2005 AP 35 zu § 1 TVG Bezugnahme auf Tarifvertrag = NZA 2006, 281.

[16] BVerfG 6. 5. 1964 AP 15 zu § 2 TVG; 24. 5. 1977 AP 15 zu § 5 TVG; 15. 7. 1980 NJW 81, 215; BAG 15. 1. 1955, 23. 3. 1957 AP 4, 16 zu Art. 3 GG; 14. 7. 1961 AP 1 zu Art. 24 Verf. NRW; MünchArbR/*Löwisch/Rieble* § 253 RN 20.

17 Seit Jahrzehnten war im Arbeitsrecht herrschende Auffassung, dass die Tarifparteien bei dem Abschluss von Tarifverträgen an die **Beachtung der Grundrechte** gebunden sind.[17] Dies wurde mit Art. 1 III GG sowie der staatlichen Delegation der Regelungsmacht an die Tarifvertragsparteien begründet. Demgegenüber war das verfassungsrechtliche Schrifttum eher zurückhaltend. In neuerer Zeit bahnt sich auch im Arbeitsrecht ein Meinungswechsel an.[18] Es wird eingewandt, die mittelbare Drittwirkung über die allgemeinen zivilrechtlichen Generalklauseln führe zur Tarifzensur und der Maßstab der Grundrechte werde der Tarifautonomie nicht gerecht. Nach richtiger Auffassung wird der Regelungsspielraum der Tarifvertragsparteien bei den einzelnen Grundrechten unterschiedlich groß sein. In jedem Fall wird eine Bindung an den Gleichheitssatz und den Gleichberechtigungssatz des Art. 3 GG gegeben sein.[19]

18 Für die **Rechtskontrolle** von Tarifverträgen sind die Gerichte für Arbeitssachen zuständig. Nach Art. 100 GG sind nur formelle Gesetze gemeint. Damit kann jedes Arbeitsgericht die Tarifverträge auf ihre Vereinbarung mit der Verfassung kontrollieren, ohne die Entscheidung des BVerfG einzuholen.[20] Die Kontrolle erstreckt sich auch darauf, ob die Tarifverträge mit dem AGG vereinbar sind.[21]

19 **2. Abschluss.** Aus der Rechtsnatur des Tarifvertrages folgen einige Grundsätze für deren Abschluss, ihre Auslegung und Unwirksamkeit.

20 **a)** Da der Tarifvertrag auf einem Normenvertrag der Verbände beruht, gelten für seinen **Abschluss,** Änderung und Beendigung sowie die Verletzung der sich aus ihm ergebenden Verpflichtungen der Verbände die allgemeinen Vorschriften des bürgerlichen Rechts, soweit sich aus dem TVG oder seinem Charakter als Kollektivvertrag keine Abweichungen ergeben. So scheidet die Anwendung von §§ 116 ff., 139, 142, 275 BGB von vornherein aus.

21 **b)** Bei der **Auslegung** von Tarifverträgen ist zwischen den obligatorischen und den normativen Bestimmungen zu unterscheiden. Die normativen Bestimmungen des Tarifvertrages sind nach der objektiven Methode wie Gesetze auszulegen.[22]

22 **3. Auslegungsgrundsätze. a)** Das BAG hat die **Reihenfolge der Auslegungsmerkmale** in seiner Rechtsprechung geändert. In einer Entscheidung vom 26. 4. 1966[23] heißt es: „Falls der Tarifwortlaut keinen hinreichenden Aufschluss“ gebe, seien „in erster Linie der Tarifzusammenhang, in zweiter Linie die Tarifgeschichte und Tarifübung, drittens die Entstehungsgeschichte des streitigen Tarifvertrages sowie letztlich die Anschauung der beteiligten Berufskreise zurzeit der Entstehung dieses Tarifvertrages heranzuziehen“. Von dieser Reihenfolge ist das Gericht später abgewichen. Im Leitsatz der Entscheidung vom 12. 9. 1984[24] heißt es: „Bei der Tarifauslegung ist über den reinen Tarifwortlaut hinaus der wirkliche Wille der Tarifvertragsparteien zu berücksichtigen, wie er in den tariflichen Normen seinen Niederschlag gefunden hat. Hierzu ist auch auf den tariflichen Gesamtzusammenhang abzustellen. Für die bei Zweifeln darüber hinaus mögliche Heranziehung weiterer Auslegungskriterien (Tarifgeschichte, praktische Tarifübung und Entstehungsgeschichte des Tarifvertrages) gibt es keinen Zwang zu einer bestimmten Reihenfolge. Die ‚Auffassung der beteiligten Berufskreise‘ ist kein selbstständiges Auslegungskriterium (Aufgabe von BAGE 18, 278 = AP 117 zu § 1 TVG Auslegung)“. Diese Rechtsprechung wird bis hin zu gleichen Formulierungen seit dieser Zeit fortlaufend verfolgt. Dabei ist die vom Vierten Senat begründete Rechtsprechung von allen anderen Senaten des BAG übernommen worden.[25]

23 **b)** Nach der Rechtsprechung des BAG ist auszugehen vom **Wortlaut** des Tarifvertrages. Auszugehen ist vom allgemeinen Sprachgebrauch, wie er sich aus Wörterbüchern und Lexika ergibt.[26] Der allgemeine Sprachgebrauch wird dann verdrängt, wenn die Tarifvertragsparteien eine

---

[17] *Belling* ZfA 99, 547.

[18] *Dieterich* in: FS für Schaub, S. 117; *Kempen/Zachert,* Grundl., RN 154 ff.; *Söllner* NZA 96, 857; *Wiedemann,* Die Bindung der Tarifnormen an Grundrechte, 1994, S. 46.

[19] BAG 28. 5. 1996 AP 143 zu § 1 TVG Tarifverträge: Metallindustrie = NZA 97, 59.

[20] BAG 23. 3. 1957 AP 16, 18 zu Art. 3 GG (ständig); *Herschel* RdA 85, 65.

[21] *Löwisch* DB 2006, 1729.

[22] BAG 20. 6. 2001 AP 1 zu § 1 TVG Tarifverträge: Systemgastronomie. Schrifttum siehe vor RN 16.

[23] BAG 26. 4. 1966 AP 117 zu § 1 TVG Auslegung.

[24] BAG 12. 9. 1984 AP 135 zu § 1 TVG Auslegung = NZA 85, 160; vgl. 23. 2. 1994 AP 2 zu § 1 TVG Tarifverträge: Kirchen.

[25] Vgl. BAG 17. 3. 1988 AP 1 zu § 2 TV RatAng = NZA 88, 851; 24. 11. 1988 AP 127 zu § 611 BGB Gratifikation = NZA 89, 351; 14. 3. 2001 AP 4 zu § 620 BGB Schuldrechtliche Kündigungsbeschränkungen.

[26] Vgl. etwa BAG 12. 12. 2001 AP 179 zu § 1 TVG Auslegung.

eigenständige Definition der verwandten Rechtsbegriffe geben.[27] So wird z. B. für das Recht der Auslösung und der Fahrtkosten im Bundesrahmentarifvertrag für das Baugewerbe ein eigenständiger Begriff des Betriebes verwandt. Der allgemeine Sprachgebrauch wird aber auch dann verdrängt, wenn die Tarifvertragsparteien einen Rechtsbegriff verwenden. In diesen Fällen ist anzunehmen, dass die Tarifvertragsparteien den Rechtsbegriff in seiner rechtlichen Bedeutung verwenden.[28] Sprechen die Tarifvertragsparteien von einem Arzt, so ist anzunehmen, dass sie eine Medizinalperson i. S. der Bundesärzteordnung meinen.[29] Bei der Auslegung eines Tarifvertrages ist davon auszugehen, dass die Tarifvertragsparteien es den Tarifunterworfenen ermöglichen wollen, grundsätzlich auch ohne Rückfragen bei ihren Koalitionen den Inhalt der ihre Arbeitsverhältnisse bestimmenden Tarifnormen dem Tarifvertrag entnehmen zu können.[30] Problematisch ist, ob auf den Sprachgebrauch zum Zeitpunkt des Abschlusses des Tarifvertrages oder bei seiner Anwendung abzustellen ist. Die Frage wird sich im Allgemeinen nur bei sehr alten Tarifwerken, wie z. B. dem BAT, stellen. *Larenz* hat gemeint, dass der Normanwender in erster Linie vom Sprachgebrauch im Zeitpunkt der Normanwendung ausgehen wird. Dem ist aber entgegenzuhalten, dass es dem Gebot der Tarifautonomie eher entspricht, auf den Tarifwortlaut im Zeitpunkt des Entstehens des Tarifvertrages abzustellen. Darüber hinaus besteht die Gefahr, dass bei Anwendung des Tarifwortlauts im Zeitpunkt der Anwendung das Wertegefüge des Tarifvertrages verschoben wird. Solange die Tarifvertragsparteien den Wortlaut nicht ändern, muss von dem Zeitpunkt seiner Entstehung ausgegangen werden. Gegen den Vorrang des Sondersprachgebrauches gegenüber dem allgemeinen Sprachgebrauch wird gelegentlich eingewandt, dass die Normadressaten nur vom allgemeinen Sprachgebrauch ausgehen könnten. Dieser Einwand überzeugt nicht. Jede Normsetzung erfordert eine bestimmte Abstraktionshöhe. Außerdem setzt hier eine Erkundigungslast der Normadressaten bei Verbandsvertretern und Rechtsanwälten ein. Ergibt sich aus dem Wortlaut des Tarifvertrages bereits ein eindeutiges Auslegungsergebnis, ist damit die Auslegung zu Ende. In vielen Fällen ist der Tarifwortlaut aber mehrdeutig, so dass es auf den Gesamtzusammenhang des Tarifvertrages ankommt.

c) Der **Gesamtzusammenhang eines Tarifvertrages** ist für den Wortsinn eines Begriffes 24
von maßgeblicher Bedeutung.

In vielen Fällen erschließt sich die Bedeutung eines Wortes nicht aus dem Wort allein. Viel- 25
mehr ist insoweit maßgeblich auf den **Bedeutungszusammenhang des Tarifvertrages** abzustellen. Zu denken ist insoweit an die Verwendung bestimmter Begriffe des Tarifvertrages in anderen Wortzusammensetzungen, in anderen Vorschriften usw. Im Allgemeinen wird bei einem sorgfältig verfassten Tarifvertrag davon auszugehen sein, dass der von den Tarifvertragsparteien verwandte Begriff immer mit sich selbst identisch ist, also immer in der gleichen Bedeutung verwandt wird. In anderen Rechtsordnungen wird für die Auslegung kraft Gesetzes auf den Bedeutungszusammenhang abgestellt. So heißt es in § 6 ABGB-Österreich: „Einem Gesetz darf in der Anwendung kein anderes Verständnis beigelegt werden, als welcher aus der eigentümlichen Bedeutung der Worte in ihrem Zusammenhang und aus der klaren Absicht des Gesetzgebers hervorleuchtet." Der Gesamtzusammenhang kann daher sogar dazu führen, dass ein Tarifvertrag korrigierend auszulegen ist. In einem Fall vom 31. 10. 1990 haben die Tarifvertragsparteien der Verkürzung der Arbeitszeit durch den Erlass von Berechnungsvorschriften in der Hälfte der Fälle Rechnung getragen, sie aber in der anderen Hälfte übersehen. Das BAG hat hier korrigierend eingegriffen.[31]

Gelegentlich hat das BAG die Auffassung vertreten, dass **Ausnahmevorschriften** eng auszu- 26
legen sind.[32] Diese Auslegungsregel ist im Schrifttum auf Bedenken gestoßen; *Herschel* hält sie schlicht für falsch.[33] Den Kritikern der Rechtsprechung ist zuzustimmen. Es steht im Ermessen der Tarifvertragsparteien, ob sie ein Regel-Ausnahme-Verhältnis normieren. Sowohl bei der Regel als auch bei der Ausnahme müssen die allgemeinen Auslegungsregeln angewandt werden, so dass nichts über den Normzweck ausgesagt wird. Im Einzelfall kann es daher notwendig sein,

---

[27] BAG 17. 9. 2003 AP 9 zu § 1 TVG Tarifverträge: Verkehrsgewerbe.

[28] BAG 13. 5. 1998 AP 242 zu §§ 22, 23 BAT 1975; zur Verwendung gesetzlicher Begriffe: BAG 18. 3. 2003 AP 1 zu § 49 MTArb.

[29] BAG 20. 4. 1983 AP 71 zu §§ 22, 23 BAT 1975; 5. 12. 1990 AP 153 zu §§ 22, 23 BAT 1975 = NZA 91, 375.

[30] BAG 19. 9. 2007 AP 202 zu § 1 TVG Auslegung = NZA 2008, 950.

[31] BAG 31. 10. 1990 AP 11 zu § 1 TVG Tarifverträge: Presse = NZA 91, 201; 18. 5. 1994 AP 175 zu §§ 22, 23 BAT 1975.

[32] BAG 13. 1. 1981 AP 2 zu § 46 BPersVG; 24. 11. 1988 AP 127 zu § 611 BGB Gratifikation = NZA 89, 351; 10. 5. 1989 AP 2 zu § 15 BErzGG = NZA 89, 759.

[33] *Herschel,* FS für Molitor, S. 161, 190.

die Ausnahme weit und die Regel eng auszulegen. Maßgebend ist insoweit auf den vom Tarifvertrag verfolgten Normzweck abzustellen.

27 In welchem Umfang bei der Auslegung von Tarifverträgen auf **andere Tarifverträge** zurückgegriffen werden kann, ist sehr differenziert zu betrachten. Im Allgemeinen werden sich Mantel-, Lohn- und Urlaubstarifverträge des gleichen Geltungsbereiches ergänzen, so dass bei der Auslegung eines Begriffes auf den Zusammenhang mehrerer Tarifverträge abgestellt werden kann. Auch bei Tarifverträgen desselben fachlichen und betrieblichen Geltungsbereiches, aber unterschiedlichem örtlichen Geltungsbereich, wird ein Rückgriff möglich sein. So hat das BAG die Rationalisierungsschutzabkommen der Metallindustrie in den neuen Bundesländern einheitlich ausgelegt.[34] Dagegen ist eine tarifvertragsübergreifende Auslegung nicht möglich, wenn ein Begriff in mehreren Tarifverträgen eines unterschiedlichen fachlichen und betrieblichen Geltungsbereiches vorkommt oder die Tarifverträge sogar von unterschiedlichen Tarifvertragsparteien abgeschlossen sind.

28 Bei der Auslegung von Tarifverträgen sind regelmäßig nur die sich **aus der Urkunde selbst ergebenden Umstände** zu berücksichtigen.[35] Auch dies folgt aus dem Prinzip der Rechtsklarheit und der Rechtssicherheit. *Brötzmann* hat in seiner Dissertation vorgeschlagen, auf allgemein zugängliche Quellen zurückzugreifen.[36] Dies scheint nach der Mischtheorie zur Auslegung nicht möglich. Die Unklarheitenregel geht auf eine Entscheidung des BAG vom 17. 9. 1957 zurück.[37] In dem Leitsatz der Entscheidung heißt es, dass bei einer mehrdeutigen Tarifnorm die weitergehende und dem Arbeitnehmer ungünstigere Auslegung unterbleiben müsse. Wiedemann hat diesen Rechtsgrundsatz dahin verallgemeinert, dass Tarifnormen im Zweifel zugunsten der Arbeitnehmerseite auszulegen seien.[38] *Däubler* meint, dass die Unklarheitenregelung für hinreichend klare Maßstäbe und für vorhersehbare Entscheidungen sorge.[39] Dieser Meinung kann aus zwei Gründen nicht gefolgt werden: Tarifverträge sind das Ergebnis eines Kompromisses zwischen Arbeitgeber- und Arbeitnehmerseite. In bestimmten Fragen gibt die Arbeitnehmer-, in anderen Fragen die Arbeitgeberseite nach. Bei der Unklarheitenregel besteht die Gefahr, dass das Gericht in den Tarifkompromiss eingreift und damit das Wertgefüge verschiebt. Zum anderen hängt die Anwendung der Unklarheitenregelung davon ab, ob nach Auffassung des Auslegers eine Unklarheit vorliegt. Auch insoweit können subjektive Momente in die Auslegung einfließen. Nach § 310 IV BGB gilt das Recht der allgemeinen Geschäftsbedingungen nicht für Tarifverträge.

29 Es ist nicht zu verkennen, dass nach Betrachtung des Gesamtzusammenhangs noch **Zweifel am Auslegungsergebnis** bestehen können. Für diesen Fall spricht viel für eine Auslegungsregel nach der überwiegenden Wahrscheinlichkeit. Gedacht ist an Fallkonstellationen, in denen sowohl für die eine wie die andere Auslegung Argumente sprechen, aber für die eine Meinung die überwiegenden Argumente für einen Willen der Tarifvertragsparteien gegeben sind.

30 **d)** Für die Auslegung des Tarifvertrages ist von hervorragender Bedeutung die **tarifvertragliche Zwecksetzung,** wie sie sich aus dem Gesamtzusammenhang des Tarifvertrages erschließt.

31 Die Vorstellungen der Tarifvertragsparteien bei Abschluss des Tarifvertrages sind häufig nur von geringem Wert. Soweit die Vorstellungen der Tarifvertragsparteien ihren Niederschlag in **Protokollnotizen** gefunden haben, die ihrerseits wieder den Rang von Tarifverträgen haben, sind sie bereits im Zusammenhang der Auslegung nach dem Wortlaut zu berücksichtigen.[40] Derartige Protokollnotizen sind vor allem in den Tarifverträgen des öffentlichen Dienstes, aber auch z. B. im Bundesmontagetarifvertrag für die Metall- und Elektroindustrie enthalten. Soweit die Protokollnotizen keinen Tarifrang haben, sondern Meinungsäußerungen der an den Verhandlungen beteiligten Stellen darstellen, sind sie gewichtige Auslegungsindizien. Nach § 293 ZPO kann das Gericht Auskünfte der Tarifvertragsparteien einholen.[41] Verfehlt ist es, nach der Auslegung der Tarifvertragsnorm zu fragen. Dies ist Rechtsanwendung, die dem Gericht obliegt.

---

[34] Vgl. BAG 24. 3. 1993 AP 21 zu § 72 ArbGG 1979 = NZA 93, 849.

[35] BAG 23. 2. 1994 AP 2 zu § 1 TVG Tarifverträge: Kirchen.

[36] *Brötzmann,* Probleme bei der Auslegung von Tarifvertragsnormen, S. 151, auch S. 69 f.

[37] BAG 17. 9. 1957 AP 4 zu § 1 TVG Auslegung.

[38] *Wiedemann,* Anm. zu BAG 14. 11. 1973 AP 16, 17 zu § 1 TVG Tarifverträge: Bau; krit. *Wiedemann* § 1 TVG RN 780.

[39] *Däubler,* Tarifvertragsrecht, 3. Aufl., RN 150, 151.

[40] Vgl. BAG 4. 4. 2001 AP 26 zu § 4 TVG Tarifkonkurrenz = NZA 2001, 1005; 2. 10. 2007 NZA-RR 2008, 242; 19. 9. 2007 AP 202 zu § 1 TVG Auslegung = NZA 2008, 950.

[41] BAG 29. 3. 1957 AP 4 zu § 4 TVG Tarifkonkurrenz; 25. 8. 1982 AP 55 zu § 616 BGB; 16. 10. 1985 AP 108 zu §§ 22, 23 BAT 1975; 23. 2. 1994 AP 2 zu § 1 TVG Tarifverträge: Kirchen.

Ebenso wenig bedeutsam ist, nur bei einigen Tarifvertragsparteien nachzufragen oder Auskünfte berücksichtigen zu wollen, die einen widersprüchlichen Inhalt haben. Insoweit kann von Erkenntniswert sein der Hergang der Tarifvertragsverhandlungen, etwaige Protokolle der Tarifvertragsverhandlungen, die mit dem Tarifvertrag verfolgte Zwecksetzung.[42] Da in den Tarifvertragsverhandlungen Interessenkonflikte ausgetragen werden, ist es ganz natürlich, dass diese auch noch bei den Auskünften der Tarifvertragsparteien zum Ausdruck kommen. Kaum durchsetzbar ist aber eine gerichtliche Tarifvertragsauslegung, wenn beide Tarifvertragsparteien zur Auslegung übereinstimmend dieselbe Auffassung vertreten. Eine Regelung, die nach dem Abschluss eines Tarifvertrags getroffen wurde, z.B. in einer Protokollnotiz, und die mit dem Tarifvertrag zusammen ausdrücklich gekündigt worden ist, wird nur dann zum Inhalt eines daraufhin später vereinbarten Folgetarifvertrags, wenn sie dort Eingang in den Vertragstext gefunden hat oder zumindest eine ausdrückliche Verweisung auf sie erfolgt ist.[43]

e) Tarifgeschichte, frühere Tarifauslegung und tarifliche Übung. In vielen Fällen 32
lässt sich der Wortlaut eines Tarifvertrages über viele Tarifänderungen zurückverfolgen. Insoweit lässt sich aus der Konstanz der Regelungssachverhalte ein hoher Erkenntniswert gewinnen. Im Rahmen der Tarifauslegung hatte das BAG vor vielen Jahren die Frage zu entscheiden, ob Bauarbeiter, die aus den neuen Bundesländern in die alten Bundesländer zur Arbeitsleistung entsandt wurden, Anspruch auf Ost- oder Westlöhne hatten. Insoweit war aus der Tarifgeschichte deutlich ablesbar, dass die Tarifnorm zunächst nicht in Kraft gesetzt worden ist, nach der der Arbeitnehmer jeweils Anspruch auf den Ortslohn hat. Sie ist erst zu einem späteren Zeitpunkt in Kraft gesetzt worden. Wenn dann noch berücksichtigt wurde, dass es in den neuen Bundesländern keine unterschiedlichen Lohntarifverträge gibt, ist damit zwingend der Nachweis geführt, dass nur das Lohngefälle zwischen West und Ost geregelt werden sollte.[44]

Eindeutige Auslegungsergebnisse sind vielfach zu erzielen, wenn Tarifverträge und ihre frühe- 33
re gerichtliche Auslegung in die Überlegung einbezogen werden. Es ist schon bemerkt worden, dass sich die Entwicklung einer Tarifnorm häufig über viele Tarifänderungen zurückverfolgen lässt. Haben in der Tarifvertragskette Auslegungsstreitigkeiten geschwebt, so kann im Allgemeinen davon ausgegangen werden, dass die Tarifvertragsparteien eine von den Gerichten vorgenommene Auslegung gebilligt haben, wenn sie die Tarifnorm nicht geändert haben. Auch die Fortentwicklung eines Tarifvertrags kann Rückschlüsse auf den Willen der Tarifvertragsparteien zulassen.[45]

Für die Auslegung eines Tarifvertrages können **tarifliche Übungen** erwachsen.[46] Für eine 34
betriebliche Übung im Individualarbeitsrecht ist Voraussetzung eine gleich bleibende ständige Übung, das Erwachsen eines Vertrauenstatbestandes und die Unzumutbarkeit der Einstellung der Leistungen. Entsprechende Merkmale müssen auch für das Entstehen einer tariflichen Übung bestehen, denn auch insoweit ist die Tarifübung nichts anderes als ein konkludenter Vertragsschluss. Wenn dies aber richtig ist, setzt eine tarifliche Übung voraus, dass die Tarifübung in Kenntnis und in Billigung beider Tarifvertragsparteien entstanden ist. Insoweit mag dies durch Auskunft der Tarifvertragsparteien abgeklärt werden.[47] Eine tarifliche Übung erwächst aber noch nicht dann, wenn ein oder mehrere Arbeitgeber einen Tarifvertrag in einem bestimmten Sinn anwenden. Dies kann durchaus darauf zurückzuführen sein, dass der Arbeitgeber den Tarifvertrag fehlerhaft anwendet. Dies gilt auch für Haustarifverträge, wie sie bei den Rundfunkanstalten üblich sind.

Auch die Fortentwicklung eines Tarifvertrages soll für seine Auslegung von Bedeutung sein.[48] 34a

f) Vernünftige, gerechte, zweckorientierte und praktisch brauchbare Regelung. 35
Diese Tatbestandsmerkmale finden sich zumindest seit der Grundsatzentscheidung des BAG vom 12. 9. 1984[49] in zahlreichen Entscheidungen des BAG. Zumindest das Auslegungsmerkmal der zweckorientierten Auslegung wird im Rahmen der teleologischen Tarifauslegung oder Reduktion verbraucht sein. Im Übrigen unterstellt aber diese Auslegungsregelung, dass die Tarifver-

[42] Vgl. BAG 26. 4. 1966 AP 117 zu § 1 TVG Auslegung; 10. 10. 1957 AP 12 zu § 1 TVG Auslegung.
[43] BAG 19. 9. 2007 AP 202 zu § 1 TVG Auslegung = NZA 2008, 950.
[44] BAG 10. 11. 1993 AP 169 zu § 1 TVG Tarifverträge: Bau = NZA 94, 622.
[45] BAG 4. 4. 2001 AP 172 zu § 1 TVG Auslegung.
[46] BAG 26. 11. 1964 AP 1 zu § 1 TVG Tarifliche Übung; 15. 9. 1971 AP 15 zu § 611 BGB Bergbau; 25. 8. 1982 AP 2 zu § 1 TVG Tarifliche Übung; 17. 4. 1985 AP 1 zu § 1 TVG Tarifverträge: Chemie = NZA 86, 159; 25. 11. 1987 AP 18 zu § 1 TVG Auslösung = NZA 88, 319.
[47] BAG 16. 10. 1985 AP 108 zu §§ 22, 23 BAT 1975.
[48] BAG 4. 4. 2001 AP 172 zu § 1 TVG Auslegung.
[49] BAG 12. 9. 1984 AP 135 zu § 1 TVG Auslegung = NZA 85, 160.

tragsparteien nur vernünftige und praktikable Lösungen schaffen. Ob diese Annahme schon vom Tatsächlichen her gedeckt ist, erscheint zweifelhaft. Tarifverträge sind Kompromisse, bei denen nicht immer ein etwaiger Interessenausgleich oder eine etwaige Praktikabilität zu erreichen ist. Die Auslegungsregel wird daher im Allgemeinen nur geeignet sein, eine Zweifelsfrage zu entscheiden, wenn mehrere Auslegungen des Tarifvertrages möglich sind. In diesen Fällen wird die Praktikabelste zu wählen sein.

36 **g) Tarifverträge sind verfassungs- und gesetzeskonform auszulegen.** Bereits in einer Entscheidung vom 28. 9. 1965[50] ist das BAG davon ausgegangen, dass die Rechtsnormen nach Möglichkeit rechts- und im Hinblick auf die übergeordneten Gesetze gesetzeskonform auszulegen sind, um sie, soweit das geht, aufrechterhalten zu können. Diesen Gedanken hat der Vierte Senat in einer Entscheidung vom 21. 4. 1987[51] für die Tarifauslegung aufgenommen. Er hat die Regel aufgestellt, dass die Tarifvertragsparteien im Zweifel eine verfassungskonforme Bestimmung treffen wollten. Dieser Gedanke spielt in der neueren Auslegungsgeschichte eine große Rolle. Die Tarifvertragsparteien haben die Rahmentarifverträge des Baugewerbes in die neuen Bundesländer übertragen. In ihnen war vorgesehen, dass für die Kündigung die gesetzlichen Regelungen gelten. Das Gericht hat angenommen, dass hiermit in den neuen Bundesländern nur § 55 AGB-DDR, der inzwischen durch das Kündigungsfristengesetz aufgehoben worden ist, angesprochen worden sein könne. Das Gericht hat sich maßgeblich darauf gestützt, dass nicht angenommen werden könne, die Tarifvertragsparteien hätten den verfassungswidrigen § 622 BGB a. F. übertragen wollen.[52] In einer Entscheidung zu den Effektivklauseln hat das Gericht deren Wirksamkeit dahinstehen lassen, aber postuliert, dass die Tarifvertragsparteien schon deutlich sagen müssten, wenn sie von deren Wirksamkeit ausgingen. Sonst müssten die Tarifverträge entsprechend der herrschenden Rechtsprechung ausgelegt werden,[53] die sie für unwirksam halte.[54]

37 **4. Bewusste und unbewusste Regelungslücke. a)** Zu den umstrittensten Streitfragen gehört, ob und inwieweit die Gerichte zur Fortbildung von Tarifvertragsnormen befugt sind. Es sind **vier Fragestellungen** zu unterscheiden:[55] **(1)** Ob die Gerichte wegen der Tarifautonomie der Tarifvertragsparteien überhaupt befugt sind, Tarifnormen fortzubilden; **(2)** unter welchen Voraussetzungen ein Tarifvertrag lückenhaft und damit einer Fortbildung zugänglich ist; **(3)** wie die Tarifvertragslücke zu schließen ist und **(4)** ob eine Lückenausfüllung auch möglich ist, wenn die Lücke in verschiedener Weise ausgefüllt werden kann.

38 **b)** Gegen die **Legitimation der Gerichte** zur Rechtsfortbildung werden vor allem zwei Argumente angeführt. Nach Art. 9 III GG sei den Tarifvertragsparteien die Befugnis übertragen, die Arbeits- und Wirtschaftsbedingungen zu regeln. Die Tarifautonomie schließe daher eine Rechtsfortbildung aus. In Art. 20 II GG sei das demokratische Prinzip verankert. Es verlange, dass sich jede Ordnung eines Lebensbereiches durch Sätze objektiven Rechtes auf eine Willensentschließung der vom Volk bestellten Gesetzgebungsorgane zurückführen lasse, wenn sie nicht autonom erfolge.[56] *Wank* weist auf die geringe Legitimation der Gerichte zur Rechtsfortbildung hin.[57] Beide rechtlichen Überlegungen hindern aber nur, die von den Tarifvertragsparteien gesetzten Rechtsnormen abzuändern oder zu ergänzen. Sie verhindern dagegen nicht ein Weiterdenken der tariflichen Regelungen. Dem steht auch nicht die Erwägung entgegen, dass die Tarifvertragsparteien die tariflichen Regelungen jederzeit ergänzen können. Insoweit bedarf es des Vertragsabschlusses, der nicht selten nicht mehr zu erzielen sein wird und mit allen Unklarheiten der vergangenheitsbezogenen Lückenausfüllung belastet ist. Für die Rechtsfortbildung spricht schließlich das Rechtsstaatsprinzip, das eine Regelung der Lebensverhältnisse erfordert. In prozessualer Sicht besteht das Verbot der Rechtsverweigerung. Es erfordert mithin gleichfalls eine Rechtsfortbildung.

39 **c)** Eine Rechtsfortbildung kommt nur dann in Betracht, wenn eine **Tarifvertragslücke** vorliegt.[58] Eine Tariflücke ist dann anzunehmen, wenn eine dem Regelungsplan widersprechende Unvollständigkeit vorliegt oder anders ausgedrückt, wenn die dem Tarifvertrag zugrunde liegen-

---

[50] BAG 28. 9. 1965 AP 1 zu § 4 1. VermBG.

[51] BAG 21. 1. 1987 AP 47 zu Art. 9 GG = NZA 87, 233; fortgeführt: BAG 21. 7. 1993 AP 144 zu § 1 TVG Auslegung = NZA 94, 181.

[52] BVerfG 16. 11. 1982 AP 16 zu § 622 BGB; 30. 5. 1990 AP 28 zu § 622 BGB.

[53] BAG 21. 7. 1993 AP 144 zu § 1 TVG Auslegung = NZA 94, 181.

[54] Vgl. BAG 14. 2. 1968 AP 7 zu § 4 TVG Effektivklausel; 16. 4. 1980 AP 9 zu § 4 TVG Effektivklausel; 16. 9. 1987 AP 15 zu § 4 TVG Effektivklausel = NZA 88, 29.

[55] *Liedmeier,* Die Auslegung und Fortbildung arbeitsrechtlicher Kollektivverträge, 1991, S. 121.

[56] BVerfG 9. 5. 1972 E 33, 126, 158.

[57] *Wank,* Grenzen richterlicher Rechtsfortbildung, S. 207 ff.

[58] BAG 23. 2. 2005 AP 33 zu § 1 TVG Tarifverträge: Lufthansa = NZA 2005, 1264.

den Wertungen und Prinzipien eine Regelung verlangen, die nicht vorhanden ist. Die Regelungslücke muss planwidrig sein. Eine Tariflücke ist mithin dann nicht vorhanden, wenn die Tarifvertragsparteien eine Regelung geschaffen und diese über Jahrzehnte nicht geändert haben. So ist z. B. die Eingruppierung von Feuerwehrleuten im öffentlichen Dienst über Jahrzehnte unverändert geblieben. Das Gericht hat insoweit eine Lückenausfüllung verneint.[59] Bei der Ermittlung einer Tariflücke kann das höherrangige Recht von Bedeutung sein, insbesondere aber der Gleichheitssatz. Haben die Tarifvertragsparteien einen Sachverhalt nicht geregelt, der einem anderen vergleichbar ist, kann im Allgemeinen davon ausgegangen werden, dass sie ihn übersehen haben. Im Zweifel ist anzunehmen, dass sie gleichartige Sachverhalte gleich regeln wollten. Keine Rechtsfortbildung ist möglich, wenn bestehende Tarifvertragslücken durch zwingendes oder dispositives Recht geschlossen werden können. Insoweit besteht kein Regelungsbedarf, weil das Gesetz die bestehende Tariflücke ergänzt.

d) Das BAG unterscheidet zwischen einer **bewussten Regelungslücke,** bei der eine Fortbil- 40
dung ausscheidet,[60] und einer unbewussten Regelungslücke, bei der die Gerichte zur Rechtsfortbildung berechtigt sind.[61] Eine bewusste Regelungslücke kann vorliegen, wenn die Tarifvertragsparteien eine regelungsbedürftige Frage bewusst nicht geregelt haben.[62] Dies kann auch dann der Fall sein, wenn die Tarifvertragsparteien sich nicht haben einigen können.[63] Eine Fortbildung scheidet in diesen Fällen aus, weil das Gericht sonst in die Tarifautonomie eingreifen würde.

e) Eine **unbewusste Regelungslücke** ist dann gegeben, wenn die Tarifvertragsparteien ei- 41
nen bestimmten Sachverhalt nicht behandelt haben, weil sie ihn bei Abschluss des Tarifvertrages nicht bedacht haben.[64] Sie kann aber auch vorliegen, wenn die Lücke durch nachträglich eintretende Umstände erwachsen ist, z. B., weil sich die tatsächlichen oder wirtschaftlichen Verhältnisse geändert haben[65] oder eine Regelung wegen Verstoß gegen den Gleichheitsgrundsatz oder das Lohngleichheitsgebot unwirksam ist. Eine dritte Fallgruppe der unbewussten Regelungslücke kann gegeben sein, wenn eine Regelung auf bestimmte Sachverhalte nicht passt. In all diesen Fällen muss die Regelungslücke geschlossen werden, um dem Rechtsstaatsprinzip zu genügen. Die Rechtsprechung des BAG wird noch der Verfeinerung bedürfen, weil sie nicht alle denkbaren Fallgruppen in einem dogmatischen System erfasst. So ist gar nicht so selten, dass sich die Tarifvertragsparteien nur formal einigen, in Wirklichkeit aber die Lösung des Interessengegensatzes der Rechtsprechung überlassen. In dem Fall der Übertragung des Bundesrahmentarifvertrages für das Baugewerbe mit der Verweisung auf die gesetzlichen Kündigungsfristen[66] war aus den beigezogenen Unterlagen ohne weiteres ersichtlich, dass die Tarifvertragsparteien bereits bei Vertragsabschluss die Unklarheit der Regelung erkannt hatten und nach Tarifabschluss jede Partei ihre Mitglieder über den von ihnen vertretenen Rechtsstandpunkt unterrichten wollten. Der Rechtsgrund, aus dem eine Rechtsfortbildung unzulässig ist, ist die Vermeidung des Eingriffes in die Tarifautonomie. Damit wird wohl immer dann eine Rechtsfortbildung zugelassen werden müssen, wenn ein Eingriff in die Tarifautonomie nicht vorliegt. Die Fälle der bewussten und unbewussten Regelungslücke sind nur Unterfälle dieses rechtlichen Obersatzes.

f) Die **Ausfüllung der Tariflücke** hat nach Treu und Glauben unter Berücksichtigung des- 42
sen zu erfolgen, „wie die Tarifvertragsparteien die betreffende Frage bei objektiver Betrachtung der wirtschaftlichen und sozialen Zusammenhänge im Zeitpunkt des Tarifvertragsabschlusses voraussichtlich geregelt hätten, falls sie an den nicht geregelten Fall gedacht hätten". Es müssen jedoch „hinreichend und vor allem sichere Anhaltspunkte gegeben sein, dass die Tarifvertragsparteien die Frage in bestimmter Weise geregelt hätten".[67] Erfasst eine Vergütungsordnung be-

---

[59] BAG 21. 10. 1992 AP 165 zu §§ 22, 23 BAT 1975.

[60] BAG 23. 9. 1981 AP 19 zu § 611 BGB Lehrer und Dozenten; 24. 2. 1988 AP 2 zu § 1 TVG Tarifverträge: Schuhindustrie = NZA 88, 553; 15. 6. 1994 AP 179 zu §§ 22, 23 BAT 1975 = NZA 95, 1212.

[61] BAG 24. 2. 1988 AP 2 zu § 1 TVG Tarifverträge: Schuhindustrie = NZA 88, 553.

[62] BAG 29. 8. 1984 AP 93 zu §§ 22, 23 BAT 1975; 10. 10. 1984 AP 95 zu §§ 22, 23 BAT 1975; 23. 2. 2005 AP 33 zu § 1 TVG Tarifverträge: Lufthansa.

[63] BAG 29. 8. 1984 AP 93 zu §§ 22, 23 BAT 1975; 10. 10. 1984 AP 95 zu §§ 22, 23 BAT 1975.

[64] BAG 24. 2. 1988 AP 2 zu § 1 TVG Tarifverträge: Schuhindustrie = NZA 88, 553; vgl. aber auch 10. 5. 1989 AP 2 zu § 15 BErzGG = NZA 89, 759; 13. 12. 1995 AP 3 zu §§ 22, 23 BAT-O.

[65] Das BAG nimmt aber keine Ergänzung der Eingruppierungsmerkmale vor: BAG 21. 10. 1992 AP 165 zu §§ 22, 23 BAT 1975.

[66] BAG 23. 9. 1992 AP 159 zu § 1 TVG Tarifverträge: Bau = NZA 93, 320.

[67] BAG 23. 9. 1981 AP 19 zu § 611 BGB Lehrer und Dozenten; 27. 5. 1992 AP 1 zu § 8 JArbSchutzG = NZA 93, 453; 3. 11. 1998 AP 41 zu § 1 BetrAVG Gleichbehandlung = NZA 99, 999; 8. 11. 2006 AP 1 zu § 2 BMT-G II.

stimmte Tätigkeiten nicht, so muss die Eingruppierung entsprechend den verwandten und vergleichbaren Tätigkeiten erfolgen.[68] Das BAG nimmt eine Lückenausfüllung nicht vor, wenn die Tarifvertragsparteien verschiedene Gestaltungsmöglichkeiten haben.[69] Das BVerfG hat in diesen Fällen die Möglichkeit, dem Gesetzgeber aufzugeben, die Lücke zu schließen.[70] Das BAG hat diese Überlegungen aufgenommen, indem es die Tarifvertragsparteien im Interesse der Tarifautonomie allein für berechtigt hält, die Lücke zu schließen.[71] Auch an dieser Stelle kann sich möglicherweise eine Korrekturnotwendigkeit der Rechtsprechung ergeben. Namentlich die Rechtsprechung des EuGH zum Lohngleichheitssatz kann eine Rechtsfortbildung auch in diesen Fällen erzwingen, wenn die Tarifvertragsparteien nicht tätig werden. Der Dritte Senat hat bereits einmal in einer Entscheidung vom 14. 12. 1982 angenommen, dass das Gericht nach einer Wartefrist die Lücke schließen und dabei aus den denkbaren Regelungsmöglichkeiten diejenige auswählen müsse, die dem Regelungssystem des Tarifvertrages am nächsten komme.[72]

43 **5. Dissens der Tarifvertragsparteien. a)** Ob eine Tarifvertragsnorm wegen Dissenses der Tarifvertragsparteien **unwirksam** sein kann, ist umstritten. Zum Teil wird dies mit der Begründung verneint, dass das Rechtsstaatsprinzip die Gültigkeit der Norm verlange.

44 **b)** Im Allgemeinen wird sich die **Streitfrage nicht stellen,** da nach den Methoden der Gesetzesauslegung auf den verobjektivierten Willen der Tarifvertragsparteien abzustellen ist, so dass die Anwendung der §§ 154, 155 BGB ausscheidet.[73]

45 **6. Protokollnotizen.** Vielfach werden zu Tarifverträgen Protokollnotizen/Erklärungen gefertigt. Diese sind regulärer Bestandteil des Tarifvertrages, wenn dieser ausdrücklich darauf verweist und sie von den Tarifparteien vereinbart werden.[74] Gelegentlich werden sie jedoch, namentlich im öffentlichen Dienst, von Protokollführern gefertigt; sie finden alsdann lediglich bei der Auslegung Berücksichtigung.[75] Was von den Tarifvertragsparteien gewollt ist, muss im Wege der Auslegung entschieden werden.

46 **7. Anfechtung.** Eine Anfechtung des Tarifvertrages mit rückwirkender Kraft (ex tunc) ist ausgeschlossen. Dies folgt daraus, dass die Wirkung der Tarifnormen auf die einzelnen Arbeitsverhältnisse nicht rückwirkend beseitigt werden kann. Bei Vorliegen von Anfechtungsgründen kann jede Tarifpartei nur für die Zukunft sich vom Vertrage lossagen, also außerordentlich kündigen.

47 **8. Verfahrensfragen.** Über die Auslegung eines Tarifvertrages kann von einer Tarifpartei gegen die andere Feststellungsklage erhoben werden.[76] Ein Feststellungsurteil entfaltet Rechtskraftwirkung auch für die Tarifunterworfenen. Die Auslegung des normativen Teiles eines Tarifvertrages ist durch das Revisionsgericht frei nachzuprüfen; die normativen Bestimmungen sind Rechtsnormen i. S. von § 73 I ArbGG. Die Auslegung des obligatorischen Teils kann dagegen das Revisionsgericht nur wie sonstige schuldrechtliche Verträge überprüfen.[77]

48 In Rechtsstreitigkeiten über Ansprüche aus dem Einzelarbeitsverhältnis sind die Arbeitsgerichte nicht gehalten, von Amts wegen zu prüfen, ob das Arbeitsverhältnis von tariflichen Normen beherrscht wird. Ergibt sich jedoch aus dem Parteivortrag, dass Tarifnormen anzuwenden sind, so ist deren Inhalt gemäß § 293 ZPO zu ermitteln.[78]

48a **9. Kirchen.** Im Bereich der Kirchen werden zumeist keine Tarifverträge abgeschlossen. Vielfach werden die Tarifverträge des öffentlichen Dienstes in Bezug genommen oder Allgemeine Vertragsbedingungen erlassen, die nur kraft Vereinbarung gelten. Die Kontrolle der Arbeitsvertragsbedingungen ist nur nach denselben Grundsätzen möglich wie bei den Tarifverträgen.[79]

---

[68] BAG 21. 6. 2000 AP 276 zu §§ 22, 23 BAT 1975; 26. 9. 1979 AP 26 zu §§ 22, 23 BAT 1975; 23. 1. 1980 AP 31 zu §§ 22, 23 BAT 1975; 10. 10. 1984 AP 95 zu §§ 22, 23 BAT 1975.

[69] BAG 10. 5. 1989 AP 2 zu § 16 BErzGG = NZA 89, 759; 23. 9. 1981 AP 19 zu § 611 BGB Lehrer, Dozenten; LAG Thüringen 24. 10. 1994 BB 95, 1085.

[70] BVerfG 14. 4. 1987 E 75, 166; 5. 5. 1987 E 75, 284.

[71] Vgl. BAG 16. 2. 1978 AP 178 zu § 242 BGB Ruhegehalt; 23. 9. 1981 AP 19 zu § 611 BGB Lehrer und Dozenten; 23. 9. 1984 AP 93 zu §§ 22, 23 BAT 1975.

[72] BAG 14. 12. 1982 AP 1 zu § 1 BetrAVG Besitzstand.

[73] Vgl. BAG 9. 3. 1983 AP 128 zu § 1 TVG Auslegung.

[74] BAG 19. 9. 2007 AP 202 zu § 1 TVG Auslegung = NZA 2008, 950.

[75] BAG 27. 8. 1986 AP 28 zu § 7 BUrlG Abgeltung.

[76] BAG 15. 11. 1957 AP 1 zu § 8 TVG; 23. 3. 1957 AP 18 zu Art. 3 GG; 4. 10. 1977 AP 2 zu § 18 BetrVG 1972; 29. 11. 2001 AP 69 zu § 256 ZPO 1977; anders dagegen bei einem Mitglied des Tarifpartners, BAG 8. 11. 1957 AP 7 zu § 256 ZPO.

[77] *Stumpf,* FS für Nipperdey, Bd. II, S. 957.

[78] BAG 29. 3. 1957 AP 4 zu § 4 TVG Tarifkonkurrenz.

[79] BAG 17. 11. 2005 AP 45 zu § 611 BGB Kirchendienst = NZA 2006, 872.

IV. Verfassungsrechtliche Gewährleistung

Däubler, Kommentar zum Tarifvertragsgesetz, 2003, Einl. RN 68; *Dieterich,* Tarifautonomie und BVerfG, ArbuR 2001, 390; *Isensee,* Die verfassungsrechtliche Verankerung der Tarifautonomie, Veröffentlichungen der Walter-Raymond-Stiftung, Bd. 24, S. 159; *Jarass,* Tarifverträge und Verfassungsrecht. Grundlagenfragen, dargestellt am Beispiel des Streits um den Ladenschluss, NZA 90, 505; *Kempen/Zachert,* TVG, 3. Aufl. 1997 Grundl. 50 ff.; *Löwisch,* Zulässigkeit und Grenzen des Eingriffs in Tarifverträge, ZIP 2001, 1565; *Schmidt,* Tarifautonomie und Beamtenrecht, PersR 85, 154; *Wiedemann* Einl. 70 ff. vor § 1 TVG; *Wiedemann/Peters,* Neuere Rechtsprechung zur Bedeutung des Gleichheitssatzes für Tarifverträge, RdA 97, 100.

1. Bestands- und Betätigungsschutz der Verbände. Im Grundgesetz ist der Bestand eines Tarifvertrages nicht ausdrücklich gewährleistet. Gleichwohl folgt seine verfassungsrechtliche Garantie aus Art. 9 III GG. Die Koalitionsfreiheit (§ 188) schützt die Koalition selber in ihrem Bestand, ihrer organisatorischen Ausgestaltung und ihrer Betätigung, soweit diese gerade in der Wahrung und Förderung der Arbeits- und Wirtschaftsbedingungen besteht.[80] Unter die **Institutsgarantie** der Betätigungsfreiheit fällt der Tarifvertrag. Ein Verbot von Tarifverträgen oder deren Ersetzung durch staatliche Lohnfestsetzung wäre verfassungswidrig. **49**

2. Kernbereichslehre und ihre Entwicklung. a) In den Anfängen der Verfassungsrechtsprechung ist das BVerfG von der sog. Kernbereichslehre ausgegangen. Nach ihr muss den Koalitionen ein **Kernbereich des Tarifvertragssystems** gewährleistet sein.[81] So heißt es: Nach der Rechtsprechung des BVerfG ist den Koalitionen (Gewerkschaften) nur ein Kernbereich koalitionsmäßiger Betätigung verfassungsrechtlich garantiert, d.h. diejenigen Tätigkeiten, für die sie gegründet sind und die für ihre Erhaltung und Sicherung ihrer Existenz als unerlässlich betrachtet werden müssen.[82] Was zum Kernbereich gehört, definiert das BVerfG mit dem Unerlässlichkeitsmerkmal. Hiernach ist verfassungskräftig eine gewerkschaftliche Betätigung insoweit geschützt, als diese für die Erhaltung und Sicherung der Existenz der Koalition als unerlässlich betrachtet werden muss.[83] **50**

b) Seit dem **Aussperrungsbeschluss**[84] greift das BVerfG nicht mehr auf die Kernbereichsformel zurück. Vielmehr heißt es in ihm: Das Grundrecht der Koalitionsfreiheit ist zwar vorbehaltlos gewährleistet. Damit ist aber nicht jede Einschränkung von vorneherein ausgeschlossen. Sie kann durch Grundrechte Dritter und anderer mit Verfassungsrang ausgestatteter Rechte gerechtfertigt sein. Darüber hinaus bedarf die Koalitionsfreiheit der Ausgestaltung durch die Rechtsordnung, soweit das Verhältnis der Tarifvertragsparteien zueinander berührt wird, die beide den Schutz des Art. 9 III GG genießen. Diese Lehre ist vom BVerfG weiter ausgebaut worden.[85] In der **Entscheidung zum Flaggen-Zweitregister**[86] heißt es: Die Koalitionsfreiheit ist ein vorbehaltlos gewährleistetes Grundrecht. Grundsätzlich können ihr daher nur zur Wahrung verfassungsrechtlich geschützter Güter Schranken gesetzt werden. Das schließt aber eine Ausgestaltungsbefugnis des Gesetzgebers nicht aus, soweit er Regelungen trifft, die erst die Voraussetzungen für eine Wahrnehmung des Freiheitsrechts bilden. Das gilt insbesondere dort, wo es um die Regelung der Beziehungen zwischen den Trägern widerstreitender Interessen geht. Im **Beschluss zu § 116 AFG**[87] heißt es: Die Tarifautonomie muss als ein Bereich gewahrt bleiben, in dem die Tarifvertragsparteien ihre Angelegenheiten grundsätzlich selbstverantwortlich und ohne staatliche Einflussnahme regeln können. Ihre Funktionsfähigkeit darf nicht gefährdet werden. Die Koalitionen müssen ihren verfassungsrechtlich anerkannten Zweck, die Arbeits- und Wirtschaftsbedingungen ihrer Mitglieder zu wahren und zu fördern, insbesondere durch den Abschluss von Tarifverträgen erfüllen können. **51**

In dem Beschluss zur Verfassungsmäßigkeit der inzwischen weggefallenen gesetzlich vorgesehenen Anrechnung von Kurtagen entwickelt das BVerfG ein **Prüfprogramm für die Zulässigkeit des Eingriffs des Gesetzgebers in Tarifregelungen.**[88] **(1)** Geschützt ist die Koalition selbst in ihrem Bestand, ihrer organisatorischen Ausgestaltung und ihren Betätigungen, **51a**

---

[80] Vgl. BVerfG 28. 1. 1955, 17. 12. 1958 AP 1, 16 zu Art. 9 GG; 26. 6. 1991 AP 117 zu Art. 9 GG Arbeitskampf = NZA 91, 809; oben § 188.
[81] BVerfG 6. 5. 1964, 19. 10. 1966 AP 15, 24 zu § 2 TVG.
[82] BVerfG E 4, 96, 101; 28, 295, 304; 38, 281, 305.
[83] BVerfG E 57, 220, 246.
[84] BVerfG E 84, 212.
[85] BVerfG E 88, 103, 115; 92, 26, 41.
[86] BVerfG E 92, 26, 41.
[87] BVerfG E 92, 365; vgl. 24. 4. 1996 AP 2 zu § 57 a HRG = NZA 96, 1157.
[88] BVerfG 3. 4. 2001 DB 2001, 1367.

sofern diese der Förderung der Arbeits- und Wirtschaftsbedingungen dienen. Der Schutz erstreckt sich auf alle koalitionsspezifischen Verhaltensweisen und umfasst insbesondere auch die Tarifautonomie, die im Zentrum der den Koalitionen eingeräumten Möglichkeiten zur Verfolgung ihrer Zwecke steht. Das Aushandeln von Tarifverträgen ist ein wesentlicher Zweck der Koalitionen. Zu ihren Regelungsbefugnissen gehören insbesondere das Arbeitsentgelt und die anderen materiellen Arbeitsbedingungen. **(2)** Durch die Möglichkeit, Heilverfahren auf den Urlaub anzurechnen, werde in die Tarifautonomie eingegriffen, weil das von den Tarifparteien erstrittene Verhandlungsergebnis zu Lasten der Gewerkschaften verändert werde. **(3)** Der Eingriff sei jedoch gerechtfertigt. Die in Art. 9 III GG garantierte Koalitionsfreiheit kann, obwohl sie ohne Gesetzesvorbehalt gewährleistet ist, zum Schutz von Gemeinwohlbelangen eingeschränkt werden, denen gleichermaßen verfassungsrechtlicher Rang gebührt. Art. 9 III GG verleiht den Tarifvertragsparteien in dem für tarifvertragliche Regelungen offen stehenden Bereich zwar ein Normsetzungsrecht, aber kein Normsetzungsmonopol. Der Gesetzgeber bleibt befugt, das Arbeitsrecht zu regeln. Damit verbundene Beeinträchtigungen der Tarifautonomie sind verfassungsgemäß, wenn der Gesetzgeber mit ihnen den Schutz der Grundrechte Dritter oder anderer mit Verfassungsrang ausgestatteter Belange bezweckt und wenn sie den Grundsatz der Verhältnismäßigkeit wahren. Die vom Gesetzgeber gefundene Regelung diene **(3.1)** Gemeinwohlbelangen, **(3.2)** sei geeignet, einen hohen Beschäftigungsstand zu gewährleisten, **(3.3)** sei erforderlich und **(3.4)** halte sich an die Grundsätze der Verhältnismäßigkeit.

52 **c)** Dieser Rspr. ist das **BAG** gefolgt in den Entscheidungen über die betriebliche Verteilung von Gewerkschaftszeitungen,[89] die betriebliche Wahl von Vertrauensleuten der Gewerkschaft,[90] die Aufkleber an Schutzhelmen[91] und schließlich der Verteilung von Werbematerial.[92] Es ist aber noch von der Kernbereichslehre ausgegangen. Ob und in welchem Umfang die Tarifvertragsparteien einen Vorrang zur Gestaltung der Arbeits- und Wirtschaftsbedingungen vor dem Gesetzgeber haben, ist noch nicht abschließend geklärt. Streitlos kann der Gesetzgeber Ober- und Untergrenzen für die tarifvertragliche Gestaltung der Arbeitsvertragsbedingungen aufstellen. Im Übrigen muss den Tarifvertragsparteien ein Gestaltungsspielraum bleiben.

53 Zur **Abgrenzung autonomer und gesetzgeberischer Gestaltung** wurden folgende Theorien entwickelt: **(a)** Maßnahmegesetze sind unzulässig, wenn sie sich speziell gegen eine tarifliche Gestaltung der Arbeitsbedingungen richten.[93] **(b)** Nach der Theorie über die Sachbereichsaufteilung ist die Zuständigkeit zwischen Gesetzgeber und Koalitionen nach Sachbereichen aufzuteilen;[94] so gehört die Gestaltung des Lohnes und der Arbeitszeit zum Kernbereich der den Koalitionen verbleibenden Zuständigkeit. **(c)** Nach der Subsidiaritätstheorie wird die Zuständigkeitsverteilung zwischen Bund und Ländern nach Art. 72 GG auch zur Bestimmung der Zuständigkeit der Tarifpartner herangezogen. Danach sind die Tarifpartner zuständig, es sei denn, die Sachgebiete müssen aus den Tarifvertragsparteien nicht zugänglichen Gesichtspunkten staatlich geregelt werden.[95] Nach herrschender, wenn auch bestrittener Meinung sind auch die Wesensmerkmale des Tarifvertrages (Unabdingbarkeits- und Günstigkeitsprinzip) verfassungsrechtlich garantiert. Umstr. ist dagegen, ob der Arbeitnehmer freiwillig tarifvertraglich verkürzte Arbeitszeit überschreiten darf (vgl. § 160 RN 23).[96]

V. Internationales Tarifvertragsrecht

Bispinck/Schulten, Globalisierung und das deutsche Kollektivvertragssystem, WSI-Mitteilungen 98, 241; *Demarne,* Anwendung nationaler Tarifverträge bei grenzüberschreitenden Arbeitsverhältnissen, 1999; *Fleischer,* Tarifverträge und Europäisches Wettbewerbsrecht, DB 2000, 821; *Gollbach/Schulten,* Grenzüberschreitende Tarifpartnerschaften, WS I-Mitteilungen 99, 456; *Langenbrinck,* Europäische Aspekte kollektiven Arbeitsrechts, DB 98, 1081; *Thüsing/Müller,* Geklärtes und Ungeklärtes im Internationalen Tarifrecht, BB 2004, 1337; *Zachert,* Tarifverträge in globalisierter Wirtschaft, NZA 2000, 121.

54, 55 **1. Territorialitätsprinzip.** Das TVG gilt für die Bundesrepublik Deutschland.[97] Zum Bundesgebiet gehören nach den Regeln des Völkerrechts auch Flugzeuge und Schiffe, nicht aber

---

[89] BAG 23. 2. 1979 AP 29 zu Art. 9 GG.
[90] BAG 8. 12. 1978 AP 28 zu Art. 9 GG.
[91] BAG 23. 2. 1979 AP 30 zu Art. 9 GG.
[92] BAG 23. 9. 1986 AP 45 zu Art. 9 GG = NZA 87, 164.
[93] *Preis* ZfA 72, 271, 297.
[94] *Biedenkopf,* Tarifautonomie, S. 152 ff.; dazu *Lieb* RdA 72, 129, 133.
[95] *Badura* RdA 74, 129; *Coester,* Vorrangprinzip des Tarifvertrages, S. 89.
[96] *Jarass* NZA 90, 505.
[97] *Franzen,* Internationales Arbeitsrecht, AR-Blattei SD 920; MünchArbR/*Löwisch* § 247 RN 1 bis 3.

Botschaften.[98] An dem räumlichen Geltungsbereich des TVG können die Tarifvertragsparteien nichts ändern. Soweit das internationale Privatrecht keine Durchbrechung des Territorialitätsprinzip vorsieht, können die Tarifvertragsparteien keine weitergehenden Tarifverträge abschließen. Es ist also grundsätzlich ausgeschlossen, dass die Gewerkschaft versucht, Tarifverträge für die Textilindustrie in Südamerika abzuschließen.

2. Rechtswahl der Tarifvertragsparteien. a) Welches Recht auf Tarifverträge anzuwenden ist, ist im deutschen Recht nur für einen Sonderfall geregelt. Eine Regelung befindet sich nur im **Flaggenrechtsgesetz** i. d. F. v. 26. 10. 1994 (BGBl. I S. 3140) zul. geänd. 31. 10. 2006 (BGBl. I S. 2407). Nach § 21 IV FlRG unterliegen Arbeitsverhältnisse von Besatzungsmitgliedern eines im internationalen Seeschifffahrtsregister eingetragenen Kauffahrteischiffes, die im Inland keinen Wohnsitz oder ständigen Aufenthalt haben, bei Anwendung des Art. 30 EGBGB nicht allein auf Grund der Tatsache, dass das Schiff die Bundesflagge führt, dem deutschen Recht.[99] Werden von ausländischen Tarifvertragsparteien für derartige Arbeitsverhältnisse Tarifverträge abgeschlossen, so haben diese nur dann die Wirkungen des TVG, wenn für sie die Anwendung des im Geltungsbereich des Grundgesetzes geltenden Vertragsrechtes sowie die Zuständigkeit der deutschen Gerichte vereinbart worden ist. Nach Inkrafttreten des Flaggenrechtsgesetzes abgeschlossene Tarifverträge beziehen sich auf die genannten Arbeitsverhältnisse nur, wenn sie dies auch ausdrücklich vorsehen (§ 21 IV 2–3 FlRG). Das bedeutet, dass für ausländische Besatzungsmitglieder auf deutschen Seeschiffen deutsches Tarifrecht nur ausnahmsweise gelten soll. Das BVerfG hat die Bedenken gegen die Verfassungsmäßigkeit der Norm bei § 21 IV 3 FlRG geteilt.[100] Es hat angenommen, dass die Erschwerung der Tätigkeit Deutscher Gewerkschaften, die sich der Belange ausländischer Seeleute annehmen wollen, unverhältnismäßig sei. 56

b) Es ist eine verbreitete Ansicht, dass der Tarifvertrag wie andere zivilrechtliche Verträge nach Art. 27 EGBGB eine **Rechtswahl** treffen könne. Hiergegen wird wohl überzeugend eingewandt, dass den Tarifvertragsparteien vom Staat das Recht verliehen worden ist, Rechtsnormen zu setzen. Es könne aber nicht angenommen werden, dass der deutsche Staat die Tarifvertragsparteien ermächtigen wollte, auch im Ausland Recht zu setzen.[101] Vielmehr müsse das Tarifrecht dem Arbeitsstatut folgen. Es wäre also ausgeschlossen, dass die IG Metall mit Daimler Benz einen Tarifvertrag für die Arbeitnehmer in Detroit vereinbart. 57

c) Auch wegen der **schuldrechtlichen Durchführungspflicht** der Tarifverträge wird auf Art. 27 EGBGB verwiesen. Jedoch ist die Durchführungspflicht von der tariflichen Norm nicht zu trennen.[102] 58

d) Damit bleiben nur **überstaatliche Tarifverträge.** Diese sind aber wohl nur im Recht der EU möglich. 59

3. Anzuwendendes Tarifrecht bei Arbeit im Ausland. a) Es ist unbestritten, dass bei nur **zeitlich vorübergehender Entsendung** eines Arbeitnehmers deutsches Tarifrecht anzuwenden ist. 60

b) Dasselbe gilt aber auch, wenn der Arbeitnehmer für eine Arbeitsleistung **im Ausland eingestellt** wird.[103] So lag es im Fall des Goethe-Institutes. Aus der Umschreibung des örtlichen Geltungsbereiches eines Tarifvertrages für die Bundesrepublik wird nicht abzuleiten sein, dass er im Ausland nicht anzuwenden ist. 61

c) Dagegen wird das für entsandte Arbeitnehmer geltende deutsche Tarifrecht nicht ohne weiteres auf **Ortskräfte** anzuwenden sein.[104] 62

d) Konkurrieren deutsche und ausländische Tarifverträge bei Arbeit im Ausland, so führt das in Art. 30 EGBGB enthaltene **Günstigkeitsprinzip** vielfach zur Anwendung beider Tarifverträge. Das gilt nur dann nicht, wenn die Voraussetzungen von Art. 30 II EGBGB vorliegen. Hiernach unterliegen Arbeitsverträge und Arbeitsverhältnisse mangels einer Rechtswahl dem 63

---

[98] MünchArbR/*Löwisch/Rieble* § 254 RN 1.
[99] Vgl. auch BAG 16. 2. 2000 AP 54 zu § 2 TVG = NZA 2001, 331.
[100] BVerfG 10. 1. 1995 AP 76 zu Art. 9 GG = NZA 96, 272.
[101] MünchArbR/*Löwisch/Rieble* § 247 RN 4, 5 m. weit. Nachw.
[102] *Gamillscheg,* Kollektives Arbeitsrecht, § 12 5 b(5) S. 493.
[103] Vgl. BAG 27. 8. 1964 AP 9 zu Internat. Privatrecht, Arbeitsrecht; 11. 9. 1991 AP 29 zu Internat. Privatrecht, Arbeitsrecht = NZA 90, 321; 12. 12. 1990 AP 2 zu § 4 TVG Arbeitszeit = NZA 91, 201; *Gamillscheg,* Kollektives Arbeitsrecht, § 125 a, S. 488, 489.
[104] BAG 23. 6. 1994 AP 18 zu Art. 48 EWG-Vertrag = NZA 94, 1135.

Recht des Staates, in dem der Arbeitnehmer in Erfüllung des Vertrages seine Arbeit gewöhnlich verrichtet oder in dem sich die Niederlassung befindet, die den Arbeitnehmer angestellt hat, es sei denn, dass sich aus der Gesamtheit der Umstände ergibt, dass der Arbeitsvertrag oder das Arbeitsverhältnis engere Verbindungen zu einem anderen Staat aufweist.

63a **e) Betriebsübernahme in das Ausland.** Eine Auslandsberührung kann für Tarifverträge auch dann stattfinden, wenn ein Betrieb ins Ausland verlegt wird. Dies ist z. B. auch dann der Fall, wenn die Vertriebsabteilung eines Unternehmens, das in Deutschland und im Ausland produziert, ins Ausland verlegt wird. Erfasst der für den Betrieb anzuwendende Tarifvertrag auch im Ausland erbrachte Arbeit, ändert sich an der tariflichen Geltung nichts. Ändert sich zugleich das Arbeitsvertragsstatut, kann der deutsche Tarifvertrag auch solche Arbeitsverhältnisse regeln, die Auslandsrecht unterliegen. Im Regelfall wird aber mit dem Statutenwechsel der Schutz des deutschen Tarifrechts hinfällig, da das Arbeitsverhältnis nicht mehr erfasst wird. Erstreckt sich der Tarifvertrag nicht auf im Ausland erbrachte Arbeitsleistungen, so wird er unanwendbar, weil der Tarifvertrag nach seinem Geltungsbereich das Arbeitsverhältnis nicht mehr erfasst. Unberührt bleibt die entsprechende Anwendung von § 3 III und § 4 TVG.

63b Ist die Betriebsverlegung mit einem **Arbeitgeberwechsel** verbunden, weil der Betrieb am neuen Standort einer ausländischen Tochtergesellschaft zugeordnet worden ist oder weil der Käufer den Betrieb nur im Ausland fortführen will, ist § 613 a I 2 BGB anzuwenden. § 613 a BGB wird als Teil des Arbeitsvertragsstatuts angesehen.[105] Bleibt das bisherige Arbeitsvertragsstatut erhalten, ist § 613 a BGB wie bei einer Betriebsübernahme in Deutschland anzuwenden (vgl. Art. 30 EGBGB). Die bisherigen Tarifverträge können aber durch ausländische Tarifverträge abgelöst werden. Tritt mit der Betriebsverlagerung in das Ausland ein Wechsel des Arbeitsvertragsstatuts ein, wird § 613 a I 2 BGB eingreifen.

64 **4. Anzuwendendes Tarifrecht bei Arbeit im Inland. a)** Grundsätzlich gilt bei Arbeit im Inland **deutsches Tarifrecht.** Das gilt nach Art. 30 EGBGB auch dann, wenn ein ausländisches Arbeitsstatut vereinbart worden ist.[106] Der amerikanische Angestellte, der dauernd in Deutschland arbeitet, kann mithin auch die Leistungen aus dem deutschen Tarifvertrag verlangen, soweit die Arbeitsvertragsparteien nach § 3 TVG tarifgebunden sind.

65 **b)** Arbeitet der amerikanische Arbeitnehmer auf Dauer in Deutschland und ist amerikanisches Arbeitsstatut vereinbart, so ist auch der amerikanische Tarifvertrag anzuwenden. Es kann mithin wiederum zur **Konkurrenz zweier Tarifverträge** kommen, wenn sie beide anwendbar sind. Das Problem der Arbeit eines Ausländers in Deutschland ist vor allem von Bedeutung für das Baugewerbe. Der Stundenlohn eines polnischen Arbeitnehmers ist wesentlich geringer als der des deutschen Bauarbeiters. Durch das Arbeitnehmer-Entsendegesetz vom 26. 2. 1996 (BGBl. I S. 227) m. spät. Änd. soll die Verdrängung deutscher Arbeitnehmer vom Arbeitsmarkt verhindert werden. Nach § 1 AEntG finden allgemeinverbindliche Tarifnormen des Baugewerbes und des Gebäudereinigungshandwerks auch dann Anwendung, wenn das Arbeitsverhältnis dem Arbeitsstatut des Entsendestaates unterliegt. Ob diese Regelung europäischem Verfassungsrecht genügt, ist mehr als fraglich. In § 8 AEntG werden die internationale Zuständigkeit und die sachliche Zuständigkeit der Gerichte für Arbeitssachen begründet.[107]

66 **5. Ausländische Tarifvertragsparteien. a)** Die Tariffähigkeit kommt auch ausländischen Tarifvertragsparteien zu, sofern sie den Voraussetzungen von § 2 TVG genügen.[108] Die **internationale Gewährleistung der Tarifautonomie** verbietet die Annahme, dass die Tariffähigkeit einen Sitz im Inland voraussetzt. Hieraus folgt, dass ein Tarifvertrag auch von einer ausländischen Gewerkschaft mit einem deutschen Arbeitgeberverband oder ein Haustarifvertrag mit einem deutschen Unternehmen abgeschlossen werden kann. Denkbar ist mithin, dass eine ausländische Gewerkschaft mit einem ausländischen Unternehmen einen Tarifvertrag abschließt, der ausländisches Recht für die Arbeitnehmer einer rechtlich unselbstständigen Niederlassung in der Bundesrepublik vorsieht. Zu denken ist etwa an ein Reisebüro.

67 **b)** Die Tarifvertragsparteien können aber ihre **Regelungsmacht** nicht dadurch erweitern, dass sie ein ausländisches Arbeitsstatut vereinbaren. Unterliegt das Arbeitsverhältnis deutschem Arbeitsstatut, so können ausländische Organisationen für das Arbeitsverhältnis nicht ein auslän-

---

[105] BAG 29. 10. 1992 AP 31 zu Internat. Privatrecht, Arbeitsrecht = NZA 93, 743.

[106] *Gamillscheg,* Kollektives Arbeitsrecht, S. 489; *Däubler,* Tarifvertragsrecht, Nr. 1662; vgl. zur früheren Rechtslage: BAG 4. 5. 1977 AP 30 zu § 1 TVG Tarifverträge: Bau; 9. 7. 2003 AP 261 zu § 1 TVG Tarifverträge: Bau.

[107] BAG 11. 9. 2002 AP 82 zu § 2 ArbGG 1979 = NZA 2003, 62.

[108] MünchArbR/*Löwisch/Rieble* § 254 RN 9.

disches Arbeitsstatut vereinbaren. Dasselbe gilt aber auch umgekehrt. Deutsche Gewerkschaften können nicht dadurch Regelungsmacht erlangen, dass sie in einem in Brasilien produzierenden Bekleidungsunternehmen für die Ortskräfte deutsches Arbeitsstatut vorsehen.

6. Ausländisches Arbeitsvertragsstatut.[109] **a)** Soweit Arbeitgeber und Arbeitnehmer ein ausländisches Arbeitsvertragsstatut vereinbart haben, unterfallen sie der **Tarifmacht der zuständigen ausländischen Tarifvertragsordnung.** 68

b) Schwierigkeiten können auftreten, wenn im In- und Ausland z.B. für das Elsass und Baden einheitliche Tarifverträge abgeschlossen werden sollen. Denkbar ist, dass nach den verschiedenen Tarifordnungen die Tarifverträge parallel abgeschlossen werden. Dabei kann eine Tarifvertragspartei in den verschiedenen Tarifordnungen auftreten. 69

7. EG-Recht. Das EG-Recht bietet keine hinreichende Rechtsgrundlage für einheitliche Tarifverträge. Nach Art. 139 I EG kann der Dialog zwischen den Sozialpartnern, falls sie es wünschen, zur Herstellung vertraglicher Beziehungen führen. Die Durchführung der auf Gemeinschaftsebene geschlossenen Vereinbarungen erfolgt entweder nach den jeweiligen Verfahren und Gepflogenheiten der Sozialpartner und der Mitgliedstaaten, also durch Abschluss von Tarifverträgen. In Art. 139 II EG ist aber auch vorgesehen, dass auf Antrag der Unterzeichnerparteien in den von Art. 137 EG erfassten Bereichen Richtlinien ergehen. Insoweit wird eingewandt, dass bei Nichtorganisierten eine Art Allgemeinverbindlichkeit erzielt werden könne. Nach Art. 139 II EG sind Vereinbarungen über Teilzeitarbeit und befristete Arbeitsverhältnisse geschlossen worden. Diese sind alsdann durch Richtlinien umgesetzt worden, die ihrerseits alsdann zum Gesetz über Teilzeitarbeit und befristete Arbeitsverträge und zur Änderung und Aufhebung arbeitsrechtlicher Bestimmungen vom 21. 12. 2000 (BGBl. I S. 1966) geführt haben. 70

8. Osterweiterung. Die Osterweiterung wird zu einer Veränderung der Tarifpolitik führen. In vielen Staaten besteht kein duales System zwischen Tarifvertragsrecht und Betriebsverfassungsrecht. Der Organisationsgrad der Arbeitnehmer in den Gewerkschaften ist unterschiedlich. Bisher gibt es kaum Veröffentlichungen zum Tarifrecht in den Beitrittsländern. 71

§ 199. Abschluss, Beginn und Ende des Tarifvertrages

Übersicht

	RN
I. Tariffähigkeit und Tarifzuständigkeit	1 ff.
1. Begriff	1, 2
2. Tariffähigkeit des einzelnen Arbeitgebers	3–6
3. Verband ohne Tariffähigkeit	7–11
4. Innungen und Innungsverbände	12
5. Spitzenorganisationen	13, 14
6. Tarifzuständigkeit	15–17
II. Abschluss von Tarifverträgen	18 ff.
1. Abschluss	18–23 a
2. Mehrgliedriger Tarifvertrag	24–26
3. Konzern	26 a
4. Schriftform	27–29
5. Veröffentlichung	30
III. Beginn des Tarifvertrages	31 ff.
1. Tarifverhältnis	31
2. Tarifwirkungen	32–35
IV. Ende des Tarifvertrages	36 ff.
1. Beendigungsfälle	36–45
2. Wegfall der Tariffähigkeit, Tarifzuständigkeit und Verbandswechsel	46–47 a
3. Rechtswirkung der Beendigung	48–50

I. Tariffähigkeit und Tarifzuständigkeit

Tariffähigkeit: *Buchner,* Inhalt des Tarifvertrags, AR-Blattei SD 1550.5; *Deeken,* Individualnormen im Tarifvertrag, DB 67, 464; *Deinert,* Zur Tariffähigkeit einer Arbeitnehmerkoalition, ArbuR 2004, 212; *Fischinger,* Die Tarif- und Arbeitskampffähigkeit des verbandsangehörigen Arbeitgebers, ZTR 2006, 518; *Gaul,* Zuständigkeitsregelung und kollektiv-rechtlicher Gestaltungsraum für Tarifvertragsparteien, ZTR 91, 443; *Hümmerich/Holthausen,* Soziale Mächtigkeit durch aktive Teilnahme am Tarifgeschehen, NZA 2006, 1070; *Lembke,* Die Tariffähigkeit und Tarifzuständigkeit der Tarifgemeinschaft Christlicher Gewerkschaften für Zeitarbeit und Personalserviceagenturen NZA 2007, 1333; *ders.,* Die Aussetzung von Verfahren zur Prüfung der Tariffähigkeit einer Organisation (hier: CGZP) NZA 2008, 451; *Löwisch,* Die Voraussetzungen der Tariffähigkeit, ZfA 70, 295; *ders.,* Gewollte Tarifunfähigkeit im modernen Kollektivarbeitsrecht, ZfA 74, 29; *Oetker,* Untergliederung von Gewerkschaften und Arbeitgeberverbänden und ihre Tariffähigkeit, ArbuR 2001, 82; *Plander,* Hochschulen als Tarifpartner, ZTR 99, 397; *Rieble,* Zur neuen Manteltariffähigkeit der

[109] *Gollbach/Schulten* WSI-Mitteilungen 99, 456.

Post-Bundesanstalt für die Post-Aktiengesellschaften, ZTR 95, 500; *Schüren,* Tarifunfähigkeit der Tarifgemeinschaft Christlicher Gewerkschaften für die Leiharbeitsbranche, NZA 2008, 453; *Wiedemann/Thüsing,* Die Tariffähigkeit von Spitzenorganisationen und der Verhandlungsanspruch der Tarifvertragsparteien, RdA 95, 280; *Ulber,* Tariffähigkeit und Tarifzuständigkeit der CGZP als Spitzenorganisation?, NZA 2008, 438; *ders.,* Tariffähigkeit und Tarifzuständigkeit der CGZP, AuR 2008, 297.

Firmentarifvertrag: *Gaul/Naumann,* Tarifwechsel durch Firmentarifvertrag, DB 2006, 1054; *Jacobs,* Die Erkämpfbarkeit von firmenbezogenen Tarifverträgen mit verbandsangehörigen Arbeitgebern, ZTR 2001, 249; *Kleinke,* Personalüberleitungstarifverträge von Mitgliedern kommunaler Arbeitgeberverbände: Zur Zulässigkeit von Haustarifverträgen und deren Erstreikbarkeit, ZTR 2000, 499; *Lieb,* Erkämpfbarkeit von Firmentarifverträgen mit verbandsangehörigen Arbeitgebern, DB 99, 2058; *Lobinger,* Streiks um unternehmensbezogene Tarifverträge, RdA 2006, 12; *Löwisch,* Beschäftigungssicherung als Gegenstand betrieblicher und tariflicher Regelungen und von Arbeitskämpfen, DB 2005, 554; *Meyer,* Der Firmentarif – Sozialplan als Kombinationsvertrag, DB 2005, 830; *Nicolai,* Zur Zulässigkeit tariflicher Sozialpläne, RdA 2006, 33; *Schleusener,* Die Erzwingung von Firmentarifverträgen nach Verbandsaustritt des Arbeitgebers, BB 99, 686; *Stein,* Der Abschluss von Firmentarifverträgen, RdA 2000, 129; *Sutschet,* Firmenstreik und Abwehrmaßnahmen, ZfA 2005, 581; *Waas,* Firmentarifvertrag und verbandsvertragliche Meistbegünstigungsklausel, ZTR 2000, 341; *Zachert,* Firmentarifvertrag als Alternative?, NZA 2000, Beil. zu Heft 24.

Durchsetzbarkeit von Firmentarifverträgen: *Kleinke* u. a., Personalüberleitungsverträge von Mitgliedern kommunaler Arbeitgeberverbände: Zur Zulässigkeit von Haustarifverträgen und deren Erstreikbarkeit, ZTR 2000, 499; *Krichel,* Ist der Firmentarifvertrag mit einem verbandsangehörigen Arbeitgeber erstreikbar?, NZA 86, 731; *Oberwinter,* Streikmaßnahmen zum Durchsetzen von Haustarifverträgen, Voraussetzungen, Rechtsfolgen und Reaktionsmöglichkeiten, AuA 2008, 22; *Reuter,* Können verbandsangehörige Arbeitgeber zum Abschluss von Haustarifverträgen gezwungen werden?, NZA 2001, 1097; *Schleusener,* Rechtmäßigkeit kampfweiser Durchsetzung von Firmentarifverträgen gegenüber verbandsangehörigen Arbeitgebern, NZA 98, 239; *Thüsing,* Die Erstreikbarkeit von Firmentarifverträgen, NZA 97, 294; *Waas,* Firmentarifvertrag und verbandsvertragliche Meistbegünstigungsklausel, ZTR 2000, 341; *Zachert,* Firmentarifvertrag als Alternative, NZA 2000, Sonderbeilage zu Heft 24.

Unternehmensbezogene Tarifverträge: *Beuthien,* Unternehmensbezogene Tarifverträge und paritätische Mitbestimmung im Unternehmen, BB 75, 477; *Boldt,* Zur Zulässigkeit von Firmentarifverträgen mit verbandsangehörigen Unternehmern, RdA 71, 257; *Buchner,* Möglichkeiten und Grenzen betriebsnaher Tarifpolitik, DB 70, 2024, 2074; *Hensche,* Zur Zulässigkeit von Firmentarifverträgen mit verbandsangehörigen Unternehmen, RdA 71, 9.

Arbeitgeberverbände mit und ohne Tariffähigkeit: *Bauer/Diller,* Flucht aus Tarifverträgen, DB 93, 1085; *Bayreuther,* OT-Mitgliedschaft, Tarifzuständigkeit und Tarifbindung, BB 2007, 325; *Berger-Delhey,* Alles rennet, rettet, flüchtet-Überlegungen zur OT-Verbandsmitgliedschaft, ZTR 2006, 531; *Buchner,* Mitgliedschaft in Arbeitgeberverbänden ohne Tarifbindung, NZA 94, 2; *ders.,* Verbandsmitgliedschaft ohne Tarifgebundenheit, NZA 95, 761; *Däubler,* Tarifausstieg-Erscheinungsformen und Rechtsfolgen, NZA 96, 225; *Deinert,* Zur Zulässigkeit von OT-Mitgliedschaft in Arbeitgeberverbänden, ArbuR 2006, 217; *Gaumann/Schafft,* Auskunftspflichten über den Mitgliedsstatus im Arbeitgeberverband, NZA 2001, 1125; *Glaubitz,* Zur Frage der Tariffähigkeit des Arbeitgeberverbandes mit tarifgebundenen und nicht tarifgebundenen Mitgliedern, FS Stege, 1997, S. 39; *ders.,* Tariffähigkeit von Arbeitgeberverbänden mit tarifgebundenen und -ungebundenen Mitgliedern?, NZA 2003, 140; *Kleinebrink,* Tücken des Anerkennungstarifvertrags, DB 2007, 518; *Krauss,* Die neue Freiheit ohne Verbandstarif, DB 95, 1562; *Löwisch,* Gewollte Tarifunfähigkeit im modernen Kollektivarbeitsrecht, ZfA 74, 29; *Ostrop,* Mitgliedschaft ohne Tarifbindung, Diss., 1997; *Röckl,* Auswirkungen einer Arbeitgeberverbandsfusion auf laufende Tarifverträge, BB 93, 1653; *Schlochauer,* OT-Mitgliedschaft in tariffähigen Arbeitgeberverbänden, FS Schaub, S. 699; *Schüren,* Tarifunfähigkeit der CGZP wegen Missbrauch der tariflichen Normsetzungsbefugnis in der Leiharbeit, ArbuR 2008, 239; *Thüsing/Stelljes,* Verbandsmitgliedschaft und Tarifgebundenheit – Mitgliedschaft OT und nicht tariffähige Parallelverbände als Ausfluss grundrechtlich geschützter Gestaltungsfreiheit, ZfA 2005, 581; *Wilhelm/Dannhorn,* Die OT-Mitgliedschaft – neue Tore für die Tarifflucht?, NZA 2006, 466.

Tarifzuständigkeit: *Buchner,* Tarifzuständigkeit bei Abschluss von Verbands- und Firmentarifverträgen, ZfA 95, 95; *Ebert,* Die Zuständigkeit der Tarifvertragsparteien zum Abschluss von Verbands- und Firmentarifverträgen, Diss. 2003; *Feudner,* Tarifzuständigkeit der Gewerkschaften, BB 2004, 2297; *Gaul,* Zuständigkeitsregelung und kollektivrechtlicher Gestaltungsspielraum für Tarifvertragsparteien, ZTR 91, 433; *ders.,* Neue Felder des Arbeitskampfs: Streikmaßnahmen zur Erzwingung eines Tarifsozialplans, RdA 2008, 13; *Grau,* Streik um Tarifsozialplan, NJW 2007, 3660; *Heinze,* Tarifzuständigkeit von Gewerkschaften und Arbeitgebern/Arbeitgeberverbänden, DB 97, 2122; *Konzen,* Tarifgemeinschaft und „Geschäftsbesorgung" beim Tarifabschluss im DGB-Gedanken zur Tarifzuständigkeit nach der Gründung von ver.di, FS für Reinhard Richardi 2007, S. 617; *Kraft,* Abschied von der Tarifzuständigkeit, FS für Schnorr v. Carolsfeld, S. 255; *Melms,* Tarifwechsel und ver.di, NZA 2002, 296; *Ricken,* Der Sozialplantarifvertrag als zulässiges Arbeitskampfziel, ZfA 2008, 283; *ders.,* Neues zur Tarifzuständigkeit?, RdA 2007, 35; *Schneider/Sittard,* Streik um Firmentarifsozialpläne, ZTR 2007, 590; *Waas,* Tarifrechtliche Probleme beim Gemeinschaftsbetrieb mehrerer Unternehmen, NZA 99, 841; *Wiedemann,* Zur Tarifzuständigkeit, RdA 75, 78; *Zachert,* Rechtsfragen bei der Durchsetzung der Tarifzuständigkeit, ArbuR 82, 181.

1. Begriff. Tariffähigkeit ist die Fähigkeit, Partei eines Tarifvertrages zu sein.[1] „Die Tariffähigkeit bedeutet die Fähigkeit, durch Vereinbarung mit dem sozialen Gegenspiel u. a. die Arbeitsbedingungen des Einzelarbeitsvertrages mit der Wirkung zu regeln, dass sie für die tarifgebundenen Personen unmittelbar und unabdingbar wie Rechtsnormen gelten."[2] 1

Tarifvertragsparteien können sein **Gewerkschaften, einzelne Arbeitgeber sowie Vereinigungen von Arbeitgebern** (§ 2 I TVG).[3] Tariffähig sind alle Verbände, die die Merkmale der **Koalition** erfüllen (§ 187 RN 1) und nicht eine nur unerhebliche Mitgliederzahl haben.[4] Auch eine relativ kleine Arbeitnehmervereinigung kann die für eine Gewerkschaft erforderliche Durchsetzungsfähigkeit besitzen, wenn in ihr spezialisierte Arbeitnehmer organisiert sind, die von Arbeitgeberseite im Falle von Arbeitskämpfen nur schwer ersetzbar sind.[5] Untergliederungen von Gewerkschaften und Arbeitgeberverbänden sind dann tariffähig, wenn sie eine körperschaftliche Verfassung aufweisen, zum selbstständigen Abschluss von Tarifverträgen befugt sind und über ein eigenes Vermögen verfügen.[6] Umstritten ist, ob auch die Bereitschaft zum **Arbeitskampf** Voraussetzung der Tariffähigkeit ist. Die arbeitsrechtliche Literatur und Rechtsprechung haben dies überwiegend bejaht,[7] das BVerfG dies verneint.[8] Keine Voraussetzung der Tariffähigkeit ist die **Rechtsfähigkeit** der Verbände; dies hat historische Gründe. Die Gewerkschaften waren und sind zumeist nicht rechtsfähige Vereine (§ 187 RN 8). Zur Verbandsmächtigkeit s. § 187 RN 1, 7. 2

2. Tariffähigkeit des einzelnen Arbeitgebers.[9] **a)** Tariffähig ist **jeder einzelne Arbeitgeber.**[10] Im Unterschied zu Arbeitnehmervereinigungen kommt es auf seine Mächtigkeit nicht an.[11] Mit der gesetzlichen Regelung ist bezweckt, dass die Gewerkschaften in jedem Fall eine Tarifvertragspartei finden können. Der Arbeitgeber ist bei Haus- bzw. Firmentarifverträgen für alle seine Betriebe zuständig. Ein Firmentarifvertrag kann auch für eine künftige Gesellschaft geschlossen werden.[12] Bei bundesweit tätigen Arbeitgebern wird die Zuständigkeit durch den Wirkungsbereich der Gewerkschaft begrenzt. Ändert der Arbeitgeber seinen Unternehmenszweck, kann nachträglich die Zuständigkeit einer Gewerkschaft wegfallen. Unerheblich ist, welche Rechtsform der Arbeitgeber hat (private oder juristische Person des privaten oder öffentlichen Rechts). Umstritten ist die Rechtslage bei Personengesellschaften (GbR, OHG, KG). Nach älterer Meinung sind sie nicht rechtsfähig und damit auch nicht tariffähig.[13] Arbeitgeber sind bei der Personengesellschaft alle Gesellschafter in ihrer gesamthänderischen Verbundenheit. Nach anderer Auffassung kann die Gesamthand selbst Träger von Rechten und Pflichten sein. Nach ihr sind sie tariffähig, weil sie Vertragspartner eines Arbeitsvertrages sein können.[14] Ihr wird zu folgen sein, da der BGH eine begrenzte Rechtsfähigkeit der GbR anerkannt hat. Schließt der Arbeitgeber erstmals einen Firmentarifvertrag, muss er den betroffenen Arbeitnehmern schriftlich hiervon Mitteilung machen.[15] Der Arbeitgeber kann einen Firmentarifvertrag auch dann abschließen, wenn er Mitglied eines Arbeitgeberverbandes ist und damit an die Verbandstarifverträge gebunden ist. Schließt er einen Firmentarifvertrag mit der Gewerkschaft, die den Verbandstarifvertrag abgeschlossen hat, entsteht zwischen den Tarifverträgen Tarifkonkurrenz; schließt er den Firmentarifvertrag mit einer anderen Gewerkschaft entsteht Tarifpluralität. Der Zweck des Abschlusses besteht zumeist darin, den Verbandstarifvertrag nach den Grundsätzen der Konkurrenz zu verdrängen. 3

---

[1] BAG 27. 11. 1964 AP 1 zu § 2 TVG Tarifzuständigkeit; 28. 3. 2006 AP 4 zu § 2 TVG Tariffähigkeit = NZA 2006, 1112; BVerfG 19. 10. 1966 AP 24 zu § 2 TVG.

[2] BVerfG 19. 10. 1966 AP 24 zu § 2 TVG.

[3] LAG Berlin 29. 11. 2002 NZA-RR 2003, 426.

[4] BAG 9. 7. 1968 AP 25 zu § 2 TVG; vgl. 23. 4. 1971 AP 2 zu § 97 ArbGG 1953; 19. 10. 1966 AP 24 zu Art. 9 GG; 14. 3. 1978 AP 30 zu § 2 TVG; 10. 9. 1985 AP 34 zu § 2 TVG = NZA 86, 332; 25. 11. 1986 AP 36 zu § 2 TVG = NZA 87, 492; 6. 6. 2000 AP 55 zu § 2 TVG = NZA 2001, 160.

[5] BAG 14. 12. 2004 AP 1 zu § 2 TVG Tariffähigkeit = NZA 2005, 697; 28. 3. 2006 AP 4 zu § 2 TVG Tariffähigkeit = NZA 2006, 1112.

[6] *Oetker* ArbuR 2001, 82.

[7] BAG 19. 1. 1962 AP 13 zu § 2 TVG.

[8] BVerfG 6. 5. 1964 AP 15 zu § 2 TVG.

[9] Schrifttum siehe vor RN 1.

[10] BAG 20. 11. 1990 AP 40 zu § 2 TVG = NZA 91, 428; 25. 9. 1996 AP 10 zu § 2 TVG Tarifzuständigkeit = NZA 97, 613; *Däubler/Peter,* TVG-Komm. § 2 RN 78; *Wiedemann,* TVG, 7. Aufl., 2007, § 2 RN 23; *Kempen/Zachert* § 2 RN 70; a. A. *Matthes* FS für Schaub, 1998, S. 477.

[11] BAG 20. 11. 1990 AP 40 zu § 2 TVG = NZA 91, 428 = EzA 20 zu § 2 TVG m. Anm. *Hergenröder.*

[12] BAG 24. 1. 2001 AP 1 zu § 3 BetrVG 1972 = NZA 2001, 1149.

[13] *Löwisch/Rieble,* 1. Aufl., § 2 TVG RN 57.

[14] *Däubler/Peter,* TVG-Komm. § 2 RN 85; *Wiedemann/Oetker* § 2 TVG RN 14.

[15] BAG 5. 11. 2003 AP 1 zu § 3 NachwG = NZA 2004, 102.

4 Tariffähig sind aber auch **Beschäftigungsgesellschaften** in den neuen Bundesländern.[16] Umstr. ist, ob ein **Konzern** tariffähig ist, also ein Zusammenschluss mehrerer Unternehmen unter der einheitlichen Leitung eines herrschenden Unternehmers (§ 18 AktG). Weil in einem Konzern die Arbeitnehmer regelmäßig Arbeitsverträge nur mit den rechtlich selbstständigen Konzernunternehmen haben, wird dessen Fähigkeit, Tarifverträge für die Konzernunternehmen abzuschließen, verneint.[17] Indes wird die Konzernobergesellschaft für ihre eigenen Arbeitnehmer und in Vollmacht der Konzernunternehmen für diese Tarifverträge abschließen können.[18] Der von einem einzelnen Arbeitgeber abgeschlossene Tarifvertrag heißt **Firmen- oder Werkstarifvertrag.** Schließt ein Konzern in Vollmacht der Konzernunternehmen einen Tarifvertrag, so entstehen mehrere Firmen-Tarifverträge.

5 **b)** Der Arbeitgeber verliert seine Tariffähigkeit nicht dadurch, dass er einem **Verband beitritt.**[19] Hieraus folgt, dass die Gewerkschaft grundsätzlich auch – kampfweise – von einem solchen Arbeitgeber den Abschluss eines Firmentarifvertrages verlangen kann (§ 193 RN 12a), der Mitglied eines Arbeitgeberverbandes ist.[20] Unzulässig ist das Verlangen auf Abschluss dann, wenn noch ein Verbandstarifvertrag besteht oder der Arbeitgeber zum Austritt aus dem Arbeitgeberverband gezwungen werden soll.[21] Im ersteren Falle gilt die Friedenspflicht des Verbandstarifvertrages; im zweiten Fall der Schutz des Art. 9 III GG zur Koalitionsfreiheit. Zum tariflichen Sozialplan vgl. § 200 RN 5a. Ein nicht dem Arbeitgeberverband angehörender Arbeitgeber soll nach Ablauf eines Verbandstarifvertrages in den Arbeitskampf einbezogen werden können, wenn der ungekündigte Firmentarifvertrag keine eigenständigen Regelungen enthält, sondern auf den jeweiligen Verbandstarifvertrag verweist.[22] Zum Verbandswechsel eines Arbeitgebers vgl. § 206 RN 17. Schließen Betriebsrat, Arbeitgeber und zuständige Gewerkschaft einen **„Konsolidierungsvertrag"**, der die Verkürzung von Ansprüchen aus einem Tarifvertrag vorsieht, in dessen fachlichem und räumlichem Geltungsbereich sich der Betrieb befindet, so handelt es sich im Zweifel um einen Tarifvertrag, denn eine Betriebsvereinbarung mit diesem Inhalt wäre nach § 77 III BetrVG unwirksam.[23] Ein Firmentarifvertrag, der in teilweiser Abänderung des Firmenmanteltarifvertrags die regelmäßig wöchentliche Arbeitszeit von 38,5 Stunden vorübergehend zur Beschäftigungssicherung durch eine besondere regelmäßige Arbeitszeit von 30,5 Stunden wöchentlich bei Teillohnausgleich und partiellem Schutz gegen betriebsbedingte Kündigungen während der Laufzeit des betriebsbezogenen Tarifvertrags ersetzt, verstößt nicht gegen höherrangiges Recht.[24]

6 Ob ein einzelner Arbeitgeber mit Rücksicht auf seine Verbandszugehörigkeit berechtigt ist, einen Firmentarifvertrag abzuschließen, ist für die Wirksamkeit des Firmentarifvertrages ohne Belang. Sie ist nur von Bedeutung für das Innenverhältnis zwischen dem einzelnen Arbeitgeber und seinem Verband. Ein Verband kann einen Tarifvertrag abschließen, der nur für den Betrieb oder die Unternehmen eines Arbeitgebers gilt. Gegen **betriebs- oder unternehmensbezogene Tarifverträge** wird, sofern es sich nicht um atypische Unternehmen handelt, gelegentlich eingewandt, sie verstießen gegen den zivilrechtlichen Gleichbehandlungsgrundsatz.[25] Die h. M. bejaht eine Differenzierung der Tarifverträge nach der Ertragslage der Unternehmen jedoch im Gestaltungsinteresse der Tarifpartner.[26]

7 **3. Verband ohne Tariffähigkeit. a)** Zur **Tariffähigkeit der Verbände** (vgl. § 187).

8 **b)** Umstr. ist, ob es **Arbeitgeberverbände mit und ohne Tariffähigkeit** geben kann.[27] Es kommen zwei Konstruktionsprinzipien vor. Neben einem Arbeitgeberverband ohne Tariffähigkeit besteht eine Tarifgemeinschaft, die für die der Tarifgemeinschaft angehörenden Arbeitgeber die Tarifverträge abschließt. Nach dem zweiten Modell wird zwischen Voll-, Gast- bzw. Fördermitgliedschaft und einer Mitgliedschaft ohne Tarifbindung unterschieden. Im Rahmen des

---

[16] LAG Brandenburg 24. 2. 1994 NZA 95, 905.

[17] *Wiedemann/Oetker* § 2 TVG RN 141ff.; dagegen *Däubler/Peter,* TVG-Komm. § 2 RN 92.

[18] Vgl. BAG 24. 11. 1993 AP 39 zu § 1 TVG Tarifverträge: Einzelhandel = NZA 94, 564; 10. 11. 1993 AP 43 zu § 1 TVG Tarifverträge: Einzelhandel = NZA 94, 892; 17. 10. 2007 AP 40 zu § 1 TVG = NZA 2008, 713.

[19] Dagegen *Matthes* FS für Schaub, S. 4777.

[20] Dagegen: LAG Schleswig-Holstein 25. 11. 1999 NZA-RR 2000, 143. Schrifttum siehe vor RN 1.

[21] Schrifttum siehe vor RN 1.

[22] BAG 18. 2. 2003 AP 163 zu Art. 9 GG Arbeitskampf = NZA 2003, 866.

[23] BAG 7. 11. 2000 AP 14 zu § 77 BetrVG 1972 Tarifvorbehalt = NZA 2001, 727.

[24] BAG 25. 10. 2000 AP 1 zu § 1 TVG Tarifverträge: Internationaler Bund = NZA 2001, 328.

[25] Vgl. *Mayer-Maly* DB 65, 32f.; *Deeken* DB 67, 464.

[26] Vgl. dazu *Krüger,* Gutachten für den 46. DJT, Bd. I 1, S. 90; BVerfG E 6, 273.

[27] Schrifttum siehe vor RN 1.

Vereinsrechts haben die Vereinsmitglieder ohne Tarifbindung kein Stimmrecht in den Ausschüssen, die über den Abschluss von Tarifverträgen und etwaige Arbeitskampfmaßnahmen beschließen.[28] Eine gesetzliche Definition der Koalition gibt es nicht. Im Leitsatz III 2 des Staatsvertrages über die Wirtschafts-, Währungs- und Sozialunion wird die Tarifwilligkeit als Merkmal der Koalition vorausgesetzt. Dasselbe gilt für den von der Rechtsprechung erarbeiteten Begriff der Koalition.[29]

c) Ob ein Verband die **Tariffähigkeit erwerben** will, zählt zu seiner Verfassung. Der Verband bestimmt durch seine satzungsmäßigen Organe, ob er die Tariffähigkeit erwerben will oder nicht. Damit ist aber noch nichts darüber ausgesagt, ob ein Verband ohne Tarifwilligkeit noch ein Arbeitgeberverband ist. 9

d) Nach richtiger Auffassung wird aus vereinsrechtlichen Gründen ausgeschlossen sein, dass eine **gespaltene Mitgliedschaft** mit und ohne Tarifbindung möglich ist.[30] Aber auch ein Arbeitgeberverband ohne Tarifbindung neben einem Tarifgemeinschaftsverband dürfte dem Arbeitgeberverband ohne Tarifwilligkeit die Koalitionseigenschaft nehmen (umstr.).[31] 10

Die OT-Mitgliedschaft in einem Verband wird gewählt, um auf der einen Seite die Vorteile einer Verbandsmitgliedschaft zu erlangen, aber andererseits nicht an Tarifverträge gebunden zu sein. Das BAG bejaht grundsätzlich die Zulässigkeit einer OT-Mitgliedschaft.[32] Leugnet ein Arbeitgeber seine Tarifbindung mit der Begründung, er sei Mitglied eines OT-Verbandes, so betrifft dies die Begrenzung der personellen Tarifzuständigkeit. Ein entsprechender Rechtsstreit ist gemäß § 97 ArbGG auszusetzen.[33] Nach richtiger Auffassung wird der Arbeitgeber nach § 80 BetrVG gegenüber dem Betriebsrat, nach § 106 BetrVG gegenüber dem Wirtschaftsausschuss und dem einzelnen Arbeitnehmer auskunftspflichtig über seinen Status im Arbeitgeberverband. Ob der Arbeitgeber gegenüber der Gewerkschaft auskunftspflichtig ist, ist umstr.[34] 11

4. Innungen und Innungsverbände.[35] Sie sind nach ausdrücklicher gesetzlicher Vorschrift tariffähig (§§ 54 III 1, 82 Nr. 3, 85 II HwO). Dies ist eine Ausnahme von dem Grundsatz, dass öffentlich-rechtliche Verbände grundsätzlich nicht tariffähig sind. Eine Handwerksinnung kann Mitglied in einem Arbeitgeberverband werden und diesem ihre Tarifsetzungsbefugnis übertragen, soweit und solange nicht ein Innungsverband Tarifverträge für ihren Bereich abgeschlossen hat.[36] Der Grundsatz der Tarifunfähigkeit von Zwangsverbänden steht nicht entgegen, da sie freiwillige Zusammenschlüsse sind.[37] Nicht tariffähig sind bzw. waren die Arbeitnehmerkammern in Bremen und Saarland (vgl. § 7 RN 43). 12

5. Spitzenorganisationen. a) Die Spitzenorganisationen der Arbeitgeber- und Arbeitnehmerverbände sind gleichfalls tariffähig. Spitzenorganisationen sind Zusammenschlüsse von Gewerkschaften oder Arbeitgeberverbänden auf fachlicher, gemischt-gewerblicher oder territorialer Grundlage. Ihre Tariffähigkeit setzt voraus, dass alle Mitgliedsverbände tariffähig sind.[38] Sie sollen aber auch Einzelmitglieder haben können.[39] Sie können Tarifverträge im **eigenen Namen** abschließen, wenn der Abschluss zu ihren satzungsgemäßen Aufgaben gehört (§ 2 III TVG) oder in **Vollmacht** der/des ihnen angeschlossenen Verbandes, wenn sie eine entsprechende Vollmacht haben (§ 2 II TVG).[40] Schließen sie den Tarifvertrag im eigenen Namen ab, so sind sie über ihn allein verfügungsberechtigt; d.h. nur sie können ihn später kündigen, aufheben oder ändern. Eine Vereinigung, die neben Einzelmitgliedern Vereinigungen als Mitglieder aufnimmt, 13

---

[28] LAG Düsseldorf 11. 11. 2005 NZA-RR 2006, 200.

[29] BVerfG 18. 11. 1954 AP 1 zu Art. 9 GG; 6. 5. 1964 AP 15 zu § 2 TVG; 20. 10. 1981 AP 31 zu § 2 TVG; BAG 25. 11. 1986 AP 36 zu § 2 TVG = NZA 87, 492.

[30] *Däubler/Peter,* TVG-Komm. § 2 RN 118ff., 122.

[31] *Glaubitz* a. a. O. S. 39ff.; *ders.* NZA 2003, 140; a. A. *Wiedemann/Oetker* § 2 TVG RN 22; *Däubler/Peter,* TVG-Komm. § 2 RN 121.

[32] BAG 23. 2. 2005 AP 42 zu § 4 TVG Nachwirkung = NZA 2005, 1320; 18. 7. 2006 AP 19 zu § 2 TVG Tarifzuständigkeit = NZA 2006, 1225.

[33] BAG 23. 10. 1996 AP 15 zu § 3 TVG Verbandszugehörigkeit = NZA 97, 383; vgl. 24. 2. 1999 AP 17 zu § 3 TVG Verbandszugehörigkeit = NZA 99, 995; Hess. LAG 6. 10. 1997 ZTR 98, 218.

[34] *Gaumann/Schafft* NZA 2001, 1125.

[35] Zum Landesinnungsverband: BGH 13. 12. 1967 AP 38 zu Art. 9 GG Arbeitskampf.

[36] BAG 6. 5. 2003 AP 21 zu § 3 TVG Verbandszugehörigkeit = NZA 2004, 562.

[37] BVerfG 19. 10. 1966 AP 24 zu § 2 TVG; vgl. *Reuß* ArbuR 67, 1; *Reichel* DB 67, 426.

[38] BAG 2. 11. 1960 AP 1 zu § 97 ArbGG 1953. Zur Tariffähigkeit der Internationalen Transportarbeiter Föderation: BAG 16. 2. 2000 AP 54 zu § 2 TVG = NZA 2001, 331.

[39] BAG 22. 3. 2000 AP 49 zu § 2 TVG = NZA 2000, 893.

[40] Zur Auslegung von Satzungsbestimmungen: BAG 11. 6. 1975 AP 29 zu § 2 TVG; zu einer Duldungsvollmacht: BAG 29. 6. 2004 AP 36 zu § 1 TVG.

kann Tarifverträge sowohl nach § 2 I TVG als auch nach § 2 III TVG abschließen. Sieht die Satzung einer derartigen Spitzenorganisation die Wahrnehmung ihrer Aufgaben als Arbeitgeberverband durch eine in ihr gebildete tarifpolitische Arbeitsgemeinschaft vor, der nur Einzelmitglieder angehören können, gehört der Abschluss von Tarifverträgen nicht zu ihren satzungsgemäßen Aufgaben.[41] Der Bundesverband der AWO kann für die angeschlossenen Verbände Tarifverträge abschließen.[42]

14 **b)** Schließt ein Spitzenverband im Namen seiner Mitglieder einen Tarifvertrag ab, so treffen die **schuldrechtlichen Wirkungen** die vertretenen Verbände (§ 164 I BGB). Das entspricht nicht der Rolle der Spitzenverbände. Haben die Spitzenorganisationen den Tarifvertrag abgeschlossen, so haften sie neben den ihnen angeschlossenen Verbänden für die Erfüllung der gegenseitigen Verpflichtungen (§ 2 IV TVG). Eine Haftung der angeschlossenen Verbände wird dann ausscheiden, wenn der Tarifabschluss nicht auch in ihrem Interesse liegt. Infolge Tarifabschlusses durch die Spitzenorganisationen verlieren die angeschlossenen Verbände nicht ihre Tariffähigkeit.[43] Diese bleiben also in der Lage, selbstständig Tarifverträge abzuschließen. Widersprüche zwischen den Tarifverträgen sind nach den Grundsätzen der Tarifkonkurrenz zu lösen.[44]

15 **6. Tarifzuständigkeit.**[45] **a)** Ist die in der Satzung eines tariffähigen Verbandes festgelegte Befugnis, Tarifverträge mit einem bestimmten **räumlichen, betrieblichen und persönlichen Geltungsbereich** abzuschließen.[46] Art. 9 III GG garantiert einem tariffähigen Verband, darüber zu entscheiden, in welchem räumlichen und persönlichen Bereich er tätig werden will.[47] Sie ist die Grundlage für die Festlegung des tariflichen Geltungsbereiches. Dieser muss mit der Tarifzuständigkeit übereinstimmen. Da die Gewerkschaften des DGB nach dem **Industrieverbandsprinzip** organisiert sind, wird Überschneidungen der Tarifzuständigkeit verschiedener Gewerkschaften entgegengewirkt. Die Organisationsbereiche der Gewerkschaften können nur mit Zustimmung des DGB geändert werden (§ 15 Satzung). Werden sie ohne dessen Zustimmung geändert, so ist das u. U ein Verstoß gegen die DGB-Satzung; er ist aber im Außenverhältnis ohne Belang.[48] In § 15 der DGB-Satzung ist vorgesehen, dass der Bundesvorstand Richtlinien für die Abgrenzung der Tarifzuständigkeit erlässt. Sehen die Satzungen verschiedener Gewerkschaften vor, dass für einen bestimmten Bereich Tarifverträge abgeschlossen werden können, so wird im Falle der DGB-Gewerkschaften durch ein **Schiedsgerichtsverfahren** gemäß §§ 15, 16 der DGB-Satzung i. V. Schiedsgerichtsordnung gem. § 16 der DGB-Satzung die zuständige Gewerkschaft auch mit rechtlicher Bindung für den Gegenspieler festgelegt.[49] Die Satzung wird durch den Schiedsspruch authentisch interpretiert.[50] Einer Einigung der beteiligten Gewerkschaften über die Tarifzuständigkeit in einem Vermittlungsverfahren nach § 16 DGB-Satzung kommt die gleiche Bindungswirkung zu wie einem Schiedsspruch. Das gilt auch gegenüber einem Arbeitgeber.[51] Die Schiedsstelle ist nicht berechtigt, die Satzung einer Gewerkschaft im Sinne einer Zuständigkeitsergänzung zu erweitern. Überschneiden sich die Organisationsbereiche zweier Gewerkschaften ist eine Doppelzuständigkeit in der Regel auszuschließen. Vielmehr gilt der Grundsatz: Ein Betrieb, eine Gewerkschaft und die bisherige Organisationspraxis. Kriterien zur Organisationsabgrenzung sind Optimierung der Betreuung von Gewerkschaftsmitgliedern, Ursprungsart und Materialart (Rohstoffe), Herstellungsverfahren, Be- und Verarbei-

---

41 BAG 22. 3. 2000 AP 49 zu § 2 TVG = NZA 2000, 893.
42 BAG 29. 6. 2004 AP 36 zu § 1 TVG.
43 BAG 22. 2. 1957 AP 2 zu § 2 TVG.
44 Vgl. BAG 22. 2. 1957 AP 2 zu § 2 TVG.
45 Schrifttum siehe vor RN 1.
46 BAG 22. 2. 1957, 11. 6. 1975 AP 2, 29 zu § 2 TVG; 27. 11. 1964, 17. 2. 1970 AP 1, 3 zu § 2 TVG Tarifzuständigkeit; 19. 11. 1985 AP 4 zu § 2 TVG Tarifzuständigkeit = NZA 86, 480; 22. 11. 1988 AP 5 zu § 2 TVG Tarifzuständigkeit = NZA 89, 561; 24. 7. 1990 AP 7 zu § 2 TVG Tarifzuständigkeit = NZA 91, 21; 12. 12. 1995 AP 8 zu § 2 TVG Tarifzuständigkeit = NZA 96, 1042; 25. 9. 1996 AP 10 zu § 2 TVG Tarifzuständigkeit = NZA 97, 613; 12. 11. 1996 AP 11 zu § 2 TVG Tarifzuständigkeit = NZA 97, 609; 27. 9. 2005 AP 18 zu § 2 TVG Tarifzuständigkeit = NZA 2006, 273; 15. 11. 2006 AP 34 zu § 4 TVG Tarifkonkurrenz = NZA 2007, 448.
47 BAG 24. 7. 1990 AP 7 zu § 2 TVG Tarifzuständigkeit = NZA 91, 21; 14. 12. 1999 AP 14 zu § 2 TVG Tarifzuständigkeit = NZA 2000, 949; 27. 9. 2005 AP 18 zu § 2 TVG Tarifzuständigkeit = NZA 2006, 273; 15. 11. 2006 AP 34 zu § 4 TVG Tarifkonkurrenz = NZA 2007, 448.
48 BAG 27. 9. 2005 AP 18 zu § 2 TVG Tarifzuständigkeit = NZA 2006, 273.
49 BAG 17. 2. 1970 AP 3 zu § 2 TVG Tarifzuständigkeit.
50 BAG 22. 11. 1988 AP 5 zu § 2 TVG Tarifzuständigkeit = NZA 89, 561; 25. 9. 1996 AP 10 zu § 2 TVG Tarifzuständigkeit = NZA 97, 613.
51 BAG 14. 12. 1999 AP 14 zu § 2 TVG Tarifzuständigkeit = NZA 2000, 949.

tungsgrad, Verwendungsart und Verwendungszweck von Gütern, Produktionswirtschaftlicher Zusammenhang, wirtschaftlicher Schwerpunkt bzw. das wirtschaftliche Gepräge. Solange eine verbindliche Klärung im Schiedsverfahren nicht herbeigeführt ist, bleibt es zunächst bei der Zuständigkeit derjenigen Gewerkschaft, die vor der Entstehung der Konkurrenzsituation als zuständig angesehen wurde.[52] Ist die Tarifzuständigkeit rechtskräftig verneint worden, kann ein neues Verfahren anhängig gemacht werden, wenn die Gewerkschaft ihre Satzung geändert hat. Die Gewerkschaft verdi,[53] eigene Satzung v. 19.–25. 10. 2003, zul. geänd. 12./14. 3. 2008, ist nach der Anlage 1.4 zur Satzung für Unternehmen der Entsorgungswirtschaft zuständig. Die IG Metall ist für ein Handelsunternehmen zuständig, wenn es im Wege der Abspaltung aus einem Metallunternehmen entstanden ist.[54] Die Zuständigkeit erfasst auch Unternehmen, deren Hauptzweck in der Vernichtung von Datenträgern aller Art besteht.[55] Zuständigkeitsstreitigkeiten bestehen vor allem nach der Verschmelzung verschiedener Gewerkschaften auf ver.di. Nach den Organisationsrichtlinien soll die Allzuständigkeit der DAG nicht zu einer Erweiterung der Zuständigkeit der DGB-Gewerkschaften führen.[56]

b) Welche **Rechtsfolgen** eintreten, wenn eine Tarifvertragspartei einen Tarifvertrag unter Überschreitung ihrer Tarifzuständigkeit abschließt, ist umstr. Zum Teil wird die Tarifzuständigkeit als Wirksamkeitsvoraussetzung eines Tarifvertrages überhaupt verneint.[57] Zum Teil wird angenommen, dass eine Tarifvertragspartei, die ihre Zuständigkeit überschreitet, keine Vollmacht zum Abschluss von Tarifverträgen hatte, so dass von einer schwebenden Unwirksamkeit der Tarifverträge in Anlehnung an § 177 I BGB auszugehen sei.[58] Die h. M. geht davon aus, dass ein unter Überschreitung der Tarifzuständigkeit abgeschlossener Tarifvertrag unwirksam ist.[59] Dies folgt daraus, dass die Tarifvertragsparteien nur im Rahmen ihres Zuständigkeitsbereiches die Befugnis haben, die Arbeits- und Wirtschaftsbedingungen zu regeln (Art. 9 GG).[60] Entfällt die Tarifzuständigkeit, z. B. auf Grund einer Satzungsänderung nach Abschluss des Tarifvertrags, so wird nach einer Meinung der Tarifvertrag unwirksam.[61] Nach anderer Meinung ist zwischen zwei Fällen zu unterscheiden. Ist der tarifliche Geltungsbereich weiter als die Aufgabe der Tarifzuständigkeit, bleibt der Tarifvertrag unberührt. Es soll § 3 III TVG analog anzuwenden sein (vgl. RN 46). Eine andere Bewertung wird vorgenommen, wenn der tarifliche Geltungsbereich mit der Tarifzuständigkeit identisch ist. 16

c) Die Tarifzuständigkeit kann in einem **Beschlussverfahren** mit der Wirkung der erweiterten Rechtskraft nach § 97 ArbGG geklärt werden.[62] Stellt sich in einem Rechtsstreit die Frage der Tariffähigkeit einer Vereinigung, so ist der Rechtsstreit bis zur Klärung dieser Frage auszusetzen.[63] 17

II. Abschluss von Tarifverträgen

Bauer/Donoli, Zur Anwendung noch nicht rechtswirksamer tarifvertraglicher Vereinbarungen, ZTR 97, 401; *Birk,* Tarifvertraglicher Vorvertrag und arbeitsrechtlicher Boykott im Ausland, ArbuR 77, 235; *Braun,* Verbandstarifliche Normen in Firmentarifverträgen und Betriebsvereinbarungen, BB 86, 1428; *Coester,* Zur Verhandlungspflicht der Tarifvertragsparteien, ZfA 77, 87; *Gröbing,* Zur Rechtswirksamkeit von Verweisungsklauseln, ArbuR 82, 116; *Herschel,* Gesetzliche Verweisung auf einen jeweiligen Tarifvertrag, ZfA 85, 21; *Kiefer,* Neue Tarifverträge und Ausschlussfrist, ZTR 95, 205; *Löwisch,* Vertretung ohne Vertretungsmacht beim Abschluss eines Tarifvertrags, BB 97, 2161; *Mayer-Maly,* Der Verhandlungsanspruch tariffähiger Verbände, RdA 66, 201; *Schaub,* Zum Abschluss von Tarifverträgen namentlich im öffentlichen Dienst, ZTR 97, 481; *Spinner,* Mehrgliedrige Haustarifverträge zur Regelung betriebsverfassungsrechtlicher Fragen, ZTR 99, 546; *Waas,* Der Verhandlungsanspruch tariffähiger Verbände und schuldrechtliche Dauerbeziehungen zwischen den Tarifvertragsparteien, ArbuR 91, 334.

---

[52] BAG 12. 11. 1996 AP 11 zu § 2 TVG Tarifzuständigkeit = NZA 97, 609.
[53] http://www.verdi.de.
[54] LAG Hamm 29. 7. 1998 NZA-RR 99, 196; Revisionsentscheidung BAG 14. 12. 1999 AP 14 zu § 2 TVG Tarifzuständigkeit = NZA 2000, 949.
[55] BAG 12. 12. 1995 AP 8 zu § 2 TVG Tarifzuständigkeit = NZA 96, 1042.
[56] Schiedsgericht des DGB 4. 4. 2002 ArbuR 2002, 431.
[57] *Kraft* FS für Schnorr v. Carolsfeld, S. 255; *van Venrooy* ZfA 83, 49.
[58] *Kraft* FS für Schnorr v. Carolsfeld, S. 261; dagegen *Konzen* ZfA 75, 416.
[59] *Däubler/Peter,* TVG-Komm. § 2 RN 172.
[60] BAG 27. 11. 1964 AP 1 zu § 2 TVG Tarifzuständigkeit; 24. 7. 1990 AP 7 zu § 2 TVG Tarifzuständigkeit = NZA 91, 21.
[61] *Löwisch/Rieble* § 2 TVG RN 79 ff.
[62] BAG 10. 5. 1989 AP 6 zu § 2 TVG Tarifzuständigkeit = NZA 89, 687.
[63] BAG 25. 9. 1996 AP 4 zu § 97 ArbGG 1979 = NZA 97, 668.

18 **1. Abschluss. a)** Der Tarifvertrag wird von tariffähigen Personen oder Verbänden nach den **Vorschriften des privatrechtlichen Vertrages** abgeschlossen (§§ 145 ff. BGB).[64] Wird eine Vereinbarung von Arbeitgeber, Gewerkschaft und Betriebsrat gemeinsam unterzeichnet, so muss sich ohne Weiteres und zweifelfrei ergeben, wer Urheber der einzelnen Regelungskomplexe ist und um welche Rechtsquellen es sich handelt, anderenfalls sind die Bestimmungen unwirksam. Dies folgt aus dem Gebot der Rechtsquellenklarheit.[65] Fehlt einem Verband die Tariffähigkeit, ist der Tarifvertrag nichtig.[66] Beim Verbandstarifvertrag muss der Vertragsabschluss durch das zur Vertretung befugte Organ erfolgen (Vorstand § 26 BGB, Sondervertreter § 30 BGB, Bevollmächtigte §§ 164 ff. BGB). Die Vertretungsbefugnis kann inhaltlich beschränkt werden.[67] Indes muss sich die Beschränkung der Vertretungsmacht von Organvertretern aus der Satzung ergeben. Die Bevollmächtigung bedarf keiner Schriftform. Es gelten auch die Grundsätze der Duldungs- und Anscheinsvollmacht.[68] Erfolgt der Abschluss durch einen vollmachtlosen Vertreter, so kann er genehmigt werden.[69] Die Genehmigung kann stillschweigend erfolgen.[70] Ein ohne Vertretungsmacht abgeschlossener Tarifvertrag kann zu einem Schadensanspruch gegen den Vertreter führen. Zum Abschluss im Rahmen eines Schlichtungsverfahrens vgl. § 196.

19 Die Tarifvertragsparteien selbst können sich **durch Dritte vertreten** lassen.[71] Aus der Urkunde muss sich das Handeln als Vertreter zweifelsfrei ergeben. Mehrere Arbeitgeber können sich durch ein Führungsunternehmen vertreten lassen. Es entsteht im Allgemeinen ein mehrgliedriger Tarifvertrag.[72]

20 Vielfach werden Tarifverträge von den **Kommissionen** ausgehandelt. Bei Abschluss der Verhandlungen ist gelegentlich der Tarifvertrag formuliert, gelegentlich werden aber auch nur Grundsätze festgelegt. Die Formulierung erfolgt in Redaktionskonferenzen. Der Tarifvertrag wird erst dann rechtswirksam, wenn die Tarifvertragsurkunde von allen Parteien unterschrieben ist. Dies kann dazu führen, dass zwar schon die höheren Löhne gezahlt werden, aber andererseits die tariflichen Verfallfristen noch nicht zu laufen beginnen.[73]

21 **b)** Umstritten ist, inwieweit eine tarifzuständige Koalition **Anspruch** darauf hat, dass sich der soziale Gegenspieler auf Tarifvertragsverhandlungen einlässt oder sie von ihrem sozialen Gegenspieler zu Tarifvertragsverhandlungen hinzugezogen wird. Während die Literatur zumeist einen **Verhandlungsanspruch** bejaht,[74] hält die Rechtsprechung einen Ausschluss von Tarifverhandlungen für zulässig (§ 188 RN 6).[75] Der Verhandlungsanspruch wird begründet, dass er aus dem Prinzip der sozialen Selbstverwaltung folge (Art. 9 III GG), der Gegenspieler in die Koalitionsfreiheit eingreife, indem er den Gegner schwäche und die Koalitionen gegeneinander ausspiele und ein Arbeitskampf nur nach Erschöpfung der Verhandlung möglich sei. Die Verneinung wird i. d. R. mit der Vertragsfreiheit begründet. Der Verhandlungsanspruch kann in jedem Fall nur im Rahmen des sozial üblichen geltend gemacht werden.

22 Ein inhaltlich genau bestimmter, schuldrechtlicher **Vorvertrag** auf Abschluss eines Tarifvertrages ist zulässig; für ihn bestehen keine Formvorschriften.[76] Eine Einigung zwischen den Tarifvertragsparteien kann ein Vorvertrag sein, der bei hinreichender Bestimmtheit zum Abschluss eines Tarifvertrags verpflichtet. Ein Vorvertrag, der sich aus der allgemeinen Vertragsfreiheit ergibt, kommt durch die verbindliche Einigung zustande, einen bestimmten oder bestimmbaren Hauptvertrag zu schließen.[77] Ein auf den Abschluss eines Tarifvertrages gerichteter Vorvertrag

---

[64] BAG 24. 1. 2001 AP 1 zu § 3 BetrVG 1972 = NZA 2001, 1149.
[65] BAG 15. 4. 2008 AP 96 zu § 77 BetrVG 1972 = NZA 2008, 1074.
[66] BAG 15. 11. 2006 AP 34 zu § 4 TVG Tarifkonkurrenz = NZA 2007, 448.
[67] A. A. für einen Sonderfall: BAG 11. 6. 1975 AP 29 zu § 2 TVG.
[68] BAG 12. 12. 2007 AP 39 zu § 1TVG = NZA 2008, 892.
[69] BAG 12. 12. 2007 AP 39 zu § 1TVG = NZA 2008, 892.
[70] BAG 14. 2. 1957 AP 1 zu § 32 AOG Weitergeltung von TV als TO.
[71] BAG 12. 2. 1997 AP 46 zu § 2 TVG = NZA 97, 1064.
[72] BAG 24. 11. 1993 AP 39 zu § 1 TVG Tarifverträge: Einzelhandel = NZA 94, 564; 10. 11. 1993 AP 43 zu § 1 TVG Tarifverträge: Einzelhandel = NZA 94, 892.
[73] Vgl. BAG 1. 6. 1995 AP 24 zu § 1 TVG Tarifverträge: DDR = NZA 96, 323; 9. 8. 1995 AP 8 zu § 293 ZPO = NZA 96, 994; 9. 7. 1997 AP 233 zu §§ 22, 23 BAT 1975 = NZA 98, 494.
[74] *Wiedemann/Thüsing* § 1 TVG RN 216 ff.; *Mayer-Maly* RdA 66, 201; *Coester* ZfA 77, 87; *Waas* ArbuR 91, 334.
[75] BAG 2. 8. 1963 AP 5 zu Art. 9 GG; 14. 2. 1989 AP 52 zu Art. 9 GG = NZA 89, 601; ständig.
[76] BAG 19. 10. 1976 AP 6 zu § 1 TVG Form; 5. 7. 2006 AP 38 zu § 1 TVG m. Anm. *Houben; Birk* ArbuR 77, 235.
[77] BAG 5. 7. 2006 AP 38 zu § 1 TVG m. Anm. *Houben;* dazu *Haussmann* BB 2007, 557.

der Tarifvertragsparteien ist selbst kein Tarifvertrag. Auf ihn kann daher eine Nichtzulassungsbeschwerde nicht gestützt werden.[78]

22a Ist ein Tarifvertrag wirksam gekündigt, so stellt eine spätere Einigung der Tarifvertragsparteien über die Fortgeltung dieses Tarifvertrages der Sache nach den Abschluss eines neuen Tarifvertrages dar.[79]

23 **c) Kündigung, Aufhebung und Anfechtung** eines Tarifvertrages beurteilen sich nach bürgerlichem Recht; indes entfaltet eine Anfechtung keine Rückwirkung.[80] Kündigen kann nur, wer als Partei darin angegeben ist.[81] Vgl. § 198 RN 46.

23a Sind einzelne Tarifnormen eine Tarifvertrags unwirksam, bleibt der Tarifvertrag im übrigen wirksam. § 139 BGB findet auf Tarifverträge keine Anwendung. Es kommt darauf an, ob der Tarifvertrag ohne die unwirksame Bestimmung noch eine sinnvolle in sich geschlossene Regelung enthält. Eine Unwirksamkeit des gesamten Tarifvertrags kann bei Nichtigkeit einzelner Tarifbestimmungen nur ausnahmsweise angenommen werden.[82]

24 **2. Mehrgliedriger Tarifvertrag.**[83] Stehen auf einer Seite mehrere Tarifvertragsparteien (z. B. ein Unternehmen und ein Arbeitgeberverband, mehrere Gewerkschaften, mehrere Arbeitgeberverbände), so kann gewollt sein, dass der mehrgliedrige Tarifvertrag eine geschlossene Einheit darstellen soll oder dass mehrere voneinander unabhängige Tarifverträge geschlossen werden. Was gewollt ist, muss im Wege der Auslegung ermittelt werden. Im Zweifel ist anzunehmen, dass mehrere Tarifverträge gewollt sind.[84]

25 Ist ein **mehrgliedriger Tarifvertrag als geschlossene Einheit** gewollt, dann können die Rechte aus ihm von den Parteien einer Seite nur gemeinsam ausgeübt werden. Sie können also den Tarifvertrag nur gemeinsam kündigen, ändern oder aufheben; sie haften bei Verletzung der Pflichten als Gesamtschuldner und stehen in einer notwendigen Streitgenossenschaft.

26 Sind dagegen mehrere **voneinander unabhängige Tarifverträge** gewollt, so kann jede am Tarifvertrag beteiligte Partei diesen selbstständig kündigen, ändern oder aufheben. Die mehreren am Tarifvertrag von einer Seite Beteiligten haften für die Erfüllung der Pflichten nicht als Gesamtschuldner, stehen nicht in einer notwendigen Streitgenossenschaft und können jede für sich die Allgemeinverbindlichkeitserklärung des Tarifvertrages beantragen. Im Falle des Tarifbruches eines der am Tarifvertrag Beteiligten kann sich jedoch auch für die übrigen das Recht zur außerordentlichen Kündigung ergeben. Dies ist dann der Fall, wenn dem Vertragstreuen unter Berücksichtigung des ursprünglich verfolgten Zweckes, für einen ganzen Beruf oder Wirtschaftszweig einheitliche Arbeitsbedingungen zu schaffen, nicht zugemutet werden kann, das Ende des Vertrages oder den Ablauf der ordentlichen Frist abzuwarten.

26a **3. Konzern.** Schließt eine Konzernmuttergesellschaft einen Tarifvertrag auf Arbeitgeberseite, entfaltet dieser nur dann Geltung für eine Konzerntochtergesellschaft, wenn diese den Tarifvertrag als Partei mit abgeschlossen hat. Dagegen genügt es nicht, wenn sie nur in den Bestimmungen über den tarifvertraglichen Geltungsbereich genannt wird. Wenn die Konzerntochtergesellschaft nicht als Tarifvertragspartei genannt, kann lediglich bei Vorliegen besonderer Umstände davon ausgegangen werden, dass die tarifschließende Konzernmuttergesellschaft den Tarifvertrag nicht nur in eigenem Namen, sondern - als Vertreterin – auch für ihre Tochtergesellschaft abgeschlossen hat. Dabei muss auch wegen der Bezeichnung der vertretenen Tarifvertragspartei dem Schriftlichkeitsgebot von § 1 II TVG genügt werden.[85]

27 **4. Schriftform. a)** Nach **§ 1 II TVG** bedürfen Tarifverträge der Schriftform. Wird über den Tarifvertrag eine Urkunde aufgenommen, so müssen sämtliche Beteiligten diese eigenhändig durch Namensunterschrift oder mittels notariell beglaubigtem Handzeichen unterschreiben. Werden über den Vertrag mehrere Urkunden aufgenommen, so ist ausreichend, wenn jede Partei die für die Gegenpartei bestimmte Urkunde unterschreibt (§ 126 BGB). Die Schriftform kann durch die elektronische Form ersetzt werden, wenn sich nicht aus dem Gesetz etwas anderes ergibt (§ 126 III BGB). In § 126 III BGB wird nur an das BGB gedacht sein: Die elektronische Schriftform wird wegen der Zwecksetzung für Tarifverträge nicht gelten.[86] Ein ohne Be-

[78] BAG 25. 8. 1982 AP 23 zu § 72 a ArbGG 1979 Grundsatz; 26. 1. 1983 AP 20 zu § 1 TVG.
[79] LAG Köln 2. 8. 1999 NZA-RR 2000, 147.
[80] BAG 15. 12. 1961 AP 1 zu § 615 BGB Kurzarbeit.
[81] BAG 26. 4. 2000 AP 4 zu § 1 TVG Kündigung = NZA 2000, 1010.
[82] BAG 12. 12. 2007 AP 39 zu § 1 TVG = NZA 2008, 892.
[83] *Spinner* ZTR 99, 546.
[84] BAG 8. 11. 2006 AP 33 zu § 5 TVG = NZA 2007, 576.
[85] BAG 17. 10. 2007 AP 40 zu § 1 TVG = NZA 2008, 713.
[86] *Richardi* § 77 BetrVG RN 33; a. A. *Löwisch/Kaiser* § 77 RN 7; ErfK/*Preis* §§ 125–127 RN 25.

achtung der Schriftform abgeschlossener Tarifvertrag ist nichtig.[87] Die Schriftform hat im Allgemeinen für die Beteiligten **Warnfunktion;** im Tarifrecht dient sie vor allem dazu, die Tarifpartner zur Klarstellung der Norm und eines bestimmten Inhalts zu zwingen **(Klarstellungs- und Bestimmtheitsfunktion)**[88] und ihren Inhalt bekannt zu machen **(Kundmachungsfunktion).**

28 **b)** Die Schriftform ist auch dann noch gewahrt, wenn die Tarifparteien auf einen anderen, ebenfalls schriftlich abgeschlossenen Tarifvertrag Bezug nehmen.[89] Es ist zwischen einer bloß hinweisenden **Bezugnahme,** dass sich Löhne und Gehälter nach einem anderen Tarifvertrag richten,[90] und einer inkorporierenden Bezugnahme zu unterscheiden. Voraussetzung einer inkorporierenden Bezugnahme ist, dass die in Bezug genommene Regelung anderweitig schriftlich abgefasst und so genau bezeichnet ist, dass Irrtümer über Art und Ausmaß der in Bezug genommenen Regelung ausgeschlossen sind.[91] Nichts anderes gilt, wenn auf eine jeweils geltende tarifliche Regelung derselben oder anderer Tarifparteien Bezug genommen wird. Seine entgegenstehende frühere Rechtsprechung hat das BAG aufgegeben, soweit ein enger sachlicher Regelungszusammenhang besteht.[92] Das BAG sieht in einer entsprechenden Verweisung keine Delegation der Normsetzungsbefugnis, da die Tarifpartner es in der Hand haben, jederzeit die Verweisung aufzuheben. Im Allgemeinen wird aber nur eine statische Verweisung gewollt sein.[93] Es ist für zulässig angesehen worden, wenn in einem Tarifvertrag auf für Beamte geltende Bestimmungen verwiesen wird.[94] Im Zweifel ist davon auszugehen, dass auch die für Beamte geltenden Verwaltungsvorschriften in Bezug genommen sind.[95] Ein enger sachlicher Zusammenhang ist insbes. dann gegeben, wenn in einem Haustarifvertrag eines Unternehmens auf den Verbandstarifvertrag der gleichen Branche verwiesen wird.[96] Dies geschieht vor allem bei Anschluss- und Anerkennungstarifverträgen.

29 **c)** Übernimmt ein Tarifvertrag ohne inhaltliche Änderung **gesetzliche Vorschriften,** die auch ohne diese Übernahme für die betroffenen Arbeitsverhältnisse gelten würden, so kann es an einem Rechtssetzungswillen der Tarifpartner fehlen. Das BAG unterscheidet zwischen einer deklaratorischen und einer konstitutiven Verweisung. Bei einer deklaratorischen Verweisung haben die Tarifvertragsparteien keinen eigenen Regelungswillen. Der Tarifvertrag folgt inhaltlich dem Gesetz und seinen Änderungen. Bei einer konstitutiven Verweisung regeln die Tarifvertragsparteien die Rechtslage eigenständig entsprechend dem Gesetz. Die Unterscheidung hat vor allem eine Rolle gespielt bei der Absenkung der Entgeltfortzahlung und der Regelung der Kündigungsfristen (vgl. §§ 98, 126). Welche Regelung gewollt ist, ist durch Auslegung zu ermitteln. Die übernommenen Bestimmungen sind dann keine Tarifnormen, wenn die Tarifpartner lediglich die Rechtslage haben umschreiben wollen.[97] Verweist ein Anstellungsvertrag außerhalb des öffentlichen Dienstes pauschal auf die Vorschriften des BAT/jetzt TVöD, so begründet das keinen Anspruch auf Beihilfe in Krankheitsfällen oder Ansprüche auf Ruhegeld (§ 82), wenn solche Sozialleistungen im Betrieb des Arbeitgebers unbekannt sind.[98]

---

[87] BAG 13. 6. 1958 AP 2 zu § 4 TVG Effektivklausel; 7. 7. 1955 AP 1 zu § 32 AOG Weitergeltung von Tarifverträgen als Tarifordnung.

[88] BAG 19. 10. 1976 AP 6 zu § 1 TVG Form.

[89] Vgl. *Braun* BB 86, 1428; *Gröbing* ArbuR 82, 116.

[90] BAG 2. 3. 1988 AP 11 zu § 1 TVG Form = NZA 88, 623.

[91] BAG 8. 10. 1959 AP 14 zu § 56 BetrVG; 27. 3. 1963 AP 9 zu § 59 BetrVG; 9. 7. 1980 AP 7 zu § 1 TVG Form.

[92] BAG 9. 7. 1980 AP 7 zu § 1 TVG Form; 10. 11. 1982 AP 8 zu § 1 TVG Form; 3. 12. 1985 AP 1 zu § 74 BAT (zur Nachwirkung); 13. 8. 1986 AP 1 zu § 2 MTV Ang-DFVLR; anders ist die Rechtslage bei Betriebsvereinbarungen: BAG 22. 8. 2006 AP 30 zu § 77 BetrVG 1972 Betriebsvereinbarung = NZA 2007, 1187; vgl. *Herschel* ZfA 85, 21; 8. 3. 1995 AP 5 zu § 1 TVG Verweisungstarifvertrag = NZA 96, 947.

[93] BAG 23. 5. 2007 AP 10 zu § 1TVG Tarifverträge: Seeschifffahrt.

[94] BAG 19. 4. 1972 AP 1 zu § 1 TVG Tarifverträge: Bundesbahn; 28. 9. 1977 AP 4 zu § 1 TVG Tarifverträge: Rundfunk; 9. 6. 1982 AP 1 zu § 1 TVG Durchführungspflicht; 7. 9. 1982 AP 7 zu § 44 BAT; 18. 10. 1985 AP 1 zu § 32 MTA Ang-BfA; 20. 10. 1993 AP 10 zu § 1 TVG Tarifverträge: Bundesbahn = NZA 94, 707; 14. 3. 2007 AP 45 zu § 1 TVG Bezugnahme auf Tarifvertrag = NZA 2008, 45.

[95] BAG 15. 11. 1985 AP 14 zu § 17 BAT.

[96] BAG 10. 11. 1982 AP 8 zu § 1 TVG Form; 20. 6. 2001 AP 18 zu § 1 TVG Bezugnahme auf Tarifvertrag = NZA 2002, 517; 29. 8. 2001 AP 17 zu § 1 TVG Bezugnahme auf Tarifvertrag = NZA 2002, 513.

[97] BAG 27. 8. 1982 AP 133 zu § 1 TVG Auslegung; 5. 10. 1996 AP 48 zu § 622 BGB = NZA 96, 539.

[98] BAG 18. 1. 1983 AP 2 zu § 40 BAT; 29. 7. 1986 AP 16 zu § 1 BetrAVG Zusatzversorgungskassen = NZA 87, 668.

5. Veröffentlichung. Dem Kundgebungszweck dienen eine Reihe von Ordnungsvorschriften, deren Verletzung jedoch für die Wirksamkeit eines Tarifvertrages ohne Belang ist. So sind die Tarifvertragsparteien verpflichtet, **(a)** dem Bundesminister für Arbeit und Soziales innerhalb eines Monats nach Abschluss oder Änderung eines Tarifvertrages die Urschrift, eine beglaubigte Abschrift und zwei weitere Abschriften des Tarifvertrages und seiner Änderung zu übersenden. Ferner haben sie ihm das Außerkrafttreten des Tarifvertrages mitzuteilen; **(b)** den obersten Arbeitsbehörden der Länder, auf die sich der Tarifvertrag erstreckt, drei Abschriften kostenfrei zu übersenden. Beim BMAS wird ein **Tarifregister** geführt (§ 6 TVG), aus dem sich auch ein Verzeichnis der allgemeinverbindlichen Tarifverträge ergibt. Bei den Landesarbeitsministern ist es gesetzlich nicht vorgesehen. Es wird aber regelmäßig geführt. Die Arbeitgeber haben die für ihren Betrieb maßgebenden Tarifverträge an geeigneter Stelle auszulegen (vgl. § 209 RN 9). 30

III. Beginn des Tarifvertrages

Rückwirkung: *Beckers,* Die rückwirkende Änderung von Tarifverträgen, ZTR 99, 145; *Fiedler,* Neuorientierung der Verfassungsrechtsprechung zum Rückwirkungsverbot und zum Vertrauensschutz, NJW 88, 1624; *Houben,* Formelle Aspekte tarifvertraglicher Rückwirkung, NZA 2007, 130; *ders.,* Verschärfung und Entzug tariflicher Unkündbarkeit, DB 2007, 741; *Jekewitz,* Der Zeitpunkt wirksamer Zerstörung des Vertrauensschutzes bei rückwirkenden Rechtsnormen, NJW 90, 3114.

1. Tarifverhältnis. Es beginnt mit dem schriftlichen Abschluss des Tarifvertrages. Ab diesem Zeitpunkt erwachsen für die Tarifparteien die **Friedenspflicht** und die **Einwirkungspflicht** (§ 201). 31

2. Tarifwirkungen. a) Von dem Beginn des Tarifverhältnisses zu unterscheiden ist der **Beginn der Tarifwirkungen** (§ 204). Dieser richtet sich nach dem Tarifvertrag. Es kann vereinbart werden, dass sie mit Abschluss des Tarifvertrages oder zu einem späteren Termin einsetzen. Vor allem in den neuen Bundesländern wurden **Stufentarifverträge** vereinbart, nach denen kontinuierlich Entgelterhöhungen in Kraft treten sollten. Dies ist zulässig. Ob ein Arbeitgeber an spätere Stufen tarifgebunden war, hing bei seinem Austritt aus dem Arbeitgeberverband davon ab, ob eine statische oder dynamische Verweisung auf die späteren Tariferhöhungen bestand.[99] Umstritten ist, inwieweit einem Tarifvertrag rückwirkende Kraft beigelegt werden kann.[100] Da Tarifverträge Gesetze im materiellen Sinne sind, sind die für die Rückwirkung von Gesetzen entwickelten Grundsätze entscheidend.[101] Es ist zu unterscheiden zwischen echter und unechter Rückwirkung. 32

b) Eine **echte Rückwirkung** von belastenden Gesetzen ist grundsätzlich unzulässig. Eine Ausnahme gilt dann, wenn für die Betroffenen kein Vertrauenstatbestand besteht. Dies ist dann der Fall, wenn **(a)** die Betroffenen mit einer Regelung rechnen mussten, **(b)** geltendes Recht unklar und verworren ist, **(c)** die Betroffenen sich nicht auf den Rechtsschein einer unwirksamen Norm verlassen durften, **(d)** zwingende Gründe des Gemeinwohls den Vorrang vor der Rechtssicherheit haben. Tarifverträge können sich mithin grundsätzlich keine Rückwirkung auf die Laufzeit eines früheren beimessen. Der Tarifvertrag sollte dem Arbeitnehmer einen bestimmten Mindestlohn garantieren und dem Arbeitgeber für eine gewisse Zeit eine sichere Kalkulationsgrundlage gewähren (§ 198 RN 4ff.). Dagegen können sich die Tarifverträge eine Rückwirkung auf einen solchen Zeitraum beilegen, in dem der frühere Tarifvertrag nur kraft Nachwirkung gilt. Denn insoweit ist kein Vertrauenstatbestand erwachsen, dass die Rechtslage unverändert bleibt. Die Tarifvertragsparteien können auch vor Ablauf des alten Tarifvertrages verlautbaren, dass sie eine Neuregelung mit rückwirkender Kraft vereinbaren wollen.[102] 33

Auch eine **rückwirkende Allgemeinverbindlichkeitserklärung** ist zulässig. Die Arbeitsvertragsparteien müssen von vornherein damit rechnen, dass ein neuer Tarifvertrag wieder für allgemeinverbindlich erklärt wird.[103] 33a

---

[99] BAG 17. 5. 2000 AP 8 zu § 3 TVG Verbandsaustritt = NZA 2001, 453; 4. 4. 2001 AP 9 zu § 3 TVG Verbandsaustritt = NZA 2002, 104.

[100] Vgl. *Kempen/Zachert* Grundl. RN 2000.

[101] Vgl. BVerfGE 1, 280; 266; 11, 139; 18, 439; 19, 195; 25, 154; 25, 289; 30, 285; 37, 397; BAG 5. 3. 1957, 20. 6. 1958 AP 1, 2 zu § 1 TVG Rückwirkung; 19. 9. 1958 AP 1 zu § 611 BGB Deputat; 23. 11. 1994 AP 12 zu § 1 TVG Rückwirkung = NZA 95, 844; 17. 5. 2000 AP 19 zu § 1 TVG Rückwirkung = NZA 2000, 1297.

[102] BAG 23. 11. 1994 AP 8 zu § 10 TVArbBundespost = NZA 95, 844; 14. 6. 1995 AP 13 zu § 1 TVG Rückwirkung.

[103] BAG 25. 9. 1996 AP 30 zu § 5 TVG = NZA 97, 495.

34 c) Wirksam ist dagegen eine **unechte Rückwirkung.** Eine unechte Rückwirkung ist dann gegeben, wenn ein Tarifvertrag an bereits in der Vergangenheit liegende Umstände anknüpft und diese zur Anspruchsvoraussetzung macht.

35 d) Zweifelhaft, aber zu verneinen ist, ob Tarifverträge in bereits **erwachsene Individualrechte** des einzelnen eingreifen können. Die Wissenschaft verneint dies, soweit individuelle Rechtspositionen dem Gesetzgeber gegenüber den verfassungsrechtlichen Enteignungsschutz des Art. 14 GG genießen.[104] In bereits erwachsene Rechtspositionen kann jedoch überhaupt nicht eingegriffen werden. Hat ein Arbeitnehmer auf Grund eines Tarifvertrages bereits die Unkündbarkeit erreicht, so verliert er diesen Status nicht dadurch, dass der neue Tarifvertrag die Unkündbarkeit an weitere, schwerere Voraussetzungen knüpft.[105] Andererseits erlangt auch ein gekündigter Arbeitnehmer ohne weitere Voraussetzungen die Unkündbarkeit, wenn nach Kündigung ein Tarifvertrag schlechthin die Unkündbarkeit einführt.[106] Umstr. ist, ob Tarifverträge zur Beschäftigungssicherung durch Arbeitszeitverkürzung zulässig sind. Dies wird zu verneinen sein.[107] Vorruhestandsleistungen können nicht nachträglich einem Arbeitnehmer entzogen werden.[108] Dasselbe gilt auch für Ruhestandsleistungen (vgl. hierzu § 83). Ein rückwirkender Eingriff wird dann zugelassen, wenn bereits vor Entstehung eines tariflichen Anspruchs hinreichende Anhaltspunkte bestehen, dass die Tarifvertragsparteien verschlechternd in diesen Anspruch eingreifen werden. In diesen Fällen wird ein schützenswertes Vertrauen des Arbeitnehmers nicht verletzt.[109]

IV. Ende des Tarifvertrages

Allgemein: *Behrens/Hohenstatt,* Nachwirkung betriebsverfassungsrechtlicher Normen nach Ablauf des Tarifvertrags (§ 4 V TVG)?, DB 91, 1877; *Beuthien/Meik,* Wenn Tariftreue unzumutbar wird – Rückschau auf den Arbeitskampf in der ostdeutschen Metallindustrie, DB 93, 1518; *Buchner,* Kündigung der Tarifregelung über die Entgeltanpassung in der Metallindustrie der östlichen Bundesländer, NZA 93, 289; *Frölich,* Eintritt und Beendigung der Nachwirkung von Tarifverträgen, NZA 92, 1105; *Hey,* Wegfall der Geschäftsgrundlage bei Tarifverträgen, ZfA 2002, 275; *Hochstätter,* Kündigung des Tarifvertrages war unvermeidlich, Arbeitgeber 93, 160; *Kast/Freihube,* Die fristlose Kündigung von Haus-Tarifverträgen, BB 2003, 956; *Lembke* in: Düwell/Stückemann/Wagner, Bewegtes Arbeitsrecht, FS für Wolfgang Leinemann zum 70. Geburtstag, 2006, Die Fusion von Arbeitgeberverbänden der Zeitarbeitsbranche, Die tarifrechtlichen Folgen der Verschmelzung von INZ und MVZ auf AMP, S. 427; *Oetker,* Die Kündigung von Tarifverträgen, RdA 95, 82; *Unterhinninghofen,* Fristlose Kündigung der ostdeutschen Metalltarifverträge „Hilfeschrei" oder „eklatanter Rechtsbruch"?, ArbuR 93, 101; *Walker,* Zur Rechtmäßigkeit von Arbeitsniederlegungen wegen der Kündigung eines Tarifvertrages, NZA 93, 769; *Zachert,* Probleme der Teilkündigung von Tarifverträgen im öffentlichen Dienst, ArbuR 93, 294.

Außerordentliche Kündigung: *Belling,* Die außerordentliche Anpassung von Tarifverträgen an veränderte Umstände, NZA 96, 906; *Belling/Hartmann,* Die Unzumutbarkeit als Begrenzung der Bindung an den Tarifvertrag, ZfA 97, 87; *Beuthien,* Wenn Tariftreue unzumutbar wird, DB 93, 1518; *Kast/Freihube,* Die fristlose Kündigung von (Haus-)Tarifverträgen, BB 2003, 956; *Steffan,* Der praktische Fall-Arbeitsrecht: Ein (zu) langer Tarifvertrag, JuS 93, 1027; *Thau,* Die Härtefallregelung nach dem sächsischen Tarifmodell, AuA 93, 235; *Wank,* Kündigung und Wegfall der Geschäftsgrundlage bei Tarifverträgen, Festschrift Schaub, 1998, S. 793; *Winter/Zekau,* Außerordentliche Kündigung von Tarifverträgen, ArbuR 97, 89; *Zachert,* Möglichkeiten der fristlosen Kündigung von Tarifverträgen in den neuen Bundesländern, NZA 93, 299; *ders.,* Kündigung von Ost-Tarifverträgen klarer Rechtsbruch, AuA 93, 164.

Tarifwechsel: *Bauer/Haußmann,* Tarifwechsel durch Verbandswechsel, DB 99, 1114; *Rieble/Klebeck,* Tarifwechsel im Handwerk, BB 2006, 885.

36 **1. Beendigungsfälle.** Der Tarifvertrag endet:

a) Mit **Ablauf der Zeit,** für die er eingegangen ist. Ist ein Tarifvertrag resolutiv befristet, so ist im Wege der Auslegung zu ermitteln, ob er vorab ordentlich gekündigt werden darf. Regelmäßig wird im Falle der Befristung eine ordentliche Kündigung ausgeschlossen sein.

37 b) Mit Eintritt der **auflösenden Beendigung.** Diese ist z. B. dann gegeben, wenn der Tarifvertrag enden soll, falls nach einer längeren Verhandlungsfrist kein neuer Tarifvertrag abgeschlossen ist oder ein bestimmter Kaufkraftverlust eingetreten ist. Im Allgemeinen vereinbaren die

---

[104] BAG 28. 9. 1983 AP 9 zu § 1 TVG Rückwirkung.

[105] BAG 16. 2. 1962 AP 11 zu § 4 TVG Günstigkeitsprinzip.

[106] BAG 1. 12. 1977 DB 78, 701 = BB 78, 358 (n. a. v.).

[107] LAG Berlin 21. 5. 1999 DB 2000, 1469; dazu *Gotthardt* DB 2000, 1462.

[108] BAG 10. 10. 1989 AP 2 zu § 1 TVG Vorruhestand = NZA 90, 346; 10. 10. 1989 AP 3 zu § 1 TVG Vorruhestand = NZA 90, 564.

[109] BAG 11. 10. 2006 AP 24 zu § 1 TVG Rückwirkung = NZA 2007, 634.

Tarifvertragsparteien keine automatische Beendigung, sondern Revisions- und Anpassungsklauseln.

c) Mit seiner **Aufhebung.**[110] Nach h. M. ist ein Auflösungsvertrag formlos möglich.[111] Dies unterliegt Bedenken, da damit dem Bestimmtheits- und Kundmachungszweck nicht hinreichend Rechnung getragen wird. **38**

d) Mit seiner **ordentlichen Kündigung.** Kündigungsberechtigt ist nur eine Partei des Tarifvertrages.[112] Ist eine Kündigungsfrist vereinbart, so ist diese einzuhalten. Ist keine Kündigungsfrist vereinbart, so soll in entsprechender Anwendung von § 77 V BetrVG, § 28 II 4 SprAuG von einer Kündigungsfrist von drei Monaten auszugehen sein.[113] Sind auf einer Seite des Tarifvertrages mehrere Tarifparteien beteiligt, so endet der Tarifvertrag nur für die Partei, die die Kündigung erklärt hat (vgl. RN 24). Eine Teilkündigung ist nur zulässig, soweit die Kündigung einzelner Bestimmungen vorbehalten ist.[114] Ob sich die Zulassung aus dem Gesamtzusammenhang des Tarifvertrags ergeben kann, ist zweifelhaft.[115] **39**

e) Mit seiner **außerordentlichen Kündigung.**[116] Eine außerordentliche Kündigung ist, wie bei allen Dauerschuldverhältnissen, aus wichtigem Grund zulässig (§ 314 BGB).[117] Die außerordentliche Kündigung muss von einem der Verbände erklärt werden, die den Tarifvertrag abgeschlossen haben. Eine von Dritten erklärte Kündigung ist unwirksam.[118] Eine außerordentliche Kündigung ist nur aus **wichtigem Grund** möglich.[119] Zweifelhaft ist, bei wem der wichtige Grund gegeben sein muss. Bei dem Kündigenden oder – im Falle eines Verbandstarifes – bei den vom Tarifvertrag betroffenen Arbeitgebern. Da der Tarifvertrag ein Normenvertrag darstellt, wird der wichtige Grund auch aus der Lage bei den Normunterworfenen abgeleitet werden können. Es müssen aber Gründe bei der Mehrzahl der Unternehmen vorliegen. Die Auflösung des Arbeitgeberverbandes ist kein wichtiger Grund für die fristlose Kündigungeines von ihm abgeschlossenen Tarifvertrags.[120] **40**

Ein wichtiger Grund kann in **außerwirtschaftlichen oder wirtschaftlichen Gründen** bestehen.[121] Ein wichtiger Grund kann vorliegen, wenn der Kündigende sich bei Abschluss des Tarifvertrages im Irrtum (§§ 119, 123 BGB) befand oder nach seinem Beginn erhebliche Vertragsverletzungen (insbesondere ein Tarifbruch) eintreten. Wirtschaftliche Gründe können vorliegen, wenn sich die Umstände, die bei Vertragsabschluss vorlagen, wesentlich geändert haben. In allen Fällen darf dem Kündigenden nicht zugemutet werden können, das Ende des Tarifvertrages oder den Ablauf der ordentlichen Kündigungsfrist abzuwarten. Aus dem ultima-ratio-Grundsatz, der bei allen außerordentlichen Kündigungen bei Dauerschuldverhältnissen zu beachten ist, folgt, dass die außerordentliche Kündigung nur wirksam ist, wenn keine andere Möglichkeit besteht, die Unzumutbarkeit zu beseitigen. Vor Ausspruch der Kündigung muss die Möglichkeit einer tarifautonomen Anpassung ausgeschöpft werden.[122] **41**

Eine **schwere Vertragsverletzung** kann z. B. vorliegen, wenn zugesagte Vertragsverhandlungen später abgelehnt oder schuldhaft verzögert werden. **42**

Ein **Wegfall der Geschäftsgrundlage** ist nicht bereits dann gegeben, wenn sich die wirtschaftlichen Verhältnisse verändern, z. B. überraschende Kostensteigerungen, sondern nur dann, wenn bei Tarifvertragsabschluss völlig unvorhersehbare Veränderungen der wirtschaftlichen Ver- **43**

---

[110] BAG 8. 9. 1976 AP 5 zu § 1 TVG Form.

[111] BAG 8. 9. 1976 AP 5 zu § 1 TVG Form.

[112] BAG 26. 4. 2000 AP 4 zu § 1 TVG Kündigung = NZA 2000, 1010.

[113] BAG 10. 11. 1982 AP 8 zu § 1 TVG Form; 18. 6. 1997 AP 2 zu § 1 TVG Kündigung = NZA 97, 1234.

[114] BAG 3. 12. 1985 AP 1 zu § 74 BAT; 3. 12. 1985 AP 2 zu § 74 BAT = NZA 86, 337; 16. 8. 1990 AP 19 zu § 4 TVG Nachwirkung = NZA 91, 353; 3. 5. 2006 AP 8 zu § 1TVG Kündigung = NZA 2006, 1125; LAG Mainz 18. 1. 2005 – 2 TaBV 31/04 – Juris.

[115] BAG 3. 5. 2006 AP 8 zu § 1TVG Kündigung = NZA 2006, 1125.

[116] Schrifttum siehe vor RN 36.

[117] BAG 10. 11. 1982 AP 8 zu § 1 TVG Form; 18. 12. 1996 AP 1 zu § 1 TVG Kündigung = NZA 97, 830; 18. 6. 1997 AP 2 zu § 1 TVG Kündigung = NZA 97, 1234; *Kempen/Zachert,* TVG, § 4 RN 42; *Wiedemann/Wank* § 4 TVG RN 28.

[118] BAG 26. 4. 2000 AP 4 zu § 1 TVG Kündigung = NZA 2000, 1010.

[119] Vgl. BAG 14. 11. 1958 AP 4 zu § 1 TVG Friedenspflicht.

[120] BAG 23. 1. 2008 AP 36 zu § 3 TVG = NZA 2008, 771.

[121] BAG 18. 12. 1996 AP 1 zu § 1 TVG Kündigung = NZA 97, 830; 18. 6. 1997 AP 2 zu § 1 TVG Kündigung = NZA 97, 1234; 18. 2. 1998 AP 3 zu § 1 TVG Kündigung = NZA 98, 1008.

[122] BAG 18. 12. 1996 AP 1 zu § 1 TVG Kündigung = NZA 97, 830; 18. 6. 1997 AP 2 zu § 1 TVG Kündigung = NZA 97, 1234; 18. 2. 1998 AP 3 zu § 1 TVG Kündigung = NZA 98, 1008.

hältnisse eintreten. Insoweit war vor allem die Kündigung der Tarifverträge in den neuen Bundesländern umstritten. Da die Tarifverträge, insbesondere aber Entgelttarifverträge einer ständigen Änderung unterliegen, werden diese nur dann unzumutbar, wenn der Tarifvertragspartei nicht zuzumuten ist, die nächste Änderung abzuwarten.

44 Die Kündigung kann ferner begründet sein, wenn die **Tariffähigkeit oder Tarifzuständigkeit einer Partei wegfällt** oder im Falle eines mehrgliedrigen Tarifvertrages eine am Tarifvertrag beteiligte Partei den Tarifvertrag gekündigt hat. Endet der Tarifvertrag durch außerordentliche Kündigung, kann eine richterliche Anpassung wegen der Tarifautonomie nicht erfolgen.[123]

44a Wird über das Vermögen des tarifschließenden Arbeitgeberverbandes das **Insolvenzverfahren** eröffnet, so bleiben die Mitgliedsunternehmen an den Tarifvertrag gebunden. Mit der Eröffnung des Insolvenzverfahrens ist der Arbeitgeberverband noch nicht endgültig aufgelöst. Für die Dauer des Insolvenzverfahrens gilt er als fortbestehend, soweit der Abwicklungszweck dies erfordert. Der Insolvenzverwalter kann den Tarifvertrag kündigen.[124]

45 **f)** Wenn der Tarifvertrag **gegenstandslos** wird. Das ist regelmäßig dann der Fall, wenn das Unternehmen oder der Betrieb, für den der Tarifvertrag gelten soll, weggefallen ist.

46 **2. Wegfall der Tariffähigkeit, Tarifzuständigkeit und Verbandswechsel.**[125] **a)** Bei **Wegfall der Tariffähigkeit oder Tarifzuständigkeit** entfällt die unmittelbare und zwingende Wirkung des Tarifvertrages. Dieser gilt alsdann nur noch kraft Nachwirkung (§ 4 V TVG).[126] Erstreckt sich die gemeinsame Zuständigkeit der Tarifvertragsparteien nur auf einen Teil des Geltungsbereichs eines Tarifvertrags, ist er im Übrigen unwirksam. Die Teilunwirksamkeit führt nicht zur gesamten Unwirksamkeit, wenn der Rest noch ein sinnvolles Ganzes ergibt.

47 **b)** Nach **Auflösung eines Verbandes** entfällt die unmittelbare und zwingende Wirkung eines Tarifvertrages.[127] Eine entsprechende Anwendung von § 3 III TVG ist ausgeschlossen. Ein Mitglied des Verbandstarifvertrages hat sich nicht dem Tarifvertrag entzogen, sondern der Normgeber selbst ist weggefallen. Auch eine analoge Anwendung von § 613 a I 2 BGB kommt nicht in Betracht, weil es an einer entsprechenden Rechtsgrundlage fehlt. Nach h. M. gelten die Tarifnormen nach § 4 V TVG kraft Nachwirkung.[128] Es darf in den Arbeitsverträgen keine Regelungslücke erwachsen, die von der Rechtsprechung im Wege ergänzender Vertragsauslegung geschlossen werden müsste.

47a **Fusionieren Tarifvertragsparteien** unter Ausschluss von Abwicklung und Auflösung, gehen ihre Mitglieder auf die fusionierte Tarifvertragspartei über.[129] Die Legitimation zum Tarifvertragsabschluss bleibt erhalten. Die Tarifverträge gelten fort.[130] Anders ist es dagegen, wenn der Weg der Verschmelzung unter Auflösung und Abwicklung gewählt wird. In diesen Fällen fällt die Tarifvertragspartei fort. Tarifverträge gelten nur weiter, wenn sie übernommen werden.

48 **3. Rechtswirkung der Beendigung. a)** Endet der Tarifvertrag, so verliert er für die Tarifparteien die **schuldrechtlichen Wirkungen.** Sie unterliegen grundsätzlich nicht mehr der Friedens- und Einwirkungspflicht. Ob sie unmittelbar zu Arbeitskampfmaßnahmen greifen können, richtet sich nach den bestehenden Schlichtungsabkommen.

49 **b)** Gegenüber den Tarifgebundenen entfällt mit dem Ende des Tarifvertrags noch nicht jede Wirkung.[131] Nach § 4 V TVG gelten seine **Rechtsnormen** weiter, bis sie durch eine andere Abmachung ersetzt werden.[132] **Nachwirkende Tarifnormen** entbehren jedoch der zwingenden Wirkung zugunsten der Arbeitnehmer.

50 **c)** Abweichende Vereinbarungen können sein Tarifverträge, Betriebsvereinbarungen und Individualvereinbarungen. Abweichende Vereinbarungen sind zum Vor- wie zum Nachteil des Arbeitnehmers durch **Tarifvertrag** möglich. **Betriebsvereinbarungen** können Arbeitsentgelte

---

[123] BAG 10. 2. 1988 AP 12 zu § 33 BAT; 9. 11. 1988 AP 5 zu § 1 TVG Tarifverträge: Seeschifffahrt.

[124] BAG 27. 6. 2000 AP 56 zu § 2 TVG = NZA 2001, 334.

[125] Schrifttum siehe vor RN 36.

[126] Zum schuldrechtlichen Teil: BAG 11. 11. 1970 AP 28 zu § 2 TVG; zum normativen Teil: BAG 15. 10. 1986 AP 4 zu § 3 TVG = NZA 87, 403; 28. 5. 1997 AP 26 zu § 4 TVG Nachwirkung = NZA 98, 40; BFH 25. 10. 1963 AP 2 zu § 34 a EStG.

[127] A. A. BAG 23. 1. 2008 AP 36 zu § 3 TVG = NZA 2008, 771.

[128] BAG 15. 10. 1986 AP 4 zu § 3 TVG = NZA 87, 246; a. A. oder modifizierend: BAG 23. 1. 2008 AP 36 zu § 3 TVG = NZA 2008, 771.

[129] *Lembke* FS für Wolfgang Leinemann zum 70. Geburtstag, 2006, S. 427.

[130] BAG 24. 6. 1998 AP 1 zu § 20 UmwG = NZA 98, 1346; 23. 1. 2008 AP 36 zu § 3 TVG = NZA 2008, 771.

[131] *Behrens/Hohenstatt* DB 91, 1877.

[132] BAG 12. 12. 2007 AP 39 zu § 1 TVG = NZA 2008, 892.

und sonstige Arbeitsbedingungen, die durch Tarifvertrag geregelt sind oder üblicherweise geregelt werden, nicht regeln. Dies gilt nach h. M. auch dann, wenn der Arbeitgeber nicht tarifgebunden ist (vgl. § 231). Der Weg zu betrieblichen Regelungen zu kommen, ist mithin nur schlecht gangbar. Für eine Änderung kommt zumeist nur der **Individualarbeitsvertrag** in Betracht; insoweit ist regelmäßig eine Änderungskündigung notwendig. Es gilt der allgemeine und besondere Kündigungsschutz (§§ 129, 130).

§ 200. Inhalt des Tarifvertrages

Burkiczak, Grundrechtsbindung der Tarifvertragsparteien oder Relevanz grundrechtlicher Schutzpflichten – Erfurter Einerlei?, RdA 2007, 17; *B. Gaul,* Neue Felder des Arbeitskampfs; Streikmaßnahmen zur Erzwingung eines Tarifsozialplans, RdA 2008, 13; *Görg,* Zulässigkeit tarifvertraglicher Besetzungsregelungen im öffentlichen Dienst, ZTR 90, 311; *Henssler,* Der „Arbeitgeber in der Zange" – Rechtsfragen der Firmentarifsozialpläne, FS für Reinhard Richardi, 2007, S. 553; *Kemne,* Abweichung der Tarifvertragsparteien vom Flächentarifvertrag durch Tarifmodule statt tariflicher Öffnungsklauseln, NZA Beil. 2008 Nr. 1 S. 51; *Kreft,* Zur Zulässigkeit von Tarifsozialplänen, BB-Special 2008, 14; *Kühling/Bertelsmann,* Tarifautonomie und Unternehmerfreiheit, NZA 2005, 1017; *Lindemann/Dannhorn,* Erstreikung von Tarifsozialplänen – Friedenspflicht bei Rationalisierungsschutzabkommen?, BB 2008, 1226; *Lipinski/Ferme,* Erstreikbarkeit von Tarifsozialplänen zulässig – Notwendige Überlegungen bei Betriebsänderungen, DB 2007, 1250; *Lipinski/Reinhardt,* Wäre eine kombinierte Gewerkschaftsstrategie von Unterstützungsstreik mit Streik um einen Tarifsozialplan zulässig?, BB 2008, 2234; *Loritz,* Tarifautonomie und Gestaltungsfreiheit des Arbeitgebers. Dargestellt anhand der gewerkschaftlichen Forderungen nach tarifvertraglicher Regelung der Bemessungsvorgaben bei der Deutschen Bundespost, ZTR 90, 455; *Löwisch,* Beschäftigungssicherung als Gegenstand betrieblicher und tariflicher Regelungen und von Arbeitskämpfen, DB 2005, 554; *Mohr,* Sittenwidrigkeit von Stundenlohn bei Tarifvertrag – Zu den Grundlagen und Grenzen eines richterlichen Mindestlohnes, BB 2008, 1065; *Müller,* Betriebliche Bündnisse für Arbeit, AuA 2005, 150; *Schindele,* Christen-Tarifverträge für Leiharbeitnehmer unwirksam, AiB 2008, 190; *Seebacher,* Der Sozialtarifvertrag. Chancen und Probleme, AiB 2006, 70; *Weiss/Weyand,* Die tarifvertragliche Regelung der Ausbildung der Redaktionsvolontäre an Tageszeitungen, BB 90, 2106; *Willhemsen/Stamer,* Erstreikbarkeit tariflicher Sozialpläne: Die Wiederherstellung der Arbeitskampfparität, NZA 2007, 413.

Übersicht

	RN		RN
I. Regelungszuständigkeit	1 ff.	II. Grenzen der Regelungszuständigkeit	12 ff.
1. Begriff	1–9	1. Gemeinwohl	12
2. Privatleben	10	2. Gesellschaftliche Veränderungen	13
3. Generelle und Individualnormen	11	3. Rechtskontrolle	14–20

I. Regelungszuständigkeit

1. Begriff. a) Die **Regelungszuständigkeit** der Tarifparteien bezieht sich auf die „Wahrung und Förderung der Arbeits- und Wirtschaftsbedingungen" (Art. 9 III GG). Tarifverträge, die sich auf andere Gebiete beziehen, sind rechtsunwirksam. Was zur Wahrung und Förderung der Wirtschaftsbedingungen gehört, wird vom BVerfG nur angedeutet.[1] 1

b) Zum **typischen Inhalt der Tarifverträge** gehören Regelungen von Leistungen und Verpflichtungen aus dem Arbeitsverhältnis und solcher Fragen, die im Zusammenhang mit dem Arbeitsverhältnis stehen. Hierzu gehören die Arbeitsvergütung, die Arbeitszeit, Arbeitsplatz und Qualifikationsschutz (Rationalisierungsschutzabkommen), die allgemeinen Arbeitsbedingungen, die Qualifizierung der Arbeitnehmer[2] und die Besetzung von Arbeitsplätzen;[3] regelmäßig anerkannt werden auch Tarifverträge zur Verbesserung der gewerkschaftlichen Arbeit. 2

c) Dagegen ist umstr., ob ein Tarifvertrag auch **weitergehende Bereiche** zum Gegenstand haben kann. 3

Weitgehend Einigkeit besteht darüber, dass durch Tarifvertrag die **Behörden- und Verwaltungsorganisation** nicht geändert werden kann. 4

Umstr. ist dagegen, in welchem Umfang die **betriebliche Mitbestimmung** durch Tarifvertrag geändert werden kann. Im Allgemeinen wird in der Rechtslehre die Auffassung vertreten, 5

---

[1] BVerfG 18. 11. 1954, 30. 11. 1965, 26. 5. 1970, 12. 12. 1974 AP 1, 7, 16, 23 zu Art. 9 GG; 6. 5. 1964, 19. 10. 1966 AP 15, 24 zu § 2 TVG; 27. 2. 1973 AP 7 zu § 19 HAG.

[2] *Weiss/Weyand* BB 90, 2106.

[3] BAG 26. 4. 1990 AP 57 zu Art. 9 GG = NZA 90, 850; 22. 1. 1991 AP 67 zu Art. 9 GG = NZA 91, 675; dazu *Görg* ZTR 90, 311; *Loritz* ZTR 90, 455; zu Zuschlägen: 3. 4. 1990 AP 56 zu Art. 9 GG = NZA 90, 886.

dass das BetrVG eine abschließende Regelung enthalte und durch Tarifvertrag nicht erweitert werden könne.[4] Insoweit bedarf es aber einer differenzierenden Betrachtungsweise. Im Allgemeinen ist davon auszugehen, dass durch Tarifvertrag die Mitwirkungs- und Mitbestimmungsrechte des Betriebsrats nicht eingeschränkt werden können.[5] Insoweit enthält das BetrVG die gesetzlichen Mindestnormen. Ebenso wenig können durch Tarifvertrag die Organisationsnormen für Betriebs- und Gesamtbetriebsrat usw. geändert werden. Dagegen werden gegen die Erweiterung der Betriebsratsrechte keine Rechtsbedenken erhoben werden können. Dies gilt sowohl für Informations- und Anhörungsrechte, als auch für Mitwirkungs- und Mitbestimmungsrechte des Betriebsrats. Das BAG hat sich bislang nur zu punktuellen Erweiterungen der Betriebsratsrechte geäußert.[6] Zweifelhaft ist dagegen, ob der Tendenzschutz des Arbeitgebers nach § 118 BetrVG eingeschränkt werden kann, denn insoweit wird in seine Grundrechte eingegriffen (§ 214 RN 16).

5a Ob die Gewerkschaft Tarifvertragssozialpläne abschließen und erzwingen kann, ist umstritten. Gegen sie wird eingewandt, es entstehe eine Doppelbelastung der Arbeitgeber durch Sozialpläne und Tarifvertragssozialpläne; es werde gegen die Gleichbehandlung verstoßen, weil Tarifverträge nur für Tarifgebundene gelten würden; es werde in die unternehmerische Entscheidungsfreiheit eingegriffen, weil Betriebsverlagerungen ausgeschlossen oder unattraktiv würden; Tarifvertragssozialpläne seien ein neues Arbeitskampfmittel, das unzulässig sei. Alle Argumente überzeugen wohl nicht. Den Arbeitsgerichten steht keine Tarifzensur zu.[7] Das BAG hat entschieden, dass Tarifverträge mit einem sozialplanähnlichen Inhalt geschlossen werden können.[8] Es hat weiter klargestellt, dass sie auch erstreikt werden können.[9] Die Betriebsparteien können in einem Sozialplan regeln, dass Abfindungen, die der Arbeitgeber auf Grund eines Tarifvertrags wegen einer Betriebsänderung zahlt, zur Erfüllung von Sozialplanansprüchen führen.[10]

6 Umstr. ist, in welchem Umfang in die **Betriebs- und Unternehmenspolitik** durch Tarifvertrag eingegriffen werden kann. Es geht vor allem um den Ausbau der wirtschaftlichen Mitwirkungs- und Mitbestimmungsrechte durch Tarifvertrag. Zum Teil wird diese Möglichkeit verneint, weil der Unternehmer in eigener Verantwortung Wirtschaftspläne aufstellen und durchführen müsse,[11] eine tarifvertragliche Änderung des Unternehmensgesellschaftsrechts unzulässig sei,[12] eine Erweiterung mitbestimmungs-, gesellschafts- und wettbewerbsrechtlich unzulässig sei.[13] Zumindest im Rahmen eines Interessensausgleichs werden Tarifverträge zum Rationalisierungsschutz möglich und rechtswirksam sein. In den neuen Bundesländern sind Kündigungen vorübergehend tarifvertraglich ausgeschlossen worden.

7 Umstr. ist, ob durch Tarifvertrag die **Unternehmensverfassung** geändert werden kann. Die h. M. geht davon aus, dass durch Tarifvertrag nicht mit normativer Wirkung die Unternehmensstruktur und die Zusammensetzung des Aufsichtsrats geändert werden könne,[14] dagegen werden vielfach Tarifverträge mit schuldrechtlicher Wirkung zugelassen.[15]

8 Inwieweit durch andere Rechtskonstruktionen die **paritätische Mitbestimmung** eingeführt werden kann, vgl. § 261.

9 Im Rahmen der Flexibilisierung von Arbeitszeitregelungen wird jedenfalls in einer Einschränkung der Betriebsnutzungszeit durch Tarifverträge ein unzulässiger Eingriff in das Eigentumsrecht des Arbeitgebers vorliegen.

10 **2. Privatleben.** Unwirksam sind Tarifverträge, wenn in das Privatleben der Tarifgebundenen eingegriffen wird. Es kann also nicht eine Verpflichtung der Arbeitnehmer begründet werden, einen tariflichen Bildungsurlaub zu nehmen oder jährlich an einem Fortbildungslehrgang

---

[4] *Fitting* § 1 RN 214 ff.; *Wiedemann/Thüsing* § 1 TVG RN 760 ff.; *Däubler/Hege,* Tarifvertragsrecht, RN 299; *Meier/Krenz* DB 88, 2149.

[5] Für die Überwachungsrechte des Betriebsrats: BAG 21. 10. 2003 AP 62 zu § 80 BetrVG 1972 = NZA 2004, 936.

[6] Vgl. BAG 23. 3. 1962 AP 1 zu § 56 BetrVG Akkord; 23. 11. 1955 AP 1 zu § 184 BGB.

[7] Hess. LAG 2. 2. 2006 – 9 Sa 915/05; LAG Niedersachsen 2. 6. 2004 NZA-RR 2005, 200; vgl. *Lipinski/Ferme* DB 2007, 1250.

[8] BAG 6. 12. 2006 AP 1 zu § 4 TVG Sozialplan = NZA 2007, 821.

[9] BAG 24. 4. 2007 AP 2 zu § 1 TVG Sozialplan = NZA 2007, 987.

[10] BAG 14. 11. 2006 AP 181 zu § 112 BetrVG 1972 = NZA 2007, 339.

[11] *Biedenkopf,* Grenzen der Tarifautonomie, S. 161 ff.

[12] *Wiedemann/Thüsing* § 1 TVG RN 760 ff.

[13] *Vollmer* DB 79, 308, 355; *Koller* ZfA 79, 51, 54, 69.

[14] *Wiedemann/Thüsing* § 1 TVG RN 760 ff. m. weit. Nachw.

[15] Vgl. *Hensche* ArbuR 71, 38; *Fabricius,* FS für Hilger/Stumpf, 1983, S. 155; a. A. *Beuthien* ZfA 83, 141; *Konzen* Die AG 83, 289, 295 alle m. weit. Nachw.

teilzunehmen. Sind auf Grund des Tarifvertrages bereits Individualrechte erwachsen, so können diese wegen des bestehenden Vertrauensschutzes nicht mehr rückwirkend beseitigt werden (§ 199).[16] Jedoch sind tariflich vereinbarte Abtretungsverbote für Lohnansprüche zulässig.[17] Sie dürfen nicht zur Übersicherung führen.[18] Ein Tarifvertrag kann die Verpflichtung eines Arbeitnehmers z. B. eines Hausmeisters begründen, seinen Wohnsitz an einem bestimmten Ort seiner Tätigkeit zu nehmen, sofern dieser Verpflichtung ein durch die Besonderheit des Arbeitsverhältnisses begründetes berechtigtes Interess des Arbeitgebers zugrunde liegt.[19]

3. Generelle und Individualnormen. Umstritten ist schließlich, ob die Tarifnormen generell und abstrakt sein müssen. Die h. M. lässt auch die Regelung des Einzelfalles zu, da sich die Regelungskompetenz nach Art. 9 III GG nicht auf eine abstrakte Regelung beschränkt.[20] In jedem Fall müssen die Tarifverträge dem Grundsatz der Normenklarheit genügen. 11

II. Grenzen der Regelungszuständigkeit

Für Gemeinwohlbindung: *Biedenkopf,* Tarifautonomie, S. 63, 68; *Galperin* ArbuR 65, 1, 3; DB 69, 704, 706; *Gamillscheg,* Koalitionsfreiheit als Verfassungsproblem, S. 45, 52; *Leibholz* RdA 66, 281, 285; *Rüfner,* Zur Gemeinwohlbindung der Tarifvertragparteien, RdA 85, 193; *Säcker,* Gruppenautonomie, S. 277, 278; *Scheuner* RdA 71, 327, 331; *Söllner* ArbuR 66, 257, 263; *Wiedemann,* FS für Larenz, S. 199, 214; **gegen Gemeinwohlbindung:** *Baumann,* Anforderungen an den Tarifvertrag als Gesetz, RdA 87, 270; *Herschel* SozFort. 79, 121; *ders.,* Tarifautonomie und Gemeinwohl, RdA 86, 1; *Muhr* RdA 73, 9, 11; *Pfarr-Kittner* RdA 74, 284, 291; *Reuß* ZfA 70, 331 ff.; ArbuR 72, 136, 146; 75, 1; 289 ff.; RdA 76, 53; *Richardi* RdA 69, 147. Vgl. *Adomeit,* Regelungen von Arbeitsbedingungen und ökonomische Notwendigkeiten, 1996; *Badura,* Die Tarifautonomie im Spannungsfeld von Gemeinwohlerfordernis und kollektiven Interessenswahrung, AöR 104, 246.

Tarifpolitik: *Lessner,* Chancen dezentraler Tarifpolitik – Herausforderung für die gewerkschaftliche Willensbildung, RdA 2005, 285.

Unternehmerische Entscheidungen: *Beuthien,* Mitbestimmung unternehmerischer Sachentscheidungen kraft Tarif- oder Betriebsautonomie, ZfA 84, 1; *Bulla,* Tarifverträge über Rationalisierungsmaßnahmen in Betrieben und Unternehmen, DB 80, 103, 158; *Koller,* Die Zulässigkeit von Rationalisierungsschutzabkommen in Tarifverträgen, ZfA 78, 45; *Reuter,* Zulässigkeit und Grenzen tarifvertraglicher Besetzungsregelungen, ZfA 78, 1.

Rechtskontrolle: *Brors,* Ungleichbehandlung im Tarifvertrag, ZTR 98, 57; *Kulka,* Die kartellrechtliche Zulässigkeit von Tarifverträgen über das Ende der täglichen Arbeitszeit im Einzelhandel, RdA 88, 336; *Schliemann,* Arbeitsgerichtliche Kontrolle von Tarifverträgen, ZTR 2000, 198; *Singer,* Tarifvertragliche Normenkontrolle am Maßstab der Grundrechte, ZfA 95, 611; *Stein,* Die Konkurrenz von Gesetz und Tarifvertrag, ArbuR 98, 1; *Zachert,* Elemente einer Dogmatik der Grundrechtsbindung der Tarifparteien, ArbuR 2002, 330.

Grundrechtsverstoß: *Adam,* Der Grundrechtsverzicht des Arbeitnehmers, ArbuR 2005, 129; *Baumann,* Die Rechtsfolgen eines Grundrechtsverstoßes der Tarifpartner, RdA 94, 272; *Boemke,* Bindung der Tarifvertragsparteien an die Grundrechte, 50 Jahre BAG, 2004 S. 613; *Dieterich,* Flexibilisiertes Tarifrecht und Grundgesetz, RdA 2002, 1; *ders.,* Grundrechtsbindung der Tarifvertragsparteien, Gleichheitssatz bei Geltungsausnahmen, AR-Blattei ES 800 Nr. 1156; *Fastrich,* Bemerkungen zu den Grundrechtsschranken des Tarifvertrags, Festschrift für Reinhard Richardi, 2007, S. 127; *Frenz,* Freiheitsbeschränkungen durch Grundrechte, EWS 2005, 15; *Höfling,* Die unmittelbare Drittwirkung gemäß Art. 9 Abs. 3 S. 2, RdA 2004, 263; *Jarass,* Tarifverträge und Verfassungsrecht, NZA 90, 505; *Sachs,* Zu den Folgen von Gleichheitsverstößen in Tarifverträgen, RdA 89, 25; *Schwarze,* Die Grundrechtsbindung der Tarifnormen aus der Sicht grundrechtlicher Schutzpflichten, ZTR 96, 1; *Sieben,* Verfassungswidrige Kündigungsbeschränkungen, NJW 2005, 1095; *Söllner,* Tarifmacht – Grenzen und Grenzverschiebungen, Sonderbeilage zur NZA Heft 24, 2000, S. 33; *Thüsing,* Ungleichbehandlung geringfügig Beschäftigter in Tarifverträgen, ZTR 2005, 118; *Waltermann,* Kollektivvertrag und Grundrechte, RdA 90, 138; *Zachert,* Individuum und Kollektiv im Arbeitsrecht: alte Fragen – neue Probleme, ArbuR 2002, 41; einschränkend *Dieterich,* Die Grundrechtsbindung von Tarifverträgen, FS für Schaub, 1998, S. 117; *Tondorf,* Entgeltgleichheit für Frauen und Männer, Tarifverträge entsprechen nicht EU-rechtlichen Vorgaben, AiB 2002, 755.

1. Gemeinwohl. Umstritten ist, ob die Tarifvertragsparteien bei der Aushandlung ihrer Verträge sich am **staatlichen Gemeinwohl** orientieren müssen oder ob sie z. B. eine Tariflohnerhöhung vereinbaren dürfen, wenn die **Preisstabilität** gefährdet wird. Das BAG hat zum Arbeitskampf ausgeführt, dass dieser die Verhältnismäßigkeit wahren müsse. Er müsse die wirt- 12

[16] Vgl. EuGH 11. 3. 1981 NJW 81, 2637; 30. 9. 1982 NJW 83, 1962.
[17] BAG 20. 12. 1957, 5. 9. 1960 AP 1, 4 zu § 399 BGB.
[18] LAG Köln 27. 3. 2006 NZA-RR 2006, 365.
[19] BAG 7. 6. 2006 AP 15 zu § 611 BGB Hausmeister = NZA 2007, 343.
[20] *Wiedemann/Wiedemann* Einl. RN 336.

schaftlichen Gegebenheiten berücksichtigen und dürfe das Gemeinwohl nicht offensichtlich verletzen.[21] Die BReg. kann nach § 3 Gesetz zur Förderung der Stabilität und des Wachstums der Wirtschaft (StabG) vom 8. 6. 1967 (BGBl. I S. 582) zul. geänd. 31. 10. 2006 (BGBl. I S. 2407) den Koalitionen Orientierungsdaten an die Hand geben.[22] Nach diesen Richtdaten wird auch zu Lohnerhöhungen Stellung genommen, die nach Meinung der konzertierten Aktion ohne volkswirtschaftlichen Schaden für die Allgemeinheit hingenommen werden können. Das BVerfG geht von einer Gemeinwohlbindung der Tarifparteien aus, wenn es ausführt, selbstverständlich mussten auch die Gewerkschaften angesichts der Bedeutung ihrer Tätigkeit für die Wirtschaft und ihres geistigen Einflusses auf weite Bereiche des öffentlichen Lebens bei allen ihren Aktivitäten das Gemeinwohl berücksichtigen.[23] Der BGH hat geäußert, dass die Tarifpartner die Verantwortung tragen müssen, wenn durch überhöhte Löhne Wirtschaftszweige in Schwierigkeiten geraten. Der Staat sei nicht gehalten, einzugreifen. Schadensersatzansprüche wegen der Tarifabschlüsse werden verneint.[24] In der Literatur ist die Gemeinwohlbindung heftig umstr.[25] Wenngleich die Bindung an das Gemeinwohl anzuerkennen ist, ist eine andere Frage, inwieweit Tarifverträge justitiabel sind. Der Begriff des Gemeinwohls ist so vage, dass sich nur schwerlich sachgemäße Kriterien zur Überprüfung finden lassen.

13 **2. Gesellschaftliche Veränderungen.** Umstritten ist ferner, inwieweit mittels Tarifvertrages **allgemeine gesellschaftliche Veränderungen** vorgenommen werden können (vgl. RN 1 ff.). Bei Rationalisierungsschutzabkommen ist umstr., ob und inwieweit Arbeitsplätze festgeschrieben oder nur ein sozialer Ausgleich für ihren Verlust geregelt werden kann.[26] Umstr. waren insoweit vor allem Regelungen zum Ladenschluss und zum Dienstleistungsabend (oben § 157).[27]

14 **3. Rechtskontrolle.**[28] **a)** Die **Gerichte für Arbeitssachen** überprüfen Tarifverträge, ob sie gegen höherrangiges Recht, also die Verfassung,[29] europäisches Gemeinschaftsrecht, zwingendes Gesetzesrecht,[30] die guten Sitten oder tragende Grundsätze des Arbeitsrechts verstoßen.[31] Vorrangig ist jedes höherrangige Recht. Das sind sämtliche Formen des Bundes- und Landesrechts. Der Vorrang des Tarifvertrages bedürfte einer gesetzlichen Ermächtigung im TVG. Ein Tarifvertrag, der ohne sachlichen Grund Altersgrenzen einführt, ist insoweit unwirksam.[32]

15 Die **Koalitionsfreiheit** (Art. 9 GG) hat Drittwirkung. Niemand darf in die Koalitionsfreiheit eingreifen. Andererseits müssen die Tarifvertragsparteien die negative Koalitionsfreiheit beachten.

16 Die Tarifverträge müssen die **arbeitnehmerschützenden Freiheitsrechte** beachten.[33] Hierzu gehört vor allem die Berufsfreiheit. Die aus der Berufsfreiheit resultierenden Grenzen sind entsprechend der Dreistufentheorie des BVerfG zu bestimmen.[34] Hieraus sind Schlussfolgerungen zu ziehen für subjektive Zulassungsvoraussetzungen in Tarifverträgen sowie die Besetzungsregelungen in Tarifverträgen. Art. 12 I GG ist durch eine tarifliche Altersgrenzenregelung von 60 Jahren für Piloten nicht verletzt.[35] Eingeschränkt können die Grundrechte sein, die mit anderen Grundrechten kollidieren. Für Arbeitnehmer in Presse, Rundfunk, Universitäten, Kirchen, Gewerkschaften usw. kann die Meinungsfreiheit eingeschränkt sein.

---

[21] BAG 28. 1. 1955, 20. 12. 1963, 21. 4. 1971 AP 1, 33, 43 zu Art. 9 GG Arbeitskampf; BAG GS 29. 11. 1967 AP 13 zu Art. 9 GG.

[22] Vgl. Sachverständigenrat zur Begutachtung der gesamtwirtschaftlichen Entwicklung, ZTR 90, 16.

[23] BVerfG 18. 12. 1974 AP 23 zu Art. 9 GG.

[24] BGH 14. 2. 1978 NJW 78, 2031.

[25] Schrifttum siehe vor RN 12.

[26] Schrifttum siehe vor RN 12.

[27] BAG 27. 6. 1989 AP 113 zu Art. 9 GG Arbeitskampf = NZA 89, 964; KG 21. 2. 1990 NZA 91, 24; dazu *Jarass* NZA 90, 505; *Kulka* RdA 88, 336.

[28] Schrifttum siehe vor RN 12.

[29] Schrifttum siehe vor RN 12.

[30] BAG 26. 9. 1984 AP 21 zu § 1 TVG; 31. 7. 2002 AP 14 zu § 1 TVG Tarifverträge: Luftfahrt = NZA 2002, 1155.

[31] BAG 3. 10. 1969 AP 12 zu § 15 AZO; 31. 3. 1966, 23. 2. 1967 AP 54, 57 zu § 611 BGB Gratifikation; 30. 1. 1970 AP 142 zu § 242 BGB Ruhegehalt; 26. 9. 1984 AP 21 zu § 1 TVG; 28. 11. 1984 AP 2 zu § 4 TVG Bestimmungsrecht; 10. 10. 1989 AP 2, 3 zu § 1 TVG Vorruhestand = NZA 90, 346, 546; vgl. oben § 31.

[32] BAG 31. 7. 2002 AP 14 zu § 1 TVG Tarifverträge: Luftfahrt = NZA 2002, 1155.

[33] MünchArbR/*Löwisch/Rieble* § 259 RN 19 ff.; einschränkend *Dieterich* in: FS Schaub 1998 S. 126, 128.

[34] BVerfG 11. 6. 1958 AP 13 zu Art. 12 GG.

[35] BVerfG 25. 11. 2004 AP 25 zu § 620 BGB Altersgrenze.

Die Tarifvertragsparteien sind zur **Gleichbehandlung** der Arbeitnehmer verpflichtet.[36] Im AGG sind sie von der Einhaltung des Gleichbehandlungsgesetzes nicht entbunden. Dabei kommt den Tarifvertragsparteien ein weiter Beurteilungsspielraum zu, was sie als Differenzierungsgrund anerkennen. Die Differenzierungsgründe dürfen nicht willkürlich sein.[37] Die Tarifvertragsparteien können für die Erhöhung der Vergütung Stichtagsregelungen einführen.[38] Tarifliche Altersgrenzen sind zulässig.[39] Das BAG ist in ständiger Rechtsprechung von der Pflicht zur Einhaltung des Gleichbehandlungsgrundsatzes ausgegangen. Erst in neuerer Zeit werden gelegentlich Zweifel geäußert.[40] Der 4. Senat hat entschieden, dass die Tarifvertragsparteien wegen der Regelung des persönlichen Geltungsbereichs keiner unmittelbaren Bindung an den allgemeinen Gleichheitssatz des Art. 3 I GG unterliegen, sondern wegen ihres insoweit vorrangigen Grundrechts der Koalitionsfreiheit, in eigener Selbstbestimmung den persönlichen Geltungsbereich ihrer Tarifregelungen festlegen. Die Grenze der Willkür sei erst dann überschritten, wenn die Differenzierung im persönlichen Geltungsbereich unter keinem Gesichtspunkt, auch koalitionspolitischer Art, plausibel erklärbar sei.[41] Kein Gleichbehandlungsgebot besteht für verschiedene Tarifwerke.[42] 17

Umstritten ist, in welchem Umfang Arbeitgeber einen **Grundrechtsschutz** genießen.[43] In jedem Fall genießen sie den Schutz der Koalitionsfreiheit. Art. 12 GG gewährleistet die Unternehmerfreiheit zur Gründung und Führung von Unternehmen und die Vertragsfreiheit. Ob und in welchem Umfang der Ausschluss von Kündigungen unwirksam ist, ist umstr. Aus Art. 2 GG folgt die wirtschaftliche Entfaltungsfreiheit im Übrigen. Art. 14 GG schützt auch das wirtschaftlichen Zwecken gewidmete Eigentum. 18

Ist eine Tarifnorm auf einen Teil des von ihr erfassten **Personenkreises** wegen Verstoßes gegen höherrangiges Recht nicht anwendbar, so beeinträchtigt dies ihre Geltung für den übrigen Personenkreis jedenfalls dann nicht, wenn anzunehmen ist, dass die Tarifvertragsparteien die Regelung auch für diesen allein gewollt hätten.[44] Ist im Übrigen ein Tarifvertrag teilweise nichtig, so gilt der wirksame Teil, wenn dieser eine noch sinnvolle Regelung des Arbeitsverhältnisses darstellt. Soweit Tarifverträge unwirksam sind, bedarf es ihrer ergänzenden Auslegung.[45] Dagegen erfolgt keine Überprüfung der Tarifverträge auf ihre Zweckmäßigkeit.[46] Verändern sich die tatsächlichen Umstände, so sind nicht die Gerichte, sondern die Tarifvertragsparteien gehalten, den Tarifvertrag zu ändern (berichtigend auszulegen). Tarifverträge gehen Richterrecht vor, z.B. der Gratifikationsrechtsprechung zu den Rückzahlungsvorbehalten. 19

b) Zunehmende Bedeutung erlangt die Überprüfung von Tarifverträgen anhand des **Europarechts.** Die Tarifvertragsparteien müssen den Lohngleichheitssatz des Art. 141 EG beachten. In einer Reihe von Entscheidungen hat sich der EuGH mit der Beachtung des Lohngleichheitssatzes durch die Tarifvertragsparteien befasst. Ein Tarifvertrag, der wegen der Vergütung an die schwere körperliche Arbeit anknüpft, muss auch Vergütungsgruppen enthalten, die eher von Personen weiblichen Geschlechtes erfüllt werden können.[47] Beim Übergangsgeld darf nicht 20

---

[36] *Dieterich* FS für Schaub, 1998, S. 128; *ders.* RdA 2002, 1; MünchArbR/*Löwisch/Rieble* § 259 RN 46.

[37] BAG 16. 8. 2005 AP 8 zu § 1 TVG Gleichbehandlung.

[38] BAG 29. 11. 2001 AP 296 zu Art. 3 GG; 16. 12. 2004 – 6 AZR 652/03 n. a. v.; LAG Hamm 24. 1. 2008 – 15 Sa 1950/07.

[39] Hess. LAG 15. 10. 2007 – 17 Sa 809/07 – juris PR – ArbR 25/2008 Anm. 2; BAG 18. 6. 2008 NZA 2008, 1302.

[40] Verpflichtung bejaht: BAG 5. 4. 1995 AP 18 zu § 1 TVG Tarifverträge: Lufthansa; 30. 8. 2000 AP 25 zu § 4 TVG Geltungsbereich = NZA 2001, 613; 14. 3. 2001 AP 4 zu § 620 BGB Schuldrechtliche Kündigungsbeschränkung; 4. 4. 2000 AP 2 zu § 1 TVG Gleichbehandlung = NZA 2002, 917; dahingestellt: BAG 5. 10. 1999 AP 70 zu § 1 TVG Einzelhandel = NZA 2000, 1302; vgl. *Löwisch* SAE 2001, 295.

[41] BAG 30. 8. 2000 AP 25 zu § 4 TVG Geltungsbereich = NZA 2001, 613; 29. 8. 2001 AP 291 zu Art. 3 GG = NZA 2002, 863.

[42] BAG 18. 9. 2003 – 2 AZR 537/02 (n. a. v.) – ZTR 2004, 1155.

[43] MünchArbR/*Löwisch/Rieble* § 259 RN 56.

[44] BAG 21. 1. 1984 AP 13 zu § 42 SchwbG = NZA 85, 739; 26. 6. 1985 AP 1 zu § 1 TVG Teilnichtigkeit = NZA 86, 576; vgl. auch BAG 27. 5. 2004 AP 5 zu § 1 TVG Gleichbehandlung = NZA 2004, 1399.

[45] BAG 10. 10. 1989 AP 2, 3 zu § 1 TVG Vorruhestand = NZA 90, 346; 546.

[46] BAG 2. 3. 1988 AP 9 zu § 1 TVG Tarifverträge: Banken; 30. 11. 1988 AP 6 zu § 1 TVG Tarifverträge: Papierindustrie (beide Urt. mit entspr. amtl. Merksätzen); 10. 2. 1988 AP 12 zu § 33 BAT.

[47] EuGH 1. 7. 1986 AP 13 zu Art. 119 EWG-Vertrag; Folgerechtsprechung des BAG 27. 4. 1988 AP 63 zu § 1 TVG Tarifverträge: Metallindustrie = NZA 88, 626; 29. 7. 1992 AP 32 zu § 1 TVG Tarifverträge: Einzelhandel = NZA 93, 181.

zwischen Männern und Frauen unterschieden werden,[48] bei teilzeitbeschäftigten Frauen darf nicht die Bewährungszeit verlängert werden, es sei denn, dass hierfür berufsimmanente Gründe vorliegen,[49] Tarifvertragsparteien müssen für gleichwertige Berufe eine gleiche Entlohnung vereinbaren.[50]

§ 201. Obligatorische Bestimmungen des Tarifvertrages

Buchner, Abschied von der Einwirkungspflicht der Tarifvertragsparteien, DB 92, 572; *Feldmann,* Die Beteiligung des Personalrats beim Ausstieg aus Tarifverträgen durch Verbandsaustritt, PersV 2008, 283; *Feudner,* Die Durchsetzung von Tarifverträgen, DB 91, 1118; *Gamillscheg,* Durchsetzungsschwächen des Betriebsrats, ArbuR 96, 354; *ders.,* Ihr naht euch wider schwankende Gestalten, Tarifbonus für Gewerkschaftsmitglieder, NZA 2005, 146; *Hampe/Lägeler,* Tarifflucht durch Tarifbruch-Handlungsoptionen der Tarifvertragsparteien, DB 2008, 1681; *Rieble/Klebeck,* Tarifvertragliche Meistbegünstigung, RdA 2006, 65; *Schleusener,* Rechtmäßigkeit kampfweiser Durchsetzung von Firmentarifverträgen gegenüber verbandsangehörigen Arbeitgebern, NZA 98, 239; *Schwarze,* Die Einwirkungsklage als Mittel zur Beseitigung tarifwidriger Betriebsvereinbarungen, ZTR 93, 229; *Walker,* Der tarifvertragliche Einwirkungsanspruch, FS für Schaub, 1998, S. 743.

Übersicht

	RN
I. Rechtsnatur	1 ff.
1. Begriff	1, 2
2. Inhalt	3
3. Friedens- und Durchführungspflicht	4
II. Schuldner und Gläubiger der obligatorischen Verpflichtungen des Tarifvertrages	5 ff.
1. Schuldner	5
2. Gläubiger	6, 7
III. Die wichtigsten obligatorischen Pflichten	8 ff.
1. Gliederung	8
2. Friedenspflicht	9–14
3. Einwirkungspflicht	15, 16
4. Differenzierungs- und Außenseiterklauseln	17
5. Tarifvertragliche Meistbegünstigungsklauseln	17 a–17 g
6. Sonstige obligatorische Pflichten	18
IV. Rechtsfolgen bei Verletzung der obligatorischen Bestimmungen	19 ff.
1. Leistungsansprüche	19–21 a
2. Unterlassungsanspruch	22–25
3. Allgemeiner Unterlassungsanspruch	26–29
4. Durchsetzung des allgemeinen Unterlassungsanspruches	30
5. Leistungsstörungen	31
6. Vertrag mit Schutzwirkung zugunsten Dritter	32

I. Rechtsnatur

1 **1. Begriff.** Der Tarifvertrag regelt die Rechte und Pflichten der Tarifvertragsparteien (§ 1 I TVG). Die Bestimmungen, die die wechselseitigen Rechte und Pflichten regeln, sind **schuldrechtliche Vertragsabreden** im Sinne des BGB. Sie schaffen keine Rechtsnormen für die Tarifunterworfenen, sondern begründen subjektive Rechte und Pflichten der Tarifvertragsparteien. Die obligatorischen Bestimmungen werden nicht wie Gesetze, sondern wie Verträge ausgelegt (§ 198 RN 22). Vertragsabreden der Tarifparteien, die keine normativen Bestimmungen enthalten, sind nach h. M. keine Tarifverträge. Andererseits braucht ein Tarifvertrag nicht ausdrücklich einen obligatorischen Teil zu enthalten, denn jedem Tarifvertrag sind die **Friedens- und Einwirkungspflichten** immanent.

2 Die **Zuweisung einzelner Regelungen** zum obligatorischen oder normativen Teil kann schwierig sein. Dies gilt insbesondere für Bestimmungen über das Inkrafttreten, Laufdauer und Kündigung von Tarifverträgen. Diese werden jedoch vorwiegend zu den obligatorischen gezählt.

3 **2. Inhalt.** Der obligatorische Teil eines Tarifvertrages kann jeden nach dem **Vertragsrecht des BGB** zulässigen Inhalt haben. Da die Tarifvertragsparteien im Allgemeinen in einer Dauerrechtsbeziehung stehen, können sich vorvertragliche (§ 311 II Nr. 1 BGB), vertragliche und nachver-

---

[48] EuGH 27. 6. 1990 AP 21 zu Art. 119 EWG-Vertrag = NZA 90, 771; Folgerechtsprechung des BAG 7. 11. 1991 AP 14 zu § 62 BAT.

[49] EuGH 7. 2. 1991 AP 25 zu § 23 a BAT; BAG 2. 12. 1992 AP 28 zu § 23 a BAT = NZA 93, 367.

[50] EuGH 27. 10. 1993 AP 50 zu Art. 119 EWG-Vertrag = NZA 94, 797 (Enderby); 17. 10. 1995 AP 132 zu § 242 BGB Gleichbehandlung = NZA 96, 656.

tragliche Verpflichtungen ergeben.[1] Da schuldrechtliche Verträge auch zugunsten Dritter geschlossen werden können, vermögen auch die Tarifpartner Rechte zugunsten Dritter zu begründen.[2] Ursprünglich war allgemeine Meinung, dass die Tarifpartner Rechte der Tarifgebundenen begründen können. Dies wurde im Streit um die Differenzierungsklausel in Abrede gestellt. Das BAG ist indes bei dieser Meinung verblieben.[3] Ausgeschlossen ist, durch obligatorische Tarifbestimmungen auf Arbeitsverhältnisse zu Lasten von **Außenseitern** einzuwirken (RN 17).

3. Friedens- und Durchführungspflicht. Die wichtigsten obligatorischen Verpflichtungen sind die Friedens- und Durchführungspflicht, und seit einiger Zeit auch die Meistbegünstigungspflicht, durch die der Tarifflucht begegnet werden soll. Sie sind im TVG nicht ausdrücklich geregelt. Ihre juristische Begründung ist umstr. Zum Teil wird angenommen, Friedens- und Durchführungspflicht seien jedem Tarifvertrag immanent.[4] Dieser Lehre wird entgegengehalten, dass im Ausland nur dann eine Friedenspflicht angenommen werde, wenn sie ausdrücklich vereinbart worden sei. Zum Teil wird die Friedenspflicht mit der Ordnungsfunktion des Tarifvertrages begründet.[5] Zum Teil wird von ihrer gewohnheitsrechtlichen Geltung ausgegangen.[6] Zum Teil wird auf den (auch konkludenten) Willen der Vertragsparteien und die objektive Interessenlage abgestellt.[7] Der Meinungsstreit hat vor allem Bedeutung wegen der Stellungnahme zu Sympathiearbeitskämpfen oder Arbeitskämpfen um nicht tariflich geregelte Ziele (übertarifliche Zulagen). Insoweit kann nach der letzten Meinung nicht von einem gewerkschaftlichen Willen ausgegangen werden, dass sie unzulässig seien. 4

II. Schuldner und Gläubiger der obligatorischen Verpflichtungen des Tarifvertrages

1. Schuldner. Schuldner des obligatorischen Teils sind nur die Tarifparteien, nicht dagegen deren Mitglieder. Tarifverträge werden nicht im Namen der Mitglieder der Tarifparteien abgeschlossen.[8] Im Übrigen sind dem geltenden Recht Verträge zu Lasten Dritter unbekannt. Beim Firmentarif ist Schuldner der Arbeitgeber,[9] beim Verbandstarif der Verband. Beim Spitzenverband haften jeweils der Spitzenverband und die angeschlossenen Verbände (§ 199). Bei mehrgliedrigen Tarifverträgen stehen die Tarifpartner einer Seite grundsätzlich nicht im Verhältnis der Gesamtschuldnerschaft (§ 199 RN 24); es kann mithin immer nur der den Tarifvertrag verletzende Verband in Anspruch genommen werden. 5

2. Gläubiger. Gläubiger der obligatorischen Bestimmungen sind die Tarifparteien; beim Firmentarif der Arbeitgeber, beim Verbandstarif der Verband. Hat ein Spitzenverband den Tarifvertrag abgeschlossen, so kommt es darauf an, ob er im eigenen Namen oder im Namen seiner angeschlossenen Verbände gehandelt hat (§ 2 II, III TVG) (vgl. § 199). Beim mehrgliedrigen Tarifvertrag sind die Verbände einer Seite im Zweifel nicht Gesamtgläubiger. 6

Ob sich aus den obligatorischen Bestimmungen Vertragspflichten zugunsten Dritter oder Schutzpflichten zugunsten Dritter ergeben, ist durch Auslegung zu ermitteln. Sind ausdrückliche Bestimmungen, ob die Mitglieder der Verbände unmittelbar Rechte erwerben sollen, nicht getroffen, so hat die Auslegung unter Berücksichtigung von § 328 II BGB zu erfolgen. Haben die obligatorischen Abreden allein kollektive Interessen zum Gegenstand, haben die Verbandsmitglieder keine unmittelbaren Rechte. Anders dagegen, wenn mit ihnen zugleich auch die Individual-Interessen der Mitglieder verfolgt werden. Abschlussgebote, die auch im obligatorischen Teil enthalten sein können, begründen im Zweifel Ansprüche der begünstigten Mitglieder. Die Friedenspflicht dient auch zum Schutz der Verbandsmitglieder. Bei Verletzung der Friedenspflicht können daher die Verbandsmitglieder unmittelbar Schadensersatzansprüche geltend machen; bei tarifwidrigen Arbeitskämpfen kann der Arbeitgeber oder Arbeitnehmer unmittelbar Ersatz seines Schadens vom gegnerischen Verband verlangen.[10] Auch bei 7

[1] Grundlegend: *Seiter* ZfA 89, 283.
[2] BAG 31. 10. 1958 AP 2 zu § 1 TVG Friedenspflicht.
[3] BAG 21. 3. 1958 AP 13 zu Art. 9 GG.
[4] *Gamillscheg,* Kollektives Arbeitsrecht, S. 628, 1074; *Zöllner* ZfA 73, 239.
[5] BAG 31. 10. 1958 AP 2 zu § 1 TVG Friedenspflicht; *Boldt* RdA 71, 268; *Rüthers* RdA 68, 168.
[6] *Wiedemann/Thüsing* § 1 TVG RN 867.
[7] *Kempen/Zachert,* TVG, 3. Aufl., § 1 RN 341 ff.
[8] BAG 17. 12. 1958 AP 3 zu § 1 TVG Friedenspflicht; vgl. § 198 RN 14.
[9] BAG 14. 6. 1995 AP 4 zu § 1 TVG Durchführungspflicht = NZA 96, 43.
[10] Vgl. BAG 31. 10. 1958, 14. 11. 1958 AP 2, 4 zu § 1 TVG Friedenspflicht; vgl. aber für den Arbeitgeberverband: BAG 21. 12. 1982 AP 76 zu Art. 9 GG Arbeitskampf; 12. 9. 1984 AP 81 zu Art. 9 GG Arbeitskampf = NZA 84, 393.

echten Verträgen zugunsten Dritter kann im Zweifel der Verband auf Leistung an seine Mitglieder klagen (§ 335 BGB).[11]

III. Die wichtigsten obligatorischen Pflichten

Einwirkungspflicht: *Bartz,* Reichweite und Grenzen gewerkschaftlicher Friedenspflicht aus Tarifverträgen, ZTR 2004, 122, 170; *Bengelsdorf,* AR-Blattei, ES 1550.5 Nr. 14; *Buchner,* Abschied von der Einwirkungspflicht der Tarifvertragsparteien, DB 92, 572; *Feudner,* Durchsetzung von Tarifverträgen durch die Gewerkschaften, BB 2007, 266; *Franzen,* Vorteilsregelungen für Gewerkschaftsmitglieder, RdA 2006, 1; *Greiner,* Differenzierungsklauseln im Kontext von Koalitionsfreiheit und Gewerkschaftspluralismus, DB 2009, 398; *Kasper,* Durchbrechung des prozessualen Erkenntnisverfahrens bei der sog. Einwirkungsklage der Tarifvertragsparteien?, DB 93, 682; *Klebeck,* Atypische Differenzierungsklauseln, SAE 2008, 97; *Kocher,* Differenzierungsklauseln: Neue Orientierungen, NZA 2009, 154; *Leydecker,* Bonus für Gewerkschaftsmitgliedschaft, ArbuR 2006, 11; *Otto,* Relative Friedenspflicht, tariflicher Regelungsgegenstand und Geschäftsgrundlage, FS für Herbert Wiedemann zum 70. Geburtstag, S. 401; *Rieble,* Tarifnormenkontrolle durch Verbandsklage, NZA 92, 250; *Rieble/Klebeck,* Tarifvertragliche Meistbegünstigungsklausel, RdA 2006, 65; *Schwarze,* Die Einwirkungsklage als Mittel zur Beseitigung tarifwidriger Betriebsvereinbarungen?, ZTR 93, 229; *Zachert,* Tarifvertragliche Durchführungspflicht im Ausland, ArbuR 92, 127.

8 **1. Gliederung.** Die schuldrechtlichen Verpflichtungen zerfallen in sog. **Selbst-** und **Einwirkungspflichten.** Selbstpflichten sind solche, die den Tarifparteien selbst obliegen und nur von ihnen erfüllt werden können. Die wichtigste Selbstpflicht ist die Friedenspflicht. Einwirkungspflichten sind solche, die durch Einwirkung der Tarifparteien auf ihre Mitglieder erfüllt werden.

9 **2. Friedenspflicht.**[12] Sie beinhaltet das Versprechen der Tarifpartner zur Einhaltung des Wirtschaftsfriedens durch sie und ihre Mitglieder,[13] also sich jeder Kampfmaßnahme zu enthalten. Zu unterscheiden sind die **relative** und die **absolute Friedenspflicht.**

10 **a)** Die **absolute Friedenspflicht** untersagt jegliche Kampfhandlung während der Laufzeit eines Tarifvertrages und zwar auch dann, wenn die konkrete Regelungsstreitigkeit sich auf im Tarifvertrag nicht geregelte Punkte bezieht. Die absolute Friedenspflicht kann über die Laufzeit eines Tarifvertrages hinausgehen; dies ist z. B. der Fall, wenn Kampfmaßnahmen erst nach Durchführung eines Schlichtungsverfahrens zulässig sind. Nach h. M. besteht sie nur dann, wenn sie besonders vereinbart ist.[14]

11 **b)** Dagegen beinhaltet die **relative Friedenspflicht** eine jedem Tarifvertrag immanente, auch zugunsten ihrer Mitglieder bestehende Verpflichtung der Tarifvertragsparteien, Arbeitskämpfe um tariflich geregelte Punkte zu unterlassen. Friedenspflicht besteht nur, soweit sich die Geltungsbereiche des laufenden und des angestrebten Tarifvertrags decken. Gleichwohl hat das RAG die Ansicht vertreten, dass auch bei Bestehen einer nur relativen Friedenspflicht die Tarifparteien nicht nach Belieben Kampfmaßnahmen gegen den Tarifpartner ergreifen dürfen. Aus den Grundsätzen von Treu und Glauben ergebe sich, eine grundlose Störung des Arbeitsfriedens zu unterlassen und Kampfmaßnahmen nur dann zu veranlassen oder zu unterstützen, wenn damit wirtschaftliche Ziele verfolgt werden.[15] Werden mehrere Tarifforderungen erhoben, bei denen nur noch teilweise eine relative Friedenspflicht besteht, so können nur wegen solcher Tarifforderungen Arbeitskampfmaßnahmen eingeleitet werden, bei denen die Friedenspflicht abgelaufen ist. Dagegen wird weitgehend abgelehnt, dass die relative Friedenspflicht einen erweiterten Inhalt haben kann.[16]

12 **c)** Die Friedenspflicht hat einen **positiven** und einen **negativen Inhalt.** Sie verbietet, Kampfmaßnahmen zu ergreifen, dazu anzureizen oder sie zu unterstützen. Sie gebietet mit allen verbandsrechtlich zulässigen Mitteln gegen die Verbandsmitglieder zur Einhaltung des Tarifvertra-

---

[11] Dieses Klagerecht ist nicht damit zu verwechseln, ob die Gewerkschaft im eigenen Namen Rechte aus dem normativen Teil zugunsten ihrer Mitglieder gegen den einzelnen Arbeitgeber geltend machen kann. Dies wird verneint.

[12] *Däubler/Reim,* TVG-Komm. § 1 RN 984; *Gamillscheg,* Kollektives Arbeitsrecht, S. 1074; MünchArbR/*Otto* § 280 RN 80; MünchArbR/*Löwisch/Rieble* § 277 RN 11 ff.; *Otto* FS für Herbert Wiedemann zum 70. Geburtstag, S. 401.

[13] BAG 31. 10. 1958, 17. 12. 1958, 14. 11. 1958 AP 2–4 zu § 1 TVG Friedenspflicht.

[14] BAG 31. 10. 1958 AP 2 zu § 1 TVG Friedenspflicht; 21. 12. 1982 AP 76 zu Art. 9 GG Arbeitskampf; *Gamillscheg,* Kollektives Arbeitsrecht, S. 1078.

[15] RAG ARS 9, 254; 12, 163; einschränkend bei Protest- oder Sympathiestreik: BAG 21. 12. 1982 AP 76 zu Art. 9 GG Arbeitskampf.

[16] *Gamillscheg,* Kollektives Arbeitsrecht, S. 1078; *Wiedemann/Thüsing* § 1 TVG RN 866 ff.

ges vorzugehen. Für die Verbände besteht jedoch nur eine Einwirkungs- und nicht eine Garantiepflicht für die Einhaltung durch ihre Mitglieder. Zu spontanen Arbeitskämpfen s. § 193.

Der **Umfang der relativen Friedenspflicht** und der bei Tarifverletzung durch die Mitglieder des Verbandes zu ergreifenden Maßnahmen bestimmt sich nach Treu und Glauben. Eine Verletzung der Friedenspflicht liegt vor, wenn der Arbeitskampf zur Verbesserung der tariflichen Leistungen, etwa durch Betriebsvereinbarung oder übertarifliche Leistungen geführt wird,[17] die Durchführung des Tarifvertrages verhindert werden soll, bereits während der Laufzeit des Tarifvertrages Kampfmaßnahmen eingeleitet werden, eine bestimmte Auslegung des Tarifvertrages erzwungen werden soll (der Rechtsstreit hat den Vorrang), ein organisierter Arbeitgeber zum Abschluss eines Firmentarifvertrages gezwungen werden soll, der Arbeitskampf gegen das Tarifwerk als Ganzes verstößt, wenn also MTV und Lohnrahmen- und Lohntarifverträge unterschiedliche Laufzeiten haben und die Änderung des einen Tarifvertrages sich auf den anderen auswirkt.[18] Die den Vergütungstarifverträgen immanente Friedenspflicht verhindert während ihrer Laufzeit Kampfmaßnahmen zur Erzwingung von Tarifverträgen über vermögensbildende Leistungen. Verletzt ein Arbeitskampf die Friedenspflicht, so ist er insgesamt rechtswidrig, auch wenn gleichzeitig einige kampfweise geltend gemachten Forderungen nicht mehr der Friedenspflicht unterliegen.[19] 13

Die Tarifvertragsparteien können den Umfang der Friedenspflicht **näher regeln.** Sie können sie in sachlicher und zeitlicher Hinsicht erweitern. Dagegen können sie sie nur in begrenztem Umfang einschränken; eine Begrenzung der Friedenspflicht verträgt sich nicht mit der Friedensfunktion des Tarifvertrags. Die Tarifvertragsparteien können jedoch klarstellen, welche tariflichen Regelungen im Zusammenhang stehen. 13a

Die **Friedenspflicht beginnt** mit dem Inkrafttreten des Tarifvertrags oder dem Beitritt des Kampfgegners zum Verband. Die Friedenspflicht endet mit dem Außerkrafttreten des Tarifvertrags. Eine Nachwirkung findet nicht statt (§ 4 V TVG). Sie endet ebenfalls bei Wechsel in eine OT-Verbandsmitgliedschaft.[20] 13b

d) Wegen ihres beschränkten Inhalts liegt keine Verletzung der Friedenspflicht vor, wenn ein **Arbeitskampf** um anderer als tariflich geregelter Ziele oder ein Arbeitskampf gegen einen rechtswidrigen Arbeitskampf geführt wird. Im Falle eines rechtswidrigen Arbeitskampfes kann sich für den Verband, dessen Mitglieder den Tarifvertrag nicht einhalten, eine Mitteilungspflicht gegenüber der Gegenpartei ergeben; unter Umständen sogar eine Beratungspflicht, wie dem tarifwidrigen Verhalten zu begegnen sei (vgl. § 193 RN 16). 14

3. Einwirkungspflicht.[21] Sie zerfällt in die **Innehaltungs-** und die **Durchführungspflicht.** Die Innehaltungspflicht verpflichtet die Tarifpartner, mit verbandsrechtlichen Mitteln dafür zu sorgen, dass die Verbandsmitglieder sich tarifmäßig verhalten.[22] Bei einem Haustarifvertrag ist Schuldner der Innehaltungspflicht der Arbeitgeber. Die Durchführungspflicht verpflichtet sie, dafür zu sorgen, dass ihre Mitglieder die normativen Bestimmungen des Tarifvertrages auch tatsächlich durchführen. Sie ist nichts anderes als die einem Vertrag immanente Verpflichtung, ihn auch einzuhalten. **Voraussetzung des Durchführungsanspruches** sind **(1)** ein tarifwidriges Verhalten, **(2)** eine kollektive Bedeutung des tarifwidrigen Verhaltens; unzureichend einzelne Tarifvertragsverletzungen, **(3)** Planmäßigkeit des tarifwidrigen Verhaltens und **(4)** Eindeutigkeit des tarifwidrigen Verhaltens.[23] Die Durchführungspflicht besteht auch, wenn der Tarifvertrag im Ausland durchgeführt werden muss.[24] 15

Die Tarifpartner haben ihre Verbandsmitglieder über den **Inhalt der abgeschlossenen Tarifverträge** zu unterrichten und bei Abschlussgeboten (Einstellung von schwerbehinderten Menschen, älteren Arbeitnehmern usw.) auf deren Einhaltung zu drängen. Jedoch kann eine Tarifvertragspartei nicht bei jeder Verletzung des Tarifvertrages durch ein Verbandsmitglied seines Tarifpartners dessen Einschreiten mit verbandsrechtlichen Mitteln verlangen.[25] Vielmehr besteht ein Einwirkungsanspruch gegenüber dem Tarifpartner nur dann, wenn kollektive Interessen berührt werden, indem der Tarifvertrag durch alle oder einzelne Verbandsmitglieder 16

---

[17] BAG 8. 2. 1957 AP 1 zu § 1 TVG Friedenspflicht; 4. 5. 1955 AP 2 zu Art. 9 GG Arbeitskampf.

[18] BAG 14. 11. 1958 AP 4 zu § 1 TVG Friedenspflicht.

[19] BAG 17. 12. 1958 AP 3 zu § 1 TVG Friedenspflicht.

[20] LAG Hessen 17. 9. 2008 – 9b Sa 1442/08.

[21] Schrifttum siehe vor RN 8.

[22] BAG 25. 1. 2006 AP 6 zu § 1 TVG Durchführungspflicht.

[23] *Walker* FS für Schaub, S. 743; *Däubler/Riem,* TVG-Komm. § 1 RN 968 ff., 971.

[24] BAG 11. 9. 1991 AP 29 zu Internat. Privatrecht, Arbeitsrecht = NZA 92, 321.

[25] Bestr., a. A. *Kempen/Zachert,* TVG, 3. Aufl., § 1 RN 356.

planmäßig ausgehöhlt wird. Das ist noch nicht der Fall, wenn sich ein Arbeitgeber in finanziellen Schwierigkeiten befindet und deshalb vorübergehend keinen Tariflohn mehr zahlt. Streiten die Tarifvertragsparteien um die Auslegung einer tariflichen Bestimmung, so kann die eine Tarifvertragspartei nicht verlangen, dass die andere eine bestimmte von ihr nicht geteilte Tarifauslegung gegenüber ihren Mitgliedern vertritt. Etwas anderes gilt nur dann, wenn eine bestimmte Tarifauslegung zwingend geboten ist, z.B. bei Offensichtlichkeit oder rechtskräftiger Feststellung. Soweit eine Tarifvertragspartei eine streitige Frage klären lassen will, steht ihr die Feststellungsklage nach § 9 TVG gegen ihren Tarifpartner offen.[26] Im Allgemeinen kann die Gewerkschaft auch nicht auf Feststellung gegen die Mitglieder ihrer Tarifpartner klagen, sie seien zur Einhaltung der Tarifverträge verpflichtet.[27] Für eine solche Klage fehlt es am Rechtsschutzinteresse, da die Gewerkschaftsmitglieder unmittelbar klagen können.

17 **4. Differenzierungs- und Außenseiterklauseln.**[28] Umstritten ist, ob im schuldrechtlichen Teil eines Tarifvertrages Differenzierungs- und Außenseiterklauseln vereinbart werden können, deren Innehaltung alsdann durch die tarifliche Durchführungspflicht gesichert ist (§ 207 RN 3). Beide Klauseln sind unzulässig; das TVG ermächtigt die Tarifparteien nur zur Regelung der Rechtsverhältnisse der Tarifunterworfenen. Im Übrigen sind nur Verträge zugunsten und nicht zu Lasten Dritter zulässig. Dann kann eine Erweiterung der Tarifmacht durch obligatorische Bestimmungen nicht rechtens sein; zudem stellen sie einen Eingriff in die negative Koalitionsfreiheit dar.

17a **5. Tarifvertragliche Meistbegünstigungsklauseln. a)** Meistbegünstigungsklauseln kommen im Tarifrecht in **zwei Formen** vor. **(1)** Bei defensiven Meistbegünstigungsklauseln verpflichten sich die Tarifvertragsparteien, mit anderen Organisationen und einzelnen Arbeitgebern keine Tarifverträge zu vereinbaren, die von den abgeschlossenen Tarifverträgen inhaltlich abweichen. Schließt eine Tarifvertragspartei gleichwohl einen widersprechenden Tarifvertrag ab, so kann die andere Tarifvertragspartei verlangen, dass die abweichenden Bestimmungen ganz oder teilweise Inhalt dieses Tarifvertrags werden. Entsprechende Klauseln finden sich in § 17 BRTV-Bau vom 4. 7. 2002 und in § 14 Rahmentarifvertrag für die technischen und kaufmännischen Angestellten und für Poliere des Baugewerbes (RTV-Angestellte und Poliere) vom 2. 3. 1998 i. d. F. vom 4. 7. 2002. **(2)** Die zweite Form der Meistbegünstigungsklausel findet sich im Tarifvertrag – Meistbegünstigung vom 9. 2. 2005: „Sofern die vertragsschließende Gewerkschaft ver.di für ein oder mehrere Bundesländer einen Tarifvertrag abschließt, der von den Regelungen des TVöD oder der ihn ergänzenden Tarifverträge in den Bereichen Arbeitszeit und Sonderzahlung (Zuwendung, Urlaubsgeld u. ä.) abweichende Inhalte hat oder beim Entgelt (insbesondere Einmalzahlungen, Übergangskosten) für die Arbeitgeber günstigere Regelungen enthält, vereinbaren die Tarifvertragsparteien ohne weitere Verhandlungen folgendes: – Die rechtsverbindliche Unterschrift der Gewerkschaft ver´di unter den ausgehandelten Tarifvertrag gilt zugleich als unwiderrufliches Angebot an den Bund und die Vereinigung der kommunalen Arbeitgeberverbände, die Regelungen des Tarifvertrages insgesamt oder in ihren einzelnen Bestandteilen in den TVöD oder ihn ergänzende Tarifverträge (ersetzend oder ergänzend) zu übernehmen. Ver.di verpflichtet sich, den Tarifvertrag unverzüglich dem Bund und der Vereinigung der Kommunalen Arbeitgeberverbände zur Kenntnis zu geben. – Der Bund und die Vereinigung der Kommunalen Arbeitgeberverbände können jeder für sich binnen einer Frist von vier Wochen nach der Kenntnisnahme des entsprechenden Tarifvertrags das Angebot schriftlich annehmen."

17b **Zweck der defensiven Meistbegünstigungsklausel** ist, den tarifgebundenen Arbeitgeber am Abschluss eines Haustarifvertrages zu hindern, um die einheitliche Geltung des Flächentarifvertrages sicherzustellen. Die **aggressive Meistbegünstigungsklausel** will eine nicht tarifgebundene Partei zum Tarifabschluss mit einem bestimmten Inhalt zwingen, nämlich zur Übernahme des vorangegangenen Tarifvertrags. Die Tarifgemeinschaft deutscher Länder hat den TVöD nicht abgeschlossen. Durch die Meistbegünstigung soll erreicht werden, dass der TVöD übernommen wird.

17c **b)** Ob Meistbegünstigungsklauseln **rechtlich zulässig** sind, ist umstritten. Es wird gegen sie eingewandt, durch die defensive Meistbegünstigungsklausel werde die Handlungsfreiheit der

---

[26] BAG 29. 4. 1992 AP 3 zu § 1 TVG Durchführungspflicht = NZA 92, 846; vgl. auch BAG 14. 6. 1995 AP 4 zu § 1 TVG Durchführungspflicht = NZA 96, 43.

[27] BAG 8. 11. 1957, 8. 2. 1963 AP 7, 42 zu § 256 ZPO; weitergehend BAG 9. 6. 1982 AP 1 zu § 1 TVG Durchführungspflicht; 11. 9. 1991 AP 29 zu Internat. Privatrecht, Arbeitsrecht = NZA 92, 321; vgl. LAG Frankfurt 2. 12. 2004 – 9 Sa 881/04 – Juris.

[28] *Franzen* RdA 2006, 1; *Klebeck* SAE 2008, 97; *Leydecker* ArbuR 2006, 11; *Rieble/Klebeck* RdA 2006, 65.

Koalitionen eingeschränkt. Die Gewerkschaften hätten kein Auswahlrecht mehr, welche Vertragsbedingungen sie erreichen wollen. Sie beeinträchtigten aber auch den gegnerischen Arbeitgeberverband, weil er am Abschluss von ausgehandelten Tarifverträgen gehindert werde. Damit werde in seine Koalitionsfreiheit eingegriffen (Art. 9 III 2 GG). Ist der einzelne Arbeitgeber Tarifvertragspartei, werde in seine Berufsfreiheit eingegriffen (Art. 12 GG). Er finde keinen Tarifpartner mehr, mit dem er einen Haustarifvertrag abschließen könne. Zumindest bei dem einzelnen Arbeitgeber ist die Argumentation wegen des bestehenden Koalitionspluralismus nicht einsichtig.

c) Die aggressive Meistbegünstigungsklausel geht noch über die defensive Meistbegünstigungsklausel hinaus, weil sie dazu zwingt, den Zweittarifvertrag zum Inhalt des Ersttarifvertrags zu machen. Eine Abweichung im zweiten Tarifvertrag gilt als Angebot, die abweichenden Bedingungen zum Inhalt des Ersttarifvertrages zu machen. Mit einer aggressiven Meistbegünstigungsklausel soll die tarifliche Gleichschaltung erreicht und ein anderer Tarifvertrag abgewehrt werden. Es wird ein **Tarifzwang** ausgeübt. Die Tarifautonomie setzt aber voraus, dass die Tarifvertragsparteien auch miteinander verhandeln. **17d**

d) Bei den defensiven wie den aggressiven Meistbegünstigungsklauseln benutzen die Arbeitgeberseite wie auch die Gewerkschaften ihren sozialen Gegenspieler, um eigene organisations- und tarifpolitischen **Ziele durchzusetzen.** Die Arbeitgeberseite will ihre Mitglieder daran hindern, abweichende Haustarifverträge abzuschließen, oder bei aggressiven Meistbegünstigungsklauseln, den Verbandstarifvertrag zu übernehmen. **17e**

e) Die vorstehenden Rechtsgrundsätze gelten auch für den **öffentlichen Dienst.** Der Bund hat nur eine Rahmen-Gesetzgebungskompetenz für den öffentlichen Dienst der Länder, Gemeinden und anderen Körperschaften des öffentlichen Rechts (Art. 75 I Nr. 1 GG). Eine entsprechende Rahmenkompetenz fehlt für das Tarifrecht. Art. 33 II GG gilt nicht entsprechend. **17f**

f) Die besseren Argumente werden **gegen die Wirksamkeit von Meistbegünstigungsklauseln** sprechen. Insoweit werden nur Nischen zur Begegnung der Tarifflucht bestehen. **17g**

6. Sonstige obligatorische Pflichten. Dies sind vor allem Selbstpflichten. Sie können recht vielfältig sein, wie die Errichtung und Unterhaltung von Sozialeinrichtungen, die Mitwirkung bei der Beantragung von Allgemeinverbindlicherklärungen, die Errichtung von Schiedskommissionen, die Aufstellung von Regelungen zum Arbeitskampf usw. **18**

IV. Rechtsfolgen bei Verletzung der obligatorischen Bestimmungen

Unterlassungsanspruch: *Annuß,* Schutz der Gewerkschaften vor tarifwidrigem Handeln der Betriebsparteien, RdA 2000, 287; *Bauer,* Betriebliche Bündnisse für Arbeit vor dem aus, NZA 99, 957; *Bauer/Haußmann,* Betriebliche Bündnisse für Arbeit und gewerkschaftlicher Unterlassungsanspruch, NZA 2000, 42; *Bepler,* Tarifbindung als Hindernis, AuA 99, 558; *Berg,* Unterlassungsanspruch gegen tarifwidrige betriebliche Regelungen, AiB 99, 304; *Berg/Platow,* Unterlassungsanspruch der Gewerkschaften gegen tarifwidrige betriebliche Regelungen, DB 99, 2362; *Buchner,* Der Unterlassungsanspruch der Gewerkschaft – Stabilisierung oder Ende des Verbandstarifvertrags, NZA 99, 897; *Dieterich,* Arbeitsgerichtlicher Schutz der kollektiven Koalitionsfreiheit, ArbuR 2005, 121; *Feudner,* Durchsetzung von Tarifverträgen durch die Gewerkschaften, BB 2007, 266; *Glaubitz,* Unterlassungsanspruch der Gewerkschaften und Günstigkeitsprinzip nach der Entscheidung des BAG vom 20. 4. 1999, FA 2000, 276; *Goethner;* Nochmals – Die Regelungsschranken des § 77 III BetrVG im System der tarifvertraglichen Ordnung des TVG, NZA 2006, 303; *Gotthardt,* Grenzen von Tarifverträgen zur Beschäftigungssicherung durch Arbeitszeitverkürzung, DB 2000, 1462; *Hablitzel,* Das Verhältnis von Tarif- und Betriebsautonomie im Lichte des Subsidiaritätsprinzips, NZA 2001, 467; *Hanau/Thüsing,* Tarifverträge zur Beschäftigungssicherung, ZTR 2001, 1, 49; Hans-Böckler-Stiftung, Betriebliche Bündnisse für Arbeit, Forschungsbericht mit zahlreichen Beiträgen, 2002; *Haussmann/Bauer,* Betriebliche Bündnisse für Arbeit und gewerkschaftlicher Unterlassungsanspruch, NZA 2000, Sonderbeilage zu Heft 24; *Hromadka,* Bündnisse für Arbeit – Angriff auf die Tarifautonomie, DB 2003, 42; *ders.,* Gesetzliche Tariföffnungsklausel – Unzulässige Einschränkung der Koalitionsfreiheit oder Funktionsbedingung der Berufsfreiheit?, NJW 2003, 1273; *Kast/Freihube,* Neue Hoffnung für betriebliche Bündnisse für Arbeit nach dem Urteil des BAG vom 19. 3. 2003, BB 2003, 2569; *Kocher,* Bestimmtheit und Streitgegenstand beim koalitionsrechtlichen Unterlassungsanspruch gegen tarifwidrige Einheitsregelungen, NZA 2005, 140; *Müller,* Betriebliche Bündnisse für Arbeit, ArbuR 2005, 150; *Neef/Schrader,* Tarifliche Grenzen bei der Festlegung betrieblicher Arbeitsbedingungen, NZA 2001, 69; *Niebler/Schmiedl,* Sind Abweichungen vom Tarifvertrag zur Beschäftigungssicherung zulässig?, BB 2001, 1631; *Raab,* Betriebliche Bündnisse für Arbeit – Königsweg aus der Beschäftigungskrise?, ZfA 2004, 371; *Reichold,* Rechtsprobleme der Einführung einer 32-Stunden-Woche durch Tarifvertrag oder Betriebsvereinbarung, ZfA 98, 237; *Richardi,* Unterlassungsanspruch der Gewerkschaften bei tarifwidrigen tariflichen Regelungen, Anm. zu AP 89 zu Art. 9 GG; *Rieble,* Der Fall Holzmann und seine Lehren, NZA 2000, 225; *Robert,* Betriebliche Bündnisse für Arbeit versus Tarifautonomie, NZA 2004, 633; *Schliemann,* Tarifliches

Günstigkeitsprinzip und Bindung der Rechtsprechung, NZA 2003, 122; *Schmidt, K.*, Die normative Tarifgeltung am Beispiel des allgemeinen koalitionsrechtlichen Unterlassungsanspruchs, RdA 2004, 152; *Schwarze*, Was wird aus dem gewerkschaftlichen Unterlassungsanspruch, RdA 2005, 159; *Söllner*, Tarifmacht – Grenzen und Grenzverschiebungen, Sonderbeilage zu NZA 2000, Heft 24; *Trappehl/Lambrich*, Unterlassungsanspruch der Gewerkschaft – das Ende für betriebliche Bündnisse für Arbeit, NJW 99, 3217; *Walker*, Rechtsschutz der Gewerkschaft gegen tarifwidrige Vereinbarungen, ZfA 2000, 29; *Wohlfarth*, Stärkung der Koalitionsfreiheit durch das BAG, NZA 99, 962; *Wolter*, Richtungswechsel im Tarifvertragsrecht – Betriebliche Bündnisse für Arbeit und Tarifvorrang, NZA 2003, 1317.

19 **1. Leistungsansprüche.** Verletzt ein Tarifpartner seine Pflichten aus dem Tarifvertrag, so kann er auf Erfüllung in Anspruch genommen werden. Bei Ansprüchen aus der **Friedenspflicht** kann positiv auf eine Handlung und negativ auf eine Unterlassung der Arbeitskampfmaßnahme geklagt werden. Werden durch die Friedenspflicht Dritte begünstigt (§ 328 BGB), haben sie einen eigenen Erfüllungsanspruch. Die Friedenspflicht gegenüber dem Dritten endet aber mit seinem Verbandsaustritt.[29]

20 Bei der **Einwirkungspflicht** geht es in erster Linie um die Einwirkungspflicht auf die Mitglieder. Unter Aufgabe früherer Rspr. lässt das BAG auch eine Leistungsklage zu.[30] Es kann also auf Unterlassung der tarifwidrigen Handlung oder auf Vornahme der geschuldeten Handlung geklagt werden.

21 Die **Vollstreckung von Unterlassungspflichten** erfolgt nach § 890 ZPO, die von Handlungspflichten nach §§ 887, 888 ZPO. Dies gilt sowohl bei Selbst- wie bei Einwirkungspflichten. Im letzteren Falle ist jedoch an Hand der Satzung genau die Maßnahme zu bezeichnen, die der beklagte Verband vornehmen soll.[31] Leistungsansprüche können auch im Wege der einstweiligen Verfügung verfolgt werden.

21a Zur Feststellung der Unwirksamkeit einer Meistbegünstigungsklausel ist eine Feststellungsklage nach § 9 TVG nur für Tarifvertragsparteien gegeben. Der durch eine Meistbegünstigungsklausel belastete Dritte ist nicht Partei des Tarifvertrages. Der belastete Dritte kann nach § 256 ZPO eine Feststellungsklage erheben. Das festzustellende Rechtsverhältnis ist das Drittrechtsverhältnis, wenn es vorgreiflich für die Rechte und Pflichten ist. Ein Feststellungsinteresse ist wegen der Benachteiligung durch die Meistbegünstigungsklausel gegeben.

22 **2. Unterlassungsanspruch.**[32] **a)** Umstritten ist, ob **Gewerkschaften** vom Arbeitgeber und Betriebsrat verlangen können, dass sie die Anwendung betrieblich vereinbarter Arbeitsbedingungen unterlassen. Die Gewerkschaften machen geltend, ein derartiges Vorgehen verletze sie in ihrer Koalitionsfreiheit. Das BAG hat einen derartigen Unterlassungsanspruch bejaht. Nach ständiger Rechtsprechung könne sich eine Gewerkschaft gegen Eingriffe in die Koalitionsfreiheit wehren. Ein solcher Eingriff könne in einer Betriebsvereinbarung, einer Regelungsabrede und in einer vertraglichen Einheitsregelung liegen, soweit hierdurch entsprechende Tarifnormen verdrängt werden sollen.[33]

23 **b)** Eine **tarifwidrige Betriebsvereinbarung** verstößt gegen § 77 III BetrVG. Insoweit wird die Auffassung vertreten, dass die Gewerkschaft Rechtsschutz nach § 23 BetrVG genießt. An der Auflösung des Betriebsrats oder dem Ausschluss eines einzelnen Betriebsratsmitglieds (§ 23 I BetrVG) wird kaum ein Interesse bestehen, zumal damit die tarifwidrige Betriebsvereinbarung noch nicht beseitigt ist. Aus § 23 III BetrVG wird ein Anspruch gegen den Arbeitgeber abgeleitet, die Durchführung einer tarifwidrigen Betriebsvereinbarung zu unterlassen.[34] Insoweit wird es aber zumeist an einem groben Verstoß fehlen. Dies gilt insbesondere bei einem einmaligen Verstoß oder bei der Annahme des Arbeitgebers wegen der wirtschaftlichen Schwierigkeiten des Betriebs, vom Tarifvertrag abweichen zu müssen. Unabhängig hiervon ist schon zweifelhaft, ob § 23 BetrVG überhaupt eingreift. Sein Schutzzweck besteht darin, die Betriebsverfassung zu gewährleisten. Diese ist aber nicht gefährdet, wenn Arbeitgeber und Betriebsrat zusammen wirken. Es kann allenfalls die Tarifautonomie gefährdet sein.

---

[29] LAG Rheinland-Pfalz 20. 12. 1996 NZA-RR 98, 131.

[30] BAG 29. 4. 1992 AP 3 zu § 1 TVG Durchführungspflicht = NZA 92, 846.

[31] BAG 3. 2. 1988 AP 20 zu § 1 TVG Tarifverträge: Druckindustrie; 29. 4. 1992 AP 3 zu § 1 TVG Durchführungspflicht = NZA 92, 846; teils anders: BAG 9. 6. 1982 AP 1 zu § 1 TVG Durchführungspflicht.

[32] Schrifttum siehe vor RN 19.

[33] BAG 20. 4. 1999 AP 89 zu Art. 9 GG = NZA 99, 887; eingestellt durch Beschluss v. 19. 2. 2002 – 4 ABR 4/01 – n. a. v.; vgl. früher BAG 20. 8. 1991 AP 2 zu § 77 BetrVG 1972 Tarifvorbehalt = NZA 92, 317; auch ArbG Marburg 7. 8. 1996 DB 96, 1925; ArbG Marburg 3. 1. 2006 – 1 Ca 671/05 – JurisPR-ArbR 22/2006; Sächs. LAG 13. 11. 2001 ArbuR 2002, 310.

[34] BAG 29. 4. 2004 AP 3 zu § 77 BetrVG 1972 Durchführung = NZA 2004, 670.

c) Eine **tarifwidrige Regelungsabrede** verstößt nicht gegen § 77 III BetrVG.[35] Die Begrenzung der Sperrwirkung des § 77 III BetrVG bedeutet nicht, dass der Betriebsrat sich tarifwidrig verhalten darf. Er hat die Einhaltung des Tarifvertrags nach § 80 BetrVG zu überwachen. § 77 III BetrVG bezweckt aber nur den Schutz vor kollektivrechtlichen Konkurrenzregelungen. Seit dem Fall Viessmann[36] schließen Arbeitgeber mit dem Betriebsrat Regelungsabreden des Inhalts, dass vom Tarifvertrag abweichende Individualvereinbarungen getroffen werden können. Ein Vorgehen der Gewerkschaften gegen derartige Regelungsabreden ist schon wegen der begrenzten Rechtsfolgen wenig sinnvoll. Es kommt nur in Betracht, wenn noch keine Individualvereinbarungen abgeschlossen worden sind und diese verhindert werden sollen. 24

d) Als **Adressat eines Anspruches** nach § 23 III BetrVG kommt nur der Arbeitgeber in Betracht. Dieser verstößt jedoch nicht gegen seine Pflichten aus dem Betriebsverfassungsrecht. Das Verhältnis zwischen Individualvereinbarung und Tarifvertragsrecht ist im TVG und nicht im BetrVG geregelt. Außerdem können die Individualvereinbarungen auch abgeschlossen werden, wenn überhaupt kein Betriebsrat existiert. 25

3. Allgemeiner Unterlassungsanspruch. a) Voraussetzungen des allgemeinen Unterlassungsanspruches (§§ 1004 I, 823 I BGB) sind[37] **(1)** die Koalitionsbetätigungsfreiheit als absolutes Recht, **(2)** Beeinträchtigung der Koalitionsbetätigungsfreiheit, **(2.1)** Umfang der Koalitionsbetätigungsfreiheit, **(2.2)** Voraussetzungen für die Verletzung, **(3)** Tarifgebundenheit der betroffenen Arbeitnehmer, **(4)** kollektive Wirkung der Tarifabweichung, **(5)** Rechtswidrigkeit der Verletzung, **(6)** Günstigkeitsprinzip und Unzumutbarkeit. 26

b) Die **Koalitionsbetätigungsfreiheit** ist ein absolutes Recht, das Schutz gegen jedermann genießt.[38] Ob die Koalitionsbetätigungsfreiheit verletzt wird, ist umstritten. Einerseits wird geltend gemacht, dass die Gewerkschaften in ihrer Betätigungsfreiheit nicht beschränkt sind, weil sie sich weiter tarifrechtlich betätigen können. Andererseits wird ausgeführt, dass den Tarifverträgen die Ordnungsfunktion genommen wird, wenn trotz der bindenden Wirkung der Tarifverträge abweichende Vereinbarungen getroffen und umgesetzt werden. Das BAG ist davon ausgegangen, dass die Koalitionsbetätigungsfreiheit auch dann beeinträchtigt ist, wenn die tatsächliche Durchsetzung des Tarifvertrags gefährdet ist. Dies hat das BAG auf der Grundlage der Kernbereichslehre zuvor verneint.[39] Auch der staatliche Gesetzgeber sorgt nicht für die Durchsetzung der Gesetze, sondern überlässt dies einem Individualprozess. 27

c) Bejaht man dagegen mit der neueren Rechtsprechung eine **Verletzung der Koalitionsbetätigungsfreiheit,** bedarf es der Untersuchung der weiteren Voraussetzungen. Hierzu gehört die Tarifgebundenheit der Arbeitnehmer. Eine Abweichung vom Tarifvertrag ist nur dann tarifwidrig, wenn der Arbeitgeber und die Arbeitnehmer tarifgebunden sind (§ 4 I, II TVG). Ob die Tarifbindung auf Grund Allgemeinverbindlichkeit ausreicht, ist umstritten, weil deren Schutzzweck in dem Sozialschutz für den Arbeitnehmer besteht und nicht dem Tarifschutz dient. Keine Tarifwidrigkeit kann für den Fall der Abweichung von nachwirkenden Tarifverträgen gegeben sein, weil hier die Abweichung geradezu vorausgesetzt wird. Das BAG geht davon aus, dass ausnahmsweise die Gewerkschaft auch dann Unterlassung der Abweichung mit Außenseitern verlangen könne, wenn der Arbeitgeber die Vereinbarung von vornherein mit der gesamten Belegschaft abschließen wolle, erst recht, wenn sie durch eine Regelungsabrede vorbereitet werde. Ein Unterlassungsanspruch scheidet aus, wenn die Abweichung vom Tarifvertrag nur mit einzelnen Arbeitnehmern vereinbart wird. Insoweit wird die Ordnungsfunktion des Tarifvertrags nicht verletzt und steht der Gewerkschaft keine Prozessstandschaft für den einzelnen Arbeitnehmer zu. Vielmehr muss ein kollektiver Bezug gegeben sein. Diesen hat das BAG bei Betriebsvereinbarungen und vertraglichen Einheitsregelungen bejaht. 28

d) Schließlich setzt der Unterlassungsanspruch die **Rechtswidrigkeit der Verletzung** voraus. Diese wird im Allgemeinen gegeben sein. Es sind aber Fälle denkbar, in der die Koalitionsbetätigungsfreiheit des Art. 9 GG gegen die Privatautonomie (Art. 2, 12 GG) abgewogen werden muss. Dies kommt im Günstigkeitsprinzip zum Ausdruck. Sind die vertraglichen Vereinbarungen für den Arbeitnehmer günstiger, haben sie den Vorrang. Dabei geht das BAG deutlich vom Sachgruppenvergleich aus. An der Rechtswidrigkeit fehlt es, wenn das Festhalten am Tarif- 29

---

[35] BAG. 20. 4. 1999 AP 89 zu Art. 9 GG = NZA 99, 887; *Hablitzel* NZA 2001, 467.

[36] ArbG Marburg 7. 8. 1996 DB 96, 1925, 1929; ArbG Frankfurt 28. 10. 1996 NZA 96, 1340.

[37] *Walker* ZfA 2000, 29, 38.

[38] BVerfG 14. 11. 1996 AP 80 zu Art. 9 GG = NZA 96, 381; 24. 4. 1996 AP 2 zu § 57a HRG = NZA 96, 1157, 1158; 27. 4. 1999 NZA 99, 992.

[39] BAG 20. 8. 1991 AP 2 zu § 77 BetrVG 1972 Tarifvorbehalt = NZA 92, 317.

vertrag unzumutbar ist. Dies ist dann der Fall, wenn die Voraussetzungen eines wichtigen Grundes gegeben sind. Bei einem Verbandstarifvertrag wird aber noch kein wichtiger Grund gegeben sein, wenn nur die Insolvenz eines einzelnen Unternehmens droht. Der Lösungstatbestand wird nur größere Bedeutung bei Haustarifen haben.

30 **4. Durchsetzung des allgemeinen Unterlassungsanspruches.** Das BAG hat ausgeführt, dass der Unterlassungsanspruch im Beschlussverfahren geltend gemacht werden müsse. Zur Begründung wird auf die Notwendigkeit des Amtsermittlungsprinzips hingewiesen.[40] Der Unterlassungsantrag muss hinreichend bestimmt sein. Hierzu kann auch gehören, dass die tarifgebundenen Arbeitnehmer benannt werden.[41]

31 **5. Leistungsstörungen.** Sie beurteilen sich nach §§ 280, 320–326 BGB. Jedoch ist ein Rücktrittsrecht ausgeschlossen und durch die außerordentliche Kündigung ersetzt;[42] auch der obligatorische Teil eines Tarifvertrages kann nicht rückwirkend beseitigt werden. Rechtsfähige wie nicht rechtsfähige Verbände haften für Vertragswidrigkeiten ihrer Beschlussorgane unmittelbar nach § 276 BGB, für solche ihrer gesetzlichen Vertreter nach § 31 BGB unmittelbar oder analog, für sonstige Erfüllungsgehilfen nach § 278 BGB. Als Haftungsobjekt kommt bei rechtsfähigen Verbänden nur das Verbandsvermögen in Betracht. Nach h. M. gilt dies auch bei nicht rechtsfähigen Verbänden.

32 **6. Vertrag mit Schutzwirkung zugunsten Dritter.** Bei Verletzung der Friedenspflicht können sich Schadensersatzansprüche für die Mitglieder des vertragstreuen Verbandes ergeben (§ 311 II BGB n. F.; oben RN 7).

§ 202. Normative Bestimmungen des Tarifrechts

Übersicht

	RN
I. Begriff	1
II. Inhaltsnormen	2 ff.
1. Begriff	2–4
2. Inhalt	5, 6
3. Zulassungsnormen	7
4. Bestimmungsnormen	7 a
III. Abschlussnormen	8 ff.
1. Begriff	8–12
2. Beschäftigungsverbote	13
IV. Beendigungsnormen	14 ff.
1. Begriff	14
2. Kündigung	15
3. Befristung	16
V. Betriebsnormen	17 ff.
1. Betriebsnormen (Solidarnormen)	17
2. Inhaltsnormen	18
3. Gemeinsamer Betrieb	19
VI. Normen über betriebsverfassungsrechtliche Fragen	20 ff.
1. Betriebsverfassungsrechtliche Normen	20
2. Personalvertretungsrecht	21
3. Kontrolle von Betriebsvereinbarungen	22
VII. Normen über gemeinsame Einrichtungen	23 f.
1. Begriff	23
2. Beispiele	24

I. Begriff

1 Zu den normativen Bestimmungen des Tarifrechts gehören alle, die eine unmittelbare und zwingende Wirkung für die tarifbeteiligten Arbeitgeber und Arbeitnehmer schaffen. Das Gesetz ermächtigt die Tarifparteien, Rechtsnormen zu schaffen, die den Inhalt, den Abschluss und die Beendigung des Arbeitsverhältnisses sowie betriebliche und betriebsverfassungsrechtliche Fragen betreffen (§ 1 I TVG). Halten die Tarifparteien den ihnen gewährten Rahmen nicht ein, so sind die Tarifverträge nichtig. Zu den Grenzen der Regelungszuständigkeit vgl. § 200.

II. Inhaltsnormen

Bunk, Neuer Tarifvertrag der Bundesagentur für Arbeit (BA) mit vielen zusätzlichen Flexibilitätsaspekten, ZTR 2006, 566; *Herschel,* Die Zulassungsnormen des Tarifvertrages, RdA 69, 211; *Käppler,* Tarifvertragliche Regelungsmacht, NZA 91, 745; *Kania,* Flucht vor ERA – zu spät?, BB 2004, 665; *Leist,* Einführung in den Leistungs-Tarifvertrag des Bundes, ZTR 2007, 58; *Lieb,* Schutzbedürftigkeit arbeitnehmerähnlicher Personen, RdA 74, 257 ff.; *v. Roetteken,* Dienstvereinbarungen zur Einführung von Leistungsentgelten im Bereich

---

[40] BAG 20. 4. 1999 AP 89 zu Art. 9 GG = NZA 99, 887; 13. 3. 2001 AP 17 zu § 2 a ArbGG 1979 = NZA 2001, 1037.

[41] BAG 19. 3. 2003 AP 41 zu § 253 ZPO = NZA 2003, 1221.

[42] Vgl. BAG 14. 11. 1958 AP 4 zu § 1 TVG Friedenspflicht.

des Bundes, ZTR 2006, 573; *Schaub,* Das Entgeltrahmenabkommen der Metall- und Elektroindustrie und aktuelle Rechtsprechung zu den Übergangsvorschriften, RdA 2006, 374.

1. Begriff. Unter Inhaltsnormen sind **normative Bestimmungen** zu verstehen, die den Inhalt der einzelnen Arbeitsverhältnisse regeln. Sie können sich auf alle Arten von Arbeitsverhältnissen beziehen, also auch auf Arbeitsverhältnisse von Teilzeitbeschäftigten, Leiharbeitnehmern oder von Arbeitnehmern im öffentlichen Dienst. Für Berufsausbildungsverhältnisse mit Auszubildenden sind die für Arbeitsverhältnisse geltenden Rechtsnormen anzuwenden (§ 10 II BBiG).[1] Dasselbe gilt für Praktikanten und Volontärverhältnisse, soweit nicht die Praktika als Bestandteil des Studiums absolviert werden,[2] sowie für die sonstigen Ausbildungsverhältnisse (§ 26 BBiG).[3] Unzulässig ist eine tarifliche Regelung für Beamte oder sonstige öffentlich-rechtliche Verhältnisse,[4] für familienrechtliche Mitarbeit. Lediglich für Heimarbeiter und für arbeitnehmerähnliche Personen besteht eine Regelungskompetenz (§§ 17 HAG; 12a TVG).[5] Die Regelungsbefugnis erstreckt sich auch auf Betriebsrentner.[6] 2

Geregelt werden können nur Arbeitsverhältnisse auf Grund eines **rechtswirksamen Arbeitsvertrages.** Grundsätzlich werden rechtsunwirksame Arbeitsverhältnisse von einem Tarifvertrag nicht erfasst. Eine Ausnahme gilt für sog. **faktische Arbeitsverhältnisse** in der Vergangenheit (§ 36). 3

Grundsätzlich können Tarifverträge nur solche Inhaltsbestimmungen enthalten, die auch zum **Gegenstand des einzelnen Arbeitsvertrages** gemacht werden können. Jedoch können nur lose mit dem Arbeitsverhältnis zusammenhängende Fragen geregelt werden. Dies gilt etwa bei Sonderzuwendungen wie dem Kauf von Jahreswagen oder den Werkswohnungen, die nur mit Rücksicht auf das Arbeitsverhältnis abgeschlossen werden. Bei den Tarifverträgen muss ein unmittelbarer Zusammenhang bestehen. Die Abgrenzung ist im Einzelnen noch sehr streitig. In jedem Fall darf durch die Tarifverträge nicht in die Individual- und Privatsphäre des Arbeitnehmers eingegriffen werden.[7] 4

2. Inhalt. Die Inhaltsnormen können einen vielfachen Inhalt haben. Sie erstrecken sich praktisch auf **alle Pflichten und Rechte des Arbeitnehmers und Arbeitgebers.**[8] Aus Zweckmäßigkeitsgründen werden i. d. R. Mantel- und Lohn-, Gehalts-, Entgelttarifverträge abgeschlossen. In Manteltarifverträgen werden die allgemeinen Arbeitsvertragsbedingungen geregelt; sie haben eine längere Laufzeit als die Vergütungstarife. Sie enthalten gelegentlich ein eigenes Arbeitsgesetzbuch wie z. B. im Baugewerbe oder in der Metallindustrie. Die Vergütungstarifverträge werden für Arbeiter und Angestellte vereinheitlicht. In der Metall- und Elektroindustrie gilt ein Entgeltrahmenabkommen, das bereits abgeschlossen ist, aber erst noch in Kraft treten muss.[9] In den Vergütungstarifverträgen werden vielfach für niedrigere Vergütungsgruppen Sockelbeträge vereinbart, um den Abstand der einzelnen Vergütungsgruppen nicht zu groß werden zu lassen. Prozentuale Aufschläge werden vereinbart, damit keine Nivellierung und somit ein unerwünschter Abbau des Leistungsanreizes eintritt. Die Höhe der Arbeitsvergütung kann an die Veränderung tatsächlicher Umstände geknüpft werden.[10] Dies liegt im rechtlichen Gestaltungsermessen der Tarifvertragsparteien. Bestehen neben dem Arbeitsverhältnis Rechtsverhältnisse (Werkswohnung, Werkswagenkauf usw.), unterliegen auch diese tarifvertraglicher Regelungsmacht, wenn sie ihre Grundlage im Arbeitsverhältnis haben (verknüpfte Rechtsverhältnisse).[11] 5

Umstr., aber zu verneinen ist, ob die Tarifpartner **Wertsicherungsklauseln** vereinbaren können, bei denen die Höhe der tariflichen Vergütung von dem Wert anderer Güter abhängig gemacht wird (vgl. § 3 WährG).[12] Die Vorschrift ist aufgehoben und durch eine europarechtli- 6

---

1 Offen gelassen: BAG 22. 6. 1972, 25. 7. 1973 AP 1, 2 zu § 611 BGB Ausbildungsverhältnis; vorausgesetzt: BAG 19. 6. 1974 AP 3 zu § 3 BAT; bejaht: BAG 16. 12. 1976 AP 3 zu § 611 BGB Ausbildungsverhältnis.

2 BAG 19. 6. 1974 AP 3 zu § 3 BAT.

3 BAG 20. 1. 1977 AP 1 zu § 1 TVG Ausbildungsverhältnis.

4 BAG 19. 6. 1974 AP 3 zu § 3 BAT.

5 *Lieb* RdA 74, 257 ff.; § 198 RN 11.

6 BAG 17. 6. 2008 AP 136 zu Art. 9 GG = NZA 2008, 1244.

7 Vgl. MünchArbR/*Löwisch/Rieble* § 260 RN 19.

8 Vgl. *Gamillscheg,* Kollektives Arbeitsrecht, S. 577; *Wiedemann/Wank* § 12a TVG RN 32 ff.; *Kempen/Zachert,* TVG, 3. Aufl., § 1 RN 27.

9 *Kania* BB 2004, 665; *Schaub* RdA 2006, 374.

10 BAG 7. 11. 2001 AP 78 zu § 1 TVG Tarifverträge: Einzelhandel = NZA 2002, 860.

11 MünchArbR/*Löwisch/Rieble* § 260 RN 22.

12 *Wiedemann/Wiedemann* Einf. 379 ff. zu § 1 TVG.

che Regelung ersetzt (vgl. § 70). Zulässig sind jedoch Abreden, wonach sich Löhne oder Gehälter bei Veränderungen von Umsätzen oder Erträgen der Betriebe, Veränderungen des Sozialproduktes, der Arbeitsproduktivität erhöhen oder ermäßigen sollen. Entsprechendes gilt für Tarifvereinbarungen, die den Abschluss neuer Tarifverträge vorsehen, wenn bestimmte Indizes überschritten werden. In der BRD sind Indexklauseln im weitesten Sinne, anders als im westlichen Ausland noch nicht vereinbart worden.

7 **3. Zulassungsnormen.** Eine Unterart der Inhaltsnormen bilden die Zulassungsnormen.[13] Sie kommen in zwei Formen vor. Zulassungsnormen sind im tarifdispositiven Gesetzesrecht enthalten. Das sind Normen, mit denen zugelassen wird, im Tarifvertrag von gesetzlichen Regelungen abzuweichen. Nach § 7 ArbZG braucht der Tarifvertrag die Arbeitszeit nicht selbst zu erhöhen. Er kann sich darauf beschränken, den Arbeitsvertragsparteien zu gestatten, die Arbeitszeit zu verlängern. Bei der zweiten Form der Zulassungsnormen enthält der Tarifvertrag Tariföffnungsklauseln für abweichende Betriebsvereinbarungen oder Arbeitsvertragsabreden. Zur Arbeitszeitflexibilisierung §§ 160 RN 23, 204 RN 56.

7a **4. Bestimmungsnormen.** In einer Bestimmungsnorm legen die Tarifvertragsparteien bestimmte Arbeitsbedingungen nicht abschließend und in allen Einzelheiten fest, sondern stellen nur Rahmenbedingungen auf und überlassen deren Konkretisierung Dritten.[14] Adressat einer tariflichen Bestimmungsnorm können neben dem Arbeitgeber, dem Arbeitnehmer, den Betriebsparteien, einer Kommission oder sonstigen Dritten auch die Arbeitsvertragsparteien sein.[15] So kann z. B. die Bestimmung des Arbeitsorts dem Arbeitgeber überlassen sein.[16]

III. Abschlussnormen

Gamillscheg, Kollektives Arbeitsrecht, S. 584; MünchArbR/*Löwisch* § 260 RN 33 ff.

8 **1. Begriff. a)** Abschlussnormen sind Bestimmungen, die den Abschluss neuer, die Wiederaufnahme alter oder die Durchsetzung unterbrochener Arbeitsverhältnisse regeln. Zu den Abschlussnormen zählen **Formvorschriften, Abschlussverbote** und **Abschlussgebote.**

9 **b) Formvorschriften** verlangen für den Abschluss eines Arbeitsverhältnisses eine bestimmte Form. Im Allgemeinen werden sie nur deklaratorische Bedeutung haben, weil andernfalls die rechtswirksame Begründung behindert wird.[17] Eine Ausnahme kann für Nebenabreden bestehen.[18] Im Bereich der Berufsbildung ist eine eingehende gesetzliche Regelung enthalten, so dass tarifliche Regelungen nahezu ausscheiden (§§ 10–12 BBiG).

10 **Abschlussverbote** untersagen die Beschäftigung bestimmter Arbeitnehmer auf bestimmten Arbeitsplätzen. Bei Verstoß gegen ein Abschlussverbot ist der Arbeitsvertrag ganz oder teilweise nichtig, es sei denn, die Tarifvertragsparteien sehen eine abweichende Rechtsfolge vor. Abschlussverbote müssen an den Grundrechten gemessen werden (vgl. zur Frauendiskriminierung § 165). Zweifelhaft ist, ob tarifliche Nebentätigkeitsverbote zulässig sind.[19] Wendet sich das Nebentätigkeitsverbot nur an den Arbeitgeber, weil dieser keine Teilzeitarbeit vergeben soll, so ist es ein Abschlussverbot; wendet es sich auch gegen den Arbeitnehmer, so ist es eine Inhaltsnorm, da besondere Pflichten für ihn begründet werden. Nach h. M. unzulässig sind sog. Organisations- oder Absperrklauseln (closed-shop- bzw. union-shop-Klauseln), durch die der Arbeitgeber gezwungen werden soll, nur Gewerkschaftsmitglieder zu beschäftigen.[20] Teilweise werden auch sog. Lehrlingsskalen zu den Abschlussverboten gezählt. Diese sind Skalen, nach denen die Einstellung von Auszubildenden über einen bestimmten Prozentsatz unzulässig ist.[21] Umstr. ist, ob und inwieweit qualitative und quantitative Besetzungsregelungen zulässig sind, nach denen bestimmte Arbeitsplätze im Betrieb mit Facharbeitern besetzt werden müssen. Das BAG hält sie für zulässig.[22] Im Schrifttum ist deren Zulässigkeit umstr. Der Betriebsrat kann seine Zustimmung zu einer

---

[13] *Herschel* RdA 69, 211; *Käppler* NZA 91, 745.
[14] BAG 28. 11. 1984 AP 1, 2 zu § 4 TVG Bestimmungsrecht.
[15] BAG 28. 4. 1988 AP 25 zu § 622 BGB = NZA 89, 58.
[16] BAG 5. 8. 1999 AP 3 zu § 1 TVG Tarifverträge: Deutsche Bahn = NZA 2000, 320.
[17] BAG 24. 6. 1981 AP 2 zu § 4 TVG.
[18] BAG 9. 2. 1972, 18. 5. 1977, 7. 12. 1977, 22. 8. 1979, 9. 12. 1981 AP 1, 4, 5, 6, 8 zu § 4 BAT; 7. 9. 1982 AP 1 zu § 3 TV Arb. Bundespost; 12. 7. 1983 AP 9 zu § 17 BAT.
[19] Vgl. BAG 11. 12. 1974 AP 1 zu § 11 BAT.
[20] *Wiedemann/Wiedemann* Einl. RN 271.
[21] LAG Düsseldorf 19. 9. 1960 AP 1 zu § 4 TVG Lehrlingsskalen; dazu *Frey* RdA 70, 182.
[22] BAG 13. 9. 1983 AP 1 zu § 1 TVG Tarifverträge: Druckindustrie; 26. 4. 1990 AP 57 zu Art. 9 GG = NZA 90, 850; 22. 1. 1991 AP 67 zu Art. 12 GG = NZA 91, 675.

Einstellung oder Versetzung gemäß § 99 II Nr. 1 BetrVG verweigern, wenn eine tarifliche Regelung die Beschäftigung als solche verbieten oder nur unter bestimmten Bedingungen erlaubt. Als tarifliche Verbotsnorm kommen insbesondere qualitative Besetzungsregeln in Betracht. Hierzu gehören nicht solche Bestimmungen, die der tarifgerechten Eingruppierung dienen.[23]

c) Abschlussgebote verpflichten dagegen den Arbeitgeber zur Einstellung bestimmter Arbeitnehmer auf bestimmten Arbeitsplätzen. Auf Grund eines Abschlussgebotes erlangt der Arbeitnehmer einen Anspruch auf Neu- oder Wiedereinstellung, etwa nach einer Entlassung wegen schlechter Witterung (vgl. § 2 V BRTV-Bau),[24] Ausscheiden wegen vorübergehender Berufs- und Erwerbsunfähigkeit/jetzt verminderter Erwerbsfähigkeit[25] oder nach Arbeitskämpfen. Denkbar sind Abschlussgebote ferner für Frauen, Jugendliche und schwerbehinderte Menschen. Für Frauen gilt dies insbesondere, wenn sie nach der Geburt eines Kindes und Ablauf der Elternzeit vorübergehend mit der Arbeit aussetzen müssen. Voraussetzung der Wirksamkeit von Abschlussgeboten ist, dass sie die berechtigten Personenkreise hinreichend bestimmen. 11

d) Maßregelungsverbote verbieten dem Arbeitgeber, einzelne Arbeitnehmer wegen der Beteiligung an einem Arbeitskampf zu kündigen oder sie in anderer Weise zu benachteiligen. Die Unterscheidung in kämpfende und nicht kämpfende Arbeitnehmer soll nicht über den Arbeitskampf andauern.[26] Umstritten ist, ob sog Streikbruchprämien zulässig sind. Das BAG geht davon aus, dass die Zahlung von Prämien an diejenigen Arbeitnehmer, die sich nicht an einem Arbeitskampf beteiligen, unzulässig ist.[27] 12

2. Beschäftigungsverbote. Nicht zu den Abschlussnormen, sondern zu den Inhaltsnormen gehören solche Bestimmungen, die nicht den Abschluss eines Arbeitsvertrages verhindern, sondern nur die Beschäftigung bestimmter Personengruppen mit bestimmten Arbeiten (z. B. Beschäftigung von Frauen oder Jugendlichen mit besonders schweren Arbeiten) beschränken, also die sog. Beschäftigungsverbote. 13

IV. Beendigungsnormen

1. Begriff. Beendigungsnormen regeln die Beendigung des Arbeitsverhältnisses. Dies können Normen über die Kündigung, die Befristung[28] oder die Form von Aufhebungsverträgen sein (vgl. aber § 623 BGB). Den Aufhebungsvertrag selbst können die TVParteien nicht ausschließen; sie können dem Arbeitnehmer aber ein Widerrufsrecht einräumen.[29] 14

2. Kündigung. Wirksam sind Beendigungsnormen über den Ausschluss oder die Erschwerung der ordentlichen Kündigung durch den Arbeitgeber.[30] Das KSchG ist nicht tarifdispositiv, so dass die soziale Auswahl nicht berührt wird. Dagegen können auch durch Tarifvertrag und Betriebsvereinbarung Auswahlrichtlinien vereinbart werden (vgl. § 135). Unwirksam sind dagegen Normen, durch die **(1)** die ordentliche Kündigung des Arbeitnehmers erschwert wird, da damit in seine Berufsfreiheit eingegriffen wird, **(2)** die außerordentliche Kündigung für den Arbeitgeber ausgeschlossen wird,[31] **(3)** der wichtige Grund des § 626 BGB durch einen Katalog von Kündigungsgründen abschließend definiert wird. Zulässig ist aber, dass die außerordentliche Kündigung an die Zustimmung des Betriebsrats geknüpft wird, soweit eine unabhängige Einigungsstelle für Meinungsverschiedenheiten vorgesehen ist (vgl. § 102 VI BetrVG). Haben die Tarifvertragsparteien einen Katalog von Kündigungsgründen geschaffen, so haben diese jedoch indizielle Bedeutung für die Bewertung des wichtigen Grundes. 15

3. Befristung. Durch Tarifvertrag kann der sachliche Grund bei Befristungen näher ausgestaltet werden.[32] Die Tarifvertragsparteien können auch die Befristung nach dem TzBfG aus- 16

---

[23] BAG 18. 3. 2008 NZA 2008, 832.

[24] BAG 26. 9. 1957 AP 10 zu § 1 TVG Auslegung.

[25] BAG 24. 1. 1996 AP 7 zu § 59 BAT = NZA 96, 823.

[26] BAG 13. 7. 1993 AP 127 zu Art. 9 GG Arbeitskampf = NZA 93, 1135; 17. 6. 1997 AP 150 zu Art. 9 GG Arbeitskampf = NZA 98, 47.

[27] BAG 4. 8. 1987 AP 88 zu Art. 9 GG Arbeitskampf = NZA 88, 61; 13. 7. 1993 AP 127 zu Art. 9 GG Arbeitskampf = NZA 93, 1135.

[28] Vgl. dagegen BAG 14. 2. 1990 AP 12 zu § 1 BeschFG 1985 = NZA 90, 737.

[29] BAG 10. 3. 1992 AP 17 zu § 1 BetrAVG Lebensversicherung = NZA 93, 25.

[30] BAG 16. 9. 1993 AP 42 zu § 622 BGB = NZA 94, 221; 12. 7. 1995 AP 7 zu § 626 BGB Krankheit = NZA 95, 1100.

[31] BAG 11. 7. 1958 AP 27 zu § 626 BGB; 18. 12. 1961 AP 1 zu § 626 BGB Kündigungserschwerung; 19. 1. 1973 AP 5 zu § 626 BGB Ausschlussfrist.

[32] BAG 25. 11. 1992 AP 150 zu § 620 BGB Befristeter Arbeitsvertrag = NZA 93, 1081; 31. 8. 1994 AP 163 zu § 620 BGB Befristeter Arbeitsvertrag.

schließen. Insoweit gilt der Tarifvorrang (§ 39). Ob und inwieweit das Arbeitsverhältnis auf das Erreichen der Altersgrenze, den Eintritt der Berufs- oder Erwerbsunfähigkeit bedingt werden kann, war umstritten (vgl. Einzelheiten § 38).

V. Betriebsnormen

Hanau, Zur Verfassungsmäßigkeit von tarifvertraglichen Betriebsnormen am Beispiel der qualitativen Besetzungsregelungen, RdA 96, 158; *Schleusener,* Der Begriff der betrieblichen Norm im Lichte der negativen Koalitionsfreiheit und des Demokratieprinzips, ZTR 98, 100.

17 **1. Betriebsnormen (Solidarnormen).** Dies sind alle Normen, die die Organisationsgewalt des Arbeitgebers regeln und über das einzelne Arbeitsverhältnis hinausgehen.[33] Der Tarifvertrag hat die Aufgabe, die unternehmerische Gestaltungsfreiheit im Interesse der Arbeitnehmer einzuschränken. Zu den Betriebsnormen zählen vor allem solche, die die Ordnung des Betriebes regeln, die der gesamten Belegschaft oder bestimmten Gruppen von Arbeitnehmern dienen, z.B. Vorschriften für Entlüftung und Heizung von Arbeitsräumen, Arbeitsschutzeinrichtungen, die Organisation der Arbeit, Anforderung an den Arbeitsplatz und die Personalstruktur in ihrer hierarchischen Verknüpfung. Ferner zählen hierhin alle Normen, die eine einheitliche Verfahrensweise im Betrieb gewährleisten sollen, die Lage der Arbeitszeit, die Einhaltung eines Prozentsatzes der Belegschaft, welche mit verlängerter Arbeitszeit beschäftigt werden darf,[34] Lohnzahlungszeiträume usw. Qualitative Besetzungsregeln verbieten insbesondere aus Gründen des Schutzes vor Überforderung, der Förderung der Arbeitsqualität oder des Beschäftigungsschutzes für Fachkräfte auf bestimmten Arbeitsplätzen die Beschäftigung von Arbeitnehmern, die bestimmten Anforderungen nicht genügen.[35] Keine Betriebsnormen sind die Regelungen des Überlastungsschutzes bei Altersteilzeit.[36] Einen Unterfall bilden die Solidarnormen. Das sind Normen, die dem Arbeitnehmer Leistungen verschaffen, wie die Begründung von besonderen Sozialeinrichtungen, Bestellung eines Werksarztes usw. Regelmäßig kann der einzelne Arbeitnehmer nicht die Einhaltung der Solidarnormen klageweise verlangen; ihre Einhaltung wird durch Gewerkschaften und den Betriebsrat nach § 80 I 1 BetrVG gesichert. Sie entfalten bereits dann Rechtswirkungen, wenn nur der Arbeitgeber tarifgebunden ist. Betriebsnormen sind mithin allgemeinverbindlich, wenn nur der Arbeitgeber tarifgebunden ist.

18 **2. Inhaltsnormen.** Die Betriebsnormen können zugleich Inhaltsnormen sein, wenn dem Arbeitnehmer als Einzelnem zugleich Rechte und Pflichten eingeräumt werden.

19 **3. Gemeinsamer Betrieb.** Nach der Rspr. des BAG können mehrere Arbeitgeber einen gemeinsamen Betrieb haben.[37] Bei individualrechtlichen Fragen kommt es auf die Tarifbindung eines jeden Arbeitgebers an. Bei betrieblichen Fragen kommt es zu Problemen, wenn nur ein Arbeitgeber tarifgebunden ist. In diesen Fällen wird eine Tarifbindung an die Betriebsnormen entfallen, weil diese die Tarifbindung der Betriebsträger voraussetzen.[38]

VI. Normen über betriebsverfassungsrechtliche Fragen

Erweiterung der Mitwirkungsrechte: *Gaul,* Gesellschaftsrechtliche Grenzen betrieblicher Verstärkung von Mitbestimmungsrechten, MDR 93, 813; *Kempen,* Struktur und Funktionsunterschiede zwischen Tarifvertrag und Betriebsvereinbarung, Jahrbuch des ArbR, Bd. 30, 1993, S. 97; *Plüm,* Die tarifliche Erweiterung von Leistungsbestimmungsrechten des Arbeitgebers, DB 92, 735; *Schiefer/Worzalla,* Unzulässige Streiks um Tarifsozialpläne, DB 2006, 46; *Wagner,* Verfassungsrechtliche Grundlagen der Übertragung von Kompetenzen der Tarifparteien auf die Betriebsparteien, DB 92, 2550.

20 **1. Betriebsverfassungsrechtliche Normen.** Dies sind solche, die sich mit der Rechtsstellung der Arbeitnehmerschaft im Betriebe und der ihrer Organe beschäftigen (§ 216). Im Allgemeinen kann ein Tarifvertrag nicht die Organisation der Betriebsverfassung und die für sie geltenden demokratischen Spielregeln abändern (§ 200).[39] Im BetrVG ist lediglich vorgesehen,

---

[33] Vgl. BAG 26. 4. 1990 AP 57 zu Art. 9 GG = NZA 90, 850; 1. 8. 2001 AP 5 zu § 3 TVG Betriebsnormen = AR-Blattei Tarifvertrag V a 1550.5.1 m. krit. Anm. *Dieterich.*
[34] BAG 17. 6. 1997 AP 2 zu § 3 TVG Betriebsnormen = NZA 98, 213; *Hromadka* AuA 98, 73.
[35] BAG 18. 3. 2008 NZA 2008, 832.
[36] BAG 18. 9. 2001 AP 37 zu § 611 BGB Mehrarbeitsvergütung = NZA 2002, 268.
[37] BAG 18. 1. 1990 AP 9 zu § 23 KSchG 1969 = NZA 90, 977.
[38] *Löwisch/Rieble* § 3 RN 102.
[39] Vgl. BAG 16. 2. 1973 AP 1 zu § 19 BetrVG 1972.

dass die Größe des Betriebsrats verändert werden kann.[40] Nach § 3 BetrVG können besondere Vertretungen der Arbeitnehmer geschaffen werden. Einigkeit besteht darüber, dass durch Tarifvertrag die **Mindestnormen** des Betriebsverfassungsrechts nicht zum Nachteil der Arbeitnehmerschaft abgedungen werden können.[41] Sie können nur erweitert werden.[42] Umstritten ist, in welchem Umfang durch Tarifvertrag die Mitwirkungsrechte der Arbeitnehmerschaft und ihrer Vertretungen im Betriebe **erweitert** werden können (§ 200).[43] Nach § 87 BetrVG hat der Betriebsrat nur ein Mitbestimmungsrecht, sofern keine gesetzlichen oder tarifvertraglichen Regelungen bestehen. Gleichwohl wird den Betriebspartnern ein Kernbereich zur Regelung überlassen werden müssen. Ob die Mitbestimmungsrechte nach § 87 BetrVG erweitert werden können, ist in der Lit. umstr.[44] Das BAG hat sich zum BetrVG 1952 nur mit Einzelfragen befasst.[45] Dasselbe gilt auch für das BetrVG 1972.[46] In **personellen Angelegenheiten** wird die Zulässigkeit der Erweiterung der Mitwirkungsrechte des Betriebsrats bejaht bei den allgemeinen personellen Angelegenheiten (§§ 92ff. BetrVG),[47] bei der Berufsbildung (§§ 96ff. BetrVG), bei den personellen Einzelmaßnahmen (§ 99 BetrVG) sowie bei der ordentliche Kündigung (§ 102 BetrVG), dagegen nicht bei der außerordentliche Kündigung. Verneint wird eine Erweiterung der Mitbestimmung in **wirtschaftlichen Angelegenheiten** (§ 200).[48] Umstritten ist, ob Tarifsozialpläne abgeschlossen werden können, weil sie nur für Tarifvertragsgebundene gelten und die wirtschaftliche Mitbestimmung des Betriebsrats beschränken (vgl. § 200 RN 5a).[49] Betriebsverfassungsrechtliche Normen gelten nicht für arbeitnehmerähnliche Personen (§ 12a TVG).

2. Personalvertretungsrecht. Das Personalvertretungsrecht der Betriebe und Verwaltungen 21
des öffentlichen Rechts kann nicht abweichend vom Gesetz geregelt werden (§ 97 BPersVG).

3. Kontrolle von Betriebsvereinbarungen. Umstr. ist, inwieweit den Tarifvertragsparteien 22
eine Kontrolle von Betriebsvereinbarungen zusteht. Dies gilt vor allem für Betriebsvereinbarungen, die die betriebliche Arbeitszeit regeln und entspr. Tarifverträge ausfüllen. Das BAG hat eine Klagebefugnis der Gewerkschaft zunächst verneint.[50] Das BVerfG hat die hiergegen gerichtete Verfassungsbeschwerde nicht zur Entscheidung angenommen.[51] Mit einer Entscheidung vom 20. 4. 1999 hat das BAG den Gewerkschaften einen Unterlassungsanspruch zum Schutz der Tarifautonomie eingeräumt (§ 201 RN 22).[52]

VII. Normen über gemeinsame Einrichtungen

1. Begriff. Gemeinsame Einrichtungen der Tarifvertragsparteien sollen Aufgaben überneh- 23
men, die über das einzelne Unternehmen hinausgehen. Hierzu gehören z.B. die Erbringung von Leistungen der betrieblichen Altersversorgung, Gewährung von Urlaub im Baugewerbe usw. Nach § 4 II TVG können die Tarifvertragsparteien die Satzung gemeinsamer Einrichtung mit unmittelbarer und zwingender Wirkung ausstatten und das Verhältnis der Einrichtungen zu den tarifgebundenen Arbeitgebern und Arbeitnehmern regeln. Die Normen über gemeinsame Einrichtungen einschließlich etwaiger Zuständigkeitsvereinbarungen (§ 48 II Nr. 2 ArbGG)[53] können für allgemeinverbindlich erklärt werden.[54] Für Rechtsstreitigkeiten zwischen den ge-

---

[40] BAG 25. 5. 2005 AP 16 zu § 47 BetrVG 1972 = NZA 2006, 215.
[41] *Gamillscheg,* Kollektives Arbeitsrecht, S. 596.
[42] BAG 10. 2. 1988 AP 53 zu § 99 BetrVG 1972 = NZA 88, 699; 18. 8. 1987 AP 23 zu § 77 BetrVG 1972 = NZA 87, 779.
[43] Schrifttum siehe vor RN 20.
[44] Übersicht *Gamillscheg,* Kollektives Arbeitsrecht, S. 614.
[45] Vgl. BAG 24. 9. 1959 AP 11 zu § 611 BGB Akkordlohn; 8. 10. 1959 AP 14 zu § 56 BetrVG 1952; 23. 3. 1962 AP 1 zu § 56 BetrVG Akkord.
[46] BAG 16. 7. 1985 AP 17 zu § 87 BetrVG 1972 Lohngestaltung; 6. 2. 1985 AP 16 zu § 4 TVG Übertariflicher Lohn und Tariflohnerhöhung = NZA 85, 663.
[47] BAG 10. 2. 1988 AP 53 zu § 99 BetrVG 1972 = NZA 88, 699; 19. 5. 1978 AP 1 zu § 88 BetrVG 1972.
[48] *Gamillscheg,* Kollektives Arbeitsrecht, S. 616.
[49] *Schiefer/Worzalla* DB 2006, 46.
[50] BAG 20. 8. 1991 AP 2 zu § 77 BetrVG 1972 Tarifvorbehalt = NZA 92, 317.
[51] BVerfG 29. 6. 1993 AP 2a zu § 77 BetrVG 1972 Tarifvorbehalt = NZA 94, 34.
[52] BAG 20. 4. 1999 AP 89 zu Art. 9 GG = NZA 99, 887.
[53] BAG 19. 3. 1975 AP 14 zu § 5 TVG.
[54] BAG 5. 12. 1958 AP 1 zu § 4 TVG Ausgleichskasse; 10. 10. 1973 AP 13 zu § 5 TVG; BVerfG 8. 1. 1987 – 1 BvR 1354/86.

meinsamen Einrichtungen und den Tarifgebundenen sind die Arbeitsgerichte zuständig (§ 2 I Nr. 4b ArbGG).[55] Dies gilt auch dann, wenn anstelle einer Handelsgesellschaft als Arbeitgeber die persönlich haftenden Gesellschafter in Anspruch genommen werden.[56] Die Tarifvertragsparteien können auch Anstalten des öffentlichen Rechts als gemeinsame Einrichtung benutzen. Die Versorgungsanstalt der Deutschen Bundespost (VAP) ist in diesem Sinne keine gemeinsame Einrichtung.[57] Für Rechtsstreitigkeiten mit als gemeinsame Einrichtung genutzten öffentlich-rechtlichen Anstalten sind die Arbeitsgerichte nicht zuständig.[58]

24 **2. Beispiele.** Das Gesetz zählt als Beispiel der gemeinsamen Einrichtungen **Lohnausgleichskassen** und **Urlaubsmarkenregelungen** auf. Insoweit haben gemeinsame Einrichtungen vor allem im Baugewerbe eine weite Verbreitung gefunden. Ihre Bedeutung wird voraussichtlich in Zukunft noch erheblich zunehmen, wenn die Verbände die Altersversorgung tariflich absichern.

§ 203. Geltungsbereich der normativen Bestimmungen

Buchner, Der Geltungsbereich des Tarifvertrages, AR-Blattei SD 1550.4.

Übersicht

	RN		RN
I. Allgemeines	1	V. Fachlicher Geltungsbereich	41 ff.
II. Zeitlicher Geltungsbereich	2 ff.	1. Begriff	41, 42
1. Inkrafttreten und Normwirkung	2–4	2. Vergütungsgruppen	43–46 a
2. Erfasste Arbeitsverhältnisse	5	VI. Persönlicher Geltungsbereich	47 ff.
3. Rückwirkung	6–10	1. Begriff	47–49
4. Ablösung	11, 12	2. Auszubildende	50
5. Ablösung von Betriebs- und Rahmenkollektivverträgen	13–20	VII. Tarifkonkurrenz und Tarifpluralität	51 ff.
III. Räumlicher Geltungsbereich	21 ff.	1. Begriff	51–54
1. Begriff	21–28	2. Tarifkonkurrenz	55–59
2. Tarifzuständigkeit	29	3. Tarifpluralität	60–66
3. Betriebsverlegung	30	4. Verbandswechsel	66 a
4. Tarifkonkurrenz	31	5. Lösungsgrundsätze	67
5. Arbeitskampf	32	VIII. Ausscheiden aus dem tariflichen Geltungsbereich	68 ff.
IV. Betrieblicher Geltungsbereich	33 ff.	1. Nachwirkung	68
1. Tarifeinheit	33–34 a	2. Inbezugnahme des Tarifvertrages	69
2. Mischbetrieb	35	3. Ausschluss der Nachwirkung	70
3. Betriebsabteilung, Nebenbetrieb	36–38	IX. Prozessfragen	71 f.
4. Betriebsmehrheit im Unternehmen	39	1. Feststellungsklage	71
5. Tarifzuständigkeit	40	2. Beschlussverfahren	72

I. Allgemeines

1 Die normativen Bestimmungen des Tarifvertrages gelten grundsätzlich nur für solche Arbeitsverhältnisse, die dem **zeitlichen, räumlichen, betrieblichen, fachlichen und persönlichen Geltungsbereich** des Tarifvertrages unterliegen. Der Geltungsbereich ergibt sich aus dem Tarifvertrag. Dieser kann ihn ausdrücklich, aber auch konkludent regeln.[1] Vom Geltungsbereich ist die Tarifbindung zu unterscheiden. Die Tarifbindung ergibt sich aus dem TVG (§§ 206, 207). Sie besteht nur, wenn sowohl der Arbeitgeber wie der Arbeitnehmer Mitglied der Organisation ist, die den Tarifvertrag abgeschlossen hat, oder der Tarifvertrag allgemeinverbindlich ist. Eine Ausnahme gilt nur für Normen, die betriebliche und betriebsverfassungsrechtliche Fragen enthalten. Diese gelten für alle Betriebe, deren Arbeitgeber tarifgebunden ist (§ 3 II TVG).

---

[55] BAG 5. 7. 1967 AP 5 zu § 61 KO; 19. 3. 1975 AP 14 zu § 5 TVG.
[56] BAG 14. 11. 1979 AP 2 zu § 4 TVG Gemeinsame Einrichtungen.
[57] BAG 28. 4. 1981 AP 3 zu § 4 TVG Gemeinsame Einrichtungen.
[58] BAG 28. 4. 1981 AP 3 zu § 4 TVG Gemeinsame Einrichtungen.
[1] BAG 15. 11. 2006 AP 34 zu § 4 TVG Tarifkonkurrenz = NZA 2007, 448.

II. Zeitlicher Geltungsbereich

Rückwirkung: *Beckers,* Die rückwirkende Änderung von Tarifverträgen, ZTR 99, 145; *Bieder,* Die Rückwirkung verschlechternder Tarifverträge im Spannungsfeld zwischen Ablösungsprinzip, Ordnungsfunktion und Vertrauensschutz, ArbuR 2008, 244; *Dunker,* Keine rückwirkende Unwirksamkeit von Tarifverträgen, SAE 2008, 133; *Hanau/Kania,* Stufentarifverträge, DB 95, 1229; *Houben,* Formelle Aspekte tarifvertraglicher Rückwirkung, NZA 2007, 130; *Kania,* Flucht vor ERA – zu spät?, BB 2004, 665; *Neuner,* Die Rückwirkung von Tarifverträgen, ZfA 98, 83; *Streil,* Der Grundsatz des Vertrauensschutzes und die unechte Rückwirkung von Vorschriften, EuGRZ 75, 449; *Ziepke,* Der rückwirkende Lohntarifvertrag, DB 81, 474.

1. Inkrafttreten und Normwirkung. a) Der Tarifvertrag tritt grundsätzlich mit seinem **Abschluss,** also seiner Unterzeichnung in Kraft. Die Tarifvertragsparteien können den Tarifvertrag auch zu einem späteren Zeitpunkt in Kraft setzen. In diesem Zeitpunkt des Inkrafttretens muss die Tarifbindung vorhanden sein, wenn der Tarifvertrag Arbeitsverhältnisse erfassen soll. 2

b) Von dem Inkrafttreten des Tarifvertrages ist seine Normwirkung zu unterscheiden. Der Tarifvertrag gilt grundsätzlich für alle Arbeitsverträge, die **nach seinem Inkrafttreten und vor seiner Beendigung** abgeschlossen werden (§ 199 RN 31 ff.). Er gilt dagegen nicht, wenn nach dem Inhalt des Arbeitsvertrages dieser erst nach dem Ende des Tarifvertrages beginnen soll. 3

c) Ein **Stufentarifvertrag,**[2] der stufenweise Lohnerhöhungen oder Arbeitszeitverkürzungen vorsieht, gilt schon, er löst aber erst zu dem in ihm bestimmten Zeitpunkt Normwirkungen aus. Entsprechendes wird auch für das Entgeltrahmenabkommen in der Metall- und Elektroindustrie (ERA) gelten. 4

2. Erfasste Arbeitsverhältnisse. Der Tarifvertrag erfasst mit seinen Inhaltsnormen grundsätzlich die bereits **bestehenden Arbeitsverhältnisse.** Die Nachwirkung für Angestellte erfasst das Arbeitsverhältnis eines Angestellten, das während der Laufzeit des Tarifvertrags als Ausbildungsverhältnis bestanden hat und ohne zeitliche Unterbrechung im Nachwirkungszeitraum als Arbeitsverhältnis fortgeführt worden ist.[3] Wird ein Arbeitsverhältnis erst im Nachwirkungszeitraum eines Tarifvertrages begründet, so erfasst der Tarifvertrag dieses Arbeitsverhältnis nicht.[4] Ausnahmen sind lediglich für sog. **Abschlussnormen** zu machen. Werden in einem Tarifvertrag konstitutive Formvorschriften für die Begründung von Arbeitsverträgen vereinbart, so werden dadurch bereits mündlich abgeschlossene Arbeitsverträge nicht nichtig. Insoweit kann den Abschlussnormen nur deklaratorische Bedeutung zukommen, so dass für jede Partei ein Anspruch auf nachträgliche schriftliche Niederlegung des Arbeitsvertrages erwächst.[5] Allerdings kann bei nachträglich vereinbarten Abschlussverboten die Verpflichtung erwachsen, bereits bestehende Arbeitsverträge zu kündigen. Werden in einem Tarifvertrag Höchstzahlen für die **Auszubildenden** festgelegt, so ist der Betrieb, der mehr als die nach dem Tarifvertrag zulässige Höchstzahl von Auszubildenden beschäftigt, nicht berechtigt und verpflichtet zu kündigen. Vielmehr müssen die Ausbildungsverträge auslaufen. 5

3. Rückwirkung. a) Es wird zwischen echter und unechter Rückwirkung unterschieden. Eine **echte Rückwirkung** liegt dann vor, wenn ein in der Vergangenheit liegender abgeschlossener Sachverhalt nachträglich anders geregelt werden soll. Eine **unechte Rückwirkung** ist gegeben, wenn der geregelte Sachverhalt zwar in der Gegenwart liegt, aber bereits in der Vergangenheit erwachsende Ansprüche anders geregelt werden sollen. Im Wege der Auslegung des Tarifvertrages ist zu ermitteln, ob eine Rückwirkung gewollt ist. Hierzu bedarf es einer klaren und unmissverständlichen Vereinbarung.[6] 6

Wird tarifrechtlich zulässig eine **Rückwirkung des Tarifvertrages** (§ 199 RN 32 ff.) vereinbart, so werden von dem Tarifvertrag die Arbeitsverhältnisse erfasst, die nach dem rückwirkenden Beginn abgeschlossen werden oder bestanden haben. Voraussetzung ist aber, dass sowohl beim Anfangstermin wie beim Abschluss des Tarifvertrages Tarifbindung besteht.[7] Anderenfalls 7

---

[2] *Hanau/Kania* DB 95, 1229.

[3] BAG 19. 1. 1962 AP 11 zu § 5 TVG; 28. 1. 1987 AP 16 zu § 4 TVG Nachwirkung; 7. 5. 2008 AP 31 zu § 4 TVG = NZA 2008, 886.

[4] BAG 22. 7. 1998 AP 32 zu § 4 TVG Nachwirkung = NZA 98, 1287; 15. 4. 2008 AP 133 zu § 87 BetrVG 1972 Lohngestaltung = NZA 2008, 888.

[5] Teils umstr. vgl. *Kempen/Zachert,* TVG, 3. Aufl., § 4 RN 32; *Wiedemann/Wank* § 4 TVG RN 232; BAG 7. 5. 2008 AP 31 zu § 4 TVG = NZA 2008, 886.

[6] BAG 5. 3. 1957, 20. 6. 1958 AP 1, 2 zu § 1 TVG Rückwirkung; 19. 9. 1958 AP 1 zu § 611 BGB Deputat; 20. 6. 1958, 27. 11. 1958 AP 49, 69 zu § 1 TVG Auslegung.

[7] BAG 20. 6. 1958 AP 49 zu § 1 TVG Auslegung; 30. 4. 1969 AP 6 zu § 1 TVG Rückwirkung; 15. 5. 1966 AP 13 zu § 611 BGB Bergbau; 4. 10. 1962 AP 2 zu § 6 UrlaubsG Niedersachsen.

käme es zu einer Erweiterung der Tarifbindung. Bei rückwirkenden Lohnerhöhungen ist im Zweifel anzunehmen, dass sie allein bei Wirksamkeit zu Beginn des Tarifvertrages tarifgebundenen Arbeitnehmern zugute kommen sollen.[8] Wird der Beginn des Tarifvertrages erst zu einem **späteren als dem Abschlusstermin** vereinbart, so werden von ihm nicht mehr solche Arbeitsverträge erfasst, die bereits zum Beginn der Tarifwirkung beendet waren. Tarifunterworfene müssen im Stadium der Nachwirkung eines Tarifvertrags grundsätzlich damit rechnen, dass die Nachwirkung rückwirkend beseitigt wird, indem die Tarifvertragsparteien den ablösenden Tarifvertrag möglichst nahtlos an den Ablauf des vorherigen Tarifvertrags anschließen lassen. Insoweit steht den Tarifunterworfenen grundsätzlich kein Vertrauensschutz zur Seite.[9]

8 **b)** Den Arbeitnehmer oder Arbeitgeber **belastende Tarifnormen** über eine echte Rückwirkung sind im Allgemeinen unwirksam, da sie gegen den Vertrauensgrundsatz verstoßen. Etwas anderes gilt bei rückwirkend den Arbeitgeber **belastenden Firmentarifverträgen,** da der Arbeitgeber den Tarifvertrag nicht abzuschließen braucht. Im Bereich der öffentlichen Sozialleistungen hat das BVerfG eine Enteignung oder einen enteignungsgleichen Eingriff bejaht. Ein Sanierungstarifvertrag kann tarifliche Ansprüche auch mit Rückwirkung beseitigen, wenn die Arbeitnehmer nicht mehr auf die Ansprüche (Weihnachtsgeld) vertrauen durften.[10]

9 **c)** Für die **echte Rückwirkung** von Tarifvertragsnormen gelten die gleichen Grundsätze wie für Gesetze, da die Tarifvertragsparteien ermächtigt sind, Rechtsnormen zu setzen. Die Grenzen der Rückwirkung ergeben sich mithin aus der Rspr. des EuGH[11] und des BVerfG.[12] Der Normunterworfene ist **nicht schutzwürdig,** wenn **(1)** er im Zeitpunkt des Inkrafttretens der Norm mit einer Regelung rechnen musste,[13] Tarifverträge können mithin auch rückwirkend in die Laufzeit eines anderen Tarifvertrages die Tariflöhne absenken, wenn der neue Tarifvertrag zuvor bekannt gemacht worden ist;[14] **(2)** das geltende Recht unklar und verworren war; **(3)** der Normunterworfene sich aus anderen Gründen nicht auf den Rechtsschein verlassen durfte, z. B. wegen widersprüchlicher Rspr.;[15] **(4)** zwingende Gründe des Gemeinwohls für eine Rückwirkung bestehen.[16]

10 **d)** Nach den vorstehenden Grundsätzen folgt, dass in bereits bestehende Aussichten und Anwartschaften der Arbeitnehmer **nicht eingegriffen** werden kann. Hierzu gehört z. B. die Rechtsposition der Unkündbarkeit,[17] der Beförderung zum Flugkapitän[18] oder bei Ruhegeldanwartschaften und Ansprüchen der bereits erdiente Besitzstand.[19] Besitzstände sind insoweit nicht nur die ratierlich errechneten Anwartschaften nach § 2 BetrAVG, sondern auch die dienstzeitunabhängige Dynamisierung.[20] Die Tarifvertragsparteien sind aber nicht gehindert, die Eingruppierungsmerkmale auch zum Nachteil der Arbeitnehmer zu ändern. Wird ein Bewährungsaufstieg in eine höhere Vergütungsgruppe beseitigt, so werden Verfassungsgrundsätze nicht verletzt, wenn solchen Angestellten keine Besitzstände eingeräumt werden, die die früher notwendige Zeit teilweise zurückgelegt haben. Sie haben noch keine Anwartschaft als aufschiebend bedingten Anspruch auf höhere Vergütung erworben.[21] Andererseits kann sich ein Arbeitnehmer noch nicht dann auf Kündigungsbeschränkungen berufen, wenn im Zeitpunkt einer ihm

---

[8] Vgl. BAG 5. 3. 1957 AP 1 zu § 1 TVG Rückwirkung; 4. 2. 1976 AP 40 zu § 242 BGB Gleichbehandlung; *Ziepke* DB 81, 474.

[9] BAG 8. 9. 1999 AP 33 zu § 4 TVG Nachwirkung = NZA 2000, 223; dies gilt auch bei Sonderkündigungsschutz: BAG 2. 2. 2006 AP 7 zu § 1 TVG Tarifverträge: Gewerkschaften = NZA 2006, 868.

[10] BAG 22. 10. 2003 AP 21 zu § 1 TVG Rückwirkung = NZA 2004, 444.

[11] EuGHE 67, 55; EuGRZ 75, 426; dazu *Streil* EuGRZ 75, 449.

[12] Vgl. BVerfG E 11, 64, 72; 11, 139, 145, 147; 13, 206, 212, 215, 224; 18, 429, 439; 19, 187, 195; 25, 142, 154; 25, 269, 289; 30, 272, 285; 30, 367, 385; 37, 363, 397.

[13] BVerfG E 8, 274, 304; 13, 261, 272; 19, 187, 196; BAG 17. 5. 2000 AP 19 zu § 1 TVG Rückwirkung = NZA 2000, 1297; 11. 10. 2006 AP 24 zu § 1 TVG Rückwirkung = NZA 2007, 634.

[14] BAG 23. 11. 1994 AP 12 zu § 1 TVG Rückwirkung = NZA 95, 844; 15. 11. 1995 AP 20 zu § 1 TVG Tarifverträge: Lufthansa = NZA 96, 603.

[15] BVerfG E 13, 261, 272; 19, 187, 195.

[16] BVerfG E 13, 261, 271.

[17] BAG 28. 9. 1983 AP 9 zu § 1 TVG Rückwirkung; 16. 2. 1962 AP 11 zu § 4 TVG Günstigkeitsprinzip.

[18] BAG 28. 9. 1983 AP 9 zu § 1 TVG Rückwirkung.

[19] BAG 26. 10. 1962, 30. 11. 1973 AP 87, 164 zu § 242 BGB Ruhegehalt; 24. 8. 1993 AP 19 zu § 1 BetrAVG Ablösung = NZA 94, 807.

[20] BAG 17. 4. 1986 AP 4 zu § 1 BetrAVG Unterstützungskasse = NZA 86, 57; 22. 4. 1986 AP 8 zu § 1 BetrAVG Unterstützungskassen = NZA 86, 746.

[21] BAG 14. 6. 1995 AP 13 zu § 1 TVG Rückwirkung.

ausgesprochenen Kündigung der Tarifvertrag über Kündigungsbeschränkungen noch nicht in Kraft getreten war.[22]

4. Ablösung. Im Verhältnis von zwei aufeinander folgenden Tarifverträgen gilt die sog. Zeitkollisionsregel. Die Tarifvertragsparteien können eine Tarifnorm sowohl zugunsten wie auch zum Nachteil der betroffenen Arbeitnehmer ändern.[23] Wirkt ein spezieller Tarifvertrag nach seinem Außerkrafttreten nur noch gemäß § 4 V TVG nach, wird dieser durch einen im Nachwirkungszeitraum abgeschlossenen allgemeinen Tarifvertrag mit demselben Regelungsinhalt abgelöst, wenn dieser das Arbeitsverhältnis erfasst.[24] Ablösende, die Arbeitsbedingungen verschlechternde Tarifverträge sind von den Gerichten nur darauf zu überprüfen, ob sie gegen das Grundgesetz, gegen zwingendes Gesetzesrecht, gegen die guten Sitten oder gegen tragende Grundsätze des Arbeitsrechts verstoßen (§ 200 RN 12).[25] Ein Firmentarifvertrag, der in teilweiser Abänderung des Firmenmanteltarifvertrags die regelmäßige Arbeitszeit von 38,5 Stunden zur Beschäftigungssicherung vorübergehend auf 30,5 Stunden senkt, verstößt nicht gegen höherrangiges Recht.[26] Das vom BAG entwickelte dreistufige Prüfungssystem bei Eingriff in Versorgungsanwartschaften kann nicht auf Tarifverträge angewandt werden. Die Tarifvertragsparteien sind bei derartigen Eingriffen aber an die Grundsätze des Vertrauensschutzes und der Verhältnismäßigkeit gebunden.[27] Ist tarifvertraglich ein Sonderkündigungsschutz geregelt, so können die Tarifvertragsparteien diesen jeder Zeit ändern. Das Vertrauen des Arbeitnehmers, der die Voraussetzungen des Sonderkündigungsschutzes erreicht hat, steht einer solchen Änderung nicht entgegen.[28] 11

Nach Ablauf des Tarifvertrags wirkt der Tarifvertrag nach; er gilt mithin nicht mehr zwingend. Der Arbeitgeber kann mit einem neu eingestellten Arbeitnehmer eine längere als die tarifliche Wochenarbeitszeit vereinbaren. Die Erhöhung der Wochenarbeitszeit ist für die Eingruppierung des Arbeitnehmers ohne Bedeutung, wenn sich die Eingruppierung nach der Art der zu verrichtenden Arbeit richtet.[29] 12

5. Ablösung von Betriebs- und Rahmenkollektivverträgen. Nach Art. 17 des Staatsvertrages vom 18. 5. 1990 galten in der DDR Koalitionsfreiheit, Tarifautonomie, Arbeitskampfrecht, Betriebsverfassung, Unternehmensmitbestimmung, Kündigungsschutz entspr. dem Recht der Altbundesländer. Nach Anl. II Abschn. IV zum Staatsvertrag hatte die DDR das TVG mit Wirkung vom 1. 7. 1990 in Kraft zu setzen. Sie ist dieser Verpflichtung mit § 31 InKrG nachgekommen. Zugleich sind durch die Novellierung des AGB-DDR vom 22. 6. 1990 (GBl. I S. 371) die Vorschriften über die Rahmenkollektivverträge außer Kraft getreten. Seit dem Beitritt der neuen Bundesländer gilt das TVG mit Maßgaben. Die Rspr. ist weitgehend überholt, so dass auf die Vorauflagen verwiesen wird. 13–20

III. Räumlicher Geltungsbereich

Allgemein: *Rieble,* Tarifgrenzen überschreitende Arbeitnehmermobilität, ZTR 2000, 435.

Ost und West: *Däubler,* Ost-Tarife oder West-Tarife? – Ein kollisionsrechtliches Problem, DB 91, 1622; *ders.,* Arbeit im Westen nach Ost-Tarifen, ZTR 92, 145; *Gaul,* Der Geltungsbereich von Firmentarifverträgen bei bundesdeutschen Unternehmen mit Betrieben in der ehemaligen DDR, Beil. 37 zu BB 90; *Junker,* Die Tarifgeltung als Problem der deutschen Integration, RdA 92, 265; *Kempen,* Tarifgeltung bei Auswärtsbeschäftigung zwischen den alten und neuen Bundesländern, ZAP-DDR 1991, Fach 17, S. 41; *ders.,* Zum interlokalen Tarifrecht zwischen den alten und den neuen Bundesländern, ArbuR 91, 129; *Kranzusch,* Der Geltungsbereich des TV Ang.-Ost der Deutschen Bundespost, ZTR 92, 288; *Peifer,* Der räumliche Gel-

---

[22] BAG 10. 3. 1962 AP 2 zu § 2 KSchG 1969; 21. 7. 1988 AP 10 zu § 1 TVG Rückwirkung = NZA 89, 559.

[23] BAG 24. 8. 1993 AP 19 zu § 1 BetrAVG = NZA 94, 807; 23. 11. 1994 AP 12 zu § 1 TVG Rückwirkung = NZA 95, 844; 20. 3. 2002 AP 12 zu § 1 TVG Tarifverträge: Gebäudereinigung; 2. 2. 2006 AP 7 zu § 1 TVG Tarifverträge: Gewerkschaften = NZA 2006, 868; vgl. 13. 12. 1995 AP 15 zu § 1 TVG Rückwirkung = NZA 96, 767.

[24] BAG 20. 4. 2005 AP 43 zu § 4 TVG Nachwirkung = NZA 2005, 1360; 22. 10. 2008 – 4 AZR 789/07 – NZA 2009, 265.

[25] BAG 1. 6. 1970 AP 143 zu § 242 BGB Ruhegehalt; 28. 11. 1984 AP 2 zu § 4 TVG Bestimmungsrecht; 10. 10. 1989 AP 2, 3 zu § 1 TVG Tarifverträge: Vorruhestand = NZA 90, 346, 564; 16. 5. 1995 AP 15 zu § 4 TVG Ordnungsprinzip = NZA 95, 2074.

[26] BAG 25. 10. 2000 AP 1 zu § 1 TVG Tarifverträge: Internationaler Bund = NZA 2001, 328.

[27] BAG 28. 7. 2005 AP 47 zu § 1 BetrAVG Ablösung = NZA 2006, 335.

[28] BAG 2. 2. 2006 AP 7 zu § 1 TVG Tarifverträge: Gewerkschaften = NZA 2006, 868; vgl. auch LAG Köln 10. 4. 2006 NZA-RR 2006, 473.

[29] BAG 28. 6. 2006 AP 30 zu § 99 BetrVG 1972 Eingruppierung.

tungsbereich der für das Beitrittsgebiet geschlossenen Tarifverträge des öffentlichen Dienstes, FS für Schaub, 1998, S. 557; *Schmitt,* Tarifrecht „Ost" oder „West", AuA 96, 117.

Ausland: *Le Friant,* Die Tarifverhandlungen in grenzüberschreitenden Unternehmen, NZA 94, 158; *Hergenröder,* Internationales Tarifvertragsrecht, AR-Blattei, SD 1550.15; *Junker,* Zwingendes ausländisches Recht und deutscher Tarifvertrag, IPRax 94, 21.

21 **1. Begriff. a)** Regelmäßig bezeichnet der Tarifvertrag das Tarifgebiet, in dem er gelten soll. So werden **Orts-, Kreis-, Stadt-, Landes- und Bundestarife** unterschieden. Werden nachträglich, etwa im Zuge der kommunalen Neugliederung, die Verwaltungsbezirke geändert, so bleibt hiervon der Geltungsbereich des Tarifvertrages unberührt.[30] Mit welchem Geltungsbereich Tarifverträge abgeschlossen werden, ist je nach Interessenlage unterschiedlich. Bei Landes- und Bundestarifen kann es im Fall von Arbeitskämpfen auch zu entsprechenden Abwehrmaßnahmen kommen. Andererseits verlangen die Arbeitgeber regionale Tarifverträge mit entsprechenden Entgeltdifferenzierungen.

22 Derjenige Tarifvertrag findet auf das Arbeitsverhältnis Anwendung, der am Erfüllungsort des Arbeitsverhältnisses gilt. Erfüllungsort ist regelmäßig der Sitz des Betriebes.[31] Wird ein Arbeitnehmer kraft Vereinbarung oder kraft Direktionsrechts des Arbeitgebers außerhalb des Betriebssitzes beschäftigt, so ist der Tarifvertrag des Betriebssitzes anzuwenden.[32] Dies gilt grundsätzlich sowohl dann, wenn der Arbeitnehmer für den Betriebssitz eingestellt und alsdann nach außerhalb entsandt worden ist, wie auch für **Stammarbeitskräfte,** die von vornherein für Arbeiten außerhalb des Betriebssitzes eingestellt werden. Eine Ausnahme ist lediglich für solche Arbeitnehmer zu machen, die für vorübergehende Arbeiten außerhalb des Betriebssitzes eingestellt werden **(Ortskräfte)** oder für eine außerhalb des Betriebssitzes liegende besondere Betriebsstätte.[33] Die Geltung der Tarifverträge der auswärtigen Betriebsstätte wird vom Schrifttum häufig in Abrede gestellt, weil der Arbeitgeber durch Gründung auswärtiger Betriebsstätten die Schutzfunktionen des Tarifvertrages unterlaufen könne. Beim Firmentarifvertrag gilt der Tarifvertrag grundsätzlich für alle Betriebe des Unternehmens, die im Tarifgebiet des Verbandes liegen.

23 **b)** Ob die vorstehenden Grundsätze auch im Verhältnis zu den **neuen Bundesländern** anzuwenden sind, ist zweifelhaft.[34] Nach richtiger Auffassung wird man die Grundsätze des interlokalen Arbeitsrechts anwenden, das nach dem 2. Weltkrieg bei dem Zusammenwachsen der ehemaligen drei Besatzungszonen und dem Anschluss des Saarlandes entstanden ist. Das interlokale Arbeitsrecht ist im Anschluss an das internationale Privatrecht entwickelt worden. Nach Art. 30 II EGBGB unterliegen mangels einer Rechtswahl Arbeitsverträge und Arbeitsverhältnisse dem Recht des Staates, in dem der Arbeitnehmer in Erfüllung des Vertrages gewöhnlich seine Arbeit verrichtet, selbst wenn er vorübergehend in einen anderen Staat entsandt ist, oder in dem sich die Niederlassung befindet, die den Arbeitnehmer angestellt hat, sofern dieser seine Arbeit gewöhnlich nicht in ein und demselben Staat verrichtet, es sei denn, dass sich aus der Gesamtheit der Umstände ergibt, dass der Arbeitsvertrag oder das Arbeitsverhältnis engere Verbindungen zu einem anderen Staat aufweist. In diesem Fall ist das Recht des anderen Staates anzuwenden. Hieraus folgt, dass für Arbeitnehmer, die aus den neuen Bundesländern in die alten entsandt werden, grundsätzlich das Tarifvertragsrecht der neuen Bundesländer gilt. Dies gilt aber dann nicht, wenn sie in den Altbundesländern nicht nur vorübergehend arbeiten. Dasselbe gilt auch für die Entsendung von den Altbundesländern in die neuen. Insoweit wird das Recht der Altbundesländer aber zumeist günstiger sein, so dass es bei seiner Anwendung bleibt.

24 Für den **Bereich des öffentlichen Dienstes** und seine damaligen Tarifverträge (§ 1 BAT, § 1 BAT-O) ging das BAG davon aus, dass ein Arbeitnehmer, dessen Arbeitsverhältnis im Beitrittsgebiet begründet war, nur Anspruch auf die Arbeitsbedingungen hatte, die das für das Beitrittsgebiet geltende Tarifrecht vorsah. Dies galt auch dann, wenn der Sitz der Beschäftigungsbehörde sich im ehemaligen Westberlin befand.[35] Im Beitrittsgebiet begründet war ein Arbeitsvertrag, wenn er vor oder nach der Wiedervereinigung im Beitrittsgebiet geschlossen wurde. Nach dem Wortlaut der Tarifverträge musste aber auch für die gegenwärtigen Arbeits-

---

[30] *Wiedemann/Wank* § 4 TVG RN 119; *Däubler/Deinert,* TVG-Komm., § 4 TVG RN 217.

[31] BAG 3. 12. 1985 AP 5 zu § 1 TVG Tarifverträge: Großhandel; 13. 6. 1957 AP 6 zu § 4 TVG Geltungsbereich; 25. 5. 2005 AP 17 zu § 1 TVG Tarifverträge: Gebäudereinigung; LAG Frankfurt 12. 7. 1989 BB 90, 1977.

[32] LAG Hamm 6. 2. 1970 BB 70, 753.

[33] BAG 3. 12. 1985 AP 5 zu § 1 TVG Tarifverträge: Großhandel.

[34] Schrifttum siehe vor RN 21.

[35] BAG 21. 9. 1995 AP 6 zu § 1 BAT-O = NZA 97, 1003; vgl. auch BAG 10. 7. 2003 AP 1 zu § 1 MTA-O = NZA 2004, 269.

leistungen ein Bezug zum Beitrittsgebiet bestehen.[36] Wegen der unterschiedlichen wirtschaftlichen Verhältnisse zwischen den alten und neuen Bundesländern ist jedenfalls zur Zeit noch eine Differenzierung bei der Entlohnung zulässig.[37] Der MTA-O fand keine Anwendung, wenn der Arbeitnehmer in den Beitrittsgebieten ausgebildet worden ist, nach Abschluss der Ausbildung im Gebiet des MTA ein Arbeitsverhältnis begründet und zu einem späteren Zeitraum an einen im Beitrittsgebiet gelegenen Arbeitsort versetzt wurde.[38]

Wurde ein solcher Arbeitnehmer **in die alten Bundesländer zur Arbeitsleistung entsandt,** stand ihm für die Dauer dieser Tätigkeit Bezahlung nach dem dortigen Tarifrecht zu (sog. Posturteil).[39] Kehrte er wieder in das Beitrittsgebiet zurück, galt wieder das Tarifrecht des Beitrittsgebietes.[40] Gewährte ein Arbeitgeber aber in den Westen entsandten Mitarbeitern über den Zeitpunkt ihrer Rückkehr hinaus Leistungen nach dem BAT, so musste er dies allen Mitarbeitern gewähren.[41] Hatte er sich irrtümlich für verpflichtet gehalten, die Leistungen weiter zu gewähren, konnte er dies für die Zukunft einstellen.[42] Der Arbeitgeber war ferner verpflichtet, den BAT und nicht den BAT-O weiter anzuwenden, wenn er einen Haustarifvertrag abschloss,[43] in dem auf den BAT verwiesen wurde oder er mit den Arbeitnehmern dessen Anwendung vereinbarte.[44] 25

In der **Bauindustrie** finden sich besondere tarifliche Regelungen zum interlokalen Tarifrecht, nach denen der Ortslohn der Arbeitsstelle zu zahlen ist.[45] 26

c) Bei **inländischen Zweigstellen ausländischer Unternehmen** ist zunächst zu prüfen, ob überhaupt deutsches Recht Anwendung findet (§ 6). Ist das Arbeitsverhältnis einem Auslandsstatut unterstellt, findet das Tarifrecht – abgesehen von Verstößen gegen den Ordre public – keine Anwendung.[46] Werden dagegen Arbeitnehmer ins Ausland entsandt, so entscheidet zunächst das vereinbarte Tarifvertragsrecht. Ist eine Rechtswahl nicht getroffen, findet grundsätzlich das Tarifvertragsrecht des Betriebssitzes Anwendung. Etwas anderes gilt dann, wenn der Arbeitnehmer nicht nur vorübergehend entsandt ist und das Tarifvertragsrecht des Ortsrechts günstiger ist (vgl. § 6; § 198 RN 54). 27

d) Rechtlich zulässig ist auch, dass deutsche Tarifvertragsparteien für **ins Ausland entsandte Arbeitnehmer** Tarifverträge abschließen.[47] Dies ist z.B. der Fall für die im Entwicklungsdienst oder in Vertretungen des Bundes beschäftigten Arbeitnehmer. 28

2. Tarifzuständigkeit. Ist im Tarifvertrag der räumliche Geltungsbereich nicht umschrieben, so ist er aus dem **Wirkungsbereich der Tarifvertragsparteien** zu entnehmen. Ist der Wirkungsbereich der Tarifvertragsparteien verschieden groß, so ist derjenige des Verbandes maßgebend, der den kleineren Bereich hat. Nur insoweit besitzt er eine Zuständigkeit (§ 199 RN 15ff.).[48] 29

3. Betriebsverlegung. Wird das Arbeitsverhältnis aus dem räumlichen Geltungsbereich des Tarifvertrages verlegt, so endet die unmittelbare und zwingende Geltung des Tarifvertrages. Dieser entfaltet lediglich Nachwirkung (§ 4 V TVG). Wird er ins Ausland verlegt, so wird der Tarifvertrag noch Nachwirkung entfalten, wenn die Arbeitskräfte weiter nach deutschem Recht behandelt werden. 30

---

[36] BAG 23. 2. 1995 AP 1 zu BMT-G = NZA 96, 148; 23. 2. 1995 AP 2 zu § 1 TVG Ang. Bundespost = NZA 96, 109.

[37] BVerfG 9. 8. 2000 AP 16 zu § 1 BAT-O = NZA 2000, 1113.

[38] BAG 10. 7. 2003 AP 1 zu § 1 MTA-O = NZA 2004, 269.

[39] BAG 30. 7. 1992 AP 1 zu § 1 TV Ang. Bundespost = NZA 93, 324.

[40] BAG 23. 2. 1995 AP 3 zu § 1 TV Ang. Bundespost = NZA 96, 384; 24. 2. 1994 AP 1 zu § 1 BAT-O = NZA 95, 133; 6. 10. 1994 AP 2 zu § 1 BAT-O = NZA 95, 1057; 30. 7. 1992 AP 1 zu § 1 TV Ang. Bundespost = NZA 93, 324; 30. 7. 1992 AP 1 zu § 1 TV Ang. Bundespost = NZA 93, 324; 18. 1. 2001 – 6 AZR 530/99 – EzBAT § 1 Allg. Geltungsbereich Nr. 16 (n. a. v.); LAG Berlin 31. 1. 1994 ZTR 94, 330.

[41] BAG 6. 10. 1994 AP 2 zu § 1 BAT-O = NZA 95, 1057; 23. 2. 1995 AP 3 zu § 1 TV Ang. Bundespost = NZA 96, 384; 26. 10. 1995 AP 7 zu § 1 BAT-O = NZA 96, 765.

[42] BAG 26. 11. 1998 AP 11 zu § 1 BAT-O = NZA 99, 1108.

[43] BAG 8. 12. 1999 AP 14 zu § 1 BAT-O = NZA 2000, 1167.

[44] BAG 9. 12. 1999 – 6 AZR 337/98 – BB 2000, 259 (n. a. v.).

[45] BAG 10. 11. 1993 AP 169 zu § 1 TVG Tarifverträge: Bau = NZA 94, 622.

[46] BAG 4. 5. 1977 AP 30 zu § 1 TVG Tarifverträge: Bau.

[47] BAG 11. 9. 1991 AP 29 zu Internat. Privatrecht, Arbeitsrecht m. Anm. *Arnold* = NZA 92, 321 = AR-Blattei ES 340 Nr. 14 m. Anm. *Hergenröder.*

[48] BAG 25. 9. 1986 AP 12 zu § 2 TVG; 19. 1. 1962 AP 11 zu § 5 TVG; 10. 3. 1982 AP 2 zu § 2 KSchG 1969.

31 **4. Tarifkonkurrenz.** Die Konkurrenz von Orts-, Landes- und Bundestarifverträgen wird nach dem Spezialitätsprinzip gelöst; d. h., der jeweils engere Tarifvertrag geht dem weiteren vor, sofern nichts anderes im Tarifvertrag bestimmt ist. Dies kann z. B. der Fall sein, wenn die Tarifpartner auf Bundes- oder Landesebene nach ihrer Satzung ermächtigt sind, einheitliche Tarifverträge zu schaffen und lediglich für bestimmte Spezialfragen bezirkliche Untergliederungen ermächtigen, Einzelregelungen zu treffen.

32 **5. Arbeitskampf.** Der räumliche Geltungsbereich hat wesentliche Bedeutung für die Beurteilung der Rechtmäßigkeit von Arbeitskämpfen erlangt (§ 193).[49]

IV. Betrieblicher Geltungsbereich

Bauer/Haußmann, Tarifwechsel durch Branchenwechsel, DB 2003, 610; *Braner,* Die Geltung von Tarifverträgen im gemeinsamen Betrieb, NZA 2007, 596; *Engels,* Die verfassungsrechtliche Dogmatik des Grundsatzes der Tarifeinheit, RdA 2008, 331; *Lehmann,* Tarifwechsel in Recht und Praxis, Teil I, BB 2008, 1618; *ders.,* Teil II, BB 2008, 1674; *Wellenhofer-Klein,* Tarifwechsel durch Unternehmensumstrukturierung, ZfA 99, 239.

33 **1. Tarifeinheit.** Da Gewerkschaften und Arbeitgeberverbände nach dem **Industrieverbandsprinzip** organisiert sind, werden die Tarifverträge regelmäßig für einen bestimmten Wirtschaftszweig abgeschlossen, z. B. für das Gaststättengewerbe, das Baugewerbe usw. Welchen Geltungsbereich sich der Tarifvertrag beimisst, muss im Wege seiner Auslegung entschieden werden.[50] Bei der Verflüssigung von Kohle konnten z. B. die IG-Chemie oder die IG-Bergbau zuständig sein. Insoweit können Auslegungsmerkmale auch aus der Satzung der Gewerkschaft gewonnen werden, da diese über die Tarifzuständigkeit entscheiden. Bestimmt der Tarifvertrag seinen Geltungsbereich nicht durch die Angabe eines Wirtschaftszweigs, sondern durch die Mitgliedschaft im tarifschließenden Arbeitgeberverband, ist regelmäßig anzunehmen, dass sein Geltungsbereich sich über die tatsächlichen Mitgliedsunternehmen hinaus auf alle Unternehmen erstreckt, die Mitglieder des betreffenden Arbeitgeberverbandes werden können.[51] Der betriebliche Geltungsbereich von Lohntarifverträgen, die einen Tarifvertrag ausführen, ist, wenn der Lohntarifvertrag nichts anderes besagt, der gleiche wie der des Manteltarifvertrages.[52] Eine Beschränkung ist nur durch Tarifvertrag, dagegen nicht durch einen Briefwechsel der Tarifpartner zu erreichen.[53]

34 Für einen Betrieb gilt derjenige Tarifvertrag, der dem **Schwergewicht der betrieblichen Tätigkeit** entspricht. Die neuere Rechtsprechung knüpft an die überwiegend im Betrieb zu leistende Arbeit[54] oder an die Merkmale an, die dem Betrieb das Gepräge geben (Prospektmaterial, Eintragung ins Handelsregister).[55] Entscheidend ist, ob der Betrieb nach der Verkehrsauffassung zu dem entspr. Gewerbezweig gerechnet wird. Es gilt das **Prinzip der Tarifeinheit;** es besagt, dass der Tarifvertrag für sämtliche Arbeitsverhältnisse des Betriebes gilt, auch wenn wirtschaftsfremde Arbeiten verrichtet werden.[56] Z. B.: auch für im Baugewerbe beschäftigte Kraftfahrzeugschlosser gilt der Bautarif, soweit die übrigen Voraussetzungen der tariflichen Geltung vorliegen. Der Betrieb eines Handelsmaklers wird von dem fachlichen Geltungsbereich des Manteltarifvertrags für die Arbeitnehmer in den bayerischen Betrieben des Groß- und Außenhandels vom 12. 7. 1990 erfasst.[57]

34a Indes können die Tarifpartner vom Prinzip der Tarifeinheit **abweichen.**[58] Ändert der Arbeitgeber den Betriebszweck, so fällt der Betrieb aus dem Tarifvertrag heraus.[59] Ferner kann ein Herauswachsen aus einem Tarifvertrag gegeben sein, wenn der Arbeitgeber das Unternehmen umstrukturiert.[60] Bei einem Betriebs- oder Betriebsteilübergang werden die in dem veräußerten Betrieb geltenden Rechte und Pflichten aus tariflichen Normen nach § 613 a I 2 BGB Inhalt des

[49] BAG 10. 6. 1980 AP 64–67 zu Art. 9 GG Arbeitskampf.
[50] BAG 3. 2. 1965 AP 11 zu § 4 TVG Geltungsbereich.
[51] BAG 22. 3. 2005 AP 26 zu § 4 TVG Geltungsbereich = NZA 2006, 383.
[52] BAG 13. 6. 1957 AP 6 zu § 1 TVG Geltungsbereich; 12. 7. 1957 AP 7 zu § 1 TVG Geltungsbereich.
[53] BAG 21. 3. 1973 AP 12 zu § 4 TVG Geltungsbereich.
[54] BAG 27. 11. 1963, 17. 2. 1971 AP 3, 8 zu § 1 TVG Tarifverträge: Bau; 19. 12. 1958 AP 6 zu § 4 TVG Tarifkonkurrenz.
[55] BAG 14. 4. 1971 AP 10 zu § 1 TVG Tarifverträge: Bau.
[56] BAG 11. 5. 2005 – 4 AZR 386/04 – ZTR 2006, 198 (unentschieden für Sparkassentarifvertrag).
[57] BAG 24. 8. 1999 AP 14 zu § 1 TVG Tarifverträge: Großhandel = NZA 2000, 724.
[58] BAG 19. 12. 1958 AP 6 zu § 4 TVG Tarifkonkurrenz.
[59] LAG Düsseldorf EzA 3 zu § 3 TVG.
[60] *Wellenhofer-Klein* ZfA 99, 239.

auf den neuen Inhaber übergegangenen Arbeitsverhältnisses, wenn dieser nicht an diese Tarifverträge gebunden ist. Das gilt dann nicht, wenn die Rechte und Pflichten bei dem neuen Inhaber durch einen anderen Tarifvertrag geregelt sind. Das setzt nach der Rechtsprechung des BAG die kongruente Tarifbindung voraus; d.h. der andere Tarifvertrag muss kraft beiderseitiger Tarifgebundenheit gelten.[61] Wird z.B. eine Krankenhausküche auf einen privaten Dienstleister übertragen, so gilt nur dann der Tarifvertrag des Gaststättengewerbes, wenn beide Arbeitsvertragsparteien an ihn gebunden sind.

2. Mischbetrieb. Umfasst ein Betrieb mehrere Geschäftszweige (Mischbetriebe), so gilt gleichfalls das Prinzip der Tarifeinheit.[62] Maßgebend ist die überwiegende Betriebstätigkeit. Diese hat die Rspr. zunächst nach dem wirtschaftlichen Schwergewicht, also nach der wirtschaftlichen Tätigkeit, die dem Betrieb das Gepräge gibt, beurteilt. In der neuen Rspr. stellt sie dagegen darauf ab, durch welchen Tarifvertrag die meisten Arbeitsverhältnisse erfasst werden.[63] Werden in einer Bäckerei – Konditorei – Café Tätigkeiten verrichtet, die sowohl zum Berufsbild des Bäckerhandwerks als auch zu dem des Konditorhandwerks gehören, so sind sie dem Konditorhandwerk zuzuordnen, wenn sie von Fachkräften diese Handwerks ausgeführt oder wenigstens beaufsichtigt werden.[64] Ein aus einer Back-Produktionsstätte und einer Vielzahl von Verkaufsstellen (Backshops) bestehender Betrieb, der seine Eigenproduktion in diesen vermarktet, fällt nicht unter den Tarifvertrag für den Einzelhandel. Der Absatz selbst hergestellter Brot- und Backwaren ist kein Handel.[65] Kein Einzelhandel ist gegeben, wenn ein Gartencenter Zier- und Grünpflanzen kauft und nach mehreren Monaten verkauft.[66] Dagegen kann Einzelhandel vorliegen, wenn ein Unternehmen als selbstständige juristische Person im Direktvertrieb im Wesentlichen Produkte eines mit ihm verbundenen Unternehmens an Endverbraucher betreibt.[67] 35

3. Betriebsabteilung, Nebenbetrieb. a) Umstr. ist, ob das Prinzip der Tarifeinheit auch für **fachfremde Betriebsabteilungen und Nebenbetriebe** gilt. Eine selbstständige Betriebsabteilung ist gegeben bei räumlicher Trennung vom Hauptbetrieb, bei Vorliegen eines eigenen Betriebszwecks und einer gewissen organisatorischen Selbstständigkeit. Im Wege der Auslegung des Tarifvertrages ist zu ermitteln, ob selbstständige Betriebsabteilungen vom Tarifvertrag des Hauptbetriebes erfasst werden sollen.[68] Im Zweifel wird dies anzunehmen sein. 36

Nebenbetrieb ist ein solcher Betrieb, der einen eigenen technischen Zweck verfolgt, wobei jedoch der verfolgte Zweck Hilfszweck für die Erreichung des technischen Zwecks des Hauptbetriebes ist. Das BAG hat sich dafür ausgesprochen,[69] dass auch für Hilfs- und Nebenbetriebe der Tarifvertrag des Hauptbetriebes gelten kann, es sei denn, dass sich im Wege der Auslegung des Tarifvertrages etwas anderes ergibt.[70] 37

b) Wird aus einem Betrieb eine Betriebsabteilung **ausgegliedert** und **verselbstständigt,** z.B. der Restaurationsbetrieb in einem Kaufhaus, so unterliegt der ausgegliederte Betrieb den für ihn geltenden Tarifverträgen, z.B. der ausgegliederte Restaurationsbetrieb dem Gaststättentarifvertrag.[71] Häufig enthalten die Gewerkschaftssatzungen aber Klauseln, dass sich durch das Outsourcing an der Gewerkschaftszuständigkeit nichts ändert. Nach der Rspr. des BAG ist dies nicht zu beanstanden. 38

4. Betriebsmehrheit im Unternehmen. Besitzt ein Unternehmen mehrere Betriebe verschiedener Wirtschaftsrichtungen (z.B. Verkaufs- und Kraftfahrzeugreparaturbetrieb), so gilt für 39

---

[61] BAG 19. 9. 2007 AP 328 zu § 613a BGB = NZA 2008, 241; 23. 1. 2008 – AP 63 zu § 1 TVG Bezugnahme auf Tarifvertrag; 9. 4. 2008 – 4 AZR 164/07 – n.a.v.; 15. 4. 2008 AP 38 zu § 1 TVG Altersteilzeit = NZA-RR 2008, 586.

[62] BAG 29. 3. 1957, 19. 12. 1958, 2. 11. 1960 AP 4, 6, 8 zu § 4 TVG Tarifkonkurrenz; 13. 6. 1957, 12. 7. 1957 AP 6, 7 zu § 4 TVG Geltungsbereich; 27. 11. 1963, 17. 2 1971, 18. 4. 1973 AP 3, 9, 13 zu § 1 TVG Tarifverträge: Bau.

[63] BAG 25. 11. 1987 AP 18 zu § 1 TVG Tarifverträge: Einzelhandel = NZA 88, 317; 5. 9. 1990 AP 19 zu § 4 TVG Tarifkonkurrenz = NZA 91, 202.

[64] BAG 17. 1. 1996 AP 1 zu § 1 TVG Tarifverträge: Bäcker = NZA 96, 772; 14. 11. 2001 AP 6 zu § 1 TVG Brotindustrie = NZA 2002, 1047.

[65] BAG 26. 8. 1998 AP 66 zu § 1 TVG Tarifverträge: Einzelhandel = NZA 99, 154.

[66] BAG 7. 11. 2001 AP 79 zu § 1 TVG Tarifverträge: Einzelhandel = NZA 2002, 1107.

[67] LAG Hamm 17. 1. 2005 – 16 Sa 1458/03.

[68] BAG 3. 2. 1965 AP 11 zu § 4 TVG Geltungsbereich; 11. 9. 1991 AP 145 zu § 1 TVG Tarifverträge: Bau.

[69] BAG 21. 12. 1954 AP 4 zu § 4 TVG Geltungsbereich.

[70] BAG 3. 2. 1965 AP 11 zu § 4 TVG Geltungsbereich; 6. 3. 1956 AP 1 zu § 7 AZO; 3. 12. 1985 AP 5 zu § 1 TVG Tarifverträge: Großhandel.

[71] BAG 1. 4. 1987 AP 64 zu § 613a BGB = NZA 87, 593; vgl. *Wellenhofer-Klein* ZfA 99, 239.

jeden Betrieb der Tarif seiner wirtschaftlichen Betätigung.[72] Betreibt ein Unternehmen des Kraftfahrzeuggewerbes einen Autohandelsbetrieb und eine Reparaturwerkstatt, so gelten für jeden Betrieb die entsprechenden Tarifverträge. Handelt es sich dagegen um einen einheitlichen Betrieb, so wird der Tarifvertrag nach den zu den Mischbetrieben dargestellten Grundsätzen bestimmt.

40 **5. Tarifzuständigkeit.** Tarifparteien können Tarifverträge nur im Rahmen ihrer tariflichen Zuständigkeit abschließen. Ein außerhalb ihrer Tarifzuständigkeit abgeschlossener Tarifvertrag ist nichtig (§ 199 RN 15). Die Tarifpartner können mithin nicht Tarifverträge für fachfremde Betriebsabteilungen eines anderen Industriezweiges abschließen. Tarifpartner des Baugewerbes können keinen Tarifvertrag für Bauarbeiter eines Chemieunternehmens schließen.

V. Fachlicher Geltungsbereich

Hock/Klapproth, Eingruppierung, Höhergruppierung und Stufenzuordnung im TVöD, ZTR 2006, 118; *Seidel,* Rückgruppierung nur mit Änderungskündigung, PersR 95, 368.

41 **1. Begriff. a)** Die Begriffe des **betrieblichen, fachlichen und persönlichen Geltungsbereiches** gehen vielfach ineinander über. Zum Teil wird im Schrifttum der fachliche Geltungsbereich zum betrieblichen und zum persönlichen Geltungsbereich gezogen. Der Meinungsstreit hat mehr terminologische Bedeutung.

42 **b)** Unter dem **fachlichen Geltungsbereich der Tarifnorm** wird hier die Geltung für verschiedene Arten der Arbeit verstanden. Diese deckt sich regelmäßig mit der Gruppierung der Arbeitnehmer nach kaufmännischen, technischen Angestellten, Arbeitern usw. Es steht den Tarifpartnern auf Grund der Tarifautonomie frei, den fachlichen Geltungsbereich zu bestimmen; es kann also vereinbart werden, dass ein Rahmentarif sowohl für Arbeiter wie für Angestellte gilt oder für bestimmte Gruppen überhaupt keine Regelung getroffen wird.[73] Der herrschenden Tarifpraxis entsprach es, gesonderte Tarifverträge für Arbeiter und Angestellte, kaufmännische und technische Angestellte in einem Wirtschaftsbereich abzuschließen.[74] Mit großer Verspätung ist nach den Entscheidungen des BVerfG zu Arbeitern und Angestellten hiervon abgerückt worden. Insbesondere die Vergütungstarife haben unterschieden zwischen Arbeitern, Angestellten, kaufmännischen und technischen Angestellten usw. Angesichts der zunehmenden Vereinheitlichung der Arbeitsbedingungen von Arbeitern und Angestellten durch das BVerfG wird man aber für verschiedene Regelungen sachliche Gründe verlangen müssen. Inzwischen werden auch durch die Tarifvertragsparteien für alle Arbeitnehmer einheitliche Tarifverträge abgeschlossen. Das Entgeltrahmenabkommen für die Metall- und Elektroindustrie vom 26. 3. 2001 unterscheidet nicht mehr zwischen Arbeitern und Angestellten, sondern schafft einheitliche Entlohnungsgrundsätze.

43 **2. Vergütungsgruppen. a)** Zur **Verobjektivierung der Vergütung** enthalten namentlich die Vergütungstarife eine weitere Untergliederung des fachlichen Geltungsbereiches. Vielfach werden je nach dem Schwierigkeitsgrad der Arbeit Vergütungsgruppen geschaffen (§ 67 RN 4ff.). Vor Jahren war umstritten, ob die Vergütungsgruppen lediglich Bestimmungsfaktoren zur Lohnbemessung gemäß §§ 317 bis 319 BGB waren oder eine echte subsumtionsfähige Gruppeneinteilung darstellten. Inzwischen ist ganz herrschend, dass mit den Tarifverträgen regelmäßig eine echte Gruppenbildung gewollt ist. Die **Eingruppierung** eines Arbeitnehmers in eine bestimmte Lohngruppe durch den Arbeitgeber bei Einstellung oder im Laufe des Arbeitsverhältnisses hat daher nur deklaratorische Bedeutung.[75] Im Wege des Direktionsrechts kann der Arbeitnehmer nur im Rahmen der tariflichen Eingruppierungsmerkmale versetzt werden.[76] Die Eingruppierung richtet sich nach der Art der vom Arbeitnehmer geleisteten Arbeit. Hieraus folgt, dass der Arbeitnehmer unmittelbar auf Zahlung der Vergütung nach einer höheren Vergütungsgruppe klagen kann, wenn die von ihm geleistete Arbeit der höheren Vergütungsgruppe entspricht. Auch die Mitwirkung des Betriebsrats bei der Eingruppierung hat keine konstitutive Wirkung. Dem Betriebsrat steht nur ein Mitbeurteilungsrecht zu. Fehlt die Mitwirkung des

---

[72] BAG 31. 3. 1955 AP 1 zu § 4 TVG Geltungsbereich; 29. 3. 1957 AP 4 zu § 4 TVG Tarifkonkurrenz; 5. 3. 1987 AP 81 zu § 1 TVG Tarifverträge: Bau = NZA 88, 34.

[73] BAG 24. 4. 1985 AP 4 zu § 3 BAT = NZA 85, 602.

[74] Vgl. BAG 29. 1. 1992 AP 12 zu § 1 TVG = NZA 93, 184.

[75] BAG 27. 10. 1970 AP 46 zu § 256 ZPO; 16. 2. 2000 AP 3 zu § 2 NachwG.

[76] BAG 16. 12. 2004 ZTR 2005, 424; zum Schlichtungsspruch: BAG 17. 3. 2005 AP 13 zu § 1 TVG Tarifverträge: Verkehrsgewerbe; (mehrere Parallelentscheidungen).

Betriebsrats, so hat der Arbeitgeber die Zustimmung des Betriebsrats einzuholen oder ggf. die Zustimmung ersetzen zu lassen (vgl. § 241).

b) Da die **Einreihung** in eine bestimmte Vergütungsgruppe ein Rechtsverhältnis begründet, kann auch gemäß § 256 ZPO auf **Feststellung** geklagt werden, dass die Vergütung nach einer bestimmten Vergütungsgruppe des Tarifvertrages zu erfolgen hat.[77] Die Vergütungsgruppeneinteilung enthält vielfach **unbestimmte Rechtsbegriffe.** Diese sind nach Wortlaut und systematischem Zusammenhang des Tarifvertrages auszulegen. Enthält die tarifliche Regelung Lücken, weil die Tarifpartner an bestimmte Tätigkeiten nicht gedacht haben, so hat eine ergänzende Tarifauslegung zu erfolgen entsprechend der von den Tarifpartnern vorgenommenen Bewertung der Arbeit.[78] Anderes gilt bei bewussten Regelungslücken (§ 198 RN 22, 37). 44

Die Eingruppierung hat je nach Auslegung des Tarifvertrages nach der **überwiegend vom Arbeitnehmer verrichteten Tätigkeit** zu erfolgen. Es ist jeweils auf das Schwergewicht der Arbeit abzustellen. Die Vergütung folgt mithin grundsätzlich der vom Arbeitnehmer erbrachten Arbeit. Im öffentlichen Dienst richtet sich die Eingruppierung nach den überwiegend verrichteten Arbeitsvorgängen (§ 184 RN 12). Ist eine höherwertige Tätigkeit nur vorübergehend übertragen worden, können sich Besonderheiten ergeben.[79] 45

Ist ein Arbeitnehmer beständig mit **Arbeiten einer höheren Vergütungsgruppe** beschäftigt worden, so hat sich das Arbeitsverhältnis auf Arbeiten dieser Gruppe konkretisiert. Ohne Ausspruch einer Änderungskündigung kann der Arbeitnehmer daher nicht mehr überwiegend mit Arbeiten einer niedrigeren Vergütungsgruppe beschäftigt werden.[80] Ist der Arbeitnehmer von vornherein in eine höhere Vergütungsgruppe eingereiht worden, als es der von ihm geleisteten Arbeit entspricht, so kommt dieser Eingruppierung konstitutive Bedeutung zu. Er kann daher ohne Ausspruch einer Änderungskündigung nicht zurückgruppiert werden. Zum öffentlichen Dienst vgl. § 184 RN 11. Zum Mitwirkungsrecht des Betriebsrats s. § 241 RN 15. 46

Sieht ein Tarifvertrag vor, dass sich die Eingruppierung bei ansonsten gleicher Tätigkeit nach Schwellenwerten richtet, z. B. der Durchschnittsbelegung von Kindertagesstätten, so bedarf es keiner Änderungskündigung, wenn der Arbeitgeber bei Unterschreitung des Schwellenwertes die Vergütung des Arbeitnehmers herabsetzt.[81] 46a

VI. Persönlicher Geltungsbereich

Feudner, Tarifverträge für „Funktionseliten"?, BB 2007, 2459; *Mayer,* Zur Öffnung des persönlichen Geltungsbereichs von Tarifverträgen für Heimarbeiter und Handelsvertreter, BB 93, 1513.

1. Begriff. a) Grundsätzlich gilt der Tarifvertrag für alle Personen, die unter den **räumlichen, zeitlichen, betrieblichen und fachlichen Geltungsbereich** fallen. Bestimmt ein Tarifvertrag, dass er für alle Arbeitnehmer gilt, werden damit gewerbliche Arbeitnehmer wie Angestellte erfasst.[82] Die Regelungsbefugnis erstreckt sich auch auf Betriebsrentner.[83] Er gilt nicht für echte, in Studienordnungen vorgeschriebene **Praktikantenverhältnisse.**[84] Dagegen kann der Ausschluss von **Studierenden,** die gleiche Arbeit wie andere Angestellte verrichten, wegen Verletzung des Gleichheitssatzes unwirksam sein.[85] Dagegen hat das BAG als rechtswirksam angesehen, dass **Werkstudenten** aus dem Geltungsbereich eines Tarifvertrags ausgenommen werden.[86] Gelegentlich werden aber bestimmte Personen von der Geltung des Tarifvertrags ausgenommen, z. B. Minderleistungsfähige oder Männer und Frauen in Wirtschaftszweigen, die typische Männer- oder Frauenarbeit kennen. Schließlich können Personen ausgenommen werden, die Arbeiten nach dem SGB III oder dem BSHG (jetzt: SGB II, SGB XII) verrichten.[87] Schließlich gehören hierhin Tarifverträge, die etwa die Beschäftigten bestimmter Arbeitgeber ausnehmen. Wegen der 47

---

[77] Zum Feststellungsinteresse: vgl. BAG 27. 10. 1970 AP 46 zu § 256 ZPO; 16. 12. 2004 ZTR 2005, 424.

[78] BAG 6. 2. 1957, 16. 4. 1958, 23. 3. 1960, 31. 10. 1961, 30. 10. 1963 AP 17, 35, 61, 80, 107 zu § 3 TOA; 2. 7. 1969 AP 25 zu §§ 22, 23 BAT.

[79] BAG 14. 12. 2005 AP 26 zu § 24 BAT.

[80] Vgl. *Seidel* PersR 95, 368.

[81] BAG 19. 3. 2003 NZA-RR 2004, 220.

[82] BAG 22. 6. 2005 ZTR 2006, 78.

[83] BAG 27. 2. 2007 AP 44 zu § 1 BetrAVG = NZA 2007, 1371.

[84] BAG 19. 6. 1974 AP 3 zu § 3 BAT m. Anm. *Weber.*

[85] BAG 28. 3. 1996 AP 49 zu § 2 BeschFG 1985 = NZA 96, 1280.

[86] BAG 30. 8. 2000 AP 25 zu § 4 TVG Geltungsbereich = NZA 2001, 613.

[87] BAG 17. 12. 1997 AP 1 zu § 3 BAT-O = NZA 98, 550.

sozialen Verantwortung der Tarifparteien müssen die persönlichen Abgrenzungskriterien der Gleichberechtigung und dem Allgemeinen Gleichheitssatz entsprechen und sachlich gerechtfertigt sein. Unzulässig wäre eine Differenzierung nach den Merkmalen des § 75 BetrVG.[88]

48 Ob und inwieweit **arbeitnehmerähnliche Personen** (§ 12a TVG) erfasst werden, muss durch Auslegung des Tarifvertrages ermittelt werden.[89] Freie Mitarbeiter, die bei mehreren Rundfunkanstalten tätig sind, die der Arbeitsgemeinschaft der Rundfunkanstalten Deutschlands (ARD) angehören, können arbeitnehmerähnliche Personen sein, für die Tarifverträge abgeschlossen werden können.[90]

49 **b)** Vielfach werden **leitende Angestellte** aus dem Geltungsbereich eines Tarifvertrages ausgenommen. Insoweit wird zumeist auf § 5 III BetrVG Bezug genommen.[91]

50 **2. Auszubildende.** Nach vielen Tarifverträgen sind die zu ihrer Berufsausbildung Beschäftigten von den Vergütungstarifen ausgenommen. Ohne besondere Bestimmung gelten sie regelmäßig nicht für die in **Heimarbeit** Beschäftigten.[92] Sie gelten dagegen für alle **ausländischen Arbeitnehmer,** wenn sie tarifgebunden sind. Klauseln des Tarifvertrages, dass nur Mitglieder der Verbände erfasst werden, beinhalten einen Hinweis auf die Voraussetzung der Tarifbindung.

VII. Tarifkonkurrenz und Tarifpluralität

Bayreuther, Gewerkschaftspluralismus im Spiegel der aktuellen Rechtsprechung – Abschied vom „Einheitstarifvertrag"?, BB 2005, 2633; *ders.,* Tarifpluralitäten und -konkurrenzen im Betrieb, NZA 2007, 187; *Buchner,* Tarifverträge im Wettbewerb?, ZfA 2004, 229; *Engels,* Die verfassungsrechtliche Dogmatik des Grundsatzes der Tarifeinheit, RdA 2008, 331; *Franzen,* Das Ende der Tarifeinheit und die Folgen, RdA 2008, 193; *Gaul/Naumann,* Tarifwechsel durch Firmentarifvertrag, DB 2006, 1054; *Giesen,* Tarifeinheit im Betrieb, NZA 2009, 11; *Hanau,* Verbands-, Tarif- und Gerichtspluralismus, NZA 2003, 128; *ders.,* Ordnung und Vielfalt von Tarifverträgen und Arbeitskämpfen im Betrieb. Zugleich Besprechung zum Urteil des Sächsischen LAG v. 2. 11. 2007 – 7 SaGa 19/07 zum Tarifkonflikt bei der Deutschen Bahn, RdA 2008 98; *Hohenstatt,* Problematische Ordnungsvorstellungen des BAG im Tarifrecht. Tarifpluralität und Tarifeinheit – zugleich Anmerkung zum BAG-Urteil v. 20. 3. 1991 – 4 AZR 455/90, DB 92, 1678; *Hromadka,* Tarifeinheit bei Tarifpluralität, Gedächtnisschrift für Meinhard Heinze 2005, S. 383; *ders.,* Entwurf eines Gesetzes zur Regelung der Tarifkollision, NZA 2008, 384; *Kania,* Tarifeinheit bei Betriebsübergang?, DB 94, 529; *ders.,* Tarifpluralität und Industrieverbandsprinzip, DB 96, 1921; *Kempen,* Aktuelles zur Tarifpluralität und zur Tarifkonkurrenz, NZA 2003, 415; *Kraft,* Tarifkonkurrenz, Tarifpluralität und das Prinzip der Tarifeinheit, RdA 92, 161; *Lehmann,* Tarifwechsel in Recht und Praxis, BB 2008, 1618, 1674; *Leuchten/Melms,* Tarifeinheit am Scheideweg, DB 99, 1803; *Lindemann/Simon,* Tarifpluralität Abschied vom Grundsatz der Tarifeinheit?, BB 2006, 1852; *Merten,* Das Prinzip der Tarifeinheit als arbeitsrechtliche Kollisionsnorm. Überlegungen zum Urteil des BAG vom 20. 3. 1991 und zur Bedeutung vertraglicher Bezugnahmeklauseln für die Auflösung der Kollisionslage, BB 93, 572; *Meyer,* Rechtliche wie praktische Unzuträglichkeiten einer Tarifpluralität, NZA 2006, 1387; *Michel/Möller/Peter,* Tarifpluralität und die Frage nach der Zugehörigkeit zu einer Gewerkschaft, ArbuR 2008, 36; *Müller,* Tarifkonkurrenz und Tarifpluralität, NZA 89, 449; *Säcker/Oetker,* Tarifeinheit im Betrieb – ein Akt unzulässiger richterlicher Rechtsfortbildung?, ZfA 93, 1; *Schaub,* Die Rechtsprechung des BAG zur Tarifkonkurrenz und zur Tarifpluralität, ArbuR 96, 344; *ders.,* Tarifkonkurrenz und Tarifpluralität, RdA 2003, 375, 378; *Schliemann,* Tarifkollision – Ansätze zur Vermeidung und Auflösung, NZA 2000, Sonderbeilage zu Heft 24; *Sittard,* Die Bedeutung der Daseinsvorsorge und des Grundsatzes der Tarifeinheit für das Arbeitskampfrecht am Beispiel des Bahnstreiks – zugleich Anmerkung zum Urteil des LAG Sachsen v. 2. 11. 2007 – 7 SaGA 19/07 (ZTR 2008, 89), ZTR 2008, 178; *Thüsing,* Tarifkonkurrenz durch Bezugnahme, NZA 2005, 1280; *Thüsing/von Medem,* Tarifeinheit und Koalitionspluralismus, ZIP 2007, 510; *Trenkle,* Welcher Tarifvertrag gilt denn? Tarifkonkurrenz, Tarifpluralität, AiB 2004, 497; *Waas,* Tarifkonkurrenz und Tarifpluralität, 1999; *Wendeling-Schröder,* Ein oder mehrere Tarifverträge im Betrieb?, ArbuR 2000, 339; *Wiedemann/Arnold,* Tarifkonkurrenz und Tarifpluralität in der Rechtsprechung des BAG (Teil I, II), ZTR 94, 399, 443.

51 **1. Begriff. a)** Eine **Tarifkonkurrenz** ist gegeben, wenn mehrere Tarifverträge auf dasselbe Arbeitsverhältnis nach ihrem zeitlichen, räumlichen, betrieblichen, fachlichen und persönlichen Geltungsbereich Anwendung finden und beide Arbeitsvertragsparteien an mehrere Tarifverträge tarifgebunden sind (Tarifkonkurrenz).[93] Bei betrieblichen und betriebsverfassungsrechtlichen Normen ist die Tarifbindung des Arbeitgebers ausreichend. Nimmt ein Tarifvertrag auf ver-

[88] BAG 15. 10. 2003 AP 87 zu § 2 BeschFG 1985 = NZA 2004, 551.
[89] BAG 20. 1. 2004 AP 1 zu § 112 LPVG Rheinland-Pfalz = NZA 2004, 1058.
[90] BAG 19. 10. 2004 AP 42 zu § 1 TVG Tarifverträge: Rundfunk = NZA 2005, 529.
[91] BAG 10. 4. 1991 AP 141 zu § 1 TVG Tarifverträge: Bau = NZA 91, 857.
[92] BAG 19. 6. 1957 AP 12 zu § 242 BGB Gleichbehandlung.
[93] BAG 23. 3. 2005 AP 29 zu § 4 TVG Tarifkonkurrenz = NZA 2005, 1003.

schiedene andere Tarifverträge, deren originäre Geltung sich nicht überschneiden, in der Weise Bezug, dass mit einem später geschaffenen Tarifvertrag Überschneidungen entstehen, so liegt kein Fall der Tarifkonkurrenz der in Bezug genommenen Tarifverträge vor. Vielmehr ist durch Auslegung des bezugnehmenden Tarifvertrags zu ermitteln, welchen der in Bezug genommenen Tarifregelungen der Vorrang gebührt.[94]

Ist dagegen nur eine der Arbeitsvertragsparteien tarifgebunden, so entsteht eine **Tarifpluralität.**[95] Dagegen verneint das BAG eine Tarifpluralität bereits dann, wenn ein nachwirkender Tarifvertrag mit einem Tarifvertrag zusammentrifft, an den nur der Arbeitgeber gebunden ist.[96] Dies folgert das BAG daraus, dass durch die Nachwirkung eines Tarifvertrages die Arbeitnehmer nicht den Schutz des Kollektivrechts verlieren dürfen. Ob diese Entscheidung aufrechterhalten werden kann, ist zweifelhaft. Nach dieser Meinung würde der nachwirkende Tarifvertrag stärkere Wirkungen als ein voll geltender Tarifvertrag entfalten. Dies ist schlecht denkbar. Eine Tarifpluralität entsteht zumeist dann, wenn mehrere miteinander konkurrierende Gewerkschaften Tarifverträge über den gleichen Regelungsgegenstand schließen, z. B. CGD und eine IG des DGB oder im Falle des Verbandsaustrittes.[97] Die Tarifpluralität kann vermieden werden, wenn mehrgliedrige Tarifverträge geschlossen werden. 52

b) Keine Tarifkonkurrenz oder Tarifpluralität ist gegeben, wenn mehrere Tarifverträge einander ergänzen sollen, z. B. Manteltarifvertrag sowie Lohn- und Gehaltstarifvertrag. Nimmt ein Tarifvertrag auf bestimmte andere Tarifverträge, deren originäre Geltungsbereiche sich nicht überschneiden, in der Weise Bezug, dass mit einem später geschaffenen Tarifvertrag Überschneidungen auftreten, so liegt keine Tarifkonkurrenz der in Bezug genommenen Tarifverträge vor. Vielmehr ist durch Auslegung zu ermitteln, welcher Tarifvertrag gelten soll.[98] 53

c) In den Fällen der Tarifkonkurrenz und Tarifpluralität ist zunächst durch Auslegung zu ermitteln, welcher Tarifvertrag Anwendung finden soll.[99] Ergibt sich hieraus keine Regelung, entscheiden vom Willen der Tarifvertragsparteien unabhängige **Kollisionsregeln.**[100] 54

2. Tarifkonkurrenz. Für die Lösung der Tarifkonkurrenz gelten folgende **Kollisionsregeln:** 55

a) In erster Linie ist der Tarifvertrag anwendbar, dessen Geltung die Tarifparteien wollen. Haben sie also z. B. bei dem Zusammentreffen mehrerer Tarifverträge das **Zurücktreten** des einen vereinbart, so gilt der vorrangige.[101] Dagegen ist unzulässig, dass zwei Tarifparteien bestimmen, ihre Tarifverträge hätten den **Vorrang** vor konkurrierenden Tarifverträgen. Dies folgt daraus, dass ihnen eine Tarifzuständigkeit nur in ihrem Regelungsbereich zusteht und sie keine Regelungen zu Lasten einer konkurrierenden Organisation abschließen können. 56

b) Haben die Tarifpartner Vorsorge für die Fälle der Tarifkonkurrenz nicht getroffen, so gilt der Grundsatz der **Tarifeinheit.** Er besagt, dass in einem Betrieb grundsätzlich nur ein Tarifvertrag Anwendung finden soll. Anwendbar ist danach der Tarifvertrag, durch den die meisten Arbeitsverhältnisse des Betriebes erfasst werden.[102] Wegen der Anwendung auf fachfremde Nebenbetriebe und Betriebsabteilungen vgl. RN 36. Dieselben Grundsätze gelten dann, wenn vor Entstehung der Tarifkonkurrenz oder Tarifpluralität auf einen Tarifvertrag verwiesen worden ist.[103] 57

c) Ergibt das Prinzip der Tarifeinheit noch keine Lösung der Tarifkonkurrenz, so findet das **Spezialitätsprinzip** Anwendung.[104] Es besagt, dass der Tarifvertrag Anwendung findet, der dem Betrieb räumlich, betrieblich, fachlich und persönlich am nächsten steht.[105] Maßgebend ist 58

---

[94] BAG 6. 8. 2003 AP 186 zu § 1 TVG Auslegung.

[95] BAG 5. 9. 1990 AP 19 zu § 4 TVG Tarifkonkurrenz = NZA 91, 202; 20. 3. 1991 AP 20 zu § 4 TVG Tarifkonkurrenz = NZA 91, 736.

[96] BAG 28. 5. 1997 AP 26 zu § 4 TVG Nachwirkung = NZA 98, 40.

[97] Vgl. BAG 26. 10. 1983 AP 3 zu § 3 TVG.

[98] BAG 6. 8. 2003 AP 186 zu § 1 TVG Auslegung.

[99] BAG 24. 9. 1975 AP 11 zu § 4 TVG Tarifkonkurrenz.

[100] BAG 6. 3. 1973 AP 1 zu § 1 TVG Tarifverträge: Papierindustrie.

[101] BAG 14. 10. 1987 AP 88 zu § 1 TVG Tarifverträge: Bau.

[102] BAG 14. 6. 1989 AP 16 zu § 4 TVG Tarifkonkurrenz = NZA 90, 325; 6. 9. 1990 AP 19 zu § 4 TVG Tarifkonkurrenz = NZA 91, 202; 20. 3. 1991 AP 20 zu § 4 TVG Tarifkonkurrenz = NZA 91, 736; 27. 9. 2005 AP 18 zu § 2 TVG Tarifzuständigkeit = NZA 2006, 273.

[103] BAG 20. 3. 1991 AP 20 zu § 4 TVG Tarifkonkurrenz = NZA 91, 736.

[104] BAG 23. 3. 2005 AP 29 zu § 4 TVG Tarifkonkurrenz = NZA 2005, 1003; 14. 6. 1989 AP 16 zu § 1 TVG Tarifkonkurrenz = NZA 90, 325; 24. 9. 1975 AP 11 zu § 4 TVG Tarifkonkurrenz; LAG Hamm 3. 4. 2008 – 17 Sa 2055/07.

[105] BAG 22. 2. 1957, 29. 3. 1957, 2. 11. 1960, 24. 9. 1975, 29. 11. 1978 AP 2, 4, 8, 11, 12 zu § 4 TVG Tarifkonkurrenz; 20. 3. 1991 AP 20 zu § 4 TVG Tarifkonkurrenz = NZA 91, 736; 25. 7. 2001 AP 242 zu

die Art der Arbeit, die der überwiegende Teil der Arbeitnehmer zu leisten hat. Es geht also der Tarifvertrag mit dem räumlich engeren Geltungsbereich dem mit dem weiteren vor. Ein Firmentarifvertrag geht einem Flächentarifvertrag auch dann vor, wenn er Regelungen des Flächentarifvertrages zu Lasten der Arbeitnehmer verdrängt.[106] Dabei ist unerheblich, ob der eine Tarif allgemeinverbindlich ist und der andere nicht.[107] Dieses Prinzip soll auch dann gelten, wenn der Firmentarifvertrag vertraglich in Bezug genommen worden ist.[108] Das Prinzip der räumlichen Sachnähe versagt aber bei Haustarifverträgen von Unternehmen, die Betriebe in verschiedenen Tarifbezirken unterhalten.

59 **d)** Ergeben die vorstehenden Prinzipien **keine Lösung der Tarifkonkurrenz,** so soll nach einer Meinung derjenige Tarifvertrag Anwendung finden, durch den die meisten Arbeitsverhältnisse erfasst werden, nach anderer Meinung derjenige, der von einer Gewerkschaft abgeschlossen ist, die näher zur Sache steht – also die nach den Berufen der bei ihr organisierten Arbeitnehmer und der Art der erfassten Unternehmen das stärkere Recht zur Regelung dieser Fragen für sich in Anspruch nehmen kann.[109] Dies gilt namentlich für konkurrierende Tarifverträge über betriebliche und betriebsverfassungsrechtliche Fragen, die bereits gelten, wenn nur der Arbeitgeber tarifgebunden ist (vgl. §§ 202, 206).

60 **3. Tarifpluralität. a)** Das BAG löst auch die Fälle der Tarifpluralität nach dem **Grundsatz der Tarifeinheit.** Er besagt, **(1)** für das einzelne Arbeitsverhältnis dürfen immer nur die Bestimmungen eines Tarifvertrages derselben Tarifvertragsparteien gelten; **(2)** im Betrieb müsse die Tarifanwendung einheitlich erfolgen.[110] Dagegen vertritt die überwiegende Meinung im Schrifttum die Auffassung, dass die Rspr. des BAG zur Anwendung der Tarifeinheit auf die Tarifpluralität verfassungswidrig sei.[111]

61 **b)** Das **BAG** kommt vor allem aus Praktikabilitätsgründen zum Grundsatz der Tarifeinheit.

62 Die Anwendung nur eines Tarifvertrags führe zu einer praktisch handhabbaren und durchschaubaren Regelung der Arbeitsbedingungen. Die Rechtssicherheit erfordere, dass alle Arbeitsverhältnisse eines Betriebs denselben Regeln eines Tarifvertrags unterständen. Die Tarifbindung des Arbeitgebers gewährleiste eine vom Wechsel der Arbeitnehmer unabhängige betriebseinheitliche Anwendung des Tarifvertrages.

63 Würden im Betrieb mehrere Tarifverträge gelten, müsse dem Arbeitgeber auch das Recht eingeräumt werden, nach der konkreten Gewerkschaftszugehörigkeit zu fragen.

64 Der **10. Senat** hat sich gleichfalls kritisch zur Anwendung des Grundsatzes der Tarifeinheit auf die Tarifpluralität geäußert. Er hält aber in Fällen, in denen es um allgemeinverbindliche Tarifverträge gehe, die das Verhältnis der Arbeitsvertragsparteien zu gemeinsamen Einrichtungen der Tarifvertragsparteien regeln, aus Praktikabilitätsgründen die Anwendung des Grundsatzes der Tarifeinheit auf die Tarifpluralität für notwendig.[112]

65 Dagegen vertritt das **herrschende Schrifttum** die Auffassung, dass die Tarifautonomie der Verbände und die Koalitionsfreiheit der Arbeitnehmer verletzt wird. Die Mitglieder derjenigen Organisationen, deren Tarifvertrag verdrängt werde, fielen auf den Status der Nichtorganisierten zurück. Für sie gelte kein Tarifvertrag. Sie seien gezwungen, entweder die Organisation zu wechseln, wozu das BAG sogar ermuntere, oder ohne den Schutz des Tarifvertrags zu leben. Soweit ein allgemeinverbindlicher Tarifvertrag etwa durch einen Haustarif-

---

§ 1 TVG Tarifverträge: Bau = NZA 2002, 1406; 18. 10. 2006 AP 287 zu § 1 TVG Tarifverträge: Bau = NZA 2007, 111.

[106] BAG 24. 1. 2001 AP 173 zu § 1 TVG Tarifverträge: Metallindustrie = NZA 2001, 788; 23. 3. 2005 AP 29 zu § 4 TVG Tarifvertragkonkurrenz = NZA 2005, 1003; 15. 4. 2008 AP 38 zu § 1 TVG Altersteilzeit = NZA-RR 2008, 586; LAG Schleswig-Holstein 6. 2. 2007 NZA-RR 2007, 482.

[107] BAG 23. 3. 2005 AP 29 zu § 4 TVG Tarifvertragkonkurrenz = NZA 2005, 1003.

[108] BAG 23. 3. 2005 AP 29 zu § 4 TVG Tarifkonkurrenz = NZA 2005, 1003; Parallelentscheidungen: 4 AZR 204/04; 4 AZR 205/04; 4 AZR 206/04 n. a. v.

[109] *Wiedemann/Wank* § 4 TVG RN 264 ff.

[110] BAG 14. 6. 1989 AP 16 zu § 4 TVG Tarifkonkurrenz = NZA 90, 325; 20. 3. 1991 AP 20 zu § 4 TVG Tarifkonkurrenz = NZA 91, 736; dagegen LAG Niedersachsen 12. 11. 1999 ZTR 2000, 172; LAG Stuttgart 22. 1. 2008 NZA-RR 2008, 443.

[111] *Däubler* TVG RN 69; *Däubler/Zwanziger* TVG-Komm. § 4 RN 947 ff.; *Kempen/Zachert* § 4 RN 156; *Kittner/Deinert* in Arbeitsrechthandbuch, § 10 RN 191; *Kraft* RdA 92, 166; *Löwisch/Rieble* TVG § 4 RN 132 ff.; *Reuter* JuS 92, 108; dagegen *Säcker/Oetker* ZfA 93, 1 ff.

[112] BAG 22. 9. 1993 AP 21 zu § 4 TVG Tarifkonkurrenz = NZA 94, 667; 26. 1. 1994 AP 22 zu § 4 TVG Tarifkonkurrenz = NZA 94, 1038; 4. 12. 2002 AP 28 zu § 4 TVG Tarifkonkurrenz = RdA 2003, 375 m. Anm. *Schaub.*

vertrag verdrängt werde, verstoße das BAG gegen den Schutzzweck der Allgemeinverbindlichkeit. Letztlich könne nicht aus Praktikabilitätsgründen die Normwirkung des § 3 I TVG beseitigt werden. Die Meinung des BAG sei nicht einmal überzeugend, weil es im Betrieb zwischen Tarif- und Nichttarifgebundenen immer zu unterschiedlichen Arbeitsbedingungen komme. Schließlich werde die Tarifautonomie verletzt, weil eine Gewerkschaft aus einem Betrieb verdrängt werde. Das könne eine kleinere Gewerkschaft sein, die nicht mehr Fuß fassen könne; das könne andererseits aber auch eine größere Gewerkschaft sein.

c) Es sind mehrere **Fallgruppen** zu unterscheiden. **(1)** Entsteht eine Tarifpluralität zwi- 66
schen Tarifverträgen mehrerer DGB-Gewerkschaften, weil z. B. ein Betrieb aus dem Geltungsbereich eines Tarifvertrages herauswächst, so wird der frühere Tarifvertrag verdrängt. Nach der Organisation des DGB soll in einem Betrieb immer nur ein Tarifvertrag gelten.[113] Die Satzung des DGB sieht aber Besonderheiten vor. Dieselben Grundsätze werden angewandt, wenn ein Betrieb oder Betriebsteil auf einen Erwerber übergeht und nur dieser tarifgebunden ist.[114] **(2)** Kommt es dagegen zu einer Tarifpluralität zwischen Tarifverträgen einer DGB-Gewerkschaft und einer anderen Gewerkschaft, so wird man weiter differenzieren müssen. Beruht die Tarifpluralität darauf, dass der Arbeitgeber mit mehreren Verbänden Tarifverträge abschließt (gewillkürte Tarifpluralität), ist von mehreren nebeneinander bestehenden Tarifverträgen auszugehen, weil anderenfalls in die Tarifautonomie eingegriffen wird. Kommt es dagegen aus gesetzlichen Gründen zur Tarifpluralität, ist weiterhin von dem Grundsatz der **Tarifeinheit auszugehen.** **(3)** Ist in einem Arbeitsvertrag auf einen Tarifvertrag Bezug genommen, so gilt bei einer statischen Verweisung der in Bezug genommene Tarifvertrag. Dagegen wird bei einer kleinen oder großen dynamischen Verweisung auf den neuen Tarifvertrag verwiesen.[115] Dies gilt nur dann nicht, wenn die Verweisung in einen anderen Organisationsbereich verweist.[116] Damit ist gewährleistet, dass dieselben Grundsätze bei der Verweisung und der Tarifbindung bestehen.

4. Verbandswechsel des Arbeitgebers vgl. § 206 RN 7. 66a

5. Lösungsgrundsätze. Bei Konkurrenz mehrerer Tarifverträge geht grundsätzlich der 67
räumlich engere dem räumlich weitergehenden nach den Grundsätzen der Spezialität vor. Bei Konkurrenz zwischen Verbands- und Firmentarifvertrag hat der Firmentarifvertrag den Vorrang.[117] Bei Konkurrenz zwischen Tarifverträgen für den Einzelhandel und Tarifverträgen im Kraftfahrzeuggewerbe ist in einem Betrieb, der sowohl Kraftfahrzeughandel wie Kraftfahrzeugreparaturen betreibt, der Tarifvertrag maßgebend, der der verlangten und geleisteten Arbeit am meisten entspricht, auch wenn der höhere Umsatz im Handel erzielt wird.[118] Bei Konkurrenz zwischen den Tarifverträgen des Baugewerbes und denen des Ausbaugewerbes oder sonstiger Gewerbe gehen letztere vielfach nach den Grundsätzen der Spezialität vor.[119] Für die Anwendung von Tarifverträgen mit derselben Gewerkschaft genügt die Tarifbindung des Arbeitgebers und die Mitgliedsmöglichkeit der Arbeitnehmer.[120]

VIII. Ausscheiden aus dem tariflichen Geltungsbereich

Fröhlich, Eintritt und Beendigung der Nachwirkung von Tarifverträgen, NZA 92, 1105; *Röger,* Ansprüche auf Sonderzuwendungen im Nachwirkungszeitraum eines Tarifvertrags (§ 4 Abs. 5 TVG) bei Abschluss eines Anschlussarbeitsvertrags, DB 2005, 1058.

1. Nachwirkung. Scheidet ein Arbeitsverhältnis aus dem tariflichen Geltungsbereich aus, 68
so entfällt die unmittelbare und zwingende Wirkung des Tarifvertrages. Eine unmittelbare oder

[113] BAG 29. 3. 1957, 24. 9. 1975, 29. 11. 1978, 14. 6. 1989 AP 4, 11, 12, 16 zu § 4 TVG Tarifkonkurrenz; 20. 3. 1991 AP 20 zu § 4 TVG Tarifkonkurrenz = NZA 91, 736; zustimmend *Hanau* FS Schaub, S. 252, 253.

[114] LAG Köln 30. 9. 1999 NZA-RR 2000, 179.

[115] BAG 4. 9. 1996 AP 5 zu § 1 TVG Bezugnahme auf Tarifvertrag = NZA 97, 271.

[116] Vgl. BAG 28. 5. 1997 AP 26 zu § 4 TVG Nachwirkung = NZA 98, 40.

[117] BAG 24. 1. 2001 AP 173 zu § 1 TVG Tarifverträge: Metallindustrie = NZA 2001, 788; 4. 12. 2002 AP 28 zu § 4 TVG Tarifkonkurrenz = RdA 2003, 375 m. Anm. *Schaub.*

[118] BAG 25. 11. 1987 AP 18 zu § 1 TVG Tarifverträge: Einzelhandel = NZA 88, 317; LAG Hamm 13. 1. 1967 DB 67, 689.

[119] BAG 24. 9. 1975, 29. 11. 1978 AP 11, 12 zu § 4 TVG Tarifkonkurrenz; Bau- und Schlosserhandwerk: 14. 6. 1989 AP 16 zu § 4 TVG Tarifkonkurrenz = NZA 90, 325; Bau- u. Landarbeit: BAG 25. 1. 1990 AP 126 zu § 1 TVG Tarifverträge: Bau = NZA 90, 450.

[120] BAG 29. 11. 1978 AP 12 zu § 4 TVG Tarifkonkurrenz.

entsprechende Anwendung von § 3 III TVG kommt nicht in Betracht, da die Tarifzuständigkeit der Verbände im Allgemeinen entfallen ist.[121] Die Tarifverträge entfalten aber nach § 4 V TVG entsprechend Nachwirkung. Es muss sichergestellt werden, dass die Arbeitsverhältnisse auch nach Beendigung des Tarifvertrages nicht inhaltsleer werden oder durch dispositives Gesetzesrecht ergänzt werden müssen.[122] In Abweichung von der Rspr. des 3. und 4. Senats nimmt der 9. Senat bei wegfallendem Geltungsbereich allgemeinverbindlicher Tarifverträge eine Lückenausfüllung nach § 612 BGB vor.[123] Besonderheiten bestehen bei Zusatzversorgungskassen.[124] Die Nachwirkung (Weitergeltung) der Tarifnorm gilt aber nur für solche Arbeitsverhältnisse, die bereits vor Eintritt der Nachwirkung vom Tarifvertrag erfasst waren. Nach dem Wortlaut von § 4 V TVG müssen die Arbeitsverhältnisse in der Laufzeit des Tarifvertrages bestanden haben und ihm unterliegen.[125] Die Nachwirkung kann durch eine andere Abmachung beendet werden. Dies kann auch durch einen vorausgegangenen Vertrag geschehen, wenn dieser auf die Abänderung der hinreichend bestimmten tariflichen Regelung gerichtet ist.[126]

69 **2. Inbezugnahme des Tarifvertrages.** Ist in einem Arbeitsvertrag auf den jeweils für den Betrieb geltenden Tarifvertrag verwiesen, so gilt derjenige Tarifvertrag, der auch bei Tarifgebundenen gelten würde. Dasselbe gilt aber im Zweifel auch, wenn ein bestimmter, konkreter Tarifvertrag in Bezug genommen worden ist. Der Zweck der Inbezugnahme tarifvertraglicher Regelungen besteht darin, die Arbeitsvertragsbedingungen für Tarifgebundene und nicht Tarifgebundene zusammenzufassen.[127] Die vertragliche Bezugnahmeklausel ist als Gleichstellungsabrede aufzufassen. Der 4. Senat hat diese Rechtsprechung für nach dem 1. 1. 2002 abgeschlossene Arbeitsverträge geändert.

70 **3. Ausschluss der Nachwirkung.** Die Nachwirkung eines Tarifvertrages kann von den Tarifvertragsparteien auch konkludent ausgeschlossen werden.[128]

IX. Prozessfragen

Danko/Plesterminks, Abbedingung der Nachwirkung von Tarifverträgen, ZIP 2000, 1922.

71 **1. Feststellungsklage.** Im Wege des Feststellungsprozesses kann die Frage geklärt werden, welcher Tarifvertrag auf ein einzelnes Arbeitsverhältnis Anwendung findet.[129]

72 **2. Beschlussverfahren.** Unzulässig ist dagegen eine Feststellungsklage, mit der die Tarifzuständigkeit für den Abschluss eines Tarifvertrages gegenüber dem einzelnen Arbeitgeber geklärt werden soll. Insoweit ist die Tarifzuständigkeit in dem besonderen Beschlussverfahren nach § 97 ArbGG zu ermitteln.[130]

---

[121] BAG 26. 9. 1979 AP 17 zu § 613a BGB; 14. 6. 1994 AP 2 zu § 3 TVG Verbandsaustritt = NZA 95, 178.

[122] BAG 18. 3. 1992 AP 13 zu § 3 TVG = NZA 92, 700; 2. 12. 1992 AP 14 zu § 3 TVG = NZA 93, 655; 5. 10. 1993 AP 42 zu § 1 BetrAVG Zusatzversorgungskassen = NZA 94, 848; 28. 5. 1997 AP 26 zu § 4 TVG Nachwirkung = NZA 98, 40; 10. 12. 1997 AP 20 zu § 3 TVG Nachwirkung = NZA 98, 484; 10. 12. 1997 AP 21 zu § 3 TVG = NZA 98, 488.

[123] BAG 14. 6. 1994 AP 2 zu § 3 TVG Verbandsaustritt = NZA 95, 178.

[124] BAG 5. 10. 1993 AP 42 zu § 1 BetrAVG Zusatzversorgungskassen = NZA 94, 848.

[125] BAG 6. 6. 1958 AP 1 zu § 4 TVG Nachwirkung; 10. 12. 1997 AP 20 zu § 3 TVG = NZA 98, 484; 10. 12. 1997 AP 21 zu § 3 TVG = NZA 98, 488; 22. 7. 1998 AP 32 zu § 4 TVG Nachwirkung = NZA 98, 1287.

[126] LAG Hamm 24. 11. 2005 – 8 Sa 1415/05 – jurisPR-ArbR 23/2006; LAG Schleswig-Holstein 19. 2. 2008 NZA-RR 2008, 475; BAG 23. 2. 2005 AP 42 zu § 4 TVG Nachwirkung.

[127] BAG 20. 3. 1991 AP 20 zu § 4 TVG Tarifkonkurrenz = NZA 91, 736; 4. 9. 1996 AP 5 zu § 1 TVG Bezugnahme auf Tarifvertrag = NZA 97, 271; 28. 5. 1997 AP 6 zu § 1 TVG Bezugnahme auf Tarifvertrag = NZA 97, 1066.

[128] BAG 8. 10. 1997 AP 29 zu § 1 TVG Nachwirkung = NZA 98, 492; vgl. *Danko/Plesterminks* ZIP 2000, 1922.

[129] BAG 28. 5. 1997 AP 6 zu § 1 TVG Bezugnahme auf Tarifvertrag = NZA 97, 1066; 26. 7. 2001 AP 63 zu § 256 ZPO 1977.

[130] BAG 10. 5. 1989 AP 6 zu § 2 TVG Tarifzuständigkeit = NZA 89, 687.

§ 204. Wirkungsweise der normativen Bestimmungen des Tarifvertrages

Übersicht

	RN
I. Voraussetzungen der Tarifwirkung	1, 1 a
II. Unabdingbarkeit	2 ff.
1. Begriff	2, 3
2. Verzicht	4
III. Unmittelbare Wirkung der Tarifnormen	5 ff.
1. Begriff	5
2. Beginn	6
3. Inhalt	7–11
4. Beendigung	12, 13
5. Nachwirkung von Abschlussnormen	14
IV. Zwingende Wirkungen	15 ff.
1. Begriff	15, 16
2. Beginn	17, 18
3. Ausnahmen	19, 20
V. Soll- und Bestimmungsvorschriften	21 ff.
1. Sollvorschriften	21
2. Bestimmungsklauseln	22
3. Kann-Vorschriften	23
VI. Öffnungsklauseln	24 ff.
1. Begriff	24, 25
2. Wirksamkeit	26
3. Ergänzungstarifvertrag	27
4. Betriebsvereinbarung	28–31
5. Einheitsregelungen, Gesamtzusagen	32
VII. Günstigkeitsprinzip	33 ff.
1. Allgemeine Lehren des Günstigkeitsprinzips	33–37
2. Günstigkeitsvergleich	38–43
3. Tariflohnerhöhungen	43 a
4. Übertarifliche Zulagen usw.	44–50
5. Bestands-, Effektiv- und Verrechnungsklauseln	51–53
6. Tarifliche Anrechnungsklauseln	54–55 a
7. Günstigkeitsprinzip und Arbeitszeit	56–59
VIII. Ordnungsprinzip	60 ff.
1. Ranggleiche Änderung	60
2. Tarifvertrag/Betriebsvereinbarung	61
3. Arbeitsvertragliche Einheitsregelung und Tarifvertrag	62
IX. Verzicht, Verwirkung und Verjährung tariflicher Rechte	63 ff.
1. Verzicht	63–65
2. Verwirkung	66
3. Ausschlussfristen	67

I. Voraussetzungen der Tarifwirkung

v. Hoyningen-Huene/Wagner, Das untertarifliche Arbeitsentgelt, NZA 95, 969; *Leinemann,* Wirkungen von Tarifverträgen und Betriebsvereinbarungen auf das Arbeitsverhältnis, DB 90, 732; *Schaub,* Die Wirkungsweise des Tarifvertrages, AuA 92, 266.

Voraussetzungen der Wirkungsweise von Tarifverträgen. Der Tarifvertrag entfaltet Rechtswirkungen für Arbeitsverhältnisse nur, wenn **1**

(1) der **Tarifvertrag selbst rechtswirksam** ist. Wirksam ist der Tarifvertrag dann, wenn er den Voraussetzungen der §§ 1, 2 TVG genügt, eine Materie regelt, die den Koalitionen zur eigenen Regelung überlassen ist (§ 200), sich im Rahmen der Tarifzuständigkeit der Tarifparteien hält und nicht gegen materielles Recht verstößt (§ 199);

(2) die zu regelnden **Arbeitsverträge rechtswirksam** sind. Eine Ausnahme gilt jedoch für die faktischen Arbeitsverhältnisse (§§ 29 ff.). Zur Erweiterung der Tarifautonomie für arbeitnehmerähnliche Personen vgl. § 198 RN 11 ff. Da Arbeitsverträge zwischen Entleihern und Leiharbeitnehmern nicht bestehen, ist der Entleiher an Tarifverträge zwischen den Verbänden der Leiharbeitgeber und den Arbeitnehmerorganisationen nicht gebunden (vgl. § 120);

(3) die Parteien des Arbeitsvertrages **tarifgebunden** sind (§§ 206, 207). Bei Inhalts- und Abschlussnormen müssen beide Arbeitsvertragsparteien tarifgebunden sein; bei betrieblichen und betriebsverfassungsrechtlichen Normen reicht es aus, wenn nur der Arbeitgeber tarifgebunden ist;

(4) die Arbeitsverträge dem **Geltungsbereich der Tarifverträge** unterfallen (§ 203).

Es kann auf Feststellung geklagt werden, dass ein Arbeitsverhältnis dem Tarifvertrag unterliegt.[1] **1a**

II. Unabdingbarkeit

1. Begriff. a) Unter dem Oberbegriff der Unabdingbarkeit wird die **unmittelbare und zwingende Wirkung** des Tarifvertrages zusammengefasst. Denkbar ist jedoch, dass ein Tarif- **2**

[1] BAG 30. 5. 2001 AP 64 zu § 256 ZPO 1977 = NZA 2002, 220.

vertrag nur unmittelbare oder nur zwingende Wirkung entfaltet (s. RN 5ff.; 15ff.). Nur unmittelbare Wirkung hat er, wenn der zu regelnde Arbeitsvertrag keine tarifwidrigen Bestimmungen enthält; nur zwingende Wirkung hat er, wenn der Tarifvertrag nur negativ einen bestimmten Inhalt des Arbeitsvertrages verbietet, ohne zugleich eine positive Inhaltsgestaltung zu geben. Die Verbotsnormen können als verdrängende oder vernichtende vorkommen. Verdrängende Normen verdrängen nur schlechtere Arbeitsbedingungen und lassen ein Wiederaufleben der Vertragsnormen zu, wenn der Tarifvertrag sich verschlechtert.[2] Bei Vernichtungsnormen erschöpfen sich die Tarifnormen in der Vernichtung eines bestimmten Inhalts des Arbeitsvertrages. Was mit den Tarifnormen bezweckt wird, muss durch Auslegung ermittelt werden.

3 **b)** Ein Arbeitnehmer, der es ablehnt, zu tarifwidrigen Arbeitsbedingungen zu arbeiten, verstößt nicht gegen seinen Arbeitsvertrag. Eine Kündigung des Arbeitgebers, die auf die **Arbeitsverweigerung** gestützt ist, ist unwirksam.

4 **2. Verzicht.** Die Unabdingbarkeit bewirkt, dass ein Arbeitnehmer nicht von vornherein auf Rechte verzichten kann. Dagegen lässt sie einen Erlass unberührt.

III. Unmittelbare Wirkung der Tarifnormen[3]

Herschel, Der nachwirkende Tarifvertrag, insbesondere seine Änderung, ZfA 76, 89; *Meinert,* Zur Nachwirkung von Tarifverträgen und ihrem Vorrang gegenüber Betriebsvereinbarungen, BB 76, 1615.

5 **1. Begriff.** Das Wesen der unmittelbaren Wirkung besteht darin, dass die Tarifnormen wie ein Gesetz ohne Rücksicht auf die Kenntnis der Arbeitsvertragsparteien von dem Bestehen oder dem Inhalt der Tarifnormen auf das Arbeitsverhältnis einwirken. Positive Normen des Tarifvertrages ergänzen mithin den Arbeitsvertrag, ohne selbst zum Inhalt des Arbeitsvertrages zu werden; negative Normen vernichten den verbotswidrigen Inhalt des Arbeitsvertrages. Hieraus folgt: Der Arbeitnehmer erlangt einen Tariflohnanspruch x, auch wenn ausdrücklich eine geringere Vergütung y vereinbart worden ist.

6 **2. Beginn.** Der Beginn der unmittelbaren Wirkungen des Tarifvertrages richtet sich nach seinem Inkrafttreten (§ 199 RN 31). Nach dem Inkrafttreten werden alle neu abgeschlossenen oder bestehenden Arbeitsverhältnisse erfasst. Zur Rückwirkung vgl. § 199 RN 32ff.

7 **3. Inhalt.** Die Bedeutung der unmittelbaren Wirkung muss für die einzelnen Arten der normativen Bestimmungen gesondert betrachtet werden.

8 **Tarifliche Formvorschriften** stehen gesetzlichen Formvorschriften gleich. Es ist zwischen deklaratorischen und konstitutiven Formvorschriften zu unterscheiden. Im Zweifel ist nur von deklaratorischen Vorschriften auszugehen, weil sich sonst die Schutzfunktion des Tarifvertrags in sein Gegenteil verkehrt. Die Verletzung konstitutiver Formvorschriften hat die Nichtigkeit des Arbeitsvertrages zur Folge.[4] Eine Ausnahme gilt dann, wenn der Arbeitsvertrag bei Inkrafttreten des Tarifvertrages bereits wirksam abgeschlossen war (§ 199 RN 31). Auch der nichtige Arbeitsvertrag wird von den Inhaltsnormen des Tarifvertrages erfasst. Er kann für die Zukunft aufgelöst werden.

9 Bei **Abschlussverboten** ist zu unterscheiden zwischen solchen, die dem Schutz einzelner Arbeitnehmer oder bestimmter Arbeitnehmergruppen dienen und solchen, die die Zusammensetzung oder Gliederung der Belegschaft steuern wollen.[5] Bei Abschlussverboten, die dem Schutz bestimmter Arbeitnehmer und Arbeitnehmergruppen dienen, ist ein widersprechender Arbeitsvertrag nach § 134 BGB nichtig. Umstr. ist dagegen, welche Wirkung die die Zusammensetzung der Belegschaft regelnden Abschlussverbote haben.[6] Teils wird die Meinung vertreten, dass insoweit nur der Arbeitgeber in seiner betrieblichen Gestaltung eingeschränkt ist,[7] teils wird ihnen auch Außenwirkung mit den Wirkungen von § 134 BGB beigelegt.[8]

10 Durch tarifliche **Abschlussgebote** wird nicht kraft Gesetzes ein Arbeitsvertrag begründet, sondern der Arbeitnehmer erlangt nur einen Anspruch auf Einstellung bzw. Wiedereinstellung.

11 **Betriebliche und betriebsverfassungsrechtliche Normen** schaffen für Arbeitgeber und Betriebsrat unmittelbar verpflichtende und berechtigende Bestimmungen.

---

[2] BAG 12. 12. 2007 AP 29 zu § 4 TVG = NZA 2008, 649.
[3] Zum Verzicht auf Reisekosten: BAG 11. 9. 2003 AP 24 zu § 4 TVG = NZA 2004, 326.
[4] BAG 15. 11. 1957 AP 2 zu § 125 BGB; 7. 7. 1955 AP 1 zu § 32 AOG Tarifordnung.
[5] *Buchner* RdA 66, 208, 209.
[6] Vgl. LAG Düsseldorf 17. 5. 1966 DB 66, 987; 19. 9. 1960 AP 1 zu § 4 TVG Lehrlingsskalen.
[7] Z. B. *Buchner* RdA 66, 210.
[8] *Wiedemann/Wank* § 4 TVG RN 312.

4. Beendigung. a) Die **unmittelbare Wirkung endet,** wenn der Tarifvertrag endet (§ 199 RN 36), der tarifliche Geltungsbereich (§ 203) oder die Tarifbindung (§ 206) wegfällt. Jedoch entfaltet der Tarifvertrag Nachwirkung.[9] 12

b) Die **Nachwirkung** besteht so lange fort, bis die Tarifnormen durch einen anderen Tarifvertrag ersetzt werden oder bis die Arbeitsvertragsparteien eine abweichende einzelvertragliche Regelung treffen. Nimmt der Arbeitnehmer das mit einer Änderungskündigung verbundene Angebot des bisher tarifgebundenen Arbeitgebers zur Reduzierung von Sonderzuwendungen unter Vorbehalt an, kommt eine einzelvertragliche Abmachung unter der Bedingung zustande, dass sich die Änderung der Arbeitsbedingungen als sozial gerechtfertigt erweist.[10] Bei abweichenden Betriebsvereinbarungen kann sich die Sperrwirkung des § 77 III BetrVG auswirken. Auch tarifvertragliche Formvorschriften wirken nach; indes kann die Nachwirkung auch konkludent abbedungen werden.[11] Die Nachwirkung eines Tarifvertrages erfasst auch solche Arbeitsverhältnisse, deren Art sich ändert, z.B. bei Umwandlung des Berufsausbildungsverhältnisses in ein normales Arbeitsverhältnis.[12] Dagegen wirkt sie nur dann gegenüber neu begründeten Arbeitsverhältnissen, wenn nichts anderes vereinbart ist.[13] Die Tarifvertragsparteien können die Nachwirkung eines Tarifvertrages ausschließen. Dagegen können sie einen nur nachwirkenden Tarifvertrag nicht mit der Maßgabe ändern, dass die Änderung nur die Wirkung eines nachwirkenden Tarifvertrages entfaltet.[14] Eine zeitliche Begrenzung der Nachwirkung sieht das Gesetz nicht vor.[15] 13

5. Nachwirkung von Abschlussnormen. Zweifelhaft ist, ob Abschlussnormen nachwirken können. Sie setzen den Bestand eines übergeordneten Tarifvertrages voraus. 14

IV. Zwingende Wirkungen

Bode, Gehaltsumwandlung im Tarifbereich, DB 97, 1769; *Hanau,* Tarifvertragliche Beschränkungen der Entgeltumwandlung, DB 2004, 2266.

1. Begriff. a) Das **Wesen der zwingenden Wirkung** des Tarifvertrages besteht darin, dass dem Tarifvertrag widersprechende arbeitsvertragliche Abreden verdrängt werden oder nichtig sind (§ 134 BGB). Ist der Arbeitsvertrag teilweise nichtig, so führt dies nicht zur Nichtigkeit des gesamten Vertrages (§ 31 RN 39ff.). § 139 BGB gilt im Arbeitsrecht nur eingeschränkt. Verstoßen Arbeitsvertragsabreden gegen Arbeitnehmerschutzbestimmungen, so sind nur diese unwirksam, dagegen die übrigen wirksam, weil sonst der Arbeitnehmerschutz ausgehöhlt wird. Regelt der Tarifvertrag positiv die vom insoweit nichtigen Arbeitsvertrag geregelte Frage, so tritt die tarifliche Regelung an die Stelle der arbeitsvertraglichen. Hier entfaltet der Tarifvertrag unmittelbare Wirkung. Besteht keine positive tarifliche Regelung, so ist der Arbeitsvertrag im Wege der ergänzenden Vertragsauslegung zu ergänzen. 15

b) Von einem Teil des Schrifttums wird angenommen, dass die tarifvertraglichen Bestimmungen **entgegenstehende einzelvertragliche Bestimmungen** lediglich vorübergehend verdrängen, ohne sie endgültig zu vernichten.[16] Nach diesem leben die einzelvertraglichen Bestimmungen wieder auf, wenn später z.B. die Tarifbindung wegfällt.[17] Was gewollt ist, muss durch Auslegung ermittelt werden. 16

2. Beginn. a) Die zwingende Wirkung des Tarifvertrages beginnt mit seinem **Inkrafttreten;** sie endet mit seinem Außerkrafttreten. Während ein nachwirkender Tarifvertrag wohl noch unmittelbare Wirkung entfaltet, kommt ihm eine zwingende nicht zu. Die Arbeitgeber des öffentlichen Dienstes können mithin durch Richtlinien die Absenkung des Lohngefüges bei Neueinstellungen erreichen, wenn die Vergütungstarifverträge gekündigt sind.[18] Die Tarifvertrags- 17

---

[9] *Herschel* ZfA 76, 89; *Meinert* BB 76, 1615.

[10] BAG 27. 9. 2001 AP 40 zu § 4 TVG Nachwirkung = NZA 2002, 750.

[11] BAG 10. 5. 1977 AP 4 zu § 4 BAT; 3. 9. 1986 AP 12 zu § 4 TVG Nachwirkung = NZA 87, 178.

[12] BAG 19. 1. 1962 AP 11 zu § 5 TVG.

[13] BAG 13. 6. 1958 AP 2 zu § 4 TVG Effektivklausel; 6. 6. 1958, 13. 6. 1958, 29. 1. 1975 AP 1, 2, 8 zu § 4 TVG Nachwirkung; 3. 12. 1974 AP 2 zu § 74 BAT; 13. 7. 1994 AP 14 zu § 3 TVG Verbandszugehörigkeit = NZA 95, 479.

[14] BAG 14. 2. 1973, 29. 1. 1975 AP 6, 8 zu § 4 TVG Nachwirkung; m. krit. Anm. *Wiedemann* zu AP 6, vgl. dazu *Herschel* ZfA 76, 89.

[15] BAG 15. 10. 2003 AP 41 zu § 4 TVG Nachwirkung = NZA 2004, 387.

[16] *Kempen/Zachert,* TVG, 3. Aufl., § 4 RN 12; *Wiedemann/Wank* § 4 TVG RN 370.

[17] BAG 12. 12. 2007 AP 29 zu § 4 TVG = NZA 2008, 649.

[18] BAG 27. 5. 1987 AP 6 zu § 74 BAT.

parteien können eine zwingende Nachwirkung mit der Maßgabe erreichen, dass sie tariflich bestimmen, dass einzelne Bestimmungen des Tarifvertrages solange fortgelten, bis sie eine anderweitige Regelung treffen.

18 **b)** Ob die zwingende Wirkung des Tarifvertrags einer Entgeltumwandlung in **Ansprüche der betrieblichen Altersversorgung** entgegensteht (§ 84), ist umstritten.[19] Nach richtiger Auffassung werden nur außertarifliche Ansprüche umgewandelt werden können.

19 **3. Ausnahmen.** Von der zwingenden Regelung des Tarifvertrages bestehen zwei Ausnahmen. Der Tarifvertrag ist dann nicht zwingend, wenn er eine abweichende Regelung gestattet **(Öffnungsklausel).** Dies folgt aus dem Prinzip der Tarifautonomie (§ 4 III TVG); die zwingende Wirkung muss zurücktreten, wenn die Tarifparteien sie nicht wollen. Tarifliche Öffnungsklauseln können ausdrücklich oder konkludent vereinbart werden. Jedoch ist davon auszugehen, dass dem Tarifvertrag im Zweifel zwingende Wirkung zukommen soll. Vgl. RN 24, 33.

20 Schließlich ist der Tarifvertrag dann nicht zwingend, wenn die singuläre Regelung für den oder die Arbeitnehmerschaft günstiger ist **(Günstigkeitsprinzip).** Indes muss eindeutig feststellbar sein, dass die vertragliche Regelung günstiger ist.[20]

V. Soll- und Bestimmungsvorschriften

21 **1. Sollvorschriften.** Bestimmt ein Tarifvertrag, dass ein Arbeitnehmer nur ein bestimmtes Gehalt erreichen oder bestimmte Zulagen erhalten soll, so erwirbt der Arbeitnehmer unter den tariflichen Voraussetzungen grundsätzlich einen echten und vollgültigen Rechtsanspruch. Das gilt nur dann nicht, wenn im Einzelfall einleuchtende, gewichtige Gründe vorliegen; dabei sind die Interessen des Arbeitnehmers und Arbeitgebers unter Berücksichtigung von Treu und Glauben nach objektivem Maßstab gegeneinander abzuwägen.[21]

22 **2. Bestimmungsklauseln.** Das sind Tarifvorschriften, die die Arbeitsbedingungen nicht abschließend regeln, sondern nur Rahmenbedingungen aufstellen und deren Konkretisierung auf den Arbeitgeber oder einen Dritten übertragen. Aus Gründen der Rechtssicherheit und Rechtsklarheit müssen Delegation und Adressat eindeutig geregelt werden. Bestimmungsklauseln sind gegeben, wenn das Gehalt eines AT-Angestellten über dem höchsten Tarifgehalt liegen muss.[22] Bei dem Vergleich soll die Dauer der Arbeitszeit außer Betracht bleiben.[23] Die in Ausübung des Bestimmungsrechts getroffenen Regelungen ergänzen den Tarifvertrag und schaffen wie dieser Normen. Sie enden mit Auslaufen des Tarifvertrages; der Adressat muss daher praktisch bei jeder Tarifänderung das Bestimmungsrecht neu ausüben.[24] Tarifverträge können auch vorsehen, dass eine Tariflohnerhöhung in einem Betrag erfolgen muss, wenn der Lebenshaltungsindex um einen bestimmten Prozentsatz gestiegen ist. Ein Verstoß gegen § 2 des Preisangaben- und Preisklauselgesetzes liegt nicht vor, weil nur der Anlass, nicht aber die Erhöhung vom Lebenshaltungsindex abhängt.[25]

23 **3. Kann-Vorschriften.** Namentlich im Bereich des öffentlichen Dienstes kommen Tarifnormen vor, nach denen der Arbeitgeber Zulagen gewähren kann. Die Gewährung von Zulagen steht damit im Ermessen des Arbeitgebers. Räumt ein Tarifvertrag dem Arbeitgeber ein einseitiges Leistungsbestimmungsrecht ein, so hat dieser seine Entscheidung nach billigem Ermessen i. S. von § 315 I BGB zu treffen. Eine Entscheidung entspricht dann billigem Ermessen, wenn sie alle wesentlichen Umstände und die Interessen beider Parteien angemessen berücksichtigt.[26] Die Ermessensausübung des Arbeitgebers unterliegt der gerichtlichen Kontrolle nach § 315 III BGB. Auch das Revisionsgericht hat ein unbeschränktes Überprüfungsrecht.[27]

---

[19] *Bode* DB 97, 1769; *Hanau* DB 2004, 2266.

[20] BAG 25. 11. 1970 AP 12 in § 4 TVG Günstigkeitsprinzip.

[21] BAG 4. 11. 1970 AP 119 zu § 1 TVG Auslegung; LAG Düsseldorf 20. 12. 1977 EzA 41 zu § 4 TVG.

[22] BAG 21. 6. 2000 AP 65 zu § 5 BetrVG = NZA 2001, 336; 26. 11. 2003 AP 186 zu § 1 TVG Tarifverträge: Metallindustrie = NZA 2004, 1107.

[23] BAG 26. 11. 2003 AP 186 zu § 1 TVG Tarifverträge: Metallindustrie = NZA 2004, 1107.

[24] BAG 28. 11. 1984 AP 1, 2 zu § 4 TVG Bestimmungsrecht.

[25] LAG Bremen 6. 5. 2003 PraxisReport Arbeitsrecht 1/2004; nachfolgend BAG 19. 5. 2004 EzA 43 § 4 TVG Tariflohnerhöhung.

[26] BAG 26. 11. 1986 AP 15 zu § 1 TVG Tarifverträge: Rundfunk; 17. 10. 1990 AP 7 zu §§ 22, 23 BAT Zulagen.

[27] BAG 26. 11. 1986 AP 15 zu § 1 TVG Tarifverträge: Rundfunk; 17. 10. 1990 AP 7 zu §§ 22, 23 BAT Zulagen; BGH 21. 3. 1961 AP 19 zu § 612 BGB.

VI. Öffnungsklauseln

Bispinck, Tarifvertragliche Öffnungsklauseln, Personal 98, 165; *Brecht/Höland,* Gewerkschaft und politische Bündnisse, WSI-Mitteilungen 2001, 501; *Gaumann/Schafft,* Tarifvertragliche Öffnungsklauseln – ein sinnvolles Flexibilisierungskonzept, NZA 98, 176; *Hablitzel,* Das Verhältnis von Tarif- und Betriebsautonomie im Lichte des Subsidiaritätsprinzips, NZA 2001, 467; *Hromadka,* Reformbedarf im Tarifrecht?, AuA 96, 289; *ders.,* Mehr Flexibilität für die Betriebe – Ein Gesetzesvorschlag, NZA 96, 1233; *ders.,* Gesetzliche Tariföffnungsklauseln, NJW 2003, 1273; *Kort,* Die Grenzen betrieblicher Mitbestimmung bei tarifvertraglicher Zulassung lediglich freiwilliger Betriebsvereinbarungen, NZA 2001, 477; *Löwisch,* Tariföffnung bei Unternehmens- und Arbeitsplatzgefährdung, NJW 97, 905; *Lohs,* Tarifvertragliche Öffnungsklauseln, DB 96, 1722; *Meyer,* Modifikation von Tarifrecht durch Betriebsvereinbarungen beim Betriebsübergang, NZA 2001, 751; *Raab,* Betriebliche Bündnisse für Arbeit – Königsweg aus der Beschäftigungskrise, ZfA 2004, 371; *Rieble,* Öffnungsklausel und Tarifverantwortung, ZfA 2004, 404; *Scheurer,* Flexibilisierung durch tarifliche Öffnungsklauseln, Arbeitgeber 97, 352; *Walker,* Der rechtliche Rahmen für tarifpolitische Reformen, ZTR 97, 193; *Waltermann,* Tarifvertragliche Öffnungsklauseln für betriebliche Bündnisse für Arbeit – zur Rolle der Betriebspartner, ZfA 2005 505; *Wendeling-Schröder,* Betriebliche Ergänzungstarifverträge, NZA 98, 624; *Wurm,* Sperrklausel – Öffnungsklausel: Ausreichende Spielräume für die Betriebsparteien?, ZBVR 2003, 137; *Zachert,* Das Tarifvertragssystem vor dem Aus?, Zu den Forderungen nach gesetzlichen Öffnungsklauseln für betriebliche Bündnisse, dbr 2006 Nr. 3 S. 8; *ders.,* Betriebliche Bündnisse für Arbeit durch gesetzliche Öffnungsklauseln?, AiB 2004, 718.

1. Begriff. a) Unter Öffnungsklauseln im weiteren Sinne werden **Tarifnormen** verstanden, die eine Dezentralisierung, Differenzierung oder Absenkung von Tarifnormen durch die Tarifvertragsparteien oder durch Betriebspartner, Arbeitgeber oder Dritte zulässt. Öffnungsklauseln im engeren Sinn sind Tarifbestimmungen, die nach § 4 III TVG anderen Personen und Organen eine Abweichung vom Tarifvertrag oder ihn ergänzende Regelungen gestatten. 24

b) Tariföffnungsklauseln erhalten **zunehmende Bedeutung.** Sie werden veranlasst, um eine unternehmensnahe Regelung zu finden und die Tarifverträge nach Branche, Größe und Ertragskraft des Unternehmens zu flexibilisieren. Sie kommen aber auch vor, um zeitnahe tarifliche Regelungen zu schaffen. 25

2. Wirksamkeit. Wenn den Tarifvertragsparteien die Normsetzung übertragen ist, können sie auch Öffnungsklauseln schaffen. Die Öffnungsklauseln müssen klar und eindeutig gefasst werden.[28] Die Tarifvertragsparteien können auch Abweichungen vom Tarifvertrag rückwirkend genehmigen.[29] Die Beschränkung einer tarifvertraglichen Öffnungsklausel auf Betriebsvereinbarungen, die bereits vor dem Inkrafttreten bestanden haben, ist im Zweifel nicht gewollt. Die Wiederholung der Öffnungsklausel im Rahmen der Ablösung des Tarifvertrages durch eine gleichartige Neuregelung spricht gegen einen solchen Willen.[30] Eine tarifliche Regelung zur Beschäftigungssicherung, die einer nach dem Einstellungsdatum abgegrenzten Gruppe von Beschäftigten zeitlich befristet Verschlechterungen betrieblicher Arbeitsbedingungen zumutet, verstößt nicht gegen den allgemeinen Gleichheitssatz.[31] 26

3. Ergänzungstarifvertrag. Denkbar ist, dass die Tarifvertragsparteien eines Flächentarifvertrages Zuständigkeiten für den Abschluss von Ergänzungstarifverträgen schaffen. 27

4. Betriebsvereinbarung. a) Nach § 77 III BetrVG können **Arbeitsentgelte und sonstige Arbeitsbedingungen,** die durch Tarifvertrag geregelt sind oder üblicherweise geregelt werden, nicht Gegenstand einer Betriebsvereinbarung sein. Dies gilt nicht, wenn ein Tarifvertrag den Abschluss ergänzender Betriebsvereinbarungen zulässt (§ 231). Im Zweifel ist keine Beschränkung auf Betriebsvereinbarungen gewollt, die bereits vor Inkrafttreten des Tarifvertrages bestanden.[32] Nach h. M. enthält § 4 III TVG und § 77 III BetrVG eine **Regelungssperre,** die bei Verstoß zur Unwirksamkeit der Betriebsvereinbarung führt. Umstritten ist, ob die Regelungssperre auch für Regelungsabreden gilt. Das Schrifttum bejaht häufig die Regelungssperre wegen der Normsetzungsprärogative der Tarifvertragsparteien.[33] Das BAG ist dieser Meinung nicht gefolgt, weil die Regelungsabrede keine normative Wirkung hat und die Regelungsprärogative damit erhalten bleibt.[34] 28

---

[28] BAG 11. 9. 2003 AP 24 zu § 4 TVG = NZA 2004, 326.
[29] BAG 20. 4. 1999 AP 89 zu Art. 9 GG m. Anm. *Richardi* = NZA 99, 857.
[30] BAG 20. 2. 2001 AP 15 zu § 77 BetrVG 1972 Tarifvorbehalt = NZA 2001, 903.
[31] BAG 25. 6. 2003 AP 1 zu § 1 TVG Beschäftigungssicherung = NZA 2004, 215.
[32] BAG 20. 2. 2001 AP 15 zu § 77 BetrVG 1972 Tarifvorbehalt = NZA 2001, 903.
[33] *Däubler,* Tarifvertragsrecht, RN 249; *Hanau* RdA 73, 281; *Zachert* RdA 96, 140, 145.
[34] BAG 24. 1. 1996 AP 8 zu § 77 BetrVG 1972 Tarifvorbehalt = NZA 96, 948; 5. 3. 1997 AP 10 zu § 77 BetrVG 1972 Tarifvorbehalt = NZA 97, 951; 20. 4. 1999 AP 89 zu Art. 9 GG = NZA 99, 887; vgl. auch

29 **b)** Eine **ergänzende oder abändernde Betriebsvereinbarung** ist zulässig, wenn eine Öffnungsklausel vorhanden ist. Diese muss die Abweichung ausdrücklich zulassen; unzureichend eine stillschweigende Zulassung.[35] Eine nachträgliche Genehmigung einer Betriebsvereinbarung durch die Tarifpartner ist unwirksam.[36] Welchen Grenzen die Delegation der Rechtssetzung auf die betriebliche Ebene unterliegt, ist umstr. Teils wird eine schrankenlose Delegation für zulässig gehalten, teils werden Einschränkungen gemacht.[37] Im rechtspolitischen Schrifttum wird gefordert, mehr Kompetenzen auf die Betriebspartner zu übertragen.[38]

30 **c)** Eine **Sperrwirkung** folgt aus § 87 BetrVG, wenn eine zwingende tarifliche Regelung besteht.

31 **d)** Entgegen früherer Rechtsprechung bejaht das BAG eine **Klagemöglichkeit** der Tarifvertragsparteien gegen tarifwidrige betriebliche Regelungen vorzugehen.[39]

32 **5. Einheitsregelungen, Gesamtzusagen.** Keine Sperrwirkung folgt aus § 77 BetrVG für vertragliche Einheitsregelungen oder Gesamtzusagen.[40] Im Falle der Tarifbindung ergibt sich eine Sperrwirkung aus § 4 III TVG.

VII. Günstigkeitsprinzip

Allgemein: *Adomeit,* Das Günstigkeitsprinzip – neu verstanden, NJW 84, 26; *Annuß,* Neues zum kollektiven Günstigkeitsprinzip, FA 2001, 42; *Däubler,* Abschaffung der Tarifautonomie mit Hilfe des Günstigkeitsprinzips, ArbuR 96, 347; *Dietz,* Verbot der Verabredung übertariflicher Arbeitsbedingungen durch Beschluss eines Arbeitgeberverbandes, DB 65, 591; *Freihube,* Die einzelvertragliche Umsetzung von Beschäftigungsbündnissen, DB 2000, 1022; *Frik,* Die neue Interpretation des Günstigkeitsprinzips in Frankreich, NZA 98, 525; *Gagel,* Sanierungsvereinbarungen mit Zugeständnissen der Arbeitnehmer, BB 2000, 718; *Heinze,* Tarifautonomie und sog. Günstigkeitsprinzip, NZA 91, 329; *Höfling/Burkiczak,* Das Günstigkeitsprinzip – ein grundrechtsdogmatischer Zwischenruf, NJW 2005, 469; *Kordel,* Das Günstigkeitsprinzip des § 4 Abs. 3 TVG aus der Sicht der ökonomischen und verhaltenswissenschaftlichen Analyse des Rechts, ZfA 2005, 459; *Krauss,* Der bunte Korb der Günstigkeit, NZA 96, 294; *Körner,* Zum Verständnis des tarifvertraglichen Günstigkeitsprinzips, RdA 2000, 140; *Linnenkohl,* Lohnverzicht kontra Kündigungen, AuA 2002, 398; *Löwisch,* Die Freiheit zu arbeiten – nach dem Günstigkeitsprinzip, BB 91, 59; *Cord Meyer,* Beschäftigungssichernde Tarifverträge, ZTR 2005, 394; *Robert,* Betriebliche Bündnisse für Arbeit versus Tarifautonomie?, NZA 2004, 633; *Säcker/Oetker,* Höchstnormbeschlüsse der Koalitionen zwischen Freiheitsschutz und Verbandsautonomie, ZfA 96, 85; *Schliemann,* Tarifliches Günstigkeitsprinzip und Bindung der Rechtsprechung, NZA 2003, 122; *Schmidt,* Das Günstigkeitsprinzip im Tarifvertrags- und Betriebsverfassungsrecht, 1994; *Thüsing,* Wege zu einem besseren Tarifrecht, FA 2005, 297; *Wendeling-Schröder,* Der Streit um das Günstigkeitsprinzip, Mitbestimmung 96, Nr. 11 S. 60; *Wolter,* Standortsicherung, Beschäftigungssicherung, Unternehmensautonomie; Tarifautonomie, RdA 2002, 218; *Zachert,* „Das System der Kollektivverhandlungen darf nicht zerbrochen werden", ArbuR 93, 65; *ders.,* Aufhebung der Tarifautonomie durch „freiwillige Regelungen im Arbeitsvertrag", DB 90, 986; *Zeuner,* Günstigkeitsprinzip und Verbandsbeschluss zur Verhinderung übertariflicher Arbeitsbedingungen, DB 65, 630.

Übertarifliche Zulagen: *Boemke,* Mitbestimmung bei vollständiger und gleichmäßiger Anrechnung von Tariflohnerhöhungen auf übertarifliche Zulagen, BB 2001, 985; *Bonanni/Koehler,* Anrechnung übertariflicher Zulagen, ArbRB 2009, 24; *Hansen,* Ist die begrenzte Effektivklausel wirklich eine unmögliche Konstruktion?, RdA 85, 78; *Hromadka,* Der Große Senat zu den übertariflichen Zulagen. Folgerungen für die Praxis, DB 92, 1573; *ders.,* Mitbestimmung bei übertariflichen Zulagen, DB 91, 2133; *Meisel,* Übertarifliches Entgelt und Tarifentgelterhöhung. Einzelvertragliche und kollektivrechtliche Probleme, BB 91, 406; *Oetker,* Die Auswirkungen tariflicher Entgelterhöhungen für den Effektivverdienst im Zielkonflikt von individueller Gestaltungsfreiheit und kollektivrechtlicher Gewährleistung innerbetrieblicher Verteilungsgerechtigkeit, RdA 91, 16; *Preis,* Anrechnung und Widerruf über- und außertariflicher Entgelte – vertragsrechtlich betrachtet, FS Kissel, 1994, S. 879; *Reichold,* Entgeltmitbestimmung als Gleichbehandlungsprobleme. Folgefragen nach dem Beschluss des Großen Senats vom 3. 12. 1991, RdA 95, 147; *Richardi,* Der Große Senat des BAG zur Mitbestimmung bei der Anrechnung einer Tariflohnerhöhung auf über- und außertariflichen Zulagen, NZA 92, 961; *Schneider,* Anrechnung von Tariferhöhungen, DB 2000, 922; *ders.,* Die Anrechnung von Tarifverbesserungen, insbesondere Tariflohnerhöhungen, auf übertarifliche Vergütungsbestandteile, DB 93, 2530; *Schüren,* Mitbestimmung bei der automatischen Anrechnung von Tariflohnerhöhungen auf übertarifliche Zulagen,

---

zur Wirkung von Regelungsabreden: BAG 14. 8. 2001 AP 4 zu § 77 BetrVG 1972 Regelungsabrede = NZA 2002, 342.

[35] BAG 6. 3. 1958, 20. 12. 1961, 1. 2. 1963 AP 1, 7, 8 zu § 59 BetrVG.

[36] BAG 20. 4. 1999 AP 89 zu Art. 9 GG = NZA 99, 887; 29. 1. 2002 NZA 2002, 927; 29. 10. 2002 AP 18 zu § 77 BetrVG 1972 Tarifvorbehalt = NZA 2003, 393; *Kittner* in: FS Schaub, S. 389, 414.

[37] Vgl. BAG 18. 8. 1987 AP 23 zu § 77 BetrVG 1972 = NZA 87, 779.

[38] Vgl. dazu *Hromadka* AuA 96, 289; *ders.* NZA 96, 1233; *Walker* ZTR 97, 193.

[39] BAG 20. 4. 1999 AP 89 zu Art. 9 GG m. Anm. *Richardi* = NZA 99, 857.

[40] Vgl. aber BAG 20. 4. 1999 AP 89 zu Art. 9 GG = NZA 99, 857 (§ 201 RN 22 ff.).

RdA 91, 139; *Weber/Hoß,* Die Umsetzung der Entscheidung des Großen Senats zur Mitbestimmung bei der Anrechnung übertariflicher Zulagen durch die Rechtsprechung des 1. Senats, NZA 93, 632; *Weyand,* Die normativen Rahmenbedingungen der betrieblichen Lohngestaltung nach der Entscheidung des Großen Senats vom 3. 12. 1991, ArbuR 93, 1; *Wiese,* Zur Mitbestimmung des Betriebsrats bei freiwilligen jederzeit widerruflichen Zulagen und/oder auf diese anrechenbaren Tariflohnerhöhungen, NZA 90, 793.

Arbeitszeitbestimmungen: *Auktor,* Flexibilität durch Arbeitszeitverlängerung, DB 2002, 1714; *Buchner,* Tarifliche Arbeitszeitbestimmungen und Günstigkeitsprinzip, DB 90, 1715; *ders.,* Betriebsräte auf schwierigem Terrain – die Viessmann Entscheidung des Arbeitsgerichts Marburg, NZA 96, 1304; *Heinze,* Tarifautonomie und Günstigkeitsprinzip, NZA 91, 329; *Käppler,* Tarifvertragliche Regelungsmacht, NZA 91, 745; *Kort,* Arbeitszeitverlängerndes Bündnis für Arbeit zwischen Arbeitgeber und Betriebsrat - Verstoß gegen die Tarifautonomie?, NJW 97, 1476; *Kramer,* Einzelvertragliche Verlängerbarkeit tariflich festgelegter Arbeitszeit, DB 94, 426; *Löwisch,* Die Freiheit zu arbeiten – nach dem Günstigkeitsprinzip, BB 91, 59; *ders.,* Tariföffnung bei Unternehmens- und Arbeitsplatzgefährdung, NJW 97, 905; *Neumann,* Arbeitszeit und Flexibilisierung, NZA 90, 961; *ders.,* Tarif- und Betriebsautonomie, RdA 90, 257; *Richardi,* Arbeitszeitverlängerung nach der Tarifvertragsregelung in der Metallindustrie, DB 90, 1613; *Waltermann,* Beschäftigungspolitik durch Tarifvertrag?, NZA 91, 754; *Zachert,* Aufhebung der Tarifautonomie durch „freiwillige Regelungen" im Arbeitsvertrag?, DB 90, 986; *ders.,* Mehr Arbeitsplätze durch bewegliches Tarifrecht?, ZTR 96, 289.

1. Allgemeine Lehren des Günstigkeitsprinzips. a) Von der unmittelbaren und zwingenden Wirkung eines Tarifvertrages kann im Einzelarbeitsvertrag abgewichen werden, soweit dies durch den Tarifvertrag gestattet ist oder die Regelung eine Änderung zugunsten der Arbeitnehmer enthält (§ 4 III TVG). Die **dogmatische Ableitung des Günstigkeitsprinzips** ist umstr. So wird es abgeleitet **(1)** aus dem Leistungsprinzip, nach dem der Arbeitgeber überdurchschnittliche Leistungen abgelten will,[41] **(2)** aus allgemeinen Verfassungsgrundsätzen, weil es zu einer freiheitlichen und rechtsstaatlichen Wirtschafts- und Sozialverfassung gehört,[42] **(3)** aus dem Sozialstaatsgedanken,[43] **(4)** aus dem arbeitsrechtlichen Schutzgedanken,[44] nach dem es Aufgabe des Tarifvertrages ist, einen sozialen Mindestschutz zu garantieren und durch das Günstigkeitsprinzip ein Überschreiten zu ermöglichen. In der Rspr. des BAG finden sich sowohl Ansätze des Leistungsprinzips wie des sozialen Schutzprinzips.[45] 33

b) Das Günstigkeitsprinzip ist vor allem auf **Inhaltsnormen eines Tarifvertrages** zugeschnitten. Dagegen sollte es nach verbreiteter Meinung keine Rolle bei Abschluss- und Beendigungsnormen spielen. Dies gilt vor allem für die Fälle, in denen ein Tarifvertrag die Beendigung des Arbeitsverhältnisses bei Erreichen eines bestimmten Lebensalters vorsah. Dieser Meinung kann kaum gefolgt werden, da dadurch in die freie Willensentscheidung eines Arbeitnehmers eingegriffen wird, auch über die tarifvertragliche Altersgrenze hinaus zu arbeiten.[46] Dagegen wird dem Günstigkeitsprinzip keine Bedeutung bei betrieblichen und betriebsverfassungsrechtlichen Normen sowie Normen über gemeinsame Einrichtungen zukommen. 34

c) Umstr. ist, ob das Günstigkeitsprinzip auch für **schuldrechtliche Vereinbarungen** der Tarifvertragsparteien gilt. Diese Frage ist vor allem im öffentlichen Dienstrecht diskutiert worden, in dem die Gewährung übertariflicher Zulagen untersagt werden sollte. Die vorherrschende Meinung geht davon aus, dass die Tarifvertragsparteien die Tariflöhne nicht zu Höchstlöhnen erklären können,[47] oder dass ein Arbeitgeberverband nicht die Zahlung übertariflicher Entgelte verbieten kann.[48] Die gegenteilige Auffassung erkennt lediglich eine beschränkte Wirkung des Günstigkeitsprinzips an. Das Günstigkeitsprinzip gilt auch für den öffentlichen Dienst. Sagt ein öffentlicher Arbeitgeber höhere als die tariflichen Leistungen zu, so ist die Zusage wirksam. Sie kann nur nach den allgemeinen arbeitsrechtlichen Grundsätzen beseitigt werden.[49] Im Allge- 35

[41] *Hueck/Nipperdey* Bd. II 1 S. 572.

[42] *Säcker,* Gruppenautonomie und Übermachtkontrolle im Arbeitsrecht, 1972, S. 54, 293 f.

[43] *G. Müller* DB 67, 905.

[44] *Wlotzke,* Das Günstigkeitsprinzip im Verhältnis des Tarifvertrages zum Einzelarbeitsvertrag und zur Betriebsvereinbarung, 1957, S. 62 ff.

[45] BAG 15. 12. 1960 AP 2, 3 zu § 4 TVG Angleichungsrecht.

[46] BAG GS 7. 11. 1989 AP 46 zu § 77 BetrVG 1972 = NZA 90, 816; 20. 10. 1993 AP 3 zu § 41 SGB VI = NZA 94, 128; 1. 12. 1993 AP 4 zu § 41 SGB VI = NZA 94, 369.

[47] BAG 15. 12. 1960 AP 2, 3 zu § 4 TVG Angleichungsrecht; 21. 2. 1961 AP 8 zu § 4 TVG Günstigkeitsprinzip; *Säcker/Oetker* ZfA 96, 85.

[48] *Dietz* DB 65, 591; *Zeuner* DB 65, 630; *Wiedemann/Wank* § 4 TVG RN 387.

[49] BAG 5. 3. 1958, 15. 12. 1960 AP 1, 2 zu § 4 TVG Angleichungsrecht; abweichend BVerwG 13. 3. 1964 AP 4 zu § 4 TVG Angleichungsrecht.

meinen wird von der h. M. auch verneint, dass der Bundes- oder Landesgesetzgeber durch Gesetz oder RechtsVO Höchstsätze vorschreiben kann, weil insoweit in die Tarifautonomie eingegriffen würde.[50]

36 Nach § 40 BHO bedarf der Abschluss von Tarifverträgen oder die Gewährung von über- oder außertariflichen Leistungen der **Einwilligung des Bundesministeriums der Finanzen,** wenn diese Regelungen zu Einnahmeminderungen oder zu zusätzlichen Ausgaben im laufenden Haushaltsjahr oder in künftigen Haushaltsjahren führen können. Durch das Haushaltsrecht kann sich eine Einschränkung des Günstigkeitsprinzips im öffentlichen Dienst ergeben.

37 **d)** Von einem **kollektiven Günstigkeitsvergleich** wird vor allem im Zusammenhang mit dem Abbau von Sozialleistungen auf Grund einer Gesamtzusage oder einer arbeitsvertraglichen Einheitsregelung durch Tarifvertrag oder Betriebsvereinbarung gesprochen. Das BAG lässt die Umstrukturierung von Versorgungssystemen auch zum Nachteil des einzelnen Arbeitnehmers zu, wenn der Gesamtdotierungsrahmen erhalten bleibt (vgl. Einzelh. § 83; § 231). Die Tarifvertragsparteien dürfen in die bei Beendigung des Arbeitsverhältnisses erdiente Ausgangsrente in der Regel nicht eingreifen, soweit nicht bereits vor Entstehung des Anspruchs besondere Anhaltspunkte für verschlechternde Eingriffe der Tarifvertragsparteien bestehen.[51]

38 **2. Günstigkeitsvergleich.** Ob ein Arbeitsvertrag den Arbeitnehmer begünstigt, ist nach folgenden Grundsätzen zu prüfen.[52]

39 **a)** Es sind der Tarifvertrag und der Arbeitsvertrag miteinander zu **vergleichen.** Zu berücksichtigen sind auch vor Inkrafttreten eines Tarifvertrags abgeschlossene arbeitsvertragliche Vereinbarungen.[53] Dabei ist auf das **Interesse des einzelnen Arbeitnehmers** abzustellen; das Gesamtinteresse der Belegschaft oder einer Gruppe von Arbeitnehmern ist nur bei betrieblichen und betriebsverfassungsrechtlichen Normen entscheidend. Wegen des Unabdingbarkeitsgrundsatzes ist eine untertarifliche Entlohnung unzulässig, auch wenn der Arbeitnehmer sonst keine andere Arbeit finden könnte.

40 **b)** In den Vergleich einzubeziehen sind alle Normen des Tarifvertrages und des Arbeitsvertrages, die in einem **inneren Zusammenhang** stehen (Sachgruppenvergleich).[54] Wie aber die einzelnen Gruppen abgegrenzt werden können, ist in Rechtsprechung und Literatur nicht geklärt. Je kleiner die Gruppe gefasst wird, umso mehr nähert man sich dem Einzelvergleich. Das BAG hat angenommen, Arbeitszeit und Arbeitsentgelt einerseits und Beschäftigungsgarantie andererseits könnten nicht verglichen werden.[55]

41 **c)** Ob eine Regelung günstiger ist, muss nach **objektiven Kriterien** der Gesamtrechtsordnung beurteilt werden. Es muss von vornherein für einen längeren Zeitraum feststehen, dass die arbeitsvertragliche Regelung günstiger ist.[56] Die Auffassung der Arbeitsvertragsparteien oder der beteiligten Berufskreise ist unerheblich. Eine Erhöhung der Maximalarbeitszeit oder eine Verkürzung des Urlaubes ist daher immer ungünstiger, auch wenn eine Erhöhung des Lohnes eintritt. Untertarifliche Auslösungen können im Allgemeinen nicht durch übertarifliche Entlohnung ausgeglichen werden.[57] Die Verlängerung der Kündigungsfrist gegenüber der tariflichen Kündigungsfrist für den Arbeitnehmer ist ungünstiger.[58]

42 **d)** Ist es **zweifelhaft,** ob eine Regelung günstiger ist oder nicht, so ist sie unzulässig. Dies folgt aus dem Schutzzweck der Tarifvertragsnormen.

43 **e)** Die h. M. ist von *Adomeit*[59] und später von *Buchner*[60] kritisiert worden. Sie fordern eine **Neubestimmung des Günstigkeitsvergleichs.** Das Günstigkeitsprinzip lasse eine beschäftigungssichernde Maßnahme zu. Hiernach kann z. B. die Arbeitszeit über die tarifliche Arbeitszeit ausgedehnt werden, wenn der Arbeitgeber zugleich die Bestandssicherheit des Arbeitsverhältnis-

---

[50] Vgl. BAG 17. 10. 1990 AP 9 zu § 611 BGB Lohnzuschläge = NZA 91, 489.
[51] BAG 21. 8. 2007 AP 69 zu § 1 BetrAVG Zusatzversorgungskassen = NZA 2008, 182.
[52] *Zöllner/Loritz* § 36 III; *Däubler/Deinert,* TVG-Komm. § 4 RN 633 ff.; *Wiedemann/Wank* § 4 TVG RN 432 ff.; *Kempen/Zachert,* TVG, 3. Aufl., § 4 RN 185 ff.
[53] BAG 25. 7. 2001 – 10 AZR 391/00 (n. a. v.).
[54] BAG 23. 5. 1984 AP 9 zu § 339 BGB = NZA 84, 255; BAG GS 7. 11. 1989 AP 46 zu § 77 BetrVG 1972 = NZA 90, 816.
[55] BAG 20. 4. 1999 AP 89 zu Art. 9 GG = NZA 99, 887.
[56] BAG 25. 11. 1970, 12. 4. 1972 AP 12, 13 zu § 4 TVG Günstigkeitsprinzip.
[57] BAG 12. 4. 1972 AP 13 zu § 4 TVG Günstigkeitsprinzip.
[58] A. A. BAG 29. 8. 2001 AP 174 zu § 1 TVG Auslegung = NZA 2002, 1346.
[59] *Adomeit* NJW 84, 26.
[60] *Buchner* Beil. 12 zu DB 96; *ders.* NZA 96, 1304.

ses übernimmt. Auch diese Meinung verlangt ein Optionsrecht für den Arbeitnehmer, wonach er jeder Zeit wieder zur tariflichen Regelung zurückkehren kann. Die Meinung ist im Allgemeinen auf Ablehnung gestoßen.[61] *Schliemann* will einen synallagmatischen Günstigkeitsvergleich. Er will das Synallagma des Einzelvertrages am Synallagma des Tarifvertrags messen. Die Tarifvertragsparteien gingen nicht davon aus, dass Arbeitsplätze gefährdet würden. In Not und Krisenzeiten müssten daher die Individualverträge vorgehen, weil die Tarifpartner keine Vernichtung der Arbeitsplätze wollten. Wenn nur wenige Arbeitnehmer eines Betriebs einem Bündnis für Arbeit widersprechen, müsse dieser Widerspruch überwunden werden können.[62] Entsprechendes gelte im kirchlichen Bereich.[63]

3. Tariflohnerhöhungen. Teilt der Arbeitgeber in Lohnmitteilungen monatlich mit, in welcher Höhe der Tariflohn besteht, so begründet dies keinen Anspruch auf Vergütung nach dem jeweils gültigen Tarifvertrag.[64] In einem Tarifvertrag geregelte Rechte und Pflichten, die für das Arbeitsverhältnis auf Grund beiderseitiger Tarifgebundenheit der Arbeitsvertragsparteien gelten, werden bei einem Betriebsübergang auf einen nicht tarifgebundenen Erwerber nach § 613a I 2 BGB Inhalt des Arbeitsverhältnisses.[65] **43a**

4. Übertarifliche Zulagen usw.[66] **a)** Erhält ein Arbeitnehmer einen **übertariflichen Lohn,** so stellt sich im Falle der Tariflohnerhöhung die Frage, ob der bisherige, den Tariflohn übersteigende Betrag auf den neuen Tariflohn aufgestockt wird oder ob er durch die Erhöhung aufgesogen wird. Die Lösung ergibt sich aus dem, was die Parteien vereinbart haben.[67] Haben die Parteien an eine Regelung dieses Falles nicht gedacht, so ist die Frage nach den Grundsätzen der ergänzenden Vertragsauslegung zu entscheiden.[68] Grundsätzlich wird ein übertariflicher Lohn durch Tariflohnerhöhungen solange nicht berührt, wie der Tariflohn den bisher übertariflichen Lohn nicht überschreitet.[69] Der Arbeitnehmer ist **darlegungs- und beweispflichtig** für die Umstände, aus denen sich die Aufstockung des neuen Tariflohnes ergeben soll. War die bisherige Vergütung in einem Betrag festgesetzt, so ist im Zweifel anzunehmen, dass im Falle der Tariflohnerhöhung eine Aufsaugung der übertariflichen Zahlung eintreten soll. Dies gilt auch dann, wenn der übertarifliche Lohn oder die Zulage jahrelang gewährt worden ist.[70] War dagegen die übertarifliche Bezahlung als **Leistungszulage, Erschwerniszulage** usw. deklariert, so ist im Zweifel anzunehmen, dass sie auch auf den neuen Tariflohn aufzustocken ist.[71] In diesem Fall kann der Arbeitnehmer annehmen, dass er einen tariflichen Anspruch behalten soll. Die Betriebsparteien können wegen des Tarifvorbehalts in § 77 III 1 keine Regelungen über die Weitergabe von Tariferhöhungen treffen. Sie sind jedoch nicht gehindert zu regeln, ob und inwieweit Tariferhöhungen auf übertarifliche Zulagen anzurechnen sind.[72] Weitere Auslegungskriterien sind, ob es sich um übertarifliche, den Tarifvertrag modifizierende oder außertarifliche **44**

---

[61] BAG 20. 4. 1998 AP 89 zu Art. 9 GG m. Anm. *Richardi* = NZA 99, 887; *Wiedemann* § 4 TVG RN 438; vgl. *Kort* NJW 97, 1476; *Zachert* ZTR 96, 289; dagegen *Löwisch* NJW 97, 905.

[62] *Schliemann* NZA 2003, 122, 125f.

[63] BAG 19. 2. 2003 AP 36 zu § 611 BGB Kirchendienst = NZA 2004, 54.

[64] BAG 16. 1. 2002 AP 56 zu § 242 BGB Betriebliche Übung = NZA 2002, 632; 13. 3. 2002 – 5 AZR 755/00 n. a. v.; 3. 11. 2004 AP 28 zu § 611 BGB Lohnanspruch; 3. 11. 2004 – 5 AZR 73/04 n. a. v.; 9. 2. 2005 – 5 AZR 284/04 n. a. v.

[65] BAG 19. 9. 2007 AP 328 zu § 613a BGB = NZA 2008, 241.

[66] Schrifttum siehe vor RN 33.

[67] LAG Rheinland-Pfalz 12. 12. 2007 – 7 Sa 567/07 – Juris-CD; LAG Rheinland-Pfalz 12. 3. 2008 – 7 Sa 541/07 – Juris-CD; BAG 27. 8. 2008 AP 36 zu § 307 BGB = NZA 2009, 49.

[68] BAG 6. 3. 1958 AP 6 zu § 4 TVG Übertarifl. Lohn und Tariflohnerhöhung; 10. 12. 1965 AP 1 zu § 4 TVG Tariflohn und Leistungsprämie.

[69] BAG 13. 11. 1963, 11. 8. 1965, 19. 7. 1978 AP 7, 9, 10 zu § 4 TVG Übertarifl. Lohn und Tariflohnerhöhung; 10. 3. 1982 AP 47 zu § 242 BGB Gleichbehandlung; 12. 11. 1986 AP 5 zu § 61 TVAL II = NZA 87, 281; 19. 1. 2000 AP 73 zu § 1 TVG Tarifverträge: Einzelhandel = NZA 2000, 1300; krit. *Wiedemann/Wank* § 4 TVG RN 499ff.

[70] BAG 8. 12. 1982 AP 15 zu § 4 TVG Übertarifl. Lohn und Tariflohnerhöhung; 7. 2. 1995 AP 6 zu § 4 TVG Verdienstsicherung = NZA 95, 894; 28. 9. 2005 AP 17 zu § 1 TVG Tarifverträge: Presse = NZA 2006, 107; 1. 3. 2006 AP 40 zu § 4 TVG Übertarifl. Lohn u. Tariflohnerhöhung = NZA 2006, 688; LAG Köln 15. 11. 1990 LAGE § 4 TVG Tariflohnerhöhung Nr. 9; LAG Hamm 14. 12. 1989 DB 90, 1571.

[71] BAG 1. 11. 1956, 11. 8. 1965, 19. 7. 1978, 22. 8. 1979, 23. 1. 1980 AP 5, 9, 10, 11, 12 zu § 4 TVG Übertarifl. Lohn u. Tariflohnerhöhung; 20. 9. 1978 – 5 AZR 263/77 – DB 79, 215; zum Treueurlaub: BAG 5. 9. 1985 AP 1 zu § 4 TVG Besitzstand = NZA 86, 472; LAG Düsseldorf 3. 7. 1969 BB 69, 1223; 29. 8. 1968 BB 68, 1245; 21. 1. 2003 AP 118 zu § 87 BetrVG 1972 Lohngestaltung.

[72] BAG 30. 5. 2006 AP 23 zu § 77 BetrVG 1972 Tarifvorbehalt = NZA 2006, 1170.

Leistungen handelt,[73] das Motiv der Leistungsgewährung, Anwerbung oder Erhaltung qualifizierter Arbeitnehmer, vorübergehende oder ständige familiäre Notlage. Die zum Ausgleich für die Arbeitszeitverkürzung im Rahmen der Flexibilisierung (§ 160) erfolgten Lohnanhebungen können auf den übertariflichen Lohn angerechnet werden.[74] Die Grundsätze der Anrechenbarkeit von Tarifgehaltserhöhungen auf übertarifliche Entgelte sind auch dann anzuwenden, wenn eine Erhöhung für bei Tarifabschluss zurückliegende Monate nicht prozentual, sondern durch als Einmalzahlungen bezeichnete, für alle Arbeitnehmer gleich hohe monatliche Pauschalbeträge erfolgt.[75] Vereinbaren die Arbeitsvertragsparteien die **Anrechnung von übertariflichen Zulagen auf Tariflohnerhöhungen,** so können Zulagen wegen der Verkürzung der Arbeitszeit nicht auf die Tariflohnerhöhung angerechnet werden.[76] Anzurechnen sind sie, wenn die Tariflohnerhöhung nur vorweggenommen werden sollte. Bei Anrechnungsklauseln, die nur eine Anrechnung kommender Tariflohnerhöhungen vorsehen, ist eine rückwirkende Anrechnung nicht möglich.[77] Zahlt ein Arbeitgeber einen Zuschlag bei zweimaliger Tariflohnerhöhung vorbehaltlos weiter, so kann es sich um eine arbeitsvertraglich vereinbarte Zulage zum jeweiligen Tariflohn handeln.[78] Die Vereinbarung einer übertariflichen Vergütung stellt keine von Rechtsvorschriften abweichende oder diese ergänzende Regelung i. S. von § 307 I 2 BGB dar, sondern regelt unmittelbar das Verhältnis von Leistung und Gegenleistung. Eine unangemessene Benachteiligung des Arbeitnehmers liegt nicht vor, weil die Anrechnung mit der Vereinbarung eines übertariflichen Zulage hinreichend klar verbunden ist.[79] Auch bei Anrechnung der Zulagen muss der Arbeitgeber den Gleichbehandlungsgrundsatz beachten.[80] Auch dann, wenn der Arbeitgeber wiederholt die Anrechnung unterlassen hat, erwächst keine betriebliche Übung dahin, keine Anrechnung mehr vorzunehmen.[81]

44a Wird ein Bruttogehalt über dem Entgelt der obersten Tarifvertragsgruppe zugesagt. Dann wird das vereinbarte Gehalt nur erhöht, wenn es hinter dem Tarifgehalt zurückbleibt. Das gilt auch bei Erhöhung des Tarifvolumens, wenn dies in eine Strukturkomponente und in eine Gehaltserhöhung aufgespalten ist.[82] Die hessische Landesregierung hatte 1996 beschlossen, dass nach dem 1. 5. 1996 eingestellte Arbeitnehmer keine Ministerialzulage mehr erhalten und sie im Übrigen zu je einem Drittel mit Entgelterhöhungen verrechnet werden. Eine Ministerialzulage kann mit Entgelterhöhungen verrechnet werden. Es gelten dieselben Verrechnungsgrundsätze wie bei Zulagen. Ein Mitbestimmungsrecht des Personalrats/Betriebsrats besteht nicht bei gleichmäßiger Anrechnung.[83]

45 **b)** Entsprechende Grundsätze gelten, wenn der Geldfaktor im Rahmen des **Zeitakkordes** über dem Akkordrichtsatz festgelegt ist und der Akkordrichtsatz erhöht wird.[84] Erhält ein Arbeitnehmer eine Überstundenpauschale, so wird sie im Allgemeinen bei Tariflohnerhöhung angehoben werden müssen, soweit sie auf dem früheren Tariflohn basiert.

46 **c)** Ist nach vorstehenden Grundsätzen eine **Anrechnung** der Zulagen bei Tariflohnerhöhungen zulässig, so verstoßen Tarifverträge gegen den Gleichheitssatz, wenn sie die Anrechnung bei bestimmten Gruppen von Arbeitnehmern von der Mitbestimmung des Betriebsrats abhängig machen.[85] Die Tarifpartner können ohne Verstoß gegen den Gleichbehandlungsgrundsatz ver-

---

[73] Vgl. BAG 10. 12. 1965 AP 1 zu § 4 TVG Tariflohn und Leistungsprämie; 6. 3. 1958, 28. 10. 1964 AP 6, 8 zu § 4 TVG Übertarifl. Lohn u. Tariflohnerhöhung.

[74] BAG 3. 6. 1987 AP 58 zu § 1 TVG Tarifverträge: Metallindustrie = NZA 87, 848; 16. 9. 1987 AP 15 zu § 4 TVG Effektivklausel = NZA 88, 29; 9. 8. 2000 AP 21 zu § 1 TVG Tarifverträge: Holz = NZA 2001, 730; a. A. BAG 3. 6. 1998 AP 34 zu § 4 TVG Übertarifl. Lohn und Tariflohnerhöhung = NZA 99, 208; vgl. auch BAG 29. 4. 1987 AP 57 zu § 1 TVG Tarifverträge: Metallindustrie = NZA 87, 607.

[75] BAG 14. 8. 2001 AP 4 zu § 77 BetrVG 1972 Regelungsabrede = NZA 2002, 342; 25. 6. 2002 AP 36 zu § 4 TVG Übertarifl. Lohn u. Tariflohnerhöhung = NZA 2002, 1216.

[76] BAG 15. 3. 2000 AP 35 zu § 4 TVG Übertarifl. Lohn u. Tariflohnerhöhung = NZA 2001, 105.

[77] BAG 17. 9. 2003 AP 39 zu § 4 TVG Übertarifl. Lohn u. Tariflohnerhöhung = NZA 2004, 437; zur Rückwirkung: BAG 21. 1. 2003 AP 118 zu § 87 BetrVG 1972 Lohngestaltung = NZA 2003, 1056.

[78] BAG 31. 3. 1955 AP 4 zu § 4 TVG; anders bei Vorbehalt 28. 10. 1964, 4. 6. 1980 AP 8, 13 zu § 4 TVG Übertarifl. Lohn u. Tariflohnerhöhung.

[79] BAG 1. 3. 2006 AP 40 zu § 4 TVG Übertarifl. Lohn u. Tariflohnerhöhung = NZA 2006, 688.

[80] BAG 22. 8. 1979 AP 11 zu § 4 TVG Übertarifl. Lohn u. Tariflohnerhöhung.

[81] BAG 7. 2. 1995 AP 6 zu § 4 TVG Verdienstsicherung = NZA 95, 894; LAG Düsseldorf 1. 2. 2005 – 8 Sa 1427/04 – jurisPR-ArbR 22/2005.

[82] BAG 9. 11. 2005 AP 196 zu § 1 TVG Tarifverträge: Metallindustrie.

[83] BAG 1. 11. 2005 AP 16 zu § 33 BAT = NZA 2007, 1303; Parallelverfahren: 1 AZR 354/04; 1 AZR 356 bis 358/04.

[84] BAG 24. 7. 1958 AP 7 zu § 611 BGB Akkordlohn.

[85] BAG 6. 2. 1985 AP 16 zu § 4 TVG Übertarifl. Lohn u. Tariflohnerhöhung = NZA 85, 663.

einbaren, dass der Arbeitgeber eine rückwirkende Lohnerhöhung[86] oder eine rückwirkende höhere Eingruppierung[87] nicht an bereits ausgeschiedene Arbeitnehmer weiterzugeben braucht. Wegen des Verstoßes gegen den Gleichbehandlungsgrundsatz ist jedoch unzulässig, individualvertraglich die ausgeschiedenen Arbeitnehmer von einer Lohnerhöhung auszunehmen, wenn mit der Lohnerhöhung nur eine allgemeine Preissteigerung ausgeglichen werden soll. Im Einzelfall richtet sich die Zulässigkeit nach der Zweckrichtung der Lohnerhöhung.[88]

Ist vertraglich eine Anrechnung nicht möglich, erwächst nicht deswegen ein **Mitbestimmungsrecht,** weil der Arbeitgeber gleichwohl eine Anrechnung vornimmt.[89] 47

Ist ein **Arbeitnehmer des öffentlichen Dienstes** höher eingruppiert worden, als es der geleisteten Tätigkeit entspricht, so verneint das BAG in ständiger Rechtsprechung, dass ein solcher Arbeitnehmer am Bewährungsaufstieg teilnimmt.[90] 48

d) Umstr. war, ob und inwieweit der Betriebsrat ein **erzwingbares Mitbestimmungsrecht** bei der Verrechnung übertariflicher Entgelte mit Tariflohnerhöhungen hat. Der 4. Senat hat insoweit beständig ein Mitbestimmungsrecht verneint, weil sich die Verrechnung automatisch vollziehe, so dass keine Entscheidung des Arbeitgebers vorliege, die mitbestimmungspflichtig sein könne. Demgegenüber hat der 1. Senat immer weitergehender ein Mitbestimmungsrecht des Betriebsrats bejaht. Der GS des BAG[91] hat entschieden, dass die Änderung der Verteilungsgrundsätze infolge Anrechnung einer Tariflohnerhöhung auf über-/außertarifliche Zulagen grundsätzlich der Mitbestimmung des Betriebsrats unterliegt, unabhängig davon, ob der Arbeitgeber sich die Anrechnung bzw. den Widerruf vorbehalten hat. Dasselbe gilt, wenn die übertariflichen Zulagen mit Steigerungsbeträgen, Höhergruppierungen, Erhöhungen der tariflichen Leistungszulage angerechnet werden soll.[92] Beruht die volle Anrechnung der übertariflichen Zulage und die wenig später erklärte Zusage auf einem einheitlichen Konzept, so besteht ein Mitbestimmungsrecht des Betriebsrats.[93] Das Mitbestimmungsrecht entfällt, soweit tatsächliche und rechtliche Hindernisse entgegenstehen. Ein tatsächliches Hindernis liegt vor bei der Reduzierung des Zulagenvolumens auf Null.[94] Ein rechtliches Hindernis ist gegeben bei einer vollständigen und gleichmäßigen Anrechnung einer Tariflohnerhöhung auf über-/außertarifliche Zulagen.[95] Ein Mitbestimmungsrecht besteht jedoch, wenn dem Arbeitgeber noch ein Regelungsspielraum verbleibt.[96] Bis zur Einigung mit dem Betriebsrat kann der Arbeitgeber das Zulagenvolumen kürzen; er muss aber die Verteilungsgrundsätze beibehalten. Verletzt der Arbeitgeber das Mitbestimmungsrecht, so sind Anrechnung oder Widerruf unwirksam.[97] Dasselbe gilt bei einer Regelungsabrede.[98] Die Entscheidung des GS hat zu einer umfangreichen Folgerechtsprechung geführt; vgl. § 235 RN 106. 49

e) Ist dem Arbeitgeber nach dem Arbeitsvertrag nicht gestattet, übertarifliche Zulagen auf den Tariflohn anzurechnen, so kann sich insoweit eine **mitbestimmungspflichtige Frage** der betrieblichen Lohngestaltung nicht stellen. Wenn der Arbeitgeber die Zulage dennoch vertragswidrig anrechnet, ergibt sich daraus kein Mitbestimmungsrecht nach § 87 I Nr. 10 BetrVG.[99] 50

5. Bestands-, Effektiv- und Verrechnungsklauseln.[100] Die Tarifparteien versuchen häufig das Schicksal der übertariflichen Zulagen im Fall der Tariflohnerhöhung zu regeln. **Bestandsklauseln** bestimmen, dass bisherige, günstigere Arbeitsbedingungen durch das Inkraft- 51

---

[86] BAG 10. 3. 1982 AP 47 zu § 242 BGB Gleichbehandlung; *Hansen* RdA 85, 78.
[87] BAG 6. 2. 1980 AP 7 zu § 1 TVG Rückwirkung.
[88] BAG 10. 3. 1982 AP 47 zu § 242 BGB Gleichbehandlung.
[89] BAG 7. 2. 1996 AP 85 zu § 87 BetrVG 1972 Lohngestaltung = NZA 96, 832.
[90] BAG 29. 8. 1968, 4. 6. 1969, 10. 12. 1969, 31. 3 1971 AP 2, 6, 9, 10 zu § 23 a BAT.
[91] BAG 13. 2. 1990 AP 43, 44 zu § 87 BetrVG 1972 Lohngestaltung = NZA 90, 634, 658.
[92] BAG 22. 4. 1997 AP 88 zu § 87 BetrVG 1972 Lohngestaltung = NZA 97, 1059.
[93] BAG 17. 1. 1995 AP 71 zu § 87 BetrVG 1972 = NZA 95, 792; zur Anrechnung bei zwei Stufen: 14. 2. 1995 AP 72 zu § 87 BetrVG 1972 Lohngestaltung = NZA 95, 795.
[94] BAG 31. 10. 1995 AP 80 zu § 87 BetrVG 1972 Lohngestaltung = NZA 96, 613.
[95] BAG 21. 1. 2003 AP 118 zu § 87 BetrVG 1972 Lohngestaltung = NZA 2003, 1056; LAG Bremen 6. 5. 2003 PraxisReport Arbeitsrecht 1/2004; nachgehend BAG 19. 5. 2004 EzA 43 zu § 4 TVG Tariflohnerhöhung.
[96] BAG 14. 2. 1995 AP 73 zu § 87 BetrVG 1972 Lohngestaltung = NZA 96, 328.
[97] BAG 3. 12. 1991 AP 52 zu § 87 BetrVG 1972 Lohngestaltung; 3. 12. 1991 AP 51 zu § 87 BetrVG 1972 Lohngestaltung = NZA 92, 749; 9. 7. 1996 AP 86 zu § 87 BetrVG 1972 = NZA 97, 277.
[98] BAG 14. 8. 2001 AP 4 zu § 77 BetrVG 1972 Regelungsabrede = NZA 2002, 342.
[99] BAG 7. 2. 1996 AP 85 zu § 87 BetrVG 1972 Lohngestaltung = NZA 96, 832.
[100] *Däubler/Deinert,* TVG-Komm. § 4 RN 780 ff.; *Gamillscheg,* Kollektives Arbeitsrecht, S. 867; *Wiedemann/Wank* § 4 TVG RN 528; *Zöllner/Loritz* § 36 IV.

treten des Tarifvertrages nicht berührt werden.[101] Sie sprechen damit lediglich einen sich bereits aus § 4 III TVG ergebenden Inhalt aus. Aus ihnen ist mithin nicht herzuleiten, dass der höhere Lohn zum Tariflohn erhoben wird oder der alte Lohn neben dem Tariflohn weiter zu zahlen ist.

52 Bei den **Effektivklauseln** sind die begrenzte und die allgemeine zu unterscheiden. Effektivklauseln lauten z. B.: „Die Tariflohnerhöhung ist effektiv zu gewähren" oder „Die Tariflohnerhöhung tritt dem tatsächlich gezahlten Lohn in jedem Fall hinzu". Die **allgemeine Effektivklausel,** auch **Effektivgarantieklausel** genannt, bezweckt, dass der Effektivlohn um die Tariflohnerhöhung aufgestockt wird. In Literatur und Rechtsprechung besteht im Wesentlichen Einigkeit, dass Effektivgarantieklauseln unwirksam sind.[102] Der Tarifvertrag muss seinerseits den Mindestlohn festlegen und kann nicht auf individuelle Lohnfestsetzungen Bezug nehmen. Mit der **begrenzten Effektivklausel** soll dagegen erreicht werden, dass der Aufsaugungseffekt nicht eintritt, sondern eine Aufstockung erfolgt. Die Wirksamkeit begrenzter Effektivklauseln ist umstr. Das BAG hält sie für unwirksam,[103] weil es sonst zu unterschiedlichen Mindestlöhnen komme, während die Rechtsnormen des Tarifvertrages nur eine allgemeine und gleiche Lohnerhöhung vorsehen dürften; gegenüber dem Tarifvertrag günstigere Arbeitsbedingungen der einzelvertraglichen Vereinbarung unterlägen; und das Schriftformgebot verletzt werde. Zur Alterssicherung.[104]

53 Die **Verrechnungsklausel** stellt dagegen klar, dass bisherige übertarifliche Vergütungen auf die Tariferhöhung angerechnet werden. Sofern durch die Verrechnungsklausel die sich aus dem Arbeitsvertrag ergebende einzelvertragliche Verpflichtung des Arbeitgebers zur Aufstockung der Lohnerhöhung auf den bisherigen Effektivlohn beseitigt werden soll, ist diese rechtsunwirksam.[105] Im Übrigen gibt sie nur die allgemeine Rechtslage wieder, wie sie oben dargestellt ist.

54 **6. Tarifliche Anrechnungsklauseln.**[106] **a)** Vielfach gewähren Arbeitgeber auf Grund Betriebsvereinbarung oder individualvertraglicher Rechtsgrundlage (Einzel oder Gesamtzusage) **Sozialleistungen** im Arbeitsverhältnis wie Prämien oder Betriebsrenten. Werden dann vergleichbare tarifliche Leistungen eingeführt, kann sich die Notwendigkeit der Harmonisierung der verschiedenen Leistungssysteme ergeben. Der 4. Senat geht davon aus, dass Tarifverträge nicht die Anrechnung der individualvertraglich geschuldeten Leistungen anordnen können; insoweit werde in Vertragsrecht eingegriffen. Anders sei es dagegen, wenn die Leistungen auf Grund von Betriebsvereinbarungen erbracht würden. Insoweit gelte der Vorrang des Tarifrechts.[107]

55 **b)** Dagegen halten andere Senate es für rechtlich möglich, dass bei Einführung der tariflichen Leistungen vorgesehen wird, dass sie **auf die bereits individualrechtlich geschuldeten angerechnet** werden.[108]

55a **c)** Wird in **Allgemeinen Geschäftsbedingungen** eine Zulage unter dem Vorbehalt der Anrechnung gewährt, ohne dass die Anrechnungsgründe näher bestimmt sind, führt dies nicht zur Unwirksamkeit nach § 308 Nr. 4 BGB. Eine solche Klausel verstößt auch nicht gegen das Transparenzgebot des § 307 I 2 BGB.[109]

56 **7. Günstigkeitsprinzip und Arbeitszeit.**[110] **a)** Im Rahmen der Arbeitszeitverkürzung ist die Rechtsfrage erwachsen, ob individualvertraglich eine **Verlängerung der Arbeitszeit** über die tarifvertragliche Arbeitszeit möglich ist. Bei der Flexibilisierung der Arbeitszeit enthalten die Tarifverträge Öffnungsklauseln für Betriebsvereinbarungen, in denen die Arbeitszeit festgelegt wird (vgl. § 160 RN 23). Beide Fallgestaltungen haben zu heftigen Kontroversen über die Wirksamkeit der individuellen Gestaltung geführt.

---

[101] BAG 6. 3. 1958, 1. 6. 1963 AP 1, 8 zu § 59 BetrVG.

[102] BAG 13. 6. 1958 AP 2 zu § 4 TVG Effektivklausel.

[103] BAG 14. 2. 1968, 18. 8. 1971 AP 7, 8 zu § 4 TVG Effektivklausel; 16. 9. 1987 AP 15 zu § 4 TVG Effektivklausel = NZA 88, 29; zustimmend: *Richardi* JZ 68, 743; *Knevels* SAE 68, 115; ablehnend: *Bötticher* in Anm. zu BAG 14. 2. 1963 AP 7 zu § 4 TVG Effektivklausel.

[104] BAG 28. 5. 1980 AP 8 zu § 1 TVG Tarifverträge: Metallindustrie.

[105] Vgl. BAG 18. 8. 1971 AP 8 zu § 4 TVG Effektivklausel; 19. 7. 1978 AP 10 zu § 4 TVG Übertarifl. Lohn und Tariflohnerhöhung; 9. 8. 2000 AP 21 zu § 1 TVG Tarifverträge: Holz = NZA 2001, 730.

[106] *Schneider* DB 2000, 922.

[107] BAG 26. 2. 1986 AP 12 zu § 4 TVG Ordnungsprinzip = NZA 86, 790.

[108] BAG 19. 7. 1983 AP 1 zu § 1 BetrAVG Zusatzversorgungskasse; 25. 5. 1992 AP 2 zu § 1 BUrlG Treueurlaub = NZA 93, 67; 7. 2. 1995 AP 6 zu § 4 TVG Verdienstsicherung = NZA 95, 894.

[109] BAG 1. 3. 2006 AP 3 zu § 308 BGB = NZA 2006, 746.

[110] Schrifttum siehe vor RN 33.

b) Die Arbeitszeit richtet sich zunächst nach der **einzelvertraglichen Vereinbarung.** Diese Vereinbarung ist dann unwirksam, wenn sie dem tariflichen Arbeitszeitschutz bzw. dem Arbeitnehmerschutz widerspricht.[111] Ergibt sich jedoch im Wege der Auslegung der tariflichen Arbeitszeitregelung, dass nicht nur Schutzfunktionen wahrgenommen werden, so findet das **Günstigkeitsprinzip** Anwendung. Der Arbeitnehmer erlangt die Wahlfreiheit, mit welcher Arbeitszeit er arbeiten will. Allerdings ist es ihm unbenommen, jederzeit wieder zur tariflichen Arbeitszeit zurückzukehren. Ob die über die tarifliche Arbeitszeit hinaus geleistete Arbeit als Überstunden zu vergüten sind, richtet sich nach dem Wortlaut des Tarifvertrages und des Arbeitsvertrages. **57**

Die Gegenmeinung sieht im Abschluss individueller Vereinbarungen eine Aushöhlung der Ordnungsaufgaben des Tarifvertrages und der Tarifautonomie. **58**

c) Soweit die Tarifverträge die Festlegung der Arbeitszeithöchstdauer den **Betriebsvereinbarungen** überlassen, führt dies nicht zur weitergehenden Unwirksamkeit der individuellen Vereinbarungen. Der Betriebsrat hat nach § 87 I BetrVG keine eigene Kompetenz, die Arbeitszeit zu verkürzen. Die abgeleiteten Befugnisse können nicht weitergehen als die Rechte der Tarifvertragsparteien. **59**

VIII. Ordnungsprinzip

1. Ranggleiche Änderung. Tarifvertrag und Betriebsvereinbarung erfassen im Rahmen ihres Geltungsbereiches Arbeitsverträge wie ein Gesetz. Sie schaffen damit eine einheitliche Ordnung. Wird eine derartige kollektivvertragliche Regelung durch eine spätere ranggleiche abgelöst, so tritt nach dem Grundsatz des Ordnungsprinzips diese an die Stelle der früheren, gleichgültig ob sie für den Arbeitnehmer günstiger ist oder nicht. Das ist unstreitig.[112] Jedoch müssen auch insoweit die Besitzstände gewahrt bleiben. **60**

2. Tarifvertrag/Betriebsvereinbarung. Das Verhältnis Tarifvertrag – Betriebsvereinbarung ist in §§ 231, 235 erörtert. **61**

3. Arbeitsvertragliche Einheitsregelung und Tarifvertrag. Umstr. ist das Verhältnis eines Einheitsarbeitsvertrages oder eines durch eine betriebliche Übung gestalteten Arbeitsvertrages zu einem nachfolgenden Tarifvertrag. Enthält der Tarifvertrag eine günstigere Regelung, so folgt aus der Unabdingbarkeit des Tarifvertrages (oben RN 2), dass dieser die ungünstigere Regelung verdrängt. Nach der älteren Rechtsprechung des BAG kann der arbeitsvertragliche Einheitsvertrag oder der durch betriebliche Übung gestaltete Arbeitsvertrag aber auch durch eine nachfolgende für den Arbeitnehmer ungünstigere tarifliche Regelung abbedungen werden.[113] Dagegen wird diese Meinung im Schrifttum kaum noch vertreten. Wegen der ablösenden Wirkung einer Betriebsvereinbarung war inzwischen der Große Senat des BAG angerufen (§ 231). Seine Entscheidung hat auch für die ablösende Wirkung von Tarifverträgen Bedeutung. **62**

IX. Verzicht, Verwirkung und Verjährung tariflicher Rechte

1. Verzicht. a) Aus der unmittelbaren und zwingenden Wirkung des Tarifvertrages folgt, dass auf zukünftig erst erwachsende Tarifrechte nicht verzichtet werden kann **(Unabdingbarkeit).** Eine Vereinbarung, wonach der Arbeitnehmer zu untertariflichem Lohn arbeitet, ist mithin unwirksam. Unberührt bleibt die Wirksamkeit eines Verzichtes, wenn der Tarifvertrag nur individualrechtlich in Bezug genommen worden ist. **63**

b) Das Gesetz bestimmt darüber hinaus aber ausdrücklich, dass auch ein Verzicht auf bereits entstandene Rechte unwirksam ist, es sei denn, dass die Tarifparteien dem in einem Vergleich ausgesprochenen Verzicht zustimmen (§ 182 BGB, § 4 IV 1 TVG). Ein ohne Billigung der Tarifparteien vor oder nach Beendigung des Arbeitsverhältnisses erklärter Verzicht ist rechtsun- **64**

---

[111] Vgl. BAG 30. 5. 2001 AP 16 zu § 1 TVG Tarifverträge: Großhandel = NZA 2002, 805.

[112] Z. B. BAG 4. 4. 1979 AP 9 zu § 1 TVG Tarifverträge: Einzelhandel; 24. 8. 1993 AP 19 zu § 1 BetrAVG Ablösung = NZA 94, 807; 16. 5. 1995 AP 15 zu § 4 TVG Ordnungsprinzip = NZA 95, 1166; 28. 11. 2007 – 6 AZR 390/07 – n. v. a.

[113] BAG 1. 2. 1957 AP 1 zu § 32 SchwBeschG; 9. 12. 1957 AP 5 zu § 9 TVG = DB 58, 228; 16. 12. 1954 AP 2 zu § 52 RegelungsG; 28. 2. 1956 AP 1 zu § 242 BGB Betriebliche Übung; 4. 6. 1960 AP 7 zu § 4 TVG Günstigkeitsprinzip; 20. 12. 1957 AP 11 zu Art. 44 Truppenvertrag; 26. 10 1962 AP 87 zu § 242 BGB Ruhegehalt; 30. 10. 1962 AP 1 zu § 4 TVG Ordnungsprinzip.

wirksam, gleichgültig in welcher Rechtsform er erfolgt (Erlassvertrag, negatives Schuldanerkenntnis, Vergleich, Verpflichtung die Klage zurückzunehmen).[114] Damit ist auch eine **Ausgleichsquittung** über tarifliche Ansprüche unwirksam. Die Tarifpartner wollen den Arbeitnehmer vor übereilten Handlungen schützen, aber auch das Tarifgefüge erhalten, damit es nicht ausgehöhlt werden kann. Auch auf die Einhaltung der Kündigungsfrist kann der Arbeitnehmer nicht wirksam verzichten.[115] Der Arbeitgeber kann die Einstellung eines Arbeitnehmers nicht davon abhängig machen, dass er auf die Erhebung tarifvertraglicher Ansprüche verzichtet.[116] Hat ein Arbeitnehmer einen unverzichtbaren Anspruch gerichtlich geltend gemacht, so ist eine Rücknahme der Klage (§ 269 ZPO) zulässig, da durch die bloße Rücknahme der materielle Anspruch nicht berührt wird. Dagegen bedarf der Arbeitnehmer zum Klageverzicht (§ 306 ZPO) der Zustimmung der Tarifpartner.

65 **c)** Nur der Verzicht auf den Tarifanspruch ist nichtig. Dagegen können sich die Arbeitsvertragsparteien über die **Voraussetzungen des tariflichen Anspruches** vergleichen; z. B.: Unwirksam ist ein Vergleich, nach dem der Arbeitnehmer auf Überstundenvergütung verzichtet; wirksam ist er über die Tatsache, wie viel Überstunden geleistet worden sind.[117] Schließen tarifgebundene Parteien über einen tariflichen Anspruch einen Prozessvergleich, bei dem sie durch Verbandvertreter vertreten sind, so kommt es für die Wirksamkeit des Prozessvergleiches darauf an, ob die Vertreter zugleich bevollmächtigt sind, für ihre Tarifvertragspartei die Zustimmung zu Vergleichen zu erteilen. Handelt es sich um einen mehrgliedrigen Tarifvertrag, so wird nur die Zustimmung derjenigen Verbände notwendig sein, denen die Vertragsparteien angehören. Dem Schutzbedürfnis der Individualvertragspartei ist hinreichend Rechnung zu tragen; der mehrgliedrige Tarifvertrag ist im Allgemeinen nur parallel durch verschiedene Organisationen abgeschlossen, die voneinander unabhängig sind. Entsprechende Grundsätze gelten bei Lohnverzichten der Arbeitnehmer bei sanierungsbedürftigen Unternehmen. Die **Beendigung des Arbeitsverhältnisses** steht in der freien Vereinbarungsbefugnis der Arbeitsvertragsparteien. Ein Aufhebungsvertrag ist daher nicht unwirksam, auch wenn die tariflichen Kündigungsfristen nicht eingehalten werden. Für die Zeit nach Beendigung des Arbeitsverhältnisses erwachsen keine tariflichen Ansprüche mehr, so dass § 4 IV 1 TVG nicht tangiert wird.

66 **2. Verwirkung.** Ein Anspruch wird verwirkt, wenn der Gläubiger ihn längere Zeit nicht geltend gemacht, der Schuldner nach dem früheren Verhalten seines Gläubigers annehmen musste, dass er nicht mehr geltend gemacht wird, er sich hierauf eingerichtet hat und ihm die Erfüllung nicht mehr zumutbar ist (§ 73 RN 17). § 4 IV 2 TVG bestimmt, dass die Verwirkung tariflicher Rechte ausgeschlossen ist. Unberührt bleibt die Verwirkung anderer Ansprüche. Es soll vermieden werden, dass der Arbeitnehmer aus Unachtsamkeit oder aus anderen Gründen vor Ablauf der Verjährungsfrist seiner Rechte verlustig geht. Von dem Verwirkungsverbot nicht betroffen wird die Einrede der Arglist. Bei der Verwirkung handelt es sich um die verspätete illoyale Geltendmachung von Rechten, bei der Einrede der Arglist um eine unverhältnismäßige Überbewertung der eigenen Rechtsposition.[118]

67 **3. Ausschlussfristen.** Fristen für die Geltendmachung tariflicher Rechte können nur im Tarifvertrag vereinbart werden (§ 4 IV 3 TVG). Ob individualvertraglich eine Abkürzung der Verjährungsfristen für tarifliche Ansprüche zulässig ist, ist umstr. Teilweise wird dies unter Hinweis auf § 4 IV TVG und die dort enthaltene Regelung für Ausschlussfristen verneint,[119] teilweise jedoch für zulässig gehalten, da der ähnlich aufgebaute § 77 IV BetrVG noch eine Regelung der Verjährung enthalte. Nach richtiger Meinung ist die Abkürzung der Verjährungsfrist unzulässig; der Hinweis auf § 77 IV BetrVG besagt nichts. Nach dem Zweck von § 4 IV TVG soll verhindert werden, dass der Arbeitnehmer durch Saumseligkeit die Durchsetzung seiner Rechte verliert (§ 205 RN 3).

---

[114] BAG 19. 9. 1996 AP 9 zu § 4 TVG Verdienstsicherung = NZA 97, 1117.
[115] BAG 18. 11. 1999 AP 18 zu § 4 TVG = NZA 2000, 605.
[116] BAG 20. 3. 2000 AP 27 zu § 99 BetrVG 1972 Einstellung = NZA 2000, 1294.
[117] BAG 5. 11. 1997 AP 17 zu § 4 TVG m. Anm. *Zachert* = NZA 98, 434.
[118] *Wiedemann/Wank* § 4 TVG RN 726; *Kempen/Zachert,* TVG, 3. Aufl., § 4 RN 259.
[119] Vgl. *Wiedemann/Wank* § 4 TVG RN 693, 703 ff.

§ 205. Ausschluss- oder Verfallfristen

Grundsätzlich seit 2000: *Bauer,* Beiderseitige und einseitige Ausschlussfristen, NZA 87, 440; *Fromm,* Zweistufige tarifliche Ausschlussfristen nach der Schuldrechtsreform, ZTR 2003, 70; *Hergenröder,* Ausschlussfristen, AR-Blattei SD 350; *Hunold,* Arbeitsvertragliche Ausschlussfristen, AuA 2006, 22; *Jacobs/Naber,* Arbeitsvertrag als Verbrauchervertrag – zweistufige Ausschlussfristen in Formulararbeitsverträgen, RdA 2006, 181; *Kiefer,* Neue Tarifverträge und Ausschlussfrist, ZTR 95, 205; *Krause,* Vereinbarte Ausschlussfristen, Teil 1, RdA 2004, 36; Teil 2, RdA 2004, 106; *Kraushaar,* Zulässigkeit und Länge einzelvertraglicher Ausschlussfristen nach der Reform des Schuldrechts, ArbuR 2004, 374; *ders.,* Noch einmal: Zulässigkeit und Länge einzelvertraglicher Ausschlussfristen nach der Reform des Schuldrechts, ArbuR 2006, 386; *Lakies,* AGB-Kontrolle: Ausschlussfristen vor dem Aus?, NZA 2004, 569; *Laskawy,* Ausschlussfristen im Arbeitsrecht; Verständnis und Missverständnisse, DB 2003, 1325; *Linde/Lindemann,* Der Nachweis tarifvertraglicher Ausschlussfristen, NZA 2003, 649; *Matthiessen/Shea,* Wirksamkeit von tariflichen und arbeitsvertraglichen Ausschlussklauseln nach der Schuldrechtsreform?, DB 2004, 1366; *Nägele/Chwalisz,* Schuldrechtsreform – Das Ende arbeitsrechtlicher Ausschlussfristen, MDR 2002, 1341; *Peters-Lange,* Tarifliche Ausschlussfristen und Sozialversicherungsbeiträge, NZA 95, 657; *Preis/Roloff,* Die Inhaltskontrolle vertraglicher Ausschlussfristen, RdA 2005, 144; *Reinecke,* Die gerichtliche Kontrolle von Ausschlussfristen nach dem Schuldrechtsmodernisierungsgesetz, BB 2005, 378; *ders.,* Die gerichtliche Kontrolle von Ausschlussfristen nach dem Schuldrechtsmodernisierungsgesetz, Erwiderung auf Müller BB 2005, 1333, BB 2005, 1388; *Schrader,* Neues zu Ausschlussfristen, NZA 2003, 345; *Weisemann,* Verzug, Verfall – Regress – Verfallfristen in der Anwaltspraxis –, AnwBl. 90, 534.

Übersicht

	RN
I. Allgemeines	1 ff.
1. Begriff	1, 2
2. Zulässigkeit	3, 4
3. Zweck	5
4. Auslegung	6
II. Umfang der Verfallklauseln	7 ff.
1. Vertragliche und gesetzliche Ansprüche	7, 8
2. Ausgewählte Ansprüche	9–16
III. Beginn der Verfallfrist	17 ff.
1. Zeitpunkt	17
2. Fälligkeit	18–21
3. Beendigung des Arbeitsverhältnisses	22, 23
4. Fälligkeit und Beendigung	24
5. Abrechnung	25
IV. Kenntnis der Verfallfrist und des Anspruchs	26 f.
1. Kenntnis	26
2. Aushang des Tarifvertrages	27
V. Geltendmachung des Anspruchs	28 ff.
1. Einzelauslegung des Tarifvertrages	28
2. Begriff	29–31
3. Kündigungsschutzklage	32–36
VI. Rückwirkung tariflicher Ausschlussfristen	37
VII. Anerkennung, Vergleich und Einrede der Arglist	38 ff.
1. Anerkennung	38
2. Vergleich	39–41
VIII. Verfallfrist und Aufrechnung	42

I. Allgemeines

1 **1. Begriff.** Unter **Verfallfristen** (synonym für Ausschlussfristen, Verwirkungsfristen, Präklusivfristen) werden Fristen verstanden, nach deren Ablauf das Recht erlischt, es sei denn, dass es innerhalb der Frist geltend gemacht worden ist. Das Erlöschen ist von Amts wegen zu beachten.[1] Durch die Verfallfrist wird das Recht ipso iure begrenzt. Sobald das Gericht aus dem Parteivortrag erkennt, dass ein Tarifvertrag angewandt werden muss, hat es den Tarifvertrag und mithin auch seine Ausschlussfristen von Amts wegen gemäß § 293 ZPO zu ermitteln.[2] Dagegen ist das Gericht nicht gehalten, in jedem Fall Nachforschungen anzustellen, ob auf das Arbeitsverhältnis ein Tarifvertrag anzuwenden ist.[3]

2 Von den Verfallfristen sind **Fristen für die Nachprüfung** einer Auszahlung oder den Inhalt einer Abrechnung zu unterscheiden. Hier handelt es sich nicht um Fristen, die Ansprüche abschneiden, sondern Fristen für die Beseitigung von Irrtümern über Arbeitstatsachen.[4] Ferner

[1] BAG 17. 7. 1958 AP 10 zu § 611 BGB Lohnanspruch; 15. 3. 1960 AP 9 zu § 15 AZO; 27. 3. 1963 AP 9 zu § 59 BetrVG.

[2] BAG 29. 3. 1957 AP 4 zu § 4 TVG Tarifkonkurrenz; 29. 11. 1957 AP 3 zu § 4 TVG Ausschlussfristen; 9. 8. 1995 AP 16 zu § 1 TVG Rückwirkung = NZA 96, 994.

[3] BAG 12. 7. 1972 AP 51 zu § 4 TVG Ausschlussfristen; 15. 6. 1993 AP 123 zu § 4 TVG Ausschlussfristen = NZA 94, 274.

[4] BAG 10. 10. 1957 AP 12 zu § 1 TVG Auslegung; dagegen *Wiedemann/Wank* § 4 TVG RN 729.

sind von ihnen die **Verjährungsfristen** zu unterscheiden. Die Verjährungsfrist vernichtet nicht den Anspruch; vielmehr erlangt der Schuldner nach ihrem Ablauf ein Leistungsverweigerungsrecht (Einrede), das nur berücksichtigt wird, wenn der Schuldner es vorbringt (§ 214 I BGB).

3 **2. Zulässigkeit.** Nach § 4 IV 3 TVG können Verfallfristen für die Geltendmachung **tariflicher Rechte** nur im Tarifvertrag vereinbart werden. Wenngleich nach § 202 BGB **Verjährungsfristen** durch Parteiabreden abgekürzt werden können, ist in Analogie zu § 4 IV 3 TVG eine Abkürzung der Verjährungsfristen im Hinblick auf tarifliche Ansprüche gleichfalls nur im Tarifvertrag zulässig (§ 204 RN 67).[5] Soweit in Arbeitsverträgen, Betriebsvereinbarungen, Betriebs- und Arbeitsordnungen, Rahmenkollektivverträgen Verfallfristen (verkürzte Verjährungsfristen) für tarifliche Ansprüche enthalten sind, sind sie unwirksam. Andererseits können tarifliche Verfallfristen wegen der möglichen Benachteiligung des Arbeitnehmers auch nicht verlängert werden.[6] Die Rechtsprechung über die zulässige Dauer tariflicher Verfallfristen ist unterschiedlich, ob es sich um tarifliche Fristen oder einzelvertragliche Fristen handelt. Tarifliche Ausschlussfristen von zwei Monaten nach Fälligkeit und einem Monat nach Beendigung des Arbeitsverhältnisses sind wirksam.[7] Einzelvertragliche Ausschlussfristen von weniger als drei Monaten in vorformulierten Vertragsbedingungen sind unangemessen kurz und deshalb unwirksam.[8] Nur dann, wenn der Arbeitnehmer bei einer zu einer einmaligen Verwendung bestimmten Vertragsbedingung über Ausschlussfristen auf deren Inhalt Einfluss nehmen konnte, ist die Vereinbarung kürzerer Ausschlussfristen zulässig.[9] Zweistufige Ausschlussfristen müssen für die gerichtliche Geltendmachung mindestens eine Frist von drei Monaten vorsehen. Werden sie zu kurz bemessen, sind sie insgesamt unwirksam und es gilt das gesetzliche Verjährungsrecht.[10]

4 In Einzelarbeitsverträgen können auch vertragliche Verfallfristen vereinbart werden; sie erfassen **außertarifliche Ansprüche** oder **tariflich geregelte Ansprüche,** wenn die Parteien nicht tarifgebunden sind.[11] Dies gilt insbesondere, wenn nicht Tarifgebundene auf einen Tarifvertrag verweisen.[12] Einseitige Ausschlussfristen in Formulararbeitsverträgen, die nur für den Arbeitnehmer zum Anspruchsverlust führen, widersprechen einer ausgewogenen Vertragsgestaltung und sind deshalb nach § 307 BGB unwirksam.[13] Die Verfallklauseln für **abdingbare Ansprüche** unterlagen der gerichtlichen Billigkeitskontrolle.[14] Nach einer verbreiteten Meinung im Schrifttum sind sie als Überraschungsklauseln nach § 305 c BGB unwirksam. Einzelvertragliche Verfallfristen erfassen keine gesetzlichen Ansprüche.[15] Das gilt für den Anspruch auf Gewährung des Urlaubs;[16] anders für das Urlaubsentgelt. Ob auch unabdingbare gesetzliche Ansprüche durch Bezugnahme eines eine Ausschlussfrist enthaltenen Tarifvertrages verfristet sein können, ist zweifelhaft.[17] Verfallfristen verstoßen nicht gegen das Unabdingbarkeitsprinzip oder gegen die Bestimmungen des Lohnpfändungsschutzes. Eine arbeitsvertragliche Verfallklausel kann auch die schriftliche Geltendmachung und nach einer weiteren Frist die klageweise Geltendmachung vorsehen.[18]

5 **3. Zweck.** Die tariflichen Verfallfristen verfolgen den Zweck, im Rechtsleben eine möglichst große Sicherheit im Zusammenhang mit der Erhebung von Ansprüchen der Arbeitsvertragsparteien oder des Arbeitnehmers allein zu erzielen und bezüglich solcher Ansprüche schnellstens Klarheit zu schaffen.[19] Sie gehören zu den Inhaltsnormen und wirken nach Ablauf des Tarifver-

[5] *Hueck/Nipperdey* II 1 § 33 III 3 [S. 633]; *Wiedemann/Wank* § 4 TVG RN 731 ff.
[6] LAG Frankfurt 11. 10. 1979 AP 70 zu § 4 TVG Ausschlussfristen.
[7] BAG 19. 4. 2005 AP 12 zu § 1 TVG Tarifverträge: Bewachungsgewerbe.
[8] BAG 28. 9. 2005 AP 7 zu § 307 BGB = NZA 2006, 149; LAG Hamm 16. 11. 2004 – 19 Sa 1424/04 – jurisPR-ArbR 12/2005.
[9] BAG 25. 5. 2005 AP 1 zu § 310 BGB = NZA 2005, 1111.
[10] BAG 25. 5. 2005 AP 1 zu § 310 BGB = NZA 2005, 1111; 12. 3. 2008 AP 10 zu § 305 BGB = NZA 2008, 699; LAG Köln 27. 8. 2004 LAGE § 307 BGB Nr. 4 b.
[11] BAG 24. 3. 1988 AP 1 zu § 241 BGB = NZA 89, 101; LAG Düsseldorf 12. 9. 1980 DB 81, 590; *Wiedemann* § 4 TVG RN 365, 373; *Bauer* NZA 87, 440; aber BAG 5. 4. 1984 AP 16 zu § 13 BUrlG = NZA 84, 357.
[12] Vgl. BAG 5. 11. 1963 AP 1 zu § 1 TVG Bezugnahme auf Tarifvertrag m. krit. Anm. *Herschel.*
[13] BAG 31. 8. 2005 AP 8 zu § 6 ArbZG = NZA 2006, 324.
[14] BAG 24. 3. 1988 AP 1 zu § 241 BGB = NZA 89, 101; LAG Köln 28. 6. 2000 – 2 Sa 346/00; dazu *Preis* ZIP 89, 885.
[15] BAG 5. 4. 1984 AP 16 zu § 13 BUrlG = NZA 84, 357.
[16] BAG 22. 1. 2002 AP 55 zu § 11 BUrlG = NZA 2002, 1041.
[17] BAG 5. 11. 1963 AP 1 zu § 1 TVG Bezugnahme auf Tarifvertrag.
[18] BAG 13. 12. 2000 AP 2 zu § 241 BGB = NZA 2001, 723.
[19] BAG 8. 6. 1983 AP 78 zu § 4 TVG Ausschlussfristen = NJW 84, 510.

trages nach.[20] Hat der Schuldner den Anspruch (auch in einer Lohnabrechnung) anerkannt, bedarf es daher im Allgemeinen nicht mehr seiner Geltendmachung.[21] Eine Anerkennung kann bereits in der Erteilung einer Lohnabrechnung liegen.[22] Wird ein Tarifvertrag mit einer Verfallklausel durch einen späteren Tarifvertrag abgelöst, dessen Geltungsbereich enger als der frühere Tarifvertrag ist, so kann die Auslegung ergeben, dass der erste Tarifvertrag und seine Verfallklausel teilweise noch nachwirken.[23]

4. Auslegung. Verfallfristen sind eng auszulegen, weil sie die Geltendmachung tarifvertraglich begründeter Rechte stark einschränken.[24] Wurden sehr kurzfristige Verfallfristen vereinbart, so hat die Auslegung im Allgemeinen ergeben, dass nicht die Ansprüche selbst beschnitten werden sollten, sondern lediglich eine Frist für die Nachprüfung einer Abrechnung usw. normiert ist. Bei ungewöhnlicher Kürze der Verfallfristen war zu prüfen, ob diese nicht wegen Verstoßes gegen die guten Sitten unwirksam waren.[25] Inzwischen unterliegen Ausschlussfristen in Formulararbeitsverträgen der Inhaltskontrolle. Keine Anerkennung ist gegeben, wenn der Arbeitgeber den Anspruch zwar in eine Lohnabrechnung aufnimmt, aber zugleich zu erkennen gibt, dass er nicht bereit ist zu zahlen.[26] 6

II. Umfang der Verfallklauseln

1. Vertragliche und gesetzliche Ansprüche. a) Aus dem Wortlaut des Tarifvertrages ist zu ermitteln, ob sich die Verfallfrist nur auf **tarifliche Ansprüche** erstreckt. Zumeist formulieren die Tarifverträge, dass sämtliche beiderseitigen Ansprüche aus dem Arbeitsverhältnis und solche, die mit dem Arbeitsverhältnis in Verbindung stehen, der Verfallfrist unterliegen. Dies ist zulässig.[27] Die Tarifvertragsparteien können kraft der ihnen verliehenen Tarifautonomie Verfallfristen auch für bereits entstandene[28] gesetzliche Ansprüche normieren, denn diese beruhen nicht allein auf dem Gesetz, sondern auch auf dem durch das Gesetz gestalteten Arbeitsvertrag.[29] Die Unabdingbarkeit gesetzlicher Ansprüche beinhaltet nur die Garantie von Art und Umfang, verhindert aber nicht die der Rechtsklarheit dienende zeitliche Beschränkung.[30] Unterliegen sämtliche Ansprüche aus dem Arbeitsverhältnis der Verfallfrist, so sind Lohnsteuererstattungsansprüche[31] sowie Übergangsgelder[32] erfasst. Umstr. ist dagegen, ob zivilrechtliche Ansprüche, die mit dem Arbeitsverhältnis nichts zu tun haben, der Verfallfrist unterliegen. Dies können z. B. Ansprüche gegen den vollmachtlosen Vertreter nach § 179 BGB[33] oder Rückgewähransprüche des Insolvenzverwalters sein. 7

---

[20] BAG 23. 4. 1961 AP 27 zu § 4 TVG Ausschlussfristen.

[21] BAG 23. 4. 1961 AP 67 zu § 4 TVG Ausschlussfristen; 20. 10. 1982 AP 76 zu § 4 TVG Ausschlussfristen; LAG Hamm 29. 8. 1979 EzA 39 zu § 4 TVG Ausschlussfristen.

[22] BAG 29. 5. 1985 AP 92 zu § 4 TVG Ausschlussfristen.

[23] LAG Nürnberg 12. 5. 1989 NZA 91, 279.

[24] BAG 17. 7. 1958 AP 10 zu § 611 BGB Lohnanspruch; 27. 3. 1958AP 4, 5 zu § 670 BGB; 16. 11. 1965 AP 30 zu § 4 TVG Ausschlussfristen.

[25] BAG 16. 11. 1965 AP 30 zu § 4 TVG Ausschlussfristen; LAG Düsseldorf 13. 4. 1951 DB 51, 528; LAG Baden-Württemberg 23. 11. 1964 DB 65, 557.

[26] LAG Berlin 26. 11. 1990 ZTR 91, 166.

[27] Für übertarifl. Anspr.: BAG 23. 11. 1954, 26. 8. 1960, 3. 2. 1961, 23. 6. 1961, 30. 3. 1962, 10 8. 1967, 3. 12. 1970 AP 1, 6, 14, 27, 28, 37, 45 zu § 4 TVG Ausschlussfristen; aus Betriebsvereinbarungen: 30. 10. 1962 AP 1 zu § 4 TVG Ordnungsprinzip.

[28] BAG 27. 11. 1958 AP 69 zu § 1 TVG Auslegung; 22. 1. 2008 NZA-RR 2008, 525.

[29] *Herschel* BB 73, 1365; a. A. *Wolf* Anm. zu BAG 8. 2. 1972 AP 49 zu § 4 TVG Ausschlussfristen.

[30] Urlaub: BAG 28. 10. 1960 AP 81 zu § 611 BGB Urlaubsrecht, 28. 10. 1960 AP 1 zu Art. 10 UrlaubsG Bayern; 5. 11. 1963 AP 1 zu § 1 TVG Bezugnahme auf Tarifvertrag; 3. 12. 1970 AP 9 zu § 5 BUrlG; 22. 1. 2002 AP 55 zu § 11 BUrlG = NZA 2002, 1041; Hausarbeitstag: BAG 23. 6. 1961 AP 27 zu § 4 TVG Ausschlussfristen; Krankengeldzuschuss nach ArbKG: BAG 7. 7. 1960 AP 24 zu § 1 ArbKrankhG; 30. 3. 1962 AP 28 zu § 4 TVG Ausschlussfristen; Feiertag: BAG 12. 3. 1971 AP 9 zu § 1 FeiertagslohnzahlungsG Berlin; Lohnfortzahlung: BAG 24. 5. 1973, 15. 11. 1973 AP 52, 53 zu § 4 TVG Ausschlussfristen; Entgeltfortzahlung: BAG 16. 1. 2002 AP 13 zu § 3 EntgeltFG = NZA 2002, 746; Zeugnis: BAG 23. 2. 1983 AP 10 zu § 70 BAT; LAG Hamm 24. 8. 1977 BB 77, 1704; Ansprüche nach § 113 BetrVG: 20. 6. 1978 AP 3 zu § 113 BetrVG 1972.

[31] BAG 14. 6. 1974 AP 20 zu § 670 BGB; 20. 3. 1984 AP 22 zu § 670 BGB = NZA 85, 121; LAG Hamm 3. 2. 1977 DB 77, 959.

[32] BAG 14. 2. 1977 AP 5 zu § 70 BAT.

[33] LAG Hannover 9. 5. 2006 – 13 Sa 1309/05 – jurisPR-ArbR 42/2006; BAG 10. 1. 2007 AP 3 zu § 179 BGB = NZA 2007, 679.

8 **b)** Umstr. ist, ob Ansprüche, die sowohl auf der **Verletzung arbeitsvertraglicher Pflichten** als auch auf einer **vorsätzlichen strafbaren Handlung** beruhen, unter die Verfallfristen fallen.[34] Nach richtiger Auffassung werden auch die Ansprüche aus unerlaubter Handlung erfasst, da auf den einheitlichen Lebenssachverhalt abzustellen ist. Nehmen Tarifverträge Ansprüche aus mit Strafe bedrohten Handlungen vom Verfall aus, so werden im Allgemeinen auch solche Ansprüche nicht erfasst, die auf Deliktstatbeständen beruhen, die nicht dem Schutz von Individualinteressen dienen. Dies gilt insbesondere für Ansprüche des Arbeitgebers wegen Beschädigung seines Eigentums bei Verkehrsunfällen. Nach dem Zweck derartiger Bestimmungen soll der Arbeitgeber das Strafverfahren vor Erhebung seiner Ansprüche abwarten können.[35] Indes bedarf es im Prozess alsdann der substantiierten Darlegung, dass eine unerlaubte Handlung vorliegt.[36]

9 **2. Ausgewählte Ansprüche. a)** Das BAG hat die Auffassung vertreten, dass von der Verfallklausel **„Ansprüche aus dem Arbeitsverhältnis"** eine Reihe besonders wichtiger Ansprüche des Arbeitnehmers nicht erfasst werden. Hierzu gehören Ansprüche aus Verletzung des Persönlichkeitsrechtes (Schmerzensgeld), soweit damit nicht Ansprüche aus Verletzung der vertraglichen Fürsorgepflicht geltend gemacht werden;[37] Eine wirksam vertraglich vereinbarte Ausschlussfrist gilt grundsätzlich auch für Schadensersatz- und Entschädigungsansprüche wegen Verletzung des allgemeinen Persönlichkeitsrechts. Es sind aber die Besonderheiten bei Mobbing-Handlungen zu beachten, ob einzelne Verletzungen des allgemeinen Persönlichkeitsrechts ein übergreifendes systematisches Vorgehen darstellen.[38] Ansprüche auf Beschäftigung nach dem allgemeinen und besonderen Beschäftigungsanspruch (§ 110),[39] Anspruch des Arbeitnehmers auf Entfernung einer Abmahnung aus den Personalakten,[40] Ansprüche auf Karenzentschädigung, die i.d.R. erst nach Ablauf der Verfallfrist erwachsen,[41] sowie Ansprüche aus der Tätigkeit als Betriebsratsmitglied,[42] Ansprüche des Arbeitnehmers gegen den Arbeitgeber auf Verschaffung einer Zusatzversorgung oder Schadensersatzansprüche gegen den Arbeitgeber wegen unterlassener Zusatzversorgung,[43] Ansprüche auf Ruhegeld[44] oder in einem gerichtlichen Vergleich geregelte und damit anerkannte Abfindungen nach §§ 9, 10 KSchG,[45] Ansprüche auf Herausgabe des Eigentums[46] sowie regelmäßig nicht Ansprüche aus schöpferischen Sonderleistungen.[47] In späterer Zeit wird das Argument, die Tarifpartner hätten besonders wichtige Ansprüche nicht erfassen wollen, vermieden. Zumeist wird darauf abgestellt, ob die Ansprüche erst nach Beendigung des Arbeitsverhältnisses fällig werden. Für diese wird je nach Formulierung eine Ausnahme vom Verfall angenommen. Ansprüche aus selbstständig neben dem Arbeitsverhältnis abgeschlossenen anderen bürgerlich-rechtlichen Verträgen (z.B. Mietverträge) werden in der Regel von einer Ausschlussklausel nicht erfasst.[48] Eine Ausschlussklausel, nach der vertragliche Ansprüche aus

---

[34] Verneinend: BAG 28. 6. 1967 AP 36 zu § 4 TVG Ausschlussfristen; LAG Hessen 16. 4. 1997 NZA-RR 98, 216 (Hess: Einzelhandelstarifvertrag); bejahend: BAG 6. 5. 1969, 8. 2. 1972 AP 42, 49 zu § 4 TVG Ausschlussfristen (1. Sen.); 30. 1970, 22. 2. 1972 AP 2, 3 zu § 70 BAT; 10. 8. 1967 AP 37 zu § 4 TVG Ausschlussfristen; 3. 3. 1981 AP 9 zu § 70 BAT; 26. 5. 1981 AP 71 zu § 4 TVG Ausschlussfristen (3. Sen.); 10. 1. 1974 AP 54 zu § 4 TVG Ausschlussfristen (5. Sen.); 26. 4. 1990 ZTR 91, 26 (n.a.v.); *Wiedemann/Wank* § 4 TVG RN 805.

[35] BAG 19. 11. 1968 AP 39 zu § 4 TVG Ausschlussfristen.

[36] BAG 18. 6. 1980 AP 68 zu § 4 TVG Ausschlussfristen.

[37] BAG 25. 4. 1972 AP 9 zu § 611 BGB Öffentlicher Dienst; 15. 7. 1987 AP 14 zu § 611 BGB Persönlichkeitsrecht = NZA 88, 53.

[38] BAG 16. 5. 2007 AP 5 zu § 611 BGB Mobbing = NZA 2007, 1154.

[39] BAG 15. 5. 1991 AP 24 zu § 611 BGB Beschäftigungspflicht = NZA 91, 979.

[40] BAG 14. 12. 1994 AP 15 zu § 611 BGB Abmahnung = NZA 95, 676.

[41] BAG 24. 4. 1970 AP 25 zu § 74 HGB; anders BAG 17. 6. 1997 AP 2 zu § 74b HGB = NZA 98, 258 (Formulararbeitsvertrag); laufende Ansprüche auf Karenzentschädigung: BAG 22. 6. 2005 AP 183 zu § 4 TVG Ausschlussfristen.

[42] BAG 11. 9. 1972, 30. 1. 1973 AP 1, 3 zu § 40 BetrVG 1972.

[43] BAG 12. 1. 1974, 24. 5. 1974, 15. 5. 1975 AP 5, 6, 7 zu § 242 BGB Ruhegehalt-VBL.

[44] BAG 13. 7. 1978 AP 4 zu § 1 BetrAVG Wartezeit; zu den einzelnen Rentenleistungen vgl.: BAG 19. 7. 1983 AP 1 zu § 1 BetrAVG Zusatzversorgungskassen; 29. 1. 1983 AP 11 zu § 70 BAT; 27. 2. 1990 AP 107 zu § 4 TVG Ausschlussfrist = NZA 90, 627; weitergehend: LAG Hamm 24. 2. 1987 DB 87, 1254.

[45] BAG 13. 1. 1982 AP 7 zu § 9 KSchG 1969; anders bei Ansprüchen nach § 113 BetrVG: 22. 2. 1983 AP 7 zu § 113 BetrVG 1972.

[46] Vgl. LAG Düsseldorf 17. 9. 1953 BB 54, 29.

[47] BAG 21. 6. 1979 AP 4 zu § 9 ArbNErfG.

[48] BAG 20. 11. 1982 AP 72 zu § 4 TVG Ausschlussfristen.

dem Arbeitsverhältnis innerhalb bestimmter Fristen schriftlich geltend zu machen sind, erfasst nicht Zinsforderungen aus Arbeitgeberdarlehen.[49] Dagegen soll nach Ansicht des LAG Niedersachsen der Anspruch des Arbeitgebers auf Rückzahlung eines Arbeitgeberdarlehens unter die Verfallfrist des § 16 BRTV-Bau fallen, wenn aus dem Darlehensvertrag ersichtlich ist, dass dieser seine Grundlage in der arbeitsvertraglichen Beziehung der Parteien hat.[50] Von einer Ausschlussfrist nicht erfasst, wird der Anspruch des Insolvenzverwalters wegen Insolvenzanfechtung.[51]

Dagegen werden erfasst Ansprüche auf Erteilung eines Zeugnisses,[52] Ansprüche auf Sozial- **10**
planabfindung,[53] auf Gewährung von Aktienoptionen,[54] Abfindungen nach dem KSchG,[55] Übergangsgelder,[56] Arbeits- und Mehrarbeitsvergütung,[57] Ansprüche auf anteiliges 13. Gehalt im Baugewerbe,[58] Urlaubsentgeltansprüche,[59] tarifliche Urlaubsabgeltungsansprüche,[60] Ansprüche auf Karenzentschädigung.[61] Nach dem Wortlaut des Tarifvertrages ist zu entscheiden, ob Nachzahlungsansprüche bei fehlerhafter Eingruppierung erfasst werden.[62] Setzt die Begründetheit des Anspruches nach der höheren Vergütungsgruppe nicht denknotwendig die Erfüllung der Voraussetzungen der niedrigeren voraus und ist die höhere Vergütungsgruppe keine echte Aufbaufallgruppe, umfasst der Anspruch auf Vergütung nach der höheren nicht den Anspruch auf Vergütung nach der niedrigeren. Mit der Geltendmachung des Anspruches nach der höheren Vergütungsgruppe wird die Verfallfrist für die niedrigere Vergütungsgruppe nicht gewahrt.[63]

b) Auch der Arbeitgeber ist bei der Erhebung von Ansprüchen gehalten, **beiderseitige Ver- 11**
fallfristen einzuhalten,[64] z. B. der öffentliche Arbeitgeber bei der Erhebung von Rückzahlungsansprüchen bei Lohnüberhebungen.[65] Dies gilt auch dann, wenn die Lohnzahlungen über das Ende des Arbeitsverhältnisses hinausgehen, da es auf den Entstehungszeitpunkt des Anspruches ankommt.[66] Sieht eine tarifliche Ausschlussklausel den Verfall der Ansprüche aus Mehrarbeit vor, so zählt dazu auch ein Anspruch auf Rückzahlung irrtümlich gezahlter Mehrarbeitsvergütung.[67] Hat der Arbeitgeber einen tarifvertraglich vorgesehenen Vorschuss auf das Urlaubsgeld, entsteht nach dem Recht der ungerechtfertigten Bereicherung ein Rückzahlungsanspruch, wenn die Entstehung des Urlaubsgeldanspruches von der Urlaubsgewährung abhängig ist und der Urlaubsanspruch wegen einer ununterbrochenen Erkrankung des Arbeitnehmers bis zum Ablauf des Übertragungszeitraums untergeht.[68] Darlehensrückzahlungsansprüche können von der tariflichen Verfallfrist erfasst werden, wenn das Darlehen mit Rücksicht auf das Arbeitsverhältnis hingegeben worden ist.[69] Ist dagegen die Verfallfrist nur für Forderungen des Arbeitnehmers normiert, so war es verfehlt, diese aus dem Grundsatz der Gleichbehandlung oder aus Treu und Glauben auch auf solche des Arbeitgebers zu erstrecken.[70] Diese Rechtsprechung ist für

---

[49] BAG 23. 2. 1999 AP 4 zu § 611 BGB Arbeitnehmerdarlehen = NZA 99, 1212.

[50] LAG Niedersachsen 9. 11. 1999 NZA-RR 2000, 484; dagegen LAG Köln 27. 4. 2001 NZA-RR 2002, 369.

[51] BAG 19. 11. 2003 AP 1 zu § 129 InsO = NZA 2004, 208.

[52] BAG 23. 2. 1983 AP 10 zu § 70 BAT.

[53] BAG 30. 11. 1994 AP 88 zu § 112 BetrVG; 27. 3. 1996 AP 134 zu § 4 TVG Ausschlussfristen = NZA 96, 986; LAG Berlin 24. 3. 1993 BB 94, 286; LAG Hamburg 18. 9. 1998 BB 99, 2677.

[54] BAG 28. 5. 2008 AP 18 zu § 305 BGB = NZA 2008, 1066.

[55] LAG Berlin 27. 7. 1998 NZA-RR 99, 39.

[56] BAG 8. 9. 1999 ZTR 2000, 273.

[57] BAG 7. 2. 1995 AP 54 zu § 1 TVG Tarifverträge: Einzelhandel = NZA 95, 1048.

[58] BAG 22. 9. 1999 AP 226 zu § 1 TVG Tarifverträge: Bau = NZA 2000, 551.

[59] BAG 22. 1. 2002 AP 55 zu § 11 BUrlG = NZA 2002, 1041 (nicht dagegen die auf Urlaubsgewährung); 19. 4. 2005 AP 12 zu § 1 TVG Tarifverträge: Bewachungsgewerbe; vgl. auch LAG Nürnberg 11. 3. 2003 NZA-RR 2004, 33.

[60] BAG 25. 8. 1992 AP 60 zu § 7 BUrlG = NZA 93, 759.

[61] BAG 22. 6. 2005 AP 183 zu § 4 TVG Ausschlussfristen.

[62] BAG 25. 11. 1995 AP 57 zu § 1 TVG Tarifverträge: Einzelhandel = NZA 96, 988 (Bayern).

[63] BAG 3. 8. 2005 AP 13 zu § 1 TVG Tarifverträge: Bewachungsgewerbe.

[64] BAG 26. 4. 1978 AP 64 zu § 4 TVG Ausschlussfristen.

[65] BAG 28. 2. 1979 AP 6 zu § 70 BAT; 26. 10. 1994 AP 22 zu § 70 BAT = NZA 95, 858; 17. 5. 2001 AP 2 zu § 70 BAT-O = NZA 2002, 910; vgl. im Einzelhandel: BAG 4. 9. 1991 AP 113 zu § 4 TVG Ausschlussfrist = NZA 92, 231.

[66] BAG 11. 6. 1980 AP 7 zu § 70 BAT.

[67] BAG 14. 9. 1994 AP 127 zu § 4 TVG Ausschlussfristen = NZA 96, 897.

[68] BAG 1. 10. 2002 AP 37 zu § 253 ZPO = NZA 2003, 567.

[69] BAG 18. 6. 1980 AP 68 zu § 4 TVG Ausschlussfristen; 27. 11. 1984 AP 89 zu § 4 TVG Ausschlussfristen; 20. 2. 2001 AP 5 zu § 611 BGB Arbeitnehmerdarlehen.

[70] BAG 27. 9. 1967 AP 1 zu § 1 TVG Tarifverträge: Fernverkehr; 15. 11. 1967 AP 3 zu § 390 BGB; 4. 12. 1997 AP 143 zu § 4 TVG Ausschlussfristen = NZA 98, 431; kritisch *Trinkner* BB 67, 1375.

Formulararbeitsverträge aufgegeben.[71] Sie sind wegen unausgewogener Vertragsgestaltung unwirksam.

12 **c)** Die in § 16 RTV-Bau normierte Verfallfrist umfasst auch die **Ansprüche auf Erfüllung der Verpflichtungen aus den Sozialtarifen.**[72] Die Nebentarife, insbesondere die Sozialtarife enthalten häufig besondere Ausschlussklauseln.[73] § 16 BRTV-Bau erfasst auch die monatlich fällig werdenden Rentenbeträge der betrieblichen Altersversorgung.[74]

13 Die Einzugsstelle der ZVK kann vom Arbeitgeber Beiträge auch vom Arbeitsentgelt fordern, das der Arbeitnehmer vom Arbeitgeber wegen einer tariflichen Ausschlussklausel nicht mehr verlangen kann.[75]

14 **d)** Von den Verfallklauseln nicht erfasst werden **Ansprüche der Arbeitnehmer untereinander.** Dies auch dann nicht, wenn sie gemäß § 6 EFZG auf den Arbeitgeber übergegangen sind.[76] Dasselbe gilt für Ansprüche des Krankenhausträgers gegen einen nachgeordneten Arzt auf Rückzahlung überzahlter Anteile an einem Sozialfonds, der zur Beteiligung der nachgeordneten Ärzte an der Privatliquidation des Chefarztes eingerichtet wurde.[77]

15 **e)** Zweifelhaft ist auch, in welchem Umfang tarifvertragliche Verfallklauseln **Ansprüche von Familienangehörigen** umfassen.[78] Im Allgemeinen werden Ansprüche der Hinterbliebenen eines Arbeitnehmers auf das tarifliche Sterbegeld nicht erfasst.[79]

16 **f) Ausschlussfristen** können auch dem Rechtsnachfolger des Anspruchsberechtigten entgegengehalten werden; sie sind Einwendungen, mit denen eine übergegangene Forderung behaftet sein kann.[80] Dies wirkt sich vor allem zum Nachteil der Krankenkassen aus (§ 115 SGB X). Zahlt die BA Konkursausfallgeld (jetzt Insolvenzgeld), so bewirkt die Lohnbescheinigung des Arbeitgebers i. d. R. eine Anerkennung rückständiger Lohnforderungen.[81] Ein persönlich haftender Gesellschafter, der für Lohnschäden der Gesellschaft in Anspruch genommen wird, kann sich nicht auf den Ablauf der tariflichen Ausschlussfristen berufen, wenn der Anspruch gegenüber der Gesellschaft fristgerecht geltend gemacht wurde.[82]

III. Beginn der Verfallfrist

17 **1. Zeitpunkt.** Es ist tariflich unterschiedlich geregelt, wann die Verfallfrist zu laufen beginnt. Die Tarife wählen als Anknüpfungspunkt die Entstehung des Anspruches, seine Fälligkeit, seine Ablehnung durch den Gegner, die Beendigung (im Zweifel rechtl.) des Arbeitsverhältnisses usw. Tritt die Tarifbindung der Parteien erst nach Entstehen oder Fälligkeit der Ansprüche ein, so werden länger zurückliegende Ansprüche, für die die Verfallfrist bei von vornherein bestehender Tarifbindung schon abgelaufen wäre, nur dann vom Tarifvertrag erfasst, wenn dieser sich insoweit Rückwirkung beimisst.[83] Der Arbeitgeber kann den Beginn der Ausschlussfrist nicht dadurch hinausschieben, er zahle nur unter Vorbehalt.[84]

18 **2. Fälligkeit.** Soll die Verfallfrist tariflich mit der Fälligkeit beginnen, so gelten nach der Rechtsprechung des BAG folgende Rechtsgrundsätze:

19 **Mutter- oder Stammrechte** verfallen grundsätzlich nicht; aus ihnen nach Zeitabschnitten oder nach anderen Voraussetzungen entstehende Einzelansprüche unterliegen der Verfallfrist ab Fälligkeit (zweifelhaft bei Ruhegeldansprüchen). Bei fehlerhafter Eingruppierung in die Vergütungsgruppen läuft die Verfallfrist für die einzelnen Vergütungsansprüche regelmäßig ab

---

[71] BAG 31. 8. 2005 AP 8 zu § 6 ArbZG = NZA 2006, 324.

[72] BAG 7. 4. 1977 AP 61 zu § 4 TVG Ausschlussfristen.

[73] Zum Vorruhestand: BAG 5. 9. 1995 AP 24 zu § 1 TVG Vorruhestand = NZA 96, 610.

[74] BAG 19. 7. 1983 AP 1 zu § 1 BetrAVG Zusatzversorgungskassen = NJW 84, 751; dagegen anders bei § 70 BAT: BAG 29. 3. 1983 AP 11 zu § 70 BAT. Es ist anzunehmen, dass das BAG den Widerspruch zugunsten der Unverfallbarkeit beseitigt.

[75] BSG 30. 8. 1994 NZS 95, 130.

[76] LAG Baden-Württemberg 6. 1. 1971 DB 71, 1015.

[77] BAG 19. 10. 1983 AP 37 zu § 611 BGB Ärzte, Gehaltsansprüche.

[78] Vgl. LAG Hessen 13. 1. 1995 NZA-RR 96, 60.

[79] BAG 4. 4. 2001 AP 156 zu § 4 TVG Ausschlussfristen; auch 4. 4. 2001 – 10 AZR 297/00 (n. a. v.).

[80] BAG 19. 11. 1968 AP 40 zu § 4 TVG Ausschlussfristen; 24. 5. 1973, 15. 11. 1973 AP 52, 53 zu § 4 TVG Ausschlussfristen.

[81] BAG 8. 8. 1979 AP 67 zu § 4 TVG Ausschlussfristen m. Anm. *Uhlenbruck*.

[82] BAG 27. 11. 1984 AP 1 zu § 129 HGB = NZA 85, 533.

[83] BAG 24. 4. 1958 AP 1 zu § 16 JugSchG Niedersachsen; 27. 11. 1958 AP 69 zu § 1 TVG Auslegung; 26. 9. 1990 AP 109 zu § 4 TVG Ausschlussfristen = NZA 91, 246.

[84] BAG 27. 3. 1996 AP 26 zu § 70 BAT.

deren jeweiliger Fälligkeit.[85] Ist die Vergütungsvereinbarung etwa wegen Verstoßes gegen § 2 BeschFG/jetzt § 4 TzBfG unwirksam, so wird der nach § 612 BGB bemessene Anspruch nur dann von einer tariflichen Verfallfrist erfasst, wenn der Tarifvertrag auf das Arbeitsverhältnis Anwendung findet. Dies gilt nicht ohne weiteres dann, wenn das Arbeitsverhältnis sich nur nach Erlassen für den öffentlichen Dienst richtet.[86] Sollen Verfallfristen für Vergütungsansprüche ab ihrer Erkennbarkeit laufen, so bedeutet dies, dass die Verfallfrist beginnt, wenn die tatsächlichen Voraussetzungen des Anspruches erkennbar waren.[87] Andererseits beginnt die Verfallfrist für den Anspruch des Arbeitgebers auf Rückzahlung überzahlter Vergütung, wenn die Vergütung fehlerhaft berechnet worden ist, im Zeitpunkt der Überzahlung.[88] Etwas anderes gilt bei rückwirkender Feststellung des Arbeitnehmerstatus.[89] Hängt ein Anspruch davon ab, dass ein Arbeitnehmer einen Wunsch äußert, wird der Anspruch nicht vor Abgabe der entsprechenden Erklärung fällig.[90]

Bei **Schadensersatzansprüchen wegen eigener Schäden** beginnt die Verfallfrist, wenn der Schaden entstanden und fällig geworden ist. Fällig wird er, wenn der Gläubiger den Schaden kennt oder kennen muss[91] und ihn beziffern kann.[92] Schadensersatzansprüche werden mithin fällig i.S. der Verfallfristen, wenn sie in ihrem Bestande feststellbar sind und geltend gemacht werden können.[93] Geltend gemacht werden können die Schadensersatzforderungen, sobald der Gläubiger in der Lage ist, sich den erforderlichen Überblick ohne schuldhaftes Zögern zu beschaffen und seine Forderungen wenigstens annähernd zu beziffern.[94] Der Arbeitgeber ist zu einer Kontrolle der Arbeit verpflichtet. Er trägt das Unternehmerrisiko, ob er sich wegen seines Schadens an den Arbeitnehmer halten will oder nicht. Damit beginnt die Verfallfrist spätestens in dem Zeitpunkt, in dem der Arbeitgeber die Arbeit abnimmt.[95] Handelt es sich um offenbare Mängel, so beginnt die Verfallfrist im Zeitpunkt der Schlechtleistung.[96] Der Arbeitgeber hat sich die für die Berechnung der Schadensersatzforderung notwendigen Berechnungsunterlagen zu verschaffen. Handelt es sich dagegen um versteckte Mängel, also solche, die dem Arbeitgeber weder bekannt waren, noch bekannt sein konnten, so beginnt die Verfallfrist, sobald sie für ihn erkennbar wurden.[97] Den Arbeitgeber trifft aber auch insoweit eine Prüfungspflicht. Sollen Ansprüche aus unerlaubter Handlung geltend gemacht werden, so kann der Arbeitgeber bei komplexen Tatbeständen (z.B. zahlreichen Veruntreuungen) den Ausgang des Strafverfahrens abwarten, bevor die Fälligkeit eintritt.[98] Dies gilt dann nicht, wenn es sich um leicht aufklärbare Sachverhalte handelt. Erweist sich im Verlauf des Strafverfahrens, dass dem Arbeitnehmer eine Straftat nicht nachweisbar ist, so scheint das BAG davon auszugehen, dass in diesen Fällen der Verfall eintritt, also der Gläubiger ein „erfolgloses“ Strafverfahren hinnehmen muss. Eine Bezifferung der Höhe der Schadensersatzforderungen ist dann entbehrlich, wenn der Arbeitgeber durch umfangreiche strafbare Handlungen geschädigt worden ist und der Arbeitnehmer am besten wissen muss, inwieweit er den Arbeitgeber geschädigt hat.[99] 20

Bei **Ansprüchen des Arbeitgebers auf Freistellung** beginnt dagegen die Verfallfrist erst, wenn der Dritte den Arbeitgeber auf Ersatz in Anspruch nimmt.[100] Wird der Arbeitgeber auf Lohnsteuernachzahlung für den Arbeitnehmer in Anspruch genommen, so beginnt die Verfall- 21

[85] BAG 16. 1. 1991 AP 29 zu § 1 TVG Tarifverträge: Einzelhandel = NZA 91, 424.

[86] BAG 26. 9. 1990 AP 9 zu § 2 BeschFG 1985 = NZA 91, 247.

[87] BAG 23. 8. 1990 AP 9 zu § 1 TVG Tarifverträge: Bundesbahn = NZA 91, 68.

[88] BAG 1. 6. 1995 AP 16 zu § 812 BGB = NZA 96, 135.

[89] BAG 14. 3. 2001 AP 35 zu § 1 TVG Tarifverträge: Rundfunk = NZA 2002, 155.

[90] BAG 27. 2. 2002 AP 180 zu § 1 TVG Tarifverträge: Metallindustrie.

[91] BAG 3. 2. 1961, 16. 3. 1966, 16. 3. 1966, 8. 1. 1970, 16. 12. 1971 AP 14, 32, 33, 43, 48 zu § 4 TVG Ausschlussfristen.

[92] BAG 17. 10. 1974 AP 55 zu § 4 TVG Ausschlussfristen.

[93] BAG 18. 1. 1966 AP 37 zu § 611 BGB Haftung des Arbeitnehmers, 24. 4. 1974 AP 4 zu § 611 BGB Akkordkolonne; 26. 5. 1981 AP 71 zu § 4 TVG Ausschlussfristen; 16. 5. 1984 AP 85 zu § 4 TVG Ausschlussfristen.

[94] BAG 16. 3. 1966, 17. 10. 1974 AP 33, 55 zu § 4 TVG Ausschlussfristen; 25. 4. 1974 AP 76 zu § 611 BGB Haftung des Arbeitnehmers; 26. 5. 1981 AP 71 zu § 4 TVG Ausschlussfristen; 16. 5. 1984 AP 85 zu § 4 TVG Ausschlussfristen.

[95] BAG 3. 6. 1961 AP 14 zu § 4 TVG Ausschlussfristen.

[96] BAG 25. 1. 1967, 27. 10. 1970 AP 35, 44 zu § 4 TVG Ausschlussfristen.

[97] BAG 24. 4. 1974 AP 4 zu § 611 BGB Akkordkolonne.

[98] BAG 26. 5. 1981 AP 71 zu § 4 TVG Ausschlussfristen.

[99] BAG 5. 3. 1981 AP 9 zu § 70 BAT.

[100] BAG 16. 3. 1966 AP 32 zu § 4 TVG Ausschlussfristen; vgl. aber 16. 12. 1971 AP 48 zu § 611 BGB Ausschlussfristen.

frist für den Erstattungsanspruch mit der Regressnahme durch das Finanzamt.[101] Dasselbe wird dann gelten, wenn der Arbeitgeber von der Krankenkasse aus übergegangenen Gehaltsfortzahlungsansprüchen in Anspruch genommen wird.[102] Ist für den Fall des Vertragsbruches eine Vertragsstrafe vereinbart, so beginnt sie, wenn der Arbeitgeber dem Arbeitnehmer erklärt, dass er die Strafe verlange.[103] Muss bereits der Freistellungsanspruch geltend gemacht werden, so läuft keine neue Ausschlussfrist für den Schadensersatzanspruch.[104]

22 **3. Beendigung des Arbeitsverhältnisses.** Soll die Verfallfrist mit der Beendigung des Arbeitsverhältnisses zu laufen beginnen, so ist im Zweifel nicht die tatsächliche, sondern die rechtliche Beendigung maßgebend.[105] Schwebt über die Beendigung des Arbeitsverhältnisses ein Rechtsstreit, so beginnt die Verfallfrist erst mit der Rechtskraft des Urteils. Sind in diesem Zeitpunkt die Ansprüche noch nicht entstanden oder fällig, so beginnt sie erst mit der Fälligkeit des Anspruches.[106] Eine Klausel in einem Formulararbeitsvertrag, die für den Beginn der Ausschlussfrist nicht die Fälligkeit der Ansprüche berücksichtigt, sondern allein auf die Beendigung des Arbeitsverhältnisses abstellt, benachteiligt den Arbeitnehmer unangemessen und ist deshalb gem. § 307 I 1 BGB unwirksam.[107] Der Anspruch auf ein anteiliges 13. Monatseinkommen nach dem Tarifvertrag über die Gewährung eines 13. Monatseinkommens im Baugewerbe vom 27. April 1990 wird beim Ausscheiden des Arbeitnehmers auf Grund einer ordentlichen Kündigung durch den Arbeitgeber mit der rechtlichen Beendigung des Arbeitsverhältnisses fällig.[108] Beginnt eine tarifliche Ausschlussfrist mit der Fälligkeit des Anspruches, so wird ein Anspruch auf Abfindung nach § 113 III BetrVG auch dann mit der Beendigung des Arbeitsverhältnisses fällig, wenn über die Kündigung noch ein Rechtsstreit schwebt.[109] Bestimmt eine zweistufige tarifliche Verfallklausel, dass die Ausschlussfrist für die Geltendmachung von Ansprüchen, deren Bestand vom Ausgang des Kündigungsschutzprozesses abhängig ist, erst mit dem rechtskräftigen Abschluss des Kündigungsschutzprozesses beginnt, kann der Arbeitnehmer solche Ansprüche nicht vorher fristwahrend geltend machen.[110] Räumt der Arbeitgeber seinem Arbeitnehmer ein Lohnkonto in laufender Rechnung ein, so beginnt die Verfallfrist mit dem Ende des Arbeitsverhältnisses.[111] Sonderprobleme können sich bei urlaubsrechtlichen Verfallklauseln ergeben, nach denen Urlaubsansprüche drei Monate nach Beendigung des Arbeitsverhältnisses verfallen. Derartige Verfallklauseln können im Allgemeinen vor Rechtskraft des Urteils über die Kündigungsschutzklage dem Arbeitnehmer nicht entgegengehalten werden.[112]

23 Im Falle eines **Betriebsüberganges** scheidet ein Arbeitgeber mit dem Betriebsübergang aus dem Arbeitsverhältnis aus. Eine tarifliche Ausschlussfrist für Ansprüche gegen den bisherigen Betriebsinhaber, die an das Ausscheiden aus dem Arbeitsverhältnis anknüpft, beginnt mit dem Zeitpunkt des Betriebsüberganges.[113] Sind nach einem Betriebsübergang die Tarifnormen in den Arbeitsvertrag eingegangen (§ 613 a I 2 BGB), so können restliche Vergütungsansprüche auf Grund dieser Tarifnorm verfallen.[114] Verfolgt ein Arbeitnehmer gegenüber einem Betriebsübernehmer Entgeltansprüche, weil dieser nach Betriebsübergang mit der Annahme der Dienste in Verzug gekommen ist, so hat er die Ausschlussfristen eines für allgemeinverbindlich erklärten Tarifvertrages einzuhalten.[115]

24 **4. Fälligkeit und Beendigung.** Sieht ein Tarifvertrag vor, dass die Verfallfrist mit der Fälligkeit des Anspruchs beginnt und im Falle der Beendigung des Arbeitsverhältnisses eine zweite, kürzere Verfallfrist einsetzt, so braucht der Arbeitnehmer nach Beendigung des Arbeitsverhält-

---

[101] BAG 5. 12. 1969, 14. 6. 1974, 19. 1. 1979 AP 18, 20, 21 zu § 670 BGB; 20. 3. 1984 AP 22 zu § 670 BGB = NZA 85, 121.
[102] Vgl. LAG Berlin 15. 6. 1987 BB 87, 2095.
[103] BAG 7. 11. 1969 AP 1 zu § 340 BGB.
[104] BAG 16. 3. 1995 AP 129 zu § 4 TVG Ausschlussfristen = NZA 96, 1213.
[105] BAG 18. 1. 1969, 3. 12. 1970 AP 41, 45 zu § 4 TVG Ausschlussfristen; 18. 11. 2004 AP 36 zu § 611 BGB Ausbildungsbeihilfe = NZA 2005, 516.
[106] BAG 18. 1. 1969, 17. 10. 1974 AP 41, 55 zu § 4 TVG Ausschlussfristen; auch 24. 4. 1970 AP 25 zu § 74 HGB; vgl. auch 12. 11. 1998 AP 4 zu § 613 BGB = NZA 99, 715.
[107] BAG 1. 3. 2006 AP 10 zu § 307 BGB = NZA 2006, 783.
[108] BAG 22. 9. 1999 AP 226 zu § 1 TVG Tarifverträge: Bau = NZA 2000, 551.
[109] BAG 3. 8. 1982 AP 5 zu § 113 BetrVG 1972.
[110] BAG 22. 10. 1980 AP 69 zu § 4 TVG Ausschlussfristen.
[111] BAG 7. 11. 1968 AP 38 zu § 4 TVG Ausschlussfristen.
[112] BAG 13. 2. 1979 AP 10 zu § 7 BUrlG Abgeltung m. Anm. *Herschel*.
[113] BAG 10. 8. 1994 AP 126 zu § 4 TVG Ausschlussfristen = NZA 95, 742.
[114] BAG 27. 11. 1991 AP 22 zu § 4 TVG Nachwirkung = NZA 92, 800.
[115] BAG 12. 12. 2000 AP 154 zu § 4 TVG Ausschlussfristen = NZA 2001, 1082.

nisses seine Ansprüche nicht erneut geltend zu machen, wenn er sie bereits zuvor rechtzeitig geltend gemacht hat. Sind dagegen die Ansprüche noch nicht geltend gemacht, so gilt allein die Beendigungsfrist, auch wenn die Fälligkeitsfrist noch läuft. Etwas anderes gilt nur dann, wenn über die Beendigung des Arbeitsverhältnisses noch ein Kündigungsrechtsstreit schwebt.[116] I. d. R. ist es bei wiederkehrenden Ansprüchen ausreichend, wenn sie einmal geltend gemacht werden. Wartet der Arbeitnehmer jedoch nach rechtzeitiger Geltendmachung einer Forderung längere Zeit ab, so soll die Geltendmachung verbraucht sein, so dass die tarifliche Verfallfrist wiederum abläuft.[117] Richtiger wird wohl sein, dass nach der Beseitigung der Verfallfrist nur noch die allgemeinen Verjährungs- oder Verwirkungsfristen laufen.

5. Abrechnung. Ist der Arbeitgeber verpflichtet, seinem Arbeitnehmer über dessen Ansprü- 25
che eine Abrechnung zu erteilen, und ist ohne Abrechnung eine Überprüfung des ausgezahlten Betrages unmöglich oder unzumutbar, so hat das BAG mit Recht die Ausschlussfrist erst ab Erteilung der Abrechnung laufen lassen.[118] Sobald jedoch der Anspruch auf Erteilung einer Abrechnung verfallen ist, beginnt auch der Lauf der Verfallfrist für den Zahlungsanspruch.[119] Zur Abrechnung gehört nicht das Aufmaß bei Akkordarbeiten.[120] Andererseits ist der Ablauf der Verfallfrist auch dann gehemmt, wenn der Arbeitnehmer den Arbeitgeber nicht darauf hinweist, wenn er gegenüber seiner bisherigen Gehaltszahlung ungewöhnlich hohe Bezüge erhält.[121]

IV. Kenntnis der Verfallfrist und des Anspruchs

Bepler, Der Nachweis von Ausschlussfristen, ZTR 2001, 241.

1. Kenntnis. Tarifliche Verfallfristen laufen ohne Rücksicht auf die Kenntnis der Arbeitsver- 26
tragsparteien von der Verfallklausel.[122] Es ist ihnen zuzumuten, sich über den Tarifvertrag, dem sie unterfallen, zu unterrichten. Dies gilt auch für nicht tarifgebundene Arbeitnehmer, in deren Arbeitsvertrag auf einen Tarifvertrag verwiesen ist.[123] Die Wirkungen einer tariflichen Ausschlussfrist treten grundsätzlich auch dann ein, wenn ein Arbeitnehmer erst später infolge einer Entscheidung des BVerfG Kenntnis von dem Entstehen seines Anspruches erlangt. Hat der Arbeitgeber einen vertretbaren Rechtsstandpunkt eingenommen, darf er sich ohne einen Verstoß gegen Treu und Glauben (§ 242 BGB) auf die Ausschlussfrist berufen.[124] War der Arbeitnehmer **ohne jedes Verschulden** nicht in der Lage, die Frist zu wahren, so soll nach einer Meinung im Schrifttum der Anspruch nicht bei unverzüglicher Geltendmachung nach Beseitigung des Hindernisses verfallen.[125] Rechtsanwälte müssen tarifliche Verfallfristen kennen; die Unkenntnis ist wie jeder Rechtsirrtum zu vertreten.[126]

2. Aushang des Tarifvertrages. Unterlässt es der Arbeitgeber entgegen § 7 TVG, den Ta- 27
rifvertrag im Betriebe auszulegen, so läuft die Verfallfrist gleichwohl.[127] Etwas anderes kann dann gelten, wenn nach dem Wortlaut des Tarifvertrages der Beginn der Verfallfrist von dem Aushang des Tarifvertrages im Betrieb abhängig gemacht worden ist.[128] Im Allgemeinen werden derartige Tarifverträge dahin auszulegen sein, dass nur die Verfallfrist für den Arbeitnehmer vom Aushang durch den Arbeitgeber abhängig gemacht wird. Im Übrigen ist § 7 TVG kein Schutzgesetz im

---

[116] BAG 3. 12. 1970 AP 45 zu § 4 TVG Ausschlussfristen.

[117] LAG Köln 15. 3. 1989 DB 90, 184.

[118] BAG 24. 6. 1960, 23. 6. 1961, 10. 8. 1967, 18. 1. 1969 AP 5, 27, 37, 41 zu § 4 TVG Ausschlussfristen; 27. 11. 1984 AP 89 zu § 4 TVG Ausschlussfristen; 27. 2. 2002 AP 162 zu § 4 TVG Ausschlussfristen; vgl. auch 8. 8. 1985 AP 94 zu § 4 TVG Ausschlussfristen = NZA 86, 636.

[119] BAG 27. 11. 1984 AP 89 zu § 4 TVG Ausschlussfristen; vgl. auch 8. 8. 1985 AP 94 zu § 4 TVG Ausschlussfristen = NZA 86, 636.

[120] BAG 6. 11. 1985 AP 93 zu § 4 TVG Ausschlussfristen = NZA 86, 429.

[121] BAG 1. 6. 1995 AP 16 zu § 812 BGB = NZA 96, 136.

[122] BAG 13. 4. 1956, 23. 6. 1961 AP 2, 27 zu § 4 TVG Ausschlussfristen; 30. 3. 1962, 30. 11. 1962, 16. 11. 1965 28, 29, 30 zu § 4 TVG Ausschlussfristen; 8. 3. 1976 AP 4 zu § 496 ZPO; 16. 8. 1983 AP 131 zu § 1 TVG Auslegung.

[123] A. A. *Fenski* BB 87, 2293.

[124] BAG 13. 12. 2007 AP 53 zu § 242 BGB Unzulässige Rechtsausübung – Verwirkung = NZA 2008, 478; 13. 12. 2007 – 6 AZR 224/07 (Parallelentscheidung).

[125] *Hueck/Nipperdey* II § 32 III 5 d, S. 637.

[126] BerlVerfG 24. 1. 2003 NJW 2003, 1517 = NZA 2003, 509.

[127] BAG 5. 11. 1963 AP 1 zu § 1 TVG Bezugnahme auf Tarifvertrag; 8. 1. 1970 AP 43 zu § 4 TVG Ausschlussfristen; 6. 7. 1972 AP 1 zu § 8 TVG 1969 m. Anm. *Herschel;* vgl. LAG Frankfurt 13. 9. 1990 NZA 91, 896.

[128] BAG 11. 11. 1998 AP 8 zu § 1 TVG Bezugnahme auf Tarifvertrag = NZA 99, 605.

Sinne von § 823 II BGB, seine Verletzung kann nicht als Verstoß gegen die Fürsorgeverpflichtung angesehen werden. Jedoch kann bei fehlender Auslegung des Tarifvertrages die Berufung auf die Ausschlussfrist eine unzulässige Rechtsausübung sein. Umstritten ist, ob der Lauf der Verfallfrist davon abhängig ist, dass auf die Verfallfristen nach dem Nachweisgesetz im Arbeitsvertrag hingewiesen wird.[129]

V. Geltendmachung des Anspruchs

Peetz/Rose, Ausschlussfristen: Geltendmachung von Ansprüchen per E-Mail, DB 2006, 2346.

28 **1. Einzelauslegung des Tarifvertrages.** Die Geltendmachung ist eine geschäftsähnliche Handlung.[130] Welche Voraussetzungen an den Begriff der Geltendmachung einer Forderung zu stellen sind, muss, sofern die Tarifparteien keine näheren Erläuterungen gegeben haben, nach Sinn und Zweck der Ausschlussfristen beurteilt werden. Sie sollen Klarheit und Rechtsfrieden zwischen den Arbeitsvertragsparteien schaffen. Andererseits bedeuten sie einen erheblichen Eingriff in die Rechte der Arbeitsvertragsparteien gegeneinander.

29 **2. Begriff. a)** Zur Geltendmachung eines Anspruches gehört die **Spezifizierung nach Grund und Höhe.** Es braucht keine rechtliche Begründung gegeben zu werden.[131] Der Anspruch muss dem Grunde nach individualisiert werden, damit der Anspruchsgegner erkennen kann, welche Forderungen erhoben werden.[132] Verlangt eine tarifliche Verfallklausel zur Vermeidung des Verfalls die mündliche Geltendmachung, so liegt eine hinreichende Zahlungsaufforderung vor, wenn der Arbeitnehmer beim Empfang der Lohnabrechnung bemängelt, ein bestimmter Lohnbestandteil fehle.[133] Unzureichend ist dagegen die bloße Angabe der Höhe einer Forderung.[134] Ferner muss annähernd angegeben werden, in welcher Höhe Forderungen erhoben werden, damit sich der Anspruchsgegner schlüssig werden kann, wie er sich verhalten soll.[135] Unzureichend ist, wenn dem Schuldner ein Betrag genannt wird, der erheblich hinter dem Betrag zurückbleibt, den der Gläubiger von ihm verlangen will.[136] Im Allgemeinen wird eine Zahlungsaufforderung zur Geltendmachung notwendig sein.[137] Im Falle der Entgeltfortzahlung bedarf es einer erneuten Geltendmachung, wenn der Arbeitnehmer zwischenzeitlich gesund war.[138] Im Falle der Anspruchshäufung muss wegen jedes einzelnen Anspruchs eine Bezifferung erfolgen.[139] Eine Angabe zur Höhe der Forderung ist dann nicht erforderlich, wenn dem Schuldner diese bekannt ist[140] oder bei umfangreichen strafbaren Handlungen gegen den Arbeitgeber hätte bekannt sein müssen[141] oder wenn er durch sein Verhalten bewirkt hat, dass der Gläubiger von seinen Ansprüchen nicht rechtzeitig Kenntnis erhält.[142] Als Nebenforderung mit dem Hauptanspruch eingeklagte Verzugs- und Prozesszinsen bedürfen i. d. R. keiner besonderen Geltendmachung.[143]

30 **Keine Geltendmachung** ist der Hinweis des Gläubigers, er behalte sich die Verfolgung von Ansprüchen vor.[144] Macht der Arbeitgeber die Rückzahlung überzahlter Bezüge unter Hinweis

---

[129] Bejahend: LAG Schleswig-Holstein 8. 2. 2000 NZA-RR 2000, 196 = DB 2000, 724; LAG Düsseldorf 17. 5. 2001 DB 2001, 1995 = ZTR 2001, 521; verneinend: BAG 23. 1. 2002 AP 5 zu § 2 NachwG = NZA 2002, 800; LAG Köln 6. 12. 2000 ZIP 2001, 477; 7. 3. 2002 NZA-RR 2002, 591; LAG Niedersachsen 7. 12. 2000 NZA-RR 2001, 145; LAG Bremen 9. 11. 2000 DB 2001, 336; vgl. *Bepler* ZTR 2001, 241.

[130] BAG 14. 8. 2002 AP 16 zu § 174 BGB = NZA 2002, 1364.

[131] A. A. BAG 24. 6. 1960 AP 5 zu § 4 TVG Ausschlussfristen (1. Sen.).

[132] BAG 16. 3. 1966, 8. 1. 1970, 16. 12. 1971, 8. 2. 1972, 30. 5. 1972 AP 33, 43, 48, 49, 50 zu § 4 TVG Ausschlussfristen; 20. 2. 2001 AP 11 zu § 1 TVG Tarifverträge: Gaststätten = NZA 2002, 567.

[133] BAG 20. 2. 2001 AP 11 zu § 1 TVG Tarifverträge: Gaststätten = NZA 2002, 567.

[134] A. A. BAG 9. 9. 1965 AP 3 zu § 611 BGB Akkordkolonne (5. Sen.).

[135] BAG 24. 6. 1960, 25. 1. 1967, 28. 6. 1967, 8. 1. 1970, 16. 12. 1971, 8. 2. 1972, 17. 10. 1974 AP 5, 33, 36, 43, 48, 49, 55 zu § 4 TVG Ausschlussfristen; 10. 4. 1963 AP 23 zu § 615 BGB; 9. 9. 1965 AP 3 zu § 611 BGB Akkordkolonne; 5. 3. 1981 AP 9 zu § 70 BAT; 26. 5. 1981 AP 71 zu § 4 TVG Ausschlussfristen.

[136] BAG 8. 2. 1972 AP 49 zu § 4 TVG Ausschlussfristen.

[137] BAG 5. 4. 1995 AP 130 zu § 4 TVG Ausschlussfrist = NZA 95, 1068.

[138] BAG 26. 10. 1994 AP 22 zu § 70 BAT = NZA 95, 858.

[139] BAG 30. 5. 1972 AP 50 zu § 4 TVG Ausschlussfristen.

[140] BAG 16. 12. 1971, 8. 2. 1972, 17. 10. 1974 AP 48, 49, 55 zu § 4 TVG Ausschlussfristen.

[141] BAG 5. 3. 1981 AP 9 zu § 70 BAT.

[142] BAG 24. 6. 1960, 23. 6. 1961, 10. 8. 1967, 27. 10. 1970, 8. 2. 1972 AP 5, 27, 37, 44, 49 zu § 4 TVG Ausschlussfristen.

[143] BAG 26. 5. 1976 AP 93 zu § 22, 23 BAT.

[144] LAG Köln 24. 7. 1984 EzA 59 zu § 4 TVG Ausschlussfristen; dazu BAG 18. 12. 1984 – 3 AZN 571/84.

auf eine fehlerhafte Eingruppierung geltend, so wird hierdurch nicht die tarifliche Ausschlussfrist für Rückzahlungsansprüche aus künftigen Überzahlungen gewahrt.[145]

b) Keiner Geltendmachung bedarf es mehr, wenn der Arbeitgeber den Anspruch in einer Abrechnung **vorbehaltlos anerkannt** hat.[146] Dies ändert sich auch dann nicht, wenn der Arbeitgeber später die Forderung bestreitet. 31

3. Kündigungsschutzklage. a) Ist für die Geltendmachung einer Forderung eine **besondere Form nicht vorgeschrieben,** so ist die Erhebung der Kündigungsschutzklage (§ 4 KSchG) zur fristgerechten Geltendmachung auch der Zahlungsansprüche ausreichend,[147] dagegen unterbricht diese nicht die Verjährung, weil nach Auffassung des BAG die Klage einen anderen Streitgegenstand betrifft.[148] Die Erhebung der Kündigungsschutzklage wahrt aber nur solche Zahlungsansprüche die mit ihr im Zusammenhang stehen. Sie kann keine Ansprüche auf höhere Eingruppierung wahren.[149] Ist durch die Klage die Verfallfrist einmal gewahrt, so bedarf es für die nach Rechtskraft des Urteils fällig werdenden Ansprüche nur dann einer erneuten Geltendmachung, wenn dies im Tarifvertrag vorgesehen ist.[150] 32

Verlangt der Tarifvertrag für die Geltendmachung die **Einhaltung bestimmter Formen,** so sind diese zur Meidung ihrer Unwirksamkeit zu wahren.[151] Fordert ein Tarifvertrag die schriftliche Geltendmachung, so ist ein Fax zur Formwahrung ausreichend.[152] Es gibt keinen Erfahrungssatz, dass Telefaxsendungen dem Empfänger vollständig und richtig zugehen. Einem Sendebericht mit „OK-Vermerk" kommt nicht der Wert eines Anscheinsbeweises zu.[153] Die Schriftform wird nicht eingehalten bei einem E-Mail, weil die Unterschrift fehlt.[154] Eine Strafanzeige ersetzt nicht die schriftliche Geltendmachung.[155] Die Erhebung einer Klage wahrt die Schriftform der Geltendmachung, wenn die Klage innerhalb der Verfallfrist zugestellt wird,[156] auch wenn zunächst schriftliche Geltendmachung und spätere Klageerhebung tariflich normiert sind. Dies gilt jedoch dann nicht, wenn die Klage unzulässig ist[157] oder später zurückgenommen wird.[158] Entsprechendes gilt für die Anmeldung zur Konkurstabelle/Insolvenztabelle.[159] Der Antrag, die Klage abzuweisen, enthält nicht die Geltendmachung eines Anspruchs aus ungerechtfertigter Bereicherung, wenn über das Ende des Arbeitsverhältnisses weitergezahlt worden ist.[160] 33

b) Verlangt der Tarifvertrag[161] **gerichtliche Geltendmachung der Ansprüche innerhalb bestimmter Fristen,** so liegt diese nicht in der Erhebung der Klage auf Rechnungslegung oder der Kündigungsschutzklage,[162] wohl in einer Stufenklage[163] oder Streitverkündung.[164] Das wird nach §§ 203, 204 BGB n. F. in Abrede gestellt. Hiernach sei die Verjährungsfrist gehemmt, wenn 34

---

[145] BAG 17. 5. 2001 AP 2 zu § 70 BAT-O = NZA 2002, 910.

[146] BAG 21. 4. 1993 AP 124 zu § 4 TVG Ausschlussfrist = NZA 93, 1091.

[147] BAG 10. 4. 1963 AP 23 zu § 615 BGB; 16. 6. 1976, 16. 6. 1976, 4. 5. 1977, 22. 5. 1978, 21. 6. 1978 AP 56, 57, 60, 63, 65 zu § 4 TVG Ausschlussfristen; 9. 8. 1990 AP 46 zu § 615 BGB = NZA 91, 226; 13. 2. 1979 AP 10 zu § 7 BUrlG Abgeltung *(Herschel);* 7. 11. 1991 AP 114 zu § 4 TVG Ausschlussfrist = NZA 92, 521; 26. 2. 2003 AP 101 zu § 615 BGB; 19. 3. 2008 AP 11 zu § 305 BGB = NZA 2008, 757.

[148] BAG 1. 2. 1960, 29. 5. 1961 AP 1, 2 zu § 209 BGB.

[149] BAG 14. 12. 2005 AP 281 zu § 1 TVG Tarifverträge: Bau = NZA 2006, 998.

[150] BAG 9. 8. 1990 AP 46 zu § 615 BGB = NZA 91, 226.

[151] Vgl. z. B. BAG 6. 9. 1972 AP 2 zu § 4 BAT.

[152] BAG 11. 10. 2000 AP 153 zu § 4 TVG Ausschlussfristen = NZA 2001, 231.

[153] BAG 14. 8. 2002 AP 166 zu § 4 TVG Ausschlussfristen = NZA 2003, 158.

[154] *Peetz/Rose* DB 2006, 2346.

[155] BAG 10. 1. 1974 AP 54 zu § 4 TVG Ausschlussfristen.

[156] BAG 24. 6. 1960 AP 5 zu § 4 TVG Ausschlussfristen; 4. 11. 1969, 8. 3. 1976 AP 3, 4 zu § 496 ZPO; 18. 1. 1974 AP 4 zu § 345 ZPO; 14. 6. 1974 AP 20 zu § 670 BGB; 2. 4. 1976 AP 9 zu § 102 BetrVG 1972 = NJW 76, 1519.

[157] BAG 29. 6. 1989 AP 103 zu § 4 TVG Ausschlussfristen = NZA 89, 897.

[158] BAG 11. 7. 1990 AP 108 zu § 4 TVG Ausschlussfristen = NZA 91, 70; vgl. aber 7. 11. 1991 AP 114 zu § 4 TVG Ausschlussfristen = NZA 92, 521.

[159] BAG 22. 9. 1982 AP 42 zu § 1 TVG Tarifverträge: Bau; weitergehend BAG 8. 6. 1983 AP 78 zu § 4 TVG Ausschlussfristen = NZA 84, 510; 18. 12. 1984 AP 88 zu § 4 TVG Ausschlussfristen = NZA 85, 396; 15. 2. 2005 AP 4 zu § 108 InsO = NZA 2005, 1124.

[160] BAG 19. 1. 1999 AP 1 zu § 70 BAT-O = NZA 99, 1040.

[161] Hierzu gehört nicht § 70 BAT: BAG 4. 2. 1981 AP 8 zu § 70 BAT.

[162] BAG 9. 3. 1966, 8. 1. 1970, 22. 2. 1978, 1. 3. 1979 AP 31, 43, 63, 66 zu § 4 TVG Ausschlussfristen; 6. 7. 1972 AP 1 zu § 8 TVG 1969.

[163] BAG 23. 2. 1977 AP 58 zu § 4 TVG Ausschlussfristen.

[164] BAG 18. 1. 1966 AP 37 zu § 611 BGB Haftung des Arbeitnehmers; 16. 1. 2003 AP 38 zu § 322 ZPO.

über den Anspruch verhandelt wird, und seien zahlreiche Hemmungen normiert. Im Wege der analogen Anwendung ergebe sich, dass auch der Ablauf der Klagefrist gehemmt sei.[165] Dies ist sehr zweifelhaft. Eine durch Formularvertrag vereinbarte zweistufige vertragliche Ausschlussfrist ist nicht deshalb unzulässigerweise überraschend, weil die zweite Stufe kürzer ist als die erste.[166] Im Allgemeinen ist die Erhebung einer Zahlungsklage notwendig.[167] Unzureichend ist ein Antrag auf Bewilligung der Prozesskostenhilfe.[168] Die Klagefrist beginnt nicht vor Fälligkeit des Anspruches.[169] Sie beginnt u. U. dann nicht zu laufen, wenn Voraussetzung ihres Beginns die ausdrückliche Ablehnung der Ansprüche ist.[170] Erklärt der Arbeitgeber, die vom Arbeitnehmer geltend gemachten Ansprüche auf ihre Berechtigung überprüfen zu wollen, so liegt darin weder ein Schweigen noch eine Ablehnung, weshalb der Arbeitnehmer nicht gehalten ist, zur Wahrung einer zweistufigen tariflichen Ausschlussfrist Klage zu erheben.[171] Sie kann nicht durch vorweggenommene Ablehnung der Forderungen in Lauf gesetzt werden.[172] Eine Ablehnung ist aber bereits darin zu sehen, wenn der Arbeitgeber im Kündigungsschutzprozess die Abweisung der Klage beantragt.[173] Soll die Verfallfrist erst mit dem rechtskräftigen Abschluss des Kündigungsschutzprozesses beginnen, kann der Arbeitnehmer solche Ansprüche nicht vor diesem Zeitpunkt fristwahrend geltend machen.[174] Tarifliche Verfallklauseln können bestimmen, dass die Frist zur gerichtlichen Geltendmachung von Zahlungsansprüchen, die während eines Kündigungsschutzprozesses fällig werden und von seinem Ausgang abhängen, erst mit der rechtskräftigen Entscheidung im Kündigungsschutzprozess beginnt. Eine derartige Regelung erfasst aber nicht den Fall, dass ein vom Arbeitgeber behauptete Eigenkündigung des Arbeitnehmers behauptet und hierüber ein Rechtsstreit geführt wird.[175] Die fristwahrende Wirkung einer Klage entfällt, wenn sie zurückgenommen wird.[176]

35 **c) Urlaubs- und Urlaubsabgeltungsansprüche** können während des Laufes des Kündigungsschutzprozesses erlöschen, weil das Urlaubsjahr inzwischen abgelaufen ist oder tarifliche Verfallfristen ablaufen (§ 102). Im Falle der Erhebung einer Kündigungsschutzklage muss mithin der Urlaubs- bzw. Urlaubsabgeltungsanspruch angemahnt werden, wenn erst im darauf folgenden Jahr mit der Entscheidung zu rechnen ist. Im Falle der Anmahnung setzt er sich in einen Schadensersatzanspruch um.[177]

36 **d)** Die Geltendmachung hat vom **Gläubiger** oder seinem **Bevollmächtigten** (Betriebsrat ist nicht ohne weiteres Vertreter des Arbeitnehmers)[178] gegenüber der zuständigen Stelle zu erfolgen. Der Vorlage einer Vollmachtsurkunde bedarf es nicht.[179] Im Allgemeinen ist ein Gewerkschaftssekretär bevollmächtigt, Ansprüche der von ihm vertretenen Arbeitnehmer geltend zu machen.[180] Die Verfallfrist wird unterbrochen durch Anmeldung der Forderung zur Konkurstabelle (jetzt Insolvenztabelle).[181] Tritt ein Dritter der Schuld bei, z. B. die Ehefrau, so bedarf es keiner besonderen Geltendmachung.[182]

---

[165] *Fromm* ZTR 2003, 70, 72.

[166] BAG 27. 2. 2002 AP 162 zu § 4 TVG Ausschlussfristen; LAG Niedersachsen 10. 5. 2001 NZA-RR 2002, 319.

[167] BAG 22. 2. 1978 AP 63 zu § 4 TVG Ausschlussfristen, auch 1. 3. 1979 AP 66 zu § 4 TVG Ausschlussfristen.

[168] LAG Köln 8. 10. 1997 NZA-RR 98, 226.

[169] BAG 26. 9. 2001 AP 160 zu § 4 TVG Ausschlussfristen = NZA 2002, 1218.

[170] BAG 4. 5. 1970 AP 60 zu § 4 TVG Ausschlussfristen; 16. 3. 1995 AP 129 zu § 4 TVG Ausschlussfristen = NZA 95, 1213.

[171] LAG Berlin 4. 5. 2001 NZA-RR 2001, 648.

[172] BAG 7. 12. 1983 AP 84 zu § 4 TVG Ausschlussfristen.

[173] BAG 13. 9. 1984 AP 86 zu § 4 TVG Ausschlussfristen = NZA 85, 249.

[174] BAG 22. 10. 1980 AP 69 zu § 4 TVG Ausschlussfristen.

[175] BAG 8. 8. 2000 AP 151 zu § 4 TVG Ausschlussfristen = NZA 2000, 1236.

[176] BAG 24. 5. 1973 AP 52 zu § 4 TVG Ausschlussfristen; 11. 7. 1990 AP 108 zu § 4 TVG Ausschlussfristen = NZA 91, 70; vgl. aber BAG 7. 11. 1991 AP 114 zu § 4 TVG Ausschlussfristen = NZA 92, 521.

[177] BAG 24. 11. 1992 AP 23 zu § 1 BUrlG = NZA 93, 472.

[178] Vgl. BAG 7. 12. 1962 AP 23 zu § 1 HausarbeitstagsG NRW; 14. 6. 1974 AP 20 zu § 670 BGB; LAG Berlin 21. 9. 1981 EzA 2 zu § 301 ZPO; 5. 10. 1987 NZA 88, 442; BAG 5. 4. 1995 AP 130 zu § 4 TVG Ausschlussfristen = NZA 95, 1068; LAG Schleswig-Holstein 29. 6. 1999 NZA-RR 99, 587.

[179] BAG 14. 8. 2002 AP 16 zu § 174 BGB = NZA 2002, 1344.

[180] LAG Frankfurt 5. 3. 1993 NZA 94, 192.

[181] BAG 20. 10. 1982 AP 76 zu § 4 TVG Ausschlussfristen = DB 83, 236; noch weitergehend: BAG 8. 6. 1983 AP 78 zu § 4 TVG Ausschlussfristen = NZA 84, 510; 18. 12. 1984 AP 88 zu § 4 TVG Ausschlussfristen = NZA 85, 396.

[182] BAG 11. 11. 1971 AP 47 zu § 4 TVG Ausschlussfristen.

VI. Rückwirkung tariflicher Ausschlussfristen

Tarifliche Verfallfristen können für rückwirkend entstandene tarifliche Ansprüche auch rückwirkend in Kraft gesetzt werden. Die Verfallfrist muss noch so lang sein, dass der Forderungsträger nicht in unzumutbarer Weise in der Geltendmachung seiner Rechte beeinflusst wird.[183] **37**

VII. Anerkennung, Vergleich und Einrede der Arglist

1. Anerkennung. Keiner Geltendmachung bedarf es mehr, wenn die Forderung anerkannt worden ist. Dies kann auch in einer Abrechnung geschehen.[184] Erkennt einer von mehreren Gesamtschuldnern die Forderung an, so kann dieses Anerkenntnis auch gegen den anderen wirken.[185] **38**

2. Vergleich. Haben die Parteien eine **Musterprozessvereinbarung** über die Erhebung von Ansprüchen geschlossen, so beginnt die Verfallfrist erneut, wenn sich die tatsächlichen Grundlagen der Musterprozessvereinbarung geändert haben.[186] **39**

Der Gläubiger kann dem Ablauf der Verfallfrist mit der **Einwendung der unzulässigen Rechtsausübung** begegnen; dann tritt trotz Ablaufs der Verfallfrist ein Erlöschen des Anspruches nicht ein. Ob die Voraussetzungen dafür vorliegen, ist auf Grund der Besonderheiten des einzelnen Falles zu entscheiden. Der Einwand ist anerkannt worden, wenn der Arbeitnehmer bzw. Arbeitgeber darauf vertrauen durfte, der Arbeitnehmer bzw. Arbeitgeber werde die Forderung noch erfüllen,[187] wenn die Forderung anerkannt worden ist,[188] wenn der Schuldner (auch unabsichtlich) den Gläubiger von der fristgerechten Geltendmachung abgehalten hat, wenn der Arbeitgeber offensichtlich böswillig darauf abzielt, seine Arbeitnehmer untertariflich zu entlohnen und die Berücksichtigung der Klausel zur Anerkennung einer unzulässigen Rechtsausübung führen würde,[189] wenn der Arbeitnehmer seinem Arbeitgeber einen Mangel der von ihm ausgeführten Arbeit arglistig verschwiegen hat,[190] wenn der Arbeitnehmer unter einem offensichtlichen Kündigungsdruck gestanden hat oder es sich um dem Grunde und der Höhe nach unstreitige Ansprüche des Arbeitnehmers handelt und dieser bei ihrer Aberkennung in eine erhebliche Notlage geraten würde.[191] Immer ist aber wohl Voraussetzung, dass das Verhalten des Arbeitgebers für den Verfall ursächlich geworden ist.[192] Sehr weitgehend hat das BAG die Einrede der Arglist auch dann als möglich angesehen, wenn ein Arbeitnehmer in erheblichem Umfang überzahlt worden ist und er erkennen konnte, dass er auf die Vergütung keinen Anspruch hatte.[193] **40**

Dagegen ist die **Einrede der Arglist** nicht gerechtfertigt, wenn der Arbeitnehmer seine Ansprüche nur mündlich geltend gemacht und der Arbeitgeber ihn auf die vorgeschriebene schriftliche Geltendmachung nicht aufmerksam gemacht hat[194] oder der Arbeitgeber eine fehlerhafte Auskunft gegeben hat.[195] Vergütungsansprüche eines freien Mitarbeiters, der gerichtlich seine Anerkennung als Arbeitnehmer durchgesetzt hat, unterliegen einer tariflichen Verfallfrist auch, soweit sie für Zeiträume entstanden sind, in denen sein Status noch streitig war. Die Berufung des Arbeitgebers auf diese Frist wird auch nicht treuwidrig dadurch, dass er dem Mitarbeiter den **41**

---

[183] *Hueck/Nipperdey* § 32 III 5g; BAG 14. 7. 1965 AP 5 zu § 1 TVG Tarifverträge: BAVAV; 27. 3. 1963 AP 69 zu § 1 TVG Auslegung.

[184] BAG 21. 4. 1993 AP 124 zu § 4 TVG Ausschlussfrist = NZA 93, 1091.

[185] BAG 10. 7. 1991 SGB 92, 75 (n. a. v.).

[186] BAG 18. 2. 1992 AP 115 zu § 4 TVG Ausschlussfrist = NZA 92, 881.

[187] BAG 22. 12. 1971 AP 9 zu § 59 BetrVG; 26. 8. 1960 AP 2 zu § 6 LohnFG; 18. 12. 1984 AP 87 zu § 4 TVG Ausschlussfristen = NZA 85, 219; 18. 12. 1984 AP 88 zu § 4 TVG Ausschlussfristen = NZA 85, 396; LAG Stuttgart DB 70, 2132; dagegen ArbG Kiel 23. 4. 1998 NZA 98, 899.

[188] BAG 10. 10. 2002 AP 169 zu § 4 TVG Ausschlussfristen = NZA 2003, 329.

[189] BAG 26. 8. 1960 AP 6 zu § 4 TVG Ausschlussfristen; vgl. BAG 29. 1. 1975 AP 11 zu § 242 BGB Unzulässige Rechtsausübung – Verwirkung; LAG Bremen 6. 12. 1950 DB 51, 272; a. A. BAG 19. 12. 1958 AP 4 zu § 611 BGB Urlaubskarten.

[190] Vgl. BAG 6. 5. 1969 AP 42 zu § 4 TVG Ausschlussfristen (zu strafbaren Handlungen).

[191] RAG ARS 38, 355 (362) m. zust. Anm. *Nipperdey;* vgl. LAG Berlin; 26. 11. 1990 BB 91, 1343 = DB 91, 1286.

[192] BAG 20. 2. 2001 AP 11 zu § 1 TVG Tarifverträge: Gaststätten = NZA 2002, 567.

[193] BAG 11. 6. 1980 AP 7 zu § 70 BAT.

[194] BAG 13. 4. 1956, 30. 3. 1962 AP 2, 28 zu § 4 TVG Ausschlussfristen; vgl. LAG Frankfurt 13. 9. 1990 NZA 91, 896.

[195] BAG 22. 1. 1997 AP 27 zu § 70 BAT = NZA 97, 445.

Arbeitnehmerstatus abgesprochen hat.[196] Ist die Einrede der Arglist begründet, ist alsbald nach Behebung des Hindernisses Klage zu erheben.[197]

VIII. Verfallfrist und Aufrechnung

42 Sind Ansprüche nach den Verfallfristen verfallen, so kann mit ihnen auch nicht mehr die Aufrechnung erklärt werden. Eine analoge Anwendung von § 215 BGB kommt nicht in Betracht.[198] Eine zur Sicherung der Aufrechnung einbehaltene Sicherheitssumme (etwa bei einem Akkordarbeiter) ist auszuzahlen. Bedarf es zur Geltendmachung der Einhaltung der Schriftform, so ist die Aufrechnungserklärung schriftlich zu erklären.[199]

§ 206. Tarifbindung

Behrendt/Gaumann/Liebermann, Tarifvertragliche Bindungswirkungen und -folgen beim Austritt aus dem Arbeitgeberverband, NZA 2006, 525; *Löwisch,* Die Mitbestimmung des Personalrats bei der Regelung von Arbeitsbedingungen nach Ende der Tarifbindung, ZTR 2005, 134; *Plander,* Tarifflucht durch kurzfristig vereinbarten Verbandsaustritt?, NZA 2005; *Rieble/Klebeck,* Tarifwechsel im Handwerk, BB 2006, 885; *Schiefer,* Tarifvertragswechsel beim Betriebsübergang, DB 2003, 390; *Sowka/Balg,* Abstreifen der Tarifbindung, Der Personalleiter, Rechtsfolgen des Austritts aus dem Arbeitgeberverband, Der Personalleiter 2005, 254; *Thüsing/Stelljes,* Verbandsmitgliedschaft und Tarifgebundenheit – Mitgliedschaft OT und nicht tariffähige Parallelverbände als Ausfluss grundrechtlich geschützter Gestaltungsfreiheit, ZfA 2005, 527; *Wellenhofer-Klein,* Tarifwechsel durch Unternehmensumstrukturierung, ZfA 99, 239.

Übersicht

	RN
I. Allgemeines	1 ff.
1. Tarifbindung und Geltungsbereich	1
2. Voraussetzung der Tarifbindung	2
3. Gruppen der Tarifbindung	3
II. Kreis der tarifgebundenen Personen	4 ff.
1. Arbeitgeber als Tarifvertragspartei	4
2. Mitglieder der Tarifvertragspartei	5–7
3. Fortgeltung der Tarifbindung (Nachbindung)	8–18
4. Mitglieder der Spitzenorganisationen	19
5. Allgemeinverbindlichkeit	20
6. Gemeinsame Einrichtungen	21
7. Betriebliche und betriebsverfassungsrechtliche Normen	22, 23
8. Erweiterung oder Beschränkung	24
9. Arbeitgeberverbände ohne Tarifbindung	25–29
III. Tarifbindung, Betriebsnachfolge und Umwandlung	30 ff.
1. Betriebsnachfolge	30–32
2. Umwandlung	33–39 a
3. Verschmelzung von Gewerkschaften	39 b
IV. Inbezugnahme eines Tarifvertrages	40 f.
1. Einzelvertragliche Vereinbarung	40
2. Gleichbehandlungsgrundsatz	41

I. Allgemeines

1 **1. Tarifbindung und Geltungsbereich.** Zu unterscheiden sind die **Tarifbindung** und der **Geltungsbereich** (§ 203) **der Tarifverträge.** Bei der Frage nach der Tarifbindung wird entschieden, welche Personen überhaupt der Normsetzungsbefugnis der Tarifpartner unterliegen. Ihr Umfang ist gesetzlich geregelt. Bei der Frage nach dem Geltungsbereich der Tarifverträge wird entschieden, für welche Arbeitsverhältnisse der Tarifgebundenen ein bestimmter Tarifvertrag gelten soll. Er wird durch die Tarifpartner bestimmt.

2 **2. Voraussetzung der Tarifbindung.** Tarifgebunden sind die Mitglieder der Tarifvertragsparteien und der Arbeitgeber, der selbst Partei des Tarifvertrages ist (§ 3 I TVG). Eine Tarifbindung kraft Organisationszugehörigkeit tritt mithin nur ein, wenn sowohl der Arbeitgeber wie der Arbeitnehmer Mitglied derjenigen Organisation sind, die den Tarifvertrag abgeschlossen hat. Für eine Tarifbindung unzureichend ist es, wenn z. B. der Arbeitnehmer Mitglied einer anderen Gewerkschaft ist als derjenigen, die den Tarifvertrag abgeschlossen hat. Eine Ausnahme gilt für Rechtsnormen von Tarifverträgen über betriebliche und betriebsverfassungsrechtliche Fragen.

[196] LAG Köln 13. 8. 1999 NZA-RR 2000, 201.
[197] BAG 3. 12. 1970 AP 46 zu § 4 TVG Ausschlussfristen.
[198] BAG 18. 1. 1962, 30. 3. 1973 AP 2, 4 zu § 390 BGB; GmSOGB. Der BGH hat inzwischen seine gegenteilige Meinung (30. 1. 1958 AP 1 zu § 390 BGB) aufgegeben; 12. 10. 1973 AP 5 zu § 390 BGB.
[199] LAG Düsseldorf 6. 1. 1971 DB 71, 1015.

Diese gelten in allen Betrieben, in denen nur der Arbeitgeber tarifgebunden ist (§ 3 II TVG), da sie für den Betrieb einheitlich gelten müssen.

3. Gruppen der Tarifbindung. Das Gesetz kennt **sechs** Gruppen von tarifgebundenen Personen. 3

II. Kreis der tarifgebundenen Personen

Allgemein: *Hromadka/Maschmann/Wallner,* Der Tarifwechsel, 1996; *Waas,* Probleme der Tarifgebundenheit bei Normen über gemeinsame Einrichtungen der Tarifvertragsparteien, RdA 2000, 81.

Verbandsaustritt, Tarifflucht: *Bauer/Diller,* Flucht aus Tarifverträgen, DB 93, 1085; *Büdenbender,* Tarifbindung trotz Austritts aus dem Arbeitgeberverband – eine notwendige oder eine korrekturbedürftige Regelung?, NZA 2000, 509; *Däubler,* Tarifflucht – eine aussichtsreiche Strategie zur Reduzierung von Lohnkosten?, ZTR 94, 448; *ders.,* Tarifausstieg – Erscheinungsformen und Rechtsfolgen, NZA 96, 225; *Feger,* Flucht aus dem Arbeitgeberverband, AiB 95, 490; *Heinze/Ricken,* Verbandsaustritt und Verbandsauflösung im Spannungsfeld von Tarifeinheit und Tarifpluralität, ZfA 2001, 159; *Hoß/Liebscher,* Der Austritt aus dem Arbeitgeberverband – Eine Chance für die Betriebspartner, DB 95, 2525; *Löwisch,* Die Mitbestimmung des Personalrats bei der Regelung von Arbeitsbedingungen nach Ende der Tarifbindung, ZTR 2005, 134; *Rood,* Das Arbeitsrecht im Umbruch – Flucht aus dem Tarifvertrag, RdA 99, 205; *Schaub,* Aktuelle Streitfragen zur Kostensenkung bei der Arbeitsvergütung, BB 94, 2005; *Schwab,* Mindestarbeitsbedingungen nach Verbandsaustritt des Arbeitgebers, BB 94, 781; *Worzalla,* Beratung von Unternehmen über Durchführung und Folgen eines Verbandsaustrittes, FA 99, 142.

Nachwirkung: *Bauer/Haußmann,* Tarifwechsel durch Verbandswechsel, DB 99, 114; *Buchner,* Die tarifrechtliche Situation bei Verbandsaustritt und bei Auflösung des Arbeitgeberverbandes, RdA 97, 25; *Frieges,* Der Verbandsaustritt: Unwägbarkeiten und verfassungsrechtliche Grenzen der zwingenden Fortgeltung von Tarifbestimmungen, NZA 98, 206; *Gerhards,* Nachwirkung des Tarifvertrags bei Verbandsaustritt und Verbandswechsel des Arbeitgebers, BB 97, 362; *Hensche,* Tarifflucht in juristischen Formen, ArbuR 96, 331; *Hoss/Liebscher,* Der Austritt aus dem Arbeitgeberverband – Eine Chance für die Betriebspartner, DB 95, 2525; *Kittner,* Flucht aus dem Tarifvertrag durch Austritt aus dem Arbeitgeberverband, ArbuR 98, 469; *Krauss,* Der Austritt aus dem Arbeitgeberverband – Keine Chance für die Betriebspartner, DB 96, 528; *Oetker,* Die Beendigung der Mitgliedschaft in Arbeitgeberverbänden als tarifrechtliche Vorfrage, ZfA 98, 41; *Schaub,* Tarifflucht im Spiegel der BAG-Rechtsprechung, AuA 98, 44; *ders.,* Wege und Irrwege aus dem Flächentarifvertrag, NZA 98, 617; *Schleusener,* Die Erzwingung von Firmentarifverträgen nach Verbandsaustritt des Arbeitgebers, BB 99, 684; *Willemsen/Mehrens,* Die Friedenspflicht im Zeitraum der Nachbindung, NZA 2009, 169.

Verbandswechsel: *Bauer/Haussmann,* Tarifwechsel durch Branchenwechsel, DB 2003, 610; *Gerhards,* Tarifgebundenheit beim Verbandswechsel des Arbeitgebers, BB 95, 1290; *Kania,* Tarifbindung bei Ausgliederung und Aufspaltung eines Betriebs, DB 95, 625; *Konzen,* Tarifbindung, Friedenspflicht und Kampfparität bei Verbandswechsel des Arbeitgebers, ZfA 75, 401; *Riesenhuber,* Tarifbindung und Ausgliederung von Unternehmensteilen. Zur „Goethe-Institut"-Entscheidung des BAG v. 11. 9. 1991, BB 93, 1001.

Arbeitgeberverbände ohne Tarifbindung: *Bauer/Diller,* Flucht aus Tarifverträgen, DB 83, 1085; *Bayreuther,* OT-Mitgliedschaft, Tarifzuständigkeit und Tarifbindung, BB 2007, 325; *Belling/Hartmann,* Die Tarifbindung in der Insolvenz, NZA 98, 57; *Buchner,* Mitgliedschaft in Arbeitgeberverbänden ohne Tarifbindung, NZA 94, 2; *ders.,* Verbandsmitgliedschaft ohne Tarifgebundenheit, NZA 95, 761; *ders.,* Verbandsmitgliedschaft ohne Tarifbindung, RdA 2006, 308; *ders.,* Bestätigung der OT-Mitgliedschaft durch das BAG, NZA 2006, 1377; *Däubler,* Tarifflucht – eine aussichtsreiche Strategie zur Reduzierung von Lohnkosten?, ZTR 94, 448; *Deinert,* Zur Zulässigkeit von OT-Mitgliedschaften, ArbuR 2006, 217; *ders.,* Schranken der Satzungsgestaltung beim Abstreifen der Verbandstarifbindung durch OT-Mitgliedschaften, RdA 2007, 83; *Gaumann,* Auskunftspflichten über den Mitgliedsstatus im Arbeitgeberverband, NZA 2001, 1125; *Glaubitz,* Zur Frage der Tariffähigkeit des Arbeitgeberverbandes mit tarifgebundenen und nicht tarifgebundenen Mitgliedern, FS für Stege, 1997; *ders.,* Tariffähigkeit von Arbeitgeberverbänden mit tarifgebundenen und ungebundenen Mitgliedern?, NZA 2003, 140; *Kraus,* Die neue Freiheit ohne Verbandstarif?, DB 95, 1562; *Ostrop,* Mitgliedschaft ohne Tarifbindung, Diss. 1999; *Otto,* Die rechtliche Zulässigkeit einer tarifbindungsfreien Mitgliedschaft in Arbeitgeberverbänden, NZA 96, 624; *Rebhan,* Rechtsvergleichendes zur Tarifbindung ohne Verbandsmitgliedschaft, RdA 2002, 214; *Reuter,* Die Mitgliedschaft ohne Tarifbindung (OT-Mitgliedschaft) im Arbeitgeberverband, RdA 96, 201; *Röckl,* Zulässigkeit einer Mitgliedschaft in Arbeitgeberverbänden ohne Tarifbindung?, DB 93, 2382; *Schlochauer,* OT-Mitgliedschaft in tariffähigen Arbeitgeberverbänden, FS Schaub, S. 699; *Thau,* Rechtliche Konsequenzen der Fusion von Tarifvertragsparteien für Mitgliedschaften und Tarifverträge, JbArbR 39, 51; *Thüsing,* Die Mitgliedschaft ohne Tarifbindung in Arbeitgeberverbänden, ZTR 96, 481; *Thüsing/Stelljes,* Verbandsmitgliedschaft und Tarifgebundenheit – Mitgliedschaft OT und nicht tariffähige Parallelverbände als Ausfluss grundrechtlich geschützter Gestaltungsfreiheit, ZfA 2005, 527; *Wilhelm/Dannhorn,* Die OT-Mitgliedschaft – neue Tore für die Tarifflucht, NZA 2006, 466.

Differenzierungsklauseln: *Bauer/Arnold,* Tarifliche Differenzierungsklauseln Gewerkschaften auf Abwegen, NZA 2005, 1209; *Zachert,* Renaissance der tariflichen Differenzierungsklausel?, DB 95, 322.

4 **1. Arbeitgeber als Tarifvertragspartei.** Der Arbeitgeber, der selbst Partei des Tarifvertrages ist (§ 3 I TVG), ist tarifgebunden. Unerheblich ist, ob der Arbeitgeber den Tarifvertrag allein, zusammen mit mehreren Arbeitgebern oder neben einem Arbeitgeberverband abgeschlossen hat.[1] Bei einer Mehrheit von Arbeitgebern ist aber nur der jeweils Organisierte tarifgebunden. Besitzt ein Arbeitgeber sämtliche Aktien einer Aktiengesellschaft, so ist wohl er, aber nicht die rechtlich selbstständige Aktiengesellschaft tarifgebunden. Bei einer Personenhandelsgesellschaft muss diese den Tarifvertrag abgeschlossen haben. Nach Art. 56 VIII ZA-Nato-Truppenstatut hat die BRD Tariffähigkeit und Tarifzuständigkeit für die bei den alliierten Streitkräften beschäftigten Arbeitnehmer. Auch für diese Arbeitnehmer gilt das TVG.[2] Ist der Arbeitgeber selbst Tarifpartei, lässt sich nur schwer davon sprechen, dass er Normunterworfener ist. Vielmehr gilt der Tarifvertrag für ihn kraft Selbstbindung (§ 199).

5 **2. Mitglieder der Tarifvertragspartei.** Die Mitglieder der Tarifvertragsparteien im Zeitpunkt der Feststellung der Tarifwirkungen sind tarifgebunden (§ 3 I TVG). Die Tarifvertragsparteien können die Tarifbindung nicht dadurch erwirken, dass sie den Tarifvertrag rückwirkend in Kraft setzen.[3] Für die Tarifbindung unerheblich ist, ob sich die Parteien eines Arbeitsvertrages ihre Tarifbindung mitgeteilt haben. Daraus folgt, dass der **Arbeitnehmer** selbst dann Anspruch auf tarifgerechte Behandlung hat, wenn er die Frage nach der Gewerkschaftszugehörigkeit verneint hat. Eine Anfechtung des Arbeitsvertrages nach §§ 119, 123 BGB scheidet wegen Art. 9 III GG aus. Eine Ausnahme ist bei etwaigen Nachzahlungsansprüchen nur bei arglistigem Verhalten (§ 242 BGB) zu machen. Wer einen Anspruch auf eine infolge beiderseitiger Tarifgebundenheit zwingend anzuwendende Inhaltsnorm eines Tarifvertrages stützt, muss darlegen und ggf. beweisen, dass im Anspruchszeitraum Tarifgebundenheit (§ 3 I TVG) bestanden hat. Die bloße Erklärung, einer Tarifvertragspartei (Gewerkschaft oder Arbeitgeberverband) anzugehören, besagt für sich allein nicht, seit wann Tarifgebundenheit vorliegen soll.[4] Gilt eine tarifliche Regelung zur Arbeitszeit sowohl kraft Tarifbindung als auch individualvertraglicher Verweisung, so besteht die Bindung auch nach vorbehaltener Teilkündigung der tariflichen Regelung durch die Gewerkschaft auf Grund der Verweisung weiter.[5]

6 Für den **Arbeitgeber** besteht eine Tarifbindung nur, wenn die Rechtsperson des Arbeitgebers selbst Mitglied der Tarifvertragspartei ist (also z. B. die AktG, GmbH usw.). Ein Konzern kommt als Tarifvertragspartei für den gesamten Konzern regelmäßig nicht in Betracht, weil zwischen den Arbeitnehmern der einzelnen Konzerngesellschaften und der Konzernobergesellschaft keine Arbeitsverhältnisse bestehen (§ 199 RN 4).[6] Ist der Arbeitgeber eine Personengesellschaft (OHG, KG, GbR usw.), so muss diese Mitglied des Verbandes sein.[7] Man wird jedoch auch für ausreichend halten können, wenn sämtliche Mitglieder der Personengesellschaft oder bei der Kommanditgesellschaft der Komplementär[8] für die Gesellschaft Mitglied sind; dies gilt vor allem, wenn diese im Außenverhältnis die Beiträge zahlen. Bei Arbeitsgemeinschaften (Arge) in der Rechtsform der BGB-Gesellschaft besteht Tarifbindung nur bei Mitgliedschaft der Arge oder sämtlicher Gesellschafter. Sind nur ein Teil der Gesellschafter der Arge tarifgebunden, so erwächst keine Tarifbindung für die Arbeitsverhältnisse der Arge. Ist über das Vermögen des Arbeitgebers das Insolvenzverfahren eröffnet worden, so ändert sich an der Tarifbindung nichts, auch wenn der Insolvenzverwalter nicht Mitglied des Arbeitgeberverbandes wird.[9]

7 Die **Rechtswirksamkeit der Mitgliedschaft** beurteilt sich nach dem Recht des Verbandes, also zumeist nach Vereinsrecht.[10, 11] Tritt ein Arbeitgeber oder ein Arbeitnehmer rückwirkend einem Verband bei, so tritt die Tarifbindung nur mit dem Zeitpunkt des Beitritts und nicht

---

[1] BAG 10. 11. 1993 AP 42 zu § 1 TVG Tarifverträge: Einzelhandel = NZA 94, 896.
[2] BAG 20. 12. 1957, 27. 11. 1958 AP 11, 26 zu Art. 44 Truppenvertrag.
[3] BAG 13. 9. 1994 AP 11 zu § 1 TVG Rückwirkung = NZA 95, 740.
[4] BAG 18. 8. 1999 AP 22 zu § 3 TVG = NZA 2000, 432.
[5] BAG 28. 6. 2007 AP 55 zu § 15 BAT.
[6] *Kempen/Zachert* § 2 RN 74; *Löwisch/Rieble* § 2 RN 146.
[7] BAG 4. 5. 1994 AP 1 zu § 1 TVG Tarifverträge: Elektrohandwerk = NZA 95, 638; einschränkend: 10. 12. 1997 AP 20 zu § 3 TVG = NZA 98, 484; 10. 12. 1997 AP 21 zu § 3 TVG = NZA 98, 488.
[8] BAG 22. 2. 1957 AP 2 zu § 2 TVG; 4. 5. 1994 AP 1 zu § 1 TVG Tarifverträge: Elektrohandwerk = NZA 95, 638.
[9] BAG 28. 1. 1987 AP 14 zu § 4 TVG Geltungsbereich = NZA 87, 455; *Belling/Hartmann* NZA 98, 57.
[10] Vgl. BAG 14. 10. 1960 AP 10 zu Art. 9 GG Arbeitskampf; 22. 11. 2000 AP 20 zu § 3 TVG Verbandszugehörigkeit = NZA 2001, 980.
[11] MünchArbR/*Löwisch/Rieble* § 267 RN 7.

rückwirkend ein.[12] Der rückwirkende Beitritt (Übertritt zu einem Verband) hat damit im Außenverhältnis keine Rechtswirkungen; dies folgt aus dem Grundsatz des Vertrauensschutzes der anderen Vertragspartei. Der rückwirkende Beitritt erfolgt zumeist, um einen Anspruch auf Rechtsvertretung durch den Verband zu erlangen. Andererseits wird der Ausgetretene auch nicht mehr von den Tarifwirkungen erfasst.[13] Die Tarifbindung endet mit der Auflösung einer Tarifvertragspartei.[14]

3. Fortgeltung der Tarifbindung (Nachbindung).[15] **a)** Nach § 3 III TVG bleibt die Tarifgebundenheit bestehen, bis der Tarifvertrag endet. Die Vorschrift geht auf die Tarifordnung von 1918 zurück. Diese ließ die Tarifbindung zwar ebenfalls bis zum Ende des Tarifvertrages bestehen. Sie machte aber den Fortbestand der Tarifbindung von dem **Fortbestand des Arbeitsverhältnisses** abhängig. § 1 II der Tarifordnung erlaubte mithin die Beendigung des Arbeitsverhältnisses und seine Neubegründung zu verschlechterten Arbeitsbedingungen. Das ist in § 3 III TVG ausgeschlossen. Die Vorschrift hat die Flucht aus dem Tarifvertrag stärker verhindert. Der Tarifvertrag gilt mit unmittelbarer und zwingender Wirkung auch über den Verbandsaustritt weiter. Es ist mithin eine Schutzvorschrift für Arbeitgeber und Arbeitnehmerverbände.[16] Haben die Tarifvertragsparteien einen Stufentarifvertrag geschlossen oder ist in den neuen Bundesländern auf einen jeweiligen Entgelttarifvertrag verwiesen, so endet der Tarifvertrag mit dem Verbandsaustritt und entfaltet Fortgeltung nach § 3 III TVG. Die Fortgeltung endet im Zeitpunkt der Änderung des in Bezug genommenen Tarifvertrages.[17] 8

Gegen die Wirksamkeit von § 3 III TVG werden **verfassungsrechtliche Einwände** erhoben, weil die Grenzen der Tarifautonomie überschritten seien, die Tarifbindung allein auf § 3 III TVG beruhe und hierfür keine Legitimation vorhanden sei. Alle Einwände sind nicht überzeugend. Nach Art. 9 III GG ist den Koalitionen das Recht zur Regelung von Arbeits- und Wirtschaftsbedingungen übertragen. Wenn der einzelne Arbeitnehmer oder Arbeitgeber einer Koalition beitritt und damit auf den Abschluss durch die Wahrnehmung seiner Rechte in der Organisation Einfluss nimmt, muss er sich auch die Tarifverträge entgegenhalten lassen, die während seiner Mitgliedschaft abgeschlossen werden. Durch seinen Beitritt legitimiert er früher abgeschlossene Tarifverträge. Schon aus dem Grundsatz der Vertragstreue folgt, dass sie bis zu ihrem Ende auszuhalten sind. Diese Rechtsprechung muss das BVerfG gebilligt haben, wenn es auch nach einem Austritt aus dem Arbeitgeberverband die Nachwirkung des Tarifvertrages nach § 4 V TVG bejaht.[18] Dies gilt auch dann, wenn ein Verband eine Kündigungsmöglichkeit auslässt. Bei einem reinen Stufentarifvertrag kommt es auf die Auslegung des Tarifvertrages an, ob die Stufen bereits fest vereinbart sind oder erst zukünftig in Kraft treten sollen. Im letzteren Falle entfällt die Tarifbindung an die nächste Stufe mit dem Verbandsaustritt.[19] 9

b) Nach dem Inhalt setzt § 3 III TVG allein voraus, dass während der Laufzeit des Tarifvertrages einmal eine **Tarifbindung bestanden hat.** Unerheblich ist, ob der Tarifvertrag während des Bestandes der Mitgliedschaft in der Organisation abgeschlossen wird oder in die Organisation während des Bestandes eingetreten wird. Weitere Voraussetzung ist, dass der Tarifvertrag nach seinem betrieblichen Geltungsbereich auf das Arbeitsverhältnis anzuwenden ist. Wandert das Arbeitsverhältnis aus dem Geltungsbereich heraus, endet die unmittelbare und zwingende Wirkung; dies kann der Fall sein, weil der Arbeitgeber die Zwecksetzung des Betriebes ändert, den Betrieb aus dem Geltungsbereich verlegt usw.[20] 10

Vom Verbandsaustritt ist die **Auflösung des Verbandes** zu unterscheiden. Das BAG hat die Verbandsauflösung nicht dem individuellen Austritt gleichgestellt und sowohl eine unmittelbare als auch entsprechende Anwendung von § 3 III TVG abgelehnt.[21] Das Schrifttum ist dem nicht ge- 11

---

[12] BAG 20. 12. 1988 AP 9 zu § 87 BetrVG 1972 Auszahlung = NZA 89, 564; 22. 11. 2000 AP 20 zu § 3 TVG Verbandszugehörigkeit = NZA 2001, 410; vgl. BAG 1. 12. 2004 AP 12 zu § 3 TVG Verbandsaustritt = NZA 2005, 645.

[13] BAG 13. 12. 1995 AP 15 zu § 1 TVG Rückwirkung = NZA 96, 767.

[14] BAG 16. 10. 1986 AP 4 zu § 3 TVG = NZA 87, 246.

[15] Schrifttum siehe vor RN 4.

[16] BAG 4. 4. 2001 AP 26 zu § 4 TVG Tarifkonkurrenz = NZA 2001, 1085.

[17] BAG 17. 5. 2000 AP 8 zu § 3 TVG Verbandsaustritt = NZA 2001, 453; vgl. LAG Berlin 10. 1. 2000 AP 35 zu § 4 TVG Nachwirkung; LAG Schleswig-Holstein 12. 5. 2005 NZA-RR 2005, 426.

[18] BVerfG 3. 7. 2000 AP 36 zu § 4 TVG Nachwirkung = NZA 2000, 947 = EWiR § 4 TVG 2/2000 *(Schaub)*.

[19] BAG 17. 5. 2000 AP 8 zu § 3 TVG Verbandsaustritt = NZA 2001, 453.

[20] BAG 10. 12. 1997 AP 20 zu § 3 TVG = NZA 98, 484; 10. 12. 1997 AP 21 zu § 3 TVG = NZA 98, 488.

[21] BAG 15. 10. 1986 AP 4 zu § 3 TVG = NZA 87, 246.

folgt, sondern befürwortet eine entsprechende Anwendung, weil sonst durch Auflösung des Verbandes die Tarifbindung unterlaufen werden könnte.[22] Da durch § 3 III TVG die Entziehung der Tarifgebundenheit verhindert werden soll, spricht viel für eine entspr. Anwendung.

12 Werden Arbeitgeberverbände oder Gewerkschaften **fusioniert,** führt dies zur Entstehung eines neuen Verbandes. Die Fusionsbeschlüsse sind der Verbandsauflösung vergleichbar, so dass auch in diesem Fall von einer Weitergeltung auszugehen ist. Bei der Verschmelzung der Gewerkschaften auf ver.di (vgl. § 189 RN 11) ist die Tarifbindung erhalten geblieben.

13 **c)** Umstr. ist, inwieweit die Tarifbindung nach § 3 III TVG fortbesteht, wenn nur **einzelne Bestimmungen des Tarifvertrages geändert** werden. Insoweit ist unstreitig, dass dem Ausgetretenen die veränderten tariflichen Bestimmungen nicht mehr entgegengehalten werden können. Umstr. sind die nicht geänderten. Zum Teil wird vertreten, dass mit der Änderung einzelner Bestimmungen die Tarifbindung an den gesamten Tarifvertrag entfällt.[23] Zum Teil wird nur ein partieller Wegfall der Tarifbindung angenommen.[24] Die Gepflogenheiten der Verbände sind unterschiedlich. Zum Teil werden die Tarifverträge bewusst nur partiell geändert und gekündigt, um die Tarifbindung in beider Interessen möglichst lange zu erhalten. Es wird darauf ankommen, ob mit den aufrechterhaltenen Tarifbestimmungen noch eine sinnvolle Ordnung geschaffen werden kann.

14 **d)** In Rspr. und Schrifttum ist umstr., ob im Falle des Verbandsaustritts nach Änderung des Tarifvertrages die geänderten Tarifnormen **nachwirken** (§ 4 V TVG).[25] Das BAG bejaht diese Frage.[26] Es versteht § 4 V TVG dahin, dass nach Ablauf eines Tarifvertrages seine Rechtsnormen in allen Fällen weiter gelten, bis sie durch eine andere Abmachung ersetzt werden.[27] Demgegenüber beruft sich eine Meinung im Schrifttum darauf, dass nach Verbandsaustritt in einem überschaubaren Zeitraum eine Flucht aus dem Tarifvertrag möglich ist. Dieser Meinung kann nicht gefolgt werden.[28] Haben im Ausgangsarbeitsvertrag, der durch Tarifnormen gestaltet worden ist, Vertragsabreden überhaupt gefehlt oder waren durch den Tarifvertrag schlechtere Arbeitsvertragsbedingungen vernichtet worden, entsteht eine Regelungslücke. Diese muss entweder über die nachwirkenden Tarifverträge gefüllt werden oder notfalls im Wege ergänzender Vertragsauslegung. Dabei würde die ergänzende Vertragsauslegung auf § 612 I BGB zurückgreifen müssen. Die tarifliche Regelung wird aber vielfach die übliche sein. Auch der Einwand, der aus dem Verband austretende Arbeitgeber sei auf Jahrzehnte an einen nachwirkenden Tarifvertrag gebunden, ist nur scheinbar richtig. An Tarifänderungen ist der Arbeitgeber nicht gebunden. Er ist im Nachwirkungszeitraum in der Lage, Änderungsverträge zu schließen (§ 4 V TVG). Da die Vergütungstarifverträge regelmäßig jährlich abgeschlossen werden, kann sich ein Arbeitnehmer nicht lange gegen einen Neuabschluss seines Arbeitsvertrages wehren, wenn er von Gehaltserhöhungen ausgeschlossen wird. Andererseits wird der aus dem Verband ausgetretene Arbeitgeber vielfach gezwungen werden, Haustarifverträge (Anerkennungstarifverträge) abzuschließen, die nach allen Erfahrungen nicht günstiger als die Flächentarifverträge sind. Haben die Tarifvertragsparteien einen tariflichen Anspruch rückwirkend gekürzt, so werden solche Arbeitnehmer nicht von der Kürzung erfasst, die zuvor aus der Gewerkschaft ausgetreten sind.[29] Die Nachbindung gilt für Arbeitgeber und Arbeitnehmer.[30]

15 Wird ein Arbeitsverhältnis erst **im Nachwirkungszeitraum begründet,** so wird es von dem Tarifvertrag nicht erfasst.[31]

---

[22] Vgl. *Buchner* RdA 97, 259, 264; *Däubler,* Tarifvertragsrecht, RN 1521; *ders.* NZA 96, 225, 233; *Kempen/Zachert* § 3 TVG RN 39.

[23] BAG 17. 5. 2000 AP 8 zu § 3 TVG Verbandsaustritt = NZA 2001, 453; 7. 11. 2001 AP 11 zu § 3 TVG Verbandsaustritt = NZA 2002, 748; *Wiedemann/Oetker* § 3 TVG RN 98; *Bauer* FS Schaub, S. 19, 24.

[24] *Däubler,* Tarifvertragsrecht, 3. Aufl., RN 300; *Däubler/Peter,* TVG-Komm. § 3 RN 122; *Kempen/Zachert* § 3 RN 32.

[25] Schrifttum siehe vor RN 4.

[26] BAG 18. 3. 1992 AP 13 zu § 3 TVG = NZA 92, 700; 4. 8. 1993 AP 15 zu § 3 TVG = NZA 94, 34; 13. 7. 1994 AP 14 zu § 3 TVG Verbandszugehörigkeit = NZA 95, 479; 13. 12. 1995 AP 3 zu § 3 TVG Verbandsaustritt = NZA 96, 769; 10. 12. 1997 AP 21 zu § 3 TVG = NZA 98, 488; 17. 5. 2000 AP 8 zu § 3 TVG Verbandsaustritt = NZA 2001, 453; zustimmend *Däubler,* Tarifvertragsrecht, RN 1511; *Kempen/Zachert* § 3 RN 34.

[27] BAG 22. 10. 2008 – 4 AZR 789/07 – NZA 2009, 265.

[28] BAG 15. 10. 2003 AP 41 zu § 4 TVG Nachwirkung = NZA 2004, 387.

[29] BAG 13. 12. 1995 AP 15 zu § 1 TVG Rückwirkung = NZA 96, 767.

[30] BAG 4. 4. 2001 AP 26 zu § 4 TVG Tarifkonkurrenz = NZA 2001, 1085.

[31] BAG 22. 7. 1998 AP 32 zu § 4 TVG Nachwirkung = NZA 98, 1287; 20. 9. 2006 AP 41 zu § 1 TVG Bezugnahme auf Tarifvertrag.

Umstritten ist, ob im Falle des Verbandsaustritts die Arbeitsbedingungen im Wege der **Betriebsvereinbarung** geregelt werden können. Dies ist nach richtiger Auffassung zu verneinen, da § 77 BetrVG Sperrwirkung entfaltet (§ 231).[32] Wird eine Betriebsvereinbarung betriebsverfassungswidrig geschlossen, können die Tarifvertragsparteien diese rückwirkend genehmigen.[33] Hat ein Arbeitgeber nach dem Verbandsaustritt in der Vergangenheit die Entgelte der Tarifentwicklung angepasst, begründet dies nur dann eine betriebliche Übung, wenn Anhaltspunkte dafür bestehen, dass der Arbeitgeber auf Dauer der Tarifentwicklung folgen will.[34] 16

e) Umstr. ist die Rechtslage, wenn ein Arbeitgeber den **Verband wechselt,** um möglicherweise einem unbequemen Tarifabschluss zu entgehen.[35] Teilweise wird die Auffassung vertreten, die allgemeinen Grundsätze der Tarifkonkurrenz seien anwendbar,[36] teilweise wird der Vorrang der bisherigen Tarifbindung bejaht,[37] teilweise der Vorrang der mit dem neuen Verband abgeschlossenen Tarifverträge.[38] Nach richtiger Auffassung führt der Verbandswechsel zu einer mehrfachen Tarifbindung nach § 3 I, III TVG. Indes verlieren die früheren Tarifverträge dann ihre Wirksamkeit, wenn sie geändert werden. In den übrigen Fällen kann Tarifpluralität oder Tarifkonkurrenz (vgl. § 199 RN 46) entstehen, die nach den allgemeinen Grundsätzen zu lösen ist. 17

Nach einer gelegentlich vertretenen Auffassung soll die Tarifbindung auch bei **Änderung des Betriebszwecks** entfallen.[39] 18

4. Mitglieder der Spitzenorganisationen. Tarifgebunden sind Mitglieder der Verbände, die Spitzenorganisationen angehören, wenn die Spitzenorganisationen den Tarifvertrag im eigenen Namen abgeschlossen haben. Dieser Fall der Tarifbindung ist zwar nicht ausdrücklich in § 3 TVG genannt. Mitglieder der Spitzenorganisation sind die Gewerkschaften. Die Einzelnen sind mittelbare Mitglieder. Die Tarifbindung folgt aus einer zweckgerechten Auslegung von § 2 III TVG. Die Tarifbindung bleibt bis zur Beendigung des Tarifvertrages erhalten, auch wenn der Arbeitgeber oder Arbeitnehmer aus dem dem Spitzenverband angeschlossenen Verband ausscheidet, wie auch dann, wenn der dem Spitzenverband angeschlossene Arbeitnehmer- oder Arbeitgeberverband aus dem Spitzenverband austritt (§ 3 III TVG analog). Die Ausführungen zu RN 8 gelten sinngemäß. 19

5. Allgemeinverbindlichkeit. Tarifgebunden sind Arbeitnehmer und Arbeitgeber, die infolge AVE an den Tarifvertrag gebunden worden sind (vgl. § 207). 20

6. Gemeinsame Einrichtungen.[40] Eine besondere Tarifbindung besteht, wenn ein Tarifvertrag gemeinsame Einrichtungen (Lohnausgleichskassen, Urlaubsmarkenregelungen usw.) vorsieht (§ 4 II TVG). An einen derartigen Tarifvertrag sind alle Arbeitnehmer und Arbeitgeber gebunden, die zu den in RN 4–19 aufgezählten Gruppen gehören. Zum Teil wird im Schrifttum auch angenommen, dass eine einseitige Tarifbindung des Arbeitgebers ausreichend sei.[41] Das BAG geht für den Beitragsanspruch und die Leistungsseite von der Notwendigkeit einer beiderseitigen Tarifbindung aus.[42] Sind die Normen über gemeinsame Einrichtungen als Inhaltsnormen ausgestaltet, so ist beiderseitige Tarifbindung notwendig. Die Tarifbindung gilt jedoch auch für die Satzung der Einrichtung und das Verhältnis der tarifgebundenen Arbeitgeber und Arbeitnehmer zu dieser Einrichtung. 21

7. Betriebliche und betriebsverfassungsrechtliche Normen. Die Rechtsnormen des Tarifvertrages über betriebliche und betriebsverfassungsrechtliche Fragen gelten für alle Betriebe, deren Arbeitgeber tarifgebunden sind (§ 3 II BetrVG). Zum Teil wird in der Norm eine Erweiterung der Tarifgebundenheit,[43] zum Teil eine Regelungskompetenz von Arbeitgeber und Gewerkschaft für den Gesamtbetrieb gesehen. Im Schrifttum wird zum Teil gefordert, dass mindes- 22

---

[32] BAG 24. 1. 1996 AP 8 zu § 77 BetrVG 1972 Tarifvorbehalt = NZA 96, 948.
[33] BAG 20. 4. 1999 AP 12 zu § 77 BetrVG 1972 Tarifvorbehalt = NZA 99, 1059.
[34] LAG Hamm 25. 9. 2002 NZA-RR 2003, 144.
[35] Schrifttum siehe vor RN 4.
[36] BAG 26. 10. 1983 AP 3 zu § 3 TVG; *Hueck/Nipperdey* Bd. II 1 S. 643, 646 FN 20.
[37] *Konzen* ZfA 75, 401, 429; *Wiedemann/Oetker* § 3 TVG RN 108; *Buchner,* Tarifvertragsgesetz und Koalitionsfreiheit, Diss. München 1964.
[38] *Dräger* BB 70, 1142.
[39] LAG Düsseldorf 7. 10. 1981 DB 82, 808.
[40] *Waas* RdA 2000, 81.
[41] *Däubler,* Tarifvertragsrecht, RN 1153; *Kempen/Zachert* § 4 RN 157.
[42] BAG 5. 12. 1958 AP 1 zu § 4 TVG Ausgleichskasse; 5. 10. 1993 AP 42 zu § 1 BetrAVG Zusatzversorgungskassen = NZA 94, 848.
[43] *Nikisch,* Arbeitsrecht II, § 73 IV 1.

tens ein Arbeitnehmer tarifgebunden sein muss.[44] Die Verfassungsmäßigkeit der Norm ist umstr., weil auch für Außenseiter Recht gesetzt werden kann. Das BVerfG hat die Frage bislang nicht entschieden; es scheint jedoch vieles dafür zu sprechen, dass die Normsetzungsbefugnis nicht von der Verbandsmitgliedschaft abhängt.[45]

23 In der Praxis kommen vor allem Tarifverträge über betriebliche Normen vor; bekannt geworden sind Tarifverträge über Akkordarbeit und Einführung von Kurzarbeit.[46] Persönlich erfasst werden sämtliche Arbeitnehmer des Betriebes. Dies gilt auch dann, wenn sie einer anderen Gewerkschaft angehören. Etwas anderes gilt, wenn auch der von dieser abgeschlossene Tarifvertrag entspr. Regelungen enthält. Alsdann sind die Grundsätze der Tarifkonkurrenz (§ 203 RN 51ff.) anwendbar. Die Tarifverträge dürfen nur solche Regelungen treffen, die aus sachlichen oder rechtlichen Gründen nur einheitlich gelten können.

24 **8. Erweiterung oder Beschränkung.** Die Tarifbindung kann durch die Tarifvertragsparteien nicht erweitert und nicht eingeschränkt werden. Eine **Erweiterung** der Tarifbindung ist unwirksam, weil die Tarifvertragsparteien gegenüber Außenseitern grundsätzlich keine Rechtsetzungsbefugnis haben. Freilich gehört zu den umstrittensten Fragen des Tarifrechts, ob eine Tarifgestaltung in der Weise möglich ist, dass ein tarifgebundener Arbeitgeber seinen tarifgebundenen Arbeitnehmern günstigere Arbeitsbedingungen einräumen muss als den Außenseitern. Das Bundesarbeitsgericht hat die Zulässigkeit von Differenzierungsklauseln verneint.[47] Andererseits ist auch eine **Einschränkung** der Tarifbindung unzulässig. Jedoch können die Tarifparteien häufig eine beschränkte Geltung des Tarifvertrages dadurch erreichen, dass sie z. B. einzelne oder mehrere tarifgebundene Arbeitgeber vom Geltungsbereich des Tarifvertrages ausnehmen (§ 199 RN 3ff.).

25 **9. Arbeitgeberverbände ohne Tarifbindung.**[48] **a)** Umstr. ist, ob Arbeitgeberverbände mit und ohne Tariffähigkeit geschaffen werden können. In aller Regel werden **zwei Konstruktionsprinzipien** unterschieden. **(1)** Der alte Arbeitgeberverband gibt seine Tariffähigkeit auf. Es wird daneben eine Tarifgemeinschaft gegründet, die in aller Regel keine Rechtsfähigkeit erwirbt und die für die der Tarifgemeinschaft angehörenden Arbeitgeber die Tarifverträge abschließt. **(2)** Nach dem zweiten Modell wird zwischen Vollmitgliedschaft, der Gast- bzw. Fördermitgliedschaft und einer Mitgliedschaft ohne Tarifbindung unterschieden.[49] Im Rahmen des Vereinsrechtes haben die Vereinsmitglieder ohne Tarifbindung kein Stimmrecht in den Ausschüssen, die über den Abschluss von Tarifverträgen und etwaige Arbeitskampfmaßnahmen beschließen. Unabhängig davon, welches Modell sich in dem konkreten Verbandsbereich findet, setzen sich die nicht der Tarifbindung unterliegenden Arbeitgeber dem Risiko aus, dass die Gewerkschaften bis hin zum Arbeitskampf Haustarifverträge anstreben. Insoweit besteht durchaus die Gefahr, dass diese für den Arbeitgeber ungünstiger als die Flächentarifverträge sind. Unstreitig scheint jedoch im Schrifttum zu sein, dass bei gewollter Tarifunfähigkeit es nur ein alles oder nichts gibt, also die Tarifwilligkeit nur für Tabuzonen nicht ausgeschlossen werden kann.[50]

26 **b)** Ob es **Koalitionen ohne Tariffähigkeit** geben kann, ist zumindest zweifelhaft. Eine gesetzliche Definition der Koalition gibt es nicht. Lediglich im Leitsatz III 2 des Staatsvertrages über die Wirtschafts-, Währungs- und Sozialunion heißt es: Tariffähige Gewerkschaften und Arbeitgeberverbände müssen frei gebildet, gegnerfrei, auf überbetrieblicher Grundlage organisiert und unabhängig sein, sowie das geltende Tarifrecht als für sich verbindlich anerkennen; ferner müssen sie in der Lage sein, durch Ausüben von Druck auf den Tarifpartner zu einem Tarifabschluss zu kommen. In der Rspr. werden folgende Merkmale der Koalition aufgezählt.[51]

---

[44] MünchArbR/*Löwisch/Rieble* § 267 RN 35.

[45] Vgl. BVerfG 27. 2. 1973 AP 7 zu § 19 HAG; 18. 12. 1974 AP 23 zu Art. 9 GG; auch BAG 29. 11. 1957 AP 13 zu Art. 9 GG.

[46] Vgl. BAG 7. 6. 1962 AP 7 zu § 37 BetrVG 1952; 13. 11. 1964 AP 25 zu § 56 BetrVG 1952; 23. 3. 1962, 15. 5. 1964 AP 1, 5 zu § 56 BetrVG 1952 Akkord; 5. 3. 1974 AP 1 zu § 87 BetrVG 1972 Kurzarbeit.

[47] BAG 29. 11. 1967 AP 13 zu Art. 9 GG; BVerfG 4. 5. 1971 AP 19 zu Art. 9 GG; offen gelassen: BAG 9. 5. 2007 AP 23 zu § 3 TVG Verbandzugehörigkeit = NZA 2007, 1439 = SAE 2008, 97 m. Anm. *Klebeck*. Vgl. *Bauer/Arnold* NZA 2005, 1209; *Zachert* DB 95, 322.

[48] Schrifttum siehe vor RN 4.

[49] Zulässig: BAG 4. 6. 2008 AP 38 zu § 3 TVG = NZA 2008, 1366.

[50] *Löwisch* ZfA 74, 34ff.; *Löwisch/Rieble* § 2 RN 61; *Martens* Anm. zu BAG 19. 11. 1985 SAE 87, 1, 9 = AP 4 zu § 2 TVG Tarifzuständigkeit = NZA 86, 480; vgl. BAG 18. 7. 2006 AP 19 zu § 2 TVG = NZA 2006, 2185; 9. 5. 2007 AP 23 zu § 3 TVG Verbandszugehörigkeit = NZA 2007, 1439.

[51] BAG 15. 11. 1963, 9. 7. 1968, 14. 3. 1978 AP 14, 25, 30 zu § 2 TVG; 10. 9. 1985 AP 34 zu § 2 TVG = NZA 86, 332; 15. 3. 1977 AP 24 zu Art. 9 GG; BVerfG 18. 11. 1954 AP 1 zu Art. 9 GG; 6. 5.

Sie müssen **(a)** Vereinigungen von Arbeitnehmern oder Arbeitgebern, **(b)** vom Mitgliederwechsel unabhängig, also Vereine, **(c)** freiwillig gebildet, **(d)** von der Gegenseite unabhängig, **(e)** parteipolitisch neutral, **(f)** kirchlich unabhängig, **(g)** vom Staat unabhängig und **(h)** auf überbetrieblicher Grundlage organisiert sein, **(i)** sich zur Aufgabe gesetzt haben, Tarifverträge abzuschließen, **(j)** das geltende Schlichtungsrecht anerkennen und **(k)** Druck ausüben können.

c) Zu den Voraussetzungen der **Tariffähigkeit** gehört die **Tarifwilligkeit.**[52] Ob ein Verband die Tariffähigkeit erwerben will, zählt zu seiner Verfassung. Der Verband bestimmt durch seine satzungsmäßigen Organe, ob er die Tariffähigkeit erwerben will oder nicht. Nur stellt sich die Frage, ob er ohne Tarifwilligkeit noch eine Koalition im Rechtssinne ist. Im Schrifttum wird die Möglichkeit von Arbeitgeberverbänden ohne Tariffähigkeit zum Teil bejaht, zum Teil verneint.[53] Das BAG hat sich mit dieser Frage noch nicht beschäftigt. Das BAG hat aber bejaht, dass bestimmte Mitglieder eines Arbeitgeberverbandes von der Tarifzuständigkeit ausgenommen werden können, wenn sie keinen Einfluss auf die Tarifvertragsverhandlungen haben. Damit ist eine OT-Mitgliedschaft anerkannt.[54] In einer Entscheidung vom 23. 10. 1996 hat es einen Individualprozess ausgesetzt, weil über die Frage der Tariffähigkeit und Tarifzuständigkeit im Beschlussverfahren zu entscheiden ist.[55] Wird diese Frage verneint, so hat dies eine Reihe von rechtlichen Auswirkungen. Ein Verband ohne Tariffähigkeit ist ein Wirtschaftsverband und keine Koalition. Er verliert nach richtiger Meinung selbst die Postulationsfähigkeit vor den Arbeitsgerichten (§ 11 ArbGG). In § 2 III TVG heißt es, Spitzenorganisationen können selbst Parteien eines Tarifvertrages sein, wenn der Abschluss von Tarifverträgen zu ihren satzungsgemäßen Aufgaben gehört. Es ist damit zu bedenken, ob hier ein gesetzgeberisches Prinzip normiert ist, dass allgemein Arbeitgeberverbände ohne Tarifwilligkeit geschaffen werden können, oder ob dies nur für die Spitzenverbände gilt. 27

Unabhängig von der Frage der Tariffähigkeit ist die Frage der **Tarifzuständigkeit** zu prüfen. Es liegt in der Satzungsautonomie der Verbände für bestimmte Mitglieder die Tarifzuständigkeit zurückzunehmen. 28

d) Gegen das System der abgestuften Mitgliedschaft in Arbeitgeberverbänden bestehen **zwei Rechtsbedenken. (1)** Es besteht eine Ungleichbehandlung zwischen den einzelnen Verbandsmitgliedern. **(2)** Die Verhandlungsparität zwischen Gewerkschaft und Arbeitgeberverband wird gestört, wenn die Mitglieder ohne Tarifbindung den Verband finanziell unterstützen. Das BAG hat jedoch eine Gastmitgliedschaft in den Verbänden in früherer Zeit zugelassen.[56] 29

III. Tarifbindung, Betriebsnachfolge und Umwandlung

Schaub, Die Tarifverträge bei Umwandlung von Unternehmen, ZTR 97, 245; *Schiefer,* Tarifvertragswechsel beim Betriebsübergang, DB 2003, 390.

1. Betriebsnachfolge. a) Geht ein Betrieb oder ein Betriebsteil im Wege der Betriebsnachfolge auf einen anderen Inhaber über, so ist der Betriebsnachfolger nur dann kraft kollektiven Arbeitsrechts an den Tarifvertrag gebunden, wenn die **Voraussetzungen von §§ 3, 5 TVG** vorliegen. Das Gesetz sucht zwar die Geltung des Tarifvertrages zu erhalten. Es hat aber keine kollektivrechtliche Fortgeltung der Tarifverträge angeordnet, weil es befürchtet, in die Koalitionsfreiheit des neuen Inhabers einzugreifen (§ 119). Es hat daher ein anderes Konstruktionsprinzip gewählt. In § 613a I 2 BGB heißt es: Sind die Rechte und Pflichten eines Arbeitsvertrages durch Rechtsnormen eines Tarifvertrages oder durch eine Betriebsvereinbarung geregelt, so werden sie Inhalt des Arbeitsverhältnisses zwischen dem neuen Inhaber und dem Arbeitnehmer und dürfen nicht vor Ablauf eines Jahres nach dem Zeitpunkt des Überganges 30

1964 AP 15 zu § 2 TVG; 20. 10. 1981 AP 31 zu § 2 TVG; BAG 25. 11. 1986 AP 36 zu § 2 TVG = NZA 87, 492.

[52] BAG 10. 9. 1985 AP 34 zu § 2 TVG = NZA 86, 332; 25. 11. 1986 AP 36 zu § 2 TVG = NZA 87, 492; BVerfG 20. 10. 1981 AP 31 zu § 2 TVG.

[53] Bejahend: LAG Rheinl.-Pfalz 17. 2. 1995 NZA 95, 800; *Buchner* NZA 94, 2; *Löwisch* ZfA 74, 29; dagegen *Däubler,* Tarifvertragsrecht, RN 72 ff.; *ders.* ZTR 94, 448; *Kempen/Zachert* § 2 RN 90 ff.

[54] BAG 23. 2. 2005 AP 42 zu § 4 TVG Nachwirkung 18. 7. 2006 AP 19 zu § 2 TVG Tarifzuständigkeit = NZA 2006, 1225; 9. 5. 2007 AP 23 zu § 3 TVG Verbandszugehörigkeit = NZA 2007, 1439.

[55] BAG 23. 10. 1996 AP 15 zu § 3 TVG Verbandszugehörigkeit = NZA 97, 383; vgl. auch BAG 24. 2. 1999 AP 17 zu § 3 TVG Verbandszugehörigkeit = NZA 99, 995.

[56] BAG 16. 2. 1962 AP 12 zu § 3 TVG Verbandszugehörigkeit; 20. 2. 1986 AP 8 zu § 11 ArbGG 1979 Prozessvertreter.

zum Nachteil der Arbeitnehmer geändert werden. Der Tarifvertrag wird also in das Individualarbeitsverhältnis transformiert und behält grundsätzlich noch für ein Jahr seine zwingende Wirkung (vgl. aber § 613a I 4 BGB).[57] Die Transformation findet nur dann nicht statt, wenn die Rechte und Pflichten bei dem neuen Inhaber durch Rechtsnormen eines anderen Tarifvertrages oder durch eine andere Betriebsvereinbarung geregelt werden. Nach der Rechtsprechung ist aber eine kongruente Tarifbindung von Arbeitgeber und Arbeitnehmer für den Transformationsausschluss erforderlich.[58] In diesen Fällen greift das Tarifvertragsrecht des neuen Inhabers ein. Wenn man so will, hat der Gesetzgeber die potentielle Tarifkonkurrenz nach dem Grundsatz der Tarifeinheit geregelt. Möglich ist auch, dass die zum Inhalt des Arbeitsverhältnisses erwachsenen tarifvertraglichen Ansprüche durch einen nachfolgenden Firmentarifvertrag eingeschränkt werden.[59] Die Transformation von Vergütungsregelungen eines Tarifvertrags in das Arbeitsverhältnis nach § 613a I 2 BGB kann durch ungünstigere Regelungen einer Betriebsvereinbarung im Erwerberbetrieb nicht verhindert oder beseitigt werden.[60] Vgl. § 119.

31 **b)** Das **Outsourcing von Betrieben und Betriebsabteilungen** wird jedenfalls durch die Regelungen des § 613a I 2, 3 BGB nicht erschwert. Nach den Beobachtungen des Verfassers wird hiervon in der Praxis nicht selten Gebrauch gemacht.[61] Allerdings haben die Gewerkschaften ihre Satzung zum Teil geändert. Wird ein Betriebsteil durch Outsourcing ausgegliedert, also z.B. die Verkaufsabteilung eines Stahlunternehmens, bleibt die Zuständigkeit der IG-Metall erhalten (§ 3 IG-Metallsatzung). Nach Gründung der Ver.di ist diese für ausgegliederte Dienstleistungsunternehmen zuständig. Sie vermittelt die Tarifgebundenheit für die zu ihr verschmolzenen Mitglieder der früheren Gewerkschaften.[62]

32 **c)** Geht ein Betrieb oder ein Betriebsteil auf den Nachfolger über, so **wirken die Tarifnormen nach.**[63]

33 **2. Umwandlung. a)** Das **Umwandlungsgesetz** vom 28. 10. 1994 (BGBl. I S. 3210), zul. geänd. am 17. 12. 2008 (BGBl. I S. 2586), in Kraft seit dem 1. 1. 1995, will die Umstrukturierung von Unternehmen erleichtern und damit die Attraktivität des Wirtschaftstandortes Deutschland erhöhen. Es unterscheidet in § 1 UmwG vier Umwandlungen durch **(1)** Verschmelzung, **(2)** Spaltung in Form der Aufspaltung, Abspaltung, Ausgliederung, **(3)** Vermögensübertragung und **(4)** Formwechsel (vgl. § 119).

34 **b)** Wegen der Tarifbindung sind **mehrere Fallgestaltungen** zu unterscheiden.

35 Unterliegt der neue Rechtsträger, auf den der Betrieb/das Unternehmen im Wege der Gesamtrechtsnachfolge übergeht, **derselben Tarifbindung** wie der bisherige Rechtsträger, so ändert sich an der Tarifbindung oder dem Geltungsbereich des Tarifvertrages nichts. Die Verbandszugehörigkeit geht dagegen nicht auf den neuen Rechtsträger über. Ein solcher Übergang wäre mit der negativen Koalitionsfreiheit nicht zu vereinbaren.[64] Der neue Rechtsträger muss selbst entscheiden, ob und welchem Verband er beitritt.

36 Gehört dagegen der neue Rechtsträger **keinem neuen Verband** an, so bleibt gemäß § 324 UmwG § 613a I und IV bis VI BGB unberührt. Das bedeutet, der bei dem älteren Rechtsträger geltende Tarifvertrag sinkt in das Arbeitsverhältnis ab und gilt mit zwingender Wirkung für ein Jahr weiter. Nach Ablauf dieser Frist kann er mit individualvertraglichen Mitteln geändert werden.

37 Werden von dem neuen Rechtsträger **Neueinstellungen** vorgenommen, so kann es zu gespaltenen Arbeitsbedingungen kommen, weil für die Neueingestellten § 613a I 2 BGB nicht gilt.

38 Gehört dagegen der neue Rechtsträger **einem anderen Verband** an, so wird nach § 613a I 3 BGB die Transformation des Tarifvertrages verhindert. Es gilt der neue Tarifvertrag.

---

[57] BAG 20. 4. 1994 AP 108 zu § 613a BGB = NZA 94, 1140.

[58] BAG 21. 2. 2001 AP 20 zu § 4 TVG = NZA 2001, 1318; 30. 8. 2000 AP 12 zu § 1 TVG Bezugnahme auf Tarifvertrag = NZA 2001, 510.

[59] BAG 16. 5. 1995 AP 15 zu § 4 TVG Ordnungsprinzip = NZA 95, 1166.

[60] BAG 6. 11. 2007 NZA 2008, 542.

[61] Z. B. BAG 11. 9. 1991 AP 145 zu § 1 TVG Tarifverträge: Bau.

[62] Vgl. BAG 11. 5. 2005 AP 30 zu § 4 TVG Tarifkonkurrenz = NZA 2005, 1362.

[63] BAG 27. 11. 1991 AP 22 zu § 4 TVG Nachwirkung = NZA 92, 800; 13. 7. 1994 AP 14 zu § 3 TVG Verbandszugehörigkeit = NZA 95, 479.

[64] BAG 2. 12. 1992 AP 14 zu § 3 TVG = NZA 93, 655; 10. 11. 1993 AP 13 zu § 3 TVG Verbandszugehörigkeit = NZA 94, 948; 5. 10. 1993 AP 42 zu § 1 BetrAVG Zusatzversorgungskassen = NZA 94, 848.

c) Die Umwandlung kann mithin genutzt werden, um einem Tarifvertrag zu **entfliehen** und im Rahmen von § 613 a BGB die Arbeitsverträge zu ändern. 39

d) Bei einer Verschmelzung durch Aufnahme tritt der aufnehmende Rechtsträger in die vom verschmolzenen Rechtsträger vereinbarten Firmentarifverträge als Tarifvertragspartei ein. Die unmittelbare und zwingende Wirkung von Tarifverträgen kann nicht durch Bestimmungen in der Satzung eine Tarifpartners ausgeschlossen werden. Ist im Falle einer Tarifkonkurrenz ein Verbandstarifvertrag nach dem Spezialitätsprinzip verdrängt worden und endet der Firmentarifvertrag, so wirken die Normen des Firmentarifvertrags nach § 4 V TVG nach. Kommt bei Abschluss eines Folge-Firmentarifvertrags auf Grund der konkreten Umstände eine Tarifbindung nicht in Betracht (wegen Verschmelzung des Arbeitgebers), gilt der bisher verdrängte, nach wie vor vollwirksame Flächentarifvertrag für die ihm unterworfenen Arbeitsverhältnisse wieder unmittelbar und zwingend.[65] 39a

3. Verschmelzung von Gewerkschaften. Wird ein Teilbetrieb auf einen neuen Arbeitgeber übertragen, kann dieser einem anderen Tarifbereich angehören. Der Arbeitnehmer, dessen Arbeitsverhältnis auf den Betriebserwerber übergegangen ist, wird nur dann tarifgebunden, wenn er Mitglied derjenigen Organisation ist, die den Tarifvertrag abgeschlossen hat. Allerdings können die Tarifverträge nach § 613 a I 2 BGB in den Arbeitsvertrag abgesunken sein. Werden die verschiedenen Gewerkschaften alsdann verschmolzen (ver.di), kann es zu einem Tarifwechsel nach § 613 a I 3 BGB kommen.[66] 39b

IV. Inbezugnahme eines Tarifvertrages

Thüsing, Der Anspruch des Nichtorganisierten auf Tariflohn, ZTR 97, 433.

1. Einzelvertragliche Vereinbarung. Keine Tarifbindung besteht, wenn die Parteien einzelvertraglich die Geltung eines Tarifvertrages oder einzelner Tarifvertragsnormen vereinbaren[67] (§ 208). Dies gilt auch dann, wenn die Arbeitsvertragsparteien eine tarifliche Regelung einzelvertraglich in Bezug genommen haben, die tarifdispositives Gesetzesrecht zum Nachteil des Arbeitnehmers geändert hat. 40

2. Gleichbehandlungsgrundsatz.[68] Auch der Gleichbehandlungsgrundsatz oder das Gebot von Treu und Glauben können keine Tarifbindung erzeugen. Die Differenzierung zwischen Tarifgebundenen und Außenseitern beruht auf der gesetzgeberischen Entscheidung der Gestaltung des Tarifvertragsrechts.[69] Nach älterer, neuerlich bestrittener (§ 112) Auffassung liegt in der unterschiedlichen Behandlung von Tarifgebundenen und Außenseitern kein Verstoß gegen den Gleichbehandlungsgrundsatz. Ein solcher ist jedoch dann gegeben, wenn der Arbeitgeber im Übrigen mit allen Arbeitnehmern unterschiedslos die Geltung des Tarifrechts vereinbart und nur einen einzelnen ausnimmt. Umstritten, aber zu bejahen ist, ob der Tariflohn die übliche Vergütung i. S. von § 612 BGB darstellt (§§ 66, 67). 41

§ 207. Allgemeinverbindlicherklärung

Aigner, Ausgewählte Probleme im Zusammenhang mit der Erklärung der Allgemeinverbindlicherklärung von Tarifverträgen, DB 94, 2545; *Däubler,* Die Allgemeinverbindlicherklärung notwendiges Mittel zum Schutz der Tarifautonomie, FS für Kehrmann, S. 281; *Gastell,* Wie funktioniert der Mindestlohn?, AuA 2008, 471; *Giesen,* Staatsmentalität bei der Verbindlicherklärung von Tarifverträgen, ZfA 2008, 355; *Herschel,* Vom Wesen der Allgemeinverbindlicherklärung von Tarifverträgen, RdA 83, 162; *Koberski/Jotzies,* Allgemeinverbindlicherklärung von Tarifverträgen, AuA 91, 193; *Mäßen/Maurer,* Allgemeinverbindlicherklärung von Tarifverträgen und verwaltungsgerichtlichen Rechtsschutz, NZA 96, 121; *Otto/Schwarze,* Tarifnormen über Gemeinsame Einrichtungen und deren Allgemeinverbindlicherklärung, ZfA 95, 639; *Richardi,* Arbeitsvertrag und Tarifgeltung, ZfA 2003, 655; *Witteler,* Die Allgemeinverbindlichkeitserklärung – kein geeignetes Mittel zur faktischen Einführung von Mindestlöhnen, BB 2007, 1620; *Zachert,* Neue Kleider für die Allgemeinverbindlichkeitserklärung, NZA 2003, 132.

---

[65] BAG 4. 7. 2007 AP 35 zu § 4 TVG Tarifkonkurrenz = NZA 2008, 307.
[66] BAG 11. 5. 2005 AP 30 zu § 4 TVG Tarifkonkurrenz = NZA 2005, 1362.
[67] BAG 7. 12. 1977 AP 9 zu § 4 TVG; MünchArbR/*Löwisch/Rieble* § 269 RN 9, h. M.; a. A. *v. Hoyningen-Huene* RdA 74, 138.
[68] *Thüsing* ZTR 97, 433.
[69] BAG 28. 6. 1972 AP 7 zu § 4 TVG.

Übersicht

	RN
I. Allgemeines	1 ff.
1. Zweck	1, 2
2. Verbandsrechtliche Erstreckung	3, 4
3. Verfassung	5
II. Voraussetzungen der Allgemeinverbindlicherklärung	6 ff.
1. Voraussetzungen der AVE	6
2. Antragsberechtigte	7
3. Rechtsnormen	8
4. Beschäftigung von 50 v. H. der Arbeitnehmer	9
5. Öffentliches Interesse	10
6. Sozialer Notstand	11
III. Verfahren der Allgemeinverbindlicherklärung	12 ff.
1. Rechtsgrundlage	12
2. Zuständigkeit	13
3. Tarifausschuss	14
4. Beendigung	15
5. Bekanntmachung	16
IV. Rechtsnatur der Allgemeinverbindlicherklärung	17 ff.
1. Rechtsnatur	17, 18
2. BVerfG	19
3. Auslegung	20
V. Rechtswirkungen der Allgemeinverbindlicherklärung	21 ff.
1. Rechtswirkung	21
2. Steuer	21 a
3. Gleichstellung	22
4. Tarifkonkurrenz	23
VI. Beendigung der Allgemeinverbindlicherklärung und ihre Rechtsfolgen	24 ff.
1. Aufhebung der AVE	24
2. Aufhebung des Tarifvertrages	25
3. Änderung des Tarifvertrages	26
4. Nachwirkung	27
VII. Arbeitnehmer-Entsendegesetz	28 ff.
1. Rechtsgrundlage	28–29 a
2. Inhalt des AEntG	30
3. Tarifvertragliche Arbeitsbedingungen	31
4. Einbezogene Branchen	31 a
5. Arbeitsbedingungen	32
6. Besondere Regelungen	32 a
7. Rechtsverordnungen	33
8. Pflichten des Arbeitgebers zur Gewährung von Arbeitsbedingungen	33 a
9. Verzicht, Verwirkung	34
10. Durchsetzung des AEntG	35–35 b
VIII. Vergabegesetz und Tariftreueerklärung	36 ff.
1. Allgemeine Problemstellung	36
2. Leitlinien der EU	37, 37 a
3. Verfassungsmäßigkeit	38

I. Allgemeines

1 **1. Zweck.** Die **Rechtswirkungen** des normativen Teiles des Tarifvertrages treten in ihrem Geltungsbereich (s. § 203) ein, wenn Arbeitgeber und Arbeitnehmer tarifgebunden (s. § 206) sind (§ 3 I TVG). Lediglich Rechtsnormen über betriebliche und betriebsverfassungsrechtliche Fragen gelten für alle Betriebsteile, deren Arbeitgeber tarifgebunden (s. § 206 RN 22) ist (§ 3 II TVG). Die beschränkte Geltung des Tarifvertrages kann namentlich bei rückläufiger Konjunktur zu unerwünschten Konsequenzen führen. Bei einem starken Arbeitskräfteüberhang können Arbeitgeber geneigt sein, nur nicht tarifgebundene Arbeitnehmer einzustellen, um damit den durch den Tarifvertrag normierten Lasten zu entgehen. Andererseits können nicht tarifgebundene Arbeitnehmer durch Arbeitsaufnahme zu untertariflichen Bedingungen die tarifgebundenen Arbeitnehmer aus ihren Stellungen verdrängen. Schließlich erlangt ein Arbeitgeber, der eine hohe Zahl von nicht tarifgebundenen Arbeitnehmern beschäftigt, gegenüber seinen Marktmitbewerbern einen Konkurrenzvorteil, weil er zu geringeren Lohnkosten produzieren kann.

2 Diesen **unerwünschten arbeitsrechtlichen und wirtschaftlichen Konsequenzen** sucht das TVG auf zwei Wegen zu begegnen. Es ordnet einmal an, dass die Tarifgebundenheit auch bei Austritt aus dem den Tarifvertrag abschließenden Verband so lange bestehen bleibt, bis der Tarifvertrag endet (§ 3 III TVG). Damit wird verhindert, dass etwa bei einsetzender Rezession Arbeitgeber und Arbeitnehmer sich durch Austritt aus Gewerkschaft und Arbeitgeberverband den Tarifwirkungen entziehen (§ 206 RN 8). Zum anderen lässt das Gesetz die sog. Allgemeinverbindlicherklärung (AVE) des Tarifvertrages zu. Durch sie werden Rechtswirkungen des Tarifvertrages auch auf Außenseiter, also auf nicht Tarifgebundene erstreckt. Ein allgemeinverbindlicher Tarifvertrag gilt mithin nicht nur für tarifgebundene, sondern für sämtliche Arbeitnehmer und Arbeitgeber, die dem räumlichen, zeitlichen, fachlichen und betrieblichen Geltungsbereich des Tarifvertrages unterliegen (s. § 203).[1] Das BMAS veröffentlicht ein Verzeichnis der allgemeinverbindlichen Tarifverträge, zuletzt am 1. 7. 2008.

---

[1] Am 1. 7. 2008 waren insgesamt 454 Tarifverträge allgemeinverbindlich, darunter 176, die auch in den neuen Bundesländern gelten. Allgemeinverbindlich waren insbes. TV auf den Gebieten Baugewerbe, Steine- und Erdenindustrie, Textilindustrie, Bekleidungsindustrie, Brot- und Backwarenindustrie, Bäckerhandwerk, Groß- und Außenhandel, Einzelhandel, Gebäudereinigerhandwerk, Hotel- und Gaststättengewerbe, Bewa-

2. Verbandsrechtliche Erstreckung. Die Tarifpartner haben gelegentlich versucht, die Rechtswirkungen der AVE mit verbandsrechtlichen Mitteln zu erreichen, indem sie sog. Außenseiterklauseln vereinbart haben. Durch **Außenseiterklauseln** soll sichergestellt werden, dass Nichttarifgebundene von einem Arbeitgeber nicht zu schlechteren Bedingungen als Tarifgebundene beschäftigt werden. Sie sind also das genaue Gegenteil der **Tarifausschlussklauseln,** die sicherstellen sollen, dass Tarifgebundene zu günstigeren Bedingungen als Außenseiter beschäftigt werden. 3

Zu unterscheiden sind **allgemeine und beschränkte Tarifausschlussklauseln.** Allgemeine richten sich nur gegen nicht Organisierte, beschränkte auch gegen anders Organisierte. Unter Organisations- oder Absperrklauseln versteht man tarifliche Abmachungen, durch die der Arbeitgeber verpflichtet wird, keine Außenseiter in seinem Betrieb zu beschäftigen. **Differenzierungs- oder Differenzklauseln** wollen die verschiedene Behandlung von Organisierten und nicht Organisierten erzwingen. Spannensicherungsklauseln (gelegentlich auch Abstands-, Differenzierungs-, Spannenklauseln oder Benachteiligungsverbote) sind solche, durch die der Arbeitgeber gezwungen wird, an Organisierte höhere Leistungen als an nicht Organisierte zu erbringen, z. B.: Es wird vereinbart, dass das Weihnachtsgeld für Organisierte 50 Euro höher sein muss als für nicht Organisierte. Tarifausschlussklauseln sind nach der Rspr. des BAG verfassungswidrig, weil sie die negative Koalitionsfreiheit verletzen, die Tarifmacht überschreiten, die Rechtsverhältnisse der Außenseiter regeln und in unzumutbarer Weise den sozialen Gegenspieler fördern.[2, 3] Die Rspr. des BAG ist wiederholt auf Kritik gestoßen.[4] Zur Begünstigung gewerkschaftlicher Vertrauensleute vgl. oben § 191 RN 14. 4

3. Verfassung. Gegen die AVE sind verfassungsrechtliche Bedenken nicht zu erheben.[5] Daran ändert auch der Umstand nichts, dass das BMAS auf ungenaues, nicht oder nur beschränkt beweisbares statistisches Material und Schätzungen angewiesen ist.[6] Freilich ist in Art. 9 III TVG die Tarifautonomie gewährleistet. Damit sind aber subsidiäre Eingriffe des Staates in die Arbeits- und Wirtschaftsbedingungen nicht ausgeschlossen (§ 198 RN 49). Zudem werden die eigentlichen Arbeitsbedingungen durch die Tarifpartner ausgehandelt; sie werden auch für solche Beteiligten, die sich nicht in Verbänden zusammengeschlossen haben, für verbindlich erklärt. 5

II. Voraussetzungen der Allgemeinverbindlicherklärung

1. Voraussetzungen der AVE. Die AVE setzt voraus: **(a)** den Antrag einer Tarifvertragspartei, **(b)** einen rechtswirksamen Tarifvertrag, **(c)** die Beschäftigung von mindestens 50% der unter den Geltungsbereich des Tarifvertrages fallenden Arbeitnehmer durch tarifvertragsgebundene Arbeitgeber, **(d)** ein öffentliches Interesse an der AVE **oder (e),** sofern die Voraussetzungen zu (c) und (d) nicht vorliegen, einen sozialen Notstand (§ 5 I TVG). 6

2. Antragsberechtigte. Dies sind nur die Parteien, die den Tarifvertrag abgeschlossen haben (§ 5 I TVG). Bei mehrgliedrigen Tarifverträgen ist jede Partei antragsberechtigt. Vielfach verpflichten sich die Tarifpartner im obligatorischen Teil des Tarifvertrages zur Antragstellung; dann haben sie wechselweise zur Antragstellung mitzuwirken, insbesondere die Beibringung der notwendigen Unterlagen zu fördern. 7

3. Rechtsnormen. Nur die Rechtsnormen eines (auch nachwirkenden) rechtswirksamen Tarifvertrages[7] können für allgemeinverbindlich erklärt werden. Dies gilt auch dann, wenn sie sich auf gemeinsame Einrichtungen beziehen. Dies kann auch eine Rechtsberatungsstelle sein.[8] 8

---

chungsgewerbe. Das BMAS gibt im Allgemeinen in kurzen Abständen Verzeichnisse der allgemeinverbindlichen Tarifverträge heraus. Das Verzeichnis kann im Internet unter: http://www.bmas.de bei Arbeitsrecht, Tarifverträge abgerufen werden.

[2] BAG 29. 11. 1967 AP 13 zu Art. 9 GG; 9. 5. 2007 AP 23 zu § 3 TVG Verbandszugehörigkeit = NZA 2007, 1439; BVerfG 4. 5. 1971 AP 19 zu Art. 9 GG.

[3] *A. Hueck,* Tarifausschlussklausel und verwandte Klauseln im Tarifvertragsrecht, 1966; *Zöllner,* Tarifliche Differenzierungsklauseln, 1967; *Fechner,* Ein Schritt voran, 1965; *Gamillscheg,* Die Differenzierung nach der Gewerkschaftszugehörigkeit, 1966.

[4] *Gitter* JurA 70, 66; *Hanau* JuS 69, 213; *Herschel* ArbuR 70, 193; *Radke* ArbuR 71, 4; *Reuss* ArbuR 70, 33; *Ritter* JZ 69, 11; *Welter* ArbuR 70, 161; *Zachert* DB 95, 322. Vgl. jetzt BAG 18. 3. 2009 – 4 AZR 64/08.

[5] BVerfG 24. 5. 1977, 15. 7. 1980 AP 15, 17 zu § 5 TVG; BAG 10. 10. 1973 AP 13 zu § 5 TVG m. Anm. *Wiedemann;* 24. 1. 1979 AP 16 zu § 5 TVG; 10. 9. 1991 AP 27 zu § 5 TVG = NZA 92, 125.

[6] BAG 24. 1. 1979 AP 16 zu § 5 TVG.

[7] BAG 10. 10. 1973 AP 13 zu § 5 TVG m. Anm. *Wiedemann;* verfassungsgemäß BVerfG 15. 7. 1980 AP 17 zu § 5 TVG.

[8] BAG 22. 10. 2003 AP 16 zu § 1 TVG Tarifverträge: Gebäudereinigung.

Die Rechtswirksamkeit ist Voraussetzung, weil Sinn der AVE seine Erstreckung auf Außenseiter ist. Die AVE des obligatorischen Teiles ist wirkungslos (§ 5 IV TVG). Infolge der AVE kann sein räumlicher, betrieblicher, fachlicher oder persönlicher Geltungsbereich nicht erweitert werden. Andererseits wird für zulässig gehalten, nur bestimmte Normen (etwa die Kündigungsbestimmungen usw.) für allgemeinverbindlich zu erklären[9] oder die Erklärung räumlich, betrieblich oder fachlich einzuschränken. Das folgt daraus, dass die zuständige Arbeitsbehörde überhaupt nicht zur AVE verpflichtet ist.

9 **4. Beschäftigung von 50 v. H. der Arbeitnehmer.** Grundsätzlich ist die AVE nur zulässig, wenn die tarifgebundenen Arbeitgeber mindestens 50% der unter den Geltungsbereich des Tarifvertrages fallenden Arbeitnehmer beschäftigen. Hierdurch soll gewährleistet sein, dass die Tarifnormen von erheblicher Bedeutung sind. Bei der Errechnung der Zahl der beschäftigten Arbeitnehmer werden sowohl die Tarifgebundenen wie die Außenseiter mitgezählt. Das BMAS wie auch die Gerichte können nach § 287 ZPO schätzen.[10]

10 **5. Öffentliches Interesse.** Die AVE ist grundsätzlich nur zulässig, wenn sie im öffentlichen Interesse liegt.[11] Das ist nicht bereits dann der Fall, wenn die Tarifpartner sie wünschen, um Lohndrückerei oder Schmutzkonkurrenz zu unterbinden; mit dieser Begründung könnte jeder Tarifvertrag für allgemeinverbindlich erklärt werden. Vielmehr ist ein besonderes Interesse erforderlich, um etwa die Unterminierung eines Tarifvertrages[12] zu verhindern oder gleichmäßige Arbeitsbedingungen zu gewährleisten (z. B. bei den Sozialtarifen im Baugewerbe),[13] soziale Mindestbedingungen zu erreichen oder die Gewährung von Teilurlaub zu unterbinden. Dagegen kann die Allgemeinverbindlichkeit grundsätzlich nicht mit Wettbewerbserwägungen der Unternehmer untereinander begründet werden.[14] Die Beurteilung des öffentlichen Interesses ist eine Ermessensfrage, für die das BMAS einen weitgehenden Ermessensspielraum hat.[15]

11 **6. Sozialer Notstand.** Die AVE ist ferner zulässig, auch wenn die Voraussetzungen zu 4 und 5 nicht vorliegen, sie aber zur Behebung eines sozialen Notstandes erforderlich erscheint. Dies kann der Fall sein, wenn verhältnismäßig wenige Arbeitgeber tarifgebunden sind (z. B. in der Haus- und Landwirtschaft), aber die Arbeitsbedingungen unsozial erscheinen. Die AVE zur Behebung eines sozialen Notstandes ersetzt mithin die Festsetzung von Mindestarbeitsbedingungen (vgl. § 162).

III. Verfahren der Allgemeinverbindlicherklärung

Fohrmann, Die Anwendung des Tarifrechts des öffentlichen Dienstes auf die Zuwendungsempfänger des Bundes am Beispiel des BAT, ZTR 88, 40; *Lund,* Die Änderung der Verordnung zur Durchführung des Tarifvertragsgesetzes, DB 89, 626; *Stahlhacke,* Neufassung der Verordnung zur Durchsetzung des Tarifvertragsgesetzes, NZA 89, 334.

12 **1. Rechtsgrundlage.** Das Verfahren ist in § 5 TVG und der DVO i. d. F. vom 16. 1. 1989 (BGBl. I S. 76) zul. geänd. 31. 10. 2006 (BGBl. I S. 2407) geregelt.[16] Ergänzend gelten die Verwaltungsverfahrensgesetze des Bundes und der Länder.

13 **2. Zuständigkeit.** Zuständig für die AVE ist der Bundesminister für Arbeit und Soziales. Dieser kann für einzelne Fälle der obersten Arbeitsbehörde eines Landes das Recht zur AVE sowie zu deren Aufhebung übertragen (§ 5 VI TVG). Geht ein Antrag auf AVE ein, so kann der zuständige Minister den Antrag ablehnen, wenn die Voraussetzungen offensichtlich nicht vorliegen (§ 5 I TVG, § 4 II DVO). Wird der Antrag nicht abgelehnt, so hat er Arbeitgebern und Arbeitnehmern, die von der AVE betroffen werden, den am Ausgang des Verfahrens interessierten Gewerkschaften und Arbeitgeberverbänden sowie den obersten Arbeitsbehörden der Länder, auf deren Bereich sich der Tarifvertrag erstreckt, Gelegenheit zur schriftlichen Stellungnahme sowie zur Äußerung in einer mündlichen und öffentlichen Verhandlung zu geben (§ 6 DVO).

---

[9] BAG 2. 7. 2008 AP 304 zu § 1 TVG Tarifverträge: Bau = NZA-RR 2009, 145; a. A. OVG NRW 23. 9. 1983 BB 84, 723.

[10] BAG 24. 1. 1979 AP 16 zu § 5 TVG; 22. 10. 2003 AP 16 zu § 1 TVG Tarifverträge: Gebäudereinigung; LAG Berlin 15. 9. 1997 FA 98, 135; ArbG Kassel 18. 1. 2001 DB 2001, 1419.

[11] Vgl. LAM NRW 29. 1. 1987 DB 87, 643.

[12] BVerfG 24. 5. 1977 AP 15 zu § 5 TVG.

[13] BAG 24. 1. 1979 AP 16 zu § 5 TVG.

[14] BAG 24. 1. 1979 AP 16 zu § 5 TVG.

[15] BAG 3. 2. 1965 AP 12 zu § 5 TVG; 28. 3. 1990 AP 25 zu § 5 TVG = NZA 90, 781; BVerwG 3. 11. 1988 AP 23 zu § 5 TVG = NZA 89, 364.

[16] *Fohrmann* ZTR 88, 40; *Lund* DB 89, 626; *Stahlhacke* NZA 89, 334.

3. Tarifausschuss. Die AVE erfolgt nur im Einvernehmen mit dem Tarifausschuss (§ 5 I TVG). Dieser besteht aus je drei Vertretern der Spitzenorganisationen der Arbeitnehmer und Arbeitgeber, die der Minister auf Vorschläge der Spitzenorganisation auswählt. Ergibt sich im Tarifausschuss keine Stimmenmehrheit für die AVE, so ist diese unzulässig, da sie nur im Einvernehmen mit dem Ausschuss erfolgt. Umgekehrt ist der Minister nicht zur AVE verpflichtet, wenn der Tarifausschuss zustimmt; vielmehr hat er auch dann nach pflichtgemäßem Ermessen zu entscheiden. Hat eine oberste Arbeitsbehörde eines Landes gegen die AVE Einspruch erhoben, so kann der Bundesminister für Arbeit dem Antrag nur mit Zustimmung der Bundesregierung stattgeben. 14

4. Beendigung. Für die Aufhebung der AVE gilt ein entsprechendes Verfahren. Die Aufhebung ist nur im Einvernehmen mit dem Tarifausschuss zulässig (§ 5 V TVG). Allerdings kann sie auch ohne Antrag von Amts wegen erfolgen. 15

5. Bekanntmachung. Die AVE wie deren Aufhebung bedürfen der öffentlichen Bekanntmachung (§ 5 VII TVG) im BAnz. Die Veröffentlichung der Tarifverträge selbst erfolgt nicht, was nach Ansicht des BVerfG rechtsstaatlichen Grundsätzen nicht widerspricht.[17] Die Veröffentlichung hat konstitutive Bedeutung; d. h. die Rechtswirkungen treten erst mit der Veröffentlichung ein.[18] Eine rückwirkende AVE ist zulässig, soweit dadurch keine rechtsstaatlichen Grundsätze verletzt werden.[19] Sie kann mit Rückwirkung ergehen, wenn bereits der erneuerte oder geänderte Tarifvertrag für allgemeinverbindlich erklärt war. In diesem Fall wird durch die mit Rückwirkung ergehende Allgemeinverbindlicherklärung weder der Grundsatz der Rechtssicherheit noch derjenige des Vertrauensschutzes verletzt. Dies gilt auch soweit der Tarifvertrag Ausschlussfristen enthält.[20] Unzulässig ist sie über den Beginn des Tarifvertrages hinaus. Beginn und Beendigung der AVE sind in das Tarifregister einzutragen (§ 6 TVG) (vgl. § 209 RN 4). Die Eintragung hat nur deklaratorische Bedeutung. Das BMAS veröffentlicht vierteljährlich eine Liste der für allgemeinverbindlich erklärten Tarifverträge, die bezogen oder im Internet eingesehen werden kann (FN 1). 16

IV. Rechtsnatur der Allgemeinverbindlicherklärung

Grundlegend *Nipperdey/Heussner,* Die Rechtsnatur der AVE von Tarifverträgen in Staatsbürger und Staatsgewalt, 1963, S. 211. Vgl. auch *Gross,* Zur Rechtsnatur der Allgemeinverbindlicherklärung, NJW 65, 283; *Dellmann,* Allgemeinverbindlicherklärung von Tarifverträgen und erweiterte Autonomie, ArbuR 67, 138; *Hofbauer,* Der Rechtscharakter der Tarifverträge und der Allgemeinverbindlicherklärung, 1974; *Zöllner,* Die Rechtsnatur der Allgemeinverbindlicherklärung von Tarifverträgen, DB 67, 334.

1. Rechtsnatur. Die Rechtsnatur der AVE ist umstritten. Im Wesentlichen wurden drei Meinungen unterschieden: **(a)** Ursprünglich wurde die AVE als Verwaltungsakt qualifiziert, und zwar entweder als Allgemeinverfügung an die Außenseiter, durch die sie dem Tarifvertrag unterstellt wurden,[21] oder als Verfügung an die Tarifpartner, durch die sie zusätzliche Tarifmacht über die Außenseiter erhielten.[22] **(b)** Das BVerwG[23] sieht in der AVE eine RechtsVO, die den Geltungsbereich der Tarifverträge auf Außenseiter erstreckt. Hiernach können die Arbeitsgerichte die Rechtswirksamkeit der AVE eigenständig überprüfen. **(c)** Vorherrschend ist die Theorie von der **Doppelnatur der AVE.** Sie wird vom BAG vertreten.[24] Sie besagt, dass im Verhältnis des Staates zu den tarifvertragschließenden Verbänden die AVE Verwaltungsakt und im Verhältnis zu den Außenseitern eine Mitwirkungshandlung bei dem autonomen Rechtsetzungsverfahren der Verbände ist. 17

Hieraus folgt: Ist die AVE im Verhältnis zu den Verbänden Verwaltungsakt, so kann vor den Verwaltungsgerichten im Wege der **Anfechtungsklage** auf ihre Aufhebung oder im Wege der 18

---

[17] BVerfG 24. 5. 1977 AP 15 zu § 5 TVG; 10. 9. 1991 AP 147 zu § 1 TVG Tarifverträge: Bau = NZA 92, 125.

[18] *Lieb* Anm. zu BAG 8. 1. 1970 AP 43 zu § 4 TVG Ausschlussfristen; *Zöllner* DVBl. 58, 124 ff.

[19] BAG 1. 3. 1956 AP 1 zu § 4 TVG Effektivklausel; 25. 9. 1996 AP 30 zu § 5 TVG = NZA 97, 496.

[20] BAG 25. 9. 1996 AP 30 zu § 5 TVG = NZA 97, 496.

[21] OVG Berlin 15. 3. 1957 AP 3 zu § 5 TVG; *Hueck/Nipperdey,* Lehrbuch des Arbeitsrechts, 6. Aufl., 2. Bd., § 34 II.

[22] *Herschel* FS für Bogs, S. 125 (135, 137).

[23] Vgl. BVerwG 6. 6. 1958, 1. 8. 1958 AP 6, 7 zu § 5 TVG; ähnlich *Zöllner* § 37 III 5.

[24] BAG 3. 2. 1965, 10. 10. 1973, 19. 3. 1975 AP 12, 13, 14 zu § 5 TVG; 2. 3. 1965 AP 2 zu § 4 TVG Ausgleichskasse; 28. 3. 1990 AP 25 zu § 5 TVG = NZA 90, 781; dazu BVerfG 10. 9. 1991 – 1 BvR 806/90.

Verpflichtungsklage auf Vornahme einer abgelehnten oder unterlassenen AVE geklagt werden (§ 42 VwGO).[25] Klageberechtigt sind die am Tarifvertrag beteiligten Verbände, aber auch diejenigen Verbände, die sich auf dem Regelungsbereich betätigen, da sie in ihren Rechten betroffen sein können. Hebt das Verwaltungsgericht eine AVE rechtskräftig auf, so entfaltet das Urteil Tatbestandswirkung für die Arbeitsgerichte; d. h. das Arbeitsgericht muss das Urteil hinnehmen und eine auf den Tarifvertrag gestützte Klage eines Außenseiters abweisen. Ist die AVE im Verhältnis zu Außenseitern staatliche Mitwirkungshandlung an der Rechtsetzung der Verbände, so sind die einzelnen Außenseiter nicht in der Lage, die AVE vor den Verwaltungsgerichten anzugreifen. Vielmehr haben die Arbeitsgerichte, solange nicht eine rechtskräftige Entscheidung des Verwaltungsgerichts erfolgt ist, die AVE im Prozess inzidenter auf ihre Rechtsmäßigkeit zu überprüfen. Die Überprüfung erfolgt nur insoweit, wie der Vortrag der Parteien hierzu Anlass gibt.[26]

19 **2. BVerfG.** Das BVerfG[27] begreift die AVE im Verhältnis zu den ohne sie nicht tarifgebundenen Arbeitgebern und Arbeitnehmern als einen Rechtssetzungsakt eigener Art zwischen autonomer Regelung und staatlicher Rechtsetzung, der seine eigenständige Grundlage in Art. 9 III GG findet. Damit ist die Theorie von der Doppelnatur, die einen zufriedenstellenden Rechtsschutz garantiert, verfassungsrechtlich abgesichert.

20 **3. Auslegung.** Da die AVE die Rechtsnormen eines Tarifvertrages auf Außenseiter erstreckt, kann ihre Auslegung nur nach den Grundsätzen der Gesetzesauslegung erfolgen.

V. Rechtswirkungen der Allgemeinverbindlicherklärung

21 **1. Rechtswirkung.** Die Rechtswirkung der AVE besteht in der Erstreckung der Tarifgebundenheit auch auf Außenseiter; unabhängig von der Kenntnis des Tarifvertrages.[28] Erfasst werden nur solche Arbeitsverhältnisse, die in den räumlichen, zeitlichen, betrieblichen,[29] fachlichen und persönlichen Geltungsbereich (§ 203) des Tarifvertrages fallen.[30] Unerheblich ist, ob die Außenseiter einem Verband (§ 203) angehören, der an dem für allgemeinverbindlich erklärten Tarifvertrag nicht beteiligt ist. Jedoch können Probleme der Tarifkonkurrenz erwachsen.[31] Die AVE kann auf einem beschränkten Geltungsbereich des Tarifvertrages erfolgen.[32] Eine Rückwirkung der Allgemeinverbindlicherklärung kommt nur unter denselben Voraussetzungen wie bei Gesetzen in Betracht.[33] Der allgemeinverbindliche Tarifvertrag hat für den erfassten Personenkreis dieselbe unmittelbare und zwingende Wirkung wie für Tarifgebundene. Besondere Rechtsfragen ergeben sich, wenn ein Tarifvertrag über gemeinsame Einrichtungen für allgemeinverbindlich erklärt wird. Durch die AVE können Außenseiter nicht zu Mitgliedern der gemeinsamen Einrichtung werden; sie dürfen lediglich mit Abführungslasten belegt werden, erhalten dafür aber auch umgekehrt Leistungen.[34] Gegen die Allgemeinverbindlicherklärung von Tarifverträgen, die gemeinsame Einrichtungen betreffen, bestehen keine verfassungsrechtlichen Bedenken.[35]

21a **2. Steuer.** Beiträge zur Zukunftssicherung des Arbeitnehmers, zu deren Leistung der Arbeitgeber auf Grund eines allgemeinverbindlichen Tarifvertrags gem. § 5 TVG verpflichtet ist, sind steuerfrei (§ 3 Nr. 62 Satz 1 Alt. 3 EStG).[36]

22 **3. Gleichstellung.** Durch die AVE werden die Außenseiter nicht völlig Tarifgebundenen gleichgestellt. Nur die Tarifgebundenen unterliegen den körperschaftlichen Pflichten gegenüber ihrem Verband. Andererseits obliegt dem Verband gegenüber Außenseitern keine Einwirkungspflicht.

---

25 BVerwG 3. 11. 1988 AP 23 zu § 5 TVG = NZA 89, 364.

26 Vgl. dazu BAG 14. 6. 1967 AP 13 zu § 91 a ZPO; 21. 3. 1973 AP 12 zu § 4 TVG Geltungsbereich m. Anm. *Kraft;* 11. 6. 1975 AP 29 zu § 2 TVG; LAG Berlin 15. 9. 1997 FA 98, 135.

27 BVerfG 24. 5. 1977 AP 15 zu § 5 TVG.

28 BAG 15. 11. 1957 AP 1 zu § 8 TVG 1969.

29 Bei Konkurseröffnung: BAG 28. 1. 1987 AP 14 zu § 4 TVG Geltungsbereich = NZA 87, 455.

30 Nicht erfasst werden in die BRD entsandte ausländische Arbeitnehmer, die ihrem Heimatrecht unterliegen: BAG 4. 5. 1977 AP 30 zu § 1 TVG Tarifverträge: Bau.

31 Vgl. BAG 19. 1. 1962 AP 11 zu § 5 TVG; 26. 10. 1983 AP 3 zu § 3 TVG; und § 203 RN 51.

32 BAG 26. 10. 1983 AP 3 zu § 3 TVG; 14. 10. 1987 AP 88 zu § 1 TVG Tarifverträge: Bau.

33 BAG 3. 11. 1982 AP 18 zu § 5 TVG; 25. 9. 1996 AP 30 zu § 5 TVG = NZA 97, 496.

34 BAG 15. 12. 1958, 3. 2. 1965 AP 1, 2 zu § 4 TVG Ausgleichskasse; dazu BVerfG 15. 7. 1980 AP 17 zu § 5 TVG.

35 BVerfG 8. 1. 1987 AP 8 zu § 4 TVG Gemeinsame Einrichtungen; BAG 28. 3. 1990 AP 25 zu § 5 TVG = NZA 90, 781; dazu BVerfG 10. 9. 1991 – 1 BvR 806/90.

36 BFH 13. 9. 2007 NZA-RR 2008, 259.

4. Tarifkonkurrenz. Aus den Grundsätzen der Tarifkonkurrenz folgt, dass ein allgemeinverbindlicher Tarifvertrag nicht auf solche Arbeitsverhältnisse einwirkt, für die ein spezieller Tarifvertrag gilt (vgl. § 203 RN 51).[37] Wird jedoch der spezielle Tarifvertrag aufgehoben, so entfaltet er keine Nachwirkung, da nunmehr die zwingende Wirkung des allgemeinverbindlichen Tarifvertrages eingreift. 23

VI. Beendigung der Allgemeinverbindlicherklärung und ihre Rechtsfolgen

1. Aufhebung der AVE. Die AVE endet, wenn sie aufgehoben wird. Sie kann auch geändert, also z. B. räumlich oder betrieblich eingeschränkt werden. 24

2. Aufhebung des Tarifvertrages. Die AVE endet ferner, wenn der ihr zugrunde liegende Tarifvertrag aufgehoben wird. Dies folgt aus dem Grundsatz ihrer Akzessorietät. 25

3. Änderung des Tarifvertrages. Wird der der AVE zugrunde liegende Tarifvertrag nur geändert, so ist zu unterscheiden: **(a)** Wird der räumliche, betriebliche, fachliche oder persönliche Geltungsbereich erweitert, so bleibt die AVE für den bisherigen Geltungsbereich unberührt. Wird er dagegen eingeschränkt, so tritt sie in dem Bereich außer Kraft, für den der ursprüngliche Tarifvertrag nicht mehr gilt. **(b)** Wird der Tarifvertrag inhaltlich geändert, so gelten die geänderten Tarifnormen nur für die Tarifgebundenen. Die abgeänderten Tarifnormen gelten aber auch nicht mehr unmittelbar und zwingend für die Außenseiter. Dies folgt aus der Vertragstheorie und der Akzessorietät der AVE. Insoweit herrscht in Literatur und Rechtsprechung kein Streit. Umstritten ist lediglich, ob die nicht geänderten Tarifnormen noch allgemeinverbindlich sind. Die Rechtsprechung hält die nicht geänderten Normen noch insoweit für allgemeinverbindlich, wie sie mit den nicht geänderten Normen nicht in einem inneren Zusammenhang stehen.[38] Die Praxis der Ministerien ist dagegen regelmäßig anders. 26

4. Nachwirkung. Ist die AVE beendet, so können nicht beiderseitig tarifgebundene Arbeitgeber und Arbeitnehmer beliebig Arbeitsverträge abschließen. Solange neue Vereinbarungen nicht getroffen sind, entfalten jedoch die alten, ehemals allgemeinverbindlichen Tarifnormen Nachwirkung.[39] Ob frühere unwirksam gewordene Vertragsbedingungen wieder aufleben, ist umstr.[40] 27

VII. Arbeitnehmer-Entsendegesetz

Kommentar: *Koberski/Asshoff/Hold,* Arbeitnehmer-Entsendegesetz, 2. Aufl., 2002.

Aufsätze: *Bayreuther,* Die Novellen des Arbeitnehmerentsende- und des Mindestarbeitsbedingungsgesetzes, DB 2009, 678; *Bieback,* Rechtliche Probleme von Mindestlöhnen, insbesondere nach dem Arbeitnehmer-Entsendegesetz, RdA 2000, 207; *ders.,* Die Wirkung von Mindestentgelttarifverträgen gegenüber Konkurrierenden Tarifverträgen, ArbuR 2008, 234; *Binder,* Die Arbeitnehmerentsendung aus EU-/EWR-Staaten nach Österreich unter besonderer Berücksichtigung eines möglichen Sozialdumpings, DRdA 99, 1; *Blanke,* Die Neufassung des Arbeitnehmer-Entsendegesetzes: Arbeitsmarktregulierung im Spannungsverhältnis von Dienstleistungsfreiheit, Arbeitnehmerschutz und Tarifautonomie, ArbuR 99, 417; *Böhm,* Arbeitnehmer-Entsendegesetz als Ermächtigungsgesetz, NZA 99, 128; *Borgmann,* Kollisionsrechtliche Aspekte des Arbeitnehmer-Entsendegesetzes, IPRax 96, 315; *Bosch,* Mindestlohn in Deutschland notwendig-Kein Gegensatz zwischen sozialer Gerechtigkeit und Beschäftigung, ZAF 2008, 421; *Franz,* Der trügerische Charme des Mindestlohns, ZAF 2008, 431; *Buchner,* Tarifverträge im Wettbewerb?, ZfA 2004, 229; *Büdenbender,* Die Erklärung der Allgemeinverbindlichkeit von Tarifverträgen nach dem Arbeitnehmer-Entsendegesetz, RdA 2000, 193; *v. Danwitz,* Das neugefasste Arbeitnehmer-Entsendegesetz auf dem Prüfstand: Europa und verfassungsrechtliche Schranken, RdA 99, 322; *de Fátima Veigc,* Mindestlohnverpflichtung des Subunternehmers nach dem AEntG – Haftung des Bauunternehmers, NZA 2005, 208; *Greiner,* Das VG Berlin und der Post-Mindestlohn, BB 2008, 840; *Hanau,* Das Arbeitnehmer-Entsendegesetz, NJW 96, 1369; *ders.,* Die Anwendung des Arbeitnehmer-Entsendegesetzes auf inländische Arbeitgeber, NZA 98, 1249; *Hohenstatt/Schramm,* Tarifliche Mindestlöhne: Ihre Wirkungsweise und ihre Vermeidung am Beispiel des Tarifvertrags zum Post-Mindestlohn, NZA 2008, 433; *Klebeck,* Grenzen staatlicher Mindestlohntariferstreckung, NZA 2008, 446; Kocher, Mindestlöhne und Tarifautonomie, Festlegung allgemeiner Mindestentgelte durch Verbindlicherklärung nach AEntG?, NZA 2007, 600; *Koenigs,* Zum Verhältnis Dienstleistungsfreiheit – sozialer Schutz der Arbeitnehmer, DB 2002, 1270; *Krebber,* Die Bedeutung von Entsenderichtlinie und Arbeitnehmer-Ent-

---

[37] Vgl. BAG 25. 7. 2001 AP 242 zu § 1 TVG Tarifverträge: Bau = NZA 2002, 1406.

[38] BAG 16. 11. 1965 AP 30 zu § 4 TVG Ausschlussfristen.

[39] Vgl. BAG 19. 1. 1962 AP 11 zu § 5 TVG; LAG Berlin 5. 12. 1994 NZA 95, 1174; 25. 10. 2000 AP 38 zu § 4 TVG Nachwirkung = NZA 2001, 1146.

[40] Möglicherweise bejahend: BAG 21. 9. 1989 AP 43 zu § 77 BetrVG 1972 = NZA 90, 331, 351; dagegen LAG Berlin 19. 10. 1990 BB 91, 1863 verneint für 12 Jahre zurückliegenden Vertrag: LAG Kiel 12. 12. 2006 jurisPR-ArbR 17/2007 Nr. 1.

sendegesetz für das Arbeitskollisionsrecht, IPRax 2001, 22; *Lunk/Nehl,* „Export" deutschen Arbeitsschutzrechtes?, DB 2001, 1934; *Maier,* Verletzt die Tariferstreckung kraft Rechtsverordnung (§ 1 III a 1 AEntG) die positive Koalitionsfreiheit (Art. 9 III GG) anderweitig Tarifgebundener?, NVwZ 2008, 746; *Marschall,* Ergebnisse der Novellierung des Arbeitnehmer-Entsendegesetzes, NZA 98, 633; *Mauer,* Arbeitsrechtliche Auswirkungen einer E101-Bescheinigung bei Arbeitnehmerentsendung, FA 2006, 133; *Meyer,* Mehr Schlagkraft gegen Lohn- und Sozialdumping, Arbeitnehmer-Entsendegesetz, AuA 99, 113; *Rieble/Lessner,* Arbeitnehmerentsendegesetz, Nettolohnhaftung und EG-Vertrag, ZfA 2002, 29; *Sansone/Ulber,* Neue Bewegung in der Mindestlohndebatte?, ArbuR 2008, 125; *Schmayr,* Die gemeinschaftsrechtliche Entsendungsfreiheit und das deutsche Entsendegesetz, ZfA 96, 615; *Schwab,* Das Arbeitnehmer-Entsendegesetz – Eine Zwischenbilanz, NZA-RR 2004, 1; *Strohmeier,* Die Verfassungswidrigkeit des Arbeitnehmer-Entsendegesetzes, RdA 98, 33.

28 **1. Rechtsgrundlage. a)** Die **Richtlinie** des Europäischen Parlaments und des Rates über die Entsendung von Arbeitnehmern im Rahmen der Erbringung von Dienstleistungen (96/71/EG) vom 16. 12. 1996 (ABl. EG Nr. L 18 v. 21. 1. 1997 S. 1) gilt für Unternehmen in einem Mitgliedstaat, die im Rahmen einer länderübergreifenden Erbringung von Dienstleistungen Arbeitnehmer in das Hoheitsgebiet eines Mitgliedstaates entsenden. Die Richtlinie ist durch das **Gesetz über zwingende Arbeitsbedingungen bei grenzüberschreitenden Dienstleistungen** (Arbeitnehmer-Entsendegesetz – AEntG) vom 26. 2. 1996 (BGBl. I S. 227), zul. geänd. am 21. 12. 2007 (BGBl. I S. 3140), in das nationale Recht umgesetzt worden. Der EuGH geht davon aus, dass das AEntG mit dem europäischen Recht vereinbar ist.[41] Das AEntG ist neu gefasst worden (20. 4. 2009, BGBl. I S. 799; vgl. BT-Drucks. 16/10486 v. 7. 10. 2008). Zum AEntG gibt es mehrere Merkblätter, die bei den Agenturen für Arbeit erhältlich sind oder über das Internet abgerufen werden können.

29 **b)** Aus Art. 49 EG folgt die **Dienstleistungsfreiheit.** Damit haben ausländische Arbeitgeber die Möglichkeit, ihre Arbeitnehmer in die BRD zu entsenden, um hier ihre Dienstleistungen zu heimischen Preisbedingungen zu erbringen. Betroffen ist vor allem die Bauindustrie, die bei der Auftragsvergabe durch ausländische Unternehmen unterboten wird.[42] Regelmäßig sind die Arbeitnehmer nicht nach deutschem Recht sozialversicherungspflichtig, so dass ein weiterer Kostenvorteil erwächst. Nach Art. 14 Nr. 1 lit. a VO 1408/71 EWG besteht nur dann Sozialversicherungspflicht, wenn die Arbeitnehmer zum Zweck der Entsendung angeworben wurden.[43] Wegen der Bürgenhaftung nach § 1 a AEntG hatte das BAG ein Vorabentscheidungsverfahren beim EuGH eingeleitet.[44] Inzwischen hat es entschieden, dass die Bürgenhaftung nach § 1 a AEntG mit der durch Art. 49 EG gewährleisteten Freiheit des Dienstleistungsverkehrs vereinbar ist. Der Haftung nach § 1 a AEntG unterliegt nur der Anspruch des Arbeitnehmers auf Arbeitsentgelt für tatsächlich geleistete Arbeit. Nicht erfasst werden Annahmeverzugsansprüche des Arbeitnehmers und Ansprüche gegen den Arbeitgeber auf Verzugszinsen wegen verspäteter Lohnzahlungen.[45]

29a **c) Zielsetzung.** Das AEntG regelt die Schaffung und Durchsetzung angemessener Mindestarbeitsbedingungen für grenzüberschreitend entsandte und für regelmäßig im Inland beschäftigte Arbeitnehmer und Arbeitnehmerinnen sowie die Gewährleistung fairer und funktionierender Wettbewerbsbedingungen. Dadurch sollen zugleich sozialversicherungsrechliche Bedingungen erhalten und die Ordnungs- und Befriedungsfunktion der Tarifautonomie gewahrt werden (§ 1 AEntG).

30 **2. Inhalt des AEntG.** Die in Rechts- und Verwaltungsvorschriften enthaltenen Regelungen über **(1)** die Mindestentgeltsätze einschließlich der Überstundensätze, **(2)** den bezahlten Mindestjahresurlaub, **(3)** die Höchstarbeitszeiten und Mindestruhezeiten, **(4)** die Bedingungen für die Überlassung von Arbeitskräften, insbesondere durch Leiharbeitsunternehmen, **(5)** die Sicherheit, den Gesundheitsschutz und die Hygiene am Arbeitsplatz, **(6)** die Schutzmaßnahmen im Zusammenhang mit den Arbeits- und Beschäftigungsbedingungen von Schwangeren und Wöchnerinnen, Kindern und Jugendlichen und **(7)** die Gleichbehandlung von Männern und Frauen sowie andere Nichtdiskriminierungsbestimmungen finden auch auf Arbeitsverhältnisse

---

[41] EuGH 23. 11. 1999 DB 99, 2570 (Arblade/Leloup); 15. 3. 2001 AP 2 zu EWG-Richtlinie Nr. 96/71 = NZA 2001, 554.

[42] Vgl. BAG 6. 11. 2002 AP 1 zu § 1 a AEntG = NZA 2003, 490; 25. 1. 2005 AP 22 zu § 1 AEntG = NZA 2005, 1365; zu selbstständigen Betriebsabteilungen: BAG 21. 11. 2007 NZA-RR 2008, 253.

[43] Vgl. OLG Köln 28. 2. 1997 NZA-RR 98, 29; EuGH 10. 2. 2000 AP 1 zu EWG-Verordnung 1408/71 = NZA-RR 2000, 201.

[44] BAG 6. 11. 2002 AP 1 zu § 1 a AEntG = NZA 2003, 490.

[45] BAG 12. 1. 2005 AP 2 zu § 1 a AEntG = NZA 2005, 627; 12. 1. 2005 – 5 AZR 279/01 (n. a. v.) Ez AÜG § 1 a AEntG Nr. 7; vgl. 6. 11. 2002 – 5 AZR 279/01 (A) (n. a. v.).

zwischen einem im Ausland ansässigen Arbeitgeber und seinen im Inland beschäftigten Arbeitnehmern und Arbeitnehmerinnen zwingend Anwendung. Entsprechend Art. 3 Abs 1 1. Spiegelstrich Enntsenderichtlinie finden diese Arbeitsbedingungen unabhängig davon Anwendung, in welcher Branche die Arbeitnehmer und Arbeitnehmerinnen beschäftigt sind. Mit dem Begriff zwingend wird klargestellt, dass es sich hierbei um eine Vorschrift im Sinne von Art. 34 EGBGB handelt, die nach den Grundsätzen des internationalen Privatrechts auch dann anzuwenden ist, wenn das Arbeitsverhältnis eines entsandten Arbeitnehmers oder einer entsandten Arbeitnehmerin im übrigen dem Recht eines anderen Staates, z. B. seines oder ihres Herkunftsstaates, unterliegt.

3. Tarifvertragliche Arbeitsbedingungen. Die Rechtsnormen eines bundesweiten Tarifvertrages finden unter bestimmten Voraussetzungen auch auf Arbeitsverhältnisse zu einem Arbeitgeber mit Sitz im Ausland und seinen im räumlichen Geltungsbereich dieses Tarifvertrags beschäftigten Arbeitnehmern und Arbeitnehmerinnen zwingend Anwendung, wenn der Tarifvertrag für allgemeinverbindlich erklärt ist oder eine RechtsVO nach § 7 vorliegt (§ 3 AEntG). § 3 stellt die Parallelvorschrift zu § 2 AEntG über die allgemeinen Arbeitsbedingungen dar und setzt gleichfalls die Arbeitnehmer-Entsenderichtlinie um. Die Vorschrift bewirkt, dass auch Arbeitgeber, die ihren Sitz im Ausland haben, bestimmte tarifvertragliche Arbeitsbedingungen einhalten müssen, wenn sie Arbeitnehmer und Arbeitnehmerinnen in Deutschland beschäftigen. Die Vorschrift enthält die Grundnorm, dass die in diesem Gesetz zwingend geregelten tarifvertraglichen Arbeitsbedingungen ebenfalls zwingende Normen im Sinne des Art. 34 EGBGB sind. Wegen des gemeinschaftsrechtlichen Verbots der Diskriminierung von Dienstleistungserbringern mit Sitz in einem anderen Staat des europäischen Wirtschaftsraums darf von einem dort ansässigen Arbeitgeber, der Arbeitnehmer und Arbeitnehmerinnen nach Deutschland entsendet, die Einhaltung tarifvertraglicher Arbeitsbedingungen nur verlangt , wenn auch alle entsprechenden Arbeitgeber der Branche , d. h. seine potentiellen hiesigen Konkurrenten, diese Arbeitsbedingungen zwingend einhalten müssen. Diese Gleichbehandlung lässt sich nur erreichen, wenn die Einhaltung der entsprechenden Tarifverträge sowohl im Falle einer Allgemeinverbindlicherklärung nach § 5 TVG als auch im Fall einer RechtsVO nach § 7 für alle inländischen Arbeitgeber der betreffenden Branche zwingend vorgeschrieben wird. 31

4. Einbezogene Branchen. In § 4 AEntG werden die Branchen aufgezählt, in denen Tarifverträge geschlossen werden können, die für eine Erstreckung nach § 3 AEntG in Betracht kommen. Hierzu gehören das Bauhauptgewerbe oder das Baunebengewerbe im Sinne der BaubetriebeVO einschließlich der Erbringung von Montageleistungen sowie der Briefdienstleistungen. Für andere Branchen mit einer Tarifbindung von mindestens 50% besteht das Angebot, in das AEntG aufgenommen zu werden, wenn die an Tarifverträge für diese Branche gebundenen Arbeitgeber mindestens 50% der unter den Geltungsbereich dieser Tarifverträge fallenden Arbeitnehmer und Arbeitnehmerinnen beschäftigen. Weitere Voraussetzung ist, dass Tarifvertragsparteien der betreffenden Branche einen Antrag stellen. Bis zum 31. 3. 2008 haben Tarifvertragsparteien aus acht Branchen die Aufanahme in den Anwendungsbereich des AEntG beantragt. 31a

5. Arbeitsbedingungen. In § 5 AEntG werden die Arbeitsbedingungen benannt, die Gegenstand eines nach dem AEntG relevanten Tarifvertrags sein können. Hierzu gehören die Mindestentgeltsätze, die nach der Art der Tätigkeit, Qualifikation der Arbeitnehmer und Arbeitnehmerinnen und Regionen differieren können einschließlich der Überstundensätze, die Dauer des Erholungsurlaubs, das Urlaubsentgelt oder ein zusätzliches Urlaubsgeld, die Einbeziehung von Beiträgen und die Gewährung von Leistungen im Zusammenhang von Urlaubsansprüchen, Arbeitsbedingungen im Sinne von § 2 Nr. 3 bis 7 AEntG, also die Höchstarbeitszeiten und Mindestruhezeiten, die Bedingungen für die Überlassung von Arbeitskräften, insbesondere durch Leiharbeitsunternehmen, die Sicherheit, den Gesundheitsschutz und die Hygiene am Arbeitsplatz, die Schutzmaßnahmen im Zusammenhang mit den Arbeits- und Beschäftigungsbedingungen von Schwangeren und Wöchnerinnen, Kindern und Jugendlichen, die Gleichbehandlung von Männern und Frauen. 32

6. Besondere Regelungen. In § 6 AEntG sind die für die Branche geltenden Besonderheiten zusammengefasst. Nach § 6 I gilt das AEntG während einer Frist von acht Tagen für bestimmte tarifvertragliche Arbeitsbedingungen (Mindestlohn/Urlaub), wenn es sich um bestimmte Montage- und Einbauarbeiten im Zusammenhang mit Lieferverträgen handelt. § 6 II beschränkt die Anwendung von Arbeitsbedingungen für den Fall, dass der Betrieb oder die nach der Definition der einschlägigen Tarifverträge zu beurteilende selbstständige Betriebsabteilung überwiegend Bauleistungen erbringt. In § 6 III, IV AEntG ist das Überwiegensprinzip für Tarifverträge der Gebäudereinigung und für Briefdienstleistungen geregelt. 32a

33 **7. Rechtsverordnungen.** Ist für einen Tarifvertrag ein Antrag auf Allgemeinverbindlicherklärung gestellt, kann das BMAS durch RechtsVO ohne Zustimmung des BRats bestimmen, dass die Rechtsnormen dieses Tarifvertrags auf alle unter seinen Geltungsbereich fallenden und nicht an ihn Arbeitgeber sowie Arbeitnehmer und Arbeitnehmerinnen Anwendung finden (§ 7 AEntG). Die RechtsVO kann ergehen, wenn sie im öffentlichen Interesse liegt. Dem VOgeber kommt im Rahmen Gesamtabwägung ein Einschätzungs- und Prognosespielraum zu. Besonderheiten bestehen bei konkurrierenden Tarifverträgen.

33a **8. Pflichten des Arbeitgebers zur Gewährung von Arbeitsbedingungen.** Arbeitgeber, mit Sitz im In- und Ausland, die unter den Geltungsbereich eines für allgemeinverbindlich erklärten Tarifvertrags oder einer RechtsVO nach § 7 fallen, sind vepflichtet, ihren Arbeitnehmern und Arbeitnehmerinnen mindestens die in den Tarifverträgen für den Beschäftigungsort vorgeschriebenen Arbeitsbedingungen sowie einer gemeinsamen Einrichtung der Tarifvertragsparteien die ihr zustehenden Beträge zu gewähren. Das gilt unabhängig von der Tarifbindung.

34 **9. Verzicht, Verwirkung.** Ein Verzicht auf das Mindestentgelt ist nur in einem gerichtlichen Vergleich zulässig. Die Verwirkung des Anspruches der Arbeitnehmer(-innen) auf das Mindestentgelt ist ausgeschlossen. Ausschlussfristen für die Geltendmachung des Anspruchs sind unzulässig.

35 **10. Durchsetzung des AEntG. a) Haftung des Auftraggebers.** Ein Unternehmer, der einen anderen Unternehmer mit der Erbringung von Werk- oder Dienstleistungen beauftragt, haftet für die Verpflichtungen dieses Unternehmers, eines Nachunternehmers oder eines von dem Unternehmer oder einem Nachunternehmer beauftragten Verleihers zur Zahlung des Mindestentgelts an Arbeitnehmer oder Arbeitnehmerinnen oder zur Zahlung von Beiträgen an eine gemeinsame Einrichtung der Tarifvertragsparteien wie ein Bürge, der auf die Einrede der Vorausklage verzichtet hat.

35a **b) Gerichtsstand.** Arbeitnehmer und Arbeitnehmerinnnen, die in den Geltungsbereich dieses Gesetzes entsandt sind oder waren, können eine auf den Zeitraum der Entsendung bezogene Klage auf Erfüllung der Verpflichtungen auch vor einem deutschen Gericht für Arbeitssachen erheben. Diese Klagemöglichkeit besteht auch für gemeinsame Einrichtungen der Tarifvertragsparteien in Bezug auf die ihr zustehenden Beiträge.

35b **c) Kontrolle und Durchsetzung durch staatliche Behörden.** Für die Prüfung der Einhaltung der Pflichten eines Arbeitgebers nach § 8 AEntG sind die Behörden der Zollverwaltung zuständig.

VIII. Vergabegesetz und Tariftreueerklärung

Anton, Tarifvertrag und Kartellvergaberecht – Lösung eines scheinbar unlösbaren Normenkonflikts am Beispiel der Entgelte im kommunalen öffentlichen Dienst, ZTR 2006, 296; *Bayreuther,* Tariftreue vor dem Aus, NZA 2008, 626; Bitterich, Tariftreue vor dem EuGH, ZIP 2008, 1455; *Bungenberg,* „Tariftreue" zwischen Bundesverfassungsgericht und EuGH, EuR 2008, 397; *Burgi/Waldhorst,* Primärrechtliche Anforderungen an Bestimmtheit und Transparenz von Tariftreueverpflichtungen, RdA 2006, 85; *Däubler,* Tariftreue statt Sozialkostenwettbewerb, ZIP 2000, 681; *Deinert,* Verfassungsmäßigkeit der Berliner Tariftreuegesetzgebung, jurisPR-ArbR 50/2006; *Engels,* Verfassungsrechtliche Determinanten staatlicher Lohnpolitik, JZ 2008, 490; *Fritz,* Erfahrungen mit dem Wettbewerblichen Verbot in Deutschland, VergabeR 2008, 379; *Hanau,* Tariftreue nicht überall vor dem Aus, NZA 2008, 751; *Hopp,* Das Verhältnis des Vergaberechts zum Wettbewerbs- und Kartellrecht am Beispiel des Berliner Vergabegesetzes, DB 2000, 29; *Kämmerer/Thüsing,* Tariftreue im Vergaberecht, ZIP 2002, 596; *Klöck,* Die Anwendbarkeit des Vergaberechts auf Beschaffungen durch die gesetzlichen Krankenkassen, NZS 2008, 178; *Klumpp,* Dienstleistungsfreiheit versus Tariftreue, NJW 2008, 3473; *Kocher,* Die Tariftreueerklärung vor dem EuGH, DB 2008, 1042; *Kreiling,* Tariflohn kraft staatlicher Anordnung?, NZA 2001, 1118; *Löwisch,* Tariftreue – Verpflichtung im Vergaberecht und Koalitionsfreiheit, DB 2001, 1090; *ders.,* Landesrechtliche Tariftreue als Voraussetzung der Vergabe von Bau- und Verkehrsleistungen, DB 2004, 814; *Mühlbach,* Tariftreue und europäisches Vergaberecht, RdA 2003, 339; *Preis/Ulber,* Tariftreue als Verfassungsproblem, NJW 2007, 465; *Rieble,* Tariftreue vor dem BVerfG NZA 2007, 1; *Scholz,* Vergabe öffentlicher Aufträge nur bei Tarifvertragstreue?, RdA 2001, 193; *Schubert,* Ist der Außenseiter vor der Normsetzung durch die Tarifvertragsparteien geschützt?, RdA 2001, 199; *Schulten/Pawicki,* Tariftreueregelungen in Deutschland – Ein aktueller Überblick, WS I Mitteilungen 2008, 184; *Schwab,* Die vergaberechtliche Tariftreueerklärung im Spannungsfeld von Arbeitsrecht und Wettbewerb, NZA 2001, 701; *ders.,* Die Tariftreueerklärung, AR-Blattei SD 1550.11; *Seifert,* Rechtliche Probleme von Tariftreueerklärungen, ZfA 2001, 1; *ders.,* Die vergaberechtliche Tarifsteuerpflicht vor dem Europäischen Gerichtshof, EuZA 2008, 526; *Steiff,* Konsequenzen aus dem EuGH-Urteil zur Tariftreue, NZBau 2008, 364; *Stumpf,* Der Anwendungsbereich der Vergaberichtlinie 2004/18/EG im Lichte der Rspr. des EuGH, EWS 2009, 65; *Wolter,* Tariftreue vor dem Bundesverfassungsgericht, ArbuR 2006, 137.

1. Allgemeine Problemstellung. Bund, Länder und Kommunen vergeben jährlich Aufträge in Höhe von über 200,00 Mia. Euro über Bau-, Liefer- oder Dienstleistungen. Nach § 97 IV, V GWB sind öffentliche Aufträge an fachkundige, leistungsfähige und zuverlässige Unternehmen zu erteilen. Dabei ist der Zuschlag auf das wirtschaftlichste Angebot zu erteilen. In einigen Bundesländern bestehen Vergabegesetze, nach denen die Vergabe öffentlicher Aufträge davon abhängig gemacht wird, dass nach den am Ort geltenden Entgelttarifverträgen entlohnt wird.[46] Es besteht Streit darüber, ob ausschließlich reine Beschaffungsentscheidungen zulässig sind oder ob darüber hinaus sozialpolitische Ziele wie Umweltschutz, Frauen- und Regionalförderung, Bevorzugung von Ausbildungsbetrieben oder Wiederbeschäftigung von Langzeitarbeitslosen mitverfolgt werden können. Nach § 1 des Berliner Vergabegesetzes vom 9. 7. 1999 (GVBl. S. 369) soll die Vergabe auch unter Berücksichtigung der Entlohnung der Arbeitnehmer nach den tariflichen Bestimmungen in Berlin erfolgen. Der BGH hat wegen des Berliner Vergabegesetzes ein Normenkontrollverfahren eingeleitet.[47] Darauf hat der BRat den Gesetzentwurf für eine Tariftreueerklärung vorgelegt.[48] Hiernach soll ein § 5 a TVG eingeführt werden. Nach diesem kann der Landesgesetzgeber bestimmen, dass Bauaufträge von öffentlichen Auftraggebern nur an Unternehmen vergeben werden dürfen, die sich bei Angebotsabgabe verpflichten, ihre Arbeitnehmer bei der Ausführung dieser Leistungen nach den jeweils am Ort der Auftragsausführung geltenden Tarifverträge zu entlohnen und dies auch von ihren Nachunternehmen zu verlangen. Ein entsprechendes Gesetz war vom BTag verabschiedet; der BRat hat es in den Vermittlungsausschuss verwiesen. Nach dem Ende der Legislaturperiode ist es dem Grundsatz der Diskontinuität zum Opfer gefallen. 36

2. Leitlinien der EU. Die EU-Kommission hat am 24. 7. 2006 Leitlinien für die faire Vergabe von Aufträgen mit geringem Auftragswert durch die öffentliche Hand herausgegeben. Die EU-Richtlinien zum öffentlichen Auftragswesen gelten für diese Aufträge nicht. Ihre Vergabe muss dennoch transparent und diskriminierungsfrei erfolgen. Die Leitlinien sind als Auslegungsmitteilung gefasst. Sie enthalten Vorschläge, wie die öffentliche Hand diese Grundsätze einhalten kann.[49] 37

Der EuGH hat entschieden, dass das niedersächsische Gesetz unvereinbar mit der Richtlinie über die Entsendung von Arbeitnehmern (RL 96/71/EG) sei, nach der die Mitgliedstaaten bei einer staatenübergreifenden Erbringung von Dienstleistungen den in anderen Mitgliedstaaten ansässigen Unternehmen unter bestimmten Voraussetzungen Mindestlohnsätze vorschreiben können. Diese Voraussetzungen seien nicht erfüllt, weil der im niedersächsischen Gesetz in Bezug genommene Baugewerbetarifvertrag anders als von der Richtlinie gefordert nicht für allgemein verbindlich erklärt worden sei.[50] 37a

3. Verfassungsmäßigkeit. Gegen Tariftreueerklärungen werden verfassungsrechtliche Bedenken erhoben. Das Grundrecht der Koalitionsfreiheit garantiert die Tarifautonomie.[51] Die negative Koalitionsfreiheit schließt es grundsätzlich aus, dass die Tarifvertragsparteien Außenseiter zu binden oder unter Druck zu setzen suchen, sich den jeweiligen tarifvertraglichen Regelungen zu unterwerfen.[52] Es wird auch ein Verstoß gegen die positive Koalitionsfreiheit angenommen, weil der Anspruch der Koalitionen auf Beteiligung an der staatlichen Rechtssetzung verletzt sei. Schließlich wird gerügt, dass die aus Art 2, 12 folgende Unternehmensautonomie verletzt sei. Das BVerfG hat mit Beschluss vom 11. 7. 2006 entschieden, dass ein öffentlicher Bauauftraggeber die Abgabe von Tariftreueerklärungen verlangen könne. Die negative Koalitionsfreiheit werde nicht berührt. Der Eingriff in die Berufsfreiheit sei gerechtfertigt.[53] Gegen Tariftreueerklärungen wird 38

---

[46] Bayerisches Bauaufträge-VergabeG v. 28. 6. 2000 (BayGVBl. S. 364); Berlin: VergabeG v. 9. 7. 1999 (GVBl. S. 369); VergabeG für das Land Bremen v. 17. 12. 2002 (GBl. S. 594); Brandenburg: Erlass eines VergabeG noch offen; Hamburg v. 13. 2. 2006 (HmbGVBl. S. 57); Hessisches VergabeG v. 17. 12. 2007 (GVBl. I S. 922); Niedersächsisches LandesvergabeG v. 15. 12. 2008 (GVBl. S. 411); G zur tariflichen Entlohnung bei öffentlichen Aufträgen im Land NRW v. 17. 12. 2002 (GVBl. 2003, S. 8); Saarländisches Bauaufträge-VergabeG v. 23. 8. 2000 (ABl. SL S. 1846); Sächsisches VergabeG v. 8. 7. 2002 (Sächs. GVBl. S. 218); Schleswig-Holstein: Mittelstandsförderungs- und VergabeG v. 17. 9. 2003 (GVBl. Schleswig-Holstein S. 432).

[47] BGH 18. 1. 2000 NZA 2000, 327 = ZIP 2000, 426; dazu *Däubler* ZIP 2000, 681.

[48] Pressemitteilung vom 21. 12. 2000.

[49] Die Auslegungsmitteilung ist abrufbar unter http://ec.europa.eu/internal_market/index_de.htm.

[50] EuGH 3. 4. 2008 NZA 2008, 537 = NJW 2008, 3485 (Dirk Rüffert/Land Niedersachsen).

[51] BVerfG 18. 12. 1974 E 38, 281, 305 ff.; E 50, 290, 370 ff.

[52] BVerfGE 50, 367; 17. 2. 1981 E 57, 220, 245; 14. 6. 1983 E 64, 208, 213; 23. 4. 1986 E 73, 261, 270; 14. 11. 1995 E 93, 352, 357.

[53] BVerfG 11. 7. 2006 AP 129 zu Art. 9 GG = NZA 2007, 42; vgl. auch VerfGH München 20. 6. 2008 GewArch 2008, 350.

arbeitsrechtlich eingewandt, es liege ein Eingriff in die Tarifautonomie vor, weil die engen Grenzen, unter denen mit der AVE Außenseiter an die Tarifverträge gebunden werden könnten, überschritten würden. Außerdem werde in die negative Koalitionsfreiheit bei nicht tarifgebundenen Arbeitgebern eingegriffen, weil sie gezwungen würden, Tarifverträge einzuhalten. Tariftreueerklärungen können wettbewerbsrechtlich bedenklich sein, wenn irreführende Angaben gemacht werden.[54] Insoweit werden auch aus dem EGV Bedenken angemeldet, insbesondere wegen der Dienstleistungsfreiheit.[55]

§ 208. Individualrechtliche Bezugnahme des Tarifrechts

Annuß, Das BAG und die kleine dynamische Bezugnahme auf Tarifverträge, ArbuR 2002, 361; *ders.,* Tarifbindung durch arbeitsvertragliche Bezugnahme?, ZfA 2005, 405; *Bauer/Haussmann,* Schöne Bescherung: Abschied von der Gleichstellungsabrede!, DB 2005, 2815; *Bauer/Krieger,* Bezugnahmeklausel und Statusveränderung – Alterssicherung für leitende Angestellte?, NZA 2004, 464; *Bauschke,* Zur Problematik tariflicher Bezugnahmeklauseln, ZTR 93, 416; *Bayreuther,* „Hinauskündigungen" von Bezugnahmeklauseln im Arbeitsvertrag, DB 2007, 166; *Ebert,* TVöD ab dem 1. 10. 2005 für alle?, ArbRB 2005, 372; *Feydner,* Arbeitsvertragliche Bezugnahme auf einen Tarifvertrag, RdA 2008, 301; *Fischer,* Individualrechtliche Bezugnahme auf Tarifverträge; ein Muster ohne Wert bei Betriebsübergang, FA 2001, 2; *B. Gaul,* Die einzelvertragliche Bezugnahme auf einen Tarifvertrag beim Tarifwechsel des Arbeitgebers, NZA 98, 9; *ders.,* Bezugnahmeklauseln zwischen Inhaltskontrolle und Nachweisgesetz, ZfA 2003, 75; *ders.,* Bezugnahme auf Tarifvertrag bei Betriebsübergang, Umwandlung und Austritt aus dem Arbeitgeberverband, ArbRB 2003, 347; *D. Gaul,* Erstreckungsinhalt und Umfang einer tariflichen Bezugnahmeklausel auf den BAT, ZTR 91, 188; *ders.,* Schranken der Bezugnahme auf einen Tarifvertrag, ZTR 93, 355; *Giesen,* Bezugnahmeklauseln- Auslegung, Formulierung und Änderung, NZA 2006, 625; *Hamacher,* Deklaratorische und konstitutive Klauseln in Tarifverträgen, 2000 (Diss.); *Hanau,* Die Rechtsprechung des BAG zur arbeitsvertraglichen Bezugnahme auf Tarifverträge, NZA 2005, 489; *Heinlein,* Statik statt Dynamik beim Betriebsübergang,NJW 2008, 321; *Heinze,* Bezugnahmeklausel: Individualvertrag versus Betriebsvereinbarung, NZA 2001, Sonderheft 75; *Herschel,* Die individualrechtliche Bezugnahme auf einen Tarifvertrag, DB 69, 659; *ders.,* Gesetzliche Verweisung auf einen jeweiligen Tarifvertrag, ZfA 85, 21; *Höpfner,* Vertrauensschutz bei Änderung der Rechtsprechung zu arbeitsvertraglichen Bezugnahmeklauseln, NZA 2008, 91; *v. Hoyningen-Huene,* Die Bezugnahme auf den Tarifvertrag – ein Fall der Tarifbindung, RdA 74, 138; *ders.,* Die Bezugnahme auf einen Firmentarifvertrag durch Betriebsvereinbarung, DB 94, 2026; *ders.,* Die Anwendung des branchenfremden Tarifvertrags, NZA 96, 617; *Insam/Plümpe,* Keine Flucht mehr in den Firmenttarifvertrag?, DB 2008, 1265; *Klebeck,* Unklarheiten bei arbeitsvertraglicher Bezugnahmeklausel, NZA 2006, 15; *Korinth,* Inhalts- und Transparenzkontrolle von arbeitsvertraglich in Bezug genommenen Tarifverträgen, ArbRB 2007, 21; *Kraft,* Einzelvertragliche Bezugnahme auf Tarifverträge, Tarifpluralität und das Prinzip der Tarifeinheit, FS für Zöllner, 1998; *Krois,* Auslegung arbeitsvertraglicher Verweisungen auf Tarifverträge – Eine Analyse im Lichte der aktuellen Rechtsprechung des BAG u. EuGH, BLJ 2001, 17; *Lembke/Distler,* Die Bezugnahme auf Tarifverträge der Zeitarbeitsbranche durch Unternehmen mit Mischbetrieben, NZA 2006, 952; *Meinel/Herms,* Änderung der BAG – Rechtsprechung zu Bezugnahmeklauseln in Arbeitsverträgen, DB 2006, 1429; *Melot de Beauregard,* Fluch und Segen arbeitsvertraglicher Verweisungen, NJW 2006, 2522; *Meyer,* Bezugnahmeklauseln und neues Tarifwechsel-Konzept des BAG, NZA 2003, 1126; *Möller/Welkoborsky,* Bezugnahmeklauseln unter Berücksichtigung des Wechsels vom BAT zum TVöD, NZA 2006, 1382; *H.-P. Müller,* Noch einmal: AGB-Kontrolle von vertraglichen Ausschlussfristen nach der Schuldrechtsreform, Erwiderung auf den Beitrag von Reinecke BB 2005, 378; BB 2005, 1333; *Ramrath,* Individualrechtliche Bezugnahme auf Tarifverträge, FA 2001, 104; *Reichel,* Bezugnahmeklausel bei Verbandsaustritt des Arbeitgebers, AuA 2002, 445; *ders.,* Quasi-Verbandsaustritt – ein Weg zur Lossagung von in Bezug genommenen Tarifverträgen, NZA 2003, 832; *ders.,* Die Auslegung arbeitsvertraglicher Bezugnahmeklauseln bei überraschenden Tarifentwicklungen unter Berücksichtigung der Schuldrechtsreform, ArbuR 2003, 366; *Reinecke,* Vertragliche Bezugnahme auf Tarifverträge in der neueren Rechtsprechung des Bundesarbeitsgerichts, BB 2006, 2637; *Schaub,* Die arbeitsvertragliche Bezugnahme von Tarifverträgen, ZTR 2000, 259; *Schiefer,* Fortgeltung individualrechtlich in Bezug genommener Tarifverträge bei Betriebsübergang, FA 2002, 258; *ders.,* Änderungen der Rechtsprechung zur Gleichstellungsabrede und die Folgen für die Praxis, SAE 2008, 22; *Schliemann,* Arbeitsvertragliche Verweisung auf Tarifverträge, Beil. S. 3 zu NZA 2003; *ders.,* Tarifgeltung und arbeitsvertragliche Bezugnahme auf Tarifvertäge in der neueren Rechtsprechung des BAG, ZTR 2004 502; *Schmitt-Rolfes,* Bezugnahmeklauseln: Eine gefahrgeneigte Arbeit; AuA 2008, 327; *Schrader,* Die arbeitsvertragliche Bezugnahme auf Tarifverträge, BB 2005, 714; *Schreiber,* Anm. zu LAG Chemnitz vom 27. 2. 2008 – 2 Sa 382/07, NJ 2008, 332; *Seitz/Werner,* Arbeitsvertragliche Bezugnahmeklauseln bei Unternehmensumstrukturierungen, NZA 2000, 1257; *Simon/Kock/Halbsgut,* Auslegung von arbeitsvertraglichen dynamischen Verweisungsklauseln nach einem Tarifausstieg im Lichte der aktuellen EuGH-Rechtsprechung – Werhof, EWS 2006, 400; *dies.,* Dynamische

---

[54] KG Berlin 18. 8. 2000 KGR Berlin 2001, 44; OLG Celle 3. 8. 2006 – 13 U 72/06 – EWiR 2006, 681.

[55] OLG Celle 17. 8. 2006 – 13 U 72/06 – EwiR 2006, 681.

Bezugnahmeklauseln als Gleichstellungsabrede – Vertrauensschutz für alle „Altverträge", BB 2006, 2354; *Sittard/Ulbrich,* Zur Rechtsprechungsänderung bei der Auslegung von Bezugnahmeklauseln zugleich Besprechung des Urteils des BAG vom 14. 12. 2005 4 AZR 536/04, ZTR 2006, 458; *Stamm,* Sind Verpflichtungen einer Tarifvertragspartei, tarifvertragliche Regelungen in Arbeitsverträge zu übernehmen, zulässig? RdA 2006, 39; *Stein,* Verweisungen auf Tarifverträge – ein kritischer Blick auf die Rechtsprechung, ArbuR 2003, 361; *Sutschet,* Bezugnahmeklausel kraft betrieblicher Übung, NZA 2008, 679; *Thüsing,* Statische Rechtsprechung zur dynamischen Bezugnahme, NZA 2003, 1184; *ders.,* Tarifkonkurrenz durch arbeitsvertragliche Bezugnahme, NZA 2005, 1280; *ders.,* Europarechtliche Bezüge der Bezugnahmeklausel, NZA 2006, 473; *Thüsing/Lambrich,* Arbeitsvertragliche Bezugnahme auf Tarifnormen, RdA 2002, 193; *Waas,* Zur Rechtsnatur der Bezugnahme auf einen Tarifvertrag nach deutschem Recht, ZTR 99, 408; *Wahlig,* Bezugnahmeklauseln auf Tarifverträge, AuA 2001, 346; *ders.,* Rechtsprechungsänderung bei Bezugnahmeklauseln, AuA Personal-Profi 281; *Zerres,* Fortgeltung tarifvertraglicher Regelungen beim Betriebsübergang im Falle arbeitsvertraglicher Bezugnahme, NJW 2006, 3533.

Übersicht

	RN
I. Allgemeines	1 ff.
1. Zweck	1
2. Rechtliche Konstruktionen	2
3. Erscheinungsformen	3–5 e
4. Arbeitsvertragliche Verweisung in allgemeinen Arbeitsbedingungen	6–6 c
5. Inhaltskontrolle	6 d
6. Bezugnahme durch betriebliche Übung und Betriebsvereinbarung	6 e
7. Betriebsübergang	6 f
II. Wiederholung der Tarifnormen	7
III. Verweisung auf Tarifrecht	8 ff.
1. Rechtsnatur	8–10
2. Inhalt der Verweisung	11–13
3. Form der Verweisung	14
4. Grenzen tariflicher Inbezugnahme	15, 16
5. Rechtsfolgen der Verweisung	17

I. Allgemeines

1 **1. Zweck.** Auch wenn die Parteien nicht tarifgebunden sind, unterstellen sie ihre Arbeitsverhältnisse häufig durch Einzelarbeitsvertrag dem Tarifrecht, um einheitliche Arbeitsbedingungen für alle Arbeitnehmer eines Betriebes herbeizuführen, dem Arbeitgeber die Personalbeschaffung zu erleichtern und das Tarifrecht zur ergänzenden Vertragsauslegung heranziehen zu können. Im Wege der Betriebsvereinbarung ist eine Erweiterung der Tarifbindung auf nicht Tarifunterworfene nicht möglich (§ 215). Die arbeitsvertragliche Bezugnahmeklausel kann sich auch auf nachwirkende Tarifverträge beziehen.[1] Findet auf ein Arbeitsverhältnis, für das ein Tarifvertrag kraft Allgemeinverbindlichkeit gilt, auch ein anderer Tarifvertrag kraft arbeitsvertraglicher Bezugnahme Anwendung, handelt es sich nicht um eine Tarifkonkurrenz. Es konkurriert vielmehr ein Arbeitsvertrag mit einem Tarifvertrag. Dieses Verhältnis ist nach Maßgabe des Günstigkeitsprinzips zu lösen.[2]

2 **2. Rechtliche Konstruktionen.** Die individualrechtliche Inbezugnahme eines Tarifvertrages kann in zwei Formen erfolgen, **(a)** durch Wiederholung der Tarifnormen im Arbeitsvertrag oder **(b)** durch Verweisung auf einen bestimmten Tarifvertrag bzw. auf bestimmte Teile eines Tarifvertrages. Die Wiederholung der Tarifnormen im Arbeitsvertrag empfiehlt sich nur dann, wenn einzelne Bestimmungen in den Arbeitsvertrag aufgenommen werden sollen, z. B. die Kündigungs- oder Urlaubsvorschriften. Dagegen wird die Konstruktion der Verweisung gewählt werden, wenn größere Teile oder der ganze Tarifvertrag für den Arbeitsvertrag maßgebend sein sollen, da die Wiederholung in diesen Fällen zu schwerfällig wäre und zur Unübersichtlichkeit des Arbeitsvertrages führen würde. Die Auslegung der arbeitsvertraglichen Verweisungsklauseln kann zu sehr diffizilen Problemen führen, wenn sie nicht ganz eindeutig sind.[3] Verweist ein Arbeitsvertrag für den Urlaub auf die Geltung tariflicher Regelungen, ist das regelmäßig als dynamische Verweisung auf den Komplex Urlaub zu verstehen.[4] Bezugnahmeklauseln sind zumeist Allgemeine Arbeitsbedingungen, die der Inhaltskontrolle unterliegen. Ist die Bezugnahmeklausel unklar geht das zu Lasten des Arbeitgebers (§ 305 c II BGB).[5] Verweisen die Arbeitsvertragspar-

---

[1] BAG 9. 5. 2007 AP 8 zu § 305 c BGB = DB 2008, 874.

[2] BAG 29. 8. 2007 AP 61 zu § 1 TVG Bezugnahme auf Tarifvertrag = NZA 2008, 364.

[3] Vgl. zu Bezugnahmeklauseln im öffentlichen Dienst: BAG 13. 11. 2002 AP 23 zu § 1 Bezugnahme auf Tarifvertrag = NZA-RR 2003, 329; 13. 11. 2002 AP 24 zu § 1 Bezugnahme auf Tarifvertrag = NZA-RR 2003, 330.

[4] BAG 17. 1. 2006 AP 40 zu § 1 TVG Bezugnahme auf Tarifvertrag = NZA 2006, 923.

[5] BAG 9. 11. 2005 AP 4 zu § 305 c BGB = NZA 2006, 202; Parallelentscheidung 5 AZR 533/05; 9. 11. 2005 – 5 AZR 144/05.

teien auf einen oder mehrere Tarifverträge, so ist damit noch nicht gesagt, dass alle einschlägigen Tarifverträge in Bezug genommen sind.[6]

3 **3. Erscheinungsformen. a)** Es wird die deklaratorische und konstitutive Inbezugnahme unterschieden. Eine **deklaratorische Bezugnahme** ist dann gegeben, wenn sie die ohnehin geltende Rechtslage wiedergibt, also z. B. bei Tarifgebundenheit der Parteien. Eine **konstitutive Bezugnahme** liegt vor, wenn ohne die Bezugnahme kein Tarifvertrag Anwendung finden würde. Wird bei beiderseitiger Tarifbindung im Arbeitsvertrag auf diesen verwiesen, soll die Verweisung nur deklaratorisch gelten.[7] Das BAG ist beiläufig von einer anderen Rechtslage ausgegangen.[8] Tritt eine Arbeitsvertragspartei nachträglich aus dem Verband aus und entfällt die Nachwirkung des Tarifvertrages, bleibt immer noch die Verweisung auf den Tarifvertrag im Arbeitsvertrag (vgl. RN 5 b).

4 **b)** Unterschieden wird zwischen statischen, halbdynamischen und volldynamischen Bezugnahmen. Eine **statische Bezugnahme** ist dann gegeben, wenn ein genau definierter Tarifvertrag in Bezug genommen wird.[9] Dies empfiehlt sich im Allgemeinen nicht, weil alsdann bei Änderung des Tarifvertrages die Arbeitsbedingungen der Tarifgebundenen und Nicht-Tarifgebundenen auseinander laufen können.[10] Eine Änderung auf der individualvertraglichen Ebene ist nur durch eine entsprechende Parteivereinbarung oder nach Ausspruch einer Änderungskündigung möglich. Eine **halbdynamische Bezugnahme** ist gegeben, wenn auf den jeweils im fachlichen Geltungsbereich zeitlich geltenden Tarifvertrag verwiesen wird. Eine halbdynamische Verweisung kann auch dann vorliegen, wenn noch eine bestimmte Vergütung genannt wird.[11] Andererseits kann bei einer halbdynamischen Verweisung eine Einschränkung enthalten sein, dass etwa strukturelle Änderungen der Vergütung nicht gewollt sind.[12] Eine dynamische Tarifanwendung kann sich aus einem Vertrag zu Gunsten Dritter ergeben, wenn ein Betrieb auf einen nicht tarifgebundenen Dritten übergeht und in dem Veräußerungsvertrag den Arbeitnehmern weiterhin die Vergütung nach dem Tarifrecht zugesagt wird.[13] Eine **volldynamische Verweisung** ist gegeben, wenn auf den jeweils für den Betrieb geltenden Tarifvertrag verwiesen wird.[14] Die volldynamische Verweisungsklausel kann dazu führen, dass das Arbeitsverhältnis in zeitlicher wie in sachlicher Sicht einem anderen tariflichen Geltungsbereich unterfällt. Dasselbe gilt, wenn der Arbeitgeber den Betrieb umstrukturiert. Die DGB-Satzung versucht eine Tarifflucht durch Umstrukturierung zu verhindern, indem die Tarifzuständigkeit der früher zuständigen IG erhalten bleibt. Enthält ein Tarifvertrag eine Verweisung auf die jeweils geltenden Regelungen eines anderen Tarifvertrags, so wirkt diese Verweisung nur noch statisch, wenn der verweisende Tarifvertrag in die Nachwirkung eintritt.[15]

5 **c)** Ob eine statische, halb- oder volldynamische Verweisung gewollt ist, muss durch **Auslegung des Tarifvertrages** ermittelt werden.[15a] Insoweit hat sich die Rechtsprechung des BAG ständig entwickelt. Dabei werden wortlautidentische Bezugnahmeklauseln gelegentlich unterschiedlich ausgelegt. Da die Arbeitsvertragsparteien im Allgemeinen eine Vereinheitlichung der Arbeitsbedingungen anstreben, besteht eine Auslegungsregel, dass im Zweifel eine dynamische Verweisung gewollt ist **(Gleichstellungsabrede).**[16] Verweisen die Parteien auf einen bestimmten für das Arbeitsverhältnis einschlägigen Tarifvertrag und die diesen ergänzenden Tarifverträge, so werden ebenfalls die einschlägigen Tarifverträge erfasst.[17] Dies gilt dann nicht, wenn der Ta-

---

[6] LAG Stuttgart 6. 5. 2003 – 8 Sa 65/02; Revisionsentscheidung 3. 11. 2004 – 4 AZR 541/03 (n. a. v.).

[7] *Etzel* NZA 87, Beil. 1 S. 19, 25.

[8] BAG 15. 3. 1991 AP 28 zu § 2 KSchG 1969 = NZA 92, 120; 22. 10. 2008 NZA 2009, 323.

[9] BAG 25. 10. 2000 AP 13 zu § 1 TVG Bezugnahme auf Tarifvertrag = NZA 2002, 100; LAG Rheinland-Pfalz 19. 10. 1999 BB 2000, 1095.

[10] BAG 25. 10. 2000 AP 13 zu § 1 TVG Bezugnahme auf Tarifvertrag = NZA 2002, 100.

[11] BAG 9. 11. 2005 AP 4 zu § 305 c BGB = NZA 2006, 202; 9. 11. 2005 – 5 AZR 140/05 n. a. v.; 22. 10. 2008 – 4 AZR 784/07 – NZA 2009, 151.

[12] BAG 9. 11. 2005 ArbuR 2005, 451.

[13] BAG 20. 4. 2005 AP 35 zu § 1 TVG Bezugnahme auf Tarifvertrag = NZA 2006, 281.

[14] BAG 25. 7. 2006 AP 11 zu § 2 TVG Firmentarifvertrag = NZA 2007, 578; 22. 10. 2008 NZA 2009, 323.

[15] BAG 29. 1. 2008 AP 49 zu § 4 TVG Nachwirkung = NZA 2008, 541.

[15a] BAG 22. 10. 2008 – 4 AZR 793/07 – NZA 2009, 323.

[16] BAG 28. 5. 1997 AP 6 zu § 1 TVG Bezugnahme auf Tarifvertrag = NZA 97, 1066; 26. 9. 2001 AP 21 zu § 1 TVG Bezugnahme auf Tarifvertrag = NZA 2002, 634; 21. 8. 2002 AP 21 zu § 157 BGB = NZA 2003, 442; 1. 12. 2004 AP 34 zu § 1 TVG Bezugnahme auf Tarifvertrag = NZA 2005, 478; 17. 1. 2006 AP 40 zu § 1 TVG Bezugnahme auf Tarifvertrag = NZA 2006, 923; 13. 9. 2006 AP 49 zu § 1 TVG Bezugnahme auf Tarifvertrag.

[17] BAG 15. 3. 2006 AP 38 zu § 1 TVG Bezugnahme auf Tarifvertrag = NZA 2006, 690.

rifvertrag nach seinem persönlichen Geltungsbereich den Arbeitnehmer nicht erfasst. Die Rspr. des BAG ist zusammenzufassen:[18] **(1)** Die arbeitsvertragliche Verweisung auf einen Tarifvertrag ist im Zweifel als dynamische Verweisung zu interpretieren. **(2)** Verwendet ein tarifgebundener Arbeitgeber eine dynamische Verweisungsklausel, so soll mit ihr regelmäßig eine Gleichstellung der tarifungebundenen Arbeitnehmer mit den tarifgebundenen herbeigeführt werden. Bei einem Wegfall der Bindung des Arbeitgebers endet damit auch die Verweisung, da gegenüber den Gewerkschaftsmitgliedern keine Tarifbindung mehr besteht. **(3)** In Arbeitsverträgen nicht tarifgebundener Arbeitgeber verwendete dynamische Verweisungsklauseln bleiben unberührt von Veränderungen auf der Arbeitgeberseite (Verbandseintritt, Austritt, Betriebsnachfolge). **(4)** Eine große dynamische Verweisungsklausel kommt nur bei Hinzutreten besonderer Umstände in Betracht. Im Einzelnen gilt wohl folgende Rspr.: Die im Arbeitsvertrag getroffene Abrede der Geltung der jeweiligen Tarifverträge ist bei Tarifbindung des Arbeitgebers im Zweifel als sog. Gleichstellungsabrede auszulegen. Danach soll die vertragliche Bezugnahme eine Gleichstellung der nichtorganisierten mit den tarifgebundenen Arbeitnehmern bewirken.[19] Das BAG hat angekündigt, die Auslegungsregel zur Gleichstellungsabrede nicht mehr auf arbeitsvertragliche Bezugnahmeklauseln anzuwenden, die nach Inkrafttreten von § 305 c II BGB abgeschlossen worden sind.[20] Danach ergeben sich folgende Unterscheidungen: Die in Verträgen vor dem 31. 12. 2001 enthaltenen Bezugnahmeklauseln sollen mangels entgegenstehender Umstände bei Tarifbindung des Arbeitgebers nur die fehlende Tarifbindung des Arbeitnehmers ersetzen und nicht die dynamische Fortschreibung bewirken.[21] Die Klausel führt dann zur vertraglichen Anwendung der Tarifverträge auf das Arbeitsverhältnis mit dem Inhalt, wie er für tarifgebundene Arbeitnehmer gilt. Die vertragliche Anbindung an die tarifvertragliche, dynamische Entwicklung der tarifvertraglichen Arbeitsbedingungen endet, wenn sie auch für den tarifgebundenen Arbeitgeber endet. Für nach dem 31. 12. 2001 abgeschlossene Arbeitsverträge ist diese Auslegungsregel nicht mehr anzuwenden. Die dynamische Bezugnahmeklausel bleibt auch für ursprünglich tarifgebundene Arbeitnehmer dynamisch. Der EuGH hat festgestellt, dass Art. 3 I der Betriebsübergangsrichtlinie 77/187/EWG einer Auslegung nicht entgegensteht, dass der Erwerber, der nicht Partei eines den Veräußernden bindenden Kollektivvertrags ist, auf den der Arbeitsvertrag verweist, durch Kollektivverträge, die dem zum Zeitpunkt des Betriebsübergangs geltenden nachfolgen, nicht gebunden ist.[22] Er hat damit die Gleichstellungsabrede in der Rechtsprechung zu Altverträgen anerkannt. Das BAG hat darüber hinaus eine arbeitsvertragliche Verweisungsklausel, die einen konkret benannten Tarifvertrag in der jeweiligen Fassung in Bezug nimmt, korrigierend dahin ausgelegt, dass die Verweisung auf den jeweils für den Betrieb geltenden Tarifvertrag erfolgt.[23] Diese Rechtsprechung hat es in einer weiteren Entscheidung für eine volldynamische Verweisung eingeschränkt. Nach dieser kann nur dann eine Bezugnahme auf den jeweils für den Betrieb fachlich/betrieblich geltenden Tarifvertrag ausgelegt werden, wenn sich dies aus besonderen Umständen ergibt; der bloße Umstand, dass es sich um eine Gleichstellungsabrede handelt, genügt hierfür nicht.[24] Ist im Arbeitsvertrag mit dem tarifgebundenen Arbeitgeber vereinbart, für das Arbeitsverhältnis gelten die Bedingungen des jeweils gültigen Tarifvertrages, so stellt dies in der Regel eine Tarifwechselklausel dar. Mit einer derartigen Klausel wird zunächst auf die Tarifverträge Bezug genommen, an die der Arbeitgeber bei Abschluss des Arbeitsvertrages gebunden ist. Eine solche Tarifwechselklausel bewirkt auch, dass an Stelle der Bedingungen dieser Tarifverträge die Normen anderer Tarifverträge anzuwenden sind, an die der Arbeitgeber im Falle des Wechsels seiner Tarifgebundenheit gebunden ist. Entfällt die Tarifgebundenheit ersatzlos, so gelten die Bedingungen des in Bezug genommenen Tarifvertrages statisch weiter.[25] Sind im Arbeitsvertrag die bei der Arbeitgeberin für eine Gruppe von Arbeit-

---

[18] *Stein* ArbuR 2003, 361.

[19] BAG 4. 9. 1996 AP 5 zu § 1 TVG Bezugnahme auf Tarifvertrag = NZA 97, 271; 4. 8. 1999 AP 14 zu § 1 TVG Tarifverträge: Papierindustrie = NZA 2000, 154; 26. 9. 2001 AP 21 zu § 1 TVG Bezugnahme auf Tarifvertrag = NZA 2002, 634; 21. 8. 2002 AP 21 zu § 157 BGB = NZA 2003, 442; dagegen ArbG Duisburg 9. 1. 2003 – 4 Ca 3028/02.

[20] BAG 14. 12. 2005 AP 39 zu § 1 TVG Bezugnahme auf Tarifvertrag = NZA 2006, 607; 29. 8. 2007 AP 61 zu § 1 TVG Bezugnahme auf Tarifvertrag= NZA 2008, 364.

[21] BAG 23. 1. 2008 AP 63 zu § 1 TVG Bezugnahme auf Tarifvertrag = DB 2008, 2598.

[22] EuGH 9. 3. 2006 NZA 2006, 376; Vorlage des LAG Düsseldorf 8. 10. 2004 NZA-RR 2005, 148; dazu *Reichold* JZ 2006, 725.

[23] BAG 4. 9. 1996 AP 5 zu § 1 TVG Bezugnahme auf Tarifvertrag = NZA 97, 271.

[24] BAG 30. 8. 2000 AP 12 zu § 1 Bezugnahme auf Tarifvertrag = NZA 2001, 510; 16. 10. 2002 AP 22 zu § 1 TVG Bezugnahme auf Tarifvertrag = NZA 2003, 390.

[25] BAG 16. 10. 2002 AP 22 zu § 1 TVG Bezugnahme auf Tarifvertrag = NZA 2003, 390.

nehmern jeweils gültigen Tarifverträge in Bezug genommen, so gelten für die Zeit einer von einer konzernbezogenen Versetzungsklausel gedeckten „Abstellung" zu einer anderen Konzerngesellschaft auch die – schlechteren – Bedingungen eines von der Arbeitgeberin und der Konzerngesellschaft mit einer Gewerkschaft über den Einsatz von Angehörigen dieser Arbeitnehmergruppe bei der Konzerngesellschaft abgeschlossenen Tarifverträge.[26] Verweist ein bei Abschluss des Arbeitsvertrags nicht tarifgebundener Arbeitgeber auf den für den Betrieb einschlägigen Tarifvertrag in seiner jeweils gültigen Fassung, so ist die dynamische Bezugnahmeklausel keine Gleichstellungsabrede. Auch nach einem Betriebsteilübergang sind die in Bezug genommenen Tarifverträge weiterhin in ihrer jeweiligen Fassung individualvertraglich anzuwenden.[27] Dasselbe gilt bei satzungsgemäßer Anwendung von allgemeinen Arbeitsbedingungen.[28] Die individualvertragliche Bezugnahme eines Tarifvertrags begründet nicht dessen tarifrechtliche Geltung und kann daher nicht zu einer Tarifkonkurrenz oder Tarifpluralität führen.[28a]

5a **d)** Nach **Ablauf** eines eine dynamische Verweisung enthaltenden Tarifvertrages (Tarifvertrag über die Gewährung von Leistungen betreffend die Übernahme des Arbeitnehmeranteils zur Rentenversicherung (Arbeiter-, Angestelltenversicherung) für Mitarbeiter der Mitglieder der Tarifgemeinschaft Technischer Überwachungsvereine e. V. vom 17. Dezember 1980, 27. Januar 1995 und 11. Oktober 1996 (jeweils §§ 2, 3) gelten die in Bezug genommenen Normen in der bei Ablauf der Verweisungsnorm geltenden Fassung weiter, bis sie durch eine andere Abmachung ersetzt werden (§ 4 V TVG). Dies gilt auch bei einer solchen Verweisung auf eine gesetzliche Berechnungsgröße.[29]

5b **e)** Ist in einem **Arbeitsvertrag mit einer dynamischen Verweisungsklausel** auf einen Tarifvertrag verwiesen und tritt der Arbeitgeber alsdann aus dem Arbeitgeberverband aus, so war die Rechtslage umstritten. Im Allgemeinen wurde angenommen, dass eine arbeitsvertragliche Bezugnahme auf die für einen tarifgebundenen Arbeitgeber einschlägigen Tarifverträge mit Jeweiligkeitsklausel auch dann schuldrechtlich weiterwirkt, wenn die bisherige Tarifgebundenheit des Arbeitgebers durch seinen Verbandsaustritt endet (und keine anderweitige Tarifgebundenheit des Arbeitgebers eintritt). Wolle der Arbeitgeber erreichen, dass im Falle der Aufgabe der bisherigen Verbandsmitgliedschaft nur noch die bis zum Verbandsaustritt über die Bezugnahmeklausel geltenden Tarifverträge weiter gelten, müsse dies in der Bezugnahmeklausel durch entsprechende Formulierungen klargestellt werden.[30] Dieser Meinung ist das BAG nicht gefolgt. Vielmehr hat es angenommen, dass bei einer Gleichstellungsabrede der Arbeitnehmer nur damit rechnen konnte wie die Tarifgebundenen behandelt zu werden.[31] Verweist ein Tarifvertrag auf einen anderen Tarifvertrag „in seiner jeweiligen Fassung" (sog. Blankettverweisung) und wird der in Bezug genommene Tarifvertrag nachfolgend inhaltlich geändert oder gekündigt, so bewirkt diese Änderung oder Kündigung des Bezugstarifvertrages grundsätzlich keine Beendigung des Verweisungstarifvertrages i. S. v. § 3 III TVG. Ein Verbandsaustritt vor der Änderung oder Kündigung des Bezugstarifvertrages befreit den Arbeitgeber demzufolge nicht von der Tarifbindung an den Verweisungstarifvertrag. Diese bleibt vielmehr bis zur Beendigung des Verweisungstarifvertrages bestehen.[32] Im öffentlichen Dienst finden sich vor allem dynamische Verweisungsklauseln. Es ist umstritten, ob durch diese Klauseln auch auf den TVöD verwiesen wird, durch den der BAT, der BMT-G abgelöst worden sind. Dies wird zu bejahen sein, weil die Verweisung im Vereinheitlichungsinteresse erfolgt ist.[32a]

5c **f)** Ist im Arbeitsvertrag vereinbart, dass der Arbeitnehmer eine Vergütung entsprechend der Beamtenbesoldung erhalten soll, so liegt eine **Gleichstellungsabrede** vor. Die Auslegung des Vertrages ergibt, dass der Arbeitnehmer nur eine Vergütung entsprechend der Beamtenbesoldung erhalten soll.[33]

---

[26] BAG 18. 6. 1997 AP 24 zu § 1 TVG Tarifverträge: Lufthansa = NZA 98, 39.

[27] BAG 25. 9. 2002 AP 26 zu § 1 TVG Bezugnahme auf Tarifvertrag = NZA 2003, 807.

[28] BAG 27. 11. 2002 AP 18 zu § 611 BGB Rotes Kreuz = NZA 2003, 805.

[28a] BAG 22. 10. 2008 – 4 AZR 784/07 – NZA 2009, 151.

[29] BAG 24. 11. 1999 AP 34 zu § 4 TVG Nachwirkung = NZA 2000, 435.

[30] Hess. LAG 23. 3. 1999 NZA-RR 2000, 93; 23. 3. 1999 DB 2000, 230; LAG Düsseldorf 23. 2. 2000 ZTR 2000, 267; LAG Hamburg 15. 11. 2000 NZA 2001, 562; einschränkend LAG Berlin 21. 12. 1998 NZA-RR 99, 424; a. A. BAG 4. 8. 1999 AP 14 zu § 1 TVG Tarifverträge: Papierindustrie = NZA 2000, 154; krit. *Annuß* RdA 2000, 179; *Gaul* BB 2000, 18.

[31] BAG 26. 9. 2001 AP 21 zu § 1 TVG Bezugnahme auf Tarifvertrag = NZA 2002, 634; 21. 8. 2002 AP 21 zu § 157 BGB = NZA 2003, 442.

[32] LAG Sachsen-Anhalt 11. 5. 1999 ZTR 99, 461.

[32a] LAG Frankfurt 30. 5. 2008 juris PR-ArbR.

[33] BAG 6. 11. 2002 AP 27 zu § 611 BGB Lohnanspruch = NZA 2003, 1148.

g) Wird in einem Arbeitsvertrag auf **kollektivrechtliche Regelungen,** z. B. einen Haustarifvertrag in der jeweiligen Fassung Bezug genommen, so können sich nachteilige Änderungen des Kollektivvertrags auch auf Betriebsrentner und ausgeschiedene Mitarbeiter auswirken.[34] 5d

h) Welche Art der Verweisung gewollt ist, kann im Wege der **Feststellungsklage** geklärt werden.[35] Bietet der Arbeitgeber den Abschluss eines Formulararbeitsvertrages mit der Klausel „Der Jahresurlaub richtet sich nach den Bestimmungen des (einschlägigen) Tarifvertrags" an, muss der Arbeitnehmer das regelmäßig als Verweisung auf den ganzen tariflichen Regelungskomplex „Urlaub" verstehen.[36] 5e

4. Arbeitsvertragliche Verweisung in allgemeinen Arbeitsbedingungen. Seit der Einbeziehung der Arbeitsvertragsbedingungen in die AGB-Kontrolle sind die Bezugnahmeklauseln in die Diskussion geraten. Zu unterscheiden ist die Kontrolle der Bezugnahmeklausel und die Kontrolle des in Bezug genommenen Gegenstandes. 6

Allgemeine Geschäftsbedingungen werden nur dann Bestandteil eines Vertrages, wenn der Verwender bei Vertragsabschluss der anderen Vertragspartei die Möglichkeit verschafft, in zumutbarer Weise von dem Inhalt Kenntnis zu nehmen (§ 305 II Nr. 2 BGB). Nach § 310 IV 2 2. Halbsatz BGB ist die Möglichkeit der Kenntnisnahme durch den Arbeitnehmer nicht zur Wirksamkeitsvoraussetzung allgemeiner Vertragsbedingungen gemacht.[37] 6a

In der Literatur wird geltend gemacht, dynamische Verweisungsklauseln hielten einer Inhaltskontrolle nach § 307 BGB nicht stand. Eine dynamische Verweisungsklausel genüge nicht den Anforderungen des Transparenzgebotes und andererseits komme es zu einer unangemessenen Benachteiligung, wenn sie dazu führe, dass dem Verwender oder Dritten voraussetzungslos ein Änderungsrecht eingeräumt werde. Aus § 2 I Nr. 10 NachwG lässt sich entnehmen, dass ein allgemein gehaltener Hinweis ausreicht, um dem NachwG zu genügen. Es kommt zu einem Wertungswiderspruch, wenn in § 2 I Nr. 10 NachwG allgemein gehaltene Verweisungsklauseln zugelassen werden, die alsdann an § 307 BGB scheitern sollen. Gleichwohl hat das BAG in fünf Entscheidungen vom 14. 12. 2005[38] angekündigt, dass es seit dem Inkrafttreten der Unklarheitenregel in § 307 BGB (1. 1. 2002) an der Rechtsprechung nicht festhalten wolle. Das bedeutet eine Neuformulierung sämtlicher Arbeitsverträge. 6b

Wird in arbeitsvertraglichen Bezugnahmeklauseln auf nicht einschlägige Tarifverträge Bezug genommen, wird zum Teil eine Überraschungsklausel prinzipiell bejaht, zum Teil prinzipiell verneint und z. T. jeweils nach den Umständen des Einzelfalls entschieden. Formell ist die Verweisung auf nicht einschlägige Tarifverträge überraschend. Materiell wird darauf abzustellen sein, ob der Arbeitnehmer mit einer solchen Bezugnahme rechnen musste.[38a] 6c

5. Inhaltskontrolle. Wird auf die einschlägigen Tarifverträge Bezug genommen, so wird überwiegend angenommen, dass die Bezugnahmeobjekte, also die in Bezug genommenen Tarifverträge keiner Inhaltskontrolle unterliegen. Nach § 310 IV 3 BGB stehen Tarifverträge, Betriebsvereinbarungen, Dienstvereinbarungen Rechtsvorschriften im Sinne von § 307 III BGB gleich. Hiernach muss dasselbe gelten bei in Bezug genommenen Tarifverträgen. Zweifelhaft ist dagegen die Rechtslage bei Verweisung auf Teile des Tarifvertrags. Insoweit ist zu differenzieren, wird ein Teilkomplex in Bezug genommen, wird eine Inhaltskontrolle ausscheiden. Dagegen besteht die Möglichkeit einer Inhaltskontrolle bei Verweisung auf isolierte Regelungen des einschlägigen Tarifvertrages. Es soll eine Rosinenverweisung vermieden werden. Dasselbe gilt bei Verweisung auf fachlich oder örtlich nicht einschlägige Tarifverträge. Hierzu wird nach einer Sondermeinung vertreten, dass bei einer Globalverweisung prinzipiell keine Inhaltskontrolle stattfinde. Von diesem Grundsatz bestehe nur dann eine Ausnahme, wenn zu Ungunsten des Arbeitnehmers von dispositivem Gesetzesrecht abgewichen werde, weil sich sonst der Arbeitnehmerschutz umgehen lasse. 6d

6. Bezugnahme durch betriebliche Übung und Betriebsvereinbarung. Nach der Rechtsprechung des BAG kann sich die Bezugnahme auf Tarifverträge nicht nur aus einer ausdrücklichen arbeitsvertraglichen Verweisung, sondern auch aus der betrieblichen Übung erge- 6e

---

[34] BAG 28. 7. 2005 AP 47 zu § 1 BetrAVG Ablösung = NZA 2006, 335.

[35] BAG 28. 5. 1997 AP 6 zu § 1 TVG Bezugnahme auf Tarifvertrag = NZA 97, 1066; LAG Düsseldorf 21. 5. 1999 LAGE § 3 TVG Nr. 7 Bezugnahme auf Tarifvertrag; 4. 7. 2007 AP 35 zu § 4 TVG Tarifkonkurrenz = NZA 2008, 307.

[36] BAG 17. 11. 1998 AP 10 zu § 1 TVG Bezugnahme auf Tarifvertrag = NZA 99, 938.

[37] BAG 19. 3. 2003 AP 33 zu § 1 TVG Bezugnahme auf Tarifvertrag = NZA 2003, 1207.

[38] BAG 14. 12. 2005 AP 39 zu § 1 TVG Bezugnahme auf Tarifvertrag = NZA 2006, 607; 14. 12. 2005 – 4 AZR 537/04, 4 AZR 538/04, 4 AZR 539/04.

[38a] BAG 24. 9. 2008 – 6 AZR 76/07 – NZA 2009, 154.

ben.[39] Bei einer betrieblichen Übung erfolgt grundsätzlich eine statische Verweisung, sofern sich nicht deutliche Anhaltspunkte für eine dynamische Verweisung ergeben.[40] Bei einer Bezugnahme auf Grund betrieblicher Übung werden sowohl die den Arbeitnehmer begünstigenden wie auch belastenden Übungen in Bezug genommen.[41] Auch die Lehrmeinungen, die eine den Arbeitnehmer benachteiligende betriebliche Übung nicht zulassen, gehen davon aus, dass der Arbeitnehmer nur dann annehmen könne, dass der Arbeitgeber nur im Rahmen des Tarifvertrags – also unter Berücksichtigung der Ausschlussfristen – Zuwendungen machen will. Eine Regelung in einer Betriebsvereinbarung, die von den Arbeitnehmern bereits während des laufenden Kündigungsschutzprozesses die gerichtliche Geltendmachung von Annahmeverzugsansprüchen verlangt, die vom Ausgang des Kündigungsschutzprozesses abhängen, ist unwirksam, weil sie den Arbeitnehmer unverhältnismäßig belastet.[42]

6f **7. Betriebsübergang.** Tariflich geregelte Ansprüche, hier auf Altersversorgung, die im Arbeitsvertrag in Bezug genommen sind, gelten nach einem Betriebsübergang auch im übergegangenen Arbeitsverhältnis gemäß § 613 a I 1 BGB vertraglich weiter mit der Folge, dass sie nicht durch eine beim Erwerber bestehende Betriebsvereinbarung mit dem gleichen Regelungsgegenstand abgelöst werden können.[43]

II. Wiederholung der Tarifnormen

7 Das Verfahren der Wiederholung von Tarifnormen im Arbeitsvertrag ist grundsätzlich zulässig. Urheberrechtliche Bedenken sind nicht zu erheben.[44] Die wiederholten Tarifnormen werden zum Inhalt des Arbeitsvertrages. Werden sie später von den Tarifparteien geändert, bleiben sie unberührt. Sie können lediglich durch Einzelarbeitsvertrag geändert oder aufgehoben werden. Ihre Änderung gegen den Willen des Vertragspartners ist nur durch Änderungskündigung (§ 123 RN 38 ff.) möglich.

III. Verweisung auf Tarifrecht

8 **1. Rechtsnatur.** Die Verweisung auf einen Tarifvertrag ist die **Unterstellung des Arbeitsverhältnisses unter einen vorgefertigten Normenkreis.**[45] Sie ist in ihrer Konstruktion der Verweisung und Auswahl eines Normenkreises im internationalen Privatrecht ähnlich (§ 6). Sie ersetzt die Tarifbindung der einen oder beider Arbeitsvertragsparteien. Nach anderer Meinung führt die Verweisung zu einer besonderen Form der Tarifbindung.[46] Dem kann nicht gefolgt werden; eher kann die Verweisung aufgehoben und eine vom Tarifvertrag abweichende Regelung vereinbart werden, ohne dass § 3 III TVG entgegensteht.

9 In der Rechtslehre ist umstritten, ob die Verweisung die **Rechtsnatur eines Vertrages, eines Gesamtaktes oder eines Rechtsinstitutes sui generis** hat. Bei einem Vertrag greifen zwei inhaltlich verschiedene Willenserklärungen wie Zahnräder ineinander und erzeugen dadurch die Willensübereinstimmung; beim Gesamtakt laufen mehrere inhaltlich gleiche Willenserklärungen parallel. In jedem Falle ist eine Willensübereinstimmung erforderlich, dass bestimmte Tarifnormen auf das Arbeitsverhältnis angewandt werden sollen.

10 Die **Willenserklärungen,** mit denen Tarifrecht in Bezug genommen wird, können ausdrücklich, aber auch konkludent abgegeben werden.[47] Konkludent wird Tarifrecht dann in Bezug genommen sein, wenn der Arbeitgeber seine Arbeitnehmer insgesamt nach dem Tarifvertrag behandelt und die Arbeitnehmer die tariflichen Leistungen unwidersprochen entgegennehmen.[48] Schließlich kann die Inbezugnahme sich aus der betrieblichen Übung (§ 111) ergeben.[49] Diese ist aber noch nicht dann gegeben, wenn der Arbeitgeber in der Vergangenheit Tariflohn-

---

[39] BAG 3. 11. 2004 – 4 AZR 541/03 n. a. v.; 17. 4. 2002 AP 6 zu § 2 NachwG = NZA 2002, 1096.

[40] BAG 3. 11. 2004 AP 28 zu § 611 BGB Lohnanspruch.

[41] BAG 17. 4. 2002 AP 6 zu § 2 NachwG = NZA 2002, 1096; 24. 11. 2004 AP 70 zu § 242 BGB Betriebliche Übung = NZA 2005, 349.

[42] BAG 12. 12. 2006 AP 94 zu § 77 BetrVG 1972 = NZA 2007, 453; *Witteler* SAE 2008, 355.

[43] BAG 13. 11. 2007 AP 338 zu § 613 a BGB = NZA 2008, 600.

[44] BAG 23. 3. 1957 AP 16 zu Art. 3 GG; 11. 11. 1968 AP 14 zu Art. 9 GG; *Herschel* DB 69, 659.

[45] *Herschel* DB 69, 659, 660.

[46] *v. Hoyningen-Huene* RdA 74, 138.

[47] BAG 19. 1. 1999 AP 9 zu § 1 TVG Bezugnahme auf Tarifvertrag = NZA 99, 879.

[48] BAG 11. 6. 1975 EzA 1 zu § 3 TVG Bezugnahme auf Tarifvertrag = ArbuR 75, 247 (n. a. v.); vgl. LAG Bremen 3. 2. 1965 BB 65, 495.

[49] BAG 19. 1. 1999 AP 9 zu § 1 TVG Bezugnahme auf Tarifvertrag = NZA 99, 879.

erhöhungen weitergegeben hat.[50] Ist der Arbeitsvertrag Tarifrecht unterstellt, soll dies nach § 2 NachwG dokumentiert werden.

11 **2. Inhalt der Verweisung. a)** Es ist möglich, auf den Tarifvertrag zu verweisen, der bei Tarifbindung (§ 206) beider Arbeitsvertragsparteien nach seinem **örtlichen, zeitlichen, fachlichen und persönlichen Geltungsbereich** (§ 203) Anwendung finden würde. Denkgesetzlich möglich und rechtlich zulässig ist auch die Verweisung auf einen anderen,[51] obwohl dies wenig zweckmäßig ist. Indes muss eindeutig bestimmbar sein, auf welchen Tarifvertrag verwiesen wird; zureichend ist eine Verweisung auf die tariflichen Vorschriften nur, wenn diese hinreichend individualisierbar sind. Zweifel bei der Auslegung, welcher Tarifvertrag gilt, gehen in Formulararbeitsverträgen zu Lasten des Arbeitgebers.[52] Auf Bezugnahmeklauseln in Formulararbeitsverträgen sind die §§ 305 ff. BGB anzuwenden.[53] Die vertragliche Bezugnahme auf einen bestimmten, für das Arbeitsverhältnis einschlägigen Tarifvertrag und diesen ergänzende Tarifverträge erfasst nur einschlägige Tarifverträge also solche, unter deren Geltungsbereich das Arbeitsverhältnis fällt.[54] Haben die Parteien auf einen Tarifvertrag verwiesen und wird von den Tarifparteien rückwirkend ein Tarifvertrag in Kraft gesetzt, so gilt dieser nur, wenn das Arbeitsverhältnis im Zeitpunkt des Tarifabschlusses noch besteht.[55]

12 **b)** Im Wege der Verweisung können der **gesamte Tarifvertrag,** aber auch nur **Teile** hieraus[56] in Bezug genommen werden. Wird in einem Arbeitsvertrag wegen bestimmter Gegenstände, z. B. den Urlaub auf den Tarifvertrag verwiesen, so ist im Zweifel anzunehmen, dass für diesen Gegenstand die gesamte tarifliche Regelung gilt.[57] Ferner kann auf die Tarifverträge in ihrer jeweiligen Fassung verwiesen werden. Alsdann sind auch solche Regelungen in Bezug genommen, die sonst nicht üblich sind, z. B. wenn in der Privatwirtschaft auf den BAT (jetzt TVöD) verwiesen wird.[58] Bei derartigen dynamischen Verweisungsklauseln soll das gelten, was auch im Falle der Tarifbindung gelten würde.[59] In diesen Fällen erlangt der Arbeitnehmer bei einer etwaigen Tariflohnerhöhung unmittelbar einen Anspruch auf Lohnerhöhung. Hieraus folgt zugleich die Auslegungsregel, dass im Zweifel eine dynamische Verweisung auf den jeweiligen Tarifvertrag gewollt ist.

13 **c)** Umstritten ist, inwieweit **Tarifänderungen und Ergänzungen** gelten, wenn mit diesen bei Abschluss des Arbeitsvertrages nicht gerechnet werden konnte, z. B. Rationalisierungsschutzabkommen.[60] Auf Grund Einzelvertragsauslegung und der mit der Verweisung verfolgten Zwecksetzung ist zu entscheiden, ob derartige Änderungen und Ergänzungen gleichfalls gelten sollen. So wird z. B. dann eine Geltung gewollt sein, wenn durch die Verweisung auf Tarifverträge eine Vereinheitlichung der Arbeitsbedingungen gewollt war. Im Interesse der Rechtsklarheit sollte eindeutig klargestellt werden, in welchem Umfang eine tarifliche Inbezugnahme gewollt ist. Nimmt ein Arbeitsvertrag die tarifvertraglichen Regelungen für die Metallindustrie in Bezug, unterfällt das Arbeitsverhältnis auch einem von denselben Tarifvertragsparteien abgeschlossenen firmenbezogenen Ergänzungstarifvertrag.[61] Eine vertragliche Bezugnahme auf den jeweils geltenden Gehaltstarifvertrag kann im Falle einer rückwirkenden Tariferhöhung zu Nachzahlungsansprüchen des Arbeitnehmers auch dann führen, wenn das Arbeitsverhältnis bei Tarifabschluss bereits beendet war.[62] Ist in einem Stufentarifvertrag die Erhöhung der Tarifentgelte über mehrere Jahre geregelt und tritt der Arbeitgeber nach Abschluss des Tarifvertrages zu einem zukünftigen Zeitpunkt aus dem Arbeitgeberverband aus, wird er bei vertraglicher Inbezugnahme vom Tarifvertrag erfasst.[63]

---

[50] BAG 16. 1. 2002 AP 56 zu § 242 BGB Betriebliche Übung = NZA 2002, 632.

[51] Vgl. BAG 13. 11. 1959 AP 54 zu § 611 BGB Urlaubsrecht.

[52] BAG 14. 12. 2005 AP 39 zu § 1 TVG Bezugnahme auf Tarifvertrag = NZA 2006, 607.

[53] BAG 3. 4. 2007 AP 46 zu § 4 TVG Nachwirkung = NZA 2007, 1045; 9. 5. 2007 AP 8 zu § 305 c BGB = DB 2008, 874; 12. 3. 2008 AP 10 zu § 305 BGB = NZA 2008, 699.

[54] BAG 15. 3. 2006 AP 38 zu § 1 TVG Bezugnahme auf Tarifvertrag = NZA 2006, 690.

[55] LAG Düsseldorf 28. 2. 1977 DB 77, 1953.

[56] LAG Köln 19. 8. 1999 ZTR 2000, 274.

[57] BAG 17. 11. 1998 AP 10 zu § 1 TVG Bezugnahme auf Tarifvertrag = NZA 99, 938.

[58] BAG 29. 7. 1986 AP 16 zu § 1 BetrAVG Zusatzversorgungskassen = NZA 87, 668; 21. 10. 1992 AP 27 zu § 23 a BAT; 1. 6. 1995 AP 5 zu § 1 BAT-O = NZA 96, 322; LAG Frankfurt 6. 12. 1979 BB 80, 1158.

[59] BAG 23. 4. 1986 AP 118 zu §§ 22, 23 BAT 1975; 14. 2. 1973 AP 6 zu § 4 TVG Nachwirkung; 29. 1. 1975 AP 8 zu § 4 TVG Nachwirkung; 3. 12. 1985 AP 1 zu § 74 BAT; 21. 12. 1992 AP 28 zu § 23 a BAT = NZA 93, 367; 4. 9. 1996 AP 5 zu § 1 TVG Bezugnahme auf Tarifvertrag = NZA 97, 271.

[60] Vgl. hierzu *Herschel* DB 69, 661 m. w. Nachw.

[61] LAG Stuttgart 22. 12. 2004 – 17 Sa 43/04 – jurisPR-ArbR 17/2005.

[62] BAG 6. 8. 2002 AP 154 zu § 112 BetrVG 1972 = NZA 2003, 449.

[63] BAG 1. 12. 2004 – 4 AZR 329/04 (n. a. v).

14 **3. Form der Verweisung.** Die Verweisung auf einen Tarifvertrag ist grundsätzlich formfrei.[64] Sie kann sich auch aus einer betrieblichen Übung oder konkludentem Verhalten der Arbeitsvertragsparteien ergeben. Hiervon besteht nur dann eine Ausnahme, wenn der in Bezug genommene Tarifvertrag für die Begründung des Arbeitsverhältnisses eine bestimmte Form vorsieht.[65] Erfolgt die Verweisung gleichwohl formlos, erwachsen die gleichen Probleme wie bei den unter Missachtung der Schriftformklausel abgeschlossenen und geänderten Arbeitsverträgen.[66] Im Interesse der Rechtsklarheit ist jedoch dringend die Einhaltung der Schriftform zu empfehlen.

15 **4. Grenzen tariflicher Inbezugnahme.** Grundsätzlich ist den Parteien unbenommen, ihr Arbeitsverhältnis einem **Tarifvertrag ihrer Wahl** zu unterstellen. **Zwingendes Gesetzesrecht** kann durch die Inbezugnahme eines Tarifvertrages nicht umgangen werden; z. B. können die Bestimmungen des JArbSchG nicht durch Inbezugnahme des für Erwachsene geltenden Tarifrechts ausgeschlossen werden.[67]

16 Umstritten ist dagegen, inwieweit durch Verweisung auf Tarifrecht **tarifdispositives Gesetzesrecht** abbedungen werden kann (§ 31), z. B. die Vorschriften über die Kündigungsfrist (§ 622 BGB), den Urlaub (§ 13 BUrlG) oder die Entgeltfortzahlung bei Arbeitsverhinderung des Arbeitnehmers. Soweit auf das bei Tarifbindung geltende Tarifrecht verwiesen wird, sind Bedenken gegen die Abbedingung dispositiven Rechtes nicht zu erheben, weil durch die Verweisung eine Vereinheitlichung der Arbeitsbedingungen erreicht werden soll (vgl. zu tarifdispositivem Gesetzesrecht § 31). Dagegen wird man in den übrigen Fällen über die Grenzen des Willkürverbotes (§ 138 BGB) hinaus die Verweisung insoweit für unwirksam halten müssen, als für die Abbedingung der gesetzlichen Dispositivnormen ein sachlich gerechtfertigter Grund nicht besteht.[68] Wer Massenverträge fertigt, muss sich im Rahmen eines billigen Interessenausgleiches halten. Ist in diesen Fällen die Generalverweisung unwirksam, ist sie jedoch als Teilverweisung auf die übrigen Tarifnormen im Sinne einer arbeitsvertraglichen Rezeption aufrechtzuerhalten (§ 139 BGB).[69]

17 **5. Rechtsfolgen der Verweisung.** Bei rechtswirksamer Verweisung im Arbeitsverhältnis wird das Tarifrecht angewandt, und zwar in derselben revisionsrechtlich[70] nachprüfbaren Auslegung, wie wenn es kraft Tarifbindung oder Allgemeinverbindlichkeitserklärung anzuwenden wäre (§ 198 RN 47). Die Tarifnormen gelten nur unmittelbar; sie sind jedoch abdingbar. Irrt sich eine Partei über den Inhalt der Tarifnormen, so ist ihr Irrtum unerheblich, denn Inhalt der Willenserklärung war nur die Inbezugnahme des Tarifvertrages.[71] Gehen beide Parteien von einem bestimmten Inhalt des Tarifvertrages aus (Fall der falsa demonstratio), so gilt jedoch insoweit das gemeinsam Gewollte, und zwar nicht als Tarifinhalt, sondern als arbeitsvertragliche Sonderregelung.[72] Der Inhalt des Tarifrechts ist gemäß § 293 ZPO von Amts wegen zu ermitteln.

§ 209. Bekanntgabe des Tarifvertrages

Allgemein: *Bunte,* Die Auslage von Tarifverträgen, RdA 2009, 21; *Diller,* Wie beschafft man sich Tarifverträge?, FA 99, 43; *Hohenhaus,* Die Bekanntmachung von Tarifverträgen im Betrieb, NZA 2001, 1107; *Lindena,* Publizität von Tarifverträgen, DB 88, 1114.

Internetadresse: http://www.tarifvertrag.de (Tarifarchiv der Hans Böckler Stiftung).

I. Allgemeines

1 Die Tarifverträge enthalten autonomes Recht. Ihre Veröffentlichung selbst ist nicht vorgesehen, da die Verbände im Interesse ihrer Mitglieder in der Regel dafür sorgen werden, dass sie bei ihren Mitgliedern bekannt werden. Das Gesetz sieht nur eine Publikation der Tatsache des Tarifabschlusses vor und versucht damit die Veröffentlichung seines Inhalts mittelbar zu erzwingen. Im Einzelnen dienen der Veröffentlichung des Tarifvertrages **Übersendungs- und Mittei-**

---

[64] BAG 19. 1. 1999 AP 9 zu § 1 TVG Bezugnahme auf Tarifvertrag = NZA 99, 879.
[65] *Herschel* DB 69, 661.
[66] Hierzu oben § 34; *Erman* Anm. zu BAG 4. 6. 1963 AP 1 zu § 127 BGB.
[67] Zulässig ist die Verweisung auf Ausschlussfristen BAG 5. 11. 1963 AP 1 zu § 1 TVG Bezugnahme auf Tarifvertrag.
[68] A. A. *Herschel* DB 69, 661.
[69] *Herschel* DB 69, 662.
[70] BAG 12. 8. 1959 AP 1 zu § 305 BGB; 6. 4. 1955 AP 7 zu Art. 3 GG; 29. 11. 1957 AP 31 zu § 3 TOA; 21. 4. 1966 AP 1 zu § 53 BAT; 31. 3. 1966 AP 54 zu § 611 BGB Gratifikation.
[71] LAG Hamm 12. 1. 1993 BB 93, 1217.
[72] A. A. *Herschel* DB 69, 662.

lungspflichten der Verbände (RN 2), das **Tarifregister** (RN 4) und die **Auslage eines Tarifvertrages im Betrieb** (RN 9).

II. Übersendungs- und Mitteilungspflichten

1. Übersendung an die Arbeitsbehörde. Die Tarifparteien sind verpflichtet, dem Bundesminister für Arbeit und Soziales innerhalb eines Monats nach Abschluss eines Tarifvertrages kostenfrei die Urschrift oder eine beglaubigte Abschrift sowie zwei weitere Abschriften zu übersenden (§ 7 I TVG). Sie sind ferner verpflichtet, jeder obersten Arbeitsbehörde eines Landes, auf das sich der Tarifvertrag erstreckt, innerhalb eines Monats je drei Abschriften zu übersenden. Wird der Tarifvertrag geändert oder aufgehoben, so bestehen entsprechende Übersendungs- und Mitteilungspflichten (§ 7 I TVG). Übersendet die eine oder andere Tarifvertragspartei die erforderliche Zahl von Abschriften, so wird hierdurch die andere Vertragspartei frei. 2

2. Unterbliebene Übersendung. Unterbleibt die Übersendung, so wird hierdurch die Rechtswirksamkeit des Tarifvertrages nicht berührt. Jedoch handelt ordnungswidrig, wer vorsätzlich oder fahrlässig einer Übersendungs- oder Mitteilungspflicht nicht nachkommt. Die Ordnungswidrigkeit kann von der Behörde, der gegenüber die Übersendungs- und Mitteilungspflicht zu erfüllen war, mit einer Geldbuße geahndet werden (§ 7 II, III TVG). 3

III. Tarifregister

1. Zweck. Das Tarifregister hat den Zweck, ein lückenloses Bild der bestehenden Tarifverträge zu vermitteln. Es ist öffentlich, d. h., jedermann kann ohne Nachweis eines besonderen Interesses während der Dienststunden der Registerbehörde Einsicht in das Tarifregister und die registrierten Tarifverträge nehmen. Dagegen genießt das Tarifregister keinen öffentlichen Glauben, d. h., das Vertrauen auf die Richtigkeit und Vollständigkeit der Eintragungen wird nicht geschützt. 4

2. Zuständigkeit. Zuständig für die Führung des Tarifregisters ist der Bundesminister für Arbeit und Soziales (§ 6 TVG). In den Ländern ist die Führung eines Tarifregisters gesetzlich nicht vorgesehen; es wird aber regelmäßig geführt. 5

3. Inhalt. Einzutragen sind der Abschluss, die Änderung und Aufhebung eines Tarifvertrages sowie der Beginn und die Beendigung der Allgemeinverbindlicherklärung (AVE) (§ 6 TVG). Bei der Eintragung des Abschlusses werden die Tarifverträge durch die Angabe der Tarifvertragsparteien, des Geltungsbereiches, des Zeitpunktes des Abschlusses und des Inkrafttretens bezeichnet (§ 14 DVO). Gesetzlich nicht ausdrücklich vorgesehen ist die Eintragung der Änderung der AVE. Ihre Eintragungspflichtigkeit folgt jedoch aus dem Wesen der AVE. Die Eintragung in das Tarifregister hat nur deklaratorische Bedeutung; die Tarifverträge treten also ohne ihre Eintragung in Kraft. Anders ist es bei der AVE. Sie erfolgt erst nach der Eintragung des Tarifes in das Tarifregister. 6

4. Einsichtsrecht. Jedermann kann in das **Tarifregister** und in die **Tarifregisterakten,** in denen die übersandten Tarifverträge aufbewahrt werden, Einsicht nehmen. Von den Eintragungen, nicht aber von den Tarifverträgen, kann eine (beglaubigte) Abschrift verlangt werden (§ 16 DVO). Tarifgebundene Arbeitnehmer und Arbeitgeber erhalten von ihren Verbänden ein Exemplar des Tarifvertrages. Ist ein Tarifvertrag allgemeinverbindlich, so können betroffene Arbeitnehmer und Arbeitgeber gegen Erstattung der Selbstkosten eine Abschrift der Tarifverträge von den Verbänden verlangen (§ 9 DVO). Eine Liste der allgemeinverbindlichen Tarifverträge ergibt sich aus dem Internet (§ 207). 7

Größere Verbände stellen ihre Tarifverträge in das **Internet** ein, so dass sie von dort bezogen werden können. Der BdA erlaubt nur Mitgliedsverbänden, im Tarifarchiv kostenlos zu recherchieren.[1] 8

IV. Auslegung der Tarifverträge im Betrieb

Diller, Wie beschafft man sich Tarifverträge?, FA 99, 43; *Fischer,* Geheime Tarifverträge und Betriebsvereinbarungen, BB 2000, 354; *Linde/Lindemann,* Der Nachweis tarifvertraglicher Ausschlussfristen, NZA 2003, 649.

1. Auslegung des Tarifvertrages. Die Arbeitgeber sind verpflichtet, die für ihren Betrieb maßgebenden Tarifverträge an geeigneter Stelle auszulegen (§ 8 TVG). Auf Anfordern haben sie 9

[1] Arbeitgeber 99, 50.

dem Arbeitnehmer den Tarifvertrag zugänglich zu machen.[2] Eine Offenlegungspflicht besteht somit nur für tarifgebundene Arbeitgeber. Die Auslegung kann am Schwarzen Brett, aber auch in der Personalabteilung oder dem Betriebsratsbüro erfolgen.[3] Zur Erzwingung der Auslegung haben die Gewerkschaften beim Firmentarif einen unmittelbaren, klagbaren Anspruch gegen die Firma, beim Verbandstarif einen Anspruch gegen den Arbeitgeberverband auf entsprechende Einwirkung auf den Arbeitgeber.

10 **2. Unterbliebene Auslegung.** Unterbleibt die Auslegung des Tarifvertrages, so sind im Gesetz keine Sanktionen vorgesehen. Nach h. M. ist § 8 TVG weder Schutzgesetz im Sinne von § 823 II BGB noch eine Konkretisierung der Fürsorgepflicht.[4] Die Auslegungspflicht erschöpft sich in der allgemeinen Bekanntmachung der Tarifnorm. Sie dient dagegen nicht dem Schutz des Einzelnen. Ein tarifgebundener Arbeitnehmer kann also bei Verletzung der Auslegungspflicht nicht mit der Begründung Schadenersatz verlangen, er habe z. B. eine Ausschlussfrist nicht gekannt, die Tarifnorm dürfe ihm somit nicht entgegengehalten werden.[5] Etwas anderes kann nur dann gelten, wenn der Arbeitnehmer die Bekanntgabe des Tarifvertrages verlangt hat.[6] Gelegentlich wird auch die Auffassung vertreten, dass bei Nichtauslage eines **allgemeinverbindlichen Tarifvertrages** der Arbeitgeber sich auf dem Arbeitnehmer ungünstige Normen nicht berufen könne.[7] Etwas anderes gilt dann, wenn im Tarifvertrag ausdrücklich geregelt ist, dass ein Arbeitgeber sich nur dann auf eine Ausschlussfrist berufen kann, wenn der Tarifvertrag ausgelegt worden ist.[8]

11 **3. Nachweisgesetz.**[9] Das Nachweisgesetz sieht vor, dass die im Arbeitsvertrag geltenden Tarifverträge und Betriebsvereinbarungen aufgezählt werden. Eine Aushändigung des Tarifvertrags wird nicht gefordert.[10] Zum Teil wird vertreten, dass dann, wenn für die Ansprüche des Arbeitnehmers umfassende Verfallfristen gelten, die die gesetzlichen Verjährungsfristen wesentlich unterschreiten, es sich um eine wesentliche Vertragsbedingung im Sinne des § 2 I 1 NachwG handelt. Der Arbeitgeber müsse solche Verfallfristen deshalb ausdrücklich in den Nachweis aufnehmen. Dies gelte auch dann, wenn die Verfallfrist in einem für allgemeinverbindlich erklärten Tarifvertrag enthalten ist, der normativ auf das Arbeitsverhältnis einwirkt, oder die Ausschlussfrist kraft betrieblicher Übung im Betrieb Anwendung findet.[11] Verletze der Arbeitgeber seine Verpflichtung, den Arbeitnehmer gemäß § 2 I 1 NachwG über eine Verfallfrist zu informieren, könne er sich nach Treu und Glauben auf eine Versäumung dieser Frist nicht berufen.[12] Bei einer schuldhaften Verletzung der Nachweispflicht erwächst ein Schadensersatzanspruch wegen positiver Vertragsverletzung.[13] Zum Teil wird auch angenommen, dass es sich um Überraschungsklauseln handele, die nach § 305 c BGB unwirksam seien.

---

[2] LAG Nürnberg 25. 11. 2004 NZA-RR 2005, 377.
[3] BAG 5. 11. 1963 AP 1 zu § 1 TVG Bezugnahme auf Tarifvertrag.
[4] BAG 30. 9. 1970 AP 2 zu § 70 BAT; 8. 1. 1970 AP 43 zu § 4 TVG Ausschlussfristen; 6. 7. 1972 AP 1 zu § 8 TVG 1969; a. A. LAG Hessen 17. 10. 2001 NZA-RR 2002, 427.
[5] BAG 5. 11. 1963 AP 1 zu § 1 TVG Bezugnahme auf Tarifvertrag; 8. 1. 1970 AP 43 zu § 4 TVG Ausschlussfristen; 6. 7. 1972 AP 1 zu § 8 TVG 1969.
[6] BAG 22. 11. 1963 AP 6 zu § 611 BGB Öffentlicher Dienst.
[7] *Däubler,* TVG, 3. Aufl., RN 1302; dagegen BAG 6. 7. 1972 AP 1 zu § 8 TVG 1969.
[8] BAG 11. 11. 1998 AP 8 zu § 1 TVG Bezugnahme auf Tarifvertrag = NZA 99, 605.
[9] *Linde/Lindemann* NZA 2003, 649.
[10] BAG 23. 1. 2002 AP 5 zu § 2 NachwG = NZA 2002, 800; LAG Niedersachsen 7. 12. 2000 NZA-RR 2001, 145; 26. 7. 2001 NZA-RR 2002, 118; LAG Bremen 9. 11. 2000 NZA-RR 2001, 98; LAG Köln 7. 3. 2002 NZA-RR 2002, 591.
[11] BAG 17. 4. 2002 AP 6 zu § 2 NachwG = NZA 2002, 1096.
[12] LAG Schleswig-Holstein 8. 2. 2000 NZA-RR 2000, 196; vgl. dagegen BAG 17. 4. 2002 AP 6 zu § 2 NachwG = NZA 2002, 1096.
[13] LAG Brandenburg 10. 8. 2001 NZA-RR 2003, 314.

XVI. Buch. Betriebsverfassung

1. Abschnitt. Allgemeines

§ 210. Zweck der Betriebsverfassung

Neuere Kommentare und Erläuterungsbücher, die das BetrVG behandeln: *Däubler/Kittner/Klebe,* BetrVG, 11. Aufl., 2008; *Etzel,* Betriebsverfassungsrecht, 8. Aufl., 2002; *Düwell* (Hrsg.), Handkommentar zum BetrVG, 2. Aufl., 2006; *Fabricius/Kraft/Wiese/Kreutz/Oetker/Raab/Weber/Franzen,* Gemeinschaftskommentar zum Betriebsverfassungsgesetz, Bd. I, II, 8. Aufl., 2006; *Fitting/Engels/Schmidt/Trebinger/Linsenmaier,* Betriebsverfassungsgesetz nebst Wahlordnung, 24. Aufl., 2008; *Klebe/Ratayczak/Heilmann/Spoo,* Betriebsverfassungsgesetz, Basiskommentar, 14. Aufl., 2007; *Gross/Thon/Ahmad/Woitaschek,* BetrVG, 2. Aufl., 2008; *v. Hoyningen-Huene,* Betriebsverfassungsrecht, Lehrbuch, 6. Aufl., 2007; *Hess/Schlochauer/Worzalla/Glock/Nicolai,* Kommentar zum Betriebsverfassungsgesetz, 7. Aufl., 2008; *Löwisch/Kaiser,* Betriebsverfassungsgesetz, 6. Aufl., 2008; *Richardi,* BetrVG, 11. Aufl., 2008; *ders.,* Die neue Betriebsverfassung, 2003; *Schaub/Kreft,* Der Betriebsrat, 8. Aufl., 2006; *Stege/Weinspach/Schiefer,* Betriebsverfassungsgesetz, 9. Aufl., 2002; *Weber/Ehrich/Hörchens/Oberthür,* Handbuch zum Betriebsverfassungsrecht, 2. Aufl., 2003; *Windeln,* Die Reform des Betriebsverfassungsgesetzes im organisatorischen Bereich, 2004; *Wlotzke/Preis,* BetrVG, 3. Aufl., 2006.

Neuere Aufsätze und Monographien (Auswahl): *Adam,* Verwirkung im Betriebsverfassungsrecht?, ArbuR 2008, 169; *Bachner,* Voraussetzungen und Reichweite des Analogieschlusses im Betriebsverfassungsrecht, NZA 99, 1241; *Bauer,* 25 Jahre Betriebsverfassungsgesetz, NZA 97, 233; *Besgen,* Die Auswirkungen des AGG auf das Betriebsverfassungsrecht, BB 2007, 213; *Dieterich,* Mitbestimmung im Umbruch, ArbuR 97, 1; *ders.,* Tarif- und Betriebsautonomie – ein Spannungsverhältnis, FS Richardi (2007), S. 117; *Dieterich/Hanau/Henssler u. a.,* Empfehlungen zur Entwicklung des Tarifvertragsrechts, RdA 2004, 65; *Herrmann,* Kollektivautonomie contra Privatautonomie, NZA 2000, Beil. zu Heft 3, 14; *Franzen,* Zwingende Wirkung der Betriebsverfassung, NZA 2008, 250; *Gamillscheg,* Wandlungen in der französischen Betriebsverfassung, FS Richardi (2007), S. 1025; *Klein,* Die Stellung der Minderheitsgewerkschaften in der Betriebsverfassung (2007); *Kothe,* Der Beitrag der Betriebsverfassung zur Realisierung des Arbeitszeitrechts, FS Wißmann (2005), S. 331; *Linsenmaier,* Kollektives Arbeitsrecht im Spannungsfeld von Freiheit und Ordnung, JbArbR 44 (2007), S. 111; *Mues,* Die betriebliche Mitbestimmung – das deutsche Modell im europäischen Vergleich, FS Bartenbach (2005), S. 657; *Rieble,* Tarifvertrag und Beschäftigung, ZfA 2004, 1; *Schaub,* Flexibilisierung im Arbeits- und Mitbestimmungsrecht, FS Richardi (2007), S. 735; *Wiese,* Individuum und Kollektiv im Betriebsverfassungsrecht, NZA 2006, 1; *Wiesner,* Die Schriftform im Betriebsverfassungsgesetz (2007); *Wißmann,* Zur Zukunft der Mitbestimmung in Betrieb und Unternehmen, AiB 2000, 320.

1. Regelung des Arbeitsumfelds. Der Arbeitnehmer ist dem Arbeitgeber auf Grund des Arbeitsvertrags zur Dienstleistung verpflichtet. Da die Einzelnen auszuübenden Tätigkeiten im Arbeitsvertrag regelmäßig nur rahmenmäßig umschrieben werden, ist der Arbeitgeber auf Grund seines Direktionsrechts zur Zuweisung von einzelnen Arbeiten berechtigt (§ 45 RN 14ff.). Dabei erfolgt die Arbeitsleistung zumeist im Betrieb des Arbeitgebers, also in einer Ordnung, die dem Arbeitnehmer vorgegeben ist und auf die er als Einzelner kaum oder keinen Einfluss nehmen kann, die aber andererseits notwendig ist, wenn arbeitstechnische Zwecke zielbewusst verfolgt werden sollen. 1

2. Zweck des BetrVG. Mit dem Betriebsverfassungsrecht soll die monokratische Struktur des Betriebs beseitigt werden. Die sich aus der Eingliederung in eine fremdbestimmte Organisation ergebende Abhängigkeit des Arbeitnehmers soll durch die Schaffung von betrieblichen Arbeitnehmervertretungen ausgeglichen oder zumindest abgemildert werden. Sozialpolitisch bezweckt das Betriebsverfassungsrecht den Schutz des Arbeitnehmers gegenüber den Maßnahmen des Arbeitgebers und allgemeinpolitisch eine Beteiligung der Arbeitnehmerschaft an seinen Entscheidungen. Entsprechend den sozialpolitischen und allgemeinpolitischen Zielsetzungen sind auch die Wurzeln des Betriebsverfassungsrechts. Es ist ein Spiegelbild der Demokratisierung des Staates. 2

3. Unternehmen.[1] Begrifflich sind Betrieb und Unternehmen zu unterscheiden. Als Unternehmen i. S. d. Betriebsverfassung wird der Rechtsträger, d. h. die Gesellschaft, so wie sie im 3

[1] *Joost,* Betrieb und Unternehmen als Grundbegriffe im Arbeitsrecht, 1988; *Grobys,* Betrieb, Unternehmen und Konzern im Arbeitsrecht, NJW-Spezial 2006, 129.

Rechtsverkehr auftritt, bezeichnet (z.B. KG, GmbH, AG). Hingegen ist für den Betriebsbegriff die einzelne organisatorische Einheit maßgeblich. Ein Unternehmen kann aus mehreren Betrieben bestehen, umgekehrt können zwei Unternehmen einen Gemeinschaftsbetrieb bilden (Einzelheiten § 214). Das BetrVG gilt auch für das Unternehmen, so knüpfen insbesondere die Vorschriften über die wirtschaftliche Mitbestimmung an das Unternehmen an (Einzelheiten §§ 243f.).

4 **4. Geltende Wirtschaftsverfassung.** Sie geht von der Garantie der wirtschaftlichen Betätigungsfreiheit und des Eigentums aus (Art. 12 I, 14 GG). In seiner Stellung als Unternehmer wird der Arbeitgeber nur insoweit eingeschränkt, wie es der Sozialstaatsgedanke (Art. 20 I GG) des GG erfordert. Die Rechte der Arbeitnehmerschaft auf unternehmerischem Gebiet sind daher regelmäßig auf Informations- und Anhörungsrechte begrenzt; stärkere Beteiligungsrechte bestehen nur, wenn davon der einzelne Arbeitnehmer individuell betroffen wird oder die sozialen Belange der Belegschaft im Vordergrund stehen (§ 230).

5 **5. Begriff.** Entsprechend seiner Entwicklung und Funktion ist das Betriebsverfassungsrecht die Summe der Normen, die sich mit der Stellung des Arbeitnehmers im Betrieb und der Rechte der im Betrieb verbundenen Arbeitnehmer gegenüber dem Arbeitgeber befassen.

6 **6. Reform des BetrVG.** Das BetrVG 1972 ist nach seiner ersten größeren Novellierung im Jahr 1988 durch das Gesetz zur Änderung des BetrVG, über Sprecherausschüsse der leitenden Angestellten und zur Sicherung der Montan-Mitbestimmung vom 23. 12. 1988 (BGBl. I S. 2312) im Jahr 2001 erneut geändert worden. Das Gesetz zur Reform des Betriebsverfassungsgesetzes (BetrVG-ReformG) vom 28. 7. 2001 (BGBl. I S. 1852) ist nach einem verhältnismäßig kurzen, aber von teilweise sehr heftigen Diskussionen begleiteten Gesetzgebungsverfahren rechtzeitig vor den Betriebsratswahlen des Jahres 2002 im Sommer 2001 in Kraft getreten.[2]

7 **Wichtigste Punkte** der Neuregelung 2001 waren die Aufgabe der Unterscheidung zwischen Angestellten und Arbeitern (§ 5 I BetrVG), die Erweiterung der Möglichkeiten zu einer abweichenden Bildung der Betriebsverfassungsorgane (§ 3 BetrVG), Vorgaben für die Zusammensetzung des Betriebsrats nach Geschlechtern (§§ 15, 25 II BetrVG), die Einführung eines vereinfachten Wahlverfahrens in Kleinbetrieben (§§ 14a, 17a BetrVG) und des Mentorenprinzips in bisher betriebsratslosen Betrieben (§§ 16 III, 17 I BetrVG), die Vergrößerung der Betriebsratsgremien (§§ 9, 27, 62 BetrVG), die Möglichkeit zur Bildung von Arbeitsgruppen (§ 28a BetrVG), die Erweiterung der Zuständigkeit des Gesamt- und Konzernbetriebsrats (§§ 50, 58 BetrVG), die Ausdehnung der Zuständigkeiten des Betriebsrats bei der Integration von ausländischen Arbeitnehmern, der Beschäftigungssicherung und des betrieblichen Umweltschutzes (§ 80 I BetrVG) sowie die Schaffung einer Mitbestimmung bei der Einführung von Gruppenarbeit (§ 87 I Nr. 13 BetrVG). Daneben hat das BetrVG-ReformG vielfach die höchstrichterliche Rechtsprechung festgeschrieben, z.B. bei dem Übergangs- und Restmandat des Betriebsrats (§§ 21a, 21b BetrVG) und der maßgeblichen Arbeitnehmerzahl im Bereich der personellen und wirtschaftlichen Mitbestimmung (§§ 99, 111 BetrVG) oder sie zum Anlass für z.T. abweichende Regelungen genommen (§§ 37 III, 103 III BetrVG). Eine Neuregelung über die Zulässigkeit von tariflicher und betrieblicher Rechtssetzung (§ 77 III BetrVG) ist hingegen bis heute unterblieben.

§ 211. Betriebs- und Unternehmensverfassung

1 Die Betriebsverfassung ist von der **Unternehmensverfassung** zu unterscheiden. Zu dieser gehören die Bestimmungen über die wirtschaftliche Mitbestimmung der Arbeitnehmer und die Beteiligung der Arbeitnehmer in den Aufsichtsräten. Das BetrVG von 1972 hat davon abgesehen, die Regelung der Unternehmensverfassung in das Gesetz aufzunehmen. Die entsprechende CDU/CSU-Vorlage war abgelehnt worden, weil nach Auffassung der damaligen Regierungskoalition zur Mitbestimmung noch weitergehende Überlegungen angestellt werden mussten (BT-Drucks. VI/2729). Inzwischen ist das Mitbestimmungsgesetz vom 4. 5. 1976 (BGBl. I S. 1153) verabschiedet worden (Einzelheiten unter §§ 257ff.).

2 Von der Unternehmensverfassung ist wiederum das **Gesellschaftsrecht** zu unterscheiden. Das Gesellschaftsrecht regelt die Fragen der Rechtspersönlichkeit des Unternehmens, der Rechtsbeziehungen der Gesellschafter zueinander, das Zusammenwirken der Gesellschaftsorgane

[2] Schrifttumsnachweise zum BetrVG-ReformG 2001 sind in der 11. Aufl. in § 210 Vor RN 1 enthalten; zum Verlauf des Gesetzgebungsverfahrens *Reichold* NZA 2001, Beil. zu Heft 16, 2.

sowie den Schutz der Gläubiger und der Allgemeinheit vor rechtsmissbräuchlichen Gesellschaftsformen.

§ 212. Geltungsbereich des Betriebsverfassungsgesetzes

Übersicht

	RN
I. Arbeitgeber	1 ff.
1. Unterscheidung	1
2. Arbeitgeberbegriff	2
3. Unternehmer	3
4. Mehrheit von Betrieben und Unternehmen	4
II. Arbeitnehmer	5 ff.
1. Allgemeiner Arbeitnehmerbegriff	5
2. Einbezogener Personenkreis	6–6 c
3. Mittelbares Arbeitsverhältnis	7
4. Arbeitnehmerähnliche Personen, freie Mitarbeiter und sonstige Personen	8–9
III. Einschränkung des Arbeitnehmerbegriffs	10 ff.
1. Organvertreter einer juristischen Person (§ 5 II Nr. 1 BetrVG)	10
2. Personengesellschaften (§ 5 II Nr. 2 BetrVG)	11
3. Personen, die aus ideellen oder karitativen Gründen arbeiten (§ 5 II Nr. 3 BetrVG)	12
4. Arbeit zur Heilung und Erziehung (§ 5 II Nr. 4 BetrVG)	13
5. Ehegatten, Lebenspartner, Verwandte und Verschwägerte 1. Grades (§ 5 II Nr. 5 BetrVG)	14
IV. Leitende Angestellte	15 ff.
1. Allgemeines	15, 16
2. Begriff des leitenden Angestellten	17–19
3. Herausnahme aus der Betriebsverfassung	20, 21
4. Allgemeine Voraussetzungen der leitenden Angestellten	22–24
5. Selbstständige Einstellungs- und Entlassungsbefugnis (§ 5 III Nr. 1 BetrVG)	25
6. Generalvollmacht oder Prokura (§ 5 III Nr. 2 BetrVG)	26–28
7. Sonstige leitende Angestellte (§ 5 III Nr. 3 BetrVG)	29–34
8. Gesetzliche Auslegungsregeln (§ 5 IV BetrVG)	35–40
9. Verfahren	41
10. Betriebsratswahl	42

I. Arbeitgeber

Schubert, Der Unternehmensbegriff im Rahmen der wirtschaftlichen Mitbestimmung in wirtschaftlichen Angelegenheiten, ZfA 2004, 253; *Venrooy,* Die GmbH im Betriebsverfassungsrecht, GmbHR 2007, 449; *Wißmann,* Die Suche nach dem Arbeitgeber in der Betriebsverfassung, NZA 2001, 409.

1. Unterscheidung. Das BetrVG verwendet im Allgemeinen den Begriff des Arbeitgebers. 1
Gelegentlich benutzt es aber auch die Bezeichnung des Unternehmers (z. B. §§ 53 II, 106 I, 111 BetrVG). Beide Begriffe sind jedoch nicht deckungsgleich.

2. Arbeitgeberbegriff. Er wird im BetrVG in doppelter Weise verwandt; zunächst als Ar- 2
beitgeber im herkömmlichen Sinne, also als Vertragspartner des Arbeitnehmers, (§ 17) und zum anderen als Partner des Betriebsrates im Rahmen der Betriebsverfassung. Arbeitgeber kann eine juristische oder natürliche Person oder eine Personengesamtheit sein; zur Betriebsnachfolge §§ 116 ff. Der Arbeitgeber kann sich bei der Ausübung von Beteiligungsrechten vertreten lassen. Der Personenkreis ist dabei nicht auf die leitenden Angestellten beschränkt. Erforderlich ist jedoch, dass die jeweilige Person über die notwendige Fach- und Entscheidungskompetenz für die geplante Maßnahme verfügt.[1]

3. Unternehmer. Als solcher wird der Inhaber des Unternehmens bezeichnet. Das BetrVG 3
setzt den Begriff des Unternehmens voraus. Nach dem allgemeinen Begriff ist das Unternehmen die organisatorische Einheit, mit der der Unternehmer seine wirtschaftlichen und ideellen Zwecke verfolgt.[2] Eine Gesellschaft kann nur ein Unternehmen haben. Aus diesem Grund ist bei Personengesellschaften und juristischen Personen die Gesellschaft mit dem Unternehmen identisch. Anders bei natürlichen Personen, die mehrere Unternehmen betreiben können. Ein Unternehmen kann einen oder mehrere Betriebe haben. Arbeitgeber- und Unternehmerstellung

---

[1] BAG 11. 12. 1991 AP 2 zu § 90 BetrVG 1972 = NZA 92, 850.

[2] BAG 5. 3. 1987 AP 30 zu § 15 KSchG 1969 = NZA 88, 32; 23. 9. 1980 AP 4 zu § 47 BetrVG 1972 = BB 81, 1095.

können daher auseinanderfallen. Der Betriebsrat hat Beteiligungsrechte unmittelbar gegenüber dem Unternehmer, weil bestimmte Auskünfte und Informationsrechte nicht vom Arbeitgeber, sondern nur vom Unternehmer erfüllt werden können. Dies ist insbesondere in wirtschaftlichen Angelegenheiten (§§ 53 II, 106ff., 111ff. BetrVG) der Fall (Einzelheiten §§ 243f.).

4 **4. Mehrheit von Betrieben und Unternehmen.** Gehören zu einem Unternehmen mehrere Betriebe und werden die Aufgaben der Personalverwaltung ganz oder teilweise durch Zentralstellen bei der Unternehmensleitung wahrgenommen, ist die Rechtsstellung des Arbeitgebers gleichsam aufgespalten. Der Betriebsrat hat die ihm zustehenden Rechte damit entweder gegenüber dem Betriebsleiter bzw. der diesem übergeordneten Personalverwaltung wahrzunehmen. Das BetrVG schreibt zwar keine bestimmte Organisationsstruktur des Unternehmens vor; es erfordert jedoch durch die vielfache Beteiligung des Betriebsrats an Personalmaßnahmen einen Gegenspieler, der einer bestimmten hierarchische Führungsebene angehört. In einem Gemeinschaftsbetrieb mehrerer Unternehmen bestehen die Beteiligungsrechte im Verhältnis zum Arbeitgeber gegenüber der für die personellen Entscheidungen zuständigen Stelle (§ 214 RN 5). In wirtschaftlichen Angelegenheiten ist als Unternehmer die Leitungsebene anzusehen, die die verbundenen Unternehmen unternehmerisch führt.

II. Arbeitnehmer

Boehmke/Ankersen, Telearbeit und Betriebsverfassung, BB 2000, 2254; *Engels,* Betriebsrat: Kontrollinstanz in Sachen 1-€-Jobs?, FS Richardi (2007), S. 519; *ders.,* Betriebsverfassungsrechtliche Einordnung von Ein-Euro-Jobbern, NZA 2007, 8; *Franzen,* Reformbedarf beim Betriebs- und Arbeitnehmerbegriff des BetrVG?, ZfA 2000, 285; *Schaub,* Heim- und Telearbeit sowie bei Dritten beschäftigte Arbeitnehmer im RegE zum BetrVG, NZA 2001, 364; *Tillmann,* Telearbeit nach der Novellierung des BetrVG, K&R 2002, 629; *Wank,* Telearbeit, AR-Blattei SD 1565.

5 **1. Allgemeiner Arbeitnehmerbegriff.** Das BetrVG setzt den Arbeitnehmerbegriff voraus; es geht von dem allgemeinen im Arbeitsrecht verwandten Begriff aus (§ 8). Es schränkt ihn jedoch durch Ausnahmeregelungen in § 5 II, III BetrVG wieder ein. Arbeitnehmer i.S. des BetrVG sind daher alle Arbeitnehmer im arbeitsrechtlichen Sinne mit Ausnahme der in § 5 II, III BetrVG genannten Personen.[3] Durch das BetrVG-ReformG ist die bisherige Einteilung der Arbeitnehmer in Arbeiter und Angestellte aufgegeben und das Gruppenprinzip beseitigt worden.[4] Die gesonderte Erwähnung der Begriffe „Arbeiter" und „Angestellte" in § 5 I BetrVG ist nur redaktioneller Art und hat keine rechtliche Bedeutung. Zur Rechtslage bis zum Inkrafttreten des BetrVG-ReformG vgl. 9. Aufl. § 213 RN 1ff.

6 **2. Einbezogener Personenkreis. a) Grundsatz: Arbeitsvertrag und Eingliederung.** Arbeitnehmer ist, wer auf Grund eines privatrechtlichen Vertrages im Dienste eines anderen zur Leistung von abhängiger Arbeit verpflichtet (§ 8 RN 10ff.) und in die Betriebsorganisation eingegliedert ist. Zu den Arbeitnehmern gehören auch die sog. Scheinselbständigen, wenn sie persönlich abhängig sind. Beschäftigte in Arbeitsgelegenheiten (§ 16 III 2 SBG II) sind keine Arbeitnehmer i.S.d. § 5 I BetrVG, da sie nicht auf Grund eines Arbeitsvertrags tätig sind (§ 8 RN 20). Für die Anwendung des BetrVG ist unerheblich, ob der Arbeitsvertrag, auf Grund dessen die Eingliederung in den Betrieb erfolgt, rechtswirksam ist.[5] Die betriebsverfassungsrechtliche Stellung des Arbeitnehmers bleibt erhalten, solange dieser in den Betrieb eingegliedert ist. Dies ist auch bei Personen der Fall, deren Arbeitsverhältnis vorübergehend ruht (z.B. bei Elternzeit, Wehr- bzw. Ersatzdienst) oder die zeitweilig nicht im Betrieb anwesend sind (z.B. bei Weiterbildungsmaßnahmen), nicht aber wenn sie nicht mehr in den Betrieb zurückkehren (z.B. bei Altersteilzeit in der Freistellungsphase). Für den Begriff des Arbeitnehmers ist belanglos, ob die Arbeit haupt- oder nebenberuflich, in Voll- oder Teilzeitarbeit erbracht wird.[6] Arbeitnehmer sind auch die im Rahmen von AB-Maßnahmen Tätigen[7] (§§ 260ff., 272ff. SGB III), was sich aus § 260 I Nr. 4 SGB III ergibt; ebenso die Beschäftigten während des Bezugs von Transferleistungen (§§ 216a, b SGB III); an einem privatrechtlichen Vertragsschluss mit dem Betriebsinhaber fehlt es bei einer Beschäftigung nach § 16d SGB II[8] bzw. bei Maßnahmen der Eignungsfest-

---

[3] BAG 29. 1. 1992 AP 47 zu § 5 BetrVG 1972 = NZA 92, 835.
[4] Dazu *Gamillscheg* ArbuR 2001, 411.
[5] Vgl. BAG 5. 12. 1957 AP 2 zu § 123 BGB; 15. 11. 1957 AP 2 zu § 125 BGB.
[6] BAG 29. 1. 1992 AP 1 zu § 7 BetrVG 1972 = NZA 92, 894.
[7] BAG 13. 10. 2004 AP 71 zu § 5 BetrVG 1972 = NZA 2005, 480.
[8] BAG 19. 3. 2008 NZA 2008, 760; 20. 2. 2008 NZA-RR 2008, 401; 2. 10. 2007 AP 54 zu § 99 BetrVG 1972 Einstellung = NZA 2008, 244; 17. 1. 2007 AP 40 zu § 64 ArbGG 1979 = NZA 2007, 644.

stellung bzw. Trainingsmaßnahmen nach dem SGB III. Zur Wahlberechtigung bzw. Wählbarkeit § 217.

b) Außendienst und Telearbeit. Durch das BetrVG-ReformG ist § 5 I BetrVG neu gefasst worden. Zu den Arbeitnehmern zählen ausdrücklich auch die im Außendienst beschäftigten Arbeitnehmer (§ 8 RN 43) und die Telearbeiter (§ 164 RN 1 ff.). Diese gelten in gleichem Maß wie die im Betrieb beschäftigten Arbeitnehmer als Betriebsangehörige. Durch die Neufassung sollte kein eigenständiger Arbeitnehmerbegriff geschaffen, sondern lediglich klargestellt werden, dass die Zuordnung zu dem Betrieb auch dann besteht, wenn die Arbeitsleistung nicht in dessen räumlichem Bereich, sondern außerhalb eines Betriebs in Form des klassischen Außendienstes oder von Telearbeit erfolgt. Zu letzterer zählen die mobile, alternierende und die häusliche Telearbeit. Die Arbeitsleistung muss jedoch stets in persönlicher Abhängigkeit, d. h. weisungsgebunden erbracht werden.[9] Fehlt es hieran, zählen die im Außendienst oder an Bildschirmgeräten Beschäftigten nicht zu den Arbeitnehmern i. S. d. § 5 I 1 BetrVG. Liegt jedoch ein Heimarbeitsverhältnis vor, werden die mit Telearbeit Beschäftigten ungeachtet der rechtlichen Qualifikation ihres Anstellungsverhältnisses über § 5 I 2 BetrVG in den persönlichen Geltungsbereich der Betriebsverfassung einbezogen.[10] Zu Leiharbeitnehmern § 217 RN 11 a, 24 f. Die konkrete Zuordnung erfolgt zu dem Betrieb, von dem das Direktionsrecht ausgeübt wird und die auf das Vertragsverhältnis bezogenen Anweisungen erteilt werden.[11] 6a

c) Heimarbeiter. Nach dem durch das BetrVG-ReformG neu gefassten § 5 I 2 BetrVG gelten auch die in Heimarbeit Beschäftigten (§ 10) als Arbeitnehmer, wenn sie in der Hauptsache für den Betrieb arbeiten. Die Vorschrift enthält keinen spezifisch betriebsverfassungsrechtlichen Begriff des Heimarbeitnehmers, sondern verwendet diesen Begriff so, wie er im HAG verwandt wird.[12] Danach gelten betriebsverfassungsrechtlich als Arbeitnehmer die Heimarbeiter nach § 2 I HAG und die Hausgewerbetreibenden nach § 2 II HAG, nicht aber die ihnen nach § 1 II HAG Gleichgestellten, da sich die Gleichstellung nur auf das HAG und nicht auf das BetrVG bezieht. Die Einbeziehung der Heimarbeitnehmer in den persönlichen Geltungsbereich des BetrVG erfolgt im Wesentlichen aus historischen Gründen[13] und ungeachtet der rechtlichen Qualifikation der vertraglichen Vereinbarung, die ihrer Tätigkeit zugrunde liegt. Die Zuordnung als Arbeitnehmer des in Rede stehenden Betriebs erfolgt aber nur, wenn ihre Tätigkeit für diesen Betrieb im Verhältnis zu ihrer Gesamttätigkeit für andere Betriebe überwiegt.[14] Nach wie vor nicht zu den Betriebsangehörigen zählen die mitarbeitenden Familienangehörigen und die fremden Hilfskräfte des Heimarbeiters. 6b

d) Berufsbildung.[15] Arbeitnehmer sind schließlich die auf Grund eines privatrechtlichen Vertrags[16] zu ihrer Berufsausbildung Beschäftigten (§ 174 RN 3 ff.). Der Begriff der Berufsausbildung in § 5 I 1 BetrVG deckt sich nicht mit demjenigen des BBiG, sondern ist weiter gefasst. Er umfasst neben der beruflichen Grundausbildung alle Maßnahmen, die berufliche Kenntnisse und Fähigkeiten auf betrieblicher oder überbetrieblicher Ebenevermitteln. Dabei sind der Umfang und die Tiefe der vermittelten Kenntnisse und Fähigkeiten nicht entscheidend. Ebenso wenig kommt es auf die Dauer der Bildungsmaßnahmen an.[17] Auszubildende i. S. des BetrVG können daher auch solche Personen sein, die in einem vom BBiG nicht anerkannten Beruf in einer Betriebsschule (Elektroassistenten, Ingenieurassistenten) ausgebildet werden. Einbezogen sind Umschüler, Teilnehmer an berufsvorbereitenden Maßnahmen für jugendliche Arbeitslose[18] sowie berufliche Rehabilitanden.[19] Praktikanten,[20] die ein Hochschul- oder Fachhochschulstudium ableisten, können je nach Art und Dauer ihrer Tätigkeit zu ihrer Berufsausbildung beschäftigt 6c

---

[9] BT-Drucks. 14/5741 S. 35; zur Neuregelung *Däubler* ArbuR 2001, 1, 3; *Schaub* NZA 2001, 364; *Hanau* RdA 2001, 65, 67; *Konzen* RdA 2001, 76, 82.

[10] *Schaub* NZA 2001, 364, 365.

[11] BAG 10. 3. 2004 – 7 ABR 36/03 n. a. v.

[12] BAG 25. 3. 1992 AP 48 zu § 5 BetrVG 1972 = NZA 92, 899.

[13] *Hanau* RdA 2001, 65, 68.

[14] BAG 27. 9. 1974 AP 1 zu § 6 BetrVG 1972 = DB 75, 936.

[15] Dazu *Malottke* AiB 2002, 677; *Rohlfing* NZA 97, 365.

[16] BAG 13. 5. 1992 AP 4 zu § 5 BetrVG 1972 Ausbildung = NZA 93, 762.

[17] BAG 15. 3. 2006 – 7 ABR 39/05 n. a. v.

[18] BAG 26. 11. 1987 AP 36 zu § 5 BetrVG 1972 = NZA 88, 505; 24. 9. 1981 AP 26 zu § 5 BetrVG 1972 = DB 82, 606; 10. 2. 1981 AP 25 zu § 5 BetrVG 1972 = NJW 82, 350; zu Unterschieden gegenüber dem BPersVG GmS OGB 12. 3. 1987 AP 35 zu § 5 BetrVG 1972 = NJW 87, 2571.

[19] BAG 26. 1. 1994 AP 54 zu § 5 BetrVG 1972 = NZA 95, 120; 21. 7. 1993 AP 8 zu § 5 BetrVG 1972 Ausbildung = NZA 94, 713; 13. 5. 1992 AP 4 zu § 5 BetrVG 1972 Ausbildung = NZA 93, 762.

[20] BAG 30. 10. 1991 AP 2 zu § 5 BetrVG 1972 Ausbildung = NZA 92, 808.

werden, wenn sie auf Grund eines privatrechtlichen Vertrags tätig werden. Nicht zum Personenkreis des § 5 I BetrVG zählen Schulpraktikanten. Handelt es sich jedoch um einen reinen Ausbildungsbetrieb, gelten die Auszubildenden nicht als Arbeitnehmer i. S. d. § 5 I BetrVG;[21] sie können dort eigene Vertretungen bilden[22] (vgl. §§ 51, 52 BBiG).

7 **3. Mittelbares Arbeitsverhältnis.** Zu den Arbeitnehmern gehören auch diejenigen, die nicht vom Betriebsinhaber selbst, sondern von einer Mittelperson eingestellt sind (mittelbares Arbeitsverhältnis; § 183), sofern sie dem Weisungsrecht des mittelbaren Arbeitgebers unterliegen.[23]

8 **4. Arbeitnehmerähnliche Personen, freie Mitarbeiter und sonstige Personen.** Nicht zu den Arbeitnehmern gehören die arbeitnehmerähnlichen Personen[24] (§ 9). Deren Einbeziehung in die Betriebsverfassung war namentlich vom DGB in Zusammenhang mit dem BetrVG-ReformG gefordert worden.[25] Durch die Neufassung des § 5 I BetrVG ist klargestellt, dass nach wie vor als Arbeitnehmer nur die auf Grund persönlicher Abhängigkeit Beschäftigten gelten. Der Betriebsrat ist aber nach § 80 II BetrVG auf sein Verlangen hin über die Beschäftigung freier Mitarbeiter zu unterrichten.[26] Diese Informationen sollen ihm die Prüfung ermöglichen, ob die vermeintlichen freien Mitarbeiter nicht wegen ihrer Eingliederung in den Betrieb als Arbeitnehmer anzusehen sind.

8a Nicht als Arbeitnehmer gelten Beschäftigte, die nicht auf Grund eines privatrechtlichen Vertrags, sondern auf Grund öffentlich-rechtlichen Zwangs (z. B. **Strafgefangene**)[27] in einem Betrieb tätig sind, auch wenn sie außerhalb der Anstalt beschäftigt werden (§ 8 RN 19). Keine Arbeitnehmer sind auch Personen, die anstelle des Wehrdiensts zivilen **Ersatzdienst** leisten (§ 25 WehrPflG, §§ 1 ff. ZDG). Sie stehen in einem öffentlich-rechtlichen Beschäftigungsverhältnis und nicht in einem Arbeitsverhältnis.[28] Anders ist es, wenn sich der Kriegsdienstverweigerer in einem freien Arbeitsverhältnis nach § 15 a ZDG befindet. Keine Arbeitnehmer sind Entwicklungshelfer, die nach dem EntwicklungshelferG vom 18. 6. 1969 (BGBl. I S. 549) Entwicklungsdienst leisten,[29] und Personen, die im Rahmen eines freiwilligen sozialen Jahrs bzw. freiwilligen ökologischen Jahrs (§§ 1 II, 13 des Gesetzes zur Förderung von Jugendfreiwilligendiensten vom 16. 5. 2008 [BGBl. I S. 842]) in einem Betrieb tätig sind.[30]

9 **Beamte** bzw. Beamtenanwärter sind mit Ausnahme der spezialgesetzlich ausdrücklich geregelten Fälle keine Arbeitnehmer, selbst wenn sie in einem von einem privaten Rechtsträger allein oder gemeinsam mit einem öffentlichen Rechtsträger geführten Betrieb eingegliedert sind.[31] Etwas anderes gilt, wenn sie nach einer Privatisierung oder ihrer Pensionierung in einem Arbeitsverhältnis beschäftigt werden.

III. Einschränkung des Arbeitnehmerbegriffs

10 Keine Arbeitnehmer i. S. des BetrVG sind:

1. Organvertreter einer juristischen Person (§ 5 II Nr. 1 BetrVG). Sie sind aus dem persönlichen Geltungsbereich des BetrVG herausgenommen, unabhängig davon, ob ihrer Organvertreterstellung ein Dienst- oder Arbeitsverhältnis zugrunde liegt, insoweit handelt es sich bei § 5 II Nr. 1 BetrVG um eine unwiderlegbare gesetzliche Vermutung. Organvertreter sind bei Vereinen die Vorstandsmitglieder (§ 26 BGB) und bei Stiftungen der Vorstand (§§ 26, 86 BGB) bzw. das im Stiftungsgeschäft bestimmte Organ (§ 85 BGB), Sondervertreter nach § 30 BGB sowie bei Aktiengesellschaften, Versicherungsvereinen und Genossenschaften die Vorstandsmitglieder (§§ 78 AktG, 34 VAG, 24 GenG) und während der Liquidation die Liquidatoren, bei einer

---

[21] BAG 5. 4. 2000 AP 62 zu § 5 BetrVG 1972 = NZA 2001, 629; 12. 9. 1996 AP 11 zu § 5 BetrVG 1972 = NZA 97, 273; 20. 3. 1996 AP 10 zu § 5 BetrVG 1972 Ausbildung = NZA 97, 107.

[22] BAG 16. 7. 2007 AP 12 zu § 5 BetrVG 1972 Ausbildung = NZA-RR 2008, 19; 24. 8. 2004 AP 12 zu § 98 BetrVG 1972 = NZA 2005, 371.

[23] *Richardi* § 5 RN 101; *Fitting* § 5 RN 210 f.; GK-BetrVG/*Raab* § 5 RN 26.

[24] *Plander,* Arbeitnehmerähnliche in der Betriebsverfassung, DB 99, 330; *Rost,* Arbeitnehmer und arbeitnehmerähnliche Personen im Betriebsverfassungsrecht, NZA 99, 113.

[25] DGB-Bundesvorstand NZA 2001, 135, 136.

[26] BAG 15. 12. 1998 AP 56 zu § 80 BetrVG 1972 = NZA 99, 722.

[27] BAG 3. 10. 1978 AP 18 zu § 5 BetrVG 1972 = DB 79, 1186.

[28] BAG 19. 6. 2001 AP 35 zu § 99 BetrVG 1972 Einstellung = BB 2002, 47.

[29] Vgl. BAG 27. 4. 1977 AP 1 zu § 611 BGB Entwicklungshelfer = BB 77, 1304.

[30] BAG 12. 2. 1992 AP 52 zu § 5 BetrVG 1972 = NZA 93, 334.

[31] BAG 28. 3. 2001 AP 5 zu § 7 BetrVG 1972 = NZA 2002, 1294; 25. 2. 1998 AP 8 zu § 8 BetrVG 1972 = NZA 98, 838 weitergehend *Fitting* § 5 RN 278 ff., der § 7 Satz 2 BetrVG heranzieht.

KGaA die Komplementäre, auch wenn nach dem Gesellschaftsvertrag die Vertretungsmacht eingeschränkt ist, bei der GmbH die Geschäftsführer. Bei Insolvenz einer juristischen Person ist gesetzlicher Vertreter der Insolvenzverwalter (§ 56 InsO). Bei ausländischen juristischen Personen ist für die Vertretungsmacht das Recht des jeweiligen ausländischen Staats maßgeblich. Zu den Organvertretern zählen auch deren Vertreter, soweit auch sie Teil des gesamten Vertretungsorgans sind.[32] Einzelheiten unter § 14.

2. Personengesellschaften (§ 5 II Nr. 2 BetrVG). Bei der OHG, KG,[33] Reederei, BGB-Gesellschaft, Erbengemeinschaft und dem nicht-rechtsfähigen Verein sind die Mitglieder, soweit sie durch Gesetz, Satzung oder Gesellschaftsvertrag im Außenverhältnis zur Vertretung oder im Innenverhältnis zur Geschäftsführung berufen sind, keine Arbeitnehmer. Entscheidend ist daher, ob ihnen Geschäftsführung oder Vertretungsmacht zusteht. Dagegen gelten Gesellschafter, die von der Geschäftsführung oder Vertretungsmacht ausgeschlossen sind, als Arbeitnehmer, wenn sie auf Grund eines Arbeitsvertrags beschäftigt werden. 11

3. Personen, die aus ideellen oder karitativen Gründen arbeiten (§ 5 II Nr. 3 BetrVG). Personen, deren Beschäftigung nicht in erster Linie ihrem Erwerb dient, sondern vorwiegend durch Beweggründe karitativer oder religiöser Art bestimmt ist, gelten nicht als Arbeitnehmer. Hierzu gehören vor allem Mönche, Ordensschwestern und Diakonissen. Die Erbringung der Arbeitsleistung „freiwillig und ohne vertragliche Verpflichtung" gegen eine geringe Aufwandsentschädigung fällt nicht unter Nr. 3.[34] Umstr. ist dagegen die Rechtsstellung der anderen Schwestern (Caritas-Verband, Innere Mission, Deutsches Rotes Kreuz, Arbeiterwohlfahrt). Das BAG verneint die Arbeitnehmerschaft von DRK-Schwestern, wenn sie auf Grund ihrer vereinsrechtlichen Mitgliedschaft beschäftigt sind, selbst wenn sie auf Grund von Gestellungsverträgen bei Dritten tätig werden.[35] Hingegen sind Gastschwestern, die gegen Entgelt in einem Krankenhaus arbeiten, regelmäßig Arbeitnehmer.[36] 12

4. Arbeit zur Heilung und Erziehung (§ 5 II Nr. 4 BetrVG). Die Vorschrift erfasst Personen, bei denen die Beschäftigung vorrangig als Mittel zur Behebung physischer, psychischer und sonstiger in der Person des Beschäftigten liegender Mängel eingesetzt wird. Bei der Beschäftigung zur Wiedereingewöhnung geht es um die Wiederherstellung eines normalen Verhältnisses dieser Person zum allgemeinen Erwerbsleben. Die Wiedereingewöhnung ist darauf gerichtet, Personen, die jeder geregelten Arbeit entwöhnt sind oder sich nie an eine solche Arbeit gewöhnt haben, an geregelte Arbeit heranzuführen.[37] Davon zu unterscheiden ist die Beschäftigung zur Berufsausbildung, durch die in erster Linie berufliche Kenntnisse und Fertigkeiten vermittelt werden sollen. Von Nr. 4 erfasst werden z. B. Kranke, Suchtkranke, Nichtsesshafte oder nach § 74 SGB V zur Wiedereingliederung Beschäftigte, nicht aber Rehabilitanden[38] oder Teilnehmer an einer Maßnahme der Eignungsfeststellung bzw. Trainingsmaßnahme sowie Empfänger von Alg. II in Arbeitsgelegenheiten nach § 16 d SGB II, da es bei dem letztgenannten Personenkreis an einem privatrechtlichen Vertragsschluss fehlt, der Grundlage für die Beschäftigungsausübung ist; zu den in Werkstätten für Behinderte Beschäftigten § 186 RN 69 ff. 13

5. Ehegatten, Lebenspartner, Verwandte und Verschwägerte 1. Grades (§ 5 II Nr. 5 BetrVG). Diese Verwandten des Arbeitgebers gelten nicht als Arbeitnehmer, wenn sie mit ihm in häuslicher Gemeinschaft leben. Häusliche Gemeinschaft (§ 1619 BGB) setzt eine gemeinsame Wohnung und Lebensführung voraus. Dies gilt unabhängig davon, ob sie auf Grund familienrechtlicher Mitarbeit (§ 9 RN 32) oder eines Arbeitsvertrages tätig werden. Jedoch müssen das Ehe- oder Verwandtschaftsverhältnis und die häusliche Gemeinschaft gleichzeitig bestehen. Getrennt lebende Ehegatten sowie in häuslicher Gemeinschaft ohne eheliche Bindung lebende Personen fallen nicht unter § 5 II Nr. 5 BetrVG.[39] Die Vorschrift gilt entsprechend für Ehegatten, Lebenspartner, Verwandte und Verschwägerte 1. Grades der unter § 5 II Nr. 1 und 2 BetrVG genannten Personen. Verwandte (also auch Enkel) und Verschwägerte weiteren Grades zäh- 14

---

[32] BAG 26. 5. 1999 AP 10 zu § 35 GmbHG = NZA 99, 987.

[33] *Schulze-Osterloh,* Zur Tätigkeit des Kommanditisten im Dienste der KG, AG 2003, 27.

[34] BAG 15. 3. 2006 – 7 ABR 39/05 n. a. v.

[35] BAG 20. 2. 1986 AP 2 zu § 5 BetrVG 1972 Rotes Kreuz = NJW 86, 2906; 3. 6. 1975 AP 1 zu § 5 BetrVG 1972 Rotes Kreuz; vgl. auch 6. 7. 1995 AP 22 zu § 5 ArbGG 1979 = NZA 96, 33.

[36] BAG 14. 12. 1994 AP 3 zu § 5 BetrVG 1972 Rotes Kreuz = NZA 95, 906; 4. 7. 1979 AP 10 zu § 611 BGB Rotes Kreuz.

[37] BAG 13. 5. 1992 AP 4 zu § 5 BetrVG 1972 Ausbildung = NZA 93, 762; 25. 10. 1989 AP 40 zu § 5 BetrVG 1972.

[38] BAG 15. 3. 2006 – 7 ABR 39/05 n. a. v.

[39] ArbG Köln 9. 6. 1976 DB 76, 2068 – Verlöbnis.

len nur dann nicht zu den Arbeitnehmern, wenn sie auf Grund familienrechtlicher Mitarbeit und nicht auf Grund eines Arbeitsvertrages tätig werden.

IV. Leitende Angestellte

Schrifttumsnachweise bei § 14.

15 **1. Allgemeines. a)** Nach § 5 III 1 BetrVG findet das BetrVG keine Anwendung auf leitende Angestellte, soweit in ihm nicht ausdrücklich etwas anderes bestimmt ist (z. B. §§ 105, 107 f. BetrVG). Die leitenden Angestellten sind aus dem persönlichen Geltungsbereich des Gesetzes herausgenommen. Für sie gilt das Sprecherausschussgesetz (§§ 246 ff.). Die Abgrenzungskriterien der leitenden Angestellten waren bereits im Gesetzgebungsverfahren zum BetrVG 1972 lebhaft umstritten. Durch das Gesetz zur Änderung des BetrVG, über Sprecherausschüsse der leitenden Angestellten und zur Sicherung der Montanmitbestimmung vom 23. 12. 1988 (BGBl. I S. 2312) hat der Gesetzgeber versucht, den Begriff des leitenden Angestellten weiter zu präzisieren. Im Wesentlichen wiederholt das Gesetz aber nur die Rspr. des BAG. Nach § 45 Satz 2 WPO gelten angestellte Wirtschaftsprüfer als leitende Angestellte i. S. d. § 5 III BetrVG;[40] hierzu zählen auch Wirtschaftsprüfer von genossenschaftlichen Prüfungsverbänden.

16 **b) Verfassungsmäßigkeit.** Die Vielzahl der in § 5 III BetrVG enthaltenen unbestimmten Rechtsbegriffe hat vielfach zu Zweifeln an seiner Verfassungsmäßigkeit geführt. Diese Bedenken sind durch die Neuregelung jedenfalls nicht verstärkt worden. Nach Auffassung des BVerfG genügte auch bereits die in § 5 III Nr. 3 BetrVG a. F. enthaltene Umschreibung des Personenkreises der leitenden Angestellten dem rechtsstaatlichen Bestimmtheitsgebot.[41]

17 **2. Begriff des leitenden Angestellten. a) Grundsatz.** Es gibt keine allgemein gültige Definition des Begriffs des leitenden Angestellten. Vielmehr ist die Abgrenzung in den verschiedenen Gesetzen unterschiedlich. Dies gilt etwa für den Kündigungsschutz (§§ 14 II, 17 III KSchG),[42] die Stellung des ehrenamtlichen Richters bei den Gerichten für Arbeitssachen (§ 22 II Nr. 2 ArbGG) oder im Rahmen der Betriebs- oder Sprecherausschussverfassung. Dagegen erfolgt die Abgrenzung der leitenden Angestellten in § 5 III BetrVG, § 1 I SprAuG, in § 3 III Nr. 2 MitbestG und § 18 I Nr. 1 ArbZG nach einheitlichen Merkmalen, da jeweils auf § 5 III BetrVG verwiesen wird.

18 **b) Arbeitgeberfunktion.** Nach soziologischer Betrachtungsweise sind leitende Angestellte solche Personen, denen unternehmerische Teilfunktionen, insbesondere bedeutende Arbeitgeberfunktionen, übertragen worden sind. So ist gerade in Groß- und Mittelbetrieben der Unternehmer vielfach nicht mehr in der Lage, das Unternehmen allein zu führen. An seine Stelle treten die leitenden Angestellten. Ihre Aufgabe ist es, die Interessen des Unternehmers gegenüber der Belegschaft und gegenüber Dritten wahrzunehmen. Wegen der ihnen übertragenen unternehmerischen (Teil-)Aufgaben und des sich daraus ergebenden Interessengegensatzes gegenüber den anderen Belegschaftsangehörigen sind die leitenden Angestellten aus dem persönlichen Geltungsbereich des BetrVG herausgenommen.[43]

19 **c) Arbeitsrechtlicher Schutz.** Die leitenden Angestellten sind Arbeitnehmer und weitgehend in den Geltungsbereich der arbeitsrechtlichen Schutznormen miteinbezogen. So haben sie allgemeinen Kündigungsschutz, allerdings bedarf ein zulässiger Auflösungsantrag des Arbeitgebers keiner Begründung (§ 14 II KSchG). Daneben sind sie von der Einhaltung der Arbeitszeitvorschriften befreit (§ 18 I Nr. 1 ArbZG).

20 **3. Herausnahme aus der Betriebsverfassung. a) Abdingbarkeit.** Sowohl für die Betriebsverfassung als auch die Sprecherausschussverfassung folgt die Definition des leitenden Angestellten aus § 5 III 2 BetrVG. Die gesetzlichen Tatbestandsmerkmale sind abschließend und können durch Tarifvertrag oder Betriebsvereinbarung nicht geändert werden.[44]

---

[40] Dazu *Henssler* FS Hromadka (2008), S. 131; dies gilt nur bei tats. ausgeübter WP-Tätigkeit.

[41] BVerfG 24. 11. 1981 AP 27 zu § 5 BetrVG 1972 = NJW 82, 1275; BAG 29. 1. 1980 AP 22 zu § 5 BetrVG 1972 = NJW 80, 2724.

[42] Vgl. BAG 18. 11. 1999 AP 5 zu § 14 KSchG 1969 = NZA 2000, 830; 25. 11. 1993 AP 3 zu § 14 KSchG 1969 = NZA 94, 837.

[43] BAG 1. 6. 1976 AP 15 zu § 5 BetrVG 1972 = DB 76, 1819; 9. 12. 1975 AP 11 zu § 5 BetrVG 1972 = DB 76, 631.

[44] BAG 29. 1. 1980 AP 22 zu § 5 BetrVG 1972 = NJW 80, 2724; 5. 3. 1974 AP 1 zu § 5 BetrVG 1972 = NJW 74, 965.

b) Beamte. Die in privatisierten Bundesunternehmen tätigen Beamten gelten als leitende Angestellte, wenn sie auf Grund der ihnen übertragenen Tätigkeit die Voraussetzungen des § 5 III 2 BetrVG erfüllen (vgl. §§ 19 I DBGrG, 24 II, 36 II PostPersRG). 21

4. Allgemeine Voraussetzungen der leitenden Angestellten. a) Nach § 5 III 2 BetrVG ist leitender Angestellter, wer nach Arbeitsvertrag und Stellung im Unternehmen oder im Betrieb die in den Nr. 1–3 näher umschriebenen Funktionen erfüllt. Die Voraussetzungen liegen vor, wenn nur einer der drei Tatbestände erfüllt ist. Die Merkmale „Arbeitsvertrag" und „Stellung im Unternehmen" sind für die Auslegung der Einzelmerkmale von Bedeutung. 22

b) Arbeitsvertrag. Die Funktionen müssen auf Grund des Arbeitsvertrages wahrgenommen werden. Die Hervorhebung des Arbeitsvertrags hat die Bedeutung, dass sich bereits aus der vertragsrechtlichen Gestaltung die Funktionen des leitenden Angestellten ergeben müssen. Nicht erforderlich ist, dass die genannten Aufgaben und Befugnisse im Arbeitsvertrag schriftlich niedergelegt sind; es genügen auch entspr. mündliche Abreden.[45] 23

c) Ausübung der Funktion. Der leitende Angestellte muss nicht nur im Außenverhältnis die ihm übertragenen Funktionen wahrnehmen können, sondern auch im Verhältnis zum Arbeitgeber berechtigt sein, von ihnen Gebrauch zu machen. Erforderlich ist weiterhin, dass er die vertraglich eingeräumte Rechtsposition auch tatsächlich ausübt. Die vorübergehende Nichtausübung der Funktionen auf Grund einer längeren Freistellung ist aber für die Statusbeurteilung ohne Bedeutung.[46] Gehört ein leitender Angestellter mehreren Betrieben an, kann sein Status nur für alle Betriebe einheitlich beurteilt werden.[47] 24

5. Selbstständige Einstellungs- und Entlassungsbefugnis (§ 5 III Nr. 1 BetrVG). Leitender Angestellter ist, wer nach den gemeinsamen Merkmalen zur selbstständigen Einstellung und Entlassung von im Betrieb oder in der Betriebsabteilung beschäftigten Arbeitnehmern berechtigt ist (§ 5 III 2 Nr. 1 BetrVG). Es handelt sich um ein formales Abgrenzungsmerkmal, die Befugnis muss sich – anders als nach § 14 II KSchG – sowohl auf die Einstellung wie auch die Entlassung erstrecken. Der leitende Angestellte muss nicht nur im Außenverhältnis befugt sein, Einstellungen und Entlassungen vorzunehmen, sondern auch im Innenverhältnis gegenüber dem Arbeitgeber eigenverantwortlich über die Einstellung und Entlassung einer bedeutenden Anzahl von Arbeitnehmern des Betriebs entscheiden können.[48] Aus der Gesamtbetrachtung der Nr. 1–3 folgt, dass nur solche Angestellte als leitende Angestellte anzusehen sind, die durch ihre Personalentscheidungen für den Bestand und die Entwicklung des Unternehmens oder eines Betriebs bedeutsame Entscheidungen zu fällen haben.[49] Hieraus ergibt sich, dass der Titularprokurist, der nur im Außenverhältnis zur Einstellung und Entlassung befugt ist, kein leitender Angestellter ist. Gleiches gilt für den Polier auf der Baustelle, der zur selbstständigen Einstellung und Entlassung von Bauarbeitern berechtigt ist. Auch er gehört nicht zu den leitenden Angestellten. Die Voraussetzungen des § 5 III 2 Nr. 1 BetrVG sind auch erfüllt, wenn sich die Einstellungs- und Entlassungsbefugnis nur auf einen Teil der Belegschaft bezieht, sofern die erfassten Mitarbeiter ein für das Unternehmen bedeutsames Aufgabengebiet betreuen. Der zeitliche Anteil, den die tatsächliche Ausübung der Einstellungs- und Entlassungsbefugnis an der Arbeitszeit des Angestellten ausmacht, ist hingegen für die Beurteilung der Voraussetzungen des § 5 III 2 Nr. 1 BetrVG ohne Bedeutung.[50] 25

6. Generalvollmacht oder Prokura (§ 5 III Nr. 2 BetrVG). a) Abgrenzung. Leitender Angestellter ist, wer nach den gemeinsamen Merkmalen Generalvollmacht oder Prokura hat und die Prokura auch im Verhältnis zum Arbeitgeber nicht unbedeutend ist (§ 5 III 2 Nr. 2 BetrVG). Die Erteilung einer Handlungsvollmacht (§ 54 HGB) ist nicht ausreichend.[51] 26

b) Begriff. Die Generalvollmacht berechtigt zur Führung des gesamten Geschäftsbetriebs (§ 105 AktG), die Prokura zu allen Arten von gerichtlichen und außergerichtlichen Geschäften und Rechtshandlungen, die der Betrieb eines Handelsgewerbes mit sich bringt. Jedoch ist der Prokurist zur Veräußerung und Belastung von Grundstücken nur berechtigt, wenn ihm diese 27

---

[45] BAG 23. 3. 1976 AP 14 zu § 5 BetrVG 1972 = RdA 76, 273.
[46] Anders ArbG München 26. 8. 2004 NZA-RR 2005, 194.
[47] BAG 25. 2. 1997 AP 72 zu § 87 BetrVG 1972 Arbeitszeit = NZA 97, 955; 25. 10. 1989 AP 42 zu § 5 BetrVG 1972 = NZA 90, 820.
[48] BAG 27. 4. 1988 AP 37 zu § 5 BetrVG 1972 = NZA 88, 809; 11. 3. 1982 AP 28 zu § 5 BetrVG 1972 = BB 82, 1729 = DB 82, 1990.
[49] BAG 16. 4. 2002 AP 69 zu § 5 BetrVG 1972 = NZA 2003, 56.
[50] BAG 10. 10. 2007 AP 72 zu § 5 BetrVG 1972 – Chefarzt.
[51] BAG 10. 4. 1991 AP 141 zu § 1 TVG Tarifverträge: Bau = NZA 91, 857.

Befugnis besonders verliehen worden ist (vgl. §§ 48ff. HGB). Die Prokura kann weiter eingeschränkt werden und in Form einer Gesamt- oder Niederlassungsprokura erteilt werden. Gegenüber Dritten, d.h. im Außenverhältnis, kann sie nicht beschränkt werden. Der Prokurist ist nur dann leitender Angestellter, wenn ihm der Gebrauch der Prokura im Verhältnis zu seinem Arbeitgeber, d.h. im Innenverhältnis in nicht unbedeutendem Umfang gestattet ist. Unschädlich ist allerdings die Einschränkung durch allgemeine Richtlinien. Keine leitenden Angestellten sind deshalb Prokuristen, wenn ihnen im Innenverhältnis die Ausübung der Prokura weitgehend untersagt ist oder ihre arbeitsvertraglichen Aufgaben sich in sog. Stabsfunktionen erschöpfen, also in einer nicht nach außen gerichteten Tätigkeit.[52]

28 **c) Entscheidungsbefugnis.** § 5 III 2 Nr. 2 BetrVG ist damit auch vor dem Hintergrund von § 5 III 2 Nr. 3 BetrVG auszulegen, dass nur derjenige als leitender Angestellter angesehen werden kann, der eine bedeutsame Entscheidungskompetenz besitzt.

29 **7. Sonstige leitende Angestellte (§ 5 III Nr. 3 BetrVG). a)** Leitende Angestellte sind schließlich Personen, die die allgemeinen Voraussetzungen (RN 22) erfüllen und regelmäßig sonstige Aufgaben wahrnehmen, die für den Bestand und die Entwicklung des Unternehmens oder eines Betriebs von Bedeutung sind und deren Erfüllung besondere Erfahrung voraussetzt, wenn sie dabei entweder die Entscheidung im Wesentlichen frei von Weisungen treffen oder sie maßgeblich beeinflussen (§ 5 III Nr. 3 BetrVG).

30 **b) Einflussmöglichkeiten.** Im Unterschied zu § 5 III Nr. 3 BetrVG a.F. müssen die Aufgaben für den Bestand und die Entwicklung des Unternehmens oder eines Betriebs von Bedeutung sein. Die Neufassung knüpft damit an die Rspr. des BAG an, dass der Angestellte unternehmerische Teilaufgaben wahrnehmen muss, die für den Bestand und die Entwicklung bedeutsam sind.[53] Leitende Angestellte sind daher nur solche Personen, die die Unternehmensplanung beeinflussen können. Nicht ausreichend ist eine nur arbeitstechnische Durchführung unternehmerischer Entscheidungen oder eine Tätigkeit, die sich darin erschöpft, vorgegebene Ziele zu erarbeiten, selbst wenn die Arbeitsergebnisse das Unternehmensschicksal entscheidend prägen können.[54] Die Aufgaben können sich auf die wirtschaftlichen, kaufmännischen, organisatorischen und wissenschaftlichen Bereiche des Unternehmens beziehen. Sie müssen aber stets für die Entwicklung und den Bestand des Unternehmens oder etwa eines Betriebs (Zweigwerk) von Bedeutung sein, weshalb eine gewisse Breite der (Teil-)Aufgaben erforderlich ist. Kein leitender Angestellter ist daher, wem nur schmale Teilbereiche der Unternehmensführung übertragen werden. Dagegen ist unbeachtlich, ob der Angestellte die maßgebenden Entscheidungen selbst trifft (Linienfunktion) oder nur die Voraussetzungen schafft, an denen die Unternehmensleitung nicht vorbeigehen kann (Stabsfunktion).

31 **c) Fachkenntnisse.** Die Erfüllung der Aufgaben muss besondere Erfahrungen und Kenntnisse voraussetzen. Wie der leitende Angestellte diese Kenntnisse erworben hat, ist unerheblich.[55] Ein akademisches Studium ist nicht Voraussetzung für den Status eines leitenden Angestellten. Maßgebend ist allein, dass dem leitenden Angestellten die Aufgaben wegen seiner Erfahrungen und Kenntnisse übertragen worden sind.

32 **d) Weisungsfreiheit.** Der leitende Angestellte muss die Entscheidung im Wesentlichen frei von Weisungen treffen oder sie maßgeblich beeinflussen. In den Gesetzesmaterialien heißt es, dass ein Handeln im Wesentlichen frei von Weisungen nicht nur dann vorliegen kann, wenn der leitende Angestellte die Entscheidungen selbst trifft, sondern auch dann, wenn er auf Grund seiner Position Fakten schafft, die bei den unternehmens- oder betriebsleitenden Entscheidungen nicht unbeachtet gelassen werden können (BT-Drucks. 11/2503 S. 30). § 5 III 2 Nr. 3 2. Halbs. BetrVG stellt darüber hinaus klar, dass dem leitenden Angestellten Vorgaben, insbesondere auf Grund von Rechtsvorschriften, Plänen oder Richtlinien gegeben werden können, sowie eine Zusammenarbeit mit anderen leitenden Angestellten vorkommen kann.

33 **e) Prägung.** Der leitende Angestellte muss die Aufgaben regelmäßig wahrnehmen. Sie dürfen ihm also nicht nur vorübergehend oder zur Erprobung übertragen werden. Die Gesamttä-

---

[52] BAG 11. 1. 1995 AP 55 zu § 5 BetrVG 1972 = NZA 95, 747; 27. 4. 1988 AP 37 zu § 5 BetrVG 1972 = NZA 88, 809.

[53] BAG 25. 2. 1997 AP 72 zu § 87 BetrVG 1972 Arbeitszeit = NZA 97, 955; 23. 1. 1986 AP 32 zu § 5 BetrVG 1972 = NZA 86, 484; 29. 1. 1980 AP 24 zu § 5 BetrVG 1972 = NJW 80, 2724; 29. 1. 1980 AP 22 zu § 5 BetrVG 1972 = NJW 80, 2724; 9. 12. 1975 AP 11 zu § 5 BetrVG 1972 = DB 76, 631.

[54] LAG Köln 20. 4. 2001 DB 2001, 1512 = MDR 2001, 1512.

[55] BAG 10. 2. 1976 AP 12 zu § 5 BetrVG 1972 = BB 76, 839 = DB 76, 1238; 9. 12. 1975 AP 11 zu § 5 BetrVG 1972 = BB 76, 414 = DB 76, 631; 17. 12. 1974 AP 7 zu § 5 BetrVG 1972 = NJW 75, 1720.

tigkeit des leitenden Angestellten muss durch die Aufgaben geprägt sein. Ob auch der **Stellvertreter** eines leitenden Angestellten als solcher anzusehen ist, beurteilt sich nach den Umständen des Einzelfalls. Tritt der Vertretungsfall nicht nur vereinzelt, sondern regelmäßig und in erheblichem Umfang ein, kann er bereits wegen der Vertretung leitender Angestellter sein. Denkbar ist aber auch, dass der Stellvertreter die Anforderungen des § 5 III BetrVG erst durch das Zusammenspiel von Vertretung und eigenen Aufgaben erfüllt.[56]

f) Sonstige Merkmale. Die aufgezählten Merkmale sind abschließend. Auf andere Merkmale kommt es nicht an. Unerheblich sind daher erhebliche Sach-[57] oder Personalverantwortung, Überwachungsfunktion, Einsatzlenkung und Selbstverständnis oder ein ausdrücklicher Gegnerbezug.[58] 34

8. Gesetzliche Auslegungsregeln (§ 5 IV BetrVG). a) § 5 IV BetrVG enthält nach den Gesetzesmaterialien „Auslegungsregeln, die an formale, schnell feststellbare Merkmale anknüpfen, um die Anwendung des § 5 III 2 Nr. 3 BetrVG zu erleichtern (BT-Drucks. 11/2503 S. 30)". Demgegenüber versucht gelegentlich das Schrifttum § 5 IV BetrVG dadurch aufzuwerten, dass es die Merkmale als Regelbeispiele versteht oder eine gesetzliche Vermutung ansieht. Dies ist nach der Konzeption des Gesetzes unrichtig. 35

b) Bedeutung. § 5 IV BetrVG findet nur bei der Auslegung von § 5 III 2 Nr. 3 BetrVG, nicht dagegen bei den Nr. 1 und 2 Anwendung. Auf die Vorschrift kann nicht zurückgegriffen werden, wenn Meinungsverschiedenheiten über die Auslegung der in § 5 III BetrVG genannten Rechtsbegriffe bestehen. Ebenso wenig macht sie eine umfassende Sachverhaltsaufklärung entbehrlich. Sie ist immer nur dann anwendbar, wenn bei der Würdigung des festgestellten Sachverhalts Zweifel an der rechtlichen Zuordnung des Arbeitnehmers zum Kreis der leitenden Angestellten bestehen. Nur für diesen Fall stellt sie eine (gesetzliche) Entscheidungshilfe für den jeweiligen Rechtsanwender dar.[59] 36

c) Bisherige Zuordnung. Leitender Angestellter ist, wer aus Anlass der letzten Wahl des Betriebsrats, des Sprecherausschusses oder von Aufsichtsratsmitgliedern der Arbeitnehmer oder durch rechtskräftige gerichtliche Entscheidung den leitenden Angestellten zugeordnet worden ist (§ 5 IV Nr. 1 BetrVG). Die (positive) Zuordnung wird im Allgemeinen durch den Wahlvorstand erfolgen. Sind Betriebs- und Sprecherausschusswahlen gleichzeitig eingeleitet worden, wird die Entscheidung im Zuordnungsverfahren nach § 18a BetrVG getroffen. Hat ein gerichtliches Verfahren über den Status des Angestellten stattgefunden, so ist die gerichtliche Entscheidung maßgebend. Gemeint ist aber nur eine Entscheidung im Beschlussverfahren, nicht dagegen eine Inzidententscheidung im Urteilsverfahren, etwa bei Kündigung. Eine frühere Zuordnung ist nicht mehr von Bedeutung, wenn der Aufgabenbereich des leitenden Angestellten verändert worden ist. 37

d) Leitungsebene. Leitender Angestellter ist, wer einer Leitungsebene angehört, auf der in dem Unternehmen überwiegend leitende Angestellte vertreten sind (§ 5 IV Nr. 2 BetrVG). Leitungsebene ist nicht der einseitig vom Arbeitgeber festgelegte Organisationsplan des Unternehmens. Gemeint ist die Führungsebene, auf der überwiegend, also mehr als 50% der Arbeitnehmer arbeiten, auf die die Voraussetzungen von § 5 III 2 Nr. 3 BetrVG zutreffen. 38

e) Vergütung. Leitender Angestellter ist, wer ein regelmäßiges Jahresarbeitsentgelt erhält, das für leitende Angestellte in dem Unternehmen üblich ist (§ 5 IV Nr. 3 BetrVG). Sonderzulagen bleiben unberücksichtigt. Erfolgsbeteiligungen oder Tantiemen werden nur berücksichtigt, wenn sie regelmäßig anfallen. Vergleichsmaßstab ist das regelmäßige Jahresarbeitsentgelt im Unternehmen, nicht dagegen der Branche. Gehören einer Jahresarbeitsverdienstebene auch Arbeitnehmer an, die keine leitenden Angestellten sind, ist darauf abzustellen, ob darin auch leitende Angestellte sind. Nicht verlangt wird, dass darin überwiegend leitende Angestellte sind. 39

f) Überschreiten der 3-fachen Bezugsgröße. Leitender Angestellter ist, sofern nach Anwendung der Nr. 3 noch Zweifel bestehen, wer ein regelmäßiges Jahresarbeitsentgelt erhält, dass das 3-fache der Bezugsgröße nach § 18 SGB IV überschreitet. Jedoch darf bei der Beurteilung des leitenden Angestellten nicht sogleich auf das Einkommen abgestellt werden. § 5 IV BetrVG greift überhaupt nur ein, wenn Zweifel bestehen, ob die Voraussetzungen von § 5 III 2 Nr. 3 BetrVG 40

[56] Vgl. auch BAG 23. 1. 1986 AP 32 zu § 5 BetrVG 1972 = NJW 86, 2785; 29. 1. 1980 AP 22 zu § 5 BetrVG 1972 = NJW 80, 2724.

[57] BAG 23. 1. 1986 AP 32 zu § 5 BetrVG 1972 = NJW 86, 2785.

[58] BAG 29. 1. 1980 AP 22 zu § 5 BetrVG 1972 = NJW 80, 2724.

[59] BAG 22. 2. 1994 – 7 ABR 32/93 n. a. v.

erfüllt werden. Nr. 4 ist dann schließlich nur maßgebend, wenn noch Zweifel nach Anwendung der Nr. 3 bestehen. Die Bezugsgröße nach § 18 SGB IV beträgt 2009 in den alten Bundesländern einschließlich Berlin-West 30 240 Euro und in den neuen Bundesländern 25 620 Euro,[60] die Gehaltsgrenze des § 5 IV Nr. 4 BetrVG beträgt daher 90 720 Euro bzw. 78 860 Euro. Die Vorschrift ist trotz der in ihr enthaltenen Pauschalierung verfassungsgemäß.[61]

41 **9. Verfahren.** Streitigkeiten, wer leitender Angestellter ist, entscheidet, soweit im Rahmen der Betriebs- und Sprecherausschussverfassung bedeutsam, das Arbeitsgericht im Beschlussverfahren (§ 2a I Nr. 1 ArbGG). Antragsberechtigt ist der Betriebsrat (nicht: eine Minderheit),[62] der Sprecherausschuss oder der Arbeitnehmer, dessen Status umstritten ist und eine im Betrieb vertretene Gewerkschaft im Zusammenhang mit einer Betriebsratswahl.[63] Das Verfahren ist einzustellen, wenn der Arbeitnehmer aus dem Betrieb ausscheidet oder eine Tätigkeit übernimmt, die zu keinem Streit über die Zuordnung führt.[64] Für die Zwecke der Betriebsratswahl hat § 18a BetrVG ein eigenes Zuordnungsverfahren geschaffen. Der Status kann jedoch auch inzidenter im Urteilsverfahren geprüft werden, z. B. wenn der Arbeitgeber einem Angestellten ohne Anhörung des Betriebsrats gekündigt hat. Die Gesamtwürdigung der verschiedenen Funktionsmerkmale des leitenden Angestellten ist vornehmlich Aufgabe des Tatrichters. Sie unterliegt nur beschränkter revisionsgerichtlicher Kontrolle.[65]

42 **10. Betriebsratswahl.** Zumeist wird der Begriff des leitenden Angestellten bei einer anstehenden Betriebsratswahl streitig werden. Die leitenden Angestellten sind weder aktiv noch passiv wahlfähig, noch sind sie bei der Festlegung der Zahl der Betriebsratsmitglieder mitzuzählen.[66] Die Aufstellung der Wählerliste obliegt dem Wahlvorstand. Der Arbeitgeber soll dem Wahlvorstand alle für die Anfertigung der Wählerliste erforderlichen Auskünfte erteilen (§ 2 II WahlO). Ihm ist es erlaubt, dabei auch seine Rechtsmeinung zur Qualifikation bestimmter Angestellter zu äußern. Hierin ist keine unzulässige Wahlbeeinflussung zu sehen.[67]

§ 213. Geltungsbereich des Betriebsverfassungsgesetzes bei Auslandsbezug

1 **1. Territorialitätsprinzip.** Für den örtlichen Geltungsbereich des BetrVG gilt das Territorialitätsprinzip; der Betriebssitz muss sich auf dem Gebiet der Bundesrepublik Deutschland befinden.[1] Für einen im Ausland gelegenen Betrieb eines deutschen Unternehmens gilt das BetrVG nicht, selbst wenn mit den dort beschäftigten Arbeitnehmern die Anwendbarkeit deutschen Rechts vereinbart worden ist. Ausländische Betriebe eines inländischen Unternehmens sind auf Grund des Territorialitätsprinzips dem deutschen Betriebsverfassungsrecht auch dann entzogen, wenn sie sich nach deutschem Betriebsverfassungsrecht nur als unselbstständige Betriebsteile darstellen.[2] Soweit Zweigniederlassungen ausländischer Unternehmen im Inland einen Betrieb i. S. d. §§ 1, 4 BetrVG haben, gilt für sie das BetrVG.[3] In überbetrieblichen Angelegenheiten wird der Betrieb deshalb auch nicht durch den Gesamtbetriebsrat vertreten. Für im Inland gelegene Betriebe eines ausländischen Unternehmens ist grundsätzlich das BetrVG anwendbar. Ohne Bedeutung ist die Staatsangehörigkeit von Arbeitgeber und Arbeitnehmer oder das Bestehen einer wirksamen Vereinbarung über die Geltung ausländischen Rechts.[4]

---

[60] § 2 VO über maßgebende Rechengrößen der Sozialvers. für 2009 v. 2. 12. 2008 (BGBl. I S. 2336).
[61] *Richardi* § 5 RN 247; a. A. *Fitting* § 5 RN 411.
[62] LAG Frankfurt 21. 4. 1988 DB 89, 487.
[63] BAG 23. 1. 1986 AP 30 zu § 5 BetrVG 1972 = NJW 86, 2273; 5. 3. 1974 AP 1 zu § 5 BetrVG 1972 = NJW 74, 965.
[64] BAG 23. 1. 1986 AP 31 zu § 5 BetrVG 1972 = NJW 86, 2785.
[65] BAG 23. 1. 1986 AP 32 zu § 5 BetrVG 1972 = NJW 86, 2773; 29. 1. 1980 AP 22 zu § 5 BetrVG 1972 = NJW 80, 2724; 5. 3. 1974 AP 1 zu § 5 BetrVG 1972 = NJW 74, 965.
[66] BAG 12. 10. 1976 AP 1 zu § 8 BetrVG 1972 = NJW 77, 647.
[67] LAG Hamm 27. 4. 1972 DB 72, 796; einschränkend LAG Baden-Württemberg 31. 5. 1972 DB 72, 1392.
[1] BAG 22. 3. 2000 AP 8 zu § 14 AÜG = NZA 2000, 1119; 30. 4. 1987 AP 15 zu § 12 SchwbG = NZA 88, 135; 21. 10. 1980 AP 17 zu Internat. Privatrecht, Arbeitsrecht = NJW 81, 1175; 9. 11. 1977 AP 13 Internat. Privatrecht, Arbeitsrecht = NJW 78, 1124; krit. *U. Fischer* RdA 2002, 160.
[2] BAG 25. 4. 1978 AP 16 zu Internat. Privatrecht, Arbeitsrecht = DB 78, 1840.
[3] BAG 20. 4. 2005 – 7 ABR 20/04 – NZA 2005, 1006.
[4] BAG 22. 3. 2000 AP 8 zu § 14 AÜG = NZA 2000, 1119; offengelassen von BAG 9. 11. 1977 AP 13 zu Internat. Privatrecht, Arbeitsrecht = NJW 78, 1124 nur für den Fall, dass in dem ausländischen Unternehmen einzelvertraglich mit sämtlichen Betriebsangehörigen die Geltung ausländischen Rechts vereinbart worden ist.

2 **2. Ausstrahlung. a) Grundsatz.** Hat das Arbeitsverhältnis Auslandsbezug, ist das BetrVG anwendbar, wenn der Arbeitnehmer noch Betriebsangehöriger des im Inland gelegenen Betriebs ist. Die Anwendbarkeit des BetrVG für im Ausland tätige Arbeitnehmer ist jedoch eine Frage des persönlichen und nicht des räumlichen Geltungsbereichs des Gesetzes. Es ist auf im Ausland tätige Arbeitnehmer anwendbar, wenn sich deren Auslandstätigkeit als Ausstrahlung des Inlandsbetriebs darstellt, d. h. sie nur vorübergehend im Ausland tätig sind.[5]

3 **b) Zuordnung.** Arbeitnehmer, die nur vorübergehend in das Ausland entsandt werden, sind regelmäßig dem deutschen Betrieb zuzurechnen (Montagearbeiter, Fliegendes Personal). Die Zuordnung zum Inlandsbetrieb wird vom BAG weiterhin bejaht, wenn der Arbeitnehmer zunächst in einem inländischen Betrieb tätig war und sich hieran ein nur vorübergehender Auslandseinsatz anschließt.[6] Bei einer dauernden Entsendung und Eingliederung in einen Auslandsbetrieb fehlt es hingegen an der Ausstrahlung, das BetrVG ist nicht anwendbar. Ob eine nur vorübergehende oder dauernde Auslandstätigkeit vorliegt, ist nach den getroffenen Vereinbarungen zu beurteilen. Als Anhaltspunkt für den nur vorübergehenden Auslandseinsatz spricht insbesondere seine zeitliche Befristung oder die arbeitsvertragliche Verpflichtung des Arbeitnehmers, ggf. im Inland tätig zu werden (sog. Rückrufmöglichkeit). Eine Zugehörigkeit zum Inlandsbetrieb trotz eines dauerhaften Auslandseinsatzes besteht, wenn der Arbeitnehmer seine Weisungen aus dem Inlandsbetrieb erhält, dieser etwa die Einsatzplanung des Arbeitnehmers im Ausland vornimmt. Hier liegt keine Eingliederung in einen fremden Betrieb vor. Wird der Arbeitnehmer aber nicht nur vorübergehend in eine organisatorisch eigenständige Auslandsniederlassung eingegliedert, ist bei fehlender Rückrufmöglichkeit der für die Beteiligungspflicht notwendige Inlandsbezug nicht gegeben. Dies gilt insbesondere, wenn der Arbeitnehmer ausschließlich für einen Auslandseinsatz eingestellt worden und eine vorherige Tätigkeit in einem inländischen Betrieb nicht erfolgt ist.[7]

4 **3. Alliierte Streitkräfte.** Zur Anwendbarkeit des BPersVG auf Alliierte Streitkräfte vgl. zunächst § 263 RN 3. Das BetrVG findet Anwendung auf nichtdeutsche Unternehmen wirtschaftlichen Charakters i. S. von Art. 72 I des Zusatzabkommens zum NATO-Truppenstatut. Dies gilt auch dann, wenn die bei diesem Unternehmen beschäftigten Angestellten nach Art. 72 V ZA die gleichen Befreiungen und Vergünstigungen genießen wie Mitglieder des zivilen Gefolges.[8]

5 **4. Europäischer Betriebsrat.** In Unternehmen, die in mehreren Ländern der EU operieren, kann ein europäischer Betriebsrat zu bilden sein (vgl. §§ 255, 256).

§ 214. Sachlicher Geltungsbereich des Betriebsverfassungsgesetzes

Übersicht

	RN
I. Allgemeine Voraussetzungen für die Errichtung eines Betriebsrats	1 ff.
1. Voraussetzungen der Errichtung eines Betriebsrats	1
2. Betriebsbegriff	2–6 b
3. Fünf wahlberechtigte Arbeitnehmer	7
4. Drei wählbare Arbeitnehmer	8
5. Betriebsübergang nach § 613 a BGB und UmwG	9
II. Nebenbetrieb und Betriebsteile	10 ff.
1. Nebenbetrieb	10
2. Betriebsteil	11–13 a
3. Einzelfälle	14
4. Tarifvertrag	15
III. Ausnahmen und Einschränkungen von der Anwendung des Betriebsverfassungsgesetzes	16 ff.
1. Öffentlicher Dienst	16
2. Seeschifffahrtsunternehmen	17–20
3. Luftfahrtunternehmen	21
4. Religionsgemeinschaften (§ 118 II BetrVG)	22–24
5. Tendenzunternehmen und Betriebe (§ 118 I BetrVG)	25–28 a
6. Beteiligungsrechte des Betriebsrats in Tendenzunternehmen	29–34
IV. Streitigkeiten	35

[5] BAG 20. 2. 2001 AP 23 zu § 101 BetrVG 1972 = NZA 2001, 1033; 7. 12. 1989 AP 27 zu Internat. Privatrecht, Arbeitsrecht = NZA 90, 658; 30. 4. 1987 AP 15 zu § 12 SchwbG = NZA 88, 135.

[6] BAG 21. 10. 1980 AP 17 zu Internat. Privatrecht, Arbeitsrecht = NJW 81, 1175 – Vertretung in einer ausländischen Niederlassung.

[7] BAG 30. 4. 1987 AP 15 zu § 12 SchwbG = NZA 88, 135.

[8] BAG 19. 6. 1984 AP 1 zu Art. 72 ZA-Nato-Truppenstatut = BB 85, 658; zu den Voraussetzungen für die deutsche Gerichtsbarkeit BAG 7. 11. 2000 AP 22 zu Art. 56 ZA-Nato-Truppenstatut = NZA 2001, 1211.

I. Allgemeine Voraussetzungen für die Errichtung eines Betriebsrats

Betrieb, Betriebsteil: *Gamillscheg,* Nachruf auf den Gruppengrundsatz, Überlegungen zum Betriebsbegriff, ArbuR 2001, 411; *Haas/Salamon,* Der Betrieb in einer Filialstruktur als Anknüpfungspunkt für die Bildung von Betriebsräten, RdA 2008, 146; *Martens,* Hafenbetrieb und Hafenarbeit nach dem Gesamthafenbetriebsgesetz, NZA 2000, 449; *Preis,* Legitimation und Grenzen des Betriebsbegriffes im Arbeitsrecht, RdA 2000, 257; *Richardi,* Betriebsbegriff als Chamäleon, FS Wiedemann (2002), S. 493; *Rieble/Klebeck,* Betriebsteil, FS Richardi (2007), S. 693; *Rieble/Klumpp,* Betriebsräte in „betriebsorganisatorisch eigenständigen Einheiten" nach § 175 III SGB III?, NZA 2003, 1169.

Gemeinsamer Betrieb: *Annuß,* Grundfragen des gemeinsamen Betriebs, NZA-Sonderheft 2001, 12; *Annuß/Hohenstatt,* Betriebsidentität und Sozialauswahl beim gemeinsamen Betrieb, NZA 2004, 420; *Gaul,* Gestaltungsmöglichkeiten und Rechtsfolgen bei der Bildung auf Auflösung eines gemeinsamen Betriebs mehrerer Unternehmen, Brennpunkte des Arbeitsrechts 2002, 297; 49; *Kreutz,* Gemeinsamer Betrieb und einheitliche Leitung, FS Richardi (2007), S. 637; *Lunk,* Der Tendenzgemeinschaftsbetrieb, NZA 2005, 841; *Rieble/Gistel,* Konzernpersonaldienstleister und Gemeinschaftsbetrieb, NZA 2005, 242; *Schmädicke/Glaser/Altmüller,* Die Rechtsprechung zum gemeinsamen Betrieb mehrerer Unternehmen in den Jahren 2001 bis 2004, NZA-RR 2005, 393.

1 **1. Voraussetzungen der Errichtung eines Betriebsrats.** Nach § 1 BetrVG ist ein Betriebsrat in **allen** Betrieben zu errichten, die i. d. R. mindestens fünf ständige wahlberechtigte Arbeitnehmer haben, von denen drei wählbar sind. Die Errichtung des Betriebsrats ist daher von drei allgemeinen Voraussetzungen abhängig: **(a)** Es muss ein Betrieb vorliegen; **(b)** der Betrieb muss mindestens fünf wahlberechtigte Arbeitnehmer beschäftigen und **(c)** von diesen müssen drei wählbar sein.

2 **2. Betriebsbegriff. a) Grundsatz.** Eine eigenständige Definition des Betriebsbegriffs enthält das BetrVG nicht, das Gesetz setzt ihn vielmehr voraus. Es gilt der allgemeine arbeitsrechtliche Betriebsbegriff.[1] Ein Betrieb liegt vor, wenn die in **(1)** einer Betriebsstätte **(2)** vorhandenen materiellen und immateriellen Betriebsmittel und **(3)** die menschliche Arbeitskraft für **(4)** den oder die verfolgten arbeitstechnischen Zwecke **(5)** zusammengefasst, geordnet, gezielt eingesetzt von **(6)** einem einheitlichen Leitungsapparat gesteuert werden. Ohne Bedeutung für den Betriebsbegriff ist das Bestehen einer einheitlichen Betriebsgemeinschaft. Auch die räumliche Entfernung ist im Wesentlichen nur für die Zuordnung der Betriebsstätten von Bedeutung (vgl. § 4 BetrVG). Kein Betrieb ist der **Haushalt.** Dagegen ist für den Betriebsbegriff unerheblich, wer der Inhaber des Betriebs ist (natürliche oder juristische Person, Personengesamtheit). Selbst ein Betriebsinhaberwechsel ist unschädlich, sofern nur die Organisation und die Zwecksetzung des Betriebs erhalten bleiben. Als ein Betrieb gilt auch der nach dem Gesetz vom 3. 8. 1950 (BGBl. I S. 352) gebildete **Gesamthafenbetrieb.**[2]

3 **b) Leitungsfunktion.** Die wirtschaftlich-unternehmerische Zielsetzung ist für den Betriebsbegriff bedeutungslos, maßgeblich ist allein der arbeitstechnische Zweck. In einem Betrieb können mehrere arbeitstechnische Zwecke verfolgt werden, die aber sämtlich von einer einheitlichen Leitung umfasst sein müssen. Mehrere Betriebe sind jedoch gegeben, wenn in jeder Einheit jeweils eigenständige arbeitstechnische Zwecke verfolgt werden, z. B. Hauptverwaltung und Produktionsbetrieb, auch wenn sie teilweise Sozialeinrichtungen gemeinsam benutzen.[3] Maßgebend ist für die Abgrenzung, ob jeweils eigenständige Betriebe bestehen, ob sie jeweils einen eigenen Leitungsapparat haben und für jeden gesonderte beteiligungsrechtlich relevante Entscheidungen anfallen.

4 **c) Kleinstbetrieb.** Wird derselbe arbeitstechnische Zweck in mehreren Betriebsstätten verfolgt, von denen nur einer die Voraussetzungen von § 1 BetrVG erfüllt, wurden nach Auffassung des BAG die nicht betriebsratsfähigen kleinen Betriebe dem betriebsratsfähigen Betrieb hinzugerechnet.[4] Diese Rspr. hat der Gesetzgeber im BetrVG-ReformG zum Anlass genommen, die wegen Nichterreichen der erforderlichen Arbeitnehmerzahl nicht betriebsratsfähigen Einheiten (sog. Kleinstbetriebe) generell, d. h. unabhängig von dem in der Einheit verfolgten arbeitstechnischen Zweck, dem „Hauptbetrieb" zuzuordnen (§ 4 II BetrVG). Durch die Neuregelung soll

---

[1] Vgl. § 18 RN 1 ff.; BAG 31. 5. 2000 AP 12 zu § 1 BetrVG 1972 Gemeinsamer Betrieb = NZA 2000, 1350; 8. 6. 1999 AP 47 zu § 111 BetrVG 1972 = NZA 99, 1168; 27. 6. 1995 AP 7 zu § 4 BetrVG 1972 = NZA 96, 164; 14. 12. 1994 AP 3 zu § 5 BetrVG Rotes Kreuz = NZA 95, 906.

[2] Dazu BAG 2. 11. 1993 AP 32 zu § 99 BetrVG 1972 = NZA 94, 627; 25. 11. 1992 AP 8 zu § 1 GesamthafenbetriebsG = BB 93, 1087.

[3] BAG 20. 6. 1995 AP 8 zu § 4 BetrVG 1972 = NZA 96, 276; 23. 9. 1982 AP 3 zu § 4 BetrVG 1972.

[4] BAG 3. 12. 1985 AP 28 zu § 99 BetrVG 1972 = NZA 86, 334.

die Vertretung der in Kleinstbetrieben beschäftigten Arbeitnehmer durch den im Hauptbetrieb gebildeten Betriebsrat gewährleistet werden. § 4 II BetrVG setzt das Bestehen einer selbstständigen Leitung in personellen und sozialen Angelegenheiten in dem Kleinstbetrieb regelmäßig voraus. Die Neuregelung führt letztlich dazu, dass in einem Unternehmen mit zumindest 5 wahlberechtigten und 3 wählbaren Arbeitnehmern unabhängig von der Betriebsorganisation stets ein Betriebsrat gebildet werden kann. Der Begriff des Hauptbetriebs entspricht nicht dem des § 4 I BetrVG. Vielmehr wird der Kleinstbetrieb regelmäßig der Hauptverwaltung des Unternehmens zugeordnet, d. h. der dort gebildete Betriebsrat nimmt gegenüber der Leitung des Kleinstbetriebs die Beteiligungsrechte für die dort beschäftigten Arbeitnehmer wahr.[5] Für § 4 II BetrVG ist es ausreichend, dass die Arbeitnehmerzahl des § 1 I BetrVG nach der Zuordnung des Kleinstbetriebs zum Hauptbetrieb erreicht wird. Handelt es sich bei der Kleinsteinheit nicht um einen eigenständigen Betrieb, sondern nur um einen Betriebsteil (RN 11) einer anderen, zumindest nach der Zuordnung betriebsratsfähigen Einheit, so ist die Kleinsteinheit nach § 4 I BetrVG „ihrem" Betriebsteil zugeordnet.

Beispiel: Ein Kindergarten mit nur 4 wahlberechtigten Arbeitnehmern und einer einstellungsberechtigten Leiterin wird nach § 4 II BetrVG der Hauptverwaltung zugeordnet. Ist die Leiterin des Kindergartens nicht einstellungsberechtigt und auch sonst nicht weisungsbefugt, bleibt es nach § 1 I BetrVG bei der Zuordnung zur Hauptverwaltung, wenn bei dieser die Entscheidungen in den beteiligungspflichtigen Angelegenheiten getroffen werden. Handelt es sich bei dem Kindergarten jedoch um einen Betriebsteil einer am gleichen Ort befindlichen Kinderbetreuungseinrichtung, in der auch Leitungsrechte für die in der Kleinsteinrichtung beschäftigten Arbeitnehmer ausgeübt werden, ist diese der anderen Kindereinrichtung zugeordnet.

d) Gemeinsamer Betrieb. aa) Voraussetzungen. Ein Betrieb kann auch von mehreren Arbeitgebern als gemeinsamer Betrieb geführt werden. Davon geht das BetrVG in seinem § 1 I 2, II in der seit dem 28. Juli 2001 geltenden Fassung des BetrVG-ReformG aus. Nach der bereits zuvor ergangenen Rspr. des BAG war von einem gemeinsamen Betrieb mehrerer Unternehmen auszugehen, wenn die **(1)** in einer Betriebsstätte vorhandenen **(2)** materiellen und immateriellen Betriebsmittel für einen **(3)** einheitlichen arbeitstechnischen Zweck zusammengefasst, geordnet und gezielt eingesetzt werden und **(4)** der Einsatz der menschlichen Arbeitskraft von **(5)** einem einheitlichen Leitungsapparat gesteuert wird. Dazu mussten sich die beteiligten Unternehmen zumindest stillschweigend zu einer gemeinsamen Führung rechtlich verbunden haben. Diese einheitliche Leitung musste sich auf die wesentlichen Funktionen eines Arbeitgebers in sozialen und personellen Angelegenheiten erstrecken. Eine lediglich unternehmerische Zusammenarbeit genügte dagegen nicht. Vielmehr mussten die Funktionen des Arbeitgebers in den sozialen und personellen Angelegenheiten des Betriebsverfassungsgesetzes institutionell einheitlich für die beteiligten Unternehmen wahrgenommen werden.[6] Die einheitliche Leitung brauchte nicht in einer ausdrücklichen vertraglichen Vereinbarung der beteiligten Unternehmen geregelt zu sein. Vielmehr genügte es, dass sich ihre Existenz aus den tatsächlichen Umständen herleiten ließ. Ergaben die Umstände des Einzelfalls, dass der Kern der Arbeitgeberfunktionen im sozialen und personellen Bereich von derselben institutionellen Leitung ausgeübt wird, so führte dies regelmäßig zu dem Schluss, dass eine konkludente Führungsvereinbarung vorlag;[7] auf ihre rechtsgeschäftliche Wirksamkeit kam es nicht an. 5

bb) Neuregelung.[8] Der Gesetzgeber hat mit der Neufassung des § 1 BetrVG durch das BetrVG-ReformG die bisherige Rspr.[9] des BAG bestätigt. Danach wird ein gemeinsamer Be- 6

---

[5] BAG 17. 1. 2007 AP 18 zu § 4 BetrVG 1972 = NZA 2007, 703.

[6] BAG 21. 2. 2001 – 7 ABR 9/00 – NZA 2002, 56; 31. 5. 2000 AP 12 zu § 1 BetrVG 1972 Gemeinsamer Betrieb = NZA 2000, 1350; 29. 4. 1999 AP 21 zu § 23 KSchG 1969 = NZA 99, 932; 11. 11. 1997 AP 42 zu § 111 BetrVG 1972 = NZA 98, 723; 24. 1. 1996 AP 8 zu § 1 BetrVG 1972 Gemeinsamer Betrieb = NZA 96, 1110; 14. 12. 1994 AP 3 zu § 5 BetrVG 1972 Rotes Kreuz = NZA 95, 906; 18. 1. 1990 AP 9 zu § 23 KSchG 1969 = NZA 90, 977; 18. 4. 1989 AP 65 zu § 99 BetrVG 1972 = NZA 89, 804; 14. 9. 1988 AP 9 zu § 1 BetrVG 1972 = NZA 89, 190; 7. 8. 1986 AP 5 zu § 1 BetrVG 1972 = NZA 87, 131.

[7] BAG 29. 1. 1987 AP 6 zu § 1 BetrVG 1972 = NZA 87, 707; 7. 8. 1986 AP 5 zu § 1 BetrVG 1972 = NZA 87, 131; 23. 3. 1984 AP 4 zu § 23 KSchG 1969 = NZA 84, 88.

[8] Dazu *Däubler* ArbuR 2001, 1, 2; *Hanau* RdA 2001, 65, 67; *Konzen* RdA 2001, 76, 80; *Richardi* NZA 2001, 346, 349; *Trümner* AiB 2001, 507.

[9] BAG 21. 2. 2001 NZA 2002, 56; 31. 5. 2000 AP 12 zu § 1 BetrVG 1972 Gemeinsamer Betrieb = NZA 2000, 1350; 29. 4. 1999 AP 21 zu § 23 KSchG 1969 = NJW 99, 3212 = NZA 99, 932; 11. 11. 1997 AP 42 zu § 111 BetrVG 1972 = NZA 98, 723; 24. 1. 1996 AP 8 zu § 1 BetrVG 1972 Gemeinsamer Betrieb =

trieb mehrerer Unternehmen vermutet, wenn zur Verfolgung arbeitstechnischer Zwecke die Betriebsmittel sowie die Arbeitnehmer von den Unternehmen gemeinsam eingesetzt werden (§ 1 II Nr. 1 BetrVG) oder die Spaltung eines Unternehmens zur Folge hat, dass von einem Betrieb ein oder mehrere Betriebsteile einem an der Spaltung beteiligten anderen Unternehmen zugeordnet werden, ohne dass sich die Organisation des betroffenen Betriebs wesentlich ändert (§ 1 II Nr. 2 BetrVG); die letztgenannte Alternative entspricht § 322 I UmwG a. F., sie erstreckt die Vermutungswirkung jedoch auf jeden Spaltungsvorgang. Die vom Gesetzgeber als Vermutungstatbestände bezeichneten Anforderungen[10] des § 1 II BetrVG dienen dem Zweck, Betriebsräten und Wahlvorständen den in der Praxis oft schwer zu erbringenden Nachweis einer Führungsvereinbarung zu ersparen (vgl. BT-Drucks. 14/5741 S. 33). In zeitlicher Hinsicht liegt ein gemeinsamer Betrieb vor, wenn es sich nicht nur um einen kurzfristigen Zusammenschluss der beteiligten Unternehmen handelt, darüber hinaus steht die Vereinbarung einer nur befristeten Zusammenarbeit der Annahme eines gemeinsamen Betriebs nicht entgegen. Eine Kündigung der Führungsvereinbarung löst den Gemeinschaftsbetrieb nur auf, wenn die bisherige Zusammenarbeit der Unternehmen tatsächlich beendet wird. Bei Insolvenz eines der beteiligten Unternehmen endet der Gemeinschaftsbetrieb erst mit der Umsetzung der Stilllegungsentscheidung des Insolvenzverwalters.[11]

6a **cc) Einheitliche Betriebsführung.** Auch nach der Neuregelung ist es erforderlich, dass zumindest die Arbeitgeberfunktionen auf der Grundlage einer wenigstens stillschweigend getroffenen Vereinbarung im Bereich der personellen und sozialen Angelegenheiten einheitlich ausgeübt werden. Dies ist noch nicht der Fall, wenn die Arbeitgeber bei der Durchführung ihrer Unternehmenstätigkeiten aufeinander angewiesen sind und diese aufeinander bezogen ausüben[12] oder weil sich die unternehmerische Zusammenarbeit auf der Grundlage von Organverträgen oder Beherrschungsverträgen vollzieht, selbst wenn konzernrechtliche Weisungen erteilt werden.[13] Absprachen zwischen Unternehmen oder Einflussnahmen auf gesellschaftsrechtlicher Ebene begründen keinen einheitlichen betrieblichen Leitungsapparat und haben daher keine unmittelbaren, sondern allenfalls mittelbare Auswirkungen auf betriebsverfassungsrechtlich relevante Sachverhalte. Von einer auf einer Absprache beruhenden gemeinsamen Betriebsführung ist danach bei Vorliegen der Tatbestände des § 1 II BetrVG auszugehen. Aber selbst wenn deren Voraussetzungen nicht nachweisbar sind, kann sich die gemeinsame Betriebsführung aus dem Vorliegen von weiteren Indizien ergeben z. B. der einheitlichen Führung der Unternehmen im Personalbereich, der gemeinsamen räumlichen Unterbringung, der Verknüpfung der Arbeitsabläufe, der einheitlichen Verwaltung oder dem Bestehen von gemeinsamen Sozialeinrichtungen.[14] Nur eingeschränkte Indizwirkung ist solchen Tätigkeiten beigemessen worden, die auch als Serviceleistungen durch Dritte (Steuerberater) erbracht werden könnten, wie etwa die Führung der Lohnbuchhaltung oder der Personalakten.[15] Hingegen fehlt es an einer gemeinsamen Betriebsführung bei Formen der unternehmerischen Zusammenarbeit zwischen Arbeitgebern, bei denen die Arbeitnehmer nur von ihren jeweiligen Vertragsarbeitgebern eingesetzt werden[16] oder wenn sich die Beteiligung eines Arbeitgebers auf das Zur-Verfügung-Stellen seiner Arbeitnehmer an einen anderen Arbeitgeber beschränkt. Vollzieht sich der Einsatz der Arbeitnehmer im Betrieb eines anderen Arbeitgebers auf Grund eines Dienst- oder Werkvertrags, bleiben diese betriebsverfassungsrechtlich unverändert ihrem Vertragsarbeitgeber zugeordnet, wenn dieser ihnen gegenüber allein weisungsbefugt ist. Werden die Arbeitnehmer einem anderen Arbeitgeber zur Arbeitsleistung überlassen, liegt eine Personalgestellung vor, regelmäßig in Form der Arbeitnehmerüberlassung.[17] Ebenso folgt aus dem Bestehen einer steuerrechtlichen Organschaft nicht zwingend, dass

---

NZA 96, 1110; 14. 12. 1994 AP 3 zu § 5 BetrVG 1972 Rotes Kreuz = NZA 95, 906; 18. 4. 1989 AP 65 zu § 99 BetrVG 1972 = NZA 89, 804; 7. 8. 1986 AP 5 zu § 1 BetrVG 1972 = NZA 87, 131.

[10] Bei § 1 II BetrVG handelt es sich wohl eher um eine Fiktion für das Vorliegen eines Gemeinschaftsbetriebs.

[11] BAG 19. 11. 2003 AP 19 zu § 1 BetrVG 1972 Gemeinsamer Betrieb = NZA 2004, 435.

[12] BAG 25. 11. 1980 AP 2 zu § 1 BetrVG 1972.

[13] BAG 16. 1. 2003 AP 1 zu § 1 KSchG 1969 Gemeinschaftsbetrieb; 13. 6. 2002 AP 29 zu § 23 KSchG 1969 = NZA 2002, 1147; 29. 4. 1999 AP 21 zu § 23 KSchG 1969 = NZA 99, 932; 18. 1. 1990 AP 9 zu § 23 KSchG 1969 = NZA 90, 977; 14. 9. 1988 AP 9 zu § 1 BetrVG 1972 = NZA 89, 190.

[14] Dafür BAG 11. 2. 2004 AP 22 zu § 1 BetrVG 1972 Gemeinsamer Betrieb = NZA 2004, 618; 22. 10. 2003 AP 21 zu § 1 BetrVG 1972 Gemeinsamer Betrieb; krit. *Kreutz* FS Richardi S. 637, 653; offengelassen zuletzt von BAG 13. 8. 2008 – 7 ABR 21/07 – zVb.

[15] BAG 13. 8. 2008 – 7 ABR 21/07 – zVb.

[16] BAG 22. 6. 2005 AP 23 zu § 1 BetrVG 1972 Gemeinsamer Betrieb = NZA 2005, 1248.

[17] BAG 13. 8. 2008 – 7 ABR 21/07 – zVb.; 16. 4. 2008 – 7 ABR 4/07 – NZA-RR 2008, 583.

die beteiligten Unternehmen einen gemeinsamen Betrieb führen.[18] Sind an einem gemeinschaftlichen Betrieb sowohl eine juristische Person des Privatrechts als auch eine Körperschaft des öffentlichen Rechts beteiligt, findet das BetrVG Anwendung, wenn sich die Betriebsführung auf der Grundlage einer privatrechtlichen Vereinbarung in der Rechtsform einer Innengesellschaft vollzieht;[19] denkbar sind aber auch andere Rechtsformen der Zusammenarbeit.[20]

dd) Arbeitgeberstellung. Ansprechpartner des im Gemeinschaftsbetrieb gebildeten Betriebsrats ist entweder dasjenige Unternehmen, mit dem die Arbeitsverhältnisse bestehen oder die gemeinsame Leitung der beteiligten Unternehmen. Maßgeblich ist, wer auf Arbeitgeberseite von der Ausübung des Beteiligungsrechts in seiner betriebsverfassungsrechtlichen Stellung betroffen wird. Bei einer Auseinandersetzung um Ansprüche, die den Status oder den Inhalt der nur mit einem Vertragsarbeitgeber des Gemeinschaftsbetriebs bestehenden Rechtsbeziehung betreffen (z. B. bei einer Eingruppierung), ist nur dieser als Arbeitgeber anzusehen.[21] Bei Einstellungen oder Versetzungen innerhalb des Gemeinschaftsbetriebs wird hingegen die gemeinsame Leitung Ansprechpartner des Betriebsrats sein. Ansprüche aus § 37 BetrVG richten sich bei Fehlen einer anderweitigen Vereinbarung gegen den Arbeitgeber des Betriebsratsmitglieds, während bei Kostenerstattungsansprüchen (§ 40 BetrVG) beide Unternehmen als Gesamtschuldner haften. Ist eine Schwesternschaft vom Deutschen Roten Kreuz als Mitbetreiberin eines Krankenhauses anzusehen, sind auch die bei der Schwesternschaft angestellten sog. Gastschwestern, die in diesem Krankenhaus beschäftigt sind, dem im Krankenhaus bestehenden Betriebsrat zuzuordnen.[22] 6b

3. Fünf wahlberechtigte Arbeitnehmer. Im Betrieb müssen mindestens 5 ständige wahlberechtigte Arbeitnehmer (§§ 8, 217 RN 11 f.) i. d. R. beschäftigt werden. Ständig sind solche Arbeitnehmer beschäftigt, die nicht für einen vorübergehenden Zweck eingestellt sind, also zur Probe, Aushilfe, Vertretung, Leiharbeitnehmer oder sonst zu einem vorübergehenden Zweck. I. d. R. sind solche Arbeitnehmer beschäftigt, die bei Rückblick und prognostischer Betrachtung im Allgemeinen beschäftigt werden.[23] Auf den zeitlichen Umfang ihrer Tätigkeit kommt es nicht an. 7

4. Drei wählbare Arbeitnehmer. Betriebsräte werden nur gebildet, wenn von den 5 ständig beschäftigten Arbeitnehmern 3 wählbar sind. Das passive Wahlrecht beurteilt sich nach § 8 BetrVG (§ 217 RN 12 ff.). Sinkt während der Wahlperiode die Zahl der Beschäftigten, endet damit auch das Amt des Betriebsrats. 8

5. Betriebsübergang nach § 613 a BGB und UmwG. Ein Betriebsinhaberwechsel nach einem Betriebsübergang (§ 613 a BGB, dazu § 118) bzw. nach dem UmwG (§ 117) ist für den Bestand des Betriebs ohne Bedeutung, sofern nur die Organisation und der arbeitstechnische Zweck erhalten bleiben. Ansonsten kommt ein Rest- bzw. Übergangsmandat des Betriebsrats in Betracht (§ 219 RN 17 ff.). 9

II. Nebenbetrieb und Betriebsteile

Schrifttumsnachweise vor RN 1.

1. Nebenbetrieb. Das BetrVG-ReformG hat § 4 BetrVG neu gefasst und auf Regelungen zur betriebsverfassungsrechtlichen Eigenständigkeit von Nebenbetrieben verzichtet, an dem Begriff des Hauptbetriebs hält das Gesetz hingegen fest. Nach bisheriger Definition waren Nebenbetriebe organisatorisch selbstständige Betriebe, die unter eigener Leitung einen eigenen Betriebszweck verfolgen, in ihrer Aufgabenstellung jedoch auf die Hilfeleistung für einen Hauptbetrieb ausgerichtet sind, um den dort erstrebten Betriebszweck zu unterstützen.[24] 10

2. Betriebsteil. a) Grundsatz. Der Betriebsteil ist auf den Zweck des Hauptbetriebs ausgerichtet und in dessen Organisation eingegliedert, ihm gegenüber aber räumlich und/oder organisatorisch abgrenzbar und relativ verselbstständigt. Unter den Voraussetzungen des § 4 I BetrVG gilt ein Betriebsteil als eigenständiger Betrieb. Liegen die Voraussetzungen des § 4 I BetrVG nicht vor, gehört der Betriebsteil betriebsverfassungsrechtlich zum Hauptbetrieb. Für die Abgrenzung 11

---

[18] BAG 25. 5. 2005 – 7 ABR 38/04 – DB 2005, 1914.
[19] BAG 24. 1. 1996 AP 8 zu § 1 BetrVG 1972 = NZA 96, 1110; BVerwG 13. 6. 2001 AP 14 zu § 1 BetrVG 1972 Gemeinsamer Betrieb = PersV 2001, 560.
[20] BAG 16. 4. 2008 – 7 ABR 4/07 – NZA-RR 2008, 583 – kein Verstoß gegen Kommunalrecht.
[21] BAG 23. 9. 2003 AP 28 zu § 99 BetrVG 1972 Eingruppierung = NZA 2004, 800.
[22] BAG 14. 12. 1994 AP 3 zu § 5 BetrVG 1972 Rotes Kreuz = NZA 95, 906.
[23] BAG 22. 3. 1983 AP 7 zu § 113 BetrVG 1972 = NJW 84, 323.
[24] Vgl. zuletzt BAG 25. 4. 1995 AP 5 zu § 1 TVG Tarifverträge: Land- und Forstwirtschaft.

von Betrieb und Betriebsteil ist der Grad der Verselbständigung entscheidend, der im Umfang der Leitungsmacht zum Ausdruck kommt. Erstreckt sich die in der organisatorischen Einheit ausgeübte Leitungsmacht auf alle wesentlichen Funktionen des Arbeitgebers in personellen und sozialen Angelegenheiten, handelt es sich um einen eigenständigen Betrieb i. S. v. § 1 BetrVG. Für das Vorliegen eines Betriebsteils i. S. v. § 4 I 1 BetrVG genügt ein Mindestmaß an organisatorischer Selbständigkeit gegenüber dem Hauptbetrieb. Dazu reicht es aus, dass in der organisatorischen Einheit überhaupt eine den Einsatz der Arbeitnehmer bestimmende Leitung institutionalisiert ist, die Weisungsrechte des Arbeitgebers ausübt.[25] Grundsätzlich ist ein einheitlicher Betriebsrat für den Betrieb und die Betriebsteile zu wählen. Dies gilt nach § 4 I BetrVG nur dann nicht, wenn **(1)** der Betriebsteil die Voraussetzungen des § 1 BetrVG erfüllt und entweder **(2.1)** räumlich weit vom Hauptbetrieb entfernt ist (RN 12) oder **(2.2)** durch Aufgabenbereich und Organisation eigenständig ist (RN 13). Liegen mehrere Betriebsteile nahe beieinander, aber räumlich weit entfernt vom Hauptbetrieb, bilden sie je einen Betrieb.[26] Zu Kleinstbetrieben oben RN 4.

12 **b) Weite Entfernung.** Der Begriff „weite Entfernung" ist aus dem Sinn und Zweck des BetrVG zu interpretieren. Dieser besteht darin, den Arbeitnehmern von Betriebsteilen eine effektive Vertretung durch einen eigenen Betriebsrat zu ermöglichen, wenn wegen der räumlichen Trennung des Hauptbetriebs von dem Betriebsteil die persönliche Kontaktaufnahme zwischen einem dortigen Betriebsrat und den Arbeitnehmern im Betriebsteil so erschwert ist, dass der Betriebsrat des Hauptbetriebs die Interessen der Arbeitnehmer nicht mit der nötigen Intensität und Sachkunde wahrnehmen kann und sich die Arbeitnehmer nur unter erschwerten Bedingungen an den Betriebsrat wenden können oder Betriebsratsmitglieder, die in dem Betriebsteil beschäftigt sind, nicht kurzfristig zu Sitzungen im Hauptbetrieb gelangen können. Maßgeblich ist sowohl die leichte Erreichbarkeit des Betriebsrats aus Sicht der Arbeitnehmer wie auch umgekehrt die Erreichbarkeit der Arbeitnehmer für den Betriebsrat. Für die Beurteilung, ob eine weite Entfernung gegeben ist, ist nicht so sehr auf die kilometermäßige Distanz abzustellen,[27] sondern auf die Erreichbarkeit mit öffentlichen Verkehrsmitteln.[28] Aus diesem Grund kann grundsätzlich nicht ab einer bestimmten Entfernung eine räumlich weite Entfernung der Betriebsstätten vermutet werden.[29] Auch gute technische Kommunikationsmöglichkeiten können eine persönliche Kontaktaufnahme nicht ersetzen.[30] Ohne Bedeutung ist auch, ob für die in den Betriebsteilen beschäftigten Arbeitnehmer bei Teilbelegschafts- und Belegschaftsversammlungen die Möglichkeit der Kontaktaufnahme mit dem Betriebsrat besteht. Dagegen ist nur von untergeordneter Bedeutung, ob sich am Sitz der Betriebsabteilung ein sozialer Gegenspieler befindet.[31] Erforderlich ist aber zumindest das Vorhandensein einer Leitung, die Weisungsrechte des Arbeitgebers ausübt.[32] Umstr., aber zu bejahen ist, dass auch die Arbeitnehmerzahl in der räumlich weit entfernten Betriebsstätte zu berücksichtigen ist, weil hierdurch der Umfang der Inanspruchnahme des Betriebsrats durch die Arbeitnehmer und der Betriebsratstätigkeit beeinflusst wird.[33]

13 **c) Eigenständigkeit.** Bei der Beurteilung, ob ein Betriebsteil nach Aufgabenbereich und Organisation eigenständig ist, sind die Grundtendenz und die Entstehungsgeschichte des BetrVG zu berücksichtigen.[34] Zwar bedarf ein Betriebsteil im Gegensatz zum selbstständigen Betrieb im Sinne des § 1 I BetrVG keines umfassenden eigenständigen Leitungsapparats, erforderlich ist aber,

---

[25] Vgl. § 18 RN 3 ff.; BAG 7. 5. 2008 – 7 ABR 15/07 – NZA 2009, 328; 21. 7. 2004 AP 15 zu § 4 BetrVG 1972; 19. 2. 2002 AP 13 zu § 4 BetrVG 1972 = NZA 2002, 1300; 26. 8. 1999 AP 192 zu § 613 a BGB = NZA 2000, 144 (zu § 613 a BGB); 28. 6. 1995 AP 8 zu § 4 BetrVG 1972 = NZA 96, 276; 29. 1. 1992 AP 1 zu § 7 BetrVG 1972 = NZA 92, 894; 29. 5. 1991 AP 5 zu § 4 BetrVG 1972 = NZA 92, 74; 25. 9. 1986 AP 7 zu § 1 BetrVG 1972 = NZA 87, 708.

[26] BAG 29. 5. 1991 AP 5 zu § 4 BetrVG 1972 = NZA 92, 74; LAG Berlin 28. 6. 1999 NZA-RR 2000, 246.

[27] Zum Merkmal der räumlich weiten Entfernung BAG 14. 1. 2004 – 7 ABR 26/03 – n. a. v.; 17. 2. 1983 AP 4 zu § 4 BetrVG 1972 (22 km/verneint); 24. 2. 1976 AP 2 zu § 4 BetrVG 1972 (40 km/verneint); 24. 9. 1968 AP 9 zu § 3 BetrVG (70 km/verneint); 5. 6. 1964 AP 7 zu § 3 BetrVG (10 km/verneint); 1. 2. 1963 AP 5 zu § 3 BetrVG; 23. 9. 1960 AP 4 zu § 3 BetrVG (28 km/bejaht); LAG Köln 13. 4. 1989 AiB 90, 359 (15–30 km/bejaht wegen Staugefahr).

[28] BAG 7. 5. 2008 – 7 ABR 15/07 – NZA 2009, 328.

[29] So aber BVerwG 29. 5. 1991 BVerwGE 88, 233 = NVwZ-RR 92, 199.

[30] BAG 21. 6. 1995 AP 16 zu § 1 BetrVG 1972.

[31] BAG 23. 9. 1960 AP 4 zu § 3 BetrVG.

[32] BAG 28. 6. 1995 AP 8 zu § 4 BetrVG 1972 = NZA 96, 276; 29. 5. 1991 AP 5 zu § 4 BetrVG 1972 = NZA 92, 74.

[33] Wie hier LAG Köln 28. 6. 1989 BB 89, 1692; a. A. BAG 29. 3. 1977 ArbuR 78, 254.

[34] BAG 5. 6. 1964 AP 7 zu § 3 BetrVG; 1. 2. 1963 AP 5 zu § 3 BetrVG.

dass die Leitung insbesondere in personellen und sozialen Angelegenheiten wesentliche Entscheidungen selbstständig treffen kann. Hingegen kommt es weniger auf die Entscheidungsfindung in wirtschaftlichen Angelegenheiten an.[35] Ein Mindestmaß an organisatorischer Selbstständigkeit gegenüber dem Hauptbetrieb ist daher ausreichend.[36] Von geringerer Bedeutung ist dagegen die wirtschaftliche Zweckbestimmung der Betriebsabteilung,[37] der Gesichtspunkt der räumlichen Einheit der Produktionsstätten und das Bestehen einer lebendigen Betriebsgemeinschaft.[38]

d) Gemeinsame Wahl. Die Arbeitnehmer eines Betriebsteils, in dem kein eigener Betriebsrat besteht oder mehr besteht, können mit Stimmenmehrheit formlos beschließen, an der Wahl des Betriebsrats im Hauptbetrieb teilzunehmen. Die Abstimmung kann von mindestens drei wahlberechtigten Arbeitnehmern des Betriebs, einer im Betrieb vertretenen Gewerkschaft oder dem Betriebsrat des Hauptbetriebs veranlasst werden. Der Beschluss über die Abstimmung ist ihm spätestens zehn Wochen vor Ablauf seiner Amtszeit mitzuteilen (§ 4 I 2–4 BetrVG). **13a**

3. Einzelfälle. Von einem Gebäudereinigungsunternehmen an verschiedenen Orten betriebene Reinigungsobjekte gelten als selbständige Betriebe, wenn die Reinigungskräfte jeweils nur für einen Ort angestellt wurden, ein wechselseitiger Austausch nicht erfolgt und die jeweilige Objektleiterin Arbeitseinsatz und Vertretung geregelt hat.[39] Zentral gelenkte Filialen im Lebensmitteleinzelhandel[40] oder im Bankgewerbe sind häufig nur Betriebsteile eines einheitlichen Betriebs.[41] Die Filialen eines Unternehmens sind auch dann keine selbstständigen Betriebsteile gemäß § 4 I BetrVG, wenn den Betriebsleitern der Filialen Handlungsvollmacht erteilt wurde, sie eigenverantwortlich die Geschäfte führen und die Personalverantwortung tragen.[42] Ein Orchester kann einen Betriebsteil darstellen, für den ein Betriebsrat gebildet werden kann.[43] Eine Außendienstorganisation ist nicht deshalb räumlich weit vom Hauptbetrieb entfernt, weil zahlreiche Außendienstbeschäftigte außerhalb des Hauptbetriebs arbeiten.[44] **14**

4. Tarifvertrag. Wegen abweichender Regelungen durch Tarifvertrag vgl. § 216 RN 1 ff. **15**

III. Ausnahmen und Einschränkungen von der Anwendung des Betriebsverfassungsgesetzes

1. Öffentlicher Dienst. Das BetrVG findet keine Anwendung auf Verwaltungen und Betriebe des Bundes, der Länder, der Gemeinden und sonstiger Körperschaften, Anstalten und Stiftungen des öffentlichen Rechts (§ 130 BetrVG). Die Anwendung des BetrVG richtet sich nach der Rechtsform des Betriebsinhabers.[45] Ist dies eine juristische Person des öffentlichen Rechts, ist das BetrVG unanwendbar. In den Betrieben juristischer Personen des öffentlichen Rechts gelten die Personalvertretungsgesetze des Bundes und der Länder (§ 263). Unerheblich für die Abgrenzung ist, ob in einem Betrieb hoheitliche oder fiskalische Angelegenheiten erledigt werden. Anzuwenden ist das BetrVG dagegen in den sog. Regiebetrieben; das sind Betriebe, deren Kapitalanteile sich in öffentlicher Hand befinden und die Versorgungseinrichtungen betreiben, z. B. ein städtisches Gas- und Wasserwerk, das in der Rechtsform einer AktG oder einer GmbH geführt wird. Der mitbestimmungsrechtliche Status der Parlamentsfraktionen ist von der Ausgestaltung ihrer Organisation abhängig.[46] **16**

2. Seeschifffahrtsunternehmen.[47] Auf sie ist das BetrVG mit einigen Modifikationen anzuwenden (§§ 114–116 BetrVG).[48] Es gelten folgende Grundsätze: **17**

---

[35] BAG 28. 6. 1995 AP 8 zu § 4 BetrVG 1972 = NZA 96, 276; 29. 1. 1992 AP 1 zu § 7 BetrVG 1972 = NZA 92, 894; 17. 2. 1983 AP 4 zu § 4 BetrVG 1972 = DB 83, 2039.

[36] BAG 21. 7. 2004 AP 15 zu § 4 BetrVG 1972.

[37] Vgl. BAG 5. 6. 1964 AP 7 zu § 3 BetrVG; 1. 2. 1963 AP 5 zu § 3 BetrVG.

[38] BAG 23. 9. 1982 AP 3 zu § 4 BetrVG 1972 = DB 83, 1498.

[39] LAG Hamm 19. 2. 1977 EzA 2 zu § 4 BetrVG 1972.

[40] BAG 7. 5. 2008 – 7 ABR 15/07 – NZA 2009, 328.

[41] BAG 24. 2. 1976 AP 2 zu § 4 BetrVG 1972; LAG Hamm 7. 5. 1997 BB 97, 1540.

[42] LAG Baden-Württemberg 12. 2. 1993 BB 93, 1873.

[43] BAG 21. 7. 2004 AP 15 zu § 4 BetrVG 1972.

[44] ArbG Hamburg 19. 8. 1997 BetrR 97, 103.

[45] BAG 30. 7. 1987 AP 3 zu § 130 BetrVG 1972 = NZA 88, 402 = NJW 88, 933; 7. 11. 1975 AP 1 zu § 130 BetrVG 1972 = BB 76, 270; 18. 4. 1967 AP 3 zu § 63 BetrVG = NJW 67, 2176.

[46] Dazu *Singer* NZA 2008, 789.

[47] *Dzida,* Deutsche Mitbestimmung und ausländische Schiffe, RIW 2006, 914.

[48] Vgl. 2. DVO zum BetrVG (WahlO Seeschifffahrt – WOS) v. 7. 2. 2002 (BGBl. I S. 594).

18 **a) Begriff.** Auf Seeschifffahrtsunternehmen und ihre Betriebe ist grundsätzlich das BetrVG anwendbar (§ 114 I BetrVG). Die Hervorhebung von Seeschifffahrtsunternehmen ist vom Gesetz ausdrücklich erfolgt (BT-Drucks. 6/2729 zu § 114). Seeschifffahrtsunternehmen i. S. des BetrVG ist ein Unternehmen, das Handelsschifffahrt betreibt und seinen Sitz im Geltungsbereich des BetrVG hat. Zu ihnen zählen auch solche Unternehmen, die keine eigenen, sondern als Korrespondenzreeder, Vertragsreeder, Ausrüster oder auf Grund ähnlicher Rechtsverhältnisse fremde Schiffe bereedern (§ 114 II BetrVG). Unanwendbar ist das BetrVG auf Seeschifffahrtsunternehmen, die keinen Sitz in der BRD haben, auch wenn sie ein Schiff bereedern, das nach dem FlaggenrechtsG die Deutsche Bundesflagge führt.[49]

19 **b) Seebetrieb.** Sämtliche Schiffe eines Seeschifffahrtsunternehmens werden zum Seebetrieb zusammengefasst (§ 114 III BetrVG). Im Seebetrieb ist dann ein Seebetriebsrat zu wählen (§ 116 I BetrVG). Wahlberechtigt sind auch solche Arbeitnehmer, deren Heuerverhältnis wegen des Besuches einer Seeschifffahrtsschule oder Fahrens unter fremder Flagge ruht.[50] Die Vorschriften über die Rechte und Pflichten des Betriebsrats und die Rechtsstellung seiner Mitglieder finden auf den Seebetriebsrat Anwendung, soweit sich aus § 116 BetrVG oder anderen gesetzlichen Vorschriften keine Modifikationen ergeben.

20 **c) Bordvertretung.** Auf den einzelnen Schiffen,[51] die mit i. d. R. mindestens fünf wahlberechtigten Besatzungsmitgliedern besetzt sind, von denen drei wählbar sind, wird eine Bordvertretung gewählt, auf die wiederum das BetrVG Anwendung findet, soweit sich nicht aus § 115 BetrVG oder sonstigen gesetzlichen Vorschriften Besonderheiten ergeben (§ 115 BetrVG). In der Seeschifffahrt ist auf jedem Schiff ein Arbeitsschutzausschuss nach § 11 ASiG zu bilden. In diesen entsendet die Bordvertretung zwei ihrer Mitglieder.[52] Ein Teilnahmerecht des Seebetriebsrats besteht an diesem Ausschuss jedenfalls dann nicht, wenn dieser außerhalb der BRD tagt. Schiffe i. S. des BetrVG sind Kauffahrteischiffe (Handelsschiffe), die nach dem Flaggenrechtsgesetz die Bundesflagge führen. Schiffe, die binnen 24 Stunden nach dem Auslaufen an den Sitz des Landbetriebs zurückkehren, gelten als Teil dieses Landbetriebs (§ 114 IV BetrVG). **Jugend- und Auszubildendenvertretungen** werden nur in den Landbetrieben der Seeschifffahrtsunternehmen gewählt (§ 115 V BetrVG).

21 **3. Luftfahrtunternehmen.** Auf Landbetriebe von Luftfahrtunternehmen ist das BetrVG ohne Einschränkung anwendbar (§ 117 I BetrVG). Dagegen ist das sog. fliegende Personal, hierbei handelt es sich in der Hauptsache um die Besatzungsmitglieder der Flugzeuge,[53] wegen der besonderen, nicht ortsgebundenen Art der Tätigkeit aus dem BetrVG ausgenommen (§ 117 II 1 BetrVG). Das BAG sieht die Herausnahme des fliegenden Personals aus dem BetrVG als verfassungskonform an.[54] Zum fliegenden Personal zählen Piloten, Co-Piloten, Flugzeugingenieure, Navigatoren, Stewards/essen, nicht jedoch Dienststellenleiter, die nur gelegentlich und zu Übungs- oder Kontrollzwecken an Bord von Flugzeugen mitfliegen,[55] Verwaltungspersonal, deren Tätigkeit durch Bodenarbeit geprägt ist[56] oder Hubschrauberbesatzungen, die nur Einsätze im näheren örtlichen Umkreis fliegen.[57] Für die im Flugbetrieb beschäftigten Arbeitnehmer ist die Möglichkeit eröffnet, durch Tarifvertrag eine Vertretung zu errichten.[58] Eine ohne Tarifvertrag durchgeführte Wahl ist nichtig.[59] Weiter kann durch Tarifvertrag die Zusammenarbeit dieser Vertretung mit den kraft Gesetzes zu wählenden Vertretungen der Landbetriebe geregelt werden.[60] Rechtsstreitigkeiten der Vertretung des fliegenden Personals mit dem Luftfahrtunternehmen sind im Beschlussverfahren zu entscheiden. Die Vertretung ist beteiligungsfähig.[61]

22 **4. Religionsgemeinschaften (§ 118 II BetrVG).**[62] **a) Abgrenzung.** Keine Anwendung finden das BetrVG und das BPersVG auf Religionsgemeinschaften und ihre karitativen und er-

---

[49] BAG 26. 9. 1978 AP 1 zu § 114 BetrVG 1972 = NJW 79, 1791.
[50] BAG 17. 9. 1974 AP 1 zu § 116 BetrVG 1972 = DB 75, 216.
[51] Zum Betriebsbegriff bei Schiffen: BAG 28. 12. 1956 AP 1 zu § 22 KSchG = DB 57, 47.
[52] BAG 10. 8. 1994 AP 1 zu § 115 BetrVG 1972 = NZA 95, 284.
[53] BAG 14. 10. 1986 AP 5 zu § 117 BetrVG 1972 = NZA 87, 282.
[54] BAG 5. 11. 1985 AP 4 zu § 117 BetrVG 1972 = ArbuR 86, 157.
[55] BAG 13. 10. 1981 AP 1 zu § 117 BetrVG 1972 = DB 82, 754.
[56] BAG 14. 10. 1986 AP 5 zu § 117 BetrVG 1972 = NZA 87, 282.
[57] BAG 20. 2. 2001 AP 6 zu § 117 BetrVG 1972 = NZA 2001, 1089.
[58] BAG 26. 4. 2007 AP 4 zu § 125 InsO – zu einer „mehrgliedrigen" Vereinbarung.
[59] LAG Frankfurt 15. 12. 1972 DB 73, 1512.
[60] BAG 22. 11. 2005 AP 7 zu § 117 BetrVG 1972 = NZA 2006, 389.
[61] BAG 5. 11. 1985 AP 4 zu § 117 BetrVG 1972 = ArbuR 86, 157.
[62] *Beckers,* Errichtung von Betriebsräten in kirchlichen Einrichtungen?, ZTR 2000, 63; *Thüsing,* Mitbestimmung und Tarifrecht im kirchlichen Konzern, ZTR 2002, 56.

zieherischen Einrichtungen unbeschadet ihrer Rechtsform. § 118 II BetrVG respektiert die verfassungsrechtlich garantierte Autonomie der Kirchen (Art. 140 GG, Art. 137 III WRV). Das Selbstbestimmungsrecht bezieht sich nicht nur auf die organisierte Kirche und ihre rechtlich selbstständigen Teile; vielmehr sind alle der Kirche in bestimmter Weise zugeordneten Einrichtungen ohne Rücksicht auf ihre Rechtsform Objekte, bei deren Ordnung und Verwaltung die Kirche grundsätzlich frei ist, wenn die Einrichtungen nach kirchlichem Selbstverständnis ihrem Zweck oder ihrer Aufgabe entsprechend berufen sind, ein Stück Auftrag der Kirche in dieser Welt wahrzunehmen und zu erfüllen.[63] Zu den Kirchen zählen nicht die Weltanschauungsgemeinschaften. Als solche gelten Vereinigungen, deren Mitglieder oder Anhänger auf der Grundlage gemeinsamer religiöser oder weltanschaulicher Überzeugungen eine unter ihnen bestehende Übereinstimmung über Sinn und Bewältigung des menschlichen Lebens bezeugen.[64] § 118 II BetrVG erfasst ist nicht die Scientology-Sekte, deren religiöse und weltanschauliche Lehren nur als Vorwand für die Verfolgung wirtschaftlicher Zwecke dienen.[65] Durchgeführte Betriebsratswahlen in einer Einrichtung, die nach § 118 II BetrVG aus dessen Geltungsbereich herausgenommen ist, sind nichtig;[66] ein bestehender Betriebsrat verliert sein Amt, wenn der Betriebsübernehmer von § 118 II BetrVG erfasst wird.

b) Kirchliche Einrichtungen. Dies sind nicht nur der Kirche zugehörige selbstständige Einrichtungen, sondern alle ihr zugeordneten Objekte. Die Zuordnung i. S. d. § 118 II BetrVG setzt eine institutionelle Verbindung zwischen der Kirche und der Einrichtung voraus, auf Grund derer die Kirche über ein Mindestmaß an Einflussmöglichkeiten verfügt, um auf Dauer eine Übereinstimmung der religiösen Betätigung der Einrichtung mit kirchlichen Vorstellungen gewährleisten zu können.[67] Das erforderliche Mindestmaß an Einflussmöglichkeiten der Kirche auf die religiöse Tätigkeit in der Einrichtung wird nicht allein durch die Mitgliedschaft der Einrichtung oder ihres Rechtsträgers in einer Organisation der Kirche begründet. Dies ist nur der Fall, wenn diese seinerseits über entsprechende Einflussmöglichkeiten gegenüber der Einrichtung oder ihrem Rechtsträger verfügt.[68] Hingegen ist die Rechtsform der Einrichtung ohne Bedeutung.[69] Als kirchliche Einrichtungen hat die Rspr. bisher die Innere Mission,[70] als karitative Einrichtungen, u. a. das Diakonische Werk der ev. Kirche,[71] das Berufsbildungswerk für Lernbehinderte (Kolpingwerk),[72] den evangelischen Presseverband,[73] die kirchlich getragene Krankenpflege in Krankenhäusern[74] und ein selbstständig geführtes Jugenddorf des Diakonischen Werks anerkannt.[75] Da nur die karitativen und erzieherischen Einrichtungen unbeschadet ihrer Rechtsform vom BetrVG ausgenommen sind, findet es dagegen Anwendung auf die **Wirtschaftsbetriebe** einer Religionsgemeinschaft, also z. B. Brauereien, Landgüter oder Forschungsinstitute[76] usw. Voraussetzung ist aber, dass sie den Erfordernissen von § 1 I BetrVG genügen. Übernimmt ein kirchlicher Träger durch Rechtsgeschäft ein bisher von einem nicht kirchlichen Träger betriebenes Krankenhaus, wird das Krankenhaus allein durch den Trägerwechsel zu einer kirchlichen Einrichtung, wenn es der Kirche zuzuordnen ist.[77] Bei Mischbetrieben gelten die für Ten- 23

---

[63] BAG 9. 2. 1982 AP 24 zu § 118 BetrVG 1972 = NJW 82, 1894.

[64] LAG Hamm 17. 5. 2002 NZA-RR 2002, 625.

[65] BAG 23. 3. 1995 AP 21 zu § 5 ArbGG 1979 = NZA 95, 823; LAG Berlin 11. 6. 1997 DB 97, 2542.

[66] BAG 9. 2. 1982 AP 24 zu § 118 BetrVG 1972 = NJW 82, 1894; zum Ersatz von Betriebsratskosten BAG 29. 4. 1998 AP 58 zu § 118 BetrVG 1972 = NZA 98, 1133.

[67] BVerfG 11. 10. 1977 AP 1 zu Art. 140 GG = NJW 82, 1894; BAG 23. 10. 2002 AP 72 zu § 118 BetrVG 1972; 30. 4. 1997 AP 60 zu § 118 BetrVG 1972 = NZA 97, 1240; 24. 7. 1991 AP 48 zu § 118 BetrVG 1972 = NZA 91, 977; 14. 4. 1988 AP 36 zu § 118 BetrVG 1972 = NJW 88, 3283; 6. 12. 1977 AP 10 zu § 118 BetrVG 1972 = DB 78, 943; 21. 11. 1975 AP 6 zu § 118 BetrVG 1972 = NJW 76, 1165.

[68] BAG 6. 12. 2007 AP 82 zu § 118 BetrVG 1972 = NZA 2008, 653 – Diakonisches Werk; strenger ArbG Hamburg 10. 4. 2006 ArbuR 2006, 213 – erforderlich ist eine „tatsächliche Prägung" i. S. d. Religionsgemeinschaft; zustimmend insoweit *Kühling* ArbuR 2007, 138.

[69] BAG 23. 10. 2002 AP 72 zu § 118 BetrVG 1972 = ZTR 2003, 416 – Wohnungsbau-GmbH.

[70] BAG 6. 12. 1977 AP 10 zu § 118 BetrVG 1972 = DB 78, 943.

[71] BAG 30. 4. 1997 AP 60 zu § 118 BetrVG 1972 = NZA 97, 1240; LAG Düsseldorf 19. 9. 1978 EzA 19 zu § 118 BetrVG 1972; LAG Hamm 21. 1. 1977 EzA 13 zu § 118 BetrVG 1972.

[72] BAG 14. 4. 1988 AP 36 zu § 118 BetrVG 1972 = NJW 88, 3283.

[73] BAG 24. 7. 1991 AP 48 zu § 118 BetrVG 1972 = NZA 91, 977.

[74] BAG 31. 7. 2002 AP 70 zu § 118 BetrVG 1972 = NZA 2002, 1409.

[75] BAG 30. 4. 1997 AP 60 zu § 118 BetrVG 1972 = NZA 97, 1240.

[76] LAG Hamm 5. 12. 1979 DB 80, 696; ArbG Hamburg 10. 4. 2006 ArbuR 2007, 137 – Arbeitslosenprojekt; a. A. BAG 30. 7. 1987 AP 3 zu § 130 BetrVG 1972 = NZA 88, 402.

[77] BAG 6. 12. 2007 AP 82 zu § 118 BetrVG 1972 = NZA 2008, 653; 9. 2. 1982 AP 24 zu § 118 BetrVG 1972 = NJW 82, 1894.

denzbetriebe entwickelten Grundsätze entsprechend (RN 26). Zum Zugangsrecht der Gewerkschaften § 215 RN 3 ff.

24 **c) Dritter Weg.** In den Kirchen wird der sog. dritte Weg vertreten. Die Kirchen haben eigene Vertretungsregelungen geschaffen (§ 185 RN 6).

25 **5. Tendenzunternehmen und Betriebe (§ 118 I BetrVG). a) Grundsatz.** Die Anwendung des BetrVG ist eingeschränkt und teilweise aufgehoben in Tendenzunternehmen und Tendenzbetrieben. Durch die Ausnahmeregelung des § 118 I BetrVG sollen nach dem Willen des Gesetzgebers die verfassungsrechtlich garantierten Grundrechte (Art. 2 I, 4 I, 5 I 1, 5 I 2, 5 III GG) des Arbeitgebers gewährleistet und die Rechte der Arbeitnehmer, soweit es zur Grundrechtsgarantie erforderlich ist, zurückgedrängt werden. Das Gesetz will ein ausgewogenes System zwischen dem Sozialstaatsprinzip einerseits und den Freiheitsrechten der Tendenzträger andererseits schaffen (BT-Drucks. 6/2729 S. 17). Dagegen soll nach Ansicht des BAG der Betriebsrat im allgemeinen Interesse die durch die Verfassung gewährleisteten Grundrechte (Presse- und Meinungsfreiheit, Freiheit von Kunst und Wissenschaft) nicht beeinflussen.[78] Ähnlich spricht das BVerfG von einer „Abschirmung" der Grundrechte gegenüber der betrieblichen Mitbestimmung und versteht § 118 I 1 BetrVG als grundrechtsausgestaltende Regelung.[79] Ein Tendenzunternehmen verliert nicht dadurch seinen Tendenzschutz, dass es sich zur Durchführung seiner Aufgaben eines Dritten bedient.[80] Die Aufzählung der geschützten Tendenzen ist abschließend, jedoch einer erweiternden Auslegung zugänglich.[81]

26 **b) Begriff. aa) Eigene Tendenzverwirklichung.** Die Regelung für Tendenzunternehmen und -betriebe umschreibt einen verfassungsrechtlich zulässigen[82] Ausnahmetatbestand. Um den Ausnahmecharakter zu betonen und den Tendenzschutz auf Unternehmen und Betriebe zu beschränken, deren unternehmerisches Gepräge von einer geistig-ideellen Aufgabe bestimmt wird,[83] gilt ein Tendenzbetrieb nur als solcher, wenn die Unternehmen oder Betriebe „unmittelbar und überwiegend", also zu mehr als 50 v. H., den im Gesetz genannten Aufgaben dienen.[84] Nicht notwendig ist, dass die Voraussetzungen der Nr. 1 und 2 kumulativ gegeben sind.[85] Aus dem Tatbestandsmerkmal der Unmittelbarkeit folgt, dass der Tendenzzweck in dem Unternehmen oder Betrieb selbst verwirklicht werden muss, die bloße Unterstützung einer durch § 118 I BetrVG geschützten Einheit ist nicht ausreichend; erforderlich ist vielmehr die Ausrichtung auf den intellektuellen Anteil am Produkt. Keinen Tendenzschutz genießen daher reine Druckereien[86] und Einheiten, die eine durch § 118 I BetrVG geschützte Einrichtung administrativ unterstützt, ohne jedoch selbst unmittelbaren Einfluss auf die Tendenzverwirklichung zu nehmen.[87]

26a **bb) Mischunternehmen bzw. Mischbetriebe.** Tendenzschutz besteht nach § 118 I 1 BetrVG nur bei Überwiegen der unmittelbar tendenzbezogenen Tätigkeiten.[88] Es kommt darauf an, in welcher Größenordnung das Unternehmen seine personellen und sonstigen Mittel zur Verwirklichung seiner tendenzgeschützten und seiner nicht tendenzgeschützten Ziele regelmäßig einsetzt. Bei personalintensiven Betätigungen ist in erster Linie auf den Personaleinsatz abzustellen, d. h. auf die Arbeitsmenge, die regelmäßig zur Erreichung der verschiedenen Unternehmensziele aufgewendet wird. Zur Ermittlung des auf die tendenzgeschützten Bestimmungen des Unternehmens entfallenden Personaleinsatzes ist dabei nicht nur auf die Tendenzträger abzustellen, sondern auch auf die übrigen Mitarbeiter, soweit sie mit ihrer Arbeit der Verwirklichung der tendenzgeschützten Bestimmungen des Unternehmens dienen, z. B., indem sie die technischen Voraussetzungen für die Tendenzverwirklichung schaffen.[89] Bei nicht personalintensiven Einheiten kann auf der Umsatz als Beurteilungskriterium herangezogen werden.

---

[78] BAG 9. 12. 1975 AP 7 zu § 118 BetrVG = DB 76, 584; 29. 5. 1970 AP 13 zu § 81 BetrVG = NJW 70, 1763.

[79] BVerfG 15. 12. 1999 AP 67 zu § 118 BetrVG 1972 = NZA 2000, 264.

[80] LAG Düsseldorf 11. 9. 1987 ArbuR 88, 93.

[81] BAG 23. 3. 1999 AP 66 zu § 118 BetrVG 1972 = NZA 99, 1347.

[82] BVerfG 6. 11. 1979 AP 14 zu § 118 BetrVG 1972 = NJW 80, 1093; BAG 14. 11. 1975 AP 5 zu § 118 BetrVG 1972 = DB 76, 297.

[83] BAG 29. 5. 1970 AP 13 zu § 81 BetrVG = NJW 70, 1763; 27. 8. 1968 AP 10 zu § 81 BetrVG.

[84] BAG 21. 6. 1989 AP 43 zu § 118 BetrVG 1972 = NZA 90, 402.

[85] BAG 15. 2. 1989 AP 39 zu § 118 BetrVG 1972 = NJW 90, 2021; 14. 11. 1975 AP 5 zu § 118 BetrVG 1972.

[86] BAG 30. 6. 1981 AP 20 zu § 118 BetrVG 1972 = NJW 82, 125.

[87] BVerfG 29. 4. 2003 AP 75 zu § 118 BetrVG 1972 = NZA 2003, 864 – Konzernunternehmen.

[88] BAG 9. 12. 1975 AP 7 zu § 118 BetrVG 1972 = DB 76, 584.

[89] BAG 15. 3. 2006 – 7 ABR 24/05 – n. a. v.; 21. 6. 1989 AP 43 zu § 118 BetrVG = NZA 90, 402.

c) Erfasste Tätigkeiten. Tendenzunternehmen sind solche, die politischen,[90] koalitionspolitischen,[91] konfessionellen, karitativen,[92] erzieherischen, wissenschaftlichen[93] oder künstlerischen[94] Bestrebungen dienen. 27

aa) Politische und koalitionspolitische Betätigung. Der Begriff politisch ist wie im BetrVG 1952 nicht nur i. S. von parteipolitisch, sondern auch i. S. von wirtschafts- und sozialpolitisch zu verstehen. Eine von einer politischen Partei getragene politische Stiftung kann ein Tendenzunternehmen sein.[95] Von der BReg. getragene Unternehmen zur Förderung der Zusammenarbeit mit dem Ausland können daher je nach Ausgestaltung Tendenzunternehmen sein.[96] Mit dem Begriff koalitionspolitisch ist zum Ausdruck gebracht, dass nicht nur Vereinigungen der Arbeitnehmer, sondern auch der Arbeitgeber Tendenzcharakter haben. Zu den koalitionspolitischen Zwecken zählt die Rechtsberatung und gerichtliche Vertretung durch die DGB-Rechtsschutz GmbH;[97] Rechtsschutzsekretäre sind Tendenzträger.[98] 27a

bb) Karitative und erzieherische Betätigung. Eine **karitative** Bestimmung der Tätigkeit ist dann gegeben, wenn es sich die Einrichtung den sozialen Dienst am körperlich oder seelisch leidenden Menschen zum Ziel gesetzt hat und seine Tätigkeit auf die Heilung oder Milderung oder die vorbeugende Abwehr der inneren oder äußeren Nöte solcher Hilfsbedürftiger gerichtet ist, sofern diese Betätigung ohne die Absicht der Gewinnerzielung erfolgt und das Unternehmen selbst nicht von Gesetzes wegen unmittelbar zu derartiger Hilfeleistung verpflichtet ist. Auf den Grad der Hilfsbedürftigkeit kommt es nicht an. Entscheidend ist allein, ob die Menschen, denen die Hilfe dienen soll, überhaupt in dem beschriebenen Sinne hilfsbedürftig sind. Die Hilfeleistung selbst braucht nicht unentgeltlich zu erfolgen, kostendeckende Einnahmen können erzielt werden.[99] Die karitative Bestimmung ist bejaht worden bei privaten Krankenhäusern,[100] Werkstätten für Behinderte,[101] Berufsförderwerken,[102] Dialysezentren[103] und Einrichtungen zur Integration von Sozialhilfeempfängern.[104] Verneint ist sie hingegen bei einem Spitzenverband der freien Wohlfahrtspflege[105] oder einem Landessportbund.[106] Zu den Tendenzbetrieben mit **erzieherischem** Zweck zählen private Ersatzschulen,[107] nicht jedoch Sprachenschulen, die ausschließlich nach einer bestimmten Methode unterrichten.[108] Erforderlich ist eine planmäßige und methodische Unterweisung in einer Mehrzahl allgemeinbildender oder berufsbildender Fächer durch die die Persönlichkeit auch eines erwachsenen Menschen geformt wird.[109] Bejaht ist die Tendenzeigenschaft auch bei Kindertageseinrichtungen.[110] 27b

---

[90] BAG 28. 8. 2003 AP 49 zu § 103 BetrVG 1972 = NZA 2004, 501 – Stiftung.

[91] BAG 6. 12. 1979 AP 2 zu § 1 KSchG 1969 Verhaltensbedingte Kündigung = DB 80, 547.

[92] BAG 24. 5. 1995 AP 57 zu § 118 BetrVG 1972 = NZA 96, 444; 31. 1. 1995 AP 56 zu § 118 BetrVG 1972 = NZA 95, 1059.

[93] BAG 21. 6. 1989 AP 43 zu § 118 BetrVG 1972 = NZA 90, 402 – Zoo; 13. 2. 1990 AP 45 zu § 118 BetrVG 1972 = NZA 90, 575 – Forschungszulage.

[94] BAG 8. 3. 1983 AP 26 zu § 118 BetrVG 1972 = NJW 84, 1144; 28. 10. 1986 AP 32 zu § 118 BetrVG 1972 = NJW 87, 2540 – Theater; 15. 2. 1989 AP 39 zu § 118 BetrVG 1972 = NJW 90, 2021 = NZA 90, 240 – belletristischer Buchverlag; zur künstlerischen Tätigkeit § 186 RN 80.

[95] BAG 28. 8. 2003 AP 49 zu § 103 BetrVG 1972 = NZA 2004, 501.

[96] BAG 21. 7. 1998 AP 63 zu § 118 BetrVG 1972 = NZA 99, 277.

[97] LAG Baden-Württemberg 10. 10. 2005 ArbuR 2006, 133.

[98] LAG Hessen 3. 9. 1996 NZA 97, 671.

[99] BAG 24. 5. 1995 AP 57 zu § 118 BetrVG 1972 = NZA 96, 444; 8. 11. 1988 AP 38 zu § 118 BetrVG 1972 = NZA 89, 429; 29. 6. 1988 AP 37 zu § 118 BetrVG 1972 = NZA 89, 431.

[100] BAG 22. 11. 1995 AP 58 zu § 118 BetrVG 1972 = NZA 96, 1056 – Aufnahme in staatlichen Krankenhausplan; 24. 5. 1995 AP 57 zu § 118 BetrVG 1972 = NZA 96, 444; LAG Hamm 17. 5. 2002 NZA-RR 2002, 625.

[101] BAG 7. 4. 1981 AP 16 zu § 118 BetrVG 1972 = NJW 82, 254.

[102] BAG 31. 1. 1995 AP 56 zu § 118 BetrVG 1972 = NZA 95, 1059; 8. 11. 1988 AP 38 zu § 118 BetrVG 1972 = NZA 89, 429; 29. 6. 1988 AP 37 zu § 118 BetrVG 1972 = NZA 89, 431.

[103] BAG 18. 4. 1989 AP 34 zu § 87 BetrVG 1972 Arbeitszeit = NJW 89, 2771.

[104] LAG Schleswig-Holstein 4. 1. 2000 BB 2000, 773.

[105] BAG 23. 9. 1980 AP 4 zu § 47 BetrVG 1972 = BB 81, 1095 – wg. der Wahrnehmung verbandlicher Aufgaben.

[106] BAG 23. 3. 1999 AP 66 zu § 118 BetrVG 1972 = NZA 99, 1347.

[107] BAG 30. 1. 1987 AP 33 zu § 118 BetrVG 1972 = BB 87, 967; 22. 5. 1979 AP 12 zu § 118 BetrVG 1972 = BB 79, 1662 – staatliche Anerkennung.

[108] BAG 7. 4. 1981 AP 17 zu § 118 BetrVG 1972 = DB 81, 999.

[109] BAG 23. 6. 1992 AP 51 zu § 87 BetrVG 1972 Arbeitszeit = NZA 94, 329; 3. 7. 1990 AP 81 zu § 99 BetrVG 1972 = NZA 90, 903; 13. 1. 1987 AP 33 zu § 118 BetrVG 1972 = BB 87, 967.

[110] LAG Sachsen 13. 7. 2007 LAGE § 118 BetrVG 2001 Nr. 1; LAG Nürnberg 19. 1. 2007 AiB 2007, 550.

28 **cc) Presseunternehmen.** Unternehmen dienen der Berichterstattung oder Meinungsäußerung, wenn sie unter den Geltungsbereich des Art. 5 I 2 GG fallen. Hierzu zählen alle Unternehmen und Betriebe, deren Gegenstand die Berichterstattung (Weitergabe von Tatsachen) ist und die der Meinungsäußerung (Abgabe von wertenden Stellungnahmen) dienen. Dies sind Zeitungs-, Zeitschriften-[111] und Buchverlage,[112] Rundfunk- und Fernsehsender, auch wenn sie nur zu 10% Wortbeiträge und 90% Musik bzw. moderierte Musikbeiträge senden[113] sowie Presse- und Nachrichtenagenturen, Anzeigenblätter,[114] nicht jedoch Adressbuch- oder Telefonbuchverlage.[115] Zu den Tendenzträgern gehören regelmäßig die Redakteure, soweit sie eigene Beiträge verfassen.[116] Kein Tendenzbetrieb ist die GEMA.[117]

28a Die durch ein **Redaktionsstatut** geschaffenen Betriebsvertretungen in Tendenzbetrieben sind keine echten Betriebsverfassungsorgane. Es werden lediglich dem durch ein Redaktionsstatut geschaffenen Gremium Beteiligungsrechte verliehen, für die aus Gründen des Tendenzschutzes der Betriebsrat nicht zuständig ist. Die Vereinbarungen über ein Redaktionsstatut, durch das eine Betriebsvertretung eingerichtet und ihr Mitbestimmungsrechte eingeräumt werden, sind daher keine Betriebsvereinbarungen. Sie sind entweder Bestandteil der Arbeitsverträge der Redakteure oder, soweit dies gesellschaftsrechtlich zulässig ist, Satzungen des Unternehmens. Die Beseitigung eines arbeitsvertraglich vereinbarten Redaktionsstatus kann nur durch eine Änderungskündigung erfolgen. Auch die Pressefreiheit steht einer vertraglichen Bindung des Verlegers nicht entgegen.[118] Kündigt ein Verleger das Redaktionsstatut, sind für Rechtsstreitigkeiten die Gerichte für Arbeitssachen zuständig.[119]

29 **6. Beteiligungsrechte des Betriebsrats in Tendenzunternehmen.**[120] **a) Wirtschaftliche Angelegenheiten. aa)** Bei der Einschränkung der Beteiligung des Betriebsrats sind drei Stufen zu unterscheiden. §§ 106 bis 110 BetrVG finden überhaupt keine Anwendung, d. h. im Wesentlichen, dass in Tendenzunternehmen und Betrieben kein Wirtschaftsausschuss zu errichten ist.[121] Der Arbeitgeber kann jedoch auf den Tendenzschutz des BetrVG verzichten, wenn sich dieser aus karitativen oder erzieherischen Zwecken ergibt.[122] Sind in sog. Tendenzkonzernen Unternehmen mit und ohne Tendenzschutz zusammengefasst, sind in den nicht tendenzgeschützten Unternehmen, also z. B. in reinen Druckunternehmen, Wirtschaftsausschüsse zu bilden.[123]

30 **bb) Betriebsänderung.**[124] Die Beteiligungsrechte bei Betriebsänderungen (§§ 111–113 BetrVG) sind nur beschränkt anwendbar. Soweit es sich um die unternehmerische Entscheidung über die Betriebsordnung handelt, ist der Betriebsrat von Beteiligungsrechten ausgeschlossen; insoweit hat der Freiheitsspielraum des Unternehmers den Vorrang. Dagegen stehen dem Betriebsrat Beteiligungsrechte zu, soweit es sich um die Regelung des Ausgleichs oder um die Milderung wirtschaftlicher Nachteile für die Arbeitnehmer infolge der Betriebsänderung handelt (§ 112 IV BetrVG). Dementsprechend hat der Betriebsrat kein Beteiligungsrecht bei der Entscheidung über den Grund der Maßnahme, wohl dagegen bei ihren Folgen. Auch der Arbeitgeber eines Ten-

---

[111] BVerfG 8. 10. 1996 AP 3 zu Art. 5 Abs. 1 GG Pressefreiheit = NJW 97, 386 – Werkszeitung; BAG 14. 1. 1992 AP 49 zu § 118 BetrVG = NZA 92, 512; 30. 1. 1990 AP 44 zu § 118 BetrVG 1972 = NZA 90, 693.

[112] BAG 15. 2. 1989 AP 39 zu § 118 BetrVG 1972 = NJW 90, 2021; 14. 11. 1975 AP 5 zu § 118 BetrVG 1972 = DB 76, 297.

[113] BAG 27. 7. 1993 AP 51 zu § 118 BetrVG 1972 = NZA 94, 329; 11. 2. 1992 AP 50 zu § 118 BetrVG 1972 = NZA 92, 705.

[114] BVerfG 4. 4. 1967 AP 6 zu § 37 AVAVG = NJW 67, 976.

[115] Offengelassen von BAG 14. 11. 1975 AP 5 zu § 118 BetrVG 1972 = DB 76, 297.

[116] BAG 9. 12. 1975 AP 7 zu § 118 BetrVG 1972; Rechtsbeschwerde anhängig: 1 ABR 78/08.

[117] BAG 8. 3. 1983 AP 26 zu § 118 BetrVG 1972 = NJW 84, 1144.

[118] BAG 19. 6. 2001 AP 3 zu § 3 BetrVG 1972 = NZA 2002, 397.

[119] BAG 21. 5. 1999 AP 1 zu § 611 BGB Zeitungsverlage = NZA 99, 837.

[120] *Kleinebrink,* Beteiligungsrechte bei Betriebsänderungen in Tendenzunternehmen und Tendenzbetrieben, ArbRB 2008, 375; *Kreuder,* Tendenzschutz und Mitbestimmung, ArbuR 2000, 122; *Lunk,* Der Tendenzgemeinschaftsbetrieb, NZA 2005, 841; *Plander,* Merkwürdigkeiten des betriebsverfassungsrechtlichen Tendenzschutzes, ArbuR 2002, 12; *Schlachter,* Verletzung von Konsultationsrechten des Betriebsrats in Tendenzunternehmen, FS Wißmann (2005), S. 412; *Weberling,* Unterlassungsansprüche des Betriebsrats bei Verstößen gegen § 90 BetrVG insbesondere in Tendenzunternehmen, AfP 2005, 139.

[121] BAG 30. 6. 1981 AP 20 zu § 118 BetrVG 1972 = NJW 82, 125; a. A. ArbG Berlin 25. 11. 1977 AP 9 zu § 118 BetrVG 1972 = BB 78, 556.

[122] BAG 5. 10. 2000 AP 69 zu § 118 BetrVG 1972 = NZA 2001, 1325.

[123] BAG 30. 6. 1981 AP 20 zu § 118 BetrVG 1972 = NJW 82, 125.

[124] *Bauer,* Betriebsänderungen in Tendenzunternehmen, FS Wißmann (2005), 215; *Gillen/Hörle,* Betriebsänderungen in Tendenzbetrieben, NZA 2003, 1225.

denzbetriebs ist verpflichtet, mit dem Betriebsrat die Betriebsänderung und deren sozialen Folgen rechtzeitig und umfassend zu beraten, insoweit ist § 113 III BetrVG anwendbar.[125] Gleiches gilt für die ersten beiden Absätze der Vorschrift. Schließt der Unternehmer (freiwillig) einen Interessenausgleich ab, verzichtet er insoweit auf den Schutz des § 118 I 2 BetrVG. Im Rahmen der Prüfung des „zwingenden Grundes" ist allerdings der Tendenzschutz wieder zu beachten.

b) Relativklausel. aa) Bedeutung. Im Übrigen findet das BetrVG auch auf Tendenzunternehmen grundsätzlich Anwendung, es sei denn, dass die Eigenart des Unternehmens oder des Betriebs dem entgegensteht (§ 118 I BetrVG). Welche Vorschriften von der Relativklausel ausgeschlossen werden, ist umstritten. Das BAG geht davon aus, dass die Anwendung des Betriebsverfassungsrechts nur dann zurücktreten muss, wenn durch die Ausübung des Beteiligungsrechts die geistig-ideelle Zwecksetzung des Tendenzträgers ernstlich beeinträchtigt werden kann.[126] Im Allgemeinen werden die organisatorischen Vorschriften über die Zusammensetzung, Wahl, Geschäftsführung des Betriebsrats usw. anzuwenden sein. Auch werden regelmäßig die allgemeinen Vorschriften über die Mitbestimmung des Betriebsrats gelten (§§ 74–80 BetrVG). Dem Betriebsrat steht ein Einsichtsrecht in die Bruttolohnlisten auch dann zu, wenn die betroffenen Arbeitnehmer eine tendenzbezogene Tätigkeit ausüben.[127] 31

bb) Soziale Angelegenheiten. Anzuwenden sind schließlich die Vorschriften über die Mitwirkung des Betriebsrats in sozialen Angelegenheiten, also grundsätzlich in Fragen der Arbeitszeit[128] oder der Lohngestaltung, wenn die Ausgestaltung des Entgeltsystems keinen besonderen Tendenzbezug hat.[129] Als nicht mitbestimmungspflichtig hat das BAG die Einführung von Regeln angesehen, die für Redakteure einer Wirtschaftszeitung den Besitz von Wertpapieren oder die Ausübung von Nebentätigkeiten mit dem Ziel einschränken, die Unabhängigkeit der Berichterstattung zu gewährleisten; hingegen hat es bei der Einführung eines Formulars über die Anzeige von Wertpapierbesitz ein Mitbestimmungsrecht bejaht.[130] 32

cc) Personelle Angelegenheiten. Hinsichtlich der Beteiligung in personellen Angelegenheiten gilt Folgendes: Die Beteiligung des Betriebsrats besteht uneingeschränkt, soweit von ihr nur Nicht-Tendenzträger betroffen sind. Bei Tendenzträgern ist zu differenzieren, nicht eingeschränkt werden die schwächeren Beteiligungsrechte, z. B. die Unterrichtungs-, Anhörungs- und Beratungsrechte. Dies gilt für die Personalplanung (§ 92 BetrVG),[131] das Verlangen nach innerbetrieblicher Stellenausschreibung (§ 93 BetrVG),[132] und die Berufsbildung im Bereich der §§ 96, 97 BetrVG.[133] Jedoch entfällt das Zustimmungserfordernis für den Inhalt von Personalfragebögen (§ 94 I BetrVG),[134] die Aufstellung von Beurteilungsgrundsätzen (§ 94 II BetrVG) und Auswahlrichtlinien (§ 95 BetrVG). Gleiches gilt für die Durchführung betrieblicher Bildungsmaßnahmen für Tendenzträger (§ 98 BetrVG);[135] der Betriebsrat kann jedoch die Abberufung einer für die Ausbildung ungeeigneten Person beim Arbeitsgericht verlangen, sofern diese aus nicht tendenzbedingten Gründen erfolgen soll (z. B. Jugendschutz). 33

Zur Anwendung von §§ 99, 100 BetrVG hat das BAG entschieden, dass bei der **Einstellung** und **Versetzung** von Tendenzträgern der Betriebsrat zwar umfassend über die personelle Maßnahme zu informieren, seine Zustimmung jedoch unabhängig von den geltend gemachten Zustimmungsverweigerungsgründen nicht erforderlich ist.[136] Dagegen ist das Mitbestimmungsrecht 34

---

[125] BAG 18. 11. 2003 AP 76 zu § 118 BetrVG 1972 = NZA 2004, 741; 27. 10. 1998 AP 65 zu § 118 BetrVG 1972 = NZA 99, 328.

[126] BVerfG 15. 12. 1999 AP 67 zu § 118 BetrVG 1972 = NZA 2000, 264; BAG 30. 1. 1990 AP 44 zu § 118 BetrVG 1972 = NZA 90, 693.

[127] BAG 13. 2. 2007 AP 81 zu § 118 BetrVG 1972 = NZA 2007, 1121; 22. 5. 1979 AP 12 zu § 118 BetrVG 1972 = DB 79, 2183.

[128] BVerfG 15. 12. 1999 AP 67 zu § 118 BetrVG 1972 = NZA 2000, 264; BAG 11. 2. 1992 AP 50 zu § 118 BetrVG 1972 = NZA 92, 705; 14. 1. 1992 AP 49 zu § 118 BetrVG 1972 = NZA 92, 512; LAG Hamm 17. 5. 2002 NZA-RR 2002, 625.

[129] BAG 31. 1. 1984 AP 15 zu § 87 BetrVG 1972 Lohngestaltung = NZA 84, 167; 13. 2. 1990 AP 45 zu § 118 BetrVG 1972 = NZA 90, 575 – Forschungszulage.

[130] BAG 28. 5. 2002 AP 39 zu § 87 BetrVG 1972 Ordnung des Betriebes = NZA 2003, 166; dazu *Borgmann* NZA 2003, 352.

[131] BAG 6. 11. 1990 AP 3 zu § 92 BetrVG 1972 = NZA 91, 358.

[132] BAG 30. 1. 1979 AP 11 zu § 118 BetrVG 1972 = DB 79, 1608.

[133] BAG 4. 12. 1990 AP 1 zu § 97 BetrVG 1972 = NZA 91, 388.

[134] BAG 21. 9. 1993 AP 4 zu § 94 BetrVG 1972 = NZA 94, 375.

[135] BAG 4. 12. 1990 AP 1 zu § 97 BetrVG 1972 = NZA 91, 388.

[136] BAG 27. 7. 1993 AP 51 zu § 118 BetrVG 1972 = NZA 94, 329; 8. 5. 1990 AP 46 zu § 118 BetrVG 1972 = NZA 90, 901; 1. 9. 1987 AP 11 zu § 101 BetrVG 1972 = NZA 88, 97; 28. 10. 1986 AP 32 zu

des Betriebsrats bei Eingruppierungen nicht ausgeschlossen; die Eingruppierung in eine tarifliche Vergütungsgruppe durch den Arbeitgeber ist Rechtsanwendung, insoweit erschöpft sich die Beteiligung des Betriebsrats in einem Mitbeurteilungsrecht.[137] Das Mitwirkungsrecht des Betriebsrats beim Kündigungsausspruch (§ 102 BetrVG) besteht unverändert, wenn der Kündigungsgrund nicht aus der vom Betrieb oder Unternehmen verfolgten Tendenz herrührt. Erfolgt die **Kündigung** aus tendenzbedingten Gründen, unterliegt der Arbeitgeber bei der Mitteilung der Kündigungsgründe keinen Einschränkungen, auch tendenzbezogene Kündigungsgründe sind dem Betriebsrat vollständig darzulegen.[138] Bei seinen Einwendungen ist der Betriebsrat nach Ansicht des BAG auf soziale Gesichtspunkte beschränkt, daneben besteht kein **Weiterbeschäftigungsanspruch** nach § 102 V BetrVG.[139] Dem ist nicht zuzustimmen. Auch bei einer Kündigung aus tendenzbedingten Gründen steht dem Betriebsrat grundsätzlich das volle Beteiligungsrecht nach § 102 BetrVG zu, wozu auch die Erhebung eines Widerspruchs zählt (Abs. 3). Der Weiterbeschäftigungsanspruch (Abs. 5) entfällt nur, wenn die Weiterbeschäftigung die Tendenzverwirklichung beeinträchtigt, was der Arbeitgeber konkret dazulegen hat. Zur Kündigung eines als Tendenzträger beschäftigten Betriebsratsmitglieds aus tendenzbezogenen Gründen ist der Betriebsrat nur anzuhören; er muss der Kündigung aber nicht zustimmen (§ 103 I BetrVG).[140]

IV. Streitigkeiten

35 Streitigkeiten darüber, ob eine betriebsratsfähige Organisationseinheit (Betrieb, Gemeinschaftsbetrieb, selbstständiger Betriebsteil oder Einheit nach § 3 I Nr. 1–3 BetrVG) vorliegt, entscheidet das Arbeitsgericht auf Antrag des Arbeitgebers, eines beteiligten Betriebsrats oder Wahlvorstands oder einer im Betrieb vertretenen Gewerkschaft im Beschlussverfahren[141] (§ 18 II BetrVG). Nach der Neufassung der Vorschrift durch das BetrVG-ReformG kann die Entscheidung unabhängig von einer bevorstehenden Wahl ergehen. Die gerichtliche Feststellung führt nicht zum Amtsverlust eines bestehenden Betriebsrats, selbst wenn dieser auf Grund einer fehlerhaften Zuordnung gebildet worden ist. Etwas anderes gilt nur, wenn seine Wahl zugleich angefochten worden ist. Im Verfahren nach § 18 II BetrVG kann der Verfahrensgegenstand auch auf die grundsätzliche Betriebsratsfähigkeit einer Einheit (z. B. erforderliche Arbeitnehmerzahl, Herausnahme nach § 118 II BetrVG) beschränkt werden, wenn hierüber Streit besteht; die bisherige restriktive Rechtsprechung des BAG dürfte insoweit überholt sein.[142] Im Beschlussverfahren kann auch geklärt werden, ob ein Betrieb Tendenzcharakter hat.[143]

§ 215. Allgemeine Grundsätze der Betriebsverfassung

Übersicht

	RN
I. Stellung der Gewerkschaften in der Betriebsverfassung	1 ff.
1. Duales System	1
2. Die im Betrieb vertretene Gewerkschaft	2
3. Zugangsrecht zum Betrieb (§ 2 BetrVG)	3–8
4. Rechte der Gewerkschaft	9
5. Gewerkschaftsangehörige Betriebsratsmitglieder	10
II. Das Verhältnis Arbeitgeber und Betriebsrat	11 ff.
1. Vertrauensvolle Zusammenarbeit (§ 2 I BetrVG)	11–14
2. Gesetzliche Konkretisierungen	15
3. Einzelfälle	16–21

§ 118 BetrVG 1972 = NZA 87, 531; a. A. LAG Düsseldorf 14. 11. 1990 LAGE BetrVG 1972 § 118 Nr. 15; 19. 5. 1981 AP 18 zu § 118 BetrVG 1972.

[137] BAG 3. 12. 1985 AP 31 zu § 99 BetrVG 1972 = DB 86, 1932; 31. 5. 1983 AP 27 zu § 118 BetrVG 1972 = NJW 84, 1143.

[138] BVerfG 6. 11. 1979 AP 14 zu § 118 BetrVG 1972 = NJW 80, 1084 – kein Verstoß gegen Pressefreiheit; BAG 3. 11. 1982 AP 12 zu § 15 KSchG 1969 = NJW 83, 1221; 7. 11. 1975 AP 4 zu § 118 BetrVG 1972 = NJW 76, 727.

[139] BAG 7. 11. 1975 AP 4 zu § 118 BetrVG 1972 = NJW 76, 727.

[140] BAG 28. 8. 2003 AP 49 zu § 103 BetrVG 1972 = NZA 2004, 501.

[141] BAG 25. 9. 1986 AP 7 zu § 1 BetrVG 1972 = NZA 87, 708; 5. 6. 1964 AP 7 zu § 3 BetrVG.

[142] BAG 3. 2. 1976 AP 8 zu § 118 BetrVG 1972 = DB 76, 823 (kein Rechtsschutzbedürfnis).

[143] BAG 21. 7. 1998 AP 63 zu § 118 BetrVG 1972 = NZA 99, 277; 3. 12. 1976 AP 8 zu § 118 BetrVG 1972 = DB 76, 823.

I. Stellung der Gewerkschaften in der Betriebsverfassung

Hopfner/Schrock, Die Gewerkschaften im elektronischen Netzwerk des Arbeitgebers, DB 2004, 1558; *Klebe,* Gewerkschaftsrechte auch per E-Mail und Intranet?, ArbuR 2000, 401; *Klaus,* Rechtliches Spannungsverhältnis zwischen Gewerkschaft und Betriebsrat (2008); *Klein,* Die Stellung der Minderheitsgewerkschaften in der Betriebsverfassung (2007); *Lelley,* Die Grenzen digitaler Gewerkschaftsrechte im Betrieb, BB 2002, 252.

1. Duales System. Das BetrVG 1972 hat wie das BetrVG 1952 die Trennung zwischen den Aufgaben und den Funktionen der Gewerkschaften und der Betriebsverfassungsorgane beibehalten. Die Gewerkschaften sind auf Grund der Regelung in Art. 9 III GG berechtigt, die Interessen ihrer Mitglieder gegenüber dem Tarifpartner, also den Arbeitgeberverbänden, zu vertreten, indem sie insbesondere den Abschluss von Tarifverträgen, notfalls durch Arbeitskämpfe, erzwingen (§ 2 III BetrVG). Demgegenüber haben die Betriebsverfassungsorgane auf der Grundlage des BetrVG ihre Aufgaben wahrzunehmen und bei der Gestaltung der innerbetrieblichen, die Arbeitnehmer betreffenden Angelegenheiten mitzuwirken. 1

2. Die im Betrieb vertretene Gewerkschaft. Wenngleich das BetrVG 1972 von dem Grundsatz der Aufgabentrennung und ihrer gegenseitigen Unabhängigkeit ausgeht, gebietet es dennoch eine vertrauensvolle Zusammenarbeit zwischen den Betriebsverfassungsorganen, den im Betrieb vertretenen Gewerkschaften, dem Arbeitgeber und seinen Vereinigungen (§ 2 I BetrVG). Eine Gewerkschaft ist bereits dann im Betrieb vertreten, wenn ihr ein Arbeitnehmer des Betriebs angehört, der nicht zu den leitenden Angestellten zählt. Sie kann den erforderlichen Nachweis auch durch mittelbare Beweismittel (z. B. notarielle Erklärung) erbringen.[1] Zur Teilnahme eines Beauftragten an Betriebsratssitzungen (§ 220 RN 20) und Betriebsversammlungen (§ 223 RN 19). 2

3. Zugangsrecht zum Betrieb (§ 2 BetrVG). a) Unterstützung der Arbeitnehmervertretungen. aa) Um das Zusammenwirken sicherzustellen, sieht § 2 II BetrVG ein Zutrittsrecht der Beauftragten im Betrieb vertretener Gewerkschaften zur Wahrnehmung der ihnen nach dem BetrVG zustehenden Rechte und Befugnisse vor. Die Vorschrift ist verfassungsgemäß,[2] der Zugang kann durch einstweilige Verfügung durchgesetzt werden.[3] Das Zutrittsrecht besteht aber nur, wenn der Gewerkschaftsbeauftragte die den Gewerkschaften nach dem Gesetz übertragenen oder damit im Zusammenhang stehenden Aufgaben wahrnehmen will (vgl. z. B. §§ 2 I, 4 II, 14 III, V, 16 I, II, 17 III, IV, 17 a, 18, 19 II, 23 I, III, 31, 35, 37 VII, 43 IV, 46, 53, 75, 108 II, 119 II BetrVG).[4] Hiervon wird regelmäßig auszugehen sein, wenn der Betriebsratsvorsitzende, der Betriebsrat, Betriebsausschuss oder dessen Vorsitzende, nicht dagegen der Wahlvorstand,[5] um die Entsendung eines Gewerkschaftsvertreters ersucht hat.[6] In Tarifverträgen mit betriebsverfassungsrechtlichen Rechtsnormen kann das Zugangsrecht weiter geregelt werden (§ 3 II TVG). 3

bb) Verfahren. Das sich aus § 2 II BetrVG ergebende Zugangsrecht wird durch einen Beauftragten der Gewerkschaft ausgeübt. Dabei bestimmt die Gewerkschaft selbst, welche Person das Zutrittsrecht wahrnehmen soll. Dies können sowohl Gewerkschaftsangestellte, aber auch ein anderer in einem anderen Betrieb oder Unternehmen beschäftigter Arbeitnehmer sein.[7] Einer vorherigen Zustimmung des Arbeitgebers bedarf der entsandte Gewerkschaftsbeauftragte vor Ausübung seines Zutrittsrechts nicht. Vielmehr ist der Arbeitgeber lediglich **rechtzeitig** von dem bevorstehenden Besuch **zu unterrichten.** Die vorherige Anmeldung soll ihm die Prüfung ermöglichen, ob der Gewerkschaft bzw. ihrem Beauftragten ein Zutrittsrecht rechtlich und tatsächlich zusteht. Als angemessen wird regelmäßig ein Zeitraum von mindestens 24 Stunden anzusehen sein. Die Benachrichtigung muss weiter die Person bezeichnen, die von der Gewerkschaft in den Betrieb entsandt wird und Zeit und Ort der bevorstehenden Visite angeben. 4

---

[1] BAG 25. 3. 1992 AP 4 zu § 2 BetrVG 1972 = NZA 93, 134; dazu BVerfG 21. 3. 1994 AP 4 a zu § 2 BetrVG 1972 = NZA 94, 891; LAG Köln 6. 10. 1989 LAGE § 2 BetrVG 1972 Nr. 7 = BB 90, 998; LAG Düsseldorf 5. 12. 1988 LAGE § 2 BetrVG 1972 Nr. 6 = NZA 1989, 236.

[2] BVerfG 14. 10. 1976 AP 3 zu § 2 BetrVG 1972.

[3] LAG Düsseldorf 5. 12. 1988 LAGE § 2 BetrVG 1972 Nr. 6 = NZA 1989, 236; ArbG Elmshorn 28. 5. 1999 AiB 99, 522; ArbG Siegburg 30. 3. 1972 BB 72, 358.

[4] BAG 26. 3. 1973 AP 2 zu § 2 BetrVG 1972 = NJW 73, 2222; OLG Stuttgart 21. 12. 1977 DB 78, 592.

[5] LAG Hamm 30. 9. 1977 DB 78, 844; a. A. ArbG Iserlohn 28. 1. 1980 EzA 11 zu § 2 BetrVG 1972.

[6] BAG 17. 1. 1989 AP 1 zu § 2 LPVG NW = NZA 89, 938; LAG Hamm 3. 9. 1972 AP 1 zu § 2 BetrVG 1972 = DB 72, 777.

[7] BAG 14. 2. 1978 AP 26 zu Art. 9 GG = NJW 79, 1844.

5 Unterschiedliche Anforderungen bestehen bei der **Bekanntgabe des Zutrittsgrunds.** Nimmt der Gewerkschaftsbeauftragte auf Einladung des Betriebsrats an einer Betriebsratssitzung im Betrieb teil, braucht dem Arbeitgeber nur die ausgesprochene Einladung zur Sitzung mitgeteilt werden. Zu welchem Sitzungsgegenstand der Beauftragte vom Betriebsrat hinzugezogen wird, muss ihm nicht angegeben werden. Dies folgt aus § 31 BetrVG, der die Hinzuziehung des Vertreters einer im Betriebsrat vertretenen Gewerkschaft zu einer Betriebsratssitzung ohne Einschränkung zulässt. Wird der Beauftragte zur Unterstützung des Betriebsrats auf dessen Verlangen hin tätig, ist dem Arbeitgeber stichwortartig die Angelegenheit zu beschreiben, in der vom Betriebsrat die Hilfe des externen Gewerkschaftsvertreters erbeten wird. Die Beschreibung muss jedoch so bemessen sein, dass der Arbeitgeber prüfen kann, ob der Betriebsrat überhaupt eine ihm nach dem BetrVG zugewiesene Aufgabe wahrnimmt. Eine vergleichbare Auskunftspflicht trifft die Gewerkschaft, wenn ihr Beauftragter zur Wahrnehmung eigener, der Gewerkschaft durch das BetrVG verliehenen Rechte (Vorbereitung der Betriebsratswahl, Besuch einer Betriebsversammlung) den Betrieb betritt. Auch hier muss der Arbeitgeber vor dem Besuch die Möglichkeit zur Prüfung haben, ob die Voraussetzungen für den Zutritt erfüllt sind.

6 **cc) Umfang.** Grundsätzlich hat der Gewerkschaftsvertreter ein unbeaufsichtigtes[8] Zutrittsrecht zu den Räumlichkeiten im Betrieb, die zur Wahrung seiner gesetzlichen Aufgaben notwendig sind. Dies werden regelmäßig die **Räume** des Betriebsrats bzw. die Arbeitsräume einzelner Betriebsratsmitglieder sein, wenn die Gewerkschaft zu Betriebsratssitzungen oder zur sonstigen Unterstützung des Betriebsrats im Betrieb tätig wird. Jedoch kann ein Gewerkschaftsbeauftragter auch berechtigt sein, einzelne Arbeitnehmer an ihren Arbeitsplätzen aufzusuchen und die Arbeitsbedingungen in Augenschein zu nehmen, wenn der Betriebsrat im Rahmen seiner allgemeinen Überwachungsaufgaben (§ 80 I BetrVG) die Arbeitsbedingungen und die Einhaltung der im Betrieb geltenden Tarifverträge überprüfen will.[9]

7 **dd) Duldung.** Der Arbeitgeber muss den Zutritt eines Gewerkschaftsbeauftragten im Rahmen des § 2 II BetrVG grundsätzlich dulden, wenn die Voraussetzungen für das Zutrittsrecht vorliegen. Eine Ausnahme von der Duldungspflicht des Arbeitgebers besteht bei **(1)** entgegenstehenden zwingenden Sicherheitsvorschriften oder bei unverhältnismäßigen Betriebsablaufstörungen, **(2)** Gefährdung von Betriebs- und Geschäftsgeheimnissen oder **(3)** wenn der Beauftragte in der Vergangenheit den Betriebsfrieden nachhaltig gestört oder den Arbeitgeber grob beleidigt hat und eine Wiederholung des Verhaltens zu befürchten steht.[10] Allerdings kann das Zutrittsrecht dann von einem anderen Beauftragten wahrgenommen werden. Das Zutrittsrecht der Gewerkschaften wird durch einen Arbeitskampf eingeschränkt, wenn hierdurch die Kampfparität zwischen den Tarifvertragsparteien bzw. einzelner Mitglieder des Arbeitgeberverbandes beeinträchtigt wird,[11] wofür aber tatsächliche Anhaltspunkte vorhanden sein müssen. Die einer Gewerkschaft zur Durchsetzung des Zugangsrechts entstandenen Kosten (z. B. Rechtsanwaltskosten) muss der Arbeitgeber nicht ersetzen.[12]

8 **b) Allgemeines Zugangsrecht.** Ein über § 2 II BetrVG hinausgehendes allgemeines Zutrittsrecht der Gewerkschaft bzw. eines ihrer Beauftragten folgt nicht aus dem Übereinkommen Nr. 135 der Internationalen Arbeitsorganisation vom 23. Juni 1971 über Schutz und Erleichterungen für Arbeitnehmervertreter im Betrieb (BGBl. 1973 II S. 953).[13] Das BVerfG und ihm folgend das BAG hatten es ursprünglich auch abgelehnt, aus der Koalitionsfreiheit ein einschränkungsloses Zutrittsrecht betriebsfremder Gewerkschaftsbeauftragter herzuleiten.[14] Anerkannt war lediglich ein Zutrittsrecht der Gewerkschaften bzw. ihrer Vertreter zur Wahlwerbung vor Betriebs- und Personalratswahlen[15] und Mitgliederwerbung.[16] Das Zutrittsrecht unterlag Einschränkungen,

---

[8] ArbG Elmshorn 16. 6. 2003 AiB 2004, 40.
[9] BAG 17. 1. 1989 AP 1 zu § 2 LPVG NW = NZA 89, 938.
[10] BAG 14. 2. 1978 AP 26 zu Art. 9 GG = NJW 79, 1844; 14. 2. 1967 AP 2 zu § 45 BetrVG = NJW 67, 1295; 18. 3. 1964 AP 1 zu § 45 BetrVG = DB 64, 992; LAG Hamm 3. 9. 1972 AP 1 zu § 2 BetrVG 1972 = DB 72, 777.
[11] ArbG Frankfurt 24. 3. 1999 ArbuR 99, 412.
[12] BAG 2. 10. 2007 AP 23 zu § 2 a ArbGG 1979 = NZA 2008, 372.
[13] BAG 19. 1. 1982 AP 10 zu Art. 140 GG = NJW 82, 2279.
[14] BVerfG 17. 2. 1981 AP 9 zu Art. 140 GG = NJW 81, 1829; BAG 19. 1. 1982 AP 10 zu Art. 140 GG = NJW 82, 2279.
[15] BVerfG 30. 11. 1965 AP 7 zu Art. 9 GG = NJW 66, 49; BVerwG 22. 8. 1991 AP 2 zu § 28 BPersVG = NJW 92, 385.
[16] BVerfG 26. 5. 1970 AP 16 zu Art. 9 GG = NJW 70, 1637; BAG 14. 2. 1967 AP 10 zu Art. 9 GG = NJW 67, 343.

wenn die Gewerkschaft bereits im Betrieb vertreten war. Nach der neueren Rspr. des BVerfG wird durch Art. 9 III GG nicht nur der Kernbereich, sondern jegliche koalitionsgemäße Betätigung der Gewerkschaften im Bereich der Arbeits- und Wirtschaftsbedingungen geschützt. Die bisherige Beschränkung auf den Kernbereich koalitionsgemäßer Betätigung der Gewerkschaften, der für ihren Bestand unerlässlich ist, hat das Gericht aufgegeben. Nunmehr prüft das BVerfG, ob für ein bestimmtes Verhalten der Gewerkschaft überhaupt Grundrechtsschutz besteht und entgegenstehende Grundrechtspositionen Dritter, regelmäßig des betroffenen Arbeitgebers, bestehen.[17] Folgerichtig hat das BAG Gewerkschaften grundsätzlich ein Zutrittsrecht zu nichtkirchlichen Betrieben zuerkannt, um dort auch durch betriebsfremde Beauftragte um Mitglieder zu werben. Dem Zutrittsrecht können verfassungsrechtlich geschützten Belange des Arbeitgebers, insbesondere dessen Interesse an einem störungsfreien Arbeitsablauf und der Wahrung des Betriebsfriedens entgegenstehen; insoweit gelten die Beschränkungen des § 2 II BetrVG (RN 7). Daneben wird das Zutrittsrecht auch zeitlich durch den Grundsatz der Erforderlichkeit beschränkt.[18] Über das Zugangsrecht hinaus besteht kein Recht der Gewerkschaften zur Nutzung eines Intranets des Arbeitgebers oder eines elektronischen Postsystems.

4. Rechte der Gewerkschaft. Sie sind im Rahmen der Betriebsverfassung erheblich erweitert. Sie haben u. a. **(a)** ein erweitertes Initiativrecht bei der Bildung von Betriebsräten (§§ 14 III, 17a BetrVG Einleitung der Betriebsratswahl; §§ 16, 17 BetrVG Antragsrecht der Gewerkschaft zur Bestellung eines Wahlvorstands und Gewerkschaftsfunktionärs als Wahlvorstandsmitglied, Einberufung einer Betriebsversammlung), **(b)** Informationsrechte gegenüber dem Betriebsrat über Betriebs- und Abteilungsversammlungen (§ 46 II BetrVG), **(c)** die Möglichkeit, eine Betriebsversammlung zu erzwingen, wenn der Betriebsrat nicht tätig wird (§ 43 IV BetrVG), **(d)** das Recht, gegen den Arbeitgeber bei Verstößen gegen die Betriebsverfassung Zwangsmaßnahmen zu beantragen (§ 23 III BetrVG) sowie **(e)** Antragsrechte bei Verstößen gegen die Betriebsverfassung durch Betriebsverfassungsorgane (§ 23 I BetrVG); **(f)** ein Recht zur Einleitung eines Beschlussverfahrens haben sie dagegen nur dann, wenn das Gesetz es eindeutig vorsieht.[19] Jedoch bejaht das BAG einen Unterlassungsanspruch der Gewerkschaft gegen den Betriebsrat wegen Verstoßes gegen die Tarifautonomie, wenn von Tarifverträgen abgewichen wird[20] (§ 219 RN 47). Zum Verhältnis von Tarifvertrag und Betriebsvereinbarung (dazu § 231 RN 21 ff.). 9

5. Gewerkschaftsangehörige Betriebsratsmitglieder. Das Gesetz spricht die mögliche Pflichtenkollision von Gewerkschaftsmitgliedern, die betriebsverfassungsrechtliche Aufgaben übernommen haben, in § 74 III BetrVG an. Danach sind Arbeitnehmer, die Aufgaben im Rahmen der Betriebsverfassung übernommen haben, hierdurch in der gewerkschaftlichen Betätigung im Betrieb nicht beschränkt. Durch die gewerkschaftliche Betätigungsfreiheit werden die Pflichten aus dem BetrVG, insbesondere die Pflicht zur Neutralität, bei der Wahrnehmung des Betriebsratsamtes (§ 75 BetrVG) nicht berührt.[21] Hieraus folgt, dass ein Betriebsratsmitglied seine Amtstätigkeit nicht von dem Eintritt eines Arbeitnehmers in die Gewerkschaft abhängig machen darf. Weitere Einzelheiten unter §§ 188 RN 20, 230 RN 18; zu den gewerkschaftlichen Vertrauenspersonen § 191 RN 14 ff. 10

II. Das Verhältnis Arbeitgeber und Betriebsrat

Freckmann/Koller/van Delden, Vertrauensvolle Zusammenarbeit zwischen Arbeitgeber und Betriebsrat, BB 2006, 490; *Hunold,* Die Rechtsprechung zur (vertrauensvollen) Zusammenarbeit zwischen Arbeitgeber und Betriebsrat, NZA-RR 2003, 169; *Wiese,* Zur innerbetrieblichen und außerbetrieblichen Kommunikation von Arbeitnehmern, FS Otto (2008), S. 621; *ders.,* Zur Freiheit der Meinungsäußerung des Betriebsrats und seiner Mitglieder im Außenverhältnis, FS 50 Jahre BAG (2004), S. 1125.

1. Vertrauensvolle Zusammenarbeit (§ 2 I BetrVG). a) Arbeitgeber und Betriebsrat haben zum Wohl des Betriebs und der Arbeitnehmer zusammenzuwirken, insoweit enthält die 11

[17] BVerfG 14. 11. 1995 AP 80 zu Art. 9 GG = NZA 96, 381.

[18] BAG 28. 2. 2006 AP 127 zu Art. 9 GG = NZA 2006, 798.

[19] BAG 3. 2. 1976 AP 8 zu § 118 BetrVG 1972 = DB 76, 823; vgl. auch 20. 8. 1991 AP 2 zu § 77 BetrVG 1972 Tarifvorbehalt = NZA 92, 317; 23. 2. 1988 AP 9 zu § 81 ArbGG 1979 = NZA 89, 229; 18. 8. 1987 AP 6 zu § 81 ArbGG 1979 = NZA 88, 26; zur Einwirkungsklage BAG 29. 4. 1992 AP 3 zu § 1 TVG Durchführungspflicht = NZA 92, 846.

[20] BAG 20. 4. 1999 AP 89 zu Art. 9 GG = NZA 99, 887.

[21] BAG 21. 2. 1978 AP 1 zu § 74 BetrVG 1972; 5. 12. 1975 AP 1 zu § 87 BetrVG 1972 Betriebsbuße; LAG Düsseldorf 5. 7. 1994 BB 94, 1940.

Vorschrift eine Verpflichtung zur konstruktiven Zusammenarbeit (vgl. auch § 230 RN 11; zur Vertretungsmöglichkeit des Arbeitgebers § 212 RN 2).

12 **b) Verbindlichkeit.** Das Kooperationsgebot will nicht die natürlichen Interessengegensätze zwischen Arbeitgeber und Arbeitnehmer bzw. Betriebsrat aufheben oder die Durchsetzung der wechselseitigen Interessen vereiteln. Vielmehr bringt es zum Ausdruck, dass die Mitbestimmung des Betriebsrats auch eine erhöhte Mitverantwortung bedingt. § 2 I BetrVG ist kein unverbindlicher Programmsatz, sondern unmittelbar geltendes Recht, das stets bei der Auslegung und Anwendung der Rechte und Pflichten aus dem BetrVG zu beachten ist. Es ist als Generalklausel Einfallstor für die Begründung der in jedem Schuldverhältnis typischerweise bestehenden **Nebenpflichten** und verpflichtet die Betriebspartner trotz aller Interessengegensätze zur Beachtung auch der Interessen des anderen Teils. Nach zutreffender Ansicht des BAG ist § 2 I BetrVG gegenüber § 242 BGB die speziellere Regelung.[22] Das Gebot der vertrauensvollen Zusammenarbeit richtet sich nicht nur an den Betriebsrat, sondern auch an die einzelnen Betriebsratsmitglieder im Verhältnis zum Arbeitgeber. Daher ist auch das Betriebsratsmitglied verpflichtet, durch sein Verhalten die Grundlagen des gegenseitigen Vertrauens nicht nachhaltig zu stören. Im Verhältnis der Betriebsratsmitglieder untereinander gilt § 2 I BetrVG hingegen nur eingeschränkt. Die sich aus der Vorschrift ergebenden Pflichten begrenzen das Handeln des einzelnen Mitglieds nur, wenn hierdurch die Funktionsfähigkeit des Betriebsrats als Kollegium beeinträchtigt wird.[23] Das Gebot des § 2 I BetrVG gilt nur für das betriebsverfassungsrechtliche Rechtsverhältnis, nicht für die daneben bestehenden Pflichten aus dem Arbeitsvertrag.

13 **c) Keine Erweiterung oder Einschränkung der Beteiligungsrechte, Verwirkung.** Aus § 2 I BetrVG können aber weder Arbeitgeber oder Betriebsrat gesetzlich nicht vorgesehene Rechte und Pflichten herleiten. Deshalb kann der Betriebsrat über die Vorschrift nicht eine Erweiterung der bestehenden Beteiligungsrechte beanspruchen. Andererseits enthält § 2 I BetrVG auch keinen materiellen Ausschlusstatbestand, der zu einem Anspruchsverzicht von Rechten aus dem BetrVG führen könnte. Dies gilt insbesondere für eine Pflicht des Betriebsrats von der Anforderung der nach § 40 II BetrVG erforderlichen Sachmittel abzusehen.[24] Im Wesentlichen ergeben sich aus § 2 I BetrVG Pflichten zur gegenseitigen Ehrlichkeit und Offenheit;[25] übernommene Vorurteile sollen überwunden und die gegenseitigen Beziehungen nicht durch unangebrachtes Misstrauen belastet werden. Hierzu gehört ferner die wechselseitige Unterrichtung, Vorlage von Unterlagen, etwa im Rahmen der personellen Mitbestimmung und der Personalplanung, und die umfassende Erörterung anstehender Fragen. Die materiell-rechtliche Verwirkung von Mitbestimmungsrechten ist grundsätzlich ausgeschlossen.[26] Der Betriebsrat kann weder auf sein Mitbestimmungsrecht verzichten noch darf er es der einseitigen Regelung durch den Arbeitgeber überlassen.[27] Der Arbeitgeber muss grundsätzlich damit rechnen, dass der Betriebsrat seine Beteiligung in einer seiner Mitbestimmung unterliegenden Angelegenheit verlangt und diese ggf. auch gerichtlich durchsetzt.[28] Nur im Ausnahmefall (z. B. bei Willkür[29] oder eines schutzwürdigen Vertrauenstatbestands) kann sich eine Betriebspartei nach § 2 I BetrVG nicht mehr auf die Rechtsunwirksamkeit bestimmter Vorgänge berufen. Dies setzt aber mehr als bloße Untätigkeit von Arbeitgeber oder Betriebsrat voraus.[30]

14 **d) Höherrangiges Recht.** Die Zusammenarbeit erfolgt unter Beachtung der geltenden Tarifverträge. Die Bindung an Gesetz und Recht (Art. 20 III GG) ist als selbstverständliche Verpflichtung nicht ausdrücklich in das Gesetz aufgenommen. Die Beachtung des Tarifrechtes ist hervorgehoben, um damit den Vorrang der Regelungskompetenz der Tarifpartner herauszustellen. Geltender Tarifvertrag ist derjenige, in dessen zeitlichen, räumlichen, persönlichen, fachlichen und betrieblichen Geltungsbereich der Betrieb fällt (§ 203).

15 **2. Gesetzliche Konkretisierungen.** Das Gebot der vertrauensvollen Zusammenarbeit ist darüber hinaus in zahlreichen Vorschriften des BetrVG näher konkretisiert. So sollen sich nach

[22] BAG 21. 4. 1983 AP 20 zu § 40 BetrVG 1972 = NJW 84, 2309.
[23] BAG 21. 2. 1978 AP 1 zu § 74 BetrVG 1972 = NJW 78, 2216; 5. 9. 1967 AP 8 zu § 23 BetrVG = NJW 68, 73.
[24] BAG 21. 4. 1983 AP 20 zu § 40 BetrVG 1972 = NJW 84, 2309.
[25] BAG 22. 5. 1959 AP 3 zu § 23 BetrVG = DB 59, 979.
[26] BAG 28. 8. 2007 AP 53 zu § 95 BetrVG 1972 = NZA 2008, 188; dazu *Adam* ArbuR 2008, 169.
[27] BAG 3. 6. 2003 AP 19 zu § 77 BetrVG 1972 Tarifvorbehalt = NZA 2003, 1155.
[28] LAG Schleswig-Holstein 4. 3. 2008 NZA-RR 2008, 414.
[29] BAG 13. 2. 2007 AP 81 zu § 118 BetrVG 1972 = NZA 2007, 1121 – Willkür.
[30] BAG 29. 1. 2008 AP 13 zu § 87 BetrVG 1972 = NZA-RR 2008, 469; 18. 10. 2000 AP 49 zu § 15 KSchG 1969 = NZA 2001, 321; Rechtsbeschwerde anhängig: 1 ABR 93/07, Termin: 10. 3. 2009.

§ 74 I BetrVG Arbeitgeber und Betriebsrat mindestens einmal im Monat zu einer Besprechung zusammenfinden. Unabhängig davon haben sie stets über strittige Fragen mit dem ernsten Willen zur Einigung zu verhandeln und Vorschläge für die Beilegung von Meinungsverschiedenheiten zu machen. Weitere Ausformungen des Gebots zur vertrauensvollen Zusammenarbeit sind die Friedenspflicht (§ 74 II 2 BetrVG), das Verbot der parteipolitischen Betätigung im Betrieb (§ 74 II 3 BetrVG), das Benachteilungs- und Behinderungsverbot (§ 78 I BetrVG) sowie die Verschwiegenheitspflicht (§ 79 I BetrVG). Einzelheiten dazu unter § 230 RN 10ff., 22ff.

3. Einzelfälle. a) Kosten. Bei der Verursachung von Kosten (dazu § 222) hat der Betriebsrat grundsätzlich das Gebot der Verhältnismäßigkeit zu beachten (z.B. bei Schulungsveranstaltungen), muss aber bei der Auswahl seiner Einigungsstellenbeisitzer nicht prüfen, ob die Benennung eines oder mehrerer betriebsfremder Beisitzer erforderlich ist.[31] Der Arbeitgeber kann jedoch nicht vom Betriebsrat verlangen, einen bestimmten Arbeitnehmer als Bürokraft zu beschäftigen, wenn er das Vertrauen in dessen Integrität verloren hat.[32] Aus dem Grundsatz der vertrauensvollen Zusammenarbeit kann der Arbeitgeber vom Betriebsrat nicht die Angabe der Anfangs- und Endzeiten seiner Sitzungen in der Vergangenheit verlangen,[33] wohl aber die Mitteilung, für welche konkreten Aufgaben er ein beanspruchtes Zutrittsrecht in Anspruch nehmen will.[34] Auch eine eigenmächtige Festlegung des Zeitumfangs der Arbeit des Wahlvorstands durch den Arbeitgeber ist nicht zulässig.[35] 16

b) Kommunikation. aa) Bedeutsam ist das Gebot der vertrauensvollen Zusammenarbeit bei der Bekanntgabe von internen Vorgängen aus der Zusammenarbeit der Betriebspartner. § 2 I BetrVG verpflichtet die Betriebspartner zu einem sachlichen Umgang in der betriebsöffentlichen Auseinandersetzung miteinander. Zwar können Meinungsverschiedenheiten auch öffentlich mit harten Bandagen geführt werden. Die öffentliche Kundgabe unwahrer Tatsachen[36] oder gar Beleidigungen[37] des Betriebspartners stellen jedoch ebenso eine Verletzung des Gebots der vertrauensvollen Zusammenarbeit dar wie sachlich falsche und böswillig abwertende Behauptungen bei oder während der Verhandlungen über streitige Regelungsfragen.[38] § 2 I BetrVG gilt aber nicht nur für den Inhalt, sondern auch die Form der Auseinandersetzung zwischen Arbeitgeber und Betriebsrat. Letzterer hat einen Anspruch auf Unterlassung, wenn der Arbeitgeber die Kosten der Betriebsratstätigkeit in einer unangemessenen Weise[39] oder „Fehlzeiten" des Betriebsrats, die durch Krankheit oder Betriebstätigkeit oder durch Lehrgänge verursacht sind,[40] bekannt macht. Gleiches gilt für ein öffentliches Angebot des Arbeitgebers, freiwillige Leistungen bei gleichzeitiger Kosteneinschränkung des Betriebsrats zu erhöhen,[41] während dieser die Einrichtung einer allgemein abrufbaren Internet/Internet-Homepage mit Betriebsinterna zu unterlassen hat.[42] 17

bb) Presse.[43] Der Betriebsrat kann im Rahmen seiner Zuständigkeit und unter Wahrung der Interessen des Betriebs (§ 2 I BetrVG) Erklärungen gegenüber der Presse abgeben. Dies gilt etwa für Veröffentlichungen über abgeschlossene Betriebsvereinbarungen, Sozialpläne usw. Nur zu diesem Zweck und unter Beachtung der in § 2 II BetrVG genannten Beschränkungen kann er vom Arbeitgeber verlangen, dass dieser vom Betriebsrat eingeladenen Journalisten Zugang zum Betriebsratsbüro auf dem Betriebsgelände gewährt.[44] 18

c) Betriebsversammlung. Bei der Lage der regelmäßigen Betriebsversammlung ist der Betriebsrat aus § 2 I BetrVG verpflichtet, auf die Interessen des Arbeitgebers Rücksicht zu nehmen und sie nicht in verkaufsstarke Zeiten (z.B. Weihnachtsgeschäft) zu legen.[45] In mehrschichtigen 19

[31] BAG 24. 4. 1996 AP 5 zu § 76 BetrVG 1972 Einigungsstelle = NZA 96, 1171.
[32] BAG 5. 3. 1997 AP 56 zu § 40 BetrVG 1972 = NZA 97, 844.
[33] ArbG Hamburg 8. 9. 2000 AiB 2000, 102.
[34] LAG Nürnberg 18. 10. 1993 DB 94, 52 = NZA 94, 378; LAG Köln 20. 8. 1992 LAGE § 2 BetrVG 1972 Nr. 9.
[35] LAG Schleswig-Holstein 15. 12. 2004 LAGE § 20 BetrVG 2001 Nr. 1 = NZA-RR 2005, 253.
[36] ArbG Berlin 31. 10. 2002 EWiR 2003, 741.
[37] LAG Köln 16. 11. 1990 BB 91, 1191 = ArbuR 91, 121.
[38] LAG Niedersachsen 6. 4. 2004 LAGE § 78 BetrVG 2001 Nr. 2 = NZA-RR 2005, 78.
[39] BAG 11. 12. 1997 AP 27 zu § 23 BetrVG 1972 = NZA 98, 559; ArbG Leipzig 5. 9. 2002 NZA-RR 2003, 142.
[40] LAG Niedersachsen 9. 3. 1990 ArbuR 91, 153.
[41] ArbG Wesel 10. 4. 1996 AiB 97, 52.
[42] Hessisches LAG 15. 7. 2004 AR-Blattei ES 530.8 Nr. 49; ArbG Paderborn 29. 1. 1998 DB 98, 678.
[43] *Müller-Boruttau,* Presseerklärungen des Betriebsrats, NZA 96, 1071; *Plander,* Außenbeziehungen des Betriebsrats, ArbuR 93, 161; *Simitis/Kreuder,* Betriebsrat und Öffentlichkeit, NZA 92, 1009.
[44] BAG 18. 9. 1991 AP 40 zu § 40 BetrVG 1972 = NZA 92, 315.
[45] LAG Düsseldorf 10. 12. 1984 NZA 85, 368.

Betrieben ist er gehalten, die Betriebsversammlung auf der Schnittstelle zwischen den beiden Schichten anzuberaumen, in denen der Großteil der Arbeitnehmer im Sinne des BetrVG beschäftigt wird.[46] Jedoch darf auch der Arbeitgeber eine von ihm einberufene Versammlung der Belegschaftsangehörigen nicht als eine „Gegenveranstaltung" gegenüber Betriebsversammlungen missbrauchen.[47]

20 **d) Beteiligungsrechte. aa)** Der Arbeitgeber hat bei Regelungen, die der Mitbestimmung des Betriebsrats unterliegen, einen Verhandlungsanspruch, auf den sich der Betriebsrat einlassen muss. Es besteht ein Verbot der missbräuchlichen Ausübung von Beteiligungsrechten. Ein solcher Rechtsmissbrauch liegt vor, wenn die Zustimmung zu einer Maßnahme allein deswegen verweigert wird, um den Arbeitgeber aus Kostengründen oder wegen des Zeitablaufs zu zwingen, ein Einigungsstellenverfahren durchzuführen.[48] Auch die wiederholte Verweigerung der Zustimmung zu gleich gelagerten personellen Maßnahmen mit einer Begründung, von der allgemein anerkannt ist, dass sie zur Verweigerung der Zustimmung nicht berechtigt, kann rechtsmissbräuchlich sein,[49] ebenso ein gerichtliches Auskunftsverlangen, wenn der Betriebsrat die Auskunft aus den bereits übermittelten Informationen ohne weiteres entnehmen kann.[50] Auf der anderen Seite ist der Grundsatz der vertrauensvollen Zusammenarbeit verletzt, wenn der Arbeitgeber eigene Verteilungsgrundsätze vorgibt, über die er keine Verhandlungen zulässt, sondern für den Fall abweichender Vorstellungen des Betriebsrats von vornherein eine mitbestimmungsfreie Vollanrechnung vorsieht.[51] Er darf auch die Gewährung von Leistungen an die Arbeitnehmer nicht von der Zustimmung des Betriebsrats zu einer gesetz- oder tarifwidrigen Betriebsvereinbarung abhängig machen.[52]

21 **bb) Koppelungsgeschäfte.** Es ist umstr., ob und unter welchen Voraussetzungen die Betriebsparteien die Ausübung ihrer Rechte von der Erfüllung von Forderungen abhängig machen dürfen.[53] Maßstab für die Beurteilung ist der Grundsatz der vertrauensvollen Zusammenarbeit in § 2 I BetrVG und das in ihm enthaltene Verbot des Rechtsmissbrauchs, das als allgemeine Schranke der Rechtsausübung subjektive Rechte ebenso wie Rechtsinstitute und Rechtsnormen begrenzt.[54] Grundsätzlich sind die Betriebspartner danach bei allen Interessengegensätzen berechtigt, bis zur Grenze des Rechtsmissbrauchs ihre eigenen Positionen mit den ihnen zur Verfügung stehenden Mitteln zu vertreten und auch durchzusetzen. Ausgangspunkt für die Bestimmung der Grenzen für ein solches „Koppelungsgeschäft" ist die gesetzliche Ausgestaltung der Beteiligung nach dem BetrVG. Der Gesetzgeber hat nur in § 99 II BetrVG die Gründe für die Verweigerung der Zustimmung ausdrücklich normiert, während es im Bereich der sozialen Mitbestimmung nach § 87 I BetrVG an einer entsprechenden Regelung fehlt. Hier ist der Konflikt durch die Einigungsstelle zu lösen, deren Spruch die Zustimmung einer Seite ersetzen kann (§ 87 II BetrVG). Da jedoch der Betriebsrat die Verweigerung seiner Zustimmung nicht begründen muss, können die Erwägungen des BVerwG im Rahmen der Schutzbereichslehre (§ 268 RN 31), wonach der Personalrat seine Zustimmung grundsätzlich aus sämtlichen Gründen verweigern kann, die sich inhaltlich dem Mitbestimmungstatbestand zuordnen lassen,[55] nicht in das Betriebsverfassungsrecht übertragen werden. Dies führt allerdings nicht dazu, dass der Betriebsrat beliebige Gründe als Bedingung für die Zustimmung zu der beantragten Maßnahme anführen kann, sondern nur solche, die noch einen sachlichen Bezug zu dem jeweiligen Mitbestimmungsrecht haben.[56] Danach ist es z. B. statthaft, die Zustimmung zu Überstunden von der Zahlung einer erhöhten Vergütung abhängig zu machen oder die vorübergehende Verkürzung der regelmäßigen Arbeitszeit von einem finanziellen Ausgleich. Dies gilt gleichermaßen

[46] LAG Schleswig-Holstein 30. 5. 1991 DB 91, 2247 = NZA 91, 947; LAG Niedersachsen 30. 8. 1982 DB 83, 1312.

[47] BAG 27. 6. 1989 AP 5 zu § 42 BetrVG 1972 = NZA 90, 113.

[48] ArbG Hannover 19. 2. 2004 DB 2004, 2223.

[49] BAG 16. 7. 1985 AP 21 zu § 99 BetrVG 1972 = NZA 86, 163.

[50] BAG 24. 1. 2006 AP 65 zu § 80 BetrVG 1972 = NZA 2006, 1050.

[51] BAG 26. 5. 1998 AP 98 zu § 87 BetrVG 1972 = NZA 98, 1292.

[52] BAG 18. 9. 2007 AP 33 zu § 77 BetrVG 1972 Betriebsvereinbarung = NZA 2008, 56 – Maßregelungsverbot.

[53] Dazu *Stück* AuA 2008, 58; *Schoof* ArbuR 2007, 278; *Gentz* NZA 2004, 1011; *Hanau/Reitze* FS Wiese S. 149; *Konzen* FS Zöllner S. 799; *Baur* ZfA 97, 445; *Raab* ZfA 97, 183; *Bauer/Diller* ZIP 95, 95.

[54] BAG 18. 2. 2003 AP 11 zu § 77 BetrVG 1972 Betriebsvereinbarung = NZA 2004, 336.

[55] BVerwG 30. 4. 2001 Buchholz 251.2 § 87 BlnPersVG Nr. 6 = PersR 2001, 382 = PersV 2001, 411; dem nunmehr folgend BAG 19. 6. 2007 AP 1 zu § 74 LPVG Brandenburg = NZA 2008, 52.

[56] LAG Düsseldorf 12. 12. 2007 ArbuR 2008, 270; LAG Hessen 13. 10. 2005 ArbuR 2007, 315; LAG Nürnberg NZA 91, 281.

für die Festsetzung der Vergütungshöhe bei der Einführung eines Vergütungsschemas nach § 87 I Nr. 10 BetrVG. Der sachliche Bezug ist nicht mehr gegeben, bei der Forderung einer finanziellen Zuwendung als Gegenleistung für die Zustimmung zu einer Videoüberwachung (§ 87 I Nr. 6 BetrVG) oder für die Nichtausübung eines Initiativrechts im Bereich des § 87 I Nr. 7 BetrVG. Handelt der Betriebsrat danach pflichtwidrig, führt dies aber nicht dazu, dass der Arbeitgeber nunmehr die mitbestimmungspflichtige Maßnahme einseitig, d.h. ohne die Zustimmung des Betriebsrats oder deren Ersetzung durch die Einigungsstelle durchführen darf. Das Angebot eines unzulässigen Kopplungsgeschäfts führt nicht zu einem mitbestimmungsfreien Raum. Der Arbeitgeber ist daher gegenüber dem pflichtwidrig handelnden Betriebsrat auf Sanktionen nach § 23 I BetrVG (§ 219) beschränkt.

§ 216. Abweichung von den Organisationsvorschriften des Betriebsverfassungsgesetzes

Annuß, Schwierigkeiten mit § 3 I Nr. 3 BetrVG?, NZA 2002, 290; *Däubler,* Privatautonome Betriebsverfassung?, FS Wißmann (2005), S. 275; *ders.,* Tarifliche Betriebsverfassung und Betriebsübergang, DB 2005, 666; *Eich,* Tarifverträge nach § 3 BetrVG, FS Weinspach (2002), S. 17; *Friese,* Tarifverträge nach § 3 BetrVG im System des geltenden Tarif- und Arbeitskampfrechts, ZfA 2003, 237; *dies.,* Die Bildung von Spartenbetriebsräten nach § 3 Abs. 1 Nr. 2 BetrVG, RdA 2003, 92; *Giesen,* Betriebsersetzung durch Tarifvertrag?, BB 2002, 1480; *Hanau/Wackerbarth,* Der Konzernrat nach § 3 BetrVG n.F., FS Schwerdtner (2003), S. 1303; *Hohenstatt/Dzida,* Die „maßgeschneiderte" Betriebsverfassung, DB 2001, 2498; *Kort,* Betriebsverfassungsrecht als Unternehmensrecht? – Das Verhältnis von § 3 BetrVG n.F. zum Gesellschaftsrecht, AG 2003, 13; *Plander,* Der Betrieb als Verhandlungsobjekt im Betriebsverfassungs- und sonstigen Arbeitsrecht, NZA 2002, 483; *Richardi,* Veränderungen der Repräsentationsstrukturen, NZA-Sonderheft 2001, 7; *Rieble,* Vereinbarte Betriebsratsstruktur in Unternehmen und Konzern, Arbeitsrecht 2001 (2002), S. 25; *Salamon,* Fortbestand der Betriebsidentität trotz Entstehung betrieblicher Organisationseinheiten nach § 3 BetrVG?, NZA 2009, 74; *Schmiege,* Betriebsverfassungsrechtliche Organisationsstrukturen durch Tarifvertrag (2007); *Spinner,* Die vereinbarte Betriebsverfassung (2000); *Spinner/Wiesenecker,* Unwirksame Vereinbarungen über die Organisation der Betriebsverfassung, FS Löwisch (2007), S. 375; *Teusch,* Organisationstarifverträge nach § 3 BetrVG, NZA 2007, 124; *Thüsing,* Vereinbarte Betriebsratsstrukturen, ZIP 2003, 693; *Trappehl/Zimmer,* Unternehmenseinheitlicher Betriebsrat bei Verschmelzung, BB 2008, 778; *Wank/Schmidt,* Neues zur sozialen Mächtigkeit und organisatorischen Leistungsfähigkeit einer Arbeitnehmervereinigung, RdA 2008, 257; *T. Wißmann,* Tarifvertragliche Gestaltung der betriebsverfassungsrechtlichen Organisation, 2000.

Übersicht

	RN
I. Allgemeines	1
II. Andere Zuordnung der Arbeitnehmervertretungen	2ff.
1. Voraussetzungen	2–5
2. Regelungsform	6, 7
3. Wirkungen	8
III. Zusätzliche Arbeitnehmervertretungen	9ff.
1. Voraussetzungen	9–11
2. Funktion	12
3. Persönliche Rechtsstellung	13
IV. Unternehmenseinheitlicher Betriebsrat	14f.
1. Voraussetzungen	14
2. Wahlvorstand	15
V. Streitigkeiten	16

I. Allgemeines

1 Das BetrVG enthält bei seinen Organisationsvorschriften grundsätzlich **zwingendes Gesetzesrecht.** Die Belegschaft kann nur nach § 4 I BetrVG die Wahl des Betriebsrats anderweitig regeln und hat ein Antragsrecht für die Befassung von Themen durch den Betriebsrat (§ 86a BetrVG). Durch Tarifvertrag oder Betriebsvereinbarung können abweichend vom Gesetz die Dauer des Übergangsmandats (§ 21a I 4 BetrVG), die Zahl der freizustellenden Betriebsratsmitglieder (§ 38 I 5 BetrVG), die Größe und Stimmengewichtung beim Gesamtbetriebsrat (§ 47 IV, IX BetrVG) bzw. Konzernbetriebsrat (§ 55 IV BetrVG) sowie der Gesamtjugend- und Auszubildendenvertretung (§ 72 IV, VIII BetrVG) bestimmt werden. Ferner kann nach § 76 VIII BetrVG die Einigungsstelle durch eine tarifliche Schlichtungsstelle ersetzt, das Beschwerdeverfahren nach § 86 BetrVG anderweitig geregelt und nach § 117 II BetrVG eine tarifliche Vertretung für die im Flugbetrieb beschäftigten Arbeitnehmer errichtet werden. Mit der Neufassung des § 3 BetrVG durch das BetrVG-ReformG ist die bisher erforderliche Zustimmung der zuständigen obersten Arbeitsbehörde oder des Bundesministers für Arbeit und Sozialordnung (§ 3 II BetrVG a.F.) entfallen. Die bisher geltenden Tarifverträge gelten auch nach dem Inkraft-

treten des § 3 BetrVG n. F. unverändert weiter, obwohl das BetrVG-ReformG eine § 128 BetrVG 1972 vergleichbare Übergangsvorschrift nicht enthält. Für den Bereich des Personalvertretungsrechts bestimmt § 97 BPersVG, dass durch Tarifvertrag oder Dienstvereinbarung keine von den gesetzlichen Vorschriften abweichende Regelung geschaffen werden kann. Zur Zulässigkeit eines Redaktionsstatuts § 214 RN 28 a und zur Abdingbarkeit von Beteiligungsrechten des Betriebsrats § 230 RN 7.

II. Andere Zuordnung der Arbeitnehmervertretungen

2 **1. Voraussetzungen.** In § 3 I BetrVG sind drei Fälle vorgesehen, in denen von den Vorgaben des BetrVG bei der durch das BetrVG vorgesehenen Bildung von Betriebsräten abgewichen werden kann.

3 **a) Zuordnung von Betrieben.** Nach § 3 I Nr. 1 BetrVG kann in Unternehmen mit mehreren Betrieben entweder **(a)** ein einheitlicher Betriebsrat für das gesamte Unternehmen gebildet oder **(b)** es können einzelne Betriebe zusammengefasst werden, wenn dies die Bildung von Betriebsräten erleichtert oder einer sachgerechten Interessenwahrnehmung der Arbeitnehmer dient. Die Vorschrift ermöglicht insbesondere in kleineren Unternehmen die Bildung eines unternehmenseinheitlichen Betriebsrats, der an die Stelle der an sich zuständigen Betriebsräte der Einzelbetriebe oder selbstständigen Betriebsteile tritt. Werden hingegen in dem Unternehmen die Entscheidungsbefugnisse zentral wahrgenommen, bedarf es keiner abweichenden Regelung nach § 3 I Nr. 1 a BetrVG, da die einzelnen Betriebsstätten die Erfordernisse des § 1 I 1 BetrVG nicht erfüllen, weshalb ohnehin ein einheitlicher Betriebsrat zu bilden ist. Durch § 3 I Nr. 1 b BetrVG wird z. B. in Einzelhandelsbetrieben die Zusammenfassung von Filialen und die Bildung von sog. Regionalbetriebsräten ermöglicht.

4 **b) Spartenbetriebsräte.** In Unternehmen und Konzernen kann die Bildung von Spartenbetriebsräten vereinbart werden, wenn **(a)** eine Organisation nach produkt- oder projektbezogenen Geschäftsbereichen besteht, **(b)** die Leitung der Sparte auch Entscheidungen in beteiligungspflichtigen Angelegenheiten trifft und **(c)** die Vereinbarung der sachgerechten Aufgabenwahrnehmung dient (§ 3 I Nr. 2 BetrVG). Der Tarifvertrag kann sich auf die Bildung von Spartengesamt- bzw. -konzernbetriebsräten beschränken und die Zuordnung auf der Ebene der Betriebe unverändert lassen.[1] Die durch Tarifvertrag gebildeten Arbeitnehmervertretungen treten an die Stelle der ansonsten zuständigen Betriebsratsgremien, da die Vorschrift nach ihrem Wortlaut nicht die Bildung einer zusätzlichen Arbeitnehmervertretung zum Inhalt hat. Die durch die Spartenbetriebsräte vertretenen Arbeitnehmer sind daher nicht zugleich ihrem eigentlichen Beschäftigungsbetrieb zugeordnet, d. h. dort nicht wahlberechtigt oder wählbar.

5 **c) Andere Arbeitnehmervertretungsstrukturen.** Sie können durch eine Vereinbarung nach § 3 I Nr. 3 BetrVG geschaffen werden, wenn dies auf Grund der Organisationsstrukturen oder der Zusammenarbeit von mehreren Unternehmen einer wirksamen und zweckmäßigen Interessenvertretung der Arbeitnehmer dient. Auf Grund ihrer unscharfen Tatbestandsvoraussetzungen ist der Anwendungsbereich der Vorschrift nur schwer erkennbar. Nach der Gesetzesbegründung soll sie z. B. in einem mittelständischen Konzern mit wenigen kleinen Konzernunternehmen die Bildung einer nur ein- oder zweistufigen Interessenvertretung ermöglichen oder die eines Konzernbetriebsrats in einem Gleichordnungskonzern. Daneben soll sie die Schaffung von Arbeitnehmervertretungen ermöglichen, die auf moderne Produktionsformen (Just-in-time Produktion, Fraktale Fabrik und shop-in-shop) abgestimmt sind (BT-Drucks. 14/5741 S. 34).

6 **2. Regelungsform.** Vereinbarungen nach § 3 I BetrVG sind zulässig, soweit sie durch Tarifvertrag erfolgen (§ 199). Da es sich insoweit um betriebsverfassungsrechtliche Normen handelt, ist die alleinige Tarifgebundenheit des Arbeitgebers ausreichend (§ 3 II TVG). Sind mehrere Gewerkschaften tarifzuständig, muss der Arbeitgeber den Tarifvertrag nicht mit allen in Betracht kommenden Gewerkschaften abschließen; ebenso wenig besteht eine Pflicht zur Bildung einer Zwangstarifgemeinschaft.[2] Schließt der Arbeitgeber mit zwei tarifzuständigen Gewerkschaften Tarifverträge nach § 3 BetrVG ab, kann es zu einer Tarifkonkurrenz kommen, deren Auflösung sich regelmäßig nach dem Prioritätsprinzip richtet.[3] Umstr. ist auch, ob die nach § 3 BetrVG ab-

---

[1] A. A. LAG Hessen 21. 4. 2005 – 9/5 TaBV 115/04 – juris.

[2] Rechtsbeschwerde anhängig: 7 ABR 27/08, Termin 29. 7. 2008; LAG Köln 31. 1. 2008 ArbuR 2008, 362; a. A. LAG Nürnberg 21. 2. 2008 LAGE § 3 BetrVG 2001 Nr. 1.

[3] Wie hier GK-BetrVG/*Kraft/Franzen* § 3 RN 34; a. A. DKK/*Trümner* § 3 RN 157; *Friese* ZfA 2003, 237, 272 – jeweils Mehrheitsprinzip; *Thüsing* ZIP 2003, 693, 699 – Sachnähe; *Annuß* NZA 2002, 290, 293 – Unwirksamkeit beider Tarifverträge.

geschlossenen Tarifverträge Nachwirkung entfalten.[4] Besteht keine tarifliche Regelung und gilt auch kein anderer Tarifvertrag, können Regelungen über Unternehmen mit mehreren Betrieben (Nr. 1) und die Bildung von Spartenbetriebsräten (Nr. 2) auch durch Betriebsvereinbarung getroffen werden; in diesen Fällen ist eine Delegation der tariflichen Regelungsbefugnis auf die Betriebsparteien zulässig. Wegen der besonderen Tragweite der Nr. 3 hat der Gesetzgeber die Bildung von anderen Arbeitnehmervertretungsstrukturen den Tarifvertragsparteien vorbehalten. Eine betriebliche Regelung ist aber bereits dann unzulässig, wenn ein anderer Tarifvertrag unabhängig von seinem Inhalt, z. B. ein Mantel- oder Vergütungstarifvertrag, kraft beiderseitiger Tarifbindung (§§ 3 I, 4 I TVG) oder Allgemeinverbindlichkeit (§ 5 TVG) im Betrieb gilt; insoweit geht die Sperre über den Tarifvorbehalt des § 77 III BetrVG hinaus; § 77 III 2 BetrVG ist entsprechend anwendbar. Die Zuständigkeit für eine betriebliche Vereinbarung wird regelmäßig beim Gesamtbetriebsrat und bei Vereinbarungen nach Nr. 2 auch beim Konzernbetriebsrat liegen; eine SE-Beteiligungsvereinbarung reicht nicht aus. Die Belegschaft kann ausschließlich unter den in § 3 III BetrVG genannten Voraussetzungen die Wahl eines unternehmenseinheitlichen Betriebsrats beschließen.

Umstr. ist die **Erstreikbarkeit** von Tarifverträgen nach § 3 I BetrVG. Dies wird teilweise mit dem Hinweis auf die fehlende Legitimation der Tarifvertragsparteien verneint, deren Normsetzungsmacht sich im Bereich des § 3 I BetrVG nur aus einer Delegation des Gesetzgebers ergebe.[5] Dieser Auffassung ist nur im Ergebnis zuzustimmen. Zwar haben die Tarifvertragsparteien ein verfassungsrechtlich abgesichertes Recht auch zur Normsetzung in betriebsverfassungsrechtlichen Angelegenheiten. Allerdings gelten betriebsverfassungsrechtliche Vorschriften nach § 3 II TVG einheitlich im Betrieb. Soweit der Gesetzgeber den Tarifvertragsparteien im Bereich der Organisationsvorschriften daher eine Rechtssetzung zugestanden hat, können die das Gesetz ersetzenden Regelungen nur freiwillig getroffen werden und nicht Gegenstand von Arbeitskämpfen sein.[6] Regelmäßig werden tarifliche Vereinbarungen nach § 3 I BetrVG in Firmentarifverträgen getroffen werden, an denen auf Arbeitgeberseite mehrere Unternehmen beteiligt sein können. Zu einer möglichen Tarifkonkurrenz vgl. § 203 RN 55 ff. 7

3. Wirkungen. Die nach § 3 I Nr. 1–3 BetrVG gebildete Arbeitnehmervertretung tritt an die Stelle des gesetzlich vorgesehenen Betriebsratsgremiums. Allerdings gelten nach Ansicht des BAG in den nach § 3 I Nr. 1 Buchst. b BetrVG zusammengefassten Betrieben für die bisherigen Teileinheiten die bei der Zusammenfassung bestehenden Vereinbarungen und (titulierten) Verpflichtungen der Betriebsparteien grundsätzlich bis zu einer Ablösung weiter.[7] Nach § 3 V 2 BetrVG finden die Vorschriften über Rechte und Pflichten des Betriebsrats und die Rechtsstellung seiner Mitglieder Anwendung. Die neuen Organisationseinheiten gelten als Betriebe i. S. d. BetrVG, insoweit werden auch Vorschriften mit kündigungsrechtlichem Bezug (§§ 78 a, 102, 103, 111–113 BetrVG, § 1 II, III, 15 IV, V KSchG) von § 3 I BetrVG erfasst. Wird eine Vereinbarung nach § 3 I Nr. 1–3 BetrVG geschlossen, führt diese nicht zum Ende der Amtszeit eines bestehenden Betriebsrats. Die neuen Strukturen sind erst bei der nächsten regelmäßigen Wahl zu berücksichtigen oder wenn aus anderen Gründen eine Neuwahl des Betriebsrats erforderlich ist; eine Ausnahme gilt nur, wenn der Tarifvertrag oder die Betriebsvereinbarung einen anderen Wahlzeitpunkt vorsehen (§ 3 IV BetrVG). Eine auf der Grundlage eines unwirksamen Tarifvertrags oder einen unwirksamen Betriebsvereinbarung nach § 3 BetrVG durchgeführte Betriebsratswahl ist regelmäßig nicht nichtig, sondern lediglich anfechtbar. 8

III. Zusätzliche Arbeitnehmervertretungen

1. Voraussetzungen. Zusätzliche Arbeitnehmervertretungen können unter den Voraussetzungen der § 3 I Nr. 4, 5 BetrVG zur Verbesserung einer unternehmensübergreifenden Zusammenarbeit von Betriebsräten und Erleichterung einer Zusammenarbeit zwischen Betriebsrat und Arbeitnehmern geschaffen werden. Zur Regelungsform RN 6 f. 9

a) Unternehmensübergreifende Vertretungen. Nach § 3 I Nr. 4 BetrVG können durch Tarifvertrag zusätzliche betriebsverfassungsrechtliche Gremien errichtet werden, die der unternehmensübergreifenden Zusammenarbeit von Arbeitnehmervertretungen dienen. Durch eine 10

[4] Dafür *Oetker,* FS Schaub, S. 535, 547 ff.; wohl auch BAG 14. 2. 1989 AP 52 zu Art. 9 GG = NZA 89, 601; dagegen allerdings die überwiegende Auffassung im Schrifttum vgl. GK-BetrVG/*Kraft/Franzen* § 3 RN 35 m. w. Nachw.

[5] *Reichold* NZA 2001, 857, 859; *Richardi* § 3 RN 59; *Rieble* ZIP 2001, 138 f.

[6] *Reichold* NZA 2001, 857, 859; *Konzen* RdA 2001, 76, 86; a. A. DKK/*Trümner* § 3 RN 154.

[7] BAG 18. 3. 2008 AP 6 zu § 3 BetrVG 1972 = NZA 2008, 1259.

solche Vereinbarung könnte etwa die rechtliche Grundlage für ein institutionalisiertes Zusammenwirken der Betriebsräte in einer bestimmten Region oder innerhalb eines bestimmten Produktions- bzw. Dienstleistungsbereichs geschaffen werden. Da jedoch ein übergreifendes Betriebsratsgremium außerhalb des Unternehmens oder Konzerns fehlt, ist eine Vereinbarung nach Nr. 4 nur durch den Abschluss von insoweit inhaltsgleichen Gesamt- bzw. Betriebsvereinbarungen in den an der Zusammenarbeit beteiligten Unternehmen möglich.

11 **b) Zusätzliche Vertretungen.** Zulässig ist auch die Schaffung von zusätzlichen Vertretungen, die die Zusammenarbeit zwischen Betriebsrat und Arbeitnehmern erleichtern soll (§ 3 I Nr. 5 BetrVG). Die Vorschrift knüpft an § 3 I Nr. 1 BetrVG a. F. an, der den Tarifvertragsparteien unter ähnlichen Voraussetzungen die Möglichkeit eröffnete, zusätzliche betriebsverfassungsrechtliche Vertretungen für bestimmte Beschäftigungsarten oder Arbeitsbereiche (Arbeitsgruppen) zu schaffen. Diese werden auch nach der Neufassung des § 3 I BetrVG von der Ermächtigung in Nr. 5 erfasst. Die zusätzlichen Vertretungen können auch für die Unternehmens- oder Konzernebene geschaffen werden. So können Vereinbarungen über Abteilungssprecher oder Sprecher von allen unternehmensangehörigen Arbeitnehmern mit gleichartiger Funktion, wie z. B. bei Außendienstmitarbeitern abgeschlossen werden. Die nach § 3 I Nr. 5 BetrVG gebildeten Arbeitnehmervertretungen müssen von allen Arbeitnehmern nach demokratischen Grundsätzen gewählt werden, auf die sich die Vereinbarung erstreckt. Auch eine Differenzierung nach Gewerkschaftszugehörigkeit ist nicht zulässig, weshalb die Errichtung von gewerkschaftlichen Vertrauensleuten in den Betrieben nicht von Nr. 5 erfasst wird.

12 **2. Funktion.** Durch eine Vereinbarung nach § 3 I Nr. 4, 5 BetrVG können die zusätzlichen Arbeitnehmervertretungen aber nicht mit Beteiligungsrechten gegenüber einzelnen Unternehmen oder Betrieben ausgestattet werden. Insbesondere die gesetzliche Zuständigkeit der nach dem BetrVG gebildeten Betriebsratsgremien kann insoweit nicht abgeändert werden. Dies folgt aus dem Zweck des Gesetzes, das lediglich die Zusammenarbeit zwischen den Arbeitnehmervertretungen bzw. Betriebsrat und Arbeitnehmern verbessern will. Auch die Vereinbarung eines Stimmrechts in den Betriebsratssitzungen ist unzulässig.

13 **3. Persönliche Rechtsstellung.** Für die zusätzliche Vertretung finden die Vorschriften über die Rechtsstellung des Betriebsrats und der Betriebsratsmitglieder grundsätzlich keine Anwendung. Aus diesem Grund sind daher die Vorschriften über Betriebsratsschulungen und den besonderen Kündigungsschutz nicht anzuwenden. Deshalb müssen durch Tarifvertrag oder Betriebsvereinbarung besondere Schutzvorschriften für die gebildeten Arbeitnehmervertretungen und deren Mitglieder getroffen werden. Die Mitglieder der zusätzlichen Vertretung haben jedoch Anspruch auf Fortzahlung der Vergütung bei notwendiger Amtstätigkeit (§ 37 I, II BetrVG) sowie auf Ersatz der notwendigen Aufwendungen (§ 40 I BetrVG). Daneben dürfen sie in ihrer Amtstätigkeit nicht benachteiligt werden (§ 78 BetrVG) und unterliegen der Verschwiegenheitspflicht (§§ 79 II, 120 BetrVG).

IV. Unternehmenseinheitlicher Betriebsrat

14 **1. Voraussetzungen.** Nach § 3 III BetrVG können die Arbeitnehmer **(a)** eines Unternehmens mit mehreren Betrieben die Bildung eines unternehmenseinheitlichen Betriebsrats initiieren, wenn **(b)** in keinem der Betriebe des Unternehmens ein Betriebsrat gebildet ist und **(c)** kein Tarifvertrag über die Errichtung eines unternehmenseinheitlichen Betriebsrats (§ 3 I Nr. 1 a BetrVG; RN 3) besteht. Voraussetzung ist eine Abstimmung über die Bildung eines unternehmenseinheitlichen Betriebsrats. Zu dieser können entweder drei wahlberechtigte Arbeitnehmer oder eine im Betrieb vertretene Gewerkschaft einladen. Für die Durchführung der Abstimmung bestehen keine Formvorschriften, sie kann daher auf einer Versammlung sämtlicher Arbeitnehmer des Unternehmens oder schriftlich in den einzelnen Betrieben erfolgen. Die Wahl eines unternehmenseinheitlichen Betriebsrats wird nur durchgeführt, wenn die Mehrheit der Arbeitnehmer, die sich an der Abstimmung beteiligt haben, für dessen Bildung gestimmt hat; die Einladung zu der Versammlung und die Abstimmung muss allerdings den für demokratische Wahlen geltenden Anforderungen genügen. Die Errichtung von Einzelbetriebsräten ist ausgeschlossen, solange ein unternehmenseinheitlicher Betriebsrat gebildet ist. Wird das Unternehmen später von einem Tarifvertrag nach § 3 I Nr. 1 a BetrVG erfasst oder beschließen die Arbeitnehmer in einer weiteren Versammlung nach § 3 III BetrVG die Aufhebung ihres Beschlusses, endet die Amtszeit eines gebildeten unternehmenseinheitlichen Betriebsrats erst mit dem regulären Ablauf seiner Amtsperiode.

2. Wahlvorstand. Ein Wahlvorstand wird nur gebildet, wenn die Abstimmung nach § 3 III BetrVG eine relative Mehrheit für die Bildung eines unternehmenseinheitlichen Betriebsrats ergeben hat,[8] ansonsten unterbleibt seine Bestellung. Handelt es sich um ein konzernverbundenes Unternehmen und besteht ein Konzernbetriebsrat, wird der Wahlvorstand von diesem bestellt (§ 17 I BetrVG). Ansonsten erfolgt seine Wahl in einer weiteren Versammlung der Arbeitnehmer des Unternehmens, die an die Stelle der Betriebsversammlung (vgl. § 17 II BetrVG) tritt. Zu dieser können die in § 17 III BetrVG Genannten (Gewerkschaft/drei wahlberechtigte Arbeitnehmer) einladen. Zu ihrem Ablauf vgl. § 217 RN 3f. Die Abstimmung nach § 3 III 1, 2 BetrVG und die Bestellung eines Wahlvorstands können auch in einer Versammlung erfolgen, wenn die Einladung entsprechend gefasst ist. Findet trotz Einladung keine Versammlung der unternehmensangehörigen Arbeitnehmer statt oder wird auf ihr kein Wahlvorstand gebildet, bestellt ihn das Arbeitsgericht unter den Voraussetzungen des § 17 IV BetrVG. 15

V. Streitigkeiten

Streitigkeiten über die Zulässigkeit, Rechtswirksamkeit und den Inhalt von Vereinbarungen nach § 3 BetrVG sind grundsätzlich im Beschlussverfahren (§ 2a I Nr. 1 ArbGG) auszutragen; die Wirksamkeit eines Tarifvertrags oder einer Betriebsvereinbarung kann aber auch im Individualverfahren inzidenter überprüft werden. Am Verfahren sind alle Arbeitnehmervertretungen beteiligt, deren Bestand, Zuständigkeit oder Beteiligungsrechte von einer rechtskräftigen Entscheidung betroffen sind; dies gilt entsprechend für die Beteiligung von Gewerkschaften, wenn die Befugnis zum Abschluss eines Tarifvertrags zwischen ihnen umstritten ist.[9] Für das gerichtliche Verfahren bei Auseinandersetzungen zwischen dem Arbeitgeber und den nach § 3 BetrVG gebildeten Vertretungen über ihre Wahl, Geschäftsführung und Beteiligungsrechte gelten gegenüber den nach § 1 BetrVG gebildeten Betriebsräten keine prozessualen Besonderheiten. 16

---

[8] A. A. ArbG Düsseldorf 12. 6. 2008 AE 2008, 304 – absolute Mehrheit.

[9] Weitergehend LAG Nürnberg 21. 2. 2008 LAGE § 3 BetrVG 2001 Nr. 1.

2. Abschnitt. Betriebsratswahlen

§ 217. Grundzüge der Betriebsratswahl

Anuschek, Betriebsratswahl, 2. Aufl., 2007; *Bertelsmann,* Wahl des Betriebsrats, AR-Blattei SD 530.6; *Boehmke,* Die Betriebsratswahl, 2005; *Fricke/Grimberg/Wolter,* Die Betriebsratswahl, 5. Aufl., 2002; *Grimm/Brock/Windeln,* Betriebsratswahlen, DB 2006, 156; *Thüsing/Lambrich,* Die Wahl des Betriebsrats nach neuem Recht, NZA-Sonderheft 2001, 79; *Wolf,* Betriebsstrukturen und Betriebsratswahlen nach der Gesetzesnovelle 2001, JbArbR 40 (2003), S. 99.

Muster: ArbR-Formb. § 39.

Übersicht

	RN
I. Wahlvorstand	1 ff.
1. Bestellung	1–1 g
2. Betriebsversammlung	2–4
3. Kleinbetriebe	5, 6
4. Mitglieder	7
5. Rechtsstellung der Wahlvorstandsmitglieder	8
6. Abberufung des Wahlvorstands	9
7. Wahl ohne Wahlvorstand	10
II. Aktives und passives Wahlrecht	11 ff.
1. Wahlberechtigung	11–11 c
2. Wählbarkeit	12
3. Ruhendes Arbeitsverhältnis	13
4. Gekündigte Arbeitnehmer	14
5. Zuordnungsverfahren	15–23
III. Betriebsratsmitglieder	24 ff.
1. Zahl der regelmäßig beschäftigten Betriebsangehörigen	24
2. Gruppenschutz	25
3. Geschlecht	26, 26 a
IV. Regelmäßige und außerordentliche Betriebsratswahlen	27 ff.
1. Regelmäßige Betriebsratswahlen	27
2. Ausnahmen	28
3. Außerordentliche Betriebsratswahl	29
V. Wahlgrundsätze	30
VI. Wahlverfahren	31 ff.
1. Wählerliste	31
2. Wahlausschreiben	32
3. Wahlvorschläge	33
4. Aufbau des Wahlvorschlags	34
5. Prüfung des Wahlvorschlags	35
6. Rechtsschutz	36
7. Stimmabgabe	37
8. Stimmauszählung	38
9. Vereinfachtes Wahlverfahren	39–44

I. Wahlvorstand

1 **1. Bestellung.** Die Bestellung des Wahlvorstands für die Betriebsratswahl ist abhängig davon, ob es sich um einen bisher betriebsratslosen Betrieb handelt oder bereits ein Betriebsrat gebildet ist.

1a **a) Betriebsratsloser Betrieb. aa) Bestellung durch Gesamt- bzw. Konzernbetriebsrat.** Soweit in einem betriebsratspflichtigen Betrieb, unerheblich aus welchen Gründen,[1] kein Betriebsrat besteht, wird ein Wahlvorstand für die Betriebsratswahl entweder durch den Gesamtbetriebsrat oder, wenn ein solcher nicht besteht, durch den Konzernbetriebsrat bestellt (§ 17 I BetrVG). Die Bestellung eines Wahlvorstands kommt in Betracht, wenn **(1)** erstmals ein Betriebsrat gewählt werden soll oder **(2)** dessen Wahl rechtskräftig angefochten worden ist oder nichtig war, **(3)** die Amtszeit des bisherigen Betriebsrats abgelaufen ist, da er dann als betriebsratslos gilt (§ 17 I BetrVG). Keine Verpflichtung besteht dagegen bei einer Amtsenthebung des bisherigen Betriebsrats (§ 23 I BetrVG), da insoweit das Arbeitsgericht den Wahlvorstand von Amts wegen bestellt.

1b Die Bestellung des Wahlvorstands steht nach dem Gesetzeswortlaut **nicht im Ermessen** des Gesamt- bzw. Konzernbetriebsrats. Die zuständige Arbeitnehmervertretung ist daher verpflichtet, einen Wahlvorstand einzusetzen.[2] Der Gesetzgeber hat trotz der im Gesetzgebungsverfahren erhobenen Bedenken gegen die mögliche Bildung eines Betriebsrats gegen den Willen der Beschäftigten an dem insoweit eindeutigen Wortlaut der Vorschrift keine Änderung vorgenommen. Aus diesem Grund ist es unbeachtlich, wenn sich die Belegschaft mehrheitlich gegen eine Betriebsratswahl ausgesprochen hat, da selbst in diesem Fall ein Wahlvorstand in der Betriebsver-

---

[1] BAG 2. 3. 1955 AP 1 zu § 18 BetrVG.

[2] GK-BetrVG/*Kreutz* § 17 RN 11; a. A. *Fitting* § 17 RN 10; *Richardi/Thüsing* § 17 RN 3.

sammlung gewählt oder durch das Arbeitsgericht bestellt werden kann. Jedoch kann nicht der Konzernbetriebsrat den Wahlvorstand bestellen, wenn der Gesamtbetriebsrat untätig bleibt. Der Konzernbetriebsrat ist nur zur Bestellung berechtigt, wenn ein Gesamtbetriebsrat nicht gebildet ist. Die Pflichtenstellung erstreckt sich auf alle betriebsratsfähigen Organisationseinheiten des Unternehmens bzw. Konzerns, für die noch kein Betriebsrat gebildet ist. Zur Vorbereitung der Bestellung von Wahlvorständen hat der Gesamtbetriebsrat einen im Beschlussverfahren zu verfolgenden Auskunftsanspruch über die Struktur des Unternehmens und zur Frage, für welche Einheiten bisher Betriebsräte gebildet worden sind. Zur Wahlvorbereitung sind er bzw. seine Mitglieder zum Betreten des bisher betriebsratslosen Betriebs berechtigt. Die Errichtung des Wahlvorstands erfolgt dann auf Grund der Verweisung in § 17 I 2 BetrVG entsprechend den Grundsätzen des § 16 I BetrVG, dazu RN 1 e.

bb) Betriebsversammlung. Besteht kein Gesamt- bzw. Konzernbetriebsrat oder kommen diese ihrer Verpflichtung zur Bestellung eines Wahlvorstands nicht nach, wird der Wahlvorstand in einer Betriebsversammlung von der Mehrheit der anwesenden Arbeitnehmer gewählt (§ 17 II BetrVG). Wird sowohl nach § 17 I BetrVG von der zuständigen Arbeitnehmervertretung wie auch von einer Betriebsversammlung nach § 17 II BetrVG ein Wahlvorstand bestellt, nimmt der zuerst gebildete Wahlvorstand die Amtsgeschäfte wahr. **1c**

cc) Arbeitsgericht. Die Bestellung durch das Arbeitsgericht kommt in betriebsratslosen Betrieben in Betracht, wenn bis zu dessen rechtskräftiger Entscheidung der Wahlvorstand nicht vom Gesamt- bzw. Konzernbetriebsrat bestellt wird und keine Betriebsversammlung stattfindet oder sie keinen Wahlvorstand wählt. In diesem Fall bestellt ihn das Arbeitsgericht auf Antrag von 3 wahlberechtigten Arbeitnehmern oder einer im Betrieb vertretenen Gewerkschaft (§ 17 IV BetrVG; Muster: ArbR-Formb. § 90). § 17 IV BetrVG ist verfassungsgemäß, insbesondere besteht kein Grundrecht der Belegschaft oder des einzelnen Arbeitnehmers auf einen „betriebsratsfreien" Betrieb. Ebenso evident ist, dass der Arbeitgeber einen entsprechenden „Wunsch" der Belegschaft nicht zur Verhinderung der Bestellung eines Wahlvorstands gerichtlich geltend machen kann.[3] Eine Gewerkschaft ist unabhängig von ihrer Tarifzuständigkeit im Betrieb vertreten, wenn ihr mindestens ein Arbeitnehmer des Betriebs als Mitglied angehört und dieser nach der Satzung nicht offensichtlich zu Unrecht als Mitglied aufgenommen wurde.[4] Der gewerkschaftliche Funktionsträger hat ein Zeugnisverweigerungsrecht bezüglich der Namen der im Betrieb beschäftigten Gewerkschaftsangehörigen.[5] Der Bestellung durch das Arbeitsgericht wird wohl der Versuch zur Einberufung der Betriebsversammlung vorangehen müssen.[6] Wird nach Anhängigkeit eines Antrags nach § 17 IV BetrVG ein Wahlvorstand gebildet, ist das Beschlussverfahren erledigt (§ 83 a ArbGG) und durch Beschluss einzustellen.[7] **1d**

b) Betrieb mit Betriebsrat. aa) Bestellung durch Betriebsrat. Besteht in einem Betrieb bereits ein Betriebsrat, bestellt dieser durch Beschluss (§ 33 BetrVG) 10 Wochen vor Ablauf seiner Amtszeit einen Wahlvorstand und eines seiner Mitglieder als Vorsitzenden (§ 16 I BetrVG). Der Zeitpunkt des Ablaufs der Amtszeit richtet sich nach § 21 BetrVG. Nimmt der Betriebsrat ein Übergangsmandat wahr, ist auf dessen Ende abzustellen. Bei einer Wahl außerhalb des regelmäßigen Wahlzeitraums (§§ 13 III, 21 BetrVG) ist der Ablauf der verlängerten oder verkürzten Amtszeit maßgeblich. Ein Wahlvorstand ist auch ordnungsgemäß bestellt worden, wenn der Betriebsrat den Wahlvorstand nach erfolgreicher Wahlanfechtung aber vor deren Rechtskraft bestellt.[8] Hat ein Betrieb mehrere Betriebsstätten in denen bislang nur ein Betriebsrat errichtet wurde und ist der Betriebsrat der Auffassung, dass zukünftig ein Betriebsrat für alle Betriebsstätten zu wählen ist, muss auf einer gemeinsamen Betriebsversammlung beider Betriebsstätten ein Wahlvorstand gewählt werden[9] (umstr.). War die vorherige Betriebsratswahl nichtig, ist der daraus hervorgegangene Betriebsrat nicht zur Einsetzung des Wahlvorstands berechtigt; dessen Einsetzung richtet sich nach den für die Betriebsratswahl im betriebsratslosen Betrieb geltenden Grundsätzen (RN 1 a).[10] **1e**

---

[3] Anders *Löwisch* BB 2006, 664.

[4] BAG 10. 11. 2004 AP 7 zu § 17 BetrVG 1972 = NZA 2005, 426.

[5] LAG Hamm 10. 8. 1994 LAGE § 383 ZPO Nr. 1 = DB 94, 2193; vgl. BAG 25. 3. 1992 AP 4 zu § 2 BetrVG 1972 = NZA 93, 134.

[6] BAG 26. 2. 1992 AP 6 zu § 17 BetrVG 1972 = NZA 92, 942 (zu § 17 BetrVG a. F.).

[7] BAG 19. 3. 1974 AP 1 zu § 17 BetrVG 1972 = DB 74, 1774.

[8] ArbG Wuppertal 20. 11. 2003 AiB 2004, 308.

[9] LAG Bremen 20. 3. 1987 AP 3 zu § 17 BetrVG 1972 = DB 87, 1539; a. A. LAG Niedersachsen 13. 5. 1998 NZA-RR 98, 545 (Betriebsrat kann Wahlvorstand bestellen).

[10] ArbG Essen 22. 6. 2004 NZA-RR 2005, 258.

1f **bb) Gesamt- bzw. Konzernbetriebsrat.** Besteht acht Wochen vor Ablauf der Amtszeit des Betriebsrats kein Wahlvorstand, kann auch der Gesamtbetriebsrat, oder wenn ein solcher nicht besteht, der Konzernbetriebsrat, den Wahlvorstand bestellen (§ 16 III BetrVG). Anders als in bisher betriebsratslosen Betrieben (§ 17 I BetrVG) steht die Bestellung des Wahlvorstands in Betrieben mit Betriebsrat im Ermessen des Gesamt- bzw. Konzernbetriebsrats, d. h. er kann auch ohne Verstoß gegen seine gesetzlichen Pflichten nach einer entsprechenden Beschlussfassung von ihr absehen. Allerdings ist er nach Ablauf der Amtszeit des bisherigen Betriebsrats verpflichtet, für den dann betriebsratslosen Betrieb nach § 17 I BetrVG einen Wahlvorstand zu bestellen.

1g **cc) Arbeitsgericht.** Unabhängig von der Bestellung eines Wahlvorstands durch den Gesamt- bzw. Konzernbetriebsrat kann der Wahlvorstand auch auf Antrag von drei wahlberechtigten Arbeitnehmern oder einer im Betrieb vertretenen Gewerkschaft (RN 1 d) durch das Arbeitsgericht bestellt werden (§ 16 II BetrVG). Die Möglichkeit, den Wahlvorstand vom Gesamt- oder Konzernbetriebsrat nach § 16 III BetrVG zu bestellen, ist lediglich eine Alternative für den Fall des Untätigbleibens des zuständigen Betriebsrats. Das Verfahren ist einzustellen, wenn bis zu seinem rechtskräftigen Abschluss ein Wahlvorstand gebildet wird. Der Antrag nach § 16 II BetrVG ist nur bis zum Ablauf der Amtszeit des Betriebsrats zulässig, da danach der Wahlvorstand nicht mehr nach § 16 II BetrVG, sondern nur durch den Gesamt- bzw. Konzernbetriebsrat (§ 17 I BetrVG) oder die Betriebsversammlung (§ 17 II BetrVG) gebildet werden kann. Ein form- und fristgerecht eingeleitetes Verfahren nach § 16 II BetrVG ist aber auch nach Ablauf der Amtszeit des Betriebsrats weiterzuführen.[11]

2 **2. Betriebsversammlung. a)** Der Wahlvorstand ist in einer Betriebsversammlung zu bilden, wenn bisher ein Betriebsrat noch nicht bestanden hat oder dessen Amtszeit abgelaufen ist, ohne dass es zu einer Bestellung eines Wahlvorstands gekommen ist (RN 1 c), da der Betrieb dann als betriebsratslos gilt. Die Wahl eines zweiten Wahlvorstands auf einer anderen (späteren) Versammlung ist nichtig.[12] Die Betriebsversammlung findet grundsätzlich während der Arbeitszeit statt.

3 **b) Einberufung.** Zu der Betriebsversammlung können drei wahlberechtigte Arbeitnehmer oder eine im Betrieb vertretene Gewerkschaft einladen und Vorschläge für die Zusammensetzung des Wahlvorstands machen (§ 17 III BetrVG). Besondere Formvorschriften für die Einladung bestehen nicht,[13] sie kann am schwarzen Brett erfolgen, benötigt weder eine ausdrückliche Aufforderung zur Teilnahme noch eine Unterschrift. Voraussetzung einer demokratischen Wahl ist aber, dass alle Arbeitnehmer Kenntnis nehmen können. Konnten nicht alle Arbeitnehmer des Betriebes von der Wahlbekanntmachung Kenntnis nehmen und haben sie hiervon auch nicht auf andere Weise erfahren, ist die Wahl nichtig, wenn durch das Fernbleiben der nicht unterrichteten Arbeitnehmer das Wahlergebnis beeinflusst werden konnte.[14] Allerdings kann der Arbeitgeber eine Wahlanfechtung nicht auf die fehlende allgemeine Zugänglichkeit des Einladungsschreibens stützen, wenn er selbst dessen Bekanntgabe verhindert hat.[15] Zur Einberufung ist auch der Arbeitgeber berechtigt, da auf seinen Wunsch der Betriebsrat eine Betriebsversammlung einzuberufen hat (§ 43 III BetrVG).[16] Die Betriebsversammlung besteht aus allen Arbeitnehmern (ausgenommen leitende Angestellte, § 5 III BetrVG 1972) des Betriebs; sie wählt einen Versammlungsleiter mit relativer Mehrheit. Der Arbeitgeber besitzt nur dann ein Teilnahmerecht, wenn er die Versammlung einberufen hat.

4 **c) Wahlvorstand.** Der Wahlvorstand wird von der Mehrheit der anwesenden Arbeitnehmer gewählt; nicht notwendig ist, dass die Mehrheit der Arbeitnehmer teilnimmt.[17] Wählbar ist nur, wer aktiv wahlberechtigt ist (§§ 16 I, 17 BetrVG). Die Wahl kann durch Handerheben erfolgen.[18] Wird der Vorsitzende des Wahlvorstands nicht durch die Betriebsversammlung gewählt, erfolgt dessen Wahl durch den Wahlvorstand selbst.

5 **3. Kleinbetriebe. a) Betrieb ohne Betriebsrat.** In bisher betriebsratslosen Betrieben mit in der Regel fünf bis fünfzig Arbeitnehmern wird der Betriebsrat in einem zweistufigen Verfah-

---

[11] LAG Düsseldorf 20. 11. 1975 DB 76, 682.
[12] LAG Düsseldorf 25. 6. 2003 ArbuR 2004, 78.
[13] LAG Hamm 9. 12. 1977 EzA 3 zu § 4 BetrVG 1972 = DB 78, 1282; 29. 3. 1973 DB 74, 389.
[14] BAG 7. 5. 1986 AP 18 zu § 15 KSchG 1969 = NZA 86, 753.
[15] LAG Frankfurt 29. 4. 1997 BB 97, 2220.
[16] BAG 14. 12. 1965 AP 5 zu § 16 BetrVG; LAG Hamm 9. 1. 1980 DB 80, 1222; a. A. *Fitting* § 17 RN 22.
[17] BAG 14. 12. 1965 AP 5 zu § 16 BetrVG.
[18] BAG 14. 12. 1965 AP 5 zu § 16 BetrVG.

ren gewählt. Auf einer ersten Wahlversammlung wird zunächst der Wahlvorstand und auf der zweiten Wahlversammlung, die ein Woche später stattfindet, der Betriebsrat gewählt (§ 14a I BetrVG). Ob auch eine Bestellung durch den Gesamt- und Konzernbetriebsrat zulässig ist, ist dem Gesetzeswortlaut nicht eindeutig zu entnehmen. Da in § 14a BetrVG nicht auf § 17 I BetrVG Bezug genommen wird, wird vertreten, dass der Wahlvorstand nur durch die Betriebsversammlung (§§ 17a Nr. 3, 17 II, III BetrVG) und hilfsweise vom Arbeitsgericht bestellt werden kann (§§ 17a Nr. 4, 17 IV BetrVG).[19] Einer solchen Interpretation steht jedoch § 17a I 1 BetrVG und die dort enthaltene Bezugnahme auf die §§ 16, 17 BetrVG entgegen. § 17 I BetrVG wird dort – anders als § 16 I 2, 3 BetrVG – nicht ausdrücklich für unanwendbar erklärt, weshalb auch in Kleinbetrieben ohne Betriebsrat die Bestellung des Wahlvorstands durch den Gesamt- bzw. Konzernbetriebsrat unter den Voraussetzungen des § 17 I BetrVG zulässig ist. Diese Sichtweise berücksichtigt überdies das Ziel des Gesetzgebers des BetrVG-ReformG, der die Bildung von Betriebsräten erleichtern wollte (BT-Drucks. 14/5741 S. 27).

b) Betrieb mit Betriebsrat. Besteht bereits ein Betriebsrat, bestellt dieser den Wahlvorstand 6
(§ 16 BetrVG); seine Bestellung durch den Gesamt- bzw. Konzernbetriebsrat oder das Arbeitsgericht ist nur zulässig, wenn der alte Betriebsrat nicht oder nicht rechtzeitig seinen Verpflichtungen nachkommt (§ 14a III BetrVG). Die Frist für die Bestellung des Wahlvorstands durch den Betriebsrat ist auf vier Wochen und für den Gesamt- bzw. Konzernbetriebsrat oder die Antragstellung beim Arbeitsgericht auf drei Wochen verkürzt (§ 17a Nr. 1 BetrVG). Wird der Wahlvorstand vom Betriebsrat, Gesamt- bzw. Konzernbetriebsrat oder vom Arbeitsgericht bestellt, entfällt die erste Wahlversammlung.

4. Mitglieder. Der Wahlvorstand besteht, auch wenn nur ein Betriebsobmann gewählt wer- 7
den muss, aus 3 wahlberechtigten Arbeitnehmern. Die Bestellung betriebsfremder Mitglieder einer im Betrieb vertretenen Gewerkschaft ist nur zulässig, wenn keine betriebsangehörigen Arbeitnehmer zur Verfügung stehen, die Gewähr für die ordnungsgemäße Durchführung der Betriebsratswahl bieten, z.B., weil sie nicht bereit, fähig oder geeignet sind, für eine ordnungsgemäße Durchführung der Betriebsratswahl zu sorgen.[20] Wenn es zur ordnungsgemäßen Durchführung der Wahl erforderlich ist (z.B. in Groß- und Schichtbetrieben mit mehreren Wahllokalen), kann die Zahl der Wahlvorstandsmitglieder durch gesondert anfechtbaren Beschluss erhöht werden; der Wahlvorstand muss in jedem Fall aus einer ungeraden Zahl von Mitgliedern bestehen (§ 16 I 2, 3 BetrVG). Eine Erhöhung kommt in Betracht, wenn mehr als drei Wahllokale geöffnet werden sollen (arg. § 12 II WahlO). In Betrieben mit bis zu fünfzig Arbeitnehmern ist eine Erhöhung der Wahlvorstandsmitglieder ausgeschlossen (§ 17a Nr. 2 BetrVG). Jede im Betrieb vertretene Gewerkschaft kann zusätzlich einen dem Betrieb angehörenden Beauftragten als nicht stimmberechtigtes Mitglied in den Wahlvorstand entsenden, sofern ihr nicht bereits ein stimmberechtigtes Wahlvorstandsmitglied angehört (§ 16 I 6 BetrVG). Das Arbeitsgericht kann für Betriebe mit i.d.R. mehr als 20 wahlberechtigten Arbeitnehmern auch Mitglieder einer im Betrieb vertretenen Gewerkschaft, die nicht Arbeitnehmer des Betriebs sind, zu Mitgliedern des Wahlvorstands bestellen, wenn dies zur ordnungsgemäßen Durchführung der Wahl erforderlich ist.[21] Die Bestellten haben keinen Anspruch auf Erstattung ihrer Vergütung, da sie nicht in einem Arbeitsverhältnis zum Arbeitgeber stehen, dagegen können sie Erstattung ihrer Aufwendungen verlangen. Die Gewerkschaft kann keine Erstattung der Lohnkosten ihrer Gewerkschaftssekretäre beanspruchen, wohl aber Aufwendungsersatz. Für jedes Mitglied des Wahlvorstands kann ein Verhinderungsvertreter bestellt werden (§ 17 I 4 BetrVG). Sinkt die Anzahl seiner Mitglieder unter drei, muss eine Nachwahl oder Nachbestellung vorgenommen werden.[22] Fehler bei der Bestellung des Wahlvorstands können zur Anfechtbarkeit der Betriebsratswahl führen.[23] Zu den Rechtsschutzmöglichkeiten während des Wahlverfahrens RN 36.

5. Rechtsstellung der Wahlvorstandsmitglieder. Die Mitglieder des Wahlvorstands haben 8
Anspruch auf Fortzahlung der Vergütung, wenn sie in Ausübung ihres Amtes an der Arbeitsleistung verhindert sind (§ 20 III 2 BetrVG).[24] Der Arbeitgeber hat das Entgelt fortzuzahlen, das der Arbeitnehmer erzielt hätte, wenn er nicht durch die Wahlvorbereitung oder Wahl an der Arbeits-

---

[19] *Löwisch* BB 2001, 1738f.; a.A. *Richardi/Thüsing* § 14a RN 8.
[20] LAG München 20. 4. 2004 LAGE § 16 BetrVG 2001 Nr. 1.
[21] LAG Düsseldorf 7. 11. 1974 DB 75, 260.
[22] Vgl. BAG 14. 12. 1965 AP 5 zu § 16 BetrVG; LAG Düsseldorf 7. 11. 1974 DB 75, 260.
[23] BAG 3. 6. 1975 AP 1 zu § 5 BetrVG 1972 Rotes Kreuz = NJW 76, 386; 2. 3. 1955 AP 1 zu § 18 BetrVG.
[24] BAG 26. 6. 1973 AP 4 zu § 20 BetrVG 1972 = DB 73, 1955.

leistung gehindert gewesen wäre. Hierzu kann auch die Bezahlung von Überstunden gehören.[25] Wahlvorstandsmitglieder haben für erforderliche Wahlvorstandstätigkeit, die aus betrieblichen Gründen außerhalb ihrer Arbeitszeit zu leisten war, Ausgleichsansprüche in entsprechender Anwendung des § 37 III BetrVG.[26] Eine eigenmächtige Festlegung des Zeitumfangs der Arbeit des Wahlvorstands durch den Arbeitgeber ist nicht zulässig.[27] Zur Beurteilung der Erforderlichkeit der Arbeitszeitversäumnis ist vielmehr von einem subjektiv-objektiven Maßstab auszugehen. Erforderlich ist die Arbeitszeitversäumnis, die ein verständiger Arbeitnehmer für erforderlich halten darf. Zahlt der Arbeitgeber die Arbeitsvergütung nicht, kann sie im Urteilsverfahren eingeklagt werden.[28] Das Gericht hat als Vorfrage zu prüfen, ob die Arbeitsversäumnis notwendig war. Ein Wahlvorstandsmitglied, das Anspruch auf Fortzahlung des Arbeitsentgelts trotz Versäumnis von Arbeitszeit geltend macht, hat die Voraussetzungen für die Wahltätigkeit und ihre Erforderlichkeit darzulegen und ggf. zu beweisen.[29] Die Mitglieder des Wahlvorstands sind nicht gehindert, zum Betriebsrat zu **kandidieren**[30] oder **Wahlvorschlagslisten** zu unterschreiben.[31] Der Wahlvorstand ist ohne sachlichen Grund nicht befugt, zu seinen im Betrieb abgehaltenen Sitzungen einen Gewerkschaftsvertreter einzuladen. Ein ohne Grund eingeladener Gewerkschaftsvertreter hat kein Zutrittsrecht zum Betrieb.[32] Wahlvorstandsmitglieder genießen einen besonderen Kündigungsschutz (§ 143); dies gilt nicht, wenn die Wahl zum Wahlvorstand nichtig war.[33] Zur Erstattungsfähigkeit von Sachkosten § 218 RN 7f., zum Anspruch auf Schulung des Wahlvorstands § 218 RN 9 und zur Übernahmepflicht von Aufwendungen bei Rechtsstreitigkeiten § 218 RN 10.

9 **6. Abberufung des Wahlvorstands.** Im Interesse der Unabhängigkeit des Wahlvorstands ist seine Abberufung nur durch das Arbeitsgericht möglich. Antragsberechtigt sind der Betriebsrat, drei wahlberechtigte Arbeitnehmer oder eine im Betrieb vertretene Gewerkschaft (§ 18 I BetrVG). Ebenso wenig kann der Wahlvorstand mit der Mehrheit seiner Mitglieder seine Auflösung beschließen; wohl können einzelne Mitglieder vom Amt zurücktreten.[34] Das Amt des Wahlvorstands endet mit der Einberufung des Betriebsrats zur konstituierenden Sitzung.[35] Damit endet auch seine Fähigkeit, Beteiligter an einem Beschlussverfahren zu sein.[36] Ist dem Wahlvorstand im Wege der einstweiligen Verfügung untersagt worden, die Betriebsratswahl durchzuführen, bleibt er bis zur Rechtskraft der Entscheidung in der Hauptsache im Amt.[37] Wird umgekehrt ein Wahlvorstand in einer gerichtlichen Entscheidung durch einen neuen Wahlvorstand ersetzt, darf der neue Wahlvorstand erst tätig werden, wenn der Beschluss rechtskräftig ist.

10 **7. Wahl ohne Wahlvorstand.** Eine ohne Wahlvorstand durchgeführte Betriebsratswahl ist nichtig.

II. Aktives und passives Wahlrecht

Blanke, Die betriebsverfassungsrechtliche Stellung der Leiharbeit, DB 2008, 1153; *Böhm,* Leiharbeitnehmer: Wahlrecht zum Betriebsrat im Kundenbetrieb?, DB 2006, 104; *Brors,* „Fremdpersonaleinsatz" – Wer ist gemäß § 7 S. 2 wahlberechtigt?, NZA 2002, 123; *dies.,* Leiharbeitnehmer wählen ohne zu zählen – eine kurzlebige Entscheidung, NZA 2003, 1380; *Brose,* Die betriebsverfassungsrechtliche Stellung von Leiharbeitnehmern nach den Änderungen des AÜG, NZA 2005, 797; *Däubler,* Wählen aber nicht zählen – vermeidbare Rigiditäten im Betriebsverfassungsrecht, ArbuR 2004, 81; *Dewender,* Die Rechtsstellung der Leiharbeitnehmer nach den §§ 7 Satz 2 und 9 BetrVG, RdA 2003, 274; *Dörner,* Der Leiharbeitnehmer in der Betriebsverfassung, FS Wißmann (2005), S. 286; *Haag/Gräter/Dangelmaier,* Ende der Mitgliedschaft von Arbeitnehmern im Aufsichtsrat bei Eintritt in die Freistellungsphase nach dem Altersteilzeitgesetz, DB 2001, 702; *Franke,* Betriebsratswahlen 2002 – Wahlanfechtungen sind vorprogrammiert, NJW 2002, 656; *Kreutz,*

---

[25] BAG 29. 6. 1988 AP 1 zu § 24 BPersVG = NZA 89, 315.
[26] BAG 26. 4. 1995 AP 17 zu § 20 BetrVG 1972 = NZA 96, 160.
[27] LAG Schleswig-Holstein 15. 12. 2004 LAGE § 20 BetrVG 2001 Nr. 1 = NZA-RR 2005, 253.
[28] BAG 5. 3. 1974 AP 5 zu § 20 BetrVG 1972; 11. 5. 1973 AP 2 zu § 20 BetrVG 1972.
[29] BAG 5. 3. 1974 AP 5 zu § 20 BetrVG 1972 = DB 74, 1535.
[30] BAG 12. 10. 1976 AP 1 zu § 8 BetrVG 1972 = NJW 77, 647; a. A. ArbG Ludwigshafen 23. 5. 1975 EzA 3 zu § 16 BetrVG 1972 = BB 76, 1175; vgl. auch LAG Frankfurt 16. 3. 1987 DB 87, 1204 = NZA 87, 572 (besondere Pflichtenstellung).
[31] BAG 4. 10. 1977 AP 2 zu § 18 BetrVG 1972 = DB 78, 449.
[32] LAG Hamm 13. 8. 1980 DB 81, 848.
[33] BAG 7. 5. 1986 AP 18 zu § 15 KSchG 1969 = NZA 86, 753.
[34] LAG Düsseldorf 26. 3. 1975 DB 75, 840.
[35] BAG 28. 2. 1958 AP 1 zu § 29 BetrVG; 7. 7. 1954 AP 1 zu § 24 BetrVG.
[36] BAG 26. 10. 1962 AP 11 zu § 76 BetrVG.
[37] BAG 25. 9. 1986 AP 7 zu § 1 BetrVG 1972 = NZA 87, 708.

Leiharbeitnehmer wählen – nur Argumente zählen, FS Wißmann (2005), S. 364; *Lindemann/Simon,* Wahlberechtigung und Ermittlung der Betriebsratsgröße, NZA 2002, 365; *Marschmann,* Leiharbeitnehmer und Betriebsratswahl nach dem BetrVG-Reformgesetz, DB 2001, 2446; *Nicolai,* Zum Zählen und Wählen bei Betriebsratswahlen, DB 2003, 2599; *Reinecke, Th.,* Arbeitnehmerüberlassungsgesetz – Reformbedarf nach den Hartz-Reformen?, FS Löwisch (2007), S. 211; *Schiefer,* Keine Berücksichtigung von Leiharbeitnehmern bei der Ermittlung von Schwellenwerten im Betriebsverfassungsgesetz, DB 2002, 1774; *Schirmer,* Die betriebsverfassungsrechtliche Stellung des Leiharbeitnehmers im Entleiherbetrieb, FS BAG (2004), S. 1063; *Schulze,* Ein-Euro-Jobber – Arbeitnehmer im Sinne des BetrVG?, NZA 2005, 1332; *Sieg,* Qualen bei Arbeitnehmerwahlen, FS Hromadka (2008), S. 437; *Sieg/Siebels,* Arbeitnehmervertreter im Aufsichtsrat – Vereinfachung des Wahlverfahrens, NZA 2002, 697; *Wlotzke,* Zum Wahlrecht von Leiharbeitnehmern und vergleichbaren Arbeitnehmern zur Wahl des Betriebsrats im Einsatzbetrieb, FS 50 Jahre BAG (2004) S. 1149.

1. Wahlberechtigung. a) Wahlberechtigt sind alle Arbeitnehmer (dazu § 212 RN 5 ff.), die spätestens am Wahltag das 18. Lebensjahr vollendet haben (§ 7 Satz 1 BetrVG) und in den Betrieb eingegliedert sind, d. h. dort beschäftigt werden. Die rechtliche Bindung, d. h. das Bestehen eines Arbeitsvertrags allein genügt nicht, vielmehr muss der Arbeitnehmer auch in den Betrieb eingegliedert sein.[38] Wahlberechtigt sind daher auch Teilzeit-, Probe- und Aushilfsarbeitnehmer,[39] geringfügig Beschäftigte (z. B. Zeitungsausträger).[40] **Auszubildende** sind nur wahlberechtigt, wenn sich ihre Berufsausbildung auf der Grundlage eines privatrechtlichen Ausbildungsvertrags vollzieht und sie in den Ausbildungsbetrieb eingegliedert sind.[41] Dagegen sind sie nicht wahlberechtigt in einem Betrieb, dessen arbeitstechnischer Zweck in der Berufsausbildung besteht.[42] Dies gilt auch dann, wenn sie mitarbeiten oder sich eine Vielzahl von Regelungen des Betriebs auf sie erstreckt. Trainees einer Großbank wählen im Praxisjahr nur zum Betriebsrat der Einsatzfiliale mit.[43] Ein ständig zu einer Auslandsvertretung entsandter Arbeitnehmer ist weder wahlberechtigt noch wählbar, selbst wenn für das Arbeitsverhältnis deutsches Arbeitsrecht gilt.[44] **11**

Nicht wahlberechtigt sind die leitenden Angestellten (§ 5 III BetrVG). Sie können einen Sprecherausschuss wählen (vgl. §§ 245 ff.). Die im Rahmen eines Dienst- oder Werkvertrags tätigen Arbeitnehmer eines dritten Unternehmers sind weder wahlberechtigt noch wählbar noch zählen sie bei der Belegschaftsstärke mit.[45] Arbeitnehmer in Franchiseunternehmen sind im Betrieb des Franchisegebers nicht zu berücksichtigen. Gleiches gilt für Teilnehmer an einem freiwilligen sozialen bzw. ökologischen Jahr, da sie weder Arbeitnehmer noch Auszubildende sind.[46] Beamte sind nur wahlberechtigt, wenn sie als Arbeitnehmer des Betriebs gelten,[47] d. h. auf Grund eines Arbeitsvertrags beschäftigt werden (dazu § 212 RN 9). In **Altersteilzeit** beschäftigte Arbeitnehmer verlieren beim Blockmodell mit dem Eintritt in die Freistellungsphase ihre Wahlberechtigung,[48] da es wegen der unwiderruflichen Freistellung an einer fortdauernden Eingliederung in den Betrieb fehlt. Ebenso sind im Rahmen einer Arbeitsgelegenheit beschäftigte Bezieher von Alg. II (§ 16 d SGB II) nicht wahlberechtigt, da sie nicht auf Grund eines Arbeitsvertrags beschäftigt werden (§ 8 RN 20). **11a**

b) Arbeitnehmerüberlassung. aa) Arbeitnehmer, die zur Arbeitsleistung überlassen worden sind, können den Betriebsrat mitwählen, wenn sie länger als drei Monate im Betrieb eingesetzt werden[49] (§ 7 Satz 2 BetrVG; vgl. auch § 120 RN 90). Dies betrifft nicht nur die unechte Leiharbeit nach dem AÜG, sondern auch die Konzernleihe und die nicht gewerbsmäßige Arbeitnehmerüberlassung,[50] erforderlich ist aber stets, dass die überlassenen Arbeitnehmer dem **11b**

---

[38] BAG 20. 4. 2005 NZA 2005, 1006; 28. 11. 1977 AP 2 zu § 8 BetrVG 1972 = NJW 78, 1072.

[39] BAG 29. 1. 1992 AP 1 zu § 7 BetrVG 1972 = NZA 92, 894.

[40] BAG 29. 1. 1992 AP 1 zu § 7 BetrVG 1972 = NZA 92, 894; vgl. BVerwG 25. 9. 1995 AP 1 zu § 4 LPVG Baden-Württemberg = NZA-RR 96, 318.

[41] BAG 20. 3. 1996 AP 9 zu § 5 BetrVG 1972 Ausbildung = NZA 97, 326.

[42] BAG 12. 11. 1996 AP 11 zu § 5 BetrVG 1972 Ausbildung = NZA 97, 273; 20. 3. 1996 AP 10 zu § 5 BetrVG 1972 Ausbildung = NZA 97, 107.

[43] LAG Hessen 12. 2. 1998 NZA-RR 98, 505.

[44] BAG 25. 4. 1978 AP 16 zu Internat. Privatrecht, Arbeitsrecht = DB 78, 1840.

[45] BAG 21. 7. 2004 AP 8 zu § 9 BetrVG 1972.

[46] BAG 12. 2. 1992 AP 52 zu § 5 BetrVG 1972 = NZA 93, 334.

[47] BAG 16. 1. 2008 AP 12 zu § 7 BetrVG 1972 = NZA-RR 2008, 634; 28. 3. 2001 AP 5 zu § 7 BetrVG 1972 = DB 2002, 221; 25. 2. 1998 AP 8 zu § 8 BetrVG 1972 = NZA 98, 838.

[48] *Fitting* § 7 RN 32; a. A. VG Schleswig 7. 3. 2000 PersR 2000, 212; *Däubler* AiB 2001, 684, 688 f.; *Natzel* NZA 98, 1264.

[49] A. A. BAG 18. 1. 1989 AP 1 zu § 9 BetrVG 1972 = NZA 89, 725 zu § 7 BetrVG a. F.; allgemein zur Neuregelung *Däubler* ArbuR 2001, 1, 5; *Konzen* RdA 2001, 76, 83; *Hanau* NJW 2001, 2513, 2515; *Reichold* NZA 2001, 857, 861.

[50] BAG 10. 3. 2004 AP 8 zu § 7 BetrVG 1972 = NZA 2004, 1340.

Weisungsrecht des Arbeitgebers unterliegen. Leiharbeitnehmer können daher zum Betriebsrat sowohl im Verleiher- wie auch Entleiherbetrieb wahlberechtigt sein.[51] Zu ihrer Berücksichtigung bei der Anzahl der Betriebsratsmitglieder RN 24. Fehlt es aber an einer Eingliederung in den Betrieb, etwa bei einem Fremdpersonaleinsatz im Rahmen eines Dienst- oder Werkvertrags, ist § 7 Satz 2 BetrVG nicht anzuwenden.

11c **bb) Zeitpunkt.** Maßgeblich für die Wahlberechtigung der in § 7 Satz 2 BetrVG genannten Arbeitnehmer ist ihre zumindest dreimonatige Zugehörigkeit zum Betrieb im Zeitpunkt des Wahlausschreibens.[52] Dabei ist grundsätzlich von der beabsichtigten Überlassungsdauer auszugehen. Steht diese nicht fest, ist eine Prognose anzustellen. Hierzu kann auf die vertraglichen Vereinbarungen oder sonstigen Absprachen zurückgegriffen werden, aber auch auf eine tatsächliche Handhabung über den Einsatz von Leiharbeitnehmern in der Vergangenheit. Der Arbeitgeber ist insoweit gegenüber dem Wahlvorstand über die Tatsachen auskunftspflichtig, die für die Beurteilung der Verweildauer maßgeblich sind; er hat auch die zur Feststellung erforderlichen Unterlagen zur Verfügung zu stellen (§ 2 II WahlO). Steht die Überlassung von zumindest 3 Monaten fest, ist der Arbeitnehmer vom ersten Tag seines Einsatzes an wahlberechtigt (BT-Drucks. 14/5741 S. 36). Tritt der überlassene Arbeitnehmer nach Erlass des Wahlausschreibens in den Betrieb ein und dauert sein Einsatz voraussichtlich zumindest 3 Monate, ist auch er stimmberechtigt. Wird die Einsatzzeit vor dem Wahltag abgekürzt oder verlängert, ist die neue Verweildauer maßgeblich.

12 **2. Wählbarkeit.** Wählbar sind alle (am Wahltage 18 Jahre alten) Wahlberechtigten, die 6 Monate dem Betrieb angehören oder als Heimarbeiter in der Hauptsache für den Betrieb gearbeitet haben (§ 8 BetrVG). Fehlt bereits die Wahlberechtigung, ist der Arbeitnehmer auch nicht wählbar. Jedoch sind auch zur Arbeitsleistung überlassene Arbeitnehmer nicht wählbar,[53] eine § 7 Satz 2 BetrVG vergleichbare Regelung hat der Gesetzgeber für die Wählbarkeit nicht geschaffen. Auf die 6-monatige Betriebszugehörigkeit werden Zeiten angerechnet, in denen der Arbeitnehmer unmittelbar vorher einem anderen Betrieb desselben Unternehmens oder Konzerns angehört hat. Besteht der Betrieb noch keine 6 Monate, sind alle Arbeitnehmer wählbar, die bei Einleitung der Betriebsratswahl beschäftigt sind und die übrigen Wahlvoraussetzungen erfüllen; § 8 II BetrVG kann insbesondere bei einer Betriebsratswahl nach einem Umwandlungsvorgang anwendbar sein.[54] Nicht wählbar ist, wer infolge Richterspruchs die Wählbarkeit oder die Fähigkeit, öffentliche Ämter zu bekleiden, nicht besitzt. Hat ein ausländischer Arbeitnehmer nach dem Recht seines Heimatstaates die Fähigkeit zur Bekleidung öffentlicher Ämter verloren, führt dies nur zum Verlust der Wählbarkeit, wenn die Entscheidung nicht im Widerspruch zu deutschen Rechtsgrundsätzen steht. Kein passives Wahlrecht haben behinderte Menschen in Werkstätten für Behinderte, die im Rahmen der Betreuung beschäftigt werden, für die Wahl zum Betriebsrat der Werkstättenangehörigen.[55] Durch Tarifvertrag können keine besonderen Wählbarkeitsvoraussetzungen geschaffen werden.[56]

13 **3. Ruhendes Arbeitsverhältnis.** Arbeitnehmer während der Elternzeit, Zivildienstleistende bzw. Wehrpflichtige sind aktiv wie passiv wahlberechtigt,[57] da sie nur vorübergehend nicht in den Betrieb eingegliedert sind. Im Fall ihrer Wahl sind sie jedoch vorübergehend an der Amtsausübung verhindert. Keinen Einschränkungen beim Wahlrecht bzw. der Wählbarkeit unterliegen die zur Eignungsübung Einberufenen, zum Luftschutzdienst Ausgebildete, im Zivilschutzkorps Dienstleistende. Wahlberechtigt sind auch Schiffsoffiziere bei ruhendem Arbeitsverhältnis.[58] Praktikanten im Hochschul- oder Fachhochschulstudium sind je nach Ausgestaltung der Studienordnung wahlberechtigt.[59] Beamte, die im Rahmen eines Arbeitsverhältnisses beschäftigt werden, sind bei der Betriebsratswahl ihres Arbeitgebers wahlberechtigt und wählbar.

14 **4. Gekündigte Arbeitnehmer.** Sie sind nicht wahlberechtigt, wenn sie zum Zeitpunkt der Wahl nach Ablauf der ordentlichen Kündigungsfrist bzw. Zugang der außerordentlichen Kündigung bereits aus dem Betrieb tatsächlich ausgeschieden sind und nicht nach § 102 V BetrVG

---

[51] BAG 20. 4. 2005 NZA 2005, 1006.

[52] *Fitting* § 7 RN 59f.; a. A. *Marschmann* DB 2001, 2446f. (Stimmabgabe).

[53] BAG 10. 3. 2004 AP 8 zu § 7 BetrVG 1972 = NZA 2004, 1340; LAG Hamburg 26. 5. 2008 LAGE § 14 AÜG Nr 1 – Überlassung länger als 2 Jahre; Rechtsbeschwerde anhängig 7 ABR 51/08.

[54] LAG Köln 8. 1. 2003 ArbuR 2003, 394 – Krankenhaus.

[55] LAG Berlin 12. 3. 1990 LAGE § 5 BetrVG 1972 Nr. 19 = NZA 90, 788.

[56] BAG 16. 2. 1973 AP 1 zu § 19 BetrVG 1972 = DB 73, 1254.

[57] BAG 29. 3. 1974 AP 2 zu § 19 BetrVG 1972 = NJW 74, 1526 (Wahlberechtigung).

[58] BAG 17. 9. 1974 AP 1 zu § 116 BetrVG 1972 = DB 75, 216.

[59] BAG 30. 10. 1991 AP 2 zu § 5 BetrVG 1972 = NZA 92, 808.

bzw. dem allgemeinen Weiterbeschäftigungsanspruch (weiter-)beschäftigt werden.[60] Sie sind aber nach der Rspr. des BAG auch nach ihrem tatsächlichen Ausscheiden trotz des Wortlauts des § 8 BetrVG während der Dauer des Kündigungsschutzverfahrens wählbar.[61] Der Arbeitgeber soll durch den Kündigungsausspruch keinen Einfluss auf die Zusammensetzung des zukünftigen Betriebsrats haben. Wird der Kündigungsschutzklage später stattgegeben und das Arbeitsverhältnis fortgesetzt, war der Gewählte nur vorübergehend nicht in den Betrieb eingegliedert und daher wählbar. Bis zur Rechtskraft der Entscheidung ist der Gewählte an der Amtsausübung gehindert und wird dann durch ein Ersatzmitglied vertreten. Während des Kündigungsschutzverfahrens hat der gekündigte Arbeitnehmer zum Zweck der Wahlwerbung ein entsprechendes Zutrittsrecht zum Betrieb;[62] die aufgewandte Zeit ist aber nicht als Arbeitszeit zu vergüten.

5. Zuordnungsverfahren. a) Grundsatz. Im Zusammenhang mit dem Erlass des SprAuG und der Änderung des BetrVG ist ein besonderes Zuordnungsverfahren eingeführt worden, ob ein Arbeitnehmer in der Gruppe der Angestellten zum Betriebsrat oder der leitenden Angestellten zum SprAuG wahlberechtigt ist. Das Zuordnungsverfahren gilt nicht in der Seeschifffahrt, da nur die Kapitäne zu den leitenden Angestellten zählen. Ist bislang ein **Sprecherausschuss nicht gewählt** worden, kann ein Zuordnungsverfahren nicht stattfinden. **15**

Das Zuordnungsverfahren nach § 18a BetrVG soll sicherstellen, dass die Zuordnung einheitlich für die Wahl des Betriebsrats und des Sprecherausschusses entschieden wird. Über die Zuordnung muss vor den jeweiligen Wahlen entschieden werden. Diese sind daher grundsätzlich gleichzeitig einzuleiten. Die Wirkung des Zuordnungsverfahrens erschöpft sich in der Feststellung des aktiven und passiven Wahlrechts für die jeweiligen Wahlen. Dagegen hat die Zuordnung **keine Bindungswirkung** für die Wahlvorstände bei Aufsichtsratswahlen nach dem MitbestG und dem DrittelbG, wenngleich dies in der Vergangenheit regelmäßig übernommen worden ist. Die Zuordnung hat ferner keine Bindungswirkung für die materielle Rechtsstellung des leitenden Angestellten. **16**

b) Gleichzeitige Wahl. Sind die Wahlen nach dem BetrVG und dem SprAuG zugleich eingeleitet, haben sich die Wahlvorstände unverzüglich nach Aufstellung der Wählerliste, spätestens jedoch zwei Wochen vor Einleitung der Wahlen gegenseitig darüber zu unterrichten, welche Angestellten sie den leitenden Angestellten zugeordnet haben. Dagegen ist die Zuordnung nicht dem Betriebsrat oder dem Sprecherausschuss in seiner Gesamtheit übertragen. Diese sind nur über die Mitglieder im Wahlvorstand beteiligt. Auch der einzelne Angestellte ist am Zuordnungsverfahren nicht beteiligt; er kann jedoch angehört werden. Dagegen ist der Arbeitgeber in das Zuordnungsverfahren eingebunden. Soweit zwischen den Wahlvorständen kein Einvernehmen über die Zuordnung besteht, haben sie in gemeinsamer Sitzung eine Einigung zu versuchen. Kommt eine Einigung zustande, ist der Angestellte dementsprechend in die jeweilige Wählerliste einzutragen (§ 18a I BetrVG). **17**

c) Vermittler. Kommt keine Einigung über die Zuordnung zwischen den Wahlvorständen zustande, hat ein Vermittler spätestens eine Woche vor Einleitung der Wahl erneut eine Verständigung der Wahlvorstände über die Zuordnung zu versuchen (§ 18a II BetrVG). Auf die Person des Vermittlers müssen sich die Wahlvorstände einigen. Zum Vermittler kann im Interesse der Kostengünstigkeit und wegen der Eilbedürftigkeit nur ein Angehöriger des Betriebes/Unternehmens/Konzerns oder der Arbeitgeber bestellt werden. Kommt keine Einigung zustande, schlägt jede Seite einen Vermittler vor. Notfalls entscheidet zwischen diesen das Los (§ 18a III BetrVG). Der Losentscheid erzwingt praktisch eine Einigung. Der Arbeitgeber hat den Vermittler auf dessen Verlangen zu unterstützen, insbesondere die erforderlichen Auskünfte zu erteilen und Unterlagen zur Verfügung zu stellen. Bleibt der Verständigungsversuch erfolglos, entscheidet der Vermittler mit dem Arbeitgeber. Das Vermittlungsergebnis ist wieder in die jeweilige Wählerliste einzutragen (§ 18a II BetrVG). **18**

d) Unterschiedliche Wahleinleitung. Wird die Sprecherausschusswahl nicht gleichzeitig eingeleitet, hat der Wahlvorstand den Sprecherausschuss wie bei zeitgleicher Einleitung der Wahl zu unterrichten. Soweit kein Einvernehmen über die Zuordnung besteht, hat der Sprecherausschuss Mitglieder zu benennen, die anstelle des Wahlvorstands an dem Zuordnungsverfahren teilnehmen. Im Übrigen gelten die Vorschriften über die Einleitung der zeitgleichen Wahl entsprechend. **19**

---

[60] BAG 15. 1. 1991 AP 4 zu § 4 BPersVG = NZA 91, 695; LAG Berlin 2. 5. 1994 DB 94, 2556.

[61] BAG 10. 11. 2004 AP 11 zu § 8 BetrVG 1972 = NZA 2005, 707; 14. 5. 1997 AP 6 zu § 8 BetrVG 1972 = NZA 97, 1245.

[62] LAG Hamm 6. 5. 2002 NZA-RR 2003, 480.

20 **e) Prozessuales.** Durch die Zuordnung wird nach § 18a V 1 BetrVG der Rechtsweg nicht ausgeschlossen. Der Rechtsschutz kann in dreifacher Weise verwirklicht werden:

21 **(1)** Arbeitgeber, Betriebsrat und Sprecherausschuss und der betroffene Angestellte können im Wege des Statusprozesses den Status des Angestellten gerichtlich klären lassen. Zweifelhaft ist, ob auch die Gewerkschaft[63] und der unterlegene Wahlvorstand hierzu berechtigt sind. Im Allgemeinen wird der Wahlvorstand kein Rechtsschutzinteresse haben.

22 **(2)** Unter den Voraussetzungen von § 18a V 2, 3 BetrVG können drei Wahlberechtigte, eine im Betrieb vertretene Gewerkschaft oder der Arbeitgeber die **Betriebsratswahl** bzw. drei leitende Angestellte oder der Arbeitgeber die Wahl des Sprecherausschusses mit der Begründung **anfechten,** über die Wahlberechtigung sei unzutreffend entschieden worden. Die Wahlanfechtung kann nicht darauf gestützt werden, die Zuordnung sei fehlerhaft erfolgt; dies gilt nicht, wenn die Zuordnung offensichtlich fehlerhaft ist. Im Allgemeinen wird nur bei zahlreichen fehlerhaften Zuordnungen eine Anfechtung der Wahl Aussicht auf Erfolg haben.

23 **(3)** Die Zuordnung kann als **Vorfrage** z. B. im Kündigungsschutzprozess gerichtlich überprüft werden. Wird z. B. einem Angestellten gekündigt, kann er sich darauf berufen, dass nicht der Sprecherausschuss, sondern der Betriebsrat oder umgekehrt habe gehört werden müssen (vgl. § 123). Ist kein Zuordnungsverfahren durchgeführt worden, kann die Sprecherausschusswahl vom Betriebsrat nicht im Wege der einstweiligen Verfügung verhindert werden.[64]

III. Betriebsratsmitglieder

Brors, Ist § 15 II BetrVG verfassungswidrig?, NZA 2004, 472; *Etzel,* Wahlordnung contra Betriebsverfassungsgesetz, ArbuR 2002, 62; vgl. auch die Nachweise vor RN 11.

24 **1. Zahl der regelmäßig beschäftigten Betriebsangehörigen.** Sie ist für die Zahl der Betriebsratsmitglieder entscheidend (§ 9 BetrVG). Arbeitnehmer i. S. v. § 9 BetrVG sind betriebsangehörige Arbeitnehmer, d. h. Personen, die in einem Arbeitsverhältnis zum Betriebsinhaber stehen und in die Betriebsorganisation eingegliedert sind. Kein Arbeitsvertrag liegt vor, wenn Arbeitnehmer auf Grund einer Rahmenvereinbarung zur Arbeitsleistung herangezogen werden, die selbst keine Verpflichtung zur Arbeitsleistung enthält.[65] Für kleine Betriebe (5–100 wahlberechtigte Arbeitnehmer) ist die Zahl der Wahlberechtigten ausschlaggebend;[66] in großen Betrieben (von 101 wahlberechtigten Arbeitnehmern aufwärts) ist die Zahl der Arbeitnehmer schlechthin maßgebend. Maßgebend für die Anzahl der zu wählenden Betriebsratsmitglieder nach § 9 BetrVG ist die Zahl der Arbeitnehmer, die für den Betrieb im Allgemeinen kennzeichnend ist. Der Wahlvorstand hat für die Feststellung der Arbeitnehmerzahl nicht nur den Personalbestand in der Vergangenheit zugrunde zu legen, sondern auch die künftige, auf Grund konkreter Entscheidungen des Arbeitgebers zu erwartende Entwicklung des Beschäftigungsstands einzubeziehen. Für seine Entscheidung über die Zahl der Wahlberechtigten sind die Verhältnisse am Tag des Erlasses des Wahlausschreibens maßgebend [67] (vgl. § 5 WahlO). Zukünftige Personalveränderungen sind nur berücksichtigungsfähig, wenn sie zu diesem Zeitpunkt bereits feststehen.[68] In Grenzfällen (600 oder 601 Beschäftigte) soll die Feststellung über die Belegschaftsstärke nach pflichtgemäßem Ermessen zu treffen sein,[69] nach richtiger Auffassung besteht kein Ermessensspielraum, da es sich um eine Rechtsfrage handelt. Bei der befristeten Einstellung von Vertretungskräften für zeitweilig ausfallendes Stammpersonal sind entweder die Stammarbeitnehmer oder die Vertretungskräfte nach § 9 BetrVG zu berücksichtigen; letzteres hat zu erfolgen, wenn z. B. ein Arbeitnehmer durch zwei teilzeitbeschäftigte Arbeitnehmer ersetzt wird (vgl. § 21 VII BEEG).[70] Leiharbeitnehmer zählen trotz ihrer Wahlberechtigung bei der Belegschaftsstärke nicht mit („wählen ohne zu zählen").[71] Aushilfen werden nach der Rspr. des BAG nur berücksichtigt,

[63] BAG 19. 11. 1974 AP 3 zu § 5 BetrVG 1972 = DB 75, 406; 5. 3. 1974 AP 1 zu § 5 BetrVG 1972 = NJW 74, 965.

[64] LAG Hamm 24. 4. 1990 NZA 90, 704.

[65] BAG 7. 5. 2008 AP 12 zu § 9 BetrVG 1972 = NZA 2008, 1142.

[66] LAG Hamm 19. 8. 1998 AiB 99, 643; 6. 10. 1978 EzA 3 zu § 9 BetrVG 1972 = DB 79, 1563.

[67] BAG 7. 5. 2008 AP 12 zu § 9 BetrVG 1972 = NZA 2008, 1142; 16. 4. 2003 AP 1 zu § 9 BetrVG 2002 = NZA 2003, 1345; 12. 10. 1976 AP 1 zu § 8 BetrVG 1972.

[68] BAG 29. 5. 1991 AP 1 zu § 17 BPersVG = NZA 92, 182.

[69] BAG 25. 11. 1992 AP 8 zu § 1 GesamthafenbetriebsG = NZA 93, 955; 12. 10. 1976 AP 1 zu § 8 BetrVG 1972 = NJW 77, 647.

[70] BAG 15. 3. 2006 – 7 ABR 39/05 n. v.

[71] BAG 10. 3. 2004 AP 8 zu § 7 BetrVG 1972 = NZA 2004, 1340; 16. 4. 2003 AP 1 zu § 9 BetrVG 2002 = NZA 2003, 1345.

wenn sie über sechs Monate eingestellt waren;[72] berücksichtigungsfähig sind auch Arbeitnehmer in AB-Maßnahmen.[73] Leitende Angestellte werden bei der Berechnung der Zahl der Arbeitnehmer nicht mitgezählt,[74] ebenso die Beschäftigten eines Subunternehmers.[75] Wird ein Betriebsrat mit zu hoher Mitgliederzahl gewählt, ist die gesamte Wahl anfechtbar.[76] Die Anzahl der Betriebsratsmitglieder bleibt für die Dauer der Amtsperiode unverändert, sofern nicht die Voraussetzungen für eine Neuwahl des Betriebsrats nach § 13 II Nr. 1 BetrVG vorliegen.

2. Gruppenschutz. Der Gruppenschutz, d.h. die Aufteilung der Belegschaft in Arbeiter und Angestellte, ist durch das BetrVG-ReformG ersatzlos gestrichen worden. Beibehalten ist jedoch die Trennung der Arbeitnehmer und Beamten in den privatisierten Postunternehmen (§ 26 PostPersRG). 25

3. Geschlecht. a) Mindestklausel. Nach § 15 II BetrVG muss das Geschlecht, das in der Belegschaft in der Minderheit ist, zumindest entsprechend seinem zahlenmäßigen Verhältnis im Betriebsrat vertreten sein, sofern dieser mindestens aus drei Mitgliedern besteht. Die Vorschrift ist verfassungsgemäß;[77] von ihr kann weder durch Tarifvertrag noch Betriebsvereinbarung oder sonstige Absprache abgewichen werden; zur Anfechtbarkeit bei Verstößen § 218 RN 18. Maßgeblich ist nach dem Gesetzeswortlaut das Verhältnis der Geschlechter in der Gesamtbelegschaft, nicht das der wahlberechtigten Arbeitnehmer. Der durch § 15 II BetrVG vermittelte Schutz erfolgt durch die Vorgaben der WahlO über die Berechnung der auf die Geschlechter entfallenden Betriebsratssitze. Die Ermittlung der dem Minderheitengeschlecht nach § 15 II BetrVG zustehenden Mindestsitze erfolgt durch den Wahlvorstand nach den Grundsätzen der Verhältniswahl (§ 5 WahlO). Der Wahlvorstand hat dazu die Zahlen der im Betrieb beschäftigten Frauen und Männer nebeneinanderzustellen und anschließend so lange durch ganze Zahlen (1, 2, 3 usw.) zu teilen, bis die zur Verfügung stehenden Betriebsratssitze numerisch besetzt sind. Fällt die niedrigste berücksichtigungsfähige Höchstzahl auf beide Geschlechter, entscheidet das Los (§ 5 II 3 WahlO). Steht dem Geschlecht in der Minderheit danach kein Mindestsitz zu, ist die Wahl eines ihres Vertreters in den Betriebsrat dennoch zulässig, da § 15 II BetrVG lediglich eine offene Mindestklausel enthält.[78] 26

b) Sitzverteilung. Die Berücksichtigung des Minderheitengeschlechts bei der Sitzverteilung im Betriebsrat erfolgt bei der Festlegung der gewählten Betriebsratsmitglieder. Wird nach den Grundsätzen der Verhältniswahl gewählt, sind grundsätzlich die Bewerber in der auf der Liste aufgeführten Reihenfolge gewählt (§ 15 IV WahlO). Befinden sich unter den danach zu berücksichtigenden Wahlbewerbern nicht genügend Vertreter des Geschlechts in der Minderheit, sind die Sitze nach näherer Maßgabe des § 15 V WahlO auf andere Bewerber des Minderheitengeschlechts zu verteilen, die bei der Wahl nicht berücksichtigt worden sind. Dabei sind zunächst die Angehörigen des Minderheitengeschlechts aus der eigenen Vorschlagsliste in der Reihenfolge zu berücksichtigen, in der sie auf der Vorschlagsliste aufgeführt sind (§ 15 V Nr. 1 WahlO). Befindet sich auf dieser keine Person des Geschlechts in der Minderheit, geht der dieser Vorschlagsliste zustehende Sitz auf die Vorschlagsliste mit der folgenden und unberücksichtigt gebliebenen Höchstzahl (§ 15 V Nr. 2 WahlO) und – in der Reihenfolge der nicht berücksichtigten Höchstzahlen – ggf. auf die weiteren Vorschlagslisten (§ 15 V Nr. 3 WahlO) über. Auch hier erfolgt eine Berücksichtigung nach dem Listenplatz. Wenn sich auch auf den anderen Vorschlagslisten keine oder nicht genügend Bewerber des Minderheitengeschlechts befinden, verbleibt es insoweit bei der sich aus § 15 IV WahlO ergebenden Sitzverteilung auf die Vorschlagslisten. Das Verfahren ist entsprechend anzuwenden, wenn eine gewählte Person die Wahl ablehnt (§ 17 II WahlO). Der Listensprung ist im Fall der Verhinderung oder des Ausscheidens eines Betriebsratsmitglieds des Minderheitengeschlechts rückgängig zu machen.[79] Hat die Betriebsratswahl als Mehrheitswahl stattgefunden, gilt für die Berücksichtigung des Minderheitengeschlechts § 22 WahlO. 26a

---

72 BAG 12. 10. 1976 AP 1 zu § 8 BetrVG 1972 = NJW 77, 647; weitergehend ArbG Hamburg 13. 9. 1999 AiB 2000, 282.

73 BAG 13. 10. 2004 AP 71 zu § 5 BetrVG 1972 = NZA 2005, 480.

74 BAG 12. 10. 1976 AP 1 zu § 8 BetrVG 1972 = NJW 77, 647.

75 BAG 21. 7. 2004 AP 8 zu § 9 BetrVG 1972.

76 BAG 29. 6. 1991 AP 2 zu § 9 BetrVG 1972 = NZA 92, 36.

77 BAG 16. 3. 2005 AP 3 zu § 15 BetrVG 1972 = NZA 2005, 1252; a. A. LAG Köln 13. 10. 2003 AP 1 zu § 15 BetrVG 1972 = NZA 2004, 511; anhängig beim BVerfG 1 BvL 9/03.

78 *Fitting* § 15 RN 20.

79 LAG Nürnberg 13. 5. 2004 AP 2 zu § 15 BetrVG 1972.

IV. Regelmäßige und außerordentliche Betriebsratswahlen

27 **1. Regelmäßige Betriebsratswahlen.** Sie finden alle vier Jahre in der Zeit vom 1. 3. bis 31. 5. statt (§ 13 BetrVG). Sie sind zeitgleich mit den regelmäßigen Wahlen nach § 5 SprAuG einzuleiten (vgl. § 246). Die erstmalige Betriebsratswahl des 4-Jahres-Rhythmus fand im Jahre 1990 statt. Dieser Rhythmus wurde eingeführt, um den Gewerkschaften die organisatorischen Vorbereitungen für die Wahl zu erleichtern.

28 **2. Ausnahmen.** Abweichend vom Vier-Jahres-Rhythmus ist ein Betriebsrat zu wählen, **(a)** bei wesentlicher Änderung der Zahl der beschäftigten Arbeitnehmer, **(b)** wenn die Gesamtzahl der Betriebsratsmitglieder auch nach Hinzutreten der Ersatzmitglieder unter die vorgeschriebene Zahl gesunken ist, **(c)** der Betriebsrat mit Mehrheit seinen Rücktritt beschlossen hat, **(d)** die Betriebsratswahl angefochten, **(e)** der Betriebsrat aufgelöst worden ist oder **(f)** im Betrieb kein Betriebsrat besteht (§ 13 II BetrVG).

29 **3. Außerordentliche Betriebsratswahl.** Hat eine außerordentliche Betriebsratswahl stattgefunden, ist der Betriebsrat bei der nächsten ordentlichen Betriebsratswahl neu zu wählen, es sei denn, dass er noch nicht ein Jahr im Amt ist (§ 13 III BetrVG).

V. Wahlgrundsätze

30 Der Betriebsrat wird in geheimer und unmittelbarer Wahl gewählt (§ 14 I BetrVG). Die Wahl erfolgt nach den Grundsätzen der Verhältniswahl; wird nur ein Wahlvorschlag eingereicht oder wird der Betriebsrat im vereinfachten Wahlverfahren (§ 14 a BetrVG) gewählt, gelten die Grundsätze der Mehrheitswahl. Die Verwertung einer eidesstattlichen Versicherung von Wählern über ihre Stimmabgabe oder ihre Vernehmung als Zeuge darüber ist wegen des Grundsatzes der geheimen Wahl bei Wahlen zu einer Arbeitnehmervertretung stets unzulässig.[80]

VI. Wahlverfahren

Franke, Betriebsratswahlen 2002, NJW 2002, 656; *ders.,* Das vereinfachte Wahlverfahren nach § 14 a BetrVG – Nachbesserung ist geboten, DB 2002, 211; *Hanau,* Zur Entsendung der Mitglieder von Gesamtbetriebsräten und zur Wahl im einstufigen vereinfachten Verfahren nach dem Betriebsverfassungsreformgesetz, ZIP 2001, 2163; *Jansen,* Elektronische Kommunikation bei Betriebsratswahlen, DB 2006, 334; *Löwisch,* Betriebsrat wider den Willen der Belegschaft?, BB 2006, 664; *ders.,* Monopolisierung durch Mehrheitswahl, BB 2001, 726; *Maschmann,* Virtueller Belegschaftswahlkampf im Netz des Arbeitgebers?, NZA 2008, 613; *Neumann,* Neuregelung des Wahlverfahrens zum Betriebsrat, BB 2002, 510; *Schiefer/Korte,* Die Durchführung der Betriebsratswahlen nach neuem Recht, NZA 2002, 57, 113; *Schneider/Wedde,* Informations- und Kommunikationstechnologie bei der Betriebsratswahl, ArbuR 2007, 26; *Quecke,* Änderungen des Verfahrens zur Betriebsratswahl, ArbuR 2002, 1; *Will,* Das vereinfachte Betriebsratswahlverfahren für Kleinbetriebe, MDR 2002, 261; vgl. auch die Schrifttumsnachweise vor RN 1, 11 und 24.

Eingriff in das Wahlverfahren: *Dzida/Hohenstatt,* Einstweilige Verfügung auf Abbruch der Betriebsratswahl, BB-Special 2005, Nr. 14, 1; *Rieble/Triskatis,* Vorläufiger Rechtsschutz im Betriebsratswahlverfahren, NZA 2006, 233; *Veit/Wichert,* Betriebsratswahlen – Einstweilige Verfügung gegen rechtswidrige Maßnahmen des Wahlvorstands, DB 2006, 390; *Wiesner,* Korrekturen von Fehlern der Betriebsratswahl, FA 2007, 38; *Zwanziger,* Gerichtliche Eingriffe in laufende Betriebsratswahlen, DB 99, 2264.

31 **1. Wählerliste.** Das Wahlverfahren ist in der 1. Verordnung zur Durchführung des BetrVG (Wahlordnung – WO) vom 11. 12. 2001 (BGBl. I S. 3494) geregelt (im Folgenden als „WahlO" bezeichnet). Für die Nachfolgeunternehmen der Post gilt wegen der Gruppe der Beamten die VO zur Durchführung der Betriebsratswahlen bei den Postunternehmen vom 22. 2. 2002 (BGBl. I S. 946 – WahlO Post). Nach der WahlO obliegt die Leitung der Betriebsratswahl dem Wahlvorstand, der wahlberechtigte Arbeitnehmer als Wahlhelfer zu seiner Unterstützung bei der Stimmabgabe und bei der Stimmenzählung hinzuziehen kann (§ 1 WahlO). Der Wahlvorstand hat eine Liste der Wahlberechtigten (Wählerliste) aufzustellen. Die Zuordnung der leitenden Angestellten ist durch ein besonderes Zuordnungsverfahren (§ 18 a BetrVG) vorzunehmen (RN 15 ff.). Die Wahlberechtigten sollen mit Familienname, Vorname, Geburtsdatum und getrennt nach Geschlechtern in alphabetischer Reihenfolge aufgeführt werden. Der Arbeitgeber soll dem Wahlvorstand alle erforderlichen Auskünfte geben (§ 2 I, II WahlO). Er hat insbesondere die Verzeichnisse der Arbeitnehmer herauszugeben und kann hierzu durch einstweilige Verfügung angehalten werden.[81] Das aktive und passive Wahlrecht steht nur den Arbeitnehmern zu, die in die Wählerliste eingetragen sind (§ 2 III WahlO). Die Wählerliste und die WahlO sind vom Tage der Einleitung

[80] BVerwG 21. 7. 1975 BVerwGE 49, 75 = NJW 76, 259; ArbG Düsseldorf 30. 10. 1984 DB 85, 1137.
[81] LAG Hamm 14. 3. 2005 NZA-RR 2005, 373; 13. 5. 1977 DB 77, 1271 – ZV nach § 888 ZPO.

der Wahl im Betrieb auszulegen. Daneben kann der Wahlvorstand die ergänzende Bekanntmachung der Wählerliste in **elektronischer Form** (z. B. per Mail und/oder im Intranet) anordnen; maßgeblich ist bei der nur ergänzenden Bekanntgabe der Wählerliste jedoch stets der Aushang. Ist dieser fehlerhaft, kann dies die Anfechtung der Wahl begründen. Der Wahlvorstand darf die ausschließlich elektronische Bekanntgabe der Wählerliste nicht beschließen, wenn keine Vorkehrungen bestehen, dass Änderungen der Daten nur vom Wahlvorstand vorgenommen werden können[82] (§ 2 IV WahlO, z. B. durch ein besonderes Passwort). Der Wahlvorstand hat dafür zu sorgen, dass ausländische Arbeitnehmer, die der deutschen Sprache nicht mächtig sind, vor Einleitung der Betriebsratswahl über Wahlverfahren, Aufstellung der Wähler- und Vorschlagslisten, Wahlvorgang und Stimmabgabe in geeigneter Weise unterrichtet werden[83] (§ 2 V WahlO). Gegen die Richtigkeit der Wählerliste kann nur binnen 2 Wochen seit Erlass des Wahlausschreibens Einspruch eingelegt werden (§ 4 WahlO).

2. Wahlausschreiben. Spätestens sechs Wochen vor dem 1. Tag der Stimmabgabe erlässt der Wahlvorstand ein Wahlausschreiben,[84] das vom Vorsitzenden und mindestens einem weiteren Mitglied des Wahlvorstands zu unterschreiben ist. Werden im Betrieb an mehreren Stellen Wahlausschreiben ausgehängt, läuft die Frist ab Aushang des letzten Wahlausschreibens.[85] Es muss den in § 3 II WahlO näher bezeichneten Inhalt haben. Damit ist die Betriebsratswahl eingeleitet. Sind mehrere Betriebsratsmitglieder zu wählen, erfolgt die Wahl auf Grund von Vorschlagslisten. Diese sind von den wahlberechtigten Arbeitnehmern vor Ablauf von 2 Wochen seit Erlass des Wahlausschreibens beim Wahlvorstand einzureichen (§ 6 WahlO). Zulässig ist, wenn das Fristende zur Einreichung der Vorschlagslisten auf das Ende der Arbeitszeit der ganz überwiegenden Mehrzahl der Arbeitnehmer festgelegt wird.[86] Im Wahlausschreiben sind Zeit und Ort der öffentlichen Stimmenauszählung (RN 38) anzugeben. Ein Abdruck des Wahlausschreibens ist in jeder Betriebsstätte auszuhängen.[87] Nach § 3 IV WahlO ist auch die elektronische Bekanntgabe des Wahlausschreibens zulässig;[88] insoweit gelten die Ausführungen zur Wählerliste (RN 31) entsprechend. 32

3. Wahlvorschläge. Sie können von den wahlberechtigten Arbeitnehmern und auch von den im Betrieb vertretenen Gewerkschaften gemacht werden (§ 14 III BetrVG). Jeder Wahlvorschlag der Belegschaft muss von $^{1}/_{20}$ der wahlberechtigten Arbeitnehmer, mindestens jedoch von drei Wahlberechtigten unterzeichnet sein; in Betrieben mit i. d. R. bis zu zwanzig wahlberechtigten Arbeitnehmern genügt die Unterzeichnung durch zwei Wahlberechtigte. In jedem Falle ist die Unterzeichnung durch 50 wahlberechtigte Arbeitnehmer ausreichend (§ 14 IV BetrVG).[89] Jedoch ersetzen die Zustimmungserklärungen der Wahlbewerber nicht die Stützunterschriften.[90] Der Wahlvorschlag einer Gewerkschaft muss von zwei Beauftragten unterzeichnet sein (§ 14 V BetrVG); darüber hinaus muss der Wahlvorschlag die Urheberschaft der Gewerkschaft erkennen lassen.[91] Die Anzahl der Wahlbewerber auf einer Liste ist zahlenmäßig nicht begrenzt.[92] Für bereits vorhandene Listen kann schon vor dem Wahlausschreiben geworben werden.[93] Eine ohne Zustimmung der bisherigen Unterzeichner vorgenommene Streichung oder Ergänzung von Kandidaten auf dem Wahlvorschlag ist unzulässig; der Wahlvorschlag wird hierdurch unrichtig und unwirksam.[94] Die Wahlvorschlagsliste ist eine Gesamturkunde, sodass gewährleistet sein muss, dass nicht Teile entfernt werden können.[95] Befinden sich die Bewerberliste und die Stützunterschriften auf mehreren Blättern, muss eindeutig erkennbar sein, dass diese eine einheitliche Urkunde bilden z. B. durch eine körperlich feste Verbindung der Blätter sowie aus sonstigen, den Schriftstücken anhaftenden Merkmalen (fortlaufende Seitennummerierung, Wiedergabe des Kennworts).[96] 33

---

[82] Zu § 3 IV WahlO: BAG 21. 1. 2009 – 7 ABR 65/07 z. V. b.

[83] BAG 13. 10. 2004 AP 1 zu § 2 WahlO BetrVG 1972 – Verletzung für zur Anfechtbarkeit.

[84] LAG Hamm 15. 7. 1973 BB 73, 939 = DB 73, 1403 (Bekanntmachung in Fremdsprachen).

[85] LAG Hamm 26. 2. 1976 BB 76, 1075.

[86] BAG 4. 10. 1977 AP 2 zu § 18 BetrVG 1972 = DB 78, 449; 12. 2. 1960 AP 11 zu § 18 BetrVG = DB 60, 471; LAG Frankfurt 7. 2. 1991 DB 91, 2494 = NZA 92, 78.

[87] BAG 5. 5. 2004 AP 1 zu § 3 WahlO BetrVG 1972 = NZA 2004, 1285.

[88] BAG 21. 1. 2009 – 7 ABR 65/07 z. V. b.

[89] Zur Form und Höchstpersönlichkeit: ArbG Herne 12. 4. 1972 DB 72, 976.

[90] LAG Frankfurt 28. 1. 2002 LAGE § 14 BetrVG 2001 Nr. 1 = NZA-RR 2002, 424.

[91] LAG Nürnberg 13. 3. 2002 ArbuR 2002, 238.

[92] LAG Köln 29. 3. 2001 ArbuR 2001, 281 = BB 2001, 1356 (80% der wahlber. AN).

[93] ArbG Frankfurt 29. 3. 1972 ArbuR 72, 344.

[94] BAG 15. 12. 1972 AP 1 zu § 14 BetrVG 1972 = NJW 73, 1016.

[95] LAG Bremen 26. 3. 1998 LAGE § 18 BetrVG 1972 Nr. 6 = NZA-RR 98, 401.

[96] BAG 25. 5. 2005 AP 2 zu § 14 BetrVG 1972 = NZA 2006, 116; LAG Frankfurt 16. 3. 1987 DB 87, 1204 = NZA 87, 572.

34 **4. Aufbau des Wahlvorschlags.** In jedem Wahlvorschlag sind die einzelnen Bewerber in erkennbarer Reihenfolge unter fortlaufender Nummer und unter Angabe von Familienname, Vorname, Geburtsdatum und Art der Beschäftigung im Betrieb aufzuführen.[97] Die schriftliche Zustimmung der Bewerber (Paraphe ist nicht ausreichend) zur Aufnahme in die Liste ist beizufügen (§ 6 III WahlO). Ist niemand als Listenvertreter bezeichnet, wird derjenige, der an erster Stelle den Wahlvorschlag unterzeichnet hat, als Listenvertreter angesehen. Dieser ist Adressat für die Mitteilungen von Beanstandungen durch den Wahlvorstand (§ 6 IV WahlO). Ein Bewerber kann nur auf einer Vorschlagsliste vorgeschlagen werden (§ 6 VII WahlO). Eine Listenverbindung ist unzulässig (§ 6 VI WahlO). Die Unterschrift eines Wahlberechtigten zählt nur auf einer Vorschlagsliste. Hat ein Wahlberechtigter mehrere Vorschlagslisten unterschrieben, so hat er auf Aufforderung des Wahlvorstands binnen einer ihm gesetzten angemessenen Frist, spätestens jedoch vor Ablauf von 3 Arbeitstagen zu erklären, welche Unterschrift er aufrechterhält. Unterbleibt die Erklärung, so wird sie nur auf der zuerst eingereichten Liste gezählt; bei gleichzeitig eingereichten Listen entscheidet das Los[98] (§ 6 V WahlO).

35 **5. Prüfung des Wahlvorschlags.** Der Wahlvorstand hat die Vorschlagslisten unverzüglich, möglichst in einer Frist von 2 Arbeitstagen auf alle erkennbaren Unwirksamkeitsgründe hin zu prüfen und bei Ungültigkeit oder Beanstandung einer Liste den Listenvertreter unter Angabe der Gründe schriftlich zu unterrichten (§ 7 II WahlO).[99] Der Wahlvorstand darf die 2-Tages-Frist aber nicht stets ausschöpfen. Er hat die Prüfung so vorzunehmen, dass eine Heilung des Mangels vor Ablauf der Einreichungsfrist noch möglich ist.[100] Aus diesem Grund besteht in den letzten Tagen vor Fristende eine besondere Pflicht zur zeitnahen Prüfung.[101] Auch die Benachrichtigung des Listenführers muss dem drohenden Fristablauf Rechnung tragen und unverzüglich erfolgen,[102] ggf. durch mündliche Vorabinformation. Versäumt der Wahlvorstand die sich aus § 7 II WahlO ergebende Prüfung oder führt er diese nur ungenügend durch, kann dies zur Anfechtbarkeit der Wahl führen.[103] Ungültig sind Vorschlagslisten insbesondere aus den in § 8 I WahlO aufgezählten Gründen, nur die in § 8 II WahlO angeführten Fehler können innerhalb einer Nachfrist von drei Arbeitstagen geheilt werden. Werden innerhalb der Frist des § 6 I WahlO keine gültigen Listen eingereicht, hat dies der Wahlvorstand bekannt zu machen und eine Nachfrist von einer Woche zu setzen (§ 9 Satz 1 WahlO). Wird auch innerhalb dieser Nachfrist keine gültige Vorschlagsliste eingereicht, findet keine Betriebsratswahl statt (§ 9 II WahlO). Die als gültig anerkannten Listen sind gemäß § 10 WahlO zu veröffentlichen. Sind mehrere Vorschlagslisten eingereicht worden, wird diesen durch Los eine Ordnungsnummer zugeteilt.[104] Der Wähler kann seine Stimme nur für eine als gültig anerkannte Vorschlagsliste abgeben.

36 **6. Rechtsschutz.**[105] Sowohl die Wahl des Wahlvorstands[106] wie auch seine Entscheidungen[107] können im Beschlussverfahren durch eine einstweilige Verfügung angegriffen werden. Auch eine vorübergehende Aussetzung der Betriebsratswahl im Wege des vorläufigen Rechtsschutzes ist zulässig,[108] da die Durchführung einer rechtlich nicht einwandfreien Wahl abgesehen von dem Kosteninteresse des Arbeitgebers zu einer erheblichen Beeinträchtigung der Zusammenarbeit von Arbeitgeber und Betriebsrat führen kann. Der vorläufige Charakter der einstweiligen Verfügung steht nicht entgegen. Einem Wahlvorstand kann im Wege einer einstweiligen Verfügung die rechtzeitige Korrektur von bestimmten Wahlfehlern aufgegeben werden.[109] Der Abbruch eines eingeleiteten Wahlverfahrens kommt nur in Betracht, wenn die beanstandeten Wahlfehler auch durch eine Verschiebung der Wahl nicht geheilt werden können und das Wahl-

---

97 Anderenfalls Anfechtbarkeit ArbG Hamm 23. 6. 1972 DB 72, 1634.

98 Zum Losentscheid: VGH München 13. 2. 1991 NJW 91, 2306.

99 Vgl. LAG Frankfurt 23. 8. 2001 DB 2001, 2559 (keine Zurückweisung wegen Wahlbehinderung); 14. 7. 1988 BB 88, 2317.

100 LAG Nürnberg 13. 3. 2002 ArbuR 2002, 238.

101 BAG 25. 5. 2005 AP 2 zu § 14 BetrVG 1972 = NZA 2006, 116; LAG Berlin 7. 2. 2006 NZA 2006, 509.

102 LAG Düsseldorf 25. 3. 2002 NZA-RR 2003, 475.

103 BAG 21. 1. 2009 – 7 ABR 65/07 z. V. b.

104 ArbG Wetzlar 12. 6. 1972 ArbuR 72, 345 = DB 72, 1731 (sonst Anfechtbarkeit).

105 Schrifttumsnachweise vor RN 31.

106 BAG 3. 6. 1975 AP 1 zu § 5 BetrVG 1972 Rotes Kreuz = NJW 86, 386.

107 BAG 15. 12. 1972 AP 1 zu § 14 BetrVG 1972 = NJW 73, 1016; AP 5 zu § 80 ArbGG 1953 = BB 73, 520; LAG Frankfurt DB 90, 239.

108 LAG Baden-Württemberg 6. 3. 2006 MDR 2006, 1001.

109 LAG Bremen 26. 3. 1998 LAGE § 18 BetrVG 1972 Nr. 6 = NZA-RR 98, 401; LAG Köln 27. 12. 1989 LAGE § 19 BetrVG 1972 Nr. 10 = DB 90, 539; a. A. LAG Düsseldorf 24. 10. 1977 DB 78, 211.

verfahren mit erheblichen Mängeln behaftet ist (§ 218 RN 12), die mit Sicherheit zu einer begründeten Anfechtung führen würden,[110] während die Gegenansicht die drohende Nichtigkeit der Wahl verlangt.[111] Schließlich wird auch berücksichtigt, ob bei einem Abbruch eine betriebsratslose Zeit eintreten würde,[112] dass bei einer schwierigen und ungeklärten Rechtsfrage die Anforderungen an den Verfügungsgrund erhöht sind und Zurückhaltung geboten ist, auf ungeklärter Rechtsgrundlage im Eilverfahren die Hauptsache vorwegzunehmen.[113]

7. Stimmabgabe. Sie erfolgt durch Abgabe von Stimmzetteln in den hierfür bestimmten Umschlägen (§ 11 WahlO). Wegen der Einzelheiten s. § 11 WahlO. Die unterlassene Verwendung von Wahlumschlägen führt grundsätzlich zur Anfechtbarkeit der Betriebsratswahl. Ist nur eine gültige Vorschlagsliste eingereicht, kann der Wähler seine Stimme nur für solche Bewerber abgeben, die in der Vorschlagsliste aufgeführt sind (§ 21 WahlO). Die Anordnung einer schriftlichen Stimmabgabe ist nur unter den Voraussetzungen des § 24 WahlO zulässig.[114] Bei Arbeitnehmern eines Arbeitnehmerüberlassungsunternehmens darf der Wahlvorstand regelmäßig von deren Abwesenheit am Wahltag ausgehen.[115] Hat ein Arbeitnehmer Briefwahlunterlagen erhalten, muss er dennoch zur persönlichen Stimmabgabe zugelassen werden. 37

8. Stimmauszählung. Unverzüglich nach Abschluss der Wahl hat der Wahlvorstand öffentlich die Auszählung der Stimmen vorzunehmen (§ 13 WahlO)[116] und das Wahlergebnis und die Sitzverteilung festzustellen (§§ 13, 15 WahlO); zur Sitzverteilung auf das Minderheitengeschlecht RN 26f. Das Gebot der Öffentlichkeit verlangt einen ungehinderten Zugang zum Ort der Stimmauszählung. Wird die Stimmauszählung ohne vorherige Bekanntmachung verlegt, rechtfertigt dies die Wahlanfechtung. Die Feststellung hat konstitutive Bedeutung, bis sie durch Wahlanfechtung beseitigt ist.[117] Über die Wahl ist eine Niederschrift zu fertigen (§ 16 WahlO), die dem Arbeitgeber und den im Betrieb vertretenen Gewerkschaften (§ 18 Satz 2 WahlO) zu übersenden ist. Die Gewählten sind schriftlich zu benachrichtigen (§ 17 WahlO), durch Aushang bekannt zu geben (§ 18 Satz 1 WahlO) und vor Ablauf einer Woche nach dem Wahltag zur konstituierenden Sitzung des Betriebsrats zusammenzurufen (§ 29 BetrVG). Wegen schriftlicher Stimmabgabe bei Abwesenheit eines Arbeitnehmers vgl. §§ 26ff. WahlO, wegen Wahlvorschlägen der Gewerkschaft vgl. § 29 WahlO. 38

9. Vereinfachtes Wahlverfahren. a) Zulässigkeit. Das BetrVG-ReformG hat für Kleinbetriebe ein vereinfachtes Wahlverfahren eingeführt (§§ 14, 14a, 17a BetrVG i.V.m. §§ 28ff. WahlO, dazu zunächst RN 6f.). Die Regelungen sind für Betriebe bis zu 50 Arbeitnehmern zwingend, in Betrieben mit bis zu 100 regelmäßig wahlberechtigten Arbeitnehmern kann die Anwendung des vereinfachten Wahlverfahrens zwischen Arbeitgeber und einem vom Betriebsrat eingesetzten Wahlvorstand formlos bis zur Einleitung des Regelwahlverfahrens vereinbart werden (§ 14a V BetrVG); die Absprache gilt nur für die bevorstehende Betriebsratswahl. Ein Verstoß gegen § 14a BetrVG führt grundsätzlich zur Anfechtbarkeit der Wahl.[118] In bisher betriebsratslosen Betrieben kann die Vereinbarung nur mit einem vom Gesamt- bzw. Konzernbetriebsrat eingesetzten oder vom Arbeitsgericht bestellten Wahlvorstand getroffen werden. Die teilweise gegen die durch § 14a V BetrVG eröffnete Wahlmöglichkeit erhobenen verfassungsrechtlichen Bedenken sind unbegründet.[119] Nach seinem Wortlaut ist für § 14a V BetrVG die Wahlberechtigung maßgeblich, während § 9 BetrVG für die Zahl der Betriebsratsmitglieder auf die Gesamt- 39

---

[110] LAG Frankfurt 3. 12. 1998 NZA-RR 98, 544 (Absprachen); LAG Hamm 18. 9. 1996 AP 10 zu § 1 BetrVG 1972 Gemeinsamer Betrieb; 1. 3. 1994 BB 94, 1009 = DB 94, 992 (Wahlvorstand durch Betriebsversammlung); 10. 4. 1975 LAGE § 18 BetrVG 1972 Nr. 1 = DB 75, 1176; LAG Hamburg 6. 5. 1996 NZA-RR 97, 136; LAG Düsseldorf 1. 7. 1991 BetrR 92, 115.

[111] LAG Köln 29. 3. 2001 ArbuR 2001, 281 = BB 2001, 1356; LAG Baden-Württemberg 20. 5. 1998 AiB 98, 401; LAG Köln 17. 4. 1998 LAGE § 19 BetrVG 1972 Nr. 16 = NZA-RR 99, 247; LAG Frankfurt 29. 4. 1997 BB 97, 2220; 16. 7. 1992 BB 93, 732 = NZA 93, 1008; 21. 5. 1990 BB 91, 417; LAG München 3. 8. 1988 LAGE § 19 BetrVG 1972 Nr. 7 = DB 88, 1702.

[112] LAG Nürnberg 13. 3. 2002 ArbuR 2002, 238.

[113] LAG Hessen 7. 8. 2008 ZTR 2008, 696.

[114] BAG 27. 1. 1993 AP 29 zu § 76 BetrVG 1952 = NZA 93, 949 – generelle Briefwahl unzulässig.

[115] LAG Hessen 17. 4. 2008 – 9 TaBV 163/07; Rechtsbeschwerde anhängig: 7 ABR 77/08.

[116] LAG Berlin 16. 11. 1987 LAGE § 19 BetrVG 1972 Nr. 6 = NZA 88, 481; ArbG Bremen 19. 7. 1972 DB 72, 1831.

[117] LAG Schleswig-Holstein 2. 9. 1976 BB 76, 1319 = DB 76, 1974.

[118] BAG 16. 11. 2005 AP 4 zu § 94 SGB IX = NZA 2006, 340; 7. 4. 2004 AP 3 zu § 94 SGB IX = NZA 2004, 745; 19. 11. 2003 AP 54 zu § 19 BetrVG 1972 = NZA 2004, 395.

[119] GK-BetrVG/*Kreutz* § 14a RN 113 („Grenzfall"); a.A. *Hanau* NJW 2001, 2513, 2517; *Franke* DB 2002, 211, 213.

belegschaft abstellt (RN 24). Die Vereinbarung des vereinfachten Wahlverfahrens ist daher nicht möglich, wenn ein siebenköpfiger Betriebsrat zu wählen ist, was in Betrieben mit ca. 100 Arbeitnehmern denkbar ist.[120] § 14 a BetrVG gilt entsprechend für die Wahl der Jugend- und Auszubildendenvertretung (§ 63 II 2 BetrVG) und die Wahl der Vertrauensperson der schwerbehinderten Menschen unter den Voraussetzungen der §§ 94 VI 3 SGB IX, 18 ff. SchwbVWO.[121]

40 **b) Betrieb ohne Betriebsrat.** Besteht im Betrieb noch kein Betriebsrat und ist ein vereinfachtes Wahlverfahren durchzuführen, richtet sich das Wahlverfahren nach den §§ 28 ff. WahlO. Gewählt wird in einem **zweistufigen Verfahren;** in der ersten Wahlversammlung wird der Wahlvorstand und erst in der folgenden Wahlversammlung der Betriebsrat gewählt. Zu der **ersten Wahlversammlung** können die Einladungsberechtigten (drei wahlberechtigte Arbeitnehmer/Gewerkschaft) Vorschläge für die Zusammensetzung des Wahlvorstands machen (§§ 17 a Nr. 3, 17 III BetrVG). Die Einladung muss zumindest sieben Tage vor dem Tag der Wahlversammlung erfolgen und ist an geeigneter Stelle im Betrieb auszuhängen. Der Inhalt der Einladung richtet sich nach § 28 I 5 WahlO, in ihr ist darauf hinzuweisen, dass Wahlvorschläge nur bis zum Schluss der ersten Wahlversammlung gemacht werden können. Zur Beschleunigung der nachfolgenden Wahl muss der Arbeitgeber unverzüglich nach dem Aushang der Einladung zur Wahlversammlung der einladenden Stelle in einem versiegelten Umschlag alle für die Anfertigung der Wählerliste erforderlichen Unterlagen (§ 2 WahlO, RN 31) auszuhändigen (§ 28 II WahlO). Nach der Wahl des Wahlvorstands hat die einladende Stelle den Umschlag mit den Unterlagen für die Wählerliste unverschlossen dem Wahlvorstand zu übergeben. Der Wahlvorstand wird von den auf der Wahlversammlung anwesenden Arbeitnehmern des Betriebs gewählt, die Vorschriften über die Wahlberechtigung (§ 7 Satz 1, 2 BetrVG) sind nicht in Bezug genommen und gelten daher nicht. Eine geheime Wahl des Wahlvorstands ist nur erforderlich, wenn zumindest einer der Anwesenden dies verlangt. Der Arbeitgeber ist an beiden Wahlversammlungen nicht teilnahmeberechtigt. Wird trotz Einladung keine Wahlversammlung durchgeführt oder auf ihr kein Wahlvorstand gebildet, kann er auf Antrag von drei Wahlberechtigten oder einer im Betrieb vertretenen Gewerkschaft vom Arbeitsgericht bestellt werden (§§ 17 a Nr. 4, 17 IV BetrVG).

41 **c) Betrieb mit Betriebsrat.** Wird die Wahl im vereinfachten Verfahren durchgeführt und besteht bereits ein Betriebsrat, verkürzt sich die ihm zur Verfügung stehende Mindestfrist für die Bestellung des Wahlvorstands auf vier Wochen vor Ablauf seiner Amtszeit (§§ 17 a Nr. 1, 16 I 1 BetrVG). Dementsprechend sind auch die Fristen für die Bestellung des Wahlvorstands bei Untätigkeit des bisherigen Betriebsrats verkürzt. Die ersatzweise Bestellung eines Wahlvorstands durch das Arbeitsgericht oder den Gesamt- bzw. Konzernbetriebsrat (RN 1 f) ist erst drei Wochen vor dem Ende der Amtszeit des bisher amtierenden Betriebsrats zulässig (§§ 17 a Nr. 1, 16 II 1, III 1 BetrVG). Existiert bereits ein Betriebsrat, findet die Betriebsratswahl nur in einem einstufigen Verfahren auf einer Wahlversammlung statt (§§ 14 a III BetrVG, 36 WahlO).

42 **d) Wahlvorstand.** Er besteht stets aus drei Wahlberechtigten, eine Erhöhung der Mitgliederzahl ist ausgeschlossen (§§ 17 a Nr. 2, 16 I 2, 3 BetrVG). Der Wahlvorstand muss unverzüglich die Wählerliste, nach Geschlechtern getrennt, aufstellen. Einsprüche können nur bis zum Ablauf von drei Tagen seit Erlass des Wahlausschreibens schriftlich eingelegt werden (§§ 30 II, 36 I WahlO). Noch am Tag der Beendigung der ersten Wahlversammlung erlässt der Wahlvorstand das Wahlausschreiben und macht es in geeigneter Weise bekannt (§§ 31, 36 III 2 WahlO).

43 **e) Wahlvorschläge.** Bei Betrieben ohne Betriebsrat sind Wahlvorschläge bis zum Abschluss der Wahlversammlung beim Wahlvorstand einzureichen; sie bedürfen keiner Schriftform, wenn sie in der Versammlung gemacht werden. Formelle Mängel der abgegebenen Wahlvorschläge können nur bis zum Abschluss der ersten Wahlversammlung beseitigt werden (§ 33 II, III WahlO). Liegen gültige Wahlvorschläge vor, sind sie vom Wahlvorstand wie das Wahlausschreiben bekannt zu machen, ansonsten stellt der Wahlvorstand fest, dass die Wahl zum Betriebsrat nicht stattfindet (§§ 31 IV, V, 36 VI WahlO). In Betrieben mit Betriebsrat sind Wahlvorschläge spätestens eine Woche vor der Wahlversammlung beim Wahlvorstand schriftlich einzureichen (§ 36 V 1 WahlO); für die Einreichung muss den Vorschlagsberechtigten eine weitere Woche zur Verfügung stehen (§ 28 I 2 WahlO analog), sodass der Tag der Wahlversammlung vom Wahlvorstand mit einer Mindestfrist von 2 Wochen bekannt zu geben ist.[122]

---

[120] *Quecke* ArbuR 2002, 1 f.
[121] BAG 16. 11. 2005 AP 4 zu § 94 SGB IX = NZA 2006, 340.
[122] LAG Frankfurt 23. 1. 2003 ArbuR 2003, 158.

f) Verfahren. Für das Wahlverfahren gilt § 34 WahlO, die Auszählung der Stimmen ist unverzüglich nach Beendigung der Wahl vorzunehmen. Hiervon besteht eine Ausnahme bei nachträglicher schriftlicher Stimmabgabe (§ 35 WahlO). Diese ist nur zulässig, wenn der Wahlberechtigte wegen Abwesenheit am Wahltag an der Stimmabgabe verhindert ist (§ 24 WahlO) und der Antrag spätestens drei Tage vor dem Tag der Wahlversammlung für die Betriebsratswahl beim Wahlvorstand gestellt wird. In diesem Fall hat der Wahlvorstand die Wahlurne für die Betriebsratswahl zunächst zu versiegeln und aufzubewahren (§ 34 II WahlO). Die Feststellung der Gewählten und die Bekanntgabe des Wahlergebnisses richtet sich nach den §§ 34 III–V, 18, 21, 23 I WahlO. 44

§ 218. Wahlschutz und Wahlanfechtung

Übersicht

	RN
I. Wahlschutz	1 ff.
1. Behinderungsverbot	1
2. Schutz des einzelnen Arbeitnehmers	2–4
3. Wahlbeeinflussung	5
4. Rechtsfolgen	6
II. Wahlkosten	7 ff.
1. Verpflichtung des Arbeitgebers	7
2. Durchführung der Wahl	8
3. Schulungskosten	9
4. Prozesskosten	10
III. Wahlanfechtung	11 ff.
1. Bedeutung von Nichtigkeit oder Anfechtbarkeit	11
2. Nichtigkeit	12, 13
3. Anfechtbarkeit	14
4. Wesentliche Vorschriften über das Wahlrecht	15
5. Wesentliche Vorschriften über die Wählbarkeit	16
6. Wesentliche Vorschriften über das Wahlverfahren	17
7. Berichtigungsmöglichkeit	18
8. Kausalität	19
9. Anfechtungsberechtigte	20
10. Anfechtungsfrist	21, 22
11. Rechtsfolgen des Beschlusses	23–25
12. Beschränkung auf einen Teil des Betriebsrats	26
13. Rechtsschutz	27
14. Streitwert	28

I. Wahlschutz

Däubler, Kandidatenwerbung vor der Betriebsratswahl, AiB 2002, 82; *Gaumann,* Gewerkschaftsausschluss wegen Betriebsratskandidatur auf konkurrierender Liste, NJW 2002, 2155; *Rieble,* Betriebsratswahlwerbung durch den Arbeitgeber?, ZfA 2003, 283.

1. Behinderungsverbot. Nach § 20 I 1 BetrVG darf niemand die Wahl des Betriebsrats behindern. Wahl ist nicht nur die Ausübung des aktiven oder passiven Wahlrechts, sondern jede Handlung, die im Zusammenhang mit der Wahl oder ihrer Durchführung steht, also auch etwaige Wahlwerbung (zur gewerkschaftlichen Werbung vgl. § 188 RN 20). Zur Wahl zählt daher auch die Mitwirkung an arbeitsgerichtlichen Verfahren in Zusammenhang mit einer Betriebsratswahl, z. B. die Bestellung eines Wahlvorstands. Behinderung ist jede Maßnahme, die darauf gerichtet ist, den Ablauf der Wahl zu beeinträchtigen. Ob hierzu auch wahrheitswidrige Äußerungen gehören, ist umstritten, aber zu verneinen. Die Behinderung bezieht sich nur auf die Einschränkung der Handlungsfreiheit, nicht auf die freie innere Willensbildung.[1] So darf der Arbeitgeber auf die fehlende Wahlberechtigung bzw. Wählbarkeit von Arbeitnehmern hinweisen,[2] auf mögliche Wahlfehler des Wahlvorstands und auf den fehlenden Vergütungsanspruch, wenn ein Arbeitnehmer an der Stimmauszählung teilnehmen will.[3] 1

2. Schutz des einzelnen Arbeitnehmers. a) Arbeitgeber. Nach § 20 I 2 BetrVG darf kein Arbeitnehmer in der Ausübung des aktiven oder passiven Wahlrechts beschränkt werden. Zum Wahlrecht des Arbeitnehmers gehören alle Handlungen, die mit der Wahl im Zusammenhang stehen. Verboten ist es daher, den Arbeitnehmer dabei zu behindern, sich in die Wählerliste eintragen zu lassen, zur Wahl zu gehen oder Wahlvorschläge zu unterschreiben.[4] Als Behinderung gelten auch das Vorenthalten der notwendigen Wahlmittel (Urne, Papier, Briefumschläge 2

[1] LAG Köln 15. 10. 1993 NZA 94, 431; *Fitting* § 20 RN 11; enger *Richardi/Thüsing* § 20 RN 15.
[2] Rechtsbeschwerde anhängig: 7 ABR 75/08.
[3] LAG Schleswig-Holstein 26. 7. 1989 AP 14 zu § 20 BetrVG 1972 = NZA 90, 118.
[4] Zur Einflussnahme des Arbeitgebers auf die Wählerliste: LAG Hamm 27. 4. 1972 BB 72, 796 = DB 72, 1297; LAG Baden-Württemberg 31. 5. 1972 DB 72, 1392; Rechtsbeschwerde anh.: 7 ABR 75/08.

usw.), Anordnungen, die eine Wahlausübung beeinträchtigen (Versetzung, Dienstreise im Zeitpunkt der Wahl und dgl.) sowie eine Kündigung wegen eines rechtmäßigen Wahlkampfs;[5] zum Kündigungsschutz der Wahlbewerber vgl. § 143.

3 Betreibt ein einzelnes Betriebsratsmitglied eine Feststellung gegen den **Betriebsnachfolger,** dass er dessen Arbeitnehmer geworden sei, stellt es keine Behinderung dar, wenn der Veräußerer dem Betriebsratsmitglied keine Arbeit zuweist.[6]

4 **b) Gewerkschaft.** Das Verbot der Wahlbehinderung des einzelnen Arbeitnehmers richtet sich gegen jedermann, also auch gegen die Gewerkschaft. Wegen ihrer verfassungsrechtlichen Stellung ist diese aber zu vereinsrechtlichen Sanktionen gegenüber ihren Mitgliedern berechtigt, wenn die Koalitionsfreiheit der Gewerkschaft durch das Handeln des Gewerkschaftsmitglieds in Zusammenhang mit einer Betriebsratswahl beeinträchtigt wird. Nach Ansicht des BVerfG werden durch Art. 9 III GG Maßnahmen zur Aufrechterhaltung ihrer Geschlossenheit nach Innen und Außen geschützt, da die Solidarität der Mitglieder Voraussetzung für die wirksame Förderung der Arbeits- und Wirtschaftsbedingungen ist.[7] Danach ist davon auszugehen, dass die Androhung von Sanktionen bei einer Kandidatur auf einer fremden Kandidatenliste (Fremdkandidatur) ebenso zulässig ist, wie ein nachfolgender Gewerkschaftsausschluss bei etwaigen Zuwiderhandlungen. Dies gilt unabhängig davon, ob es sich um eine Konkurrenzliste einer anderen Gewerkschaft oder eine neutrale Liste handelt, bei der über den Listenwettbewerb hinaus kein gewerkschaftsfeindliches Verhalten gezeigt wird. Die anders lautende Rspr. des BGH[8] ist durch die Entscheidung des BVerfG als überholt anzusehen. Die Tatsachenermittlung im vereinsrechtlichen Disziplinarverfahren unterliegt jedoch der Nachprüfung durch die staatlichen Gerichte.[9] Unzulässig sind jedoch Sanktionen bei der Abgabe von Stützunterschriften von Gewerkschaftsmitgliedern für neutrale Listen. Hierdurch wird zwar möglicherweise die Erfolgschancen der Gewerkschaftsliste, nicht aber die Außenwirkung der Gewerkschaft beeinträchtigt.

5 **3. Wahlbeeinflussung.** Nach § 20 II BetrVG ist jedermann die Wahlbeeinflussung durch Zufügung oder Androhung von Nachteilen oder durch Gewährung oder Versprechen von Vorteilen untersagt. Nachteil ist jedes Übel, das geeignet ist, die freie Willensbestimmung zu beeinträchtigen, Vorteil jede Vergünstigung auf die kein Anspruch besteht. Unerheblich ist, ob eine Beeinflussungsabsicht vorgelegen hat.[10] Eine Wahlbeeinflussung durch Vorteilsgewährung an eine Gruppe liegt auch dann vor, wenn der anderen Gruppe keine Nachteile daraus entstehen. Verboten ist nicht nur die Beeinflussung der eigentlichen Betriebsratswahl, sondern auch die der vorausgehenden Abstimmungen und Beschlussfassungen der Wähler oder des Wahlvorstands.[11] Hierzu soll auch das Einsammeln von Stützunterschriften durch Vertreter des Arbeitgebers zählen.[12]

6 **4. Rechtsfolgen.** Ein Verstoß gegen das Verbot der Wahlbehinderung oder Wahlbeeinflussung kann führen zu **(a)** einer Wahlanfechtung (unter RN 11 ff.), **(b)** strafrechtlichen Folgen nach § 119 BetrVG,[13] **(c)** Unwirksamkeit einer rechtsgeschäftlichen Maßnahme (§ 134 BGB i. V. m. § 20 BetrVG)[14] oder zu **(d)** Schadensersatzansprüchen des Benachteiligten (§ 823 II BGB i. V. m. § 20 BetrVG).

II. Wahlkosten

7 **1. Verpflichtung des Arbeitgebers.** Der Arbeitgeber trägt die sächlichen Kosten der Wahl (§ 20 III 1 BetrVG), z. B. die Aufwendungen für die Beschaffung von Wählerlisten, Stimmzetteln, Wahlurnen. Seine Kostentragungspflicht ist allerdings auf die erforderlichen Kosten der Betriebsratswahl begrenzt, insoweit gelten die zu § 40 BetrVG entwickelten Grundsätze entsprechend (§ 222 RN 3). Der Arbeitgeber ist nicht verpflichtet, die Wahlwerbung der Kandidaten

---

[5] BAG 15. 12. 1977 AP 69 zu § 626 BGB = NJW 78, 1874; 13. 10. 1977 AP 1 zu § 1 KSchG 1969 Verhaltensbedingte Kündigung = NJW 78, 1872.
[6] LAG Köln 27. 6. 1997 NZA-RR 98, 266.
[7] BVerfG 24. 2. 1999 AP 18 zu § 20 BetrVG 1972 = NZA 99, 713.
[8] BGH 30. 5. 1983 AP 1 zu § 39 BGB = NJW 84, 918; 19. 1. 1981 AP 7 zu § 20 BetrVG 1972 = NJW 81, 2178; 27. 2. 1978 AP 27 zu Art. 9 GG = NJW 78, 1370; vgl. auch BAG 2. 12. 1960 AP 2 zu § 19 BetrVG = NJW 61, 894.
[9] BGH 30. 5. 1983 AP 1 zu § 39 BGB = NJW 84, 918.
[10] BAG 8. 3. 1957 AP 1 zu § 19 BetrVG.
[11] BAG 8. 3. 1957 AP 1 zu § 19 BetrVG.
[12] LAG Frankfurt 23. 8. 2001 DB 2001, 2559.
[13] Vgl. AG Detmold 28. 4. 1978 BB 79, 783.
[14] BAG 13. 10. 1977 AP 1 zu § 1 KSchG 1969 Verhaltensbedingte Kündigung = NJW 78, 1872.

zu finanzieren, jedoch sind Räumlichkeiten für die Auslegung des Werbematerials und Anschlagtafeln zur Verfügung zu stellen; die Kosten für die Anfertigung von Lichtbildern der Kandidaten hat er nicht zu übernehmen.[15] Zu den sächlichen Kosten gehören auch die Fahrtkosten der Mitglieder des Wahlvorstands. Stellt der Arbeitgeber kein Kraftfahrzeug zur Verfügung und setzt ein Wahlvorstand sein eigenes Fahrzeug ein, ist der Arbeitgeber zur Erstattung von Unfallkosten verpflichtet, wenn der Einsatz des privaten Kraftfahrzeuges notwendig war.[16] Zu den nach § 20 III BetrVG zu tragenden Kosten gehören auch die Kosten einer Gewerkschaft, die dieser in Wahrnehmung ihrer im Zusammenhang mit der Betriebsratswahl stehenden Rechte aus dem BetrVG entstehen.[17] Streitigkeiten über die vom Arbeitgeber zu tragenden Kosten entscheidet das Arbeitsgericht im Beschlussverfahren (§ 2a ArbGG). Aus den Beschlüssen ist die Zwangsvollstreckung möglich. Hat der Wahlvorstand Auslagen gemacht, hat er als Gläubiger und der Arbeitgeber als Schuldner des Verfahrens zu gelten.

2. Durchführung der Wahl. Die Wahl findet grundsätzlich während der Arbeitszeit statt. 8
Versäumnis von Arbeitszeit, die zur Ausübung des Wahlrechts oder der Betätigung im Wahlvorstand erforderlich ist, berechtigt den Arbeitgeber nicht zur Minderung des Arbeitsentgelts (§ 20 III 2 BetrVG). Die Tätigkeit im Wahlvorstand ist ein Ehrenamt, sodass auch Gewerkschaftssekretäre keinen eigenen Vergütungsanspruch gegen den Arbeitgeber haben. Dagegen steht den von den Gewerkschaften entsandten Mitgliedern des Wahlvorstands ein Aufwendungsersatzanspruch (RN 7) zu. Es besteht regelmäßig kein Entgeltfortzahlungsanspruch für das Sammeln von Stützunterschriften;[18] der Begriff der Erforderlichkeit in § 20 III 2 BetrVG bezieht sich sowohl auf den Grund für die Arbeitsbefreiung als auch die Dauer der Arbeitsversäumnis. Die Einholung von Stützunterschriften hat daher grundsätzlich außerhalb der Arbeitszeit in den Pausen zu erfolgen.[19] Auch die für die eigene Wahlwerbung ausgefallene Arbeitzeit muss der Arbeitgeber nicht nach § 20 III 2 BetrVG vergüten; eine Vorstellung der Kandidaten in einer vor der Betriebsratswahl anberaumten Betriebsversammlung ist hingegen zulässig.

3. Schulungskosten. Der Arbeitgeber ist zur Übernahme der erforderlichen Schulungskosten 9
von Wahlvorstandsmitgliedern verpflichtet. Das BAG hat den halbtägigen Besuch einer Schulungsveranstaltung durch ein erstmals bestelltes Mitglied eines Wahlvorstands ohne nähere Darlegung des Fehlens ausreichender Kenntnisse der Wahlvorschriften als erforderlich angesehen.[20]

4. Prozesskosten. Zu den Wahlkosten können auch Prozesskosten gehören, die zur ord- 10
nungsgemäßen Vorbereitung und Durchführung der Wahl erforderlich sind. Erstattungsfähig sind daher die Kosten eines arbeitsgerichtlichen Beschlussverfahrens, in dem die Befugnisse des Wahlvorstands geklärt werden,[21] oder die Kosten eines Wahlbewerbers, die dieser aufwenden muss, um die Zustimmung zum Betreten des Betriebes durchzusetzen oder um die notwendigen Stützunterschriften zu sammeln.[22] Der Wahlvorstand kann nicht darauf verwiesen werden, anstelle eines Rechtsanwalts einen Gewerkschaftsvertreter mit der Vertretung zu beauftragen.[23] Erstattungspflichtig können auch außergerichtliche Kosten sein, z.B. für die Beauftragung eines Rechtsanwalts.[24] Nicht erstattungsfähig sind dagegen Kosten, die in einem Rechtsstreit mit dem Wahlvorstandsvorsitzenden entstehen, wenn dieser zum Boykott einer Liste aufruft.[25]

III. Wahlanfechtung

Burger, Die Nichtigkeit von Betriebsratswahlen (2008); *Burgmer/Richter,* Rechtsprechungsübersicht zu den Betriebsratswahlen, NZA-RR 2006, 1; *Gräfl,* Aktuelle Rechtsprechung des Siebten Senats des Bundesarbeitsgerichts zur Anfechtung und Nichtigkeit von Betriebsratswahlen, JbArbR 42 (2005), S. 133; *Sbresny-Uebach,* Anfechtung der Betriebsratswahl, AR-Blattei, Betriebsverfassung VI A.

Muster: ArbR-Formb. § 91 RN 1.

---

[15] BAG 3. 12. 1987 AP 13 zu § 20 BetrVG 1972 = NZA 88, 440.
[16] BAG 3. 3. 1983 AP 8 zu § 20 BetrVG 1972 = NJW 84, 198.
[17] BAG 16. 4. 2003 AP 21 zu § 20 BetrVG 1972 = NZA 2003, 1359.
[18] LAG Hamburg 31. 5. 2007 ZfPR 2008, 14.
[19] LAG Hamm 6. 2. 1980 LAGE § 20 BetrVG 1972 Nr. 4.
[20] BAG 26. 4. 1995 AP 17 zu § 20 BetrVG 1972 = NZA 96, 160; 7. 6. 1984 AP 10 zu § 20 BetrVG 1972 = NZA 85, 66; a. A. noch BAG 13. 3. 1973 AP 1 zu § 20 BetrVG 1972 = DB 73, 1257.
[21] BAG 8. 4. 1992 AP 15 zu § 20 BetrVG 1972 = NZA 93, 415; LAG Düsseldorf 25. 10. 1994 NZA 95, 444.
[22] LAG Hamm 6. 2. 1980 EzA 11 zu § 20 BetrVG 1972 = DB 80, 1223.
[23] LAG Düsseldorf 29. 10. 1985 NZA 86, 578 = DB 86, 1932.
[24] BAG 31. 5. 2000 AP 20 zu § 20 BetrVG 1972 = NZA 2001, 114; 7. 7. 1999 AP 19 zu § 20 BetrVG 1972 = NZA 99, 1232.
[25] LAG Hamm 6. 2. 1980 EzA 10 zu § 20 BetrVG 1972 = DB 80, 1223.

11 **1. Bedeutung von Nichtigkeit oder Anfechtbarkeit.** Eine Betriebsratswahl kann mit Rechtsmängeln behaftet sein. Diese führen grundsätzlich nicht zur Nichtigkeit, sondern nur zur Anfechtbarkeit der Wahl. Ist die Wahl nichtig, kann die Nichtigkeit zu jeder Zeit auch als Vorfrage in einem gerichtlichen Verfahren geltend gemacht werden. Dagegen wird durch die Wahlanfechtung das Amt des Betriebsrats erst für die Zukunft beseitigt; die Fehlerhaftigkeit der Wahl kann nur binnen einer Frist von zwei Wochen seit Bekanntgabe des Wahlergebnisses in einem besonderen Verfahren geltend gemacht werden. Bildet die Frage der Nichtigkeit die einzige Streitfrage, kann auch deren Feststellung im Beschlussverfahren erfolgen. In dem Antrag, die Betriebsratswahl für unwirksam zu erklären, liegt nicht nur deren Anfechtung, sondern auch der Antrag auf Feststellung einer etwaigen Nichtigkeit.[26]

12 **2. Nichtigkeit. a) Voraussetzungen.** Eine Betriebsratswahl ist dann nichtig, wenn in einem so hohen Maß gegen allgemeine Grundsätze jeder ordnungsgemäßen Wahl verstoßen wird, dass auch der Anschein einer Wahl nicht mehr vorliegt. Es muss sowohl ein offensichtlicher als auch ein besonders grober Verstoß gegen Wahlvorschriften vorliegen.[27] Nichtig ist die Wahl bei einem groben und offensichtlichen Verstoß gegen gesetzliche Wahlregeln.[28] Dies ist z. B. der Fall bei einer Wahl ohne Wahlvorstand[29] oder wenn durch Zuruf gewählt wird,[30] die Wahl ohne Vorliegen der Voraussetzungen für alle Wähler als Briefwahl durchgeführt wird, der Wahlvorstand bei der Auszählung Zuschauer wegschickt und Briefumschläge verschwinden lässt,[31] bereits ein einheitlicher Betriebsrat für mehrere Betriebe gewählt worden ist und während der Amtszeit für einen Betriebsteil ein neuer Betriebsrat gewählt wurde.[32] Nichtigkeit kann auch vorliegen bei der Wahl eines Betriebsrats in einem nicht betriebsratsfähigen Betrieb,[33] bei offensichtlich rechtswidriger Zusammenfassung von Betriebsteilen,[34] bei der Wahl ohne Aufstellung einer Wählerliste und ohne Erlass eines Wahlausschreibens,[35] der fehlenden Versiegelung der Urne nach der Wahl.[36] Keine Nichtigkeit tritt ein, wenn der Wahlvorstand den Betriebsbegriff verkannt hat, die Zuordnung von Betriebsteilen fehlerhaft erfolgt[37] oder irrtümlich mehr Betriebsratsmitglieder als gesetzlich vorgesehen gewählt wurden.[38] Auch Verstöße gegen die Wahlberechtigung und die Wählbarkeit führen regelmäßig nur zu Anfechtbarkeit der Betriebsratswahl.[39] Führen mehrere Wahlfehler jeder für sich genommen nicht zur Nichtigkeit der Wahl, kann sich auch aus einer Gesamtwürdigung der einzelnen Verstöße nicht ergeben, dass die Betriebsratswahl nichtig ist.[40]

13 **b) Folgen.** Die Nichtigkeit der Betriebsratswahl kann von jedermann zu jeder Zeit, also auch außerhalb der Anfechtungsfrist (§ 19 II BetrVG), in jeder Form geltend gemacht werden.[41] Die betriebsverfassungsrechtlichen Handlungen eines aus einer nichtigen Betriebsratswahl hervorgegangenen Betriebsrats sind unwirksam; dies gilt auch dann, wenn der Arbeitgeber den Betriebsrat

[26] BAG 12. 10. 1976 AP 1 zu § 8 BetrVG 1972 = NJW 77, 647; 21. 1. 1964 AP 6 zu § 3 BetrVG; 1. 2. 1963 AP 5 zu § 3 BetrVG.

[27] Vgl. BAG 19. 11. 2003 AP 54 zu § 19 BetrVG 1972 = NZA 2004, 395; 22. 3. 2000 AP 8 zu § 14 AÜG = NZA 2000, 1119; 10. 6. 1983 AP 10 zu § 19 BetrVG 1972 = DB 83, 2142; 28. 11. 1977 AP 6 zu § 19 BetrVG 1972 = NJW 78, 1992; 27. 4. 1976 AP 4 zu § 19 BetrVG 1972 = NJW 76, 2229; 21. 1. 1964 AP 6 zu § 3 BetrVG; 1. 2. 1963 AP 5 zu § 3 BetrVG.

[28] Vgl. BAG 21. 1. 1964 AP 6 zu § 3 BetrVG.

[29] ArbG Mannheim 27. 1. 1953 BB 53, 320; ArbG Göttingen 9. 3. 1955 BB 55, 477.

[30] Vgl. BAG 12. 10. 1961 AP 84 zu § 611 BGB Urlaubsrecht = NJW 77, 647.

[31] LAG Schleswig-Holstein 18. 3. 1999 BB 99, 1166 = NZA-RR 99, 523.

[32] BAG 11. 4. 1978 AP 8 zu § 19 BetrVG 1972 = DB 78, 1452; ArbG Regensburg 20. 9. 1989 BB 90, 852; einschränkend BAG 19. 11. 2003 AP 55 zu § 19 BetrVG 1972.

[33] BAG 9. 2. 1982 AP 24 zu § 118 BetrVG 1972 = NJW 82, 1894.

[34] Vgl. BAG 11. 7. 1991 AP 1 zu Art. 9 LPVG Bayern = PersV 92, 259 (zur Personalratswahl); auch LAG Hamburg 6. 5. 1996 NZA-RR 97, 136.

[35] BAG 27. 4. 1976 AP 4 zu § 19 BetrVG 1972 = NJW 76, 2229.

[36] LAG Köln 16. 9. 1987 LAGE § 19 BetrVG 1972 Nr. 5; LAG Baden-Württemberg 1. 8. 2007 LAGE § 19 BetrVG 2001 Nr. 3 – Anfechtbarkeit.

[37] Vgl. BAG 11. 4. 1978 AP 8 zu § 19 BetrVG 1972 = DB 78, 1452; 17. 1. 1978 AP 1 zu § 1 BetrVG 1972 = DB 78, 1133; 27. 8. 1968 AP 11 zu § 81 BetrVG; 21. 1. 1964 AP 6 zu § 3 BetrVG; 1. 2. 1963 AP 5 zu § 3 BetrVG; vgl. oben § 214 RN 10.

[38] BAG 18. 1. 1989 AP 1 zu § 9 BetrVG 1972 = NZA 89, 725; 14. 1. 1972 AP 2 zu § 20 BetrVG Jugendvertretung = DB 72, 686.

[39] BAG 13. 11. 1996 AP 4 zu § 30 MantelG DDR = DB 97, 729; 29. 3. 1984 AP 2 zu § 19 BetrVG 1972 = NJW 74, 1526; 28. 4. 1964 AP 3 zu § 4 BetrVG; 21. 1. 1964 AP 6 zu § 3 BetrVG.

[40] BAG 19. 11. 2003 AP 54 zu § 19 BetrVG 1972 = NZA 2004, 395.

[41] BAG 28. 4. 1964 AP 3 zu § 4 BetrVG.

längere Zeit als existent betrachtet hat. Jedoch können aus etwaigen Betriebsvereinbarungen Rechte für die Arbeitnehmer erwachsen, wenn der Arbeitgeber die Nichtigkeit kannte. Einem nichtig gewählten Betriebsratsmitglied steht ein Anspruch auf Erstattung tatsächlicher Aufwendungen im Rahmen der Erforderlichkeit (§§ 37, 40 I BetrVG) zu.[42] Bereits gezahlte Schulungskosten können wegen des erwachsenen Vertrauenstatbestands nicht zurückverlangt werden.

3. Anfechtbarkeit. Eine Betriebsratswahl ist anfechtbar, wenn **(a)** gegen Vorschriften über das Wahlrecht (RN 15), **(b)** die Wählbarkeit (RN 16) oder **(c)** gegen wesentliche Grundsätze des Wahlverfahrens (RN 17) verstoßen worden ist und in diesen Fällen (a)–(c) eine Berichtigung nicht erfolgt ist. Die Anfechtung ist ausgeschlossen, wenn durch den Wahlverstoß das Wahlverfahren nicht geändert oder beeinflusst werden konnte (§ 19 I BetrVG). **14**

4. Wesentliche Vorschriften über das Wahlrecht. Dies sind nicht nur die in der WahlO enthaltenen Mussvorschriften, sondern auch die Sollvorschriften, wenn von ihnen nur unter erschwerten, sachlich begründeten Voraussetzungen abgewichen werden darf.[43] Zu den wesentlichen Vorschriften zählen die über das aktive[44] und passive[45] Wahlrecht (§ 7 BetrVG, dazu § 217 RN 11). Als Verstöße kommen in Betracht z. B. die Zulassung von arbeitgeberähnlichen Personen, Leiharbeitnehmern,[46] freien Mitarbeitern, Beamten[47] zur Wahl oder die Nichtzulassung von wahlberechtigten Arbeitnehmern.[48] Unschädlich ist es jedoch, wenn ein Arbeitnehmer, der die Frist zur Erhebung eines Einspruchs gegen die Wählerliste versäumt hat, nicht zugelassen wird.[49] Dagegen ist das Anfechtungsrecht einer Gewerkschaft nicht ausgeschlossen, wenn kein Einspruch gegen die Richtigkeit der Wählerliste eingelegt worden ist.[50] Zum Wahlrecht bzw. Wählbarkeit von gekündigten Arbeitnehmern § 217 RN 14. **15**

5. Wesentliche Vorschriften über die Wählbarkeit. Sie sind in § 8 BetrVG enthalten. Hierzu gehört z. B. die fehlende tatsächliche Beschäftigung im Betrieb.[51] Liegen bei einigen der Gewählten die Wählbarkeitsvoraussetzungen nicht vor, ist die Betriebsratswahl nicht nichtig, aber anfechtbar.[52] Fehler bei der Betriebsratswahl können geheilt werden, wenn inzwischen die Wählbarkeitsvoraussetzungen eintreten (6-monatige Beschäftigung).[53] **16**

6. Wesentliche Vorschriften über das Wahlverfahren. Dies sind Verstöße gegen die in den §§ 9–18 BetrVG enthalten Wahlvorschriften. Daneben können Zuwiderhandlungen gegen die Vorgaben der WahlO die Anfechtung begründen. Nach der Rechtsprechung ist eine Wahlanfechtung in folgenden Fällen als berechtigt angesehen worden: Verkennung der Voraussetzungen für das vereinfachte Wahlverfahren[54] oder des Betriebsbegriffs,[55] Bestellung eines Wahlvorstands durch einen nicht mehr im Amt befindlichen Betriebsrat,[56] Fehler bei der Bestellung und Besetzung des Wahlvorstands,[57] jedoch dürfen auch Wahlvorstandsmitglieder kandidieren;[58] Fehlen einer Wählerliste,[59] mangelhafte Bekanntmachung des Wahlausschreibens[60] oder sein nicht **17**

---

[42] BAG 29. 4. 1998 AP 58 zu § 40 BetrVG 1972 = NZA 98, 1133.

[43] BAG 29. 1. 1965 AP 8 zu § 27 BetrVG = DB 65, 856; 11. 4. 1958 AP 5 zu § 27 BetrVG; 6. 7. 1956 AP 4 zu § 27 BetrVG; 20. 4. 1956 AP 3 zu § 27 BetrVG.

[44] BAG 29. 5. 1991 AP 2 zu § 9 BetrVG 1972 = NZA 92, 36; 28. 4. 1964 AP 4 zu § 4 BetrVG.

[45] BAG 14. 5. 1997 AP 6 zu § 8 BetrVG 1972 = NZA 97, 1245; 7. 7. 1954 AP 1 zu § 24 BetrVG.

[46] BAG 22. 3. 2000 AP 8 zu § 14 AÜG = NZA 2000, 1119 (zu § 7 BetrVG a. F.).

[47] BAG 16. 1. 2008 AP 12 zu § 7 BetrVG 1972 = NZA-RR 2008, 634; 28. 3. 2001 AP 5 zu § 7 BetrVG 1972 = DB 2002, 221.

[48] Vgl. BAG 13. 11. 1996 AP 4 zu § 30 MantelG DDR = DB 97, 729; 29. 3. 1984 AP 2 zu § 19 BetrVG 1972 = NJW 74, 1526; 28. 4. 1964 AP 3 zu § 4 BetrVG = NJW 64, 1873.

[49] Vgl. BAG 29. 3. 1974 AP 2 zu § 19 BetrVG 1972 = NJW 74, 1526; LAG Frankfurt 27. 1. 1976 BB 76, 1271.

[50] BAG 25. 6. 1974 AP 3 zu § 19 BetrVG 1972 = DB 74, 2115; 29. 3. 1974 AP 2 zu § 19 BetrVG 1972 = NJW 74, 1526.

[51] BAG 28. 11. 1977 AP 2 zu § 8 BetrVG 1972 = NJW 78, 1072; 11. 4. 1958 AP 1 zu § 6 BetrVG.

[52] BAG 28. 11. 1977 AP 6 zu § 19 BetrVG 1972 = NJW 78, 1992.

[53] BAG 7. 7. 1954 AP 1 zu § 24 BetrVG = NJW 54, 1421.

[54] BAG 19. 11. 2003 AP 54 zu § 19 BetrVG 1972 = NZA 2004, 395.

[55] BAG 31. 5. 2000 AP 12 zu § 1 BetrVG 1972 Gemeinsamer Betrieb = NZA 2000, 1350; 7. 12. 1988 AP 15 zu § 19 BetrVG 1972 = NZA 89, 731; 13. 9. 1984 AP 3 zu § 1 BetrVG 1972 = NZA 85, 293; 27. 8. 1968 AP 11 zu § 81 BetrVG; 21. 1. 1964 AP 6 zu § 3 BetrVG; 1. 2. 1963 AP 5 zu § 3 BetrVG.

[56] BAG 2. 3. 1955 AP 1 zu § 18 BetrVG.

[57] BAG 3. 6. 1975 AP 1 zu § 5 BetrVG 1972 Rotes Kreuz = NJW 76, 386; 21. 12. 1965 AP 14 zu § 76 BetrVG; 2. 3. 1955 AP 1 zu § 18 BetrVG; BVerwG 21. 11. 1959 AP 1 zu § 6 WahlO PersVG.

[58] BAG 12. 10. 1976 AP 1 zu § 8 BetrVG 1972 = NJW 77, 647.

[59] BAG 27. 4. 1976 AP 4 zu § 19 BetrVG 1972 = NJW 76, 2229.

[60] BAG 5. 5. 2004 AP 1 zu § 3 WahlO BetrVG = NZA 2004, 1285.

lesbarer Zustand,[61] fehlende Angabe des Wahllokals im Wahlausschreiben,[62] unzulässige Anforderungen im Wahlausschreiben an die Anzahl der erforderlichen Stützunterschriften und die Stimmabgabe,[63] generelle Anordnung der schriftlichen Stimmabgabe,[64] fehlende Zustimmung von Wahlbewerbern,[65] Unterzeichnung der Wahlvorschlagsliste durch ein Mitglied des Wahlvorstands,[66] Änderung des Wahlvorschlags nach Einholung der Stützunterschriften,[67] unzulässige Zurückweisung eines rechtmäßigen Vorschlags,[68] ungenügende Prüfung der eingereichten Vorschlagslisten durch den Wahlvorstand,[69] Nichteinhaltung der Frist für die Einreichung von Wahlvorschlägen[70] bzw. Setzen einer zu kurzen Nachfrist,[71] gesetzwidrige Verkürzung der Frist zur Einreichung von Wahlvorschlägen,[72] die je nach Bewerber unterschiedliche Gestaltung der Stimmzettel,[73] Verstöße gegen die Grundsätze der freien,[74] geheimen,[75] unmittelbaren und gleichen Wahl, Möglichkeit zur Einsichtnahme in die Stimmabgabevermerke während des Wahlverfahrens durch Wahlbewerber,[76] fehlende Bekanntmachung von Ort und Zeitpunkt der Stimmenauszählung,[77] Auszählung der Stimmen am Tage nach der Wahl (bedenklich),[78] unzulässige Beeinflussung der Wahl,[79] z. B. durch einen Geistlichen.[80]

18 **7. Berichtigungsmöglichkeit.** Die Anfechtung ist nur dann begründet, wenn eine Berichtigung des Wahlfehlers nicht erfolgt ist. Eine solche Berichtigung ist z. B. möglich, wenn die Betriebsratssitze unrichtig auf die einzelnen Wahlbewerber verteilt sind usw. In diesem Fall kann der Betriebsrat anhand der Wahlakten selbst oder auch das Arbeitsgericht im Beschlussverfahren eine Berichtigung vornehmen.[81]

19 **8. Kausalität.** Nach § 19 I BetrVG berechtigen Verstöße gegen wesentliche Wahlvorschriften nur dann nicht zur Anfechtung der Wahl, wenn die Verstöße das Wahlergebnis objektiv weder ändern noch beeinflussen konnten. Dafür ist entscheidend, ob bei einer hypothetischen Betrachtungsweise eine Wahl ohne den Verstoß unter Berücksichtigung der konkreten Umstände zwingend zu demselben Wahlergebnis geführt hätte.[82] Eine verfahrensfehlerhafte Betriebsratswahl muss nur dann nicht wiederholt werden, wenn sich konkret feststellen lässt, dass auch bei der Einhaltung der Wahlvorschriften kein anderes Wahlergebnis erzielt worden wäre. Kann diese Feststellung nicht getroffen werden, bleibt es bei der Unwirksamkeit der Wahl.[83] Das Wahlergebnis ist durch einen Verstoß gegen Vorschriften des Wahlrechts dann nicht beeinflusst, wenn einzelne Arbeitnehmer nicht mitwählen konnten, aber auch ihre Teilnahme an der Wahl an dem Wahlergebnis nichts geändert haben würde. Ebenso fehlt es an der Kausalität, wenn sich der Wahlfehler nur auf die Reihenfolge der Ersatzmitglieder auswirkt.[84]

---

[61] BAG 31. 1. 1969 AP 19 zu § 76 BetrVG.

[62] BAG 19. 9. 1985 AP 12 zu § 19 BetrVG 1972 = NZA 86, 368.

[63] BAG 8. 12. 1970 AP 21 zu § 76 BetrVG = NJW 71, 1151 (kein Einspruch erforderlich).

[64] BAG 27. 1. 1993 AP 29 zu § 76 BetrVG 1952 = NZA 93, 949.

[65] BAG 1. 6. 1966 AP 15 zu § 18 BetrVG.

[66] BAG 3. 10. 1958 AP 3 zu § 18 BetrVG; a. A. BVerwG 12. 1. 1962 AP 6 zu § 10 PersVG.

[67] BAG 21. 1. 2009 – 7 ABR 65/07 z. V. b.

[68] BAG 29. 6. 1965 AP 11 zu § 13 BetrVG.

[69] BAG 21. 1. 2009 – 7 ABR 65/07 z. V. b.

[70] BAG 19. 9. 1985 AP 12 zu § 19 BetrVG 1972 = NZA 86, 368; 12. 2. 1960 AP 11 zu § 18 BetrVG.

[71] LAG Frankfurt 5. 7. 1965 BB 65, 1395.

[72] Vgl. BAG 9. 12. 1992 AP 2 zu § 6 WahlO BetrVG 1972 = NZA 93, 765; 11. 3. 1960 AP 13 zu § 18 BetrVG; 12. 2. 1960 AP 11 zu § 18 BetrVG.

[73] Vgl. BAG 3. 6. 1969 AP 17 zu § 18 BetrVG.

[74] BAG 14. 1. 1969 AP 12 zu § 13 BetrVG; 1. 6. 1966 AP 16 zu § 18 BetrVG; 2. 12. 1960 AP 2 zu § 19 BetrVG; 8. 3. 1957 AP 1 zu § 19 BetrVG; BGH 13. 6. 1966 AP 5 zu § 19 BetrVG.

[75] LAG Hamm 26. 2. 1976 DB 76, 1920; Hess. VGH 7. 3. 1957 AP 1 zu § 22 PersVG.

[76] BAG 6. 12. 2000 AP 48 zu § 19 BetrVG 1972 = DB 2001, 1422.

[77] BAG 15. 11. 2000 AP 10 zu § 18 BetrVG 1972 = NZA 2001, 853; LAG Nürnberg 27. 11. 2007 LAGE § 19 BetrVG 2001 Nr. 3 a.

[78] Vgl. auch LAG Hamm 26. 2. 1976 DB 76, 1920.

[79] BAG 2. 12. 1960 AP 2 zu § 19 BetrVG.

[80] LAG Hamm 12. 2. 1976 DB 76, 922.

[81] BAG 14. 1. 1972 AP 2 zu § 20 BetrVG Jugendvertreter = DB 72, 686; 26. 11. 1968 AP 18 zu § 76 BetrVG; 15. 7. 1960 AP 10 zu § 76 BetrVG; 10. 11. 1954 AP 2 zu § 76 BetrVG.

[82] Vgl. BAG 19. 9. 1985 AP 12 zu § 19 BetrVG 1972 = NZA 86, 368; 28. 2. 1958 AP 1 zu § 29 BetrVG; 8. 3. 1957 AP 1 zu § 19 BetrVG.

[83] BAG 21. 1. 2009 – 7 ABR 65/07 z. V. b.; 25. 5. 2005 AP 2 zu § 14 BetrVG 1972 = NZA 2006, 116; 31. 5. 2000 AP 12 zu § 1 BetrVG 1972 Gemeinsamer Betrieb = NZA 2000, 1350.

[84] BAG 21. 2. 2001 AP 49 zu § 19 BetrVG 1972 = NZA 2002, 282.

9. Anfechtungsberechtigte. Die Betriebsratswahl können anfechten **(a)** drei wahlberechtigte Arbeitnehmer[85] (§ 7 BetrVG); unerheblich ist, ob sie bis zum Schluss der mündlichen Verhandlung noch im Betrieb beschäftigt sind. allerdings müssen stets mindestens drei Arbeitnehmer die Anfechtung betreiben.[86] Scheiden dagegen alle anfechtenden Arbeitnehmer endgültig aus dem Betrieb aus, führt dies zum Wegfall des Rechtsschutzinteresses. Ausreichend ist aber der Fortbestand der Betriebszugehörigkeit bei nur einem der anfechtenden Arbeitnehmer, das Ausscheiden der anderen Arbeitnehmer steht einer Sachentscheidung nicht entgegen.[87] Jeder Arbeitnehmer kann bis zum Schluss der mündlichen Verhandlung seinen Antrag zurücknehmen;[88] Nicht anfechtungsberechtigt ist der einzelne Arbeitnehmer, auch wenn er bei ordnungsgemäßer Wahl gewählt worden wäre;[89] **(b)** eine im Betrieb vertretene Gewerkschaft (§ 187). Die örtliche Verwaltungsstelle einer Gewerkschaft ist anfechtungsberechtigt, wenn sie durch die Satzung ermächtigt ist;[90] **(c)** der Arbeitgeber, selbst wenn er zuvor versucht hat, die Wahl zu verhindern.[91] Der Arbeitgeber kann ohne besonderen Anlass in die Wahlakten des Wahlvorstands Einsicht nehmen, sofern diese nicht Rückschlüsse auf das Wahlverhalten einzelner wahlberechtigter Arbeitnehmer zulassen. Die Einsichtnahme in derartige Unterlagen kann der Arbeitgeber nur zur Überprüfung der Ordnungsmäßigkeit der Wahl beanspruchen.[92] Die Anfechtung richtet sich gegen den aus der Betriebsratswahl hervorgegangenen Betriebsrat; seine fehlende oder fehlerhafte Bezeichnung in der Antragsschrift ist jedoch unschädlich.[93] Beteiligte an einem Wahlanfechtungsverfahren sind stets der Arbeitgeber und der Betriebsrat. Ein einzelnes Betriebsratsmitglied ist am Verfahren beteiligt, wenn um dessen Amt gestritten wird; die Gewerkschaft ist nur dann beteiligt, wenn sie von ihrem Anfechtungsrecht Gebrauch gemacht hat.[94] Der Wahlvorstand ist nach Konstituierung des Betriebsrats nicht mehr Beteiligter des Anfechtungsverfahrens, selbst wenn sich die Anfechtung auf Mängel seiner Bestellung oder seines Verfahrens bezieht.[95] 20

10. Anfechtungsfrist. a) Die Anfechtung ist nur zulässig binnen einer Frist von 2 Wochen seit Bekanntgabe des Wahlergebnisses. Der Beginn der Frist bestimmt sich nach § 187 I BGB, sie beginnt daher einen Tag nach dem Aushang des Wahlergebnisses. Die Anfechtung muss innerhalb dieser Frist beim Arbeitsgericht eingegangen sein. Eine Wiedereinsetzung in den vorigen Stand bei Versäumung ist nicht möglich, da es sich um eine materielle und keine Notfrist handelt. Unterbleibt die Bekanntgabe des Wahlergebnisses, beginnt der Fristlauf nicht. In Ausnahmefällen ist die Anfechtung auch beim Landesarbeitsgericht möglich; dies gilt z.B. dann, wenn im Beschlussverfahren zunächst die Wirksamkeit der Bestellung eines Wahlvorstands angegriffen und die Wahl zwischenzeitlich durchgeführt worden ist.[96] Die Entscheidung über die Wahlanfechtung ergeht im Beschlussverfahren. Der Antrag muss dahingehend gefasst sein, die Wahl für unwirksam zu erklären. Wenngleich das Arbeitsgericht den Sachverhalt von Amts wegen aufzuklären hat, müssen dennoch in der Antragsschrift oder innerhalb der Anfechtungsfrist solche Gründe vorgetragen werden, die geeignet sind, Zweifel an der Ordnungsmäßigkeit der durchgeführten Wahl zu begründen.[97] Ist die Wahlanfechtung zulässig, hat das Arbeitsgericht alle erkennbaren Anfechtungsgründe bei seiner Entscheidung zu berücksichtigen;[98] es können dann auch noch weitere Anfechtungsgründe nachgeschoben werden.[99] Anders ist es dagegen, wenn innerhalb der Frist ein betriebsverfassungsrechtlich erheblicher Anfechtungsgrund nicht vorgetragen worden ist, denn insoweit würde die Frist verlängert. Ist beantragt worden, die Wahl 21

---

[85] LAG Frankfurt 23. 2. 1989 LAGE § 19 BetrVG 1972 Nr. 8 = NZA 90, 118 (Unterschrift).

[86] BAG 4. 12. 1986 AP 13 zu § 19 BetrVG 1972 = NZA 87, 166 unter Aufgabe von: 21. 11. 1975 AP 6 zu § 118 BetrVG 1972 = NJW 76, 1165; 10. 6. 1983 AP 10 zu § 19 BetrVG 1972 = DB 83, 2142; erneut einschränkend: BAG 15. 2. 1989 AP 17 zu § 19 BetrVG 1972 = NZA 90, 115.

[87] BAG 15. 2. 1989 AP 17 zu § 19 BetrVG 1972 = NZA 90, 115.

[88] BAG 12. 2. 1985 AP 27 zu § 76 BetrVG 1972 = NZA 85, 786.

[89] BAG 20. 4. 1956 AP 3 zu § 27 BetrVG.

[90] BAG 29. 3. 1974 AP 2 zu § 19 BetrVG 1972 = NJW 74, 1526.

[91] ArbG Kiel 13. 11. 2003 AiB 2004, 66.

[92] BAG 27. 7. 2005 AP 1 zu § 19 WahlO BetrVG 1972 = NZA 2006, 59.

[93] BAG 20. 7. 1982 AP 26 zu § 76 BetrVG = NJW 83, 701; 24. 5. 1965 AP 14 zu § 18 BetrVG.

[94] BAG 27. 1. 1993 AP 29 zu § 76 BetrVG = NZA 93, 949; 20. 7. 1982 AP 26 zu § 76 BetrVG 1952 = NJW 83, 701.

[95] BAG 14. 1. 1983 AP 9 zu § 19 BetrVG 1972 = DB 83, 2142.

[96] BAG 14. 1. 1983 AP 9 zu § 19 BetrVG 1972 = DB 83, 2142.

[97] BAG 3. 6. 1969 AP 17 zu § 18 BetrVG; 24. 5. 1965 AP 14 zu § 18 BetrVG; 3. 10. 1958 AP 3 zu § 18 BetrVG.

[98] BAG 8. 5. 1992 AP 3 zu § 25 BPersVG = PersR 92, 311; 3. 10. 1958 AP 3 zu § 18 BetrVG.

[99] BAG 3. 6. 1969 AP 17 zu § 18 BetrVG = NJW 69, 1735; 24. 5. 1965 AP 14 zu § 18 BetrVG; vgl. BVerwG 13. 5. 1998 BVerwGE 106, 378 = NZA-RR 99, 108.

für unwirksam zu erklären, ist der Antrag regelmäßig dahin auszulegen, dass sie unter jedem rechtlichen Gesichtspunkt überprüft werden soll.[100] Ist die Wahlanfechtung bereits unter einem rechtlichen Gesichtpunkt begründet, ist eine Prüfung der anderen geltend gemachten Anfechtungsgründe entbehrlich.[101]

22 **b) Rechtsschutzinteresse.** Das Rechtsschutzinteresse für die Anfechtung der Betriebsratswahl entfällt nicht schon dadurch, dass der Betriebsrat seinen Rücktritt beschließt. Anders als nach einem rechtskräftigen Wahlanfechtungsverfahren führt der zurückgetretene Betriebsrat die Geschäfte bis zur Bekanntgabe des Wahlergebnisses weiter (§§ 22, 13 II Nr. 3 BetrVG).[102] Gleiches gilt, wenn nur die Wahl eines Betriebsratsmitglieds angefochten ist und dieses zurücktritt, da es bei einer erfolgreichen Anfechtung seinen nachwirkenden Kündigungsschutz (§ 15 I KSchG) verliert.[103] Ist während des gerichtlichen Verfahrens ein neuer Betriebsrat gewählt worden, entfällt das Rechtsschutzinteresse für das Anfechtungsverfahren. Die Beschlüsse der Vorinstanzen sind aufzuheben und das Verfahren einzustellen.[104] Gleichfalls entfällt das Rechtsschutzinteresse, wenn inzwischen die Amtszeit des Betriebsrats abgelaufen ist.[105] Das Rechtsschutzinteresse besteht jedoch fort, wenn eine Personengruppe von der BR-Wahl ausgeschlossen war, ein neues Unternehmen errichtet wird, dem die Personengruppe angehören soll, aber ein Betriebsrat noch nicht gewählt ist,[106] oder wenn ein Verfahren nach § 18 II BetrVG durchgeführt worden ist.[107]

23 **11. Rechtsfolgen des Beschlusses.** Wird der Wahlanfechtung durch rechtskräftigen Beschluss des Arbeitsgerichts stattgegeben, besteht für die Zukunft ein Betriebsrat nicht mehr. Betriebsverfassungsrechtliche Handlungen eines aus einer anfechtbaren Wahl hervorgegangenen Betriebsrats bleiben aber wirksam. Mit der rechtskräftigen Anfechtung der Betriebsratswahl verlieren die Betriebsratsmitglieder den Kündigungsschutz nach § 15 KSchG, § 103 BetrVG (§ 143). Da § 23 II BetrVG weder direkt noch entsprechend anzuwenden ist, muss die Neuwahl des Betriebsrats neu eingeleitet werden. Der aufgelöste Betriebsrat führt die Amtsgeschäfte nicht kommissarisch weiter und kann auch keinen Wahlvorstand einsetzen.

24 Ist eine **Wahlanfechtung unterblieben,** sind die Handlungen des Betriebsrats wirksam. Der Arbeitgeber kann sich nicht später darauf berufen, dass die Wahl anfechtbar gewesen sei.[108]

25 Im Wahlanfechtungsverfahren ist ein verfahrensbeendender **Vergleich** (§ 83 a ArbGG) regelmäßig nicht zulässig, da die Beteiligten über den Verfahrensgegenstand (Wirksamkeit der Betriebsratswahl) nicht verfügen können. Zulässig ist aber neben einer gerichtlichen Entscheidung die Antragsrücknahme durch den Antragssteller.

26 **12. Beschränkung auf einen Teil des Betriebsrats.** Die Wahlanfechtung kann auf die Wahl eines einzelnen Betriebsratsmitglieds[109] beschränkt werden, z. B. bei wegen fehlender Wählbarkeit. Bei einer erfolgreichen (Teil-)Anfechtung bleibt der übrige Betriebsrat im Amt. Geht der Wahlvorstand von einer zu großen Zahl zu wählender Betriebsratsmitglieder aus, kann das Wahlergebnis nicht dadurch berichtigt werden, dass die noch auf den letzten Plätzen zum Zuge gekommenen Bewerber gestrichen werden.[110]

27 **13. Rechtsschutz.** Zum Rechtsschutz bis zum Abschluss der Betriebsratswahl vgl. zunächst § 217 RN 36. Für ein Wahlanfechtungsverfahren muss bis zu dessen Abschluss ein Rechtsschutzinteresse gegeben sein. Dies entfällt nicht, wenn der Betriebsrat am Tag der Verhandlung über die Betriebsratswahlanfechtung im Beschwerdeverfahren seinen Rücktritt beschließt und zugleich einen neuen Wahlvorstand bestellt.[111] In einem Wahlanfechtungsverfahren ist der Betriebsrat beschwerdeberechtigt, wenn einer seiner Anträge vom Arbeitsgericht abgewiesen oder die Betriebsratswahl für nichtig oder anfechtbar erklärt worden ist.[112]

---

[100] BAG 28. 4. 1964 AP 3 zu § 4 BetrVG; 24. 1. 1964 AP 6 zu § 3 BetrVG.
[101] LAG Düsseldorf 25. 3. 2002 NZA-RR 2003, 475.
[102] BAG 29. 5. 1991 AP 5 zu § 4 BetrVG 1972 = NZA 92, 74.
[103] A. A. BAG 29. 4. 1969 AP 9 zu § 23 BetrVG.
[104] BAG 13. 3. 1991 AP 20 zu § 19 BetrVG 1972 = NZA 91, 946; 8. 12. 1961 AP 7 zu § 23 BetrVG.
[105] BAG 16. 4. 2008 – 7 ABR 4/07 – NZA-RR 2008, 583; 13. 3. 1991 AP 20 zu § 19 BetrVG 1972 = NZA 91, 946; a. A. BVerwG 5. 10. 1989 AP 1 zu § 10 WahlO z. BPersVG – Wiederholungsgefahr.
[106] BAG 25. 6. 1974 AP 3 zu § 19 BetrVG 1972 = DB 74, 2115.
[107] BAG 25. 11. 1980 AP 3 zu § 18 BetrVG 1972 = DB 81, 1242.
[108] BAG 27. 6. 1995 AP 7 zu § 4 BetrVG 1972 = NZA 96, 164.
[109] Vgl. BAG 7. 7. 1954 AP 1 zu § 24 BetrVG.
[110] BAG 12. 10. 1976 AP 5 zu § 19 BetrVG 1972 = DB 77, 212.
[111] LAG Schleswig-Holstein 18. 3. 1999 BB 99, 1166.
[112] BAG 20. 3. 1996 AP 10 zu § 5 BetrVG 1972 Ausbildung = NZA 97, 107.

14. Streitwert. Die Festsetzung des Gegenstandswerts für ein Wahlanfechtungsverfahren bemisst sich grundsätzlich nach § 23 III RVG. Regelmäßig wird von den LAG auf die Zahl der zu wählenden Betriebsratsmitglieder (§ 9 BetrVG) abgestellt. Bei einem einköpfigen Betriebsrat wird vielfach der 1,5-fache Ausgangswert des § 23 III RVG (6000 Euro) in Ansatz gebracht und bei der Anfechtung der Wahl eines mehrköpfigen Betriebsrats für jede weitere Staffel des § 9 BetrVG jeweils um den einfachen Regelwert (4000 Euro) erhöht;[113] vertreten wird auch der Ansatz des 2-fachen Ausgangswerts und die Addition eines weiteren Ausgangswerts bei einem auf Feststellung der Nichtigkeit der Wahl gerichteten Antrag.[114] Abschläge in den Verfahren des einstweiligen Rechtsschutzes erfolgen regelmäßig nicht. Es finden sich aber auch abweichende Festsetzungen, die z. B. den einfachen Regelwert des § 23 III RVG als Ausgangswert nehmen und bei mehrköpfigen Betriebsräten staffelweise eine Erhöhung um den halben Ausgangswert vornehmen.[115] Diese Grundsätze gelten auch für das Zuordnungsverfahren nach § 18 II BetrVG.[116] 28

---

[113] LAG Hamm 28. 4. 2005 NZA-RR 2005, 435; 9. 3. 2001 LAGE BRAGO § 8 Nr. 48 a = NZA-RR 2002, 104; LAG Köln 10. 10. 2002 NZA-RR 2003, 493; LAG Thüringen 13. 11. 1998 ArbuR 99, 146; LAG Berlin 17. 2. 1991 BB 92, 216; noch großzügiger LAG Brandenburg 21. 9. 1995 NZA 96, 112.

[114] LAG Rheinland-Pfalz 21. 5. 2007 NZA-RR 2007, 379 – Erhöhung um den halben Ausgangswert.

[115] Z. B. LAG Köln 19. 5. 2004 MDR 2005, 342.

[116] LAG Köln 3. 1. 2008 NZA-RR 2008, 541.

3. Abschnitt. Betriebsverfassungsorgane

§ 219. Amtszeit des Betriebsrats

Berscheid, Amtszeit des Betriebsrats und seiner Mitglieder, AR-Blattei SD 530.6.3.

Übersicht

	RN
I. Beginn der Amtszeit	1 f.
1. Betriebsratsloser Betrieb	1
2. Betrieb mit Betriebsrat	2
II. Dauer der Amtszeit	3 f.
1. Dauer	3
2. Ausnahmen	4
III. Regelmäßiges Ende der Amtszeit	5 ff.
1. Ende der Amtszeit	5
2. Ende bei Verlängerung	6
3. Neuwahl eines Betriebsrats, Rücktritt	7
4. Spaltung, Zusammenlegung, Umwandlung	8
IV. Erlöschen des Betriebsratsamts	9 ff.
1. Erlöschenstatbestände	9–15
2. Betriebsübergang, Übergangs- und Restmandat	16–18 a
V. Amtsenthebung und Auflösung des Betriebsrats	19 ff.
1. Abschließende Regelung	19
2. Antragsberechtigung	19 a
3. Voraussetzung der Amtsenthebung	20, 20 a
4. Verstöße gegen den Arbeitsvertrag	21
5. Einzelfälle	22
6. Ende des Betriebsratsamts	23
7. Auflösung und Bestellung eines Wahlvorstands	24
8. Beschlussverfahren	25
VI. Ersatzmitglieder	26 ff.
1. Eintritt des Ersatzmitglieds	26
2. Verhinderung	27
3. Rechte und Pflichten	28
4. Verhältniswahl	29
5. Mehrheitswahl	30
VII. Verletzungen der Betriebsverfassung durch den Arbeitgeber	31 ff.
1. Zweck und Bedeutung des § 23 III BetrVG	31
2. Grober Pflichtverstoß	32–35
3. Antragsberechtigung	36
4. Erkenntnisverfahren	37
5. Vollstreckungsverfahren	38–40 a
6. Unterlassungsanspruch	41–46
7. Verstoß gegen das AGG	46 a–46 c
8. Koalitionsrechtlicher Unterlassungsanspruch	47

I. Beginn der Amtszeit

1 **1. Betriebsratsloser Betrieb.** Besteht in einem Betrieb kein Betriebsrat, beginnt die Amtszeit des erstmals gewählten Betriebsrats am Tag nach der endgültigen Bekanntgabe des Wahlergebnisses (§ 21 Satz 2 BetrVG, § 187 I BGB),[1] die durch den Wahlvorstand erfolgt (vgl. § 218 RN 38). Dieser hat das Wahlergebnis durch einen zweiwöchigen Aushang bekannt zu machen (§ 19 WahlO). Nach § 29 I BetrVG hat er vor Ablauf einer Woche nach dem Wahltag die Mitglieder des Betriebsrats zu der konstituierenden Sitzung zusammenzurufen. Zur Beteiligungspflicht eines neu gebildeten Betriebsrats bis zu dessen Konstituierung § 220 RN 6.

2 **2. Betrieb mit Betriebsrat.** Besteht bei Bekanntgabe des Wahlergebnisses noch ein Betriebsrat, beginnt die Amtszeit des neugewählten mit Ablauf der Amtsperiode des vorhergehenden Betriebsrats (§ 21 Satz 2 BetrVG). Etwas anders gilt nur, wenn der Betriebsrat nach den §§ 13 II Nr. 1–3, 22 BetrVG die Amtsgeschäfte nur vorläufig weiterführt. Hier beginnt die Amtszeit des neugewählten Betriebsrats bereits mit der Bekanntgabe des Wahlergebnisses.

II. Dauer der Amtszeit

3 **1. Dauer.** Die regelmäßige Dauer der Amtszeit des Betriebsrats beträgt vier Jahre (§ 21 Satz 1 BetrVG). Die Amtszeit der Jugend- und Auszubildendenvertretung beträgt dagegen nur zwei Jahre (§ 64 I BetrVG). Die unterschiedliche Dauer der Amtszeit von Betriebsrat und Jugend- und Auszubildendenvertretung wurde vom Gesetzgeber gewählt, weil Jugendliche sehr schnell aus dem zur Jugend- und Auszubildendenvertretung wahlfähigen Alter herauswachsen.

---

[1] A. A. *Fitting* § 21 RN 7 (noch am gleichen Tag).

2. Ausnahmen. In Ausnahmefällen kann die Amtsperiode vier Jahre unter- wie überschreiten. Abweichend vom Vierjahresrhythmus kann sich nach § 13 II BetrVG die Notwendigkeit ergeben, einen Betriebsrat neu zu wählen (Beispielsfälle s. u. RN 7). Um wieder einen Anschluss an die regelmäßigen Betriebsratswahlen zu erreichen, wird durch § 13 III BetrVG die Amtsperiode verkürzt oder verlängert. Hat außerhalb des Vierjahresrhythmus eine Betriebsratswahl stattgefunden, endet dessen Amtsperiode grundsätzlich mit dem Ablauf der regelmäßigen Amtsperiode. Wurde z. B. ein Betriebsrat im Jahr 2008 gewählt, endet die Amtsperiode grundsätzlich mit dem 31. 3. 2010 (§ 13 III 1 BetrVG). Etwas anderes gilt nur, wenn die Amtsperiode des zwischenzeitlich gewählten Betriebsrats zum Beginn des für die regelmäßigen Betriebsratswahlen festgelegten Zeitraums noch nicht ein Jahr betragen hat. In diesen Fällen ist der Betriebsrat erst wieder am Ende der übernächsten Wahlperiode zu wählen; wird also das Wahlergebnis einer Betriebsratswahl erst nach dem 1. 3. 2005 bekannt gemacht, bleibt dieser Betriebsrat bis zum 31. 5. 2010 im Amt (§ 13 III 3 BetrVG). 4

III. Regelmäßiges Ende der Amtszeit

1. Ende der Amtszeit. Die Amtszeit des Betriebsrats endet spätestens mit dem 31. 5. des Jahres, in dem nach § 13 I BetrVG die regelmäßigen Betriebsratswahlen stattfinden (§ 21 Satz 3 BetrVG). Hieraus folgt: Ist das Wahlergebnis einer Betriebsratswahl zwischen dem 1. 3. und 31. 5. bekannt gemacht worden, endet die Amtsperiode vier Jahre später an dem Tage, der durch seine Benennung dem Anfangstag der vierjährigen Amtszeit entspricht (§§ 187 I, 188 II BGB). Ist der Betriebsrat außerhalb des Vierjahresrhythmus gewählt worden, endet die Amtsperiode mit der Bekanntgabe des Wahlergebnisses des neugewählten Betriebsrats,[2] spätestens mit dem 31. 5. (vgl. RN 4). 5

2. Ende bei Verlängerung. Ist die Amtszeit eines Betriebsrats durch § 13 III 2 BetrVG auf über vier Jahre verlängert worden, endet die Amtszeit spätestens mit dem 31. 5. des Jahres, in dem der Betriebsrat neu zu wählen war. Die Amtszeit eines am 1. 4. 2005 neu gewählten Betriebsrats endet daher spätestens am 31. 5. 2010. 6

3. Neuwahl eines Betriebsrats, Rücktritt. Ist während des Laufes der Amtsperiode ein Betriebsrat neu zu wählen, weil **(a)** nach Ablauf von 24 Monaten vom Tage der Wahl die Zahl der regelmäßig beschäftigten Arbeitnehmer um die Hälfte, mindestens aber um 50, gestiegen oder gesunken ist (§ 13 II Nr. 1 BetrVG) oder **(b)** die Gesamtzahl der Betriebsratsmitglieder nach Eintreten sämtlicher Ersatzmitglieder unter die vorgeschriebene Zahl (§ 9 BetrVG) der Betriebsratsmitglieder gesunken ist (§ 13 II Nr. 2 BetrVG), endet die Amtszeit des alten Betriebsrats mit Bekanntgabe des Wahlergebnisses des neugewählten Betriebsrats (§ 21 Satz 5 BetrVG). Bis dahin führt der (Rest-)Betriebsrat, auch wenn er nur noch aus einer Person besteht, die Geschäfte weiter.[3] Gleiches gilt bei Rücktritt des bisherigen Betriebsrats (§ 13 II Nr. 3 BetrVG). 7

4. Spaltung, Zusammenlegung, Umwandlung. Eine Neuwahl des Betriebsrats kann bei der Umwandlung nach dem UmwG notwendig werden (§ 116). Im Falle der Spaltung und Vermögensübertragung kann dem Betriebsrat ein Übergangs- bzw. Restmandat zustehen (dazu RN 17 ff.). 8

IV. Erlöschen des Betriebsratsamts

Auktor, Die individuelle Rechtsstellung der Betriebsratsmitglieder bei Wahrnehmung des Restmandats, NZA 2003, 950; *Feudner,* Übergangs- und Restmandate des Betriebsrats gem. §§ 21 a, 21 b BetrVG, DB 2003, 882; *Fischer,* Die Eingliederung eines Betriebes oder Betriebsteiles nach § 21 a BetrVG als Sonderfall der Betriebszusammenfassung, RdA 2005, 39; *Gragert,* Übers Ziel hinaus? – Das Übergangsmandat nach § 21 a BetrVG, NZA 2004, 289; *Lelley,* Kollision von Übergangs- und Restmandat, DB 2008, 1433; *Löw,* Übergangs- oder Restmandat bei Widerspruch gegen den Betriebsübergang?, ArbuR 2007, 194; *Löwisch/Schmidt-Kessel,* Die gesetzliche Regelung von Übergangsmandat und Restmandat nach dem Betriebsverfassungsreformgesetz, BB 2001, 2162; *Pleßner,* Das Schicksal der MAV bei Wechsel von der kirchlichen auf eine weltliche Trägerschaft der Einrichtung, ZMV 2007, 233; *Rieble,* Das Übergangsmandat nach § 21 a BetrVG, NZA 2002, 233; *ders.,* Betriebsverfassungsrechtliche Folgen der Betriebs- und Unternehmensumstrukturierung, NZA 2003, Sonderbeilage zu Heft 16, S. 62; *Rieble/Gutzeit,* Übergangsmandat bei Betriebsverschmelzung: Streit zwischen Betriebsräten und Durchsetzung, ZIP 2004, 693; *Schubert,* Das „Restmandat" bei Betriebsrat und Personalrat, ArbuR 2003, 132; *Thüsing,* Das Übergangsmandat und das Restmandat des Betriebsrats nach § 21 a und § 21 b BetrVG, DB 2002, 738.

---

2 BAG 20. 9. 1983 AP 1 zu § 21 BetrVG 1972 = NZA 84, 52.

3 LAG Düsseldorf 20. 9. 1974 DB 75, 454.

9 **1. Erlöschenstatbestände.** Nach § 24 I BetrVG erlischt das Betriebsratsamt neben dem Ablauf der Amtszeit des Betriebsrats (dazu bereits RN 5ff.) in den nachfolgend unter RN 10–15 genannten Fällen.

10 **a) Niederlegung des Betriebsratsamts (Nr. 2).** Die Amtsniederlegung erfolgt durch einseitige empfangsbedürftige Willenserklärung gegenüber dem Betriebsrat oder seinem Vorsitzenden. Sie kann unmittelbar nach der Wahl[4] insbesondere durch Ablehnung der Wahl oder bis zur Beendigung der Amtsperiode gegenüber dem Betriebsratsvorsitzenden erklärt werden. Eine Amtsniederlegung ist auch möglich, wenn der Betriebsrat nur noch ein Übergangs- oder Restmandat ausübt. Besteht der Betriebsrat nur noch aus einem Mitglied, muss dessen Amtsniederlegung eindeutig bekannt gegeben werden. Die Erklärung kann in diesem Fall gegenüber der Belegschaft abgegeben werden. Ist eine solche nicht mehr vorhanden, z.B. nach einer Betriebsstilllegung, kann die Amtsniederlegung auch gegenüber dem Arbeitgeber erklärt werden,[5] während ansonsten eine nur gegenüber dem Arbeitgeber erklärte Niederlegung unbeachtlich ist. Die Erklärung selbst kann formfrei erfolgen.[6] Das Amt endet mit Zugang der Willenserklärung, es sei denn, dass in ihr ein anderer Zeitpunkt vor Beendigung des regelmäßigen Betriebsratsamts bestimmt ist. Die Amtsniederlegung kann nicht zurückgenommen oder widerrufen werden.[7] Sie ist im Interesse der Rechtsklarheit nach h.M. auch nicht anfechtbar.[8]

11 **b) Beendigung des Arbeitsverhältnisses (Nr. 3).** Das Betriebsratsamt endet mit dem rechtlichen Ende des Arbeitsverhältnisses. Wird über die Rechtmäßigkeit der Beendigung gerichtlich gestritten (z.B. im Rahmen einer Kündigungsschutz- bzw. Befristungskontrollklage), steht die Beendigung des Betriebsratsamtes erst mit der Rechtskraft des Urteils fest. Während des Laufes des Kündigungsschutzprozesses ist das Betriebsratsmitglied regelmäßig an der Amtsausübung verhindert, sodass ein Ersatzmitglied nachrückt, es sei denn, dass das Betriebsratsmitglied während des Kündigungsschutzprozesses tatsächlich weiterbeschäftigt wird (§ 125 RN 16). Ist dies nicht der Fall, wird regelmäßig auch eine einstweilige Verfügung zur Ausübung der Betriebsratstätigkeit nicht in Betracht kommen, da die Zugehörigkeit des gekündigten Amtsträgers zum Betriebsrat nicht feststeht.[9] Etwas anderes soll nur gelten, wenn der Arbeitgeber gekündigt hat, ohne überhaupt die Zustimmung des Betriebsrats einzuholen oder das Ersetzungsverfahren (§ 103 II BetrVG) durchzuführen und die Voraussetzungen des § 15 IV, V 2 KSchG nicht vorliegen;[10] ein Hausverbot kann aber bei schweren Pflichtverletzungen zulässig sein.[11] Keine Beendigung des Betriebsratsamts tritt ein, wenn das Arbeitsverhältnis nur ruht, z.B. infolge Einberufung zum Wehr- oder Ersatzdienst, Wehrübung, Elternzeit (§ 1 ArbPlSchG, § 78 ZDG, § 1 EigÜbG). Eine lösende Aussperrung des Betriebsratsmitglieds ist grundsätzlich nicht möglich.[12] Wird das Betriebsratsmitglied nach einer (rechtlichen) Beendigung des Arbeitsverhältnisses wieder eingestellt, wird es nicht automatisch wieder Mitglied des Betriebsrats. In den Fällen des Übergangs- und Restmandats führt die Beendigung des Arbeitsverhältnisses nicht gleichzeitig zur Beendigung der Mitgliedschaft im Betriebsrat, insoweit sind die §§ 21a, 21b BetrVG Sonderregelungen gegenüber § 24 Nr. 3, 4 BetrVG.

12 **c) Verlust der Wählbarkeit (Nr. 4).** Das Betriebsratsmitglied verliert insbesondere seine Wählbarkeit (dazu § 217 RN 11), wenn es entmündigt wird oder infolge Richterspruches die Wählbarkeit oder die Fähigkeit, öffentliche Ämter zu bekleiden, verliert (§ 8 I 3 BetrVG). Die Fähigkeit, öffentliche Ämter zu bekleiden, tritt als strafrechtliche Nebenfolge nach §§ 45ff. StGB ein. Dem Verlust der Wählbarkeit steht es nicht gleich, wenn das Betriebsratsmitglied die deutsche Staatsbürgerschaft verliert (arg. § 8 I BetrVG). Die Wählbarkeit entfällt auch, wenn das Betriebsratsmitglied leitender Angestellter wird (vgl. § 212 RN 15ff.), rechtswirksam in einen

---

[4] Vgl. BVerwG 9. 10. 1959 AP 2 zu § 27 PersVG = DB 59, 1448.

[5] BAG 12. 1. 2000 AP 5 zu § 24 BetrVG 1972 = NZA 2000, 669; die Möglichkeit zur Amtsniederlegung verneint *Hanau* NJW 2001, 2513, 2515.

[6] Vgl. LAG Schleswig-Holstein 19. 8. 1966 AP 4 zu § 24 BetrVG = DB 66, 1893.

[7] Vgl. BVerwG 9. 10. 1959 AP 2 zu § 27 PersVG = DB 59, 1448.

[8] Vgl. aber RAG 7, 534 (Mangel an Ernsthaftigkeit); einschränkend auch LAG Frankfurt 8. 10. 1992 LAGE § 24 BetrVG 1972 Nr. 1 = ArbuR 93, 374.

[9] LAG Düsseldorf 27. 2. 1975 LAGE § 25 BetrVG 1972 Nr. 1 = DB 75, 700; LAG Frankfurt 4. 6. 1957 AP 2 zu § 25 BetrVG = NJW 57, 1574; vgl. aber LAG Hamm 17. 1. 1996 LAGE § 25 BetrVG 1972 Nr. 4 = NZA-RR 96, 414 (Anspruch maßgeblich); a.A. ArbG Hamburg 16. 6. 1997 AiB 97, 659.

[10] LAG Hamburg 2. 3. 1976 BetrR 76, 310; weitergehend LAG Schleswig-Holstein 2. 9. 1976 BB 76, 1319 = DB 76, 1974 (auch „rechtsmissbräuchliche Kündigung").

[11] LAG München 19. 3. 2003 NZA-RR 2003, 641.

[12] Vgl. BAG GS 21. 4. 1971 AP 43 zu Art. 9 GG Arbeitskampf = NJW 71, 1668.

anderen Betrieb versetzt wird oder sich bei einem Altersteilzeitverhältnis in der Freistellungsphase befindet.[13]

13 **d) Ausschluss aus dem Betriebsrat oder Auflösung des Betriebsrats auf Grund einer gerichtlichen Entscheidung (Nr. 5).** Die Einzelheiten werden nachfolgend unter RN 19ff. im Einzelnen erörtert.

14 **e) Nachträgliche Feststellung der Nichtwählbarkeit (Nr. 6).** Auch nach Ablauf der für die Wahlanfechtung (§ 218) vorgesehenen Frist kann noch geltend gemacht werden, im Zeitpunkt der Betriebsratswahl hätten die Wahlvoraussetzungen nicht vorgelegen.[14] Im Beschlussverfahren antragsberechtigt sind nur die in § 19 BetrVG Bezeichneten.[15] Ist bereits im Wahlanfechtungsverfahren die Nichtwählbarkeit geltend gemacht worden, ist das Beschlussverfahren unzulässig, es sei denn, dass neue Tatsachen vorliegen. Sind inzwischen die der Wahl anhaftenden Mängel beseitigt, ist z.B. das Betriebsratsmitglied inzwischen 18 Jahre alt geworden, tritt der Mandatsverlust nicht ein.[16]

15 **f) Weitere Erlöschenstatbestände.** Die in § 24 I BetrVG aufgeführten Erlöschenstatbestände sind nicht vollständig; es wird als selbstverständlich vorausgesetzt, dass das Amt auch bei Eintritt der Geschäftsunfähigkeit endet.

16 **2. Betriebsübergang, Übergangs- und Restmandat.**[17] **a) Beibehaltung der Betriebsorganisation.** Ein Betriebsübergang (§ 613a BGB, dazu § 117, § 119 RN 20) oder eine Funktionsnachfolge führen regelmäßig nicht zur Beendigung des Betriebsratsamts. Der bloße Wechsel des Betriebsinhabers ist ohne Bedeutung für die betriebsverfassungsrechtliche Stellung des für diesen Betrieb gewählten Betriebsrats. Dieser behält das ihm durch die Wahl vermittelte Mandat zur Wahrnehmung der betriebsverfassungsrechtlichen Aufgaben, wenn die bisherige Betriebsorganisation auch nach dem Betriebsübergang oder der **Funktionsnachfolge** fortbesteht.[18] Gleiches gilt, wenn ein selbstständiger Betriebsteil (§ 4 I BetrVG), für den ein eigener Betriebsrat gewählt ist, auf einen Erwerber übergeht.

17 **b) Übergangsmandat. aa) Grundsatz.** Wird jedoch ein betriebsverfassungsrechtlich nicht eigenständiger Teil des bisherigen Betriebs (Betriebsteil oder -abteilung) gespalten oder mit einem anderen Betrieb zusammengelegt, endet damit grundsätzlich die Zuständigkeit des Betriebsrats des abgebenden Betriebs für die abgetrennte Betriebsorganisation und die in ihm beschäftigten Arbeitnehmer. Die gleiche Situation entsteht, wenn die Spaltung oder Zusammenlegung im Rahmen einer Umwandlung nach dem UmwG erfolgt. Nach § 21a I BetrVG bleibt bei einer Spaltung des Betriebs die Zuständigkeit des bisherigen Betriebsrats für einen Zeitraum von bis zu 6 Monaten erhalten (sog. Übergangsmandat). Sinn und Zweck des Übergangsmandats ist es, die Arbeitnehmer in der für sie besonders kritischen Phase im Anschluss an eine betriebliche Umstrukturierung vor dem Verlust der Beteiligungsrechte zu schützen. Es soll sicherstellen, dass bei betrieblichen Organisationsänderungen in der Übergangsphase keine betriebsratslosen Zeiten entstehen.[19] Die durch das BetrVG-ReformG eingefügte Vorschrift hat die zuvor nur in Spezialgesetzen (§§ 13 I 2 SpTrHG, 6b IX 2 VermG, 20 DBGrG, 321 UmwG) enthaltenen Regelungen über das Übergangsmandat ablöst, aus denen die Rspr. jedoch bereits seine allgemeine Geltung abgeleitet hatte.[20] § 21a BetrVG gilt unabhängig davon, ob die betriebliche Umstrukturierung im Zusammenhang mit einem Betriebsübergang, im Wege der Einzel- oder Gesamtrechtsnachfolge oder ausschließlich auf Grund von Änderungen der Betriebsorganisation innerhalb eines Unternehmens erfolgt; maßgeblich ist allein die tatsächliche Änderung der Betriebsstrukturen.

17a Der kraft Übergangsmandat zuständige Betriebsrat ist verpflichtet, unverzüglich die **Betriebsratswahl** für die abgetrennte Betriebseinheit einzuleiten und einen Wahlvorstand zu bestellen. Das Übergangsmandat endet mit Bekanntgabe des Wahlergebnisses des neu gewählten Betriebsrats, ansonsten spätestens nach sechs Monaten. Durch Tarifvertrag oder Betriebsvereinbarung kann es um weitere sechs Monate verlängert werden. Während eines Übergangsmandats ist der

---

[13] VGH München 14. 11. 2001 PersR 2002, 173.

[14] Vgl. BAG 11. 3. 1975 AP 1 zu § 24 BetrVG 1972 = DB 75, 1753; 11. 4. 1958 AP 1 zu § 6 BetrVG = DB 58, 658.

[15] BAG 28. 11. 1977 AP 6 zu § 19 BetrVG 1972 = NJW 78, 1992.

[16] Vgl. auch BAG 7. 7. 1954 AP 1 zu § 24 BetrVG = NJW 54, 1421.

[17] Vgl. die Schrifttumsnachweise vor RN 9.

[18] BAG 11. 10. 1995 AP 2 zu § 21 BetrVG 1972 = NZA 96, 495; 27. 7. 1994 AP 118 zu § 613a BGB = NZA 95, 222; 28. 9. 1988 AP 55 zu § 99 BetrVG 1972 = NZA 89, 188.

[19] BT-Drucks. 14/5741 S. 39.

[20] Vgl. BAG 31. 5. 2000 AP 12 zu § 1 BetrVG 1972 Gemeinsamer Betrieb = NZA 2000, 1350.

Betriebsrat vom neuen Arbeitgeber in allen beteiligungspflichtigen Angelegenheiten der Arbeitnehmer der abgetrennten Betriebseinheit zu beteiligen.

17b **bb)** Auch im Fall der **Zusammenlegung** von zwei oder mehreren Betrieben bzw. Betriebsteilen entsteht regelmäßig ein neuer Betrieb, für den ein Betriebsrat nicht besteht. In diesem Fall wird das Übergangsmandat von dem Betriebsrat des nach der Zahl der wahlberechtigten Arbeitnehmer größten Betriebs, der an der Zusammenlegung beteiligt ist, wahrgenommen (§ 21 a II BetrVG). Besteht in diesem kein Betriebsrat, nimmt der Betriebsrat des Betriebs mit den meisten wahlberechtigten Arbeitnehmern das Übergangsmandat wahr. Ändert sich bei einer Zusammenlegung die Identität der fortbestehenden Betriebe nicht, bleiben beide Betriebsräte im Amt. Bei einer Zusammenlegung von einem kirchlichen und nichtkirchlichen Betrieb im Geltungsbereich des BetrVG gilt § 21 a II BetrVG, wenn in Letzterem ein Betriebsrat besteht.[21]

17c **cc) Eingliederung.** Gesetzlich nicht besonders geregelt ist die Eingliederung eines Betriebs oder Betriebsteils in einen anderen Betrieb. Die Eingliederung setzt voraus, dass sich die Identität des eingegliederten Betriebs ändert. Fehlt es hieran, bleibt der bisherige Betriebsrat im Amt. Besteht hingegen bei einer Eingliederung in dem aufnehmenden Betrieb bereits ein Betriebsrat, erstreckt sich dessen Zuständigkeit nunmehr auch auf die Arbeitnehmer des eingegliederten Betriebs.[22] Ein Übergangsmandat besteht nicht, da bereits eine Arbeitnehmervertretung existiert. Allerdings kann nach § 13 II Nr. 1 BetrVG die Notwendigkeit einer Neuwahl wegen Veränderung der Arbeitnehmerzahl bestehen. In diesem Fall führt der Betriebsrat des aufnehmenden Betriebs nach § 22 BetrVG die Geschäfte weiter. Bestand in dem aufnehmenden Betrieb kein Betriebsrat, hat der Betriebsrat des abgebenden Betriebs bzw. -teils (nur) für dessen Arbeitnehmer ein Übergangsmandat.[23] Dies ergibt sich aus dem Wortlaut von § 21 a I 1 BetrVG, der das Übergangsmandat nur auf die „bislang zugeordneten Betriebsteile" erstreckt und aus der fehlenden demokratischen Legitimation für die bislang betriebsratslose Einheit.

17d **dd) Ausscheiden aus dem Geltungsbereich des BetrVG.** Fällt schließlich der Betrieb nach der Spaltung, Zusammenlegung oder Eingliederung nicht mehr unter den Geltungsbereich des BetrVG (z. B. bei Übernahme durch einen kirchlichen Träger, Absinken der Arbeitnehmerzahl unter fünf Arbeitnehmer), endet mit der Übernahme der Leitungsmacht des Betriebserwerbers die Zuständigkeit des bisherigen Betriebsrats, zu einem Übergangsmandat kommt es nicht;[24] zum Übergangsmandat im öffentlichen Dienst § 265 RN 43. § 21 a BetrVG gilt nicht analog bei einem Wechsel eines bisher kirchlichen Betriebs in den Geltungsbereich des BetrVG.[25]

18 **c) Restmandat. aa) Voraussetzungen.** Geht der Betrieb durch Stilllegung, Spaltung oder Zusammenlegung unter, bleibt der Betriebsrat nach § 21 b BetrVG so lange im Amt, wie dies zur Wahrnehmung der damit in Zusammenhang stehenden Beteiligungsrechte erforderlich ist (Restmandat). Die Vorschrift trägt dem Umstand Rechnung, dass das Amt des Betriebsrats endet, wenn die betriebliche Organisation, für die der Betriebsrat gebildet ist, wegfällt. Mit dem durch das BetrVG-ReformG eingefügten § 21 b BetrVG hat der Gesetzgeber die bisherige Rspr. des BAG anerkannt, wonach das Amt des Betriebsrats nicht mit der tatsächlichen Betriebseinstellung, sondern erst dann endet, wenn keine beteiligungspflichtigen Angelegenheiten mehr wahrzunehmen sind.[26] Als solche kommen z. B. der Abschluss eines Sozialplans (§ 112 BetrVG) oder die Geltendmachung von Kostenerstattungsansprüchen[27] (§ 40 I BetrVG) in Betracht. Das Restmandat besteht nicht nur bei einer Betriebsstilllegung, sondern auch dann, wenn der ursprüngliche Betrieb wegen einer Spaltung oder Zusammenlegung untergeht. Zwar kann in diesen Fällen auch ein Übergangsmandat (§ 21 a BetrVG) bestehen, dessen Geltung sich aber nur für die Zeit nach der Organisationsänderung erstreckt und nicht die Beteiligungsrechte bei der Abwicklung der mitbestimmungspflichtigen Angelegenheiten des untergegangenen Betriebs umfasst. Wird der Stilllegungsentschluss bereits vor der Organisationsänderung getroffen, entsteht daher kein

---

[21] Dazu *Pleßner* ZMV 2007, 233.

[22] LAG Frankfurt 1. 9. 1988 DB 89, 184 = NZA 89, 226; *Fitting* § 21 a RN 14.

[23] LAG Bremen 9. 12. 2004 ArbuR 2005, 420 – Restmandat; einschränkend *Löwisch/Schmidt-Kessel* BB 2001, 2162, 2164 – neue „Einheit" erforderlich.

[24] BAG 9. 2. 1982 AP 24 zu § 118 BetrVG 1972 = NJW 82, 1894; einschränkend DKK/*Buschmann* § 21 BetrVG RN 46.

[25] *Pleßner* ZMV 2007, 233.

[26] Vgl. nur BAG 14. 8. 2001 AP 1 zu § 21 b BetrVG 1972 = NZA 2002, 109; 12. 1. 2000 AP 5 zu § 24 BetrVG 1972 = NZA 2000, 669; 16. 6. 1987 AP 20 zu § 111 BetrVG 1972 = NZA 87, 858; 29. 3. 1977 AP 11 zu § 102 BetrVG 1972 = NJW 77, 2182.

[27] BAG 24. 10. 2001 AP 71 zu § 40 BetrVG 1972.

Übergangsmandat; wird er während des Übergangsmandats getroffen, wird das Übergangsmandat zu einem Restmandat (str.). Wird während des Restmandats eine Entscheidung über die Fortführung des Betriebs getroffen, erstarkt das Restmandat zu einem Vollmandat; ggf. kann unter den Voraussetzungen des § 13 BetrVG eine Neuwahl erforderlich sein. Unter den Voraussetzungen des § 21 a BetrVG kann sich an das Restmandat ein Übergangsmandat anschließen. Wird ein Betrieb nach § 613 a BGB übertragen, hat der Betriebsrat des übergegangenen Betriebs kein Restmandat gegenüber den Kündigungen, die der nach dem Übergang betriebslose Betriebsveräußerer gegenüber den widersprechenden Arbeitnehmern ausspricht.[28]

bb) Zeitpunkt. Das Restmandat entsteht mit dem Wegfall der betrieblichen Organisation, d. h. mit der endgültigen Stilllegung des Betriebs oder mit der endgültigen Zusammenlegung mit einem anderen Betrieb. Zu diesem Zeitpunkt wandelt sich das originäre Vollmandat des Betriebsrats in ein Restmandat nach § 21 b BetrVG um. Wird der Betrieb nach diesem Zeitpunkt doch fortgeführt, wandelt sich das Restmandat in ein Übergangsmandat zur Neuwahl eines Betriebsrats um. Das Restmandat ist von dem Betriebsrat auszuüben, der im Zeitpunkt des Wegfalls der betrieblichen Organisation und der damit verbundenen Beendigung des Vollmandats im Amt war. Ist zu diesem Zeitpunkt die Anzahl der Betriebsratsmitglieder auf Grund des früheren Ausscheidens von Betriebsratsmitgliedern sowie des Fehlens von Ersatzmitgliedern, die noch hätten nachrücken können, bereits unter die in § 9 BetrVG vorgeschriebene Mitgliederzahl gesunken, führen die verbliebenen Betriebsratmitglieder die Geschäfte gemäß § 22, § 13 II Nr. 2 BetrVG weiter. Das Restmandat ist eine Fortsetzung des originären Mandats; die Wahl eines Betriebsrats nur zur Ausübung eines Restmandats ist unzulässig. Ein bereits erloschenes Mandat kann nicht als Restmandat wieder aufleben.[29] Dies gilt auch, wenn die reguläre Amtszeit nach § 21 BetrVG zwischenzeitlich beendet ist oder die Arbeitsverhältnisse der einzelnen Betriebsratsmitglieder durch Kündigung oder auf andere Weise beendet worden sind. Das Restmandat besteht, solange im Zusammenhang mit der Betriebsstilllegung oder Zusammenlegung noch Verhandlungsgegenstände offen sind. 18a

V. Amtsenthebung und Auflösung des Betriebsrats

Kania, Die betriebsverfassungsrechtliche Abmahnung, DB 96, 374; *Korinth,* Amtsausübungsanspruch und Untersagung der Amtsführung des BR-Mitgliedes bei Kündigung und Ausschlussverfahren, ArbRB 2007, 189; *Schleusener,* Die betriebsverfassungsrechtliche Abmahnung, NZA 2001, 640.

Muster: ArbR-Formb. § 93 RN 2 ff.

1. Abschließende Regelung. § 23 BetrVG bestimmt abschließend, auf Grund wessen Antrags und unter welchen Voraussetzungen der Betriebsrat aufgelöst oder ein Betriebsratsmitglied seines Amts enthoben werden kann. 19

2. Antragsberechtigung. Nach § 23 I BetrVG sind antragsbefugt: **(a)** mindestens ein Viertel der wahlberechtigten Arbeitnehmer. Die Wahlberechtigung muss im Zeitpunkt der Antragstellung bestehen und während der gesamten Dauer der Tatsacheninstanzen fortdauern.[30] Scheiden Arbeitnehmer aus, können andere an ihre Stelle treten. Die Mindestzahl ist nach der Zahl der regelmäßig Beschäftigten zu berechnen; **(b)** der Arbeitgeber sowie **(c)** eine im Betrieb vertretene Gewerkschaft. Unerheblich ist, ob das zu enthebende Betriebsratsmitglied in ihr oder einer anderen Gewerkschaft organisiert ist. Jedoch wird man davon auszugehen haben, dass nur solche Gewerkschaften antragsberechtigt sind, die betriebsverfassungsrechtlich im Betrieb Druck ausüben können. **(d)** Soll ein Betriebsratsmitglied des Amtes enthoben werden, ist auch der Betriebsrat antragsberechtigt. An dem zur Antragstellung notwendigen Beschluss nimmt das zu enthebende Mitglied nicht teil. 19a

3. Voraussetzung der Amtsenthebung. a) Der Antrag auf Amtsenthebung eines Betriebsratsmitgliedes oder Auflösung des Betriebsrats ist begründet, wenn dieses/dieser seine gesetzlichen Pflichten grob verletzt. **Gesetzliche Pflichten** des Betriebsrats sind alle, die ihm durch Gesetz, Tarifvertrag oder Betriebsvereinbarung übertragen sind. **Grob** ist die Verletzung dann, wenn sie handgreiflich und offensichtlich schwerwiegend ist.[31] Die grobe Pflichtverletzung kann entweder durch eine einmalige Handlung begangen werden, möglich ist aber auch, dass sie sich 20

---

[28] Anders LAG Rheinland-Pfalz 18. 4. 2005 NZA-RR 2005, 529.

[29] BAG 12. 1. 2000 AP 5 zu § 24 BetrVG 1972 = NZA 2000, 669.

[30] BAG 14. 2. 1978 AP 7 zu § 19 BetrVG 1972 = DB 78, 1451.

[31] Vgl. BAG 22. 6. 1993 AP 22 zu § 23 BetrVG 1972 = NZA 94, 184; 21. 2. 1978 AP 1 zu § 74 BetrVG 1972 = NJW 78, 2216; 2. 11. 1955 AP 1 zu § 23 BetrVG.

aus einer Mehrzahl einzelner Verstöße gegen die Pflichtenstellung aus § 23 I BetrVG ergibt.[32] Diese müssen zwar Pflichtverletzungen darstellen, nicht notwendig ist, dass sie jeweils als „grob" i. S. d. § 23 I BetrVG anzusehen sind. Vielmehr kann sich auch aus der Summe der einzelnen Verstöße die Nichteignung des Betriebsrats bzw. Betriebsratsmitglieds für das ausgeübte Amt ergeben. Leichtere Verstöße können daher bei Wiederholungen zu einem groben Verstoß werden.[33] Insoweit erfordert die gerichtliche Entscheidung – wie im Kündigungsrecht – eine Prognose darüber, ob angesichts des pflichtwidrigen Verhaltens in der Vergangenheit eine ordnungsgemäße Amtsausübung in Zukunft erwartet werden kann; hierfür kann von Bedeutung sein, ob der Amtsträger auf sein Fehlverhalten und die beabsichtigte Durchführung des Verfahrens nach § 23 I BetrVG hingewiesen wurde (RN 20a). Der Ausschluss nach § 23 I BetrVG kann nicht erst erfolgen, wenn der Amtsträger durch ein ihm zurechenbares Verhalten die Funktionsfähigkeit des Betriebsrats ernstlich bedroht oder lahmgelegt hat. Es ist ausreichend, dass entweder eine Zusammenarbeit mit dem Arbeitgeber, ein Zusammenwirken innerhalb des Betriebsrats oder ein Vertrauensverhältnis gegenüber der Belegschaft auf Grund seiner groben Pflichtverletzung nicht mehr zu erwarten ist. Eine Amtsenthebung setzt regelmäßig ein **Verschulden** des/der Betriebsratsmitglieds(er) voraus;[34] eine Ausnahme wird aber bei krankhaft querulatorischem Verhalten bestehen. Kein Verschulden ist bei der Auflösung des Betriebsrats notwendig; bei einem kollektiven Organ wird dies ohnehin kaum festzustellen sein. Dessen Auflösung kommt aber nur in Betracht, wenn seine weitere Amtsausübung untragbar erscheint.[35]

20a **b) Hinweispflicht.** Für die Prognose über das zukünftige Verhalten des Amtsträgers kann von Bedeutung sein, ob das Betriebsratsmitglied auf die Pflichtwidrigkeit hingewiesen worden ist und sein Verhalten dennoch nicht geändert hat. Wie bei der Kündigung folgt die auch im Rahmen des § 23 I BetrVG erforderliche Negativprognose aus einem trotz Hinweis fortgesetzten Verstoß gegen gesetzliche Pflichten. Der Hinweis auf ein vermeintlich gesetzwidriges Verhalten ist zulässig, selbst wenn er in schriftlicher Form erfolgt (sog. betriebsverfassungsrechtliche Abmahnung, dazu § 235 RN 34f.). Dies gilt auch, wenn der Hinweis durch den Arbeitgeber erfolgt, da durch eine Beanstandung der Amtsausübung grundsätzlich nicht das berufliche Fortkommen des Betriebsratsmitglieds beeinträchtigt wird. Weitergehend als die individualrechtliche Abmahnung kann eine solche Rüge von jedem der nach § 23 I BetrVG Antragsberechtigten ausgesprochen werden, wenn die Fortsetzung des gerügten Verhaltens eine grobe Pflichtverletzung darstellen würde.

21 **4. Verstöße gegen den Arbeitsvertrag.** Von den Amtspflichtverletzungen zu unterscheiden sind Verletzungen des Arbeitsvertrags durch ein Betriebsratsmitglied. Bei Arbeitsvertragsverletzungen, die sich nicht auf die Pflichtenstellung des Amtsträgers auswirken, kommt ausschließlich der Ausspruch einer außerordentlichen Kündigung in Betracht. Eine Amtspflichtverletzung ist nur dann zugleich eine Arbeitsvertragsverletzung, wenn sie einen Verstoß gegen individualrechtliche Pflichten aus dem Arbeitsverhältnis zum Gegenstand hat. Das Verfahren nach § 23 I 1 BetrVG steht einer außerordentlichen Kündigung des Betriebsratsmitglieds nicht entgegen, wenn das Fehlverhalten sowohl eine Amtspflichtverletzung als auch einen Verstoß gegen die Pflichten aus dem Arbeitsverhältnis darstellt;[36] weitere Einzelheiten vgl. § 143.

22 **5. Einzelfälle.** Grobe Pflichtverletzungen des Betriebsrats sind insbesondere: Verletzung der Schweigepflicht,[37] unzutreffende Abrechnungen von Aufwendungen für die Betriebsratstätigkeit, Weitergabe von Angaben über die Vergütung an Dritte,[38] Beleidigungen[39] bzw. Diffamierungen von Betriebsratsmitgliedern[40] oder des Arbeitgebers,[41] Behandlung parteipolitischer Fragen in der Betriebsversammlung,[42] parteipolitische Angriffe und Agitation gegen Betriebsratskollegen,[43]

---

[32] Einschränkend aber BAG 4. 5. 1955 AP 1 zu § 44 BetrVG.
[33] LAG Schleswig-Holstein 9. 8. 2007 NZA-RR 2007, 639.
[34] Vgl. BAG 21. 2. 1978 AP 1 zu § 74 BetrVG 1972 = NJW 78, 2216; 5. 9. 1967 AP 8 zu § 23 BetrVG.
[35] BAG 22. 6. 1993 AP 22 zu § 23 BetrVG 1972 = NZA 94, 184.
[36] BAG 14. 2. 1978 AP 1 zu § 74 BetrVG 1972 = DB 78, 1547.
[37] ArbG Wesel 16. 10. 2008 NZA-RR 2009, 21 – Einsicht in Bewerbungsunterlagen; ArbG Marburg 28. 5. 1999 NZA-RR 2001, 94 – unbefugte Weitergabe von Personaldaten.
[38] Vgl. BAG 22. 5. 1959 AP 3 zu § 23 BetrVG.
[39] Dazu BAG 22. 8. 1974 AP 1 zu § 103 BetrVG 1972 = NJW 75, 181.
[40] Vgl. LAG Hamm 25. 9. 1958 BB 59, 376.
[41] LAG Niedersachsen 25. 10. 2004 NZA-RR 2005, 530; ArbG Marburg 28. 5. 1999 NZA-RR 2001, 91.
[42] Vgl. BAG 4. 5. 1955 AP 1 zu § 44 BetrVG = NJW 55, 1126.
[43] LAG Düsseldorf 23. 6. 1977 DB 77, 2191.

Werbung für Gewerkschaften oder Aufruf zu Arbeitskämpfen unter Ausnutzung des Betriebsratsamts,[44] unbefugte Veranstaltung von Belegschaftsbefragungen, Ablehnung der Zusammenarbeit mit anders organisierten Betriebsratsmitgliedern,[45] Werksbesetzungen,[46] Entgegennahme von Belohnungen im Zusammenhang mit der Amtstätigkeit,[47] pflichtwidrige Nichteinberufung von Betriebsversammlungen,[48] Missachtung der Mitbestimmung bei Aufstellung von Dienstplänen,[49] leichtfertige Bekanntgabe falscher Tatsachen in der Öffentlichkeit zum Nachteil des Arbeitgebers[50] sowie Abschluss von Regelungsabreden zu tarifwidrigen Bedingungen.[51]

6. Ende des Betriebsratsamts. Mit der Rechtskraft des arbeitsgerichtlichen Beschlusses en- 23
det die Mitgliedschaft im Betriebsrat bzw. ist der Betriebsrat aufgelöst. Gehörte das ausgeschlossene Mitglied auch dem Gesamtbetriebsrat an, endet auch zugleich die Mitgliedschaft im Gesamtbetriebsrat (§ 49 BetrVG). Werden nur einzelne Betriebsratsmitglieder ihres Amts enthoben, treten die Ersatzmitglieder an ihre Stelle. Mit der rechtskräftigen Amtsenthebung bzw. Auflösung des Betriebsrats endet der besondere Schutz nach § 15 KSchG, § 103 BetrVG (vgl. § 143).

7. Auflösung und Bestellung eines Wahlvorstands. Löst das Arbeitsgericht den Betriebs- 24
rat auf, hat es zugleich für den Fall der Rechtskraft seiner Entscheidung einen Wahlvorstand für die Neuwahl einzusetzen (§ 23 II BetrVG). Die Verfahrensbeteiligten können insoweit Vorschläge machen. Im Übrigen gelten für die Bestellung des Wahlvorstands die Grundsätze für die Bestellung durch das Arbeitsgericht (§ 16 BetrVG).

8. Beschlussverfahren. Das Arbeitsgericht entscheidet im Beschlussverfahren. Einstweilige 25
Verfügungsverfahren auf Amtsenthebung von Betriebsratsmitgliedern sind zulässig, jedoch wird nur ein vorläufiges Verbot der Amtsausübung bis zu einer rechtskräftigen Entscheidung in Betracht kommen.[52] Der Ausschluss des Betriebsratsmitgliedes ist vom Beginn bis zur Beendigung seiner Amtsperiode zulässig;[53] nach der Rspr. entfällt das Rechtsschutzinteresse für ein Ausschlussverfahren bei seiner Wiederwahl in den neu gebildeten Betriebsrat[54] und bei einer Amtsniederlegung.[55] Letzteres erscheint wegen des nachwirkenden Kündigungsschutzes zweifelhaft, richtigerweise dürfte auf den Zeitpunkt des Ablaufs der Jahresfrist des § 15 I 2 KSchG abzustellen sein. Die außergerichtlichen Kosten des von einem Ausschlussverfahren betroffenen Betriebsratsmitglieds sind unter den Voraussetzungen des § 40 BetrVG (§ 222 RN 7) vom Arbeitgeber zu erstatten, wenn sie Kosten der Betriebsratstätigkeit sind.[56] Gleiches gilt, wenn sich ein Betriebsratsmitglied gegen eine Beanstandung seiner Amtstätigkeit wehrt. Ist der Ausschluss begründet oder wird der Betriebsrat aufgelöst, wird eine Kostenerstattung nur in Betracht kommen, wenn die Rechtslage nicht offensichtlich war. Bei einem Verfahren um die Auflösung des gesamten Betriebsrats entfällt das Rechtsschutzinteresse mit Ablauf der regulären Amtszeit; beschließt der Betriebsrat seinen Rücktritt, tritt die Erledigung erst mit der Bekanntgabe des Wahlergebnisses des neu gewählten Betriebsrats ein. Das Rechtsschutzinteresse besteht auch dann nicht mehr, wenn sämtliche Betriebsratsmitglieder, die ihm zum Zeitpunkt der Pflichtverletzung angehört haben, aus dem Gremium ausgeschieden sind.

VI. Ersatzmitglieder

1. Eintritt des Ersatzmitglieds. Scheidet ein Betriebsratsmitglied aus dem Betriebsrat aus 26
oder ist es zeitweise an der Amtsausübung verhindert, tritt an seine Stelle ein Ersatzmitglied (§ 25 I 1 BetrVG). Ist auch das Ersatzmitglied verhindert, wird es für die Dauer der Verhinderung durch ein weiteres Ersatzmitglied vertreten. Durch das Nachrücken soll die Beschlussfähig-

---

[44] LAG Köln 15. 12. 2000 NZA-RR 2001, 371; vgl. auch BVerwG 1. 10. 1965 AP 7 zu § 26 PersVG; 15. 1. 1960 AP 2 zu § 26 PersVG.

[45] Vgl. BAG 5. 9. 1967 AP 8 zu § 23 BetrVG.

[46] LAG Hamm 6. 11. 1975 BB 76, 363 = DB 76, 343.

[47] LAG München 15. 11. 1977 BB 79, 732 = DB 78, 894.

[48] ArbG Wetzlar 22. 9. 1992 BB 92, 2216.

[49] BAG 8. 8. 1989 AP 11 zu § 23 BetrVG 1972 = NZA 90, 569.

[50] ArbG Berlin 31. 10. 2002 EWiR 2003, 741.

[51] ArbG Marburg 7. 8. 1996 NZA 96, 1331.

[52] LAG Hamm 18. 9. 1975 EzA 2 zu § 23 BetrVG = BB 75, 1302.

[53] Vgl. BAG 29. 4. 1969 AP 9 zu § 23 BetrVG; 8. 12. 1961 AP 7 zu § 23 BetrVG.

[54] Vgl. BAG 29. 4. 1969 AP 9 zu § 23 BetrVG; 8. 12. 1961 AP 7 zu § 23 BetrVG; anders noch BAG 2. 11. 1955 AP 1 zu § 23 BetrVG; LAG Hamm 9. 2. 2007 ArbuR 2007, 316; LAG Berlin 19. 6. 1978 DB 79, 112; Rechtsbeschwerde anhängig: 7 ABR 94/08.

[55] BAG 29. 4. 1969 AP 9 zu § 23 BetrVG; 8. 12. 1961 AP 7 zu § 23 BetrVG.

[56] BAG 19. 4. 1989 AP 29 zu § 40 BetrVG 1972 = NZA 90, 233.

keit des Betriebsrats gesichert werden. Das Ersatzmitglied tritt ohne weiteres an die Stelle des Betriebsratsmitglieds und nimmt für den Rest der Amtszeit oder eine einzelne Sitzung dessen Funktionen wahr. Einer besonderen Beschlussfassung, Benachrichtigung oder Annahme des Amts bedarf es im Vertretungsfall nicht.[57] Das Ersatzmitglied ist durch den Betriebsratsvorsitzenden zu laden (§ 29 II BetrVG). Wird für ein zeitweilig verhindertes Mitglied ein vorhandenes Ersatzmitglied nicht geladen, ist der Betriebsrat an einer wirksamen Beschlussfassung gehindert. Hiervon ist nur dann eine Ausnahme zu machen, wenn ein Betriebsratsmitglied plötzlich verhindert und es dem Betriebsrat nicht mehr möglich ist, das Ersatzmitglied rechtzeitig zu laden.[58]

27 **2. Verhinderung.** Eine zeitweise Verhinderung des Betriebsratsmitglieds ist dann gegeben, wenn es nicht endgültig aus dem Betriebsrat ausgeschieden ist, aber an der Wahrnehmung des Betriebsratsamts verhindert ist.[59] Hierzu reicht eine auch kurze Verhinderung aus, z. B. infolge Urlaubs oder sonstiger Abwesenheit, insbesondere auch während eines Hausverbots oder während eines Kündigungsverfahrens,[60] sofern es nicht tatsächlich weiter beschäftigt wird. Im Falle der Erkrankung besteht eine tatsächliche Vermutung für die Verhinderung, die das Betriebsratsmitglied entkräften kann.[61] Davon ist insbesondere auszugehen, wenn es auch sonst noch für den Betriebsrat tätig geworden ist.[62] Befindet sich das Betriebsratsmitglied im Urlaub, kann es diesen nicht ohne Einverständnis des Arbeitgebers unterbrechen und Betriebsratstätigkeit aufnehmen, insoweit entstehen bei einseitigem Handeln keine Ansprüche aus § 37 II, III BetrVG. Zeitweilig verhindert ist auch ein Betriebsratsmitglied, das unmittelbar von der Beschlussfassung betroffen ist.[63] Dies ist bei der Beschlussfassung über einen Antrag nach § 103 BetrVG der Fall, wenn er die Kündigung des Betriebsratsmitglieds betrifft.[64] In eigener Sache betroffen ist ein Betriebsratsmitglied auch dann, wenn der Betriebsrat über die Zustimmung zu einer personellen Maßnahme i. S. v. § 99 I BetrVG zu befinden hat, von der der Amtsträger selbst unmittelbar betroffen ist;[65] dies ist z. B. auch bei der Eingruppierung einer Vergleichsperson (§ 37 IV BetrVG) der Fall. Bei zeitweiliger Verhinderung darf das Betriebsratsmitglied weder an der Beratung noch an der Abstimmung teilnehmen, ansonsten ist der Beschluss unwirksam. Der Betriebsratsvorsitzende ist aber auch bei Selbstbetroffenheit von einem Betriebsratsbeschluss berechtigt, den ohne seine Mitwirkung gefassten Beschluss an den Arbeitgeber weiterzuleiten.[66]

28 **3. Rechte und Pflichten.** Mit dem Eintreten des Ersatzmitglieds treffen dieses dieselben Rechte und Pflichten wie ein Betriebsratsmitglied. Es kann daher Anträge stellen, unterliegt der Schweigepflicht, genießt den Kündigungsschutz usw.[67] Nach h. M. wirkt dieser auch nach (vgl. § 143). Dagegen erlangt es nicht die an die Person des Ausgeschiedenen gebundenen Funktionen, z. B. nach den §§ 26, 27, 38, 106 BetrVG. In Ausnahmefällen wird auch ein Ersatzmitglied aus dem Betriebsrat ausgeschlossen werden können, und zwar auch dann, wenn das Nachrücken inzwischen beendet worden ist.

29 **4. Verhältniswahl.** Hat eine Verhältniswahl stattgefunden (§ 14 II BetrVG), sind also mehrere Vorschlagslisten eingereicht worden, werden die Ersatzmitglieder unter Berücksichtigung des § 15 II BetrVG in der Reihenfolge ihrer Aufführung der Liste entnommen, der das ausgeschiedene oder verhinderte Mitglied angehört. Ist eine Vorschlagsliste erschöpft, ist das Ersatzmitglied derjenigen Vorschlagsliste zu entnehmen, auf die nach den Grundsätzen der Verhältniswahl der nächste Sitz entfallen würde (§ 25 II 2 BetrVG). Wird bei der Heranziehung der Ersatzmitglieder gegen die vorgesehene Reihenfolge verstoßen, leidet der Beschluss an einem erheblichen

---

[57] BAG 17. 1. 1979 AP 5 zu § 15 KSchG 1969 = DB 79, 1136.
[58] BAG 3. 8. 1999 AP 7 zu § 25 BetrVG 1972 = NZA 2000, 440.
[59] BAG 25. 5. 2005 AP 13 zu § 24 BetrVG 1972 = NZA 2005, 1002 – Elternzeit.
[60] BAG 10. 11. 2004 AP 11 zu § 8 BetrVG 1972 = NZA 2005, 707; 17. 1. 1979 AP 5 zu § 15 KSchG 1969 = DB 79, 1136.
[61] Weitergehend LAG Berlin 1. 3. 2005 NZA-RR 2006, 32 – positive Anzeige erforderlich.
[62] BAG 5. 9. 1986 AP 26 zu § 15 KSchG 1969 = DB 87, 1641; 15. 11. 1984 AP 2 zu § 25 BetrVG 1972 = NZA 85, 367; LAG Hamm 9. 2. 1994 LAGE § 25 BetrVG 1972 Nr. 3 = DB 95, 2432 (Nachrücken eines Ersatzmitglieds).
[63] BAG 25. 3. 1976 AP 6 zu § 103 BetrVG 1972 = DB 76, 1337; LAG Hamm 9. 7. 1975 DB 75, 1851.
[64] BAG 23. 8. 1984 AP 17 zu § 103 BetrVG 1972 = NZA 85, 254; 26. 8. 1981 AP 13 zu § 103 BetrVG 1972 = NJW 82, 1175.
[65] BAG 3. 8. 1999 AP 7 zu § 25 BetrVG 1972 = NZA 2000, 440.
[66] BAG 19. 3. 2003 AP 77 zu § 40 BetrVG 1972 = NZA 2003, 870.
[67] BAG 6. 9. 1979 AP 7 zu § 15 KSchG 1969 = DB 80, 451; 17. 1. 1979 AP 5 zu § 15 KSchG 1969 = DB 79, 1136; 9. 11. 1977 AP 3 zu § 15 KSchG 1969 = NJW 78, 909.

Mangel und ist deshalb unwirksam;[68] zur Reihenfolge bei einem „Listentausch" auf Grund § 15 II BetrVG § 217 RN 26a.

5. Mehrheitswahl. Hat eine Mehrheitswahl stattgefunden, bestimmt sich das Ersatzmitglied unter Berücksichtigung der bisher im Betriebsrat vertretenen Geschlechter (§ 15 II BetrVG) nach der Höhe der erreichten Stimmenzahl. 30

VII. Verletzungen der Betriebsverfassung durch den Arbeitgeber

Unterlassungsanspruch des Betriebsrats: *Gehlhaar,* Strafbewehrte Unterlassungserklärungen zur Sicherung betriebsverfassungsrechtlicher Unterlassungsansprüche, ArbuR 2008, 380; *Kothe,* Der Unterlassungsanspruch der betrieblichen Arbeitnehmervertretung, FS Richardi (2007), S. 601; *Lobinger,* Zur Dogmatik des allgemeinen betriebsverfassungsrechtlichen Unterlassungsanspruchs, ZfA 2004, 101; *Pohl,* Unterlassungsansprüche des Betriebsrates, FS 25 Jahre AG ArbR DAV (2006), S. 987.

Unterlassungsanspruch der Gewerkschaften: *Annuß,* Schutz der Gewerkschaften vor tarifwidrigem Handeln der Betriebsparteien?, RdA 2000, 287; *Bauer,* Betriebliche Bündnisse für Arbeit vor dem Aus?, NZA 99, 957; *Boemke,* Unterlassungsanspruch der Gewerkschaften bei tarifwidrigen betrieblichen Regelungen, JuS 2000, 306; *Feudner,* Durchsetzung von Tarifverträgen durch die Gewerkschaften, BB 2007, 266; *Haußmann/Bauer,* Betriebliche Bündnisse für Arbeit und gewerkschaftlicher Unterlassungsanspruch, NZA 2000, Sonderbeilage zu Heft 24, 42; *Hromadka,* Zum Unterlassungsanspruch gegen tarifwidrige Bündnisse für Arbeit, ZTR 2000, 253; *Kast/Stuhlmann,* Sind betriebliche Bündnisse für Arbeit noch durchführbar?, BB 2000, 614; *Schmidt, K.,* Die normative Tarifgeltung am Beispiel des allgemeinen koalitionsrechtlichen Unterlassungsanspruchs, RdA 2004, 152; *Sutschet,* Zur Unterlassungsklage der Gewerkschaft gegen betriebliche Bündnisse für Arbeit, ZfA 2007, 207; *Walker,* Rechtsschutz der Gewerkschaft gegen tarifwidrige Vereinbarungen, ZfA 2000, 29; *Wiedemann,* Unterlassungsanspruch der Gewerkschaften bei tarifwidrigen betrieblichen Regelungen, RdA 2000, 169; *Wolter,* Richtungswechsel im Tarifvertragsrecht – Betriebliche Bündnisse für Arbeit und Tarifvorrang, NZA 2003, 1317.

Diskriminierungsschutz: *Besgen,* Die Auswirkungen des AGG auf das Betriebsverfassungsrecht, BB 2007, 213; *Besgen/Roloff,* Grobe Verstöße des Arbeitgebers gegen das AGG, NZA 2007, 670; *Hayen,* Handlungsmöglichkeiten und Durchsetzungsdefizite für Interessenvertretungen nach dem Allgemeinen Gleichbehandlungsgesetz, ArbuR 2007, 6; *ders.,* Die Bedeutung des Allgemeinen Gleichbehandlungsgesetzes für die Interessenvertretungen, JbArbR 44 (2007), S. 23; *Kleinebrink,* Das Antragsrecht von Betriebsrat und Gewerkschaft im AGG, ArbRB 2007, 24; *Klumpp,* § 23 BetrVG als Diskriminierungssanktion?, NZA 2006, 904; *Willemsen/Schweibert,* Schutz der Beschäftigten im Allgemeinen Gleichbehandlungsgesetz, NJW 2006, 2583.

Muster: ArbR-Formb. § 91 RN 4.

1. Zweck und Bedeutung des § 23 III BetrVG. Die Norm soll ein Mindestmaß gesetzmäßigen Verhaltens des Arbeitgebers im Rahmen der betriebsverfassungsrechtlichen Ordnung sicherstellen. Darüber hinaus besteht Streit,[69] ob aus § 23 III BetrVG unter den dort genannten Voraussetzungen ein eigenständiger Unterlassungsanspruch folgt,[70] was nach der hier vertretenen Auffassung zu verneinen ist. Die Vorschrift begründet lediglich eine gesetzliche Prozessstandschaft für die in ihr genannten Berechtigten (RN 32). Diese können unabhängig von ihrer subjektiven Betroffenheit bei einem groben Verstoß des Arbeitgebers gegen seine betriebsverfassungsrechtliche Pflichtenstellung gegen diesen gerichtlich vorgehen. § 23 III BetrVG begründet weder materiell-rechtliche Ansprüche, noch schließt die Vorschrift ebensolche aus. Allerdings kann der Betriebsrat im Bereich der §§ 98 V, 101, 104 BetrVG nicht nach § 23 III BetrVG vorgehen, die genannten Vorschriften sind insoweit abschließende Sonderregelungen, die ein entsprechendes Antragsrecht des Betriebsrats (nicht der Gewerkschaft) verdrängen.[71] Zum allgemeinen Unterlassungsanspruch des Betriebsrats RN 41ff. 31

2. Grober Pflichtverstoß. a) Begriff. Verstößt der Arbeitgeber grob gegen seine Pflichten aus dem Betriebsverfassungsgesetz, kann ihm durch das Arbeitsgericht aufgegeben werden, eine Handlung zu unterlassen, die Vornahme einer Handlung zu dulden oder eine Handlung vorzunehmen. Ein grober Verstoß des Arbeitgebers liegt vor, wenn es sich um eine objektiv erhebliche und offensichtlich schwer wiegende Pflichtverletzung handelt, wobei es auf ein Verschulden nicht ankommt. Er ist regelmäßig jedenfalls dann zu bejahen, wenn der Arbeitgeber mehrfach erzwingbare Mitbestimmungsrechte des Betriebsrats übergangen hat. Gleiches gilt für die Pflich- 32

---

[68] BAG 3. 8. 1999 AP 7 zu § 25 BetrVG 1972 = NZA 2000, 440.

[69] Zum Streitstand ausführlich GK-BetrVG/*Oetker* § 23 RN 120ff.

[70] So BAG 27. 11. 1990 AP 41 zu § 87 BetrVG 1972 Arbeitszeit = NZA 91, 382; 22. 2. 1983 AP 2 zu § 23 BetrVG 1972 = NJW 84, 196.

[71] BAG 22. 2. 1983 AP 2 zu § 23 BetrVG 1972 = NJW 84, 196; 5. 12. 1978 AP 4 zu § 101 BetrVG 1972 = DB 79, 1282 = BB 79, 1556.

ten aus einer Betriebsvereinbarung. Allerdings scheidet ein grober Verstoß des Arbeitgebers dann aus, wenn er seine Rechtsposition in einer schwierigen und ungeklärten Rechtsfrage verteidigt.[72] Der Begriff entspricht dem in § 23 I BetrVG (RN 20); ein subjektiv vorwerfbares Verhalten des Arbeitgebers ist daher nicht erforderlich.[73] Der Verstoß muss allerdings objektiv so erheblich sein, dass die Anrufung des Arbeitsgerichts unter Berücksichtigung des Gebots zur vertrauensvollen Zusammenarbeit als gerechtfertigt erscheint,[74] wobei auch die Folgen der Zuwiderhandlung gegen das BetrVG zu berücksichtigen sind. Kein „grober" Verstoß ist gegeben, wenn der Arbeitgeber in einer noch ungeklärten Rechtsfrage eine andere Meinung vertritt.[75] Eine Verurteilung nach § 23 III BetrVG kommt aber in Betracht, wenn der Betriebsrat bei regelungsbedürftigen Tatbeständen übergangen worden ist und nunmehr den Arbeitgeber zur künftigen Beachtung der gemeinsam wahrzunehmenden betriebsverfassungsrechtlichen Regelungsbefugnisse anhalten will; dabei kann ein einmaliger (eindeutiger) Verstoß ausreichend sein.[76]

33 **b) Betriebsverfassungsrechtliche Ordnung.** Sanktioniert werden Verstöße gegen die Pflichten aus dem BetrVG und anderen Gesetzen, soweit sie eine Pflichtenstellung des Arbeitgebers gegenüber dem Betriebsrat enthalten (z. B. §§ 9 III ASiG, 17 II KSchG). Auch betriebsverfassungsrechtliche Pflichten, die durch Tarifvertrag begründet werden, können Gegenstand eines Verfahrens nach § 23 III BetrVG sein, nicht aber Verstöße des Arbeitgebers gegen Pflichten aus dem Arbeitsvertrag. Jedoch zählen auch die in den §§ 81 ff. BetrVG enthaltenen Pflichten zu denen aus dem BetrVG.[77] Ferner gehören hierzu die Pflichten aus Betriebsvereinbarungen, da sie auf dem BetrVG beruhen.[78]

34 **c) Wiederholungsgefahr.** Der Anspruch nach § 23 III BetrVG setzt entweder einen andauernden rechtswidrigen Zustand oder aber eine Wiederholungsgefahr voraus (umstr.);[79] auch die Befürchtung einer (noch nicht eingetretenen) Rechtsverletzung ist nicht ausreichend. Hat der Arbeitgeber in der Vergangenheit grob gegen seine Pflicht verstoßen, eine Betriebsvereinbarung korrekt durchzuführen, beseitigt seine Zusicherung, dass in Zukunft ein betriebsvereinbarungswidriges Verhalten unterbleiben werde, noch nicht die Wiederholungsgefahr.[80] Für diese besteht vielmehr eine tatsächliche Vermutung, es sei denn, dass besondere Umstände einen neuen Eingriff unwahrscheinlich machen.[81] Bereits in der Vergangenheit liegende Verstöße des Arbeitgebers können unter Umständen den **Straftatbestand** des § 119 BetrVG erfüllen.[82]

35 **d) Einzelfälle.** Als Verstöße gegen die Betriebsverfassung kommen insbesondere in Betracht: Kampfmaßnahmen gegen die Belegschaft oder den Betriebsrat, grundlose Verweigerung des Zutritts von Angehörigen der Gewerkschaft oder des Betriebsrats[83] in den Betrieb, Duldung von Überstunden ohne Einschaltung des Betriebsrats,[84] Einsatz von Leiharbeitnehmern ohne die Zustimmung des Betriebsrats,[85] unzulässige parteipolitische Betätigung, Störung des Betriebsfriedens und Verletzung des Benachteiligungsverbotes aus § 75 BetrVG,[86] verspätete Unterrich-

---

[72] BAG 29. 2. 2000 AP 105 zu § 87 BetrVG 1972 Lohngestaltung = NZA 2000, 1066; 14. 11. 1989 AP 76 zu § 99 BetrVG 1972 = NZA 90, 357; 18. 4. 1985 AP 5 zu § 23 BetrVG 1972 = NZA 85, 783; 22. 2. 1983 AP 2 zu § 23 BetrVG 1972 = NJW 84, 196.

[73] BAG 27. 11. 1990 AP 41 zu § 87 BetrVG 1972 Arbeitszeit = NZA 91, 382; 8. 8. 1989 AP 15 zu § 87 BetrVG 1972 Ordnung des Betriebes = NZA 90, 320.

[74] BAG 14. 11. 1989 AP 76 zu § 99 BetrVG 1972 = NZA 90, 357.

[75] BAG 27. 11. 1973 AP 4 zu § 40 BetrVG 1972 = DB 74, 731.

[76] BAG 28. 5. 2002 AP 39 zu § 87 BetrVG 1972 Ordnung des Betriebes = NZA 2003, 166; 14. 11. 1989 AP 76 zu § 99 BetrVG 1972 = NZA 90, 357; enger BAG 18. 4. 1985 AP 5 zu § 23 BetrVG 1972 = NZA 85, 783.

[77] BAG 16. 11. 2004 AP 3 zu § 82 BetrVG 1972 = NZA 2005, 416.

[78] BAG 23. 6. 1992 AP 20 zu § 23 BetrVG 1972 = NZA 92, 1095; 10. 11. 1987 AP 24 zu § 77 BetrVG 1972 = NZA 88, 255.

[79] GK-BetrVG/*Oetker* § 23 RN 176; wohl auch ErfK/*Eisemann* § 23 RN 25; a. A. aber BAG 18. 4. 1985 AP 5 zu § 23 BetrVG 1972 = NZA 85, 783.

[80] BAG 23. 6. 1992 AP 20 zu § 23 BetrVG 1972 = NZA 92, 1095.

[81] BAG 29. 2. 2000 AP 105 zu § 87 BetrVG 1972 Lohngestaltung = NZA 2000, 1066.

[82] Vgl. *Le Friant,* Die straf- und verwaltungsrechtliche Verantwortung des Arbeitgebers, 1987.

[83] LAG Hamm 27. 4. 1972 BB 72, 751 = DB 72, 1119.

[84] BAG 22. 10. 1991 AP 48 zu § 87 BetrVG 1972 Arbeitszeit = NZA 92, 376; 27. 11. 1990 AP 41 zu § 87 BetrVG 1972 Arbeitszeit = NZA 91, 382; LAG Frankfurt 1. 12. 1987 LAGE § 23 BetrVG 1972 Nr. 13 = ArbuR 89, 150.

[85] LAG Frankfurt 9. 2. 1988 LAGE § 23 BetrVG 1972 Nr. 14 = BB 88, 1956.

[86] ArbG Verden 14. 4. 1989 NZA 89, 943; vgl. LAG Köln 19. 2. 1988 LAGE § 23 BetrVG 1972 Nr. 21 = DB 89, 1341 zu Beanstandungsschreiben bei Arbeitsunfähigkeit.

tung über Neu-, Um- und Erweiterungsbauten[87] usw. Nicht ausreichend ist eine scharfe Kritik des Arbeitgebers am Betriebsrat.[88]

3. Antragsberechtigung. Antragsberechtigt sind der Betriebsrat oder eine im Betrieb vertretene Gewerkschaft (§ 23 III 1 BetrVG). Die gesetzliche Regelung ist abschließend, andere Organe des Betriebsrats (z. B. Betriebsratsausschüsse, Arbeitsgruppen, Jugend- und Auszubildendenvertretung) oder einzelne Arbeitnehmer sind nicht antragsberechtigt. Die Antragsberechtigung von Betriebsrat und der im Betrieb vertretenen Gewerkschaft besteht unabhängig davon, ob sie einen materiell-rechtlichen Anspruch auf Einhaltung der betriebsverfassungsrechtlichen Pflichtenstellung gegen den Arbeitgeber haben.[89] 36

4. Erkenntnisverfahren. Das Verfahren nach § 23 III BetrVG wird nur auf Antrag eines Antragsberechtigten eingeleitet. Das Arbeitsgericht entscheidet im Beschlussverfahren (§ 2a I Nr. 1, II ArbGG). Im Antrag muss dem Arbeitgeber aufgegeben werden, künftig eine bestimmte vertretbare oder unvertretbare Handlung vorzunehmen, diese zu unterlassen oder die Vornahme einer bestimmten Handlung durch Dritte zu dulden. Feststellungsanträge können nicht Gegenstand eines Verfahrens nach § 23 III BetrVG sein, das Erkenntnisverfahren beschränkt sich auf Handlungen, die der Vollstreckung nach den §§ 887, 888, 890 ZPO zugänglich sind. In Anträgen nach § 23 III 1 BetrVG muss der Streitgegenstand so genau bezeichnet werden, dass die eigentliche Streitfrage mit Rechtskraftwirkung zwischen den Beteiligten entschieden werden kann. Einem Unterlassungsantrag muss entnommen werden können, worauf sich das erstrebte Verbot zeitlich genau erstrecken bzw. wann es konkret ausgelöst werden soll. Ist der Antrag zu unbestimmt und kann aus ihm nicht vollstreckt werden, ist er als unzulässig abzuweisen. Zulässig und regelmäßig auch zweckmäßig ist es, den Antrag nach § 23 III BetrVG mit der Androhung zu verbinden, dem Arbeitgeber bei einer Zuwiderhandlung zu einem Ordnungs- bzw. Zwangsgeld zu verurteilen. Einstweilige Verfügungen sind im Rahmen eines Verfahrens nach § 23 III BetrVG nach der hier vertretenen Auffassung statthaft.[90] 37

5. Vollstreckungsverfahren. a) Grundsatz. Das in § 23 III 2–5 BetrVG enthaltene Verfahren verdrängt insoweit als Sonderregelung § 85 I 3 ArbGG. Unterschieden wird nach der Art der zu vollstreckenden Verpflichtung. Hat der Arbeitgeber die Vornahme einer Handlung zu dulden oder eine Handlung zu unterlassen, gilt § 23 III 2 BetrVG; Zwangsmittel ist insoweit das Ordnungsgeld. Die Verpflichtung zur Vornahme einer Handlung richtet sich nach § 23 III 3 BetrVG und wird durch Zwangsgeld durchgesetzt. Vollstreckungstitel kann auch ein gerichtlicher **Vergleich** sein; seine Vollstreckung richtet sich nach den allgemeinen Vorschriften der ZPO (§§ 85 I ArbGG, 888, 890 ZPO).[91] Das Verfahren nach § 23 III BetrVG steht der Vollstreckung nicht entgegen, jedoch haben sich die Beträge für die Zwangsmittel an der in § 23 III BetrVG genannten Höchstgrenze von 10 000 Euro zu orientieren. 38

b) Duldung oder Unterlassung einer Handlung. Handelt der Arbeitgeber einer ihm durch rechtskräftige gerichtliche Entscheidung auferlegten Verpflichtung zur Duldung oder Unterlassung einer Handlung zuwider, setzt das Vollstreckungsverfahren nach § 23 III 2 BetrVG voraus: **(1)** die Androhung der Verhängung eines Ordnungsgelds bei Nichtbefolgung der im Beschluss ausgesprochenen Verpflichtung; diese kann bereits in den Beschluss aufgenommen werden[92] und muss noch nicht rechtskräftig sein. Ein Ordnungsgeld in einer bestimmten Höhe braucht nicht angedroht worden sein, jedoch muss die Höchstgrenze (10 000 Euro) genannt werden; **(2)** die schuldhafte Nichtbefolgung der im rechtskräftigen Beschluss ausgesprochenen Verpflichtung; der Arbeitgeber muss einer ihm gegenüber ergangenen Unterlassungsverfügung genügen können. Da das Ordnungsgeld eine repressive Rechtsfolge für die vorausgegangene Pflichtverletzung ist, ist seine Verhängung auch dann noch zulässig, wenn der Arbeitgeber zwischenzeitlich die Verpflichtung erfüllt;[93] **(3)** den Antrag eines Antragsberechtigten, dies muss nicht notwendigerweise der Antragsteller des Erkenntnisverfahrens sein. Vor der Festsetzung eines 39

---

[87] LAG Frankfurt 3. 11. 1992 LAGE § 23 BetrVG 1972 Nr. 32 = BB 93, 1948.

[88] LAG Köln 21. 3. 1995 LAGE § 23 BetrVG 1972 Nr. 37.

[89] BAG 20. 8. 1991 AP 2 zu § 77 BetrVG 1972 Tarifvorbehalt = NZA 92, 317.

[90] LAG Köln 19. 3. 2004 ArbuR 2004, 398; LAG Düsseldorf 16. 5. 1990 NZA 91, 29; GK-BetrVG/*Oetker* § 23 RN 189; a. A. LAG Köln 21. 2. 1989 LAGE § 23 BetrVG 1972 Nr. 20; LAG Hamm 4. 2. 1977 LAGE § 23 BetrVG 1972 Nr. 3.

[91] BAG 25. 8. 2004 AP 41 zu § 23 BetrVG 1972.

[92] LAG Frankfurt 26. 3. 1992 BB 93, 648 = NZA 93, 816; 3. 6. 1988 DB 89, 536 = NZA 89, 233; LAG Bremen 12. 4. 1989 LAGE § 23 BetrVG 1972 Nr. 19 = MDR 89, 672.

[93] BT-Drucks. VII/550 S. 195.

Ordnungsgelds muss eine Vollstreckungsklausel (§ 724 ZPO) vorliegen.[94] Die Festsetzung eines Ordnungsgelds ohne vorherige Erteilung einer Vollstreckungsklausel führt nicht zur Nichtigkeit des Vollstreckungsbeschlusses, sondern kann im Beschwerdeverfahren mit ex tunc-Wirkung nachgeholt werden.[95] Bei der Festlegung der Höhe eines Ordnungsgelds hat sich das Gericht in erster Linie davon leiten zu lassen, welcher Druck erforderlich erscheint, um den Schuldner künftig zur Titelbefolgung zu veranlassen. Dabei sind sowohl der Grad des Verschuldens zu berücksichtigen als auch die wirtschaftliche Leistungsfähigkeit des Schuldners, ferner der wirtschaftliche Erfolg, den der Schuldner bei einer weiteren Nichtbeachtung des Titels erzielen könnte.[96] Das Ordnungsgeld kann wegen einer Verpflichtung mehrfach, jedoch nur bis zur Höchstgrenze von 10 000 Euro festgesetzt werden; werden mehrere Verpflichtungen durch Ordnungsgeld geahndet, kann das Höchstmaß für jede einzelne Zuwiderhandlung ausgeschöpft werden.

40 **c) Nichtvornahme einer Handlung.** Führt dagegen der Arbeitgeber die ihm durch eine **(1)** rechtskräftige gerichtliche Entscheidung **(2)** auferlegte vertretbare oder unvertretbare Handlung **(3)** nicht durch (§ 23 III 3 BetrVG), ist **(4)** auf Antrag vom Arbeitsgericht zu erkennen, dass er durch Zwangsgeld zur Vornahme der Handlung anzuhalten sei. Insoweit handelt es sich um eine Beugemaßnahme, für die kein vorangegangenes Verschulden erforderlich ist; auch eine vorherige Androhung des Zwangsgelds ist nicht erforderlich. Das Arbeitsgericht kann ein Zwangsgeld bis zur Höhe von 10 000 Euro festsetzen, seine Festsetzung oder Beitreibung ist ausgeschlossen, wenn der Arbeitgeber zwischenzeitlich seine Verpflichtung erfüllt. Das Zwangsgeld kann mehrfach festgesetzt werden, jedoch darf ein Betrag von insgesamt 10 000 Euro nicht überschritten werden.

40 a **d) Verfahren.** Die Festsetzung der Vollstreckungsmaßnahme kann ohne mündliche Verhandlung durch den Vorsitzenden der Kammer allein erfolgen (§§ 85, 53 ArbGG, § 891 ZPO), der Arbeitgeber ist jedoch stets vorher anzuhören. Gegen den Beschluss des Arbeitsgerichts ist die sofortige Beschwerde an das LAG gegeben (§ 793 ZPO),[97] das abschließend entscheidet, sofern es nicht die Rechtsbeschwerde (§ 574 I ZPO) an das BAG zulässt. Eine Nichtzulassungsbeschwerde gegen die Nichtzulassung der Rechtsbeschwerde ist unzulässig.[98] Die Vollstreckung der Zwangsmittel erfolgt beim Ordnungsgeld von Amts wegen nach Maßgabe der Justizbeitreibungsordnung, für die Verhängung des Zwangsgeldes ist hingegen ein Antrag erforderlich. Die beigetriebenen Beträge verfallen der Staatskasse. Nicht vorgesehen ist die Verhängung von Zwangshaft.

41 **6. Unterlassungsanspruch.**[99] **a)** Die Rspr. des BAG zum allgemeinen Unterlassungsanspruch war in der Vergangenheit nicht einheitlich. Das Gericht hat zunächst angenommen, dass das BetrVG nur in den gesetzlich aufgezählten Fällen dem Betriebsrat bei Verletzung seiner Mitwirkungsrechte einen Unterlassungsanspruch einräumt, z. B. §§ 74 II 2, 80 II, 91 Satz 1, 93, 95 II 1, 104 Satz 1 BetrVG.

42 **b) Die Rechtslage bis 1994.** Dagegen hat es seit 1983 einen allgemeinen Unterlassungsanspruch verneint, wenn der Arbeitgeber die Mitbestimmungs- und Mitwirkungsrechte des Betriebsrats verletzt.[100] Zur Begründung hat es sich im Wesentlichen darauf berufen, dass **(1)** § 23 III 1 BetrVG eine materiell-rechtliche Anspruchsnorm sei und einen allgemeinen Unterlassungsanspruch ausschließe; **(2)** vollstreckungsrechtliche Widersprüche bestünden, weil nach § 85 I ArbGG, § 890 ZPO ein Pflichtenverstoß mit einem Ordnungsgeld bis zu 250 000 Euro gesichert sei, dagegen im Verfahren nach § 23 III BetrVG bei einem groben Pflichtverstoß nur eine Buße bis zu 10 000 Euro verhängt werden könne; **(3)** das BetrVG eine umfassende Regelung für alle betriebsverfassungsrechtlichen Unterlassungsansprüche enthalte und Verstöße des Arbeitgebers gegen die Beteiligungsrechte detailliert regele; **(4)** der Betriebsrat nicht in die Betriebsführung eingreifen dürfe (§ 77 I 2 BetrVG). Das Schrifttum hat dem BAG zu Recht entgegengehalten, die Mitbestimmungsrechte des Betriebsrats aus §§ 87, 111 ff. BetrVG würden

---

[94] LAG Bremen 11. 3. 1993 BB 93, 795 = DB 93, 839.
[95] LAG Hamm 3. 5. 2007 – 10 Ta 692/06 – n. v.
[96] BGH 30. 3. 1993 NJW 94, 45.
[97] LAG Berlin 27. 2. 1989 LAGE § 23 BetrVG 1972 Nr. 18.
[98] BAG 2. 6. 2008 EzA 2 zu § 23 BetrVG 2001.
[99] Schrifttumsnachweise vor RN 31.
[100] BAG 8. 11. 1983 AP 11 zu § 87 BetrVG 1972 Arbeitszeit = DB 84, 1479; 22. 2. 1983 AP 2 zu § 23 BetrVG 1972 = NJW 84, 196; vgl. auch BAG 17. 5. 1983 AP 19 zu § 80 BetrVG 1972 = DB 83, 1986; LAG Berlin 17. 5. 1984 BB 84, 1551; LAG Hamburg 12. 12. 1983 NZA 84, 56; a. A. BAG 18. 4. 1985 AP 5 zu § 23 BetrVG 1972 = NZA 85, 783.

ausgehöhlt, wenn dem Betriebsrat kein umfassender Unterlassungsanspruch eingeräumt werde. Auch die Rspr. der Instanzgerichte ist dem BAG vielfach nicht gefolgt.[101]

c) Unterlassungsanspruch bei Mitbestimmung in sozialen Angelegenheiten. Seit 1994 vertritt das BAG in gefestigter Rspr. die Auffassung, dass dem Betriebsrat jedenfalls bei Verletzung seiner Mitbestimmungsrechte aus § 87 BetrVG ein allgemeiner und von den Voraussetzungen des § 23 III BetrVG unabhängiger Unterlassungsanspruch gegenüber der mitbestimmungswidrigen Maßnahme zusteht[102] (dazu auch § 235 RN 19). Der allgemeine Unterlassungsanspruch wegen Verletzung von Mitbestimmungsrechten nach § 87 BetrVG setzt eine Wiederholungsgefahr voraus. Für diese besteht auf Grund der in der Vergangenheit erfolgten Verletzung eine tatsächliche Vermutung, es sei denn, dass besondere Umstände einen neuen Eingriff unwahrscheinlich machen.[103] Soweit Rspr. und Schrifttum dem Betriebsrat einen allgemeinen Unterlassungsanspruch einräumen, wird dieser abgeleitet aus § 1004 BGB analog,[104] aus der verletzten Mitbestimmungsvorschrift selbst,[105] aus § 78 Satz 1 BetrVG [106] bzw. dem gesetzlichen Schuldverhältnis zwischen Arbeitgeber und Betriebsrat.[107] Der allgemeine Unterlassungsanspruch kann durch einstweilige Verfügung durchgesetzt werden, z. B., wenn ansonsten die Durchsetzung des Mitbestimmungsrechts des Betriebsrats durch Zeitablauf vereitelt werden würde. 43

d) Sonstige beteiligungspflichtige Angelegenheiten. Das BAG hat bisher offengelassen, ob ein Unterlassungsanspruch auch außerhalb der sozialen Mitbestimmung besteht. Diese Frage kann – worauf das BAG zu Recht hingewiesen hat – nicht allgemeingültig beantwortet werden, die Existenz und Ausgestaltung des Unterlassungsanspruchs sind vielmehr abhängig von der Intensität des Beteiligungsrechts und den spezialgesetzlich geregelten Rechtsschutzmöglichkeiten. Die Anerkennung eines gesetzlich nicht ausdrücklich geregelten Unterlassungsanspruchs ist danach davon abhängig, ob ein solcher Anspruch zur Sicherung eines Beteiligungsrechts erforderlich ist. Verneint hat das BAG einen allgemeinen Unterlassungsanspruch des Betriebsrats gegenüber Maßnahmen des Arbeitgebers, soweit der Betriebsrat geltend macht, in dem beanstandeten Verhalten liege eine Verletzung des Persönlichkeitsrechts von Arbeitnehmern (§ 75 II 1 BetrVG); offengelassen hat es ihn ausdrücklich für eine behauptete Verletzung der Gleichbehandlungspflicht (§ 75 I BetrVG).[108] Besteht kein allgemeiner Unterlassungsanspruch, kann der Betriebsrat bei groben Verletzungen seiner Beteiligungsrechte immer noch nach § 23 III BetrVG (RN 31) gegen den Arbeitgeber vorgehen. Zum Unterlassungsanspruch des Betriebsrats bei personellen Einzelmaßnahmen § 241 RN 72 und bei Betriebsänderungen § 244 RN 28f. 44

e) Verfahren. Der allgemeine Unterlassungsanspruch kann anders als der Unterlassungsanspruch nach § 23 III BetrVG nur von der anspruchsberechtigten Arbeitnehmervertretung (Betriebsrat/Gesamtbetriebsrat usw.) geltend gemacht werden; eine Möglichkeit zur Durchsetzung im Wege der Prozessstandschaft wie bei § 23 III BetrVG besteht nicht. 45

Die **Vollstreckung** des allgemeinen Unterlassungsanspruchs richtet sich nach § 85 I ArbGG. Die Möglichkeit der Androhung eines Ordnungsgelds nach § 890 ZPO wird nicht durch die Regelung in § 23 III BetrVG ausgeschlossen oder eingeschränkt, da diese insoweit keine abschließende Regelung enthält. Die Zwangsvollstreckung ist nur dann ausgeschlossen, wenn bereits ein Verfahren nach § 23 III BetrVG stattgefunden hat. Auch nach Durchführung des Zwangsgeldverfahrens aus § 101 BetrVG kann noch ein Verfahren nach § 23 III BetrVG durchgeführt werden.[109] Das Ordnungsgeld ist auch bei einer Zwangsvollstreckung eines Unterlassungstitels auf Grund eines allgemeinen Unterlassungsanspruchs des Betriebsrats analog § 23 III 5 BetrVG auf 10000 Euro begrenzt.[110] Eine Unterlassungserklärung des Arbeitgebers, die die 46

---

[101] LAG Hamburg 9. 5. 1989 LAGE BetrVG 1972 § 23 Nr. 26 = BB 90, 633; LAG Bremen 15. 6. 1984 DB 84, 1935; LAG Köln 22. 4. 1985 BB 85, 1332 = NZA 85, 633.

[102] BAG 3. 5. 1994 AP 23 zu § 23 BetrVG 1972 = NZA 95, 40; bestätigt durch 23. 7. 1996 AP 68 zu § 87 BetrVG 1972 Arbeitszeit = NZA 97, 274; vgl. auch 6. 12. 1994 AP 24 zu § 23 BetrVG 1972 = NZA 95, 488 zu § 100 BetrVG.

[103] BAG 29. 2. 2000 AP 105 zu § 87 BetrVG 1972 Lohngestaltung = NZA 2000, 1066.

[104] LAG Düsseldorf 23. 8. 1983 BB 83, 2052.

[105] BAG 3. 5. 1994 AP 23 zu § 23 BetrVG 1972 = NZA 95, 40 – „Nebenleistungsanspruch".

[106] BAG 12. 11. 1997 AP 27 zu § 23 BetrVG 1972 = NZA 98, 559.

[107] So zu Recht GK-BetrVG/*Oetker* § 23 RN 132ff. m. w. Nachw.

[108] BAG 28. 5. 2002 AP 39 zu § 87 BetrVG 1972 Ordnung des Betriebes = NZA 2003, 166; 3. 5. 1994 AP 23 zu § 23 BetrVG 1972 = NZA 95, 40.

[109] BAG 17. 3. 1987 AP 7 zu § 23 BetrVG 1972 = NZA 87, 786; a. A. noch BAG 5. 12. 1978 AP 4 zu § 101 BetrVG 1972 = DB 79, 1282.

[110] BAG 29. 4. 2004 AP 3 zu § 77 BetrVG 1972 Durchführung = NZA 2004, 670.

Zahlung einer Vertragsstrafe unmittelbar an oder durch den Betriebsrat vorsieht, ist wegen seiner fehlenden Vermögensfähigkeit unwirksam.[111] Dies gilt wegen des Begünstigungsverbots aus § 78 Satz 2 BetrVG gleichermaßen für eine Unterlassungserklärung, nach der die Vertragsstrafe an ein einzelnes Betriebsratsmitglied gezahlt werden soll.[112]

46a **7. Verstoß gegen das AGG. a) Grundsatz.** Nach § 17 II AGG sind der Betriebsrat und die im Betrieb vertretenen Gewerkschaften entsprechend § 23 III BetrVG berechtigt, bei groben Verstößen des Arbeitgebers gegen seine Verpflichtungen aus den §§ 6ff. AGG gegen diesen gerichtlich vorzugehen. Die Vorschrift findet auf Betriebe, die die Voraussetzungen des § 1 I 1 BetrVG nicht erfüllen, keine Anwendung. Besteht in einem Betrieb mit zumindest 5 Beschäftigten kein Betriebsrat, tritt der Gesamtbetriebsrat nur dann an die Stelle des Betriebsrats, wenn der Verstoß mehrere Betriebe eines Unternehmens betrifft. Ein kollektiver Bezug der Zuwiderhandlung des Arbeitgebers gegen das AGG ist nicht erforderlich;[113] ebenso wenig muss das beanstandete Verhalten zugleich einen Verstoß des Arbeitgebers gegen seine Pflichtenstellung aus dem BetrVG darstellen.[114] Für die Klagebefugnis der Gewerkschaften ist es ausreichend, dass sie über ein Mitglied im Betrieb verfügt. Wird sie zugunsten eines nicht- oder anders organisierten Arbeitnehmers tätig, liegt hierin keine Verletzung der negativen Koalitionsfreiheit.[115]

46b **b) Inhalt.** Die nach § 17 II BetrVG Antragsberechtigten können dem Arbeitgeber unter den Voraussetzungen des § 23 III BetrVG etwa aufgeben, im Widerspruch zu den Vorgaben des AGG stehende Personalmaßnahmen[116] (z.B. bei der Einstellung, der Beförderung sowie der Vergütung) bzw. eine nach § 11 AGG unzulässige Stellenausschreibung zu unterlassen, die nach § 12 AGG erforderlichen organisatorischen Schutzmaßnahmen (Durchführung von Schulungs- und Informationsveranstaltungen) zu treffen, eine geeignete Beschwerdestelle (§ 13 AGG) einzurichten sowie maßregelnde Maßnahmen zu unterlassen (§ 16 AGG). Nach § 17 II 2 AGG sind der Betriebsrat und die im Betrieb vertretene Gewerkschaft nicht berechtigt, Rechtsansprüche einzelner Arbeitnehmer im Verfahren nach § 17 II AGG durchzusetzen, eine gesetzliche Prozessstandschaft für Individualansprüche, insbesondere von Entschädigungsansprüchen, hat der Gesetzgeber nicht eröffnet. Diese Einschränkung steht der Durchsetzung von Maßnahmen entgegen, auf deren Vornahme, Duldung bzw. Unterlassung (auch) ein individualrechtlicher Anspruch besteht.[117]

46c **c) Verfahren.** Für den Begriff der „groben Pflichtverletzung" gelten die unter RN 32ff. dargestellten Grundsätze. Ein Antrag nach § 17 II AGG setzt daher regelmäßig kein Verschulden des Arbeitgebers voraus (RN 33). Für eine Wiederholungsgefahr besteht bereits nach einem einmaligen Verstoß eine tatsächliche Vermutung (RN 34). Der Antrag nach § 17 II AGG ist im Beschlussverfahren zu verfolgen. Die Klagefrist des § 61b ArbGG gilt für das Verfahren nach § 17 II AGG nicht. An dem Verfahren ist der benachteiligte Arbeitnehmer nicht zu beteiligen, da er durch das Verfahren nicht in seiner betriebsverfassungsrechtlichen Stellung (§ 83 III ArbGG) betroffen wird. Der in einem Verfahren nach § 17 II AGG festgestellte grobe Verstoß des Arbeitgebers gegen dessen Verpflichtungen aus dem AGG entfaltet daher keine Rechtskraft-, wohl aber Präjudizwirkung zugunsten des Arbeitnehmers. Eine negative Entscheidung im Beschlussverfahren wirkt sich jedoch wegen der fehlenden Beteiligung des Arbeitnehmers nicht zu seinen Lasten aus. Die Regelung des § 22 AGG findet wegen des im Beschlussverfahren geltenden Untersuchungsgrundsatzes keine Anwendung.[118] Die Kosten des Betriebsrats für die Durchführung des Verfahrens nach § 17 II AGG trägt im Rahmen der Erforderlichkeit (§ 222 RN 7) der Arbeitgeber. Für die Übernahme der Rechtsverfolgungskosten der Gewerkschaft fehlt es an einer Anspruchsgrundlage, da § 2 I BetrVG auch nicht analog anzuwenden ist. Ein im Verfahren nach § 17 II AGG verhängtes Ordnungsgeld verfällt der Staatskasse und ist grundsätzlich nicht auf eine Entschädigung nach § 15 II AGG anzurechnen.[119]

47 **8. Koalitionsrechtlicher Unterlassungsanspruch.**[120] Das BAG sieht es als einen Eingriff in die Tarifautonomie an, wenn der Arbeitgeber für die tarifgebundenen Arbeitnehmer von ei-

---

[111] BAG 29. 9. 2004 AP 81 zu § 40 BetrVG 1972 = NZA 2005, 123.
[112] Dazu *Gelhaar* ArbuR 2008, 380.
[113] *Besgen* BB 2007, 213, 214; a. A. *Klumpp* NZA 2006, 904, 906.
[114] *Hayen* ArbuR 2007, 6, 9.
[115] A. A. *Klumpp* NZA 2006, 904, 905.
[116] *Hayen* ArbuR 2007, 6, 10 – Einstellungspraxis.
[117] Rechtsbeschwerde anhängig: 1 ABR 47/08.
[118] *Besgen* BB 2007, 213, 216 unter Hinweis auf die fehlenden gemeinschaftsrechtlichen Vorgaben.
[119] A. A. *Klumpp* NZA 2007, 904, 905f.
[120] Schrifttumsnachweise vor RN 31.

nem Tarifvertrag abweichende Regelungen anwendet.[121] Als solche kommen insbesondere Betriebsvereinbarungen, Regelungsabreden und wohl auch betriebliche Einheitsregelungen in Betracht. Der Anspruch ist sowohl auf die Unterlassung von tarifwidrigem Verhalten[122] wie auch die Einhaltung der tariflichen Arbeitsbedingungen gerichtet; zutreffende Verfahrensart ist nach Ansicht des 1. Senats das Beschlussverfahren.[123] Anspruchsgrundlage sind die §§ 1004, 823 BGB iVm. Art. 9 III GG; der Anspruch tritt neben die sich aus § 23 III BetrVG ergebenen Rechtsschutzmöglichkeiten der Gewerkschaft und ist nicht von einem „groben Verstoß" des Arbeitgebers abhängig. Allerdings ist der Anspruch in zeitlicher und persönlicher Hinsicht begrenzt; er besteht nur während der Zeit, in der der Tarifvertrag unmittelbar und zwingend gilt und auch nur für die Mitglieder der antragstellenden Gewerkschaft. Nur in diesem Rahmen kann sie verlangen, dass der Arbeitgeber die Durchführung einer tarifwidrigen Regelung unterlässt bzw. die tariflichen Arbeitsbedingungen anwendet. Der Anspruch besteht daher nicht, wenn die Tarifgeltung nur auf einer einzelvertraglichen Bezugnahme oder Allgemeinverbindlicherklärung (§ 5 TVG) der tariflichen Arbeitsbedingungen beruht, da in diesen Fällen die durch Art. 9 III GG geschützte Rechtsetzung der Gewerkschaft nicht beeinträchtigt wird. Der 4. Senat des BAG verlangt – wenig nachvollziehbar – für die hinreichende Bestimmtheit eines Unterlassungsantrages die namentliche Benennung der (tarifgebundenen) Arbeitnehmer im Klageantrag.[124] Folgt man dem, dürfte der Unterlassungsanspruch kaum praktische Bedeutung erlangen (vgl. auch § 201 RN 26 ff.).

§ 220. Geschäftsführung des Betriebsrats

Hunold, Geschäftsführung des Betriebsrats, AR-Blattei SD 530.10.

Übersicht

	RN
I. Allgemeines	1 ff.
1. Rechtsstellung des Betriebsrats	1
2. Friedenspflicht	2
3. Gewerkschaft	3
4. Presse	4
II. Der Betriebsratsvorsitzende	5 ff.
1. Wahl	5
2. Funktionsfähigkeit	6, 6 a
3. Aufgaben	7–9
4. Stellvertreter	10
III. Betriebsausschüsse	11 ff.
1. Wahl des Betriebsausschusses	11, 12
2. Laufende Geschäfte	13
3. Übertragung von Aufgaben	14
4. Weitere Ausschüsse	14 a, 15
5. Arbeitsgruppen	15 a–15 f
6. Schwerbehindertenvertretung	16
IV. Betriebsratssitzungen	17 ff.
1. Einberufung	17, 18
2. Verpflichtung zur Einberufung	19
3. Teilnahme von Arbeitgeber und Verbandsvertretern	20
4. Schwerbehindertenvertretung	21
5. Zeitliche Lage	22
V. Beschlüsse des Betriebsrats	23 ff.
1. Beschlussfähigkeit	23–24 b
2. Suspendierung von Beschlüssen	25
3. Durchführung	26
4. Niederschrift	27
5. Geschäftsordnung	28
6. Haftung	29, 29 a
VI. Sprechstunden	30

I. Allgemeines

1. Rechtsstellung des Betriebsrats. Der aus der Betriebsratswahl hervorgegangene Betriebsrat ist kraft Gesetzes Vertreter der Arbeitnehmerschaft des Betriebs ohne Rechtspersönlichkeit und ohne eigene Vermögensrechte.[1] Er nimmt die Betriebsratsaufgaben in eigenem Namen wahr, ohne an Weisungen der Betriebsversammlung oder eines Belegschaftsmitglieds gebunden zu sein. Er hat unter Beachtung der geltenden Tarifverträge vertrauensvoll und im Zusammenwirken mit den im Betrieb vertretenen Gewerkschaften und Arbeitgeberverbänden zum Wohl der Arbeitnehmer und des Betriebs (§ 2 BetrVG) zusammenzuarbeiten (dazu näher § 215 RN 11 ff.). 1

---

[121] BAG 20. 4. 1999 AP 89 zu Art. 9 GG = NJW 99, 3281 = NZA 99, 887.
[122] BAG 29. 4. 2004 AP 3 zu § 77 BetrVG 1972 Durchführung = NZA 2000, 671.
[123] BAG 13. 3. 2001 AP 17 zu § 2 a ArbGG 1979 = NZA 2001, 1037; LAG München 28. 3. 2001 NZA-RR 2001, 662.
[124] BAG 19. 3. 2003 AP 41 zu § 235 ZPO = NZA 2003, 1221.
[1] BAG 9. 6. 1975 AP 6 zu § 83 ArbGG 1953 = DB 75, 2451.

2 **2. Friedenspflicht.** Der Grundsatz der vertrauensvollen Zusammenarbeit umfasst auch die Friedenspflicht zwischen Arbeitgeber und Betriebsrat. Sie verbietet im Interesse eines geordneten Arbeitsablaufes Arbeitskämpfe. Diese sind ausschließlich den Tarifpartnern vorbehalten (§ 74 II BetrVG).[2] Einzelheiten § 230 RN 15.

3 **3. Gewerkschaft.** Zur Wahrnehmung der den Gewerkschaften im BetrVG übertragenen Aufgaben und Befugnisse ist den Beauftragten der Gewerkschaften nach Unterrichtung des Arbeitgebers oder seines Vertreters Zugang zum Betrieb zu gewähren. Das Zutrittsrecht ist ausgeschlossen, soweit ihm unumgängliche Notwendigkeiten des Betriebsablaufes, zwingende Sicherheitsvorschriften oder der Schutz von Betriebsgeheimnissen entgegenstehen (§ 215 RN 3).

4 **4. Presse.** Die Grundsätze über Presseerklärungen des Betriebsrats und den Zutritt von Pressevertretern zu den Räumlichkeiten des Betriebsrats sind unter § 215 RN 18 dargestellt.

II. Der Betriebsratsvorsitzende

Witt, Interne Wahlen, AR-Blattei SD 530.6.2.

5 **1. Wahl.** Der Betriebsrat hat, um arbeitsfähig zu werden und nach außen ein Vertretungsorgan zu haben, aus seiner Mitte den Vorsitzenden und seinen Stellvertreter zu wählen (§ 26 I BetrVG). Nähere Wahlvorschriften bestehen nicht. Auch die vorgeschlagenen Kandidaten nehmen anders als die Mitglieder der Jugend- und Auszubildendenvertretung an der Wahl teil, können sich aber der Stimme enthalten. Der Betriebsrat muss beschlussfähig sein (§ 33 II BetrVG). Die absolute Mehrheit ist für die Wahl des Vorsitzenden nicht notwendig. Bei Stimmengleichheit kann ein weiterer Wahlgang durchgeführt werden, bevor es zum Losentscheid kommt. Die gewählte Person kann die Wahl ablehnen. Für die Wahl des Vorsitzenden und des Stellvertreters gilt § 15 II BetrVG nicht. Die Wahl des Betriebsratsvorsitzenden kann bei einem Verstoß gegen wesentliche Wahlvorschriften innerhalb von zwei Wochen in analoger Anwendung von § 19 BetrVG angefochten werden, anfechtungsberechtigt sind die dort genannten Stellen,[3] also auch die Gewerkschaft.[4] Bei betriebsratsinternen Anfechtungen tritt an die Stelle von drei Anfechtungsberechtigten nach § 19 BetrVG ein Betriebsratsmitglied. Die Abwahl des Betriebsratsvorsitzenden oder seines Stellvertreters ist jederzeit ohne besondere Begründung zulässig; ein Mehrheitsbeschluss genügt.[5] Die Amtsinhaber können die Funktionen auch jederzeit ohne Angabe von Gründen niederlegen.

6 **2. Funktionsfähigkeit. a) Konstituierung.** Umstritten ist, ob die Beteiligungspflicht bereits mit Bekanntgabe des Wahlergebnisses des gewählten Betriebsrats beginnt oder erst nach dessen Konstituierung, d. h. nach Wahl des Betriebsratsvorsitzenden und seines Stellvertreters (§ 27 II BetrVG). Nach Auffassung des 6. Senats des BAG besteht bis zur Vorsitzendenwahl grundsätzlich keine Beteiligungspflicht.[6] Richtigerweise besteht die Beteiligungspflicht bereits mit Bekanntgabe des Wahlergebnisses (§ 21 BetrVG) und unabhängig von der Konstituierung.[7] Allerdings kann der Arbeitgeber vor der Wahl des Vorsitzenden und seines Stellvertreters jedem Betriebsratsmitglied gegenüber Erklärungen über beteiligungspflichtige Tatbestände (z. B. § 102 BetrVG) abgeben. Es ist dann Aufgabe der neugewählten Betriebsratsmitglieder bzw. des Wahlvorstands, möglichst umgehend die Handlungsfähigkeit des Betriebsrats herbeizuführen.

6a **b) Funktionsunfähigkeit.** Besteht ein Betriebsrat, entfällt die Beteiligungspflicht nur, wenn alle Betriebsrats- und Ersatzmitglieder gleichzeitig und nicht nur kurzfristig an der Amtsausübung gehindert sind, z. B. bei Krankheit, Befangenheit, Betriebsferien oder vorübergehender Abwesenheit. Nur in diesem Fall ist der Betriebsrat funktionsunfähig. Der Betriebsrat ist deshalb zu beteiligen, wenn auch nur ein einziges Betriebsrats- bzw. Ersatzmitglied sein Amt ausüben kann. Dies gilt selbst dann, wenn der Betriebsrat während des Beteiligungsverfahrens dauerhaft oder nur vorübergehend nach § 33 II BetrVG nicht beschlussfähig ist. Das BAG wendet in diesem Fall § 22 BetrVG entsprechend an. Danach sind die verbleibenden Mitglieder des Betriebsrats als befugt anzusehen, während der Zeit der Verhinderung der anderen Betriebsratsmitglieder die Geschäfte des Betriebsrats weiterzuführen. Der verbleibende Betriebsrat ist beschlussfähig, wenn zumindest die Hälfte der anwesenden Betriebsratsmitglieder an der Beschlussfassung teil-

---

[2] BAG 17. 12. 1976 AP 52 zu Art. 9 GG Arbeitskampf = NJW 77, 918.
[3] BAG 13. 11. 1991 AP 9 zu § 26 BetrVG 1972 = NZA 92, 944.
[4] BAG 12. 10. 1976 AP 2 zu § 26 BetrVG 1972 = NJW 77, 831.
[5] BAG 1. 6. 1966 AP 16 zu § 18 BetrVG; 26. 1. 1962 AP 8 zu § 626 BGB Druckkündigung.
[6] BAG 23. 8. 1984 AP 36 zu § 102 BetrVG 1972 = NZA 85, 566.
[7] BAG 28. 9. 1983 AP 1 zu § 21 BetrVG 1972 = NZA 84, 52.

nimmt.[8] Ist der Betriebsrat allerdings wegen vorübergehender Verhinderung aller Betriebsrats- und Ersatzmitglieder funktionsunfähig, ist der Arbeitgeber regelmäßig nicht zum Abwarten verpflichtet. Das Bestehen eines funktionsfähigen Gremiums zählt zur Risikosphäre des Betriebsrats und rechtfertigt nicht eine auch nur zeitweise Blockade einer beteiligungspflichtigen Angelegenheit.[9]

3. Aufgaben. a) Übersicht. Dem Betriebsratsvorsitzenden obliegt, **(1)** in Betriebsräten mit weniger als neun Mitgliedern die Führung der laufenden Geschäfte des Betriebsrats, sofern ihm diese übertragen worden sind (§ 27 III BetrVG), **(2)** die Einberufung der Betriebsratssitzungen (§ 29 II, III BetrVG), **(3)** die Leitung der Betriebsversammlung (§ 42 I 1 BetrVG), **(4)** die Teilnahme an Sitzungen der Jugend- und Auszubildendenvertretung (§ 65 II BetrVG), **(5)** die beratende Teilnahme an Sprechstunden der Jugend- und Auszubildendenvertretung (§ 69 BetrVG), **(6)** die Mitgliedschaft im Betriebsausschuss (§ 27 I BetrVG) und **(7)** die Unterzeichnung der Sitzungsniederschrift (§ 34 I BetrVG). 7

b) Vertretung. Der Vorsitzende oder im Falle seiner Verhinderung sein Stellvertreter vertreten den Betriebsrat im Rahmen der von ihm gefassten Beschlüsse (§ 26 II 1 BetrVG). Sie sind also lediglich Vertreter in der Erklärung, nicht im Willen.[10] Andererseits sind diese Personen entsprechend zur Entgegennahme von Erklärungen für den Betriebsrat befugt (§ 26 II 2 BetrVG). Die Befugnis von Vorsitzendem bzw. Stellvertreter zur Abgabe und Entgegennahme von Erklärungen besteht auch in eigenen Angelegenheiten, sie dürfen lediglich an der Beratung und anschließenden Beschlussfassung nicht mitwirken.[11] Sind beide verhindert, kann der Arbeitgeber ein Beteiligungsverfahren auch gegenüber jedem Betriebsratsmitglied einleiten.[12] Der Betriebsrat kann daher nicht verlangen, dass im Falle der Ortsabwesenheit des Betriebsratsvorsitzenden dessen Aufenthaltsort zur Aushändigung von Erklärungen aufgesucht werden muss.[13] Der Betriebsrat kann jedoch ein anderes Betriebsratsmitglied mit der Entgegennahme von Erklärungen ausdrücklich oder konkludent bevollmächtigen.[14] Die Erteilung einer Generalvollmacht an den Betriebsratsvorsitzenden zur Erledigung der Aufgaben ist unwirksam, da das Gesetz nicht ihm, sondern dem Betriebsratsgremium die Befugnisse einräumt.[15] Jedoch kann der Betriebsrat nach h. M. Weisungen und Richtlinien beschließen, in deren Rahmen der Vorsitzende verhandeln und ggf. eine Vereinbarung abschließen kann.[16] Dem Betriebsratsvorsitzenden können anders als dem Betriebsausschuss auch keine Aufgaben, etwa die Anhörung nach § 102 BetrVG, zur selbstständigen Erledigung übertragen werden.[17] Einzelheiten können in der Geschäftsordnung geregelt werden. 8

c) Überschreiten der Vertretungsmacht. Gibt der Vorsitzende unbefugt Erklärungen ab, sind diese rechtsunwirksam.[18] Der Betriebsrat kann jedoch unbefugt oder in Abweichung vom Betriebsratsbeschluss abgegebene Erklärungen entspr. § 177 BGB genehmigen.[19] Ob und inwieweit die Grundsätze der Duldungsvollmacht und Anscheinsvollmacht Anwendung finden, ist umstritten, wird jedoch von der h. M. im Interesse des Vertrauensschutzes bejaht[20] (vgl. § 231 RN 6). Der Betriebsratsvorsitzende braucht bei seinen Erklärungen nicht stets den Beschluss des Betriebsrates vorzulegen; der Arbeitgeber kann aus berechtigtem Anlass jedoch verlangen, dass der Betriebsratsvorsitzende die Beschlussfassung nachweist.[21] Ein berechtigter Grund kann z. B. 9

---

[8] BAG 18. 8. 1982 AP 24 zu § 102 BetrVG 1972 = NJW 83, 2836.

[9] BAG 23. 8. 1984 AP 36 zu § 102 BetrVG 1972 = NZA 85, 566.

[10] BAG 17. 2. 1981 AP 11 zu § 112 BetrVG 1972 = NJW 82, 69; 26. 9. 1963 AP 2 zu § 70 PersVG Kündigung; zum Personalrat: BAG 13. 10. 1982 AP 1 zu § 40 LPVG Niedersachsen = DB 83, 2693.

[11] BAG 19. 3. 2003 AP 77 zu § 40 BetrVG 1972 = NZA 2003, 870.

[12] BAG 27. 6. 1985 AP 37 zu § 102 BetrVG 1972 = NZA 86, 426.

[13] LAG Frankfurt 28. 11. 1989 LAGE § 26 BetrVG 1972 Nr. 2 = DB 90, 1728.

[14] BAG 26. 9. 1991 AP 28 zu § 1 KSchG 1969 Krankheit = NZA 92, 1073; 27. 6. 1985 AP 37 zu § 102 BetrVG 1972 = NZA 86, 426.

[15] *Fitting* § 26 RN 23f.

[16] BAG 24. 2. 2000 AP 7 zu § 1 KSchG 1969 Namensliste = NZA 2000, 785.

[17] BAG 28. 2. 1974 AP 2 zu § 102 BetrVG 1972 = NJW 74, 1526.

[18] BAG 10. 11. 1992 AP 58 zu § 87 BGB Lohngestaltung = NZA 93, 570; 15. 12. 1961 AP 1 zu § 615 BGB Kurzarbeit; 5. 3. 1959 AP 26 zu § 611 BGB Fürsorgepflicht.

[19] BAG 15. 12. 1961 AP 1 zu § 615 BGB Kurzarbeit; LAG Köln 5. 10. 1988 LAGE § 26 BetrVG 1972 Nr. 1.

[20] BAG 24. 2. 2000 AP 7 zu § 1 KSchG 1969 Namensliste = NZA 2000, 785; 18. 3. 1965 AP 25 zu § 66 BetrVG; 28. 2. 1958 AP 1 zu § 14 AZO.

[21] Vgl. BAG 26. 9. 1963 AP 2 zu § 70 PersVG Kündigung = BB 63, 1421; 16. 12. 1960 AP 3 zu § 133c GewO = DB 61, 310; LAG Schleswig-Holstein 11. 5. 1973 DB 73, 1606; LAG Düsseldorf 5. 3. 1968 DB

die Bedeutung einer abzuschließenden Betriebsvereinbarung sein oder widersprüchliche Aussagen über die Vollmacht des Vorsitzenden. Wenn der Vorsitzende eine Erklärung abgibt, spricht aber zunächst eine jederzeit widerlegliche Vermutung für seine Bevollmächtigung.[22] Zur Vertretung des Arbeitgebers ist der Betriebsratsvorsitzende nicht befugt.[23]

10 **4. Stellvertreter.** Der Stellvertreter des Betriebsratsvorsitzenden nimmt dessen Rechte und Pflichten nur wahr, wenn dieser verhindert ist. Er ist also kein 2. Vorsitzender. Für die Beurteilung der Verhinderung gelten dieselben Grundsätze wie für die Verhinderung eines Betriebsratsmitglieds (§ 25 I 2 BetrVG; dazu § 219 RN 27). Ist der Stellvertreter gleichfalls verhindert, muss der Betriebsrat ein Mitglied bestimmen, das die Geschäfte des Vorsitzenden wahrnimmt (dazu auch RN 6f.).

III. Betriebsausschüsse

Blanke, Arbeitsgruppen und Gruppenarbeit in der Betriebsverfassung, RdA 2003, 140; *Federlin,* Arbeitsgruppen im Betrieb als neue Größe der Betriebsverfassung, NZA-Sonderheft 2001, 22; *Malottke,* Die Übertragung von Aufgaben auf Arbeitsgruppen nach § 28a BetrVG, AiB 2001, 625; *Natzel,* Die Delegation von Aufgaben an Arbeitsgruppen nach dem neuen § 28a BetrVG, DB 2001, 1362; *ders.,* Subsidiaritätsprinzip im kollektiven Arbeitsrecht, ZfA 2003, 103; *Pfister,* Die Übertragung von Aufgaben auf Arbeitsgruppen gemäß § 28a BetrVG (2007); *Raab,* Die Arbeitsgruppe als neue betriebsverfassungsrechtliche Beteiligungsebene – Der neue § 28a BetrVG, NZA 2002, 474; *Senne,* Gemeinsame Ausschüsse nach § 28 Abs. 3 BetrVG, BB 95, 305; *Thüsing,* Arbeitsgruppen nach § 28a BetrVG, ZTR 2002, 3; *Wedde,* Übertragung von Betriebsratsaufgaben gem. § 28a BetrVG auf Arbeitsgruppen, ArbuR 2002, 122.

11 **1. Wahl des Betriebsausschusses. a)** Hat ein Betriebsrat neun oder mehr Mitglieder, bildet er einen Betriebsausschuss. Der Betriebsausschuss besteht aus dem Vorsitzenden des Betriebsrats, seinem Stellvertreter und bei Betriebsräten mit neun bis fünfzehn Mitgliedern aus drei, bei siebzehn bis dreiundzwanzig aus fünf, mit fünfundzwanzig bis fünfunddreißig aus sieben und bei siebenunddreißig oder mehr Mitgliedern aus neun weiteren Ausschussmitgliedern (§ 27 I BetrVG). Die Wahl der weiteren Mitglieder erfolgt geheim und nach den Grundsätzen der Verhältniswahl.[24] Wird nur ein Wahlvorschlag gemacht, erfolgt die Wahl nach den Grundsätzen der Mehrheitswahl. Die Wahl zum Betriebsausschuss ist entspr. § 19 BetrVG anfechtbar;[25] die zweiwöchige Anfechtungsfrist beginnt mit der Feststellung des Wahlergebnisses. Bei betriebsratsinternen Anfechtungen tritt an die Stelle von drei Anfechtungsberechtigten nach § 19 BetrVG ein Betriebsratsmitglied.[26] § 15 II BetrVG ist auf die Wahl der Mitglieder des Betriebsausschusses nicht anzuwenden.

12 **b)** Zur **Abberufung** von Ausschussmitgliedern bedarf es qualifizierter Mehrheiten (§ 27 I 5 BetrVG).[27]

13 **2. Laufende Geschäfte.** Aus praktischen Gründen ist vorgesehen, dass der Betriebsausschuss, in nicht ausschusspflichtigen Betrieben der Betriebsratsvorsitzende oder sonstige Mitglieder des Betriebsrats, die laufenden Geschäfte führt (§ 27 II, III BetrVG). Das sind die einzelnen Verwaltungshandlungen, wie Vorbereitung der Betriebsversammlungen, der Betriebsratssitzungen, Durchführung der Sprechstunden sowie die Vorbereitung der Kollegialbeschlüsse, dagegen nicht die Willensbildung selbst. Aus einem Gegenschluss zu § 27 II 2 BetrVG entnimmt die h. M., dass zu den laufenden Geschäften nicht die Ausübung von Mitwirkungs- und Mitbestimmungsangelegenheiten – auch nicht in Routinefällen – gehört.

14 **3. Übertragung von Aufgaben.** Dem Betriebsausschuss kann die Erledigung weiterer Aufgaben übertragen werden, also z. B. die Anhörung bei Kündigungen (§ 102 BetrVG), nicht aber die Zustimmung nach § 103 BetrVG.[28] Ausgenommen ist auch der Abschluss von Betriebsvereinbarungen (§ 231). Die Übertragung bedarf der Schriftform (§ 27 II BetrVG) und muss ein-

---

68, 535; a. A. bei Kündigung BAG 2. 4. 1976 AP 9 zu § 102 BetrVG 1972 = NJW 76, 1519; 4. 8. 1975 AP 4 zu § 102 BetrVG 1972 = DB 75, 2184.

[22] BAG 24. 2. 2000 AP 7 zu § 1 KSchG 1969 Namensliste = NZA 2000, 785; 17. 2. 1981 AP 11 zu § 112 BetrVG 1972 = NJW 82, 69.

[23] Vgl. BAG 13. 3. 1964 AP 34 zu § 611 BGB Gratifikation.

[24] ArbG Berlin 19. 6. 2003 NZA-RR 2004, 87 – zum Nachrücken bei Verhältniswahl.

[25] Vgl. BAG 13. 11. 1991 AP 3 zu § 27 BetrVG 1972 = NZA 92, 989; 1. 6. 1976 AP 1 zu § 28 BetrVG 1972; 11. 2. 1969 AP 1 zu § 28 BetrVG.

[26] BAG 13. 11. 1991 AP 9 zu § 26 BetrVG 1972 = NZA 92, 944.

[27] BAG 13. 11. 1991 AP 3 zu § 27 BetrVG 1972 = NZA 92, 989.

[28] LAG Köln 28. 8. 2001 LAGE § 103 BetrVG 1972 Nr. 18.

deutig erkennen lassen, welche Angelegenheiten auf den Betriebsausschuss übertragen worden sind.[29]

4. Weitere Ausschüsse. a) Bildung. In Betrieben mit mehr als 100 Arbeitnehmern kann der Betriebsrat weitere Ausschüsse bilden und ihnen bestimmte Aufgaben übertragen (§ 28 I 1 BetrVG). Die Wahl und Abberufung der Ausschussmitglieder richtet sich grundsätzlich nach den für den Betriebsausschuss geltenden Grundsätzen (RN 11). Wegen der fehlenden Bezugnahme in § 28 I 2 BetrVG auf § 27 I 2 BetrVG sind der Betriebsratsvorsitzende und sein Stellvertreter keine geborenen Ausschussmitglieder. Alle Mitglieder der betriebsratsinternen Ausschüsse nach § 28 I BetrVG sind daher vom Betriebsrat zu wählen; hiervon kann eine Geschäftsordnung nicht abweichen.[30] Beschließt der Betriebsrat, einen nach § 28 BetrVG gebildeten und nach den Grundsätzen der Verhältniswahl gewählten Ausschuss um ein zusätzliches Mitglied zu erweitern, sind sämtliche Ausschussmitglieder neu zu wählen. Bei Ausscheiden eines gewählten Mitglieds rückt ein Ersatzmitglied nach (§ 25 II 1 BetrVG analog); § 25 II 2 BetrVG ist auch nicht entsprechend anwendbar.[31] 14a

b) Aufgaben. Ist im Betrieb ein Betriebsausschuss gebildet, kann der Betriebsrat den Ausschüssen Aufgaben zur selbstständigen Erledigung übertragen (§ 28 I 3 BetrVG), z. B. die Verwaltung von Sozialeinrichtungen, Wahrnehmung der Rechte bei der Festsetzung der Akkorde oder die Überwachung der Sicherungseinrichtungen. Die Entscheidung des Betriebsrats, welche Aufgaben er überträgt, unterliegt nur der Rechts-, nicht der Ermessenskontrolle. Der Betriebsrat darf sich nur nicht aller wesentlichen Funktionen entledigen.[32] Die Vorschriften über die Beauftragung des Betriebsausschusses gelten entsprechend (§ 28 I 4 BetrVG). Die Übertragungsmöglichkeit auf andere Ausschüsse dient der Intensivierung der Betriebsratsarbeit. Namentlich dann, wenn der Betriebsrat bei der Verwaltung von Sozialeinrichtungen ein erzwingbares Mitbestimmungsrecht hat, werden die Mitbestimmungsaufgaben einem Ausschuss übertragen, da die Einschaltung des ganzen Betriebsrats häufig zu schwerfällig ist. Dies kann in der Weise geschehen, dass die Mitbestimmungsaufgaben einem Ausschuss übertragen werden, der dann die Funktion eines Beirates bei der Sozialeinrichtung übernimmt, oder dass die Sozialeinrichtung unmittelbar durch einen Ausschuss vertreten wird, der sich aus dem Betriebsausschuss und der gleichen Anzahl von Arbeitgebervertretern zusammensetzt (§ 28 II BetrVG).[33] Hat der Ausschuss nach § 28 I BetrVG keine Entscheidungsbefugnisse, soll er nach der Vorstellung des Gesetzgebers als Fachausschuss bestimmte Themen für die Beschlussfassung im Betriebsrat vorbereiten.[34] 15

5. Arbeitsgruppen.[35] **a) Begriff.** Der durch das BetrVG-ReformG neu geschaffene § 28 a BetrVG regelt die Delegation von Aufgaben des Betriebsrats an Arbeitsgruppen. Nach § 28 a I 1 BetrVG kann der Betriebsrat mit der Mehrheit der Stimmen seiner Mitglieder beschließen, bestimmte Aufgaben auf Arbeitsgruppen zu übertragen. Die Vorschrift soll nach den Vorstellungen des Gesetzgebers den Bedürfnissen der Praxis und dem Wunsch der Arbeitnehmer nach mehr unmittelbarer Beteiligung Rechnung tragen (BT-Drucks. 14/5741 S. 40). Eine Übertragung soll insbesondere bei Gruppenarbeit (§ 87 I Nr. 13 BetrVG), aber auch bei sonstiger Team- und Projektarbeit sowie für bestimmte Beschäftigungsarten und Arbeitsbereiche erfolgen (BT-Drucks. 14/5741 S. 40). Das Gesetz hat auf eine Definition des Begriffs der Arbeitsgruppe verzichtet; nach der gesetzlichen Ausgestaltung ist sie eine Zusammenfassung von Arbeitnehmern, denen bestimmte Arbeitsaufgaben zur gemeinsamen Erledigung übertragen worden sind.[36] 15a

b) Vereinbarung. Grundlage für die Übertragung ist eine zwischen Arbeitgeber und Betriebsrat abzuschließende Rahmenvereinbarung, in der vor allem festzulegen ist, für welche Angelegenheiten die Arbeitsgruppe gebildet wird, ihre personelle Zusammensetzung und etwaige Verfahrensweisen (Muster: ArbR-Formb. § 40 RN 41). Für den Abschluss der Rahmenvereinbarung bestehen – anders als für die Aufgabenübertragung auf die Arbeitsgruppe – keine besonderen Formvorschriften. Sie muss daher nicht stets als Betriebsvereinbarung geschlossen, sondern kann auch als Regelungsabrede getroffen werden, wenngleich Letzteres wegen der fehlenden normativen Wirkung wenig zweckmäßig sein wird. Der Abschluss der Rahmenvereinbarung 15b

---

[29] BAG 17. 3. 2005 AP 6 zu § 27 BetrVG 1972 = NZA 2005, 1064 – Paragraphenangabe reicht aus.
[30] BAG 16. 11. 2005 AP 7 zu § 28 BetrVG 1972 = NZA 2006, 445.
[31] BAG 16. 3. 2005 AP 6 zu § 28 BetrVG 1972 = NZA 2005, 1072.
[32] BAG 20. 10. 1993 AP 5 zu § 28 BetrVG 1972 = NZA 94, 567.
[33] BAG 13. 7. 1978 AP 5 zu § 87 BetrVG 1972 Altersversorgung = NJW 79, 2534.
[34] BT-Drucks. 14/5741 S. 40 nennt als Beispiele für Fachausschüsse solche zu Fragen der Frauenförderung oder der betrieblichen Integration ausländischer Arbeitnehmer.
[35] Vgl. die Schrifttumsnachweise vor RN 11.
[36] *Fitting* § 28 a RN 11.

kann nicht erzwungen werden; kommt sie zustande, kann sie bei Fehlen einer anderweitigen Vereinbarung nach § 77 V BetrVG gekündigt werden und entfaltet keine Nachwirkung.

15c **c) Zusammensetzung.** Mitglieder der Arbeitsgruppe können neben Betriebsratsmitgliedern alle Arbeitnehmer des Betriebs sein, d. h. auch leitende Angestellte. Die Zuweisung zur Arbeitsgruppe muss jedoch im Einverständnis mit dem Arbeitnehmer erfolgen oder vom Direktionsrecht des Arbeitgebers umfasst sein, andernfalls ist sie unzulässig. Wechsel in der personellen Zusammensetzung berühren die Gruppeneigenschaft regelmäßig nicht, etwas anderes kann gelten, wenn die Arbeitsgruppe gerade im Hinblick auf die besonderen persönlichen Merkmale ihrer Mitglieder gebildet worden ist. Die Gruppenmitglieder erlangen allein auf Grund der Zugehörigkeit zu dem Gremium nicht die Stellung von Betriebsratsmitgliedern, insbesondere keinen besonderen Kündigungsschutz. Für die Geschäftsführung der Arbeitsgruppe gelten die Vorschriften für die Geschäftsführung des Betriebsrats sinngemäß; auch sie hat zur Herstellung ihrer Handlungsfähigkeit einen Vorsitzenden und einen Stellvertreter zu wählen. Nicht anwendbar sind die §§ 37 VI, VII, 38, 80 III BetrVG. Die §§ 78, 79 BetrVG sind zwar nicht unmittelbar, wohl aber entsprechend auf die Gruppenmitglieder, die nicht zugleich Betriebsratsmitglieder sind, anwendbar; Gleiches gilt für die Kostentragungspflicht des § 40 BetrVG.

15d **d) Aufgabenübertragung.** Von der Rahmenvereinbarung unabhängig ist die Vereinbarung, in welchem Umfang der Arbeitsgruppe Aufgaben übertragen werden. Die rechtlichen Grenzen für eine Delegation von Aufgaben ergeben sich aus § 28 a I 2 BetrVG; überdies kann der Betriebsrat nur solche Zuständigkeiten delegieren, die er selbst besitzt. Die Aufgaben, die übertragen werden sollen, müssen daneben in einem inneren Zusammenhang mit den von der Arbeitsgruppe zu erledigenden Tätigkeiten stehen (§ 28 a I 2 BetrVG). Der Beschluss über die Übertragung der Aufgaben bedarf der Schriftform und der Mehrheit der Stimmen der Betriebsratsmitglieder (§ 28 a I 3 BetrVG). Die Aufgabenzuweisung kann unter den gleichen formellen Voraussetzungen und Beachtung der Vorgaben in § 75 II 2 BetrVG (auch teilweise) widerrufen werden.

15e **e) Gruppenvereinbarung.** Die Arbeitsgruppe kann im Rahmen der ihr übertragenen Aufgaben mit dem Arbeitgeber Vereinbarungen abschließen (sog. Gruppenvereinbarung); erforderlich ist die Mehrheit der Stimmen der Gruppenmitglieder (§ 28 a II 1 BetrVG). Diese stehen den Betriebsvereinbarungen hinsichtlich ihres Zustandekommens und ihrer Wirkungsweise gleich (§ 28 a II 2 BetrVG). Daher gelten auch die §§ 77 III, 87 I BetrVG für Gruppenvereinbarungen, ebenso löst eine im Rahmen der Aufgabenzuweisung abgeschlossene Gruppenvereinbarung eine vorangehende Betriebsvereinbarung ab.[37] Ihr Abschluss ist nur ausgeschlossen, wenn der Arbeitsgruppe lediglich die Vorbereitung von Entscheidungen des Betriebsrats übertragen worden ist. Eine § 50 II BetrVG vergleichbare Handhabung lässt § 28 a BetrVG nicht zu.

15f **f) Beteiligungsrechte.** Können sich Arbeitgeber und Arbeitsgruppe in einer bestimmten Angelegenheit nicht einigen, fällt das Beteiligungsrecht in dieser Angelegenheit an den Betriebsrat zurück (§ 28 a II 3 BetrVG). Dementsprechend kann auch nur er die Einigungsstelle zur Streitschlichtung anrufen. Im Beschlussverfahren ist die Arbeitsgruppe beteiligtenfähig, wenn um ihren Status oder über den Umfang der ihr übertragenen Beteiligungsrechte gestritten wird.

16 **6. Schwerbehindertenvertretung.** Sie kann an den Sitzungen der Ausschüsse teilnehmen.[38] Gleiches gilt für die Sitzungen etwaiger Arbeitsgruppen (§ 28 a BetrVG).

IV. Betriebsratssitzungen

17 **1. Einberufung. a) Personenkreis.** Die Sitzungen des Betriebsrats werden vom Vorsitzenden[39] unter Festsetzung der Tagesordnung anberaumt, unter deren Mitteilung einberufen und von ihm geleitet (§ 29 BetrVG). Auch die Schwerbehindertenvertretung (§ 32 BetrVG) sowie die vollständige Jugend- und Auszubildendenvertretung sind zu laden, Letztere jedoch nur, soweit sie ein Recht an der Teilnahme der Betriebsratssitzung haben (§ 227 RN 12). Ist ein Betriebsratsmitglied verhindert, an der Sitzung teilzunehmen, ist ein Ersatzmitglied zu laden (§ 25 I 2 BetrVG). Nach § 25 II 1 BetrVG werden die Ersatzmitglieder unter Berücksichtigung des § 15 II BetrVG der Reihe nach aus den nicht gewählten Arbeitnehmern derjenigen Vorschlagslisten entnommen, denen die zu ersetzenden Mitglieder angehören. Ist ein Mitglied des Betriebsrats oder der Jugend- und Auszubildendenvertretung verhindert, an der Sitzung teilzunehmen, hat es den Vorsit-

[37] *Fitting* § 28 a RN 34; enger *Malottke* AiB 2001, 625, 627 – nur günstigere Vereinbarungen.
[38] BAG 21. 4. 1993 AP 4 zu § 25 SchwbG = NZA 94, 43.
[39] Zur konstituierenden Sitzung wird der Betriebsrat vom Wahlvorstand eingeladen (§ 29 I BetrVG).

zenden unverzüglich zu benachrichtigen. Dieser hat alsdann ein Ersatzmitglied zu laden (§ 29 BetrVG). Zum Teilnahmerecht gekündigter Betriebsratsmitglieder vgl. § 217 RN 14.

b) Tagesordnung. Zu den Sitzungen sind die Betriebsratsmitglieder rechtzeitig unter Mitteilung der Tagesordnung zu laden. Eine Einladungsfrist und eine Form der Einladung sind durch das Gesetz nicht vorgeschrieben, können aber in der Geschäftsordnung geregelt sein. Rechtzeitig ist die Einladung, wenn das Betriebsratsmitglied die notwendigen Vorbereitungen (Entfernen vom Arbeitsplatz, Vertreterbestellung) einschließlich seiner Sitzungsvorbereitung treffen kann. Maßgeblich ist, ob die Einladung so rechtzeitig in den Machtbereich des jeweiligen Betriebsratsmitglieds gelangt ist, dass dieses unter normalen Umständen von ihrem Inhalt Kenntnis erlangen kann bzw. die Kenntnisnahme nach den üblichen Gepflogenheiten von ihm erwartet werden kann und muss.[40] Eine besondere Einladung kann unterbleiben, wenn der Betriebsrat sich regelmäßig zu einer bestimmten Zeit trifft und eine Beschlussfassung nicht beabsichtigt ist (z. B. vor dem Monatsgespräch). In diesen Fällen sind nur die Vertreter der verhinderten Betriebratsmitglieder zu laden. Der Mitteilung der Tagesordnung bedarf es jedoch stets, sofern Beschlüsse zu fassen sind. Widerspricht keines der vollzählig versammelten Betriebsratsmitglieder der Behandlung der Tagesordnungspunkte, die anlässlich der Sitzung ausführlich erläutert werden, so ist ein etwaiger Ladungsmangel geheilt. Ein mitgeteilter Tagesordnungspunkt kann in der Sitzung durch eine entsprechende Beschlussfassung abgesetzt werden; zu Mängeln bei der Beschlussfassung RN 24. 18

2. Verpflichtung zur Einberufung. Der Vorsitzende hat eine Sitzung einzuberufen und einen Gegenstand, dessen Beratung beantragt ist, auf die Tagesordnung zu setzen, wenn dies 1/4 der Betriebsratsmitglieder oder der Arbeitgeber beantragen (§ 29 III BetrVG). Nach § 86 a Satz 1 BetrVG hat jeder Arbeitnehmer das Recht, dem Betriebsrat Themen zur Beratung vorzuschlagen. Der Themenvorschlag muss sich inhaltlich innerhalb der Zuständigkeit des Betriebsrats bewegen. Der Betriebsrat hat durch Beschluss zu befinden, ob er das vorgeschlagene Thema berät. Wird der Vorschlag durch 5% der Arbeitnehmer des Betriebs unterstützt, ist der Betriebsrat verpflichtet, innerhalb von zwei Monaten das Thema auf die Tagesordnung einer Betriebsratssitzung zu setzen (§ 86 a Satz 2 BetrVG). Eine bestimmte Form für das Quorum ist nicht vorgesehen. Eine Verpflichtung zur inhaltlichen Beratung enthält das Gesetz ebenso wenig wie Vorgaben zur Beschlussfassung. Ein Vorschlag kann nach seiner Aufnahme in die Tagesordnung nicht erneut Gegenstand eines Verlangens nach § 86 a BetrVG sein. Zur Beschlussfassung bei fehlender oder nicht ordnungsgemäßer Bekanntgabe der Tagesordnung RN 24. 19

3. Teilnahme von Arbeitgeber und Verbandsvertretern. Der Arbeitgeber nimmt an der auf sein Verlangen einberufenen Sitzung oder an den Sitzungen, zu denen er eingeladen wird,[41] teil. Er kann sich durch einen Vertreter, der kompetente Auskünfte erteilen kann und an der Betriebsleitung beteiligt ist, vertreten lassen (vgl. §§ 43 II, 108 II BetrVG). Andererseits folgt aus der vertrauensvollen Zusammenarbeit auch eine Teilnahmepflicht des Arbeitgebers bzw. eines geeigneten Vertreters.[42] Der Arbeitgeber kann einen Vertreter seines Arbeitgeberverbandes zuziehen (§ 29 IV BetrVG). Auf Antrag von 1/4 der Betriebsratsmitglieder kann ein Vertreter der im Betrieb vertretenen Gewerkschaften zu den Sitzungen hinzugezogen werden.[43] In diesen Fällen sind der Zeitpunkt der Sitzung und die Tagesordnung der Gewerkschaft rechtzeitig mitzuteilen, damit deren Beauftragter sich auf seine beratende Aufgabe einstellen kann (§ 31 BetrVG). 20

4. Schwerbehindertenvertretung. Sie kann an allen Betriebsratssitzungen beratend teilnehmen (§ 32 BetrVG). 21

5. Zeitliche Lage. Die Betriebsratssitzungen finden i. d. R. während der Arbeitszeit statt; dabei hat der Betriebsrat auf die betrieblichen Notwendigkeiten Rücksicht zu nehmen. Jedoch bestimmt der Betriebsrat allein, wann und wie oft er tagt.[44] Betriebliche Notwendigkeiten sind solche, die zwingend den Vorrang vor den Interessen des Betriebsrats haben. Es kann daher nicht verlangt werden, die Sitzung stets an das Ende einer Schicht zu legen. Bei Wechselschichtarbeit müssen jedoch die Betriebsratsmitglieder teilweise während ihrer Freizeit an der Sitzung teilnehmen. Verstößt der Betriebsrat wiederholt nachhaltig gegen die Berücksichtigung der Interessen des Betriebs, kann seine Auflösung gerechtfertigt sein (§ 23 II BetrVG). Der Arbeitgeber ist vor der Sitzung zu verständigen. Die Sitzungen sind nicht öffentlich (§ 30 BetrVG). Un- 22

[40] LAG Niedersachsen 29. 1. 2007 LAGE § 40 BetrVG 2001 Nr. 8.
[41] BAG 28. 2. 1958 AP 1 zu § 29 BetrVG; LAG Düsseldorf 14. 6. 1961 BB 61, 900 – Wahlvorstand.
[42] *Fitting* § 29 RN 56 ff.; enger Richardi/*Thüsing* § 29 RN 48.
[43] BAG 18. 11. 1980 AP 2 zu § 108 BetrVG 1972 = DB 81, 1240 (Wirtschaftsausschuss).
[44] BAG 3. 6. 1969 AP 11 zu § 37 BetrVG = NJW 69, 2221.

zulässig ist daher auch die technische Aufzeichnung der Sitzung durch ein Betriebsratsmitglied. Der Betriebsrat kann Auskunftspersonen, Sachverständige, Schreibkräfte usw. hinzuziehen. Ob der Betriebsrat generell die gewerkschaftlichen Vertrauensleute hinzuziehen kann, ist zweifelhaft. Jedoch kann der Betriebsrat in der Geschäftsordnung einem Gewerkschaftsvertreter ein generelles Teilnahmerecht einräumen.[45] Ein Verstoß gegen die Nichtöffentlichkeit hat keinen Einfluss auf die Wirksamkeit der Beschlüsse[46] (RN 23).

V. Beschlüsse des Betriebsrats

Reitze, Rückwirkende „Billigung" unwirksamer oder fehlender Entscheidungen des Betriebsrats?, NZA 2002, 492.

23 **1. Beschlussfähigkeit. a) Grundsatz.** Die Beschlüsse des Betriebsrats werden, soweit im BetrVG für einzelne Beschlussfassungen keine qualifizierte Mehrheit vorgeschrieben ist, mit der einfachen Stimmenmehrheit der anwesenden Betriebsratsmitglieder gefasst. Bei Stimmengleichheit ist der Antrag abgelehnt (§ 33 I BetrVG). Eine Beschlussfassung im Umlaufverfahren ist unzulässig.[47] Der Betriebsrat ist nur beschlussfähig, wenn mindestens die Hälfte seiner Mitglieder nicht nur anwesend ist, sondern auch an der Beschlussfassung teilnimmt (§ 33 II BetrVG). Die Stimmen der Jugend- und Auszubildendenvertreter werden mitgezählt, wenn diese an der Beschlussfassung berechtigt teilnehmen (§ 67 BetrVG). Das von einem Beschluss betroffene Betriebsratsmitglied ist an der Betriebsratssitzung nicht teilnahme- oder abstimmungsberechtigt, selbst wenn die Maßnahme des Arbeitgebers gegen das betroffene Betriebsratsmitglied offensichtlich rechtsmissbräuchlich war. Ist ein Betriebsrat für die Dauer der Äußerungsfrist des § 102 II BetrVG beschlussunfähig, weil in dieser Zeit mehr als die Hälfte der Betriebsratsmitglieder an der Amtsausübung verhindert ist und nicht durch Ersatzmitglieder vertreten werden kann, nimmt der Restbetriebsrat in entspr. Anwendung von § 22 BetrVG die Mitbestimmungsrechte wahr.[48] Ein Beschluss ist regelmäßig nicht bereits deshalb unwirksam, weil in Gegenwart des Arbeitgebers abgestimmt worden ist.[49]

24 **b) Fehlerhafte Beschlussfassung. aa) Grundsatz.** Die Beschlussfassung des Betriebsrats ist unwirksam, wenn gegen wesentliche Verfahrensvorschriften verstoßen worden ist.[50] Zu diesen zählen auch die in der Geschäftsordnung enthaltenen Regelungen über die Beschlussfassung, soweit es sich nicht ausnahmsweise um Ordnungsvorschriften handelt. Die Wirksamkeit eines Betriebsratsbeschlusses setzt voraus, dass er in einer Betriebsratssitzung gefasst worden ist, zu der die Mitglieder des Betriebsrats gem. § 29 II 3 BetrVG rechtzeitig unter Mitteilung der Tagesordnung geladen worden sind und durch Abstimmung eine einheitliche Willensbildung herbeigeführt haben. Wird bei der Heranziehung der Ersatzmitglieder gegen die in § 25 II BetrVG vorgesehene Reihenfolge verstoßen, leidet der Beschluss an einem erheblichen Mangel und ist deshalb unwirksam.[51] Wird für ein zeitweilig verhindertes Mitglied ein vorhandenes Ersatzmitglied nicht geladen, ist der Betriebsrat an einer wirksamen Beschlussfassung gehindert. Hiervon ist nur dann eine Ausnahme zu machen, wenn ein Betriebsratsmitglied plötzlich verhindert und es dem Betriebsrat nicht mehr möglich ist, ein Ersatzmitglied rechtzeitig zu laden.[52] Ein Betriebsratsbeschluss kann auch nichtig sein, wenn der Betriebsrat nicht unter Mitteilung der Tagesordnung geladen worden ist.[53] Die vorherige Mitteilung der Tagesordnung dient der sachgerechten Vorbereitung der Betriebsratsmitglieder im Vorfeld der Betriebsratssitzung. Sie eröffnet dem Betriebsratsmitglied die Möglichkeit zu prüfen, ob es eine bestehende Terminkollision zugunsten der Betriebsratssitzung oder zugunsten des anderen Termins löst. Außerdem hat ein verhindertes Betriebsratsmitglied die Möglichkeit, seine Betriebsratskollegen schon vor der Sitzung über seine Auffassung in einer bestimmten Angelegenheit zu unterrichten und sie zu überzeugen oder sie auch ggf. nur zu bitten, seine Argumente in der Betriebsratssitzung zumindest

---

[45] BAG 28. 2. 1990 AP 1 zu § 31 BetrVG 1972 = NZA 90, 660; a. A. für Wirtschaftsausschuss BAG 25. 6. 1987 AP 6 zu § 108 BetrVG 1972 = NZA 88, 167.

[46] BAG 28. 2. 1958 AP 1 zu § 29 BetrVG.

[47] BAG 2. 4. 1976 AP 9 zu § 102 BetrVG 1972 = NJW 76, 1519; 4. 8. 1975 AP 4 zu § 102 BetrVG 1972 = DB 75, 2184; vgl. LAG München 6. 8. 1974 BB 75, 968 = DB 75, 1228.

[48] BAG 18. 8. 1982 AP 24 zu § 102 BetrVG 1972 = NJW 83, 2836.

[49] BAG 24. 3. 1977 AP 12 zu § 102 BetrVG 1972 = NJW 78, 122; einschränkend LAG Düsseldorf 7. 3. 1975 LAGE § 102 BetrVG 1972 Nr. 5 = DB 75, 743.

[50] BAG 23. 8. 1984 AP 17 zu § 103 BetrVG 1972 = NJW 85, 1976 = NZA 85, 254.

[51] BAG 18. 1. 2006 – 7 ABR 25/05 n. v.

[52] BAG 18. 1. 2006 – 7 ABR 25/05 n. v.

[53] LAG Hamm 12. 2. 1992 DB 92, 2148 = BB 92, 1562.

vorzutragen. Über nicht mitgeteilte Tagesordnungspunkte kann daher nur ein Beschluss gefasst werden, wenn alle Betriebsratsmitglieder einer Beschlussfassung zustimmen.[54] Aus den gleichen Gründen kann der Betriebsrat unter dem Tagesordnungspunkt „Verschiedenes" nur dann wirksame Beschlüsse fassen, wenn alle Betriebsratsmitglieder vollzählig anwesend sind und kein Mitglied der Beschlussfassung widerspricht.[55] Diese Grundsätze stehen kurzfristigen Änderungen der Tagesordnung nicht entgegen, da § 29 II BetrVG für die Bekanntgabe der Tagesordnung keine besondere Frist oder Form vorsieht.[56] Daneben wird eine wirksame Ergänzung der Tagesordnung oder eine Beschlussfassung unter „Verschiedenes" bei ansonsten einstimmiger Beschlussfassung auch dann in Betracht kommen, wenn die fehlenden Betriebsratsmitglieder wegen Krankheit, Urlaub oder dgl. von der Arbeitsleistung befreit sind und deshalb an der Sitzung ohnehin nicht teilgenommen hätten.

bb) Heilung. Hat der Betriebsrat zunächst einen unwirksamen Beschluss gefasst, kann dieser nachträglich durch eine fehlerfreie Beschlussfassung geheilt werden.[57] Dies betrifft insbesondere die Einleitung eines Beschlussverfahrens. Vereinbarungen, die der Betriebsratsvorsitzende, sein Stellvertreter (oder ein anderes beauftragtes Betriebsratsmitglied) ohne einen wirksamen Betriebsratsbeschluss abgeschlossen haben (z. B. Betriebsvereinbarungen), sind nach § 177 I BGB schwebend unwirksam. Sie können jedoch vom Betriebsrat durch eine spätere ordnungsgemäße Beschlussfassung nach § 184 I BGB genehmigt werden. Ein Rückbezug der Genehmigung ist ausgeschlossen bei fristgebundenen Rechtsgeschäften, wenn z. B. wenn für die die Vornahme des Rechtsgeschäfts oder einer Willenserklärung eine gesetzliche oder rechtsgeschäftliche Frist gesetzt ist oder die Beschlussfassung des Betriebsrats erst nach dem für die Beurteilung eines Sachverhalts maßgeblichen Zeitpunkt erfolgt. Diese Einschränkung betrifft insbesondere rechtsgeschäftliche Vereinbarungen, durch die dem Arbeitgeber eine Kostentragungspflicht auferlegt wird.[58] Von den vorstehenden Vorgaben kann auch in einer Geschäftsordnung nicht abgewichen werden. Dagegen erfolgt keine Überprüfung der Zweckmäßigkeit der Beschlüsse.[59] **24 a**

cc) Verfahren. Mängel in der Beschlussfassung, die in den Zuständigkeits- und Verantwortungsbereich des Betriebsrats fallen, wirken sich grundsätzlich nicht zulasten des Arbeitgebers aus; dies soll sogar dann gelten, wenn dieser Kenntnis von der fehlerhaften Beschlussfassung hat oder nach den Umständen vermuten kann, dass die Behandlung der Angelegenheit durch den Betriebsrat nicht fehlerfrei erfolgt ist.[60] Streitigkeiten über die Beschlussfähigkeit des Betriebsrats und die Rechtswirksamkeit seiner Beschlüsse sind im arbeitsgerichtlichen Beschlussverfahren auszutragen, ggf. als Vorfrage auch im Urteilsverfahren. Der Arbeitgeber kann die Beschlussfassung des Betriebsrats mit Nichtwissen bestreiten. Legt der Betriebsrat die Tatsachen für eine wirksame Beschlussfassung im Einzelnen und unter Beifügung von Unterlagen schlüssig dar, ist ein pauschales Bestreiten mit Nichtwissen durch den Arbeitgeber nicht mehr zulässig.[61] Der Arbeitgeber hat vielmehr klarzustellen auf welche Tatsachen sich sein Bestreiten noch bezieht. Nur über diese hat das Arbeitsgericht ggf. eine Beweisaufnahme durchzuführen. **24 b**

2. Suspendierung von Beschlüssen. Erachtet die Jugend- und Auszubildendenvertretung oder die Schwerbehindertenvertretung einen Beschluss des Betriebsrats als eine erhebliche Beeinträchtigung wichtiger Interessen der durch sie vertretenen Arbeitnehmer, so ist auf ihren Antrag (Muster: ArbR-Formb. §§ 41, 42) der Beschluss auf die Dauer von einer Woche auszusetzen, damit in dieser Zeit eine Verständigung, ggf. mithilfe der im Betrieb vertretenen Gewerkschaft, versucht werden kann. Wenngleich das Gesetz auf die subjektive Beurteilung abstellt, wird mit Rücksicht auf die gesetzlichen Einschränkungen (wichtige Interessen) eine wirksame Suspendierung nur bei tatsächlichem Vorliegen der Interessenbeeinträchtigung in Betracht kommen. Nach Ablauf der Frist ist über die Angelegenheit erneut zu beschließen (§ 35 BetrVG). **25**

3. Durchführung. Nur die Durchführung der gemeinsam mit dem Arbeitgeber gefassten Beschlüsse obliegt dem Arbeitgeber (§ 77 I BetrVG). Der Betriebsrat darf nicht durch einseitige Handlung in die Leitung des Betriebs eingreifen. **26**

---

[54] BAG 28. 4. 1988 AP 2 zu § 29 BetrVG 1972 = NZA 89, 223.

[55] BAG 28. 10. 1992 AP 4 zu § 29 BetrVG 1972 = NZA 93, 466.

[56] BAG 24. 5. 2006 AP 6 zu § 29 BetrVG 1972 = NZA 2006, 1364.

[57] BAG 16. 11. 2005 AP 64 zu § 80 BetrVG 1972 = NZA 2006, 553; 18. 2. 2003 AP 11 zu § 77 BetrVG 1972 Betriebsvereinbarung = NZA 2004, 336.

[58] BAG 10. 10. 2007 AP 17 zu § 26 BetrVG 1972 = NZA 2008, 369.

[59] BAG 3. 4. 1979 AP 1 zu § 13 BetrVG 1972 = DB 79, 2091; teilw. weitergehend BAG 5. 3. 1959 AP 26 zu § 611 BGB Fürsorgepflicht.

[60] BAG 16. 1. 2003 AP 129 zu § 102 BetrVG 1972 = NZA 2003, 927.

[61] BAG 9. 12. 2003 AP 1 zu § 33 BetrVG 1972 = NZA 2004, 746.

27 **4. Niederschrift.** Über jede Verhandlung des Betriebsrats ist eine Niederschrift aufzunehmen (§ 34 BetrVG, Muster: ArbR-Formb. § 40 RN 39). Die Niederschrift muss enthalten **(a)** den Wortlaut des Beschlusses, **(b)** die Stimmenmehrheit, mit der er gefasst worden ist, **(c)** die Unterschrift des Vorsitzenden und eines weiteren Betriebsratsmitgliedes, **(d)** als Anlage die Anwesenheitsliste, in die sich jeder Teilnehmer der Betriebsratssitzung eigenhändig einzutragen hat. Hat ein Arbeitgeber oder ein Beauftragter einer Gewerkschaft an der Sitzung teilgenommen, ist ihm der entsprechende Teil der Niederschrift in Abschrift auszuhändigen. Arbeitgeber und Gewerkschaftsvertreter können Einwendungen gegen die Niederschrift erheben. Das sind kurze Gesamt- oder punktuelle Gegendarstellungen.[62] Unverzüglich (§ 121 BGB) erhobene Einwendungen sind der Niederschrift beizufügen. Jedes Betriebsratsmitglied kann in die Unterlagen des Betriebsrats Einsicht nehmen. Hierzu zählen auch die Unterlagen seiner Ausschüsse, wenn sie noch in den Akten des Betriebsrats vorhanden sind.[63] Das Recht auf Einsichtnahme schließt aber nicht das Recht ein, Fotokopien dieser Unterlagen zu fertigen.[64] Auch bei Verstoß gegen die Protokollierungspflicht ist der Betriebsratsbeschluss nicht unwirksam, indes können Beweisschwierigkeiten auftreten. Da der Betriebsrat keine Behörde ist, sind die Protokolle keine öffentlichen Urkunden (§ 415 ZPO).

28 **5. Geschäftsordnung.** Der Betriebsrat soll sich eine Geschäftsordnung geben (§ 36 BetrVG, Muster: ArbR-Formb. § 40 RN 1 ff.). Diese dient der inneren Ordnung der Geschäftsführung des Betriebsrats und enthält Regelungen über die formalen Abläufe der Betriebsratsarbeit. Allerdings darf die Geschäftsordnung von den gesetzlichen Vorgaben zur Geschäftsführung des Betriebsrats nicht abweichen, sondern nur ergänzende Bestimmungen treffen.[65] Gegenstand einer Geschäftsordnung können beispielsweise der Zeitpunkt der regelmäßigen Betriebsratssitzungen, die Festlegung der Ladungsfrist für die Betriebsratssitzungen, Voraussetzungen für die Abstimmungen im Gremium bzw. ein Teilnahmerecht von Gewerkschaftsvertretern (RN 20), Aufgabenverteilung innerhalb des Gremiums (periodischer Wechsel des Schriftführers) sowie die Bevollmächtigung von weiteren Betriebsratsmitgliedern für die Entgegennahme von Erklärungen des Arbeitgebers sein. Der Inhalt der Geschäftsordnung darf nicht von den gesetzlichen Vorschriften über die Geschäftsführung des Betriebsrats abweichen. Die Beschlussfassung über die Geschäftsordnung erfolgt mit absoluter Mehrheit, sie ist vom Vorsitzenden zu unterzeichnen. Ihre Bekanntgabe an den Arbeitgeber ist nur erforderlich, wenn aus ihrem Inhalt nach anderen Vorschriften erforderliche Mitteilungen ersetzt werden sollen, z. B. über den Zeitpunkt der Betriebsratssitzungen oder eine besondere Vertretungsregelung.

29 **6. Haftung.**[66] **a) Gremium.** Eine Haftung des Betriebsrats scheidet aus, weil er nach h. M. weder rechts- noch vermögensfähig ist oder einen selbstständigen Verband darstellt. Für Verbindlichkeiten aus Verträgen mit Dritten (z. B. Rechtsanwalt, Sachverständiger) haftet daher weder der Betriebsrat als Gremium noch der Arbeitgeber. Letzteres gilt nicht, wenn er den Betriebsrat oder eines seiner Mitglieder als Vertreter zum Vertragsabschluss bevollmächtigt hat; in diesem Fall wird der Arbeitgeber direkt Vertragspartner des Dritten. Nach der Rspr. ist im Regelfall davon auszugehen, dass Betriebsratsmitglieder nicht den Willen haben, privatrechtliche Verpflichtungen finanzieller Art einzugehen.[67] Gehen sie dennoch im eigenen Namen für ihre Amtstätigkeit Verbindlichkeiten ein, werden sie hieraus persönlich verpflichtet. Im Rahmen des § 40 BetrVG können sie aber einen Freistellungs- oder Erstattungsanspruch gegen den Arbeitgeber haben (§ 222 RN 4).

29a **b) Betriebsratsmitglieder.** Sie haften gegenüber dem Arbeitgeber oder den Arbeitnehmern nicht persönlich für die Handlungen des Betriebsrats. Ihre Haftung kommt nur in Betracht, wenn sie bei der Vornahme von Rechtsgeschäften die Zuständigkeit des Betriebsrats überschreiten oder ihr Verhalten den Tatbestand der unerlaubten Handlung (§ 823 I, II BGB) oder der vorsätzlichen sittenwidrigen Schädigung (§ 826 BGB) erfüllt.[68] Dies kann der Fall sein bei unbefugter Weitergabe von Lohnlisten[69] oder Verstößen gegen die Verschwiegenheitspflicht (§§ 79, 82 III, 83 I, 99 I 3, 102 II 5 BetrVG). Eine Haftung gegenüber dem gekündigten Arbeitnehmer im Rahmen des

---

[62] LAG Frankfurt 19. 5. 1988 DB 89, 486.
[63] LAG Niedersachsen 16. 2. 2001 NZA-RR 2001, 249 – Auskunftsrecht über Unterlagen bejaht.
[64] BAG 27. 5. 1982 AP 1 zu § 34 BetrVG 1972 = DB 82, 2578.
[65] BAG 16. 11. 2005 AP 7 zu § 28 BetrVG 1972 = NZA 2006, 445.
[66] *Belling,* Die Haftung des Betriebsrats und seiner Mitglieder für Pflichtverletzungen, 1990; *Spilger,* Rechtsstellung und Haftung des Betriebsrats und seiner Mitglieder, AR-Blattei SD 530.7.
[67] BAG 24. 4. 1986 AP 7 zu § 87 BetrVG 1972 Sozialeinrichtung = NZA 87, 100.
[68] *Fitting* § 1 RN 217 ff.; Richardi/ *Thüsing,* Vorb. 8 ff. zu § 26 BetrVG.
[69] BAG 22. 5. 1959 AP 3 zu § 23 BetrVG = DB 59, 979.

§ 104 BetrVG scheidet aus, da entweder der Arbeitgeber das Entfernungsverlangen eigenverantwortlich vollzieht (§ 254 II BGB) oder gerichtlich dazu angehalten wird. Wird dem Betriebsrat die Verwaltung einer Sozialeinrichtung übertragen, ist die Haftung der damit befassten Mitglieder regelmäßig ausgeschlossen. Gleiches gilt, wenn eines seiner Mitglieder unrichtige Auskünfte, z. B. über die Erhebung der Kündigungsschutzklage (§ 4 KSchG), erteilt hat.

VI. Sprechstunden

Unabhängig von der Betriebsgröße kann der Betriebsrat Sprechstunden während der Arbeitszeit einrichten. Zeit und Ort, nicht dagegen, ob sie überhaupt eingerichtet werden, sind mit dem Arbeitgeber zu vereinbaren (§ 39 BetrVG). Kommt eine Einigung nicht zustande, so entscheidet im Interesse einer schnellen und betriebsnahen Regelung über die Meinungsverschiedenheit die Einigungsstelle (§ 232). Welches Betriebsratsmitglied die Sprechstunde durchführt, bestimmt der Betriebsrat. Die Sprechstunde gehört zur Amtstätigkeit i. S. von § 37 II, III BetrVG. An den Sprechstunden kann ein Mitglied der Jugend- und Auszubildendenvertretung teilnehmen, sofern diese keine eigenen Sprechstunden abhält (§ 39 II BetrVG). Auf Wunsch des Betriebsrats kann auch ein Gewerkschaftssekretär hinzugezogen werden.[70] Dem einzelnen Arbeitnehmer darf durch die Inanspruchnahme des Betriebsrats kein Verdienstausfall entstehen (§ 39 III BetrVG). Die Information der Betriebsangehörigen durch den Betriebsratsvorsitzenden, der gleichzeitig der Landesstreikleitung angehört, über den Fortgang der Tarifvertragsverhandlungen ist keine Betriebsratstätigkeit.[71] Dagegen wird es im Allgemeinen unverhältnismäßig sein, wenn ganze Abteilungen in die Sprechstunde des Betriebsrats gehen.[72] Das Betriebsratsmitglied erleidet keine Minderung des Arbeitsentgelts, wenn es einen Arbeitnehmer am Arbeitsplatz aufsucht.[73] Es braucht zur eigenen Abmeldung den zu besuchenden Arbeitnehmer nicht dem Arbeitgeber zu benennen.[74] Zur Haftung des Betriebsrats für Auskünfte RN 29. **30**

§ 221. Rechtsstellung der Betriebsratsmitglieder

Übersicht

	RN
I. Ehrenamtliche Tätigkeit (§ 37 I BetrVG)	1 ff.
1. Ehrenamt	1
2. Unentgeltlichkeit	2, 3
3. Pauschaler Aufwendungsersatz	4
4. Versprechen	5
5. Amtstätigkeit als Arbeitsleistung, Zeugnis	6
II. Vorübergehende Arbeitsfreistellung (§ 37 II BetrVG)	7 ff.
1. Arbeitsbefreiung	7–9
2. Abmeldung	10, 11
3. Entgeltfortzahlung	12–17
III. Freizeitausgleich (§ 37 III BetrVG)	18 ff.
1. Voraussetzungen	18–20
2. Ausgleich und Abgeltung	21
3. Rechtsschutz	22
IV. Vollständige Arbeitsfreistellung (§ 38 BetrVG)	23 ff.
1. Voraussetzung	23
2. Abweichende Staffeln	24
3. Anpassung der Freistellung	25
4. Teilweise Freistellung	26
5. Festlegung der freizustellenden Betriebsratsmitglieder	27–29
6. Rechtsstellung des freigestellten Betriebsratsmitglieds	30
7. Änderung der Freistellung, Nachrücken	31
V. Schulungsveranstaltungen (§ 37 VI BetrVG)	32 ff.
1. Voraussetzungen	32
2. Erforderliche Kenntnisse	33–38
3. Zeitliche Lage	39
4. Teilnehmeranzahl	40, 41
5. Dauer	42
6. Mitteilung	43
7. Streitigkeiten	44
8. Entgeltfortzahlung	45, 46
9. Gewerkschaftliche Vertrauensleute	47
VI. Bildungsveranstaltungen (§ 37 VII BetrVG)	48 ff.
1. Voraussetzungen	48–51
2. Genehmigung	52
3. Rechtsschutz	53
4. Freistellung	54
VII. Arbeitsentgelt- und Tätigkeitsschutz	55 ff.
1. Zweck	55
2. Wirtschaftliche Absicherung	56
3. Tätigkeitsschutz	57
4. Bildungsmaßnahmen	58

[70] LAG Baden-Württemberg 25. 6. 1974 BB 74, 1206.
[71] ArbG Osnabrück 17. 1. 1995 NZA 95, 1013.
[72] ArbG Kassel 12. 11. 1986 NZA 87, 534.
[73] LAG Berlin 3. 11. 1980 LAGE § 39 BetrVG 1972 Nr. 1 = EzA 1 zu § 39 BetrVG 1972.
[74] BAG 23. 6. 1983 AP 45 zu § 37 BetrVG 1972 = DB 83, 2419.

I. Ehrenamtliche Tätigkeit (§ 37 I BetrVG)

Fischer, Das Ehrenamtsprinzip der Betriebsverfassung „post Hartzem", NZA 2007, 484; *Graf/Link,* Überhöhte Betriebsratsvergütung NJW 2009, 409; *Löwisch/Rügenhagen,* Angemessene arbeitsvertragliche Vergütung von Betriebsratsmitgliedern mit Führungsfunktionen, DB 2008, 466; *Rieble,* Die Betriebsratsvergütung, NZA 2008, 276; *Schweibert/Buse,* Rechtliche Grenzen der Begünstigung von Betriebsratsmitgliedern, NZA 2007, 1080.

1 **1. Ehrenamt.** Die Mitglieder des Betriebsrats führen ihr Amt unentgeltlich als – privates – Ehrenamt (§ 37 I BetrVG). Sie sind nicht Vertreter kraft Amtes wie der Insolvenzverwalter, sondern die Repräsentanten der Belegschaft.

2 **2. Unentgeltlichkeit. a)** Die Amtstätigkeit wird als Ehrenamt unentgeltlich geführt. Einerseits sollen dem Betriebsrat infolge der Amtstätigkeit keine Nachteile erwachsen; andererseits soll er aber auch durch die Amtstätigkeit keine Vorteile erlangen.[1] Der Gesetzgeber will hiermit die innere Unabhängigkeit des Betriebsratsmitgliedes gewährleisten. Dass es in der Praxis gerade in größeren Unternehmen dennoch zu unzulässigen Vergünstigungen kommt, stellt das System der Repräsentation der Arbeitnehmer durch ehrenamtliche Betriebsräte nicht in Frage. Eine auf den Betrieb beschränkte Veröffentlichung der Betriebsratsmitgliedern gewährten Vergütungen könnte hier jedoch die notwendige Transparenz schaffen.

3 **b) Keine Vergünstigungen.** Aus dem Prinzip der Unentgeltlichkeit folgt, dass dem Betriebsratsmitglied weder unmittelbar noch mittelbar Vergünstigungen gewährt werden dürfen. Unzulässig ist daher eine gesonderte Vergütung der Amtstätigkeit, außerplanmäßige, nicht durch § 37 IV BetrVG gedeckte Beförderungen, die Gewährung einer höheren Vergütung, versteckte Zuwendungen, z. B. bei Gewährung von Darlehen oder Werkwohnungen, Zahlung von Sitzungsgeldern, Bezahlung von Amtstätigkeit außerhalb der Arbeitszeit, es sei denn, dass für die Tätigkeit außerhalb der Arbeitszeit ein betriebsbedingter Grund besteht.[2] Muss das Betriebsratsmitglied infolge seiner Amtstätigkeit eine minderentlohnte Tätigkeit verrichten, hat der Arbeitgeber die Lohndifferenz auszugleichen. Ist es dagegen aus personenbedingtem Grund, etwa infolge Krankheit, nicht mehr in der Lage, die ursprüngliche Tätigkeit zu verrichten, hat es wie jeder andere Arbeitnehmer eine Lohnminderung hinzunehmen. Wird im Betrieb durch Tarifvertrag oder Betriebsvereinbarung Kurzarbeit eingeführt, wird auch das Betriebsratsmitglied erfasst.

4 **3. Pauschaler Aufwendungsersatz.** Eine unzulässige Entgeltgewährung kann vorliegen, wenn das Betriebsratsmitglied mehr als seine wirklichen und notwendigen Aufwendungen ersetzt erhält. Eine Pauschalierung der Aufwendungen ist aber insoweit zulässig, wie regelmäßig wiederkehrende Aufwendungen ersetzt werden.[3] Die Aufwendungen sind nicht bei sämtlichen Betriebsratsmitgliedern gleich hoch; sie müssen daher den verschiedenen Gruppen angepasst sein. Bei Dienstreisen ist eine Pauschalierung von Tages- und Übernachtungsgeldern entsprechend den betrieblichen Gepflogenheiten möglich.

5 **4. Versprechen.** Eine Vereinbarung, wonach dem Betriebsrat eine – versteckte – Vergütung gezahlt wird, ist nach § 134 BGB, § 37 I BetrVG unwirksam. Versteckte Zahlungen können wegen § 817 BGB nicht zurückgefordert werden. Das Fordern und die Entgegennahme von Vergütungen sind Amtspflichtverletzungen, die einen Ausschluss aus dem Betriebsrat rechtfertigen können. Für den Versprechenden kann die Vergütung von Betriebsratsmitgliedern. die über das Entgeltausfallprinzip des § 37 II BetrVG hinausgeht, nach § 119 I Nr. 3 BetrVG und nach § 266 StGB zum Nachteil des Unternehmens strafbar sein.[4] Darüber hinaus ist zweifelhaft, ob solche Zahlungen steuerrechtlich als Betriebsausgaben anzusehen sind.[5]

6 **5. Amtstätigkeit als Arbeitsleistung, Zeugnis.** Die Amtstätigkeit steht der arbeitsvertraglich zu leistenden Tätigkeit gleich. Ein Unfall, den ein Betriebsratsmitglied während der Amtstätigkeit erleidet, ist daher ein Arbeitsunfall, der den Schutz der gesetzlichen Unfallversicherung auslöst (§ 109).[6] Die Betriebsratstätigkeit gilt in der Sozialversicherung auch im Übrigen als Ar-

---

[1] BAG 5. 3. 1997 AP 123 zu § 37 BetrVG 1972 = NZA 97, 1242; 20. 10. 1993 AP 90 zu § 37 BetrVG 1972 = NZA 94, 278.

[2] BAG 3. 12. 1987 AP 62 zu § 37 BetrVG 1972 = NZA 88, 437; 21. 5. 1974 AP 14 zu § 37 BetrVG 1972 = DB 74, 1823.

[3] BAG 9. 11. 1955 AP 1 zu Art. IX KRG Nr. 22.

[4] LG Braunschweig 25. 1. 2007 – 6 KLs 48/06 n. v.

[5] Dafür *Rieble* NZA 2008, 276; a. A. *Graf/Link* NJW 2009, 409.

[6] BSG 20. 5. 1976 SozR 2200 § 539 Nr. 19 = BB 76, 980; verneint BSG 20. 2. 2001 ZfS 2001, 136 bei Betriebsratsfeier ohne Beitrag des Arbeitgebers.

beitsleistung. Dagegen ist sie nicht mit der Arbeitsleistung identisch, sodass sie regelmäßig nicht im Zeugnis zu erwähnen ist.[7] Etwas anderes gilt, wenn der Arbeitnehmer vor seinem Ausscheiden lange Zeit freigestellt (§ 38 BetrVG) war und daher vom Arbeitgeber nicht ordnungsgemäß beurteilt werden kann.[8]

II. Vorübergehende Arbeitsfreistellung (§ 37 II BetrVG)

Gillen/Vahle, Umfang und Grenzen pauschaler Freistellungsansprüche des Betriebsrats, BB 2006, 274.

1. Arbeitsbefreiung. a) Mitglieder des Betriebsrats sind von der Arbeit zu befreien, wenn und soweit es nach Umfang und Art des Betriebs zur ordnungsgemäßen Durchführung ihrer Aufgaben erforderlich ist (§ 37 II BetrVG). 7

b) Grundsatz. Mitglieder des Betriebsrats müssen ganz oder vorübergehend an bestimmten Tagen, zu bestimmten Tageszeiten oder von einer bestimmten Art der Tätigkeit (etwa Wechselschicht- oder Akkordarbeit)[9] zur Erfüllung der Amtstätigkeit freigestellt werden. Ihr Arbeitspensum ist daher unter Berücksichtigung der Betriebsratstätigkeit zu bemessen.[10] Jedoch kann der Betriebsratsvorsitzende nicht a priori die Befreiung von der Nachtschicht verlangen,[11] sondern nur wenn er ansonsten an der Amtsausübung gehindert wäre. Muss ein Betriebsratsmitglied während der Tagesschicht an einer Betriebsratssitzung teilnehmen, ist es von der Arbeitsleitung in der Nachtschicht freizustellen, wenn ihm diese nicht zugemutet werden kann oder die notwendigen Ruhezeiten nicht gewährleistet sind.[12] 8

c) Amtstätigkeit. Hierzu gehören alle dem Betriebsrat nach dem BetrVG oder sonstigen Gesetzen (z. B. § 17 II, III KSchG, § 93 SGB IX, §§ 9, 11 ASiG), Tarifverträgen und Betriebsvereinbarungen übertragenen Aufgaben. Dazu gehören die Teilnahme an den Sitzungen des Betriebsrats[13] und seiner Ausschüsse, an Sprechstunden,[14] bei grenzüberschreitenden Unternehmen Teilnahme am europäischen Betriebsrat, die Mitwirkung bei Verhandlungen oder Beratungen mit Behörden wie der Arbeitsverwaltung,[15] der Gewerbeaufsicht, den Berufsgenossenschaften sowie den im Betrieb vertretenen Gewerkschaften im Rahmen der ihnen durch das BetrVG zugewiesenen Hilfsfunktionen,[16] die Teilnahme an einem Beschlussverfahren als Antragsteller,[17] nicht jedoch die Durchsetzung individualrechtlicher Ansprüche im Urteilsverfahren.[18] Ob eine Amtstätigkeit vorliegt, ist nach objektiven Merkmalen zu entscheiden. Unerheblich ist, ob die Amtstätigkeit innerhalb oder außerhalb des Betriebs wahrgenommen wird. Die beobachtende Teilnahme an Gerichtsterminen gehört regelmäßig nicht zur Amtstätigkeit des Betriebsrats; dies gilt auch für Rechtsstreitigkeiten von grundsätzlicher Bedeutung oder wenn eine die Arbeit des Betriebsrats betreffende wesentliche Frage behandelt wird.[19] Die Teilnahme eines Betriebsratsmitglieds (nicht des gesamten Betriebsrats) kommt nur in Betracht, wenn sie konkret für die Wahrnehmung der gegenwärtigen oder zukünftigen Aufgaben des Betriebsrats erforderlich ist, hierzu zählen Kündigungsrechtsstreitigkeiten regelmäßig nicht.[20] Keine Amtstätigkeit ist die Wahrnehmung von Ehrenämtern in der Gerichtsbarkeit und Verwaltung, insbesondere der sozialen Selbstverwaltung, die Teilnahme an Veranstaltungen rein gewerkschaftlichen Charakters, Vertretung der Arbeitnehmer vor den Arbeitsgerichten, Teilnahme an Tarifverhandlungen sowie die Kontaktnahme mit Betriebsräten anderer Betriebe außerhalb von Betriebsrätekonferenzen (§ 53 BetrVG). 8a

d) Umfang. Erforderlich ist die Arbeitsbefreiung zur Durchführung von Amtstätigkeit, wenn ein vernünftiger Dritter unter vorausschauender Betrachtung bei Abwägung der Interessen des 9

---

[7] BAG 19. 8. 1992 AP 5 zu § 8 BPersVG = NZA 93, 222.

[8] LAG Frankfurt 10. 3. 1977 DB 78, 167; offengelassen LAG Hamm 12. 4. 1976 DB 76, 1112.

[9] BAG 13. 11. 1964 AP 9 zu § 37 BetrVG.

[10] BAG 27. 6. 1990 AP 78 zu § 37 BetrVG 1972 = NZA 91, 430.

[11] LAG Düsseldorf 22. 7. 1974 BB 75, 135 = DB 75, 311.

[12] BAG 7. 6. 1989 AP 72 zu § 37 BetrVG 1972 = NZA 90, 531.

[13] LAG Hamm 8. 6. 1978 EzA 58 zu § 37 BetrVG 1972 = LAGE § 37 BetrVG 1972 Nr. 9.

[14] BAG 6. 8. 1981 AP 40 zu § 37 BetrVG 1972 = DB 82, 758; einschränkend bei nicht freigestellten Betriebsratsmitgliedern LAG Hamm 24. 8. 1979 LAGE § 37 BetrVG 1972 Nr. 12 = DB 80, 694.

[15] BAG 23. 9. 1982 AP 42 zu § 37 BetrVG 1972 = DB 83, 182.

[16] BAG 22. 1. 1965 AP 10 zu § 37 BetrVG – „konkrete betriebsbezogene Angelegenheit".

[17] ArbG Hamburg 27. 11. 1991 AiB 92, 90.

[18] LAG Düsseldorf 4. 9. 1990 LAGE § 37 BetrVG 1972 Nr. 34.

[19] BAG 31. 5. 1989 AP 9 zu § 38 BetrVG 1972 = NZA 90, 313; 19. 5. 1983 AP 44 zu § 37 BetrVG 1972 = NJW 83, 2720; LAG Frankfurt 13. 5. 1980 BB 82, 186.

[20] BAG 31. 5. 1994 AP 98 zu § 37 BetrVG 1972 = NZA 95, 225.

Betriebs, des Betriebsrats und der Belegschaft sie für sachlich geboten halten würde.[21] Bei der Prüfung, ob die Befreiung von der Arbeitspflicht zur Erfüllung einer Betriebsratsaufgabe erforderlich ist, steht dem Betriebsratsmitglied ein gerichtlich nur eingeschränkt überprüfbarer Beurteilungsspielraum zu. Dabei hat es nicht nur die Interessen des Betriebsrats, sondern auch die des Arbeitgebers zu berücksichtigen. Das Betriebsratsmitglied ist zunächst zur sorgfältigen Prüfung verpflichtet, ob die Voraussetzungen vorliegen, die zu einem Anspruch auf Arbeitsbefreiung führen. Der Beurteilungsspielraum ist erst überschritten, wenn es bei eigener gewissenhafter Überprüfung und bei ruhiger und vernünftiger Würdigung aller Umstände die Versäumung von Arbeitszeit für die Verrichtung einer Betriebsratstätigkeit nicht mehr für erforderlich halten durfte.[22] Wird der Beurteilungsspielraum eingehalten, kommt eine Abmahnung wegen der versäumten Arbeitszeit nicht in Betracht,[23] weil es an einem vorwerfbaren Fehlverhalten fehlt. Auch ein entsprechender Beschluss des Betriebsrats entbindet das Betriebsratsmitglied nicht von seiner individuellen Prüfungspflicht, da sich die Erforderlichkeit der Arbeitsbefreiung nach objektiven Kriterien beurteilt.[24] Nach Ansicht des BAG ergeben sich aus der Verlängerung der Kurve der Freistellungen nach § 38 BetrVG keine Anhaltspunkte für die Erforderlichkeit von Arbeitsfreistellungen, da sich diese nach den konkreten Verhältnissen des einzelnen Betriebs beurteilt.[25] Arbeitsbefreiung zur Teilnahme an Betriebsratssitzungen ist stets erforderlich. Dies gilt auch dann, wenn die Betriebsratssitzungen selbst nicht erforderlich gewesen sind oder diese unter Verstoß gegen § 30 BetrVG anberaumt worden sind. Denn auf die Anberaumungen von Betriebsratssitzungen hat das einzelne Betriebsratsmitglied keinen Einfluss.[26] Ein Betriebsratsmitglied kann aber nicht ohne weiteres darauf verwiesen werden, an seiner statt hätte ein freigestelltes Betriebsratsmitglied die Amtstätigkeit vornehmen können. Dies ist nur dann möglich, wenn dieses nicht ausgelastet war. Aber selbst dann bleibt dem tatsächlich tätig gewordenen Amtsträger noch ein Beurteilungsspielraum.[27]

10 **2. Abmeldung.**[28] **a) Erforderlichkeit.** Liegen die Voraussetzungen für eine Amtstätigkeit vor, ist das Betriebsratsmitglied in dem erforderlichen Umfang von seiner Arbeitspflicht befreit.[29] Es darf sich aber nicht einfach vom Arbeitsplatz entfernen, sondern hat sich beim Arbeitgeber bzw. seinem Vertreter abzumelden[30] und nach Erledigung der Amtsgeschäfte wieder zurückzumelden. Bei der Abmeldung waren nach älterer Rspr. die Gründe so anzugeben, dass der Arbeitgeber die Amtstätigkeit und deren Notwendigkeit erkennen konnte.[31] Nach neuerer Rspr. hat der Betriebsrat dem Arbeitgeber nur Ort und Dauer der beabsichtigten Betriebsratstätigkeit mitzuteilen, damit der Arbeitgeber die für den Arbeitsablauf notwendigen Dispositionen treffen und das Betriebsratsmitglied notfalls erreichen kann. Erst im Umfang der Prüfung des Entgeltfortzahlungsanspruchs kann der Arbeitgeber auch Angaben zur Art der durchgeführten Betriebsratstätigkeit verlangen.[32] Eine ausdrückliche Zustimmung des Arbeitgebers für die Arbeitsbefreiung ist nicht notwendig.[33] Dies gilt auch bei lange vorauszusehenden Arbeitsversäumnissen. Jedoch kann das Betriebsratsmitglied bei nicht rechtzeitiger Ankündigung schadensersatzpflichtig werden. Wird die Arbeitsbefreiung verweigert, darf es sich ohne weitere Erlaubnis entfernen, soweit es notwendig ist, um die Amtsgeschäfte auszuführen. Werden vom Arbeitgeber betriebliche Gründe für die Unabkömmlichstellung geltend gemacht, gebietet die vertrauensvolle Zu-

---

[21] Grundlegend BAG 1. 3. 1963 AP 8 zu § 37 BetrVG; 6. 7. 1962 AP 7 zu § 37 BetrVG; 8. 3. 1957 AP 4 zu § 37 BetrVG.

[22] BAG 31. 5. 1994 AP 98 zu § 37 BetrVG 1972 = NZA 95, 225; weitergehend *Fitting* § 37 RN 30 – Erforderlichkeit liegt bereits bei einem „entschuldbarem Rechtsirrtum" vor; ähnlich LAG Bremen 28. 6. 1990 DB 90, 742 – subjektiver Maßstab in „rechtlichen Grauzonen".

[23] BAG 6. 8. 1981 AP 40 zu § 37 BetrVG 1972 = DB 82, 758.

[24] BAG 6. 8. 1981 AP 39 zu § 37 BetrVG 1972.

[25] BAG 20. 11. 1978 AP 34 zu § 37 BetrVG 1972 = DB 79, 899.

[26] Zu § 40 BetrVG: BAG 16. 1. 2008 AP 92 zu § 40 BetrVG 1972 = NZA 2008, 546.

[27] BAG 19. 9. 1985 AP 1 zu § 42 LPVG Rheinland-Pfalz = PersR 86, 159.

[28] Schrifttumsnachweise vor RN 7.

[29] Vgl. BAG 19. 9. 1985 AP 1 zu § 42 LPVG Rheinland-Pfalz = PersR 86, 159.

[30] BAG 15. 7. 1992 AP 9 zu § 611 BGB Abmahnung = NZA 93, 220; 31. 10. 1985 AP 52 zu § 37 BetrVG 1972 = DB 86, 1026; 23. 6. 1983 AP 45 zu § 37 BetrVG 1972 = DB 83, 2419; 6. 8. 1981 AP 39 zu § 37 BetrVG 1972 = BB 82, 831; Arbeitsplatzbesuch: LAG Berlin 10. 10. 1980 DB 81, 1416.

[31] BAG 19. 3. 1979 AP 36 zu § 37 BetrVG 1972 = DB 80, 546.

[32] BAG 15. 3. 1995 AP 105 zu § 37 BetrVG 1972 = NZA 95, 961.

[33] BAG 13. 5. 1997 AP 119 zu § 37 BetrVG 1972 = NZA 97, 1062; 15. 3. 1995 AP 105 zu § 37 BetrVG 1972 = NZA 95, 961; 30. 1. 1973 AP 3 zu § 40 BetrVG 1972 = BB 73, 474; 31. 10. 1972 AP 2 zu § 40 BetrVG 1972 = NJW 73, 822.

sammenarbeit, dass das Betriebsratsmitglied prüft, ob eine Verschiebung der Amtstätigkeit möglich ist.[34]

b) Verstöße. Verletzt ein Betriebsratsmitglied die Ab- und Rückmeldepflicht, kann dies Gegenstand einer Abmahnung sein, da diese Pflichten nach Ansicht des BAG auch aus dem Arbeitsvertrag folgen.[35] Eine Abmahnung kommt aber nicht schon bei jeder Fehleinschätzung über die Erforderlichkeit der Arbeitsbefreiung in Betracht. Sie kommt dann nicht in Betracht, wenn sich das Betriebsratsmitglied über den Umfang seiner Betriebsratstätigkeit irrt und der Irrtum auf einer schwierigen und ungeklärten Rechtsfrage beruht.[36] Eine Dienstanweisung des Arbeitgebers über das Abmeldeverfahren von Betriebsratsmitgliedern ist unzulässig, da insoweit kein Weisungsrecht besteht.[37] Zulässig ist jedoch eine interne Anweisung an die jeweiligen Vorgesetzten der Betriebsratsmitglieder über deren Verhaltenspflichten, wenn Arbeitsbefreiungen nach § 37 II BetrVG in Anspruch genommen werden.[38] Nimmt ein Betriebsratsmitglied an der Gleitzeit teil, ist es nicht verpflichtet, die Dauer der Betriebsratstätigkeit aufzuzeichnen.[39] 11

3. Entgeltfortzahlung. a) Grundsatz. Während der Arbeitsfreistellung hat das Betriebsratsmitglied Anspruch auf die Vergütung, die es verdient hätte, wenn es während der Zeit gearbeitet hätte. Es gilt das sog. Lohnausfallprinzip.[40] Es sind also Mehr- und Überstundenzuschläge, Erschwernis-[41] bzw. Schmutzzulagen, Nachtarbeitszuschläge,[42] Prämien[43] und Inkassoprämien,[44] Antrittsgebühren[45] u. dgl. zu vergüten. Weiterzugewähren sind auch allgemeine Zuwendungen wie Gratifikationen,[46] vermögenswirksame Leistungen und die Privatnutzung eines Fahrzeugs[47] usw. Bei Akkordarbeiten ist der ausgefallene Akkordverdienst zu entrichten. Dabei spricht ein Erfahrungssatz dafür, dass dieser dieselbe Höhe wie in der vorhergehenden Lohnperiode erreicht. § 37 II BetrVG erfasst nur das vom Arbeitgeber auf Grund des Arbeitsvertrags erbrachte Arbeitsentgelt. Erhält das Betriebsratsmitglied nicht von dem Arbeitgeber, sondern von einem Dritten Zuwendungen, ist die Vorschrift daher schon nach ihrem Wortlaut nicht einschlägig, selbst wenn der Arbeitsvertrag Motiv für die Leistung des Dritten ist.[48] Trinkgelder zählen daher bei Fehlen einer arbeitsvertraglichen Vereinbarung nicht zum fortzuzahlenden Arbeitsentgelt.[49] Beziehen die Arbeitskollegen nur Kurzarbeitergeld, kann auch das Betriebsratsmitglied nur Vergütung in entsprechender Höhe beanspruchen.[50] Verrichtet das Betriebsratsmitglied außerhalb der Kurzarbeit Aufgaben, so erfolgt die Vergütung nach § 37 III BetrVG (Freizeitausgleich, dazu RN 18ff.). Ob ein Spielbankbetreiber die Lohn- und Sachkosten für den Betriebsrat aus dem Tronc entnehmen darf, richtet sich nach Landesrecht.[51] 12

---

[34] BAG 13. 5. 1997 AP 119 zu § 37 BetrVG 1972 = NZA 97, 1062.

[35] BAG 15. 7. 1992 AP 9 zu § 611 BGB Abmahnung = NZA 93, 220; vgl. LAG Bremen 6. 1. 1995 BB 95, 677.

[36] BAG 31. 8. 1994 AP 98 zu § 37 BetrVG 1972 = NZA 95, 225.

[37] BAG 23. 6. 1983 AP 45 zu § 37 BetrVG 1972 = DB 83, 2419; ArbG Wuppertal 31. 8. 1973 DB 73, 1954; a. A. LAG Baden-Württemberg 1. 6. 1976 AP 1 zu § 87 BetrVG 1972 Ordnung des Betriebes.

[38] BAG 13. 5. 1997 AP 119 zu § 37 BetrVG 1972 = NZA 97, 1062.

[39] BAG 14. 2. 1990 – 7 AZR 13/88 – BB 90, 1625.

[40] BAG 3. 12. 1997 AP 124 zu § 37 BetrVG 1972 = NZA 98, 558; 16. 8. 1995 AP 19 zu § 1 TVG Tarifverträge: Lufthansa = NZA 96, 552; 13. 11. 1991 AP 17 zu § 46 BPersVG = BB 92, 1567; 27. 6. 1990 AP 76 zu § 37 BetrVG 1972 = NZA 91, 200; 18. 9. 1973 AP 3 zu § 37 BetrVG 1972 = NJW 74, 335.

[41] BVerwG 13. 9. 2001 PersR 2002, 162.

[42] BAG 29. 7. 1980 AP 37 zu § 37 BetrVG 1972 = NJW 81, 1287 (kein Ausgleich der Steuernachteile); LAG Niedersachsen 1. 8. 1979 LAGE § 37 BetrVG 1972 Nr. 14; zur Versteuerung BFH 3. 5. 1974 BB 74, 1056 = DB 74, 1991.

[43] LAG Berlin 28. 6. 1996 BB 96, 2571 = NZA 97, 224.

[44] *Fitting* § 37 RN 49; vgl. BAG 11. 1. 1978 AP 7 zu § 2 LohnFG = DB 78, 942.

[45] BAG 13. 7. 1994 AP 97 zu § 37 BetrVG 1972 = NZA 95, 588.

[46] BAG 5. 4. 2000 AP 131 zu § 37 BetrVG 1972 = NZA 2000, 1174 – Zugbegleiter; 16. 8. 1995 AP 19 zu § 1 TVG Tarifverträge: Lufthansa = NZA 96, 552 – Mehrflugstunden; 21. 4. 1983 AP 43 zu § 37 BetrVG 1972 = DB 83, 2253 – widerrufliche Zulage; LAG Köln 13. 9. 1984 DB 85, 394 – Vertreter.

[47] BAG 23. 6. 2004 AP 139 zu § 37 BetrVG 1972 = NZA 2004, 1287; anders BAG 25. 2. 2009 – 7 AZR 954/07 z. V. b. – kein Anspruch bei Überlassung als Arbeitsmittel.

[48] BAG 16. 1. 2008 AP 144 zu § 37 BetrVG 1972 = NZA 2008, 836.

[49] BAG 28. 6. 1995 AP 112 BetrVG 1972 = NZA 96, 252.

[50] BAG 31. 7. 1986 AP 55 zu § 37 BetrVG 1972 = NZA 87, 528; 23. 4. 1974 AP 11 zu § 37 BetrVG 1972 = DB 74, 1725; 18. 9. 1973 AP 3 zu § 37 BetrVG 1972 = NJW 74, 335.

[51] BAG 14. 8. 2002 AP 2 zu § 41 BetrVG 1972 = NZA 2003, 626 (verneint für Schleswig-Holstein); 24. 7. 1991 AP 1 zu § 41 BetrVG 1972 = NZA 91, 980 (bejaht für NRW); zur Erstattungspflicht BAG 9. 12. 2003 AP 1 zu § 33 BetrVG 1972 = NZA 2004, 746.

13 Hat ein Betriebsratsmitglied notwendig während des **Urlaubs** an einer Betriebsratssitzung teilgenommen, ist der Tag der Sitzung nicht auf den Urlaub anzurechnen. Es hat mithin für diesen Tag auch keinen Anspruch auf zusätzliches Urlaubsgeld.

14 **b) Nicht erforderliche Amtstätigkeit.** Das Betriebsratsmitglied hat grundsätzlich keinen Anspruch auf Entgeltfortzahlung, wenn es nicht erforderliche Amtstätigkeiten vornimmt. Ob die Arbeitsbefreiung überhaupt der Durchführung der Aufgaben des Betriebsrats dient, ist eine **Rechtsfrage,** die allein nach objektiven Maßstäben zu beurteilen ist; ein Beurteilungsspielraum besteht insoweit nicht. Auch ein entschuldbarer Irrtum des Betriebsratsmitglieds darüber, ob eine von ihm wahrgenommene Tätigkeit zu den Aufgaben des Betriebsrats gehört, kann grundsätzlich einen Vergütungsanspruch nach § 611 BGB, § 37 II BetrVG nicht begründen. Hierbei ist jedoch zu berücksichtigen, dass der Betriebsrat und auch das einzelne Betriebsratsmitglied eigenverantwortlich über die Ausübung der Betriebsratstätigkeit entscheiden. Deshalb kann nicht jede Verkennung der objektiven Rechtslage, insbesondere bei schwierigen und ungeklärten Rechtsfragen, nachteilige Auswirkungen für das betreffende Betriebsratsmitglied haben. Das ist nur dann der Fall, wenn bei verständiger Würdigung erkennbar ist, dass es sich bei der Tätigkeit nicht mehr um die Wahrnehmung gesetzlicher Aufgaben des Betriebsrats handelt.[52] Keine Benachteiligung teilzeitbeschäftigter Betriebsratsmitglieder liegt vor, wenn der Arbeitgeber einen Nachweis der Erforderlichkeit der aufgewandten Arbeitszeit verlangt, die über ihre individuelle Arbeitszeit hinausgeht.[53]

15 **c) Aufwendungsersatz.** Nicht weiterzuzahlen ist Aufwendungsersatz, wenn die Aufwendungen während der Amtstätigkeit nicht anfallen. Hierzu können Wegegelder und Auslösungen gehören,[54] anders bei Nahauslösungen, in denen Lohnbestandteile enthalten sind.[55] Weiterzuzahlen sind indes Bergmannsprämien für versäumte Untertage-Schichten (§ 6 II BergPDV) sowie Wintergeld im Baugewerbe.

16 **d) Steuern und Sozialversicherung.** Da das Betriebsratsmitglied nur Anspruch auf eine Fortzahlung seiner Bruttobezüge hat, sind hiervon Steuern und Sozialversicherungsbeiträge zu entrichten.[56] Dies gilt auch, wenn die Vergütung bei Ableistung der Arbeit steuerfrei wäre.[57]

17 **e) Prozessuales.** Entgeltfortzahlungsansprüche nach § 37 II BetrVG sind im Urteilsverfahren zu verfolgen.[58] Die Frage der Erforderlichkeit der Arbeitsversäumnis ist als Vorfrage zu prüfen.

III. Freizeitausgleich (§ 37 III BetrVG)

18 **1. Voraussetzungen. a)** Das Betriebsratsmitglied soll seine Tätigkeit während der Arbeitszeit erbringen.[59] Dies ist aber nicht immer möglich. Nach § 37 III BetrVG besteht ein Anspruch auf Freizeitausgleich, wenn das Betriebsratsmitglied aus betriebsbedingten Gründen außerhalb der Arbeitszeit Betriebsratsaufgaben wahrnimmt. § 37 III BetrVG geht bei der Vergütung von außerhalb der persönlichen Arbeitszeit geleisteter Betriebsratstätigkeit von einem Vorrang des Freizeitausgleichs aus. Erst wenn dieser verlangt wurde, seine Gewährung jedoch aus betrieblichen Gründen unmöglich ist, kann die Vergütung der Zeit als Mehrarbeit beansprucht werden.[60]

---

[52] BAG 31. 5. 1994 AP 98 zu § 37 BetrVG 1972 = NZA 95, 225; a. A. Richardi/*Thüsing* § 37 RN 15; GK-BetrVG/*Weber* § 37 RN 21.

[53] LAG Berlin 14. 7. 2000 NZA-RR 2001, 313.

[54] BAG 21. 6. 2006 AP 143 zu § 37 BetrVG 1972 = NZA 2006, 1417; 27. 7. 1994 AP 14 zu § 46 BPersVG = NZA 95, 799 (Tagespauschale); 15. 7. 1992 AP 19 zu § 46 BPersVG = NZA 93, 661 (Lehrentschädigung); 28. 8. 1991 AP 16 zu § 46 BPersVG = NZA 92, 709 (Streckenzulage); 9. 11. 1971 AP 2 zu § 8 ArbGG 1953 = DB 72, 686; 9. 11. 1955 AP 1 zu Art. IX KRG.

[55] BAG 18. 9. 1991 AP 82 zu § 37 BetrVG 1972 = NZA 92, 936 (Fernauslöse); ebenso LAG Frankfurt 31. 8. 1987 NZA 88, 817; BAG 10. 2. 1988 AP 64 zu § 37 BetrVG 1972 = NZA 89, 112 (Nahauslöse: fortzuzahlen, soweit steuerpflichtig); LAG Düsseldorf 29. 4. 1974 DB 74, 2405 = BB 74, 1637.

[56] BAG 15. 1. 1997 AP 1 zu § 39 PersVG Rheinland-Pfalz = NZA 97, 897; 22. 8. 1985 AP 50 zu § 37 BetrVG 1972 = NZA 86, 263; 29. 7. 1980 AP 37 zu § 37 BetrVG 1972 = NJW 81, 1287; 29. 7. 1980 AP 1 zu § 46 BPersVG = DB 81, 897; LAG Niedersachsen 1. 8. 1979 LAGE § 37 BetrVG 1972 Nr. 14.

[57] Anders noch BAG 10. 6. 1969 AP 12 zu § 37 BetrVG = DB 69, 1755 – Ausgleichsanspruch.

[58] BAG 17. 9. 1974 AP 17 zu § 37 BetrVG 1972 = BB 75, 283; 18. 6. 1974 AP 16 zu § 37 BetrVG 1972 = ArbuR 75, 53; 5. 3. 1974 AP 5 zu § 20 BetrVG 1972 = BB 74, 1071; 31. 1. 1973 AP 1 zu § 37 BetrVG 1972 = NJW 73, 1391.

[59] BAG 3. 12. 1987 AP 62 zu § 37 BetrVG 1972 = NZA 88, 437.

[60] BAG 25. 8. 1999 AP 130 zu § 37 BetrVG 1972 = NZA 2000, 554.

b) Außerhalb der Arbeitszeit. Hat ein Betriebsratsmitglied aus betriebsbedingten Gründen Betriebsratsaufgaben[61] außerhalb der Arbeitszeit durchgeführt, hat es Anspruch auf entsprechende Arbeitsbefreiung unter Fortzahlung des Arbeitsentgelts (§ 37 III 1 BetrVG). Außerhalb der Arbeitszeit liegt nur eine solche Tätigkeit, die zusätzlich zu der vertraglichen Arbeitszeit des Betriebsratsmitglieds geleistet wird.[62] Es besteht aber kein Anspruch auf einen Überstunden- oder Freizeitzuschlag, da der Arbeitgeber keinen Einfluss auf die Tätigkeit hat.[63] Voraussetzung ist eine Amtstätigkeit, die dem Betriebsratsmitglied kraft Gesetzes, Tarifvertrags oder Betriebsvereinbarung zugewiesen ist und für die es von der Arbeit hätte freigestellt werden müssen, wenn sie während der Arbeitszeit durchgeführt worden wäre. 19

c) Betriebsbedingte Gründe. Der Ausgleichsanspruch besteht nur, wenn betriebsbedingte Gründe für die Tätigkeit während der Freizeit maßgebend waren. Dies sind insbesondere solche, die sich aus der Eigenart des Betriebs und seines Ablaufs ergeben.[64] Hierzu gehören z. B. ein Wechseldienst, die Durchführung von Dienstreisen[65] sowie eine notwendige Tätigkeit in einer Akkordkolonne usw. Betriebsbedingte Gründe liegen auch vor, wenn die Betriebsratstätigkeit wegen der unterschiedlichen Arbeitszeiten der Betriebsratsmitglieder nicht innerhalb der persönlichen Arbeitszeit erfolgen kann (§ 37 III 2 BetrVG). Dies ist der Fall, wenn ein in Teilzeitarbeit tätiges Betriebsratsmitglied Betriebsratsarbeit außerhalb seiner individuellen Arbeitszeit, aber innerhalb der betrieblichen Arbeitszeit verrichtet.[66] Dasselbe gilt bei kapazitätsorientierter Arbeitszeit oder bei Arbeitsplatzteilung. Bei Arbeitnehmern, die ihre Arbeitszeit selbst einteilen, ist es notwendig, dass sie zuvor dem Arbeitgeber mitteilen, dass sie aus betriebsbedingten Gründen außerhalb der Arbeitszeit Betriebsratsaufgaben erledigen.[67] Ein Anspruch besteht – auch bei freigestellten Betriebsratsmitgliedern[68] – nicht, wenn im Betriebsrat liegende Gründe, z. B. dessen unrichtige Arbeitsverteilung, für die Tätigkeit während der Freizeit ausschlaggebend waren.[69] Eine zeitliche Begrenzung des Ausgleichsanspruchs auf den Umfang der persönlichen Arbeitszeit des Betriebsratsmitglieds sieht das Gesetz nicht vor. Vielmehr steht ihm ein Ausgleichsanspruch in dem Umfang der von ihm aufgewendeten Zeit zu, wenn es erforderliche Betriebsratstätigkeit ausnahmsweise aus betriebsbedingten Gründen nicht während seiner Arbeitszeit, sondern in seiner Freizeit leisten muss.[70] Zu vergüten sind auch durch die Teilnahme an Betriebsratssitzungen bedingte Wegezeiten in der Freizeit,[71] wenn die Reise aus betriebsbedingten Gründen nicht innerhalb der Arbeitszeit erfolgen konnte und Reisezeiten nach den für den Betrieb geltenden Bestimmungen als Arbeitszeit gelten.[72] Ist dies nicht der Fall, besteht kein Anspruch auf Vergütung der Reisezeiten.[73] 20

2. Ausgleich und Abgeltung. Das Betriebsratsmitglied hat die Tätigkeit während der Freizeit unverzüglich anzuzeigen. Der Arbeitgeber hat dann die Freizeit vor Ablauf eines Monats (§§ 187 I, 188 II BGB) zu gewähren. Eine Freizeitgewährung für erst später entstehende Ansprüche ist nur bei Bestehen einer entsprechenden Vereinbarung möglich.[74] Das Betriebsratsmitglied kann sich nicht einseitig die Freizeit nehmen. Die Festlegung muss billigem Ermessen (§ 315 BGB) entsprechen. Ist die Freizeitgewährung aus betriebsbedingten Gründen innerhalb eines Monats nicht möglich, hat der Arbeitgeber die aufgewandte Zeit wie Mehrarbeit, d. h. ggf. mit den betrieblichen oder tarifvertraglichen Zuschlägen, abzugelten. Die Monatsfrist ist keine 21

---

[61] BAG 18. 9. 1973 AP 3 zu § 37 BetrVG 1972 = NJW 74, 335 – keine Bildungsveranstaltungen.

[62] BAG 15. 2. 1989 AP 70 zu § 37 BetrVG 1972 = NZA 90, 447.

[63] BAG 19. 7. 1977 AP 29 zu § 37 BetrVG 1972 = DB 77, 2101; zum BPersVG: BAG 22. 5. 1986 AP 6 zu § 46 BPersVG = NZA 87, 95.

[64] BAG 26. 1. 1994 AP 93 zu § 37 BetrVG 1972 = NZA 94, 765; 31. 10. 1985 AP 52 zu § 37 BetrVG 1972 = DB 86, 1026; LAG Berlin 18. 6. 1992 DB 93, 1528 = BB 93, 291.

[65] BAG 11. 7. 1978 AP 57 zu § 37 BetrVG 1972 = DB 78, 2177; a. A. bei Reisen außerhalb der Arbeitszeit zu Sitzungen des Personalrats: BAG 22. 5. 1986 AP 8 zu § 46 BPersVG = DB 87, 1260.

[66] BAG 7. 2. 1985 AP 48 zu § 37 BetrVG 1972 = NZA 85, 600; LAG Köln 17. 5. 1989 NZA 89, 943; LAG Frankfurt LAGE § 37 BetrVG 1972 Nr. 26 = NZA 88, 740; zu Besonderheiten bei Lehrern: BAG 3. 12. 1987 AP 62 zu § 37 BetrVG 1972 = NZA 88, 437.

[67] BAG 31. 10. 1985 AP 52 zu § 37 BetrVG 1972 = DB 86, 1026.

[68] BAG 21. 5. 1974 AP 14 zu § 37 BetrVG 1972 = DB 74, 1823.

[69] BAG 21. 5. 1974 AP 14 zu § 37 BetrVG 1972 = DB 74, 1823.

[70] BAG 25. 8. 1999 AP 130 zu § 37 BetrVG 1972 = NZA 2000, 554.

[71] Zu § 40 BetrVG: BAG 13. 6. 2007 AP 31 zu § 38 BetrVG 1972 = NZA 2007, 1301.

[72] BAG 16. 4. 2003 AP 138 zu § 37 BetrVG 1972 = NZA 2004, 171; 11. 7. 1978 AP 57 zu § 37 BetrVG 1972 = DB 78, 2177; Rechtsbeschwerde anhängig: 7 AZR 218/08.

[73] BAG 21. 6. 2006 AP 143 zu § 37 BetrVG 1972 = NZA 2006, 1417.

[74] Weitergehend LAG Niedersachsen 13. 3. 2001 ArbuR 2001, 238.

Ausschlussfrist in dem Sinne, dass nach ihrem Ablauf der Anspruch erlischt. Es soll lediglich sichergestellt werden, dass das Betriebsratsmitglied bald in den Genuss eines Ausgleiches kommt. Jedoch geht § 37 III 3 BetrVG vom Vorrang des Freizeitausgleichs vor dessen Abgeltung aus. Eine Vergütung kommt nur in Betracht, wenn die Abgeltung aus betriebsbedingten Gründen unmöglich ist. Der Ausgleichsanspruch wandelt sich deshalb nicht bereits durch bloße Untätigkeit des Arbeitgebers innerhalb der Monatsfrist in einen Abgeltungsanspruch um, sondern erst wenn der Arbeitgeber die Gewährung von Freizeit aus betriebsbedingten Gründen verweigert. Ansonsten ist das Betriebsratsmitglied gehalten, seinen Anspruch auf Freizeitausgleich gerichtlich durchzusetzen. Dies setzt seine Geltendmachung voraus, die bloße Anzeige über die während der Freizeit geleistete Betriebsratstätigkeit genügt nicht.[75] Der Arbeitgeber kann im gerichtlichen Verfahren keine detaillierte Darlegung der Erforderlichkeit mehr verlangen, wenn er diese zuvor bei der Anzeige nicht in Abrede gestellt hat.[76] § 37 III 3 BetrVG ist nicht analog auf ein bereits ausgeschiedenes Betriebsratsmitglied während des Restmandats anzuwenden.[77]

22 **3. Rechtsschutz.** Streitigkeiten über die Notwendigkeit und den Umfang des Freizeitausgleiches sind im Urteilsverfahren auszutragen.[78]

IV. Vollständige Arbeitsfreistellung (§ 38 BetrVG)

Hornung, Das Recht der Teilfreistellungen nach dem BetrVG 2001, DB 2002, 94; *Natzel,* Rechtsstellung des freigestellten Betriebsratsmitglieds, NZA 2000, 77.

23 **1. Voraussetzung.** Zur Vermeidung von Streitigkeiten zwischen Arbeitgeber und Betriebsrat enthält § 38 I BetrVG eine Staffel, wonach mindestens ein oder mehrere Betriebsratsmitglieder vollständig von der Arbeit freigestellt werden müssen, wenn der Betrieb eine bestimmte Anzahl von Arbeitnehmern regelmäßig beschäftigt. Bei der Berechnung der Zahl bleiben die in § 5 II, III BetrVG aufgezählten Personen außer Betracht. Es kommt auf die regelmäßige Zahl der Arbeitnehmer i. S. d. BetrVG an, Leiharbeitnehmer i. S. d. § 7 S. 2 BetrVG bleiben unberücksichtigt.[79]

24 **2. Abweichende Staffeln.** Durch Tarifvertrag oder Betriebsvereinbarung kann die Staffel der Freizustellenden den betrieblichen Verhältnissen angepasst werden. Es kann also festgelegt werden, dass mehr oder weniger Betriebsratsmitglieder freizustellen sind, selbst wenn dies dazu führt, dass ein Angehöriger einer Minderheitsliste nicht freigestellt wird.[80] Die Betriebsvereinbarung ist nicht durch die Einigungsstelle erzwingbar. Ist eine tarifliche Regelung vorhanden, entfaltet diese nach § 77 III BetrVG Sperrwirkung.

25 **3. Anpassung der Freistellung.** Nach der in § 38 I BetrVG enthaltenen Staffel sind mindestens die dort genannten Betriebsratsmitglieder (unzulässig andere Arbeitnehmer) von der Arbeit freizustellen. Erhöht oder vermindert sich während der Amtszeit des Betriebsrats die Beschäftigtenzahl, ist die Zahl der Freigestellten anzupassen. Ob darüber hinaus mehr Mitglieder freizustellen sind, bestimmt sich nach der Grundnorm des § 37 II BetrVG (vgl. oben RN 7 ff.).[81] Der Betriebsrat ist insoweit darlegungs- und beweispflichtig, dass diese Freistellung für die gesamte restliche Wahlperiode erforderlich ist, d. h. er also auch nicht zeitweilig durch Ausschöpfung seiner sonstigen personellen Möglichkeiten die anfallenden notwendigen Betriebsratsarbeiten verrichten kann;[82] dies kann bei einem bedeutenden Einsatz von Leiharbeitnehmern der Fall sein. Dasselbe gilt in Betrieben mit weniger als 200 Beschäftigten.[83] Der Betriebsrat kann nicht einseitig – etwa in der Geschäftsordnung[84] – eine Bestimmung über die Staffel des § 38 I BetrVG vornehmen. Kommt es zu Streitigkeiten mit dem Arbeitgeber, ob eine größere als im Gesetz vor-

---

75 BAG 25. 8. 1999 AP 130 zu § 37 BetrVG 1972 = NZA 2000, 554.

76 LAG Köln 16. 10. 2002 AiB 2002, 321.

77 Rechtsbeschwerde anhängig: 7 AZR 728/08.

78 BAG 21. 5. 1974 AP 12 zu § 37 BetrVG 1972 = NJW 74, 2024; a. A. LAG Baden-Württemberg 14. 9. 1976 AP 25 zu § 37 BetrVG 1972 = ArbuR 77, 123.

79 BAG 22. 10. 2003 AP 28 zu § 38 BetrVG 1972 = NZA 2004, 1052.

80 BAG 11. 6. 1997 AP 22 zu § 38 BetrVG 1972 = NZA 97, 1301.

81 BAG 21. 5. 1974 AP 14 zu § 37 BetrVG 1972 = DB 74, 1823; 22. 5. 1973 AP 2 zu § 37 BetrVG 1972 = DB 73, 1955; AP 2 zu § 38 BetrVG 1972 = DB 73, 1900; AP 1 zu § 38 BetrVG 1972 = DB 73, 1901.

82 BAG 26. 7. 1989 AP 10 zu § 38 BetrVG 1972 = NZA 90, 621; *Holthaus* AiB 2001, 541.

83 BAG 13. 11. 1991 AP 80 zu § 37 BetrVG 1972 = NZA 92, 414; 2. 4. 1974 AP 10 zu § 37 BetrVG 1972 = NJW 74, 1724.

84 BAG 16. 1. 1979 AP 5 zu § 38 BetrVG 1972 = DB 79, 1515.

gesehene Zahl von Arbeitnehmern freizustellen ist, entscheidet das Arbeitsgericht im Beschlussverfahren.[85]

4. Teilweise Freistellung. Streitig war in der Vergangenheit, ob statt eines freizustellenden Betriebsratsmitgliedes zwei Mitglieder je halbtägig freigestellt werden müssen.[86] Diese Streitfrage ist durch das BetrVG-ReformG und die Neufassung des § 38 I BetrVG obsolet geworden. Danach sind auch Teilfreistellungen zulässig, allerdings dürfen sie insgesamt den Umfang der Freistellungen nach § 38 I 1, 2 BetrVG nicht überschreiten. Ist ein freigestelltes Betriebsratsmitglied vorübergehend an der Amtsausübung verhindert, z. B. infolge Urlaubs oder Krankheit, kann der Betriebsrat verlangen, dass während des Verhinderungsfalles ein weiteres Betriebsratsmitglied freigestellt wird.[87] Eine bloß kurze Abwesenheit ist unzureichend, weil geringfügigen Fehlzeiten in der Staffel Rechnung getragen ist. Für die Erforderlichkeit der Ersatzfreistellung ist der Betriebsrat darlegungs- und beweispflichtig.[88] Die zeitweilige Verhinderung eines Betriebsratsmitglieds infolge Zugehörigkeit zum Gesamtbetriebsrat berechtigt den Betriebsrat nur unter den Voraussetzungen von § 37 II BetrVG, eine anteilige Freistellung eines weiteren Betriebsratsmitglieds zu verlangen.[89] 26

5. Festlegung der freizustellenden Betriebsratsmitglieder. a) Auswahl. Steht die Zahl der freizustellenden Mitglieder fest, werden nach Beratung mit dem Arbeitgeber die freizustellenden Betriebsratsmitglieder vom Betriebsrat aus seiner Mitte in geheimer Wahl und nach den Grundsätzen der Verhältniswahl gewählt (§ 38 II 1 BetrVG). Eine Freistellung nach dem Verhältnis der Geschlechter (§ 15 BetrVG) ist nicht vorgesehen. Dem Arbeitgeber ist in einer Betriebsratssitzung Gelegenheit zu geben, seine Bedenken über die Auswahl vorzutragen, z. B., weil er das Betriebsratsmitglied für eine Tätigkeit im Betrieb benötigt. Unzureichend ist nur eine Beratung einzelner Betriebsratsmitglieder mit dem Arbeitgeber.[90] Unterbleibt die Beratung, ist die Wahl nicht nichtig, aber es besteht nach richtiger Ansicht das Anfechtungsrecht.[91] 27

b) Beschluss. Wird nur ein Wahlvorschlag gemacht, erfolgt die Wahl nach den Grundsätzen der Mehrheitswahl; ist nur ein Betriebsratsmitglied freizustellen, wird dieses mit einfacher Stimmenmehrheit gewählt. Die Wahl der freizustellenden Betriebsratsmitglieder hat bei zwei Wahlvorschlägen nach den Grundsätzen der Verhältniswahl in einem Wahlgang zu erfolgen. Der Betriebsrat hat anschließend die Namen der Freizustellenden dem Arbeitgeber mitzuteilen, der als Gläubiger der Arbeitsverpflichtung die Freistellung vornimmt. Die Wahl der freizustellenden Betriebsratsmitglieder kann binnen zwei Wochen ab der Feststellung des Wahlergebnisses durch den Betriebsrat angefochten werden, wenn gegen wesentliche Vorschriften über das Wahlrecht, die Wählbarkeit oder das Wahlverfahren verstoßen worden und eine Berichtigung nicht erfolgt ist, es sei denn, dass durch den Verstoß das Wahlergebnis nicht verändert oder beeinflusst werden konnte[92] (§ 19 BetrVG analog). 28

c) Einwendungen. Hält der Arbeitgeber den Beschluss über die Freistellung für sachlich nicht begründet, kann er innerhalb einer Frist von 2 Wochen die Einigungsstelle (vgl. § 232) anrufen. Diese Frist beginnt mit Zugang der Mitteilung des Betriebsrats (§ 187 BGB). Die Einigungsstelle entscheidet verbindlich, ob die Auswahl der freizustellenden Mitglieder sachlich begründet ist.[93] Bestätigt die Einigungsstelle die Bedenken des Arbeitgebers, hat sie bei der Bestimmung eines anderen freizustellenden Betriebsratsmitgliedes den Minderheitenschutz zu beachten. Ruft der Arbeitgeber die Einigungsstelle nicht an, gilt sein Einverständnis mit den Freistellungen nach Ablauf von zwei Wochen als erteilt. Der Spruch der Einigungsstelle kann vom Arbeitsgericht nur daraufhin überprüft werden, ob sie den Begriff „sachlich nicht vertretbar" verkannt und den Minderheitenschutz beachtet hat. 29

---

[85] BAG 26. 7. 1989 AP 10 zu § 38 BetrVG = NZA 90, 621; 9. 10. 1973 AP 3 zu § 38 BetrVG 1972 = NJW 74, 471; 22. 5. 1973 AP 2 zu § 38 BetrVG 1972 = DB 73, 1900.

[86] Dazu BAG 26. 6. 1996 AP 17 zu § 38 BetrVG 1972 = NZA 97, 58.

[87] BAG 9. 7. 1997 AP 23 zu § 38 BetrVG 1972 = NZA 98, 164; 22. 5. 1973 AP 2 zu § 37 BetrVG 1972 = DB 73, 1955; AP 1 zu § 38 BetrVG 1972 = DB 73, 1901.

[88] BAG 9. 7. 1997 AP 23 zu § 38 BetrVG 1972 = NZA 98, 164.

[89] BAG 12. 2. 1997 AP 19 zu § 38 BetrVG 1972 = NZA 97, 782.

[90] BAG 29. 4. 1992 AP 15 zu § 38 BetrVG 1972 = NZA 93, 329.

[91] Vgl. LAG Nürnberg 19. 11. 1997 BB 98, 427.

[92] BAG 20. 4. 2005 AP 30 zu § 38 BetrVG 1972 = NZA 2005, 1426; 25. 4. 2001 AP 8 zu § 25 BetrVG 1972 = NZA 2001, 977.

[93] BAG 22. 5. 1973 AP 2 zu § 38 BetrVG 1972 = DB 73, 1900; AP 1 zu § 38 BetrVG 1972 = DB 73, 1901.

30 **6. Rechtsstellung des freigestellten Betriebsratsmitglieds.** An die Stelle der Arbeitspflicht tritt die Verpflichtung des Betriebsratsmitglieds, während seiner arbeitsvertraglichen Arbeitszeit im Betrieb am Sitz des Betriebsrats, dem er angehört, anwesend zu sein und sich dort für anfallende Betriebsratsarbeit bereit zu halten. Diese Pflicht tritt als gesetzliche Rechtsfolge der Freistellung des Betriebsratsmitglieds von seiner beruflichen Tätigkeit nach § 38 BetrVG ein. Es besteht daher für die nach § 38 BetrVG freigestellten Betriebsratsmitglieder grundsätzlich kein Anspruch auf Erstattung der Fahrtkosten zwischen dem Wohnort des Betriebsratsmitglieds und dem Sitz des Betriebsrats in dem Betrieb, für den der Betriebsrat gebildet ist.[94] Die übrigen Pflichten aus dem Arbeitsverhältnis bleiben bestehen. Hierzu gehört auch die Einhaltung der Arbeitszeit. Besteht im Betrieb eine gleitende Arbeitszeit, wird es im Allgemeinen während der Stammarbeitszeit anwesend sein müssen.[95] Andererseits hat das freigestellte Betriebsratsmitglied Anspruch auf die Vergütung, einschl. etwaiger Mehrarbeitszuschläge,[96] die es verdient hätte, wenn es nicht freigestellt worden wäre, oder sonstige auch widerrufliche Leistungen (Gratifikationen, Zulagen).[97] Ist der Arbeitsplatz bei einem von der Arbeit freigestellten Betriebsratsmitglied weggefallen, so hat es Anspruch auf den Lohn eines vergleichbaren Arbeitnehmers, dessen Tätigkeit es auch ausüben würde.[98] Weiter zu gewähren sind auch sonstige Nebenleistungen. Hierzu kann auch ein Zusatzurlaub für die Arbeit an gefährlichen Arbeitsplätzen gehören.[99] Dagegen kann das Betriebs- oder Personalratsmitglied nicht verlangen, dass ihm ein Ausgleich für die Versteuerung gezahlt wird, weil eine Steuerpflicht eingetreten ist[100] (RN 16). Auch freigestellte Betriebsratsmitglieder können unter den Voraussetzungen des § 37 III BetrVG Ansprüche auf Freizeitausgleich erwerben (RN 18ff.). Wird einem freigestellten Betriebsratsmitglied Urlaub gewährt, ist seine Amtspflicht insoweit suspendiert.[101]

31 **7. Änderung der Freistellung, Nachrücken.** Der Betriebsrat kann jederzeit beschließen, die freizustellenden Betriebsratsmitglieder insgesamt neu zu wählen (§ 38 II 8 BetrVG); einer vorherigen Abberufung der bisher Freigestellten bedarf es dazu nicht.[102] Der entsprechende Beschluss kann von dem betroffenen Betriebsratsmitglied gerichtlich überprüft werden; jedoch unterliegt er nur der Rechts- und nicht der Zweckmäßigkeitskontrolle[103] (RN 28). Die Erhöhung der Anzahl freizustellender Betriebsratsmitglieder während der laufenden Amtszeit des Betriebsrats erfordert die Neuwahl aller freizustellende Betriebsratsmitglieder, wenn die ursprüngliche Freistellungswahl nach den Grundsätzen der Verhältniswahl erfolgt ist.[104] Wird ein freigestelltes Betriebsratsmitglied abberufen, bedarf es auch dann nicht der Neuwahl sämtlicher freizustellender Betriebsratsmitglieder, wenn die ursprüngliche Freistellungswahl nach den Grundsätzen der Verhältniswahl stattgefunden hat.[105] Scheidet ein freigestelltes Betriebsratsmitglied aus dem Betriebsrat aus, ist § 25 II 1 BetrVG entsprechend anzuwenden und das freizustellende Mitglied der Vorschlagsliste zu entnehmen, der das zu ersetzende Mitglied angehört hat. Ist diese erschöpft, ist das ersatzweise freizustellende Mitglied durch Mehrheitswahl zu wählen.[106] Auch die Freistellung des gewählten Betriebsratsmitglieds ist dem Arbeitgeber mitzuteilen, der hiergegen die Einwendungen aus § 38 II 4 BetrVG (RN 29) erheben kann. Ist eine Wahl nicht durchzuführen, rückt das Betriebsratsmitglied in die Freistellung auf, ohne dass es eines ausdrücklichen Betriebsratsbeschlusses bedarf.[107]

---

[94] BAG 13. 6. 2007 AP 31 zu § 38 BetrVG 1972 = NZA 2007, 1301 – Änderung des Leistungsorts.
[95] Vgl. LAG Düsseldorf 26. 5. 1993 LAGE § 38 BetrVG 1972 Nr. 6 = NZA 94, 720.
[96] BAG 12. 12. 2000 AP 27 zu § 1 TVG Tarifverträge: Textilindustrie = NZA 2001, 514; LAG Hamm 11. 2. 1998 DB 98, 1569; LAG Köln 21. 11. 1996 NZA-RR 97, 477; LAG Hamburg 24. 1. 1977 BB 77, 695 = DB 77, 1097.
[97] BAG 21. 4. 1983 AP 43 zu § 37 BetrVG 1972 = DB 83, 2253; LAG Hessen 9. 6. 2000 ArbuR 2002, 149 – betriebliche Altersversorgung.
[98] BAG 17. 5. 1977 AP 28 zu § 37 BetrVG 1972 = DB 77, 1562.
[99] BAG 8. 10. 1981 AP 2 zu § 49 BAT = NJW 82, 1348.
[100] BAG 15. 1. 1997 AP 1 zu § 39 PersVG Rheinland-Pfalz = NZA 97, 897.
[101] BAG 20. 8. 2002 AP 27 zu § 38 BetrVG 1972 = NZA 2003, 1046.
[102] BAG 20. 4. 2005 AP 29 zu § 38 BetrVG 1972 = NZA 2005, 1013.
[103] LAG Düsseldorf 10. 4. 1975 DB 75, 1897.
[104] BAG 20. 4. 2005 AP 29 zu § 38 BetrVG 1972 = NZA 2005, 1013.
[105] BAG 14. 11. 2001 AP 24 zu § 38 BetrVG 1972 = NZA 2002, 755; 28. 10. 1992 AP 16 zu § 38 BetrVG 1972 = NZA 93, 910.
[106] BAG 25. 4. 2001 AP 8 zu § 25 BetrVG 1972 = NZA 2001, 977.
[107] A. A. wohl LAG Bremen 22. 2. 2000 LAGE § 38 BetrVG 1972 Nr. 9 = DB 2000, 1232.

V. Schulungsveranstaltungen (§ 37 VI BetrVG)

Schiefer, Betriebsratsschulungen – geänderte Spielregeln, DB 2008, 2649; *Wank/Maties,* Die Erforderlichkeit von Schulungen der Personalvertretungen nach BetrVG und BPersVG, NZA 2005, 1033.

1. Voraussetzungen. Der Betriebsrat hat Anspruch auf Freistellung von Betriebsratsmitgliedern zur Teilnahme an Schulungs- und Bildungsveranstaltungen, soweit diese Kenntnisse vermitteln, die für die Arbeit des Betriebsrats erforderlich sind (§ 37 VI 1 BetrVG). Unerheblich ist, wer Träger der Schulungs- und Bildungsveranstaltung ist. In Betracht kommen Gewerkschaften, Arbeitgeberverbände, private Veranstalter und Arbeitnehmerkammern in Bremen und im Saarland (vgl. oben § 7 RN 10). Das einzelne Mitglied hat keinen eigenständigen Anspruch auf Teilnahme an einer Schulung, dieser steht vielmehr dem Betriebsrat als Gremium zu, das durch Beschluss über die Entsendung entscheidet zur Erstattungspflicht von Schulungskosten § 222 RN 10. 32

2. Erforderliche Kenntnisse. a) Konkreter Bezug zur Betriebsratstätigkeit. Voraussetzung des Anspruches ist, unabhängig davon, ob die Betriebsratsmitglieder freigestellt sind,[108] dass in den Schulungs- und Bildungsveranstaltungen Kenntnisse vermittelt werden, die für die Betriebsratstätigkeit erforderlich sind. Durch den bestimmten, konkreten, betriebsbezogenen Anlass der Schulung unterscheidet sich der Anspruch aus § 37 VI von dem Bildungsurlaub nach § 37 VII BetrVG. Das BAG unterscheidet in ständiger Rspr. zwischen der Vermittlung von sog. Grundkenntnissen, durch die das Betriebsratsmitglied erst in die Lage versetzt werden soll, seine sich aus der Amtsstellung ergebenden Rechte und Pflichten ordnungsgemäß wahrzunehmen, und anderen Schulungsveranstaltungen, bei denen ein aktueller, betriebsbezogener Anlass für die Annahme bestehen muss, dass die auf der Schulungsveranstaltung zu erwerbenden Kenntnisse derzeit oder in naher Zukunft von dem zu schulenden Betriebsratsmitglied benötigt werden, damit der Betriebsrat seine Beteiligungsrechte sach- und fachgerecht ausüben kann. Bei Schulungsveranstaltungen, auf denen das für die Ausübung des Betriebsratsamts unverzichtbare Grundwissen vermittelt wird, ist wegen der mit der Betriebsratsarbeit typischerweise verbundenen Aufgabenstellung auch ohne besondere Darlegung davon auszugehen, dass sie vom Betriebsratsmitglied entweder alsbald oder zumindest demnächst benötigt werden, um seine Betriebsratsaufgaben sachgerecht wahrnehmen zu können.[109] 33

Ob die Teilnahme an gewerkschaftlichen **Betriebs-** und **Personalrätekonferenzen** erforderlich ist, muss danach entschieden werden, ob ein betriebs- oder betriebsratsbezogenes Wissen vermittelt wird.[110] 34

b) Grundschulungen. Zu den Grundschulungen zählen Schulungsveranstaltungen, bei denen Grundkenntnisse im BetrVG,[111] im allgemeinen Arbeitsrecht oder im Bereich der Arbeitssicherheit und Unfallverhütung vermittelt werden. Um keine Grundschulungen handelt es sich bei der Vermittlung von Kenntnissen zum Arbeitskampfrecht,[112] zu wirtschafts-, rechts- und gewerkschaftspolitischen Themen sowie solche zum Lohnsteuerrecht[113] bzw. der Betriebswirtschaftslehre[114] und zum Sozialversicherungsrecht.[115] Ebenso sind Schulungen zur „Protokoll- und Schriftführung im Betriebsrat" nicht erforderlich. Ein Schulungsbedarf ist bei den sog. Grundschulungen zum Arbeitsrecht und zum BetrVG, bei denen neu gewählten Betriebsratsmitgliedern das für ihre Amtsausübung erforderliche Grundwissen vermittelt wird, regelmäßig anzuerkennen.[116] Dies gilt auch, wenn die Schulungsveranstaltung zur Vermittlung von Grund- 35

[108] BAG 21. 7. 1978 AP 4 zu § 38 BetrVG 1972 = DB 78, 2371.

[109] BAG 21. 11. 1978 AP 35 zu § 37 BetrVG 1972 = DB 79, 507; 25. 4. 1978 AP 33 zu § 37 BetrVG 1972 = DB 78, 1976; 8. 10. 1974 AP 7 zu § 40 BetrVG 1972 = DB 75, 698; 27. 9. 1974 AP 18 zu § 37 BetrVG 1972 = DB 75, 504; 29. 1. 1974 AP 5 zu § 40 BetrVG 1972 = DB 74, 1292; 6. 11. 1973 AP 5 zu § 37 BetrVG 1972 = BB 74, 461; LAG Düsseldorf 15. 4. 1997 LAGE § 37 BetrVG 1972 Nr. 50 = NZA-RR 98, 123.

[110] BAG 21. 6. 2006 – 7 AZR 418/05 n. v.; BVerwG 1. 8. 1996 AP 1 zu § 45 LPVG Baden-Württemberg = NZA-RR 97, 158.

[111] Bejaht auch bei §§ 119, 120 BetrVG: LAG Köln 21. 1. 2008 – 14 TaBV 44/07 n. v.

[112] LAG Düsseldorf 12. 6. 2003 ArbuR 2003, 311.

[113] BAG 11. 12. 1973 AP 5 zu § 80 BetrVG 1972 = DB 74, 880.

[114] LAG Köln 18. 1. 2002 NZA-RR 2003, 141 – Bilanzanalyse.

[115] BAG 4. 6. 2003 AP 136 zu § 37 BetrVG 1972 = NZA 2003, 1284; LAG Köln 30. 6. 2000 NZA-RR 2001, 255.

[116] BAG 7. 6. 1989 AP 67 zu § 37 BetrVG 1972 = NZA 90, 149; 16. 10. 1986 AP 58 zu § 37 BetrVG 1972 = NZA 87, 643; 7. 6. 1984 AP 10 zu § 20 BetrVG 1972 = NZA 85, 66 – Wahlvorstand; zur Grundschulung des Personalrats: BVerwG 14. 11. 1990 AP 8 zu § 44 BPersVG = PersV 91, 274.

kenntnissen erst kurz vor Ablauf der Amtszeit des Betriebsrats erfolgt, sofern der Betriebsrat bei seiner Beschlussfassung die Notwendigkeit der auf der Schulung vermittelten Kenntnisse nicht ausschließen konnte.[117] Die Vermittlung eines Grundwissens ist ohne besondere Darlegung für die ordnungsgemäße Betriebsratsarbeit nicht mehr als erforderlich anzusehen, wenn das zu schulende Betriebsratsmitglied auf Grund seiner bis zum Zeitpunkt des Betriebsratsbeschlusses erworbenen Vorkenntnisse bereits über das erforderliche Grundwissen für die Ausübung seiner sich aus dem Betriebsratsamt ergebenden Aufgaben verfügt. Zu den persönlichen Vorkenntnissen gehören auch die auf vorangegangenen Schulungen vermittelten Kenntnisse und das durch langjährige Tätigkeit im Betriebsrat erworbene Erfahrungswissen.[118] Wiederholungsschulungen in Grundkenntnissen sind grundsätzlich als nicht erforderlich anzusehen. Von einem Betriebsratsmitglied wird erwartet, dass es sich in der Folgezeit durch die Lektüre der dem Betriebsrat zur Verfügung stehenden Kommentare und Fachzeitschriften weiterbildet;[119] zu Schulungen von Ersatzmitgliedern RN 40.

36 **c) Spezialkenntnisse.** Eine Schulung in Spezialkenntnissen ist nur erforderlich, wenn dem Betriebsratsmitglied besondere Aufgaben übertragen sind oder ein aktueller, betriebsbezogener Anlass für den Erwerb weiterer Kenntnisse besteht. Dies kann bei gegenwärtigen oder demnächst auf den Betriebsrat zukommenden Aufgaben gegeben sein[120] sowie bei Gesetzesänderungen,[121] neuen Tarifverträgen[122] oder bei grundlegenden Rechtsprechungsänderungen.[123] Der Vermittlung der Kenntnisse müssen für die Wahrnehmung der Beteiligungsrechte des Betriebsrats notwendig sein. Nicht ausreichend ist es, wenn nur nützliche Kenntnisse oder nur solche vermittelt werden, für die im Betriebsrat kein aktueller Bedarf besteht.[124] Spezialschulungen sind als erforderlich angesehen worden über Fragen der für den Betrieb maßgebenden Tarifverträge,[125] der Leistungsentlohnung,[126] der Arbeitssicherheit,[127] von Suchtkrankheiten in einem größeren Betrieb,[128] zur menschengerechten Arbeitsgestaltung,[129] zu Mobbing,[130] über Arbeitnehmererfindungsrechte und Vermögensbildung, über Fragen der Datenverarbeitung, Computertechnik und des Datenschutz[131] sowie über Qualitätsmanagement.[132] Schulungsveranstaltungen über die aktuelle Rspr. des BAG und der LAG[133] sowie zu wirtschaftlichen Rahmenbedingungen und Unternehmensstrategie[134] sind nach der hier vertretenen Auffassung regelmäßig nicht erforderlich. Nach der Erweiterung der Zuständigkeiten des Betriebsrats durch das BetrVG-ReformG werden insbesondere Schulungen zum betrieblichen Umweltschutz, zu Fragen von Vereinbarkeit von Familie und Beruf sowie zur Bekämpfung von Rassismus und Fremdenfeindlichkeit im Betrieb als erforderlich anzusehen sein. Ebenso kommen Schulungen zum AGB-Recht[135] und zum AGG[136] in Betracht. Dagegen wird die Erforderlichkeit im Allgemeinen zu verneinen sein bei

---

[117] BAG 7. 5. 2008 – 7 AZR 90/07 – NZA-RR 2009, 195 unter Aufgabe von BAG 7. 6. 1989 AP 67 zu § 37 BetrVG 1972 = NZA 90, 149.

[118] BAG 7. 5. 2008 – 7 AZR 90/07 – NZA-RR 2009, 195; 19. 3. 2008 – 7 ABR 2/07 – n. v.; 16. 10. 1986 AP 58 zu § 37 BetrVG 1972 = NZA 87, 643; LAG Schleswig-Holstein 15. 5. 2007 MDR 2007, 1143.

[119] BAG 10. 5. 1974 AP 4 zu § 65 BetrVG 1972 = DB 74, 1772.

[120] BAG 16. 10. 1986 AP 58 zu § 37 BetrVG 1972 = NZA 87, 643; weitergehend bei Schulung über Aids: LAG Frankfurt 7. 3. 1991 LAGE § 37 BetrVG 1972 Nr. 37 = NZA 91, 981.

[121] Unzureichend Gesetzentwürfe: BAG 16. 3. 1988 AP 63 zu § 37 BetrVG 1972 = DB 88, 1453.

[122] BAG 9. 10. 1973 AP 4 zu § 37 BetrVG 1972 = DB 74, 146; 10. 11. 1954 AP 1 zu § 37 BetrVG.

[123] BAG 22. 1. 1965 AP 10 zu § 37 BetrVG = DB 65, 745.

[124] Nur nützlich ist z. B. die Schulung über ISDN-Systeme, wenn diese nicht vorhanden sind LAG Schleswig-Holstein 7. 10. 1993 LAGE § 37 BetrVG 1972 Nr. 42 = DB 94, 336.

[125] LAG Hamm 11. 3. 1981 DB 81, 1678.

[126] BAG 29. 1. 1974 AP 9 zu § 37 BetrVG 1972 = ArbuR 74, 90; 9. 10. 1973 AP 4 zu § 37 BetrVG 1972 = DB 74, 146; LAG Düsseldorf 31. 10. 1974 DB 75, 795.

[127] BAG 15. 5. 1986 AP 54 zu § 37 BetrVG 1972 = NZA 87, 63; LAG Hamm 25. 6. 1980 BB 80, 1374 = DB 80, 2248.

[128] LAG Düsseldorf 9. 8. 1995 LAGE § 37 BetrVG 1972 Nr. 45 = BB 95, 2531.

[129] Vgl. BAG 14. 6. 1977 AP 30 zu § 37 BetrVG 1972; LAG Düsseldorf 31. 10. 1974 DB 75, 795.

[130] Einschränkend BAG 15. 1. 1997 AP 118 zu § 37 BetrVG 1972 = NZA 97, 781; LAG Rheinland-Pfalz 13. 10. 2004 NZA-RR 2005, 376; LAG Hamm 7. 7. 2006 NZA-RR 2007, 202.

[131] LAG Düsseldorf 7. 3. 1990 LAGE § 37 BetrVG 1972 Nr. 33 = DB 90, 1243; LAG Niedersachsen 28. 9. 1979 EzA 64 zu § 37 BetrVG 1972; ArbG Stuttgart 16. 3. 1983 DB 83, 1718.

[132] LAG Rheinland-Pfalz 19. 11. 1996 LAGE § 37 BetrVG 1972 Nr. 49 = NZA-RR 97, 215.

[133] BAG 20. 12. 1995 AP 113 zu § 37 BetrVG 1972 = NZA 96, 895; 22. 1. 1965 AP 10 zu § 37 BetrVG.

[134] LAG Baden-Württemberg 8. 11. 1996 BB 97, 1207 = NZA-RR 97, 345.

[135] *Reinicke* JbArbR 42 (2005), S. 23, 44.

[136] Rechtsbeschwerde anhängig: 7 ABR 13/08.

Schulungen über Fragen, unter welchen Voraussetzungen ein Betriebsratsmitglied einen Anspruch auf Freistellung von der Arbeit hat,[137] bei Schulungsveranstaltungen über Fragen der Managementtechnik[138] sowie zur wirtschaftlichen und sozialen Situation des Unternehmens.[139] Ferner ist die Erforderlichkeit eines Seminars für Betriebsratsvorsitzende „Leid mit dem Leiten" verneint worden.[140] Bei der Teilnahme an einer Schulungsveranstaltung „schriftliche Kommunikation im Betrieb" muss dargelegt werden, warum der Betriebsrat seine gesetzlichen Aufgaben ohne eine solche Schulung gerade des entsandten Betriebsratsmitglieds nicht erfüllen kann.[141] Dies gilt gleichermaßen bei einer Schulung über die Diskussionsführung und Verhandlungstechnik;[142] eine besondere Darlegung soll bei einer herausgehobenen Stellung des Betriebsratsmitglieds entbehrlich sein.[143] Die Kostentragungspflicht einer Schulung über den Einsatz eines PC kommt in Betracht, wenn aktuelle oder absehbare betriebliche bzw. betriebsratsbezogene Anlässe die Schulung des entsandten Betriebsratsmitglieds erfordern.[144]

d) Nur teilweise Erforderlichkeit. Inwieweit ein Vergütungsanspruch besteht, wenn nur auf einem Teil der Schulungsveranstaltung erforderliche Kenntnisse vermittelt werden, ist in der Rspr. unterschiedlich beantwortet worden. Zunächst hat das BAG die Auffassung vertreten, dass eine teilweise Lohnfortzahlung für den notwendigen Teil der Schulung in Betracht komme.[145] Diese Rspr. hat es aber später eingeschränkt. Es hat dann darauf abgestellt, welche Themen der Schulung das Gepräge geben.[146] Diese Rechtsprechung ist schließlich ausdrücklich aufgegeben worden. Entscheidend sei, ob im Rahmen einer Gesamtschulung der überwiegende Teil der Schulung erforderlich sei.[147] Bei vorzeitigem Abbruch der Schulung kann die Erforderlichkeit zu verneinen sein, wenn durch die bisherigen Teile der Schulung keine Bereicherung des Wissens eintritt.[148] 37

e) Beurteilungsspielraum, Beschlussfassung. Bei der Beurteilung, ob eine Schulungsveranstaltung notwendig und welches seiner Mitglieder zu schulen ist, hat der Betriebsrat einen Beurteilungsspielraum.[149] Dem Gremium soll durch die vermittelten Kenntnisse ermöglicht werden, seine Aufgaben nach dem BetrVG zu erfüllen;[150] nicht das einzelne Betriebsratsmitglied, sondern der Betriebsrat ist Träger des Anspruchs. Erst auf Grund des Betriebsratsbeschlusses entsteht für das Betriebsratsmitglied der abgeleitete Individualanspruch. Das einzelne Betriebsratsmitglied kann lediglich dem Betriebsrat seine Wünsche vortragen. Allerdings hat der Betriebsrat zu berücksichtigen, dass ein Betriebsratsmitglied verpflichtet ist, den für seine Amtstätigkeit erforderlichen Wissensstand zu erwerben. Ein Beschluss über eine andere als die besuchte Schulungsveranstaltung genügt ebenso wenig, wie ein nachträglich gefasster Beschluss.[151] Bei der Beschlussfassung über die Notwendigkeit der Schulung hat der Betriebsrat im Allgemeinen die nachfolgenden Umstände zu berücksichtigen, die auch in einem evtl. gerichtlichen Verfahren dargelegt werden müssen:[152] **(a)** erfolgt die Schulung in Fragen, die zur Betriebsratstätigkeit gehören; **(b)** besteht ein aktueller, betriebsbezogener Anlass für die Schulung; **(c)** besteht Schulungsbedürftigkeit des Betriebsrats und des einzelnen Betriebsratsmitglieds, insbesondere im Hinblick auf den Besuch früherer Schulungsveranstaltungen, die Dauer der bisherigen Betriebs- 38

---

[137] LAG Berlin 24. 9. 1973 BB 74, 786.

[138] BAG 14. 9. 1994 AP 99 zu § 37 BetrVG 1972 = NZA 95, 381.

[139] LAG Hamburg 26. 9. 1996 NZA-RR 97, 344.

[140] LAG Schleswig-Holstein 10. 12. 1998 LAGE § 37 BetrVG 1972 Nr. 52 = NZA-RR 99, 643.

[141] BAG 15. 2. 1995 AP 106 zu § 37 BetrVG 1972 = NZA 95, 1036; Erforderlichkeit verneint bei Schulungen zur Gesprächsführung und Rhetorik BAG 20. 10. 1993 AP 91 zu § 37 BetrVG 1972 = NZA 94, 190; a. A. LAG Schleswig-Holstein 4. 12. 1990 LAGE § 37 BetrVG 1972 Nr. 35 = BB 91, 139.

[142] LAG Hamm 13. 9. 1996 NZA-RR 97, 464.

[143] BAG 24. 5. 1995 AP 109 zu § 37 BetrVG 1972 = NZA 96, 783; LAG Sachsen 22. 11. 2002 NZA-RR 2003, 420.

[144] BAG 19. 7. 1995 AP 110 zu § 37 BetrVG 1972 = NZA 96, 442; LAG Schleswig-Holstein 3. 6. 2003 ArbRB 2003, 226.

[145] BAG 9. 10. 1973 AP 4 zu § 37 BetrVG 1972 = DB 74, 146; LAG Baden-Württemberg 4. 8. 1974 DB 75, 60.

[146] BAG 10. 5. 1974 AP 4 zu § 65 BetrVG 1972 = DB 74, 1772.

[147] BAG 28. 5. 1976 AP 24 zu § 37 BetrVG 1972 = ArbuR 76, 314.

[148] BAG 21. 5. 1974 AP 13 zu § 37 BetrVG 1972 = DB 74, 2015.

[149] BAG 6. 11. 1973 AP 5 zu § 37 BetrVG 1972 = BB 74, 461.

[150] BAG 27. 9. 1974 AP 18 zu § 37 BetrVG 1972 = DB 75, 504; 6. 11. 1973 AP 5 zu § 37 BetrVG 1972 = BB 74, 461.

[151] BAG 8. 3. 2000 AP 68 zu § 40 BetrVG 1972 = NZA 2000, 838; a. A. BAG 28. 10. 1992 AP 4 zu § 29 BetrVG 1972 = NZA 93, 466.

[152] BAG 19. 6. 1979 AP 36 zu § 37 BetrVG 1972 = DB 80, 546.

ratstätigkeit usw.; **(d)** bei Schulung in Spezialfragen über die besonderen Aufgaben des einzelnen Betriebsratsmitglieds; **(e)** den Themenplan der Schulung.

39 **3. Zeitliche Lage.** Der Betriebsrat hat bei der Festlegung der zeitlichen Lage der Teilnahme an Schulungs- und Bildungsveranstaltungen die betrieblichen Notwendigkeiten zu berücksichtigen (§ 37 VI 2 BetrVG). Im Allgemeinen wird daher ein Besuch von Schulungsveranstaltungen in Saisonzeiten nur bei überwiegendem Interesse des Betriebsrats in Betracht kommen.

40 **4. Teilnehmeranzahl. a) Grundschulungen.** Es ist der Grundsatz der Verhältnismäßigkeit zwischen den Erfordernissen des Betriebsrats bzw. seiner Mitglieder und den betrieblichen Notwendigkeiten zu beachten.[153] Die Frage, ob alle oder nur einzelne Betriebsratsmitglieder zu schulen sind, ist nach der Schulungsbedürftigkeit des Betriebsrats und seiner Mitglieder zu entscheiden. Eine sachgerechte Betriebsratsarbeit erfordert, dass alle Betriebsratsmitglieder einen gewissen Mindestwissensstand haben.[154] Die Schulung von Grundkenntnissen (RN 35) kann der Betriebsrat daher für sämtliche Mitglieder verlangen, sofern sie nicht bereits in der Vergangenheit entsprechend geschult worden sind.

41 **b) Spezialschulungen.** Bei über die Vermittlung von Grundkenntnissen hinausgehenden Spezialkenntnissen (RN 36) ist eine Teilnahme aller Mitglieder an den Schulungsveranstaltungen regelmäßig nicht erforderlich;[155] es kann erwartet werden, dass sich die Betriebsratsmitglieder auch wechselseitig unterrichten. Bei Spezialkenntnissen werden daher im Allgemeinen nur die Mitglieder des zuständigen Ausschusses oder ein bis zwei Betriebsratsmitglieder zu schulen sein. Für Ersatzmitglieder kann ein Schulungsbedarf dann bestehen, wenn sie häufig oder für eine nicht unverhältnismäßig kurze Zeit in den Betriebsrat nachrücken.[156] Im Allgemeinen besteht kein Schulungsanspruch bei Wirtschaftsausschussmitgliedern[157] (vgl. aber § 243 RN 35).

42 **5. Dauer.** Eine Aussage zur Dauer von Schulungs- und Bildungsveranstaltungen enthält das Gesetz nicht. Die erforderliche Dauer einer Schulung richtet sich nach dem zu § 40 BetrVG entwickelten Grundsatz der Verhältnismäßigkeit.[158] Als Faustregel wurde eine Begrenzung der Teilnahme auf drei Tage,[159] fünf Tage,[160] eine Woche[161] bzw. zwei Wochen für Betriebsratsvorsitzende[162] sowie Ausschussmitglieder[163] und bei der Vermittlung von Spezialwissen (Akkordfragen)[164] oder aktueller Konfrontation zwischen Arbeitgeber und Betriebsrat[165] angenommen. Vier Wochen für die Vermittlung von Grundwissen sind jedoch unverhältnismäßig.[166]

43 **6. Mitteilung.** Der Betriebsrat hat dem Arbeitgeber die Teilnahme und die zeitliche Lage der Schulungs- und Bildungsveranstaltungen rechtzeitig bekannt zu geben (§ 37 VI 3 BetrVG), d. h. zu einem Zeitpunkt, in dem der Arbeitgeber sich auf die Abwesenheit einstellen und die Voraussetzungen des Freistellungsanspruches noch überprüfen kann.[167] Bei der Mitteilung ist der Zeitraum, Ort der Veranstaltung und der Themenplan bekannt zu geben. Das Unterlassen der Mitteilung stellt eine Amtspflichtverletzung dar. Umstr. ist, ob ein Betriebsratsmitglied trotz verspäteter Unterrichtung an der Schulungsveranstaltung teilnehmen kann. Dies wird zu Recht mit der Begründung bejaht, dass die Unterrichtung des Arbeitgebers nach dem Gesetzeswortlaut keine Anspruchsvoraussetzung für die Freistellung von der Arbeitspflicht ist.[168] Hingegen besteht

---

[153] Vgl. nur BAG 27. 9. 1974 AP 18 zu § 37 BetrVG 1972 = DB 75, 504.
[154] BAG 21. 11. 1978 AP 35 zu § 37 BetrVG = DB 79, 507; 27. 11. 1973 AP 9 zu § 89 ArbGG 1953 = NJW 74, 1156; 18. 9. 1973 AP 3 zu § 37 BetrVG 1972 = NJW 74, 335.
[155] BAG 27. 11. 1973 AP 9 zu § 89 ArbGG 1953 = NJW 74, 1156; großzügiger Hess. LAG 29. 6. 1995 LAGE § 40 BetrVG 1972 Nr. 48 = BB 96, 328 – bei neuer, schwieriger Materie.
[156] BAG 19. 9. 2001 AP 9 zu § 25 BetrVG 1972 = DB 2002, 51; 15. 5. 1986 AP 53 zu § 37 BetrVG 1972 = NZA 86, 803; LAG Köln 10. 2. 2000 NZA-RR 2001, 142; a. A. LAG Frankfurt 6. 12. 1983 BB 84, 1043.
[157] BAG 11. 11. 1998 AP 129 zu § 37 BetrVG 1972 = NZA 99, 1119; 28. 4. 1988 NZA 89, 221.
[158] BAG 28. 5. 1976 AP 24 zu § 37 BetrVG 1972 = ArbuR 76, 314; 27. 9. 1974 AP 18 zu § 37 BetrVG 1972 = DB 75, 504.
[159] ArbG Rendsburg 16. 11. 1972 DB 73, 144.
[160] BAG 27. 11. 1973 AP 9 zu § 89 ArbGG 1953 = NJW 74, 1156; 6. 11. 1973 AP 5 zu § 37 BetrVG 1972 = BB 74, 461.
[161] ArbG Kassel 16. 2. 1973 DB 73, 625, 831; ArbG Würzburg 23. 7. 1974 DB 74, 1774.
[162] BAG 8. 2. 1977 AP 26 zu § 37 BetrVG 1972 = DB 77, 1323.
[163] LAG Düsseldorf 12. 10. 1981 EzA 81 zu § 37 BetrVG 1972 = LAGE § 37 BetrVG 1972 Nr. 16.
[164] LAG Düsseldorf 15. 4. 1980 DB 81, 119; 31. 10. 1974 DB 75, 795 (teilw. überholt).
[165] LAG Hamm 5. 12. 1974 DB 75, 109.
[166] A. A. LAG Nürnberg 28. 5. 2002 NZA-RR 2002, 641.
[167] BAG 18. 3. 1977 AP 27 zu § 37 BetrVG 1972 = NJW 77, 1312.
[168] *Fitting* § 37 RN 241 f.

keine Kostentragungspflicht des Arbeitgebers, da diese von einer vorherigen Benachrichtigung abhängig ist (§ 37 VI 4 BetrVG).[169]

7. Streitigkeiten. Hält der Arbeitgeber die betrieblichen Notwendigkeiten bei der Beschlussfassung für nicht ausreichend berücksichtigt, kann er die Einigungsstelle anrufen, die verbindlich entscheidet (vgl. § 232). Hält der Arbeitgeber die vermittelten Kenntnisse für nicht erforderlich, entscheidet hingegen das Arbeitsgericht im Beschlussverfahren, an dem der Schulungsveranstalter nicht beteiligt ist.[170] Ist im Beschlussverfahren die Notwendigkeit der Schulung anerkannt worden, hat ein derartiger Beschluss präjudizielle Wirkung für den nachfolgenden Lohnfortzahlungsprozess oder das Aufwendungsersatzverfahren.[171] Erhebt der Arbeitgeber gegen die Teilnahme keine Einwendung, kann er nicht später im Prozess über die Lohnfortzahlung die Erforderlichkeit der Schulung bestreiten oder die mangelnde Berücksichtigung betrieblicher Interessen behaupten.[172] Im Gesetz ist keine Frist enthalten, innerhalb derer der Arbeitgeber die Einigungsstelle anrufen muss. Da der Arbeitgeber den Besuch der Schulungsveranstaltung nicht blockieren kann, wird er nach Mitteilung durch den Betriebsrat unverzüglich zu widersprechen haben. Die Einigungsstelle kann den Beschluss des Betriebsrats bestätigen oder anderweitige Zeitpunkte bestimmen, zu denen ein Betriebsratsmitglied an Schulungsveranstaltungen teilnehmen darf. Hat der Arbeitgeber der Schulungsveranstaltung widersprochen, weil wegen des Zeitpunktes die betrieblichen Belange nicht ausreichend berücksichtigt sind, ist der Besuch bis zur Entscheidung der Einigungsstelle zurückzustellen.[173] Die Durchführung von Schulungsmaßnahmen kann nicht durch einstweilige Verfügung erzwungen werden, da für die Freistellung des Betriebsratsmitglieds keine Mitwirkungshandlung des Arbeitgebers erforderlich ist und es daher regelmäßig an einem Verfügungsgrund fehlt.[174] 44

8. Entgeltfortzahlung. a) Lohnausfallprinzip. Während der zulässigen Teilnahme an Schulungs- und Bildungsveranstaltungen hat das Betriebsratsmitglied Anspruch auf die Vergütung, die es verdient hätte, wenn es gearbeitet hätte (§ 37 VI 1, II BetrVG).[175] Ist es vor der Schulung regelmäßig zu Überstunden herangezogen worden, ist auch dieses Entgelt zu berücksichtigen.[176] Insoweit gelten die Ausführungen oben RN 12ff. entsprechend. Der Anspruch auf Vergütungsfortzahlung für die Teilnahme an einer Schulungsveranstaltung ist im Urteilsverfahren durchzusetzen.[177] 45

b) Freizeitausgleich. Auf Grund der Neufassung des § 37 VI BetrVG durch das BetrVG-ReformG ist nunmehr auch § 37 III BetrVG in Bezug genommen. Das Betriebsratsmitglied hat dementsprechend Anspruch auf Freizeitausgleich, wenn es aus betriebsbedingten Gründen außerhalb seiner Arbeitszeit an einer erforderlichen Schulungsmaßnahme teilnimmt; hiervon erfasst sind auch Reisezeiten und Pausenzeiten während der Schulungsveranstaltung.[178] Solche Gründe liegen auch dann vor, wenn wegen der Besonderheiten der betrieblichen Arbeitszeitgestaltung die Schulung außerhalb seiner Arbeitszeit erfolgt. Nach § 37 VI 2 BetrVG ist der Umfang des Freizeitausgleichsanspruchs aber pro Schulungstag auf die Arbeitszeit eines vollzeitbeschäftigten Arbeitnehmers begrenzt. Bei unterschiedlicher betriebsüblicher Arbeitszeit ist die Arbeitszeit der Arbeitnehmer der Abteilung oder Arbeitnehmergruppe, der der Arbeitnehmer angehört, maßgeblich;[179] Durch die Neuregelung im Jahr 2001 ist die Streitfrage entschieden, ob Teilzeitbeschäftigte für die Teilnahme an Schulungen einen Anspruch auf Freizeitausgleich erwerben, wenn die Schulung ihre individuelle Arbeitszeit überschreitet. Hierin ist teilweise eine ungerechtfertigte Benachteiligung der überwiegend weiblichen Teilzeitbeschäftigten gesehen worden, soweit sie in den Betriebsratsgremien vertreten waren. Das BAG hatte zuletzt ent- 46

---

[169] Richardi/*Thüsing* § 37 RN 124.

[170] BAG 28. 1. 1975 AP 20 zu § 37 BetrVG 1972 = DB 75, 1996.

[171] BAG 6. 5. 1975 AP 5 zu § 65 BetrVG 1972 = DB 75, 1947.

[172] BAG 29. 1. 1974 AP 8 zu § 37 BetrVG 1972 = DB 74, 1535; 17. 9. 1974 AP 6 zu § 40 BetrVG 1972 = DB 75, 452.

[173] BAG 18. 3. 1977 AP 27 zu § 37 BetrVG 1972 = NJW 77, 1312.

[174] LAG Hamm 30. 5. 2008 – 10 TaBV 129/07 – n. v.; LAG Köln 20. 11. 2003 DB 2004, 551; LAG Düsseldorf 6. 9. 1995 LAGE § 37 BetrVG 1972 Nr. 44 = NZA-RR 96, 12.

[175] BAG 23. 4. 1974 AP 11 zu § 37 BetrVG 1972 = DB 74, 1725; 18. 9. 1973 AP 3 zu § 37 BetrVG 1972 = NJW 74, 335; vgl. auch BAG 13. 11. 1991 AP 17 zu § 46 BPersVG = BB 92, 1567.

[176] BAG 3. 12. 1997 AP 124 zu § 37 BetrVG 1972 = NZA 98, 558.

[177] BAG 17. 9. 1974 AP 17 zu § 37 BetrVG 1972 = BB 75, 283; 18. 6. 1974 AP 16 zu § 37 BetrVG 1972; 30. 1. 1973 AP 1 zu § 37 BetrVG 1972 = NJW 73, 1391.

[178] BAG 10. 11. 2004 AP 140 zu § 37 BetrVG 1972 = NZA 2005, 704.

[179] BAG 16. 2. 2005 AP 141 zu § 37 BetrVG 1972 = NZA 2005, 936.

schieden, dass diese Benachteiligung aber durch objektive Gründe gerechtfertigt sei, da der deutsche Gesetzgeber das Betriebsratsamt als Ehrenamt ausgestaltet habe.[180] Nach § 37 III BetrVG erwerben daher auch Teilzeitbeschäftigte einen Anspruch auf Freizeitausgleich, wenn sie an einer Schulungsveranstaltung teilnehmen, die ihre Arbeitszeit übersteigt. Es ist nicht erforderlich, dass in der Abteilung des Betriebsratsmitglieds Vollzeitarbeitnehmer tätig sind. Gleiches gilt für Arbeitnehmer, für die auf Grund der betrieblichen Arbeitszeitgestaltung der Schulungstag arbeitsfrei ist, z.B. auf Grund eines roulierenden Arbeitszeitsystems oder wegen einer allgemeinen Arbeitsverlegung bei Vor- bzw. Nacharbeit. Kein Freizeitanspruch besteht über die Dauer der Arbeitszeit eines vollbeschäftigten Arbeitnehmers hinaus, selbst wenn die Schulung an diesem Tag länger dauert oder bei der Teilnahme an einem ohnehin arbeitsfreien Tag. In diesen Fällen fehlt es an der Veranlassung durch betriebsbedingte Gründe. Für die Vergütung der Reisezeiten gelten die gleichen Grundsätze wie zu § 37 III BetrVG (RN 20). Für teilzeitbeschäftigte Mitglieder von Mitarbeitervertretungen besteht teilweise noch abweichenden Regelungen.[181]

47 **9. Gewerkschaftliche Vertrauensleute.** Auf sie ist § 37 VI BetrVG nicht entsprechend anzuwenden.

VI. Bildungsveranstaltungen (§ 37 VII BetrVG)

48 **1. Voraussetzungen. a) Dauer.** Betriebsratsmitglieder und Jugend- und Auszubildendenvertreter (§ 65 I BetrVG) haben während der regelmäßigen Amtszeit Anspruch auf Freistellung für insgesamt drei Wochen zur Teilnahme an Schulungs- und Bildungsveranstaltungen, die von der zuständigen obersten Arbeitsbehörde des Landes nach Beratung mit den Spitzenorganisationen der Gewerkschaft und der Arbeitgeberverbände als geeignet anerkannt sind (§ 37 VII 1 BetrVG). Die Freistellungsdauer erhöht sich auf vier Wochen, wenn das Betriebsratsmitglied nicht zuvor der Jugend- und Auszubildendenvertretung angehört hat (§ 37 VII 2 BetrVG). Nicht anspruchsberechtigt sind sonstige Mitglieder der Betriebsverfassungsorgane oder Ersatzmitglieder, bevor sie in den Betriebsrat nachgerückt sind.[182] Ist das Betriebsratsmitglied aus dem Betriebsrat ausgeschieden, entfällt auch der Anspruch. Ein in den Betriebsrat nachgerücktes Ersatzmitglied ist entsprechend der weiteren Amtszeit anspruchsberechtigt. Verkürzt oder verlängert sich die Amtszeit eines Betriebsratsmitgliedes (§ 21 BetrVG), verkürzt oder verlängert sich der Urlaub entsprechend.[183] Arbeitet der Betrieb in der 5-Tage-Woche, wird der Anspruch entsprechend umgerechnet, sodass ein Anspruch auf Freistellung für 15 bzw. 20 Arbeitstage besteht. Mit dem Ablauf der Amtsperiode erlischt der Anspruch.

49 **b) Geeignetheit der Veranstaltung.** Geeignet sind solche Kenntnisse, die einen betriebsverfassungsrechtlichen Bezug haben und der Betriebsratsarbeit dienlich und förderlich sind.[184] Hierzu können auch staats- und gesellschaftspolitische Kenntnisse gehören, um in angemessener Weise argumentieren zu können. Als geeignet anerkannt sind Schulungen über die betriebsverfassungsrechtlichen Grundlagen des Arbeitsrechts, Mitbestimmung und das Gesellschaftsrecht, allgemeines Sozialrecht, zu wirtschaftlichen und betriebswirtschaftlichen Themen, Fragen der Arbeitsbewertung, der Arbeitswissenschaft, Versammlungspraxis, Versammlungsleitung, nicht dagegen Diskussions- und Verhandlungstechnik. Vermittelt die Bildungsveranstaltung nur teilweise für die Betriebsratstätigkeit geeignete Kenntnisse, muss entweder die Anerkennung verweigert oder durch entsprechende Nebenbestimmungen gewährleistet werden, dass die Veranstaltung in vollem Umfang geeignet ist.[185] Hat das zuständige Ministerium die Schulungsveranstaltung als geeignet anerkannt, kann der Arbeitgeber, der auf Fortzahlung der Vergütung für die Zeit der Teilnahme eines Mitgliedes des Betriebsrats oder der Jugendvertretung an einer Schulungsveranstaltung nach § 37 VII BetrVG in Anspruch genommen wird, nicht einwenden, die Veranstaltung sei nicht geeignet.[186] Träger der Schulungsveranstaltung kann jede Organisation sein. Insbesondere kommen insoweit die Gewerkschaften in Betracht.

---

[180] BAG 5. 3. 1997 AP 123 zu § 37 BetrVG 1972 = NZA 97, 1242; vorausgehend EuGH 4. 6. 1992 AP 39 zu § 119 EWG-Vertrag = NZA 92, 687 (Bötel); BAG 20. 10. 1993 AP 90 zu § 37 BetrVG 1972 = NZA 94, 278; EuGH 6. 2. 1996 AP 72 zu Art. 119 EWG-Vertrag = NZA 96, 319 (Lewark); auch 7. 3. 1996 DB 96, 887 = NZA 96, 430 (Freers); vgl. zur Rechtslage vor 2001 die Ausführungen in der 9. Aufl. S. 2134f.

[181] BAG 11. 11. 2008 – 1 AZR 646/07 z. V. b.; Kirchlicher ArbGH 25. 4. 2008 ZMV 2008, 198.

[182] BAG 14. 12. 1994 AP 100 zu § 37 BetrVG 1972 = NZA 95, 593.

[183] A. A. BAG AP 68 zu § 37 BetrVG 1972 = NZA 90, 317.

[184] BAG 11. 8. 1993 AP 92 zu § 37 BetrVG 1972 = NZA 94, 517; 6. 4. 1976 AP 23 zu § 37 BetrVG 1972 = ArbuR 76, 314; 18. 12. 1973 AP 7 zu § 37 BetrVG 1972 = NJW 74, 1016.

[185] BAG 11. 8. 1993 AP 92 zu § 37 BetrVG 1972 = NZA 94, 517.

[186] BAG 17. 12. 1981 AP 41 zu § 37 BetrVG 1972 = BB 82, 1546.

c) Amtszeitende. Nimmt ein Betriebsratsmitglied unmittelbar vor dem Ende seiner Amtszeit an einer Schulungsveranstaltung nach § 37 VII BetrVG teil, muss es darlegen, auf Grund welcher besonderen Umstände des Einzelfalles eine solche Festlegung des Zeitpunkts der Schulungsteilnahme durch den Betriebsrat noch pflichtgemäßem Ermessen entsprochen hat;[187] insoweit entspricht die Rechtslage der zu § 37 VI BetrVG (RN 41). Unerheblich ist, ob das Betriebsratsmitglied erneut kandidiert. 50

d) Konkurrenzen. Auch dann, wenn eine Schulungsveranstaltung nach § 37 VII BetrVG anerkannt ist, kann im Einzelfall eine nach § 37 VI BetrVG erforderliche Schulung vorliegen. Insoweit bedarf es jedoch einer sorgfältigen Darlegung.[188] Der Anspruch aus § 37 VII BetrVG ist im Unterschied zu dem aus § 37 VI BetrVG ein individueller Anspruch.[189] 51

2. Genehmigung. Für die Genehmigung der Schulungs- und Bildungsveranstaltungen ist nach einer Meinung die oberste Arbeitsbehörde des Landes zuständig, in dem die Bildungsveranstaltung durchgeführt wird; nach anderer, richtiger Meinung ist das Land zuständig, in dem der Veranstalter seinen Sitz hat.[190] Die Genehmigung wird erteilt, wenn in der Veranstaltung Kenntnisse und Fähigkeiten vermittelt werden, die für die Betriebsratstätigkeit dienlich sind. Die Verwaltungsbehörde kann über einen rechtzeitig gestellten Antrag auch dann noch entscheiden, wenn die Veranstaltung inzwischen begonnen hat.[191] 52

3. Rechtsschutz. Für Streitigkeiten um die Anerkennung von Bildungsveranstaltungen sind nicht die Verwaltungsgerichte, sondern die Arbeitsgerichte zuständig.[192] Antrags- und beteiligungsbefugt sind die bereits im Verwaltungsverfahren zu hörenden Spitzenorganisationen.[193] In Abweichung von seiner früheren Rechtsprechung hat das BAG entschieden, dass der einzelne Arbeitgeber, der auf Vergütungsfortzahlung in Anspruch genommen wird, nicht antragsbefugt ist.[194] 53

4. Freistellung. Für die Freistellung von Betriebsratsmitgliedern zur Teilnahme an Bildungsveranstaltungen gilt § 37 VI 2–3 BetrVG entsprechend. Es kann daher auf die Ausführungen in RN 39ff. verwiesen werden. Während des Besuchs der Bildungsveranstaltung hat das Betriebsratsmitglied Anspruch auf Vergütungsfortzahlung nach dem Grundsatz des Lohnausfallprinzips. Zur Kostenerstattung vgl. § 222 RN 10. 54

VII. Arbeitsentgelt- und Tätigkeitsschutz

1. Zweck. Insbesondere freigestellte Betriebsratsmitglieder können wegen ihrer Amtstätigkeit ihre berufliche Entwicklung häufig nicht mit der gleichen Intensität wie andere Arbeitnehmer betreiben. In Konkretisierung des Benachteiligungsverbots aus § 78 BetrVG suchen die §§ 37 IV, V, 38 IV BetrVG einen Ausgleich zu schaffen. 55

2. Wirtschaftliche Absicherung. Nach § 37 IV BetrVG darf das Arbeitsentgelt von Betriebsratsmitgliedern einschließlich eines Zeitraums von einem Jahr nach Beendigung der Amtszeit nicht geringer bemessen werden als das Arbeitsentgelt vergleichbarer Arbeitnehmer mit betriebsüblicher beruflicher Entwicklung.[195] Die Vorschrift stellt nur auf das Entgelt, nicht auf sonstige Vergünstigungen (tariflichen Zusatzurlaub, teilweise Reduzierung der Arbeitsmenge) ab, die von § 78 Satz 2 BetrVG erfasst werden. Zum Entgelt zählen auch Leistungen der betrieblichen Altersversorgung,[196] nicht hingegen Leistungen von Dritten. Diese können nur Arbeitsentgelt i. S. v. § 37 IV BetrVG darstellen, wenn der Dritte sie nach der Abrede der Arbeitsvertragsparteien anstelle oder neben dem zwischen ihnen vereinbarten Arbeitsentgelt erbringen soll.[197] 56

---

[187] BAG 9. 9. 1992 AP 86 zu § 37 BetrVG 1972 = NZA 93, 468.

[188] BAG 5. 4. 1984 AP 46 zu § 37 BetrVG 1972 = NZA 84, 127; 26. 8. 1975 AP 21 zu § 37 BetrVG 1972 = DB 75, 2450; 6. 11. 1973 AP 5 zu § 37 BetrVG 1972 = BB 74, 461.

[189] BAG 6. 11. 1973 AP 5 zu § 37 BetrVG 1972 = BB 74, 461.

[190] BAG 5. 11. 1974 AP 19 zu § 37 BetrVG = DB 75, 699; 18. 12. 1973 AP 7 zu § 37 BetrVG 1972 = NJW 74, 1016; ArbG Minden 20. 11. 1973 DB 74, 388.

[191] BAG 11. 10. 1995 AP 115 zu § 37 BetrVG 1972 = NZA 96, 934.

[192] BAG 30. 8. 1989 AP 73 zu § 37 BetrVG 1972 = NZA 90, 483; 6. 4. 1976 AP 23 zu § 37 BetrVG 1972 = ArbuR 76, 314; 18. 12. 1973 AP 7 zu § 37 BetrVG 1972 = NJW 74, 1016.

[193] BAG 30. 8. 1989 AP 73 zu § 37 BetrVG 1972 = NZA 90, 483; 6. 4. 1976 AP 23 zu § 37 BetrVG 1972 = ArbuR 76, 314.

[194] BAG 2. 6. 1981 AP 38 zu § 37 BetrVG 1972 = NJW 82, 68.

[195] BAG 15. 1. 1992 AP 84 zu § 37 BetrVG 1972 = DB 93, 1379; 17. 5. 1977 AP 28 zu § 37 BetrVG 1972; LAG Rheinland-Pfalz 3. 6. 1980 EzA 69 zu § 37 BetrVG 1972.

[196] LAG Hessen 6. 9. 2000 NZA-RR 2001, 539.

[197] BAG 16. 1. 2008 AP 144 zu § 37 BetrVG 1972 = NZA 2008, 836 – Aktienoptionen.

Für § 37 IV BetrVG ist ein Vergleich des Betriebsratsmitglieds nach Fähigkeiten und Funktion im Betrieb mit einem oder mit anderen Arbeitnehmern zu Beginn der Amtstätigkeit anzustellen.[198] Betriebsüblich ist die Entwicklung, die bei objektiv vergleichbarer Tätigkeit Arbeitnehmer mit vergleichbarer fachlicher und persönlicher Qualifikation unter Berücksichtigung der normalen betrieblichen und personellen Entwicklung in beruflicher Hinsicht genommen haben. Die Betriebsüblichkeit des beruflichen Aufstiegs der als vergleichbar angesehenen Arbeitnehmer muss sich aus einem gleichförmigen Verhalten des Arbeitgebers und einer von ihm aufgestellten Regel ergeben. Dabei muss der Geschehensablauf so typisch sein, dass zumindest in der überwiegenden Anzahl der vergleichbaren Fälle mit dieser Entwicklung gerechnet werden kann. Es muss also der Normal- und nicht der Ausnahmefall sein.[199] Ein Betriebsratsmitglied hat nach § 242 BGB einen Auskunftsanspruch gegen den Arbeitgeber hinsichtlich der Gehaltsentwicklung vergleichbarer Arbeitnehmer mit betriebsüblicher beruflicher Entwicklung. Der Anspruch eines freigestellten Amtsträgers auf Höhergruppierung setzt die fiktive Nachzeichnung des beruflichen Werdegangs voraus, den er ohne die Amtstätigkeit genommen hätte.[200] Ist der Arbeitsplatz inzwischen weggefallen, ist auf einen solchen abzustellen, den das Betriebsratsmitglied auch hätte ausüben können. Eine betriebsübliche berufliche Entwicklung entsteht aus einem gleichförmigen Verhalten des Arbeitgebers und einer bestimmten Regel. Beförderungen müssen so typisch sein, dass auf Grund der betrieblichen Gegebenheiten und Gesetzmäßigkeiten in der überwiegenden Zahl der Fälle damit gerechnet werden kann.[201] Ist das Betriebsratsmitglied überdurchschnittlich qualifiziert, ist auch auf eine entspr. Vergleichsperson abzustellen. Bis einschließlich ein Jahr nach Beendigung der Amtstätigkeit hat das Betriebsratsmitglied Anspruch auf die gleiche Entwicklung seiner Bezüge. Es ist auf dieselbe Entgelteinheit abzustellen (Stundenlohn, Wochenlohn usw.). Ist ein Betriebsratsmitglied bei der Bewerbung um einen höher bezahlten Arbeitsplatz unterlegen, hat es Anspruch auf die höhere Vergütung, wenn nur jenes nach den üblichen Grundsätzen für die Stelle in Betracht gekommen wäre.[202] Im öffentlichen Dienst sind Beförderungen nach dem Prinzip der Bestenauslese vorzunehmen (Art. 33 II GG). Das Personalratsmitglied hat keinen Anspruch auf Beförderung, wenn der Konkurrent die besseren Leistungen erbringt. Wird das Personalratsmitglied aber nicht befördert, weil es inzwischen wegen der Amtstätigkeit nicht mehr über das erforderliche Wissen verfügt, liegt eine personalvertretungsrechtlich bedingte Benachteiligung vor, sodass es Anspruch auf Vergütung aus der höheren Vergütungsgruppe hat.[203] Dagegen werden keine Überstunden bezahlt, die es nicht zu leisten brauchte.[204] Hieraus ergibt sich einerseits, dass ein unterwertig beschäftigtes Betriebsratsmitglied auch nur Anspruch auf Gehaltsentwicklung vergleichbarer Arbeitnehmer hat; andererseits kann es auch nicht Anpassung an die Vergütung solcher Arbeitnehmer begehren, die eine spezielle Bildung genossen haben. Ein gleichmäßiger Abstand der übertariflichen Entlohnung soll nicht verlangt werden können.[205] Endet das Amt des Betriebsratsmitgliedes vorzeitig (Anfechtung, Ausschluss, Rücktritt), besteht die wirtschaftliche Absicherung gleichwohl, da Einschränkungen, wie sie § 15 KSchG für den Kündigungsschutz vorsieht, nicht gemacht sind.

57 **3. Tätigkeitsschutz.** Neben der entgeltmäßigen Absicherung schafft § 37 V BetrVG eine tätigkeitsbezogene Absicherung des Betriebsratsmitglieds. Diesem sind bis einschließlich eines Jahres nach Beendigung der Betriebsratstätigkeit Arbeiten zu übertragen, die denen gleichwertig sind, die vergleichbare Arbeitnehmer ausführen. Dies gilt nicht, wenn der Übertragung zwingende betriebliche Notwendigkeiten entgegenstehen, z. B., weil das Betriebsratsmitglied nicht über die erforderlichen Kundenkontakte verfügt. Auch insoweit soll erreicht werden, dass das Betriebsratsmitglied in seiner Arbeit nicht den Anschluss verpasst.[206] Es ist ein Erfüllungsanspruch und nicht nur ein bloßer Schadensersatzanspruch. Das Betriebsratsmitglied muss daher bei den allgemeinen Bildungsmaßnahmen des Betriebs in der gleichen Weise wie die übrigen Arbeitnehmer berücksichtigt werden. Es kann sich mithin auch ein Anspruch auf Übertragung höherwertiger Tätigkeit ergeben. Ein freigestelltes Betriebsratsmitglied ist bei einer Bewerber-

---

[198] BAG 21. 4. 1983 AP 43 zu § 37 BetrVG 1972 = DB 83, 2253.
[199] BAG 17. 8. 2005 AP 142 zu § 37 BetrVG 1972 = NZA 2006, 448.
[200] BAG 27. 6. 2001 AP 23 zu § 46 BPersVG = NZA 2002, 106.
[201] BAG 15. 1. 1992 AP 84 zu § 37 BetrVG 1972 = DB 93, 1379.
[202] BAG 13. 11. 1987 AP 61 zu § 37 BetrVG 1972 = NZA 88, 404.
[203] BAG 29. 10. 1998 AP 22 zu § 46 BPersVG = NZA 99, 717.
[204] BAG 7. 2. 1985 AP 3 zu § 46 BPersVG = DB 85, 1699; 21. 4. 1983 AP 43 zu § 37 BetrVG 1972 = DB 83, 2253; 17. 5. 1977 AP 28 zu § 37 BetrVG 1972.
[205] LAG Köln 3. 8. 1995 NZA-RR 96, 379.
[206] BAG 26. 9. 1990 AP 4 zu § 8 BPersVG = NZA 91, 694.

auswahl für einen Aufstiegsposten aber nicht deswegen zu berücksichtigen, weil es schneller als andere Bewerber hierfür abkömmlich ist.[207]

4. Bildungsmaßnahmen. In § 38 IV BetrVG ist ausdrücklich normiert, dass freigestellte Betriebsratsmitglieder nicht von inner- und außerbetrieblichen Maßnahmen zur beruflichen Bildung ausgeschlossen werden dürfen. Innerhalb eines Jahres nach Beendigung der Freistellung ist ihnen im Rahmen der betrieblichen Möglichkeiten Gelegenheit zu geben, eine wegen der Freistellung unterbliebene betriebsübliche berufliche Entwicklung nachzuholen. Waren Betriebsratsmitglieder drei volle aufeinander folgende Amtsperioden freigestellt, so erhöht sich die Frist auf zwei Jahre. Betriebsratsmitgliedern muss daher der Anschluss an die technische Entwicklung ermöglicht werden. 58

§ 222. Kosten des Betriebsrats

Übersicht

	RN
I. Personelle Kosten der Betriebsverfassung	1 f.
1. Entgeltfortzahlung für Betriebsratsmitglieder	1
2. Entgeltfortzahlung bei Inanspruchnahme des Betriebsrats	2
II. Aufwendungen des Betriebsrats	3 ff.
1. Geschäftsführungskosten des Betriebsrats	3–5 a
2. Umfang der Kostentragungspflicht	6
3. Rechtsverfolgungskosten	7–9
4. Schulungs- und Bildungsveranstaltungen	10–13
5. Ausschlussfrist/Verjährung	14
III. Überlassung von Räumen und sachlichen Hilfsmitteln an den Betriebsrat	15 ff.
1. Räume	15
2. Hilfsmittel	16–17
3. Büropersonal	18
4. Gesetze, Bücher	19
5. Bekanntmachungen	20–22
6. Eigentum	23
IV. Durchsetzung der Betriebsratskosten	24 ff.
1. Entgeltfortzahlung	24
2. Freistellungs- und Kostenerstattungsanspruch	25–25 b
3. Ausstattung nach § 40 II BetrVG	25 c, 25 d
4. Insolvenz	26
V. Umlageverbot	27 ff.
1. Heranziehung von Arbeitnehmern	27
2. Sammlungen	28
3. Betriebsratsbeschluss	29
4. Zuwendungen Dritter	30

I. Personelle Kosten der Betriebsverfassung

1. Entgeltfortzahlung für Betriebsratsmitglieder. Da die Mitglieder der Betriebsverfassungsorgane zum Arbeitgeber in einem Arbeitsverhältnis stehen, hat der Arbeitgeber die Vergütung auf Grund der bestehenden Arbeitsverträge ohnehin zu zahlen. Beruht die Nichtleistung der Arbeit auf der Wahrnehmung von erforderlicher Betriebsratstätigkeit, beseitigt die Pflicht zur Arbeitsfreistellung (§ 37 BetrVG) die Einwendung des Arbeitgebers, er schulde im Falle der Nichtleistung der Arbeit keine Vergütung. Anspruchsgrundlage für die Fortzahlung der Vergütung bleibt jedoch der Arbeitsvertrag. Einzelheiten § 221. 1

2. Entgeltfortzahlung bei Inanspruchnahme des Betriebsrats. Den Arbeitnehmern des Betriebs dürfen keine Verdienstausfälle infolge der Teilnahme an Betriebsversammlungen (§ 223 RN 21 ff.), des Besuchs der Sprechstunde oder der sonstigen Inanspruchnahme des Betriebsrats (§ 220 RN 30) entstehen (§ 39 III BetrVG). Aus diesem Grund bleibt auch ihr Vergütungsanspruch bestehen. 2

II. Aufwendungen des Betriebsrats

Glatzel, Ersatz von Aufwendungen von Betriebsratsmitgliedern, AR-Blattei SD 530.8.1; *Hunold,* Geschäftsführung des Betriebsrates, AR-Blattei SD 530.10; *Steinau-Steinrück/Glanz,* Betriebsrat – Welche Kosten muss der Arbeitgeber tragen?, NJW-Spezial 2008, 210; *Wank/Maties,* Die Erforderlichkeit von Schulungen der Personalvertretungen nach BetrVG und BPersVG, NZA 2005, 1033.

---

[207] BAG 31. 10. 1985 AP 5 zu § 46 BPersVG = ArbuR 86, 158; teilweise abweichend: BAG 26. 9. 1990 AP 4 zu § 8 BPersVG = NZA 91, 694.

3 **1. Geschäftsführungskosten des Betriebsrats. a) Erforderlichkeit.** Der Arbeitgeber ist nach § 40 BetrVG verpflichtet, die Kosten des Betriebsrats zu tragen. Hierzu gehören nur die Kosten, die zur sachgerechten und ordnungsgemäßen Durchführung der Betriebsratsaufgaben erforderlich sind. Entscheidend ist nicht ein rein objektiver Maßstab, sondern der Standpunkt eines objektiven, verständigen Betrachters, dazu unter RN 25. Ansprüche auf Kostenerstattung können auch nicht durch Tarifvertrag beschränkt werden,[1] eine Pauschalierung ist jedoch statthaft.[2] Die Arbeitnehmer dürfen zu Leistungen und Beiträgen für die Tätigkeit des Betriebsrats nicht herangezogen werden (RN 27ff.).

4 **b) Freistellungsanspruch.** Der Anspruch nach § 40 I BetrVG ist regelmäßig ein Anspruch gegen den Arbeitgeber auf Übernahme von Kosten der Betriebsratstätigkeit. Der Arbeitgeber kann auch den Betriebsrat ermächtigen, für ihn eine Verbindlichkeit einzugehen, der Anspruch des Gläubigers richtet sich dann direkt gegen den Arbeitgeber. Ist hingegen das Betriebsratsmitglied aus dem Schuldverhältnis mit dem Gläubiger selbst verpflichtet worden, hat es aus § 40 I BetrVG einen Freistellungsanspruch oder – wenn es die Forderung selbst erfüllt hat – einen Zahlungs-, d.h. Erstattungsanspruch gegen den Arbeitgeber. Soweit es zur ordnungsgemäßen Durchführung der Betriebsratstätigkeit notwendig ist, hat der Betriebsrat einen Anspruch auf **Kostenvorschuss** (§ 669 BGB entspr.). In größeren Betrieben wird i.d.R. dem Betriebsrat ein Fonds überlassen, den er periodisch abzurechnen hat.

5 **c) Bekanntgabe.** Ob der Arbeitgeber die Kosten des Betriebsrats im Betrieb veröffentlichen darf, ist umstritten. Nach Ansicht des BAG darf der Arbeitgeber über sie nur bei Bestehen eines berechtigten Interesses informieren. Außerdem darf durch die Art und Weise der Informationsgestaltung und -vermittlung die Amtsführung des Betriebsrats nicht beeinträchtigt werden.[3] Berichtet der Arbeitgeber über die Kosten des Betriebsrats im Rahmen einer Darstellung der Personal- und Sachaufwendungen, darf dies daher nur in einem Gesamtzusammenhang erfolgen; es müssen auch vergleichbare Aufwendungen (z.B. Reise-, Fortbildungs- und sonstige Sachkosten) anderer Arbeitnehmergruppen oder der leitenden Angestellten gleichermaßen dargestellt werden.

5a **d) Beschluss.** Der Arbeitgeber hat nur diejenigen Kosten der Betriebsratstätigkeit zu tragen, die auf einen ordnungsgemäßen Betriebsratsbeschluss zurückgehen. Fehlt es hieran, besteht keine Kostentragungspflicht des Arbeitgebers. Der Betriebsrat kann jedoch einen fehlenden oder fehlerhaften Betriebsratsbeschluss bis zum Abschluss der Angelegenheit nachholen, die Schaffung einer rückwirkenden Rechtsgrundlage für einen Kostenerstattungsanspruch des Betriebsrats ist ausgeschlossen (dazu RN 25 a und § 220 RN 24). Eine fehlende ordnungsgemäße Beschlussfassung des Betriebsrats wird nicht dadurch geheilt, dass der Arbeitgeber oder der Betriebsrat der Durchführung und Fortsetzung des gerichtlichen Verfahrens nicht ausdrücklich widersprochen hat.

6 **2. Umfang der Kostentragungspflicht.** Zu den Geschäftsführungskosten gehören Fahrtkosten, Reisekosten[4] und der Ersatz von Aufwendungen,[5] die zur Ausübung der Betriebsratsgeschäfte notwendig sind. Hierzu zählen insbesondere Reisekosten für die Fahrten zu Betriebsratssitzungen. Der Anspruch hängt nicht davon ab, ob die Betriebsratssitzung aus betriebsbedingten Gründen i.S.v. § 37 III BetrVG außerhalb der Arbeitszeit des Betriebsratsmitglieds stattgefunden hat.[6] Der Arbeitgeber ist aber nicht nach § 40 I BetrVG verpflichtet, einem freigestellten Betriebsratsmitglied die Kosten für die regelmäßigen Fahrten von seinem Wohnort zum Betriebsratsbüro abzüglich der ersparten Fahrtkosten vom Wohnort zum bisherigen Arbeitsort zu erstatten.[7] Reisekosten für Auslandsreisen können erstattungsfähig sein, wenn es sich um international arbeitende Unternehmen handelt.[8] Zu den Reisekosten kann auch der Ersatz von Sachschäden gehören, wenn das Betriebsratsmitglied zum Transport von Betriebsratsgegenständen seinen ei-

[1] BAG 9. 6. 1999 AP 66 zu § 40 BetrVG 1972 = NZA 99, 1292 (zu § 40 II BetrVG).

[2] BAG 9. 11. 1955 AP 1 zu Art. IX KRG 22 = NJW 56, 158.

[3] BAG 12. 11. 1997 AP 27 zu § 23 BetrVG 1972 = NZA 98, 559; 19. 7. 1995 AP 25 zu § 23 BetrVG 1972 = NZA 96, 332.

[4] BAG 10. 8. 1994 – 7 ABR 35/93 – BB 95, 1034 – n.v.; nicht vom auswärtigen Schulungsort: BAG 24. 6. 1969 AP 8 zu § 39 BetrVG = DB 69, 1754; LAG Berlin 6. 9. 1973 BB 74, 1439; zu Fahrtkosten zwischen Wohnung und Betrieb: BAG 28. 8. 1991 AP 39 zu § 40 BetrVG 1972 = NZA 92, 72.

[5] BAG 9. 11. 1971 AP 2 zu § 8 ArbGG 1953 = DB 72, 686.

[6] BAG 16. 1. 2008 AP 92 zu § 40 BetrVG 1972 = NZA 2008, 546.

[7] BAG 13. 6. 2007 AP 31 zu § 38 BetrVG 1972 = NZA 2007, 1301.

[8] LAG Niedersachsen 10. 6. 1992 DB 93, 1043 = BB 93, 291; ArbG München 29. 8. 1991 BB 91, 2375 = DB 91, 2295 (EDV-System).

genen PKW eingesetzt hat und dies für erforderlich halten durfte.[9] Zu Personenschäden vgl. § 109. Wenn das Betriebsratsmitglied eine Reise mit auswärtiger Unterbringung unternehmen muss, gehören zu den erstattungsfähigen Aufwendungen auch Kosten der angemessenen Verpflegung und Unterkunft. Es besteht keine Genehmigungspflicht für eine (Dienst-)Reise eines Betriebsratsmitglieds, wenn sie aus Sicht eines verständigen Beobachters zur Wahrnehmung von Betriebsratsaufgaben erforderlich ist.[10] Bei größeren Ausgaben wird sich der Betriebsrat aus dem Grundsatz der vertrauensvollen Zusammenarbeit (§ 2 I BetrVG) vor der Kostenverursachung mit dem Arbeitgeber abzustimmen haben.[11] Erstattungsfähig können auch Dolmetscher- und Übersetzungskosten[12] sein, wenn ausländische Arbeitnehmer beschäftigt werden.[13] Bei Teilzeitbeschäftigten können Kinderbetreuungskosten erstattungspflichtig sein, wenn sie wegen der Teilnahme des Betriebsratsmitglieds an Betriebsratssitzungen außerhalb der Arbeitszeit anfallen.[14] Fahrtkosten sind auch zu ersetzen, wenn sich der Arbeitnehmer in Elternzeit befindet und keine deshalb keine Arbeitspflicht besteht.[15] Nicht erstattungsfähig sind hingegen die Mitgliedsbeiträge des Betriebsrats in einem Mieterbund.[16]

3. Rechtsverfolgungskosten. a) Betriebsrat. Zu den erstattungsfähigen Geschäftsführungs- **7**
kosten zählen Aufwendungen für die Verfolgung oder Verteidigung der Rechte des Betriebsrats oder einzelner seiner Mitglieder. Dies gilt auch dann, wenn sich der Rechtsstreit gegen den Arbeitgeber richtet oder von diesem angestrengt worden ist; auch die Hinzuziehung eines Rechtsanwalts zur Erstattung einer Anzeige nach § 121 BetrVG kann der Betriebsrat für erforderlich halten.[17] Die Grenzen der Erforderlichkeit sind jedoch überschritten, wenn das Verfahren ohne hinreichenden Anlass eingeleitet, ohne Aussicht auf Erfolg weitergeführt oder der Grundsatz der Verhältnismäßigkeit missachtet wird.[18] Dies kann zum Ausschluss einer Kostenerstattung führen, wenn die Rechtsfrage bereits höchstrichterlich entschieden ist[19] (vgl. aber § 232 RN 15) oder bei der Beschränkung auf ein Musterverfahren.[20] Der Arbeitgeber hat bei einer danach erforderlichen Rechtsverfolgung bzw. -verteidigung auch die Auslagen für die Hinzuziehung eines Rechtsanwalts zu ersetzen, wenn der Betriebsrat bzw. das Betriebsratsmitglied bei verständiger Abwägung aller Umstände die Beauftragung eines Rechtsanwalts für erforderlich halten durfte.[21] Der Betriebsrat ist regelmäßig nicht verpflichtet, ein Beschlussverfahren ohne anwaltlichen Beistand durchzuführen. Dies gilt auch, wenn der Arbeitgeber nicht anwaltlich vertreten ist. Aus diesem Grund sind die notwendigen Aufwendungen für die Hinzuziehung eines Rechtsanwalts für die Vertretung in einem notwendigen Beschlussverfahren stets nach § 40 BetrVG erstattungsfähig.[22] Ohne Bedeutung ist, ob der Betriebsrat die Möglichkeit hatte, sich durch eine Gewerkschaft vertreten zu lassen.[23] Erstattungsfähig sind auch die Kosten, die dem Betriebsrat infolge der Wahrnehmung eines Gerichtstermins und einer Besprechung mit einem Anwalt ent-

---

[9] BAG 3. 3. 1983 AP 8 zu § 20 BetrVG 1972 = NJW 84, 198; LAG Hamm 16. 4. 1997 BB 97, 2007.

[10] Vgl. BVerwG 12. 9. 1989 AP 3 zu § 44 PersVG = ZTR 90, 34.

[11] BAG 18. 4. 1967 AP 7 zu § 39 BetrVG = NJW 67, 2377.

[12] LAG Düsseldorf 28. 10. 1968 BB 69, 1086.

[13] LAG Düsseldorf 30. 1. 1981 LAGE § 40 BetrVG 1972 Nr. 16 = DB 81, 1093; ArbG München 14. 3. 1974 BB 74, 1022 = DB 74, 1118.

[14] LAG Hessen 22. 7. 1997 LAGE § 40 BetrVG 1972 Nr. 56 = NZA-RR 98, 121; Rechtsbeschwerde anh.: 7 ABR 103/08.

[15] BAG 25. 5. 2005 AP 13 zu § 24 BetrVG 1972 = NZA 2005, 1002.

[16] BAG 27. 9. 1974 AP 8 zu § 40 BetrVG 1972 = DB 75, 505.

[17] LAG Schleswig-Holstein 14. 11. 2000 NZA-RR 2001, 592; LAG Düsseldorf 12. 8. 1993 LAGE § 40 BetrVG 1972 Nr. 42 = NZA 94, 1052.

[18] BAG 19. 3. 2003 AP 77 zu § 40 BetrVG 1972 = NZA 2003, 870; 28. 8. 1991 AP 2 zu § 85 ArbGG 1979 = NZA 92, 41; LAG Schleswig-Holstein 4. 7. 2000 NZA-RR 2000, 590; zum BPersVG § 265 RN 72.

[19] Zu eng LAG Hamm 4. 12. 1985 BB 86, 323 = DB 86, 488.

[20] Rechtsbeschwerde anh.: 7 ABR 95/07.

[21] Vgl. BAG 17. 8. 2005 AP 10 zu § 55 InsO = NZA 2006, 109; 20. 10. 1999 AP 67 zu § 40 BetrVG 1972 = NZA 2000, 556; 4. 12. 1979 AP 18 zu § 40 BetrVG 1972 = DB 80, 2091; 3. 4. 1979 AP 1 zu § 13 BetrVG 1972; 3. 10. 1978 AP 14 zu § 40 BetrVG 1972 = NJW 80, 1486; 26. 11. 1974 AP 6 zu § 20 BetrVG 1972; 18. 4. 1967 AP 7 zu § 39 BetrVG; 12. 2. 1965 AP 1 zu § 39 BetrVG; zur Haftung des Anwalts gegenüber Dritten BAG 24. 8. 2006 AP 3 zu § 276 BGB Vertragsverletzung = NZA 2007, 51.

[22] Überholt durch die Neufassung des § 11a ArbGG ist die Beschränkung auf Streitwerte über DM 300,–; vgl. noch BAG 3. 10. 1978 AP 14 zu § 40 BetrVG 1972 = NJW 80, 1486.

[23] BAG 4. 12. 1979 AP 18 zu § 40 BetrVG 1972 = DB 80, 2091; 3. 10. 1978 AP 14 zu § 40 BetrVG 1972 = NJW 80, 1486; LAG Düsseldorf 29. 10. 1985 BB 86, 1016 (Wahlvorstand).

standen sind, wobei die Entsendung von zwei Betriebsratsmitgliedern regelmäßig nicht notwendig sein wird.[24] Der Arbeitgeber ist auch zur Kostenübernahme verpflichtet, wenn der Rechtsanwalt nur vorgerichtlich für den Betriebsrat tätig war, es zu der ursprünglich beabsichtigten gerichtlichen Auseinandersetzung aber nicht gekommen ist.[25] Nicht nach § 40 BetrVG, sondern nur nach § 80 III BetrVG sind Aufwendungen für ein anwaltliches Gutachten vom Arbeitgeber zu übernehmen, selbst wenn durch dessen Erstattung ein gerichtliches Verfahren vermieden worden ist.[26] Über die Hinzuziehung eines Rechtsanwalts muss der Betriebsrat vor dessen Beauftragung durch Beschluss (§ 220 RN 23 ff.) entscheiden, da dieser Voraussetzung für die Kostenerstattungspflicht des Arbeitgebers ist.[27] Der Anspruch auf Kostenerstattung ist ausgeschlossen, wenn die Beschlussfassung unwirksam ist oder erst nach Abschluss der jeweiligen Instanz erfolgt (RN 25 a). Daneben ist die Erstattungspflicht von einer ordnungsgemäßen Rechnungsstellung des Rechtsanwalts (§ 10 RVG) abhängig.[28] Eine Kostentragungspflicht nach § 40 BetrVG kann auch im Verfahren vor dem BVerfG bestehen.[29] Die Gewährung von Prozesskostenhilfe mit Anwaltsbeiordnung zugunsten eines Betriebsrats im Beschlussverfahren kommt trotz der Kostenerstattungspflicht in Betracht, wenn der Freistellungsanspruch gegenüber dem Arbeitgeber wegen der Eröffnung eines Insolvenzverfahrens voraussichtlich nicht realisiert werden kann.[30]

8 **b) Betriebsratsmitglied.** Umstr. ist, inwieweit der Arbeitgeber verpflichtet ist, dem einzelnen Betriebsratsmitglied Aufwendungen für seine Beteiligung in einem Beschlussverfahren zu ersetzen. Nach § 40 I BetrVG können nur Kosten gegenüber dem Arbeitgeber geltend gemacht werden, die aus gerichtlichen Verfahren entstanden sind, in denen betriebsverfassungsrechtliche Rechte oder Rechtsverhältnisse Verfahrensgegenstand waren. Dies ist bejaht worden, wenn um die Rechtswirksamkeit von Betriebsratsbeschlüssen[31] oder die betriebsverfassungsrechtliche Stellung des Betriebsratsmitglieds gestritten wird, z. B. in einem Verfahren nach § 23 I BetrVG.[32] Gleiches gilt, wenn der Betriebsratsvorsitzende von der Sekretärin des Betriebsrats auf Unterlassung von Äußerungen über ihre Arbeitsweise in Anspruch genommen wird.[33] Keine Erstattungspflicht besteht aber für Aufwendungen, die aus einem Rechtsstreit im Urteilsverfahren mit dem Ziel der Durchsetzung eines Lohnanspruchs eines Betriebsratsmitglieds entstanden sind. Ebenso sind Anwaltskosten aus einem deswegen eingeleiteten Beschlussverfahren keine Kosten der Betriebsratstätigkeit.[34] Auch dann, wenn ein betriebsverfassungsrechtlicher Erstattungsanspruch besteht, ist nach § 12 a ArbGG der Anspruch auf Erstattung erstinstanzlicher Rechtsanwaltskosten ausgeschlossen.[35]

8a **c) Zustimmungsersetzungsverfahren.** Kein Kostenerstattungsanspruch besteht für die Hinzuziehung eines Prozessbevollmächtigten im Rahmen des Ersetzungsverfahrens nach § 103 BetrVG[36] oder § 78 a BetrVG.[37] Die Erstattungspflicht des Arbeitgebers entfällt, wenn das Betriebsratsmitglied in einem Streit um seine betriebsverfassungsrechtlichen Rechte bei vernünftiger Betrachtungsweise die Aussichtslosigkeit einer Rechtsverteidigung erkennen musste.[38] Ein Rechtsanwalt verstößt nicht gegen das Verbot der Vertretung widerstreitender Interessen (§ 43 a IV BRAO) und hat deshalb einen Vergütungsanspruch, wenn er in einem Beschlussver-

---

[24] BVerwG 21. 7. 1982 AP 2 zu § 44 BPersVG = PersV 83, 316.
[25] LAG Schleswig-Holstein 20. 7. 1999 AiB 2000, 162.
[26] LAG Düsseldorf 19. 8. 1964 AP 2 zu § 39 BetrVG; zum BPersVG § 265 RN 72.
[27] BAG 7. 7. 1999 AP 19 zu § 20 BetrVG 1972 = NZA 99, 1232; 26. 11. 1974 AP 6 zu § 20 BetrVG 1972 = DB 75, 1178 = BB 75, 700; LAG Berlin 26. 1. 1987 AP 25 zu § 40 BetrVG 1972 = NZA 87, 645 (jede Instanz gesondert); einschränkend LAG Köln 14. 7. 1995 LAGE § 40 BetrVG 1972 Nr. 47 = NZA-RR 96, 94 (Genehmigung möglich).
[28] OVG Hamburg 11. 6. 2001 PersR 2002, 255.
[29] BVerfG 22. 7. 1998 NJW 99, 203 = NZA 98, 1135.
[30] LAG Sachsen 25. 7. 2008 LAGE § 114 ZPO 2002 Nr. 9.
[31] BAG 3. 4. 1979 AP 1 zu § 13 BetrVG 1972 = DB 79, 2091; a. A. LAG Hamm 30. 7. 1976 EzA 25 zu § 40 BetrVG 1972 = DB 76, 2069.
[32] BAG 19. 4. 1989 AP 29 zu § 40 BetrVG 1972 = NJW 90, 853 = NZA 90, 233.
[33] LAG Düsseldorf 21. 2. 1997 LAGE § 40 BetrVG 1972 Nr. 54 = NZA-RR 97, 383.
[34] BAG 14. 10. 1982 AP 19 zu § 40 BetrVG 1972 = DB 83, 665; LAG Hamm 4. 2. 1977 EzA 33 zu § 40 BetrVG 1972 = LAGE § 40 BetrVG 1972 Nr. 12.
[35] BAG 30. 6. 1993 AP 8 zu § 12 a ArbGG 1979 = NZA 94, 284; Rechtsbeschw. anh.: 7 ABR 68/08.
[36] BAG 3. 4. 1979 AP 16 zu § 40 BetrVG 1972 = DB 79, 1706.
[37] BAG 5. 4. 2000 AP 33 zu § 40 BetrVG 1972 = NZA 2000, 1178.
[38] BAG 19. 4. 1989 AP 29 zu § 40 BetrVG 1972 = NZA 90, 233.

fahren nach § 103 II BetrVG gleichzeitig den Betriebsrat und das betroffene Betriebsratsmitglied vertritt; hält der Betriebsrat nicht mehr an der Zustimmungsverweigerung fest, muss der Anwalt jedoch beide Mandate niederlegen.[39] Der Arbeitgeber haftet nach § 7 II RVG hinsichtlich der Gebühren, die dem Rechtsanwalt für die Vertretung des Betriebsrats entstanden sind.

d) Höhe. Für die Berechnung der gesetzlichen Vergütung ist der nach § 33 RVG festzusetzende Gegenstandswert maßgeblich. Gegen dessen gerichtliche Festsetzung ist der Arbeitgeber beschwerdeberechtigt. Will der Betriebsrat im Wege der Honorarvereinbarung einem Rechtsanwalt höhere als die gesetzlichen Gebühren gewähren, bedarf er dafür der Zustimmung des Arbeitgebers.[40] Fahrtkosten eines auswärtigen Anwalts können nur übernommen werden, wenn der Betriebsrat keinen ortsansässigen Rechtsanwalt mit der Übernahme des Mandats betrauen konnte.[41] Von der Kostenerstattungspflicht nach § 40 I BetrVG ist auch ein Vorschuss des Rechtsanwalts (§ 9 RVG) umfasst. 9

4. Schulungs- und Bildungsveranstaltungen. a) Grundsatz. Ob zu den erstattungsfähigen Kosten auch solche für Schulungs- und Bildungsveranstaltungen gehören, war umstritten.[42] Gegen die Erstattungsfähigkeit wurde vor allem eingewandt, die Schulung gehöre nicht zur Betriebsratstätigkeit, was sich aus dem Umstand ergebe, dass § 37 VI, VII BetrVG eine Sonderregelung enthalte. Ferner verstoße die Kostenerstattung für gewerkschaftliche Schulungsveranstaltungen gegen das Prinzip, die gegnerische Koalition nicht zu unterstützen. Letzterem Einwand ist das BVerfG nicht gefolgt.[43] Das BAG hat bei Schulungsveranstaltungen nach § 37 VI BetrVG die Erstattungsfähigkeit anerkannt; denn auch die betriebsbezogene Schulung gehört zur Tätigkeit des Betriebsrats, auch wenn die Betriebsratsmitglieder lediglich rezeptiv an den Veranstaltungen teilnähmen.[44] Für die Kostenerstattung gilt der Grundsatz der Verhältnismäßigkeit, wonach der Betriebsrat bzw. seine Mitglieder die Kostenbelastung für den Betrieb möglichst gering halten müssen.[45] Sie müssen also eine möglichst kurze Schulungsdauer[46] und grundsätzlich zur Vermeidung von Reisekosten den nächstgelegenen Schulungsort wählen.[47] Allerdings muss der Betriebsrat wegen des ihm zustehenden Beurteilungsspielraums nicht die kostengünstigste Schulungsveranstaltung auswählen, wenn er eine andere Schulung für qualitativ besser hält. Hierzu kann allerdings eine besondere Darlegung erforderlich sein.[48] Zu den erstattungsfähigen Aufwendungen gehören notwendige **Fahrt-,**[49] **Verpflegungs- und Übernachtungskosten.**[50] Besteht eine betriebliche, allgemein angewandte Reisekostenregelung, ist diese anzuwenden;[51] bei Fehlen anderweitiger Vereinbarungen kann auf die Sätze in den Lohnsteuerrichtlinien abgestellt werden.[52] Jedoch kann der Arbeitnehmer nicht auf die Reisekostenrichtlinien verwiesen werden, wenn ihm höhere Aufwendungen entstehen und diese von ihm nicht beeinflusst werden können;[53] allerdings kann in diesen Fällen fraglich sein, ob der Betriebsrat eine entsprechende Schulung auswählen darf. Stellt die betriebliche Reisekostenordnung auf verschiedene Gehaltsklassen ab und gehören die Betriebsratsmitglieder nach ihrer betrieblichen Stellung verschiedenen Klassen an, bedarf es bei gemeinsamen Reisen einer Vereinbarung mit dem Arbeitgeber, in 10

---

[39] BAG 25. 8. 2004 AP 1 zu § 43 a BRAO = NZA 2005, 168; *Kleine-Cosack* AnwBl. 2005, 338.

[40] BAG 20. 10. 1999 AP 67 zu § 40 BetrVG 1972 = NZA 2000, 556.

[41] BAG 16. 10. 1986 AP 31 zu § 40 BetrVG 1972 = NZA 87, 753; großzügiger LAG Niedersachsen 23. 4. 2007 LAGE § 40 BetrVG 2001 Nr. 9.

[42] Siehe 9. Aufl. S. 2143 FN 32.

[43] BVerfG 14. 2. 1978 AP 13 zu § 40 BetrVG 1972 = NJW 78, 1310.

[44] BAG 8. 10. 1974 AP 7 zu § 40 BetrVG = DB 75, 698; 29. 1. 1974 AP 5 zu § 40 BetrVG 1972 = DB 74, 1292; 31. 10. 1972 AP 2 zu § 40 BetrVG 1972 = NJW 73, 822.

[45] BAG 30. 3. 1994 AP 42 zu § 40 BetrVG 1972 = NZA 95, 382.

[46] BAG 31. 10. 1972 AP 2 zu § 40 BetrVG 1972 = NJW 73, 822.

[47] LAG Düsseldorf 21. 10. 1975 DB 76, 1115.

[48] BAG 19. 3. 2008 – 7 ABR 2/07 n. v.

[49] Grundsätzlich keine Erstattung 1. Klasse: BAG 29. 4. 1976 AP 9 zu § 40 BetrVG 1972 = BB 75, 1111; weitergehend: LAG Bremen 30. 11. 1973 BB 74, 184.

[50] Keine Erstattung, wenn Betriebsratsmitglied 6 km entfernt wohnt: LAG Hamm 16. 9. 1981 BB 82, 555 = DB 82, 907; wenn bis 11.00 Uhr angereist werden kann: LAG Schleswig-Holstein 14. 3. 1996 LAGE § 40 BetrVG 1972 Nr. 49 = NZA-RR 97, 91.

[51] BAG 28. 3. 2007 – 7 ABR 33/06 – n. v.; 23. 6. 1975 AP 10 zu § 40 BetrVG 1972 = DB 75, 1707; 17. 9. 1974 AP 6 zu § 40 BetrVG 1972 = DB 75, 452; einschränkend LAG Nürnberg 25. 2. 2003 ArbuR 2003, 278.

[52] LAG Köln 11. 4. 2002 AiB 2003, 487.

[53] BAG 7. 6. 1984 AP 24 zu § 40 BetrVG 1972 = NZA 84, 362; vgl. bei Teilzeitbeschäftigten: LAG Frankfurt 6. 10. 1988 LAGE § 40 BetrVG 1972 Nr. 26 = DB 89, 2132.

welcher Gruppe Fahrtkosten abzurechnen sind. Eine Haushaltsersparnis hat sich der Arbeitnehmer anrechnen zu lassen.[54] Nicht erstattungsfähig sind Kosten persönlicher Lebensführung, wie Ausgaben für Getränke und dgl. bei Veranstaltungen.[55] Hat der Betriebsrat ein Mitglied zu einer bestimmten Schulung entsandt, hat der Arbeitgeber nur diese Kosten zu tragen, auch wenn der Schulungsträger wegen Asbestverseuchung des Heimes die Schulung in ein Komforthotel verlegt und dem Betriebsratsmitglied dadurch höhere Kosten entstehen.[56] Stornokosten hat der Arbeitgeber nur zu tragen, wenn die Schulung erforderlich gewesen wäre[57] und die Absage durch betriebliche Gründe veranlasst worden ist.

11 **b) Gewerkschaftliche Schulungsveranstaltung.** Wird die Schulung von einer Gewerkschaft durchgeführt, ist die Kostentragungspflicht nach § 40 I BetrVG neben dem Grundsatz der Erforderlichkeit und der Verhältnismäßigkeit noch durch koalitionsrechtliche Grundsätze begrenzt. Der Arbeitgeber ist auch dann nicht zur Finanzierung einer Arbeitnehmerkoalition verpflichtet, wenn diese ihre betriebsverfassungsrechtliche Unterstützungsfunktion wahrnimmt und Schulungen nach § 37 VI BetrVG durchführt. Er darf deshalb nur mit denjenigen Kosten belastet werden, die der Gewerkschaft durch die Durchführung der Schulung tatsächlich entstehen; die von ihr in Ansatz gebrachten Selbstkosten müssen deshalb nachgewiesen werden.[58] Im Jahre 1977 ist das BAG davon ausgegangen, dass bei Heimunterbringung für Verpflegungskosten ein Betrag bis 48 DM angemessen sei.[59] In späteren Entscheidungen hat es die Erstattungsfähigkeit in Höhe der steuerlichen Pauschale abgelehnt, weil diese auf Schätzungen der Verwaltung beruhten, die auch einen Gewinn der Gewerbebetriebe ermöglichen. Es hat angenommen, dass die Gewerkschaften ihre **Kosten** im Einzelnen **offen legen** müssen. In jedem Falle dürfen sie keinen Gewinn wegen der koalitionsrechtlichen Unabhängigkeit erzielen.[60] Eine Ausnahme besteht jedoch für in den Schulungskosten enthaltene Generalkosten (Vorhaltekosten, Seminargebühr, Teilnehmermaterial, Arbeitsmaterial, Arbeitskosten, allgemeine Verwaltung) und Referentengebühren der Gewerkschaft.[61] Dagegen können Honoraraufwendungen auch für gewerkschaftseigene Referenten, zu deren arbeitsvertraglichen Pflichten nicht die Durchführung von Schulungsveranstaltungen gehört, auf die Hörer umgelegt werden. Sie sind damit erstattungsfähige Kosten.[62] Die koalitionsrechtlichen Beschränkungen gelten auch für eine Schulung durch einen gemeinnützigen Verein, bei der die Gewerkschaft kraft satzungsmäßiger Rechte und personeller Verflechtung den maßgeblichen Einfluss ausübt,[63] nicht jedoch bei paritätischer Besetzung der Leitungsorgane mit nicht gewerkschaftsnahen Vertretern. Die Gemeinnützigkeit eines gewerkschaftsnahen Veranstalters schließt die Aufschlüsselungspflicht nur aus, wenn sich dieser auf die Durchführung betriebsverfassungsrechtlicher Schulungen beschränkt. Eine Aufschlüsselungspflicht kommt in diesem Fall erst bei Verdacht einer Gegnerfinanzierung in Betracht.[64] Umstr. ist, ob auch zum Verbleib überlassene Gesetzestexte vom Arbeitgeber bezahlt werden müssen.[65]

12 **c) Nachweis.** Auf Verlangen des Arbeitgebers muss der Betriebsrat bzw. das anspruchstellende Betriebsratsmitglied die Höhe der erstattungsfähigen Kosten nachweisen. Bis zu diesem Zeitpunkt steht dem Arbeitgeber gegenüber den geltend gemachten Auslagen ein Leistungsverweigerungsrecht zu. Die Teilnehmer einer Schulungsveranstaltung nach § 37 VI BetrVG haben aus dem Vertragsverhältnis mit dem Schulungsveranstalter einen Anspruch auf Ausstellung einer

---

[54] BAG 29. 1. 1974 AP 8 zu § 37 BetrVG 1972 = DB 74, 1535; LAG Köln 25. 4. 2008 – 11 TaBV 10/08 n. v. – § 2 I SvEV; LAG Baden-Württemberg 20. 9. 2007 – 11 TaBV 5/07 n. v.; LAG Hamm 13. 1. 2006 NZA-RR 2006, 249; LAG Nürnberg 26. 7. 2004 AR-Blattei ES 530.8.1 Nr. 90.

[55] BAG 15. 6. 1976 AP 12 zu § 40 BetrVG 1972 = ArbuR 76, 314.

[56] LAG Hamm 3. 2. 1993 BB 93, 1083 = DB 93, 1044.

[57] LAG Köln 18. 1. 2002 NZA-RR 2003, 141; ähnlich ArbG Berlin 25. 10. 2007 AiB 2008, 613.

[58] BAG 17. 6. 1998 AP 63 zu § 40 BetrVG 1972 = NZA 99, 163.

[59] BAG 8. 2. 1977 AP 26 zu § 37 BetrVG 1972 = DB 77, 1323; 8. 10. 1974 AP 7 zu § 40 BetrVG 1972 = DB 75, 698; 29. 1. 1974 AP 9 zu § 37 BetrVG 1972 = ArbuR 74, 90.

[60] BAG 17. 6. 1998 AP 63 zu § 40 BetrVG 1972 = NZA 99, 163; 15. 1. 1992 AP 41 zu § 40 BetrVG 1972 = NZA 93, 189.

[61] BAG 28. 5. 1976 AP 11 zu § 40 BetrVG 1972 = DB 76, 1628.

[62] BAG 3. 4. 1979 AP 17 zu § 40 BetrVG 1972 = DB 79, 1799.

[63] BAG 28. 6. 1995 AP 48 zu § 40 BetrVG 1972 = NZA 95, 1216; AP 47 zu § 40 BetrVG 1972 = NZA 95, 1220.

[64] BAG 17. 6. 1998 AP 62 zu § 40 BetrVG 1972 = NZA 99, 161; AP 61 zu § 40 BetrVG 1972 = NZA 99, 220 (Arbeit und Leben – DGB/Volkshochschule – Arbeitsgemeinschaft für politische und soziale Bildung im Lande NRW e. V. – Aufschlüsselungspflicht verneint).

[65] Verneint von LAG Berlin 10. 10. 1988 DB 89, 683.

aufgeschlüsselten Rechnung, unabhängig davon, ob es sich um einen gewerkschaftlichen oder kommerziellen Schulungsveranstalter handelt.[66]

d) Bildungsveranstaltungen. Kein Kostenerstattungsanspruch besteht für Bildungsveranstaltungen nach § 37 VII BetrVG.[67] Etwas anderes gilt nur, wenn sie zugleich die Voraussetzungen des § 37 VI BetrVG erfüllen und eine entsprechende Beschlussfassung durch den Betriebsrat erfolgt ist. **13**

5. Ausschlussfrist/Verjährung. Der Kostenerstattungsanspruch unterliegt nicht tariflichen Verfallfristen, auch wenn nach der Verfallklausel Ansprüche aus und in Verbindung mit dem Arbeitsverhältnis verfallen.[68] Für die Verjährung gilt § 195 BGB (3 Jahre); der Anspruch kann verwirkt sein, wenn seine verspätete Erhebung gegen Treu und Glauben verstößt.[69] Der Betriebsrat kann aber nicht Freistellung von Rechtsanwaltskosten verlangen, die bereits verjährt sind oder gegenüber dem Gläubiger auf die Einrede der Verjährung verzichten.[70] **14**

III. Überlassung von Räumen und sachlichen Hilfsmitteln an den Betriebsrat

Besgen, Sachmittelanspruch des Betriebsrats nach § 40 Abs. 2 BetrVG bezogen auf moderne Kommunikationseinrichtungen, FS Leinemann (2006), S. 471; *ders.,* BlackBerry und Homepage für den Betriebsrat?, NZA 2006, 959; *Hilber/Frik,* Rechtliche Aspekte der Nutzung von Netzwerken durch Arbeitnehmer und Betriebsrat, RdA 2002, 89; *Hunold,* Die Bürokraft für den Betriebsrat, NZA 2005, 1149; *ders.,* Zugang zum Internet für den Betriebsrat, BB 2004, 559; *ders.,* Der Internetzugang für den Betriebsrat, NZA 2004, 370; *ders.,* Der Internetzugang für den Betriebsrat, NZA 2007, 314; *Jansen,* Anspruch des Betriebsrats auf Intranetnutzung?, BB 2003, 1726; *Weber,* Erforderlichkeit von Computer und Internet für die Betriebsratsarbeit?, NZA 2008, 280; *Zumkeller/Lüber,* Der Betriebsrat als „Arbeitgeber", BB 2008, 2067.

1. Räume. Der Arbeitgeber hat dem Betriebsrat die für die Geschäftsausübung notwendigen Räume innerhalb des Betriebs zur Verfügung zu stellen (§ 40 II BetrVG). Sie müssen Arbeitnehmerschutzvorschriften genügen, d. h. ausreichend geräumig, beheizt und beleuchtet sowie optisch und akustisch abgeschirmt sowie verschließbar sein.[71] Die Zahl der zu überlassenden Räume bestimmt sich nach der Größe des Betriebsrats und dessen Geschäftsumfang. Die Räumlichkeiten müssen ausreichend bemessen sein, um Betriebsratssitzungen und Besprechungen durchzuführen, Sprechstunden abzuhalten und Schreibarbeiten auszuführen.[72] Ein Anspruch auf Beibehaltung eines bestimmten Raumes besteht nicht. Aus sachlichem Grund ist eine Veränderung möglich.[73] Wird dem Betriebsrat kein eigener abschließbarer Raum überlassen, ist ihm zumindest ein verschließbarer Schrank für seine Unterlagen zur Verfügung zu stellen. Innerhalb der ihm überlassenen Räumlichkeiten übt der Betriebsrat das Hausrecht aus.[74] § 40 II BetrVG gilt auch für die Räumlichkeiten, in denen Betriebs- oder Abteilungsversammlungen durchgeführt werden. **15**

2. Hilfsmittel. a) Grundsatz. aa) Grundausstattung. Der Arbeitgeber hat die für die Betriebsratstätigkeit notwendigen sachlichen Hilfsmittel bereitzustellen (§ 40 II BetrVG).[75] Die Prüfung, ob ein vom Betriebsrat verlangtes Sachmittel zur Erledigung von Betriebsratsaufgaben erforderlich und vom Arbeitgeber zur Verfügung zu stellen ist, obliegt dem Betriebsrat. Dieser darf seine Entscheidung nicht allein an seinen subjektiven Bedürfnissen ausrichten. Vom Betriebsrat wird vielmehr verlangt, dass er bei seiner Entscheidungsfindung die betrieblichen Verhältnisse und die sich ihm stellenden Aufgaben berücksichtigt. Dabei hat er die Interessen der Belegschaft an einer sachgerechten Ausübung des Betriebsratsamts einerseits und berechtigte Interessen des Arbeitgebers, auch soweit sie auf eine Begrenzung der Kostentragungspflicht gerichtet sind, gegeneinander abzuwägen. Die Überlassung eines Sachmittels ist als erforderlich anzusehen, wenn er ohne seine Überlassung bestimmte Aufgaben nicht bzw. nicht ordnungsgemäß **16**

---

[66] BAG 28. 6. 1995 AP 47 zu § 40 BetrVG 1972 = NZA 95, 1220; 30. 3. 1994 AP 42 zu § 40 BetrVG 1972 = NZA 95, 382 (Nebenpflicht).

[67] BAG 6. 11. 1973 AP 6 zu § 37 BetrVG 1972 = DB 74, 633; vgl. OVG Münster 2. 9. 1992 PersR 93, 83 = ZTR 93, 82.

[68] BAG 30. 1. 1973 AP 3 zu § 40 BetrVG 1972 = BB 73, 474.

[69] BAG 14. 11. 1978 AP 39 zu § 242 BGB Verwirkung = DB 79, 800.

[70] LAG Schleswig-Holstein 4. 7. 2000 NZA-RR 2000, 590.

[71] LAG Köln 19. 1. 2001 ArbuR 2002, 150.

[72] LAG Schleswig-Holstein 19. 9. 2007 NZA-RR 2008, 187; ArbG Frankfurt 17. 2. 1999 NZA-RR 99, 420.

[73] ArbG Hamburg 11. 6. 1987 DB 87, 2658.

[74] BAG 18. 9. 1991 AP 40 zu § 40 BetrVG 1972 = NZA 92, 315.

[75] LAG Rheinland-Pfalz 2. 2. 1996 LAGE § 40 BetrVG 1972 Nr. 52 = BB 96, 2465.

erledigen kann oder andere Aufgaben vernachlässigen müsste. Der Betriebsrat darf die Überlassung eines Sachmittels nicht bereits dann für erforderlich halten, wenn durch seinen Einsatz die Geschäftsführung des Betriebsrats lediglich erleichtert wird oder sich rationeller gestalten lässt. Der Beschluss des Betriebsrats unterliegt dabei keinen vollen, sondern nur einer eingeschränkten Kontrolle durch die Arbeitsgerichte. § 40 II BetrVG gewährt zwar keinen Anspruch des Betriebsrats auf Überlassung einer nicht näher definierten „Normalausstattung". Dennoch ist dem Betriebsrat stets ein verschließbarer Aktenschrank, Schreibmaterialien,[76] Schreibmaschine, Fotokopierer,[77] Porto zur Verfügung zu stellen.

16a **bb) Personalcomputer.** Inwieweit der Betriebsrat die Überlassung eines PC nebst Zubehör und Software verlangen kann, ist umstritten. Zwar ist die Informations- und Kommunikationstechnik seit 2001 im Wortlaut des § 40 II BetrVG ausdrücklich genannt.[78] Dies rechtfertigt es jedoch nicht, von der Prüfung der Erforderlichkeit (RN 16) abzusehen.[79] Denn auch die anderen in der Vorschrift genannten Sachmittel sind dem Betriebsrat nur bei ihrer Erforderlichkeit zu überlassen. Nach Ansicht des BAG kann daher die Frage, ob der Betriebsrat vom Arbeitgeber die Überlassung eines PC mit entsprechender Software verlangen kann, nicht generell mit „Ja" oder „Nein" beantwortet werden. Der Anspruch auf Überlassung eines PC ist vielmehr einzelfallbezogen auf der Grundlage der vom Betriebsrat gewählten Begründung und unter Berücksichtigung der eingeschränkten Prüfungskompetenz der Tatsachengerichte und des Rechtsbeschwerdegerichts zu beurteilen.[80] Der Betriebsrat kann danach die Überlassung eines PC nebst Zubehör und Software vom Arbeitgeber nur für erforderlich halten, wenn dies zur ordnungsgemäßen Wahrnehmung der ihm nach dem Gesetz obliegenden Aufgaben notwendig ist,[81] während nach Auffassung einiger Instanzgerichte einen großzügigeren Maßstab anlegen.[82] Ein Gesamtbetriebsrat hat keinen Anspruch auf ein Notebook, wenn er in den Einzelbetrieben auf dort vorhandene PC-Anlagen zugreifen kann.[83]

17 **b) Kommunikationsmittel.** Umstritten ist, in welchem Umfang dem Betriebsrat moderne Kommunikationsmittel zur Verfügung gestellt werden müssen. Der Betriebsrat hat sicherlich Anspruch auf einen eigenen Telefonanschluss.[84] In größeren Betrieben kann regelmäßig ein eigener Nebenanschluss verlangt werden.[85] In kleineren Betrieben kommt die (Mit-)Benutzung des Geschäftsanschlusses nicht in Betracht, der Arbeitgeber ist verpflichtet, die vorhandenen Telefone technisch so einrichten zu lassen, dass die dort beschäftigten Betriebsratsmitglieder von den Arbeitnehmern erreicht werden können.[86] Darüber hinaus kann ein eigener Anrufbeantworter oder eigenes Telefaxgerät erforderlich sein, wenn die Kommunikation des Betriebsrats mit der Belegschaft oder dem Arbeitgeber ohne Einsatz dieser Geräte nicht gewährleistet ist.[87]

---

[76] Hierzu gehören auch Kopfbogen, die indes nur mit dem Zusatz „Der Betriebsrat" verwandt werden dürfen LAG Frankfurt 28. 8. 1973 DB 73, 2451.

[77] LAG Frankfurt 20. 8. 1987 DB 88, 51 – Herstellung gewerkschaftlicher Aktionsblätter.

[78] In BT-Drucks. 14/5741 S. 41 wird undifferenziert die Verpflichtung zur Überlassung eines Computers mit „entsprechender" Software angesprochen; dazu *Däubler* ArbuR 2001, 1, 5; LAG Köln 27. 9. 2001 NZA-RR 2002, 151; a. A. *Fitting* § 40 RN 127.

[79] LAG Düsseldorf 23. 8. 2005 NZA-RR 2006, 139; LAG Köln 29. 4. 2002 NZA-RR 2003, 372; LAG Düsseldorf 21. 11. 2002 FA 2003, 151.

[80] So ausdrücklich der Orientierungssatz 3 der Entscheidung BAG 16. 5. 2007 AP 90 zu § 40 BetrVG 1972 = NZA 2007, 1117.

[81] BAG 16. 5. 2007 AP 90 zu § 40 BetrVG 1972 = NZA 2007, 1117; 12. 5. 1999 AP 65 zu § 40 BetrVG 1972 = DB 99, 1121; 11. 11. 1998 AP 64 zu § 40 BetrVG 1972 = NZA 99, 945; 11. 3. 1998 AP 57 zu § 40 BetrVG 1972 = NZA 98, 953; LAG Köln 9. 1. 2008 BB 2008, 1505.

[82] LAG Hessen 7. 2. 2008 – 9 TaBV 247/07 n. v.; LAG München 19. 12. 2007 AiB 2008, 545; LAG Düsseldorf 23. 8. 2005 NZA-RR 2006, 139.

[83] LAG Köln 17. 10. 1997 LAGE § 40 BetrVG 1972 Nr. 58 = BB 98, 538 = NZA-RR 98, 163.

[84] LAG Baden-Württemberg 30. 4. 2008 LAGE § 40 BetrVG 2001 Nr. 10 – Gesamtbetriebsrat.

[85] LAG Frankfurt 16. 3. 1986 NZA 86, 650; weitergehend *Fitting* § 40 RN 128; zur Sperrung für Ferngespräche: Hess VGH 27. 2. 1992 DB 92, 1787; zu Besonderheiten bei den Alliierten Streitkräften: BAG 1. 8. 1990 AP 11 zu Art. 56 ZA-Nato-Truppenstatut = NZA 91, 316.

[86] BAG 27. 11. 2002 AP 75 zu § 40 BetrVG 1972 = NZA 2003, 803; 27. 11. 2002 AP 76 zu § 40 BetrVG 1972 = NZA 2003, 991; 9. 6. 1999 AP 66 zu § 40 BetrVG 1972 = NZA 99, 1292; enger LAG Rheinland-Pfalz 9. 12. 1991 NZA 93, 426.

[87] BAG 15. 11. 2000 – 7 ABR 9/99 – AuA 2001, 38; LAG Niedersachsen 27. 5. 2002 LAGE § 40 BetrVG 2001 Nr. 2 = NZA-RR 2003, 250; großzügiger LAG Hamm 14. 5. 1997 LAGE § 40 BetrVG 1972 Nr. 59 = BB 97, 2052; LAG Rheinland-Pfalz 8. 10. 1997 NZA-RR 98, 403 = BB 98, 1211; 2. 2. 1996 LAGE § 40 BetrVG 1972 Nr. 52 = BB 96, 2465; LAG Düsseldorf 24. 6. 1993 DB 93, 1143.

Darüber hinaus müssen Handy,[88] E-Mail, Blackberry[89] und Internetanschluss[90] dem Betriebsrat nur überlassen werden, wenn dies für die Betriebsratsarbeit im Einzelfall notwendig ist; die Überlassung kommt eher in Betracht, wenn die entsprechende Kommunikationsform zum betrieblichen Standard zählt und dem Arbeitgeber keine unverhältnismäßigen Kosten verursacht. Zu weiteren Kommunikationsmedien RN 20ff.

3. Büropersonal. Dem Betriebsrat ist das für die Bewältigung der internen Verwaltungsaufgaben notwendige Büropersonal zur Verfügung zu stellen.[91] In kleineren Betrieben wird der Betriebsrat darauf verwiesen werden können, dass die Schreibarbeiten von einer Schreibkraft des Betriebs miterledigt werden. In mittleren bzw. größeren Betrieben sind dem Betriebsrat bei entsprechendem Arbeitsanfall eine oder mehrere eigene Schreibkräfte zur Verfügung zu stellen. Ob der Betriebsrat die Überlassung einer vollzeitbeschäftigten Bürokraft für erforderlich halten darf, hängt vom Umfang der beim Betriebsrat anfallenden Büroarbeiten, die der Bürokraft übertragen werden sollen, ab.[92] Der Betriebsrat hat bei der Auswahl der mit Schreibarbeiten betrauten Kräfte stets ein Mitspracherecht. Ein Ablehnungsrecht besteht, wenn er nachvollziehbar darlegt, dass er kein Vertrauen in die zur Verfügung gestellte Person hat.[93] Eine Bürokraft, die selbst dem Betriebsrat angehört, kann auf die Zahl der Freizustellenden nicht angerechnet werden (umstr.).[94] Die Verschwiegenheitspflicht des § 79 BetrVG gilt für das Büropersonal nicht, dieses ist jedoch auf Grund des Arbeitsvertrags zum Stillschweigen verpflichtet. 18

4. Gesetze, Bücher.[95] Zu den für jedes Betriebsratsmitglied bereitzustellenden Hilfsmitteln gehören insbesondere die wichtigsten arbeits- und sozialrechtlichen Gesetze.[96] Daneben sind dem Betriebsrat jeweils eine arbeitsrechtliche Monografie und ein Kommentar zum BetrVG zu überlassen.[97] Dabei darf er grundsätzlich die Auswahl der zu beschaffenden Bücher treffen.[98] Der Betriebsrat braucht sich nicht allein von der geringsten Kostenbelastung des Arbeitgebers leiten zu lassen.[99] Es ist nicht zu beanstanden, wenn der Betriebsrat bei Neuauflagen einen anderen als den früheren Kommentar wählt und damit eine Bücherei anlegt.[100] Ob und ggf. in welchem Umfang der Betriebsrat auf die Mitbenutzung der im Betrieb vorhandenen arbeits- und sozialrechtlichen Literatur verwiesen werden kann, ist nach den Umständen des Einzelfalls zu entscheiden. Es ist darauf abzustellen, inwieweit er zur sachgemäßen Arbeit eigene Literatur benötigt (vgl. § 37 II BetrVG). In Großbetrieben wird regelmäßig auch eine Entscheidungssammlung anzuschaffen und eine Fachzeitung vorzuhalten sein.[101] Der Überlassungsanspruch besteht auch bei tendenzbezogenen Zeitschriften.[102] Steht dem Betriebsrat bereits eine Fachzeitung zur Verfügung, die die betriebsnotwendige Themenstellung abdeckt, bedarf es der Darlegung besonderer Gründe, warum die Anschaffung einer zweiten Fachzeitschrift notwendig ist.[103] Zu den zur Verfügung zu stellenden Zeitschriften zählen auch die Arbeit- und Ökologie-Briefe,[104] nicht je- 19

---

[88] ArbG Wesel 14. 4. 1999 ArbuR 2000, 37; ArbG Frankfurt 12. 8. 1997 AiB 99, 223.

[89] *Besgen* NZA 2006, 959.

[90] BAG 23. 8. 2006 AP 88 zu § 40 BetrVG 1972 = NZA 2007, 337; 3. 9. 2003 AP 78 zu § 40 BetrVG 1972 = NZA 2004, 280; Rechtsbeschwerden anhängig: 7 ABR 58/08, 79/08, 80/08.

[91] BAG 17. 10. 1990 AP 8 zu § 108 BPersVG 1972 = NZA 91, 432.

[92] BAG 20. 4. 2005 AP 84 zu § 40 BetrVG 1972 = NZA 2005, 1010.

[93] BAG 5. 3. 1997 AP 56 zu § 40 BetrVG 1972 = NZA 97, 844.

[94] Vgl. ArbG Solingen 8. 3. 1974 DB 74, 781.

[95] *Lohse,* Die Handbibliothek des Betriebsrats, ZBVR 97, 38.

[96] BAG 24. 1. 1996 AP 52 zu § 40 BetrVG 1972 = NZA 97, 60; LAG Schleswig-Holstein 11. 4. 1995 LAGE § 40 BetrVG 1972 Nr. 46 = BB 95, 1188; LAG Düsseldorf 12. 4. 1988 DB 88, 1072 = BB 88, 912 (*Kittner* „Arbeits- und Sozialordnung"); LAG Bremen 3. 5. 1996 LAGE § 40 BetrVG 1972 Nr. 50 = NZA 96, 1288; a. A. LAG Berlin 5. 10. 1992 LAGE § 40 BetrVG 1972 Nr. 38 = BB 93, 725.

[97] BVerwG 25. 7. 1979 AP 1 zu § 44 BPersVG = PersV 80, 57; LAG Bremen 3. 5. 1996 LAGE § 40 BetrVG 1972 Nr. 50 = NZA 96, 1288 – *Schaub,* Arbeitsrechts-Handbuch; weitergehend ArbG Halberstadt 17. 6. 1998 ArbuR 98, 428 – 2 BetrVG-Kommentare.

[98] LAG Schleswig-Holstein 11. 4. 1995 LAGE § 40 BetrVG 1972 Nr. 46 = BB 95, 1188.

[99] BAG 24. 1. 1996 AP 52 zu § 40 BetrVG 1972 = NZA 97, 60.

[100] BAG 26. 10. 1994 AP 43 zu § 40 BetrVG 1972 = NZA 95, 386; LAG Rheinland-Pfalz 18. 11. 1999 LAGE § 40 BetrVG 1972 Nr. 64 = ArbuR 2000, 197.

[101] BAG 21. 4. 1983 AP 20 zu § 40 BetrVG 1972 = NJW 84, 2309; LAG Berlin 5. 10. 1992 LAGE § 40 BetrVG 1972 Nr. 38 = BB 93, 725.

[102] Bejaht bei „Arbeitsrecht im Betrieb": BAG 21. 4. 1983 AP 20 zu § 40 BetrVG 1972 = NJW 84, 2309; dazu BVerfG 10. 12. 1985 NJW 86, 1923 = NZA 86, 161; a. A. LAG Hamm 6. 1. 1982 DB 82, 961.

[103] BAG 25. 1. 1995 AP 46 zu § 40 BetrVG 1972 = NZA 95, 591.

[104] LAG Frankfurt 21. 3. 1991 BB 91, 1712 = NZA 91, 859.

doch eine Computerfachzeitschrift.[105] Auch die Überlassung einer Tageszeitung kann regelmäßig nicht verlangt werden;[106] Gleiches gilt für eine Lohnabzugstabelle.[107] Ist der Arbeitgeber zur Überlassung von Literatur verpflichtet, kann der Betriebsrat einen Vorschuss zum Erwerb verlangen (§ 669 BGB).

20 **5. Bekanntmachungen. a) Schwarzes Brett.** Für seine Bekanntmachungen kann der Betriebsrat ein oder je nach Größe des Betriebs mehrere Anschlagbretter („Schwarzes Brett") verlangen. Ihm obliegt die Entscheidung darüber, welche Anschläge zur Wahrnehmung seiner Aufgaben gemacht werden.[108] Jedoch kann der Arbeitgeber solche Anschläge untersagen, die sich nicht im Rahmen der Betriebsratsaufgaben bewegen, durch die unsachlicher Druck ausgeübt werden soll[109] oder die offensichtlich Beleidigungen des Arbeitgebers enthalten.[110]

21 **b) Andere Medien.** Der Betriebsrat ist in der Kommunikation mit der Belegschaft nicht auf die Durchführung der Sprechstunden oder Betriebsversammlungen beschränkt, obwohl der Betriebsrat nach Auffassung des BAG diese Vermittlungsarten vorrangig zu nutzen hat. Er kann auch Fragebogenaktionen durchführen, z.B. zur Vorbereitung von Themen, die zu seinem Aufgabenbereich gehören.[111] Ein regelmäßiges oder ein in unregelmäßigen Abständen erscheinendes Informationsblatt darf er dann herausgeben, wenn für die Belegschaft ein dringendes Informationsbedürfnis besteht, das durch Bekanntmachungen auf der nächsten Betriebsversammlung oder durch Anschläge am Schwarzen Brett nicht hinreihend befriedigt werden kann, sofern sich die Kosten in Grenzen halten und dem Arbeitgeber nach Art und Größe des Betriebs zumutbar sind.[112] Unter den gleichen Voraussetzungen kann auch die Versendung an die Privatanschrift der nicht im Betrieb anwesenden Arbeitnehmer erfolgen. Dagegen ist der Gesamtbetriebsrat nicht berechtigt, eigene Informationsblätter herauszugeben; insoweit ist die Unterrichtung durch den Betriebsrat ausreichend.[113] Auch die vom Betriebsrat herausgegebenen Werkszeitungen genießen den Schutz der Pressefreiheit.[114]

22 Der Arbeitgeber ist auch nicht verpflichtet, ein von ihm genutztes **E-Mail-System** dem Betriebsrat uneingeschränkt für die Kommunikation mit der Belegschaft zur Verfügung zu stellen.[115] Seine Nutzung kommt aber z.B. in Betracht, wenn eine Information der Arbeitnehmer durch Betriebsversammlung oder Informationsblätter wegen der zur Verfügung stehenden Zeit untunlich ist oder die Kommunikationsform im Unternehmen üblich ist. Die Einrichtung einer Internet-Homepage des Betriebsrats, auf der betriebsinterne Informationen erfolgen, ist nicht erforderlich,[116] während der Einsatz des Intranets bei entsprechenden Kommunikationsformen im Betrieb auch dem Betriebsrat zu ermöglichen ist.[117]

23 **6. Eigentum.** Die dem Betriebsrat überlassenen sächlichen Mittel verbleiben grundsätzlich im Eigentum des Arbeitgebers. Er verliert es an den verbrauchbaren Geschäftsmaterialien wie etwa Briefpapier, Büroklammern usw. bei entsprechender Verwendung. Wird das überlassene Geschäftspapier beschrieben, geht das Eigentum auf die Gesamtheit der Betriebsratsmitglieder über (§ 950 BGB).[118] Der Arbeitgeber kann daher nach Beendigung der Amtsperiode nicht die Herausgabe der Betriebsratsakten verlangen. Diese sind entweder zu vernichten oder dem nachfolgenden Betriebsrat zu übergeben.

---

[105] LAG Düsseldorf 30. 9. 1997 LAGE § 40 BetrVG 1972 Nr. 60 = BB 98, 2002 („COMPUTER Fachwissen für Betriebs- und Personalräte").

[106] BAG 29. 11. 1998 AP 32 zu § 40 BetrVG 1972 = NZA 90, 448 („Handelsblatt").

[107] LAG Düsseldorf 22. 8. 1968 BB 70, 79.

[108] LAG Berlin 23. 6. 1980 DB 80, 1704.

[109] LAG Düsseldorf 25. 5. 1976 BB 77, 294.

[110] LAG Baden-Württemberg 10. 11. 1977 DB 78, 798; auch ArbG Elmshorn 3. 3. 1978 DB 78, 1695.

[111] BAG 8. 2. 1977 AP 10 zu § 80 BetrVG 1972 = DB 77, 914; kritisch dazu *Eich* DB 78, 395.

[112] BAG 21. 11. 1978 AP 15 zu § 40 BetrVG 1972 = DB 79, 751; LAG Hamburg 6. 6. 1977 BB 78, 610 = DB 78, 118.

[113] BAG 21. 11. 1978 AP 4 zu § 50 BetrVG 1972 = DB 79, 703.

[114] BVerfG 8. 10. 1996 AP 3 zu Art. 5 Abs. 1 GG Pressefreiheit = NZA 97, 158.

[115] BAG 17. 2. 1993 AP 37 zu § 40 BetrVG 1972 = NZA 93, 854; großzügiger *Fitting* § 40 RN 134.

[116] LAG Rheinland-Pfalz 14. 5. 2003 NZA-RR 2004, 310; ArbG Paderborn 29. 1. 1998 DB 98, 678.

[117] BAG 1. 12. 2004 AP 82 zu § 40 BetrVG 1972; 3. 9. 2003 AP 79 zu § 40 BetrVG 1972 = NZA 2004, 278; einschränkend LAG Rheinland-Pfalz 14. 5. 2003 NZA-RR 2004, 310; ArbG Frankfurt 13. 11. 2001 NZA-RR 2002, 252; ArbG Paderborn 29. 1. 1998 DB 98, 678; *Hilber/Frik* RdA 2002, 89, 95 f.

[118] *Fitting* § 40 RN 107; a. A. Richardi/*Thüsing* § 40 RN 75; GK-BetrVG/*Weber* § 40 RN 136, die ein Gesamthandverhältnis ablehnen, da es sich mit den Bruchteilsverhältnissen nicht vertrage.

IV. Durchsetzung der Betriebsratskosten

1. Entgeltfortzahlung. Ansprüche der Betriebsratsmitglieder auf Arbeitsvergütung sind vor den Arbeitsgerichten im Urteilsverfahren zu verfolgen, da sie auf dem Arbeitsvertrag beruhen.[119] Bei Obsiegen besteht wegen § 12a ArbGG kein Anspruch auf Ausgleich der erstinstanzlichen Rechtsanwaltskosten des Betriebsratsmitglieds.[120] 24

2. Freistellungs- und Kostenerstattungsanspruch. a) Grundsatz. Der Arbeitgeber hat nach § 40 I BetrVG die erforderlichen Kosten der Betriebsratstätigkeit zu tragen. Die Frage der Erforderlichkeit hat der Betriebsrat nicht allein nach seinen subjektiven Bedürfnissen zu beantworten. Vielmehr hat er die Interessen der Belegschaft an einer sachgerechten Ausübung des Betriebsratsamts einerseits und die berechtigten Interessen des Arbeitgebers andererseits gegeneinander abzuwägen. Dabei hat er auch die Kostenbelange des Arbeitgebers zu berücksichtigen. Die Entscheidung des Betriebsrats unterliegt der arbeitsgerichtlichen Kontrolle. Diese ist wie in den sonstigen Fällen des § 40 BetrVG auf die Prüfung beschränkt, ob die Hinzuziehung unter den konkreten Umständen der Erledigung einer gesetzlichen Aufgabe des Betriebsrats diente und der Betriebsrat nicht nur die Interessen der Belegschaft berücksichtigt, sondern bei seiner Entscheidung auch berechtigten Interessen des Arbeitgebers, insbesondere an der Begrenzung seiner Kostentragungspflicht Rechnung getragen hat.[121] Dabei ist die Frage der Erforderlichkeit vom Zeitpunkt des Beschlusses aus zu beurteilen, der die Kosten ausgelöst hat.[122] 25

b) Verfahren. Durch die Kostentragungspflicht entsteht zwischen dem Arbeitgeber und dem Betriebsrat ein vermögensrechtliches gesetzliches Schuldverhältnis, dessen Gläubiger der Betriebsrat ist; insoweit ist er als vermögensfähig anzusehen.[123] Erforderlich für die Kostenerstattungspflicht ist stets ein ordnungsgemäßer Betriebsratsbeschluss. Fehlt dieser und wird er bis zum Abschluss der kostenauslösenden Angelegenheit nicht nachgeholt, ist der Arbeitgeber nicht zu Kostenübernahme verpflichtet. Der Betriebsrat kann nicht auf Grund eines sogenannten Vorratsbeschlusses im Vorhinein die Einleitung aller möglicher Beschlussverfahren beschließen. Eine nachträgliche Beschlussfassung kann eine Kostentragungspflicht des Arbeitgebers nur begründen, wenn die Angelegenheit noch nicht abgeschlossen ist (Beendigung einer Instanz, Abschluss der Schulungsveranstaltung). Insoweit wird die Rückwirkung der Genehmigung durch die nach § 40 BetrVG gebotene Erforderlichkeitsprüfung begrenzt.[124] Der Anspruch nach § 40 I BetrVG entsteht entweder als ein auf Zahlung an einen Dritten gerichteter (Leistungs-)Anspruch oder als ein auf Freistellung von einer Verbindlichkeit gegenüber einem Dritten gerichteter Anspruch. Erfüllt das Betriebsratsmitglied den Anspruch des Dritten (z. B. durch Zahlung an einen Schulungsveranstalter), wandelt sich der Freistellungsanspruch des Betriebsrats in einen Zahlungsanspruch gegen den Arbeitgeber um.[125] Der Betriebsrat kann den Freistellungsanspruch auch einem Dritten abtreten; der abgetretene Freistellungsanspruch wandelt sich dann in einen Zahlungsanspruch des Dritten gegen den Arbeitgeber um. Die Abtretung eines Freistellungsanspruchs durch den Betriebsrat muss auf einem Betriebsratsbeschluss beruhen, ohne den der Gläubiger keinen gegen den Arbeitgeber durchsetzbaren Anspruch erwirbt.[126] Durch die Abtretung ändern sich die Anspruchsgrundlage und der Rechtscharakter der Forderung nicht.[127] Der Anspruch kann später von dem Dritten dem Betriebsrat zurückabgetreten[128] oder an eine weitere Person abgetreten werden.[129] Der Betriebsrat bleibt auch nach dem Ende seiner Amtszeit befugt, noch nicht erfüllte Kostenerstattungsansprüche gegen den Arbeitgeber weiter zu verfolgen und an den Gläubiger abzutreten.[130] 25a

---

[119] BAG 11. 5. 1973 AP 2 zu § 20 BetrVG 1972 = DB 73, 1659; 31. 1. 1973 AP 1 zu § 37 BetrVG = NJW 73, 1391.
[120] BAG 30. 6. 1993 AP 8 zu § 12a ArbGG 1979 = NZA 94, 284.
[121] BAG 15. 11. 2000 – 7 ABR 24/00 n. v.; 20. 10. 1999 AP 67 zu § 40 BetrVG 1972 = NZA 2000, 556; 9. 6. 1999 AP 66 zu § 40 BetrVG 1972 = BAGE 92, 26.
[122] BAG 19. 4. 1989 AP 29 zu § 40 BetrVG 1972 = NZA 90, 233.
[123] BAG 24. 10. 2001 AP 71 zu § 40 BetrVG 1972 = NZA 2003, 53.
[124] BAG 10. 10. 2007 AP 17 zu § 26 BetrVG 1972 = NZA 2008, 369.
[125] BAG 13. 5. 1998 AP 55 zu § 80 BetrVG 1972 = NZA 98, 900.
[126] BAG 13. 5. 1998 AP 55 zu § 80 BetrVG 1972 = NZA 98, 900.
[127] BAG 15. 1. 1992 AP 41 zu § 40 BetrVG 1972 = NZA 93, 189.
[128] BAG 30. 3. 1994 AP 42 zu § 40 BetrVG 1972 = NZA 95, 283.
[129] BAG 25. 8. 2004 AP 1 zu § 43a BRAO = NZA 2005, 168.
[130] BAG 24. 10. 2001 AP 71 zu § 40 BetrVG 1972 = NZA 2003, 53.

25b **c) Durchsetzung.** Streitigkeiten über Freistellungs- und Kostenerstattungsansprüche sind im Beschlussverfahren auszutragen.[131] Das einzelne Betriebsratsmitglied ist antragsberechtigt;[132] in den Verfahren des Betriebsrats ist es notwendig Beteiligter.[133] Die Beteiligtenstellung besteht nicht oder endet, wenn weder der Betriebsrat oder das Betriebsratsmitglied Inhaber eines Freistellungs- oder Auslagenerstattungsanspruchs sind.[134] Der Betriebsrat kann die Erstattung nicht an sich, sondern im Rahmen gewillkürter Prozessstandschaft nur an seine Mitglieder verlangen.[135] Der Kostenaufwand ist durch den Betriebsrat regelmäßig durch Belege nachzuweisen.[136] Trotz der im Beschlussverfahren herrschenden Offizialmaxime ist der Betriebsrat für die Erforderlichkeit der Aufwendungen letztlich darlegungspflichtig.[137] Zahlungsansprüche sind nach allgemeinen Grundsätzen bei Verzug oder Rechtshängigkeit zu verzinsen.[138] Der Kostenerstattungsanspruch ist nicht pfändbar (§ 850a Nr. 3 ZPO) und nicht abtretbar (§ 400 BGB).[139] Eine Ausnahme gilt nur, wenn der Abtretungsempfänger die Schuld gegenüber dem Gläubiger der Forderung ausgleicht.[140] Dem Arbeitgeber steht ein Anspruch gegen den Dritten aus ungerechtfertigter Bereicherung (§ 812 I 2 1. Alt. BGB) zu, wenn er zur Abwendung der Zwangsvollstreckung aus einem vorläufig vollstreckbaren Beschluss an den Dritten zahlt und der Vollstreckungstitel später aufgehoben oder außer Kraft tritt.[141]

25c **3. Ausstattung nach § 40 II BetrVG. a)** Die Prüfung, ob ein vom Betriebsrat verlangtes Sachmittel zur Erledigung von Betriebsratsaufgaben erforderlich und vom Arbeitgeber zur Verfügung zu stellen ist, obliegt dem Betriebsrat. Die Entscheidung hierüber darf der Betriebsrat nicht allein an seinen subjektiven Bedürfnissen ausrichten. Von ihm wird vielmehr verlangt, dass er bei seiner Entscheidungsfindung die betrieblichen Verhältnisse und die sich ihm stellenden Aufgaben berücksichtigt. Dabei hat er die Interessen der Belegschaft an einer sachgerechten Ausübung des Betriebsratsamts einerseits und berechtigte Interessen des Arbeitgebers, auch soweit sie auf eine Begrenzung der Kostentragungspflicht gerichtet sind, gegeneinander abzuwägen.[142] Bei der Erforderlichkeitsprüfung steht dem Betriebsrat ein Beurteilungsspielraum zu, den die Gerichte zu beachten haben. Sie können die Entscheidung des Betriebsrats nur daraufhin kontrollieren, ob das verlangte Sachmittel der Wahrnehmung seiner gesetzlichen Aufgaben dienen soll und der Betriebsrat bei seiner Entscheidung berechtigten Interessen des Arbeitgebers und der Belegschaft angemessen Rechnung getragen hat.[143]

25d **b) Durchsetzung.** Streitigkeiten zwischen dem Betriebsrat und dem Arbeitgeber über die Notwendigkeit und die Bereitstellung von sächlichen und personellen Mitteln sind gleichfalls im arbeitsgerichtlichen Beschlussverfahren auszutragen.[144] Der Antrag richtet sich regelmäßig auf das Überlassen eines Sachmittels bzw. das Zurverfügungstellen der für die Betriebsratsarbeit erforderlichen Arbeitshilfen. Hat der Arbeitgeber ein Auswahlrecht bei der Sachmittelausstattung, ist dies im Antrag zu berücksichtigen.[145]

26 **4. Insolvenz.** Vor Eröffnung des Insolvenzverfahrens begründete Ansprüche nach § 40 BetrVG sind einfache Insolvenzforderungen und beim Insolvenzverwalter schriftlich zur Tabelle anzumelden.[146] Nach Verfahrenseröffnung entstandene Ansprüche sind Masseverbindlichkeiten

---

[131] BAG 6. 11. 1973 AP 6 zu § 37 BetrVG 1972 = DB 74, 633; 24. 6. 1969 AP 8 zu § 39 BetrVG = DB 69, 1754.
[132] BAG 6. 11. 1973 AP 6 zu § 37 BetrVG 1972 = DB 74, 633.
[133] BAG 13. 7. 1977 AP 8 zu § 83 ArbGG 1953 = DB 78, 168.
[134] BAG 15. 1. 1992 AP 41 zu § 40 BetrVG 1972 = NZA 93, 189.
[135] BAG 9. 9. 1975 AP 6 zu § 83 ArbGG 1953 = DB 75, 2451.
[136] BAG 28. 6. 1995 AP 47 zu § 40 BetrVG 1972 = NZA 95, 1220; 29. 4. 1975 AP 9 zu § 40 BetrVG 1972 = BB 75, 1111.
[137] BAG 6. 11. 1973 AP 5 zu § 37 BetrVG 1972 = BB 74, 461; 26. 6. 1973 AP 3 zu § 20 BetrVG 1972 = DB 73, 1954; 13. 3. 1973 AP 1 zu § 20 BetrVG 1972 = DB 73, 1257.
[138] BAG 18. 1. 1989 AP 28 zu § 40 BetrVG 1972 = NZA 89, 641.
[139] LAG Hamm 15. 6. 2005 ArbuR 2006, 74.
[140] BAG 15. 1. 1992 AP 41 zu § 40 BetrVG 1972 = NZA 93, 189 – Gewerkschaft; 25. 4. 1978 AP 33 zu § 37 BetrVG 1972 = DB 78, 1976; 29. 1. 1974 AP 5 zu § 40 BetrVG 1972 = DB 74, 1292; 30. 1. 1973 AP 3 zu § 40 BetrVG 1972 = BB 73, 474.
[141] BAG 26. 1. 1994 – 7 ABR 27/93 n. v.
[142] BAG 3. 9. 2003 AP 78 zu § 40 BetrVG 1972 = NZA 2004, 278.
[143] BAG 1. 12. 2004 AP 82 zu § 40 BetrVG 1972; 12. 5. 1999 AP 65 zu § 40 BetrVG 1972 = NZA 99, 1290; 11. 11. 1998 AP 64 zu § 40 BetrVG 1972 = NZA 99, 945.
[144] BAG 18. 1. 1989 AP 28 zu § 40 BetrVG 1972 = NZA 89, 641; 24. 6. 1969 AP 8 zu § 39 BetrVG = DB 69, 1754; 18. 4. 1967 AP 7 zu § 39 BetrVG = NJW 67, 2377.
[145] LAG Nürnberg 10. 12. 2002 NZA-RR 2003, 418 – Vollstreckung analog §§ 262 ff. BGB.
[146] Rechtsbeschwerde anh.: 7 ABR 90/07.

(§ 55 InsO). Führt der Insolvenzverwalter ein vom Arbeitgeber eingeleitetes und durch die Eröffnung des Insolvenzverfahrens über das Vermögen des Arbeitgebers nach § 240 ZPO unterbrochenes arbeitsgerichtliches Beschlussverfahren fort, sind die dem Betriebsrat nach § 40 I BetrVG entstandenen Rechtsanwaltskosten Masseverbindlichkeiten[147] (§ 55 I Nr. 1 InsO).

V. Umlageverbot

1. Heranziehung von Arbeitnehmern. Die Heranziehung der Arbeitnehmer zu Leistun- 27
gen und Beiträgen für den Betriebsrat ist unzulässig (§ 41 BetrVG). Leistungen und Beiträge liegen nur dann vor, wenn sie aus dem Vermögen des Arbeitnehmers stammen.[148] Nach h. M. sind auch andere Sammlungen des Betriebsrats für fremde Zwecke verboten, da sie nicht zu seinen Aufgaben gehören. Dies gilt insbesondere auch für den Einzug von Gewerkschaftsbeiträgen; allerdings sind Betriebsratsmitglieder nicht gehindert, für ihre Gewerkschaft das Beitragsinkasso zu übernehmen (§ 74 III BetrVG). Ob ein Spielbankbetreiber die Lohn- und Sachkosten für den Betriebsrat aus dem Tronc entnehmen darf, richtet sich nach Landesrecht.[149]

2. Sammlungen. Vom Umlageverbot nicht betroffen werden nicht mit Aufgaben des Be- 28
triebsrats zusammenhängende Sammlungen für einmalige betriebliche Zwecke, z. B. Kranzspenden, Betriebsausflüge, Geburtstags- und Jubiläumsgeschenke usw.[150]

3. Betriebsratsbeschluss. Ein Beschluss des Betriebsrats, durch den Arbeitnehmer zu Bei- 29
trägen herangezogen werden, ist nach § 40 BetrVG i. V. m. § 134 BGB nichtig. Hat der Betriebsrat entgegen dem Umlageverbot Beiträge eingezogen, so sind jedoch die Besitzer der Beiträge nicht zur Herausgabe verpflichtet (§ 817 BGB).

4. Zuwendungen Dritter. Der Betriebsrat darf auch von dritter Seite keine Zuwendungen 30
für die Betriebsratsarbeit entgegennehmen. Dies gilt insbesondere auch für die Finanzierung von Informationsblättern für die Belegschaft, da insoweit die Neutralität gefährdet sein kann.[151]

§ 223. Betriebsversammlung

Hunold, Betriebsversammlung, Abteilungsversammlung, AR-Blattei SD 530.11.

Übersicht

	RN
I. Arten und Einberufung der Betriebsversammlung	1 ff.
1. Allgemeines	1–5
2. Ordentliche Betriebsversammlung	6, 7
3. Außerordentliche Betriebsversammlung	8
4. Einberufungspflicht	9
5. Zeitpunkt	10–12
6. Protokoll	13
II. Aufgaben und Themen der Betriebsversammlung	14 ff.
1. Antragsrecht	14
2. Themen	15–17
3. Kosten der Betriebsratstätigkeit	18
III. Zutrittsrecht der Gewerkschaftsvertreter	19 f.
1. Zugangsrecht	19
2. Rechtsschutz	20
IV. Vergütungsanspruch der Versammlungsteilnehmer	21 ff.
1. Entgeltfortzahlung	21–24 a
2. Arbeitszeit	25
3. Kosten der Betriebsversammlung	26

I. Arten und Einberufung der Betriebsversammlung

1. Allgemeines. a) Die Betriebsversammlung besteht aus allen Arbeitnehmern des Betriebs. 1
Sie ist das schwächste Organ der Betriebsverfassung. Sie hat keine Vertretungsmacht oder sonstige Funktion nach außen und kann dem Betriebsrat keine Weisungen erteilen. Die gesetzliche Regelung der Betriebsversammlung hindert den **Arbeitgeber** nicht an der Einberufung von **Belegschaftsversammlungen** und zur Erörterung gemeinsam interessierender Fragen. Er darf

[147] BAG 17. 8. 2005 AP 10 zu § 55 InsO = NZA 2006, 109.
[148] BAG 14. 7. 1991 AP 1 zu § 41 BetrVG 1972 = NZA 91, 980.
[149] BAG 14. 8. 2002 AP 2 zu § 41 BetrVG 1972 = NZA 2003, 626 (verneint für Schleswig-Holstein); 24. 7. 1991 AP 1 zu § 41 BetrVG 1972 = NZA 91, 980 (bejaht für NRW).
[150] Großzügig BAG 22. 4. 1960 AP 1 zu § 2 ArbGG Betriebsverfassungsstreit = DB 60, 1188.
[151] Vgl. BVerwG 10. 10. 1990 AP 1 zu § 41 LPVG Nordrhein-Westfalen = NJW 91, 1076.

die Betriebsversammlungen nur nicht aushebeln.[1] Die Belegschaftsversammlungen sind keine Betriebsversammlungen im Rechtssinne und werden auf die Anzahl der Pflichtveranstaltungen nicht angerechnet. Die Arbeitnehmer sind auf Grund ihres Arbeitsvertrags verpflichtet, an den vom Arbeitgeber einberufenen Belegschaftsversammlungen teilzunehmen.

2 **b) Teilnehmer.** An Betriebsversammlungen teilnahmeberechtigt, aber nicht verpflichtet sind die wahlberechtigten Arbeitnehmer des Betriebs (§ 7 BetrVG) einschließlich der nichtselbstständigen Betriebsteile und Kleinstbetriebe sowie der nach § 3 I BetrVG zugeordneten Einheiten. Teilnahmeberechtigt sind auch Beschäftigte in Arbeitsgelegenheiten (§ 16 d SGB II). Nicht teilnahmeberechtigt sind die in § 5 II, III BetrVG genannten Personen, da auf sie das BetrVG keine Anwendung findet. Sie können jedoch als Vertreter des Arbeitgebers teilnehmen oder als Gäste, wenn weder Betriebsrat noch Arbeitgeber widersprechen.

3 **c) Leitung.** Die Betriebsversammlung wird vom Vorsitzenden und im Falle seiner Verhinderung vom stellvertretenden Vorsitzenden des Betriebsrats geleitet. Für die Durchführung und Befugnisse des Vorsitzenden gelten die allgemeinen parlamentarischen Grundsätze. Er hat eine Rednerliste zu führen, das Wort zu erteilen und zu entziehen, Abstimmungen zu leiten usw. Ihm steht nach h. M. das alleinige Hausrecht im Versammlungsraum und auf den Zugangswegen zu,[2] das indes wieder auf den Arbeitgeber zurückfallen soll, wenn die Betriebsversammlung unzulässige Themen (RN 15 ff.) behandelt, Unbefugte teilnehmen oder das Eigentum beschädigt wird.[3] Die Meinung ist bedenklich, da ggf. das Hausrecht wiederholt wechseln könnte und die Zulässigkeit des Themas i. d. R. auf der Betriebsversammlung nicht geklärt werden kann. Daher wird der Arbeitgeber nur unter den Voraussetzungen der Notwehr eingreifen dürfen.

4 **d) Öffentlichkeit.** Die Betriebsversammlung ist nicht öffentlich (§ 42 BetrVG). Das Gesetz enthält keine abschließende Regelung der Teilnahmeberechtigung. Zugelassen werden können – unabhängig von der originären Teilnahmeberechtigung – alle Personen, deren Teilnahme im betrieblichen Interesse sachdienlich ist. Hierzu gehören z. B. Mitglieder des Wirtschaftsausschusses, des Gesamtbetriebsrats,[4] Konzernbetriebsrats, Aufsichtsrats, Sachverständige,[5] Gewerkschaftssekretäre, Vertreter des Arbeitgeberverbandes (vgl. unter RN 6), Dolmetscher.

5 **e) Teil- und Abteilungsversammlungen.** Kann wegen der Eigenart des Betriebs zum gleichen Zeitpunkt keine Vollversammlung aller Arbeitnehmer stattfinden, sind Teilversammlungen durchzuführen. Die Durchführung von Teilversammlungen steht daher nicht im Ermessen des Betriebsrats, sondern muss durch die Eigenart des Betriebs (z. B. große Arbeitnehmerzahl; Mangel eines genügend großen Raumes und Untunlichkeit, einen solchen anzumieten; Schichtarbeit) bedingt sein.[6] Teilversammlungen dürfen nicht im Ausland abgehalten werden.[7] Arbeitnehmer organisatorisch oder räumlich abgegrenzter Betriebsteile sind vom Betriebsrat zu Abteilungsversammlungen zusammenzufassen, wenn dies für die Erörterung der besonderen Belange der Arbeitnehmer erforderlich ist.[8] Die Teilversammlung wird daher aus zeitlichen, die Abteilungsversammlung aus organisatorischen Gründen durchgeführt. Die Abteilungsversammlung wird von einem durch Mehrheitsbeschluss bestimmten Mitglied des Betriebsrats geleitet. Im Interesse seiner Sachnähe soll es möglichst der Abteilung angehören. Auch die Abteilungsversammlungen sind nicht öffentlich und können als Teilversammlungen durchgeführt werden (§ 42 II BetrVG).

6 **2. Ordentliche Betriebsversammlung. a) Grundsatz.** Der Betriebsrat hat die ordentliche Betriebsversammlung in jedem Kalendervierteljahr einzuberufen, über den genauen Zeitpunkt entscheidet der Betriebsrat nach pflichtgemäßem Ermessen.[9] Der **Arbeitgeber** ist hierzu unter

---

[1] BAG 27. 6. 1979 AP 5 zu § 42 BetrVG 1972 = NZA 90, 113; LAG Düsseldorf 15. 2. 1985 DB 85, 872 = NZA 85, 294; zur Mitbestimmungspflicht bei der Lage von Versammlungen des Arbeitgebers BAG 13. 3. 2001 AP 87 zu § 87 BetrVG 1972 Arbeitszeit = NZA 2001, 976.

[2] BAG 13. 9. 1977 AP 1 zu § 42 BetrVG 1972 = NJW 78, 287; 18. 3. 1964 AP 1 zu § 45 BetrVG = DB 64, 992.

[3] *Fitting* § 42 RN 36; enger Richardi/*Annuß* § 42 RN 26.

[4] BAG 28. 11. 1978 AP 2 zu § 42 BetrVG 1972 = DB 79, 1185.

[5] BAG 19. 4. 1989 AP 35 zu § 80 BetrVG 1972 = NZA 89, 936; vgl. BVerwG 6. 9. 1984 BVerwGE 70, 69 = NJW 85, 2843 (sachkundige Personen).

[6] LAG Saarbrücken 21. 12. 1960 AP 2 zu § 43 BetrVG = DB 61, 171.

[7] BAG 27. 5. 1982 AP 3 zu § 42 BetrVG 1972 = NJW 83, 413.

[8] Zu Teilnahmerechten von nicht zur Abteilung gehörenden Betriebsratsmitgliedern vgl. BVerwG 5. 5. 1973 AP 3 zu § 46 PersVG = BVerwGE 42, 175.

[9] ArbG Bielefeld 20. 4. 1990 DB 90, 1776.

Mitteilung der Tagesordnung zu laden und zur **Teilnahme verpflichtet**[10] (umstr.). Eine Stellvertretung ist wegen der Bedeutung der Betriebsversammlung und der unmittelbaren Kommunikationsmöglichkeiten aller Beteiligten nur in Ausnahmefällen möglich. Der Arbeitgeber kann das Wort ergreifen und einen Vertreter seines Arbeitgeberverbands hinzuziehen (§ 43 II BetrVG). Ob ein Rechtsanwalt hinzugezogen werden kann, ist umstr. (arg. § 46 BetrVG). Zum Teil wird es aus Gründen der Waffengleichheit für nicht organisierte Arbeitgeber bejaht, wenn ein Gewerkschaftssekretär an der Betriebsversammlung teilnimmt.[11] Dem Verbandsvertreter ist auf Verlangen des Arbeitgebers das Wort zu erteilen.[12]

b) Berichte. Mindestens einmal in jedem Kalenderjahr hat der **Arbeitgeber** über **(1)** das Personal- und Sozialwesen des Betriebs einschließlich des Stands der Gleichstellung von Frauen und Männern im Betrieb, der Integration der im Betrieb beschäftigten ausländischen Arbeitnehmer sowie über den betrieblichen Umweltschutz und **(2)** die wirtschaftliche Lage und Entwicklung des Betriebs zu berichten (§ 43 BetrVG).[13] Der Arbeitgeber soll einen groben Überblick über die voraussichtliche Entwicklung, Produktions- und Investitionsvorhaben geben. Zur Möglichkeit für den Arbeitgeber über die Kosten der Betriebsratstätigkeit zu informieren RN 18. In den Versammlungen hat der **Betriebsrat** einen Tätigkeitsbericht zu erstatten, der vom Vorsitzenden vorzutragen ist (§ 43 I BetrVG). Der Betriebsrat kann aber durch Beschluss auch ein anderes Mitglied bestimmen. Die Versammlung kann zu dem Bericht Stellung nehmen und dem Betriebsrat Anregungen und Hinweise erteilen. Die schriftliche Vorlage des Berichts kann nicht verlangt werden. Daher kommt auch keine Übersetzung einer schriftlichen Vorlage für ausländische Arbeitnehmer in Betracht; lediglich eine Übersetzung in der Betriebsversammlung auf Kosten des Arbeitgebers ist möglich.[14] 7

3. Außerordentliche Betriebsversammlung. Sie kann vom Betriebsrat einberufen werden. Sie ist ferner von diesem auf Wunsch des Arbeitgebers oder mindestens 1/4 der wahlberechtigten Arbeitnehmer einzuberufen (§ 43 III BetrVG). Von der auf Wunsch des Arbeitgebers stattfindenden Betriebsversammlung ist dieser rechtzeitig zu benachrichtigen (§ 43 III 2 BetrVG). Der Arbeitgeber kann auch an ihr teilnehmen und einen Verbandsvertreter hinzuziehen (§ 46 BetrVG). 8

4. Einberufungspflicht. Auf Antrag einer im Betrieb vertretenen Gewerkschaft muss der Betriebsrat binnen einer Frist von zwei Wochen seit Eingang des Antrages eine Betriebsversammlung einberufen, wenn im vorherigen Kalenderhalbjahr (1. 1. bis 30. 6. bzw. 1. 7. bis 31. 12.; unzureichend vorausgegangene sechs Monate) weder eine Betriebsversammlung noch eine Abteilungsversammlung durchgeführt worden ist (§ 43 IV BetrVG). Dagegen kann sie die Einberufung nicht anstelle des Betriebsrats vornehmen. 9

5. Zeitpunkt. a) Während der Arbeitszeit finden statt **(1)** die vierteljährlich regelmäßig abzuhaltenden Betriebs- und Abteilungsversammlungen, **(2)** zusätzliche Betriebsversammlungen nach § 43 I 4 BetrVG,[15] **(3)** Betriebsversammlungen zur Bestellung des Wahlvorstands, **(4)** auf Antrag des Arbeitgebers einberufene außerordentliche Betriebsversammlungen. Außerhalb der Arbeitszeit finden außerordentliche Betriebsversammlungen statt, die der Betriebsrat auf Antrag der Arbeitnehmer oder aus eigener Entschließung einberuft. 10

b) Innerhalb der Arbeitszeit. Dies ist die Arbeitszeit des Betriebs, in der möglichst viele Arbeitnehmer im Betrieb arbeiten. Der Betriebsrat kann die Betriebsversammlung daher bei gleitender Arbeitszeit in die Kernarbeitszeit legen; bei Schichtarbeit kann die Betriebsversammlung in die Schicht mit der zahlenmäßig größten Anwesenheit gelegt werden. Regelmäßig wird sie jedoch so anberaumt, dass die Arbeitnehmer von zwei Schichten daran teilnehmen können (Schichtbeginn/-ende).[16] Bei der Festlegung von Tag, Zeit und Stunde der Betriebsversammlung hat der Betriebsrat die Interessen des Betriebs und der Arbeitnehmer gegeneinander abzuwägen (§ 2 I BetrVG). 11

---

[10] Vertretung durch Personalleiter zulässig: LAG Düsseldorf 11. 2. 1982 DB 82, 1066.
[11] *Bauer* NJW 88, 1130.
[12] BAG 27. 5. 1982 AP 3 zu § 43 BetrVG 1972 = NJW 83, 413.
[13] Vgl. zum Gemeinschaftsbetrieb BAG 8. 3. 1977 AP 1 zu § 43 BetrVG 1972 = DB 77, 962; LAG Hamburg 15. 12. 1988 NZA 89, 733.
[14] LAG Düsseldorf 30. 1. 1981 EzA 49 zu § 40 BetrVG 1972 = DB 81, 1093.
[15] Zu den Voraussetzungen BAG 23. 10. 1991 AP 5 zu § 43 BetrVG 1972 = NZA 92, 557.
[16] Weitergehend: LAG Niedersachsen 30. 8. 1982 DB 83, 1312; LAG Schleswig-Holstein 30. 5. 1991 LAGE § 44 BetrVG 1972 Nr. 8 = NZA 91, 947.

12 **c) Außerhalb der Arbeitszeit.** Die oben aufgezählten Betriebsversammlungen finden außerhalb der Arbeitszeit statt, soweit die Eigenart des Betriebs eine andere Regelung zwingend erfordert. Dies ist nur der Fall, wenn besondere Umstände vorliegen, die in der technischen Organisation des Betriebs begründet sind.[17] Dagegen können die wirtschaftlichen Folgen (Produktionsausfall, vorübergehende Schließung eines Einzelhandelsgeschäftes) die Ausnahme nicht rechtfertigen, da sie dem Arbeitgeber zugemutet werden.[18] Zwingend erforderlich ist die Betriebsversammlung auch dann nicht außerhalb der Arbeitszeit, wenn eine große Zahl von Teilzeitbeschäftigten eine abweichende Arbeitszeit hat.[19] Dagegen ist eine Betriebsversammlung in Spitzenzeiten (Schlussverkauf) regelmäßig unzulässig.[20] Eine vorherige zeitliche Begrenzung der Betriebsversammlung ist unwirksam.[21] Tarifverträge und Betriebsvereinbarungen, die bezüglich des Zeitpunktes der Betriebsversammlung eine andere Regelung vorschreiben, sind unwirksam (§ 134 BGB). Hat der Betriebsrat den Zeitpunkt der Betriebsversammlung fehlerhaft bestimmt, kann im Wege der einstweiligen Verfügung (§ 85 ArbGG) ihre Verlegung erzwungen werden.[22]

13 **6. Protokoll.** Sowohl der Betriebsrat als auch der Arbeitgeber[23] können ein Protokoll der Betriebsversammlung führen. Eine heimliche Tonbandaufnahme der Betriebsversammlung durch Versammlungsteilnehmer verletzt dagegen das Persönlichkeitsrecht und kann eine außerordentliche Kündigung rechtfertigen.[24]

II. Aufgaben und Themen der Betriebsversammlung

14 **1. Antragsrecht.** Die Betriebsversammlung kann dem Betriebsrat Anträge unterbreiten und zu seinen Beschlüssen Stellung nehmen (§ 45 BetrVG); sie hat diesem gegenüber jedoch kein Weisungsrecht.

15 **2. Themen. a) Zulässige Themen.** Auf Betriebs-, Teil- und Abteilungsversammlungen können alle Themen behandelt werden, die den Betrieb, das Verhältnis zum Arbeitgeber oder der Arbeitnehmer untereinander betreffen. Eingeschlossen sind Themen tarif-,[25] sozial-, umweltpolitischer und wirtschaftlicher Art sowie Fragen der Förderung der Gleichstellung von Frauen und Männern und der Vereinbarkeit von Familie und Erwerbstätigkeit sowie der Integration der im Betrieb beschäftigten ausländischen Arbeitnehmer, die den Betrieb oder seine Arbeitnehmer unmittelbar betreffen **(Grundsatz der Betriebsbezogenheit).** Es kann daher über den Tarifinhalt, den Stand der Tarifverhandlungen und grundsätzliche Urteile zum Tarifvertrag unterrichtet werden. Zu den sozialpolitischen Themen gehören alle normativen Maßnahmen (Gesetz, Tarifvertrag usw.), die dem Schutz und der Verbesserung der Rechtsstellung des Arbeitnehmers dienen. Hierzu gehören auch branchenbezogene Regelungen.[26] Das Themenrecht ist insoweit eingeschränkt, als nicht zu betrieblichen Arbeitskämpfen aufgefordert oder der Betriebsablauf bzw. -frieden beeinträchtigt werden darf (§ 74 II BetrVG). Die Betriebsversammlung ist das legitime Forum zur Behandlung betrieblicher Angelegenheiten; es können also auch kritische Äußerungen an betrieblichen oder persönlichen Verhältnissen geübt werden.[27]

16 **b) Unzulässige Themen.** Die Behandlung allgemeinpolitischer Fragen ist unzulässig.[28] Zwar können Spitzenpolitiker ohne Verstoß gegen das Nicht-Öffentlichkeits-Gebot zu sozialpolitischen Themen Stellung nehmen. Ihr Auftreten darf jedoch in Wahlkampfzeiten nicht im Rahmen einer Wahlkampfstrategie erfolgen.[29] Die Abgrenzung ist im Einzelfall schwierig, ggf. kann zuvor eine Abstimmung mit dem Arbeitgeber Streitigkeiten vermeiden. Das BetrVG geht von dem guten Willen aller Beteiligten aus. Es ist Pflicht der die Versammlung leitenden Be-

---

[17] BAG 21. 6. 1956 AP 1 zu § 43 BetrVG = NJW 57, 764; LAG Berlin 23. 4. 1974 DB 74, 1629 (Filialunternehmen).
[18] BAG 9. 3. 1976 AP 3 zu § 44 BetrVG 1972 = DB 76, 1292.
[19] BAG 27. 11. 1987 AP 7 zu § 44 BetrVG 1972 = NZA 88, 661.
[20] ArbG Wuppertal 23. 1. 1975 DB 75, 1084; einschränkend BAG 9. 3. 1976 AP 3 zu § 44 BetrVG 1972 = DB 76, 1292.
[21] LAG Saarbrücken 21. 12. 1960 AP 2 zu § 43 BetrVG = DB 61, 171.
[22] LAG Düsseldorf 24. 10. 1972 DB 72, 2212.
[23] LAG Baden-Württemberg 27. 10. 1978 DB 79, 316; a. A. bei Verbot durch den Betriebsrat LAG Hamm 9. 7. 1986 NZA 86, 842.
[24] LAG Düsseldorf 28. 3. 1980 EzA 74 zu § 626 BGB n. F. = DB 80, 2396.
[25] Vgl. ArbG Neumünster 25. 1. 1994 BB 94, 717; ArbG Wilhelmshaven 27. 10. 1988 NZA 89, 571.
[26] BAG 14. 2. 1967 AP 2 zu § 45 BetrVG.
[27] BAG 22. 10. 1964 AP 4 zu § 1 KSchG Verhaltensbedingte Kündigung = DB 65, 331.
[28] BAG 4. 5. 1955 AP 1 zu § 44 BetrVG.
[29] BAG 13. 9. 1977 AP 1 zu § 42 BetrVG 1972 = NJW 78, 287.

triebsratsmitglieder, für die Beachtung dieser Grundsätze zu sorgen. Handeln sie dieser Verpflichtung zuwider und entsteht daraus eine Gefährdung des Betriebsfriedens, kann durch Beschluss des Arbeitsgerichtes ein Betriebsratsausschluss[30] erfolgen. Dies ist aber noch nicht bei geringfügiger Überschreitung des Themenrechts der Fall.[31]

c) Haftung. Eine Schadensersatzpflicht besteht dann, wenn Betriebsratsmitglieder das Eigentum des Arbeitgebers verletzen oder die Leitungsmacht gezielt missbrauchen; dagegen haben sie nicht für das Verhalten der übrigen Arbeitnehmer einzustehen. Werden in erheblichem Umfang unzulässige Fragen behandelt, soll nach einer Meinung ein Schadensersatzanspruch gegen die Veranstaltungsteilnehmer bestehen, die die Grenzen der zulässigen Themen überschreiten.[32] Nach anderer Ansicht soll der Lohnanspruch sämtlicher Arbeitnehmer für einen entsprechenden Zeitraum wegen der bestehenden Solidargemeinschaft entfallen.[33] Jedoch dürfte ein Wegfall der Vergütungspflicht erst nach einem entsprechenden Hinweis des Arbeitgebers auf die Unzulässigkeit der behandelten Themen in Betracht kommen. **17**

3. Kosten der Betriebsratstätigkeit. Der Arbeitgeber darf bei Bestehen eines berechtigten Interesses auf einer Betriebsversammlung über die Kosten des Betriebsrats informieren. Jedoch darf er durch die Art und Weise der Informationsgestaltung und -vermittlung den Betriebsrat nicht in seiner Amtsführung beeinträchtigen.[34] **18**

III. Zutrittsrecht der Gewerkschaftsvertreter

1. Zugangsrecht. An allen Betriebs- und Abteilungsversammlungen können Beauftragte der im Betrieb vertretenen Gewerkschaften teilnehmen (§ 46 BetrVG); maßgeblich ist der allgemeine Gewerkschaftsbegriff.[35] Im Betrieb vertreten ist eine Gewerkschaft, wenn auch nur ein Belegschaftsmitglied bei ihr organisiert ist, selbst wenn es nicht an der Betriebsversammlung teilnimmt. Den Gewerkschaften sind die Tagesordnung und der Zeitpunkt der Betriebsversammlung rechtzeitig mitzuteilen (§ 46 II BetrVG). Diese haben selbst darüber zu entscheiden, welche Person sie in die Betriebsversammlung entsenden. Weder Arbeitgeber noch Betriebsrat haben ein Vetorecht. Der Arbeitgeber kann die Teilnahme eines bestimmen Gewerkschaftsvertreters nicht unter Berufung auf sein Hausrecht verbieten,[36] sondern nur dann, wenn durch die Entsendung gerade dieses Vertreters Störungen im Bereich des Betriebs ernstlich zu befürchten sind.[37] Ein Gewerkschaftsbeauftragter ist selbst dann nicht von der Teilnahme an einer Betriebsversammlung ausgeschlossen, wenn er Mitglied im Aufsichtsrat eines konkurrierenden Unternehmens ist.[38] **19**

2. Rechtsschutz. Über das Teilnahmerecht ist im arbeitsgerichtlichen Beschlussverfahren zu entscheiden.[39] Zur Teilnahme von Vertretern des Arbeitgeberverbandes RN 6. **20**

IV. Vergütungsanspruch der Versammlungsteilnehmer

1. Entgeltfortzahlung. a) Ordentliche Betriebsversammlung. Nimmt ein Arbeitnehmer an einer Betriebsversammlung zur Bestellung des Wahlvorstands (§§ 14a, 17 BetrVG), einer ordentlichen Betriebsversammlung oder einer auf Wunsch des Arbeitgebers einberufenen Betriebsversammlung während der Arbeitszeit teil, hat er für die Teilnahme einschl. der zusätzlichen Wegezeiten Anspruch auf Arbeitsvergütung (§ 44 I 2 BetrVG). Der Betriebsrat kann in jedem Jahr eine weitere Betriebsversammlung durchführen, wenn dies aus besonderen Gründen zweckmäßig ist (§ 43 I 4 BetrVG). Der Arbeitgeber ist auch insoweit zur Vergütungsfortzahlung verpflichtet. Liegen die Voraussetzungen einer weiteren Betriebsversammlung nicht vor, kommt eine Schadensersatzpflicht oder Vertrauenshaftung des Arbeitgebers wegen der Entgeltansprüche nicht zustande, wenn er die Belegschaft darauf hinweist.[40] Das BAG sieht in § 44 I 2 BetrVG ei- **21**

---

[30] § 219; vgl. BAG 4. 5. 1955 AP 1 zu § 44 BetrVG.
[31] LAG Düsseldorf 10. 3. 1981 DB 81, 1729; 22. 1. 1963 AP 7 zu § 43 BetrVG.
[32] *Schlüter/Dudenbostel* DB 74, 2473.
[33] LAG Düsseldorf 22. 1. 1963 AP 7 zu § 43 BetrVG; dagegen LAG Bremen 5. 3. 1982 DB 82, 1573.
[34] BAG 12. 11. 1997 AP 27 zu § 23 BetrVG 1972 = NZA 98, 559; 19. 7. 1995 AP 25 zu § 23 BetrVG 1972 = NJW 96, 1231 = NZA 96, 332.
[35] BAG 19. 9. 2006 AP 5 zu § 2 BetrVG 1972 = NZA 2007, 518.
[36] BAG 18. 3. 1964 AP 1 zu § 45 BetrVG.
[37] Vgl. BAG 14. 2. 1967 AP 2 zu § 45 BetrVG; 18. 3. 1964 AP 1 zu § 45 BetrVG.
[38] LAG Hamburg 28. 11. 1986 DB 87, 1595.
[39] BAG 18. 3. 1964 AP 1 zu § 45 BetrVG; 8. 2. 1957 AP 1 zu § 82 BetrVG.
[40] BAG 23. 10. 1991 AP 5 zu § 43 BetrVG 1972 = NZA 92, 557.

nen eigenen Vergütungsanspruch.[41] Hieraus folgt, dass der Arbeitnehmer unabhängig davon Vergütungsfortzahlungsansprüche erlangt, ob er Verdienstausfälle hatte. Anspruch auf Vergütung steht ihm damit auch zu, wenn die Betriebsversammlung während des Arbeitskampfes stattfindet,[42] der Arbeitnehmer während des Erholungsurlaubs an der Versammlung teilnimmt,[43] er ohne die Teilnahme Kurzarbeitergeld bezogen hätte[44] oder sich im Erziehungsurlaub (Elternzeit) befindet.[45] Zusätzliche Wegezeiten sind die Zeiten, die ein Arbeitnehmer über die Wegezeit hinaus aufwenden muss, die er benötigt, um seine vertraglich geschuldete Leistung erbringen zu können.

22 **b) Außerhalb der Arbeitszeit.** Finden die Betriebsversammlungen wegen der Eigenart des Betriebs außerhalb der Arbeitszeit statt, besteht gleichwohl ein Vergütungsanspruch für Arbeit und Wegezeit. Fahrtkosten, die den Arbeitnehmern durch die Teilnahme an diesen Versammlungen entstehen, sind vom Arbeitgeber zu erstatten (§ 44 I 3 BetrVG). Dagegen entfällt ein Vergütungsanspruch, wenn der Betriebsrat die Betriebsversammlung zu Unrecht außerhalb der Arbeitszeit durchführt und der Arbeitgeber hiergegen widersprochen hat.[46] Für die Teilnahme an einer innerhalb oder außerhalb der Arbeitszeit stattfindenden Betriebsversammlung bestehen keine Ansprüche auf Sonntags-,[47] Über- oder Mehrarbeitszuschläge.[48]

23 **c) Abwesende Arbeitnehmer.** Nimmt ein Arbeitnehmer an einer Betriebsversammlung nicht teil, bleibt aber an seinem Arbeitsplatz, behält er seinen Vergütungsanspruch. Dies gilt auch dann, wenn er nicht arbeiten kann. Der Arbeitgeber gerät in Annahmeverzug.

24 **d) Außerordentliche Betriebsversammlungen.** Sie finden außerhalb der Arbeitszeit statt; hiervon kann nur im Einvernehmen mit dem Arbeitgeber abgewichen werden. Eine Minderung des Arbeitsentgeltes ist dann aber unzulässig (§ 44 II BetrVG).

24a **e) Prozessuales.** Die Vergütungsansprüche der Arbeitnehmer sind im Urteilsverfahren zu verfolgen.[49]

25 **2. Arbeitszeit.** Dauert eine Betriebsversammlung über die regelmäßige Arbeitszeit hinaus, besteht nur dann dafür ein Lohnanspruch, wenn der Arbeitgeber ausdrücklich oder stillschweigend zu erkennen gegeben hat, er werde diese Zeit als Arbeitszeit bezahlen.

26 **3. Kosten der Betriebsversammlung.** Der Arbeitgeber trägt die Kosten der Betriebsversammlung. Zu den Kosten können auch Dolmetscherkosten gehören, wenn aus einem grenzüberschreitenden Unternehmen ein Betriebsratsmitglied eines ausländischen Betriebs hinzugezogen wird.[50]

§ 224. Gesamtbetriebsrat

Behrens/Kädtler, Gesamtbetriebsräte: Neue Zuständigkeiten und die Folgen für betriebliche Arbeitsbeziehungen, WS I-Mitteilungen 2008, 297; *Bittmann/Lenze,* Mitbestimmung bei Ethikrichtlinie, DB 2006, 165; *Britz,* Gesamt- und Konzernbetriebsrat, PersV 2006, 131; *Hanau,* Zur Entsendung der Mitglieder von Gesamtbetriebsräten und zur Wahl im einstufigen vereinfachten Verfahren nach dem Betriebsverfassungsreformgesetz, ZIP 2001, 2163; *Hohenstatt/Müller-Bonanni,* Auswirkungen eines Betriebsinhaberwechsels auf Gesamtbetriebsrat und Gesamtbetriebsvereinbarung, NZA 2003, 766; *Hunold,* Gesamtbetriebsrat, AR-Blattei SD 530.12.2; *Löwisch,* Entsendung in den Gesamtbetriebsrat und Prinzip der Verhältniswahl, BB 2002, 1366; *Mengel,* Betriebsratwahlen 2002 – Verkleinerung des Gesamtbetriebsrats erzwingen?, NZA 2002, 409; *Meyer, C.,* Gestaltungsfragen kollektiver Weitergeltung von Gesamtbetriebsvereinbarungen bei Betriebsübergang, ZIP 2004, 545; *Ohlendorf/Salamon,* Interessenausgleich mit Namensliste im Zuständigkeitsbereich des Gesamtbetriebsrats, NZA 2006, 131; *Peix,* Errichtung und Fortbestand des Gesamtbetriebsrats unter besonderer Berücksichtigung von gewillkürten Arbeitnehmervertretungen und Unternehmensumstrukturierungen (2008); *Rieble,* Delegation an den Gesamt- oder Konzernbetriebsrat, RdA 2005, 26; *Rieble/Gutzeit,* Be-

---

[41] BAG 5. 5. 1987 AP 4 zu § 44 BetrVG 1972 = NZA 87, 853.

[42] BAG 5. 5. 1987 AP 6 zu § 44 BetrVG 1972 = NZA 87, 714; AP 4 zu § 44 BetrVG 1972 = NZA 87, 853.

[43] BAG 5. 5. 1987 AP 5 zu § 44 BetrVG 1972 = NZA 87, 712.

[44] BAG 5. 5. 1987 AP 6 zu § 44 BetrVG 1972 = NZA 87, 714.

[45] BAG 31. 5. 1989 AP 9 zu § 44 BetrVG 1972 = NZA 90, 449.

[46] BAG 27. 11. 1987 AP 7 zu § 44 BetrVG 1972 = NZA 88, 661; vgl. zur Rechtslage bei Personalversammlungen: BAG 19. 4. 1989 AP 1 zu § 47 LPVG NW = NZA 90, 281 (Freizeit).

[47] BAG 1. 10. 1974 AP 2 zu § 44 BetrVG 1972 = DB 75, 310.

[48] BAG 18. 9. 1973 AP 1 zu § 44 BetrVG 1972 = NJW 74, 336.

[49] BAG 1. 10. 1974 AP 2 zu § 44 BetrVG 1972 = DB 75, 310.

[50] LAG Baden-Württemberg 16. 1. 1998 BB 98, 954 = NZA-RR 98, 306.

triebsvereinbarungen nach Unternehmensumstrukturierung, NZA 2003, 233; *Röder/Powietzka,* Gesamt- und Konzernbetriebsräte in internationalen Konzernunternehmen, DB 2004, 542; *Salamon,* Das Schicksal von Gesamtbetriebsvereinbarungen bei Betriebs- und Betriebsteilveräußerungen (2006); *ders.,* Die Anbindung des Gesamtbetriebsrats an das Unternehmen, RdA 2008, 24; *Schwab,* Der Gesamtbetriebsrat, NZA-RR 2007, 505; *Wißmann,* Das schwierige Miteinander von Interessenausgleich und Sozialplan, FS 25 Jahre AG ArbR DAV (2006), S. 1037.

Übersicht

	RN
I. Errichtung des Gesamtbetriebsrats	1 ff.
1. Voraussetzungen	1–6
2. Gruppenschutz	7
3. Bestellung	8
4. Ersatzmitglied	9
5. Abweichende Regelung	10
6. Herabsetzung der Mitgliederzahl	11
II. Stimmenverteilung im Gesamtbetriebsrat	12 f.
1. Stimmengewichtung	12
2. Stimmenverteilung	13
III. Geschäftsführung des Gesamtbetriebsrats	14 ff.
1. Vorsitzender	14
2. Gesamtbetriebsausschuss	15
3. Anwendbare Vorschriften	16
4. Beschlussfähigkeit	17
5. Gesamtschwerbehindertenvertretung	18
IV. Zuständigkeit des Gesamtbetriebsrats	19 ff.
1. Gleichrangigkeit	19
2. Besondere Zuweisung	20
3. Zuständigkeit kraft Gesetzes	21–28
4. Zuständigkeit kraft Auftrags	29
5. Konkurrenzfragen	30–33
V. Rechte und Pflichten des Gesamtbetriebsrats und seiner Mitglieder	34
VI. Auflösung und Erlöschen des Gesamtbetriebsrats bzw. der Mitgliedschaft	35 f.
1. Amtszeit	35
2. Mitgliedschaft	36
VII. Streitigkeiten	37

I. Errichtung des Gesamtbetriebsrats

1 **1. Voraussetzungen. a)** Bestehen in einem Unternehmen mehrere Betriebsräte, ist ein Gesamtbetriebsrat zu errichten (§ 47 I BetrVG). Die Bildung des Gesamtbetriebsrats ist obligatorisch, die beteiligten Betriebsräte haben insoweit keinen Ermessensspielraum.

2 **b) Unternehmen.** Der betriebsverfassungsrechtliche Unternehmensbegriff entspricht dem allgemeinen Recht. Unternehmen ist eine organisatorische Einheit, mit der der Unternehmer wirtschaftliche oder ideelle Zwecke fortgesetzt verfolgt.[1] Ein Unternehmen muss eine eigene Rechtspersönlichkeit und eine eigene organisatorische Einheit haben.[2] Betriebsräte aus Betrieben, die verschiedenen Rechtsträgern gehören, können keinen gemeinsamen einheitlichen Gesamtbetriebsrat bilden.[3]

3 **c) Gemeinschaftsunternehmen.** Mehrere juristische Personen können sich zusammenschließen und ein eigenes Unternehmen bilden, z. B. zur Bearbeitung eines Großprojektes der gemeinsamen Forschung usw. Erforderlich ist, dass der Rechtsträger eine rechtliche Einheit bildet. Nach dem Zusammenschluss zum Gemeinschaftsunternehmen ist ein Gesamtbetriebsrat zu bilden, wenn bei beiden Unternehmen ein Betriebsrat gebildet ist. Ein Unternehmen liegt jedoch bei bloß wirtschaftlichen oder finanziellen Beteiligungen oder Verpflichtungen zwischen einzelnen Unternehmen nicht vor.[4] Kein Gesamtbetriebsrat, sondern ein gemeinsamer Betriebsrat ist in einem Gemeinschaftsbetrieb (dazu § 214 RN 5) zu bilden. Nur wenn der Gemeinschaftsbetrieb noch über einen selbstständigen Betriebsteil verfügt, kommt die Bildung eines Gesamtbetriebsrats in Betracht.

4 **d) Mehrere Betriebsräte.** Ein Gesamtbetriebsrat ist nur zu errichten, wenn mehrere Betriebsräte bestehen. In einem Unternehmen mit nur einem Betrieb ist daher kein Gesamtbetriebsrat zu bilden. Die Amtszeit eines Gesamtbetriebsrats endet, wenn das Unternehmen, für

[1] BAG 23. 9. 1980 AP 4 zu § 47 BetrVG 1972 = BB 81, 1095; 5. 12. 1975 AP 1 zu § 47 BetrVG 1972 = NJW 76, 870; zur Beteiligung eines unternehmensfremden Betriebsrats: BAG 21. 10. 1969 AP 10 zu § 3 BetrVG.

[2] BAG 9. 8. 2000 AP 9 zu § 47 BetrVG 1972 = NZA 2001, 116; 11. 12. 1987 AP 7 zu § 47 BetrVG 1972 = BB 88, 1389 = DB 88, 759.

[3] BAG 13. 2. 2007 AP 17 zu § 47 BetrVG 1972 = NZA 2007, 825; Rechtsbeschwerde anhängig: 7 AZR 706/08.

[4] BAG 29. 11. 1989 AP 3 zu § 10 ArbGG 1979 = NZA 90, 615; 11. 11. 1987 AP 7 zu § 47 BetrVG 1972 = DB 88, 759.

das er errichtet ist, mit seinem Rechtsträger rechtlich untergeht (z. B. nach gesellschaftsrechtlichen Umwandlungsfällen) oder im Unternehmen nur noch ein Betrieb besteht, in dem ein Betriebsrat errichtet ist. Dabei ist nach der Rspr. wie folgt zu differenzieren: der bestehende Gesamtbetriebsrat im Amt, wenn sämtliche Betriebe eines Unternehmens von einem anderen arbeitnehmerlosen Unternehmen im Wege der Einzel- oder Gesamtrechtsnachfolge übernommen werden. Sein Amt endet hingegen, wenn nicht sämtliche Betriebe eines Unternehmens auf den neuen Inhaber übertragen werden oder das übernehmende Unternehmen bereits einen oder mehrere Betriebe hat und sich die betrieblichen Strukturen im übernehmenden Unternehmen durch Integration der neuen Betriebe in das Unternehmen entsprechend ändern.[5] Zur Fortgeltung von Gesamtbetriebsvereinbarungen § 119 RN 25. Im **Ausland** gelegene Betriebe eines inländischen Unternehmens nehmen an der Bildung des Gesamtbetriebsrats nicht teil, da sich das BetrVG auf sie nicht erstreckt. Hat dagegen ein ausländisches Unternehmen im Bereich des Betriebsverfassungsgesetzes mehrere Betriebe, ist für diese ein Gesamtbetriebsrat zu bilden,[6] sofern im Inland eine betriebsübergreifende Leistungsmacht ausgeübt wird.

5 **e) Betriebsratslose Betriebe.** Zu § 50 I BetrVG a. F. hat die Rspr. angenommen, das sich die Zuständigkeit des Gesamtbetriebsrats nicht auf Betriebe erstreckt, in denen kein Betriebsrat gebildet war, da es an einer demokratischen Legitimation fehlen sollte.[7] Nach § 50 I BetrVG i. d. F. des BetrVG-ReformG vertritt der Gesamtbetriebsrat nunmehr im Rahmen seiner originären Zuständigkeit (dazu RN 21) auch Betriebe ohne Betriebsrat. Die Neuregelung soll die Gleichbehandlung der Arbeitnehmer in überbetrieblichen Angelegenheiten im Unternehmen herstellen. Durch die Erweiterung der Zuständigkeit des Gesamtbetriebsrats können diese in den Geltungsbereich der für andere Betriebe des Unternehmens anwendbaren Betriebsvereinbarungen und Regelungsabreden einbezogen werden. Dieser Gleichbehandlungs- und Teilhabezweck soll nach der gesetzlichen Regelung die fehlende demokratische Legitimation ersetzen. Jedoch ist der Gesamtbetriebsrat nach wie vor nicht berechtigt, in betriebsratslosen Betrieben die Rolle des örtlichen Betriebsrats zu übernehmen und rein betriebsbezogene Angelegenheiten zu regeln (BT-Drucks. 14/5741 S. 42 f.). Eine Vertretung für Kleinstbetriebe durch den Gesamtbetriebsrat kommt nicht in Betracht, da sie durch den Betriebsrat des Hauptbetriebs repräsentiert werden (§ 214 RN 4).

5a Nicht geregelt hat der Gesetzgeber die Frage, ob bereits durch das **Inkrafttreten des BetrVG-ReformG** die Geltung der bisher nicht für betriebsratslose Betriebe anwendbaren Gesamtbetriebsvereinbarungen auf diese erstreckt wird. Dies wird zu bejahen sein. Dem steht auch nicht der Einwand entgegen, dass zum Zeitpunkt ihres Abschlusses der Arbeitgeber auf Grund der bisherigen Rechtsprechung nicht mit einer Einbeziehung rechnen musste. Ein diesbezüglicher Vertrauenstatbestand hindert die Erstreckung nicht, da die Bildung einer Arbeitnehmervertretung nach Abschluss der Gesamtbetriebsvereinbarung stets möglich war, was gleichfalls zur Ausweitung des Geltungsbereichs führen konnte. Allerdings kann bei Fehlen einer kurzfristigen Lösungsmöglichkeit von der abgeschlossenen Vereinbarung ein Neuverhandlungsanspruch nach den Grundsätzen des Wegfalls der Geschäftsgrundlage bestehen[8] (§ 231 RN 42).

6 **f) Konstituierung.** Da für die Errichtung des Gesamtbetriebsrats kein Wahlvorstand vorgesehen ist, hat der Betriebsrat der Hauptverwaltung des Unternehmens oder, soweit ein solcher Betriebsrat nicht besteht, der Betriebsrat des nach der Zahl der wahlberechtigten Arbeitnehmer größten Betriebs die beteiligten Betriebsräte zur Wahl des Vorsitzenden und stellvertretenden Vorsitzenden des Gesamtbetriebsrats einzuladen (§ 51 II BetrVG). Der Vorsitzende des einladenden Betriebsrats hat dieselben Funktionen wie der Wahlvorstand bei der konstituierenden Sitzung des Betriebsrats. Unterlässt der pflichtige Betriebsrat die Einladung zur konstituierenden Sitzung, stellt dies eine Amtspflichtverletzung dar.

7 **2. Gruppenschutz.** Den bisher auch für die Bildung des Gesamtbetriebsrats geltenden Gruppenschutz (§ 47 II BetrVG a. F.) hat das BetrVG-ReformG aufgegeben.

8 **3. Bestellung.** In den Gesamtbetriebsrat entsendet jeder Betriebsrat mit bis zu drei Mitgliedern ein Mitglied, größere Betriebsräte entsenden zwei Betriebsratsmitglieder in den Gesamtbe-

---

[5] BAG 18. 9. 2002 AP 93 zu § 77 BetrVG 1972 = NZA 2003, 670; 5. 6. 2002 AP 11 zu § 47 BetrVG 1972 = NZA 2003, 271; krit. dazu *Hohenstatt/Müller-Bonanni* NZA 2003, 766 – Beibehaltung der wesentlichen Betriebsstruktur reicht; LAG Baden-Württemberg 28. 4. 2004 NZA 2004, 1116.

[6] Vgl. BAG 31. 10. 1975 AP 2 zu § 106 BetrVG 1972 = DB 76, 295; 1. 10. 1974 AP 1 zu § 106 BetrVG 1972 = NJW 75, 1091.

[7] Vgl. BAG 16. 8. 1983 AP 5 zu § 50 BetrVG 1972 = NJW 84, 2966.

[8] *Däubler* DB 2001, 1669, 1670; differenzierend *Fitting* § 50 RN 31; a. A. GK-BetrVG/*Kreutz* § 50 RN 52.

triebsrat; die Bestellung eines nur vorübergehend nachgerückten Ersatzmitglieds ist unzulässig. Die Geschlechter sollen angemessen berücksichtigt werden (§ 47 II BetrVG). Die Wahl der Gesamtbetriebsratsmitglieder erfolgt nach den Grundsätzen der Mehrheitswahl, da eine Verhältniswahl nicht vorgesehen ist.[9]

4. Ersatzmitglied. Der Betriebsrat hat für jedes Mitglied des Gesamtbetriebsrats zumindest ein Ersatzmitglied zu bestellen und die Reihenfolge des Nachrückens zu bestimmen (§ 47 III BetrVG). Das Ersatzmitglied tritt an die Stelle des Gesamtbetriebsratsmitgliedes, wenn dessen Mitgliedschaft erlischt (§ 49 BetrVG) oder es an der Amtsausübung verhindert ist (vgl. § 219 RN 27). 9

5. Abweichende Regelung. Durch Tarifvertrag oder Betriebsvereinbarung kann die Zahl der Gesamtbetriebsratsmitglieder abweichend vom Gesetz geregelt werden (§ 47 IV BetrVG). Die Öffnungsklausel ist im Gesetz vorgesehen, damit die Zahl der Gesamtbetriebsratsmitglieder den Verhältnissen des konkreten Unternehmens angepasst werden kann. Nach der gesetzlichen Konstruktion hat ein Unternehmen mit zahlreichen kleinen Betrieben einen großen Gesamtbetriebsrat, während ein Großunternehmen mit nur wenigen Großbetrieben einen sehr kleinen Gesamtbetriebsrat hat. Die Betriebsvereinbarung ist außer in den in RN 11 dargestellten Fällen aber nicht erzwingbar, die abweichende Vereinbarung muss keine Verhältniswahl vorsehen.[10] 10

6. Herabsetzung der Mitgliederzahl. Gehören nach § 47 II BetrVG dem Gesamtbetriebsrat mehr als vierzig Mitglieder an und besteht keine tarifliche Regelung über die Zahl der Gesamtbetriebsratsmitglieder, ist zwischen Gesamtbetriebsrat und Arbeitgeber eine Betriebsvereinbarung über die Mitgliederzahl des Gesamtbetriebsrats abzuschließen (§ 47 V BetrVG). Die Gesamtbetriebsvereinbarung kann erst nach der Konstituierung des Gesamtbetriebsrats abgeschlossen werden.[11] Das Gesetz eröffnet die Möglichkeit der Regelung der Zahl der Gesamtbetriebsratsmitglieder, weil es von der Befürchtung ausgeht, dass die Arbeit in großen Organen erschwert ist. Demgemäß ist als Inhalt der Gesamtbetriebsvereinbarung vorgesehen, dass Betriebsräte mehrerer Betriebe eines Unternehmens, die regional oder durch gleichartige Interessen miteinander verbunden sind, gemeinsame Mitglieder in den Gesamtbetriebsrat entsenden. Das BetrVG enthält keine Vorgaben, welche Zahl von Gesamtbetriebsratsmitgliedern als die Günstigste anzusehen ist. Vielmehr ist dies nach Zweckmäßigkeitsgesichtspunkten zu entscheiden. Kommt eine Einigung über die Gesamtbetriebsvereinbarung nicht zustande, entscheidet eine für das Gesamtunternehmen zu bildende Einigungsstelle. Deren Spruch ersetzt die Einigung zwischen Arbeitgeber und Gesamtbetriebsrat (§ 47 VI BetrVG). 11

II. Stimmenverteilung im Gesamtbetriebsrat

1. Stimmengewichtung. Da einem Gesamtbetriebsrat Vertreter unterschiedlich großer Betriebe angehören können, trifft der Gesetzgeber durch das Prinzip der Stimmengewichtung Vorsorge dafür, dass die Interessen der größeren Betriebe hinreichend gewahrt werden. Nach § 47 VII 1 BetrVG hat jedes Gesamtbetriebsratsmitglied grundsätzlich so viele Stimmen, wie in dem Betrieb, in dem es gewählt wurde, Arbeitnehmer in die Wählerliste eingetragen sind. Die Stimmenzahl bemisst sich nicht mehr nach der Anzahl der wahlberechtigten Arbeitnehmer, sondern nach deren Aufnahme in die Wählerliste. Änderungen bei der berücksichtigungsfähigen Stimmenzahl bleiben daher während der Amtszeit des Gesamtbetriebsratsmitglieds bis zur Erstellung einer neuen Wählerliste unberücksichtigt. Teilzeitbeschäftigte Arbeitnehmer werden bei der Stimmenzahl voll gezählt. 12

2. Stimmenverteilung. Diese richtet sich nach folgenden Grundsätzen: **(a)** Entsendet der Betriebsrat nur ein Mitglied in den Gesamtbetriebsrat, stehen diesem die Stimmen der in die Wählerliste eingetragenen Arbeitnehmer in vollem Umfang zu; **(b)** entsendet der Betriebsrat mehrere Mitglieder, stehen ihnen die Stimmen anteilig zu (§ 47 VII BetrVG). Bei einer ungeraden Zahl von eingetragenen Arbeitnehmern sind Bruchteile (0,5) zu bilden; **(c)** ist ein Mitglied des Gesamtbetriebsrats für mehrere Betriebe entsandt worden, hat es so viele Stimmen, wie in diesen Betrieben wahlberechtigte Arbeitnehmer in den Wählerlisten eingetragen sind. Mehreren Mitgliedern stehen die Stimmen anteilig zu (§ 47 VIII BetrVG); **(d)** für Mitglieder des Gesamtbetriebsrats, die aus einem gemeinsamen Betrieb mehrerer Unternehmen entsandt worden sind, können durch Tarifvertrag oder Betriebsvereinbarung abweichende Regelungen über die Stim- 13

[9] BAG 21. 7. 2004 AP 13 zu § 47 BetrVG 1972 = NZA 2005, 170.
[10] BAG 25. 5. 2005 AP 16 zu § 47 BetrVG 1972 = NZA 2006, 215.
[11] BAG 15. 8. 1978 AP 3 zu § 47 BetrVG 1972 = NJW 79, 2422.

menverteilung getroffen werden (§ 47 IX BetrVG). In dieser kann beispielsweise vereinbart werden, dass bei Abstimmungen, die nur ein Unternehmen des Gemeinschaftsbetriebs betreffen, nur dessen Stimmen berücksichtigt werden.[12] Besteht keine Vereinbarung, vertreten Gesamtbetriebsratsvertreter sämtliche Arbeitnehmer des Gemeinschaftsbetriebs, obwohl diese ggf. von einem Gesamtbetriebsrat des anderen Unternehmens ebenso vertreten werden.

III. Geschäftsführung des Gesamtbetriebsrats

14 **1. Vorsitzender.** Um nach außen eine Vertretung zu haben, hat der Gesamtbetriebsrat einen Vorsitzenden sowie einen stellvertretenden Vorsitzenden zu wählen[13] (§§ 51 I, 26 BetrVG). Über die Einberufung des Gesamtbetriebsrats zur Wahl des Vorsitzenden vgl. oben RN 6. Die Befugnisse des Vorsitzenden des Gesamtbetriebsrats entsprechen denen eines Betriebsratsvorsitzenden[14] (§ 220 RN 5). Bedient sich der Gesamtbetriebsrat der Posteingangsstelle des Arbeitgebers, so ist der dort tätige Bedienstete auch für den Betriebsrat Bediensteter i.S. von § 184 I ZPO.[15] In erforderlichem Umfang (§ 37 II BetrVG) werden Gesamtbetriebsratsmitglieder von der Arbeit freigestellt (§ 51 I BetrVG),[16] eine § 38 I BetrVG entsprechende Regelung fehlt jedoch.

15 **2. Gesamtbetriebsausschuss.** Neben dem Vorsitzenden und seinem Stellvertreter ist ein Gesamtbetriebsausschuss zu wählen (§ 51 I 2 BetrVG). Er besteht aus dem Vorsitzenden, seinem Stellvertreter und je nach Größe des Gesamtbetriebsrats aus weiteren Ausschussmitgliedern (vgl. § 51 I 2 BetrVG), die nach den Grundsätzen der Verhältniswahl gewählt werden.[17] Dies gilt auch bei einer Vergrößerung der Zahl der Mitglieder des Gesamtbetriebsausschusses auf Grund einer Erhöhung der Anzahl der Gesamtbetriebsratmitglieder.[18]

16 **3. Anwendbare Vorschriften.** Für die Geschäftsführung des Gesamtbetriebsrats ist weitgehend auf die Vorschriften über den Betriebsrat verwiesen (§ 51 I 1 BetrVG). Seine Sitzungen braucht er nicht notwendig am Ort der Hauptverwaltung zu halten.[19] Der Arbeitgeber hat die Kosten des Gesamtbetriebsrats zu tragen. Ein besonderes Informationsblatt darf dieser nicht herausgeben.[20]

17 **4. Beschlussfähigkeit.** Der Gesamtbetriebsrat ist beschlussfähig, wenn an seiner Sitzung mindestens die Hälfte seiner Mitglieder teilnimmt und die Teilnehmenden mindestens die Hälfte aller Stimmen vertreten. Stellvertretung durch Ersatzmitglieder ist zulässig (§ 51 III 3 BetrVG). Bei Beschlüssen, die mit einfacher Mehrheit gefasst werden, ist auf die Mehrheit der Stimmen der anwesenden Mitglieder eines beschlussfähigen Gesamtbetriebsrats abzustellen; bei Beschlüssen, die mit absoluter Mehrheit gefasst werden, ist die Mehrheit der Stimmengewichte sämtlicher Mitglieder notwendig. Im Gesamtbetriebsausschuss wird nicht nach der Stimmengewichtung, sondern nach der Mehrheit der Personen abgestimmt (§ 51 IV BetrVG).

18 **5. Gesamtschwerbehindertenvertretung.** An allen Sitzungen des Gesamtbetriebsrats kann die Gesamtschwerbehindertenvertretung (§ 97 I SGB IX) teilnehmen (§ 52 BetrVG).

IV. Zuständigkeit des Gesamtbetriebsrats

Richardi, Die Zuständigkeit des Gesamtbetriebsrats zur Mitbestimmungsausübung, FS Gitter (1995), S. 789; *Veit,* Die funktionelle Zuständigkeit des Betriebsrats, 1998.

19 **1. Gleichrangigkeit.** Der Gesamtbetriebsrat und die einzelnen Betriebsräte stehen gleichrangig nebeneinander (§ 50 I 2 BetrVG). Daraus folgt, dass der Gesamtbetriebsrat den einzelnen Betriebsräten weder Weisungen noch allgemeine Richtlinien für ihre Arbeit erteilen kann und die Zuständigkeit zwischen Einzel- und Gesamtbetriebsrat gegeneinander abzugrenzen ist.[21] Der Gesamtbetriebsrat kann sich jedoch bemühen, Einzelregelungen der Betriebsräte zu koordinie-

[12] BT-Drucks. 14/5741 S. 42.
[13] BAG 21. 10. 1969 AP 10 zu § 3 BetrVG = DB 70, 249 (Wahlanfechtung); § 220 RN 10.
[14] BAG 20. 1. 1976 AP 2 zu § 47 BetrVG 1972 = DB 76, 828.
[15] BAG 20. 1. 1976 AP 2 zu § 47 BetrVG 1972 = DB 76, 828.
[16] LAG München 19. 7. 1990 BB 91, 1337 = NZA 91, 905.
[17] BAG 21. 7. 2004 AP 4 zu § 51 BetrVG 1972 = NZA 2005, 173.
[18] BAG 16. 3. 2005 AP 5 zu § 51 BetrVG 1972 = NZA 2005, 1069.
[19] BAG 24. 7. 1979 AP 1 zu § 51 BetrVG 1972 = NJW 80, 1128.
[20] BAG 21. 11. 1978 AP 4 zu § 50 BetrVG 1972 = DB 79, 703.
[21] BAG 6. 4. 1976 AP 2 zu § 50 BetrVG 1972 = DB 76, 1290.

ren. Im Konfliktfall müssen die beteiligten Betriebsräte die eigene Zuständigkeit überprüfen.[22] Auch in einem Tarifvertrag können dem Gesamtbetriebsrat keine über § 50 BetrVG hinausgehenden Aufgaben übertragen werden.[23]

2. Besondere Zuweisung. Kraft besonderer gesetzlicher Zuweisung ist der Gesamtbetriebsrat z. B. zuständig für **(a)** die Bestellung eines Wahlvorstands, wenn acht Wochen vor Ablauf der Amtszeit eines Betriebsrats ein Wahlvorstand nicht besteht (§ 16 III BetrVG), **(b)** die Bestellung eines Wahlvorstands zur Wahl eines Betriebsrats in bisher betriebsratslosen Betrieben (§ 17 I BetrVG), **(c)** Bestellung der Mitglieder des Wirtschaftsausschusses (§ 107 II 2 BetrVG), **(d)** Aufgaben bei der Errichtung des Konzernbetriebsrats (§§ 54 ff. BetrVG), **(e)** Bestellung des Wahlvorstands für die Wahl der Arbeitnehmer zum Aufsichtsrat nach dem DrittelbG (§ 26 II WahlO), **(f)** Abberufung eines Arbeitnehmervertreters im Aufsichtsrat nach dem DrittelbG (§ 12 DrittelbG, § 39 WahlO), **(g)** Anfechtung der Wahl des Aufsichtsratsmitgliedes der Arbeitnehmer (§ 11 II DrittelbG; § 22 II MitbestG) sowie **(h)** Bestellung der inländischen Arbeitnehmervertreter für den Europäischen Betriebsrat[24] (§ 11 I EBRG). 20

3. Zuständigkeit kraft Gesetzes. a) Grundsatz. Nach der Generalklausel in § 50 I BetrVG ist der Gesamtbetriebsrat zuständig für die Behandlung von Angelegenheiten, die **(1)** das Gesamtunternehmen oder mehrere Betriebe betreffen und **(2)** nicht durch die einzelnen Betriebsräte innerhalb ihrer Betriebe geregelt werden können. Beide Voraussetzungen müssen kumulativ vorliegen. Die Zuständigkeit des Gesamtbetriebsrats besteht nur in Angelegenheiten, die über den natürlichen, d. h. den betrieblichen Zuständigkeitsbereich der einzelnen Betriebsräte hinausgehen. Das BAG legt an die Prüfung der Zuständigkeit einen strengen Maßstab an; zu Konkurrenzfragen RN 30 ff. 21

b) Überbetrieblichkeit. Der Gesamtbetriebsrat ist nach § 50 I BetrVG nur zuständig für überbetriebliche Angelegenheiten, also für solche, die das Gesamtunternehmen oder zumindest mehrere Betriebe betreffen.[25] Für Angelegenheiten, die sich nur auf einen Betrieb beziehen, ist stets der Betriebsrat zuständig. 22

c) Nicht-Regeln-Können. Die Angelegenheit darf nicht durch die einzelnen Betriebsräte innerhalb des Betriebs geregelt werden können. Dies ist nicht erst dann der Fall, wenn die Regelung objektiv unmöglich ist. Vielmehr ist bereits dann eine Einzelregelung nicht mehr möglich, wenn zwingende sachliche Gründe für eine einheitliche Regelung der betreffenden Angelegenheit sprechen. Die zwingende Notwendigkeit kann sich aus tatsächlichen (produktionstechnischen) Notwendigkeiten oder Rechtsgründen, insbesondere der Notwendigkeit der Gleichbehandlung der Arbeitnehmer eines Unternehmens ergeben.[26] Unzureichend ist die bloße Zweckmäßigkeit einer einheitlichen Regelung oder ein entsprechendes Interesse des Unternehmens.[27] Regelmäßig wird entscheidend sein, ob die beabsichtigte Regelung nach den Vorstellungen der Arbeitgeberseite oder – bei Bestehen eines Initiativrechts – des (Gesamt-)Betriebsrats über den einzelnen Betrieb hinausgehen soll.[28] So wird etwa beim Abschluss einer Betriebsvereinbarung darauf abzustellen sein, welchen Geltungsbereich sie haben soll, d. h., ob sie nur einen oder mehrere Betriebe betrifft. Unbeachtlich ist hingegen, ob sie sich gegenwärtig nur auf einen Betrieb auswirkt.[29] Ist danach die Zuständigkeit nach § 50 I BetrVG gegeben, ist es ohne Bedeutung, ob der Arbeitgeber auch inhaltsgleiche Regelungen auf Betriebsebene erzielen kann.[30] Eine umfassende Zuständigkeit des Gesamtbetriebsrats zur Ablösung von Einzelbetriebsvereinbarungen besteht auch nicht bei einem unternehmenseinheitlichen Sanierungskonzept.[31] Im Bereich der freiwilligen Mitbestimmung ist der Gesamtbetriebsrat dann zuständig, wenn der Arbeitgeber zu einer Maßnahme nur unternehmenseinheitlich oder betriebsübergreifend bereit ist.[32] Der Gesamtbetriebsrat wird nicht deshalb zuständig, weil die Betriebspartner in 23

---

[22] BAG 14. 2. 1996 – 7 ABR 32/95 n. v.
[23] BAG 11. 11. 1998 AP 18 zu § 50 BetrVG 1972 = NZA 99, 1056.
[24] Zur internationalen Zuständigkeit: BAG 18. 4. 2007 AP 1 zu § 18 EBRG = NZA 2007, 1375.
[25] BAG 26. 1. 1993 AP 102 zu § 99 BetrVG 1972 = NZA 93, 714.
[26] Vgl. BAG 20. 4. 1982 – 1 ABR 22/80 – DB 82, 1674.
[27] BAG 23. 9. 1975 AP 1 zu § 50 BetrVG 1972.
[28] BAG 11. 2. 1992 AP 50 zu § 76 BetrVG 1972 = NZA 92, 702.
[29] BAG 14. 12. 1999 AP 104 zu § 87 BetrVG 1972 Lohngestaltung = NZA 2000, 783.
[30] So aber LAG Nürnberg 29. 11. 2006 NZA-RR 2007, 248.
[31] BAG 15. 1. 2002 AP 23 zu § 50 BetrVG 1972 = NZA 2002, 988.
[32] BAG 19. 6. 2007 AP 4 zu § 58 BetrVG 1972 = NZA 2007, 1184 – zum Konzernbetriebsrat; 26. 4. 2005 AP 12 zu § 87 BetrVG 1972 = NZA 2005, 892; 9. 12. 2003 AP 27 zu § 50 BetrVG 1972 = NZA 2005, 234 – subjektive Unmöglichkeit.

einem Betrieb eines Unternehmens oder deren Einigungsstelle Regelungen trifft, die auch in anderen Betrieben anwendbar wären.[33]

24 **d) Einzelne Beteiligungsrechte. aa) Soziale Angelegenheiten.** Diese werden regelmäßig durch die Einzelbetriebsräte geregelt. Eine Zuständigkeit des Gesamtbetriebsrats ist nur gegeben, wenn die Regelung durch das Gesamtinteresse des Unternehmens oder durch wirtschaftliche und arbeitstechnische Erfordernisse bedingt ist. Dies ist vor allem gegeben bei der Verwaltung von Sozialeinrichtungen (§ 87 I Nr. 8 BetrVG) und Lohngestaltung (§ 87 I Nr. 10, 11 BetrVG), wenn sich deren Wirkungsbereich auf das Unternehmen erstreckt. Eine Zuständigkeit kann auch bei der Einführung und dem Betrieb von technischen Anlagen, die Mitbestimmungsrechte nach § 87 I Nr. 1, 6 BetrVG auslösen, in Betracht kommen, wenn diese unternehmenseinheitlich betrieben werden (sollen) und aus technischen oder wirtschaftlichen Gründen keine abweichenden betrieblichen Regelungen zulassen.[34] Die Notwendigkeit einer einheitlichen Arbeitsschutzregelung folgt nicht bereits aus der gemeinsamen Unterbringung mehrerer Betriebe in einem Gebäude.[35] In Entgeltfragen wurde die Zuständigkeit des Gesamtbetriebsrats **bejaht** bei unternehmenseinheitlichen Ruhegehaltsrichtlinien[36] bzw. Altersversorgung,[37] Gratifikationsregelungen,[38] Vergaberichtlinien zur Darlehensgewährung beim Eigenheimbau,[39] Richtlinien für die erfolgsabhängige Vergütung aller Vertriebsbeauftragten des Unternehmens,[40] unternehmenseinheitlichen Entlohnungsgrundsätzen[41] und schließlich bei der Einführung einer bargeldlosen Lohnzahlung.[42] Gleiches gilt für unternehmenseinheitliche Arbeitsschutzvorgaben für Montagearbeiten im Außendienst[43] und die Festsetzung von Altersgrenzen[44] sowie für Ethikrichtlinien.[45] Dagegen wurde seine Zuständigkeit bei der Aufstellung von Urlaubsplänen **verneint,**[46] da regelmäßig eine Vertretung der Arbeitnehmer mehrerer Betriebe untereinander nicht in Betracht kommt. Ebenso besteht kein Mitwirkungsrecht des Gesamtbetriebsrats bei der Ausgestaltung von Mitarbeitergesprächen,[47] bei Fehlen einer unternehmenseinheitlichen Regelung für die übertarifliche Entlohnung,[48] der Einführung von Torkontrollen,[49] Einführung der flexiblen Arbeitszeit[50] sowie Kurzarbeit, weil wegen der Gewährung von Kurzarbeitergeld auf den Einzelbetrieb abgestellt wird.[51]

25 **bb) Personelle Angelegenheiten.** Auch bei ihnen besteht i. d. R. keine Zuständigkeit des Gesamtbetriebsrats (§ 241 RN 3 f.). Ausnahmen können sich bei der Personalplanung, Personalfragebogen, Formulararbeitsverträgen, der Aufstellung von Beurteilungsgrundsätzen, einer unternehmensweiten Stellenausschreibung und Auswahlrichtlinien[52] ergeben (§§ 92–95 BetrVG). Auch bei der Versetzung in einen anderen Betrieb ist der Gesamtbetriebsrat nicht zuständig, selbst wenn der Arbeitgeber mehrere Versetzungen in einer Personalrunde zusammenfasst, an

[33] BAG 8. 6. 2004 AP 20 zu § 76 BetrVG 1972 Einigungsstelle = NZA 2005, 227.
[34] BAG 14. 11. 2006 AP 43 zu § 87 BetrVG 1972 Überwachung = NZA 2007, 399 (EDV); 11. 11. 1998 AP 19 zu § 50 BetrVG 1972 = NZA 99, 947 (Telefonanlage); LAG Nürnberg 3. 5. 2002 NZA-RR 2003, 21 (Fehlzeitüberwachung); LAG Düsseldorf 21. 8. 1987 NZA 88, 211 (EDV); LAG Köln 19. 1. 1983 DB 83, 1101 (Telefonanlage).
[35] LAG Köln 28. 1. 2008 BB 2008, 1113.
[36] BAG 8. 12. 1981 AP 1 zu § 1 BetrAVG Ablösung = NJW 82, 1416; 19. 3. 1981 AP 14 zu § 80 BetrVG 1972 = NJW 82, 2461; 5. 5. 1977 AP 3 zu § 50 BetrVG 1972 = DB 77, 1610; 30. 1. 1970 AP 142 zu § 242 BGB Ruhegehalt = NJW 70, 1620.
[37] BAG 21. 1. 2003 NZA 2003, 992; 5. 5. 1977 AP 3 zu § 50 BetrVG 1972 = DB 77, 1610.
[38] BAG 23. 9. 1975 AP 1 zu § 50 BetrVG 1972 = DB 76, 58; LAG Düsseldorf 20. 3. 2007 LAGE § 98 ArbGG 1979 Nr. 48 a.
[39] BAG 6. 4. 1976 AP 2 zu § 50 BetrVG 1972 = DB 76, 1290.
[40] BAG 29. 3. 1977 AP 1 zu § 87 BetrVG 1972 Provision = NJW 77, 1654; LAG Hamm 14. 5. 1976 EzA 1 zu § 87 BetrVG 1972 Leistungslohn = DB 76, 1973.
[41] LAG Berlin 16. 2. 1989 ZTR 89, 289 = NZA 89, 732; Rechtsbeschwerde anhängig: 1 ABR 82/08.
[42] LAG Berlin 10. 9. 1979 DB 79, 2091; a. A. BAG 20. 4. 1982 – 1 ABR 22/80 – DB 82, 1674.
[43] BAG 16. 6. 1998 AP 7 zu § 87 BetrVG 1972 Gesundheitsschutzschutz = NZA 99, 49.
[44] BAG 25. 3. 1971 AP 5 zu § 57 BetrVG = NJW 71, 1629.
[45] LAG Düsseldorf 14. 11. 2005 NZA-RR 2006, 81.
[46] Vgl. BAG 5. 2. 1965 AP 1 zu § 56 BetrVG Urlaubsplan = NJW 65, 1501.
[47] LAG Rheinland-Pfalz 6. 6. 2008 AE 2008, 314.
[48] BAG 18. 10. 1994 AP 70 zu § 87 BetrVG 1972 Lohngestaltung = NZA 95, 390; vgl. LAG Düsseldorf 5. 9. 1991 NZA 92, 563.
[49] LAG Düsseldorf 14. 12. 1979 EzA 5 zu § 50 BetrVG 1972.
[50] BAG 9. 12. 2003 AP 27 zu § 50 BetrVG 1972 = NZA 2005, 234; LAG Nürnberg 29. 11. 2006 NZA-RR 2007, 248.
[51] Vgl. BAG 29. 11. 1978 AP 18 zu § 611 BGB Bergbau = DB 79, 995.
[52] Einschränkend BAG 10. 12. 2002 AP 43 zu § 95 BetrVG 1972 = ZTR 2003, 584.

der mehrere Betriebsräte beteiligt sind.[53] Widerspricht ein Arbeitnehmer dem Übergang seines Arbeitsverhältnisses auf den Betriebsnachfolger (§ 118), ist der Gesamtbetriebsrat auch dann nicht für die Anhörung nach § 102 BetrVG zuständig, wenn kein Einzelbetriebsrat mehr für den widersprechenden Arbeitnehmer zuständig ist.[54]

cc) Wirtschaftliche Angelegenheiten. Hier ist i. d. R. die Zuständigkeit des Gesamtbetriebsrats für den Abschluss des Interessenausgleichs gegeben, wenn ein unternehmenseinheitliches Konzept für die Neustrukturierung (z. B. bei Produktionsverlagerungen innerhalb des Unternehmens, einheitliche Form der Personalanpassung[55]) vorgelegt wird. Erforderlich ist stets, dass durch die geplante unternehmerische Maßnahme mehr als ein Betrieb betroffen ist. In Zusammenhang mit Betriebsänderungen kommt die Zuständigkeit des Gesamtbetriebsrats zum Abschluss eines Interessenausgleichs bereits in Betracht, wenn nach der ursprünglichen Planung des Unternehmers die Möglichkeit besteht, dass sich die betriebsändernden Maßnahmen auf mehrere Betriebe gleichermaßen auswirken können. Plant ein Unternehmen die Verlegung eines Betriebs und dessen Zusammenlegung mit einem anderen seiner Betriebe, ist daher der Gesamtbetriebsrat zuständig, unabhängig davon, ob es tatsächlich zu dem Zusammenschluss kommt. Bei Zweifeln über den zuständigen Verhandlungspartner muss der Arbeitgeber die in Betracht kommenden Arbeitnehmervertretungen zur Klärung der Zuständigkeitsfrage auffordern[56] (Einzelheiten § 244 RN 4 f.). Aus der Zuständigkeit des Gesamtbetriebsrats für einen Interessenausgleich folgt nicht notwendig seine Zuständigkeit auch für den Abschluss eines Sozialplans.[57] Die Aufstellung eines Sozialplans zählt regelmäßig zur Zuständigkeit des Einzelbetriebsrats,[58] da der Ausgleich für die zu erwartenden Nachteile von den regionalen Besonderheiten abhängig ist. Aus diesem Grund besteht auch nach der Neufassung des § 50 I BetrVG keine Zuständigkeit des Gesamtbetriebsrats für betriebsbezogene Sozialpläne. Eine Ausnahme hat das BAG zugelassen, wenn die Durchführung der vereinbarten Betriebsänderung von „betriebsübergreifenden einheitlichen Kompensationsregelungen“ abhängig ist.[59] Der Gesamtbetriebsrat kann aber einen Rahmensozialplan für das gesamte Unternehmen abschließen.[60] Wegen des Mitbestimmungsrechts der einzelnen Betriebsräte sollte zweckmäßigerweise vereinbart werden, dass der Rahmensozialplan zurücktritt, wenn die Betriebsräte vor Ort Sozialpläne fordern oder abschließen. 26

Der bei einer **Gewerkschaft** gebildete Gesamtbetriebsrat ist für den Abschluss einer Gesamtbetriebsvereinbarung zuständig, in der unternehmenseinheitlich alle die Arbeitsbedingungen geregelt werden sollen, die für andere Arbeitgeber in Manteltarifverträgen geregelt werden.[61] 27

e) Umwandlung. Zu den organisatorischen Fragen für den Gesamtbetriebsrat bei Umwandlungsvorgängen § 116 RN 31. 28

4. Zuständigkeit kraft Auftrags. Nach § 50 II BetrVG kann der einzelne Betriebsrat dem Gesamtbetriebsrat die Wahrnehmung von einzelnen Aufgaben übertragen. Insoweit kann er auch zum gewillkürten Prozessstandschafter für die Feststellung der Rechte der Einzelbetriebsräte in einem gerichtlichen Verfahren bestellt werden.[62] Zur Übertragung der Aufgaben ist die Mehrheit der Stimmen seiner Mitglieder erforderlich. Der Betriebsrat kann sich jedoch die Entscheidung über die übertragenen Aufgaben vorbehalten und den Gesamtbetriebsrat lediglich zu Verhandlungen ermächtigen. Die Beauftragung sowie der Widerruf bedürfen der Schriftform; eine Begründung ist nicht erforderlich. Die Übertragung ist nur für einzelne Angelegenheiten und nicht für ganze Sachbereiche möglich.[63] Ist dem Gesamtbetriebsrat eine Angelegenheit übertragen, ist er stets auch für ein erforderliches Einigungsstellenverfahren zuständig.[64] Der Gesamtbetriebsrat ist **nicht** zwangsläufig zur Übernahme des Auftrags **verpflichtet**[65] (umstr.). Eine 29

[53] BAG 26. 1. 1993 AP 102 zu § 99 BetrVG 1972 = NZA 93, 714.

[54] BAG 21. 3. 1996 AP 81 zu § 102 BetrVG 1972 = NZA 96, 974.

[55] BAG 20. 4. 1994 AP 27 zu § 113 BetrVG 1972 = NZA 95, 89 (Abbau älterer Arbeitnehmer).

[56] BAG 24. 1. 1996 AP 16 zu § 50 BetrVG 1972 = NZA 96, 1107.

[57] BAG 3. 5. 2006 AP 29 zu § 50 BetrVG 1972 = DB 2006, 2410.

[58] ArbG Mannheim 2. 7. 1987 NZA 87, 682; a. A. LAG Niedersachsen 14. 9. 2001 ArbuR 2002, 78.

[59] BAG 23. 10. 2002 AP 26 zu § 50 BetrVG 1972 = NZA 2003, 1360.

[60] Weitergehend LAG Berlin 22. 6. 1998 LAGE § 98 ArbGG 1979 Nr. 32 = NZA-RR 99, 34.

[61] BAG 20. 2. 2001 AP 107 zu § 87 BetrVG 1972 Lohngestaltung = NZA 2001, 1204; 14. 12. 1999 AP 104 zu § 87 BetrVG 1972 Lohngestaltung = NZA 2000, 783; 28. 4. 1992 AP 11 zu § 50 BetrVG 1972 = NZA 93, 31.

[62] BAG 6. 4. 1976 AP 2 zu § 50 BetrVG 1972 = DB 76, 1290; 1. 3. 1966 AP 1 zu § 69 BetrVG = NJW 66, 1333.

[63] BAG 26. 1. 1993 AP 102 zu § 99 BetrVG 1972 = NZA 93, 714 („teilweise Selbstabdankung“).

[64] LAG Düsseldorf 3. 7. 2002 NZA-RR 2003, 83.

[65] A. A. GK-BetrVG/*Kreutz* § 50 RN 49; Richardi/*Annuß* § 50 RN 63; diff. *Fitting* § 50 RN 71.

Übernahmeverpflichtung wird nicht in Betracht kommen, wenn er der Auffassung ist, dass die Übertragung rechtsunwirksam ist bzw. ein Beteiligungsrecht nicht besteht oder sachliche Gründe für die Nichtwahrnehmung des Mandats vorliegen. Lehnt er das Mandat ab, muss er dies unverzüglich dem Betriebsrat mitteilen.

30 **5. Konkurrenzfragen. a) Grundsatz.** Die Zuständigkeiten von Gesamtbetriebsrat und den einzelnen Betriebsräten nach § 50 I BetrVG schließen sich gegenseitig aus.[66] Nimmt der Gesamtbetriebsrat eine Regelung vor, für die an sich der Betriebsrat zuständig ist, behält daher der Betriebsrat seine Zuständigkeit. Die durch den Gesamtbetriebsrat vorgenommene Regelung ist, sofern sie durch den Betriebsrat nicht nach § 50 II BetrVG genehmigt wird, unwirksam. Eine unwirksame gesamteinheitliche Regelung kann ohne besondere Anhaltspunkte nicht in eine unternehmenseinheitliche betriebliche Übung umgedeutet werden. Eine Gesamtbetriebsvereinbarung schließt das Überwachungsrecht des einzelnen Betriebsrats nach § 80 I Nr. 1 BetrVG nicht aus.[67]

31 **b) Untätigkeit.** Die Zuständigkeitsregel gilt auch, wenn der Gesamtbetriebsrat in einer Angelegenheit sein Mitbestimmungsrecht nicht oder nicht abschließend wahrnimmt. Die Zuständigkeit fällt dann nicht an den (Einzel-)Betriebsrat zurück (umstr.).[68] Allerdings wird zu prüfen sein, ob hier wirklich die Voraussetzungen nach § 50 I BetrVG vorliegen.

32 **c) Änderung der Umstände.** Zu einer Konkurrenz zwischen einer vom Betriebsrat und Gesamtbetriebsrat abgeschlossenen Vereinbarung kann es nur kommen, wenn nachträglich Umstände eintreten, die zu einem Wechsel der gesetzlichen Zuständigkeit führen. Dies kann etwa dann der Fall sein, wenn bisher nur in einem Betrieb eine Betriebsvereinbarung über erfolgsabhängige Vergütungsbestandteile existiert hat und diese nunmehr in einer Gesamtbetriebsvereinbarung unternehmenseinheitlich und abschließend geregelt werden.[69] Jedenfalls für die Geltungsdauer der mit dem Gesamtbetriebsrat abgeschlossenen Vereinbarung ist die ursprüngliche Betriebsvereinbarung nicht anzuwenden. Ein Zuständigkeitswechsel folgt auch nicht bereits aus dem Wunsch der Unternehmensleitung zu einem unternehmenseinheitlichen Sanierungskonzept.[70]

33 **d) Arbeitnehmerzahl.** Vielfach hängen Regelungskompetenzen des Betriebsrats von der Zahl der im Betrieb beschäftigten Arbeitnehmer ab. Dies gilt z. B. für Auswahlrichtlinien (§ 95 II BetrVG) oder die wirtschaftliche Mitbestimmung. Im Schrifttum war umstr., ob bei Zuständigkeit des Gesamtbetriebsrats für die Regelungskomplexe auf die Arbeitnehmerzahl der im Unternehmen Beschäftigten abzustellen ist oder auf den konkreten Betrieb. Nach richtiger Ansicht ändert sich durch die Zuständigkeitsübertragung nichts.[71] Diese Streitfrage dürfte durch die Neufassung der §§ 99, 111 BetrVG ohnehin überholt sein. Zur Geltung der §§ 111–113 BetrVG in betriebsratslosen Betrieben § 244 RN 4f.

V. Rechte und Pflichten des Gesamtbetriebsrats und seiner Mitglieder

34 Die Vorschriften über die Rechte und Pflichten des Betriebsrats gelten entsprechend für den Gesamtbetriebsrat, soweit das BetrVG keine Sonderregelung enthält (§ 51 V BetrVG). Danach hat der Gesamtbetriebsrat nach § 80 I Nr. 1 BetrVG die Einhaltung der für betriebsratslose Betriebe abgeschlossenen Gesamtbetriebsvereinbarungen zu überwachen.[72]

VI. Auflösung und Erlöschen des Gesamtbetriebsrats bzw. der Mitgliedschaft

Kreutz, Bestand und Beendigung von Gesamt- und Konzernbetriebsrat, FS Birk (2008), S. 495.

35 **1. Amtszeit.** Die Amtszeit des Gesamtbetriebsrats ist abhängig von der der einzelnen Betriebsräte. Da diese turnusmäßig in einem Vierjahresrhythmus gewählt werden müssen, endet grundsätzlich die Amtszeit des Gesamtbetriebsrats ebenso. Wegen der Verkürzung oder Verlän-

---

66 BAG 14. 11. 2006 AP 43 zu § 87 BetrVG 1972 = NZA 2007, 399; 6. 4. 1976 AP 2 zu § 50 BetrVG 1972 = DB 76, 1290.

67 BAG 20. 12. 1988 AP 5 zu § 92 ArbGG 1979 = NZA 89, 393.

68 LAG Düsseldorf 4. 3. 1992 DB 92, 613; 6. 2. 1991 LAGE § 50 BetrVG 1972 Nr. 4 = DB 91, 1130; a. A. LAG Nürnberg 21. 9. 1992 LAGE § 98 ArbGG 1979 Nr. 23 = NZA 93, 281; 29. 9. 1989 NZA 90, 503.

69 Vgl. BAG 18. 10. 1988 AP 10 zu § 81 ArbGG 1979 = NZA 89, 396.

70 BAG 15. 1. 2002 AP 23 zu § 50 BetrVG 1972 = NZA 2002, 988.

71 Vgl. BAG 16. 8. 1983 AP 5 zu § 50 BetrVG 1972 = NJW 84, 2966.

72 LAG Baden-Württemberg 30. 4. 2008 LAGE § 40 BetrVG 2001 Nr. 10.

gerung der Amtszeit der einzelnen Betriebsräte kann die Mitgliedschaft einzelner Gesamtbetriebsratsmitglieder über den turnusmäßigen Vierjahresrhythmus erhalten bleiben. Die Amtszeit endet auch, wenn für das Unternehmen ein Gesamtbetriebsrat nicht mehr zu bilden ist, z. B., weil nur noch ein Betrieb besteht (RN 4).

2. Mitgliedschaft. Die Mitgliedschaft im Gesamtbetriebsrat endet (§ 49 BetrVG) **(a)** mit dem Erlöschen der Mitgliedschaft im Betriebsrat, weil der Betriebsrat nur eigene Mitglieder in den Gesamtbetriebsrat entsenden kann;[73] **(b)** durch Amtsniederlegung; **(c)** durch Ausschluss aus dem Gesamtbetriebsrat (§ 48 BetrVG); davon bleibt die Mitgliedschaft im Betriebsrat unberührt; anders wenn der Ausschluss aus dem Betriebsrat erfolgt, oder **(d)** durch Abberufung durch den Betriebsrat.[74] 36

VII. Streitigkeiten

Streitigkeiten über die Errichtung, Mitgliederzahl und Zusammensetzung des Gesamtbetriebsrats sowie die Stimmengewichtung und seine Zuständigkeit sind von den Arbeitsgerichten im Beschlussverfahren zu entscheiden (§ 2a ArbGG). Dasselbe gilt für den Fortbestand der Mitgliedschaft im Gesamtbetriebsrat. Ein Zuständigkeitswechsel ist auch noch in den Rechtsmittelinstanzen zu berücksichtigen.[75] Im Individualprozess ist der Arbeitnehmer regelmäßig nicht zu besonderen Ausführungen über die Zuständigkeit des Gesamtbetriebsrats verpflichtet, wenn er Rechte aus einer Gesamtbetriebsvereinbarung geltend macht.[76] Etwas anderes gilt nur, wenn Umstände vorliegen oder von der Gegenseite behauptet worden sind, die Zweifel an der wirksamen Entstehung der Gesamtbetriebsvereinbarung begründen.[77] 37

§ 225. Betriebsräteversammlung

1. Einberufung. Die Betriebsräteversammlung ist mindestens einmal im Jahr durch den Gesamtbetriebsrat einzuberufen (§ 53 I BetrVG). Ihr gehören die Vorsitzenden und stellvertretenden Vorsitzenden der Betriebsräte sowie die weiteren Mitglieder der Betriebsausschüsse (§ 220 RN 11 ff.) an. Der Betriebsrat kann aus seiner Mitte andere Mitglieder entsenden, sofern die Zahl der Mitglieder der Betriebsräteversammlung nicht überschritten wird. Nicht vorgesehen ist die Teilnahme der Schwerbehindertenvertretung oder von Mitgliedern der Gesamtjugend- und Auszubildendenvertretung, gleichwohl ist ihre Teilnahme trotz der Nichtöffentlichkeit der Betriebsräteversammlung zulässig. Der Gesamtbetriebsrat ist nicht verpflichtet, die Betriebsräteversammlung am Sitz der Hauptverwaltung des Unternehmens einzuberufen.[1] 1

2. Aufgaben. In der Betriebsräteversammlung hat **(a)** der Gesamtbetriebsrat einen **Tätigkeitsbericht, (b)** der Unternehmer einen Bericht über das **Personal- und Sozialwesen** einschließlich des Stands der Gleichstellung von Frauen und Männern im Unternehmen, der Integration der im Unternehmen beschäftigten ausländischen Arbeitnehmer, über die **wirtschaftliche Lage und Entwicklung** des Unternehmens sowie über **Fragen des Umweltschutzes** im Unternehmen, soweit dadurch nicht Betriebs- oder Geschäftsgeheimnisse gefährdet werden, zu erstatten (§ 53 II BetrVG). Der Bericht muss durch ein Leitungsorgan erfolgen, da eine Vertretung nicht vorgesehen ist.[2] Die Berichtspflicht geht über die in der Betriebsversammlung hinaus, da sie auch die wirtschaftliche Entwicklung des Unternehmens zum Gegenstand hat. Sie dient dem **Zweck,** allen, auch den nicht dem Gesamtbetriebsrat angehörenden Betriebsratsmitgliedern, aus erster Hand Informationen über die Tätigkeit des Gesamtbetriebsrats sowie die Lage und Entwicklung des Unternehmens zu geben. Die Betriebsräteversammlung kann diese Angelegenheiten sowie solche, die in den Berichten nicht enthalten sind, erörtern, soweit sie sich auf das Unternehmen beziehen. Sie kann keine Beschlüsse fassen, die den Gesamtbetriebsrat oder die Einzelbetriebsräte binden. 2

---

[73] BAG 15. 12. 1961 AP 1 zu § 47 BetrVG = DB 62, 275; ArbG Stuttgart 13. 1. 1976 DB 76, 1160; zum Dienststellenwechsel BAG 11. 7. 1990 AP 1 zu § 54 BPersVG = NZA 90, 983.

[74] Dazu BAG 16. 3. 2005 AP 14 zu § 47 BetrVG 1972.

[75] BAG 18. 10. 1988 AP 10 zu § 81 ArbGG 1979 = NZA 89, 396.

[76] BAG 20. 2. 2001 AP 15 zu § 77 BetrVG 1972 Tarifvorbehalt = NZA 2001, 903.

[77] BAG 21. 1. 2008 AP 40 zu § 77 BetrVG 1972 Betriebsvereinbarung = NZA 2008, 709.

[1] BAG 29. 4. 1998 AP 58 zu § 40 BetrVG 1972 = NZA 98, 1133.

[2] LAG Frankfurt 26. 1. 1989 DB 89, 1473 = NZA 89, 733 (Vorstandsmitglied).

3 **3. Leitung.** Die Betriebsräteversammlung wird von dem Vorsitzenden des Gesamtbetriebsrats geleitet; sie ist nicht öffentlich (§ 223 RN 4). Der Arbeitgeber ist zur Betriebsräteversammlung einzuladen und berechtigt zu sprechen. An den Betriebsräteversammlungen dürfen Vertreter der im Betrieb vertretenen Gewerkschaften beratend teilnehmen (§ 223 RN 19); nimmt der Arbeitgeber teil, so ist er berechtigt, einen Vertreter seines Arbeitgeberverbandes hinzuzuziehen. Der Themenkreis der Betriebsräteversammlung entspricht im Übrigen dem der Betriebsversammlung (§ 53 III BetrVG; vgl. § 223 RN 15).

§ 226. Konzernbetriebsrat

Britz, Gesamt- und Konzernbetriebsrat, PersV 2006, 131; *Christoffer,* Die originäre Zuständigkeit des Konzernbetriebsrats, BB 2008, 951; *Diller/Schuster,* Rechtsfragen der elektronischen Personalakte, DB 2008, 928; *Dörner, H.-J.,* Die Bildung eines Konzernbetriebsrats in paritätisch beherrschten Unternehmen, FS Leinemann (2006), S. 487; *Dzida,* Die Mitbestimmung des Konzernbetriebsrats bei Ethik-Richtlinien, NZA 2008, 1265; *Fischer,* Der ahnungslose Arbeitgeber oder die Betriebsverfassung im (internationalen) konzernrechtlichen Niemandsland, ArbuR 2002, 7; *Gaumann/Liebermann,* Errichtung eines Konzernbetriebsrats bei fehlender inländischer Konzernspitze, DB 2006, 1157; *Henssler,* Mitbestimmungsrechtliche Folgen grenzüberschreitender Beherrschungsverträge, ZfA 2005, 289; *Kreutz,* Bestand und Beendigung von Gesamt- und Konzernbetriebsrat, FS Birk (2008), S. 495; *ders.,* Die Errichtung eines Konzernbetriebsrats durch den einzigen Gesamtbetriebsrat (oder Betriebsrat) im Konzern, NZA 2008, 259; *ders.,* Konzernbetriebsratserrichtung bei natürlichen Personen als Konzernspitze, GD Eckert (2008), S. 487; *Mayer, U.,* Auswirkung grenzüberschreitender Beherrschungsverträge auf Mitbestimmungstatbestände, ArbuR 2006, 303; *Meyer, C.,* Das Schicksal von Konzernbetriebsvereinbarungen beim Betriebsübergang, BB-Special 2005, Nr. 14, 5; *Rieble,* Delegation an den Gesamt- oder Konzernbetriebsrat, RdA 2005, 26; *Röder/Powietzka,* Gesamt- und Konzernbetriebsräte in internationalen Konzernunternehmen, DB 2004, 542; *Röder/Siegrist,* Konzernweites Bündnis für Arbeit, DB 2008, 1098; *Schwald,* Die Legitimation der Konzernbetriebsverfassung, 2005; *Schwab,* Konzernbetriebsrat, AR-Blattei SD 530.12.1; *ders.,* Der Konzernbetriebsrat, NZA-RR 2007, 337.

1 **1. Errichtung. a) Konzern.** Der Begriff des Konzerns ist in § 18 I AktG definiert. Als Konzern gilt ein Rechtsgebilde, wenn **(a)** ein herrschendes und ein oder mehrere abhängige Unternehmen unter der einheitlichen Leitung eines herrschenden Unternehmens zusammengefasst sind; **(b)** Unternehmen, zwischen denen ein Beherrschungsvertrag besteht (§ 291 AktG) oder von denen das eine in das andere eingegliedert ist (§ 319 AktG). Durch die Verweisung auf § 18 I AktG wird nach h. M. klargestellt, dass ein Konzernbetriebsrat nur in einem Unterordnungskonzern zu bilden ist. Dagegen ist es unerheblich, in welcher Rechtsform die einzelnen Konzernunternehmen geführt werden (AG, GmbH, OHG, KG, GbR), da durch die Verweisung auf § 18 I AktG lediglich der Begriff des Konzerns umschrieben werden sollte.[1] Unternehmen im konzernrechtlichen Sinn kann daher auch eine natürliche Person sein.[2] Die Errichtung eines Konzernbetriebsrats ist von einer Entscheidung der Mehrheit der Gesamtbetriebsräte des Konzerns abhängig (§ 54 I BetrVG). Zur Berechnung der Mehrheit ist auf die Zahl der Arbeitnehmer aller Konzernunternehmen abzustellen, unabhängig davon, inwieweit dort (Gesamt-)Betriebsräte bestehen.[3] Die Initiative zur Bildung des Konzernbetriebsrats kann von jedem Gesamtbetriebsrat ausgehen. Die Gesamtbetriebsräte der anderen Unternehmen sind dabei zur Herbeiführung eines Beschlusses über die Bildung eines Konzernbetriebsrats aufzufordern und haben hierüber eine Abstimmung vorzunehmen. Ein Konzernbetriebsrat in einem Unterordnungskonzern kann auch errichtet werden, wenn nur ein einziger Gesamtbetriebsrat bzw. ein nach § 54 II BetrVG gleichgestellter Betriebsrat besteht.[4] Das Amt des Konzernbetriebsrats endet, wenn das für seine Errichtung maßgebliche Konzernrechtsverhältnis i. S. d. § 18 I AktG nicht mehr besteht (z. B. durch gesellschaftsrechtliche Veränderung bei dem herrschenden oder den abhängigen Unternehmen, Aufgabe der tatsächlichen Leitungsmacht, bzw. ihrer Verlagerung in das Ausland; Auswechslung der Konzernspitze[5]) oder die entsendenden Arbeitnehmervertretungen entsprechende Beschlüsse fassen. Das Fehlen oder der Wegfall der Voraussetzungen des § 54 I BetrVG kann bei Bestehen eines rechtlichen Interesses jederzeit geltend gemacht werden.[6]

---

[1] BAG 22. 11. 1995 AP 7 zu § 54 BetrVG 1972 = NZA 96, 1092.
[2] BAG 23. 8. 2006 AP 12 zu § 54 BetrVG 1972; 13. 10. 2004 AP 9 zu § 54 BetrVG 1972 = NZA 2005, 647.
[3] BAG 11. 8. 1993 AP 6 zu § 54 BetrVG 1972 = NZA 94, 326.
[4] *Kreutz* NZA 2008, 259, 262 f.
[5] BAG 23. 8. 2006 AP 12 zu § 54 BetrVG 1972; dagegen *Kreutz* FS Birk S. 495, 510 ff.
[6] BAG 23. 8. 2006 AP 12 zu § 54 BetrVG 1972.

b) Faktischer Konzern. Die Bildung eines Konzernbetriebsrats ist auch in einem faktischen Konzern zulässig.[7] Ein faktischer Konzern liegt vor, wenn die Abhängigkeit eines oder mehrerer Unternehmen auf dem Mehrheitsbesitz am Gesamtkapital beruht und die Unternehmensleitungen durch langfristige Liefer-, Abnahme-, Lizenzverträge oder ähnliche Beherrschungsmittel gebunden sind. Maßgeblich ist das Vorhandensein von Mitteln, mit dem das herrschende Unternehmen in den abhängigen Unternehmen seine Vorstellungen durchzusetzen vermag. Dagegen liegt noch kein faktischer Konzern vor, wenn eine Bank an einem oder mehreren Unternehmen maßgeblich beteiligt ist, aber eine einheitliche Leitungsmacht nicht ausgeübt wird. 2

c) Gemeinschaftsunternehmen. Bei diesem ist ein Konzern ist dann gegeben, wenn ein Unternehmen zu zwei Obergesellschaften in einem Abhängigkeitsverhältnis steht.[8] Das gilt auch, wenn die herrschenden Unternehmen paritätisch beteiligt sind und deshalb ein Unternehmen allein keinen beherrschenden Einfluss haben kann. Ein Gemeinschaftsunternehmen kann auch von mehreren gleich geordneten herrschenden Unternehmen abhängig sein, d. h. in einem Abhängigkeitsverhältnis zu jedem der herrschenden Unternehmen stehen (sog. mehrfache Abhängigkeit von mehreren Mutterunternehmen). Jedoch müssen die Einflussmöglichkeiten der verschiedenen Herrschaftsträger koordiniert sein. Ausreichend ist es, wenn gleich gerichtete Interessen eine gemeinsame Unternehmenspolitik gewährleisten, nicht aber dass ausschließlich aus der gesellschaftsrechtlichen Beteiligung ergebende Rechte ausgeübt werden. Bei Mehrmütterschaft ist für das jeweilige Konzernverhältnis bei jedem der herrschenden Unternehmen jeweils ein Konzernbetriebsrat zu bilden.[9] 3

d) Personenidentität. Kein Konzernbetriebsrat ist zu bilden, wenn die Leitungsmacht nicht durch ein herrschendes Unternehmen, sondern durch Besetzung der Leitungsposition im herrschenden und abhängigen Unternehmen in Personalunion ausgeübt wird. 4

e) Konzern im Konzern. Ein Konzernbetriebsrat kann auch bei einem Tochterunternehmen eines mehrstufigen, vertikal gegliederten Konzerns gebildet werden, wenn diesem ein betriebsverfassungsrechtlich relevanter Spielraum für die bei ihm und für die von ihm abhängigen Unternehmen zu treffenden Entscheidungen verbleibt.[10] 5

f) Ausland. Ein Konzernbetriebsrat kann bei einem Unterordnungskonzern, bei dem das herrschende Unternehmen seinen Sitz im Ausland hat, nicht gebildet werden, es sei denn, es gibt im Inland eine Zusammenfassung einheitlicher Leitungsmacht.[11] Dies kann z. B. dann der Fall sein, wenn sich das ausländische herrschende Unternehmen eines im Inlands gelegenen herrschenden Unternehmens als Teilkonzernspitze bedient; zur Unternehmensmitbestimmung § 260 RN 2. 6

2. Zusammensetzung. In den Konzernbetriebsrat entsendet jeder Gesamtbetriebsrat zwei seiner Mitglieder. Die in den Konzernbetriebsrat entsandten Mitglieder werden vom Gesamtbetriebsrat bestimmt, die Geschlechter sollen angemessen berücksichtigt werden (§ 55 I BetrVG).[12] Für jedes Mitglied ist ein Ersatzmitglied zu bestellen und die Reihenfolge des Nachrückens zu bestimmen (§ 55 II BetrVG). Besteht in einem Konzernunternehmen nur ein Betriebsrat, obliegt diesem die Bestimmung der in den Konzernbetriebsrat zu entsendenden Betriebsratsmitglieder. Durch Tarifvertrag oder Betriebsvereinbarung kann die Mitgliederzahl des Konzernbetriebsrats abweichend geregelt werden (§ 55 IV BetrVG). 7

3. Stimmengewichtung. Jedem Mitglied des Konzernbetriebsrats stehen die Stimmen der Mitglieder des entsendenden Gesamtbetriebsrats je zur Hälfte zu (§ 55 III BetrVG). 8

4. Beginn und Ende der Mitgliedschaft. In den Konzernbetriebsrat können nur Mitglieder des Gesamtbetriebsrats entsandt werden. Über die Entsendung entscheidet der Gesamtbetriebsrat durch Beschluss. Ein Mitglied des Konzernbetriebsrats kann wegen grober Pflichtverletzung auf Antrag vom Arbeitsgericht aus dem Konzernbetriebsrat ausgeschlossen werden (§ 56 9

---

[7] BAG 22. 11. 1995 AP 7 zu § 54 BetrVG 1972 = NZA 96, 1092; LAG Baden-Württemberg 6. 7. 2001 AiB 2002, 110 (umsatzsteuerliche Organschaft ist ausreichend).

[8] BAG 16. 8. 1995 AP 30 zu § 76 BetrVG 1972 = NZA 96, 274; 30. 10. 1986 AP 1 zu § 55 BetrVG 1972 = DB 87, 1691; 18. 6. 1970 AP 20 zu § 76 BetrVG = DB 70, 1595.

[9] BAG 13. 10. 2004 AP 9 zu § 54 BetrVG 1972 = NZA 2005, 647; 30. 10. 1986 AP 1 zu § 55 BetrVG 1972 = DB 87, 1691.

[10] BAG 21. 10. 1980 AP 1 zu § 54 BetrVG 1972 = DB 81, 895.

[11] BAG 16. 5. 2007 AP 3 zu § 96 a ArbGG 1979; 14. 2. 2007 AP 13 zu § 54 BetrVG 1972 = NZA 2007, 999; dazu *Bachmann* RdA 2008, 108; *Buchner* FS Birk (2008), S. 11; *Dzida/Hohenstatt* NZA 2007, 945; *Junker* SAE 2008, 41; *Ullrich* DB 2007, 2710; a. A. *Fitting* § 54 RN 34; *Trittin/Gilles*, ArbuR 2008, 136.

[12] BAG 10. 2. 1981 AP 2 zu § 54 BetrVG 1972 = DB 81, 1937 zu § 55 BetrVG a. F.

BetrVG; § 219). Die Mitgliedschaft endet ferner, wenn die Mitgliedschaft zum Gesamtbetriebsrat erlischt, durch Amtsniederlegung oder durch Abberufung durch den Gesamtbetriebsrat (§ 57 BetrVG).

10 **5. Zuständigkeit.** Der Konzernbetriebsrat ist zuständig **(a)** für die Behandlung von Angelegenheiten, die den Konzern oder mehrere Konzernunternehmen betreffen und die nicht durch die einzelnen Gesamtbetriebsräte geregelt werden können; seine Zuständigkeit erstreckt sich insoweit auch auf Unternehmen, die einen Gesamtbetriebsrat nicht gebildet haben sowie auf Betriebe der Konzernunternehmen ohne Betriebsrat (§ 58 I BetrVG); **(b)** für Angelegenheiten, die ihm vom Gesamtbetriebsrat übertragen worden sind (§ 58 II BetrVG). Die Zuständigkeitsregelung ist der des Gesamtbetriebsrats (§ 226 RN 19ff.) nachgebildet. Erfasst vom Mitbestimmungsrecht des Konzernbetriebsrats nach § 58 I BetrVG werden dementsprechend Angelegenheiten, bei denen ein zwingendes Erfordernis nach einer konzerneinheitlichen oder zumindest unternehmensübergreifenden Regelung besteht. Ein objektiv zwingendes Erfordernis für eine konzerneinheitliche oder eine unternehmensübergreifende Regelung können technische oder rechtliche Umstände begründen. Allein der Wunsch des Konzernarbeitgebers nach einer konzerneinheitlichen oder unternehmensübergreifenden Regelung, sein Kosten- oder Koordinierungsinteresse sowie reine Zweckmäßigkeitsgesichtspunkte genügen nicht, um die Zuständigkeit des Konzernbetriebsrats zu begründen. Maßgeblich sind stets die konkreten Umstände des Konzerns, seiner Unternehmen und Betriebe.[13] Das BAG hat eine Zuständigkeit nach § 58 I BetrVG angenommen für die Ausübung des Mitbestimmungsrechts bei einer Alterversorgungssystemen, deren Wirkungskreis sich auf den Konzern erstreckt[14] und den Abschluss einer Betriebsvereinbarung über den Datenaustausch im Konzern.[15] Der Konzernbetriebsrat ist nach § 58 I BetrVG auch zuständig für die zur Bildung eines europäischen Betriebsrats erforderlichen Maßnahmen, wenn dieser auf Konzernebene zu bilden ist. Zur Vorbereitung der Bildung eines europäischen Betriebsrats ist es regelmäßig erforderlich, mit ausländischen Arbeitnehmervertretungen im Bereich der EU eine Abstimmung des Verhaltens zu versuchen.[16] Ein Konzernbetriebsrat hat eine Auftragsangelegenheit nach § 58 II BetrVG zur Regelung des Mitbestimmungsrechts nach § 87 I Nr. 4 BetrVG mit den jeweiligen Konzernunternehmen zu verhandeln. Die Leitung der herrschenden Konzerngesellschaft kann in diesen Fällen aber nicht zum Abschluss einer Konzernbetriebsvereinbarung verpflichtet werden.[17]

11 **6. Geschäftsführung.** Wegen der Geschäftsführung wird auf entsprechende Vorschriften des Gesamtbetriebsrats verwiesen.[18]

§ 227. Jugend- und Auszubildendenvertretung

Klinkhammer, Tarifvertragliche Mitbestimmung im Ausbildungsbetrieb, FS 50 Jahre BAG (2004), S. 963; *Opolony,* Die Jugend- und Auszubildendenvertretung nach dem Betriebsverfassungs-Reformgesetz, BB 2001, 2055; *Rotermund,* Die Interessenwahrnehmung durch Jugendliche und Auszubildende in der Betriebsverfassung (2004); *Rudolph,* Zusammenarbeit zwischen Personalrat und Jugend- und Auszubildendenvertretung, PersR 2008, 107.

Übersicht

	RN
I. Wahl der Jugend- und Auszubildendenvertretung	1 ff.
1. Errichtung	1, 2
2. Zahl der Jugend- und Auszubildendenvertreter	3
3. Wahlgrundsätze	4, 5
4. Amtszeit	6
5. Wahlanfechtung	7
II. Geschäftsführung der Jugend- und Auszubildendenvertretung	8

[13] BAG 22. 7. 2008 AP 14 zu § 87 BetrVG 1972 = NZA 2008, 1248 – Ethikrichtlinie; enger BAG 19. 6. 2007 AP 4 zu § 58 BetrVG 1972 = NZA 2007, 1184 zu freiwilligen Betriebsvereinbarungen.

[14] BAG 29. 1. 2008 AP 13 zu § 87 BetrVG 1972; 14. 12. 1993 AP 81 zu § 7 BetrAVG = NZA 94, 554; 19. 3. 1981 AP 14 zu § 80 BetrVG 1972 = DB 81, 2181.

[15] BAG 20. 12. 1995 AP 1 zu § 58 BetrVG 1972 = NZA 96, 945; zur Zuständigkeit bei einer elektronischen Personalakte *Diller/Schuster* DB 2008, 928.

[16] ArbG Hamburg 17. 4. 1997 ArbuR 98, 42.

[17] BAG 12. 11. 1997 AP 2 zu § 58 BetrVG 1972 = NZA 98, 497.

[18] Zu Kostenerstattungsansprüchen bei unwirksamer Errichtung des Konzernbetriebsrats: BAG 23. 8. 2006 AP 12 zu § 54 BetrVG 1972.

	RN
III. Aufgaben der Jugend- und Auszubildendenvertretung	9 ff.
1. Aufgaben	9–11
2. Rechte	12
IV. Rechte der Jugend- und Auszubildendenvertreter	13 ff.
1. Rechtsstellung	13
2. Weiterbeschäftigung durch den Arbeitgeber (§ 78 a I BetrVG)	14, 15
3. Weiterbeschäftigungsverlangen des Auszubildenden (§ 78 a II BetrVG)	16–18
4. Entbindung von der Weiterbeschäftigung (§ 78 a IV BetrVG)	19–23 a
5. Verfahrensart und Rechtsweg	24–26
6. Arbeitsbefreiung, Schulungsteilnahme	27

I. Wahl der Jugend- und Auszubildendenvertretung

1. Errichtung. a) Wahlberechtigung. Eine Jugend- und Auszubildendenvertretung ist zu wählen in allen Betrieben, in denen ein Betriebsrat besteht (arg. § 63 II BetrVG) und in denen i. d. R. mindestens fünf Arbeitnehmer (§ 5 BetrVG; vgl. § 212) beschäftigt werden, die das 18. Lebensjahr noch nicht vollendet haben oder die zu ihrer Berufsausbildung beschäftigt sind und das 25. Lebensjahr noch nicht vollendet haben (§ 60 I BetrVG). Wahlberechtigt sind alle so beschriebenen Arbeitnehmer (§ 60 I BetrVG) des Betriebs ohne Rücksicht auf ihre Nationalität. Nicht zum Betrieb gehören die in § 60 I BetrVG genannten Arbeitnehmer, wenn einem Dritten nur Räumlichkeiten im Betrieb überlassen werden, in denen der Dritte seine Auszubildenden ausbilden kann und die Auszubildenden dem Weisungsrecht des Betriebsinhabers nicht unterliegen.[1] Werden in einem Konzern die Ausbildungsverträge zentral von einem Unternehmen abgeschlossen, die Ausbildung aber in verschiedenen Betrieben nach Weisung des Ausbildungszentrums durchgeführt, sind die in § 60 I BetrVG genannten Arbeitnehmer nur zur Jugend- und Auszubildendenvertretung des Ausbildungszentrums wahlberechtigt.[2] Die in einem ausschließlichen Ausbildungsbetrieb beschäftigten Auszubildenden gehören nicht zu dessen Belegschaft und sind keine Arbeitnehmer des Betriebs i. S. d. § 5 I BetrVG. Sie haben kein Wahlrecht zum Betriebsrat und zu einer Jugend- und Auszubildendenvertretung und werden von diesen Gremien nicht vertreten. Sie können nur nach § 51 BBiG eine „besondere Interessenvertretung" wählen.[3] 1

b) Wählbarkeit. Wählbar sind alle Arbeitnehmer bis zum vollendeten 25. Lebensjahr. Die Wählbarkeit hängt nicht von einer bestimmten Dauer der Betriebszugehörigkeit oder der deutschen Staatsangehörigkeit ab. Nicht wählbar sind Mitglieder (Ersatzmitglieder) des Betriebsrats (§ 61 BetrVG) sowie Arbeitnehmer, die infolge strafgerichtlicher Verurteilung die Fähigkeit, Rechte aus öffentlichen Wahlen zu erlangen, nicht besitzen (§ 61 II, § 8 I 3 BetrVG). Ein Mitglied der Jugend- und Auszubildendenvertretung, das im Laufe der Amtszeit das 25. Lebensjahr vollendet, bleibt bis zum Ende der Amtszeit im Amt (§ 64 III BetrVG). Dagegen darf ein Ersatzmitglied, das im Zeitpunkt des Nachrückens für einen ausgeschiedenen Vertreter das 25. Lebensjahr vollendet hat, wegen seines Alters nicht mehr nachrücken.[4] 2

2. Zahl der Jugend- und Auszubildendenvertreter. Die Jugend- und Auszubildendenvertretung besteht in Betrieben mit im Zeitpunkt des Erlasses des Wahlausschreibens[5] i. d. R. bei 5–20 der in § 60 I BetrVG genannten Arbeitnehmer aus einem, 21–50 aus drei, 51–150 aus fünf, bei 151–300 aus sieben, 301–500 aus neun, 501–700 aus elf, 701–1000 aus dreizehn und mehr als 1000 aus fünfzehn Jugend- und Auszubildendenvertretern (§ 62 I BetrVG). Ändert sich nach Erlass des Wahlausschreibens die Zahl der in § 60 I BetrVG Genannten, nehmen die neu Eingetretenen an der Wahl teil, die Ausgeschiedenen nicht mehr; die Zahl der zu Wählenden bleibt unverändert. Werden irrtümlich zu viele gewählt, so bleibt es dabei, wenn die Wahl nicht angefochten wird.[6] Die Jugend- und Auszubildendenvertretung soll sich möglichst aus Vertretern der verschiedenen Beschäftigungsarten und Ausbildungsberufe der im Betrieb tätigen, in § 60 I BetrVG genannten Arbeitnehmer zusammensetzen (§ 62 II BetrVG). Die Geschlechter müssen in der Jugend- und Auszubildendenvertretung entsprechend ihrem zahlenmäßigen Verhältnis vertreten sein, wenn diese aus mindestens drei Mitgliedern besteht (§ 62 III BetrVG). 3

---

[1] BAG 4. 4. 1990 AP 1 zu § 60 BetrVG 1972 = NZA 90, 315.

[2] BAG 13. 3. 1991 AP 2 zu § 60 BetrVG 1972 = NZA 92, 223.

[3] BAG 13. 6. 2007 AP 12 zu § 5 BetrVG 1972 Ausbildung = NZA-RR 2008, 19; zur Mitbestimmung in einem tariflich errichteten Ausbildungsbetrieb: BAG 24. 8. 2004 AP 12 zu § 98 BetrVG 1972 = NZA 2005, 371.

[4] LAG Düsseldorf 13. 10. 1992 NZA 93, 474 = BB 93, 141.

[5] BAG 22. 11. 1984 AP 1 zu § 64 BetrVG 1972 = NZA 85, 715.

[6] BAG 14. 1. 1972 AP 2 zu § 20 BetrVG Jugendvertreter = DB 72, 686.

4 **3. Wahlgrundsätze. a)** Die Jugend- und Auszubildendenvertretung wird in geheimer und unmittelbarer Wahl gewählt (§ 63 I BetrVG). Die Wahl ist an die des Betriebsrats angepasst. Nach § 63 II BetrVG sind die Vorschriften des § 14 II–V BetrVG anzuwenden. Regelwahl für die Jugend- und Auszubildendenvertretung ist die **Verhältniswahl.** Sie erfolgt in Betrieben mit bis zu 50 Arbeitnehmern (§§ 63 II, 14 II, 14a BetrVG) nach den Grundsätzen der Mehrheitswahl oder wenn nur ein Wahlvorschlag eingereicht ist. Das in Kleinbetrieben für die Betriebsratswahl geltende vereinfachte Wahlverfahren (§ 14a BetrVG) gilt auch für die Wahl der Jugend- und Auszubildendenvertretung, wenn nur ein oder drei Jugend- und Auszubildendenvertreter zu wählen sind, in Betrieben mit 51–100 der in § 60 I BetrVG genannten Arbeitnehmer können Wahlvorstand und Arbeitgeber seine Anwendung vereinbaren.

5 **b) Wahlvorstand.** Spätestens acht Wochen vor Ablauf der Amtszeit der Jugend- und Auszubildendenvertretung bestellt der Betriebsrat den Wahlvorstand und seinen Vorsitzenden (§ 63 II 1 BetrVG). Die Bestellung von Ersatzmitgliedern ist zulässig. Wird der Wahlvorstand nicht oder nicht spätestens sechs Wochen vor Ablauf der Amtszeit der Jugend- und Auszubildendenvertretung bestellt oder kommt ein Wahlvorstand seiner Verpflichtung nicht nach, bestellt ihn das Arbeitsgericht auf Antrag. Der Antrag kann auch von jugendlichen Arbeitnehmern gestellt werden (§ 63 III BetrVG). Die Möglichkeit zur Bestellung eines Wahlvorstands besteht in diesem Fall auch für den Gesamt- bzw. Konzernbetriebsrat, da § 16 III 1 BetrVG entsprechend gilt. Wird die Jugend- und Auszubildendenvertretung nach §§ 63 IV 1, 14a BetrVG gewählt, sind die Fristen zur Bestellung des Wahlvorstands durch den Betriebsrat auf vier Wochen und im Fall seiner oder bei Untätigkeit des Wahlvorstands auf drei Wochen verkürzt (§ 63 IV 2 BetrVG).

6 **4. Amtszeit.** Die regelmäßige Amtszeit beträgt zwei Jahre beginnend mit der Bekanntgabe des Wahlergebnisses, oder wenn zu diesem Zeitpunkt noch eine Jugend- und Auszubildendenvertretung besteht, mit Ablauf von deren Amtszeit (§ 64 II BetrVG). Die regelmäßigen Wahlen finden alle zwei Jahre in der Zeit vom 1. 10. bis 30. 11. statt. Der Wahlturnus weicht von dem des Betriebsrats ab, damit die Gewerkschaften entlastet werden und der jeweils neu gewählte Betriebsrat den Wahlvorstand bestellen kann. Die Amtszeit einer Jugend- und Auszubildendenvertretung endet spätestens am 30. 11. eines Jahres, in dem die regelmäßigen Wahlen stattfinden (vgl. § 64 II BetrVG). Das Amt eines Jugend- und Auszubildendenvertreters, der gleichzeitig Ersatzmitglied des Betriebsrats ist, endet mit seiner Sitzungsteilnahme für ein verhindertes Betriebsratsmitglied.[7]

7 **5. Wahlanfechtung.** Die Wahl zur Jugend- und Auszubildendenvertretung kann nach § 19 BetrVG angefochten werden. Am gerichtlichen Wahlanfechtungsverfahren ist der Betriebsrat zu beteiligen.[8]

II. Geschäftsführung der Jugend- und Auszubildendenvertretung

8 Die Geschäftsführung der Jugend- und Auszubildendenvertretung ist weitgehend in Anlehnung an die des Betriebsrats geregelt (§ 65 BetrVG; vgl. § 220). Sie kann im Interesse einer größeren Effizienz ihrer Arbeit Ausschüsse (§ 28 BetrVG) bilden. Die Jugend- und Auszubildendenvertretung kann jedoch unmittelbar gegenüber dem Arbeitgeber keine wirksamen **Beschlüsse** fassen.[9] Die notwendigen **Sachkosten** der Jugend- und Auszubildendenvertretung sind Teil der Betriebsratskosten und vom Arbeitgeber zu tragen.[10] Die Kosten der Hinzuziehung eines Anwalts sind erstattungsfähig, wenn sie zur sachgerechten Verteidigung ihrer Rechtsstellung in einem Ausschlussverfahren (§ 23 I BetrVG) eines ihrer Mitglieder erforderlich sind.[11] Hingegen besteht kein Kostenerstattungsanspruch, wenn ein Mandatsträger lediglich seine individualrechtlichen Interessen gegenüber dem Arbeitgeber wahrnimmt. Anwaltskosten eines Mitglieds der Jugend- und Auszubildendenvertretung im Verfahren nach § 78a BetrVG sind daher nicht erstattungsfähig.[12] Auch die Hinzuziehung eines Sachverständigen durch die Jugend- und Auszubildendenvertretung ist nicht möglich. Ein minderjähriger Jugend- und Auszubildendenvertreter ist für das Beschlussverfahren insoweit **verfahrensfähig,** wie er eigene oder Rechte der Jugend- und Auszubildendenvertretung wahrnimmt.[13]

---

[7] BAG 22. 8. 1979 AP 6 zu § 78a BetrVG 1972 = NJW 80, 1541.
[8] BAG 20. 2. 1986 AP 1 zu § 63 BetrVG 1972 = NZA 87, 105.
[9] BAG 20. 11. 1973 AP 1 zu § 65 BetrVG 1972 = NJW 74, 879.
[10] BAG 30. 3. 1994 AP 42 zu § 40 BetrVG 1972 = NZA 95, 283.
[11] BAG 19. 4. 1989 AP 29 zu § 40 BetrVG 1972 = NZA 90, 233.
[12] BAG 5. 4. 2000 AP 33 zu § 78a BetrVG 1972 = NZA 2000, 1178.
[13] ArbG Lübeck 12. 12. 1996 ZBVR 97, 12.

III. Aufgaben der Jugend- und Auszubildendenvertretung

1. Aufgaben. a) Das Gesetz regelt in Anlehnung an die Betriebsratsaufgaben (§ 80 BetrVG) auch diejenigen der Jugend- und Auszubildendenvertretung (§ 70 BetrVG). Damit diese ihre Aufgaben sachgemäß durchführen kann, hat der Betriebsrat unaufgefordert die Jugend- und Auszubildendenvertretung rechtzeitig und umfassend zu **unterrichten** und ihr auf Verlangen die erforderlichen **Unterlagen** zur Verfügung zu stellen (§ 70 II BetrVG). Die Unterrichtungspflicht bezieht sich nicht auf Betriebs- oder Geschäftsgeheimnisse, die von dem Arbeitgeber als geheimhaltungsbedürftig bezeichnet werden (arg. § 79 BetrVG). Die Vorlagepflicht erstreckt sich auf solche Unterlagen, die dem Betriebsrat überlassen worden sind und von der Jugend- und Auszubildendenvertretung gebraucht werden. Hierzu gehören die erforderlichen Rechtsvorschriften, Berichte der zuständigen Behörden über die in § 60 I BetrVG genannten Arbeitnehmer betreffende Fragen, Ausbildungspläne usw. Die Vorlagepflicht beinhaltet auch die Überlassung für vorübergehende Zeit, wenn die Jugend- und Auszubildendenvertretung sonst nicht angemessen arbeiten kann. Ein eigenes Informationsrecht gegenüber dem Arbeitgeber hat die Jugend- und Auszubildendenvertretung hingegen nicht. 9

b) Zu den Aufgaben der Jugend- und Auszubildendenvertretung gehört es, **(1)** Maßnahmen, die den in § 60 I BetrVG genannten Arbeitnehmern dienen, beim Betriebsrat zu beantragen (§ 70 I Nr. 1 BetrVG); hierzu gehören z.B. Fragen der Arbeitszeit, besondere Sozialleistungen oder Sozialeinrichtungen (Einrichtung von Aufenthaltsräumen, Sport- und Musikabteilungen usw.), Urlaubsregelungen, Ausbildungsmaßnahmen und die **Übernahmemöglichkeiten** nach Abschluss der Ausbildung. Voraussetzung ist aber, dass der Betriebsrat für die Angelegenheit zuständig ist; **(2)** Maßnahmen zur Durchsetzung der tatsächlichen **Gleichstellung** der in § 60 I BetrVG genannten Arbeitnehmer entsprechend § 80 I Nr. 2a, 2b BetrVG beim Betriebsrat zu beantragen (§ 70 I Nr. 1a BetrVG); **(3)** darüber zu wachen, dass die zugunsten der in § 60 I BetrVG genannten Arbeitnehmer geltenden Gesetze, VO, Unfallverhütungsvorschriften, Tarifverträge und Betriebsvereinbarungen durchgeführt werden (§ 70 I Nr. 2 BetrVG). Das **Überwachungsrecht** entspricht dem des Betriebsrats (§ 80 I Nr. 1 BetrVG). Die Überwachung erstreckt sich nicht nur auf die typischen „Jugendarbeitsschutzgesetze", sondern auf sämtliche Vorschriften, die auch dem Schutz der in § 60 I BetrVG genannten Arbeitnehmer dienen. Auf Grund des Überwachungsrechtes wird die Jugend- und Auszubildendenvertretung nicht zu einem Kontrollorgan mit eigenen Kontrollgängen und Inspektionen; vielmehr bedarf sie für die Durchführung von Kontrollmaßnahmen (Betriebsbesichtigungen) der Zustimmung des Betriebsrats. Für die Zustimmung bedarf es keiner konkreten Verdachtsmomente. Sie kann nicht pauschal erteilt werden, sondern nur für den konkreten Einzelfall;[14] **(4) Anregungen** der in § 60 I BetrVG genannten Arbeitnehmer, insbesondere in Fragen der Berufsbildung, entgegenzunehmen und, falls sie berechtigt erscheinen, beim Betriebsrat auf eine Erledigung hinzuwirken. Die im Einzelnen Betroffenen der in § 60 I BetrVG genannten Arbeitnehmer sind über den Stand und das Ergebnis der Bemühungen zu informieren. Zur Ermittlung der die in § 60 I BetrVG genannten Arbeitnehmer interessierenden Fragen können auch Fragebogenaktionen durchgeführt werden, sofern Betriebsablauf und Betriebsfrieden nicht gestört werden;[15] **(5)** die **Integration** ausländischer, in § 60 I BetrVG genannter Arbeitnehmer im Betrieb zu fördern und entsprechende Maßnahmen beim Betriebsrat zu beantragen (§ 70 I Nr. 4 BetrVG). 10

c) Die Jugend- und Auszubildendenvertretung hat über die jeweilige Einschaltung des Betriebsrats einen **Beschluss** zu fassen. Ist hiervon der Betriebsrat unterrichtet worden, hat dieser die Angelegenheit in einer Betriebsratssitzung unter Teilnahme der Jugend- und Auszubildendenvertretung zu behandeln. 11

2. Rechte. Die Jugend- und Auszubildendenvertretung ist sie weder ein vom Betriebsrat unabhängiges Mitbestimmungsorgan, noch hat sie eigene im Beschlussverfahren durchsetzbare Mitbestimmungs- oder Antragsrechte.[16] Sie hat vor allem überwachende und beratende Rechte.[17] Sie kann: **(a)** Nach Verständigung (also auch ohne Zustimmung) des Betriebsrats **Sitzungen abhalten.** Für die Sitzungen gilt § 29 BetrVG, der die Einberufung der Sitzung des Betriebsrats regelt, entsprechend (§ 65 II BetrVG). An den Sitzungen kann der Betriebsratsvorsitzende oder ein beauftragtes Betriebsratsmitglied teilnehmen (§ 65 II 2 BetrVG). Das Teilnahmerecht entspricht 12

[14] BAG 21. 1. 1982 AP 1 zu § 70 BetrVG 1972 = DB 82, 1277.
[15] BAG 8. 2. 1977 AP 10 zu § 80 BetrVG 1972 = DB 77, 914.
[16] BAG 21. 1. 1982 AP 1 zu § 70 BetrVG 1972 = NJW 82, 2088; 8. 2. 1977 AP 10 zu § 80 BetrVG 1972 = DB 77, 914; 20. 11. 1973 AP 1 zu § 65 BetrVG 1972 = NJW 74, 879.
[17] BAG 20. 11. 1973 AP 1 zu § 65 BetrVG 1972 = NJW 74, 879.

dem des Jugend- und Auszubildendenvertreters an den Betriebsratssitzungen (§ 67 I BetrVG). Durch die wechselseitige Teilnahme soll eine Koordinierung der Arbeit erreicht werden. **(b)** Zu allen Betriebsratssitzungen (dagegen nicht zu den Ausschüssen, §§ 27, 28 BetrVG) einen Vertreter entsenden (§ 67 I BetrVG). Werden Angelegenheiten behandelt, die besonders die in § 60 I BetrVG genannten Arbeitnehmer betreffen, hat die gesamte Jugend- und Auszubildendenvertretung ein **Teilnahmerecht** (§ 67 I BetrVG). Besonders betroffen werden die in § 60 I BetrVG genannten Arbeitnehmer, wenn Angelegenheiten behandelt werden, die für sie spezifisch sind (qualitative Betrachtungsweise). Die Jugend- und Auszubildendenvertretung soll die ihren besonderen Interessen dienenden Argumente oder Einwände vorbringen können, um dem Betriebsrat eine umfassend abgewogene Entscheidung zu ermöglichen. Umstritten ist, ob der Betriebsrat die Jugend- und Auszubildendenvertretung ausschließen kann, wenn etwa das Verhältnis zur Jugend- und Auszubildendenvertretung zur Diskussion steht. **(c)** Das **Stimmrecht** im Betriebsrat ausüben, soweit die zu fassenden Beschlüsse überwiegend die in § 60 I BetrVG genannten Arbeitnehmer betreffen (§ 67 II BetrVG). Überwiegend werden die Belange dieser Arbeitnehmer dann betroffen, wenn bei Abwägung mit den Interessen anderer Beschäftigter die Interessen der in § 60 I BetrVG genannten Arbeitnehmer größeres Gewicht haben. Bei dieser Abwägung ist von Bedeutung, ob die jeweiligen Interessen unmittelbar oder nur mittelbar berührt sind.[18] Jedoch ist eine rein quantitative Betrachtungsweise nicht geboten. Das volle Stimmrecht wird sich vor allem auf Fragen der Ausbildung mit kollektivem Charakter erstrecken, denn nach der Vorstellung des Gesetzes soll sich die Jugend- und Auszubildendenvertretung vor allem auf diesem Gebiet betätigen. **(d)** Beim Betriebsrat beantragen, Angelegenheiten, die besonders die in § 60 I BetrVG genannten Arbeitnehmer betreffen, auf die nächste **Tagesordnung** zu setzen (§ 67 III BetrVG). **(e)** An **Besprechungen** des Betriebsrats mit dem Arbeitgeber **teilnehmen,** wenn Angelegenheiten behandelt werden, die besonders die in § 60 I BetrVG genannten Arbeitnehmer betreffen (§ 68 BetrVG). **(f)** In Betrieben mit mehr als 50 der in § 60 I BetrVG genannten Arbeitnehmer **Sprechstunden** während der Arbeitszeit einrichten. Zeit und Ort der Sprechstunden sind mit dem Arbeitgeber und dem Betriebsrat zu vereinbaren. Notfalls entscheidet die Einigungsstelle. An den Sprechstunden kann der Betriebsratsvorsitzende oder ein beauftragtes Betriebsratsmitglied teilnehmen (§ 69 BetrVG). **(g)** Die **Aussetzung** eines Betriebsratsbeschlusses beantragen, wenn die Mehrheit der Jugend- und Auszubildendenvertretung erachtet, dass durch ihn wichtige Interessen der in § 60 I BetrVG genannten Arbeitnehmer erheblich beeinträchtigt werden (§ 66 BetrVG).

IV. Rechte der Jugend- und Auszubildendenvertreter

Blaha/Mehlich, Unbefristeter Arbeitsvertrag durch Wahl?, NZA 2005, 667; *Gamillscheg,* Blinder Eifer um § 78 a BetrVG, FS Wiedemann (2002), S. 269; *Houben,* § 78 a BetrVG – Schutz vor einer Schutznorm?, NZA 2006, 799; *Opolony,* Die Weiterbeschäftigung von Auszubildenden nach 78 a BetrVG, BB 2003, 1329; *Reuter,* Betrieblich beschränkter Prüfungsmaßstab für Auflösungsanträge nach § 78 a Abs. 4 BetrVG, BB 2007, 2678; *Schulze,* Die Übernahmeverpflichtung von Auszubildenden nach Tarifvertrag, NZA 2007, 1329.

13 **1. Rechtsstellung.** Die Jugend- und Auszubildendenvertreter, der Wahlvorstand und die Wahlbewerber genießen wie die Betriebsratsmitglieder einen besonderen **Kündigungsschutz** (§ 15 KSchG; vgl. § 143).[19] Besonderen Kündigungsschutz genießen auch zeitweilig in die Jugend- und Auszubildendenvertretung nachgerückte Ersatzmitglieder oder vorzeitig ausgeschiedene Mitglieder der Jugend- und Auszubildendenvertretung.[20]

14 **2. Weiterbeschäftigung durch den Arbeitgeber (§ 78 a I BetrVG). a) Geschützter Personenkreis.** Nach § 78 a I BetrVG hat der Arbeitgeber wenn er einen Auszubildenden, der Mitglied der Jugend- und Auszubildendenvertretung, des Betriebsrats, der Bordvertretung oder des Seebetriebsrats ist oder vor Ablauf eines Jahres war, nicht in ein unbefristetes Arbeitsverhältnis übernehmen will, dem Amtsträger dies drei Monate vor Beendigung des Ausbildungsverhältnisses schriftlich mitzuteilen hat. Nach seinem persönlichen Geltungsbereich bezieht sich § 78 a BetrVG auch auf vorübergehend nachgerückte Ersatzmitglieder, sofern das Berufsausbildungsverhältnis innerhalb eines Jahres nach dem Vertretungsfall erfolgreich abgeschlossen wird und der Auszubildende innerhalb von drei Monaten vor der Beendigung des Ausbildungsver-

[18] BVerwG 8. 7. 1977 Buchholz 238.3A § 40 BPersVG Nr. 1.

[19] Vgl. BAG 11. 12. 1975 AP 1 zu § 15 KSchG 1969 = NJW 76, 870.

[20] BAG 15. 1. 1980 AP 8 zu § 78 a BetrVG 1972 = DB 80, 1649; 21. 8. 1979 AP 6 zu § 78 a BetrVG 1972 = NJW 80, 1541.

hältnisses seine Weiterbeschäftigung schriftlich verlangt[21] (umstr.). Nicht erfasst werden Mitglieder des Wahlvorstands und erfolglose Wahlbewerber. Der Schutz nach § 78a BetrVG der ordentlichen Mitglieder beginnt mit dem Erwerb der Mitgliedschaft in der Jugend- und Auszubildendenvertretung, also mit der Stimmauszählung;[22] dies gilt auch, wenn die Mitgliedschaft erst kurz vor dem Ende der Ausbildung erworben oder die Abschlussprüfung nach Beendigung der Ausbildungszeit abgelegt wird.[23] § 78a BetrVG ist nicht nur auf die nach § 34 BBiG staatlich anerkannten Ausbildungsberufe anzuwenden, sondern auch auf **Ausbildungsverhältnisse,** die tariflichen Regelungen entsprechen und eine geordnete Ausbildung von zumindest zwei Jahren vorsehen.[24] Erfasst werden daher z. B. Umschüler in einem anerkannten Ausbildungsberuf und Redaktionsvolontäre. Eine weitergehende Erstreckung des Geltungsbereichs auf Praktikanten und sonstige Volontäre[25] ist dagegen nicht möglich. Ein Auszubildender in einer überbetrieblichen Ausbildung geschlossen hat, hat gegen den Arbeitgeber des Betriebs, in dem er ein betriebliches Praktikum absolviert hat und dort in die Jugend- und Auszubildendenvertretung gewählt worden ist, keinen Anspruch auf Übernahme nach § 78a BetrVG.[26]

b) Mitteilung der Nichtübernahme. Die Mitteilung nach § 78a I BetrVG muss drei Monate vor Ablauf der Befristung und, sofern infolge vorzeitiger Ablegung der Prüfung ein früheres Ende abzusehen ist, drei Monate vor diesem Zeitpunkt erfolgen. Zweck der Mitteilung ist es, den Auszubildenden zu veranlassen, sich rechtzeitig um eine andere Stelle zu bemühen. Bestehen in einem Betrieb Auswahlrichtlinien für die Übernahme von Auszubildenden, kann anhand dieser überprüft werden, ob die Ablehnung rechtswirksam ist.[27] Da der Auszubildende die Ablehnungsgründe nur angemessene Zeit vor dem Ende des Ausbildungsverhältnisses einschätzen kann, darf die Zeitspanne auch nicht wesentlich länger als drei Monate sein. Unterlässt der Arbeitgeber die Mitteilung, wird er u. U. schadensersatzpflichtig. Indes geht das Ausbildungsverhältnis nicht automatisch in ein Arbeitsverhältnis über[28] (arg. § 78a V BetrVG). 15

3. Weiterbeschäftigungsverlangen des Auszubildenden (§ 78a II BetrVG). a) Inhalt. 16
Nach § 78a II 1 BetrVG gilt zwischen einem Auszubildenden, der Mitglied eines der in § 78a I BetrVG genannten Betriebsverfassungsorgane ist, und dem Arbeitgeber im Anschluss an das Berufsausbildungsverhältnis ein Arbeitsverhältnis auf unbestimmte Zeit als begründet, wenn der Auszubildende in den letzten drei Monaten vor Beendigung des Berufsausbildungsverhältnisses vom Arbeitgeber schriftlich die Weiterbeschäftigung verlangt. Die in § 78a BetrVG enthaltene Übernahmeverpflichtung soll die Ämterkontinuität der in § 78a I BetrVG genannten Arbeitnehmervertretungen gewährleisten und den Amtsträger vor nachteiligen Folgen bei seiner Amtsführung während des Berufsausbildungsverhältnisses schützen. Die Vorschrift stellt eine besondere gesetzliche Ausformung des betriebsverfassungsrechtlichen Benachteiligungsverbots von Amtsträgern in § 78 BetrVG dar. Das Übernahmeverlangen kann vor oder nach der Nichtverlängerungsmitteilung des Arbeitgebers erfolgen und bedarf keiner Begründung. Ist ein Auszubildender (hilfsweise) bereit, zu anderen als den sich aus § 78a BetrVG ergebenden Arbeitsbedingungen in ein Arbeitsverhältnis übernommen zu werden, muss er dies dem Arbeitgeber unverzüglich nach dessen Erklärung nach § 78a I BetrVG, spätestens mit seinem Übernahmeverlangen nach § 78a II BetrVG, mitteilen. Dem Arbeitgeber muss ausreichend Zeit für die Prüfung des Weiterbeschäftigungsverlangens und ggf. die Durchführung des Beteiligungsverfahrens nach § 99 I BetrVG verbleiben. Eine erst im Entbindungsverfahren abgegebene Erklärung genügt daher nicht. Die Mitteilung muss einen oder mehrere Arbeitsplätze konkret bezeichnen, sodass der Arbeitgeber erkennen kann, unter welchen Bedingungen der Auszubildende zu einer Weiterarbeit bereit ist. Hat der Auszubildende rechtzeitig erklärt, ggf. auch zu anderen Bedingungen zu arbeiten, muss der Arbeitgeber prüfen, ob die anderweitige Beschäftigung möglich und zumutbar ist. Unterlässt er die Prüfung oder verneint er zu Unrecht die Weiterbeschäftigungsmöglichkeit, kann das nach § 78a II BetrVG entstandene Arbeitsverhältnis nicht nach § 78a IV BetrVG aufgelöst werden.[29]

---

[21] BAG 13. 3. 1986 AP 3 zu § 9 BPersVG = NZA 86, 836; AP 2 zu § 9 BPersVG = ArbuR 86, 316; einschränkend BVerwG 28. 2. 1990 AP 8 zu § 9 BPersVG = BVerwGE 85, 5; 25. 6. 1986 BVerwGE 74, 280 = NJW 87, 669.
[22] BAG 22. 9. 1983 AP 11 zu § 78a BetrVG 1972 = NJW 84, 2599.
[23] LAG Baden-Württemberg 13. 10. 1977 AP 4 zu § 78a BetrVG 1972 = ArbuR 78, 122.
[24] BAG 23. 6. 1983 AP 10 zu § 78a BetrVG = NJW 84, 1179.
[25] BAG 1. 12. 2004 NZA 2005, 779.
[26] BAG 17. 8. 2005 EzA 2 zu § 78a BetrVG 2001.
[27] BAG 5. 4. 1984 AP 2 zu § 17 BBiG = NZA 85, 329.
[28] BAG 31. 10. 1985 AP 15 zu § 78a BetrVG 1972 = NZA 86, 401.
[29] BAG 6. 11. 1996 AP 26 zu § 78a BetrVG 1972 = NZA 97, 783.

Ein Verzicht auf die Rechte aus § 78a II BetrVG ist erst innerhalb der letzten 3 Monate möglich.[30]

17 **b) Frist.** Für die Berechnung der Drei-Monats-Frist des § 78a II BetrVG ist auf den Zeitpunkt der Bekanntgabe des Prüfungsergebnisses der Abschlussprüfung abzustellen.[31] Wird das Verlangen vor Ablauf der drei Monate gestellt, soll es nach dem Wortlaut und in entsprechender Anwendung des Grundgedankens von § 12 BBiG unwirksam sein.[32] Dem kann nicht gefolgt werden, da hierdurch letztlich der Schutz des Jugendvertreters in sein Gegenteil verkehrt wird. Eine solche Auslegung wird auch durch den Wortlaut und Zweck des § 78a BetrVG nicht geboten.

18 **c) Rechtsfolge.** Stellt der Auszubildende ein Übernahmeverlangen, entsteht ein unbefristetes (gesetzliches) Vollzeitarbeitsverhältnis in seinem Ausbildungsberuf, das allerdings unter der aufschiebenden Bedingung steht, dass der Auszubildende die Abschlussprüfung besteht. Die Übernahme in ein lediglich befristetes Arbeitsverhältnis bedarf einer besonderen vertraglichen Vereinbarung.[33] Umstritten ist, ob auch ein **Minderjähriger** rechtswirksam die Begründung des Arbeitsverhältnisses verlangen kann. Da er bei Begründung des Ausbildungsverhältnisses durch seine gesetzlichen Vertreter vertreten wurde, fehlt es regelmäßig an der Ermächtigung zum Abschluss eines Arbeitsvertrags (§ 113 BGB). Allerdings kann der gesetzliche Vertreter nachträglich der Erklärung des Minderjährigen zustimmen[34] (§ 108 BGB).

19 **4. Entbindung von der Weiterbeschäftigung (§ 78a IV BetrVG). a)** Der Arbeitgeber kann nach § 78 IV BetrVG vor Beendigung des Berufsausbildungsverhältnisses Feststellung beantragen, dass ein Arbeitsverhältnis nicht begründet worden ist (Nr. 1) oder – nach bestandener Abschlussprüfung – ein bereits begründetes Arbeitsverhältnis wieder aufzulösen ist (Nr. 2). Der Antrag ist jeweils begründet, wenn Tatsachen vorliegen, auf Grund derer dem Arbeitgeber unter Berücksichtigung aller Umstände eine Weiterbeschäftigung nicht zugemutet werden kann. Die Vorschrift ist zwar § 626 BGB nachgebildet.[35] Die Zumutbarkeitsbegriffe in § 626 I BGB und in § 78a IV BetrVG sind aber inhaltlich nicht identisch, da die eine Norm die Nichteinhaltung der Kündigungsfrist (§ 626 I BGB) betrifft, während § 78a BetrVG die Begründung eines Arbeitsverhältnisses regelt.[36] So wird dem Arbeitgeber bei einem schwerwiegenden Fehlverhalten des Auszubildenden gegen Ende seiner Ausbildungszeit vielfach eine nur noch kurzfristige Aufrechterhaltung des Ausbildungsverhältnisses eher zuzumuten sein als die Begründung eines unbefristeten Arbeitsverhältnisses. Gleichwohl ist auch bei der Übernahme nach § 78a BetrVG eine Prognoseentscheidung zu treffen.

20 **b) Prüfungsmaßstab.** Die Zumutbarkeitsprüfung erfolgt in zwei Stufen. Dem Arbeitgeber ist die Übernahme zumutbar, wenn **(1)** die ausbildungsgerechte Beschäftigung[37] des ehemaligen Auszubildenden im Ausbildungsbetrieb im Rahmen eines unbefristeten[38] Vollzeitarbeitsverhältnisses[39] zumutbar ist. Ist dies nicht der Fall (zu den Gründen RN 21f.), kann sich der Arbeitgeber von einem durch ein form- und fristgerecht gestelltes Weiterbeschäftigungsverlangen begründetes Arbeitsverhältnis (§ 78a II BetrVG) durch einen Auflösungsantrag lösen. Ist die Weiterbeschäftigung nur zu anderen Voraussetzungen (Beschäftigung im Ausbildungsberuf, unbefristet, Vollzeit) möglich, **(2)** hängt die Übernahmepflicht des Arbeitgebers von einer ordnungsgemäßen Bereitschaftserklärung des Auszubildenden ab. Die Weiterbeschäftigung zu geänderten Bedingungen ist dem Arbeitgeber nur zumutbar, wenn sich das Mitglied der in § 78 I BetrVG genannten Arbeitnehmervertretungen unverzüglich nach der Nichtübernahmemitteilung des Arbeitgebers (RN 14) ordnungsgemäß bereit erklärt hat (RN 16). Ist dies der Fall, muss der Arbeitgeber prüfen, ob ihm diese möglich und zumutbar ist. Dies ist z.B. der Fall, wenn er andere Auszubildende in ein Arbeitsverhältnis übernimmt. Kommt nach der Bereitschaftserklärung des

[30] LAG Frankfurt 9. 8. 1974 BB 75, 1205.
[31] BAG 31. 10. 1985 AP 15 zu § 78a BetrVG 1972 = NZA 86, 401.
[32] BAG 15. 1. 1980 AP 7 zu § 78a BetrVG 1972 = DB 80, 1648; BVerwG 9. 10. 1996 BVerwGE 102, 100 = NZA-RR 97, 2319, das allerdings § 242 BGB anwendet.
[33] BAG 24. 7. 1991 AP 23 zu § 78a BetrVG 1972 = NZA 92, 174.
[34] APS/*Künzl* § 78a BetrVG RN 64f.; a. A. *Fitting* § 78a RN 26.
[35] BAG 16. 1. 1979 AP 5 zu § 78a BetrVG 1972 = DB 79, 1138.
[36] BAG 6. 11. 1996 AP 26 zu § 78a BetrVG 1972 = NZA 97, 783.
[37] Vgl. LAG Köln 28. 8. 1996 LAGE § 78a BetrVG 1972 Nr. 14.
[38] BAG 6. 11. 1996 AP 26 zu § 78a BetrVG 1972 = NZA 97, 783; 24. 7. 1991 AP 23 zu § 78a BetrVG 1972 = NZA 92, 174; 16. 1. 1979 AP 5 zu § 78a BetrVG 1972 = DB 79, 1138.
[39] BAG 13. 11. 1987 AP 18 zu § 78a BetrVG 1972 = NZA 89, 439; LAG Düsseldorf 29. 8. 1986 NZA 87, 34 (bei Wahlmöglichkeit des Arbeitgebers); dazu auch *Künzl* BB 86, 2404.

Auszubildenden ein Arbeitsverhältnis zustande, wird hierdurch das nach § 78a II BetrVG entstandene Arbeitsverhältnis aufgehoben. Für die Frage der Weiterbeschäftigungsmöglichkeit ist bei beiden Prüfungsschritten nur auf den Betrieb und nicht auf das Unternehmen abzustellen.[40] Ist bei der Übernahme unter mehreren Mandatsträgern eine Auswahlentscheidung erforderlich, richtet sich diese nach § 315 BGB. Übersteigt die Anzahl der Weiterbeschäftigungsverlangen die zur Verfügung stehenden Arbeitsplätze, muss der Arbeitgeber unter den Amtsträgern eine **Auswahlentscheidung** treffen. Hat er dies versäumt, kann er sich im anschließenden Verfahren auf die zu geringe Anzahl der Weiterbeschäftigungsmöglichkeiten nicht berufen.[41] Bei einem gemeinsamen Betrieb ist für die Unzumutbarkeit der Weiterbeschäftigung nicht auf den Vertragspartner des Auszubildenden, sondern auf den Bereich der verbundenen Unternehmen abzustellen.[42]

c) Personen- und verhaltensbedingte Gründe. Die Unzumutbarkeit der Beschäftigung kann sich aus Gründen ergeben, die in der Person oder dem Verhalten des Auszubildenden liegen.[43] Unbeachtlich ist, wie lange diese dem Arbeitgeber bereits bekannt waren und warum er diese ggf. nicht zum Anlass für eine außerordentliche Kündigung des Ausbildungsverhältnisses genommen hat, insoweit findet die Frist des § 626 II BGB keine Anwendung.[44] Nach dem Zweck der Vorschrift können aber nur solche Tatsachen die Ablehnung der Weiterbeschäftigung rechtfertigen, die mit der Tätigkeit in den Betriebsverfassungsorganen nicht im Zusammenhang stehen. Berücksichtigt werden können alle Tatsachen, die bis zum Abschluss des Verfahrens in der 2. Instanz eintreten.[45] Die Qualifikation des Auszubildenden führt nur zu einer Unzumutbarkeit, wenn dieser für die in Betracht kommenden Arbeitsplätze ungeeignet ist. Eine im Vergleich nur schlechtere Qualifikation gegenüber anderen Arbeitnehmern ist nicht ausreichend. Nach Auffassung des BVerwG ist dem öffentlichen Arbeitgeber die Weiterbeschäftigung unzumutbar, wenn andere Bewerber um diesen Arbeitsplatz objektiv wesentlich fähiger und geeigneter sind als der Jugend- und Auszubildendenvertreter.[46] 21

d) Betriebsbedingte Gründe. Neben personen- und verhaltensbedingten Gründen können auch betriebliche Gründe die Auflösung des kraft Gesetzes entstandenen Arbeitsverhältnisses rechtfertigen. Die Fortsetzung des nach § 78a II BetrVG begründeten Arbeitsverhältnisses ist dem Arbeitgeber aus betrieblichen Gründen unzumutbar, wenn er keinen andauernden Bedarf für die Beschäftigung eines Arbeitnehmers hat. Ob ein Beschäftigungsbedarf für den durch § 78a BetrVG geschützten Auszubildenden zur Verfügung steht, bestimmt sich nach den arbeitstechnischen Vorgaben und der Personalplanung des Arbeitgebers, der darüber entscheidet, welche Arbeiten im Betrieb verrichtet werden sollen und wie viele Arbeitnehmer damit beschäftigt werden. Ohne Bedeutung ist daher, ob Arbeitsaufgaben vorhanden sind, mit deren Verrichtung ein Arbeitnehmer betraut werden könnte. Aus diesem Grund liegt kein Beschäftigungsbedarf für einen durch § 78a BetrVG geschützten Amtsträger vor, wenn sich der Arbeitgeber entschlossen hat, eine bestimmte Arbeitsmenge nicht durch die Einrichtung eines Arbeitsplatzes, sondern durch Mehrarbeit der regelmäßig im Betrieb beschäftigten Arbeitnehmer zu erledigen. Der Arbeitgeber ist nicht verpflichtet, durch organisatorische Maßnahmen Arbeitsplätze neu zu schaffen, um die Weiterbeschäftigung zu gewährleisten. Zu den Gründen, die zur Unzumutbarkeit führen können, zählt auch eine Stellensperre[47] und eine laufende Ausschreibung als „Beförderungsstelle".[48] Von Missbrauchsfällen abgesehen ist der Arbeitgeber grundsätzlich auch nicht gehindert, durch eine Veränderung der Arbeitsorganisation Arbeitsplätze wegfallen zu lassen. Ist hingegen im Zeitpunkt der Beendigung des Ausbildungsverhältnisses ein freier Arbeitsplatz vorhanden, hat bei der Prüfung der Unzumutbarkeit einer Weiterbeschäftigung ein 21a

[40] BAG 15. 11. 2006 AP 38 zu § 78a BetrVG 1972; 12. 11. 1997 AP 31 zu § 78a BetrVG 1972 = NZA 98, 1057; 6. 11. 1996 AP 26 zu § 78a BetrVG 1972 = NZA 97, 783; a. A. LAG Niedersachsen 10. 4. 1997 LAGE § 78a BetrVG 1972 Nr. 15 = BB 97, 1315; LAG Rheinland-Pfalz 5. 7. 1996 LAGE § 78a BetrVG 1972 Nr. 12 = ArbuR 97, 84.

[41] BAG 16. 7. 2008 – 7 ABR 13/07 – NZA 2009, 202.

[42] ArbG Bayreuth 21. 2. 2002 ArbuR 2002, 238.

[43] BAG 15. 12. 1983 AP 12 zu § 78a BetrVG 1972 = NJW 84, 2598; 16. 1. 1979 AP 5 zu § 78a BetrVG 1972 = DB 79, 1138.

[44] BAG 15. 12. 1983 AP 12 zu § 78a BetrVG 1972 = NJW 84, 2598.

[45] LAG Hamm 30. 3. 1988 DB 88, 2057.

[46] BVerwG 17. 5. 2000 AP 15 zu § 9 BPersVG = PersR 2000, 421; 9. 9. 1999 Buchholz 250 § 9 BPersVG Nr. 18 = PersR 2000, 156.

[47] BVerwG 30. 5. 2007 Buchholz 250 § 9 BPersVG Nr. 28 = PersR 2007, 355= PersV 2008, 64; 13. 9. 2001 AP 16 zu § 9 BPersVG = NZA-RR 2002, 388.

[48] BVerwG 17. 5. 2000 Buchholz 250 § 9 BPersVG Nr. 19 = NZA-RR 2000, 559.

erst künftiger Wegfall von Arbeitsplätzen unberücksichtigt zu bleiben. Die Übernahme eines durch § 78a BetrVG geschützten Auszubildenden ist dem Arbeitgeber nicht allein deshalb unzumutbar, weil er sich entschlossen hat, einen Teil der in seinem Betrieb anfallenden Arbeitsaufgaben künftig Leiharbeitnehmern zu übertragen.[49]

21b Hat der Auszubildende seine **Bereitschaft zu einer anderweitigen Beschäftigung** erklärt, muss der Arbeitgeber prüfen, ob ihm diese möglich und zumutbar ist. Unterlässt er die Prüfung oder verneint er zu Unrecht die Möglichkeit und die Zumutbarkeit, so kann das nach § 78a II BetrVG entstandene Arbeitsverhältnis nicht nach § 78a IV BetrVG aufgelöst werden, obwohl eine vollzeitige Beschäftigungsmöglichkeit in einem unbefristeten Arbeitsverhältnis im Ausbildungsberuf nicht besteht.[50] Der Arbeitgeber ist dann darauf verwiesen, die notwendige Vertragsanpassung mit individualrechtlichen Maßnahmen durchzusetzen.

21c **e) Maßgeblicher Zeitpunkt.** Bei der Feststellung der Unzumutbarkeit einer Weiterbeschäftigung i. S. d. § 78a IV BetrVG ist auf den Zeitpunkt der Beendigung des Berufsausbildungsverhältnisses abzustellen;[51] nach diesem Zeitpunkt frei werdende Arbeitsplätze sind nicht zu berücksichtigen.[52] Die Weiterbeschäftigung eines durch § 78a BetrVG geschützten Auszubildenden kann dem Arbeitgeber auch zumutbar sein, wenn er einen kurz vor der Beendigung der Berufsausbildung frei gewordenen Arbeitsplatz wieder besetzt hat, statt ihn für einen nach § 78a BetrVG geschützten Auszubildenden freizuhalten. Das gilt regelmäßig bei einer Besetzung, die innerhalb von drei Monaten vor dem vereinbarten Ende des Ausbildungsverhältnisses vorgenommen wird, da der Arbeitgeber innerhalb des Drei-Monats-Zeitraums des § 78a II 1 BetrVG mit einem Übernahmeverlangen rechnen muss. Diesem Verlangen muss er entsprechen, wenn nicht die Ausnahmetatbestände des § 78a IV BetrVG vorliegen. Aus diesem Grund führt ein zum Zeitpunkt der Beendigung der Ausbildung fehlender Beschäftigungsbedarf nicht zur Unzumutbarkeit der Weiterbeschäftigung, wenn der Arbeitgeber einen innerhalb von drei Monaten vor der vertraglich vereinbarten Beendigung des Ausbildungsverhältnisses frei gewordenen Arbeitsplatz besetzt hat und die sofortige Neubesetzung nicht durch dringende betriebliche Erfordernisse geboten war.[53] Der Arbeitgeber ist im Zeitraum vor der Wahl eines Auszubildenden zum Mitglied der Jugend- und Auszubildendenvertretung nicht gehalten, zu dessen Gunsten einen ausbildungsadäquaten Arbeitsplatz freizuhalten.[54] Die Weiterbeschäftigung ist bei Fehlen einer entsprechenden Bereitschaftserklärung (RN 16) unzumutbar, wenn dem Amtsträger bei Bestehen der Abschlussprüfung lediglich vorübergehend ein Arbeitsplatz bereitgestellt werden kann; daran ändert sich nichts, wenn später der Wechsel auf einen Dauerarbeitsplatz in Betracht kommt.[55]

22 **f) Gerichtliche Entscheidung. aa)** Die Auflösung eines zustande gekommenen Arbeitsverhältnisses kann der Arbeitgeber nur durch das in § 78a IV BetrVG vorgesehene Entbindungsverfahren erreichen. Ist das Ausbildungsverhältnis bei der Verfahrenseinleitung noch nicht beendet, kann der Arbeitgeber Feststellung beantragen, dass ein Arbeitsverhältnis wegen Unzumutbarkeit der Weiterbeschäftigung nicht begründet wird (§ 78 IV Nr. 1 BetrVG). Nach Beendigung des Berufsausbildungsverhältnisses wandelt sich ein Antrag nach § 78a IV Nr. 1 BetrVG in einen solchen nach § 78a IV Nr. 2 BetrVG um, ohne dass es einer förmlichen Antragsänderung bedarf.[56] Wird der Antrag erst nach Übergang in ein Arbeitsverhältnis gestellt, ist nur der Auflösungsantrag nach § 78a IV Nr. 2 BetrVG statthaft.

23 **bb) Antragsfrist.** Die Anträge müssen spätestens bis zum Ablauf von zwei Wochen nach Beendigung des Berufsausbildungsverhältnisses beim Arbeitsgericht gestellt werden. Bei der Frist handelt es sich um eine materielle Ausschlussfrist, deren Versäumung zum Fehlen eines Rechtsschutzinteresses für das Entbindungsverfahren führt, da bereits auf Grund der Fiktion des § 78a II 1 BetrVG ein Arbeitsverhältnis zustande gekommen ist. Dessen Beendigung ist dann nur noch durch Kündigung möglich. Ihrer Rechtsnatur nach sind die Anträge nach § 78a IV BetrVG rechtsgestaltende Auflösungsanträge.[57] Zur Verfahrensart RN 25.

---

[49] BAG 16. 7. 2008, 7 ABR 13/07, NZA 2009, 202.
[50] BAG 15. 11. 2006 AP 38 zu § 78a BetrVG 1972.
[51] BAG 16. 8. 1995 AP 25 zu § 78a BetrVG 1972 = NZA 96, 493.
[52] BVerwG 18. 3. 2006 AP 18 zu § 9 BPersVG = NZA-RR 2006, 501.
[53] BAG 12. 11. 1997 AP 30 zu § 78a BetrVG 1972 = NZA 98, 1056.
[54] BVerwG 20. 11. 2007 Buchholz 250 § 9 BPersVG Nr. 29 = NZA-RR 2008, 165.
[55] BVerwG 11. 3. 2008 Buchholz 250 § 9 BPersVG Nr. 30 = NZA-RR 2008, 445.
[56] BAG 11. 1. 1995 AP 24 zu § 78a BetrVG 1972 = NZA 95, 647; 29. 11. 1989 AP 20 zu § 78a BetrVG 1972 = NZA 91, 233; BVerwG 31. 5. 1990 AP 7 zu § 9 BPersVG = ZTR 90, 395.
[57] BAG 11. 1. 1995 AP 24 zu § 78a BetrVG 1972 = NZA 95, 647.

cc) Annahmeverzug. Stellt der Jugendvertreter ein Weiterbeschäftigungsverlangen nach § 78a BetrVG, durch das zunächst ein Arbeitsverhältnis fingiert wird, liegt hierin zugleich ein tatsächliches Angebot zur Arbeitsleistung nach Abschluss seiner Ausbildung. Der Arbeitgeber gerät daher in Annahmeverzug, wenn er den Jugendvertreter nach bestandener Abschlussprüfung nicht beschäftigt, selbst wenn er später im Entbindungsverfahren obsiegt. Eine Ausnahme gilt nur, wenn der Beschluss vor Beendigung der Ausbildung rechtskräftig wird, was kaum je der Fall sein wird. Der sich aus dem gesetzlich zustande gekommenen Arbeitsverhältnis ergebende Beschäftigungsanspruch kann entfallen, wenn der Arbeitgeber keine Beschäftigungsmöglichkeit hat (vgl. § 110 RN 10). Der Annahmeverzug und die Beschäftigungspflicht des Arbeitgebers werden erst durch die Rechtskraft der Entscheidung nach § 78a BetrVG beendet. Ob durch das Weiterbeschäftigungsverlangen gleichzeitig zukünftige Vergütungsansprüche geltend gemacht werden und damit eine Ausschlussfrist gewahrt wird, hängt von Form und Inhalt der Anspruchserhebung ab.[58] 23a

5. Verfahrensart und Rechtsweg. a) Streitigkeiten über das Zustandekommen und den Inhalt der Weiterbeschäftigungspflicht des Arbeitgebers nach § 78 II BetrVG sind im **Urteilsverfahren** auszutragen. Erhobenen Vergütungsansprüchen kann der Arbeitgeber u.a. mit der Einwendung begegnen, dass die Voraussetzungen für einen Anspruch nach § 78a II BetrVG nicht vorgelegen haben (z.B. Zugehörigkeit zu den in § 78a BetrVG genannten Arbeitnehmervertretungen, form- und fristgerechte Geltendmachung des Weiterbeschäftigungsverlangens).[59] Gleichfalls im Urteilsverfahren zu verfolgen ist die Durchsetzung des sich aus dem vermeintlichen Arbeitsverhältnis ergebenden Beschäftigungsanspruchs. Dieser besteht nach den Grundsätzen des Großen Senats, wenn der Auszubildende seine Weiterbeschäftigung ordnungsgemäß verlangt hat und der Feststellungsantrag des Arbeitgebers offensichtlich unwirksam ist sowie bei Vorliegen einer obsiegenden erstinstanzlichen Entscheidung über den Bestand eines Arbeitsverhältnisses nach § 78a BetrVG.[60] Er kann vom Arbeitnehmer nach allgemeinen Grundsätzen auch durch einstweilige Verfügung durchgesetzt werden.[61] 24

b) Beschlussverfahren. Für die Anträge nach § 78a IV Nr. 1–2 BetrVG ist das Beschlussverfahren gegeben.[62] Im Entbindungsverfahren wird nicht geprüft, ob überhaupt die tatsächlichen Voraussetzungen für einen Weiterbeschäftigungsanspruch nach § 78 II BetrVG gegeben sind.[63] Leugnet der Arbeitgeber den Bestand eines nach § 78a BetrVG begründeten Arbeitsverhältnisses, ist deshalb für seine Feststellungsklage auch dann ein Rechtsschutzbedürfnis gegeben, wenn er gleichzeitig nach § 78 IV BetrVG im Beschlussverfahren vorgeht.[64] Das BAG hatte bisher auch für diesen Anspruch das Urteilsverfahren als einschlägige Verfahrensart angesehen, jedoch hat es eine Rechtsprechungsänderung angedeutet. Der Feststellungsantrag könnte dann vom Arbeitgeber ggf. als Hauptantrag und die Anträge nach § 78 IV Nr. 1–2 BetrVG als Hilfsanträge verfolgt werden.[65] 25

c) Beteiligte. Am Entbindungsverfahren sind die entsprechenden Betriebsverfassungsorgane beteiligt (§ 78a IV 2 BetrVG).[66] Zur Kostentragung RN 8. 26

6. Arbeitsbefreiung, Schulungsteilnahme. Für Mitglieder der Jugend- und Auszubildendenvertretung gelten die Grundsätze des § 37 I–IV BetrVG über die ehrenamtliche Tätigkeit, die Arbeitsbefreiung für Amtstätigkeit sowie über den Entgeltschutz entsprechend. Nicht vorgesehen und unzulässig ist für Jugend- und Auszubildendenvertreter eine völlige Freistellung von der Arbeit (§ 38 BetrVG), da ansonsten ihre Ausbildung beeinträchtigt würde. Die Jugend- und Auszubildendenvertreter haben Anspruch auf Teilnahme an Schulungs- und Bildungsveranstaltungen (§§ 65 I, 37 VI, VII BetrVG). Keinen Anspruch haben Ersatzvertreter,[67] wohl dagegen 27

---

[58] Sehr weitgehend LAG Nürnberg 25. 2. 2000 NZA-RR 2001, 197.

[59] BAG 21. 8. 1979 AP 6 zu § 78a BetrVG 1972 = NJW 80, 1541; 3. 2. 1976 AP 2 zu § 78a BetrVG 1972 = NJW 76, 1230; 9. 12. 1975 AP 1 zu § 78a BetrVG 1972 = DB 76, 442.

[60] BAG 14. 5. 1987 AP 4 zu § 9 BPersVG = NZA 87, 820.

[61] ArbG Wilhelmshaven 4. 8. 1978 EzB BetrVG § 78a Nr. 20; a.A. LAG Schleswig-Holstein 25. 3. 1985 NZA 85, 1797 = DB 85, 2412.

[62] BAG 13. 11. 1987 AP 18 zu § 78a BetrVG 1972 = NZA 89, 439; 5. 4. 1984 AP 13 zu § 78a BetrVG 1972 = NZA 84, 333.

[63] BAG 29. 11. 1989 AP 20 zu § 78a BetrVG 1972 = NZA 91, 233.

[64] BAG 29. 11. 1989 AP 20 zu § 78a BetrVG 1972 = NZA 91, 233; 13. 11. 1987 AP 18 zu § 78a BetrVG 1972 = NZA 89, 439.

[65] BAG 11. 1. 1995 AP 24 zu § 78a BetrVG 1972 = NZA 95, 647.

[66] BAG 23. 3. 1976 AP 3 zu § 78a BetrVG 1972.

[67] BAG 10. 5. 1974 AP 2 zu § 65 BetrVG 1972 = DB 74, 2162.

Gesamtjugend- und Auszubildendenvertreter sowie Mitglieder der Vertretung im Konzern. Die Teilnahme setzt in Ermangelung eigener Rechte gegenüber dem Arbeitgeber eine Beschlussfassung des Betriebsrats, bei dem die Jugend- und Auszubildendenvertretung stimmberechtigt ist,[68] voraus.[69] An die Erforderlichkeit der Schulungsveranstaltung wird von der Rspr. ein strenger Maßstab angelegt.[70] Wegen des Aufgabenkreises der Jugend- und Auszubildendenvertreter muss sich die Schulung gerade auf die der Jugend- und Auszubildendenvertretung zugewiesenen Aufgaben beschränken.[71] Der allgemein erhöhten Schulungsbedürftigkeit wird durch den Bildungsurlaub Rechnung getragen. Ist eine Schulungsveranstaltung als geeignet i. S. von § 37 VII BetrVG anerkannt worden, kann der Arbeitgeber gegenüber einer Zahlungsklage nicht einwenden, die Veranstaltung sei nicht geeignet.[72] An einem Beschlussverfahren über die Erforderlichkeit der Schulung ist die Jugend- und Auszubildendenvertretung beteiligt. Vgl. § 221.

§ 228. Gesamt- und Konzern-Jugend- und Auszubildendenvertretung

1 **1. Unternehmen.** Gesamt-Jugend- und Auszubildendenvertretungen sind zwingend für solche Unternehmen vorgeschrieben, in denen mehrere Jugend- und Auszubildendenvertretungen bestehen (§ 72 I BetrVG). Allerdings ist die Existenz eines Gesamtbetriebsrats erforderlich, da nur über ihn Mitwirkungsrechte durchgesetzt werden können (vgl. § 227 RN 1, 3). In die Gesamt-Jugend- und Auszubildendenvertretung entsendet grundsätzlich jede Jugend- und Auszubildendenvertretung ein Mitglied. Durch Tarifvertrag oder Betriebsvereinbarung kann die Mitgliederzahl abweichend geregelt werden (§ 72 IV, V BetrVG). Die Gesamt-Jugend- und Auszubildendenvertretung ist zuständig für Angelegenheiten, die das Gesamtunternehmen oder mehrere Betriebe betreffen und nicht durch die einzelnen Jugend- und Auszubildendenvertretungen geregelt werden können, sowie in denen ihnen durch die Jugend- und Auszubildendenvertretung übertragenen Aufgaben (§§ 50, 73 BetrVG; vgl. § 224). Die Jugend- und Auszubildendenvertretung ist der Gesamt-Jugend- und Auszubildendenvertretung nicht untergeordnet. Für die Abstimmung gilt das Prinzip der Stimmengewichtung (§ 72 VII BetrVG), von dem bei der Entsendung aus einem gemeinsamen Betrieb mehrerer Unternehmen durch Tarifvertrag abweichende Regelungen getroffen werden können. Für die Entsendung von Gesamt-Jugend- und Auszubildendenvertretern zu Schulungsveranstaltungen ist der Betriebsrat zuständig, wenn es diesem nicht darauf ankommt, ob er als Jugend- und Auszubildenden- oder Gesamt-Jugend- und Auszubildendenvertreter an der Schulungsveranstaltung teilnimmt.[1] Er kann nach § 37 VI BetrVG nur in seiner Eigenschaft als Jugend- und Auszubildendenvertreter geschult werden. In gewissem Umfang gehört auch das erforderliche Wissen eines Gesamt-Jugend- und Auszubildendenvertreters hierzu. Auf Grund der Verweisung in § 73 II BetrVG kann auch die Gesamt-Jugend- und Auszubildendenvertretung Ausschüsse einrichten.

2 **2. Konzern.**[2] Durch das BetrVG-ReformG ist für die in § 60 I BetrVG genannten Arbeitnehmer die Möglichkeit der Errichtung einer Vertretung auf Konzernebene geschaffen worden. Die Bildung einer Konzern-Jugend- und Auszubildendenvertretung ist nicht obligatorisch, sondern vom Vorliegen einer qualifizierten Mehrheit (75%) der Gesamt-Jugend- und Auszubildendenvertretungen der Konzernunternehmen abhängig. Die Vorschriften über die Entsendung der Mitglieder der Konzern-Jugend- und Auszubildendenvertretung und die Bestellung von Ersatzmitgliedern (§ 73 a II BetrVG) sowie über die Möglichkeit der Festlegung einer anderweitigen Mitgliederzahl und über das Stimmengewicht ihrer Mitglieder (§ 73 a III, IV BetrVG) entsprechen inhaltlich den Regelungen, die für den Gesamt- und Konzernbetriebsrat sowie die Gesamt-Jugend- und Auszubildendenvertretung gelten. Ihre Sitzungen kann sie nach Verständigung mit dem Konzernbetriebsrat abhalten, dessen Vorsitzender oder ein beauftragtes Mitglied haben ein Teilnahmerecht (§ 73 b I BetrVG). Für die Geschäftführung und Zuständigkeit der Konzern-Jugend- und Auszubildendenvertretung und die Beendigung der Mitgliedschaft gelten

---

[68] BAG 6. 5. 1975 AP 5 zu § 65 BetrVG 1972 = DB 75, 1947.

[69] Vgl. BAG 10. 5. 1974 AP 3 zu § 65 BetrVG 1972 = DB 74, 1773; 20. 11. 1973 AP 1 zu § 65 BetrVG 1972 = NJW 74, 879.

[70] BAG 6. 5. 1975 AP 5 zu § 65 BetrVG 1972 = DB 75, 1947; 10. 5. 1974 AP 4 zu § 65 BetrVG 1972 = DB 74, 1772.

[71] BAG 10. 6. 1975 AP 6 zu § 65 BetrVG 1972 = DB 75, 1947 (Gesundheitsschutzschulung).

[72] BAG 17. 12. 1981 AP 41 zu § 37 BetrVG 1972 = BB 82, 1546.

[1] BAG 10. 6. 1975 AP 1 zu § 73 BetrVG = DB 75, 2234.

[2] *Oetker,* Die Konzern-Jugend- und Auszubildendenvertretung, DB 2005, 1165.

auf Grund der Verweisung in § 73b II BetrVG die entsprechenden Vorschriften für den Betriebsrat, Gesamt- und Konzernbetriebsrat sowie der Jugend- und Auszubildendenvertretung.

§ 229. Jugend- und Auszubildendenversammlung

1. Einberufung. Eine Jugend- und Auszubildendenversammlung kann die Jugend- und Auszubildendenvertretung[1] vor oder nach jeder Betriebsversammlung mit der Zustimmung des Betriebsrats einberufen; es muss lediglich ein zeitlicher Zusammenhang – regelmäßig am gleichen Tage – bestehen.[2] Die Festlegung eines anderen Zeitpunkts bedarf zusätzlich der Zustimmung des Arbeitgebers. Bei der entsprechenden Beschlussfassung im Betriebsrat haben die Jugend- und Auszubildendenvertreter volles Stimmrecht (§ 67 II BetrVG). Die Leitung der Versammlung obliegt der Jugend- und Auszubildendenvertretung und dem Betriebsrat gemeinsam (§ 71 BetrVG). Teilnahmeberechtigt sind die Wahlberechtigten zur Jugend- und Auszubildendenvertretung, Jugend- und Auszubildendenvertreter, Arbeitgeber, Betriebsratsvorsitzender und beauftragte Betriebsratsmitglieder, Beauftragte der Gewerkschaften und des Arbeitgeberverbands (vgl. § 223). 1

2. Teilnahme an Betriebsversammlungen. Die jugendlichen Arbeitnehmer nehmen aber wie alle anderen Arbeitnehmer an den Betriebsversammlungen teil (§ 223). 2

3. Durchführung. Die Durchführung der Jugend- und Auszubildendenversammlung richtet sich nach den für die Betriebsversammlung (§ 223) geltenden Grundsätzen (§ 71 Satz 2 BetrVG). 3

---

[1] LAG Baden-Württemberg 29. 9. 1983 DB 84, 409 – kein Einlandungsrecht des Betriebsrats.
[2] BAG 15. 8. 1978 AP 1 zu § 23 BetrVG 1972 = DB 78, 2275.

4. Abschnitt. Beteiligung des Betriebsrats

§ 230. Allgemeine Grundsätze des Beteiligungsrechts

Übersicht

RN

I. Beteiligungsrechte des Betriebsrats ... 1 ff.
1. Einteilung der Beteiligungsrechte ... 1
2. Informationsrechte ... 2
3. Anhörungs-, Beratungs- und Initiativrechte ... 3
4. Widerspruchs- oder Zustimmungsverweigerungsrechte ... 4
5. Mitbestimmung ... 5
6. Realisierung ... 6
7. Abdingbarkeit ... 7, 7 a

II. Mitbestimmung in formellen und materiellen Arbeitsbedingungen ... 8 f.
1. Begriff ... 8
2. BetrVG 1972 ... 9

III. Allgemeine Vorschriften über die Beteiligungsrechte des Betriebsrats ... 10 ff.
1. Monatliche Besprechungen ... 10
2. Pflicht zur konstruktiven Zusammenarbeit ... 11
3. Arbeitskampfverbot ... 12–14
4. Friedenspflicht ... 15–17
5. Gewerkschaftliche Betätigung der Betriebsratsmitglieder ... 18
6. Überwachungsgebot ... 19, 20
7. Freie Entfaltung der Persönlichkeit und Schutz der Selbstständigkeit ... 21, 21 a

IV. Störungs- und Benachteiligungsverbot (§ 78 BetrVG) ... 22 ff.
1. Schutz der Tätigkeit der Betriebsverfassungsorgane ... 22
2. Geltungsbereich ... 23
3. Rechtsfolgen ... 24
4. Benachteiligungs- oder Begünstigungsverbot ... 25, 26

V. Verschwiegenheitspflicht (§ 79 BetrVG) ... 27 ff.
1. Verpflichtete ... 27
2. Inhalt ... 28
3. Ausnahmen ... 29
4. Sonstige Verschwiegenheitspflichten ... 30
5. Sanktionen ... 31
6. Zeugnisverweigerungsrecht und gesetzliche Auskunftspflichten ... 32

I. Beteiligungsrechte des Betriebsrats

Gentz, Schutz gegen den Mißbrauch(?) von Mitbestimmungsrechten, NZA 2004, 1011; *Joussen,* Der Verzicht des Betriebsrats auf seine Mitbestimmungsrechte, RdA 2005, 31.

1 **1. Einteilung der Beteiligungsrechte.** Die Beteiligungsrechte des Betriebsrats werden je nach ihrer Intensität in vier Gruppen unterteilt, nämlich **(a)** Informationsrechte, **(b)** Anhörungs- und Beratungs- sowie Initiativrechte, **(c)** Widerspruchs- und Zustimmungsverweigerungsrechte und **(d)** Mitbestimmungsrechte. Die unter (a) und (b) genannten Beteiligungsrechte werden auch als **Mitwirkungsrechte** im weiteren Sinne, die unter (c) und (d) genannten als **Mitbestimmungsrechte** im weiteren Sinne bezeichnet. Von Mitbestimmungsrechten i. e. S. wird gesprochen, wenn ein Übereinkommen zwischen Arbeitgeber und Betriebsrat erzielt werden muss.

2 **2. Informationsrechte.** Bei ihnen kommt zum Ausdruck, dass eine Angelegenheit nicht nur den Arbeitgeber, sondern auch die Arbeitnehmer angeht. Steht dem Arbeitnehmer oder der Betriebsvertretung nur ein Informationsrecht zu, hat der Arbeitgeber den Arbeitnehmer oder die Betriebsvertretung rechtzeitig und umfassend zu unterrichten und ggf. die erforderlichen Unterlagen vorzulegen. Dagegen ist er nicht zur Beratung der Angelegenheit verpflichtet. Jedoch folgt aus dem Grundsatz der vertrauensvollen Zusammenarbeit (§ 2 BetrVG) die Möglichkeit zu einer inhaltlichen Stellungnahme für den Betriebsrat. Informationsrechte sind z. B. in den §§ 80, 81, 85 III, 89 IV, V, 90, 92, 99, 100 II, 102 I, 105, 106, 108 V, 111 BetrVG geregelt. Teilweise ist das Informationsrecht als Vorstufe für ein stärkeres Beteiligungsrecht vorgesehen (z. B. in § 92 BetrVG). Die fehlende oder fehlerhafte Unterrichtung des Betriebsrats kann in den in § 121 BetrVG genannten Fällen mit einer Geldbuße geahndet werden, daneben besteht die Möglichkeit gegen den Arbeitgeber nach § 23 III BetrVG vorzugehen.

3 **3. Anhörungs-, Beratungs- und Initiativrechte.** Durch sie ist der Arbeitgeber weitergehend verpflichtet, dem Betriebsrat die Möglichkeit zu geben, Einwendungen zu erheben. Bei

den reinen Anhörungsrechten hat der Arbeitgeber zunächst die Betriebsvertretung anzuhören und sich anschließend mit ihren Anregungen und Einwendungen auseinanderzusetzen. Bei den Beratungsrechten muss der Arbeitgeber den Betriebsrat um seine Meinung fragen, den Verhandlungsgegenstand gemeinsam erörtern und die angesprochenen Umstände gegeneinander abwägen. Die eigentliche Entscheidung obliegt jedoch auch bei den Beratungsrechten dem Arbeitgeber. Bei den Initiativrechten kann die Arbeitnehmervertretung von sich aus mit Vorschlägen an den Arbeitgeber herantreten, die dann gemeinsam zu beraten sind. Anhörungsrechte sind z. B. in §§ 82 I, 85, 102 BetrVG, Beratungsrechte in §§ 89, 90 I, 92 I 2, 96, 97, 106 I, 112 BetrVG und Initiativrechte in §§ 82 I, 92 II, 93, 95 II, 96 BetrVG geregelt.

4. Widerspruchs- oder Zustimmungsverweigerungsrechte. Auch bei einem Wider- 4
spruchs- bzw. Zustimmungsverweigerungsrecht ist der Arbeitgeber im Verhältnis zu dem betroffenen Arbeitnehmer zunächst nicht gehindert, die beabsichtigte Maßnahme (individualrechtlich) vorzunehmen. Der Betriebsrat ist jedoch im Interesse des Betriebes berechtigt, durch seinen Widerspruch oder seine verweigerte Zustimmung die tatsächliche Umsetzung der Maßnahme zu verhindern (sog. negatives Konsensprinzip). Ein Zustimmungsverweigerungsrecht steht dem Betriebsrat z. B. in personellen Einzelmaßnahmen bei Einstellungen, Ein-, Umgruppierungen und Versetzungen (§ 241) zu, während er bei der ordentlichen Kündigung (§ 102 BetrVG) durch seinen Widerspruch einen Weiterbeschäftigungsanspruch des Arbeitnehmers (§ 125 RN 1) begründen kann. Jedoch entstehen die individualrechtlichen Rechtsfolgen nur, wenn die gesetzlich vorgesehenen Widerspruchs- und Zustimmungsverweigerungsgründe (§§ 102 III, 99 II BetrVG) vorliegen und vom Betriebsrat ordnungsgemäß geltend gemacht werden.

5. Mitbestimmung. Die stärkste Form des Beteiligungsrechts ist das Mitbestimmungsrecht 5
des Betriebsrats im engeren Sinne. Bei diesem hängt die Wirksamkeit der Maßnahme des Arbeitgebers von der vorherigen Zustimmung des Betriebsrats ab. So ist z. B. zur außerordentlichen Kündigung eines Mitgliedes der Betriebsvertretung die vorherige Zustimmung des Betriebsrats erforderlich (§ 103 BetrVG). Mitbestimmungsrechte bestehen ferner nach §§ 87, 94, 95, 98 BetrVG. Bei den Mitbestimmungsrechten im engeren Sinne spricht man vom positiven Konsensprinzip. Bei Meinungsverschiedenheiten entscheidet entweder das Arbeitsgericht im Beschlussverfahren oder die Einigungsstelle (§ 232) verbindlich. Steht dem Betriebsrat ein Mitbestimmungsrecht zu, hat er regelmäßig auch ein Initiativrecht; denn nur so ist eine gleichgewichtige Stellung von Arbeitgeber und Betriebsrat gewährleistet[1] (vgl. § 235 RN 87).

6. Realisierung. Zur Verwirklichung der Beteiligungsrechte des Betriebsrats im Konfliktfall 6
dient vor allem das Einigungsstellenverfahren (§ 232) und das arbeitsgerichtliche Beschlussverfahren.

7. Abdingbarkeit. a) Das BetrVG 1972 enthält Mindestrechte des Betriebsrats, auf die dieser 7
nicht wirksam verzichten kann.[2] Dies gilt nicht nur für einen ausdrücklichen, sondern auch für den faktischen Verzicht, etwa durch die Nichtausübung seiner Beteiligungsrechte. Ein solches Verhalten stellt einen Verstoß gegen die Pflichten des Betriebsrats dar, der zu seiner Auflösung führen kann (§ 23 I BetrVG). Über eine Erweiterung der Beteiligungsrechte enthält das BetrVG, von Ausnahmen (z. B. § 102 VI BetrVG) abgesehen, keine Festlegungen. Ob die Beteiligungsrechte erweitert werden können, ist umstr. Jedenfalls die gesetzlichen Organisationsnormen sind nur in den vorgesehenen Fällen (§ 3 I BetrVG) abänderbar; Gleiches gilt für die Bestimmung des Begriffs der Arbeitnehmer und leitenden Angestellten wie auch den Betriebsbegriff. Auch bei langjährig fehlerhafter Anwendung entsteht insoweit kein Vertrauenstatbestand,[3] zur Verwirkung von Beteiligungsrechten § 215 RN 13.

b) Tarifvertrag. Die Beteiligungsrechte des Betriebsrats können durch Tarifvertrag nicht ein- 7a
geschränkt,[4] sondern nur erweitert werden. Entsprechende Vorschriften in Tarifverträgen gelten als betriebsverfassungsrechtliche Normen (§ 4 I 2 TVG) im Geltungsbereich des Tarifvertrags, wenn nur der Arbeitgeber tarifgebunden ist; die Zuständigkeit des Betriebsrats beruht in diesen Fällen auf Gesetz und Tarifvertrag (§ 202 RN 20). Allerdings ist die tarifliche Ausweitung der Beteiligungsrechte des Betriebsrats nicht uneingeschränkt zulässig, sondern findet ihre Grenze in entgegenstehenden Grundrechtspositionen des Arbeitgebers. Die tarifliche Regelung muss sich stets im Rahmen der durch Art. 9 III GG geschützten Tarifautonomie bewegen, also eine Regelung gerade der Arbeits- und Wirtschaftsbedingungen zum Gegenstand haben. Hierbei ist wie

---

[1] BAG 14. 11. 1974 AP 1 zu § 87 BetrVG 1972 = DB 75, 647.
[2] Vgl. BAG 14. 2. 1967 AP 9 zu § 56 BetrVG Wohlfahrtseinrichtung.
[3] BAG 17. 1. 1978 AP 1 zu § 1 BetrVG 1972 = DB 78, 1133.
[4] BAG 21. 10. 2003 AP 62 zu § 80 BetrVG 1972.

folgt zu differenzieren: **(1)** In sozialen Angelegenheiten (§§ 235, 236) besitzt der Betriebsrat eine Allzuständigkeit, lediglich die erzwingbare Mitbestimmung ist auf die in § 235 aufgezählten Fälle beschränkt. Eine Erweiterung der Beteiligungsrechte ist möglich, soweit nur eine Entscheidungskompetenz der Einigungsstelle (§ 232) gewährleistet ist.[5] Eine entspr. Rechtslage gilt für die menschengerechte Gestaltung des Arbeitsplatzes, da auch sie soziale Angelegenheiten betrifft. Das BAG hält es für zulässig, dass Mitbestimmungsrechte in sozialen Angelegenheiten (§ 87 BetrVG) auch durch Regelungsabrede erweitert werden.[6] **(2)** In personellen Angelegenheiten ist eine Ausweitung der Beteiligungsrechte des Betriebsrats gleichfalls zulässig. So kann der Betriebsrat nach § 99 II Nr. 1 BetrVG seine Zustimmung verweigern, wenn die Maßnahme gegen einen Tarifvertrag verstößt. Ein Tarifvertrag kann sowohl Inhalts- wie Abschlussnormen enthalten. Hieraus folgt, dass auch die Mitwirkungsrechte des Betriebsrats erweitert werden können.[7] Im Falle der Kündigung folgt die Erweiterungsmöglichkeit allerdings nicht aus § 102 VI BetrVG, sondern unmittelbar aus der Tarifautonomie. **(3)** In wirtschaftlichen Angelegenheiten kann die Gesellschafts- und Unternehmensverfassung nicht geändert werden. Aber auch im Übrigen wird die Erweiterung der Rechte des Betriebsrats weitgehend verneint.[8] Allerdings ist auch anerkannt, dass Tarifverträge Rationalisierungsschutzabkommen und Besetzungsregeln[9] enthalten können, die zu Einschränkungen der Berufsfreiheit des Unternehmers führen.

II. Mitbestimmung in formellen und materiellen Arbeitsbedingungen

8 **1. Begriff.** Unter der Geltung des BetrVG 1952 war allgemein anerkannt, dass der Betriebsrat nur bei der Festlegung der formellen Arbeitsbedingungen, d.h. der Regelungen über die Ordnung des Betriebs und das Zusammenleben der Arbeitnehmer im Betrieb, mitzubestimmen hatte. Betraf die Angelegenheit die im Gegenseitigkeitsverhältnis stehenden Pflichten aus dem Arbeitsverhältnis (sog. materiellen Arbeitsbedingungen), sollte das Mitbestimmungsrecht entfallen.[10] Lediglich bei Bestehen einer tariflichen Öffnungsklausel (§ 59 BetrVG 1952) oder im Rahmen einer freiwilligen Betriebsvereinbarung war dem Betriebsrat die Möglichkeit zur Regelung von materiellen Arbeitsbedingungen eröffnet.

9 **2. BetrVG 1972.** Unter dem Geltungsbereich des BetrVG 1972 ist diese Unterscheidung weitgehend bedeutungslos geworden. Das Gesetz sieht z.B. in § 87 I Nr. 3–5, 8–11 BetrVG ein Mitbestimmungsrecht in Angelegenheiten vor, die (auch) die materiellen Arbeitsbedingungen betreffen.[11] Die Mitbestimmungsrechte des Betriebsrats stehen auch nicht unter dem allgemeinen Vorbehalt, dass durch sie nicht in die unternehmerische Entscheidungsfreiheit eingegriffen werden darf.[12] Im Übrigen ist sein Beteiligungsrecht nach § 77 III BetrVG nur dann ausgeschlossen, wenn die Arbeitsbedingungen tariflich geregelt sind oder in üblicher Weise geregelt werden,[13] dazu § 231 RN 21.

III. Allgemeine Vorschriften über die Beteiligungsrechte des Betriebsrats

Besgen, Die Auswirkungen des AGG auf das Betriebsverfassungsrecht, BB 2007, 213; *Caspers,* Arbeitskampf und Betriebsverfassungs- und Personalvertretungsrecht, AR-Blattei SD 170.4; *Diller/Powitzka,* Englisch im Betrieb und Betriebsverfassung, DB 2000, 718; *Hayen,* Die Bedeutung des AGG für die Interessenvertretungen, JArbR 44 (2007), S. 23; *Hunold,* Ausgewählte Rechtsprechung zur Gleichbehandlung im Be-

[5] BAG 9. 5. 1995 AP 2 zu § 76 BetrVG 1972 Einigungsstelle = NZA 96, 156, 234; 18. 8. 1987 AP 23 zu § 77 BetrVG 1972 = NJW 87, 510; 16. 7. 1985 AP 17 zu § 87 BetrVG 1972 Lohngestaltung = NZA 86, 235; ErfK/*Kania* Einl. vor § 74 RN 4f.

[6] BAG 14. 8. 2001 AP 4 zu § 77 BetrVG 1972 Regelungsabrede = NZA 2002, 342.

[7] BAG 31. 1. 1995 AP 56 zu § 118 BetrVG 1972 = NZA 95, 1059 (Tendenzunternehmen); 10. 2. 1988 AP 53 zu § 99 BetrVG 1972 = NZA 88, 699.

[8] Offengelassen in BAG 10. 2. 1988 AP 53 zu § 99 BetrVG 1972 = NZA 88, 699; zum Streitstand ErfK/*Kania* Einl. vor § 74 RN 7ff.; ErfK/*Dieterich* Art. 12 GG RN 39f.; *Richardi* Einl. vor § 1 RN 136ff.

[9] Zu Besetzungsregeln BVerfG 14. 11. 1997 AP 46 zu § 256 ZPO 1977; BAG 17. 6. 1997 AP 2 zu § 3 TVG Betriebsnormen = NZA 98, 213; 22. 1. 1991 AP 67 zu Art. 12 GG = NZA 91, 675.

[10] Vgl. BAG 21. 2. 1967 AP 25 zu § 59 BetrVG; 7. 12. 1962 AP 3 zu § 56 BetrVG Akkord.

[11] Vgl. dazu: § 87 I Nr. 3: BAG 5. 3. 1974 AP 1 zu § 87 BetrVG 1972 Kurzarbeit = NJW 74, 1724; 25. 10. 1977 AP 1 zu § 87 BetrVG 1972 Kurzarbeit = DB 78, 403; Nr. 4: BAG 8. 3. 1977 AP 1 zu § 87 BetrVG 1972 Auszahlung = NJW 78, 775; Nr. 8, 9: BAG 13. 3. 1973 AP 1 zu § 87 BetrVG 1972 Werkmietwohnungen = NJW 73, 1900; Nr. 10, 11: BAG 29. 3. 1977 AP 1 zu § 87 BetrVG 1972 Provision = NJW 77, 1654; 25. 5. 1982 AP 2 zu § 87 BetrVG 1972 Prämie = DB 82, 2467.

[12] BAG 31. 8. 1982 AP 8 zu § 87 BetrVG 1972 Arbeitszeit = NJW 83, 953.

[13] BAG 9. 4. 1991 AP 1 zu § 77 BetrVG 1972 Tarifvorbehalt = NZA 91, 734; 24. 2. 1987 AP 21 zu § 77 BetrVG 1972 = NZA 87, 639.

trieb, NZA-RR 2006, 617; *Krummel,* Betriebsrat und betriebliche Mitbestimmung im Arbeitskampf, BB 2002, 1418; *Wiese,* Zur Freiheit der Meinungsäußerung des Betriebsrats und seiner Mitglieder im Außenverhältnis, FS 50 Jahre BAG (2004), S. 1125; *ders.,* Adressaten und Rechtsgrundlagen des innerbetrieblichen Persönlichkeitsschutzes von Arbeitnehmern, ZfA 2006, 631.

1. Monatliche Besprechungen. Arbeitgeber und das Betriebsratsgremium (nicht Betriebsausschuss[14]) sollen mindestens einmal im Monat zu einer Besprechung zusammentreten (§ 74 I 1 BetrVG). Das Monatsgespräch soll der Erörterung anstehender Probleme dienen. Das Zusammentreffen ist selbst keine Betriebsratssitzung, kann aber im Zusammenhang mit einer solchen stattfinden und formlos verabredet werden.[15] An dem Monatsgespräch teilnahmeberechtigt und -verpflichtet sind alle Betriebsratsmitglieder, wenn seine Durchführung nicht auf einen Ausschuss übertragen worden ist. Teilnahmeberechtigt sind auch die Schwerbehindertenvertretung (§ 94 SGB IX) und die JAV unter den Voraussetzungen des § 68 BetrVG. Ohne Einverständnis des anderen Betriebspartners ist eine Zuziehung von Vertretern der Gewerkschaften oder Arbeitgeberverbände nicht zulässig. Gleiches gilt für einen Rechtsanwalt des Betriebsrats. Der Arbeitgeber kann sich vertreten lassen (§ 212 RN 2) und dabei leitende Angestellte zu einzelnen Punkten als Auskunfts- oder Berichtspersonen hinzuziehen. Beherrschen der Arbeitgeber oder einzelne Betriebsratsmitglieder die deutsche Sprache nicht hinreichend, kann auch ein Dolmetscher hinzugezogen werden.[16] Themen der Monatsbesprechung können auch solche sein, die nicht dem Mitbestimmungsrecht des Betriebsrats unterliegen.[17] Ein Erfüllungsanspruch auf die Einberufung eines bestimmten Monatsgesprächs besteht nicht. Liegt nach übereinstimmender Auffassung kein Erörterungsbedarf vor, kann das Monatsgespräch auch entfallen. Verschließt sich jedoch eine Seite dem Erörterungsverlangen des anderen Betriebspartners, stellt dies eine Verletzung betriebsverfassungsrechtlicher Pflichten dar, die nach § 23 BetrVG sanktioniert werden kann. 10

2. Pflicht zur konstruktiven Zusammenarbeit. Arbeitgeber und Betriebsrat sollen nicht nur zusammentreten, um hartnäckig ihren Standpunkt zu vertreten, sondern sie sind nach § 74 I 2 BetrVG verpflichtet, mit dem ernsten Willen zur Einigung zu verhandeln und konstruktive Vorschläge für die Beilegung von Meinungsverschiedenheiten zu machen. Es darf keine wechselseitige Obstruktion betrieben werden; vielmehr sollen beide Seiten die Argumente der Gegenseite bei ihrer Entscheidung berücksichtigen. Unzulässig ist daher auch ein bloßes Anhören, ohne daraus irgendwelche Konsequenzen zu ziehen. Arbeitgeber und Betriebsrat sind aber nicht gehindert, ihre Interessen in angemessener Form zu verfolgen, wenn dafür vernünftige Gründe sprechen.[18] Sie sollen lediglich mit dem Willen gegenseitiger Verständigungsbereitschaft verhandeln und innerbetrieblich eine Einigung versuchen. Dementsprechend kommt die Anrufung der Einigungsstelle nur nach Erschöpfung der innerbetrieblichen Verhandlungen in Betracht[19] (§ 232 RN 17 a). 11

3. Arbeitskampfverbot. a) Bei auftretenden Meinungsverschiedenheiten sind Maßnahmen des Arbeitskampfs zwischen Arbeitgeber und Betriebsrat untersagt (§ 74 II 1 BetrVG).[20] Das Arbeitskampfverbot ist Teil der betrieblichen Friedenspflicht.[21] Arbeitskampf i. S. des BetrVG ist jede Maßnahme, durch die der Gegner unmittelbar unter Druck gesetzt wird. Arbeitskämpfe bleiben den Koalitionen vorbehalten, die ihrerseits nicht durch das BetrVG beschränkt werden. Dies gilt selbst dann, wenn der Abschluss eines Firmentarifvertrages angestrebt wird oder Gegenstand des Arbeitskampfs eine betriebsverfassungsrechtliche Regelung ist. 12

b) Neutralität. Während des Arbeitskampfs bleibt das Betriebsratsamt bestehen, auch wenn das Betriebsratsmitglied sich am Arbeitskampf beteiligt.[22] Für den Betriebsrat gilt ein striktes Neutralitätsgebot, d. h. der Betriebsrat oder einzelne seiner Mitglieder dürfen als Amtsträger 13

---

[14] Offengelassen von BAG 19. 1. 1984 AP 4 zu § 75 BetrVG 1972 = NZA 84, 166.

[15] Vgl. zum PersVG: OVG Münster 4. 10. 1990 PersV 95, 40 = ZTR 91, 133.

[16] BAG 14. 4. 1988 AP 1 zu § 66 BPersVG = NZA 89, 72.

[17] BAG 13. 10. 1987 AP 24 zu § 87 BetrVG 1972 Arbeitszeit = NZA 88, 251.

[18] BAG 27. 11. 1973 AP 4 zu § 40 BetrVG 1972 = DB 74, 731; enger LAG Köln 16. 11. 1990 BB 91, 1191.

[19] Großzügiger LAG Niedersachsen 25. 10. 2005 LAGE § 98 ArbGG 1979 Nr. 45; 7. 12. 1998 LAGE § 98 ArbGG 1979 Nr. 35.

[20] BAG 17. 12. 1976 AP 52 zu Art. 9 GG Arbeitskampf = NJW 77, 918.

[21] BAG 17. 12. 1976 AP 52 zu Art. 9 GG Arbeitskampf = NJW 77, 918; vgl. LAG Düsseldorf 5. 7. 1994 BB 94, 1940.

[22] BVerfG 19. 2. 1975 AP 50 zu Art. 9 GG Arbeitskampf = NJW 75, 968; BAG GS 21. 4. 1971 AP 43 zu Art. 9 GG Arbeitskampf = NJW 71, 1668.

nicht zum Streik oder anderen Arbeitskampfmaßnahmen (z. B. Dienst nach Vorschrift) aufrufen oder sie unterstützen.[23] Unzulässig ist eine Beteiligung am Arbeitskampf unter Ausnutzung der Stellung und Mittel des Betriebsrats (z. B. Erstellen von Streikaufrufen mit Büromitteln des Betriebsrats). Jedoch kann der Betriebsrat mit dem Arbeitgeber über die Durchführung von Erhaltungsarbeiten verhandeln (§ 194 RN 34). Er ist aber nicht verpflichtet, bei einem wilden Streik auf dessen Beendigung aktiv hinzuwirken.[24] Widerrechtlich geführte und vom Betriebsrat unterstützte Arbeitskämpfe können zu einer Schadensersatzpflicht des einzelnen Betriebsratsmitglieds führen und stellen für den einzelnen teilnehmenden Arbeitnehmer keinen Rechtfertigungsgrund für eine Arbeitseinstellung dar. Eine etwaige Unterlassungsklage ist im Urteilsverfahren durchzusetzen (§ 2 I Nr. 2, 3 ArbGG). Hiervon unberührt bleibt das Recht des einzelnen Betriebsratsmitgliedes, sich auch führend an einem von der Gewerkschaft geführten Streik zu beteiligen (§ 74 III BetrVG).[25]

14 **c) Beteiligungsrechte.** Die Mitbestimmungsrechte des Betriebsrats ruhen, soweit die Kampfparität verletzt sein kann (dazu § 194 RN 18).

15 **4. Friedenspflicht. a) Grundsätze.** § 74 II 2, 3 BetrVG enthält einen Stufenaufbau. Nach § 74 II 2 BetrVG haben Arbeitgeber und Betriebsrat alle Betätigungen oder Maßnahmen gegeneinander zu unterlassen, durch die der Arbeitsablauf oder Betriebsfrieden beeinträchtigt wird oder durch die solche Beeinträchtigungen erfahrungsgemäß herbeigeführt werden können (§ 74 II 2 BetrVG). Unter ungestörtem Arbeitsablauf ist die organisatorische, räumliche und zeitliche Gestaltung des Arbeitsprozesses im Zusammenwirken von Menschen und Betriebsmitteln zu verstehen, während der Begriff Betriebsfrieden das störungsfreie Zusammenleben jeweils zwischen Arbeitgeber, Betriebsrat und der Belegschaft wie auch der Arbeitnehmer untereinander bezeichnet.[26] Adressat der Vorschrift sind der Arbeitgeber und die einzelnen Mitglieder der Arbeitnehmervertretungen (BR, GBR, KR),[27] sie richtet sich nicht an die Arbeitnehmer des Betriebs, jedoch folgt eine entsprechende Pflicht zur Mäßigung aus dem Arbeitsvertrag.[28] Allgemeine Meinungsäußerungen sind nur untersagt, wenn sie konkret und mit hinreichender Wahrscheinlichkeit geeignet sind, den Arbeitsablauf oder Betriebsfrieden zu gefährden. Ist eine Störung bereits eingetreten, hat der Störer die Pflicht, die nachteiligen Folgen möglichst gering zu halten bzw. zu beseitigen sowie in Zukunft Zurückhaltung zu üben. Dagegen trifft den Betriebsrat keine Rechtspflicht, auf die Wahrung des Betriebsfriedens unter den Arbeitnehmern aktiv hinzuwirken. Die Friedenspflicht steht einer in angemessener Form und innerhalb seiner Zuständigkeit durchgeführten Fragebogenaktion nicht entgegen.[29] Die zwischen Arbeitgeber und Betriebsrat bestehenden Interessengegensätze bleiben von der Friedenspflicht unberührt, insoweit besteht keine Verpflichtung, einem Vorschlag der anderen Seite zuzustimmen.[30] Im Wege des Beschlussverfahrens kann die Unterlassung genau bestimmter Handlungen begehrt werden, durch die gegen die Friedenspflicht verstoßen wird.[31]

16 **b) Parteipolitische Betätigung.** Arbeitgeber und Betriebsrat haben jede parteipolitische Betätigung im Betrieb zu unterlassen, selbst wenn eine konkrete Gefährdung des Betriebsfriedens nicht zu befürchten ist (§ 74 II 3 BetrVG). Hierdurch soll nicht nur der Betriebsfrieden gewahrt, sondern auch die Arbeitnehmer vor einer Beeinflussung ihrer Meinungs- und Wahlfreiheit geschützt werden.[32] Das Verbot der parteipolitischen Betätigung richtet sich an Arbeitgeber und die Mitglieder der Arbeitnehmervertretungen.[33] Dagegen haben Arbeitgeber und Betriebsrat keine Überwachungspflicht, dass die einzelnen Arbeitnehmer die parteipolitische Neutralität einhalten. Untersagt ist jede parteipolitische Betätigung von Arbeitgeber und Betriebsrat, also jegliche Wer-

[23] BAG 7. 6. 1988 AP 106 zu Art. 9 GG Arbeitskampf = NJW 89, 63.

[24] LAG Hamm 6. 11. 1975 BB 76, 363 = DB 76, 343.

[25] BAG 21. 2. 1978 AP 1 zu § 74 BetrVG 1972 = NJW 78, 2216; 5. 12. 1975 AP 1 zu § 87 BetrVG 1972 Betriebsbuße = NJW 76, 909; LAG Düsseldorf 5. 7. 1994 BB 94, 1940.

[26] Ähnlich *Fitting* § 74 RN 31.

[27] BAG 21. 2. 1978 AP 1 zu § 74 BetrVG 1972 = NJW 78, 2216; 5. 12. 1975 AP 1 zu § 87 BetrVG 1972 Betriebsbuße = NJW 76, 909.

[28] BAG 26. 5. 1977 AP 5 zu § 611 BGB Beschäftigungspflicht = NJW 78, 239.

[29] BAG 8. 2. 1977 AP 10 zu § 80 BetrVG 1972 = DB 77, 914; zu weitgehend LAG Frankfurt 17. 2. 1997 NZA-RR 98, 17.

[30] BAG 1. 3. 1966 AP 1 zu § 69 BetrVG.

[31] BAG 22. 7. 1980 AP 3 zu § 74 BetrVG 1972 = NJW 81, 1800.

[32] BAG 21. 2. 1978 AP 1 zu § 74 BetrVG 1972 = NJW 78, 2216; 13. 9. 1977 AP 1 zu § 42 BetrVG 1972 = NJW 78, 287.

[33] BAG 21. 2. 1978 AP 1 zu § 74 BetrVG 1972 = NJW 78, 2216; 5. 12. 1975 AP 1 zu § 87 BetrVG 1972 Betriebsbuße = NJW 76, 909.

bung, Veranlassung von Resolutionen,[34] Unterschriftensammlungen und Spendenaufrufe. Gegen die Vorschrift selbst bestehen keine durchgreifenden verfassungsrechtlichen Bedenken, jedoch muss bei ihrer Anwendung der Wertgehalt des Art. 5 I GG beachtet werden.[35] Aus diesem Grund fallen allgemeinpolitisch gehaltene Äußerungen des Arbeitgebers bzw. Betriebsrats nicht unter § 74 II 3 BetrVG, entscheidend sind aber stets die Begleitumstände.[36] Das Verbot greift jedoch ein, wenn Äußerungen objektiv einen deutlich erkennbaren besonderen Bezug zu parteipolitischen Themen enthalten. Das BAG hält die Werbung mit einem Programm einer politischen Partei für zulässig, wenn dies in Zusammenhang mit einer Betriebsratswahl erfolgt.[37] Reden von Spitzenpolitikern in Wahlkampfzeiten sind unzulässig, wenn sie keinen Betriebsbezug haben;[38] zu Flugaktionen gegen die Raketenstationierung.[39]

c) Behandlung tarif-, sozial-, umweltpolitischer und wirtschaftlicher Fragen. Nach § 74 II 3 BetrVG ist der Betriebsrat berechtigt, tarifpolitische, sozialpolitische und wirtschaftliche Angelegenheiten, durch die der Betrieb oder seine Belegschaft unmittelbar betroffen werden, zu behandeln. Tarifpolitische Fragen sind solche, die mit den durch Tarifvertrag zu regelnden Fragen im Zusammenhang stehen. Die Sozialpolitik umfasst alle Regelungen auf dem Gebiet der Sozialversicherung, des Arbeits- und Unfallschutzes, des Bildungswesens und den Betrieb betreffende Steuerfragen. Der Begriff der Umweltpolitik geht über die in § 89 III BetrVG enthaltene Begriffsbestimmung zum betrieblichen Umweltschutz hinaus (dazu § 236 RN 13). Wirtschaftliche Fragen sind sowohl allgemein den Betrieb betreffende Fragen als auch wirtschaftliche Planungen des Arbeitgebers. Unmittelbar ist der Betrieb betroffen, wenn sich die Maßnahmen auf den Betrieb oder seine Arbeitnehmer auswirken. 17

5. Gewerkschaftliche Betätigung der Betriebsratsmitglieder. Der Betriebsrat bzw. seine Mitglieder haben kein Recht, ihre Amtsstellung für die Mitgliederwerbung einer Gewerkschaft auszunutzen.[40] Dagegen ist den einzelnen Betriebsratsmitgliedern eine gewerkschaftliche Betätigung (z. B. als Vertrauensmann) nicht untersagt (§ 74 III BetrVG), sie bleiben jedoch zur neutralen Amtsführung (§ 75 I BetrVG) verpflichtet. Unzulässig ist die gewerkschaftliche Betätigung unter Ausnutzung des Betriebsratsamts, weshalb diese regelmäßig nur außerhalb der dem Betriebsrat überlassenen Räume und nicht unter Ausnutzung seiner Mittel erfolgen darf.[41] Die bloße Zugehörigkeit zu einer Arbeitnehmervertretung schließt jedoch gewerkschaftliche Werbemaßnahmen nicht aus. Die Tätigkeit für die Gewerkschaft kann während der Arbeitszeit erfolgen, soweit andere, grundrechtlich geschützte Interessen des Arbeitgebers nicht überwiegen.[42] Der Betriebsrat darf keine Begünstigung von Gewerkschaftsmitgliedern allein wegen ihrer Zugehörigkeit zur Gewerkschaft verlangen.[43] Zur Stellung der Gewerkschaften im Betrieb § 215 RN 1 ff. 18

6. Überwachungsgebot. Arbeitgeber und Betriebsrat haben darüber zu wachen, dass alle im Betrieb beschäftigten Personen nach den Grundsätzen von Recht und Billigkeit behandelt werden (§ 75 I 1 BetrVG). Die Pflicht gilt für sämtliche Mitglieder der Arbeitnehmervertretungen. Die Grundsätze von Recht und Billigkeit sollen eine gerechte Entscheidung des Einzelfalls gewährleisten. Wichtigste Anwendungsfälle des § 75 I BetrVG sind der Grundsatz der Nichtbenachteiligung wegen der im AGG (dazu § 33) genannten Merkmale, der (überbetrieblich geltende[44]) Gleichbehandlungsgrundsatz (§ 112) und der Gedanke des Vertrauensschutzes (§ 231 RN 10). Hieraus folgt, dass **(a)** sie selbst ihr Verhalten in der Behandlung der Arbeitnehmer nach den Grundsätzen von Recht und Billigkeit zu orientieren haben, **(b)** Maßstab ihres Handelns (z. B. bei Betriebsratsbeschlüssen, Betriebsvereinbarungen, Regelungsabreden) die Grundsätze von Recht und Billigkeit sein müssen und **(c)** sie wechselseitig auf die Einhaltung dieser Grundsätze achten sollen. Das Überwachungsrecht bezieht sich auf alle im Betrieb Beschäftigten, d. h. Arbeitnehmer, Auszubildende, Aushilfen und Leiharbeitnehmer ohne Rücksicht dar- 19

---

[34] Rechtsbeschwerde anhängig: 1 ABR 95/08 – Äußerung zum Krieg im Irak.
[35] BVerfG 28. 4. 1976 AP 2 zu § 74 BetrVG 1972 = NJW 76, 1627; BAG 21. 2. 1978 AP 1 zu § 74 BetrVG 1972 = NJW 78, 2216.
[36] ErfK/*Dieterich* Art. 5 GG RN 40 ff., 43.
[37] BAG 13. 10. 1977 AP 1 zu § 1 KSchG 1969 Verhaltensbedingte Kündigung = NJW 78, 1872.
[38] BAG 13. 9. 1977 AP 1 zu § 42 BetrVG 1972 = NJW 78, 287 – Wahlkampf.
[39] BAG 12. 6. 1986 AP 5 zu § 74 BetrVG 1972 = DB 87, 1898.
[40] BVerfG 26. 5. 1970 AP 18 zu Art. 9 GG = DB 70, 1597; BAG 14. 2. 1967 AP 10 zu Art. 9 GG.
[41] BVerwG 22. 8. 1991 AP 2 zu § 28 BPersVG = NJW 92, 385.
[42] BVerfG 14. 11. 1995 AP 80 zu Art. 9 GG = NJW 96, 1201.
[43] LAG Köln 29. 7. 2004 LAGE § 1 KSchG Soziale Auswahl Nr. 45 a – Namensliste.
[44] BAG 18. 9. 2007 AP 33 zu § 77 BetrVG 1972 Betriebsvereinbarung = NZA 2008, 56.

auf, ob sie als Voll- oder Teilzeitbeschäftigte arbeiten. Sie gilt auch für ausgeschiedene Arbeitnehmer, soweit sich die Zuständigkeit des Betriebsrats noch auf sie erstreckt. Für leitende Angestellte gilt § 27 SprAuG.[45] Die Verletzung der Grundzüge von Recht und Billigkeit durch den Betriebsrat kann nach § 23 I, II BetrVG und für den Arbeitgeber nach § 23 III BetrVG sanktioniert werden (vgl. § 219 RN 31).

20 Nach § 75 I BetrVG ist eine **Diskriminierung** von Arbeitnehmern unzulässig wegen ihrer **(1) Abstammung** (vgl. § 33 RN 5); **(2) Religion** (§ 33 RN 10) sowie **(3) Nationalität;** der Betriebsrat ist darüber hinaus gemäß § 80 I Nr. 7 BetrVG zur Förderung der Integration ausländischer Arbeitnehmer in den Betrieb verpflichtet (vgl. § 233 RN 12); **(4) Herkunft,** also ihrer regionalen oder sozialen Abstammung;[46] eine unterschiedliche Festlegung der Vergütungshöhe in einer Betriebsvereinbarung, die ausschließlich auf den Wohnsitz am 2. Oktober 1990 (alte/neue Bundesländer) abstellt, verstößt daher gegen die Grundsätze des § 75 I BetrVG;[47] **(5) politischen oder gewerkschaftlichen Betätigung** oder **Einstellung;** insoweit wird das Grundrecht der Koalitionsfreiheit (Art. 9 III GG) in die betriebliche Ebene übernommen. Keine Diskriminierung liegt vor, wenn der Arbeitgeber nur den tarifgebundenen Arbeitnehmern das tarifliche Entgelt zahlt, dagegen den Nichttarifgebundenen jeweils einen niedrigeren Lohn.[48] Jedoch darf die Einstellung eines Arbeitnehmers nicht davon abhängig gemacht werden, dass dieser nicht Gewerkschaftsmitglied ist.[49] Ferner ist eine Diskriminierung unzulässig wegen **(6)** des **Geschlechts** (dazu § 33 RN 9), **(7)** der **sexuellen Identität,** gemeint ist die sexuelle Ausrichtung (§ 33 RN 14), und **(8)** des **Alters** (§ 33 RN 15). Nach § 75 I 2 BetrVG haben die Betriebspartner darauf zu achten, dass Arbeitnehmer nicht wegen Überschreitung bestimmter Altersstufen (nicht: Altersgrenzen) benachteiligt werden. Zulässig ist es aber, bestimmte ältere Arbeitnehmer von dem Erwerb einer betrieblichen Altersversorgung auszuschließen[50] oder bei Sozialplanansprüchen Höchstgrenzen vorzusehen, die vornehmlich ältere Arbeitnehmer betreffen.[51] Die Beendigung des Arbeitsverhältnisses kann vom Erreichen einer bestimmten Altersgrenze abhängig gemacht werden (vgl. § 40 RN 45).

21 **7. Freie Entfaltung der Persönlichkeit und Schutz der Selbstständigkeit. a)** § 75 II 1 BetrVG bestimmt, dass Arbeitgeber und Betriebsrat die freie Entfaltung der Persönlichkeit der im Betrieb beschäftigten Arbeitnehmer zu schützen und zu fördern haben. Die Vorschrift knüpft an Art. 2 I GG an. Sie dient insbesondere der Kontrolle bei dem Erlass von Ordnungsvorschriften (§ 87 I Nr. 1 BetrVG), Einführung von Kontrolleinrichtungen[52] (§ 87 I Nr. 6 BetrVG), insbesondere bei dem Einsatz neuer Technologien, aber auch bei der Ausübung des Direktionsrechts des Arbeitgebers.[53] Werden dem Betriebsrat zur eigenen Verwendung EDV-Anlagen überlassen, dürfen Personaldaten von Betriebsangehörigen nur mit Zustimmung der Betroffenen gespeichert werden.[54] Aus § 75 II BetrVG folgt kein eigenständiger Unterlassungsanspruch des Betriebsrats gegenüber dem Arbeitgeber.[55]

21a **b) Arbeitsgruppen.** Nach dem durch das BetrVG-ReformG neu eingefügten Satz 2 haben Arbeitgeber und Betriebsrat die Selbstständigkeit und Eigeninitiative der **Arbeitnehmer** und **Arbeitsgruppen** (§ 28a BetrVG) zu fördern (§ 220 RN 15 a). Hinsichtlich der Arbeitnehmer enthält § 75 II 2 BetrVG ein Förderungsgebot, das insbesondere bei Vereinbarungen über das betriebliche Vorschlagwesen und die Ausgestaltung von Gruppenarbeit zu beachten ist (§ 87 I Nr. 12, 13 BetrVG). Daneben ist die Vorschrift eine Leitlinie für die Ermessensausübung der Betriebspartner, in geeigneten Fällen Aufgaben auf Arbeitsgruppen zu übertragen. Ein durchsetzbarer Anspruch des Arbeitgebers bzw. Betriebsrats zum Abschluss einer Vereinbarung von Rahmenvereinbarungen nach § 28a BetrVG besteht jedoch nicht.

---

[45] Vgl. schon BAG 19. 2. 1975 AP 9 zu § 5 BetrVG 1972 = NJW 75, 1941.
[46] BVerfG 22. 1. 1959 AP 44 zu Art. 3 GG; LAG Berlin 30. 8. 2000 NJ 2001, 164.
[47] BAG 15. 5. 2001 AP 176 zu § 242 BGB Gleichbehandlung = DB 2002, 273.
[48] Einschränkend zum Vorruhestand BAG 21. 1. 1987 AP 47 zu Art. 9 GG = NJW 87, 1967.
[49] BAG 28. 3. 2000 AP 27 zu § 99 BetrVG 1972 Einstellung = NZA 2000, 1294.
[50] BAG 17. 2. 1998 AP 38 zu § 1 BetrAVG Gleichbehandlung = NZA 98, 782; 6. 4. 1982 AP 5 zu § 1 BetrAVG Gleichbehandlung = NZA 87, 23; dazu BVerfG 27. 11. 1989 AP 5a zu § 1 BetrAVG Gleichbehandlung.
[51] BAG 19. 10. 1999 AP 135 zu § 112 BetrVG = NZA 2000, 732.
[52] BAG 14. 12. 2004 AP 42 zu § 87 BetrVG 1972 Überwachung – Video.
[53] Vgl. dazu ErfK/*Dieterich* Art. 2 GG RN 36ff., 80ff.
[54] Vgl. BVerwG 4. 9. 1990 AP 1 zu § 68 BPersVG = NJW 91, 375.
[55] BAG 28. 5. 2002 AP 39 zu § 87 BetrVG 1972 Ordnung des Betriebes = NZA 2003, 166.

IV. Störungs- und Benachteiligungsverbot (§ 78 BetrVG)

Rieble, Betriebsratswahlwerbung durch den Arbeitgeber?, ZfA 2003, 283.

1. Schutz der Tätigkeit der Betriebsverfassungsorgane. Nach § 78 BetrVG ist jedermann die Störung oder Behinderung der Betriebsvertretung oder ihrer Mitglieder sowie ihre Benachteiligung oder Begünstigung verboten. Geschützt ist nur die legale Amtstätigkeit. Bei Verstößen kommt Strafbarkeit nach § 119 BetrVG in Betracht; zu den Kosten der Rechtsverfolgung § 222 RN 7. Außerdem ist § 78 BetrVG Schutzgesetz i. S. von § 823 II BGB.[56] Geschützt sind sowohl das kollektive Organ wie die einzelnen Mitglieder der in § 78 I 1 BetrVG aufgezählten Betriebsvertretungen. 22

2. Geltungsbereich. Die Störung bzw. Behinderung können sowohl in einem positiven Tun wie in einem Unterlassen bestehen, sofern eine Rechtspflicht zum Handeln besteht. In Betracht kommen alle objektiv geeigneten Maßnahmen, durch die die Tätigkeit des Organs oder des einzelnen Mitglieds erschwert oder gar unmöglich gemacht wird. Erforderlich ist ein ursächlicher Zusammenhang zwischen der Maßnahme und der Tätigkeit des Amtsträgers,[57] auf ein Verschulden kommt es hingegen nicht an.[58] Der Arbeitgeber muss den Betriebsratsmitgliedern aber die rechtzeitige Anreise zu Sitzungen ermöglichen.[59] Eine Behinderung kann z. B. auch die Weigerung des Arbeitgebers sein, die erforderlichen persönlichen oder sachlichen Mittel für die Betriebsratstätigkeit zur Verfügung zu stellen, Verweigerung des Zugangs zum Betrieb,[60] die Überwachung von Telefongesprächen,[61] Öffnung der Betriebsratspost, unangemessene Bekanntgabe der Kosten des Betriebsrats auf einer Betriebsversammlung.[62] Keine Störung oder Behinderung liegt vor, wenn der Arbeitgeber sich vor einer Betriebsratswahl in angemessener Form äußert oder keine Einigungsstellenbeisitzer benennt, da die Einigungsstelle auch ohne Mitwirkung des Arbeitgebers tätig werden kann. Der Arbeitgeber kann schließlich auf Grund seines Eigentumsrechts rechtswidrige, z. B. beleidigende Anschläge des Betriebsrats am Schwarzen Brett entfernen,[63] nicht jedoch die vom Betriebsrat in das Intranet eingestellten Seiten löschen.[64] 23

3. Rechtsfolgen. Bei Behinderung können sowohl der Betriebsrat als auch seine betroffenen Mitglieder Unterlassungsansprüche geltend machen.[65] Wegen des Kündigungsschutzes von Mitgliedern der Betriebsvertretung vgl. § 143. 24

4. Benachteiligungs- oder Begünstigungsverbot. a) Inhalt. Es will jede Schlechterstellung oder Begünstigung tatsächlicher oder rechtlicher Art eines Mitglieds der Betriebsvertretung gegenüber anderen Arbeitnehmern verhindern. Benachteiligung kann die Nichtbeförderung[66] oder die Nichteinstellung, Versetzung auf einen geringer bezahlten Arbeitsplatz, Zuweisung schwierigerer Arbeiten, Versagung von Arbeitszeiterhöhungen[67] sowie Zusatzurlaub für freigestellte Betriebsratsmitglieder oder der Ausschluss von Zuwendungen bzw. Vergünstigungen sein.[68] Eine besondere Ausgestaltung des Benachteiligungsverbots ist die Verpflichtung des Arbeitgebers, das Arbeitsentgelt fortzuzahlen, wenn ein Mitglied der Betriebsvertretung infolge Wahrnehmung seiner Amtspflichten an der Arbeitsleistung verhindert ist,[69] die in § 37 IV, V 25

---

[56] Vgl. BAG 9. 6. 1982 AP 1 zu § 107 BPersVG = DB 82, 2711.

[57] Vgl. BAG 6. 7. 1955 AP 1 zu § 20 BetrVG Jugendvertreter; a. A. *Fitting* § 78 RN 12 (objektive Behinderung ausreichend).

[58] *Fitting* § 78 RN 12.

[59] Zu eng daher LAG Köln 17. 4. 2002 BB 2002, 2680.

[60] BAG 21. 9. 1989 AP 72 zu § 99 BetrVG 1972 = NZA 90, 314.

[61] BAG 1. 8. 1990 AP 20 zu Art. 56 ZA-Nato-Truppenstatut = DB 91, 47; 27. 5. 1986 AP 15 zu § 87 BetrVG 1972 Überwachung = NZA 86, 643.

[62] BAG 12. 11. 1997 AP 27 zu § 23 BetrVG 1972 = NZA 98, 559; 19. 7. 1995 AP 25 zu § 23 BetrVG 1972 = NJW 96, 1231.

[63] Vgl. BAG 22. 7. 1980 AP 3 zu § 74 BetrVG 1972 = NJW 81, 1800; LAG Düsseldorf 22. 2. 1977 DB 77, 1053.

[64] LAG Hamm 12. 3. 2004 RDV 2004, 223.

[65] BAG 12. 11. 1997 AP 27 zu § 23 BetrVG 1972 = NZA 98, 559.

[66] LAG Niedersachsen 21. 11. 2003 NZA-RR 2004, 414 – Berücksichtigung der Amtstätigkeit.

[67] BAG 18. 11. 2008 – 9 AZR 897/07 z. V. b.

[68] BAG 29. 10. 1998 – 7 AZR 202/97 – ArbuR 99, 241; 26. 9. 1990 AP 4 zu § 8 BPersVG = NZA 91, 694 – freigestelltes Personalratsmitglied; 9. 6. 1982 AP 1 zu § 107 BPersVG = DB 82, 2711 – Beförderung; 8. 10. 1981 AP 2 zu § 49 BAT = NJW 82, 1348 – Zusatzurlaub; 13. 1. 1981 AP 2 zu § 46 BPersVG – höherwertige Tätigkeit; 12. 5. 1975 AP 1 zu § 78 BetrVG 1972 = DB 75, 1226 – Einstellung; 15. 5. 1968 AP 1 zu § 23 a BAT – Bewährungsaufstieg.

[69] BAG 23. 6. 2004 AP 139 zu § 37 BetrVG 1972 = NZA 2004, 1287 – Firmenfahrzeug; dazu aber auch BAG 25. 2. 2009 – 7 AZR 954/07 z. V. b. – kein Anspruch bei Überlassung als Arbeitsmittel.

BetrVG normierten beruflichen Förderungs- und Entwicklungsmöglichkeiten des Betriebsratsmitglieds[70] und die Kostentragungspflicht gegenüber einem Betriebsratsmitglied, wenn dieses in der 2. oder 3. Instanz in einem Zustimmungsersetzungsverfahren (§ 103 BetrVG) obsiegt.[71] Unzulässig sind Vergünstigungen, die ein Betriebsratsmitglied wegen seiner Tätigkeit erhält, z. B. eine zu günstige Eingruppierung oder Zulagengewährung,[72] zu günstige Personalrabatte bzw. Darlehensbedingungen, Zahlung überhöhter Auslagen oder Reisekosten[73] sowie besondere Zuschläge bei Sozialplanabfindungen.[74]

26 **b) Rechtsfolgen.** Willenserklärungen und Absprachen, die gegen das Benachteiligungsverbot verstoßen, sind nach § 134 BGB unwirksam. Daneben kommen auch Handlungs-, Duldungs- und Unterlassungsansprüche des Betriebsrats bzw. seiner Mitglieder in Betracht.[75] Schuldhafte Verstöße können Schadensersatzansprüche auslösen (§ 823 BGB). § 78 ist ein Schutzgesetz i. S. von § 823 II BGB.[76] Die Darlegungs- und Beweislast trägt derjenige, der die Benachteiligung behauptet. Allerdings können die Grundsätze des prima-facie-Beweises eingreifen.[77]

V. Verschwiegenheitspflicht (§ 79 BetrVG)

Bruder, Die Weitergabe von Insiderinformationen durch Arbeitnehmervertreter (2008); *Grimm,* Die Verschwiegenheitspflicht, AR-Blattei SD 770; *Oetker,* Verschwiegenheitspflichten des Unternehmers als Schranke für die Unterrichtungspflichten gegenüber Wirtschaftsausschuss und Betriebsrat in wirtschaftlichen Angelegenheiten, FS Wißmann (2005), S. 396; *Tag,* Der lückenhafte Schutz von Arbeitnehmergeheimnissen gemäß § 120 Abs. 2 BetrVG, BB 2001, 1578.

27 **1. Verpflichtete.** Der Verschwiegenheitspflicht unterliegen nach § 79 I 1 BetrVG sämtliche Mitglieder und Ersatzmitglieder des Betriebsrats. Auf Grund der Bezugnahme in Abs. 2 gilt diese sinngemäß auch für die dort genannten Vertretungen. Durch § 80 IV BetrVG wird die Verschwiegenheitspflicht auf Auskunftspersonen und Sachverständige erstreckt. Für die Schwerbehindertenvertretung gilt daneben § 96 II SGB IX, für den Vertrauensmann der Zivildienstleistenden § 28 I ZDG und für Arbeitnehmervertreter im Aufsichtsrat die besonderen gesellschaftsrechtlichen Regelungen (z. B. §§ 116, 93 I 2 AktG).[78] Für Anwälte, die vom Betriebsrat als Verfahrens- oder Prozessbevollmächtigte hinzugezogen werden, gilt § 203 I Nr. 3 StGB.

28 **2. Inhalt.** Die Schweigepflicht erstreckt sich auf **(a)** Betriebs- und Geschäftsgeheimnisse, die den Mitgliedern der Betriebsverfassungsorgane wegen ihrer Mitgliedschaft oder Hinzuziehung bekannt geworden sind (materielles Geheimnis), sofern **(b)** der Arbeitgeber sie ausdrücklich als geheimhaltungsbedürftig bezeichnet hat (formelles Geheimnis). Aus diesem Grund bedarf es stets zur Begründung der Schweigepflicht einer ausdrücklichen Erklärung des Arbeitgebers, die jedoch auch nachträglich erfolgen kann und aber erst ab diesem Zeitpunkt gilt. Nur ein materielles Geheimnis kann zum formellen Geheimnis erklärt werden, während ein formelles Geheimnis nur dann zur Verschwiegenheit verpflichtet, wenn zugleich die Voraussetzungen für ein materielles Geheimnis vorliegen, allein die Erklärung des Arbeitgebers ist nicht ausreichend. Die Schweigepflicht besteht zeitlich von ihrer Begründung durch die Erklärung des Arbeitgebers bis über das Ausscheiden aus dem Betriebsratsamt hinaus; bei Ersatzmitgliedern entsteht sie mit dem Nachrücken (§ 25 BetrVG). Den Betriebsratsmitgliedern ist jede Offenbarung, Verwertung oder sonstige Nutzung ihrer Kenntnis zu wirtschaftlichen Zwecken verboten. Als Betriebs- und Geschäftsgeheimnisse sind insbesondere Patente, Lizenzen, Arbeitnehmererfindungen, Fertigungsmethoden, Materialzusammensetzungen, Kundenlisten, Lohn- und Gehaltslisten als Teile der betriebswirtschaftlichen Kalkulation anzusehen[79] (Einzelheiten § 55 RN 52).

---

[70] Vgl. BAG 17. 8. 2005 AP 142 zu § 37 BetrVG 1972 = NZA 2006, 448; 15. 1. 1992 AP 84 zu § 37 BetrVG 1972 = DB 93, 1379.

[71] BAG 31. 1. 1990 AP 28 zu § 103 BetrVG 1972 = NZA 91, 152.

[72] LAG Köln 27. 2. 2002 NZA-RR 2003, 221.

[73] BAG 23. 6. 1975 AP 10 zu § 40 BetrVG 1972 = DB 75, 1707; 29. 1. 1974 AP 8 zu § 37 BetrVG 1972 = DB 74, 1535.

[74] LAG Düsseldorf 13. 9. 2001 BB 2002, 306 (kein Gleichbehandlungsanspruch anderer Arbeitnehmer).

[75] Zu weit allerdings LAG Hessen 19. 2. 2008 ArbuR 2008, 406 – Unterlassungsanspruch gegenüber einer beabsichtigten Kündigung des Betriebsratsvorsitzenden.

[76] BAG 31. 10. 1985 AP 5 zu § 46 BPersVG; 9. 6. 1982 AP 1 zu § 107 BPersVG = DB 82, 2711.

[77] BAG 22. 2. 1979 – 2 AZR 115/78 – DB 79, 1659 = BB 79, 1347.

[78] ErfK/*Oetker* § 116 AktG RN 10 ff.

[79] BAG 26. 2. 1987 AP 2 zu § 79 BetrVG 1972 = NZA 88, 63; 16. 3. 1982 AP 1 zu § 611 BGB Betriebsgeheimnis = NJW 83, 134; einschränkend ArbG Mannheim 6. 2. 2007 AiB 2007, 542.

3. Ausnahmen. Die Schweigepflicht gilt nicht gegenüber Vertretern von anderen Betriebsverfassungsorganen, die in § 79 I 3, 4 BetrVG genannt sind. Dagegen dürfen die in Abs. 1 genannten Organe keine Geheimnisse an die nur in Abs. 2 genannten Organe weitergeben. Gibt ein zur Verschwiegenheit verpflichtetes Mitglied der Betriebsvertretung eine geheimhaltungsbedürftige Sache an ein anderes Mitglied der Betriebsvertretung weiter, ist es verpflichtet, auf die Geheimhaltungsbedürftigkeit hinzuweisen. Unterlässt es diesen Hinweis, besteht für den Erklärungsadressaten keine Verschwiegenheitspflicht, es sei denn, dass dieser von der Erklärung des Arbeitgebers über die Geheimhaltungsbedürftigkeit Kenntnis hatte. Allerdings macht sich das weitergebende Mitglied der Betriebsvertretung schadensersatzpflichtig. 29

4. Sonstige Verschwiegenheitspflichten. Weitergehende Schweigepflichten für Betriebsratsmitglieder bestehen gem. §§ 82 II, 83 I, 99 I 3, 102 II 5 BetrVG. Nach § 5 S. 1 BDSG unterliegen sie auch dem Datengeheimnis, wenn während der Amtstätigkeit personenbezogene Daten verarbeitet werden.[80] Nicht besonders geregelt ist die Verschwiegenheitspflicht der Mitglieder der Betriebsverfassungsorgane über Vorgänge in den Arbeitnehmervertretungen. Allerdings ist die Weitergabe von internen Vorgängen dann unzulässig, wenn durch deren Bekanntgabe die Funktionsfähigkeit des Betriebsrats beeinträchtigt wird.[81] Von der betriebsverfassungsrechtlichen Schweigepflicht ist die arbeitsvertragliche Schweigepflicht (§ 55 RN 51) zu unterscheiden. 30

5. Sanktionen. Ein Verstoß gegen die Verschwiegenheitspflicht kann nach § 120 BetrVG strafrechtlich geahndet werden. Ihre Einhaltung kann Gegenstand eines Beschlussverfahrens sein.[82] Grobe Verletzungen der Schweigepflicht berechtigen den Arbeitgeber, den Ausschluss aus dem Betriebsrat (§ 219 RN 19ff.) zu beantragen, gegebenenfalls außerordentlich zu kündigen, wenn darin zugleich eine Arbeitsvertragsverletzung liegt, sowie Schadensersatz nach § 823 II BGB i. V. m. § 79 BetrVG zu beanspruchen. 31

6. Zeugnisverweigerungsrecht und gesetzliche Auskunftspflichten. Die Verschwiegenheitspflicht kann gegenüber höherrangigen Pflichten zurücktreten. Nach § 53 I StPO hat das Betriebsratsmitglied kein Zeugnisverweigerungsrecht im Strafprozess.[83] Dagegen kann ihm ein Zeugnisverweigerungsrecht nach § 383 I Nr. 6 ZPO zustehen.[84] Soweit dem Betriebsrat durch § 89 I 2 BetrVG ausdrücklich die Pflicht zur Auskunft gegenüber den Aufsichtsbehörden auferlegt ist, tritt auch insoweit seine Schweigepflicht aus § 79 BetrVG grundsätzlich zurück.[85] 32

§ 231. Betriebsvereinbarung und Regelungsabrede

Albicker/Wiesenecker, Sonderzahlungen und Stichtagsklauseln in Betriebsvereinbarungen, BB 2008, 2631; *Andelewski/Eckert,* Kippt das kirchliche Arbeitsrecht den Tarifvorrang des § 77 III BetrVG?, NZA 2005, 662; *Annuß,* Der Eingriff in den Arbeitsvertrag durch Betriebsvereinbarung, NZA 2001, 756; *Bauer/Steinau-Steinrück,* Das Schicksal freiwilliger Betriebsvereinbarungen beim Betriebsübergang, NZA 2000, 505; *Blomeyer,* Kündigung einer Betriebsvereinbarung über betriebliche Altersversorgung, RdA 2000, 370; *Boemke/Kursawe,* Grenzen der vereinbarten Nachwirkung freiwilliger Betriebsvereinbarungen, DB 2000, 1405; *Brune,* Betriebsvereinbarung, AR-Blattei, SD 520; *Diehn,* Kein Wiedereinstellungsanspruch durch Betriebsvereinbarung, BB 2006, 1794; *Eder,* Die Regelungsabrede als Alternative zur Betriebsvereinbarung bei der Gestaltung materieller Arbeitsbedingungen, 2004; *Fischer,* Geheime Tarifverträge und Betriebsvereinbarung, BB 2000, 354; *ders.,* Nicht bekannt gemachte Betriebsvereinbarung, BB 2000, 1143; *Franzen,* Betriebsvereinbarung, NZA Beilage 2006, Nr. 3, S. 107; *Goethner,* Nochmals – Die Regelungsschranken des § 77 III BetrVG im System der tarifvertraglichen Ordnung des TVG, NZA 2006, 303; *Habitzel,* Das Verhältnis von Tarif- und Betriebsautonomie im Lichte des Subsidiaritätsprinzips, NZA 2001, 467; *Hänlein,* Die Legitimation betrieblicher Rechtsetzung, RdA 2003, 26; *Hanau,* Wege zu einer beschäftigungsorientierten Arbeitsmarktordnung: Spannungsverhältnis Individualvertrag, Betriebsvereinbarung, Tarifvertrag, FS Wiedemann (2002), S. 283; *Heinze,* Bezugnahmeklausel: Individualvertrag versus Betriebsvereinbarung, NZA-Sonderheft 2001, 75; *Heither,* Wiedereinstellungszusage in einer Betriebsvereinbarung, ArbuR 2005, 272; *Herbst/Mattes,* Kündigung einer Betriebsvereinbarung über betriebliche Altersversorgung, ArbuR 2000, 389; *Herrmann,* Kollektivautonomie contra Privatautonomie – Arbeitsvertrag, Betriebsvereinbarung und Mitbestimmung, NZA 2000, Beil. zu Heft 3, S. 14; *Jacobs,* Die vereinbarte Nachwirkung bei freiwilligen Betriebsvereinbarungen, NZA 2000, 69; *Kania,* § 77 Abs. 3 BetrVG auf dem Rückzug – auch mit Hilfe der Verbände, BB 2001,

[80] BAG 3. 6. 2003 AP 1 zu § 89 BetrVG 1972 = DB 2003, 2496.
[81] BAG 5. 9. 1967 AP 8 zu § 23 BetrVG.
[82] BAG 26. 2. 1987 AP 2 zu § 79 BetrVG 1972 = NZA 88, 63.
[83] BVerfG 19. 1. 1979 NJW 79, 1286; LG Darmstadt 3. 10. 1978 DB 79, 111 = NJW 79, 1286; *Rengier* BB 80, 321.
[84] Antw. der BReg. auf kleine Anfrage DB 79, 1278.
[85] BAG 3. 6. 2003 AP 1 zu § 89 BetrVG 1972 = DB 2003, 2496.

1091; *Konzen,* Die umstrukturierende Betriebsvereinbarung, FS von Maydell (2002), S. 341; *Kock,* Arbeitszeitflexibilisierung – Gestaltung einer Betriebsvereinbarung zur Anordnung von Überstunden, MDR 2005, 1261; *Kort,* Rechtsfolgen einer wegen Verstoßes gegen § 77 III BetrVG (teil-)unwirksamen Betriebsvereinbarung, NZA 2005, 620; *ders.,* Die Grenzen betrieblicher Mitbestimmung bei tarifvertraglicher Zulassung lediglich „freiwilliger" Betriebsvereinbarungen, NZA 2001, 477; *Kreßel,* Betriebsverfassungsrechtliche Auswirkungen systemverändernder Tarifverträge auf bestehende Betriebsvereinbarungen, FS 50 Jahre BAG (2004) S. 981; *Kreutz,* Grundsätzliches zum persönlichen Geltungsbereich der Betriebsvereinbarung, ZfA 2003, 361; *ders.,* Negative Fortgeltung von Betriebsvereinbarungen nach einem Betriebsteilübergang, FS 50 Jahre BAG (2004) S. 993; *ders.,* Die zwingende Geltung der Betriebsvereinbarung, FS Konzen (2006), S. 461; *Langohr-Plato,* Kündigung von Betriebsvereinbarungen über betriebliche Altersversorgung, BB 2000, 1885; *Linsenmaier,* Normsetzung der Betriebsparteien und Individualrechte der Arbeitnehmer, RdA 2008, 1; *Löwisch,* Beschäftigungssicherung als Gegenstand betrieblicher und tariflicher Regelungen und von Arbeitskämpfen, DB 2005, 554; *Meyer,* Ablösung von Betriebs-, Gesamt- und Konzernbetriebsvereinbarungen beim Betriebsübergang, DB 2000, 1174; *Merten,* Die Ablösung einer betrieblichen Übung durch Betriebsvereinbarung, DB 2001, 646; *Natzel,* Gesetzliche Öffnungsklausel im Kommen?, NZA 2005, 903; *Nienhüser/Hoßfeld,* Wie bewerten Personalverantwortliche eine betriebliche Regulierung durch Betriebsvereinbarung?, BArbBl. 2006, Nr. 2, S. 4; *Raab,* Die Schriftform in der Betriebsverfassung, FS Konzen (2006), S. 719; *Reiter,* Der neue Entgeltrahmentarifvertrag (ERA) für die Metallindustrie und die Eingriffsbefugnisse der Tarifvertragsparteien in bestehende Betriebsvereinbarungen, BB 2004, 437; *Richardi,* Welche Folgen hätte die Aufhebung des Tarifvorbehalts (§ 77 III BetrVG)?, NZA 2000, 617; *Rieble/Klebeck,* Tarifvertragliche Meistbegünstigung, RdA 2006, 65; *Rolfs,* Die Inhaltskontrolle arbeitsrechtlicher Individual- und Betriebsvereinbarungen, RdA 2006, 349; *Salamon,* Die Ablösung und Kündigung von Betriebsvereinbarungen bei Wegfall der beteiligten Arbeitnehmervertretung, NZA 2007, 367; *ders.,* Betriebsvereinbarungen und Betriebsübergang, RdA 2007, 153; *Schaub,* Tarifverträge und Betriebsvereinbarungen bei Betriebsübergang und Umwandlung von Unternehmen, FS Wiese (1998), S. 535; *ders.,* Rechtliche Hindernisse der tarifvertragsfreien Gestaltung von Arbeitsbedingungen, ZTR 2000, 10; *Schlüter,* Betriebsvereinbarungen ohne Betriebsrat, FS Schwerdtner (2003), S. 341; *Spilger,* Die nicht bekannt gemachte Betriebsvereinbarung, BB 2000, 1573; *Stück,* Verschlechternde Änderung und Vereinheitlichung freiwilliger Sozialleistungen am Beispiel von Jubiläumsleistungen, DB 2006, 782; *Thon,* Die Regelungsschranken des § 77 III BetrVG im System der tarifvertraglichen Ordnung des TVG, NZA 2005, 858; *Waltermann,* Tarifvertragliche Öffnungsklauseln für betriebliche Bündnisse für Arbeit, ZfA 2005, 505; *ders.,* Zur Kündigung der freiwilligen Betriebsvereinbarung, GS Heinze (2005), S. 1021; *ders.,* „Umfassende Regelungskompetenz" der Betriebsparteien zur Gestaltung durch Betriebsvereinbarung?", RdA 2007, 257; *Wiedemann,* Individueller und kollektiver Günstigkeitsvergleich, FS Wißmann (2005), S. 185.

Übersicht

	RN
I. Allgemeines	1 ff.
1. Begriff	1
2. BetrVG 1952	2
3. Regelungsabrede	3
II. Betriebsvereinbarung	4 ff.
1. Normenvertrag	4
2. Abschluss der Betriebsvereinbarung	5–12
3. Schriftform	13–15
4. Bekanntgabe	16
5. Funktionelle Zuständigkeit	17
6. Gegenstand der Betriebsvereinbarung, Tarifvorbehalt	18–29
7. Geltungsbereich einer Betriebsvereinbarung	30, 30 a
8. Unabdingbarkeit	31
9. Verzicht, Verfallfristen und Verjährung	32, 33
10. Konkurrenz von Betriebsvereinbarungen und anderen Rechtsgrundlagen	34–37
11. Beendigung der Betriebsvereinbarung	38–56
12. Nachwirkung von Betriebsvereinbarungen	57–64
III. Sonstige betriebliche Absprachen (Regelungsabreden)	65 ff.
1. Zulässigkeit	65
2. Abschluss und Beendigung	66
3. Abgrenzung	67
4. Wirkung	68

I. Allgemeines

1 **1. Begriff.** Das BetrVG bezeichnet die Absprachen zwischen Arbeitgeber und Betriebsrat alternativ mit Einigung (z. B. §§ 39 I, 74 I, 87 II, 94 I BetrVG), Einvernehmen (§ 44 II 2 BetrVG), Einverständnis (§ 76 II BetrVG), Interessenausgleich (§ 112 II BetrVG) oder Vereinbarung (§§ 77 I, 80 BetrVG). Als Oberbegriff verwendet es den Begriff der Vereinbarung (§ 77 I 1 BetrVG).

2 **2. BetrVG 1952.** Das BetrVG 1952 verwandte als Oberbegriff für die betriebliche Einigung noch den des Beschlusses; dieser Begriff findet sich heute nur noch in der Überschrift zu § 77 I BetrVG.

3 **3. Regelungsabrede.** Einigkeit besteht darüber, dass nicht alle Absprachen die Rechtsqualität einer Betriebsvereinbarung haben und deren Formvorschriften unterliegen. Vielmehr erken-

nen Literatur und Rechtsprechung neben der Betriebsvereinbarung auch formlose Absprachen als zulässig und rechtswirksam an. Diese werden entweder als betriebliche Einigung, Betriebsabsprache oder Regelungsabreden bezeichnet (dazu unter RN 65 ff.).

II. Betriebsvereinbarung

1. Normenvertrag. Begriff und Rechtsnatur der Betriebsvereinbarung sind umstr. Nach der heute ganz h. M. ist sie ein privatrechtlicher Normenvertrag zur Regelung der betrieblichen und betriebsverfassungsrechtlichen Ordnung sowie über Inhalt, Abschluss und Beendigung von Arbeitsverhältnissen, der zwischen Arbeitgeber und Arbeitnehmer, vertreten durch den Betriebsrat, geschlossen wird.[1] Daraus folgt, dass der Inhalt einer Betriebsvereinbarung bestimmt bzw. ggf. durch ihre Auslegung bestimmbar sein muss.[2] 4

2. Abschluss der Betriebsvereinbarung. a) Die Begründung der Betriebsvereinbarung erfolgt entweder durch freiwilligen Vertragsabschluss oder den Spruch einer Einigungsstelle. Ausnahmsweise kann der Gesetzgeber die Weitergeltung von Dienstvereinbarungen als Betriebsvereinbarungen anordnen.[3] 5

aa) Vertragsschluss. Der Abschluss einer Betriebsvereinbarung vollzieht sich nach den Regeln des BGB. Die zuvor im Innenverhältnis vollzogene Willensbildung von Arbeitgeber und Betriebsrat muss zum Gegenstand einer Willensübereinstimmung gemacht werden (§ 77 II 1 BetrVG). Der Arbeitgeber kann sich beim Abschluss der Betriebsvereinbarung ohne besondere Bevollmächtigung durch einen Prokuristen (§ 49 I HGB) oder einen für den ganzen Betrieb oder das Personalwesen bestellten Handlungsbevollmächtigten (§ 54 HGB) vertreten lassen. Der Betriebsrat wird in der Erklärung[4] i. d. R. durch seinen Vorsitzenden vertreten (§ 26 II BetrVG). Ist der Betriebsratsvorsitzende zugleich Vorsitzender von anderen Gremien (Betriebsausschuss, Gesamtbetriebsrat), ist im Zweifelsfall durch Auslegung zu ermitteln, für welches Gremium er die Erklärung abgegeben hat.[5] Gibt der Betriebsratsvorsitzende für den Betriebsrat eine Erklärung ab, spricht eine widerlegbare Vermutung dafür, dass der Betriebsrat einen entsprechenden Beschluss gefasst hat.[6] Hat der Vorsitzende zum Abschluss keine Vollmacht (z. B. fehlt es am Beschluss des Betriebsrats), ist die Betriebsvereinbarung schwebend unwirksam. Der Betriebsrat kann sie durch eine nachträgliche Beschlussfassung genehmigen, eine bloße stillschweigende oder ausdrückliche Billigung durch die Mehrheit des Betriebsrats ist aber nicht ausreichend, da sich dessen Willensbildung ausschließlich durch eine Beschlussfassung (§ 31 BetrVG) vollzieht.[7] Ob die Genehmigung in entspr. Anwendung von § 177 I BGB zurückwirkt, ist umstr., aber zu bejahen.[8] Wird die Genehmigung verweigert, entfaltet die Betriebsvereinbarung bis zu diesem Zeitpunkt entsprechend den für Normen geltenden Grundsätzen Rechtswirkungen unter dem Gesichtspunkt des Vertrauensschutzes.[9] Die fehlende Genehmigung beseitigt die Gültigkeit der Betriebsvereinbarung daher erst für die Zukunft. Ihr Abschluss unter einer aufschiebenden Bedingung ist zulässig, wenn der Eintritt der vereinbarten Bedingung für alle Beteiligten ohne weiteres feststellbar ist.[10] 6

bb) Einigungsstelle. Die Betriebsvereinbarung kann auch auf einem Spruch der Einigungsstelle (§ 232) beruhen. Ihr Spruch ersetzt sowohl die Willensübereinstimmung der Betriebspartner wie auch ihre entsprechende Erklärung. 7

b) Unwirksamkeit. aa) Nichtigkeit. Verstößt eine Betriebsvereinbarung gegen höherrangige Rechtsquellen (z. B. einseitig-zwingendes bzw. tarifdispositives Gesetzes- oder Richterrecht, RechtsVO, Unfallverhütungsvorschriften), ist sie insoweit unwirksam.[11] Eine unmittelbare Bindung der Betriebspartner an die Grundrechte besteht nicht, jedoch dürfen sie sich mit ihrem Handeln wegen § 75 I BetrVG nicht in Widerspruch zu den grundrechtlichen Wertentscheidun- 8

---

[1] Zum Theorienstreit ausführlich GK-BetrVG/*Kreutz* § 77 RN 35 ff.

[2] LAG Sachsen 31. 7. 2002 NZA-RR 2003, 366 zu einer BV über Kurzarbeit.

[3] BAG 23. 11. 2004 AP 1 zu Art. 72 GG = NZA 2005, 833.

[4] Vgl. BAG 17. 2. 1981 AP 11 zu § 112 BetrVG 1972 = NJW 82, 69; 15. 12. 1961 AP 1 zu § 615 BGB Kurzarbeit; 28. 2. 1958 AP 1 zu § 14 AZO.

[5] BAG 24. 5. 2006 AP 6 zu § 29 BetrVG 1972 = NZA 2006, 1364.

[6] BAG 17. 2. 1981 AP 11 zu § 112 BetrVG 1972 = NJW 82, 69.

[7] *Fitting* § 26 RN 28; a. A. BAG 15. 12. 1961 AP 1 zu § 615 BGB Kurzarbeit.

[8] BAG 10. 10. 2007 AP 17 zu § 26 BetrVG 1972 = NZA 2008, 369.

[9] Zur Tariföffnungsklausel BAG 20. 4. 1999 AP 12 zu § 77 BetrVG 1972 Tarifvorbehalt = NZA 99, 1059; vgl. auch BAG 23. 8. 1984 AP 17 zu § 103 BetrVG 1972 = NJW 85, 1976.

[10] BAG 15. 1. 2002 EzA 1 zu § 614 BGB = NZA 2002, 1112.

[11] BAG 6. 8. 1991 AP 52 zu § 77 BetrVG 1972 = NZA 92, 177 – Vertragsstrafe.

gen setzen.[12] Ob eine nur teilweise unwirksame Betriebsvereinbarung mit dem Restinhalt rechtswirksam bleibt, ist im Wege der Auslegung zu ermitteln. Anders als nach § 139 BGB wird die gesamte Betriebsvereinbarung nur dann unwirksam sein, wenn der nichtige Teil mit dem übrigen Teil in einem unlösbaren Zusammenhang steht und die Betriebsvereinbarung einen anderen Inhalt gewinnt.[13] Die Unwirksamkeit kann aber auch eintreten, wenn nicht unterstellt werden kann, dass bei isolierter Betrachtung eine Seite den verbleibenden Teil freiwillig abgeschlossen hätte.[14] Eine Umdeutung der nichtigen Betriebsvereinbarung in individualrechtlich wirksame Rechtsgeschäfte (Gesamtzusage, Vertrag zugunsten Dritter, betriebliche Übung) ist im Allgemeinen nicht möglich. Eine Umdeutung kommt nur in Betracht, wenn besondere Umstände die Annahme rechtfertigen, der Arbeitgeber habe sich unabhängig von der Betriebsvereinbarung auf jeden Fall verpflichten wollen, seinen Arbeitnehmern die in dieser vorgesehenen Leistungen zu gewähren. Ein hypothetischer Wille des Arbeitgebers, sich unabhängig von der Wirksamkeit einer Betriebsvereinbarung auf Dauer zu binden, kann nur in Ausnahmefällen angenommen werden, z.B., wenn der Arbeitgeber die Betriebsvereinbarung in Kenntnis ihrer Unwirksamkeit anwendet.[15] Eine Betriebsvereinbarung ist schließlich unwirksam, wenn ihr Regelungsgegenstand außerhalb der gesetzlichen Zuständigkeit des Betriebsrats liegt.[16]

9 **bb) Anfechtbarkeit.** Da die Betriebsvereinbarung ein Vertrag zwischen Arbeitgeber und Betriebsrat darstellt, kann sie wegen Irrtums, Täuschung oder Drohung angefochten werden. Die Anfechtung entfaltet aber nur Wirkung ex nunc. Dies ergibt sich aus zwei Grundsätzen. Wegen ihres Normencharakters kann die Betriebsvereinbarung nicht rückwirkend wegfallen. Außerdem ist ihre Abwicklung nach Bereicherungsgrundsätzen nicht möglich.[17]

10 **c) Billigkeitskontrolle.** Betriebsvereinbarungen unterliegen nach Ansicht der Rspr. einer gerichtlichen Billigkeitskontrolle.[18] Zur Begründung zieht das BAG **(1)** die gestörte Vertragsparität zwischen Arbeitgeber und Betriebsrat, **(2)** die Verpflichtung der Betriebspartner zur Beachtung der Grundsätze von Recht und Billigkeit (§ 75 I BetrVG) und **(3)** die entsprechende Anwendung der Grundsätze über die einseitige Leistungsbestimmung (§§ 315, 317, 319 BGB) heran. Die überwiegende Ansicht im Schrifttum ist dem nicht gefolgt.[19] Dabei ist eine vermittelnde Sicht vorzugwürdig. In jedem Fall unterliegt die Betriebsvereinbarung einer Billigkeitskontrolle i. S. einer Rechtskontrolle auf Vereinbarkeit ihres Inhalts mit höherrangigem Recht.[20] Daneben dient die Billigkeitskontrolle der Einzelfallgerechtigkeit. Aus diesem Grund ist sie nicht auf eine reine Rechtskontrolle beschränkt, sondern berechtigt auch zur Korrektur eines unbilligen Ergebnisses einer Betriebsvereinbarung. Dies folgt aus den §§ 75 I, 76 V 4 BetrVG. Es wäre inkonsequent, das Handeln der Betriebspartner ausdrücklich an den Grundsätzen des § 75 I BetrVG auszurichten, die Kontrolle des Ergebnisses, der Betriebsvereinbarung, aber nur auf eine Vereinbarkeit mit höherrangigem Recht zu beschränken. Insoweit können krasse Verstöße gegen die Einzelfallgerechtigkeit auch im Individualverfahren korrigiert werden. Dabei kommen im Wesentlichen Verstöße gegen das Verhältnismäßigkeitsprinzip und den Grundsatz des Vertrauensschutzes in Betracht. Eine weitergehende Überprüfung der Betriebsvereinbarung auf echte Ermessensfehler, d. h. Zweckmäßigkeit der Regelung, findet jedoch nicht statt. An diesen Grundsätzen hat auch das Inkrafttreten von § 310 IV BGB nichts geändert, da der Gesetzgeber offensichtlich davon ausgeht, dass eine allgemeine Billigkeitskontrolle i. S. e. Angemessenheitskontrolle im Bereich des § 77 BetrVG nicht erfolgt.[21]

---

[12] BVerfG 23. 4. 1986 AP 28 zu Art. 2 GG = NJW 87, 827; ErfK/*Dieterich* Einl. GG RN 24.

[13] BAG 30. 8. 1995 AP 29 zu § 87 BetrVG 1972 Überwachung = NZA 96, 218; 12. 10. 1994 AP 66 zu § 87 BetrVG 1972 Arbeitszeit = NZA 95, 641; 18. 12. 1990 AP 98 zu § 1 TVG Tarifverträge: Metallindustrie = NZA 91, 484.

[14] BAG 21. 1. 2003 AP 1 zu § 21 a BetrVG 2002 = NZA 2003, 1097.

[15] BAG 23. 1. 2008 AP 40 zu § 77 BetrVG 1972 Betriebsvereinbarung = NZA 2008, 709 – zum Gleichbehandlungsgrundsatz; 30. 5. 2006 AP 23 zu § 77 BetrVG 1972 Tarifvorbehalt = NZA 2006, 1170; 5. 3. 1997 AP 10 zu § 77 BetrVG 1972 Tarifvorbehalt = NZA 97, 951; 24. 1. 1996 AP 8 zu § 77 BetrVG 1972 Tarifvorbehalt = NZA 96, 948; 23. 8. 1989 AP 42 zu § 77 BetrVG 1972 = NZA 90, 69; 13. 8. 1980 AP 2 zu § 77 BetrVG 1972 = DB 81, 274; 19. 7. 1977 AP 1 zu § 77 BetrVG 1972.

[16] BAG 12. 8. 1982 AP 4 zu § 77 BetrVG 1972 = NJW 83, 68.

[17] BAG 15. 12. 1961 AP 1 zu § 615 BGB Kurzarbeit.

[18] Grundlegend dazu BAG GS 16. 9. 1986 AP 17 zu § 77 BetrVG 1972 = NZA 87, 168; BAG 11. 6. 1975 AP 1 zu § 77 BetrVG 1972 Auslegung = NJW 76, 78.

[19] *Fitting* § 77 RN 231; GK-BetrVG/*Kreutz* § 77 RN 258 ff.

[20] So ausdrücklich BAG 13. 5. 1997 AP 65 zu § 77 BetrVG 1972 = NZA 98, 160.

[21] BAG 1. 2. 2006 AP 28 zu § 77 BetrVG 1972 Betriebsvereinbarung = NZA 2006, 563 – Widerrufsvorbehalt; *Gotthardt* RN 296.

Hauptanwendungsfälle für die richterliche Billigkeitskontrolle sind die betriebliche Altersversorgung[22] (dazu insb. § 83) und der Inhalt von Sozialplänen (§ 244 RN 44ff.). Weitere Entscheidungen finden sich zur Altersgrenze,[23] Arbeitszeit,[24] zu Vergütungsbestandteilen[25] und freiwilligen Leistungen des Arbeitgebers[26] (vgl. auch unten RN 19). 11

d) Auslegung. Betriebsvereinbarungen sind wie Tarifverträge (§ 199) auszulegen; es kann also nur der Wille berücksichtigt werden, der nach außen hin hinreichenden Ausdruck gefunden hat.[27] Die objektive Auslegung kommt jedoch erst in Betracht, wenn feststeht, dass es sich bei der Vereinbarung um eine Betriebsvereinbarung handelt. Ob dies der Fall ist oder nicht, ist nach den allgemeinen Regeln über das Zustandekommen und die Auslegung schuldrechtlicher Verträge gemäß §§ 133, 157 BGB zu erforschen.[28] Das Vorliegen einer Betriebsvereinbarung kann zweifelhaft sein, wenn am Vertragsschluss auch Tarifvertragsparteien beteiligt sind.[29] Bestimmungen in gemischten, von Arbeitgeber, Gewerkschaft und Betriebsrat gemeinsam unterzeichneten Vereinbarungen sind unwirksam, wenn sich nicht aus diesen selbst ohne Weiteres und zweifelsfrei ergibt, wer Urheber der einzelnen Regelungskomplexe ist und um welche Rechtsquellen es sich folglich handelt.[30] Bei der Auslegung einer Betriebsvereinbarung ist von ihrem Wortlaut auszugehen, zusätzlich sind der Regelungszweck und der Gesamtzusammenhang zu berücksichtigen. Eine vom Arbeitgeber in der Betriebsvereinbarung übernommene Verpflichtung kann auch ohne besonderen Vorbehalt dahingehend auszulegen sein, dass die Verpflichtung nur bestehen soll, wenn der Arbeitgeber zu ihrer Erfüllung in der Lage ist.[31] Die nachträgliche, streitlose Handhabung einer Betriebsvereinbarung kann bei zweifelhaftem Wortlaut zur Auslegung herangezogen werden.[32] Sind mehrere Interpretationsweisen denkbar, ist die vorzugswürdig, die dem verobjektivierten Willen der Betriebsparteien am nächsten kommt. Eine Auslegungsregel, nach der die für den Arbeitnehmer günstigste Sichtweise vorzugswürdig ist, besteht nicht. Auch die Unklarheitenregelung des § 305c II BGB findet keine Anwendung. Wie bei Tarifverträgen ist eine Lückenausfüllung nur möglich, wenn eine planwidrige und keine bewusste Lücke vorliegt, was zuvor festzustellen ist. 12

3. Schriftform. a) Begriff. Die Betriebsvereinbarung muss schriftlich abgeschlossen werden (§ 125 I 1 BGB). Arbeitgeber und Betriebsrat haben immer auf derselben Urkunde zu unterschreiben (§ 126 II BGB). Ein Austausch nur wechselseitig unterschriebener Urkunden ist unzureichend. Besteht die Betriebsvereinbarung aus mehreren Urkunden, müssen diese bei der 13

---

[22] BAG 10. 3. 1992 AP 5 zu § 1 BetrAVG Betriebsvereinbarung = NZA 93, 234; 3. 9. 1991 AP 3 zu § 1 BetrAVG Überversorgung = NZA 92, 515; 20. 11. 1990 AP 14 zu § 1 BetrAVG Ablösung = NZA 91, 477; 18. 4. 1989 AP 2 zu § 1 BetrAVG Betriebsvereinbarung = NZA 90, 67; 17. 3. 1987 AP 9 zu § 1 BetrAVG Ablösung = NJW 87, 2607; 21. 8. 1980 AP 7 zu § 1 BetrAVG Wartezeit = NJW 81, 1855; 19. 6. 1980 AP 8 zu § 1 BetrAVG Wartezeit = DB 81, 431; 17. 1. 1980 AP 185 zu § 242 BGB Ruhegehalt = NJW 80, 1976.

[23] BAG GS 7. 11. 1989 AP 46 zu § 77 BetrVG 1972 = NZA 90, 816; BAG 20. 11. 1997 AP 2 zu § 620 BGB Altergrenze = NZA 88, 617; 20. 10. 1993 AP 3 zu § 41 SGB VI = NJW 94, 538.

[24] BAG 27. 11. 2002 AP 34 zu § 87 BetrVG 1972 Tarifvorrang; 21. 1. 1997 AP 64 zu § 77 BetrVG 1972 = NZA 97, 1009; 18. 8. 1987 AP 23 zu § 77 BetrVG 1972 = NZA 87, 779; 31. 8. 1982 AP 8 zu § 87 BetrVG 1972 = NJW 83, 953.

[25] BAG 26. 4. 1990 AP 4 zu § 77 BetrVG 1972 Nachwirkung = NZA 90, 814 – Weihnachtsgeld; 3. 11. 1987 AP 25 zu § 77 BetrVG 1972 = NZA 87, 842 – Jubiläumszuwendung; 12. 8. 1982 AP 4 zu § 77 BetrVG 1972 = NJW 83, 68 – Deputat; 13. 9. 1974 AP 84 zu § 611 BGB Gratifikation = NJW 75, 278 – Prämie.

[26] BAG 1. 12. 1992 AP 3 zu § 77 BetrVG 1972 Tarifvorbehalt = NZA 93, 613 – Arbeitsweg.

[27] BAG 17. 11. 1998 AP 6 zu § 77 BetrVG 1972 Auslegung = NZA 99, 609 – allgemeiner Sprachgebrauch; 9. 12. 1997 AP 3 zu § 77 BetrVG 1972 Regelungsabrede = NZA 98, 609 – Protokollnotiz; 8. 11. 1988 AP 48 zu § 112 BetrVG 1972 = NZA 89, 401 – Sozialplan 27. 10. 1988 AP 16 zu § 620 BGB Bedingung = NZA 89, 643 – gesetzeskonforme Auslegung; 13. 10. 1987 AP 2 zu § 77 BetrVG 1972 Auslegung = NZA 88, 253; 4. 3. 1982 AP 3 zu § 77 BetrVG 1972 = DB 82, 1829 – Individualrechte; 11. 6. 1975 AP 1 zu § 77 BetrVG 1972 Auslegung = NJW 76, 78.

[28] BAG 15. 4. 2008 AP 38 zu § 1 TVG Altersteilzeit = NZA-RR 2008, 586.

[29] BAG 7. 11. 2000 AP 14 zu § 77 BetrVG 1972 Tarifvorbehalt = NZA 2001, 727 (Konsolidierungsvertrag); einschränkend BAG 22. 1. 2002 AP 4 zu § 77 BetrVG 1972 Betriebsvereinbarung = NZA 2002, 1224 (Konzernbetriebsvereinbarung in beherrschtem Unternehmen).

[30] BAG 15. 4. 2008 AP 96 zu § 77 BetrVG 1972 = NZA 2008, 1074.

[31] Vgl. BAG 7. 9. 2004 AP 17 zu § 611 BGB Sachbezüge = NZA 2005, 1223 – Personalrabatt; ähnlich BAG 19. 10. 2005 AP 26 zu § 77 BetrVG 1972 Betriebsvereinbarung = NZA 2006, 393 – Wiedereinstellungsanspruch.

[32] BAG 29. 5. 1964 AP 24 zu § 59 BetrVG = DB 64, 1342.

Unterzeichnung fest miteinander verbunden sein[33] oder einzeln unterzeichnet werden. Eine mechanische Verbindung ist nicht erforderlich, wenn sich die Einheit der Urkunde aus den Umständen mit hinreichender Deutlichkeit ergibt.[34] Daher können auch die grafische Gestaltung des Textes, eine fortlaufende Paginierung der Seiten bzw. Nummerierung der einzelnen Bestimmungen auch die gesonderte Unterzeichnung der Anlagen entbehrlich machen. Die Schriftform ist auch gewahrt, wenn auf eine schriftlich niedergelegte und bekannt gemachte Gesamtzusage des Arbeitgebers verwiesen wird.[35]

14 **b) Bezugnahme.** Durch eine statische Bezugnahme auf einen Tarifvertrag wird die Schriftform für den in Bezug genommenen Tarifinhalt auch dann gewahrt, wenn dieser nicht wörtlich wiedergegeben oder als Anlage beigefügt ist.[36] Ist nicht anderes vereinbart, gilt die Bezugnahme auch dann weiter, wenn der Tarifvertrag geändert wird, nicht jedoch wenn er von vornherein zeitlich befristet war. Umstr. ist, ob eine Blankettverweisung auf einen jeweils anderweitig geltenden Tarifvertrag oder eine Betriebsvereinbarung wirksam ist. Im Gegensatz zum Tarifrecht (§ 199) hält das BAG eine dynamische Verweisung auf die jeweilige Fassung eines Tarifvertrages oder einer anderen Betriebsvereinbarung für unwirksam.[37] Eine unwirksame dynamische Verweisung gilt jedoch als statische Verweisung auf den bei Abschluss der Betriebsvereinbarung bestehenden Tarifvertrag, bei der jedoch § 77 III BetrVG zu beachten ist.

15 **c) Verstöße.** Wird die Schriftform nicht eingehalten, ist die Betriebsvereinbarung unwirksam; bei tatsächlicher Erfüllung ihres Inhalts kann eine betriebliche Übung gegenüber dem Arbeitgeber nur entstehen, wenn er sich unabhängig von der Wirksamkeit der Betriebsvereinbarung in jedem Fall binden will (vgl. RN 8).

16 **4. Bekanntgabe.**[38] Nach § 77 II 3 BetrVG sind Betriebsvereinbarungen durch den Arbeitgeber an geeigneter Stelle im Betrieb auszulegen und in gut leserlichem Zustand zu erhalten. Die Aushangpflicht ist § 8 TVG nachgebildet, der eine vergleichbare Verpflichtung für Tarifverträge vorsieht (§ 209 RN 9). Eine Aushändigung der Betriebsvereinbarung an jeden Arbeitnehmer ist nicht erforderlich. Jedoch muss der Arbeitgeber dem Arbeitnehmer auf dessen Anforderung die Betriebsvereinbarung zugänglich machen.[39] Die Verletzung der Aushangpflicht führt nicht zu ihrer Unwirksamkeit, da die Bekanntgabe keine Wirksamkeitsvoraussetzung der Betriebsvereinbarung ist. Der Betriebsrat kann die Pflicht zur Bekanntgabe aus § 77 II 3 BetrVG über § 23 III BetrVG im Beschlussverfahren durchsetzen, möglich sind auch Schadensersatzansprüche der Arbeitnehmer (umstr.).[40] Unterlässt der Arbeitgeber die Bekanntgabe der Betriebsvereinbarung und hat deshalb der Arbeitnehmer keine Kenntnis von den dort enthaltenen Verhaltenspflichten, kann er sich bei einem Verstoß wirksam auf seine Unkenntnis berufen.[41] Zur Nachweispflicht des Arbeitgebers auf den Inhalt von Betriebsvereinbarungen § 34 RN 47.

17 **5. Funktionelle Zuständigkeit.** Vertragspartner der Betriebsvereinbarung sind der Arbeitgeber und der Träger des Mitbestimmungsrechts, also die Belegschaft, repräsentiert durch den Betriebsrat bzw. Gesamt- oder Konzernbetriebsrat, der im eigenen Namen handelt (§ 77 I 1 BetrVG). Die Zuständigkeit der jeweiligen Arbeitnehmervertretung richtet sich nach den allgemeinen Grundsätzen[42] (vgl. § 224 RN 19ff.). In einem vertretungslosen Betrieb ist der Abschluss einer Betriebsvereinbarung ausgeschlossen. Zwar sind auch in diesen Betrieben Absprachen zwischen Belegschaft und Arbeitgeber möglich. Sie haben aber nicht die Rechtswirkungen einer Betriebsvereinbarung. Nur wenn der Gesamtbetriebsrat im Rahmen seiner Zuständigkeit nach § 50 I BetrVG für das gesamte Unternehmen eine Gesamtbetriebsvereinbarung abschließt (§ 224 RN 21), ist diese auch in einem Betrieb ohne eigenen Betriebsrat anwendbar.

---

[33] BAG 7. 5. 1998 AP 1 zu § 1 KSchG 1969 Namensliste = DB 98, 1770; 11. 11. 1986 AP 4 zu § 1 BetrAVG Gleichberechtigung = NZA 87, 449 – Gesamturkunde; 21. 8. 1990 AP 19 zu § 6 BetrAVG = NZA 91, 507; 14. 2. 1978 AP 60 zu Art. 9 GG Arbeitskampf; LAG Berlin 6. 9. 1991 NZA 92, 383.

[34] BGH 24. 9. 1997 NJW 98, 58 = ZIP 97, 2085.

[35] BAG 3. 6. 1997 AP 69 zu § 77 BetrVG 1972 = NZA 98, 160.

[36] BAG 23. 6. 1992 AP 55 zu § 77 BetrVG 1972 = NZA 93, 229; 27. 3. 1963 AP 9 zu § 59 BetrVG = DB 63, 903; 8. 10. 1959 AP 14 zu § 56 BetrVG.

[37] BAG 23. 6. 1992 AP 55 zu § 77 BetrVG 1972 = NZA 93, 229.

[38] Dazu *Fischer* BB 2000, 354; *ders.* BB 2000, 1143; *Spilger* BB 2000, 1573.

[39] LAG Nürnberg 9. 12. 2004 NZA-RR 2005, 377.

[40] *Fitting* § 77 RN 26 (Fürsorgepflichtverletzung); *Fischer* BB 2000, 354, 362; a. A. GK-BetrVG/*Kreutz* § 77 RN 50; *Richardi* § 77 RN 40 (Ordnungsvorschrift).

[41] MünchArbR/*Matthes* § 328 RN 18.

[42] BAG 14. 12. 1999 AP 104 zu § 87 BetrVG 1972 Lohngestaltung = NZA 2000, 783.

6. Gegenstand der Betriebsvereinbarung, Tarifvorbehalt. a) Zuständigkeit des Betriebsrats. Eine Betriebsvereinbarung kann nur in Angelegenheiten abgeschlossen werden, die zum Aufgabenbereich des Betriebsrats gehören,[43] der im Wesentlichen durch das BetrVG bestimmt wird (vgl. §§ 234 ff.). Dies sind Regelungen, die den Abschluss, Inhalt und die Beendigung des Arbeitsverhältnisses sowie überbetriebliche und betriebsverfassungsrechtliche Fragen zum Gegenstand haben. Normen über betriebliche Fragen sind solche, die die Gesamtheit oder Gruppen der Arbeitnehmerschaft betreffen. In Normen über betriebsverfassungsrechtliche Fragen wird die Rechtsstellung der Organe der Betriebsverfassung zueinander behandelt. In diesem Umfang hat der Betriebsrat nach Ansicht der Rspr. eine umfassende Regelungskompetenz.[44] Im Schrifttum wird dagegen eine unbegrenzte Rechtsetzungsmöglichkeit für die Betriebsparteien als verfassungswidrig angesehen und nur in den Grenzen der Vorgaben der Mitbestimmungstatbestände des BetrVG für zulässig gehalten.[45] 18

b) Individualbereich des Arbeitnehmers. Dem Betriebsrat fehlt die Zuständigkeit für Regelungen, die den Individualbereich des Arbeitnehmers betreffen, z. B. **(a)** für Eingriffe in den außerdienstlichen Lebensbereich des Arbeitnehmers,[46] **(b)** die Verwendung des Arbeitsentgelts[47] oder der Freizeit, **(c)** eine Teilnahmepflicht am Betriebsausflug oder an Betriebsfesten während der Arbeitszeit,[48] **(d)** eine Pflicht, bestimmten Organisationen beizutreten und Beiträge an diese abzuführen,[49] **(e)** ein Nebentätigkeitsverbot,[50] es sei denn, dass das Arbeitsverhältnis unmittelbar betroffen wird, **(f)** Vertragsstrafen zulasten der Arbeitnehmer,[51] **(g)** die Kostenübernahme für ausschließlich betrieblich genutzte Arbeits- bzw. Schutzkleidung[52] oder **(h)** einen Lohnabzug für nicht in Anspruch genommene Kantinenverpflegung.[53] 19

c) Bestandsgeschützte Ansprüche. Eine Betriebsvereinbarung kann nicht in bereits entstandene Ansprüche und entspr. geschützte Anwartschaften eingreifen.[54] Unzulässig sind daher Abreden über ein Abtretungsverbot sowie Stundung und Erlass der bereits verdienten Vergütung[55] oder die Schmälerung individueller Versorgungszusagen.[56] Versorgungsanwartschaften können hingegen nach Recht und Billigkeit gekürzt werden (oben RN 11). Auch unverzichtbare gesetzliche Rechtsansprüche können durch Betriebsvereinbarung nicht entzogen werden, z. B. das Widerspruchsrecht nach § 613 a BGB[57] oder den durch das KSchG vermittelten Bestandsschutz.[58] 20

d) Vorbehalt des Tarifvertrags. aa) Grundsatz. Die grundsätzliche Regelungskompetenz des Betriebsrats wird durch § 77 III BetrVG eingeschränkt. Danach sind Betriebsvereinbarungen über Arbeitsentgelte und (gemeint ist: oder) sonstige Arbeitsbedingungen, die durch Tarifvertrag geregelt sind oder üblicherweise geregelt werden, unwirksam, es sei denn, dass der Tarifvertrag den Abschluss ergänzender Betriebsvereinbarungen ausdrücklich zulässt. Die Zuständigkeit des Betriebsrats ist **(1)** im Interesse des Schutzes der ausgeübten und aktualisierten Tarifautonomie[59] und 21

---

43 BAG 12. 8. 1982 AP 4 zu § 77 BetrVG 1972 = NJW 83, 68; 10. 12. 1959 AP 1 zu § 399 BGB.

44 BAG 12. 12. 2006 AP 94 zu § 77 BetrVG 1972 = NZA 2007, 453; 19. 10. 2005 AP 26 zu § 77 BetrVG 1972 Betriebsvereinbarung = NZA 2006, 393; 7. 11. 1989 AP 46 zu § 77 BetrVG 1972 = NZA 90, 816; 18. 8. 1987 AP 23 zu § 77 BetrVG 1972 = NZA 87, 779.

45 *Waltermann* RdA 2007, 257; dagegen *Linsenmaier* RdA 2008, 1.

46 BAG 18. 7. 2006 AP 15 zu § 850 ZPO = NZA 2007, 462 – Lohnpfändungskosten.

47 BAG 13. 2. 2007 AP 40 zu § 87 BetrVG 1972 Ordnung des Betriebes = NZA 2007, 640; 1. 12. 1992 AP 20 zu § 87 BetrVG 1972 Ordnung des Betriebes = NZA 93, 711 – Arbeitskleidung.

48 BAG 4. 12. 1970 AP 5 zu § 7 BUrlG = DB 71, 295.

49 BAG 10. 12. 1959 AP 1 zu § 399 BGB.

50 Vgl. BAG 13. 11. 1979 AP 5 zu § 1 KSchG Krankheit = NJW 80, 1917.

51 BAG 6. 8. 1991 AP 52 zu § 77 BetrVG 1972 = NZA 92, 177.

52 BAG 13. 2. 2007 AP 40 zu § 87 BetrVG 1972 Ordnung des Betriebes = NZA 2007, 640; 1. 12. 1992 AP 20 zu § 87 BetrVG 1972 = NZA 93, 711; 18. 8. 1982 AP 18 zu § 618 BGB = DB 83, 234; 10. 3. 1976 AP 17 zu § 618 BGB.

53 BAG 11. 7. 2000 AP 16 zu § 87 BetrVG 1972 Sozialeinrichtung = NZA 2001, 462.

54 BAG 10. 8. 1994 AP 86 zu § 112 BetrVG 1972; 18. 4. 1989 AP 2 zu § 1 BetrAVG Betriebsvereinbarung = NZA 90, 67.

55 BAG 26. 1. 1983 AP 1 zu § 75 LPVG RP = MDR 83, 699; LAG Baden-Württemberg 27. 4. 1977 DB 77, 1706 = BB 77, 996.

56 BAG 18. 4. 1989 AP 2 zu § 1 BetrAVG Betriebsvereinbarung = NZA 90, 67; 24. 11. 1977 AP 177 zu § 242 BGB Ruhegehalt = NJW 78, 1069.

57 BAG 2. 10. 1974 AP 1 zu § 613 a BGB = NJW 75, 1378.

58 BAG 28. 4. 1982 AP 4 zu § 87 BetrVG 1972 Betriebsbuße = DB 83, 775.

59 BAG GS 3. 12. 1991 AP 51 zu § 87 BetrVG 1972 Lohngestaltung = NZA 92, 749; 20. 4. 1999 AP 12 zu § 77 BetrVG 1972 Tarifvorbehalt = NZA 99, 1059; 24. 1. 1996 AP 8 zu § 77 BetrVG 1972 Tarifvorbehalt = NZA 96, 948; 18. 8. 1987 AP 23 zu § 77 BetrVG 1972 = NZA 87, 779; 27. 1. 1987 AP 42 zu § 99

der **(2)** Funktionsfähigkeit der Koalitionen eingeschränkt. Den Tarifvertragsparteien soll durch § 77 III BetrVG ein Monopol zur einheitlichen Gestaltung der Arbeitsbedingungen eingeräumt und ein Nebeneinander, d. h. eine Konkurrenz von Tarifvertrag und Betriebsvereinbarung verhindert werden. Zwischen diesen beiden Rechtsquellen findet auch das Günstigkeitsprinzip (§ 4 III TVG) keine Anwendung, vielmehr verdrängt der Tarifvertrag in seinem Geltungsbereich bzw. bei Tarifüblichkeit die Betriebsvereinbarung. Auf diese Weise wird vermieden, dass die Betriebsvereinbarung die Funktion eines „Ersatztarifvertrags" für die nicht organisierten Arbeitnehmer des Betriebs übernimmt, durch den die tariflichen Arbeitsbedingungen auf alle Betriebsangehörigen unabhängig von ihrer Gewerkschaftszugehörigkeit erstreckt würden.[60] Die Regelungssperre ist auch zu beachten, wenn die Betriebsvereinbarung auf einem Spruch der Einigungsstelle beruht.

22 **bb) Sperrwirkung. (1) Grundsatz.** Das Vorliegen der Voraussetzungen des § 77 III BetrVG führt grundsätzlich zur Unwirksamkeit der Betriebsvereinbarung unabhängig von ihrem Inhalt. Nach der Rspr. des BAG stehen Arbeitgeber und Betriebsrat die gleiche Regelungsbefugnis zu wie den Tarifvertragsparteien. Auch Arbeitsentgelte und sonstige Arbeitsbedingungen können grundsätzlich Gegenstand einer Betriebsvereinbarung sein. Nur wenn diese durch Tarifvertrag geregelt sind oder üblicherweise geregelt werden, wird dadurch die Regelungsbefugnis der Betriebspartner eingeschränkt. Aus diesem Grund ist die frühere Rspr. überholt, die noch zwischen materiellen und formellen Arbeitsbedingungen unterschieden hatte. Das BAG nimmt nunmehr an, dass der Tarifvertrag immer Sperrwirkung nach § 77 BetrVG für eine Betriebsvereinbarung entfaltet.[61] Keine Sperrwirkung nach § 77 III BetrVG besteht wegen § 112 I 4 BetrVG bei der Aufstellung des Sozialplans und in § 88 Nr. 3 BetrVG bei der Regelung vermögenswirksamer Leistungen. Gleiches gilt auch für die Festsetzung der Vergütung von Beschäftigten von Gewerkschaften.[62] Zu Einzelfällen RN 26.

23 **(2) Ausnahme: § 87 I BetrVG.** Von diesen Grundsätzen macht die Rspr. eine Ausnahme, wenn der Regelungsgegenstand der Betriebsvereinbarung gleichzeitig vom Anwendungsbereich des § 87 I BetrVG erfasst wird (sog. Vorrangtheorie). § 87 I BetrVG ist gegenüber § 77 III BetrVG die speziellere Norm für den Bereich der Mitbestimmung in sozialen Angelegenheiten. Darüber hinaus spricht nach Ansicht des BAG auch der unterschiedliche Regelungszweck der Vorschriften für die eingeschränkte Anwendbarkeit des § 77 III BetrVG. Während durch den Tarifvorbehalt des § 77 III BetrVG die Funktionsfähigkeit der Tarifautonomie gewährleistet werden soll, ist Zweck des Tarifvorrangs nach § 87 I Eingangssatz BetrVG, das Mitbestimmungsrecht nur dann entfallen zu lassen, wenn bereits die Arbeitnehmerinteressen durch im Betrieb anwendbare tarifliche oder gesetzliche Regelungen ausreichend berücksichtigt sind. Dieser Zweck wäre vereitelt, wenn bei bloßer Tarifüblichkeit oder fehlender Tarifbindung des Arbeitgebers die Ausübung der Mitbestimmung durch die Betriebsvereinbarung entfallen würde.[63] Deshalb steht § 77 III BetrVG im Ergebnis der Regelung einer nach § 87 I BetrVG mitbestimmungspflichtigen Angelegenheit durch Betriebsvereinbarung nicht entgegen, während nach Ansicht der Vertreter der sog. Zwei-Schranken-Theorie der Tarifvorbehalt des § 77 III BetrVG auch im Bereich des § 87 I BetrVG gilt.[64]

23a **(3) Weitere Ausnahme: Fehlende tarifliche Regelung.** Keine Sperrwirkung besteht, wenn der Tarifvertrag keine Regelung zum Gegenstand der Betriebsvereinbarung enthält und diese auch nicht tarifüblich ist. Die Tarifvertragsparteien haben keine Möglichkeit bei einer fehlenden eigenen tariflichen Regelung der Arbeitsbedingungen eine Rechtssetzung durch eine Betriebsvereinbarung zu unterbinden. Eine Nicht-Regelung in diesem Sinne liegt daher auch vor, wenn der Tarifvertrag unter Verzicht auf eine eigene Regelung ausdrücklich abweichende Regelungen durch Arbeitsvertrag zulässt.[65] § 77 III BetrVG ist gleichfalls unanwendbar, wenn ein Tarifvertrag

---

BetrVG 1972 = NZA 87, 489; 22. 1. 1980 AP 3 zu § 87 BetrVG 1972 Lohngestaltung = NJW 81, 75; 22. 5. 1979 AP 13 zu § 118 BetrVG 1972 = DB 79, 2184.

[60] BT-Drucks. VI/2729 S. 11; *Fitting* § 77 RN 67; GK-BetrVG/*Kreutz* § 77 RN 110.

[61] BAG 9. 4. 1991 AP 1 zu § 77 BetrVG 1972 Tarifvorbehalt = NZA 91, 734; 18. 8. 1987 AP 23 zu § 77 BetrVG 1972 = NZA 87, 779.

[62] BAG 20. 2. 2001 AP 107 zu § 87 BetrVG 1972 Lohngestaltung = NZA 2001, 1204; 14. 12. 1999 AP 104 zu § 87 BetrVG 1972 Lohngestaltung = NZA 2000, 783; 28. 4. 1992 AP 11 zu § 50 BetrVG 1972 = NZA 93, 31.

[63] BAG GS 3. 12. 1991 AP 51 zu § 87 BetrVG 1972 Lohngestaltung = NZA 92, 749; BAG 20. 8. 1991 AP 2 zu § 77 BetrVG 1972 Tarifvorbehalt = NZA 92, 317; 24. 2. 1987 AP 21 zu § 77 BetrVG 1972 = NZA 87, 639.

[64] *Fitting* § 77 RN 111ff. [21. Aufl.].

[65] BAG 1. 12. 1992 AP 3 zu § 77 BetrVG 1972 Tarifvorbehalt = NZA 93, 613; 22. 1. 1980 AP 3 zu § 87 BetrVG 1972 Lohngestaltung = NJW 81, 75.

mit einem anderen Geltungsbereich nur durch einzelvertragliche Vereinbarung, d. h. durch Bezugnahme im Arbeitsvertrag angewandt wird.[66] Kein Tarifvorbehalt besteht schließlich, wenn der Tarifvertrag von einer bedeutungslosen Organisation abgeschlossen worden ist und keine größere Anzahl von Arbeitnehmern von ihm erfasst wird.[67]

cc) Umfang der Sperrwirkung. (1) Tarifüblichkeit. Die Sperrwirkung beginnt, wenn erstmals über die betreffenden Arbeitsbedingungen ein Tarifvertrag abgeschlossen wird oder wenn die entsprechenden materiellen Arbeitsbedingungen üblicherweise durch Tarifvertrag geregelt werden; maßgeblich ist die Tarifpraxis.[68] Tarifüblichkeit liegt z. B. vor, wenn mehrere Tarifverträge hintereinander abgeschlossen werden oder ein Tarifvertrag längere Zeit besteht,[69] nicht aber bereits dann, wenn die Tarifpartner lediglich ankündigen, sie wollten eine bestimmte Frage regeln.[70] Die Tarifüblichkeit entfällt, wenn erkennbar ist, dass mit einer tariflichen Regelung nicht mehr zu rechnen ist[71] (z. B. durch entsprechende Erklärungen, Auflösung einer Tarifvertragspartei) Tritt die Sperrwirkung ein, ist durch Auslegung des Tarifvertrags zu entscheiden, ob auch bereits bestehende Betriebsvereinbarungen beseitigt werden sollen. Insbesondere solche, die günstigere Arbeitsbedingungen als der Tarifvertrag enthalten, werden nur dann beseitigt werden, wenn dies im Tarifvertrag eindeutig zum Ausdruck kommt.[72] 24

(2) Tariflicher Geltungsbereich. Arbeitsbedingungen sind oder werden üblicherweise durch Tarifvertrag geregelt, wenn über sie ein Tarifvertrag abgeschlossen worden ist und der Betrieb in den räumlichen,[73] betrieblichen, fachlichen und persönlichen Geltungsbereich des Tarifvertrags fällt[74] (vgl. § 203). Bei fehlender Tarifbindung des Arbeitgebers ist daher maßgeblich, welchem Tarifvertrag er unterliegen würden, wenn er tarifgebunden wäre. Ob sich der Geltungsbereich eines mitgliedschaftsbezogenen Tarifvertrags auf potenzielle Mitglieder erstreckt oder auf aktuelle Mitglieder beschränkt, ist durch Auslegung zu ermitteln.[75] Die Rspr. nimmt zu Recht an, dass § 77 III BetrVG unabhängig von der Tarifbindung des Arbeitgebers eintritt, weil sonst die Tarifautonomie ausgehöhlt wird, z. B., wenn der Arbeitgeber aus dem Arbeitgeberverband austritt.[76] Regelungen in einem Firmentarifvertrag schaffen keine Sperrwirkung für die gesamte Branche, wenn in dem Verbandstarifvertrag keine Regelung enthalten ist. Sie entfalten aber in ihrem Geltungsbereich, d. h. für die einzelnen Betriebe eines Unternehmens Sperrwirkung.[77] Betriebsvereinbarungen über einen tariflich (üblicherweise) geregelten Gegenstand sind nicht nur unwirksam, wenn bei ihrem Zustandekommen entsprechende Tarifverträge bereits bestanden. Die Regelungssperre des § 77 III BetrVG wirkt vielmehr auch dann, wenn entsprechende Tarifbestimmungen erst später in Kraft treten.[78] 25

dd) Einzelfälle. Der Tarifvorbehalt verhindert nicht nur von einem Tarifvertrag abweichende, sondern auch inhaltsgleiche bzw. zusätzliche Vereinbarungen über Arbeitsentgelte und sonstige Arbeitsbedingungen. So ist insbesondere die Übernahme der ansonsten einschlägigen tariflichen Regelungen in eine Betriebsvereinbarung unwirksam, ebenso vorweggenommene oder versteckte Tariflohnerhöhungen,[79] Betriebsvereinbarungen über die Erhöhung der bisherigen Vergütung,[80] Lohnzulagen, wenn der Grundlohn durch Tarifvertrag geregelt worden ist,[81] es sei 26

---

[66] BAG 27. 1. 1987 AP 42 zu § 99 BetrVG 1972 = NZA 87, 489.

[67] BAG 6. 12. 1963 AP 23 zu § 59 BetrVG = DB 64, 411.

[68] BAG 22. 3. 2005 AP 26 zu § 4 TVG Geltungsbereich = NZA 2006, 383

[69] BAG 21. 2. 1967 AP 26 zu § 59 BetrVG = DB 67, 821; 6. 12. 1963 AP 23 zu § 59 BetrVG = DB 64, 411.

[70] BAG 23. 10. 1985 AP 33 zu § 1 TVG Tarifvertrag: Metallindustrie = DB 86, 595; 22. 5. 1979 AP 13 zu § 118 BetrVG 1972 = DB 79, 2184.

[71] LAG Berlin 5. 11. 1980 DB 81, 137.

[72] BAG 26. 2. 1986 AP 12 zu § 44 TVG Ordnungsprinzip = NZA 86, 790; 11. 1. 1983 AP 5 zu § 36 BAT = ArbuR 84, 53.

[73] BAG 9. 12. 1997 AP 11 zu § 77 BetrVG 1972 Tarifvorbehalt = NZA 98, 661.

[74] BAG 1. 4. 1987 AP 64 zu § 613 a BGB = NZA 87, 593; 27. 1. 1987 AP 42 zu § 99 BetrVG 1972 = NZA 87, 489; 20. 12. 1961 AP 7 zu § 59 BetrVG = DB 62, 375.

[75] BAG 22. 3. 2005 AP 26 zu § 4 TVG Geltungsbereich = NZA 2006, 383.

[76] BAG 5. 3. 1997 AP 10 zu § 77 BetrVG 1972 Tarifvorbehalt = NZA 97, 951; 24. 1. 1996 AP 8 zu § 77 BetrVG 1972 Tarifvorbehalt = NZA 96, 948; dagegen GK-BetrVG/*Kreutz* § 77 RN 83, 100; *Richardi* § 77 RN 260, 276.

[77] BAG 21. 3. 2003 AP 1 zu § 21 a BetrVG 1972 = NZA 2003, 1097.

[78] BAG 21. 1. 2003 AP 1 zu § 21 a BetrVG 2002 = NZA 2003, 1097.

[79] BAG 29. 5. 1964 AP 24 zu § 59 BetrVG; 7. 12. 1962 AP 28 zu Art. 12 GG.

[80] BAG 9. 12. 1997 AP 11 zu § 77 BetrVG 1972 Tarifvorbehalt = NZA 98, 661; 24. 1. 1996 AP 8 zu § 77 BetrVG 1972 Tarifvorbehalt = NZA 96, 948.

[81] BAG 17. 12. 1985 AP 5 zu § 87 BetrVG 1972 Tarifvorrang = NZA 86, 364.

denn, dass die zusätzlichen Vergütungsbestandteile für einen bestimmten, tariflich nicht geregelten Zweck (z.B. Leistungs-, Schmutz-, Erschwerniszulage, Weihnachtsgratifikation)[82] vereinbart werden; zulässig sind auch die Regelung von tariflich nicht üblichen Erschwerniszulagen, Akkordlohnvereinbarungen, wenn nur der Zeitlohn geregelt ist.[83] Als unzulässig sind angesehen worden Regelungen über die Dauer der regelmäßigen wöchentlichen/jährlichen Arbeits- oder Ausbildungszeit, die im Widerspruch zu einem Tarifvertrag stehen,[84] und Verfallfristen, wenn solche in Tarifverträgen enthalten sind.[85] Die Betriebsparteien können zwar keine Regelungen über die Weitergabe von Tariferhöhungen treffen, wohl aber solche über die Anrechnung von Tariferhöhungen auf übertarifliche Zulagen.[86] Die Regelung von Kurzarbeit oder einer vorübergehenden Verlängerung der Arbeitszeit ist zulässig, auch wenn tarifrechtlich die regelmäßige Arbeitszeit geregelt wird;[87] auch Regelungen zum Sonderurlaub können je nach tariflicher oder tarifüblicher Regelung zulässig sein.[88]

27 **e) Tarifliche Öffnungsklausel.** Nach § 77 III 2 BetrVG gilt die Regelungssperre nicht, wenn ein Tarifvertrag den Abschluss ergänzender Betriebsvereinbarungen ausdrücklich zulässt. Dies muss nicht wörtlich geschehen, die Zulassung muss im Tarifvertrag nur deutlich zum Ausdruck kommen und nach Gegenstand und Umfang bestimmt oder hinreichend sicher bestimmbar sein.[89] Die Beschränkung einer tariflichen Öffnungsklausel auf Betriebsvereinbarungen, die bereits vor Inkrafttreten des Tarifvertrags bestanden haben, ist jedoch regelmäßig nicht gewollt.[90] Nach der Rechtsprechung ist auch eine rückwirkende Genehmigung einer Betriebsvereinbarung unter Wahrung der Grundsätze des Vertrauensschutzes zulässig;[91] ebenso kann die Öffnungsklausel einen rückwirkenden Abschluss einer Betriebsvereinbarung zulassen.[92] Die Tarifvertragsparteien können inhaltliche Vorgaben über den Abschluss und Inhalt der ergänzenden Betriebsvereinbarungen treffen, entsprechende Regelungen sind für die Betriebspartner verbindlich.[93] Werden sie missachtet, ist durch Auslegung zu ermitteln, ob die gesamte Betriebsvereinbarung oder nur der abweichende Teil unwirksam ist. Die Abweichung kann den Betriebspartnern auch abweichende Regelungen zuungunsten der Arbeitnehmer gestatten.[94] Eine Betriebsvereinbarung, die als Ergänzung zu einem Tarifvertrag abgeschlossen wird, ist grundsätzlich in ihrer Laufzeit auf die Dauer des Tarifvertrags sowie ggf. dessen Nachwirkungszeitraum beschränkt. Während der Tarifvertrag nur nachwirkt (§ 203 RN 68), gilt die ergänzende Betriebsvereinbarung weiterhin unmittelbar und zwingend. Ist sie auch im Hinblick auf einen künftigen Tarifvertrag geschlossen, hängt ihre Weitergeltung vom Inhalt dieses Tarifvertrags ab. Enthält der neue Tarifvertrag keine Tariföffnungsklausel, wird die Betriebsvereinbarung wirkungslos.[95]

28 **f) Erstreckung auf Regelungsabreden?** Die Sperrwirkung des § 77 III BetrVG erfasst nur Betriebsvereinbarungen, die Vorschrift ist auf Regelungsabreden und andere betriebliche Absprachen nicht anwendbar.[96] Dies folgt schon aus dem insoweit eindeutigen Wortlaut der Norm und der nur schuldrechtlichen Wirkung von Regelungsabreden. Diese gelten nicht unmittelbar und zwingend, weshalb die Tarifautonomie durch sie nicht beeinträchtigt wird. Gleichfalls wer-

---

[82] Vgl. BAG 29. 5. 1964 AP 24 zu § 59 BetrVG.
[83] BAG 18. 3. 1964 AP 4 zu § 56 BetrVG Entlohnung.
[84] BAG 22. 6. 1993 AP 22 zu § 23 BetrVG 1972 = NZA 94, 184; 13. 2. 2003 AP 2 zu § 7 BBiG = NZA 2003, 984; LAG Baden-Württemberg 16. 1. 1997 BB 97, 1258 = NZA-RR 97, 387.
[85] BAG 9. 4. 1991 AP 1 zu § 77 BetrVG 1972 Tarifvorbehalt = NZA 91, 734.
[86] BAG 30. 5. 2006 AP 23 zu § 77 BetrVG 1972 = NZA 2006, 1170.
[87] BAG 3. 6. 2003 AP 19 zu § 77 BetrVG 1972 Tarifvorbehalt = NZA 2003, 1155.
[88] LAG Hamm 8. 8. 1979 DB 79, 2236.
[89] Vgl. BAG 29. 10. 2002 AP 18 zu § 77 BetrVG 1972 Tarifvorbehalt = NZA 2003, 393; 20. 4. 1999 AP 12 zu § 77 BetrVG 1972 Tarifvorbehalt = NZA 99, 1059; 18. 8. 1987 AP 23 zu § 77 BetrVG 1972 = NZA 87, 779; 22. 12. 1981 AP 7 zu § 87 BetrVG 1972 Lohngestaltung = DB 82, 1274; 3. 4. 1979 AP 2 zu § 87 BetrVG 1972 = DB 79, 2186.
[90] BAG 20. 2. 2001 AP 15 zu § 77 BetrVG 1972 Tarifvorbehalt = NZA 2001, 903.
[91] BAG 20. 4. 1999 AP 12 zu § 77 BetrVG 1972 Tarifvorbehalt = NZA 99, 1059; zum Abschluss einer öffnenden tariflichen Regelung LAG Hamm 9. 3. 2000 NZA-RR 2000, 42; einschränkend *Schaub* NZA 98, 623; *Kittner,* FS Schaub, S. 415.
[92] LAG Rheinland-Pfalz 16. 5. 2002 LAGE § 611 BGB Gratifikation = MDR 2002, 1322.
[93] BAG 22. 12. 1981 AP 7 zu § 87 BetrVG 1972 Lohngestaltung = DB 82, 1274; 3. 4. 1979 AP 2 zu § 87 BetrVG 1972 = DB 79, 2186 (... betrieblich angemessener Weise zu regeln).
[94] BAG 11. 7. 1995 AP 10 zu § 1 TVG Tarifverträge: Versicherungsgewerbe = NZA 96, 265.
[95] BAG 25. 8. 1983 AP 7 zu § 77 BetrVG 1972 = DB 84, 1302; 14. 12. 1966 AP 27 zu § 59 BetrVG.
[96] BAG 21. 1. 2003 AP 1 zu § 21 a BetrVG 2002 = NZA 2003, 1097; 20. 4. 1999 AP 89 zu Art. 9 GG = NJW 99, 3281 = NZA 99, 887.

den von der Sperrwirkung keine individualrechtlichen Abreden erfasst; dies gilt für Individualzusagen, arbeitsrechtliche Einheitsregelungen, Gesamtzusagen und betriebliche Übungen.[97]

g) Klagebefugnis der Verbände. Nach der Rspr. des BAG steht den Gewerkschaften (und Arbeitgeberverbänden) bei Eingriffen in die kollektive Koalitionsfreiheit ein Unterlassungsanspruch aus einer analogen Anwendung des § 1004 BGB zu. Dieser erfasst auch die Unterlassung der Durchführung von tarifwidrigen Betriebsvereinbarungen.[98] Der Unterlassungsanspruch ist im Beschlussverfahren geltend zu machen[99] (§ 218 RN 47, § 201 RN 26). 29

7. Geltungsbereich einer Betriebsvereinbarung. a) Der Geltungsbereich einer Betriebsvereinbarung erstreckt sich regelmäßig nur auf den Betrieb, für den sie abgeschlossen ist. Hat ein Unternehmer mehrere Betriebe, kann für jeden eine andere Betriebsvereinbarung gelten. Eine Gesamtbetriebsvereinbarung oder Konzernbetriebsvereinbarung gilt für alle Betriebe des Unternehmens bzw. Konzerns ohne Rücksicht auf die Betriebsratsfähigkeit der einzelnen Betriebe. Zur Konkurrenz von Betriebsvereinbarung und Gesamtbetriebsvereinbarung (§ 224 RN 30ff.). 30

b) Persönlicher Geltungsbereich. In persönlicher Hinsicht erstreckt sie sich nur auf die aktiven und die später, d.h. nach Abschluss der Vereinbarung neu eingetretenen Arbeitnehmer.[100] Der persönliche Geltungsbereich einer Betriebsvereinbarung kann beschränkt werden, allerdings sind dabei der Gleichbehandlungsgrundsatz und die Grundsätze des § 75 I BetrVG zu beachten. Nach h.M. fallen ausgeschiedene Arbeitnehmer[101] (zu Sozialplänen § 244 RN 44) und leitende Angestellte[102] (§ 5 III, IV BetrVG) nicht in den Geltungsbereich einer Betriebsvereinbarung, da dem Betriebsrat insoweit die Regelungsbefugnis fehlen soll.[103] Dementsprechend kann er z.B. die Höhe des betrieblichen Ruhegelds der Betriebsrentner nicht verändern. Diese Auffassung bedarf der Überprüfung, da das Ruhegeld regelmäßig wegen des früheren Arbeitsverhältnisses gewährt wird. Aus diesem Grund bleibt auch die Legitimation des jeweiligen Betriebsrats für Änderungen der betrieblichen Ruhegeldordnung bestehen. Dies entspricht auch dem Ansatz der h.M., die Sozialplanregelungen für zwischenzeitlich ausgeschiedene Arbeitnehmer für zulässig hält, sofern sie noch zu Beginn der Betriebsänderung Betriebsangehörige waren.[104] Vor zu weitgehenden Eingriffen sind die Betriebsrentner durch den Gleichbehandlungs-, Verhältnismäßigkeitsgrundsatz und die Grundsätze des Vertrauensschutzes geschützt.[105] Jedoch gilt auch eine Betriebsvereinbarung ausnahmsweise für und gegen die Betriebsrentner, wenn sie eine Jeweiligkeitsklausel (§ 83 RN 356) enthält. Diese kann ausdrücklich oder konkludent in einer Betriebsvereinbarung enthalten sein. Im Allgemeinen wird sie sich im Wege der Auslegung aus Betriebsvereinbarungen über Ruhegeld ergeben, da regelmäßig keine Umstände ersichtlich sind, warum sich Arbeitgeber oder Betriebsrat der grundsätzlichen Abänderungsmöglichkeit entäußern sollten. Eine den Arbeitnehmer belastende Betriebsvereinbarung kann rückwirkende Kraft zukommen, wenn die Arbeitnehmer mit einer rückwirkenden belastenden Regelung rechnen mussten und sich hierauf einstellen konnten.[106] 30a

---

[97] BAG 24. 1. 1996 AP 8 zu § 77 BetrVG 1972 Tarifvorbehalt = NZA 96, 948; 13. 8. 1980 AP 2 zu § 77 BetrVG 1972 = DB 81, 274; LAG Hamm 30. 10. 1996 NZA-RR 97, 434; ArbG Marburg 7. 8. 1996 NZA 96, 1337.

[98] BAG 20. 4. 1999 AP 89 zu Art. 9 GG = NJW 99, 3281; a.A. noch BAG 20. 8. 1991 AP 2 zu § 77 BetrVG 1972 = NZA 92, 317; 23. 2. 1988 AP 9 zu § 81 ArbGG 1979 = NZA 89, 229; 18. 8. 1987 AP 6 zu § 81 ArbGG 1979 = NZA 88, 26.

[99] BAG 13. 3. 2001 AP 17 zu § 2a ArbGG 1979 = NJW 2001, 3274 = NZA 2001, 1037.

[100] BAG 5. 9. 1960 AP 4 zu § 399 BGB; LAG Baden-Württemberg 27. 4. 1977 DB 77, 1706 = BB 77, 996 – Stundungsvereinbarung.

[101] BAG 13. 5. 1997 AP 65 zu § 77 BetrVG 1972 = NZA 98, 160; a.A. 6. 3. 1984 AP 10 zu § 1 BetrAVG = NZA 84, 356 – zu günstigen Regelungen; zuletzt offen gelassen von BAG 19. 2. 2008 AP 52 zu § 1 BetrAVG = NZA-RR 2008, 597; 31. 7. 2007 AP 79 zu § 242 BGB Betriebliche Übung = NZA-RR 2008, 263.

[102] BAG 31. 1. 1979 AP 8 zu § 112 BetrVG 1972 = NJW 79, 1621.

[103] BAG GS 16. 3. 1956 AP 1 zu § 57 BetrVG; BAG 13. 5. 1997 AP 65 zu § 77 BetrVG 1972 = NZA 98, 160; 25. 10. 1988 AP 1 zu § 1 BetrAVG Betriebsvereinbarung = NZA 89, 522; 17. 10. 1980 AP 185 zu § 242 BGB Ruhegehalt = NJW 80, 1976; 18. 5. 1977 AP 175 zu § 242 BGB Ruhegehalt = NJW 77, 1982; 28. 4. 1977 AP 7 zu § 242 BGB Ruhegehalt – Unterstützungskassen = DB 77, 1656.

[104] BAG 11. 2. 1998 AP 121 zu § 112 BetrVG 1972 = NZA 98, 895; 6. 8. 1997 AP 116 zu § 112 BetrVG 1972 = NZA 98, 155.

[105] Ähnlich *Fitting* § 77 RN 37ff.; GK-BetrVG/*Kreutz* § 77 RN 154ff. jeweils m.w. Nachw..

[106] BAG 20. 4. 1999 AP 12 zu § 77 BetrVG 1972 Tarifvorbehalt = NZA 99, 1059; 19. 9. 1995 AP 61 zu § 77 BetrVG 1972 = NZA 96, 386; 8. 3. 1977 AP 1 zu § 87 BetrVG 1972 Auszahlung = NJW 78, 775.

31 **8. Unabdingbarkeit.** Betriebsvereinbarungen gelten unmittelbar und zwingend (sog. Unabdingbarkeit, § 77 IV 1 BetrVG); sie erzeugen im Rahmen des BetrVG objektives Recht.[107] Unmittelbare Wirkung einer Betriebsvereinbarung bedeutet, dass die Bestimmungen des normativen Teils der Betriebsvereinbarung den Inhalt der Arbeitsverhältnisse unmittelbar (automatisch) gestalten, ohne dass es auf die Billigung oder Kenntnis der Vertragsparteien ankommt;[108] dies kann auch bei Protokollnotizen der Fall sein.[109] Die Unabdingbarkeit der Betriebsvereinbarung steht zur Disposition der Betriebspartner.[110] Diese können daher die Anwendbarkeit ihrer Regelung im Individualarbeitsverhältnis von weiteren Voraussetzungen abhängig machen, z.B. von einem schriftlichen Einverständnis der Arbeitnehmer. Aus der zwingenden Wirkung folgt, dass die Arbeitsvertragsparteien keine wirksamen Vereinbarungen schließen können, die in Widerspruch zur Betriebsvereinbarung stehen. Die in ihr enthaltenen Inhaltsnormen verdrängen in ihrem zeitlichen Geltungsbereich alle zuvor getroffenen vertraglichen Abreden. Dies gilt nur dann nicht, wenn die Einzelarbeitsverträge für den Arbeitnehmer günstiger als die Betriebsvereinbarungen sind (Günstigkeitsprinzip). Sind die günstigen Regelungen vor dem Inkrafttreten der Betriebsvereinbarung getroffen worden, gelten sie weiter. Das Günstigkeitsprinzip wird im Allgemeinen aber nur Bedeutung haben, wenn die Betriebsvereinbarungen materielle Arbeitsbedingungen zum Gegenstand haben. Bei formellen Arbeitsbedingungen wird nur selten ein Günstigkeitsvergleich möglich sein. Im Übrigen gelten die Ausführungen zur unmittelbaren und zwingenden Wirkung von Tarifverträgen sinngemäß (vgl. § 204).

32 **9. Verzicht, Verfallfristen und Verjährung. a) Verzicht.** Ein Arbeitnehmer kann auf ihm durch eine Betriebsvereinbarung eingeräumte Rechte nur mit Zustimmung des Betriebsrats verzichten (§ 77 IV 2 BetrVG).[111] Ein Verzicht ohne Zustimmung des Betriebsrats ist unwirksam.[112] Die Zustimmung kann vorab als Einwilligung oder nachträglich durch Genehmigung erfolgen, setzt jedoch stets einen Beschluss des Betriebsrats voraus. An die Erklärung der Zustimmung selbst sind keine besonderen Formerfordernisse geknüpft, sie kann formlos erteilt werden.[113] Der Betriebsrat muss aber unmissverständlich zum Ausdruck bringen, dass er im Einzelfall mit dem Verzicht einverstanden ist. Nicht ausreichend ist es, wenn er sich aus der Angelegenheit heraushalten will und eine neutrale Haltung einnimmt. Ein unwirksamer individualrechtlicher Verzicht kann in einem Erlassvertrag (§ 397 BGB), einem negativen Schuldanerkenntnis (§ 780 BGB) sowie in einer Ausgleichsquittung (§ 72 RN 6ff.) enthalten sein. Zulässig ist aber eine Klagerücknahme oder ein Tatsachenvergleich.[114] Im Übrigen gelten die Ausführungen zu § 4 IV 1 TVG (§ 204 RN 15) sinngemäß. Ebenso ist die Verwirkung von Rechten aus einer Betriebsvereinbarung ausgeschlossen (§ 77 IV 3 BetrVG).

33 **b) Ausschluss- und Verjährungsfristen.** Verfallfristen (vgl. § 205) für Rechte aus einer Betriebsvereinbarung können nur in einem Tarifvertrag oder einer Betriebsvereinbarung vereinbart werden. Dasselbe gilt für die Abkürzung von Verjährungsfristen (§ 77 IV 4 BetrVG). Enthält ein Tarifvertrag eine umfassende Verfallfrist, gilt diese auch für die Rechte aus einer Betriebsvereinbarung.[115]

34 **10. Konkurrenz von Betriebsvereinbarungen und anderen Rechtsgrundlagen. a) Betriebsvereinbarungen untereinander.** Wird eine Betriebsvereinbarung geschlossen, die eine ältere Betriebsvereinbarung ablösen soll, gilt nicht das Günstigkeitsprinzip, sondern die Zeitkollisionsregel: Die jüngere Norm ersetzt die ältere (lex posterior derogat legi priori).[116] Im Allgemei-

---

[107] *Fitting* § 77 RN 124; *Richardi* § 77 RN 134.

[108] BAG 21. 9. 1989 AP 43 zu § 77 BetrVG 1972 = NJW 90, 1315.

[109] BAG 2. 10. 2007 EzA § 77 BetrVG 2001 Nr. 20 = NZA-RR 2008, 242.

[110] *Richardi* § 77 RN 139.

[111] BAG 14. 12. 1999 – 1 AZR 81/99 – n. v. (Abfindungssockelbetrag).

[112] BAG 30. 3. 2004 AP 170 zu § 112 BetrVG 1972 – Sozialplanabfindung.

[113] BAG 11. 12. 2007 EzA § 77 BetrVG 2001 Nr. 21 = NZA-RR 2008, 298; 27. 1. 2004 AP 166 zu § 112 BetrVG 1972 = NZA 2004, 667; 3. 6. 1997 AP 66 zu § 77 BetrVG 1972 = NZA 98, 382.

[114] BAG 31. 7. 1996 AP 63 zu § 77 BetrVG 1972 = NZA 97, 167.

[115] BAG 27. 3. 1996 AP 134 zu § 1 TVG Ausschlussfristen = NZA 96, 986; 30. 11. 1994 AP 88 zu § 112 BetrVG 1972 = NZA 95, 643.

[116] BAG GS 16. 3. 1956 AP 1 zu § 57 BetrVG; BAG 13. 3. 2007 AP 32 zu § 77 BetrVG 1972 Betriebsvereinbarung = NZA-RR 2007, 411; 20. 2. 2001 AP 107 zu § 87 BetrVG 1972 Lohngestaltung = NZA 2001, 1204; 15. 11. 2000 AP 84 zu § 77 BetrVG 1972 = NZA 2001, 900; 10. 8. 1994 AP 86 zu § 112 BetrVG 1972 = NZA 95, 314; 3. 9. 1991 AP 3 zu § 1 BetrAVG Überversorgung = NZA 92, 515; 22. 5. 1990 AP 3 zu § 1 BetrAVG Betriebsvereinbarung = NZA 90, 813; 17. 3. 1987 AP 9 zu § 1 BetrAVG Ablösung = NZA 87, 835; 24. 3. 1981 AP 12 zu § 112 BetrVG 1972 = NJW 82, 70; 25. 3. 1971 AP 5 zu § 57 BetrVG = NJW 71, 1629.

nen ist aber nicht davon auszugehen, dass eine ablösende Betriebsvereinbarung in einer Protokollnotiz zu einer Betriebsvereinbarung enthalten ist.[117] Die Betriebsparteien können danach die Regelungen einer Betriebsvereinbarung für die Zukunft jederzeit durch Bestimmungen einer neuen Betriebsvereinbarung ersetzen, auch wenn diese die bisherige Rechtsposition der Arbeitnehmer verschlechtern. Grenzen der Zulässigkeit von verschlechternden Änderungen für die Vergangenheit können sich aus dem Grundsatz des Vertrauensschutzes und – generell – aus dem Verhältnismäßigkeitsprinzip[118] sowie dem Gleichbehandlungsgrundsatz ergeben. Eine **echte Rückwirkung** liegt vor, wenn eine Rechtsnorm nachträglich ändernd in abgewickelte, der Vergangenheit angehörende Tatbestände eingreift. Sie ist nur möglich, wenn die betroffenen Arbeitnehmer mit der Rückwirkung einer verschlechternden Regelung rechnen mussten und sich hierauf einstellen konnten.[119] Eine regelmäßig zulässige **unechte Rückwirkung** liegt vor, wenn eine Rechtsnorm auf gegenwärtige, noch nicht abgeschlossene Sachverhalte und Rechtsbeziehungen einwirkt und damit zugleich die betroffene Rechtsposition nachträglich entwertet. Abzuwägen sind die Änderungsgründe gegen die Bestandsschutzinteressen der betroffenen Arbeitnehmer. Je stärker in Besitzstände eingegriffen wird, desto schwerer müssen die Änderungsgründe wiegen. Die Grenzen der Zulässigkeit sind überschritten, wenn die vom Normgeber angeordnete unechte Rückwirkung zur Erreichung des Normzwecks nicht geeignet oder nicht erforderlich ist oder wenn die Bestandsinteressen der Betroffenen die Veränderungsgründe der Neuregelung überwiegen.[120] Rechtlich ungesicherte, bloß tatsächliche Erwartungshaltungen sind aber aus Rechtsgründen nicht schutzbedürftig.[121] Die **speziellere Betriebsvereinbarung** verdrängt die allgemeine Regelung. Konkurrieren Einzel- und Gesamtbetriebsvereinbarungen miteinander, ist nach heute h. M. die Lösung aus der Zuständigkeit der Vertretungsorgane zu gewinnen. Ist der Gesamtbetriebsrat zuständig, schließt die Gesamtbetriebsvereinbarung eine Betriebsvereinbarung aus[122] (dazu § 224 RN 30 ff.).

b) Tarifvertrag und Betriebsvereinbarung. Bestehen ein Tarifvertrag und eine Betriebsvereinbarung über denselben Regelungsgegenstand, ist die Betriebsvereinbarung unwirksam, wenn der Betriebsrat keine Regelungszuständigkeit besaß (§ 77 III BetrVG, dazu ausführlich unter RN 21 ff.). Ist eine Betriebsvereinbarung über denselben Tatbestand wie ein Tarifvertrag ausnahmsweise zulässig (z. B. weil betriebliche Vereinbarungen ausdrücklich zugelassen sind), gilt das Günstigkeitsprinzip.[123] 35

c) Arbeitsvertrag und Betriebsvereinbarung. aa) Für das Verhältnis zwischen (Einzel-)-Arbeitsvertrag und Betriebsvereinbarung gilt das Günstigkeitsprinzip, wobei unbeachtlich ist, ob die günstigere einzelvertragliche Regelung vor oder nach Zustandekommen der Betriebsvereinbarung getroffen worden ist. Der Inhalt eines Arbeitsvertrages kann daher nicht durch eine nachfolgende Betriebsvereinbarung abgeändert werden; die Betriebsvereinbarung ist jedoch nicht unwirksam, sondern wird lediglich durch die günstigere arbeitsvertragliche Regelung verdrängt. Nur wenn Arbeitgeber und Arbeitnehmer ihre Vereinbarung betriebsvereinbarungsoffen getroffen haben, d. h. sie den Inhalt einer Betriebsvereinbarung in der jeweils gültigen Fassung vereinbart bzw. im Arbeitsvertrag auf ihn verwiesen haben, ist die jeweils aktuelle Betriebsvereinbarung anzuwenden.[124] 36

bb) Vertragliche Einheitsregelungen. Das Verhältnis von Ansprüchen aus Gesamtzusagen bzw. arbeitsvertraglichen Einheitsregelungen über sog. freiwillige Sozialleistungen und Betriebsvereinbarungen bestimmt sich nach der Entscheidung des GS des BAG nach folgenden Grundsätzen:[125] **(1)** Zwischen einer vertraglichen Einheitsregelung und einer Betriebsvereinbarung gilt grundsätzlich das Günstigkeitsprinzip. **(2)** Das Günstigkeitsprinzip kann jedoch insoweit zu ei- 37

[117] BAG 9. 12. 1997 AP 3 zu § 77 BetrVG 1972 Regelungsabrede = NZA 98, 609 (zur Ablösung einzelvertraglicher Ansprüche).

[118] BAG GS 16. 9. 1986 AP 17 zu § 77 BetrVG 1972 = NZA 87, 168; BAG 23. 1. 2008 AP 40 zu § 77 BetrVG 1972 Betriebsvereinbarung = NZA 2008, 709; 16. 7. 1996 AP 21 zu § 1 BetrAVG Ablösung = NZA 97, 533; 9. 4. 1991 AP 15 zu § 1 BetrAVG Ablösung = NZA 91, 730; 22. 5. 1990 AP 3 zu § 1 BetrAVG Betriebsvereinbarung = NZA 90, 813; 17. 3. 1987 AP 9 zu § 1 BetrAVG Ablösung = NJW 87, 2607 = NZA 87, 835.

[119] BAG 15. 11. 2000 AP 84 zu § 77 BetrVG 1972 = NZA 2001, 900; 19. 9. 1995 AP 61 zu § 77 BetrVG 1972 = NZA 96, 386.

[120] BAG 2. 10. 2007 EzA 20 zu § 77 BetrVG 2001 = NZA-RR 2008, 242.

[121] BAG 23. 1. 2008 AP 40 zu § 77 BetrVG 1972 Betriebsvereinbarung = NZA 2008, 709.

[122] BAG 31. 1. 1989 AP 12 zu § 81 ArbGG 1979 = NZA 89, 606.

[123] Vgl. BAG 24. 9. 1959 AP 16 zu § 611 BGB Akkordlohn.

[124] BAG 10. 12. 2002, 20. 11. 1987 AP 2 zu § 620 BGB Altersgrenze = NZA 88, 617.

[125] BAG GS 16. 9. 1986 AP 17 zu § 77 BetrVG 1972 = NZA 87, 168.

nem anderen Vergleichsmaßstab führen, als arbeitsvertragliche Einheitsregelungen (Gesamtzusagen) einen kollektiven Bezug aufweisen. **(2.1)** Bei umstrukturierenden verschlechternden Betriebsvereinbarungen wird die arbeitsvertragliche Einheitsregelung abgelöst, wenn bei einem **kollektiven Günstigkeitsvergleich** die Betriebsvereinbarung insgesamt für die Belegschaft nicht ungünstiger ist als die Einheitsregelung. In den Vergleich werden alle Regelungen einbezogen, die in einem Zusammenhang stehen. Soweit umstrukturierende Regelungen wirksam sind, kann auch der Betriebsrat sein Initiativrecht ausüben. **(2.2)** Insgesamt verschlechternde Betriebsvereinbarungen können arbeitsvertragliche Einheitsregelungen nicht verdrängen. **(3)** Verschlechternde Betriebsvereinbarungen können auch arbeitsvertragliche Einheitsregelungen verdrängen, wenn **(3.1)** die Einheitsregelung betriebsvereinbarungsoffen ist,[126] also vorbehalten ist, sie zu ändern oder **(3.2)** die Geschäftsgrundlage der Einheitsregelung weggefallen ist. Durch eine Folgebetriebsvereinbarung kann eine vertraglich vereinbarte Altersgrenze nicht herabgesetzt werden.[127] Die dargestellten Grundsätze des GS sind auf die Ablösung von Gesamtzusagen durch eine Betriebsvereinbarung anzuwenden, soweit diese nach der Entscheidung des 6. Senats vom 12. 8. 1982[128] abgeschlossen worden ist. Vor diesem Zeitpunkt durften die Betriebsparteien davon ausgehen, dass eine Betriebsvereinbarung ein geeignetes rechtliches Mittel sei, eine auf einer Gesamtzusage oder vertraglichen Einheitsregelung beruhende (vertragliche) Versorgungsregelung abzulösen und insgesamt ungünstiger zu gestalten.[129] Die dargestellten Grundsätze des GS über den kollektiven Günstigkeitsvergleich sind jedoch nur anwendbar auf freiwillige Sozialleistungen, die auf eine vom Arbeitgeber gesetzte Einheitsregelung oder Gesamtzusage zurückgehen, nicht jedoch auf andere arbeitsvertragliche Ansprüche wie das Arbeitsentgelt und andere Regelungen, die den Inhalt des Arbeitsverhältnisses bestimmen (Arbeitszeitdauer, Kündigungsfristen).[130]

38 **11. Beendigung der Betriebsvereinbarung. a) Befristung.** Betriebsvereinbarungen enden mit Ablauf der Zeit, für die sie eingegangen sind. Die Betriebsvereinbarung kann zeitlich (z. B. bis zum 31. 12. eines Kalenderjahres) oder zweckbefristet sein, d. h. die nur zeitweise Geltung folgt aus ihrem Regelungsgegenstand. So endet z. B. eine Betriebsvereinbarung über die Verlegung der Arbeitszeit zwischen Weihnachten und Neujahr oder der Abschluss eines Sozialplans für eine bestimmte Betriebsänderung mit Durchführung der Maßnahme.[131]

39 Ob die Betriebspartner die Betriebsvereinbarung befristen, steht in ihrem **Regelungsermessen.** Eine Rechtskontrolle der Befristung findet nicht statt. Zur Beendigung einer Betriebsvereinbarung bei Bestehen einer Tariföffnungsklausel oben RN 27.[132]

40 **b) Aufhebung.** Eine Betriebsvereinbarung kann jederzeit durch die Betriebspartner einvernehmlich aufgehoben werden.[133] Die Aufhebung kann ausdrücklich erfolgen, sich aber auch aus den Umständen ergeben, wenn eine neue Betriebsvereinbarung über denselben Regelungsgegenstand abgeschlossen wird.[134] Es gilt der Grundsatz lex posterior derogat legi priori. Die Aufhebung einer Betriebsvereinbarung bedarf wegen ihrer Normenwirkung der Schriftform (umstr.).[135] Eine formlose Vereinbarung von Arbeitgeber und Betriebsrat hat nur die Rechtsqualität einer Regelungsabrede, die die höherrangige Betriebsvereinbarung nicht verdrängen kann. Die Betriebsvereinbarung endet auch bei einer erfolgreichen Anfechtung (dazu oben RN 9). Heben die Betriebspartner die Betriebsvereinbarung mit Rückwirkung auf, gelten die Grundsätze für ihre rückwirkende Änderung (RN 34).

41 **c) Ausscheiden aus dem Geltungsbereich des BetrVG.** Die Betriebsvereinbarung endet auch, wenn ein Betriebsrat im Betrieb nicht mehr besteht. Eine solche Situation kann bei Verlust der Betriebsratsfähigkeit und Ausscheiden aus dem Geltungsbereich des BetrVG (zum Betriebsübergang vgl. RN 54) entstehen. In diesen Fällen führt der Wegfall eines Vertragspartners

---

[126] BAG 10. 12. 2002 AP 252 zu § 611 BGB Gratifikation = NZA 2003, 1360; 21. 9. 1989 AP 43 zu § 77 BetrVG 1972 = NZA 90, 331 = NJW 90, 1315; 3. 11. 1987 AP 25 zu § 77 BetrVG 1972 = NZA 88, 509; 12. 8. 1982 AP 4 zu § 77 BetrVG 1972 = NJW 83, 68.
[127] BAG GS 7. 11. 1989 AP 46 zu § 77 BetrVG 1972 = NZA 90, 816.
[128] BAG 12. 8. 1982 AP 4 zu § 77 BetrVG 1972 = NJW 83, 68.
[129] BAG 20. 11. 1990 AP 14 zu § 1 BetrAVG Ablösung = NZA 91, 477.
[130] BAG 28. 3. 2000 AP 83 zu § 77 BetrVG 1972 = NZA 2001, 49.
[131] BAG 20. 12. 1961 AP 7 zu § 59 BetrVG.
[132] BAG 19. 2. 1991 AP 42 zu § 87 BetrVG 1972 Arbeitszeit = NZA 91, 609.
[133] BAG 27. 6. 1985 AP 14 zu § 77 BetrVG 1972 = NZA 86, 401.
[134] BAG 10. 8. 1994 AP 86 zu § 112 BetrVG 1972 = NZA 95, 314.
[135] Vgl. dazu BAG 20. 11. 1990 AP 2 zu § 77 BetrVG 1972 Regelungsabrede = NZA 91, 426; 27. 6. 1985 AP 14 zu § 77 BetrVG 1972 = NZA 86, 401.

auch zur Beendigung der von ihm abgeschlossenen Vereinbarungen. Mit der Beendigung der Betriebsvereinbarung wird diese aber nicht wirkungslos, sondern gilt nach Maßgabe des § 77 VI BetrVG in Angelegenheiten, in denen ein Spruch der Einigungsstelle die Einigung zwischen Arbeitgeber und Betriebsrat ersetzen kann, weiter, bis sie durch eine andere Abmachung ersetzt wird. Keine Nachwirkung besteht regelmäßig für freiwillige Betriebsvereinbarungen, während teilmitbestimmte Betriebsvereinbarungen nur eingeschränkt nachwirken (Einzelheiten RN 60f.). Diese Sichtweise entspricht dem Tarifvertragsrecht; nach zutreffender Auffassung des BAG führen der Wegfall einer Tarifvertragspartei und das Ausscheiden des Betriebs aus dem tariflichen Geltungsbereich zwar zur Beendigung des Tarifvertrags, aber zugleich zur Nachwirkung der bisherigen Tarifnormen.[136]

d) Wegfall der Geschäftsgrundlage. Dagegen endet eine Betriebsvereinbarung nicht durch Wegfall der Geschäftsgrundlage. Der Wegfall der Geschäftsgrundlage hat nur zur Folge, dass die Betriebsvereinbarung (bzw. der Sozialplan) an veränderte Umstände angepasst werden kann. Die Anpassung erfolgt nicht automatisch, sondern muss von den Betriebspartnern vorgenommen werden. Weigert sich ein Betriebspartner, auf das Anpassungsverlangen einzugehen, kann die Betriebsvereinbarung außerordentlich gekündigt oder die Einigungsstelle angerufen werden.[137] **42**

e) Ordentliche Kündigung. aa) Nach § 77 V BetrVG können Betriebsvereinbarungen, soweit nichts anderes vereinbart ist, mit einer Frist von drei Monaten gekündigt werden. Die Kündigung bedarf nach den gesetzlichen Vorgaben nicht der Schriftform. In der Kündigungserklärung braucht nicht ausdrücklich das Wort Kündigung verwandt werden. Notwendig ist aber, dass sich im Wege der Auslegung der Willenserklärung ergibt, dass die Betriebsvereinbarung beendet werden soll.[138] Kommen als möglicher Gegenstand einer Kündigung mehrere Betriebsvereinbarungen in Betracht, muss sich aus der Kündigungserklärung zweifelsfrei ergeben, welche Betriebsvereinbarung gekündigt werden soll. Hierzu ist die Kündigungserklärung ggf. nach § 133 BGB auszulegen.[139] Die Kündigung muss dem anderen Betriebspartner zugehen. Dem Betriebsrat ist die Kündigung erst zugegangen, wenn sie dem Betriebsratsvorsitzenden oder seinem Stellvertreter zugeht (§ 26 III 2 BetrVG). Der Zugang beim Arbeitgeber ist bewirkt, wenn die Kündigung dem Ansprechpartner des Betriebsrats zugeht, regelmäßig dem für den Personalbereich zuständigen Vertreter des Arbeitgebers. Die Kündigung einer Betriebsvereinbarung kurz nach ihrem Abschluss und die gleichzeitige Geltendmachung ihrer Unwirksamkeit sind nicht rechtsmissbräuchlich.[140] Zur Kündigung von Regelungsabreden RN 69. **43**

bb) Ausschluss. Die Kündigung kann in der Betriebsvereinbarung ausgeschlossen sein oder an das Vorliegen bestimmter Gründe geknüpft werden.[141] Der Ausschluss kann sich auch aus dem Zweck der Betriebsvereinbarung[142] (Regelung einer einmaligen Angelegenheit) ergeben oder bei einer zeitlich begrenzten Laufzeit.[143] Das Kündigungsrecht ist nicht konkludent ausgeschlossen, wenn mit der Betriebsvereinbarung individualrechtliche Rechtspositionen abgelöst wurden,[144] sie auf einem Spruch der Einigungsstelle oder auf einem gerichtlichen Vergleich beruht.[145] **44**

cc) Kündigungsfrist. Die Kündigungsfrist beträgt drei Monate, soweit die Betriebspartner keine kürzere oder längere Kündigungsfrist vereinbaren. Ein bestimmter Endtermin, z.B. Monatsschluss oder Quartalsschluss, ist im Gesetz nicht vorgesehen, kann jedoch von den Betriebspartnern vereinbart werden. **45**

dd) Kündigungsgründe. Bei Ausspruch der Kündigung bedarf es keiner Angabe von Kündigungsgründen. Auch die Ausübung des Kündigungsrechts selbst bedarf keiner Rechtfertigung **46**

---

[136] BAG 10. 12. 1997 AP 30 zu § 4 TVG Nachwirkung = NZA 98, 484 (Geltungsbereich); 25. 9. 1990 AP 8 zu § 9 TVG = NZA 91, 314 (Tariffähigkeit).

[137] BAG 28. 7. 1998 AP 4 zu § 1 BetrAVG Überversorgung = NZA 99, 444; 23. 9. 1997 AP 26 zu § 1 BetrAVG Ablösung = NZA 98, 719; 10. 8. 1994 AP 86 zu § 112 BetrVG 1972 = NZA 95, 314.

[138] BAG 6. 11. 2007 AP 35 zu § 77 BetrVG 1972 Betriebsvereinbarung = NZA 2008, 422.

[139] BAG 19. 2. 2008 AP 41 zu § 77 BetrVG 1972 Betriebsvereinbarung = NZA-RR 2008, 412.

[140] BAG 18. 2. 2003 AP 11 zu § 77 BetrVG 1972 Betriebsvereinbarung = NZA 2004, 336.

[141] BAG 17. 1. 1995 AP 7 zu § 77 BetrVG 1972 = NZA 95, 1010; 10. 3. 1992 AP 5 zu § 1 BetrAVG Betriebsvereinbarung = NZA 93, 234.

[142] BAG 22. 6. 1962 AP 2 zu § 52 BetrVG.

[143] BAG 24. 1. 1996 AP 8 zu § 77 BetrVG 1972 Tarifvorbehalt = NZA 96, 948.

[144] BAG 23. 1. 2008 AP 9 zu § 87 BetrVG 1972 Leistungslohn = NZA 2008, 774.

[145] BAG 19. 2. 2008 AP 97 zu § 77 BetrVG 1972 = NZA 2008, 899.

und unterliegt keiner inhaltlichen Kontrolle.[146] Dies gilt unabhängig vom Regelungsgegenstand, also auch dann, wenn es um eine betriebliche Altersversorgung geht. Das BAG unterscheidet aber zwischen der Kündbarkeit einer Betriebsvereinbarung und den Rechtsfolgen einer Kündigung. Für den **Bereich der betrieblichen Altersversorgung** hat es angenommen, dass Grundsätze des Vertrauensschutzes und der Verhältnismäßigkeit die Kündigungswirkungen begrenzen.[147] Je stärker in Besitzstände eingegriffen wird, desto gewichtiger müssen die Änderungsgründe sein. Die Änderungsgründe sind ebenso abzustufen wie bei der Ablösung einer Betriebsvereinbarung durch eine neue Betriebsvereinbarung. **(1)** Der bereits erdiente und nach den Grundsätzen des § 2 BetrAVG errechnete Teilbetrag kann nur in seltenen Ausnahmefällen entzogen werden. **(2)** Zuwächse, die sich aus variablen Berechnungsfaktoren ergeben, können nur aus triftigen Gründen geschmälert werden, soweit sie zeitanteilig erdient sind. **(3)** Für Eingriffe in Zuwachsraten, die noch nicht erdient sind, genügen sachliche Gründe.[148]

47 Diese Grundsätze dürften aber auch auf solche Kündigungen von Betriebsvereinbarungen zu übertragen sein, die **Anwartschaften** oder **Besitzstände** für die Arbeitnehmer begründet haben. Auch insoweit begrenzen die Grundsätze des Vertrauensschutzes und der Verhältnismäßigkeit die Rechtswirkungen der Kündigung. Der Arbeitgeber ist dementsprechend nicht gehindert, sich von den in der Betriebsvereinbarung übernommenen Verpflichtungen zu lösen. Wegen der regelmäßig bestehenden Vorleistungspflicht der Arbeitnehmer kann eine zeitanteilig erdiente Gegenleistung aber durch die Kündigung für die Vergangenheit, d.h. bis zum Ablauf der Kündigungsfrist nicht mehr entzogen werden.

48 **f) Außerordentliche Kündigung.** Eine Betriebsvereinbarung kann außerordentlich gekündigt werden, wenn ein wichtiger Grund vorliegt.[149] An das Vorliegen eines wichtigen Grundes werden hohe Anforderungen gestellt.[150] Unzureichend sind lästige Bindungen, Kalkulationsfehler. Dem Betriebspartner muss unzumutbar sein, den Ablauf der ordentlichen Kündigungsfrist abzuwarten. Im Allgemeinen wird eine außerordentliche Kündigung nur bei Wegfall der Geschäftsgrundlage in Betracht kommen.

49 **g) Änderungs- oder Teilkündigung. aa)** Eine Änderungskündigung erfolgt unter der Bedingung, dass sich der Gegner auf eine Änderung der Betriebsvereinbarung nicht einlässt, oder als unbedingte Kündigung und dem gleichzeitigen Angebot einer anderen Betriebsvereinbarung. Bei einer Teilkündigung wird versucht, einzelne Regelungen der Betriebsvereinbarung zu beseitigen.

50 **bb) Änderungskündigung.** Die Änderungskündigung einer Betriebsvereinbarung ist zulässig. Nimmt der Betriebspartner die mit der Änderungskündigung angebotene Betriebsvereinbarung an, so gilt diese. Sie löst die vorhergehende Betriebsvereinbarung ab. Lehnt dagegen der Betriebspartner die Änderungskündigung ab, wird die Änderungskündigung zu einer Beendigungskündigung. Namentlich im Bereich der betrieblichen Altersversorgung wurde aus dem betriebsverfassungsrechtlichen Grundsatz der Verhältnismäßigkeit abgeleitet, dass vor Ausspruch einer Beendigungskündigung die Möglichkeit der Änderungskündigung geprüft werden muss.[151] Das BAG ist dieser Meinung nicht gefolgt, kommt aber über die von ihm vertretene Begrenzung der Kündigungswirkungen (RN 46) zu vergleichbaren Ergebnissen.[152]

51 **cc) Teilkündigung.** Sie ist grundsätzlich ausgeschlossen, weil dem Betriebspartner keine inhaltlich veränderte Betriebsvereinbarung aufgezwungen werden kann. Von diesem Grundsatz besteht dann eine Ausnahme, wenn die Teilkündigung in der Betriebsvereinbarung vorbehalten war.[153] Eine Teilkündigung ist dagegen zulässig, wenn der gekündigte Teil einen selbständigen Regelungskomplex betrifft, der ebenso in einer eigenständigen Betriebsvereinbarung geregelt werden könnte. Wollen die Betriebsparteien in einem solchen Fall die Teilkündigung ausschließen, müssen sie dies in der Betriebsvereinbarung deutlich zum Ausdruck bringen.[154]

---

[146] BAG 21. 8. 2001 AP 8 zu § 1 BetrAVG Betriebsvereinbarung = NZA 2002, 575.

[147] BAG 17. 8. 1999 AP 79 zu § 77 BetrVG 1972 = NZA 2000, 498; 11. 5. 1999 AP 6 zu § 1 BetrAVG Betriebsvereinbarung = NZA 2000, 322; 17. 1. 1995 AP 7 zu § 77 BetrVG 1972 Nachwirkung = NZA 95, 1010 (Weihnachtsgeld); 26. 10. 1993 AP 6 zu § 77 BetrVG 1972 Nachwirkung = NZA 94, 572; 10. 3. 1992 AP 5 zu § 1 BetrAVG Betriebsvereinbarung = NZA 93, 234.

[148] BAG 18. 4. 1989 AP 2 zu § 1 BetrAVG Betriebsvereinbarung = NZA 90, 67.

[149] BAG 28. 4. 1992 AP 11 zu § 50 BetrVG 1972 = NZA 93, 31.

[150] BAG 29. 5. 1964 AP 24 zu § 59 BetrVG.

[151] *Schaub* BB 90, 289, 291; *Hanau/Preis* NZA 91, 81.

[152] Vgl. die Nachweise bei RN 46.

[153] BAG 29. 5. 1964 AP 24 zu § 59 BetrVG.

[154] BAG 6. 11. 2007 AP 35 zu § 77 BetrVG 1972 Betriebsvereinbarung = NZA 2008, 422.

h) Amtszeit. Eine Betriebsvereinbarung ist von der Amtszeit des Betriebsrats unabhängig. Sie endet daher nicht, wenn der Betriebsrat neu gewählt wird. Wird der Betrieb übernommen, kann die Betriebsvereinbarung gegenüber dem Betriebsrat des übernehmenden Unternehmens gekündigt werden.[155] Bei Verlust der Betriebsratsfähigkeit oder fehlender Neuwahl des Betriebsrats kann der Arbeitgeber nach h. M. die Betriebsvereinbarung gegenüber sämtlichen betriebsangehörigen Arbeitnehmern kündigen.[156] Dem ist nicht zu folgen, da die Betriebsvereinbarung in diesem Fällen endet (RN 41). 52

i) Betriebsstilllegung. Ist die Betriebsvereinbarung, etwa ein Sozialplan, für den Fall der Betriebsstilllegung abgeschlossen, gilt sie bis zur Abwicklung der Stilllegung.[157] Ein Betriebsrat behält ein Restmandat (dazu § 219 RN 18ff.) für den Abschluss des Sozialplanes.[158] Ansonsten enden Betriebsvereinbarungen ohne Nachwirkung mit dem Abschluss der Betriebsstilllegung; wird der Betrieb später wieder aufgenommen, leben die früheren Betriebsvereinbarungen nicht wieder auf. Ist der Betrieb nur zeitweise unterbrochen, gelten sie hingegen nach dem Ende der Unterbrechung weiter. 53

j) Betriebsübergang, Betriebsaufspaltung. Geht ein Betrieb kraft Rechtsgeschäft auf einen anderen Inhaber über und bleibt die Identität des Betriebes erhalten, gelten die Betriebsvereinbarungen als Kollektivrecht weiter.[159] Gesamtbetriebs- und Konzernbetriebsvereinbarungen gelten nur dann kollektivrechtlich weiter, wenn auch der Gesamt- bzw. Konzernbetriebsrat beim neuen Inhaber weiter besteht (dazu § 224 RN 4). Geht nur ein Betriebsteil über oder wird der Betrieb mit einem anderen Betrieb verschmolzen, werden die bisherigen Rechte und Pflichten aus einer Betriebsvereinbarung nach § 613 a I 2, 3 BGB Inhalt des Arbeitsverhältnisses zwischen dem neuen Inhaber und dem Arbeitnehmer und dürfen nicht vor Ablauf eines Jahres nach dem Zeitpunkt des Übergangs zum Nachteil des Arbeitnehmers geändert werden.[160] Etwas anderes gilt nur, wenn die Arbeitsbedingungen, die vorher Gegenstand einer Betriebsvereinbarung waren, nach dem Übergang wieder durch eine Betriebsvereinbarung geregelt werden.[161] Der Übergang findet dann nicht statt, wenn die Rechte und Pflichten bei dem neuen Inhaber durch eine andere Betriebsvereinbarung geregelt werden. Dies ist nur der Fall, wenn sie denselben Gegenstand regelt und sich ihr Geltungsbereich auf den übernommenen Betrieb erstreckt.[162] Weitere Einzelheiten § 119. Zum Ausscheiden aus dem Geltungsbereich des BetrVG vgl. RN 41. 54

Hat die Spaltung oder Teilübertragung eines Rechtsträgers nach dem UmwG die Spaltung eines Betriebes zur Folge, blieb nach § 321 UmwG dessen Betriebsrat im Amt und führt die Geschäfte für die ihm bislang zugeordneten Betriebsteile weiter. Die Vorschrift ist durch das BetrVG-ReformG aufgehoben worden, da durch § 21 a BetrVG ein umfassendes **Übergangsmandat** für den Betriebsrat geschaffen worden ist (§ 219 RN 17). 55

k) Insolvenz. Nach § 120 I InsO können Betriebsvereinbarungen, die die Masse belasten, mit einer Frist von drei Monaten gekündigt werden. Zuvor sollen Insolvenzverwalter und Betriebsrat über eine Herabsetzung der Leistungen verhandeln. Unberührt bleibt das Recht zur außerordentlichen Kündigung (§ 120 II InsO). 56

12. Nachwirkung von Betriebsvereinbarungen. a) Grundsatz. Nach Ablauf einer Betriebsvereinbarung gelten ihre Regelungen in Angelegenheiten, in denen ein Spruch der Einigungsstelle die Einigung zwischen Arbeitgeber und Betriebsrat ersetzen kann, weiter, bis sie durch eine andere Abmachung ersetzt werden (§ 77 VI BetrVG). Dies ist bei allen Tatbeständen des § 87 I BetrVG der Fall, selbst wenn anstelle einer Einigungsstelle eine tarifliche Schlichtungsstelle entscheidet.[163] Danach verliert grundsätzlich die Betriebsvereinbarung mit ihrer Beendigung auch ihre Rechtswirkungen. Dies gilt nur dann nicht, wenn die Angelegenheit der erzwingbaren Mitbestimmung des Betriebsrats unterliegt.[164] Durch die gesetzlich angeordnete Fortgeltung von erzwingbaren Betriebsvereinbarungen ist sichergestellt, dass auch nach ihrem Ablauf kein 57

[155] BAG 24. 3. 1981 AP 12 zu § 112 BetrVG 1972 = NJW 82, 70.
[156] *Fitting* § 77 RN 175.
[157] Vgl. BAG 24. 3. 1981 AP 12 zu § 112 BetrVG 1972 = NJW 82, 70.
[158] BAG 17. 7. 1964 AP 3 zu § 80 ArbGG 1953.
[159] BAG 27. 7. 1994 AP 118 zu § 613 a BGB = NZA 95, 222; 5. 2. 1991 AP 89 zu § 613 a BGB = NZA 91, 639; 27. 6. 1985 AP 14 zu § 77 BetrVG 1972 = NZA 86, 401.
[160] A. A. LAG Köln 8. 4. 2003 ArbuR 2003, 396 – Kündigungsmöglichkeit des Erwerbers.
[161] BAG 14. 8. 2001 AP 85 zu § 77 BetrVG 1972 = NZA 2002, 276.
[162] BAG 1. 8. 2001 AP 225 zu § 613 a BGB = NZA 2002, 41.
[163] BAG 29. 9. 2004 AP 16 zu § 77 BetrVG 1972 Nachwirkung = NZA 2005, 532.
[164] BAG 28. 4. 1998 AP 11 zu § 77 BetrVG 1972 Nachwirkung = NZA 98, 1348; 26. 10. 1993 AP 6 zu § 77 BetrVG 1972 Nachwirkung = NZA 94, 572.

regelungsloser Zustand entsteht. Die Nachwirkung besteht jedoch nur in Angelegenheiten, in denen sowohl der Arbeitgeber wie auch der Betriebsrat die Einigungsstelle anrufen kann[165] (dazu § 232 RN 5). Tritt eine Betriebsvereinbarung, die dynamisch auf einen Tarifvertrag verweist, in das Stadium der Nachwirkung nach § 77 VI BetrVG ein, so endet die Dynamik. Aus der dynamischen wird eine statische Verweisung auf den Tarifvertrag in der Fassung, die er bei Ablauf der verweisenden Betriebsvereinbarung hat.[166] Von der Beendigung einer Betriebsvereinbarung und deren Nachwirkung sind die Rechtsfolgen für die Ansprüche aus der bisherigen Geltung der Betriebsvereinbarung zu unterscheiden, die für die einzelnen Arbeitnehmer entstanden sind[167] (dazu oben RN 46f.).

58 **b) Begriff.** Nachwirkung einer Betriebsvereinbarung bedeutet, dass sie ihre unmittelbare Wirkung für die Arbeitsverhältnisse behält, auch wenn sie erst im Nachwirkungszeitraum begründet werden. Dagegen entfaltet sie keine zwingende Wirkung mehr. Die Betriebsvereinbarung gilt solange weiter, bis sie durch eine andere Abmachung ersetzt wird. Da Regelungsgegenstand einer erzwingbaren Betriebsvereinbarung stets eine mitbestimmungspflichtige Angelegenheit ist, kann die andere Abmachung nur eine mitbestimmte Abmachung sein.[168] Unzureichend ist eine Regelungsabrede zwischen Arbeitgeber und Betriebsrat, weil sie keine normative Wirkung hat und deshalb im Verhältnis zu den Arbeitnehmern keine Änderung der nachwirkenden Betriebsvereinbarung herbeiführt. Allerdings beseitigt eine Regelungsabrede die mitbestimmungsrechtliche Sperrwirkung, die den Arbeitgeber nach der Theorie der Wirksamkeitsvoraussetzung (vgl. § 235 RN 92ff.) überhaupt erst zu einer individualrechtlichen Änderung der Arbeitsbedingungen befähigt. Diese kann der Arbeitgeber – je nach Vertragsinhalt – entweder durch Änderungsvertrag bzw. -kündigung oder im Wege des Direktionsrechts erreichen. Jedoch besteht nach der Rspr. kein Vorrang für das kollektivrechtliche oder das individualrechtliche Erfordernis. Aus diesem Grund ist eine nicht mitbestimmte, aber sozial gerechtfertigte Änderung der Vertragsbedingungen durch eine Änderungskündigung nicht nach § 2 KSchG unwirksam. Der Arbeitgeber ist lediglich an der tatsächlichen Durchsetzung der Vertragsänderung gehindert, solange das Mitbestimmungsverfahren nicht endgültig durchgeführt ist.[169] Gleiches dürfte bei allen anderen individualrechtlichen Maßnahmen (Vertragsänderung, Ausübung des Direktionsrechts) gelten, wenn für die zugrunde liegende Maßnahme die Zustimmung des Betriebsrats erforderlich ist. Erst nach deren Erteilung darf der Arbeitgeber die Änderung im Verhältnis umsetzen.

59 **c) Ausschluss der Nachwirkung.** Die Nachwirkung einer erzwingbaren Betriebsvereinbarung scheidet aus, wenn die Betriebsvereinbarung nur für eine einmalige Angelegenheit abgeschlossen worden ist, also z.B. ein Sozialplan für eine Betriebsstilllegung. Ist die Betriebsvereinbarung befristet abgeschlossen, ist durch Auslegung zu entscheiden, ob auch die Nachwirkung nach Fristablauf (konkludent) ausgeschlossen ist, was regelmäßig der Fall sein dürfte. Ferner scheidet eine Nachwirkung aus, wenn sie zur Ergänzung eines Tarifvertrages abgeschlossen wurde; mit dem Ende des Tarifvertrages endet regelmäßig auch die Betriebsvereinbarung[170] (dazu näher RN 27). Ebenso besteht keine Nachwirkung, wenn die Betriebsvereinbarung außerordentlich gekündigt worden ist und ein wichtiger Grund vorliegt, da hierdurch gerade feststeht, dass ein weiteres Festhalten an der bisherigen Regelung nicht in Betracht kommt.[171] Schließlich kann die Nachwirkung in der Betriebsvereinbarung selbst ganz ausgeschlossen oder (zeitlich oder inhaltlich) beschränkt werden;[172] auch eine nachträgliche Vereinbarung über den Ausschluss der Nachwirkung ist möglich, selbst wenn sich die Betriebsvereinbarung bereits im Nachwirkungszeitraum befindet.

---

[165] BAG 12. 8. 1982 AP 5 zu § 77 BetrVG 1972 = DB 82, 2301.

[166] BAG 29. 1. 2008 AP 49 zu § 4 TVG Nachwirkung = NZA 2008, 541.

[167] BAG 10. 3. 1992 AP 5 zu § 1 BetrAVG Betriebsvereinbarung = NZA 93, 234; 21. 8. 1990 AP 5 zu § 77 BetrVG 1972 Nachwirkung = NZA 91, 190; 18. 4. 1989 AP 2 zu § 1 BetrAVG Betriebsvereinbarung = NZA 90, 67.

[168] BAG 21. 8. 1990 AP 5 zu § 77 BetrVG 1972 Nachwirkung = NZA 91, 190.

[169] BAG 17. 6. 1998 AP 49 zu § 2 KSchG 1969 = NZA 98, 1225; a. A. wohl noch 5. 5. 1988 AP 1 zu § 70 LPVG NW = NZA 89, 358.

[170] BAG 25. 8. 1983 AP 7 zu § 77 BetrVG 1972 = DB 84, 1302; 12. 8. 1982 AP 5 zu § 77 BetrVG 1972 = BB 83, 249.

[171] ErfK/*Kania* § 77 BetrVG RN 120; GK-BetrVG/*Kreutz* § 77 RN 399; a. A. BAG 10. 8. 1994 AP 86 zu § 112 BetrVG 1972 = NZA 95, 314.

[172] BAG 17. 1. 1995 AP 7 zu § 77 BetrVG 1972 Nachwirkung = NZA 95, 1010; 9. 2. 1984 AP 9 zu § 77 BetrVG 1972 = NZA 84, 96.

60 **d) Freiwillige Betriebsvereinbarungen.** Keine Nachwirkungen entfalten freiwillige Betriebsvereinbarungen.[173] Der Arbeitgeber kann mit den Mitteln des Betriebsverfassungsrechts nicht gezwungen werden, eine freiwillige Leistung länger zu erbringen, als er auf Grund der in der Betriebsvereinbarung selbst eingegangen Bindung verpflichtet ist.[174] Etwas anderes kann für Betriebsvereinbarungen über betriebliche Altersversorgung gelten. Hier können auf Grund des Versorgungscharakters dieser Leistungen die Wirkungen der Kündigung durch die Grundsätze des Vertrauensschutzes und der Verhältnismäßigkeit eingeschränkt sein.[175] Insoweit ist zwischen der Beendigung der Betriebsvereinbarung und den auf Grund der Betriebsvereinbarung erwachsenen Rechten zu unterscheiden (vgl. RN 43f., § 83 RN 140).

61 Die Betriebspartner können **vereinbaren,** dass auch freiwillige Betriebsvereinbarungen Nachwirkungen entfalten.[176] Dieser Wille muss angesichts der gesetzlichen Regelung jedoch eindeutig in der Vereinbarung zum Ausdruck kommen. Schließen die Betriebspartner jährlich eine Betriebsvereinbarung über eine Weihnachtsgratifikation und vereinbaren sie jeweils, dass es sich um freiwillige Leistungen handelt, auf die für die Zukunft kein Rechtsanspruch erwächst, hat die Leistungszusage keine Nachwirkung.[177]

62 Auch die Kündigung einer Betriebsvereinbarung über eine freiwillige Leistung unterliegt grundsätzlich **keiner inhaltlichen Kontrolle.**[178]

63 **e) Teilmitbestimmte Betriebsvereinbarungen.** Vielfach unterliegen Betriebsvereinbarungen teilweise der erzwingbaren und teilweise der freiwilligen Mitbestimmung. Dies ist z.B. der Fall bei Betriebsvereinbarungen über zusätzliche soziale Leistungen, bei Zulagen, über betriebliche Altersversorgung usw. Die Betriebsvereinbarungen über freiwillige Leistungen sind wegen des „ob" der Gewährung und ihrer Gesamthöhe freiwillig. Dagegen unterliegen sie der erzwingbaren Mitbestimmung wegen der Verteilung. Insoweit ist wegen der Nachwirkung zu unterscheiden, wobei nach Ansicht des 1. Senats des BAG die folgenden Grundsätze gelten:

64 Die Nachwirkung einer Betriebsvereinbarung beschränkt sich nicht auf die Einzelregelungen, die unmittelbar den mitbestimmungspflichtigen Tatbestand betreffen, sondern erstreckt sich auf die mit ihnen in sinnvollem Zusammenhang stehenden Vereinbarungen. Darüber hinaus entfaltet die Betriebsvereinbarung keine Nachwirkung, soweit sie Gegenstände der freiwilligen Mitbestimmung enthält.[179] Will ein Arbeitgeber mit der Kündigung einer teilmitbestimmten Betriebsvereinbarung seine finanziellen Leistungen vollständig und ersatzlos einstellen, tritt keine Nachwirkung ein. Im Falle einer vollständigen Einstellung der Leistungen verbleiben keine Mittel, bei deren Verteilung der Betriebsrat nach § 87 I Nr. 10 BetrVG mitzubestimmen hätte.[180] Will der Arbeitgeber seine finanziellen Leistungen nicht völlig zum Erlöschen bringen, sondern mit der Kündigung einer Betriebsvereinbarung nur eine Verringerung des Volumens der insgesamt zur Verfügung gestellten Mittel und zugleich eine Veränderung des Verteilungsplans erreichen, wirkt die Betriebsvereinbarung nach.[181] Hier muss ggf. über die vom Arbeitgeber anzurufende Einigungsstelle ein neuer Leistungsplan über das noch verfügbare Finanzvolumen aufgestellt werden. Will schließlich der Arbeitgeber mit der Kündigung einer Betriebsvereinbarung lediglich das bisher zur Verfügung gestellte Finanzvolumen verringern, ohne den Verteilungsplan zu ändern, ist die Mitbestimmung des Betriebsrats nach § 87 I Nr. 10 BetrVG nicht betroffen. Wenn der Arbeitgeber die Verteilungsgrundsätze beibehalten und lediglich die Höhe der finan-

---

[173] Zu Sonderzuwendungen: BAG 17. 1. 1995 AP 7 zu § 77 BetrVG 1972 Nachwirkung = NZA 95, 1010; 26. 3. 1993 AP 6 zu § 77 BetrVG 1972 Nachwirkung = NZA 94, 572; 21. 8. 1990 AP 5 zu § 77 BetrVG 1972 Nachwirkung = NZA 91, 190; 26. 4. 1990 AP 4 zu § 77 BetrVG 1972 = NZA 90, 814; 9. 2. 1989 AP 40 zu § 77 BetrVG 1972 = NZA 89, 765 (Urlaubsgeld).

[174] BAG 23. 1. 2008 AP 9 zu § 87 BetrVG 1972 Leistungslohn = NZA 2008, 774.

[175] BAG 19. 6. 2006 AP 29 zu § 77 BetrVG 1972 Betriebsvereinbarung; 11. 5. 1999 AP 6 zu § 1 BetrAVG Betriebsvereinbarung = NZA 2000, 322; 10. 3. 1992 AP 5 zu § 1 BetrAVG Betriebsvereinbarung = NZA 93, 234; 18. 4. 1989 AP 2 zu § 1 BetrAVG Betriebsvereinbarung = NZA 90, 67.

[176] BAG 28. 4. 1998 AP 11 zu § 77 BetrVG 1972 Nachwirkung = NZA 98, 1348.

[177] BAG 17. 1. 1995 AP 7 zu § 77 BetrVG 1972 Nachwirkung = NZA 95, 1010.

[178] BAG 26. 10. 1993 AP 6 zu § 77 BetrVG 1972 Nachwirkung = NZA 94, 572; 10. 3. 1992 AP 5 zu § 1 BetrAVG Betriebsvereinbarung = NZA 93, 234.

[179] BAG 2. 3. 2004 AP 13 zu § 77 BetrVG 1972 Auslegung; 17. 1. 1995 AP 7 zu § 77 BetrVG 1972 Nachwirkung = NZA 95, 1010; 21. 8. 1990 AP 5 zu § 77 BetrVG 1972 Nachwirkung = NZA 91, 190; 26. 4. 1990 AP 4 zu § 77 BetrVG 1972 = NZA 90, 814; 9. 2. 1989 AP 40 zu § 77 BetrVG 1972 = NZA 89, 765; abweichend LAG Köln 27. 4. 1995 NZA-RR 96, 172.

[180] BAG 17. 1. 1995 AP 7 zu § 77 BetrVG 1972 Nachwirkung = NZA 95, 1010.

[181] BAG 18. 12. 2003 AP 5 zu § 77 BetrVG 1972 Nachwirkung = NZA 2004, 803; 26. 10. 1993 AP 6 zu § 77 BetrVG 1972 Nachwirkung = NZA 94, 572; offen gelassen für die betriebliche Altersversorgung von BAG 11. 5. 1999 AP 6 zu § 1 BetrAVG Betriebsvereinbarung = NZA 2000, 322.

ziellen Leistungen gleichmäßig absenken will, bedarf es dementsprechend zur Sicherung der Mitbestimmung des Betriebsrats der Nachwirkung der Betriebsvereinbarung hinsichtlich der absoluten Höhe der Leistungen nicht. Hinsichtlich des Verteilungsplans wirkt die Betriebsvereinbarung jedoch nach. In einem solchen Fall lässt sich eine Betriebsvereinbarung aufspalten in einen nachwirkenden Teil über die Vergütungsstruktur und einen keine Nachwirkung entfaltenden Teil über die Vergütungshöhe.[182] Im Bereich der betrieblichen Altersversorgung gelten für die Nachwirkung von teilmitbestimmten Betriebsvereinbarungen engere Grenzen.[183] Eine Nachwirkung tritt bei einer teilmitbestimmten Betriebsvereinbarung auch dann nicht ein, wenn der Arbeitgeber die Leistung an bestimmte Arbeitnehmer auf Grund einer individualrechtlichen Verpflichtung weiter erbringt.[184]

III. Sonstige betriebliche Absprachen (Regelungsabreden)

65 **1. Zulässigkeit.** Das Gesetz setzt betriebliche Absprachen neben der Betriebsvereinbarung voraus (oben RN 1 f.). Beteiligungsrechte auf personellem Gebiet werden regelmäßig nicht durch eine Betriebsvereinbarung ausgeübt. Mitbestimmungsrechte auf sozialem Gebiet können häufig sowohl durch Regelungsabrede als auch durch Betriebsvereinbarung ausgeübt werden.[185] Umstritten ist allein, ob und inwieweit Regelungsabsprachen statt einer Betriebsvereinbarung zulässig sind. Sie sind dann unwirksam, wenn das Gesetz eine Betriebsvereinbarung voraussetzt oder wenn sie gegen höherrangiges Recht verstoßen. Der Tarifvorbehalt des § 77 III BetrVG gilt nicht für die Regelungsabrede.[186] Von der Betriebsabsprache sind **Verträge** zu unterscheiden, die der Betriebsrat für den einzelnen Arbeitnehmer abschließt.[187]

66 **2. Abschluss und Beendigung.** Die Regelungsabrede kommt wie eine Betriebsvereinbarung zustande; insbesondere ist auch bei ihr auf Seiten des Betriebsrats ein Beschluss notwendig.[188] Formvorschriften sind nicht einzuhalten. I. d. R. wird sie nur zur Regelung eines einmaligen Vorfalls eingesetzt. Jedoch ist sie auch kündbar. Insoweit gelten die Grundsätze für die Kündigungserklärung bei Betriebsvereinbarungen sinngemäß auch für die Regelungsabrede (RN 43 f.). Die Kündigungsfrist beträgt in den Fällen erzwingbarer Mitbestimmung drei Monate, soweit keine kürzere Frist vereinbart worden ist (analog § 77 BetrVG).[189] Im Rahmen der erzwingbaren Mitbestimmung kommt ihr Nachwirkung zu (umstr.).[190]

67 **3. Abgrenzung.** Ob im Einzelfall der Abschluss einer Regelungsabrede oder einer Betriebsvereinbarung gewollt war, ist in Zweifelsfällen durch Auslegung zu ermitteln; insoweit gelten die Grundsätze entsprechend, die das BAG bei der Frage heranzieht, ob die Tarifvertragsparteien den Abschluss eines Tarifvertrages oder einer nur schuldrechtlich wirkenden Vereinbarung beabsichtigt haben. Dabei sind zunächst die gewählte Bezeichnung der Vereinbarung und ihr Regelungsgegenstand maßgeblich. So spricht es für eine Betriebsvereinbarung, wenn es jedenfalls im erkennbaren Interesse eines Betriebspartners lag, eine normativ wirkende Regelung zu schaffen. Ob sie schriftlich abgeschlossen ist, hat allenfalls Indizcharakter, da auch Regelungsabreden schriftlich niedergelegt werden.[191]

68 **4. Wirkung.** Im Gegensatz zu Betriebsvereinbarungen haben Regelungsabreden keine normative, unmittelbare und zwingende Wirkung auf die Arbeitsverhältnisse. Mit dem Abschluss einer Regelungsabrede beseitigt der Arbeitgeber lediglich die kollektivrechtliche Schranke für die Ausübung der individualrechtlichen Mittel.[192] Im Verhältnis zum Arbeitnehmer muss er die beabsichtigte Maßnahme mit den Mitteln des Individualarbeitsrechts (Änderungsvertrag/-kün-

---

[182] BAG GS 3. 12. 1991 AP 51 zu § 87 BetrVG 1972 Lohngestaltung; BAG 26. 8. 2008 AP 15 zu § 87 BetrVG 1972 = NZA 2008, 1426; 26. 10. 1993 AP 6 zu § 77 BetrVG 1972 Nachwirkung = NZA 94, 572; 21. 8. 1990 AP 5 zu § 77 BetrVG 1972 Nachwirkung = NZA 91, 190.

[183] BAG 11. 5. 1999 AP 6 zu § 1 BetrAVG Betriebsvereinbarung = NZA 2000, 322.

[184] LAG Köln 15. 8. 2002 LAGE § 77 BetrVG 1972 Nachwirkung Nr. 5.

[185] Vgl. BAG 10. 3. 1992 AP 1 zu § 77 BetrVG 1972 Regelungsabrede = NZA 92, 952; 9. 7. 1985 AP 6 zu § 1 BetrAVG Ablösung = NZA 86, 517.

[186] BAG 21. 1. 2003 AP 1 zu § 21 a BetrVG 2002 = NZA 2003, 1097; 20. 4. 1999 AP 89 zu Art. 9 GG = NZA 99, 887.

[187] BAG 19. 7. 1977 AP 1 zu § 77 BetrVG 1972 = RdA 77, 328.

[188] LAG Frankfurt 17. 3. 1983 DB 84, 882 = ZIP 83, 1114.

[189] BAG 10. 3. 1992 AP 1 zu § 77 BetrVG 1972 Regelungsabrede = NZA 92, 952.

[190] BAG 23. 6. 1992 AP 51 zu § 87 BetrVG 1972 Arbeitszeit = NJW 93, 485 = NZA 92, 1098; *Fitting* § 77 RN 226; a. A. *Richardi* § 77 RN 234; GK-BetrVG/*Kreutz* § 77 RN 417.

[191] BAG 21. 1. 2003 AP 1 zu § 21 a BetrVG 2002 = NZA 2003, 1097.

[192] BAG 14. 2. 1991 AP 4 zu § 615 BGB Kurzarbeit = NZA 91, 607.

digung, Direktionsrecht) durchsetzen. Verstößt der Arbeitgeber gegen eine Regelungsabrede, kann der Betriebsrat deren Einhaltung im Beschlussverfahren erzwingen. Durch eine Regelungsabrede kann aber eine Betriebsvereinbarung nicht abgelöst werden.[193]

§ 232. Einigungsstelle

Größere Schriften: *Fiebig/Pfeiffer/Spengler,* Handbuch Einigungsstellenverfahren (2009); *Görlitz/Hase,* Handbuch Einigungsstelle, 4. Aufl., 2007; *Hellkamp,* Arbeitsgericht und Einigungsstelle (2007); *Huster,* Die Einigungsstelle und ihre Kompetenz (2008); *Pünnel/Wenning-Morgenthaler, Die Einigungsstelle,* 5. Aufl., 2009; *Wiesemann,* Die Einigungsstelle als Einrichtung zur Beilegung von Rechtsstreitigkeiten im Betriebsverfassungsrecht, 2003.

Aufsätze: *Clemenz,* Errichtung der Einigungsstelle, FS 25 Jahre AG ArbR DAV (2006), S. 815; *Dendorfer,* Mediation in der Arbeitswelt, FS Leinemann (2006), S. 567; *Eisemann,* Das Verfahren vor der Einigungsstelle, FS 25 Jahre AG ArbR DAV (2006), S. 837; *Fischer,* Die Beisitzer der Einigungsstelle, ArbuR 2005, 391; *Francken,* Streitiger Einigungsstellenvorsitz als richterliche Dienstaufgabe, NZA 2008, 750; *Hesse,* Das Scheitern des Interessenausgleichs in der Einigungsstelle, FS 25 Jahre AG ArbR DAV (2006), S. 879; *Kramer,* Mediation als Alternative zur Einigungsstelle im Arbeitsrecht?, NZA 2005, 135; *Leinemann,* Schlichten oder Richten, FS Schwerdtner (2003), S. 323; *Ponschab/Mauder/Thun,* Besser schlichten als richten: Mediation im Betrieb, NZA 2004, Sonderbeilage 1, S. 12; *Schaub,* Die Bestellung und Abberufung der Vorsitzenden von Einigungsstellen, NZA 2000, 1087; *I. Schmidt,* Einigungsstellen vor Gericht, JbArbR 40 (2003), S. 121; *Sieg,* Interne Schlichtung zur Vermeidung von Arbeitsgericht und Einigungsstelle, FS 50 Jahre BAG (2004), S. 1329; *Trieflinger,* Richterliche Unabhängigkeit und Nebentätigkeiten, Betrifft JUSTIZ 2006, 412; *Tschöpe,* Die Bestellung der Einigungsstelle, NZA 2004, 945.

Muster: ArbR-Formb. § 43; § 94.

Übersicht

RN
I. Allgemeines ... 1 ff.
1. Begriff ... 1
2. Regelungsstreitigkeit und Rechtsstreitigkeit ... 2
3. Schlichtungsstelle ... 3
II. Zuständigkeit der Einigungsstelle ... 4 ff.
1. Erzwingbare Mitbestimmung ... 4
2. Zuständigkeit bei erzwingbarer Mitbestimmung ... 5
3. Tarifliche Regelung ... 6
4. Freiwilliges Einigungsstellenverfahren ... 7
5. Auslegungsstreitigkeiten ... 8
III. Zusammensetzung und Bildung einer Einigungsstelle ... 9 ff.
1. Zusammensetzung ... 9
2. Beisitzer ... 10
3. Vorsitzender ... 11
4. Gerichtliche Entscheidung ... 12–17 a
IV. Verfahren vor der Einigungsstelle ... 18 f.
1. Vorfragenkompetenz ... 18
2. Verfahrensgrundsätze ... 19
V. Beschlussfassung der Einigungsstelle ... 20 ff.
1. Allgemeines ... 20
2. Abstimmung ... 21–24
3. Schriftform und Begründung ... 25, 26
4. Vertragshilfe ... 27

RN
VI. Besonderheiten des verbindlichen Einigungsstellenverfahrens ... 28 ff.
1. Abwesenheit von Beisitzern ... 28
2. Entscheidungsmaßstab ... 29–31
3. Anfechtungsfrist ... 32–35
4. Beschluss ... 36, 37
VII. Besonderheiten des freiwilligen Einigungsstellenverfahrens ... 38
VIII. Umsetzung der Beschlüsse der Einigungsstelle ... 39
IX. Kosten der Einigungsstelle (§ 76 a BetrVG) ... 40 ff.
1. Kostentragungspflicht des Arbeitgebers ... 40
2. Sachkosten und Aufwendungen ... 41
3. Betriebsangehörige Beisitzer ... 42
4. Bemessung der Vergütungshöhe ... 43–46
5. Abweichende Vergütungsregelungen ... 47
6. Gerichtliche Durchsetzung ... 48
X. Rechtsstellung der Mitglieder der Einigungsstelle ... 49 f.
1. Behinderungsverbot ... 49
2. Schadensersatz ... 50

I. Allgemeines

1. Begriff. Nach § 74 I 2 BetrVG sollen Arbeitgeber und Betriebsrat über strittige Fragen 1
mit dem ernsten Willen zur Einigung verhandeln. Kommt es nicht zu einer Einigung, bedarf es

[193] BAG 20. 11. 1990 AP 48 zu § 77 BetrVG 1972 = NZA 91, 426; 27. 6. 1985 AP 14 zu § 77 BetrVG 1972 = NZA 86, 401.

eines Verfahrens zur Beilegung der Meinungsverschiedenheiten, da Maßnahmen des Arbeitskampfs zwischen Arbeitgeber und Betriebsrat unzulässig sind (§ 74 II 1 BetrVG).[1] Zur Beilegung von Meinungsverschiedenheiten zwischen Arbeitgeber und Betriebsrat, Gesamtbetriebsrat oder Konzernbetriebsrat ist daher bei Bedarf eine Einigungsstelle zu bilden (§ 76 I 1 BetrVG). Die Einigungsstelle ist eine privatrechtliche, innerbetriebliche (Zwangs-)Schlichtungsstelle für die aufgetretenen Meinungsschwierigkeiten zwischen den Betriebspartnern. Insbesondere im Bereich der erzwingbaren Mitbestimmung verhindert sie die Blockade von notwendigen betrieblichen Entscheidungsprozessen. Soweit nach anderen Vorschriften der Rechtsweg gegeben ist, wird dieser durch die Zuständigkeit der Einigungsstelle nicht ausgeschlossen (§ 76 VII BetrVG), weshalb kein Verstoß gegen Art. 101 I 2 GG vorliegt.[2]

2 **2. Regelungsstreitigkeit und Rechtsstreitigkeit.** Die Einigungsstelle trifft vor allem Entscheidungen in Regelungsstreitigkeiten, hat daneben aber auch Rechtsstreitigkeiten zu entscheiden (z. B. bei dem Zeitpunkt der Teilnahme an einer Schulungs- oder Bildungsveranstaltung, § 37 VI BetrVG; Umfang und Grenzen der Auskunftserteilung an den Wirtschaftsausschuss,[3] § 109 BetrVG).

3 **3. Schlichtungsstelle.** Von der Einigungsstelle sind die durch Tarifvertrag oder Betriebsvereinbarung gebildeten Schlichtungsstellen z. B. zur Beilegung von Leistungslohnstörungen zu unterscheiden.[4]

II. Zuständigkeit der Einigungsstelle

4 **1. Erzwingbare Mitbestimmung.** Die Einigungsstelle ist zuständig in allen Streitigkeiten zwischen Arbeitgeber und Betriebsrat, Gesamtbetriebsrat, Konzernbetriebsrat, **(a)** in den ihr kraft Gesetzes oder Tarifvertrag zugewiesenen Fällen und **(b)** auf Grund besonderer Vereinbarung. Umstr. ist die Zuständigkeit der Einigungsstelle bei Auslegungsstreitigkeiten (RN 8).

5 **2. Zuständigkeit bei erzwingbarer Mitbestimmung.** Die Einigungsstelle ist zuständig

(a) für die Teilnahme von Mitgliedern des Betriebsrats und der Jugend- und Auszubildendenvertretung an **Schulungs- und Bildungsveranstaltungen** (§§ 65 I, 37 VI BetrVG; vgl. § 221 RN 32 ff., § 227);

(b) für die **Freistellung** von Betriebsratsmitgliedern von der Arbeit (§ 38 II BetrVG; vgl. § 221 RN 23 ff.);

(c) für die Festlegung von Zeit und Ort der **Sprechstunden** des Betriebsrats (§ 39 I BetrVG) sowie der Jugend- und Auszubildendenvertretung (§ 69 BetrVG; vgl. § 220 RN 30, § 227);

(d) für die Herabsetzung der Zahl der **Gesamtbetriebsratsmitglieder** (§ 47 VI BetrVG; vgl. § 224) und Konzernbetriebsratsmitglieder (§ 55 IV BetrVG; vgl. § 226) sowie der Gesamt-Jugend- und Auszubildendenvertretung (§ 72 VI BetrVG; vgl. § 228);

(e) für die Entscheidung von **Beschwerden** der Arbeitnehmer, sofern keine Rechtsansprüche verfolgt werden (§ 85 II BetrVG; vgl. § 234 RN 23 ff.);

(f) in den in § 87 BetrVG aufgezählten Fällen der **sozialen Mitbestimmung** (vgl. § 235);

(g) in Fällen der Mitbestimmung über die **Grundsätze menschengerechter Arbeitsgestaltung** (§ 91 BetrVG; vgl. § 237);

(h) für Fassung und Inhalt von **Personalfragebögen, Formularverträgen** und **Beurteilungsgrundsätzen** (§ 94 BetrVG; vgl. § 238 RN 18 ff.);

(i) für Richtlinien zur **Personalauswahl** (§ 95 I, II BetrVG; vgl. § 238 RN 28 ff.);

(j) in Fragen der **Berufsbildung** (§§ 97 II, 98 III, IV BetrVG; vgl. § 239);

(k) ggf. bei Meinungsverschiedenheiten in **Kündigungsstreitigkeiten** (§ 102 VI BetrVG; dazu § 124 RN 63);

(l) für die Auskunftserteilung an den **Wirtschaftsausschuss** (§ 109 BetrVG; vgl. § 243);

(m) für die Erstellung des **Sozialplans** (§ 112 IV BetrVG; vgl. § 244 RN 44 f.);

(n) im Bereich der **Seeschifffahrt** (§ 116 III BetrVG; vgl. § 214 RN 17 ff.);

(o) Bestellung und Abberufung der **Betriebsärzte** und **Fachkräfte für Arbeitssicherheit** (§ 9 III ASiG; vgl. § 154).

6 **3. Tarifliche Regelung.** Die Zuständigkeit der Einigungsstelle kann durch eine tarifliche Regelung in dem gleichen Umfang wie die Beteiligungsrechte des Betriebsrats erweitert wer-

---

[1] BAG 17. 12. 1976 AP 52 zu Art. 9 GG Arbeitskampf = NJW 77, 918.
[2] BVerfG 18. 10. 1986 AP 7 zu § 87 BetrVG 1972 Auszahlung = NZA 88, 25.
[3] BAG 11. 7. 2000 AP 2 zu § 109 BetrVG 1972 = NZA 2001, 402.
[4] BAG 19. 5. 1978 AP 1 zu § 88 BetrVG 1972 = DB 78, 2225.

den.[5] Der Tarifvertrag kann die Zuständigkeit der Einigungsstelle in den Angelegenheiten des § 87 BetrVG einschränken oder ganz ausschließen, wenn die tarifliche Regelung abschließend ist und keinen Handlungsspielraum für die Betriebsparteien mehr enthält.[6] Nach § 76 VIII BetrVG kann durch Tarifvertrag bestimmt werden, dass eine tarifliche Schlichtungsstelle an die Stelle der betrieblichen Einigungsstelle tritt.[7] Dies gilt auch dann, wenn Beteiligungsrechte im Tarifvertrag erweitert werden oder eine tarifliche Öffnungsklausel (§ 77 III 2 BetrVG) besteht.[8]

4. Freiwilliges Einigungsstellenverfahren. Besteht keine gesetzliche oder tarifliche Zuständigkeit der Einigungsstelle, wird sie nur tätig, wenn beide Seiten es beantragen oder mit ihrem Tätigwerden einverstanden sind (§ 76 I 2 BetrVG). In diesen Fällen ersetzt ihr Spruch die Einigung zwischen Arbeitgeber und Betriebsrat nur, wenn beide Seiten sich dem Spruch im Voraus unterworfen oder ihn nachträglich angenommen haben (§ 76 VI BetrVG). Der Verfahrensgegenstand der Einigungsstelle in einem freiwilligen Einigungsstellenverfahren kann sich jedoch nur im Rahmen einer allgemeinen Zuständigkeit des Betriebsrats nach dem BetrVG bewegen. 7

5. Auslegungsstreitigkeiten. Nach Auffassung des BAG können Arbeitgeber und Betriebsrat nicht vereinbaren, dass Meinungsverschiedenheiten zwischen Arbeitgeber und Arbeitnehmern aus der Anwendung einer Betriebsvereinbarung durch einen verbindlichen Spruch einer Einigungsstelle entschieden werden. Eine solche Vereinbarung stellt eine unzulässige Schiedsabrede dar.[9] Zulässig ist jedoch eine Vereinbarung, dass zunächst eine Einigungsstelle die Rechtsfrage, welchen Inhalt eine abgeschlossene Betriebsvereinbarung gegenwärtig hat, entscheiden soll. In diesem Fall sind die Betriebspartner verpflichtet, zunächst als zusätzliches Vorverfahren eine Entscheidung der Einigungsstelle über die streitige Rechtsfrage herbeizuführen, bevor sie die Gerichte für Arbeitssachen anrufen. Auch eine Vereinbarung, dass eine solche Entscheidung der Einigungsstelle für die Betriebspartner verbindlich sein soll, stellt nach Auffassung des BAG eine nach § 4 ArbGG unzulässige Vereinbarung eines Schiedsgerichts dar.[10] Die Rechtsprechung bedarf jedoch der Überprüfung. Arbeitgeber und Betriebsrat können sich auch in Auslegungsstreitigkeiten im Voraus dem Spruch einer Einigungsstelle unterwerfen, wenn sie über den Verfahrensgegenstand verfügen können. Der Spruch entfaltet daher Bindungswirkungen zwischen Arbeitgeber und Betriebsrat, ein nachfolgendes Beschlussverfahren über den identischen Verfahrensgegenstand des Spruchs ist unzulässig. Keine Bindungswirkung hat der Spruch hingegen für die betroffenen Arbeitnehmer, da dem Einigungsstellenverfahren im Gegensatz zum Beschlussverfahren keine vergleichbare Richtigkeitsgewähr zukommt. 8

III. Zusammensetzung und Bildung einer Einigungsstelle

1. Zusammensetzung. Die Einigungsstelle besteht aus einer geraden Anzahl von Beisitzern, die je zur Hälfte vom Arbeitgeber und Betriebsrat gestellt werden, und einem unparteiischen Vorsitzenden, auf dessen Person sich beide Parteien einigen müssen (§ 76 II 1 BetrVG). Durch den Spruch einer Einigungsstelle kann daher nicht die Errichtung einer ständigen oder zukünftigen Einigungsstelle festgelegt werden.[11] 9

2. Beisitzer. Arbeitgeber und Betriebsrat sind bei der Benennung ihrer Beisitzer frei. Der anderen Seite steht ein Ablehnungsrecht wegen einer möglichen Parteilichkeit nicht zu.[12] Die Beisitzer müssen nicht unparteilich sein, sondern haben sich bei ihrer Tätigkeit lediglich am Wohl der Arbeitnehmer und des Betriebs zu orientieren (§ 2 I BetrVG), sie sind insoweit auch an Weisungen der sie entsendenden Stelle nicht gebunden.[13] Aufseiten des Betriebsrats ist Voraussetzung für die Entsendung und Vergütung eines Beisitzers ein ordnungsgemäßer Betriebsratsbeschluss.[14] Ist das Einigungsstellenmitglied von einer möglichen Entscheidung der Einigungsstelle unmittelbar selbst betroffen, ist seine Bestellung unzulässig und seine Stimme bei 10

---

[5] BAG 9. 5. 1995 AP 2 zu § 76 BetrVG 1972 Einigungsstelle = NZA 96, 156; 10. 2. 1988 AP 53 zu § 99 BetrVG 1972 = DB 88, 1397; 18. 8. 1987 AP 23 zu § 77 BetrVG 1972 = NJW 87, 510.

[6] LAG Köln 17. 8. 2000 NZA-RR 2001, 481.

[7] BAG 18. 8. 1987 AP 23 zu § 77 BetrVG 1972 = NJW 87, 510.

[8] BAG 28. 2. 1984 AP 4 zu § 87 BetrVG 1972 Tarifvorrang = NZA 84, 230.

[9] BAG 27. 10. 1987 AP 22 zu § 76 BetrVG 1972 = NZA 88, 207.

[10] BAG 20. 11. 1990 AP 43 zu § 76 BetrVG 1972 = NZA 91, 473; LAG Köln 22. 4. 1994 NZA 95, 445.

[11] BAG 26. 8. 2008 – 1 ABR 16/07 – NZA 2008, 1187.

[12] LAG Bad.-Württemberg 4. 9. 2001 ArbuR 2002, 151.

[13] BAG 15. 5. 2001 AP 17 zu § 87 BetrVG 1972 Prämie = NZA 2001, 1154.

[14] BAG 14. 2. 1996 AP 6 zu § 76a BetrVG 1972 = NZA 96, 1225; 19. 8. 1992 AP 3 zu § 76a BetrVG 1972 = NZA 93, 710; zur Heilung: BAG 10. 10. 2007 AP 17 zu § 26 BetrVG 1972 = NZA 2008, 369.

einer Abstimmung ungültig. Insoweit gelten die Grundsätze über die Verhinderung eines Betriebsratsmitglieds in eigener Sache.[15] Auch Verbandsvertreter und Rechtsanwälte können Beisitzer der Einigungsstelle sein.[16] Der Betriebsrat kann ausschließlich externe Beisitzer bestellen, wenn er keine geeigneten betriebsangehörigen Personen seines Vertrauens findet; seine Auswahlbefugnis wird nicht durch das Merkmal der Erforderlichkeit beschränkt.[17] Die Bestellung von Ersatzbeisitzern ist im Interesse einer zügigen Abwicklung eines Einigungsstellenverfahrens zu empfehlen, im Gesetz aber nicht näher geregelt. Die Aufteilung des Beisitzermandats („Pairing") ist mit Zustimmung aller Einigungsstellenmitglieder möglich.[18] Die Beendigung des Arbeitsverhältnisses nach Übernahme des Amts eines Beisitzers führt nicht zu dessen Beendigung, möglich ist jedoch eine Abberufung.[19] Überhaupt kann die Bestellung als Beisitzer jederzeit von der entsendenden Seite frei widerrufen werden.[20] Über die Anzahl der Beisitzer einer Einigungsstelle müssen sich Arbeitgeber und Betriebsrat einigen. Kommt eine Einigung nicht zustande, entscheidet das Arbeitsgericht (§ 76 II 3 BetrVG) im Verfahren nach § 98 ArbGG (dazu unten RN 13). Auch bei einer Einigung des Arbeitgebers mit dem Betriebsrat über die Anzahl der Beisitzer kann er nicht darüber hinaus verlangen, dass nur Betriebsangehörige vom Betriebsrat als Beisitzer in die Einigungsstelle entsandt werden.[21] Sämtliche Beisitzer der Einigungsstelle unterliegen der Verschwiegenheitspflicht (§ 79 I, II BetrVG).

11 **3. Vorsitzender.** Der Vorsitzende muss unparteiisch sein; damit scheiden für dieses Amt nahe Angehörige des Arbeitgebers, Angehörige des Betriebs oder Verbandsfunktionäre regelmäßig aus. Soweit Beamte oder Richter bestellt werden, bedürfen sie für ihre Tätigkeit einer Nebentätigkeitsgenehmigung. Bei Berufsrichtern ist diese davon abhängig, dass sie von beiden Parteien oder einer unparteiischen Stelle (Arbeitsgericht) benannt werden (§ 40 DRiG). Im gerichtlichen Bestellungsverfahren darf ein Richter nur zum Vorsitzenden der Einigungsstelle bestellt werden, wenn auf Grund der Geschäftsverteilung seines Gerichts ausgeschlossen ist, dass er mit der Überprüfung, der Auslegung oder der Anwendung des Einigungsstellenspruchs befasst wird (§ 98 I 5 ArbGG). Dies ist nicht nur im Rahmen eines Beschluss-, sondern auch eines Urteilsverfahrens möglich. Zwar gilt die genannte Vorschrift nur für das gerichtliche Bestellungsverfahren und nicht für eine Vereinbarung der Betriebspartner über die Person des Einigungsstellenvorsitzenden; bei einer möglichen dienstlichen Befassung mit dem Verfahrensgegenstand dürfte aber die nach dem Dienstsrecht erforderliche Nebentätigkeitsgenehmigung wegen eines entgegenstehenden dienstlichen Interesses (z. B. berufliche Belastung) zu versagen sein; nach § 99 III BBG i. V. m. § 46 DRiG ist die Genehmigung für die Übernahme eines Einigungsstellenvorsitzes regelmäßig zu versagen, wenn der Gesamtbetrag der Vergütung für eine oder mehrere Nebentätigkeiten 40% des jährlichen Endgrundgehalts des Amtes des Richters übersteigt; entsprechende Regelungen können für Richter im Landesdienst gelten.

12 **4. Gerichtliche Entscheidung.** Können sich die Beteiligten **(a)** über die Anzahl der Beisitzer, **(b)** auf die Person des Vorsitzenden nicht einigen, oder **(c)** lassen sie sich überhaupt nicht auf Verhandlungen ein, entscheidet das Arbeitsgericht im gerichtlichen Bestellungsverfahren (§ 98 ArbGG).

13 **a) Anzahl der Beisitzer.** Eine Entscheidung über die Zahl der Beisitzer erfolgt, wenn sich Arbeitgeber und Betriebsrat hierüber haben nicht einigen können oder zwischen ihnen streitig ist, ob eine wirksame Vereinbarung geschlossen worden ist.[22] Die Zahl der Beisitzer ist nach der Gewichtigkeit und Schwierigkeit der Angelegenheit zu bemessen. Die Bestellung von zwei Beisitzern auf jeder Seite ist im Regelfall als erforderlich anzusehen.[23] Nur bei einer einfachen und überschaubaren Angelegenheit wird die Bestellung nur eines Beisitzers in Betracht kommen. Eine Bestellung von mehr als zwei Beisitzern wird dementsprechend nur bei einem Verfahrens-

[15] BAG 3. 8. 1999 AP 7 zu § 25 BetrVG 1972 = NZA 2000, 440.
[16] BAG 15. 12. 1978, 14. 1. 1983, 14. 12. 1988 AP 6, 12, 30 zu § 76 BetrVG 1972.
[17] BAG 24. 4. 1996 AP 5 zu § 76 BetrVG 1972 Einigungsstelle = NZA 96, 1171.
[18] LAG Köln 26. 7. 2005 NZA-RR 2006, 197.
[19] BAG 27. 3. 1979 AP 7 zu § 76 BetrVG 1972 = DB 79, 1562 (Insolvenz).
[20] A. A. *Tschöpe* NZA 2004, 945, 948.
[21] BAG 24. 4. 1996 AP 5 zu § 76 BetrVG 1972 Einigungsstelle = NZA 96, 1171.
[22] LAG Hamm 6. 12. 1976 LAGE § 76 BetrVG 1972 Nr. 9.
[23] LAG Hessen 8. 11. 2005 ArbuR 2006, 173 – Gesamtbetriebsrat; LAG Hamm 8. 4. 1987 DB 87, 1441 = NZA 88, 210; 20. 6. 1975 DB 75, 2452; LAG München 15. 7. 1991 NZA 92, 185; LAG Rheinland-Pfalz 23. 6. 1983 DB 84, 56; LAG Frankfurt 29. 9. 1992 NZA 93, 1008; LAG Schleswig-Holstein 4. 2. 1997 DB 97, 832; dagegen LAG Schleswig-Holstein 28. 1. 1993 LAGE § 98 ArbGG 1979 Nr. 24 = BB 93, 1591; 15. 11. 1990 DB 91, 288 (jeweils ein Besitzer ausreichend).

gegenstand von herausragender tatsächlicher Schwierigkeit oder Bedeutung oder bei Bestehen einer entsprechenden betrieblichen oder tariflichen Vereinbarung geboten sein, was anhand konkreter Tatsachen zu begründen ist.[24]

b) Person des Vorsitzenden. aa) Voraussetzungen. Eine gerichtliche Bestellung des Vorsitzenden kommt nur in Betracht, wenn sich die Betriebspartner insoweit nicht einigen konnten oder zwischen ihnen streitig ist, ob eine wirksame Vereinbarung geschlossen worden ist.[25] Bei der Bestellung des Vorsitzenden einer Einigungsstelle ist das Arbeitsgericht nach h. M. nicht an die Anträge der Beteiligten gebunden; § 308 ZPO soll dabei durch § 76 II 2 BetrVG verdrängt werden.[26] Das Gericht muss die Eignung des Vorsitzenden (Unparteilichkeit, Sachkunde und unverzügliche Verfügbarkeit) in seinen Gründen feststellen. Einwände des Antragsgegners gegen die Unparteilichkeit des Vorsitzenden sind bereits dann ausreichend, wenn die vorgebrachten subjektiven Vorbehalte für das Gericht zumindest nachvollziehbar sind. Jedoch reicht eine nur schlagwortartige Ablehnung nicht aus,[27] ebenso wenig, dass einer der Beteiligten mit der vom Antragsteller benannten Person grundlos nicht einverstanden ist.[28] Allerdings kommt eine Bestellung einer nicht vorgeschlagenen Person nur nach Gewährung von rechtlichem Gehör in Betracht. Daneben dürfen auch gegen den vom Gericht eingesetzten Vorsitzenden keine Einwendungen der Beteiligten erhoben worden sein, da ansonsten das Abweichen von dem Vorschlag nicht gerechtfertigt wäre. Im Beschwerdeverfahren ist der vom Arbeitsgericht eingesetzte Vorsitzende zu bestätigen, wenn gegen dessen Bestellung keine nachvollziehbaren Gründe vorgebracht worden sind.[29] Voraussetzung für eine gerichtliche Bestellung ist stets, dass der in Aussicht genommene Vorsitzende zum Entscheidungszeitpunkt sein Einverständnis zur Amtsübernahme und seine Bereitschaft zur unverzüglichen Durchführung des Einigungsstellenverfahrens erklärt hat. 14

bb) Amtsende. Das Amt eines Vorsitzenden endet – auch nach einer gerichtlichen Bestellung – wenn sich die Betriebspartner über dessen Abberufung einigen. Der Vorsitzende ist nach Ansicht des BAG auf Antrag einer Partei vom Arbeitsgericht abzuberufen, wenn hierfür ein wichtiger Grund besteht, insbesondere wenn Tatsachen vorliegen, aus denen sich die Besorgnis der Befangenheit des Vorsitzenden ergibt (§§ 42, 1032 ZPO entspr.).[30] Die Ablehnung wegen Besorgnis der Befangenheit ist jedoch nur wegen solcher Umstände zulässig, die nach der Bestellung bekannt geworden sind.[31] Ablehnungsgründe, die bis zur Abstimmung entstanden, jedoch nicht gerügt worden sind, können im Rahmen der Überprüfung des Spruchs nicht mehr geltend gemacht werden. Das Ablehnungsrecht steht nur Arbeitgeber und Betriebsrat, nicht aber den einzelnen Beisitzern zu. Legt der für befangen gehaltene Vorsitzende sein Amt nicht von sich aus nieder, entscheidet danach über den Ablehnungsantrag die Einigungsstelle zunächst ohne den abgelehnten Vorsitzenden; zu einer zweiten Abstimmung mit seiner Beteiligung kommt es nicht. Findet der Ablehnungsantrag unter den Beisitzern der Einigungsstelle keine Mehrheit, entscheidet die Einigungsstelle unter Beteiligung des für befangen gehaltenen Vorsitzenden darüber, ob sie das Verfahren fortsetzt oder ggf. bis zur gerichtlichen Entscheidung über die geltend gemachten Ablehnungsgründe aussetzt.[32] Über die Ablehnung wegen Besorgnis der Befangenheit entscheidet ggf. das Arbeitsgericht im Beschlussverfahren nach § 98 ArbGG. Mit dem Antrag ist gleichzeitig über die Neuberufung eines anderen unparteiischen Vorsitzenden zu entscheiden. Der Vorsitzende kann sein Amt jederzeit niederlegen. 14 a

c) Offensichtliche Unzuständigkeit. Das Arbeitsgericht kann die Bestellung wegen fehlender Zuständigkeit der Einigungsstelle nur ablehnen, wenn diese für die Behandlung der Angelegenheit offensichtlich unzuständig ist (§ 98 I 2 ArbGG). Offensichtlich unzuständig ist die 15

[24] LAG Niedersachsen 7. 8. 2007 LAGE § 98 ArbGG 1979 Nr. 49 a; 13. 12. 2005 NZA-RR 2006, 306.

[25] LAG Schleswig-Holstein 4. 9. 2002 AP 13 zu § 98 ArbGG 1979 – auch Regelungsabsprache möglich.

[26] LAG München 31. 1. 1998 LAGE § 98 ArbGG Nr. 14 = NZA 98, 525; LAG Hamm 16. 8. 1976 LAGE § 76 BetrVG 1972 Nr. 6 = DB 76, 206.

[27] LAG Frankfurt 23. 6. 1988 LAGE § 98 ArbGG Nr. 12 = NZA 88, 2173; 28. 6. 1985 BB 86, 600.

[28] A. A. LAG Schleswig-Holstein 4. 9. 2002 AP 13 zu § 98 ArbGG 1979; LAG Baden-Württemberg 26. 6. 2002 NZA-RR 2002, 523; LAG Berlin 12. 9. 2001 NZA-RR 2002, 25.

[29] LAG Nürnberg 2. 7. 2004 NZA-RR 2005, 100.

[30] BAG 11. 9. 2001 AP 15 zu § 76 BetrVG 1972 Einigungsstelle = NZA 2002, 572; 9. 5. 1995 AP 2 zu § 76 BetrVG 1972 Einigungsstelle = NZA 96, 156, 234; LAG Köln 23. 1. 1997 LAGE § 76 BetrVG 1972 Nr. 45; *Fitting* § 76 RN 21; a. A. LAG Hamm 2. 6. 1992 LAGE § 76 BetrVG 1972 Nr. 40 = BB 92, 1929; *Bertelsmann* NZA 96, 234.

[31] BAG 9. 5. 1995 AP 2 zu § 76 BetrVG 1972 Einigungsstelle = NZA 96, 156, 234.

[32] BAG 29. 1. 2002 AP 19 zu § 76 BetrVG 1972 Einigungsstelle = DB 2002, 1948.

Einigungsstelle nur, wenn ihre Zuständigkeit unter keinem denkbaren rechtlichen Gesichtspunkt als möglich erscheint, d. h. die beizulegende Streitigkeit darf sich bei fachkundiger Beurteilung durch das Gericht nicht unter einen gesetzlichen Mitwirkungstatbestand subsumieren lassen, was sofort erkennbar sein muss.[33] Das Beteiligungsrecht darf auch nicht durch §§ 77 III, 87 I Eingangssatz BetrVG ausgeschlossen sein.[34] Offensichtliche Unzuständigkeit liegt nicht vor, wenn in Rspr. und Schrifttum umstritten ist, ob dem Betriebsrat zu dem jeweiligen Verfahrensgegenstand ein Mitbestimmungsrecht zusteht oder eine höchstrichterliche Entscheidung fehlt.[35] Das Vorliegen einer höchstrichterlichen Rechtsprechung kann zu einer offensichtlichen Unzuständigkeit der Einigungsstelle führen, wenn diese Rechtsprechung als gefestigt anzusehen ist und danach das Beteiligungsrecht nicht besteht. Die Einigungsstelle ist auch offensichtlich unzuständig, wenn feststeht, dass das beanspruchte Mitbestimmungsrecht bereits verbraucht ist[36] (z. B. durch eine ungekündigte Betriebsvereinbarung) oder durch ein erledigendes Ereignis entfallen ist.[37] Eine offensichtliche Unzuständigkeit liegt nicht vor, wenn die Angelegenheit auch einen mitbestimmungsfreien Teil enthält, der jedoch nicht von einem mitbestimmungspflichtigen Komplex abgetrennt werden kann.[38] Die Einigungsstelle ist hingegen offensichtlich unzuständig, wenn nicht die antragstellende Arbeitnehmervertretung, sondern eine andere Arbeitnehmervertretung (z. B. Betriebsrat/Gesamtbetriebsrat) für den Verfahrensgegenstand eindeutig zuständig ist.[39] Maßgeblich ist jeweils der Zeitpunkt der letzten Anhörung der Beteiligten vor Gericht.[40]

16 **d) Verfahren. aa)** Die Entscheidung im Verfahren nach § 98 ArbGG ergeht im Beschlussverfahren durch den Vorsitzenden ohne Mitwirkung der ehrenamtlichen Richter. Für das Verfahren gelten die Vorschriften über das Beschlussverfahren (§§ 80–84 ArbGG) entsprechend. Eine Entscheidung durch einstweilige Verfügung ist nicht zulässig, da § 85 ArbGG nicht von der Verweisung erfasst ist.[41] Nach § 98 I 4 ArbGG können die Einlassung- und Ladungsfristen zur Verfahrensbeschleunigung auf 48 Stunden abgekürzt werden, wovon bei einer erkennbaren Dringlichkeit der Angelegenheit regelmäßig Gebrauch zu machen ist. Beteiligte am Bestellungsverfahren sind grundsätzlich nur Arbeitgeber und Betriebsrat. Die Entscheidung ergeht grundsätzlich nach mündlicher Anhörung der Beteiligten. Nur mit ihrem Einverständnis kann das Gericht im schriftlichen Verfahren entscheiden (§ 83 IV 3 ArbGG). Der Beschluss soll den Beteiligten innerhalb von zwei Wochen nach Eingang des Antrags zugestellt werden, eine Rechtsfolge für den Fall der Fristüberschreitung fehlt jedoch. Nach § 98 II ArbGG ist gegen den Beschluss des Arbeitsgerichts die Beschwerde an das Landesarbeitsgericht statthaft, die innerhalb einer Frist von zwei Wochen einzulegen und zu begründen ist. Eine weitere Rechtsbeschwerdemöglichkeit an das Bundesarbeitsgericht besteht nicht. Die in § 98 ArbGG genannten Grundsätze gelten entsprechend auch für die Bildung von tariflichen Schlichtungsstellen, die an die Stelle der betrieblichen Einigungsstelle getreten sind. Für das Bestellungsverfahren wird im Allgemeinen ein Gegenstandswert von 4000 Euro festgesetzt, teilweise wird darüber hinausgegangen.[42]

---

[33] LAG Nürnberg 19. 2. 2008 DB 2009, 71 – Beschwerdestelle nach AGG; dagegen LAG Hamburg 17. 4. 2007 BB 2007, 2070; LAG Baden-Württemberg 5. 3. 1991 NZA 92, 184 – Krankengespräche; LAG Berlin 19. 8. 1988 NZA 88, 852 – Abmahnung; 18. 2. 1980 AP 1 zu § 98 ArbGG 1979 = DB 80, 2091; LAG Köln 16. 12. 2005 ArbuR 2006, 214 – Gestaltung der Altersteilzeit; LAG Hessen 6. 9. 2005 ArbuR 2006, 173; LAG Düsseldorf 21. 12. 1993 NZA 94, 767 – Beschwerderecht des Arbeitnehmers; a. A. aber LAG Hamm 21. 8. 2001 NZA-RR 2002, 139; LAG Düsseldorf 4. 11. 1988 NZA 89, 146 – Informationstechnik; LAG Hamm 31. 8. 1998 NZA-RR 99, 32 – Interessenausgleich; LAG Düsseldorf 22. 7. 2004 AiB 2005, 122; LAG Hamburg 15. 7. 1998 NZA 98, 1245 – Mobbing; LAG Köln 13. 1. 1998 NZA 98, 1018 – Interessenausgleich; 24. 10. 1996 NZA-RR 97, 438 – Vorfragen; LAG München 6. 3. 1997 NZA-RR 98, 70 – Gleichbehandlung; LAG Niedersachsen 30. 9. 1989 NZA 89, 149 – Altersversorgung/Unterstützung; LAG Nürnberg 9. 3. 1995 NZA-RR 97, 495 – Tarifvorbehalt; 21. 9. 1992 NZA 93, 281 – Gesamtbetriebsrat; LAG Schleswig-Holstein 17. 12. 1999 ArbuR 2000, 279 – Gefährdungsanalyse; 28. 1. 1993 LAGE § 98 ArbGG 1979 Nr. 24 = BB 93, 1591 – Prämienlohn.

[34] LAG Hessen 13. 9. 2005 ArbuR 2006, 172.

[35] LAG Saarland 14. 5. 2003 ArbuR 2003, 279; LAG Niedersachsen 11. 11. 1993 LAGE § 98 ArbGG 1979 Nr. 27 = DB 93, 2540; LAG München 13. 3. 1986 NZA 87, 210.

[36] LAG Hessen 20. 5. 2008 ArbuR 2009, 61; a. A. LAG Köln 6. 9. 2005 LAGE § 98 ArbGG 1979 Nr. 44 a.

[37] LAG Niedersachsen 14. 2. 2006 LAGE § 98 ArbGG 1979 Nr. 46 – bereits durchgeführte Betriebsänderung.

[38] LAG Düsseldorf 22. 2. 1978 LAGE § 76 BetrVG 1972 Nr. 15 = DB 78, 118.

[39] LAG Köln 6. 6. 2005 DB 2005, 1916 – zur gerichtlichen Aufklärung der Zuständigkeit; ähnlich LAG Köln 14. 8. 2007 – Umfang des Restmandats.

[40] LAG Nürnberg 21. 8. 2001 NZA-RR 2002, 138.

[41] ArbG Siegburg 15. 11. 2001 DB 2002, 278; ArbG Ludwigshafen 20. 11. 1996 DB 97, 1188.

[42] LAG Düsseldorf 21. 9. 1990 DB 91, 184; LAG Hamm 26. 9. 1985 DB 86, 132; LAG München 1. 9. 1993 DB 93, 2604; LAG Schleswig-Holstein 29. 9. 1995 NZA-RR 95, 307; 14. 10. 1993 DB 93, 2392;

bb) Bindungswirkung. Ein auf Feststellung der Unzuständigkeit der zu bildenden Einigungsstelle gerichteter (Gegen-)Antrag ist im Verfahren nach § 98 ArbGG unstatthaft.[43] Umstr. ist, ob das Bestellungsverfahren nach § 148 ZPO auszusetzen ist, wenn bereits ein Beschlussverfahren über die Zuständigkeit der Einigungsstelle schwebt. Dies wird regelmäßig zu verneinen sein, da die Einigungsstelle selbst über ihre Zuständigkeit zu befinden hat (RN 18) und wegen der Eilbedürftigkeit eine Verzögerung des Bestellungsverfahrens nicht in Betracht kommt.[44] Auch ein gleichzeitiges Beschlussverfahren über die Zuständigkeit der Einigungsstelle darf nicht ausgesetzt werden, bis diese entschieden hat.[45] Weist das Arbeitsgericht einen Antrag nach § 98 ArbGG wegen offensichtlicher Unzuständigkeit der Einigungsstelle ab, entfaltet diese Entscheidung Bindungswirkung gegenüber nachfolgenden Beschlussverfahren über das Bestehen eines Mitbestimmungsrechts des Betriebsrats. Darüber hinaus dürfte auch eine Präjudizwirkung in Betracht kommen, wenn im Urteilsverfahren über die Beteiligungspflicht als Vorfrage gestritten wird. Demgegenüber vertritt das BAG die Auffassung, dass wegen der unterschiedlichen Streitgegenstände eine erneute Entscheidung im Beschlussverfahren über das Bestehen des Mitbestimmungsrechts möglich ist, insoweit werde die Rechtskraft der im Verfahren nach § 98 ArbGG ergangenen Entscheidung durchbrochen.[46] 17

cc) Rechtsschutzbedürfnis. Der Anrufung der Einigungsstelle müssen erfolglose Verhandlungen der Betriebspartner vorausgegangen sein, ansonsten fehlt das Rechtsschutzbedürfnis für ein gerichtliches Bestellungsverfahren. Sie brauchen nicht mehr fortgeführt werden, wenn eine Seite aus ihrer subjektiven Sicht eine Konfliktlösung in angemessener Zeit für nicht mehr erreichbar hält.[47] Der Verhandlungsanspruch (§ 74 I BetrVG) braucht jedoch objektiv nicht erschöpft zu sein,[48] ebenso entfällt das Rechtsschutzinteresse für die gerichtliche Bestellung nicht, wenn die Gegenseite erst während des Beschlussverfahrens überhaupt Verhandlungsbereitschaft signalisiert.[49] Vielmehr entscheiden die Betriebspartner autonom darüber, ob sie es für sinnvoll erachten, Verhandlungen mit der Gegenseite aufzunehmen bzw. weiterzuführen oder auf die Einigungsstelle zu delegieren.[50] Nach der Gegenansicht ist die Erschöpfung der Verhandlungspflicht im Rahmen der Begründetheit des Antrags nach § 98 ArbGG zu prüfen.[51] 17a

IV. Verfahren vor der Einigungsstelle

1. Vorfragenkompetenz. Die Einigungsstelle muss bei Zweifeln über ihre Zuständigkeit oder auf Antrag einer Seite als Vorfrage über ihre Zuständigkeit zur Behandlung des Verfahrensgegenstandes entscheiden (sog. Vorfragenkompetenz).[52] Dies gilt auch dann, wenn ein Bestellungsverfahren nach § 98 ArbGG vorausgegangen ist, da dort nur über die offensichtliche Unzuständigkeit entschieden worden ist. Nur wenn in einem Beschlussverfahren ihre Zuständigkeit rechtskräftig festgestellt worden ist oder die Beteiligten sich in einem arbeitsgerichtlichen Vergleich entsprechend geeinigt haben, entfällt eine Entscheidung über die Zuständigkeit. Stimmt die Mehrheit der Mitglieder der Einigungsstelle für ihre Unzuständigkeit, ist das Verfahren vom Vorsitzenden (deklaratorisch) einzustellen. Für die Abstimmung gelten die Regelungen des § 76 III BetrVG entsprechend. Bejaht die Mehrheit der Einigungsstellenmitglieder die Zuständigkeit, unterliegt dieser Beschluss keiner isolierten Anfechtung.[53] Die fehlende Zuständigkeit kann erst bei der Überprüfung eines nachfolgenden Einigungsstellenspruchs geltend gemacht werden; davon unberührt bleibt ein gleichzeitiges Beschlussverfahren über die Zuständigkeit der 18

---

einschränkend LAG Niedersachsen 30. 4. 99 LAGE § 8 BRAGO Nr. 40; LAG Baden-Württemberg 8. 4. 1994 DB 94, 1044.

[43] LAG Hamm 7. 7. 2003 NZA-RR 2003, 637.

[44] BAG 16. 8. 1983 AP 2 zu § 81 ArbGG 1979 = DB 84, 408; 24. 11. 1981 AP 11 zu § 76 BetrVG 1972 = DB 82, 1413.

[45] BAG 24. 11. 1981 AP 11 zu § 76 BetrVG 1972 = DB 82, 1413; 22. 10. 1981 AP 10 zu § 76 BetrVG 1972 = DB 82, 811.

[46] BAG 25. 4. 1989 AP 3 zu § 98 ArbGG 1979 = NZA 89, 976.

[47] Hessisches LAG 12. 11. 1991 NZA 92, 853.

[48] LAG Niedersachsen 7. 12. 1998 LAGE § 98 BetrVG 1972 Nr. 35.

[49] LAG Baden-Württemberg 16. 10. 1991 NZA 92, 186.

[50] LAG Niedersachsen 25. 10. 2005 NZA-RR 2006, 142; LAG Hamm 9. 8. 2004 AP 14 zu § 98 ArbGG 1979.

[51] LAG Nürnberg 5. 4. 2005 LAGE § 98 ArbGG 1979 Nr. 44 – Frage der Offensichtlichkeit.

[52] BAG 8. 3. 1983 AP 14 zu § 87 BetrVG 1972 Lohngestaltung = DB 83, 2040; 22. 10. 1981 AP 10 zu § 76 BetrVG 1972 = DB 82, 811; 22. 1. 1980 AP 3 zu § 87 BetrVG 1972 Lohngestaltung = DB 80, 549.

[53] BAG 29. 1. 2002 AP 16 zu § 76 BetrVG 1972 = DB 2002, 1839; a. A. BAG 4. 7. 1989 AP 20 zu § 87 BetrVG 1972 Tarifvorrang = NZA 90, 29; LAG Niedersachsen 20. 3. 2003 NZA-RR 2003, 538.

Einigungsstelle (RN 17). Hat die Einigungsstelle ihre Zuständigkeit zunächst mit der Mehrheit ihrer Mitglieder bejaht, kann sie das Verfahren wegen § 76 III 1 BetrVG nicht mehr während der Dauer eines arbeitsgerichtlichen Beschlussverfahrens über ihre Zuständigkeit aussetzen.[54] Wird die Zuständigkeit verneint, kann die Entscheidung von dem unterlegenen Beteiligten auch außerhalb der 2-Wochen-Frist des § 76 V BetrVG angefochten werden. Stellt das Arbeitsgericht die Zuständigkeit der Einigungsstelle fest, wird das Verfahren in der ursprünglichen Besetzung fortgeführt.

19 **2. Verfahrensgrundsätze.** Das Verfahren vor der Einigungsstelle ist nur unvollständig geregelt, sein Ablauf wird auch keinen strengen Verfahrensvorschriften unterworfen, da die Erzielung einer gütlichen Einigung der Betriebspartner im Vordergrund steht. Das Gesetz stellt lediglich heraus, dass die Einigungsstelle unverzüglich tätig werden muss und sie ihre Beschlüsse nach mündlicher Beratung fasst (§ 76 III 1, 2 BetrVG). Im Übrigen müssen die Grundsätze der Rechtsstaatlichkeit eingehalten werden. Wegen der fehlenden gesetzlichen Ausgestaltung des Einigungsstellenverfahrens bestimmt sie ihren Verfahrensablauf weitgehend selbst. Aus der Natur der Sache folgt, dass der Vorsitzende die Verfahrensleitung innehat. Er legt Ort und Zeitpunkt der Sitzungen fest, hat für die ordnungsgemäße Ladung der Beisitzer zu sorgen[55] und leitet die Verhandlungen.[56] Dabei kann er eine schriftliche Vorbereitung und Darlegung der unterschiedlichen Standpunkte vor der Einigungsstellensitzung anordnen. Eine Protokollierung des Verfahrensverlaufs ist nicht zwingend vorgeschrieben, aber empfehlenswert. Erklärungen des Arbeitgebers in der Einigungsstelle sollen aber nicht bindend sein.[57] Eine mündliche Beratung der Einigungsstellenmitglieder sieht das Gesetz nur vor der Beschlussfassung vor. Die Einigungsstelle entscheidet selbst, ob sie ihre Verhandlungen öffentlich oder parteiöffentlich vornehmen will. Die Gewährung von rechtlichem Gehör gegenüber dem Arbeitgeber und Betriebsrat zählt zu den zentralen Verfahrensgrundsätzen und hat jedenfalls vor einer abschließenden Entscheidung, nicht jedoch vor jedem Verfahrensabschnitt zu erfolgen. Demgegenüber hält das BAG eine Anhörung der Einigungsstellenbeisitzer für ausreichend.[58] Die Einigungsstelle hat den entscheidungserheblichen Sachverhalt von Amts wegen aufzuklären. Arbeitgeber und Betriebsrat haben hieran aus dem Grundsatz der vertrauensvollen Zusammenarbeit (§ 2 I BetrVG) heraus mitzuwirken und sind zur Vorlage der notwendigen Unterlagen verpflichtet. Zur Ermittlung des Sachverhalts kann die Einigungsstelle weiterhin die vom Verfahrensgegenstand betroffenen Arbeitnehmer befragen, Zeugen vernehmen oder Sachverständige (§ 109 S. 3 BetrVG analog) bzw. sachkundige Arbeitnehmer (§ 80 II BetrVG) hinzuziehen.[59] Der Beweisbeschluss einer Einigungsstelle kann ebenso wenig wie der eines Gerichts selbstständig angefochten werden.[60] Zwangsmittel zur Herbeiführung der Mitwirkungspflicht kann sie nicht verhängen. Weigert sich der Arbeitgeber, die zur Sachverhaltsaufklärung erforderlichen Auskünfte zu erteilen oder die notwendigen Unterlagen vorzulegen, kann diese Verpflichtung nur vom Betriebsrat im Beschlussverfahren erzwungen werden. Die Einigungsstelle ist insoweit nach der Rspr. des BAG weder antragsbefugt noch beteiligungsfähig (RN 35). Arbeitgeber und Betriebsrat können sich vor der Einigungsstelle durch Verbandsvertreter oder Rechtsanwälte vertreten lassen.[61] Zur Anfechtbarkeit bei Verfahrensmängeln RN 31.

V. Beschlussfassung der Einigungsstelle

20 **1. Allgemeines.** Das Verfahren ist in Anlehnung an die entsprechende Regelung für Heimarbeitsausschüsse (§ 4 III HAG) gestaltet. Da nach § 74 I 2 BetrVG die Betriebspartner mit dem ernsten Willen zur Einigung verhandeln sollen, gilt das Prinzip des Vorrangs der Einigung der Betriebspartner auch für die Beschlüsse der Einigungsstelle, d.h. der Vorsitzende stimmt erst dann mit ab, wenn es zu einer Einigung zwischen den von den Betriebspartnern bestellten Beisitzern nicht kommt.

21 **2. Abstimmung. a)** Die Einigungsstelle fasst ihre Beschlüsse nach mündlicher Beratung mit einfacher Stimmenmehrheit (§ 76 III 2 BetrVG). Eine Beschlussfassung im sog. Umlaufverfah-

---

[54] LAG Düsseldorf 21. 2. 1979 LAGE § 76 BetrVG 1972 Nr. 19.
[55] BAG 27. 6. 1995 AP 1 zu § 76 BetrVG 1972 Einigungsstelle = NZA 96, 161.
[56] Nach Auffassung des LAG Köln 26. 7. 2005 NZA-RR 2006, 197 entscheidet über die Vertagung die Mehrheit der Einigungsstellenmitglieder (zweifelhaft).
[57] LAG Köln 23. 8. 2000 LAGE § 76 BetrVG 1972 Nr. 47.
[58] BAG 11. 2. 1992 AP 50 zu § 76 BetrVG 1972 = NZA 92, 702.
[59] Enger LAG Hessen 15. 7. 2008 ArbuR 2009, 61 – keine Beweisaufnahme.
[60] BAG 4. 7. 1989 AP 20 zu § 87 BetrVG 1972 Tarifvorrang = NZA 90, 29.
[61] BAG 21. 6. 1989 AP 34 zu § 76 BetrVG 1972 = NJW 90, 107.

ren ist unzulässig. Es gehört zu den elementaren Grundsätzen des Einigungsstellenverfahrens, dass die Abstimmung in Abwesenheit anderer Personen als der Mitglieder der Einigungsstelle erfolgt.[62] Andere Personen, z. B. Arbeitgeber, Betriebsratsmitglieder, Verfahrensbevollmächtigte und sonstige Anwesende (z. B. eine Protokollkraft) haben daher vor der Abstimmung den Sitzungsraum zu verlassen. Haben beide Betriebspartner Beisitzer benannt, stimmen zunächst die Beisitzer allein ab (§ 76 III 3 BetrVG). Die Stimmabgabe ist nur geheim, wenn ein Mitglied der Einigungsstelle dies vor der Abstimmung verlangt. Ein Antrag ist angenommen, wenn er die einfache Stimmenmehrheit erreicht. Kommt es nicht hierzu, weil das Stimmenverhältnis entsprechend der Zahl der Beisitzer 1 : 1 oder 2 : 2 ergibt, hat die Einigungsstelle erneut zu beraten. Von der erneuten Beratung kann nur abgesehen werden, wenn alle Mitglieder sie nicht für erforderlich halten.[63] In die 2. Abstimmung darf erst eingetreten werden, wenn über alle von den Beteiligten gestellten Anträge eine erste Abstimmung stattgefunden hat. Beschränkt sich eine Seite auf eine Antragstellung, mit der eine weitere Sachaufklärung begehrt wird, muss über diesen Antrag nicht vor der Abstimmung über einen weitergehenden Sachantrag entschieden werden.[64]

b) Zweite Abstimmung. Bei dieser stimmt der Vorsitzende mit (§ 76 III 3 BetrVG). Er darf sich bei der zweiten Abstimmung der Stimme nicht enthalten. Seine Stimme soll die regelmäßig bestehende Pattsituation in der Einigungsstelle auflösen. Ein Antrag ist dann angenommen, wenn die Anzahl der Ja-Stimmen größer ist als die der Nein-Stimmen. Eine Stimmenthaltung der Beisitzer ist nach der Rspr. des BAG möglich, das Gericht zählt sie nicht als Ablehnung, sondern als nicht abgegebene Stimme.[65] Haben die Beisitzer mit dem Abstimmungsergebnis ihren Willen deutlich zum Ausdruck gebracht, ist das gesonderte Abfragen der Nein-Stimmen nicht mehr erforderlich.[66] Sind zwei kontradiktorische Sachanträge gestellt worden, ist vom Vorsitzenden festzustellen, wie viele Stimmen auf welchen Antrag entfallen. 22

c) Erledigung des Verfahrensgegenstands. Eine zweite Abstimmung ist entbehrlich, wenn nur ein Antrag zur Abstimmung gestellt wird und dieser von einer Stimmenmehrheit bei der ersten Abstimmung abgelehnt wird. Das Einigungsstellenverfahren ist dann fortzusetzen, bis ein erneuter Antrag zur Beschlussfassung gestellt wird. Es ist erst abgeschlossen, wenn durch einen Spruch oder eine Einigung der Verfahrensgegenstand nicht nur teilweise, sondern umfassend erledigt ist.[67] Einigungsstellensprüche, die den Regelungsgegenstand zunächst nur abstrakt-generell regeln, Maßnahmen des Arbeitgebers im konkreten Einzelfall aber an eine weitere Zustimmung des Betriebsrats knüpfen und für den Fall der Nichterteilung der Zustimmung ein erneutes Einigungsstellenverfahren vorsehen, sind möglich.[68] Die Einigungsstelle kann über den Regelungsgegenstand in mehreren, selbstständig zu überprüfenden Beschlüssen entscheiden.[69] Werden mehrere Teilabstimmungen durchgeführt, muss sichergestellt werden, dass der das Einigungsstellenverfahren beendende Beschluss in seiner Gesamtheit von der Mehrheit der Mitglieder der Einigungsstelle getragen wird.[70] Auch vorläufige Regelungen können mit Stimmenmehrheit getroffen werden. Die Rücknahme eines Antrags während des laufenden Einigungsstellenverfahrens führt in Fällen der erzwingbaren Mitbestimmung nur dann zu seiner Beendigung, wenn die Gegenseite bislang nur einen reinen Abweisungsantrag, aber keinen eigenen Sachantrag gestellt hat.[71] 23

Die Einigungsstelle ist bei der Beschlussfassung nicht an die **Anträge** der Beteiligten gebunden; jedoch kann sie nicht Dinge regeln, deren Regelung nicht beantragt ist.[72] Im Übrigen muss sie sich im Rahmen ihrer Zuständigkeit halten.[73] 24

---

[62] BAG 18. 1. 1994 AP 51 zu § 76 BetrVG 1972 = NZA 94, 571.

[63] BAG 30. 1. 1990 AP 41 zu § 87 BetrVG 1972 Lohngestaltung = NZA 90, 571.

[64] BAG 29. 1. 2002 AP 19 zu § 76 BetrVG 1972 Einigungsstelle.

[65] BAG 17. 9. 1991 AP 59 zu § 112 BetrVG 1972 = NZA 92, 227.

[66] BAG 11. 11. 1998 AP 19 zu § 50 BetrVG 1972 = NZA 99, 947.

[67] BAG 8. 6. 2004 AP 20 zu § 76 BetrVG 1972 Einigungsstelle = NZA 2005, 227; 30. 1. 1990 AP 41 zu § 87 BetrVG 1972 Lohngestaltung = NZA 90, 571.

[68] BAG 26. 8. 2008 – 1 ABR 16/07 – NZA 2008, 1187.

[69] BAG 22. 1. 2002 AP 16 zu § 76 BetrVG 1972 Einigungsstelle.

[70] BAG 6. 11. 1990 AP 94 zu § 1 TVG Tarifverträge: Metallindustrie = NZA 91, 183; 18. 4. 1989 AP 34 zu § 87 BetrVG 1972 Arbeitszeit = NJW 89, 2771.

[71] LAG Frankfurt 20. 7. 1993 BB 94, 430.

[72] BAG 27. 10. 1992 AP 29 zu § 95 BetrVG 1972 = NZA 93, 608; 30. 1. 1990 AP 41 zu § 87 BetrVG 1972 Lohngestaltung = NZA 90, 571.

[73] BAG 20. 7. 1999 AP 8 zu § 76 BetrVG 1972 Einigungsstelle = NZA 2000, 495; 28. 7. 1981 AP 2 zu § 87 BetrVG 1972 Urlaub = NJW 82, 959.

25 **3. Schriftform und Begründung. a)** Die Beschlüsse der Einigungsstelle sind schriftlich niederzulegen, vom Vorsitzenden zu unterschreiben und dem Arbeitgeber und Betriebsrat unverzüglich zuzuleiten (§ 76 III 4 BetrVG). Die **Unterzeichnung** durch die Mitglieder der Einigungsstelle ist nicht erforderlich, erfolgt aber regelmäßig. Ist eine gerichtliche Auseinandersetzung zu erwarten, sollte wegen der Frist in § 76 V 4 BetrVG eine förmliche Zustellung erfolgen, zumindest aber der Zugang beweiskräftig festgestellt werden. Nach § 77 II BetrVG sind Betriebsvereinbarungen gemeinsam zu beschließen, schriftlich niederzulegen und von beiden Seiten zu unterzeichnen. Beruht eine Betriebsvereinbarung auf dem Spruch einer Einigungsstelle, bedarf es nicht mehr der Unterzeichnung durch die Betriebspartner; vielmehr wahrt die Einhaltung der Formvorschriften für den Spruch der Einigungsstelle auch die Formvorschriften der Betriebsvereinbarung.

26 **b) Begründung.** Eine schriftliche Begründung des Beschlusses ist gesetzlich nicht vorgeschrieben und aus rechtsstaatlichen Gründen auch nicht erforderlich.[74] Die Begründungspflicht kann aber von der Einigungsstelle zu Beginn oder während des laufenden Verfahrens mit Stimmenmehrheit beschlossen werden. Sie ist zweckmäßig, wenn eine gerichtliche Auseinandersetzung zu erwarten ist, da die Begründung zur Überzeugung der Richtigkeit des Einigungsstellenspruchs beitragen kann.[75] Die schriftliche Begründung ist entbehrlich, wenn die Beteiligten auf sie einvernehmlich verzichten.

27 **4. Vertragshilfe.** Die Einigungsstelle hat nicht die Funktion eines Gerichts, sondern soll eine fehlende Einigung zwischen Betriebsvertretung und Arbeitgeber herbeiführen. Das Gesetz stellt daher ausdrücklich klar, dass der Rechtsweg durch den Spruch der Einigungsstelle nicht ausgeschlossen wird (§ 76 VII BetrVG; vgl. oben RN 8).

VI. Besonderheiten des verbindlichen Einigungsstellenverfahrens

28 **1. Abwesenheit von Beisitzern.** In den Fällen, in denen der Spruch der Einigungsstelle die Einigung zwischen Arbeitgeber und Betriebsrat ersetzt (oben RN 5), wird die Einigungsstelle auf Antrag des Arbeitgebers oder des Betriebsrats tätig (§ 76 V 1 BetrVG). Lediglich in den gesetzlich geregelten Fällen wird die Einigungsstelle nur auf Antrag des Arbeitgebers (§§ 37, 38, 65, 95 I BetrVG) oder des Betriebsrats (§ 85 II BetrVG) tätig. Benennt der Arbeitgeber oder der Betriebsrat keine Beisitzer oder erscheinen die benannten Beisitzer trotz ordnungsmäßiger Ladung nicht zur Sitzung,[76] entscheiden die erschienenen Beisitzer und der Vorsitzende nach Maßgabe des § 76 III BetrVG. Dies betrifft die unter RN 5 zusammengestellten Fälle. In den Fällen des freiwilligen Einigungsstellenverfahrens (RN 38) kann ein Einigungsstellenverfahren nicht stattfinden, wenn die Beisitzer einer Seite nicht benannt werden oder nicht erscheinen. Bleibt ein Beisitzer entschuldigt der Sitzung fern oder muss er die Verhandlung vorzeitig verlassen, kann eine Abstimmung nicht durchgeführt werden.[77]

29 **2. Entscheidungsmaßstab. a)** Die Einigungsstelle fasst ihre Beschlüsse unter angemessener Berücksichtigung der Belange des Betriebes und der betroffenen Arbeitnehmer nach billigem Ermessen (§ 76 V 3 BetrVG). Eine Entscheidung nach billigem Ermessen kommt nur dann in Betracht, wenn sie eine Regelungsstreitigkeit betrifft. Erschöpft sich die Tätigkeit der Einigungsstelle dagegen in einer Rechts- bzw. Auslegungsentscheidung (oben RN 7 f.), hat sie wie ein Gericht den Tatbestand unter die Rechtsnorm zu subsumieren, also z. B. zu prüfen, ob sie für die Entscheidung zuständig, der Anspruch begründet ist.

30 **b) Geltendes Recht.** Die Einigungsstelle ist bei ihrer Entscheidung in gleichem Umfang wie die Betriebspartner an geltendes Recht gebunden. Hierzu zählen die Grundrechte,[78] zwingendes Gesetzesrecht, insbesondere der § 75 BetrVG und die in ihm enthaltenen Diskriminierungsverbote bei der Behandlung der Belegschaftsangehörigen. Der Spruch der Einigungsstelle muss schließlich den Tarifvorbehalt (§ 87 I BetrVG) und Tarifvorrang (§ 77 III BetrVG) beachten. Ein Einigungsstellenspruch unterliegt bei einer Rückwirkung den gleichen Beschränkun-

---

[74] BVerfG 18. 10. 1987 AP 7 zu § 87 BetrVG 1972 Auszahlung = NZA 88, 25; BAG 31. 8. 1982 AP 8 zu § 87 BetrVG 1972 Arbeitszeit = NJW 83, 953; 30. 10. 1979 AP 9 zu § 112 BetrVG 1972 = NJW 80, 1542; 8. 3. 1977 AP 1 zu § 87 BetrVG 1972 Auszahlung = NJW 78, 775.

[75] BAG 30. 10. 1979 AP 9 zu § 112 BetrVG 1972 = NJW 80, 1542.

[76] BAG 27. 6. 1995 AP 1 zu § 76 BetrVG 1972 Einigungsstelle = NZA 96, 161.

[77] LAG Köln 26. 7. 2005 NZA-RR 2006, 197.

[78] BAG 5. 3. 1991 AP 11 zu § 87 BetrVG 1972 Auszahlung = NZA 91, 611.

gen wie eine Betriebsvereinbarung (dazu § 231 RN 8 f.).[79] Dies gilt unabhängig davon, ob eine Rechts- oder Regelungsfrage zu entscheiden ist.

c) Ergebniskontrolle. Der Begriff des billigen Ermessens findet sich auch sonst in der Rechtsordnung (z. B. §§ 315 I, 317 I, 660 I, 2048 BGB). Er kann jedoch inhaltlich kaum abstrakt umschrieben werden. Die Einigungsstelle hat bei der Entscheidung der Regelungsstreitigkeit einen gerichtlich nicht nachprüfbaren Ermessensspielraum.[80] Ob der Spruch die Grenzen des ihr eingeräumten Ermessens gewahrt hat, beurteilt sich regelmäßig danach, ob sich die getroffene Regelung als solche innerhalb dieser Grenzen hält; maßgeblich ist dementsprechend das Ergebnis, nicht der gewählte Weg.[81] Gegenstand der gerichtlichen Überprüfung nach § 76 V BetrVG ist nicht das Verfahren der Einigungsstelle als solches, sondern die von ihr beschlossene inhaltliche Regelung; Ausnahmen bestehen nur bei unverzichtbaren Verfahrensfehlern, hier wird wie bei den absoluten Revisionsgründen die Ermessensüberschreitung vermutet. Es kommt nicht darauf an, durch welche Tatsachen und Annahmen die Einigungsstelle zu ihrem Spruch gekommen ist und ob die diesem Spruch zugrunde liegenden Erwägungen der Einigungsstelle folgerichtig waren und eine erschöpfende Würdigung aller Umstände zum Inhalt haben.[82] Allerdings wird das gefundene Ergebnis vielfach ermessensfehlerhaft sein, wenn es von unsachlichen Erwägungen getragen wird oder auf eine unzutreffende tatsächliche Entscheidungsgrundlage gestützt wird.[83] Regelmäßig ist zu prüfen, ob die von der Einigungsstelle getroffene Regelung noch als billiger Ausgleich der Belange von Arbeitgeber und Arbeitnehmer gelten kann. Es kommt nicht auf eine „grobe Ermessensüberschreitung" oder eine „offenbare Unbilligkeit" des Spruchs an. Andererseits genügen Zweifel an der Einhaltung der Ermessensgrenzen nicht; erforderlich ist vielmehr die Überzeugung, dass die Grenzen überschritten sind, wobei der Zweck des Mitbestimmungsrechts zu beachten ist.[84] Der Begriff des billigen Ermessens ist revisibel.[85] Einen Verstoß hat das BAG angenommen, wenn die Entscheidung deutlich erkennbar keine sachgerechte Interessenabwägung mehr enthält, weil z. B. die Einigungsstelle die Interessen der einen oder der anderen Seite überhaupt nicht berücksichtigt hat oder weil die Regelung nicht nur unzweckmäßig, sondern objektiv ungeeignet ist. So ist ein Einigungsstellenspruch zu Auswahlrichtlinien ermessensfehlerhaft, der der aktuellen Leistung des Arbeitnehmers keine hinreichende Bedeutung beimisst,[86] der dem Arbeitgeber praktisch einen mitbestimmungsfreien Raum zugesteht,[87] keine verfahrensbeendende Regelung der Streitfrage vornimmt[88] oder als Ausgleich für die Einführung der bargeldlosen Lohnzahlung pauschal wöchentlich eine Stunde Freizeit einräumt.[89] Unwirksam ist auch ein Sozialplan, der eine einheitliche Abfindungshöhe festsetzt[90] oder der Ausgleichs- und Milderungsmaßnahmen vorsieht, obwohl keine Nachteile zu erwarten waren.[91] **31**

3. Anfechtungsfrist. a) Überschreitet die Einigungsstelle ihr Ermessen (RN 29), kann der insoweit unterlegene Arbeitgeber oder Betriebsrat binnen einer Frist von zwei Wochen beim Arbeitsgericht den Einigungsstellenspruch anfechten (§ 76 V 4 BetrVG). Die Frist ist eine materiell-rechtliche Ausschlussfrist, sie beginnt am Tag nach der Zuleitung des schriftlichen Beschlusstenors an den anfechtungsberechtigten Beteiligten; nur wenn die schriftliche Begründung des Einigungsstellenspruchs vereinbart worden ist, beginnt die Anfechtungsfrist erst mit deren Zugang an den Anfechtungsberechtigten. Bei Versäumung der Frist findet eine Wiedereinset- **32**

---

[79] BAG 19. 9. 1995 AP 61 zu § 77 BetrVG 1972 = NZA 96, 386; zu Sozialplänen BAG 10. 8. 1994 AP 86 zu § 112 BetrVG 1972 = NZA 95, 314.

[80] BAG 30. 8. 1995 AP 29 zu § 87 BetrVG 1972 Überwachung = NZA 96, 218; 14. 9. 1994 AP 87 zu § 112 BetrVG 1972 = NZA 95, 440; 11. 3. 1986 AP 14 zu § 87 BetrVG 1972 Überwachung = NZA 86, 526.

[81] Ähnlich BAG 6. 5. 2003 AP 161 zu § 112 BetrVG 1972 = NZA 2004, 108.

[82] BAG 10. 8. 1993 AP 12 zu § 87 BetrVG 1972 Auszahlung = NZA 94, 326; 27. 10. 1992 AP 29 zu § 95 BetrVG 1972 = NZA 93, 607.

[83] BAG 22. 1. 1997 AP 146 zu § 1 TVG Tarifverträge: Metallindustrie = NZA 97, 837.

[84] BAG 31. 8. 1982 AP 8 zu § 87 BetrVG 1972 Arbeitszeit = NJW 83, 953.

[85] BAG 11. 3. 1986 AP 14 zu § 87 BetrVG 1972 Überwachung = NJW 86, 2724; 31. 8. 1982 AP 8 zu § 87 BetrVG 1972 Arbeitszeit = NJW 83, 953.

[86] BAG 27. 10. 1992 AP 29 zu § 95 BetrVG 1972 = NZA 93, 607.

[87] BAG 26. 8. 2008 – 1 ABR 16/07 – NZA 2008, 1187; 17. 10. 1989 AP 39 zu § 76 BetrVG 1972 = NZA 90, 399; 28. 10. 1986 AP 20 zu § 87 BetrVG 1972 Arbeitszeit = NZA 87, 248.

[88] BAG 30. 1. 1990 AP 41 zu § 87 BetrVG 1972 Lohngestaltung = NZA 90, 571.

[89] BAG 10. 8. 1993 AP 12 zu § 87 BetrVG 1972 Auszahlung = NZA 94, 326.

[90] BAG 14. 9. 1994 AP 87 zu § 112 BetrVG 1972 = NZA 95, 440.

[91] BAG 25. 1. 2000 AP 137 zu § 112 BetrVG 1972 = NZA 2000, 1069.

zung in den vorigen Stand nicht statt. Der Antrag nach § 76 V 4 BetrVG ist nicht unzulässig, wenn er nicht oder nicht ordnungsgemäß innerhalb der Frist begründet wird. Der Prüfungsumfang des Gerichts ist jedoch darauf beschränkt, ob der Beschluss aus Rechtsgründen unwirksam ist.[92] Etwaige Ermessensfehler können auch im Individualprozess nicht gerügt werden.[93]

33 **b) Verfahrensfehler.** Verzichtbare Verfahrensverstöße während des Einigungsstellenverfahrens sind nach Ansicht des BAG zu berücksichtigen, wenn der Beteiligte eine entsprechende Rüge erhoben und sie vor der Antragstellung aufrechterhalten hat. Sie führen nur zur Unwirksamkeit, wenn bei Einhaltung eines ordnungsgemäßen Verfahrens eine andere (rechtmäßige) Entscheidung in Betracht gekommen wäre. Die Anfechtung kann nicht allein auf übergangene Aufklärungsanträge gestützt werden.[94]

34 **Andere Mängel** des Einigungsstellenspruchs (z. B. unverzichtbare Verfahrensverstöße, Überschreitung der Zuständigkeit,[95] Fehler bei der Rechtsanwendung usw.) können sowohl von den Betriebspartnern im Beschluss- wie auch in Individualverfahren, die den Einigungsstellenspruch zum Gegenstand haben, unabhängig von der Anfechtungsfrist außerhalb der Zwei-Wochen-Frist geltend gemacht werden.[96] Bis zur Entscheidung des Arbeitsgerichts entfaltet der Spruch der Einigungsstelle aber zunächst rechtliche Wirksamkeit.[97]

35 **c) Beteiligte.** Am Anfechtungsverfahren sind nur Arbeitgeber und die zuständige Arbeitnehmervertretung beteiligt. Die Einigungsstelle ist nach Auffassung des BAG im arbeitsgerichtlichen Beschlussverfahren nicht Verfahrensbeteiligter (§ 83 III ArbGG), auch wenn sie sich für unzuständig erklärt hat oder ihr Spruch angefochten wird.[98] Sie ist nur Hilfsorgan der Betriebspartner und hat keine eigenen betriebsverfassungsrechtlichen Rechte.

36 **4. Beschluss. a) Inhalt.** Das Arbeitsgericht entscheidet im Beschlussverfahren. Die gerichtliche Entscheidung hat feststellende und nicht rechtsgestaltende Wirkung. Deshalb ist die Feststellung der Unwirksamkeit des Spruchs zu beantragen, nicht dessen Aufhebung.[99] Eine Sachentscheidung ist dem Arbeitsgericht regelmäßig verwehrt, wenn Gegenstand des Einigungsstellenverfahrens eine Regelungsstreitigkeit war, bei der ein Ermessensspielraum bestanden hat.[100] Ist der Spruch der Einigungsstelle teilweise unwirksam, kann er im Übrigen aufrecht zu erhalten sein, wenn der Rest noch ein sinnvolles Ganzes ergibt.[101] Hat die Einigungsstelle ihre Zuständigkeit zu Unrecht verneint, beschränkt sich das Gericht auf einen Ausspruch zur Zuständigkeit. Eine Sachentscheidung des Arbeitsgerichts kommt in Betracht, wenn Gegenstand des Einigungsstellenspruchs eine Rechtsentscheidung ist oder bei einer Ermessensreduzierung auf Null. Zur Anfechtung von Sozialplänen § 245 RN 70 ff.

37 **b) Wirkung.** Die Anrufung des Gerichts hat im Verhältnis der Betriebspartner zueinander im Allgemeinen keine suspendierende Wirkung für den Einigungsstellenspruch.[102] Jedoch kann im Wege der einstweiligen Verfügung die Durchführung des Spruchs ausgesetzt werden,[103] ein Anordnungsgrund besteht aber nur, wenn der Spruch offensichtlich rechtswidrig ist.[104] Die Aussetzung von Individualverfahren ist zulässig, wenn das Anfechtungsverfahren für den klageweise

[92] BAG 27. 5. 1989 AP 38 zu § 87 BetrVG 1972 Arbeitszeit = NZA 89, 979; 26. 5. 1988 AP 26 zu § 76 BetrVG 1972 = NZA 89, 26; 14. 5. 1985 AP 16 zu § 76 BetrVG 1972 = NZA 85, 715.

[93] BAG 17. 2. 1981 AP 11 zu § 112 BetrVG 1972 = NJW 82, 69.

[94] BAG 29. 1. 2002 AP 19 zu § 76 BetrVG 1972 Einigungsstelle.

[95] BAG 20. 7. 1999 AP 8 zu § 76 BetrVG 1972 Einigungsstelle = NZA 2000, 495.

[96] BAG 27. 6. 1995 AP 1 zu § 76 BetrVG 1972 Einigungsstelle = NZA 96, 16.

[97] LAG Berlin 6. 12. 1984 BB 85, 1199.

[98] BAG 28. 7. 1981 AP 3 zu § 87 BetrVG 1972 Lohngestaltung = NJW 82, 959; 28. 4. 1981 AP 1 zu § 87 BetrVG 1972 Vorschlagswesen = DB 81, 1882; 22. 1. 1980 AP 9 zu § 112 BetrVG 1972 = NJW 80, 1542; 22. 1. 1980 AP 7 zu § 111 BetrVG 1972 = NJW 80, 2094; a. A. BVerwG 26. 8. 1987 BVerwGE 78, 72 = DVBl. 88, 345.

[99] BAG 28. 5. 2002 AP 10 zu § 87 BetrVG 1972 Urlaub = NZA 2003, 171.

[100] BAG 27. 5. 1986 AP 15 zu § 87 BetrVG 1972 Überwachung = NJW 87, 674; 28. 7. 1981 AP 3 zu § 87 BetrVG 1972 Lohngestaltung = NJW 82, 959; 30. 10. 1979 AP 9 zu § 112 BetrVG 1972 = NJW 80, 1542.

[101] BAG 28. 5. 2002 AP 10 zu § 87 BetrVG 1972 Urlaub = NZA 2003, 171; 30. 8. 1995 AP 29 zu § 87 BetrVG 1972 Überwachung = NZA 96, 218; 28. 4. 1981 AP 1 zu § 87 BetrVG 1972 Vorschlagswesen = NJW 82, 405; 28. 7. 1981 AP 2 zu § 87 BetrVG 1972 Urlaub = NJW 82, 959.

[102] LAG Köln 20. 4. 1999 NZA-RR 2000, 311; LAG Berlin 6. 12. 1984 BB 85, 1199.

[103] LAG Köln 20. 4. 1999 NZA-RR 2000, 311; LAG Baden-Württemberg 7. 11. 1989 NZA 90, 286; LAG Frankfurt 24. 9. 1987 NZA 88, 260; LAG Berlin 6. 12. 1984 BB 85, 1199.

[104] LAG Köln 30. 7. 1999 AP 1 zu § 87 BetrVG 1972 Unterlassungsanspruch = NZA 2000, 334; LAG Frankfurt 24. 9. 1987 BB 88, 347.

geltend gemachten Anspruch vorgreiflich ist.[105] Wird die Unwirksamkeit des Spruchs der Einigungsstelle festgestellt, ist im Allgemeinen eine neue Einigungsstelle zu bilden.[106] Hatte dagegen die Einigungsstelle eine Rechtsentscheidung zu treffen, kann das Gericht auch eine ersetzende Entscheidung vornehmen. Wird der Einigungsstellenspruch angefochten, wird ein ggf. noch anhängiges Beschlussverfahren um ihre Zuständigkeit oder etwaige Zwischenbeschlüsse unzulässig.[107] Der Streitwert des Anfechtungsverfahrens richtet sich nach den zu regelnden Fragen.[108]

VII. Besonderheiten des freiwilligen Einigungsstellenverfahrens

Ersetzt der Spruch der Einigungsstelle nicht die Einigung zwischen Arbeitgeber und Betriebsrat, wird die Einigungsstelle nur tätig, wenn beide Betriebspartner es übereinstimmend beantragen oder mit ihrem Tätigwerden einverstanden sind (§ 76 VI 1 BetrVG). Der Spruch der freiwilligen Einigungsstelle hat jedoch bloß die Bedeutung eines unverbindlichen Einigungsvorschlags. Etwas anderes gilt nur dann, wenn sich die Betriebspartner dem Spruch im Voraus unterwerfen oder ihn nachträglich anerkennen (§ 76 VI 2 BetrVG). In diesen Fällen hat der Spruch dieselben Rechtswirkungen wie im verbindlichen Einigungsstellenverfahren. Es kann daher auch die Kontrolle der Ermessensausübung stattfinden (oben RN 29 ff.). **38**

VIII. Umsetzung der Beschlüsse der Einigungsstelle

Vereinbarungen zwischen Betriebsrat und Arbeitgeber führt nach § 77 I BetrVG der Arbeitgeber durch, es sei denn, dass im Einzelfall etwas anderes vereinbart ist.[109] Dies gilt auch dann, wenn die Vereinbarung auf einem Spruch der Einigungsstelle beruht (zur Umsetzung bei Anfechtung des Spruchs oben RN 36 f.). Bei unberechtigter Weigerung kann der Betriebsrat im Beschlussverfahren seine Durchführung verlangen. Er kann jedoch nicht zugunsten der einzelnen Arbeitnehmer klagen.[110] Ergeben sich aus dem Spruch der Einigungsstelle Rechtsansprüche zugunsten der einzelnen Arbeitnehmer, sind diese im Urteilsverfahren geltend zu machen. **39**

IX. Kosten der Einigungsstelle (§ 76 a BetrVG)

1. Kostentragungspflicht des Arbeitgebers. Die Kosten der Einigungsstelle trägt der Arbeitgeber (§ 76 a I BetrVG). Die Vorschrift entspricht § 40 BetrVG (§ 222), sie hat nur klarstellende Funktion. Wie im Bereich des § 40 BetrVG ist der Arbeitgeber nur zur Übernahme der erforderlichen Kosten der Einigungsstelle verpflichtet, die durch deren Sitzungen oder eine besondere Aufgabenzuweisung an deren Mitglieder veranlasst sind.[111] Der Betriebsrat ist zur Abgabe einer Honorarzusage nicht berechtigt.[112] Gehört ein Insolvenzverwalter der Einigungsstelle an, soll auch er der Masse eine besondere Vergütung in Rechnung stellen können.[113] **40**

2. Sachkosten und Aufwendungen. Von § 76 a I BetrVG werden die Sach- und persönlichen Kosten der Einigungsstelle bzw. ihrer Mitglieder erfasst, nicht aber deren Vergütungsansprüche.[114] Zu den Sachkosten zählen z. B. die Aufwendungen für die Bereitstellung von Räumlichkeiten und ggf. einer Schreibkraft. Als persönliche Kosten der Einigungsstellenmitglieder kommen Reise-, Verpflegungs- und sonstige Aufwendungen (Telefon, Fax) in Betracht. Gleiches gilt für die Kosten eines Sachverständigen, der für die Einigungsstelle tätig wird.[115] Nicht von § 76 a I BetrVG erfasst werden die Honoraransprüche eines Rechtsanwalts, der den Be- **41**

---

[105] BAG 28. 8. 1996 AP 104 zu § 112 BetrVG 1972 = NZA 97, 109; ebenso LAG Hamm 22. 6. 1978 BB 78, 1014 = DB 78, 1699.

[106] BAG 25. 8. 1983 AP 14 zu § 59 KO = DB 84, 303.

[107] BAG 22. 1. 2002 AP 16 zu § 76 BetrVG 1972 Einigungsstelle; 16. 7. 1996 AP 53 zu § 76 BetrVG 1972 = NZA 97, 337.

[108] Vgl. LAG Düsseldorf 29. 11. 1994 LAGE § 8 BRAGO Nr. 25 = DB 95, 52 – Höchstgrenze 1 Mill.; LAG Brandenburg 20. 11. 1992 LAGE § 8 BRAGO Nr. 20 – Umfang der anwaltlichen Tätigkeit; LAG Rheinland-Pfalz 8. 6. 1992 NZA 93, 93; LAG Düsseldorf 6. 3. 1989 LAGE § 8 BRAGO Nr. 9 – Samstagsarbeit.

[109] BAG 10. 11. 1987 AP 24 zu § 77 BetrVG 1972 = NZA 88, 255.

[110] BAG 17. 10. 1989 AP 53 zu § 112 BetrVG 1972 = NZA 90, 441.

[111] BAG 14. 2. 1996 AP 6 zu § 76 a BetrVG 1972 = NZA 96, 1225.

[112] BAG 24. 4. 1996 AP 5 zu § 76 BetrVG 1972 Einigungsstelle = NZA 96, 1171; zur alten Rechtslage BAG 14. 12. 1988 AP 30 zu § 76 BetrVG 1972.

[113] AG Hamburg 15. 10. 1990 ZIP 91, 181.

[114] BAG 14. 2. 1996 AP 6 zu § 76 a BetrVG 1972 = NZA 96, 1225.

[115] BAG 13. 11. 1991 AP 1 zu § 76 a BetrVG 1972 = NZA 92, 459.

triebsrat vor der Einigungsstelle vertritt und ihr nicht als Beisitzer angehört. Die Erstattungsfähigkeit seiner Aufwendungen richtet sich nach § 40 BetrVG.[116] Wegen des Umfangs der Kostenerstattung gelten ansonsten die gleichen Grundsätze wie zu § 40 BetrVG (§ 222).

42 **3. Betriebsangehörige Beisitzer.** Die Beisitzer der Einigungsstelle, die dem Betriebsrat bzw. Betrieb angehören, erhalten für ihre Tätigkeit keine besondere Vergütung, sondern lediglich Entgeltfortzahlung oder Freizeitausgleich (§ 76a II BetrVG). Insoweit folgt das Gesetz der bisherigen Rspr. des BAG.[117] Ist die Einigungsstelle zur Beilegung von Meinungsverschiedenheiten zwischen Arbeitgeber und Gesamtbetriebsrat/Konzernbetriebsrat zu bilden, so gelten dieselben Grundsätze. Streiten dagegen Betriebsrat und Arbeitgeber miteinander, hat ein Beisitzer eines anderen Betriebes desselben Unternehmens Honoraransprüche,[118] daneben sind ihnen auch Aufwendungen und Auslagen zu ersetzen, soweit sie erforderlich sind.

43 **4. Bemessung der Vergütungshöhe. a)** Der Vorsitzende und die Beisitzer der Einigungsstelle, die nicht dem Betrieb/Unternehmen/Konzern angehören, haben gegen den Arbeitgeber Anspruch auf Vergütung ihrer Tätigkeit (§ 76a III 1 BetrVG). Bei den Beisitzern ist zusätzliche Voraussetzung, dass sie rechtswirksam bestellt worden sind.[119] Solange die in § 76a IV BetrVG vorgesehene RechtsVO fehlt, richtet sich die Vergütungshöhe entweder nach einer vertraglichen Vereinbarung zwischen dem Arbeitgeber und dem Einigungsstellenmitglied oder – bei Fehlen einer Vereinbarung – nach der einseitigen Bestimmung der Vergütung durch das Einigungsstellenmitglied nach billigem Ermessen (§§ 316, 315 BGB). Eine gerichtliche Festsetzung der Vergütungshöhe kommt erst in Betracht, wenn die vom Einigungsstellenmitglied getroffene Vergütungsbestimmung nicht der Billigkeit entspricht (§ 315 III 2 BGB).[120] Dem Vergütungsanspruch steht nicht entgegen, dass hauptamtliche Gewerkschaftsfunktionäre ihren Honoraranspruch an eine Gewerkschaftsstiftung abführen sollen.[121]

44 **b) Höhe. aa)** Die Bemessung der Vergütung richtet sich nach § 76a IV (§ 76a III 2 BetrVG). Der BMAS kann durch RechtsVO die Vergütung für den Vorsitzenden und die außerbetrieblichen Beisitzer regeln. Eine RechtsVO ist bislang nicht ergangen, die Rspr. hat eine entspr. richterliche Rechtsfortbildung bisher abgelehnt.[122] Unabhängig von der Vergütungsordnung sind bei der Bemessung des gesetzlichen Anspruchs im Rahmen des billigen Ermessens (§ 315 BGB) der erforderliche Zeitaufwand, die Schwierigkeit der Streitigkeit sowie der Verdienstausfall zu berücksichtigen.[123] Nicht genannt hat das Gesetz die wirtschaftliche Bedeutung der Sache, weshalb die Vergütung nicht nach dem Streitwert bemessen werden kann.

45 **bb) Vorsitzender.** Für die Vergütung des Vorsitzenden ist nach Auffassung des BAG bei mittlerer Schwierigkeit der Angelegenheit ein Stundensatz von 154 Euro angemessen.[124] Abgelehnt hat das Gericht zutreffend eine analoge Heranziehung der Regelungen in § 20 I BRAGO a.F. bzw. § 3 ZSEG, allerdings hat es die von ihm als ausreichend erkannte Stundensatzhöhe nicht näher begründet. Gleichwohl wird sich die Praxis auf den genannten Satz einzurichten haben. Dieser Stundensatz gilt aber nur bei Fehlen einer vertraglichen Vereinbarung und wenn die vom Vorsitzenden getroffene Festsetzung unbillig war. Üblich ist in der Praxis auch die Vereinbarung eines Festhonorars für jeden Sitzungstag. Wegen der fehlenden RechtsVO ist es für den Arbeitgeber stets empfehlenswert, sich vorab über die Höhe des vom Vorsitzenden beanspruchten Honorars zu informieren bzw. eine entsprechende Vereinbarung zu treffen.

46 **cc) Beisitzer.** Die Vergütung der Beisitzer ist bei fehlender Vereinbarung niedriger zu bemessen als die des Vorsitzenden. Für den Beisitzer werden regelmäßig[125] $^{7}/_{10}$ der Vergütung des Vorsitzenden als angemessen erachtet;[126] jedoch ist auch die Vereinbarung einer identischen oder

---

[116] BAG 21. 6. 1989 AP 34 zu § 76 BetrVG 1972 = NJW 90, 107; vgl. auch 14. 2. 1996 AP 6 zu § 76a BetrVG 1972 = NZA 96, 1225; denkbar ist auch seine Hinzuziehung als Sachverständiger (§ 80 BetrVG) vgl. BAG 25. 4. 1978 AP 11 zu § 80 BetrVG 1972 = DB 78, 1747.

[117] BAG 11. 5. 1976 AP 2 zu § 76 BetrVG 1972 = NJW 76, 2039.

[118] BAG 21. 6. 1989 AP 35 zu § 76 BetrVG 1972 = NZA 90, 110.

[119] BAG 14. 2. 1996 AP 5 zu § 76a BetrVG 1972 = NZA 96, 892; 19. 8. 1992 AP 3 zu § 76a BetrVG 1972 = NZA 93, 710.

[120] BAG 12. 2. 1992 AP 2 zu § 76a BetrVG 1972 = NZA 93, 605.

[121] BAG 14. 12. 1988 AP 30 zu § 76 BetrVG 1972 = NZA 89, 515.

[122] BAG 28. 8. 1996 AP 7 zu § 76a BetrVG 1972 = NZA 97, 222.

[123] BAG 28. 8. 1996 AP 7 zu § 76a BetrVG 1972 = NZA 97, 222; 14. 2. 1996 AP 6 zu § 76a BetrVG 1972.

[124] BAG 28. 8. 1996 AP 7 zu § 76a BetrVG 1972 = NZA 97, 222.

[125] LAG Niedersachsen 25. 1. 2005 LAGE § 76a BetrVG 2001 Nr. 1.

[126] BAG 14. 2. 1996 AP 6 zu § 76a BetrVG 1972 = NZA 96, 1225; 12. 2. 1992 AP 2 zu § 76a BetrVG 1972 = NZA 93, 605; LAG Niedersachsen 25. 1. 2005 LAGE § 76a BetrVG 2001 Nr. 1 – Pauschalhonorar; unzutreffend LAG Schleswig-Holstein 11. 5. 1995 DB 95, 1282.

höheren Vereinbarung zulässig.[127] Eine Orientierung am Honorar des Vorsitzenden scheidet nur aus, wenn es seinerseits unangemessen ist oder sich durch Besonderheiten erklärt, die in den Verhältnissen oder der Person des Beisitzers nicht erfüllt werden.[128] Die $^{7}/_{10}$-Regelung gilt auch für einen Rechtsanwalt, wenn er als Beisitzer auftritt.[129] Eine Honorarvereinbarung bedarf der Schriftform[130] (§ 4 I RVG). Seine Beratungs- und Vorbereitungstätigkeit in Zusammenhang mit der Einigungsstelle zählt zur Beisitzertätigkeit und wird von der entsprechenden Vergütung mitumfasst. Mit dem Honorar für die Teilnahme an einem Verfahren der Einigungsstelle wird aber nicht die anwaltliche Tätigkeit für ein späteres Beschlussverfahren um die Wirksamkeit des Einigungsstellenspruchs abgegolten.[131] Eine unterschiedliche Vergütung der betriebsfremden Beisitzer einer Einigungsstelle ist nicht zulässig.[132]

5. Abweichende Vergütungsregelungen. Von der gesetzlichen Vergütungsregelung des § 76a III BetrVG oder einer RechtsVO (§ 76a IV BetrVG) kann durch Tarifvertrag oder Betriebsvereinbarung abgewichen werden, wenn der Tarifvertrag eine Öffnungsklausel enthält oder überhaupt keine tarifliche Regelung besteht. Nach dem Wortlaut sind deshalb die grundsätzliche Kostentragungspflicht des Arbeitgebers und die Vergütungspflicht für die Beisitzer (§ 76a I, II BetrVG) einer abweichenden Regelung entzogen. Einzelvertragliche Absprachen werden überwiegend für zulässig gehalten, soweit sie eine günstigere Vergütungsregelung für das Einigungsstellenmitglied darstellen. So kann mit dem Arbeitgeber vereinbart werden, dass die betriebsfremden Beisitzer einen über $^{7}/_{10}$ des Vorsitzendenhonorars hinausgehenden Vergütungsanspruch haben. 47

6. Gerichtliche Durchsetzung. Der Vorsitzende und die betriebsfremden Beisitzer können ihren Vergütungsanspruch gegen den Arbeitgeber im arbeitsgerichtlichen Beschlussverfahren geltend machen.[133] Gleiches gilt für Ansprüche nach § 76a I BetrVG. Zu den erstattungsfähigen Kosten gehören auch die sog. Honorardurchsetzungskosten. Anspruchsgrundlage ist § 286 I BGB; § 12a ArbGG findet keine Anwendung.[134] Die auf das Honorar entfallende Mehrwertsteuer kann auch ohne besondere Vereinbarung geltend gemacht werden.[135] Der Arbeitgeber ist den Beisitzern wegen der Honorarzusage an den Vorsitzenden auskunftspflichtig.[136] Die betriebsangehörigen Beisitzer müssen ihre Ansprüche nach § 76a II BetrVG hingegen im Urteilsverfahren durchsetzen. Honoraransprüche des Vorsitzenden sind auch dann Masseschulden (§ 55 InsO), wenn das Einigungsstellenverfahren zwar vor Insolvenzeröffnung begonnen, aber erst nach diesem Zeitpunkt durch einen Spruch der Einigungsstelle abgeschlossen wurde.[137] Die Arbeitsgerichte sind auch für Honorarrückerstattungsforderungen des Insolvenzverwalters gegen die Mitglieder der Einigungsstelle zuständig.[138] 48

X. Rechtsstellung der Mitglieder der Einigungsstelle

1. Behinderungsverbot. Die Mitglieder der Einigungsstelle dürfen in der Ausübung ihrer Tätigkeit nicht gestört oder behindert werden (§ 78 BetrVG). Sie sind an keine Weisungen gebunden. Verboten ist sowohl die Behinderung des Organs wie der einzelnen Mitglieder. Maßnahmen, die auf die Störung oder Behinderung der Einigungsstelle oder ihrer Mitglieder hinauslaufen, sind unzulässig und im Falle dessen, dass es sich um Rechtsgeschäfte handelt, rechtsunwirksam (§ 134 BGB). Außerdem kann die Störung oder Behinderung zur Bestrafung nach § 119 I Nr. 2 BetrVG oder bei Verstößen des Arbeitgebers zum Zwangsvollstreckungsverfahren nach § 23 III BetrVG führen. Die Mitglieder der Einigungsstelle sind nicht an Weisungen gebunden.[139] 49

---

[127] LAG Hamm 20. 1. 2006 NZA-RR 2006, 323.

[128] BAG 14. 2. 1996 AP 6 zu § 76a BetrVG 1972 = NZA 96, 1225; 12. 2. 1992 AP 2 zu § 76a BetrVG 1972; 20. 2. 1991 AP 44 zu § 76 BetrVG 1972 = NJW 91, 1846.

[129] BAG 20. 2. 1991 AP 44 zu § 76 BetrVG 1972 = NJW 91, 1846.

[130] LAG Hamm 20. 1. 2006 NZA-RR 2006, 323.

[131] LAG Rheinland-Pfalz 6. 8. 1992 NZA 93, 93.

[132] BAG 20. 2. 1991 AP 44 zu § 76 BetrVG 1972 = NJW 91, 1846.

[133] BAG 27. 7. 1994 AP 4 zu § 76a BetrVG 1972 = NZA 95, 545.

[134] BAG 27. 7. 1994 AP 4 zu § 76a BetrVG 1972 = NZA 95, 545.

[135] BAG 14. 2. 1996 AP 6 zu § 76a BetrVG 1972 = NZA 96, 1225.

[136] BAG 6. 4. 1973 AP 1 zu § 76 BetrVG 1972 = NJW 73, 2222.

[137] BAG 27. 3. 1979 AP 7 zu § 76 BetrVG 1972 = DB 79, 1562; zum Sozialplan vor Insolvenzeröffnung BAG 25. 8. 1983 AP 14 zu § 59 KO = DB 84, 303.

[138] LG Frankfurt 25. 6. 1993 NZA 94, 96.

[139] BAG 27. 6. 1995 AP 1 zu § 76 BetrVG 1972 Einigungsstelle = NZA 96, 161; 18. 1. 1994 AP 51 zu § 76 BetrVG 1972 = NZA 94, 571.

50 **2. Schadensersatz.** Die Mitglieder der Einigungsstelle können auf Schadensersatz haften, wenn sie ihre Pflichten verletzen. I. d. R. wird zwischen Arbeitgeber und Mitgliedern der Einigungsstelle ein Schiedsgutachtervertrag geschlossen. Pflichtverletzungen sind insbesondere die Verletzung der Verschwiegenheitspflicht; aber auch Rechtsfehler des Spruches selbst. Bei Spruchfehlern wird eine Haftung der Mehrheit der Einigungsstellenmitglieder nur bei Vorsatz oder grober Fahrlässigkeit in Betracht kommen.[140]

§ 233. Allgemeine Aufgaben des Betriebsrats

Diller/Powietzka, Informationsrechte des Betriebsrats im (internationalen) Konzern, DB 2001, 1034.

Übersicht

	RN
I. Überwachungs- und Beratungsaufgaben	1 ff.
1. Allgemeines	1
2. Überwachung	2–5
3. Antragsrecht für sachdienliche Maßnahmen (§ 80 I Nr. 2 BetrVG)	6
4. Durchsetzung der Gleichstellung und Förderung der Vereinbarkeit von Familie und Erwerbstätigkeit (§ 80 I Nr. 2 a, b BetrVG)	7
5. Anregungen (§ 80 I Nr. 3 BetrVG)	8
6. Schutzbedürftige Personen (§ 80 I Nr. 4 BetrVG)	9
7. Jugend- und Auszubildendenvertretung (§ 80 I Nr. 5 BetrVG)	10
8. Ältere Arbeitnehmer (§ 80 I Nr. 6 BetrVG)	11
9. Ausländische Arbeitnehmer (§ 80 I Nr. 7 BetrVG)	12
10. Beschäftigungsförderung und -sicherung (§ 80 I Nr. 8 BetrVG)	13
11. Arbeitsschutz und betrieblicher Umweltschutz (§ 80 I Nr. 9 BetrVG)	14
12. Aufgabenkatalog außerhalb des BetrVG	15
II. Informationsrechte gegenüber dem Arbeitgeber	16 ff.
1. Unterrichtungspflicht	16–18
2. Vorlage von Urkunden (§ 80 II 2 BetrVG)	19–20 a
III. Hinzuziehung von Sachverständigen und sachkundigen Arbeitnehmern	21 ff.
1. Sachverständige	21–23
2. Sachkundige Arbeitnehmer	24
3. Verschwiegenheitspflicht	25

I. Überwachungs- und Beratungsaufgaben

Fischer, Beschäftigungsförderung nach neuem Betriebsverfassungsrecht, DB 2002, 322; *ders.,* Betriebsratliche Rechtsdurchsetzung von gleichgelagerten betrieblichen Arbeitnehmeransprüchen, RdA 2003, 269; *Gola/Jaspers,* Der Betriebsrat und seine sich aus dem Allgemeinen Gleichbehandlungsgesetz ergebenden datenschutzrechtlichen Aufgaben, RDV 2007, 111; *Iraschko-Luscher,* Zusammenarbeit des Datenschutzbeauftragten mit dem Betriebsrat, DuD 2007, 696; *Pulte,* Beteiligungsrechte des Betriebsrats außerhalb der Betriebsverfassung, NZA-RR 2008, 113; *Wendeling-Schröder/Welkoborsky,* Beschäftigungssicherung und Transfersozialplan, NZA 2002, 1370.

1 **1. Allgemeines.** Der Betriebsrat hat das Recht und die Pflicht, die in § 80 BetrVG geregelten allgemeinen Aufgaben wahrzunehmen, ohne an die Voraussetzungen der besonderen Mitwirkungs- und Mitbestimmungsrechte gebunden zu sein. § 80 BetrVG gibt ihm daher einen allgemeinen Handlungsrahmen. Kommt es bei Regelungsstreitigkeiten zu Meinungsverschiedenheiten zwischen Arbeitgeber und Betriebsrat, kann er in den im Gesetz genannten Fällen (§ 232 RN 5) die Einigungsstelle angerufen werden. Ein besonderes Einigungsstellenverfahren, um den Arbeitgeber zur Einhaltung seiner Pflichten anzuhalten, ist nicht vorgesehen.

2 **2. Überwachung. a) Vorschriften.** Der Betriebsrat hat darüber zu wachen, dass die zugunsten der Arbeitnehmer geltenden Rechtsvorschriften (Gesetze, Verordnungen, Unfallverhütungsvorschriften usw.) sowie Tarifverträge und Betriebsvereinbarungen durchgeführt werden (§ 80 I Nr. 1 BetrVG). Das Überwachungsrecht betrifft nicht nur die eigentlichen Arbeitnehmerschutzvorschriften, sondern alle im Rahmen des Arbeitsverhältnisses relevanten Normen, die die Arbeitnehmer in irgendeiner Form begünstigen,[1] hierzu zählen z. B. die Einhaltung des

[140] *Fitting* § 76 RN 34.
[1] *Fitting* § 80 RN 6.

NachwG,[2] der §§ 305c–310 BGB,[3] des AGG, der Arbeitszeitvorschriften[4] und des Datenschutzes.[5] Die zu überwachenden Normen müssen das Rechtsverhältnis zwischen Arbeitgeber und Arbeitnehmer unmittelbar gestalten oder auf dieses einwirken. Die Einhaltung des Lohnsteuerrechts zählt daher nicht zu den Aufgaben des Betriebsrats.[6] Im Tarifrecht können die den Arbeitnehmer begünstigenden Normen sowohl im schuldrechtlichen wie im normativen Teil enthalten sein,[7] der Rechtsgrund ihrer Geltung ist unbeachtlich.[8] Für die Überwachungsaufgabe nach § 80 I Nr. 1 BetrVG genügt daher die Geltung eines Tarifvertrags auf Grund einer generellen vertraglichen Bezugnahme. Dem Betriebsrat obliegt ferner, die Einhaltung von Betriebsvereinbarungen zu überwachen. Für die Überwachung bleibt er auch dann zuständig, wenn der Gesamtbetriebsrat die Betriebsvereinbarung abgeschlossen hat.[9] Das Überwachungsrecht richtet sich nicht nur gegen den Arbeitgeber, sondern auch gegen die Arbeitnehmer, z. B. hat er diese auf die Beachtung der Unfallverhütungsvorschriften hinzuweisen.

b) Überwachungstätigkeit. Der Betriebsrat ist kein dem Arbeitgeber übergeordnetes Kontrollorgan,[10] seine Schranken findet das Überwachungsrecht daher in dem Verbot, in die Leitung des Betriebes einzugreifen (§ 77 I BetrVG) und in dem Gebot der vertrauensvollen Zusammenarbeit (§ 2 I BetrVG), das den Arbeitgeber allgemein vor der rechtsmissbräuchlichen Wahrnehmung von Beteiligungsrechten schützt. Der Arbeitgeber hat den Betriebsrat über die in § 80 I BetrVG aufgezählten Angelegenheiten auch ohne Bestehen eines konkreten Beteiligungsrechts zu unterrichten.[11] Der Betriebsrat kann seine Überwachungstätigkeit ohne konkrete Verdachtsmomente wahrnehmen[12] und dazu Arbeitsplätze von einzelnen Arbeitnehmern auch unangekündigt aufsuchen,[13] z. B. zur Überprüfung der Eingruppierung[14] oder der Einhaltung von Arbeitsschutzvorschriften. Er ist dabei aber an sicherheitstechnische Vorgaben oder solche von externen Kunden gebunden, die auch der Arbeitgeber zu beachten hat.[15] Zur Informationsbeschaffung des Betriebsrats für die Überwachungstätigkeit RN 16. 3

Vor **Einschaltung von Behörden** und sonstigen externen Stellen zur Unterstützung seiner Überwachungstätigkeit muss der Betriebsrat regelmäßig eine betriebsinterne Auseinandersetzung und Einigung versuchen[16] (vgl. § 17 ArbSchG). Soweit er gesetzlich zur Zusammenarbeit mit Dritten verpflichtet ist, unterliegt er nicht der Schweigepflicht nach § 79 BetrVG. Speziell zum Arbeitsschutz § 236 RN 13. 4

c) Durchsetzung. Aus der gesetzlichen Überwachungsaufgabe folgt nach Ansicht des BAG weder ein Recht auf Feststellung von Normverstößen gegenüber einzelnen Arbeitnehmern noch ein zusätzliches Mitbestimmungsrecht. Die dem Betriebsrat eingeräumte Überwachungsbefugnis ist darauf beschränkt, die Missachtung oder fehlerhafte Durchführung der Normen beim Arbeitgeber zu beanstanden und auf Abhilfe zu drängen.[17] Das Überwachungsrecht umfasst keine Zweckmäßigkeits-, sondern nur eine Rechtskontrolle.[18] Aus dem Überwachungsrecht folgt insbesondere kein durchsetzbarer Anspruch des Betriebsrats, dass die Aufgaben in bestimmter Weise durch den Arbeitgeber durchgeführt werden;[19] ebenso wenig kann der Betriebsrat aus § 80 I Nr. 1 BetrVG die Unterlassung oder Rückgängigmachung bestimmter beanstandeter Ver- 5

[2] BAG 19. 10. 1999 AP 58 zu § 99 BetrVG 1972 = NZA 2000, 837.
[3] BAG 16. 11. 2005 AP 64 zu § 80 BetrVG 1972 = NZA 2006, 553.
[4] BAG 6. 5. 2003 AP 61 zu § 80 BetrVG 1972 = NZA 2003, 1348; LAG Köln 7. 5. 2008 ArbuR 2008, 456.
[5] BAG 3. 6. 2003 AP 1 zu § 89 BetrVG 1972 = DB 2003, 2496; 17. 3. 1987 AP 29 zu § 80 BetrVG 1972 = NJW 87, 2894; zum Datenschutz nach dem AGG: *Gola/Jaspers* RDV 2007, 111.
[6] BAG 11. 12. 1973 AP 5 zu § 80 BetrVG 1972 = DB 74, 880.
[7] BAG 11. 7. 1972 AP 1 zu § 80 BetrVG 1972 = DB 72, 2020.
[8] BAG 6. 5. 2003 AP 61 zu § 80 BetrVG 1972 = NZA 2003, 1348.
[9] BAG 20. 12. 1988 AP 5 zu § 92 ArbGG 1979 = NZA 89, 393.
[10] BAG 11. 7. 1972 AP 1 zu § 80 BetrVG 1972 = DB 72, 2020; 12. 7. 1957 AP 1 zu § 54 BetrVG.
[11] BAG 21. 10. 2003 AP 62 zu § 80 BetrVG 1972 = DB 2004, 322.
[12] BAG 11. 7. 1972 AP 1 zu § 80 BetrVG 1972 = DB 72, 2020.
[13] BAG 21. 1. 1982 AP 1 zu § 70 BetrVG 1972 = NJW 82, 2088; LAG Frankfurt 4. 2. 1972 DB 82, 2214 = BB 72, 1408; ArbG Stuttgart 19. 2. 2002 NZA-RR 2002, 365.
[14] BAG 17. 1. 1989 AP 1 zu § 2 LPVG NW = NZA 89, 938.
[15] BAG 13. 6. 1989 AP 36 zu § 80 BetrVG 1972 = NZA 89, 934 – Bewachungsunternehmen.
[16] Offengelassen von BAG 3. 6. 2003 AP 1 zu § 89 BetrVG 1972 = DB 2003, 2496.
[17] BAG 13. 3. 2007 AP 52 zu § 95 BetrVG 1972 = NZA-RR 2007, 581.
[18] BAG 16. 11. 2005 AP 64 zu § 80 BetrVG 1972 = NZA 2006, 553.
[19] BAG 10. 2. 1987 AP 27 zu § 80 BetrVG 1972 = NZA 87, 385; 10. 6. 1986 AP 26 zu § 80 BetrVG 1972 = NZA 87, 28.

haltensweisen des Arbeitgebers beanspruchen, soweit kein Mitbestimmungsrecht verletzt ist.[20] Daher obliegt die Durchsetzung der individuellen Ansprüche, die Rechtsberatung oder die Prozessvertretung des Arbeitnehmers nicht dem Betriebsrat.[21] Dieser kann auch nicht in eigenem Namen die Individualrechte zugunsten des Arbeitnehmers geltend machen; dadurch würde der individuelle Rechtsschutz auf die Betriebspartner übertragen.[22] Wegen des kollektivrechtlichen Bezuges von Sozialplänen ist er jedoch nach Ansicht des BAG berechtigt, Ansprüche der Arbeitnehmer im Insolvenzverfahren (§§ 138 ff. InsO) anzumelden.[23] Inhalt und Umfang der Überwachungsaufgaben können Gegenstand von Beschlussverfahren sein.[24]

6 **3. Antragsrecht für sachdienliche Maßnahmen (§ 80 I Nr. 2 BetrVG).** Der Betriebsrat hat Maßnahmen, die dem Betrieb und der Belegschaft dienen, beim Arbeitgeber zu beantragen. Er hat ein eigenes Initiativrecht in allen sozialen, personellen und wirtschaftlichen Angelegenheiten, auch wenn ihm kraft Gesetzes ein Beteiligungsrecht nicht eingeräumt ist.[25] Voraussetzung ist allein, dass die Anregungen dem Betrieb und seiner Belegschaft oder Teilen dienen können. Eine Möglichkeit, die Anregung auch durchzusetzen, hat er dagegen nicht. Die Einräumung des Rechtes nach § 80 I Nr. 2 BetrVG beinhaltet nicht ein zusätzliches Mitbestimmungsrecht.[26] Wegen des Grundsatzes der vertrauensvollen Zusammenarbeit (§ 2 I BetrVG) ist der Arbeitgeber jedoch verpflichtet, sich mit den Anregungen inhaltlich zu befassen.

7 **4. Durchsetzung der Gleichstellung und Förderung der Vereinbarkeit von Familie und Erwerbstätigkeit (§ 80 I Nr. 2 a, b BetrVG).** Der Betriebsrat hat die Durchsetzung der tatsächlichen Gleichbehandlung von Frauen und Männern, insbesondere bei der Einstellung, Beschäftigung, Aus-, Fort- und Weiterbildung und dem beruflichen Aufstieg zu fördern. Quotenregelungen zugunsten des unterrepräsentierten Geschlechts sind zulässig, nicht jedoch ein Automatismus bei personellen Maßnahmen.[27] Daneben hat der Betriebsrat die Vereinbarkeit von Familie und Beruf zu fördern, die zu den wichtigsten Voraussetzungen für die tatsächliche Gleichstellung der Geschlechter im Erwerbsleben zählt. Der Betriebsrat kann dem Arbeitgeber geeignete Maßnahmen zur Förderung der Gleichstellung, z. B. die Vereinbarung von Gleichstellungsförderplänen vorschlagen (§ 92 III BetrVG), die ggf. als Auswahlrichtlinien (§ 95 BetrVG) vereinbart oder auch unter den Voraussetzungen des § 95 II BetrVG erzwungen werden können (Muster: ArbR-Formb. § 55 RN 105).

8 **5. Anregungen (§ 80 I Nr. 3 BetrVG).** Der Betriebsrat hat Anregungen der Arbeitnehmer und der Jugend- und Auszubildendenvertretung (§ 227) entgegenzunehmen, sie vorzuprüfen und im Falle ihrer Berechtigung auf eine Erledigung beim Arbeitgeber hinzuwirken (§ 80 I Nr. 3 BetrVG). Die Jugend- und Auszubildendenvertretung kann nicht selbst an den Arbeitgeber herantreten.[28] Die Anregungen des einzelnen Arbeitnehmers können sich auf sämtliche betrieblichen Angelegenheiten beziehen. Von den Anregungen des Arbeitnehmers zu unterscheiden sind seine Beschwerden, die nach §§ 84, 88 BetrVG zu behandeln sind (§ 234 RN 15 ff., 23 ff.). Der Betriebsrat – nicht der Arbeitgeber – hat den Arbeitnehmer bzw. die Jugend- und Auszubildendenvertretung über den Stand und das Ergebnis der Verhandlungen zu unterrichten.

9 **6. Schutzbedürftige Personen (§ 80 I Nr. 4 BetrVG).** Der Betriebsrat hat die Eingliederung von schwerbehinderten Menschen und sonstigen besonders schutzbedürftigen Personen zu fördern. Hierzu zählen insbesondere körperlich, geistig oder seelisch Behinderte.

10 **7. Jugend- und Auszubildendenvertretung (§ 80 I Nr. 5 BetrVG).** Als besondere Aufgabe obliegt dem Betriebsrat die Betreuung der Jugend- und Auszubildendenvertretung. Er hat

---

[20] BAG 9. 12. 2003 AP 1 zu § 33 BetrVG 1972 = NZA 2004, 746; 28. 5. 2002 AP 39 zu § 87 BetrVG 1972 Ordnung des Betriebes = NZA 2003, 166.

[21] BAG 5. 5. 1992 AP 97 zu § 99 BetrVG 1972 = NZA 92, 1044; 17. 10. 1989 AP 53 zu § 112 BetrVG 1972 = NZA 90, 441; 24. 2. 1987 AP 28 zu § 80 BetrVG 1972 = NZA 87, 674; BVerwG 13. 2. 1976 BVerwGE 50, 186, 197; vgl. auch *Ankersen* JuS 95, 862.

[22] BAG 16. 7. 1985 AP 17 zu § 87 BetrVG 1972 Lohngestaltung; 25. 5. 1982 AP 2 zu § 87 BetrVG 1972 Prämie = DB 82, 2467.

[23] BAG 13. 12. 1978 AP 6 zu § 112 BetrVG 1972 = NJW 79, 774.

[24] BAG 24. 2. 1987 AP 28 zu § 80 BetrVG 1972 = NZA 87, 674; 10. 6. 1986 AP 26 zu § 80 BetrVG 1972 = NZA 87, 28.

[25] BAG 27. 6. 1989 AP 37 zu § 80 BetrVG 1972 = NZA 89, 929.

[26] BAG 16. 7. 1985 AP 17 zu § 87 BetrVG 1972 Lohngestaltung; 25. 5. 1982 AP 2 zu § 87 BetrVG 1972 Prämie = DB 82, 2467.

[27] EuGH 11. 11. 1997 AP 14 zu EWG-Richtlinie Nr. 76/207 = NJW 97, 3429 = NZA 97, 1337.

[28] BAG 21. 1. 1982 AP 1 zu § 70 BetrVG 1972 = NJW 82, 2088; 20. 11. 1973 AP 1 zu § 65 BetrVG 1972.

die Wahl einer Jugend- und Auszubildendenvertretung vorzubereiten und durchzuführen (§ 227 RN 1) und zur Förderung der Belange der Jugendlichen und Auszubildenden mit dieser zusammenzuarbeiten (vgl. §§ 65–71 BetrVG). Der Betriebsrat kann in Angelegenheiten der Jugendlichen und Auszubildenden Vorschläge und Stellungnahmen der Jugend- und Auszubildendenvertretung anfordern.

8. Ältere Arbeitnehmer (§ 80 I Nr. 6 BetrVG). Weiter ist ihm besonders die Förderung der Beschäftigung älterer Arbeitnehmer im Betrieb zur Pflicht gemacht, da dieser Personenkreis erfahrungsgemäß nur schwer eine andere Stelle auf dem Arbeitsmarkt findet. Die Förderungspflicht umfasst mehr als die Überwachung der Einhaltung gesetzlicher Vorschriften; vielmehr soll der Betriebsrat Initiativen entwickeln, wie den Belangen dieses Personenkreises Rechnung getragen wird; ein besonderes Benachteiligungsverbot wegen des Alters folgt aus § 75 I BetrVG i. V. m. § 7 AGG (dazu § 33 RN 15). 11

9. Ausländische Arbeitnehmer (§ 80 I Nr. 7 BetrVG). Zu den Aufgaben des Betriebsrats zählt auch die Integration ausländischer Arbeitnehmer in den Betrieben. Der Betriebsrat soll das Verständnis zwischen ihnen und den deutschen Arbeitnehmern fördern, insbesondere darüber wachen, dass sie entsprechend den gesetzlichen Vorschriften behandelt werden und auf den Abbau von Vorurteilen hinwirken. Daneben hat er ggf. geeignete Maßnahmen zur Bekämpfung von Rassismus und Fremdenfeindlichkeit beim Arbeitgeber zu beantragen. Diese müssen betrieblich veranlasst sein; ein allgemein-pädagogisches Mandat hat der Betriebsrat nicht. In Betracht kommt etwa der Abschluss von freiwilligen Betriebsvereinbarungen über Aktivitäten, die der gegenseitigen Toleranz der Arbeitnehmer untereinander dienen, z. B. über Räumlichkeiten, in denen die ausländischen Arbeitnehmer in den Pausen ungestört ihre Religion ausüben können (Muster: ArbR-Formb. § 55 RN 131). Über den Stand der Integration ausländischer Arbeitnehmer hat der Arbeitgeber in der Betriebsversammlung zu berichten (§ 43 II 3 BetrVG). Konkrete Beteiligungsrechte stehen dem Betriebsrat zur Abwehr von fremdenfeindlichen Arbeitnehmern nach den §§ 99 II Nr. 6, 104 BetrVG zu (vgl. § 241 RN 51, § 242). 12

10. Beschäftigungsförderung und -sicherung (§ 80 I Nr. 8 BetrVG). Dem Betriebsrat obliegt die Förderung und Sicherung der Beschäftigung der Arbeitnehmer. Zu diesem Zweck sind ihm in den §§ 92 a, 97 II, 112 V Nr. 2 a BetrVG konkrete Beteiligungsrechte verliehen worden. Mit Beschäftigungssicherung ist die Vermeidung von Entlassungen, d. h. der Erhalt der bestehenden Arbeitsplätze gemeint. Die Beschäftigungsförderung i. S. d. § 80 I Nr. 8 BetrVG umfasst die Verbesserung der Beschäftigungsmöglichkeiten bzw. -bedingungen für die im Betrieb beschäftigten Arbeitnehmer, nicht hingegen die Ausweitung der Beschäftigtenzahl. Unzulässig ist es daher, vorübergehende Überstunden unter Hinweis auf mögliche befristete Einstellungen abzulehnen. 13

11. Arbeitsschutz und betrieblicher Umweltschutz (§ 80 I Nr. 9 BetrVG). Der Betriebsrat ist schließlich für die betrieblichen Belange des Arbeitsschutzes und des betrieblichen Umweltschutzes zuständig. Der Umweltschutz im Betrieb und Unternehmen zählt zu den wirtschaftlichen Angelegenheiten (§ 106 Nr. 5 a BetrVG) und ist obligatorischer Gegenstand des Berichts des Arbeitgebers bzw. Unternehmers in der Betriebs- und Betriebsräteversammlung (§§ 43 II 3, 53 II BetrVG). Zu den Beteiligungsrechten im Einzelnen vgl. § 236 RN 13. 14

12. Aufgabenkatalog außerhalb des BetrVG.[29] In zahlreichen Gesetzen sind dem Betriebsrat Aufgaben übertragen worden. Hierzu gehören z. B. Aufgaben bei der Arbeitnehmerüberlassung, der Gewährung von Kurzarbeitergeld, des Insolvenzgeldes usw. Hierauf wird jeweils im Zusammenhang hingewiesen. 15

II. Informationsrechte gegenüber dem Arbeitgeber

Buschmann, Unterrichtung des Betriebsrats über Mitarbeiterbefragung – Anspruch des Betriebsrats auf Vorlage ausgefüllter Arbeitsverträge, ArbuR 2000, 269; *Diller/Powietzka,* Informationsrechte des Betriebsrats im internationalen Konzern, DB 2001, 1034; *Eckert,* Mitbestimmungsrecht des Betriebsrats für freie Mitarbeiter, DStR 2000, 1664; *Pohle,* Vorlage ausgefüllter Arbeitsverträge, BB 2000, 2153; *Wiese,* Beteiligungsrechte des Betriebsrats bei Drittbeziehungen des Arbeitgebers, NZA 2003, 1113.

1. Unterrichtungspflicht. a) Voraussetzungen. Der Arbeitgeber hat den Betriebsrat nach § 80 II BetrVG über sämtliche Angelegenheiten, die zu seinem Aufgabenbereich zählen,[30] rechtzeitig und umfassend in deutscher Sprache[31] zu unterrichten; zu diesen zählen auch die all- 16

[29] Dazu *Pulte* NZA-RR 2008, 113; *Engels* ArbuR 2009, 10, 65.
[30] Vgl. BVerwG 21. 9. 1984 NJW 85, 2845.
[31] LAG Hessen 19. 8. 1993 NZA 95, 285 = DB 94, 384.

gemeinen Aufgaben aus dem Katalog des § 80 I BetrVG (RN 2). Diese Aufgaben sind vom Vorliegen besonderer Mitwirkungs- oder Mitbestimmungsrechte unabhängig. Mit der Verpflichtung des Arbeitgebers korrespondiert ein entsprechender Unterrichtungsanspruch des Betriebsrats. Dieser besteht nicht nur, wenn allgemeine Aufgaben oder Beteiligungsrechte feststehen. Die Unterrichtung soll dem Betriebsrat auch ermöglichen, in eigener Verantwortung zu prüfen, ob sich für ihn gesetzliche Aufgaben ergeben und er zu ihrer Wahrnehmung tätig werden muss.[32] Die Grenzen des Auskunftsanspruchs liegen dort, wo ein Beteiligungsrecht offensichtlich nicht in Betracht kommt, eine gewisse Wahrscheinlichkeit für das Bestehen von Aufgaben genügt aber.[33] Daraus folgt letztlich eine zweistufige Prüfung dahingehend, ob **(a)** überhaupt eine Aufgabe des Betriebsrats gegeben und **(b)** im Einzelfall die begehrte Information zur Aufgabenwahrnehmung erforderlich ist. Die Überwachungsaufgabe ist vorrangig gegenwarts- und zukunftsbezogen. Die rückwärtige zeitliche Grenze liegt dort, wo der Betriebsrat aus den gewünschten Informationen für sein Handeln keine sachgerechten Folgerungen mehr ziehen könnte. Der Betriebsrat hat nach pflichtgemäßem Ermessen und unabhängig von einer möglichen Regelverletzung durch den Arbeitgeber darüber entscheiden, wann und wie er dieser Aufgabe nachkommen will.[34] Der Betriebsrat kann von sich aus an den Arbeitgeber herantreten und die Gegenstände der Unterrichtung bestimmen, sich aber auch selbst Informationen verschaffen, z. B. durch Betriebs- oder einzelne Arbeitsplatzbegehungen.[35] Der Betriebsrat kann auch Auskünfte von Arbeitnehmern verwerten. Die Arbeitnehmer sind allerdings nicht zur Informationsübermittlung an den Betriebsrat verpflichtet und bei vertraulichen Informationen auch nicht berechtigt. Besteht eine Unterrichtungspflicht des Arbeitgebers, kann dieser den Betriebsrat regelmäßig nicht darauf verweisen, sich die benötigten Informationen selbst zu beschaffen, selbst wenn er dazu in der Lage ist.[36]

16a **b) Umfang.** Die Unterrichtungspflicht des Arbeitgebers und der Auskunftsanspruch des Betriebsrats sollen es diesem ermöglichen, seine Entscheidung über die nach § 80 I BetrVG bestehende Aufgabe sachgerecht zu treffen. Dazu ist regelmäßig ein Informationsgleichstand zwischen Arbeitgeber und Betriebsrat erforderlich.[37] Der sich aus § 80 II BetrVG für den Betriebsrat ergebende Anspruch ist dabei von der konkreten Kontrollaufgabe abhängig. Er reicht umso weiter, je weniger der Betriebsrat über die zur Wahrnehmung seines Beteiligungsrechts notwendigen Kenntnisse verfügt.[38] Nach Ansicht des BAG kann der Arbeitgeber zur Unterrichtung über Gegenstände, die dem Überwachungsrecht des Betriebsrats nach § 80 I Nr. 1 BetrVG unterliegen, auch dann verpflichtet sein, wenn er über die entsprechenden Kenntnisse selbst bislang nicht verfügt. Das Gericht begründet dieses Erfordernis damit, dass ansonsten das Überwachungsrecht leer liefe.[39] Der Arbeitgeber ist hinsichtlich der Form der Auskunft in der Wahl seiner Informationsmittel grundsätzlich frei, allerdings wird bei umfangreichen bzw. komplexen Informationen regelmäßig eine schriftliche Unterrichtung geboten sein.[40] Die Unterrichtungspflicht erstreckt sich auch auf die Beschäftigung von Personen, die nicht in einem Arbeitsverhältnis zum Arbeitgeber stehen. Der Betriebsrat hat daher auch Anspruch auf Information über die Beschäftigung freier Mitarbeiter und Arbeitnehmer von Fremdfirmen.[41]

16b Da das Verfahren nach § 80 II BetrVG zur Beilegung der Auseinandersetzung über das sich aus § 80 I BetrVG ergebende Beteiligungsrecht zwischen den Betriebspartnern beitragen will, ist der Betriebsrat aus dem Grundsatz der vertrauensvollen Zusammenarbeit verpflichtet, von sich

[32] BAG 6. 5. 2003 AP 61 zu § 80 BetrVG 1972 = NZA 2003, 1348; 19. 10. 1999 AP 58 zu § 80 BetrVG 1972 = NZA 2000, 837; 8. 6. 1999 AP 57 zu § 80 BetrVG 1972 = NZA 99, 1345; 26. 1. 1988 AP 31 zu § 80 BetrVG 1972 = NZA 88, 620.

[33] BAG 19. 10. 1999 AP 58 zu § 80 BetrVG 1972 = NZA 2000, 837; 8. 6. 1999 AP 57 zu § 80 BetrVG 1972 = NZA 99, 1345.

[34] BAG 19. 2. 2008 AP 69 zu § 80 BetrVG 1972 = NZA 2008, 1078.

[35] BAG 17. 1. 1989 AP 1 zu § 2 LPVG NW; 13. 6. 1989 AP 36 zu § 80 BetrVG 1972 = NZA 89, 934.

[36] BAG 21. 10. 2003 AP 62 zu § 80 BetrVG 1972 = NZA 2004, 936; 6. 5. 2003 AP 61 zu § 80 BetrVG 1972 = NZA 2003, 1348; nur scheinbar einschränkend BAG 24. 1. 2006 AP 65 zu § 80 BetrVG 1972 = NZA 2006, 1050 – Betriebsrat verfügt über Informationen, muss aber selbst rechnen.

[37] BAG 16. 11. 2005 AP 64 zu § 80 BetrVG 1972 = NZA 2006, 553; 6. 5. 2003 AP 61 zu § 80 BetrVG 1972 = NZA 2003, 1348.

[38] BAG 19. 10. 1999 AP 58 zu § 80 BetrVG 1972 = NZA 2000, 837.

[39] BAG 6. 5. 2003 AP 61 zu § 80 BetrVG 1972 = NZA 2003, 1348 – Angaben über Arbeitszeit; LAG Niedersachsen 8. 11. 2004 LAGE § 80 BetrVG 2001 Nr. 2.

[40] BAG 10. 10. 2006 AP 68 zu § 80 BetrVG 1972 = NZA 2007, 99.

[41] BAG 15. 12. 1998 AP 56 zu § 80 BetrVG 1972 = NZA 99, 722 – freie Mitarbeiter; 31. 1. 1989 AP 33 zu § 80 BetrVG = NZA 89, 932 – Fremdfirmen; LAG Hessen 5. 7. 2007 ArbuR 2007, 446.

aus initiativ zu werden und an den Arbeitgeber heranzutreten, sofern er dessen bisherige Unterrichtung für unzureichend hält. Macht er seinen Anspruch aus § 80 II 2 BetrVG ohne ausreichenden Grund nicht geltend, liegt hierin eine unzureichende Erschließung einer innerbetrieblichen Erkenntnisquelle, die zugleich der Beauftragung eines externen Sachverständigen entgegensteht. Ohne das Hinzutreten besonderer Umstände darf der Betriebsrat die angebotene Informationsvermittlung durch Mitarbeiter des Arbeitgebers nicht ablehnen.[42]

c) Zeitpunkt. Die Unterrichtung muss so rechtzeitig erfolgen, dass der Betriebsrat noch seine Überlegungen anstellen und seine Meinung gegenüber dem Arbeitgeber äußern kann.[43] Zur genaueren Bestimmung des Zeitpunktes der Unterrichtung wird das Refa-Standardprogramm (Sechs-Stufenmethode) herangezogen. Darin wird unterschieden zwischen den Stufen 1. Zielsetzung, 2. Aufgabe abgrenzen, 3. ideale Lösung suchen, 4. Daten sammeln, 5. optimale Lösung auswählen, 6. Lösung einführen und Zielerfüllung kontrollieren. Die Unterrichtung wird regelmäßig während der 5. Stufe zu erfolgen haben.[44] Das allgemeine Unterrichtungsrecht konkurriert mit den speziellen Unterrichtungsrechten des Betriebsrats (§§ 90, 92 I, 99 I, 100 II, 102 I, 105, 106, 108, 111 BetrVG). 17

d) Betriebsgeheimnis. Die Informationspflicht erstreckt sich grundsätzlich auch auf Betriebsgeheimnisse, wenn dies für die Aufgabenerfüllung notwendig ist.[45] Insoweit besteht nur dann keine Verpflichtung, wenn trotz der Schweigepflicht des Betriebsrats eine Gefährdung der Betriebs- und Geschäftsgeheimnisse zu befürchten ist (vgl. die Wertung in § 106 II BetrVG). Die Unterrichtungspflicht des Arbeitgebers wird durch das BDSG nicht eingeschränkt. Der Betriebsrat ist i. S. des BDSG Teil der speichernden Stelle. Seine Unterrichtung ist daher keine Datenübermittlung.[46] 18

2. Vorlage von Urkunden (§ 80 II 2 BetrVG). a) Urkunden. Auf Verlangen des Betriebsrats sind ihm die zur Durchführung seiner Aufgaben notwendigen Unterlagen zur Verfügung zu stellen, also gegebenenfalls auszuhändigen. Zu den Unterlagen zählen z. B. schriftliche Aufzeichnungen, Fotos und Datenträger,[47] ggf. besteht Anspruch auf einen Ausdruck oder eine Übersetzung in deutsche Sprache. Zu überlassen sind nur vorhandene Unterlagen; der Betriebsrat kann nicht die Herstellung von nicht vorhandenen Unterlagen verlangen oder z. B., dass erst Lärmmessgeräte installiert und dann abgelesen werden.[48] Das Recht auf Einsicht in die Personalakte wird von § 80 II BetrVG nicht erfasst, sondern ist in § 83 BetrVG besonders geregelt. Allerdings kann der Arbeitgeber nicht durch die Aufnahme einzelner Urkunden in die Personalakten die Vorlagepflicht vereiteln; die entsprechenden Urkunden sind dem Betriebsrat daher gesondert vorzulegen.[49] Dagegen hat der Betriebsrat keinen Anspruch darauf, dass ihm mitgeteilt wird, welche Arbeitnehmer eine Nebentätigkeitsgenehmigung haben.[50] 19

b) Vorlagepflicht. Die Unterlagen müssen auch dann überlassen werden, wenn der Betriebsrat keine konkreten Verdachtsmomente hat, der Arbeitgeber habe seine Pflichten nicht eingehalten.[51] Der Anspruch entfällt nur, wenn das Bestehen einer gesetzlichen Aufgabe offensichtlich nicht in Betracht kommt oder das Verlangen als rechtsmissbräuchlich anzusehen ist. Aus diesem Grund hat der Betriebsrat ohne konkrete Verdachtsmomente kein Einsichtsrecht in einzelne Formulararbeitsverträge, wenn diese zuvor mit ihm abgestimmt worden sind.[52] Eine Vorlagepflicht besteht auch für die dem Arbeitgeber vorliegenden internen Vermerke bzw. Gutachten, wenn diese dem Betriebsrat bei der Beurteilung des beteiligungspflichtigen Tatbestands dienen können.[53] Werden im Betrieb des Arbeitgebers Leiharbeitnehmer beschäftigt, kann der 20

---

[42] BAG 16. 11. 2005 AP 64 zu § 80 BetrVG 1972 = NZA 2006, 553.

[43] BAG 27. 6. 1989 AP 37 zu § 80 BetrVG 1972 = NZA 89, 929; vgl. OVG Münster 6. 12. 1990 ZTR 91, 262.

[44] BAG 27. 6. 1989 AP 37 zu § 80 BetrVG 1972 = NZA 89, 929.

[45] BAG 5. 2. 1991 AP 10 zu § 106 BetrVG 1972 = NZA 91, 645; 5. 2. 1991 AP 89 zu § 613 a BGB = NZA 91, 639; 23. 2. 1973 AP 2 zu § 80 BetrVG 1972 = NJW 73, 1472.

[46] *Fitting* § 1 RN 204 ff.

[47] BAG 17. 3. 1983 AP 18 zu § 80 BetrVG 1972 = NJW 83, 2463; LAG Nürnberg 22. 1. 2002 ArbuR 2002, 151 – Angaben über Aktienoptionen.

[48] BAG 7. 8. 1986 AP 25 zu § 80 BetrVG 1972 = NZA 87, 134; LAG Hamm 26. 7. 2002 NZA-RR 2003, 367; zu Lohnlisten: LAG Schleswig-Holstein 15. 11. 1988 DB 90, 790.

[49] BAG 20. 12. 1988 AP 5 zu § 92 BetrVG 1972 = NZA 89, 393.

[50] LAG Köln 11. 1. 1995 NZA 95, 443.

[51] BAG 10. 2. 1987 AP 27 zu § 80 BetrVG 1972 = NZA 87, 385; 18. 9. 1973 AP 3 zu § 80 BetrVG 1972 = NJW 74, 333; 11. 7. 1972 AP 1 zu § 80 BetrVG 1972 = DB 72, 2020.

[52] BAG 19. 10. 1999 AP 58 zu § 80 BetrVG 1972 = NZA 2000, 837 (Nachweisgesetz).

[53] BAG 16. 11. 2005 AP 64 zu § 80 BetrVG 1972 = NZA 2006, 553.

Betriebsrat verlangen, dass ihm die Verträge mit den Fremdfirmen zur Einsicht zur Verfügung gestellt werden. Ferner hat er Anspruch auf Überlassung der Listen, aus denen sich die Einsatztage und Einsatzzeiten ergeben.[54] Im Geltungsbereich des allgemeinverbindlichen TV über Mindestlöhne im Baugewerbe ist der Betriebsrat über den Abschluss von Nachunternehmerverträgen, Art und Umfang der auszuführenden Leistungen und vom Leistungsbeginn zu unterrichten. Eine allein nach § 80 II BetrVG vom Arbeitgeber geschuldete Unterrichtung steht in keinem Zusammenhang mit den Beteiligungsrechten des Betriebsrats bei personellen Einzelmaßnahmen und ist daher für den Fristbeginn der Wochenfrist des § 99 II BetrVG ohne Bedeutung.[55] Soweit für seine Arbeit notwendig, kann sich der Betriebsrat Notizen machen.

20a **c) Bruttolohnlisten.** Soweit es zur Erfüllung der allgemeinen Überwachungsaufgaben des Betriebsrats erforderlich ist, hat der Betriebsausschuss oder ein nach § 28 BetrVG gebildeter Ausschuss nach § 80 II 2 BetrVG ohne Darlegung eines besonderen Anlasses[56] das Recht auf Einsichtnahme in die Listen über die Bruttolöhne und Gehälter einschließlich außer- und übertariflicher Entgelte.[57] Dies gilt auch, wenn sie in Datenform gespeichert sind. Der Betriebsrat hat keinen Anspruch auf Überlassung der Listen als Ablichtung. Der Betriebsratsvorsitzende darf sie auch nicht abschreiben; er kann sich jedoch Notizen machen.[58] Eine Überwachung des Betriebsrats durch den Arbeitgeber während der Einsicht ist unzulässig.[59] Kann der Betriebsrat keinen Betriebsausschuss bilden, wird das Einsichtsrecht durch den Betriebsratsvorsitzenden oder die nach § 27 IV BetrVG bestimmten Betriebsratsmitglieder ausgeübt.[60] Der Auskunftsanspruch gem. § 80 II 1 BetrVG und das Einblicksrecht nach § 80 II 2 BetrVG unterscheiden sich sowohl nach ihrem Inhalt als auch nach ihren Voraussetzungen und kommen nebeneinander in Betracht. Anders als das Einblicksrecht setzt der Auskunftsanspruch nicht voraus, dass der Arbeitgeber über die begehrten Informationen in urkundlicher Form oder in Gestalt einer elektronischen Datei bereits verfügt. Der Anspruch nach § 80 II 1 BetrVG kann schon dann bestehen, wenn der Arbeitgeber die entsprechenden Daten entweder tatsächlich kennt oder sie, weil sie einfach zugänglich sind, zur Kenntnis nehmen kann. Die sich aus § 80 II 2 BetrVG ergebenden Beschränkungen hinsichtlich der Form der Unterrichtung dürfen durch einen auf die Erteilung schriftlicher Informationen über Löhne und Gehälter gerichteten Auskunftsanspruch nicht umgangen und aufgehoben werden. Wenn daher eine aus Sachgründen erforderliche schriftliche Auskunft im Bereich der Löhne und Gehälter inhaltlich einer Bruttolohn- und -gehaltsliste gleichkommt, genügt der Arbeitgeber dem Auskunftsanspruch des Betriebsrats nach § 80 II 1 BetrVG schon dadurch, dass er dem zuständigen Ausschuss, ggf. dem Vorsitzenden des Betriebsrats einen Einblick in die schriftlich gefassten Angaben ermöglicht.[61] Die Einsichtnahme nach § 80 II 2 BetrVG ist z.B. zur Überprüfung erforderlich, ob der Arbeitgeber den Gleichbehandlungsgrundsatz eingehalten hat. Dagegen steht dem Betriebsrat nicht das Recht zu, in entsprechende Nettolisten Einsicht zu nehmen; dies ist zur Wahrnehmung der Rechte des Betriebsrats nicht erforderlich, überdies hat hier der Individualschutz des einzelnen Arbeitnehmers den Vorrang. Das Einsichtsrecht gilt auch für die AT-Angestellten.[62] Der Betriebsrat kann daher Auskunft verlangen, wenn ein Arbeitgeber den außertariflichen Angestellten individuelle Versorgungszusagen erteilt, die über eine generelle Versorgungsordnung hinausgehen.[63] Ein Einsichtsrecht besteht

---

[54] BAG 31. 1. 1989 AP 33 zu § 80 BetrVG 1972 = NZA 89, 932; vgl. auch BAG 15. 12. 1998 AP 56 zu § 80 BetrVG 1972 = NZA 99, 722 (freie Mitarbeiter).

[55] BAG 18. 10. 1988 AP 57 zu § 99 BetrVG 1972 = NZA 89, 355.

[56] BAG 28. 5. 1974 AP 7 zu § 80 BetrVG 1972 = DB 74, 1868; 18. 9. 1973 AP 3 zu § 80 BetrVG 1972 = NJW 74, 333.

[57] BAG 13. 2. 2007 AP 81 zu § 118 BetrVG 1972 = NZA 2007, 1121 – Künstlergagen; 10. 2. 1987 AP 27 zu § 80 BetrVG 1972 = NZA 87, 385 – individuelle Gehaltsbestandteile; 17. 3. 1983 AP 18 zu § 80 BetrVG 1972 = NJW 84, 1783 – EDV-Liste/Prämie; 3. 12. 1981 AP 16 zu § 80 BetrVG 1972 = DB 82, 615 – außertarifliche Vergütung; 12. 2. 1980 AP 12 zu § 80 BetrVG 1972 = DB 80, 1699 – übertarifliche Vergütung.

[58] BAG 3. 12. 1981 AP 17 zu § 80 BetrVG 1972 = DB 82, 653; 15. 6. 1976 AP 9 zu § 80 BetrVG 1972 = DB 76, 1773; weitergehend LAG Frankfurt 19. 10. 1989 DB 90, 1273 = BB 90, 1273.

[59] BAG 16. 8. 1995 AP 53 zu § 80 BetrVG 1972 = NZA 96, 330; 10. 2. 1987 AP 27 zu § 80 BetrVG 1972 = NZA 87, 385; vgl. auch *Leege* BB 96, 479; *Leßmann* NZA 92, 832.

[60] BAG 16. 8. 1995 AP 53 zu § 80 BetrVG 1972 = NZA 96, 330; 10. 2. 1987 AP 27 zu § 80 BetrVG 1972 = NZA 87, 385; 30. 4. 1981 AP 13 zu § 80 BetrVG 1972 = DB 81, 2131.

[61] BAG 30. 9. 2008 – 1 ABR 54/07 – z. V. b.; 10. 10. 2006 AP 68 zu § 80 BetrVG 1972 = NZA 2007, 99.

[62] BAG 3. 12. 1981 AP 16 zu § 80 BetrVG 1972 = DB 82, 615; 3. 12. 1981 AP 16 zu § 80 BetrVG 1972 = DB 82, 615; 30. 6. 1981 AP 15 zu § 80 BetrVG 1972 = NJW 82, 123; a. A. noch 28. 5. 1974 AP 7 zu § 80 BetrVG = DB 74, 1868; 18. 9. 1973 AP 3 zu § 80 BetrVG 1972 = NJW 74, 123.

[63] BAG 19. 3. 1981 AP 14 zu § 80 BetrVG 1972 = DB 81, 2181.

auch in Tendenzunternehmen.[64] Die jeweils betroffenen Arbeitnehmer können nicht vom Arbeitgeber verlangen, dass er dem Betriebsrat keine Einsicht in die Lohn- und Gehaltslisten gibt.[65] Im Beschlussverfahren zwischen Arbeitgeber und Betriebsrat sowohl über die Verpflichtung zur Vorlage der Urkunden[66] als auch das Bestehen des Einsichtsrechts ist der betroffene Arbeitnehmer nicht Beteiligter.[67] Die Vollstreckung des Einsichtsrechts erfolgt nach § 888 ZPO.[68]

III. Hinzuziehung von Sachverständigen und sachkundigen Arbeitnehmern

Oetker, Der sachkundige Arbeitnehmer als Auskunftsperson des Betriebsrats, NZA 2003, 1233.

1. Sachverständige. a) Begriff. Wegen der Vielfalt der dem Betriebsrat zustehenden Aufgaben kann dieser nach § 80 III 1 BetrVG nach näherer Vereinbarung mit dem Arbeitgeber Sachverständige hinzuziehen, soweit dies zur ordnungsgemäßen Erfüllung seiner Aufgaben erforderlich ist. Sachverständige sind Personen, die dem Betriebsrat die fehlenden fachlichen oder rechtlichen Kenntnisse mündlich oder schriftlich vermitteln.[69] Die Inanspruchnahme eines Sachverständigen kommt in Betracht, wenn der Betriebsrat nicht über das notwendige Fachwissen verfügt, um das Beteiligungsrecht sachgerecht auszuüben. Der Betriebsrat ist nach § 2 I BetrVG verpflichtet, zunächst die innerbetrieblichen Erkenntnisquellen zum Erwerb des notwendigen Fachwissens zu erschließen. Die Betriebsratsmitglieder haben sich zunächst um die selbstständige Aneignung der notwendigen Kenntnisse zu bemühen. Die Hinzuziehung eines außerbetrieblichen Sachverständigen ist nur erforderlich, wenn der Betriebsrat sich das erforderliche Wissen nicht kostengünstiger z. B. durch Schulungen oder Inanspruchnahme der ihm vom Arbeitgeber zur Verfügung gestellten sachkundigen Betriebs- oder Unternehmensangehörigen (§ 80 II 3 BetrVG) verschaffen kann.[70] Die Hinzuziehung kann auch zur Beurteilung der Vorfrage erforderlich sein, ob überhaupt ein Mitbestimmungstatbestand besteht. Eine Hinzuziehung wird in Betracht kommen bei der Analyse des Geschäftsberichts, versicherungsmathematischen Gutachten in der betrieblichen Altersversorgung, der elektronischen Datenverarbeitung, Fragen der Arbeitswissenschaft usw. Der Betriebsrat kann nicht verlangen, dass ihm die Neubewertung des Anlagevermögens und die Aufnahme eines weiteren Gesellschafters im Hinblick auf die Personalplanung durch einen Sachverständigen erläutert werden.[71] Sachverständige können auch Rechtsanwälte oder Gewerkschaftsbedienstete sein. Im Rahmen seiner Tätigkeit kann ein Sachverständiger ggf. aus eigenem Recht Grundbuchauszüge verlangen.[72] 21

b) Kosten. Die Kosten des Sachverständigen trägt der Arbeitgeber. Die Kostentragungspflicht besteht nur, wenn die Kostenübernahme mit dem Arbeitgeber vereinbart oder seine Zustimmung ersetzt worden ist. In der Vereinbarung sind der Gegenstand, zu dem der Sachverständige hinzugezogen werden soll, die voraussichtlichen Kosten und die Person des Sachverständigen festzulegen.[73] Hält sich der Sachverständige im Rahmen des mit dem Arbeitgeber vereinbarten Gegenstandes, kann dieser später nicht geltend machen, die Hinzuziehung sei nicht erforderlich gewesen; Einwendungen gegen die aufgewandte Zeit sind aber möglich. Kommt es nicht zu einer Vereinbarung, kann bei Erforderlichkeit der Sachverständigenhinzuziehung das Arbeitsgericht im Beschlussverfahren und ggf. durch einstweilige Verfügung die Zustimmung des Arbeitgebers ersetzen.[74] Eine Kostentragungspflicht besteht selbst dann, wenn der Sachverständige zunächst gegen den Willen des Arbeitgebers hinzugezogen, dessen Zustimmung aber erst später ersetzt worden ist.[75] 22

---

[64] BAG 30. 6. 1981 AP 15 zu § 80 BetrVG 1972 = NJW 82, 123; 22. 5. 1979 AP 12 zu § 118 BetrVG 1972 = DB 79, 2183; 30. 4. 1974 AP 1 zu § 118 BetrVG 1972 = DB 74, 1776.

[65] LAG Düsseldorf 27. 6. 1989 DB 90, 1190 = BB 90, 282.

[66] BAG 17. 5. 1983 AP 19 zu § 80 BetrVG 1972 = DB 83, 2638.

[67] LAG Hamm 16. 3. 1979 EzA 31 zu § 83 ArbGG.

[68] LAG Hamm 21. 3. 1973 DB 73, 1951 = BB 73, 1306.

[69] BAG 13. 5. 1998 AP 55 zu § 80 BetrVG 1972 = NZA 98, 900; 19. 4. 1989 AP 35 zu § 80 BetrVG 1972 = NZA 89, 936.

[70] BAG 16. 11. 2005 AP 64 zu § 80 BetrVG 1972 = NZA 2006, 553; 26. 2. 1992 AP 48 zu § 80 BetrVG 1972 = NZA 93, 86; 4. 6. 1987 AP 30 zu § 80 BetrVG 1972 = NZA 88, 208; 17. 3. 1987 AP 29 zu § 80 BetrVG 1972 = NJW 87, 2894.

[71] BAG 25. 7. 1989 AP 38 zu § 80 BetrVG 1972 = NZA 90, 33.

[72] LG Tübingen 28. 5. 1984 NZA 85, 99.

[73] BAG 19. 4. 1989 AP 35 zu § 80 BetrVG 1972 = NZA 89, 936.

[74] BAG 18. 7. 1978 AP 1 zu § 108 BetrVG 1972 = DB 77, 2223; 25. 4. 1978 AP 11 zu § 80 BetrVG 1972 = DB 78, 1747; LAG Hamm 15. 3. 1994 LAGE § 80 BetrVG 1972 Nr. 12 = ArbuR 94, 470.

[75] BAG 25. 4. 1978 AP 11 zu § 80 BetrVG 1972 = DB 78, 1747; a. A. LAG Frankfurt 11. 11. 1986 DB 87, 1440 = BB 87, 814.

23 **c) Verfahren.** Will der Betriebsrat seinen Anspruch auf Freistellung von den Kosten, die durch die Hinzuziehung eines Sachverständigen nach § 80 III BetrVG entstanden sind, an den Gläubiger abtreten, bedarf es dazu eines entsprechenden Betriebsratsbeschlusses. Fehlt der Beschluss, erwirbt der Gläubiger keine unmittelbar gegen den Arbeitgeber durchsetzbare Forderung. Der Freistellungsanspruch des Betriebsrats geht mit der ordnungsgemäß beschlossenen Abtretung in einen Zahlungsanspruch über.[76] Zur Übernahme von Rechtsanwaltskosten § 222 RN 7ff. und zur Hinzuziehung von Sachverständigen bei Betriebsänderungen § 244 RN 25f. In einem Beschlussverfahren zwischen Arbeitgeber und Betriebsrat ist der Sachverständige nicht Beteiligter.

24 **2. Sachkundige Arbeitnehmer.** Nach § 80 II 3 BetrVG hat der Arbeitgeber dem Betriebsrat sachkundige Arbeitnehmer als Auskunftspersonen zur Verfügung zu stellen, soweit es zur ordnungsgemäßen Erfüllung der Aufgaben des Betriebsrats erforderlich ist; er hat hierbei die Vorschläge des Betriebsrats zu berücksichtigen, soweit betriebliche Notwendigkeiten nicht entgegenstehen. Die durch das BetrVG-ReformG angefügte Vorschrift begründet einen Anspruch des Betriebsrats gegenüber dem Arbeitgeber; bietet der Arbeitgeber dem Betriebsrat die Nutzung von innerbetrieblichem Sachverstand an, kann dies der Erforderlichkeit weiterer kostenauslösender Maßnahmen (z. B. § 80 III BetrVG) entgegen stehen[77] (RN 16 b). Bei den sachkundigen Arbeitnehmern handelt es sich um Betriebsangehörige, die den Betriebsrat durch ihre Kenntnisse in seinem gesetzlichen Aufgabenbereich unterstützen sollen. Nach der Gesetzesbegründung kommt insbesondere ihre Einbeziehung in die Tätigkeit von Arbeitskreisen zu Qualifizierung, Beschäftigungssicherung oder Gesundheitsschutz in Betracht (BT-Drucks. 14/5741 S. 46ff.). Der sachkundige Arbeitnehmer ist jedoch nicht Berater des Betriebsrats, seine Hinzuziehung kommt nur in Betracht, wenn der Betriebsrat ansonsten zu einer ordnungsgemäßen Aufgabenerfüllung nicht in der Lage ist. Soweit erforderlich, kann der Betriebsrat auch mehrere Personen als sachkundige Arbeitnehmer hinzuziehen. Die Hinzuziehung ist nicht auf die wahlberechtigten Arbeitnehmer (§ 5 I BetrVG) beschränkt, der Betriebsrat kann sich auch des Sachverstands eines leitenden Angestellten bedienen.[78] Bei der Auswahl der Person kann der Betriebsrat Vorschläge äußern, eine Ablehnung des Vorgeschlagenen kann nur aus sachlichen Gründen erfolgen. Die Hinzuziehung setzt einen entsprechenden Betriebsratsbeschluss und eine Vereinbarung mit dem Arbeitgeber über die Aufgabenwahrnehmung voraus. Ohne das Einverständnis des Arbeitgebers darf der Arbeitnehmer nicht für den Betriebsrat tätig werden. Seine Tätigkeit für den Betriebsrat beruht auf dem Direktionsrecht des Arbeitgebers; eine besondere Vergütung erhält er ohne entsprechende Abrede mit diesem nicht. Über ein Ablehnungsrecht der ausgewählten Person enthält das Gesetz keine Regelung; bei verständigen Gründen, insbesondere einem möglichen Loyalitätskonflikt wird man dem Arbeitnehmer aber ein solches zubilligen müssen.[79] Der Umfang der Unterstützungstätigkeit ist zweckmäßigerweise in der Vereinbarung mit dem Arbeitgeber festzulegen; keinesfalls ist der Hinzugezogene weitergehender als der Arbeitgeber berechtigt und verpflichtet, Betriebs- und Geschäftsgeheimnisse zu offenbaren. Zieht der Gesamt- bzw. Konzernbetriebsrat einen Arbeitnehmer nach § 80 II 3 BetrVG hinzu, muss dieser Beschäftigte des Unternehmens bzw. Konzerns sein. Der Anspruch aus § 80 II 3 BetrVG kann im Beschlussverfahren durchgesetzt werden.

25 **3. Verschwiegenheitspflicht.** Der hinzugezogene Sachverständige oder sachkundige Arbeitnehmer unterliegt derselben Verschwiegenheitspflicht wie der Betriebsrat (§ 80 IV BetrVG).

---

[76] BAG 13. 5. 1998 AP 55 zu § 80 BetrVG 1972 = NZA 98, 900.
[77] BAG 16. 11. 2005 AP 64 zu § 80 BetrVG 1972 = NZA 2006, 553.
[78] *Richardi/Thüsing* § 80 RN 86; a. A. *Hanau* RdA 2001, 65; *Oetker* NZA 2003, 1233, 1235.
[79] A. A. *Fitting* § 80 RN 85; wie hier *Löwisch* BB 2001, 1790.

5. Abschnitt. Betriebsverfassungsrechtliche Grundrechte

§ 234. Rechte des einzelnen Arbeitnehmers in der Betriebsverfassung

Übersicht

	RN
I. Persönlicher Geltungsbereich	1
II. Unterrichtungsrechte des Arbeitnehmers	2 ff.
1. Zweck	2
2. Allgemeiner Umfang	3
3. Unfallgefahren	4, 5
4. Veränderung des Arbeitsbereichs	6
5. Unterrichtung bei Planung von Änderungen	7, 8
III. Anhörungsrecht	9 f.
1. Umfang	9
2. Stellungnahme	10
IV. Erörterungsrechte im Hinblick auf das Dienstverhältnis	11 ff.
1. Erläuterung des Arbeitsentgelts	11
2. Leistungsbeurteilung	12
3. Hinzuziehung des Betriebsrats	13
4. Personalakte	14
V. Beschwerderecht des Arbeitnehmers an den Arbeitgeber	15 ff.
1. Allgemeines	15, 16
2. Hinzuziehung des Betriebsrats	17
3. Beschwerdegegenstand	18
4. Nachteilsverbot	19
5. Beschwerdeadressat	20
6. Bescheidung	21, 22
VI. Beschwerde an den Betriebsrat	23 ff.
1. Betriebsrat	23
2. Verfahrensabschluss	24
3. Rücknahme der Beschwerde	25
VII. Informationsrechte des Arbeitnehmers im Rahmen der Betriebsgemeinschaft	26 f.
1. Betriebsversammlung	26
2. Unterrichtung der Arbeitnehmer	27
VIII. Verfahren	28

I. Persönlicher Geltungsbereich

Die im Zusammenhang mit dem Betriebsverfassungsrecht geregelten Individualrechte der §§ 81 ff. BetrVG gelten für alle Betriebe und Arbeitnehmer, auf die das BetrVG anzuwenden ist. Auf leitende Angestellte finden sie keine Anwendung, da diese durch § 5 III BetrVG vom Geltungsbereich des Gesetzes ausgenommen werden. Auch für den Bereich des öffentlichen Dienstes fehlen im BPersVG inhaltsgleiche Vorschriften. 1

II. Unterrichtungsrechte des Arbeitnehmers

Däubler, Betriebliche Weiterbildung als Mitbestimmungsproblem, BB 2000, 1190; *Heither,* Mitwirkungs- und Beschwerderechte des Arbeitnehmers (§§ 81–86 BetrVG), AR-Blattei SD 530.14.6.

1. Zweck. Durch die Unterrichtung soll das Interesse des Arbeitnehmers an seinem Arbeitsplatz und allen mit seinem Arbeitsplatz zusammenhängenden Fragen geweckt, erhalten und gefördert werden. Ihm wird die Möglichkeit gegeben, sich über die Gesamtzusammenhänge des Arbeitsablaufes und seiner Eingliederung in diesen zu unterrichten, damit er sich nicht als reines Objekt von Direktionsmaßnahmen Dritter ansieht. 2

2. Allgemeiner Umfang. Der Arbeitgeber hat nach § 81 I BetrVG den einzelnen Arbeitnehmer über dessen Aufgabe und Verantwortung sowie die Art seiner Tätigkeit und ihrer Einordnung in den Arbeitsablauf des Betriebs zu unterrichten. Die Unterrichtung muss vor Aufnahme der Tätigkeit erfolgen und darf sich nicht in allgemeinen Ausführungen erschöpfen. Sie muss dem Arbeitnehmer einen **präzisen Kenntnisstand** der Arbeitsumgebung (z. B. Arbeitsgeräte, EDV-Technik), -abläufe und Verantwortlichkeiten verschaffen, soweit sie für seine Tätigkeit von Bedeutung sind. Die Unterrichtung kann durch den jeweiligen Vorgesetzten, also denjenigen, der Arbeitsanweisungen zu erteilen hat, erfolgen. Seine sich aus § 81 I BetrVG ergebene Pflicht kann der Arbeitgeber auch durch die Übergabe einer Arbeitsplatzbeschreibung erfüllen, in der die geforderten Angaben über Aufgaben, Tätigkeitsbereich und Verantwortlichkeiten im Einzelnen bezeichnet werden. Die Abgrenzung der allgemeinen Unterweisung (§ 81 I BetrVG) von der mitbestimmungspflichtigen Vermittlung von Kenntnissen im Rahmen der Berufsbildung (§ 96 BetrVG) kann im Einzelfall schwierig sein. Die Einweisung setzt voraus, dass der 3

Arbeitnehmer die für die Ausübung der Tätigkeit an diesem Arbeitsplatz erforderlichen beruflichen Kenntnisse und Erfahrungen besitzt, während es bei der Berufsbildung erst um deren Vermittlung geht.[1]

4 **3. Unfallgefahren.** Der Arbeitgeber hat den Arbeitnehmer vor Beginn der Beschäftigung über die von der Arbeit ausgehenden Unfall- und Gesundheitsgefahren sowie die vorhandenen Schutzmaßnahmen und Einrichtungen zu belehren (§ 81 I 2 BetrVG). Hierzu zählt insbesondere die Bekanntgabe der Beschäftigten, die Aufgaben der Ersten Hilfe, Brandbekämpfung und Evakuierung wahrnehmen. Die Vorschriften sind durch die §§ 9, 10, 12, 17 ArbSchG erheblich erweitert worden. Nach § 12 ArbSchG hat der Arbeitgeber die Beschäftigten über Sicherheit und Gesundheitsschutz bei der Arbeit ausreichend und angemessen zu unterweisen. Die Unterweisungspflicht wird durch eine Reihe von RechtsVO (Übersicht bei § 154 RN 21 ff.) konkretisiert. Daneben enthalten die allgemeinen Vorschriften zur Unfallverhütung (VGB I) weitere klarstellende Regeln zur Unterrichtung. Ausländische Arbeitnehmer sind bei mangelnden Sprachkenntnissen notfalls in ihrer Heimatsprache zu unterrichten.[2] Die Unterrichtung dient dem Schutz des Arbeitnehmers. Unterbleibt sie ganz oder erfolgt sie nur unzureichend und entsteht dem Arbeitnehmer ein Schaden, wird der Arbeitgeber sowohl wegen Verletzung seiner sich aus § 81 I 2 BetrVG ergebenden arbeitsvertraglichen Nebenpflicht als auch nach § 823 II BGB i. V. m. § 81 I 2 BetrVG schadensersatzpflichtig. Allerdings kann der Schadensersatzanspruch nach §§ 104 ff. SGB VII ausgeschlossen sein (§ 109). Bis zur Unterrichtung hat der Arbeitnehmer ein Zurückbehaltungsrecht (§ 50). Bei einer nicht ordnungsgemäßen Unterrichtung kann seine Verantwortlichkeit zum Schadensersatz gegenüber dem Arbeitgeber (§ 52) entweder ausgeschlossen oder zumindest gemindert werden, während der Arbeitgeber bei Personenschäden gegenüber der Berufsgenossenschaft schadensersatzpflichtig werden kann (§ 110 SGB VII).

5 Für **Betriebe ohne Betriebsrat** und **Kleinstbetriebe** gilt § 81 III BetrVG. Danach hat der Arbeitgeber die Arbeitnehmer zu allen Maßnahmen zu hören, die Auswirkungen auf Sicherheit und Gesundheit der Arbeitnehmer haben können. Diese Regelung beruht auf den Vorgaben der Arbeitsschutzrahmenrichtlinie 89/391/EWG vom 12. 6. 1989 (ABl. EG Nr. L 183 S. 1). Das Anhörungsrecht besteht für alle Arbeitnehmer des Betriebs, unabhängig von der ausgeübten Tätigkeit und deren Gefährlichkeit.

6 **4. Veränderung des Arbeitsbereichs.** Ist erkennbar, dass sich der Arbeitsbereich eines Arbeitnehmers – auch nur vorübergehend – ändern wird, ist er hierüber rechtzeitig zu unterrichten (§ 81 II BetrVG). Mit dieser Unterrichtungspflicht soll der Arbeitnehmer vor der überraschenden Änderung des Arbeitsablaufs und den damit verbundenen Einarbeitungsschwierigkeiten bewahrt bleiben. Die Änderungen können dabei räumlich, technischer und funktioneller Art sein. Der Arbeitnehmer ist daher zu informieren, wenn beabsichtigt ist, andere Materialien zu verarbeiten, die Arbeitsorganisation zu verändern oder andere Arbeitsmethoden einzuführen (z. B. Einführung von Schicht- bzw. Gruppenarbeit). Die Unterrichtung hat so rechtzeitig zu erfolgen, dass sich der Arbeitnehmer hierauf einrichten kann. Welche Zeitspanne angemessen ist, kann nur im Einzelfall entschieden werden. Die Veränderung des Arbeitsbereichs kann, muss aber nicht notwendigerweise zu einer Versetzung (§ 95 BetrVG) führen, da der Versetzungsbegriff enger ist.[3] Die Veränderung des Arbeitsbereichs kann eine erneute Sicherheitsbelehrung (§ 12 ArbSchG) erforderlich machen.

7 **5. Unterrichtung bei Planung von Änderungen. a)** Der Arbeitgeber hat den Arbeitnehmer über die auf Grund einer Planung von technischen Anlagen, von Arbeitsverfahren und Arbeitsabläufen oder der Arbeitsplätze vorgesehenen Maßnahmen und ihre Auswirkungen auf seinen Arbeitsplatz zu unterrichten (§ 81 IV 1 BetrVG). Technische Anlagen sind alle Anlagen, die zur Fabrikation oder Verwaltung gehören. Arbeitsverfahren ist die Technologie zur Veränderung des Arbeitsgegenstandes. Arbeitsablauf ist die organisierte, räumliche und zeitliche Gestaltung des Arbeitsablaufs. Arbeitsplatz ist die räumliche Ausgestaltung des Ortes, an dem die Arbeit verrichtet wird. Die Unterrichtung hat sich auf alle Umstände zu beziehen, die für den einzelnen Arbeitnehmer von Interesse sind. Besteht ein Betriebsrat, wird sie im Allgemeinen zeitlich nach der Unterrichtung des Betriebsrats erfolgen, da sie erst sinnvoll ist, wenn sich konkrete Maßnahmen abzeichnen. Der Arbeitnehmer kann zur Erörterung ein **Mitglied des Betriebsrats** hinzuziehen (§ 81 IV 3 BetrVG).

---

[1] BAG 23. 4. 1991 AP 7 zu § 98 BetrVG 1972 = NZA 91, 817; 10. 2. 1988 AP 5 zu § 98 BetrVG 1972 = NZA 88, 549.

[2] LAG Baden-Württemberg 1. 12. 1989 AiB 90, 313; vgl. auch LAG Hamm 4. 1. 1979 NJW 79, 2488.

[3] BAG 2. 4. 1996 AP 34 zu § 95 BetrVG 1972 = NZA 97, 112.

b) Entwicklung. Sobald feststeht, dass sich die Tätigkeit des Arbeitnehmers ändern wird und seine beruflichen Kenntnisse und Fähigkeiten zur Erfüllung seiner Aufgaben nicht ausreichen, hat der Arbeitgeber mit dem Arbeitnehmer zu erörtern, wie dessen berufliche Kenntnisse und Fähigkeiten im Rahmen der betrieblichen Möglichkeit den künftigen Erfordernissen angepasst werden (§ 81 IV 2 BetrVG). Der Arbeitgeber hat mit dem Arbeitnehmer Umschulungs- und Fortbildungsmaßnahmen zu erörtern. Dagegen hat der Arbeitnehmer keinen Anspruch, umgeschult und fortgebildet zu werden. Im Rahmen der Beratung des Gesetzes sind die Worte „im Rahmen der betrieblichen Möglichkeit" eingefügt worden (BT-Drucks. 11/2503 S. 35; 11/3618 S. 9). Versäumt der Arbeitgeber die Erörterung, ist dem Arbeitnehmer ein längerer Anpassungszeitraum einzuräumen, bevor eine personenbedingte Kündigung ausgesprochen werden kann. 8

III. Anhörungsrecht

1. Umfang. Über das Unterrichtungsrecht hinaus will das Gesetz dem einzelnen Arbeitnehmer die Möglichkeit eröffnen, in Fragen, die ihn persönlich oder seinen Arbeitsplatz betreffen, initiativ zu werden. Aus diesem Grund hat er das Recht, in betrieblichen (d. h. nicht ausschließlich privaten) Angelegenheiten, die ihn betreffen, von der nach Maßgabe des organisatorischen Aufbaus des Betriebes hierfür zuständigen Person während der Arbeitszeit gehört zu werden (§ 82 I BetrVG). Das Arbeitsentgelt ist weiterzuzahlen.[4] Dagegen ist er nicht berechtigt, sich zum Anwalt Dritter zu machen. Insoweit kann er sich nur an den Betriebsrat wenden, der ggf. nach § 80 I Nr. 3 BetrVG tätig werden kann. Zuständige Person ist diejenige, die für die Maßnahme verantwortlich zeichnet. Allerdings wird der Arbeitnehmer den Dienstweg einzuhalten haben und sich zunächst an seinen Vorgesetzten (Meister, Abteilungsleiter) zu wenden haben. 9

2. Stellungnahme. Über das Anhörungsrecht hinaus hat der Arbeitnehmer die Befugnis, gegenüber dem Arbeitgeber zu den betreffenden Maßnahmen Stellung zu nehmen und Vorschläge für die Gestaltung des Arbeitsplatzes und des Arbeitsablaufes zu machen (§ 82 I 2 BetrVG). Zu Äußerungen gegenüber Dritten berechtigt die Vorschrift nicht. 10

IV. Erörterungsrechte im Hinblick auf das Dienstverhältnis

Kandaouroff/Rose, Personalgespräch: Darf der Arbeitnehmer dritte Personen mitbringen?, DB 2008, 1210.

1. Erläuterung des Arbeitsentgelts. Bereits auf Grund des Arbeitsvertrags hat der Arbeitnehmer Anspruch auf Erteilung einer Gehalts- oder Lohnabrechnung (§ 72). Darüber hinaus räumt ihm § 82 II 1 BetrVG einen Anspruch auf Erläuterung der Berechnung und Zusammensetzung seines Arbeitsentgelts ein. Dies betrifft z. B. die Art der Berechnung des Akkordlohns, etwaiger Zuschläge bzw. Zulagen sowie der Abzüge. Der Arbeitnehmer soll hierdurch z. B. in die Lage versetzt werden, die unterschiedliche Höhe von Tarif- und Effektivlohn nachzuvollziehen; bei automatisiert erstellten Vergütungsabrechnungen soll ihm die Entschlüsselung der Berechnungen erleichtert werden. Der Arbeitgeber ist auskunftspflichtig darüber, nach welchen Kriterien freiwillige Leistungen berechnet und bemessen werden (Gratifikationen usw.). 11

2. Leistungsbeurteilung. Der Arbeitnehmer kann verlangen, dass mit ihm die Beurteilung seiner Leistungen sowie die Möglichkeiten seiner beruflichen Entwicklung erörtert werden. Hierdurch soll der Arbeitnehmer rechtzeitig und umfassend informiert werden, ob seine Arbeitsleistungen den Anforderungen entsprechen und inwieweit ein betrieblicher Aufstieg möglich sein wird; ferner wird einer Fehlbeurteilung vorgebeugt. Erörterungen über die Leistungsbeurteilung werden wesentlich objektiviert, wenn die Beurteilungsgrundsätze (§ 94 BetrVG) hinreichend klar und eindeutig gefasst sind. Durch Tarifvertrag kann ein Mitbestimmungsrecht bei der Leistungsbeurteilung eingeführt werden.[5] Für zukünftige Veränderungen der Arbeitsumgebung auf Grund technischer Veränderungen gilt § 81 IV BetrVG. 12

3. Hinzuziehung des Betriebsrats. Bei der Ausübung der in § 82 BetrVG genannten Erörterungsrechte kann der Arbeitnehmer ein Mitglied des Betriebsrats hinzuziehen.[6] Ein genereller Anspruch des Arbeitnehmers auf Hinzuziehung eines Betriebsratsmitglieds zu jedem mit dem Arbeitgeber geführten Gespräch folgt aus dem BetrVG aber nicht. Vielmehr stellen § 81 IV 3, § 82 II 2, § 83 I 2 und § 84 I 2 BetrVG auf bestimmte Gegenstände und Anlässe bezogene Sondervor- 13

---

[4] *Fitting* § 82 RN 2; GK-BetrVG/*Wiese* § 82 RN 3.
[5] LAG Hamm 21. 10. 1977 DB 78, 1452.
[6] BAG 24. 4. 1979 AP 1 zu § 82 BetrVG 1972 = NJW 79, 2422.

schriften für die Einbeziehung eines Betriebsratsmitglieds dar.[7] Das hinzugezogene Betriebsratsmitglied hat im Interesse des Arbeitnehmers über den Inhalt der Verhandlungen Stillschweigen zu bewahren, soweit es nicht im Einzelfall vom Arbeitnehmer von der Schweigepflicht entbunden wird (§ 82 II BetrVG). Die Schweigepflicht besteht auch gegenüber den übrigen Betriebsverfassungsorganen bzw. deren Mitgliedern. Im Prozess hat das Betriebsratsmitglied ein Zeugnisverweigerungsrecht. Erörterungspflichtig ist der Arbeitgeber durch seine zuständige Stelle. Dies wird in größeren Betrieben i. d. R. die Personalabteilung oder ein Personalvorgesetzter sein. Der Betriebsrat hat andererseits keinen Anspruch darauf, dass er bei Gesprächen zwischen Arbeitgeber und Arbeitnehmer hinzugezogen wird.[8]

14 **4. Personalakte.** Das Recht auf Einsichtnahme in die Personalakten ist bereits im Individualarbeitsrecht erörtert worden (§ 148; Muster: ArbR-Formb. § 55 RN 84). Dem Betriebsrat steht ein eigenes Einsichtsrecht grundsätzlich nicht zu, es sei denn, dass es zur Ausübung seiner Überwachungsaufgaben notwendig ist.[9]

V. Beschwerderecht des Arbeitnehmers an den Arbeitgeber

Buschmann, Betriebsverfassungsrechtliche Beschwerde, ArbuR 99, 365; *Stein,* Petitionsrecht, AR-Blattei SD 830.1; *Uhl/Polloczek,* „Man kann sich ja mal beschweren", BB 2008, 1730.

15 **1. Allgemeines.** Der Arbeitnehmer hat das Recht, sich bei der zuständigen Stelle des Betriebes zu beschweren, wenn er sich vom Arbeitgeber oder von Arbeitnehmern des Betriebes, also von Vorgesetzten oder Arbeitskollegen, benachteiligt oder ungerecht behandelt oder in sonstiger Weise beeinträchtigt fühlt (§ 84 I 1 BetrVG). Eine Beschwerde wegen der Amtstätigkeit des Betriebsrats ist nach dem Gesetzeswortlaut nicht vorgesehen. Die Beschwerde setzt voraus, dass **(a)** der Beschwerdeführer eine ihn selbst treffende Beeinträchtigung aus dem Arbeitsverhältnis mitteilt, **(b)** die entsprechenden Tatsachen angibt und **(c)** Abhilfe begehrt.[10] Darüber hinaus ist die Ausübung des Beschwerderechts nicht an eine bestimmte Form oder Frist gebunden. Durch Tarifvertrag oder Betriebsvereinbarung können die Einzelheiten des Beschwerdeverfahrens geregelt werden. So können z. B. bestimmte Formvorschriften für die Erhebung der Beschwerde (schriftliche Einreichung, mündliche Verhandlung über die Beschwerde, Anhörung der Beteiligten usw.) näher geregelt werden (§ 86 BetrVG).

16 Durch das AGG wurde ein spezielles Beschwerdeverfahren eingeführt (§ 13 AGG, dazu § 33 RN 109; zur Mitbestimmung § 235 RN 31), insoweit ist § 84 BetrVG nicht anwendbar. Für nach Ansicht des Arbeitnehmers nicht ausreichende Arbeitsschutzmaßnahmen gilt § 17 II ArbSchG.

17 **2. Hinzuziehung des Betriebsrats.** Der Arbeitnehmer kann bei Erhebung der Beschwerde an den Arbeitgeber ein Mitglied des Betriebsrats zur Unterstützung oder Vermittlung hinzuziehen (§ 84 I 2 BetrVG). Das Betriebsratsmitglied ist jedoch nicht verpflichtet, die Beschwerde des Arbeitnehmers vorbehaltlos zu unterstützen. Vielmehr kann der Betriebsrat die Förderung der Beschwerde davon abhängig machen, dass er sie für begründet hält (vgl. auch § 85 I BetrVG). Ist das nicht der Fall, sollte er den Arbeitnehmer hierauf hinweisen. Eine besondere Verschwiegenheitspflicht des hinzugezogenen Betriebsratsmitglieds besteht nach dem Gesetz nicht, jedoch wird die Befugnis zu Äußerungen gegenüber Dritten durch das allgemeine Persönlichkeitsrecht des Arbeitnehmers begrenzt.

18 **3. Beschwerdegegenstand.** Die Beschwerde kann auf alle Maßnahmen gestützt werden, durch die der Arbeitnehmer in seiner Stellung im Rahmen der Betriebsgemeinschaft tatsächlich oder rechtlich beeinträchtigt wird (z. B. gegen eine Versetzung auf einen anderen Arbeitsplatz). Insbesondere kann mit der Beschwerde eine Verletzung des § 75 BetrVG gerügt werden. Eine Beschwerde kommt aber auch in Betracht bei Auseinandersetzungen unter Arbeitskollegen, Mobbing[11] bzw. Bullying und Bossing am Arbeitsplatz, Rauchverboten,[12] ausländerfeindlichem

[7] BAG 16. 11. 2004 AP 3 zu § 82 BetrVG 1972 = NZA 2005, 416 – Aufhebungsvertrag; LAG Köln 11. 6. 2008 ArbuR 2009, 52 – ERA-Einführung.

[8] BAG 23. 2. 1984 AP 2 zu § 82 BetrVG 1972 = NZA 85, 128.

[9] Vgl. BAG 19. 10. 1999 AP 58 zu § 80 BetrVG 1972 = NZA 2000, 837 – Arbeitsverträge; 8. 6. 1999 AP 57 zu § 80 BetrVG 1972 = NZA 99, 1345 – Betriebsumfrage.

[10] LAG Schleswig-Holstein 21. 12. 1989 NZA 90, 703.

[11] LAG Hamburg 15. 7. 1998 NZA 98, 1245; BAG 15. 1. 1997 AP 118 zu § 37 BetrVG 1972 = NZA 97, 781 (zu § 37 BetrVG); überzogen aber LAG Thüringen 10. 4. 2001 BB 2001, 1358 = NZA-RR 2001, 347.

[12] LAG München 27. 11. 1990 LAGE § 618 BGB Nr. 5 = NZA 91, 521.

Verhalten oder bei sexueller Belästigung (vgl. §§ 107, 166). Eine Beschwerde kann sich auch gegen eine zur Personalakte des Arbeitnehmers genommene Verwarnung oder Abmahnung richten. Jedoch muss der Beschwerdeführer stets selbst betroffen sein, eine Popularbeschwerde ist nicht zulässig.

4. Nachteilsverbot. Nach § 83 III BetrVG dürfen dem Arbeitnehmer wegen der Erhebung der Beschwerde keine Nachteile entstehen. Unzulässig ist jede Maßregelung des Arbeitnehmers, die im Zusammenhang mit der Erhebung der Beschwerde steht. Dies gilt auch dann, wenn sich die Beschwerde als ungerechtfertigt herausstellt. Eine Kündigung kann aber dann gerechtfertigt sein, wenn völlig haltlose schwere Anschuldigungen gegen den Arbeitgeber oder den Vorgesetzten erhoben werden.[13] 19

5. Beschwerdeadressat. Dies wird regelmäßig die Personalabteilung des Arbeitgebers sein, z. B. wenn der Arbeitnehmer durch eine unsachgemäße Ausübung des Direktionsrechts seines unmittelbaren Vorgesetzten in seiner tatsächlichen oder rechtlichen Stellung beeinträchtigt wird. Es ist aber auch denkbar, etwa bei Arbeitsanweisungen, dass der Beschwerdeadressat die für Arbeitsanweisungen zuständige Stelle ist. 20

6. Bescheidung. Der Arbeitgeber hat den Arbeitnehmer über die Behandlung der Beschwerde zu bescheiden und, soweit er sie für berechtigt erachtet, ihr abzuhelfen. Bei längerer Bearbeitungsdauer hat er einen Zwischenbescheid zu erteilen. Er hat sich also in jedem Fall auf die Beschwerde hin zu äußern und darf sie nicht einfach übergehen. Etwas anderes kann nur dann gelten, wenn derselbe Sachverhalt bereits Gegenstand einer Beschwerde gewesen ist. In diesen Fällen kann der Arbeitgeber auf seine frühere Entscheidung verweisen, sofern nicht neue Gesichtspunkte in der Beschwerde vorgetragen werden. Erkennt der Arbeitgeber die Berechtigung der Beschwerde an, werden in dieser Erklärung im Falle der Anerkennung von Ansprüchen ein deklaratorisches Schuldanerkenntnis und ansonsten eine vertragliche Zusage zur Behebung der Beanstandung liegen. Ansprüche aus der Zusage kann der Arbeitnehmer im Urteilsverfahren durchsetzen, soweit sie hinreichend konkret abgefasst war. Hilft der Arbeitgeber der Beschwerde nicht ab, kann in den Fällen der Verfolgung von Rechtsansprüchen der Arbeitnehmer Klage erheben,[14] ansonsten kann er die Beschwerde an den Betriebsrat richten. In diesem Fall richtet sich das weitere Verfahren nach § 85 BetrVG (unten RN 23 ff.). 21

Die Einlegung einer Beschwerde hat grundsätzlich keine **aufschiebende Wirkung** gegenüber Maßnahmen des Arbeitgebers. Der Arbeitnehmer muss also etwaigen Anordnungen zunächst einmal nachkommen, es sei denn, dass er ein Zurückbehaltungsrecht hat (§ 50). Durch die Beschwerde wird der Ablauf etwaiger gesetzlicher (§ 4 KSchG) oder tariflicher Verfallfristen nicht gehemmt. Allerdings kann die Beschwerde im Einzelfall gleichzeitig die Geltendmachung eines Anspruchs gegenüber dem Arbeitgeber darstellen, die eine Verfallfrist wahrt (§ 205). 22

VI. Beschwerde an den Betriebsrat

1. Betriebsrat. Der Arbeitnehmer kann unter den Voraussetzungen von § 84 I 1 BetrVG beim Betriebsrat Beschwerde einlegen, auch wenn er zuvor eine Beschwerde beim Arbeitgeber eingelegt hat. Der Betriebsrat hat über ihre Berechtigung zu beschließen. Hält er sie für unbegründet, hat er den Arbeitnehmer hiervon zu unterrichten. Einen weitergehenden Anspruch auf Befassung mit der Beschwerde hat der Arbeitnehmer gegenüber dem Betriebsrat nicht. Hält der Betriebsrat sie für begründet, hat er beim Arbeitgeber auf Abhilfe hinzuwirken (§ 85 I BetrVG). Auch die vom Betriebsrat an den Arbeitgeber weitergeleitete Beschwerde kann eine Geltendmachung i. S. der tariflichen Verfallfristen enthalten. 23

2. Verfahrensabschluss. Halten Arbeitgeber und Betriebsrat die Beschwerde für unbegründet, haben sie den Arbeitnehmer hierüber zu unterrichten, hiernach ist das Beschwerdeverfahren abgeschlossen. Nur wenn der Beschwerdegegenstand ein Rechtsanspruch des Arbeitnehmers war, kann er diesen ungeachtet des Beschwerdeverfahrens vor dem Arbeitsgericht im Urteilsverfahren weiterverfolgen. Einigen sich Arbeitgeber und Betriebsrat, dass die Beschwerde berechtigt ist, so wird ihr regelmäßig abgeholfen, anderenfalls bestehen dieselben Rechtsbehelfe wie oben RN 21. Einigen sich dagegen Arbeitgeber und Betriebsrat nicht, kann Letzterer in Regelungsstreitigkeiten die Einigungsstelle bzw. betriebliche Beschwerdestelle (§ 86 BetrVG) anrufen. Der Spruch der Einigungsstelle ersetzt die Einigung zwischen Arbeitgeber und Betriebsrat (§ 85 24

[13] LAG Hamm 11. 2. 2004 FA 2004, 155; LAG Köln 20. 1. 1999 LAGE § 626 BGB Nr. 128 = MDR 99, 811; BAG 11. 3. 1982 – 2 AZR 798/79 n. a. v.

[14] BAG 28. 6. 1984 AP 1 zu § 85 BetrVG 1972 = NZA 85, 189.

II 2 BetrVG). Ihr Spruch kann unter den Voraussetzungen von § 76 V BetrVG vor den Arbeitsgerichten im Beschlussverfahren nachgeprüft werden. Ob der Betriebsrat auch bei Rechtsansprüchen die Einigungsstelle anrufen kann, ist umstr. Nach der zutreffenden Ansicht des BAG kann es nur zu einem freiwilligen Einigungsstellenverfahren (§ 232 RN 7, 38) kommen,[15] ein Antrag nach § 98 ArbGG ist daher bei fehlender Zustimmung des Arbeitgebers als unbegründet abzuweisen. Nach anderer Auffassung ist die Einigungsstelle auch dann zu bilden, wenn es sich um aus der Fürsorgepflicht sowie den Grundsätzen von Recht und Billigkeit oder der Gleichberechtigung ableitbare Nebenansprüche im Arbeitsverhältnis handelt.[16] Die Einigungsstelle muss in einem Spruch über Beschwerden nach § 85 II BetrVG diejenigen konkreten tatsächlichen Umstände benennen, die sie als zu vermeidende Beeinträchtigung des Arbeitnehmers ansieht; über Abhilfemaßnahmen des Arbeitgebers darf sie nicht entscheiden.[17]

25 **3. Rücknahme der Beschwerde.** Der Arbeitnehmer kann sowohl die Beschwerde an den Arbeitgeber wie die an den Betriebsrat jederzeit zurücknehmen. Damit ist auch der Anrufung der Einigungsstelle durch den Betriebsrat die Rechtsgrundlage entzogen, das Verfahren ist einzustellen. Aus § 85 BetrVG kann der Arbeitnehmer bis zur Bescheidung der Beschwerde kein eigenständiges Zurückbehaltungsrecht herleiten (§ 50).

VII. Informationsrechte des Arbeitnehmers im Rahmen der Betriebsgemeinschaft

26 **1. Betriebsversammlung.** Als Mitglied der Betriebsgemeinschaft hat der Arbeitnehmer Anspruch auf Unterrichtung über das Personal- und Sozialwesen des Betriebes und über die wirtschaftliche Lage und Entwicklung des Betriebes (§ 43 II 3 BetrVG). Die Unterrichtung hat im Rahmen der Betriebs- oder Abteilungsversammlung zu erfolgen.

27 **2. Unterrichtung der Arbeitnehmer.** Über die wirtschaftlichen Angelegenheiten hat der Unternehmer die Arbeitnehmer in Betrieben mit in der Regel mehr als 1000 Arbeitnehmern schriftlich und in Betrieben mit mehr als 20 wahlberechtigten Arbeitnehmern aber weniger als 1000 Arbeitnehmern mündlich zu informieren (§ 110 BetrVG). Die schriftliche Unterrichtung wird zweckmäßig durch Werkzeitung, Anschlag am Schwarzen Brett, Intranet oder in sonstiger geeigneter Form erfolgen.[18]

VIII. Verfahren

28 Die Individualrechte nach §§ 81 bis 86 BetrVG sind nur wegen ihres betriebsbezogenen Charakters im BetrVG geregelt. Sie resultieren aber aus dem Arbeitsvertrag und sind im Urteilsverfahren zu verfolgen (§ 2 I Nr. 3 ArbGG).

---

[15] BAG 28. 6. 1984 AP 1 zu § 85 BetrVG 1972 = NZA 85, 189; LAG Köln 2. 9. 1999 NZA-RR 2000, 26; LAG München 6. 3. 1997 NZA-RR 98, 70; LAG Schleswig-Holstein 21. 12. 1989 NZA 90, 703.

[16] LAG Frankfurt 8. 12. 1992 LAGE § 98 ArbGG 1979 Nr. 25; 15. 9. 1992 LAGE § 98 ArbGG 1979 Nr. 26 = NZA 94, 96; ähnlich LAG Düsseldorf 21. 12. 1993 NZA 94, 767 – Arbeitsüberlastung.

[17] BAG 22. 11. 2005 AP 2 zu § 85 BetrVG 1972 = NZA 2006, 803.

[18] Vgl. BAG 1. 3. 1966 AP 1 zu § 69 BetrVG = NJW 66, 1333.

6. Abschnitt. Mitbestimmung in sozialen Angelegenheiten

§ 235. Die erzwingbare soziale Mitbestimmung

Übersicht

	RN
A. Die Grundsätze des Mitbestimmungsrechts und des Beteiligungsverfahrens	1 ff.
I. Allgemeines	1 ff.
1. Bedeutung	1
2. Abschließende Aufzählung	2
3. Kollektive Tatbestände	3
II. Vorrang von Gesetz oder Tarifvertrag	4 ff.
1. Grundsatz	4
2. Gesetz	5
3. Tarifvertrag	6–10
III. Durchführung der Mitbestimmung	11 ff.
1. Zuständigkeit	11
2. Einschaltungszwang	12
3. Eil- und Notfälle	13, 14
4. Initiativrecht	15, 16
5. Durchführung der Einzelmaßnahme	17
IV. Rechtsfolgen mangelnder Beteiligung des Betriebsrats	18 ff.
1. Kollektiv- und Individualarbeitsrecht	18
2. Verhältnis zwischen Arbeitgeber und Betriebsrat	19
3. Verhältnis zwischen Arbeitgeber und Arbeitnehmer	20–26
B. Die Gegenstände der obligatorischen Mitbestimmung (§ 87 I BetrVG)	27 ff.
I. Ordnung des Betriebs und Verhalten der Arbeitnehmer im Betrieb (Nr. 1)	27 ff.
1. Inhalt des Mitbestimmungsrechts	27–29
2. Mitbestimmungsfreies Arbeitsverhalten	30
3. Mitbestimmungspflichtiges Ordnungsverhalten	31–33
4. Betriebsbußen	34
5. Abmahnung von Arbeitnehmervertretern	35, 36
II. Beginn und Ende der täglichen Arbeitszeit (Nr. 2)	37 ff.
1. Inhalt des Mitbestimmungsrechts	37
2. Dauer der Arbeitszeit	38
3. Verteilung der Arbeitszeit	39
4. Beginn und Ende der täglichen Arbeitszeit	40
5. Pausen	41
6. Bereitschaftsdienst und Rufbereitschaft	42
7. Schichtarbeit	43
8. Ausübung des Beteiligungsrechts	44, 45
III. Vorübergehende Verkürzung oder Verlängerung der betriebsüblichen Arbeitszeit (Nr. 3)	46 ff.
1. Inhalt des Mitbestimmungsrechts	46
2. Betriebsübliche Arbeitszeit	47
3. Vorübergehende Verkürzung der Arbeitszeit	48
4. Vorübergehende Verlängerung der Arbeitszeit	49–51
5. Ausübung des Beteiligungsrechts	52
6. Arbeitskampf	53, 54
IV. Zeit, Ort und Art der Auszahlung des Arbeitsentgelts (Nr. 4)	55 ff.
1. Inhalt des Mitbestimmungsrechts	55, 56
2. Einzelfälle	57
3. VermBG	58
V. Aufstellung allgemeiner Urlaubsgrundsätze und des Urlaubsplans (Nr. 5)	59 ff.
1. Inhalt des Mitbestimmungsrechts	59
2. Urlaubsgrundsätze	60
3. Urlaubslisten, Urlaubsplan	61
4. Streitigkeiten	62
VI. Verhaltens- und Leistungskontrollen (Nr. 6)	63 ff.
1. Inhalt des Mitbestimmungsrechts	63
2. Überwachung	64
3. Bezug zu Leistung oder Verhalten der Arbeitnehmer	65
4. Geeignetheit	66
5. Einzelfälle	67
6. Verfahren	68
VII. Arbeitsunfallschutz (Nr. 7)	69 ff.
1. Inhalt des Mitbestimmungsrechts	69
2. Gesetzliche Regelung oder Vorschrift zum Unfallschutz	70
3. Handlungsspielraum	71
4. Kollektiver Tatbestand	72
5. Einzelfälle	73
6. Verfahren	74
VIII. Sozialeinrichtungen (Nr. 8)	75 ff.
1. Inhalt des Mitbestimmungsrechts	75
2. Sozialeinrichtung	76–80
3. Einzelfälle	81
IX. Werkwohnungen (Nr. 9)	82 ff.
1. Inhalt des Mitbestimmungsrechts	82
2. Wohnraum	83

	RN
3. Beteiligungspflicht	84–87
4. Streitigkeiten	88
X. Betriebliche Lohngestaltung (Nr. 10)	89 ff.
1. Allgemeines	89, 90
2. Lohn	91–94
3. Inhalt des Mitbestimmungsrechts bei der Lohngestaltung	95–100 a
4. Mitbestimmung bei freiwilligen Leistungen	101–108 b
XI. Mitbestimmungsrecht bei Leistungsentgelten (Nr. 11)	109 ff.
1. Inhalt des Mitbestimmungsrechts	109
2. Leistungsentgelte	110–116
3. Verfahren	117
XII. Vorschlagswesen (Nr. 12)	118
XIII. Gruppenarbeit (Nr. 13)	119 ff.
1. Inhalt des Mitbestimmungsrechts	119
2. Gruppenarbeit	120
3. Beteiligungspflicht	121

A. Die Grundsätze des Mitbestimmungsrechts und des Beteiligungsverfahrens

I. Allgemeines

Edenfeld, Der kollektive Tatbestand als Voraussetzung für das Mitbestimmungsrecht des Betriebsrats in Fragen der betrieblichen Lohngestaltung, ZfA 97, 313; *Fischer,* Betriebliche Mitbestimmung § 87 BetrVG im internationalen Konzern bei einheitlicher Entscheidungsvorgabe, BB 2000, 562; *ders.,* Auswirkung des Europarechts auf das Betriebsverfassungsrecht, NZA 2003, Sonderbeilage zu Heft 16, S. 57; *Gutzeit,* Die Mitbestimmung des Betriebsrats in sozialen Angelegenheiten, AR-Blattei SD 530.14.2; *Raab,* Der kollektive Tatbestand als Voraussetzung der Mitbestimmung des Betriebsrats in sozialen Angelegenheiten, ZfA 2001, 31.

1 **1. Bedeutung.** Der Kernbereich der Beteiligungsrechte des Betriebsrats liegt im Bereich der sozialen Mitbestimmung. Zu unterscheiden sind die notwendige bzw. obligatorische (§ 87 BetrVG) und die freiwillige (§ 88 BetrVG) Mitbestimmung sowie die Mitwirkung bei der Gestaltung des Arbeitsschutzes (§ 89 BetrVG). Zweck der Mitbestimmung ist der Schutz der Arbeitnehmer vor einseitigen Anordnungen des Arbeitgebers. Das Mitbestimmungsrecht entfällt nicht allein dadurch, dass die Maßnahme des Arbeitgebers rechtlich unzulässig ist.[1]

2 **2. Abschließende Aufzählung.** In den in § 87 BetrVG aufgezählten Gegenständen kann der Arbeitgeber Maßnahmen nur treffen, wenn der Betriebsrat zustimmt oder seine Zustimmung durch den Spruch der Einigungsstelle ersetzt wird (§ 87 II BetrVG). Die Aufzählung ist abschließend, auch Verstöße des Arbeitgebers gegen betriebsverfassungsrechtliche Pflichten (z. B. § 75 II BetrVG) können Mitbestimmungsrechte nicht begründen.[2] Andererseits kann der Arbeitgeber ein Mitbestimmungsrecht nicht dadurch ausschließen, dass er unter Umgehung des Betriebsrats entsprechende einzelvertragliche Vereinbarungen mit den Arbeitnehmern trifft.[3] Zur Abdingbarkeit und Erweiterung der Beteiligungsrechte und zur Bedeutung der Unterscheidung von formellen und materiellen Arbeitsbedingungen § 230 RN 7 ff.

3 **3. Kollektive Tatbestände.** Das Mitbestimmungsrecht des Betriebsrats besteht grundsätzlich nur bei Tatbeständen mit einem kollektiven Bezug und bei sich aus kollektiven Tatbeständen ergebenden Einzelregelungen.[4] Nur in Ausnahmefällen bezieht sich das Mitbestimmungsrecht auch auf die Regelung eines einzelnen Arbeitsverhältnisses (z. B. § 87 I Nr. 5, 9 BetrVG). Ob ein kollektiver Tatbestand vorliegt, ist zwar nicht ausschließlich quantitativ zu bestimmen. Jedoch liegt ein kollektiver Tatbestand immer dann vor, wenn voraussichtlich mehrere Arbeitnehmer von der beabsichtigten Maßnahme betroffen sind bzw. wären, z. B. bei generellen Regelungen über das Tragen von Dienstkleidung oder der Verteilung der regelmäßigen Arbeitszeit.

---

[1] BAG 22. 7. 2008 AP 14 zu § 87 BetrVG 1972 = NZA 2008, 1248.

[2] BAG 8. 6. 1999 AP 31 zu § 87 BetrVG Ordnung des Betriebes = NZA 99, 1288; LAG Düsseldorf 29. 5. 2001 NZA 2001, 1398.

[3] BAG 24. 4. 2007 AP 124 zu § 87 BetrVG 1972 Arbeitszeit = NZA 2007, 818; 10. 11. 1992 AP 58 zu § 87 BetrVG 1972 Lohngestaltung = NZA 93, 570; 30. 1. 1990 AP 41 zu § 87 BetrVG 1972 Lohngestaltung = NZA 90, 571.

[4] BAG GS 3. 12. 1991 AP 51, 52 zu § 87 BetrVG 1972 Lohngestaltung = NZA 92, 749 (Entgeltgrundsätze); 27. 6. 1989 AP 35 zu § 87 BetrVG 1972 Arbeitszeit = NZA 90, 35; 18. 4. 1989 AP 33 zu § 87 BetrVG 1972 = DB 89, 1978 (jeweils zur Lage der Arbeitszeit); 8. 6. 1982 AP 7 zu § 87 BetrVG 1972 Arbeitszeit = DB 82, 2356; 18. 10. 1980 AP 3 zu § 87 BetrVG 1972 Arbeitszeit = BB 81, 946 (jeweils zu Überstunden); 31. 1. 1969 AP 5 zu § 56 BetrVG Entlohnung.

Bei Überstundenregelungen liegt ein kollektiver Tatbestand vor, wenn z. B. eine Auswahl unter mehreren zur Verfügung stehenden Arbeitnehmern zu treffen ist. Ob eine Maßnahme generellen Charakter hat oder eine Einzelmaßnahme darstellt, ist nicht nach der äußeren Form, sondern nach ihrem Inhalt und ihren Auswirkungen zu beurteilen. Ohne Belang sind ihre zeitlichen Auswirkungen, also ob es sich um eine einmalige oder Dauerregelung handelt. Kein Mitbestimmungsrecht besteht, wenn nur ein einzelner Arbeitnehmer von der beabsichtigten Maßnahme betroffen ist bzw. sie wegen der besonderen Umstände vereinzelter Arbeitsverhältnisse getroffen wird.

II. Vorrang von Gesetz oder Tarifvertrag

Buschmann, Zum Gesetzesvorrang bei der betrieblichen Arbeitszeitgestaltung, FS Wißmann (2005), S. 251; *Kort,* Die Grenzen betrieblicher Mitbestimmung bei tarifvertraglicher Zulassung lediglich „freiwilliger" Betriebsvereinbarungen, NZA 2001, 477.

1. Grundsatz. Das Mitbestimmungsrecht steht unter dem Vorbehalt einer höherrangigen Rechtsnorm. In sozialen Angelegenheiten hat der Betriebsrat nach dem Eingangssatz von § 87 I BetrVG nur ein erzwingbares Mitbestimmungsrecht, soweit eine gesetzliche oder tarifliche Regelung nicht besteht. Diese führt nur zum Wegfall des Mitbestimmungsrechts, wenn der Arbeitgeber auf Grund der ihn bindenden gesetzlichen oder tariflichen Vorgaben selbst keinen Regelungsspielraum für die Ausgestaltung der Maßnahme mehr hat. Das Zurücktreten des Beteiligungsrechts erfolgt nur, soweit die zwingenden Vorgaben des Gesetzes oder Tarifvertrags reichen. An einer abschließenden Regelung fehlt es etwa, wenn durch Gesetz oder Tarifvertrag zwar die Durchführung einer bestimmten Maßnahme angeordnet wird, Regelungen über ihre Durchführung aber fehlen. Gleiches gilt, wenn der Arbeitgeber in einem Tarifvertrag zur Durchführung einer Maßnahme nur ermächtigt[5] oder ihm ein Handlungsrahmen vorgegeben wird. Hier entfällt wegen des mangelnden Regelungsspielraums das Mitbestimmungsrecht bezüglich des „ob" der Maßnahme, nicht aber hinsichtlich des „wie", d. h. auf welche Weise sie durchgeführt werden soll.[6] 4

2. Gesetz. Gesetz ist nicht nur ein formelles Gesetz, sondern jede materielle Rechtsnorm, also auch das Satzungsrecht[7] öffentlicher Körperschaften und Anstalten. Dem Gesetzesrecht stehen gleich Verwaltungsakte und sonstige behördliche Anordnungen auf Grund gesetzlicher Regelungen, die dem Arbeitgeber keine rechtlichen Wahlmöglichkeiten lassen, wie er sich verhalten soll;[8] bei einem nur faktischen Zwang bleibt das Beteiligungsrecht hingegen bestehen. Das Mitbestimmungsrecht wird nur durch gesetzlich zwingende Regelungen ausgeschlossen, nicht aber durch dispositives Gesetzesrecht[9] oder gesetzesvertretendes Richterrecht.[10] Dass die gesetzlichen Bestimmungen Schutznormen für den Arbeitnehmer sind, ist nicht erforderlich. Bei einseitig-zwingenden Gesetzen können die Betriebspartner bei der Ausübung des Mitbestimmungsrechts nicht zulasten der Arbeitnehmer von dem gesetzlich vorgegebenen Mindeststandard abweichen. Sieht ein Gesetz eine Regelungsmöglichkeit nur durch Tarifvertrag vor (z. B. in § 7 ArbZG, § 13 BUrlG; § 622 IV BGB; § 4 III EFZG, § 17 BetrAVG), gilt diese nicht für die Betriebspartner (vgl. § 13 BUrlG).[11] Ausländische Vorschriften schließen die Mitbestimmung nach § 87 I BetrVG nicht aus, wenn es an einer Transformation in nationales Recht fehlt.[12] 5

3. Tarifvertrag. a) Voraussetzungen. aa) Tariflicher Geltungsbereich. Daneben kann das Mitbestimmungsrecht des Betriebsrats durch tarifvertragliche Regelungen eingeschränkt sein. § 87 I 1 BetrVG beschränkt sein Mitbestimmungsrecht aber nur, wenn eine tarifliche Regelung für den Betrieb besteht. Dieser muss daher unter den räumlichen, zeitlichen und fachlichen Geltungsbereich eines Tarifvertrags fallen.[13] Der Tarifvorrang greift nur ein, wenn der Ar- 6

---

[5] LAG Rheinland-Pfalz 24. 10. 2000 NZA-RR 2001, 369.

[6] Vgl. BAG 6. 11. 1990 AP 4 zu § 3 AZO Kr = NZA 91, 355; 26. 5. 1988 AP 14 zu § 87 BetrVG 1972 Ordnung des Betriebes = NZA 88, 811; 23. 4. 1985 AP 12 zu § 87 BetrVG 1972 Überwachung = NZA 86, 671.

[7] BAG 25. 5. 1982 AP 53 zu § 611 BGB Dienstordnungs-Angestellte = DB 82, 2712.

[8] BAG 9. 7. 1991 AP 19 zu § 87 BetrVG 1972 Ordnung des Betriebes = NZA 92, 126; 26. 5. 1988 AP 14 zu § 87 BetrVG 1972 Ordnung des Betriebes = NZA 88, 811.

[9] BAG 29. 3. 1977 AP 1 zu § 87 BetrVG 1972 Provision = NJW 77, 1654; 13. 3. 1975 AP 1 zu § 87 BetrVG 1972 Werkmietwohnungen = NJW 73, 1900.

[10] *Fitting* § 87 RN 30; a. A. GK-BetrVG/*Wiese* § 87 RN 60; *Richardi* § 87 RN 147.

[11] BAG 17. 1. 1974 AP 3 zu § 1 BUrlG = DB 74, 783.

[12] BAG 22. 7. 2008 AP 14 zu § 87 BetrVG 1972 = NZA 2008, 1248.

[13] BAG 14. 2. 1989 AP 8 zu § 87 BetrVG 1972 Akkord = NZA 89, 648; 24. 2. 1987 AP 21 zu § 77 BetrVG 1972 = NZA 87, 639; 13. 7. 1977 AP 2 zu § 87 BetrVG 1972 Kurzarbeit = DB 77, 2235.

beitgeber tarifgebunden ist; unerheblich ist die Tarifbindung der Arbeitnehmer.[14] Die alleinige Tarifbindung des Arbeitgebers ist daher nicht nur bei betrieblichen und betriebsverfassungsrechtlichen Fragen (§ 3 II TVG), sondern auch bei Inhaltsnormen ausreichend. Die Sperrwirkung beginnt mit dem Beitritt des Arbeitgebers zum Arbeitgeberverband.[15] Vorher abgeschlossene Regelungen bleiben regelmäßig wirksam, soweit nicht der nunmehr geltende Tarifvertrag der bestehenden betrieblichen Vereinbarung entgegensteht. Die Sperrwirkung endet mit Wirksamwerden des Austritts des Arbeitgebers aus dem Verband und Ablauf des Nachgeltungszeitraums des Tarifvertrags bzw. der einzelnen Tarifverträge (§ 3 III TVG). Ist der Abschluss einer Betriebsvereinbarung danach zulässig, kann sie auch für einen Zeitpunkt nach Ablauf der unmittelbaren und zwingenden Wirkung des Tarifvertrags abschlossen werden, auf den Abschlusszeitpunkt kommt es nicht an.[16] Keine Sperrwirkung nach § 87 I 1 BetrVG besteht schließlich im Nachwirkungszeitraum eines Tarifvertrages.[17]

7 **bb) Tarifinhalt.** Ein Tarifvertrag besteht nur, soweit von den Tarifparteien eine abschließende Regelung beabsichtigt war, die dem Arbeitgeber keine einseitige Regelungsmöglichkeit belässt. Ob dies der Fall ist, muss ggf. durch Auslegung des Tarifvertrags nach seinem objektiven Inhalt ermittelt werden.[18] Ein Tarifvertrag kann das Mitbestimmungsrecht nicht ausschließen, ohne selbst eine ausreichende Regelung zu enthalten;[19] eine „Nichtregelung" sperrt die betriebliche Mitbestimmung nicht. Die Tarifnorm darf sich deshalb nicht darauf beschränken, die notwendige Mitbestimmung des Betriebsrats lediglich auszuschließen, indem sie dem Arbeitgeber ein einseitiges Bestimmungsrecht zuweist.[20] Die Tarifvertragsparteien können den Betriebsparteien auch die Möglichkeit eröffnen, von der tariflichen Regelung durch eine freiwillige, nicht durch den Spruch der Einigungsstelle erzwingbare Regelung abzuweichen.[21]

8 **b) Öffnungsklausel.** Eröffnet ein Tarifvertrag den Parteien die Möglichkeit zu einer abweichenden Regelung durch Betriebsvereinbarung, lebt die tarifliche Regelung wieder auf, wenn die Betriebsvereinbarung gekündigt wird.[22] Im Rahmen der Flexibilisierung der Arbeitszeit (§ 160) kann die Länge der betrieblichen und der persönlichen Arbeitszeit differieren. Insoweit ist die Wirksamkeit der Tarifverträge in Zweifel gezogen worden; da die Tarifverträge aber lediglich den Betriebsvereinbarungen eine Öffnungsklausel für die Regelung der Arbeitszeit einräumen, bestanden dagegen keine entscheidenden Bedenken.[23]

9 **c) Zwei-Schranken-Theorie; Tarifvorbehalt.** Den Koalitionen ist zur Wahrung der Tarifautonomie und zur Vermeidung von Arbeitsauseinandersetzungen im Betrieb ein Vorrang bei der Regelung von Arbeitsbedingungen eingeräumt worden. Nach der zwischenzeitlich geänderten Rspr. des BAG gilt jedoch § 77 III BetrVG im Bereich der erzwingbaren Mitbestimmung des § 87 I BetrVG nicht, während nach der sog. Zwei-Schranken-Theorie § 77 III BetrVG und § 87 I BetrVG nebeneinander anwendbar sind (dazu § 231 RN 23f.).[24] Jedoch führt die Mitbestimmungspflichtigkeit eines Teils der Regelungen einer Betriebsvereinbarung nicht etwa dazu, dass die Sperrwirkung eines Tarifvertrags nach § 77 III BetrVG auch für die mitbestimmungs-

---

[14] BAG 10. 8. 1993 AP 12 zu § 87 BetrVG 1972 Auszahlung = NZA 94, 326; 30. 1. 1990 AP 78 zu § 99 BetrVG 1972 = NZA 90, 493; 24. 2. 1987 AP 21 zu § 77 BetrVG 1972 = NZA 87, 639; a. A. GK-BetrVG/*Wiese* § 87 RN 67f.

[15] BAG 20. 12. 1988 AP 9 zu § 87 BetrVG 1972 Auszahlung = NZA 89, 564.

[16] BAG 27. 11. 2002 AP 34 zu § 87 BetrVG 1972 Tarifvorrang.

[17] BAG 24. 2. 1987 AP 21 zu § 77 BetrVG 1972 = NZA 87, 639; 13. 7. 1977 AP 2 zu § 87 BetrVG 1972 Kurzarbeit = DB 77, 2235.

[18] BAG 4. 7. 1989 AP 20 zu § 87 BetrVG 1972 Tarifvorrang = NZA 90, 29; 8. 3. 1983 AP 14 zu § 87 BetrVG 1972 Lohngestaltung = DB 83, 2040; 3. 8. 1982 AP 12 zu § 87 BetrVG 1972 Lohngestaltung = NJW 83, 2519; 4. 8. 1981 AP 1 zu § 87 BetrVG 1972 Tarifvorrang = DB 82, 383; 4. 8. 1981 AP 5 zu § 87 BetrVG 1972 Arbeitszeit = NJW 82, 671; 22. 1. 1980 AP 3 zu § 87 BetrVG 1972 Lohngestaltung = NJW 81, 75; 3. 4. 1979 AP 2 zu § 87 BetrVG 1972 = DB 79, 2186; 5. 3. 1974 AP 1 zu § 87 BetrVG 1972 Kurzarbeit = NJW 74, 1724.

[19] BAG 17. 11. 1998 AP 79 zu § 87 BetrVG 1972 Arbeitszeit = NZA 99, 662; 18. 4. 1989 AP 18 zu § 87 BetrVG 1972 Tarifvorrang = NZA 89, 887; 28. 2. 1984 AP 4 zu § 87 BetrVG 1972 Tarifvorrang = NZA 84, 230; 22. 12. 1981 AP 7 zu § 87 BetrVG 1972 Lohngestaltung = DB 82, 1274; 18. 6. 1976 AP 4 zu § 87 BetrVG 1972 Altersversorgung = DB 76, 1631.

[20] BAG 3. 5. 2006 AP 119 zu § 87 BetrVG 1972 Arbeitszeit.

[21] BAG 9. 12. 2003 AP 27 zu § 50 BetrVG 1972 = NZA 2005, 234.

[22] BAG 12. 8. 1982 AP 5 zu § 77 BetrVG 1972 = DB 82, 2301.

[23] BAG 18. 8. 1987 AP 23 zu § 77 BetrVG 1972 = NZA 87, 779.

[24] BAG GS 3. 12. 1991 AP 51 zu § 87 BetrVG 1972 Lohngestaltung = NZA 92, 749; 3. 12. 1991 AP 52 zu § 87 BetrVG 1972 Lohngestaltung; BAG 24. 11. 1987 AP 6 zu § 87 BetrVG 1972 Auszahlung = NZA 88, 405; 24. 2. 1987 AP 21 zu § 77 BetrVG 1972 = NZA 87, 639.

freien Regelungen aufgehoben wird.[25] Besteht eine tarifliche Regelung nicht mehr, lebt das erzwingbare Mitbestimmungsrecht des Betriebsrats wieder auf (RN 6).

d) Freiwillige Betriebsvereinbarungen. Der Tarifvorrang des § 87 I BetrVG Eingangssatz gilt nicht für freiwillige Betriebsvereinbarungen (§ 88 BetrVG). Diese können abgeschlossen werden, soweit sie **(1)** nach § 4 III TVG für die Mitarbeiter günstiger als die tariflichen Regelungen sind und **(2)** der Tarifvorbehalt nach § 77 III BetrVG nicht eingreift. 10

III. Durchführung der Mitbestimmung

1. Zuständigkeit. Zuständig für die Ausübung des Mitbestimmungsrechts ist im Allgemeinen der Betriebsrat. Denkbar ist aber auch, dass für die Ausübung des Mitbestimmungsrechts der Gesamtbetriebsrat oder der Konzernbetriebsrat zuständig ist, wenn eine unternehmenseinheitliche oder konzerneinheitliche Regelung notwendig oder beabsichtigt ist.[26] Dies ist z. B. bei Regelungen über die betriebliche Lohngestaltung der Fall, selbst wenn sie sich zunächst nur auf einen Betrieb auswirken;[27] zur Abgrenzung der Zuständigkeiten § 224 RN 19 ff. Die Wahrnehmung der Mitbestimmungsrechte kann in größeren Betrieben einem Ausschuss übertragen werden (§ 28 I, III BetrVG).[28] 11

2. Einschaltungszwang. Der Arbeitgeber muss den Betriebsrat einschalten, wenn er eine Maßnahme zu einem mitbestimmungspflichtigen Gegenstand durchführen will (Ausnahme: Notfall). Er ist verpflichtet, das zuständige Betriebsverfassungsorgan vor Durchführung der geplanten Maßnahme zu einer Stellungnahme aufzufordern und die Zustimmung einzuholen oder das Einigungsstellenverfahren einzuleiten. Die Durchführung der vom Arbeitgeber beabsichtigten Maßnahme setzt eine Einigung durch Betriebsvereinbarung (§ 231 RN 4) oder Regelungsabrede (§ 231 RN 65) voraus.[29] Das Schweigen der angerufenen Arbeitnehmervertretung stellt keine Zustimmung zu dem Anliegen des Arbeitgebers dar. Es besteht im Bereich des § 87 BetrVG auch keine Frist, nach deren fruchtlosem Ablauf die Zustimmung des Betriebsrats wirksam fingiert wird.[30] Die Zustimmungserklärung kann konkludent erfolgen, die Erklärung durch den Vorsitzenden bzw. einem hierzu ermächtigten Betriebsratsmitglied muss aber auf einem entsprechenden Beschluss des Gremiums beruhen;[31] eine Genehmigung der Zustimmungserklärung durch den Betriebsrat ist möglich.[32] Fehlt es an einer zumindest formlosen Regelung, stellt daher die Duldung der Maßnahme durch den Betriebsrat oder dessen Untätigkeit keine Zustimmung dar. Nicht ausreichend ist es auch, wenn das zuständige Betriebsverfassungsorgan lediglich zu erkennen gibt, es sehe hinsichtlich einer Angelegenheit kein Mitbestimmungsrecht, und damit dem Arbeitgeber in einer mitbestimmungspflichtigen Angelegenheit ohne inhaltliche Mitgestaltung „freie Hand" gibt.[33] Anders liegt der Fall, wenn der Betriebsratsvorsitzende gegenüber einer Anrechnungsentscheidung des Arbeitgebers erklärt, mit der Kürzung nicht einverstanden zu sein, gegenüber der beabsichtigten Verteilung jedoch keine Einwendungen zu erheben. Hier liegt ein Einverständnis gegenüber der mitbestimmungspflichtigen Ausgestaltung der Verteilungsgrundsätze vor. Eine nachträgliche Vereinbarung über die Zustimmung des Betriebsrats zu einer bereits abgeschlossenen Maßnahme ist nicht ausreichend. Besteht im Betrieb kein Betriebsrat, kann der Arbeitgeber die nach § 87 BetrVG notwendigen Maßnahmen einseitig im Wege des Direktionsrechts treffen, es sei denn, dass individualvertraglich besondere Abreden bestehen.[34] Etwas anderes gilt nur, wenn in einem Unternehmen für die Maßnahme die Zuständigkeit beim Gesamtbetriebsrat liegt und ein solcher gebildet ist. Dann ist dieser vor Durchführung der Maßnahme zu beteiligen. 12

---

[25] BAG 22. 3. 2005 AP 26 zu § 4 TVG Geltungsbereich = NZA 2006, 383; 5. 3. 1997 AP 10 zu § 77 BetrVG 1972 Tarifvorbehalt = NZA 97, 951.

[26] BAG 18. 10. 1994 AP 70 zu § 87 BetrVG 1972 Lohngestaltung = NZA 95, 390; 11. 2. 1992 AP 50 zu § 76 BetrVG 1972 = NZA 92, 702.

[27] BAG 14. 12. 1999 AP 104 zu § 87 BetrVG 1972 Lohngestaltung = NZA 2000, 783.

[28] BAG 26. 7. 1988 AP 6 zu § 87 BetrVG 1972 Provision = NZA 89, 109.

[29] BAG 14. 8. 2001 AP 4 zu § 77 BetrVG 1972 Regelungsabrede = NZA 2002, 342; 14. 2. 1991 AP 4 zu § 615 BGB Kurzarbeit = NZA 91, 607.

[30] BAG 29. 1. 2008 AP 13 zu § 87 BetrVG 1972 = NZA-RR 2008, 469.

[31] BAG 10. 11. 1992 AP 58 zu § 87 BetrVG 1972 Lohngestaltung = NZA 93, 570; vgl. auch 15. 12. 1961 AP 1 zu § 56 BetrVG Arbeitszeit; 8. 2. 1963 AP 4 in § 56 BetrVG Akkord.

[32] BAG 10. 10. 2007 AP 17 zu § 26 BetrVG 1972 = NZA 2008, 369.

[33] BAG 29. 1. 2008 AP 13 zu § 87 BetrVG 1972 = NZA-RR 2008, 469; a. A. LAG Düsseldorf 13. 10. 1994 NZA 95, 966 – stillschweigende Hinnahme ausreichend.

[34] BAG 25. 11. 1981 AP 3 zu § 9 TVAL II = DB 82, 909; LAG Baden-Württemberg 29. 6. 1972 DB 73, 1952.

13 **3. Eil- und Notfälle. a) Eilfälle.** Als Eilfälle werden üblicherweise Situationen verstanden, in denen eine Regelung umgehend erfolgen muss, der Betriebsrat aber bisher noch nicht zugestimmt hat. Die Eilbedürftigkeit einer mitbestimmungspflichtigen Maßnahme lässt das Mitbestimmungsrecht des Betriebsrats nicht entfallen. Der Gesetzgeber hat im BetrVG die Zulässigkeit einstweiliger Maßnahmen wegen der Dringlichkeit der Angelegenheit ausdrücklich geregelt (§§ 100, 115 VII Nr. 4 BetrVG), für den Bereich des § 87 BetrVG fehlt es an einer Ausnahmevorschrift.[35] Aus diesem Grund müssen die Betriebspartner für eilbedürftige Angelegenheiten entsprechende Vorsorge treffen, etwa durch Rahmen- oder Verfahrensregelungen. So können z.B. Arbeitgeber und Betriebsrat in einer Betriebsvereinbarung festlegen, wie zu verfahren ist, wenn der Betriebsrat nicht erreichbar ist oder aus sonstigen Gründen kurzfristig keinen wirksamen Beschluss fassen kann. Einer solchen Regelung, die vom Arbeitgeber ggf. durch die Einigungsstelle erzwungen werden kann, darf sich der Betriebsrat nicht verschließen, wenn sie zur Sicherung eines möglichst reibungslosen Betriebsablaufs notwendig erscheint.[36] Hingegen scheidet die Erwirkung einer einstweiligen Verfügung beim Arbeitsgericht (§ 85 II ArbGG) als Ersatz für die fehlende Zustimmung des Betriebsrats regelmäßig aus.[37] Das Beteiligungsrecht entfällt auch nicht, wenn der Betriebsrat vermeintlich zweckwidrig seine Zustimmung verweigert.

14 **b) Notfälle.** Anders als in Eilfällen ist das Mitbestimmungsrecht des Betriebsrats in sog. Notfällen eingeschränkt. Dies sind Situationen, in denen sofort gehandelt werden muss, um von dem Betrieb oder den Arbeitnehmern Schaden abzuwenden und in denen entweder der Betriebsrat nicht erreichbar ist oder keinen ordnungsgemäßen Beschluss fassen kann. Das BAG verweist dabei zur Begründung auf den Grundsatz der vertrauensvollen Zusammenarbeit (§ 2 I BetrVG). Allerdings muss der Arbeitgeber nach Durchführung der Maßnahme unverzüglich die Beteiligung des Betriebsrats nachholen.[38] Für Notfälle ist kennzeichnend, dass diese unvorhersehbar auftreten und einer vorherigen Regelungsmöglichkeit entzogen sind. Kein Notfall liegt z.B. bei Sachverhalten vor, die Mehrarbeit einzelner oder mehrerer Arbeitnehmer erfordern, da die Betriebspartner regelmäßig in der Lage sind, entsprechende vorsorgliche Regelungen zu treffen.

15 **4. Initiativrecht. a) Begriff.** Hat der Betriebsrat nach § 87 I BetrVG ein Mitbestimmungsrecht, schließt dieses grundsätzlich auch ein Initiativrecht des Betriebsrats ein, weil die Mitbestimmung schon begrifflich dem Arbeitgeber und Betriebsrat gleiche Rechte einräumt. Aus diesem Grund kann Letzterer auch von sich aus an den Arbeitgeber zur Wahrnehmung seiner Mitbestimmungsrechte herantreten, also initiativ werden.[39] Die Differenzierung nach formellen und materiellen Arbeitsbedingungen ist für das Bestehen des Initiativrechts ohne Bedeutung. Unerheblich ist auch, ob hierdurch in die unternehmerische Entscheidungsfreiheit eingegriffen werden würde, da das Bestehen des Initiativrechts noch nichts darüber besagt, ob nachfolgend eine entsprechende Regelung überhaupt zustande kommt. Der Betriebsrat kann daher auch zur Vermeidung betriebsbedingter Kündigungen an den Arbeitgeber herantreten und die Einführung von Kurzarbeit verlangen.[40]

16 **b) Grenzen.** Sie ergeben sich nur aus dem Mitbestimmungstatbestand selbst, aus anderen gesetzlichen Vorschriften sowie aus der Systematik und dem Sinnzusammenhang des BetrVG. Dementsprechend besteht nach Auffassung des BAG kein Initiativrecht bei der Einführung und Abschaffung von technischen Kontrolleinrichtungen (§ 87 I Nr. 6 BetrVG).[41] Gleiches hat das BVerwG für die Einführung von Mehrarbeit angenommen, da Zweck des Beteiligungsrechts gerade der Schutz der Arbeitnehmer vor den typischerweise hiermit zusammenhängenden Be-

---

[35] BAG 17. 11. 1998 AP 79 zu § 87 BetrVG 1972 Arbeitszeit = NZA 99, 662; 19. 2. 1991 AP 42 zu § 87 BetrVG 1972 Arbeitszeit = NZA 91, 609; 12. 1. 1988 AP 8 zu § 81 ArbGG 1979 = NZA 88, 517; 2. 3. 1982 AP 6 zu § 87 BetrVG 1972 Arbeitszeit = DB 82, 1115; 13. 7. 1977 AP 2 zu § 87 BetrVG 1972 Kurzarbeit = DB 77, 2235; 5. 3. 1974 AP 1 zu § 87 BetrVG 1972 Kurzarbeit = NJW 74, 1724.

[36] BAG 17. 11. 1998 AP 79 zu § 87 BetrVG 1972 Arbeitszeit = NZA 99, 662.

[37] So aber *Richardi* § 87 RN 61.

[38] BAG 19. 2. 1991 AP 42 zu § 87 BetrVG 1972 Arbeitszeit = NZA 91, 609; 13. 7. 1977 AP 2 zu § 87 BetrVG 1972 Kurzarbeit = DB 77, 2235.

[39] BAG 28. 11. 1989 AP 4 zu § 87 BetrVG 1972 Initiativrecht = NZA 90, 406; 8. 8. 1989 AP 3 zu § 87 BetrVG 1972 Initiativrecht = NZA 90, 322; 28. 4. 1981 AP 1 zu § 87 BetrVG 1972 Vorschlagwesen = NJW 82, 405; 12. 6. 1975 AP 3 zu § 87 BetrVG 1972 Altersversorgung = BB 75, 1065; 14. 11. 1974 AP 1 zu § 87 BetrVG 1972 = DB 75, 647; LAG Niedersachsen 30. 11. 1995 NZA-RR 96, 374.

[40] BAG 4. 3. 1986 AP 3 zu § 87 BetrVG 1972 Kurzarbeit = NZA 86, 224.

[41] BAG 28. 11. 1989 AP 4 zu § 87 BetrVG 1972 Initiativrecht = NZA 90, 406.

lastungen ist.[42] Dem ist nur eingeschränkt zuzustimmen, da das Mitbestimmungsrecht nicht nur vor Belastungen schützen, sondern auch die gerechte Verteilung der sich aus der Mehrarbeit ergebenen Belastung und Verdienstmöglichkeiten gewährleisten soll. Zulässig dürfte auch ein Herantreten an den Arbeitgeber zur Schaffung von Rahmenregelungen oder Verfahrensweisen für nicht vorhersehbare Situationen sein. Erschöpft sich das Mitbestimmungsrecht in einem Mitbeurteilungsrecht (z. B. bei § 87 I Nr. 7 BetrVG, dazu RN 41 f.), ist es verbraucht, wenn der Betriebsrat der ursprünglichen Entscheidung des Arbeitgebers zugestimmt hat. Ein Initiativrecht entsteht erst wieder, wenn ein neuer Sachverhalt vorliegt oder der Arbeitgeber eine neue Entscheidung trifft. Kein Initiativrecht besteht, wenn der Arbeitgeber ohne Zustimmung des Betriebsrats Entscheidungen treffen kann, z. B. über die Bereitstellung von freiwilligen Leistungen bei den Mitbestimmungstatbeständen der § 87 I Nr. 8, 9, 10, 11 BetrVG.[43]

5. Durchführung der Einzelmaßnahme. Kommt es zum Abschluss einer Betriebsverein- 17
barung, einer Regelungsabsprache oder hat der Betriebsrat nach einer entsprechenden Willensbildung konkludent[44] (aber nach einem ausdrücklich gefassten Beschluss) einer Maßnahme des Arbeitgebers zugestimmt, kann dieser die Maßnahme gemäß § 77 I BetrVG durchführen. Kommt es nicht zu einer Einigung, können beide Seiten die Einigungsstelle anrufen (§ 232). Der Spruch der Einigungsstelle ersetzt dann die fehlende Einigung (§ 87 II BetrVG). Die Ausführung des Beschlusses der Einigungsstelle obliegt wieder dem Arbeitgeber. Regelungsabsprachen vermag der Arbeitgeber jedoch individualvertraglich nur durchsetzen, wenn ihm insoweit ein Direktionsrecht (§ 45 RN 14 ff.) gegenüber den Arbeitnehmern zusteht.

IV. Rechtsfolgen mangelnder Beteiligung des Betriebsrats

Gimpel, Individuelle Konsequenzen betriebsverfassungsrechtlicher Fehler, 2006; *Gutzeit,* Theorie der notwendigen Mitbestimmung, NZA 2008, 255; *Lerch/Weinbrenner,* Beweisverwertungsverbot bei Verletzung von Mitbestimmungsrechten, FA 2008, 229; *Pohl,* Unterlassungsansprüche des Betriebsrates, FS 25 Jahre AG ArbR DAV (2006), S. 987; *Reichhold,* Notwendige Mitbestimmung als neue „Anspruchsgrundlage"?, FS Konzen (2006), S. 763; *Wolter,* Die Wirksamkeit der Theorie der Wirksamkeitsvoraussetzung, RdA 2006, 137.

1. Kollektiv- und Individualarbeitsrecht. Bei den Rechtsfolgen unterbliebener Mitbe- 18
stimmung ist zwischen den betriebsverfassungsrechtlichen Rechtsfolgen und den Rechtsfolgen im Verhältnis zwischen Arbeitgeber und Arbeitnehmer zu unterscheiden.

2. Verhältnis zwischen Arbeitgeber und Betriebsrat. Verletzt der Arbeitgeber ein Mit- 19
bestimmungsrecht aus § 87 I BetrVG, hat der Betriebsrat unabhängig von den Voraussetzungen des § 23 III BetrVG einen Unterlassungsanspruch, der auch im einstweiligen Verfügungsverfahren geltend gemacht werden kann.[45] Der Anspruch setzt die Gefahr der Wiederholung voraus. Für diese besteht eine tatsächliche Vermutung, es sei denn, dass besondere Umstände einen neuen Eingriff unwahrscheinlich machen.[46] Wirkt die belastende Maßnahme, z. B. die Aufstellung von Überwachungsgeräten fort, kann der Betriebsrat verlangen, dass sie rückgängig gemacht wird bzw. ihre Folgen beseitigt werden.[47] Schließlich kann der Betriebsrat die Erfüllung einer Betriebsvereinbarung im Beschlussverfahren erzwingen.[48] Bei vorsätzlichen Verstößen kommt auch eine Ahndung wegen einer Behinderung der Betriebsratstätigkeit in Betracht.

3. Verhältnis zwischen Arbeitgeber und Arbeitnehmer. a) Grundsatz. Liegt die Zu- 20
stimmung des Betriebsrats vor, ist der Arbeitgeber nur im Verhältnis zum Betriebsrat zur Durchführung der Maßnahme berechtigt. Sie beseitigt lediglich die kollektivrechtliche Schranke des § 87 I BetrVG. Ob die Maßnahme auch gegenüber den Arbeitnehmern zulässig ist, richtet sich nach dem Individualarbeitsrecht. Im Verhältnis zum Arbeitnehmer kann ihre Umsetzung dem Arbeitgeber auf Grund seines Direktionsrechts gestattet sein. Denkbar ist aber auch, dass es hier-

---

[42] BVerwG 6. 10. 1992 AP 1 zu § 79 LPVG Berlin = NVwZ-RR 93, 309.

[43] BAG 13. 9. 1983 AP 3 zu § 87 BetrVG 1972 Prämie = DB 83, 2470; 8. 12. 1981 AP 1 zu § 87 BetrVG 1972 Prämie = DB 82, 1276.

[44] BAG 10. 11. 1992 AP 58 zu § 87 BetrVG 1972 Lohngestaltung = NZA 93, 570; großzügiger wohl noch BAG 8. 12. 1963 AP 4 zu § 56 BetrVG Akkord; 15. 12. 1961 AP 1 zu § 56 BetrVG Arbeitszeit.

[45] BAG 23. 7. 1996 AP 68 zu § 87 BetrVG 1972 Arbeitszeit = NZA 97, 274; 3. 5. 1994 AP 23 zu § 23 BetrVG 1972 = NZA 95, 40; LAG Köln 23. 8. 1996 AP 3 zu § 85 ArbGG 1979 – bes. Glaubhaftmachung des Verfügungsgrund erforderlich; enger *Richardi* § 87 RN 134 ff.

[46] BAG 29. 2. 2000 AP 105 zu § 87 BetrVG 1972 Lohngestaltung = NZA 2000, 1066.

[47] BAG 16. 6. 1998 AP 7 zu § 87 BetrVG 1972 Gesundheitsschutz = NZA 99, 49.

[48] BAG 10. 11. 1987 AP 24 zu § 77 BetrVG 1972 = NZA 88, 255; 13. 10. 1987 AP 2 zu § 87 BetrVG 1972 Auslegung = NZA 88, 253.

zu einer Änderung des Arbeitsvertrags bedarf, die nur durch die Zustimmung des Betriebsrats in Form einer Betriebsvereinbarung erreicht werden kann. Wird das Mitbestimmungsrecht des Betriebsrats nur durch eine Regelungsabrede ausgeübt, entfaltet diese im Gegensatz zu einer Betriebsvereinbarung keine normative Wirkung. Der Arbeitgeber kann die beabsichtigte Maßnahme individualrechtlich dann nur durchführen, wenn dies im Wege des Direktionsrechts möglich ist.

21 Will beispielsweise der Arbeitgeber für eine bestimmte Abteilung Kurzarbeit anordnen, unterliegt diese Maßnahme der Mitbestimmung des Betriebsrats nach § 87 I Nr. 3 BetrVG. Hier kommt für den Arbeitgeber regelmäßig nur der Abschluss einer Betriebsvereinbarung in Betracht, da eine Regelungsabrede nicht normativ auf die Arbeitsverträge der Arbeitnehmer einwirkt. Ein normatives Einwirken ist aber erforderlich, da der Arbeitgeber nicht (auch nicht vorübergehend) die Wochenarbeitszeit ändern darf.

22 **b) Theorie der Wirksamkeitsvoraussetzungen. aa) Grundsatz.** Individualrechtlich ergeben sich die Rechtsfolgen bei einem mitbestimmungswidrigen Verhalten des Arbeitgebers aus der Theorie der Wirksamkeitsvoraussetzungen, die das BAG in ständiger Rspr. vertritt.[49] Diese ist entwickelt worden, um zu verhindern, dass der Arbeitgeber dem Einigungszwang mit dem Betriebsrat durch einen Rückgriff auf arbeitsvertragliche Gestaltungsmöglichkeiten (Änderungsverträge, Maßnahme im Rahmen des Direktionsrechts) ausweicht. Danach sind arbeitsvertragliche Maßnahmen des Arbeitgebers und Abreden grundsätzlich unwirksam, wenn **(1)** der Arbeitgeber das Mitbestimmungsrecht des Betriebsrats verletzt hat und sie **(2)** zu einer Belastung des Arbeitnehmers führen. Dies sind allerdings nur solche Maßnahmen, die bereits bestehende Rechtspositionen der Arbeitnehmer schmälern.[50] Jedoch ist nur der Arbeitgeber daran gehindert, sich gegenüber den Arbeitnehmern auf die Verletzung des Mitbestimmungsrechts zu berufen, um sich so seiner vertraglich eingegangenen Verpflichtungen zu entledigen. Dies gilt auch dann, wenn der Betriebsrat der Maßnahme nachträglich zustimmt.[51]

23 **bb) Sonderfall: Änderungskündigung.** Der 2. Senat des BAG vertritt für den Bereich der betrieblichen Lohngestaltung (§ 87 I Nr. 10 BetrVG) die Auffassung, dass eine zum Zweck der Änderung des Lohngefüges ausgesprochene Änderungskündigung wirksam ist, selbst wenn der Betriebsrat zum Kündigungszeitpunkt der Änderung der Lohngrundsätze noch nicht zugestimmt hat. Der Arbeitgeber sei bis zur Zustimmung des Betriebsrats lediglich an der tatsächlichen Umsetzung der durch die Änderungskündigung geschaffenen individualrechtlichen Rechtsposition gehindert, insoweit werde die Unwirksamkeitsfolge auf die tatsächliche Durchsetzung der Maßnahme beschränkt.[52]

24 **c) Individualrechtliche Auswirkungen. aa) Unwirksamkeit.** Nach der Theorie der Wirksamkeitsvoraussetzungen sind nicht mitbestimmte Maßnahmen gegenüber dem Arbeitnehmer regelmäßig unwirksam,[53] z.B. die Einführung von Torkontrollen ohne Beteiligung des Betriebsrats. Ordnet der Arbeitgeber ohne Zustimmung des Betriebsrats vorzeitig die Rückkehr von Wechselschicht zu Normalarbeitszeit an, hat er die bei Wechselschicht fälligen Zeitzuschläge in der Regel wegen Annahmeverzugs fortzuzahlen.[54] Gleiches gilt für die Anordnung von Kurzarbeit, wenn der Betriebsrat zuvor nicht beteiligt wurde. Hat der Arbeitgeber unter Verstoß gegen die Mitbestimmungsrechte des Betriebsrats Tariflohnerhöhungen anrechnen wollen, ist diese Anrechnung unwirksam,[55] auch eine Ablösung einer bestehenden Betriebsvereinbarung durch eine unter Verstoß gegen das Mitbestimmungsrecht des Betriebsrats zustande gekommene Ver-

---

[49] BAG 17. 6. 1998 AP 49 zu § 2 KSchG 1969 = NZA 98, 1225; 23. 7. 1996 AP 68 zu § 87 BetrVG 1972 Arbeitszeit = NZA 97, 274; 19. 9. 1995 AP 61 zu § 77 BetrVG 1972 = NZA 96, 386; 28. 9. 1994 AP 68 zu § 87 BetrVG 1972 Lohngestaltung = NZA 95, 277; 3. 5. 1994 AP 23 zu § 23 BetrVG 1972 = NJW 95, 95 = NZA 95, 40; 10. 11. 1992 AP 58 zu § 87 BetrVG 1972 Lohngestaltung = NZA 93, 570; 20. 8. 1991 AP 50 zu § 87 BetrVG 1972 Lohngestaltung = NZA 92, 225; 16. 9. 1986 AP 17 zu § 77 BetrVG 1972 = NZA 87, 168; 22. 4. 1986 AP 13 zu § 87 BetrVG 1972 Altersversorgung = NZA 86, 357; 4. 5. 1982 AP 6 zu § 87 BetrVG 1972 Altersversorgung = DB 82, 2579; 5. 7. 1976 AP 10 zu § 12 AZO = DB 76, 1688; grds. ablehnend *Richardi* § 87 RN 104 ff.

[50] BAG 19. 7. 2005 AP 42 zu § 1 BetrAVG.

[51] *Fitting* § 87 RN 602; GK-BetrVG/*Wiese* § 87 RN 100.

[52] BAG 17. 6. 1998 AP 49 zu § 2 KSchG 1969 = NZA 98, 1225; abl. *Fitting* § 87 RN 599.

[53] Zur betrieblichen Altersversorgung: BAG 10. 3. 1992 AP 34 zu § 1 BetrAVG Unterstützungskasse = NZA 93, 263; 9. 5. 1989 AP 18 zu § 87 BetrVG 1972 Altersversorgung = NZA 89, 889; 26. 4. 1988 AP 16 zu § 87 BetrVG 1972 Altersversorgung = NZA 89, 219.

[54] BAG 18. 9. 2002 AP 99 zu § 615 BGB = DB 2003, 1121.

[55] BAG GS 3. 12. 1991 AP 51 zu § 87 BetrVG 1972 Lohngestaltung = NZA 92, 749; 9. 7. 1996 AP 86 zu § 87 BetrVG 1972 Lohngestaltung = NZA 97, 277.

gütungsordnung erfolgt nicht.[56] Das führt im Allgemeinen zu Erhöhungen des Dotationsrahmens, allerdings kann eine korrigierende Regelung mit Rückwirkung getroffen werden (RN 25). Eine Ausnahme von diesem Grundsatz besteht dann, wenn der Arbeitgeber für AT-Angestellte besondere Vergütungsgruppen unter Verletzung des Mitbestimmungsrechts einführt.[57] Die Verletzung eines Mitbestimmungstatbestands kann zu einem Beweisverwertungsverbot der mitbestimmungswidrig erlangten **Beweismittel** führen,[58] rechtfertigt aber kein „Sachverhaltsverwertungsverbot", d. h. die Einführung des zugrunde liegenden Sachverhalts in ein gerichtliches Verfahren.[59] Hieraus folgt: eine entgegen § 87 I Nr. 6 BetrVG durchgeführte Videoaufzeichnung ist grundsätzlich als Mittel zum Beweis für streitige Vertragsverstöße des Arbeitnehmers in einem Kündigungsschutzprozess nicht zugelassen. Hiervon besteht eine Ausnahme, wenn der Betriebsrat der Verwendung des Beweismittels und der darauf gestützten Kündigung zustimmt und die Beweisverwertung nach den allgemeinen Grundsätzen gerechtfertigt ist.[60] Uneingeschränkt, d. h. auch gegen den Willen des Betriebsrats zulässig ist die Einführung des Sachverhalts, der auf der Videoaufzeichnung erkennbar ist, als Parteivorbringen des Arbeitgebers im Kündigungsschutzprozess.

bb) Belastende Maßnahmen und Vertrauensschutz. Die unter Verletzung des Mitbestimmungsrechts vorgenommenen individualrechtlichen Rechtsgeschäfte sind nur insoweit unwirksam, wie sie zu einer Belastung des Arbeitnehmers führen. Der Arbeitgeber ist für die Vergangenheit an die getroffenen Maßnahmen zugunsten der einzelnen Arbeitnehmer gebunden. Ihm ist es versagt, sich auf eine betriebsverfassungsrechtliche Pflichtwidrigkeit zu berufen.[61] Die ohne Mitbestimmung eingeführte bargeldlose Lohnzahlung ist wirksam, die Arbeitszeit ist in der ohne Mitbestimmung festgelegten Zeit wirksam erbracht. Deshalb behalten die Arbeitnehmer auch den Anspruch auf Vergütung der geleisteten Überstunden, selbst wenn der Arbeitgeber diese einseitig angeordnet hat. Das folgt aus dem Grundsatz des Vertrauensschutzes.[62] Eine Korrektur der zunächst mitbestimmungswidrig vorgenommenen Anrechnung einer Tariflohnerhöhungen kann aber auch für die Vergangenheit noch durch eine nachträgliche Vereinbarung mit dem Betriebsrat erfolgen, soweit nicht ausnahmsweise Gründe des Vertrauensschutzes aufseiten der Arbeitnehmer eingreifen.[63] **25**

cc) Keine Begünstigung. Die Sanktion der Rechtsunwirksamkeit kommt dem Arbeitnehmer nur bei Maßnahmen zugute, mit denen ein belastender Eingriff des Arbeitgebers verbunden ist. Die fehlende Zustimmung des Betriebsrats führt nicht zur Begründung von individualrechtlichen Rechtspositionen, die ohne die Verletzung von Mitbestimmungsrechten durch den Arbeitgeber nicht bestanden hätte.[64] Bei Nichtbeachtung der Mitbestimmung durch den Arbeitgeber erhält der Arbeitnehmer daher keinen Erfüllungsanspruch auf Leistungen, die die bestehenden Vertragsgrundlagen übersteigen.[65] **26**

B. Die Gegenstände der obligatorischen Mitbestimmung (§ 87 I BetrVG)

I. Ordnung des Betriebs und Verhalten der Arbeitnehmer im Betrieb (Nr. 1)

Ahrens, Rauchverbot, AR-Blattei SD 1310; *Bachner,* Die Mitbestimmung des Betriebsrats nach § 87 BetrVG bei der Gestaltung von Formulararbeitsverträgen, NZA 2007, 536; *Bergwitz,* Das betriebliche Rauchverbot, NZA-RR 2004, 169; *Börgmann,* Betriebliches Rauchverbot – Raucherschutz, RdA 99, 401; *Deckers/Deckers,* Die Beteiligungsrechte des Betriebsrats beim Testkauf, NZA 2004, 139; *Fischer,* Die Nutzung eines privaten Handys am Arbeitsplatz, FS Bartenbach (2005), S. 543; *Gaumann,* Ausgabe von Werksausweisen bei Erhaltungsarbeiten, NZA 2001, 245; *Grobys,* Zuverlässigkeitstests im Arbeitsrecht, NJW-Spezial 2005, 273;

[56] BAG 24. 4. 2001 – 1 ABR 37/00 – NZA 2002, 232 – Vergütungsanspruch bleibt bestehen.
[57] BAG 28. 9. 1994 AP 68 zu § 87 BetrVG 1972 Lohngestaltung = NZA 95, 277.
[58] BAG 29. 10. 1997 AP 27 zu § 611 BGB Persönlichkeitsrecht = NZA 98, 307.
[59] BAG 13. 12. 2007 AP 210 zu § 626 BGB = NZA 2008, 1008.
[60] BAG 27. 3. 2003 AP 36 zu § 87 BetrVG 1972 Überwachung = NZA 2003, 1193.
[61] BAG 14. 6. 1972 AP 54 zu §§ 22, 23 BAT = NJW 72, 2103; 18. 3. 1964 AP 4 zu § 56 BetrVG Entlohnung; 22. 11. 1963 AP 3 zu § 56 BetrVG Entlohnung.
[62] BAG 14. 6. 1972 AP 54 zu §§ 22, 23 BAT = NJW 72, 2103 (zur Höhergruppierung).
[63] Offengelassen von BAG 19. 9. 1995 AP 61 zu § 77 BetrVG 1972 = NZA 96, 386.
[64] BAG 28. 9. 1994 AP 68 zu § 87 BetrVG 1972 Lohngestaltung = NZA 95, 277; 20. 8. 1991 AP 50 zu § 87 BetrVG 1972 Lohngestaltung = NZA 92, 225.
[65] BAG 11. 6. 2002 AP 113 zu § 87 BetrVG 1972 Lohngestaltung = NZA 2003, 570.

Hunold, Fotohandys im Betrieb und die Reichweite von § 87 I BetrVG, NZA 2004, 1206; *Kraushaar,* Krankenrückkehrgespräche und Betriebsrat, NZA 2005, 913; *Künzl,* Nochmals: Das betriebliche Rauchverbot, BB 99, 2187; *Schleusener,* Die betriebsverfassungsrechtliche Abmahnung, NZA 2001, 640; *Wiese,* Zur betrieblichen Vereinbarung finanzieller Leistungspflichten von Arbeitgeber und Arbeitnehmern, FS Richardi (2007), S. 817.

Ethikrichtlinien und Compliance: *Borgmann,* Ethikrichtlinien und Arbeitsrecht, NZA 2003, 352; *Deinert,* Ethik, Whistleblower und Mitbestimmung ArbuR 2008, 90; *Eisenbeis/Nießen,* Auf Kollisionskurs: Ethikrichtlinien nach US-amerikanischem Vorbild und deutsches Arbeitsrecht, FS Leinemann (2006), S. 697; *Franzen,* Ethikregeln für Redakteure einer Wirtschaftszeitung, Jura 2005, 715; *Freckmann/Wahl,* Überwachung am Arbeitsplatz, BB 2008, 1904; *Göpfert/Merten/Siegrist,* Mitarbeiter als Wissensträger, NJW 2008, 1703; *Junker,* Konzernweite „Ethikregeln" und nationale Betriebsverfassungen, BB 2005, 602; *Kock,* Einführung einer Ethikrichtlinie im Unternehmen, MDR 2006, 673; *Kort,* Ethik-Richtlinien im Spannungsfeld zwischen US-amerikanischer Compliance und deutschem Konzernbetriebsverfassungsrecht, NJW 2009, 129; *Mengel/Hagemeister,* Compliance und arbeitsrechtliche Implementierung im Unternehmen, BB 2007, 1386; *Meyer,* Ethikrichtlinien internationaler Unternehmen und deutsches Arbeitsrecht, NJW 2006, 3605; *Schlachter,* Mitbestimmung bei der Einführung von „Ethikregeln" in transnationalen Wirtschaftseinheiten, FS Richardi (2007), S. 1067; *Schuster/Darsow,* Einführung von Ethikrichtlinien durch Direktionsrecht, NZA 2005, 273; *von Steinau-Steinrück/Glanz,* Compliance im Arbeitsrecht, NJW-Spezial 2008, 146; *dies.,* Grenzen der Mitarbeiterüberwachung, NJW-Spezial 2008, 406; *Studt,* Ethikrichtlinien, GmbHR 2008, 177; *Wisskirchen/Jordan/Bissels,* Arbeitsrechtliche Probleme bei der Einführung internationaler Verhaltens- und Ethikrichtlinien, DB 2005, 2190.

Zielvereinbarungen: *Däubler,* Zielvereinbarungen als Mitbestimmungsproblem, NZA 2005, 793; *Hergenröder,* Zielvereinbarungen, AR-Blattei SD 1855; *Moderegger,* Zielvereinbarungen und Mitbestimmung, ArbRB 2007, 176; *Riesenhuber/v. Steinau-Steinrück,* Zielvereinbarungen, NZA 2005, 785; *Trittin/Fischer,* Mitbestimmung bei individuellen Zielen?, ArbuR 2006, 261.

Muster: ArbR-Formb. § 44 RN 1.

27 **1. Inhalt des Mitbestimmungsrechts. a)** Ein Mitbestimmungsrecht nach § 87 I Nr. 1 BetrVG besteht in Fragen **(a)** der Ordnung des Betriebs und **(b)** des Verhaltens der Arbeitnehmer. Gegenstand des Mitbestimmungsrechts ist das betriebliche Zusammenleben und Zusammenwirken der Arbeitnehmer, das der Arbeitgeber kraft seines Direktionsrechts oder seiner Organisationsbefugnis beeinflussen und koordinieren kann.[66] Zweck des Mitbestimmungsrechts ist die Gewährung einer gleichberechtigten Teilhabe der Arbeitnehmer an der Gestaltung des betrieblichen Zusammenlebens.[67] Das außerbetriebliche Verhalten der Arbeitnehmer fällt dagegen nicht unter § 87 I Nr. 1 BetrVG; Arbeitgeber und Betriebsrat können danach nicht in die private Lebensführung der Arbeitnehmer eingreifen.[68] Dies steht einem Mitbestimmungsrecht nach § 87 I Nr. 1 BetrVG nicht entgegen, wenn der Arbeitgeber das private Verhältnis von Vorgesetzten und Untergebenen rechtlich ausgestalten will.[69] Das Mitbestimmungsrecht des Betriebsrats kann daher auch dann bestehen, wenn es um das Verhalten der Arbeitnehmer außerhalb der Betriebsstätte, etwa gegenüber Kunden und Lieferanten, geht.[70] Das BAG unterscheidet zwischen dem mitbestimmungsfreiem Arbeitsverhalten und dem mitbestimmungspflichtigem Ordnungsverhalten. Ob eine Anordnung das Ordnungs- oder das Arbeitsverhalten betrifft, beurteilt sich nicht nach den subjektiven Vorstellungen des Arbeitgebers, sondern nach dem objektiven Regelungszweck, der sich nach dem Inhalt der Maßnahme und der Art des zu beeinflussenden betrieblichen Geschehens bestimmt.[71] Das Mitbestimmungsrecht kann auch bei Verhaltensregeln bestehen, die das Verhalten der Arbeitnehmer in Bezug auf die betriebliche Ordnung betreffen, ohne dass sie verbindliche Vorgaben zum Inhalt haben. Ausreichend ist es, wenn die Maßnahme darauf gerichtet ist, das Verhalten der Arbeitnehmer zu steuern oder die Ordnung des Betriebs zu gewährleisten. Fasst der Arbeitgeber dabei Verhaltensregeln mit unterschiedlichem Inhalt in einem Handbuch oder einem Katalog zusammen (Ethikrichtlinien bzw. Compliance-Regelungen[72]), hat dies nicht zur Folge, dass das Gesamtwerk mitbestimmungsrechtlich nur einheitlich

---

[66] BAG 27. 1. 2004 AP 40 zu § 87 BetrVG 1972 Überwachung = NZA 2004, 556.

[67] BAG 18. 4. 2000 AP 33 zu § 87 BetrVG 1972 Überwachung = NZA 2000, 1176; 24. 3. 1981 AP 2 zu § 87 BetrVG 1972 Arbeitssicherheit = NJW 82, 404.

[68] BAG 18. 7. 2006 AP 15 zu § 850 ZPO = NZA 2007, 462.

[69] BAG 22. 7. 2008 AP 14 zu § 87 BetrVG 1972 = NZA 2008, 1248 – Ethikrichtlinien.

[70] BAG 27. 1. 2004 AP 40 zu § 87 BetrVG 1972 Überwachung = NZA 2004, 556; 28. 5. 2002 AP 39 zu § 87 BetrVG 1972 Ordnung des Betriebes = NZA 2003, 166 – Wertpapierbesitz, Nebentätigkeiten.

[71] BAG 11. 6. 2002 AP 38 zu § 87 BetrVG 1972 Ordnung des Betriebes = NZA 2002, 1299.

[72] Unter „Compliance" werden alle Maßnahmen eines Unternehmens zur Einhaltung aller für das Unternehmen relevanten Gesetze durch seine Mitarbeiter verstanden. Internationale Unternehmen verlangen vor

behandelt werden kann. Vielmehr ist hinsichtlich der Beteiligungspflicht nach dem Inhalt der einzelnen Regelungen zu differenzieren.[73] § 87 I Nr. 1 BetrVG ermächtigt Arbeitgeber und Betriebsrat nicht, Regelungen über die Übernahme von Kosten durch die Arbeitnehmer bzw. für die Beteiligung an Kosten des Arbeitgebers zu treffen.[74]

b) Arbeitsverhalten. Das Arbeitsverhalten betrifft alle Weisungen, mit denen die Arbeitspflicht unmittelbar konkretisiert und abgefordert wird.[75] Es wird berührt, wenn der Arbeitgeber kraft seiner Organisations- und Leitungsmacht näher bestimmt, welche Arbeiten auszuführen sind und in welcher Weise das geschehen soll. Mitbestimmungsfrei sind danach Anordnungen, mit denen die Arbeitspflicht unmittelbar konkretisiert wird. Dies gilt auch für generelle Anweisungen an alle oder eine Vielzahl von Arbeitnehmern.[76] Eine Meldepflicht, die Pflichtenverstöße von Arbeitnehmern bei einem mitbestimmungsfreien Arbeitsverhalten zum Gegenstand hat, unterliegt als solche nicht der Mitbestimmung nach § 87 I Nr. 1 BetrVG.[77] **28**

c) Ordnungsverhalten. Anordnungen, die dazu dienen, das sonstige Verhalten der Arbeitnehmer zu koordinieren, betreffen die Ordnung des Betriebs.[78] Hierzu zählen Verhaltensregelungen zur Sicherung des ungestörten Arbeitsablaufs und des reibungslosen Zusammenlebens und Zusammenwirkens der Arbeitnehmer im Betrieb.[79] Die betriebliche Ordnung wird betroffen sowohl bei allgemeingültigen Verhaltensregeln für eben dieses Ordnungsverhalten der Arbeitnehmer wie auch bei Regeln, die der Durchsetzung und Bewahrung dieser betrieblichen Ordnung im Einzelfall dienen. Dabei kann es sich um Regelungen zur Schaffung von Anreizen für ihre Beachtung,[80] zur Überwachung ihrer Einhaltung[81] oder zu Sanktionen bei Verstößen handeln.[82] **29**

2. Mitbestimmungsfreies Arbeitsverhalten. Als arbeitsnotwendige, nicht mitbestimmungspflichtige Maßnahmen wurden angesehen Anweisungen, in welcher Reihenfolge Arbeiten zu verrichten sind, Anweisungen im Lebensmittelbetrieb, Schutzkleidung zu tragen,[83] die Erfassung von Arbeitszeit und das Ausfüllen von Lochkarten zu Kalkulationszwecken,[84] das Ausfüllen von Formularen zur Zeiterfassung für die Überstundenberechnung,[85] Dienstreiseanordnungen,[86] Spesenregelungen,[87] Mitteilungen über die Geheimhaltungsverpflichtung von Arbeitnehmern der EDV-Abteilung, Anweisungen an die Betriebshandwerker, Arbeitsbücher zu führen, ohne dass gleichzeitig die Zeit erfasst wird,[88] eine Anordnung, den Vornamen in Geschäftsbriefen zu verwenden,[89] der Erlass von Führungsrichtlinien[90] und die Einführung von Standesregeln für Wirtschaftsredakteure.[91] Mitbestimmungspflichtig sind dagegen Anweisungen an Außendienst- **30**

---

etwaigen Vertragsabschlüssen vielfach einen Nachweis von ihrem Vertragspartner über die Einhaltung von „Compliancestandards", weitergehende Schrifttumsnachweise vor RN 27.

[73] BAG 22. 7. 2008 AP 14 zu § 87 BetrVG 1972 = NZA 2008, 1248 – Ethikrichtlinien.

[74] BAG 13. 2. 2007 AP 40 zu § 87 BetrVG 1972 Ordnung des Betriebes = NZA 2007, 640 – Dienstkleidung; 18. 7. 2006 AP 15 zu § 850 ZPO = NZA 2007, 462 – Kosten für Lohnpfändungen.

[75] BAG 27. 1. 2004 AP 40 zu § 87 BetrVG 1972 Überwachung = NZA 2004, 556.

[76] BAG 8. 6. 1999 AP 31 zu § 87 BetrVG 1972 Ordnung des Betriebes = NZA 99, 1288.

[77] BAG 22. 7. 2008 AP 14 zu § 87 BetrVG 1972 = NZA 2008, 1248.

[78] BAG 25. 1. 2000 AP 34 zu § 87 BetrVG 1972 Ordnung des Betriebes = NZA 2000, 665; 8. 6. 1999 AP 31 zu § 87 BetrVG 1972 Ordnung des Betriebes = NZA 99, 1288; 21. 1. 1997 AP 27 zu § 87 BetrVG 1972 Ordnung des Betriebes = NZA 97, 785; 23. 7. 1996 AP 26 zu § 87 BetrVG 1972 Ordnung des Betriebes = NZA 97, 216; 8. 11. 1994 AP 24 zu § 87 BetrVG 1972 Ordnung des Betriebes = NZA 95, 857; 15. 12. 1961 AP 3 zu § 56 BetrVG Ordnung des Betriebes.

[79] BAG 23. 10. 1984 AP 8 zu § 87 BetrVG 1972 Ordnung des Betriebes = NZA 85, 224; 9. 12. 1980 AP 2 zu § 87 BetrVG 1972 Ordnung des Betriebes = DB 81, 1092.

[80] BAG 24. 3. 1981 AP 2 zu § 87 BetrVG 1972 Arbeitssicherheit = NJW 82, 404 – Sicherheitswettbewerb.

[81] BAG 10. 11. 1987 AP 24 zu § 77 BetrVG 1972 = NZA 90, 193 – Alkoholverbot.

[82] BAG 17. 10. 1989 AP 12 zu § 87 BetrVG 1972 Betriebsbuße = NZA 90, 193.

[83] BAG 15. 12. 1961 AP 3 zu § 56 BetrVG Ordnung des Betriebes = DB 62, 274.

[84] BAG 24. 11. 1981 AP 3 zu § 87 BetrVG 1972 Ordnung des Betriebes = DB 82, 1116.

[85] BAG 4. 8. 1981 AP 1 zu § 87 BetrVG 1972 Tarifvorrang = DB 82, 383; 9. 12. 1980 AP 2 zu § 87 BetrVG 1972 Ordnung des Betriebes = DB 81, 1092.

[86] BAG 23. 7. 1996 AP 26 zu § 87 BetrVG 1972 Ordnung des Betriebes = NZA 97, 216.

[87] BAG 27. 10. 1998 AP 99 zu § 87 BetrVG 1972 Lohngestaltung = NZA 99, 381; 8. 12. 1981 AP 6 zu § 87 BetrVG 1972 Lohngestaltung = DB 82, 960.

[88] LAG Hamm 12. 11. 1976 EzA 2 zu § 87 BetrVG 1972 Betriebliche Ordnung.

[89] BAG 8. 6. 1999 AP 31 zu § 87 BetrVG 1972 Ordnung des Betriebes = NZA 99, 1288.

[90] BAG 23. 10. 1984 AP 8 zu § 87 BetrVG 1972 Ordnung des Betriebes = NZA 85, 224.

[91] BAG 28. 5. 2002 AP 39 zu § 87 BetrVG 1972 Ordnung des Betriebes = NZA 2003, 166.

mitarbeiter, Zeitpunkt und Dauer des Besuchs bei Kunden zu erfassen, Sicherungswettbewerbe zur Senkung der Unfallzahlen im Betrieb,[92] Regelungen für den Arztbesuch.[93]

31 **3. Mitbestimmungspflichtiges Ordnungsverhalten.** **a)** Zu den beteiligungspflichtigen Vorschriften, die das Verhalten der Arbeitnehmer i. w. S. betreffen, gehören sämtliche Normen, die das Verhalten des Arbeitnehmers selbst und das Verhalten des Arbeitnehmers zu seinen Kollegen und dem Arbeitgeber regeln sollen. Hierzu zählen Vorschriften im Interesse der Sittlichkeit,[94] die Einführung von Torkontrollen[95] und von Stechuhren,[96] Zugangskontrollen bzw. Werksausweise[97] (anders bei codierten Ausweiskarten mit reiner „Schlüsselfunktion"[98] und bei Betriebsratsaufgaben),[99] das Verlassen des Betriebs während der Ruhepausen,[100] Formulare für den Arztbesuch,[101] Kleiderordnungen[102] (zur Kostentragungspflicht RN 27 und § 85 RN 19), Vorschriften für das Radiohören im Betrieb,[103] Ermittlungsarbeiten des Werkschutzes,[104] Anordnung zur Duldung von polizeilichen Kontrolluntersuchungen,[105] Rauchverbote,[106] Alkoholverbote,[107] den Betriebshandel,[108] das Abstellen von Kraftfahrzeugen,[109] die Zuweisung von Betriebsparkplätzen,[110] Parkplatzordnungen,[111] die Entfernung von Autos auf Kosten der Arbeitnehmer,[112] Mitarbeitergespräche mit Zielvereinbarungen,[113] die Mitnahme von Unterlagen durch Angestellte nach Hause,[114] die Sicherung eingebrachter Sachen,[115] das Beisichführen von Bargeld im Betrieb[116] sowie die Benutzung des betrieblichen Telefons und Telefonkontrollen.[117] Die Erfüllung der in § 13 AGG enthaltenen Verpflichtung zur Einrichtung einer **Beschwerdestelle** unterliegt als solche nicht dem Beteiligungsrecht des Betriebsrats, während die Ausgestaltung des Verfahrens über die

---

[92] BAG 24. 3. 1981 AP 2 zu § 87 BetrVG 1972 Arbeitssicherheit = NJW 82, 404.
[93] BAG 21. 1. 1997 AP 27 zu § 87 BetrVG 1972 Ordnung des Betriebes = NZA 97, 785.
[94] BAG 15. 12. 1961 AP 3 zu § 56 BetrVG Ordnung des Betriebes.
[95] BAG 12. 8. 1999 AP 28 zu § 87 BetrVG 1972 Ordnung des Betriebes = NZA 2000, 421; 9. 7. 1991 AP 19 zu § 87 BetrVG 1972 Ordnung des Betriebes = NZA 92, 126; 26. 5. 1988 AP 14 zu § 87 BetrVG 1972 Ordnung des Betriebes = NZA 88, 811; 17. 8. 1982 AP 5 zu § 87 BetrVG 1972 Ordnung des Betriebes = DB 82, 2578.
[96] LAG Berlin 9. 1. 1984 DB 84, 2098; a. A. LAG Düsseldorf 21. 8. 1980 ArbuR 81, 322.
[97] BAG 27. 1. 2004 AP 40 zu § 87 BetrVG Überwachung = NZA 2004, 556; 16. 12. 1986 AP 13 zu § 87 BetrVG 1972 Ordnung des Betriebes = NZA 87, 355.
[98] BAG 10. 4. 1984 AP 7 zu § 87 BetrVG 1972 Ordnung des Betriebes = NJW 84, 2431.
[99] BAG 23. 6. 1983 AP 45 zu § 37 BetrVG 1972 = DB 83, 2419.
[100] BAG 21. 8. 1990 AP 17 zu § 87 BetrVG 1972 Ordnung des Betriebes = NJW 91, 85.
[101] BAG 21. 1. 1997 AP 27 zu § 87 BetrVG 1972 Ordnung des Betriebes = NZA 97, 785.
[102] BAG 13. 2. 2007 AP 40 zu § 87 BetrVG 1972 Ordnung des Betriebes = NZA 2007, 640; 11. 6. 2002 AP 38 zu § 87 BetrVG 1972 Ordnung des Betriebes = NZA 2002, 1299; 19. 5. 1998 AP 31 zu § 670 BGB = NZA 99, 38; 1. 12. 1992 AP 20 zu § 87 BetrVG 1972 Ordnung des Betriebes = NZA 93, 711; 8. 8. 1989 AP 15 zu § 87 BetrVG 1972 Ordnung des Betriebes = NZA 90, 320; LAG Nürnberg 10. 9. 2002 LAGE § 87 BetrVG 2001 Betriebliche Ordnung Nr. 1 = NZA-RR 2003, 197.
[103] BAG 14. 1. 1986 AP 10 zu § 87 BetrVG 1972 Ordnung des Betriebes = NZA 86, 435; BVerwG 30. 12. 1987 ZTR 88, 229; LAG Schleswig-Holstein 24. 8. 1988 NZA 89, 690 (Fährschiff); ArbG Berlin 19. 11. 1990 EzA 17 zu § 87 BetrVG 1972 Betriebliche Ordnung (Walkman).
[104] *Fitting* § 87 RN 75.
[105] BAG 17. 8. 1982 AP 5 zu § 87 BetrVG 1972 Ordnung des Betriebes = NJW 83, 646.
[106] Vgl. oben § 55 RN 38; BAG 19. 1. 1999 AP 28 zu § 87 BetrVG 1972 Ordnung des Betriebes = NZA 99, 546; LAG München 30. 10. 1985 LAGE § 87 BetrVG 1972 Betriebliche Ordnung Nr. 2; *Leßmann,* Rauchverbote am Arbeitsplatz, S. 267 ff.
[107] BAG 10. 11. 1987 AP 24 zu § 77 BetrVG 1972 = NZA 88, 255; 23. 9. 1986 AP 20 zu § 75 BPersVG = NZA 87, 250; LAG Frankfurt 28. 8. 1997 AiB 98, 709.
[108] *Schaub* AR-Blattei, D, Geldsammlung und Handel im Betrieb; einschränkend ArbG Hamm 14. 7. 1982 DB 82, 2632.
[109] BAG 22. 2. 1960 AP 36 zu § 611 BGB Fürsorgepflicht; LAG Düsseldorf 20. 6. 1978 DB 79, 115.
[110] LAG Hamm 11. 6. 1986 NZA 87, 35.
[111] BVerwG 9. 12. 1992 AP 41 zu § 75 BPersVG = PersR 93, 212; OLG Köln 11. 6. 1992 AP 6 zu § 611 BGB Parkplatz.
[112] LAG Düsseldorf 12. 5. 1977 DB 77, 1754.
[113] VGH Mannheim 9. 5. 2000 AP 10 zu § 79 LPVG Baden-Württemberg = PersR 2000, 291.
[114] ArbG Hamburg BetrR 76, 500.
[115] BAG 1. 7. 1965 AP 75 zu § 611 BGB Fürsorgepflicht = BB 65, 1147.
[116] LAG Hessen 15. 1. 2004 NZA-RR 2004, 411.
[117] BAG 30. 8. 1995 AP 29 zu § 87 BetrVG 1972 Ordnung des Betriebes = NZA 96, 218; 27. 5. 1986 AP 15 zu § 87 BetrVG 1972 Überwachung = NJW 87, 674; LAG Nürnberg 29. 1. 1987 LAGE § 87 BetrVG 1972 Kontrolleinrichtung = NZA 87, 572.

Behandlung der eingehenden Beschwerden und eine mögliche Abhilfe von § 87 I Nr. 1 BetrVG erfasst sein können.[118]

b) Krankheit, Arbeitsunfähigkeit. Mitbestimmungspflichtig sind Krankengespräche, mit denen der Arbeitgeber aufklären will, worauf die hohen Krankenstände einer Abteilung beruhen,[119] Einführung von Formularen zum Arztbesuch[120] sowie Regelungen über die Vorlage der ärztlichen Arbeitsunfähigkeitsbescheinigung bereits am ersten Tag.[121] 32

c) Überwachungsregelungen. Auch für die Überwachung der Arbeitnehmer trennt das BAG zwischen der Überwachung der Arbeitsleistung, die es außerhalb des Tatbestands des § 87 I Nr. 6 BetrVG als mitbestimmungsfrei ansieht, und derjenigen des Ordnungsverhaltens, die dem Beteiligungsrecht des Betriebsrats unterliegt. Das Gericht hält auch die sog. Ehrlichkeitskontrollen nach § 87 I Nr. 1 BetrVG für mitbestimmungsfrei, da es dem Arbeitgeber lediglich um die Feststellung gehe, dass sich die Arbeitnehmer entsprechend ihren Arbeitspflichten „ehrlich" verhalten.[122] Eine derart weite Auslegung des Begriffs des Arbeitsverhaltens ist abzulehnen und steht nicht im Einklang zur Beteiligungspflicht des Betriebsrats bei Torkontrollen. Es macht keinen Unterschied, ob die „individuelle Ehrlichkeit" am Arbeitsplatz oder beim Verlassen des Werksgeländes konkret oder nach abstrakten Kriterien überprüft wird.[123] Ist in einer Betriebsvereinbarung die Mitwirkung des Betriebsrats an Überwachungsmaßnahmen vorgesehen, stellt diese die Anspruchsgrundlage für die Beteiligung der Arbeitnehmervertretung dar.[124] Ein Mitbestimmungsrecht kann sich bei dem Einsatz von sog. Testkäufern aber aus § 99 I BetrVG ergeben, wenn diese dem Weisungsrecht des Arbeitgebers unterliegen.[125] Mitbestimmungsfrei sind Qualitätsüberprüfungen (Schaltertests), deren Ergebnisse nicht in Bezug zu den Arbeitnehmern gesetzt werden können.[126] 33

4. Betriebsbußen. Die Einführung von Betriebsbußen und Ordnungsstrafen (§ 61) ist nach h. M. grundsätzlich zulässig, unterliegt jedoch der Mitbestimmung des Betriebsrats nach § 87 I Nr. 1 BetrVG, soweit ein Verstoß gegen die betriebliche Ordnung geahndet werden soll.[127] Das Mitbestimmungsrecht bezieht sich nicht nur auf die Aufstellung der Bußordnung mit ihren Bußtatbeständen, sondern auch auf die Verhängung der Buße im Einzelfall, da sie der Durchsetzung der betrieblichen Ordnung dient.[128] Die rechtswirksame Verhängung von Bußen setzt voraus, **(a)** eine wirksam geschaffene und bekannt gemachte Bußordnung, **(b)** klar und eindeutig gefasste, eine Buße auslösende Tatbestände und zulässige Bußen, **(c)** die Einhaltung eines rechtsstaatlichen und ordnungsgemäßen Verfahrens, **(d)** die Gewährung rechtlichen Gehörs und die Zulassung einer Vertretung, **(e)** die Mitbestimmung des Betriebsrats. Möglich ist die Verhängung der Betriebsbuße durch einen paritätisch besetzten Ausschuss (§ 28 III BetrVG). Die Ahndung eines Verhaltens, das gleichzeitig einen Straftatbestand erfüllt, ist nur hinsichtlich des Verstoßes gegen die betriebliche Ordnung zulässig. Das staatliche Strafverfahren wird hierdurch nicht aus- 34

[118] LAG Hamburg 17. 4. 2007 DB 2007, 1417; *Nägele/Frahm* ArbRB 2007, 140; a. A. LAG Nürnberg 19. 2. 2008 DB 2009, 71; *Mohr* BB 2007, 2074; *Oetker* NZA 2008, 264; *Ueckert* BB 2007, 780; *Westhauser/Sediq* NZA 2008, 78; dazu auch *Grobys* NJW-Spezial 2007, 417; *Gach/Julis* BB 2007, 773; *Ehrich/Frieters* DB 2007, 1026; zu einem Einigungsstellenspruch NZA 2008, 95.

[119] BAG 8. 11. 1994 AP 24 zu § 87 BetrVG 1972 Ordnung des Betriebes = NZA 95, 857; LAG Hamburg 10. 7. 1991 LAGE § 87 BetrVG 1972 Betriebliche Ordnung Nr. 8; a. A. LAG Baden-Württemberg 5. 3. 1991 LAGE § 87 BetrVG 1972 Betriebliche Ordnung Nr. 9 = NZA 92, 184.

[120] BAG 21. 1. 1997 AP 27 zu § 87 BetrVG 1972 Ordnung des Betriebes = NZA 97, 785.

[121] BAG 25. 1. 2000 AP 34 zu § 87 BetrVG 1972 Ordnung des Betriebes = NZA 2000, 665; 5. 5. 1992 EzA 19 zu § 87 BetrVG 1972; vgl. auch 27. 6. 1990 AP 107 zu § 1 LohnFG = NZA 91, 103.

[122] BAG 18. 11. 1999 AP 32 zu § 626 BGB Verdacht strafbarer Handlung = NZA 2000, 418; 26. 3. 1991 AP 21 zu § 87 BetrVG 1972 Ordnung des Betriebes = NZA 91, 729; 23. 10. 1984 AP 8 zu § 87 BetrVG 1972 = NZA 85, 224; 24. 11. 1981 AP 3 zu § 87 BetrVG 1972 Ordnung des Betriebes = DB 82, 1116.

[123] BAG 12. 8. 1999 AP 28 zu § 626 BGB Verdacht strafbarer Handlung = NZA 2000, 421.

[124] BAG 10. 11. 1987 AP 24 zu § 77 BetrVG 1972 = NZA 88, 255 – Detektive.

[125] BAG 13. 3. 2001 AP 34 zu § 99 BetrVG 1972 Einstellung = NZA 2001, 1262.

[126] BAG 18. 4. 2000 AP 33 zu § 87 BetrVG 1972 Überwachung = NZA 2000, 1176.

[127] BAG 17. 10. 1989 AP 12 zu § 87 BetrVG 1972 Betriebsbuße = NZA 90, 193; 30. 1. 1979 AP 2 zu § 87 BetrVG 1972 Betriebsbuße = DB 79, 1511; 5. 12. 1975 AP 1 zu § 87 BetrVG 1972 Betriebsbuße = DB 76, 583; 12. 9. 1967 AP 1 zu § 56 BetrVG Betriebsbuße; zweifelnd BAG 17. 10. 1989 AP 12 zu § 87 BetrVG 1972 Betriebsbuße = NZA 90, 193; 5. 2. 1986 AP 12 zu § 339 BGB = NZA 86, 782.

[128] BAG 7. 4. 1992 AP 4 zu § 75 LPVG Niedersachen = NZA 92, 1144; 5. 12. 1975 AP 1 zu § 87 BetrVG 1972 Betriebsbuße = DB 76, 583; 12. 9. 1967 AP 1 zu § 56 BetrVG Betriebsbuße; 14. 12. 1966 AP 27 zu § 59 BetrVG; 25. 2. 1966 AP 8 zu § 66 PersVG.

geschlossen. Von der Betriebsbuße zu unterscheiden ist die Abmahnung[129] oder sonstige individuelle Gestaltungsmittel bei Versetzung, Kündigung oder Vertragsstrafen.[130] Ob eine Betriebsbuße (z. B. Missbilligung, Verweis) oder eine individualrechtliche Maßnahme (Abmahnung) vorliegt, ist im Zweifelsfall durch Auslegung zu ermitteln.[131] Eine Betriebsbuße ist im Unterschied zur Abmahnung gegeben, wenn sie einen über den Warnzweck hinausgehenden Sanktionscharakter zur Sicherung der kollektiven Ordnung hat.[132] Durch die Verhängung einer Betriebsbuße kann zwingendes Kündigungsschutzrecht nicht umgangen werden.[133] Soweit individuelle Gestaltungsmittel eingesetzt werden, kann der Betriebsrat ein Mitwirkungsrecht nach §§ 99, 102 BetrVG haben. Weitere Einzelheiten § 61.

35 **5. Abmahnung von Arbeitnehmervertretern. a) Vertragsverstöße.** Teilweise umstr. ist die Zulässigkeit einer Abmahnung von Betriebsratsmitgliedern. Allgemein anerkannt ist, dass der Arbeitgeber ein Betriebsratsmitglied – wie jeden anderen Arbeitnehmer – wegen der Verletzung arbeitsvertraglicher Pflichten abmahnen kann. Die Abmahnung unterliegt auch nicht der Mitbestimmung des Betriebsrats.[134] Dies gilt auch dann, wenn die Verletzung des Arbeitsvertrags mit der Betriebsratstätigkeit in Zusammenhang steht.[135] Beschränkt sich der Arbeitgeber auf eine Rüge der arbeitsvertraglichen Pflichtverletzung, ist die Mitgliedschaft im Betriebsrat ohne Bedeutung, da ansonsten eine unzulässige Begünstigung des Amtsträgers vorliegen würde.

36 **b) Amtspflichtverletzungen.** Ebenso eindeutig ist eine Ahndung betriebsverfassungswidrigen Handelns durch eine Betriebsbußenordnung unzulässig, da diese nur bei Verstößen gegen eine Betriebsordnung statthaft ist. Die Rechte und Pflichten des Amtsträgers fallen nicht unter den Tatbestand des § 87 I Nr. 1 BetrVG, da dessen Rechte und Pflichten im BetrVG geregelt sind.[136] Streitig ist aber, ob der Arbeitgeber auch eine Verletzung eines betriebsverfassungswidrigen Verhaltens gegenüber dem Betriebsrat bzw. einzelnen Betriebsratsmitgliedern aussprechen darf. Wirft ein Arbeitgeber einem Betriebsratsmitglied eine grobe Verletzung seiner Betriebsratspflichten vor, kann er seinen Ausschluss aus dem Betriebsrat (§ 219) betreiben oder – bei gleichzeitigem Vorliegen einer Arbeitsvertragspflichtverletzung – außerordentlich kündigen (§ 127). Eine Abmahnung wegen einer Amtspflichtverletzung kommt nach Ansicht der Rspr. und der h. M. nicht in Betracht; der Arbeitgeber soll darauf verwiesen sein, über den Betriebsrat auf das pflichtwidrig handelnde Betriebsratsmitglied einzuwirken.[137] Dieser Sichtweise ist nicht zu folgen. Zwischen dem Arbeitgeber und dem einzelnen Betriebsratsmitglied besteht ein gesetzliches, d. h. ein betriebsverfassungsrechtliches Rechtsverhältnis, innerhalb dessen der Arbeitgeber wie jeder andere Gläubiger den Schuldner abmahnen kann. Dem steht auch nicht die Vorschrift des § 23 BetrVG entgegen, da es sich bei der Abmahnung nicht um eine Sanktion, sondern um die Ausübung eines Gläubigerrechts handelt, für das keine besondere Rechtsgrundlage bestehen muss. Durch einen Hinweis auf eine Amtspflichtverletzung wird – anders als bei der individualrechtlichen Abmahnung – das berufliche Fortkommen nicht beeinträchtigt.[138] Dessen ungeachtet kann sich der Arbeitgeber bei einer berechtigten Rüge auf die Meinungsfreiheit (Art. 5 I GG) berufen.

II. Beginn und Ende der täglichen Arbeitszeit (Nr. 2)

Bepler, Mitbestimmung des Betriebsrats bei der Regelung der Arbeitszeit, NZA Beilage 2006, Nr. 1, 45; *Hamann,* Mitbestimmung des Betriebsrats in Arbeitszeitfragen bei der gewerbsmäßigen Arbeitnehmerüberlassung, ArbuR 2002, 322; *Grimm,* Heiße Tage am Arbeitsplatz, DB 2004, 1666; *Hohenstatt/Schramm,* Neue Gestaltungsmöglichkeiten zur Flexibilisierung der Arbeitszeit, NZA 2007, 238; *Joussen,* Die Rechte des Be-

[129] BAG 7. 11. 1979 AP 3 zu § 87 BetrVG 1972 Betriebsbuße = DB 80, 550; 30. 1. 1979 AP 2 zu § 87 BetrVG 1972 Betriebsbuße = DB 79, 1511; 5. 12. 1975 AP 1 zu § 87 BetrVG 1972 Betriebsbuße = DB 76, 583.

[130] BAG 17. 10. 1989 AP 12 zu § 87 BetrVG 1972 Betriebsbuße = NZA 90, 193; 5. 2. 1986 AP 12 zu § 339 BGB = NZA 86, 782.

[131] BAG 22. 10. 1985 AP 18 zu § 87 BetrVG 1972 Lohngestaltung = NZA 86, 384; LAG Köln 12. 5. 1995 NZA-RR 96, 204; dazu auch *Schaub* NJW 90, 872.

[132] BAG 7. 11. 1979 AP 3 zu § 87 BetrVG 1972 Betriebsbuße = DB 80, 550.

[133] BAG 28. 4. 1982 AP 4 zu § 87 BetrVG 1972 Betriebsbuße = DB 83, 775; vgl. auch 25. 2. 1998 AP 69 zu § 611 BGB Dienstordnungs-Angestellte = NZA 98, 1182.

[134] BAG 23. 6. 1983 AP 45 zu § 37 BetrVG 1972 = DB 83, 2419; 6. 8. 1981 AP 39 zu § 37 BetrVG 1972; AP 40 zu § 37 BetrVG 1972 = DB 82, 758; LAG Baden-Württemberg 1. 6. 1976 AP 1 zu § 87 BetrVG 1972 Ordnung des Betriebes = NJW 76, 2230.

[135] BAG 15. 7. 1992 AP 9 zu § 611 BGB Abmahnung = NZA 93, 220.

[136] BAG 13. 5. 1997 AP 119 zu § 37 BetrVG 1972 = NZA 97, 1062.

[137] BAG 5. 12. 1975 AP 1 zu § 87 BetrVG 1972 Betriebsbuße = DB 76, 583; *Fitting* § 87 RN 84.

[138] GK-BetrVG/*Wiese* § 87 RN 251; enger *Kania* DB 96, 374; *Schleusener* NZA 2001, 640.

triebsrats bei unvorhergesehenem Schichtausfall, DB 2004, 1314; *Kock,* Arbeitszeitflexibilisierung, MDR 2005, 1261; *Kufer,* Arbeitszeit, AR-Blattei SD 240; *Marschner,* Mehrarbeit, AR-Blattei SD 240.2; *Rieble/Gutzeit,* Teilzeitanspruch nach § 8 TzBfG und Arbeitszeitmitbestimmung, NZA 2002, 7; *Ruge,* Beteiligungsrechte des Betriebs- und Personalrats bei der Arbeitszeit- und Dienstplangestaltung und deren Durchsetzung, ZTR 2001, 151; *Schüren,* Die Mitbestimmung des Betriebsrats bei der Änderung der Arbeitszeit nach dem TzBfG, ArbuR 2001, 321.

Muster: ArbR-Formb. § 45 RN 1.

1. Inhalt des Mitbestimmungsrechts. Nach § 87 I Nr. 2 BetrVG hat der Betriebsrat (i. d. R. nicht der Gesamtbetriebsrat[139]) ein erzwingbares Mitbestimmungsrecht bei der Festlegung von Beginn und Ende der täglichen Arbeitszeit. Der Begriff der Arbeitszeit im Sinne von § 87 I Nr. 2, 3 BetrVG ist allerdings nicht deckungsgleich mit dem Begriff der vergütungspflichtigen Arbeitszeit und der Arbeitszeit im Sinne des Arbeitszeitschutzes.[140] Er bestimmt sich vielmehr nach dem Zweck des Mitbestimmungsrechts, das die Interessen der Arbeitnehmer an der Lage ihrer Arbeitszeit und damit zugleich der Freizeit für die Gestaltung ihres Privatlebens zur Geltung bringen soll.[141] Arbeitszeit ist die Zeit, während derer der Arbeitnehmer die von ihm in einem bestimmten zeitlichen Umfang vertraglich geschuldete Arbeitsleistung tatsächlich erbringen soll. Ob es sich dabei um die Erfüllung der Hauptleistungspflicht oder um eine vom Arbeitgeber verlangte sonstige Leistung handelt, ist solange ohne Bedeutung, wie die sonstige Leistung in der Erbringung von „Arbeit" besteht; hiernach ist auch die angeordnete Teilnahme an Schulungs- und Fortbildungsmaßnahmen Arbeitszeit.[142] Die Nr. 2 erfasst gleichermaßen Voll- wie auch Teilzeitbeschäftigte[143] (z. B. bei der Verteilung der nach § 8 TzBfG reduzierten Arbeitszeit, Job-Sharing- bzw. Arbeit-auf-Abruf-Modellen (§ 43 RN 9), sofern nur ein kollektiver Bezug vorliegt), Telearbeiter (§ 164 RN 1 ff.), Leiharbeitnehmer, die hinsichtlich der Verteilung ihrer Arbeitszeit vom Betriebsrat des Entleiherbetriebs vertreten werden,[144] und zivile Arbeitnehmer bei den alliierten Streitkräften.[145] Das Mitbestimmungsrecht besteht auch, wenn hierdurch in die unternehmerische Entscheidungsfreiheit (z. B. beim Ladenschluss) eingegriffen wird.[146] Diese ist jedoch bei der Ausübung der Mitbestimmung durch den Betriebsrat und ggf. der Einigungsstelle zu berücksichtigen. Das Mitbestimmungsrecht besteht bei **(a)** der Verteilung der Arbeitszeit auf die einzelnen Wochentage, **(b)** der Festsetzung von Beginn und Ende der täglichen Arbeitszeit, **(c)** der Pausen, **(d)** von Bereitschaftsdiensten und Rufbereitschaft sowie **(e)** von Schichtarbeit. Es entfällt bei Tendenzträgern, wenn es sich im konkreten Einzelfall um eine tendenzbezogene Maßnahme handelt und die geistig-ideelle Zielsetzung des Unternehmens und deren Verwirklichung durch die Beteiligung des Betriebsrats verhindert oder jedenfalls ernstlich beeinträchtigt werden kann[147] (Einzelheiten bei § 212 RN 31 ff.). 37

2. Dauer der Arbeitszeit. Die Dauer der individuellen Arbeitszeit folgt aus Gesetz, Tarifvertrag, Einzelarbeitsvertrag und ggf. einer Betriebsvereinbarung. Die Mitbestimmung über den Umfang der geschuldeten wöchentlichen Arbeitszeit wird von § 87 I Nr. 2 BetrVG nicht erfasst. Auch wenn sich aus der Bestimmung der Arbeitstage der Woche und der Festlegung von Beginn und Ende der Arbeitszeit an diesen Tagen rechnerisch die Dauer der wöchentlichen Ar- 38

---

[139] BAG 23. 9. 1975 AP 1 zu § 50 BetrVG 1972 = DB 76, 56.

[140] BAG 23. 7. 1996 AP 26 zu § 87 BetrVG 1972 Ordnung des Betriebes = NZA 97, 216.

[141] BAG 18. 11. 2006 AP 121 zu § 87 BetrVG 1972 Arbeitszeit = NZA 2007, 458; 26. 10. 2004 AP 113 zu § 87 BetrVG 1972 Arbeitszeit = NZA 2005, 538; 19. 6. 2001 AP 1 zu § 87 BetrVG 1972 Leiharbeitnehmer = NZA 2001, 1263; 23. 7. 1996 AP 26 zu § 87 BetrVG 1972 Ordnung des Betriebes = NZA 97, 216; 15. 12. 1992 AP 7 zu § 14 AÜG = NZA 93, 513.

[142] BAG 15. 4. 2008 AP 70 zu § 80 BetrVG 1972 = NZA-RR 2009, 98.

[143] BAG 23. 7. 1996 AP 68 zu § 87 BetrVG 1972 Arbeitszeit = NZA 97, 274; 28. 9. 1988 AP 29 zu § 87 BetrVG 1972 Arbeitszeit = NZA 89, 184; 13. 10. 1987 AP 24 zu § 87 BetrVG 1972 Arbeitszeit = NZA 88, 251.

[144] BAG 15. 12. 1992 AP 7 zu § 14 AÜG = NZA 93, 513.

[145] Einschränkend: BAG 22. 10. 1991 AP 14 zu Art. 56 ZA-Nato-Truppenstatut = NZA 92, 378.

[146] BAG 13. 10. 1987 AP 24 zu § 87 BetrVG 1972 Arbeitszeit = NZA 88, 251; 31. 8. 1982 AP 8 zu § 87 BetrVG 1972 Arbeitszeit; dazu BVerfG 18. 12. 1985 AP 15 zu § 87 BetrVG 1972 Arbeitszeit = NJW 86, 1601.

[147] BVerfG 15. 12. 1999 AP 68 zu § 118 BetrVG 1972 = NZA 2000, 217 = NJW 2000, 1711; BAG 11. 2. 1992 AP 50 zu § 118 BetrVG 1972 = NZA 92, 705; 14. 1. 1992 AP 49 zu § 118 BetrVG 1972 = NZA 92, 512; 13. 2. 1990 AP 45 zu § 118 BetrVG 1972 = NZA 90, 575; 30. 1. 1990 AP 44 zu § 118 BetrVG 1972 = NZA 90, 693; 13. 6. 1989 AP 36 zu § 87 BetrVG 1972 Arbeitszeit = NZA 90, 235; 18. 4. 1989 AP 34 zu § 87 BetrVG 1972 Arbeitszeit = NZA 89, 807; 4. 8. 1981 AP 5 zu § 87 BetrVG 1972 Arbeitszeit = NJW 82, 671.

beitszeit ergibt, besteht weitgehend Einigkeit darüber, dass das Mitbestimmungsrecht des Betriebsrats sich nicht auf das Maß der vom Arbeitnehmer zu erbringenden Arbeitszeit erstreckt. Der Umfang der betreffenden schuldrechtlichen Verpflichtung ist vielmehr Bestandteil des Synallagmas der Arbeitsverträge und ergibt sich entweder aus einem anzuwendenden Tarifvertrag oder aus Vereinbarungen der Arbeitsvertragsparteien. Er ist der Mitbestimmung des Betriebsrats entzogen.[148] Die dauerhafte Erhöhung des Umfangs der regelmäßigen wöchentlichen Arbeitszeit eines Arbeitnehmers unterliegt daher nicht der Mitbestimmung des Betriebsrats nach § 87 I Nr. 2 BetrVG.[149]

39 **3. Verteilung der Arbeitszeit.** Mitbestimmungspflichtig ist die Verteilung der Arbeitszeit auf die einzelnen Wochentage. Entsprechendes gilt für die Verteilung der Arbeitszeit auf die Tage eines Monats oder Jahres, wenn eine Monats- bzw. Jahresarbeitszeitvereinbarung besteht. Ein Mitbestimmungsrecht besteht danach bei der Einführung der 5- oder 4-Tage-Woche (§ 160)[150] und der Aufstellung sowie der Änderung von Dienstplänen.[151] Wird der Arbeitszeitbedarf bei Postzustellern in einem Dienstplan festgelegt, ist das Mitbestimmungsrecht verbraucht, wenn der Zusteller nur gelegentlich über den Dienstplan hinaus arbeitet.[152] Mitbestimmungspflichtig sind auch roulierende Freizeitsysteme im Einzelhandel,[153] die Einführung von Sonntagsarbeit,[154] die Gewährung von Freizeitausgleich[155] und eine Arbeitszeitverlegung im Zusammenhang mit Feiertagen oder sonstigen Ausnahmen von der regulären Arbeitszeitregelung.[156] Mitbestimmte Arbeitszeitregelungen können ein Ablehnungsgrund für Teilzeitwünsche von Arbeitnehmern sein.[157] Das Mitbestimmungsrecht des Betriebsrats nach § 87 I Nr. 2 BetrVG erfasst nicht die Zuweisung der innerhalb der maßgeblichen Arbeitszeit von den Arbeitnehmern zu verrichtenden Tätigkeiten.[158]

40 **4. Beginn und Ende der täglichen Arbeitszeit.** Das Mitbestimmungsrecht besteht auch bei der Festsetzung von Beginn und Ende der täglichen Arbeitszeit. Dies betrifft die Einführung, Ausgestaltung und Abschaffung der gleitenden bzw. flexiblen Arbeitszeit (§ 160).[159] Das Mitbestimmungsrecht entfällt nicht deshalb, weil der Unternehmer aus Wettbewerbsgründen oder wegen einer vertraglichen Verpflichtung zur Öffnung seines Ladengeschäfts verpflichtet ist.[160] Aus einer Betriebsvereinbarung über gleitende Arbeitszeit kann der Arbeitgeber verpflichtet sein, die Entgegennahme von Arbeitsleistung außerhalb der festgelegten Zeiten zu verweigern.[161] Kein Mitbestimmungsrecht nach Nr. 2 besteht bei Reisezeiten ohne Arbeitsleistung.[162]

41 **5. Pausen.** Mitbestimmungspflichtig sind ferner Beginn, Ende und Dauer der Pausen.[163] Pausen sind Arbeitsunterbrechungen, die der Erholung dienen. Zur Arbeitszeit und nicht zu den Pausen zählen die Erholungszeiten beim Akkord.[164] Das Mitbestimmungsrecht bezieht sich

---

[148] BAG 15. 5. 2007 AP 30 zu § 1 BetrVG 1972 Gemeinsamer Betrieb = NZA 2007, 1240; 24. 1. 2006 AP 8 zu § 3 ArbZG = NZA 2006, 862; 26. 10. 2004 AP 113 zu § 87 BetrVG 1972 Arbeitszeit = NZA 2005, 538; 22. 7. 2003 AP 108 zu § 87 BetrVG 1972 Arbeitszeit = NZA 2004, 507.

[149] BAG 15. 5. 2007 AP 30 zu § 1 BetrVG 1972 Gemeinsamer Betrieb = NZA 2007, 1240.

[150] BAG 31. 1. 1989 AP 31 zu § 87 BetrVG 1972 = NZA 89, 646.

[151] BAG 18. 4. 1989 AP 34 zu § 87 BetrVG 1972 Arbeitszeit = NZA 89, 807 (Dialysezentrum); 4. 8. 1981 AP 5 zu § 87 BetrVG 1972 Arbeitszeit = NJW 82, 671 (Orchesterproben); 4. 6. 1969 AP 1 zu § 16 BMT-G II = ArbuR 70, 59, 89 (Fahrdienst).

[152] BAG 23. 3. 1999 AP 80 zu § 87 BetrVG 1972 Arbeitszeit = NZA 99, 1230.

[153] BAG 25. 7. 1989 AP 38 zu § 87 BetrVG 1972 Arbeitszeit = NZA 89, 979.

[154] BAG 25. 2. 1997 AP 72 zu § 87 BetrVG 1972 Arbeitszeit = NZA 97, 957; 4. 5. 1993 AP 1 zu § 105 a GewO = NZA 93, 856.

[155] BAG 26. 4. 2005 AP 118 zu § 87 BetrVG 1972 Arbeitszeit = NZA 2005, 884.

[156] BAG 26. 10. 2004 AP 113 zu § 87 BetrVG 1972 Arbeitszeit = NZA 2005, 538.

[157] BAG 24. 6. 2008 AP 8 zu § 117 BetrVG 1972 = NZA 2008, 1309; 18. 2. 2003 AP 2 zu § 8 TzBfG = NZA 2003, 1392.

[158] BAG 29. 9. 2004 AP 112 zu § 87 BetrVG 1972 Arbeitszeit = NZA 2005, 313.

[159] BAG 18. 12. 1990 AP 98 zu § 1 TVG Tarifverträge: Metallindustrie = NZA 91, 484; 18. 4. 1989 AP 33 zu § 87 BetrVG 1972 Arbeitszeit = NZA 89, 732; 18. 7. 1987 AP 23 zu § 77 BetrVG 1972 = NJW 88, 510 = NZA 87, 779.

[160] BAG 13. 10. 1987 AP 24 zu § 87 BetrVG 1972 Arbeitszeit = NZA 88, 251; 31. 8. 1982 AP 8 zu § 87 BetrVG 1972 Arbeitszeit; dazu BVerfG 18. 12. 1985 AP 15 zu § 87 BetrVG 1972 Arbeitszeit.

[161] BAG 29. 4. 2004 AP 3 zu § 77 BetrVG 1972 Durchführung = NZA 2004, 670; LAG Baden-Württemberg 11. 7. 2002 AP 3 zu § 77 BetrVG 1972 Betriebsvereinbarung = DB 2002, 1613.

[162] BAG 18. 11. 2006 AP 121 zu § 87 BetrVG 1972 = NZA 2007, 458.

[163] BAG 28. 7. 1981 AP 3 zu § 87 BetrVG 1972 Arbeitssicherheit = DB 82, 386; *Richardi* § 87 RN 273 ff.; *Fitting* § 87 RN 117 ff.; zum Begriff BAG 23. 9. 1992 AP 6 zu § 3 AZO = NZA 93, 752.

[164] BAG 28. 7. 1981 AP 3 zu § 87 BetrVG 1972 Arbeitssicherheit = DB 82, 386.

nur auf die unbezahlten Pausen. Bezahlte Arbeitsunterbrechungen oder vergütete Zeitgutschriften für besondere Erschwernisse können vom Betriebsrat nicht erzwungen werden. Ist die Pause nach anderen Regelungen vergütungspflichtig, schließt dies ein Mitbestimmungsrecht aber nicht aus.[165]

6. Bereitschaftsdienst und Rufbereitschaft. Mitbestimmungspflichtig ist die Ausgestaltung (nicht die Einführung) von Bereitschaftsdiensten und Rufbereitschaft (vgl. § 45 RN 56 ff.).[166] Kein Mitbestimmungsrecht besteht bei der Festlegung, inwieweit diese zu vergüten sind bzw. als Arbeitszeit gelten.[167] Hingegen besteht ein Mitbestimmungsrecht nach § 87 I Nr. 10 BetrVG für die Festlegung der Zeitspanne für Nachtarbeit einschl. entspr. Zuschlagsregelungen.[168] 42

7. Schichtarbeit. Der Betriebsrat hat schließlich bei der Schichtarbeit mitzubestimmen. Das Mitbestimmungsrecht bei der Erstellung von Schichtplänen schützt das Interesse der Arbeitnehmer an einer sinnvollen Abgrenzung zwischen Arbeitszeit und der für die Gestaltung des Privatlebens verfügbaren Zeit. Es dient hingegen nicht dem Schutz vor einer erhöhten Arbeitsbelastung. Mitbestimmungspflichtig ist nicht nur die Frage, ob im Betrieb in mehreren Schichten gearbeitet werden soll, sondern auch die Festlegung der zeitlichen Lage der einzelnen Schichten und die Abgrenzung des Personenkreises, der Schichtarbeit zu leisten hat.[169] Mitbestimmungspflichtig ist die Einführung von Schichtarbeit, die Aufstellung des Schichtplans und dessen nähere Ausgestaltung bis hin zur Zuordnung der Arbeitnehmer zu den einzelnen Schichten sowie eine ersatzlose Streichung von vorgesehenen Schichten.[170] § 87 I Nr. 2 BetrVG umfasst daher die Einführung und den Abbau von Schichtarbeit,[171] die Einrichtung der Schichten und Umsetzung der Arbeitnehmer in den Schichten,[172] die Festlegung einer Ankündigungsfrist bei einer geänderten Schichteinteilung, die Festlegung von Freischichten aus Anlass der närrischen Zeit[173] (Karneval, Fastnacht) sowie die Abweichung von bereits aufgestellten Schichtplänen.[174] Kein Mitbestimmungsrecht besteht bei der Festlegung von Zeitgutschriften aus Anlass eines Betriebsausflugs.[175] Die Betriebsparteien sind frei in der Entscheidung, ob sie sich auf eine Regelung über die Grundsätze der Schichtplanung beschränken, oder ob sie jeden einzelnen Schichtplan selbst aufstellen wollen.[176] Begnügen sie sich mit der Regelung von Kriterien und Grundsätzen, ist es zulässig, die Aufstellung von Einzelschichtplänen nach diesen Vorgaben dem Arbeitgeber zu überlassen.[177] Ordnet der Arbeitgeber ohne Zustimmung des Betriebsrats eine Schichtplanänderung an, kann er ggf. zur Fortzahlung der Vergütung für die ausgefallenen Schichten aus Annahmeverzug verpflichtet sein.[178] 43

8. Ausübung des Beteiligungsrechts. Die Mitbestimmung ist grundsätzlich durch eine Betriebsvereinbarung auszuüben, für deren Abschluss der Betriebsrat ein Initiativrecht hat.[179] Wird tariflich die Arbeitszeit herabgesetzt, hat der Betriebsrat mitzubestimmen bei der Verteilung der Lage der reduzierten Arbeitszeit, selbst wenn das Verteilungsschema beibehalten wer- 44

---

[165] BAG 1. 7. 2003 AP 107 zu § 87 BetrVG 1972 Arbeitszeit = NZA 2004, 620; 29. 10. 2002 AP 11 zu § 611 BGB Arbeitsbereitschaft = NZA 2003, 1212.

[166] BAG 23. 1. 2001 AP 78 zu § 75 BPersVG = NZA 2001, 741; 29. 2. 2000 AP 81 zu § 87 BetrVG 1972 Arbeitszeit = NZA 2000, 1243; 21. 12. 1982 AP 9 zu § 87 BetrVG 1972 Arbeitszeit = DB 83, 611; 5. 7. 1976 AP 10 zu § 12 AZO = DB 76, 1868; OVG Münster 29. 1. 1996 ZTR 96, 424.

[167] BAG 22. 7. 2003 AP 108 zu § 87 BetrVG 1972 Arbeitszeit = NZA 2004, 507.

[168] BAG 21. 9. 1993 AP 62 zu § 87 BetrVG 1972 Arbeitszeit = NZA 94, 427.

[169] BAG 28. 5. 2002 AP 96 zu § 87 BetrVG 1972 Arbeitszeit = NZA 2003, 1352.

[170] BAG 1. 7. 2003 AP 102 zu § 87 BetrVG 1972 Arbeitszeit = NZA 2003, 1209.

[171] BAG 26. 3. 1991 AP 32 zu § 75 BPersVG = NZA 91, 783 – Alliierte Streitkräfte; 18. 4. 1989 AP 34 zu § 87 BetrVG 1972 Arbeitszeit = NZA 89, 807; 28. 10. 1986 AP 20 zu § 87 BetrVG 1972 Arbeitszeit = NZA 87, 248; 13. 7. 1977 AP 2 zu § 87 BetrVG 1972 Kurzarbeit = DB 77, 2235; LAG Hamm 29. 6. 1993 BB 94, 139.

[172] BAG 19. 2. 1991 AP 8 zu § 98 BetrVG 1972 = NZA 92, 657; 27. 6. 1989 AP 35 zu § 87 BetrVG 1972 Arbeitszeit = NZA 90, 35.

[173] LAG Köln 9. 2. 1991 NZA 91, 396; ArbG Frankfurt 12. 2. 1991 NZA 91, 397; 11. 2. 1991 NZA 91, 398; 6. 2. 1991 NZA 91, 397; OVG Münster 8. 2. 1991 NZA 91, 396.

[174] BAG 3. 5. 2006 AP 119 zu § 87 BetrVG 1972 Arbeitszeit – Verschiebung des Schichtbeginns; 29. 9. 2004 AP 111 zu § 87 BetrVG 1972 Arbeitszeit.

[175] BAG 27. 1. 1998 AP 14 zu § 87 BetrVG 1972 Sozialeinrichtung = NZA 98, 836.

[176] BAG 18. 4. 1989 AP 34 zu § 87 BetrVG 1972 Arbeitszeit = NJW 89, 2771 = NZA 89, 807.

[177] BAG 28. 5. 2002 AP 96 zu § 87 BetrVG 1972 Arbeitszeit = NZA 2003, 1352.

[178] BAG 18. 9. 2002 AP 99 zu § 615 BGB = DB 2003, 1121.

[179] BAG 26. 10. 2004 AP 113 zu § 87 BetrVG 1972 Arbeitszeit = NZA 2005, 538; 31. 8. 1982 AP 8 zu § 87 BetrVG 1972 Arbeitszeit; dazu BVerfG 18. 12. 1985 AP 15 zu § 87 BetrVG 1972 Arbeitszeit = NJW 86, 1601.

den kann. Der Arbeitgeber ist in diesem Fall nicht berechtigt, Anfang und Ende der täglichen Arbeitszeit einschließlich der Pausen sowie die Verteilung der wöchentlichen Arbeitszeit auf die einzelnen Wochentage ohne Zustimmung des Betriebsrats einseitig festzulegen, insoweit kann der Betriebsrat sein Beteiligungsrecht gerichtlich durchsetzen.[180]

45 Vereinbaren die **Arbeitsvertragsparteien** bei Abschluss des Arbeitsvertrags die zu diesem Zeitpunkt geltende Regelung über Beginn und Ende der täglichen Arbeitszeit und die Verteilung der Arbeitszeit auf die einzelnen Wochentage, liegt darin keine individuelle Arbeitszeitvereinbarung, die gegenüber der späteren Veränderung der betrieblichen Arbeitszeit durch Betriebsvereinbarung Vorrang hätte.[181]

III. Vorübergehende Verkürzung oder Verlängerung der betriebsüblichen Arbeitszeit (Nr. 3)

Henssler, Der mitbestimmte Betrieb als „Insel der Beschaulichkeit" Zum Mitbestimmungsrecht des Betriebsrats gemäß § 87 Abs. 1 Nr. 3 BetrVG in Eilfällen, FS Hanau (1999), S. 413; *Krummel,* Betriebsrat und betriebliche Mitbestimmung im Arbeitskampf, BB 2002, 1418; *Schaub/Schindele,* Kurzarbeit, Massenentlassung, Sozialplan, 2. Aufl. 2005; *Veit,* Tarifliche Ermächtigung zur Anordnung von Überstunden, RdA 99, 346; vgl. auch die Schrifttumsnachweise vor RN 37.

Muster: ArbR-Formb. § 45 RN 26.

46 **1. Inhalt des Mitbestimmungsrechts.** Nach § 87 I Nr. 3 BetrVG sind die einseitig angeordnete oder vereinbarte vorübergehende Verkürzung oder Verlängerung der betriebsüblichen Arbeitszeit mitbestimmungspflichtig. Hierzu zählt auch ein Überstundenkontingent bei Vertretungen.[182] Das Mitbestimmungsrecht bei Einführung der Kurzarbeit dient der Verdienstsicherung der Arbeitnehmer und der Vermeidung eines möglichen Arbeitskräfteabbaus, während bei der Festsetzung von Überstunden der Betriebsrat die gerechte Verteilung von Belastungen, Verdienstmöglichkeiten und Sicherung der Freizeit der Arbeitnehmer gewährleisten soll.[183] Wie bei der Nr. 2 betrifft das Mitbestimmungsrecht nur die Dauer der Arbeitszeit, nicht aber die damit zusammenhängenden Entgeltfragen; für diese besteht aber regelmäßig ein Mitbestimmungsrecht nach den Nrn. 10 und 11. Vorübergehend ist eine Verlängerung der Arbeitszeit, wenn für einen überschaubaren Zeitraum von ihrem regulären Volumen abgewichen wird, um anschließend zum betriebsüblichen Umfang zurückzukehren. Die dauerhafte Erhöhung des Umfangs der regelmäßigen wöchentlichen Arbeitszeit eines Arbeitnehmers unterliegt daher nicht der Mitbestimmung des Betriebsrats nach § 87 Abs. 1 Nr 3 BetrVG.[184] Das Beteiligungsrecht besteht unabhängig von der Rechtsgrundlage, welche individualrechtlich die Änderung der Dauer der Arbeitszeit gegenüber den einzelnen Arbeitnehmern ermöglicht; auch das Einverständnis der Arbeitnehmer mit einer vorübergehenden Verlängerung ihrer Arbeitszeit lässt die Mitbestimmung nicht entfallen.[185]

47 **2. Betriebsübliche Arbeitszeit.** Dies ist die regelmäßige betriebliche Arbeitszeit. Sie wird bestimmt durch den regelmäßig geschuldeten zeitlichen Umfang der Arbeitsleistung und ihre Verteilung auf einzelne Zeitabschnitte. Sie muss im Betrieb nicht einheitlich sein oder zumindest für die Mehrzahl der im Betrieb Beschäftigten zutreffen, sondern kann für einzelne Arbeitnehmer oder Gruppen von Arbeitnehmern unterschiedlich sein[186] (z. B. für Teilzeitbeschäftigte). Ist die Verteilung des für einen bestimmten Zeitraum regelmäßig geschuldeten Arbeitszeitumfangs bis auf einzelne Wochentage vorgenommen worden, ist die betriebsübliche Arbeitszeit die Dauer der regelmäßigen täglichen Arbeitszeit. Eine tarifliche Jahresarbeitszeit ist in der Regel nicht gleichbedeutend mit der betriebsüblichen Arbeitszeit i. S. des § 87 I Nr. 3 BetrVG. Das Überschreiten der Jahresarbeitszeit als solches löst deshalb regelmäßig nicht das Mitbestimmungsrecht des Betriebsrats aus.[187]

---

[180] BAG 19. 2. 1991 AP 42 zu § 87 BetrVG 1972 Arbeitszeit = NZA 91, 609.

[181] BAG 23. 6. 1992 AP 1 zu § 611 BGB Arbeitszeit = NZA 93, 89.

[182] BAG 13. 6. 1989 AP 36 zu § 87 BetrVG 1972 Arbeitszeit = NZA 89, 934.

[183] BAG 23. 7. 1996 AP 26 zu § 87 BetrVG 1972 Ordnung des Betriebes = NZA 97, 216.

[184] BAG 15. 5. 2007 AP 30 zu § 1 BetrVG 1972 Gemeinsamer Betrieb = NZA 2007, 1240.

[185] BAG 24. 4. 2007 AP 124 zu § 87 BetrVG 1972 Arbeitszeit = NZA 2007, 818; 27. 11. 1990 AP 41 zu § 87 BetrVG 1972 Arbeitszeit = NZA 91, 382.

[186] BAG 24. 4. 2007 AP 124 zu § 87 BetrVG 1972 Arbeitszeit = NZA 2007, 818; 16. 7. 1991 AP 44 zu § 87 BetrVG 1972 Arbeitszeit = NZA 92, 70; 13. 6. 1989 AP 36 zu § 87 BetrVG 1972 Arbeitszeit = NZA 90, 235; 21. 11. 1978 AP 2 zu § 87 BetrVG 1972 Arbeitszeit = NJW 79, 1847.

[187] BAG 11. 12. 2001 AP 93 zu § 87 BetrVG 1972 Arbeitszeit = DB 2002, 2002.

3. Vorübergehende Verkürzung der Arbeitszeit. Dieses Merkmal betrifft die Einführung von Kurzarbeit oder Feierschichten und ihre Ausgestaltung. Insoweit ist auch die Dauer bei vorübergehenden Änderungen der Arbeitszeit mitbestimmungspflichtig. Ihre Verteilung auf die einzelnen Tage, der Arbeitsbeginn und das Ende der Arbeitszeit sind nach § 87 I Nr. 2 BetrVG mitbestimmungspflichtig. Kann die Kurzarbeit infolge veränderter Auftragslage früher als in der Betriebsvereinbarung vorgesehen beendet werden, ist die Rückkehr zur betrieblichen Arbeitszeit nicht mitbestimmungspflichtig.[188] Bei der Ausübung des Mitbestimmungsrechts nach Nr. 3 können tarifliche Vorgaben zu beachten sein.[189] Die Tarifvertragsparteien sind aber nicht befugt, den Arbeitgeber ohne Bindung an bestimmte Voraussetzungen zur Anordnung von Kurzarbeit zu ermächtigen, da eine solche Regelung gegen zwingendes Kündigungsschutzrecht verstößt.[190] Tarifliche Regelungen können das Mitbestimmungsrecht grundsätzlich nicht vollständig verdrängen, weil sie regelmäßig keine abschließenden Regelungen über die Kurzarbeit enthalten. Soweit sich in ihnen jedoch einzelne Vorgaben (z. B. zur Ankündigungsfrist) finden, sind die Betriebspartner wegen des Tarifvorrangs an sie gebunden und abweichende Vereinbarungen insoweit unwirksam.[191] Der Betriebsrat kann die Einführung von Kurzarbeit von der Gewährung von Kurzarbeitergeld (§§ 169 ff. SGB III, dazu § 48) abhängig machen, wenn die Voraussetzungen für seine Bewilligung vorliegen, da entweder der Entgeltschutz vom Zweck des Mitbestimmungsrechts nach Nr. 3 erfasst ist[192] oder eine Verknüpfung der wechselseitigen Forderungen mit dem Mitbestimmungstatbestand nach Nr. 10 statthaft ist. Vom Betriebsrat kann nicht verlangt werden, dass dieser einer vorübergehenden Arbeitszeitreduzierung zustimmt, wenn der Arbeitgeber nicht seinerseits versucht, durch den Antrag auf Kurzarbeitergeld die eintretenden Entgelteinbußen auszugleichen. Kein Mitbestimmungsrecht nach § 87 I Nr. 3 BetrVG besteht bei der Freistellung von Arbeitnehmern von der Arbeitspflicht.[193] 48

4. Vorübergehende Verlängerung der Arbeitszeit. a) Überstunden. Unter die Nr. 3 fällt auch die Durchführung von Überstunden bzw. Mehrarbeit.[194] Diese ist nicht nur mitbestimmungspflichtig, wenn der Arbeitgeber die Abweichung anordnet. Der Betriebsrat ist auch zu beteiligen, wenn der Arbeitgeber freiwillig geleistete Über- oder Mehrarbeit entgegennimmt.[195] Auf die Zahl der betroffenen Arbeitnehmer kommt es nicht an.[196] Mitbestimmungsfrei ist die Anordnung von Überstunden für leitende Angestellte[197] und einzelne Arbeitnehmer, da hierdurch die betriebsübliche Arbeitszeit nicht geändert wird.[198] Individuell sind solche Regelungen nur, wenn sie keinen kollektiven Bezug haben. Ein solcher liegt vor, wenn ein zusätzlicher Arbeitskräftebedarf regelmäßig auftritt oder für die Heranziehung zu Überstunden mehrere Arbeitnehmer in Betracht kommen. Das Mitbestimmungsrecht wird bei Teilzeitbeschäftigten nicht durch eine tarifliche Regelung ausgeschlossen, wonach Mehrarbeit nur diejenige Arbeitszeit sein soll, die über die regelmäßige Arbeitszeit vergleichbarer Vollzeitbeschäftigter hinausgeht.[199] 49

b) Gesetz und Tarifvertrag. Bei der Festlegung des Umfangs der Abweichung von der betriebsüblichen Arbeitszeit haben die Betriebspartner die gesetzlichen und ggf. tariflichen Höchstarbeitszeitgrenzen zu beachten. Das Mitbestimmungsrecht besteht auch dann, wenn die Sache eilbedürftig ist[200] (RN 13). Kein Mitbestimmungsrecht besteht bei der Anordnung von Notarbeiten, es entfällt jedoch nicht bei sog. Erhaltungsarbeiten. Um Letztere handelt es sich bei Tätigkeiten, die in einem Betrieb zur Beseitigung immer wieder auftretender technischer Störun- 50

---

188 BAG 21. 11. 1978 AP 2 zu § 87 BetrVG 1972 Arbeitszeit = NJW 79, 1847; a. A. *Fitting* § 87 RN 151.

189 BAG 26. 6. 1985 AP 4 zu TVAL II = DB 86, 132; 25. 11. 1981 AP 3 zu TVAL II = DB 82, 909.

190 BAG 18. 10. 1994 AP 11 zu § 615 BGB Kurzarbeit = NZA 95, 1064; 27. 1. 1994 AP 1 zu § 15 BAT-O = NZA 95, 134.

191 BAG 12. 10. 1994 AP 66 zu § 87 BetrVG 1972 Arbeitszeit = NZA 95, 641.

192 DKK/*Klebe* § 87 RN 102; a. A. LAG Köln 14. 6. 1989 NZA 89, 939; *Fitting* § 87 RN 153.

193 LAG Hamm 20. 9. 2002 NZA-RR 2003, 422.

194 BAG 15. 4. 2008 AP 70 zu § 80 BetrVG 1972 = NZA-RR 2009, 98 – Fortbildungsveranstaltung.

195 BAG 16. 7. 1991 AP 44 zu § 87 BetrVG 1972 Arbeitszeit = NZA 92, 70; 27. 11. 1990 AP 41 zu § 87 BetrVG 1972 Arbeitszeit = NZA 91, 382; LAG Frankfurt 24. 1. 1989 NZA 89, 943.

196 BAG 11. 11. 1986 AP 21 zu § 87 BetrVG 1972 Arbeitszeit = NZA 87, 207; 10. 6. 1986 AP 18 zu § 87 BetrVG 1972 Arbeitszeit = NZA 86, 840; 23. 2. 1983 AP 2 zu § 23 BetrVG 1972 = NJW 84, 196; 8. 6. 1982 AP 7 zu § 87 BetrVG 1972 Arbeitszeit; 18. 1. 1980 AP 3 zu § 87 BetrVG 1972 Arbeitszeit.

197 BAG 10. 6. 1986 AP 18 zu § 87 BetrVG 1972 Arbeitszeit = NZA 86, 840.

198 BAG 18. 11. 1980 AP 3 zu § 87 BetrVG 1972 Arbeitszeit = NJW 81, 1751; zur Rufbereitschaft: BAG 10. 6. 1986 AP 18 zu § 87 BetrVG 1972 Arbeitszeit = NZA 86, 840; 21. 12. 1982 AP 9 zu § 87 BetrVG 1972 Arbeitszeit = NJW 83, 1135.

199 BAG 23. 7. 1996 AP 68 zu § 87 BetrVG 1972 Arbeitszeit = NZA 97, 274.

200 BAG 17. 11. 1998 AP 79 zu § 87 BetrVG 1972 Arbeitszeit = NZA 99, 662.

gen an den Betriebsanlagen für eine bestimmte Gruppe von Arbeitnehmern auftreten.[201] Unwirksam sind tarifliche oder betriebliche Regelungen, in denen der Arbeitgeber pauschal zur Anordnung von Mehrarbeit ermächtigt wird.[202] Entsprechende kollektive Regelungen sind nur zulässig, wenn es sich dabei um den Teil einer Verfahrensregelung für außergewöhnliche Fälle handelt, ansonsten müssen die Tarifvertragsparteien bzw. die Betriebspartner die Voraussetzungen für die Verlängerung in der Vereinbarung selbst inhaltlich ausgestalten.[203]

51 **c) Einzelfälle.** Ordnet der Arbeitgeber eine außerplanmäßige Dienstreise an, die Reisezeiten ohne Arbeitsleistung außerhalb der normalen Arbeitszeit des Arbeitnehmers erforderlich machen, liegt hierin keine gemäß § 87 I Nr. 3 BetrVG mitbestimmungspflichtige Verlängerung der betriebsüblichen Arbeitszeit.[204] Auch die Aufhebung der bisherigen Arbeitsfreistellung am Karnevalsdienstag stellt keine vorübergehende Verlängerung der betriebsüblichen Arbeitszeit i. S. d. § 87 I Nr. 3 BetrVG dar.[205] Bei Leiharbeitnehmern ist der Betriebsrat des Verleiherbetriebs zuständig, selbst wenn sie im Entleiherbetrieb eingesetzt werden.[206] Mitbestimmungspflichtig ist die zeitliche Lage von Mitarbeiterversammlungen des Arbeitgebers, wenn sie außerhalb der betriebsüblichen Arbeitszeit stattfinden und die Arbeitnehmer zur Teilnahme verpflichtet sind.[207] Das Mitbestimmungsrecht besteht, wenn die Überstunden auf einen Subunternehmer übertragen werden.[208] Auch die vorübergehende halbstündige Verschiebung des täglichen Schichtbeginns bei gleich bleibendem Schichtende fällt unter § 87 I Nr. 3 BetrVG.[209]

52 **5. Ausübung des Beteiligungsrechts.** Das Mitbestimmungsrecht bei der Anordnung von Überstunden oder der Einführung von Kurzarbeit kann durch eine Betriebsvereinbarung oder eine Regelungsabrede (§ 231) ausgeübt werden. Die Zustimmung kann vom Betriebsrat von der Erfüllung von Bedingungen abhängig gemacht werden (z. B. Zahlung einer Erschwerniszulage);[210] insoweit gelten die Ausführungen zur Verknüpfung der Beteiligungsrechte nach den Nrn. 10 und 11 (RN 48) sinngemäß. Legt der Arbeitgeber den Betrieb nach der Einführung der Kurzarbeit still, kann für die entsprechende Betriebsvereinbarung die Geschäftsgrundlage entfallen. Gerade für die Einführung von Kurzarbeit ist eine Regelungsabrede unzweckmäßig, da der Arbeitgeber die Kurzarbeit bei einer fehlenden individualrechtlichen Vereinbarung nicht auf Grund seines Direktionsrechts durchsetzen kann, sondern nur mit einer Änderungskündigung.[211] Ordnet der Arbeitgeber einseitig Kurzarbeit an, behalten die Arbeitnehmer ihren Vergütungsanspruch; im Falle der mitbestimmungswidrigen Überstundenanordnung erlangen die Arbeitnehmer ein Leistungsverweigerungsrecht. Kommen sie der Anordnung nach, erwerben sie allerdings einen Anspruch auf das entsprechende Entgelt. Der Betriebsrat hat ein Initiativrecht, die Einführung von Kurzarbeit[212] und Rahmenvereinbarungen über die Begrenzung von Überstunden zu verlangen.[213] Zur Beteiligungspflicht in Tendenzbetrieben § 212 RN 31 ff.

53 **6. Arbeitskampf.**[214] **a) Kurzarbeit.** Ist der Betrieb unmittelbar vom Arbeitskampf betroffen, entfällt wegen der Kampfparität das Mitbestimmungsrecht des Betriebsrats bei der Einführung von Kurzarbeit. Dies gilt auch, wenn der Arbeitgeber lediglich berechtigt ist, die Betriebstätigkeit wegen eines Arbeitskampfes einzustellen. Wird die Einführung von Kurzarbeit nur infolge eines Arbeitskampfes in einem Drittbetrieb notwendig, entfällt das Mitbestimmungsrecht des Betriebsrats wegen der Neutralitätspflicht, wenn hierdurch unmittelbar oder mittelbar das Kräfteverhältnis der Kampfparteien beeinflusst werden kann (sog. Paritätsrelevanz). Unerheblich

---

[201] BAG 2. 3. 1982 AP 6 zu § 87 BetrVG 1972 Arbeitszeit = DB 82, 1115.
[202] BAG 17. 11. 1998 AP 79 zu § 87 BetrVG 1972 Arbeitszeit = NZA 99, 662.
[203] BAG 17. 11. 1998 AP 79 zu § 87 BetrVG 1972 Arbeitszeit = NZA 99, 662; 13. 7. 1977 AP 2 zu § 87 BetrVG 1972 Kurzarbeit = DB 77, 2235; 5. 3. 1974 AP 1 zu § 87 BetrVG 1972 Kurzarbeit = NJW 74, 1724; LAG Köln 3. 8. 2000 AP 85 zu § 87 BetrVG 1972 Arbeitszeit.
[204] BAG 18. 11. 2006 AP 121 zu § 87 BetrVG 1972 Arbeitszeit = NZA 2007, 458; 23. 7. 1996 AP 68 zu § 87 BetrVG 1972 Arbeitszeit = NZA 97, 274.
[205] BAG 26. 10. 2004 AP 113 zu § 87 BetrVG 1972 Arbeitszeit = NZA 2005, 538.
[206] BAG 19. 6. 2001 AP 1 zu § 87 BetrVG 1972 Leiharbeitnehmer = NZA 2001, 1263.
[207] BAG 13. 3. 2001 AP 87 zu § 87 BetrVG 1972 Arbeitszeit = NZA 2001, 976.
[208] BAG 22. 10. 1991 AP 48 zu § 87 BetrVG 1972 Arbeitszeit = NZA 92, 376.
[209] BAG 3. 5. 2006 AP 119 zu § 87 BetrVG 1972 Arbeitszeit.
[210] LAG Nürnberg 6. 11. 1990 NZA 91, 281.
[211] BAG 10. 3. 1992 AP 1 zu § 77 BetrVG 1972 Regelungsabrede = NZA 92, 952; 14. 2. 1991 AP 4 zu § 615 BGB Kurzarbeit = NZA 91, 607.
[212] BAG 4. 3. 1986 AP 3 zu § 87 BetrVG 1972 Kurzarbeit = NZA 86, 432.
[213] BAG 4. 3. 1986 AP 3 zu § 87 BetrVG 1972 Kurzarbeit = NZA 86, 432; a. A. wohl LAG Hamm 4. 12. 1985 DB 86, 547.
[214] Vgl. auch das Schrifttum bei § 101.

ist, ob der Arbeitskampf innerhalb oder außerhalb des gleichen Tarifgebiets stattfindet und die arbeitskampfbedingte Störung auf einem Streik oder einer Abwehraussperrung beruht. Wird in dem nur mittelbar vom Arbeitskampf betroffenen Betrieb wegen des Arbeitskampfes die Arbeitszeit verkürzt, besteht ein Mitbestimmungsrecht lediglich hinsichtlich der Umsetzung (Modalitäten), nicht aber hinsichtlich der Voraussetzungen und Dauer einer etwaigen Arbeitszeitverkürzung.[215]

b) Überstunden. Will der Arbeitgeber umgekehrt während des Streiks in seinem Betrieb für arbeitswillige Arbeitnehmer die Arbeitszeit verlängern, bedarf er nicht der Zustimmung des Betriebsrats.[216] 54

IV. Zeit, Ort und Art der Auszahlung des Arbeitsentgelts (Nr. 4)

Muster: ArbR-Formb. § 46.

1. Inhalt des Mitbestimmungsrechts. a) Der Betriebsrat bestimmt nach § 87 I Nr. 4 BetrVG mit bei der Festlegung **(1)** der Auszahlungszeit des Arbeitsentgelts, **(2)** des Auszahlungszeitraums, **(3)** der Fälligkeit[217] (§ 614 BGB ist abdingbar), **(4)** des Orts der Auszahlung (vgl. § 35 II SeemG) und **(5)** der Art der Auszahlung. So kann bei in das Ausland entsandten Monteuren mitbestimmungspflichtig sein, in welcher Währung die Auszahlung zu erfolgen hat. Zum Arbeitsentgelt i. S. d. Nr. 4 zählen neben der eigentlichen Vergütung (§ 611 I BGB) alle Geldleistungen und Sachbezüge ohne Rücksicht auf ihre Bezeichnung, die der Arbeitgeber aus Anlass des Arbeitsverhältnisses erbringt. Hierzu gehören insbesondere Sonderzuwendungen, Zulagen, Zuschläge, Provisionen, Unterkünfte, Verpflegung, Auslösungen, Reisekosten und Spesen. Überschneidungen können mit anderen Mitbestimmungstatbeständen bestehen (insbesondere § 87 I Nrn. 8, 10, 11 BetrVG); diese werden regelmäßig die Nr. 4 im Wege der Spezialität verdrängen. 55

b) Beteiligungspflichtige Maßnahmen. Mit der Auszahlungszeit wird der Zeitpunkt der einzelnen Zahlung (Tag und Stunde) und mit dem Auszahlungszeitraum die Zeitabschnitte, in denen gezahlt wird (täglich, wöchentlich, monatlich) beschrieben. Unter dem Ort der Zahlung ist der räumliche Punkt zu verstehen, an dem der Arbeitnehmer die Zahlung in Empfang nimmt (Betrieb/-steil oder an einem anderen Ort). Die Art der Zahlung betrifft die Modalitäten der Entgeltzahlung, d. h. nach welchen Grundsätzen z. B. Abschlagszahlungen oder die Auszahlung des Arbeitsentgelts bei Betriebsgruppen. Hierzu zählt auch die Einführung der bargeldlosen Lohnzahlung,[218] des hierbei anzuwendenden Verfahrens und der Kostentragung.[219] 56

2. Einzelfälle. Nach Auffassung des BAG gehört zur Regelung über die bargeldlose Auszahlung des Arbeitsentgelts als notwendiger Annex auch eine solche über die Zahlung von Kontoführungsgebühren und zu den Kosten, die den Arbeitnehmern für das einmalige Abheben des Arbeitsentgelts entstehen (sog. Kontostunde).[220] Eine Pauschalierung ist zulässig. Ohne besondere kollektivrechtliche Vereinbarung trägt nach der Rspr. des BAG der Arbeitgeber keine Kosten.[221] Die Einführung der bargeldlosen Lohnzahlung bleibt mitbestimmungspflichtig, selbst wenn der Wunsch von den Arbeitnehmern ausgeht.[222] Der Spruch einer Einigungsstelle, der den Arbeitgeber zum Ausgleich der bargeldlosen Lohnzahlung verpflichtet, alle Arbeitnehmer monatlich eine Stunde von der Arbeit freizustellen, überschreitet die Grenzen billigen Ermessens, wenn die Arbeitnehmer für die Empfangnahme des Arbeitsentgelts keine Freizeit aufwenden müssen.[223] Regelt ein Tarifvertrag nachträglich die bargeldlose Lohnzahlung, werden beste- 57

[215] BAG 22. 12. 1980 AP 70 zu Art. 9 GG Arbeitskampf = NJW 81, 937; AP 71 zu Art. 9 GG Arbeitskampf = NJW 81, 942; weitergehend *Richardi* § 87 RN 394 ff.; abl. *Fitting* § 87 RN 174 ff.

[216] BAG 24. 4. 1979 AP 63 zu Art. 9 GG Arbeitskampf = NJW 80, 140.

[217] BAG 15. 1. 2002 EzA 1 zu § 614 BGB = NZA 2002, 1112 – n. v.

[218] BAG 31. 1. 1969 AP 5 zu § 56 BetrVG Entlohnung; 21. 2. 1967 AP 25 zu § 59 BetrVG.

[219] BVerfG 18. 10. 1987 AP 7 zu § 87 BetrVG 1972 Auszahlung; BAG 5. 3. 1991 AP 11 zu § 87 BetrVG 1972 Auszahlung = NZA 91, 611; 24. 11. 1987 AP 6 zu § 87 BetrVG 1972 Auszahlung = NZA 88, 405; 12. 9. 1984 AP 1 zu § 135 TVG Auslegung = DB 84, 130; 31. 8. 1982 AP 2 zu § 87 BetrVG 1972 Auszahlung = NJW 83, 2284; 8. 3. 1977 AP 1 zu § 87 BetrVG 1972 Auszahlung = NJW 78, 775.

[220] BAG 10. 8. 1993 AP 12 zu § 87 BetrVG 1972 Auszahlung = NZA 94, 326; 20. 12. 1988 AP 9 zu § 87 BetrVG 1972 Auszahlung = NZA 89, 564; 8. 3. 1977 AP 1 zu § 87 BetrVG 1972 Auszahlung = NJW 78, 775.

[221] BAG 31. 7. 1984 AP 1 zu § 26 a BMT-G II; 11. 1. 1983 AP 5 zu § 36 BAT; 15. 12. 1976 AP 1 zu § 36 BAT = NJW 77, 919; BVerwG 12. 12. 1979 AP 88 zu § 611 BGB Fürsorgepflicht.

[222] BAG 31. 1. 1969 AP 5 zu § 56 BetrVG Entlohnung.

[223] BAG 10. 8. 1993 AP 12 zu § 87 BetrVG 1972 Auszahlung = NZA 94, 326.

hende Betriebsvereinbarungen nicht automatisch unwirksam.[224] Zur Steuerpflicht bei der Erstattung von Kontogebühren § 71 RN 60. Eine Betriebsvereinbarung, die ausschließlich eine Stundung des Entgelts der aus einem Not leidenden Betrieb ausgeschiedenen Arbeitnehmer enthält, überschreitet die Grenzen der Regelungsbefugnis[225] ebenso wie ein Lohnabtretungsverbot[226] oder die Übernahme von Kosten für Gehaltspfändungen durch die Arbeitnehmer.[227]

58 **3. VermBG.** Nach § 11 III des 5. VermBG hat der Betriebsrat bei der Festlegung des Termins, zu dem die einmalige Anlage von vermögenswirksamen Leistungen verlangt werden kann, ein erzwingbares Mitbestimmungsrecht.

V. Aufstellung allgemeiner Urlaubsgrundsätze und des Urlaubsplans (Nr. 5)

Muster: ArbR-Formb. § 47.

59 **1. Inhalt des Mitbestimmungsrechts.** Der Betriebsrat hat nach § 87 I Nr. 5 BetrVG bei der Aufstellung allgemeiner Urlaubsgrundsätze und des Urlaubsplans sowie bei der zeitlichen Lage des Urlaubs für einzelne Arbeitnehmer mitzubestimmen, wenn zwischen dem Arbeitgeber und den beteiligten Arbeitnehmern kein Einverständnis erzielt wird. Das Mitbestimmungsrecht betrifft einerseits kollektive Tatbestände (Urlaubsgrundsätze, Urlaubsplan), aber auch individuelle Streitigkeiten zwischen dem Arbeitgeber und einzelnen Arbeitnehmern bei der Urlaubsgewährung. Zweck der Vorschrift ist der Ausgleich der betrieblichen Interessen des Arbeitgebers bei der Urlaubsgewährung und der entgegenstehenden bzw. unterschiedlichen Urlaubswünsche der Arbeitnehmer.[228] Das Mitbestimmungsrecht bezieht sich auf die **Verteilung** des Urlaubs auf das Urlaubsjahr, weil hierdurch nicht nur die Interessen des Einzelnen, sondern auch die seiner Kollegen berührt werden. Es besteht bei der Gewährung von Sonderurlaub, wenn dieser im Zusammenhang mit dem Erholungsurlaub gewährt wird,[229] sowie bei sonstigen Arbeitsfreistellungen,[230] insbesondere bei der Bewilligung von Bildungsurlaub,[231] nicht aber bei einer Freistellung in der Kündigungsfrist.[232] Kein Beteiligungsrecht besteht hingegen bei der Urlaubsdauer.

60 **2. Urlaubsgrundsätze.** Sie enthalten allgemeine Richtlinien, nach denen der Urlaub zu gewähren oder zu versagen[233] ist. Dabei können einzelne Kriterien festgelegt werden, nach denen die Verteilung des Urlaubs innerhalb eines oder mehrerer Urlaubsjahre erfolgen soll[234] (z. B. Arbeitnehmer mit schulpflichtigen Kindern während der Schulferien, Abwechslung der Urlaubserteilung in günstigen und ungünstigeren Monaten, Rücksicht auf den Urlaub von berufstätigen Ehegatten, Teilbarkeit des Urlaubs im Rahmen des § 7 II BUrlG, Vertretung im Betrieb, Einführung von Betriebsferien).

61 **3. Urlaubslisten, Urlaubsplan.** Die Arbeitnehmer haben ihre Urlaubswünsche für das Urlaubsjahr in eine Urlaubsliste einzutragen, auf Grund derer dann der Urlaubsplan aufgestellt wird. In ihm ist die Verteilung des konkreten Urlaubs der einzelnen Arbeitnehmer im Urlaubsjahr enthalten. Haben sich Arbeitgeber und Betriebsrat inhaltlich auf den Urlaubsplan geeinigt, ist dieser für die Arbeitnehmer verbindlich. Eine Änderung von den Festlegungen des Urlaubsplans ist nur mit Zustimmung von Arbeitgeber und Betriebsrats möglich, wobei Letzterer ein Initiativrecht hat. Ein Widerruf des einzelnen Urlaubs erfolgt nach urlaubsrechtlichen Grundsätzen (§ 102 RN 88) und unterliegt nicht der Mitbestimmung des Betriebsrats.[235]

62 **4. Streitigkeiten.** Kommt bei Meinungsverschiedenheiten über die Festlegung des Urlaubs im Einzelfall zwischen Betriebsrat und Arbeitgeber eine Einigung nicht zustande, entscheidet die Einigungsstelle (§ 76 V BetrVG). Arbeitgeber, Betriebsrat und Einigungsstelle haben bei der Festlegung des Urlaubszeitpunkts von den in § 7 I BUrlG enthaltenen Grundsätzen auszugehen. Die berechtigten Urlaubswünsche des Mitarbeiters, die betrieblichen Belange und die berechtig-

---

[224] BAG 20. 12. 1988 AP 9 zu § 87 BetrVG 1972 Auszahlung = NZA 89, 564; 5. 5. 1988 AP 1 zu § 70 LPVG NRW = NZA 89, 358; 31. 7. 1984 AP 1 zu § 26 a BMT-G II; 11. 1. 1983 AP 5 zu § 36 BAT; 31. 8. 1982 AP 2 zu § 87 BetrVG 1972 Auszahlung = NJW 83, 2284.

[225] LAG Baden-Württemberg 27. 4. 1977 DB 77, 1706.

[226] BAG 26. 1. 1983 AP 1 zu § 75 LPVG Rheinland-Pfalz = BB 84, 145.

[227] BAG 18. 7. 2006 AP 15 zu § 850 ZPO = NZA 2007, 462.

[228] BAG 18. 6. 1974 AP 1 zu § 87 BetrVG 1972 Urlaub = NJW 75, 80.

[229] BAG 18. 6. 1974 AP 1 zu § 87 BetrVG 1972 Urlaub = NJW 75, 80.

[230] BAG 17. 11. 1977 AP 8 zu § 9 BUrlG = DB 78, 499.

[231] BAG 28. 5. 2002 AP 10 zu § 87 BetrVG 1972 Urlaub = NZA 2003, 171.

[232] LAG Köln 16. 3. 2000 NZA-RR 2001, 310.

[233] BAG 18. 6. 1974 AP 1 zu § 87 BetrVG 1972 Urlaub = NJW 75, 80.

[234] BAG 12. 10. 1961 AP 84 zu § 611 BGB Urlaubsrecht.

[235] GK-BetrVG/*Wiese* § 87 RN 468; a. A. LAG München 23. 3. 1988 LAGE § 611 BGB Abmahnung Nr. 13 = BB 88, 2175.

ten Urlaubswünsche anderer Mitarbeiter sind gegeneinander abzuwägen.[236] Der einzelne Arbeitnehmer kann davon unabhängig eine Klage auf Urlaubserteilung erheben (§ 102 RN 29). Vor Einschaltung des Betriebsrats und der Entscheidung der Einigungsstelle fehlt ihr jedoch regelmäßig das Rechtsschutzinteresse (umstr.).[237] Die Klage ist unbegründet, wenn Arbeitgeber und Betriebsrat bzw. die Einigungsstelle die Grundsätze von § 7 BUrlG eingehalten haben. Im Wege der Betriebsvereinbarung oder der Regelungsabrede kann nicht die Urlaubserteilung im Vorgriff auf das kommende Jahr erfolgen.[238] Wohl können im Wege der Betriebsvereinbarung die Betriebsferien gleich für mehrere Jahre geregelt werden.[239] Ob der Betriebsrat für die Einführung von Betriebsferien ein Initiativrecht hat, ist umstr., aber zu bejahen.[240] Nach der Rspr. des BAG soll für die Einführung von Betriebsferien der Gesamtbetriebsrat nicht zuständig sein.[241]

VI. Verhaltens- und Leistungskontrollen (Nr. 6)

Bachner, Mitbestimmung des Betriebsrats bei der Auswahl technischer Überwachungseinrichtungen, DB 2006, 2518; *Edenfeld,* Videoüberwachung am Arbeitsplatz: „Big Brother" im Büro?, PersR 2000, 323; *Freckmann/Wahl,* Überwachung am Arbeitsplatz, BB 2008, 1904; *Gola,* Das Mithören und Aufzeichnen von Call-Center-Telefonaten, RDV 2005, 105; *Grosjean,* Überwachung von Arbeitnehmern – Befugnisse des Arbeitgebers und mögliche Beweisverwertungsverbote, DB 2003, 2650; *Haussmann/Krets,* EDV-Betriebsvereinbarungen im Praxistest, NZA 2005, 259; *Hilber/Frik,* Rechtliche Aspekte der Nutzung von Netzwerken durch Arbeitnehmer und Betriebsrat, RdA 2002, 89; *Höld,* Die Überwachung von Arbeitnehmern, 2005; *Jordan/Bissels/Löw,* Arbeitnehmerkontrolle im Call-Center durch Silent Monitoring und Voice Recording, BB 2008, 2626; *Junker/Band/Feldmann,* Neue Kommunikationsmittel und Rechte des Betriebsrats, BB 2000, Beil. 10, 14; *Klasen,* Unternehmensinterne Datennetze im Lichte der Betriebserfassung, 2005; *Lambrich/Cahlik,* Austausch von Arbeitnehmerdaten in multinationalen Konzernen, RDV 2002, 287; *Maschmann,* Zuverlässigkeitstests durch Verführung illoyaler Mitarbeiter?, NZA 2002, 13; *Oberwetter,* Arbeitnehmerrechte bei Lidl, Aldi & Co., NZA 2008, 609; *Schmechel,* Die Rolle des Betriebsrats bei der Einführung und Durchführung von Telearbeit, NZA 2004, 237; *Zerbe/Dendorfer,* Tatort Betrieb, Brennpunkte des Arbeitsrechts, 2002, S. 167.

1. Inhalt des Mitbestimmungsrechts. Mitbestimmungspflichtig sind die Einführung und Anwendung von technischen Einrichtungen, die dazu bestimmt sind, das Verhalten oder die Leistung der Arbeitnehmer zu überwachen. Schutzzweck des Gesetzes ist es, den Eingriff in das Persönlichkeitsrecht des Arbeitnehmers mittels technischer Kontrolleinrichtungen nur nach Mitbestimmung des Betriebsrats zuzulassen (BT-Drucks. VI/1786 S. 48). Das Mitbestimmungsrecht unterfällt deshalb in ein Mitbeurteilungsrecht, ob der beabsichtigte Eingriff in das Persönlichkeitsrecht überhaupt rechtlich zulässig ist und ggf. in ein echtes Mitbestimmungsrecht bei der Auswahl, Ausgestaltung und dem Einsatz der Kontrolleinrichtung. Der Betriebsrat hat ein Mitbestimmungsrecht sowohl bei Einführung wie bei der Anwendung der technischen Kontrolleinrichtung. Nach Ansicht des BAG besteht kein Initiativrecht des Betriebsrats zur Einführung von technischen Kontrolleinrichtungen.[242] Auch die Abschaffung einer Kontrolleinrichtung unterliegt nicht seiner Mitbestimmung. 63

2. Überwachung. Dies ist das Sammeln, Festhalten und Auswerten von Daten bzw. Informationen.[243] Sie gliedert sich in drei Phasen: **(1)** in der **Ermittlungsphase** werden Daten durch Übermittlung oder Aufzeichnung erhoben. Anschließend werden in der **(2) Verarbeitungsphase** die erhobenen Informationen ausgewertet, d. h. gesichtet, geordnet und zueinander in Bezug gesetzt. Schließlich erfolgt in der **(3) Beurteilungs-** bzw. **Bewertungsphase** ein Soll-Ist-Vergleich mit der eigenen Leistung oder dem Verhalten in der Vergangenheit bzw. dem anderer Arbeitnehmer.[244] Mitbestimmungspflichtig ist die Überwachung nur, wenn sie durch technische Geräte oder mechanische Kontrolleinrichtungen erfolgt. § 87 I Nr. 6 BetrVG ist nicht einschlägig bei der Überwachung von Arbeitsleistung und Arbeitsablauf durch Aufsichtspersonen oder Detektiven, die Fehlverhalten aufklären sollen.[245] Die technische Kontrolleinrichtung 64

[236] BAG 4. 12. 1970 AP 5 zu § 7 BUrlG = DB 71, 295.
[237] A. A. *Fitting* § 87 RN 211; *Richardi* § 87 RN 473; GK-BetrVG/*Wiese* § 87 RN 474 f.
[238] BAG 17. 1. 1974 AP 3 zu § 1 BUrlG = DB 74, 783.
[239] BAG 28. 7. 1981 AP 2 zu § 87 BetrVG 1972 Urlaub = NJW 82, 955.
[240] Bejahend: *Fitting* § 87 RN 198; differenziert *Richardi* § 87 RN 454; verneinend GK-BetrVG/*Wiese* § 87 RN 457.
[241] BAG 5. 2. 1965 AP 1 zu § 56 BetrVG Urlaubsplan.
[242] BAG 28. 11. 1989 AP 4 zu § 87 BetrVG 1972 Initiativrecht = NZA 90, 406.
[243] BAG 14. 11. 2006 AP 43 zu § 87 BetrVG 1972 Überwachung = NZA 2007, 399.
[244] BAG 14. 9. 1984 AP 9 zu § 87 BetrVG 1972 Überwachung = NZA 85, 28; vgl. BVerwG 31. 8. 1988 AP 25 zu § 75 BPersVG = NJW 89, 848; *Fitting* § 87 RN 217.
[245] BAG 26. 3. 1991 AP 21 zu § 87 BetrVG 1972 = NZA 91, 729.

unterliegt jedoch der Mitbestimmung nach Nr. 6, wenn sie innerhalb einer der drei Phasen zum Einsatz kommt. Daher besteht das Mitbestimmungsrecht sowohl dann, wenn entweder die Daten technisch festgestellt und festgehalten,[246] als auch dann, wenn sie technisch ausgewertet werden, z. B. durch automatisierte Personalinformationssysteme.[247] Jedoch sind nur solche Überwachungsmaßnahmen mitbestimmungspflichtig, die einem bestimmten Arbeitnehmer zugeordnet werden können,[248] selbst wenn dies erst zeitlich versetzt oder auf Grund weiterer Informationsmittel möglich ist, z. B. auf Grund von Anwesenheitslisten.[249] Nicht mitbestimmungspflichtig sind daher Filmaufnahmen, auf denen die Arbeitnehmer nicht zu erkennen sind. Das Mitbestimmungsrecht wird aber nicht dadurch beseitigt, dass der Arbeitnehmer die Kamera abschalten kann.[250] Kein Mitbestimmungsrecht besteht auch dann, wenn die Kontrolldaten nur einer Gruppe zugeordnet werden können,[251] z. B. alle Arbeitnehmer benutzen denselben Code, um ein Gerät in Betrieb zu nehmen. Das Mitbestimmungsrecht kann aber bei kleinen Gruppen bestehen, wenn durch die Maßnahmen des Arbeitgebers ein Überwachungs- oder Kontrolldruck auf die Gruppenmitglieder erwächst.[252]

65 **3. Bezug zu Leistung oder Verhalten der Arbeitnehmer.** Die Überwachung muss sich auf die Leistung oder das Verhalten des Arbeitnehmers beziehen. Leistung ist die vom Arbeitnehmer in Erfüllung seiner Verpflichtung erbrachte Arbeit,[253] Verhalten ist jedes Tun oder Unterlassen im betrieblichen und außerbetrieblichen Bereich, das für das Arbeitsverhältnis erheblich werden kann.

66 **4. Geeignetheit.** Mitbestimmungspflichtig ist die technische Einrichtung bereits dann, wenn sie objektiv dazu geeignet ist, den Arbeitnehmer zu überwachen.[254] Sie muss eine eigenständige Kontrollwirkung entfalten; unzureichend sind eine (Stopp-)Uhr oder einfaches Schreibgerät,[255] da hier die Kontrolle durch Menschen erfolgt. Nicht mitbestimmungspflichtig sind daher Anordnungen des Arbeitgebers, Tätigkeitsberichte zu erstellen oder Arbeitsbücher[256] zu führen. Kein Mitbestimmungsrecht besteht, wenn reine Betriebsdaten über den Arbeitsablauf oder Statusdaten des Arbeitnehmers (Geschlecht, Ausbildung, Anschrift, usw.) ohne Verknüpfungsmöglichkeit mit anderen Daten gespeichert werden.[257]

67 **5. Einzelfälle.** Als **mitbestimmungspflichtig** sind angesehen worden: die Einführung von Stechuhren,[258] Zugangskontrollgeräten,[259] Video-[260] bzw. Multimomentkameras,[261] Fernsehmo-

---

[246] BAG 6. 12. 1983 AP 7 zu § 87 BetrVG 1972 Überwachung = NJW 84, 1475; 10. 7. 1979 AP 4 zu § 87 BetrVG 1972 Überwachung = NJW 80, 359; AP 3 zu § 87 BetrVG 1972 Überwachung = DB 79, 2428; 9. 9. 1975 AP 2 zu § 87 BetrVG 1972 Überwachung = NJW 76, 261; 14. 5. 1974 AP 1 zu § 87 BetrVG 1972 Überwachung = NJW 74, 2023.

[247] BAG 11. 3. 1986 AP 14 zu § 87 BetrVG 1972 Überwachung = NZA 86, 526; 23. 4. 1985 AP 12 zu § 87 BetrVG 1972 Überwachung = NZA 85, 671; AP 11 zu § 87 BetrVG 1972 Überwachung = NZA 85, 669; 14. 9. 1984 AP 9 zu § 87 BetrVG 1972 Überwachung = NZA 85, 28; BVerwG 16. 12. 1987 NZA 88, 513; LAG Berlin 17. 8. 1982 DB 83, 2584.

[248] BAG 6. 12. 1983 AP 7 zu § 87 BetrVG 1972 Überwachung = NJW 84, 1475.

[249] BAG 23. 4. 1985 AP 11 zu § 87 BetrVG 1972 Überwachung = NZA 85, 669.

[250] BAG 14. 5. 1974 AP 1 zu § 87 BetrVG 1972 Überwachung = NJW 74, 2023.

[251] BAG 6. 12. 1983 AP 7 zu § 87 BetrVG 1972 Überwachung = NJW 84, 1475.

[252] BAG 26. 7. 1994 AP 26 zu § 87 BetrVG 1972 = NZA 95, 186; 18. 2. 1986 AP 13 zu § 87 BetrVG 1972 Überwachung = NZA 86, 488.

[253] BAG 11. 3. 1986 AP 14 zu § 87 BetrVG 1972 Überwachung = NZA 86, 526; 18. 2. 1986 AP 13 zu § 87 BetrVG 1972 Überwachung = NZA 86, 488; 23. 4. 1985 AP 12 zu § 87 BetrVG 1972 Überwachung = NZA 85, 671.

[254] BAG 10. 7. 1979 AP 4 zu § 87 BetrVG 1972 Überwachung = NJW 80, 359; 10. 7. 1979 AP 3 zu § 87 BetrVG 1972 Überwachung = DB 79, 2428; 9. 9. 1975 AP 2 zu § 87 BetrVG 1972 Überwachung = NJW 76, 261; 14. 5. 1974 AP 1 zu § 87 BetrVG 1972 Überwachung = NJW 74, 2023; vgl. BVerwG 16. 12. 1987 NZA 88, 513.

[255] BAG 8. 11. 1994 AP 27 zu § 87 BetrVG 1972 Überwachung = NZA 95, 313; vgl. LAG Schleswig-Holstein 4. 7. 1985 NZA 85, 673.

[256] BAG 24. 11. 1981 AP 3 zu § 87 BetrVG 1972 Ordnung des Betriebes = DB 82, 1116; 9. 12. 1980 AP 2 zu § 87 BetrVG 1972 Ordnung des Betriebes = DB 81, 1092; LAG Frankfurt 27. 1. 1987 NZA 87, 678; vgl. VGH Mannheim 14. 12. 1982 BB 83, 634.

[257] BAG 22. 10. 1986 AP 2 zu § 23 BDSG = NZA 87, 415; teilweise enger *Fitting* § 87 RN 217.

[258] LAG Düsseldorf 21. 8. 1980 ArbuR 81, 322; BVerwG 13. 8. 1992 AP 39 zu § 75 BPersVG.

[259] BAG 27. 1. 2004 AP 40 zu § 87 BetrVG 1972 Überwachung = NZA 2004, 556.

[260] BAG 29. 6. 2004 AP 41 zu § 87 BetrVG 1972 Überwachung = NZA 2004, 1278; BVerwG 31. 8. 1988 AP 25 zu § 75 BPersVG = NJW 89, 848.

[261] BAG 10. 7. 1979 AP 4 zu § 87 BetrVG 1972 Überwachung = NJW 80, 359; 14. 5. 1974 AP 1 zu § 87 BetrVG 1972 Überwachung = NJW 74, 2023.

nitoren,[262] Spiegeln und Einwegscheiben, Gesprächsaufzeichnungen in Call-Centern,[263] Überwachung durch Mikrofone, Geräten zum Mithören von Verkaufsgesprächen, Produktografen, wenn sie zugleich eine Überwachung der Leistung oder des Verhaltens der Arbeitnehmer ermöglichen,[264] Einführung gesetzlich nicht vorgeschriebener Fahrtenschreiber,[265] Zeitmessgeräte,[266] Geräte zur automatischen Erfassung von Telefondaten- oder gebühren,[267] Telefonanlagen mit Kontrollmöglichkeit,[268] die Einführung von Computerinformationssystemen,[269] Bildschirme, die mit einem Rechner verbunden sind, der die Tätigkeit der Arbeitnehmer festhält.[270] Soweit technische Einrichtungen ausschließlich für die Kontrolle von Maschinen in Betracht kommen, ist ihre Anwendung **mitbestimmungsfrei** (z. B. Warnlampen, Druckmesser, Stückzähler, Drehzahlmesser usw.).[271]

6. Verfahren. Das Mitbestimmungsrecht entfällt nach § 87 I Eingangssatz BetrVG, soweit die technische Kontrolleinrichtung gesetzlich vorgeschrieben ist, z. B. ein Fahrtenschreiber (§ 57 a StVZO).[272] Dies gilt aber nicht, wenn der Arbeitgeber Fahrtenschreiber auch in Fahrzeugen anbringt, für die ihre Verwendung nicht vorgeschrieben ist oder sie über die gesetzliche Zweckbestimmung hinaus einsetzt, z. B. für Verhaltens- oder Leistungskontrollen.[273] Das Mitbestimmungsrecht muss durch den Abschluss einer Betriebsvereinbarung ausgeübt werden, wenn die Regelung normativ auf die Arbeitsverhältnisse einwirken soll oder einem besonderen Formzwang unterliegt. Eine Regelungsabrede ist dann nicht ausreichend. Dies gilt insbesondere für Datenverarbeitungsanlagen, da eine Betriebsvereinbarung eine andere Rechtsvorschrift i. S. v. § 3 I Nr. 1 BDSG darstellt.[274] Die Zuständigkeit bei der Ausübung des Mitbestimmungsrechts (Gesamt-/Betriebsrat) richtet sich nach allgemeinen Grundsätzen[275] (dazu § 224 RN 19). Wird die technische Kontrolleinrichtung ohne Zustimmung des Betriebsrats eingeführt, kann dieser ihre Beseitigung bzw. die Unterlassung ihrer Benutzung verlangen. Die Arbeitnehmer sind vor der erteilten oder ersetzten Zustimmung nicht zur Arbeitsleistung an der Kontrolleinrichtung verpflichtet, insoweit besteht ein Leistungsverweigerungsrecht. Dasselbe gilt, wenn trotz Zustimmung des Betriebsrats in das Persönlichkeitsrecht der Arbeitnehmer in unzulässiger Weise eingegriffen wird (heimliche Fernsehüberwachung); zur Verwertung der mitbestimmungswidrig erlangten Erkenntnisse im gerichtlichen Verfahren RN 24. Um zu verhindern, dass technische Einrichtungen auch zur Berechnung von Leistungslöhnen verwandt werden, kann diese Möglichkeit in der Betriebsvereinbarung ausgeschlossen werden; im Übrigen kann das Mitbestimmungsrecht mit dem nach § 87 I Nrn. 10 und 11 BetrVG konkurrieren. Zur Mitbestimmung bei Bildschirmarbeitsplätzen vgl. zusammenfassend bei § 237 RN 21 ff. 68

VII. Arbeitsunfallschutz (Nr. 7)

Habich, Sicherheits- und Gesundheitsschutz durch die Gestaltung von Nacht- und Schichtarbeit und die Rolle des Betriebsrates, 2006; *Kittner/Pieper,* Sicherheit und Gesundheitsschutz als Handlungsfeld des Betriebsrats und des Personalrats, PersR 2005, 339; *Kremer,* Pflichten des Unternehmers, der Beschäftigten und des Betriebsrats für einen umfassenden Arbeitsschutz im Bergwerksbetrieb, NZA 2000, 132; *Rieble/Jochums,*

---

[262] BAG 7. 10. 1987 AP 15 zu § 611 BGB Persönlichkeitsrecht = NZA 88, 92.

[263] *Jordan/Bissels/Löw* BB 2008, 2626

[264] BAG 9. 9. 1975 AP 2 zu § 87 BetrVG 1972 Überwachung = NJW 76, 261; ArbG Berlin 25. 1. 1973 DB 73, 387 = BB 73, 289; VGH Mannheim 6. 10. 1981 AP 1 zu § 79 LPVG Baden-Württemberg = NJW 82, 1606 – Registrierung der Besucher des Datenraums.

[265] BAG 10. 7. 1979 AP 3 zu § 87 BetrVG 1972 Überwachung = DB 79, 2428; anders bei an Rechnungsämter übersandte Duplikate der Fahrtenschreiber: BAG 12. 1. 1988 AP 23 zu § 75 BPersVG = NZA 88, 621.

[266] Vgl. LAG Hamm 17. 3. 1978 DB 78, 1987; 24. 8. 1977 DB 77, 2189.

[267] BAG 13. 1. 1987 AP 3 zu § 23 BDSG = NZA 87, 515; 27. 5. 1986 AP 15 zu § 87 BetrVG 1972 Überwachung = NZA 86, 643; LAG Nürnberg 29. 1. 1987 NZA 87, 572; VGH Kassel 29. 3. 89 NZA 89, 651.

[268] BAG 30. 8. 1995 AP 29 zu § 87 BetrVG 1972 Überwachung = NZA 96, 218.

[269] BAG 11. 3. 1986 AP 14 zu § 87 BetrVG 1972 Überwachung = NZA 86, 526; 14. 9. 1984 AP 9 zu § 87 BetrVG 1972 Überwachung = NZA 85, 28; ArbG München 19. 12. 1980 AP 5 zu § 87 BetrVG Überwachung = BB 81, 1522.

[270] Vgl. BAG 23. 4. 1985 AP 12 zu § 87 BetrVG 1972 Überwachung = NZA 85, 671; 6. 12. 1983 AP 7 zu § 87 BetrVG 1972 Überwachung = NJW 84, 1475.

[271] BAG 9. 9. 1975 AP 2 zu § 87 BetrVG 1972 Überwachung = NJW 76, 261.

[272] BAG 10. 7. 1979 AP 3 zu § 87 BetrVG 1972 Überwachung = DB 79, 2428.

[273] GK-BetrVG/*Wiese* § 87 RN 576.

[274] BAG 27. 5. 1986 AP 15 zu § 87 BetrVG 1972 Überwachung = NZA 86, 643.

[275] BAG 11. 11. 1998 AP 19 zu § 50 BetrVG 1972 = NZA 99, 947 – Telefonanlage.

Hitzefrei am Arbeitsplatz?, BB 2003, 1897; *Schubert,* Europäisches Arbeitsschutzrecht und betriebliche Mitbestimmung, 2005; *Uhl/Polloczek,* Ermittlung von psychischen Belastungen am Arbeitsplatz als „Regelungen über den Gesundheitsschutz" im Sinne von § 87 Abs. 1 Nr. 7 BetrVG?, BB 2007, 2401; *Wlotzke,* Das Mitbestimmungsrecht nach § 87 Abs. 1 Nr. 7 Betriebsverfassungsgesetz und das erneuerte Arbeitsschutzrecht, FS Wißmann (2005), S. 426.

Muster: ArbR-Formb. § 49.

69 **1. Inhalt des Mitbestimmungsrechts.** Das BetrVG räumt dem Betriebsrat in § 87 I Nr. 7 BetrVG ein Mitbestimmungsrecht zur Verhütung von Arbeitsunfällen und Berufskrankheiten, über den Gesundheitsschutz im Rahmen der gesetzlichen Vorschriften oder der Unfallverhütungsvorschriften in § 88 Nr. 1 BetrVG sowie ein Mitwirkungsrecht zur Regelung zusätzlicher Maßnahmen zur Verhütung von Arbeitsunfällen und Gesundheitsschädigungen ein. Es schreibt in § 89 BetrVG eine Zusammenarbeit mit staatlichen Stellen zur Verhütung von Arbeitsunfällen vor. Aus § 9 ASiG folgt die Verpflichtung des Betriebsrats zur Zusammenarbeit mit Betriebsärzten und Fachkräften für Arbeitssicherheit. In allen diesen Vorschriften ist der gesetzliche Arbeitsschutz angesprochen. Nach §§ 90, 91 BetrVG hat der Betriebsrat Mitwirkungs- und Mitbestimmungsrechte bei der Gestaltung von Arbeitsplatz, Arbeitsablauf und Arbeitsumgebung. Auch hier ist im weitesten Sinne ein „Unfallschutz" enthalten. Daneben hat der Betriebsrat noch entsprechende Antrags- (§ 80 I Nr. 2 BetrVG) und Überwachungsrechte (§ 80 I Nr. 1 BetrVG). Durch das Beteiligungsrecht in § 87 I Nr. 7 BetrVG soll im Interesse der betroffenen Arbeitnehmer eine möglichst effiziente Umsetzung des gesetzlichen Arbeitsschutzes im Betrieb erreicht werden. Zum Begriff des Arbeitsunfalls § 109.

70 **2. Gesetzliche Regelung oder Vorschrift zum Unfallschutz.** Das Mitbestimmungsrecht des § 87 I Nr. 7 BetrVG setzt voraus, dass die Regelung oder die Maßnahme des Arbeitgebers im Rahmen einer gesetzlichen Vorschrift oder einer Unfallverhütungsvorschrift ergeht. Es muss daher eine Vorschrift bestehen, die Maßnahmen der Unfallverhütung bzw. des Gesundheitsschutzes fordert, dabei aber zugleich einen ausfüllungsfähigen und ausfüllungsbedürftigen Rahmen vorgibt, innerhalb dessen den Betriebspartnern ein Regelungsspielraum bleibt.[276] Gesetzliche Vorschriften i. d. S. sind vor allem die Rahmenvorschriften der §§ 62 HGB, 3 ArbStättV über die Betriebssicherheit und die dazu ergangenen Arbeitsschutzvorschriften. Den gesetzlichen Vorschriften stehen Unfallverhütungsvorschriften gleich. Dies sind die von den Trägern der Unfallversicherung, z. B. der gewerblichen Berufsgenossenschaft nach den §§ 15 ff. SGB VII erlassenen Vorschriften über Einrichtungen, Anordnungen und Maßnahmen, welche die Unternehmer zur Verhütung von Arbeitsunfällen und Berufskrankheiten zu treffen haben. Die Unfallverhütungsvorschriften enthalten ferner Vorschriften über das Verhalten, das die Arbeitnehmer zur Verhütung von Arbeitsunfällen zu beachten haben, sowie über ärztliche Untersuchungen von Arbeitnehmern; sie regeln die Zahl der Sicherheitsbeauftragten, die nach der Eigenart der im Unternehmen bestehenden Unfallgefahr und der Zahl der Arbeitnehmer zu bestellen sind (§ 22 SGB VII). Zu den gesetzlichen Vorschriften zählen schließlich auch solche in Tarifverträgen. Das Mitbestimmungsrecht besteht nur im Rahmen der vorgenannten Vorschriften. Keine Vorschriften i. S. d. § 87 I Nr. 7 BetrVG sind die zum Schutz Dritter, d. h. der Nichtbetriebsangehörigen und der Allgemeinheit, ergangenen Regelungen. Auch die arbeitsschutzrechtlichen Richtlinien der EU entfalten im Rahmen der Nr. 7 keine unmittelbare Wirkung, sondern sind lediglich im Rahmen der Auslegung des nationalen Rechts zu berücksichtigen.[277] Keine Rechtsnormen sind schließlich die Verwaltungsvorschriften der Arbeitsschutzbehörden, die Durchführungsanweisungen, Richtlinien, Sicherheitsregeln oder Merkblätter der Berufsgenossenschaften.[278]

71 **3. Handlungsspielraum.** Das Mitbestimmungsrecht nach Nr. 7 setzt danach ein, wenn eine gesetzliche Handlungspflicht objektiv besteht und wegen Fehlens einer zwingenden Vorgabe betriebliche Regelungen verlangt, um das vom Gesetz vorgegebene Ziel des Arbeits- und Gesundheitsschutzes zu erreichen.[279] Es entfällt, wenn bereits eine bestimmte Regelung vorgeschrieben und ein ausfüllungsfähiger und -bedürftiger Handlungsrahmen für den Arbeitgeber nicht vorhanden ist.[280] Es besteht daher, wenn dem Arbeitgeber entweder ein Ermessensspiel-

---

[276] BAG 16. 6. 1998 AP 7 zu § 87 BetrVG 1972 Gesundheitsschutz = NZA 99, 49; 6. 12. 1983 AP 7 zu § 87 BetrVG 1972 Überwachung = NJW 84, 1475; 28. 7. 1981 AP 3 zu § 87 BetrVG 1972 Arbeitssicherheit = NJW 82, 2140.

[277] BAG 2. 4. 1996 AP 5 zu § 87 BetrVG 1972 Gesundheitsschutz = NZA 96, 998.

[278] *Fitting* § 87 RN 269; *Richardi* § 87 RN 548.

[279] BAG 15. 1. 2002 AP 12 zu § 87 BetrVG 1972 Gesundheitsschutz = NZA 2002, 995.

[280] Zur Asbestsanierung BVerwG 29. 1. 1996 NZA-RR 96, 435; 2. 10. 1995 NZA-RR 96, 438.

raum zusteht, welche Maßnahmen er beim Unfall- und Gesundheitsschutz einschlagen will, oder ihm ein Beurteilungsspielraum eingeräumt ist.[281] Letzteres ist regelmäßig bei den arbeitsschutzrechtlichen Generalklauseln der Fall, durch die der Arbeitgeber zu den erforderlichen Maßnahmen des Arbeits- und Gesundheitsschutzes verpflichtet wird. Bei der Erfüllung seiner sich aus den Generalklauseln ergebenden Verpflichtung verbleibt dem Arbeitgeber regelmäßig ein Gestaltungsspielraum, weshalb das Mitbestimmungsrecht des Betriebsrats nicht entfällt. Dieses kann sich teilweise auf ein bloßes Mitbeurteilungsrecht beschränken, z. B. ob die Voraussetzungen für eine Handlungspflicht des Arbeitgebers bestehen[282] oder wenn nur eine Lösungsmöglichkeit zur Erfüllung des gesetzlich geforderten Standards (z. B. „gesicherte arbeitswissenschaftliche Erkenntnisse", „allgemein anerkannten Regeln der Technik") in Betracht kommt. Ein uneingeschränktes Mitbestimmungsrecht besteht aber, wenn die Vorschrift dem Arbeitgeber ein Wahlrecht unter mehreren geeigneten Möglichkeiten zur Herstellung eines bestimmten Sicherheitsstandards einräumt. An die Vorgaben der gesetzlichen Vorschriften ist auch im Streitfall die Einigungsstelle gebunden;[283] sie darf insbesondere die Durchführung der Gefährdungsbeurteilung nicht allein dem Arbeitgeber überlassen.[284]

4. Kollektiver Tatbestand. Ein Mitbestimmungsrecht besteht nur beim Aufstellen von Re- 72
gelwerken, d. h. der Festlegung einer allgemeinen Ordnung für eine unbestimmte Anzahl von Fällen. Hierhin gehören etwa Rauchverbote, die Verpflichtung, Schutzausrüstungen zu tragen, soweit sie nicht bereits in der Unfallverhütungsvorschrift geregelt sind. Der Arbeitgeber hat die Schutzausrüstung zu stellen und ihre Kosten zu tragen (§ 3 III ArbSchG).[285] Eine Regelung über eine Kostenbeteiligung der Arbeitnehmer ist unzulässig. Der Betriebsrat hat bei der Entscheidung darüber, ob ein Ausgleich für Nachtarbeit nach § 6 V ArbZG durch bezahlte freie Tage oder durch einen angemessenen Entgeltzuschlag zu gewähren ist, bei Fehlen einer tariflichen Regelung ein Mitbestimmungsrecht nach § 87 I Nr. 7 BetrVG.[286]

5. Einzelfälle. Ein Mitbestimmungsrecht ist bejaht worden bei der Gefährdungsbeurteilung 73
(§§ 5 ArbSchG,[287] 3 BildschirmarbV), Dokumentationsausgestaltung (§ 6 ArbSchG), Unterweisung der Arbeitnehmer (§ 12 ArbSchG), Gesundheitsschutzmaßnahmen (§§ 3 I, 4 ArbSchG, 4, 5 BildschirmarbV), Organisation des Gesundheitsschutzes (§ 3 II Nr. 1, 2 ArbSchG), Beauftragung mit Gesundheitsschutzaufgaben (§ 13 II ArbSchG) und arbeitsmedizinischen Vorsorgeuntersuchungen (§§ 11 ArbSchG, 6 BildschirmarbV).[288] Gleiches wird auch für die Ausstattung mit persönlichen Schutzausrüstungen (§ 19 ArbSchG i. V. m. den dazu ergangenen VO), Aufstellung des Flucht- und Rettungsplans (§ 55 ArbStättV) und mit Einschränkungen auch für die Betriebsanweisung nach § 20 GefStoffV gelten.

6. Verfahren. Verletzt der Arbeitgeber das Mitbestimmungsrecht nach Nr. 7, haben die Ar- 74
beitnehmer grundsätzlich ein Leistungsverweigerungsrecht gegenüber Anordnungen des Arbeitgebers. Dieses entfällt, soweit die Anordnung auf zwingenden öffentlich-rechtlichen Vorgaben beruht (z. B. Tragen von Schutzkleidung).

VIII. Sozialeinrichtungen (Nr. 8)

Bachmann, Mitbestimmung bei Umstrukturierung betrieblicher Sozialeinrichtungen, NZA 2002, 1130.

Muster: ArbR-Formb. § 50.

1. Inhalt des Mitbestimmungsrechts. Nach § 87 I Nr. 8 BetrVG hat der Betriebsrat ein 75
erzwingbares Mitbestimmungsrecht bei Form, Ausgestaltung und Verwaltung von Sozialeinrichtungen, deren Wirkungsbereich auf den Betrieb, das Unternehmen oder den Konzern be-

---

281 BAG 16. 6. 1998 AP 7 zu § 87 BetrVG Gesundheitsschutz = NZA 99, 49; 2. 4. 1996 AP 5 zu § 87 BetrVG 1972 Gesundheitsschutz = NZA 96, 998.

282 *Fitting* § 87 RN 273 ff.; a. A. BAG 6. 12. 1983 AP 7 zu § 87 BetrVG 1972 Überwachung = NJW 84, 1475.

283 Vgl. BAG 28. 7. 1981 AP 3 zu § 87 BetrVG 1972 Arbeitssicherheit = NJW 82, 2140.

284 BAG 8. 6. 2004 AP 20 zu § 76 BetrVG 1972 Einigungsstelle = NZA 2005, 227; 8. 6. 2004 AP 13 zu § 87 BetrVG 1972 Gesundheitsschutz = NZA 2004, 1175.

285 BAG 21. 8. 1985 AP 19 zu § 618 BGB = NZA 86, 324; 18. 8. 1982 AP 18 zu § 618 BGB = DB 83, 234; 10. 3. 1976 AP 17 zu § 618 BGB.

286 BAG 26. 4. 2005 AP 118 zu § 87 BetrVG 1972 Arbeitszeit = NZA 2005, 884; 26. 8. 1997 AP 74 zu § 87 BetrVG 1972 Arbeitszeit = NZA 98, 441.

287 Zu arbeitsplatzbedingten psychischen Belastungen: *Uhl/Polloczek* BB 2007, 2401.

288 BAG 8. 6. 2004 AP 13 zu § 87 BetrVG 1972 Gesundheitsschutz = NZA 2004, 1175 (§§ 5, 12 ArbSchG); weiter LAG Hamburg 21. 9. 2000 NZA-RR 2001, 190; vgl. auch *Fitting* § 87 RN 292 ff.

schränkt ist. Besteht die Sozialeinrichtung für das Unternehmen, ist der Gesamtbetriebsrat (§ 224), bezieht sie sich auf einen (Unterordnungs-)Konzern, ist der Konzernbetriebsrat (§ 226) zuständig.[289]

76 **2. Sozialeinrichtung. a) Begriff.** Der Begriff der Sozialeinrichtung ist vom BAG nicht immer einheitlich interpretiert worden. Nach dem BetrVG 1952 wurden entsprechende Einrichtungen als Wohlfahrtseinrichtungen bezeichnet. Ihr Bestehen setzte nach der ständigen Rspr. des BAG ein zweckgebundenes Sondervermögen voraus, das der Verwaltung bedarf.[290] Daran hat das BetrVG 1972 nichts ändern wollen. Mit dem Begriff der „Sozialeinrichtung" wurde lediglich eine zeitgemäßere Bezeichnung gewählt. Das BAG wollte vorübergehend für den Begriff der Sozialeinrichtung das Merkmal der Institutionalisierung aufgeben,[291] hat diese Absicht zwischenzeitlich wieder aufgeben.[292] Nach der Rechtsprechung des 3. Senats zur betrieblichen Altersversorgung durch Unterstützungskassen kann auch die Meinung nicht aufrechterhalten werden, eine Sozialeinrichtung erbringe nur Leistungen ohne Entgeltcharakter.[293] Die Sozialeinrichtung muss vom Arbeitgeber für die Arbeitnehmer eines Betriebes, Unternehmens oder Konzerns errichtet und ihre Organisation auf eine bestimmte Dauer angelegt sein.[294] Sie darf nicht einem unbestimmten Personenkreis zur Verfügung stehen. Keine Sozialeinrichtungen sind deshalb Unterstützungskassen, die für einen Gewerbezweig oder für eine Mehrzahl nicht konzernverbundener Arbeitgeber[295] errichtet sind. Dagegen ist das Bestehen einer Sozialeinrichtung nicht bereits dann zu verneinen, wenn ihr auch dritte Personen angehören[296] oder zu ihrem Benutzerkreis zählen, soweit der Charakter als Sozialeinrichtung erhalten bleibt.

77 **b) Errichtung.** Die Errichtung einer Sozialeinrichtung kann vom Betriebsrat nicht erzwungen werden.[297] Nicht mitbestimmungspflichtig ist daher die Entscheidung, ob der Arbeitgeber eine betriebliche Altersversorgung einführt,[298] neu eintretende Arbeitnehmer von der Altersversorgung ausschließt oder Parkplätze in einer von ihm errichteten, aber verpachteten Parkgarage zur Verfügung stellt. Ob der Arbeitgeber eine Sozialeinrichtung errichtet, unterliegt allein der freiwilligen Mitbestimmung nach § 88 Nr. 2 BetrVG. Gleiches gilt für die Schließung der Sozialeinrichtung.[299] Zur mitbestimmungsfreien Errichtung gehört die abstrakte Festlegung des Benutzerkreises und Bestimmung des Dotierungsrahmens. Die Auswahl der begünstigten Arbeitnehmer im Einzelfall betrifft die Verwaltung und unterliegt damit dem Beteiligungsrecht des Betriebsrats gem. § 87 I Nr. 8 BetrVG.[300] Hat der Arbeitgeber eine Sozialeinrichtung errichtet, erstreckt sich das Mitbestimmungsrecht der zuständigen Arbeitnehmervertretung auch auf die **Rechtsform** dieser Einrichtung, also ob sie in den Betrieb oder das Unternehmen eingegliedert werden soll oder eine eigene Rechtspersönlichkeit erhält. Wird eine Unterstützungskasse durch mehrere nicht konzernverbundene Unternehmen gegründet, kann das Mitbestimmungsrecht nur dergestalt ausgeübt werden, dass die einzelnen Mitglieder der Unterstützungskasse mit ihrem Betriebsrat über die Abstimmung in den Organen der Unterstützungskasse zusammenwirken.[301]

78 **c) Ausgestaltung.** Das Mitbestimmungsrecht bezieht sich auch auf die Ausgestaltung der Sozialeinrichtung. Dazu zählen die Satzung, die Organisation der Einrichtung sowie deren Ver-

---

[289] ErfK/*Kania* § 87 RN 70; *Richardi* § 87 RN 650; a. A. *Fitting* § 87 RN 368 (GBR/BR).

[290] BAG 9. 7. 1985 AP 16 zu § 75 BPersVG = DB 86, 230; 12. 6. 1975 AP 1 zu § 87 BetrVG 1972 Altersversorgung = DB 75, 1559; 26. 10. 1965 AP 8 zu § 56 BGB Wohlfahrtseinrichtungen; 6. 12. 1963 AP 6 zu § 56 BetrVG Wohlfahrtseinrichtungen; 13. 7. 1962 AP 3 zu § 57 BetrVG.

[291] BAG 24. 1. 1980 AP 3 zu § 87 BetrVG 1972 Sozialeinrichtung = NJW 80, 2376; 13. 2. 1979 AP 2 zu § 87 BetrVG 1972 Sozialeinrichtung = DB 79, 2495.

[292] BAG 9. 12. 1980 AP 5 zu § 87 BetrVG 1972 Lohngestaltung = NJW 82, 253.

[293] BAG 12. 6. 1975 AP 1 zu § 87 BetrVG 1972 Altersversorgung = DB 75, 1559.

[294] BAG 27. 1. 1998 AP 14 zu § 87 BetrVG 1972 Sozialeinrichtung = NZA 98, 835.

[295] BAG 22. 4. 1986 AP 13 zu § 87 BetrVG 1972 Altersversorgung = NZA 86, 574.

[296] Unscharf BAG 21. 6. 1979 AP 1 zu § 87 BetrVG 1972 Sozialeinrichtung = DB 79, 2039; 18. 7. 1978 AP 4 zu § 87 BetrVG 1972 Werkmietwohnungen = DB 78, 2418 („nicht geringer Umfang").

[297] BAG 3. 6. 1975 AP 3 zu § 87 BetrVG 1972 Werkmietwohnungen = DB 75, 1752; 13. 3. 1973 AP 1 zu § 87 BetrVG 1972 Werkmietwohnungen = NJW 73, 1900.

[298] BAG 12. 6. 1975 AP 1 zu § 87 BetrVG 1972 Altersversorgung = DB 75, 1062.

[299] BAG 26. 4. 1988 AP 16 zu § 87 BetrVG 1972 Altersversorgung = NZA 89, 219; 13. 3. 1973 AP 1 zu § 87 BetrVG 1972 Werkmietwohnungen = NJW 73, 1900.

[300] Vgl. BAG 14. 2. 1967 AP 9 zu § 56 BetrVG Wohlfahrtseinrichtungen = NJW 67, 1246.

[301] BAG 9. 5. 1989 AP 18 zu § 87 BetrVG 1972 Altersversorgung = NZA 89, 889; 22. 4. 1986 AP 13 zu § 87 BetrVG 1972 Altersversorgung = NZA 86, 574.

fahrensvorschriften und Richtlinien,[302] z. B. bei der Gewährung von Ruhegeldern[303] oder der Benutzung von Werkskantinen.[304]

d) Verwaltung. Zur mitbestimmungspflichtigen Verwaltung der Sozialeinrichtung zählt nicht nur die Aufstellung allgemeiner Verwaltungsrichtlinien und Leistungspläne von Ruhegeldkassen, sondern auch die Durchführung der einzelnen Verwaltungsmaßnahmen.[305] Hierzu gehören die Organisation der Verwaltung, die Geschäftsführung und die in Ausführung der Zwecke der Sozialeinrichtung getroffenen Einzelmaßnahmen. Die Verwaltung kann dergestalt durchgeführt werden, dass der Betriebsrat jeweils der Verwaltungsmaßnahme zustimmt oder dass diese durch gemeinsam besetzte Ausschüsse (§ 28 III BetrVG) erfolgt.[306] Gelegentlich wird auch dem Betriebsrat die alleinige Verwaltung der Sozialeinrichtung überlassen.[307] Auch dann ist seine Haftung eingeschränkt.[308] 79

e) Dotierung. Das Mitbestimmungsrecht bezieht sich nicht auf die Höhe der finanziellen Zuwendungen an die Sozialeinrichtungen.[309] Mitbestimmungspflichtig ist aber die Aufstellung neuer Leistungspläne bei gekürzter Dotierung an eine Unterstützungskasse,[310] die Erhöhung der Kantinenpreise[311] oder der Arbeitnehmerbeiträge zum Betriebskindergarten.[312] Ferner fehlt ein Mitbestimmungsrecht bei freiwillig vom Arbeitgeber gewährten Zuwendungen (widerrufliche Gratifikationen).[313] Etwas anderes kann gelten, wenn der Arbeitgeber jährlich eine gewisse Vermögensmasse zur Verteilung ausschüttet oder die Voraussetzungen für eine betriebliche Lohngestaltung gegeben sind (§ 87 I Nr. 10 BetrVG 1972). 80

3. Einzelfälle. Zu den mitbestimmungspflichtigen Sozialeinrichtungen können z. B. Unterstützungs- und Pensionskassen,[314] Kantinen,[315] Verkaufsstellen und Automaten zum Verkauf verbilligter Ware,[316] Erholungsheime[317] und Betriebswohnheime,[318] ein Betriebskindergarten,[319] Werksbüchereien,[320] Parkraum[321] sowie ein Werksverkehr mit Bussen, soweit eine eigenständige Organisation[322] besteht, gehören. Nicht zu den Sozialeinrichtungen zählen Werkszeitungen,[323] Betriebskrankenkassen als gesetzliche Träger der Sozialversicherung, einmalige finanzielle Zuwendungen des Arbeitgebers (Gratifikationen),[324] rein rechnerische Fonds,[325] Gewährung von 81

[302] BAG 26. 4. 1988 AP 16 zu § 87 BetrVG 1972 Altersversorgung = NZA 89, 219.

[303] Vgl. BAG 26. 4. 1988 AP 16 zu § 87 BetrVG 1972 Altersversorgung = NZA 89, 219; 13. 7. 1978 AP 5 zu § 87 BetrVG 1972 Altersversorgung = NJW 79, 2534; 13. 3. 1973 AP 1 zu § 87 BetrVG 1972 Werkmietwohnungen = NJW 73, 1900.

[304] BAG 15. 9. 1987 AP 9 zu § 87 BetrVG 1972 Sozialeinrichtung = NZA 88, 104.

[305] Vgl. BAG 14. 2. 1967 AP 9 zu § 56 BetrVG Wohlfahrtseinrichtungen; 22. 1. 1965 AP 7 zu § 56 BetrVG Wohlfahrtseinrichtungen; 6. 12. 1963 AP 6 zu § 56 BetrVG Wohlfahrtseinrichtungen.

[306] BAG 26. 5. 1981 AP 6 zu § 242 BGB Ruhegehalt und Zusatzversorgung = BB 81, 1771; 13. 7. 1978 AP 5 zu § 87 BetrVG 1972 Altersversorgung = NJW 79, 2534.

[307] BAG 22. 4. 1986 AP 8 zu § 1 BetrAVG Unterstützungskassen = NZA 86, 746.

[308] BAG 24. 4. 1986 AP 7 zu § 87 BetrVG 1972 Sozialeinrichtung = NZA 87, 100.

[309] BAG 12. 6. 1975 AP 3 zu § 87 BetrVG 1972 Altersversorgung = BB 75, 1065; AP 2 zu § 87 BetrVG 1972 Altersversorgung = BB 75, 1064; AP 1 zu § 87 BetrVG 1972 Altersversorgung = BB 75, 1062; 3. 6. 1975 AP 3 zu § 87 BetrVG 1972 Werkmietwohnungen = DB 75, 1752; 13. 3. 1973 AP 1 zu § 87 BetrVG 1972 Werkmietwohnungen = NJW 73, 1900.

[310] BAG 9. 5. 1989 AP 18 zu § 87 BetrVG 1972 Altersversorgung = NZA 89, 889; 26. 4. 1988 AP 16 zu § 87 BetrVG 1972 Altersversorgung = NZA 89, 219.

[311] BAG 22. 1. 1965 AP 7 zu § 56 BetrVG Wohlfahrtseinrichtungen.

[312] LAG Hamm 27. 11. 1975 DB 76, 201.

[313] BAG 15. 5. 1957 AP 5 zu § 56 BetrVG.

[314] BAG 26. 4. 1988 AP 16 zu § 87 BetrVG 1972 Sozialeinrichtung = NZA 89, 219; 13. 7. 1978 AP 5 zu § 87 BetrVG 1972 Altersversorgung = NJW 79, 2534.

[315] BAG 15. 9. 1987 AP 9 zu § 87 BetrVG 1972 Sozialeinrichtung = NZA 88, 1046; 24. 4. 1986 AP 7 zu § 87 BetrVG 1972 Sozialeinrichtung = NZA 87, 100.

[316] BAG 26. 10. 1965 AP 8 zu § 56 BetrVG Wohlfahrtseinrichtungen; auch wenn sie Dritten gehören, ArbG Ludwigshafen 25. 5. 1976 BB 76, 1607.

[317] BAG 3. 6. 1975 AP 3 zu § 87 BetrVG 1972 Werkmietwohnung = DB 75, 1752.

[318] BVerwG 24. 4. 1992 AP 1 zu § 78 LPVG Baden-Württemberg = ZTR 92, 347.

[319] LAG Hamm 27. 11. 1975 DB 76, 201 = EzA 6 zu § 87 BetrVG 1972 Sozialeinrichtung.

[320] BGH 10. 3. 1972 AP 1 zu § 27 UrhG = NJW 72, 1720 – Tantiemepflichtig bei Buchausleihe.

[321] ArbG Wuppertal 7. 1. 1975 BB 75, 561.

[322] BAG 9. 7. 1985 AP 16 zu § 75 BPersVG = DB 86, 230.

[323] Vgl. LAG Hamburg 6. 6. 1977 DB 78, 118; a. A. LAG Düsseldorf 11. 8. 1976 DB 76, 2021.

[324] BAG 13. 7. 1962 AP 3 zu § 57 BetrVG = NJW 62, 2367.

[325] BAG 15. 5. 1957 AP 5 zu § 56 BetrVG = DB 57, 634.

Arbeitgeberdarlehen,[326] verbilligte Warenvermittlung,[327] Busverkehr durch Dritte[328] sowie Betriebsausflüge.[329] Eine Sozialeinrichtung zum Zwecke der betrieblichen Altersversorgung liegt nur vor, wenn diese aus einem zweckgebundenen Sondervermögen geleistet wird. Keine Sozialeinrichtung ist die Gewährung einer Ruhegeld-Gesamtzusage bzw. der Abschluss einer Gruppenlebensversicherung,[330] da die laufenden Leistungen von der Lebensversicherung und nicht aus einem Sondervermögen des Arbeitgebers erbracht werden sowie der Abschluss einer Rückdeckungsversicherung, die der Arbeitgeber zur Finanzierung von Versorgungszusagen abschließt.[331] Jedoch besteht in diesen Fällen regelmäßig ein Mitbestimmungsrecht des Betriebsrats nach § 87 I Nr. 10 BetrVG.[332]

IX. Werkwohnungen (Nr. 9)

Buch, Die Kündigung von Werkwohnungen, NZM 2000, 167.

82 **1. Inhalt des Mitbestimmungsrechts.** Nach § 87 I Nr. 9 BetrVG besteht ein Mitbestimmungsrecht nur für funktionsgebundene und sonstige Werkmietwohnungen (vgl. § 85 RN 2), dagegen nicht bei **Werkdienstwohnungen** (vgl. § 85 RN 4), da diese auf Grund des Arbeitsvertrags überlassen werden.[333] Zweck des Mitbestimmungsrechts ist die Sicherstellung einer gerechten Verteilung von Wohnraum und von angemessenen Mietbedingungen. Das Mitbestimmungsrecht setzt voraus, dass ein Mietvertrag über Wohnraum abgeschlossen wird oder werden soll. Kein Mitbestimmungsrecht nach Nr. 9 besteht bei unentgeltlicher Überlassung von Wohnräumen[334] oder beim Abschluss von Pachtverträgen. Werden die Werkwohnungen als Sozialeinrichtung errichtet und verwaltet, folgt das Mitbestimmungsrecht bereits aus § 87 I Nr. 8 BetrVG. Als eine Sozialeinrichtung wird die Überlassung von Wohnraum dann anzusehen sein, wenn dieser zu einem zweckgebundenen Sondervermögen mit einheitlicher Verwaltung zusammengefasst ist und die Einräumung der Nutzungsmöglichkeit einen Vorteil für die Arbeitnehmer darstellt.

83 **2. Wohnraum.** Dies sind alle Räume, die zur Beherbergung von Menschen dienen, also abgeschlossene Wohnungen, einzelne Zimmer, Massenunterkünfte und sonstige Schlafstätten.[335] Das Mitbestimmungsrecht bezieht sich auf alle Wohnungen, die im Eigentum des Arbeitgebers stehen oder für die er ein Belegungsrecht hat. Ist der Arbeitgeber nicht Eigentümer bzw. Vermieter der Wohnungen, besteht das Mitbestimmungsrecht des Betriebsrats nur so weit, wie der Arbeitgeber selbst Rechte bei der Begründung und/oder Durchführung der Mietverträge des Dritten hat.[336] Es entfällt für Wohnraum, den der Arbeitgeber von vornherein nicht zur Vermietung an Arbeitnehmer i. S. d. § 5 I BetrVG, sondern anderen Personen (z. B. leitende Angestellte, Organvertreter, Gäste oder sonstige Dritte) zur Verfügung stellt. Nur wenn die Vergabe aus einem einheitlichen Wohnungsbestand ohne feste Zuordnung sowohl an Arbeitnehmer als auch an Dritte erfolgt, ist auch die Zuweisung an die vom Betriebsrat nicht repräsentierten Personen mitbestimmungspflichtig.[337]

84 **3. Beteiligungspflicht. a)** Der Arbeitgeber entscheidet **mitbestimmungsfrei,** ob er überhaupt Wohnraum zur Verfügung stellen will, über die Höhe des entsprechenden Dotationsrah-

[326] BAG 9. 12. 1980 AP 5 zu § 87 BetrVG 1972 Lohngestaltung = NJW 82, 253; LAG Baden-Württemberg 8. 12. 1974 EzA 1 zu § 87 BetrVG Sozialeinrichtung.
[327] BAG 18. 5. 1965 AP 26 zu § 56 BetrVG.
[328] LAG Schleswig-Holstein 17. 3. 1983 BB 84, 140.
[329] BAG 27. 1. 1998 AP 14 zu § 87 BetrVG 1972 Sozialeinrichtung = NZA 98, 835.
[330] BAG 12. 6. 1975 AP 3 zu § 87 BetrVG 1972 Altersversorgung = BB 75, 1065; AP 2 zu § 87 BetrVG 1972 Altersversorgung = BB 75, 1064; AP 1 zu § 87 BetrVG 1972 Altersversorgung = BB 75, 1062.
[331] BAG 12. 6. 1975 AP 2 zu § 87 BetrVG 1972 Altersversorgung = BB 75, 1064.
[332] BAG 18. 3. 1976 AP 4 zu § 87 BetrVG 1972 Altersversorgung = DB 76, 1631.
[333] BAG 28. 7. 1992 AP 7 zu § 87 BetrVG 1972 Werkmietwohnungen = NZA 93, 272; 3. 6. 1975 AP 3 zu § 87 BetrVG 1972 Werkmietwohnungen = DB 75, 1752.
[334] A. A. *Fitting* § 87 RN 382.
[335] BAG 21. 6. 1979 AP 1 zu § 87 BetrVG 1972 Sozialeinrichtung = DB 79, 2039 – teilw. einschränkend; 3. 6. 1975 AP 3 zu § 87 BetrVG 1972 Werkmietwohnungen = DB 75, 1752.
[336] BAG 18. 7. 1978 AP 4 zu § 87 BetrVG 1972 Werkmietwohnungen = DB 78, 2418.
[337] BAG 23. 3. 1993 AP 8 zu § 87 BetrVG Werkmietwohnungen = NZA 93, 767; 28. 7. 1992 AP 7 zu § 87 BetrVG 1972 Werkmietwohnungen = NZA 93, 272; 30. 4. 1974 AP 2 zu § 87 BetrVG 1972 Werkmietwohnungen = NJW 74, 1672.

mens und über den begünstigten Personenkreis.[338] Mitbestimmungspflichtig sind Zuweisung und Kündigung von Wohnraum sowie die Festlegung der allgemeinen Nutzungsbedingungen.

b) Zuweisung. Dies ist die Entscheidung über die Person des Begünstigten, dagegen nicht der Abschluss des Mietvertrags. Insoweit scheidet ein Mitbestimmungsrecht ohnehin aus, wenn dem Arbeitgeber nur ein Belegungsrecht zusteht. Hieraus folgt, dass ein unter Umgehung des Mitbestimmungsrechts abgeschlossener Mietvertrag wirksam ist; der Betriebsrat kann allenfalls dessen Kündigung erzwingen.[339] 85

c) Kündigung. Unstreitig besteht ein Mitbestimmungsrecht bei Kündigung des Mietvertrags während des Bestands des Arbeitsverhältnisses. Eine ohne Zustimmung des Betriebsrats erklärte Kündigung ist nichtig (§§ 182, 111 BGB); dies gilt auch bei gleichzeitiger Kündigung des Arbeitsvertrags, allerdings kann hier der Betriebsrat auf Grund seines Initiativrechts eine Kündigung erzwingen, um den Wohnraum weiterhin an Betriebsangehörige zu vermieten. Das Mitbestimmungsrecht besteht auch dann, wenn das Arbeitsverhältnis bereits beendet ist, da es objektbezogen ist, d. h. sich auf den vom Arbeitgeber für Arbeitnehmer zur Verfügung gestellten Wohnraum erstreckt[340] (umstr.). In jedem Fall besteht es, wenn noch Streit um die Beendigung des Arbeitsverhältnisses herrscht. Umstr. ist die Rechtslage auch, wenn ein Arbeitgeber die Sozialeinrichtung „Werkswohnungen" auflöst. Nach § 87 I Nr. 8 BetrVG besteht kein Mitbestimmungsrecht wegen der Auflösung der Sozialeinrichtung. Dementsprechend unterliegt auch die Kündigung nach § 87 I Nr. 9 BetrVG insoweit keinem Mitbestimmungsrecht, wenn sie mit dem Ziel erfolgt, über den Kündigungstermin hinaus keinen Wohnraum mehr zur Verfügung zu stellen. Will der Arbeitgeber aber nur die Anzahl der Wohneinheiten reduzieren, bleibt es innerhalb seiner Vorgaben bestehen, wenn zwischen den Arbeitnehmern eine Auswahlentscheidung zu treffen ist. 86

d) Nutzungsbedingungen. Schließlich hat der Betriebsrat ein Mitbestimmungsrecht bei der allgemeinen Festlegung der Nutzungsbedingungen. Hierzu gehört die generelle Regelung aller mit dem Mietverhältnis zusammenhängenden Fragen, insbesondere der Entwurf eines Mustermietvertrages, der Hausordnung sowie die generelle Festsetzung oder Änderung des Mietzinses und der Mietnebenkosten.[341] Der Betriebsrat kann also mitbestimmen, welcher qm-Preis i. d. R. für eine Wohnung in bestimmter Lage und Ausstattung bezahlt werden soll. Mitbestimmungsfrei ist die Festsetzung im Einzelfall. Der Arbeitgeber kann aber nicht gezwungen werden, die Zuschüsse für die Werkmietwohnungen zu erhöhen, insoweit muss die Festlegung den zur Verfügung gestellten Dotierungsrahmen beachten. Deshalb ist Gegenstand der Mitbestimmung im Wesentlichen die Frage, ob die auf die Mieter umzulegenden Mittel gleichmäßig verteilt oder ob nach sozialen Gesichtspunkten gestaffelte Mieten eingeführt werden und nach welchen Kriterien diese zu bemessen sind. Nicht zu den Nutzungsbedingungen gehört die Lieferung von Heizgas, wenn der Arbeitgeber nur die Wohnräume einschließlich einer Heizgelegenheit zur Verfügung zu stellen hat und dem Mieter die Beschaffung von Heizmaterial überlassen bleibt.[342] Bei Streitigkeiten über das Mitbestimmungsrecht des Betriebsrats bei einer generellen Mietzinsanhebung ist bei der Streitwertbemessung nicht vom Mietzins, sondern vom wirtschaftlichen Wert des Mitbestimmungsrechts auszugehen.[343] 87

4. Streitigkeiten. Insbesondere im Falle der Kündigung kann es zu mehreren Verfahren nebeneinander kommen. Über die Kündigung eines Werkmietwohnungsverhältnisses kann zum einen das Einigungsstellenverfahren herbeigeführt werden – ggf. mit anschließender Überprüfung durch die Arbeitsgerichte (vgl. § 232); zum anderen kann sich der Arbeitnehmer unter Umständen auf den besonderen Mietkündigungsschutz berufen. Eine Vereinbarung, wonach das Mietverhältnis bei Beendigung des Arbeitsverhältnisses endet, ist unwirksam. Der Betriebsrat kann nicht zur besseren Wahrnehmung seiner Rechte Mitglied eines Mietervereins werden.[344] 88

---

[338] *Fitting* § 87 RN 387 ff.; ErfK/*Kania* § 87 RN 86; offengelassen von BAG 23. 3. 1993 AP 8 zu § 87 BetrVG Werkmietwohnungen = NZA 93, 767; a. A. DKK/*Klebe* § 87 RN 232.

[339] *Richardi* § 87 RN 724; GK-BetrVG/*Wiese* § 87 RN 781; a. A. *Fitting* § 87 RN 393.

[340] BAG 28. 7. 1992 AP 7 zu § 87 BetrVG 1972 Werkmietwohnungen = NZA 93, 272; a. A. OLG Frankfurt 14. 8. 1992 AP 6 zu § 87 BetrVG 1972 Werkmietwohnungen = DB 92, 2146.

[341] BAG 13. 3. 1973 AP 1 zu § 87 BetrVG 1972 Werkmietwohnungen = NJW 73, 1900; BVerwG 15. 3. 1995 NZA-RR 96, 76.

[342] BAG 22. 10. 1985 AP 5 zu § 87 BetrVG 1972 Werkmietwohnungen = DB 86, 704.

[343] LAG Hamm 21. 9. 1972 DB 72, 2360.

[344] BAG 27. 9. 1974 AP 8 zu § 40 BetrVG 1972 = DB 75, 505.

X. Betriebliche Lohngestaltung (Nr. 10)

Bauer/Krets, „Miles & More" auf dem arbeitsrechtlichen Prüfstand, BB 2002, 2066; *Boemke/Seifert,* Mitbestimmung bei vollständiger und gleichmäßiger Anrechnung von Tariflohnerhöhungen, BB 2001, 985; *Caspers,* Teilnachwirkung des Tarifvertrags durch § 87 Abs. 1 Nr. 10 BetrVG, FS Löwisch (2007) S. 45; *Hanau,* Anrechnung von Tariferhöhung auf Zulage, RdA 99, 263; *H. Hanau,* Die lediglich relationale Wirkung des § 87 I Nr. 10 BetrVG, RdA 98, 345; *Kau/Kukat,* Aktienoptionspläne und Mitbestimmung des Betriebsrats, BB 99, 2505; *Loritz,* Stock-Options und sonstige Mitarbeiterbeteiligungen aus arbeitsrechtlicher Sicht, ZTR 2002, 258; *Lunk/Hinrichs,* Die Firmenkreditkarte, DB 2007, 2144; *Oetker,* Hauptversammlungsautonomie und Mitbestimmung des Betriebsrats bei Aktienoptionsplänen, FS 50 Jahre BAG (2004), S. 1017; *Reiter,* Anrechnung tariflicher Einmalzahlungen auf übertarifliche Zulagen, DB 2006, 2686; *Schüren,* Mitbestimmung des Betriebsrats bei Zulagen und betrieblichen Entgeltsystemen, RdA 96, 14; *Schwab,* Das Recht der Arbeit im Leistungslohn, AR-Blattei Akkordarbeit I; *ders.,* Rechtsprobleme der Arbeit im Leistungslohn, NZA-RR 2009, 57; *Wiese,* Mitbestimmungspflichtige kollektive Tatbestände bei der Anrechnung von Zulagen auf Tariflohnerhöhungen, RdA 95, 335; *Willemsen,* Einbeziehung nicht-arbeitsrechtlicher Verträge in das Arbeitsverhältnis, FS Wiedemann (2002), S. 645.

Muster: ArbR-Formb. § 51.

89 **1. Allgemeines. a)** Der Betriebsrat hat nach § 87 I Nr. 10 BetrVG ein Mitbestimmungsrecht in Fragen der betrieblichen Lohngestaltung, insbesondere der Aufstellung von Entlohnungsgrundsätzen und der Einführung und Anwendung von neuen Entlohnungsmethoden sowie deren Änderung. Das Mitbestimmungsrecht dient dazu, eine transparente Lohnordnung für den Betrieb zu schaffen und zur innerbetrieblichen Lohngerechtigkeit beizutragen. Die Arbeitnehmer sollen vor einer einseitigen, ausschließlich an den Interessen des Unternehmens ausgerichteten Lohnpolitik geschützt werden. Das Mitbestimmungsrecht besteht nur bei der Gewährung von freiwilligen, d. h. nicht auf normativer Tarifgeltung kraft Tarifbindung oder Allgemeinverbindlichkeit beruhenden Leistungen durch den Arbeitgeber. Zwar ist der Arbeitgeber grundsätzlich frei in seiner Entscheidung, ob er über- oder außertarifliche Leistungen überhaupt gewährt. Entschließt er sich aber dazu, hat der Betriebsrat über die Kriterien für die Berechnung der einzelnen Leistungen und ihre Höhe im Verhältnis zueinander mitzubestimmen.[345] Im Betrieb können mehrere unterschiedliche Vergütungssysteme bestehen, wenn hierfür sachliche Gründe existieren; der Betriebsrat kann in diesem Fall eine Angleichung nicht über § 87 I Nr. 10 BetrVG erzwingen.[346] Dies gilt auch in einem Gemeinschaftsbetrieb.[347] Zum Initiativrecht des Betriebsrats RN 15 und zu den Rechtsfolgen bei Verletzung des Mitbestimmungsrechts RN 18.

90 **b) Generelle Entlohnungsgrundsätze.** Gegenstand der Mitbestimmung sind die abstrakt generellen Grundsätze zur Lohnfindung, also die Strukturformen des Entgelts einschließlich ihrer Vollzugsformen.[348] Entlohnungsgrundsätze sind das System in seiner konkreten Ausformung. Die Entlohnungsmethode regelt die nähere Durchführung des jeweils gewählten Entlohnungssystems.[349] Gegenstand des Mitbestimmungsrechts ist nicht die konkrete, absolute Höhe des Arbeitsentgelts, sondern nur die abstrakt-generellen Grundsätze der Entgeltfindung. Der Betriebsrat soll zur Wahrung der Verteilungsgerechtigkeit immer dann mitbestimmen, wenn das Verhältnis der den Arbeitnehmern zufließenden Leistungen zueinander geändert wird. Dies ergibt sich auch aus einem Umkehrschluss zu § 87 I Nr. 11 BetrVG. Nur im Rahmen der Mitbestimmung zu den Leistungsentgelten bezieht sich das Mitbestimmungsrecht des Betriebsrats auch auf den Geldfaktor. Die Festlegung einer längeren Wochenarbeitszeit bei gleich bleibender Vergütung ist keine Aufstellung eines Entlohnungsgrundsatzes,[350] ebenso die Bewertung bzw. Zuordnung von Beamtendienstposten.[351]

91 **2. Lohn. a) Begriff.** Nach § 87 I Nr. 10 BetrVG gelten als Lohn alle Geld- oder geldwerten Leistungen, die der Arbeitgeber den Arbeitnehmern aus Anlass des Arbeitsverhältnisses gewährt; auf ihre Bezeichnung kommt es nicht an.[352] Lohncharakter haben alle vermögenswerten Leistungen des Arbeitgebers. Dazu muss die Leistung des Arbeitgebers als solche das Vermögen

---

[345] BAG 30. 9. 2008 – 1 ABR 54/07 – z. V. b.

[346] BAG 18. 11. 2003 AP 15 zu § 77 BetrVG 1972 Nachwirkung = NZA 2004, 803.

[347] BAG 12. 12. 2006 AP 41 zu § 83 ArbGG 1979 = NZA 2007, 712.

[348] BAG 2. 3. 2004 AP 31 zu § 3 TVG = NZA 2004, 852.

[349] BAG 21. 1. 1980 AP 3 zu § 87 BetrVG 1972 Lohngestaltung = NJW 81, 74; 10. 7. 1979 AP 2 zu § 87 BetrVG 1972 Lohngestaltung = DB 79, 2496; 14. 11. 1974 AP 1 zu § 87 BetrVG 1972 = DB 75, 647.

[350] BAG 30. 10. 2001 AP 26 zu § 99 BetrVG 1972 Eingruppierung = DB 2002, 793.

[351] BAG 28. 3. 2006 AP 128 zu § 87 BetrVG 1972 Lohngestaltung = NZA 2006, 1367.

[352] BAG GS 16. 9. 1986 AP 17 zu § 77 BetrVG 1972 = NZA 87, 168; BAG 10. 6. 1986 AP 22 zu § 87 BetrVG 1972 Lohngestaltung = NZA 87, 30.

der Arbeitnehmer mehren, sei es unmittelbar, sei es dadurch, dass sie diesen sonst nötige eigene Aufwendungen erspart. Der Arbeitgeber muss dem Vermögen des Arbeitnehmers etwas zuwenden.[353] Lohn i. S. von § 87 I Nr. 10 BetrVG ist z. B. die Arbeitsvergütung, die der Arbeitnehmer als Stunden-, Tage-, Wochenlohn oder Monatslohn bzw. Gehalt erhält.[354] Dabei kommt es nicht darauf an, ob es sich um Geld- oder Sachleistungen handelt und ob diese freiwillig, nur einmalig oder nachträglich für Leistungen des Arbeitnehmers gewährt werden.[355] Hierzu zählen auch alle Formen der Leistungsvergütung, ebenso Trinkgelder,[356] übertarifliche Zulagen,[357] Leistungs-,[358] Erschwernis-,[359] Auslands-[360] oder Nachtzulagen,[361] Urlaubsentgelt[362] sowie Zuwendungen aus einem Liquidationspool.[363] Das Mitbestimmungsrecht besteht auch, wenn der Arbeitgeber einer Mehrzahl von Arbeitnehmern einheitlich übertarifliche Vergütung in Höhe der halben Differenz zwischen der maßgebenden und der nächst höheren Tarifgruppe (sog. Halbgruppen) gewährt.[364] Nicht zum Lohn zählt aber die Entgeltumwandlung.

b) Freiwillige Leistungen. Zum Lohn gehören alle Leistungen, die der Arbeitgeber freiwillig gewährt. Hierzu zählen Sonderzuwendungen wie Weihnachtsgratifikationen, Jahresabschlussvergütungen, Boni,[365] Treueprämien, Jubiläumsgelder, Anwesenheitsprämien oder Wettbewerbsprämien,[366] die den Arbeitnehmer zu einer höheren Leistung motivieren sollen sowie eine Sonderzahlung, mit der ein besonderes Engagement in einer Ausnahmesituation nachträglich honoriert werden soll.[367] Hierhin gehören ferner alle Leistungen der betrieblichen Altersversorgung, unabhängig davon, ob sie vom Arbeitgeber direkt, über eine Lebensversicherung oder durch eine Sozialeinrichtung erbracht werden.[368] Soweit die betriebliche Altersversorgung über eine Sozialeinrichtung erbracht wird, kann die Durchführung der Mitbestimmung nach § 87 I Nr. 8 BetrVG näher ausgestaltet sein (§ 83 RN 367). 92

c) Sachleistungen. Unter § 87 I Nr. 10 BetrVG fallen schließlich alle geldwerten Sach- oder Dienstleistungen. Hierzu gehören z. B. der unentgeltliche Werksverkehr,[369] Aktienoptionen[370] und Belegschaftsaktien,[371] die Abgabe verbilligter Flugscheine[372] bzw. die private Nutzung von Bonusmeilen[373] oder einer Firmenkreditkarte[374] die Lieferung verbilligten Heizgases,[375] verbilligte Kindergartenbeiträge,[376] die Gewährung von Mietzuschüssen, die Vermietung von verbilligtem Wohnraum, die Gewährung von zinsgünstigen Darlehen,[377] die Übernahme von Fahrtkosten[378] (auch für Familienangehörige) wie überhaupt die unentgeltliche bzw. vergünstigte Nutzung von Gegenständen oder Einrichtungen des Arbeitgebers. Bei einer fehlenden vermögenswerten Zuwendung fällt die Zuweisung eines eigenen Büros an leistungsabhängig vergütete Außendienstmitarbeiter nicht unter die Nr. 10.[379] 93

---

[353] BAG 31. 5. 2005 AP 125 zu § 87 BetrVG 1972 Lohngestaltung = NZA 2006, 56.
[354] BAG 22. 1. 1980 AP 3 zu § 87 BetrVG 1972 Lohngestaltung = NJW 81, 75 – AT-Angestellte.
[355] BAG 29. 2. 2000 AP 105 zu § 87 BetrVG 1972 Lohngestaltung = NZA 2000, 1066.
[356] BAG 24. 7. 1991 AP 1 zu § 41 BetrVG 1972 = NZA 91, 980.
[357] BAG GS 3. 12. 1991 AP 51 zu § 87 BetrVG 1972 Lohngestaltung = NZA 92, 749.
[358] BAG 22. 10. 1985 AP 3 zu § 87 BetrVG 1972 Leistungslohn = NZA 86, 296.
[359] BAG 22. 12. 1981 AP 7 zu § 87 BetrVG 1972 Lohngestaltung = DB 82, 1274.
[360] BAG 30. 1. 1990 AP 41 zu § 87 BetrVG 1972 Lohngestaltung = NZA 90, 571.
[361] BAG 26. 8. 1997 AP 74 zu § 87 BetrVG 1972 Arbeitszeit = NZA 98, 441; 21. 9. 1993 AP 8 zu § 87 BetrVG 1972 Prämie = NZA 94, 427.
[362] BAG 3. 12. 2002 AP 57 zu § 11 BUrlG = NZA 2003, 1219.
[363] BAG 16. 6. 1998 AP 92 zu § 87 BetrVG 1972 Lohngestaltung = NZA 98, 1185.
[364] BAG 18. 10. 1994 AP 70 zu § 87 BetrVG 1972 Lohngestaltung = NZA 95, 390.
[365] BAG 14. 6. 1994 AP 69 zu § 87 BetrVG 1972 Lohngestaltung = NZA 95, 543.
[366] BAG 30. 3. 1982 AP 10 zu § 87 BetrVG 1972 Lohngestaltung = DB 82, 1519.
[367] BAG 29. 2. 2000 AP 105 zu § 87 BetrVG 1972 Lohngestaltung = NZA 2000, 1066.
[368] BAG 4. 5. 1982 AP 6 zu § 87 BetrVG 1972 Altersversorgung = DB 82, 2579.
[369] BAG 9. 7. 1985 AP 16 zu § 75 BPersVG = DB 86, 230.
[370] LAG Nürnberg 22. 1. 2002 LAGE § 87 BetrVG 1972 Betriebliche Lohngestaltung Nr. 17 = NZA-RR 2002, 247; dazu *Oetker,* FS 50 Jahre BAG, S. 1017.
[371] BAG 28. 11. 1989 AP 6 zu § 88 BetrVG = NZA 90, 559.
[372] BAG 22. 10. 1985 AP 18 zu § 87 BetrVG 1972 Lohngestaltung = NZA 86, 299.
[373] *Bauer/Krets* BB 2002, 2066.
[374] *Lunk/Hinrichs* DB 2007, 2144.
[375] BAG 22. 10. 1985 AP 18 zu § 87 BetrVG 1972 Lohngestaltung = NZA 86, 299.
[376] BAG 22. 10. 1981 AP 10 zu § 76 BetrVG 1972 = DB 82, 811.
[377] BAG 9. 12. 1980 AP 5 zu § 87 BetrVG 1972 Lohngestaltung = NJW 82, 253.
[378] BAG 10. 6. 1986 AP 22 zu § 87 BetrVG 1972 Lohngestaltung = NZA 87, 30.
[379] BAG 31. 5. 2005 AP 125 zu § 87 BetrVG 1972 Lohngestaltung = NZA 2006, 56.

94 **d) Aufwendungsersatz.** Kein Lohn sind Aufwendungsersatz, Reisekosten und dgl. Aus diesem Grund unterliegt eine Reisekosten- und Spesenordnung nicht der Mitbestimmung des Betriebsrats.[380] Dies gilt auch dann, wenn die Pauschbeträge die Steuerfreibeträge überschreiten, es sei denn, sie enthalten eine versteckte Vergütung.

95 **3. Inhalt des Mitbestimmungsrechts bei der Lohngestaltung. a) Lohnform.** Das Mitbestimmungsrecht des Betriebsrats bezieht sich zunächst darauf, welche Lohnform (Zeit- oder Leistungslohn) im Betrieb für welche Beschäftigten gelten soll. Mitbestimmungspflichtig ist die Einführung aller Formen des Zeitlohns, des Leistungslohns oder von sonstigen Sonderzuwendungen wie Gratifikationen, Prämien usw. Dies gilt unabhängig davon, ob der Arbeitgeber bereits individualrechtlich eine Bindung eingegangen ist oder nicht. Bei der Einführung von Zeitlohn haben die Betriebspartner zu entscheiden, ob sich die Vergütung nach Lohngruppen, einer analytischen Arbeitsbewertung oder anderen Merkmalen richten soll.

96 **b) Entgeltordnung.** Das Mitbestimmungsrecht nach § 87 I Nr. 10 BetrVG beinhaltet das Aufstellen bzw. die Änderung eines detaillierten Entgeltsystems sowie die Bildung von Entgeltgruppen nach abstrakten Kriterien einschließlich der abstrakten Festsetzung der Wertunterschiede nach Prozentsätzen oder anderen Bezugsgrößen. Dabei kommt es für das Beteiligungsrecht des Betriebsrats nicht darauf an, auf welcher rechtlichen Grundlage die Anwendung der bisherigen Entlohnungsgrundsätze erfolgte.[381] Das Mitbestimmungsrecht erfasst nicht die Entgelthöhe.[382] Allerdings kann die Festsetzung des Verhältnisses der Lohngruppen zueinander zu einer Erweiterung des Dotierungsrahmens führen. Der Tarifvorrang des § 87 I BetrVG Eingangssatz schließt das Beteiligungsrecht nur aus, wenn der Arbeitgeber tarifgebunden ist und der Tarifvertrag eine inhaltliche und abschließende Regelung über die Vergütung der vom persönlichen Geltungsbereich des Tarifvertrags erfassten Arbeitnehmer enthält.[383] Bei außertariflichen Angestellten besteht das Mitbestimmungsrecht wegen der fehlenden tariflichen Vorgaben nicht nur für die Schaffung einer Vergütungsordnung, sondern auch für die Ausgestaltung und Festlegung der Lohngruppen und das Verhältnis der Lohngruppen zueinander.[384]

97 **c) Freiwillige Leistungen.** Das Schwergewicht der Mitbestimmung des Betriebsrats liegt bei der Ausgestaltung zusätzlicher, insbesondere der freiwilligen Leistungen des Arbeitgebers (dazu RN 101). Insoweit bestehen in aller Regel keine entgegenstehenden tariflichen Regelungen.

98 **d) Provisionen.** Der Inhalt des Mitbestimmungsrechts nach § 87 I Nr. 10 BetrVG bei Provisionen bezieht sich auf **(1)** die Ausgestaltung der Provisionsordnung, ob also Provisionen neben einer Festvergütung gezahlt werden, **(2)** welche Arten von Provisionen gewährt werden und **(3)** ob und wie die Provisionssätze oder Provisionen zueinander in einem bestimmten Verhältnis stehen.[385] Werden für ein bestimmtes Geschäft Punkte vergeben, ist die abstrakte Festlegung der Punktzahl mitbestimmungspflichtig. Dagegen ist der Euro-Wert der einzelnen Punkte mitbestimmungsfrei. Kein Mitbestimmungsrecht besteht bei der Ein- und Zuteilung der Bearbeitungsgebiete.[386]

99 **e) Akkord- und Prämienlohn.** Beim Akkord ist nach § 87 I Nr. 10 BetrVG mitbestimmungspflichtig, ob im Einzel- oder Gruppenakkord gearbeitet werden soll. Dies ist eine Frage der Lohngestaltung. Bei einem Prämienlohnsystem besteht unabhängig von der Zwecksetzung durch den Arbeitgeber eine Beteiligungspflicht für den Verlauf der Prämienkurve (progressiv oder degressiv).[387] Die Prämienkurve ist damit maßgebend für den sog. Geldfaktor im engeren Sinne.[388] Mitbestimmungspflichtig ist auch die Anrechnung einer Prämienlohnerhöhung auf

---

[380] BAG 27. 10. 1998 AP 99 zu § 87 BetrVG 1972 Lohngestaltung = NZA 99, 381; 8. 12. 1981 AP 6 zu § 87 BetrVG 1972 Lohngestaltung = DB 82, 960.

[381] BAG 2. 3. 2004 AP 31 zu § 3 TVG = NZA 2004, 852.

[382] BAG 15. 5. 2001 AP 17 zu § 87 BetrVG 1972 Prämie = NZA 2001, 1154.

[383] BAG 14. 12. 1993 AP 65 zu § 87 BetrVG 1972 Lohngestaltung = NZA 94, 809.

[384] BAG 21. 1. 2003 AP 117 zu § 87 BetrVG 1972 Lohngestaltung = NZA 2003, 810; 28. 9. 1994 AP 68 zu § 87 BetrVG 1972 Lohngestaltung = NZA 95, 227; 22. 10. 1980 AP 3 zu § 87 BetrVG 1972 Lohngestaltung = NJW 81, 75; weitergehend *Fitting* § 87 RN 484.

[385] BAG 17. 10. 1989 AP 39 zu § 76 BetrVG 1972 = NZA 90, 399; 6. 12. 1988 AP 37 zu § 87 BetrVG 1972 Lohngestaltung = NZA 89, 479; 29. 3. 1977 AP 1 zu § 87 BetrVG 1972 Provision = NJW 77, 1654.

[386] BAG 16. 7. 1991 AP 49 zu § 87 BetrVG 1972 Lohngestaltung = NZA 92, 178.

[387] BAG 16. 12. 1986 AP 8 zu § 87 BetrVG 1972 Prämie = NZA 87, 568; 13. 9. 1983 AP 3 zu § 87 BetrVG 1972 Prämie = DB 83, 2470.

[388] BAG 25. 5. 1982 AP 2 zu § 87 BetrVG 1972 Prämie = DB 82, 2467.

übertarifliche Leistungen.[389] Das Mitbestimmungsrecht des Betriebsrats hat deshalb Einfluss auf den Dotierungsrahmen. Eine steil ansteigende Prämienkurve kann zur Erweiterung des Dotierungsrahmens führen.

f) Entlohnungsmethode. Mitbestimmungspflichtig ist die Einführung und Anwendung von neuen Entlohnungsmethoden sowie deren Änderung. Die Mitbestimmung bezieht sich nicht auf die Anwendung der Regeln im Einzelfall. Vielmehr bezieht sich die Mitbestimmung auf die Aufstellung, Anwendung und Änderung des allgemeinen Regelwerks der Entlohnungsmethode. **100**

g) Verletzung des Mitbestimmungsrechts, Wegfall der Tarifbindung. Für die Verletzung des Mitbestimmungsrechts des Betriebsrats nach § 87 I Nr. 10 BetrVG gilt die Theorie der Wirksamkeitsvoraussetzungen (RN 20). Der Arbeitgeber muss in Angelegenheiten des § 87 I BetrVG von sich aus die Zustimmung des Betriebsrats einholen (RN 12). Dies gilt auch, wenn der Betriebsrat der Einführung der ursprünglichen (tariflichen) Vergütungsordnung wegen der seinerzeit bestehenden Tarifbindung des Arbeitgebers nicht zustimmen musste. Die nicht ordnungsgemäße Beteiligung bei der Änderung bzw. Ablösung einer bisher im Betrieb geltenden Vergütungsordnung (RN 96) hat zur Folge, dass die Vergütungsordnung mit dem vor der Änderung bestehenden Inhalt weiter anzuwenden ist.[390] Tritt der Arbeitgeber aus dem Arbeitgeberverband aus und will er für neu eingestellte Arbeitnehmer ein anderes als das bisherige Vergütungsschema anwenden, muss er hierzu den Betriebsrat beteiligen. Bei der im Tarifvertrag enthaltenen Vergütungsordnung handelt um Entlohnungsgrundsätze i. S. d. § 87 I Nr. 10 BetrVG. Unterbleibt die Beteiligung, kann ein neu eingestellter Arbeitnehmer bei entsprechenden vertraglichen Vereinbarungen einen Anspruch auf Vergütung nach dem bisherigen Entgeltschema haben.[391] Der Wegfall der Tarifbindung des Arbeitgebers führt nicht dazu, dass mit ihr außer der Bindung an die absoluten Tariflöhne zugleich die tarifliche Vergütungsordnung als das im Betrieb/in der Dienststelle geltende kollektive, abstrakte Vergütungsschema ersatzlos entfällt. Der Wegfall der Tarifbindung führt lediglich zum Wegfall der zwingenden Wirkung der tariflichen Vergütungsgrundsätze;[392] der Arbeitgeber bleibt kollektivrechtlich verpflichtet, ein für die Arbeitnehmer günstiges, im Betrieb geltendes Vergütungsschema i. S. d. § 87 I Nr. 10 BetrVG weiter anzuwenden. Daher besteht in diesem Fällen nach Ansicht des BAG ein „vertraglicher Erfüllungsanspruch gemäß § 611 BGB aus der Vergütungsabrede der Parteien unter Berücksichtigung einer Verletzung des Mitbestimmungsrechts des Betriebsrats nach § 87 I Nr. 10 BetrVG" auf die Leistungen aus dem bisherigen Vergütungsschema. Das Gericht hält den Arbeitgeber aber für berechtigt, das Gehaltsniveau unter Beibehaltung der bisherigen Vergütungsordnung und Entlohnungsgrundsätze auch ohne Zustimmung der zuständigen Arbeitnehmervertretung insgesamt um einen bestimmten Prozentsatz abzusenken.[393] **100a**

4. Mitbestimmung bei freiwilligen Leistungen. a) Die Mitbestimmungsrechte des Betriebsrats nach § 87 I Nr. 10 BetrVG sind bei den sog. freiwilligen Leistungen eingeschränkt. Freiwillige Leistungen sind solche, die der Arbeitgeber auf Grund eigener lohnpolitischer Entschlüsse gewährt, ohne hierzu rechtlich verpflichtet zu sein. Bei freiwilligen Leistungen ist der Arbeitgeber frei, **(1)** ob er finanzielle Mittel zur Verfügung stellen will, **(2)** in welchem Umfang er das tut, **(3)** welche Form der freiwilligen Leistungen er wählen will und **(4)** welchen Arbeitnehmerkreis er in die freiwilligen Leistungen einbeziehen will.[394] In diesem Rahmen entscheidet der Arbeitgeber allein. Mitbestimmungspflichtig sind die Ausgestaltung der Anspruchsvoraussetzungen und eine Anrechnung der freiwilligen Leistungen auf spätere Tariflohnerhöhungen. Ist ein Arbeitgeber nicht tarifgebunden, kann er – kollektivrechtlich – das gesamte Volumen der von ihm für die Vergütung der Arbeitnehmer bereitgestellten Mittel mitbestimmungsfrei festlegen und für die Zukunft ändern. Mangels Tarifbindung leistet er in diesem Fall sämtliche Vergütungsbestandteile „freiwillig", d. h. ohne hierzu normativ verpflichtet zu sein.[395] **101**

---

389 BAG 10. 11. 1992 AP 58 zu § 87 BetrVG 1972 Lohngestaltung = NZA 93, 570.

390 BAG 28. 2. 2006 AP 127 zu § 87 BetrVG 1972 Lohngestaltung = NZA 2006, 1426; 2. 3. 2004 AP 31 zu § 3 TVG = NZA 2004, 852.

391 BAG 2. 3. 2004 AP 31 zu § 3 TVG = NZA 2004, 852; 11. 6. 2002 AP 113 zu § 87 BetrVG 1972 Lohngestaltung = NZA 2003, 570; 27. 6. 2000 AP 23 zu § 99 BetrVG 1972 Eingruppierung = NZA 2001, 626.

392 BAG 15. 4. 2008 AP 133 zu § 87 BetrVG 1972 Lohngestaltung = NZA 2008, 888.

393 BAG 15. 4. 2008 AP 133 zu § 87 BetrVG 1972 Lohngestaltung = NZA 2008, 888; 2. 3. 2004 AP 31 zu § 3 TVG = NZA 2004, 852; krit. *Reichold*, Anm. AP TVG § 3 Nr. 31 – fiktive Anspruchsgrundlage.

394 BAG 8. 12. 1981 AP 1 zu § 87 BetrVG 1972 Prämie = DB 82, 1276; 12. 6. 1975 AP 3 zu § 87 BetrVG 1972 Altersversorgung = BB 75, 1065; AP 2 zu § 87 BetrVG 1972 Altersversorgung = BB 75, 1064; AP 1 zu § 87 BetrVG 1972 Altersversorgung = BB 75, 1062.

395 BAG 26. 8. 2008 AP 15 zu § 87 BetrVG 1972 = NZA 2008, 1426.

102 **b) Einführung.** Die Einführung von freiwilligen Leistungen ist stets mitbestimmungspflichtig, sie können daher nicht gegen den Willen des Betriebsrats erfolgen (umstr.).[396] Nach Ansicht des BAG entfallen die Mitbestimmungsrechte des Betriebsrats nicht deshalb, weil der Arbeitgeber mit Mitteln der Lohngestaltung bestimmte Zwecke wie eine Absatzpolitik oder eine Steuerung des Verkaufs erreichen will.[397] Lehnt der Betriebsrat die Einführung der freiwilligen Leistung ab, ist der Arbeitgeber gezwungen, dessen Zustimmung durch die Einigungsstelle ersetzen zu lassen.

103 **c) Zweckbestimmung.** Der Arbeitgeber ist frei, zu welchem Zweck er freiwillige Leistungen gewähren will. Der Betriebsrat kann den Arbeitgeber nicht zwingen, für bestimmte Zwecke Mittel zur Verfügung zu stellen. Andererseits kann der Betriebsrat verhindern, dass der Arbeitgeber für bestimmte Zwecke Mittel einsetzt.[398] Der Betriebsrat kann daher nicht verlangen, dass der Arbeitgeber Mittel für die Verkaufsförderung bereitstellt. Andererseits kann er den Leistungsanreiz durch Verkaufsförderungsmaßnahmen verhindern.[399]

104 **d) Begünstigter Personenkreis; kollektiver Bezug.** Der Arbeitgeber kann mitbestimmungsfrei den Personenkreis abstrakt festlegen, der in den Genuss bestimmter Sonderzuwendungen kommen soll. Der Betriebsrat ist an die Vorgaben des Arbeitgebers gebunden.[400] Das Mitbestimmungsrecht nach § 87 I Nr. 10 BetrVG erstreckt sich nur auf kollektive Regelungen. Die Abgrenzung zwischen kollektiven Tatbeständen und Einzelfallgestaltungen richtet sich danach, ob es um Strukturformen des Entgelts einschließlich ihrer näheren Vollzugsformen geht. Hierfür ist die Anzahl der betroffenen Arbeitnehmer nicht allein maßgeblich. Sie kann aber ein Indiz sein. Ein kollektiver Bezug ist insbesondere gegeben, wenn der Arbeitgeber für die Leistung an eine Mehrzahl von Arbeitnehmern ein bestimmtes Budget vorsieht.[401]

105 **e) Dotierung. aa) Dotierungsrahmen.** Der Arbeitgeber ist frei, in welchem Umfang er finanzielle Mittel für freiwillige Leistungen zur Verfügung stellen will; der Umfang des Dotierungsrahmens unterliegt nicht der Zustimmung des Betriebsrats. Dies gilt für alle freiwilligen Leistungen, nicht dagegen für Leistungsentgelte (§ 87 I Nr. 11 BetrVG), da sich insoweit das Mitbestimmungsrecht des Betriebsrats auch auf den Geldfaktor bezieht. Der Dotierungsrahmen kann in verschiedener Weise festgesetzt werden. **(1)** Der Arbeitgeber kann die Gesamtsumme bestimmen, die er für freiwillige Leistungen zur Verfügung stellt. Er kann also bei der Einführung festlegen, welche Mittel er für Gratifikationen, Prämien usw. bereitstellt. Der mit einer Obergrenze festgesetzte Dotierungsrahmen kann sich aber schon bei der betrieblichen Altersversorgung nachträglich erweitern, wenn z. B. Mittel angepasst werden müssen. **(2)** Bei einem nach Mindest- oder Höchstgrenzen festgesetzten Dotierungsrahmen wird der auf den einzelnen Arbeitnehmer entfallende Betrag durch die Zahl der Arbeitnehmer geteilt. In vielen Fällen wird aber der Dotierungsrahmen nicht von vornherein feststehen. Dies ist dann der Fall, wenn der Arbeitgeber nach den Verhältnissen der Arbeitnehmer freiwillige Leistungen aussetzt und deren Gesamtsumme nur durch Addition ermittelt werden kann. **(3)** Werden die Leistungen etwa in Form von Leistungszulagen gezahlt, so liegt auf der Hand, dass nicht von vornherein festgestellt werden kann, welchen Gesamtumfang die Leistungen haben werden.

106 **bb) Anrechnung.** Ist der Arbeitgeber frei, ob er einen Dotierungsrahmen einführt, so ist er auch frei, diesen Dotierungsrahmen abzuschaffen oder einzuschränken. Eine besondere Form der Abschaffung oder Einschränkung des Dotierungsrahmens ist die Anrechnung von übertariflichen Zulagen. Insoweit ist durch die Entscheidung des Großen Senats die Rechtslage für die Praxis geklärt.[402] Danach hat der Betriebsrat bei der Anrechnung einer Tariflohnerhöhung auf übertarifliche Zulagen mitzubestimmen, wenn **(1)** eine generelle Maßnahme vorliegt, wenn **(2)** sich durch die Anrechnung die bisher bestehenden Verteilungsrelationen ändern und **(3)** wenn für die Neuregelung innerhalb des vom Arbeitgeber mitbestimmungsfrei vorgegebenen Dotierungsrahmens ein Gestaltungsspielraum besteht.[403] Hiervon ist auszugehen, wenn der Arbeitgeber Geldleistungen, die aus Anlass des Arbeitsverhältnisses gewährt wurden, nur noch in

---

[396] GK-BetrVG/*Wiese* § 87 RN 838; a. A. wohl *Thüsing* DB 97, 1130, 1133.
[397] BAG 13. 3. 1984 AP 4 zu § 87 BetrVG 1972 Provision = NZA 84, 296.
[398] LAG Frankfurt 12. 9. 1991 BB 92, 921 = NZA 92, 565.
[399] BAG 13. 3. 1984 AP 4 zu § 87 BetrVG 1972 Provision = NZA 84, 296.
[400] BAG 3. 8. 1982 AP 12 zu § 87 BetrVG 1972 Lohngestaltung = NJW 83, 2519; 8. 12. 1981 AP 1 zu § 87 BetrVG 1972 Prämie = DB 82, 1276.
[401] BAG 10. 10. 2006 AP 69 zu § 80 BetrVG 1972 = NZA 2007, 99 – abteilungsbezogene Summe.
[402] BAG GS 3. 12. 1991 AP 51 zu § 87 BetrVG 1972 Lohngestaltung = NZA 92, 749; 3. 12. 1991 AP 52 zu § 87 BetrVG 1972 Lohngestaltung.
[403] BAG 8. 6. 2004 AP 124 zu § 87 BetrVG 1972 Lohngestaltung = NZA 2005, 66.

geänderter Form weiter gewähren will und dazu vertragliche Regelungen mit den Arbeitnehmern anstrebt.[404] Der Arbeitgeber kann die übertarifliche Zulagen im Falle einer Tariflohnerhöhung grundsätzlich individualrechtlich auf den Tariflohn anrechnen, sofern dem Arbeitnehmer die Zulage nicht vertraglich als selbstständiger Entgeltbestandteil neben dem jeweiligen Tarifentgelt zugesagt war.[405] Die Anrechnung erfordert eine ausdrückliche oder konkludente Erklärung des Arbeitgebers über die Anrechnung. Unerheblich ist, ob der übertarifliche Bestandteil als Zulage neben dem Tariflohn ausgewiesen ist.[406]

Danach bestehen folgende **Fallgruppen:** **(1)** Wird die Tariferhöhung im Rahmen des recht- **106a**
lich und tatsächlich Möglichen vollständig und gleichmäßig auf die übertariflichen Zulagen angerechnet, werden die Verteilungsgrundsätze nicht geändert. Es besteht daher kein Mitbestimmungsrecht.[407] **(2)** Mitbestimmungsfrei ist auch die Streichung sämtlicher Zulagen.[408] **(3)** Führt dagegen die völlige oder teilweise Anrechnung der Tariflohnerhöhungen zu einer Änderung der Verteilungsgrundsätze, ist eine derartige Änderung mitbestimmungspflichtig.[409] **(4)** Schließlich entfällt das Mitbestimmungsrecht auch in der letzten Fallgruppe, wenn sich der Arbeitgeber eine Kürzung oder den Widerruf vorbehalten hat, aber er aus Gründen des Individualrechts daran gehindert ist, den Dotierungsrahmen zu verändern.[410] In jedem Fall bleibt das Mitbestimmungsrecht bestehen, wenn der verbleibende Dotierungsrahmen anderweitig verteilt werden kann.[411] Sieht ein Tarifvertrag eine Lohnerhöhung in zwei Stufen vor, ist die Nichtanrechnung der ersten und die vollständige Anrechnung der zweiten Stufe auf übertarifliche Zulagen nur mitbestimmungspflichtig, wenn sie auf einer einheitlichen Entscheidung des Arbeitgebers beruhen.[412] Das Mitbestimmungsrecht kann nicht dadurch umgangen werden, dass zunächst voll angerechnet wird und dann ein neues Zulagensystem geschaffen wird.[413] Es besteht aber nur bei kollektiven Tatbeständen.[414] Ein solcher liegt nicht vor, wenn der Arbeitgeber im Einzelfall eine Tariflohnerhöhung wegen einer niedriger zu bewertenden Arbeitsaufgabe anrechnet.[415] Das BAG hat ein Mitbestimmungsrecht des Betriebsrats bejaht, wenn der Arbeitgeber beabsichtigt, Erhöhungen des tariflichen Entgelts aus Anlass von tariflichen Alterssprüngen innerhalb einer Tarifgruppe, Umgruppierungen in eine höhere Tarifgruppe und Anhebungen der tariflichen Leistungszulage auf die übertarifliche Zulage des Mitarbeiters anzurechnen.[416] Mitbestimmungspflichtig ist schließlich die Anrechnung einer Ballungs-[417] oder besonderen Erschwerniszulage für Schichtarbeit.[418]

f) Ausgestaltung. Das Mitbestimmungsrecht des Betriebsrats bezieht sich auch bei freiwilli- **107**
gen Leistungen auf die Festlegung der einzelnen Anspruchsvoraussetzungen in dem vom Arbeitgeber mitbestimmungsfrei festgelegten Rahmen. Zwar kann der Arbeitgeber nicht gezwungen werden, freiwillige Leistungen zu gewähren. Die Lohngerechtigkeit im Betrieb wird unmittelbar

---

[404] BAG 29. 1. 2008 AP 13 zu § 87 BetrVG 1972 = NZA-RR 2008, 469.

[405] BAG 1. 3. 2006 AP 3 zu § 308 BGB = NZA 2006, 746; 21. 1. 2003 AP 118 zu § 87 BetrVG 1972 Lohngestaltung = NZA 2003, 1056; 25. 6. 2002 AP 36 zu § 4 TVG Übertariflicher Lohn und Tariflohnerhöhung = NZA 2002, 1216; 16. 4. 2002 AP 38 zu § 4 TVG Übertariflicher Lohn und Tariflohnerhöhung = NZA 2003, 224 – jeweils zu Pauschal- bzw. Einmalzahlungen; 31. 10. 1995 AP 80 zu § 87 BetrVG 1972 Lohngestaltung = NZA 96, 613.

[406] BAG 22. 9. 1992 AP 55 zu § 87 BetrVG 1972 Lohngestaltung = NZA 93, 668.

[407] BAG 27. 8. 2008 AP 36 zu § 307 BGB = NZA 2009, 49; 8. 6. 2004 AP 124 zu § 87 BetrVG 1972 Lohngestaltung = NZA 2005, 66 – zur Darlegungslast.

[408] Bei Anrechnung der ersten Stufe eines zweistufigen Tarifvertrags: BAG 14. 2. 1995 AP 72 zu § 87 BetrVG 1972 Lohngestaltung = NZA 95, 795; wenn zunächst irrtümlich teilweise unterblieben: BAG 31. 10. 1995 AP 80 zu § 87 BetrVG 1972 Lohngestaltung = NZA 96, 613; bei Unterschieden zu leitenden Angestellten: BAG 19. 9. 1995 AP 81 zu § 87 BetrVG 1972 Lohngestaltung = NZA 96, 484.

[409] BAG 23. 3. 1993 AP 26 zu § 87 BetrVG 1972 Tarifvorrang = NZA 93,806.

[410] BAG 22. 9. 1992 AP 54 zu § 87 BetrVG 1972 Lohngestaltung = NZA 93, 232.

[411] BAG 21. 9. 1999 – 1 ABR 59/98 – NZA 2000, 898 – n. v.; 26. 5. 1998 AP 98 zu § 87 BetrVG 1972 Lohngestaltung = NZA 98, 1292; 14. 2. 1995 AP 72 zu § 87 BetrVG 1972 Lohngestaltung = NZA 95, 792; 11. 8. 1992 AP 53 zu § 87 BetrVG 1972 Lohngestaltung = NZA 93, 418.

[412] BAG 8. 6. 2004 AP 124 zu § 87 BetrVG 1972 Lohngestaltung = NZA 2005, 66.

[413] BAG 17. 1. 1995 AP 71 zu § 87 BetrVG 1972 Lohngestaltung = NZA 95, 792.

[414] BAG 23. 3. 1993 AP 64 zu § 87 BetrVG 1972 Lohngestaltung = NZA 93, 904; 27. 10. 1992 AP 61 zu § 87 BetrVG 1972 Lohngestaltung = NZA 93, 561; 22. 9. 1992 AP 60 zu § 87 BetrVG 1972 Lohngestaltung = NZA 93, 568.

[415] LAG Baden-Württemberg 10. 12. 1996 NZA 97, 1125.

[416] BAG 22. 4. 1997 AP 88 zu § 87 BetrVG 1972 Lohngestaltung = NZA 97, 1059.

[417] BAG 25. 7. 1996 AP 8 zu § 27 BAT = NZA 97, 620.

[418] LAG Köln 25. 1. 2001 ArbuR 2001, 238.

durch eine Regelung berührt, nach deren Merkmalen Gratifikationen gewährt werden.[419] Mitbestimmungspflichtig sind daher die Voraussetzungen für Erschwerniszulagen,[420] Wettbewerbsprämien[421] oder Sonderzuwendungen, deren Höhe von der Erbringung einer Arbeitsleitung bzw. vom Umfang der Fehlzeiten abhängig ist. Selbst wenn die Einigungsstelle den Leistungsplan festgesetzt hat, kann der Arbeitgeber die Leistungen später vollständig einstellen.

108 **g) Verletzungen des Mitbestimmungsrechts. aa) Grundsatz.** Erbringt der Arbeitgeber freiwillige Leistungen, kann er mitbestimmungsfrei über deren Einstellung entscheiden. Eine Einstellung liegt jedoch nicht bereits dann vor, wenn sich der Arbeitgeber dafür entscheidet, an neu eingestellte Mitarbeiter die freiwillig gewährte Leistung nicht mehr zu erbringen. In einer solchen Entscheidung liegt nur eine (mitbestimmungspflichtige) Änderung der Entlohnungsgrundsätze. Der Betriebsrat hat daher unter Berücksichtigung des nach wie vor zur Verfügung stehenden Volumens über die vom Arbeitgeber beabsichtigte Neuverteilung (alt: wie bisher/neu: nichts) mitzuentscheiden. Verletzt der Arbeitgeber das Beteiligungsrecht des Betriebsrats, erwirbt ein neu eingestellter Mitarbeiter nach der Theorie der Wirksamkeitsvoraussetzungen (RN 22) nur dann einen Anspruch auf die bisherigen Leistungen, wenn hierfür eine individualrechtliche Anspruchsgrundlage besteht. Die Verletzung des Mitbestimmungsrechts allein begründet keine individualrechtlichen Ansprüche.

108a **bb) Zulagen.** Die Verletzung des Mitbestimmungsrechts bei der Anrechnung übertariflicher Zulagen auf eine Tariferhöhung (RN 106) kann bei einer entsprechenden individualrechtlichen Verpflichtung des Arbeitgebers zur Beibehaltung der übertariflichen Zulage in der bisherigen Höhe führen. Beabsichtigt der Arbeitgeber, eine Tariferhöhung auf übertarifliche Zulagen teilweise anzurechnen, hat der Betriebsrat mitzubestimmen. Beachtet der Arbeitgeber bei der Anrechnung das Mitbestimmungsrecht aus § 87 I Nr. 10 BetrVG nicht, führt dies individualrechtlich zur Unwirksamkeit der einseitig vorgenommenen Anrechnung. Ohne Bedeutung ist insoweit, dass der Arbeitgeber mitbestimmungsfrei entscheiden kann, ob und inwieweit er die für die Zulage insgesamt zur Verfügung gestellten Mittel verringern will.[422] Das Mitbestimmungsrecht sowie der Grundsatz vertrauensvoller Zusammenarbeit (§ 2 I BetrVG) werden verletzt, wenn der Arbeitgeber eigene Verteilungsgrundsätze vorgibt, über die er keine Verhandlungen zulässt, sondern für den Fall abweichender Vorstellungen des Betriebsrats von vornherein eine mitbestimmungsfreie Vollanrechnung vorsieht;[423] auch insoweit ist die Anrechnung individualrechtlich unzulässig. Trifft der Arbeitgeber ohne Beteiligung des Betriebsrats im Hinblick auf künftige Tariflohnerhöhungen zwei unterschiedliche Entscheidungen zur Anrechnung auf eine übertarifliche Zulage, von denen die eine mitbestimmungsfrei, die andere nur mit Zustimmung des Betriebsrats möglich ist, werden Mitbestimmungsrechte nicht verletzt, wenn sich nur die mitbestimmungsfrei mögliche Entscheidung realisiert.[424]

108b **cc) „Freiwillige" betriebliche Vergütungsordnung.** Die vom BAG zunächst für die Anrechnung von übertariflichen Zulagen entwickelte Rechtsprechung gilt auch für betriebliche Vergütungsschemata von nicht tarifgebundenen Arbeitgebern. Diese erbringen die gesamte Vergütung „freiwillig" i. S. d. § 87 I BetrVG (RN 89, 101). Bei einer beabsichtigten Absenkung der Vergütung hat der Arbeitgeber – weil keine tarifliche Vergütungsordnung das Mitbestimmungsrecht des Betriebsrats nach § 87 I BetrVG ausschließt – die bisher geltenden Entlohnungsgrundsätze auch bezüglich des verbleibenden Vergütungsvolumens zu beachten und für eine Änderung die Zustimmung des Betriebsrats einzuholen. Bis zu dessen Zustimmung bzw. ihrer Ersetzung durch die Einigungsstelle (§ 232) hat der Arbeitgeber die bisherigen Leistungen weiter zu erbringen; ihre einseitige Änderung durch den Arbeitgeber ist nach der Theorie der Wirksamkeitsvoraussetzungen (RN 20) ist unwirksam. Dieses Ergebnis kann der Arbeitgeber auch durch die Kündigung einer bestehenden Betriebsvereinbarung nicht verhindern, da diese regelmäßig nachwirkt[425] (§ 77 IV BetrVG, § 231 RN 63).

---

[419] BAG 8. 3. 1983 AP 14 zu § 87 BetrVG 1972 Lohngestaltung = DB 83, 2040.
[420] BAG 22. 12. 1981 AP 7 zu § 87 BetrVG 1972 Lohngestaltung = DB 82, 1274.
[421] BAG 30. 3. 1982 AP 10 zu § 87 BetrVG 1972 Lohngestaltung = DB 82, 1519; 10. 7. 1979 AP 2 zu § 87 BetrVG 1972 Lohngestaltung = DB 79, 2496.
[422] BAG 9. 7. 1996 AP 86 zu § 87 BetrVG 1972 Lohngestaltung = NZA 97, 277; 11. 8. 1992 AP 53 zu § 87 BetrVG 1972 Lohngestaltung = NZA 93, 418.
[423] BAG 26. 5. 1998 AP 98 zu § 87 BetrVG 1972 Lohngestaltung = NZA 98, 1292.
[424] BAG 1. 11. 2005 AP 16 zu § 33 BAT.
[425] BAG 26. 8. 2008 AP 15 zu § 87 BetrVG 1972 = NZA 2008, 1426.

XI. Mitbestimmungsrecht bei Leistungsentgelten (Nr. 11)

Schrifttum siehe vor RN 89; **Muster:** ArbR-Formb. § 51.

1. Inhalt des Mitbestimmungsrechts. Nach § 87 I Nr. 11 BetrVG hat der Betriebsrat ein Mitbestimmungsrecht bei der Festsetzung der Akkord- und Prämiensätze und vergleichbarer leistungsbezogener Entgelte einschl. der Geldfaktoren. Die Regelung der Leistungsentlohnung gehört bereits zur betrieblichen Lohngestaltung (§ 87 I Nr. 10 BetrVG). Die Einbeziehung des Betriebsrats bei der Festsetzung der Leistungslohnsätze soll die Arbeitnehmer gegen eine Benachteiligung durch zu hoch angesetzte Leistungssätze schützen, aber auch gleichzeitig gewährleisten, dass der Arbeitnehmer nicht zu einer zu hohen und gesundheitsschädigenden Arbeitsleistung angehalten wird.[426] Aus diesem Grund wird das Mitbestimmungsrecht des Betriebsrats durch § 87 I Nr. 11 BetrVG erweitert. 109

2. Leistungsentgelte. a) Gegenstand des Mitbestimmungsrechts nach § 87 I Nr. 11 BetrVG ist die Festsetzung der Akkord- und Prämiensätze einschl. der Entgeltfaktoren. Eine erweiternde Auslegung der Vorschrift auf weitere leistungsbezogene Vergütungsformen ist nicht möglich, weil der Gesetzgeber ursprünglich beabsichtigt hat, auch die Provisionen in weiterem Umfang dem Mitbestimmungsrecht zu unterwerfen. Hiervon hat er aber später abgesehen.[427] 110

b) Akkord. aa) Das Mitbestimmungsrecht des § 87 I Nr. 11 BetrVG 1972 erfasst zunächst den Akkord (§ 64 RN 2ff.). Akkordvergütung ist eine Lohnform, bei der sich die Höhe der Arbeitsvergütung unmittelbar nach der Arbeitsmenge richtet. Dabei ist unerheblich, ob es sich um einen Geld- oder Zeitakkord handelt. Beim Geldakkord ergibt sich die Arbeitsvergütung durch Multiplikation der Arbeitsmenge × Geldfaktor (§ 64 RN 32). Beim Geldakkord wird für eine bestimmte Arbeitsmenge eine Zeit (Vorgabezeit) vorgegeben. Die Höhe der Zeitakkordvergütung ergibt sich demnach aus der Multiplikation von Arbeitsmenge × Vorgabezeit × Akkordrichtsatz (§ 64 RN 33). Dem Akkord sind vergleichbar das Gedinge im Bergbau sowie der Stückakkord des Heimarbeiters. 111

bb) Leistungsansatz. Das Mitbestimmungsrecht des Betriebsrats erstreckt sich zunächst darauf, nach welchem arbeitswissenschaftlichen System (Refa, Bedaux, MTM) die Leistungsansätze erfolgen. Haben sich die Betriebsparteien für ein System der wissenschaftlichen Ermittlung der Vorgabezeiten entschieden, ist damit das Beteiligungsrecht nach § 87 I Nr. 11 BetrVG bei der Festsetzung der Vorgabezeiten noch nicht ausgeschöpft.[428] Es bezieht sich auch auf die Zeitaufnahme; insoweit hat der Betriebsrat ein Mitbeurteilungsrecht.[429] Mitbestimmungspflichtig ist auch die Festsetzung der Erholungszeiten und ob diese zu Kurzpausen zusammengefasst werden.[430] Dies gilt unabhängig davon, nach welcher Methode die Vorgabezeit ermittelt wird. Die Änderung von Vorgabezeiten ist in gleicher Weise mitbestimmungspflichtig wie deren erste Festsetzung. Kein Mitbestimmungsrecht hat der Betriebsrat aber bei der Festsetzung der Bandgeschwindigkeit. 112

cc) Geldfaktor. Mitbestimmungspflichtig ist der Geldfaktor. Dies ist der Faktor, der für die Leistungslohnhöhe maßgebend ist. Er ergibt sich aus dem Akkordrichtsatz oder dem Prämienausgangslohn.[431] Dem Mitbestimmungsrecht steht nicht entgegen, dass dem Betriebsrat damit ein Einfluss auf die Höhe des Arbeitsentgelts eingeräumt wird. Im Allgemeinen wird aber dieses Mitbestimmungsrecht des Betriebsrats dann zurücktreten (§ 87 I Einleitungssatz BetrVG), wenn der Geldlohn tariflich geregelt ist. 113

c) Prämien. Nach der Rspr. des BAG soll mit der Prämie eine zusätzliche Leistung des Arbeitnehmers vergütet werden, wobei die Prämie neben der Grundvergütung gezahlt wird.[432] Der Prämienlohn setzt daher eine Bezugsgröße voraus, mit der die Arbeitsleistung des Arbeitnehmers verglichen wird.[433] Hieran fehlt es, wenn die Leistung in einem bestimmten Zeitraum lediglich als Berechnungsgrundlage für die Vergütungshöhe in einem nachfolgenden Zeitraum 114

[426] BAG 13. 9. 1983 AP 3 zu § 87 BetrVG 1972 Prämie = DB 83, 2470.

[427] BAG 13. 3. 1984 AP 4 zu § 87 BetrVG 1972 Provision = NZA 84, 296.

[428] BAG 16. 4. 2002 AP 9 zu § 87 BetrVG 1972 Akkord = DB 2003, 212.

[429] BAG 24. 2. 1987 AP 21 zu § 77 BetrVG 1972 = NZA 87, 639.

[430] BAG 24. 11. 1987 AP 6 zu § 87 BetrVG 1972 Akkord = NZA 88, 320; 24. 2. 1987 AP 21 zu § 77 BetrVG 1972 = NZA 87, 639.

[431] BAG 14. 2. 1989 AP 8 zu § 87 BetrVG 1972 Akkord = NZA 89, 648 – Wartezeit; 13. 9. 1983 AP 3 zu § 87 BetrVG 1972 Prämie = DB 83, 2470; a.A. *Richardi* § 87 RN 904ff.

[432] BAG 28. 7. 1981 AP 2 zu § 87 BetrVG 1972 Provision = DB 81, 2336.

[433] BAG 13. 3. 1984 AP 4 zu § 87 BetrVG 1972 Provision = NZA 84, 296; 28. 7. 1981 AP 2 zu § 87 BetrVG 1972 Provision = DB 81, 2336.

dient.[434] Die zusätzliche Leistung kann in einer größeren Arbeitsmenge, einer besonderen Arbeitsqualität, in der Ersparnis von Material oder Energie liegen. Das Mitbestimmungsrecht nach Nr. 11 besteht hinsichtlich der Ermittlung und Festsetzungen des leistungsabhängigen Prämienentgelts im gleichen Umfang wie beim Akkord.

115 **d) Provision.** Diese ist nur dann nach Nr. 11 mitbestimmungspflichtig, wenn sie wie ein dem Akkord- und Prämienlohn vergleichbares leistungsbezogenes Entgelt ausgestaltet ist. Dies ist nach dem BAG nur dann der Fall, wenn folgende Kriterien erfüllt sind: **(1)** Erforderlich ist zunächst die Abhängigkeit der Provision von der Leistung des Arbeitnehmers. **(2)** Daneben muss eine Leistung des Arbeitnehmers gemessen und mit einer Bezugsleistung (Normalleistung) verglichen werden. **(3)** Schließlich muss sich die Höhe der Provision in irgendeiner Weise nach dem Verhältnis der Leistung des Arbeitnehmers zur Bezugsleistung bemessen. Die Provision ist keine mit dem Akkord oder der Prämie vergleichbare Vergütung, da es für die Arbeitsleistung des Arbeitnehmers regelmäßig an einer Bezugsgröße fehlen wird. Sie richtet sich zwar nach dem Arbeitserfolg, hängt aber nicht unmittelbar von der Arbeitsleistung des Arbeitnehmers ab. Ein schlechtes Produkt lässt sich trotz großer Anstrengung nicht verkaufen. Aus diesem Grund sind von der Rspr. bisher Abschluss-[435] sowie Anteils- oder Leistungsprovisionen[436] nicht als mitbestimmungspflichtig angesehen worden.

116 **e) Zulagen.** Auch für die Leistungszulage,[437] die Anwesenheits- und Treueprämie, Bedienungsgelder, Gewinn- und Ergebnisbeteiligung fehlt es im Allgemeinen an einer Bezugsgröße, die Voraussetzung für die Beteiligungspflicht ist.

117 **3. Verfahren.** Soweit der Betriebsrat nach § 87 I Nr. 11 BetrVG mitzubestimmen hat, besteht auch ein Initiativrecht. Auf Grund des Tarifvorrangs kann die Mitbestimmung des Betriebsrats eingeschränkt oder ganz ausgeschlossen werden, wenn der Tarifvertrag insoweit abschließende Vorgaben enthält.[438]

XII. Vorschlagswesen (Nr. 12)

Gennen, Betriebliches Vorschlagswesen zu Hard- und Software, ITRB 2008, 45; *Rieble/Gistel,* Ideenmanagement und betriebliche Mitbestimmung, DB 2005, 1382; *Schwab,* Das betriebliche Vorschlagswesen (BVW), AR-Blattei SD 1760; *ders.,* Das Arbeitnehmererfinderrecht, AR-Blattei SD 670.

Muster: ArbR-Formb. § 52.

118 Durch die erzwingbare Mitbestimmung über die Grundsätze des betrieblichen Vorschlagswesens soll der Abschluss von Betriebsvereinbarungen (§ 20 II ArbNErfG) erleichtert werden (§ 114 RN 41 ff.). Dem Betriebsrat steht ein Initiativrecht zu, sobald für eine allgemeine Regelung ein betriebliches Bedürfnis besteht.[439] Die Betriebsparteien dürfen zur verbindlichen Beurteilung eingereichter Verbesserungsvorschläge paritätische Kommissionen einrichten, deren Entscheidungen nur beschränkt gerichtlich überprüfbar sind.[440] Vom Mitbestimmungsrecht nicht gedeckt ist eine Regelung, die dem Betriebsrat ein Mitbestimmungsrecht einräumen soll bei der Bestellung des jeweiligen Beauftragten für das betriebliche Vorschlagswesen, bei der Entscheidung über die Annahme eines einzelnen Verbesserungsvorschlags und bei der Entscheidung über die Höhe der Prämien im Einzelfall.[441] Nach § 21 ArbNErfG werden die Erfinderberater durch Übereinkunft von Arbeitgeber und Betriebsrat bestellt (§ 115).

XIII. Gruppenarbeit (Nr. 13)

Blanke, Arbeitsgruppen und Gruppenarbeit in der Betriebsverfassung, RdA 2003, 140; *Busch,* Arbeitsgruppen und Gruppenarbeit im Betriebsverfassungsgesetz, 2006; *Federlin,* Arbeitsgruppen im Betrieb als neue Größe der Betriebsverfassung, NZA-Sonderheft 2001, 24; *ders.,* Arbeitsgruppen im Betrieb, FS Leinemann (2006), S. 505; *Hunold,* Gruppenarbeit, AR-Blattei SD 840; *Klein,* Gruppenarbeit-Praxis, NZA Beil. zu Heft 24/2001, 15; *Löwisch,* Auswirkungen des Betriebsverfassungsrechts – Reformgesetzes auf Mitwir-

---

[434] BAG 15. 5. 2001 AP 17 zu § 87 BetrVG 1972 Prämie = NZA 2001, 1154.

[435] BAG 26. 7. 1988 AP 6 zu § 87 BetrVG 1972 Provision = NZA 89, 109; 13. 3. 1984 AP 4 zu § 87 BetrVG 1972 Provision = NZA 84, 296; a. A. *Fitting* § 87 RN 533.

[436] BAG 28. 7. 1981 AP 2 zu § 87 BetrVG 1972 Provision = DB 81, 2336.

[437] BAG 22. 10. 1985 AP 3 zu § 87 BetrVG 1972 Leistungslohn = NZA 86, 296.

[438] BAG 28. 2. 1984 AP 4 zu § 87 BetrVG 1972 Tarifvorrang = NZA 84, 230; 25. 5. 1982 AP 2 zu § 87 BetrVG 1972 Prämie = DB 82, 2467.

[439] BAG 28. 4. 1981 AP 1 zu § 87 BetrVG 1972 Vorschlagswesen = NJW 82, 405.

[440] BAG 20. 1. 2004 AP 3 zu § 87 BetrVG 1972 Vorschlagswesen = DB 2004, 1049.

[441] BAG 16. 3. 1982 AP 2 zu § 87 BetrVG 1972 Vorschlagswesen = DB 82, 1468.

kung und Mitbestimmung des Betriebsrats, NZA Beil. zu Heft 24/2001, 40; *Nill,* Selbstbestimmung in der Arbeitsgruppe? (2005); *Preis/Elert,* Erweiterung der Mitbestimmung bei Gruppenarbeit?, NZA 2001, 371; *Wiese,* Die Mitbestimmung des Betriebsrats über Grundsätze zur Durchführung von Gruppenarbeit nach § 87 Abs. 1 Nr. 13 BetrVG, BB 2002, 198.

Muster: ArbR-Formb. § 51 RN 50.

1. Inhalt des Mitbestimmungsrechts. Nach dem durch das BetrVG-ReformG neu eingefügten § 87 I Nr. 13 BetrVG hat der Betriebsrat bei der Einführung und Änderung der Grundsätze über die Durchführung der Gruppenarbeit mitzubestimmen. Durch das Mitbestimmungsrecht soll einerseits die Selbstständigkeit und Eigeninitiative der Arbeitnehmer bei der Ausgestaltung der Gruppenarbeit gefördert und andererseits verhindert werden, dass der Gruppendruck zu einer Selbstausbeutung der Gruppenmitglieder und Ausgrenzung leistungsschwächerer Arbeitnehmer führt (BT-Drucks. 14/5741 S. 47). § 87 I Nr. 13 BetrVG beschränkt das Mitbestimmungsrecht auf die Ausgestaltung der Gruppenarbeit; mitbestimmungsfrei ist die Entscheidung des Arbeitgebers, ob und ggf. in welchem Umfang Gruppenarbeit eingeführt wird. Auch ihre Beendigung unterliegt nicht der Mitbestimmung des Betriebsrats. Gleiches gilt für die mit der Durchführung der Gruppenarbeit verbundenen arbeitstechnischen bzw. -organisatorischen Fragen. Insoweit hat der Betriebsrat nach allgemeinen Grundsätzen auch kein Initiativrecht (RN 87). 119

2. Gruppenarbeit. Das Mitbestimmungsrecht wird durch § 87 I Nr. 13 BetrVG nicht auf jede Form der Gruppenarbeit erstreckt, sondern nur auf die sog. teilautonomen Arbeitsgruppen (vgl. § 182). Die Vorschrift stellt nicht auf die gemeinschaftliche Verantwortlichkeit für das Gruppenergebnis, sondern die Leistung der Gruppe ab. Dieser muss eine gemeinsam zu erledigende Arbeitsaufgabe übertragen worden sein, wobei es sich sowohl um gleichförmige wie auch nacheinander gelagerte Tätigkeiten handeln kann. Ihre Bewältigung muss entsprechend den vertraglichen Vorgaben eigenverantwortlich erfolgen, d. h. weitgehend ohne Ausübung von Weisungsrechten durch den Arbeitgeber. Der Gruppe müssen daher auch Vorgesetztenkompetenzen übertragen sein (BT-Drucks. 14/5741 S. 48), über deren weitere Delegation auf eine oder mehrere Personen und Ausübung sie selbst entscheidet. Fehlt es an Entscheidungskompetenzen für die Planung und Ausführung der zu erbringenden Arbeitsleistung, liegt keine Gruppenarbeit nach Nr. 13 vor.[442] 120

3. Beteiligungspflicht. Bereits vor dem Inkrafttreten des § 87 I Nr. 13 BetrVG führte die Gruppenarbeit zu Beteiligungsrechten des Betriebsrats. Im Bereich der sozialen Mitbestimmung waren regelmäßig die Tatbestände der § 87 I Nrn. 1, 3, 6, 7, 10, 11 BetrVG betroffen; diese Beteiligungsrechte bleiben unberührt. Nach der Gesetzesbegründung sollen spezifische Gegenstände des Mitbestimmungsrechts nach Nr. 13 die Wahl eines Gruppensprechers, dessen Stellung und Aufgaben, Verfahren zur Kommunikation, Meinungsbildung, Zusammenarbeit und Konfliktlösung innerhalb der Gruppe und Grundsätze über die Berücksichtigung von leistungsschwächeren Arbeitnehmern sein (BT-Drucks. 14/5741 S. 47). Weiterhin werden in diesem Zusammenhang Regelungen über die Zusammensetzung der Gruppe,[443] Unterrichtung des Arbeitgebers über ihre Organisation sowie Weitergabe von Leistungseinschätzungen der Gruppenmitglieder genannt.[444] 121

§ 236. Freiwillige Mitbestimmung in sozialen Angelegenheiten; Beteiligung beim Arbeits- und betrieblichen Umweltschutz

Übersicht

	RN
I. Freiwillige Mitbestimmung in sozialen Angelegenheiten (§ 88 BetrVG)	1 ff.
1. Freiwillige Mitbestimmung	1, 2
2. Regelungsbereiche und -schranken	3
3. Übersicht über die Gegenstände der freiwilligen Mitbestimmung	4–8
4. Streitigkeiten	9
II. Arbeitsschutz	10 ff.
1. Allgemeines	10
2. Inhalt des Beteiligungsrechts	11–12 c
III. Betrieblicher Umweltschutz	13 ff.
1. Allgemeines	13
2. Inhalt des Beteiligungsrechts	14–16

[442] *Preis/Elert* NZA 2001, 371, 373, die ausdrücklich reine Akkordgruppen ausnehmen.
[443] *Fitting* § 87 RN 575.
[444] *Löwisch* BB 2001, 1790, 1792; vgl. auch *Federlin* NZA-Sonderheft 2001, 24, 27.

I. Freiwillige Mitbestimmung in sozialen Angelegenheiten (§ 88 BetrVG)

Albicker/Wiesenecker, Freiwillige Kollektivvereinbarungen in Betrieb und Dienststelle, NZA 2007, 842; *Konzen,* Die umstrukturierende Betriebsvereinbarung, FS Maydell (2002), S. 341; *Kort,* Die Grenzen betrieblicher Mitbestimmung bei tarifvertraglicher Zulassung lediglich „freiwilliger" Betriebsvereinbarungen, NZA 2001, 477; *Linsenmaier,* Normsetzung der Betriebsparteien und Individualrechte der Arbeitnehmer, RdA 2008, 1; *Loritz,* Stock-Options und sonstige Mitarbeiterbeteiligungen aus arbeitsrechtlicher Sicht, ZTR 2002, 258; *Otto,* Die freiwillige Betriebsvereinbarung in sozialen Angelegenheiten, EWiR 2001, 297; *Schielke,* Kostentragung bei der Lohnpfändung, BB 2007, 378; *Schwarze,* Tarifvertragliche Rechtsgestaltung für den Betrieb oder Vom Beruf des Gesetzgebers für das Tarifvertragsrecht, ZfA 2003, 447; *Stück,* Verschlechternde Änderung und Vereinheitlichung freiwilliger Sozialleistungen am Beispiel von Jubiläumsleistungen, DB 2006, 782; *Waltermann,* „Umfassende Regelungskompetenz" der Betriebsparteien zur Gestaltung durch Betriebsvereinbarung?, RdA 2007, 257; *Wiese,* Zur betrieblichen Vereinbarung finanzieller Leistungspflichten von Arbeitgeber und Arbeitnehmern in sozialen Angelegenheiten, FS Richardi (2007), S. 817.

Muster: ArbR-Formb. § 53.

1 **1. Freiwillige Mitbestimmung.** Während § 87 BetrVG die Gegenstände erschöpfend aufzählt, in denen der Betriebsrat ein erzwingbares Mitbestimmungsrecht in sozialen Angelegenheiten hat, enthält § 88 BetrVG die Regelungskompetenzen des Betriebsrats, in denen er mit dem Arbeitgeber Betriebsvereinbarungen abschließen kann. Einen durchsetzbaren Anspruch auf Abschluss einer Betriebsvereinbarung hat er in den Angelegenheiten der freiwilligen Mitbestimmung nicht. Im Unterschied zu § 87 BetrVG enthält § 88 BetrVG keinen abschließenden Katalog der Regelungskompetenz, sondern lediglich einige Beispiele, wie sich aus dem Wortlaut „können insbesondere" ergibt.[1] Unzureichend sind im Rahmen des § 88 BetrVG allerdings bloße Regelungsabreden (vgl. § 231 RN 65 ff.).

2 Durch Tarifvertrag können **betriebsverfassungsrechtliche Normen** geschaffen werden und die Regelungskompetenzen des Betriebsrats erweitert werden[2] (§ 230 RN 7).

3 **2. Regelungsbereiche und -schranken.** Das BetrVG hat eine Allzuständigkeit des Betriebsrats für die Regelung der Arbeitsbedingungen geschaffen (Umkehrschluss aus § 77 III BetrVG). Durch Betriebsvereinbarung können dementsprechend alle formellen und materiellen Arbeitsbedingungen geregelt werden, die Gegenstand des normativen Teils eines Tarifvertrags sein können (vgl. §§ 200, 202). Voraussetzung ist allerdings, dass ein kollektiver Tatbestand vorliegt. Daneben haben die Betriebspartner den Tarifvorbehalt des § 77 III BetrVG zu beachten (dazu § 231 RN 23 f.). Weiterhin gelten für freiwillige Betriebsvereinbarungen im Rahmen des § 88 BetrVG die allgemeinen Beschränkungen für den Abschluss von Betriebsvereinbarungen; die Betriebspartner sind dabei nicht auf Regelungen zu Gunsten der Arbeitnehmer beschränkt[3] (§ 231 RN 18 ff.). Die Regelungsbefugnis der Betriebsparteien besteht nur in den Grenzen von Recht und Billigkeit (§ 75 I BetrVG). Höherrangiges und zwingendes Recht darf nicht verletzt werden. Bei der Ausübung und Ausgestaltung ihrer Regelungsbefugnis sind die Grundsätze des freiheitlichen und sozialen Rechtsstaats (Art. 20 GG) und der individuellen Entfaltungsfreiheit (Art. 2 I, 12 GG) zu beachten. Regelmäßig unverhältnismäßig sind freiwillige Betriebsvereinbarungen über eine nicht vorgesehene Kostenbeteiligung der Arbeitnehmer oder solche, die sie ausschließlich oder unverhältnismäßig belasten.[4] Im Verhältnis von einzelvertraglicher Vereinbarung zur Betriebsvereinbarung gilt das Günstigkeitsprinzip.[5] Eine Ablösung arbeitsvertraglicher Ansprüche ist nur dann möglich, wenn es sich um sog. freiwillige Leistungen des Arbeitgebers handelt.[6] Regelungen sind außer zu den in § 88 BetrVG genannten Bereichen zulässig z. B. zu Altersgrenzen,[7] Arbeitsentgelt, Arbeitszeitdauer[8] einschließlich der Pausen, Ausschlussfristen,[9] betrieblichen Schiedsstellen, Kündigungen, Lohnabtretungs-[10] und Nebenbeschäftigungsverbo-

[1] Vgl. dazu auch BAG 16. 3. 1956 AP 1 zu § 57 BetrVG; 12. 10. 1955 AP 1 zu § 56 BetrVG.
[2] BAG 18. 8. 1987 AP 23 zu § 77 BetrVG 1972 = NZA 87, 779.
[3] A. A. *Waltermann* RdA 2007, 257 – keine Kompetenz; dagegen zu Recht *Linsenmaier* RdA 2008, 1.
[4] BAG 12. 12. 2006 AP 94 zu § 77 BetrVG 1972 = NZA 2007, 453; vgl. *Wiese* FS Richardi S. 817.
[5] BAG GS 7. 11. 1989 AP 46 zu § 77 BetrVG = NZA 90, 816; 18. 8. 1987 AP 23 zu § 77 BetrVG 1972 = NZA 87, 779.
[6] BAG 28. 3. 2000 AP 83 zu § 77 BetrVG 1972 = NZA 2001, 49.
[7] BAG GS 7. 11. 1989 AP 46 zu § 77 BetrVG 1972 = NZA 90, 816.
[8] BAG 18. 8. 1987 AP 23 zu § 77 BetrVG 1972 = NZA 87, 779.
[9] BAG 9. 4. 1991 AP 1 zu § 77 BetrVG 1972 Tarifvorbehalt = NZA 92, 177; einschränkend aber nunmehr BAG 12. 12. 2006 AP 94 zu § 77 BetrVG 1972 = NZA 2007, 453.
[10] BAG 5. 9. 1960 AP 4 zu § 399 BGB; 20. 12. 1957 AP 1 zu § 399 BGB.

ten,[11] Urlaub sowie Vertragsstrafen.[12] Vereinbarungen über gesellschaftsrechtliche[13] oder koalitionspolitische Gegenstände können nicht Gegenstand einer freiwilligen Betriebsvereinbarung sein.

3. Übersicht über die Gegenstände der freiwilligen Mitbestimmung. a) Unfallverhütung. Nach § 88 Nr. 1 BetrVG können durch freiwillige Betriebsvereinbarungen zusätzliche Maßnahmen zur Verhütung von Arbeitsunfällen und Gesundheitsschädigungen vereinbart werden. Die Vorschrift ergänzt § 87 I Nr. 7 BetrVG (§ 235 RN 69). Es kommen generelle Regelungen in Betracht über Maschinenschutzvorrichtungen, Belüftungs-, Beheizungs-, Beleuchtungs-, Wasch- und Entstaubungsanlagen, Vorsorgeuntersuchungen, Schutzkleidung, Maßnahmen für die Verbesserung der Arbeitsumgebung oder der sanitären Anlagen sowie über eine höhere Zahl von Betriebsärzten. 4

b) Betrieblicher Umweltschutz. Durch freiwillige Betriebsvereinbarungen können Maßnahmen des betrieblichen Umweltschutzes geregelt werden (§ 88 Nr. 1 a BetrVG). Zu den Beteiligungsrechten des Betriebsrats im Bereich des betrieblichen Umweltschutzes RN 13 ff. Durch Vereinbarungen nach § 88 BetrVG kann eine darüber hinausgehende Beteiligung des Betriebsrats in Umweltfragen vereinbart werden, z. B. ein Informationsrecht über den Stand von Planungs- und Genehmigungsverfahren, die Bildung von gemeinsamen Umweltausschüssen (§ 28 III BetrVG) oder Arbeitsgruppen (§ 28 a BetrVG) und deren Zusammenarbeit mit Behörden oder Umweltorganisationen. Gegenstand von freiwilligen Betriebsvereinbarungen kann auch die Durchführung von Bildungsmaßnahmen für die Arbeitnehmer auf dem Gebiet des Umweltschutzes sein. Gegenstand von Vereinbarungen nach § 88 Nr. 1 a BetrVG können aber nur Umweltfragen sein, die einen konkreten betrieblichen Bezug haben. 5

c) Sozialeinrichtungen. Freiwillige Betriebsvereinbarungen können über die Errichtung von Sozialeinrichtungen, deren Wirkungsbereich auf den Betrieb, das Unternehmen oder den Konzern beschränkt ist, abgeschlossen werden (§ 88 Nr. 2 BetrVG). Je nach dem Wirkungsbereich der Sozialeinrichtung ist der Betriebsrat, Gesamtbetriebsrat oder Konzernbetriebsrat zuständig. Regelungsgegenstände sind insbesondere die Ausgestaltung freiwilliger Sozialleistungen (Gratifikationen,[14] Beihilfen zu Familienereignissen, Gewährung von Ruhegeldern) oder Beiträge der Arbeitnehmer zu Pensionskassen. Zur Errichtung einer Sozialeinrichtung gehören auch grundlegende Änderungen ihres Zweckes. Während der Betriebsrat den Arbeitgeber nicht zur Bereitstellung von Mitteln für die Errichtung von Sozialeinrichtungen zwingen kann, hat er dann, wenn die Sozialeinrichtungen geschaffen sind, gem. § 87 I Nr. 8 BetrVG ein erzwingbares Mitbestimmungsrecht über deren Verwaltung usw. (§ 235 RN 44 ff.). Hat der Arbeitgeber mit dem Betriebsrat eine Betriebsvereinbarung über die Errichtung der Sozialeinrichtung geschlossen, kann er die bereitgestellten Mittel nicht einfach streichen; vielmehr ist zuvor die Kündigung der Betriebsvereinbarung notwendig. 6

d) Vermögensbildung. Weiterhin zählt das Gesetz in § 88 Nr. 3 BetrVG als Regelungskompetenz Maßnahmen zur Förderung der Vermögensbildung auf. Das BetrVG knüpft insoweit an die Vorschriften des 5. VermBG an, wonach Betriebsvereinbarungen über zusätzliche vermögenswirksame Leistungen des Arbeitgebers bzw. eine Ergebnisbeteiligung der Arbeitnehmer zulässig sind (§ 80). Daneben soll den Betriebspartnern aber eröffnet werden, zusätzliche oder andere Vermögensbildungspläne zu vereinbaren. Die Ausgabe von Aktien für Mitarbeiter kann im Wege freiwilliger Betriebsvereinbarung geregelt werden;[15] vgl. § 80 RN 5. 7

e) Integration und Bekämpfung von Rassismus. Schließlich sind in § 88 Nr. 5 BetrVG freiwillige Betriebsvereinbarung zur Integration von ausländischen Arbeitnehmern und Bekämpfung von Rassismus genannt. Als mögliche Gegenstände solcher Regelungen kommen die Veranstaltung von Sprachunterricht für ausländische Arbeitnehmer und Aufklärungsaktionen im Betrieb in Betracht.[16] 8

4. Streitigkeiten. Kommt es zwischen Arbeitgeber und Betriebsrat im Bereich des § 88 BetrVG nicht zu einer Einigung über den Abschluss einer Betriebsvereinbarung, kann diese nicht über das Einigungsstellenverfahren erzwungen werden (§ 76 BetrVG; dazu § 232). Die **Einigungsstelle** wird nur dann tätig, wenn beide Seiten es beantragen oder mit ihrem Tätig- 9

[11] BAG 13. 6. 1958 AP 6 zu Art. 12 GG.
[12] BAG 6. 8. 1991 AP 52 zu § 77 BetrVG 1972 = NZA 92, 177.
[13] BAG 16. 8. 2005 AP 24 zu § 1 TVG Altersteilzeit.
[14] BAG 30. 8. 1963 AP 4 zu § 57 BetrVG.
[15] BAG 28. 11. 1989 AP 6 zu § 88 BetrVG 1972 = NZA 90, 559; Muster: ArbR-Formb. § 53 RN 24.
[16] *Löwisch* BB 2001, 1790, 1794.

werden einverstanden sind (§ 77 VI BetrVG; dazu § 232 RN 7). Streitigkeiten über Bestand und Durchführung einer Betriebsvereinbarung entscheidet das **Arbeitsgericht** im Beschlussverfahren. Macht dagegen ein einzelner Arbeitnehmer Ansprüche aus einer freiwillig abgeschlossenen Betriebsvereinbarung geltend, entscheidet es im Urteilsverfahren.

II. Arbeitsschutz[17]

10 **1. Allgemeines.** Durch § 89 BetrVG werden die Beteiligungsrechte des Betriebsrats auf dem Gebiet des Arbeitsschutzes verstärkt. Die Vorschrift ergänzt insoweit das allgemeine Überwachungs- und Antragsrecht des Betriebsrats (§ 80 I Nr. 1, 2 BetrVG, dazu § 233 RN 3) und das Mitbestimmungsrecht bei der Verhütung von Arbeitsunfällen und Berufskrankheiten (§ 235 RN 69). Der Betriebsrat ist nicht nur zu Maßnahmen auf dem Gebiet des Arbeitsschutzes berechtigt, sondern auch zur Bekämpfung der den Arbeitnehmern drohenden Gefahren verpflichtet. Letztlich verantwortlich für die Einhaltung der Arbeitsschutzbestimmungen bleibt jedoch der Arbeitgeber. Soweit der Betriebsrat zur Zusammenarbeit mit Arbeitsschutzbehörden verpflichtet ist, ist die Pflicht zur Verschwiegenheit (§ 79 BetrVG) eingeschränkt.

11 **2. Inhalt des Beteiligungsrechts. a)** Nach § 89 I BetrVG hat sich der Betriebsrat dafür einzusetzen, dass im Betrieb die Vorschriften über den Arbeitsschutz und die Unfallverhütung (§ 235 RN 70) durchgeführt werden. Zu diesem Zweck hat ihn der Arbeitgeber über die getroffenen Anordnungen und Auflagen der für den Arbeitsschutz und die Unfallverhütung zuständigen Behörden unverzüglich zu unterrichten (§ 89 II 2 BetrVG). Zu den Vorschriften über den Arbeitsschutz zählen auch Betriebsvereinbarungen.

12 **b) Unterstützung der zuständigen Behörden. aa)** Der Betriebsrat hat bei der Bekämpfung von Unfall- und Gesundheitsgefahren die für den Arbeitsschutz zuständigen Behörden, die Träger der gesetzlichen Unfallversicherungen und die sonstigen in Betracht kommenden Stellen durch Anregung, Beratung und Auskunft zu unterstützen (§ 89 I 2 BetrVG). Zu diesen zählen die Gewerbeaufsichtsbehörden, Gesundheitsämter, Baubehörden, die für den Brandschutz zuständigen Stellen, die amtlich anerkannten Sachverständigen, der technische Überwachungsverein und die Berufsgenossenschaften, Fachkräfte für Arbeitssicherheit und die Betriebsärzte. Zur Zusammenarbeit verpflichtet ist der Betriebsrat auch mit den für den betrieblichen Arbeits- und Gefahrenschutz bestellten Personen. Dagegen obliegt dem Betriebsrat keine unmittelbare Verpflichtung, polizeiliche Ermittlungsbehörden (etwa bei Arbeitsunfällen) zu unterstützen.

12a **bb) Zusammenwirken.** Die Zusammenarbeit des Betriebsrats mit den technischen Aufsichtsbeamten der Träger der Unfallversicherung ist gemäß § 20 III SGB VII in der Allgemeinen Verwaltungsvorschrift (AVV) über das Zusammenwirken der Aufsichtspersonen der Träger der Unfallversicherung mit den Betriebsvertretungen i. d. F. vom 28. 11. 1977 (BAnz. Nr. 225) geregelt. Hiernach sind die Aufsichtsbeamten verpflichtet, den Betriebsrat zu Betriebsbesichtigungen hinzuzuziehen, ihnen Niederschriften über die Betriebsbesichtigung zu übersenden und schließlich von allen Schreiben an den Unternehmer, die Maßnahmen der Unfallverhütung zum Gegenstand haben, Abschriften zu übersenden. Durch eine weitere AVV vom 26. 7. 1968 (BAnz. Nr. 142) i. d. Änd. vom 28. 11. 1977 (BAnz. Nr. 225) ist das Zusammenwirken der Träger der Unfallversicherung und Gewerbeaufsicht geregelt.

12b **cc) Mitteilungen an Arbeitsschutzbehörden.** Der Betriebsrat kann gegenüber den zuständigen Arbeitsschutzbehörden in geeigneter Form Mitteilungen über die aus seiner Sicht bestehenden Mängel auf dem Gebiet des Arbeitsschutzes machen, wenn er zuvor vom Arbeitgeber erfolglos die Beseitigung des beanstandeten Zustand verlangt und eine Mitteilung an die zuständige Behörde angekündigt hat.

12c **c) Hinzuziehung durch den Arbeitgeber.** Der Arbeitgeber muss den Betriebsrat zu allen mit dem Arbeitsschutz und der Unfallverhütung in Zusammenhang stehenden Fragen und Besichtigungen hinzuzuziehen und ihm die entsprechenden Niederschriften aushändigen (§ 89 II 2, V BetrVG). Gleiches gilt für die Besprechungen mit dem Sicherheitsbeauftragten nach § 22 II SGB VII.

III. Betrieblicher Umweltschutz

Reichel/Meyer, Betrieblicher Umweltschutz als Schnittstelle zwischen Arbeitsrecht und Umweltrecht, RdA 2003, 101; *Rieble,* Umweltschutz durch kollektives Arbeitsrecht, ZTR 2000, 1; *Wiese,* Beteiligung des Be-

[17] Schrifttumsnachweise vor § 235 RN 69 zu § 87 I Nr. 7 BetrVG.

triebsrats beim betrieblichen Umweltschutz nach dem Gesetz zur Reform des Betriebsverfassungsgesetzes, BB 2002, 674.

Muster: ArbR-Formb. § 53 RN 1.

1. Allgemeines. Vor Inkrafttreten des BetrVG-ReformG waren die Mitwirkungsrechte des Betriebsrats auf dem Gebiet des Umweltschutzes nur schwach ausgebildet. Nunmehr hat der Gesetzgeber dem Betriebsrat die Förderung von Maßnahmen des betrieblichen Umweltschutzes ausdrücklich als Aufgabe übertragen (§ 80 I Nr. 9 BetrVG). Daneben ist der betriebliche Umweltschutz Gegenstand der Berichte des Arbeitgebers bzw. Unternehmers in der Betriebs- bzw. Betriebsräteversammlung (§§ 43 II, 53 II Nr. 2 BetrVG); allgemein umweltpolitische Fragen können zudem Thema einer Betriebs- oder Abteilungsversammlung sein (§ 45 Satz 1 BetrVG). 13

2. Inhalt des Beteiligungsrechts. a) Eine Begriffsbestimmung des betrieblichen Umweltschutzes enthält § 89 III BetrVG. Hierunter fallen alle personellen und organisatorischen Maßnahmen sowie sämtliche die betrieblichen Bauten, Räume und technische Anlagen, Arbeitsverfahren, Arbeitsabläufe und Arbeitsplätze betreffenden Maßnahmen, die dem Umweltschutz dienen. Der Begriff des Umweltschutzes wird hingegen vom Gesetz nicht näher definiert. Hierunter ist jede Handlung, die den vorhandenen Bestand an Sachgütern, Naturgütern, Kulturgütern, an Landschaft und Naturhaushalt sowie das zwischen ihnen bestehende Wirkungsgefüge bewahrt oder stärkt, zu verstehen.[18] Trotz dieser weit gefassten Definition hat der Betriebsrat kein allgemeines, sondern lediglich ein **betriebsbezogenes Mandat auf dem Gebiet des Umweltschutzes** (BT-Drucks. 14/5741 S. 48). Daneben wird vertreten, dass sich die Beteiligungsrechte lediglich auf soziale Angelegenheiten beziehen, da die §§ 88, 89 BetrVG in den Dritten Abschnitt des BetrVG aufgenommen worden sind.[19] Daran ist richtig, dass Betriebsvereinbarungen über den betrieblichen Umweltschutz nach § 88 Nr. 1 a BetrVG nur soziale Angelegenheiten zum Gegenstand haben können. Da die Zuständigkeit des Betriebsrats und seine Fähigkeit zum Abschluss von Betriebsvereinbarungen aber umfassend ist, sind freiwillige Betriebsvereinbarungen und Regelungsabsprachen zum betrieblichen Umweltschutz im Bereich der personellen und wirtschaftlichen Mitbestimmung zulässig. 14

Durch die Neuregelung werden die **Mitwirkungs-** und **Mitbestimmungsrechte** aber nur unwesentlich erweitert. Nach § 89 I BetrVG hat sich der Betriebsrat dafür einzusetzen, dass die Vorschriften über den Umweltschutz eingehalten werden. Dies gilt jedoch nur, soweit durch deren Inhalt (auch) die Arbeitnehmer geschützt werden. Daneben verpflichtet § 89 II 2, III BetrVG den Arbeitgeber, **(a)** den Betriebsrat zu allen mit dem betrieblichen Umweltschutz in Zusammenhang stehenden Besichtigungen und Fragen hinzuzuziehen, **(b)** ihm unverzüglich die entsprechenden Auflagen und Anordnungen der zuständigen Stellen mitzuteilen und **(c)** die entsprechenden Niederschriften auszuhändigen. Ein eigenständiges Unterstützungsrecht gegenüber den Umweltbehörden hat der Betriebsrat aber nicht, da § 89 I 2 BetrVG nur für den Arbeitsschutz gilt. 15

b) Beauftragte.[20] Berührungspunkte zum Arbeits- bzw. Umweltschutz bestehen sich im Rahmen der personellen Mitbestimmung nach § 99 BetrVG insbesondere bei der Bestellung von Betriebsangehörigen zum Immissionsschutzbeauftragten (§ 55 I a BImSchG), Störfallbeauftragten (§§ 58 a I 1, 58 c BImSchG), Beauftragten für biologische Sicherheit (§ 16 I, § 18 I Nr. 2 GenTSV), Gewässerschutzbeauftragter (§§ 21, 21 a WHG), Abfallbeauftragter (§§ 54, 55 KrW-/AbfG) sowie Strahlenschutz (§ 30 IV StrlSchV, § 14 IV RöntgenV) und den atomrechtlichen Sicherheitsbeauftragten (§ 2 II, § 4 II AtSMV) (§ 241 RN 8). Daneben ist die Übermittlung von Einzelverbindungsnachweisen gem. § 99 I 4 TKG bei Anschlüssen in Betrieben und Behörden nur zulässig, wenn der Kunde schriftlich erklärt hat, dass die Mitarbeiter informiert worden sind und künftige Mitarbeiter unverzüglich informiert werden und dass der Betriebsrat oder die Personalvertretung entsprechend den gesetzlichen Vorschriften beteiligt wurden oder eine solche Beteiligung nicht erforderlich ist. Schließlich ergeben sich aus der Anlage 1 der VO über die freiwillige Beteiligung von Organisationen an einem Gemeinschaftssystem für das Umweltmanagement und die Umweltbetriebsprüfung der EU vom 19. 3. 2001 (Nr. 761/2001; ABl. EG Nr. L 114 S. 1) Beteiligungsrechte für den Betriebsrat bzw. Gesamtbetriebsrat. 16

---

[18] *Fitting* § 89 RN 9.
[19] *Löwisch* BB 2001, 1790, 1793, der auch verfassungsrechtliche Bedenken äußert.
[20] *Springmann,* Der Betriebsrat und die Betriebsbeauftragten, 2004.

7. Abschnitt. Gestaltung von Arbeitsplatz, Arbeitsablauf und Arbeitsumgebung

§ 237. Beteiligungsrechte bei der Gestaltung von Arbeitsplatz, Arbeitsablauf und Arbeitsumgebung

Heither, Gestaltung von Arbeitsplatz, Arbeitsablauf und Arbeitsumgebung, AR-Blattei SD 530.14.7.
Muster: ArbR-Formb. § 54.

Übersicht

	RN
I. Allgemeines	1 f.
1. Gesetzeszweck	1
2. Konkurrierende Beteiligungsrechte	2
II. Unterrichtungs- und Beratungsrechte des Betriebsrats	3 ff.
1. Unterrichtung über die Planung	3–7
2. Zeitpunkt und Inhalt	8–10
3. Beratung	11
4. Arbeitswissenschaftliche Erkenntnisse	12, 13
5. Verspätete Unterrichtung	14
III. Mitbestimmungsrechte des Betriebsrats	15 ff.
1. Durchführung	15
2. Korrigierendes Mitbestimmungsrecht	16
3. Abhilfemaßnahmen	17
4. Einigungsstelle	18
IV. Einführung von Bildschirmarbeitsplätzen, neuen Technologien und Qualitätsmanagementsystemen	19 ff.
1. Bildschirmarbeitsplätze	19
2. Überblick über die Mitbestimmungsrechte bei der Einführung von neuen Technologien	20–29
3. Qualitätsmanagementsysteme	30

I. Allgemeines

1 **1. Gesetzeszweck.** Zweck der durch das BetrVG 1972 neu geschaffenen §§ 90, 91 BetrVG ist es, die Betriebsverfassung in den Dienst der Humanisierung der Arbeitswelt zu stellen. Bei Einrichtung und Organisation von Produktion und Betrieb sollen nicht nur Rentabilitätsgesichtspunkte, sondern auch arbeitswissenschaftliche Erkenntnisse berücksichtigt werden. Dem Betriebsrat steht bei den im Gesetz aufgezählten Maßnahmen bereits im Planungsstadium ein umfassendes Unterrichtungs- und Beratungsrecht zu. Die Aufzählung ist abschließend. Im Gegensatz zu dem Mitbestimmungsrecht des § 87 I Nr. 7 BetrVG betreffen die §§ 90, 91 BetrVG nicht die Abwehr von Gesundheitsgefahren, sondern die Herstellung möglichst positiver und menschwürdiger Umstände für die Erbringung der Arbeitsleistung einschließlich der Schaffung einer menschenwürdigen Arbeitswelt.[1] Im Referentenentwurf zum **BetrVG-ReformG** war noch beabsichtigt, die Anforderungen für das Eingreifen der Beteiligungsrechte in den §§ 90, 91 BetrVG zu reduzieren. Im Gesetzgebungsverfahren ist diese Absicht aber nicht mehr weiterverfolgt worden.

2 **2. Konkurrierende Beteiligungsrechte.** Verletzt der Arbeitgeber bei der Änderung der Arbeitsplätze, des Arbeitsablaufes oder der Arbeitsumgebung gesicherte arbeitswissenschaftliche Erkenntnisse, hat der Betriebsrat zum Ausgleich der Auswirkungen ein erzwingbares Mitbestimmungsrecht (§ 91 BetrVG). Die Rechte des Betriebsrats nach den §§ 90, 91 BetrVG können mit denen aus §§ 106 ff. BetrVG konkurrieren, da verschiedene Zwecke verfolgt werden. Umstr. ist, ob der Betriebsrat eine gleichzeitige Betriebsänderung durch eine einstweilige Verfügung verbieten lassen kann (dazu § 244 RN 29). Das Zusammenspiel der unterschiedlichen Beteiligungsrechte ist unter RN 19 ff. dargestellt.

II. Unterrichtungs- und Beratungsrechte des Betriebsrats

3 **1. Unterrichtung über die Planung.** Der Arbeitgeber hat den Betriebsrat zu unterrichten über die Planung (§ 90 BetrVG)

---

[1] *Fitting* § 90 RN 2.

a) von Neu-, Um- und Erweiterungsbauten von **Betriebsstätten** wie z. B. Fabrikations-, Verwaltungs- und sonstigen betrieblichen Räumen, also auch Aufenthaltsräumen, Kantinen, Waschkauen; nicht hierhin gehören Abbruch- und Reparaturarbeiten, selbst wenn Letztere mit geringfügigen Änderungen verbunden sind; vorausgesetzt ist, dass davon keine Auswirkungen auf die Arbeit ausgehen; 4

b) von **technischen Anlagen;** das sind sämtliche technische Einrichtungen im Fabrikations- und Verwaltungsbereich wie z. B. Montage- und Transferbänder, Maschinen. Insbesondere gehören hierhin EDV-Anlagen, Geräte zum computerunterstützten Konstruieren (CAD) oder Fertigen (CAM), Einsatz von Robotern. Dem Beratungsrecht des Betriebsrats soll die Einrichtung und Aufstellung solcher technischer Anlagen unterliegen, die auf das Arbeitsleben des Arbeitnehmers von besonderem Einfluss sein können. Bei bestehenden technischen Anlagen setzt das Beratungsrecht erst bei ihrer Änderung bzw. Neubeschaffung, nicht aber bei Reparatur- oder Ersatzmaßnahmen ein. Keine technischen Anlagen sind einfache Werkzeuge und das Büromobiliar; 5

c) von **Arbeitsverfahren** und **Arbeitsabläufen.** Der Begriff des Arbeitsverfahrens ist weitgehend identisch mit dem der Fabrikationsmethoden in § 106 III Nr. 5 BetrVG sowie den Fertigungsverfahren in § 111 Nr. 5 BetrVG. Hierzu zählen Faktoren, die organisatorisch, räumlich und zeitlich den Arbeitsprozess gestalten, wie z. B. der Einsatz körperlicher Arbeit oder technischer Hilfsmittel, der Grad der Automation. Arbeitsablauf ist das Zusammenwirken der Arbeitnehmer innerhalb des Betriebs zur Erreichung bestimmter arbeitstechnischer Zwecke. Im Einzelnen ist zu unterrichten über die Einführung von Gruppenarbeit (§ 181), Lean production, Just-in-time Produktion, Qualitätsmanagement-Systemen, Umweltmanagement-Programme und -Systeme; 6

d) der **Arbeitsplätze;** insoweit werden die einzelnen Arbeitsplätze der Arbeitnehmer hinsichtlich ihrer Ausgestaltung, wie z. B. der räumlichen Gestaltung (Einzel-/Großraumbüro, Ergonomie), technischen Ausstattung sowie der Arbeitsumgebung angesprochen. 7

2. Zeitpunkt und Inhalt. a) Die Beratung der vorgesehenen Maßnahmen mit dem Betriebsrat hat nach § 90 II BetrVG zum Ziel, die Vorschläge und Bedenken des Betriebsrats bei der Planung berücksichtigen zu können. Dem Betriebsrat soll ermöglicht werden, auf die Willensbildung des Arbeitgebers Einfluss zu nehmen und seine Erwägungen im weiteren Planungs- und Entscheidungsprozess einzubringen.[2] In zeitlicher Hinsicht können dabei Unterrichtung und Beratung in mehrere Teilschritte aufgegliedert sein und sachlich ineinandergreifen. Der Arbeitgeber muss den Betriebsrat bereits in einem frühen Planungsstadium beteiligen, die Vorschläge des Betriebsrats zu diesen Planungsabsichten in die weitere Planung einbeziehen, und den Betriebsrat über den jeweiligen Stand der Planung unterrichten und diese mit ihm beraten. Zwar muss noch kein reines Denkmodell vorgestellt werden; verspätet ist andererseits die Unterrichtung, wenn die beteiligten Stellen im Unternehmen sich bereits geeinigt haben, weil gegenüber einer bereits getroffenen Entscheidung das Einbringen eigner Vorstellungen nicht mehr möglich sein wird. Die Unterrichtung wird im Allgemeinen erfolgen müssen, wenn technisch und wirtschaftlich durchführbare Lösungsalternativen entwickelt worden sind. Bei der Unterrichtung sind dem Betriebsrat auch schriftliche Unterlagen und Zeichnungen vorzulegen, soweit dies zum Verständnis der Planung notwendig ist. Die Unterlagen sind zu überlassen, wenn der Arbeitgeber Maßnahmen ergreift oder plant, die Beteiligungsrechte des Betriebsrats auslösen.[3] 8

b) Zu unterrichten ist regelmäßig der **Betriebsrat,** selbst wenn die Planungen vom Unternehmen oder der Konzernspitze durchgeführt werden. Etwas anderes gilt nur dann, wenn der Betriebsrat insoweit seine Befugnisse delegiert hat (§ 224 RN 29, § 226 RN 11). Zweckmäßigerweise wird der Betriebsrat für die Unterrichtung einen Ausschuss bilden oder eine gemeinsame Kommission mit dem Arbeitgeber. 9

c) Der Betriebsrat kann von sich aus **Vorschläge** für unterrichtungspflichtige Maßnahmen machen. Erzwingen kann er ihre Durchführung nicht.[4] 10

3. Beratung. Arbeitgeber und Betriebsrat haben die vorgesehenen Maßnahmen im Hinblick auf ihre Auswirkungen auf die Art der Arbeit und die Anforderungen an die Arbeitnehmer zu beraten. Die Beratung muss so rechtzeitig erfolgen, dass Vorschläge und Bedenken des Betriebsrats bei der Planung berücksichtigt werden können. Insbesondere sind dabei auch die möglichen 11

---

[2] BAG 11. 12. 1991 AP 2 zu § 90 BetrVG 1972 = NZA 92, 850.
[3] BAG 27. 6. 1989 AP 37 zu § 80 BetrVG 1972 = NZA 89, 929.
[4] BAG 6. 12. 1983 AP 7 zu § 87 BetrVG 1972 Überwachung = NJW 84, 1475.

Auswirkungen auf Männer und Frauen zu berücksichtigen. Der Betriebsrat wird zur Erfüllung dieser Aufgabe wegen der notwendigen Spezialkenntnisse auf dem Gebiet der Arbeitswissenschaft sinnvollerweise einen Betriebsausschuss bilden und diesem die Aufgaben übertragen (§ 28 BetrVG; vgl. § 220 RN 15). Die Hinzuziehung von sachkundigen Arbeitnehmern oder eines Sachverständigen richtet sich nach § 80 BetrVG (§ 233 RN 21).

12 **4. Arbeitswissenschaftliche Erkenntnisse.** Arbeitgeber und Betriebsrat sollen bei ihren Planungen die gesicherten arbeitswissenschaftlichen Erkenntnisse über die menschengerechte Gestaltung der Arbeit berücksichtigen. Eine „Arbeitswissenschaft" als eigenständige Wissenschaft besteht aber nicht. Aus diesem Grund betreffen die arbeitswissenschaftlichen Erkenntnisse unterschiedliche wissenschaftliche Fachbereiche, die sich mit Aspekten der Humanisierung der Arbeit beschäftigen. Hierzu zählen z. B. die Arbeitsmedizin, Arbeitsphysiologie und -psychologie sowie Arbeitssoziologie und Arbeitspädagogik. Gesichert sind solche Erkenntnisse nur, wenn sie von der Mehrheit der Wissenschaftler des jeweiligen arbeitswissenschaftlichen Fachgebiets als richtig anerkannt werden.[5]

13 Regelmäßig enthalten die ArbStättV mit den dazu ergangenen Arbeitsstättenrichtlinien (vgl. § 154 RN 35) Standards, die den gesicherten arbeitswissenschaftlichen Erkenntnissen entsprechen. Gleiches dürfte für die Sicherheitsregeln der Berufsgenossenschaften, tarifvertraglichen Regelungen und technischen Normen und Regeln der Normenorganisationen (DIN, VDE, VDI) sowie anderer vergleichbarer Wirtschafts-, Berufs- bzw. Fachverbände gelten, wobei für die Letztgenannten nur eine widerlegbare Vermutung besteht, dass sie den arbeitswissenschaftlichen Erkenntnissen entsprechen. Entsprechen vom Arbeitgeber angewandte Normen den gesicherten Erkenntnissen, scheiden Rechte des Betriebsrats nach § 91 BetrVG aus; es können allerdings Überwachungsrechte nach den §§ 80, 89 BetrVG bestehen. Der Arbeitgeber genügt bereits seinen Verpflichtungen aus den §§ 90, 91 BetrVG, wenn er die Mindestnormen erfüllt hat. Enthalten sie aber einen Ermessens- oder Beurteilungsspielraum, kommt ein Mitbestimmungsrecht nach § 87 I Nr. 7 BetrVG in Betracht (dazu § 235 RN 40 ff.).

14 **5. Verspätete Unterrichtung.** Unterrichtet der Arbeitgeber den Betriebsrat nicht rechtzeitig oder gibt er wahrheitswidrige, unvollständige Auskünfte, sind seine Maßnahmen nicht unwirksam. Jedoch begeht er eine Ordnungswidrigkeit (§ 121 BetrVG). Streitigkeiten, ob überhaupt eine mitwirkungspflichtige Maßnahme vorliegt, entscheidet das Arbeitsgericht im Beschlussverfahren (§ 2a ArbGG). Der Betriebsrat kann seinen Anspruch auf Unterrichtung auch im Wege der einstweiligen Verfügung geltend machen. Dagegen steht ihm kein Unterlassungsanspruch gegen die Durchführung der Maßnahmen zu, insoweit besitzt er nur ein korrigierendes Mitbestimmungsrecht nach § 91 BetrVG (umstr.).

III. Mitbestimmungsrechte des Betriebsrats

15 **1. Durchführung.** Die eigentliche Durchführung der in RN 5–9 aufgezählten Maßnahmen unterliegt nicht dem Mitbestimmungsrecht des Betriebsrats.

16 **2. Korrigierendes Mitbestimmungsrecht.** Das Mitbestimmungsrecht des Betriebsrats nach § 91 BetrVG ist ein korrigierendes Mitbestimmungsrecht. Der Betriebsrat soll in die Lage versetzt werden, Arbeitsbedingungen an gesicherte arbeitswissenschaftliche Erkenntnisse heranzuführen, wenn Arbeitsplätze, Arbeitsverfahren oder Arbeitsumgebung diesen offensichtlich widersprechen und die Arbeitnehmer besonders belasten. Das Mitbestimmungsrecht besteht, wenn **(a)** der Arbeitgeber Maßnahmen der in RN 5–9 geschilderten Art durchgeführt hat.[6] Dagegen besteht nach dem Wortlaut kein Mitbestimmungsrecht, wenn bestehende betriebliche Einrichtungen gegen die Grundsätze der menschengerechten Gestaltung der Arbeitswelt verstoßen;[7] insoweit können aber Mitbestimmungsrechte nach § 87 I Nr. 7 BetrVG (§ 235 RN 69) in Betracht kommen; **(b)** diese Maßnahmen der menschengerechten Gestaltung der Arbeit offensichtlich widersprechen; eine offensichtliche Verletzung ist dann gegeben, wenn sie für jeden mit den Verhältnissen des Betriebs und den arbeitswissenschaftlichen Erkenntnissen Vertrauten leicht erkennbar ist, und **(c)** wenn die Arbeitnehmer durch die Maßnahmen in besonderer Weise belastet werden. Nicht als Belastung gelten die nach dem Stande der Technik unvermeidbaren Auswirkungen. Besondere Belastungen sind z. B. Umwelteinflüsse (Lärm, Vibration, Nässe, Lichtmangel usw.) oder negative Beanspruchungen der Arbeit wie Tempo, Takt, Zwangshaltung

---

[5] LAG Niedersachsen 25. 3. 1982 DB 82, 2039; LAG Baden-Württemberg 18. 2. 1981 DB 81, 1781; enger *Fitting* § 90 RN 43 – Methode der Erkenntnisgewinnung.

[6] Vgl. BAG 28. 7. 1981 AP 3 zu § 87 BetrVG 1972 Arbeitssicherheit = NJW 82, 2140.

[7] *Fitting* § 90 RN 7; GK-BetrVG/*Wiese* § 90 RN 7, § 91 RN 6; *Richardi* § 91 RN 6.

usw. Das Mitbestimmungsrecht des Betriebsrats besteht unabhängig davon, ob der Arbeitgeber den Betriebsrat rechtzeitig unterrichtet, die Maßnahme mit ihm beraten hat und er ihr zugestimmt hat oder nicht, sobald sich besondere Belastungen herausstellen.

3. Abhilfemaßnahmen. Der Betriebsrat kann, unabhängig von der Haltung der Arbeitnehmer, angemessene Maßnahmen zur Abwendung, Milderung oder zum Ausgleich der Belastung verlangen. Eine Rückgängigmachung kann nicht beansprucht werden. Angemessen sind die technisch und organisatorisch oder wirtschaftlich erforderlichen und geeigneten Maßnahmen, um die Belastung zu beheben oder zu mildern. Bei der Beurteilung, ob eine Maßnahme angemessen ist, sind die Interessen der Arbeitnehmer und die des Arbeitgebers, insbesondere die wirtschaftliche Belastbarkeit des Unternehmens und der Stand der Technik gegeneinander abzuwägen. Insoweit gilt der Verhältnismäßigkeitsgrundsatz. Die möglichen Maßnahmen zur Abwendung, Milderung oder zum Ausgleich der Belastung sind in einer Stufenfolge zu prüfen. Zunächst ist die Abwendung der Belastung des Arbeitnehmers anzustreben, nur wenn dies technisch oder wirtschaftlich nicht vertretbar erscheint, kommt eine Milderung bzw. ein Ausgleich in Betracht. Jedoch kann auch bei einer bloßen Milderung eine Entschädigung gewährt werden. Als Maßnahmen nach § 91 BetrVG kommen die Änderung des Arbeitstakts bzw. der Bandgeschwindigkeiten, Einführung von Lärmschutzvorkehrungen,[8] Kurzpausen oder zusätzlichen Erholungszeiten in Betracht. Als Ausgleichsleistungen ist eine zusätzliche Gewährung von Freizeit oder Zulagen möglich. Bei der Festsetzung der Leistungen haben sowohl die Betriebspartner wie auch die Einigungsstelle den Tarifvorbehalt des § 77 BetrVG zu beachten. Der Betriebsrat kann bei der Wahrnehmung seiner Rechte gemäß § 80 III BetrVG Sachverständige hinzuziehen. 17

4. Einigungsstelle. Kommt eine Einigung zwischen Arbeitgeber und Betriebsrat über Maßnahmen zur Abwendung, Milderung oder zum Ausgleich der Belastungen nicht zustande, entscheidet die Einigungsstelle. Ihr Spruch ersetzt die Einigung zwischen Arbeitgeber und Betriebsrat (§ 91 Sätze 2, 3, § 76 BetrVG; dazu vgl. § 232). 18

IV. Einführung von Bildschirmarbeitsplätzen, neuen Technologien und Qualitätsmanagementsystemen

1. Bildschirmarbeitsplätze.[9] Die Einrichtung und der Betrieb von Bildschirmarbeitsplätzen berühren eine Vielzahl von Rechtsvorschriften. Der Begriff des Bildschirmarbeitsplatzes ergibt sich aus § 2 BildscharbV. **(a)** Besondere gesetzliche Regelungen bestehen in der BildscharbV zur Gefährdungsbeurteilung des Arbeitgebers (§ 3), zu geeigneten Arbeitsschutzmaßnahmen (§ 4), Arbeitsunterbrechungen (§ 5) und augenärztlichen Untersuchungen[10] (§ 6). **(b)** Durch das Gerätesicherheitsgesetz wird gewährleistet, dass die Hersteller von Bildschirmgeräten den sicherheitstechnischen Standard einhalten. **(c)** Nach dem Gesetz über Betriebsärzte, Sicherheitsingenieure und andere Fachkräfte für Arbeitssicherheit vom 12. Dezember 1973 (BGBl. I S. 1885) unterliegen Bildschirmarbeitsplätze der Kontrolle durch Betriebsärzte und Fachkräfte für Arbeitssicherheit. Im Wesentlichen wird sich dies auf die Betriebsärzte konzentrieren. **(d)** Die Verordnung über Arbeitsstätten (ArbeitsstättenVO – ArbStättV) i. d. F. vom 12. 8. 2004 (BGBl. I S. 2768 m. spät. Änd.) wird nur im Ausnahmefall einschlägig sein, da sich besondere Belastungen durch Lärm und Wärme nicht ergeben dürften. Die Lichtverhältnisse werden im Allgemeinen schon vom Hersteller berücksichtigt. **(e)** Die Regelungen der Berufsgenossenschaften können besondere Anforderungen an Bildschirmarbeitsplätze enthalten. **(f)** Schließlich können die Tarifvertragsparteien die Ausgestaltung von Bildschirmarbeitsplätzen näher regeln (§ 4 I TVG).[11] 19

2. Überblick über die Mitbestimmungsrechte bei der Einführung von neuen Technologien. Das Bestehen und der Umfang der Mitbestimmungsrechte des Betriebsrats bei der Einführung von neuen Technologien sind nach wie vor umstr. Am Beispiel der Einführung von Bildschirmarbeitsplätzen soll das Zusammenspiel der möglichen Beteiligungsrechte aufgezeigt werden. Die Mitwirkungsrechte können von Arbeitgeber und Betriebsrat unter den Voraussetzungen des § 88 BetrVG im gegenseitigen Einvernehmen erweitert werden (dazu § 236). Speziell zu Personalinformationssystemen § 148. 20

---

[8] ArbG Hamm 13. 12. 1972 ArbuR 73, 122.

[9] *Lorenz,* Bildschirmarbeitsplätze, AR-Blattei SD 555.

[10] EuGH 12. 12. 1996 NZA 97, 307; a. A. noch BAG 2. 4. 1996 AP 5 zu § 87 BetrVG 1972 Gesundheitsschutz = NZA 97, 307; die Entscheidung ist durch die durch BildscharbV überholt.

[11] Vgl. Tarifvertrag über Bildschirmarbeit im öffentlichen Dienst in Berlin, NZA 90, 265.

21 **a) Planung.** Nach § 90 I Nr. 4 BetrVG ist der Betriebsrat zunächst über die Planung der Arbeitsplätze rechtzeitig zu unterrichten und es sind die vorgesehenen Maßnahmen, insbesondere im Hinblick auf ihre Auswirkungen auf die Art der Arbeit und die Anforderungen an die Arbeitnehmer mit ihm zu beraten. Hierzu gehört auch die Einführung von Bildschirmarbeitsplätzen, da sie sich regelmäßig auf die Gestaltung der Arbeitsplätze auswirken werden. Jedoch wird es nur in Ausnahmefällen zur korrigierenden Mitbestimmung nach § 91 BetrVG kommen (oben RN 17).

22 **b) Wirtschaftsausschuss.** Die Absicht, Bildschirmarbeitsplätze einzuführen, ist als Einführung neuer Fabrikations- und Arbeitsmethoden dem Wirtschaftsausschuss mitzuteilen (§ 106 III BetrVG). Dabei sind insbesondere die Auswirkungen auf die Personalplanung darzustellen (§ 243).

23 **c) Personalplanung.** Soweit die Einführung von Bildschirmarbeitsplätzen Einfluss auf die Personalplanung, d. h. die Personalbedarfs-, Personaleinsatz-, Personalentwicklungs- oder Personalabbauplanung haben kann, ist der Betriebsrat nach § 92 I BetrVG zu unterrichten (§ 238 RN 2ff.).

24 **d)** Weitere **Unterrichtungspflichten und Überwachungsrechte** bestehen nach § 80 BetrVG (§ 233 RN 2–5).

25 **e) Soziale Mitbestimmung.** In diesem Bereich können sich Beteiligungsrechte insbesondere aus § 87 I Nr. 6 und 7 BetrVG ergeben.

26 **aa) Verhaltenskontrolle.** Die Einführung von Bildschirmarbeitsplätzen unterliegt der Mitbestimmung nach § 87 I Nr. 6 BetrVG (vgl. zu den allgemeinen Voraussetzungen § 235 RN 34), wenn die neue Technik objektiv zur Verhaltenskontrolle geeignet ist. Als Verhalten gilt jedes Tun oder Unterlassen des Arbeitnehmers im betrieblichen oder außerbetrieblichen Bereich.[12] Mitbestimmungspflichtig ist die Kontrolleinrichtung schon dann, wenn entweder die Daten von ihr erfasst, verarbeitet oder bewertet werden.[13] Beteiligungspflichtig ist bereits die Anschaffung der Hardware, wenn nach der vom Hersteller vorgesehenen Software eine Überwachung des Verhaltens der Arbeitnehmer möglich ist, auf eine entsprechende Absicht des Arbeitgebers kommt es nicht an.[14]

27 **bb) Gesundheitsschutz.** Mitbestimmungsrechte des Betriebsrats können sich auch aus § 87 I Nr. 7 BetrVG ergeben (§ 235 RN 40). Hiernach hat der Betriebsrat mitzubestimmen bei Regelungen über die Verhütung von Arbeitsunfällen und Berufskrankheiten sowie über den Gesundheitsschutz im Rahmen der gesetzlichen Vorschriften oder Unfallverhütungsvorschriften. Nach § 87 I Nr. 7 BetrVG besteht ein erzwingbares Mitbestimmungsrecht nur im Rahmen der gesetzlichen Vorschriften oder Unfallverhütungsvorschriften. Es müssen ausfüllungsbedürftige Rahmenvorschriften vorhanden sein.[15] Bei einer Einführung von Bildschirmarbeitsplätzen unterliegt insbesondere die Gefährdungsbeurteilung nach § 3 BildscharbV, die Festlegung der geeigneten Schutzmaßnahmen (§ 4 BildscharbV) und die Unterbrechung der Arbeit an den Bildschirmgeräten (§ 5 BildscharbV) dem Beteiligungsrecht nach § 87 I Nr. 7 BetrVG.

28 **f) Wirtschaftliche Angelegenheiten.** Nach der Rspr. des BAG können auch die Vorschriften über die Mitbestimmung in wirtschaftlichen Angelegenheiten (§§ 111 ff. BetrVG) nur in Ausnahmefällen eine wirksame Einflussnahme des Betriebsrats bei der Einführung neuer Technologien sicherstellen. Nach § 111 BetrVG hat ein Unternehmen mit i. d. R. mehr als 20 wahlberechtigten Arbeitnehmern den Betriebsrat über geplante Betriebsänderungen, die wesentliche Nachteile für die Belegschaft oder erhebliche Teile der Belegschaft zur Folge haben können, rechtzeitig und umfassend zu unterrichten und die geplanten Betriebsänderungen mit dem Betriebsrat zu beraten. Als Betriebsänderung gelten die grundlegende Änderung der Betriebsorganisation, des Betriebszwecks oder der Betriebsanlagen sowie die Einführung grundlegend neuer Arbeitsmethoden. Nach dem BAG sind Datensichtgeräte Betriebsanlagen i. S. von § 111 BetrVG. Selbst wenn danach ein Mitbestimmungsrecht besteht, hat der Betriebsrat jedoch nur einen Anspruch auf einen **Interessenausgleich** nach den §§ 111, 112 BetrVG, der nicht erzwingbar ist. Er kann allenfalls später einen Sozialplan durchsetzen (§ 244).

---

[12] BAG 11. 3. 1986 AP 14 zu § 87 BetrVG 1972 Überwachung = NZA 86, 526.

[13] BAG 14. 9. 1984 AP 9 zu § 87 BetrVG 1972 Überwachung = NZA 85, 28.

[14] Vgl. BAG 14. 9. 1984 AP 9 zu § 87 BetrVG 1972 Überwachung = NZA 85, 28; 6. 12. 1983 AP 7 zu § 87 BetrVG 1972 Überwachung = NJW 84, 1475.

[15] BAG 28. 7. 1981 AP 3 zu § 87 BetrVG 1972 Arbeitssicherheit = NJW 82, 2140.

g) Berufsbildung und personelle Einzelmaßnahmen. Werden Maßnahmen der Berufsbildung durchgeführt, können Mitbestimmungsrechte nach § 98 BetrVG bestehen (§ 239). Ein Initiativrecht auf die Durchführung von betrieblichen Bildungsmaßnahmen steht dem Betriebsrat aber unter den Voraussetzungen des § 97 II BetrVG zu (§ 239 RN 3 a). Kommt es infolge der Einführung von Bildschirmarbeitsplätzen zu Versetzungen,[16] können schließlich Mitwirkungsrechte in personellen Angelegenheiten bestehen (§ 241). 29

3. Qualitätsmanagementsysteme. Bei zunehmender Internationalisierung der Handelsbeziehungen und des Wettbewerbs steigt für Kunden und Lieferanten die Bedeutung von Qualitätsnachweisen durch den einzelnen Unternehmer. Mit den Normen der International Standards Organisation (ISO) der Familie 9000ff. wurden weltweit einheitliche Standards für die Darlegung und Zertifizierung von Qualitätsmanagementsystemen geschaffen. Zweck dieser Qualitätsmanagementsysteme ist es, die Qualitätsfähigkeit eines Unternehmens und das Vertrauen in die Kundenerwartungen zu erhöhen. Der Entschluss des Unternehmers, ein derartiges System einzuführen, ist eine freie unternehmerische Entscheidung. Dem Betriebsrat stehen vor allem **Unterrichtungsrechte** nach §§ 80, 90 BetrVG zu. Dagegen bestehen wohl keine erzwingbaren Mitbestimmungsrechte nach § 87 BetrVG. Bei Einstellung von Personen können Mitwirkungsrechte nach §§ 99ff. BetrVG ausgelöst werden. 30

---

[16] BAG 10. 4. 1984 AP 4 zu § 95 BetrVG 1972 = NJW 84, 233.

8. Abschnitt. Beteiligung des Betriebsrats in personellen Angelegenheiten

§ 238. Beteiligung in allgemeinen personellen Angelegenheiten

Übersicht

	RN
I. Allgemeines	1
II. Personalplanung (§ 92 BetrVG)	2 ff.
1. Inhalt des Beteiligungsrechts	2–7
2. Förderung von Gleichstellung und Familie	8
3. Ausübung des Mitbestimmungsrechts	9
4. Verletzung	10
III. Beschäftigungssicherung (§ 92 a BetrVG)	11 f.
1. Vorschlagsrecht	11
2. Beratung und Ablehnung	12
IV. Stellenausschreibung (§ 93 BetrVG)	13 ff.
1. Inhalt des Beteiligungsrechts	13–15
2. Verletzung des Mitbestimmungsrechts	16
3. Externe Bewerber	17
V. Personalfragebogen, Formularverträge und Beurteilungsgrundsätze (§ 94 BetrVG)	18 ff.
1. Begriff und Zielsetzung	18–21
2. Einführung	22, 23
3. Formularverträge	24
4. Beurteilungsgrundsätze	25–27
VI. Auswahlrichtlinien (§ 95 BetrVG)	28 ff.
1. Allgemeines	28
2. Inhalt des Beteiligungsrechts	29–31
3. Auswahlgesichtspunkte	32
4. Beispiele	33
5. Rechtsschutz	34

I. Allgemeines

1 Das BetrVG 1972 hat anders als noch das BetrVG 1952 die allgemeinen personellen Angelegenheiten dem Mitwirkungsrecht des Betriebsrats unterstellt, um zu verhindern, dass der Betriebsrat bei personellen Einzelmaßnahmen durch frühe Grundsatzentscheidungen überrascht wird, die ihn unvorbereitet vor vollendete Tatsachen stellen und seinen Spielraum bei der Mitwirkung im Rahmen von personellen Einzelmaßnahmen einengen.[1]

II. Personalplanung (§ 92 BetrVG)

Muster: ArbR-Formb. § 55 RN 1.

2 **1. Inhalt des Beteiligungsrechts. a) Begriff.** Unter Personalplanung wird die Methode zur Planung einer möglichst weitgehenden Übereinstimmung zwischen künftigen Arbeitsanforderungen und dem einsetzbaren Personal verstanden. Sie erfordert wie jede Planung regelmäßig einen Soll/Ist-Vergleich der Planungsziele mit den vorhandenen personellen Ressourcen und den zu erwartenden Veränderungen. Zur Personalplanung i. S. d. § 92 BetrVG zählt jede Planung, die sich auf den gegenwärtigen und künftigen Personalbedarf in quantitativer und qualitativer Hinsicht, auf deren Deckung im weitesten Sinne und auf den abstrakten Einsatz der personellen Kapazität bezieht. Dazu gehören die **(1)** Personalbedarfsplanung, **(2)** Personaldeckungsplanung (Personalbeschaffung bzw. -abbau), **(3)** Personalentwicklungsplanung (Fortbildung der Arbeitnehmer) und **(4)** Personaleinsatzplanung.[2] Daneben wird im Schrifttum zu Recht die **(5)** Personalkostenplanung als Teil der Personalplanung angesehen. Die Beteiligungspflicht des Betriebsrats besteht für alle Bereiche der Personalplanung. Zweck der Beteiligung des Betriebsrats an der Personalplanung ist es, diesem frühzeitig Einfluss auf die personellen Grundsatzentscheidungen einzuräumen. Es soll damit eine bessere Objektivierung und Durchschaubarkeit der Personalwirtschaft und der personellen Einzelmaßnahmen erreicht werden. In Tendenzbetrieben

---

[1] *Heither,* Die Beteiligung des Betriebsrats in personellen Angelegenheiten, AR-Blattei SD 530.14.3.

[2] BAG 6. 11. 1990 AP 3 zu § 92 BetrVG 1972 = NZA 91, 358; vgl. LAG Berlin 13. 6. 1988 LAGE § 92 BetrVG 1972 Nr. 2 = DB 88, 1860; OLG Hamm 7. 12. 1977 DB 78, 748.

ist die Verpflichtung zur Unterrichtung des Betriebsrats nicht eingeschränkt, selbst wenn die Personalplanung Tendenzträger zum Gegenstand hat.[3]

b) Informationspflicht. Nach § 92 I 1 BetrVG hat der Arbeitgeber den Betriebsrat über die Personalplanung umfassend und rechtzeitig zu informieren. Die Unterrichtungspflicht besteht nur über eine vorhandene Personalplanung. Besteht keine Personalplanung, entfällt das Beteiligungsrecht. Der Betriebsrat ist aber auch über Grob- oder Teilplanungen zu unterrichten, wenn eine vollständige Personalplanung nicht existiert. Umfassend bedeutet, dass der Arbeitgeber den Betriebsrat über die gesamte Planung zu unterrichten hat. Der Arbeitgeber muss deshalb dem Betriebsrat alle Tatsachen mitteilen, auf die er die jeweilige Personalplanung stützt, damit dieser die Überlegungen des Arbeitgebers nachvollziehen kann. Dazu können auch diejenigen Planungsdaten gehören, die in einem anderen Zusammenhang erhoben und festgestellt wurden (z. B. Rationalisierungsvorschläge, Produktions- und Investitionsentscheidungen). In zeitlicher Hinsicht setzt die Unterrichtungspflicht erst ein, wenn Überlegungen des Arbeitgebers das Stadium der Planung erreicht haben. Nicht zu unterrichten ist über bloße Planspiele. Solange der Arbeitgeber nur Möglichkeiten einer Personalreduzierung erkundet, braucht er den Betriebsrat über einen nur vage angedachten Personalabbau noch nicht zu informieren.[4] Die Informationen über die Personalplanung sind gegenüber dem Betriebsrat in dem Umfang fortzuschreiben, wie auch der Arbeitgeber seine Planung aktualisiert. 3

Die Unterrichtungspflicht erstreckt sich nicht ohne weiteres auf ein verwendetes **Personalinformationssystem**. Dies gilt auch, soweit der Arbeitgeber den Betriebsrat über die Methoden der Personalplanung zu informieren hat.[5] Jedoch ist der Arbeitgeber bei Verwendung eines solchen Systems zur Erläuterung seiner entsprechenden Auswahlüberlegungen und Vorlage der mit seiner Hilfe erstellten Unterlagen verpflichtet, da die Überlegungen des Arbeitgebers für den Betriebsrat regelmäßig nur auf diese Weise nachvollziehbar sind. 4

c) Vorlage von Unterlagen und Beratungspflicht. Der Arbeitgeber hat den Betriebsrat anhand von Unterlagen (Stellenbesetzungsplänen, Personalbedarfsmeldungen, Statistiken über Fluktuation und Krankenstand usw.) rechtzeitig und umfassend zu unterrichten.[6] Er hat ihm die für die Beschlussfassung notwendigen Informationen zu erteilen und mit ihm über Art und Umfang der erforderlichen Maßnahmen und über die Vermeidung von Härten zu beraten, also seine Anregungen und Bedenken entgegenzunehmen. Eine Beratung mit dem Betriebsrat sieht das Gesetz aber lediglich für die „sich daraus ergebenden personellen Maßnahmen" vor. Über die vorgelegte Personalplanung besteht deshalb erst dann eine Beratungspflicht, wenn aus der Personalbedarfsplanung im Rahmen der Personaldeckungsplanung konkrete Maßnahmen folgen (sollen).[7] Die Unterlagen sind dem Betriebsrat zu überlassen, da nur so eine sinnvolle Arbeit möglich ist.[8] Zu den zu überlassenden Unterlagen gehören auch solche, die in anderem Zusammenhang gewonnen wurden, also bei Produktions-, Investitions- und Rationalisierungsentscheidungen. Der Betriebsrat darf von den Unterlagen keine Abschriften herstellen, sondern muss sich mit einzelnen Notizen begnügen. 5

d) Vorschlagsrecht. Der Betriebsrat kann von sich aus an den Arbeitgeber herantreten und ihm Vorschläge für die Einführung und Durchführung einer Personalplanung machen (§ 92 II BetrVG). Das Initiativrecht ist dem Betriebsrat aus wirtschafts- und sozialpolitischen Erwägungen im Interesse einer vorausschauenden Personalplanung verliehen worden und setzt eine ordnungsgemäße Unterrichtung nach § 92 I BetrVG voraus. Gegenstand des Vorschlagrechts ist auch die Methode der Personalplanung. 6

e) Zuständigkeiten. Das Beteiligungsrecht bezieht sich auf die Personalplanung der vom Betriebsrat vertretenen Arbeitnehmer, also z. B. auch für Auszubildende und außertarifliche Angestellte;[9] dagegen auf leitende Angestellte nur, soweit ihr Verhältnis zu sonstigen Arbeitnehmern in Rede steht. Erfasst wird auch der Einsatz von Beschäftigten in Arbeitsgelegenheiten (§ 16 III 2 SGB III). Das Mitwirkungsrecht besteht ohne Rücksicht auf die Betriebsgröße. Be- 7

---

[3] BAG 6. 11. 1990 AP 3 zu § 92 BetrVG 1972 = NZA 91, 358.

[4] BAG 6. 11. 1990 AP 3 zu § 92 BetrVG 1972 = NZA 91, 358; 27. 6. 1989 AP 37 zu § 80 BetrVG 1972 = NZA 89, 929; 31. 1. 1989 AP 33 zu § 80 BetrVG 1972 = NZA 89, 932; 19. 6. 1984 AP 2 zu § 92 BetrVG 1972 = NZA 84, 329; 19. 6. 1984 AP 2 zu § 92 BetrVG 1972 = NZA 84, 329; *Fitting* § 92 RN 27 ff.; GK-BetrVG/*Kraft*/*Raab* § 92 RN 21.

[5] GK-BetrVG/*Kraft*/*Raab* § 92 RN 21; weitergehend *Fitting* § 92 RN 25 f.

[6] BAG 19. 6. 1984 AP 2 zu § 92 BetrVG 1972 = NZA 84, 329.

[7] BAG 6. 11. 1990 AP 3 zu § 92 BetrVG 1972 = NZA 91, 358; a. A. *Fitting* § 92 RN 35.

[8] LAG München 6. 8. 1986 DB 87, 281.

[9] BAG 6. 11. 1990 AP 3 zu § 92 BetrVG 1972 = NZA 91, 358.

steht ein Unternehmen aus mehreren Betrieben und erfolgt die Personalplanung auf Unternehmensebene, ist der **Gesamtbetriebsrat** zuständig (§ 224).[10] Entsprechendes gilt für den Konzernbetriebsrat, ansonsten bleibt es bei der Zuständigkeit des Betriebsrats.

8 **2. Förderung von Gleichstellung und Familie.** Nach dem durch das BetrVG-ReformG neu eingefügten Abs. 3 muss der Arbeitgeber den Betriebsrat im Rahmen der Personalplanung auch über Maßnahmen zur Förderung der Gleichstellung und Förderung der Vereinbarkeit von Familie und Erwerbstätigkeit unterrichten. Die Vorschrift ergänzt § 80 I Nr. 2a, b BetrVG (§ 233 RN 7) und gibt dem Betriebsrat die Möglichkeit, entsprechende vom Arbeitgeber beabsichtigte Maßnahmen mit diesem zu beraten. Der Betriebsrat kann nach § 92 II BetrVG auch entsprechende Maßnahmen anregen. Der Arbeitgeber ist dann zur inhaltlichen Befassung mit den Vorschlägen, nicht aber zu ihrer Umsetzung verpflichtet. Der Betriebsrat kann nach § 92 III BetrVG insbesondere die Aufstellung und Ausgestaltung von Förderplänen für das unterrepräsentierte Geschlecht vorschlagen.

9 **3. Ausübung des Mitbestimmungsrechts.** Die Mitwirkungsrechte aus § 92 BetrVG werden regelmäßig durch den Abschluss von freiwilligen Betriebsvereinbarungen ausgeübt.[11] Beratungen des Arbeitgebers mit dem Betriebsrat über die Personalplanung lassen seine Mitwirkungsrechte bei den personellen Einzelmaßnahmen unberührt.[12]

10 **4. Verletzung.** Der Betriebsrat kann die Vorlage einer bestehenden Personalplanung sowie die dazugehörigen Unterlagen im Beschlussverfahren erzwingen. Verletzt der Arbeitgeber das Informationsrecht des Betriebsrats, sind besondere Sanktionen, abgesehen von § 121 BetrVG, im Gesetz nicht vorgesehen. Bei groben Verstößen kommt ein Verfahren gegen den Arbeitgeber nach § 23 III BetrVG in Betracht.

III. Beschäftigungssicherung (§ 92a BetrVG)

Fischer, Beschäftigungsförderung nach neuem Betriebsverfassungsrecht, DB 2002, 322; *Löwisch,* Beschäftigungssicherung als Gegenstand von Mitwirkungs- und Mitbestimmungsrechten im europäischen und deutschen Recht, FS Konzen (2006), S. 533; *ders.,* Beschäftigungssicherung als Gegenstand betrieblicher und tariflicher Regelungen und von Arbeitskämpfen, DB 2005, 554; *Schneider, S.,* Das Mandat des Betriebsrats zur Beschäftigungsförderung und -sicherung im Betrieb, 2004.

Muster: ArbR-Formb. § 55 RN 11.

11 **1. Vorschlagsrecht.** § 92a BetrVG ergänzt § 80 I Nr. 8 BetrVG, wonach die Sicherung und Förderung der Beschäftigung zu den Aufgaben des Betriebsrats zählt (zum Begriff § 233 RN 13). Zu diesem Zweck kann der Betriebsrat dem Arbeitgeber Maßnahmen vorschlagen. In § 92a I 2 BetrVG werden beispielhaft die Arbeitszeitflexibilisierung, Einführung von Teilzeit- und Altersteilzeitmodellen, Neugestaltung oder Änderung von Arbeitsorganisation bzw. Arbeitsablauf und -verfahren und Durchführung von Qualifizierungsmaßnahmen genannt. Daneben kann der Betriebsrat dem Arbeitgeber Alternativen zum Outsourcing und zur Drittvergabe von Arbeiten aufzeigen und Vorschläge für andere Produktions- und Investitionsprogramme machen. Nicht erforderlich ist, dass ein Abbau von Arbeitsplätzen konkret bevorsteht oder bereits absehbar ist. Das Mitbestimmungsrecht ist betriebsbezogen; werden Entscheidungen auf Unternehmens- oder Konzernebene getroffen, ist insoweit der Gesamt- bzw. Konzernbetriebsrat zuständig. Aus § 92a BetrVG folgt keine Erweiterung der Informationsrechte des Betriebsrats. Seine Vorschläge kann er nur auf der Grundlage der ihm bekannten wirtschaftlichen Situation des Betriebs, Unternehmens oder Konzerns machen.

12 **2. Beratung und Ablehnung.** Der Arbeitgeber hat die Vorschläge mit dem Betriebsrat zu beraten, d. h., es hat eine inhaltliche Auseinandersetzung über die mögliche Verwirklichung zu erfolgen. Zu den Beratungen können beide Parteien einen Vertreter der Arbeitsverwaltung hinzuziehen. Hält der Arbeitgeber die Anregungen nach der Beratung aus wirtschaftlichen oder rechtlichen Gründen für ungeeignet, hat er seine Ansicht gegenüber dem Betriebsrat zu begründen; in Betrieben mit mehr als 100 Arbeitnehmern ist er zur schriftlichen Ablehnung verpflichtet (§ 92a II BetrVG). Die Begründung muss erkennen lassen, dass sich der Arbeitgeber mit den Vorschlägen ernsthaft auseinandergesetzt hat. Genügt sie diesen Anforderungen, sind die Rechte aus § 92a BetrVG verbraucht; der Betriebsrat hat keinen Anspruch auf eine weitergehende inhaltliche Befassung mit seinen Vorschlägen. Verweigert der Arbeitgeber eine Aus-

[10] LAG Hamm 7. 3. 1974 ARSt. 76, 46.
[11] Muster: ArbR-Formb. § 55 RN 1.
[12] LAG Düsseldorf 1. 8. 1974 DB 74, 1917.

sprache über die Vorschläge oder lehnt er sie ohne nähere Begründung ab, kann der Betriebsrat die Rechte aus § 92a BetrVG im Beschlussverfahren durchsetzen.

IV. Stellenausschreibung (§ 93 BetrVG)

Kleinebrink, Mitbestimmungsrechte und Gestaltungsmöglichkeiten bei innerbetrieblichen Stellenausschreibungen, ArbRB 2006, 217.

Muster: ArbR-Formb. § 55 RN 16.

1. Inhalt des Beteiligungsrechts. a) Begriff. Die Stellenausschreibung ist Teil der Personalbeschaffungsplanung (oben RN 2). Sie soll den innerbetrieblichen Arbeitsmarkt aktivieren und Arbeitnehmern Aufstiegs- oder Weiterbeschäftigungsmöglichkeiten eröffnen. Stellenausschreibung ist die allgemeine Aufforderung an alle oder bestimmte Arbeitnehmergruppen im Betrieb, sich für bestimmte Arbeitsplätze im Betrieb zu bewerben.[13] Über den Inhalt der Stellenausschreibung bestehen keine gesetzlichen Vorgaben, er kann Gegenstand einer Absprache oder freiwilligen Betriebsvereinbarung zwischen Arbeitgeber und Betriebsrat sein.[14] Die Mindestanforderungen an den Inhalt und die Form einer Ausschreibung ergeben sich aus ihrem Zweck. Aus der Ausschreibung muss hervorgehen, um welchen Arbeitsplatz es sich handelt und welche Anforderungen ein Bewerber erfüllen muss. Außerdem hat die Bekanntmachung so zu erfolgen, dass alle als Bewerber in Betracht kommenden Arbeitnehmer die Möglichkeit haben, von der Ausschreibung Kenntnis zu nehmen.[15] Der Betriebsrat kann verlangen, dass freiwerdende oder neu geschaffene Stellen allgemein oder doch für bestimmte Arten von Tätigkeiten, bei denen er ein Mitwirkungsrecht hat, innerhalb des Betriebs ausgeschrieben werden.[16] Dieses Recht besteht auch in Tendenzbetrieben, selbst wenn sich die Ausschreibung auf einen Tendenzträger bezieht.[17] Dasselbe gilt bei der Ausschreibung von Stellen freier Mitarbeiter[18] und für mit Leiharbeitnehmern zu besetzende Stellen;[19] zur Ausschreibung von Teilzeitarbeitsplätzen vgl. § 7 TzBfG. 13

b) Aufforderung. Das Verlangen nach einer Stellenausschreibung setzt eine entsprechende Beschlussfassung des Betriebsrats voraus. Es kann nur allgemein (z. B. für Arbeitsplätze der Meister, Konstrukteure) und unabhängig von der geforderten Qualifikation ausgeübt werden; eine Beschränkung nur auf einen einzelnen Arbeitsplatz[20] ist unzulässig, ebenso seine Erstreckung auf Arbeitsplätze von leitenden Angestellten (§ 5 II, III BetrVG). Die Mitwirkungsrechte des Betriebsrats nach §§ 99 ff. BetrVG bleiben durch eine Stellenausschreibung unberührt. Verlangt der Betriebsrat eine Stellenausschreibung, ist der Arbeitgeber hieran gebunden. Es bedarf also keiner Vereinbarung über die Stellenausschreibung. Arbeitgeber und Betriebsrat können aber bei einem generellen Ausschreibungsverlangen einvernehmlich für einzelne oder bestimmte Stellen von der Ausschreibungspflicht absehen. 14

c) Verfahren. Kein Mitbestimmungsrecht besteht wegen Form und Inhalt der Ausschreibung;[21] zur Stellenausschreibung § 25 RN 3. Eine Pflicht zur unternehmensweiten Ausschreibung besteht nach dem Gesetzeswortlaut nicht.[22] Etwas anderes gilt nur, wenn der Gesamtbetriebsrat wegen der Verteilung der Personalbefugnisse im Unternehmen zuständig ist.[23] In diesem Fall kann er auch eine Ausschreibung für betriebsratslose Betriebe verlangen. 15

2. Verletzung des Mitbestimmungsrechts. Hat der Arbeitgeber entgegen dem Verlangen des Betriebsrats eine Stellenausschreibung nicht vorgenommen, kann der Betriebsrat bei Einstellung usw. eines anderen Bewerbers seine Zustimmung verweigern (§ 99 II Nr. 5 BetrVG); dies gilt auch bei Tendenzträgern[24] (vgl. § 241 RN 50). Jedoch kann der Betriebsrat die Zustimmung nach § 99 II Nr. 5 BetrVG nur verweigern, wenn er die Ausschreibung vor dem Zustimmungsantrag des Arbeitgebers verlangt hat oder die Ausschreibung entsprechend vereinbart 16

---

[13] BAG 23. 2. 1988 AP 2 zu § 93 BetrVG 1972 = NZA 88, 551.
[14] LAG Berlin 11. 2. 2005 ArbuR 2005, 238 – keine Angabe der Verg.Gr. erforderlich.
[15] BAG 17. 6. 2008 AP 46 zu § 99 BetrVG 1972 Versetzung = NZA 2008, 1139.
[16] BAG AP 1 zu § 100 BetrVG 1972; 27. 7. 1993 AP 3 zu § 93 BetrVG 1972.
[17] BAG AP 11 zu § 118 BetrVG 1972 = DB 79, 1609.
[18] BAG 27. 7. 1993 AP 3 zu § 93 BetrVG 1972 = NZA 94, 92.
[19] ArbG Detmold 12. 9. 2007 AiB 2007, 729.
[20] LAG Köln 1. 4. 1993 LAGE § 93 BetrVG 1972 Nr. 2.
[21] BAG 23. 11. 1993 AP 33 zu § 95 BetrVG 1972.
[22] LAG München 8. 11. 1988 LAGE § 611 BGB Fürsorgepflicht = DB 89, 1879.
[23] *Fitting* § 93 RN 10; GK-BetrVG/*Kraft/Raab* § 93 RN 9.
[24] A. A. LAG Frankfurt 3. 9. 1996 NZA 97, 671.

worden ist.[25] Der Arbeitgeber kann die Ausschreibung nachholen und an seinem ursprünglichen Bewerber festhalten. Der Betriebsrat kann alternativ die Ausschreibung der Stelle im Beschlussverfahren durchsetzen. Ein mehrfaches Absehen von der Ausschreibung kann für den Arbeitgeber einen Verstoß nach § 23 III BetrVG darstellen.

17 **3. Externe Bewerber.** Der Arbeitgeber ist nicht verpflichtet, nur solche Personen bei der Stellenvergabe zu berücksichtigen, die sich beworben haben, es sei denn, dass in einer Betriebsvereinbarung etwas anderes vereinbart ist. Er bleibt grundsätzlich in der Vergabe der Arbeitsplätze frei.[26] Dies gilt auch dann, wenn eine Betriebsvereinbarung für den Aushang innerbetrieblicher Stellenausschreibungen einen Fristenrahmen festlegt.[27] Der Arbeitgeber kann unabhängig von der Stellenausschreibung auch außerhalb des Betriebs die Stelle ausschreiben (Zeitungsinserate usw.). Die dort gestellten Anforderungen dürfen nur nicht geringer sein als in der betrieblichen Stellenausschreibung, sonst kann der Betriebsrat widersprechen.[28]

V. Personalfragebogen, Formularverträge und Beurteilungsgrundsätze (§ 94 BetrVG)

Vgl. auch § 26 RN 11. **Muster:** ArbR-Formb. § 55 RN 25.

18 **1. Begriff und Zielsetzung. a)** Personalfragebogen und Beurteilungsgrundsätze haben den **Zweck,** den Arbeitgeber über die persönlichen Verhältnisse des Arbeitnehmers, seine Fähigkeiten und Kenntnisse zu unterrichten. Beurteilungsgrundsätze sollen Maßstäbe für die Beurteilung der Leistungsfähigkeit des Arbeitnehmers setzen. Durch die Einschaltung des Betriebsrats soll sichergestellt werden, dass die Fragebogen auf die Gegenstände und den Umfang beschränkt bleiben, für die ein berechtigtes Auskunftsbedürfnis des Arbeitgebers besteht. Die Mitbestimmung des Betriebsrats soll namentlich den Schutz der Bewerber gegen eine unangemessene Ausfragung verstärken. Hieraus folgt, dass der Betriebsrat seine Zustimmung nicht aus freiem Belieben verweigern kann. Welche Fragen zulässig sind, ist unter § 26 RN 14ff. dargestellt.

19 **b) Begriff.** Personalfragebögen sind formularmäßig zusammengefasste Zusammenstellungen, die Aufschluss über die Personalien,[29] Kenntnisse und Fähigkeiten sowie Leistung und Verhalten des Arbeitnehmers geben sollen. Unerheblich ist, ob der Arbeitnehmer den Fragebogen ausfüllt oder der Arbeitgeber auf Grund von Antworten des Arbeitnehmers[30] bzw. die Erhebung durch E-Mail bzw. Intranet erfolgt.[31] Zu den Personalfragebogen gehören auch standardisierte Checklisten[32] und Formulare mit Angabe zu früheren Tätigkeiten. Dasselbe gilt für Fragebögen zu sog. Jahresgesprächen der Vorgesetzten mit Mitarbeitern.[33] Den Personalfragebogen sind **Testbögen** (insbesondere für psychologische Eignungstests), anhand derer die Eignung des Arbeitnehmers festgestellt werden soll, gleichzustellen (vgl. § 24). Keine Personalfragebogen sind die Fragebogen der Werksärzte zur medizinischen Untersuchung. Da der Arzt der Schweigepflicht unterliegt, ist insoweit auch die Gefährdung der Arbeitnehmerinteressen geringer. Kein Mitbestimmungsrecht besteht bei Sicherheitsüberprüfungen, wenn die Angaben nicht vom Arbeitgeber, sondern von der Aufsichtsbehörde erhoben werden[34] oder von einer Drittfirma, wenn die Weitergabe der Ergebnisse an den Arbeitgeber nur in anonymisierter Form erfolgt.[35]

20 **c) Beteiligungspflicht.** Die Zustimmung des Betriebsrats bezieht sich auf die Einführung und Änderung der Fragebögen, die einzelnen Fragen und den Verwendungszweck der Antworten. Dies gilt insbesondere dann, wenn die Antworten in Personalinformationssystemen verarbeitet werden sollen. Zustimmungspflichtig ist auch die Frage, ob der Arbeitnehmer der Verarbeitung seiner Daten in automatisierten Verfahren zustimmt. Die Einwilligung bedarf der Schriftform. Ist sie Teil des Fragebogens, muss der Arbeitnehmer darauf hingewiesen werden

---

[25] BAG 14. 12. 2004 AP 121 zu § 99 BetrVG 1972 = NZA 2005, 424.
[26] BAG 7. 11. 1977 AP 1 zu § 100 BetrVG 1972 = NJW 78, 848.
[27] BAG 18. 11. 1980 AP 1 zu § 93 BetrVG 1972 = DB 81, 998.
[28] BAG 23. 2. 1988 AP 2 zu § 93 BetrVG 1972 = NZA 88, 551.
[29] BVerwG 22. 12. 1993 AP 2 zu § 85 LPVG Berlin = PersR 94, 181; OVG Bautzen 30. 9. 1997 PersR 98, 471 = PersV 99, 171.
[30] BAG 21. 9. 1993 AP 4 zu § 94 BetrVG 1972 = NZA 94, 375; 9. 7. 1991 AP 19 zu § 87 BetrVG 1972 Ordnung des Betriebs = NZA 92, 126.
[31] LAG Frankfurt 5. 7. 2001 DB 2001, 2254.
[32] ArbG Köln 3. 3. 1989 ArbuR 89, 387.
[33] LAG Köln 21. 4. 1997 NZA-RR 97, 481.
[34] BAG 9. 7. 1991 AP 19 zu § 87 BetrVG 1972 Ordnung des Betriebs = NZA 92, 126.
[35] A. A. ArbG Bonn 31. 10. 2003 PersR 2004, 190.

(§ 4 II BDSG). Hat der Betriebsrat der Einführung oder Änderung eines Personalfragebogens zunächst formlos zugestimmt, kann er seine Zustimmung nicht ohne weiteres widerrufen, sondern ist auf eine Kündigung der durch die Übereinstimmung entstandenen Regelungsabrede beschränkt.[36]

d) Aufbewahrung. Nach der Beendigung des Arbeitsverhältnisses oder Abbruch der Vertragsverhandlungen mit einem Stellenbewerber ist der Fragebogen zu vernichten, es sei denn, dass der Arbeitgeber an dessen Verwahrung ein berechtigtes Interesse hat.[37] 21

2. Einführung. a) Ob der Arbeitgeber Personalfragebogen einführt, liegt in seinem Ermessen. Das gilt auch in Tendenzbetrieben.[38] Kommt eine Einigung zwischen Arbeitgeber und Betriebsrat über den Inhalt der Fragebogen nicht zustande, entscheidet die Einigungsstelle. Die Entscheidung der Einigungsstelle ersetzt die Einigung zwischen Arbeitgeber und Betriebsrat (§ 94 I BetrVG). Fehlt die Zustimmung des Betriebsrats zu dem Fragebogen und wird sie auch durch die Einigungsstelle nicht ersetzt, steht dem Arbeitnehmer ein Leistungsverweigerungsrecht bei der Beantwortung zu. 22

b) Falschbeantwortung. Unterschiedlich sind die Rechtsfolgen bei Falschbeantwortung einer im Personalfragebogen enthaltenen Frage. Die fehlende Zustimmung des Betriebsrats zu dem Personalfragebogen nimmt dem Arbeitgeber nicht das Recht, bei wahrheitswidriger Beantwortung einer zulässigen Frage den Arbeitsvertrag wegen arglistiger Täuschung anzufechten oder zu kündigen.[39] Etwas anders gilt, wenn der Betriebsrat einem Personalfragebogen zustimmt, der unzulässige Fragen enthält; für den Arbeitgeber besteht wegen des objektiv unzulässigen Eingriffs in das Persönlichkeitsrecht des Arbeitnehmers keine Anfechtungs- oder Kündigungsmöglichkeit. Dies folgt aus den von der Rechtsprechung erarbeiteten Grundsätzen zur Anfechtung, wonach diese nur berechtigt ist, wenn der Arbeitnehmer eine zulässig gestellte Frage falsch beantwortet. Dem Arbeitsgericht unterliegt im Rahmen des Prozesses eines Arbeitnehmers die Rechtskontrolle über die Fragebogen. 23

3. Formularverträge. Der Betriebsrat hat ein erzwingbares Mitbestimmungsrecht über den Inhalt der im Betrieb verwandten schriftlichen Arbeitsverträge, die sich auf die persönlichen Verhältnisse des Arbeitnehmers beziehen. § 94 II BetrVG will verhindern, dass der Arbeitgeber das erzwingbare Mitbestimmungsrecht des Betriebsrats bei der Aufstellung von Fragebogen durch Aufnahme der Fragen in einen schriftlichen Arbeitsvertrag umgeht. Dagegen besteht kein Mitbestimmungsrecht über die sonstige inhaltliche Gestaltung der Arbeitsverträge, also auf Klauseln zur Widerruflichkeit tariflicher Zulagen. Hinsichtlich der individualrechtlichen Sanktionen bei falschen Angaben des Arbeitnehmers in einem Formularvertrag gelten die Ausführungen zu den Personalfragebögen entsprechend (RN 23). Das Beteiligungsrecht des Betriebsrats ist auf ein Mitbeurteilungsrecht über die rechtliche Zulässigkeit des Inhalts des Formularvertrags beschränkt. Fehlt ihm die zur Beurteilung notwendige Sachkunde, kann er ggf. einen Sachverständigen (§ 80 III BetrVG, § 233 RN 21) hinzuziehen.[40] Verwendet der Arbeitgeber mit dem Betriebsrat abgestimmte Formulararbeitsverträge, hat Letzterer im Rahmen des § 80 II 1 BetrVG nur Anspruch auf Vorlage der ausgefüllten Arbeitsverträge, wenn er konkrete Anhaltspunkte für die Erforderlichkeit weiterer Informationen darlegt.[41] 24

4. Beurteilungsgrundsätze. a) Der erzwingbaren Mitbestimmung unterliegt auch die Aufstellung allgemeiner Beurteilungsgrundsätze (§ 94 II BetrVG). Beurteilungsgrundsätze sind Richtlinien, nach denen die Leistung und das Verhalten des Arbeitnehmers bewertet werden.[42] Dem Mitbestimmungsrecht unterfallen auch die für Zielvereinbarungen (§ 77) maßgeblichen abstrakten Beurteilungsgrundsätze.[43] Nicht hierhin gehören analytische Arbeitsplatzbewertungen, Beurteilungsformulare, Erfassungsbögen zu Kalkulationszwecken,[44] Führungsrichtlinien, nach denen die Beurteilungen auszuführen sind,[45] Funktionsbeschreibungen,[46] unangemeldete nicht 25

---

[36] LAG Frankfurt 8. 1. 1991 LAGE § 94 BetrVG 1972 Nr. 1 = DB 92, 534.
[37] BAG 6. 6. 1984 AP 7 zu § 611 BGB Persönlichkeitsrecht = NZA 84, 321.
[38] BAG 21. 9. 1993 AP 4 zu § 94 BetrVG 1972 = NZA 94, 375.
[39] BAG 2. 12. 1999 AP 16 zu § 79 BPersVG = NZA 2001, 107; BVerwG 28. 1. 1998 NZA-RR 98, 345.
[40] BAG 16. 11. 2005 AP 64 zu § 80 BetrVG 1972 = NZA 2006, 553.
[41] BAG 19. 10. 1999 AP 58 zu § 80 BetrVG 1972 = NZA 2000, 837.
[42] BAG 23. 10. 1984 AP 8 zu § 87 BetrVG 1972 Ordnung des Betriebes = NZA 85, 224.
[43] Dazu *Annuß* NZA 2007, 290; *Däubler* NZA 2005, 793.
[44] BAG 24. 11. 1981 AP 3 zu § 87 BetrVG 1972 = DB 82, 1116.
[45] BAG 23. 10. 1984 AP 8 zu § 87 BetrVG 1972 Ordnung des Betriebes = NZA 85, 224.
[46] BAG 14. 1. 1986 AP 21 zu § 87 BetrVG 1972 Lohngestaltung = NZA 86, 531.

technische Leistungskontrollen[47] oder Qualitätsüberprüfungen, deren Ergebnisse nicht in Bezug zu den Arbeitnehmern gesetzt werden können.[48] Umstr. ist, ob auch Beurteilungsgrundsätze für Bewerber mitbestimmungspflichtig sind. Dies ist mit Rücksicht auf die systematische Stellung und den Zweck der Vorschrift zu bejahen.

26 **b) Inhalt.** Im Vordergrund der Beurteilung werden Grundsätze zur Bewertung der geleisteten Arbeit, der Fähigkeiten, des Erfolgs und der weiteren Entwicklung (Aufstiegsmöglichkeiten!) des Arbeitnehmers stehen. Bei entgeltbezogenen Leistungsbeurteilungen hat der Betriebsrat auch im Einzelfall nach § 80 II BetrVG Anspruch auf Vorlage der Unterlagen, die zur Leistungsbeurteilung herangezogen worden sind. Es ist auch zulässig, Grundsätze zur Beurteilung der Führung aufzustellen, denn auch das qualifizierte Zeugnis erstreckt sich auf Führung und Leistung des Arbeitnehmers. Die Erstreckung des Mitbestimmungsrechts auf die Beurteilungsgrundsätze der Führung dient nicht nur der Verobjektivierung der Beurteilung, sondern auch dem betrieblichen Interesse. Dem Arbeitgeber ist durch das Mitbestimmungsrecht nicht verwehrt, seine Arbeitnehmer nach Eignung, Befähigung und sachlicher Leistung zu beurteilen.[49] Das Mitbestimmungsrecht bezieht sich nicht auf die Beurteilung im Einzelfall. Sind Beurteilungsgrundsätze bereits vor der erstmaligen Wahl des Betriebsrats aufgestellt worden, so muss der Arbeitgeber initiativ werden, wenn er diese weiter verwenden will, da dem Betriebsrat ein Initiativrecht nicht zusteht.[50]

27 **c) Assessment-Center-Verfahren.**[51] Dabei handelt es sich um ein wissenschaftliches System zur Erfassung von Verhaltensleistungen sowie Potenzialen und Defiziten von Arbeitnehmern. Seine Einführung und Ausgestaltung für Auswahlentscheidungen ist nach § 94 II BetrVG mitbestimmungspflichtig.[52]

VI. Auswahlrichtlinien (§ 95 BetrVG)

Muster: ArbR-Formb. § 55 RN 34.

28 **1. Allgemeines.** Auswahlrichtlinien sind Grundsätze, die allgemein oder für bestimmte Arten von Tätigkeiten oder Arbeitsplätze festlegen, welche Voraussetzungen für die Ausübung der Tätigkeit oder die Besetzung des Arbeitsplatzes vorliegen müssen oder nicht vorliegen dürfen. Durch die Vereinbarung von Auswahlrichtlinien soll eine weitgehende Transparenz der bei personellen Maßnahmen angewandten Grundsätze und deren Objektivierung erreicht werden. Das Gesetz sieht Auswahlrichtlinien nur für Einstellungen, Versetzungen, Umgruppierungen und Kündigungen vor. Auswahlrichtlinien für Eingruppierungen werden nicht erwähnt, da diese nur deklaratorischen Charakter haben; d. h., die Eingruppierung richtet sich nach der Art der vom Arbeitnehmer verrichteten Arbeit (§ 67 RN 8). Auswahlrichtlinien sind stets generelle Regelungen, selbst wenn sie nur auf einen Arbeitnehmer anwendbar sind.[53] Die Beteiligungspflicht besteht auch bei einem Punkteschema für die soziale Auswahl (§ 1 III KSchG), wenn es der Arbeitgeber nicht generell auf alle künftigen betriebsbedingten Kündigungen, sondern nur auf konkret bevorstehende Kündigungen anwenden will.[54] Kein Beteiligungsrecht ist gegeben, wenn der Arbeitgeber keine Auswahlkriterien aufstellt, sondern nur die Voraussetzungen festgelegt, unter denen die betreffende Maßnahme durchgeführt wird.[55] Ebenso ist die Festlegung der Kriterien für die Zuweisung von Planstellen an die einzelnen Betriebe keine Auswahlrichtlinie dar.[56]

29 **2. Inhalt des Beteiligungsrechts. a)** Die Anwendung von generellen Auswahlgrundsätzen durch den Arbeitgeber unterliegt in den in § 95 I BetrVG genannten Fällen stets der Mitbestimmung des Betriebsrats. Ohne Bedeutung ist, ob sie schriftlich niedergelegt oder vom Arbeit-

[47] BVerwG 11. 12. 1991 AP 4 zu § 79 LPVG Baden-Württemberg = PersR 92, 202.

[48] BAG 18. 4. 2000 AP 33 zu § 87 BetrVG 1972 Überwachung = NZA 2000, 1176.

[49] BAG 10. 3. 1982 AP 1 zu § 13 BAT = BB 82, 1547 (Regelbeurteilungen); 28. 3. 1979 AP 3 zu § 75 BetrVG 1972 = DB 79, 1703.

[50] LAG Frankfurt 6. 3. 1990 BB 90, 1628 = DB 91, 1027.

[51] *Stubbe,* Assessment Center, 2006.

[52] BVerwG 29. 1. 2003 Buchholz 251.95 § 51 MBGSH Nr. 5; vgl. BAG 20. 4. 1993 AP 106 zu § 99 BetrVG 1972 = NZA 93, 1096; *Gennen* ZfA 90, 495; *Schönfeld/Gennen* NZA 89, 543.

[53] Enger LAG Niedersachsen 18. 10. 1994 LAGE § 95 BetrVG 1972 Nr. 15 = DB 95, 2375.

[54] BAG 26. 7. 2005 AP 43 zu § 95 BetrVG 1972 = NZA 2005, 1372; zu den kündigungsrechtlichen Folgen *Rossa/Salamon* NJW 2008, 1991; *Hidalgo/Häberle-Haug/Stubbe* DB 2007, 914; *Bengelsdorf* ZfA 2007, 277.

[55] BAG 31. 5. 2005 AP 125 zu § 87 BetrVG 1972 Lohngestaltung = NZA 2006, 56.

[56] BAG 28. 3. 2006 AP 128 zu § 87 BetrVG 1972 Lohngestaltung = NZA 2006, 1367.

geber überhaupt bekannt gegeben werden. Auch die Betriebsgröße ist nur für das Initiativrecht des Betriebsrats relevant. Daher unterliegen z. B. bei einer Sozialauswahl[57] alle Auswahlmerkmale fachlicher, persönlicher und sozialer Art der Mitbestimmung des Betriebsrats. In § 95 II 1 BetrVG wird aber ausdrücklich hervorgehoben, dass Gegenstand von Auswahlrichtlinien nur die persönlichen und fachlichen Voraussetzungen sein können.[58] Damit ist ausgeschlossen, dass der Betriebsrat Arbeitsplatz- oder Stellenbeschreibungen oder die Übertragung der personellen Maßnahmen auf einen paritätisch besetzten Ausschuss erzwingen kann.

b) Initiativrecht. Ob der Arbeitgeber Auswahlrichtlinien aufstellt bzw. verwendet, steht grundsätzlich in seinem Ermessen. Kommt es nicht zu einer Einigung zwischen Arbeitgeber und Betriebsrat, kann der Arbeitgeber die Einigungsstelle anrufen oder von der Aufstellung von Auswahlrichtlinien absehen. Der Betriebsrat kann erst in Betrieben (nicht Unternehmen) mit mehr als 500 Arbeitnehmern ihre Aufstellung verlangen (§ 95 II BetrVG); in diesem Fall kann auch er die Einigungsstelle anrufen und Auswahlrichtlinien gegen den Willen des Arbeitgebers erzwingen. Maßgebend für die Arbeitnehmerzahl ist der durchschnittliche Personalbestand ohne die leitenden Angestellten (§ 5 III BetrVG). **30**

c) Beendigung und Nachwirkung. Auswahlrichtlinien können generell als Dauerregelung oder nur für eine einzelne Personalmaßnahme (Betriebsänderung) abgeschlossen werden (RN 28). Ist Letzteres der Fall, können sie unabhängig von der Form ihrer Vereinbarung grundsätzlich nicht ordentlich gekündigt werden. Werden Auswahlrichtlinien für Dauerregelungen als Betriebsvereinbarung abgeschlossen, richtet sich ihre Beendigung bei Fehlen einer anderen Vereinbarung nach § 77 V BetrVG. Werden sie als Regelungsabrede getroffen, können sie jederzeit ohne Nachwirkung beendet werden. Nach Ablauf der Kündigung wirken die zuvor als Betriebsvereinbarung abgeschlossenen Auswahlrichtlinien in Betrieben mit mehr als 500 Arbeitnehmern nach. In kleineren Betrieben (§ 95 I BetrVG) kommt es nur zu einer Nachwirkung, wenn dies vereinbart worden ist oder der Arbeitgeber weiterhin Auswahlgrundsätze – unabhängig davon, ob in identischer oder veränderter Form – anwendet. Verzichtet er hierauf, entfällt die Nachwirkung.[59] **31**

3. Auswahlgesichtspunkte. Auswahlrichtlinien müssen rechtmäßig sein, insbesondere den Voraussetzungen von § 75 BetrVG genügen und die allgemeinen Rechtsgrundsätze des Arbeitsrechts beachten. Der Regelungsspielraum ist für die einzelnen Personalmaßnahmen unterschiedlich. **(a)** Bei Einstellungen besteht ein verhältnismäßig weiter Ermessensspielraum. Einschränkungen können sich vor allem bei der Einstellung von Angehörigen eines Minderheitengeschlechts (§ 165) oder in Tendenzbetrieben ergeben (§ 214 RN 33). **(b)** Bei Versetzungen müssen die Grundsätze billigen Ermessens beachtet werden (§ 45 RN 34 ff.). Punktesysteme können hier beispielsweise bezüglich der zu den berücksichtigenden sozialen Kriterien vereinbart werden.[60] **(c)** Bei Umgruppierungen ergibt sich kaum ein Regelungsspielraum, da die Vergütung regelmäßig der geleisteten Arbeit folgt. **(d)** Bei Kündigungen kommen Auswahlrichtlinien regelmäßig nur für die soziale Auswahl[61] in Betracht, dazu § 135 RN 52. **32**

4. Beispiele. Eine Auswahlrichtlinie liegt vor, wenn für den schriftlichen Teil einer Eignungsfeststellung Testproben erstellt und in diesen Punktzahlen bestimmt werden, die ein Bewerber für die Zulassung zur mündlichen Prüfung erreichen muss.[62] Zu ihnen zählen auch die Entnahme von Blut- und Urinproben bei Einstellungsuntersuchungen[63] sowie sog. Negativkataloge, in denen festgelegt wird, welche Umstände bei der Durchführung personeller Einzelmaßnahmen nach Ablauf bestimmter Zeiten nicht mehr berücksichtigt werden sollen. Werden Daten von Arbeitnehmern in automatisierten Personalinformationssystemen verarbeitet, so können sich mitbestimmungspflichtige Auswahlrichtlinien dann ergeben, wenn Daten zur Fähigkeit und Eignung gespeichert werden und diese durch Verknüpfung mit anderen Datenbanken automa- **33**

---

[57] Vgl. BVerwG 5. 9. 1990 AP 1 zu § 76 BPersVG = ZTR 91, 36; BAG 15. 6. 1989 AP 18 zu § 1 KSchG 1969 Soziale Auswahl = NZA 90, 226.

[58] BAG 11. 3. 1976 AP 1 zu § 95 BetrVG 1972 = DB 76, 1470.

[59] *Richardi/Thüsing* § 95 RN 55.

[60] BAG 27. 10. 1992 AP 29 zu § 95 BetrVG 1972 = NZA 93, 608.

[61] BAG 23. 11. 2000 AP 114 zu § 1 KSchG 1969 Betriebsbedingte Kündigung = NZA 2001, 601 (Altersgruppenbildung); 15. 6. 1989 AP 18 zu § 1 KSchG 1969 Soziale Auswahl = NZA 90, 226; 20. 1. 1983 AP 13 zu § 1 KSchG 1969 Betriebsbedingte Kündigung = NJW 84, 1648; 11. 3. 1976 AP 1 zu § 95 BetrVG 1972 = DB 76, 1470; LAG Niedersachsen 16. 8. 2002 LAGE § 1 KSchG Soziale Auswahl Nr. 40.

[62] BVerwG 5. 9. 1990 AP 1 zu § 76 BPersVG = ZTR 91, 36; vgl. auch LAG Niedersachsen 18. 10. 1994 LAGE § 95 BetrVG 1972 Nr. 15.

[63] LAG Baden-Württemberg 13. 12. 2002 NZA-RR 2003, 417.

tisch zum Ausscheiden bestimmter Arbeitnehmer führen.[64] Als Auswahlrichtlinie angesehen worden sind auch abstrakte Kriterien für sog. Insichbeurlaubungen von Beamten.[65] Nicht zu den Auswahlrichtlinien gehört die Aufstellung von Anforderungsprofilen für einen bestimmten Arbeitsplatz,[66] die Erstellung von Stellenbeschreibungen[67] oder Funktionsbeschreibungen.[68]

34 **5. Rechtsschutz.** Streitigkeiten zwischen Arbeitgeber und Betriebsrat über Auswahlrichtlinien werden im Beschlussverfahren ausgetragen.[69] Durch Spruch der Einigungsstelle aufgestellte Auswahlrichtlinien unterliegen sowohl hinsichtlich der Einhaltung des Ermessensspielraums wie auch hinsichtlich der Vereinbarkeit mit höherrangigem Recht der arbeitsgerichtlichen Kontrolle (§ 76 V, VII BetrVG). Ist die Auswahlrichtlinie unter Verstoß gegen billiges Ermessen (§ 76 V BetrVG) durch die Einigungsstelle festgesetzt worden, wird sie nach Ablauf der Anfechtungsfrist bindend; nicht hingegen, wenn sie mit höherrangigen Recht unvereinbar ist. Weicht der Arbeitgeber von den Vorgaben einer Auswahlrichtlinie ab, kann der Betriebsrat einer personellen Einzelmaßnahme nach §§ 99 II Nr. 2 BetrVG oder einer betriebsbedingten Kündigung nach § 102 III Nr. 2 BetrVG widersprechen; auch der Arbeitnehmer kann sich im Rahmen seiner Kündigungsschutzklage auf die unzutreffende Anwendung der Auswahlrichtlinie oder ihre Unwirksamkeit berufen.[70] Eine mitbestimmungswidrig verwendete Auswahlrichtlinie führt nicht für sich allein zur Unwirksamkeit einer Sozialauswahl (§ 135), da nicht der Weg, sondern das Ergebnis der Sozialauswahl der gerichtlichen Kontrolle unterliegt.

§ 239. Berufsbildung

Burkert, Das neue Mitbestimmungsrecht des Betriebsrats gemäß § 97 Absatz 2 BetrVG, 2005; *Busse/Heidemann,* Betriebliche Weiterbildung, 2. Aufl., 2005; *Däubler,* Betriebliche Weiterbildung als Mitbestimmungsproblem, BB 2000, 1190; *Franzen,* Das Mitbestimmungsrecht des Betriebsrats bei der Einführung von Maßnahmen der betrieblichen Berufsbildung nach § 97 II BetrVG, NZA 2001, 865; *Heidemann,* Regelungen zur Weiterbildung, PersR 2008, 110; *Klinkhammer,* Tarifvertragliche Mitbestimmung im Ausbildungsbetrieb, FS 50 Jahre BAG (2004), S. 963; *Lakies,* Berufsbildung, AR-Blattei SD 400; *Mosch/Oelkers,* Mitbestimmung bei betrieblichen Bildungsmaßnahmen, NJW-Spezial 2008, 594; *Oetker,* Die Mitbestimmung der Betriebs- und Personalräte bei Berufsbildungsmaßnahmen, 1986; *Raab,* Betriebliche und außerbetriebliche Bildungsmaßnahmen, NZA 2008, 270; *Sandmann/Schmitt-Rolfes,* Arbeitsrechtliche Probleme der Arbeitnehmerweiterbildung, ZfA 2002, 295.

Muster: ArbR-Formb. § 55 RN 52.

Übersicht

	RN
I. Förderung der Berufsbildung (§ 96 BetrVG)	1
II. Einrichtung von Bildungsmaßnahmen (§ 97 BetrVG)	2 ff.
1. Maßnahmen der Berufsbildung	2, 3
2. Berufsbildende Maßnahmen bei Qualifikationsverlust	3 a–3 c
III. Durchführung betrieblicher Bildungsmaßnahmen (§ 98 BetrVG)	4 ff.
1. Erzwingbare Mitbestimmung	4
2. Teilnehmerauswahl	5
3. Errichtung der Bildungseinrichtung	6
4. Ausbildungspersonen	7
5. Rechtsschutz	8
IV. Sonstige Bildungsmaßnahmen	9

I. Förderung der Berufsbildung (§ 96 BetrVG)

1 Wegen der sich ständig ändernden beruflichen Anforderungen verpflichtet § 96 I BetrVG Arbeitgeber und Betriebsrat, im Rahmen der betrieblichen Personalplanung und in Zusammenarbeit mit den für die Berufsbildung und den für die Förderung der Berufsbildung zuständigen Stellen (§ 173 RN 16) die Berufsbildung der Arbeitnehmer zu fördern. Maßnahmen der Berufsbildung stellen einen Beitrag zur Steigerung der Wettbewerbsfähigkeit der Unternehmen dar

[64] *Fitting* § 95 RN 10 f.
[65] BAG 10. 12. 2002 AP 43 zu § 95 BetrVG 1972.
[66] BAG 31. 5. 1983 AP 2 zu § 95 BetrVG 1972 = DB 83, 2311.
[67] BAG 31. 1. 1984 AP 3 zu § 95 BetrVG 1972 = NZA 84, 51.
[68] BAG 1. 4. 1986 AP 21 zu § 87 BetrVG 1972 Lohngestaltung = NZA 86, 531.
[69] BAG 3. 5. 1984 AP 5 zu § 95 BetrVG 1972 = DB 84, 2413 – zur Antragstellung.
[70] BAG 11. 3. 1976 AP 1 zu § 95 BetrVG 1972 = DB 76, 1470.

und tragen zum Arbeitsplatzerhalt bei bzw. eröffnen den Arbeitnehmern berufliche Aufstiegsmöglichkeiten. Zur Berufsbildung gehört die Ausbildung, Fortbildung und Umschulung (§ 1 BBiG). § 96 BetrVG geht aber über § 1 BBiG hinaus. Zur betrieblichen Berufsbildung zählen alle Maßnahmen, die über die mitbestimmungsfreie Unterrichtung des Arbeitnehmers nach § 81 BetrVG (dazu § 234 RN 2) hinausgehen. Berufsbildung ist gegeben, wenn dem Arbeitnehmer gezielt Kenntnisse und Erfahrungen vermittelt werden, die ihn zur Ausübung einer bestimmten Tätigkeit erst befähigen oder es ermöglichen, die beruflichen Kenntnisse und Fähigkeiten zu erhalten (§ 1 III BBiG). Diese Vermittlung muss ihn in die Lage versetzen, eine konkrete betriebliche Tätigkeit unter Einsatz dieser Kenntnisse und Erfahrungen auszuüben. Die Unterrichtungspflicht des Arbeitgebers nach § 81 I BetrVG erschöpft sich hingegen in der Einweisung eines Arbeitnehmers an einem konkreten Arbeitsplatz. Sie setzt voraus, dass der Arbeitnehmer die für die Ausübung der Tätigkeit an diesem Arbeitsplatz erforderlichen beruflichen Kenntnisse und Erfahrungen bereits besitzt.[1] Zu den in Betracht kommenden Maßnahmen der Berufsbildung zählen insbesondere Lehrgänge, Bildungsprogramme und Seminare.[2] Hingegen sind Maßnahmen, die auf die Hebung des Erscheinungsbilds des Personals abzielen, wie z. B. die Freundlichkeit gegenüber Kunden, keine Maßnahmen der Berufsbildung.[3] § 96 I BetrVG gewährt aber keinen Anspruch für den einzelnen Arbeitnehmer, dieser kann vom Arbeitgeber keine bestimmte berufliche Aus- oder Fortbildung verlangen. Aus den Arbeitnehmerweiterbildungsgesetzen der Länder kann sich aber ein Anspruch auf Freistellung für Bildungsmaßnahmen ergeben. Zweck der Grundsatzvorschrift des § 96 BetrVG ist es, Arbeitgeber und Betriebsrat zur Förderung der Berufsbildung anzuhalten. Hierzu verpflichtet § 96 I 2 BetrVG den Arbeitgeber, zunächst den Berufsbildungsbedarf der vom Betriebsrat vertretenen Arbeitnehmer zu ermitteln und diesen anschließend mit dem Betriebsrat zu beraten. Der Bedarf wird vom Arbeitgeber regelmäßig durch eine Ist-Analyse und ein Soll-Konzept darzustellen sein. Eine besondere Form ist hierfür nicht vorgesehen. Das Beratungsrecht besteht aber nur, wenn der Betriebsrat ein entsprechendes Verlangen an den Arbeitgeber stellt. Bedeutsam ist die Unterrichtung insbesondere für die Ausübung des Mitbestimmungsrechts nach § 97 II BetrVG (RN 3a ff.). Das Beratungsrecht wird in § 96 I 3 BetrVG durch ein Initiativrecht des Betriebsrats ergänzt. Er kann dem Arbeitgeber geeignete Maßnahmen der Berufsbildung vorschlagen, Letzterem steht es jedoch frei, die Vorschläge aufzugreifen. Die Pflichten von Arbeitgeber und Betriebsrat werden in § 96 II BetrVG dahingehend konkretisiert, dass die Betriebspartner unter Wahrung der betrieblichen Notwendigkeiten die Teilnahme der Arbeitnehmer, insbesondere der älteren, an Maßnahmen der inner- oder außerbetrieblichen Berufsbildung zu fördern haben. Hierzu zählen der Besuch von Berufs- und Fachschulen, Verwaltungs- und Wirtschaftsakademien, Lehrgängen der Arbeitsverwaltung sowie der Verbände. Aus den §§ 96 ff. BetrVG ergibt sich für Mitglieder des Betriebsrats kein eigenständiges Teilnahmerecht an den Berufsbildungsmaßnahmen.[4]

II. Einrichtung von Bildungsmaßnahmen (§ 97 BetrVG)

1. Maßnahmen der Berufsbildung. a) Begriff. Der Arbeitgeber hat nach § 97 I BetrVG 2
mit dem Betriebsrat zu beraten: **(1)** die Errichtung und Ausstattung betrieblicher Einrichtungen zur Berufsbildung, **(2)** die Einführung betrieblicher Bildungsmaßnahmen und **(3)** die Teilnahme an außerbetrieblichen Bildungsmaßnahmen. Die Berufsbildung ist betrieblich, wenn der Arbeitgeber die Maßnahme selbst veranstaltet oder trägt. Er muss die Maßnahme entweder allein durchführen oder auf ihren Inhalt und ihre Durchführung rechtlich oder tatsächlich einen beherrschenden Einfluss haben. Zudem muss die Maßnahme für die Arbeitnehmer des Betriebs veranstaltet werden.[5] Eine betriebliche Bildungsmaßnahme kann auch dann gegeben sein, wenn der Arbeitgeber sie zusammen mit einem **Dritten** durchführt und auf Inhalt und Organisation einen beherrschenden Einfluss hat.[6] Kein Mitbestimmungsrecht nach § 98 I BetrVG besteht jedoch, wenn mehrere Arbeitgeber die gemeinsame Durchführung von Berufsbildungsmaßnahmen vereinbaren, ohne dass einzelne Arbeitgeber insoweit einen beherrschenden Einfluss haben.

---

[1] BAG 28. 1. 1992 AP 1 zu § 96 BetrVG 1972 = NZA 92, 707; 23. 4. 1991 AP 7 zu § 98 BetrVG 1972 = NZA 91, 817; 10. 2. 1988 AP 5 zu § 98 BetrVG 1972 = NZA 88, 549; 5. 11. 1985 AP 2 zu § 98 BetrVG 1972 = NZA 86, 535.

[2] BAG 23. 4. 1991 AP 7 zu § 98 BetrVG 1972 = NZA 91, 817.

[3] BAG 28. 1. 1992 AP 1 zu § 96 BetrVG 1972 = NZA 92, 707.

[4] BAG 5. 11. 1985 AP 2 zu § 98 BetrVG 1972 = NZA 86, 535.

[5] BAG 24. 8. 2004 AP 12 zu § 98 BetrVG 1972 = NZA 2005, 371.

[6] BAG 12. 11. 1991 AP 8 zu § 98 BetrVG 1972 = NZA 92, 657; 4. 12. 1990 AP 1 zu § 97 BetrVG 1972 = NZA 91, 388.

In diesen Fällen besteht nur ein Mitbestimmungsrecht bei Abschluss der Vereinbarung über die Zusammenarbeit der Arbeitgeber, sofern Regelungen über die zukünftige Durchführung von Bildungsmaßnahmen getroffen werden (§ 98 I BetrVG analog).[7]

3 **b) Beteiligungsrecht.** Der Betriebsrat kann die betrieblichen Bildungsmaßnahmen außerhalb des Anwendungsbereichs des § 97 II BetrVG nicht erzwingen, sondern er hat allein ein Beratungsrecht. Zur Errichtung der betrieblichen Bildungseinrichtung gehört die Einrichtung einer betrieblichen Ausbildungsstätte (z. B. Lehr- und Umschulungswerkstatt), zu deren Ausstattung die technische und finanzielle Versorgung. Der Betriebsrat kann, etwa unter Berücksichtigung der Erfahrungen in anderen Unternehmen, hierzu Vorschläge machen, mit denen sich der Arbeitgeber auseinander zusetzen hat. Dagegen kann er nicht eine bestimmte Einrichtung erzwingen. Zur Einführung betrieblicher Bildungsmaßnahmen zählen die Einrichtung von Ausbildungs- und Fortbildungskursen sowie Workshops.[8] Namentlich im Bereich der beruflichen Bildung sind die Verpflichtungen des Arbeitgebers durch das BBiG und die zu seiner Durchführung ergangenen Bestimmungen vorgegeben (§§ 173 ff.). Das Beratungsrecht bei der Teilnahme an außerbetrieblichen Berufsbildungsmaßnahmen erstreckt sich sowohl auf die Auswahl der überbetrieblichen Bildungseinrichtungen als auch auf die Auswahl der Arbeitnehmer des Betriebs. Der Arbeitgeber kann von einer geplanten Bildungsmaßnahme auch wieder Abstand nehmen.[9] Die Ausübung des Beratungsrechts gehört nicht zu den laufenden Geschäften des Betriebsrats (§ 27 III, IV BetrVG).

3a **2. Berufsbildende Maßnahmen bei Qualifikationsverlust. a)** Nach § 97 II BetrVG hat der Betriebsrat ein Mitbestimmungsrecht bei der Einführung von Maßnahmen der betrieblichen Berufsbildung, wenn **(1)** der Arbeitgeber Maßnahmen geplant oder durchgeführt hat, die dazu führen, dass sich **(2)** die Tätigkeit der betroffenen Arbeitnehmer ändert und **(3)** ihre beruflichen Kenntnisse und Fähigkeiten nicht mehr ausreichen. Das Mitbestimmungsrecht soll den Betriebsrat in die Lage versetzen, dem drohenden Arbeitsplatzverlust durch geeignete Qualifizierungsmaßnahmen entgegenzuwirken. Die gesetzliche Regelung ist aber unvollständig. Ein besonderes **Informationsrecht** des Betriebsrats über die Veränderung von Arbeitsabläufen ist nicht vorgesehen. Der Betriebsrat ist daher bei der Ausübung seines Rechts auf die Unterrichtung im Rahmen der Beteiligung nach den §§ 90, 91, 92, 96 I 2, 106, 111 BetrVG beschränkt. Kein Mitbestimmungsrecht nach § 97 II BetrVG besteht bei der Errichtung und Ausstattung betrieblicher Einrichtungen der Berufsbildung und Einführung von außerbetrieblichen Bildungsmaßnahmen (arg. § 97 I BetrVG). Für die Ausübung des Mitbestimmungsrechts ist die Regelung über den Tarifvorrang in § 87 I Eingangssatz BetrVG (§ 235 RN 6) entsprechend heranzuziehen, § 77 III BetrVG findet keine Anwendung[10] (umstr.). Kein Beteiligungsrecht nach § 97 II BetrVG besteht, wenn Maßnahmen nach § 81 I 2 BetrVG ausreichend sind.

3b **b) Voraussetzungen.** Das Beteiligungsrecht setzt bereits bei der Planung des Arbeitgebers ein, wenn absehbar ist, dass die geplante Veränderung für die betroffenen Arbeitnehmer zu einer veränderten Tätigkeit führt. Die Änderungen müssen die Ursache dafür sein, dass der Arbeitnehmer die neue Tätigkeit mit seinen bisherigen Kenntnissen und Fähigkeiten voraussichtlich nicht mehr ausüben kann. Dem Mitbestimmungsrecht unterliegt daher **(1)** die Beurteilung, ob es voraussichtlich zu einem konkreten[11] Qualifikationsdefizit kommen wird und **(2)** ob bzw. in welcher Weise es ggf. durch betriebliche Bildungsmaßnahmen ausgeglichen werden kann. Es entfällt, wenn feststeht, dass die Bildungsmaßnahme nicht bis zum Wirksamwerden der geänderten Anforderungen an den Arbeitsplatz des betroffenen Arbeitnehmers abgeschlossen werden kann. Gleiches gilt, wenn dieser nicht zur Durchführung einer Qualifikation bereit ist. Die Pflicht des Arbeitgebers zur Übernahme der Kosten einer betrieblichen Bildungsmaßnahme wird durch die Zumutbarkeit begrenzt, insoweit gelten die gleichen Grundsätze wie bei § 1 II 3 KSchG.

3c **c) Streitigkeiten.** Der Betriebsrat kann die Durchführung von Maßnahmen zur betrieblichen Berufsbildung ggf. über die Einigungsstelle durchsetzen (§ 97 II 2 BetrVG). Im Gegensatz zu § 87 BetrVG kann der Arbeitgeber bei einer Veränderung des Arbeitsablaufs individualrechtliche Maßnahmen (Kündigungen, Versetzungen unter den Voraussetzungen des § 100 BetrVG) ohne Zustimmung des Betriebsrats vornehmen. Soweit die Kündigung nicht nach § 1 II 3 KSchG unwirksam ist, fehlt es daher an einer wirksamen individualrechtlichen Sanktion, die

[7] BAG 18. 4. 2000 AP 9 zu § 98 BetrVG 1972 = NZA 2001, 167.
[8] LAG Düsseldorf 9. 10. 2008 – 15 TaBV 96/07 n. v.
[9] LAG Rheinland-Pfalz 12. 12. 1988 NZA 89, 943.
[10] *Franzen* NZA 2001, 865, 870; a. A. *Löwisch* BB 2001, 1790, 1795.
[11] LAG Hamm 8. 11. 2002 NZA-RR 2003, 543.

den Arbeitgeber zur Beachtung des Beteiligungsrechts zwingt. Auch § 113 III BetrVG dürfte nicht entsprechend anzuwenden sein. Aus diesem Grund kommt ein zeitlich begrenzter **Unterlassungsanspruch** des Betriebsrats gegenüber den beabsichtigten personellen Maßnahmen in Betracht, wenn wegen eines vorherigen mitbestimmungswidrigen Handelns des Arbeitgebers das Mitbestimmungsrecht nach § 97 II BetrVG ansonsten gegenstandslos werden würde.[12] Er entfällt, wenn der Arbeitgeber seine Informationspflichten nach dem BetrVG ordnungsgemäß erfüllt und der Betriebsrat Rechte aus den §§ 96 I 2, 97 II BetrVG nicht oder nicht rechtzeitig geltend gemacht hat.

III. Durchführung betrieblicher Bildungsmaßnahmen (§ 98 BetrVG)

1. Erzwingbare Mitbestimmung. Während der Betriebsrat bei Errichtung und Einrichtung von betrieblichen Bildungsmaßnahmen nur ein Beratungsrecht hat (Ausnahme § 97 II BetrVG), unterliegt die Durchführung der betrieblichen Maßnahmen zur Aus-, Fortbildung oder Umschulung der erzwingbaren Mitbestimmung (§ 98 I BetrVG). Gegenstand des Mitbestimmungsrechts ist nicht die Durchführung der berufsbildenden Maßnahme an sich, diese kann der Betriebsrat nicht verhindern.[13] Zur **Durchführung** gehören sämtliche Maßnahmen, die für den geordneten Ablauf der betrieblichen Bildung notwendig sind;[14] die Ausstattung von Arbeitnehmern mit aktuellen Informationen und neuem Arbeitsmaterial genügt dazu nicht.[15] Da die Berufsausbildung i. S. des BBiG gesetzlich geregelt ist, kann sich das Mitbestimmungsrecht nur auf die Anpassung an die betrieblichen Verhältnisse (Verkürzung der Ausbildungszeit,[16] Festlegung betrieblicher Durchlaufpläne, allgemeine Regeln über Führung und Überwachung von Berichtsheften, Grundsätze über betriebliche Beurteilungen[17] usw.) und auf sonstige betriebliche Ausbildungen sowie bei Fortbildung und Umschulung auf die materiellen Inhalte der Bildungsmaßnahmen erstrecken.[18] Mitbestimmungspflichtig sind stets die formellen Bestimmungen über den Bildungsablauf einschl. betrieblicher Prüfungen,[19] Inhalt und Umfang des vermittelten Stoffs, die Methoden der Wissensvermittlung, die Dauer und zeitliche Lage der Bildungsmaßnahme und ihr Zweck. Kein Mitbestimmungsrecht besteht bei ihrer Durchführung im Einzelfall,[20] also welcher Auszubildende einem bestimmten Ausbilder zuzuteilen ist. Bei Streitigkeiten entscheidet die Einigungsstelle (§ 98 IV BetrVG). 4

2. Teilnehmerauswahl. Führt der Arbeitgeber betriebliche Bildungsmaßnahmen durch, kann der Betriebsrat bei der Auswahl der Teilnehmer Vorschläge machen.[21] Dasselbe Recht steht ihm zu, wenn der Arbeitgeber für außerbetriebliche Bildungsmaßnahmen Arbeitnehmer mit oder ohne Zahlung einer Vergütung freistellt oder wenn er die durch die Bildungsmaßnahmen entstehenden Kosten ganz oder teilweise trägt (§ 98 III BetrVG). Der Betriebsrat hat bei der Auswahl, nicht aber bei der Festlegung der Anzahl der Teilnehmer, ein echtes Mitbestimmungsrecht.[22] Das Recht dient der Wahrung der Chancengleichheit und damit letztlich des Gleichbehandlungsgrundsatzes (§ 75 BetrVG). Sind die Voraussetzungen des § 98 III BetrVG hinsichtlich der Bildungsmaßnahme nicht erfüllt (z. B. fehlende Freistellung oder Kostentragung), verbleibt dem Betriebsrat jedoch das Beratungsrecht bei der Teilnehmerauswahl nach § 97 I BetrVG (oben RN 2). Das Mitbestimmungsrecht nach § 98 III BetrVG entfällt, wenn lediglich der Arbeitgeber Arbeitnehmer für die Teilnahme vorgesehen hat. Erst wenn Arbeitgeber und Betriebsrat insgesamt mehr Arbeitnehmer zur Teilnahme vorschlagen, als Teilnehmerplätze zur Verfügung stehen, ist eine Einigung bzw. eine Entscheidung der Einigungsstelle über die Besetzung der Teilnehmerplätze erforderlich.[23] Umstr., aber zu bejahen ist, ob sich das Vorschlagsrecht auch auf solche 5

---

[12] *Fitting* § 97 RN 35 f.; a. A. *Rieble* NZA-Sonderheft 2001, 48, 55.

[13] BAG 23. 4. 1991 AP 7 zu § 98 BetrVG 1972 = NZA 91, 817.

[14] BAG 23. 4. 1991 AP 7 zu § 98 BetrVG 1972 = NZA 91, 817; 10. 2. 1988 AP 5 zu § 98 BetrVG 1972 = NZA 88, 549; 5. 11. 1985 AP 2 zu § 98 BetrVG 1972 = NZA 86, 535.

[15] LAG Hessen 8. 11. 2005 ArbuR 2006, 173.

[16] BAG 24. 8. 2004 AP 12 zu § 98 BetrVG 1972 = NZA 2005, 371.

[17] LAG Köln 12. 3. 1983 EzA 1 zu § 98 BetrVG 1972.

[18] Vgl. BAG 28. 9. 1983 AP 2 zu § 1 TVG Seniorität = ArbuR 84, 55.

[19] BAG 5. 11. 1985 AP 2 zu § 98 BetrVG 1972 = NZA 86, 535; zu Workshops: LAG Düsseldorf 9. 10. 2008 – 15 TaBV 96/07 n. v.

[20] *Fitting* § 98 RN 7.

[21] Vgl. BVerwG 7. 3. 1995 Buchholz 251.2 § 85 BlnPersVG Nr. 7 = ZTR 96, 135.

[22] BAG 10. 2. 1988 AP 5 zu § 98 BetrVG 1972 = NZA 88, 549; 8. 12. 1987 AP 4 zu § 98 BetrVG 1972 = NZA 88, 401; zur Teilzeit: BAG 15. 4. 2008 AP 70 zu § 80 BetrVG 1972 = NZA-RR 2009, 98.

[23] BAG 23. 4. 1991 AP 7 zu § 98 BetrVG 1972 = NZA 91, 817; 8. 12. 1987 AP 4 zu § 98 BetrVG 1972 = NZA 88, 401.

Personen bezieht, die zu leitenden Angestellten fortgebildet werden sollen. Hingegen besteht kein Mitbestimmungsrecht nach § 98 III BetrVG bei Tendenzträgern.[24] Werden von einem Vorschlag Jugendliche oder sonstige in § 60 I BetrVG genannte Personen betroffen, hat die Jugend- und Auszubildendenvertretung ein Teilnahme- und Stimmrecht im Betriebsrat (§§ 67, 70 BetrVG).

6 **3. Errichtung der Bildungseinrichtung.** Das Mitbestimmungsrecht nach § 98 BetrVG (RN 5) bezieht sich nicht auf die Errichtung der Bildungseinrichtung, sondern nur auf die Durchführung und Teilnehmerauswahl. Liegen die Voraussetzungen des § 97 II BetrVG (RN 3 a) nicht vor, kann daher der Arbeitgeber die Ziele der Berufsbildungsmaßnahmen, die abstrakte Festlegung der von Bildungsmaßnahmen begünstigten Arbeitnehmer, ihre Anzahl und die finanzielle Dotierung der Berufsbildungsmaßnahmen nach Beratung mit dem Betriebsrat (§ 97 I BetrVG) einseitig festlegen. Er kann also z. B. bestimmen, dass nur Facharbeiter an Fortbildungsmaßnahmen teilnehmen. Kommt es zu Streitigkeiten, entscheidet die Einigungsstelle über die Auswahl der Teilnehmer, sofern der Betriebsrat nach § 98 BetrVG ein Mitbestimmungsrecht hat; indes ist sie an die vom Arbeitgeber aufgestellten Teilnahmevoraussetzungen gebunden (§ 76 III BetrVG).

7 **4. Ausbildungspersonen.** Die Effektivität der Bildungsmaßnahmen hängt entscheidend von den Personen ab, die mit der Durchführung der Bildungsmaßnahmen beauftragt sind. Das Gesetz räumt dem Betriebsrat (unter Beteiligung der Jugend- und Auszubildendenvertretung §§ 67, 70 BetrVG) ein Widerspruchs- bzw. Abberufungsrecht wegen der mit der Durchführung der betrieblichen Berufsbildung beauftragten inner- oder außerbetrieblichen Personen ein. Die Jugend- und Auszubildendenvertretung kann entsprechende Anträge nur beim Betriebsrat stellen (§ 70 I Nr. 1 BetrVG). Das Widerspruchs- und Abberufungsrecht ist an die im Gesetz enumerativ aufgezählten Voraussetzungen geknüpft. Diese Rechte stehen dem Betriebsrat zu, wenn die mit der Durchführung der Bildungsmaßnahme beauftragte Personen nicht die persönlichen oder fachlichen Voraussetzungen besitzen (vgl. §§ 29, 30 BBiG, §§ 21, 22 HwO; dazu § 174 RN 18) oder ihre Aufgaben vernachlässigen. Zu den persönlichen Voraussetzungen gehören alle charakterlichen oder intellektuellen Eigenschaften einer Person; zu den fachlichen die Befähigung, insbesondere die berufs- und arbeitspädagogische Eignung. Die beharrliche Vernachlässigung setzt einen nachhaltigen, fortdauernden Verstoß voraus. Der Betriebsrat hat für sein Verlangen Tatsachen vorzutragen. Das Widerspruchs- oder Abberufungsverlangen kann zugleich eine personelle Maßnahme nach §§ 99, 100 BetrVG erforderlich machen.

8 **5. Rechtsschutz.** Streiten die Parteien über die Berechtigung des Widerspruchs oder des Abberufungsverlangens des Betriebsrats, kann dieser beim Arbeitsgericht beantragen, dem Arbeitgeber aufzugeben, die Bestellung zu unterlassen oder die Abberufung vorzunehmen (§ 98 V BetrVG). Da das Widerspruchsrecht an genau umrissene Tatbestandsvoraussetzungen geknüpft ist, handelt es sich um eine Rechts- und keine Regelungsstreitigkeit. Wird dem Rechtsbegehren des Betriebsrats stattgegeben, bleibt hiervon die personelle Mitwirkung des Betriebsrats im Einzelfall (§§ 99 ff., 102 BetrVG) unberührt. Besteht für eine abberufene Person keine andere Beschäftigungsmöglichkeit, kommt – je nach dem zugrunde liegenden Vorwurf – der Ausspruch einer verhaltens- oder personenbedingten Kündigung in Betracht. Der Durchsetzung des rechtskräftigen Beschlusses dienen Ordnungsgelder bis zu 10 000 Euro, die vom Arbeitsgericht in einem dem § 888 ZPO nachgebildeten Vollstreckungsverfahren verhängt werden. Erhebt der Betriebsrat Widerspruch, kann auch der Arbeitgeber gerichtlich feststellen lassen, ob dieser begründet ist, insoweit ist § 98 V BetrVG nicht als abschließend anzusehen.[25]

IV. Sonstige Bildungsmaßnahmen

9 In erster Linie werden Arbeitgeber und Betriebsrat an Einrichtung und Durchführung beruflicher betrieblicher Bildungsmaßnahmen interessiert sein. Die unter RN 2, 4 dargestellten Grundsätze finden auch entsprechende Anwendung, wenn sonstige Bildungsmaßnahmen im Betrieb durchgeführt werden. Gedacht ist etwa an die Einführung von Erste-Hilfe-Kursen oder allgemein-staatsbürgerlichen Bildungsmaßnahmen im Betrieb. Eine Einschränkung für Tendenzträger besteht bei § 98 VI BetrVG jedoch nicht.[26]

---

[24] BAG 30. 5. 2006 AP 80 zu § 118 BetrVG 1972 = NZA 2006, 1291; RB anhängig 1 ABR 78/08.
[25] Vgl. LAG Berlin 6. 1. 2000 NZA-RR 2000, 370.
[26] BAG 30. 5. 2006 AP 80 zu § 118 BetrVG 1972 = NZA 2006, 1291.

§ 240. Beteiligungsrechte bei personellen Einzelmaßnahmen

1. Zweck. Das Beteiligungsrecht in personellen Einzelmaßnahmen steht dem Betriebsrat sowohl im Interesse des einzelnen Arbeitnehmers zur Wahrung seiner Interessen, als auch im Interesse der Betriebsgemeinschaft zu. Ihm soll ein Einfluss auf die soziale Struktur des Betriebs gesichert werden. Hieraus folgt, dass dem Betriebsrat auch dann Beteiligungsrechte in personellen Einzelmaßnahmen zukommen, wenn diese sich für den einzelnen Arbeitnehmer ungünstig auswirken, etwa bei einer Versetzung oder Umgruppierung. 1

2. Einteilung. Der Betriebsrat hat Funktionen **(a)** bei Einstellung, Eingruppierung, Umgruppierung und Versetzung (§ 241), **(b)** bei der Kündigung von Arbeitnehmern (§ 123) und **(c)** bei der Entfernung eines Arbeitnehmers aus der Betriebsgemeinschaft, wenn dieser die Gemeinschaft stört (§ 242). Das Mitbestimmungsrecht des Betriebsrats im Zusammenhang mit der Kündigung von Arbeitnehmern ist wegen seines engen Zusammenhangs zum Individualarbeitsrecht im Interesse leichterer Verständlichkeit dort erörtert. Dagegen sind die Beteiligungsrechte bei Einstellung, Eingruppierung usw. im Zusammenhang des Betriebsverfassungsrechts dargestellt, zumal sie nur für Unternehmen mit in der Regel mehr als 20 wahlberechtigten Arbeitnehmern (§ 7 BetrVG; vgl. § 217 RN 11) in Betracht kommen. 2

§ 241. Beteiligung des Betriebsrats bei Einstellung, Eingruppierung, Umgruppierung und Versetzung

Heither, Die Beteiligung des Betriebsrats in personellen Angelegenheiten, AR-Blattei SD 530.14.3; *Herber/Hix,* Die Pflicht zur Ausschreibung auch als Teilzeitarbeitsplatz – ein Gebot ohne Sanktionen?, DB 2002, 2377; *Raab,* Individualrechtliche Auswirkungen der Mitbestimmung des Betriebsrats gem. § 99, 102 BetrVG, ZfA 95, 479; *Reinhard,* Mitbestimmung in personellen Angelegenheiten, ArbRB 2008, 157; *Rieble,* Erweiterte Mitbestimmung in personellen Angelegenheiten NZA-Sonderheft 2001, 48; *ders.,* Rückkehrzusagen an „ausgegliederte" Mitarbeiter und ihre Folgen, NZA 2002, 706.

Übersicht

	RN
I. Allgemeines	1 ff.
1. Zweck des Beteiligungsrechts	1
2. Geltungsbereich	2
3. Betriebs- und unternehmensübergreifende Versetzungen	3, 4
4. Personelle Maßnahmen bei den Bahn- und Postnachfolgeunternehmen	5–5 b
5. Abdingbarkeit	6
6. Arbeitskampf	7
7. Besondere gesetzliche Regelungen	8–10
II. Begriff der personellen Einzelmaßnahmen	11 ff.
1. Einstellung	11–14
2. Ein- und Umgruppierung	15–19
3. Versetzung	20–24
III. Unterrichtungspflicht	25 ff.
1. Unterrichtung	25–27
2. Auskunft über andere Bewerber	28
3. Bewerbungsunterlagen	29
4. Auswirkungen	30
5. Arbeitsplatz	31
6. Einsicht	32
7. Verschwiegenheit	33
IV. Widerspruchsrecht des Betriebsrats	34 ff.
1. Entscheidungsmöglichkeiten des Betriebsrats	34
2. Zustimmung	35
3. Frist- und formgerechte Zustimmungsverweigerung	36–40
4. Versetzung eines Betriebsratsmitglieds	41
V. Die einzelnen Widerspruchsgründe	42 ff.
1. Verstoß gegen Gesetz, Tarifvertrag usw. (§ 99 II Nr. 1 BetrVG)	43–46
2. Auswahlrichtlinie (§ 99 II Nr. 2 BetrVG)	47
3. Besorgnis der Benachteiligung (§ 99 II Nr. 3 BetrVG)	48, 48 a
4. Nachteile (§ 99 II Nr. 4 BetrVG)	49
5. Ausschreibung (§ 99 II Nr. 5 BetrVG)	50
6. Entfernung eines Arbeitnehmers aus dem Betrieb (§ 99 II Nr. 6 BetrVG)	51
VI. Rechtsfolgen des Widerspruchs	52 ff.
1. Auswirkungen auf den Arbeitsvertrag	52–54
2. Durchführung vor Ablauf der Wochenfrist	55
3. Durchführung nach Widerspruch des Betriebsrats	56
4. Ersetzungsverfahren	57–59
VII. Die vorläufige personelle Maßnahme	60 ff.
1. Eilmaßnahmen	60

	RN		RN
2. Durchführung von vorläufigen Maßnahmen	61–63	VIII. Aufhebungsanspruch des Betriebsrats	69 ff.
3. Stellungnahme des Betriebsrats	64	1. Sicherung der Mitbestimmung	69
4. Widerspruch gegen vorläufige Maßnahmen	65	2. Geltendmachung	70, 70 a
5. Ersetzungsverfahren	66	3. Zwangsgeld	71
6. Entscheidung des Arbeitsgerichts	67, 68	4. Unterlassungsanspruch	72
		5. Streitwert	73
		IX. Leitende Angestellte	74

I. Allgemeines

Engels/Mauß-Trebinger, Aktuelle Fragen der Betriebsverfassung in den privatisierten Unternehmen der Bahn und Post, RdA 97, 217; *Hummel/Spoo,* Mitbestimmung bei Versetzungen/Umsetzungen/Abordnungen von Beamten in den privatisierten Unternehmen der früheren Deutschen Bundespost, ZTR 98, 352; *Richardi,* Mitbestimmung beim Personaleinsatz von Beamten in den privatisierten Postunternehmen, NZA 96, 953.

1 **1. Zweck des Beteiligungsrechts.** Bei Einstellungen, Eingruppierungen, Umgruppierungen und Versetzungen steht dem Betriebsrat in Unternehmen mit in der Regel mehr als 20 wahlberechtigten Arbeitnehmern (§ 7 BetrVG, dazu § 217 RN 11 ff.) ein Beteiligungsrecht zu. Die Mitwirkungsrechte des Betriebsrats nach § 99 BetrVG dienen dem Schutz der Interessen der Belegschaft und dem Schutz des einzelnen, von der personellen Maßnahme, insbesondere einer Versetzung, betroffenen Arbeitnehmers.[1]

2 **2. Geltungsbereich.** Für die Berechnung der Arbeitnehmerzahl ist die durchschnittliche Beschäftigtenzahl (ohne leitende Angestellte) im Zeitpunkt der Durchführung der personellen Einzelmaßnahme maßgebend (dazu auch § 244 RN 22). Steigt die Beschäftigtenzahl über 20 Arbeitnehmer, entsteht ein Beteiligungsrecht nach § 99 BetrVG für den Betriebsobmann. Es entfällt, wenn die Beschäftigtenzahl dauernd unter 20 sinkt. Kein Beteiligungsrecht hat der Betriebsrat bei leitenden Angestellten (§ 105 BetrVG, dazu RN 74; zum Begriff § 212 RN 15 ff.). Ihm sind insoweit personelle Veränderungen nur rechtzeitig mitzuteilen. Ebenso wenig ist er zu beteiligen bei personellen Einzelmaßnahmen von Arbeitnehmern der Stationierungsstreitkräfte[2] oder bei der Beschäftigung von Strafgefangenen.[3] Führen mehrere Unternehmen mit jeweils weniger als zwanzig wahlberechtigten Arbeitnehmern gemeinsam einen Betrieb, in dem insgesamt mehr als zwanzig wahlberechtigte Arbeitnehmer beschäftigt sind, so ist die Vorschrift des § 99 BetrVG auf Versetzungen in diesem Betrieb analog anwendbar.[4]

3 **3. Betriebs- und unternehmensübergreifende Versetzungen. a) Direktionsrecht.** Wechselt ein Arbeitnehmer im Rahmen eines Unternehmens oder Konzerns die Stelle oder wird er in einen anderen Betrieb desselben Unternehmens oder Konzerns versetzt, können Beteiligungsrechte des Betriebsrats nach §§ 102 ff. BetrVG und §§ 99 ff. BetrVG in Betracht kommen. Aus dem langjährigen Meinungsstreit haben sich inzwischen folgende Grundsätze als herrschend herausgestellt: Kann der Arbeitgeber die **Versetzung von dem einen in den anderen Betrieb** im Wege des Direktionsrechts (§ 45) durchführen, hat der Betriebsrat des aufnehmenden Betriebs unter dem Gesichtspunkt der Einstellung stets ein Mitwirkungsrecht.[5] Die Beteiligungspflicht des Betriebsrats des abgebenden Betriebs ist von dem Einverständnis des Arbeitnehmers mit der beabsichtigten personellen Maßnahme abhängig. Seine Zustimmung ist unter dem Gesichtspunkt der Versetzung stets einzuholen, wenn der Arbeitnehmer nicht spätestens bis zum Wirksamwerden der Maßnahme sein Einverständnis wirksam erklärt hat.[6] Das BAG begründet diese Sichtweise damit, dass die Arbeitsvertragsparteien die Versetzung auch ohne Beteiligung des Betriebsrats des abgebenden Betriebs durch den (mitbestimmungsfreien) Abschluss eines Auflösungsvertrags und die gleichzeitige Neubegründung eines Arbeitsverhältnisses für den aufnehmenden Betrieb erreichen können.[7] Allein der Verzicht auf die Geltendmachung von ge-

---

[1] BAG 20. 9. 1990 AP 84 zu § 99 BetrVG 1972 = NZA 91, 195.

[2] BAG 23. 7. 1981 AP 5 zu Art. 56 ZA-Nato-Truppenstatut = DB 81, 1678.

[3] BAG 3. 10. 1978 AP 18 zu § 5 BetrVG 1972 = DB 79, 1186.

[4] BAG 29. 10. 2004 AP 40 zu § 99 BetrVG 1972 Versetzung = NZA 2005, 420.

[5] BAG 16. 12. 1986 AP 40 zu § 99 BetrVG 1972 = NZA 87, 424; 30. 4. 1981 AP 12 zu § 99 BetrVG 1972 = NJW 81, 2375; BVerwG 26. 10. 1962 AP 2 zu § 70 PersVG Versetzung = BVerwGE 15, 90.

[6] BAG 26. 1. 1993 AP 102 zu § 99 BetrVG 1972 = NZA 93, 714; 20. 9. 1990 AP 84 zu § 99 BetrVG 1972 = NZA 91, 195.

[7] BAG 22. 11. 2005 AP 7 zu § 117 BetrVG 1972 = NZA 2006, 389.

richtlichem Rechtsschutz genügt jedoch nicht für den Schluss auf ein Einverständnis des Arbeitnehmers.[8] Das Beteiligungsrecht entfällt auch, wenn die Voraussetzungen des § 95 III BetrVG nicht vorliegen, etwa die Versetzung nicht mit einer erheblichen Änderung der Umstände verbunden ist, unter denen die Arbeit zu leisten ist.[9] Soll nur eine vorübergehende Abordnung in einen anderen Betrieb erfolgen, der Arbeitnehmer aber demnächst wieder zurückkehren, ist nur der Betriebsrat des abgebenden Betriebs beteiligt.[10]

b) Änderungskündigung. Kann dagegen der Arbeitgeber die Versetzung nur im Wege der Änderungskündigung durchführen, finden die §§ 99, 102 BetrVG nebeneinander Anwendung. Beabsichtigt der Arbeitgeber eine Versetzung des Arbeitnehmers i. S. v. § 95 III BetrVG, die er ohne Änderungskündigung auf der Grundlage des bestehenden Vertrags bzw. seines Direktionsrechts nicht durchsetzen kann, muss er zu der Änderungskündigung den Betriebsrat nach § 102 BetrVG anhören, für die Versetzung ist darüber hinaus nach § 99 BetrVG zusätzlich die Zustimmung des Betriebsrats erforderlich.[11] Soll der Arbeitnehmer durch die Maßnahme des Arbeitgebers auch in einen anderen Betrieb eingegliedert werden, ist schließlich der Betriebsrat des aufnehmenden Betriebs gleichfalls nach § 99 BetrVG zu beteiligen. Ist die Zustimmung des Betriebsrats nach § 99 BetrVG nicht erteilt oder ersetzt, führt dies nicht zur Unwirksamkeit der Änderungskündigung. Der Arbeitgeber kann aber die geänderten Vertragsbedingungen nicht durchsetzen, solange das Verfahren nach § 99 BetrVG nicht ordnungsgemäß durchgeführt worden ist; der Arbeitnehmer ist dann in dem alten Arbeitsbereich weiterzubeschäftigen, der ihm nicht wirksam entzogen worden ist.[12] Zur Versetzung eines betriebsverfassungsrechtlichen Mandatsträgers unter RN 41. 4

4. Personelle Maßnahmen bei den Bahn- und Postnachfolgeunternehmen. a) Betriebsverfassungsrechtliche Besonderheiten bestehen bei der Deutschen Bahn AG oder den Postnachfolgeunternehmen. Die bei der DB AG und in den privatisierten Postunternehmen beschäftigten Beamten gelten infolge ihrer Eingliederung in deren Betrieb als Arbeitnehmer i. S. des BetrVG (§ 19 DBGrG, § 24 PostPersRG). Bei personellen Maßnahmen greifen wegen der beamtenrechtlichen Grundsätze aus Art. 33 V GG Sonderregeln ein. 5

b) Bahn. Öffentlicher Dienstherr der Beamten der ehemaligen Bundesbahn ist das Bundeseisenbahnvermögen. Nach § 17 DBGrG hat zunächst die dort gebildete Personalvertretung bei der Zuweisung zu den Bahnunternehmen Mitwirkungsrechte. Daneben besteht eine weitere Zuständigkeit des Betriebsrats, in dessen Betrieb der Beamte tätig ist bzw. tätig sein soll. Wird ein Beamter der DB AG zur Dienstleistung zugewiesen, hat der Betriebsrat des jeweiligen Betriebs des DB AG-Konzerns ein Mitbestimmungsrecht nach § 99 BetrVG 1972, auch wenn der Personalrat des Bundeseisenbahnvermögens (BEV) zugestimmt hat.[13] Gleiches gilt für eine Versetzung i. S. d. § 95 III BetrVG, sofern diese nach § 99 BetrVG auch bei einem Arbeitnehmer zustimmungspflichtig wäre. Die tarifliche Bewertung von Arbeitsplätzen, die mit Beamten besetzt sind, dient nur der Personalkostenabrechnung mit dem Bundeseisenbahnvermögen und ist keine mitbestimmungspflichtige Eingruppierung.[14] 5a

c) Post. Im Rahmen der Postreform sind die Postunternehmen anders als bei der Bahnreform mit der Wahrnehmung der Befugnisse des Dienstherrn Bund beliehen worden. Die bei den Nachfolgeunternehmen gebildeten Betriebsräte nehmen die Beteiligungsrechte auch in den Personalangelegenheiten der Beamten wahr (§§ 28, 29 PostPersRG). Zu diesen zählen insbesondere die in § 76 I BPersVG genannten Beteiligungstatbestände.[15] Es besteht kein Mitbestimmungsrecht des Betriebsrats der Deutschen Telekom AG bei Abschluss von befristeten Arbeitsverträgen mit Beamten, damit diese durch Abfindung ausscheiden, da sich an ihrer bisherigen Eingliederung nichts ändert.[16] Die Aufstellung von Kriterien für sog. Insichbeurlaubungen von 5b

[8] BAG 2. 4. 1996 AP 9 zu § 99 BetrVG 1972 Versetzung = NZA 97, 219.

[9] BAG 26. 1. 1993 AP 102 zu § 99 BetrVG 1972 = NZA 93, 714; 16. 12. 1986 AP 40 zu § 99 BetrVG 1972 = NZA 87, 424; 18. 2. 1986 AP 33 zu § 99 BetrVG 1972 = NZA 86, 616.

[10] BAG 14. 11. 1989 AP 76 zu § 99 BetrVG 1972 = NZA 90, 357; 18. 10. 1988 AP 56 zu § 99 BetrVG 1972 = NZA 89, 402; 18. 2. 1986 AP 33 zu § 99 BetrVG 1972 = NZA 86, 616.

[11] BAG 30. 9. 1993 AP 33 zu § 2 KSchG 1969 = NZA 94, 615; BVerwG 26. 10. 1962 AP 2 zu § 70 PersVG Versetzung = BVerwGE 15, 90.

[12] BAG 30. 9. 1993 AP 33 zu § 2 KSchG 1969 = NZA 94, 615.

[13] BAG 12. 12. 1995 AP 8 zu § 99 BetrVG 1972 Versetzung = NZA 96, 667; teilweise a. A. *Fitting* § 99 RN 248 (Beteiligung des BEV genügt).

[14] BAG 12. 12. 1995 AP 6 zu § 99 BetrVG 1972 Eingruppierung = NZA 96, 837.

[15] Vgl. *Fitting* § 99 RN 244.

[16] LAG Berlin 8. 1. 1997 NZA-RR 98, 447.

Beamten (§ 4 III PostPersRG) unterliegt aber nach § 95 I, II BetrVG der Beteiligung des Betriebsrats.[17] Bei der Versetzung von Beamten, die bei einem der Nachfolgeunternehmen der Deutschen Bundespost beschäftigt sind, richtet sich das Mitbestimmungsrecht des Betriebsrats ausschließlich nach den §§ 28, 29 PostPersRG, wenn die Maßnahme von § 76 I BPersVG erfasst wird. Zählt eine Versetzung nicht hierzu, erfüllt sie aber die Merkmale des § 95 III BetrVG, besteht ein Mitbestimmungsrecht des Betriebsrats nach § 99 BetrVG.[18] Die Entscheidung der Telekom, in den Bereichen Fernsprechauskunft und Auslandsvermittlung die Dienstposten nicht mehr als Beamtendienstposten, sondern als Angestelltendienstposten auszuweisen, ist ein Organisationsakt und keine Eingruppierung, soweit für die betroffenen Arbeitnehmer keine vergütungsrechtlichen Konsequenzen entstehen.[19]

6 **5. Abdingbarkeit.** Eine Erweiterung oder Einschränkung der Rechte aus den §§ 99ff. BetrVG durch Betriebsvereinbarung ist unwirksam. Auch die Widerspruchsgründe nach § 99 II BetrVG sind abschließend aufgezählt. Wirksam ist eine Erweiterung durch Tarifvertrag (§ 230 RN 7).[20] Durch Tarifvertrag können auch bei Luftverkehrsunternehmen Zuständigkeiten der Konzernvertretung für Versetzungen begründet werden.[21]

7 **6. Arbeitskampf.** Während eines Arbeitskampfs erlischt das Betriebsratsamt nicht (§ 219 RN 9ff.). Die Mitwirkungsrechte des Betriebsrats aus den §§ 99ff. BetrVG werden durch den Arbeitskampf nur insoweit eingeschränkt, wie es sich um arbeitskampfrelevante Maßnahmen handelt.[22] Bei Einstellungen und Versetzungen hat der Betriebsrat nicht mitzubestimmen. Hinsichtlich derartiger Maßnahmen gilt der Betriebsrat als funktionsunfähig, unabhängig davon, ob sich seine Mitglieder sämtlich, teilweise oder gar nicht am Streik beteiligen.[23] Keine Einschränkungen der Mitwirkungsrechte bestehen bei Ein- und Umgruppierungen, da es sich um reinen Normenvollzug handelt, sowie bei den Informationspflichten für Einstellungen und Versetzungen. Bei der Einstellung von Streikbrechern hat der Betriebsrat daher nur ein Unterrichtungsrecht, aber kein Zustimmungsverweigerungsrecht.[24] Diese Grundsätze gelten unabhängig von der Rechtmäßigkeit des Arbeitskampfs.

8 **7. Besondere gesetzliche Regelungen.** Für bestimmte Personengruppen kann sich ein Beteiligungsrecht des Betriebsrats aus Sondergesetzen ergeben.

8a **a) ASiG.** Nach § 9 III ASiG bedarf es zur Bestellung und Abberufung der Betriebsärzte, Sicherheitsingenieure und Fachkräfte für Arbeitssicherheit der Zustimmung des Betriebsrats. Wird eine entspr. Person eingestellt, hat der Betriebsrat ein Mitwirkungsrecht nach den §§ 99ff. BetrVG. Zur Entscheidung der Frage, ob ein Angestellter oder freiberuflicher Arzt bzw. ein überbetrieblicher Dienst in Anspruch genommen wird, steht dem Betriebsrat nach h. M. ein Mitbestimmungsrecht nach § 87 BetrVG zu.[25]

9 **b) Datenschutzbeauftragter.** Die Bestellung eines betriebsangehörigen Arbeitnehmers zum Datenschutzbeauftragten nach § 4f I BDSG ist nicht mitbestimmungspflichtig. Jedoch kann sich auf Grund seiner Bestellung seine Tätigkeit derart ändern, dass die Voraussetzungen für eine Versetzung (§ 95 III BetrVG) vorliegen und dadurch das Mitbestimmungsrecht ausgelöst wird.[26] Ein Zustimmungsverweigerungsgrund für die Bestellung kann vorliegen, wenn die Person nicht über die nach dem Gesetz erforderliche Fachkunde verfügt (§ 99 II Nr. 1 BetrVG). Wird ein leitender Angestellter zum Datenschutzbeauftragten bestellt, entfällt eine etwaige Beteiligung nach § 99 BetrVG. Mitbestimmungspflichtig kann jedoch die Bestellung einer externen Person zum Datenschutzbeauftragten unter dem Gesichtspunkt der Einstellung sein.

---

[17] BAG 10. 12. 2002 AP 43 zu § 95 BetrVG 1972.

[18] BAG 12. 8. 1997 AP 15 zu § 99 BetrVG 1972 Versetzung = NZA 98, 273; vgl. auch LAG Rheinland-Pfalz 21. 4. 1997 NZA-RR 97, 296; zum Rechtsweg BAG 16. 6. 1999 AP 65 zu § 2 ArbGG 1979 = NZA 99, 1008 (Arbeitsvertragsschluss); 26. 6. 1996 AP 12 zu § 2a ArbGG 1979 = NZA 96, 1061 – Zuweisung; BVerwG 22. 2. 1998 AP 14 zu § 2a ArbGG 1979 = NZA-RR 98, 380 (Umsetzung).

[19] LAG Rheinland-Pfalz 21. 4. 1997 NZA-RR 97, 296.

[20] BAG 10. 2. 1988 AP 53 zu § 99 BetrVG 1972 = NZA 88, 699.

[21] BAG 10. 9. 1985 AP 2 zu § 117 BetrVG 1972 = ArbuR 86, 59.

[22] *Fitting* § 99 RN 23ff.; *Richardi* § 99 RN 20ff.

[23] BVerfG 7. 4. 1997 AP 11 zu Art. 100 GG = NJW 97, 2230 = NZA 97, 773; BAG 10. 12. 2002 AP 59 zu § 80 BetrVG 1972 = NZA 2004, 223; 10. 2. 1988 AP 5 zu § 98 BetrVG 1972 = NZA 88, 549; 14. 2. 1978 AP 58 zu Art. 9 GG Arbeitskampf = NJW 79, 236; AP 57 zu Art. 9 GG Arbeitskampf = NJW 78, 2054; 26. 10. 1971 AP 44 zu Art. 9 GG Arbeitskampf = NJW 72, 599.

[24] LAG Köln 22. 6. 1992 DB 93, 838.

[25] BAG 10. 4. 1979 AP 1 zu § 87 BetrVG 1972 Arbeitssicherheit = NJW 78, 2054.

[26] BAG 22. 3. 1994 AP 4 zu § 99 BetrVG 1972 Versetzung = NZA 94, 1049.

c) Sonstige Beauftragte. Unter den gleichen Voraussetzungen wie bei der Bestellung zum Datenschutzbeauftragten kommen Mitwirkungsrechte des Betriebsrats bei der Bestellung von Arbeitnehmern zu besonderen Beauftragten in Betracht, z. B. zum Immissionsschutzbeauftragten (§ 55 I a BImSchG), Gewässerschutzbeauftragten (§ 21 a WHG), Betriebsbeauftragten für Abfall (§ 54 I KrW-/AbfG), Störfallbeauftragten (§ 58 c BImSchG), Beauftragten für biologische Sicherheit (§ 18 I Nr. 2 GenTSV) sowie Strahlenschutz (§ 31 III StrlSchV, § 14 II RöntgenV), kerntechnischen Sicherheitsbeauftragten (§ 2 AtSMV) und Zivildienstbeauftragten[27] (§§ 30, 30 a ZDG) in Betracht. 10

II. Begriff der personellen Einzelmaßnahmen

Engels, Betriebsrat: Kontrollinstanz in Sachen 1-€-Jobs?, FS Richardi (2007), S. 519; *Fischer,* Einseitige Freistellung und Entzug von Arbeitsaufgaben durch den Arbeitgeber, ArbuR 2004, 253; *Hamann,* Betriebsverfassungsrechtliche Auswirkungen der Reform der Arbeitnehmerüberlassung, NZA 2003, 526; *Hunold,* Wichtige Rechtsprechung zum Versetzungsbegriff, FS Hromadka (2008), S. 157; *ders.,* Abstellung zu innerbetrieblichen „Workshops" als Versetzung, NZA 2008, 342; *ders.,* Die Rechtsprechung zur Mitbestimmung des Betriebsrats zu Versetzungen, NZA-RR 2001, 617; *Grobys,* Rechtsfragen bei der Einstellung, NJW-Spezial 2005, 177; *Richardi,* Die Mitbestimmung bei Einstellungen als Generalklausel einer Beteiligung an Änderungen des Arbeitsvertrags, NZA 2009, 1; *Schlochauer,* Betriebsverfassungsrechtlicher Versetzungsbegriff in der Rechtsprechung des Bundesarbeitsgerichts, FS Richardi (2007), S. 751; *Schüren,* Die Mitbestimmung des Betriebsrats bei der Änderung der Arbeitszeit nach dem TzBfG, ArbuR 2001, 321; *Schulze,* Ein-Euro-Jobber, NZA 2005, 1332; *Wulff/Richter,* Mitbestimmung des Betriebsrats bei individueller Arbeitszeitverlängerung, ArbuR 2007, 120; *Zwanziger,* Rechtliche Rahmenbedingungen für „Ein-Euro-Jobs", ArbuR 2005, 8.

1. Einstellung. a) Begriff. Das BAG hatte zunächst angenommen, dass Einstellung sowohl der Abschluss des Arbeitsvertrags als auch die Beschäftigung im Betrieb sei. Das Mitbestimmungsrecht des Betriebsrats bestehe bei dem zeitlich ersten Vorgang.[28] In späteren Entscheidungen hat es unter Einstellung nur noch die **tatsächliche Beschäftigung** des Arbeitnehmers oder anderer Personen im Betrieb verstanden.[29] Danach liegt eine Einstellung im Sinne von § 99 I 1 BetrVG vor, wenn Personen in den Betrieb des Arbeitgebers eingegliedert werden, um zusammen mit den dort beschäftigten Arbeitnehmern dessen arbeitstechnischen Zweck durch weisungsgebundene Tätigkeit zu verwirklichen. Es kommt nicht auf das Rechtsverhältnis an, in dem diese Personen zum Arbeitgeber als Betriebsinhaber stehen. Maßgebend ist, ob die von ihnen zu verrichtenden Tätigkeiten ihrer Art nach weisungsgebundene Tätigkeiten sind, die der Verwirklichung des arbeitstechnischen Zwecks des Betriebs zu dienen bestimmt sind und deshalb vom Arbeitgeber organisiert werden müssen. Ob den betreffenden Personen tatsächlich Weisungen hinsichtlich dieser Tätigkeit gegeben werden, ist unerheblich. Die Personen müssen dabei derart in die Arbeitsorganisation des Betriebs eingegliedert werden, dass der Betriebsinhaber die für eine weisungsabhängige Tätigkeit typischen Entscheidungen auch über Zeit und Ort der Tätigkeit zu treffen hat. Der Betriebsinhaber muss in diesem Sinne Personalhoheit besitzen und damit wenigstens einen Teil der Arbeitgeberstellung gegenüber den betreffenden Personen wahrnehmen. Eine Eingliederung in den Betrieb ist auch bei Arbeitnehmern von Drittfirmen möglich, die auf Grund eines Dienst- oder Werkvertrags mit weisungsgebundenen Tätigkeiten im Betrieb beauftragt werden, falls der Betriebsinhaber und nicht der beauftragte Unternehmer das für ein Arbeitsverhältnis typische Weisungsrecht innehat und die Entscheidung über den Einsatz nach Zeit und Ort trifft.[30] 11

b) Einzelfälle. aa) Nach § 99 BetrVG mitwirkungspflichtig sind: **(1)** die Umwandlung eines befristeten in ein unbefristetes Arbeitsverhältnis, da sich die Beziehung zur Belegschaft ändert,[31] anders bei Umwandlung befristeter Probearbeitsverhältnisse in Dauerarbeitsverhältnisse, wenn der Betriebsrat schon bei der Einstellung entsprechend beteiligt worden ist;[32] **(2)** die Ver- 11a

[27] Vgl. BAG 12. 9. 1996 AP 1 zu § 30 ZDG = NZA 97, 381.

[28] BAG 18. 7. 1978 AP 7 zu § 99 BetrVG 1972 = DB 78, 2320; 14. 5. 1974 AP 2 zu § 99 BetrVG 1972 = NJW 74, 1966.

[29] BAG 22. 4. 1997 AP 18 zu § 99 BetrVG 1972 Einstellung = NZA 97, 1297; 30. 8. 1994 AP 9 zu § 72 LPVG NW = NZA 95, 649; 28. 4. 1992 AP 98 zu § 99 BetrVG 1972; 20. 3. 1990 AP 79 zu § 99 BetrVG 1972 = NZA 90, 699; 1. 8. 1989 AP 68 zu § 99 BetrVG 1972 = NZA 90, 229; 18. 4. 1989 AP 65 zu § 99 BetrVG 1972 = NZA 90, 804; 16. 12. 1986 AP 40 zu § 99 BetrVG 1972 = NZA 87, 424; 15. 4. 1986 AP 35 zu § 99 BetrVG 1972 = NZA 86, 689.

[30] Zusammenfassung der ständigen Rechtsprechung bei BAG 13. 12. 2005 – 1 ABR 51/04 n. a. v.

[31] BAG 13. 4. 1994 AP 9 zu § 72 LPVG NW = NZA 94, 1099; 28. 10. 1986 AP 32 zu § 118 BetrVG 1972 = NZA 87, 531; 16. 7. 1985 AP 21 zu § 99 BetrVG 1972 = NZA 86, 163; 18. 7. 1978 AP 9 zu § 99 BetrVG 1972 = DB 78, 2319.

[32] BAG 7. 8. 1990 AP 82 zu § 99 BetrVG 1972 = NZA 91, 150.

längerung eines befristeten[33] oder auf das 65. Lebensjahr befristeten Arbeitsverhältnisses;[34] **(3)** die Übernahme eines Auszubildenden in ein Arbeitsverhältnis nach Vollendung des Berufsausbildungsverhältnisses,[35] es sei denn, dass die Voraussetzungen nach § 78a BetrVG vorliegen; **(4)** die Übernahme einer Arbeitnehmerin in eine befristete Teilzeitbeschäftigung während der Elternzeit;[36] **(5)** die Beschäftigung von Propagandisten in einem Kaufhaus[37] oder sonstigen Personen im Betrieb, die weisungsgebundene Arbeiten verrichten,[38] **(6)** die Begründung eines mittelbaren Arbeitsverhältnisses[39] sowie **(7)** die nach Dauer und Umfang nicht unerheblichen Erhöhung der regelmäßigen wöchentlichen Arbeitszeit.[40] Ein Beteiligungsrecht besteht auch, wenn **(8)** ein bereits tatsächlich aus dem Betrieb ausgeschiedener Arbeitnehmer auf Grund eines Wiedereinstellungsanspruchs erneut beschäftigt wird.[41] Bei **(9)** einem Betriebsübergang endet die bisherige Eingliederung des betroffenen Arbeitnehmers bis zum Ablauf der Widerspruchsfrist des § 613a VI BGB nicht; widerspricht er fristgemäß dem Betriebsübergang, ist der Betriebsrat des Veräußererbetriebs nicht unter dem Gesichtspunkt der Einstellung zu beteiligen.[42]

12 **Beteiligungspflichtig** sind sämtliche Einstellungen, also unbefristete, befristete Beschäftigungen, zur Probe, zur Aushilfe, zur Ausbildung,[43] nach vorangegangener Ausbildung,[44] als freier Mitarbeiter, als Honorarlehrkraft, wenn die gleiche Arbeit wie ein Arbeitnehmer verrichtet wird,[45] der Einsatz von Beschäftigten in Arbeitsgelegenheiten[46] (§ 16 d SGB II), von ehrenamtlichen DRK-Mitgliedern in Krankenwagen,[47] der Einsatz von DRK-Schwestern auf Grund eines Gestellungsvertrags[48] und der Antrag auf Zuweisung von Zivildienstleistenden durch das Bundesamt für den Zivildienst.[49]

13 **bb)** Dagegen bestehen **keine Mitwirkungsrechte,** wenn die Entstehung oder Fortsetzung des Arbeitsverhältnisses nicht von einem Willensentschluss des Arbeitgebers abhängt, also bei Fortsetzung des Arbeitsverhältnisses mit dem Betriebserwerber im Fall der Betriebsnachfolge nach § 613a BGB;[50] bei Wiederaufnahme eines ruhenden Arbeitsverhältnisses[51] oder der Fortsetzung eines gekündigten Arbeitsverhältnisses, wenn der Arbeitnehmer noch nicht endgültig ausgeschieden war,[52] bei Fortsetzung der Arbeit nach lösender Aussperrung;[53] die Eingliederung von Strafgefangenen in den Betrieb, da diese keine Arbeitnehmer sind[54] oder die Beschäftigung von freien Mitarbeitern und Handelsvertretern.[55] Keine Einstellung soll vorliegen, wenn eine Fluggesellschaft den Piloten einer anderen Fluggesellschaft ausbildet, um diesem den Erwerb der

---

[33] LAG Hamburg 23. 1. 1997 NZA-RR 97, 292.

[34] BAG 10. 3. 1992 AP 96 zu § 99 BetrVG 1972 = NZA 92, 992; 12. 7. 1988 AP 54 zu § 99 BetrVG 1972 = NZA 89, 225; 18. 7. 1978 AP 9 zu § 99 BetrVG 1972 = DB 78, 2319.

[35] LAG Hamm DB 82, 2303; vgl. auch BAG 12. 11. 1997 AP 2 zu § 611 BGB Übernahme in ein Arbeitsverhältnis = NZA 98, 1013.

[36] BAG 28. 4. 1998 AP 22 zu § 99 BetrVG 1972 Einstellung = NZA 98, 1352.

[37] ArbG Wesel 13. 10. 1989 ArbuR 91, 219; ArbG Bremerhaven 3. 8. 1988 DB 89, 2131.

[38] BAG 13. 3. 2001 AP 34 zu § 99 BetrVG 1972 Einstellung = NZA 2001, 1262 (Testkäufer); 16. 12. 1986 AP 40 zu § 99 BetrVG 1972 = NZA 87, 424; 15. 4. 1986 AP 35 zu § 99 BetrVG 1972 = NZA 86, 689.

[39] BAG 18. 4. 1989 AP 65 zu § 99 BetrVG 1972 = NZA 89, 804.

[40] BAG 9. 12. 2008 – 1 ABR 74/07 z. V. b. – 10 Std. bejaht; 15. 5. 2007 AP 30 zu § 1 BetrVG 1972 Gemeinsamer Betrieb = NZA 2007, 1240 – 5 Std. verneint; 25. 1. 2005 AP 114 zu § 87 BetrVG 1972 Arbeitszeit = NZA 2005, 945; BVerwG 23. 3. 1999 AP 73 zu § 75 BPersVG.

[41] BAG 5. 4. 2001 AP 174 zu § 626 BGB = NZA 2001, 893; teilweise a. A. *Fitting* § 99 RN 44 f., wenn alle ArbN wieder eingestellt werden.

[42] Anders *Rieble* NZA 2002, 706, 709.

[43] BAG 30. 9. 2008 – 1 ABR 81/07 z. V. b.; 20. 4. 1993 AP 106 zu § 99 BetrVG 1972 = NZA 93, 1096.

[44] BAG 3. 10. 1989 AP 73 zu § 99 BetrVG 1972 = NZA 90, 366.

[45] BAG 3. 7. 1990 AP 81 zu § 99 BetrVG 1972 = NZA 90, 903.

[46] BAG 2. 10. 2007 AP 54 zu § 99 BetrVG 1972 Einstellung = NZA 2008, 244.

[47] BAG 12. 11. 2002 AP 43 zu § 99 BetrVG 1972 Einstellung – keine Tendenzträger.

[48] BAG 22. 4. 1997 AP 18 zu § 99 BetrVG 1972 Einstellung = NZA 97, 1297; BVerwG 27. 8. 1997 AP 4 zu § 77 LPVG Hessen = ZTR 98, 233.

[49] BAG 19. 6. 2001 AP 35 zu § 99 BetrVG 1972 Einstellung = BB 2002, 47; a. A. ArbG Hamburg 31. 1. 1989 NZA 89, 652.

[50] BAG 7. 11. 1975 AP 3 zu § 99 BetrVG 1972 = BB 76, 134.

[51] BAG 5. 4. 2001 AP 174 zu § 626 BGB = NZA 2001, 893 (obiter dictum); LAG Mecklenburg-Vorpommern 15. 2. 1996 NZA 97, 51.

[52] LAG Frankfurt 12. 5. 1987 LAGE § 101 BetrVG 1972 Nr. 2 = BB 87, 2093.

[53] BAG GS 21. 4. 1971 AP 43 zu Art. 9 GG Arbeitskampf = NJW 71, 1668; BAG 15. 6. 1964 AP 36 zu Art. 9 GG Arbeitskampf.

[54] BAG 3. 10. 1978 AP 18 zu § 5 BetrVG 1972 = DB 79, 1186.

[55] BAG 30. 8. 1994 AP 6 zu § 99 BetrVG 1972 Einstellung = NZA 95, 649.

Musterberechtigung zu ermöglichen.[56] Auch in der freiwilligen Arbeitszeitreduzierung nach § 8 TzBfG liegt keine Einstellung des bisher vollzeitbeschäftigten Arbeitnehmers als Teilzeitbeschäftigten,[57] ebenso bei dem Übergang in ein Altersteilzeitverhältnis.[58] Nicht mitbestimmungspflichtig ist die Beschäftigung von Schülern, wenn diese im Rahmen schulischer Ausbildung (Schulpraktikum) erfolgt.[59] Kein Zustimmungsverweigerungsrecht, sondern nur Informationspflichten des Arbeitgebers bestehen bei der Einstellung von Redakteuren in **Tendenzbetrieben.**[60]

c) Leiharbeitnehmer. Nach den §§ 14 III AÜG, 99 BetrVG ist auch die Beschäftigungsaufnahme von Leiharbeitnehmern mitbestimmungspflichtig[61] (dazu § 120 RN 95). Das Beteiligungsrecht besteht jedoch erst für einen konkreten Einsatz im Entleiherbetrieb.[62] Wird zwischen dem Entleiher und dem Leiharbeitnehmer das Arbeitsverhältnis nach § 10 AÜG fingiert, bleibt gleichwohl das Mitwirkungsrecht nach § 99 BetrVG unter dem Gesichtspunkt der Einstellung erhalten. Allerdings wird die Willensbildung des Arbeitgebers durch das Gesetz ersetzt; er hat jedoch den Betriebsrat zu unterrichten und notfalls seine Zustimmung gerichtlich ersetzen zu lassen. Kein Mitwirkungsrecht nach § 99 BetrVG besteht, wenn Arbeiten durch einen Subunternehmer auf Grund eines Werkvertrags verrichtet werden,[63] wenn diesem das Direktionsrecht gegenüber seinen Arbeitnehmern zusteht.[64] Andernfalls ist der Betriebsrat des Einsatzbetriebs nach § 99 BetrVG zu beteiligen.[65] 14

2. Ein- und Umgruppierung. a) Vergütungsordnung. Ein- bzw. Umgruppierung ist jede Einreihung eines Arbeitnehmers in ein bestimmtes Entgeltschema. Besteht ein solches, muss der Arbeitgeber grundsätzlich bei allen Arbeitnehmern eine Eingruppierung vornehmen, auch wenn er zu dem Ergebnis kommt, dass die zu bewertende Tätigkeit Anforderungen stellt, die von der Vergütungsordnung nicht erfasst werden, z. B., weil sie die Qualifikationsmerkmale der obersten Vergütungsgruppe übersteigt.[66] Fehlt hingegen eine Vergütungsordnung, kann auch keine Eingruppierung erfolgen.[67] Gilt sie nur für einen Teil der beschäftigten Arbeitnehmer (z. B. nach einem Betriebsübergang), sind auch nur diese einzugruppieren.[68] Das Entgeltschema kann auf Tarifvertrag, Betriebsvereinbarung oder betrieblicher Übung bzw. sonstigen betrieblichen Regelungen beruhen;[69] der Geltungsgrund einer tariflichen Vergütungsordnung ist für die Pflicht zur Ein- oder Umgruppierung unerheblich;[70] daher besteht auch eine Pflicht zur Eingruppierung bei einem kraft Nachwirkung geltenden tariflichen oder betrieblichen Vergütungsschema.[71] Beteiligungspflichtig ist die Einreihung von AT-Angestellten in ein Vergütungsschema[72] bzw. die Entscheidung, ihn außertariflich zu vergüten, die Eingruppierung geringfügig Beschäftigter[73] und die Einreihung von Heimarbeitern in ein Entgeltschema.[74] Keine Eingrup- 15

[56] LAG Köln 22. 3. 1995 NZA-RR 96, 254.

[57] BAG 25. 5. 2005 AP 114 zu § 87 BetrVG 1972 Arbeitszeit = NZA 2005, 945.

[58] BVerwG 12. 6. 2001 NZA 2001, 1091.

[59] BAG 8. 5. 1990 AP 80 zu § 99 BetrVG 1972 = NZA 90, 896.

[60] BAG 1. 9. 1987 AP 11 zu § 101 BetrVG 1972 = NZA 88, 97; AP 10 zu § 101 BetrVG 1972 = NZA 88, 99.

[61] BAG 12. 11. 2002 AP 41 zu § 99 BetrVG 1972 Einstellung = NZA 2003, 513; 9. 11. 1994 AP 18 zu § 1 AÜG = NZA 95, 572; 6. 6. 1978 AP 6 zu § 99 BetrVG 1972 = DB 78, 1841; 14. 5. 1974 AP 2 zu § 99 BetrVG 1972 = NJW 74, 1966.

[62] BAG 23. 1. 2008 AP 14 zu § 14 AÜG = NZA 2008, 603 – Aufnahme in einen Stellenpool.

[63] BAG 31. 3. 1993 AP 2 zu § 9 AÜG = NZA 93, 1078; 5. 5. 1992 AP 97 zu § 99 BetrVG 1972 = NZA 92, 1044; 9. 7. 1991 AP 94 zu § 99 BetrVG 1972 = NZA 92, 275; 5. 3. 1991 AP 90 zu § 99 BetrVG = NZA 91, 686.

[64] BAG 18. 10. 1994 AP 5 zu § 99 BetrVG 1972 Einstellung = NZA 95, 281.

[65] Zum Auskunftsanspruch BAG 15. 12. 1998 AP 56 zu § 80 BetrVG 1972 = NZA 99, 722.

[66] BAG 31. 10. 1995 AP 5 zu § 99 BetrVG 1972 Eingruppierung = NZA 96, 890; 23. 11. 1993 AP 111 zu § 99 BetrVG 1972 = NZA 94, 461; 18. 6. 1991 AP 92 zu § 99 BetrVG 1972 = NZA 91, 903; vgl. bei Personalrat: BAG 21. 3. 1995 AP 4 zu § 99 BetrVG Eingruppierung = NZA-RR 96, 76; 28. 1. 1992 AP 36 zu § 75 BPersVG = NZA 92, 805.

[67] BAG 20. 12. 1988 AP 62 zu § 99 BetrVG 1972 = NZA 89, 518.

[68] BAG 23. 9. 2003 AP 28 zu § 99 BetrVG 1972 Eingruppierung.

[69] BAG 13. 8. 1986 AP 1 zu § 2 MTVAng-DFVLR = ArbuR 86, 378; 28. 1. 1986 AP 32 zu § 99 BetrVG 1972 = NZA 86, 536; 3. 12. 1985 AP 1 zu § 74 BAT = DB 86, 1980; LAG Köln 16. 12. 2002 ZTR 2003, 289 – Eingruppierung der Vorzimmerkräfte.

[70] BAG 3. 12. 1985 AP 31 zu § 99 BetrVG 1972 = DB 86, 1932; AP 2 zu § 74 BAT = NZA 86, 337; AP 1 zu § 74 BAT = DB 86, 1980.

[71] LAG Düsseldorf 4. 6. 2008 ZTR 2009, 43; Rechtsbeschwerde anhängig: 1 ABR 76/08.

[72] BAG 31. 10. 1995 AP 5 zu § 99 BetrVG 1972 Eingruppierung = NZA 96, 890.

[73] BAG 18. 6. 1991 AP 15 zu § 99 BetrVG 1972 Eingruppierung = NZA 91, 903.

[74] BAG 20. 9. 1990 AP 83 zu § 99 BetrVG 1972 = NZA 91, 244.

pierung ist die bloße Umkategorisierung von Beamtendienstposten,[75] gleichfalls wird von § 99 BetrVG nicht erfasst die einzelvertragliche Vereinbarung des Gehalts eines außertariflichen Angestellten sowie von übertariflichen Zulagen.[76] Beteiligungspflichtig sind sowohl Maßnahmen zugunsten wie zulasten des Arbeitnehmers. Der Betriebsrat kann deshalb einer Eingruppierung mit der Begründung widersprechen, nur die niedrigere Vergütungsgruppe sei zutreffend.[77]

16 **b) Eingruppierung.** Eine Eingruppierungsentscheidung des Arbeitgebers ist erforderlich **(1)** anlässlich einer Einstellung bei der erstmaligen Zuweisung einer Tätigkeit oder **(2)** der erstmaligen Einführung einer Gehalts- oder Lohngruppenordnung. In diesen Fällen kann sie vom Betriebsrat auch gerichtlich erzwungen werden (RN 70 a). Ist die Eingruppierungsentscheidung jedoch einmal unter Beteiligung des Betriebsrats getroffen worden, hat dieser kein Initiativrecht zu einer Korrektur, selbst wenn er der Auffassung ist, die ursprünglich für richtig erkannte Eingruppierung sei nun nicht mehr zutreffend.[78] Das Mitbestimmungsrecht bezieht sich auch auf die Einreihung in die Fallgruppen bzw. Lebensaltersstufen einer Vergütungsgruppe, wenn damit unterschiedliche Rechtsfolgewirkungen verbunden sein können[79] (z.B. bei der Stufenzuordnung nach § 16 II TV-L[80]). Mitwirkungspflichtig ist auch die nur vorübergehende Übertragung einer höherwertigen Tätigkeit.[81] Überträgt der Arbeitgeber einem Arbeitnehmer eine höherwertige Tätigkeit auf Dauer oder ermessensfehlerhaft nur vorübergehend, ist er arbeitsvertraglich zur Zahlung der Vergütung nach der höheren Vergütungsgruppe verpflichtet, auch wenn er den Personalrat nicht beteiligt hat.[82] Zu den Auswirkungen des Mitbestimmungsverfahrens auf den Vergütungsanspruch des Arbeitnehmers unten RN 54 a. Keine Beteiligungspflicht unter dem Gesichtspunkt der Eingruppierung besteht bei dem Einsatz von Leiharbeitnehmern für den Betriebsrat des Entleiherbetriebs, da diese (auch für die Einsatzzeit) Arbeitnehmer des Verleihers bleiben und § 14 III 1 AÜG wegen der Beteiligung nur auf die Beschäftigungsaufnahme abstellt;[83] insoweit verbleibt die Zuständigkeit beim Betriebsrat im Verleihbetrieb (s. auch § 120 RN 91).

17 **c) Umgruppierung.** Einer Umgruppierung i. S. d. § 99 BetrVG liegt die Feststellung des Arbeitgebers zugrunde, dass die aktuelle Tätigkeit des Arbeitnehmers nicht oder nicht mehr den Tätigkeitsmerkmalen derjenigen Vergütungsgruppe entspricht, in die er bisher eingruppiert worden ist. Anlass für diese Feststellung kann **(1)** eine tatsächliche Änderung der Tätigkeit sein, z. B. bei einer Versetzung (§ 95 III BetrVG), wobei die Entscheidung des Arbeitgebers auch darin bestehen kann, dass durch die Versetzung eine Änderung der bisherigen Gehalts- oder Lohngruppe nicht eintritt oder der Arbeitnehmer nunmehr außertariflich eingruppiert ist,[84] **(2)** eine Änderung des Entgeltschemas,[85] wenn darüber neu zu entscheiden ist, welchen der neuen Tätigkeitsmerkmale die von den Arbeitnehmern auszuübenden Tätigkeiten entsprechen oder **(3)** eine veränderte Einschätzung der Rechtslage durch den Arbeitgeber,[86] z. B. bei einer korrigierenden Rückgruppierung.[87] Der Betriebsrat hat nach § 99 I 1 BetrVG ein Mitbeurteilungsrecht bei der Frage, ob ein bislang außertariflich vergüteter Angestellter nach einer Versetzung weiterhin außertariflich eingruppiert ist oder nunmehr unter eine tarifliche Vergütungsordnung fällt.[88] Wächst ein Arbeitnehmer aus einer tariflichen Vergütungsordnung heraus und besteht ein ge-

---

[75] BAG 12. 8. 1997 AP 14 zu § 99 BetrVG 1972 = NZA 98, 378.

[76] BAG 31. 5. 1983 AP 27 zu § 118 BetrVG 1972 = NJW 84, 1143.

[77] BAG 28. 4. 1998 AP 18 zu § 99 BetrVG 1972 Eingruppierung = NZA 99, 52.

[78] BAG 18. 6. 1991 AP 105 zu § 99 BetrVG 1972 = NZA 91, 852.

[79] BAG 27. 7. 1993 AP 110 zu § 99 BetrVG 1972 = NZA 94, 952; BVerwG 8. 10. 1997 AP 70 zu § 75 BPersVG = NZA-RR 98, 236 – Fallgruppenwechsel.

[80] BVerwG 27. 8. 2008 – 6 P 3/08 – PersR 2008, 500.

[81] BAG 28. 1. 1992 AP 36 zu § 75 BPersVG = NZA 92, 805; einschränkend bei bestehenden Vertretungsregelungen BVerwG 8. 10. 1997 AP 69 zu § 75 BPersVG = NZA-RR 99, 164; a. A. noch BVerwG 16. 5. 1980 AP 5 zu § 70 BPersVG.

[82] BAG 17. 4. 2002 AP 23 zu § 24 BAT = NZA 2003, 159; 16. 1. 1991 AP 3 zu § 24 MTA = NZA 91, 490; a. A. noch BAG 10. 3. 1982 AP 7 zu § 75 BPersVG = DB 82, 2712.

[83] BAG 17. 6. 2008 AP 34 zu § 99 BetrVG 1972 Eingruppierung.

[84] BAG 17. 6. 2008 AP 126 zu § 99 BetrVG 1972; 12. 12. 2006 AP 32 zu § 99 BetrVG 1972 Eingruppierung = NZA 2007, 348; 26. 10. 2004 AP 29 zu § 99 BetrVG 1972 Eingruppierung = NZA 2005, 367.

[85] BAG 17. 6. 2008 AP 126 zu § 99 BetrVG 1972.

[86] BAG 2. 4. 1996 AP 7 zu § 99 BetrVG 1972 Eingruppierung = NZA 96, 1105.

[87] BAG 6. 8. 1997 AP 7 zu § 12 AVR Diakonisches Werk = NZA 98, 263; 8. 8. 1996 AP 46 zu §§ 22, 23 BAT Lehrer = NZA-RR 97, 76; 30. 5. 1990 AP 31 zu § 75 BPersVG = NZA 90, 899; BVerwG 10. 7. 1995 AP 59 zu § 75 BPersVG = ZTR 96, 282.

[88] BAG 12. 12. 2006 AP 32 zu § 99 BetrVG 1972 Eingruppierung = NZA 2007, 348.

stuftes außertarifliches Vergütungssystem, so ist eine Umgruppierung erst mit der Eingruppierung in die außertarifliche Vergütungsordnung vollständig vorgenommen.[89] Keine mitwirkungspflichtige Umgruppierung ist gegeben bei der Überführung in ein neues Entgeltschema durch Tarifvertrag, wenn dem Arbeitgeber kein Entscheidungsspielraum zusteht,[90] bei einer linearen Absenkung der Vergütung,[91] Bestellung oder Widerruf zum Vorhandwerker unter Gewährung oder Wegfall einer Zulage, anders ist es dagegen dann, soweit die Zulage die Erfüllung besonderer tätigkeitsbezogener Merkmale einer Vergütungsordnung voraussetzt[92] oder wenn die Zulage eine Zwischenstufe zwischen Vergütungsgruppen darstellt.[93] Keine Umgruppierung stellt aber der Wegfall eines Familien- bzw. Ortszuschlags dar. Auch bei der Umgruppierung hat der Betriebsrat kein Initiativrecht.

d) Prüfungsmaßstab. Die Eingruppierung der Arbeitnehmer in eine bestimmte Lohn- oder Gehaltsgruppe richtet sich nach der auszuübenden Tätigkeit (§ 67 RN 8ff.). Dem Mitwirkungsrecht des Betriebsrats kommt insoweit nur eine Richtigkeitskontrolle zu.[94] Mitwirkungspflichtig ist die Übertragung einer geringwertigen Tätigkeit, auch wenn der arbeitsvertragliche Anspruch auf die der bisherigen Tätigkeit entsprechende Vergütung unberührt bleibt,[95] und die Neueingruppierung bei unveränderter Tätigkeit, sofern betrieblich oder überbetrieblich eine neue Gruppeneinteilung vorgenommen wurde.[96] 18

e) Leitende Angestellte. Das Beteiligungsrecht des Betriebsrats entfällt, wenn der Arbeitnehmer nach der personellen Einzelmaßnahme zu den leitenden Angestellten i. S. von § 5 III BetrVG gehört (§ 105 BetrVG), vgl. § 212 RN 15ff. Der Betriebsrat ist allerdings vom Arbeitgeber über die Tatsachen zu unterrichten, die nach Auffassung des Arbeitgebers die Zugehörigkeit zu den leitenden Angestellten begründen. Nur so kann der Betriebsrat die getroffene Entscheidung überprüfen. 19

3. Versetzung. a) Begriff. Es ist der arbeitsvertragliche und betriebsverfassungsrechtliche Versetzungsbegriff zu unterscheiden. Arbeitsvertraglich ist Versetzung die Zuweisung einer anderen als der vereinbarten Tätigkeit; unerheblich ist, ob die Art der Arbeit oder der Ort der Arbeit geändert wird (§ 45 RN 23ff., 14ff.). Der betriebsverfassungsrechtliche Versetzungsbegriff ergibt sich aus § 95 III BetrVG. Versetzung ist danach die Zuweisung eines anderen Arbeitsbereichs (RN 21), die **(1)** voraussichtlich die Dauer von einem Monat überschreitet oder **(2)** mit einer erheblichen Änderung der Umstände verbunden ist, unter denen die Arbeit zu leisten ist (RN 22 a). Versetzung ist deshalb alternativ die Veränderung des Arbeitsbereichs von mehr als einem Monat oder eine erhebliche Veränderung der Umstände, unter denen die Arbeit zu leisten ist, unabhängig von der Zeitdauer.[97] § 95 III BetrVG gilt auch für Berufsausbildungsverhältnisse.[98] Bei einer Versetzung hat der Arbeitgeber den Betriebsrat stets nach § 99 I BetrVG unter dem Gesichtspunkt der Ein- bzw. Umgruppierung zu beteiligen.[99] 20

aa) Arbeitsbereich. Der „Arbeitsbereich“ i. S. v. § 95 III 1 BetrVG wird in § 81 BetrVG durch die Aufgabe und Verantwortung des Arbeitnehmers sowie die Art seiner Tätigkeit und ihre Einordnung in den Arbeitsablauf des Betriebs umschrieben. Der Begriff ist demnach räumlich und funktional zu verstehen. Er umfasst neben dem Ort der Arbeitsleistung auch die Art der Tätigkeit und den gegebenen Platz in der betrieblichen Organisation.[100] Maßgeblich sind die 21

---

[89] BAG 26. 10. 2004 AP 29 zu § 99 BetrVG 1972 Eingruppierung = NZA 2005, 367.

[90] BAG 3. 5. 2006 AP 31 zu § 99 BetrVG 1972 Eingruppierung = NZA 2007, 47.

[91] LAG Baden-Württemberg 9. 12. 2003 – 17 TaBV 2/03 n. v.

[92] BAG 24. 6. 1986 AP 37 zu § 99 BetrVG 1972 = NZA 87, 31.

[93] BAG 2. 4. 1996 AP 7 zu § 99 BetrVG 1972 Eingruppierung = NZA 96, 1105.

[94] BAG 15. 4. 1986 AP 36 zu § 99 BetrVG 1972 = NZA 86, 755; 31. 5. 1983 AP 27 zu § 118 BetrVG 1972 = NJW 84, 1143; 22. 3. 1983 AP 6 zu § 101 BetrVG 1972 = DB 83, 2313.

[95] BAG 16. 2. 1966 AP 6 zu § 1 TVG Tarifverträge: BAVAV = DB 66, 1093.

[96] BAG 18. 1. 1994 AP 1 zu § 99 BetrVG 1972 Eingruppierung = NZA 94, 901; 9. 3. 1993 AP 104 zu § 99 BetrVG 1972 = NZA 93, 1045; 12. 1. 1993 AP 101 zu § 99 BetrVG 1972; 3. 10. 1989 AP 75 zu § 99 BetrVG 1972 = NZA 90, 359; LAG Hamburg 23. 12. 1992 NZA 93, 424; LAG Düsseldorf 31. 7. 1992 NZA 93, 426.

[97] BAG 26. 5. 1988 AP 13 zu § 95 BetrVG 1972 = NZA 89, 438; vgl. 8. 8. 1989 AP 18 zu § 95 BetrVG 1972 = NZA 90, 198.

[98] BAG 3. 12. 1985 AP 8 zu § 95 BetrVG 1972 = NZA 86, 532.

[99] BAG 12. 12. 2006 AP 32 zu § 99 BetrVG 1972 Eingruppierung = NZA 2007, 348; 26. 10. 2004 AP 29 zu § 99 BetrVG 1972 Eingruppierung = NZA 2005, 367.

[100] BAG 17. 6. 2008 AP 47 zu § 99 BetrVG 1972 Versetzung; 13. 3. 2007 AP 52 zu § 95 BetrVG 1972 = NZA-RR 2007, 581; 29. 2. 2000 AP 36 zu § 95 BetrVG 1972 = NZA 2000, 1357; 8. 8. 1989 AP 18 zu

tatsächlich ausgeübten Tätigkeiten.[101] Dem Arbeitnehmer wird ein anderer Arbeitsbereich zugewiesen, wenn sich das Gesamtbild seiner bisherigen Tätigkeit so verändert, dass sich die neue Tätigkeit vom Standpunkt eines mit den betrieblichen Verhältnissen vertrauten Beobachters als eine „andere" darstellt.[102] Dafür müssen sich nicht nur weitere Umstände ändern als nur die, die schon für den „Arbeitsbereich" kennzeichnend sind; ihre Veränderung muss daneben „erheblich" i. S. v. § 95 III BetrVG sein.[103] Dies kann der Fall sein, wenn der Arbeitsort sich ändert, der Arbeitnehmer aus einer betrieblichen Einheit herausgenommen und einer anderen zugewiesen wird oder sich die Umstände ändern, unter denen die Arbeit zu leisten ist. Neben dem räumlichen Bezug und der Arbeitsaufgabe kann der Arbeitsbereich durch weitere Elemente gekennzeichnet sein, die sich insbes. aus der mit der Aufgabe verbundenen Verantwortung, besonderen Belastungsfaktoren, der Einbindung in eine bestimmte betriebliche Einheit oder Gruppe und der Notwendigkeit der Zusammenarbeit mit anderen Personen ergeben können.[104] Ob ein anderer Tätigkeitsbereich zugewiesen worden ist, beurteilt sich ausschließlich nach den tatsächlichen Verhältnissen im Betrieb. Maßgeblich für die Beurteilung der Änderung des Arbeitsbereichs und der Arbeitsumstände ist der Zeitpunkt der Vornahme der Maßnahme, zukünftige Entwicklungen sind nur zu berücksichtigen, wenn sie zu diesem Zeitpunkt bereits feststehen.[105]

22 **bb) Arbeitsort.** Der Arbeitnehmer wird stets in einem anderen (räumlichen) Arbeitsbereich tätig, wenn er in einem anderen Betrieb tätig wird. Eine Versetzung kann auch gegeben sein, wenn dem Arbeitnehmer länger als einen Monat ein anderer Arbeitsplatz in einer anderen organisatorischen Einheit, z. B. einem Nebenbetrieb oder Betriebsteil zugewiesen wird.[106] Abordnungen in andere Zweigniederlassungen von weniger als einem Monat sind für Arbeitnehmer im abgebenden Betrieb nur dann eine Versetzung, wenn deren Arbeitsleistung mit einer erheblichen Änderung der Umstände verbunden ist. Eine Abordnung an einen anderen Ort führt immer zu Änderungen der Umstände; ob sie erheblich sind, hängt z. B. von der Entfernung der Arbeitsstelle vom Wohnort oder der Beschaffenheit des Arbeitswegs ab.[107] Unerheblich ist, ob der Arbeitnehmer später wieder an seinen alten Arbeitsplatz zurückkehren soll.[108] Keine Änderung des Arbeitsbereichs liegt vor, wenn sich nur die räumliche Lage des Arbeitsplatzes innerhalb des Betriebsgeländes ändert, weil die Arbeit in einem anderen Büro oder in einem anderen Gebäude verrichtet werden muss[109] oder der Betrieb, in dem der Arbeitnehmer tätig ist, verlegt wird,[110] z. B. bei einem Umzug des Betriebs oder eines räumlich gesonderten Betriebsteils um wenige Kilometer innerhalb einer politischen Gemeinde.[111] Daraus resultierende wirtschaftliche Nachteile können aber unter den Voraussetzungen des § 111 Satz 3 Nr. 2 BetrVG durch einen Sozialplan auszugleichen oder abzumildern sein.

22a **cc) Arbeitsumstände.** Unter Änderung der Umstände der Arbeitsleistung werden die Art und der Ort der Arbeitsleistung verstanden. Gemeint sind die äußeren Rahmenbedingungen, unter denen die Arbeit zu leisten ist.[112] Eine Versetzung kann bei ihrer Änderung gegeben sein, wenn die Arbeitsumstände für den Arbeitsbereich so bestimmend sind, dass bei ihrer Änderung

---

§ 95 BetrVG 1972 = NZA 90, 198; 1. 8. 1989 AP 17 zu § 95 BetrVG 1972 = NZA 90, 196; 3. 12. 1985 AP 8 zu § 95 BetrVG 1972 = NZA 86, 532; 10. 4. 1984 AP 4 zu § 95 BetrVG 1972 = NZA 84, 233.

[101] BAG 13. 3. 2007 AP 52 zu § 95 BetrVG 1972 = NZA-RR 2007, 581.

[102] BAG 28. 3. 2000 AP 39 zu § 95 BetrVG 1972 = NZA 2000, 1355; 29. 2. 2000 AP 36 zu § 95 BetrVG 1972 = NZA 2000, 1357; 22. 4. 1997 AP 14 zu § 99 BetrVG 1972 Versetzung = NZA 97, 1358; 19. 2. 1991 AP 26 zu § 95 BetrVG 1972 = NZA 91, 565.

[103] BAG 11. 12. 2007 AP 45 zu § 99 BetrVG 1972 Versetzung = NZA-RR 2008, 353; 13. 3. 2007 AP 52 zu § 95 BetrVG 1972 = NZA-RR 2007, 581.

[104] BAG 22. 4. 1997 AP 14 zu § 99 BetrVG 1972 Versetzung = NZA 97, 1358; 26. 5. 1988 AP 13 zu § 95 BetrVG 1972 = NZA 89, 438; a. A. noch BAG 10. 4. 1984 AP 4 zu § 95 BetrVG 1972 = NZA 84, 233.

[105] BVerwG 18. 12. 1996 AP 12 zu § 72 LPVG NW = NZA-RR 97, 367.

[106] BAG 19. 2. 1991 AP 26 zu § 95 BetrVG 1972 = NZA 91, 565; 14. 11. 1989 AP 76 zu § 99 BetrVG 1972 = NZA 90, 357; 8. 8. 1989 AP 18 zu § 95 BetrVG 1972 = NZA 90, 198; 18. 10. 1988 AP 56 zu § 99 BetrVG 1972 = NZA 89, 402; 18. 2. 1986 AP 33 zu § 99 BetrVG 1972 = NZA 86, 616.

[107] BAG 19. 2. 1991 AP 26 zu § 95 BetrVG 1972 = NZA 91, 565; 1. 8. 1989 AP 17 zu § 95 BetrVG 1972 = NZA 90, 196; 18. 10. 1988 AP 56 zu § 99 BetrVG 1972 = NZA 89, 402; 28. 9. 1988 AP 55 zu § 99 BetrVG 1972 = NZA 89, 188; 16. 12. 1986 AP 40 zu § 99 BetrVG 1972 = NZA 87, 424.

[108] BAG 20. 9. 1990 AP 84 zu § 99 BetrVG 1972 = NZA 91, 195.

[109] BAG 29. 2. 2000 AP 36 zu § 95 BetrVG 1972 = NZA 2000, 1357; 10. 4. 1984 AP 4 zu § 95 BetrVG 1972 = NZA 84, 233.

[110] LAG Berlin 22. 11. 1991 NZA 92, 854.

[111] BAG 27. 6. 2006 AP 47 zu § 95 BetrVG 1972 = NZA 2006, 1289.

[112] BAG 26. 5. 1988 AP 13 zu § 95 BetrVG 1972 = NZA 89, 438.

das Gesamtbild der Tätigkeit ein anderes wird.[113] Keine Veränderung des Arbeitsbereichs liegt vor bei einer Änderung der materiellen Arbeitsbedingungen oder der ausschließlichen Veränderung der Arbeitszeit, also ob die Arbeiten in Voll- oder Teilzeitarbeit, Zeit- oder Leistungslohn, in Früh- oder Spätschicht geleistet werden. Keine Versetzung ist daher die Umsetzung in eine andere Schicht[114] oder die Verlängerung oder Verkürzung der Wochenarbeitszeit.[115] Etwas anderes kann aber gelten, wenn dem Arbeitnehmer Arbeiten zugewiesen werden, die er nicht mehr im Einzel-, sondern Gruppenakkord verrichten muss.[116] Versetzung kann auch die quantitative oder qualitative Veränderung der bisherigen Arbeitsaufgaben sein, z. B. der Entzug bislang wahrgenommener Aufgaben[117] oder die Zuweisung qualitativ höherwertiger Arbeit.[118] Keine Versetzung ist hingegen die vollständige Freistellung von der Arbeitsleistung, z. B. in Zusammenhang mit dem Kündigungsausspruch, da hier kein neuer Aufgabenbereich zugewiesen wird. Bei **Dienstreisen** ist zu differenzieren. Dauert die Dienstreise länger als einen Monat, stellt sie regelmäßig eine Versetzung dar, es sei denn, die Voraussetzungen des § 95 III 2 BetrVG liegen vor. Andererseits führt eine oder vereinzelte auswärtige Übernachtungen nicht zu einer erheblichen Änderung der Umstände, unter denen die Arbeit zu leisten ist. Aus diesem Grund kommt es nach Ansicht des BAG stets auf die Umstände des Einzelfalls an.[119] Die Teilnahme an einer innerbetrieblichen Bildungsmaßnahme stellt regelmäßig keine Versetzung dar.[120]

b) Wechselnder Einsatz. Eine Versetzung liegt nicht vor, wenn Arbeitnehmer nach der Ei- **23**
genart ihres Arbeitsverhältnisses üblicherweise nicht ständig an einem bestimmten Arbeitsplatz beschäftigt werden (§ 95 III 2 BetrVG). Dies gilt selbst dann, wenn die Versetzung nicht besonders im Arbeitsvertrag zum Ausdruck kommt. Für die Prüfung ist auf die Arbeitsverhältnisse des konkret betroffenen Arbeitnehmers abzustellen.[121] Nicht ständig an einem Arbeitsort werden Monteure,[122] Außendienstangestellte, Arbeitnehmer des Baugewerbes, deren Beschäftigungsort mit der Baustelle wechselt, sog. Springer sowie Leiharbeitnehmer beschäftigt, aber auch Auszubildende, soweit der planmäßige Ortswechsel des Arbeitsplatzes üblich und zur Erreichung des Ausbildungszieles erforderlich ist.[123] Ist nur einzelvertraglich die Versetzung im Arbeitsvertrag vorbehalten, z. B. mit einem Filialleiter, entfällt das Beteiligungsrecht nach den §§ 99, 95 III BetrVG nicht, weil es nur auf die tatsächliche Handhabung und nicht auf die rechtliche Möglichkeit zum Wechsel der Tätigkeit ankommt.

c) Einverständnis des Arbeitnehmers. Die Versetzung beginnt mit der ersten Aufgaben- **24**
einschränkung.[124] Liegt betriebsverfassungsrechtlich eine Versetzung vor, ist diese mitwirkungspflichtig, unabhängig davon, ob ihr der Arbeitnehmer zustimmt.[125] Entspricht die Versetzung dem Wunsch des betreffenden Arbeitnehmers, kann der Betriebsrat die Zustimmung aber nicht wegen ungerechtfertigter Benachteiligung des Arbeitnehmers verweigern. Allein der Verzicht auf die Erhebung einer Klage genügt jedoch nicht, um auf einen solchen Wunsch schließen zu lassen.[126] Zum Nebeneinander von §§ 99, 102 BetrVG oben unter RN 3f. Andererseits kann sich der einzelne Arbeitnehmer gegen eine Versetzung individualrechtlich wehren, auch wenn der Betriebsrat ihr zugestimmt hat (§ 45 RN 71ff.). In Tendenzbetrieben bedarf die Versetzung

---

[113] BAG 22. 4. 1997 AP 14 zu § 99 BetrVG 1972 Versetzung = NZA 97, 1358; 23. 11. 1993 AP 33 zu § 95 BetrVG 1972 = NZA 94, 718; 2. 11. 1993 AP 32 zu § 95 BetrVG 1972 = NZA 94, 627; LAG Köln 4. 5. 1994 NZA 94, 911 (Einsatz von ortsgebundenem Bodenpersonal im Orient); LAG Frankfurt 5. 3. 1991 NZA 92, 232 (Einweisung als Check- u. Trainingskapitän); LAG Düsseldorf 28. 1. 1987 NZA 88, 69 (Abteilungswechsel in einem Kaufhaus).

[114] BAG 23. 11. 1993 AP 33 zu § 95 BetrVG 1972 = NZA 94, 718; 19. 2. 1991 AP 25 zu § 95 BetrVG 1972 = NZA 91, 601; LAG Schleswig-Holstein 13. 3. 1985 DB 85, 1799.

[115] BAG 16. 7. 1991 AP 28 zu § 95 BetrVG 1972 = NZA 92, 180.

[116] BAG 22. 4. 1997 AP 14 zu § 99 BetrVG 1972 Versetzung = NZA 97, 1358; LAG Köln 26. 7. 1996 NZA 97, 280 (Einführung von Gruppenarbeit).

[117] BAG 2. 4. 1996 AP 34 zu § 95 BetrVG 1972 = NZA 97, 112 – 25% der Aufgaben.

[118] LAG Baden-Württemberg 12. 1. 1999 LAGE § 99 BetrVG 1972 Versetzung Nr. 3.

[119] BAG 21. 9. 1999 AP 21 zu § 99 BetrVG 1972 Versetzung = NZA 2000, 781.

[120] BAG 28. 8. 2007 AP 53 zu § 95 BetrVG 1972 = NZA 2008, 188.

[121] BAG 2. 11. 1993 AP 32 zu § 95 BetrVG 1972 = NZA 94, 627.

[122] Vgl. ArbG Köln DB 85, 1700.

[123] BAG 3. 12. 1985 AP 8 zu § 95 BetrVG 1972 = NZA 86, 532.

[124] BAG 2. 4. 1996 AP 34 zu § 95 BetrVG 1972 = NZA 97, 112; LAG Hamm DB 79, 2042; LAG Frankfurt DB 83, 2143; anders bei geringfügigen Änderungen: BAG 27. 3. 1980 AP 26 zu § 611 BGB Direktionsrecht = DB 80, 1603.

[125] BAG 30. 9. 1993 AP 33 zu § 2 KSchG 1969 = NZA 94, 615; 14. 11. 1989 AP 76 zu § 99 BetrVG 1972 = NZA 90, 357; 26. 5. 1988 AP 13 zu § 95 BetrVG 1972 = NZA 89, 438.

[126] BAG 2. 4. 1996 AP 9 zu § 99 BetrVG 1972 Versetzung = NZA 97, 219.

eines **Tendenzträgers** nicht der Zustimmung des Betriebsrats. Dieser ist jedoch zuvor zu unterrichten, andernfalls muss die Maßnahme wieder aufgehoben werden.[127]

III. Unterrichtungspflicht

Oelkers, Unterrichtung des Betriebsrats vor Einstellungen nach § 99 BetrVG, NJW-Spezial 2007, 450.

Muster: ArbR-Formb. § 24 RN 4.

25 **1. Unterrichtung. a) Grundsatz.** Der Arbeitgeber hat den Betriebsrat vor jeder geplanten Einstellung, Ein- bzw. Umgruppierung oder Versetzung zu unterrichten. Er hat den Betriebsrat über die Person, den Zeitpunkt für das Wirksamwerden der personellen Einzelmaßnahme und Arbeitsplatz sowie die Zuordnung des in Aussicht genommenen Arbeitnehmers zu einer bestehenden Vergütungsordnung (RN 15) zu informieren und ihm über die Auswirkungen der Einstellung auf den Betrieb Auskunft zu geben.[128] Die Unterrichtungspflicht besteht auch, wenn der Bewerber oder der die personelle Maßnahme auslösende Sachverhalt dem Betriebsrat bekannt ist; der Arbeitgeber kann dann aber auf die dem Betriebsrat bekannten Tatsachen Bezug nehmen. Wird die personelle Einzelmaßnahme (z. B. die Einstellung) zeitlich vorgezogen, ist eine erneute Unterrichtung entbehrlich, wenn der Arbeitgeber annehmen kann, dass der Betriebsrat gegen den früheren Termin keine ernsthaften Einwendungen geltend machen wird.[129] Für die **Form der Unterrichtung** bestehen keine Vorschriften; sie kann daher mündlich oder schriftlich erfolgen, zu Beweiszwecken sollte zweckmäßigerweise die Schriftform gewählt werden. **Adressat** der Unterrichtung ist der Betriebsratsvorsitzende bzw. im Verhinderungsfall sein Stellvertreter, entsprechendes gilt, wenn ein besonderer Ausschuss gebildet ist (§ 28 BetrVG). Eine **Frist** für die Unterrichtung vor Durchführung der Maßnahme sieht das Gesetz nicht vor. Der Arbeitgeber wird jedoch in seinem wie im Interesse des Bewerbers die Unterrichtung mindestens eine Woche vor Durchführung der Maßnahme durchführen, da der Betriebsrat für die Erteilung der Zustimmung eine Woche Zeit hat und dem Arbeitgeber ohne die Zustimmung des Betriebsrats ihre Durchführung untersagt ist. Wegen der Unterrichtung in Eilfällen vgl. RN 60ff.

26 **b) Einstellung und Versetzung.** Der Arbeitgeber muss bei der Einstellung den Betriebsrat über solche Personen unterrichten, die bislang noch nicht in den Betrieb eingegliedert waren (RN 11). Hierzu zählen auch Arbeitnehmer, die aus einem anderen Betrieb des Unternehmens oder Konzerns versetzt werden (RN 3). Der Betriebsrat kann nicht verlangen, bei Anwerbung ausländischer Arbeitnehmer in ihrem Heimatland durch Entsendung eines Betriebsratsmitglieds beteiligt zu werden.[130] Der Betriebsrat hat keinen Anspruch auf eine Teilnahme an den Einstellungsgesprächen;[131] seine Einbeziehung kann aber vereinbart werden.[132] Der Arbeitgeber muss bei einer Einstellung und Versetzung angeben, ob sich der Arbeitsplatz für einen Teilzeiteinsatz eignet (§ 7 I TzBfG).

27 **c) Ein- und Umgruppierungen.** Hier ist zunächst über das Entlohnungssystem (RN 13) und die vom Arbeitgeber vorgenommene Zuordnung der Tätigkeit zu einer der Vergütungsgruppen zu unterrichten. Dagegen hat der Betriebsrat keinen Anspruch auf Informationen über die konkrete Gehaltshöhe.[133] Übertarifliche Lohnbestandteile brauchen daher nicht mitgeteilt zu werden. Wird ein Arbeitnehmer nicht in eine Lohn- oder Gehaltsgruppe eingestuft (AT-Angestellte), genügt die Angabe der Tatsachen, aus denen sich die außertarifliche Entlohnung des Arbeitnehmers ergibt, z. B. weshalb er nicht mehr dem Geltungsbereich eines Tarifvertrags unterfällt.

28 **2. Auskunft über andere Bewerber.** Der Arbeitgeber hat dem Betriebsrat bei Einstellungen und Versetzungen Auskunft über die Person sämtlicher Beteiligter zu geben, also z. B. auch von der Arbeitsverwaltung vorgeschlagene Bewerber.[134] Wird die Einstellung durch eine Unternehmensberatungsfirma vorbereitet und diese mit der Vorauswahl betraut, hat der Arbeitgeber

---

[127] BAG 1. 9. 1987 AP 10 zu § 101 BetrVG 1972 = NZA 88, 99.
[128] BAG 7. 11. 1975 AP 3 zu § 99 BetrVG 1972 = DB 76, 152.
[129] BAG 18. 12. 1990 AP 85 zu § 99 BetrVG 1972 = NZA 91, 482.
[130] BAG 18. 7. 1978 AP 7 zu § 99 BetrVG 1972 = DB 78, 2320.
[131] BAG 18. 7. 1978 AP 7 zu § 99 BetrVG 1972 = DB 78, 2320.
[132] LAG Berlin 11. 2. 1985 DB 86, 49 = NZA 85, 604.
[133] BAG 3. 10. 1989 AP 74 zu § 99 BetrVG 1972 = NZA 90, 231.
[134] BAG 3. 12. 1985 AP 29 zu § 99 BetrVG 1972 = NZA 86, 335; 19. 5. 1981 AP 18 zu § 118 BetrVG 1972 = NJW 82, 124; 18. 7. 1978 AP 7 zu § 99 BetrVG 1972 = DB 78, 2320; 6. 4. 1973 AP 1 zu § 99 BetrVG 1972 = NJW 73, 1630; LAG Hamm 26. 9. 2003 NZA-RR 2004, 305.

über die Bewerber zu informieren, die ihm von der Firma benannt werden.[135] Erfolgen die Bewerbungen für eine bestimmte ausgeschriebene Stelle, sind nur die Bewerbungsunterlagen derjenigen Bewerber vorzulegen, die sich auf diese Stelle beworben haben; es ist unschädlich, wenn der Arbeitgeber dem Betriebsrat die Unterlagen der Personen nicht vorlegt, die sich um andere Arbeitsplätze beworben haben, die andere Fähigkeiten erfordern.[136] Eine darüber hinausgehende Vorauswahl ist unzulässig, es sei denn, dass einzelne Bewerber ihre Bewerbung zurückgenommen haben oder sie offensichtlich nicht die notwendige Qualifikation für den Arbeitsplatz haben.[137] Die Auskünfte über ihre Person haben sich sowohl auf die Namen und die Personalia im engeren Sinne als auch auf die fachlichen und persönlichen Voraussetzungen für den in Aussicht genommenen Arbeitsplatz zu erstrecken, die für die Entscheidung des Betriebsrats notwendig sind[138] (z. B. eine vereinbarte Befristungsdauer[139] bzw. Beschäftigungsdauer bei Leiharbeitnehmern sowie Lage und Dauer der Arbeitszeit bei Teilzeitbeschäftigten).[140] Beruht die Auswahlentscheidung des Arbeitgebers für einen von mehreren Stellenbewerbern maßgeblich auf zuvor geführten Vorstellungsgesprächen, so gehört zur Auskunft über die Person der Beteiligten nach § 99 I 1 BetrVG, dass der Arbeitgeber den Betriebsrat über den für seine Entscheidung bedeutsamen Inhalt dieser Gespräche unterrichtet.[141] Der Arbeitgeber braucht keine Informationen zu beschaffen, die er selbst nicht hat und wegen derer der Bewerber keine Offenbarungspflicht hat. Eine Schwerbehinderteneigenschaft hat der Arbeitgeber stets mitzuteilen, eine Schwangerschaft nur, wenn ein Beschäftigungsverbot der Tätigkeitsaufnahme entgegenstehen kann.[142] Vorstrafen des Bewerbers sind dem Betriebsrat mitzuteilen, wenn sie für die Beurteilung der persönlichen oder fachlichen Eignung von Bedeutung sind.[143]

3. Bewerbungsunterlagen. Der Arbeitgeber hat der Unterrichtung unaufgefordert die erforderlichen Bewerbungsunterlagen beizufügen. Bewerbungsunterlagen sind sämtliche vom Bewerber zur Person gemachten Angaben sowie beigebrachte Unterlagen (Zeugnisse, Lebenslauf, Lichtbild usw.). **Erforderlich** sind sämtliche Unterlagen, die der Betriebsrat benötigt, um eine sachliche und betriebsbezogene Entscheidung zu fällen, also insbesondere Unterlagen, die für das Widerspruchsrecht nach § 99 II BetrVG oder für seine Überwachungsaufgaben nach § 80 BetrVG von Bedeutung sein können. Vorzulegen sind die Unterlagen aller Bewerber, über die eine Unterrichtungspflicht besteht.[144] Zu den dem Betriebsrat vorzulegenden Bewerbungsunterlagen nach § 99 I 1 BetrVG gehören auch solche Unterlagen, die der Arbeitgeber anlässlich der Bewerbung über die Person des Bewerbers erstellt hat;[145] dazu zählen etwa Personalfragebögen, schriftliche Auskünfte von dritter Seite und Ergebnisse von Tests oder Einstellungsprüfungen.[146] Bedeutungslose Aufzeichnungen müssen dem Betriebsrat nicht vorgelegt werden.[147] Zu den erforderlichen Bewerbungsunterlagen zählen nicht der Arbeitsvertrag bzw. ein vom Bewerber unterbreiteter Vorschlag[148] oder das Ergebnis einer ärztlichen Einstellungsuntersuchung.[149] Beim Einsatz von Leiharbeitnehmern ist gleichfalls der Arbeitsvertrag zwischen dem Verleiher und dem Leiharbeitnehmer nicht vorzulegen,[150] wohl aber der zwischen dem Arbeitgeber und dem Verleiher geschlossene Arbeitnehmerüberlassungsvertrag (§ 12 AÜG).[151] Daneben kann der Arbeitgeber zur Mitteilung von Informationen und Erkenntnissen über die für die Einstellung 29

135 BAG 18. 12. 1990 AP 85 zu § 99 BetrVG 1972 = NZA 91, 482.
136 BAG 10. 11. 1992 AP 100 zu § 99 BetrVG 1972 = NZA 93, 376.
137 LAG Köln 29. 4. 1988 LAGE § 99 BetrVG 1972 Nr. 16 = DB 88, 1859.
138 BAG 28. 6. 2005 AP 49 zu § 99 BetrVG 1972 Einstellung = NZA 2006, 111.
139 BAG 20. 12. 1988 AP 62 zu § 99 BetrVG 1972 = NZA 89, 518.
140 LAG Frankfurt 18. 11. 1986 NZA 87, 499.
141 BAG 28. 6. 2005 AP 49 zu § 99 BetrVG 1972 Einstellung = NZA 2006, 111.
142 Weitergehend *Fitting* § 99 RN 150; GK-BetrVG/*Kraft/Raab* § 99 RN 89; einschränkend hinsichtlich der Schwangerschaft Richardi/*Thüsing* § 99 RN 139.
143 Nur insoweit hat der Arbeitgeber ein Fragerecht (oben § 26).
144 BAG 19. 5. 1981 AP 18 zu § 118 BetrVG 1972 = NJW 82, 124; 18. 7. 1978 AP 7 zu § 99 BetrVG 1972 = DB 78, 2320; 6. 4. 1973 AP 1 zu § 99 BetrVG 1972 = NJW 73, 1630; BVerwG 12. 1. 1962 AP 1 zu § 70 PersVG Versetzung = BVerwGE 13, 291.
145 BAG 14. 12. 2004 AP 122 zu § 99 BetrVG 1972 = NZA 2005, 827.
146 BAG 17. 6. 2008 AP 46 zu § 99 BetrVG 1972 Versetzung = NZA 2008, 1139; 28. 6. 2005 AP 49 zu § 99 BetrVG 1972 Einstellung = NZA 2006, 111.
147 BAG 17. 6. 2008 AP 46 zu § 99 BetrVG 1972 Versetzung = NZA 2008, 1139.
148 BAG 3. 10. 1989 AP 74 zu § 99 BetrVG 1972 = NZA 90, 231; 18. 10. 1988 AP 57 zu § 99 BetrVG 1972 = NZA 89, 355.
149 A. A. *Fitting* § 99 RN 149.
150 BAG 6. 6. 1978 AP 6 zu § 99 BetrVG 1972 = DB 78, 1841.
151 A. A. LAG Niedersachsen 28. 2. 2006 – 13 TaBV 56/05 n. v.

maßgeblichen Tatsachen wie z. B. die fachliche Qualifikation der Bewerber verpflichtet sein, wenn er diese in Gesprächen erfragt hat.[152] Hat ein Bewerber um Vertraulichkeit gebeten, wird der Arbeitgeber von der sich aus § 99 BetrVG ergebenden Vorlagepflicht gegenüber dem Betriebsrat nicht befreit, womit der Bewerber bei Abgabe seiner Bewerbung rechnen muss. Hat der Bewerber ausdrücklich um die Nichtvorlage bestimmter Unterlagen an den Betriebsrat gebeten, wird der Arbeitgeber diesen jedoch vor einer Weitergabe an den Betriebsrat entsprechend hinweisen müssen. Der Betriebsrat ist nicht berechtigt, über den Arbeitgeber zusätzliche, nicht erforderliche Unterlagen vom Bewerber zu verlangen. Ebenso wenig kann der Betriebsrat bei Bewerbung eines Betriebsangehörigen Einsichtnahme in die Personalakte verlangen.[153] Diese dürfen nur im Einverständnis des Bewerbers vorgelegt werden (§ 83 BetrVG).

30 **4. Auswirkungen.** Der Arbeitgeber hat unter Vorlage der erforderlichen Unterlagen Auskunft über die Auswirkungen der geplanten Maßnahme zu geben und die Zustimmung des Betriebsrats einzuholen. Im Unterschied zu den vorzulegenden Bewerbungsunterlagen erstreckt sich die Vorlage der Unterlagen des Arbeitgebers auch auf den in Aussicht genommenen Arbeitsplatz. Er ist gehalten, etwa im Falle einer Einstellung die betrieblichen Auswirkungen zu erläutern, z. B. wenn infolge der Einstellung von Spezialisten bestimmte Arbeitsplätze wegfallen oder Überstunden abgebaut werden.

31 **5. Arbeitsplatz.** Bei Einstellungen und Versetzungen hat der Arbeitgeber den in Aussicht genommenen Arbeitsplatz und die vorgesehene Eingruppierung mitzuteilen. Arbeitsplatz ist nicht nur der räumliche Ort, an dem die Arbeit geleistet werden soll, sondern die betriebliche Stellung des Arbeitnehmers.[154] Die Mitteilung der Eingruppierung dient sowohl zur Wahrung der Rechte des Betriebsrats aus § 99 II wie aus § 80 BetrVG. Zur Versetzung im Rahmen eines Unternehmens oder Konzerns oben RN 3f.

32 **6. Einsicht.** Der Betriebsrat ist berechtigt, in die ihm vorzulegenden Urkunden (§ 99 I BetrVG) Einsicht zu nehmen, auch wenn dies anders als bei §§ 106 II, 108 III BetrVG nicht besonders erwähnt ist. Dies folgt aus dem Zweck der Vorlagepflicht, eine sachgemäße Entscheidung des Betriebsrats zu gewährleisten. Nach der Rspr. des BAG sind dem Betriebsrat die Unterlagen auszuhändigen und bis zur Beschlussfassung, längstens für eine Woche zu belassen.[155] Der Betriebsrat ist nicht berechtigt, Abschriften zu fertigen. Dem Betriebsrat soll nur eine Überwachungsfunktion zukommen und nicht der separate Aufbau einer Personalverwaltung.

33 **7. Verschwiegenheit.** Die Mitglieder des Betriebsrats sind verpflichtet, über die ihnen im Rahmen der personellen Maßnahmen bekannt gewordenen persönlichen Verhältnisse und Angelegenheiten der Arbeitnehmer oder nicht eingestellten Bewerber, die ihrer Bedeutung oder ihrem Inhalt nach einer vertraulichen Behandlung bedürfen, Stillschweigen zu bewahren. Dies gilt auch dann, wenn der Arbeitgeber die persönlichen Verhältnisse und Angelegenheiten der Arbeitnehmer nicht ausdrücklich als vertraulich bezeichnet hat (arg. § 79 I 1 BetrVG). Die Schweigepflicht besteht nicht gegenüber den im § 79 I 2–4 BetrVG aufgezählten Betriebsverfassungsorganen, wenngleich kaum jemals ein berechtigter Grund der Weitergabe von Personalinformationen an den Gesamt- oder Konzernbetriebsrat bestehen dürfte. Die Schweigepflicht ist dem Betriebsrat auch im Interesse der Bewerber auferlegt. Hieraus folgt, dass § 99 I 3 BetrVG Schutzgesetz i. S. von § 823 II BGB ist. Bei Verletzung der Schweigepflicht kann sich der Betriebsrat bzw. seine Mitglieder gegenüber dem Bewerber schadensersatzpflichtig machen.

IV. Widerspruchsrecht des Betriebsrats

Fischer, U., Zustimmungsverweigerung wegen unterbliebener Ausschreibung in Teilzeit, ArbuR 2005, 255; *Fritze,* Einflussmöglichkeiten des Betriebsrats auf den Wechsel befristet Beschäftigter in die Dauerbeschäftigung, 2006; *Preis/Lingemann,* Mitbestimmung bei Teilzeitarbeit und befristeter Beschäftigung, NZA-Sonderheft 2001, 33; *Rothländer,* Die Beteiligungsrechte betrieblicher Interessenvertretungen bei der Überleitung vom BAT, MTArb bzw. BMT-G II in den TVöD, ZTR 2005, 619.

34 **1. Entscheidungsmöglichkeiten des Betriebsrats.** Hat der Arbeitgeber den Betriebsrat unterrichtet und um Zustimmung zur Einstellung ersucht, kann der Betriebsrat **(a)** seine Zustimmung ausdrücklich erteilen, **(b)** die Widerspruchsfrist verstreichen lassen – in diesem Fall gilt seine Zustimmung als erteilt – oder **(c)** der personellen Maßnahme unter Angabe von Gründen

[152] LAG Hamm 26. 9. 2003 NZA-RR 2004, 305.
[153] LAG Hamm 5. 12. 1974 DB 75, 360.
[154] BAG 3. 10. 1989 AP 74 zu § 99 BetrVG 1972 = NZA 90, 231.
[155] BAG 3. 12. 1985 AP 29 zu § 99 BetrVG 1972 = NZA 86, 335.

innerhalb einer Woche nach Unterrichtung schriftlich widersprechen. Das Gesetz ist ähnlich strukturiert wie bei der Anhörung des Betriebsrats (§ 102 BetrVG), dazu § 124. Die Wochenfrist beginnt nur dann zu laufen, wenn der Arbeitgeber den Betriebsrat vollständig unterrichtet hat.[156] Durch eine offensichtlich unvollständige Unterrichtung des Betriebsrats wird die Wochenfrist des § 99 III BetrVG jedoch auch dann nicht in Gang gesetzt, wenn der Betriebsrat zum Zustimmungsersuchen des Arbeitgebers in der Sache Stellung nimmt.[157] Eine Unterrichtung liegt im Falle der Versetzung des Betriebsratsvorsitzenden noch nicht darin, dass ihm entsprechende Arbeitsanweisungen erteilt werden,[158] vielmehr ist der Antrag an das Gremium zu richten. Der Arbeitgeber braucht den Betriebsrat bei der Unterrichtung nicht ausdrücklich zur Erteilung der Zustimmung aufzufordern. Bei Rechtsmängeln im Rahmen des Verfahrens um Zustimmung des Betriebsrats zur Einstellung ist wie beim Anhörungsverfahren nach Bereichen zu unterscheiden (§ 124 RN 50). Unwirksamkeitsgründe aus der Sphäre des Betriebsrats gehen nicht zulasten des Arbeitgebers.

2. Zustimmung. Hat der Betriebsrat gegen eine personelle Maßnahme keine Bedenken, **35**
sollte er dies, namentlich bei Einstellungen, dem Arbeitgeber unverzüglich mitteilen, um den Einstellungsvorgang zu beschleunigen. Dies liegt nicht nur im betrieblichen Interesse, sondern auch in dem des Bewerbers. Eine Rücknahme der gegenüber dem Arbeitgeber erklärten Zustimmung ist nicht möglich (h. M.), selbst wenn die Wochenfrist noch nicht abgelaufen ist. Grundsätzlich kann die Einstellung nur zu dem vorgesehenen Termin erfolgen; indes braucht kein neues Zustimmungsverfahren eingeleitet werden, wenn der Einstellungstermin nur geringfügig vorverlegt wird (RN 26).

3. Frist- und formgerechte Zustimmungsverweigerung. Die Verweigerung der Zu- **36**
stimmung des Betriebsrats ist nur wirksam, wenn sie **(a)** innerhalb der Wochenfrist (§ 99 III BetrVG) dem Arbeitgeber zugeht, **(b)** unter Angabe der Gründe erfolgt und **(c)** die erforderliche Form wahrt. Daneben gelten für die Zustimmungsverweigerung die allgemeinen Grundsätze über die Willensbildung des Betriebsrats, d. h. die Äußerung muss auf einem zuvor gefassten Beschluss des Betriebsratsgremiums beruhen (§ 33 BetrVG).[159] Der Betriebsrat kann eine Zustimmungsverweigerung jederzeit zurücknehmen, mit dem Zugang der entsprechenden Erklärung gilt die Zustimmung zu der beantragten Maßnahme dann als erteilt.

a) Wochenfrist. aa) Berechnung. Für die Fristberechnung gelten die §§ 187 ff. BGB. Bei **36a**
der Berechnung wird der Tag nicht mitgezählt, an dem die Mitteilung des Arbeitgebers dem Betriebsratsvorsitzenden bzw. einer empfangsberechtigten Person zugeht (sog. Ereignistag, § 187 I BGB). Die Äußerungsfrist endet spätestens mit Ablauf des 7. (Kalender-)Tags um 24.00 Uhr des letzten Tages, nicht bereits mit Dienstschluss der Personalverwaltung.[160] Der Einwurf einer schriftlichen Stellungnahme nach Arbeitsende in den Posteingang reicht zur Fristwahrung am letzten Tag des Anhörungsverfahrens aber regelmäßig nicht mehr aus, da das Schreiben erst am nächsten Tag zugeht. In diesen Fällen muss der Betriebsrat für den Zugang seiner Stellungnahme bis zum Fristablauf selbst sorgen. Ist der letzte Tag der Frist ein Samstag, Sonntag oder ein gesetzlicher Feiertag, ist der Eingang der Stellungnahme bis zum Ablauf des nächsten Werktags ausreichend (§ 193 BGB). Arbeitgeber und Betriebsrat können die Wochenfrist verlängern,[161] nicht jedoch, wenn diese bereits abgelaufen ist.[162] Eine Fristverlängerung ist auch durch Tarifvertrag möglich, wenn aus Anlass eines neuen Gehaltstarifvertrags zahlreiche Umgruppierungen notwendig werden.[163] Eine einvernehmliche (nicht: einseitige) Verkürzung der Wochenfrist ist gleichfalls möglich, da der Betriebsrat das Zustimmungsverfahren auch durch die Erteilung seiner Zustimmung beenden kann.

bb) Beginn. Die Frist beginnt erst mit der vollständigen Unterrichtung. Hat allerdings der **36b**
Arbeitgeber dem Betriebsrat anlässlich einer geplanten personellen Einzelmaßnahme Angaben zur Person der Beteiligten, zum vorgesehenen Arbeitsplatz und zur Auswirkung der geplanten Maßnahme gemacht, die Bewerbungsunterlagen der Beteiligten vorgelegt und um die Zustimmung des Betriebsrats gebeten, muss der Betriebsrat innerhalb der Wochenfrist dem Arbeitgeber

156 BAG 28. 1. 1986 AP 34 zu § 99 BetrVG 1972 = NZA 86, 490.
157 BAG 14. 12. 2004 AP 122 zu § 99 BetrVG 1972 = NZA 2005, 827.
158 LAG Hamm 28. 5. 1973 DB 73, 1407.
159 LAG Frankfurt 16. 10. 1984 DB 85, 1534.
160 BAG 12. 12. 1996 RzK III 1 e Nr. 2; a. A. LAG Hamm 11. 2. 1992 LAGE § 102 BetrVG 1972 Nr. 33 = DB 92, 2640.
161 BAG 17. 5. 1983 AP 18 zu § 99 BetrVG 1972 = DB 83, 2638.
162 LAG Berlin 22. 9. 1986 NZA 87, 209.
163 BAG 22. 10. 1985 AP 23 zu § 99 BetrVG 1972 = NZA 86, 366.

schriftlich mitteilen, wenn er für eine abschließende Stellungnahme ergänzende Auskünfte benötigt. Andernfalls gilt mit Ablauf der Wochenfrist seine Zustimmung als erteilt.[164] Eine Ausnahme gilt nur bei einer offensichtlich unvollständigen Unterrichtung.[165] Ergänzt der Arbeitgeber auf eine entsprechende Rüge des Betriebsrats seine Angaben oder die vorgelegten Unterlagen, beginnt die Wochenfrist erneut zu laufen. Gleiches gilt, wenn **(1)** der Arbeitgeber dem Betriebsrat mitteilt, dass er seine bisherigen Angaben für ausreichend hält bzw. eine Ergänzung der angeforderten Unterlagen verweigert und **(2)** seine ursprüngliche Unterrichtung objektiv ausreichend war. Dann muss der Betriebsrat unter Beachtung des zweiten Fristlaufs form- und fristgerecht widersprechen. War die Unterrichtung hingegen unvollständig, beginnt eine (zweite) Wochenfrist bei einer zuvor erfolgten form- und fristgerechten Anzeige des Betriebsrats nicht erneut zu laufen, auch wenn der Betriebsrat inzwischen sichere Kenntnis hat.[166] Ein Zustimmungsersetzungsantrag des Arbeitgebers ist als unbegründet abzuweisen,[167] während der Betriebsrat nach § 101 BetrVG gegen den Arbeitgeber vorgehen kann.

37 **cc) Fristversäumnis.** Versäumt der Betriebsrat die Wochenfrist, gilt seine Zustimmung zur geplanten personellen Maßnahme als erteilt (§ 99 III BetrVG).

38 **b) Angabe von Gründen. aa) Grundsatz.** Der Betriebsrat hat in seinem Widerspruch die Gründe anzugeben. Dies sind die Tatsachen, auf die er seine Weigerung stützt. Der Betriebsrat kann beliebige Einwendungen gegen die beabsichtigte personelle Einzelmaßnahme erheben. Die Zustimmung gilt nur dann als wirksam verweigert, wenn der Betriebsrat seine Zustimmungsverweigerung auf einen der in § 99 II BetrVG genannten Gründe stützt. Die Aufzählung ist abschließend. **Unbeachtlich** ist daher ein Widerspruch, wenn **(1)** die Gründe sich soweit vom Katalog entfernen, dass sie sich keinem der Tatbestände des § 99 II BetrVG zuordnen lassen oder **(2)** die Gründe nur pauschal vorgetragen sind. Ausreichend ist eine Begründung, wenn diese es als möglich erscheinen lässt, dass einer der in § 99 II BetrVG genannten Gründe geltend gemacht wird.[168] Ob diese tatsächlich bestehen, ist für die Wirksamkeit der Zustimmungsverweigerung unbeachtlich. Hat **(3)** der Betriebsrat aus anderen als den in § 99 II BetrVG genannten Gründen widersprochen, kann der Arbeitgeber gleichfalls die personelle Maßnahme durchführen. Er wird allein unter Berücksichtigung des Gebots der vertrauensvollen Zusammenarbeit (§ 2 I BetrVG) bei seiner Entscheidung die Bedenken des Betriebsrats berücksichtigen müssen.

39 **bb) Nachschieben von Gründen.** Der Betriebsrat muss alle Gründe, mit denen er seine Zustimmung zu einer vom Arbeitgeber geplanten personellen Einzelmaßnahme verweigern will, innerhalb einer Woche dem Arbeitgeber mitteilen. Er kann im arbeitsgerichtlichen Beschlussverfahren keine neuen Gründe nachschieben, auch wenn sie bereits im Zeitpunkt des Widerspruchs bestanden haben.[169] Der Arbeitgeber soll davor geschützt werden, sich im Zustimmungsersetzungsverfahren mit immer neuen Lebenssachverhalten auseinandersetzen zu müssen. Das Verbot des Nachschiebens gilt aber nicht für rechtliche Argumente, sondern nur für Gründe tatsächlicher Art sowie für die Einführung anderer, bisher nicht genannter Widerspruchsgründe.[170] Eine Ausnahme gilt schließlich, wenn auch der Arbeitgeber im Zustimmungsersetzungsverfahren für die Begründung seines Antrags neue Tatsachen eingeführt oder eine zunächst unvollständige Unterrichtung nachgeholt hat. Dann kann auch der Betriebsrat erstmals oder weitere Zustimmungsverweigerungsgründe geltend machen.[171]

40 **c) Schriftform.** Das Gesetz fordert für den Widerspruch die Schriftform. Ein nur mündlich erhobener Widerspruch ist unwirksam. Hiervon gilt nur dann eine Ausnahme, wenn der Arbeitgeber den Betriebsrat von der Einhaltung der Schriftform treuwidrig abgehalten hat. § 242 BGB ist ein allgemeiner Rechtsgrundsatz, der auch im Betriebsverfassungsrecht gilt. Eine Verhinderung der Einhaltung der Schriftform kann etwa gegeben sein, wenn der Arbeitgeber oder

---

[164] BAG 14. 3. 1989 AP 64 zu § 99 BetrVG 1972 = NZA 89, 639.

[165] BAG 28. 6. 2005 AP 49 zu § 99 BetrVG 1972 Einstellung = NZA 2006, 111.

[166] BAG 10. 8. 1993 NZA 94, 187 (n. a. v.).

[167] BAG 15. 4. 1986 AP 36 zu § 99 BetrVG 1972 = NZA 86, 755; 28. 1. 1986 AP 34 zu § 99 BetrVG 1972 = NZA 86, 490.

[168] BAG 18. 10. 1988 AP 57 zu § 99 BetrVG 1972 = NZA 89, 355; 26. 1. 1988 AP 50 zu § 99 BetrVG 1972 = NZA 88, 476.

[169] BAG 18. 9. 2002 AP 31 zu § 99 BetrVG 1972 Versetzung = NZA 2003, 622; 20. 12. 1988 AP 62 zu § 99 BetrVG 1972 = NZA 89, 518; 15. 4. 1986 AP 36 zu § 99 BetrVG 1972; 3. 7. 1984 AP 20 zu § 99 BetrVG 1972; a. A. *Fitting* § 99 RN 238.

[170] BAG 28. 4. 1998 AP 18 zu § 99 BetrVG 1972 Eingruppierung = NZA 99, 52.

[171] BAG 20. 12. 1988 AP 62 zu § 99 BetrVG 1972 = NZA 89, 518.

der Personalleiter bei einer mündlichen Unterredung gegenüber dem Betriebsratsvorsitzenden erklärt, es bedürfe keiner besonderen schriftlichen Stellungnahme mehr. Das Schriftformerfordernis des § 99 III 1 BetrVG ist nicht nur dann gewahrt, wenn der Widerspruch vom Betriebsratsvorsitzenden gem. § 126 BGB eigenhändig mit Namensunterschrift versehen wurde. Schriftlich ist er auch, wenn das Schreiben der Textform des § 126b BGB genügt. Dafür reicht es aus, dass die Erklärung in dauerhaft lesbarer Weise abgegeben, die Person des Erklärenden genannt und der Abschluss des Texts erkennbar ist.[172] Der vom Betriebsratsvorsitzenden bzw. seinem Stellvertreter unterzeichnete Widerspruch kann auch durch Telefax übermittelt werden.[173] Folgt man dem, ist der Widerspruch auch per E-Mail möglich, obwohl die Ersetzungsmöglichkeit in § 126 III BGB für den Widerspruch nach § 99 BetrVG jedenfalls nicht unmittelbar gilt.

4. Versetzung eines Betriebsratsmitglieds. Nach § 103 III BetrVG bedarf die Versetzung eines der in § 103 I BetrVG genannten Mandatsträger (§ 143 RN 5f.) der Zustimmung des Betriebsrats. Die durch das BetrVG-ReformG eingefügte Vorschrift korrigiert die frühere Rspr. des BAG, das dem Betriebsratsmitglied einen entsprechenden Schutz verwehrt hatte.[174] Die Zustimmung ist jedoch nur erforderlich, wenn **(a)** der Mandatsträger nicht mit der Versetzung einverstanden ist, **(b)** die Versetzung zu einem Mandatsverlust führen würde und **(c)** nicht zugleich mit dem Ausspruch einer Änderungskündigung verbunden ist. Letzteres ergibt sich nicht ausdrücklich aus dem Gesetzeswortlaut, folgt jedoch aus dem Zustimmungserfordernis für Kündigungen von Mandatsträgern in § 103 I BetrVG. Ein Mandatsverlust tritt durch die Versetzung ein, wenn das Betriebsratsmitglied in einen anderen Betriebsteil oder Betrieb des Unternehmens wechseln soll, der von dem Betriebsrat, dem der Arbeitnehmer angehört, nicht vertreten wird. Die Zustimmung ist vom Arbeitsgericht zu ersetzen, wenn die Versetzung auch unter Berücksichtigung der betriebsverfassungsrechtlichen Stellung des Mandatsträgers aus dringenden betrieblichen Gründen notwendig ist. Als solche gelten nicht nur betriebsbedingte, auch verhaltens- und personenbedingte Gründe können eine Versetzung in einen anderen Betrieb rechtfertigen. In Betracht kommen alle Tatsachen, die den Ausspruch einer außerordentlichen (§ 143 RN 15ff.) oder ordentlichen Kündigung wegen einer Betriebsstilllegung rechtfertigen können (§ 143 RN 39ff.). Eine Versetzung ist auch nach einer entsprechenden Interessenabwägung möglich, wenn nach einem Arbeitsplatzwegfall ein anderer, mit dem Betriebsratsmitglied vergleichbarer (z.B. tariflich unkündbarer) Arbeitnehmer als schutzwürdiger erscheint. Keine Zustimmungspflicht nach § 103 III BetrVG besteht für den aufnehmenden Betrieb; gegenüber einem dort gebildeten Betriebsrat ist nur das Beteiligungsverfahren nach § 99 BetrVG durchzuführen (RN 3). Für das Verfahren gelten die Ausführungen unter § 143 RN 23ff. sinngemäß; eine ohne Zustimmung des Betriebsrats ausgesprochene Versetzung ist unwirksam. 41

V. Die einzelnen Widerspruchsgründe

Der Betriebsrat kann die Zustimmung nur aus den in § 99 II BetrVG abschließend aufgezählten Gründen verweigern. Das Zustimmungserfordernis entfällt in Tendenzbetrieben für Tendenzträger,[175] dazu § 214 RN 34. 42

1. Verstoß gegen Gesetz, Tarifvertrag usw. (§ 99 II Nr. 1 BetrVG). a) Grundsatz. Ein Zustimmungsverweigerungsrecht besteht, wenn die personelle Maßnahme gegen ein Gesetz, eine Verordnung, eine Unfallverhütungsvorschrift oder gegen eine Bestimmung in einem Tarifvertrag oder in einer Betriebsvereinbarung oder gegen eine gerichtliche Entscheidung oder eine behördliche Anordnung verstößt (§ 99 II Nr. 1 BetrVG). Ein Verstoß gegen ein Gesetz, einen Tarifvertrag oder eine Betriebsvereinbarung stellt nur einen Zustimmungsverweigerungsgrund dar, wenn die personelle Maßnahme als solche, z.B. die mit der Einstellung verbundene tatsächliche Beschäftigungsaufnahme gegen ein Gesetz oder eine der genannten Kollektivvereinbarungen verstößt. Unerheblich ist, ob einzelne Bestimmungen des Arbeitsvertrags nicht in Einklang mit gesetzlichen, tariflichen oder betrieblichen Vorschriften stehen. Soll der Arbeitnehmer zu untertariflichen Bedingungen eingestellt werden, kann der Betriebsrat der Einstellung nicht unter Berufung auf § 99 II Nr. 1 oder Nr. 3 BetrVG die Zustimmung verweigern. Vielmehr muss der Arbeitnehmer selbst mögliche Ansprüche nach der Einstellung gegen den 43

[172] BAG 9. 12. 2008 – 1 ABR 79/07 z. V. b.; Rechtsbeschwerde anhängig: 1 ABR 84/08.

[173] BAG 11. 6. 2002 AP 118 zu § 99 BetrVG 1972 = NJW 2003, 843 = NZA 2003, 226.

[174] BAG 11. 7. 2000 AP 44 zu § 103 BetrVG 1972 = NZA 2001, 516; a. A. BAG 21. 9. 1989 AP 72 zu § 99 BetrVG 1972 = NZA 90, 314 – Analogie von § 103 I BetrVG erwogen.

[175] BAG 19. 5. 1981 AP 21 zu § 118 BetrVG 1972 = NJW 82, 846.

Arbeitgeber durchsetzen.[176] Als gesetzliche Vorschriften i. S. d. Nr. 1 kommen z. B. in Betracht: Beschäftigungsverbote für Frauen (§§ 3 I, 4, 6 MuSchG), Kinder und Jugendliche (§§ 5, 22 ff. JArbSchG), ausländische Arbeitnehmer[177] (§§ 284 ff. SGB III), Fehlen der Voraussetzung des § 16 d SGB II,[178] Einsatzbeschränkungen bei gefährlichen Arbeiten nach der GefStoffV und dem Satzungsrecht der Berufsgenossenschaften,[179] Arbeitszeitbestimmungen (§ 9 ArbZG), der Gleichbehandlungsgrundsatz sowie das betriebsverfassungsrechtliche Benachteiligungs- bzw. Begünstigungsverbot[180] (§ 78 BetrVG). Überholt durch die Neufassung des § 3 AÜG ist die Rspr. des BAG zum Zustimmungsverweigerungsrecht bei Überschreiten der Beschäftigungshöchstdauer von Leiharbeitnehmern.[181] Die Arbeitnehmerüberlassung durch ein konzernzugehöriges Zeitarbeitsunternehmen berechtigt nicht zu einer auf die Nr. 1 gestützten Zustimmungsverweigerung.[182] Bei einem Datenschutzbeauftragten kann die Zustimmung zur Versetzung mit der Begründung verweigert werden, dieser besitze nicht die notwendige Zuverlässigkeit.[183] Gesetzesverstoß kann auch ein eindeutiger Verstoß gegen Treu und Glauben (§ 242 BGB) sein. Kein Zustimmungsverweigerungsgrund besteht, wenn einer befristeten Einstellung mit der Begründung widersprochen wird, es läge ein Verstoß gegen § 14 TzBfG vor,[184] denn nicht die Einstellung, sondern allenfalls die vereinbarte Befristung wäre rechtswidrig. Gleiches gilt, wenn nur einzelne Bestimmungen des Arbeitsvertrags nichtig sind, da hiervon der übrige Arbeitsvertrag regelmäßig unberührt bleibt.[185] Schließlich kann der Betriebsrat einer Einstellung oder Versetzung seine Zustimmung nicht versagen, wenn er nur die Eingruppierung für fehlerhaft hält;[186] in diesem Fall kann er allenfalls die Zustimmung zu der Ein- bzw. Umgruppierung verweigern. Auch die Verletzung der Unterrichtungspflicht nach § 99 I BetrVG stellt keinen Verstoß gegen ein Gesetz dar, auf die der Betriebsrat seine Zustimmungsverweigerung stützen könnte.[187]

44 **b) Tarifvertrag und Betriebsvereinbarung.** Ein Tarifvertrag berechtigt nur zur Zustimmungsverweigerung, wenn dieser allgemeinverbindlich (§ 5 TVG) ist, Tarifbindung (§ 3 I TVG) besteht oder der Tarifvertrag allgemein im Betrieb angewandt wird.[188] Bei der Einstellung oder Versetzung kommt ein Verstoß gegen einen Tarifvertrag nur in Betracht, wenn dieser entweder ein Abschluss- oder Beschäftigungsverbot enthält.[189] Letzteres ist nicht der Fall, wenn ein Tarifvertrag die Beschäftigung von Arbeitnehmern mit einer Arbeitszeit von weniger als 20 Stunden untersagt, da die Rspr. unterstellt, dass von den Tarifvertragsparteien regelmäßig nicht die Beschäftigung verhindert, sondern nur eine bestimmte (Mindest-)Stundenzahl vorgegeben werden soll.[190] Tarifliche Abschluss- und Beschäftigungsverbote i. S. d. § 99 II Nr. 1 BetrVG müssen daher in eindeutiger Form getroffen werden. Gleiches gilt für Altersgrenzen in Betriebsvereinbarungen.[191] Auch ein Verstoß gegen eine Quotenregelung in einer Betriebsnorm berechtigt regelmäßig nicht zu einem Widerspruch gegen eine bestimmte personelle Einzelmaßnahme.[192] Überwiegend wird der Betriebsrat seine Zustimmungsverweigerung bei der Ein- bzw. Umgruppierung auf einen Verstoß gegen den Tarifvertrag stützen. Das Mitbestimmungsrecht des Be-

---

[176] BAG 28. 3. 2000 AP 27 zu § 99 BetrVG 1972 Einstellung = NZA 2000, 1294; 9. 7. 1996 AP 9 zu § 99 BetrVG 1972 Einstellung = NZA 97, 447.

[177] BAG 22. 1. 1991 AP 86 zu § 99 BetrVG 1972 = NZA 91, 569.

[178] *Engels* NZA 2007, 8, 11 f.

[179] ArbG Berlin 15. 3. 1988 AiB 88, 292.

[180] LAG Bremen 12. 8. 1982 AP 15 zu § 99 BetrVG 1972.

[181] BAG 12. 11. 2002 AP 41 zu § 99 BetrVG 1972 Einstellung = NZA 2003, 513; 28. 9. 1988 AP 60 zu § 99 BetrVG 1972 = NZA 89, 358; Rechtsbeschwerde anhängig 1 ABR 65/03.

[182] Rechtsbeschwerde anhängig: 1 ABR 12/09.

[183] BAG 22. 3. 1994 AP 4 zu § 99 BetrVG 1972 Versetzung = NZA 94, 1049; weitergehend für die betrieblichen Arbeitsschutz- und/oder Umweltschutzbeauftragten *Fitting* § 99 RN 166.

[184] BAG 28. 6. 1994 AP 4 zu § 99 BetrVG 1972 Einstellung = NZA 95, 387; 16. 7. 1985 AP 21 zu § 99 BetrVG 192 = DB 86, 124 (Besonderheiten bei behauptetem tariflichen Verbot); 20. 6. 1978 AP 8 zu § 99 BetrVG 1972 = DB 78, 2033; LAG Düsseldorf EzA 11 zu § 99 BetrVG; a. A. LAG Berlin BB 75, 1577; zum LPVG Hessen: BVerwG 6. 9. 1995 ZTR 96, 331.

[185] Vgl. BAG 8. 10. 1985 AP 22 zu § 99 BetrVG 1972 = DB 86, 594.

[186] BAG 8. 10. 1985 AP 22 zu § 99 BetrVG 1972 = DB 86, 594; 10. 2. 1976 AP 4 zu § 99 BetrVG 1972 = DB 76, 778; BVerwG 15. 11. 1995 NZA-RR 96, 359.

[187] BAG 10. 8. 1993 NZA 94, 187.

[188] BAG 27. 1. 1987 AP 42 zu § 99 BetrVG 1972 = NZA 87, 598.

[189] BAG 18. 3. 2008 AP 56 zu § 99 BetrVG 1972 Einstellung = NZA 2008, 832.

[190] BAG 28. 1. 1992 AP 95 zu § 99 BetrVG 1972 = NZA 92, 606; LAG Düsseldorf 29. 8. 2000 NZA-RR 2001, 540 – Öffnungsklausel.

[191] BAG 10. 3. 1992 AP 96 zu § 99 BetrVG 1972 = NZA 92, 992.

[192] BAG 17. 6. 1997 AP 2 zu § 3 TVG Betriebsnormen = NZA 98, 213.

triebsrats umfasst dabei die Rechtsfrage, **(1)** welche Vergütungsordnung (z. B. bei Tarifpluralität/-spezialität oder mitbestimmungswidriger Änderung durch den Arbeitgeber) anzuwenden ist,[193] nicht aber, ob diese mit höherrangigem Recht in Einklang steht[194] und **(2)** die Bestimmung der Vergütungs- und ggf. Fallgruppe[195] im Einzelfall. Die Zustimmungsverweigerung kann sich daher nur auf die Eingruppierung in ihrer Gesamtheit (Anwendbarkeit einer Vergütungsordnung und konkrete Einreihung) erstrecken.[196]

c) Besondere Beschäftigungspflichten und Diskriminierungsverbote. Berechtigt ist 45
die Zustimmungsverweigerung aber, wenn die Einstellung eines Arbeitnehmers gegen ein Einstellungsgebot auf Grund Gesetzes, Tarifvertrags oder Betriebsvereinbarung verstößt, durch das Dritte begünstigt werden. Die Einstellung eines nicht schwerbehinderten Arbeitnehmers verstößt gegen eine gesetzliche Vorschrift im Sinne von § 99 II Nr. 1 BetrVG, wenn der Arbeitgeber vor der Einstellung nicht gemäß § 81 I SGB IX geprüft hat, ob der freie Arbeitsplatz mit einem schwerbehinderten Arbeitnehmer besetzt werden kann.[197] Entsprechendes gilt, wenn der Arbeitgeber die durch § 75 I BetrVG bzw. das AGG geschützten Arbeitnehmer bei personellen Einzelmaßnahmen benachteiligt[198] oder entgegen § 7 I TzBfG nicht geprüft hat, ob sich der Arbeitsplatz für einen Teilzeiteinsatz eignet.[199] Zu den Widerspruchsgründen nach Nr. 1 bei der Einstellung zählt nicht ein Verstoß gegen das Gleichstellungsgebot in § 9 Nr. 2, § 3 I Nr. 3 AÜG.[200]

d) Gerichtliche Entscheidung und behördliche Verbote. Ein Verstoß gegen gerichtliche 46
Entscheidungen kommt in Betracht, wenn ein hinreichend vollstreckbares Beschäftigungsurteil[201] oder eine Entscheidung nach § 100 BetrVG ergangen ist, behördliche Anordnungen können auf Verboten auf Grund der §§ 27 ff. BBiG sowie der §§ 23, 24 HandwO beruhen; sofern eine Zuwiderhandlung gegen Unfallverhütungsvorschriften vorliegt, ist § 15 SGB VII einschlägig. Kein Verstoß gegen gesetzliche Vorschriften liegt vor, wenn der Betriebsrat bei Vornahme der personellen Einzelmaßnahme nicht beteiligt worden ist, da die Nichteinhaltung des Verfahrens nicht unter die Nr. 1 fällt.[202]

2. Auswahlrichtlinie (§ 99 II Nr. 2 BetrVG). Die Zustimmungsverweigerung ist begrün- 47
det, wenn die Einstellung oder Versetzung gegen eine Auswahlrichtlinie nach § 95 I, II BetrVG verstößt (§ 238 RN 28 ff.), unerheblich ist, ob sie auf einer Betriebsvereinbarung oder Regelungsabrede beruht oder der Betriebsrat ihren Abschluss erzwingen konnte oder nicht. Eine Auswahlrichtlinie liegt auch bei einseitig vom Arbeitgeber aufgestellten Auswahlgrundsätzen vor.[203] Der Betriebsrat muss den Verstoß des Arbeitgebers näher bezeichnen, um diesem die Überprüfung seiner Auswahlentscheidung zu ermöglichen. Für Ein- und Umgruppierungen hat die Nr. 2 keine Bedeutung.

3. Besorgnis der Benachteiligung (§ 99 II Nr. 3 BetrVG). a) Ein Widerspruchsrecht 48
nach Nr. 3 besteht, wenn die durch konkrete Tatsachen erhärtete Besorgnis besteht, dass infolge der personellen Maßnahme **(a)** im Betrieb beschäftigten Arbeitnehmern gekündigt wird oder sie sonstige Nachteile erleiden, **(b)** ohne dass diese aus betrieblichen oder sachlichen Gründen gerechtfertigt ist. Bei Ein- und Umgruppierungen kann ein Widerspruch nicht auf die Nr. 3 gestützt werden, da durch diese Maßnahmen andere Arbeitnehmer nicht benachteiligt werden. Die Versetzung eines Arbeitnehmers auf einen noch besetzten Arbeitsplatz begründet regelmäßig die Gefahr der Kündigung für den Arbeitsplatzinhaber. Der Betriebsrat kann der Einstellung

---

193 BAG 22. 3. 2005 AP 26 zu § 4 TVG Geltungsbereich = NZA 2006, 383; 27. 6. 2000 AP 23 zu § 99 BetrVG 1972 Eingruppierung = NZA 2001, 626; 30. 1. 1990 AP 78 zu § 99 BetrVG 1972 = NZA 90, 493 (Absenkungserlass); 27. 1. 1987 AP 42 zu § 99 BetrVG 1972 = NZA 87, 598; LAG Berlin 18. 6. 1996 AP 13 zu § 99 BetrVG 1972 Eingruppierung = NZA-RR 97, 56.

194 BVerwG 14. 6. 1995 AP 1 zu § 76 LPVG Baden-Württemberg = ZTR 95, 425.

195 BAG 27. 7. 1993 AP 110 zu § 99 BetrVG 1972 = NZA 94, 952.

196 BAG 27. 6. 2000 AP 23 zu § 99 BetrVG 1972 Eingruppierung = NZA 2001, 626.

197 BAG 17. 6. 2008 AP 46 zu § 99 BetrVG 1972 Versetzung = NZA 2008, 1139; 10. 11. 1992 AP 100 zu § 99 BetrVG 1972; 14. 11. 1989 AP 77 zu § 99 BetrVG 1972 = NZA 90, 368.

198 ArbG Frankfurt 16. 12. 1974 DB 75, 2329 (ältere Arbeitnehmer).

199 *Herber/Hix* DB 2002, 2377.

200 Für die nichtgewerbsmäßige Arbeitnehmerüberlassung BAG 25. 1. 2005 AP 48 zu § 99 BetrVG 1972 Einstellung = NZA 2005, 1199.

201 BAG 26. 10. 2004 AP 41 zu § 99 BetrVG 1972 Versetzung = NZA 2005, 535.

202 BAG 15. 4. 1986 AP 36 zu § 99 BetrVG 1972 = NZA 86, 755; 28. 1. 1986 AP 34 zu § 99 BetrVG 1972 = NZA 86, 490.

203 BAG 26. 7. 2005 AP 43 zu § 95 BetrVG 1972 = NZA 2005, 1372; a. A. LAG Frankfurt 16. 10. 1984 DB 85, 1534.

eines Arbeitnehmers widersprechen, wenn es zu einem Personalüberhang kommt, weil dann regelmäßig die Besorgnis besteht, dass der Arbeitgeber bewährte Arbeitskräfte entlässt. Die Zustimmung zur Versetzung ist aber zu ersetzen, wenn nach den Grundsätzen der sozialen Auswahl gerade dem Arbeitnehmer gekündigt werden muss, auf dessen Arbeitsplatz der andere versetzt worden ist.[204] Umstr., aber zu bejahen ist, ob der Betriebsrat einer Einstellung mit der Begründung widersprechen kann, ein gekündigter Arbeitnehmer habe einen Beschäftigungsanspruch über den Ablauf der Kündigungsfrist hinaus, wenn er diesen geltend macht.[205] Sonstige Nachteile sind alle Erschwerungen der Arbeit, insbes. auch solche durch Leistungsverdichtungen. Eine Erschwernis kann daher gegeben sein, wenn ein zweiter Schichtleiter versetzt wird und sich der Verantwortungsbereich des ersten Schichtleiters ausweitet.[206] Nach ständiger Rspr. des BAG ist der bloße Verlust einer Beförderungschance kein sonstiger Nachteil. Vielmehr muss insoweit bereits eine rechtlich geschützte Position bestehen, die durch die beabsichtigte Beförderung eines anderen Bewerbers gefährdet wird.[207] Mit der Zustimmungsverweigerung kann der Betriebsrat nicht die Einstellung eines vom Arbeitgeber abgelehnten Arbeitnehmers erzwingen.[208]

48a **b) Befristet Beschäftigte.**[209] Wird ein befristet beschäftigter Arbeitnehmer bei einer unbefristeten Einstellung nicht berücksichtigt, kann der Betriebsrat die Zustimmung verweigern, wenn sich der befristet beschäftigte Arbeitnehmer auf den Arbeitsplatz beworben hat und die fachlichen und persönlichen Anforderungen in gleichem Umfang wie der (interne oder externe) Bewerber erfüllt (§ 99 II Nr. 3 2. Halbs. BetrVG). Hierdurch soll der Betriebsrat die Möglichkeit erhalten, bereits befristet beschäftigten Arbeitnehmern den Wechsel in ein Dauerarbeitsverhältnis zu ermöglichen. Ohne Bedeutung ist die bisherige Beschäftigungszeit des betriebsangehörigen Bewerbers. Ist der Bewerber des Arbeitgebers besser geeignet, gilt die Nichtberücksichtigung des befristet beschäftigten Arbeitnehmers nicht als Nachteil, d.h. ein auf die Nr. 3 gestützter Widerspruch scheidet ohne weitere Interessenabwägung aus. Selbst wenn die Besorgnis eines Personalabbaus oder sonstigen Nachteilen besteht, muss die Einstellung oder Versetzung hingenommen werden, wenn sie aus betrieblichen oder persönlichen Gründen gerechtfertigt sind. Dies kann der Fall sein, wenn ein höher qualifizierter Arbeitnehmer gewonnen werden konnte oder im Betrieb beschäftigte Arbeitnehmer nicht hinreichend qualifiziert sind.

49 **4. Nachteile (§ 99 II Nr. 4 BetrVG).** Nach § 99 I Nr. 4 BetrVG besteht ein Widerspruchsrecht, wenn **(a)** der betroffene Arbeitnehmer durch die personelle Maßnahme benachteiligt wird, **(b)** ohne dass dies aus betrieblichen oder in der Person des Arbeitnehmers liegenden Gründen gerechtfertigt ist. Betroffen ist nur derjenige Arbeitnehmer, auf den sich die personelle Maßnahme unmittelbar auswirkt; bei nur mittelbarer Berührung kann aber § 99 II Nr. 3 BetrVG einschlägig sein.[210] Die Benachteiligung kann in der Verschlechterung der äußeren Arbeitsbedingungen liegen (Schmutz, Lärm, längerer Arbeitsweg), aber auch in einem Verstoß gegen den Gleichbehandlungsgrundsatz.[211] Der Betriebsrat kann einer Einstellung nicht mit der Begründung widersprechen, die vereinbarten Arbeitsbedingungen seien unangemessen,[212] insbesondere wenn der Bewerber untertariflich bezahlt werden soll[213] oder mit einer gegenüber den bisherigen Beschäftigten erhöhten Wochenarbeitszeit bei gleicher Vergütung.[214] Ein auf die Nr. 4 gestützter Widerspruch kommt daneben bei Versetzungen in Betracht, mit denen der Arbeitnehmer nicht einverstanden ist.[215] Die der personellen Maßnahme zugrunde liegende unternehmerische Entscheidung (z.B. die Verlagerung von Arbeitsplätzen) kann nach der Nr. 4

---

[204] BAG 30. 8. 1995 AP 5 zu § 99 BetrVG 1972 Versetzung = NZA 96, 496; 15. 9. 1987 AP 45 zu § 99 BetrVG 1972 = NZA 88, 624.

[205] ArbG Hameln 23. 11. 1983 BB 84, 1616; zum Freihalten eines Arbeitsplatzes für einen befristet beschäftigten Arbeitnehmer: LAG Köln 28. 6. 1989 LAGE § 99 BetrVG Nr. 26 = NZA 90, 71.

[206] BAG 15. 9. 1987 AP 46 zu § 99 BetrVG = NZA 88, 101.

[207] BAG 18. 9. 2002 AP 31 zu § 99 BetrVG 1972 Versetzung = NZA 2003, 622; 13. 6. 1989 AP 66 zu § 99 BetrVG = NZA 89, 937; 6. 10. 1978 AP 10 zu § 99 BetrVG 1972 = DB 79, 311; 18. 7. 1978 AP 1 zu § 101 BetrVG 1972 = NJW 79, 671; 7. 11. 1977 AP 1 zu § 100 BetrVG 1972 = NJW 78, 848.

[208] BAG 19. 5. 1981 AP 18 zu § 118 BetrVG 1972 = NJW 82, 124.

[209] Dazu *Oetker* NZA 2003, 937; *Fritze,* Einflussmöglichkeiten des Betriebsrats auf den Wechsel befristet Beschäftigter in die Dauerbeschäftigung, 2007.

[210] BAG 6. 10. 1978 AP 10 zu § 99 BetrVG 1972 = DB 79, 311.

[211] BAG 3. 12. 1985 AP 1 zu § 74 BAT = DB 86, 1980.

[212] BAG 1. 2. 1989 AP 63 zu § 99 BetrVG 1972 = NZA 89, 814 – Absenkungserlass.

[213] BAG 28. 3. 2000 AP 27 zu § 99 BetrVG 1972 Einstellung = NZA 2000, 1294; 9. 7. 1996 AP 9 zu § 99 BetrVG 1972 Einstellung = NZA 97, 447.

[214] BAG 28. 6. 2006 AP 30 zu § 99 BetrVG 1972 Eingruppierung = NZA-RR 2006, 648.

[215] BAG 2. 4. 1996 AP 9 zu § 99 BetrVG 1972 Versetzung = NZA 97, 219.

nicht in Frage gestellt werden.[216] Fallen mehrere vergleichbare Arbeitsplätze weg und stehen lediglich für einen Teil der betroffenen Arbeitnehmer andere gleichwertige Arbeitsplätze zur Verfügung, kann der Betriebsrat die Zustimmung zur Versetzung eines Arbeitnehmers auf einen niedriger einzustufenden Arbeitsplatz gemäß § 99 II Nr. 4 BetrVG mit der Begründung verweigern, der Arbeitgeber habe soziale Auswahlkriterien nicht berücksichtigt. Die zutreffende Ein- oder Umgruppierung in eine tarifliche oder betriebliche Vergütungsordnung ist kein „Nachteil" des betroffenen Arbeitnehmers im Sinne von § 99 II Nr. 4 BetrVG.[217]

5. Ausschreibung (§ 99 II Nr. 5 BetrVG). Berechtigt ist ein Widerspruch, wenn entgegen dem Verlangen des Betriebsrats eine Personalausschreibung im Betrieb unterblieben ist (§ 238 RN 13ff.).[218] Der Betriebsrat kann seine Zustimmung nach Nr. 5 nur verweigern, wenn er die Ausschreibung vor dem Zustimmungsersuchen des Arbeitgebers verlangt oder mit diesem eine Vereinbarung über die Ausschreibung zu besetzender Arbeitsplätze getroffen hat.[219] Die auf Nr. 5 gestützte Zustimmungsverweigerung ist unbegründet, wenn fest steht, dass kein Mitarbeiter des Betriebs für die Stelle in Betracht kommt.[220] Ist die Ausschreibung unter Verletzung der §§ 7, 11 AGG erfolgt, steht dieser Umstand einer fehlenden Stellenausschreibung gleich.[221] Der Arbeitgeber bleibt in der Auswahl der Bewerber frei. Hat der Arbeitgeber entschieden, dass sich ein Arbeitsplatz nicht für eine Teilzeitbeschäftigung eignet (§ 7 I TzBfG), kann der Betriebsrat seine Zustimmung nicht nach § 99 II Nr. 5 BetrVG verweigern, wenn er anderer Auffassung ist; etwas anders gilt, wenn er einen Einsatz für Teilzeitbeschäftigte nicht in Erwägung gezogen hat.[222] 50

6. Entfernung eines Arbeitnehmers aus dem Betrieb (§ 99 II Nr. 6 BetrVG). Schließlich ist ein Widerspruch aus denselben Gründen berechtigt, aus denen der Betriebsrat auch die Entfernung eines betriebsstörenden Arbeitnehmers begehren könnte (vgl. § 242). Hierzu zählt insbesondere eine rassistische und fremdenfeindliche Betätigung. Die Voraussetzungen der Nr. 6 liegen vor, wenn die objektiv durch Tatsachen abgesicherte Prognose gerechtfertigt ist, dass der Bewerber oder der Arbeitnehmer den Betriebsfrieden gerade dadurch stört, dass er sich gesetzwidrig verhalten wird oder gegen die in § 75 I BetrVG enthaltenen Grundsätze verstoßen wird; eine mögliche Störung des Betriebsfriedens aus anderen Gründen genügt nicht.[223] 51

VI. Rechtsfolgen des Widerspruchs

1. Auswirkungen auf den Arbeitsvertrag. Führt ein Arbeitgeber eine personelle Einzelmaßnahme durch, ohne dass der Betriebsrat zugestimmt hat, so ergeben sich folgende Auswirkungen auf den Arbeitsvertrag der von der personellen Maßnahme betroffenen Arbeitnehmer: 52

a) Einstellung und Versetzung. Bei einer Einstellung wird die zivilrechtliche Wirksamkeit des abgeschlossenen Arbeitsvertrags durch die fehlende Zustimmung bei Einstellung nicht berührt.[224] Eine § 102 I 3 BetrVG entsprechende Vorschrift fehlt; § 101 BetrVG sieht nur die Verpflichtung zur Aufhebung der Maßnahme vor. Eine Versetzung, die ohne Zustimmung des Betriebsrats oder ohne Ersetzung der Zustimmung durch das Arbeitsgericht erfolgt, ist dem Arbeitnehmer gegenüber unwirksam. Das BAG leitet diese Rechtsfolge aus einer analogen Anwendung des § 134 BGB her, da das Mitbestimmungsrecht des Betriebsrats insoweit auch dem Schutz des von der Versetzung betroffenen Arbeitnehmers dienen soll.[225] Dies hat zur Folge, dass der Arbeitnehmer zu den bisherigen Arbeitsbedingungen weiterzubeschäftigen ist. Dies gilt aber nur dann, wenn der Betriebsrat sich auf die Verletzung seines Mitbestimmungsrechts beruft und die Aufhebung der Versetzung verlangt.[226] Widersetzt sich ein Arbeitnehmer einer ohne 53

---

[216] BAG 16. 1. 2007 AP 52 zu § 99 BetrVG 1972 Einstellung; 10. 8. 1993 NZA 94, 187.

[217] BAG 6. 8. 2002 AP 27 zu § 99 BetrVG 1972 Eingruppierung = NZA 2003, 386.

[218] LAG Hamm 24. 3. 1992 DB 92, 2639 = BB 93, 291; LAG Berlin 11. 2. 1985 DB 86, 49; vgl. auch BAG 27. 7. 1993 AP 3 zu § 93 BetrVG 1972 = NZA 94, 92.

[219] BAG 14. 12. 2004 AP 121 zu § 99 BetrVG 1972 = NZA 2005, 424.

[220] ArbG Kassel 29. 5. 1973 DB 73, 1359; a. A. BAG 6. 4. 1973 AP 1 zu § 99 BetrVG 1972 = NJW 73, 1630.

[221] LAG Frankfurt 13. 7. 1999 LAGE § 99 BetrVG 1972 Nr. 58 = NZA-RR 99, 641; a. A. zum AGG *Besgen* BB 2007, 213, 217.

[222] Weitergehender *Herber/Hix* DB 2002, 2377.

[223] BAG 16. 11. 2004 AP 44 zu § 99 BetrVG 1972 Einstellung = NZA 2005, 775.

[224] BAG 2. 7. 1980 AP 5 zu § 101 BetrVG 1972 = BB 81, 119; AP 9 zu Art. 33 Abs. 2 GG = NJW 81, 703; a. A. *Fitting* § 99 RN 227.

[225] BAG 26. 1. 1988 AP 50 zu § 99 BetrVG 1972 = NZA 88, 476.

[226] BAG 5. 4. 2001 AP 174 zu § 626 BGB = NZA 2001, 893.

Beteiligung des Betriebsrats ausgesprochenen Versetzung, stellt dies kein böswilliges Unterlassen i. S. d. §§ 11 Nr. 2 KSchG, 615 S. 2 BGB dar.[227] Der im Verfahren nach den §§ 100, 101 BetrVG die Zustimmung des Betriebsrats ersetzende Beschluss hat keine präjudizielle Wirkung zulasten des betroffenen Arbeitnehmers.[228] Zum Verhältnis von Versetzung und Änderungskündigung oben RN 3.

54 **b) Ein- und Umgruppierungen.** Bei Ein- bzw. Umgruppierungen kommt der Mitwirkung nur eine Richtigkeitskontrolle zu, hier folgt der Vergütungsanspruch aus der ausgeübten bzw. auszuübenden Tätigkeit (sog. Tarifautomatik). Überträgt der Arbeitgeber einem Arbeitnehmer eine höherwertige Tätigkeit auf Dauer oder rechtsmissbräuchlich nur vorübergehend, hat der Arbeitnehmer einen entsprechenden Vergütungsanspruch, auch wenn der Betriebsrat nicht beteiligt worden ist.[229] Der Betriebsrat hat nur Anspruch auf nachträgliche Einholung seiner Zustimmung,[230] unabhängig davon, ob der Arbeitgeber das Verfahren nach § 99 BetrVG nicht oder nur fehlerhaft durchgeführt hat. Ist der Arbeitgeber im Ersetzungsverfahren erfolglos geblieben, soll der Arbeitnehmer nach der Rspr. des 1. Senats – unabhängig von der Tarifautomatik – Anspruch auf diejenige Vergütung haben, die sich aus dem Ersetzungsverfahren ergibt.[231] Jedoch soll der Arbeitnehmer nicht daran gehindert sein, gegenüber dem Arbeitgeber eine günstigere als die im Beschlussverfahren angenommene Eingruppierung geltend zu machen. Diese Rechtsprechung bedarf der Überprüfung. Sie versucht, die Grundsätze der Tarifautomatik mit denen der Bindungswirkung von gerichtlichen Entscheidungen zu verbinden. Jedoch ist der Prozessökonomie nicht gedient, wenn trotz der erhöhten Richtigkeitsgewähr im Beschlussverfahren eine Eingruppierungsklage noch möglich ist. Eine Bindungswirkung könnte aber erreicht werden, wenn die Rspr. zumindest für Ein- und Umgruppierungen den betroffenen Arbeitnehmer als Beteiligten in das Beschlussverfahren einbeziehen würde.

55 **2. Durchführung vor Ablauf der Wochenfrist.** Hat der Arbeitgeber die personelle Einzelmaßnahme vor Äußerung des Betriebsrats und vor Ablauf der Wochenfrist durchgeführt, gilt die Zustimmung des Betriebsrats als erteilt, wenn er nicht widerspricht. In diesem Fall bleibt das betriebsverfassungswidrige Verhalten des Arbeitgebers ohne Auswirkung. Verweigert der Betriebsrat form- und fristgemäß die Zustimmung, richtet sich das weitere Vorgehen des Arbeitgebers nach den sogleich darzustellenden Grundsätzen.

56 **3. Durchführung nach Widerspruch des Betriebsrats.** Widerspricht der Betriebsrat der personellen Einzelmaßnahme rechtzeitig (RN 36) und unter ordnungsgemäßer Angabe von Gründen (RN 38), hat der Arbeitgeber die Wahl, ob er weiter an ihr festhält oder nicht. Verzichtet er auf ihre weitere Durchführung, ist das Zustimmungsverfahren erledigt, ein bereits eingeleitetes gerichtliches Zustimmungsersetzungsverfahren ist wegen Erledigung einzustellen.[232] Ansonsten ist der Arbeitgeber zur Durchführung des Verfahrens nach § 99 IV BetrVG verpflichtet. Führt der Arbeitgeber die Maßnahme durch, obwohl der Betriebsrat widersprochen hat, bleiben dem Betriebsrat die Rechte nach §§ 100, 101 BetrVG.

57 **4. Ersetzungsverfahren.**[233] **a)** Der Arbeitgeber kann die Ersetzung der Zustimmung des Betriebsrats beim Arbeitsgericht im Beschlussverfahren (§ 2 a ArbGG) beantragen (§ 99 IV BetrVG). Das Arbeitsgericht hat die Zustimmung zu ersetzen, wenn keiner der unter den RN 42–51 aufgezählten Widerspruchsgründe vorliegt. Der Arbeitgeber hat im Verfahren darzulegen und zu beweisen, dass die vom Betriebsrat angegebenen Widerspruchsgründe nicht vorliegen. Zum Nachschieben von Gründen RN 39. Ob der Arbeitnehmer gegen den Arbeitgeber einen im Urteilsverfahren einzuklagenden Anspruch auf Einleitung des Beschlussverfahrens nach § 99 IV BetrVG hat, ist höchstrichterrechtlich noch nicht geklärt; er wird ohne Hinzutreten besonderer Umstände aber zu verneinen sein. Eine Ausnahme besteht nur zur Durchsetzung eines Beschäftigungsanspruchs von schwerbehinderten Menschen[234] (§ 81 IV Nr. 1 SGB IX).

---

[227] BAG 7. 11. 2002 AP 98 zu § 615 BGB.

[228] LAG Sachsen 17. 1. 2001 ZTR 2001, 328.

[229] BAG 16. 1. 1991 AP 3 zu § 24 MTA = NZA 91, 490; a. A. noch BAG 10. 3. 1982 AP 7 zu § 75 BPersVG = DB 82, 2712.

[230] BAG 3. 5. 1994 AP 2 zu § 99 BetrVG 1972 Eingruppierung = NZA 95, 484; 9. 2. 1993 AP 103 zu § 99 BetrVG 1972 = NZA 93, 664; 24. 6. 1986 AP 37 zu § 99 BetrVG 1972 = NZA 87, 31; 31. 5. 1983 AP 27 zu § 118 BetrVG 1972 = NJW 84, 1143; 22. 3. 1983 AP 6 zu § 101 BetrVG 1972 = DB 83, 2313.

[231] BAG 3. 5. 1994 AP 2 zu § 99 BetrVG 1972 Eingruppierung = NZA 95, 484; vgl. auch BAG 28. 8. 2008 – 2 AZR 967/06 z. V. b. – Bindungswirkung gegenüber Änderungskündigung.

[232] BAG 28. 2. 2006 AP 51 zu § 99 BetrVG 1972 Einstellung = NZA 2006, 1178.

[233] Muster und Formulare zum Zustimmungsersetzungsverfahren ArbR-Formb. § 93 RN 2.

[234] BAG 3. 12. 2002 AP 2 zu § 81 SGB IX = NZA 2003, 1215.

b) Streitwert. Die Wertfestsetzung für das Verfahren nach § 99 IV BetrVG erfolgt teilweise nach dem Gegenstandswert des § 23 RVG,[235] z. T. wird auf § 42 IV GKG bzw. § 12 VII ArbGG a. F.[236] und schließlich auf die Umstände des Einzelfalls abgestellt.[237] Zuschläge in unterschiedlicher Höhe werden regelmäßig vorgenommen bei einer Antragshäufung mit Anträgen nach §§ 100, 101 BetrVG[238] und einer Mehrheit von betroffenen Arbeitnehmern.[239] Der Gegenstandswert in Verfahren, in denen über die Ersetzung der Zustimmung des Betriebsrats zur Eingruppierung oder Umgruppierung eines Arbeitnehmers gestritten wird, ist in Höhe des dreifachen Jahresbetrages der Entgeltdifferenz abzüglich 40% anzusetzen.[240] **58**

c) Ablauf. Am Ersetzungsverfahren ist der betroffene Arbeitnehmer nicht beteiligt.[241] Das Verfahren ist als erledigt einzustellen, wenn die Maßnahme abgeschlossen ist, z. B. weil der Arbeitgeber ein weiteres Verfahren nach § 99 IV BetrVG eingeleitet hat, der Arbeitnehmer zwischenzeitlich aus dem Betrieb ausgeschieden,[242] ihm eine andere Tätigkeit übertragen[243] oder er übereinstimmend ein- bzw. umgruppiert worden ist.[244] Zur Schadensersatzpflicht des Arbeitgebers RN 62. **59**

VII. Die vorläufige personelle Maßnahme

Hartmann, Beschäftigungsanspruch und Zustimmungsersetzung, ZfA 2008, 383.

1. Eilmaßnahmen. Der Arbeitgeber kann die personellen Maßnahmen i. S. des § 99 I BetrVG (oben RN 11–24) vorläufig durchführen, bevor **(a)** der Betriebsrat informiert wird, **(b)** er sich geäußert hat, **(c)** die Wochenfrist abgelaufen ist oder **(d)** nachdem der Betriebsrat seine Zustimmung verweigert hat, wenn dies aus sachlichen Gründen dringend erforderlich ist (§ 100 I BetrVG). Im Allgemeinen werden vorläufige Maßnahmen nur bei Einstellungen und Versetzungen in Betracht kommen. Für die Rechtfertigung der Eilmaßnahme müssen Gründe vorliegen, die einen verständig urteilenden Arbeitgeber zum sofortigen Eingreifen veranlassen. Ein dringendes Erfordernis ist noch nicht bei einem allgemeinen Interesse an baldiger Arbeitsaufnahme gegeben. Vielmehr muss ein **besonderes betriebliches Interesse** bestehen. Dazu ist jeweils die Notwendigkeit der strikten Wahrung der Beteiligungsrechte des Betriebsrats einerseits und das besondere Interesse des Arbeitgebers an der vorläufigen Durchführung der Maßnahme andererseits gegeneinander abzuwägen. Maßgebender Beurteilungszeitpunkt ist der Zeitpunkt der Durchführung der Maßnahmen; unerheblich ist dagegen, wenn das dringende betriebliche Erfordernis später wegfällt.[245] Beispiele für ein betriebliches Interesse sind die Erledigung unaufschiebbarer betrieblicher Arbeiten,[246] ein hervorragendes Interesse an der sofortigen Verpflichtung eines Spezialisten, die Absage eines Bewerbers,[247] die Verweigerung von Überstunden durch den Betriebsrat sowie der krankheitsbedingte Ausfall von Mitarbeitern. Zweifelhaft ist, ob auch die Vermeidung bzw. Beendigung der Arbeitslosigkeit des Bewerbers ein dringendes Interesse darstellt. Im Allgemeinen dürfte dies zu verneinen sein. Ebenso wenig wie das allgemeine Interesse **60**

---

[235] LAG Köln 30. 9. 1997 LAGE § 8 BRAGO Nr. 36; 27. 7. 1995 JurBüro 96, 590; LAG Thüringen 21. 1. 1997 LAGE § 8 BRAGO Nr. 34; LAG Hamburg 17. 12. 1996 LAGE § 8 BRAGO Nr. 37; LAG Schleswig-Holstein 14. 6. 1993 LAGE § 8 BRAGO Nr. 24; 15. 12. 1988 LAGE § 8 BRAGO Nr. 10; LAG München 24. 5. 1993 NZA 94, 47; LAG Bremen 20. 1. 1993 BB 93, 366 = DB 93, 492; ArbG Lübeck 11. 5. 1998 ArbuR 98, 380.

[236] LAG Düsseldorf 11. 5. 1999 LAGE § 8 BRAGO Nr. 41; LAG Nürnberg 2. 11. 1998 LAGE § 8 BRAGO Nr. 39 – Umgruppierung; LAG Hamburg 1. 9. 1995 LAGE § 8 BRAGO Nr. 30 = NZA-RR 96, 266; LAG Köln 4. 1. 1993 MDR 93, 357; LAG Hamm 19. 10. 2006 NZA-RR 2007, 96.

[237] LAG Hamburg 12. 9. 1995 NZA-RR 96, 267.

[238] LAG Hamm 23. 2. 1989 LAGE § 8 BRAGO Nr. 12–50% des Antrags nach § 99 BetrVG; LAG Hamburg 2. 12. 2004 NZA-RR 2005, 209 – ein Monatseinkommen für Antrag nach § 100 II 3 BetrVG.

[239] LAG Nürnberg 20. 6. 2006 NZA-RR 2006, 491; LAG Berlin 18. 3. 2003 NZA 2004, 342 – Staffel des § 9 BetrVG.

[240] LAG Hamm 28. 4. 2005 NZA-RR 2005, 435.

[241] BAG 31. 5. 1983 AP 27 zu § 118 BetrVG 1972 = NJW 84, 1143; 22. 3. 1983 AP 6 zu § 101 BetrVG 1972 = DB 83, 2313; 17. 5. 1983 AP 18 zu § 99 BetrVG 1972 = DB 83, 2638; 27. 5. 1980 AP 3 zu § 80 ArbGG 1979 = NJW 83, 192.

[242] BAG 10. 2. 1999 AP 5 zu § 83 a ArbGG 1979 = NZA 99, 1225.

[243] BAG 10. 2. 1999 AP 6 zu § 83 a ArbGG 1979 = NZA 99, 1226.

[244] BAG 26. 4. 1990 AP 3 zu § 83 a ArbGG 1979 = NZA 90, 822.

[245] BAG 6. 10. 1978 AP 10 zu § 99 BetrVG 1972 = DB 79, 311.

[246] BAG 7. 11. 1977 AP 1 zu § 100 BetrVG 1972 = NJW 78, 848.

[247] LAG Berlin 27. 9. 1982 DB 83, 776.

des Arbeitgebers an baldiger Arbeitsaufnahme ausreicht, kann dies aus der Person eines Dritten begründet werden. Im Falle der Versetzung scheiden soziale Auswahlgesichtspunkte aus.[248]

61 **2. Durchführung von vorläufigen Maßnahmen. a)** Will der Arbeitgeber eine vorläufige personelle Maßnahme durchführen, hat er **(1)** den betroffenen Arbeitnehmer über die Sach- und Rechtslage aufzuklären (§ 100 I 2 BetrVG) und **(2)** den Betriebsrat unverzüglich (d. h. ohne schuldhaftes Zögern § 121 BGB) zu unterrichten.

62 **b) Unterrichtung des Arbeitnehmers.** Der Arbeitgeber muss den betroffenen Arbeitnehmer darüber unterrichten, dass die Zustimmung des Betriebsrats zur personellen Maßnahme noch nicht vorliegt, aus welchen Gründen er die Maßnahme vorläufig durchführen will und die Beendigung des Arbeitsverhältnisses in Betracht kommt, wenn der Betriebsrat nicht zustimmt oder seine Zustimmung nicht ersetzt werden kann. Die Unterrichtung des Arbeitnehmers über die vorläufige personelle Maßnahme ist keine Wirksamkeitsvoraussetzung für das Verfahren nach § 100 BetrVG. Es ist auch zulässig, wenn der Arbeitgeber den Arbeitsvertrag unter der Bedingung der Zustimmung des Betriebsrats abschließt.[249] Unterlässt der Arbeitgeber die Unterrichtung des Arbeitnehmers, kann er diesem gegenüber schadensersatzpflichtig werden, da der Arbeitgeber u. U. nach rechtskräftiger Zustimmungsverweigerung zur Beendigung der personellen Einzelmaßnahme gezwungen werden kann (§ 100 III 1 BetrVG).[250] Der Schadensersatzanspruch ist auf das positive Interesse gerichtet. Er kann infolge Mitverschuldens des Arbeitnehmers gemindert sein, jedoch wird regelmäßig die Aufklärungspflicht des Arbeitgebers gegenüber dem Selbstschutz des Arbeitnehmers überwiegen.

63 **c) Unterrichtung des Betriebsrats.** Die Unterrichtungspflicht gegenüber dem Betriebsrat dient dazu, diesen über die Übergehung seiner Rechte zu unterrichten und ihm ein sofortiges Einschreiten zu ermöglichen. Zweckmäßigerweise wird der Arbeitgeber bei der Unterrichtung des Betriebsrats diesen darüber aufklären, aus welchen Gründen die vorläufige Maßnahme durchgeführt worden ist. Denn nur dann kann sich der Betriebsrat darüber schlüssig werden, ob er die Maßnahme hinnehmen will. Unterlässt der Arbeitgeber die unverzügliche Unterrichtung des Betriebsrats, ist die Vorschrift des § 101 BetrVG zwar nicht unmittelbar, aber doch entsprechend anzuwenden, da die Interessenlage der in § 101 BetrVG geregelten entspricht.

64 **3. Stellungnahme des Betriebsrats.** Hat der Arbeitgeber dem Betriebsrat die vorläufige Durchführung einer personellen Maßnahme mitgeteilt, kann der Betriebsrat **(a)** sowohl der vorläufigen Maßnahme wie auch ggf. der personellen Maßnahme überhaupt zustimmen bzw. die Frist nach § 99 III BetrVG verstreichen lassen. In diesen Fällen gilt seine Zustimmung als erteilt; **(b)** der vorläufigen Maßnahme widersprechen, aber der endgültigen Maßnahme zustimmen bzw. die Frist nach § 99 III BetrVG verstreichen lassen. In diesen Fällen wird der Widerspruch gegen die vorläufige Maßnahme wegen der Zustimmung bzw. Zustimmungsfiktion gegenstandslos; **(c)** sowohl der vorläufigen (§ 100 II 2 BetrVG) wie der endgültigen Maßnahme widersprechen (§ 99 III BetrVG). In diesen Fällen hat der Arbeitgeber, wenn er nicht nachgeben will, das Zustimmungsersetzungsverfahren einzuleiten (hierzu unter RN 66); **(d)** die vorläufige Maßnahme hinnehmen, dagegen der endgültigen Maßnahme die Zustimmung nach § 99 III BetrVG verweigern. Dann darf der Arbeitgeber die vorläufige Maßnahme durchführen. Wegen der endgültigen Maßnahme hat er dagegen das Zustimmungsersetzungsverfahren durchzuführen (RN 66 ff.).

65 **4. Widerspruch gegen vorläufige Maßnahmen.** Will der Betriebsrat die vorläufige personelle Maßnahme nicht hinnehmen, hat er den Arbeitgeber nach einem entsprechenden Beschluss unverzüglich, also ohne schuldhaftes Zögern (§ 121 BGB), darüber zu unterrichten, dass er die Notwendigkeit der vorläufigen Maßnahme bestreitet. Dieser Widerspruch kann mündlich oder schriftlich erfolgen. Sinnvollerweise wird der Betriebsrat aber auch hier die Schriftform einhalten, um nicht in Beweisnot zu geraten. Eine Begründung des Widerspruchs ist nicht notwendig. Wie bei der Ausübung von anderen betriebsverfassungsrechtlichen Rechten geht der Gesetzgeber von „vernünftigen Arbeitnehmern und Arbeitgebern" aus, sodass die Entscheidung nach pflichtgemäßem Ermessen zu erfolgen hat. Widerspricht der Betriebsrat nicht unverzüglich, kann der Arbeitgeber die vorläufige Maßnahme durchführen.

66 **5. Ersetzungsverfahren.** Im Falle des Widerspruchs gegen eine vorläufige Maßnahme darf der Arbeitgeber diese nur aufrechterhalten, wenn er binnen einer Frist von drei Kalendertagen

---

[248] BAG 7. 11. 1977 AP 1 zu § 100 BetrVG 1972 = NJW 78, 848.
[249] *Fitting* § 100 RN 7.
[250] BAG 14. 6. 1972 AP 54 zu §§ 22, 23 BAT = NJW 72, 2103.

(§§ 187, 193 BGB) beim Arbeitsgericht beantragt, **(a)** die Zustimmung des Betriebsrats zur Einstellung zu ersetzen (§ 99 IV BetrVG) und **(b)** festzustellen, dass die vorläufigen personellen Maßnahmen dringend erforderlich waren (§ 100 II 3 BetrVG). Beide Anträge können miteinander verbunden und in einem Verfahren verhandelt werden.[251] War der Antrag zu (a) schon erhoben, so bedarf es nur des Antrags zu (b). Hat der Betriebsrat nur der Maßnahme, aber nicht der Eilbedürftigkeit widersprochen (oben RN 64), muss nur die Zustimmungsersetzung (§ 99 IV BetrVG, Antrag [a]) beantragt werden, da Einwendungen hinsichtlich der Vorläufigkeit vom Betriebsrat nicht erhoben wurden. Die Fristberechnung richtet sich nach §§ 187 ff. BGB. Ist der letzte Tag der Frist ein Sonnabend, Sonntag oder Feiertag, verlängert sich die Frist bis zum darauf folgenden Werktag. Versäumt der Arbeitgeber die Frist, muss die vorläufige Maßnahme wieder aufgehoben werden; eine Wiedereinsetzung in den vorigen Stand ist nicht möglich. Der Arbeitgeber kann aber die bisherige Maßnahme beenden und sie erneut vornehmen. In diesem Fall muss er allerdings das Verfahren nach § 99 BetrVG erneut durchführen und die Zustimmung des Betriebsrats beantragen. An dem Ersetzungsverfahren ist der Arbeitnehmer nicht beteiligt (RN 59). Leitet der Arbeitgeber das Zustimmungsersetzungsverfahren mit den Anträgen (a) und (b) form- und fristgerecht ein, kann er in jedem Fall die vorläufige Maßnahme bis zu zwei Wochen nach Rechtskraft der Entscheidung des Arbeitsgerichts über die Vorläufigkeit aufrechterhalten. Wird über die Vorläufigkeit und die Zustimmungsersetzung gemeinsam entschieden, gilt die Zweiwochenfrist ab dem Zeitpunkt über die gemeinsame Entscheidung.

6. Entscheidung des Arbeitsgerichts. Das Arbeitsgericht hat vorab über die Dringlichkeit **67**
des Antrags des Arbeitgebers nach § 100 II 3 BetrVG zu entscheiden (umstr.). Eine gemeinsame Entscheidung mit dem Antrag nach § 99 IV BetrVG ist dann untunlich, wenn über den Zustimmungsverweigerungsgrund nicht unverzüglich entschieden werden kann.[252] Bezüglich des Antrags nach § 100 BetrVG hat das Gericht nur festzustellen, ob die personelle Maßnahme offensichtlich nicht dringend erforderlich war. Dies ist der Fall, wenn eine grobe, ohne weiteres ersichtliche Verkennung der betrieblichen Notwendigkeit vorliegt.[253] Wegen dieser beschränkten Prüfung ist eine Entscheidung regelmäßig innerhalb kurzer Zeit und ohne besondere Sachverhaltsaufklärung durchaus möglich. Wird dennoch über die Anträge gemeinsam entschieden, sind grundsätzlich vier Alternativen denkbar: das Arbeitsgericht kann **(a)** einen Grund zur Zustimmungsverweigerung verneinen und feststellen, dass die Maßnahme dringlich war, die Zustimmung des Betriebsrats ist dann ersetzt; **(b)** einen Grund zur Zustimmungsverweigerung anerkennen und die Dringlichkeit verneinen, der Arbeitgeber muss von der weiteren Durchführung der personellen Maßnahme Abstand nehmen; **(c)** sowohl einen Zustimmungsverweigerungsgrund wie auch die Dringlichkeit bejahen. Wird die Entscheidung über die Zustimmungsersetzung rechtskräftig, gilt das zu (b) Gesagte. Wird ein Rechtsmittel eingelegt, kann die vorläufige Maßnahme aufrechterhalten bleiben; **(d)** sowohl einen Zustimmungsverweigerungsgrund wie auch die Dringlichkeit verneinen. Die Entscheidung des Arbeitsgerichts über einen Antrag nach § 99 IV BetrVG setzt die rechtliche Existenz eines Betriebsrats im Zeitpunkt der letzten Anhörung voraus. Gibt es den Betriebsrat, dessen Zustimmung gerichtlich ersetzt werden soll, nicht (mehr), so kann der Arbeitgeber die personelle Einzelmaßnahme endgültig durchführen.[254] Wird die Entscheidung über die Zustimmungsersetzung rechtskräftig, gilt die Zustimmung des Betriebsrats als ersetzt, endet damit auch die Vorläufigkeit der personellen Maßnahme. Zu einer Entscheidung über den Feststellungsantrag des Arbeitgebers nach § 100 II 3 BetrVG kommt es dann nicht.[255]

Nach § 100 III 1 BetrVG **endet die vorläufige Maßnahme** mit Ablauf von zwei Wochen **68**
nach Rechtskraft der Entscheidung.

VIII. Aufhebungsanspruch des Betriebsrats

Matthes, Die Aufhebung von Einstellungen und Versetzungen nach § 101 BetrVG, FS Richardi (2007), S. 685.

1. Sicherung der Mitbestimmung. Das Mitbestimmungsrecht bei den personellen Maß- **69**
nahmen ist durch § 101 BetrVG gesichert. Eine einstweilige Verfügung auf Aufhebung der vor-

---

[251] BAG 7. 11. 1977 AP 1 zu § 100 BetrVG 1972 = NJW 78, 848.

[252] BAG 18. 10. 1988 AP 4 zu § 100 BetrVG 1972 = NZA 89, 183; GK-BetrVG/*Kraft/Raab* § 100 RN 43; MünchArbR/*Matthes* § 352 RN 143 f. (Teilbeschluss); a. A. DKK/*Klebe* § 100 RN 32.

[253] *Fitting* § 100 RN 13 f.

[254] BAG 19. 2. 2008 AP 11 zu § 83 a ArbGG 1979 = NZA-RR 2008, 490.

[255] BAG 14. 12. 2004 AP 122 zu § 99 BetrVG 1972 = NZA 2005, 827.

läufigen personellen Maßnahme ist unzulässig,[256] da das Verfahren nach § 101 BetrVG ein besonderes Verfahren darstellt, das von den Gerichten ähnlich beschleunigt wie ein einstweiliges Verfügungsverfahren zu behandeln ist. § 101 BetrVG verdrängt auch das Zwangsgeldverfahren nach § 888 ZPO.

70 **2. Geltendmachung. a) Einstellung und Versetzung.** Der Betriebsrat kann die Einleitung eines Beschlussverfahrens beim Arbeitsgericht beschließen (§ 33 BetrVG) und bei Einstellungen und Versetzungen die Aufhebung einer personellen Einzelmaßnahme beantragen, wenn **(1)** der Arbeitgeber sie ohne seine Zustimmung durchgeführt hat (§ 99 I 1 BetrVG). Dies ist dann der Fall, wenn der Arbeitgeber die Zustimmung überhaupt nicht eingeholt hat, diese nicht wegen Frist- oder Formversäumnis als erteilt gilt (§ 99 III BetrVG) oder durch das Arbeitsgericht ersetzt worden ist (§ 99 IV BetrVG); **(2)** der Arbeitgeber eine personelle Maßnahme aufrechterhält, ohne den Betriebsrat über die Vorläufigkeit zu unterrichten oder innerhalb von drei Tagen seit Bestreiten des Betriebsrats ein Verfahren nach den §§ 99 IV, 100 BetrVG einzuleiten oder **(3)** der Arbeitgeber den Arbeitnehmer noch länger als zwei Wochen nach rechtskräftigem Unterliegen im Feststellungs-/Ersetzungsverfahren weiter beschäftigt (§ 100 III BetrVG). Der Antrag auf Aufhebung der personellen Maßnahme kann vom Betriebsrat bereits im Zustimmungsersetzungsverfahren gestellt werden.[257] Er wird nicht dadurch unbegründet, dass der Grund, auf den die Zustimmungsverweigerung gestützt wird, später wegfällt.[258] Dem Antrag des Betriebsrats kann der Arbeitgeber nicht seinerseits mit einem Gegenantrag begegnen, dass es an einem Grund zur Zustimmungsverweigerung gefehlt habe.[259] Der Anspruch unterliegt der Verwirkung, wenn er längere Zeit nicht ausgeübt wird.[260] Der Betriebsrat kann bei Einstellungen und Versetzungen nur deren Aufhebung verlangen. Unzulässig ist es, den Arbeitgeber zu verpflichten, die Zustimmung nach § 99 BetrVG nachträglich einzuholen; § 101 BetrVG schließt einen solchen Antrag aus.[261] Jedoch kann eine Feststellung über das Bestehen und den Umfang des Beteiligungsrechts aus § 99 BetrVG beantragt werden, wenn dieses zwischen den Beteiligten streitig und zu erwarten ist, dass entsprechende Streitfälle auch künftig im Betrieb auftreten werden.[262]

70a **b) Ein- und Umgruppierung.** Der Betriebsrat kann im Verfahren nach § 101 BetrVG bei unzutreffenden Ein- bzw. Umgruppierungen nicht deren „Aufhebung" verlangen, da diese keine nach außen wirksame Maßnahme des Arbeitgebers ist, sondern nur ein Akt der Rechtsanwendung. Der Arbeitgeber muss aber nach § 99 IV BetrVG die verweigerte Zustimmung des Betriebsrats auch zu einer Ein- bzw. Umgruppierung im Zustimmungsersetzungsverfahren durch das Arbeitsgericht ersetzen lassen. Unterlässt er dies oder führt er die Ein- bzw. Umgruppierung ohne Zustimmung des Betriebsrats durch, kann dieser nach § 101 BetrVG beantragen, dem Arbeitgeber aufzugeben, den Arbeitnehmer in eine andere Vergütungsgruppe einzugruppieren, zu dieser neuen Eingruppierung die Zustimmung des Betriebsrats zu beantragen und im Fall ihrer Verweigerung das Zustimmungsersetzungsverfahren zu betreiben.[263] Gleiches gilt, wenn der Arbeitgeber bereits in einem Verfahren nach § 99 IV BetrVG erfolglos geblieben ist. Das Beteiligungsverfahren nach § 99 BetrVG ist bei Ein- bzw. Umgruppierungen erst abgeschlossen, wenn der Betriebsrat seine Zustimmung erteilt hat oder diese vom Gericht ersetzt wird.[264]

71 **3. Zwangsgeld.** Hebt der Arbeitgeber entgegen einer rechtskräftigen gerichtlichen Entscheidung die personelle Maßnahme nicht auf, ist auf Antrag des Betriebsrats vom Arbeitsgericht zu erkennen, dass der Arbeitgeber zur Aufhebung durch Zwangsgeld anzuhalten ist (§ 101 Satz 2 BetrVG). Das Verfahren ist § 888 ZPO nachgebildet und schließt die Vollstreckung nach dem 8. Buch der ZPO aus. § 101 BetrVG schließt aber den Anspruch des Betriebsrats auf künftige Beachtung seiner Mitbestimmungsrechte nach § 23 III BetrVG nicht aus. Die Vorschrift enthält lediglich eine Sonderregelung hinsichtlich der Folgen einer Verletzung von Mitbestimmungsrechten bei der Vornahme einer konkreten personellen Einzelmaßnahme, nur insoweit

---

[256] LAG Frankfurt 15. 12. 1987 NZA 89, 232.
[257] ArbG Berlin 5. 3. 1976 DB 76, 779; *Fitting* § 101 RN 6.
[258] BAG 20. 11. 1990 AP 47 zu § 118 BetrVG 1972 = NJW 91, 2165 = NZA 91, 513.
[259] BAG 16. 7. 1985 AP 21 zu § 99 BetrVG 1972 = NZA 86, 163; 21. 11. 1978 AP 3 zu § 101 BetrVG 1972 = DB 79, 749; AP 1 zu § 101 BetrVG 1972 = NJW 79, 671.
[260] LAG Frankfurt 24. 1. 1984 BB 84, 1684.
[261] BAG 20. 2. 2001 AP 23 zu § 101 BetrVG 1972 = NZA 2001, 1033.
[262] BAG 2. 3. 2004 AP 87 zu § 256 ZPO 1977.
[263] BAG 26. 10. 2004 AP 29 zu § 99 BetrVG 1972 Eingruppierung = NZA 2005, 367.
[264] BAG 3. 5. 1994 AP 2 zu § 99 BetrVG Eingruppierung = NZA 95, 484.

wird § 23 III BetrVG verdrängt.[265] Ein Zwangsgeld kann daher auch festgesetzt werden, wenn den Arbeitgeber kein Verschulden trifft. Andererseits ist seine Feststellung unzulässig, wenn der Arbeitgeber die Anordnung inzwischen vollzogen hat. Die Zwangsvollstreckung findet nur aus rechtskräftigen Beschlüssen statt. Einer vorhergehenden Androhung des Zwangsgeldes bedarf es nicht. Das Arbeitsgericht entscheidet nach Anhörung des Antragsgegners ohne erneute Sachprüfung durch Beschluss. Eine mündliche Verhandlung ist nicht notwendig (§§ 85 I ArbGG, 891 ZPO). Die Entscheidung kann daher durch den Vorsitzenden allein ergehen (§ 53 ArbGG). Die Vollstreckung erfolgt nach vorheriger Zustellung nach Eintritt der Rechtskraft durch das Gericht. Das Zwangsgeld beträgt für jeden Tag und jeden Fall der Zuwiderhandlung bis zu 250 Euro und kann mehrfach festgesetzt werden. Die Beträge verfallen zugunsten der Staatskasse. Die Anordnung von Zwangshaft ist unzulässig.

4. Unterlassungsanspruch. Neben dem Antrag nach § 101 BetrVG ist auch ein vorbeugender Unterlassungsantrag unter den Voraussetzungen des § 23 III BetrVG zulässig. Seine Begründetheit richtet sich nach den allgemeinen Grundsätzen, insbesondere ist eine grobe Verletzung betriebsverfassungsrechtlicher Pflichten durch den Arbeitgeber erforderlich. Ob es daneben gegen die betriebsverfassungswidrige Beschäftigung einen allgemeinen und verschuldensunabhängigen Unterlassungsanspruch gibt, ist umstr,[266] aber zu bejahen. Das BAG hat sich bisher zu dieser Rechtsfrage noch nicht abschließend geäußert.[267] Ein Unterlassungsanspruch kann nicht bereits unter Hinweis auf die §§ 100, 101 BetrVG verneint werden, weil diese lediglich eine Reaktion auf eine konkrete, in der Vergangenheit durchgeführte Maßnahme ermöglichen. Sie laufen ohnehin leer bei personellen Maßnahmen, die vor rechtskräftiger Entscheidung über einen Antrag nach § 101 BetrVG abgeschlossen werden, da mit Beendigung der Maßnahme das Beschlussverfahren erledigt ist. Insoweit besteht eine Rechtsschutzlücke für den Betriebsrat, dem kein wirksames Mittel zur Verhinderung von zukünftigen mitbestimmungswidrigen personellen Einzelmaßnahmen zur Verfügung steht. Aus diesem Grund besteht wegen des ansonsten wertlosen Beteiligungsrechts aus § 99 BetrVG für Einstellungen und Versetzungen ein Unterlassungsanspruch des Betriebsrats, wenn der Arbeitgeber bereits in der Vergangenheit die Mitbestimmungsrechte nach den §§ 99, 100 BetrVG missachtet hat. Der Anspruch kann auch durch einstweilige Verfügung durchgesetzt werden. 72

5. Streitwert. Der Gegenstandswert für die Aufhebung einer personellen Maßnahme wird überwiegend nach dem Regelstreitwert bemessen, wobei bei einer Antragshäufung Abschläge erfolgen.[268] 73

IX. Leitende Angestellte

Die beabsichtigte Einstellung, Beförderung zum leitenden Angestellten[269] oder personelle Veränderung eines leitenden Angestellten (§ 212 RN 15 ff.) ist dem Betriebsrat lediglich mitzuteilen (§ 105 BetrVG). Ein Widerspruchsrecht steht dem Betriebsrat nicht zu. Verletzt der Arbeitgeber die Informationspflicht, kann der Betriebsrat den Arbeitgeber nicht zwingen, die Maßnahme rückgängig zu machen. Eine entsprechende Anwendung von § 101 BetrVG ist nicht möglich.[270] Ob ein Arbeitnehmer leitender Angestellter ist, kann auch als Vorfrage in Verfahren nach §§ 99 ff. BetrVG geprüft werden.[271] Unberührt bleiben die Rechte des Sprecherausschusses (§ 253). 74

---

[265] BAG 17. 3. 1987 AP 7 zu § 23 BetrVG 1972 = NZA 87, 786; a. A. noch BAG 5. 12. 1978 AP 4 zu § 101 BetrVG 1972 = DB 79, 1282.

[266] Bejaht von LAG Köln 13. 8. 2002 AP 37 zu § 99 BetrVG 1972 Einstellung = NZA-RR 2003, 249; LAG Niedersachsen 25. 7. 1995 NZA-RR 96, 217; ArbG Flensburg 16. 4. 1998 AiB 98, 591; ArbG Münster 19. 12. 1990 DB 91, 103 (bei Missbrauchsfällen); ArbG Wesel 13. 10. 1989 ArbuR 91, 219; a. A. ArbG Passau 8. 5. 1990 BB 90, 2335.

[267] BAG 6. 12. 1994 AP 24 zu § 23 BetrVG 1972 = NZA 95, 488; 3. 5. 1994 AP 23 zu § 23 BetrVG 1972 = NZA 95, 40.

[268] LAG Schleswig-Holstein 11. 3. 1997 LAGE § 8 BRAGO Nr. 33; LAG Köln 18. 2. 1997 MDR 97, 600; 29. 10. 1991 MDR 92, 165; LAG München 17. 2. 1995 LAGE § 8 BRAGO Nr. 29 = NZA-RR 96, 419; a. A. LAG Hamburg 13. 11. 1995 NZA-RR 96, 306; LAG Rheinland-Pfalz 11. 5. 1995 DB 95, 1720 (jeweils Monatsverdienst); LAG Düsseldorf 25. 4. 1995 ArbuR 95, 332 (§ 12 VII ArbGG).

[269] BAG 19. 1. 1980 AP 24 zu § 5 BetrVG 1972 = DB 80, 1946; 8. 2. 1977 AP 16 zu § 5 BetrVG 1972 = DB 77, 1146.

[270] LAG Düsseldorf 13. 5. 1976 DB 76, 1383.

[271] BAG 8. 2. 1977 AP 16 zu § 5 BetrVG 1972 = DB 77, 1146.

§ 242. Entfernung betriebsstörender Arbeitnehmer

Übersicht

	RN
I. Voraussetzungen des Anspruchs auf Entfernung oder Versetzung	1 ff.
1. Antragsrecht	1
2. Begründetheit des Entlassungsverlangens	2
3. Gesetzwidriges Verhalten	3
4. Grober Verstoß gegen die Grundsätze des § 75 I BetrVG	4
5. Verschulden	5
6. Betriebsfrieden	6
II. Ersuchen auf Entlassung oder Versetzung gegenüber dem Arbeitgeber	7 ff.
1. Beschluss	7
2. Prüfung des Arbeitgebers	8
3. Entscheidung des Arbeitgebers	9
4. Ablehnung des Antrags	10
III. Entscheidung des Arbeitsgerichts	11 ff.
1. Abweisung des Antrags	11
2. Stattgabe des Antrags	12, 13
IV. Zwangsvollstreckung	14

I. Voraussetzungen des Anspruchs auf Entfernung oder Versetzung

1 **1. Antragsrecht.** Der Betriebsrat kann vom Arbeitgeber die Entlassung oder Versetzung eines Arbeitnehmers aus dem Betrieb, einer Betriebsabteilung oder von seinem Arbeitsplatz verlangen, wenn dieser durch gesetzwidriges Verhalten oder durch grobe Verletzung der in § 75 I BetrVG enthaltenen Grundsätze den Betriebsfrieden wiederholt ernstlich gestört hat (§ 104 BetrVG). Keine Arbeitnehmer sind die in § 5 II, III BetrVG 1972 genannten Personen[1] (§ 212 RN 10 ff., 15 ff.). Wegen anderer im Betrieb beschäftigter Personen hat der Betriebsrat nur ein Antragsrecht gemäß § 80 I Nr. 2 BetrVG. Die Streikdrohung zum Zweck der Entlassung eines Vorstandsmitglieds ist rechtswidrig.[2]

2 **2. Begründetheit des Entlassungsverlangens.** Das Entlassungsverlangen ist begründet, wenn der Arbeitnehmer durch gesetzwidriges Verhalten oder durch grobe Verletzung der in § 75 I BetrVG enthaltenen Grundsätze (vgl. § 230 RN 20) den Betriebsfrieden wiederholt ernstlich gefährdet hat. Zu den besonders erwähnten Pflichtverletzungen zählen rassistische oder fremdenfeindliche Betätigungen. Die Voraussetzungen entsprechen denjenigen, aus denen der Betriebsrat der Einstellung eines Bewerbers widersprechen kann (§ 99 II Nr. 6 BetrVG; § 241 RN 51). Eine Erweiterung der Rechte des Betriebsrats durch Betriebsvereinbarung oder Tarifvertrag ist zulässig. Hierdurch wird auch nicht in die Rechte des betroffenen Arbeitnehmers eingegriffen, da § 104 BetrVG keinen eigenständigen Kündigungsgrund schafft.

3 **3. Gesetzwidriges Verhalten.** Dies ist ein Verhalten, das nicht im Einklang mit der Rechtsordnung steht. In Betracht kommen nicht nur Straftaten, sondern auch Verstöße gegen das Verbot der sexuellen Belästigung (dazu § 33 RN 39). Unerheblich ist aber ein Verhalten, wenn es für den Betriebsfrieden ohne Belang ist. Das kann z. B. bei Verstößen gegen die StVO im privaten Bereich der Fall sein. Dagegen kann auch durch **außerbetriebliche strafbare Handlungen** der Betriebsfrieden gefährdet sein, z. B. bei Eigentumsdelikten, wenn sich die übrigen Arbeitnehmer nunmehr aus Furcht vor Diebstählen weigern, weiter mit dem betroffenen Arbeitnehmer zusammenzuarbeiten.

4 **4. Grober Verstoß gegen die Grundsätze des § 75 I BetrVG.** Während bei einem Gesetzesverstoß bereits jede objektive Verletzung der Norm ausreichend ist, berechtigt ein Verstoß gegen die Grundsätze des § 75 I BetrVG nur dann zu einem Entfernungsverlangen, wenn es sich um einen groben Verstoß handelt. Grob ist ein Verstoß dann, wenn klar und eindeutig die betrieblichen Grundrechte der Arbeitnehmer verletzt werden; z. B. bei Benachteiligung eines nicht organisierten Arbeitnehmers, weil auch die negative Koalitionsfreiheit verfassungsrechtlich geschützt ist (vgl. § 188 RN 5). Kein grober Verstoß ist die kritische Stellung zum Betriebsrat,[3] das Sammeln von Unterschriften für eine Antragstellung nach § 23 I, II BetrVG. Auch der Verstoß gegen die Grundsätze des § 75 I BetrVG muss nicht während der Arbeitszeit oder auf dem Betriebsgelände erfolgt sein, ausreichend ist, wenn er im Betrieb bekannt wird und zu Störungen des Betriebsfriedens führt.

---

[1] LAG Nürnberg 22. 1. 2002 NZA-RR 2002, 524 – auch bei Erteilung der Prokura erst nach Rechtshängigkeit.
[2] BGH 27. 3. 1961 AP 5 zu § 626 BGB Druckkündigung = NJW 61, 1306.
[3] Vgl. LAG Hannover 5. 9. 1952 BB 52, 804.

5. Verschulden. Nach h.M. muss das gesetzwidrige Verhalten oder die Verletzung der in § 75 BetrVG genannten Grundsätze schuldhaft erfolgt sein; ausreichend sind Vorsatz und Fahrlässigkeit.[4] Da jedoch der Ausspruch einer personen- oder verhaltensbedingten Kündigung kein Verschulden voraussetzt, kann dem nicht gefolgt werden.[5] 5

6. Betriebsfrieden. Durch das betriebsgemeinschaftsfeindliche Handeln muss der Betriebsfrieden wiederholt ernstlich gestört sein.[6] Der Arbeitnehmer muss regelmäßig zumindest zweimal (nicht notwendigerweise gleichartige) Handlungen begangen haben, bevor der Betriebsrat seine Entfernung verlangen kann. Zwischen den gemeinschaftsfeindlichen Handlungen und der Störung des Betriebsfriedens muss ein **Kausalzusammenhang** bestehen. Die Störung des Betriebsfriedens muss ernstlich, also schwerwiegend und nachhaltig sein. Sie liegt noch nicht dann vor, wenn über einen Fall lediglich im Betrieb gesprochen wird. Etwas anderes gilt bei einer ernsthaften Empörung im Betrieb, z.B. bei sexuellen Belästigungen. 6

II. Ersuchen auf Entlassung oder Versetzung gegenüber dem Arbeitgeber

1. Beschluss. Der Betriebsrat hat nach pflichtgemäßem Ermessen zu beschließen, ob er eine Versetzung oder Entlassung verlangt. Nach dem Grundsatz der Verhältnismäßigkeit ist nur das Begehren berechtigt, das den Interessen der Belegschaft hinreichend genügt. Reicht also eine Versetzung des störenden Arbeitnehmers aus, kann keine Entlassung verlangt werden. Hat der Betriebsrat die Behandlung sämtlicher Personalangelegenheiten auf einen Ausschuss (§§ 27 III, 28 BetrVG) übertragen, so kann auch der Ausschuss das Verlangen stellen. 7

2. Prüfung des Arbeitgebers. Der Arbeitgeber hat die Voraussetzungen des Verlangens des Betriebsrats zu prüfen und ggf. die Versetzung oder Entlassung vorzunehmen. Verlangt der Betriebsrat vom Arbeitgeber, einem bestimmten Arbeitnehmer zu kündigen bzw. ihn zu versetzen, und entschließt sich der Arbeitgeber, dem Wunsch des Betriebsrats aus den von diesem angegebenen Gründen zu entsprechen, so ist, auch wenn kein Fall des § 104 BetrVG vorliegt, eine erneute Beteiligung des Betriebsrats nach §§ 102, 103, 99 BetrVG nicht mehr erforderlich. In dem Kündigungs- bzw. Versetzungsverlangen des Betriebsrats liegt dann bereits dessen Zustimmung zur Kündigung bzw. Versetzung.[7] Etwas anderes gilt dann, wenn der Betriebsrat lediglich die Versetzung des Arbeitnehmers verlangt hat, der Arbeitgeber sich dagegen zur Kündigung entschließt. Der Betriebsrat kann jedoch nicht die Versetzung des Arbeitnehmers an einen bestimmten Arbeitsplatz verlangen, insoweit obliegt die Auswahl dem Arbeitgeber. Jedoch kann der Betriebsrat gemäß § 80 I Nr. 2 BetrVG einen bestimmten Arbeitsplatz vorschlagen. Soll der Arbeitnehmer im Rahmen des Unternehmens versetzt werden, ist auch der Betriebsrat, in dessen Betrieb der Arbeitnehmer versetzt werden soll, einzuschalten. Dessen Beteiligungsrechte werden durch ein Verlangen nach § 104 BetrVG nicht berührt. 8

3. Entscheidung des Arbeitgebers. Der Arbeitgeber kann sich entschließen, dem Versetzungs- oder Entlassungsverlangen nachzukommen. Bei der Kündigung hat er ggf. die Kündigungsfrist einzuhalten und erforderliche behördliche Genehmigungen (z.B. bei Schwerbehinderten) einzuholen. Der betroffene Arbeitnehmer kann im Falle der Entlassung Kündigungsschutzklage (§ 136) oder bei Versetzung, soweit hierzu eine Änderungskündigung notwendig ist, die Änderungskündigungsschutzklage (§ 137) erheben. Das Arbeitsgericht hat im Rahmen des Kündigungsschutzprozesses die Voraussetzungen des Verlangens nachzuprüfen. Ist das Verlangen auf Entlassung oder Versetzung berechtigt, wird regelmäßig die außerordentliche oder ordentliche Kündigung auch gerechtfertigt sein. Ist das Verlangen des Betriebsrats unberechtigt, kann gleichwohl die Kündigung begründet sein. Insoweit gelten die für die Druckkündigung dargestellten Grundsätze (§ 127 RN 89; § 133 RN 26). 9

4. Ablehnung des Antrags. Entschließt sich der Arbeitgeber, dem Versetzungs- oder Entlassungsverlangen nicht nachzugeben, kann der Betriebsrat im Wege des Beschlussverfahrens beim Arbeitsgericht beantragen, dem Arbeitgeber die Versetzung oder Entlassung aufzugeben.[8] Beteiligte des Beschlussverfahrens sind der Betriebsrat, der Arbeitgeber und der betroffene Arbeitnehmer. Eine **Frist** für die Erhebung des Beschlussverfahrens ist im Gesetz nicht vorgesehen. 10

---

[4] *Fitting* § 104 RN 8; einschränkend Richardi/*Thüsing* § 104 RN 8f. bei Schuldunfähigkeit.

[5] BAG 21. 1. 1999 AP 151 zu § 626 BGB = NZA 99, 863 (außerordentliche Kündigung).

[6] LAG Köln 15. 10. 1993 NZA 94, 431.

[7] BAG 15. 5. 1997 AP 1 zu § 104 BetrVG 1972 = NZA 97, 1106.

[8] Die h. M. empfiehlt einen Feststellungsantrag, „festzustellen, dass das Verlangen vom ... berechtigt ist". Nach richtiger Auffassung enthält das Verlangen des Betriebsrats jedoch ein vollstreckungsfähiges Leistungsbegehren.

Wartet der Betriebsrat längere Zeit nach der Weigerung des Arbeitgebers, seinem Begehren zu folgen, bevor er das Beschlussverfahren anhängig macht, kann ihm die tatsächliche Grundlage entzogen sein, wenn sich z. B. inzwischen die Belegschaft wieder beruhigt hat und der Betriebsfrieden wieder hergestellt ist.

III. Entscheidung des Arbeitsgerichts

11 **1. Abweisung des Antrags.** Das Arbeitsgericht kann den Antrag des Betriebsrats abweisen. In diesen Fällen wird die Rechtsstellung des Arbeitnehmers nicht berührt. Der Betriebsrat kann jedoch, wenn weitere Verfehlungen vorkommen, ein erneutes Beschlussverfahren anhängig machen und sich unterstützend auf die bereits früher vorgetragenen Gründe berufen.

12 **2. Stattgabe des Antrags.** Gibt das Arbeitsgericht dem Antrag des Betriebsrats statt, hat der Arbeitgeber die Versetzung oder Entlassung vorzunehmen. Bei Ausspruch einer Kündigung hat er die gesetzlichen, tariflichen oder einzelvertraglich vereinbarten Kündigungsfristen einzuhalten, es sei denn, dass ein wichtiger Grund zur Kündigung vorliegt. Auch der allgemeine oder besondere Kündigungsschutz ist zu beachten (§ 126). Das bloße Versetzungsverlangen oder der Beschluss des Arbeitsgerichts an sich stellt keinen Kündigungsgrund dar, es tritt jedoch eine Bindungswirkung wie bei der Zustimmungsersetzung nach § 103 BetrVG ein. Kann die Versetzung im Wege des Direktionsrechts vorgenommen werden, hat dies entsprechend zu geschehen; anderenfalls ist eine Änderungskündigung auszusprechen.

13 Der **betroffene Arbeitnehmer** kann sich gegen die Kündigung unter den Voraussetzungen des KSchG wehren. Entsprechendes gilt für die Versetzung. Allerdings entfaltet die stattgebende Entscheidung ihm gegenüber Bindungswirkung, weshalb er am Verfahren zu beteiligen ist.[9]

IV. Zwangsvollstreckung

14 Führt der Arbeitgeber einen rechtskräftigen Beschluss des Arbeitsgerichts nicht durch, so ist aus ihm die Zwangsvollstreckung zulässig. Das Arbeitsgericht kann den Arbeitgeber nach vorheriger Anhörung durch Festsetzung von Zwangsgeld zur Durchführung anhalten. Das Höchstmaß des Zwangsgelds beträgt für jeden Tag der Zuwiderhandlung 250,– Euro. Für die Festsetzung ist der Vorsitzende des Arbeitsgerichts zuständig, da es sich um eine Maßnahme der Zwangsvollstreckung handelt, die ohne mündliche Verhandlung ergehen kann (§ 53 ArbGG).

---

[9] LAG Baden-Württemberg 24. 1. 2002 ArbuR 2002, 116.

9. Abschnitt. Beteiligung des Betriebsrats in wirtschaftlichen Angelegenheiten

§ 243. Unterrichtung in wirtschaftlichen Angelegenheiten

Däubler, Balanced Scorecard – ein Problem für Wirtschaftsausschuss und Betriebsrat, DB 2000, 2270; *Fischer, U.,* Der ahnungslose Arbeitgeber oder die Betriebsverfassung im (internationalen) konzernrechtlichen Niemandsland?, ArbuR 2002, 7; *Hacker,* Die Pflicht des Unternehmers zur Vorlage des Prüfungsberichts des Abschlußprüfers an den Wirtschaftsausschuß unter besonderer Berücksichtigung einer entsprechenden Verpflichtung bei Großbanken, 2004; *Oetker,* Die Erläuterung des Jahresabschlusses gegenüber dem Wirtschaftausschuss unter Beteiligung des Betriebsrats (§ 108 V BetrVG), NZA 2001, 689; *ders.,* Verschwiegenheitspflichten des Unternehmers als Schranke für die Unterrichtungspflichten gegenüber Wirtschaftsausschuss und Betriebsrat in wirtschaftlichen Angelegenheiten, FS Wißmann (2005), S. 396; *Simon,* Unterrichtung des Wirtschaftsausschusses, BB 2008, 105; *Reichhold,* Durchbruch zu einer europäischen Betriebsverfassung, NZA 2003, 289; *Stück/Wein,* Informationspflicht des Wirtschaftsausschusses über Preisgestaltung und Kalkulationsgrundlage?, DB 2005, 334; *Wiese,* Zur rechtzeitigen Unterrichtung der Betriebsräte und der Wirtschaftsausschüsse von Konzernunternehmen über Investitionsrahmenpläne eines Unterordnungskonzerns, FS Wiedemann (2002), S. 617.

Zum **Risikobegrenzungsgesetz:** *Federlin,* Die Ad-hoc-Publizitätspflicht von Insiderinformationen und die Unterrichtungspflichten nach dem Betriebsverfassungsgesetz, FS Hromadka (2008), S. 69; *Löw,* Arbeitsrechtliche Regeln im Risikobegrenzungsgesetz, DB 2008, 758; *Löwisch,* Erfasst das Risikobegrenzungsgesetz auch Kleinunternehmen?, DB 2008, 2834; *Moderegger,* Neue Unterrichtungspflicht des Arbeitgebers durch Risikobegrenzungsgesetz, ArbRB 2008, 243; *Schröder/Falter,* Die Unterrichtung des Wirtschaftsausschusses bei Unternehmensübernahmen nach Inkrafttreten des Risikobegrenzungsgesetzes, NZA 2008, 1097; *Simon/Dobel,* Das Risikobegrenzungsgesetz; *Thüsing,* Beteiligungsrechte von Wirtschaftsausschuss und Betriebsrat bei Unternehmensübernahmen, ZIP 2008, 106; *Vogt/Bedkowski,* Risikobegrenzungsgesetz – Arbeitsrechtliche Auswirkungen auf M&A-Transaktionen, NZG 2008, 725.

Übersicht

	RN
I. Errichtung des Wirtschaftsausschusses	1 ff.
1. Rechtsgrundlagen der Unterrichtung	1
2. Voraussetzung der Errichtung	2–5
3. Zusammensetzung	6
4. Bestellung der Mitglieder	7
5. Betriebsausschuss	8
6. Gesamtbetriebsrat	9
7. Konzern	10
8. Streitigkeiten	11
II. Zuständigkeit des Wirtschaftsausschusses	12 ff.
1. Allgemeine Aufgaben	12, 13
2. Geschäftsgeheimnis	14
3. Generalklausel	15
4. Wirtschaftliche und finanzielle Lage	16
5. Produktions- und Absatzlage	17
6. Produktions- und Investitionsprogramm	18
7. Rationalisierungsvorhaben	19
8. Fabrikations- und Arbeitsmethoden	20
9. Betrieblicher Umweltschutz	20 a
10. Einschränkung oder Stilllegung	21
11. Verlegung	22
12. Zusammenschluss oder Spaltung	23
13. Änderung der Betriebsorganisation oder des Betriebszwecks	24
14. Unternehmensübernahmen	24 a
15. Generalklausel	25
16. Jahresabschluss	26
III. Geschäftsführung des Wirtschaftsausschusses	27 ff.
1. Sitzung	27, 28
2. Teilnahme von Dritten	29–31
3. Einsichtsrecht	32
4. Unterrichtung der Betriebsvertretung	33
5. Ausschuss	34
IV. Rechtsstellung der Ausschussmitglieder	35
V. Streitigkeiten zwischen Wirtschaftsausschuss und Unternehmer (§ 109 BetrVG)	36 ff.
1. Rechtsschutz	36, 37
2. Sachverständige	38
VI. Unterrichtung der Arbeitnehmer über wirtschaftliche Angelegenheiten (§ 110 BetrVG)	39 f.
1. Unterrichtung der Arbeitnehmer	39
2. Unterrichtung in kleineren Unternehmen	40

I. Errichtung des Wirtschaftsausschusses

1 **1. Rechtsgrundlagen der Unterrichtung.** Das BetrVG schränkt die unternehmerische Entscheidungsfreiheit grundsätzlich nicht ein. Andererseits will es gewährleisten, dass die Belegschaft und vor allem der Betriebsrat über die wirtschaftlichen Verhältnisse des Unternehmens unterrichtet sind. Diesem Zweck dienen umfassende Informationsrechte. Der Unternehmer hat **(a)** die Betriebsversammlung über das Personal- und Sozialwesen (§ 43 II 3 BetrVG; dazu § 223), **(b)** die Belegschaft nach § 110 BetrVG über die wirtschaftliche Lage des Unternehmens (RN 39f.), **(c)** den Betriebsrat nach § 92 BetrVG über die Personalplanung (§ 238 RN 2ff.) sowie **(d)** über Betriebsänderungen zu unterrichten (§ 111 BetrVG; dazu § 244) und **(e)** den Wirtschaftsausschuss nach §§ 106ff. BetrVG zu informieren. Der Wirtschaftsausschuss hat keine Mitbestimmungsrechte; er ist vielmehr ein Informations- und Beratungsgremium. Er soll die Zusammenarbeit von Unternehmer und Betriebsrat fördern und den Betriebsrat über die wirtschaftliche Lage des Unternehmens unterrichten.[1] Die §§ 106 bis 110 BetrVG finden keine Anwendung in Tendenzbetrieben (§ 118 BetrVG).[2]

2 **2. Voraussetzung der Errichtung. a)** In allen Unternehmen mit i.d.R. mehr als 100 ständig beschäftigten Arbeitnehmern ist ein Wirtschaftsausschuss zu bilden. Es ist auf die Zahl der Arbeitnehmer sämtlicher Betriebe und nicht auf die Wahlberechtigten abzustellen (§ 106 I 1 BetrVG). Besteht in einem Betrieb kein Betriebsrat, können der/die Betriebsräte der übrigen Betriebe den Wirtschaftsausschuss errichten.[3] Der Wirtschaftsausschuss ist auch für die Betriebe ohne Betriebsrat zuständig, da er seine Beteiligungsrechte vom Gesamtbetriebsrat ableitet.[4] Betreiben mehrere Unternehmen gemeinsam einen Betrieb mit mehr als 100 Arbeitnehmern, ist ein Wirtschaftsausschuss auch dann zu errichten, wenn jedes Unternehmen weniger als 100 Arbeitnehmer hat.[5] Wegen der Begriffe „der Arbeitnehmer" und der „ständigen Beschäftigung" gelten die Ausführungen zu § 217 RN 24f. entspr.[6] Da auf die Zahl der Arbeitnehmer abgestellt wird, sind auch Personen zu berücksichtigen, deren Tätigkeit nur dem arbeitstechnischen Zweck des Unternehmens dient. Mitzuzählen sind daher auch leitende Angestellte[7] (umstr.), Beschäftigte nach § 16d SGB II[8] sowie Auszubildende.[9] Der Konzernbetriebsrat kann keinen Wirtschaftsausschuss errichten.[10]

3 **b) Ausland.** Der Wirtschaftsausschuss ist nicht zuständig für im Ausland gelegene Betriebe; die Arbeitnehmer dieser Betriebe werden daher auch bei der Ermittlung der Arbeitnehmerzahl nicht mitgezählt.[11] Andererseits ist ein Wirtschaftsausschuss wegen der gesetzlichen Regelung immer dann zu bilden, wenn ein Betriebsrat besteht, dh. auch dann, wenn sich die Unternehmensleitung im Ausland befindet.[12]

4 **c) Kleinbetriebe.** Hat das Unternehmen nicht mindestens 101 Arbeitnehmer, braucht ein Wirtschaftsausschuss nicht gebildet zu werden. Die Rechte aus den §§ 106ff. BetrVG fallen auch nicht dem Betriebsrat zu, dieser kann jedoch aus § 80 BetrVG in beschränktem Umfang Auskunftsansprüche (§ 233 RN 16) in wirtschaftlichen Angelegenheiten des Unternehmens geltend machen;[13] für die Angaben nach § 106 III Nr. 9a BetrVG wird dies durch § 109a BetrVG ausdrücklich klargestellt. Zu den nach § 80 II BetrVG geschuldeten Auskünften zählen auch die Informationen, die der Unternehmer nach Art. 4 II lit. a der Rahmenrichtlinie 2002/14/EG vom 11. 3. 2002 zur Festlegung eines allgemeinen Rahmens für die Unterrichtung und Anhörung der Arbeitnehmer in der Europäischen Gemeinschaft der Arbeitnehmervertretung übermitteln muss, da ansonsten hinsichtlich der Kleinunternehmen die Richtlinie nicht voll-

---

[1] BAG 25. 6. 1987 AP 6 zu § 108 BetrVG 1972 = NZA 88, 167.

[2] BAG 30. 6. 1981 AP 20 zu § 118 BetrVG 1972 = NJW 82, 125 – Tendenzkonzern; 14. 11. 1975 AP 5 zu § 118 BetrVG 1972 = DB 76, 297; 31. 10. 1975 AP 3 zu § 118 BetrVG 1972 = BB 76, 136.

[3] BAG 1. 8. 1990 AP 8 zu § 106 BetrVG 1972 = NZA 91, 643.

[4] BAG 9. 5. 1995 AP 12 zu § 106 BetrVG 1972 = NZA 96, 55.

[5] BAG 1. 8. 1990 AP 8 zu § 106 BetrVG 1972 = NZA 91, 643.

[6] Vgl. dazu auch LAG Berlin 6. 12. 1989 DB 90, 538 – Arbeitnehmer in AB-Maßnahmen; 25. 4. 1988 LAGE § 106 BetrVG 1972 Nr. 1 = ArbuR 89, 61; LAG Köln 21. 2. 2001 ArbuR 2001, 281.

[7] A. A. *Fitting* § 106 RN 11; Richardi/*Annuß* § 106 RN 11.

[8] Zu § 19 BSHG: BAG 5. 10. 2000 AP 69 zu § 118 BetrVG 1972 = NZA 2001, 849.

[9] LAG Niedersachsen 27. 11. 1984 NZA 85, 332 = BB 85, 2173.

[10] BAG 23. 8. 1989 AP 7 zu § 106 BetrVG 1972 = NZA 90, 863.

[11] *Fitting* § 106 RN 14; Richardi/*Annuß* § 106 RN 13; GK-BetrVG/*Oetker* § 106 RN 29.

[12] BAG 31. 10. 1975 AP 2 zu § 106 BetrVG 1972 = DB 76, 295; 1. 10. 1974 AP 1 zu § 106 BetrVG 1972 = NJW 75, 1091.

[13] BAG 5. 2. 1991 AP 10 zu § 106 BetrVG 1972 = NZA 91, 645; GK-BetrVG/*Oetker* § 106 RN 31.

ständig umgesetzt worden wäre.[14] Ein Wirtschaftsausschuss kann auch freiwillig gebildet werden, jedoch müssen auch die Kompetenzen des Gremiums besonders vereinbart werden.

Sinkt die **Mitarbeiterzahl** des Betriebs unter 101 Arbeitnehmer, endet die Amtszeit des Wirtschaftsausschusses; ansonsten ist die Verringerung der Arbeitnehmerzahl ohne Bedeutung.[15] Die Amtszeit endet ansonsten auch, wenn die Voraussetzungen des § 1 BetrVG nicht mehr vorliegen. 5

3. Zusammensetzung. Der Wirtschaftsausschuss besteht aus mindestens drei und höchstens sieben Mitgliedern, die dem Unternehmen angehören müssen, darunter mindestens ein Betriebsratsmitglied (§ 107 I 1 BetrVG). Innerhalb dieser Grenzen kann der Betriebsrat bzw. der Gesamtbetriebsrat die Zahl der Mitglieder frei bestimmen. Der Ausschuss ist nicht paritätisch besetzt, da ihm nur Informationsrechte zukommen und dem Arbeitgeber freisteht, welche seiner Mitarbeiter er zusätzlich hinzuzieht. Die Mitglieder müssen dem Unternehmen angehören und an der wirtschaftlichen oder betrieblichen/technischen Tätigkeit im Unternehmen teilhaben. Sie sollen die zur Erfüllung ihrer Aufgaben erforderliche fachliche und persönliche Eignung besitzen (§ 107 I 3 BetrVG). Um die Erfahrungen und Kenntnisse der leitenden Angestellten dem Betriebsrat bzw. dem Gesamtbetriebsrat nutzbar zu machen, können auch diese zu Mitgliedern des Wirtschaftsausschusses ernannt werden; dagegen nicht die Unternehmensrepräsentanten (§ 5 II BetrVG). Die leitenden Angestellten können nicht zur Übernahme gezwungen werden. Andererseits haben sie keinen Anspruch darauf, dass sie im Wirtschaftsausschuss vertreten sind. Fachlich geeignet ist, wer zur sachgemäßen Beurteilung wirtschaftlicher und technischer Angelegenheiten in der Lage ist. Die Beurteilung obliegt dem Betriebsrat. Die Vorschrift enthält nur einen Hinweis; der Arbeitgeber hat daher keine Möglichkeit, im Beschlussverfahren entsprechende Einwendungen gegen die Eignung zu erheben. 6

4. Bestellung der Mitglieder. Die Mitglieder des Wirtschaftsausschusses werden vom Betriebsrat und, sofern das Unternehmen aus mehreren Betrieben besteht, von dem obligatorisch zu errichtenden Gesamtbetriebsrat mit einfacher Stimmenmehrheit gewählt (§ 107 II 1, 2 BetrVG). Ist ein Gesamtbetriebsrat nicht errichtet, besteht keine Möglichkeit, einen Wirtschaftsausschuss zu bilden. Werden die Mitglieder des Wirtschaftsausschusses vom Betriebsrat bestimmt, endet deren Amtszeit mit der Amtszeit des Betriebsrats (§ 219 RN 5ff.). Die Amtszeit der Gesamtbetriebsratsmitglieder ist nicht notwendig identisch mit der Amtszeit der einzelnen Betriebsräte (§ 224 RN 35). Wird ein Wirtschaftsausschuss durch den Gesamtbetriebsrat bestimmt, endet seine Amtszeit, wenn die Amtszeit der Mehrheit der Mitglieder des Gesamtbetriebsrats abgelaufen ist. Entscheidend ist die Kopfzahl und nicht das Stimmengewicht (h. M.). Die Mitglieder des Wirtschaftsausschusses können jederzeit von dem sie bestellenden Organ ohne Angabe von Gründen[16] abberufen werden. Für die Abberufung gelten die für die Wahl geltenden Grundsätze entsprechend (§ 107 II 3 BetrVG). 7

5. Betriebsausschuss. Hat der Betriebsrat die Mitglieder des Wirtschaftsausschusses zu bestimmen, kann er mit der absoluten Mehrheit seiner Mitglieder beschließen, die Aufgaben des Wirtschaftsausschusses einem Betriebsausschuss, dagegen nicht dem gesamten Betriebsrat, zu übertragen (§ 220 RN 15). Voraussetzung der Übertragung ist also, dass der Betriebsrat einen Betriebsausschuss bilden muss (§ 27 BetrVG).[17] Er muss also neun Mitglieder haben. In diesen Fällen gehören dem Wirtschaftsausschuss nur Betriebsratsmitglieder an. Die Zahl der Wirtschaftsausschussmitglieder darf die Zahl der Mitglieder des Betriebsausschusses nicht übersteigen. Kann ein Betriebsausschuss in kleineren Betrieben nicht gebildet werden (§ 27 BetrVG), kann der Betriebsrat beschließen, dass er die Aufgaben des Wirtschaftsausschusses übernimmt (umstr.).[18] Durch die Übertragung der Aufgaben des Wirtschaftsausschusses auf einen Betriebsausschuss kann in Großbetrieben die Zahl der Ausschussmitglieder auf höchstens elf erhöht werden (§ 107 III 2 BetrVG i. V. m. § 27 I BetrVG). Der Betriebsrat kann aber darüber hinaus weitere Arbeitnehmer einschließlich der leitenden Angestellten (§ 5 III BetrVG) bis zur Zahl der Ausschussmitglieder kooptieren (§ 107 III 3 BetrVG). Im Endergebnis kann mithin ein vom Betriebsrat zu bestimmender Wirtschaftsausschuss bis auf 22 Mitglieder vergrößert werden. Hierdurch soll die Sachkunde von Personen, die nicht dem Betriebsrat angehören, nutzbar gemacht werden. Die kooptierten Mitglieder des Wirtschaftsausschusses unterliegen wie die Ausschussmitglieder der Schweige- 8

[14] Ähnlich *Reichold* NZA 2003, 289.
[15] BAG 7. 4. 2004 AP 17 zu § 106 BetrVG 1972 = NZA 2005, 311.
[16] *Fitting* § 107 RN 15; a. A. ArbG Hamburg 11. 9. 1975 DB 75, 2331.
[17] *Fitting* § 107 RN 29; Richardi/*Annuß* § 107 RN 36.
[18] *Fitting* § 107 RN 32; a. A. Richardi/*Annuß* § 107 RN 37.

pflicht (§ 79 i. V. m. § 107 III 4 BetrVG). Für die Abänderung und den Widerruf der Beschlüsse sind dieselben Stimmenverhältnisse wie für die Bestellung erforderlich (§ 107 III 5 BetrVG).

9 **6. Gesamtbetriebsrat.** Ist der Gesamtbetriebsrat für die Errichtung des Wirtschaftsausschusses zuständig, kann jener gleichfalls die Aufgaben des Wirtschaftsausschusses einem Gesamtbetriebsausschuss übertragen. Auch insoweit darf die Zahl der Mitglieder die des Betriebsausschusses nicht übersteigen. Die Zahl der Mitglieder des Gesamtbetriebsausschusses ergibt sich aus § 51 I BetrVG. Die Beschlüsse des Gesamtbetriebsrats bedürfen gleichfalls der absoluten Mehrheit (§ 47 IV BetrVG). Im Übrigen gelten die unter RN 7 dargestellten Grundsätze sinngemäß.

10 **7. Konzern.** Ein Wirtschaftsausschuss im Konzern ist im BetrVG nicht vorgesehen. Der Konzernbetriebsrat kann mithin nicht einseitig einen Wirtschaftsausschuss bilden.[19] Allerdings wird dieser durch Vereinbarung zwischen Konzernbetriebsrat und Konzernspitze gebildet werden können.

11 **8. Streitigkeiten.** Streitigkeiten über Errichtung, Zusammensetzung und Amtszeit entscheidet das Arbeitsgericht im Beschlussverfahren (§ 2a ArbGG).

II. Zuständigkeit des Wirtschaftsausschusses

12 **1. Allgemeine Aufgaben. a)** Der Wirtschaftsausschuss hat eine Doppelfunktion; er soll einerseits die wirtschaftlichen Angelegenheiten mit dem Unternehmer beraten, andererseits aber auch den Betriebsrat (Gesamtbetriebsrat) unterrichten. Der Unternehmer hat den Wirtschaftsausschuss rechtzeitig[20] und umfassend über die wirtschaftlichen Angelegenheiten – insbesondere über die in § 106 III BetrVG aufgezählten – unter Vorlage der erforderlichen Unterlagen zu unterrichten (§ 106 II BetrVG). Die Angelegenheiten müssen von einiger Wichtigkeit sein und die Interessen der Belegschaft berühren; daher besteht keine Unterrichtungspflicht über laufende, gewöhnliche Geschäfte.[21] Die Unterrichtungspflicht schließt ein Beratungsrecht des Wirtschaftsausschusses mit dem Unternehmer ein.

13 **b) Unterlagen.** Die Unterrichtung erfolgt unter Vorlage der Unterlagen; dies sind z. B. Analysen, Berichte, monatliche Erfolgsrechnungen (Betriebsabrechnungsbögen,[22] Kostenstellenübersichten),[23] Vorschläge von internen und externen Gutachtern oder Beratungsfirmen, Pläne, Studien,[24] Organisations- und Rationalisierungspläne sowie der Wirtschaftsprüfungsbericht.[25] Nicht hierzu zählt der Veräußerungsvertrag bei einem Gesellschafterwechsel.[26] In die vorgelegten Unterlagen haben sämtliche Mitglieder ein Einsichtsrecht (§ 108 III BetrVG). Vorlage ist nicht gleichbedeutend mit Überlassen. Gleichwohl hat der Unternehmer umfangreiche Aufstellungen, Listen u. ä. bereits vor der Sitzung in Fotokopie zu übergeben, da sonst eine Auswertung in der Sitzung nicht möglich ist (umstr.).[27] Die Unterlagen können nach der Sitzung wieder eingesammelt und ihre Vervielfältigung untersagt werden. Der Unternehmer hat überdies die Verpflichtung, die Auswirkungen der wirtschaftlichen Angelegenheiten auf die Personalplanung (§ 92 BetrVG) darzustellen (§ 238 RN 2f.), also z. B., wenn infolge der Rationalisierungsmaßnahmen Arbeitnehmer entlassen werden müssen usw. Rechtzeitig heißt zu einem Zeitpunkt, in dem der Wirtschaftsausschuss noch mit dem Unternehmer beraten und der Betriebsrat eingeschaltet werden kann.

14 **2. Geschäftsgeheimnis.** Eine Unterrichtungspflicht besteht nicht, soweit auch unter Berücksichtigung der Schweigepflicht der Mitglieder des Wirtschaftsausschusses (§§ 79, 107 III BetrVG) eine Gefährdung der Betriebs- oder Geschäftsgeheimnisse eintreten würde.[28] Dies können auch vertraglich geheim zu haltende Geschäftsgeheimnisse von Geschäftspartnern sein.[29]

---

[19] BAG 23. 8. 1989 AP 7 zu § 106 BetrVG 1972 = NZA 90, 863.
[20] ArbG Ludwigshafen 22. 4. 1988 AiB 88, 220; OLG Hamburg 4. 6. 1985 DB 85, 1846 = NZA 85, 568; KG Berlin 25. 9. 1978 DB 79, 112.
[21] BAG 1. 10. 1974 AP 1 zu § 106 BetrVG = NJW 75, 1091; 21. 1. 1962 AP 2 zu § 72 BetrVG.
[22] BAG 17. 9. 1991 AP 13 zu § 106 BetrVG = NZA 92, 418.
[23] ArbG Offenbach 19. 11. 1987 Mitbest 88, 509 = ZIP 88, 803.
[24] LAG Frankfurt 19. 3. 1996 LAGE § 87 BetrVG 1972 Arbeitszeit Nr. 25.
[25] BAG 8. 8. 1989 AP 6 zu § 106 BetrVG 1972 = NZA 90, 150.
[26] BAG 22. 1. 1991 AP 9 zu § 106 BetrVG 1972 = NZA 91, 649.
[27] BAG 8. 8. 1989 AP 6 zu § 106 BetrVG 1972 = NZA 90, 150; 20. 11. 1984 AP 3 zu § 106 BetrVG 1972 = NZA 85, 432; *Fitting* § 106 RN 26f.; GK-BetrVG/*Fabricius/Oetker* § 106 RN 93; Richardi/*Annuß* § 106 RN 30.
[28] BAG 11. 7. 2000 AP 2 zu § 109 BetrVG 1972 = NZA 2001, 402.
[29] *Fitting* § 106 RN 29f.; Richardi/*Annuß* § 106 RN 33f.

Nur **vertrauliche Angaben** dürfen daher dem Wirtschaftsausschuss nicht verweigert werden. Kommt es zu Streitigkeiten über die Richtigkeit, Rechtzeitigkeit und Vollständigkeit der Unterrichtung oder über das Bestehen der Unterrichtungspflicht, entscheidet die Einigungsstelle (§ 109 BetrVG; vgl. unter RN 36f.). Unter Umständen kann bei Verweigerung der Unterrichtung ein Vollstreckungsverfahren nach § 23 III BetrVG (§ 219) eingeleitet werden oder eine Ahndung nach § 121 BetrVG in Betracht kommen. Ein Bußgeldtatbestand ist aber noch nicht deshalb gegeben, weil der Unternehmer bei Streitigkeiten über die Unterrichtungspflicht wegen bestehender Betriebsgeheimnisse das Einigungsstellenverfahren nicht einleitet.[30]

3. Generalklausel. Das Gesetz zählt nicht abschließend die Angelegenheiten auf, in denen 15
der Wirtschaftsausschuss zu unterrichten ist. Es geht vielmehr davon aus, dass der Ausschuss umfassend über die wirtschaftlichen Verhältnisse informiert werden soll, wie es verständigen, am Unternehmen interessierten Partnern entspricht. Es zählt lediglich beispielhaft die Fälle auf, in denen eine Unterrichtungspflicht in jedem Falle besteht (h. M.; arg. „insbesondere"). Diese ist nicht davon abhängig, ob für die Arbeitnehmerschaft aus den wirtschaftlichen Angelegenheiten **Nachteile** erwachsen können. Zu unterrichten ist insbesondere über die unter § 244 erörterten Maßnahmen der Betriebsänderung. Im Einzelnen besteht eine Unterrichtungspflicht in den unter RN 16–26 erörterten Fällen.

4. Wirtschaftliche und finanzielle Lage. Der Wirtschaftsausschuss ist über die wirtschaftli- 16
che und die finanzielle Lage des Unternehmens zu unterrichten (§ 106 III Nr. 1 BetrVG). Zur wirtschaftlichen Lage gehören Verluste, Gewinne, Wettbewerbslage des Unternehmens, bestehende Risiken und Schwierigkeiten in der Produktion, konjunkturelle Lage usw. Anders als nach dem BetrVG 1952 besteht auch eine Unterrichtungspflicht über die finanzielle Lage, also über Kapitalausstattung, Verhältnis von Forderungen und Verbindlichkeiten, Liquidität, Kreditwürdigkeit, drohende Insolvenz usw. In diesem Zusammenhang können auch monatliche Erfolgsrechnungen (Betriebsabrechnungsbögen) vorzulegen sein.[31] Umstr. ist, ob auch über die Preisgestaltung und deren Kalkulationsgrundlage zu unterrichten ist.[32] Keine Unterrichtungspflicht besteht wegen der privaten finanziellen Verhältnisse des Unternehmers.

5. Produktions- und Absatzlage. Zu unterrichten ist über die Produktions- und Absatz- 17
lage (§ 106 III Nr. 2 BetrVG). Hierzu gehört die Kapazität des Unternehmens, deren Ausnutzung, Auftragsbestand, Absatzmöglichkeiten usw. Die Unterrichtungspflicht gilt nicht nur für Unternehmen der Gütererzeugung sondern auch für Dienstleistungsunternehmen.

6. Produktions- und Investitionsprogramm. Gegenstand der Unterrichtungspflicht ist 18
das Produktions- und Investitionsprogramm (§ 106 III Nr. 3 BetrVG). Zum Produktionsprogramm gehört die Planung über die Gütererzeugung, zum Investitionsprogramm die Planung über den Einsatz von Kapital zur Schaffung, Ergänzung und Erneuerung der Produktionsausrüstung.

7. Rationalisierungsvorhaben. Unterrichtet werden muss über Rationalisierungsvorhaben 19
(§ 106 III Nr. 4 BetrVG); dies sind insbesondere Maßnahmen zur Hebung der Leistung des Betriebs durch Herabsetzung des Bedarfs an menschlicher Arbeitskraft, Unkosten und Kapital. Hierzu gehören daher die Typisierung der Produkte und des Arbeitsablaufs, Einführung arbeitssparender oder qualitätsverbessernder Technologien (Einsatz von EDV-Anlagen, Mikroprozessoren, Datensichtgeräten usw.), betriebsorganisatorische Maßnahmen.

8. Fabrikations- und Arbeitsmethoden. Eine Unterrichtungspflicht besteht über die Fabri- 20
kations- und Arbeitsmethoden, insbesondere die Einführung neuer Arbeitsmethoden (§ 106 III Nr. 5 BetrVG). Die Vorschrift entspricht dem § 111 Satz 3 Nr. 5 BetrVG. Es konkurriert daher die Informationspflicht gegenüber dem Wirtschaftsausschuss und dem Betriebsrat nach § 111 BetrVG (§ 244 RN 3ff.). Fabrikations- oder Fertigungsmethode ist die Bestimmung des Ablaufes des Fertigungsprozesses; Arbeitsmethode meint, in welcher Art und Weise die einzelnen Arbeitnehmer im Rahmen des Produktionsablaufes die Arbeitsleistung zu erbringen haben. Über technische Kontrolleinrichtungen ist zu informieren, sofern sie Teil des Fertigungsprozesses sind.

9. Betrieblicher Umweltschutz. Nach § 106 III Nr. 5a BetrVG hat der Unternehmer 20a
über Fragen des betrieblichen Umweltschutzes zu unterrichten. Der betriebliche Umweltschutz wird durch die Aufnahme in den Katalog des § 106 III BetrVG zu den wirtschaftlichen Angele-

[30] OLG Karlsruhe 7. 6. 1985 AP 1 zu § 121 BetrVG 1972 = NJW 85, 2543.
[31] BAG 17. 9. 1991 AP 13 zu § 106 BetrVG 1972 = NZA 92, 418.
[32] Bejahend: *Fitting* § 106 RN 37; a. A. zu Recht einschränkend bei Geschäftsgeheimnissen Richardi/*Annuß* § 106 RN 40; dazu *Stück/Wein* DB 2005, 334.

genheiten erklärt. Zum Begriff § 236 RN 14. Gegenstand der Unterrichtung wird dabei u. a. die Festlegung der Umweltpolitik und -ziele des Unternehmens, Umweltvorsorge bei Einführung neuer Fertigungsverfahren und Produktlinien sowie deren Auswirkungen auf die Arbeitsplätze sein.[33]

21 **10. Einschränkung oder Stilllegung.** Wie in § 111 Satz 3 Nr. 1 BetrVG der Betriebsrat, ist nach § 106 III Nr. 6 BetrVG der Wirtschaftsausschuss über die Einschränkung (Herabsetzung der Leistung des Betriebs bei unverändertem Betriebszweck) oder die Stilllegung (Aufgabe des Betriebszweckes) von Betrieben oder Betriebsteilen zu unterrichten (§ 244 RN 14ff.). Nicht notwendig ist, dass es sich um wesentliche Betriebsteile handelt. Die Unterrichtungspflicht besteht auch dann, wenn ein Betrieb stillgelegt wird, in dem kein Betriebsrat besteht.[34] Keine Stilllegung i. S. von § 106 BetrVG ist die Übernahme des Betriebs durch einen neuen Inhaber.[35] Ein Betriebsübergang oder eine Aufgabenverlagerung kann aber nach Nr. 10 zur Unterrichtungspflicht führen.

22 **11. Verlegung.** Der Betriebsrat ist nach § 111 Satz 3 Nr. 2 BetrVG, der Wirtschaftsausschuss nach § 106 III Nr. 7 BetrVG über die Verlegung eines Betriebs oder von (auch kleineren) Betriebsteilen zu unterrichten. Da der Wirtschaftsausschuss über das ganze Unternehmen unterrichtet wird, hat er ein Unterrichtungsrecht in allen Fällen, der Betriebsrat dagegen nur dann, wenn die Arbeitnehmerschaft seines Betriebs betroffen ist (§ 244 RN 17). Verlegung ist die räumliche Verlagerung des Standpunkts des Betriebs oder eines Betriebsteils.

23 **12. Zusammenschluss oder Spaltung.** § 106 III Nr. 8 BetrVG, wonach über den Zusammenschluss oder die Spaltung von Unternehmen oder Betrieben zu unterrichten ist, entspricht dem § 111 Satz 3 Nr. 3 BetrVG. Ein Zusammenschluss von Betrieben ist gegeben, wenn zwei oder mehrere Betriebe miteinander verschmolzen werden oder der eine den/die anderen aufnimmt. Eine Spaltung ist insbesondere nach dem UmwG (vgl. § 117) gegeben. Aus §§ 5 I Nr. 9, 126 I Nr. 11, 136, 176, 177, 194 I Nr. 7 UmwG folgen weitere Unterrichtungspflichten.

24 **13. Änderung der Betriebsorganisation oder des Betriebszwecks.** Während nach § 111 Satz 3 Nr. 4 BetrVG der Betriebsrat nur über grundlegende Änderungen der Betriebsorganisation oder des Betriebszweckes zu unterrichten ist, hat der Wirtschaftsausschuss ein Unterrichtungsrecht über jede Änderung (§ 106 III Nr. 9 BetrVG; vgl. § 244 RN 19). Die unterschiedliche Formulierung beruht darauf, dass der Betriebsrat in der Lage sein soll, Nachteile für die Belegschaft abzuwenden, während der Wirtschaftsausschuss über die Lage des Unternehmens in allen Phasen unterrichtet werden soll. Änderung der Betriebsorganisation ist die Veränderung der Aufgabenverteilung innerhalb des Betriebes, die des Betriebszwecks eine Veränderung der arbeitstechnischen Zwecksetzung.[36]

24a **14. Unternehmensübernahmen.** Nach der durch das Risikobegrenzungsgesetz vom 12. 8. 2008 (BGBl. I S. 1666) eingefügten Nr. 9a zählt zu den wirtschaftlichen Angelegenheiten auch die Übernahme des Unternehmens, wenn hiermit der Erwerb der Kontrolle verbunden ist. Mit der Einfügung der Nr. 9a soll eine Information der Mitarbeiter bei Unternehmensübernahmen durch Informationsrechte zugunsten des Wirtschaftsausschusses und hilfsweise des Betriebsrats (§ 109a BetrVG) auch bei nicht börsennotierten Unternehmen sichergestellt werden. Damit wird der Wirtschaftsausschuss mit den Plänen eines Investors doppelt befasst; zunächst bei der beabsichtigten Unternehmensübernahme und anschließend bei der Umsetzung der Pläne. Allerdings werden die Handlungsmöglichkeiten der informierenden Unternehmensleitung durch § 33 WpÜG begrenzt; danach darf der Vorstand der Zielgesellschaft nach der Veröffentlichung der Entscheidung zur Abgabe eines Angebots bis zur Veröffentlichung des Ergebnisses keine Handlungen vornehmen, durch die der Erfolg des Angebots verhindert werden könnte. Werden die Pflichten aus der Nr. 9a durch den Unternehmer verletzt, begründet dies keinen Unterlassungsanspruch im Hinblick auf die beabsichtigte Übernahme; es kann nur eine Geldbuße von bis zu 10000 Euro verhängt werden.

25 **15. Generalklausel.** Schließlich enthält § 106 III Nr. 10 BetrVG eine Generalklausel, wonach der Wirtschaftsausschuss über alle Vorgänge und Vorhaben zu unterrichten ist, durch welche die Interessen der Arbeitnehmer wesentlich berührt werden können. Das kann z. B. ein Betriebsinhaberwechsel, die Veräußerung sämtlicher Geschäftsanteile,[37] ein Unternehmenszusam-

---

33 Vgl. BT-Drucks. 14/5741 S. 51.
34 BAG 9. 5. 1995 AP 12 zu § 106 BetrVG 1972 = NZA 96, 56.
35 Vgl. BAG 29. 10. 1975 AP 2 zu § 613a BGB = NJW 76, 535.
36 BAG 17. 12. 1985 AP 15 zu § 111 BetrVG 1972 = NZA 86, 804.
37 BAG 22. 1. 1991 AP 9 zu § 106 BetrVG 1972 = NZA 91, 649.

menschluss, die Umstellung auf den Euro usw. sein. Die entsprechenden Verträge brauchen dagegen nicht vorgelegt zu werden. Unter Nr. 10 gehören alle grundlegenden Veränderungen des Unternehmens oder seiner strategischen Ausrichtung am Markt.

16. Jahresabschluss. Nach § 108 V BetrVG ist dem Wirtschaftsausschuss unter Beteiligung des Betriebsrats der Jahresabschluss, also die Handelsbilanz und die Gewinn- und Verlustrechnung (§ 242 HGB), zu erläutern.[38] Nimmt ein Betriebsausschuss die Funktionen des Wirtschaftsausschusses wahr, bedarf es keiner Hinzuziehung des gesamten Betriebsrats. Die Ausschussmitglieder dürfen sich Notizen und Aufzeichnungen machen. Die Unterlagen sind vorzulegen; dagegen wird eine Aushändigung nur bejaht, soweit sie zu veröffentlichen sind.[39] 26

III. Geschäftsführung des Wirtschaftsausschusses

1. Sitzung. a) Der Wirtschaftsausschuss soll **monatlich einmal** zusammentreten (§ 108 I BetrVG); er hat je nach Bedarf in kürzeren oder längeren Abständen zu tagen. Zur Sicherung des Geschäftsablaufes wird der Wirtschaftsausschuss in seiner konstituierenden Sitzung einen Vorsitzenden wählen, der die Einberufung vorzunehmen und die Tagung zu leiten hat; zwingend vorgeschrieben ist es nicht. Die Sitzung ist nicht öffentlich. Die Schwerbehindertenvertretung ist teilnahmeberechtigt (umstr.).[40] 27

b) Kosten. Der Arbeitgeber hat dem Wirtschaftsausschuss die sächlichen und personellen Mittel zur Verfügung zu stellen, die für die Geschäftsführung notwendig sind (§ 40 BetrVG). Dagegen ist der Wirtschaftsausschuss nicht berechtigt, gegen den Willen des Arbeitgebers ein Mitglied des Betriebsrats zur Protokollführung hinzuzuziehen.[41] 28

2. Teilnahme von Dritten. a) Unternehmer. Der Unternehmer oder sein Vertreter hat an den Sitzungen des Wirtschaftsausschusses teilzunehmen (§ 108 II 1 BetrVG). Es muss sich um eine Person handeln, die den Unternehmer allgemein oder für den zu erörternden Bereich vertritt und die Entscheidung des Unternehmens maßgeblich vorbereitet. Ansonsten läuft das Beratungsrecht leer. Neben dem Arbeitsdirektor (§ 33 MitbestG; § 13 Montan-MitbestG) können auch andere Vorstandsmitglieder für ihren Bereich (z. B. Finanzvorstand) die Unterrichtung vornehmen. Der Wirtschaftsausschuss kann auch ohne den Unternehmer zusammentreten und eine Wirtschaftsausschusssitzung vorbereiten.[42] Dem Unternehmer ist überlassen, wie viele Arbeitnehmer einschließlich der leitenden Angestellten (§ 5 III BetrVG) er zu seiner Unterstützung zu den Sitzungen hinzuzieht. 29

b) Sachverständige. Sowohl der Unternehmer wie der Wirtschaftsausschuss können Sachverständige hinzuziehen. Aufgabe eines Sachverständigen ist es, dem Wirtschaftsausschuss die ihm zur Beurteilung einer konkreten aktuellen Frage fehlenden fachlichen Kenntnisse zu vermitteln. Jedoch bedarf die Zuziehung eines Sachverständigen einer Vereinbarung zwischen Unternehmer und Wirtschaftsausschuss (§ 108 II 3 BetrVG).[43] Über die Notwendigkeit der Hinzuziehung entscheidet das Arbeitsgericht im Beschlussverfahren. Im Allgemeinen ist davon auszugehen, dass der Wirtschaftsausschuss die notwendigen Kenntnisse besitzt. Die Kosten des Sachverständigen trägt der Unternehmer. Der Sachverständige unterliegt der Verschwiegenheitspflicht (§ 108 II 3 BetrVG). 30

c) Gewerkschaftsvertreter. Der Wirtschaftsausschuss ist berechtigt, den Vertreter einer im Betrieb vertretenen Gewerkschaft zur Teilnahme an den Sitzungen des Wirtschaftsausschusses einzuladen.[44] Da auch ein Betriebsausschuss die Rechte des Wirtschaftsausschusses übernehmen kann und dieser nach § 31 BetrVG einen Gewerkschaftsvertreter hinzuziehen kann, steht dieses Recht auch dem Wirtschaftsausschuss zu. Die Teilnahme kann aber nicht generell für alle Sitzungen des Wirtschaftsausschusses, sondern nur jeweils für eine konkret bestimmte Sitzung beschlossen werden.[45] Der Unternehmer kann einen Verbandsvertreter hinzuziehen (§ 29 IV 2 BetrVG analog).[46] 31

---

[38] BAG 18. 7. 1978 AP 1 zu § 108 BetrVG 1972 = DB 78, 2223.
[39] *Fitting* § 108 RN 36; Richardi/*Annuß* § 108 RN 42.
[40] BAG 4. 6. 1987 AP 2 zu § 22 SchwbG = NZA 87, 861
[41] BAG 17. 10. 1990 AP 8 zu § 108 BetrVG 1972 = NZA 91, 432.
[42] BAG 16. 3. 1982 AP 3 zu § 108 BetrVG 1972 = NJW 82, 1831.
[43] BAG 18. 7. 1978 AP 1 zu § 108 BetrVG 1972 = DB 78, 2223.
[44] BAG 11. 7. 2000 AP 2 zu § 109 BetrVG 1972 = NZA 2001, 402 (Mitglied in Tarifkommission); 25. 6. 1987 AP 6 zu § 108 BetrVG 1972 = NZA 88, 167; 18. 11. 1980 AP 2 zu § 108 BetrVG 1972 = DB 81, 1240.
[45] BAG 25. 6. 1987 AP 6 zu § 108 BetrVG 1972 = NZA 88, 167.
[46] BAG 18. 11. 1980 AP 2 zu § 108 BetrVG 1972 = DB 81, 1240.

32 **3. Einsichtsrecht.** Die Mitglieder des Wirtschaftsausschusses dürfen in alle ihm vorzulegenden Urkunden Einsicht nehmen (§ 108 III BetrVG), dazu RN 12f., 26.

33 **4. Unterrichtung der Betriebsvertretung.** Nach jeder Sitzung hat der Wirtschaftsausschuss den Betriebsrat bzw. Gesamtbetriebsrat unverzüglich zu unterrichten (§§ 106 I 2, 108 IV BetrVG). Eine Schweigepflicht der Mitglieder des Wirtschaftsausschusses gegenüber dem Betriebsrat bzw. Gesamtbetriebsrat besteht nicht.[47] Hierzu kann Letzterer auch **sachkundige Arbeitnehmer** (§ 80 II BetrVG) hinzuziehen, die ihm z.B. die betrieblichen Auswirkungen der mitgeteilten wirtschaftlichen Vorgänge verdeutlichen.

34 **5. Ausschuss.** Haben Betriebsrat bzw. Gesamtbetriebsrat einem Ausschuss die Befugnisse des Wirtschaftsausschusses übertragen (oben RN 8), gelten die aufgeführten Grundsätze der Geschäftsführung entsprechend.

IV. Rechtsstellung der Ausschussmitglieder

35 Die Ausschussmitglieder unterliegen einer besonderen Schweigepflicht (§ 107 III 4 BetrVG). Dagegen genießen sie keinen besonderen Kündigungsschutz. Für sie gilt allein das Benachteiligungsverbot des § 78 BetrVG. Eine Kündigung, die erklärt wird, um ein Ausschussmitglied zu bewegen, von seiner Unterrichtung abzusehen, ist nichtig (§ 134 BGB). Weiter folgt aus dem Benachteiligungsverbot, dass der Arbeitgeber für die Tätigkeit im Ausschuss einschl. der erforderlichen Vorbereitungszeit die Vergütung fortzuzahlen hat und die sächlichen Aufwendungen der Ausschusssitzungen trägt[48] (§§ 37 II, 40 BetrVG entspr.). Dagegen haben die Ausschussmitglieder nach Ansicht des BAG keinen originären Freistellungsanspruch zur Teilnahme an Bildungsveranstaltungen.[49] Eine Ausnahme soll nur gelten, wenn der Betriebsrat völlig neu gewählt wurde oder er keinen Arbeitnehmer findet, der die erforderliche fachliche und persönliche Eignung besitzt. Wirtschaftsausschussmitglieder können danach lediglich als Betriebsratsmitglieder an Schulungsveranstaltungen teilnehmen. Die Rspr. verkennt jedoch, dass selbst bei der ursprünglich bestehenden Eignung jedenfalls Schulungsveranstaltungen zu deren Erhalt und Anpassung an die sich ändernden rechtlichen und wirtschaftlichen Vorgaben notwendig sind. Darüber hinaus stimmt der gesetzliche Anspruch in § 107 I 3 BetrVG gerade in kleineren und mittleren Betrieben nicht mit der Wirklichkeit überein. Schließlich werden die Rechte des Wirtschaftsausschusses beeinträchtigt, wenn dem regelmäßig besonders geschulten Personal des Unternehmers, das seine Kenntnisse auch durch externe Fortbildung erwirbt oder erweitert, Arbeitnehmervertreter gegenübersitzen, die ihre Kenntnisse regelmäßig im Selbststudium erwerben und aktualisieren müssen.

V. Streitigkeiten zwischen Wirtschaftsausschuss und Unternehmer (§ 109 BetrVG)

36 **1. Rechtsschutz. a)** Streitigkeiten über Errichtung, Zusammensetzung, Amtszeit, Zuständigkeit und Geschäftsführung des Wirtschaftsausschusses entscheidet das Arbeitsgericht im Beschlussverfahren (§ 2a ArbGG). An dem Beschlussverfahren ist ein bereits gebildeter Wirtschaftsausschuss nicht beteiligt.[50]

37 **b) Einigungsstelle.** Wird eine konkrete Auskunft über wirtschaftliche Angelegenheiten des Unternehmens entgegen dem Verlangen des Wirtschaftsausschusses nicht, nicht rechtzeitig oder nur ungenügend erteilt und kommt hierüber nach Einschaltung des Betriebsrats bzw. Gesamtbetriebsrats eine Einigung nicht zustande, entscheidet auf Antrag des Arbeitgebers oder der Betriebsvertretung die Einigungsstelle (§ 232).[51] Dasselbe gilt bei Meinungsverschiedenheiten über die Erläuterung des Jahresabschlusses oder das Bestehen eines Betriebs- oder Geschäftsgeheimnisses. Das Recht, die Einigungsstelle nach § 109 BetrVG anzurufen, steht auf Arbeitnehmerseite lediglich dem Betriebsrat bzw. dem Gesamtbetriebsrat zu. Die Einigungsstelle entscheidet

---

[47] Vgl. BAG 9. 11. 1971 AP 1 zu § 67 BetrVG = DB 72, 584.
[48] BAG 17. 10. 1990 AP 8 zu § 108 BetrVG 1972 = NZA 91, 432.
[49] BAG 11. 11. 1998 AP 129 zu § 37 BetrVG 1972 = NZA 99, 1119; 28. 4. 1988 NZA 89, 221; 6. 11. 1973 AP 5 zu § 37 BetrVG 1972 = DB 1974, 780; 20. 1. 1976 AP 10 zu § 89 ArbGG 1953 = NJW 76, 727; a. A. LAG Hamburg 12. 11. 1996 NZA-RR 97, 348 – Mitglied der Schwerbehindertenvertretung; *Fitting* § 107 RN 25; *Richardi/Annuß* § 107 RN 28.
[50] BAG 8. 3. 1983 AP 26 zu § 118 BetrVG 1972 = NJW 84, 1144.
[51] OLG Karlsruhe 7. 6. 1985 AP 1 zu § 121 BetrVG 1972 = DB 86, 387.

auch über die Geheimhaltungsbedürftigkeit der vom Arbeitgeber erteilten Informationen.[52] Der Einigungsstelle ist im Interesse der Wahrung der Geschäfts- und Betriebsgeheimnisse die Entscheidungskompetenz übertragen, obwohl es sich um Rechtsfragen handelt. Der Spruch der Einigungsstelle ersetzt die Einigung zwischen Arbeitgeber und Betriebsrat. Er ist gemäß § 76 BetrVG jedoch im arbeitsgerichtlichen Beschlussverfahren überprüfbar und unterliegt in vollem Umfang der arbeitsgerichtlichen Rechtskontrolle; ein gerichtlich nicht überprüfbarer Ermessensspielraum besteht nicht.[53] Danach ist die Einschaltung der Einigungsstelle letztlich nur ein besonderes Schiedsverfahren und eine Anfechtung ihres Spruchs hinsichtlich etwaiger Rechtsfehler auch außerhalb der Zweiwochenfrist des § 76 V BetrVG zulässig. Für die Frage, ob ein Wirtschaftsausschuss zu bestellen ist und ob der Arbeitgeber seine Pflicht zur Teilnahme an Sitzungen des Wirtschaftsausschusses verletzt hat, ist die Einigungsstelle offensichtlich unzuständig.

2. Sachverständige. Die Einigungsstelle kann, wenn es für ihre Entscheidung notwendig ist, Sachverständige hinzuziehen. Über die Hinzuziehung bedarf es keiner Einigung mit dem Arbeitgeber. **38**

VI. Unterrichtung der Arbeitnehmer über wirtschaftliche Angelegenheiten (§ 110 BetrVG)

1. Unterrichtung der Arbeitnehmer. In Betrieben mit i. d. R. mehr als 1000 Arbeitnehmern hat der Unternehmer mindestens einmal im Kalendervierteljahr nach vorheriger Abstimmung mit dem Wirtschaftsausschuss oder dem Betriebsausschuss, der die Funktionen des Wirtschaftsausschusses wahrnimmt, sowie dem Betriebsrat die Arbeitnehmer schriftlich über die wirtschaftliche Lage des Unternehmens zu unterrichten (§ 110 I BetrVG). Zweckmäßigerweise erfolgt die Unterrichtung im Rahmen einer Werkszeitung, durch E-Mail oder Internet. **39**

2. Unterrichtung in kleineren Unternehmen. In Unternehmen, die weniger als 1000 Arbeitnehmer, aber mehr als 20 zum Betriebsrat wahlberechtigte Arbeitnehmer beschäftigen, kann die Unterrichtung mündlich erfolgen (§ 110 II BetrVG). **40**

§ 244. Beteiligungsrecht des Betriebsrats bei Betriebsänderungen

Größere Schriften: *Schaub/Schindele,* Kurzarbeit, Massenentlassung, Sozialplan, 2. Aufl., 2005.

Aufsätze: *Bauer,* Betriebsänderung, Interessenausgleich und Sozialplan nach neuem Recht, NZA-Sonderheft 2001, 61; *Fischer, U.,* Interessenausgleich und Sozialplan, Brennpunkte des Arbeitsrechts, 2005, S. 371; *B. Gaul,* Beteiligungsrechte des Betriebsrats aus §§ 111, 112 BetrVG bei der Spaltung eines gemeinsamen Betriebs mehrerer Unternehmen, NZA 2003, 695; *Gotthardt,* Standortvergleich bei Betriebsschließungen, NZA 2005, 737; *Hunold,* Die Rechtsprechung zu Interessenausgleich, Nachteilsausgleich und Sozialplan, §§ 112–113 BetrVG, NZA-RR 2004, 561, 2005, 57; *C. Meyer,* Zum Verhältnis von Tarif- und Betriebsautonomie im Recht der Betriebsänderung der §§ 111, 112 BetrVG, RdA 96, 181; *Mues,* Interessenausgleich und Sozialplan, Brennpunkte des Arbeitsrechts, 2005, S. 339; *Steffan,* Die Rechtsprechung des BAG zur Mitbestimmung bei Betriebsänderungen nach §§ 111 ff., NZA-RR 2000, 337; *Stück,* Interessenausgleich, Sozialplan und tarifliche Sozialpläne – Handlungsoptionen des Arbeitgebers, MDR 2008, 127; *Wißmann,* Das schwierige Miteinander von Interessenausgleich und Sozialplan, FS 25 Jahre AG ArbR DAV (2006), S. 1037.

Übersicht

	RN
I. Allgemeines	1, 2
II. Betriebsänderung (§ 111 BetrVG)	3 ff.
1. Allgemeine Voraussetzungen einer Betriebsänderung	3–6
2. Begriff der Betriebsänderung	7–13
3. Betriebsstilllegung und -einschränkung (Nr. 1)	14–16 a
4. Betriebsverlegung (Nr. 2)	17
5. Zusammenschluss und Spaltung von Betrieben (Nr. 3)	18
6. Grundlegende Änderung der Betriebsorganisation, des Betriebszwecks oder der Betriebsanlagen (Nr. 4)	19
7. Einführung grundlegend neuer Arbeitsmethoden (Nr. 5)	20

[52] LAG Köln 14. 1. 2004 AP 18 zu § 106 BetrVG 1972.

[53] BAG 15. 3. 2006 AP 79 zu § 118 BetrVG 1972 = NZA 2006, 1422; 11. 7. 2000 AP 2 zu § 109 BetrVG 1972 = NZA 2001, 402; offen BAG 8. 8. 1989 AP 6 zu § 106 BetrVG 1972 = NZA 90, 150.

	RN
8. Wesentliche Nachteile	21
9. Arbeitnehmerzahl	22–24 a
10. Berater	25, 25 a
III. Unterrichtungs- und Beratungsrechte	26 ff.
1. Unterrichtung	26, 26 a
2. Beratung	27
3. Rechtsschutz	28
4. Unterlassungsanspruch	29
IV. Mitbestimmung über die unternehmerische Entscheidung der Betriebsänderung (Interessenausgleich)	30 ff.
1. Interessenausgleich	30–35
2. Form	36
3. Beendigung	37
4. Einschaltung der Arbeitsverwaltung	38
5. Einigungsstelle	39–43
V. Mitbestimmung über die sozialen Folgen einer Betriebsänderung (Sozialplan)	44 ff.
1. Zweck und Inhalt	44–57
2. Form, Wirkungen und Auslegung	58, 59
3. Einigung	60
4. Inkrafttreten, Änderung und Beendigung des Sozialplans	61, 61 a
5. Nachbesserungsklausel	62
6. Ermessensrichtlinien der Einigungsstelle (§ 112 V BetrVG)	63–69
7. Überschreitung des Beurteilungsspielraums	70–74
8. Kündigungsschutzprozess	75
9. Aussetzung von Individualstreitigkeiten	76
10. Ausschlussfristen	77
VI. Ausgleichsanspruch der Arbeitnehmer (§ 113 BetrVG)	78 ff.
1. Abweichung vom Interessenausgleich	78–83
2. Sonstige Nachteile	84
3. Unterlassen eines Interessenausgleichs	85–89
4. Nachteilsausgleich	90–93
5. Insolvenz	94
VII. Sozialplanansprüche im Insolvenzverfahren	95 ff.
1. Konkurs- bzw. Gesamtvollstreckungsverfahren	95, 96
2. Allgemeines	97
3. Sozialplan vor Insolvenzeröffnung	98–101
4. Sozialplan nach Insolvenzeröffnung	102–104
VIII. Förderung von Transfermaßnahmen und Transferkurzarbeitergeld	105 ff.
1. Allgemeines	105
2. Förderung von Transfermaßnahmen	106–116
3. Transferkurzarbeitergeld	117–128

I. Allgemeines

1 Das Beteiligungsrecht des Betriebsrats ist mehrstufig aufgebaut **(1)** Der Unternehmer hat den Betriebsrat über geplante Betriebsänderungen rechtzeitig und umfassend zu unterrichten und mit dem Betriebsrat zu beraten. **(2)** Hinsichtlich der **unternehmerischen Entscheidung** über die Betriebsänderung hat der Betriebsrat nur **Informations- und Beratungsrechte.** Kommt es über den Interessenausgleich nicht zu einer Einigung, muss die Einigungsstelle angerufen werden. Diese kann aber lediglich eine Einigung versuchen. Ihr Spruch ersetzt nicht die Einigung zwischen Betriebsrat und Unternehmer. **(3)** Hinsichtlich der **sozialen Auswirkungen** der unternehmerisch-wirtschaftlichen Entscheidungen besitzt dagegen der Betriebsrat ein echtes **Mitbestimmungsrecht.** Die wirtschaftlichen und ideellen Nachteile der Betriebsänderung sollen durch einen Sozialplan ausgeglichen oder abgemildert werden. Kommt es über den Sozialplan nicht zu einer Einigung, entscheidet die Einigungsstelle insoweit verbindlich.

2 In der Praxis erfolgen jedoch die Beratungen und Einigungen über die unternehmerische Entscheidung und ihre Auswirkungen regelmäßig in einem **einheitlichen Verfahren.** Die Arbeitnehmerseite kann sich wegen der bestehenden Interessengegensätze kaum darauf einlassen, nur über einen Interessenausgleich zu verhandeln. Rechtlich zulässig ist aber die getrennte Verhandlung von Interessenausgleich und Sozialplan.[1]

II. Betriebsänderung (§ 111 BetrVG)

Bauer, Neues Spiel bei der Betriebsänderung und der Beschäftigungssicherung, NZA 2001, 375; *ders.,* Betriebsänderungen in Tendenzunternehmen, FS Wißmann (2005), S. 215; *Boecken,* Gemeinschaftsbetrieb und Anwendbarkeit der §§ 111 f., FS 50 Jahre (2004) S. 931; *Gillen/Hörle,* Betriebsänderungen in Tendenzbetrieben, NZA 2003, 1225; *Kleinebrink/Commandeur,* Der Übergang einer wirtschaftlichen Teileinheit als Betriebsänderung, NZA 2007, 113; *Lingemann,* Betriebsänderungen nach neuem BetrVG, NZA 2002, 934; *Lobinger,* Das individualrechtliche Fundament des Rechts der Betriebsänderung, ZfA 2006, 173; *Moll,* Betriebsübergang und Betriebsänderung, RdA 2003, 129; *Natzel,* Hinzuziehung internen und externen Sachverstands nach dem neuen Betriebsverfassungsgesetz, NZA 2001, 872; *Oetker,* Die Hinzuziehung eines Beraters bei Betriebsänderungen, NZA 2002, 465; *Plander,* Umstrukturierungen und Änderungen der Arbeitsorganisation als Gegenstände der Betriebsverfassung, NZA 2000, 393; *Rose/Grimmer,* Die Stellung des

[1] LAG Berlin 3. 6. 1994 NZA 94, 1146 = DB 94, 2635.

Beraters des Betriebsrats nach § 111 Satz 2 BetrVG, DB 2003, 1790; *Schlachter,* Verletzung von Konsultationsrechten des Betriebsrats in Tendenzunternehmen, FS Wißmann (2005), S. 412; *Stück,* Betriebsverlegung – Arbeits- und sozialrechtliche Aspekte, MDR 2001, 312.

1. Allgemeine Voraussetzungen einer Betriebsänderung. a) Das Beteiligungsrecht des Betriebsrats besteht, wenn **(1)** eine Betriebsänderung vorliegt (RN 7–20), **(2)** diese Betriebsänderung wesentliche Nachteile für die Belegschaft oder Teile der Belegschaft zur Folge haben kann (RN 21), **(3)** im Unternehmen in der Regel mehr als 20 wahlberechtigte Arbeitnehmer beschäftigt werden (RN 22). Eine Erweiterung der Beteiligungsrechte hinsichtlich der unternehmerischen Entscheidung durch Tarifvertrag oder Betriebsvereinbarung ist nach h. M. ausgeschlossen.[2] Durch etwaige Rationalisierungsschutzabkommen werden die §§ 111 ff. BetrVG nicht verdrängt; sie enthalten allein eine Regelung der sozialen Folgen. 3

b) Zuständige Arbeitnehmervertretung. Für die Ausübung des Mitbestimmungsrechts ist in erster Linie der Betriebsrat zuständig. Eine Zuständigkeit des Gesamtbetriebsrats für den Interessenausgleich ist nur dann gegeben, wenn dieser nach § 50 II BetrVG ermächtigt ist oder die unternehmerische Planung mehrere Betriebe betrifft und eine einheitliche Regelung erfordert[3] (§ 50 I BetrVG). Aus der Zuständigkeit des Gesamtbetriebsrats für einen Interessenausgleich folgt wegen der unterschiedlichen Rechtsinstitute nicht notwendig seine Zuständigkeit auch für den Abschluss eines Sozialplans. Vielmehr ist hierfür Voraussetzung, dass die Regelung des Ausgleichs oder der Abmilderung der durch die Betriebsänderung entstehenden Nachteile zwingend unternehmenseinheitlich oder betriebsübergreifend erfolgen muss. Danach kommt eine Zuständigkeit des **Gesamtbetriebsrats** für einen Sozialplan nur ausnahmsweise in Betracht, wenn z. B. ein mit dem Arbeitgeber im Rahmen eines Interessenausgleichs vereinbartes, das gesamte Unternehmen betreffendes Sanierungskonzept nur auf der Grundlage eines bestimmten, auf das gesamte Unternehmen bezogenen Sozialplanvolumens realisiert werden kann.[4] Die Zuständigkeit des **Konzernbetriebsrats** nach § 58 I BetrVG dürfte in der Praxis kaum in Betracht kommen. Maßgeblich für die Abgrenzung der Zuständigkeiten ist die ursprüngliche Planung des Unternehmers. Die Zuständigkeit der Arbeitnehmervertretung ist für den Arbeitgeber bedeutsam im Rahmen des § 113 BetrVG, da er Nachteilsausgleichsansprüche befürchten muss, wenn er keinen Interessenausgleich versucht hat. Nach Ansicht des BAG hat insoweit der Arbeitgeber die Initiativlast auch für die Wahl des zuständigen Betriebsrats. Dabei gilt im Einzelnen: Bestehen Zweifel über die Zuständigkeit der Arbeitnehmervertretung muss der Arbeitgeber die in Betracht kommenden Gremien zur Klärung der Zuständigkeitsfrage auffordern. Einigen sich diese auf die Zuständigkeit eines Gremiums (Einzel- oder Gesamtbetriebsrat) und verhandelt der Arbeitgeber mit dieser Arbeitnehmervertretung, liegt hierin regelmäßig zumindest ein § 113 III BetrVG genügender Versuch eines Interessenausgleichs. Das Gleiche gilt, wenn sich die Arbeitnehmervertretungen nicht einigen und der Arbeitgeber daraufhin eine Entscheidung trifft, die unter Berücksichtigung der Entscheidungssituation nachvollziehbar erscheint. Weist er jedoch eine Arbeitnehmervertretung zurück, trägt er das Risiko, dass sein Verhandlungsgesuch als unzureichend gewertet wird.[5] 4

c) Betrieb ohne Betriebsrat. Besteht in einem Betrieb kein Betriebsrat, entfällt grundsätzlich das Beteiligungsverfahren nach den §§ 111, 112 BetrVG.[6] Die Arbeitnehmer können auch keine Nachteilsausgleichsansprüche nach § 113 BetrVG erwerben.[7] Etwas anders gilt nur, wenn **(1)** im Unternehmen ein Gesamtbetriebsrat gebildet ist und **(2)** dieser auf Grund der Planung des Unternehmens für die Mitwirkung an der Betriebsänderung und dem Abschluss eines Sozialplans nach § 50 I BetrVG zuständig ist.[8] Jedoch besteht seine Zuständigkeit nur im Rahmen der unternehmerischen Planung. Aus diesem Grund kann er für die Mitwirkung am Abschluss eines Interessenausgleichs zuständig sein, nicht hingegen für einen Sozialplan, wenn die Voraussetzungen des § 50 I BetrVG nicht vorliegen. Wird erst während der Durchführung der Betriebsänderung ein Betriebsrat gebildet, kommt seine Mitwirkung dann nicht mehr in Betracht, 5

---

[2] Zur Erstreikbarkeit von entsprechenden Firmentarifverträgen BAG 24. 4. 2007 AP 2 zu § 1 TVG Sozialplan = NZA 2007, 987.

[3] BAG 15. 1. 2002 AP 23 zu § 50 BetrVG 1972 = NZA 2002, 988; 8. 6. 1999 AP 47 zu § 111 BetrVG 1972 = NZA 99, 1168; 24. 1. 1996 AP 16 zu § 50 BetrVG 1972 = NZA 96, 1107; 17. 2. 1981 AP 11 zu § 112 BetrVG 1972 = NJW 82, 69.

[4] BAG 3. 5. 2006 AP 29 zu § 50 BetrVG 1972; 23. 10. 2002 AP 26 zu § 50 BetrVG 1972 = NZA 2003, 1360; 11. 12. 2001 AP 22 zu § 50 BetrVG 1972 = NZA 2002, 688.

[5] BAG 24. 1. 1996 AP 16 zu § 50 BetrVG 1972 = NZA 96, 1107.

[6] BAG 28. 10. 1992 AP 63 zu § 112 BetrVG 1972 = NZA 93, 420.

[7] LAG Berlin 15. 6. 1973 DB 73, 2097; LAG Hamm 11. 2. 1975 BB 75, 560.

[8] BAG 16. 8. 1983 AP 5 zu § 50 BetrVG 1972 = NJW 84, 2966 zu § 50 I BetrVG a. F.

wenn der Unternehmer bereits nach einem Gesamtplan die Betriebsänderung eingeleitet hat.[9] Ist ein Betriebsrat gewählt und die Betriebsratswahl nicht angefochten worden, kann sich der Unternehmer später nicht darauf berufen, dass Beteiligungsrechte nach den §§ 111, 112 BetrVG wegen der fehlerhaften Betriebsratswahl nicht bestanden haben.[10]

6 **d) Restmandat.** Der Betriebsrat bzw. seine Mitglieder behalten zur Wahrnehmung der Beteiligungsrechte anlässlich der Betriebsstilllegung ein Restmandat (§ 21 b BetrVG), das sich auf alle im Zusammenhang mit der Stilllegung ergebenden Mitbestimmungs- und Mitwirkungsrechte erstreckt (§ 219 RN 18). Dies besteht unabhängig von der Wirksamkeit der Kündigung gegenüber der Belegschaft[11] und der Beendigung der Arbeitsverhältnisse der Betriebsratsmitglieder. Von einem Restmandat ist auch die Änderung eines geltenden, aber noch nicht vollständig abgewickelten Sozialplans umfasst.[12]

7 **2. Begriff der Betriebsänderung. a) Nachteile für die Belegschaft oder erhebliche Teile.** Hierunter fällt jede Änderung der betrieblichen Organisation, der Struktur, des Tätigkeitsbereichs, der Arbeitsweise, der Fertigung, des Standorts usw. Hierzu kann auch die Einführung von neuen Fertigungsverfahren wie z. B. Lean production und just-in-time-Systemen gehören. Ein Mitbestimmungsrecht des Betriebsrats kommt nur in Betracht, wenn die Betriebsänderung wesentliche Nachteile für die Belegschaft, also die Gesamtheit der Arbeitnehmer des Betriebs zur Folge haben kann. Ausreichend ist, dass die Nachteile eintreten können, nicht dagegen, ob sie tatsächlich eintreten.[13] Wesentliche Nachteile können sein Erschwerung der Arbeit, Minderung des Arbeitsverdiensts, längere Wegezeiten, erhöhte Kosten des Arbeitswegs, doppelte Haushaltsführung usw. Erhebliche Teile der Belegschaft werden betroffen, wenn eine solche Zahl von Arbeitnehmern betroffen wird, die die Anzeigepflichten des Arbeitgebers nach §§ 17 ff. KSchG auslöst.[14] Nicht erforderlich ist dabei, dass die Arbeitnehmer auch innerhalb von 30 Kalendertagen gekündigt werden.[15] Allerdings setzt die Zusammenrechnung von Kündigungen, die zu unterschiedlichen Zeitpunkten ausgesprochen werden, einen einheitlichen Entschluss des Arbeitgebers voraus, der lediglich zu unterschiedlichen Zeitpunkten ausgeführt wird.

8 **b) Betriebsübergang.** Grundsätzlich keine Betriebsänderung ist der Betriebsübergang (§ 117), da lediglich ein Arbeitgeberwechsel erfolgt und der Erwerber in die Arbeitsverhältnisse eintritt.[16] Für die Arbeitnehmer treten keine Nachteile ein, da eine Kündigung des Arbeitsverhältnisses aus Anlass des Betriebsübergangs durch den Veräußerer wie Erwerber ausgeschlossen ist (§ 613 a IV 1 BGB). Etwas anderes kann dann gelten, wenn entweder der Veräußerer oder der Erwerber vor oder nach Betriebsübergang Rationalisierungsmaßnahmen oder sonstige grundlegende Organisationsänderungen durchgeführt hat und dabei eine erhebliche Zahl der Belegschaftsmitglieder abbaut.[17] Auch die Betriebsübertragung zum Zwecke der Stilllegung kann den Versuch eines Interessenausgleichs erfordern.[18]

9 **c) Umwandlung.** Auch bei Zusammenschlüssen von Unternehmen (Fusionen) oder Umwandlung juristischer Personen kommt es nicht zwangläufig zu Betriebsänderungen, da sich die

---

[9] BAG 28. 10. 1992 AP 63 zu § 112 BetrVG 1972 = NZA 93, 420; 20. 4. 1982 AP 15 zu § 112 BetrVG 1972 = NJW 82, 2334.

[10] BAG 8. 6. 1999 AP 47 zu § 111 BetrVG 1972 = NZA 99, 1168; 19. 1. 1999 AP 37 zu § 113 BetrVG 1972 = NZA 99, 949; 27. 6. 1995 AP 7 zu § 4 BetrVG 1972 = NZA 96, 164.

[11] BAG 12. 1. 2000 AP 5 zu § 24 BetrVG 1972 = NZA 2000, 669; 1. 4. 1998 AP 123 zu § 112 BetrVG 1972 = NZA 98, 768; 28. 10. 1992 AP 63 zu § 112 BetrVG 1972 = NZA 93, 420; 23. 11. 1988 AP 77 zu § 613 a BGB = NZA 89, 433; 16. 6. 1987 AP 20 zu § 111 BetrVG 1972 = NZA 87, 858; 20. 4. 1982 AP 15 zu § 111 BetrVG 1972 = NJW 82, 2334; 30. 10. 1979 AP 9 zu § 112 BetrVG 1972 = NJW 80, 1542.

[12] BAG 5. 10. 2000 AP 141 zu § 112 BetrVG 1972 = NZA 2001, 849.

[13] BAG 23. 4. 1985 AP 26 zu § 112 BetrVG 1972 = NZA 85, 671.

[14] BAG 27. 6. 2002 EzA 119 zu § 1 KSchG Betriebsbedingte Kündigung = NZA 2002, 1304.

[15] BAG 7. 8. 1990 AP 34 zu § 111 BetrVG 1972 = NZA 91, 113; 23. 4. 1985 AP 26 zu § 112 BetrVG 1972 = NZA 85, 671; 21. 10. 1980 AP 8 zu § 111 BetrVG 1972 = NJW 81, 2599; 22. 5. 1979 AP 4 zu § 111 BetrVG 1972 = NJW 80, 83; in Großunternehmen ab 1000 AN gilt als Betriebseinschränkung erst eine Entlassung ab 5% der AN BAG 22. 1. 1980 AP 7 zu § 111 BetrVG 1972 = NJW 80, 2094.

[16] BAG 25. 1. 2000 AP 137 zu § 112 BetrVG 1972 = NZA 2000, 1069; 16. 6. 1987 AP 19 zu § 111 BetrVG 1972 = NZA 87, 671; 17. 3. 1987 AP 18 zu § 111 BetrVG 1972 = NZA 87, 523; 21. 10. 1980 AP 8 zu § 111 BetrVG 1972 = NJW 81, 2599; 4. 12. 1979 AP 6 zu § 111 BetrVG 1972 = DB 80, 743.

[17] BAG 25. 1. 2000 AP 137 zu § 112 BetrVG 1972 = NZA 2000, 1069; 16. 6. 1987 AP 19 zu § 111 BetrVG 1972 = NZA 87, 671; 17. 3. 1987 AP 18 zu § 111 BetrVG 1972 = NZA 87, 523; 4. 12. 1979 AP 6 zu § 111 BetrVG 1972 = DB 80, 743.

[18] BAG 21. 11. 1998 AP 186 zu § 613 a BGB = NZA 99, 310; 17. 3. 1987 AP 18 zu § 111 BetrVG 1972 = NZA 87, 523.

Vorgänge auf der Unternehmensebene abspielen und die Betriebe häufig unverändert bleiben. Die Einzelheiten ergeben sich aus dem UmwG (vgl. § 116). Nur wenn sich die Vorgänge auf Unternehmensebene (auch) auf den Betrieb auswirken, kann der Tatbestand des § 111 BetrVG erfüllt sein.

Dabei sind insbesondere zwei Möglichkeiten von Bedeutung: **(1)** Eine bisher einheitliche Gesellschaft wird in eine Vermögensgesellschaft und eine vermögenslose Produktionsgesellschaft aufgespalten, die das Anlagevermögen von der Vermögensgesellschaft pachtet. Regelmäßig ging die Belegschaft nach § 613a BGB auf die Produktionsgesellschaft über. Bei dieser Form kann nach wie vor ein einheitlicher Betrieb vorliegen.[19] **(2)** Unternehmensaufspaltungen können aber auch in der Weise erfolgen, dass bestimmte Unternehmensteile juristisch verselbstständigt werden, z.B. Unternehmensteile für bestimmte Produktgruppen. Bei diesen kommt es vor, dass ein bislang einheitlicher Betrieb aufgespalten wird.[20] **10**

d) Tendenzbetriebe. Nach § 118 I 2 BetrVG sind §§ 111 bis 113 BetrVG in Tendenzbetrieben nur insoweit anzuwenden, als sie den Ausgleich oder die Milderung wirtschaftlicher Nachteile für die Arbeitnehmer infolge von Betriebsänderungen regeln. In Tendenzbetrieben ist der Arbeitgeber nicht verpflichtet, im Falle der Stilllegung einen Interessenausgleich zu versuchen. Das bedeutet aber nicht, dass ein Anspruch auf Nachteilsausgleich völlig ausgeschlossen ist. Dieser kommt dann in Betracht, wenn der Arbeitgeber eine Betriebsänderung durchführt, ohne rechtzeitig seiner Unterrichtungs- und Beratungspflicht gegenüber dem Betriebsrat wegen des Sozialplans genügt zu haben; eine Verpflichtung des Arbeitgebers zur Anrufung der Einigungsstelle (RN 40) und die Einschaltung des Arbeitsamts entfällt dementsprechend. Das BAG hat offengelassen, ob auch § 113 I, II BetrVG in Tendenzbetrieben bei einem (freiwillig abgeschlossenen) Interessenausgleich anzuwenden sind.[21] Diese Frage wird trotz der nur eingeschränkten Möglichkeit zur Erweiterung der Mitbestimmung in wirtschaftlichen Angelegenheiten zu bejahen sein; durch die selbst übernommene Bindung über die Durchführung der Betriebsänderung und die sich aus § 113 BetrVG ergebende Ausgleichspflicht wird der Tendenzschutz nicht beeinträchtigt. Allerdings kann wegen der Freiwilligkeit die Ausgleichspflicht ausdrücklich oder konkludent ausgeschlossen werden. **11**

e) Insolvenz. Die Vorschriften der §§ 111 bis 113 BetrVG über Interessenausgleich, Sozialplan und Nachteilsausgleich bei Betriebsänderungen gelten auch in der Insolvenz des Unternehmers, selbst wenn der Betriebsrat erst nach dem Insolvenzantrag oder der Eröffnung des Insolvenzverfahrens gewählt worden ist.[22] So entfallen die Mitwirkungs- und Mitbestimmungsrechte nach § 111 BetrVG selbst dann nicht, wenn die Betriebsänderung die zwangsläufige Folge der Eröffnung eines Insolvenzverfahrens ist.[23] Diese bestehen jedoch erst bei einer beabsichtigten Stilllegungsentscheidung des Verwalters und nicht bereits mit dem Insolvenzantrag. Die Antragstellung allein ist noch nicht als geplante Betriebsänderung zu werten, da hierdurch die Betriebsorganisation nicht verändert wird. Erst die Entscheidungen des Insolvenzverwalters über eine Stilllegung bzw. die ganz oder teilweise Fortführung des Betriebs können die Beteiligungsrechte auslösen.[24] **12**

f) Streitigkeiten. Streitigkeiten zwischen Arbeitgeber und Betriebsrat, ob eine Betriebsänderung vorliegt, sind im Beschlussverfahren auszutragen. Ein entsprechender Beschluss hat präjudizielle Wirkung gegenüber einem Nachteilsausgleichsverfahren nach § 113 BetrVG.[25] Ein Antrag auf Bestellung des Vorsitzenden einer Einigungsstelle ist nur dann als offensichtlich unzulässig abzuweisen (§ 232 RN 15), wenn unter keinem rechtlichen und tatsächlichen Gesichtspunkt eine Betriebsänderung in Betracht kommt, unerheblich ist, ob wirtschaftliche Nachteile entstehen (§ 98 I 2 ArbGG). Zu Ansprüchen nach § 113 BetrVG RN 78. **13**

3. Betriebsstilllegung und -einschränkung (Nr. 1). a) Betriebsänderung sind die Einschränkung und Stilllegung des ganzen Betriebs oder von wesentlichen Betriebsteilen[26] (§ 111 **14**

---

[19] Vgl. BAG 16. 6. 1987 AP 19 zu § 111 BetrVG 1972 = NZA 87, 671; 17. 2. 1981 AP 9 zu § 111 BetrVG 1972 = NJW 81, 2716.

[20] Vgl. BAG 16. 6. 1987 AP 19 zu § 111 BetrVG 1972 = NZA 87, 671; 13. 6. 1985 AP 10 zu § 1 KSchG 1969 = NZA 86, 600; 23. 3. 1984 AP 4 zu § 23 KSchG 1969 = NZA 84, 88.

[21] BAG 27. 10. 1998 AP 65 zu § 118 BetrVG 1972 = NZA 99, 328; enger ArbG Frankfurt 22. 3. 2001 NZA-RR 2001, 646; vgl. auch *Rinsdorf* ZTR 2001, 197.

[22] BAG 18. 11. 2003 AP 162 zu § 112 BetrVG 1972 = ZIP 2004, 235.

[23] BAG GS 13. 12. 1978 AP 6 zu § 112 BetrVG 1972 = NJW 79, 774; BAG 17. 9. 1974 AP 1 zu § 113 BetrVG 1972 = NJW 75, 182.

[24] BAG 11. 11. 1997 AP 42 zu § 111 BetrVG 1972 = NZA 98, 723.

[25] BAG 10. 11. 1987 AP 15 zu § 113 BetrVG 1972 = NZA 88, 287.

[26] Vgl. BAG 11. 11. 1997 AP 42 zu § 111 BetrVG 1972 = NZA 98, 723; 16. 6. 1987 AP 20 zu § 111 BetrVG 1972 = NZA 87, 858; 17. 3. 1987 AP 18 zu § 111 BetrVG 1972 = NZA 87, 523; 21. 10. 1980 AP 8 zu § 111 BetrVG 1972 = NJW 81, 2599; 10. 6. 1969 AP 6 zu § 72 BetrVG.

Satz 3 Nr. 1 BetrVG). Eine Betriebsänderung in Form der **Stilllegung** besteht in der Aufgabe des Betriebszwecks unter gleichzeitiger Auflösung der Betriebsorganisation für unbestimmte, nicht nur vorübergehende Zeit.[27] Der Unternehmer muss endgültig entschlossen sein, den Betrieb stillzulegen. Er beginnt mit der Durchführung der Stilllegung, sobald er unumkehrbare Maßnahmen zur Auflösung der betrieblichen Organisation ergreift;[28] hierzu zählt die widerrufliche Freistellung der Arbeitnehmer noch nicht. Auch die bloße Einstellung der Produktion oder der sonstigen betrieblichen Tätigkeit stellt keine unumkehrbare Maßnahme dar. Die Betriebsstilllegung einer juristischen Person bedarf keines Beschlusses des für die Auflösung einer Gesellschaft zuständigen Organs.[29] Der Beschluss zur Betriebsstilllegung kann auch von einem Pächter des Betriebs gefasst werden.[30] Die Weiterbeschäftigung einzelner Arbeitnehmer mit Abwicklungsarbeiten steht der Betriebsstilllegung nicht entgegen.[31] Die Stilllegung ist abgeschlossen, wenn die Arbeitsverhältnisse der Arbeitnehmer beendet sind.[32] Keine Betriebsstilllegung ist gegeben, wenn die Arbeitnehmer des Betriebs wegen erheblicher Lohnrückstände selbst kündigen; etwas anderes gilt dann, wenn die Kündigungen vom Arbeitgeber veranlasst worden sind.[33] Betriebsstilllegung und Betriebsübergang schließen einander aus.[34]

15 **b) Betriebseinschränkung.** Sie liegt vor, wenn die Leistung der Betriebsanlagen herabgesetzt wird, dies gilt auch im Insolvenzverfahren.[35] Dagegen ist keine Betriebseinschränkung gegeben, wenn die Leistung der Betriebsanlagen nur vorübergehend reduziert wird, ohne dass es zur Entlassung von Belegschaftsmitgliedern kommt.[36] Ferner soll keine mitbestimmungspflichtige Stilllegung vorliegen, wenn der Betrieb von vornherein nur für eine begrenzte Zeit (Verwertung von gelieferter Ware im Insolvenzverfahren) gegründet worden ist.[37] Keine Betriebseinschränkung oder Stilllegung ist gegeben, wenn etwa die Reinigungsabteilung einer Druckerei auf eine Fremdfirma übertragen wird, da sie kein wesentlicher Betriebsteil der Druckerei ist.[38] Eine Betriebseinschränkung kann jedoch vorliegen, wenn Teile der Fertigung auf Fremdfirmen übertragen werden (Fraktale Fabrik).

16 **c) Personalabbau.** Nach der Rspr. des BAG kann eine Betriebsänderung auch durch bloßen Personalabbau erfolgen. Diese Annahme hat der Gesetzgeber durch die Einfügung des § 112 a I BetrVG bestätigt. Voraussetzung für die Annahme einer wesentlichen Einschränkung ist, dass der Personalabbau eine relevante Zahl von Arbeitnehmern erfasst. Maßgebend sind insoweit die Zahlen des § 17 KSchG, wobei in größeren Betrieben mindestens fünf Prozent der Belegschaft betroffen sein müssen[39] (zu kleineren Betrieben RN 16 a). Der Personalabbau muss auf einer einheitlichen unternehmerischen Planung beruhen.[40] Maßgebender Anknüpfungspunkt für das Mitbestimmungsrecht ist die unternehmerische Entscheidung, aus der sich ergibt, wie viele Arbeitnehmer voraussichtlich insgesamt entlassen werden. Eine einheitliche Planungsentscheidung kann auch eine stufenweise Durchführung vorsehen. Dabei kann ein enger zeitlicher Zusammenhang zwischen mehreren Entlassungswellen ein wesentliches Indiz für eine von Anfang an einheitliche Planung sein.[41] Zwingend ist dies jedoch nicht. Eine spätere Entlassungswelle kann

---

[27] BAG 27. 6. 1995 AP 7 zu § 4 BetrVG 1972 = NZA 96, 164; 19. 6. 1991 AP 53 zu § 1 KSchG 1969 Betriebsbedingte Kündigung = NZA 91, 891.

[28] BAG 30. 5. 2006 AP 5 zu § 209 InsO = NZA 2006, 1122; 22. 11. 2005 AP 5 zu § 615 BGB Anrechnung = NZA 2006, 736.

[29] BAG 5. 4. 2001 AP 117 zu § 1 KSchG 1969 Betriebsbedingte Kündigung = NZA 2001, 949; 11. 3. 1998 AP 43 zu § 111 BetrVG 1972 = NZA 98, 879; a. A. LAG Berlin 10. 8. 1987 LAGE § 1 KSchG Betriebsbedingte Kündigung Nr. 13 = DB 87, 2367.

[30] BAG 26. 2. 1987 AP 59 zu § 613 a BGB = NZA 87, 419.

[31] BAG 14. 10. 1982 AP 1 zu § 1 KSchG 1969 Konzern = NJW 84, 381; 23. 4. 1980 AP 8 zu § 15 KSchG 1969 = NJW 80, 2543.

[32] BAG 26. 4. 2007 AP 4 zu § 125 InsO.

[33] BAG 4. 7. 1989 AP 27 zu § 111 BetrVG 1972 = DB 90, 485.

[34] BAG 28. 4. 1988 AP 74 zu § 613 a BGB = NZA 89, 265.

[35] BAG GS 13. 12. 1978 AP 6 zu § 112 BetrVG 1972 = NJW 79, 774; BAG 17. 9. 1974 AP 1 zu § 113 BetrVG 1972 = NJW 75, 182; 29. 2. 1972 AP 9 zu § 72 BetrVG = NJW 72, 1342; 20. 11. 1970 AP 8 zu § 72 BetrVG = NJW 71, 774.

[36] *Fitting* § 111 RN 72; Richardi/*Annuß* § 111 RN 69; GK-BetrVG/*Oetker* § 111 RN 89 ff.

[37] LAG München 15. 2. 1989 LAGE § 111 BetrVG 1972 Nr. 9 = NZA 90, 288; LAG Hamm 1. 2. 1977 BB 77, 695.

[38] BAG 6. 12. 1989 AP 26 zu § 111 BetrVG 1972 = NZA 89, 399, 557.

[39] BAG 10. 12. 1996 AP 32 zu § 113 BetrVG 1972 = NZA 97, 787; 22. 1. 1980 AP 7 zu § 111 BetrVG = NJW 80, 2094; 22. 5. 1979 AP 3 zu § 111 BetrVG 1972 = DB 79, 1897.

[40] BAG22. 5. 1979 AP 3 zu § 111 BetrVG 1972 = DB 79, 1897.

[41] BAG 22. 1. 2004 AP 1 zu § 112 BetrVG 1972 Namensliste.

auch das Ergebnis einer neuen Planung sein. Dies gilt insbesondere, wenn nach der ersten Entlassungswelle neue, vom Arbeitgeber ursprünglich nicht vorgesehene und eingeplante Umstände eingetreten sind.[42] Plant der Arbeitgeber zunächst nur Entlassungen, die nach ihrer Zahl noch keine Betriebseinschränkung i.S.v. § 111 Satz 3 Nr. 1 BetrVG darstellen, entstehen keine Beteiligungsrechte des Betriebsrats nach §§ 111ff. BetrVG. Dies gilt jedoch nicht, wenn der Arbeitgeber vor Durchführung der Maßnahme seine Planung ändert und nun weitere Entlassungen beabsichtigt, die unter Zusammenrechnung mit den bereits geplanten, aber noch nicht durchgeführten Entlassungen die Grenzwerte des § 17 I KSchG überschreiten. Es handelt sich dann um einen einheitlichen Vorgang, der zum Zeitpunkt der Planungsänderung die Mitbestimmungsrechte des Betriebsrats nach §§ 111ff. BetrVG auslöst. Führt dagegen der Arbeitgeber zunächst die beabsichtigten Entlassungen durch, die allein noch keine Betriebsänderung darstellen, und fasst er erst danach auf Grund neuer Umstände den Entschluss zu weiteren Entlassungen, sind die Entlassungswellen mitbestimmungsrechtlich nicht zusammenzurechnen.[43]

Da § 17 KSchG erst Betriebe ab 20 Arbeitnehmern erfasst, sind in kleineren Betrieben von **16a**
Unternehmen die Rechengrößen des § 112a I BetrVG maßgeblich. Eine wesentliche Betriebseinschränkung liegt jedenfalls dann vor, wenn 20% der dort beschäftigten, mindestens aber 6 Arbeitnehmer entlassen werden. In diesem Fall kann auch ein Sozialplan erzwungen werden. Darüber hinaus liegen die Voraussetzungen von § 111 Satz 3 Nr. 1 BetrVG bei Unternehmen mit bis zu 20 Arbeitnehmern auch vor, wenn zumindest 30% der Belegschaft von der Maßnahme betroffen werden.[44] Die Entlassungen brauchen nicht innerhalb eines Monats vorgenommen zu werden, wenn sie nur auf einem einheitlichen Entschluss beruhen. Auch bei Abbau der Belegschaft in mehreren Stufen ist maßgeblich, ob die Entlassungen auf einen einheitlichen Entschluss des Unternehmers zurückgehen.[45] In Betrieben mit mehr als 1000 Arbeitnehmern ist eine Betriebseinschränkung erst dann gegeben, wenn 5% der Belegschaft entlassen werden.[46] Keine Betriebseinschränkung liegt bei Veränderung der Zahl der Arbeitnehmer in Saison- und Kampagnebetrieben vor. An dieser Rechtslage hat sich durch die Einfügung von § 112a BetrVG nichts geändert. Aus § 112a BetrVG ergibt sich nur, wann ein Sozialplan bei Personalabbau erzwingbar ist.[47] Damit gibt es Betriebsänderungen auf Grund Personalabbaus, die sozialplanpflichtig sind oder nicht. Bei der Ermittlung der von der Personalreduzierung Betroffenen sind alle Arbeitnehmer mitzuzählen, die aus betriebsbedingten Gründen und auf Veranlassung des Arbeitgebers ausscheiden bzw. vorzeitig ausscheiden.[48] Auf die Form der Beendigung des Arbeitsverhältnisses (Aufhebungsvertrag, Eigenkündigung) kommt es nicht an. Unerheblich ist auch, ob sie in Voll- oder Teilzeit arbeiten.

4. Betriebsverlegung (Nr. 2). Betriebsänderung ist die Verlegung des ganzen Betriebs oder **17**
von wesentlichen Teilen (§ 111 Satz 3 Nr. 2 BetrVG) an einen anderen Ort, z.B. vom Stadtteil A in den Stadtteil B.[49] Keine Betriebsverlegung ist nach h.M. gegeben, wenn der Betrieb nur auf die andere Straßenseite umzieht. Es ist jeweils darauf abzustellen, ob die Ortsveränderung mit nicht ganz unerheblichen Erschwernissen für die Arbeitnehmerschaft verbunden ist.[50] Das Mitbestimmungsrecht bezieht sich aber nur auf Betriebsverlegungen ortsgebundener Betriebe, dagegen nicht auf die Verlegung einer Baustelle. Kann infolge der Betriebsverlegung an dem neuen Ort die Belegschaft ganz oder teilweise nicht weiterbeschäftigt werden, so kann eine Betriebsstilllegung verbunden mit einer Neueröffnung vorliegen. Dies kann auch im Rahmen einer Betriebsveräußerung vorkommen, wenn z.B. ein Betrieb nach Südfrankreich verlegt und veräußert wird.[51]

5. Zusammenschluss und Spaltung von Betrieben (Nr. 3). Betriebsänderung ist der **18**
Zusammenschluss mit anderen Betrieben oder die Spaltung von Betrieben (§ 111 Satz 3 Nr. 3

---

42 BAG 6. 6. 1978 AP 2 zu § 111 BetrVG 1972.

43 BAG 28. 3. 2006 AP 12 zu § 112a BetrVG 1972 = NZA 2006, 932.

44 Richardi/*Annuß* § 111 RN 74; vgl. auch *Bauer* NZA-Sonderheft 2001, 61, 62.

45 BAG 8. 6. 1989 AP 6 zu § 17 KSchG 1969 = NZA 90, 224; 31. 7. 1986 AP 5 zu § 17 KSchG 1969 = NZA 87, 587; LAG Köln 21. 2. 1997 NZA-RR 98, 24.

46 BAG 6. 12. 1988 AP 26 zu § 111 BetrVG 1972 = NZA 89, 399; 22. 1. 1980 AP 7 zu § 111 BetrVG = NJW 80, 2094.

47 *Fitting* § 111 RN 76.

48 LAG Nürnberg 21. 8. 2001 LAGE § 98 ArbGG 1979 Nr. 37 = ArbuR 2002, 37.

49 BAG 27. 6. 2006 AP 47 zu § 95 BetrVG 1972 = NZA 2006, 1289.

50 BAG 12. 2. 1987 AP 67 zu § 613a BGB = NZA 88, 170; 17. 8. 1982 AP 11 zu § 111 BetrVG 1972 = NJW 83, 1870.

51 BAG 12. 2. 1987 AP 67 zu § 613a BGB = NZA 88, 170.

BetrVG). Der Zusammenschluss kann in der Weise erfolgen, dass zwei oder mehrere Betriebe zu einem Neuen zusammengeschlossen werden oder der eine Betrieb einen/die anderen aufnimmt. Keine Betriebsänderung nach Nr. 3 ist gegeben, wenn nur ein Nebenbetrieb oder eine Betriebsabteilung durch einen Zusammenschluss die organisatorische Selbstständigkeit verliert,[52] jedoch können hinsichtlich der von der Maßnahme betroffenen Einheiten die Tatbestände der Nr. 1 bzw. Nr. 4 in Betracht kommen. Schließen sich mehrere Unternehmen zusammen, braucht dies nicht notwendig auch zum Zusammenschluss der Betriebe zu führen (oben RN 9f.). Eine Spaltung ist insbesondere nach den Fallgestaltungen des UmwG gegeben (vgl. § 117). Gliedert der Arbeitgeber einen Betriebsteil aus, um ihn auf ein anderes Unternehmen zu übertragen, liegt in der organisatorischen Spaltung des Betriebs eine mitbestimmungspflichtige Betriebsänderung.[53] Die teilweise Stilllegung eines Betriebs ist keine Spaltung i. S. v. § 111 Satz 3 Nr. 3 BetrVG.[54]

19 **6. Grundlegende Änderung der Betriebsorganisation, des Betriebszwecks oder der Betriebsanlagen (Nr. 4).** Betriebsänderung ist die grundlegende Änderung der Betriebsorganisation, des -zwecks oder der -anlagen (§ 111 Satz 3 Nr. 4 BetrVG), auch soweit sie auf einer Veränderung der Marktlage beruht. Eine Änderung der **Betriebsorganisation** liegt vor, wenn der Betriebsaufbau, insbesondere hinsichtlich Zuständigkeiten und Verantwortung, umgewandelt wird.[55] Keine Änderung der Betriebsorganisation ist gegeben, wenn ein Warenhaus seine Gaststätte auf Selbstbedienung umstellt.[56] Mit dem **Betriebszweck** ist nicht der wirtschaftliche, sondern der arbeitstechnische Zweck gemeint. Eine Änderung kann auch in der Hinzufügung eines weiteren Betriebszwecks liegen.[57] Grund der Regelung ist, dass infolge der Veränderung des Betriebszwecks eine Arbeitserschwernis eintreten kann oder die Arbeitsplätze gefährdet werden können. Keine Änderung des Betriebszwecks ist gegeben, wenn in einem Schlachthof, in dem früher mehrere Tierarten geschlachtet wurden, nur noch Schweine geschlachtet werden.[58] Eine Änderung der **Betriebsanlagen** liegt vor, wenn die technische Ausrüstung des Betriebs geändert wird, dagegen nicht, wenn abgenutzte Maschinen durch neue ersetzt werden.[59] Hierzu gehört z. B. die Einführung von Datensichtgeräten, Bildschirmarbeitsplätzen usw. In allen Fällen muss es sich um eine **grundlegende Änderung** handeln, d. h. sie muss sich auf den Betriebsablauf in erheblicher Weise auswirken. Maßgeblich dafür ist der Grad der Veränderung. Es kommt entscheidend darauf an, ob die Änderung einschneidende Auswirkungen auf den Betriebsablauf, die Arbeitsweise oder die Arbeitsbedingungen der Arbeitnehmer hat. Die Änderung muss in ihrer Gesamtschau von erheblicher Bedeutung für den gesamten Betriebsablauf sein.[60] Dies ist der Fall, wenn der Betrieb vollständig umorganisiert wird, wichtige Betriebsabteilungen aufgelöst werden, Rationalisierung der Verwaltung,[61] Übergang von Einzel- zu Großraumbüros, beim Betriebszweck, wenn die Produktionspalette völlig geändert wird, nicht dagegen bei der bloßen Erweiterung; bei den Betriebsanlagen, wenn diese in ihrer technischen Struktur nachhaltig verändert werden oder bei der Freistellung aller Arbeitnehmer.[62] Übersteigt die Zahl der betroffenen Arbeitnehmer die Grenzen in § 17 KSchG hat dies bei Zweifeln indizielle Bedeutung für das Vorliegen einer grundlegenden Änderung.[63]

20 **7. Einführung grundlegend neuer Arbeitsmethoden (Nr. 5).** Betriebsänderung ist schließlich die Einführung grundlegend neuer Arbeitsmethoden und Fertigungsverfahren (§ 111 Satz 3 Nr. 5 BetrVG) und zwar selbst dann, wenn die Arbeitsmethode nur dem technischen Fortschritt angepasst wird. Im Gegensatz zur Nr. 4 betrifft hier die Änderung unmittelbar die inhaltliche Gestaltung der Arbeit.[64] Zu den Arbeitsmethoden gehört die bedarfs- oder kapazitätsorientierte Arbeitszeit. Bei der Beurteilung, ob neue Arbeits- und Fertigungsmethoden an-

[52] *Fitting* § 111 RN 85; a. A. MünchArbR/*Matthes* § 360 RN 54; differenzierend Richardi/*Annuß* § 111 RN 98, 105f.
[53] BAG 10. 12. 1996 AP 110 zu § 112 BetrVG 1972 = NZA 97, 898.
[54] BAG 18. 3. 2008 AP 66 zu § 111 BetrVG 1972 = NZA 2008, 957.
[55] BAG 18. 3. 2008 AP 66 zu § 111 BetrVG 1972 = NZA 2008, 957.
[56] LAG Hamm 10. 10. 1984 NZA 85, 129.
[57] Vgl. BAG 17. 12. 1985 AP 15 zu § 111 BetrVG 1972 = NZA 86, 804 – Casino.
[58] BAG 28. 4. 1993 AP 32 zu § 111 BetrVG 1972 = NZA 93, 1142.
[59] BAG 26. 10. 1982 AP 10 zu § 111 BetrVG 1972 = NJW 83, 2838.
[60] BAG 18. 3. 2008 AP 66 zu § 111 BetrVG 1972 = NZA 2008, 957; 18. 11. 2003 AP 76 zu § 118 BetrVG 1972 = NZA 2004, 741.
[61] BVerwG 17. 6. 1992 AP 40 zu § 75 BPersVG = BVerwGE 90, 228.
[62] LAG Hamm 26. 2. 2007 NZA-RR 2007, 469.
[63] BAG 7. 8. 1990 AP 34 zu § 111 BetrVG 1972 = NZA 91, 113; 12. 1983 AP 7 zu § 87 BetrVG 1972 Überwachung = NJW 84, 1476; 26. 10. 1982 AP 10 zu § 111 BetrVG 1972 = NJW 83, 2838.
[64] Richardi/*Annuß* § 111 RN 119.

gewandt werden, kommt es allein darauf an, ob sie für den Betrieb neu sind. Erfasst werden insbesondere Rationalisierungsmaßnahmen, also die Umstellung auf Fließbandarbeit, Einstellung einer bestimmten Vorfertigung[65] usw. Nicht erfasst wird die Änderung der Erledigung von Nebentätigkeiten, also die Übertragung der Büroreinigung auf ein Reinigungsinstitut.[66] Die Änderung der Arbeitsmethode ist aber nur dann grundlegend, wenn von dieser Änderung ein erheblicher Teil der Arbeitnehmer des Betriebs nachteilig betroffen werden kann.[67]

8. Wesentliche Nachteile. Die Beteiligungsrechte des Betriebsrats werden nur ausgelöst, 21 wenn die Betriebsänderung (oben RN 7 ff.) wesentliche Nachteile für die Belegschaft oder für erhebliche Teile der Belegschaft zur Folge haben kann. Entscheidend ist, ob die Nachteile eintreten können und nicht, ob sie eintreten.[68] Nach Auffassung des BAG fingiert das Gesetz in den oben unter RN 14–20 genannten Fällen, dass diese wesentliche Nachteile zur Folge haben können. Die in § 111 Satz 3 BetrVG aufgezählten Fälle sind daher nur Beispiele, bei denen die Nachteile als zusätzliche Voraussetzung der Betriebsänderung nicht mehr gesondert festgestellt zu werden brauchen.[69] Ob ausgleichs- oder milderungswürdige Nachteile tatsächlich entstehen, ist erst bei der Aufstellung eines Sozialplans zu prüfen. Umstr. ist, ob die Betriebsänderungen abschließend aufgezählt sind oder ob es daneben noch weitere geben kann. Dies wird zu bejahen sein, wenngleich sie bei dem bestehenden Katalog kaum denkbar sind. Fällt eine Betriebsänderung nicht unter die Aufzählung der in § 111 Satz 3 Nr. 1–5 BetrVG genannten Tatbestände, sind die wesentlichen Nachteile für die Belegschaft oder erhebliche Teile der Belegschaft i. S. d. § 111 Satz 1 BetrVG konkret zu belegen.[70] Zu den Nachteilen gehören etwa eine geringere Haftungsmasse bei dem Betriebserwerber oder dessen vorübergehende Befreiung von der Sozialplanpflicht.[71]

9. Arbeitnehmerzahl. a) Berechnung. Nach der Rspr. des BAG ist bei der Ermittlung der 22 Zahl der in der Regel beschäftigten wahlberechtigten Arbeitnehmer von dem Zeitpunkt auszugehen, in dem die fraglichen Beteiligungsrechte entstehen. Das ist im Fall der Betriebsstilllegung der Stilllegungsbeschluss. Allerdings ist für die Bestimmung der regelmäßigen Beschäftigtenzahl nicht entscheidend, wie viele Arbeitnehmer dem Betrieb zufällig zu dieser Zeit angehören. Vielmehr ist auf die normale Zahl der Beschäftigten abzustellen, also auf die Personalstärke, die für den Betrieb im Allgemeinen kennzeichnend ist. Dies erfordert regelmäßig sowohl einen Rückblick als auch eine Prognose.[72] Im Fall der Stilllegung des gesamten Betriebs oder eines Betriebsteils kann allerdings im Allgemeinen nur ein Rückblick auf die bisherige Belegschaftsstärke in Betracht kommen.[73] Geht der Betriebsstilllegung ein Personalabbau über einen längeren Zeitraum voraus, wird differenziert. Erweist sich im Zeitpunkt des Stilllegungsbeschlusses die Personalreduzierung rückblickend als Vorstufe der Betriebsstilllegung, ist auf die ursprüngliche Zahl abzustellen. Sollte die Personalverminderung dagegen eine Fortführung des Betriebs ermöglichen und hat sie für eine nicht unerhebliche Zeit zu einer Stabilisierung der Belegschaftsstärke auf niedrigerem Niveau geführt, ist die Belegschaftsstärke aus der Zwischenstufe maßgeblich.[74]

b) Vorübergehende Beschäftigung. Werden Arbeitnehmer nicht ständig, sondern ledig- 23 lich zeitweilig beschäftigt, kommt es für die Frage der regelmäßigen Beschäftigung darauf an, ob sie normalerweise während des größten Teils des Jahres beschäftigt werden. Dies gilt auch bei Saisonbetrieben, die jeweils für einige Wochen oder Monate im Jahr einen erhöhten Arbeitskräftebedarf haben. Die für diese Zeit vorübergehend eingestellten Arbeitnehmer zählen nicht zu den in der Regel Beschäftigten. Etwas anderes gilt lediglich für reine Kampagnebetriebe, die überhaupt nur während eines Teils des Jahres arbeiten. In diesem Fall ist die Beschäftigtenzahl während der Kampagne maßgebend.[75]

---

[65] BAG 7. 8. 1990 AP 34 zu § 111 BetrVG 1972 = NZA 91, 113.
[66] Vgl. OVG Berlin 17. 12. 1957 AP 1 zu § 73 PersVG.
[67] BAG 7. 8. 1990 AP 34 zu § 111 BetrVG 1972 = NZA 91, 113.
[68] BAG 16. 6. 1987 AP 19 zu § 111 BetrVG 1972 = NZA 87, 671; 17. 8. 1982 AP 11 zu § 111 BetrVG 1972 = NJW 83, 1870.
[69] BAG 23. 4. 1985 AP 26 zu § 112 BetrVG 1972 = NZA 85, 671; 17. 12. 1985 AP 15 zu § 111 BetrVG 1972 = NZA 86, 804; 17. 8. 1982 AP 11 zu § 111 BetrVG 1972 = NJW 83, 1870; 26. 10. 1982 AP 10 zu § 111 BetrVG 1972 = NJW 83, 2838.
[70] LAG Niedersachsen 2. 11. 2006 NZA-RR 2007, 134.
[71] BAG 10. 12. 1996 AP 110 zu § 112 BetrVG 1972 = NZA 97, 898.
[72] BAG 10. 12. 1996 AP 37 zu § 111 BetrVG 1972 = NZA 97, 733; 16. 6. 1987 AP 20 zu § 111 BetrVG 1972 = NZA 87, 858; 19. 7. 1983 AP 59 zu § 613a BGB = NZA 87, 419.
[73] BAG 10. 12. 1996 AP 110 zu § 112 BetrVG 1972 = NZA 97, 898.
[74] BAG 9. 5. 1995 AP 33 zu § 111 BetrVG 1972 = NZA 96, 166.
[75] BAG 16. 11. 2004 AP 58 zu § 111 BetrVG 1972; 10. 12. 1996 AP 37 zu § 111 BetrVG 1972 = NZA 97, 733.

24 **c) Gemeinschaftsbetrieb.** Bilden mehrere Unternehmen einen Gemeinschaftsbetrieb, ist für die Frage, ob regelmäßig mehr als zwanzig Arbeitnehmer beschäftigt werden, nicht mehr auf die Gesamtzahl aller Arbeitnehmer abzustellen. Die bisherige Rspr.[76] ist durch die Neufassung des § 111 Satz 1 BetrVG und das Abstellen auf das Unternehmen obsolet geworden. Maßgeblich ist, ob in den einzelnen Unternehmen, die den Gemeinschaftsbetrieb bilden, jeweils mehr als zwanzig Arbeitnehmer beschäftigt sind[77] (umstr.). Sind an dem Gemeinschaftsbetrieb Unternehmen beteiligt, von denen eines die Mindestarbeitnehmerzahl erreicht, das andere verbundene Unternehmen aber nicht, sind die §§ 111 ff. BetrVG nur auf das mehr als 20 Arbeitnehmer beschäftigende Unternehmen anzuwenden.[78] Einer korrigierenden Auslegung der Norm steht der insoweit eindeutige Wortlaut entgegen, ebenso sind keine eindeutigen Anhaltspunkte aus der Gesetzgebungsgeschichte des BetrVG-ReformG erkennbar, dass der Gesetzgeber diese Problematik anders regeln wollte. Zur Anwendung der §§ 111 ff. BetrVG in betriebsratslosen Betrieben oben unter RN 4 f.

24a **d) Arbeitnehmer.** Auf Grund der identischen Formulierung in § 111 Satz 1 BetrVG gelten die zu § 9 BetrVG entwickelten Grundsätze (§ 217 RN 24); Leiharbeitnehmer (§ 7 Satz 2 BetrVG), leitende Angestellte (§ 5 III BetrVG) und jugendliche Arbeitnehmer i. S. d. § 60 I BetrVG werden bei der Ermittlung der Betriebsgröße nicht mitgerechnet. Dabei sind auch Arbeitnehmer mitzuzählen, die dem Übergang auf einen Teilbetriebserwerber widersprochen haben und deshalb gekündigt werden müssen.[79] Erreicht das Unternehmen keine 21 Arbeitnehmer, kann ein Interessenausgleich und Sozialplan nur im Wege einer freiwilligen Betriebsvereinbarung vereinbart werden.[80]

25 **10. Berater. a)** Nach § 111 Satz 2 BetrVG kann der Betriebsrat in Unternehmen mit mehr als 300 Arbeitnehmern zu seiner Unterstützung einen Berater hinzuziehen. Der Begriff des Beraters wird im Gesetz nicht näher definiert; § 120 I Nr. 3 a BetrVG führt ihn lediglich neben dem Sachverständigen (§ 80 III BetrVG) und der Auskunftsperson (§ 80 II 3 BetrVG) als weiteren zur Verschwiegenheit Verpflichteten auf. Nach der Gesetzesbegründung handelt es sich bei dem Berater um eine Person, die den Betriebsrat bei der Beurteilung der den §§ 111, 112 BetrVG zugrunde liegenden wirtschaftlichen Sachverhalten auf Grund seiner externen Fachkompetenz unterstützt (vgl. BT-Drucks. 14/5741 S. 52). Dementsprechend ist der Begriff des Beraters weitergehender als der des Sachverständigen, er umfasst nicht nur die Vermittlung der fehlenden fachlichen oder rechtlichen Kenntnisse,[81] sondern auch eine Beratungstätigkeit. Nur wenn beide Voraussetzungen (Fachkunde und Beratung) gegeben sind, ist eine Hinzuziehung unter den erleichterten Voraussetzungen des § 111 Satz 2 BetrVG möglich. Fehlt es hieran, kommt wie in kleineren Betrieben die Hinzuziehung eines Sachverständigen nach § 80 II BetrVG in Betracht. Als Berater kommen danach z. B. Angehörige der steuer-, wirtschafts- und rechtsberatenden Berufe oder Gewerkschaftssekretäre in Betracht.[82] Zulässig ist also auch die Beauftragung einer juristischen Person (Rechtsanwalts-/Steuerberatungsgesellschaft). Vom Gesetzeswortlaut nicht umfasst ist die Hinzuziehung von mehreren Beratern;[83] überdies wird die Kostenerstattungspflicht des Arbeitgebers bei der Beauftragung mehrerer Personen durch den Verhältnismäßigkeitsgrundsatz begrenzt.

25a **b) Verfahren.** Die Hinzuziehung des Beraters bedarf abweichend von § 80 III BetrVG keiner vorherigen Vereinbarung mit dem Arbeitgeber. Dies gilt auch, wenn um das Vorliegen einer Betriebsänderung zwischen den Beteiligten Streit besteht. Die Tätigkeit des Beraters muss aber erforderlich sein, obwohl dies im Wortlaut des § 111 BetrVG nicht ausdrücklich erwähnt wird.[84]

---

[76] BAG 11. 11. 1997 AP 42 zu § 111 BetrVG 1972 = NZA 98, 723.

[77] *Löwisch* BB 2001, 1790, 1797; *Reichold* NZA 2001, 864 f.; a. A. LAG Bremen 23. 1. 2003 NZA-RR 2003, 477; *Däubler* ArbuR 2001, 285, 291 – Gesamtzahl aller wahlberechtigten Arbeitnehmer; im Ergebnis auch GK-BetrVG/*Oetker* § 111 RN 11 – Analogie; differenzierend nach Interessenausgleich und Sozialplan *Fitting* § 111 RN 23; Analogie bejaht bei § 99 BetrVG von BAG 29. 9. 2004 AP 40 zu § 99 BetrVG 1972 Versetzung = NZA 2005, 420.

[78] Richardi/*Annuß* § 111 RN 26.

[79] BAG 10. 12. 1996 AP 32 zu § 113 BetrVG 1972 = NZA 97, 787.

[80] LAG München 5. 9. 1986 NZA 87, 464.

[81] BAG 13. 5. 1998 AP 55 zu § 80 BetrVG 1972 = NZA 98, 900; 19. 4. 1989 AP 35 zu § 80 BetrVG 1972 = NZA 89, 936.

[82] Zur Haftung BAG 24. 8. 2006 AP 3 zu § 276 BGB Vertragsverletzung = NZA 2007, 51.

[83] GK-BetrVG/*Oetker* § 111 BetrVG RN 154; a. A. *Däubler* ArbuR 2001, 285, 286.

[84] Richardi/*Annuß* § 111 RN 53; a. A. *Däubler* ArbuR 2001, 285, 286 – Erforderlichkeit wird vom Gesetz unterstellt.

Der Berater ist zum Betreten des Betriebsgeländes und zur Teilnahme an Betriebsratssitzungen sowie Verhandlungen mit dem Arbeitgeber berechtigt. Die Kosten des Beraters hat der Arbeitgeber nach § 40 I BetrVG zu tragen, insoweit gelten die hierzu von der Rspr. entwickelten Grundsätze (§ 222 RN 3 ff.), insbesondere muss die Hinzuziehung auf einem ordnungsgemäßen Betriebsratsbeschluss beruhen und die durch seine Tätigkeit entstehenden Kosten müssen erforderlich sein.

III. Unterrichtungs- und Beratungsrechte

Bruns, Zum Unterlassungsanspruch des Betriebsrats bei Betriebsänderungen, ArbuR 2003, 15; *Ehler,* Schutzschrift zur Abwehr einer einstweiligen Verfügung auf Unterlassung einer Betriebsänderung, BB 2000, 978; *Eisemann,* Der „neue" Interessenausgleich – Fristenregelung und „Beratungsverfügung", FS Hanau (1999), S. 359; *Ernst,* Rechtsprechung zur einstweiligen Verfügung wegen Betriebsänderung und zu deren Gegenstandswert, ArbuR 2002, 19; *Fauser/Nacken,* Die Sicherung des Unterrichtungs- und Beratungsanspruchs des Betriebsrats aus §§ 111, 112 BetrVG, NZA 2006, 1136; *Franzen,* Europarecht und betriebliche Mitbestimmung. Überlegungen zur Umsetzung der Rahmen-Richtlinie 2002/14/EG über die Unterrichtung und Anhörung der Arbeitnehmer in Deutschland, FS Birk (2008), S. 97; *Frenz/Götzkes,* Ein europäisches Grundrecht der Arbeitnehmerinnen und Arbeitnehmer auf Unterrichtung und Anhörung im Unternehmen?, RdA 2007, 216; *Grau,* Unterrichtung der Arbeitnehmer und ihrer Vertreter gemäß Art. 7 der Betriebsübergangsrichtlinie 2001/23/EG und die Umsetzung der europäischen Vorgaben im deutschen Recht, ZfA 2005, 647; *Hinrichs,* Kündigungsschutz und Arbeitnehmerbeteiligung bei Massenentlassungen, 2001; *Karthaus,* Betriebsübergang als interessenausgleichspflichtige Maßnahme nach der Richtlinie 2002/14/EG, ArbuR 2007, 114; *Lipinski/Melms,* Kein Unterlassungsanspruch des Betriebsrats zur Verhinderung der Durchführung einer Betriebsänderung ohne Versuch eines Interessenausgleichs nach In-Kraft-Treten des BetrVG-Reformgesetzes, BB 2002, 2226; *Lobinger,* Zum Unterlassungsanspruch des Betriebsrats bei Betriebsänderungen, FS Richardi (2007), S. 657; *Raab,* Der Unterlassungsanspruch des Betriebsrats, ZfA 97, 183; *Rinsdorf,* Einstweiliger Rechtsschutz statt Nachteilsausgleich bei Betriebsänderungen im Tendenzbetrieb, ZTR 2001, 197; *Schmädicke,* Der Verfügungsgrund beim Antrag des Betriebsrats auf Unterlassung von Personalabbaumaßnahmen, NZA 2004, 295; *Walker,* Zum Unterlassungsanspruch des Betriebsrats bei Betriebsänderungen, FA 2008, 290; *Weber,* Information und Konsultation im europäischen und deutschen Mitbestimmungsrecht, FS Konzen (2006), S. 921; *ders.,* Mitbestimmungsspirale im Recht der Massenentlassung?, FS Richardi (2007), S. 461; *Zabel,* Unterlassungsanspruch des Betriebsrates bei Betriebsänderungen, ArbuR 2008, 173.

1. Unterrichtung. a) Maßnahme. Der Unternehmer hat den Betriebsrat über geplante Betriebsänderungen rechtzeitig und umfassend zu unterrichten und mit ihm zu beraten. Die Unterrichtungspflicht gilt gleichermaßen für den Insolvenzverwalter. Anknüpfungspunkt für die Beteiligungsrechte des Betriebsrats ist die Planung des Arbeitgebers. Die Mitbestimmung soll grundsätzlich stattfinden, bevor die Betriebsänderung durchgeführt ist. Ändert der Arbeitgeber seine Planung, bevor er die zunächst geplante Maßnahme durchgeführt hat, ist für die Bestimmung der Maßnahme die neue Planung maßgeblich. War die ursprüngliche Maßnahme nicht beteiligungspflichtig, sondern erst die geänderte Maßnahme, handelt es sich um einen einheitlichen Vorgang, der dann zum Zeitpunkt der Planungsänderung die Mitbestimmungsrechte des Betriebsrats nach §§ 111 ff. BetrVG auslöst. Führt dagegen der Arbeitgeber zunächst die beabsichtigte Maßnahme durch, die allein noch keine Betriebsänderung darstellt, und fasst er erst danach auf Grund neuer Umstände den Entschluss zu weiteren betriebsändernden Maßnahmen, sind die Maßnahmen mitbestimmungsrechtlich nicht zusammenzurechnen.[85] **26**

b) Inhalt. Das Unterrichtungsrecht dient dazu, dem Betriebsrat Klarheit zu verschaffen, ob er überhaupt initiativ werden will und ihm die Möglichkeit zu geben, auf die Durchführung der Betriebsänderung noch inhaltlich Einfluss zu nehmen. Die Unterrichtung und Beratung muss deshalb noch in einem Stadium erfolgen, in dem der Plan zur Betriebsänderung noch nicht, und zwar auch noch nicht teilweise verwirklicht ist. Der Unternehmer muss den Betriebsrat daher einschalten, bevor er darüber entschieden hat, ob und inwieweit die Betriebsänderung erfolgt. Der Versuch eines Interessenausgleichs kann nicht mehr nachgeholt werden, wenn der Unternehmer die Betriebsänderung und die Kündigungen der Arbeitnehmer endgültig beschlossen hat.[86] Andererseits besteht noch keine Unterrichtungspflicht, wenn der Unternehmer nur Planspiele durchführt, selbst wenn diese bis ins Kleinste ausgearbeitet werden. Der Abschluss eines **vorsorglichen Interessenausgleichs** für eine noch nicht feststehende Betriebsänderung ist nicht zulässig, da sich hierdurch der Betriebsrat seinen (Mit-)Gestaltungsmöglichkeiten bei der **26a**

---

[85] Zu § 112a BetrVG: BAG 28. 3. 2006 AP 12 zu § 112a BetrVG 1972 = NZA 2006, 932.

[86] BAG 14. 9. 1976 AP 2 zu § 113 BetrVG 1972 = NJW 77, 727; 17. 9. 1974 AP 1 zu § 113 BetrVG 1972 = NJW 75, 182.

Betriebsänderung begeben würde.[87] Der Betriebsrat hat auch keinen Anspruch auf Unterrichtung über solche Daten, die für die Planung keine Rolle gespielt haben und ggf. noch nicht einmal erstellt worden sind.[88] Diese Rechtsgrundsätze gelten auch in sog. Eilfällen. Die bloße Unterrichtung des Wirtschaftsausschusses ist unzureichend. Etwaige Unterlagen zur Betriebsänderung sind dem Betriebsrat auszuhändigen.

27 **2. Beratung.** Die Beratungen haben mit dem ernsten Willen zur Verständigung zu erfolgen (§ 74 I BetrVG) und dürfen vom Betriebsrat nicht mutwillig verzögert werden.

28 **3. Rechtsschutz.** Streitigkeiten, ob der Betriebsrat vom Arbeitgeber an einer geplanten Maßnahme zu beteiligen ist, entscheidet das ArbG im Beschlussverfahren. Verfahrensgegenstand ist, ob ein Mitwirkungsrecht besteht, dagegen nicht, ob eine Betriebsänderung bereits durchgeführt wurde. Ist die Betriebsänderung bereits durchgeführt, kann das Rechtsschutzinteresse für das Beschlussverfahren fehlen, es sei denn, dass eine Wiederholungsgefahr für ähnliche Fälle besteht.[89] Die Einigungsstelle (§ 232) hat ggf. als Vorfrage zu entscheiden, ob eine Betriebsänderung vorliegt.[90]

29 **4. Unterlassungsanspruch.**[91] Umstr. ist, ob der Betriebsrat einen Unterlassungsanspruch gegen den Arbeitgeber hat, die Betriebsänderung durchzuführen und etwaige Kündigungen auszusprechen, bevor die Beteiligungsrechte des Betriebsrats ausgeschöpft sind (allgemein zum Unterlassungsanspruch nach dem BetrVG § 219 RN 41). Diese Frage wird im Bereich der §§ 111, 112 BetrVG äußerst kontrovers diskutiert. Teilweise wird ein Unterlassungsanspruch auf Durchführung der Betriebsänderung unter Hinweis auf den ansonsten eintretenden Verlust der Beteiligungsrechte des Betriebsrats bejaht,[92] während er von der Gegenauffassung wegen der nur eingeschränkten Mitwirkungsrechte bei der Durchführung der Betriebsänderung und der aus ihrer Sicht abschließenden Sanktion des § 113 BetrVG verneint wird.[93] Nach einer vermittelnden und zutreffenden Auffassung kann der Betriebsrat verlangen, dass die der geplanten Betriebsänderung zugrunde liegenden organisatorischen und personellen Maßnahmen des Arbeitgebers (z.B. Abbau von Produktionsanlagen sowie Kündigungen) so lange unterbleiben, bis seine Informations- und Beratungsrechte aus den §§ 111, 112 BetrVG noch nicht erfüllt sind.[94] Dies folgt aus der Natur der Informations- und Beratungsrechte und der gemeinschaftskonformen Auslegung der §§ 111, 112 BetrVG. Art. 8 der RL 2002/14/EG zur Festlegung eines allgemeinen Rahmens für die Unterrichtung und Anhörung der Arbeitnehmer verlangt ein Verfahren für eine Konsultation mit den Arbeitnehmervertretern vor der grundlegenden Änderung der Beschäftigungssituation der Arbeitnehmer, zu der die Betriebsänderung zählt. Zur Sicherung dieses Anspruchs muss das nationale Recht – auch bei Massenentlassungen – ein gesondertes und effektives Verfahren zur Verfügung stellen. Die Umsetzungsfrist der RL ist am 23. 3. 2005 abgelaufen, sodass es seither Aufgabe der deutschen Gerichte ist, einen entsprechenden Anspruch des Betriebsrats verfahrensmäßig abzusichern. Der Unterlassungsanspruch ist nicht auf die gänzliche Untersagung der Betriebsänderung gerichtet, sondern nur auf ein vorübergehendes Verbot ihrer Umsetzung. Dies gilt aber nur, wenn der Beratungs- und Verhandlungsanspruch des Betriebsrats durch die Durchführung der Maßnahmen obsolet werden würde. Ein Unterlassungsanspruch entfällt, wenn die Betriebsänderung bereits durchgeführt ist.[95] Besteht danach ein Unterlassungsanspruch, kann dieser durch eine einstweilige Verfügung gem. § 940

---

[87] BAG 19. 1. 1999 AP 37 zu § 113 BetrVG 1972 = NZA 99, 949; anders bei einem vorsorglichen Sozialplan BAG 26. 8. 1997 AP 117 zu § 112 BetrVG 1972 = NZA 98, 216.

[88] LAG Hamm 3. 5. 1986 NZA 86, 651.

[89] LAG Nürnberg 21. 8. 2001 LAGE § 98 ArbGG 1979 Nr. 37 = ArbuR 2002, 37.

[90] BAG 18. 3. 1975 AP 1 zu § 111 BetrVG 1972 = DB 75, 1322, das auch Entscheidungen zur Herstellung des Betriebsfriedens zulässt.

[91] Ausführlich dazu *Walker* ZfA 2004, 501, 527 f.; *Lobinger* ZfA 2004, 101, 176 ff.

[92] LAG Hamburg 5. 2. 1986 DB 86, 598; LAG Frankfurt 6. 4. 1993 LAGE § 111 BetrVG 1972 Nr. 12 = DB 94, 2635; MünchArbR/*Matthes* § 361 RN 50.

[93] LAG Baden-Württemberg 28. 8. 1985 LAGE § 23 BetrVG 1972 Nr. 16 = DB 86, 805; LAG Düsseldorf 19. 11. 1996 LAGE § 111 BetrVG 1972 Nr. 14 = NZA-RR 97, 297; LAG Hamm 28. 8. 2003 AP 165 zu § 112 BetrVG 1972 = NZA-RR 2004, 80; LAG Köln 30. 4. 2004 NZA-RR 2005, 199; LAG Niedersachsen 27. 3. 1997 ZIP 97, 1201; LAG Rheinland-Pfalz 28. 3. 1989 LAGE § 111 BetrVG 1972 Nr. 10 = NZA 89, 863; LAG Schleswig-Holstein 13. 1. 1992 LAGE § 111 BetrVG 1972 Nr. 11.

[94] LAG Hamm 30. 7. 2007 ArbuR 2008, 117; LAG Hessen 27. 6. 2007 ArbuR 2008, 267; LAG Niedersachsen 4. 5. 2007 LAGE § 111 BetrVG 2001 Nr. 7; wohl auch LAG Schleswig-Holstein 20. 7. 2007 NZA-RR 2008, 244; *Kothe* FS Richardi S. 601, 612; Richardi/*Annuß* § 111 RN 166 ff.; *Fauser/Nacken* NZA 2006, 1136, 1142 f.

[95] LAG Brandenburg 8. 11. 2005 DB 2006, 568.

ZPO gesichert werden.[96] Der Zeitraum für die Abwicklung des Beratungs- und Verhandlungsanspruchs ist in den Tenor mit aufzunehmen, er wird regelmäßig 2 Monate nicht überschreiten. Kein Unterlassungsanspruch besteht hingegen in einem Tendenzbetrieb.[97] Die RL 2002/14/EG erfordert allerdings nicht, dass ein Unterlassungsanspruch bis zum Abschluss eines Sozialplans besteht.[98]

IV. Mitbestimmung über die unternehmerische Entscheidung der Betriebsänderung (Interessenausgleich)

Freckmann, Interessenausgleich und Sozialplan, DStR 2006, 1842; *Göpfert/Krieger,* Wann ist die Anrufung der Einigungsstelle bei Interessenausgleichs- und Sozialplanverhandlungen zulässig?, NZA 2005, 254; *Hesse,* Das Scheitern des Interessenausgleichs in der Einigungsstelle, FS 25 Jahres AG ArbR DAV (2006), S. 879; *Kania/Joppich,* Der Interessenausgleichsversuch und sein Scheitern, NZA 2005, 749; *Löwisch,* Neugestaltung des Interessenausgleichs durch das Arbeitsrechtliche Beschäftigungsförderungsgesetz, RdA 97, 80; *Oetker/Friese,* Der Interessenausgleich in der Insolvenz, DZWiR 2001, 133, 177; *Schaub,* Der Interessenausgleich, FS Däubler (1999), S. 347; *Siemes,* Die Selbstbindung der Betriebspartner an den Interessenausgleich gemäß § 112 I BetrVG, ZfA 98, 183; *Thüsing/Wege,* Freiwilliger Interessenausgleich und Sozialauswahl, BB 2005, 213; *Zimmer/Hempel,* Der Interessenausgleich als Betriebsvereinbarung, FA 2007, 171.

Muster: ArbR-Formb. § 56 RN 11.

1. Interessenausgleich. a) Inhalt. Über die geplante Betriebsänderung soll ein Interessenausgleich zwischen dem Unternehmer und dem Betriebsrat stattfinden (§ 112 I 1 BetrVG). Gegenstand des Interessenausgleichs ist die Frage, ob, wann und wie eine Betriebsänderung durchgeführt wird. Es soll eine Einigung über die unternehmerische wirtschaftliche Entscheidung als solche erfolgen, z. B. zu welchem Zeitpunkt und in welcher Weise der Betrieb stillgelegt wird, wie ggf. die Personalplanung und der -einsatz erfolgt[99] oder in welchem Umfang bzw. in welcher Form der Betriebsablauf organisiert wird. Zum Interessenausgleich gehört daher, ob Arbeitnehmer entlassen, versetzt oder umgeschult werden.[100] Die Durchführung der Betriebsänderung kann nicht Gegenstand eines verbindlichen Spruchs der Einigungsstelle sein,[101] durch diesen können nur die wirtschaftlichen Folgen der Betriebsänderung geregelt werden. Im Interessenausgleich soll ein Ausgleich stattfinden zwischen den Interessen des Unternehmers, der eine möglichst weitgehende Rationalisierung anstrebt und denen der Arbeitnehmer, die an der Erhaltung ihres Arbeitsplatzes interessiert sind. 30

b) Wirkung. Der Interessenausgleich ist keine Betriebsvereinbarung, sondern eine kollektivrechtliche Vereinbarung besonderer Art,[102] deren Rechtsqualität nicht abschließend geklärt ist. Der Interessenausgleich kann gegenseitige Rechte und Pflichten der Betriebsparteien gegeneinander und solche zugunsten der Arbeitnehmer begründen. Auf Grund des Interessenausgleichs kann der Unternehmer die Betriebsänderung vornehmen, ohne eine Inanspruchnahme auf Nachteilsausgleich (RN 78 ff.) befürchten zu müssen. Das BAG hat eher beiläufig und ohne nähere Begründung angenommen, dass aus dem Interessenausgleich kein Erfüllungsanspruch des Betriebsrats gegen den Arbeitgeber erwächst.[103] Demgegenüber kann nach zutreffender Auffassung bei entsprechender Ausgestaltung der Vereinbarungen ein **Erfüllungsanspruch des Betriebsrats** bestehen, der im Beschlussverfahren ggf. durch einstweilige Verfügung verfolgt werden kann.[104] Hierfür spricht die normative Wirkung eines Interessenausgleichs nach den §§ 125 InsO, 323 II UmwG. Es ist nicht einzusehen, warum er im Verhältnis zum Betriebsrat dann nur eine unvollkommene Verbindlichkeit darstellen soll. Jedoch wird man bei Vorliegen der Voraussetzungen des § 113 I BetrVG (zwingende Gründe für das Abweichen vom Interessenausgleich) 31

---

[96] LAG Berlin 7. 9. 1995 AP 36 zu § 111 BetrVG 1972 = NZA 96, 1284; LAG Hamburg 26. 6. 1997 LAGE § 113 BetrVG 1972 Nr. 6 = NZA-RR 97, 296; ArbG Nürnberg 20. 3. 1996 NZA-RR 96, 411; LAG Thüringen 18. 8. 2003 LAGE § 111 BetrVG 2001 Nr. 1.

[97] LAG Niedersachsen 29. 11. 2002 BB 2003, 1337.

[98] So aber ArbG Berlin 21. 2. 2006 NZA 2006, 739.

[99] BAG 27. 10. 1987 AP 41 zu § 112 BetrVG 1972 = NZA 88, 203; 18. 3. 1975 AP 1 zu § 111 BetrVG 1972 = DB 75, 1322.

[100] BAG 17. 9. 1991 AP 59 zu § 112 BetrVG 1972 = NZA 92, 227.

[101] BAG 17. 9. 1991 AP 59 zu § 112 BetrVG 1972 = NZA 92, 227.

[102] BAG 14. 11. 2006 AP 181 zu § 112 BetrVG 1972 = NZA 2007, 339; *Fitting* §§ 112, 112 a RN 50 f.

[103] BAG 28. 8. 1991 AP 2 zu § 85 ArbGG 1979 = NZA 92. 41; GK-BetrVG/*Oetker* § 112 RN 60 ff.; differenzierend Richardi/*Annuß* § 112 RN 45 f. – Bindungswirkung nur bei bes. Anhaltspunkten.

[104] LAG München 16. 7. 1997 LAGE § 112 Interessenausgleich Nr. 1 = ArbuR 98, 89; *Fitting* §§ 112, 112 a RN 50 f.; MünchArbR/*Matthes* § 361 RN 28.

eine Pflicht des Betriebsrats zur Neuverhandlung des Interessenausgleichs annehmen müssen.[105] Dem kann auch nicht die eingeschränkte Mitwirkungspflicht des Betriebsrats in wirtschaftlichen Angelegenheiten entgegengehalten werden, da sich der Unternehmer zuvor – ohne hierzu verpflichtet zu sein – rechtlich gebunden hat (vgl. auch §§ 76 VI 2, 77 I BetrVG). Folgt man der Gegenauffassung, wird möglicherweise nur die ausdrückliche Vereinbarung des Interessenausgleichs „als Betriebsvereinbarung" oder eines eigenständigen Erfüllungsanspruchs des Betriebsrats zu einer im Beschlussverfahren durchsetzbaren Pflichtenstellung des Arbeitgebers führen können. Erfüllt der Arbeitgeber den Interessenausgleich nicht oder weicht er ohne zwingenden Grund von seinem Inhalt ab, kommen jedenfalls als individualrechtliche Sanktion stets Nachteilsausgleichsansprüche nach § 113 BetrVG in Betracht.

32 **c) Beteiligungsrechte bei nachfolgenden Einzelmaßnahmen.** Vom Abschluss eines Interessenausgleichs unberührt bleiben die Beteiligungsrechte des Betriebsrats, die sich aus den betrieblichen Maßnahmen ergeben, die im Interessenausgleich genannt werden. Selbst wenn der Betriebsrat der unternehmerischen Entscheidung zugestimmt hat, unterliegen z. B. die danach notwendigen personellen Einzelmaßnahmen noch seinen Beteiligungsrechten (z. B. §§ 99, 102 BetrVG). Auf die Ausübung dieser Mitwirkungsrechte kann der Betriebsrat auch nicht im Voraus verzichten, zulässig ist nur eine Verbindung der einzelnen Verfahren. Allerdings ergeben sich für den Betriebsrat aus § 2 I BetrVG Einschränkungen bei der Ausübung seiner Widerspruchsrechte. Haben sich die Betriebspartner in einem Interessenausgleich über die Durchführung einer Betriebsänderung geeinigt, darf sich der Betriebsrat bei der Erhebung von Einwendungen gegen die nachfolgend beantragten personellen Einzelmaßnahmen nicht in Widerspruch zu der von ihm zuvor abgeschlossenen Vereinbarung setzen. Das Verbot des widersprüchlichen Verhaltens (venire contra factum proprium) findet über das Gebot der vertrauensvollen Zusammenarbeit auch Anwendung bei der Ausübung von Mitwirkungsrechten. Je detaillierter sich Arbeitgeber und Betriebsrat über die Durchführung der Betriebsänderung geeinigt haben, desto mehr sind beide Seiten bei ihren Entscheidungen nachfolgend gebunden. Keine Bindung besteht, wenn der Betriebsrat die beabsichtigte Betriebsänderung nur zur Kenntnis genommen hat oder ein Interessenausgleich gescheitert ist. In diesem Fall kann er z. B. dem Personalabbau durch Ausübung seines Initiativrechts bei der Einführung von Kurzarbeit begegnen (§ 87 I Nr. 3 BetrVG) oder uneingeschränkt von seinen Zustimmungsverweigerungs- bzw. Widerspruchsrechten (§§ 99 II, 102 III BetrVG) Gebrauch machen.

33 **d) Individualrechtliche Auswirkungen.** Der Interessenausgleich hatte keine unmittelbare und zwingende Wirkung für die Einzelarbeitsverhältnisse. Dies ergibt sich aus einem Umkehrschluss aus §§ 112 I 3, 77 IV BetrVG.[106] Allerdings können die Betriebspartner in ihm wie in jeder anderen freiwilligen Betriebsvereinbarung (dazu § 236 RN 3) unmittelbar Rechte für die Arbeitnehmer begründen, z. B. Kündigungsverbote, Bevorzugung von internen Bewerbern bei zukünftigen Stellenbesetzungen.[107]

34 Nach den §§ 1 V KSchG, 125 InsO kann im Interessenausgleich zwischen dem Arbeitgeber bzw. Insolvenzverwalter und dem Betriebsrat eine Namensliste für die soziale Auswahl vereinbart werden. Diese hat zur Folge, dass die nachfolgenden Entlassungen nur eingeschränkt gerichtlich überprüfbar sind, zu Einzelheiten § 136. Daneben kann auch außerhalb des Insolvenzverfahrens in einem Interessenausgleich eine Auswahlrichtlinie (§§ 95 BetrVG, 1 IV KSchG, dazu § 135 RN 52) für die **soziale Auswahl** vereinbart werden, die mithilfe eines Punkteschemas erfolgen kann.[108]

35 **e)** Der Interessenausgleich in den **neuen Bundesländern** unterliegt keinen Besonderheiten mehr (zur früheren Rechtslage vgl. 9. Aufl. RN 35).

36 **2. Form.** Ein Interessenausgleich nach § 112 I 1 BetrVG kommt wirksam nur zustande, wenn er schriftlich niedergelegt vom Unternehmer und Betriebsrat unterschrieben wurde. Ein mündlich vereinbarter Interessenausgleich ist unwirksam. Die Einhaltung der Schriftform ist Wirksamkeitsvoraussetzung der Einigung.[109] Das Schriftformerfordernis dient der Rechtssicherheit und Rechtsklarheit; die betroffenen Arbeitnehmer müssen erkennen können, ob und unter

---

[105] Ähnlich MünchArbR/*Matthes* § 361 RN 28 (Wegfall des Erfüllungsanspruchs).

[106] *Fitting* §§ 112, 112 a RN 52.

[107] BAG 14. 11. 2006 AP 181 zu § 112 BetrVG 1972 = NZA 2007, 339; 26. 8. 1997 AP 117 zu § 112 BetrVG 1972.

[108] BAG 23. 11. 2000 AP 114 zu § 1 KSchG 1969 Betriebsbedingte Kündigung = NZA 2001, 601; 18. 1. 1990 AP 19 zu § 1 KSchG 1969 Soziale Auswahl = NZA 90, 729.

[109] BAG 9. 7. 1985 AP 13 zu § 113 BetrVG 1972 = NZA 86, 100.

welchen Voraussetzungen die geplante Betriebsänderung durchgeführt wird. Wird der Interessenausgleich auf mehreren Blättern niedergelegt, müssen diese bei der Unterzeichnung zu einer Urkunde verbunden sein.[110] Ausreichend ist, dass nach Beratung und Beschlussfassung des Interessenausgleichs im Betriebsrat (§ 33 BetrVG) die Einigung vom Betriebsratsvorsitzenden oder im Falle seiner Verhinderung von seinem Stellvertreter unterschrieben wird.[111] Der Betriebsausschuss wird für den Interessenausgleich regelmäßig nicht zuständig sein, da er zumeist im Zusammenhang mit dem Sozialplan steht und er für den Abschluss von Betriebsvereinbarungen nicht zuständig ist. Wenn zwischen den Betriebsparteien kein der Schriftform genügender Interessenausgleich zustande kommt, muss der Arbeitgeber vor der tatsächlichen Durchführung der Betriebsänderung ggf. die Einigungsstelle anrufen, selbst wenn der Betriebsrat mit der Maßnahme einverstanden ist, es für einen wirksamen Interessenausgleich aber an der vorgeschriebenen Schriftform fehlt.[112]

3. Beendigung. Eine ordentliche Kündigung des Interessenausgleichs muss besonders vereinbart werden, ansonsten ist sie ausgeschlossen, da der Interessenausgleich die Meinungsverschiedenheiten zwischen Arbeitgeber und Betriebsrat gerade endgültig bereinigen soll. Die Anwendung der für Betriebsvereinbarungen geltenden Regelungen über die ordentliche Kündigung und die Nachwirkung (§ 77 V, VI BetrVG) ist nicht möglich, da sich beide Rechtsinstitute grundlegend unterscheiden. Dagegen ist eine außerordentliche Kündigung aus wichtigem Grund möglich, ebenso der Wegfall der Geschäftsgrundlage (vgl. §§ 1 V 2 KSchG, 125 Satz 2 InsO). 37

4. Einschaltung der Arbeitsverwaltung. Kommt es zu keinem Interessenausgleich, können Unternehmer oder Betriebsrat die Arbeitsverwaltung um Vermittlung ersuchen (§ 112 II 1 BetrVG). Zuständig ist nach § 112 II 1 BetrVG der Vorstand der BA. Dieser braucht die Vermittlung aber nicht selbst vorzunehmen, sondern kann hiermit einen Bediensteten seiner Behörde beauftragen. Andererseits ist er verpflichtet, auf ein entsprechendes Ersuchen von einer der Betriebsparteien einen Vermittlungsversuch zu unternehmen. Für den anderen Betriebspartner besteht nach § 2 I BetrVG ein Einlassungszwang auf die Vermittlung durch die BA.[113] Der entsandte Vertreter der Arbeitsverwaltung kann nicht von vornherein ermächtigt werden, eine verbindliche Entscheidung für Unternehmer und Betriebsrat zu treffen.[114] Während der Vermittlungstätigkeit der BA kann die Einigungsstelle nicht tätig werden, eine vorsorgliche Vereinbarung über ihre Bildung oder die Einleitung eines Verfahrens nach § 98 ArbGG ist möglich.[115] Allerdings besteht kein Einlassungszwang gegen den Willen von Arbeitgeber oder Betriebsrat; daher kann der Arbeitgeber unmittelbar die Einigungsstelle anrufen.[116] Eine vergleichbare Regelung besteht im Insolvenzverfahren, vgl. § 121 InsO. 38

5. Einigungsstelle. a) Wird von einer Einschaltung der BA abgesehen oder bleibt ihr Vermittlungsversuch ergebnislos, können sowohl der Unternehmer als auch der Betriebsrat nach § 112 II 2 BetrVG die Einigungsstelle (§ 232) anrufen. Um die Erfahrungen der Arbeitsverwaltung auch der Einigungsstelle zugänglich zu machen, kann ein Vertreter der BA auf Ersuchen des Vorsitzenden der Einigungsstelle an der Verhandlung, nicht aber an der Abstimmung der Einigungsstelle teilnehmen. 39

b) Einlassungszwang. Arbeitgeber und Betriebsrat haben der Einigungsstelle ihre Vorstellungen über einen Interessenausgleich zu unterbreiten (§ 112 III 1 BetrVG). Trotz der Regelung in § 76 VI BetrVG besteht wechselseitig ein Einlassungszwang für Arbeitgeber und Betriebsrat, wenn die andere Seite die Einigungsstelle angerufen hat. Ihre Einschaltung liegt auch im Interesse beider Seiten. Der Betriebsrat wird im Rahmen der Verhandlungen der Einigungsstelle versuchen, eine Vereinbarung über einen Interessenausgleich herbeizuführen, in der seine Vorstellungen zumindest teilweise berücksichtigt sind. Für den Unternehmer besteht ein faktischer Einschaltungszwang, um nicht mit den Abfindungsansprüchen der Arbeitnehmer nach § 113 BetrVG belastet zu werden. Nach Auffassung der Rspr. ist es erforderlich, dass er hierzu das für den Versuch einer Einigung über den Interessenausgleich vorgesehene Verfahren voll ausschöpft. Er muss also, falls keine Einigung mit dem Betriebsrat möglich ist und dieser nicht selbst die Initiative ergreift, die Einigungsstelle anrufen, um dort einen Interessenausgleich zu 40

[110] Dazu BAG 7. 5. 1998 AP 1 zu § 1 KSchG 1969 Namensliste = DB 98, 1770.
[111] BAG 24. 2. 2000 AP 7 zu § 1 KSchG 1969 Namensliste = NZA 2000, 785 (Einigungsstelle).
[112] BAG 26. 10. 2004 AP 49 zu § 113 BetrVG 1972 = NZA 2005, 237.
[113] A. A. Richardi/*Annuß* § 112 RN 220.
[114] *Fitting* §§ 112, 112a RN 33; a. A. Richardi/*Annuß* § 112 RN 222.
[115] LAG Hamm 15. 12. 2003 FA 2004, 121; LAG Bremen 20. 9. 1983 ArbuR 84, 91.
[116] LAG Niedersachsen 30. 1. 2007 AE 2008, 114.

versuchen.[117] Nicht ausreichend ist es, wenn der Betriebsrat erklärt, keine Verhandlungen über einen Interessenausgleich führen zu wollen.[118] Das in §§ 111, 112 BetrVG vorgesehene Verfahren einschließlich des Versuchs eines Interessenausgleichs muss zur Vermeidung von Ansprüchen aus § 113 BetrVG zudem noch in einem Zeitpunkt abgewickelt werden, in dem der Plan auch noch nicht teilweise verwirklicht ist oder noch nicht abschließend feststeht,[119] ansonsten hat die Einigungsstelle ihre Tätigkeit wegen fehlender Zuständigkeit einzustellen. Diese Grundsätze gelten auch in der Insolvenz[120] und auch dann, wenn der Betriebsrat erst nach Eröffnung des Insolvenzverfahrens gewählt worden ist (RN 94).

41 **c) Einigung.** Die Einigungsstelle kann von sich aus Einigungsvorschläge machen (§ 112 III 2 BetrVG). Kommt es während des Einigungsstellenverfahrens zu einer Einigung, über die der Betriebsrat einen Beschluss zu fassen hat[121] (§ 33 BetrVG), so ist sie schriftlich niederzulegen und von den Parteien, also dem Unternehmer und den Vertretern des Betriebsrats sowie dem Vorsitzenden der Einigungsstelle, zu unterschreiben.[122] Der Betriebsrat kann seine Zustimmung zu einem Interessenausgleich von dem Abschluss eines Sozialplans abhängig machen[123] und hierüber vorab einen Beschluss fassen, mit dem der Betriebsratsvorsitzende in die Verhandlung der Einigungsstelle entsandt wird.

42 **d) Scheitern.** Kommt es nicht zu einem Interessenausgleich, hat der Vorsitzende das Scheitern der Verhandlungen durch Beschluss festzustellen.[124] Ein etwaiger Spruch der Einigungsstelle über einen Interessenausgleich ist nicht verbindlich, da in § 112 BetrVG nicht vorgesehen ist, dass der Spruch der Einigungsstelle die Einigung zwischen Betriebsrat und Unternehmer ersetzt.[125] Für das Abstimmungsverfahren gilt § 76 III BetrVG (dazu § 232 RN 20). Erst nach der Zustellung des Spruchs kann der Unternehmer die Maßnahmen durchführen ohne Nachteilsansprüche (§ 113 BetrVG) befürchten zu müssen. Auch wenn ein Interessenausgleich gescheitert ist, kann der Betriebsrat noch einen Sozialplan erzwingen.[126]

43 **e) Streitigkeiten.** Ist umstr., ob die Einigungsstelle überhaupt zuständig ist, muss sie hierüber vorab entscheiden.[127] Es kann aber auch parallel ein Beschlussverfahren eingeleitet werden, in dem z. B. geklärt wird, ob die Voraussetzungen für eine Betriebsänderung vorliegen. Der Unternehmer kann sich auch zunächst am Einigungsstellenverfahren beteiligen, dessen Ausgang abwarten und erst im Nachhinein einen etwaigen Spruch über einen Sozialplan mit der Begründung anfechten, dass die Voraussetzungen der §§ 111, 112 BetrVG nicht gegeben sind. Wird der Spruch angefochten, besteht allerdings für ein zuvor eingeleitetes Beschlussverfahren über die Zuständigkeit der Einigungsstelle kein Rechtsschutzinteresse mehr.[128]

V. Mitbestimmung über die sozialen Folgen einer Betriebsänderung (Sozialplan)

Bartholomä, Sozialplanauslegung entgegen abweichendem Willen der Betriebsparteien?, BB 2005, 100; *Birk,* Der Sozialplan, FS Konzen (2006), S. 11; *Busch,* Abfindungen nur bei Klageverzicht jetzt auch in Sozialplänen?, BB 2004, 267; *B. Gaul,* Wirtschaftliche Vertretbarkeit eines Sozialplans, DB 2004, 1498; *Fischer,* Sozialplanabfindung als Entgelt i. S. des Europäischen Arbeitsrechts, DB 2002, 1994; *Gehlhaar,* Die Änderung von Sozialplan-Ansprüchen mit Wirkung für die Zukunft, BB 2007, 2805; *Giese,* Zur wirtschaftlichen Vertretbarkeit eines Sozialplans, FS Wißmann (2005), S. 314; *Gillen/Vahle,* Personalabbau und Betriebsänderung, NZA 2005, 1385; *Hohenstatt/Stamer,* Die Dotierung von Sozialplänen, DB 2005, 2410; *M. Kraushaar,* Sozialplan für Betriebsrat in Gründung?, ArbuR 2000, 245; *B. Kraushaar,* Sozialpläne müssen nicht immer so viel Geld kosten, BB 2000, 1622; *Lipinski/E. Meyer,* Beurteilung der wirtschaftlichen Vertretbarkeit eines Sozialplans (§ 112 Abs. 5 BetrVG) auch unter Berücksichtigung der Konzernmutter?, DB 2003, 1846; *Löwisch,* Verfahrensbeschleunigung und -vereinfachung in der Betriebsverfassung, RdA 96, 353; *C. Meyer,* Sozialplangestaltung bei nachträglichem Betriebsübergang, NZA 2000, 297; *ders.,* Der Firmentarif-Sozialplan als Kombinationsvertrag, DB 2005, 830; *Rieble/Klumpp,* Betriebsräte in „betriebsorganisatorisch eigenständigen Einheiten" nach § 175 SGB III?, NZA 2003, 1169; *Krieger/Arnold,* Rente statt Abfindung: Zulässigkeit

[117] BAG 18. 12. 1984 AP 11 zu § 111 BetrVG 1972 = NZA 85, 400.
[118] BAG 26. 10. 2004 AP 49 zu § 113 BetrVG 1972 = NZA 2005, 237.
[119] BAG 14. 9. 1976 AP 2 zu § 113 BetrVG 1972 = NJW 77, 727.
[120] BAG 22. 7. 2003 AP 42 zu § 113 BetrVG 1972 = NZA 2004, 93.
[121] Vgl. dazu BAG 24. 2. 2000 AP 7 zu § 1 KSchG 1969 Namensliste = NZA 2000, 785.
[122] BAG 9. 7. 1985 AP 13 zu § 113 BetrVG 1972 = NZA 86, 100.
[123] *Fitting* §§ 112, 112 a RN 45; Richardi/*Annuß* § 112 RN 24.
[124] LAG Düsseldorf 14. 11. 1983 DB 84, 511.
[125] BAG 17. 9. 1991 AP 59 zu § 112 BetrVG 1972 = NZA 92, 227.
[126] LAG Hamm 1. 3. 1972 AP 1 zu § 112 BetrVG 1972 = DB 72, 648.
[127] BAG 18. 3. 1975 AP 1 zu § 113 BetrVG 1972 = NJW 75, 182.
[128] BAG 16. 7. 1996 AP 53 zu § 76 BetrVG 1972 = NZA 97, 337.

des Ausschlusses älterer Arbeitnehmer von Sozialplanleistungen, NZA 2008, 1153; *Schmitt-Rolfes,* Interessenausgleich und Sozialplan im Unternehmen und Konzern, FS 50 Jahre BAG (2004) S. 1081; *Scholz,* Dotierung eines Sozialplans durch die Einigungsstelle, BB 2006, 1498.

Zur Sozialplanabfindung: *Annuß,* Sozialplanabfindung nur bei Verzicht auf Kündigungsschutz?, RdA 2006, 378; *Boemke/Danko,* Vererblichkeit von Abfindungsansprüchen, DB 2006, 2461; *Benecke,* Sozialplanleistungen und Verzicht auf Kündigungsschutz, BB 2006, 938; *Gravenhorst,* Rentennähe als Kriterium bei Sozialauswahl und Sozialplanabfindung?, FS Leinemann (2006), S. 325; *Kaiser,* Bestands- und Abfindungsschutz durch Betriebszugehörigkeit?, FS Konzen (2006), S. 381; *Meyer, C.,* Regelungsfragen zumutbarer Weiterbeschäftigung beim Betriebsübergang, NJW 2002, 1615; *Müller, K.,* Zum Ausschluss personenbedingt gekündigter Arbeitnehmer aus dem Geltungsbereich von Sozialplänen, BB 2001, 255; *Mohr,* Zulässige Differenzierung von Leistungen in Sozialplänen, BB 2007, 2574; *Oelkers,* Altersdiskriminierung bei Sozialplänen, NJW 2008, 614; *Rolfs,* Abfindung, AR-Blattei SD 10; *Schweibert,* Alter als Differenzierungskriterium in Sozialplänen, FS 25 Jahres AG ArbR DAV (2006), S. 1001; *Temming,* Für einen Paradigmenwechsel in der Sozialplanrechtsprechung, RdA 2008, 205; *Thüsing/Wege,* Sozialplanabfindung: Turboprämie ausgebremst?, DB 2005, 2634.

Muster: ArbR-Formb. § 56 RN 48; § 93 RN 10.

1. Zweck und Inhalt. a) Geltungsbereich. Der Betriebsrat hat unabhängig davon, ob ein **44**
Interessenausgleich versucht, abgeschlossen, gescheitert oder überhaupt unterblieben oder die Betriebsänderung bereits durchgeführt worden ist,[129] ein erzwingbares Mitbestimmungsrecht zur Aufstellung eines Sozialplans zum Ausgleich oder Minderung der wirtschaftlichen Nachteile, die den Arbeitnehmern infolge der Betriebsänderung entstehen (§ 112 I 2 BetrVG). Der Arbeitgeber ist verpflichtet, dem Betriebsrat die Informationen zur Verfügung zu stellen, die er zur Aufstellung eines Sozialplans benötigt.[130] Voraussetzung ist danach das Vorliegen einer Betriebsänderung und das Entstehen von ausgleichsfähigen Nachteilen. Da bereits die Möglichkeit des Eintritts von Nachteilen ausreicht, kann der Abschluss nicht mit der Begründung verweigert werden, es würden keine Nachteile entstehen. Wirtschaftliche Nachteile können z. B. sein der Eintritt von Arbeitslosigkeit nach einer Kündigung, Verlust des Kündigungsschutzes, Erschwerungen bei der Arbeitssuche, schlechtere Bezahlung oder Arbeitserschwerungen. Arbeitgeber und Betriebsrat können für noch nicht geplante, aber in groben Umrissen schon abschätzbare Betriebsänderungen einen Sozialplan in Form einer freiwilligen Betriebsvereinbarung schließen,[131] hingegen kommt der Abschluss eines vorsorglichen Interessenausgleichs nicht in Betracht.[132] Der persönliche Geltungsbereich eines Sozialplan kann sich regelmäßig nur auf die Arbeitnehmer (§ 5 I BetrVG) erstrecken, die von der Betriebsänderung betroffen sind und die vom Betriebsrat vertreten werden, auch wenn sie die Wartezeit (§ 1 KSchG) noch nicht erfüllt haben oder einer betriebsorganisatorisch eigenständigen Einheit (§ 175 I Nr. 2 SGB III a. F.) angehören.[133] Das BAG hält den Betriebsrat bei Sozialplänen auch für berechtigt, bereits aus dem Betrieb ausgeschiedene Arbeitnehmer zu vertreten.[134] Zur entsprechenden Problematik bei Betriebsvereinbarungen § 231 RN 30a. Regelungen für leitende Angestellte kann der Sozialplan nicht enthalten, da der Betriebsrat für sie nicht zuständig ist.[135] Ein Sozialplan für einen Gemeinschaftsbetrieb gilt hinsichtlich etwaiger Abfindungen nur im Verhältnis des Vertragsarbeitgebers zu seinen Arbeitnehmern.[136]

b) Zweck. Er ist nicht unumstritten. Das BAG hat den Zweck von Sozialplänen ursprünglich **45**
vergangenheitsbezogen gesehen. Der Sozialplan sollte zur Entschädigung für den Verlust des Arbeitsplatzes dienen. Nach der neueren Rspr. kommen Sozialplanleistungen hingegen kein Entschädigungscharakter mehr zu. Zweck des Sozialplan ist es, mit einem begrenzten Volumen möglichst allen von der Entlassung betroffenen Arbeitnehmern eine verteilungsgerechte Überbrückungshilfe bis zu einem ungewissen neuen Arbeitsverhältnis oder längstens bis zum Bezug von Altersrente zu ermöglichen.[137] Die Betriebspartner können beide Zwecke miteinander kom-

---

[129] BAG 15. 10. 1979 AP 5 zu § 111 BetrVG 1972 = DB 80, 549.

[130] BAG 30. 3. 2004 AP 47 zu § 113 BetrVG 1972 = NZA 2004, 931.

[131] BAG 26. 8. 1997 AP 117 zu § 112 BetrVG 1972 = NZA 98, 216.

[132] BAG 19. 1. 1999 AP 37 zu § 113 BetrVG 1972 = NZA 99, 949.

[133] A. A. *Rieble/Klumpp* NZA 2003, 1169.

[134] BAG 11. 2. 1998 AP 121 zu § 112 BetrVG 1972 = NZA 98, 895; 10. 8. 1994 AP 86 zu § 112 BetrVG 1972 = NZA 95, 314.

[135] BAG 16. 7. 1985 AP 32 zu § 112 BetrVG 1972 = NZA 86, 713; 31. 1. 1979 AP 8 zu § 112 BetrVG 1972 = NJW 79, 1621.

[136] BAG 12. 11. 2002 AP 155 zu § 112 BetrVG 1972 = NZA 2003, 676.

[137] BAG 19. 10. 1999 AP 135 zu § 112 BetrVG 1972 = NZA 2000, 732; 1. 4. 1998 AP 123 zu § 112 BetrVG 1972 = NZA 98, 768; 5. 2. 1997 AP 112 zu § 112 BetrVG 1972 = NZA 98, 158; 9. 11. 1994 AP

binieren. Die Zukunftsbezogenheit des Sozialplans eröffnet den Betriebsparteien Beurteilungs- und Gestaltungsspielräume und erlaubt Differenzierungen bei der Entschädigungshöhe im Hinblick auf die zukünftig zu erwartenden Nachteile, die bei einer ausschließlich vergangenheitsbezogenen Sichtweise nicht zulässig wären. Ein Beurteilungsspielraum besteht hinsichtlich der den Arbeitnehmern durch die Betriebsänderung voraussichtlich entstehenden wirtschaftlichen Nachteile. Der Gestaltungsspielraum der Betriebsparteien betrifft die Frage, ob, in welchem Umfang und wie sie die prognostizierten wirtschaftlichen Nachteile ausgleichen oder abmildern. Sie können im Rahmen ihres Ermessens und der Bindung an geltendes Recht (RN 50) nach der Vermeidbarkeit der Nachteile unterscheiden und sind nicht verpflichtet, alle denkbaren Nachteile zu entschädigen.[138] In diesem Rahmen können die Betriebsparteien bei den Ausgleichsregelungen eine typisierende Beurteilung vornehmen; zur Berücksichtigung von Weiterbeschäftigungsmöglichkeiten RN 65. Mit dem Zweck des Sozialplans unvereinbar ist eine Gruppenbildung, die dazu dienen soll, dem Arbeitgeber eine eingearbeitete und qualifizierte Belegschaft zu erhalten. Betriebliche Interessen an der Erhaltung der Belegschaft oder von Teilen derselben sind daher nicht geeignet, Differenzierungen bei der Höhe von Sozialplanabfindungen zu rechtfertigen; ihnen kann nur durch andere zusätzliche Leistungen im Rahmen freiwilliger Betriebsvereinbarungen Rechnung getragen werden.[139]

46 **c) Personalabbau und Neugründungen (§ 112 a BetrVG). aa) Erzwingbarer Sozialplan.** Nach § 112 a I BetrVG kann der Betriebsrat einen Sozialplan auch erzwingen, wenn die Betriebseinschränkung auf einer Personalreduzierung beruht, die die in der Vorschrift genannten Größenordnungen übersteigt. Dies ist deshalb von Bedeutung, weil ein reiner Personalabbau nicht nach § 111 BetrVG als Betriebsänderung gilt, weshalb grundsätzlich keine Sozialplanpflicht für den Unternehmer bestünde. Dagegen nimmt § 112 a II BetrVG neu gegründete Unternehmen generell und nicht nur bei reinem Personalabbau von der Sozialplanpflicht aus. Das Gesetz enthält insoweit zwei unterschiedliche Tatbestände. Ein Sozialplan ist erzwingbar, wenn **(1)** keine Betriebsänderung vorliegt, aber eine bestimmte in § 112 a I BetrVG aufgezählte Zahl von Arbeitnehmern entlassen wird und **(2)** es sich nicht um ein neu gegründetes Unternehmen handelt (§ 112 a II BetrVG).

46a **bb) Neugründungen.** Durch § 112 a II BetrVG sollen zusätzliche Beschäftigungsmöglichkeiten geschaffen werden. Dazu sollen im Betrieb eines neu gegründeten Unternehmens Betriebsänderungen durchgeführt werden können, ohne dass ein Sozialplan über die Einigungsstelle erzwungen werden kann. Auf diese Weise sollen Unternehmen die schwierige Anfangsphase des Aufbaus erleichtert werden. Das Gesetz will zum Engagement in neue Unternehmen ermutigen, indem das mit einem Misserfolg verbundene Sozialplanrisiko aufgehoben wird. Maßgeblich ist die Gründung des Unternehmens, nicht die des Betriebs. Dementsprechend sind länger als vier Jahre bestehende Unternehmen auch dann nicht privilegiert, wenn sie neue Betriebe errichten.[140] Um Streitigkeiten über den Zeitpunkt der Gründung auszuschließen, bestimmt § 112 a II 3 BetrVG, dass wegen des Zeitpunkts auf den der Aufnahme einer nach § 138 AO mitteilungspflichtigen Erwerbstätigkeit abzustellen ist. Keine Neugründung ist bei wirtschaftlicher Umstrukturierung von Unternehmen oder Konzernen gegeben (§ 112 a II 2 BetrVG). Dies ist z. B. der Fall, wenn zwei Unternehmen einzelne Betriebe einem neu gegründeten Unternehmen übertragen, das die Betriebstätigkeit fortführt. Wird dieser Betrieb innerhalb von vier Jahren nach der Gründung des Unternehmens stillgelegt, ist er nicht von der Sozialplanpflicht nach befreit.[141] Gleiches gilt, wenn der alleinige Gesellschafter und Geschäftsführer der Komplementär-GmbH einer KG eine neue GmbH gründet und diese von der KG einen Betrieb übernimmt.[142]

47 **d) Formen von Sozialplanleistungen.** Welche Maßnahmen zum Ausgleich oder der Milderung der wirtschaftlichen Nachteile erforderlich sind, kann nur nach den Umständen des Ein-

---

85 zu § 112 BetrVG 1972 = NZA 95, 769; 23. 8. 1988 AP 46 zu § 112 BetrVG 1972 = NZA 89, 28; dagegen *Temming* RdA 2008, 205.

[138] BAG 11. 11. 2008 – 1 AZR 475/07 – NZA 2009, 210; 19. 2. 2008 AP 191 zu § 112 BetrVG 1972 = NZA 2008, 719; 6. 11. 2007 AP 190 zu § 112 BetrVG 1972 = NZA 2008, 232.

[139] BAG 19. 2. 2008 AP 191 zu § 112 BetrVG 1972 = NZA 2008, 719; 6. 11. 2007 AP 190 zu § 112 BetrVG 1972 = NZA 2008, 232.

[140] BAG 27. 6. 2006 AP 14 zu § 112 a BetrVG 1972 = NZA 2007, 106 – zum Rechtsmissbrauch; 22. 2. 1995 AP 8 zu § 112 a BetrVG 1972 = NZA 95, 697; 13. 6. 1989 AP 3 zu § 112 a BetrVG 1972 = NZA 89, 974; BT-Drucks. 10/2102 S. 28.

[141] BAG 22. 2. 1995 AP 8 zu § 112 a BetrVG 1972 = NZA 95, 697.

[142] BAG 22. 2. 1995 AP 7 zu § 112 a BetrVG 1972 = NZA 95, 699.

zelfalls entschieden werden. In Betracht kommen z. B. Abfindungen, Lohnausgleich für die Zuweisung einer anderen Tätigkeit, Erstattung von Fahrtkosten, Belassung von Werkswohnungen oder die Übernahme von Umzugskosten. Für die Sozialplanleistungen gibt es keine zahlenmäßige Obergrenze[143] (vgl. aber RN 68). Zur unterhaltsrechtlichen Berücksichtigung von Sozialplanleistungen RN 74.

e) Bemessung von Abfindungen. Bei Entlassungen werden regelmäßig Abfindungen vereinbart, die regelmäßig zumindest nach Lebensalter und Betriebszugehörigkeit[144] gestaffelt werden. Die Betriebspartner sind aber nicht verpflichtet, Sozialplanleistungen stets nach einer bestimmten Formel zu bemessen. Sie können diese auch individuell festlegen und sich an den ihnen bekannten Verhältnissen der betroffenen Arbeitnehmer orientieren.[145] Für die Berechnung der Abfindung haben sich verschiedene Formen herausgebildet. **48**

aa) Gesamtdotierung. Wird ein feststehender Betrag für das Abfindungsvolumen festgelegt, erhalten alle unter den Sozialplan fallenden Arbeitnehmer entsprechend ihrer persönlichen Verhältnisse eine bestimmte Punktzahl. Die Abfindung ergibt sich dann durch Division der Gesamtdotierung durch die Zahl der Punkte. Von dem Gesamtdotierungsrahmen kann vorab ein Härtefonds abgezogen werden. Ist ein Arbeitnehmer zu Unrecht bei der Verteilung unberücksichtigt geblieben oder unter Verstoß gegen die Grundsätze des § 75 I BetrVG benachteiligt worden, hat er dennoch Anspruch auf Sozialplanleistungen,[146] selbst wenn der zur Verfügung gestellte Rahmen dann nach oben anzupassen ist; zur Anfechtung wegen ungenügender Gesamtdotierung RN 68. **48a**

bb) Formel für den Grundabfindungsbetrag. Überwiegend werden Abfindungen in Sozialplänen nach einer festgelegten Formel berechnet, die im Sozialplan vereinbart wird. Häufig ist dabei für den Grundabfindungsbetrag folgende Berechnung anzutreffen: **48b**

$$\frac{\text{Bruttomonatsverdienst} \times \text{Lebensalter} \times \text{Betriebszugehörigkeit}}{[\text{Divisor}]}$$

Die Höhe der Abfindung hängt vor allem von der Definition des Bruttomonatsverdiensts und dem Divisor ab. Je größer der Divisor gewählt wird, umso kleiner wird die Abfindung. Wird der Bruttomonatsverdienst aus dem Jahresdurchschnittsverdienst errechnet, errechnet sich regelmäßig eine höhere Abfindung als bei einem Abstellen auf den Monatsverdienst. Wird dieser zugrunde gelegt, erhalten Besserverdienende in aller Regel eine geringere Abfindung. Die Berücksichtigung des Lebensalters bei der Berechnung der Abfindung ist nach § 10 Satz 3 Nr. 6 AGG zulässig. Der Gesetzgeber wollte die bisherige Sozialplanpraxis bestätigen.[147] Allerdings sollte die Praxis zukünftig auf das Merkmal des Alters bei der Berechnung der Sozialplanabfindung verzichten oder es nur behutsam verwenden. In der Berücksichtigung des Merkmals des Alters neben dem der Betriebszugehörigkeit liegt regelmäßig eine kritisch zu beurteilende Begünstigung älterer Arbeitnehmer, da sich das Alter bei einer Berücksichtigung neben der Betriebszugehörigkeit auf die Abfindung überproportional auswirkt. Zur Korrektur können Höchstbeträge für Abfindungen vereinbart werden.[148] Die Berücksichtigung des Merkmals des Alters ist zulässig, wenn ältere Arbeitnehmer voraussichtlich länger arbeitslos bleiben oder in neuen Beschäftigungsverhältnissen ihren bisherigen Verdienst nicht mehr erzielen können. Die dargestellte Formel wird gelegentlich dadurch vereinfacht, dass die Betriebszugehörigkeit und/oder das Lebensalter mit einem Grundwert berechnet werden, der sich in bestimmten Stufen erhöht. Die Stufeneinteilung ist dann abhängig von der sozialpolitischen Zwecksetzung der Betriebspartner.

cc) Erhöhungsbeträge. Daneben finden sich in Sozialplänen häufig Sockelbeträge für alle Arbeitnehmer, die um bestimmte Beträge nach sozialen Indikatoren erhöht werden. Nach allen Berechnungsmethoden werden üblicherweise für schwerbehinderte Menschen, Kinder und unterhaltsberechtigte Familienangehörige Zuschläge gezahlt. **48c**

---

[143] BAG 27. 10. 1981 AP 41 zu § 112 BetrVG 1972 = NZA 88, 203; dagegen LAG Bad.-Württembg. 29. 10. 1984 ZIP 85, 703 – Obergrenze gem. § 10 KSchG.

[144] BAG 11. 6. 1975 AP 1 zu § 77 BetrVG 1972 Auslegung = NJW 76, 78; keine Doppelabfindung bei erneutem Ausscheiden: LAG Hamm 23. 2. 1977 DB 77, 826.

[145] BAG 12. 2. 1985 AP 25 zu § 112 BetrVG 1972 = NZA 85, 717.

[146] LAG Düsseldorf 23. 12. 1971 DB 72, 979.

[147] *Besgen* BB 2007, 213, 218.

[148] BAG 19. 10. 1999 AP 135 zu § 112 BetrVG 1972 = NZA 2000, 732; 23. 8. 1988 AP 46 zu § 112 BetrVG 1972 = NZA 89, 28.

49 **dd) Festlegung der Abfindungsparameter.** Welche Zeiten als **Betriebszugehörigkeitszeiten** gelten, kann der Sozialplan selbst bestimmen. Trifft er keine ausdrückliche Regelung, ist grundsätzlich nur die Dauer des rechtlichen Bestands des jeweiligen Arbeitsverhältnisses mit dem Arbeitgeber berücksichtigungsfähig. Frühere Beschäftigungszeiten werden nur mitgerechnet, wenn die Voraussetzungen für die Zusammenrechnung nach § 1 I KSchG gegeben sind oder ausdrücklich eine Berücksichtigung im Sozialplan erfolgt.[149] Die auf einer einzel- oder kollektivvertraglichen Vereinbarung beruhende Anrechnung einer früheren Beschäftigungszeit bindet die Betriebspartner nicht.[150] Die Nichtberücksichtigung der Elternzeit bei der Betriebszugehörigkeitszeit ist unzulässig.[151] Betriebszugehörigkeit und **Lebensalter** werden bei fehlender Vereinbarung im Sozialplan nicht nur nach vollen Jahren, sondern auch darüber hinaus nach Bruchteilen anteilig berücksichtigt. **Unterhaltspflichten** können im Sozialplan abfindungserhöhend berücksichtigt werden, regelmäßig erfolgt dies in Form bestimmter Zuschläge auf den Grundabfindungsbetrag. Im Interesse der Praktikabilität kann an die Eintragungen auf der Lohnsteuerkarte angeknüpft werden.[152] Gleiches gilt bei Schwerbehinderungen, auch hier kann an die förmliche Anerkennung zu einem bestimmten Zeitpunkt als Voraussetzung für die Zahlung eines Pauschalbetrags angeknüpft werden.[153] Zulässig ist es, bei **Teilzeitbeschäftigten** die Abfindung sowie etwaige Erhöhungsbeträge[154] entsprechend ihrer persönlichen Arbeitszeit zum Zeitpunkt der Beendigung des Arbeitsverhältnisses im Verhältnis zur tariflichen Arbeitszeit zu berechnen.[155] Für die Abfindungsparameter können im Sozialplan Stichtage festgesetzt werden, die für ihre Berechnung maßgeblich sind.

50 **ee) Bindung an geltendes Recht. (1)** Inhaltliche Grenzen bei der Festsetzung der Abfindungskriterien ergeben sich für Arbeitgeber und Betriebsrat aus der Bindung des Sozialplans an höherrangiges Gesetzesrecht[156] und insbesondere das Gleichbehandlungsgebot des § 75 I BetrVG. Nach der Rspr. des BAG sind die Betriebspartner bei der Vereinbarung eines Sozialplans frei in ihrer Entscheidung, welche Nachteile dem von einer Betriebsänderung betroffenen Arbeitnehmer in welchem Umfange ausgeglichen oder gemildert werden sollen. Sie sind nicht verpflichtet, alle denkbaren Nachteile zu entschädigen und daher auch berechtigt, Arbeitnehmer von Leistungen des Sozialplans auszunehmen[157] oder bei der Bemessung der Sozialplanleistungen zu differenzieren, welche wirtschaftlichen Nachteile für die betroffenen Arbeitnehmer typischerweise eintreten werden. Nach § 75 I 1 BetrVG haben die Betriebspartner bei ihrer Regelung die betroffenen Arbeitnehmer jedoch nach den Grundsätzen von Recht und Billigkeit zu behandeln, dabei müssen sie insbesondere den arbeitsrechtlichen Gleichbehandlungsgrundsatz beachten. Danach ist Arbeitgeber und Betriebsrat eine willkürliche Ungleichbehandlung von Arbeitnehmern eines Betriebs untersagt. Jedoch können für die verschiedenen Betriebsbereiche (Verwaltung und Produktion) unterschiedliche Sozialpläne abgeschlossen werden, wenn hierfür sachliche Gründe bestehen.[158] Es verstößt auch nicht gegen den Gleichheitssatz, wenn erhöhte Sozialplanleistungen nicht allen gekündigten Arbeitnehmern, sondern nur solchen gewährt werden, die nicht weiterbeschäftigt werden, sondern tatsächlich ihren Arbeitsplatz verlieren.[159] Eine Regelung, die danach differenziert, ob einem auf Grund der Betriebsänderung gekündigten Arbeitnehmer noch während der Kündigungsfrist von einem Betriebserwerber ein neues Arbeitsverhältnis zu ungünstigeren Bedingungen angeboten wird, ist mit § 75 I BetrVG vereinbar.[160] Zum Ausschluss bei Bestehen einer zumutbaren Weiterbeschäftigungsmöglichkeit bzw. bei ei-

---

[149] LAG Berlin 15. 1. 2002 LAGE § 1 KSchG Betriebsbedingte Kündigung – Konzern; a. A. LAG Hamm 30. 3. 1989 BB 89, 1621.

[150] BAG 13. 3. 2007 AP 183 zu § 112 BetrVG 1972 = NZA 2008, 190; 30. 3. 1994 AP 76 zu § 112 BetrVG 1972 = NZA 95, 88; 16. 3. 1994 AP 75 zu § 112 BetrVG 1972 = NZA 94, 1147.

[151] BAG 21. 10. 2003 AP 163 zu § 112 BetrVG 1972 = NZA 2004, 559; 12. 11. 2002 AP 159 zu § 112 BetrVG 1972 = NZA 2003, 1287; a. A. EuGH 8. 6. 2004 AP 19 zu EWG-Richtlinie Nr. 75/117.

[152] BAG 12. 3. 1997 AP 111 zu § 112 BetrVG 1972 = NZA 97, 1058; LAG Brandenburg 8. 5. 2002 NZA-RR 2003, 424.

[153] BAG 19. 4. 1983 AP 124 zu Art. 3 GG = NJW 84, 82.

[154] LAG Bremen 27. 4. 2006 NZA-RR 2007, 68.

[155] BAG 13. 2. 2007 AP 13 zu § 4 TzBfG = NZA 2007, 860; 14. 8. 2001 AP 4 zu § 77 BetrVG 1972 Regelungsabrede = NZA 2002, 451; 28. 10. 1992 AP 66 zu § 112 BetrVG 1972 = NZA 93, 717.

[156] BAG 30. 10. 1980 AP 3 zu § 1 BetrAVG = NJW 81, 1632 – betriebliche Altersversorgung.

[157] BAG 19. 7. 1995 AP 96 zu § 112 BetrVG 1972 = NZA 96, 271.

[158] LAG Düsseldorf 5. 5. 1998 NZA-RR 98, 404 = NZA 99, 166.

[159] BAG 8. 11. 1988 AP 48 zu § 112 BetrVG 1972 = NZA 89, 401.

[160] BAG 22. 11. 2005 AP 176 zu § 112 BetrVG 1972 = NZA 2006, 220.

nem Betriebsübergang RN 65f. Der Gleichbehandlungsgrundsatz gilt auch, wenn der Arbeitgeber Abfindungen zahlt, ohne hierzu verpflichtet zu sein.[161]

(2) Ansprüche aus der Sozialversicherung. Bei der Bemessung der Abfindung können Ansprüche des Arbeitnehmers gegen die Sozialversicherungsträger berücksichtigt werden, insbesondere ein möglicher oder in absehbarer Zeit bevorstehender Bezug von Altersrente.[162] Darin liegt kein Verstoß gegen den betriebsverfassungsrechtlichen Gleichbehandlungsgrundsatz oder ein Diskriminierungsverbot.[163] Es ist ausreichend, wenn die Versorgungsnachteile, die durch eine vorgezogene Inanspruchnahme der Altersrente entstehen, nicht oder nur teilweise ausgeglichen werden. Aus diesem Grund wird die Abfindungshöhe nicht durchgängig linear ansteigen, sondern bei den Arbeitnehmern, die die Voraussetzungen für den übergangslosen Bezug von Altersrente nach Ablauf des Anspruchs auf Arbeitslosengeld erfüllen, deutlich einbrechen. Auch der Bezug von EU-Rente kann bei der Sozialplanabfindung berücksichtigt werden.[164] 51

(3) Stufenweise durchgeführte Betriebsänderung. Der Gleichbehandlungsgrundsatz gilt auch in zeitlicher Hinsicht, insbesondere wenn eine Betriebsstilllegung in mehreren Stufen erfolgt, weil zunächst nur eine Betriebseinschränkung beabsichtigt war, diese dann aber scheitert. Liegt ein einheitlich zu betrachtendes wirtschaftliches Gesamtgeschehen vor, ist es unzulässig, die Leistungen aus dem Sozialplan unterschiedlich hoch zu bemessen. Vielmehr müssen die zur Verfügung stehenden Mittel für die bereits ausgeschiedenen Arbeitnehmer nachträglich erhöht werden, wenn diese wegen der zunächst beabsichtigten Fortführung geringer bemessen waren.[165] Der arbeitsrechtliche Gleichbehandlungsgrundsatz findet auch Anwendung, wenn die Betriebspartner nachträglich einen Sozialplan mit höheren Abfindungen vereinbaren, dessen persönlicher Geltungsbereich mit dem vorangegangenen Sozialplan identisch ist.[166] 52

(4) Stichtagsregelung. Kein Verstoß gegen den Gleichbehandlungsanspruch liegt aber vor, wenn die Beendigung des Arbeitsverhältnisses nicht mehr in zeitlichem Zusammenhang mit der Betriebsänderung erfolgt ist, etwa wenn die Arbeitnehmer bereits geraume Zeit zuvor ausgeschieden sind[167] oder jedenfalls vor dem Scheitern des Interessenausgleichs ihr Arbeitsverhältnis selbst gekündigt haben. Die mit Stichtagsregelungen in Sozialplänen verbundene Gruppenbildung darf nicht gegen den betriebsverfassungsrechtlichen Gleichbehandlungsgrundsatz verstoßen. An Stichtage anknüpfende Differenzierungen bei Grund und Höhe von Abfindungsansprüchen müssen nach dem Zweck eines Sozialplans sachlich gerechtfertigt sein.[168] Das Bestehen von Abfindungsansprüchen kann deshalb daran geknüpft werden, dass der Arbeitnehmer zu einem bestimmten Zeitpunkt noch in einem ungekündigten Arbeitsverhältnis steht.[169] Als Stichtag ist auf einen Zeitpunkt abzustellen, an dem die Betriebsänderung insgesamt noch nicht zu erwarten war oder der Arbeitnehmer noch nicht abschätzen konnte, ob er überhaupt von der Betriebseinschränkung betroffen sein würde.[170] Ist ein Arbeitnehmer auf Grund einer wirksamen Stichtagsregelung ausgeschlossen worden, kann er auch auf Grund des Gleichbehandlungsgrundsatzes keinen Sozialplananspruch erlangen.[171] 53

(5) Eigenkündigung und Aufhebungsvertrag. Wegen des Sozialplanzwecks und der nur begrenzt zur Verfügung stehenden finanziellen Mittel können die Betriebsparteien eine typisierende Beurteilung dahin vornehmen, dass Arbeitnehmern, die „vorzeitig“, also zu einem früheren Zeitpunkt als durch die Betriebsänderung geboten, selbst kündigen, keine oder sehr viel geringere wirtschaftliche Nachteile drohen als den anderen Arbeitnehmern.[172] Daher kann eine Differenzierung bei der Abfindung danach erfolgen, ob die Beendigung des Arbeitsverhältnisses 54

---

[161] BAG 25. 11. 1993 AP 114 zu § 242 BGB Gleichbehandlung = NZA 94, 788.

[162] BAG 31. 7. 1996 AP 103 zu § 112 BetrVG 1972 = NZA 97, 165; 26. 7. 1988 AP 45 zu § 112 BetrVG 1972 = NZA 89, 25; 14. 2. 1984 AP 21 zu § 112 BetrVG 1972 = NZA 84, 201.

[163] BAG 11. 11. 2008 – 1 AZR 475/07 – NZA 2009, 210; 30. 9. 2008 – 1 AZR 684/07 – NZA 2009, 386.

[164] LAG Hamm 14. 4. 2003 ZinsO 2003, 820.

[165] BAG 11. 2. 1998 AP 121 zu § 112 BetrVG 1972 = NZA 98, 895; 9. 12. 1981 AP 14 zu § 112 BetrVG 1972 = NJW 82, 1718.

[166] BAG 11. 2. 1998 AP 121 zu § 112 BetrVG 1972 = NZA 98, 895; vgl. LAG Rheinland-Pfalz 19. 9. 1997 LAGE § 112 BetrVG 1972 Nr. 43.

[167] BAG 8. 3. 1995 AP 123 zu § 242 BGB Gleichbehandlung = NZA 95, 675 – Betriebsverlegung; vgl. auch LAG Köln 19. 5. 1995 LAGE § 112 BetrVG 1972 Nr. 36 = NZA-RR 96, 293.

[168] BAG 19. 2. 2008 AP 191 zu § 112 BetrVG 1972 = NZA 2008, 719.

[169] BAG 30. 11. 1994 AP 89 zu § 112 BetrVG 1972 = NZA 95, 492.

[170] Vgl. LAG Köln 10. 8. 1995 NZA-RR 96, 292.

[171] BAG 17. 4. 1996 AP 101 zu § 112 BetrVG 1972 = NZA 96, 1113.

[172] BAG 15. 5. 2007 ZIP 2007, 1575.

auf einer Eigenkündigung des Arbeitnehmers oder einem Aufhebungsvertrag beruht.[173] Allerdings ist das ausschließlich formale Abstellen auf die rechtsgeschäftliche Form der Beendigung des Arbeitsverhältnisses (Arbeitnehmer-/Arbeitgeberkündigung) nicht mit dem Gleichbehandlungsgebot des § 75 I BetrVG vereinbar.[174] Dazu hat das BAG folgende Rechtssätze aufgestellt:[175] **(a)** Die Differenzierung in einem Sozialplan zwischen Arbeitnehmern, denen infolge der Betriebsänderung gekündigt worden ist und solchen, die ihr Arbeitsverhältnis durch eine Eigenkündigung oder einen Aufhebungsvertrag beendet haben, verstößt grundsätzlich nicht gegen das Gleichbehandlungsgebot. Dabei kann regelmäßig unterstellt werden, dass Arbeitnehmer, die ihr Arbeitsverhältnis selbst beenden, schon einen neuen Arbeitsplatz gefunden haben und sie daher der Arbeitsplatzverlust nicht so schwer trifft wie gekündigte Arbeitnehmer. Allerdings kann vereinbart werden, dass der Sozialplan bei einer Eigenkündigung dann gilt, wenn der Arbeitgeber dieser nicht binnen einer bestimmten Frist widerspricht.[176] **(b)** Eine Differenzierung ist aber unzulässig, wenn die Eigenkündigung oder der Aufhebungsvertrag vom Arbeitgeber **veranlasst** worden ist. In einem solchen Fall sind gekündigte Arbeitnehmer und Arbeitnehmer, die auf Grund einer Eigenkündigung oder eines Aufhebungsvertrags ausgeschieden sind, gleich zu behandeln. Nicht mehr von einer Betriebsänderung veranlasst ist die Eigenkündigung eines Arbeitnehmers in der Regel dann, wenn der Arbeitgeber die Durchführung einer zunächst beabsichtigten Betriebsänderung vollständig oder jedenfalls hinsichtlich des diesen Arbeitnehmer betreffenden Teils endgültig aufgegeben und den Arbeitnehmer hiervon in Kenntnis gesetzt hat.[177] **(c)** Der Arbeitgeber veranlasst die Beendigung aber nur, wenn er den Arbeitnehmer in Hinblick auf eine konkrete Betriebsänderung zur Vertragsbeendigung bestimmt, um so eine sonst notwendig werdende Kündigung zu vermeiden.[178] Dies ist z. B. der Fall, wenn der Arbeitgeber dem Arbeitnehmer zuvor mitgeteilt hat, er habe für ihn nach Durchführung der Betriebsänderung keine Beschäftigungsmöglichkeit mehr. Ein bloßer Hinweis des Arbeitgebers auf eine unsichere Lage des Unternehmens, auf notwendig werdende Betriebsänderungen oder der Rat, sich eine neue Stelle zu suchen, genügt nicht.[179] Der Arbeitgeber muss einen Arbeitnehmer, dessen Ausscheiden er nicht selbst veranlasst, auch nicht über einen Anspruchsverlust aufklären: der Arbeitnehmer muss sich vielmehr vor einer Eigenkündigung oder einem Aufhebungsvertrag selbst über die rechtlichen Folgen seines Schritts Klarheit verschaffen.[180] **(d)** Der Abfindungsanspruch bei einer Eigenkündigung oder einem Aufhebungsvertrag setzt jedoch voraus, dass wegen der in Aussicht genommenen Betriebsänderung keine Weiterbeschäftigungsmöglichkeit mehr besteht und deshalb betriebliche Gründe die Beendigung des Arbeitsverhältnisses rechtfertigen. Ob der Arbeitgeber die nach dem Sozialplan ausgleichspflichtige Betriebsänderung beabsichtigt hat, soll sich nach den dem Arbeitnehmer bekannten objektiven Verhältnissen im Zeitpunkt des Ausspruchs der Eigenkündigung bestimmen.[181] **(e)** Auch die Unterscheidung zwischen Arbeitnehmern, die ihr Arbeitsverhältnis selbst kündigen, und solchen, die auf Grund eines von ihnen gewünschten Aufhebungsvertrags ausscheiden, ist in der Regel sachlich gerechtfertigt. Der Arbeitgeber kann so entscheiden, ob er den Arbeitnehmer für die ordnungsgemäße Durchführung der Betriebsänderung oder noch darüber hinaus benötigt oder ob ihm das freiwillige Ausscheiden des Arbeitnehmers nur eine ohnehin notwendig werdende Kündigung erspart.[182] Darlegungspflichtig für das auch nur vorläufige Bedürfnis zur Weiterbeschäftigung ist der Arbeitgeber. Der Aufhebungsvertrag kann schließlich unter der Bedingung geschlossen werden, dass der Betriebsrat einem Teilverzicht auf die Abfindung zustimmt, wenn der Arbeitgeber dem Beendigungswunsch des Arbeitnehmers nicht im Wege stehen will, obwohl er diesen weiterhin benötigt oder mit frei werdenden Stellen rechnet.[183]

55 **f) Sonstige Regelungen.** Gegenstand des Sozialplans können auch andere materielle Arbeitsbedingungen sein. Hierzu zählen die Belassung von Werkwohnungen und vergünstigter

---

[173] Zum Umfang BAG 20. 4. 1994 AP 77 zu § 112 BetrVG 1972 = NZA 95, 489 – Ausschluss; 11. 8. 1993 AP 71 zu § 112 BetrVG 1972 = NZA 94, 139 – anteilige Leistungen.

[174] BAG 20. 5. 2008 AP 192 zu § 112 BetrVG 1972 = NZA-RR 2008, 636.

[175] BAG 19. 7. 1995 AP 96 zu § 112 BetrVG 1972 = NZA 96, 271.

[176] BAG 6. 8. 2002 AP 154 zu § 112 BetrVG 1972 = NZA 2003, 449.

[177] BAG 26. 10. 2004 AP 171 zu § 112 BetrVG 1972.

[178] BAG 13. 2. 2007 AP 185 zu § 112 BetrVG 1972 = NZA 2007, 756 – unzumutbares Angebot.

[179] BAG 15. 5. 2007 ZIP 2007, 1575; 22. 7. 2003 AP 160 zu § 112 BetrVG 1972 = DB 2003, 2658; 29. 10. 2002 NZA 2003, 879; 20. 4. 1994 AP 77 zu § 112 BetrVG 1972 = NZA 95, 489.

[180] LAG Schleswig-Holstein 29. 8. 2002 DB 2002, 2552.

[181] BAG 16. 4. 2002 AP 153 zu § 112 BetrVG 1972 = ZIP 2002, 2055.

[182] BAG 9. 11. 1994 AP 85 zu § 112 BetrVG 1972 = NZA 95, 644.

[183] BAG 25. 3. 2003 – 1 AZR 169/02 n. v.

Arbeitgeberdarlehen, die Gewährung einer Erfolgsprämie,[184] die Einführung versicherungsmathematischer Abschläge bei flexibler Altersgrenze, wenn der Arbeitnehmer zwischen einer großen Abfindung und einem vorzeitigen Pensionierungsprogramm wählen kann[185] usw. Durch eine Sozialplanabfindung können unverfallbare Ruhegeldanwartschaften nicht aufgehoben oder kapitalisiert werden.[186] Regelmäßig werden im Sozialplan Härtefonds vorgesehen. Werden diese nicht ausgeschöpft, fallen sie an den Arbeitgeber zurück, wenn keine Nachtragsverteilung vorgesehen ist.[187]

In den Sozialplänen spielen vor allem **Mobilitätshilfen** eine Rolle. Besteht die Möglichkeit, dass ein Arbeitnehmer in einen anderen Betrieb des Unternehmens versetzt wird, kann der Arbeitgeber im Sozialplan Fahrt- und Umzugskosten, Beihilfen für die Wohnungseinrichtung, Nachhilfekosten bei Schulwechsel der Kinder ganz oder teilweise übernehmen. Zulässig ist dabei die Vereinbarung einer Rückzahlungsklausel in einem Sozialplan, nach der die Leistungen zurückzuzahlen sind, wenn der Arbeitnehmer vor Ablauf eines bestimmten Zeitraums auf Grund seines Verschuldens aus dem Unternehmen ausscheidet.[188] 56

g) Vererblichkeit. Ansprüche aus dem Sozialplan sind vererblich, wenn der Anspruch bereits entstanden ist. Dies ist nicht der Fall, wenn der Arbeitnehmer vor Fälligkeit des Abfindungsanspruchs verstirbt.[189] Die Betriebspartner tragen dieser Rechtsprechung gelegentlich durch Vererbungsklauseln Rechnung, wonach bei Ableben vor Beendigung des Arbeitsverhältnisses den Erben die Abfindung ganz oder teilweise gezahlt wird; solche Regelungen sind zulässig. 57

2. Form, Wirkungen und Auslegung. Der Betriebsrat hat über den Sozialplan einen Beschluss zu fassen (§ 33 BetrVG). Er ist dann schriftlich niederzulegen und vom Unternehmer und Betriebsrat, d. h. dem Betriebsratsvorsitzenden, zu unterschreiben (§ 112 I BetrVG). Das Schriftformerfordernis des § 112 I 2 BetrVG dient nicht dem Übereilungsschutz, sondern es soll Zweifel über den Inhalt der vereinbarten Norm ausschließen. Dafür genügt die Verweisung auf zum Zeitpunkt des Vertragsabschlusses vorliegende und genau bezeichnete andere schriftliche Regelungen.[190] Ein ohne Einhaltung der **Schriftform** vereinbarter Sozialplan ist unwirksam. Sein Inhalt kann wie eine formnichtige Betriebsvereinbarung (§ 231 RN 8) nur in Ausnahmefällen als betriebliche Übung oder Gesamtzusage aufrechterhalten werden.[191] Der Sozialplan hat die Wirkung einer Betriebsvereinbarung[192] und ist wie eine Betriebsvereinbarung **auszulegen.**[193] Bei Verwendung von gesetzlichen Begriffen ist davon auszugehen, dass sie mit der allgemeinen Bedeutung verwandt werden. Knüpft ein Sozialplan für die Berechnung der Abfindung an die Arbeitsvergütung vor dem Kündigungstermin an, ist im Allgemeinen davon auszugehen, dass der Tag des Ablaufs der Kündigungsfrist gemeint ist.[194] Sieht ein Sozialplan Abfindungen bei betriebsbedingten Kündigungen vor, so erhalten auch solche Arbeitnehmer eine Abfindung, die dem Übergang ihres Arbeitsverhältnisses widersprochen haben und deshalb gekündigt werden, wenn nicht ausdrücklich etwas anderes bestimmt ist.[195] 58

Auf Grund des Sozialplans entstehen unmittelbare Rechtsansprüche der einzelnen Arbeitnehmer. Deren **Angemessenheit** ist nicht im Individualprozess nachprüfbar.[196] Arbeitnehmer können ohne Zustimmung des Betriebsrats auch in einer Ausgleichsquittung nicht auf die ihnen eingeräumten Rechte **verzichten** (§ 77 IV BetrVG, dazu § 231 RN 32);[197] die Betriebspartner können aber Voraussetzungen für einen wirksamen Verzicht im Sozialplan regeln.[198] Ausnahmen 59

---

184 BAG 26. 8. 2008 – 1 AZR 349/07 n. v.

185 BAG 25. 2. 1986 AP 13 zu § 6 BetrAVG = NZA 87, 199.

186 BAG 30. 10. 1980 AP 3 zu § 1 BetrAVG = NJW 81, 1632; 7. 8. 1975 AP 169 zu § 242 BGB Ruhegehalt = DB 75, 1991.

187 LAG Bremen 15. 6. 1990 LAGE § 112 BetrVG 1972 Nr. 17 = DB 90, 1776.

188 BAG 9. 11. 1994 EzA 81 zu § 112 BetrVG 1972.

189 BAG 27. 6. 2006 AP 180 zu § 112 BetrVG 1972 = NZA 2006, 1238; 25. 9. 1996 AP 106 zu § 112 BetrVG 1972 = NZA 97, 163; 22. 5. 1996 AP 13 zu § 4 TVG Rationalisierungsschutz = NZA 97, 386.

190 BAG 14. 11. 2006 AP 181 zu § 112 BetrVG 1972 = NZA 2007, 339.

191 Zu weitgehend allerdings ArbG Berlin 23. 9. 1992 BB 93, 141 = DB 93, 1528.

192 BAG 8. 11. 1988 AP 48 zu § 112 BetrVG 1972 = NZA 89, 401; 27. 8. 1975 AP 2 zu § 112 BetrVG 1972 = DB 75, 2188 (Betriebsvereinbarung besonderer Art).

193 BAG 27. 8. 1975 AP 2 zu § 112 BetrVG 1972 = DB 75, 2188; 11. 6. 1975 AP 1 zu § 77 BetrVG 1972 Auslegung = NJW 76, 78.

194 BAG 17. 11. 1998 AP 6 zu § 77 BetrVG 1972 Auslegung = NZA 99, 609.

195 BAG 15. 12. 1998 AP 126 zu § 77 BetrVG 1972 = NZA 99, 667.

196 BAG 17. 2. 1981 AP 11 zu § 112 BetrVG 1972 = NJW 82, 69.

197 BAG 31. 7. 1996 AP 63 zu § 77 BetrVG 1972 = NZA 97, 167.

198 BAG 11. 12. 2007 NZA-RR 2008, 298; 27. 1. 2004 AP 166 zu § 112 BetrVG 1972 = NZA 2004, 667.

bestehen für sog. Tatsachenvergleiche, in denen wegen der tatsächlichen Voraussetzungen des Anspruchs ein Verzicht erklärt wird. Nach § 77 III BetrVG können sich die Betriebsvereinbarungen nicht auf Arbeitsentgelt und sonstige Arbeitsbedingungen, die durch **Tarifvertrag** geregelt sind oder üblicherweise geregelt werden, beziehen. Auf einen erzwingbaren (nicht: freiwilligen) Sozialplan ist § 77 III BetrVG nicht anwendbar (§ 112 I 4 BetrVG). Es können also Tarifverträge und Betriebsvereinbarungen nebeneinander bestehen; durch Auslegung ist zu ermitteln, ob die Leistungen den gleichen Zweck verfolgen; in diesem Fall sind sie anzurechnen. Denkbar ist auch, dass der Tarifvertrag bei Bestehen eines betrieblichen Sozialplans zurücktritt. Für einen freiwilligen Sozialplan gilt die Ausnahme von der Regelungssperre des § 77 III 1 BetrVG jedoch nicht.[199]

60 **3. Einigung.** Die Einigung über den Sozialplan kann **(a)** unmittelbar zwischen den Beteiligten ohne Einschaltung Dritter erfolgen; **(b)** durch Vermittlung der Arbeitsverwaltung (Ausnahme: § 121 InsO) zustande kommen; insoweit gelten die Ausführungen zu RN 38 sinngemäß; **(c)** vor der Einigungsstelle durch die Beteiligten abgeschlossen werden oder **(d)** auf einem Spruch der Einigungsstelle beruhen, der die Einigung zwischen Arbeitgeber und Betriebsrat ersetzt (§ 112 IV 2 BetrVG). Der Spruch der Einigungsstelle muss aber den unter RN 63 ff. dargelegten formellen Voraussetzungen genügen, da er dieselben Wirkungen wie ein vereinbarter Sozialplan entfaltet. Zum Einigungsstellenverfahren vgl. § 232.

61 **4. Inkrafttreten, Änderung und Beendigung des Sozialplans. a)** Die Betriebspartner können den Zeitpunkt des Inkrafttretens selbst bestimmen. Fehlt es hieran, tritt der Sozialplan mit der Unterzeichnung in Kraft. Ist der Sozialplan befristet abgeschlossen, endet er durch Zeitablauf, ansonsten mit seiner Zweckerreichung, d. h. mit Abschluss der Betriebsänderung. Ein für eine bestimmte Betriebsänderung vereinbarter Sozialplan kann, soweit nichts Gegenteiliges vereinbart ist, nicht ordentlich gekündigt werden. Enthält der Sozialplan Dauerleistungen, kann er hingegen ohne besondere Vereinbarung ordentlich gekündigt werden. Ob ein Sozialplan aus wichtigem Grund außerordentlich gekündigt werden kann, hat das BAG bisher offengelassen.[200] Die Frage ist zu bejahen, da entweder § 626 I BGB insoweit analog anzuwenden ist oder § 314 BGB unmittelbar für den Sozialplan gilt. Jedoch können auch durch eine ordentliche wie auch außerordentliche **Kündigung** die bis zum Zeitpunkt ihres Wirksamwerdens entstandenen Rechte der Arbeitnehmer nicht mehr beseitigt werden. Im Falle einer zulässigen ordentlichen Kündigung eines Sozialplans wirken seine Regelungen nach, bis sie durch eine neue Regelung ersetzt werden; bei einer wirksamen außerordentlichen Kündigung entfällt die Nachwirkung (vgl. § 231 RN 57 ff.). Die Betriebspartner können einen Sozialplan jederzeit einvernehmlich mit Wirkung für die Zukunft abändern; zum Restmandat (§ 21 b BetrVG) des Betriebsrats nach einer Betriebsstilllegung RN 6. Bereits entstandene Rechte sind ihrer Regelungsmacht aber nach den Grundsätzen des Vertrauensschutzes und der Verhältnismäßigkeit entzogen.[201] Bei unklarer Rechtslage sind daher klarstellende Änderungen möglich.[202] Ist der Betrieb stillgelegt und sind die Arbeitnehmer nach dem Sozialplan in einen anderen Betrieb übernommen worden, ist auch der Betriebsrat des übernehmenden Betriebs zu einer Änderung befugt.[203] Der Sozialplan verliert seine normative Wirkung nicht, wenn die Arbeitnehmer in einen anderen Betrieb des Arbeitgebers übernommen werden.[204]

61a **b) Wegfall der Geschäftsgrundlage.** Ist die Geschäftsgrundlage eines Sozialplans weggefallen und ist daher einem Betriebspartner das Festhalten am Sozialplan mit dem bisherigen Inhalt nach Treu und Glauben nicht mehr zuzumuten, können die Betriebspartner nach Auffassung des BAG die Regelungen des Sozialplanes den veränderten tatsächlichen Umständen anpassen. Verweigert der andere Betriebspartner die Anpassung, entscheidet die Einigungsstelle verbindlich. Die anpassende Regelung soll anders als bei der außerordentlichen Kündigung sogar schon entstandene Ansprüche der Arbeitnehmer zu deren Ungunsten abändern können.[205] Hier ist aber noch vieles ungeklärt. So ist fraglich, auf wessen Vorstellungen es beim Abschluss des Sozialplans aufseiten des Betriebsrats ankommt, wann im Einzelnen die Geschäftsgrundlage weggefallen ist, ob der

---

[199] BAG 14. 11. 2006 AP 181 zu § 112 BetrVG 1972 = NZA 2007, 339.
[200] BAG 10. 8. 1994 AP 86 zu § 112 BetrVG 1972 = NZA 95, 314.
[201] BAG 19. 2. 2008 AP 191 zu § 112 BetrVG 1972 = NZA 2008, 719; 22. 11. 2005 AP 176 zu § 112 BetrVG 1972 = NZA 2006, 220.
[202] BAG 2. 10. 2007 NZA-RR 2008, 242.
[203] BAG 24. 3. 1981 AP 12 zu § 112 BetrVG 1972 = NJW 82, 70.
[204] BAG 28. 3. 2007 AP 184 zu § 112 BetrVG 1972 = NZA 2007, 1066.
[205] BAG 28. 8. 1996 AP 104 zu § 112 BetrVG 1972 = NZA 97, 109; 10. 8. 1994 AP 86 zu § 112 BetrVG 1972 = NZA 95, 314.

Wegfall binnen einer Frist geltend gemacht werden muss und wie er sich auf die in der Vergangenheit abgeschlossenen individual- und kollektivrechtlichen Vereinbarungen auswirkt. Hat der Arbeitgeber andererseits mit der Durchführung einer geplanten Betriebsstilllegung durch Kündigung aller Arbeitsverhältnisse begonnen, entfällt die Geschäftsgrundlage des für die Betriebsstilllegung vereinbarten Sozialplans, wenn alsbald nach Ausspruch der Kündigungen der Betrieb von einem Dritten übernommen wird, der sich bereit erklärt, alle Arbeitsverhältnisse zu den bisherigen Bedingungen fortzuführen. In einem solchen Fall ist der Sozialplan, der allein für den Verlust der Arbeitsplätze Abfindungen vorsah, den veränderten Umständen anzupassen.[206]

5. Nachbesserungsklausel. Schließen die Arbeitsvertragsparteien im Hinblick auf eine geplante Betriebsänderung einen Aufhebungsvertrag unter Zahlung einer Abfindung und vereinbaren sie, dass der Arbeitnehmer Leistungen aus einem noch abzuschließenden Sozialplan bekommen soll, falls dieser günstiger ist, hat eine solche Nachbesserungsklausel regelmäßig den Sinn, dem Arbeitnehmer einen Anspruch auf Sozialplanleistungen gerade für den Fall einzuräumen, dass der Arbeitnehmer vom zeitlichen Geltungsbereich des Sozialplans wegen seines frühzeitigen Ausscheidens nicht mehr erfasst wird. Wird der Arbeitnehmer vom zeitlichen Geltungsbereich des Sozialplans noch erfasst, läuft die Nachbesserungsklausel leer. Der Arbeitnehmer hat nach § 77 IV BetrVG einen unmittelbaren und unabdingbaren Anspruch auf die ggf. höheren Leistungen aus dem Sozialplan.[207] 62

6. Ermessensrichtlinien der Einigungsstelle (§ 112 V BetrVG). Die Einigungsstelle hat bei ihrem Spruch sowohl die sozialen Belange der betroffenen Arbeitnehmer zu berücksichtigen als auch auf die wirtschaftliche Vertretbarkeit ihrer Entscheidung für den Unternehmer zu achten (§ 112 V 1 BetrVG). Für die Ausübung des billigen Ermessens sind durch das BeschFG 1985 Ermessensrichtlinien in das Gesetz eingefügt worden,[208] an die die Einigungsstelle bei einem Spruch gebunden ist. Überschreitet sie die Grenzen des ihr eingeräumten Ermessens, kann der Spruch nach § 76 V BetrVG angefochten werden (dazu RN 70ff.). Die Vorgaben gelten nicht, wenn der Sozialplan zwischen Arbeitgeber und Betriebsrat außerhalb eines Einigungsstellenverfahrens ausgehandelt worden ist oder die Einigungsstelle den Abschluss des Sozialplans nur vermittelt hat, er also während des Einigungsstellenverfahrens abgeschlossen wird. 63

a) Einzelfallbetrachtung (Nr. 1). Nach § 112 V 2 Nr. 1 BetrVG soll beim Ausgleich oder der Milderung wirtschaftlicher Nachteile die Einigungsstelle den Gegebenheiten des Einzelfalles Rechnung tragen. Das Gesetz zählt einzelne Nachteile auf wie Einkommensminderung, Wegfall von Sozialleistungen, Verlust von Anwartschaften auf betriebliche Altersversorgung, Umzugskosten oder erhöhte Fahrtkosten. Der Katalog ist nicht abschließend, wie sich aus der Einleitung „insbesondere" ergibt. Nach der Gesetzesbegründung war bezweckt, dass die Einigungsstelle nicht von vornherein pauschalierte Abfindungen festsetzt, sondern den tatsächlich entstandenen oder abzusehenden Nachteilen Rechnung trägt.[209] In diesem Rahmen lassen sich zwar Pauschalen nicht vermeiden, die regelmäßig auf den Grundfaktoren Betriebszugehörigkeit, Lebensalter und Unterhaltspflichten beruhen werden. Die Einigungsstelle überschreitet aber die Grenzen ihres Ermessens, wenn sie für alle infolge einer Betriebsänderung entlassenen Arbeitnehmer ohne Unterschiede Abfindungen festsetzt, deren Höhe sich allein nach dem Monatseinkommen und der Dauer der Betriebszugehörigkeit bemisst.[210] Ermessensfehlerhaft ist es auch, allein wegen eines längeren Anfahrwegs (30 km) eine Weiterbeschäftigung als unzumutbar anzusehen und deshalb ausschließlich Abfindungszahlungen vorzusehen.[211] 64

b) Aussichten auf dem Arbeitsmarkt und Weiterbeschäftigungsmöglichkeit (Nr. 2). 65
aa) Nach § 112 V 2 Nr. 2 BetrVG hat die Einigungsstelle die Aussichten der betroffenen Arbeitnehmer auf dem Arbeitsmarkt zu berücksichtigen. Die Einigungsstelle wird regelmäßig über die Vermittlungsmöglichkeiten einen Vertreter der Arbeitsverwaltung zu hören haben, jedoch kann sie – wie auch die Betriebspartner – die Lage am Arbeitsmarkt zumindest pauschalierend selbst einschätzen[212] und auf eine Hinzuziehung eines Vertreters der Arbeitsverwaltung verzichten. Die Einigungsstelle soll regelmäßig solche Arbeitnehmer vom Leistungsbezug ausschließen,

---

[206] BAG 28. 8. 1996 AP 104 zu § 112 BetrVG 1972 = NZA 97, 109.

[207] BAG 6. 8. 1997 AP 116 zu § 112 BetrVG 1972 = NZA 98, 155; vgl. dazu LAG Rheinland-Pfalz 19. 9. 1997 NZA-RR 98, 546.

[208] BAG 26. 5. 1988 AP 26 zu § 76 BetrVG 1972 = NZA 89, 26.

[209] Vgl. BAG 12. 2. 1985 AP 25 zu § 112 BetrVG 1972 = NZA 85, 717; 14. 2. 1984 AP 21 zu § 112 BetrVG 1972 = NZA 84, 201.

[210] BAG 14. 9. 1994 AP 87 zu § 112 BetrVG 1972 = NZA 95, 440.

[211] LAG Frankfurt 9. 12. 1997 NZA-RR 99, 140.

[212] BAG 19. 10. 1999 AP 135 zu § 112 BetrVG 1972 = NZA 2000, 732.

die in einem zumutbaren Arbeitsverhältnis im selben Betrieb oder einem anderen Betrieb des Unternehmens oder Konzerns weiterhin beschäftigt werden können und die Weiterbeschäftigung ablehnen.[213] Es ist danach grundsätzlich zulässig, in einem Sozialplan Abfindungsansprüche für den Fall auszuschließen oder zu kürzen, dass das Arbeitsverhältnis nach § 613a I 1 BGB auf einen Betriebs- oder Betriebsteilerwerber übergeht[214] oder Arbeitnehmer von Sozialplanansprüchen auszunehmen, die den Übergang des Arbeitsverhältnisses auf einen Betriebs- oder Betriebsteilerwerber ohne anerkennenswerte Gründe durch einen Widerspruch verhindern.[215] Eine Ungleichbehandlung ist auch gerechtfertigt, wenn es sich um ältere Arbeitnehmer handelt[216] oder der Arbeitnehmer durch Vermittlung des Arbeitgebers einen anderen Arbeitsplatz erhält bzw. erhalten kann.[217]

66 **bb) Unzumutbarkeit.** Die Einigungsstelle kann regeln, unter welchen Umständen die Ablehnung eines Arbeitsplatzes unzumutbar ist.[218] Die Zumutbarkeitsregelungen des § 121 SGB III sind zwar nicht direkt anwendbar, können aber als Orientierungshilfe herangezogen werden.[219] Zumutbar sind gleichwertige Arbeitsbedingungen entspr. der beruflichen Qualifikation und Vergütung des Arbeitnehmers, die Anrechnung der Vordienstzeiten durch den neuen Arbeitgeber ist nicht erforderlich. Das Stellenangebot ist nicht bereits deswegen unzumutbar, weil Überstunden wegfallen oder die Arbeitsaufnahme mit einem Ortswechsel verbunden ist. Da es auf eine Gesamtabwägung ankommt, kann ein Ortswechsel nur im Einzelfall zur Unzumutbarkeit führen, wenn bei dem Arbeitnehmer besondere Umstände hinzutreten, die einem Ortswechsel entgegenstehen[220] (Schwerbehinderung, Pflegeleistungen, für Angehörige, dagegen wohl nicht Schulwechsel der Kinder, allenfalls in den letzten beiden Schuljahren). Zur Rechtslage bei Aufhebungsverträgen und Eigenkündigungen RN 54.

67 **c) Berücksichtigung von Fördermöglichkeiten (Nr. 2a).** Nach dem durch das BetrVG-ReformG neu eingefügten § 112 V Nr. 2a BetrVG soll die Einigungsstelle insbesondere die in § 216 a SGB III enthaltenen Fördermöglichkeiten bei der Ausgestaltung von Sozialplänen zur Vermeidung von Arbeitslosigkeit berücksichtigen (RN 107ff.). Nach der Gesetzesbegründung soll der Sozialplan nicht mehr als Abfindungsinstrument, sondern vorrangig zur Schaffung neuer Beschäftigungsperspektiven genutzt werden (BT-Drucks. 14/5741 S. 52). Die Einigungsstelle hat daher vor ihrer Entscheidung aufzuklären, ob eine Förderung des Sozialplans in Betracht kommt; allerdings können nur Arbeitgeber und Betriebsrat einen Antrag auf Transferleistungen stellen (§ 323 II 1, 2 SGB III). Werden Fördermittel zur Verfügung gestellt, dürfte deren Nichtberücksichtigung bei der Ausgestaltung des Sozialplans regelmäßig ermessensfehlerhaft sein und ein etwaiger Spruch bei einer darauf gestützten Anfechtung aufzuheben sein. Gleiches gilt, wenn die Einigungsstelle die Einbeziehung von Fördermitteln nicht in Betracht gezogen hat. Voraussetzung ist aber, dass entweder Arbeitgeber oder Betriebsrat den Abschluss eines Transfersozialplans angeregt haben.

68 **d) Angemessenheit des Dotierungsrahmens (Nr. 3). aa)** Die Einigungsstelle hat bei der Bemessung des Gesamtbetrags der Sozialplanleistungen darauf zu achten, dass der Fortbestand des Unternehmens oder die nach der Durchführung der Betriebsänderung verbleibenden Arbeitsplätze nicht gefährdet werden (§ 112 V 2 Nr. 3 BetrVG). Außerhalb des Insolvenzverfahrens (vgl. § 123 InsO, dazu RN 102) fehlen abstrakte Grenzen für die Bestimmung eines zulässigen Dotationsrahmens ebenso wie entsprechende Obergrenzen für Abfindungen. § 10 KSchG ist auf in Sozialplänen vereinbarte Abfindungen weder direkt noch analog anwendbar.[221] Nach Ansicht des BAG hängt die Vertretbarkeit auch davon ab, welche Nachteile die Arbeitnehmer erleiden.[222] Der Betriebsrat kann den Einigungsstellenspruch mit der Begründung anfechten, das Gesamtvolumen des Sozialplans sei zu gering. Dazu muss er konkret darlegen, dass der Sozial-

---

[213] BAG 6. 11. 2007 AP 90 zu § 112 BetrVG 1972 = NZA 2008, 232 – Kürzung; 28. 9. 1988 AP 47 zu § 112 BetrVG 1972 = NZA 89, 186; 27. 10. 1987 AP 41 zu § 112 BetrVG 1972 = NZA 88, 203; 25. 10. 1983 AP 18 zu § 112 BetrVG 1972 = DB 84, 725; 8. 12. 1976 AP 3 zu § 112 BetrVG 1972 = DB 77, 729; LAG Berlin 9. 1. 1998 NZA-RR 98, 407.

[214] BAG 12. 7. 2007 NZA 2008, 425; 22. 11. 2005 AP 176 zu § 112 BetrVG 1972 = NZA 2006, 220.

[215] BAG 12. 7. 2007 NZA 2008, 425; 5. 2. 1997 AP 112 zu § 112 BetrVG 1972 = NZA 98, 158.

[216] BAG 19. 10. 1999 AP 135 zu § 112 BetrVG 1972 = NZA 2000, 732 – Höchstbetrag.

[217] BAG 22. 3. 2005 NZA 2005, 831; 19. 6. 1996 AP 102 zu § 112 BetrVG 1972 = NZA 97, 562.

[218] BAG 28. 9. 1988 AP 47 zu § 112 BetrVG 1972 = NZA 89, 186.

[219] Enger BAG 6. 11. 2007 AP 190 zu § 112 BetrVG 1972 = NZA 2008, 232.

[220] BAG 6. 11. 2007 AP 90 zu § 112 BetrVG 1972 = NZA 2008, 232; 12. 7. 2007 NZA 2008, 425.

[221] BAG 23. 8. 1988 AP 46 zu § 112 BetrVG 1972 = NZA 89, 28.

[222] BAG 14. 9. 1994 AP 87 zu § 112 BetrVG 1972 = NZA 95, 440.

plan seinen gesetzlichen Zweck nicht erfüllt. Dieser wird nicht nur bei einem (vollständigen) Ausgleich, sondern bereits bei der Milderung der den Arbeitnehmern auf Grund der Betriebsänderung entstehenden wirtschaftlichen Nachteile erreicht. Der Einigungsstellenspruch ist daher ermessensfehlerfrei und kann vom Betriebsrat nicht nach Nr. 3 angefochten werden, wenn der Sozialplan zumindest eine substantielle Milderung der wirtschaftlichen Nachteile vorsieht. In diesem Fall sind die wirtschaftlichen Verhältnisse des Unternehmens ohne Bedeutung. Eine Unterschreitung dieser Grenze ist jedoch zulässig und geboten, wenn das Sozialplanvolumen für das Unternehmen wirtschaftlich sonst nicht vertretbar wäre.[223] Die Belastung mit einer Sozialplanabfindung kann daher für die Ertragskraft des Unternehmens durchaus einschneidende Wirkungen haben.[224] Bei Zweifeln über die in Nr. 3 genannten Kriterien muss die Einigungsstelle einen Sachverständigen hinzuzuziehen.[225]

bb) Konzernverbund. In aller Regel ist wegen der Vermögensverhältnisse auf das Unter- 69
nehmen abzustellen. Es können aber auch die Vermögensverhältnisse im Konzern maßgeblich sein, wenn es sich bei dem Unternehmen um ein Konzernunternehmen handelt und ein anderes Konzernunternehmen für die sozialplanbedingten Verbindlichkeiten einzustehen hat. Dies ist der Fall, wenn ein Beherrschungs- oder Gewinnabführungsvertrag (§ 302 AktG) abgeschlossen ist oder eine missbräuchliche Schädigung des im Gläubigerinteresse zweckgebundenen Gesellschaftsvermögens vorliegt (sog. Existenzvernichtungshaftung, dazu § 34 RN 11).[226] Für Sozialplanleistungen kann auch ein Gesellschafter im Wege der Durchgriffshaftung eintreten müssen.[227] Der in die Stellung eines Kommanditisten gewechselte ehemalige Komplementär haftet aber nicht persönlich für Ansprüche der Arbeitnehmer aus einem Sozialplan, der nach Veränderung seiner Gesellschafterstellung abgeschlossen wurde.[228]

7. Überschreitung des Beurteilungsspielraums. a) Anfechtung. Überschreitet die Ei- 70
nigungsstelle den ihr in § 112 V BetrVG gezogenen Ermessensrahmen, kann die Unwirksamkeit des Spruchs sowohl vom Arbeitgeber als auch vom Betriebsrat im Beschlussverfahren (§ 2a ArbGG) binnen einer Frist von 2 Wochen vom Tage der Zuleitung des Beschlusses an gerechnet, geltend gemacht werden (§ 76 V BetrVG). Im Beschlussverfahren kann nur die Unwirksamkeit des Sozialplans festgestellt werden, nicht hingegen seine Änderung, z. B. auf ein höheres Volumen. Es ist daher zu beantragen,[229] „festzustellen, dass der auf dem Spruch der Einigungsstelle beruhende Sozialplan vom [Datum] rechtsunwirksam ist". Bei Anfechtung des Sozialplans ist der Streitwert nach dem Sozialplanvolumen zu bemessen, wobei der Wert jedoch zu beschränken ist auf den Betrag der Sozialplanleistungen, der zwischen den Betriebsparteien streitig ist. Die Höchstgrenze in nichtvermögensrechtlichen Streitigkeiten darf dabei allerdings nicht überschritten werden.[230]

b) Überprüfung, Teilunwirksamkeit. Ein Ermessensfehler ist aber dann noch nicht gege- 71
ben, wenn ein anderer Sozialplan lediglich eine bessere oder vernünftigere Regelung darstellen würde, sondern nur dann, wenn die Einigungsstelle den Ermessensrahmen verkennt, also entweder die sozialen Belange der Arbeitnehmer oder die wirtschaftliche Vertretbarkeit ihrer Entscheidung für den Unternehmer außer Acht gelassen hat **(Ermessensüberschreitung)** oder eine Entscheidung trifft, die mit dem Zweck des Sozialplanes nicht mehr im Zusammenhang steht **(Ermessensmissbrauch).** Das Arbeitsgericht hat ähnlich wie bei § 315 III BGB den Spruch der Einigungsstelle auf die Einhaltung des Ermessensspielraumes zu überprüfen. Die Teilunwirksamkeit eines Sozialplans führt wegen seines Normencharakters grundsätzlich nicht zu einer Gesamtnichtigkeit. Etwas anderes gilt nur, wenn der verbleibende Teil ohne den unwirksamen Teil keine sinnvolle und in sich geschlossene Regelung mehr darstellt. Dies wird regelmäßig dann der Fall sein, wenn sich der Ermessensfehler auf die Gesamtdotierung auswirkt, nicht dagegen, wenn es auf Grund von Individualverfahren infolge unzulässiger Differenzierun-

---

223 BAG 24. 8. 2004 AP 174 zu § 112 BetrVG 1972 = NZA 2005, 302.

224 BAG 17. 10. 1989 AP 29 zu § 11 BetrVG 1972 = NZA 90, 443.

225 *Fitting* §§ 112, 112a RN 244; Richardi/*Annuß* § 112 RN 167.

226 Zu den Voraussetzungen: BGH 16. 7. 2007 NJW 2007, 2689 unter teilweiser Fortführung von BGH; 24. 6. 2002 NJW 2002, 3024; 17. 9. 2001 NJW 2001, 3622; ähnlich *Fitting* §§ 112, 112a RN 218; Richardi/*Annuß* § 112 RN 146; weitergehend DKK/*Däubler* § 112 RN 116.

227 BAG 15. 1. 1991 AP 21 zu § 113 BetrVG 1972 = NJW 91, 2923 = NZA 91, 681.

228 BAG 24. 3. 1992 AP 10 zu § 161 HGB = NJW 92, 3255 = NZA 92, 1100.

229 BAG 30. 10. 1979 AP 9 zu § 112 BetrVG 1972 = NJW 80, 1542.

230 LAG Düsseldorf 29. 11. 1994 LAGE § 8 BRAGO Nr. 25 = DB 95, 52; LAG Rheinland-Pfalz 6. 8. 1992 NZA 93, 93; LAG Hamm 13. 10. 1988 DB 89, 52; a. A. LAG Brandenburg 20. 11. 1992 LAGE § 8 BRAGO Nr. 20 (Bemessung am Wert der anwaltlichen Tätigkeit).

gen bei der Leistungshöhe zu einer Erhöhung des Sozialplanvolumens kommt und die finanzielle Mehrbelastung des Arbeitgebers im Verhältnis zum Gesamtvolumen des Sozialplans nicht „ins Gewicht fällt".[231]

72 **c) Einzelfälle.** Für **zulässig** wurde angesehen, dass einem Arbeitnehmer nur dann Ansprüche zustehen, wenn eine Versetzung auf einen zumutbaren Arbeitsplatz nicht möglich ist und über die Zumutbarkeit eine Kommission entscheidet,[232] die Umwandlung einer Versorgungs- in eine Versichertenrente nach der VBL besonders ausgeglichen wird,[233] einen Arbeitnehmer von Leistungen auszuschließen, der die Möglichkeit hat, vorgezogenes Altersruhegeld zu beantragen[234] oder in Versorgungsordnungen versicherungsmathematische Abschläge einzuführen.[235]

73 **Unzulässig** sind Regelungen, wenn lediglich Versorgungsansprüche vernichtet[236] oder abgefunden[237] werden, Erstattungsansprüche der Arbeitsverwaltung (§ 147 a SGB III) allein auf die Abfindungen der Arbeitnehmer angerechnet[238] oder Abfindungen nur nach der Dauer der Betriebszugehörigkeit und der Höhe des Monatseinkommens festgesetzt werden.[239] Soll durch eine Teilstilllegung die Sanierung eines Unternehmens erfolgen, erweist sich jedoch in der Folgezeit, dass diese nicht verwirklicht werden kann, so sind die bereits bei der ersten Stilllegung betroffenen Arbeitnehmer beim zweiten Sozialplan zu berücksichtigen, wenn die Mittel des ersten Sozialplanes erheblich geringer waren.[240]

74 **d) Prüfungsmaßstab im Urteilsverfahren.** Der einzelne Arbeitnehmer kann im Urteilsverfahren nur Rechtsfehler des Sozialplanes geltend machen. Hierzu gehört z. B. ein Verstoß gegen den Gleichbehandlungsgrundsatz oder das Diskriminierungsverbot (§ 75 BetrVG). Dagegen kann er nicht erreichen, dass der Sozialplan auf billiges Ermessen überprüft wird, ob also die Ausgleichsleistungen im Einzelfall ausreichend sind oder nicht.[241] Unberührt bleibt das Recht des Insolvenzverwalters, einen Sozialplan nach den Vorschriften der InsO anzufechten.[242] Eine Abfindung, die der Unterhaltsschuldner für den Verlust seines Arbeitsplatzes erhält, ist bei der Feststellung der **unterhaltsrechtlichen** Leistungsfähigkeit zu berücksichtigen.[243]

75 **8. Kündigungsschutzprozess.** Ein Arbeitgeber kann grundsätzlich ohne Verstoß gegen den Gleichbehandlungsgrundsatz oder das Maßregelungsverbot die Zahlung einer freiwilligen Abfindung davon abhängig machen, dass der Arbeitnehmer gegen die Kündigung nicht gerichtlich vorgeht.[244] An dem hiermit verbundenen Gewinn an Planungssicherheit ein anerkennenswertes Interesse des Arbeitgebers, dass der Gesetzgeber nunmehr durch § 1 a KSchG anerkannt hat. Demgegenüber sind die Betriebsparteien bei der Verknüpfung einer Abfindungszahlung mit dem Verzicht auf die Erhebung einer Kündigungsschutzklage stärkeren Beschränkungen unterworfen als die Tarifvertragsparteien.[245] Nach Ansicht des BAG darf in einem Sozialplan auch nach Inkrafttreten von § 1 a KSchG die Zahlung von Abfindungen nicht davon abhängig gemacht werden, dass die wegen der Betriebsänderung entlassenen Arbeitnehmer gegen ihre Kündigung keine gerichtlichen Schritte unternehmen.[246] Dies folgt aus dem Regelungszweck des Sozialplans, der auf

---

[231] BAG 21. 10. 2003 AP 163 zu § 112 BetrVG 1972 = NZA 2004, 559; 25. 1. 2000 AP 137 zu § 112 BetrVG 1972 = NZA 2000, 1069; 18. 12. 1990 AP 98 zu § 1 TVG Tarifverträge: Metallindustrie = NZA 91, 484.

[232] BAG 28. 9. 1988 AP 47 zu § 112 BetrVG 1972 = NZA 89, 186; 8. 12. 1976 AP 3 zu § 112 BetrVG 1972 = DB 77, 729.

[233] BAG 29. 11. 1978 AP 7 zu § 112 BetrVG 1972 = DB 79, 795.

[234] BAG AP 5 zu § 42 SchwbG = NJW 83, 1136; 26. 7. 1988 AP 45 zu § 112 BetrVG 1972 = NJW 89, 480 = NZA 89, 25.

[235] BAG 25. 2. 1986 AP 13 zu § 6 BetrVG = NZA 87, 199.

[236] BAG 13. 10. 1976 AP 15 zu § 242 BGB Ruhegehalt – Unverfallbarkeit = DB 77, 681.

[237] BAG 30. 10. 1980 AP 3 zu § 1 BetrAVG.

[238] BAG 26. 6. 1990 AP 56 zu § 112 BetrVG 1972 = NZA 91, 111; vgl. aber BAG 25. 1. 2000 AP 3 zu § 128 AFG = NZA 2000, 886.

[239] BAG 14. 9. 1994 AP 87 zu § 112 BetrVG 1972 = NZA 95, 440.

[240] BAG 9. 12. 1981 AP 14 zu § 112 BetrVG 1972 = NJW 82, 1718.

[241] BAG 26. 7. 1988 AP 45 zu § 112 BetrVG 1972 = NZA 89, 25; 17. 2. 1981 AP 11 zu § 112 BetrVG 1972 = NJW 82, 69.

[242] LAG München 5. 9. 1986 BB 87, 194 = NZA 87, 464; LAG Hamm 20. 1. 1982 BB 82, 925 = DB 82, 1119.

[243] BGH 23. 12. 1981 AP 13 zu § 112 BetrVG 1972 = NJW 82, 822; OLG Hamm 26. 5. 1998 FamRZ 99, 1068.

[244] BAG 15. 2. 2005 AP 15 zu § 612 a BGB = NZA 2005, 1117.

[245] Dazu BAG 3. 5. 2006 AP 17 zu § 612 a BGB NZA 2006, 1420.

[246] Zur Rechtslage vor Inkrafttreten des § 1 a KSchG: BAG 20. 6. 1985 AP 33 zu § 112 BetrVG 1972 = NZA 86, 258; 20. 12. 1983 AP 17 zu § 112 BetrVG 1972 = NJW 84, 1581.

den Ausgleich oder die Milderung der wirtschaftlichen Nachteile gerichtet sei. Diese träfen die Arbeitnehmer, die Kündigungsschutzklage erheben, gleichermaßen. Jedoch sieht das Gericht den Abschluss einer freiwilligen Betriebsvereinbarung (§ 88 BetrVG) als zulässig an, in der dem Arbeitnehmer ein Anspruch auf einen weiteren Abfindungsbetrag versprochen wird, wenn er von der Erhebung der Kündigungsschutzklage Abstand nimmt. Allerdings dürfe das Verbot nicht umgangen werden, Sozialplanabfindungen von einem entsprechenden Verzicht abhängig zu machen. Eine solche Umgehung scheint das Gericht dann als nicht gegeben anzusehen, wenn **(a)** der Sozialplan eine angemessene Milderung der wirtschaftlichen Nachteile der durch die Betriebsänderung entstehenden Nachteile enthält (dazu RN 68) und **(b)** keine greifbaren Anhaltspunkte für die Annahme bestehen, dass dem „an sich" für den Sozialplan zur Verfügung stehenden Finanzvolumen zum Nachteil der von der Betriebsänderung betroffenen Arbeitnehmer Mittel entzogen und funktionswidrig im „Bereinigungsinteresse" des Arbeitgebers eingesetzt worden sind.[247] Nach wie vor zulässig sind Vereinbarungen in einem Sozialplan, nach der die Fälligkeit der Abfindung auf den Zeitpunkt des rechtskräftigen Abschlusses eines Kündigungsrechtsstreits hinausgeschoben[248] und bestimmt wird, dass eine Abfindung nach § 1 a KSchG bzw. §§ 9, 10 KSchG auf die Sozialplanabfindung anzurechnen ist.[249] Gleiches gilt auch für eine Vereinbarung, die eine Anrechnung von Leistungen nach § 113 BetrVG umfasst (RN 82).

9. Aussetzung von Individualstreitigkeiten. Wird ein Sozialplan gemäß § 76 V BetrVG im Beschlussverfahren angefochten, so können die Rechtsstreitigkeiten der Arbeitnehmer, die auf Grund des Sozialplans Ansprüche geltend machen, unter den Voraussetzungen von § 148 ZPO ausgesetzt werden.[250] Insoweit besteht tatsächlich ein starker Einigungszwang, da der Betriebsrat daran interessiert ist, möglichst bald die Auszahlung der Abfindungen zu erreichen. Der Betriebsrat kann auf Grund der Durchführungspflicht des Arbeitgebers nicht aus eigenem Recht die Erfüllung der Ansprüche der Arbeitnehmer verlangen.[251] Streitigkeiten über die Auslegung eines Sozialplanes können nicht mit Wirkung gegenüber den Arbeitnehmern durch einen verbindlichen Spruch einer Einigungsstelle entschieden werden.[252] **76**

10. Ausschlussfristen. Sozialplanansprüche unterliegen wie Abfindungen nach §§ 9, 10 KSchG tariflichen Verfallfristen,[253] wenn diese „alle Ansprüche aus dem Arbeitsverhältnis" erfassen. Dabei kommt es nicht darauf an, ob der Sozialplan bereits vor oder erst nach Beendigung des Arbeitsverhältnisses abgeschlossen worden ist. Betrifft die Ausschlussfrist hingegen nur Arbeitsentgelt im engeren Sinne oder nur „vertragliche Ansprüche",[254] wird eine Sozialplanabfindung von ihr nicht erfasst. Durch die Erhebung der Kündigungsschutzklage (§ 4 KSchG) wird die Fälligkeit einer Sozialplanabfindung regelmäßig nicht hinausgeschoben, dementsprechend läuft die Verfallfrist regelmäßig mit der Entlassung, d. h. dem tatsächlichen Ausscheiden aus dem Arbeitsverhältnis. Das BAG hat vereinzelt eine Ausschlussfrist auf eine Sozialplanleistung (Ausgleichsgeld) nicht angewandt, die es mit einer betrieblichen Altersversorgung und den monatlichen Ruhegeldraten als vergleichbar angesehen hat.[255] Die Sozialplanabfindung unterliegt der regelmäßigen dreijährigen Verjährungsfrist des § 195 BGB.[256] **77**

VI. Ausgleichsanspruch der Arbeitnehmer (§ 113 BetrVG)

Berscheid, Nachteilsausgleichsansprüche in der Insolvenz, ZInsO 2004, 542; *Kleinebrink,* Vermeidung oder Verringerung von finanziellen Belastungen auf Grund eines Nachteilsausgleichs bei Betriebsänderungen, NZA-RR 2005, 281; *Leuchten/Lipinski,* Die Anrechnung des Nachteilsausgleichs auf die Sozialplanabfindung nach der Massenentlassungsrichtlinie 98/59/EG, NZA 2003, 1361; *Rinsdorf,* Einstweiliger Rechtsschutz statt Nachteilsausgleich bei Betriebsänderungen im Tendenzbetrieb, ZTR 2001, 197; *Weber,* Massenentlassung und Arbeitnehmerbeteiligung im deutschen und europäischen Mitbestimmungsrecht, ArbuR 2008, 365.

---

[247] BAG 31. 5. 2005 AP 175 zu § 112 BetrVG 1972 = NZA 2005, 997.
[248] BAG 11. 11. 2008 – 1 AZR 475/07 – NZA 2009, 210.
[249] Zu § 1 a KSchG: BAG 19. 6. 2007 AP 4 zu § 1 a KSchG 1969 = NZA 2007, 1357; zu §§ 9, 10 KSchG: BAG 20. 6. 1985 AP 33 zu § 112 BetrVG 1972 = NZA 86, 258.
[250] BAG 28. 8. 1996 AP 104 zu § 112 BetrVG 1972 = NZA 97, 109; LAG Hamm 22. 6. 1978 BB 78, 1014 = DB 78, 1699.
[251] BAG 17. 10. 1989 AP 53 zu § 112 BetrVG 1972 = NZA 90, 441.
[252] BAG 27. 10. 1987 AP 22 zu § 76 BetrVG 1972 = NZA 88, 207.
[253] BAG 30. 11. 1994 AP 88 zu § 112 BetrVG 1972 = NZA 95, 643; LAG Berlin 24. 3. 1993 NZA 94, 425; einschränkend LAG Brandenburg 16. 4. 1993 LAGE § 4 TVG Ausschlussfristen Nr. 29 = DB 93, 2340.
[254] BAG 13. 2. 2007 AP 17 zu § 47 BetrVG 1972 = NZA 2007, 825.
[255] BAG 3. 4. 1990 EzA 94 zu § 4 TVG Ausschlussfristen.
[256] BAG 30. 10. 2001 AP 145 zu § 112 BetrVG 1972 = NZA 2002, 449.

78 **1. Abweichung vom Interessenausgleich. a) Grundsatz.** Weicht der Unternehmer von einem Interessenausgleich über eine geplante Betriebsänderung ohne zwingenden Grund ab, können diejenigen Arbeitnehmer, die infolge der Abweichung entlassen werden, Klage auf Abfindung erheben (§ 113 I BetrVG). Während Sozialplanleistungen konkrete Nachteile ausgleichen sollen, die dem Arbeitnehmer infolge der durchgeführten Betriebsänderung entstehen, verfolgt der Anspruch auf Nachteilsausgleich hingegen das Ziel, ein bestimmtes betriebsverfassungswidriges Verhalten des Arbeitgebers durch Kostenbelastung zu sanktionieren.[257] Die Norm knüpft individualrechtliche Ansprüche des einzelnen Arbeitnehmers an Versäumnisse des Arbeitgebers bei der Beteiligung des Betriebsrats vor und während der Durchführung von Betriebsänderungen. Während nach Abs. 3 das Unterbleiben eines Versuchs über einen Interessenausgleich zum Nachteilsausgleich führt, sieht § 113 I, II BetrVG diese Rechtsfolge auch für ein Abweichen von einem Interessenausgleich ohne zwingenden Grund vor.

79 **b) Interessenausgleich.** Voraussetzung des Anspruchs nach § 113 I, II BetrVG ist stets das Bestehen eines Interessenausgleichs (RN 30ff.). Erforderlich ist eine Einigung der Betriebspartner über das Ob und Wie einer geplanten Betriebsänderung oder eines Teils derselben, die schriftlich festgehalten ist und in dieser Urkunde mit ausreichender Deutlichkeit sichtbar wird. Unerheblich ist, ob sie diese Einigung ausdrücklich als Interessenausgleich bezeichnen oder die Übereinkunft in einem Sozialplan enthalten ist.[258] Zum betriebsratslosen Betrieb und zur Zuständigkeit des Gesamtbetriebsrats RN 4f. Der Unternehmer ist grundsätzlich zur Einhaltung des Interessenausgleichs verpflichtet. Weicht er davon ab, sind die getroffenen Maßnahmen nicht unwirksam. Der Unternehmer wird jedoch zur Zahlung eines Nachteilsausgleichs verpflichtet, es sei denn, dass er für die Abweichung einen zwingenden Grund hat. Zur Erzwingbarkeit eines Interessenausgleichs durch den Betriebsrat RN 33.

80 **c) Abweichen ohne zwingenden Grund.** Zwingende Gründe, die ein Abweichen vom Interessenausgleich rechtfertigen, sind dann gegeben, wenn sie nach Abschluss des Interessenausgleichs eingetreten sind und nach Abwägung der Interessen des Unternehmens und seiner Arbeitnehmerschaft zur Abwendung unmittelbar drohender Gefahren erforderlich sind.[259] Sie können rechtlicher, wirtschaftlicher, technischer oder organisatorischer Art sein. Ob ein zwingender Grund vorliegt, ist inzidenter im Prozess zu klären; ein besonderes Beschlussverfahren findet nicht statt.[260]

81 **d) Kausalität.** Die Kündigungen müssen kausal auf der Abweichung beruhen. Am Kausalzusammenhang fehlt es, wenn der Arbeitnehmer ohnehin zu dem gleichen Zeitpunkt entlassen worden wäre. Eine Abweichung vom Interessenausgleich wird nur bei einer betriebsbedingten Kündigung in Betracht kommen. Kündigt der Arbeitgeber dagegen aus personen- oder verhaltensbedingten Gründen, wird dies regelmäßig mit der Abweichung vom Interessenausgleich nichts zu tun haben. Eine Entlassung nach § 113 I BetrVG setzt die tatsächliche Beendigung des Arbeitsverhältnisses voraus. Hieran fehlt es, wenn der Arbeitnehmer nach dem Entlassungstermin weiterbeschäftigt oder das Fortbestehen des Arbeitsverhältnisses rechtskräftig festgestellt wird.[261] Greift er die Kündigung aber nicht an und scheidet mit dem Kündigungsendtermin aus, gilt dies gleichfalls als Entlassung, da der Begriff in der Rechtssprache regelmäßig an das tatsächliche Ausscheiden anknüpft. Die **Wirksamkeit** der ausgesprochenen **Kündigung** ist nicht erforderlich (umstr.).[262] Der Arbeitnehmer kann auch im Wege der subjektiven Klagehäufung vorrangig auf Feststellung der Unwirksamkeit der Kündigung und hilfsweise auf Zahlung einer Abfindung nach § 113 BetrVG klagen. § 113 BetrVG ist entspr. anzuwenden ist, wenn das Arbeitsverhältnis auf Grund eines vom Arbeitgeber veranlassten Aufhebungsvertrags oder einer entsprechenden Eigenkündigung geendet hat.[263]

---

[257] BAG 19. 1. 1999 AP 37 zu § 113 BetrVG 1972 = NZA 99, 949; 10. 12. 1996 AP 32 zu § 113 BetrVG 1972 = NZA 97, 787.

[258] BAG 19. 1. 1999 AP 37 zu § 113 BetrVG 1972 = NZA 99, 949; 20. 4. 1994 AP 27 zu § 113 BetrVG 1972 = NZA 95, 89.

[259] Vgl. BAG 23. 1. 1979 AP 4 zu § 113 BetrVG 1972 = DB 79, 1139; 17. 9. 1974 AP 1 zu § 113 BetrVG 1972 = NJW 75, 182; 20. 11. 1970 AP 8 zu § 72 BetrVG = NJW 71, 774.

[260] BAG 23. 1. 1979 AP 4 zu § 113 BetrVG 1972 = DB 79, 1139; 18. 3. 1975 AP 1 zu § 111 BetrVG 1972 = DB 75, 1322; AP 4 zu § 113 BetrVG 1972.

[261] BAG 31. 10. 1995 AP 29 zu § 72 ArbGG 1979 = NZA 96, 499.

[262] *Fitting* § 113 RN 23; Richardi/*Annuß* § 113 RN 37; GK-BetrVG/*Oetker* § 113 RN 46ff.; a. A. MünchArbR/*Matthes* § 361 RN 41.

[263] Vgl. BAG 8. 11. 1988 AP 18 zu § 113 BetrVG 1972 = NZA 89, 278; 23. 8. 1988 AP 17 zu § 113 BetrVG 1972 = NZA 89, 31.

e) Erzwingbarkeit eines Sozialplans. Der Anspruch auf Nachteilsausgleich nach § 113 I, II BetrVG ist auch dann gegeben, wenn ein Sozialplan nicht erzwungen werden kann. Dies kann z.B. bei erheblichem Personalabbau der Fall sein (§ 112a BetrVG).[264] Sind Ansprüche nach § 113 BetrVG entstanden, werden sie auch durch den nachträglichen Abschluss eines Sozialplanes nicht berührt.[265] Jedoch sind die Ansprüche auf solche aus dem Sozialplan anzurechnen.[266] **82**

f) Zur Geltung der §§ 111–113 BetrVG in **Tendenzbetrieben** RN 11. **83**

2. Sonstige Nachteile. Nach § 113 II BetrVG erlangen Arbeitnehmer auch dann Ausgleichsansprüche, wenn sie infolge der Abweichung vom Interessenausgleich zwar nicht entlassen werden, aber sonstige wirtschaftliche Nachteile erleiden. Diese können z.B. eine Herabsetzung des Entgeltes, Arbeitserschwernisse usw. sein. Der Ausgleich erfolgt für die Dauer von 12 Monaten. Einen Rahmen für den Ausgleich stellt das Gesetz nicht auf. Die Nachteile sind in Geld zu bewerten und notfalls gemäß § 287 ZPO zu schätzen. Der Nachteilsausgleich ist Arbeitslohn. Er unterliegt daher grundsätzlich der Versteuerung, es sei denn, dass es sich um Fahrtkosten- oder Umzugskostenersatz handelt. **84**

3. Unterlassen eines Interessenausgleichs. a) Nach § 113 III BetrVG ist der Unternehmer auch dann zur Zahlung von Abfindungen verpflichtet, wenn er eine geplante Betriebsänderung durchführt, ohne einen Interessenausgleich mit dem Betriebsrat versucht zu haben, und infolge der Maßnahme Arbeitnehmer entlassen werden oder andere wirtschaftliche Nachteile erleiden. Der Anspruch nach § 113 III BetrVG erfordert kein Verschulden des Arbeitgebers; er entsteht, sobald der Unternehmer mit der Durchführung der Betriebsänderung begonnen hat, ohne bis dahin einen Interessenausgleich mit dem Betriebsrat versucht zu haben.[267] **85**

b) Fehlender Interessenausgleich. Die Ansprüche werden ausgelöst, wenn der Unternehmer einen gebotenen Interessenausgleich überhaupt nicht, nur teilweise oder verspätet, also nach Einleitung der Betriebsänderung durchführt.[268] Kommt ein aufschiebend bedingter Interessenausgleich zwischen den Betriebsparteien zustande, ist ein Interessenausgleich i.S.v. § 113 III BetrVG zumindest „versucht".[269] Der Versuch eines Interessenausgleichs setzt die Verhandlung mit der zuständigen Arbeitnehmervertretung voraus[270] (dazu RN 4). Ein Verstoß gegen § 17 III KSchG löst auch im Hinblick auf die Massenentlassungsrichtlinie 98/59/EG des Rates vom 20. 7. 1998 (ABl. Nr. 225/16 v. 12. 8. 1998) keine Nachteilsansprüche aus.[271] Dem Gesetz ist nicht zu entnehmen, wie lange der Unternehmer eine Einigung mit dem Betriebsrat zu versuchen hat. Die durch das Arbeitsrechtliche Beschäftigungsförderungsgesetz im Jahr 1996 eingeführte **Fristenregelung** ist durch das Korrekturgesetz vom 19. 12. 1998 (BGBl. I S. 3843) wieder aufgehoben worden. Es gilt wieder die Rechtsprechung des BAG, wonach der Unternehmer – auch in der Insolvenz – regelmäßig das Verfahren zur Herbeiführung einer Einigung ausschöpfen muss, d.h. die Einigungsstelle muss angerufen worden sein (dazu im Einzelnen RN 39f.). **86**

c) Entlassung. Eine Entlassung im Sinne von § 113 III BetrVG liegt nur vor, wenn das Arbeitsverhältnis im Zusammenhang mit der Betriebsänderung rechtlich beendet worden ist. Der damit einhergehende Verlust des Arbeitsplatzes ist der wirtschaftliche Nachteil, der nach § 113 III, I BetrVG durch eine Abfindung ausgeglichen werden soll.[272] Kein Anspruch besteht daher, wenn die Beendigung des Arbeitsverhältnisses auf einer Eigenkündigung beruht, für die das Unterlassen eines Interessenausgleichs nicht ursächlich geworden ist[273] oder das Arbeitsverhältnis nach dem Kündigungsausspruch einvernehmlich fortgesetzt wird.[274] **87**

d) Rechtsfolgenverweisung. Die Ansprüche nach § 113 III BetrVG bestehen auch dann, wenn an sich zwingende Gründe für eine Betriebsänderung gegeben sind, aber das Verfahren **88**

---

[264] BAG 8. 11. 1988 AP 18 zu § 113 BetrVG 1972 = NZA 89, 278.

[265] BAG 14. 9. 1976 AP 2 zu § 113 BetrVG 1972 = NJW 77, 727.

[266] BAG GS 13. 12. 1978 AP 6 zu § 112 BetrVG 1972 = NJW 79, 774; 20. 11. 2001 AP 39 zu § 113 BetrVG 1972 = NZA 2002, 992.

[267] BAG 22. 11. 2005 AP 5 zu § 615 BGB Anrechnung = NZA 2006, 736; 23. 9. 2003 AP 43 zu § 113 BetrVG 1972 = NZA 2004, 440.

[268] BAG 29. 11. 1983 AP 10 zu § 113 BetrVG 1972 = NJW 84, 1650; 14. 9. 1976 AP 2 zu § 113 BetrVG 1972 = NJW 77, 727.

[269] BAG 21. 7. 2005 AP 50 zu § 113 BetrVG 1972 = NZA 2006, 162.

[270] BAG 24. 1. 1996 AP 16 zu § 50 BetrVG 1972 = NZA 96, 1107.

[271] BAG 30. 3. 2004 AP 47 zu § 113 BetrVG 1972 = NZA 2004, 931.

[272] BAG 31. 10. 1995 AP 29 zu § 72 ArbGG 1979 = NZA 96, 499.

[273] LAG Berlin 1. 9. 1986 DB 87, 181.

[274] BAG 11. 12. 2004 AP 32 zu § 611 BGB Haftung des Arbeitgebers = NZA 2005, 818.

nach §§ 111, 112 BetrVG nicht eingeleitet worden ist. Das BAG nimmt insoweit an, dass in § 113 III BetrVG nur wegen der Rechtsfolgen, nicht dagegen wegen der Anspruchsvoraussetzungen auf § 113 I, II BetrVG verwiesen wird.[275] Eine Ausnahme besteht dann, wenn die Durchführung des Betriebs nur weitere Nachteile gebracht hätte.[276] Der Anspruch ist auch dann gegeben, wenn ein Interessenausgleich nicht versucht wurde und ein Sozialplan nicht erzwingbar war (§ 112a BetrVG).[277]

89 **e) Scheitern des Interessenausgleichs.** § 113 BetrVG ist grundsätzlich nicht analog anzuwenden, wenn der Interessenausgleich scheitert, der Unternehmer aber von seinem noch in den Verhandlungen angekündigten Konzept über die Durchführung der Betriebsänderung abweicht. Etwas anderes kann gelten, wenn eine von den Ankündigungen gänzlich oder teilweise abweichende Betriebsänderung vollzogen wird. Hatten die Betriebspartner bereits vor der Durchführung der Betriebsänderung einen Sozialplan vereinbart, kann der Betriebsrat in Hinblick auf die Abweichungen dessen Ergänzung bzw. Änderung verlangen.[278] Dies ist z.B. der Fall, wenn die Arbeitnehmer von ursprünglich nicht erwarteten Nachteilen erfasst werden, für die Ausgleichregelungen fehlen.

90 **4. Nachteilsausgleich. a) Höhe und Berechnungsfaktoren.** Wegen der Höhe der Abfindungen wird in § 113 I BetrVG auf § 10 KSchG verwiesen (§ 141). Bei ihrer Bemessung ist auf die Umstände des Einzelfalles abzustellen, wie Dauer der Betriebszugehörigkeit, Lebensalter des Arbeitnehmers, Familienstand, Folgen der Entlassung für den Arbeitnehmer, wirtschaftliche Lage des Unternehmens, ideeller Nachteil wie Verlust des Arbeitsplatzes. Daneben ist das Ausmaß des betriebsverfassungswidrigen Verhaltens des Arbeitgebers bei der Höhe der Abfindung zu berücksichtigen.[279] Er hängt weder von der finanziellen Leistungsfähigkeit noch von der individuellen Leistungsbereitschaft des Arbeitgebers ab. Bei der Festsetzung der Höhe des Nachteilsausgleichs hat das Gericht deshalb die wirtschaftlichen Verhältnisse des Arbeitgebers – auch in der Insolvenz – außer Acht zu lassen.[280] Der Nachteilsausgleich nach § 113 III BetrVG ist in der Insolvenz auch nicht auf $2^1/_2$ Monatsverdienste begrenzt. Kommt ein Sozialplan zustande, sind die Abfindungsansprüche mit denen aus dem Sozialplan regelmäßig zu verrechnen,[281] wenn der Arbeitgeber den sich aus Art. 2 der Massenentlassungsrichtlinie RL 98/59/EG v. 20. 7. 1998 (dazu § 142 RN 2) ergebenden Konsultationspflichten genügt hat.[282] Für den Nachteilsausgleich nach § 113 II BetrVG gibt es abgesehen von seiner Begrenzung auf ein Jahr keine Bewertungsmaßstäbe. Seine **Höhe** richtet sich nach den Nachteilen des Arbeitnehmers.

91 **b) Pfändungsschutz, Steuer- und Sozialversicherungsrecht.** Die Abfindungen sind steuer-,[283] sozialversicherungs- und pfändungsrechtlich[284] wie Abfindungen nach §§ 9, 10 KSchG zu behandeln (§ 141 RN 50ff.). Kommt es infolge des Progressionsvorbehalts zu Steuererhöhungen, braucht der Arbeitgeber diese nicht auszugleichen.[285] Abfindungen wegen Nichteinhaltung der Kündigungsfrist können nach § 143a SGB III zum Ruhen des Anspruchs auf Arbeitslosengeld führen, nicht jedoch zu einer Sperrfrist, da die Voraussetzungen des § 144 I Nr. 1 SGB III bei betriebsbedingten Kündigungen nicht gegeben sind.

92 **c) Haftung.** Für die Abfindung haftet der Unternehmer bzw. Arbeitgeber. Das ist diejenige Rechtsperson, die Inhaber des Betriebs ist, für die eine Betriebsänderung geplant ist. Jedoch kann bei Konzerngesellschaften auch eine Haftung nach § 826 BGB in Betracht kommen (RN 69).

---

[275] BAG 18. 12. 1984 AP 11 zu § 113 BetrVG 1972 = NZA 85, 400; 17. 9. 1974 AP 1 zu § 113 BetrVG 1972 = NJW 75, 182.

[276] BAG 23. 1. 1979 AP 4 zu § 113 BetrVG 1972 = DB 79, 1139.

[277] BAG 8. 11. 1988 AP 18 zu § 113 BetrVG 1972 = NZA 89, 278.

[278] MünchArbR/*Matthes* § 361 RN 39.

[279] BAG 4. 12. 2002 AP 2 zu § 38 InsO = NZA 2003, 665; 20. 11. 2001 AP 39 zu § 113 BetrVG 1972 = NZA 2002, 992.

[280] BAG 22. 7. 2003 AP 42 zu § 113 BetrVG 1972 = NZA 2004, 93; einschränkend LAG Frankfurt 25. 7. 2002 AiB 2003, 41 bei Existenzgefährdung.

[281] BAG GS 13. 12. 1978 AP 6 zu § 112 BetrVG 1972 = NJW 79, 774; BAG 20. 11. 2001 AP 39 zu § 113 BetrVG 1972 = NZA 2002, 992; 18. 12. 1984 AP 11 zu § 113 BetrVG 1972 = NZA 85, 400; 3. 8. 1982 AP 5 zu § 113 BetrVG = NJW 83, 192.

[282] BAG 16. 5. 2007 AP 64 zu § 111 BetrVG 1972 = NZA 2007, 1296.

[283] BFH 18. 9. 1991 AP 2 zu § 34 EStG = BFH/NV 92, 102.

[284] BAG 13. 11. 1991 AP 13 zu § 850 ZPO = NZA 92, 384; 12. 9. 1979 AP 10 zu § 850 ZPO.

[285] LAG Hamm 2. 2. 1989 LAGE § 112 BetrVG 1972 Nr. 14 = ZIP 90, 326.

d) Durchsetzung. Abfindungs- und Nachteilsausgleichsansprüche sind vom Arbeitnehmer im Urteilsverfahren zu verfolgen. Für die Klageerhebung bestehen keine Fristen. Soll zugleich eine Kündigungsschutzklage erhoben werden, ist die Frist des § 4 KSchG einzuhalten. Die Klage kann unbeziffert erhoben werden und die Höhe der Abfindung in das Ermessen des Gerichts gestellt werden, wenn die für die Bemessung der Abfindung maßgebenden Umstände in der Klageschrift mitgeteilt werden.[286] Nachteilsausgleichsansprüche können tariflichen **Verfallfristen** unterliegen,[287] ebenso kann der Arbeitnehmer auf sie verzichten.[288] Deren Fristlauf beginnt regelmäßig mit dem tatsächlichen Ausscheiden des Arbeitnehmers aus dem Arbeitsverhältnis, selbst wenn über die Kündigung noch ein Kündigungsschutzprozess anhängig ist.[289] Allein die Erhebung der Kündigungsschutzklage wahrt die Verfallfrist für Nachteilsausgleichsansprüche nicht. 93

5. Insolvenz. Der Insolvenzverwalter muss die Beteiligungsrechte bei Betriebsänderungen auch dann beachten, wenn der Betriebsrat erst nach Eröffnung des Insolvenzverfahrens gewählt worden ist.[290] Ansprüche auf Nachteilsausgleich sind im Insolvenzverfahren nur dann Masseschulden, wenn die Betriebsänderung nach Eröffnung des Insolvenzverfahrens beschlossen und durchgeführt worden ist. Hat der Gemeinschuldner dagegen schon vor Insolvenzeröffnung die Betriebsänderung ohne einen Interessenausgleich begonnen, ist die Forderung eine einfache Insolvenzforderung,[291] selbst wenn die Kündigungen unter Beteiligung des vorläufigen Insolvenzverwalters ausgesprochen worden sind.[292] Begründet ein Insolvenzverwalter nach Anzeige der Masseunzulänglichkeit durch betriebsverfassungswidriges Verhalten Ansprüche auf Nachteilsausgleich nach § 113 III BetrVG, handelt es sich um Neumasseverbindlichkeiten (§ 209 I Nr. 2 InsO), die regelmäßig im Wege der Leistungsklage verfolgt werden können.[293] Für Insolvenzforderungen gelten tarifliche Ausschlussfristen nicht, die Forderung muss nur nach den Vorschriften der InsO angemeldet werden.[294] 94

VII. Sozialplanansprüche im Insolvenzverfahren

Ahrens, Sozialpläne im Insolvenzverfahren, ZInsO 2003, 581; *Bichlmeier,* Die Beschäftigungs- und Qualifizierungsgesellschaft (BQG) in der Insolvenz, DZWIR 2006, 239; *Häsemeyer,* Die Systemwidrigkeit der insolvenzrechtlichen Sozialplanregelung (§§ 123, 124 InsO) und ihre Folgen, ZIP 2003, 229; *Lakies,* Zu den seit 1. 10. 1996 geltenden arbeitsrechtlichen Vorschriften der Insolvenzordnung, RdA 1997, 145; *Oetker/Friese,* Der Sozialplan in der Insolvenz, DZWiR 2001, 265; *dies.,* Der Interessenausgleich in der Insolvenz, DZWiR 2001, 133, 177; *Schrader/Straube,* Interessenausgleichsverhandlungen und Nachteilsausgleichsansprüche im Eröffnungsverfahren und nach Insolvenzeröffnung, ZInsO 2005, 910.

1. Konkurs- bzw. Gesamtvollstreckungsverfahren.[295] Bis zum 31. 12. 1998 richtete sich die Behandlung von Sozialplanforderungen im Konkurs in den alten Bundesländern nach dem Gesetz über den Sozialplan im Konkurs- und Vergleichsverfahren vom 20. 2. 1985 (BGBl. I S. 369). Für die neuen Bundesländer galten die Gesamtvollstreckungsordnung (GesO) i. d. F. vom 23. 5. 1991 (BGBl. I S. 1185) und das Gesetz über die Unterbrechung von Gesamtvollstreckungsverfahren (Gesamtvollstreckung-Unterbrechungsgesetz – GUG) i. d. F. vom 23. 5. 1991 (BGBl. I S. 1191). 95, 96

2. Allgemeines. Die §§ 123, 124 InsO enthalten Vorschriften über den Sozialplan in der Insolvenz. Zu unterscheiden ist zwischen Sozialplänen, die vor oder nach der Eröffnung des Insolvenzverfahrens abgeschlossen werden. Die §§ 123, 124 InsO gelten nur für Sozialpläne i. S. d. § 112 BetrVG, eine analoge Anwendung auf andere Vereinbarungen mit dem Arbeitgeber bzw. 97

---

[286] BAG 22. 2. 1983 AP 7 zu § 113 BetrVG 1972 = NJW 84, 323.

[287] BAG 18. 12. 1984 AP 11zu § 113 BetrVG 1972 = NJW 85, 400; 29. 11. 1983 AP 10 zu § 113 BetrVG 1972 = NJW 84, 1650; 22. 2. 1983 AP 7 zu § 113 BetrVG 1972 = NJW 84, 323; 22. 9. 1982 AP 42 zu § 1 TVG Tarifverträge: Bau = DB 83, 236.

[288] BAG 23. 9. 2003 AP 43 zu § 112 BetrVG 1972 = NZA 2004, 440.

[289] BAG 3. 8. 1982 AP 5 zu § 113 BetrVG 1972 = NJW 83, 192; 20. 6. 1978 AP 3 zu § 113 BetrVG 1972 = NJW 79, 126.

[290] BAG 18. 11. 2003 AP 162 zu § 112 BetrVG 1972 = NZA 2004, 220.

[291] BAG 3. 4. 1990 AP 20 zu § 113 BetrVG 1972 = NZA 90, 619; 13. 6. 1989 AP 19 zu § 113 BetrVG 1972 = NZA 89, 894.

[292] BAG 4. 12. 2002 AP 2 zu § 38 InsO = NZA 2003, 665.

[293] BAG 30. 5. 2006 AP 5 zu § 209 InsO = NZA 2006, 1122.

[294] BAG 18. 12. 1984 AP 88 zu § 4 TVG Ausschlussfristen = NZA 85, 396.

[295] Vgl. zur früheren Rechtslage 8. Aufl. S. 2013 ff.

Insolvenzverwalter und den Arbeitnehmern kommt nicht in Betracht.[296] Zur Geltung von Ausschlussfristen bei Insolvenzforderungen RN 93.

98 **3. Sozialplan vor Insolvenzeröffnung. a)** Für Sozialpläne, die vor Eröffnung des Insolvenzverfahrens abgeschlossen werden, gilt § 124 InsO. Danach kann ein Sozialplan, der vor der Eröffnung des Insolvenzverfahrens, jedoch nicht früher als drei Monate vor dem Eröffnungsantrag, aufgestellt worden ist, sowohl vom Insolvenzverwalter als auch vom Betriebsrat widerrufen werden (§ 124 I InsO). Im Falle des Widerrufs können die begünstigten Arbeitnehmer bei der Aufstellung eines neuen Sozialplans berücksichtigt werden (§ 124 II InsO). Sie werden also denjenigen Arbeitnehmern gleichgestellt, für die erst nach Eröffnung des Insolvenzverfahrens ein Sozialplan aufgestellt worden ist. Es kann damit der schwierigen wirtschaftlichen Lage Rechnung getragen werden, während andererseits die Leistungen aus dem neu abgeschlossenen Sozialplan aus der Insolvenzmasse gezahlt werden. Der Betriebsrat kann nach Insolvenzeröffnung auf sein Widerrufsrecht verzichten.[297]

99 **b) Rang.** Abfindungsansprüche aus einem vor Insolvenzeröffnung aufgestellten Sozialplan sind Insolvenzforderungen (§ 38 InsO), sofern der Abschluss nicht durch einen vorläufigen Insolvenzverwalter mit Verfügungsbefugnis (§ 55 II InsO) erfolgt ist.[298] Verbindlichkeiten aus vor Insolvenzeröffnung aufgestellten Sozialplänen gelten nur dann als Masseverbindlichkeiten, wenn sie von einem vorläufigen Insolvenzverwalter mit Verwaltungs- und Verfügungsbefugnis (§§ 21 II Nr. 2, 22 InsO, sog. starker Insolvenzverwalter) vor Eröffnung des Insolvenzverfahrens begründet werden (§ 55 II InsO). Ist ein Sozialplan früher als drei Monate vor dem Antrag auf Eröffnung des Insolvenzverfahrens aufgestellt worden und sind Forderungen aus diesem Sozialplan im Zeitpunkt der Verfahrenseröffnung noch nicht berichtigt, können diese auch nur als Insolvenzforderungen geltend gemacht werden.

100 **c) Rückforderung.** Nach § 124 III 1 InsO können im Interesse der Rechtssicherheit Leistungen, die an Arbeitnehmer vor der Eröffnung des Verfahrens aus dem widerrufenen Sozialplan gezahlt worden sind, nicht wegen des Widerrufes zurückgefordert werden. Bei der Aufstellung eines neuen Sozialplans sind derartige Leistungen an einen von der Entlassung betroffenen Arbeitnehmer bei der Berechnung des Gesamtbetrags der Sozialplanforderungen nach § 123 I InsO bis zur Höhe von 2½ Monatsverdiensten abzusetzen.

101 **d) Durchsetzung.** Eine Zwangsvollstreckung in die Masse wegen einer Sozialplanforderung ist stets unzulässig (§ 123 III 2 InsO). Richtige Klageart ist die Feststellungsklage, eine gleichwohl erhobene Leistungsklage ist wegen des fehlenden Rechtsschutzbedürfnisses unzulässig.[299]

102 **4. Sozialplan nach Insolvenzeröffnung. a) Obergrenze.** Für einen Sozialplan, der nach der Eröffnung des Insolvenzverfahrens aufgestellt wird, gilt eine doppelte Obergrenze. Für den Ausgleich oder die Milderung der wirtschaftlichen Nachteile, die den Arbeitnehmern infolge der geplanten Betriebsänderung entstehen, kann maximal ein Gesamtbetrag bis zu 2½ Monatsverdiensten (§ 10 III KSchG) der von einer Entlassung betroffenen Arbeitnehmer vorgesehen werden (**absolute Obergrenze** der Sozialplanleistungen). Daneben besteht nach § 123 II 2 InsO eine **relative Obergrenze.** Kommt ein Sozialplan zustande, darf für die Berichtigung der Sozialplanforderungen nicht mehr als ein Drittel der Masse verwendet werden, die ohne einen Sozialplan für die Verteilung an die Insolvenzgläubiger zur Verfügung gestanden hat. Etwas anderes gilt nur, wenn ein Insolvenzplan zustande kommt. Übersteigt der Gesamtbetrag aller Sozialplanforderungen diese Grenze, sind die einzelnen Forderungen anteilig zu kürzen. Die absolute Obergrenze besagt nicht, dass in der Regel jeder von einer Entlassung betroffene Arbeitnehmer einen Betrag von 2½ Monatsverdiensten als Sozialplanleistung erhalten soll. Vielmehr ist nach § 112 V BetrVG stets die Situation des einzelnen Arbeitnehmers zu berücksichtigen. Namentlich dann, wenn eine Sanierung des Unternehmens in Betracht kommt, werden geringere Abfindungen festzusetzen sein. Die relative Obergrenze erfasst auch die Fälle, in denen im Insolvenzverfahren zeitlich nacheinander mehrere Sozialpläne aufgestellt werden. Auch in diesem Fall darf die Gesamtsumme aller Forderungen aus diesen Sozialplänen die relativen Grenzen nicht übersteigen. Wegen der ungeklärten Folgen bei Überschreiten der absoluten Obergrenze kann es für Insolvenzverwalter und Betriebsrat zweckmäßig sein, für diesen Fall eine Nachbesserungsklausel zu vereinbaren.

---

[296] BAG 21. 9. 1999 AP 1 zu § 1 SozplKonkG = NZA 2000, 662.
[297] LAG Köln 17. 10. 2002 AP 1 zu § 124 InsO = NZA-RR 2003, 489.
[298] BAG 31. 7. 2002 AP 1 zu § 38 InsO = NZA 2002, 1332.
[299] BAG 22. 11. 2005 AP 176 zu § 112 BetrVG 1972 = NZA 2006, 220; 31. 7. 2002 AP 1 zu § 38 InsO = NZA 2002, 1332; 11. 12. 2001 AP 1 zu § 209 InsO = NZA 2002, 975.

b) Rang. Die Verbindlichkeiten aus einem nach Eröffnung des Insolvenzverfahrens abgeschlossenen Sozialplan sind Masseforderungen (§ 123 II 1 InsO). Damit wird die Rechtsstellung der Arbeitnehmer formell gegenüber dem bisherigen Recht verbessert. Gleichwohl hat die formelle Verbesserung nur geringe Bedeutung. Die relative Obergrenze bewirkt, dass die Sozialplangläubiger nur dann befriedigt werden, wenn die übrigen Massegläubiger voll befriedigt werden. Insoweit stehen die Masseforderungen im Nachrang zu den herkömmlichen Masseforderungen. Andererseits hat die Einordnung der Sozialplanforderungen als Masseforderungen für die Arbeitnehmer den Vorteil, dass sie nicht zur Insolvenztabelle angemeldet werden müssen. **103**

c) Abschlagszahlungen. Durch § 123 III InsO wird gewährleistet, dass die Arbeitnehmer möglichst frühzeitig Abschlagszahlungen auf ihre Sozialplanforderungen erhalten. Die Zustimmung des Insolvenzgerichts ist vorgesehen, damit die Befriedigung anderer Gläubiger nicht durch zu hohe Abschlagszahlungen an die Sozialplanberechtigten gefährdet wird. **104**

VIII. Förderung von Transfermaßnahmen und Transferkurzarbeitergeld

Fischer, Personalanpassung durch Transfer, NZA 2004, Sonderbeilage 1, 28; *Gagel,* § 2 SGB III: Schlüssel zum eingliederungsorientierten Kündigungsrecht und zu Transfer-Sozialplänen, BB 2001, 358; *Gaul/Bonanni/Otto,* Hartz III – Veränderte Rahmenbedingungen für Kurzarbeit, Sozialplanzuschüsse und Transfermaßnahmen, DB 2003, 2386; *Lemke,* Umstrukturierung in der Insolvenz unter Einschaltung einer Beschäftigungs- und Qualifizierungsgesellschaft, BB 2004, 773; *Mengel/Ulrich,* Erste praktische Erfahrungen mit dem neuen Recht der Beschäftigungs- und Qualifizierungsgesellschaften, BB 2005, 1109; *C. Meyer,* Erzwingbarkeit von Eingliederungsmaßnahmen nach SGB III im Sozialplan, DB 2003, 206; *ders.,* Transfergesellschaften an der Schnittstelle zwischen Arbeits- und Sozialrecht, NZS 2002, 578; *ders.,* Transfer-Maßnahmen und Transfer-Kurzarbeitergeld nach §§ 216 a und b SGB III, BB 2004, 490; *Podewin,* Die Nutzung von Beschäftigungs- und Qualifizierungsgesellschaften (BQG) bei Personalabbau, FA 2007, 264; *Sieg,* Rechtliche Rahmenbedingungen für Beschäftigungsgesellschaften, NZA Beilage 2005, Nr. 1, 9; *Stindt,* Der Transfer-Sozialplan, FS Weinspach (2002), S. 147; *ders.,* Die Bedrohung durch Arbeitslosigkeit und deren Vermeidung durch das Transfer-Sozialplan-Konzept, FS 50 Jahre BAG (2004) S. 1101; *Wendeling-Schröder/Welkoborsky,* Beschäftigungssicherung und Transfersozialplan, NZA 2002, 1370.

Muster: ArbR-Formb. § 56 RN 112.

1. Allgemeines. Mit Inkrafttreten von Hartz III sind die bisherigen Regelungen über die Zuschüsse zu Sozialplänen (§§ 254 ff. SGB III) entfallen, ebenso das bisherige Strukturkurzarbeitergeld für Arbeitnehmer in einer betriebsorganisatorisch eigenständigen Einheit. An ihre Stelle sind ab dem 1. 1. 2004 die Förderung von Transfermaßnahmen (§ 216 a SGB III) und das Transferkurzarbeitergeld (§ 216 b SGB III) getreten. Beide Leistungen dienen der Eingliederung der auf Grund einer Betriebsänderung von Arbeitslosigkeit bedrohten Arbeitnehmer. Die genannten Regelungen ergänzen das Informations- und Beratungsangebot der Arbeitsverwaltung bei der Bewältigung der arbeitsmarktpolitischen Folgen von Betriebsänderungen. Anders als nach bisherigem Recht besteht auf die Förderung ein Rechtsanspruch, während die Zuschüsse zu Sozialplänen wie auch das Strukturkurzarbeitergeld lediglich als Ermessensleistungen ausgestaltet waren. Die BA berät Arbeitgeber und Betriebsrat über die Fördermöglichkeiten (§§ 216 a IV, 216 b V SGB III), wenn diese an die Arbeitsverwaltung herantreten. **105**

2. Förderung von Transfermaßnahmen. a) Aus arbeitsmarktpolitischen Gründen ist es wünschenswert, wenn in Sozialplänen nicht mehr die Abfindungsleistung für den Verlust von Arbeitsplätzen im Mittelpunkt der Regelungen steht, sondern der Transfer der Arbeitnehmer in eine neue Beschäftigung oder in die Selbstständigkeit erleichtert werden soll; diesem Zweck dient der sog. Transfersozialplan. Er enthält bestimmte Qualifizierungs- und Transferleistungen, die den von einem Arbeitsplatzverlust betroffenen Arbeitnehmern neue Beschäftigungschancen eröffnen sollen. Transfermaßnahmen sind alle Maßnahmen zur Eingliederung von Arbeitnehmern in den Arbeitsmarkt, an deren Finanzierung sich Arbeitgeber angemessen beteiligen. **106**

b) Anspruchsvoraussetzungen. Die Teilnahme an Transfermaßnahmen wird für die von einem Arbeitsplatzverlust bedrohten Arbeitnehmer in Zusammenhang mit einer Betriebsänderung gefördert, wenn **(1)** die Maßnahme von einem Dritten durchgeführt wird, **(2)** die vorgesehene Maßnahme der Eingliederung der Arbeitnehmer in den Arbeitsmarkt dienen soll, **(3)** die Durchführung der Maßnahme gesichert ist und **(4)** ein System zur Sicherung der Qualität angewendet wird. Die Förderung ist ausgeschlossen, wenn die Maßnahme dazu dient, den Arbeitnehmer auf eine Anschlussbeschäftigung im Unternehmen oder Konzern vorzubereiten (§ 216 a III 1 SGB III). **107**

c) Betriebsänderung. Der Begriff der Betriebsänderung ist inhaltsgleich mit dem in § 111 BetrVG (RN 7); nicht erforderlich ist aber, dass die in der Vorschrift genannte Arbeitnehmer- **108**

zahl im Unternehmen erreicht wird. Damit können Transferleistungen auch an Arbeitnehmer in Kleinunternehmen gewährt werden, wenn in diesen Betrieben eine der Betriebsänderung vergleichbare Maßnahme durchgeführt wird. Die Ursache der Betriebsänderung ist für die Förderung ohne Bedeutung. Die Gewährung von Transferleistungen an Arbeitnehmer in Betrieben der öffentlichen Hand scheidet hingegen aus, wenn für sie die PersVG des Bundes und der Länder gelten.

109 **d) Bedrohung von Arbeitslosigkeit.** Die Förderung von Transfermaßnahmen erfolgt nur für Arbeitnehmer, die von Arbeitslosigkeit bedroht (§ 17 SGB III) sind. Dies ist der Fall, wenn der Arbeitnehmer noch versicherungspflichtig beschäftigt ist, demnächst mit der Beendigung der Beschäftigung rechnen muss und voraussichtlich nach Beendigung des Beschäftigungsverhältnisses arbeitslos wird. Eine Weiterbeschäftigungsmöglichkeit im selben Betrieb, Unternehmen oder Konzern schließt die Förderung aus, ebenso wenn eine Vermittlungsmöglichkeit in ein anderes Beschäftigungsverhältnis besteht. Die Voraussetzungen des § 17 SGB III müssen für die gesamte Förderungsdauer vorliegen, ansonsten wird der Zuschuss nur anteilig gewährt. Bei tariflich oder durch Betriebsvereinbarung kündigungsbeschränkten Arbeitnehmern geht die Arbeitsverwaltung davon aus, dass diese nicht von Arbeitslosigkeit bedroht sind, wenn die zugrunde liegende Vereinbarung keine Öffnungsklausel enthält.

110 **e) Transfermaßnahmen.** Transfermaßnahmen sind alle arbeitsmarktlich zweckmäßigen Maßnahmen zur Eingliederung von Arbeitnehmern, an deren Finanzierung sich der Arbeitgeber angemessen (zumindest mit 50%) beteiligt. Durch die Förderung darf der Arbeitgeber nicht von bestehenden Verpflichtungen entlastet werden. Die Förderung ist auch ausgeschlossen, wenn die Maßnahmekosten durch eine finanzielle Beteiligung Dritter und die Zuschussgewährung abgedeckt werden würden. Förderfähig sind Maßnahmen **(1)** zur Feststellung der Leistungsfähigkeit, der Arbeitsmarktchancen und des Qualifikationsbedarfs der Arbeitnehmer (z. B. Profiling, Bewerbungstraining, Stellensuche), **(2)** zur Fortführung einer bereits begonnenen Berufsausbildung, **(3)** zur beruflichen Weiterbildung, **(4)** zur Beschäftigungsaufnahme (z. B. durch Mobilitätshilfen, Einstellungszuschüsse) und **(5)** zur Vorbereitung der Gründung und Begleitung einer selbstständigen Existenz. Die Teilnahme an Maßnahmen, die über das Ende des Beschäftigungsverhältnisses hinausgehen, wird nicht (auch nicht anteilig) gefördert, da es gerade Sinn und Zweck der Neuregelung ist, den direkten Transfer aus dem alten in ein neues Beschäftigungsverhältnis zu erleichtern.

111 **f) Durchführung. aa)** Der Arbeitgeber darf die Transfermaßnahmen nicht selbst durchführen, sondern muss sie einem Dritten übertragen. Dies trifft nicht nur auf Profiling, Outplacement und Kurzqualifizierungen zu, sondern gilt für sämtliche Maßnahmearten. Die Auswahl des Dritten kann im Sozialplan oder in sonstiger Weise zwischen Arbeitgeber und Betriebsrat vereinbart werden. Die Förderung ist ausgeschlossen, wenn zu Beginn der Maßnahme nicht mit hinreichender Sicherheit davon ausgegangen werden kann, dass die Eingliederungsmaßnahme bis zu ihrem geplanten Ende durchgeführt wird. Der Träger der Maßnahme hat daher zu erklären, dass die für die Durchführung notwendigen Voraussetzungen in räumlicher und personeller Hinsicht vorliegen und bis zum Ende der geplanten Eingliederungsmaßnahme aufrechterhalten werden.

112 **bb) Qualitätssicherung.** Wegen der gesetzlich geforderten Qualitätssicherung muss der Träger weiter angeben, dass er ein entsprechendes internes System anwendet. Er hat die Zufriedenheit der Teilnehmer am Ende der Maßnahme zu ermitteln und sechs Monate nach Beendigung der Maßnahme ihren Verbleib festzustellen und dem Arbeitgeber mitzuteilen.

113 **g) Förderung.** Die Förderung wird als einmaliger Zuschuss gewährt; dieser beträgt 50 Prozent der aufzuwendenden Maßnahmekosten, jedoch höchstens 2500 Euro je gefördertem Arbeitnehmer (§ 216 a II SGB III). Der Gesamtzuschuss für eine Transfermaßnahme richtet sich nach den jeweiligen Maßnahmeinhalten, die den Teilnehmern vermittelt werden, der Maßnahmedauer und den daraus individuell entstehenden Kosten sowie der entsprechenden Teilnehmerzahl. Es sind daher die jeweiligen Kostensätze je Teilnehmer zugrunde zu legen, die Zuschüsse je Teilnehmer zu ermitteln und zu einem Gesamtzuschuss zu addieren. Zuschussfähig sind nur die dem Arbeitgeber tatsächlich entstandenen Kosten, Zuschüsse von Dritten sind in Abzug zu bringen. Nicht zu den Maßnahmekosten zählen Verwaltungskosten des Arbeitgebers (z. B. für Räume oder Personal), Beiträge zur Unfallversicherung und allgemeine Lebenshaltungskosten der Teilnehmer während der Maßnahme. Umsatz- und Mehrwertsteuerbeträge werden nicht gefördert, wenn der Arbeitgeber vorsteuerabzugsberechtigt ist.

h) Antragstellung. Die Leistungen nach § 216a SGB III werden nur auf Antrag erbracht. Sie sind vom Arbeitgeber schriftlich unter Beifügung einer Stellungnahme der Betriebsvertretung zu beantragen; daneben ist auch der Betriebsrat antragsberechtigt (§ 323 II 1, 2 SGB III). Mit dem Antrag hat der Arbeitgeber die Voraussetzungen für die Leistungen nachzuweisen (§ 320 IVa SGB III). Der Antrag muss innerhalb einer Ausschlussfrist von drei Monaten gestellt werden. Die Frist beginnt mit Ablauf des Monats, in dem die zu fördernde Maßnahme beginnt (§§ 324 I, 325 V SGB III). Zuständig ist die AA, in deren Bezirk der Betrieb des Arbeitgebers liegt (§ 327 III 3 SGB III). **114**

i) Auszahlung, Abschlagszahlungen. Die Leistungen zur Förderung der Teilnahme an Transfermaßnahmen werden in der Regel nach Vorlage der Nachweise über die tatsächlich entstandenen Maßnahmekosten und der Teilnahme der betroffenen Arbeitnehmer ausgezahlt. Die Zuschüsse können auch anteilig ab Beginn der Förderung in monatlichen Abschlägen mit Entstehen der Zahlungsverpflichtung des Arbeitgebers gewährt werden. **115**

j) Verhältnis zu anderen Leistungen der Arbeitsförderung. Während der Teilnahme an Transfermaßnahmen sind andere Leistungen der aktiven Arbeitsförderung mit gleichartiger Zielsetzung ausgeschlossen (§ 216a V SGB III). Das Doppelförderungsverbot schließt bis zur Beendigung der geförderten Maßnahme sowohl den Bezug von individuellen Leistungen der Arbeitsförderung wie auch von Transferkurzarbeitergeld (§ 216b SGB III) während des Förderungszeitraums aus. Besteht ein Anspruch nach § 216a SGB III, ist dieser gegenüber Zuschussleistungen nach § 417 II SGB III vorrangig. **116**

3. Transferkurzarbeitergeld. a) Das Transferkurzarbeitergeld (§ 216 b SGB III) dient zur Vermeidung der Entlassung von Arbeitnehmern, die von betrieblichen Restrukturierungsmaßnahmen betroffen sind, und der Verbesserung ihrer Vermittlungsaussichten. Durch die Förderung soll ein Transfer von der bisherigen Beschäftigung in einem von einer Betriebsänderung nachteilig betroffenen Betrieb hin zu einer neuen Beschäftigung in einem anderen Betrieb mit positiven Beschäftigungsperspektiven erleichtert werden. § 216 b SGB III ist mit Wirkung ab dem 1. 1. 2009 um eine Regelung für Arbeitnehmer des Steinkohlenbergbaus ergänzt worden (§ 216 b IVa SGB III). **117**

b) Voraussetzungen. Anspruch auf Transferkurzarbeitergeld haben Arbeitnehmer, **(1)** wenn und solange sie von einem dauerhaften unvermeidbaren Arbeitsausfall mit Entgeltausfall betroffen sind, die **(2)** betrieblichen bzw. **(3)** persönlichen Voraussetzungen erfüllt sind und **(4)** der dauerhafte Arbeitsausfall der Arbeitsverwaltung angezeigt worden ist (§ 216b I SGB III). Für die Anzeige des Arbeitsausfalls wird in § 216b V SGB III auf § 173 I, II 1 und III SGB III verwiesen. Die Anzeige hat bei der a. A. zu erfolgen, in deren Bezirk der personalabgebende Betrieb seinen Sitz hat. **118**

c) Dauerhafter unvermeidbarer Arbeitsausfall. Ein dauerhafter Arbeitsausfall liegt vor, wenn infolge einer Betriebsänderung (RN 108) die Beschäftigungsmöglichkeiten für die Arbeitnehmer nicht nur vorübergehend entfallen. Der dauerhafte Arbeitsausfall ist unvermeidbar, wenn für den einzelnen Kurzarbeiter infolge der Betriebsänderung der Arbeitsplatz weggefallen ist, d. h. im Betrieb keine Beschäftigungsmöglichkeiten für den Arbeitnehmer mehr bestehen. Der dauerhafte unvermeidbare Arbeitsausfall i. S. d. § 216b II SGB III muss mit einem nicht notwendiger gänzlichen Entgeltausfall verbunden sein. **119**

d) Betriebliche Voraussetzungen, betriebsorganisatorisch eigenständige Einheit. aa) Die betrieblichen Voraussetzungen für die Gewährung von Transferkurzarbeitergeld sind erfüllt, wenn **(1)** in einem Betrieb Personalanpassungsmaßnahmen auf Grund einer Betriebsänderung durchgeführt und **(2)** die von dem Arbeitsausfall betroffenen Arbeitnehmer zur Vermeidung von Entlassungen und zur Verbesserung ihrer Eingliederungschancen in einer betriebsorganisatorisch eigenständigen Einheit (beE) zusammengefasst werden (§ 216b III SGB III). Das Merkmal der Vermeidung von Entlassungen ist auch dann erfüllt, wenn gekündigte Arbeitnehmer während oder nach Ablauf der Kündigungsfrist in eine beE eintreten; die Förderung ist aber ausgeschlossen, wenn zwischenzeitlich das Arbeitsverhältnis gekündigt wird. Von einer Verbesserung der Eingliederungschancen der in die beE eintretenden Arbeitnehmer ist dann auszugehen, wenn ihre sofortige Vermittlung in ein versicherungspflichtiges Beschäftigungsverhältnis nicht möglich ist oder Vermittlungshemmnisse bestehen. **120**

bb) Bildung der beE. Die beE wird üblicherweise nicht vom bisherigen Arbeitgeber, sondern von einem neuen Rechtsträger mit eigener Rechtspersönlichkeit gebildet (sog. Beschäftigungs- und Qualifizierungsgesellschaften bzw. Transfergesellschaften). Zulässig ist aber auch die Bildung einer (unselbstständigen) beE im bisherigen Unternehmen, allerdings muss dann eine **121**

eindeutige Trennung zwischen den Arbeitnehmern der beE und den anderen Arbeitnehmern des Betriebs vorgenommen werden. Arbeitnehmer, die in einer unselbstständigen beE beschäftigt werden, haben entgegen § 172 I Nr. 2 SGB III auch dann Anspruch auf Transferkurzarbeitergeld, wenn ihr Arbeitsverhältnis gekündigt worden ist. Wird die beE nicht innerhalb des Unternehmens gebildet, erfolgt der Eintritt der Arbeitnehmer in die Transfergesellschaft regelmäßig durch einen 3-seitigen Vertrag mit dem abgebenden Unternehmen und der aufnehmenden Transfergesellschaft. In diesem wird das bisherige Arbeitsverhältnis beendet und gleichzeitig ein neues befristetes Arbeitsverhältnis zur Transfergesellschaft begründet. Im Rahmen der 3-seitigen Vereinbarung wird regelmäßig auf die Einhaltung der Kündigungsfrist ganz oder teilweise verzichtet. Die vom Arbeitgeber dadurch eingesparten Lohnzahlungen werden zur Finanzierung der Remanenzkosten (Beiträge zur Sozialversicherung der Bezieher von Kurzarbeitergeld, Verwaltungskosten des Dritten) verwandt. Eine selbstständige beE kann auch unter Mitwirkung von mehreren Arbeitgebern gebildet werden (z. B. von mehreren Kleinbetrieben).

122 **cc) Arbeitsbedingungen.** Die Bedingungen für die Verweildauer in der beE können zwischen den Betriebsparteien im Sozialplan bzw. in einer anderen Vereinbarung oder in einem Tarifvertrag zwischen Gewerkschaft und Transfergesellschaft geregelt werden; auch eine arbeitsvertragliche Ausgestaltung ist möglich. Inhalt der Vereinbarungen wird regelmäßig die Dauer des befristeten Beschäftigungsverhältnisses, das Einverständnis des Arbeitnehmers mit der zumeist auf „Null“ verkürzten Arbeitszeit sowie zur Aufnahme einer Beschäftigung bei einem anderen Arbeitgeber sein.

123 **e) Persönliche Voraussetzungen.** Die persönlichen Voraussetzungen für den Bezug von Transferkurzarbeitergeld sind erfüllt, wenn der Arbeitnehmer **(1)** von Arbeitslosigkeit bedroht ist (RN 109), **(2)** nach Beginn des Arbeitsausfalles eine versicherungspflichtige Beschäftigung fortsetzt bzw. im Anschluss an die Beendigung eines Berufsausbildungsverhältnisses aufnimmt, **(3)** nicht vom Kurzarbeitergeldbezug ausgeschlossen ist und **(4)** vor der Überleitung in die beE aus Anlass der Betriebsänderung an einer arbeitsmarktlich zweckmäßigen Maßnahme zur Feststellung der Eingliederungsaussichten teilgenommen hat (§ 216 b IV SGB III). Bei der unter (4) genannten Voraussetzung handelt es sich nach Ansicht der Arbeitsverwaltung um eine sonstige Profilingmaßnahme, die entweder vom Arbeitgeber selbst oder von der Transfergesellschaft durchgeführt wird und deren Kosten zumindest anteilig übernommen werden müssen. Die entsprechende Maßnahme kann in Ausnahmefällen auch noch innerhalb eines Monats nach Eintritt des Arbeitnehmers in die beE nachgeholt werden.

124 **f) Bezugsdauer und Höhe.** Nach § 216 b VIII SGB III beträgt die Höchstbezugsdauer für das Transferkurzarbeitergeld 12 Monate; eine Verlängerungsmöglichkeit ist nicht vorsehen. Dabei hat der Gesetzgeber die Tatsache berücksichtigt, dass die Eingliederungschancen der Bezieher von Kurzarbeitergeld in einer beE nach einer Bezugsdauer von 12 Monaten erheblich abnehmen. Das Kurzarbeitergeld beträgt **(1)** für Arbeitnehmer, die beim Arbeitslosengeld die Voraussetzungen für den erhöhten Leistungssatz erfüllen würden, 67 Prozent, **(2)** für die übrigen Arbeitnehmer 60 Prozent der Nettoentgeltdifferenz im Anspruchszeitraum (§§ 216 b X, 178 SGB III).

125 **g) Vermittlungsvorrang.** Der geförderte Arbeitnehmer hat während des Bezugs von Transferkurzarbeitergeld die Vermittlungsangebote der Arbeitsverwaltung wahrzunehmen, da der Bezug von Kurzarbeitergeld gegenüber der Vermittlung in Arbeit nachrangig ist (§§ 4 II, 172 III 2 SGB III). Der Vermittlungsvorrang wird auch nicht durch die in § 216 b VI SGB III enthaltene Verpflichtung des Arbeitgebers eingeschränkt, den geförderten Arbeitnehmern Vermittlungsvorschläge zu unterbreiten. Nach § 172 III 1 SGB III sind Arbeitnehmer vom Leistungsbezug ausgeschlossen, wenn und solange sie bei einer Vermittlung nicht in der von der Agentur für Arbeit verlangten und gebotenen Weise mitwirken. Schließlich sind für den Bezug von Transferkurzarbeitergeld die für das Alg. geltenden Vorschriften über die Sperrzeit (§ 23 RN 49) anzuwenden. Tritt eine Sperrzeit ein, ruht der Leistungsanspruch für die in § 144 SGB III genannte Dauer (3, 6 bzw. 12 Wochen).

126 **h) Qualifizierungsangebote.** Nach § 216 b VI 2 SGB III soll der Arbeitgeber dem Arbeitnehmer einer beE zur Verbesserung der Eingliederungsaussichten Qualifizierungsangebote unterbreiten. Grundlage für das Angebot ist das Ergebnis des Profilings. Wird nach seiner Durchführung festgestellt, dass der Kurzarbeiter Qualifizierungsdefizite aufweist, ist der Arbeitgeber regelmäßig verpflichtet, geeignete Maßnahmen zur Verbesserung der Eingliederungsaussichten anzubieten. Die Qualifizierung kann auch durch die zeitlich begrenzte Beschäftigung eines Kurzarbeiters bei einem anderen Arbeitgeber erfolgen, der Anspruch auf Transferkurzarbeiter-

geld bleibt bestehen, wenn der Kurzarbeiter kein Arbeitsentgelt bezieht und die Beschäftigung 6 Monate nicht überschreitet (§ 216b VI 3, 4 SGB III).

i) Förderungsausschluss. Der Anspruch ist ausgeschlossen, wenn die Arbeitnehmer nur vorübergehend in der beE zusammengefasst werden, um anschließend einen anderen Arbeitsplatz in dem gleichen oder einem anderen Betrieb des Unternehmens oder, falls das Unternehmen einem Konzern angehört, in einem Betrieb eines anderen Konzernunternehmens des Konzerns zu besetzen (§ 216b VII SGB III). **127**

j) Verfahren. Die Ausführungen zum Antragserfordernis, der Ausschlussfrist und Zuständigkeit innerhalb der Arbeitsverwaltung bei Transferleistungen (RN 114) gelten entsprechend für das Transferkurzarbeitergeld. Zuständig ist die a. A. am Sitz des personalabgebenden Betriebs, der Sitz einer externen Transfergesellschaft ist ohne Bedeutung. Ansonsten gelten nach § 216b X SGB III im Wesentlichen die allgemeinen Regelungen über das Kurzarbeitergeld (§ 48); die Verweisung gilt auch für die steuerliche Behandlung (§ 3 Nr. 2 EStG). **128**

XVII. Buch. Die Sprecherausschussverfassung

1. Abschnitt. Organisationsrecht

§ 245. Rechtsgrundlagen und Geltungsbereich

Übersicht

	RN		RN
I. Grundlagen	1 ff.	III. Allgemeine Grundsätze für die Zusammenarbeit und die Amtsführung	13 ff.
1. Gesetzeszweck	1	1. Behinderungs-, Benachteiligungs- und Begünstigungsverbot	13, 14
2. Abdingbarkeit	2	2. Friedenspflicht und politische Betätigung	15
3. Beteiligungsrechte	3	3. Verschwiegenheit	16–18
4. Geltungsbereich	4	4. Ehrenamt	19
II. Vertrauensvolle Zusammenarbeit	5 ff.		
1. Verpflichtete	5		
2. Sprecherausschuss	6		
3. Arbeitgeber	7, 8		
4. Betriebsrat	9–12		

I. Grundlagen

Sieg, Leiten ohne zu leiden – brauchen Leitende Angestellte Sprecherausschüsse?, FS Richardi (2007), S. 777.

1. Gesetzeszweck. Durch § 5 III BetrVG werden die leitenden Angestellten von dem persönlichen Geltungsbereich des BetrVG ausgenommen. Das BetrVG 1972 hatte sich bewusst einer Regelung des Problems der Sprecherausschüsse enthalten (BT-Drucks. 6/2729 S. 12), jedoch stellte sich in der Folgezeit heraus, dass auch für leitende Angestellte ein Bedürfnis nach kollektiver Interessenwahrnehmung besteht. Das SprAuG[1] und die in ihm enthaltene Mitwirkung des Sprecherausschusses sollen **(1)** die ausreichende Information der leitenden Angestellten über ihren eigenen Tätigkeitsbereich bzw. **(2)** angemessene Arbeitsbedingungen gewährleisten, soweit die leitenden Angestellten von Regelungen mit kollektivem Charakter betroffen werden und **(3)** die besonderen Kenntnisse und Einsichten der leitenden Angestellten von den organisatorischen und wirtschaftlichen Zusammenhängen im Unternehmen in die Entscheidungsprozesse einbringen (BT-Drucks. 11/2503 S. 26). 1

2. Abdingbarkeit. Das SprAuG regelt die Errichtung und Organisation von Sprecherausschüssen für leitende Angestellte und deren Befugnisse abschließend. Tarifvertragliche Regelungen über die Ausweitung der Beteiligungsrechte von Sprecherausschüssen sind in gleichem Umfang wirksam, wie auch die Erweiterung der Mitbestimmung des Betriebsrats möglich ist (§ 230 RN 7 f.).[2] 2

3. Beteiligungsrechte. Das SprAuG sieht keine eigenen Mitwirkungs- und Mitbestimmungsrechte vor. Die Mitwirkung des Sprecherausschusses erfolgt vor allem durch Information und Beratung. Der Sprecherausschuss kann Richtlinien und Vereinbarungen mit dem Arbeitgeber abschließen, die die Arbeitsverhältnisse der leitenden Angestellten regeln. Der Inhalt der Richtlinien hat aber nur unmittelbare und zwingende Wirkung, wenn Arbeitgeber und Sprecherausschuss dies vereinbaren. 3

4. Geltungsbereich. Das SprAuG gilt persönlich für alle leitenden Angestellten i. S. des § 5 III, IV BetrVG (vgl. § 212 RN 15 ff.) und räumlich für alle in der Bundesrepublik gelegenen Betriebe (Territorialitätsprinzip, zu Auslandssachverhalten § 213). Die Abgrenzung der Geltungsbereiche in § 1 III SprAuG zum öffentlichen Dienst und den Religionsgemeinschaften 4

---

[1] Zur Gesetzesgeschichte vgl. 9. Aufl. bei § 245 RN 3; *Fuchs,* Die Entstehung des Gesetzes über Sprecherausschüsse der leitenden Angestellten, 2000.

[2] ErfK/*Oetker* Einl. SprAuG RN 4.

entspricht der des BetrVG (§ 263 RN 5). Im Übrigen enthält das SprAuG nur im Zusammenhang mit wirtschaftlichen Angelegenheiten besondere Vorschriften für Tendenzbetriebe und Tendenzunternehmen (§ 32 I 2 SprAuG).

II. Vertrauensvolle Zusammenarbeit

5 **1. Verpflichtete.** Nach § 2 I 1 SprAuG haben der Sprecherausschuss und seine Mitglieder vertrauensvoll unter Beachtung der geltenden Tarifverträge zum Wohl der leitenden Angestellten und des Betriebes mit dem Arbeitgeber zusammenzuarbeiten. § 2 I 1 SprAuG ist § 2 I BetrVG nachgebildet (§ 215 RN 11). Die unterbliebene Aufnahme einer korrespondierenden Verpflichtung für den Arbeitgeber im Gesetzeswortlaut beruht auf einem Versehen des Gesetzgebers, auch der Arbeitgeber ist zur vertrauensvollen Zusammenarbeit mit dem Sprecherausschuss verpflicht, insoweit stellt § 2 I 2 SprAuG nur eine Konkretisierung dieses Grundsatzes dar. Im Unterschied zum BetrVG (vgl. §§ 2 II, III, 74 BetrVG) haben die Verbände der leitenden Angestellten keine Hilfsfunktion in der Sprecherausschussverfassung, da sie im SprAuG nicht erwähnt werden. Unberührt bleiben jedoch deren Rechte aus Art. 9 III GG. Sie können also im Betrieb werben.

6 **2. Sprecherausschuss.** Die Zusammenarbeit hat zum Wohl der leitenden Angestellten und des Betriebes zu erfolgen. Sprecherausschuss und Arbeitgeber haben die zwingende Verpflichtung, Gesetz, Recht und Tarifverträge einzuhalten. Für den Sprecherausschuss bedeutet vertrauensvolle Zusammenarbeit vor allem, dass er sich bemüht, den Interessen des Betriebes gerecht zu werden. Er bzw. seine Mitglieder dürfen nicht in die Betriebsführung des Arbeitgebers eingreifen oder den Betriebsfrieden verletzen.

7 **3. Arbeitgeber. a)** Für den Arbeitgeber ist die Verpflichtung zur vertrauensvollen Zusammenarbeit in § 2 I 2 SprAuG konkretisiert. Insbesondere hat der Arbeitgeber vor Abschluss einer Betriebsvereinbarung oder einer sonstigen Vereinbarung mit dem Betriebsrat, die rechtliche Interessen der leitenden Angestellten berührt, den **Sprecherausschuss rechtzeitig zu hören.** Berührt werden die Interessen der leitenden Angestellten, wenn die Vereinbarung Regelungen enthält, die sich auf die leitenden Angestellten auswirken. Dies kann der Fall sein bei Regelungen, die notwendig betriebseinheitlich sind (z. B. Einführung von Betriebsurlaub) oder bei Regelungen über Sozialleistungen, die für alle Arbeitnehmer des Betriebes bestimmt sind (z. B. Sozialeinrichtungen über betriebliche Ruhegelder, Werkswohnungen usw.).

8 **b) Verstöße.** Verletzt der Arbeitgeber die Anhörungsverpflichtung, sind die Betriebsvereinbarungen und sonstigen Vereinbarungen mit dem Betriebsrat gleichwohl wirksam, da eine Rechtsfolge im SprAuG fehlt. Bei unterbliebener Beteiligung kommt allein eine Behinderung des Sprecherausschusses in Betracht, die nach § 34 I 2 SprAuG jedoch vorsätzliches Handeln voraussetzt.

9 **4. Betriebsrat. a)** Die Bildung eines Sprecherausschusses neben dem Betriebsrat führt zur Existenz zweier Vertretungsorgane. Dies nimmt der Gesetzgeber bewusst in Kauf. Er bemüht sich lediglich durch ein besonderes **Zuordnungsverfahren** (§ 18a BetrVG i. V. m. § 5 III BetrVG und § 1 I SprAuG; vgl. § 217 RN 5) eine Abgrenzung zwischen Betriebsrat und Sprecherausschuss bei der Vertretung der Arbeitnehmer zu erreichen.

10 **b) Behinderungsverbot.** Eine ausdrückliche Verpflichtung zur vertrauensvollen Zusammenarbeit zwischen Betriebsrat und Sprecherausschuss enthält weder § 2 BetrVG noch § 2 SprAuG. Im Verlauf des Gesetzgebungsverfahrens ist eine entspr. Kooperationsformel gestrichen worden, weil sie nicht erforderlich erschien, da beide Arbeitnehmervertretungen in aller Regel nur wenig Berührungspunkte hätten (BT-Drucks. 11/3618 S. 57). Jedoch ergibt sich aus §§ 78, 119 I Nr. 2 BetrVG und §§ 2 III 1, 34 I Nr. 2 SprAuG, dass sich beide Vertretungsorgane nicht wechselseitig behindern dürfen.

11 **c) Sitzungen.** Betriebsrat und Sprecherausschuss können sich wechselseitig oder ihren Mitgliedern gestatten, an ihren Sitzungen teilzunehmen (§ 2 II SprAuG). Darüber hinaus sollen sie einmal im Kalenderjahr eine gemeinsame Besprechung abhalten, deren Durchführung jedoch nicht erzwungen werden kann.

12 Nicht vorgesehen sind **gemeinsame Besprechungen zwischen Arbeitgeber, Betriebsrat und Sprecherausschuss.** Sie sind nicht verboten, sondern insbesondere vor dem Abschluss solcher Betriebsvereinbarungen, durch die Interessen der leitenden Angestellten berührt werden, zweckmäßig. Denkbar ist auch, dass eine Betriebsvereinbarung und eine Richtlinie zusammen abgeschlossen werden (sog. Gesamtvereinbarung). Jedoch muss sich jedes Gremium im Rahmen seiner Zuständigkeit halten.

III. Allgemeine Grundsätze für die Zusammenarbeit und die Amtsführung

1. Behinderungs-, Benachteiligungs- und Begünstigungsverbot. a) Inhalt. Nach § 2 III 1 SprAuG dürfen Mitglieder des Sprecherausschusses in der Ausübung ihrer Tätigkeit nicht gestört oder behindert werden. Gesetzliche Konkretisierung des Behinderungsverbotes ist die bezahlte Freistellung zur Amtsausübung (§ 14 I SprAuG). Das Behinderungsverbot sichert dem Sprecherausschussmitglied vor allem den Zugang zum Betrieb für seine Amtstätigkeit; dies gilt auch dann, wenn ihm gekündigt ist und die Wirksamkeit der Kündigung im Streit ist. Das Behinderungsverbot richtet sich **gegen jedermann,** also den Arbeitgeber, den Betriebsrat oder sonstige Dritte (vgl. § 230 RN 22ff.). Nach § 2 III 2 SprAuG dürfen die Sprecherausschussmitglieder schließlich wegen ihrer Tätigkeit nicht benachteiligt oder begünstigt werden (vgl. § 78 Satz 2 BetrVG; dazu § 230 RN 25f.). Zwar fehlen im SprAuG den §§ 37 IV, V, 38 IV BetrVG entspr. Vorschriften, jedoch müssen Mitglieder des Sprecherausschusses bei ihrer Gehalts- bzw. Berufsentwicklung vergleichbaren leitenden Angestellten gleichgestellt werden. 13

b) Kündigungsschutz. Aus dem Behinderungs- und Benachteiligungsverbot lässt sich kein absoluter Kündigungsschutz für die Mitglieder des Sprecherausschusses ableiten. Sprecherausschussmitglieder sind in § 15 KSchG nicht erwähnt. Sie genießen nur einen **relativen Kündigungsschutz.** Kündigungen, die wegen der Tätigkeit im Sprecherausschuss erfolgen, stellen eine Behinderung und eine Benachteiligung des Sprecherausschussmitgliedes dar. Die Kündigung ist wegen eines Verstoßes gegen ein Verbot unwirksam (§ 134 BGB). Das Sprecherausschussmitglied ist wegen des Kausalzusammenhangs darlegungs- und beweispflichtig. Für ihn kann jedoch der Beweis des ersten Anscheins sprechen. Zur Geltendmachung der Unwirksamkeit der Kündigung muss die Klagefrist des § 4 KSchG eingehalten werden. 14

2. Friedenspflicht und politische Betätigung. Arbeitgeber und Sprecherausschuss haben Betätigungen zu unterlassen, durch die der Arbeitsablauf oder der Betriebsfrieden beeinträchtigt wird. Sprecherausschussmitglieder haben jede politische Betätigung im Betrieb zu **unterlassen** (§ 2 IV 2 SprAuG). Die Vorschrift entspricht § 74 II 2, 3 BetrVG (vgl. § 230 RN 15f.). Ebenso wie dem Betriebsrat kann sich auch der Sprecherausschuss mit Angelegenheiten von tarifpolitischer, sozialpolitischer und wirtschaftlicher Art, die den Betrieb oder die leitenden Angestellten unmittelbar betreffen, befassen (§ 2 IV 2 SprAuG; § 74 II 3 BetrVG). 15

3. Verschwiegenheit. a) Grundsatz. Die Mitglieder und Ersatzmitglieder des Sprecherausschusses sind verpflichtet, Betriebs- oder Geschäftsgeheimnisse, die ihnen wegen ihrer Zugehörigkeit zum Sprecherausschuss bekannt geworden und vom Arbeitgeber ausdrücklich als geheimhaltungsbedürftig bezeichnet worden sind, nicht zu offenbaren und zu verwerten. Dies gilt auch nach dem Ausscheiden aus dem Sprecherausschuss (§ 29 I SprAuG). Die Verschwiegenheitspflicht gilt auch für Ersatzmitglieder des Gesamtsprecherausschusses, des Unternehmenssprecherausschusses und des Konzernsprecherausschusses. Die Vorschrift ist § 79 BetrVG nachgebildet (vgl. § 230 RN 27). Auch für den Begriff des Betriebs- oder Geschäftsgeheimnisses gelten gegenüber dem BetrVG keine Besonderheiten (vgl. §§ 54, 221). 16

b) Personaldaten. Keine Betriebs- oder Geschäftsgeheimnisse sind die Personaldaten der übrigen leitenden Angestellten. Sind diese dem Sprecherausschussmitglied im Rahmen der personellen Mitwirkung oder bei einer Einsichtnahme in die Personalakte eines leitenden Angestellten bekannt geworden, besteht aber eine Verschwiegenheitspflicht nach § 31 III bzw. § 26 II 3 SprAuG. Die letztgenannten Vorschrift ist analog anzuwenden auf die im Rahmen einer Beratungstätigkeit leitender Angestellter bekannt gewordenen persönlichen Umstände, auch über sie ist das Sprecherausschussmitglied zur Verschwiegenheit verpflichtet. 17

c) Weitergabe, Sanktionen. Die Verschwiegenheitspflicht des einzelnen Sprecherausschussmitglieds besteht grundsätzlich gegenüber jedermann. Sie gilt jedoch nicht gegenüber anderen Mitgliedern des Sprecherausschusses, des Gesamtsprecherausschusses, des Unternehmenssprecherausschusses, des Konzernsprecherausschusses und den Arbeitnehmervertretern im Aufsichtsrat (§ 29 I SprAuG). Die Einhaltung der Verschwiegenheitspflicht kann im Wege der einstweiligen Verfügung gesichert werden.[3] Ihre Verletzung kann zum Ausschluss aus dem Sprecherausschuss führen (§§ 9, 17 SprAuG) und ist nach § 35 SprAuG strafbewehrt. 18

4. Ehrenamt. Das Amt des Sprecherausschussmitgliedes ist ein Ehrenamt. Wegen der Vergütung und des Aufwendungsersatzes gelten die selben Grundsätze wie für Betriebsratsmitglieder (vgl. § 221). 19

---

[3] BAG 26. 2. 1987 AP 2 zu § 79 BetrVG = NZA 88, 63.

§ 246. Sprecherausschuss

Übersicht

	RN
1. Sprecherausschussfähige Betriebe	1–4
2. Wahl des Sprecherausschusses	5–10
3. Wahlanfechtung, Wahlschutz und Wahlkosten	11
4. Beendigung des Amtes	12
5. Ersatzmitglieder	13
6. Geschäftsführung des Sprecherausschusses	14–16
7. Sprecherausschusssitzung	17
8. Arbeitsfreistellung	18
9. Bildungs- und Schulungsveranstaltungen	19

1 **1. Sprecherausschussfähige Betriebe. a) Grundsatz.** Sprecherausschüsse können gewählt werden **(a)** in Betrieben mit i. d. R. mind. 10 leitenden Angestellten (§ 1 I SprAuG), **(b)** in Betrieben mit i. d. R. weniger als 10 leitenden Angestellten; die leitenden Angestellten gelten als leitende Angestellte des räumlich nächstgelegenen Betriebes (§ 1 II SprAuG), **(c)** in Unternehmen mit mehreren Betrieben mit insgesamt mind. 10 leitenden Angestellten als Unternehmenssprecherausschuss, wenn dies die Mehrheit der leitenden Angestellten verlangt (§ 20 I SprAuG). Maßgebend ist die **Anzahl** der leitenden Angestellten, die allgemein bei normalem Betriebsverlauf für den Betrieb kennzeichnend ist[1] (vgl. § 214 RN 7). Da eine § 3 BetrVG entsprechende Vorschrift im SprAuG fehlt, sind abweichende Vereinbarungen über die Organisation nicht möglich, selbst wenn solche für die Arbeitnehmer i. S. d. BetrVG bestehen.

2 **b) Betriebsbegriff.** Für den Begriff des Betriebes ist der allgemeine Betriebsbegriff maßgebend (§§ 214, 18). Im Gegensatz zum BetrVG fehlt im SprAuG eine Regelung über die Zuordnung von Betriebsteilen. Jedoch ist § 4 BetrVG entsprechend anzuwenden, da für eine abweichende Beurteilung des Betriebsbegriffs im BetrVG und SprAuG keine Veranlassung besteht. In Betriebsteilen mit weniger als 10 leitenden Angestellten können daher eigene Sprecherausschüsse gebildet werden, wenn sie entweder räumlich weit vom Hauptbetrieb entfernt sind oder durch Aufgabenbereich und Organisation eigenständig sind.[2] Die Zurechnung zum nächstgelegenen Betrieb erfolgt dann nicht, wenn ein Unternehmenssprecherausschuss errichtet wird. Haben mehrere Unternehmen einen gemeinsamen Betrieb gebildet, erfolgt die Bildung von Sprecherausschüssen nach dem für das BetrVG geltenden Grundsätzen (§ 214 RN 5).

3 **c) Besonderer Unternehmenssprecherausschuss.** In Unternehmen mit mehreren Betrieben, von denen keiner oder nur einzelne die Voraussetzungen eines Sprecherausschusses erfüllen, soll durch die Errichtung eines Unternehmenssprecherausschusses die Bildung von Sprecherausschüssen erleichtert werden (§ 20 SprAuG). Voraussetzung ist aber, dass die leitenden Angestellten mit der Mehrheit der Stimmen aller leitenden Angestellten die Errichtung des Unternehmenssprecherausschusses beschließen. Vor seiner erstmaligen Errichtung muss deshalb zunächst eine Entscheidung über die Form des Vertretungsorgans ergehen.

4 Ist im Unternehmen bislang ein Sprecherausschuss nicht vorhanden, kann die Entscheidung, ob überhaupt ein Sprecherausschuss errichtet wird (RN 5), mit der Entscheidung, einen Unternehmenssprecherausschuss zu errichten, verbunden werden (§§ 20 I, 7 II SprAuG). Bestehen dagegen in einem Unternehmen bereits Sprecherausschüsse, hat auf Antrag der **Mehrheit der leitenden Angestellten** des Unternehmens der Sprecherausschuss der Hauptverwaltung oder, sofern ein solcher nicht besteht, der Sprecherausschuss des nach der Zahl der leitenden Angestellten größten Unternehmens einen Unternehmenswahlvorstand für die Wahl des Unternehmenssprecherausschusses zu bestellen. Die Wahl findet zum ordentlichen Wahltermin statt (§ 20 II SprAuG). Ist ein Unternehmenssprecherausschuss gebildet, können die leitenden Angestellten mehrheitlich erstmals oder erneut **betriebliche Sprecherausschüsse errichten** (§ 20 III SprAuG).

5 **2. Wahl des Sprecherausschusses. a) Wahlvorstand.** Zur Durchführung der Wahl des Sprecherausschusses muss zunächst ein Wahlvorstand bestellt werden. Für die Bestellung sind zwei Verfahren vorgesehen. **(1)** Spätestens 10 Wochen vor Ablauf seiner Amtszeit bestellt der Sprecherausschuss einen aus drei oder einer höheren ungeraden Zahl von leitenden Angestellten

[1] Zum BetrVG: BAG 12. 10. 1976 AP 1 zu § 8 BetrVG 1972; ErfK/*Oetker* § 1 SprAuG RN 4.
[2] A. A. *Bauer* § 1 Anm. III; *Löwisch* § 1 RN 34.

bestehenden Wahlvorstand und einen von ihnen als Vorsitzenden (§ 7 I SprAuG). **(2)** Besteht in einem Betrieb, der die Voraussetzungen des § 1 SprAuG erfüllt, kein Sprecherausschuss, wird in einer Versammlung von der Mehrheit der anwesenden leitenden Angestellten des Betriebes ein Wahlvorstand gewählt. Zu dieser Versammlung können drei leitende Angestellte des Betriebes einladen und Vorschläge für die Zusammensetzung des Wahlvorstandes machen. Der Wahlvorstand hat ohne schuldhaftes Zögern eine Abstimmung darüber herbeizuführen, ob ein Sprecherausschuss gewählt werden soll. Der Sprecherausschuss wird gewählt, wenn dies die Mehrheit der leitenden Angestellten beschließt (§ 7 II SprAuG).

Die **Wahl des Wahlvorstandes** in der Versammlung braucht nicht geheim abgehalten zu 6
werden. Vielmehr wird jeder einzelne Kandidat des Wahlvorstandes mit der Mehrheit der Anwesenden gewählt. Nicht notwendig ist auch, dass die Mehrheit der leitenden Angestellten an der Wahl teilnimmt. Der Wahlvorstand hat dann unverzüglich die **Grundabstimmung** vorzunehmen, ob überhaupt ein Sprecherausschuss gewählt werden soll. Da das Zuordnungsverfahren nach § 18a BetrVG erst nach der Wahl des Sprecherausschusses durchgeführt wird, enthält § 7 III SprAuG formale Kriterien, wer an der Versammlung zur Bestellung des Wahlvorstandes teilnehmen kann.

b) Zeitpunkt der Wahl. Amtszeit und Zeitpunkt der Wahl zum Sprecherausschuss ergeben 7
sich aus § 5 SprAuG. Die regelmäßigen Wahlen des Sprecherausschusses finden alle vier Jahre in der Zeit vom 1. 3. bis 31. 5. statt. Sie sind zugleich mit den regelmäßigen Betriebsratswahlen nach § 13 BetrVG einzuleiten (vgl. § 217 RN 27). Außerhalb dieses Zeitraumes ist ein Sprecherausschuss zu wählen, wenn **(1)** im Betrieb ein Sprecherausschuss nicht besteht, **(2)** der Sprecherausschuss durch eine gerichtliche Entscheidung aufgelöst ist, **(3)** die Wahl des Sprecherausschusses mit Erfolg angefochten worden ist oder **(4)** der Sprecherausschuss mit der Mehrheit seiner Mitglieder seinen Rücktritt beschlossen hat (§ 5 II SprAuG). Haben außerhalb des regelmäßigen Wahltermins Wahlen stattgefunden, gewährleistet § 5 III SprAuG die Überleitung in die regelmäßigen Wahltermine (vgl. § 217). Die regelmäßige Amtszeit des Sprecherausschusses beträgt vier Jahre (§ 5 IV SprAuG).

c) Zusammensetzung. Der Sprecherausschuss besteht in Betrieben mit i. d. R. 10 bis 20 8
leitenden Angestellten aus einer Person, 21 bis 100 leitenden Angestellten aus drei Mitgliedern, bei 101 bis 300 leitenden Angestellten aus fünf Mitgliedern und über 300 leitenden Angestellten aus sieben Mitgliedern. Männer und Frauen sollen entspr. ihrem zahlenmäßigen Verhältnis im Sprecherausschuss vertreten sein (§ 4 SprAuG).

d) Wahlberechtigung und Wählbarkeit. Wahlberechtigt sind alle leitenden Angestellten 9
des Betriebes (§ 3 I SprAuG), ein Mindestalter ist nicht vorgesehen. Wählbar sind alle leitenden Angestellten, die sechs Monate dem Betrieb, auch als nicht leitende Angestellte angehören. Auf die 6-monatige Betriebszugehörigkeit werden Zeiten angerechnet, in denen der leitende Angestellte unmittelbar vorher einem anderen Betrieb oder Unternehmen oder Konzern als Beschäftigter angehört hat (§ 3 II SprAuG). Ist das Unternehmen neu gegründet worden, entfällt das Erfordernis einer vorherigen Beschäftigungszeit. Nicht wählbar sind die in § 3 II 2 SprAuG aufgezählten Personen; dies sind vor allem solche, die mit dem Sprecherausschuss verhandeln müssen, um eine Interessenkollision zu vermeiden.

e) Wahlvorschriften. Der Sprecherausschuss wird in geheimer und unmittelbarer Wahl ge- 10
wählt. Die Wahl erfolgt nach den Grundsätzen der Verhältniswahl; wird nur ein Wahlvorschlag eingereicht, erfolgt die Wahl nach den Grundsätzen der Mehrheitswahl (§ 6 SprAuG). Besteht der Sprecherausschuss aus einer Person, wird diese mit einfacher Stimmenmehrheit gewählt (§ 6 III SprAuG). Zur Durchführung der Wahl ist gemäß § 38 SprAuG eine Wahlordnung zum Sprecherausschussgesetz vom 28. 9. 1989 (BGBl. I S. 1798) ergangen.

3. Wahlanfechtung, Wahlschutz und Wahlkosten. Die Vorschrift über die Wahlanfech- 11
tung, den Wahlschutz und die Wahlkosten (§ 8 SprAuG) ist §§ 19, 20 BetrVG nachgebildet, so dass zur Erläuterung auf die entspr. Vorschriften des BetrVG verwiesen werden kann (§ 218). Wie überhaupt im Wahlverfahren stehen den Gewerkschaften auch bei der Wahlanfechtung keine Rechte zu.

4. Beendigung des Amtes. Mindestens 1/4 der leitenden Angestellten oder der Arbeitgeber 12
können beim Arbeitsgericht den Ausschluss eines Mitgliedes aus dem Sprecherausschuss oder seine **Auflösung** wegen grober Verletzung seiner gesetzlichen Pflichten beantragen. Der Ausschluss eines Mitgliedes kann auch vom Sprecherausschuss beantragt werden (§ 9 I SprAuG). Die Vorschrift entspricht § 23 I BetrVG, jedoch sind die Gewerkschaften nicht antragsberechtigt (vgl. § 219 RN 19). Das **Amt** des Sprecherausschusses **erlischt** unter den in § 9 II SprAuG genannten Voraussetzungen. Die Vorschrift entspricht § 24 BetrVG (vgl. § 219).

13 **5. Ersatzmitglieder.** Die Vorschrift über Ersatzmitglieder (§ 10 SprAuG) entspricht § 25 BetrVG (vgl. dazu § 219 RN 26).

14 **6. Geschäftsführung des Sprecherausschusses.**[3] **a) Vorsitzender.** Entspr. § 26 I 1 BetrVG wählt der Sprecherausschuss aus seiner Mitte den Vorsitzenden und dessen Stellvertreter (§ 11 I SprAuG). Die Wahlen haben grundsätzlich in der konstituierenden Sitzung des Sprecherausschusses zu erfolgen, die der Wahlvorstand vor Ablauf einer Woche nach dem Wahltag zum Sprecherausschuss einzuberufen hat (§ 12 I SprAuG). Bis zur Wahl des Vorsitzenden braucht der Arbeitgeber den Sprecherausschuss nicht zu beteiligen.[4] Die Wahl zum Vorsitzenden bzw. Stellvertreter gilt grundsätzlich für die gesamte Amtsperiode. Jedoch können der Vorsitzende oder sein Stellvertreter durch Mehrheitsbeschluss des Sprecherausschusses abberufen werden.

15 **b) Vertretung.** Der Vorsitzende ist im Rahmen der gefassten Beschlüsse zur aktiven und passiven Vertretung des Sprecherausschusses befugt. Im Falle seiner Verhinderung wird er durch seinen Stellvertreter vertreten (§ 11 II SprAuG). Der Sprecherausschuss kann die laufenden Geschäfte auf den Vorsitzenden oder andere Mitglieder des Sprecherausschusses übertragen (§ 11 III SprAuG).

16 **c) Kosten.** Der Arbeitgeber hat die Kosten des Sprecherausschusses zu tragen (§ 14 II SprAuG). Insoweit gelten die gleichen Grundsätze wie beim Betriebsrat (vgl. § 222).

17 **7. Sprecherausschusssitzung.** Die Vorschriften über die Sitzung des Sprecherausschusses (§§ 12, 13 SprAuG) sind § 29 BetrVG, § 34 BPersVG nachgebildet (vgl. § 220 RN 17).

18 **8. Arbeitsfreistellung.** Mitglieder des Sprecherausschusses sind von ihrer beruflichen Tätigkeit ohne Minderung des Arbeitsentgeltes zu befreien, wenn und soweit es nach Umfang und Art des Betriebes zur ordnungsgemäßen Durchführung ihrer Aufgaben erforderlich ist (§ 14 I SprAuG). Insoweit gilt dasselbe wie für Betriebsratsmitglieder (§ 221 RN 7 ff.). Für Tätigkeiten des Sprecherausschussmitgliedes außerhalb der Arbeitszeit gibt es allerdings weder Freizeitausgleich noch Mehrarbeitsvergütung. Nicht vorgesehen ist eine generelle Freistellung.

19 **9. Bildungs- und Schulungsveranstaltungen.** Für Mitglieder des Sprecherausschusses ist eine allgemeine Freistellung von der Arbeit für Bildungs- und Schulungsveranstaltungen im SprAuG nicht vorgesehen. Die Mitglieder des Sprecherausschusses sind daher für ihre Fortbildung regelmäßig auf ihre Freizeit angewiesen. Nur wenn die Teilnahme an einer Schulungsveranstaltung für die ordnungsgemäße Amtsausübung unerlässlich ist, folgt aus § 14 I SprAuG ein Anspruch auf Freistellung und aus § 14 II 1 SprAuG auf Kostenübernahme der durch den Besuch der Veranstaltung entstandenen notwendigen Kosten.[5] Stellt der Arbeitgeber darüber hinaus ein Mitglied des Sprecherausschusses für eine Bildungs- oder Schulungsveranstaltung frei, hat er nach § 14 II SprAuG die mit dem Besuch der Veranstaltung verbundenen Kosten zu tragen.

§ 247. Versammlung der leitenden Angestellten

1 **1. Ordentliche Versammlung.** Der Sprecherausschuss soll einmal im Kalenderjahr eine Versammlung der leitenden Angestellten einberufen und in ihr einen Tätigkeitsbericht erstatten (§ 15 I 1 SprAuG). Die ordentliche Versammlung soll es dem Sprecherausschuss ermöglichen, die leitenden Angestellten zu informieren und mit diesen einen Meinungsaustausch zu pflegen (vgl. BT-Drucks. 11/2503 S. 39). Da der Sprecherausschuss den Tätigkeitsbericht zu erstellen hat, ist über ihn zuvor im Gremium ein Beschluss zu fassen. Der Tätigkeitsbericht wird vom Vorsitzenden in der Versammlung mündlich vorgetragen.

2 **2. Außerordentliche Versammlung.** Auf Antrag des Arbeitgebers oder eines Viertels der leitenden Angestellten hat der Sprecherausschuss eine Versammlung der leitenden Angestellten einzuberufen und den beantragten Beratungsgegenstand auf die Tagesordnung zu setzen (§ 15 I 2 SprAuG).

3 **3. Zeitpunkt der Versammlung.** Sowohl die ordentliche wie die außerordentliche Versammlung der leitenden Angestellten sollen während der **Arbeitszeit** stattfinden (§ 15 II 1 SprAuG). Dagegen heißt es in § 44 BetrVG, dass die regelmäßigen Betriebsversammlungen während der Arbeitszeit stattfinden, soweit nicht die Eigenart des Betriebes eine andere Regelung zwingend erfordert.

---

[3] *Natter,* Geschäftsführung des Sprecherausschusses, AR-Blattei, Sprecherausschuss II.
[4] BAG 23. 8. 1984 AP 36 zu § 102 BetrVG 1972 = NZA 85, 566.
[5] ErfK/*Oetker* § 14 SprAuG RN 3 f.; a. A. *Löwisch* § 14 RN 1.

4. Vergütung und Reisekosten. Da die Versammlung der leitenden Angestellten während der Arbeitszeit stattfinden soll, hat der Arbeitgeber das Arbeitsentgelt fortzuzahlen. Nicht geregelt ist dagegen die Erstattung der Reisekosten der leitenden Angestellten, wenn sie von auswärts anreisen. Auf ihre Erstattung besteht jedoch in analoger Anwendung des § 14 II SprAuG ein Anspruch des leitenden Angestellten.[1] 4

5. Versammlungsleitung und Öffentlichkeit. Die Leitung der Versammlung und die damit verbundene Ausübung des Hausrechts obliegen dem Vorsitzenden des Sprecherausschusses und im Falle seiner Verhinderung seinem Vertreter. Die Versammlung ist nicht öffentlich (§ 15 II 3 SprAuG); ein Teilnahmerecht für Verbandsvertreter besteht nicht. 5

6. Teilnahme des Arbeitgebers. a) Vertretung. Der Arbeitgeber ist zu der Versammlung der leitenden Angestellten unter Mitteilung der Tagesordnung einzuladen (§ 15 III 1 SprAuG). Während sich der Arbeitgeber nach § 43 II 3 BetrVG in der Betriebsversammlung durch einen Arbeitnehmer des Betriebes vertreten lassen kann, ist eine solche Vertretung in § 15 III SprAuG nicht vorgesehen. Allerdings kann sich der Arbeitgeber auch in der Versammlung vertreten lassen, was sich letztlich aus § 3 II 3 Nr. 1 SprAuG ergibt. 6

b) Verpflichtung. Nach dem Wortlaut von § 15 SprAuG ergibt sich nicht zwingend eine Verpflichtung des Arbeitgebers, an der Versammlung der leitenden Angestellten teilzunehmen. Gleichwohl wird hiervon auszugehen sein, da den Arbeitgeber eine Berichtspflicht trifft. Diese lässt sich aber nur realisieren, wenn auch eine Teilnahmeverpflichtung besteht. 7

c) Bericht. Der Arbeitgeber hat in der Versammlung der leitenden Angestellten über die sie betreffenden Angelegenheiten und die wirtschaftliche Lage und Entwicklung des Betriebes zu berichten, soweit dadurch nicht Betriebs- oder Geschäftsgeheimnisse gefährdet werden. Hierzu gehören Fragen der Vergütungsgestaltung, Neueinstellungen, Versetzungen, Personalabbau, Beförderung usw. Nicht hierzu gehören Fragen der Geschäftsführung und der Aufgabenverteilung. Die leitenden Angestellten können ergänzende Fragen stellen; der Arbeitgeber braucht sie nicht zu beantworten, wenn dadurch Betriebs- oder Geschäftsgeheimnisse verletzt werden. 8

§ 248. Gesamt- und Konzernsprecherausschuss

I. Gesamtsprecherausschuss

1. Errichtung. a) Bestehen in einem Unternehmen mehrere Sprecherausschüsse, ist ein Gesamtsprecherausschuss zu errichten (§ 16 I SprAuG). Die Errichtung ist nicht von einem Antrag der einzelnen Sprecherausschüsse abhängig, sondern zwingend vorgeschrieben. Der Gesetzgeber ist davon ausgegangen, dass für ein Unternehmen mit mehreren Betrieben wichtige Entscheidungen für alle Betriebe bei der Unternehmensleitung getroffen werden (BT-Drucks. 11/2503 S. 40). 1

b) Zusammensetzung. In den Gesamtsprecherausschuss entsendet jeder Sprecherausschuss eines seiner Mitglieder. Die Zusammensetzung des Gesamtsprecherausschusses kann durch Vereinbarung mit dem Arbeitgeber verändert werden; sie kann vergrößert oder verkleinert werden (§ 16 II SprAuG). Die Änderung der Zusammensetzung soll sich nach den Bedürfnissen im Unternehmen richten. 2

c) Amtszeit. Der Gesamtsprecherausschuss hat keine besondere Amtszeit. Vielmehr endet die Mitgliedschaft grundsätzlich mit Beendigung der Amtszeit im Sprecherausschuss oder bei Wegfall der Voraussetzungen für die Errichtung eines Gesamtsprecherausschusses. Der jeweilige Sprecherausschuss ist allerdings durch Beschluss zur Abberufung berechtigt; ein besonderer Grund braucht für die Abberufung nicht zu bestehen. Für jedes Mitglied des Gesamtsprecherausschusses ist ein Ersatzmitglied zu bestellen (§ 16 III SprAuG). 3

2. Geschäftsführung. a) Die Geschäftsführung im Gesamtsprecherausschuss ist durch Verweisung auf die Geschäftsführung im Sprecherausschuss geregelt (§ 19 I SprAuG). Der Gesamtsprecherausschuss hat daher einen **Vorsitzenden** und seinen Stellvertreter zu wählen (§ 11 SprAuG). Der Gesamtsprecherausschuss hat über jede Sitzung eine Niederschrift anzufertigen (§ 13 III SprAuG), seine Mitglieder haben jederzeit das Recht, in die Unterlagen des Gesamtsprecherausschusses Einsicht zu nehmen (§ 13 IV SprAuG). Er kann sich eine Geschäftsordnung geben, die er mit der Mehrheit der Stimmen seiner Mitglieder beschließt (§ 13 V SprAuG). 4

---

[1] ErfK/*Oetker* § 15 SprAuG RN 11; *Löwisch* § 15 RN 15 – Aufwendungsersatz; a. A. *Kramer* Personal 93, 389.

5 **b) Beschlussfähigkeit.** Der Gesamtsprecherausschuss ist nur beschlussfähig, wenn mindestens die Hälfte seiner Mitglieder an der Beschlussfassung teilnimmt und die Teilnehmenden mindestens die Hälfte aller Stimmen vertreten. Stellvertretung durch Ersatzmitglieder ist zulässig (§ 19 III SprAuG). Bei der Beschlussfassung sind die Besonderheiten der Stimmengewichtung zu berücksichtigen (unter RN 6).

6 **3. Stimmengewichtung.** Jedes Mitglied des Gesamtsprecherausschusses hat so viele Stimmen, wie in dem Betrieb, in dem es gewählt wurde, leitende Angestellte in die Wählerliste eingetragen sind (§ 16 IV 1 SprAuG). Im Falle der Vergrößerung oder Verkleinerung des Gesamtsprecherausschusses stehen den Entsandten die Stimmen anteilig zu (§ 16 IV 3 SprAuG). Ist ein Mitglied für mehrere Betriebe bestellt, hat es so viele Stimmen, wie leitende Angestellte in den es entsendenden Betrieben vorhanden sind. Auch insoweit gelten die gleichen Grundsätze wie bei dem Gesamtbetriebsrat (§ 224 RN 19).

7 **4. Zuständigkeit. a) Gesetzliche.** Die Zuständigkeitsregelung (§ 18 SprAuG) entspricht teilweise der des Gesamtbetriebsrats (§ 51 BetrVG). Der Gesamtsprecherausschuss ist zuständig für die Behandlung von Angelegenheiten, die das Unternehmen oder mehrere Betriebe des Unternehmens betreffen und nicht durch die einzelnen Sprecherausschüsse innerhalb ihres Betriebes verhandelt werden können. Hierzu gehören vor allem unternehmenseinheitliche Richtlinien für die Gewährung von Sozialleistungen an die leitenden Angestellten, Beurteilungsrichtlinien usw. Dagegen werden die personellen Mitwirkungsrechte stets durch den einzelnen Sprecherausschuss wahrgenommen.

8 **b) Auftrag.** Der Sprecherausschuss kann mit der Mehrheit der Stimmen seiner Mitglieder den Gesamtsprecherausschuss schriftlich beauftragen, eine Angelegenheit für ihn zu behandeln. Der Sprecherausschuss kann sich jedoch die Entscheidungsbefugnis vorbehalten, also nur die Durchführung der Verhandlung übertragen (BT-Drucks. 11/2503 S. 40). Für den Widerruf gelten die Grundsätze der Beauftragung entsprechend (§ 18 II SprAuG).

9 **c) Grenzen.** Der Gesamtsprecherausschuss ist den einzelnen Sprecherausschüssen nicht über- oder untergeordnet (§ 18 I 2 SprAuG). Vielmehr nimmt jeder die Aufgabe im Rahmen seines Zuständigkeitsbereiches wahr. Für die Zuständigkeit des Gesamtsprecherausschusses bedarf es jeweils einer besonderen Rechtsgrundlage. Ist der Gesamtsprecherausschuss zuständig, ist er gleichwohl nicht zur Vertretung von leitenden Angestellten solcher Betriebe berechtigt, in denen ein Sprecherausschuss nicht gewählt worden ist,[1] eine § 50 I 1 BetrVG (§ 224 RN 19) entsprechende Vorschrift fehlt im SprAuG.

10 **5. Ausschluss von Mitgliedern und Erlöschen der Mitgliedschaft.** Nach § 17 I SpruG kann ein Mitglied aus dem Gesamtsprecherausschuss ausgeschlossen werden. Die Vorschrift ist § 48 BetrVG nachgebildet (§ 224 RN 35f.). Mit dem Ausschluss aus dem Gesamtsprecherausschuss ist nicht gleichzeitig der Ausschluss aus dem Sprecherausschuss verbunden. Jedoch kann ein Verfahren nach § 17 I SprAuG mit einem solchen nach § 9 SprAuG (oben § 246) verbunden werden. Die Mitgliedschaft im Gesamtsprecherausschuss endet mit dem Erlöschen der Mitgliedschaft im Sprecherausschuss, durch Amtsniederlegung, durch Ausschluss aus dem Gesamtsprecherausschuss auf Grund einer gerichtlichen Entscheidung oder Abberufung durch den Sprecherausschuss (§ 17 II SprAuG). Die Aufzählung ist abschließend und in Anlehnung an § 9 II SprAuG geregelt.

II. Konzernsprecherausschuss

11 **1. Errichtung.** Für einen Konzern kann durch Beschlüsse der einzelnen Gesamtsprecherausschüsse ein Konzernsprecherausschuss errichtet werden. Für den Beschluss ist die Zustimmung der Gesamtsprecherausschüsse notwendig, in denen insgesamt 75 v. H. der leitenden Angestellten der Konzernunternehmen beschäftigt werden. Besteht in einem Konzern nur ein Sprecherausschuss oder ein Unternehmenssprecherausschuss, tritt dieser an die Stelle des Gesamtsprecherausschusses und nimmt dessen Funktion wahr. Die Vorschrift entspricht im Grundsatz § 54 BetrVG (vgl. § 226); zum Konzernbegriff § 226 RN 1.

12 **2. Stimmengewichtung.** Auch für den Konzernsprecherausschuss gilt das Prinzip der Stimmengewichtung (§ 21 IV SprAuG). Vgl. oben RN 6.

13 **3. Geschäftsführung, Zuständigkeit, Ausschluss und Erlöschen der Mitgliedschaft.** Es gelten nach den §§ 22ff. SprAuG vergleichbare Grundsätze wie für den Gesamtsprecherausschuss, vgl. oben RN 4, 7, 10.

[1] BAG 16. 8. 1983 AP 5 zu § 50 BetrVG = NJW 84, 2966.

2. Abschnitt. Mitwirkungsrechte des Sprecherausschusses

§ 249. Allgemeine Mitwirkungsrechte

1. Belange der leitenden Angestellten. Nach § 25 I SprAuG vertritt der Sprecherausschuss nur die kollektiven Belange der leitenden Angestellten des Betriebes. Die Wahrnehmung der individuellen Belange der Einzelnen leitenden Angestellten ist dem Sprecherausschuss verwehrt. Insoweit kann das Gremium allein nach § 26 SprAuG tätig werden. Seine Vertretungsbefugnis erstreckt sich nur auf die leitenden Angestellten. Für Arbeitnehmer, die noch nicht zu den leitenden Angestellten aufgerückt sind, ist der Betriebsrat zuständig, auch wenn diesen Arbeitnehmern bereits bei Einstellung das Aufrücken in Aussicht gestellt worden ist. 1

2. Tarifvorrang. Anders als das BetrVG in den §§ 77 III, 87 I BetrVG enthält das SprAuG keinen Tarifvorrang bzw. -vorbehalt. Die Befugnisse des Sprecherausschusses entfallen daher nicht, wenn eine tarifvertragliche Regelung besteht. Jedoch muss er sich im Rahmen der höherrangigen Rechtsquellen halten. Hierzu gehört zwingendes Recht in Gesetzen, Tarifverträgen bzw. Richterrecht. 2

3. Überwachungsrechte. Der Sprecherausschuss hat ebenso wie der Betriebsrat nach § 80 BetrVG (§ 233) darüber zu wachen, dass die zugunsten der leitenden Angestellten geltenden arbeitsrechtlichen Vorschriften und Grundsätze eingehalten werden. Im konkreten Einzelfall kann der Sprecherausschuss im Beschlussverfahren die entsprechende Verletzung feststellen lassen. Jedoch hat der Sprecherausschuss keine Befugnis, die Einhaltung auch von einzelvertraglichen Vereinbarungen zu überwachen. 3

4. Unterrichtungsrechte. a) Informationsanspruch. Der Sprecherausschuss ist zur Durchführung seiner Aufgaben nach dem SprAuG rechtzeitig und umfassend vom Arbeitgeber zu unterrichten. Auf Verlangen sind ihm die erforderlichen Unterlagen jederzeit zur Verfügung zu stellen (§ 25 II SprAuG). Zu seinen Aufgaben gehören die allgemeinen Angelegenheiten nach § 25 SprAuG sowie die besonders ausgestalteten Mitwirkungsrechte. Die Unterrichtung muss rechtzeitig erfolgen; d.h. zu einem Zeitpunkt, in dem der Sprecherausschuss noch auf den Arbeitgeber einwirken kann. Der Sprecherausschuss ist nicht berechtigt, sich die notwendigen Informationen selbst zu verschaffen, obwohl es ihm bei den leitenden Angestellten vielfach möglich sein würde. Jedoch bleibt es ihm unbenommen, bei den leitenden Angestellten Umfragen durchzuführen oder sie um Meinungsäußerungen zu bitten. 4

b) Vorlage von Unterlagen. Dem Sprecherausschuss sind auf sein Verlangen die notwendigen Unterlagen zur Verfügung zu stellen; zum Begriff § 233 RN 16. Zu den Unterlagen gehören auch solche, die der Sprecherausschuss zur Beratung der leitenden Angestellten (§ 26 SprAuG) braucht. Die Unterlagen sind dem Sprecherausschuss auch ohne konkreten Anlass zur Verfügung zu stellen. Es braucht kein Verdacht zu bestehen, dass der Arbeitgeber Gesetz, Recht oder Tarifvertrag verletzt hat (vgl. § 233 RN 19). 5

c) Arbeitnehmer. Kein Informationsrecht hat der Sprecherausschuss wegen solcher Arbeitnehmer, die keine leitenden Angestellten sind. Insoweit fehlt ihm die Zuständigkeit. Dies gilt auch dann, wenn zweifelhaft ist, ob ein Arbeitnehmer leitender Angestellter ist. Die Zweifel sind in Zusammenhang mit einem Wahlverfahren durch das Zuordnungsverfahren nach § 18a BetrVG, im Übrigen durch ein Beschlussverfahren nach § 2a ArbGG zu beheben. 6

5. Sachverständige. Das SprAuG enthält keine Vorschrift über die Hinzuziehung von Sachverständigen oder sachkundigen Arbeitnehmer. Insoweit unterscheidet es sich von § 80 II, III BetrVG. Hieraus ist zu folgern, dass die Hinzuziehung von externem Sachverstand nicht in Betracht kommt. Vielmehr muss sich der Sprecherausschuss selbst die notwendigen Kenntnisse verschaffen. 7

6. Streitigkeiten. Rechtsstreitigkeiten über den Umfang und den Inhalt der Rechte des Sprecherausschusses werden im Beschlussverfahren nach § 2a ArbGG ausgetragen. Die Vollstreckung erfolgt nach § 85 ArbGG i.V.m. § 888 ZPO. 8

§ 250. Vereinbarungen und Richtlinien

Übersicht

	RN
I. Gegenstand und Vereinbarungsbefugnis	1 ff.
1. Gegenstand	1–4
2. Grenzen der Vereinbarungsbefugnis	5, 6
3. Auslegung und Billigkeitskontrolle	7
II. Wirkung der Richtlinien	8 ff.
1. Schuldrechtliche Richtlinien	8–10
2. Unmittelbare und zwingende Richtlinien	11, 12
III. Abschluss und Beendigung von Richtlinien	13 ff.
1. Abschluss	13
2. Beendigung der Vereinbarungen	14
3. Betriebsnachfolge	15
4. Betriebsstilllegung	16
5. Änderung, Aufhebung und Ablösung	17

I. Gegenstand und Vereinbarungsbefugnis

1 **1. Gegenstand. a)** Arbeitgeber und Sprecherausschuss können Richtlinien über den Inhalt, den Abschluss oder die Beendigung von Arbeitsverhältnissen der leitenden Angestellten schriftlich vereinbaren (§ 28 I SprAuG).[1] Gegenstand der Richtlinie können immer nur abstrakte Regelungen sein. Nicht zum Regelungsgegenstand einer Richtlinie gehören **wirtschaftliche Angelegenheiten.** Der Sprecherausschuss hat keine Kompetenz zum Abschluss eines Interessenausgleichs. Denkbar ist aber, dass im Rahmen einer Beendigungsrichtlinie für die Fälle der Betriebsänderung Form, Rechtsfolge und soziale Auswahl bei den erforderlichen Kündigungen geregelt werden.

2 **b) Inhaltsrichtlinien.** Diese können sich auf alle Gegenstände beziehen, die Inhalt eines Arbeitsverhältnisses eines leitenden Angestellten sein können. Hierzu gehören Richtlinien über die Vergütung, Haftungsfragen, Wettbewerbsverbote und Verschwiegenheitspflichten, Versorgungseinrichtungen und Beförderungsgrundsätze.

3 **c) Abschlussrichtlinien.** Richtlinien über den Abschluss von Arbeitsverhältnissen mit leitenden Angestellten können Vorschriften über die Ausschreibung von Arbeitsplätzen, Qualifikationsmerkmale, Förderprogramme für das Geschlecht in der Minderheit, Einholung von Referenzen und grafologischen Gutachten usw. enthalten. Sie können alle Rechtsfragen umfassen, die mit der Begründung des Arbeitsvertrags und einer Beförderung zum leitenden Angestellten im Zusammenhang stehen.

4 **d) Beendigungsrichtlinien.** Dies sind Regelungen über die Form der Kündigungen, die einzuhaltenden Kündigungsfristen, Einzelheiten beim Abschluss von Aufhebungsverträgen, Einschränkungen der Kündigungsmöglichkeiten nach bestimmter Dauer des Arbeitsverhältnisses.

5 **2. Grenzen der Vereinbarungsbefugnis. a)** Die vom Arbeitgeber und Sprecherausschuss vereinbarten Richtlinien müssen sich im Rahmen der dem Sprecherausschuss zugewiesenen **Kompetenzen** halten. Ist dies nicht der Fall, sind die von ihm abgeschlossenen Richtlinien unwirksam.[2]

6 **b)** Für die Richtlinien gilt der **Vorrang** des Gesetzes und von zwingendem Tarifrecht. Dies folgt daraus, dass sie gegenüber den Richtlinien die höhere Rechtsquelle darstellen. Tarifliche Normen über betriebliche Regelungen gelten bereits dann, wenn lediglich der Arbeitgeber tarifgebunden ist (§ 3 II TVG). Im Wesentlichen gilt dies für Arbeitszeitfragen. Voraussetzung ist aber immer, dass der persönliche Geltungsbereich des Tarifvertrags (§ 203) auch die leitenden Angestellten erfasst.

7 **3. Auslegung und Billigkeitskontrolle.** Für die Auslegung der Richtlinien gelten dieselben Grundsätze wie bei der Betriebsvereinbarung (vgl. § 231). Richtlinien unterliegen der allgemeinen Billigkeitskontrolle (Einzelheiten § 231 RN 10). Prüfungsumfang ist dabei nicht nur die Einhaltung der in § 27 SprAuG genannten Grundsätze, sondern auch, ob der Gleichbehandlungsgrundsatz gewahrt und dem Vertrauensschutz ausreichend Rechnung getragen worden ist.

---

[1] Dazu allgemein *Wollenberg,* Die Regelungsbefugnis von Arbeitgeber und Sprecherausschuss nach § 28 SprAuG, 1999; *Kramer* DB 96, 1082.

[2] *Löwisch* § 28 RN 1–3.

Die Überprüfung der Richtlinie kann im arbeitsgerichtlichen Beschlussverfahren, aber auch inzident im Urteilsverfahren erfolgen.

II. Wirkung der Richtlinien

1. Schuldrechtliche Richtlinien. a) Nach § 28 II 1 SprAuG gilt der Inhalt der Richtlinie unmittelbar und zwingend, soweit dies zwischen Arbeitgeber und Sprecherausschuss vereinbart ist. Normative Wirkung erlangt eine Richtlinie daher erst durch eine entsprechende Vereinbarung. 8

b) Welche **Wirkung** einer Richtlinie ohne diese Vereinbarung zukommt, ist nur im Einzelfall durch ihre Auslegung zu ermitteln. Richtlinien nach § 28 I SprAuG können lediglich eine unverbindliche Handlungsmaxime für den Arbeitgeber enthalten, nach welchen Grundsätzen er in der Behandlung der leitenden Angestellten verfahren soll. Daneben können sie auch eine Verpflichtung des Arbeitgebers gegenüber dem Sprecherausschuss enthalten, die leitenden Angestellten entsprechend der Richtlinie zu behandeln. Widerspricht ein Einzelarbeitsvertrag diesen Richtlinien oder wird ein richtlinienwidriger Einzelarbeitsvertrag abgeschlossen, so ist der Vertrag wirksam, der Sprecherausschuss kann aber im Wege des Beschlussverfahrens (§ 2a ArbGG) die Einhaltung der Richtlinien gegenüber dem Arbeitgeber durchsetzen.[3] 9

c) Mittelbare Wirkung. In beiden Fällen besteht jedoch kein individualrechtlicher Anspruch des leitenden Angestellten auf Einhaltung der Richtlinien. Jedoch können sie zumindest mittelbare Wirkung auf die Arbeitsverhältnisse der leitenden Angestellten entfalten. Werden die in der Richtlinie enthaltenen Grundsätze einheitlich im Betrieb angewandt, darf der Arbeitgeber wegen des Gleichbehandlungsgrundsatzes nicht willkürlich einzelne leitende Angestellte schlechter behandeln. 10

2. Unmittelbare und zwingende Richtlinien. a) Arbeitgeber und Sprecherausschuss können **vereinbaren,** dass die Richtlinien unmittelbar und zwingend gelten. Der hierauf gerichtete gemeinsame Wille muss sich aus der Vereinbarung deutlich und zweifelsfrei ergeben.[4] Aus dem Prinzip der Unmittelbarkeit folgt, dass die Richtlinien unmittelbar das Arbeitsverhältnis beherrschen. Aus der zwingenden Natur der Richtlinie ergibt sich, dass entgegenstehende Bestimmungen in den Einzelarbeitsverträgen verdrängt werden (vgl. § 231 RN 36). Unmittelbare und zwingende Wirkungen können bei den einzelnen Arten der Richtlinien (oben RN 1) von **unterschiedlichem Gewicht** sein. Bei Inhaltsrichtlinien werden entgegenstehende Einzelabreden verdrängt. Bei Abschlussrichtlinien können für betriebsangehörige leitende Angestellte Schadensersatzansprüche entstehen, wenn sie verletzt werden. Dagegen werden nicht dem Betrieb angehörende Bewerber regelmäßig keine Einstellungsansprüche erlangen. Bei Beendigungsrichtlinien werden richtlinienwidrige Kündigungen vielfach unwirksam sein (§ 134 BGB). 11

b) Günstigkeitsprinzip. In § 28 II 2 SprAuG ist zwischen Richtlinien und Arbeitsvertrag das Günstigkeitsprinzip festgelegt. Danach kann zugunsten des leitenden Angestellten von den unmittelbaren und zwingenden Wirkungen der Richtlinien abgewichen werden (vgl. § 231 RN 31). Dabei ist zwischen den jeweiligen Sachgebieten ein Vergleich anzustellen. Zu vergleichen sind sämtliche Bestimmungen über die Arbeitsvergütung in Richtlinien und Arbeitsverträgen. Dagegen wird bei der verschlechternden Richtlinie überwiegend ein kollektiver Günstigkeitsvergleich abgelehnt (vgl. § 204 RN 33 ff., § 231), da im Sprecherausschussgesetz die Individualrechte betont werden.[5] Jedoch können die Individualverträge dergestalt ausgestaltet werden, dass sie sich nach den jeweiligen Richtlinien richten. 12

III. Abschluss und Beendigung von Richtlinien

1. Abschluss. Die Vereinbarungen nach § 28 SprAuG werden zwischen dem Arbeitgeber und dem zuständigen Sprecherausschuss (Unternehmens-, Gesamt-Konzernsprecherausschuss) abgeschlossen. Der Arbeitgeber kann sich nach den allgemeinen Grundsätzen **vertreten** lassen. Ausreichend sind Prokura oder Handlungsvollmacht des Vertreters. Der allgemeine Verhandlungsauftrag nach § 3 II 3 Nr. 1 SprAuG beinhaltet nicht ohne weiteres eine Vertretungsmacht zum Abschluss von Richtlinien, kann jedoch mit ihm verbunden werden. Aufseiten des Sprecherausschusses bedarf der Abschluss der Richtlinie eines entsprechenden Beschlusses, da der Vorsitzende diesen nur im Rahmen der gefassten Beschlüsse vertritt (§ 11 II 1 SprAuG). Die 13

---

[3] *Kaiser* RN 223; *Löwisch* § 28 RN 6.
[4] BAG 10. 2. 2009 – 1 AZR 767/07 – z. V. b.
[5] *Kaiser* RN 227; *Löwisch* § 28 RN 16; a. A. *Oetker* BB 90, 2181; dazu auch *Nebel* DB 90, 1512.

Vereinbarungen nach § 28 SprAuG bedürfen der **Schriftform** (dazu § 231 RN 13). Mündliche Vereinbarungen sind zwar wirksam, entfalten aber nicht die Rechtswirkungen des § 28 SprAuG. Die Vereinbarungen können nach den allgemeinen Vorschriften des BGB **nichtig** oder **anfechtbar** sein (§ 231 RN 9).

14 **2. Beendigung der Vereinbarungen.** Vereinbarungen nach § 28 II 1 SprAuG können, soweit nichts anderes vereinbart ist, mit einer Frist von drei Monaten **gekündigt** werden (§ 28 II 4 SprAuG). Die Frist kann verlängert oder abgekürzt werden. Die Kündigung kann formlos erfolgen, erforderlich ist bei einer vom Sprecherausschuss ausgesprochenen Kündigung ein entsprechender Beschluss des Gremiums. Kündbar sind Richtlinien, die die Arbeitsverhältnisse unmittelbar und zwingend regeln. Mit Ablauf der Kündigungsfrist verliert die unmittelbar und zwingend wirkende Richtlinie ihre Wirkung. Eine Nachwirkung ist im Unterschied zu Betriebsvereinbarungen nicht vorgesehen (§ 77 VI BetrVG, § 28 SprAuG). Auch Vereinbarungen, die keine Richtlinie für den Inhalt des Arbeitsverhältnisses enthalten oder keine unmittelbare oder zwingende Wirkung entfalten, können gekündigt werden. Ist eine Kündigungsfrist in ihnen nicht geregelt, sind sie mit sofortiger Wirkung kündbar.[6]

15 **3. Betriebsnachfolge.** Das SprAuG enthält keine Regelung, was mit Vereinbarungen und Richtlinien im Falle einer Betriebsnachfolge wird. Sind die Rechte und Pflichten aus einem Arbeitsvertrag durch Rechtsnormen einer Betriebsvereinbarung geregelt, werden sie nach Maßgaben von § 613a I 2–4 BGB zum Inhalt des Arbeitsvertrags (vgl. § 119). Insoweit besteht für Richtlinien und Vereinbarungen nach dem SprAuG eine Regelungslücke, aus diesem Grund ist die Vorschrift auf Richtlinien nach § 28 SprAuG entsprechend anzuwenden. Die Regelung in § 613a I 2–4 BGB beruht auf den Vorgaben der EG-Richtlinie vom 14. 2. 1977, durch die die Umsetzung von Kollektivrecht im Falle der Betriebsnachfolge geregelt werden sollte. Das trifft auch für die Vereinbarungen nach dem Sprecherausschussgesetz zu. Allerdings können die Richtlinien nach dem SprAuG nicht weiter übergehen als dies bei Betriebsvereinbarungen der Fall ist. Es werden daher nur Inhaltsrichtlinien übergehen. Entfaltet die Richtlinie nach § 28 I SprAuG hingegen nur schuldrechtliche Wirkung, endet sie mit dem Betriebsübergang.

16 **4. Betriebsstilllegung.** Im Falle einer Stilllegung enden auch die Richtlinien. Etwas anderes gilt nur dann, wenn die Richtlinien gerade für den Fall nach Beendigung des Arbeitsverhältnisses geschlossen worden sind. Dies kann z. B. für Ruhegeldrichtlinien[7] oder sozialplanähnliche Vereinbarungen nach §§ 28 II, 32 II 2 SprAuG der Fall sein.

17 **5. Änderung, Aufhebung und Ablösung.** Vereinbarungen nach § 28 SprAuG können einvernehmlich von Arbeitgeber und Sprecherausschuss jederzeit geändert oder aufgehoben werden. Dabei gilt der Grundsatz, dass eine spätere Vereinbarung regelmäßig die frühere verdrängt (lex posterior derogat legi priori). Durch eine Richtlinie nach § 28 II SprAuG begründete Rechtsansprüche können jedoch nur unter Beachtung des Vertrauensgrundsatzes verschlechtert oder beseitigt werden (§ 231 RN 34).

§ 251. Beratung der leitenden Angestellten

1 **1. Hinzuziehung eines Sprecherausschussmitgliedes. a) Grundsatz.** Der leitende Angestellte kann bei der Wahrnehmung seiner Belange gegenüber dem Arbeitgeber ein Mitglied des Sprecherausschusses zur Unterstützung und Vermittlung hinzuziehen (§ 26 I SprAuG). Dagegen sieht das BetrVG die Hinzuziehung eines Betriebsratsmitgliedes nur in bestimmten, konkreten Einzelfällen vor (§§ 82 II, 83 I, 84 I BetrVG). Das SprAuG hat die Unterrichtungs-, Anhörungs- und Erörterungsrechte des BetrVG nicht übernommen (§§ 81 ff. BetrVG). Diese stehen dem leitenden Angestellten jedoch als vertragliche Nebenrechte aus dem Arbeitsvertrag zu. Der Arbeitgeber hat die Hinzuziehung eines Sprecherausschussmitgliedes zu dulden. Das Recht des Arbeitnehmers zur Vertretung gegenüber dem Arbeitgeber auch durch dritte Personen (z. B. Rechtsanwälte) wird durch § 26 I SprAuG nicht eingeschränkt.

2 **b) Voraussetzungen. Eigene Belange** des leitenden Angestellten sind jegliche Interessen, die mit seinem Arbeitsverhältnis im Zusammenhang stehen, z. B. bei der Änderung oder Beendigung des Arbeitsvertrags, bei Streit um dessen Inhalt oder bei einem beruflichen Aufstieg. Das Sprecherausschussmitglied darf nur auf Verlangen des leitenden Angestellten tätig werden. Das

[6] MünchArbR/*Joost* § 324 RN 40; *Hromadka* RN 38; a. A. *Oetker* ZfA 90, 80.
[7] Dazu *Löwisch* BetrAV 90, 222.

Verlangen ist formlos wirksam. Der Sprecherausschuss kann statt des in Anspruch genommenen Mitgliedes kein anderes bestimmen. Der leitende Angestellte hat keinen Anspruch darauf, dass das Sprecherausschussmitglied in einem bestimmten Sinne tätig wird. Es muss nur überhaupt in Verhandlungen gegenüber dem Arbeitgeber tätig werden. Die Vertretung umfasst aber nicht die gerichtliche oder außergerichtliche Vertretung, sondern nur die Vertretung in Verhandlungen mit dem Arbeitgeber. Das Sprecherausschussmitglied ist über die persönlichen Angelegenheiten des Arbeitnehmers zur Verschwiegenheit verpflichtet.

2. Personalakte. Der leitende Angestellte hat das Recht, in die über ihn geführten Personal- 3
akten Einsicht zu nehmen (§ 26 II 1 SprAuG). Zum Begriff der Personalakte § 148 RN 1; zum Inhalt des Einsichtsrechts § 148 RN 7. Der leitende Angestellte hat auch das Recht, Erläuterungen zum Inhalt der Personalakte abzugeben. Sie sind dieser beizufügen (§ 26 II 4 SprAuG). Er kann also z. B. zu Abmahnungen und Beurteilungen Stellung nehmen. Er hat daneben aber auch das Recht, Beseitigung oder Entfernung von Vorgängen aus der Personalakte zu verlangen. Der leitende Angestellte kann schließlich bei der Einsichtnahme ein Mitglied des Sprecherausschusses hinzuziehen (§ 26 II 2, 3 SprAuG). Dieses hat über den Inhalt Stillschweigen zu bewahren, sofern es nicht durch den leitenden Angestellten hiervon entbunden wird. Die Verletzung der Schweigepflicht ist bußgeldbewehrt (§ 35 II SprAuG) und kann zu Schadensersatzansprüchen führen. Unberührt bleibt das Recht des leitenden Angestellten, auch andere Personen zur Einsichtnahme hinzuziehen. Streitigkeiten über Umfang und Grenzen des Einsichtsrechts zwischen Arbeitnehmer und Arbeitgeber sind im Urteilsverfahren zu entscheiden.

§ 252. Grundsätze für die Behandlung der leitenden Angestellten

1. Recht und Billigkeit. Arbeitgeber und Sprecherausschuss haben darüber zu wachen, dass 1
alle leitenden Angestellten des Betriebes nach den Grundsätzen von Recht und Billigkeit behandelt werden (§ 27 I SprAuG). Die Vorschrift entspricht § 75 I BetrVG (vgl. dazu § 230 RN 19) und enthält eine Aufzählung solcher Umstände, zu deren Beachtung Arbeitgeber und Sprecherausschuss verpflichtetet sind (vgl. § 112, § 230 RN 20). Die Verpflichtung zur Behandlung von Recht und Billigkeit obliegt sowohl dem Arbeitgeber als auch dem Sprecherausschuss.

2. Freie Entfaltung der Persönlichkeit. a) Arbeitgeber und Sprecherausschuss haben die 2
freie Entfaltung der Persönlichkeit der leitenden Angestellten des Betriebes zu schützen und zu fördern (§ 27 II SprAuG). Die Vorschrift entspricht § 75 II BetrVG (vgl. § 230 RN 21) und gilt insbesondere für **Vereinbarungen** und **Richtlinien** nach § 28 SprAuG.

b) Persönlichkeitsrecht. Zum allgemeinen Persönlichkeitsrecht gehört das Recht am eige- 3
nen Namen, eigenen Bild, an eigener Stimme, auf Leben, Körper, Gesundheit, auf persönliche Ehre und Achtung des Privatlebens usw., das Recht auf Wahrung informationeller Selbstbestimmung. Eingriffe in das Persönlichkeitsrecht sind nur zulässig, wenn der Eingriff einem unabweisbaren Bedürfnis des Arbeitgebers dient und für die Erreichung des Zieles geeignet und erforderlich ist. Wegen des Schutzes des allgemeinen Persönlichkeitsrechts ist der leitende Angestellte vor allem in bestimmten Einzelbereichen geschützt. Zur Zulässigkeit von Tests, Gutachten und ärztliche Untersuchungen § 24 RN 9 ff.

c) Überwachung und Kontrollen. Im Allgemeinen unzulässig ist die Überwachung durch 4
Abhörgeräte und Tonaufnahmen. Ob und inwieweit private Telefongespräche zulässig sind, richtet sich nach den getroffenen Vereinbarungen (vgl. § 55). Zur Befugnis des Arbeitgebers, sich in laufende Gespräche einzuschalten und zur Erfassung von Telefonaten § 55 RN 45 ff. Kontrollen sind zulässig, soweit sie im Interesse des Betriebs notwendig sind, dem Grundsatz der Verhältnismäßigkeit genügen und nicht die Intimsphäre verletzen. Dies gilt für Anwesenheit und Zugangskontrollen, Kontrolle der Arbeitsleistung und die Überprüfung bei der Gefahr von Betriebsdiebstählen (§ 55 RN 25 ff.).

d) Verhaltenspflichten. Der Arbeitgeber darf grundsätzlich nicht in das **außerdienstliche** 5
Verhalten des leitenden Angestellten eingreifen. Jedoch obliegen dem leitenden Angestellten bestimmte Rücksichtspflichten gegenüber dem Arbeitgeber. Er darf diesen nicht in der Öffentlichkeit herabsetzen und unterliegt der Verschwiegenheitspflicht (vgl. §§ 55 RN 51). Leitende Angestellte haben sich so zu **kleiden,** dass sie das Unternehmen und seine Mitarbeiter angemessen gegenüber Dritten repräsentieren.

3. Streitigkeiten. Verstöße des Arbeitgebers nach § 27 SprAuG stellen keine Ordnungswid- 6
rigkeiten dar. Eine § 23 III BetrVG entspr. Vorschrift ist nicht vorhanden. Zuwiderhandlungen

des Sprecherausschusses können eine grobe Verletzung der gesetzlichen Pflichten des Sprecherausschusses sein und zum Ausschluss einzelner Mitglieder bzw. zu seiner Auflösung führen (§§ 9 I, 17 I, 10 IV, 22 I SprAuG). Der leitende Angestellte kann bei Verstößen des Arbeitgebers gegen § 27 SprAuG keine Individualrechte geltend machen; diese können sich aber aus vertraglichen Nebenpflichten ergeben.

§ 253. Personelle Maßnahmen

I. Allgemeines

1 Dem Sprecherausschuss ist die beabsichtigte Einstellung oder eine personelle Veränderung eines leitenden Angestellten rechtzeitig mitzuteilen (§ 31 I SprAuG). Ferner ist er vor jeder Kündigung zu hören (§ 31 II SprAuG). Mit der Beteiligung des Sprecherausschusses an einer personellen Maßnahme werden kollektivrechtliche Zwecke verfolgt, nach denen der Sprecherausschuss die Interessen der leitenden Angestellten gegenüber dem Arbeitgeber verfolgen kann, sowie individualrechtliche, nach denen der leitende Angestellte sich zur Unterstützung an den Sprecherausschuss wenden kann (vgl. § 251). Neben der Beteiligung des Sprecherausschusses nach § 31 SprAuG kann der Betriebsrat nach § 105 BetrVG zu informieren sein.

II. Einstellung und personelle Veränderung

2 **1. Einstellung.** Der Begriff ist der gleiche wie bei §§ 99ff. BetrVG (vgl. § 241 RN 11ff.). Nach Auffassung des BAG ist dies die Eingliederung in den Betrieb, dagegen nicht der Abschluss des Arbeitsvertrages. Einstellung ist auch die vorübergehende Eingliederung in den Betrieb, wenn z. B. ein leitender Angestellter von der Konzernmutter vorübergehend in ein Tochterunternehmen entsandt wird. Als Einstellung sind auch die Beförderung eines Arbeitnehmers zum leitenden Angestellten und dessen Weiterarbeit über eine vereinbarte Altersgrenze anzusehen.

3 **2. Personelle Veränderung.** Dies ist jede Veränderung der Position des leitenden Angestellten, durch die seine eigenen oder die Interessen der übrigen leitenden Angestellten berührt werden. Die eigenen Interessen des leitenden Angestellten werden berührt im Falle von Versetzungen, der Zuweisung eines anderen Arbeitsbereiches, Veränderungen der Umstände, unter denen die Arbeit zu leisten ist oder Entziehung bestimmter handelsrechtlicher Vollmachten (z. B. Prokura). Die Interessen werden aber nicht berührt, wenn der Aufgabenbereich nicht nennenswert verkleinert oder vergrößert wird. Eine personelle Veränderung ist aber auch entspr. der gesetzgeberischen Zielsetzung dann gegeben, wenn kollektive Interessen der leitenden Angestellten berührt werden. Dies kann etwa bei Beförderungen der Fall sein, wenn dem leitenden Angestellten andere unterstellt werden.

4 **3. Ausscheiden aus dem Betrieb. a)** Zu den personellen Veränderungen gehört das Ausscheiden des leitenden Angestellten aus dem Betrieb. Der Sprecherausschuss ist daher rechtzeitig zu informieren, wenn der leitende Angestellte aus dem Betrieb versetzt wird, das Arbeitsverhältnis infolge Anfechtung, Kündigung oder Erreichen der Altersgrenze beendet wird.

5 **b) Aufhebungsvertrag.** Umstr. ist die Rechtslage bei Aufhebungsverträgen. Zum Teil wird die Auffassung vertreten, der Sprecherausschuss sei bereits vor dem Abschluss zu informieren,[1] während im Übrigen eine nachträgliche Information für ausreichend gehalten wird.[2] Der zweiten Meinung ist zu folgen, da eine personelle Veränderung schon begrifflich keine Aufhebung des Arbeitsverhältnisses darstellen kann.[3] Darüber hinaus ist der Sprecherausschuss in den Individualschutz nur dann eingeschaltet, wenn es der leitende Angestellte wünscht. Da die Beteiligung des Sprecherausschusses bei Kündigungen ausdrücklich geregelt ist, kann nicht angenommen werden, dass dem Sprecherausschuss ein weitergehender Individualschutz bei Aufhebungsverträgen übertragen werden sollte. Auch dem Betriebsrat steht insoweit kein Beteiligungsrecht zu.

6 **4. Kündigung.** Die Pflichten des Arbeitgebers bei der Kündigung des Arbeitsverhältnisses eines leitenden Angestellten sind unter § 124 RN 76ff. dargestellt.

---

[1] ErfK/*Oetker* § 31 SprAuG RN 4; *Löwisch* § 31 RN 6.
[2] *Hromadka* § 31 RN 9.
[3] Vgl. auch BAG 16. 5. 2000 AP 15 zu § 125 BGB = NZA 2000, 939.

III. Beteiligungsverfahren

1. Zeitpunkt der Mitteilung. Der Arbeitgeber hat dem Sprecherausschuss eine beabsichtigte Einstellung oder personelle Veränderung rechtzeitig mitzuteilen. Eine Frist ist im Gesetz nicht genannt; sie ist nach den Umständen des Einzelfalles zu bemessen. Ihre Länge muss ausreichend sein, damit der Sprecherausschuss über die beabsichtigte personelle Maßnahme zusammentreten und beraten kann. Denkbar ist, dass der leitende Angestellte und der Sprecherausschuss gleichzeitig von personellen Maßnahmen unterrichtet werden, aber auch, dass der eine vor dem anderen unterrichtet wird. Die Unterrichtung des leitenden Angestellten wird so zu erfolgen haben, dass dieser noch die Unterstützung des Sprecherausschusses einholen kann. 7

2. Unterrichtung. a) Zuständigkeit. Im Allgemeinen ist der Sprecherausschuss oder der Unternehmenssprecherausschuss zu unterrichten (vgl. § 246). Dagegen werden die Voraussetzungen einer Unterrichtung des Gesamt- oder Konzernsprecherausschusses kaum jeweils gegeben sein. 8

b) Inhalt. Der Sprecherausschuss ist zu unterrichten über **(1)** die Person des von der personellen Maßnahme betroffenen leitenden Angestellten, **(2)** die vorgesehenen personellen Maßnahmen und ihre Auswirkungen auf die übrigen leitenden Angestellten, **(3)** Tatsachen, die der Sprecherausschuss benötigt, um die Zielsetzungen seiner Beteiligung (oben RN 1) überhaupt durchführen zu können. Insoweit können Anhaltspunkte für Inhalt und Umfang der Unterrichtung aus § 99 I BetrVG entnommen werden (§ 241 RN 25). Der Sprecherausschuss hat über die personellen Maßnahmen nach § 31 III SprAuG Stillschweigen zu bewahren. 9

c) Stellungnahme. Der Arbeitgeber braucht den Sprecherausschuss nur zu unterrichten. Dagegen hat dieser keine Beratungsrechte. Aus dem Gebot der vertrauensvollen Zusammenarbeit (§ 2 SprAuG) folgt jedoch, dass der Sprecherausschuss vor Wirksamwerden der personellen Maßnahme wenigstens Bedenken vortragen können muss.[4] 10

3. Sanktionen. Die Verletzung der Mitteilungspflicht hat außerhalb des Kündigungsausspruchs keine Auswirkungen auf die Wirksamkeit der personellen Maßnahme. Sie stellt jedoch eine Ordnungswidrigkeit dar (§ 36 SprAuG). Streitigkeiten über den Umfang der Mitteilungspflicht sind im Beschlussverfahren auszutragen (§ 2a ArbGG). 11

§ 254. Wirtschaftliche Angelegenheiten

Übersicht

	RN
I. Unterrichtung in wirtschaftlichen Angelegenheiten	1 ff.
1. Unterrichtungspflicht	1–3
2. Durchführung der Unterrichtung	4, 5
3. Tendenzunternehmen/Betriebe	6
II. Mitwirkung bei Betriebsänderungen	7 ff.
1. Betriebsänderung	7, 8
2. Unterrichtungspflicht	9–11
3. Wirtschaftliche Nachteile	12–14
III. Streitigkeiten	15

I. Unterrichtung in wirtschaftlichen Angelegenheiten

1. Unterrichtungspflicht. a) Der Unternehmer hat den Sprecherausschuss mindestens einmal im Kalenderhalbjahr über die wirtschaftlichen Angelegenheiten des Betriebes und des Unternehmens i. S. des § 106 III BetrVG zu unterrichten, soweit dadurch nicht Betriebs- oder Geschäftsgeheimnisse des Unternehmens gefährdet werden (dazu § 243 RN 14). Eine bestimmte Mindestzahl von leitenden Angestellten ist darüber hinaus nicht vorgesehen. 1

b) Umfang. Durch die Unterrichtungspflicht will der Gesetzgeber gewährleisten, dass der Sprecherausschuss auch über den Tätigkeitsbereich der leitenden Angestellten hinaus unterrichtet wird (BT-Drucks. 11/2503 S. 26). Wegen des Umfanges der Unterrichtungspflicht ist auf § 106 III BetrVG verwiesen (vgl. dazu § 243). Anders als in § 106 III BetrVG, der die Unterrichtungspflicht lediglich auf das Unternehmen beschränkt, nennt § 32 I SprAuG daneben noch den Betrieb. Jedoch bestehen insoweit keine Unterschiede im Umfang der Unterrichtungspflicht.[1] 2

---

[4] *Bauer* § 31 Anm. II; *Hromadka* § 31 RN 14; *Löwisch* § 31 RN 9.

[1] MünchArbR/*Joost* § 324 RN 98; ErfK/*Oetker* § 32 SprAuG RN 6.

3 **c) Jahresbilanz.** In § 32 I SprAuG ist die Unterrichtung nicht ausdrücklich auf die Mitteilung und Erläuterung der Jahresbilanz und der Gewinn- und Verlustrechnung (§ 108 V BetrVG) erstreckt. Gleichwohl sind hieraus keine Schlussfolgerungen gegen eine entspr. Unterrichtung zu ziehen. Vielmehr gehört diese zur Unterrichtung über die wirtschaftliche und finanzielle Lage des Unternehmens.[2] Bei Personenhandelsgesellschaften und Einzelkaufleuten kann die Unterrichtung auf die sog. Betriebsbilanz beschränkt werden.[3]

4 **2. Durchführung der Unterrichtung. a) Grundsatz.** Die Unterrichtung hat gegenüber dem Sprecherausschuss oder, falls ein solcher gebildet ist, dem Unternehmenssprecherausschuss zu erfolgen. Anders als nach §§ 106 ff. BetrVG ist ein Wirtschaftsausschuss nicht vorgesehen. Keine besondere Unterrichtungspflicht ist gegenüber dem Gesamt- oder Konzernsprecherausschuss vorgesehen. Sie kommt nach dem allgemeinen Zuständigkeitsbestimmungen (§ 248) nur in Betracht, wenn die Entgegennahme der Unterrichtung an den Gesamt- oder Konzernsprecherausschuss delegiert ist. Die Unterrichtung muss einmal im Kalenderhalbjahr erfolgen. Die nähere Festlegung des Zeitpunktes steht im Ermessen des Arbeitgebers. Der Sprecherausschuss hat anders als der Wirtschaftsausschuss nach § 106 I BetrVG kein Beratungsrecht. Aus dem Gebot der vertrauensvollen Zusammenarbeit folgt jedoch, dass der Arbeitgeber eine Stellungnahme des Sprecherausschusses entgegennehmen muss.

5 **b) Unterlagen.** Anders als in § 106 BetrVG ist in § 32 I SprAuG die Vorlage von Unterlagen nicht ausdrücklich vorgesehen. Teilweise wird vertreten, dass die Überlassung im Rahmen der allgemeinen Unterrichtungspflicht nach § 25 II 2 SprAuG verlangt werden kann,[4] während die Gegenauffassung zutreffend § 106 II BetrVG entsprechend anwendet.[5] Auf § 25 II 2 SprAuG kann nicht zurückgegriffen werden, da in diesem Fall die Unterlagen dauerhaft zur Verfügung zu stellen wären, was über die Verpflichtung des Unternehmers in § 106 II BetrVG hinausgehen würde. Da jedoch die Unterrichtung über die wirtschaftlichen Angelegenheiten ohne Vorlage von Unterlagen vielfach für den Sprecherausschuss nicht verständlich sein wird, sind ihm diese entsprechend der Regelung in § 106 II BetrVG ggf. zur Vorbereitung und für die Sitzung zur Verfügung zu stellen.

6 **3. Tendenzunternehmen/Betriebe.** Die Unterrichtungspflicht besteht nicht für Unternehmen und Betriebe i. S. des § 118 I BetrVG, wenn diese den geschützten Tendenzen unmittelbar dienen (vgl. dazu § 241 RN 25).

II. Mitwirkung bei Betriebsänderungen

7 **1. Betriebsänderung. a) Grundsatz.** Der Unternehmer hat den Sprecherausschuss über geplante Betriebsänderungen i. S. des § 111 BetrVG, die auch wesentliche Nachteile für leitende Angestellte zur Folge haben können, rechtzeitig und umfassend zu unterrichten (§ 31 II 1 SprAuG). Der Begriff der Betriebsänderung ist durch Verweisung auf § 111 BetrVG bestimmt (vgl. dazu § 244 RN 3). Die Verweisung erfasst jedoch nur den Begriff der Betriebsänderung, unbeachtlich für das Entstehen des Beteiligungsrechts ist die Beschäftigtenzahl im Unternehmen, da § 32 II SprAuG auf die Belage der leitenden Angestellten abstellt.[6] Über Unternehmensveränderungen ist nur dann zu unterrichten, wenn diese zugleich den Tatbestand der Betriebsänderung erfüllen.

8 **b) Eintritt von wesentlichen Nachteilen.** Eine Unterrichtungspflicht besteht nur, wenn die Betriebsänderungen wesentliche Nachteile für die Belegschaft oder erhebliche Teile der Belegschaft zur Folge haben können. Nachteile sind alle wirtschaftlichen Verschlechterungen der Stellung eines leitenden Angestellten. Ein wesentlicher Nachteil ist immer anzunehmen, wenn die Voraussetzungen von § 111 Satz 2 BetrVG vorliegen. Insoweit gelten auch die Ausführungen zu § 244 RN 7 entsprechend. Darüber hinaus fordert aber § 32 II 1 SprAuG, dass die Betriebsänderung auch wesentliche Nachteile für die leitenden Angestellten zur Folge haben kann. Dieser Umstand wird anders als nach dem BetrVG nicht zu vermuten sein. Bei Änderung der Produktions- und Fertigungsmethoden ist sogar durchaus denkbar, dass hiervon keine Nachteile für die leitenden Angestellten ausgehen.

---

[2] *Hromadka* § 32 RN 9.
[3] *Löwisch* § 32 RN 4.
[4] *Hromadka* § 32 RN 47; *Löwisch* § 32 RN 32.
[5] MünchArbR/*Joost* § 324 RN 99.
[6] MünchArbR/*Joost* § 324 RN 105; ErfK/*Oetker* § 32 SprAuG RN 16; a. A. *Hromadka* § 32 RN 51; *Löwisch* § 32 RN 38 – Beschäftigtenzahl maßgeblich.

2. Unterrichtungspflicht. a) Inhaber des Unterrichtungsanspruchs ist der Sprecherausschuss bzw. der Unternehmenssprecherausschuss. Ist für einen Betrieb kein Sprecherausschuss gebildet, entfällt der Unterrichtungsanspruch. Dies gilt auch dann, wenn im Unternehmen im Übrigen ein Unternehmenssprecherausschuss besteht. Andererseits hat der Sprecherausschuss noch ein **Restmandat,** wenn ein Betrieb stillgelegt worden ist (§ 21 b BetrVG analog). Zur Unterrichtung verpflichtet ist der **Unternehmer.** Ist über das Unternehmen das Insolvenzverfahren eröffnet, ist der Insolvenzverwalter zur Unterrichtung verpflichtet. 9

b) Inhalt. Die Unterrichtung muss bereits im Planungsstadium erfolgen. Noch keine Unterrichtungspflicht besteht bei Vorüberlegungen oder Planspielen. Andererseits dürfen die Planungen nicht soweit vorgeschritten sein, dass dem Sprecherausschuss keine Einflussnahme mehr verbleibt. Die Unterrichtung muss umfassend sein und sich auf den Umfang und Auswirkungen der geplanten Betriebsänderung beziehen. Die Vorlage von Unterlagen muss nach § 25 II 2 SprAuG erfolgen, soweit dies zum Verständnis der geplanten Betriebsänderung notwendig ist. 10

c) Umfang. Den Sprecherausschuss hat gegenüber dem Unternehmer keinen Anspruch auf Beratung der eigentlichen Betriebsänderung und Abschluss eines **Interessenausgleichs.** Aus dem Grundsatz der vertrauensvollen Zusammenarbeit (§ 2 SprAuG) folgt allein, dass sich der Arbeitgeber mit dem Sprecherausschuss auseinandersetzen muss. 11

3. Wirtschaftliche Nachteile. a) Beratungsrecht. Entstehen leitenden Angestellten infolge der geplanten Betriebsänderung wirtschaftliche Nachteile, hat der Unternehmer mit dem Sprecherausschuss über Maßnahmen zum Ausgleich oder zur Milderung dieser Nachteile zu beraten. Das Beratungsrecht setzt zunächst das Bestehen wirtschaftlicher Nachteile voraus. 12

b) Vereinbarung. aa) Erzwingbarkeit. Der Sprecherausschuss hat nur ein Beratungsrecht über Maßnahmen zum Ausgleich oder Milderung dieser Nachteile. Dagegen hat er keinen Anspruch auf Abschluss eines Sozialplanes. Allerdings kann eine Vereinbarung oder eine Richtlinie nach § 28 SprAuG für den Inhalt der Arbeitsverhältnisse der leitenden Angestellten geschlossen werden und diese auch für verbindlich erklärt werden (vgl. § 250). Gegenstand dieser Richtlinien können alle Maßnahmen und Ausgleichsleistungen der wirtschaftlichen Nachteile sein, also z. B. auch Abfindungen. 13

bb) Inhalt. Die Vereinbarungen und Richtlinien über den Sozialplan sind an höherrangige Rechtsquellen gebunden. Durch den Sozialplan kann die soziale Auswahl bei Kündigungen nicht verändert werden. Die Richtlinien unterliegen der Billigkeitskontrolle (vgl. § 250). Bei einer nur geringen Anzahl von betroffenen leitenden Angestellten wird es rechtlich geboten sein, die Abfindungen möglichst individuell zu bemessen.[7] Verträge zugunsten der leitenden Angestellten zwischen Betriebsrat und Arbeitgeber über die Zahlung von Abfindungen bei Stilllegungen sind unwirksam, da dem Betriebsrat insoweit die Regelungskompetenz fehlt.[8] 14

III. Streitigkeiten

Streitigkeiten über Umfang und Grenzen der Unterrichtung in wirtschaftlichen Angelegenheiten werden im arbeitsgerichtlichen Beschlussverfahren (§ 2a ArbGG) zwischen Sprecherausschuss und Arbeitgeber ausgetragen. Ansprüche der einzelnen leitenden Angestellten aus einer für verbindlich erklärten Vereinbarung werden im arbeitsgerichtlichen Urteilsverfahren geltend gemacht. Für die Streitigkeiten zwischen Sprecherausschuss und Arbeitgeber über die Wirksamkeit eines Sozialplanes ist das Beschlussverfahren maßgebend. 15

---

[7] BAG 14. 9. 1994 AP 87 zu § 112 BetrVG 1972 = NZA 95, 440.
[8] BAG 31. 1. 1979 AP 8 zu § 112 BetrVG 1972 = NJW 79, 1621.

XVIII. Buch. Die europäische Betriebsverfassung

§ 255. Richtlinie über den Europäischen Betriebsrat

Altmeyer, Entwurf für eine neue EBR-Richtlinie, PersF 2008, 142; *Düwell,* Neufassung der EBR-Richtlinie, FA 2009, 39; *Hornung-Draus,* Richtlinie über Europäische Betriebsräte, EuroAS 2008, 99; *Lücking/Trinczek/Whittall,* Europäische Betriebsräte: Was lehrt der deutsche Fall für die Revision der EU-Richtlinie, WSI-Mitteilungen 2008, 246.

1 Die Richtlinie des Rates über die Einsetzung eines Europäischen Betriebsrats oder die Schaffung eines Verfahrens zur Unterrichtung und Anhörung der Arbeitnehmer in gemeinschaftsweit operierenden Unternehmen und Unternehmensgruppen (94/45/EG) v. 22. 9. 1994 (ABl. EG Nr. L 254 v. 30. 9. 1994, S. 64) enthält Vorgaben für die Bildung eines Europäischen Betriebsrats in den Mitgliedsstaaten. Die Umsetzung der Richtlinie in nationales Recht ist in § 256 dargestellt.

2 Die EBR-Richtlinie soll im Jahr 2009 nach den aufsehenerregenden Betriebsschließungen bzw. Umstrukturierungen von Renault, Alcatel-Lucent und Nokia, bei denen die Rechte des jeweiligen EBR von den Unternehmensverantwortlichen missachtet wurden, geändert werden.[1] In der neugefassten RL werden neben einer erweiterten Zuständigkeitsregelung des EBR (Art. 2 I Buchst. a, c) erstmals die Begriffe der „Unterrichtung" (Art. 2 I Buchst. f) und „Anhörung" (Art. 2 I Buchst. g) definiert, wobei sich das Anhörungsrecht nicht in einem Recht auf Abgabe einer Stellungnahme erschöpft, sondern die Möglichkeit zu einem Dialog zwischen der Unternehmensleitung und dem EBR schaffen soll. Nach Art. 11 II werden die Mitgliedstaaten zur Ergreifung geeigneter Sanktionen verpflichtet, um die Erfüllung der Beteiligungsrechte des EBR zu sichern. Dies kann das Verbot einschließen, bis zum Abschluss der „Anhörung" mit der Umsetzung der Maßnahme zu beginnen.[2] Art. 13 verpflichtet die zentrale Leitung, nach einer Strukturveränderung von sich aus Verhandlungen zur Errichtung eines EBR oder eines Unterrichtungs- und Anhörungsverfahrens aufnehmen. Daneben muss das nationale Recht – bei Fehlen einer entsprechenden Vereinbarung mit der Unternehmensleitung – zukünftig das Verhältnis über die Unterrichtung der Arbeitnehmer durch den EBR und die nach nationalem Recht gebildeten Arbeitnehmervertretungen regeln (Art. 13 III). Umsetzungsbedarf besteht im EBRG weiterhin hinsichtlich des erstmals aufgenommenen Schulungsanspruchs (Art. 10 IV) und eines Verfahrens über die Vertraulichkeit von Informationen und die sich daraus ergebende Verschwiegenheitspflicht (Art. 10 II).

§ 256. Das Europäische Betriebsräte-Gesetz

Bauckhage, Die Sanktionen des Europäische Betriebsräte-Gesetzes, 2006; *Blanke,* Europäische Beteiligungsvereinbarungen und Betriebsverfassung, AG 2006, 493; *Blanke/Rose,* Die zeitliche Koordinierung der Informations- und Konsultationsansprüche Europäischer Betriebsräte und nationaler Interessenvertretungen bei grenzübergreifenden Umstrukturierungsmaßnahmen, RdA 2008, 65; *Fischer, U.,* Der ahnungslose Arbeitgeber oder die Betriebsverfassung im (internationalen) Niemandsland?, ArbuR 2002, 7; *Franzen,* EU-Erweiterung und Europäische Betriebsräte, BB 2004, 938; *Freckmann/Blanke,* Der Europäische Betriebsrat – ein unbekanntes Wesen?, BB-Special 2005, Nr. 9, S. 17; *Götz,* Unternehmerische Mitbestimmung in der multinationalen Holdinggesellschaft, AG 2002, 552; *Goos,* Erfahrungen mit Europäischen Betriebsräten, JbArbR 38 (2000), S. 43; *Joost,* Auskunftsansprüche der Arbeitnehmervertretung zur Errichtung eines Europäischen Betriebsrats bei Unternehmensgruppen, BB 2001, 2214; *ders.,* Auskunftsansprüche bei Errichtung Europäischer Betriebsräte für Unternehmensgruppen mit zentraler Leitung in einem Drittstaat, ZIP 2004, 1034; *Junker,* Neues zum Europäischen Betriebsrat, RdA 2002, 32; *Klebe/Kunz,* Europäische Betriebsräte – Erste Erfahrungen, JbArbR 38 (2000), S. 55; *Kolvenbach,* Europäische Betriebsräte, NZA 2000, 518; *Kufer,* Das Gesetz über Europäische Betriebsräte, AR-Blattei SD 695; *Reichhold,* Durchbruch zu einer europäischen Betriebsverfassung, NZA 2003, 289; *Sadowski/Kühne,* Der Europäische Betriebsrat, FS Birk (2008), S. 771; *Sandmann,* Das Gesetz über Europäische Betriebsräte, AR-Blattei SD 695; *I. Schmidt,* Betriebliche Arbeit-

---

[1] Zuletzt Entschließung des Europäischen Parlaments vom 16. 12. 2008, dazu *Thüsing* RdA 2009, 118, 120.
[2] *Düwell* FA 2009, 39, 41.

nehmervertretungen insbesondere im Europäischen Recht, Beilage zu RdA 2001/Heft 5, S. 12; *Thüsing,* Angleichung der Arbeitsbedingungen auf dem Wege des Fortschritts, NZA 2003, Sonderbeilage zu Heft 16, 41; *Wißmann,* Arbeitsrecht und Europarecht, RdA 99, 152.

Übersicht

	RN
I. Regelungsziel	1 f.
1. Umsetzung der Richtlinie	1
2. Beteiligungsrechte	2
II. Geltungsbereich	3 ff.
1. Räumlicher Geltungsbereich	3–5
2. Persönlicher Geltungsbereich	6–8
III. Bildung des EBR	9 ff.
1. EBR vor Umsetzung der Richtlinie	9
2. Wahlmöglichkeit	10
3. Auskunftsanspruch	11, 11 a
4. Besonderes Verhandlungsgremium	12–15
5. Gesetzlicher Europäischer Betriebsrat	16
IV. Zusammensetzung des EBR	17 ff.
1. Zusammensetzung	17
2. Bestellung	18
3. Innere Ordnung und Geschäftsführung	19
V. Zuständigkeit und Mitwirkung	20 ff.
1. Übergreifende Angelegenheiten	20
2. Zuständigkeit nach § 32 EBRG	21
3. Unterrichtung und Anhörung nach § 33 EBRG	22
4. Tendenzunternehmen	23
5. Unterrichtung der örtlichen Vertretung	24
VI. Grundsätze der Zusammenarbeit und Schutzbestimmungen, Prozessuales	25 ff.
1. Zusammenarbeit	25
2. Schutzvorschriften (§ 40 EBRG)	26
3. Prozessuales	27

I. Regelungsziel

1 **1. Umsetzung der Richtlinie.** Durch das Gesetz über Europäische Betriebsräte (Europäische Betriebsräte-Gesetz – EBRG) vom 28. 10. 1996 (BGBl. I S. 1548), ber. 9. 12. 1996 (BGBl. I S. 2022), zul. geänd. 21. 12. 2000 (BGBl. I S. 1983) ist die Richtlinie über Europäische Betriebsräte (§ 255) in nationales Recht umgesetzt worden. Durch das EBR-Anpassungsgesetz vom 22. 12. 1999 (BGBl. I S. 2809) ist der bis zum 31. 12. 1999 geltende Ausschluss für das Vereinigte Königreich aufgehoben und die Regelungen über die Mitgliederzahl des EBR in § 22 ERBG entsprechend angepasst worden. Weiterer Umsetzungsbedarf folgt aus den Änderungen der RL 94/45/EG (§ 255 RN 2).

2 **2. Beteiligungsrechte.** Der EBR hat nur Unterrichtungs- und Anhörungsrechte; dagegen hat er keine Mitbestimmungsrechte. Seine Funktion ähnelt damit dem Wirtschaftsausschuss nach §§ 106 ff. BetrVG. Die Initiative zur Bildung des EBR muss aus dem Unternehmen kommen. Einen Umsetzungszwang enthält das Gesetz nicht. Damit wird in die Struktur des BetrVG mit der dreistufigen Gliederung in Betriebsrat/Gesamtbetriebsrat/Konzernbetriebsrat nicht eingegriffen. Grundsätzlich gilt das Gesetz auch in Tendenzunternehmen. Jedoch können sich Beschränkungen des Anhörungs- und Unterrichtungsrechts aus § 34 EBRG ergeben.

II. Geltungsbereich

3 **1. Räumlicher Geltungsbereich. a)** Das Gesetz findet Anwendung auf Unternehmen mit **Sitz in Deutschland,** die in den EU-Mitgliedstaaten und den EWR-Mitgliedstaaten (Island, Liechtenstein und Norwegen) mindestens 1000 Arbeitnehmer insgesamt und davon jeweils mindestens 150 Arbeitnehmer in zwei Mitgliedstaaten haben (§§ 2, 3 EBRG). Auf eine Unternehmensgruppe findet das EBRG Anwendung, wenn gemeinschaftsweit 1000 Arbeitnehmer beschäftigt und ihr zumindest zwei Unternehmen mit Sitz in verschiedenen Mitgliedsstaaten angehören. Bei der Feststellung der Arbeitnehmerzahl ist auf den Durchschnitt der letzten beiden Jahre vor der Antragstellung oder der Initiative der zentralen Leitung abzustellen (§ 4 EBRG). Die leitenden Angestellten werden nicht mitgerechnet, dagegen aber alle Arbeitnehmer, die zur Berufsausbildung Beschäftigten sowie Arbeitnehmer in befristeten oder Teilzeitarbeitsverhältnissen.

4 **b) Zentrale Leitung in anderem Mitgliedstaat.** Befindet sich die zentrale Leitung in einem anderen Mitgliedstaat, ist dessen Recht anwendbar. Für die in § 2 IV EBRG genannten Bereiche (z. B. Arbeitnehmerbegriff, Beschäftigtenzahlen, Auskunftsanspruch, Bestimmung des herrschenden Unternehmens, Bestellung der inländischen Arbeitnehmervertreter, Schutzbestimmungen) gilt allerdings deutsches Recht, selbst wenn der Sitz der zentralen Leitung nicht in der Bundesrepublik liegt.

c) Zentrale Leitung in einem Drittstaat. Befindet sich die zentrale Leitung nicht in einem EU- bzw. EWR-Mitgliedsstaat (sog. Drittstaat), besteht jedoch eine nachgeordnete Leitung für die in den Mitgliedstaaten liegenden Betriebe oder Unternehmen, findet das Gesetz Anwendung, wenn sich die nachgeordnete Leitung in Deutschland befindet. Besteht keine nachgeordnete Leitung, ist das EBRG anwendbar, wenn die zentrale Leitung einen Betrieb oder ein Unternehmen im Inland als ihren Vertreter benennt. Geschieht dies nicht, ist das Gesetz anzuwenden, wenn der Betrieb oder das Unternehmen mit der größten Arbeitnehmerzahl der Mitgliedsstaaten im Inland liegt (§ 2 II EBRG). In dem letztgenannten Fall fingiert das Gesetz, dass sich die zentrale Leitung in Deutschland befindet. 5

2. Persönlicher Geltungsbereich. a) Der persönliche Geltungsbereich ergibt sich aus §§ 2, 3 EBRG. Der Arbeitnehmerbegriff richtet sich nach nationalem Recht (§ 5 I BetrVG); leitende Angestellte gelten dementsprechend nicht als Arbeitnehmer. Sie können aber nach § 11 IV EBRG zu Mitgliedern des besonderen Verhandlungsgremiums bestellt werden. Daneben kann ein leitender Angestellter vom Sprecherausschuss bestimmt werden, der an den Sitzungen des Europäischen Betriebsrats teilnimmt (§ 23 VI EBRG). 6

b) Arbeitnehmer in Drittstaaten. Arbeitnehmer in anderen als den EU- bzw. EWR-Mitgliedsstaaten (sog. Drittstaaten) werden weder bei der Berechnung der maßgeblichen Arbeitnehmerzahlen berücksichtigt, noch sind sie von den Beteiligungsrechten erfasst. Ihre Einbeziehung kann aber durch eine Vereinbarung zwischen der zentralen Leitung und dem besonderen Verhandlungsgremium erfolgen (§§ 1 II, 14 EBRG). 7

c) Zentrale Leitung. Auf Arbeitgeberseite ist die zentrale Leitung Gesprächs- und Verhandlungspartner der Arbeitnehmer. Der Begriff wird in § 1 III EBRG näher definiert. Ein Unternehmen, das zu einer gemeinschaftsweit tätigen Unternehmensgruppe gehört, ist herrschendes Unternehmen, wenn es unmittelbar oder mittelbar einen beherrschenden Einfluss auf ein anders Unternehmen derselben Gruppe ausüben kann (§ 6 I EBRG). Eine Zusammenfassung von herrschendem und abhängigem Unternehmen unter einer einheitlichen Leitungsmacht ist aber nicht erforderlich. Ein beherrschender Einfluss wird unter den in § 6 II EBRG genannten Voraussetzungen vermutet. Gemeinschaftsunternehmen sind regelmäßig in die Unternehmensgruppen der jeweiligen Muttergesellschaften nicht einzubeziehen, wenn ein beherrschender Einfluss nicht festgestellt werden kann. 8

III. Bildung des EBR

1. EBR vor Umsetzung der Richtlinie. Ist vor dem 22. 9. 1996 in den in §§ 2, 3 EBRG genannten Unternehmen und Unternehmensgruppen eine Vereinbarung über grenzübergreifende Unterrichtung und Anhörung geschlossen worden, so sind die Bestimmungen des EBRG nicht anwendbar, solange die Vereinbarung wirksam ist. Diese gilt fort. Nach § 41 II EBRG steht der Fortgeltung nicht entgegen, dass die Vereinbarung aufseiten der Arbeitnehmer nur von einer im Betriebsverfassungsgesetz vorgesehenen Vertretung geschlossen worden ist und nicht von den durch das EBRG vorgesehenen Gremien. In § 41 III–V EBRG sind Nachbesserungs-, Strukturanpassungs- und Verlängerungsklauseln für freiwillige Vereinbarungen vorgesehen. 9

2. Wahlmöglichkeit. Besteht keine freiwillige Vereinbarung und liegen die Voraussetzungen einer gemeinschaftsweiten Tätigkeit vor, richtet sich die Verpflichtung zur Bildung und Tätigkeit des EBR nach dem **EBRG.** Auf Arbeitnehmerseite ist zunächst ein besonderes Verhandlungsgremium zu bilden. Nach §§ 17ff. EBRG können zwischen der Unternehmensleitung und dem besonderen Verhandlungsgremium Vereinbarungen über die Bildung des EBR und über das Verfahren zur grenzübergreifenden Unterrichtung und Anhörung geschlossen werden. Werden sie nicht geschlossen, ist ein Europäischer Betriebsrat kraft Gesetzes nach §§ 21ff. EBRG zu bilden. 10

3. Auskunftsanspruch. a) Zur Vorbereitung der Bildung eines EBR hat die zentrale Leitung einer Arbeitnehmervertretung auf Verlangen Auskünfte über die durchschnittliche Gesamtzahl der Arbeitnehmer und ihre Verteilung auf die Mitgliedstaaten, die Unternehmen und Betriebe sowie über die Struktur des Unternehmens oder der Unternehmensgruppe zu erteilen (§ 5 I EBRG). Der in Deutschland gebildete Betriebsrat oder Gesamtbetriebsrat kann den Auskunftsanspruch gegenüber der örtlichen Betriebs- oder Unternehmensleitung geltend machen (§ 5 II EBRG). Vom Auskunftsanspruch umfasst ist auch die Frage, ob ein Unternehmen herrschend (§ 6 EBRG) ist. Die Auskunftspflicht besteht für die Tatsachen, die zur Aufnahme von Verhandlungen zur Errichtung eines EBR oder Schaffung eines Verfahrens zur länderübergrei- 11 fenden Unterrichtung und Anhörung der Arbeitnehmer erforderlich sind. Ausreichend ist, dass eine gewisse Wahrscheinlichkeit für das Vorliegen der Voraussetzungen des EBRG gegeben ist.[1]

11a **b)** Problematisch ist die Durchsetzung des Auskunftsanspruchs, wenn sich die zentrale Leitung nicht in einem Mitglieds-, sondern in einem **Drittstaat** befindet. Ihr gegenüber besteht weder aus nationalem noch aus Gemeinschaftsrecht ein Auskunftsanspruch. In diesem Fall fingiert das EBRG das Bestehen einer zentralen Leitung im Inland (RN 5). Sofern die Voraussetzungen für die Fiktion vorliegen, tritt die fingierte zentrale Leitung in die Pflichtenstellung des EBRG. Sie ist insbesondere anstelle der zentralen Leitung zur Auskunftserteilung über die Tatsachen verpflichtet, die zur Aufnahme der Verhandlungen zur Einrichtung eines EBR unerlässlich sind. Stellt die zentrale Leitung der fingierten zentralen Leitung im Inland die notwendigen Informationen nicht zur Verfügung, so ist die fingierte Leitung verpflichtet, von den anderen in der Gemeinschaft ansässigen Unternehmen der Gruppe die Auskünfte zu verlangen, die zur Aufnahme der Verhandlungen zur Einrichtung eines EBR unerlässlich sind. Die anderen Unternehmen mit Sitz in einem Mitgliedstaat sind zur Auskunftserteilung verpflichtet, wenn ihnen die entsprechenden Tatsachen bekannt sind oder von ihnen beschafft werden können.[2] Diese sich aus der Richtlinie ergebene Verpflichtung der fingierten zentralen Leitung kann der Betriebsrat auch im Vollstreckungsverfahren durchsetzen.

12 **4. Besonderes Verhandlungsgremium. a)** Das besondere Verhandlungsgremium hat die Aufgabe, mit der zentralen Leitung eine Vereinbarung über eine grenzübergreifende Unterrichtung und Anhörung der Arbeitnehmer abzuschließen (§ 8 I EBRG). Die Bildung des besonderen Verhandlungsgremiums ist von den Arbeitnehmern oder ihren Vertretern schriftlich bei der zentralen Leitung zu beantragen oder erfolgt auf Initiative der zentralen Leitung (§ 9 I EBRG). Der Antrag ist wirksam gestellt, wenn er von mindestens 100 Arbeitnehmern oder ihren Vertretern aus mindestens zwei Betrieben oder Unternehmen, die in verschiedenen Mitgliedstaaten liegen, unterzeichnet ist und der zentralen Leitung zugeht (§ 9 II EBRG). Die zentrale Leitung hat die Antragsteller, die örtlichen Betriebs- oder Unternehmensleitungen, die dort bestehenden Arbeitnehmervertretungen sowie die in inländischen Betrieben vertretenen Gewerkschaften über die Bildung eines besonderen Verhandlungsgremiums zu unterrichten (§ 9 III EBRG).

13 **b) Zusammensetzung.** Das besondere Verhandlungsgremium wird nach den in § 10 EBRG niedergelegten Grundsätzen der Repräsentativität und der Proportionalität zusammengesetzt. Grundsätzlich erhält ein Arbeitnehmervertreter aus jedem Betrieb in einem Mitgliedstaat einen Sitz. Für größere Betriebe werden mehrere Arbeitnehmervertreter entsandt, Ersatzmitglieder können bestellt werden. Umstritten ist die Rechtslage für **vertretungslose Betriebe.** Nach § 5 II der Richtlinie soll es in Betrieben und/oder Unternehmen, in denen unabhängig vom Willen der Arbeitnehmer keine Arbeitnehmervertreter vorhanden sind, dazu führen, dass die Arbeitnehmer selbst Vertreter wählen. Hieraus folgt, dass diese nicht vertreten sind. Sie müssen erst einen Betriebsrat bilden.

14 **c) Aufgabe.** Die Mitglieder des besonderen Verhandlungsgremiums sind der zentralen Leitung mitzuteilen (§ 12 EBRG). Die zentrale Leitung lädt unverzüglich nach Benennung der Mitglieder zur konstituierenden Sitzung des besonderen Verhandlungsgremiums ein (§ 13 EBRG). Kommen die zentrale Leitung und das besondere Verhandlungsgremium überein, die nach § 17 EBRG auszuhandelnde Vereinbarung auf nicht in einem Mitgliedstaat (Drittstaat) beschäftigte Arbeitnehmer zu erstrecken, können sie vereinbaren, Arbeitnehmervertreter aus diesen Drittstaaten in das besondere Verhandlungsgremium einzubeziehen (§ 14 EBRG). Andererseits kann das besondere Verhandlungsgremium auch mit mindestens zwei Dritteln seiner Stimmen beschließen, die Verhandlungen zu beenden oder abzubrechen (§ 15 EBRG).

15 **d) Vereinbarungen über Beteiligungsrechte.** Die zentrale Leitung und das besondere Verhandlungsgremium können frei vereinbaren, wie die grenzüberschreitende Unterrichtung und Anhörung der Arbeitnehmer ausgestaltet wird. Sie haben einen breiten Ermessensspielraum (§ 17 EBRG). Die Vorschriften des EBRG gelten nicht. Nach § 17 Satz 3 EBRG können sich die Parteien verständigen, ob die grenzübergreifende Unterrichtung und Anhörung durch die Errichtung eines EBR oder mehrerer EBR oder durch ein Verfahren zur Unterrichtung nach § 19 EBRG erfolgen soll. In jedem Fall müssen von der Vereinbarung alle Arbeitnehmer in den

---

[1] EuGH 29. 3. 2001 AP 2 zu EWG-Richtlinie Nr. 94/95 = NZA 2001, 506 (Bofrost); BAG 30. 3. 2004 AP 3 zu § 5 EBRG = NZA 2004, 863; LAG Düsseldorf 25. 10. 2001 NZA-RR 2002, 196 = DB 2002, 331; 21. 1. 1999 LAGE § 5 EBRG Nr. 1 = NZA-RR 99, 476.

[2] EuGH 13. 1. 2004 AP 3 zu EWG-Richtlinie Nr. 94/45 = NZA 2004, 160; nachfolgend zur Reichweite der Durchsetzungspflicht BAG 29. 6. 2004 AP 6 zu § 5 EBRG = NZA 2005, 118.

Mitgliedsstaaten erfasst werden (§ 17 Satz 2 EBRG). Die Vereinbarung ist **schriftlich** zu treffen. In ihr müssen die in § 18 EBRG aufgezählten Gegenstände geregelt werden.

5. Gesetzlicher Europäischer Betriebsrat. Ein gesetzlicher EBR (§§ 22, 23 EBRG) ist zu errichten, wenn **(a)** die zentrale Leitung innerhalb von sechs Monaten nach der Antragstellung die Aufnahme von Verhandlungen verweigert, **(b)** innerhalb von drei Jahren nach Antragstellung keine Vereinbarung nach den §§ 18, 19 EBRG zustande kommt oder **(c)** die zentrale Leitung und das besondere Verhandlungsgremium das vorzeitige Scheitern der Verhandlungen erklären. Gleiches gilt, wenn die Bildung des besonderen Verhandlungsgremiums auf Initiative der zentralen Leitung erfolgt (§ 21 I EBRG). Die Regelung, dass auch eine Initiative der zentralen Leitung zur Bildung eines gesetzlichen EBR führen kann, geht über die Richtlinie hinaus. Aus diesem Grund werden von der zentralen Leitung regelmäßig keine Initiativen zur Bildung eines besonderen Verhandlungsgremiums zu erwarten sein. 16

IV. Zusammensetzung des EBR

1. Zusammensetzung. Die Zusammensetzung des EBR ähnelt der des besonderen Verhandlungsgremiums. Der EBR wird wie dieses nach den Grundsätzen der Repräsentativität und der Proportionalität besetzt. Aus jedem Mitgliedsstaat, in dem das Unternehmen oder die Unternehmensgruppe einen Betrieb hat, wird ein Vertreter in den EBR entsandt (§ 22 II EBRG). Nach § 22 III, IV EBRG sind zusätzliche Vertreter zu entsenden, wenn das Unternehmen oder die Unternehmensgruppe bis zu bzw. mehr als 10 000 Arbeitnehmer beschäftigt. 17

2. Bestellung. Das Bestellungsrecht steht dem (Gesamt-, Konzern-)Betriebsrat zu (§ 23 EBRG).[3] Nach Art. 7 der Richtlinie ist allerdings auch eine Bestellung durch die Belegschaft vorgesehen, insoweit fehlt es an einer Umsetzung im nationalen Recht. Die Geschlechter sollen entsprechend ihrem zahlenmäßigen Verhältnis bestellt werden (§ 23 V EBRG), zur Beteiligung der leitenden Angestellten § 23 VI EBRG. Der EBR ist eine Dauereinrichtung und hat keine Amtszeit. Nach § 36 EBRG beträgt die Dauer der Mitgliedschaft im EBR vier Jahre, wenn sie nicht durch Abberufung oder aus anderen Gründen vorzeitig beendet wird. Die Mitgliedschaft beginnt mit der Bestellung. Das entsendende Gremium kann die Bestellung durch einen erneuten Beschluss jederzeit widerrufen.[4] Die zentrale Leitung hat alle zwei Jahre zu überprüfen, ob sich die Belegschaftszahlen verändert haben. 18

3. Innere Ordnung und Geschäftsführung. Sie ergibt sich aus §§ 25 ff. EBRG. Die zentrale Leitung lädt unverzüglich nach Benennung der Mitglieder zur konstituierenden Sitzung ein. Der EBR wählt aus seiner Mitte den Vorsitzenden (§ 25 EBRG). Besteht der EBR aus neun oder mehr Mitgliedern, bildet er aus seiner Mitte einen Ausschuss, dem der Vorsitzende und zwei zu wählende Mitglieder angehören (§ 26 EBRG). Der EBR hat im Zusammenhang der Unterrichtung eine Sitzung abzuhalten und zu ihr einzuladen (§ 28 EBRG). Die Beschlüsse werden grundsätzlich mit der Mehrheit der Stimmen der anwesenden Mitglieder gefasst (§ 28 EBRG). Der EBR kann Sachverständige hinzuziehen (§ 29 EBRG). Die Kosten des EBR und seines Ausschusses trägt die zentrale Leitung (§ 30 EBRG). 19

V. Zuständigkeit und Mitwirkung

1. Übergreifende Angelegenheiten. Der EBR ist für die in §§ 32, 33 EBRG genannten Angelegenheiten zuständig, die mindestens zwei Betriebe oder zwei Unternehmen in verschiedenen Mitgliedstaaten betreffen. Bei Unternehmen und Unternehmensgruppen in Drittstaaten ist der EBR nur in solchen Angelegenheiten zuständig, die sich auf das Hoheitsgebiet der Mitgliedstaaten erstrecken und mindestens zwei Betriebe oder zwei Unternehmen in verschiedenen Mitgliedstaaten betreffen (§ 31 II EBRG). 20

2. Zuständigkeit nach § 32 EBRG. Die zentrale Leitung hat den EBR einmal im Kalenderjahr über die Entwicklung der Geschäftslage und die Perspektiven des gemeinschaftsweit tätigen Unternehmens oder der gemeinschaftsweit tätigen Unternehmensgruppe unter rechtzeitiger Vorlage der erforderlichen Unterlagen zu unterrichten und ihn dabei anzuhören. Der Gegenstand der Unterrichtungspflicht ergibt sich im Einzelnen aus dem Wortlaut von § 32 II EBRG. Im Unterschied zu § 106 BetrVG ist jedoch nicht vorgeschrieben, dass die Unterrichtung umfassend sein muss. Hieraus wird gefolgert, dass die Informationspflicht einen geringeren Umfang 21

---

[3] Zu Reisekosten für vorbereitende Treffen zur Bildung des EBR ArbG Hamburg 14. 4. 1997 ArbuR 98, 42 = AiB 98, 164.

[4] A. A. offenbar LAG Düsseldorf 31. 10. 2007 – 12 TaBV 80/07 n. v.

hat. Die zentrale Leitung hat damit ein Auswahlermessen. Gleichwohl muss die Unterrichtung so hinreichend sein, dass der EBR sich ein Urteil bilden kann. Die Verpflichtung zur Unterrichtung besteht nur, soweit dadurch nicht Betriebs- oder Geschäftsgeheimnisse gefährdet werden (§ 39 EBRG).

22 **3. Unterrichtung und Anhörung nach § 33 EBRG.** Über außergewöhnliche Umstände, die erhebliche Auswirkungen auf die Interessen der Arbeitnehmer haben, hat die zentrale Leitung den EBR rechtzeitig unter Vorlage der erforderlichen Unterlagen anzuhören. Als außergewöhnliche Umstände gelten insbesondere **(a)** die Verlegung oder Stilllegung von Unternehmen, Betrieben oder wesentlichen Betriebsteilen sowie **(b)** Massenentlassungen. Besteht ein Ausschuss, ist dieser nach § 33 II EBRG zu beteiligen. Der Begriff der Anhörung ist nicht mit dem des BetrVG identisch. Nach § 1 IV EBRG ist Anhörung der Meinungsaustausch und die Einrichtung eines Dialogs zwischen den Arbeitnehmervertretern und der zentralen Leitung oder einer anderen Leitungsebene. Die Verpflichtung zur Anhörung entspricht damit mehr einem entsprechenden Beratungsrecht des EBR. Die Unterrichtung und Anhörung ist wiederum begrenzt bei Betriebs- bzw. Geschäftsgeheimnissen (§ 39 EBRG).

23 **4. Tendenzunternehmen.** Auf Tendenzunternehmen finden die §§ 32, 33 nur begrenzt Anwendung, zu Einzelheiten § 34 EBRG.

24 **5. Unterrichtung der örtlichen Vertretung.** Der EBR und der Ausschuss haben die örtlichen Arbeitnehmervertreter über die Unterrichtung und Anhörung zu unterrichten. Besteht ein Sprecherausschuss, geschieht dies auf einer gemeinsamen Sitzung. Besteht keine Vertretung, sind die Arbeitnehmer zu unterrichten (§ 35 EBRG).

VI. Grundsätze der Zusammenarbeit und Schutzbestimmungen, Prozessuales

25 **1. Zusammenarbeit.** Zentrale Leitung und EBR arbeiten vertrauensvoll zum Wohl der Arbeitnehmer und des Unternehmens oder der Unternehmensgruppe zusammen (§ 38 EBRG). Nach § 39 I EBRG bestehen besondere Verschwiegenheitspflichten wegen Betriebs- und Geschäftsgeheimnissen. Sind diese den Mitgliedern des EBR von der zentralen Leitung ausdrücklich als geheimhaltungsbedürftig bezeichnet worden, besteht ein Offenbarungs- und Verwertungsverbot (§ 39 II EBRG). Gleiches gilt für Ersatzmitglieder, Arbeitnehmervertreter im Rahmen eines Verfahrens zur Unterrichtung, Dolmetscher und Sachverständige sowie die örtlichen Arbeitnehmervertreter (§ 39 III EBRG).

26 **2. Schutzvorschriften (§ 40 EBRG).** Für die Mitglieder des EBR, die im Inland beschäftigt sind, gelten die Schutzvorschriften des § 37 I bis V BetrVG (vgl. § 221) sowie der Kündigungsschutz der Betriebsvertretungsmitglieder (vgl. § 143). Diese Schutzvorschriften werden durch Straf- und Bußgeldvorschriften ergänzt (§§ 42 ff. EBRG).

27 **3. Prozessuales.** Nach § 2a ArbGG sind die Gerichte für Arbeitssachen im Beschlussverfahren für die Angelegenheiten aus dem EBRG international zuständig. Dies gilt auch für die Überprüfung der ordnungsgemäßen Wahl der inländischen Vertreter eines in einem außerhalb der Bundesrepublik Deutschland ansässigen Europäischen Betriebsrats.[5] Die örtliche Zuständigkeit im Inland richtet sich nach dem Sitz des herrschenden Unternehmens (§ 82 ArbGG).

[5] BAG 18. 4. 2007 AP 1 zu § 18 EBRG = NZA 2007, 1375.

XIX. Buch. Die Unternehmensverfassung

§ 257. Übersicht

Biedenkopf/Streeck/Wißmann, Europäische Mitbestimmung – Am deutschen Vorbild orientiert, Mitbestimmung 3/2007, 28; *Buchner,* Gewerkschaftsvertreter im Aufsichtsrat, ZfA 2006, 597; *Henssler,* Die Unternehmensmitbestimmung, FS 50 Jahre BGH, Bd. 2 (2000), S. 387; *ders.,* Umstrukturierung von mitbestimmten Unternehmen, ZfA 2000, 241; *Joost,* Gesetzgebung und Unternehmensmitbestimmung?, FS Richardi (2007), S. 573; *Junker,* Unternehmensmitbestimmung in Deutschland, ZfA 2005, 1; *Kempen,* Der lange Weg der Unternehmensmitbestimmung in der Koalitionsfreiheit, FS Richardi (2007), S. 587; *Kilian,* Unternehmensmitbestimmung in berufsspezifisch regulierten Körperschaften, ZIP 2007, 710; *Klosterkemper,* Über die Mitbestimmung und die Über-Mitbestimmung, FS Wißmann (2005), S. 396; *Lubitz,* Sicherung und Modernisierung der Unternehmensmitbestimmung, 2005; *Röder/Rolf,* Unternehmensmitbestimmung im europäischen Wettbewerb, FS Löwisch (2007) S. 249; *Säcker,* Die Unternehmensmitbestimmung, FS Richardi (2007), S. 711; *Sandrock,* Gehören die deutschen Regelungen über die Mitbestimmung auf Unternehmensebene wirklich zum deutschen ordre public?, AG 2004, 57; *Schlömer/Kay/Rudolph/Wassermann,* Arbeitnehmerbeteiligung in mittelständischen Unternehmen, WS I-Mitteilungen 2008, 254; *Schnitker/Grau,* Aufsichtsratsneuwahlen und Ersatzbestellung von Aufsichtsratsmitgliedern im Wechsel des Mitbestimmungsmodells, NZG 2007, 486; *Stettes,* Unternehmensmitbestimmung in Deutschland, AG 2007, 611; *Wisskirchen/Bissels/Dannhorn,* Vermeidung der unternehmerischen Mitbestimmung aus arbeitsrechtlicher Sicht, DB 2007, 2258; *Wolff,* Wahl der Arbeitnehmervertreter in den Aufsichtsrat, DB 2002, 790.

Zu privatautonomen Vereinbarungen: *Haslinger/Meurer/Nagel,* Mitbestimmungsvereinbarungen in öffentlichen Unternehmen mit privater Rechtsform, WS I-Mitteilungen 2003, 257; *Henssler,* Freiwillige Vereinbarungen über die Unternehmensmitbestimmung, FS H. P. Westermann (2008), S. 1019; *Kiem,* Vereinbarte Mitbestimmung und Verhandlungsmandat der Unternehmensleitung, ZHR 2007, 713; *Kraushaar,* Verhandelte Mitbestimmung und das Problem der Arbeitnehmerpluralität, AG 2008, 809; *Raiser,* Gestaltungsfreiheit im Mitbestimmungsrecht, FS H. P. Westermann (2008), S. 1295; *Seibt,* Privatautonome Mitbestimmungsvereinbarungen, AG 2005, 413; *Teichmann,* Gestaltungsfreiheit in Mitbestimmungsvereinbarungen, AG 2008, 797.

Übersicht

	RN
1. Überblick	1–2 a
2. Geltungsbereich des MitbestG	3
3. Mitbestimmung im Montanbereich	4
4. Mitbestimmung der Arbeitnehmer in den Aufsichtsräten	5
5. Mitbestimmungs-Beibehaltungsgesetz	6
6. Privatautonome Regelungen	7, 8
7. Auslandsbezug	9

1. Überblick. Die Mitbestimmung ist in **vier gesetzlichen Regelungen** enthalten, nämlich **(a)** Gesetz über die Mitbestimmung der Arbeitnehmer (Mitbestimmungsgesetz – MitbestG) vom 4. 5. 1976 (BGBl. I S. 1153); **(b)** Gesetz über die Mitbestimmung der Arbeitnehmer in den Aufsichtsräten und Vorständen der Unternehmen des Bergbaus und der Eisen und Stahl erzeugenden Industrie (Montan-MitbestG) vom 21. 5. 1951 (BGBl. I S. 347); **(c)** Gesetz zur Ergänzung des Gesetzes über die Mitbestimmung der Arbeitnehmer in den Aufsichtsräten und Vorständen der Unternehmen des Bergbaus und der Eisen und Stahl erzeugenden Industrie (MitbestErgG) vom 7. 8. 1956 (BGBl. I S. 707) und **(d)** Drittelbeteiligungsgesetz (DrittelbG) vom 18. 5. 2004 (BGBl. I S. 974), dass ab dem 1. 7. 2004 das bislang weiter geltende BetrVG 1952 abgelöst hat. Die gesetzlichen Regelungen über die Mitwirkung der Arbeitnehmervertreter im Aufsichtsrat sind zwingendes Recht und können weder durch die Satzung des Unternehmens noch durch Tarifnormen oder Betriebsvereinbarung geändert werden. 1

Ergänzende Regelungen bestehen im Saarland. Durch das G. Nr. 560 über die Einführung der Mitbestimmung der Arbeitnehmer in den Aufsichtsräten und Vorständen der Unternehmen des Bergbaues und der eisen- und stahlerzeugenden Industrie vom 22. 12. 1956 (ABl. S. 1703) i. d. Änd. vom 21. 5. 1981 (BGBl. I S. 441) ist das Montan-MitbestG modifiziert. Ferner ergeben sich Mitbestimmungsrechte aus dem Vertrag über deutsch-schweizerische Grenzkraftwerke, ratifiziert durch G. vom 15. 5. 1957 (BGBl. II S. 262) zul. geänd. 21. 5. 1981 (BGBl. I S. 441). 2

2a Die Bundesregierung hat in der 16. Legislaturperiode eine Kommission zur **Modernisierung der deutschen Unternehmensmitbestimmung** einberufen.[1] Diese Kommission sollte die Mitbestimmungsregelungen Europas analysieren, als Maßstab für eine Bewertung der deutschen Unternehmensmitbestimmung zugrunde legen und schließlich eine Weiterentwicklung dieser Mitbestimmung vorschlagen, die den europäischen Anforderungen genügt. Die Kommission konnte sich jedoch auf gemeinsame Vorschläge nicht verständigen.

3 **2. Geltungsbereich des MitbestG.** Das MitbestG 1976 (dazu § 260) gilt für Unternehmen, die die in § 1 I Nr. 1 MitbestG umschriebene Rechtsform haben und die i. d. R. mehr als 2000 Arbeitnehmer[2] beschäftigen (§ 1 MitbestG). Unerheblich ist, ob die verfolgten Unternehmensziele kommerzieller Natur sind. Mitbestimmungspflichtig sind nur Kapitalgesellschaften und die in § 4 I MitbestG genannten Kommanditgesellschaften, also AktG, KGaA, GmbH, eGmbH sowie GmbH & Co. KG wie AktG und Co. KG. Mitbestimmungspflichtig sind auch in der **Rechtsform** von Kapitalgesellschaften betriebene Regiebetriebe der Gemeinden, nicht dagegen Eigenbetriebe, Sparkassen usw. Keine Anwendung findet das Gesetz jedoch auf VVaG, selbst wenn diese mehr als 2000 Arbeitnehmer beschäftigen; insoweit gilt das DrittelbG.

4 **3.** Die **Mitbestimmung im Montanbereich** nach dem Montan-MitbestG und Montan-MitbestErgG gilt für Unternehmen des Bergbaus und der Eisen und Stahl erzeugenden Industrie sowie deren abhängige Tochterunternehmen (vgl. § 259).

5 **4.** Die **Mitbestimmung der Arbeitnehmer in den Aufsichtsräten** nach dem DrittelbG besteht bei bestimmten Unternehmen und Konzernen mit mehr als 500, aber weniger als 2001 Arbeitnehmern (vgl. § 258).

6 **5. Mitbestimmungs-Beibehaltungsgesetz.** Durch das Gesetz zur Beibehaltung der Mitbestimmung beim Austausch von Anteilen und der Einbringung von Unternehmensteilen der Gesellschaften verschiedener Mitgliedstaaten der Europäischen Union (Mitbestimmungs-Beibehaltungsgesetz – MitbestBeiG) vom 23. 8. 1994 (BGBl. I S. 2228) soll die Mitbestimmung im Europäischen Raum gesichert werden. Wenn ein deutsches Unternehmen Betriebe, Betriebsteile oder Tochtergesellschaften an ein Unternehmen im Ausland abgibt und damit unter die maßgebliche Beschäftigtenzahl fällt, kann es steuerliche Erleichterungen nur in Anspruch nehmen, wenn es die Mitbestimmung beibehält.

7 **6. Privatautonome Regelungen. a)** Neben den gesetzlichen Regelungen werden privatautonome Regelungen der Mitbestimmung für Unternehmen mit weniger als 2000 Arbeitnehmern oder von kommunalen Eigenbetrieben von Bedeutung bleiben. Solche Regelungen werden in der Form von nichttarifvertraglichen Vereinbarungen getroffen, die den Erhalt oder den Ausbau der Mitbestimmung zum Ziel haben. Dabei kann es sich um Absprachen handeln, durch die **(1)** in einem nicht unter das Mitbestimmungsrecht fallenden Unternehmen eine Arbeitnehmerbeteiligung eingeführt oder über die Vorgaben des Gesetzes ausgestaltet wird, **(2)** zusätzliche, nicht im Gesetz vorgeschriebene Organe errichtet werden oder **(3)** die konzernorganisatorische Maßnahmen betreffen, mit denen die Voraussetzungen für die Anwendung eines bestimmten gesetzlichen Mitbestimmungsstatuts geschaffen werden.[3] Entsprechende Vereinbarungen, die nicht in den zwingenden Bereich der Unternehmensmitbestimmung eingreifen, werden überwiegend als zulässig angesehen.

8 **b) Stimmbindungsverträge.** Die Beteiligung von Vertretern der Arbeitnehmer kann daneben durch Stimmbindungsverträge gesichert werden, nach denen eine Wahl von Arbeitnehmervertretern als Vertreter der Anteileigner zulässig ist. Stimmt ein Aktionär anders als vereinbart, ist die Abstimmung gültig; jedoch kann sich der Aktionär schadensersatzpflichtig machen. Eine Erfüllungsklage aus dem Stimmbindungsvertrag ist ausgeschlossen. Ein Stimmbindungsvertrag ist nichtig, wenn er gegen die guten Sitten verstößt oder einem Grundsatz des Aktienrechts zuwiderläuft oder beinhaltet, nach den Weisungen des Vorstandes oder Aufsichtsrats zu stimmen.

---

[1] Dazu *Biedenkopf/Streeck/Wißmann,* Europäische Mitbestimmung, Mitbestimmung 2007, Nr. 3, S. 28; *Seybroth,* Kommission zur Modernisierung der deutschen Unternehmensmitbestimmung, ArbuR 2007, 15; allgemein *Klebe/Köstler,* Die Zukunft der Unternehmensmitbestimmung, FS Wißmann (2005), S. 443; *Klosterkemper,* Über die Mitbestimmung und die Über-Mitbestimmung, FS Wißmann (2005), S. 456; *Rieble,* Schutz vor paritätischer Unternehmensmitbestimmung, BB 2006, 2018; *ders.,* Unternehmensmitbestimmung vor dem Hintergrund europarechtlicher Entwicklungen, NJW 2006, 2214; *Wolf,* Zukunft der Mitbestimmung, FS Wißmann (2005), S. 489.

[2] Zur Berechnung der Arbeitnehmerzahl OLG Düsseldorf 9. 12. 1994 DB 95, 277; OLG Frankfurt 7. 6. 1985 EWiR 85, 607; LG Nürnberg 11. 6. 1982 BB 82, 1625.

[3] MünchArbR/*Wißmann* 3. Aufl. § 278 RN 10.

Gegen die Zulässigkeit der Stimmbindungsverträge wurde zu Unrecht eingewandt, sie verstießen gegen §§ 96, 101 I AktG i. V. m. § 76 BetrVG 1952. Auch die auf Grund des Stimmbindungsvertrags gewählten Aufsichtsratsmitglieder der Arbeitnehmer sind vom Aufsichtsrat gewählt.[4] Eine Inkompatibilität der Mitgliedschaft im Aufsichtsrat mit anderen Funktionen im Unternehmen kennt das Gesetz, abgesehen von den Fällen des § 105 AktG,[5] nicht. Vorschriften des Kommunalverfassungsrechts stehen einer entsprechenden Handhabung bzw. Vereinbarung gleichfalls dann nicht entgegen, wenn der Letztentscheid der Gemeinde/n gesichert ist.[6] Auch die aufsichtsratspflichtige GmbH kann daher über § 77 BetrVG hinaus die paritätische Mitbestimmung einführen.[7] Bei Stimmbindungsverträgen handelt es sich nicht um einen unzulässigen Stimmenkauf (§ 405 III Nr. 6 AktG). Zu den besonderen Vorteilen gehört nicht die Wahl selbst.

7. Auslandsbezug. Die mitbestimmungsrechtlichen Regelungen bei Auslandsbezug sind in § 261 dargestellt. 9

§ 258. Regelung nach dem Drittelbeteiligungsgesetz (Übersicht)

Deilmann, Die Zurechnung von Arbeitnehmern nach dem neuen Drittelbeteiligungsgesetz, NZG 2005, 659; *Freis/Kleinefeld/Kleinsorge/Voigt,* Drittelbeteiligungsgesetz, 2004; *Gimmy,* Das neue Drittelbeteiligungsgesetz, FS 25 Jahre AG ArbR DAV (2006), S. 857; *Huke/Prinz,* Die Wahl der Arbeitnehmervertreter in den Aufsichtsrat nach dem DrittelbG, 2005; *Melot de Beauregard,* Das Zweite Gesetz zur Vereinfachung der Wahl der Arbeitnehmervertreter in den Aufsichtsrat, DB 2004, 1430; *Oetker,* Die Binnenorganisation Gemeinsamer Einrichtungen der Tarifvertragsparteien zwischen Paritätsgebot und Unternehmensmitbestimmung, GD Heinze (2005), S. 597; *Seibt,* Drittelbeteiligungsgesetz und Fortsetzung der Reform des Unternehmensmitbestimmungsrechts, NZA 2004, 767.

1. Drittelparität. Das Gesetz über die Drittelbeteiligung der Arbeitnehmer im Aufsichtsrat (DrittelbG) vom 18. 5. 2004 (BGBl. I S. 974) hat ab dem 1. 7. 2004 die noch fortgeltenden §§ 76ff. BetrVG 1952 abgelöst ohne dass sich die Rechtslage allerdings inhaltlich wesentlich geändert hat. Mit Inkrafttreten des DrittelbG ist zugleich die ergänzende WO von der Bundesregierung erlassen und die bisherige WO aufgehoben worden. 1

2. Anwendungsbereich. Die Aufsichtsräte einer Aktiengesellschaft, Kommanditgesellschaft auf Aktien, GmbH, Versicherungsvereinen auf Gegenseitigkeit und Erwerbs- und Wirtschaftsgenossenschaften müssen zu einem Drittel aus Vertretern der Arbeitnehmer bestehen, sofern diese mehr als 500 Arbeitnehmer beschäftigen (§§ 1, 4 I DrittelbG). Durch Satzung, Tarifvertrag oder Betriebsvereinbarung kann diese Quote nicht geändert werden,[1] jedoch steht es der Hauptversammlung frei, mehr Arbeitnehmer als ihre Vertreter zu wählen.[2] Die Mitbestimmung gilt für Unternehmen mit dem Sitz in der BRD, nicht jedoch für inländische Betriebe von Unternehmen mit Sitz im Ausland. Nach ausländischem Recht errichtete Gesellschaften unterliegen auch dann nicht dem DrittelbG, wenn sie ihren tatsächlichen Verwaltungssitz in die Bundesrepublik verlegen.[3] Ein Mitbestimmungsrecht im Aufsichtsrat besteht auch in einer Aktiengesellschaft mit in der Regel weniger als 500 Arbeitnehmern, die vor dem 10. 8. 1994 eingetragen worden sind, gilt dies nur, wenn sie Familiengesellschaften sind. Als Familiengesellschaften gelten solche AktG, deren Aktionär eine einzelne natürliche Person ist oder deren Aktionäre untereinander i. S. von § 15 AO verwandt oder verschwägert sind. Ferner sind ausgenommen die sog. Tendenzbetriebe sowie Religionsgemeinschaften und ihre karitativen und erzieherischen Einrichtungen unbeschadet deren Rechtsform (§ 1 II 1 Nr. 2, 2 DrittelbG). Nach § 1 II 1 Nr. 1 DrittelbG ist das Gesetz schließlich nicht anzuwenden, wenn die Gesellschaft von der Mitbestimmung nach dem MitbestG oder der Montanmitbestimmung erfasst wird. 2

3. Wahl. a) Wahlberechtigung und Wählbarkeit. Die Aufsichtsratsmitglieder der Arbeitnehmer werden nach den Grundsätzen der Mehrheitswahl in allgemeiner, geheimer, gleicher 3

[4] Vgl. dazu OLG Hamburg 5. 5. 1972 AG 72, 183; BGH 3. 7. 1975 AP 1 zu § 96 AktG = NJW 75, 1657.

[5] VG Gelsenkirchen 14. 12. 1974 NJW 74, 378.

[6] Zutreffend MünchArbR/*Wißmann* 3. Aufl. § 278 RN 11 unter Hinweis auf das Demokratieprinzip.

[7] OLG Bremen 22. 3. 1977 NJW 77, 1153.

[1] OLG Bremen 22. 3. 1977 NJW 77, 1153.

[2] BGH 3. 7. 1975 AP 1 zu § 96 AktG = NJW 75, 1657.

[3] ErfK/*Oetker* Einleitung DrittelbG RN 4.

und unmittelbarer Wahl für die Zeit gewählt, die im Gesetz oder in der Satzung für die von der Hauptversammlung zu wählenden Aufsichtsratsmitglieder bestimmt ist (§ 5 I DrittelbG). Die Wahlberechtigung entspricht den Regelungen zum BetrVG (vgl. § 217 RN 11).[4] Die Aufsichtsratsmitglieder der Arbeitnehmer, die Arbeitnehmer des Unternehmens sind, müssen das 18. Lebensjahr vollendet haben und ein Jahr dem Unternehmen angehören. Sind nur ein oder zwei Arbeitnehmervertreter zu wählen, muss diese als Arbeitnehmer im Unternehmen beschäftigt sein; sind mehr als zwei Aufsichtsratsmitglieder der Arbeitnehmer zu wählen, müssen unter diesen zumindest zwei im Unternehmen beschäftigt sein (§ 4 II DrittelbG). Unter den Aufsichtsratsmitgliedern der Arbeitnehmer sollen Frauen und Männer entsprechend ihrem zahlenmäßigen Verhältnis im Unternehmen vertreten sein (§ 4 IV DrittelbG).

4 **b) Wahlverfahren.** Dieses ist in den §§ 1 ff. WO vom 23. 6. 2004 (BGBl. I S. 1393) zum DrittelbG geregelt. Zunächst hat das gesetzliche Vertretungsorgan der Gesellschaft dem Betriebsrat – oder wenn ein solcher nicht besteht – die Arbeitnehmer über die Zahl der zu entsendenden Arbeitnehmer und deren Amtszeit zuinformieren (§ 1 WahlO). Anschließend ist entweder vom Betriebsrat oder durch eine Betriebsversammlung ein Wahlvorstand zu bilden, der das Wahlausschreiben zu erlassen hat. Jeder im Betrieb gebildete Betriebsrat, der Gesamtbetriebsrat und der Konzernbetriebsrat[5] und die Arbeitnehmer können Wahlvorschläge machen. Diese müssen von mindestens $^1/_{10}$ der wahlberechtigten Arbeitnehmer der Betriebe des Unternehmens oder von mindestens 100 wahlberechtigten Arbeitnehmern unterzeichnet sein (§ 6 DrittelbG). Die Einzelheiten über die Wahlvorschläge regeln die §§ 7–12 WahlO. Nach § 7 DrittelbG kann zusammen mit jedem Bewerber für diesen ein Ersatzmitglied vorgeschlagen werden; dieses ist gewählt, wenn der mit ihm vorgeschlagene Bewerber gewählt ist. Die Wahl findet als Gemeinschaftswahl aller wahlberechtigten Arbeitnehmer statt, gewählt ist/sind der/die Bewerber, der/die die meisten Stimmen erhalten hat. Die Bekanntmachung regelt § 8 DrittelbG, die Veröffentlichung im elektronischen Bundesanzeigen ist für den Lauf der Anfechtungsfrist (§ 11 II 2 DrittelbG) von Bedeutung. Besteht das Unternehmen aus mehreren Betrieben, bestellt der Gesamtbetriebsrat zusätzlich einen Unternehmenswahlvorstand (§ 24 WahlO). Soll die Wahl der Arbeitnehmervertreter für den Aufsichtsrat eines herrschenden Konzernunternehmens erfolgen, nehmen auch die Arbeitnehmer der Betriebe der übrigen Konzerntöchter teil (§ 2 DrittelbG);[6] in diesem Fall ist zusätzlich ein Hauptwahlvorstand (§ 25 WahlO) zu bestellen. Die Wahl im Konzern erfolgt nach den gleichen Grundsätzen;[7] die Möglichkeit einer Delegiertenwahl sieht das DrittelbG nicht mehr vor.

5 **4. Rechtsstellung der Arbeitnehmervertreter im Aufsichtsrat.** Die Arbeitnehmervertreter im Aufsichtsrat unterliegen einer besonderen Verschwiegenheitspflicht.[8] Für sie gilt ein Behinderungs-, Benachteiligungs- und Begünstigungsverbot (§ 9 DrittelbG), jedoch haben sie allein auf Grund ihrer Aufsichtsratstätigkeit keinen besonderen Kündigungsschutz, da sie in § 15 KSchG nicht genannt werden. Das Amt der Aufsichtratsmitglieder endet vorzeitig **(a)** bei erfolgreicher Wahlanfechtung mit der Rechtskraft der gerichtlichen Entscheidung, **(b)** mit der Auflösung der Gesellschaft oder **(c)** bei sonstigen Änderungen (Absinken der Beschäftigtenzahl, Rechtsformänderungen, Umwandlung in Familiengesellschaft oder Tendenzunternehmen, Anwendbarkeit des MitbestG) sechs Monate nach der entsprechenden Bekanntmachung durch den Vorstand bzw. gerichtlichen Entscheidung (§§ 97 ff. AktG). Das Amt des einzelnen Aufsichtsratsmitgliedes endet darüber hinaus bei vorzeitiger Niederlegung, Wegfall der Voraussetzungen für seine Wählbarkeit (Ausscheiden aus dem Arbeitsverhältnis),[9] gerichtliche Abberufung (§ 103 AktG) sowie nach § 12 DrittelbG auf Antrag eines Betriebsrats oder mindestens einem Fünftel der wahlberechtigten Arbeitnehmer durch Beschluss (vgl. §§ 32 ff. WahlO).

6 **5. Wahlanfechtung.** Die Wahl eines Aufsichtsratsmitglieds oder eines Ersatzmitglieds der Arbeitnehmer kann beim Arbeitsgericht angefochten werden, wenn gegen wesentliche Vorschriften über das Wahlrecht, die Wählbarkeit oder das Wahlverfahren verstoßen worden und

---

[4] Vgl. zur Wahl BAG 7. 8. 1990 AP 1 zu § 80 BGB = NJW 91, 314.

[5] Einschränkend ErfK/*Oetker* § 6 DrittelbG RN 3 nur bei Teilnahme von Arbeitnehmern abhängiger Konzernunternehmen.

[6] Zum Konzernbegriff: BAG 16. 8. 1995 AP 30 zu § 76 BetrVG = NJW 96, 1691; ErfK/*Oetker* § 2 DrittelbG RN 3 ff.

[7] BAG 6. 2. 1968 AP 16 zu § 76 BetrVG 1952 = NJW 68, 1399 (Wahlordnung).

[8] BAG 4. 4. 1974 AP 1 zu § 626 BGB Arbeitnehmervertreter im Aufsichtsrat = NJW 74, 1399.

[9] Zur Altersteilzeit BAG 25. 10. 2000 NZA 2001, 461 = DB 2001, 706; zur Kündigung eines Arbeitnehmers nach § 76 II 3 BetrVG 1952 BGH 21. 2. 1963 AP 12 zu § 76 BetrVG 1952; dazu *Fitting* § 76 BetrVG 1952 RN 131 f.

eine Berichtung nicht erfolgt ist, es sei denn, dass durch den Verstoß das Wahlergebnis nicht geändert oder beeinflusst werden konnte. Anfechtungsberechtigt sind **(a)** mindestens drei Wahlberechtigte, **(b)** die Betriebsräte und **(c)** das zur gesetzlichen Vertretung des Unternehmens befugte Organ. Die Anfechtung ist nur binnen einer Frist von zwei Wochen, vom Tag der Veröffentlichung im elektronischen Bundesanzeiger an gerechnet, zulässig (§ 11 DrittelbG). Haben drei wahlberechtigte Arbeitnehmer die Wahl der Arbeitnehmervertretung im Aufsichtsrat angefochten und fällt einer dieser Arbeitnehmer während des Wahlanfechtungsverfahrens fort, kann an seiner Stelle nicht ein anderer Arbeitnehmer die Anfechtung weiter betreiben. Jeder anfechtende Arbeitnehmer kann in der 1. Instanz seinen Antrag allein zurücknehmen.[10] Am Verfahren beteiligt sind das Unternehmen, die Gesamt-/Betriebsräte, gewählten Arbeitnehmervertreter und Gewerkschaften, letztere jedoch nur, sofern sie die Wahl selbst auch angefochten haben.[11]

§ 259. Regelung in der Montanindustrie (Übersicht)

1. Geltungsbereich. Durch das Gesetz über die Mitbestimmung der Arbeitnehmer in den Aufsichtsräten und Vorständen der Unternehmen des Bergbaus und der Eisen und Stahl erzeugenden Industrie vom 21. 5. 1951 (BGBl. I S. 347) zul. geänd. 31. 10. 2006 (BGBl. I S. 2407) wird die Mitbestimmung in der Montanindustrie geregelt. Dem Montan-MitbestG unterfallen nach dessen § 1 I Unternehmen, wenn **(a)** der überwiegende Zweck in der Förderung von Stein- und Braunkohle oder Eisenerzen sowie in der Aufbereitung, Verkokung, Verschwelung oder Brikettierung dieser Grundstoffe liegt und ihre Betriebe unter der Aufsicht der Bergbehörden stehen; ferner **(b)** Unternehmen der Eisen und Stahl erzeugenden Industrie, die im alliierten Entflechtungsgesetz vom 16. 5. 1950 (AHK-Gesetz Nr. 27) namentlich aufgeführt sind und als Einheitsgesellschaften oder in anderer Form weiterbetrieben werden; schließlich **(c)** deren Konzernunternehmen, wenn sie sich mit der Förderung und Aufbereitung der Grundstoffe befassen oder überwiegend Eisen und Stahl erzeugen. Eine Erstreckung des Montan-MitbestG auf später gegründete Unternehmen ist zulässig, wenn sie dieselben sachlichen Merkmale wie die in § 1 I 1b Montan-MitbestG genannten Unternehmen aufweisen.[1] Die Herstellung von Walzwerkerzeugnissen einschl. Walzdraht, Röhren, Walzen, rollendem Eisenbahnmaterial, Freiformschmiedestücken und Gießereierzeugnissen aus Eisen oder Stahl ist als Erzeugung von Eisen und Stahl i. S. von § 1 I 1b, c anzusehen in Unternehmen, die am 1. 7. 1981 mitbestimmungspflichtig waren. Diese Gesetzesänderung war dadurch bedingt, dass mehrere Unternehmen aus dem Montan-MitbestG herausgewachsen waren. Nach § 1 III Montan-MitbestG ist das Gesetz erst dann nicht mehr anzuwenden, wenn in dem Unternehmen in sechs aufeinander folgenden Geschäftsjahren die Voraussetzungen der § 1 I, II Montan-MitbestG (Unternehmenszweck oder Arbeitnehmerzahl) nicht mehr vorliegen.[2] 1

2. Aufsichtsrat und Vorstand. Der Aufsichtsrat der dem Montan-MitbestG unterfallenden Gesellschaften besteht aus 11 Mitgliedern, davon je 4 Vertretern der Anteilseigner und der Arbeitnehmer und je einem weiteren Mitglied sowie einem weiteren Mitglied (§ 4 Montan-MitbestG). Das weitere Mitglied der Arbeitnehmer oder Anteilseigner darf nicht zu Repräsentanten der Gewerkschaften oder der Arbeitgeberverbände gehören oder sonst bestimmenden Einfluss ausüben (vgl. § 4 II Montan-MitbestG). Bei Gesellschaften mit einem Nennkapital von mehr als 10 Mio. Euro kann durch Satzung der Aufsichtsrat auf 15, bei solchen mit mehr als 25 Mio. Euro auf 21 Mitglieder unter Berücksichtigung des Beteiligungsverhältnisses der Arbeitnehmer erweitert werden (§ 9 Montan-MitbestG). Als gleichberechtigtes Mitglied des zur gesetzlichen Vertretung berufenen Organs (Vorstand, Geschäftsführung) wird ein Arbeitsdirektor bestellt. Seine Bestellung und Abberufung kann nicht gegen die Stimmen der Mehrheit der gewählten Aufsichtsratsmitglieder der Arbeitnehmerseite erfolgen (§ 13 I Montan-MitbestG). Der Arbeitsdirektor hat seine Aufgaben (Personalangelegenheiten) im engsten Einvernehmen mit dem Gesamtorgan auszuüben (§ 13 II Montan-MitbestG). 2

---

[10] BAG 12. 2. 1985 AP 27 zu § 76 BetrVG = NZA 85, 786.

[11] BAG 27. 1. 1993 AP 29 zu § 76 BetrVG = NZA 93, 949.

[1] BGH 28. 2. 1983 NJW 83, 1617; OLG Düsseldorf 27. 7. 1988 DB 88, 1943; a. A. OLG Karlsruhe 7. 7. 1976 DB 76, 1871.

[2] Die Regelung wird überwiegend als verfassungsmäßig angesehen, obwohl sie seinerzeit auf einen konkreten Einzelfall (Mannesmann) bezogen war, vgl. ErfK/*Oetker* § 1 Montan-MitbestG RN 23 ff.; dazu auch BVerfG 7. 5. 1969 AP 1 zu § 16 MitbestErgG.

3 **3. Montan-Mitbestimmungsergänzungsgesetz. a)** Das Montan-MitbestG wird ergänzt durch das Montan-MitbestErgG vom 7. 8. 1956 (BGBl. I S. 707), zul. geänd. 17. 12. 2008 (BGBl. I S. 2586). Es dient zur **Sicherung der Mitbestimmung** der Arbeitnehmer in den Aufsichtsräten in den Konzernen, die durch die Verringerung der Montanquote der Konzern- und abhängigen Unternehmen aus der Montanmitbestimmung herausgewachsen sind. Ihm unterfallen Aktiengesellschaften und GmbH, die nicht unter das Montan-MitbestG fallen, aber auf Grund eines Organschaftsvertrages ein oder mehrere Unternehmen beherrschen, in denen das Montan-MitbestG gilt. Hier besteht der Aufsichtsrat aus 15 Mitgliedern, davon je 7 Vertreter der Anteilseigner und der Arbeitnehmer sowie 1 weiteres Mitglied. Unter den Arbeitnehmervertretern müssen sich 5 aus den Konzernunternehmen und zwei Vertreter von Gewerkschaften befinden. Besteht der Aufsichtsrat aus 21 Mitgliedern, müssen sich auch unter den Aufsichtsratsmitgliedern der Arbeitnehmer sieben Arbeitnehmer von Konzernunternehmen und drei Vertreter der Gewerkschaften befinden (§ 6 Montan-MitbestErgG). Die Arbeitnehmervertreter werden im Wahlmännerverfahren gewählt. Dieses ist in der WO zum MitbestErgG vom 23. 1. 1989 (BGBl. I S. 147) geregelt. Weiterhin ist ein Arbeitsdirektor zu bestellen (§ 13 Montan-MitbestErgG).

4 **b)** Für bisher nicht montanmitbestimmte **Konzernobergesellschaften** findet das MitbestErgG erst Anwendung, wenn der Umsatz der von ihr beherrschten Montanunternehmen in sechs aufeinander folgenden Geschäftsjahren mehr als 50% des Gesamtumsatzes des Konzerns ausmacht (§ 16 I Nr. 1 MitbestErgG), die Anzahl der in den beherrschten Unternehmen beschäftigten Arbeitnehmer ist nach der Neufassung der Vorschrift hingegen unerheblich. Das Montan-Mitbestimmungssicherungsgesetz von 1988 sieht in § 3 I Montan-MitbestErgG vor, dass ihm die Konzernobergesellschaften unterfallen, wenn der Konzernzweck durch Konzerunternehmen geprägt wird, die dem Montan-MitbestG unterliegen. Der Konzernzweck wird durch die dem Montan-MitbestG unterfallenden Unternehmen geprägt, wenn in den Konzernunternehmen ein Fünftel der Umsätze aus dem Montanbereich anfallen oder dort in der Regel ein Fünftel der Arbeitnehmer sämtlicher Konzernunternehmen und abhängigen Unternehmen beschäftigt werden (§ 3 II Montan-MitbestErgG). Nach § 16 Montan-MitbestErgG ist das Gesetz erst anzuwenden, wenn in sechs aufeinander folgenden Jahren der Umsatzanteil nach § 3 mehr als die Hälfte ausmacht oder das Montan-MitbestG nicht mehr anwendbar ist. Die in § 3 i. V. m. § 16 festgelegten unterschiedlichen Umsatzquoten für den Verbleib in der und den Eintritt in die Montan-Mitbestimmung sind mit Art. 3 I GG vereinbar.[3]

§ 260. Mitbestimmungsgesetz

Böttcher/Liekefett, Mitbestimmung bei Gemeinschaftsunternehmen mit mehr als zwei Muttergesellschaften, NZG 2003, 701; *Habersack,* Die Konzernmitbestimmung nach § 5 MitbestG und § 2 DrittelbG, AG 2007, 641; *Haag/Gräter/Dangelmaier,* Ende der Mitgliedschaft von Arbeitnehmern im Aufsichtsrat bei Eintritt in die Freistellungsphase nach dem Altersteilzeitgesetz, DB 2001, 702; *Halm,* Notwendigkeit der Bildung des mitbestimmten Aufsichtsrats bei der GmbH vor Eintragung in das Handelsregister?, BB 2000, 1849; *Hanau/Wackerbarth,* Interessenkonflikte im Aufsichtsrat, Mitbestimmung 5/2004, 66; *Heither,* Die Amtszeit des „ersten" Aufsichtsrats nach einer Verschmelzung des Unternehmens mit einem mitbestimmten Unternehmen, DB 2008, 109; *Hjort,* Wahlrecht der Arbeitnehmer zu mehreren Aufsichtsräten in Gemeinschaftsbetrieben, NZA 2001, 696; *Kort,* Der Konzernbegriff i. S. v. § 5 MitbestG, NZG 2009, 81; *Meier,* Probleme bei der freiwilligen zahlenmäßigen Erweiterung eines mitbestimmten Aufsichtsrats nach dem MitbestG 1976, NZG 2000, 190; *ders.,* Der praktische Fall – Der Arbeitsdirektor in einer Holding-GmbH nach dem MitbestG, GmbHR 2004, 254; *Säcker,* Bildung eines mitbestimmten Aufsichtsrats analog § 4 MitbestG bei einer OHG mit juristischen Personen als Gesellschaftern?, DB 2003, 2535; *ders.,* Der Ablauf des Wahlverfahrens nach der Dritten Wahlordnung zum Mitbestimmungsgesetz und die Anfechtung fehlerhafter Wahlen, ZfA 2008, 51; *Seibt,* Unternehmensmitbestimmung in Teilkonzernspitzen und Zwischenholding-Gesellschaften, ZIP 2008, 1301; *Siebels/Sieg,* Arbeitnehmervertreter im Aufsichtsrat – Vereinfachung des Wahlverfahrens, NZA 2002, 697; *Sieg,* Reformvorschläge für die Wahl der Arbeitnehmervertreter im Aufsichtsrat, NZA 2000, 175; *Stück,* Aktuelle Rechtsfragen der Aufsichtsratswahl nach dem MitbestG 1976, DB 2004, 2582; *Wahlers,* Statusbegründende Mitbestimmungserweiterung bei der Aktiengesellschaft durch Stimmbindungsvertrag mit dem Mehrheitsaktionär, ZIP 2008, 1897; *Wolff,* Wahl der Arbeitnehmervertreter in den Aufsichtsrat, DB 2002, 790.

---

[3] BVerfG 2. 3. 1999 AP 2 zu § 3 MitbestErgG = NJW 99, 1535; Vorlagebeschluss OLG Düsseldorf 8. 1. 1991 AP 1 zu § 3 MitbestErgG = NJW 91, 1136; zur Zusammensetzung des Aufsichtsrats bei der Mannesmann AG nunmehr OLG Düsseldorf 29. 4. 1999 BB 99, 1398.

Zum Geltungsbereich der inländischen Unternehmensmitbestimmung: *Bartenbach/Eisenbeis,* Deutsche Unternehmensmitbestimmung und Auslandsbezug, FS 25 Jahre AG ArbR DAV (2006), S. 741; *Bartsch,* Mitbestimmung und Niederlassungsfreiheit, 2006; *Behme,* Die Mitbestimmung der Arbeitnehmer bei der britischen Limited mit Verwaltungssitz in Deutschland, ZIP 2008, 351; *Eberspächer,* Unternehmerische Mitbestimmung in zugezogenen Auslandsgesellschaften, ZIP 2008, 1951; *Franzen,* Niederlassungsfreiheit, internationales Gesellschaftsrecht und Unternehmensmitbestimmung, RdA 2004, 257; *Geyrhalter/Gänßler,* Perspektiven nach „Überseering" – wie geht es weiter?, NZG 2003, 409; *Henssler,* Bewegung in der deutschen Unternehmensmitbestimmung, RdA 2005, 330; *ders.,* Mitbestimmungsrechtliche Konsequenzen einer Sitzverlegung innerhalb der Europäischen Union, GS Heinze (2005), S. 333; *ders.,* Mitbestimmungsrechtliche Folgen grenzüberschreitender Beherrschungsverträge, ZfA 2005, 289; *Kamp,* Die unternehmerische Mitbestimmung nach „Überseering" und „Inspire Art", BB 2004, 1496; *Mayer,* Auswirkung grenzüberschreitender Beherrschungsverträge auf Mitbestimmungstatbestände, ArbuR 2006, 303; *Schmidt-Parzefall,* Abschied von der Sitztheorie und arbeitsrechtliche Folgen, ZESAR 2003, 113; *Thüsing,* Deutsche Unternehmensmitbestimmung und europäische Niederlassungsfreiheit, ZIP 2004, 381; *Stehle,* Keine Unternehmensmitbestimmung in zuziehenden EU-Scheinauslandsgesellschaften, Jura 2009, 8; *Veit/Wichert,* Unternehmerische Mitbestimmung bei europäischen Kapitalgesellschaften mit Verwaltungssitz in Deutschland nach „Überseering" und „Inspire Art", AG 2004, 14.

Übersicht

	RN		RN
1. Anwendungsbereich	1–4	4. Aufsichtsratsvorsitzender/-ausschüsse	13
2. Zusammensetzung des Aufsichtsrats	5	5. Vorstand	14
3. Wahl	6–12	6. Arbeitsdirektor	15

1 **1. Anwendungsbereich. a)** Das MitbestG modifiziert in seinem Kern die Zusammensetzung des Aufsichtsrats und z. T. auch des Vorstands abweichend vom bisherigen Gesellschafts- und Unternehmensrecht und überträgt eine Reihe von zwingenden Vorschriften des AktG über den Aufsichtsrat auf die übrigen Gesellschaftsformen. Es ergänzt das ansonsten geltende Gesellschafts- und Unternehmensrecht. Unberührt durch das MitbestG bleiben allerdings die Befugnisse der Anteilseignerversammlung über die Grundfragen des Unternehmens, z. B. die Änderung des Unternehmensgegenstands, Auflösung des Unternehmens, Sitzverlegung, Maßnahmen der Kapitalbeschaffung und -herabsetzung, Fusion mit anderen Unternehmen, Umwandlung des Unternehmens und Satzungsänderungen. Im Aufsichtsrat einer nach dem MitbestG mitbestimmten Gesellschaft besteht keine echte Parität, da die Anteilseignerseite die Arbeitnehmervertreter überstimmen kann. Ferner sind die Befugnisse der Gewerkschaften gegenüber dem Montan-MitbestG zurückgedrängt und das Wahlverfahren betont demokratisch ausgestaltet. Das erweiterte Mitbestimmungsgesetz ist mit den Grundrechten der davon betroffenen Unternehmen vereinbar.[1]

1 a **b) Erfasste Unternehmen.** Die Geltung des MitbestG ist von der Rechtsform der Unternehmen abhängig. Erfasst werden nach § 1 I Nr. 1 MitbestG AG, KGaA, GmbH und Genossenschaften, nicht aber VVaG. Unternehmen, die nach ausländischem Recht gegründet sind, fallen nicht unter das MitbestG. Das gilt auch für sog. Scheinauslandsgesellschaften,[2] d. h. Unternehmen mit einem Satzungssitz in einem Mitgliedstaat der EU, die aber ihren Verwaltungssitz und zumindest den Großteil ihrer Betriebe in Deutschland haben. Für Unternehmen mit einem Satzungssitz außerhalb der Gemeinschaft kann die Wahl einer solchen Konstruktion mitbestimmungsrechtlich zur Geltung der nationalen Mitbestimmungsgesetze führen, da sie sich nicht auf die Niederlassungsfreiheit des Art. 43 EG berufen können. § 5 II MitbestG enthält eine Sonderregelung für den Fall, dass eine Kapitalgesellschaft & Co KG herrschendes Konzernunternehmen ist. Hier erfolgt die Zurechnung der Arbeitnehmer der beherrschten Konzernunternehmen zur Komplementär-Kapitalgesellschaft der KG. Nach § 1 II MitbestG sind Unternehmen, die unter das Montan-MitbestG oder unter das MitbestErgG fallen, von der Anwendung des MitbestG ausgenommen. § 1 IV MitbestG nimmt schließlich Tendenzunternehmen (§ 214 RN 25) sowie Religionsgemeinschaften und deren Einrichtungen (§ 214 RN 22) von der Anwendung des MitbestG aus, um eine ungestörte Tendenzverfolgung zu ermöglichen.

1 b **c) Konzern im Konzern, Gemeinschaftsunternehmen.** Innerhalb eines Konzerns können weitere Konzernverhältnisse bestehen, bei denen ein beherrschtes Konzernunternehmen seinerseits gegenüber anderen abhängigen Konzernunternehmen als herrschendes Konzernun-

---

[1] BVerfG 1. 3. 1979 AP 1 zu § 1 MitbestG = NJW 79, 593.

[2] *Behme* ZIP 2008, 351; *Eberspächer* ZIP 2008, 1951; *Stehle* Jura 2009, 8.

ternehmen anzusehen ist (Konzern im Konzern). Voraussetzung ist, dass die inländische Teilkonzernspitze tatsächlich gegenüber den ihr nachgeordneten Unternehmen wesentliche Entscheidungsspielräume hat.[3] Diese Anforderung ist nicht erfüllt, wenn sie nur eine Übermittlungsstelle für Entscheidungen der Konzernspitze ist. Bei Gemeinschaftsunternehmen besteht zwischen dem Gemeinschaftsunternehmen und jedem der herrschenden Unternehmen ein Konzernverhältnis, wenn die Obergesellschaften auf Grund gemeinsamer Willensbildung tatsächlich Leitungsmacht über das Gemeinschaftsunternehmen ausüben.[4] Die Zurechnung erfolgt sowohl bei der Ermittlung der Arbeitnehmerzahl der herrschenden Unternehmen als auch für die Ausübung des Wahlrechts jeweils mit der vollen Zahl, also nicht etwa nur entsprechend der Höhe des Kapitalanteils des jeweiligen herrschenden Unternehmens am Gemeinschaftsunternehmen.[5]

2 **d) Konzernspitze außerhalb des MitbestG.** § 5 III MitbestG enthält eine Sonderregelung für die Fälle, in denen eine Zurechnung zur Konzernspitze nicht möglich ist, weil das herrschende Unternehmen nicht unter das MitbestG fällt. Diese Regelung eröffnet den Arbeitnehmern eine Mitbestimmung auf der nächstmöglichen Ebene, wenn die Konzernobergesellschaft in Form eines Einzelkaufmanns, einer Personengesellschaft oder einer ausländischen Gesellschaft[6] (auch einer „SE") verfasst ist. Daneben werden Gesellschaften, deren Konzernobergesellschaft in öffentlich-rechtlicher Form verfasst ist, sowie Tochterunternehmen von Tendenzunternehmen von § 5 III MitbestG erfasst, nicht hingegen Unternehmen, bei denen das herrschende Unternehmen unter das Montan-MitbestG oder das MitbestErgG fällt. Die Zurechnung erfolgt danach jeweils zu demjenigen Unternehmen, über das die Konzernleitung andere Konzernunternehmen beherrscht, wobei es dafür ausreichend ist, wenn über das betreffende Konzernunternehmen der Leitungsweg von der Konzernspitze zu einem oder mehreren anderen beherrschten Unternehmen führt. Wird über verschiedene auf derselben Stufe der Konzernhierarchie stehende Unternehmen jeweils die Leitung für einen Teil des Konzerns ausgeübt, findet nach § 5 III MitbestG die Zurechnung für den jeweiligen „Teilkonzern" zu dessen nach § 5 III MitbestG fingiertem Spitzenunternehmen statt.[7]

3 **e) Arbeitnehmer.** Für die Berechnung der Beschäftigtenzahl kommt es auf die Zahl der den Unternehmenszweck realisierenden Arbeitnehmer an,[8] da das Gesetz insoweit auf die Größe und wirtschaftliche Bedeutung des Unternehmens abgestellt. Dementsprechend sind auch leitende Angestellte und Leiharbeitnehmer mitzuzählen, wenn sie auf dauerhaft eingerichteten Arbeitsplätzen des Unternehmens beschäftigt werden,[9] Teilzeitbeschäftigte, unabhängig von ihrer wöchentlichen Arbeitszeit sowie Aushilfen. Nicht mitzuzählen sind auf Grund einer dienst- oder werkvertraglichen Verpflichtung Beschäftigte und die dauerhaft im Ausland tätigen Arbeitnehmer.[10] Nach § 5 MitbestG werden Arbeitnehmer der Konzernunternehmen bei der Berechnung der Arbeitnehmerzahl des herrschenden Konzernunternehmens mitgezählt; die Vorschrift erfasst nur Unterordnungskonzerne, auf einen Gleichordnungskonzern i. S. v. § 18 II AktG ist sie nicht anwendbar. Das herrschende Konzernunternehmen kann danach über weniger als 2000 Arbeitnehmer verfügen. Die Arbeitnehmerzahl von 2000 muss nur im Konzern erreicht werden. Arbeitnehmer werden „in der Regel" beschäftigt, wenn sie üblicherweise zur Bewältigung des normalen, während der überwiegenden Zeit des Jahres anfallenden Arbeitsvolumens beschäftigt werden.

4 **f) Tendenzunternehmen.** Das Gesetz ist nicht anzuwenden auf sog. Tendenzunternehmen (§ 1 IV MitbestG; vgl. § 214); das sind solche, die unmittelbar und überwiegend politischen, koalitionspolitischen, konfessionellen, karitativen, erzieherischen, wissenschaftlichen oder künstlerischen Bestimmungen oder Zwecken der Berichterstattung oder Meinungsäußerung, auf die Art. 5 I 2 GG anzuwenden ist, dienen.[11] Ein Unternehmen, das in der Rechtsform einer AG

---

[3] OLG München 19. 11. 2008 NZG 2009, 112.
[4] BAG 16. 8. 1995 AP 30 zu § 76 BetrVG 1952 = NZA 96, 274; für das BetrVG: BAG 14. 2. 2007 AP 13 zu § 54 BetrVG 1972 = NZA 2007, 999; 13. 10. 2004 AP 9 zu § 54 BetrVG 1972 = NZA 2005, 647; 30. 10. 1986 AP 1 zu § 55 BetrVG 1972.
[5] MünchArbR/*Wißmann* 3. Aufl. § 279 RN 16.
[6] OLG Frankfurt 21. 4. 2008 ZIP 2008, 878, 880; OLG Düsseldorf 30. 10. 2006 ZIP 2006, 2375 = DB 2007, 100; OLG Stuttgart 30. 3. 1995 ZIP 95, 1004.
[7] MünchArbR/*Wißmann* 3. Aufl. § 279 RN 17.
[8] Vgl. BAG 11. 12. 1961 AP 1 zu § 77 BetrVG (zum BetrVG 1952).
[9] MünchArbR/*Wißmann* 3. Aufl. § 279 RN 5.
[10] Vgl. LG Frankfurt 1. 4. 1982 DB 82, 1312; LG Düsseldorf 5. 6. 1979 DB 79, 1451.
[11] LG Hamburg 24. 6. 1999 NZA-RR 2000, 209 (Musical).

betrieben wird und als Unternehmensgegenstand den Betrieb von Krankenhäusern hat, ist nur dann ein Tendenzunternehmen mit karitativer Bestimmung, wenn diese Betätigung ohne Gewinnerzielungsabsicht erfolgt.[12] Ferner ist das Gesetz nicht anzuwenden, auf Religionsgemeinschaften und ihre karitativen und erzieherischen Einrichtungen unbeschadet deren Rechtsform (§ 1 IV MitbestG).

2. Zusammensetzung des Aufsichtsrats. Die Aufsichtsräte nach dem MitbestG 1976 werden mit der gleichen Zahl von Aufsichtsratsmitgliedern der Anteilseigner und der Arbeitnehmer besetzt, und zwar in Unternehmen bis zu 10000 Arbeitnehmer im Verhältnis 6:6, in Unternehmen mit 10000 bis 20000 Arbeitnehmer im Verhältnis 8 : 8 und in solchen mit mehr als 20000 Arbeitnehmer im Verhältnis 10:10. In Unternehmen der unteren Größenklassen kann bestimmt werden, dass der Aufsichtsrat aus 16 bzw. 20 Mitgliedern besteht (§§ 6, 7 MitbestG). Die im Unternehmen vertretenen Gewerkschaften haben in Unternehmen bis zu 20000 Arbeitnehmer 2 und in größeren 3 Sitze im Aufsichtsrat. Die übrigen 4, 6 bzw. 7 Sitze müssen mit Arbeitnehmern des Unternehmens besetzt werden, wobei dem Aufsichtsrat ein leitender Angestellter (§ 15 I 2 MitbestG) angehören muss. Das Gruppenprinzip (§ 15 II MitbestG a. F.) ist wie im BetrVG aufgegeben worden. Prokuristen des Unternehmens dürfen dann nicht Mitglied des Aufsichtsrates sein, wenn sie dem Vorstand unmittelbar unterstellt sind und im Innenverhältnis zur Ausübung der Prokura für den gesamten Geschäftsbereich aller Vorstandsmitglieder ermächtigt sind (§ 105 I AktG, § 6 II MitbestG). Da die Arbeitnehmer von Konzerntochtergesellschaften als Arbeitnehmer des herrschenden Unternehmens gelten, ist bei ihrer Wahl unerheblich, ob sie in einem herrschenden oder Tochterunternehmen beschäftigt sind. Durch das MitbestG nicht geregelt ist Bildung, Zusammensetzung und Organisation von Ausschüssen (dazu unter RN 13ff.). **5**

3. Wahl. Die Aufsichtsratsmitglieder der Arbeitnehmer werden entweder in Urwahl oder durch Delegierte gewählt. In Unternehmen bis zu 8000 Arbeitnehmern ist die Urwahl, in den anderen die Delegiertenwahl die Regel. Die Belegschaft kann jedoch **beschließen,** dass statt der Urwahl die Delegiertenwahl und umgekehrt durchgeführt wird (§ 9 MitbestG). **6**

Im Falle der **Delegiertenwahl** wird die Zahl der Delegierten auf Grund einer Schlüsselzahl bestimmt (§ 11 I MitbestG). Unter den Delegierten müssen in jedem Betrieb die Arbeitnehmer und die leitenden Angestellten entsprechend ihrem zahlenmäßigen Verhältnis vertreten sein (§ 11 II MitbestG). Die Regelung über die erforderlichen Stützunterschriften zur Wahl der Delegierten in § 12 MitbestG ist verfassungsgemäß.[13] Die Wahlberechtigung und Wählbarkeit der Delegierten (§ 10 II, III MitbestG) entspricht der Regelung im BetrVG (§§ 7, 8 BetrVG). Aus diesem Grund nehmen auch Leiharbeitnehmer unter den Voraussetzungen des § 7 Satz 2 BetrVG an der Wahl der Arbeitnehmervertreter teil. Die Delegierten werden anschließend nach den Grundsätzen der Verhältniswahl gewählt (§ 10 I MitbestG). **7**

Die **Delegierten** der Arbeitnehmer und der leitenden Angestellten **wählen** dann in getrennten Wahlen **jeweils ihre Aufsichtsratsmitglieder** (§ 15 II MitbestG). Wird nur ein Wahlvorschlag gemacht, findet eine Mehrheitswahl statt (§ 15 III MitbestG). Die Vertreter der Gewerkschaften werden auf Grund von Wahlvorschlägen der im Unternehmen vertretenen Gewerkschaften von den Delegierten in geheimer Wahl nach den Grundsätzen der Verhältniswahl gewählt (§ 16 I, II MitbestG). Für die Wahl von Ersatzmitgliedern gilt § 17 MitbestG. **8**

Bei der **Urwahl** wählen die wahlberechtigten Arbeitnehmer die auf sie entfallenden unternehmensangehörigen Aufsichtsratsmitglieder (§§ 18, 15, 10 I MitbestG).[14] Die Wahl findet nach den Grundsätzen der Verhältniswahl statt. Ansonsten gelten die §§ 15–17 MitbestG mit der Maßgabe, dass an die Stelle der Delegierten die wahlberechtigten Arbeitnehmer (z. B. beim Aufstellen von Wahlvorschlägen) treten. **9**

Ein **Wahlanfechtungsantrag** nach § 22 I MitbestG kann auf einzelne Aufsichtsratsmitglieder der Arbeitnehmervertreter beschränkt werden, wenn sich der Wahlverstoß ausschließlich bei dem einzelnen Arbeitnehmervertreter auswirkt und die Rechtmäßigkeit der übrigen Aufsichtsratsmitglieder einschließlich der Ersatzmitglieder unberührt lässt.[15] Die Anfechtung der Delegierten eines Betriebs für die Wahl der Aufsichtsratsmitglieder der Arbeitnehmer nach dem MitbestG wird unzulässig, wenn der Betrieb nicht mehr besteht.[16] **10**

---

[12] BayObLG 10. 8. 1995 AP 1 zu § 4 MitbestG = NZA-RR 96, 10.
[13] BAG 13. 5. 1998 AP 1 zu § 12 MitbestG = NZA 99, 158; dazu *Löwisch* FS Zöllner, S. 847.
[14] BAG 25. 8. 1981 AP 2 zu § 83 ArbGG 1979 = DB 82, 546 (Eintragung in die Wählerliste).
[15] BAG 11. 6. 1997 AP 1 zu § 22 MitbestG = DB 98, 139 zur Berichtigungsbefugnis des HWV.
[16] BAG 13. 5. 1998 AP 1 zu § 21 MitbestG = NZA 99, 276.

11 Die **Einzelheiten des Wahlverfahrens** sind in der 1., 2., 3. WO zum MitbestG vom 27. 5. 2002 (BGBl. I S. 1682, 1708, 1741) geregelt, zur Übergangsregelung vgl. § 40 MitbestG.

12 Kann die Wahl nicht rechtzeitig durchgeführt werden, kommt eine **gerichtliche Bestellung** von Aufsichtsratsmitgliedern in Betracht.[17]

13 **4. Aufsichtsratsvorsitzender/-ausschüsse.** Die innere Ordnung des Aufsichtsrates bestimmt sich nach § 25 MitbestG.[18] Der Aufsichtsratsvorsitzende und sein Stellvertreter werden mit $^2/_3$ Mehrheit gewählt. Wird dieses Quorum nicht erreicht, wählen die Anteilseignervertreter den Vorsitzenden und die Arbeitnehmer-Vertreter den Stellvertreter (§ 27 I, II MitbestG). Muss im Aufsichtsrat wegen Stimmengleichheit eine Abstimmung wiederholt werden, und ergibt auch sie Stimmengleichheit, hat der Aufsichtsratsvorsitzende zwei Stimmen (§ 29 II MitbestG). Nach § 107 III AktG kann der Aufsichtsrat aus seiner Mitte Ausschüsse bilden, die Bildung des Ausschusses und die Bestellung seiner Mitglieder erfolgt durch Beschluss des Aufsichtsrats mit einfacher Stimmenmehrheit. Nicht erforderlich ist es, dass die Arbeitnehmervertreter entsprechend ihrer Stärke im Aufsichtsrat auch in den Ausschüssen vertreten sind. Werden den Ausschüssen Entscheidungskompetenzen übertragen, führt jedoch die Nichtberücksichtigung der Arbeitnehmervertreter bei der Besetzung dieser Ausschüsse zu einer faktischen Beeinträchtigung ihres gesetzlichen Mitwirkungsrechts. Aus diesem Grund ist es zumindest bei beschließenden Personalausschüssen des Aufsichtsrats als missbräuchliche Diskriminierung der Arbeitnehmervertreter anzusehen, wenn sie ohne sachlichen Grund aus grundsätzlichen Erwägungen von jeder Mitarbeit in dem Ausschuss ausgeschlossen werden.[19]

14 **5. Vorstand.** Die Mitglieder des Vorstandes werden vom Aufsichtsrat mit $^2/_3$ Mehrheit bestellt. In der mitbestimmten GmbH ist der Aufsichtsrat auch für Abschluss, Änderung und Aufhebung der Anstellungsverträge des Vorstands und die dazu notwendigen Entscheidungen zuständig.[20] Wird das erforderliche Quorum für die Wahl der Mitglieder des Vorstandes nicht erreicht, hat der Vermittlungsausschuss einen Bestellungsvorschlag zu machen. Der Vermittlungsausschuss ist unmittelbar nach der Wahl des Aufsichtsratsvorsitzenden und seines Stellvertreters als permanenter Ausschuss zu bilden. Ihm gehören der Aufsichtsratsvorsitzende, sein Stellvertreter und je ein weiterer Vertreter der Anteilseigner und der Arbeitnehmer an (§ 27 III MitbestG). Über den Vorschlag des Vermittlungsausschusses hat der Aufsichtsrat mit der Mehrheit der Stimmen seiner Mitglieder zu beschließen. Wird auch in einer zweiten Abstimmung keine Mehrheit erreicht, so gibt die zweite Stimme des Aufsichtsratsvorsitzenden den Ausschlag (31 MitbestG).

15 **6. Arbeitsdirektor.** Als gleichberechtigtes Mitglied des Vorstandes ist ein Arbeitsdirektor zu bestellen. Seine Bestellung wie Abberufung erfolgt nach den gleichen Regeln wie bei den übrigen Vorstandsmitgliedern. Der Arbeitsdirektor ist in den Vorstand als gleichberechtigtes Organ eingebunden. Indes liegt in der Natur der Sache, dass er vom Vertrauen der Arbeitnehmerseite getragen sein muss. In einem der Mitbestimmung unterliegenden Unternehmen ist es mit Rücksicht auf die Rechtsstellung des Arbeitsdirektors unzulässig, dem Vorsitzenden der Geschäftsführung ein allgemeines Vetorecht einzuräumen.[21]

§ 261. Unternehmensmitbestimmung bei Auslandsbezug

Hommelhoff/Krause/Teichmann, Arbeitnehmer-Beteiligung in der Europäischen Privatgesellschaft (SPE) nach dem Verordnungsvorschlag, GmbHR 2008, 1193; *Köster,* Die Kodifizierung des Internationalen Gesellschaftsrechts – Bedeutung für die Unternehmensmitbestimmung, ZRP 2008, 214; *Seifert,* Die Schaffung transnationaler Arbeitnehmervertretungen in weltweit tätigen Unternehmen, ZIAS 2006, 205; *Seyboth,* Die Mitbestimmung im Lichte der beabsichtigten Neuregelung des Internationalen Gesellschaftsrechts, ArbuR 2008, 132.

Europäische Gesellschaften: *Bachmann,* Der Verwaltungsrat der monistischen SE, ZGR 2008, 779; *Blanke,* Europäische Aktiengesellschaft ohne Arbeitnehmerbeteiligung?, ZIP 2006, 789; *Casper/Schäfer,* Die

[17] LG Hof 17. 11. 1992 BB 93, 138.

[18] Vgl. hierzu BGH 25. 2. 1982 AP 2 zu § 25 MitbestG = NJW 82, 1525; AP 1 zu § 25 MitbestG = NJW 82, 1528; AP 1 zu § 28 MitbestG = NJW 82, 1530.

[19] BGH 17. 5. 1993 AP 4 zu § 25 MitbestG = NJW 93, 2307; grundlegend 25. 2. 1982 AP 2 zu § 25 MitbestG = NJW 82, 1525; ähnlich OLG München 27. 1. 1995 BB 95, 1051 = NJW-RR 95, 1249 (Präsidialausschuss); dazu *Zöllner* FS Zeuner, S. 161.

[20] BGH 14. 11. 1983 BGHZ 89, 48 = NJW 84, 733.

[21] BGH 14. 11. 1983 BGHZ 89, 48 = NJW 84, 733.

Vorrats-SE, ZIP 2007, 653; *Grobys,* Das geplante Umsetzungsgesetz zur Beteiligung von Arbeitnehmern in der Europäischen Aktiengesellschaft, NZA 2004, 779; *Goos,* Ansätze zur Mitbestimmung der Arbeitnehmer in der europäischen Rechtssetzung, FS 50 Jahre BAG (2004), S. 1179; *Gruber/Weller,* Societas Europaea – Mitbestimmung ohne Aufsichtsrat?, NZG 2003, 297; *Güntzel,* Die Richtlinie über die Arbeitnehmerbeteiligung in der Europäischen Aktiengesellschaft (SE) und ihre Umsetzung in das deutsche Recht, 2006; *Habersack,* Das Aktiengesetz und das Europäische Recht, ZPI 2006, 445; *ders.,* Schranken der Mitbestimmungsautonomie in der SE, AG 2006, 345; *Henssler,* Unternehmerische Mitbestimmung in der Societas Europaea, FS Ulmer (2003), S. 193; *Herfs-Röttgen,* Arbeitnehmerbeteiligung in der Europäischen Aktiengesellschaft, NZA 2001, 424; *dies.,* Probleme der Arbeitnehmerbeteiligung in der Europäischen Aktiengesellschaft, NZA 2002, 358; *Jahn/Herfs-Röttgen,* Die Europäische Aktiengesellschaft – Societas Europaea, DB 2001, 631; *Junker,* Europäische Aktiengesellschaft und deutsche Mitbestimmung, ZfA 2005, 211; *Kämmerer/Veil,* Paritätische Arbeitnehmermitbestimmung in der monistischen Societas Europaea, ZIP 2005, 369; *Kallmeyer,* Das monistische System in der SE mit Sitz in Deutschland, ZIP 2003, 1531; *Keller/Werner,* Arbeitnehmerbeteiligung in der Europäischen Aktiengesellschaft (SE), WSI-Mitteilungen 2007, 604; *Kisker,* Unternehmerische Mitbestimmung in der Europäischen Gesellschaft, der Europäischen Genossenschaft und bei grenzüberschreitender Verschmelzung im Vergleich, RdA 2006, 206; *Kleinsorge,* Europäische Gesellschaft und Beteiligungsrechte der Arbeitnehmer, RdA 2002, 343; *Köstler,* Die Mitbestimmung in der SE, ZGR 2003, 800; *Kossmann/Heinrich,* Möglichkeiten der Umwandlung einer bestehenden SE, ZIP 2007, 164; *Kraft, J.,* Die Europäisierung der deutschen Mitbestimmung durch das SE-Beteiligungsgesetz, 2005; *Kowalski,* Praxisfragen bei der Umwandlung einer Aktiengesellschaft in eine Europäische Gesellschaft (SE), DB 2007, 2243; *Kraushaar,* Mindestrepräsentation leitender Angestellter in der Europäischen Aktiengesellschaft, NZA 2004, 591; *ders.,* Europäische Aktiengesellschaft (SE) und Unternehmensmitbestimmung, BB 2003, 1614; *Lambach,* Die Beteiligung der Arbeitnehmer in der Europäischen Gesellschaft (SE), 2004; *Müller,* Arbeitnehmerbeteiligung in der Europäischen Aktiengesellschaft, ArbRB 2004, 221; *Nagel,* Die Europäische Aktiengesellschaft (SE) in Deutschland, NZG 2004, 833; *Nagel/Köklü,* „Societas Europaea" und Mitbestimmung, ZESAR 2004, 175; *Oechsler,* Die Sitzverlegung der Europäischen Aktiengesellschaft nach Art 8 SE-VO, AG 2005, 373; *Oetker,* Mitbestimmungssicherung bei Errichtung einer Europäischen Gesellschaft (SE) durch formwechselnde Umwandlung einer Aktiengesellschaft mit Sitz in Deutschland, FS Birk (2008) S. 557; *ders.,* Unternehmerische Mitbestimmung kraft Vereinbarung in der Europäischen Gesellschaft (SE), FS Konzen (2006), S. 635; *ders.,* Unternehmensmitbestimmung in der SE kraft Vereinbarung, ZIP 2006, 1113; *ders.,* Beteiligung der Arbeitnehmer in der Europäischen Aktiengesellschaft (SE) im Überblick, ZESAR 2005, 3; *Rehwinkel,* Die gesetzliche Auffanglösung der Unternehmensmitbestimmung in der Europäischen Aktiengesellschaft, ZESAR 2008, 74; *Ringe,* Mitbestimmungsrechtliche Folgen einer SE-Sitzverlegung, NZG 2006, 931; *Röder/Rolf,* Unternehmensmitbestimmung im europäischen Wettbewerb, FS Löwisch (2007), S. 249; *Röpke,* Europäische (Aktien-)Gesellschaft und Arbeitnehmerbeteiligung, RdA 2002, 177; *Roth,* Die unternehmerische Mitbestimmung in der monistischen SE, ZfA 2004, 431; *Schäfer,* Der europäische Rahmen für Arbeitnehmermitwirkung, 2005; *Steinberg,* Mitbestimmung in der Europäischen Aktiengesellschaft, 2005; *Thüsing,* SE-Betriebsrat kraft Vereinbarung, ZIP 2006, 1469; *Vossius,* Gründung und Umwandlung der deutschen Europäischen Gesellschaft (SE), ZIP 2005, 741; *Weiss,* Arbeitnehmermitwirkung in Europa, NZA 2003, 177; *Weiss/Wöhlert,* Societas Europaea – Der Siegeszug des deutschen Mitbestimmungsrechts in Europa?, NZG 2006, 121; *Wißmann,* Die Arbeitnehmerbeteiligung in der „deutschen" SE vor Gericht, FS Richardi (2007), S. 841; *ders.,* „Deutsche" Europäische Aktiengesellschaft und Mitbestimmung, FS Wiedemann (2002), S. 685.

Grenzüberschreitende Verschmelzung: *Brandes,* Mitbestimmungsvermeidung mittels grenzüberschreitender Verschmelzungen, ZIP 2008, 2193; *Dzida/Schramm,* Arbeitsrechtliche Pflichtangaben bei innerstaatlichen und grenzüberschreitenden Verschmelzungen, NZG 2008, 521; *Habersack,* Grundsatzfragen der Mitbestimmung in SE und SCE sowie bei grenzüberschreitender Verschmelzung, ZHR 2007, 613; *Heuschmid,* Unternehmensmitbestimmung nach der Richtlinie zur grenzüberschreitenden Verschmelzung von Kapitalgesellschaften, ArbuR 2006, 184; *Kallmeyer/Kappes,* Grenzüberschreitende Verschmelzungen und Spaltungen nach SEVIC Systems und der EU-Verschmelzungsrichtlinie, AG 2006, 224; *Koberski,* Fusionsrichtlinie und Arbeitnehmerbeteiligung, FS Wißmann (2005), S. 474; *Lunk/Hinrichs,* Die Mitbestimmung der Arbeitnehmer bei grenzüberschreitenden Verschmelzungen nach dem MgVG, NZA 2007, 773; *Nagel,* Das Gesetz über die Mitbestimmung der Arbeitnehmer bei grenzüberschreitenden Verschmelzungen (MgVG), NZG 2007, 57; *ders.,* Die Richtlinie zur grenzüberschreitenden Verschmelzung, NGZ 2006, 97; *Schubert,* Die Mitbestimmung der Arbeitnehmer bei grenzüberschreitender Verschmelzung, RdA 2007, 9.

Übersicht

	RN		RN
1. Sitztheorie	1	4. Europäische Genossenschaft	11
2. Gemeinschaftsrechtliche Gesellschaftsformen	2	5. Grenzüberschreitende Verschmelzungen	12–18
3. Europäische Gesellschaft	3–10		

1. Sitztheorie. Nach der lange Zeit vorherrschenden „Sitztheorie" mussten in Deutschland ansässige Unternehmen nach deutschem Recht verfasst sein. Dieser Auffassung hat der EuGH in einer Reihe von Entscheidungen zur Reichweite der innerhalb der Mitgliedstaaten durch 1

Art. 43 EG gewährten Niederlassungsfreiheit die Grundlage entzogen.[1] Nach seiner Ansicht darf bei einer grenzüberschreitenden Sitzverlegung innerhalb der Gemeinschaft die Anwendung der Sitztheorie nicht dazu führen, dass dieser Gesellschaft die Rechts- und Parteifähigkeit abgesprochen wird, die ihr nach dem Recht des Gründungsstaats zugekommen ist. Unternehmen, die nach dem Recht eines anderen Mitgliedstaats verfasst sind, können ihren Verwaltungssitz und sämtliche betriebliche Aktivitäten nach Deutschland verlagern, ohne dadurch ihre Rechtsfähigkeit zu verlieren. Da die deutsche Unternehmensmitbestimmung an die Rechtsform anknüpft, sind die einzelnen Mitbestimmungsgesetze auf ausländische Kapitalgesellschaften mit einer inländischen Niederlassung nicht anzuwenden, wenn diese nicht in einer Rechtsform geführt werden, die in den jeweiligen Mitbestimmungsgesetzen genannt ist. Die analoge Anwendung des nationalen Mitbestimmungsrechts auf ausländische Gesellschaften ist nicht statthaft. Ob der nationale Gesetzgeber im Interesse der Arbeitnehmer die in einem anderen Mitgliedsstaat gegründete Gesellschaft bei einer Sitzverlegung dem deutschen Mitbestimmungsrecht unterwerfen darf oder ob eine solche Regelung gegen Gemeinschaftsrecht verstößt, ist umstritten.[2]

2 **2. Gemeinschaftsrechtliche Gesellschaftsformen.** Als Alternative für die in Deutschland ansässigen Unternehmen ermöglichen das Gemeinschaftsrecht und die zu seiner Umsetzung ergangenen nationalen Vorschriften die Wahl der Rechtsformen der Europäischen Aktiengesellschaft (Societas Europaea – SE) bzw. die der Europäischen Genossenschaft (SCE) und die Übernahme der für diese Gesellschaften geltenden Vorgaben über die Mitbestimmung der Arbeitnehmer. Die Unternehmensverfassung kann dabei – wie im deutschen Recht – dualistisch (Vorstand/Aufsichtsrat) oder monistisch ausgestaltet sein, d. h. Geschäftsführung und Kontrolle werden durch ein Organ (Verwaltungsrat, Board) wahrgenommen. Die für die SE und SCE geltenden Mitbestimmungsformen knüpfen nicht an bestimmte für das Unternehmen geltende Merkmale wie die Rechtsform, die Arbeitnehmerzahl (MitbestG, DrittelbG) oder den Unternehmensgegenstand (Montan-MitbestG) an. Sie enthalten auch keine verbindliche Ausgestaltung der Beteiligung der Arbeitnehmervertreter an den Entscheidungen in den entsprechenden Gremien, sondern überlassen diese – wie bei den Regelungen über den Europäischen Betriebsrat – vorrangig einer Vereinbarungslösung. Erst bei deren Scheitern greift eine Auffanglösung, die sich an dem bisherigen Mitbestimmungsstatus orientiert. Diese Grundsätze gelten auch für nationale Gesellschaften, die aus einer grenzüberschreitenden Verschmelzung hervorgegangen sind.

3 **3. Europäische Gesellschaft. a)** Das Gesetz über die Beteiligung der Arbeitnehmer in einer Europäischen Gesellschaft (SE-Beteiligungsgesetz – SEBG) vom 22. 12. 2004 (BGBl. I S. 3675, 3686) regelt die Beteiligung der Arbeitnehmer in einer Europäischen Gesellschaft (SE), die Gegenstand der Verordnung (EG) Nr. 2157/2001 des Rates vom 8. 10. 2001 über das Statut der Europäischen Gesellschaft (SE-VO, ABl. EG Nr. L 294 S. 1) ist. Ziel des Gesetzes ist es, in einer SE die erworbenen Rechte der Arbeitnehmer auf Beteiligung an Unternehmensentscheidungen zu sichern. Die maßgeblichen Rechtsvorschriften für die Ausgestaltung der SE sind danach die nach Art. 249 II EG unmittelbar geltende SE-VO und bei Fehlen einer Regelung in der SE-VO nach Art. 9 I SE-VO das SE-Ausführungsgesetz v. 22. 12. 2004 (SEAG, BGBl. I S. 3675), das SEBG, die für Aktiengesellschaften deutschen Rechts maßgeblichen Vorschriften und schließlich die Satzung der SE.

4 **b) Erfasste Unternehmen.** SE können nach Art. 2 SE-VO nur von bestimmten **Kapitalgesellschaften** gegründet werden. Es besteht ein numerus clausus[3] von Gründungsformen: die Verschmelzung der Gründer (Art. 2 I SE-VO), die Gründung einer gemeinsamen Holding (Art. 2 II SE-VO) oder Tochtergesellschaft (Art. 2 III SE-VO), die Umwandlung einer AG nationalen Rechts (Art. 2 IV SE-VO) sowie die Gründung als Tochtergesellschaft einer SE (Art. 3 II SE-VO). Das SEBG gilt für die Gründung einer SE mit Sitz in der BRD. Es gilt unabhängig vom Sitz der SE auch für Arbeitnehmer einer SE, die im Inland beschäftigt sind sowie für beteiligte Gesellschaften, betroffene Tochtergesellschaften und betroffene Betriebe mit Sitz im Inland (§ 3 I SEBG). Nach § 39 SEBG findet das Gesetz auf Tendenzunternehmen nur eingeschränkt Anwendung. Die Anwendung anderer deutscher Gesetze über die Arbeitnehmervertretung im Aufsichtsrat ist ausgeschlossen (§ 47 I Nr. 1 SEBG).

5 **c) Ausgestaltung der Beteiligung.** Die Sicherung der grenzüberschreitenden Beteiligungsrechte der Arbeitnehmer richtet sich vorrangig nach einer Vereinbarung über die Beteiligung

---

[1] Dazu EuGH 12. 9. 2006 NZG 2006, 835 – Cadbury Schweppes; 30. 9. 2003 NZG 2003, 1064 – Inspire Art; 5. 11. 2002 EuZW 2002, 754 – Überseering; 9. 3. 1999 NZG 99, 298 – Centros.

[2] Dafür z. B. *Franzen* RdA 2004, 257 ff.; a. A. *Röder/Rolf* FS Löwisch 2007, S. 249, 255 ff.

[3] MünchArbR/*Wißmann* 3. Aufl. § 287 RN 5.

der Arbeitnehmer in der SE (§ 21 SEBG). Kommt es nicht zu einer Vereinbarung, wird die Beteiligung der Arbeitnehmer in der SE durch eine gesetzliche Auffanglösung sichergestellt (§ 1 II SEBG). In diesem Fall richtet sich die Mitbestimmung der Arbeitnehmer im Aufsichts- oder Verwaltungsrat der SE grundsätzlich nach dem höchsten Anteil der Arbeitnehmervertreter in den Gründungsgesellschaften.

d) Besonderes Verhandlungsgremium. Das besondere Verhandlungsgremium ist auf Grund einer schriftlichen Aufforderung der Leitungen zu bilden. Es hat die Aufgabe, mit den Leitungen eine schriftliche Vereinbarung über die Beteiligung der Arbeitnehmer in der SE abzuschließen (§ 4 I SEBG). Die Einzelheiten über die Bildung, Zusammensetzung und Wahl der Mitglieder des besonderen Verhandlungsgremiums sind in den §§ 4–10 SEBG geregelt, Vorschriften über die Geschäftsführung des Gremiums, zu denen auch die Kostentragungsregelung zählt, enthalten die §§ 12–15, 17 und 19 SEBG. 6

e) Vereinbarung. Ist ein besonderes Verhandlungsgremium gebildet, schließen sich hieran Verhandlungen mit der Leitung der SE über den Abschluss einer schriftlichen Vereinbarung über die Beteiligung der Arbeitnehmer in der SE an (§ 13 I SEBG). Hierzu sind dem besonderen Verhandlungsgremium rechtzeitig alle erforderlichen Auskünfte zu erteilen und die erforderlichen Unterlagen zur Verfügung zu stellen (§ 13 II SEBG). Zu den Verhandlungen kann das besondere Verhandlungsgremium Sachverständige seiner Wahl hinzuziehen (§ 14 I 1 SEBG). Für die Beschlussfassung besteht ein differenziertes System von Mehrheitserfordernissen, das bestehende Mitbestimmungsrechte von (Teil-)Belegschaften der SE schützen soll (§ 15 II–IV SEBG). Das besondere Verhandlungsgremium kann beschließen, keine Verhandlungen aufzunehmen oder bereits aufgenommene Verhandlungen abzubrechen (§ 16 I SEBG). Ein Beschluss nach § 16 I SEBG beendet zwar das Verfahren zum Abschluss einer Vereinbarung nach § 21 SEBG, führt jedoch nicht zur Anwendung der gesetzlichen Auffangregelung. Die Wiederaufnahme der Verhandlungen ist erst nach Ablauf von zwei Jahren zulässig (§ 18 I SEBG). Kommt ein Vereinbarung zustande, so muss diese nach § 21 I, II SEBG zumindest Bestimmungen u. a. über einen SE-BR oder ein statt dessen einzurichtendes Verfahren zur Anhörung und Unterrichtung der Arbeitnehmer enthalten. Der Zeitraum für die Verhandlungen über eine Mitbestimmungsvereinbarung beträgt 6 Monate ab Einsetzung des besonderen Verhandlungsgremiums, er kann einvernehmlich auf ein Jahr verlängert werden (§ 20 SEBG). 7

f) Gesetzliche Auffangregelung. Die gesetzliche Ausgestaltung der Beteiligung der Arbeitnehmer in der SE finden ab dem Zeitpunkt der Eintragung der SE Anwendung, wenn **(1)** die Parteien dies vereinbaren oder **(2)** binnen 6 Monaten oder eines anderen vereinbarten Zeitraums (§ 20 SEBG) keine Vereinbarung nach § 21 SEBG zustande gekommen ist und kein Beschluss nach § 16 SEBG gefasst worden ist. In der SE ist ein Betriebsrat zu errichten, der sich aus Arbeitnehmern der SE, ihrer Tochtergesellschaften und Betriebe zusammensetzt (§ 22 SEBG). Im Fall der Gründung durch Umwandlung (§ 34 I Nr. 1 SEBG) bleibt es nach § 35 I SEBG beim bisherigen Mitbestimmungsstatut. Hierdurch wird jedoch nicht die vollständige Beibehaltung der bisherigen Mitbestimmungsregelung, sondern lediglich der von ihr vorgegebene Anteil der Arbeitnehmervertreter im Aufsichtsrat bzw. Verwaltungsrat der SE und die Fortgeltung der gesetzlichen Vorgaben über die Größe des mitbestimmten Aufsichtsrats vorgeschrieben.[4] Entsteht eine SE durch Verschmelzung oder als Holding- oder Tochter-SE, richtet sich die Beibehaltung der Mitbestimmung nach § 35 II i. V. m. § 34 I Nr. 2, 3, II SEBG. Die Größe des Aufsichtsrats/Verwaltungsrats bestimmt sich nach der Satzung der SE (Art. 40 III, Art. 43 II SE-VO). Die Sitze der Arbeitnehmer sind nach § 36 I SEBG (Art. 7 i. V. m. Anh. Teil 3 Buchst. b SE-RL) vom SE-BR auf die einzelnen Mitgliedstaaten entspr. den Zahlen der dort vorhandenen Arbeitnehmer der SE und ihrer Tochtergesellschaften zu verteilen. Die Besetzung der auf die einzelnen Mitgliedstaaten entfallenden Sitze richtet sich nach deren jeweiligem Recht. Die Wahl der inländischen Vertreter und die Berücksichtigung von Vertretern der Gewerkschaften und leitenden Angelstellten sind in § 36 III, § 38 III SEBG geregelt. Die Anfechtung der Wahl und die Abberufung der gewählten Arbeitnehmervertreter richten sich nach § 37 SEBG. Die Grundsätze der Zusammenarbeit und Schutzbestimmungen für die Arbeitnehmervertreter sind in den §§ 40 ff. SEBG enthalten und regeln die Verpflichtung zur vertrauensvollen Zusammenarbeit, Verschwiegenheit, ein Benachteiligungs- und Begünstigungsverbot sowie ein allgemeines Missbrauchsverbot, wonach die Bildung einer SE nicht dazu benutzt werden darf, den Arbeitnehmern Beteiligungsrechte zu entziehen oder vorzuenthalten (§ 43 SEBG). „Strukturelle Änderungen" der SE, die zur Minderung der Beteiligungsrechte der ArbN geeignet sind, lösen 8

---

[4] So MünchArbR/*Wißmann* 3. Aufl. § 287 RN 13 m. w. Nachw. zum Streitstand.

u. a. auf Initiative des SE-BR erneute Verhandlungen über eine Mitbestimmungsvereinbarung aus, die im Fall des Scheiterns die Anwendung der gesetzlichen Auffanglösung zur Folge haben (§ 18 III SEBG).

9 **g) Beteiligungsrechte.** Der SE-Betriebsrat ist zuständig für die Angelegenheiten, die die SE selbst, eine ihrer Tochtergesellschaften oder einen ihrer Betriebe in einem anderen Mitgliedstaat betreffen oder die über die Befugnisse der zuständigen Organe auf der Ebene des einzelnen Mitgliedstaats hinausgehen (§ 27 SEBG). Seine Beteiligungsrechte sind als Unterrichtungs- und Anhörungsrechte (§§ 28, 29 SEBG) sowie als Mitbestimmungsrechte der vom SE-Betriebsrat in das Aufsichts- oder Verwaltungsorgans der SE entsandten Arbeitnehmervertreter (§§ 34–38 SEBG) ausgestaltet. Die Zahl dieser Arbeitnehmervertreter bemisst sich nach dem höchsten Anteil an Arbeitnehmervertretern, der in den Organen der beteiligten Gesellschaften vor der Eintragung der SE bestanden hat (§ 35 II SEBG).

10 **h) Gerichtliches Verfahren.** Über Streitigkeiten aus dem SEBG entscheidet das Arbeitsgericht im Beschlussverfahren (§ 2a Nr. 3d ArbGG), die örtliche Zuständigkeit richtet sich nach § 82 IV ArbGG.

11 **4. Europäische Genossenschaft.** Die Beteiligungsrechte der Arbeitnehmer in der Europäischen Genossenschaft sind durch das Gesetz über die Beteiligung der Arbeitnehmer und Arbeitnehmerinnen in einer Europäischen Genossenschaft (SCE-Beteiligungsgesetz – SCEBG) vom 14. 8. 2006 (BGBl. I S. 1911, 1917) in gegenüber der SE vergleichbarer Weise ausgestaltet. Maßgebliche Rechtsvorschriften sind neben dem SCEBG – entsprechend der bei der SE verwandten Regelungstechnik (RN 3) – die VO (EG) 1435/2003 über das Statut der Europäischen Genossenschaft vom 22. 7. 2003 (SCE-VO, ABl. EG L 207 S. 1), die RL 2003/72/EG zur Ergänzung des Statuts der Europäischen Genossenschaft hinsichtlich der Beteiligung der Arbeitnehmer v. 22. 7. 2003 (SCE-RL, ABl. EG L 207 S. 25), das SCE-Ausführungsgesetz vom 14. 8. 2006 (SCEAG, BGBl. I S. 1911) und das GenG. Die SCE kann – anders als die SE – auch durch natürliche Personen (Art. 2 I SCE-VO) gegründet werden.

12 **5. Grenzüberschreitende Verschmelzungen. a) Normzweck.** Das Gesetz über die Mitbestimmung der Arbeitnehmer bei einer grenzüberschreitenden Verschmelzung (MgVG) vom 21. 12. 2006 (BGBl. I S. 3332) regelt die Mitbestimmung der Arbeitnehmer in den Unternehmensorganen der aus einer grenzüberschreitenden Verschmelzung hervorgehenden Gesellschaft. Ziel des Gesetzes ist es, die in den an der Verschmelzung beteiligten Gesellschaften erworbenen Mitbestimmungsrechte der Arbeitnehmer zu sichern (§ 1 I MgVG). Der Gesetzgeber hat mit dem MgVG Art. 16 der RL 2005/56/EG über die Verschmelzung von Kapitalgesellschaften aus verschiedenen Mitgliedstaaten vom 26. 10. 2005 (ABl. EU L 310 S. 1) umgesetzt.

13 **b) Grenzüberschreitende Verschmelzung.** Das Gesetz gilt für eine aus einer grenzüberschreitenden Verschmelzung hervorgehende Gesellschaft mit Sitz im Inland. Es gilt unabhängig vom Sitz dieser Gesellschaft auch für im Inland beschäftigte Arbeitnehmer der aus einer grenzüberschreitenden Verschmelzung hervorgehenden Gesellschaft sowie für inländische beteiligte Gesellschaften, betroffene Tochtergesellschaften und betroffene Betriebe (§ 3 I MgVG). Es sieht zur Sicherung der im bisherigen Unternehmen bestehenden Unternehmensmitbestimmung die Sicherstellung der bisherigen Mitbestimmung der Arbeitnehmer kraft Gesetzes vor, sofern nicht eine Vereinbarung über die Mitbestimmung der Arbeitnehmer in der aus einer grenzüberschreitenden Verschmelzung hervorgehenden Gesellschaft getroffen wird (§ 1 II MgVG). Das MgVG findet Anwendung, wenn die aus der grenzüberschreitenden Verschmelzung entstehende Gesellschaft ihren Sitz in einem Mitgliedstaat oder einem Staat des EWR-Wirtschaftsraums hat (§ 3 II MgVG).

14 **c) Erfasste Unternehmen.** Das MgVG gilt zunächst nur für die aus der Verschmelzung hervorgehende Gesellschaft mit Sitz im Inland. Darüber hinaus gilt es auch für die im Inland beschäftigten Arbeitnehmer einer aus einer Verschmelzung hervorgehenden Gesellschaft sowie für inländische beteiligte Gesellschaften, betroffene Tochtergesellschaften und betroffene Betriebe, sofern die Voraussetzungen für die Sicherung der Unternehmensmitbestimmung (§ 5 MgVG) erfüllt sind. In diesem Fall wird der Grundsatz des § 4 MgVG, wonach sich die Regelungen über die Mitbestimmung der Arbeitnehmer in den Unternehmensorganen nach dem Recht des Mitgliedstaats richten, in dem die aus der Verschmelzung hervorgehende Gesellschaft ihren Sitz hat, eingeschränkt.

15 **d) Sicherung der Mitbestimmung.** Das MgVG findet zum Schutz der bisher im Inland beschäftigten Arbeitnehmer Anwendung, wenn zumindest eine der an der grenzüberschreitenden Verschmelzung beteiligten Gesellschaften durchschnittlich mehr als 500 Arbeitnehmer be-

schäftigt und in dieser Gesellschaft die Arbeitnehmervertreter in den Aufsichtsgremien vertreten sind. Die Anwendung des Rechts des Sitzstaats (§ 4 MgVG) wird durch das MgVG verdrängt, wenn **(1)** das für die aus der Verschmelzung hervorgehende Gesellschaft maßgebende innerstaatliche Recht nicht mindestens den gleichen Umfang an Mitbestimmung der Arbeitnehmer vorsieht, wie er in den jeweiligen an der Verschmelzung beteiligten Gesellschaften bestanden hat oder **(2)** das für die aus der Verschmelzung hervorgehende Gesellschaft maßgebende innerstaatliche Recht für die dort beschäftigten Arbeitnehmer nicht den gleichen Anspruch auf Ausübung von Mitbestimmung vorsieht, wie sie den Arbeitnehmern in demjenigen Mitgliedstaat gewährt werden, in dem die aus der grenzüberschreitenden Verschmelzung hervorgehende Gesellschaft ihren Sitz hat (§ 5 MgVG). Der Vergleich der Mitbestimmung erfolgt formal nach der Kopfzahl der Arbeitnehmervertreter. Die betroffenen Betriebe und Tochterunternehmen bleiben dabei unberücksichtigt.

e) Formen der Mitbestimmung. Wird eine Vereinbarung über die Unternehmensmitbestimmung nach der Verschmelzung getroffen, ist diese maßgeblich (§ 22 MgVG). Insoweit entspricht die Rechtslage dem EBRG. Die §§ 6 ff. MgVG enthalten besondere Vorschriften über die Bildung, Zusammensetzung und Geschäftsführung des besonderen Verhandlungsgremiums. Wird eine Vereinbarung nicht getroffen, richtet sich die Beteiligung der Arbeitnehmer in den Aufsichtsgremien nach den §§ 23 ff. MgVG. Die Leitungen der beteiligten Gesellschaften können Verhandlungen über eine Mitbestimmungsvereinbarung vermeiden, indem sie die Anwendung der gesetzlichen Auffangregelung beschließen (§ 23 I 1 Nr. 3 MgVG). Nach § 24 I 1 MgVG haben die Arbeitnehmer der aus der Verschmelzung hervorgehenden Gesellschaft, ihrer Tochtergesellschaften und Betriebe oder ihr Vertretungsorgan das Recht, einen Teil der Mitglieder des Aufsichts- oder Verwaltungsorgans der aus der Verschmelzung hervorgehenden Gesellschaft zu wählen oder zu bestellen oder deren Bestellung zu empfehlen oder abzulehnen. § 24 I 2 MgVG regelt die Anzahl der Arbeitnehmervertreter in den Aufsichtsgremien. Zur Vermeidung von Missbräuchen wird das nach der grenzüberschreitenden Fusion maßgebliche Mitbestimmungsniveau für den Fall nachfolgender innerstaatlicher Verschmelzungen für drei Jahre durch eine entsprechende Anwendung der Vorschriften über das Verhandlungsverfahren einschließlich der gesetzlichen Auffangregelung geschützt (§ 30 MgVG). 16

f) Rechte der Arbeitnehmervertreter. Sie sind in den §§ 31 ff. MgVG geregelt. Die Arbeitnehmervertreter sind zur Verschwiegenheit verpflichtet (§ 31 MgVG). Ein etwaiger vor der Verschmelzung bestehender Kündigungsschutz bleibt erhalten (§ 32 MgVG), daneben besteht ein § 78 BetrVG vergleichbares Behinderungs- und Begünstigungsverbot (§ 33 MgVG). 17

g) Gerichtliches Verfahren. Über Streitigkeiten aus dem MgVG entscheidet das Arbeitsgericht im Beschlussverfahren (§ 2a Nr. 3f ArbGG), die örtliche Zuständigkeit richtet sich nach § 82 V ArbGG. 18

XX. Buch. Personalvertretungsrecht*

1. Abschnitt. Organisationsrecht

§ 262. Einführung in das Personalvertretungsrecht

Altvater/Hamer/Kröll/Lemcke/Peiseler, Bundespersonalvertretungsgesetz, 6. Aufl., 2008; *Burkholz,* Rechtsprechung zum Personalvertretungsrecht, PersR 2008, 139; *Fischer/Goeres/Gronimus,* Personalvertretungsrecht des Bundes und der Länder (GKÖD, Bd. V), Loseblatt, 1974 ff.; *Ilbertz/Widmaier,* Bundespersonalvertretungsgesetz mit Wahlordnung, 10. Aufl., 2004; *Ilbertz,* Personalvertretungsrecht des Bundes und der Länder, 13. Aufl., 2004; *Lorenzen/Etzel/Gerhold/Schlatmann/Rehak/Faber,* Bundespersonalvertretungsgesetz, Loseblatt, 1975 ff.; *Mehlinger,* Grundlagen des Personalvertretungsrechts, 1996; *Richardi/Dörner/Weber,* BPersVG, 3. Aufl., 2008; *von Roetteken,* Neue Entwicklungen in der Rechtsprechung zum Personalvertretungsrecht, PersR 2005, 481; *ders.,* Rechtsprechungsübersicht zum Personalvertretungsrecht, NZA-RR 2006, 225; 2001, 505; *Sabottig,* Entscheidungen des Bundesverwaltungsgerichts zum Personalvertretungsrecht, 1993; *Söllner/Reinert,* Personalvertretungsrecht, 2. Aufl., 1993; *Vogelgesang,* Die Wandel in der Rechtsprechung des Bundesverwaltungsgerichts – ein Spiegelbild der Entwicklung des Personalvertretungsrechts, PersV 2005, 326.

Übersicht

	RN
I. Zweck des Personalvertretungsrechts	1
II. Entwicklung des Personalvertretungsrechts	2 ff.
1. Beteiligung der Arbeitnehmer im öffentlichen Dienst bis 1955	2
2. PersVG 1955/BPersVG 1974	3, 4
3. Stellung des Personalvertretungsrechts in der heutigen Rechtsordnung	5
III. Verfassungsrechtliche Grenzen für die Ausgestaltung des Personalvertretungsrechts	6 ff.
1. Schutzzweck- und Verantwortungsgrenze	6
2. Einschränkung der Beteiligungsrechte	7, 8
IV. Gesetzgebungskompetenzen des Bundes für das Personalvertretungsrecht	9–12
V. Stellung der Gewerkschaften und Arbeitgebervereinigungen in der Personalvertretung	13 ff.
1. Gewerkschaft	13
2. Beteiligungsrechte	14–16

I. Zweck des Personalvertretungsrechts

1 Nach § 130 BetrVG findet das BetrVG keine Anwendung auf Verwaltungen und Betriebe des Bundes, der Länder, der Gemeinden und sonstiger Körperschaften, Anstalten und Stiftungen des öffentlichen Rechts. Die kollektiven Interessen der Beschäftigten in den öffentlichen Verwaltungen und Betrieben werden nicht durch die Vorschriften des BetrVG, sondern durch die Personalvertretungsgesetze des Bundes und der Länder geregelt. Jedoch verfolgen die Betriebsverfassung für die Privatwirtschaft und das Personalvertretungsrecht für die öffentlichen Verwaltungen die gleiche Zielsetzung. Beiden Gesetzen geht es darum, die monokratische Struktur des Betriebes bzw. der Dienststelle zu überwinden (vgl. § 210).

II. Entwicklung des Personalvertretungsrechts

Altvater, Ergänzungen des Bundespersonalvertretungsrechts, PersR 2006, 400; *ders.,* Die Bundesagentur für Arbeit und § 88 BPersVG, PersR 2004, 43; *ders.,* Änderungen und Ergänzungen des BPersVG, PersR 2009, 60; *Bieler,* Übertragbarkeit des Betriebsverfassungs-Reformgesetzes auf das Personalvertretungsrecht: Ist den Personalvertretungen recht, was den Betriebsräten billig ist?, ZfPR 2003, 215; *Hamer,* Novellierung des Personalvertretungsrechts, PersR 2003, 136; *Hebeler,* Neues Personalvertretungsrecht für eine „neue" Verwaltung? ZBR 2004, 80; *Krisam,* Reformbedarf im Bundespersonalvertretungsgesetz aus Sicht der Praxis, PersV 2003, 44; *Schlatmann,* Überlegungen zu Änderungen des Wahlrechts im Rahmen einer Novellierung des Bundespersonalvertretungsrechts, ZfPR 2003, 223; *Schulte,* Personalvertretungsrecht geht anders – wichtige

* Unter Mitarbeit von Herrn Vorsitzendem Richter am LAG *Tilman Anuschek.*

Unterschiede zum Mitbestimmungsverfahren im BetrVG, ArbRB 2006, 48; *Vogelgesang,* Defizite des geltenden Personalvertretungsrechts, ZfPR 2003, 194.

2 **1. Beteiligung der Arbeitnehmer im öffentlichen Dienst bis 1955.** Vor Inkrafttreten des Betriebsrätegesetzes (BRG) vom 4. 2. 1920 (RGBl. I S. 147) waren im Bereich des öffentlichen Dienstes nur vereinzelt Arbeiterausschüsse gebildet. Rechtsgrundlage waren staatliche Erlasse, gesetzliche Regelungen fehlten. Erst im Hilfsdienstgesetz vom 5. 12. 1916 (RGBl. I S. 1333), das auch für einige öffentliche Betriebe und Verwaltungen galt, war die Bildung von Arbeiter- und Angestelltenausschüssen in kriegs- und versorgungswichtigen Betrieben mit mehr als 50 Arbeitern oder Angestellten vorgeschrieben. Das BRG sah die Bildung von Betriebsräten nicht nur für die Privatwirtschaft, sondern auch für Verwaltungen vor. Allerdings wurden die betrieblichen Vertretungen nur von Arbeitern und Angestellten gewählt. Den Beamten war diese Beteiligungsform verschlossen; § 13 BRG sah nur die fakultative Zuordnung bestimmter Beamtengruppen zu Arbeitnehmern vor, von der aber nur zurückhaltend Gebrauch gemacht wurde.[1] Nach der Machtergreifung Hitlers wurde das Betriebsrätegesetz durch das Gesetz zur Ordnung der nationalen Arbeit vom 20. 1. 1934 (RGBl. I S. 161) aufgehoben. Für den Bereich des öffentlichen Dienstes galt das Gesetz zur Ordnung der Arbeit in öffentlichen Verwaltungen und Betrieben vom 23. 3. 1934 (RGBl. I S. 220). An die Stelle unabhängiger Personalvertretungen traten nach dem Führerprinzip organisierte Vertrauensräte, in denen Beamte und Soldaten nicht vertreten waren. Nach dem Zweiten Weltkrieg wurden in einzelnen Ländern auf Grundlage des Kontrollratsgesetzes Nr. 22 vom 30. 4. 1946 (Amtsblatt KR 1946, 133) Betriebsrätegesetze erlassen, die auch für öffentliche Verwaltungen galten. Darin waren teilweise die Beamten als eigenständige Beschäftigtengruppe in die Arbeitnehmervertretung einbezogen. Das Betriebsverfassungsgesetz vom 11. 10. 1952 nahm in § 88 I BetrVG den öffentlichen Dienst von seinem Geltungsbereich aus und leitete die ausschließlich an formellen Kriterien orientierte Trennung von Betriebsverfassungsrecht und Personalvertretungsrecht ein.

3 **2. PersVG 1955/BPersVG 1974.** Bereits in der ersten Legislaturperiode hatte die Bundesregierung einen Entwurf für ein Personalvertretungsgesetz (PersVG) vorgelegt (BT-Drucks. 1/3652), der jedoch nicht mehr abschließend behandelt werden konnte. Der Entwurf wurde im Wesentlichen unverändert in der zweiten Legislaturperiode erneut eingebracht und nach Änderungen am 5. 8. 1955 verkündet (BGBl. I S. 477). Das PersVG bzw. BPersVG regelt einerseits die Stellung und Rechte der Personalvertretungen in der Bundesverwaltung und enthält daneben Rahmenregelungen für die personalvertretungsrechtliche Gesetzgebung der Bundesländer. In den Folgejahren haben die Bundesländer jeweils für ihren Bereich eigene Personalvertretungsgesetze erlassen. Das Bundespersonalvertretungsgesetz (BPersVG) vom 15. 3. 1974 (BGBl. I S. 693), zuletzt geändert durch Gesetz vom 5. 2. 2009 (BGBl. I S. 160), hat das Personalvertretungsgesetz 1955 abgelöst. Im BPersVG wurden die Beteiligungsrechte der Personalvertretungen in der Bundesverwaltung erheblich ausgebaut, insoweit ist versucht worden, das Personalvertretungsrecht an die im Jahr 1972 reformierte Betriebsverfassung anzunähern. In der Folgezeit sind die Änderungen im BPersVG weitgehend auch in den Personalvertretungsgesetzen der Bundesländer nachvollzogen worden. Mit der Änderung des BetrVG im Jahr 1989 ist auch das BPersVG nochmals einschneidend geändert worden. Ziel war in erster Linie der Ausbau des Minderheitenschutzes innerhalb der Personalvertretungen. Diese Reform ist nicht in allen Bundesländern nachvollzogen worden.

4 Nach der Umstrukturierung der deutschen Rentenversicherung und als Folge des neuen Tarifrechts ist nunmehr auch im BPersVG die Unterscheidung zwischen Arbeiter und Angestellten seit dem 1. 10. 2005 aufgegeben worden (BGBl. I 2005 S. 2746). Da sich nunmehr der Personalrat nur noch aus der Gruppe der Beamten und der Arbeitnehmer zusammensetzt, mussten weitere Vorschriften angepasst werden (Einzelheiten unter § 263 RN 15 ff.). Seit langem wird auch die Vereinheitlichung des Rechtswegs bei Streitigkeiten aus dem Betriebsverfassungs- und Personalvertretungsrecht gefordert. Die Zuweisung der personalvertretungsrechtlichen Beschlussverfahren zu den Verwaltungsgerichten und die damit verbundene Aufsplitterung des Rechtswegs bei Verfahren aus dem öffentlichen Dienst sind nicht sachgerecht.

5 **3. Stellung des Personalvertretungsrechts in der heutigen Rechtsordnung.** Das Personalvertretungsrecht stellt sich gegenwärtig als eine Form zur Ausgestaltung des Rechts auf Berufsfreiheit für die abhängig Beschäftigten (Art. 12 I GG) und Verwirklichung der im Sozialstaatsprinzip (Art. 20 GG) angelegten Idee der Teilhabe an den Angelegenheiten des eigenen Wirkungskreises dar. Das BVerfG hat sich bisher nicht verbindlich festgelegt, ob die Grundrech-

[1] MünchArbR/*Germelmann* § 368 RN 6.

te oder das Sozialstaatsprinzip (Art. 20 I GG) den Gesetzgeber verpflichten, für den Bereich des öffentlichen Dienstes in gewissem Umfang Beteiligungsrechte eines gewählten Repräsentationsorgans der Beschäftigten zu schaffen. Das Grundgesetz lässt jedenfalls Raum für eine Personalratsbeteiligung.[2] Dem Gesetzgeber ist dabei verfassungsrechtlich nicht vorgegeben, wie er innerhalb des ihm gesetzten Rahmens die Beteiligung der Personalvertretungen an innerdienstlichen, sozialen und personellen Angelegenheiten der Beschäftigten im Einzelnen ausgestaltet.[3] Jedoch ist die Frage nach einer Institutsgarantie gegenwärtig nicht von Bedeutung; einzelne Landesverfassungen sehen allerdings eine institutionelle Garantie für Vertretungsorgane vor.[4]

III. Verfassungsrechtliche Grenzen für die Ausgestaltung des Personalvertretungsrechts

Größere Schriften: *Böhme,* Personalvertretungsrecht zwischen Demokratie- und Rechtsstaatsprinzip, 2002; *Demuth,* Das Bundesverfassungsgericht und die Mitbestimmung im öffentlichen Dienst, 2004; *Lohse,* Grenzen gesetzlicher Mitbestimmung, 1995; *Ossenbühl,* Grenzen der Mitbestimmung im öffentlichen Dienst, 1986; *Plander,* Personalvertretungen als Grundrechtshilfe im demokratischen und sozialen Rechtsstaat, 1995; *Rob,* Mitbestimmung im Staatsdienst, 1999; *Spiegel,* Personalvertretungsrecht und Demokratieprinzip, 2002.

Aufsätze: *Altvater,* Zur Verfassungsmäßigkeit der Mitbestimmung im Land Brandenburg, PersR 2002, 192; *Battis/Nebel,* Auswirkungen der Föderalismusreform auf das öffentliche Dienstrecht, PersR 2007, 48; *Bieler,* Motive und Entwicklungslinien personalvertretungsrechtlicher Mitbestimmung, FS Fürst (2002) S. 89; *Büge,* Personalvertretung und demokratisches Prinzip – Ein Wunsch nach Ende der Debatte, PersR 2003, 171; *Demkowski,* § 104 Satz 3 BPersVG nach dem Beschluss vom 24. Mai 1995, PersV 2001, 20; *Flintrop/Leuze,* Personalvertretungsrecht und Verfassung, PersV 2005, 298; *Gronimus,* Verfassungsrechtliche Perspektiven für mehr Mitbestimmung – dargestellt am Beispiel der Bundeswehr, PersR 99, 371; *Kersten,* Die verfassungsrechtliche Rematerialisierung der Diskussion um Grund und Grenzen der Mitbestimmung im öffentlichen Dienst, ZBR 2002, 28; *ders.,* Legitimationsgrenzen im Personalvertretungsrecht – Die Novelle des schleswig-holsteinischen Mitbestimmungsgesetzes: ein Vorbild?, RdA 2001, 23; *Lechler,* Neuere Entwicklungen der Personalvertretung in Deutschland, PersV 2007, 218; *ders.,* Neubestimmung der Grenze zwischen Verwaltungseffizienz und Mitbestimmung, PersV 2004, 244; *Rinken,* Das Grundrecht auf Mitbestimmung im öffentlichen Dienst, PersR 2001, 355; *ders.,* Die Entscheidung des Bundesverfassungsgerichts zum Mitbestimmungsgesetz Schleswig-Holstein, ZfPR 2003, 199; *von Roetteken,* Personalvertretung contra Verfassung, PersR 2004, 287; *Rothländer,* Gekürzt, gestrichen und abgebaut II – Zur Novellierung des hessischen Personalvertretungsgesetzes und anderer Regelungen 2003, PersR 2004, 91; *Schleicher/Faber,* Die Entwicklung der Rechtsprechung zum Personalvertretungsrechts in Bayern, PersV 2003, 404; *Schneider,* Novellierung des Landespersonalvertretungsgesetzes Sachsen-Anhalt, RiA 2003, 223; *Spieß,* Verwaltungsmodernisierung auf Hessisch – Personalräte dürfen mitreden, aber nicht den Kurs mitbestimmen, ZfPR 2004, 185; *Vogelgesang,* Verfassungswidrigkeit grundlegender Vorschriften des sächsischen Personalvertretungsgesetzes, PersV 2001, 530; *ders.,* Novellierung des Mitbestimmungsgesetzes Schleswig-Holstein – Ausreichende Berücksichtigung der Vorgaben des Bundesverfassungsgerichts, ZfPR 2001, 23; *Wahlers,* Hat der Beschluss des BVerfG zum schleswig-holsteinischen Mitbestimmungsgesetz zur einer planwidrigen Lücke in § 66 Abs. 7 Satz 4 NWPersVG geführt?, PersV 2003, 18; *Witt,* Die Novellierung des Schleswig-Holsteinischen Mitbestimmungsgesetzes, PersV 2001, 194; *Ziekow,* Verfassungsrecht und Personalvertretung – Eine unendliche Geschichte, fortgesetzt am Beispiel des Berliner Personalvertretungsgesetzes, PersV 2002, 482.

1. Schutzzweck- und Verantwortungsgrenze. Bei der Ausgestaltung des Personalvertre- 6
tungsrechts unterliegt die Gesetzgebung des Bundes und der Länder verfassungsrechtlichen Grenzen. Die Personalvertretung ist kein demokratisch legitimiertes Kontrollorgan, das an Stelle des Parlaments das Handeln der öffentlichen Verwaltung überwacht; sie vertritt lediglich die Interessen der Bediensteten. Vielmehr folgt aus dem Gebot der Gewaltenteilung (Art. 20 II, III, 28 I GG) die grundsätzliche Alleinverantwortlichkeit der Exekutive gegenüber dem Parlament. Aus diesen verfassungsrechtlichen Vorgaben hat das BVerfG folgende Grundsätze für die Ausgestaltung der Beteiligungsrechte abgeleitet:[5] Die Mitbestimmung darf sich einerseits nur auf innerdienstliche Maßnahmen erstrecken und nur so weit gehen, als die spezifischen in dem Beschäftigungsverhältnis angelegten Interessen der Angehörigen der Dienststelle sie rechtfertigen (sog. **Schutzzweckgrenze**).[6] Andererseits verlangt das Demokratieprinzip für die Ausübung

---

[2] BVerfG 26. 5. 1970 AP 18 zu Art. 9 GG = PersV 70, 260 (wichtiges Mittel zur Wahrung der Menschenwürde und der Persönlichkeitsentfaltung in der Dienststelle).

[3] BVerfG 24. 3. 1979 AP 1 zu § 108 BPersVG = NJW 79, 1877; BVerwG 28. 7. 2006 Buchholz § 65 SAPersVG Nr. 2 = PersR 2006, 519.

[4] Vgl. Art. 26 Sächs. Verfassung, dazu VerfGH Sachsen 22. 2. 2001 PersV 2001, 198; *Vogelgesang* PersV 2001, 530; vgl. auch Art. 25 BerlVerf, Art. 50 BbgVerf, Art. 47 BremVerf, Art. 37 HessVerf, Art. 37 III der Verfassung des Freistaats Thüringen; dazu Thür. VerfGH 20. 4. 2004 PersV 2004, 252.

[5] BVerfG 24. 5. 1995 BVerfGE 93, 37 = PersR 95, 483 = PersV 95, 553.

[6] BVerwG 19. 5. 2003 Buchholz 250 § 78 BPersVG Nr. 19 = PersR 2003, 314 = PersV 2003, 339.

von Staatsgewalt bei Entscheidungen von Bedeutung für die Erfüllung des Amtsauftrags, dass die Letztentscheidung eines dem Parlament verantwortlichen Verwaltungsträgers gesichert ist (sog. **Verantwortungsgrenze**). Im Bereich der funktionalen Selbstverwaltung (Wasserverbände etc.) kann jedoch eine weitergehende Mitbestimmung unter dem Aspekt der Steigerung der Effektivität der Einrichtung mit dem Grundgesetz vereinbar sein.[7]

7 **2. Einschränkung der Beteiligungsrechte. a)** Das **BVerfG** differenziert bei den einzelnen Beteiligungstatbeständen danach, ob es sich um **(1)** Angelegenheiten handelt, die in ihrem Schwerpunkt die Beschäftigten in ihrem Beschäftigungsverhältnis betreffen, typischerweise aber nicht oder nur unerheblich die Wahrnehmung von Amtsaufgaben gegenüber dem Bürger berühren, **(2)** Maßnahmen handelt, die den Binnenbereich des Beschäftigungsverhältnisses betreffen, die Wahrnehmung des Amtsauftrages jedoch typischerweise nicht nur unerheblich berühren, oder um **(3)** Maßnahmen handelt, die schwerpunktmäßig die Erledigung von Amtsaufgaben betreffen, unvermeidlich aber auch die Interessen der Beschäftigten berühren.

8 **b)** Zu den von **(1)** betroffenen Maßnahmen zählt das Gericht typischerweise die sozialen Angelegenheiten (§ 75 II BPersVG) und den in § 75 III BPersVG – mit Ausnahme der Nrn. 10, 14, 17 – umschriebenen Kreis innerdienstlicher Angelegenheiten. Der Gesetzgeber kann vorsehen, dass solche Maßnahmen an die Mitbestimmung der Personalvertretung gebunden und ggf. von einer weisungsunabhängigen Einigungsstelle entschieden werden. Zu den unter **(2)** aufgeführten Maßnahmen rechnen etwa die in §§ 75 III Nr. 14 und 17, 78 I Nr. 1 BPersVG genannten Beteiligungstatbestände. Die Kompetenz einer Einigungsstelle zur abschließenden Entscheidung kann hier nur unter der Voraussetzung hingenommen werden, dass die Mehrheit ihrer Mitglieder uneingeschränkt personell demokratisch legitimiert ist und die Entscheidung darüber hinaus von einer Mehrheit der so legitimierten Mitglieder getragen wird (Prinzip der sog. doppelten Mehrheit). Allerdings kann der Gesetzgeber etwaige Legitimationsmängel der Einigungsstelle durch das Letztentscheidungsrecht einer in parlamentarischer Verantwortung stehenden oder dem Weisungsrecht eines parlamentarisch verantwortlichen Amtsträgers unterliegenden Stelle ausgleichen. Von **(3)** erfasst werden innerdienstliche Maßnahmen, die von so großer Bedeutung für die Erfüllung des Amtsauftrages sind, dass die parlamentarische Verantwortlichkeit der Regierung für sie keine substantielle Einschränkung erfahren darf. Solche Maßnahmen dürfen nicht auf Stellen zur Alleinentscheidung übertragen werden, bei denen eine Verantwortlichkeit gegenüber Parlament und Regierung fehlt. Sollen in diesen Fällen Personalvertretung und Einigungsstelle in die Willensbildung und Entscheidungsfindung einbezogen werden, darf die Entscheidung der Einigungsstelle nur den Charakter einer Empfehlung an die zuständige Dienstbehörde haben, oder es muss auf sonstige Weise sichergestellt werden, dass die zuständige Dienstbehörde im Zweifel ihren Willen durchsetzen kann.[8] Hierzu zählen insbesondere Personalangelegenheiten, die den Rechtsstatus von Beamten und Arbeitnehmern des öffentlichen Dienstes betreffen (§§ 75 I, 76, 78 I Nr. 2–4, 79 BPersVG) sowie alle organisatorischen Maßnahmen der Dienststelle, die für die Wahrnehmung des Amtsauftrages von erheblicher Bedeutung sind.

IV. Gesetzgebungskompetenzen des Bundes für das Personalvertretungsrecht

Zur Entwicklung der Landespersonalvertretungsgesetze: *Altvater* PersR 2008, 290; PersR 2007, 279; PersR Beilage 1/2006, 1; *Biermann/Kamrath,* Föderalismusreform in Kraft, PersR 2006, 444; *Gronimus,* Nach der Föderalismus-Reform I: Stand und Perspektiven des Bundesrahmenrechts in der Personalvertretung, PersV 2007, 252; *ders.,* Reform des Personalvertretungsrechts: Juniorprofessoren, Studiengebühren, AStA und der Personalrat – oder: Was wird aus dem Bundesrahmenrecht des BPersVG?, PersV 2005, 308.

Personalvertretungsgesetze der Bundesländer: Baden-Württemberg: Personalvertretungsgesetz für das Land Baden-Württemberg vom 1. 2. 1996 (GBl. S. 205) zul. geänd. durch G vom 3. 12. 2008 (GBl. S. 435, 457) – LPersVG BW; **Bayern:** Bayerisches Personalvertretungsgesetz vom 11. 11. 1986 (GVBl. S. 349) zul. geänd. durch G. vom 10. 4. 2007[9] (GBl. S. 267) – LPersVG BY; **Berlin:** Personalvertretungsgesetz vom 14. 7. 1994 (GVBl. S. 338, ber. GVBl. 1995, S. 24) zul. geänd. durch G vom 19. 3. 2009[10] (GVBl. S. 70) – LPersVG BE; **Brandenburg:** Personalvertretungsgesetz für das Land Brandenburg vom 15. 9. 1993 (GVBl. I S. 358) zul. geänd. durch G vom 3. 4. 2009 (GVBl. I S. 26) – LPersVG BB;[11] **Bremen:** Bremisches

[7] BVerfG 5. 12. 2002 PersR 2003, 268 = PersV 2004, 29.
[8] Vgl. BVerfG 20. 7. 2001 AP 1 zu § 72 LPVG Brandenburg = PersR 2002, 198 = NZA-RR 2002, 334 = PersV 2001, 557.
[9] Dazu *Bühler* ZfPR 2007, 86.
[10] Dazu *Daniels* PersR 2009, 13.
[11] Dazu BVerfG 20. 7. 2001 AP 1 zu § 72 LPVG Brandenburg = PersR 2002, 198 = NZA-RR 2002, 334 = PersV 2001, 557; *Altvater* PersR 2002, 192.

Personalvertretungsgesetz vom 5. 3. 1974 (GBl. S. 131) zul. geänd. durch G vom 24. 2. 2009 (GBl. S. 48) – LPersVG HB; **Hamburg:** Hamburgisches Personalvertretungsgesetz vom 16. 1. 1979 (GVBl. S. 17) zul. geänd. durch G vom 22. 12. 2006 (GVBl. S. 614, 624) – LPersVG HH;[12] **Hessen:** Hessisches Personalvertretungsgesetz vom 24. 3. 1988 (GVBl. I S. 103) zul. geänd. durch G vom 5. 3. 2009 (GVBl. I S. 95) – LPersVG HE; **Mecklenburg-Vorpommern:** Personalvertretungsgesetz für das Land Mecklenburg-Vorpommern vom 24. 2. 1993 (GVOBl. S. 125, ber. GVOBl. 1993, S. 176, 300 und GVOBl. 1994, S. 858) zul. geänd. durch G vom 11. 7. 2005 (GVOBl. S. 326) – LPersVG MV; **Niedersachsen:** Niedersächsisches Personalvertretungsgesetz vom 22. 1. 2007 (GVBl. S. 11) zul. geänd. durch G vom 25. 3. 2009 (Nds. GVBl. S. 72) – LPersVG NI;[13] **Nordrhein-Westfalen:** Personalvertretungsgesetz für das Land Nordrhein-Westfalen vom 3. 12. 1974 (GVNRW S. 1514) zul. geänd. durch G vom 21. 4. 2009[14] (GV. NRW. S. 224) – LPersVG NRW; **Rheinland-Pfalz:** Personalvertretungsgesetz vom 24. 11. 2000 (GVBl. S. 530) zul. geänd. durch G vom 22. 12. 2008 (GVBl. S. 340) – LPersVG RP;[15] **Saarland:** Saarländisches Personalvertretungsgesetz vom 2. 3. 1989 (Amtsbl. S. 413) zul. geänd. durch G vom 19. 11. 2008 (Amtsbl. S. 1944) – LPersVG SL;[16] **Sachsen:** Sächsisches Personalvertretungsgesetz vom 25. 6. 1999 (GVBl. S. 430) zul. geänd. durch G vom 29. 1. 2008 (GVBl. S. 138) – LPersVG SN; **Sachsen-Anhalt:**[17] Landespersonalvertretungsgesetz Sachsen-Anhalt vom 10. 2. 1993 i. d. F. der Bekanntmachung vom 16. 3. 2004 (GVBl. S. 205) zul. geänd. durch G vom 18. 2. 2009 (GVBl. S. 48) – LPersVG ST;[18] **Schleswig-Holstein:** Gesetz über die Mitbestimmung der Personalräte vom 11. 12. 1990 (GVOBl. S. 577) zul. geänd. durch G vom 28. 2. 2007 (GVBl. S. 184) – MBG SH;[19] **Thüringen:** Thüringer Personalvertretungsgesetz vom 14. 9. 2001 (GVBl. S. 225) zul. geänd. durch G vom 20. 3. 2009 (GVBl. S. 238) – LPersVG TH.[20]

Nach Art. 73 I Nr. 8 GG hat der Bundesgesetzgeber die ausschließliche Gesetzgebungskompetenz für den Bereich des **öffentlichen Dienstes im Bundesbereich.** Hiervon erfasst werden alle Beschäftigungsverhältnisse beim Bund und den bundesunmittelbaren Einrichtungen des öffentlichen Rechts. Daneben bestand bis August 2006 nach Art. 75 I Nr. 1 GG a. F. (ersatzlos aufgehoben durch G v. 28. 8. 2006, BGBl. I S. 2034) eine Rahmenkompetenz des Bundes zur Regelung der Dienststellenverfassung in den Ländern, zu der auch das Personalvertretungsrecht zählte.[21] Die Rahmenkompetenz betraf die Bedienstetenvertretungen der Länder, Gemeinden, Gemeindeverbände, Körperschaften, Anstalten und Stiftungen des öffentlichen Rechts. Der Bund hatte diese Rahmenkompetenz durch die §§ 94 bis 109 BPersVG wahrgenommen, die nach Art. 125a GG n. F. fort gelten, aber zukünftig durch Ländergesetze ersetzt werden können (Art. 125a I 2 GG). Die Landesgesetzgeber sind allerdings an die Vorgaben des BVerfG für die Ausgestaltung des Personalvertretungsrechts gebunden, weshalb z. B. § 104 Satz 3 BPersVG auch zukünftig zu beachten sein wird. **9**

Das Personalvertretungsrecht kann wegen der Einbeziehung der Beamten in das System der Beschäftigtenvertretungen nicht insgesamt der konkurrierenden Gesetzgebungskompetenz des Bundes auf dem Gebiet des Arbeitsrechts (Art. 74 I Nr. 12 GG) zugeordnet werden.[22] **10**

Soweit der Bund jedoch in § 108 II BPersVG die arbeitsrechtlichen Folgen einer unterbliebenen Beteiligung vor Ausspruch einer **Kündigung** geregelt hat, stellt dies eine Regelung auf dem Gebiet des Arbeitsrechts dar, für die nach wie vor eine konkurrierende Gesetzgebungskompetenz nach Art. 74 I Nr. 12 GG besteht.[23] Gleiches gilt für die arbeitsrechtlichen Schutzvorschriften zu Gunsten der Mandatsträger (§ 108 I BPersVG). Es ist daher fraglich, ob dem Landesgesetzgeber überhaupt die Kompetenz gegeben ist, abweichend vom BPersVG eigenständige Schutzregelungen für Mandatsträger zu erlassen. § 40 LPersVG MV, der die Schutz- **11**

---

[12] *Westphal* ZfPR 2006, 57.

[13] Dazu *Sommer* PersR 2006, 57.

[14] Dazu *Schulte* ArbRB 2008, 186; *Wahlers* PersV 2008, 84.

[15] Dazu *Lauterbach* PersV 2001, 2; *Ruppert* RiA 2001, 1; *Grünewald,* Novellierung des LPersVG RP, ZfPR 2000, 342.

[16] *Fleg* PersR 2006, 456; *Ehrmann* PersV 2002, 246.

[17] *Rehak* PersV 2004, 204, *ders.* SachsVBl. 2003, 8.

[18] *Reich* PersV 2007, 164, *Jordan* PersR 2004, 8; *Reich* PersV 2003, 324; *Schneider* RiA 2003, 223; *Wolf* ZfPR 2003, 345.

[19] Mit Beschluss vom 24. 5. 1995 hat das BVerfG (BGBl. I S. 1502 = GVOBl. Schleswig-Holstein 1995 S. 362) entschieden, dass das Gesetz bis zur Neuregelung mit der Maßgabe anwendbar bleibt, dass die Einigungsstelle nur Empfehlungen ohne Bindungswirkung beschließen kann, die in § 52 V, VI des Gesetzes genannten Dienststellen jedoch der Einigungsstelle Gelegenheit zu geben haben, innerhalb der in § 54 III, IV des Gesetzes bestimmten Frist zu beschließen, bevor sie endgültig entscheiden.

[20] Dazu *Schwill* PersR 2002, 60; *Schneider* ThürVBl. 99, 173, 202.

[21] BAG 23. 11. 2004 AP 1 zu Art. 72 GG = NZA 2005, 833.

[22] BVerfG 3. 10. 1957 BVerfGE 7, 120 = AP 1 zu PersVG Schleswig-Holstein; GmS-OGB 12. 3. 1987 AP 35 zu § 5 BetrVG 1972 = NJW 87, 2571 = NZA 87, 663.

[23] Vgl. BVerfG 27. 3. 1979 AP 1 zu § 108 BPersVG = NJW 79, 1877 = PersV 79, 328.

regelung für Mitglieder des Personalrates aus § 15 KSchG auf den Schutz ehemaliger Amtsträger in der Nachwirkungsphase erstreckt und diese Phase von 1 auf 2 Jahre verlängert, dürfte daher wegen Art. 31 GG unwirksam sein.[24]

12 Alle **Bundesländer** haben eigene Personalvertretungsgesetze erlassen.[25] Dabei besteht bisher eine weitgehende Übereinstimmung im Bereich der Organisation der Personalvertretung, bei der Auswahl der Beteiligungsgegenstände und der Auswahl von Beteiligungsformen. Unterschiedlich geregelt ist allerdings die Zuordnung der Beteiligungsgegenstände zu den Beteiligungsformen. Durch den Wegfall der Rahmengesetzgebungskompetenz des Bundes im Rahmen der ab September 2006 geltenden Föderalismusreform kann es zukünftig zu einer Rechtszersplitterung kommen.

V. Stellung der Gewerkschaften und Arbeitgebervereinigungen in der Personalvertretung

Rothländer, Die Rolle der Gewerkschaften in der Personalverfassung, PersR 2008, 251; *ders.*, Tarifvertragliche Öffnungsklauseln im TVöD und TV-L, PersR 2007, 459; *Wahlers,* Rechtsweg und sachliche Zuständigkeit bei Streitigkeiten um das personalvertretungsrechtliche Zugangsrecht von Gewerkschaftsmitgliedern, PersV 2000, 146.

13 **1. Gewerkschaft.** Der Gewerkschaftsbegriff des Personalvertretungsrechts entspricht im Wesentlichen dem des TVG und des BetrVG (§ 187). Auf Grund der Einbeziehung der Beamten in die Personalvertretung unterliegt er jedoch zwangsläufig einer Einschränkung. Er umfasst neben der **(a)** Überbetrieblichkeit und **(b)** Freiwilligkeit des Zusammenschlusses solche Berufsorganisationen der Beamten, die **(c)** unabhängig vom Wechsel ihrer Mitglieder und **(d)** gegnerunabhängig sind, d. h. weder unmittelbar noch mittelbar durch den Staat oder anderweitig durch öffentliche Mittel unterstützt werden sowie **(e)** deren Zweck darauf gerichtet ist, ihre Mitglieder gegenüber ihrem Dienstherrn bei der Gestaltung der dienstrechtlichen Beziehungen zu vertreten und sich für ihre wirtschaftlichen Belange einzusetzen.[26] Die Bereitschaft zum Arbeitskampf ist wegen des fehlenden Streikrechts der Beamten nicht erforderlich, ein gewisses (Mindest)Maß an Durchsetzungsfähigkeit wird freilich zwingend vorausgesetzt.[27]

14 **2. Beteiligungsrechte. a) Grundsatz.** Nach § 2 BPersVG sind die im Betrieb vertretenen Gewerkschaften gehalten, „zum Wohle der Beschäftigten und zur Erfüllung der der Dienststelle obliegenden Aufgaben" vertrauensvoll mit den Partnern der Personalverfassung zusammenzuarbeiten. Wie im BetrVG sind die Gewerkschaften daher verpflichtet, den Personalrat bei der Erfüllung seiner gesetzlichen Aufgaben zu unterstützen.[28] Zur Verwirklichung ihrer Aufgaben nach dem BPersVG haben die im Betrieb vertretenen Gewerkschaften ein Zutrittsrecht zur Dienststelle (§ 2 II BPersVG), das nicht von der Zustimmung des Dienststellenleiters abhängt (vgl. § 215 RN 31 ff.).

15 **b) Personalratswahl.** Durch das BPersVG werden den Gewerkschaften wie im BetrVG Rechte in Zusammenhang mit der Personalratswahl eingeräumt. Sie können Einfluss nehmen auf die Bildung der Wahlvorstände (§§ 20, 23 I BPersVG), an den Sitzungen des Wahlvorstandes mit beratender Stimme teilnehmen (§ 20 I 4 BPersVG), ggf. eigene Wahlvorschläge einreichen (§ 19 IV BPersVG) und die Wahl anfechten (§ 25 BPersVG). Außerdem hat die Gewerkschaft ein Teilnahmerecht an Sitzungen des Personalrats[29] (§ 36 BPersVG) und Personalversammlungen (§ 52 BPersVG), deren Abhaltung sie unter bestimmten Bedingungen sogar erzwingen kann (§ 49 III BPersVG).

16 **c) Beschäftigte.** Die Möglichkeit eines Beschäftigten, für die Ziele seiner Gewerkschaft einzutreten, wird durch die Übernahme eines Amtes in der Personalvertretung nicht eingeschränkt

---

[24] Ebenso *Richardi,* Vereinbarkeit von Gesetzesbestimmungen des Bundeslandes Mecklenburg-Vorpommern über den besonderen Kündigungsschutz mit höherrangigem Recht, PersV 96, 49; a. A. BVerwG 30. 4. 1998 Buchholz 251.51 § 40 MVPersVG Nr. 1 = PersR 98, 466 = NZA-RR 98, 573 (Bundesgesetzgeber hat nur einen Mindeststandard für den Schutz der Personalräte absichern wollen).

[25] Vgl. die Übersicht vor RN 9.

[26] BVerwG 25. 7. 2006 AP 1 zu § 22 LPVG NW = Buchholz 251.7 § 125 NWPersVG Nr. 1; 23. 11. 1962 AP 1 zu § 2 PersVG = PersV 63, 159.

[27] BVerwG 25. 7. 2006 AP 1 zu § 22 LPVG NW = Buchholz 251.7 § 125 NWPersVG Nr. 1; OVG Münster 10. 11. 2005 PersR 2006, 129 = PersV 2006, 133.

[28] Vgl. BAG 17. 1. 1989 AP 1 zu § 2 LPVG NW = NZA 89, 938; BVerwG 9. 3. 1990 Buchholz 251.8 § 68 RhPPersVG Nr. 2 = NJW 90, 2483.

[29] BVerwG 16. 6. 1982 Buchholz 238.3 A § 36 BPersVG Nr. 1 = PersV 83, 195.

(§ 67 II BPersVG). Die Ausnutzung der personalvertretungsrechtlichen Amtsstellung zur Werbung für eine Gewerkschaft ist den Mitgliedern der Personalvertretungen jedoch untersagt (vgl. § 230 RN 18).[30]

§ 263. Geltungsbereich des Bundespersonalvertretungsgesetzes und Einteilung der Beschäftigten

Allgemein: *Goez,* Zur Mitbestimmung bei beabsichtigten Privatisierungsmaßnahmen, ZTR 2004, 75; *Friedrich,* Europäisches Arbeitsrecht und Privatisierung (2002); *Gronimus,* Organisationsprobleme für Personalräte bei Auflösung/Neuaufstellung von Dienststellen und Mittelbehörden, PersR 2001, 189.

Privatisierung: *Bauer/Mangel,* Betriebsübergang und Umwandlung – Kreiskrankenhaus, ZIP 2000, 1635; *Bieback,* Fusion öffentlich-rechtlicher Körperschaften und § 613 a BGB, PersR 2000, 13; *Blanke,* Sicherstellung der Kontinuität der Interessenvertretung – Übergangsmandat auch für Personalräte? ZfPR 2001, 242; *ders.,* Das Übergangsmandat der Personalräte, PersR 2000, 349; *ders.,* Beteiligungsrechte der Personalvertretung bei der Privatisierung, PersR 2000, 43; *Boecken,* Betriebsübergang und Umwandlung – Kreiskrankenhaus, RdA 2001, 240; *Broß,* Grenzen der Privatisierung öffentlicher Aufgaben aus verfassungsrechtlicher Sicht, WSI-Mitteilungen 2008, 577; *Bultmann,* Privatisierungsrecht: Informationsansprüche der Personalvertretungen über die EU-Betriebsübergangsrichtlinie?, ZfPR 2002, 22; *Löwisch/Vetter,* Gemeinsamer Betrieb privater und öffentlicher Rechtsträger?, FS Söllner (2000), S. 689; *Pawlak/Leydecker,* Die Privatisierung öffentlicher Unternehmen: Übergangsmandat des Personalrats und Fortbestand kollektiver Regelungen, ZTR 2008, 74; *Schleicher,* Übergangsmandat und Übergangspersonalrat – zum neuen Art. 27 a des Bayerischen Personalvertretungsgesetzes, PersV 2006, 211; *Singer,* Der mitbestimmungsrechtliche Status der Parlamentsfraktionen, NZA 2008, 789; *Thannheiser,* Umwandlung (Privatisierung) von Dienststellen und Dienststellenteilen, PersR 2006, 4; *Vogelgesang,* Beteiligungsrechtliche Probleme bei der Privatisierung, PersV 2005, 4; *Widmaier,* Zur Fortentwicklung des Beteiligungsrechts der Soldaten, PersV 2007, 334; *Willemsen,* Arbeitsrechtliche Fragen der Privatisierung und Umstrukturierung öffentlicher Rechtsträger, FS BAG (2004), S. 287; *Wollenschläger/Harbou,* Arbeitsrechtliche Fragen bei Privatisierungs- und Outsourcingmaßnahmen in öffentlichen Krankenhäusern, NZA 2005, 1081; zum Übergangs- und Restmandat § 265 RN 43.

Übersicht

	RN
I. Geltungsbereich des BPersVG	1 ff.
1. Grundsatz	1–1 b
2. Einzelfragen	2-6
3. Personalvertretungsrecht in den privatisierten Bundesbehörden und -betrieben	7–10
4. Persönlicher Geltungsbereich	11–13
5. Unabdingbarkeit	14
II. Einteilung der Beschäftigten	15 ff.
1. Beamte	15–17
2. Arbeitnehmer	18, 19
3. Die zu ihrer Berufausbildung Beschäftigten	20, 21
4. Ausgenommene Personengruppen	22
5. Eingliederung der Beschäftigten in die Dienststelle	23–26

I. Geltungsbereich des BPersVG

Greifenstein/Kißler/Wiechmann, Arbeitsbedingungen und Mitbestimmung in den neuen Arbeitsverwaltungen, WS I-Mitteilungen 2008, 500; *Gronimus,* Personalvertretungen der Soldaten und in den Streitkräften – Strukturen durch Richterspruch, PersV 2003, 132; *ders.,* Besonderheiten des Personalvertretungsrechts in der Bundeswehr, PersV 2003, 124; *Lorse,* Aspekte der Wahlberechtigung von Soldaten zu Personalvertretungen, PersV 2008, 169; *Stiller,* Änderungen des Postpersonalrechtsgesetzes, ZBVR 2004, 236.

1. Grundsatz. Nach § 1 BPersVG werden in den (Betriebs-)Verwaltungen des Bundes und 1
der bundesunmittelbaren Körperschaften, Anstalten und Stiftungen des öffentlichen Rechts sowie in den Gerichten des Bundes Personalräte gebildet. Räumlich erstreckt sich das BPersVG auf das **Gebiet der Bundesrepublik Deutschland.** Einbezogen sind auch die Dienststellen des Bundes im Ausland und die diplomatischen und konsularischen Vertretungen der Bundesrepublik im Ausland. Für sie bestehen aber nach § 91 BPersVG Besonderheiten. So gelten die im Ausland beschäftigten Ortskräfte nicht als Beschäftigte im Sinne von § 4 BPersVG (vgl. § 91 I Nr. 1 BPersVG), ihre Interessenvertretung erfolgt durch eine Vertrauensperson. Daneben wählen die Beschäftigten in den Auslandsdienststellen örtliche Personalräte im Ausland und sind zusätz-

[30] BVerwG 22. 8. 1991 AP 2 zu § 28 BPersVG = NJW 92, 385; 23. 2. 1979 Buchholz 238.3 A § 67 BPersVG Nr. 3 = PersV 80, 205; vgl. auch BVerfG 26. 5. 1970 AP 16 zu Art. 9 GG = NJW 70, 1635 (Werbung während der Dienstzeit).

lich für den „Hauspersonalrat" im Auswärtigen Amt aktiv wahlberechtigt; das passive Wahlrecht steht ihnen nur zu dem Personalrat in der Dienststelle im Ausland zu (§ 91 I Nr. 3 BPersVG).[1] Außerdem besteht eine besondere Gerichtsstandsregelung für das personalvertretungsrechtliche Beschlussverfahren (§ 91 I Nr. 4 BPersVG). Da die Bundesländer inzwischen selbst Vertretungen am Sitz der Europäischen Union oder in Partnerstaaten unterhalten, besteht ein rechtspolitisches Bedürfnis, in den Landespersonalvertretungsgesetzen § 91 BPersVG entsprechende Regelungen zu schaffen, wie z. B. Art. 87 LPersVG BY.

1a Das BPersVG gilt grundsätzlich nicht für die Dienststellen anderer Staaten in Deutschland. Die **Alliierten Streitkräfte** genießen das Recht der Exterritorialität. Die zivilen Arbeitskräfte der Dienststellen der Alliierten bilden nach Art. 56 IX Zusatzabkommen zum NATO-Truppenstatut nebst dem Unterzeichnungsprotokoll Betriebsvertretungen, für die das Bundespersonalvertretungsrecht mit einzelnen Ausnahmen entsprechend gilt, insbesondere besteht eine Zuständigkeit der Arbeitsgerichtsbarkeit für die betriebsvertretungsrechtlichen Beschlussverfahren.[2]

1b Das BPersVG gilt schließlich nicht für die **Dienststellen internationaler oder zwischenstaatlicher Organisationen,** insbesondere nicht für die in der Bundesrepublik Deutschland gelegenen Dienststellen der Europäischen Union (z. B. das Europäische Patentamt in München oder die Europäische Zentralbank in Frankfurt).

2 **2. Einzelfragen. a) Bundeswehr.** Nicht zu den Verwaltungen des Bundes zählen die **Streitkräfte** i. S. v. Art. 87 a GG. Für die dort beschäftigten Arbeitnehmer und Beamten gilt das BPersVG nur auf Grund der ausdrücklichen Verweisung in § 91 Soldatengesetz (SoldG) i. d. F. vom 30. 5. 2005 (BGBl. I S. 1482). Die Wahrnehmung der sozialen Belange der Soldaten bei den Streitkräften wird auf Grund der Verweisung in § 35 SoldG durch das Soldatenbeteiligungsgesetz (SBG) vom 15. 4. 1997 (BGBl. I S. 766) sichergestellt. Die Soldaten wählen im Anwendungsbereich von § 2 SBG lediglich Vertrauenspersonen, im Übrigen wählen sie den Personalrat mit und bilden dort eine eigene Gruppe (§ 49 II 1 SBG). „Einheiten" im Sinne von § 2 I 1 SBG sind im Regelfall mobile Verbände; ortsfeste Einrichtungen oder Dienststellen zählen nur dazu, wenn sie unter Einsatz von Waffen in das Kampfgeschehen eingreifen können.[3] Originär zu den Verwaltungen des Bundes i. S. v. § 1 BPersVG gehört dagegen die **Bundeswehrverwaltung** nach Art. 87 b GG. **Soldaten** in den Dienststellen der Bundeswehrverwaltung wählen die dort nach BPersVG gebildeten Personalvertretungen mit und bilden auch dort die Gruppe der Soldaten.[4] Die **Zivildienstleistenden** (§ 37 ZDG) wählen eine besondere Vertrauensperson, deren Beteiligungsrechte sich nach den §§ 2, 3, 14 ff. ZDG richten.

3 **b) Privatwirtschaft.** Die Abgrenzung des Personalvertretungsrechts vom **Betriebsverfassungsrecht** erfolgt durch die Regelungen in den §§ 1, 95 BPersVG bzw. den entsprechenden Gesetzen der Länder und in § 130 BetrVG (vgl. § 214 RN 16). Diese Vorschriften grenzen den Geltungsbereich der unterschiedlichen Systeme lückenlos und ausschließlich nach **formalen Kriterien** ab. Auf eine juristische Person des Privatrechts, z. B. eine GmbH oder AG, findet Personalvertretungsrecht keine Anwendung, selbst wenn die Gesellschaft öffentliche Aufgaben wahrnimmt oder unter öffentlich-rechtlicher Kontrolle steht.[5] Führt eine öffentlich-rechtliche Körperschaft gemeinsam mit einer juristischen Person des Privatrechts einen Betrieb (gemeinsamer Betrieb im Sinne von § 1 II BetrVG) findet im Regelfall Betriebsverfassungsrecht Anwendung, da nach der Rspr. des BAG die Basis dieser Zusammenarbeit im Regelfall eine BGB-Gesellschaft bildet und damit die Führungsebene dieses Betriebes privatrechtlich organisiert ist. Damit verliert der Personalrat die Zuständigkeit für die diesem Betrieb zugeordneten beschäftigten Arbeitnehmer der Behörde; für die zugeordneten Beamten behält er seine Zuständigkeit.[6]

4 Bisher nicht geklärt ist die Frage, ob in den **Arbeitsgemeinschaften** (ARGE, § 44 b SGB II) Betriebsverfassungs- oder Personalvertretungsrecht gilt. Nach den für die Ausgestaltung der ARGE durch § 44 b SGB II eröffneten Spielräume sind zwei Alternativen denkbar. Wird die

---

[1] Kritisch hierzu *Gronimus* PersR 2003, 163.

[2] Vgl. zu den Einzelheiten *Altvater/Hamer/Kröll/Lemcke/Peiseler,* BPersVG Anhang VII; *Pfeifer,* Die Mitbestimmung der Betriebsvertretungen der Zivilbeschäftigten im Spannungsfeld zwischen NATO und nationalem Recht (1995); zur Verfassungsmäßigkeit BVerfG 8. 10. 1996 AP 21 zu Art. 56 ZA-Nato-Truppenstatut = NJW 97, 1359 = NZA 97, 263.

[3] BVerwG 8. 10. 2007 PersR 2008, 165.

[4] BVerwG 21. 1. 2008 PersR 2008, 367 = PersV 2008, 185.

[5] BAG 10. 10. 2006 AP 85 zu § 75 BPersVG; BVerwG 9. 12. 1980 PersV 81, 506; BAG 30. 7. 1987 AP 3 zu § 130 BetrVG 1972 = NZA 88, 402.

[6] BAG 24. 1. 1996 AP 8 zu § 1 BetrVG 1972 Gemeinsamer Betrieb = NZA 96, 1110; zustimmend BVerwG 13. 6. 2001 PersR 2001, 418 = PersV 2001, 560.

ARGE auf Grund eines privatrechtlichen Vertrags gegründet, handelt es sich um eine BGB-Gesellschaft, für die das BetrVG gilt. Die ARGE ist dann ein gemeinsamer Betrieb mehrerer Unternehmen (§ 1 I 2 BetrVG), in dem ein Betriebsrat gewählt werden kann. Wird die ARGE durch einen öffentl.-rechtl. Vertrag gegründet oder ist sie grundsätzlich öffentl.-rechtl. verfasst, ist bei ihr ein Personalrat zu bilden, wenn der ARGE die beamtenrechtliche Dienstherreneigenschaft zuerkannt ist. Da insoweit keine gesetzlichen Vorgaben bestehen, kann der ARGE-Gründungsvertrag regeln, ob Bundes- oder Landespersonalvertretungsrecht Anwendung finden soll. Die Mitarbeiter in ARGE ohne Dienstherreneigenschaft bleiben personalvertretungsrechtlich den sie entsendenden Behörden zugeordnet, selbst wenn dies angesichts innerdienstlicher Konfliktlagen in der ARGE wenig sinnvoll erscheint.[7]

c) Bundes-/Landesrecht. Ob Bundespersonalvertretungsrecht oder ein entsprechendes **Landesgesetz** anzuwenden ist, richtet sich nach der Rechtsträgerschaft der Dienststelle oder des Betriebes. Das Bundespersonalvertretungsrecht gilt nach § 1 BPersVG nur in den Verwaltungen des Bundes.[8] Es gilt daher weder für die Verwaltungen und Einrichtungen der Bundesländer noch für die öffentlichen Dienststellen auf kommunaler Ebene. Eine Sonderrolle nehmen die Betriebskrankenkassen privater Unternehmen ein (§§ 147 ff. SGB V). Als Träger der Sozialversicherung sind sie nach § 29 I SGB IV rechtsfähige Körperschaften des öffentlichen Rechts. Überschreitet ihr Zuständigkeitsbereich das Gebiet eines Bundeslandes, unterliegen sie der Bundesaufsicht (§ 90 SGB IV) und sind daher bundesunmittelbare Körperschaften. Auf diese ist das BPersVG anzuwenden, obwohl ihr Personal von privaten Arbeitgebern gestellt wird;[9] zu den Arbeitsgemeinschaften nach § 44 b SGB II RN 4. 5

d) Kirchen. Das Bundespersonalvertretungsgesetz gilt schließlich nicht im Bereich der **Kirchen** und **Religionsgemeinschaften** unbeschadet ihres öffentlich-rechtlichen Charakters (vgl. § 112 BPersVG). Da sich die Rechtsstellung der Religionsgemeinschaften nach Art. 140 GG i. V. m. Art. 136 ff. WRV bestimmt, haben auch die Bundesländer keine Kompetenz für ihren Bereich die Anwendung des Landespersonalvertretungsgesetzes auf Religionsgemeinschaften vorzusehen. 6

3. Personalvertretungsrecht in den privatisierten Bundesbehörden und -betrieben. Der Anwendungsbereich des Bundespersonalvertretungsgesetzes hat sich durch die Überführung verschiedener Behörden und Betriebe der öffentlichen Verwaltung in privatrechtliche Organisationsformen in den letzten Jahrzehnten erheblich verkleinert. Mit der Privatisierung gehen meist umfangreiche Übergangsregelungen einher, die teilweise zur Fortgeltung des Personalvertretungsrechts führen; zum Übergangsmandat § 265 RN 43. Im Einzelnen: 7

a) Eisenbahnen. Durch das Eisenbahnneuordnungsgesetz (ENeuOG) vom 27. 12. 1993 (BGBl. I S. 2378) wurden zum 1. 1. 1994 die bisherigen Sondervermögen Deutsche Bundesbahn und Deutsche Reichsbahn zu dem vom Bund verwalteten Sondervermögen Bundeseisenbahnvermögen (BEV) zusammengeführt (§ 1). Dieses Sondervermögen ist Rechtsnachfolger der Deutschen Reichsbahn und der Deutschen Bundesbahn und damit Dienstherrin ihrer früheren Beamten. Zu Beginn des Jahres 1994 ist gleichzeitig die Deutsche Bahn AG gegründet worden; auf sie wurden die Betriebe und Betriebsteile übertragen, die zur Erbringung von Eisenbahnverkehrsdienstleistungen und zum Betreiben der Eisenbahninfrastruktur erforderlich sind. Zur Wahrnehmung der verbleibenden hoheitlichen Aufgaben wurde zusätzlich das Eisenbahn-Bundesamt errichtet. Die Arbeitsverhältnisse der Arbeitnehmer in den übertragenen Betrieben bestehen seit 1994 zur Deutschen Bahn AG; sie wählen Betriebsräte nach dem BetrVG. Die Beamten, die nicht im BEV oder kraft Einzelentscheidung anderweitig verwendet werden, sind per Gesetz seit dem 5. 1. 1994 der DB AG zur Verwendung zugewiesen (§ 12 Deutsche Bahn AG Gründungsgesetz – DBGrG vom 27. 12. 1993 BGBl. I S. 2378, 2386); Dienstherr bleibt jedoch das BEV. Zur Wahrnehmung ihrer Interessen gegenüber dem BEV wählen sie besondere Personalvertretungen nach dem BPersVG (§ 17 DBGrG). Gleichzeitig haben diese Beamten zur 8

---

[7] Vgl. aber OVG Mainz 8. 3. 2006 PersV 2006, 429: die der ARGE zugewiesenen Beamten und Angestellten verlieren nach 3 Monaten auf Grund eines § 13 BPersVG entsprechenden Landesrechts das aktive und passive Wahlrecht in der Kreisverwaltung; nach OVG Greifswald 29. 11. 2006 – 8 L 426/05 – erst nach 6 Monaten.

[8] Auf Grund der Regelungen in den Staatsverträgen der jeweils beteiligten Länder gilt das BPersVG auch für den NDR, den MDR und andere Mehrländeranstalten der ARD sowie für die Beschäftigten des Deutschlandradios. Für das ZDF mit Sitz in Mainz gilt dagegen das LPersVG RP.

[9] BVerwG 10. 3. 1982 Buchholz 238.3 A § 6 BPersVG Nr. 5 = PersV 83, 65; vgl. auch OVG Hamburg 7. 8. 1991 PersV 92, 477; Eigenständigkeit der Dienststelle verneinend VGH München 10. 2. 1988 – 17 P 87.03579 – n. v.

Wahrnehmung ihrer Rechte gegenüber der DB AG das Wahlrecht zu den Betriebsräten der DB AG (Prinzip der Doppelrepräsentanz, § 19 DBGrG).

9 **b) Postdienste.** Durch das Postneuordnungsgesetz – PTNeuOG vom 14. 9. 1994 (BGBl. I S. 2325) wurden die bisherigen drei Unternehmen der Deutschen Bundespost (Postdienst, Postbank und Telekom) zum 1. 1. 1995 jeweils in Aktiengesellschaften umgewandelt. Die dort beschäftigten Arbeitnehmer unterfallen seither dem BetrVG. Die beim Vorgängerunternehmen beschäftigten Beamten werden nunmehr bei der entsprechenden Aktiengesellschaft beschäftigt (§ 2 Post-Personalrechtsgesetz – PostPersRG vom 14. 9. 1994 BGBl. I S. 2325, 2353). Diese Beamten bleiben Beamte des Bundes und müssen ihre Rechte auch gegenüber dem Bund geltend machen. Gleichzeitig sind die Aktiengesellschaften ermächtigt, die dem Dienstherrn obliegenden Rechte und Pflichten gegenüber den Beamten wahrzunehmen. Daher findet hier eine einheitliche Interessenvertretung der Beamten gegenüber dem privaten Arbeitgeber durch die Beteiligung bei der Bildung von Betriebsräten statt (§ 24 PostPersRG). In diesen Betriebsräten bilden die Beamten eine eigene Gruppe, insoweit ist das nach der Reform des Betriebsverfassungsgesetzes 2001 ansonsten aufgegebene Gruppenprinzip nicht nur teilweise erhalten geblieben, sondern um den in § 15 II BetrVG enthaltenen Minderheitenschutz ergänzt worden. Ähnlich wie bei der Entscheidung über gemeinsame Wahl im Personalvertretungsrecht kann die Gruppe der Beamten in einer Vorabstimmung auf die Bildung einer Gruppe im Betriebsrat verzichten (§ 26 PostPersRG). In den personellen Angelegenheiten der Beamten haben diese im Betriebsrat nach Erörterung im Plenum das alleinige Stimmrecht (§ 28 PostPersRG). Die Zuständigkeiten für die Ausübung der dienstrechtlichen Befugnisse für die in den Aktiengesellschaften beschäftigten Beamten ergeben sich aus der Anordnung zur Übertragung dienstrechtlicher Zuständigkeiten für den Bereich der Deutschen Post AG, der Deutschen Postbank AG und der Deutschen Telekom AG vom 23. 6. 1995 (BGBl. I S. 1043) mit späteren Änderungen.

10 **c) Sonstige Privatisierungen.** Bereits zum 1. 1. 1993 wurde die **Bundesanstalt für Flugsicherung** aufgelöst (BGBl. I S. 1370); ihre Aufgaben nimmt seitdem die bundeseigene DFS Deutsche Flugsicherungs-GmbH wahr. Soweit die Beamten der Bundesanstalt für Flugsicherung an ihrem Beamtenverhältnis festgehalten haben, wurden sie Beamte des Luftfahrtbundesamtes. Sie sind der DFS Deutschen Flugsicherungs-GmbH zur Dienstleistung zugewiesen. Anders als die späteren Gesetze bei der Privatisierung von Post und Bahn gibt es keine ausdrücklichen Regelungen zur personalvertretungsrechtlichen Interessenvertretung der zugewiesenen Beamten. Zutreffend ist wohl die Annahme einer Doppelvertretung der Beamten durch Personalräte gegenüber dem Dienstherrn sowie durch Beteiligung der Arbeitnehmer an den Betriebsräten; die Fragen sind umstr.[10] Weitere Privatisierungen mit Regelungen zur Arbeitnehmervertretung betrafen die Deutschen Genossenschaftsbank (DG-Bank-Umwandlungsgesetz v. 13. 8. 1998, BGBl. I S. 2102), die Deutsche Siedlungs- und Rentenbank (DSLB-UmwandlungsG v. 16. 12. 1999, BGBl. I S. 2441) sowie die gesetzliche Zuordnung der Bundesverbände der Krankenkassen zum Privatrecht (§ 213 II SGB V). Die personellen Maßnahmen der Privatisierung von Dienstleistungen der **Bundeswehr** richtet sich nach dem Kooperationsgesetz der Bundeswehr (BwKoopG) v. 30. 7. 2004 (BGBl. I S. 2027). Nach § 2 BwKoopG behalten die Beschäftigten, die den privaten Unternehmen zugewiesen werden, auf Dauer ihr aktives Wahlrecht in ihrer bisherigen Dienststelle. Nach § 6 BwKoopG erhalten sie zusätzlich das Wahlrecht zum Betriebsrat in dem privaten Unternehmen; dies gilt auch für die Beamten, die insoweit als Arbeitnehmer gelten und daher keine eigene Gruppe im Betriebsrat bilden. – Ähnliche Zuordnungsprobleme wie bei Post und Bahn können auftreten, wenn ehemals kommunale Eigenbetriebe nunmehr in privater Rechtsform fortgeführt werden. Werden dort Beamte weiter verwendet, haben diese ohne eine ausdrückliche gesetzliche Regelung kein Wahlrecht zum Betriebsrat.[11] Nach den §§ 4 ff. Bundeswertpapierverwaltungspersonalgesetz (BGBl. I 2006 S. 1466) erhalten die Beamten, die dem Bundesamt für zentrale Dienste und offene Vermögensfragen zugeordnet und der Finanzagentur GmbH zugewiesen sind, eine doppelte Interessenvertretung und ein doppeltes Wahlrecht sowohl zum Personalrat beim Bundesamt wie zum Betriebsrat bei der Finanzagentur. Der im Gesetzgebungsverfahren geäußerte Wunsch der Bundesländer, im Bundesrecht eine generelle Regelung für das Wahlrecht und die Interessenvertretung von Beamten vorzusehen, die Unternehmen der Privatwirtschaft zugewiesen sind, war Gegenstand einer an die Bundesregierung gerichteten Prüfbitte (BT-Drucks. 16/1336, S. 22).

---

[10] Dazu Lorenzen/*Faber* § 1 RN 73.

[11] BAG 28. 3. 2001 AP 5 zu § 7 BetrVG 1972 = NZA 2002, 1294 = PersR 2002, 42.

4. Persönlicher Geltungsbereich. Personalvertretungsrecht gilt für die **Beschäftigten** in den Dienststellen; dies sind die Beamten und Arbeitnehmer der Dienststelle einschließlich der zu ihrer Berufsausbildung Beschäftigten (§ 4 BPersVG); dazu RN 15 ff. 11

Nicht zu den Beschäftigten zählen insbesondere die **Richter.** Sie gelten personalvertretungsrechtlich nur dann als Beschäftigte, wenn sie zur Wahrnehmung nichtrichterlicher Aufgaben an eine Dienststelle abgeordnet sind (§ 4 I BPersVG). Richter wählen nach den §§ 49–60 DRiG bzw. den entsprechenden Landesrichtergesetzen zur Wahrnehmung ihrer sozialen Belange Richterräte nebst Stufenvertretungen. Die Wahrnehmung der Beteiligungsrechte in personellen Angelegenheiten erfolgt dagegen über die Präsidialräte, deren Bildung ebenfalls im Deutschen Richtergesetz bzw. den Landesrichtergesetzen geregelt ist. 12, 13

5. Unabdingbarkeit. Im Gegensatz zum BetrVG ist das BPersVG an keiner Stelle tarifdispositiv ausgestaltet. Vielmehr ist ausdrücklich bestimmt, dass die Regelungen des Gesetzes und die der Landespersonalvertretungsgesetze unabdingbar sind (§§ 3, 97 BPersVG). Eine Änderung der Organisationsnormen oder eine Erweiterung von Beteiligungsrechten durch Tarifvertrag oder Dienstvereinbarung ist daher nicht zulässig.[12] 14

II. Einteilung der Beschäftigten

Edenfeld, Die Auslegung identischer Mitbestimmungstatbestände – Divergenzen zwischen BAG und BVerwG und ihre Rechtfertigung, PersV 2005, 290; *Gronimus,* Auswirkungen des neuen Tarifvertrages auf die Arbeitsstrukturen der Personalräte, PersV 2006, 204; *Jordan,* Unaufhaltbar: Der Arbeitnehmer im Personalvertretungsrecht, PersR 2006, 194; *Schnapp,* Gebieten über dem Personalvertretungsrecht stehende Grundprinzipien die Beibehaltung des Gruppenprinzips?, PersR 2001, 149.

1. Beamte. Wer Beamter ist, richtet sich nach dem Bundesbeamtengesetz (§ 10 II BBG). Ein davon abweichender eigenständiger personalvertretungsrechtlichen **Beamtenbegriff** besteht nicht (vgl. § 4 II BPersVG). Beamter im staatsrechtlichen Sinne ist grundsätzlich nur derjenige, der eine ständige hauptamtliche Tätigkeit im öffentlichen Dienst ausübt und dem eine Ernennungsurkunde ausgehändigt worden ist, in der die Worte „unter Berufung in das Beamtenverhältnis" enthalten sind. 15

Kraft eigenständiger gesetzlicher Regelung sind keine Beamten die Minister der **Bundesregierung,** die parlamentarischen Staatssekretäre, die Mitglieder des Direktoriums der Deutschen Bundesbank, der Wehrbeauftragte, der Bundesbeauftragte für den Datenschutz sowie die Bundesbeauftragte für die Unterlagen des Staatssicherheitsdienstes der ehemaligen DDR. Die Bundeskanzlerin ist kraft ihrer Stellung nach dem Grundgesetz ebenfalls nicht als Beamtin anzusehen. 16

Ruhestandsbeamte sind nur dann Beschäftigte im Sinne des BPersVG, wenn sie über den Eintritt des Ruhestandes hinaus verwendet werden; bei den Beamten, die tatsächlich im Ruhestand sind, fehlt es an der Eingliederung in die Dienststelle. 17

2. Arbeitnehmer. Im Zuge der Einführung des TVöD und der Änderungen in der Rentenversicherung ist im Personalvertretungsrecht des Bundes die Unterscheidung zwischen Arbeitern und Angestellten mit Wirkung ab dem 1. 10. 2005 aufgegeben worden. Im Personalrat sind nunmehr nur noch zwei Gruppen (Beamte und Arbeitnehmer) vorhanden (§ 4 I BPersVG), wodurch viele Vorschriften über die Wahl, die Zusammensetzung und die Geschäftsführung der Personalräte vereinfacht werden konnten. Mit Rücksicht auf die Gruppe der Soldaten, die in zahlreichen Personalvertretungen gebildet werden kann, sind jedoch die Vorschriften, die auf mehr als zwei Gruppen abstellen, erhalten geblieben. Die Neuregelung gilt nach § 53 WahlO BPersVG (geänd. durch VO vom 28. 9. 2005 BGBl. I S. 2906) für Wahlen, die ab dem 1. Oktober 2005 eingeleitet werden. Das Gesetz regelt nicht, ob in bestehenden Personalvertretungen die Gruppen der Arbeiter und Angestellten fortbestehen sollen; aus dem Übergangsrecht zum Wahlrecht wird man jedoch schließen müssen, dass der Gesetzgeber von der Vorstellung ausgegangen ist, die Gruppenbildung bis zur nächsten Wahl beizubehalten. Auch die Bundesländer passen ihre Personalvertretungsgesetze nach und nach an. Nach § 4 LPersVG RP gehören zum Kreis der Beschäftigten auch die arbeitnehmerähnlichen Personen im Sinne von § 12a TVG (vgl. dazu § 198 RN 12). Die Beteiligungsrechte in personellen Einzelmaßnahmen beziehen sich jedoch ausschließlich auf Arbeitnehmer; eine analoge Heranziehung auf arbeitnehmerähnliche Personen ist nicht möglich.[13] 18

---

[12] BAG 10. 10. 2006 AP 85 zu § 75 BPersVG = PersR 2007, 209.
[13] BAG 20. 1. 2004 AP 1 zu § 112 LPVG Rheinland-Pfalz = PersR 2004, 490.

19 Im Gegensatz zum BetrVG (§ 5 III BetrVG) findet innerhalb der Beschäftigten keine Grenzziehung zu **leitenden Angestellten** statt (vgl. aber § 84 I MBG SH), auch eine § 5 II Nrn. 1, 2, 5 BetrVG entsprechende Regelung fehlt. Daher gelten auch die Dienststellenleiter und ihre Stellvertreter als Beschäftigte der Dienststelle, sie sind jedoch nicht wählbar (§ 14 III BPersVG). Zu weiteren Einschränkungen des persönlichen Geltungsbereichs des BPersVG § 267 RN 11.

20 **3. Die zu ihrer Berufausbildung Beschäftigten.** Zu ihrer Berufsausbildung Beschäftigte können sowohl Beamte wie auch Arbeitnehmer sein. Insoweit wird der Personenkreis durch das **Berufsbildungsgesetz** (dazu § 173) nicht abschließend erfasst, da es keine Anwendung auf die Berufsausbildung in einem öffentlich-rechtlichen Dienstverhältnis findet (§ 3 II BBiG). Zu ihrer Berufsausbildung beschäftigt sind auch Anlernlinge, Umschüler und Volontäre. Voraussetzung ist aber, dass die notwendigen fachlichen Kenntnisse und Fähigkeiten in einem geordneten Ausbildungsgang vermittelt werden.

21 Die Ausbildung des Auszubildenden im öffentlichen Dienst muss nach ihrem Gegenstand geeignet sein, ihn auf einen Beruf vorzubereiten, in dem er an der **Erfüllung öffentlicher Aufgaben** mitwirken kann. Bildet ein Verwaltungsträger in einer überbetrieblichen oder außerbetrieblichen Ausbildung nicht für den eigenen Bedarf aus, gelten die dort ausgebildeten Personen nicht als Beschäftigte der Dienststelle. Insofern wird die wortgleiche gesetzliche Formulierung in § 4 BPersVG und § 5 BetrVG von BAG und BVerwG unterschiedlich ausgelegt. Der Gemeinsame Senat der obersten Gerichtshöfe des Bundes hat daran wegen der Unterschiedlichkeit der Rechtsmaterien Betriebsverfassung und Personalvertretung keinen Anstoß genommen.[14] § 3 I LPersVG BE bezieht abweichend vom Bundesrecht ausdrücklich auch Personen in den Anwendungsbereich des Gesetzes mit ein, die „sich ausschließlich zum Zwecke einer über- oder außerbetrieblichen Ausbildung" im Sinne des § 2 I Nr. 3 BBiG in einer Einrichtung des öffentlichen Dienstes befinden. Diese Regelung verstößt nicht gegen die nach Art. 125 GG inzwischen landesrechtlich abänderbaren rahmenrechtlichen Regelungen (vgl. § 262 RN 9) aus dem BPersVG.[15]

22 **4. Ausgenommene Personengruppen.** Nicht zu den Beschäftigten zählen kraft ausdrücklicher Regelung in § 5 V BPersVG Personen, deren Beschäftigung überwiegend durch Beweggründe karitativer oder religiöser Art bestimmt wird und Personen, die überwiegend zu ihrer Heilung, Wiedereingewöhnung, sittlichen Besserung oder Erziehung beschäftigt werden (dazu § 212 RN 12f.). Erwerbsfähige Hilfsbedürftige, die als Empfänger von Alg. II einer Arbeitsgelegenheit nachgehen (§ 16d SGB II, sog. „Ein-Euro-Job"), sind nicht derjenigen Gruppe zuzurechnen, die überwiegend zu ihrer Heilung, Wiedereingewöhnung, sittlichen Besserung oder Erziehung beschäftigt werden.[16] Im Gegensatz zum BetrVG sind auch Heimarbeiter nicht in den persönlichen Geltungsbereich des BPersVG einbezogen. In den Bundesländern sind teilweise weitere Personengruppen ausgenommen, z.B. ABM-Kräfte (§ 3 III Nr. 2 LPersVG BE). Nach § 4 V Nrn. 4, 5 LPersVG SN zählen Professoren, wissenschaftliche, künstlerische und studentische Hilfskräfte, Lehrbeauftragte, Gastprofessoren, Honorarprofessoren sowie weitere Lehrkräfte der Berufsakademie im Freistaat Sachsen generell nicht zu den Beschäftigten. Diese sehr weitgehenden Einschränkungen des persönlichen Geltungsbereichs verstoßen teilweise gegen die in der sächsischen Verfassung verankerte Garantie einer Vertretung der Beschäftigten des Landes (Art. 26 Sächs. Verf.).[17]

23 **5. Eingliederung der Beschäftigten in die Dienststelle.** Vom persönlichen Geltungsbereich des BPersVG sind allerdings nur Personen erfasst, die als Beschäftige **in die Dienststelle eingegliedert** sind. Die Eingliederung ist ungeschriebenes Tatbestandsmerkmal, es wird aus der Schutzfunktion des Personalvertretungsrechts hergeleitet. Nur die Eingliederung in die Dienststelle schafft die Unterworfenheit unter die Organisations- und Direktionsmacht des Dienststellenleiters, die eine innerdienstliche Mitbestimmung rechtfertigt. Gleichzeitig ist damit ein Abgrenzungsmerkmal zu Beschäftigten anderer Dienststellen geschaffen. Insoweit besteht Übereinstimmung zum BetrVG.[18]

---

[14] GmS-OGB 12. 3. 1987 AP 35 zu § 5 BetrVG 1972 = NJW 87, 2571 = NZA 87, 663.

[15] BVerwG 18. 9. 2003 AP 1 zu § 3 LPVG Berlin = Buchholz 251.2 § 3 BlnPersVG Nr. 3 = PersR 2003, 500.

[16] So schon BVerwG 26. 1. 2000 AP 2 zu § 51 MitbestG Schleswig-Holstein = PersR 2000, 243 = PersV 2000, 559 zu § 19 II 1 1. Halbs. 2. Alt. BSHG.

[17] VerfGH Sachsen 22. 2. 2001 PersV 2001, 198; dazu *Vogelgesang* PersV 2001, 530. Nach BVerwG 7. 11. 2006 PersR 2007, 41 = PersV 2007, 151 verstößt der Ausschluss der Beteiligung bei der Einstellung von Lehrkräften weder gegen das Rahmenrecht noch gegen Art. 26 SächsVerf.

[18] Vgl. DKK/*Trümner* § 5 RN 12ff.

Die Eingliederung eines Beschäftigten setzt regelmäßig (aber nicht zwingend) den **Abschluss eines Arbeitsvertrages** und die **tatsächliche Aufnahme der vorgesehenen Tätigkeit** voraus.[19] Ob ein Arbeitnehmer in die Dienststelle eingegliedert ist, hängt zunächst einmal davon ab, ob er eine regelmäßige und dauernde, nicht bloß vorübergehende und auch nicht geringfügige Arbeit verrichten soll. Die Übertragung einer Daueraufgabe der Dienststelle kann dabei ein Indiz für die beabsichtigte Eingliederung sein, insbesondere wenn die gleichen Aufgaben wie von den dort bereits Beschäftigten wahrgenommen werden und dadurch räumliche und sachliche Berührungspunkte bei der Arbeit entstehen. Im Übrigen muss die Aufgabenerfüllung inhaltlich durch Weisungsrechte der Dienststelle und eine Weisungsgebundenheit des Beschäftigten gekennzeichnet sein.[20] 24

In diesem Sinne wird die **Eingliederung verneint** für Beschäftigte, die nur vorübergehend in der Dienststelle beschäftigt werden. Vorübergehend ist eine Beschäftigung, die für längstens zwei Monate ausgeübt werden soll.[21] Es spricht eine Vermutung dafür, dass eine Tätigkeit vorübergehend und geringfügig ist, wenn sie von vornherein auf die Dauer von nicht mehr als zwei Monaten im Jahr begrenzt ist **und** sie nicht berufsmäßig ausgeübt wird (entsprechend § 8 I Nr. 2 SGB IV).[22] Diese Rechtsprechung dürfte wegen des Diskriminierungsverbots aus § 4 II TzBfG zumindest überdenkenswert sein. Ist ein Arbeitnehmer gekündigt und wird er gleichwohl z. B. wegen eines Weiterbeschäftigungsurteils tatsächlich weiter beschäftigt, bleibt er ein Beschäftigter der Dienststelle.[23] 25

Das Merkmal der Eingliederung dient auch der **Zuordnung der Beschäftigten** zu einer bestimmten Dienststelle. Im Sinne der allgemeinen Grundsätze regelt § 13 BPersVG das Wahlrecht abgeordneter Beschäftigter und ordnet diese der Tätigkeitsdienststelle zu, sofern die Abordnung mehr als drei Monate andauert.[24] Auch **Leiharbeitnehmer** (zur Einstellung § 269 RN 22) zählen personalvertretungsrechtlich zu den Beschäftigten im Sinne von § 4 BPersVG bzw. den entsprechenden Landesgesetzen.[25] 26

§ 264. Organisationsaufbau der Verwaltung und Zuordnung der Personalvertretungen

Übersicht

	RN
I. Organisationsaufbau der Verwaltung	1 ff.
1. Dienststelle	2–9
2. Dienststellenzuordnung bei Stufenvertretungen	10–14
3. Aufgabenabgrenzung zwischen den Personalräten	15–23
4. Beteiligungsmöglichkeiten bei „ressortübergreifenden Maßnahmen“	23 a
II. Sondervertretungen für einzelne Beschäftigtengruppen	24 ff.
1. Sondervertretungen	24, 25
2. Jugend- und Auszubildendenvertretung	26–29
3. Vertretung der nichtständig Beschäftigten	30

I. Organisationsaufbau der Verwaltung

Boemke/Ankersen, Die Bildung von Personalvertretungen im Bereich der Sächsischen Hochschulmedizin, SächsVBl. 2003, 1; *Gronimus,* Vorzeitiges Ende der Amtszeit in Dienststellen mit Gesamtpersonalrat und die Wirkung von Verselbständigungsbeschlüssen, PersV 2001, 103; *Kersten,* Arbeitsgemeinschaften (§ 44 b SGB II), ZfPR 2005, 130; *ders.,* Die Fortwirkung des Verselbständigungsbeschlusses nach § 6 Abs. 3 BPersVG, PersV 2000, 440; *Lautenbach,* Gesamtpersonalrat und Personalräte, PersV 2004, 164; *Lorse,* Systematik der personalvertretungsrechtlichen Verselbstständigung nach § 6 Abs. 3 BPersVG, ZfPR 2004, 144; *Palenberg,* Die konkurrierende Zuständigkeit zweier Personalräte, PersV 2001, 386; *Rob,* „Mitvereinbarungskompetenz“ der

---

[19] BVerwG 2. 6. 1993 Buchholz 251.2 § 3 BlnPersVG Nr. 2 = PersR 93, 453 = PersV 94, 182.
[20] BVerwG 3. 2. 1993 AP 43 zu § 75 BPersVG = PersR 93, 260 = PersV 94, 225.
[21] BVerwG 25. 9. 1995 AP 1 zu § 4 LPVG Baden-Württemberg = PersR 96, 147 = PersV 96, 270; OVG Berlin 3. 4. 2001 PersR 2002, 307 = PersV 2003, 72.
[22] BVerwG 27. 11. 1991 Buchholz 251.8 § 80 RhPPersVG Nr. 6 = PersR 92, 198 = PersV 92, 225.
[23] BAG 15. 1. 1991 AP 4 zu § 4 BPersVG = NZA 91, 695.
[24] BVerwG 10. 3. 1982 Buchholz 238.3 A § 6 BPersVG Nr. 5 = PersV 83, 65.
[25] BVerwG 20. 5. 1992 AP 2 zu § 80 LPVG Rheinland-Pfalz = PersR 92, 405 = PersV 93, 171.

Gewerkschaften in personalvertretungsrechtlichen Mitbestimmungsangelegenheiten, DÖV 2000, 137; *Trümner,* Ein neuer Typ des öffentlichen Gemeinschaftsunternehmens? – Organisations- und mitbestimmungsrechtliche Fragestellungen PersR 2005, 91; *Vogelgesang,* Zuständigkeitsprobleme bei der Bildung von personalvertretungsrechtlich verselbständigten Nebenstellen, ZfPR 2005, 107; *Wurm,* Müssen die Karten zwischen Gesamtpersonalrat, Personalrat der Hauptdienststelle und Personalrat der Nebenstelle neu verteilt werden? ZfPR 2003, 342.

1 Die Wahrnehmung der Rechte aus dem BPersVG obliegt den Personalräten (§ 12 BPersVG). Im Bereich mehrstufiger Verwaltungen werden örtliche Personalräte und sog. Hauspersonalräte nach § 12 BPersVG sowie Bezirks- und Hauptpersonalräte als Stufenvertretungen gebildet (§§ 53ff. BPersVG). In Fällen des § 6 III BPersVG ist außerdem die Errichtung eines Gesamtpersonalrats erforderlich (§ 55 BPersVG).

2 **1. Dienststelle. a) Begriff.** Nach § 6 BPersVG sind für die einzelnen Dienststellen Personalvertretungen zu bilden. Die Vorschrift dient zur Abgrenzung der Zuständigkeiten der verschiedenen Personalvertretungen und legt zugleich die Dienststelle als die grundlegende organisatorische Einheit des Personalvertretungsrechts fest. Der Dienststellenbegriff umfasst die Behörden, Verwaltungsstellen und Betriebe der in § 1 I BPersVG genannten Verwaltungen. Dienststellen sind die organisatorischen Einheiten (Beschäftigungsstellen), die **(a)** mit einem selbstständigen Aufgabenbereich und **(b)** mit organisatorischer Selbstständigkeit ausgestattet sind.[1] Unerheblich ist die Rechtsqualität ihrer Aufgaben, z. B. ob hoheitliche, sonstige Verwaltungsaufgaben oder solche der Daseinsvorsorge zu erfüllen sind.[2]

3 Der Dienststellenbegriff gilt grundsätzlich für das **gesamte Personalvertretungsrecht.** Im Bereich des BPersVG bestehen jedoch Sonderregelungen für den Bundesnachrichtendienst (§ 86 Nr. 1 BPersVG), bundesunmittelbare Körperschaften und Anstalten des öffentlichen Rechts in der Sozialversicherung sowie der Bundesagentur für Arbeit (§ 88 Nr. 1 BPersVG), die Deutsche Bundesbank (§ 89 Nr. 1 BPersVG) und die Deutsche Welle (§ 90 Nr. 1 BPersVG). Auch in den Ländergesetzen wird teilweise von der Möglichkeit zur ausdrücklichen Bestimmung der Dienststelle Gebrauch gemacht. Dabei hat der Gesetzgeber zu beachten, dass die Vertretungsorgane möglichst sach- und ortsnah zu bilden und dort anzusiedeln sind, wo wesentliche bündelungsfähige Interessen der Beschäftigten berührende Entscheidungen getroffen werden.[3]

4 **b) Selbstständige Entscheidungsbefugnisse.** Erforderlich für die Dienststelle ist, dass ihr Leiter zur eigenständigen Regelung von personellen und sachlichen Fragen befugt ist.[4] Dementsprechend muss er über relevante Entscheidungsbefugnisse[5] in den wichtigen beteiligungspflichtigen Angelegenheiten verfügen.[6] Dabei findet kein schematisches Abzählen der Anzahl der beteiligungspflichtigen Angelegenheiten statt, entscheidend ist die inhaltliche Regelungskompetenz. Die personalvertretungsrechtliche Bedeutung einer Angelegenheit bemisst sich nach dem Umfang der einer fiktiv gebildeten Personalvertretung zustehenden Beteiligungsrechte. Es kommt insbesondere darauf an, ob die beteiligungspflichtigen Maßnahmen **(a)** der uneingeschränkten Mitbestimmung (§§ 69 IV 1, 71 IV 2 BPersVG) unterliegen (das sind die in § 75 BPersVG genannten Angelegenheiten der Arbeitnehmer), **(b)** die eingeschränkte Mitbestimmung (§ 69 IV 3 BPersVG) auslösen (das sind insbesondere die in § 76 BPersVG aufgeführten Maßnahmen bezüglich der Beamten) oder **(c)** Mitwirkungs- oder Anhörungsrechte (§§ 78, 79 BPersVG) bzw. eine Beteiligungsangelegenheit gemäß § 81 BPersVG zum Gegenstand haben. Kann anhand dieser abgestuften Prüfung festgestellt werden, dass die Mehrzahl der Angelegenheiten, die gemäß den §§ 75, 76 BPersVG der vollen bzw. eingeschränkten Mitbestimmung unterliegen, von dem Leiter der Beschäftigungsstelle wahrgenommen werden, ist von einer selbstständigen Regelungskompetenz in personalvertretungsrechtlich relevanten Angelegenheiten auszugehen,[7] die Beschäftigungsstelle ist dann als Dienststelle im Sinne des Personalvertretungs-

[1] BVerwG 10. 3. 1982 Buchholz 238.3 A § 6 BPersVG Nr. 5 = PersV 83, 65; BAG 20. 1. 2000 – 2 ABR 19/99 – ZTR 2001, 89 (n. a. v.).

[2] MünchArbR/*Germelmann* § 368 RN 62.

[3] VerfGH Sachsen 22. 2. 2001 PersV 2001, 198; *Vogelgesang* PersV 2001, 530, 538.

[4] BVerwG 14. 7. 1987 Buchholz 250 § 6 BPersVG Nr. 9 = PersV 89, 257; 13. 8. 1986 Buchholz 238.31 § 9 BaWüPersVG Nr. 3 = PersR 87, 20 = PersV 87, 254.

[5] Zur Bundeswehr BVerwG 7. 7. 1993 Buchholz 250 § 92 BPersVG Nr. 4 = PersR 93, 491 = PersV 94, 473; 3. 7. 1991 Buchholz 250 § 6 BPersVG Nr. 13 = PersR 91, 413 = PersV 92, 117.

[6] BVerwG 18. 1. 1990 Buchholz 251.0 § 9 BaWüPersVG Nr. 5 = PersR 90, 108 = PersV 90, 348; 13. 8. 1986 Buchholz 238.31 § 9 BaWüPersVG Nr. 3 = PersV 87, 254.

[7] BVerwG 7. 7. 1993 Buchholz 250 § 92 BPersVG Nr. 4 = PersR 93, 491 = PersV 94, 473; 3. 7. 1991 Buchholz 250 § 6 BPersVG Nr. 13 = PersR 91, 413 = PersV 92, 117.

rechts anzusehen.[8] Fehlt die Einscheidungskompetenz, handelt es sich nicht um eine Dienststelle i. S. d. § 6 BPersVG. Überträgt ein Dienststellenleiter personalvertretungsrechtlich relevante Befugnisse zur selbstständigen Erledigung auf ihm **untergeordnete Stellen,** denen nicht die Dienststelleneigenschaft zukommt, entsteht keine personalvertretungsrechtliche Beteiligungslücke. Vielmehr wird personalvertretungsrechtlich die Entscheidungszuständigkeit des (übertragenden) Dienststellenleiters fingiert.[9]

c) Entfernte Nebenstellen und Teile einer Dienststelle.[10] § 6 III BPersVG sieht die 5
Möglichkeit der Verselbstständigung für Nebenstellen und Teile einer Dienststelle vor, die räumlich weit von dieser entfernt liegen. Nebenstellen und Teilen einer Dienststelle fehlt gleichermaßen die organisatorische Selbstständigkeit i. S. d. § 6 I BPersVG.

Nebenstelle ist ein organisatorisch unselbstständiger Teil der Hauptdienststelle und in seinem 6
Aufgabenbereich notwendig von dieser abhängig. Nebenstellen erfüllen regelmäßig eine besondere Aufgabe oder Hilfsaufgaben der Dienststelle.[11] **Teile einer Dienststelle** sind aus organisatorischen, technischen oder räumlichen Gründen von der Dienststelle abgegrenzt. Nebenstellen und Teile einer Dienststelle können sich nur verselbstständigen, wenn die allgemeinen Voraussetzungen für die Bildung eines Personalrats nach § 12 BPersVG gegeben sind[12] (fünf Beschäftigte, von denen drei wählbar sind). Nicht erforderlich ist dagegen, dass der Leiter der Teildienststelle eine Entscheidungskompetenz in personalvertretungsrechtlichen Angelegenheiten besitzt.[13]

Bei der Beurteilung der Frage, ob die Beschäftigungsstelle **räumlich weit von der Dienst-** 7
stelle entfernt ist, gelten dieselben Erwägungen wie zum BetrVG (§ 214 RN 11 ff.). Entscheidend ist, ob die Entfernung der Personalratsarbeit hinderlich entgegensteht. Dies ist der Fall, wenn die Entfernung zwischen Haupt- und Nebenstelle so groß ist, dass ihr Zurücklegen unabhängig von der Art des benutzten Verkehrsmittels einen Zeitaufwand erfordert, der auch bei planvoller Wahrnehmung der Aufgaben der Personalvertretung in keinem angemessenen Verhältnis zu der eigentlichen Personalratsarbeit steht. Ein solches, auf der räumlichen Trennung von Haupt- und Nebenstelle beruhendes Missverhältnis zwischen Wegezeiten und Personalratsarbeit kann z. B. auch auf dem Zeitaufwand beruhen, der für die Suche von Parkplätzen zu veranschlagen ist. Auch die Beschäftigtenzahl im abgetrennten Dienststellenteil ist für die „räumlich weite Entfernung" i. S. d. § 6 III BPersVG von Bedeutung. Hierdurch wird zunächst der Betreuungsaufwand des Personalrats bestimmt, d. h. wie häufig einzelne seiner Mitglieder den abgetrennten Dienststellenteil mit dem damit verbundenen Zeitaufwand aufsuchen müssen. Spiegelbildlich gilt dies auch für die in der entfernt gelegenen Stelle Beschäftigten, wenn diese persönlich den Personalrat der Dienststelle aufsuchen.[14] Nach der Rspr. des BVerwG spricht eine allgemeine Vermutung dafür, dass die Entfernung zwischen zwei Dienststellen räumlich weit ist, wenn sie sich in verschiedenen, mehr als 20 km von einander entfernten Dienstorten befinden.[15]

Die Entscheidung über den erforderlichen **Verselbstständigungsbeschluss** entspricht der 8
Vorabstimmung über die gemeinsame Wahl. Es erfolgt keine Gruppenabstimmung. Der Beschluss ist für die folgende Wahl und die Amtszeit der aus ihr hervorgegangenen Personalvertretung wirksam. Entsteht ein Bedürfnis zur vorzeitigen Neuwahl in der Nebenstelle, dauert die Wahlperiode stets nur bis zum Ende der Wahlperiode des Personalrats der Hauptdienststelle an.[16] Theoretisch können durch Beschluss verselbstständigte Dienststellen wiederum Nebenstellen und Teildienststellen haben, die ihrerseits ebenfalls Verselbstständigungsbeschlüsse fassen können.

Die Verselbstständigung hat zur Folge, dass bei der Stammdienststelle ein **Gesamtpersonal-** 9
rat nach § 55 BPersVG zu bilden ist[17] (RN 23).

---

[8] BVerwG 29. 3. 2001 Buchholz 250 § 6 BPersVG Nr. 15 = PersR 2001, 298 – Aus- und Fortbildungszentrum; 18. 1. 1990 Buchholz 251.0 § 9 BaWüPersVG Nr. 5 = PersR 90, 108 = PersV 90, 348 – Kreiskrankenhaus.

[9] BVerwG 7. 7. 1993 Buchholz 250 § 92 BPersVG Nr. 4 = PersR 93, 491 = PersV 94, 473; 2. 3. 1993 Buchholz 250 § 75 BPersVG Nr. 85 = PersR 93, 266 = PersV 94, 231.

[10] Dazu *Bosch,* Verselbstständigung von Dienststellenteilen, ZfPR 96, 66.

[11] MünchArbR/*Germelmann* § 368 RN 73; *Lorenzen/Faber* § 6 RN 29.

[12] BVerwG 29. 5. 1991 Buchholz 250 § 6 BPersVG Nr. 12 = PersR 91, 334 = PersV 92, 42.

[13] BVerwG 29. 5. 1991 Buchholz 250 § 6 BPersVG Nr. 12 = PersR 91, 334 = PersV 92, 42.

[14] BVerwG 14. 7. 1987 Buchholz 250 § 6 BPersVG Nr. 9 = PersV 89, 257.

[15] BVerwG 29. 5. 1991 Buchholz 250 § 6 BPersVG Nr. 12 = PersR 91, 334 = PersV 92, 42.

[16] BVerwG 26. 1. 2000 AP 1 zu § 6 BPersVG = PersR 2000, 371 = PersV 2001, 81.

[17] Zum Fortbestehen des GPR bei Verselbstständigung einer Außenstelle: BVerwG 23. 4. 2008 Buchholz 250 § 55 BPersVG Nr. 4 = PersR 2008, 451.

10 **2. Dienststellenzuordnung bei Stufenvertretungen. a) Mehrstufiger Verwaltungsaufbau.** Nach § 53 BPersVG werden für den Bereich mehrstufiger Verwaltungen bei den Behörden der Mittelstufe Bezirkspersonalräte und bei den Obersten Dienstbehörden Hauptpersonalräte gebildet. Durch § 6 II BPersVG wird bestimmt, welche Dienststellen personalvertretungsrechtlich als Oberste Dienstbehörden bzw. als Behörden der Mittelstufe anzusehen sind. Die Bildung von Stufenvertretungen erfolgt, um eine durchgängige Beachtung der Beteiligungsrechte zu gewährleisten (RN 15 ff.).

11 **b) Oberste Dienstbehörden.** Im Personalvertretungsrecht wird zur Bestimmung der Obersten Dienstbehörde der für das Beamtenrecht geltende Begriff in § 3 I BBG herangezogen. Oberste Dienstbehörde ist die Stelle, in deren Geschäftsbereich der Beamte ein Amt wahrnimmt,[18] z. B. die Bundes- bzw. Landesministerien, Vorstände der Sozialversicherungsträger, selbstständige Anstalten, Körperschaften und Stiftungen des öffentlichen Rechts. In der Obersten Dienstbehörde wird einerseits ein (Haus-)Personalrat nach § 12 BPersVG für die dort Beschäftigten gebildet und andererseits ein Hauptpersonalrat für den gesamten Geschäftsbereich.

12 **c) Mittelbehörden.** Die Behörden der Mittelstufe sind in § 6 II 2 BPersVG besonders definiert. Als Mittelbehörden gelten Behörden, die **(a)** unmittelbar der obersten Dienstbehörde nachgeordnet und **(b)** denen gleichzeitig selbstständige Dienststellen nachgeordnet sind. In den Mittelbehörden wird ebenfalls nach § 12 BPersVG ein (Haus-)Personalrat gebildet und nach § 53 BPersVG ein Bezirkspersonalrat für beteiligungspflichtige Angelegenheiten der Dienststelle und ihrem nachgeordneten Bereich.

13 **d) Untere und unterste Behörden.** In den übrigen Dienststellen werden lediglich Personalräte nach § 12 BPersVG gebildet; dies ergibt sich schon aus § 6 I BPersVG. Der Regelungsbereich von § 6 II 1 BPersVG ist eingeschränkt; er enthält nur eine Vermutungsregel, nach der eine einer Mittelbehörde nachgeordnete Behörde (untere Behörde) im Zweifel personalvertretungsrechtlich als Dienststelle für alle ihr eventuell noch nachgeordneten Stellen gilt. Sind einzelne dieser nachgeordneten Stellen jedoch nach Aufgabenbereich und Organisation eigenständig, sind sie selbst Dienststellen im Sinne von § 6 I BPersVG (dann häufig als „unterste Behörden" bezeichnet), bei denen eigene Personalräte nach § 12 BPersVG zu bilden sind.

14 Werden auf der untersten Behördenebene Personalräte gebildet, bleibt es dennoch bei dem dreistufigen Aufbau der Personalvertretungen. Die nächste Stufe für die Personalräte der unteren Behörde wie der untersten Behörde ist **einheitlich der Bezirkspersonalrat.**[19]

15 **3. Aufgabenabgrenzung zwischen den Personalräten.** Bei einem mehrgliedrigen Behördenaufbau ist die Abgrenzung der jeweiligen Aufgaben- und Zuständigkeitsbereiche der einzelnen Personalräte bzw. Stufenvertretungen auf den ersten Blick nicht ohne weiteres nachvollziehbar. Jedoch sind deren Zuständigkeiten nach dem BPersVG so gegeneinander abgegrenzt, dass es theoretisch keine Überschneidungen geben kann. Allerdings sind bei den nachfolgend dargestellten Sachverhalten Zweifelsfälle denkbar.

16 **a) Gescheiterte Einigung zwischen Dienststellenleiter und Personalrat.** Können sich der Leiter der Dienststelle und der bei dieser gebildete Personalrat nicht einigen, entscheidet die Stufenvertretung (§§ 69 III, 72 IV BPersVG). Zum Verfahren § 268 RN 41 ff.

17 **b) Fehlende Entscheidungsbefugnis der Dienststelle.** Nach § 82 I BPersVG ist in diesem Fall an Stelle des Personalrats die bei der zuständigen Dienststelle gebildete Stufenvertretung zu beteiligen. Nach dem Grundgedanken der Personalvertretung soll möglichst der in der Dienststelle gebildete Personalrat in allen Angelegenheiten, die diese betreffen, beteiligt werden.[20] Zu Gunsten der effektiven Wahrnehmung der Beteiligungsrechte entfällt die Zuständigkeit des Personalrats einer Dienststelle, wenn die Angelegenheit nicht in der Dienststelle, sondern durch eine im Verwaltungsaufbau übergeordnete Stelle entschieden wird; hier wird nach § 82 I BPersVG die Stufenvertretung beteiligt, die dem dortigen Leiter der Dienststelle gegenüber steht. Damit fehlt es letztlich an feststehenden Zuständigkeiten der Personalvertretungen; diese ergeben sich vielmehr aus der Verwaltungsorganisation und den Befugnissen der einzelnen Behörden.[21]

---

[18] BAG 9. 2. 1993 AP 16 zu Art. 56 ZA-Nato-Truppenstatut = PersR 93, 373 = PersV 95, 526.

[19] OVG Greifswald 23. 11. 2001 NordÖR 2002, 132 (OLG ist Mittelbehörde, LG ist untere Behörde, AG sind unterste Behörden).

[20] BVerwG 19. 12. 1975 Buchholz 238.3 A § 82 BPersVG Nr. 1 = PersV 76, 457; BAG 26. 10. 1995 AP 34 zu Art. 20 Einigungsvertrag = NZA-RR 96, 407.

[21] BVerwG 7. 8. 1996 Buchholz 250 § 78 BPersVG Nr. 16 = PersR 96, 493 = PersV 97, 112.

Die Zuständigkeitsregel des § 82 I BPersVG gilt zwar grundsätzlich nur für das Verhältnis einer nachgeordneten zu einer übergeordneten Dienststelle. Sie findet aber auch entsprechende Anwendung auf das **Verhältnis einer Stufenvertretung** und dem (Haus-)Personalrat in der Mittel- oder Oberbehörde, für die die Stufenvertretung gebildet ist. Da der Dienststellenleiter der übergeordneten Dienststelle sowohl Entscheidungsbefugnis gegenüber „seiner" Behörde wie auch dem nachgeordneten Bereich besitzt, kann hier zur Abgrenzung nicht allein auf das Merkmal der Entscheidungskompetenz zurückgegriffen werden. Die Differenzierung, welcher Personalrat zu beteiligen ist, richtet sich daher nach dem **Adressatenkreis** der beteiligungspflichtigen Angelegenheit. Werden von der Maßnahme lediglich die in der übergeordneten Dienststelle Beschäftigten betroffen, ist der (Haus-)Personalrat zu beteiligen.[22] Berührt sie hingegen die Interessen der übergeordneten Dienststelle und des nachgeordneten Bereichs, ist die Stufenvertretung zuständig. Diese ist auch zu beteiligen, wenn sich die Maßnahme nur im nachgeordneten Bereich auswirkt, sei es, dass von ihr nur ein Beschäftigter betroffen ist.[23] Nach dieser Abgrenzung gehören personelle Einzelmaßnahmen, die Dienstposten in der Dienststelle betreffen, im Regelfall zur Zuständigkeit des Hauspersonalrats. Ausnahmsweise hat das BVerwG jedoch die Zuständigkeit des Bezirkspersonalrats angenommen, wenn die fragliche Maßnahme erhebliche Auswirkungen im nachgeordneten Bereich hat.[24] 18

§ 82 I BPersVG findet auch Anwendung, sofern eine nachgeordnete Dienststelle nach § 613 a BGB auf einen **privaten Träger** übergegangen ist und Beschäftigte, die dem Betriebsübergang widersprochen haben, nunmehr versetzt oder gekündigt werden.[25] Ebenso richtet sich die Zuständigkeit nach § 82 I BPersVG, wenn die nachgeordnete Dienststelle aufgelöst wird. Da die Amtszeit des für die Dienststelle gebildeten Personalrats mit der Auflösung der Dienststelle endet, fällt eine weitere Beteiligung dieser Personalvertretung aus.[26] Etwas anders gilt nur, wenn man dem bisherigen Personalrat der privatisierten Dienststelle ein Übergangs- bzw. Restmandat zubilligt[27] (dazu § 265 RN 43). 19

Maßgeblich für die **Entscheidungskompetenz** sind zunächst die rechtlichen Befugnisse, wie sie sich aus Gesetzen und Verwaltungsvorschriften ergeben.[28] Die Zuständigkeit kann jedoch nach allgemeinen verwaltungsrechtlichen Grundsätzen hiervon abweichen, wenn die übergeordnete Dienststelle eine Angelegenheit an sich zieht; entsprechend ändert sich auch die Zuständigkeit der Personalvertretung.[29] Ebenso kann die zuständige Dienststelle die Entscheidung im Einzelfall einer nachgeordneten Dienststelle übertragen, wodurch dann die Zuständigkeit des dort gebildeten Personalrats begründet wird. Das BAG hält es sogar für denkbar, dass sowohl die örtliche Dienststelle als auch die übergeordnete Dienststelle eine Maßnahme gemeinsam mit Außenwirkung durchführen, in diesem Fall sollen ggf. beide Personalvertretungen zu beteiligen sein.[30] Die Personalvertretung hat allerdings kein Rechtsschutzinteresse für eine gerichtliche Klärung, welche Dienststelle statt der entscheidenden Dienststelle an sich zur Entscheidung befugt gewesen wäre.[31] 20

Ob die Zuständigkeit des örtlichen Personalrats oder der Stufenvertretung gegeben ist, richtet sich letztlich danach, welche Dienststelle die beteiligungspflichtige Maßnahme mit **Außenwirkung** trifft.[32] Die Beteiligung des örtlichen Personalrats wird nicht dadurch ausgeschlossen, dass **(1)** der Dienststellenleiter der nachgeordneten Behörde die Maßnahme auf Weisung der übergeordneten Dienststelle durchführt,[33] **(2)** die Maßnahme auf höherer Ebene vorbereitet wurde oder **(3)** nur mit Zustimmung der höheren Dienststelle durchgeführt werden kann; in allen Fäl- 21

---

[22] VG Saarland 28. 5. 2001 PersV 2002, 73 (Zulassung zur Einführung in die Aufgaben des höheren Dienstes).

[23] BVerwG 19. 12. 1975 Buchholz 238.3 A § 82 BPersVG Nr. 1 = PersV 76, 457; vgl. auch BVerwG 8. 10. 1980 Buchholz 238.3 A § 88 BPersVG Nr. 1 = PersV 81, 503.

[24] BVerwG 13. 9. 2002 Buchholz 250 § 82 BPersVG Nr. 17 = PersR 2002, 515 (Einstellung von Anwärtern für den gehobenen Dienst); vgl. auch OVG Koblenz 19. 12. 2002 PersR 2003, 206 = PersV 2003, 228; dazu *Lauterbach* PersV 2004, 164.

[25] BAG 22. 8. 1996 AP 4 zu § 82 BPersVG = NZA 97, 170.

[26] BAG 27. 6. 1996 – 8 AZR 219/94 n. a. v.; 14. 12. 1994 AP 1 zu § 82 BPersVG = NZA 96, 222.

[27] BAG 26. 10. 1995 AP 34 zu Art. 20 Einigungsvertrag = NZA-RR 96, 407.

[28] BAG 22. 8. 1996 AP 4 zu § 82 BPersVG = NZA 97, 170.

[29] BAG 14. 12. 1994 AP 1 zu § 82 BPersVG = NZA 96, 222.

[30] BAG 27. 4. 1995 – 8 AZR 592/94 n. a. v.

[31] BVerwG 26. 1. 1968 AP 16 zu § 76 PersVG = PersV 68, 116.

[32] BAG 19. 4. 2007 AP 20 zu § 174 BGB; 9. 2. 1993 AP 16 zu Art. 56 ZA-Nato-Truppenstatut = NZA 93, 906; BVerwG 24. 9. 1985 Buchholz 238.3 A § 92 BPersVG Nr. 4 = PersV 88, 353.

[33] BAG 9. 2. 1993 AP 16 zu Art. 56 ZA-Nato-Truppenstatut = NZA 93, 906; vgl. auch BVerwG 3. 10. 1983 Buchholz 238.33 § 58 PersVG BR Nr. 4 = PersV 85, 506.

len bleibt der örtliche Personalrat zuständig, wenn der Dienststellenleiter vor Ort die Maßnahme mit Außenwirkung vornimmt. Ein Handeln mit Außenwirkung liegt aber nicht bereits dann vor, wenn der Dienststellenleiter ein Kündigungsschreiben mit dem Zusatz „im Auftrag" unterzeichnet. Dies kann auch ein Hinweis darauf sein, dass er die Kündigungserklärung nicht für seine Dienststelle, sondern für eine übergeordnete Behörde abgibt.[34] In diesem Fall verbleibt es bei der Zuständigkeit der Stufenvertretung. Diese ist auch dann zuständig, wenn die nachgeordnete Behörde die Entscheidung vorbereitet hat[35] oder sie sogar auf Vorschlag des Leiters der örtlichen Dienststelle ergeht, soweit sie nur tatsächlich mit Außenwirkung durch die höhere Dienststelle, bei der die Stufenvertretung gebildet ist, durchgeführt wird. Etwas anderes gilt nur im Falle des militärischen Befehls; wird eine Dienststelle durch Befehl angewiesen, eine beteiligungspflichtige Maßnahme durchzuführen, bleibt die Personalvertretung auf der Ebene zuständig, die den Befehl erteilt hat.[36]

22 **c) Fehlende Personalvertretung in personellen und sozialen Angelegenheiten.** Nach § 82 V BPersVG ist die Stufenvertretung auch zuständig, wenn personelle oder soziale Entscheidungen von einer Dienststelle getroffen werden, bei der keine für die Beteiligung zuständige Personalvertretung vorgesehen ist. Die Vorschrift setzt voraus, dass bei der zur Entscheidung befugten Dienststelle für die fragliche Maßnahme gar kein Personalrat gebildet werden könnte. Sie ist weder direkt noch analog anwendbar auf Fälle, in denen bei der entscheidenden Dienststelle ein Personalrat gebildet werden kann, seine Bildung jedoch unterblieben ist.[37] Die Vorschrift hatte im PersVG 1955 keinen Vorläufer; vielmehr greift sie eine Entwicklung der Rechtsprechung auf, die von dem Bemühen geprägt war, bestehende Beteiligungslücken zu schließen.[38] Dabei geht es insbesondere um die personalvertretungsrechtliche Erfassung von sog. Zwischendienststellen[39] oder von Dienststellen, die zentral für einen Geschäftsbereich für bestimmte Maßnahmen zuständig sind (z. B. Wohnungsfürsorge), ohne dass diese Dienststellen in die Oberste Dienstbehörde eingegliedert sind.[40] Zuständig ist nunmehr die Personalvertretung, die für die Dienststelle gebildet ist, die in der Behördenhierarchie aus der Sicht der betroffenen Beschäftigten und der zur Entscheidung befugten Dienststelle die erste gemeinsame Dienststelle ist. Das Bundesarbeitsgericht wendet § 82 V BPersVG auch auf die Fälle an, in denen eine Dienststelle den Auftrag hat, eine andere aufgelöste Dienststelle abzuwickeln. Soweit es dabei zu beteiligungspflichtigen Maßnahmen kommt, ist die Stufenvertretung zu beteiligen.[41]

23 **d) Zuständigkeitsabgrenzung zwischen Personalrat und Gesamtpersonalrat.** Nach dem BPersVG sind die Gesamtpersonalräte nicht in das Stufenverfahren für den Fall der fehlenden Einigung zwischen (Teil-)Dienststellenleiter und Personalvertretung eingebunden. Das ist im Landesrecht teilweise anders (z. B. § 62 VII 2 LPersVG MV). Für die Abgrenzung der Zuständigkeit zwischen Personalrat und Gesamtpersonalrat verweist § 82 III BPersVG auf § 82 I, II BPersVG. Danach folgt die Zuständigkeit der Personalvertretung der Zuständigkeit der Dienststelle bzw. ihrem verselbstständigten Teil, für den ein eigener Personalrat gebildet ist. Maßgeblich ist dementsprechend die Entscheidungsbefugnis des Behördenleiters.[42] Liegt diese bei dem Leiter der Stammdienststelle, kann wie beim Leiter der übergeordneten Dienststelle nicht allein auf die Befugnis abgestellt werden, vielmehr wird auch hier zusätzlich nach dem Adressatenkreis abgegrenzt. Wirkt sich die Maßnahme nur in der Stammdienststelle aus, ist deren Personalrat zu beteiligen;[43] geht die Maßnahme darüber hinaus[44] oder betrifft sie ausschließlich Beschäftigte des verselbstständigten Dienststellenteils, ist der Gesamtpersonalrat zuständig[45] (vgl. RN 18).

---

[34] BAG 29. 8. 1996 AP 62 zu Einigungsvertrag Anlage I Kap. XIX = NZA 97, 604.

[35] BVerwG 7. 8. 1996 Buchholz 250 § 78 BPersVG Nr. 16 = PersR 96, 493 = PersV 97, 112; 20. 1. 1993 AP 1 zu § 69 BPersVG = PersR 93, 310 = PersV 94, 219; 1. 4. 1986 Buchholz 238.3 A § 82 BPersVG Nr. 12.

[36] BVerwG 24. 9. 1985 Buchholz 238.3 A § 92 BPersVG Nr. 4 = PersV 88, 353.

[37] BVerwG 24. 10. 1975 Buchholz 238.3 A § 92 BPersVG Nr. 1.

[38] BAG 22. 8. 1996 AP 4 zu § 82 BPersVG = NZA 97, 170; 14. 12. 1994 AP 1 zu § 82 BPersVG = NZA 96, 222; 9. 2. 1993 AP 16 zu Art. 56 ZA-Nato-Truppenstatut = PersR 93, 373 = NZA 93, 906.

[39] BVerwG 13. 6. 1969 AP 4 zu § 74 PersVG = PersV 70, 360.

[40] BVerwG 24. 10. 1975 Buchholz 238.3 A § 82 BPersVG Nr. 1 = PersV 76, 457.

[41] BAG 22. 8. 1996 AP 4 zu § 82 BPersVG = NZA 97, 170; 26. 10. 1995 AP 34 zu Art. 20 Einigungsvertrag = PersV 96, 368.

[42] BAG 4. 7. 1991 – 2 AZR 79/91 n. a. v.

[43] BAG 3. 2. 1982 AP 1 zu Art. 77 LPVG Bayern.

[44] BAG 28. 7. 1998 AP 9 zu § 79 LPVG Baden-Württemberg = NZA 99, 780.

[45] BVerwG 15. 7. 2004 Buchholz 250 § 82 BPersVG Nr. 18 = PersR 2004, 396 = PersV 2005, 33; *Lauterbach* PersV 2004, 164.

4. Beteiligungsmöglichkeiten bei „ressortübergreifenden Maßnahmen“.[46] Der Grundgedanke der partnerschaftlichen Zuordnung von Dienststelle und dem bei ihr gebildeten Personalrat führt dazu, dass nach dem Gesetz eine Beteiligung ausscheidet, sofern verschiedene oberste Dienstbehörden gemeinsam einheitliche Regelungen treffen („ressortübergreifende Maßnahmen“ – z.B. Beurteilungsrichtlinien, Fortbildungskonzepte, Arbeitszeitregelungen), denn entweder steht dem entscheidenden Gremium – im Falle der Regelung im Regierungskabinett – keine Personalvertretung gegenüber, oder – im Falle der Erarbeitung durch ein Ministerium mit Wirkung auch für andere Ministerien – hat der vorhandene Personalrat keine Legitimation zur Beteiligung mit Wirkung für andere Ministerien. Diese Beteiligungslücke kann dadurch verhindert werden, dass man die Zustimmung der einzelnen obersten Landesbehörden zu einer einheitlichen Maßnahme als beteiligungspflichtige Maßnahme gegenüber dem Hauptpersonalrat im Ressort begreift;[47] dies stünde allerdings der wirksamen und schnellen Einführung einheitlicher Maßnahmen hinderlich entgegen. Einzelne Landesgesetzgeber haben daher für ressortübergreifende Maßnahmen ein neues Beteiligungsinstrument in Form der Vereinbarungen mit den Spitzenorganisationen der Gewerkschaften geschaffen.[48] Nach der Entscheidung des BVerfG[49] zum Mitbestimmungsgesetz in Schleswig-Holstein darf der Landesgesetzgeber ein solches Beteiligungsinstrument vorsehen, allerdings muss es der Regierung vorbehalten bleiben, derartige Vereinbarungen jederzeit aufzukündigen. Sieht ein Landesgesetz derartige Vereinbarungen vor, scheidet die Annahme, die Zustimmung jeder obersten Landesbehörde zu einer einheitlichen Regelung stelle selbst eine beteiligungspflichtige Maßnahme dar, aus. Die Landesregierung kann ohne Beteiligung der Personalräte durch Kabinettsbeschluss verbindliche Grundsätze für die gleitende Arbeitszeit der Landesbediensteten beschließen.[50] 23a

II. Sondervertretungen für einzelne Beschäftigtengruppen

Rudolph, Zusammenarbeit zwischen Personalrat und Jugend- und Auszubildendenvertretung, PersR 2008, 107; *Schmidt,* Die Vertretung der Schwerbehinderten durch Personalrat und Schwerbehindertenvertretung, PersR 2000, 150; *Seidel,* Rechte und Pflichten der Schwerbehindertenvertretung, PersR 2002, 458.

1. Sondervertretungen. Das BPersVG enthält Sonderregelungen für die Jugend- und Auszubildendenvertretung (§§ 57 ff. BPersVG) und die Vertretung der nichtständig Beschäftigten (§ 65 BPersVG). § 95 BPersVG lässt als (inzwischen abänderbare) Rahmenregelung daneben die Bildung von besonderen Vertretungen für Beamte im Vorbereitungsdienst bzw. Beschäftigte in entsprechender Berufsausbildung, Staatsanwälte, Polizeibeamte, Angehörige von Rundfunk- und Fernsehanstalten sowie für das Personal von Dienststellen, die bildenden, wissenschaftlichen oder künstlerischen Zwecken dienen, zu. Von dieser Möglichkeit wird in den Landesgesetzen vielfach Gebrauch gemacht. 24

Keine Organe der Personalvertretung sind die **Schwerbehindertenvertretung** nach § 94 SGB IX (§ 178 RN 64) und der **Vertrauensmann der Zivildienstleistenden** (§§ 1 ff. ZDVG), obwohl ihre Rechtsstellung vielfach derjenigen der Personalratsmitglieder entspricht. 25

2. Jugend- und Auszubildendenvertretung. a) Bildung. Voraussetzung für die Bildung einer JAV ist die regelmäßige Beschäftigung von fünf Arbeitnehmern, die zur JAV wahlberechtigt sind (§ 57 BPersVG). Die Jugend- und Auszubildendenvertretung (JAV) wird von den Beschäftigten gewählt, die das 18. Lebensjahr noch nicht vollendet haben (jugendliche Beschäftigte) sowie von den volljährigen Beschäftigten, die sich in einer beruflichen Ausbildung befinden und das 25. Lebensjahr noch nicht vollendet haben (§ 57 BPersVG). Keine JAV ist im Bereich des Bundesgrenzschutz zu bilden (§ 85 I Nr. 5 BPersVG). 26

Die JAV soll sich aus Vertretern der in der Dienststelle vertretenen Beschäftigtengruppen zusammensetzen (§ 59 II BPersVG), eine besondere Trennung nach Beamten und Angestellten ist nicht vorgesehen. Die Bildung der JAV ist abhängig von der **Existenz eines Personalrats;** wird er nicht gebildet oder entfallen die Voraussetzungen für die Personalratsfähigkeit der 27

---

[46] *Witt,* Vereinbarungen mit den Spitzenorganisationen der Gewerkschaften nach § 59 MBG SH, PersV 2002, 242.

[47] OVG Koblenz 21. 7. 1987 NVwZ 87, 1102 = PersV 89, 440.

[48] § 59 MBG SH, § 94 LPersVG HH, § 81 LPersVG NI; vgl. auch § 71 LPersVG MV i.V.m. § 112 LBeamtG MV.

[49] BVerfG 24. 5. 95 BVerfGE 93, 37 = PersR 95, 483 = PersV 95, 553; a.A.: VerfGH Rheinland-Pfalz 18. 4. 94 PersR 94, 269.

[50] BVerwG 8. 10. 2008 – 6 PB 21/08 – PersR 2008, 507; Vorinstanz: OVG Greifswald 7. 5. 2008 – 8 L 254/06 n.v.

Dienststelle, ist auch eine JAV nicht (mehr) zu bilden. Unschädlich ist allerdings eine nur vorübergehende personalratslose Zeit, z. B. nach einer erfolgreichen Wahlanfechtung.

28 Die **Amtszeit** der JAV beträgt zwei Jahre (§ 60 II 2 BPersVG); die Wahl wird durch einen Wahlvorstand, der vom Personalrat bestellt wird, geleitet (§ 60 I BPersVG). Sind auf Personalratsebene Stufenvertretungen gebildet, werden auch entsprechende Stufenvertretungen für die JAV gebildet (§ 64 I BPersVG).

29 **b) Aufgaben.** Die JAV ist keine Interessenvertretung gegenüber dem Dienststellenleiter.[51] Deshalb besteht gegenüber diesem kein direkter Verhandlungsanspruch über beteiligungspflichtige Maßnahmen, selbst wenn ein Personalrat vorübergehend nicht gebildet ist. Sie hat nur die Aufgabe, die Interessen der Jugendlichen und Auszubildenden gegenüber dem Personalrat wahrzunehmen. Dazu stehen ihr zunächst die Rechte aus § 34 III BPersVG (Einfluss auf die Tagesordnung der Personalratssitzung) und § 39 BPersVG (Aussetzung von Beschlüssen) zu. Daneben hat die gesamte JAV ein Teilnahmerecht an Sitzungen des Personalrats, wenn Themen behandelt werden, die die Interessen der von der JAV vertretenen Beschäftigten besonders betreffen.[52] Werden sie sogar „überwiegend betroffen" steht den Vertretern der JAV bei der Beschlussfassung Stimmrecht zu (§ 40 I 2, 3 BPersVG). Zur Feststellung der besonderen und überwiegenden Betroffenheit § 227 RN 12.

30 **3. Vertretung der nichtständig Beschäftigten.** Als weiteres Organ sieht § 65 BPersVG die Bildung einer Vertretung der nichtständig Beschäftigten vor. Entsprechende Regelungen finden sich nur in wenigen Landesgesetzen. Nichtständig sind Angehörige des öffentlichen Dienstes beschäftigt, wenn sie für höchstens sechs Monate eingestellt sind (z. B. Aushilfen, Vertretungen). Diese Beschäftigten können eine Vertretung wählen, wenn sie mehr als 20 Beschäftigte in der Dienststelle stellen. Die Wahl wird durch einen Wahlvorstand durchgeführt, der vom Personalrat bestellt wird. An Personalratssitzungen, die die Behandlung von Angelegenheiten vorsehen, die die nichtständig Beschäftigten besonders betreffen, können die Vertreter der nichtständig Beschäftigten mit beratender Stimme teilnehmen (§ 40 II BPersVG).

§ 265. Die Organisation der Personalverfassung

Übersicht

	RN
I. Bildung des Personalrats	1 ff.
1. Zeitpunkt der Personalratswahlen	1–5
2. Wahlvorstand	6–12
3. Aktives und passives Wahlrecht	13, 14
4. Größe und Zusammensetzung des Personalrats	15, 16
5. Wahlgrundsätze	17–20
6. Wahlschutz und -kosten	21
7. Anfechtung und Nichtigkeit der Wahl	22, 23
II. Personelle Zusammensetzung des Personalrats	24 ff.
1. Amtszeit des Personalrats	24–26
2. Erlöschen der Mitgliedschaft im Personalrat	27–37
3. Eintritt von Ersatzmitgliedern in den Personalrat	38, 39
4. Außerordentliche Beendigung der Amtszeit des Personalrats	40–43
III. Geschäftsführung des Personalrats	44 ff.
1. Innere Struktur des Personalrats	44–49
2. Aufgabenverteilung innerhalb des Personalrats	50–52
3. Beschlussfassung des Personalrats	53–59
4. Datenschutz	60
5. Sprechstunden	61
6. Personalversammlungen	62–67
7. Sonstige Kommunikationsmöglichkeiten	68
IV. Kosten der Personalratstätigkeit	69 ff.
1. Erforderlichkeit	69–71
2. Einzelfälle	72–75
3. Sachkosten	76–78

I. Bildung des Personalrats

Bosch, Bemerkungen zum Gruppenprinzip, PersV 96, 385; *Fleischmann,* Einstweilige Verfügung zur Sicherstellung der Wahl, PersR 2003, 121; *Glücks/Bremke,* Onlinewahlen – die Alternative im 21. Jahrhundert, ZfPR 2004, 48; *Gronimus/Wienzeck,* Regeln für „in der Regel Beschäftigte", PersR 2000, 91; *Ilbertz,* Einblicksrecht in Wahlunterlagen/Wählerverzeichnis?, ZfPR 2008, 19; *ders.,* Anspruch auf Erstattung außer-

[51] BVerwG 8. 7. 1977 Buchholz 238.3 A § 40 BPersVG Nr. 1.

[52] BVerwG 28. 10. 1993 Buchholz 250 § 40 BPersVG Nr. 2 = PersR 94, 119; 8. 7. 1977 Buchholz 238.3 A § 40 BPersVG Nr. 1.

gerichtlicher Kosten eines Wahlanfechtungsverfahrens, ZfPR 2000, 330; *ders.*, Die Aufstellung und Behandlung von Wahlvorschlägen, ZfPR 2004, 23; *ders.*, Zum Rücktritt des Personalrats nach gerichtlichem Ausschluss des Personalratsvorsitzenden, ZfPR 2004, 231; *Kersten,* Elektronische Kommunikation im Personalvertretungsrecht, PersV 2005, 244; *Klein,* Die Briefwahl im Bundespersonalvertretungsrecht: Ihre Voraussetzungen, Besonderheiten und ihre Tücken, ZfPR 2004, 18; *Krisam/Wienzeck,* Die konstituierende Sitzung des Personalrates, PersV 2004, 84; *dies.*, Personalratswahl in der Rechtsprechung – Personalratswahlen 2004, PersR 2004, 3; *Schneider,* Zur rechtlichen Bewertung von Online-Wahlen im Bundespersonalvertretungsrecht, PersV 2002, 136; *Süllwold,* Das Kennwort bei der Personalratswahl, ZfPR 2008, 23; *dies.*, Der TVöD, das Gruppenprinzip und die Personalratswahlen, ZfPR 2005, 116; *Weiß,* Mitgliedschaft im Personalrat und Wahlberechtigung bei Altersteilzeit, PersR 2000, 197; *Wolber,* Zum Kreis der Wahlberechtigten bei § 13 Abs. 1 BPersVG, PersR 2000, 148.

1. Zeitpunkt der Personalratswahlen. Die regelmäßigen Personalratswahlen finden alle vier Jahre in der Zeit vom 1. März bis 31. Mai statt (§ 27 I BPersVG); die nächsten regulären Wahlen werden 2008 stattfinden. Für Wahlen ab Oktober 2005 ist das neue Wahlrecht, das die Gruppen der Arbeiter und Angestellten zur Gruppe der Arbeitnehmer zusammenfasst, anzuwenden (§ 53 WahlO BPersVG – vgl. § 263 RN 8). Eine Neuwahl des Personalrats außerhalb des in § 27 I BPersVG genannten Zeitraums kommt nur unter den in § 27 II BPersVG abschließend aufgezählten Voraussetzungen in Betracht, die im Wesentlichen § 13 II BetrVG entsprechen (dazu § 219 RN 7 ff.). Lediglich § 13 II Nr. 4 BetrVG (erfolgreiche Anfechtung der Betriebsratswahl) findet keine Entsprechung im BPersVG, was jedoch ohne praktische Auswirkung bleibt. Da nach erfolgreicher, d. h. rechtskräftiger Wahlanfechtung kein Personalrat mehr besteht, folgt die Möglichkeit zur Neuwahl aus § 27 II Nr. 5 BPersVG. 1

Nach § 27 II Nr. 2 BPersVG sind Neuwahlen einzuleiten, wenn der Personalrat wegen **Erlöschens der Mitgliedschaft** einzelner Mitglieder trotz Berücksichtigung aller Ersatzmitglieder nicht mehr seine volle Stärke erreichen kann. Im Gegensatz zu § 13 II Nr. 2 BetrVG sind Neuwahlen erst dann durchzuführen, wenn nur noch 75 Prozent der regulären Mitgliederanzahl mit Amtsträgern besetzt werden kann. 2

Daneben finden nach § 27 IV BPersVG Neuwahlen statt, wenn eine in der Dienststelle vorhandene **Gruppe,** die bisher im Personalrat vertreten war, dort durch kein Mitglied mehr vertreten ist; die Wahl beschränkt sich jedoch auf diese Beschäftigtengruppe. Liegen die Voraussetzungen von § 27 II Nr. 2 BPersVG und die Voraussetzungen von § 27 IV BPersVG gleichzeitig vor, ist eine Neuwahl für den gesamten Personalrat durchzuführen, auch wenn sich der Mitgliederverlust nur auf eine Gruppe beschränkt.[1] 3

Nach § 27 II Nr. 3 BPersVG ist der Personalrat vorzeitig neu zu wählen, wenn er seinen **Rücktritt** beschlossen hat. Der Beschluss muss mit der Mehrheit der Mitglieder des Personalrats gefasst werden, einfache Stimmenmehrheit reicht nicht aus; Enthaltungen wirken daher wie Nein-Stimmen. Der Rücktrittsbeschluss ist an keine Voraussetzungen gebunden; eine gerichtliche Überprüfung der Motive des Rücktritts findet nicht statt.[2] Der Rücktrittsbeschluss ist wegen seiner rechtsgestaltenden Wirkung unwiderruflich.[3] Auch das Mitglied eines einköpfigen Personalrats soll nach § 27 II Nr. 3 BPersVG zurücktreten können,[4] was aber wegen der fehlenden Unterscheidbarkeit der Erklärung von der Amtsniederlegung nach § 29 I Nr. 2 BPersVG zweifelhaft ist. 4

In den in § 27 II Nr. 1–3 BPersVG geregelten Fällen führt der bestehende Personalrat die Amtsgeschäfte **kommissarisch** bis zur Neuwahl weiter; er ist daher auch für die Bestellung des Wahlvorstandes zuständig (§ 27 III BPersVG). Kommt der noch amtierende Personalrat dieser Pflicht nicht unverzüglich nach, muss der Dienststellenleiter auf Antrag nach § 20 II BPersVG eine Personalversammlung zur Wahl eines Wahlvorstandes einberufen. 5

2. Wahlvorstand. Die Einleitung und Durchführung der Wahlen obliegt dem Wahlvorstand. Er führt sein Amt eigenverantwortlich und **weisungsunabhängig.** Die Stellung des Wahlvorstands wird noch dadurch gestärkt, dass er nur in dem im Gesetz vorgesehenen Fall (§ 23 I 2 BPersVG) wegen Untätigkeit seines Amtes enthoben werden kann. Seine Amtszeit dauert bis zur Erledigung seiner Aufgabe oder bis zu der Feststellung, dass Wahlen mangels Wahlvorschlägen nicht durchgeführt werden können (§ 11 III WahlO-PersVG). 6

---

[1] BVerwG 18. 3. 1982 Buchholz 238.3 A § 27 BPersVG Nr. 1 = PersV 83, 71.

[2] BVerwG 7. 5. 2003 AP 1 zu § 28 LPVG Baden-Württemberg = PersR 2003, 313 = PersV 2003, 423; 26. 11. 1992 AP 1 zu § 24 LPVG Berlin = PersR 93, 119 = PersV 93, 235; VGH Mannheim 19. 11. 2002 PersR 2003, 81.

[3] VGH München 31. 7. 1985 PersV 86, 516.

[4] *Ilbertz/Widmaier* § 27 RN 22.

7 **a) Bildung des Wahlvorstands.** Der bestehende Personalrat bestellt bei turnusmäßigen Wahlen spätestens acht Wochen vor Ablauf seiner Amtszeit durch Beschluss[5] einen Wahlvorstand (§ 20 I BPersVG). Sind während der laufenden Amtszeit Neuwahlen erforderlich, hat der Personalrat in den Fällen der § 27 II Nr. 1–3 BPersVG den Wahlvorstand unverzüglich zu bestellen. Wird kein Wahlvorstand bestellt, hat der Dienststellenleiter auf Antrag von mindestens drei Wahlberechtigten oder einer in der Dienststelle vertretenen Gewerkschaft eine Betriebsversammlung einzuberufen, auf der dann ein Wahlvorstand gewählt wird (§ 20 II BPersVG). Gleiches gilt, wenn der bereits bestellte oder gewählte Wahlvorstand seinen Verpflichtungen zur Einleitung und Durchführung der Wahl nicht nachkommt (§ 23 I 2 BPersVG). Dies setzt entweder eine völlige Untätigkeit des Wahlvorstands voraus oder eine so zögerliche Wahlvorbereitung, dass ein nahtloser Anschluss der Amtszeit des neuen Personalrats an die des alten Personalrats nicht mehr gegeben ist. Der Personalrat kann noch bis zur Wahl eines Wahlvorstands in der Personalversammlung dessen Bestellung nachholen.[6]

8 **Besteht** in der Dienststelle **kein Personalrat,** wird der Wahlvorstand in einer Personalversammlung gewählt. Zu dieser Versammlung hat der Leiter der Dienststelle einzuladen (§ 21 BPersVG). Es obliegt seinem Ermessen, ob und wann er einen Anlass sieht, zu einer solchen Versammlung einzuladen. Stellt er fest, dass die Beschäftigten der Dienststelle einen Personalrat wählen wollen, muss er eine Personalversammlung einberufen. Diese ist ohne Rücksicht auf die Anzahl der anwesenden Beschäftigten beschlussfähig.[7] Für die Wahl bestehen keine Förmlichkeiten.

9 **Findet** trotz ordnungsgemäßer Einladung in den Fällen von §§ 20 II, 21 BPersVG **keine Personalversammlung statt** oder wählt die Versammlung keinen Wahlvorstand, bestellt der Leiter der Dienststelle auf Antrag von mindestens drei Wahlberechtigten oder einer in der Dienststelle vertretenen Gewerkschaft einen Wahlvorstand (§ 22 BPersVG).

10 Wird der Personalrat durch eine **gerichtliche Entscheidung** aufgelöst, setzt der Vorsitzende der Fachkammer des Verwaltungsgerichts den Wahlvorstand von Amts wegen ein (§ 28 II BPersVG). Die Bestellung hat unverzüglich nach Eintritt der Rechtskraft der erfolgreichen Auflösungsentscheidung zu erfolgen. Zuständig ist das Verwaltungsgericht. Die Entscheidung des Vorsitzenden ist nur mit der sofortigen Beschwerde angreifbar. § 87 ArbGG ist unanwendbar, da die Bestellung des Wahlvorstands keine verfahrensbeendende Entscheidung ist. Der nach § 28 II BPersVG bestellte Wahlvorstand nimmt auch die Befugnisse und Pflichten eines Personalrats bis zur Neuwahl wahr (§ 28 II 3 BPersVG).

11 **b) Zusammensetzung des Wahlvorstands.** Der Wahlvorstand besteht stets aus drei Wahlberechtigten. Sind in der Dienststelle Angehörige verschiedener Gruppen beschäftigt, muss jede Gruppe im Wahlvorstand vertreten sein (§ 20 I 2 BPersVG). Ein Zwang zur Amtsübernahme besteht nicht. Ist kein Gruppenmitglied zur Amtsübernahme bereit, wird die Gruppe bei der Bildung des Wahlvorstands nicht berücksichtigt. Wird der Wahlvorstand in einer Personalversammlung gewählt, ist in der Nichtteilnahme aller Beschäftigten einer Gruppe an der Versammlung ein ausreichendes Indiz zu sehen, dass keine Bereitschaft zur Kandidatur besteht.[8] Die in der Dienststelle vertretenen Gewerkschaften haben das Recht, zu den Sitzungen des Wahlvorstandes einen Beauftragten mit beratender Stimme zu entsenden (§ 20 I 4 BPersVG).

12 **c) Rechtsstellung der Wahlvorstandsmitglieder.** Die Mitglieder des Wahlvorstands führen ihr Amt ehrenamtlich und unentgeltlich; die Tätigung im Wahlvorstand darf aber zu keiner Minderung der Vergütung führen (§§ 24 II, 46 I BPersVG). Insgesamt bestehen keine Besonderheiten gegenüber dem Betriebsverfassungsrecht (dazu § 217 RN 8). Die Mitglieder des Wahlvorstands haben besonderen Kündigungsschutz (§ 15 II, III i. V. m. §§ 24 I, 47 I BPersVG, dazu § 143 RN 6 ff.). Versetzungen sind nur unter den Voraussetzungen des § 47 II BPersVG zulässig (§ 266 RN 27).

13 **3. Aktives und passives Wahlrecht. Wahlberechtigt** sind alle Beschäftigten der Dienststelle, die das 18. Lebensjahr vollendet haben (§ 13 BPersVG). Beschäftigte, die am Wahltage seit mehr als sechs Monaten unter Wegfall der Bezüge beurlaubt sind, verlieren ihr Wahlrecht (§ 13 I 3 BPersVG). Ist ein Beschäftigter zu einer anderen Dienststelle abgeordnet, wird er dort wahlberechtigt, sobald die Abordnung länger als drei Monate dauert; zu diesem Zeitpunkt verliert er das Wahlrecht in seiner Dienststelle (§ 13 II BPersVG). In Zweifelsfällen ist darauf abzustellen,

---

[5] BVerwG 5. 2. 1965 AP 1 zu § 17 PersVG = PersV 65, 109.

[6] *Ilbertz/Widmaier* § 20 RN 14.

[7] *Ilbertz/Widmaier* § 20 RN 19.

[8] OVG Hamburg 7. 8. 1991 PersR 93, 48 = PersV 92, 477.

ob noch eine Zugehörigkeit zur Dienststelle vorliegt (vgl. § 263 RN 15); diese ist für einen Beschäftigten, der Altersteilzeit im Blockmodell wahrnimmt, während der Freistellungsphase nicht mehr gegeben;[9] sie fehlt auch bei Arbeitsverhältnissen die nach § 33 II 6 TVöD, § 59 BAT, § 62 MTB wegen des befristeten Bezugs einer Erwerbsunfähigkeitsrente ruhen.[10] Wann (kreis-)kommunale Beschäftigte, die ihre Tätigkeit in einer ARGE nach § 44b SGB II versehen, ihr Wahlrecht zur Personalvertretung in der Gebietskörperschaft verlieren, hängt von den unterschiedlich ausgestalteten landesrechtlichen Regelungen ab. Das BVerwG misst der Frage wegen der bis Ende 2010 begrenzten Existenz der ARGE keine grundsätzliche Bedeutung bei.[11]

Wählbar sind nach § 14 I BPersVG die wahlberechtigten Beschäftigten, die seit einem Jahr im öffentlichen Dienst beschäftigt sind und mindestens sechs Monate dem Geschäftsbereich ihrer obersten Dienstbehörde angehören. § 14 II 1 BPersVG, der für Teilzeitbeschäftigte mit weniger als 18 Wochenstunden das passive Wahlrecht versagt hatte, ist mit Gesetz vom 4. 11. 2004 (BGBl. I S. 2686) wegen Unvereinbarkeit mit dem Verbot der Geschlechtsdiskriminierung ersatzlos gestrichen worden; dem Bundesgesetzgeber sind inzwischen die meisten Bundesländer gefolgt.[12] Soweit im Landesrecht noch entsprechende Regelungen enthalten sind, sind sie wegen Verstoß gegen Art. 1, 2, 3 RL 76/207/EWG nicht anzuwenden. Nicht wählbar sind Beamte im Vorbereitungsdienst und vergleichbare Beschäftigte – entscheidend ist der planmäßige Wechsel der Einsatzdienststellen zu Ausbildungszwecken[13] – für die Wahl in den Stufenvertretungen (§ 14 II BPersVG) sowie der Dienststellenleiter und sein ständiger Vertreter (§§ 14 III, 7 BPersVG). Gleiches gilt für sonstige Beschäftigte, die zur selbstständigen Entscheidungen in Personalangelegenheiten (§§ 75 I, 76 I BPersVG) befugt sind.[14] Ist im Landesrecht der Begriff der Personalangelegenheiten nicht besonders definiert, sind darunter Angelegenheiten zu verstehen, die zwischen Dienststelle und Personalrat förmlich zu verhandeln sind, d. h. personelle Angelegenheiten, die der Mitbestimmung oder der Mitwirkung unterliegen.[15] Selbstständig bedeutet, der Beschäftigte muss stellenplan- bzw. geschäftsordnungsmäßig die Befugnis haben, in Personalangelegenheiten in eigener Verantwortung endgültig zu entscheiden. Darunter fallen nicht Personen, die solche Entscheidungen lediglich vorzubereiten haben oder an das Einverständnis anderer gebunden sind. In der Regel wird die Entscheidungsberechtigung in der Zeichnungsbefugnis zum Ausdruck kommen. Unschädlich ist, wenn die Dienstkraft an Richtlinien und Weisungen des Dienststellenleiters und der übergeordneten Dienststelle gebunden ist.[16] 14

4. Größe und Zusammensetzung des Personalrats.[17] Die Größe des Personalrats richtet sich nach der Staffel in § 16 BPersVG. Bei der Beschäftigung von Angehörigen verschiedener Gruppen werden die Sitze im Personalrat auf die einzelnen Gruppen (Beamte, Arbeitnehmer) entsprechend ihrer Stärke aufgeteilt (§ 17 I BPersVG).[18] Die Verteilung der Sitze ist nach den Grundsätzen der Verhältniswahl zu bestimmen. Das so ermittelte Ergebnis wird nach § 17 III, V BPersVG gegebenenfalls zu Gunsten kleiner Gruppen abgeändert; unter den Voraussetzungen des § 17 IV BPersVG kann schließlich die Zahl der Personalratsmitglieder auf vier erhöht werden. Die Belegschaft kann im Vorfeld der Personalratswahlen in getrennten und geheimen Wahlen eine andere Verteilung der Sitze auf die Gruppen beschließen (§ 18 BPersVG). 15

Maßgeblicher **Zeitpunkt** für die Beurteilung der Größe und Zusammensetzung des Personalrats ist der Tag des Erlasses des Wahlausschreibens; hiervon ausgehend ist eine Prognose des 16

---

[9] BVerwG 15. 5. 2002 Buchholz 251.7 § 10 NWPersVG Nr. 1 = PersR 2002, 438; so jetzt ausdrücklich auch § 11 I 2 LPersVG BW.

[10] BVerwG 15. 5. 2002 Buchholz 251.7 § 10 NWPersVG Nr. 1 = PersR 2002, 438.

[11] BVerwG 15. 5. 2008 PersR 2008, 379; zum Landesrecht vgl. OVG Greifswald 29. 11. 2006 – 8 L 426/05 n. v.; OVG Potsdam 21. 11. 2007 – 61 PV 2.07 n. v.; OVG Koblenz 8. 3. 2006 PersR 2006, 349 = PersV 2006, 429.

[12] Damit sind der Bund und die Länder einer absehbaren Niederlage vor dem EuGH in der Sache C-204/04 (ABl. 2004/C 201/7 v. 7. 8. 2004) zuvorgekommen.

[13] BVerwG 11. 9. 2007 Buchholz 250 § 13 BPersVG Nr. 3 = PersR 2007, 484.

[14] BVerwG 28. 6. 2002 Buchholz 251.4 § 88 HambPersVG Nr. 1 = PersR 2002, 471 = PersV 2003, 110 (Zweiter Stellvertreter des Dienststellenleiters ohne Personalbefugnis gehört zu dem Personenkreis); a. A. OVG Hamburg 26. 11. 2001 PersR 2002, 347 als Vorinstanz; vgl. auch OVG Lüneburg 5. 6. 2002 PersR 2002, 487 = PersV 2002, 497 (Abwesenheitsvertreter eines kommunalen Personalamtsleiters).

[15] BVerwG 22. 6. 2005 Buchholz 251.2 § 13 BlnPersVG Nr. 2 = PersV 2006, 18; weiter einschränkend VGH München 12. 12. 2001 PersV 2002, 499 (die Zuständigkeit, dienstliche Beurteilungen abzugeben, sei nicht ausreichend).

[16] BVerwG 22. 6. 2005 Buchholz 251.2 § 13 BlnPersVG Nr. 2 = PersR 2005, 464 = PersV 2006, 18.

[17] *Bosch* PersV 96, 385.

[18] Nach VGH München 24. 10. 2006 PersV 2007, 449 soll eine im Jahr 2006 durchgeführte Wahl nach altem Recht nichtig sein (zweifelhaft).

mutmaßlichen regelmäßigen Beschäftigtenstandes während der Wahlperiode vorzunehmen.[19] Bereits feststehende Veränderungen bei der Größe und Zusammensetzung der Belegschaft sind zu berücksichtigen. Maßgeblich ist die Zahl der regelmäßig Beschäftigten, weshalb ein Rückgriff auf die Festlegungen im Stellenplan zulässig ist. Nur wenn von diesen über einen längeren Zeitraum abgewichen wird, ist auf die tatsächlichen Verhältnisse abzustellen;[20] Gleiches gilt, wenn in der Dienststelle regelmäßig befristet beschäftigte Arbeitnehmer tätig sind, die nicht im Stellenplan erscheinen.[21]

17 **5. Wahlgrundsätze. a) Gruppenprinzip.** Die Wahlen werden getrennt in den Gruppen durchgeführt (Gruppenwahl). Eine Ausnahme besteht nur, wenn jede Gruppe mehrheitlich die Durchführung einer gemeinsamen Wahl beschlossen hat (§ 19 II BPersVG i. V. m. § 4 WahlO-BPersVG). In der Regel findet Verhältniswahl statt. Kandidiert nur eine Vorschlagsliste oder besteht der ganze Personalrat bzw. die Vertretung einer Gruppe nur aus einer Person, findet insoweit Mehrheitswahl statt (§ 19 III BPersVG).

18 **b) Unterstützungsquoren für Wahlvorschläge.** Wahlvorschläge der Beschäftigten werden nur zugelassen, wenn sie von weiteren Mitgliedern der Gruppe bzw. der Belegschaft unterstützt werden. Das notwendige Quorum beträgt im Regelfall $^1/_{20}$ der Belegschaft; ausreichend sind stets 50 Stützunterschriften (§ 19 IV BPersVG). Die in der Dienststelle vertretenen Gewerkschaften dürfen eigene Wahlvorschläge einreichen, die von zwei dienststellenangehörigen Beauftragten unterzeichnet sein müssen[22] (§ 19 IV, IX BPersVG). Besteht in der Dienststelle kein Personalrat, müssen die Beauftragten allerdings weder wahlberechtigt noch wählbar sein (§ 19 VIII BPersVG).

19 **c) Frauenförderung.** In einigen Landesgesetzen bestehen besondere Wahlrechtsvorschriften, die dem Ziel dienen, die tatsächliche Gleichberechtigung der Frau im Erwerbsleben weiter zu fördern. Nach § 15 LPersVG NI werden die Sitze der Gruppen im Personalrat entsprechend dem Anteil der Geschlechter innerhalb der Beschäftigten der Gruppe auf die Männer und Frauen verteilt, sofern der Gruppe mehr als ein Sitz zusteht.[23] Nach § 10 II MBG SH sind Frauen und Männer bei der Bildung des Personalrats entsprechend ihrem Anteil an den wahlberechtigten Beschäftigten der Dienststelle zu berücksichtigen. Die Vorschriften sind von der Rspr. als verfassungsgemäß angesehen worden.[24]

20 **d) Inkompatibilität.** Im Landesrecht finden sich gelegentlich Regelungen, nach denen die gleichzeitige Mitgliedschaft im Personalrat und in dem für Personalangelegenheiten zuständigen Gremium unvereinbar (inkompatibel) ist.[25] Solche Regelungen verstoßen nicht gegen höherrangiges Recht.[26]

21 **6. Wahlschutz und -kosten.** Nach § 26 II BPersVG trägt die Dienststelle die Kosten der Wahl. Zudem darf die Teilnahme an der Wahl, die Teilnahme an einer Personalversammlung zur Wahl des Wahlvorstandes und die Tätigkeit im Wahlvorstand zu keiner Minderung der Vergütung führen (Einzelheiten unter § 218 RN 7 ff.). Nach § 24 I BPersVG ist die Behinderung der Personalratswahl unzulässig, gleiches gilt für eine Einflussnahme durch sittenwidrige Maßnahmen. Die Vorschrift entspricht inhaltlich § 20 I, II BetrVG (§ 218 RN 1 ff.).

22 **7. Anfechtung und Nichtigkeit der Wahl.** Nach § 25 BPersVG können die Personalratswahlen angefochten werden. Die Vorschrift entspricht § 19 BetrVG (§ 218 RN 11 ff.). Zuständig sind die Verwaltungsgerichte (§ 83 I Nr. 1, 2 BPersVG). Die Wahlanfechtungsfrist beträgt 12 Arbeitstage; sie beginnt mit der ordnungsgemäßen Bekanntmachung des Wahlergebnisses.[27] Die Selbstständigkeit einer Neben- oder Teildienststelle (§ 264 RN 5 ff.) kann ebenso außerhalb eines Wahlanfechtungsverfahrens geltend gemacht werden,[28] wie Streitigkeiten um die Wahlberechtigung und Wählbarkeit eines oder mehrerer Beschäftigten. Der Ausschluss des Wahlanfech-

---

[19] OVG Münster 24. 1. 2002 PersR 2002, 348 = PersV 2002, 495.
[20] BVerwG 5. 5. 1978 Buchholz 238.3 A § 17 BPersVG Nr. 1.
[21] OVG Münster 24. 1. 2002 PersR 2002, 348 = PersV 2002, 495.
[22] Zu der Möglichkeit eines gemeinsamen Wahlvorschlags mehrerer Berufsverbände nach § 19 LPersVG ST vgl. OVG Magdeburg 6. 3. 2002 PersV 2002, 511 = ZfPR 2002, 333.
[23] Zur Sitzverteilung auf die Listen OVG Lüneburg 15. 7. 1998 PersV 99, 417; zu den Anforderungen an die Wahlvorschläge OVG Lüneburg 5. 6. 2002 PersR 2002, 448 = PersV 2002, 509.
[24] BVerwG 5. 1. 2000 Buchholz 251.95 § 10 MBG SH Nr. 1 = PersR 2000, 239 = PersV 2001, 81.
[25] Vgl. z. B. § 63 I Fachhochschulgesetz Baden-Württemberg; § 12 IV WissHG NRW; § 10 IV Hessisches Hochschulgesetz.
[26] BVerwG 11. 8. 1993 Buchholz 421.2 Hochschulrecht Nr. 136.
[27] BVerwG 23. 10. 2003 AP 1 zu § 23 BPersVG = PersR 2004, 35 = PersV 2004, 99.
[28] BVerwG 17. 12. 1957 Buchholz 238.3 § 7 PersVG Nr. 2.

tungsrechts der Gewerkschaften bei Wahlen im Geschäftsbereich des BND (§ 86 Nr. 12 BPersVG) verstößt nicht gegen Art. 9 III GG.[29] Wie im BetrVG kann bei wesentlichen Verstößen gegen Vorschriften des Wahlverfahrens der Erlass einer einstweiligen Verfügung zum Abbruch der Wahl in Betracht kommen.[30] Ist die Wahlanfechtung erfolgreich, findet keine Neuwahl, sondern nach Ansicht des BVerwG eine **Wiederholungswahl** statt. Dies gilt selbst dann, wenn nicht nur die Wahl einer Gruppe erfolgreich angefochten wurde, sondern auch bei Wiederholung der gesamten Personalratswahl. Für die erneut durchzuführende Wahl sollen die Verhältnisse der angefochtenen Wahl, insbesondere das seinerzeitige Wählerverzeichnis und Wahlausschreiben maßgeblich sein. Lediglich unumgängliche Anpassungen dürfen vorgenommen werden (veränderter Wahltermin bzw. Fristen). Beschäftigte, die ihren Gruppenstatus verändert haben, werden zu der Gruppe gezählt, der sie zum Zeitpunkt der angefochtenen Wahl angehört haben.[31] Ein Bewerber, der bei der angefochtenen Wahl für eine andere Gruppe kandidiert hat, aber nicht gewählt wurde, ist daher gehindert, bei der Wiederholungswahl als Bewerber seiner Gruppe aufzutreten.[32] Diese Rspr. ist abzulehnen, sie lässt sich weder mit dem Wortlaut des § 27 II BPersVG noch auf andere Weise überzeugend begründen.

Wie im BetrVG (§ 218 RN 12f.) kann auch die **Nichtigkeit** der Wahl jederzeit geltend gemacht werden, wenn gegen allgemeine Grundsätze einer ordnungsgemäßen Wahl in einem so hohen Maße verstoßen wurde, dass auch der Anschein einer rechtmäßigen Wahl nicht mehr vorliegt.[33] 23

II. Personelle Zusammensetzung des Personalrats

Besgen/Langner, Zum Übergangsmandat des Personalrats bei der privatisierenden Umwandlung, NZA 2003, 1239; *Boecken,* Betriebsübergang und Umwandlung – Kreiskrankenhaus, RdA 2001, 240; *Gronimus,* Vorzeitiges Ende der Amtszeit in Dienststellen mit Gesamtpersonalrat und die Wirkung von Verselbständigungsbeschlüssen, PersV 2001, 103; *ders.,* Organisationsprobleme für Personalräte bei Auflösung/Neuaufstellung von Dienststellen und Mittelbehörden, PersR 2001, 189; *Krisam,* Ersatzmitglieder des Personalrates, PersV 2007, 504; *Kunze,* Die Amtszeit des Personalrats, PersV 2001, 359; *Leuze,* Fragen zu § 25 Abs. 1 LPVG NRW – Mitgliederausschluss-Personalratsauflösung, PersV 2001, 544; *von Roetteken,* Europäisches Gemeinschaftsrecht, PersR 2003, 35; *Rothländer,* Anteilige Repräsentanz von Männern und Frauen im Personalrat, PersR 2000, 408; *Ruge/Maerker,* Arbeits- und personalvertretungsrechtliche Aspekte bei der Vereinigung von Krankenkassen, ZTR 2007, 663; *Schlatmann,* Der Ausschluss eines Personalratsmitgliedes, FS Lorenzen (2007), S. 69; *Schröder,* Die Amtsniederlegung im Personalrat, PersR 2006, 280; *Schubert,* Das „Restmandat" bei Betriebsrat und Personalrat, ArbuR 2003, 132; zur Privatisierung vgl. die Nachw. bei § 264 RN 1.

1. Amtszeit des Personalrats. Für die im regelmäßigen Wahlzeitraum (§ 27 I BPersVG) gewählten Personalvertretungen beträgt die Amtszeit vier Jahre (§ 26 Satz 1 BPersVG). Die Amtszeit beginnt mit dem Tag der Wahl; bei mehrtägiger Stimmabgabe ist der letzte Tag der Stimmabgabe maßgeblich.[34] Ist der zum Zeitpunkt der Wahl noch bestehende Personalrat ebenfalls aus Wahlen im regelmäßigen Wahlzeitraum hervorgegangen, beginnt die Amtszeit des neu gewählten Personalrats erst am Tag nach Ablauf der vierjährigen Amtszeit des alten Personalrats (§ 26 Satz 2 BPersVG). 24

Vor seiner Konstituierung durch die Wahl eines Vorstandes ist der neu gewählte Personalrat noch nicht handlungsfähig. Die Vorstandswahlen können aber bereits vor dem Ablauf der Amtszeit des alten Personalrats durchgeführt werden, auch den besonderen Kündigungs- und Versetzungsschutz erlangen die Personalratsmitglieder bereits mit der Wahl.[35] 25

Ist der bestehende **Personalrat außerhalb des regelmäßigen Wahlzeitraums gewählt** worden, fehlt es an einer Regelung, an welchem Tag die Amtszeit endet. Durch § 27 V BPersVG wird lediglich sichergestellt, dass die nächste erforderliche Neuwahl wieder in einen regelmäßigen Wahlzeitraum fällt. Nach Auffassung des BVerwG dauert die Amtszeit in diesem Fall bis zum 31. Mai des Jahres der regelmäßigen Wahlen.[36] 26

---

[29] BVerwG 26. 11. 2008 – 6 P 7/08 – PersV 2009, 138.

[30] BVerwG 14. 4. 2008 PersR 2008, 417 = PersV 2008, 340; OVG Münster 16. 5. 1978 PersV 80, 243.

[31] BVerwG 19. 12. 2006 Buchholz 250 § 17 BPersVG Nr. 4 = PersR 2007, 125 = PersV 2007, 363; 15. 2. 1994 AP 21 zu § 81 ArbGG 1979 = PersR 94, 167 = PersV 95, 21.

[32] VGH Mannheim 19. 7. 1983 ZBR 84, 153.

[33] BVerwG 5. 2. 1971 AP 2 zu § 53 PersVG = PersV 72, 34.

[34] *Ilbertz/Widmaier* § 26 RN 4.

[35] *Ilbertz/Widmaier* § 26 RN 6; Richardi/*Schwarze* § 26 RN 14.

[36] BVerwG 10. 6. 1998 Buchholz 250 § 27 BPersVG Nr. 4 = PersR 98, 520 = PersV 99, 217; a. A. wohl BAG 28. 9. 1983 AP 1 zu § 21 BetrVG 1972 = NZA 84, 52.

27 **2. Erlöschen der Mitgliedschaft im Personalrat.** Die Erlöschenstatbestände in § 29 BPersVG beziehen sich nur auf die einzelnen Mitglieder im Personalrat, die Auflösung des gesamten Personalrats ist in § 28 BPersVG geregelt. Das BVerwG erstreckt die Erlöschensgründe des § 29 BPersVG auch auf die gewählten Ersatzmitglieder. Endet das Dienstverhältnis eines Beamten auf Widerruf, führt dies zur Beendigung seiner Stellung als Ersatzmitglied, selbst wenn im unmittelbaren Anschluss ein Beamtenverhältnis auf Probe begründet wird.[37] Gehört ein Beschäftigter mehreren Personalvertretungen an, endet aber nicht zwangsläufig die Mitgliedschaft in den anderen Personalvertretungen, vielmehr ist dies im Einzelfall zu prüfen (RN 31). § 29 BPersVG wird durch § 30 BPersVG ergänzt, wonach die Mitgliedschaft eines Beamten im Personalrat ruht, solange ihm im Vorgriff auf ein Disziplinarverfahren die Führung der Dienstgeschäfte nach § 66 BBG verboten wurde oder er wegen eines gegen ihn schwebenden Disziplinarverfahrens vorläufig des Dienstes enthoben ist. Auf Arbeitnehmer ist diese Vorschrift aber nicht entsprechend anzuwenden.

28 **a) Amtsniederlegung.** Die Mitgliedschaft im Personalrat endet mit der Niederlegung des Amtes (§ 29 I Nr. 2 BPersVG), dazu § 218 RN 10. Die Amtsniederlegungserklärung ist nicht widerruflich.[38]

29 **b) Beendigung des Dienstverhältnisses.** Nach § 29 I Nr. 3 BPersVG erlischt die Mitgliedschaft im Personalrat mit der Beendigung des Dienstverhältnisses des Beschäftigten. Bei Beamten endet das Dienstverhältnis durch Entlassung, Verlust der Beamtenrechte, Entfernung aus dem Beamtenverhältnis nach dem Bundesdisziplinargesetz oder mit dem Eintritt in den Ruhestand (§§ 30ff. BBG). Außerdem endet es mit der Feststellung der Nichtigkeit der Ernennung (§ 13 BBG) oder ihrer Zurücknahme (§ 14 BBG). Für die Zeit der entsprechenden Verwaltungsverfahren besteht die Mitgliedschaft fort, sofern nicht die Voraussetzungen des § 30 BPersVG vorliegen. Zur Beendigung des Dienstverhältnisses bei Arbeitnehmern § 219 RN 11. Mit Beginn der Freistellungsphase bei Altersteilzeit im Blockmodell erlischt das Personalratsmandat des betroffenen Beschäftigten (zu den Auswirkungen auf die Wahlberechtigung vgl. § 265 RN 13); zu der entsprechenden Frage im Betriebsverfassungsrecht vgl. § 217 RN 11.[39]

30 **c) Ausscheiden aus der Dienststelle.** Die Mitgliedschaft im Personalrat endet auch durch Ausscheiden des Beschäftigten aus der Dienststelle, für die der Personalrat gewählt wurde (§ 29 I Nr. 4 BPersVG). Da die Beendigung des Dienstverhältnisses bereits nach § 29 I Nr. 3 BPersVG zum Erlöschen der Mitgliedschaft führt, beschränkt sich der Anwendungsbereich der Nr. 4 im Wesentlichen auf das Ausscheiden durch Versetzung.

31 Das Ausscheiden führt aber nur zum Amtsverlust in der Beschäftigtenvertretung, deren Vertretungsbereich der Bedienstete verlässt. Die Mitgliedschaft in einer Stufenvertretung erlischt nur, wenn das Mitglied den Geschäftsbereich, für den die Stufenvertretung gebildet ist, verlässt.[40] Dies gilt selbst dann, wenn das Arbeitsverhältnis zu einer Dienststelle förmlich beendet und zu einer neuen Dienststelle in demselben Geschäftsbereich neu begründet wird.[41] Ist hingegen der Beschäftigte Mitglied in einem Personalrat einer nach § 6 III BPersVG verselbstständigten Dienststelle, führt auch seine Versetzung in die Stammdienststelle zu einem Amtsverlust.

32 **d) Verlust der Wählbarkeit.** Nach § 29 I Nr. 5 BPersVG erlischt die Mitgliedschaft im Personalrat, wenn das Mitglied des Personalrats die Wählbarkeit (§ 14 BPersVG) verliert. Letzteres führt nur zu einem Amtsverlust, wenn die Wählbarkeit nach dem Wahltag entfällt. Haben die Voraussetzungen des § 14 BPersVG bereits zum Zeitpunkt der Wahl nicht vorgelegen, kann dies nur im Rahmen einer Wahlanfechtung (§ 25 BPersVG) geltend gemacht werden oder in einem verwaltungsgerichtlichen Beschlussverfahren nach § 29 I Nr. 7 BPersVG.

33 Der Verlust der Wählbarkeit tritt ein, wenn dem Mitglied durch Richterspruch die Fähigkeit aberkannt wurde, Rechte aus öffentlichen Ämtern zu erlangen (§ 14 I 2 BPersVG). Gleiches gilt, wenn das Mitglied zum **Leiter der Dienststelle** oder zu dessen ständigem Vertreter, für die der Personalrat zuständig ist, bestellt wurde (§ 14 III i. V. m. § 7 BPersVG) oder dem Mitglied nach der Wahl die Befugnis zu selbstständigen Entscheidungen in Personalangelegenheiten der Dienststelle übertragen wird (§ 14 III BPersVG). Der Verweis in § 29 I Nr. 5 BPersVG auf § 14 II 1 BPersVG läuft leer, da die Vorschrift inzwischen aufgehoben ist.

---

[37] BVerwG 4. 9. 1995 Buchholz 251.7 § 26 NWPersVG Nr. 1 = PersR 96, 115 = PersV 96, 215.

[38] BVerwG 9. 10. 1959 AP 2 zu § 27 PersVG = Buchholz 238.3 § 27 PersVG Nr. 1 = PersV 60, 19; ebenso OVG Lüneburg 9. 9. 1994 PersR 94, 564; zum Rücktrittsbeschluss RN 4.

[39] BVerwG 15. 5. 2002 AP 1 zu § 19 BPersVG = Buchholz 250 § 29 BPersVG Nr. 4 = PersR 2002, 434.

[40] BVerwG 29. 4. 1981 Buchholz 238.3 A § 47 BPersVG Nr. 3 = PersV 82, 406; BAG 11. 7. 1990 AP 1 zu § 54 BPersVG = NZA 90, 983.

[41] BAG 11. 7. 1990 AP 1 zu § 54 BPersVG = NZA 90, 983.

Nicht zum Amtsverlust führt auch das nur **vorübergehende Ruhen** der Pflichten aus dem Dienstverhältnis, wenn die Zugehörigkeit zur Dienststelle ansonsten erhalten bleibt, z. B. durch Inanspruchnahme der Elternzeit (Erziehungsurlaub) nach §§ 15 ff. BEEG oder der Erziehungsurlaubsverordnung für Bundesbeamte, selbst wenn eine Beurlaubung unter Wegfall der Bezüge für mehr als sechs Monate eintritt.[42] Aus diesem Grund führt auch eine **Abordnung** zu einer anderen Dienststelle regelmäßig nicht zum Erlöschen der Mitgliedschaft im Personalrat, da es sich bei der Abordnung um eine vorübergehende Maßnahme handelt. Dies gilt auch, wenn die Abordnung länger als drei Monate dauert, sofern nur die Zugehörigkeit zur Dienststelle nicht endgültig beendet wird (umstr.).[43] 34

Einzelne **Landesgesetze** enthalten ausdrückliche Regelungen über den Verlust der Mitgliedschaft in Anlehnung an die Wertungen aus § 13 I 2, II BPersVG (z. B. § 26 II LPersVG NW). 35

e) Gerichtliche Entscheidung. Nach § 29 I Nr. 6 BPersVG erlischt die Mitgliedschaft im Personalrat auch durch eine rechtskräftige gerichtliche Entscheidung über den Ausschluss eines Mitgliedes des Personalrats nach § 28 BPersVG (vgl. § 219 RN 19 ff.). Wird der Antrag vom Personalrat gestellt, hat die Abstimmung im Plenum zu erfolgen. Das betroffene Personalratsmitglied ist wegen seiner Selbstbetroffenheit nicht stimmberechtigt.[44] Die vorläufige Amtsenthebung ist nur in Ausnahmefällen zulässig.[45] Der Ausschluss gilt nur für die jeweilige Wahlperiode, selbst wenn der Personalrat nach der gerichtlichen Entscheidung seinen Rücktritt beschließt, um dem ausgeschlossenen Mitglied eine erneute Wahl in das Gremium zu ermöglichen.[46] Das Rechtsschutzinteresse für die gerichtliche Feststellung entfällt, sobald das betroffene Mitglied sein Amt niedergelegt[47] oder aus anderen Gründen (z. B. nach § 29 BPersVG) verloren hat. Der Ausschluss setzt nach § 28 I BPersVG die grobe Vernachlässigung der gesetzlichen Befugnisse oder die grobe Verletzung seiner gesetzlichen Pflichten voraus; insoweit ist auch ein schuldhaftes Verhalten erforderlich. Eine Verletzung arbeits- oder beamtenrechtlicher Pflichten kann den Ausschluss nicht rechtfertigen.[48] 36

f) Gerichtliche Feststellung der fehlenden Wählbarkeit. Die Mitgliedschaft endet schließlich, wenn in einem Wahlanfechtungsverfahren nach § 25 BPersVG festgestellt wird, dass bei einem Mitglied des Personalrats die Wählbarkeitsvoraussetzungen (§ 14 BPersVG) zum Zeitpunkt der Wahl nicht gegeben waren (§ 29 I Nr. 7 BPersVG). Die fehlende Wählbarkeit eines Personalratsmitgliedes kann auch außerhalb der Anfechtungsfrist nach § 25 BPersVG gerichtlich festgestellt werden.[49] Der Mangel der fehlenden Wählbarkeit ist unbeachtlich, wenn er zwischenzeitlich geheilt ist[50] (dazu auch § 219 RN 14). 37

3. Eintritt von Ersatzmitgliedern in den Personalrat. Nach § 29 BPersVG ausgeschiedene Mitglieder des Personalrats werden durch Ersatzmitglieder ersetzt (§ 31 BPersVG). Im Falle der Verhältniswahl (Listenwahl) werden die Nachrücker in der Reihenfolge, die sie auf der Liste haben, aus der Liste bestimmt, über die das ausgeschiedene Mitglied gewählt wurde. Eine § 25 II 2 BetrVG entsprechende Regelung zum Übergang des Sitzes für den Fall der Erschöpfung der Liste an andere Listen ist im BPersVG nicht enthalten. Sitze, die wegen Erschöpfung der Liste nicht mehr nachbesetzt werden können, bleiben daher vakant.[51] Gleiches gilt, wenn eine Gruppe im Personalrat nicht mehr in der Lage ist, die ihr zustehenden Sitze durch Nachrücker aufzufüllen. Ist Mehrheitswahl erfolgt, werden die Nachrücker anhand der bei der Wahl erreichten Stimmen unter Berücksichtigung der Gruppenzugehörigkeit ermittelt. 38

Ersatzmitglieder treten nach § 31 BPersVG auch dann in den Personalrat ein, wenn ein reguläres Mitglied lediglich an der Amtsausübung **vorübergehend verhindert** ist (vgl. § 219 RN 27). Dies ist z. B. bei Befangenheit des Personalratsmitglieds der Fall. Befangenheit liegt vor, wenn das Personalratsmitglied von der Entscheidung persönlich betroffen ist; hieran fehlt es, wenn die Maßnahme auch andere Gruppenmitglieder betrifft. Ist der Vorsitzende wegen Befangenheit in eigener Sache vorübergehend an der Amtsausübung verhindert, soll er auch daran 39

---

[42] BVerwG 28. 3. 1979 Buchholz 238.3 A § 29 BPersVG Nr. 2 = PersV 80, 428 (Studium); VGH Mannheim 26. 9. 1995 NZA-RR 96, 158 = PersR 96, 63 (Elternzeit).

[43] A. A. *Ilbertz/Widmaier* § 29 RN 24.

[44] Zu Rechtsfolgen bei einem Verstoß *Ilbertz/Widmaier* § 28 RN 15.

[45] OVG Lüneburg 15. 12. 1997 PersR 98, 427; 20. 9. 1995 PersR 96, 35; OVG Berlin 21. 4. 1975 PersV 77, 67.

[46] BVerwG 26. 9. 1969 Buchholz 238.3 § 10 Nr. 6 = PersV 70, 150.

[47] BVerwG 7. 1. 1992 Buchholz 250 § 28 BPersVG Nr. 4.

[48] VG Dresden 9. 8. 2002 NJ 2002, 667 (Verschweigen der Zusammenarbeit mit dem MfS).

[49] BVerwG 7. 11. 1975 Buchholz 238.3 § 9 PersVG Nr. 6.

[50] BVerwG 8. 6. 1962 AP 17 zu § 22 PersVG = PersV 62, 236.

[51] BVerwG 16. 7. 1963 AP 1 zu § 29 PersVG = PersV 63, 233 (nicht § 25 II 2 BetrVG analog).

gehindert sein, zu dieser Personalratssitzung einzuladen.[52] Das Ersatzmitglied wird für die Dauer der Verhinderung zum regulären Mitglied. Kein Verhinderungsfall ist ein nur kurzer vorübergehender Ausfall, etwa eine vorzeitige Beendigung der Teilnahme an der Personalratssitzung wegen körperlichen Unwohlseins oder wenn der Personalrat außerhalb der Schicht eines Schichtarbeiters tagt; die Dienststelle muss vielmehr dem Amtsträger die Teilnahme durch die Gewährung von Freischichten ermöglichen.[53] Das Personalratsmitglied hat dem Vorsitzenden die Gründe für sein Nichterscheinen mitzuteilen, damit dieser prüfen kann, ob ein Fall der Verhinderung gegeben ist.[54] Der Vorsitzende darf nicht allein auf die Aussage des Mitgliedes, er sei verhindert, vertrauen; andererseits ist ohne sachlichen Anlass eine eingehende Kontrolle des Wahrheitsgehalts der Darstellungen nicht erforderlich. Ist der Verhinderungsfall eingetreten, hat das verhinderte Mitglied sein Recht verloren, dennoch an der Personalratssitzung teilzunehmen; das gilt auch dann, wenn es z. B. seinen Urlaub freiwillig unterbricht.[55]

40 **4. Außerordentliche Beendigung der Amtszeit des Personalrats.** Das Amt aller Personalratsmitglieder endet entweder mit dem Ablauf der regulären Amtszeit oder in den Fällen des § 27 BPersVG durch die Neuwahl eines Personalrats. Daneben endet das Amt bei gerichtlicher Auflösung des Personalrats (§ 28 BPersVG) und Auflösung bzw. Zusammenlegung der Dienststelle.

41 **a) Auflösung des Personalrats (§ 28 BPersVG).** Wie im BetrVG setzt auch die Auflösung des gesamten Personalrats die grobe Vernachlässigung seiner Befugnisse oder die grobe Verletzung seiner Pflichten voraus. Im Unterschied zum Ausschluss einzelner Mitglieder aus dem Personalrat braucht die Pflichtverletzung jedoch nicht subjektiv vorwerfbar zu sein;[56] allein die Feststellung einer objektiv groben Verletzung der Pflichten reicht aus. Trotz der gegenüber § 23 I BetrVG unterschiedlichen Formulierung wird der Auflösungstatbestand im Betriebsverfassungs- und im Personalvertretungsrecht durch die Gerichte nahezu gleich interpretiert (Einzelheiten § 219 RN 19 ff.). Nach Ansicht des BVerwG kann das Verfahren auch nach Beendigung der regulären Amtszeit des Personalrats oder seinem Rücktritt noch fortgesetzt werden, wenn eine hohe Wahrscheinlichkeit dafür spricht, dass sich die Rechtsfragen, die der Antrag aufwirft, unter denselben Verfahrensbeteiligten wiederum stellen werden.[57]

42 **b) Organisatorische Veränderungen der Dienststelle.** Die Folgen von Organisationsveränderungen auf Seiten der Dienststelle für das Mandat der Personalvertretung sind im Bundesrecht nicht ausdrücklich geregelt; einzelne Landesgesetze enthalten allerdings Verordnungsermächtigungen zur Regelung der Personalratsstrukturen z. B. bei Gebiets- und Verwaltungsreformen[58] (z. B. § 117 LPersVG NI). Sinkt die Anzahl der wahlberechtigten und wählbaren Beschäftigten einer Dienststelle nicht nur vorübergehend unter die in § 12 BPersVG vorausgesetzten Mindestwerte, endet seine Amtszeit mit diesem Ereignis.[59] Gleiches gilt bei der Auflösung der Dienststelle[60] oder bei Zusammenfassung mehrerer Dienststellen zu einer neuen Dienststelle.[61] Vereinigt sich eine große Krankenkasse mit einer kleinen, so gilt eine bei der großen Kasse bestehende Dienstvereinbarung fort, wenn deren Dienststellen bei gleichzeitiger Auflösung der Dienststellen der kleinen Kasse unverändert weiter bestehen oder der Dienststellenorganismus der großen Kasse seine Identität wahrt.[62]

43 **c) Privatisierung.** Noch nicht höchstrichterlich geklärt ist der Fortbestand des Personalrats bei einer Privatisierung der Dienststelle,[63] d. h. ihrer rechtsgeschäftlichen oder hoheitlichen Über-

---

[52] VG Gießen 22. 1. 2001 NZA-RR 2002, 557 = PersV 2002, 414; zu Recht großzügiger BAG 19. 3. 2003 AP 77 zu § 40 BetrVG 1972 = NZA 2003, 870.

[53] BVerwG 14. 2. 1969 AP 8 zu § 26 PersVG = PersV 70, 60.

[54] BVerwG 14. 2. 1969 AP 8 zu § 26 PersVG = PersV 70, 60.

[55] VGH München 14. 9. 1988 PersV 89, 536 (trotz Anwesenheit des regulären Mitglieds).

[56] BVerwG 14. 2. 1969 AP 8 zu § 26 PersVG = PersV 70, 60.

[57] BVerwG 5. 10. 1989 AP 1 zu § 10 WahlO BPersVG = PersR 89, 362 = PersV 90, 230; 12. 8. 1988 AP 1 zu § 28 BPersVG = PersR 88, 268 = PersV 89, 268.

[58] Vgl. dazu BVerwG 13. 12. 1974 Buchholz 238.91 Nr. 3 BhV Nr. 17 = PersV 75, 394.

[59] *Ilbertz/Widmaier* § 12 RN 11.

[60] BVerwG 20. 2. 1976 Buchholz 238.3 A § 29 BPersVG Nr. 1; VGH München 28. 6. 2000 PersR 2001, 86 (Auflösung einer Oberfinanzdirektion).

[61] OVG Münster 25. 5. 2005 NZA-RR 2005, 504 = PersV 2006, 32 (Fusion zweier regionaler Berufsgenossenschaften); VGH München 31. 7. 1996 PersR 97, 79 (Zusammenfassung mehrerer Kreiskrankenhäuser zu einem neuen Eigenbetrieb).

[62] BVerwG 25. 6. 2003 AP 84 zu § 75 BPersVG = PersR 2003, 361 = PersV 2004, 48.

[63] Offen gelassen in BAG 25. 5. 2000 AP 209 zu § 613 a BGB = NZA 2000, 1115; dazu *Blanke,* Das Übergangsmandat der Personalräte, PersR 2000, 349; weitere Schrifttumsnachweise vor § 263 RN 1; ausführlich zur Privatisierung unter § 117 RN 90.

tragung auf eine natürliche oder juristische Person des privaten Rechts (§ 117 RN 90ff.). Überwiegend wird vertreten, dass der Personalrat kein Übergangsmandat nach Wirksamwerden der Privatisierung hat.[64] Zur Begründung wird darauf verwiesen, dass ausdrückliche Regelungen für das Übergangsmandat des Personalrats fehlen und ein Analogieschluss nicht zulässig ist, da eine bewusste Regelungslücke nicht besteht. Jedoch stellt sich die Frage des Übergangsmandats erst, wenn der Personalrat durch die Privatisierung sein Amt verliert. Dies ist bei **öffentlichen Unternehmen,** soweit sie **wirtschaftlich tätig** sind (z. B. kommunale Eigenbetriebe, Regiebetriebe), regelmäßig nicht der Fall, da nach Art. 1 Nr. 1 lit. c, 6 I der Richtlinie 2001/23/EG vom 12. 3. 2001 (ABl. EG Nr. L 82 S. 16) der Bestand der Arbeitnehmervertretung erhalten bleibt. War für die privatisierte Dienststelle ein eigener Personalrat gebildet, bleibt dieser unverändert im Amt. Seine Neuwahl kommt nach Art. 6 I Unterabs. 2 der genannten Richtlinie lediglich in Betracht, wenn die Voraussetzungen des § 13 BetrVG vorliegen; bis zur Neuwahl führt er die Amtsgeschäfte nach § 22 BetrVG weiter. Die Richtlinie ist auch unmittelbar im nationalen Recht anzuwenden, da die Umsetzungsfrist bereits am 17. 7. 2001 abgelaufen ist.[65] War die ausgegliederte Dienststelle bisher personalvertretungsrechtlich nicht eigenständig, nimmt der bisher zuständige Personalrat nach Art. 6 I Unterabs. 4 der Richtlinie das Übergangsmandat bis zur Neuwahl eines Betriebsrats wahr. Jedoch erlangt der Personalrat bei Fehlen einer ausdrücklichen gesetzlichen Regelung auch bei der Privatisierung von **nicht wirtschaftlich tätigen Dienststellen** oder Teilen von Dienststellen ein Übergangsmandat. Dies folgt entweder aus einer Gesamtanalogie der bisher geltenden oder fortgeltenden Vorschriften über das Übergangsmandat[66] (z. B. §§ 13 SprTrUG, 6b IX VermG, 321 UmwG, 25 I PostPersRG) oder einer analogen Anwendung des § 21a BetrVG,[67] die unter Gleichheitsgesichtspunkten für Arbeitnehmer in der öffentlichen Verwaltung geboten ist. Inhaltlich entspricht das Übergangsmandat der Regelung in § 21a BetrVG (§ 219 RN 17ff.), es erlischt mit der Bildung eines Betriebsrats, längstens aber nach 6 Monaten. Die Beteiligungsrechte des Übergangspersonalrats richten sich nach dem BetrVG. Ein besonderer Gruppenschutz besteht nicht mehr, die Beamten gelten als Arbeitnehmer, soweit sie nicht kraft ihrer Funktion einem leitenden Angestellten (§ 5 III BetrVG) gleichgestellt sind. Der Landesgesetzgeber hat die Kompetenz zur Regelung der Fortgeltung von Dienstvereinbarungen als Betriebsvereinbarungen der ehemals öffentlich-rechtlich organisierten Dienststellen des Landes bei der Privatisierung, da dem Bund in Fragen der Betriebsverfassung lediglich die konkurrierende Gesetzgebungskompetenz zusteht (Art. 74 I Nr. 12 GG) und er diese Gesetzgebungskompetenz für Fragen des Übergangsrechts nicht in Anspruch genommen hat.[68]

III. Geschäftsführung des Personalrats

Gronimus, Die Geschäftsführung des Personalrats, PersR 2003, 5; PersR 2000, 191; *Hartwig/Holthaus,* Teilnahmerecht externer Protokollkräfte an Personalratssitzungen, PersR 2004, 299; *Kersten,* Jenseits des Schwarzen Bretts – Zur Informationsarbeit der Personalvertretungen im digitalen Zeitalter, ZfPR 2004, 175; *ders.,* Personalvertretung und Computer, PersV 2001, 307; *Kunze,* Das Behinderungsverbot nach § 8 PersVG gegenüber dem Personalrat und seinen Mitgliedern, PersV 2003, 284; *ders.,* Der Informationsanspruch des einzelnen Personalratsmitglieds, ZfPR 2003, 248; *Leuze,* Datenschutz im Betriebsverfassungs- und Personalvertretungsrecht, ZTR 2002, 558; ZTR 2003, 167; *Manderla,* Die Beschlussfassung der Personalvertretungen, PersV 2005, 164; *Reich,* Die Schlüsselrückgabe, PersV 2006, 13; *Roggenkamp/Roggenkamp,* Agieren, nicht nur Reagieren – Informationsverarbeitung und betriebliche Öffentlichkeitsarbeit der Personalräte, PersR 2002, 280; *Schierbaum,* Datenschutz im Personalratsbüro, PersR 2002, 499; *Thannheiser,* Personalversammlung, PersR 2003, 12; *ders.,* Interne Organisation von Vorstand bis zum Gesamtpersonalrat, PersR 2004, 294; *Thannheiser/Müller,* Die Personalratsvorsitzenden – Geschäftsführer des Personalrats, PersR 2004, 83.

1. Innere Struktur des Personalrats. Der Personalrat muss zur Herstellung seiner Hand- 44
lungsfähigkeit einen Vorstand (§ 32 I BPersVG) und aus dem Kreis der Vorstandsmitglieder einen Vorsitzenden und einen Stellvertreter (§ 32 II BPersVG) wählen. Bei größeren Personalrats-

[64] LAG Köln 10. 3. 2000 NZA-RR 2000, 380; 11. 2. 2000 NZA-RR 2000, 378; OVG Münster 29. 9. 1999 PersR 2000, 455.

[65] *von Roetteken* NZA 2001, 414, 421ff.; die Umsetzungsfrist galt für die aufgehobene Vorgängerrichtlinie 77/187/EWG i. d. F. der Richtlinie 98/50/EG; deren Aufhebung erfolgte „unbeschadet der Pflichten der Mitgliedstaaten ... für ihre Umsetzung".

[66] *Fitting* § 130 RN 15.

[67] DKK/*Buschmann* § 21a RN 13.

[68] BAG 23. 11. 2004 AP 1 zu Art. 72 GG = NZA 2005, 833.

gremien wird der Vorstand um weitere Mitglieder erweitert (§ 33 BPersVG „erweiterter Vorstand").

45 **a) Wahl des Vorstands.** Der Vorstand wird in der konstituierenden Sitzung des Personalrats, zu der vom Wahlvorstand innerhalb von sechs Arbeitstagen nach der Wahl einzuladen ist, gewählt (§§ 34 I, 32 I BPersVG). Der Vorstand besteht aus je einem Vertreter der im Personalrat vertretenen Gruppen. Ist im Personalrat auch die Gruppe der Soldaten vorhanden (§§ 5, 36 Soldatenbeteiligungsgesetz), stellen diese ein eigenes Vorstandsmitglied.[69] Sind in der Dienststelle nur Bedienstete einer Gruppe beschäftigt, besteht der Vorstand nur aus einer Person.[70] Die Bildung des Vorstands nach Gruppenzugehörigkeit ist im – inzwischen dispositiven – Bundesrahmenrecht für die Länder nicht zwingend vorgegeben, gleichwohl häufig anzutreffen. Nach § 24 I MBG SH ist der Vorstand nach dem Anteil der Männer und Frauen im Personalrat zu bilden; diese Geschlechterquote lässt allerdings begründete Ausnahmen zu.[71]

46 **Jede** im Personalrat vertretene **Gruppe wählt** für sich **ein Mitglied des Vorstands.** Für die Wahlen gibt es keine besonderen Vorschriften; es ist unbedenklich bei Stimmengleichheit durch Los zu entscheiden.[72] Wählt eine Gruppe kein Vorstandsmitglied, bleibt der Vorstandssitz in Anlehnung an § 17 I 3 BPersVG vakant.[73] Ist die Gruppe nur mit einem Mitglied im Personalrat vertreten, ist dieses Mitglied immer Vorstandsmitglied. Hat der Personalrat 11 oder mehr Mitglieder, wählt das Plenum, d. h. der gesamte Personalrat, zusätzlich zwei weitere Mitglieder des Vorstandes (§ 33 Satz 1 BPersVG). Sind in den Personalrat Mitglieder aus Wahlvorschlagslisten mit unterschiedlicher Bezeichnung gewählt worden und Mitglieder der nächst stärkeren Liste bisher im Vorstand nicht vertreten, steht dieser Liste einer der zusätzlichen Vorstandssitze zu, wenn sie zumindest ein Drittel der abgegebenen Stimmen erhalten hat (§ 33 Satz 2 BPersVG). Als „Wahlvorschlagslisten" sind dabei nicht die jeweils für die einzelnen Gruppen aufgestellten Wahlvorschläge, sondern – über die Gruppengrenzen hinweg – alle Listen mit derselben Bezeichnung anzusehen.[74] Auf diese Weise wird einer Minderheitenliste ein Mindestschutz gewährt, der auch mit höherrangigem Recht in Einklang steht.[75] Verlässt ein Vorstandsmitglied die Gruppe, über den es in den Vorstand gewählt wurde, wird dadurch seine Wahl zum Vorstand nicht unwirksam.[76]

47 Es besteht keine Pflicht, sich als Vorstandsmitglied im Personalrat zur Verfügung zu stellen, ebenso ist ein **Rücktritt** jederzeit möglich. Daneben ist eine Abwahl durch die Gruppe oder das Plenum, je nachdem durch wen das Vorstandsmitglied gewählt wurde, zulässig.[77]

48 **b) Vorstandsvorsitzender und Stellvertreter.** Nach der Bildung des Vorstands wählt das Plenum mit einfacher Mehrheit den Vorstandsvorsitzenden.[78] Anschließend werden die Stellvertreter bestimmt; sie müssen anderen Gruppen angehören als der Vorsitzende, es sei denn, die Vertreter der anderen Gruppen verzichten auf dieses Recht (§ 32 II 2 BPersVG). Eine „geborene Anwartschaft" auf die Besetzung des Vorsitzenden oder Stellvertreters haben in erster Linie die von den Gruppen entsandten Vorstandsmitglieder.[79] Setzt sich der Personalrat nur aus Angehörigen einer Gruppe zusammen (oben RN 46), besteht der Vorstand nur aus einem Mitglied. Zu seinem Stellvertreter kann dann einer der beiden zusätzlichen Mitglieder des erweiterten Vorstands nach § 33 BPersVG bestimmt werden.[80] Die Zahl der Stellvertreter richtet sich nach der Anzahl der im Personalrat vertretenen Gruppen; jede Gruppe hat Anspruch auf Benennung eines ihrer Mitglieder als Stellvertreter, wenn sie nicht bereits den Vorsitzenden stellt. Dies gilt nur dann nicht, wenn sich kein Angehöriger der Gruppe bereit erklärt, eines der Ämter zu

---

[69] MünchArbR/*Germelmann* § 369 RN 63.
[70] BVerwG 27. 8. 1997 Buchholz 250 § 32 BPersVG Nr. 7 = PersR 98, 113.
[71] BVerwG 4. 10. 2005 AP 1 zu § 24 MitbestG Schleswig-Holstein = Buchholz 251.95 § 24 MBGSH Nr. 1.
[72] OVG Meiningen 20. 3. 2001 PersR 2002, 213 = PersV 2002, 515.
[73] BVerwG 20. 6. 1958 AP 12 zu § 31 PersVG = NJW 58, 1649.
[74] BVerwG 23. 2. 1979 Buchholz 238.3 A § 33 BPersVG Nr. 1 = PersV 81, 241.
[75] BVerwG 27. 9. 1990 AP 2 zu § 19 BPersVG = PersR 91, 25 = PersV 91, 266; BVerfG 5. 12. 1990 *Schütz* BeamtR ES/D IV 1 Nr. 44 (Verfassungsbeschwerde nicht angenommen).
[76] BVerwG 12. 6. 1984 Buchholz 238.3 A § 33 BPersVG Nr. 3 = PersV 86, 162.
[77] BVerwG 23. 10. 1970 Buchholz 238.3 § 31 Nr. 12 = PersV 71, 140.
[78] BVerwG 27. 9. 1990 AP 2 zu § 19 BPersVG = PersR 91, 25 = PersV 91, 266; BVerfG 19. 12. 1994 BVerfGE 91, 367 = PersR 95, 165 = PersV 95, 168 (keine Gruppenangelegenheit).
[79] BVerwG 26. 10. 1977 PersV 79, 110; die zu Lasten des Gruppenprinzips abweichende Regelung in § 29 I 1 LPersVG NRW ist mit dem GG und § 98 BPersVG vereinbar BVerfG 19. 12. 1994 BVerfGE 91, 367 = PersR 95, 165 = PersV 95, 168.
[80] BVerwG 27. 8. 1997 Buchholz 250 § 32 BPersVG Nr. 7 = PersR 98, 113.

übernehmen.[81] Da damit letztlich alle Mitglieder des engeren Vorstands entweder den Vorsitz führen oder Stellvertreter im Vorsitz sind, ist das Bestimmungsrecht des Plenums insoweit auf die Reihenfolge der Stellvertretungen der übrigen Mitglieder des engeren Vorstandes beschränkt.

c) Ersatzmitglieder. Sind Mitglieder des Vorstands zeitweise an der Wahrnehmung ihrer Aufgaben gehindert, treten an ihre Stelle Ersatzmitglieder. Dabei ist zu unterscheiden. Nach § 31 BPersVG ist ein Ersatzmitglied für das Vorstandsmitglied in seiner Eigenschaft als Mitglied des Personalrats zu bestimmen. Dieses (Ersatz-)Mitglied rückt jedoch nicht automatisch in die Vorstandsposition des verhinderten Vorstandsmitglieds ein. Vielmehr hat die Gruppe oder das Plenum durch Beschluss ein Ersatzmitglied für die Vorstandsposition zu bestimmen; die Wahl kann mit der Wahl der regulären Vorstandsmitglieder verbunden, aber auch jederzeit nachgeholt werden. Jedoch ist die rechtzeitige Bestellung von Ersatzmitgliedern nicht ohne praktische Bedeutung. Nach Ansicht des BVerwG kann die Vertretungsbefugnis in Gruppenangelegenheiten (§ 32 III 2 BPersVG) nur durch ein weiteres Gruppenmitglied wahrgenommen werden, wenn ihr Vorstandsmitglied verhindert ist.[82] 49

2. Aufgabenverteilung innerhalb des Personalrats. Wie beim Betriebsrat vollzieht sich auch die Willensbildung im Personalrat durch Beschluss seiner Mitglieder. Im Gegensatz zum Betriebsverfassungsrecht ist eine Beschlussfassung sowohl durch das Plenum wie auch innerhalb einer Gruppe vorgesehen. Betrifft der Gegenstand der Beschlussfassung nur die Angehörigen einer Gruppe, sind nur diese zu einer Beschlussfassung berufen (§ 38 II BPersVG). Diese Regelung folgt letztlich aus der Einbindung der Beamten in die Personalverfassung, da ihnen entsprechend den hergebrachten Grundsätzen des Berufsbeamtentums eine eigenständige Vertretung in eigenen Angelegenheiten garantiert sein soll. Allerdings hat sich das BVerfG bisher nicht festgelegt, ob dem Gruppenprinzip für die Beamten Verfassungsrang zukommt.[83] 50

Dem **Personalratsvorsitzenden** obliegt zunächst die Einladung zu den Personalratssitzungen und deren Leitung (§ 34 II BPersVG). Wie der Betriebsratsvorsitzende (§ 220 RN 8f.) vertritt er das Gremium nur in der Erklärung nach außen (§ 32 III BPersVG); ein eigener Entscheidungsspielraum, eine Richtlinienkompetenz oder vergleichbare Befugnisse stehen auch ihm nicht zu.[84] Darüber hinaus sind Erklärungen des Vorsitzenden in Angelegenheiten einer Gruppe unwirksam, wenn sie nicht gemeinsam mit dem zuständigen Vorstandsmitglied dieser Gruppe abgegeben werden (§ 32 III 2 BPersVG).[85] Der Stellvertreter des Personalratsvorsitzenden nimmt dessen Befugnisse nur im Verhinderungsfall wahr (§ 220 RN 10). 51

Der **Vorstand** ist zuständig für die Führung der laufenden Geschäfte (§ 32 I 4 BPersVG). Wie im Betriebsverfassungsrecht (§ 220 RN 13) zählt zu der Führung der laufenden Geschäfte insbesondere die erforderliche Vorbereitung und Umsetzung der Personalratsbeschlüsse. Hinzu kommt die Kommunikation mit der Belegschaft in Form von Sprechstunden und die Bearbeitung von Eingaben und Anfragen. Eine abschließende Bestimmung der Grenzen der laufenden Geschäfte ist bisher nicht erfolgt; im Zweifel ist in Hinblick auf den Gruppenschutz eine eher enge Auslegung des Begriffs geboten.[86] Hierzu zählen weder die Wahrnehmung von Beteiligungsrechten[87] noch das Monatsgespräch (§ 66 I BPersVG). Jedoch ist der Vorstand im Rahmen von Vorgaben des Personalrats berechtigt, Verhandlungen mit dem Leiter der Dienststelle zur Vorbereitung der Beschlussfassung des Plenums oder einer Gruppe zu führen.[88] 52

3. Beschlussfassung des Personalrats. a) Einladung. Der Vorsitzende hat die Mitglieder des Personalrats rechtzeitig unter Mitteilung der Tagesordnung einzuladen (§ 34 II 2 BPersVG). Die zu behandelnden Angelegenheiten müssen in der Tagesordnung konkret bezeichnet sein; eine Pflicht, auch erläuternde Unterlagen mit der Tagesordnung zu versenden, besteht nicht.[89] Der Vorsitzende legt die Tagesordnung nach eigenem Ermessen fest; gegen seinen Willen können Gegenstände nur unter den Voraussetzungen des § 34 III BPersVG vom Personalrat behan- 53

---

[81] BVerwG 7. 6. 1984 Buchholz 238.3 A § 32 BPersVG Nr. 4.

[82] BVerwG 21. 4. 1992 Buchholz 250 § 32 BPersVG Nr. 6 = PersR 92, 304 = PersV 92, 434.

[83] BVerfG 19. 12. 1994 BVerfGE 91, 367 = PersR 95, 165 = PersV 95, 168.

[84] BVerfG 26. 5. 1970 AP 18 zu Art. 9 GG = PersV 70, 260.

[85] BVerwG 14. 7. 1986 Buchholz 238.36 § 40 NdsPersVG Nr. 2 = PersV 87, 199 (personelle Einzelmaßnahme).

[86] BVerfG 19. 12. 1994 BVerfGE 91, 367 = PersR 9, 165 = PersV 95, 168.

[87] St. Rspr. seit BVerwG 11. 10. 1972 AP 19 zu § 31 PersVG = PersV 72, 48; ebenso BVerfG 19. 12. 1994 BVerfGE 91, 367 = PersR 95, 165 = PersV 95, 168.

[88] Lorenzen/*Gerhold* § 32 RN 21.

[89] BVerwG 29. 8. 1975 Buchholz 238.3 A § 34 BPersVG Nr. 1.

delt werden. Nach § 34 IV BPersVG kann schließlich auch der Leiter der Dienststelle zu den Sitzungen eingeladen werden (vgl. § 220 RN 17 ff.).

54 **b) Beschlussfassung.** Die Sitzungen des Personalrats sind nicht öffentlich (§ 35 BPersVG); die Vorschrift ist zwingend.[90] Der eigentlichen Beschlussfassung geht stets eine Beratung im Plenum bzw. in der Gruppe voraus. Aus diesem Grund sind auch in der Personalvertretung Beschlüsse im Umlaufverfahren oder durch telefonische Abfrage des Votums der einzelnen Mitglieder unzulässig. Zuständig für die Beschlussfassung ist das Plenum, soweit es eine **„gemeinsame Angelegenheit"** betrifft, und im Übrigen allein die betroffene oder die betroffenen Gruppen (§ 38 BPersVG). Gemeinsam ist eine Angelegenheit, wenn wenigstens potentiell Beschäftigte aller Gruppen davon betroffen sind; dabei muss es sich um eine unmittelbare Betroffenheit handeln, mittelbare Auswirkungen reichen nicht aus.[91] Zu den gemeinsamen Angelegenheiten zählen zunächst die geschäftsleitenden Beschlüsse und sonstige Beschlüsse, die die Personalvertretung selbst betreffen, z. B. ihre Zusammensetzung bei einem Antrag nach § 47 BPersVG.[92] Hierzu rechnen auch allgemeine personelle Maßnahmen und die meisten sozialen, arbeitsorganisatorischen und sonstigen organisatorischen Maßnahmen. Die Erwähnung eines Beteiligungsrechts sowohl für Arbeitnehmer (§ 75 BPersVG) als auch für Beamte (§ 76 BPersVG) führt nicht zu einem gruppenbezogenen Beteiligungsrecht, denn die Gruppenbezogenheit ist maßnahme- und nicht normbezogen.[93]

55 **Gruppenangelegenheiten** sind insbesondere die personellen Einzelmaßnahmen. Berührt die personelle Einzelmaßnahme die Interessen zweier Gruppen (z. B. Ernennung eines Arbeitnehmers zum Beamten, Höhergruppierung eines Arbeitnehmers zu Lasten einer Beförderungsoption für einen Beamten), ist die Beteiligung nach der Rechtsnatur der beabsichtigten Maßnahme, nicht nach ihren weiteren Auswirkungen zu bestimmen. Für die Ernennung des Beamten ist daher die Gruppe der Beamten zuständig und für die Höhergruppierung die Gruppe der Arbeitnehmer.[94] Die Verkennung der Zuständigkeiten führt zur Unwirksamkeit des Beschlusses. Dies gilt auch bei einem irrtümlich vom Plenum gefassten Beschluss, wenn bei der Beschlussfassung für die betroffene Gruppe wegen Verhinderung aller ihrer Mitglieder und Ersatzmitglieder niemand anwesend sein konnte. § 38 II 2 BPersVG, wonach Gruppenangelegenheiten, die eine Gruppe betreffen, die keine Mitglieder im Personalrat stellt, als gemeinsame Angelegenheit fingiert werden, ist nicht analog anwendbar.[95] Für die Beschlussfassung reicht – sofern im Gesetz nicht anders vorgesehen – die einfache **Mehrheit** der anwesenden[96] stimmberechtigten Mitglieder, sofern nur Beschlussfähigkeit nach § 37 II BPersVG gegeben ist (§ 37 I BPersVG). Bis zur Neuwahl der Personalvertretungen (RN 1) sind Angelegenheiten von Arbeitern oder Angestellten durch beide Gruppen gemeinsam zu behandeln. Aus Anlass der durch die fehlenden Übergangsvorschriften entstandenen Unsicherheiten hat das BMI darauf hingewiesen, dass Dienststellenleiter nicht zur Überprüfung der Personalratsbeschlüsse auf die Einhaltung der Formalien verpflichtet sind (RS vom 28. 9. 2005 – D I 3 – 212100/40).

55a Die vorstehende Abgrenzung gilt entsprechend, wenn der Personalrat – wie z. B. bei den Lehrerhauptpersonalräten – nach Fachgruppen gegliedert ist. Für die Beteiligung bei der Aufhebung einer Schule ist daher nur die betroffene Fachgruppe des Lehrerhauptpersonalrats zuständig.[97]

56 **c) Sitzungsniederschrift.** Nach § 41 BPersVG muss über die Sitzung eine Niederschrift erstellt werden, aus der mindestens der Wortlaut der Beschlüsse und die Stimmenmehrheit, mit der sie gefasst sind, hervorgeht. Die Vorschrift entspricht inhaltlich § 34 I, II BetrVG (§ 220 RN 27). Die Mitglieder des Personalrats haben das Recht, jederzeit die Akten des Personalrats einzusehen und sich bei Bedarf Ablichtungen daraus herzustellen (Analogie zu § 34 III BetrVG). § 41 BPersVG ist eine Ordnungsvorschrift, ein entsprechender Verstoß führt nicht zur Unwirksamkeit des gefassten Beschlusses.

57 **d) Mitteilung an den Dienststellenleiter.** Die Mitteilung der gefassten Beschlüsse obliegt grundsätzlich dem Vorsitzenden des Personalrats (§ 32 III 1 BPersVG). In Angelegenheiten einer

---

[90] BVerwG 2. 1. 1992 Buchholz 251.7 § 31 NWPersVG Nr. 1 = PersR 93, 383; 14. 7. 1977 Buchholz 238.32 § 31 PersVG Nr. 1 = PersV 78, 126 (Hinzuziehung einer Protokollkraft).

[91] BVerwG 5. 2. 1965 AP 1 zu § 17 PersVG = PersV 65, 109.

[92] BVerfG 19. 12. 1994 BVerfGE 91, 367 = PersR 95, 165 = PersV 95, 168 (interne Wahl).

[93] BVerwG 16. 4. 2008 Buchholz 250 § 86 BPersVG Nr. 5 = PersR 2008, 418 = PersV 2008, 342.

[94] BVerwG 6. 3. 1962 AP 1 zu § 37 PersVG = PersV 62, 231; OVG Münster 14. 10. 1991 PersR 92, 158.

[95] BVerwG 23. 3. 1992 Buchholz 251.8 § 36 RhPPersVG Nr. 2 = PersV 92, 391 = PersR 92, 302.

[96] Enthält sich ein anwesendes Mitglied des Personalrats in einer Abstimmung, kann es nicht als abwesend angesehen werden OVG Magdeburg 25. 4. 2001 PersR 2001, 485 = PersV 2002, 81.

[97] BVerwG 21. 12. 2006 Buchholz 251.91 § 39 SächsPersVG Nr. 1 = PersR 2007, 169.

Gruppe, der der Vorsitzende nicht angehört (RN 60), kann er den Personalrat aber nur gemeinsam mit dem Vorstandsmitglied dieser Gruppe vertreten (§ 32 III 2 BPersVG, vgl. auch § 268 RN 31). Ein Verstoß gegen die Mitwirkungspflicht des Gruppenvertreters steht einer unwirksamen Beschlussfassung gleich.[98] Allerdings darf der Leiter der Dienststelle regelmäßig davon ausgehen, dass der Vorsitzende oder dieser gemeinsam mit einem weiteren Vorstandsmitglied den gefassten Beschluss inhaltlich zutreffend wiedergibt. Eine Pflicht, das ordnungsgemäße Zustandekommen des Beschlusses oder die inhaltliche Übereinstimmung von Beschlusslage und Mitteilung zu überprüfen, besteht nicht. Der Dienststelle ist es aber unbenommen, sich im weiteren Verfahren auf die Unwirksamkeit des Beschlusses oder der Mitteilung zu berufen.[99] Dies soll für sämtliche Verfahrensverstöße möglich sein, unabhängig davon, welche Zwecke mit der Vorschrift verfolgt werden. Nur wenn die Dienststelle in einer fristgebundenen beteiligungspflichtigen Angelegenheit vor Ablauf der Frist einen Fehler in der Beschlussfassung oder der Mitteilung des Beschlusses erkennt, soll sie nach dem Grundsatz der vertrauensvollen Zusammenarbeit verpflichtet sein, den Personalrat auf diese Schwäche hinzuweisen.[100]

e) Rechtswirkungen. Mit der Beschlussfassung und der Mitteilung an den Dienststellenleiter ist für den Personalrat zunächst das Beteiligungsverfahren beendet. Die Personalvertretung kann den Beschluss nach Zugang der Mitteilung grundsätzlich **nicht mehr korrigieren** oder widerrufen. Auch während einer noch nicht beendeten Personalratssitzung kann ein bereits gefasster Beschluss nur geändert werden, wenn die Angelegenheit nochmals angesetzt wird. Das BVerwG nimmt an, für die abermalige Ansetzung des Punkts reiche es aus, wenn die Mitglieder, die den ersten Beschluss gefällt haben, an dem Beschluss über die abermalige Ansetzung mit beteiligt sind.[101] Ein sachlicher Grund für die wiederholte Befassung mit dem Tagesordnungspunkt braucht nicht zu bestehen, da der Personalrat bis zum Zugang der Mitteilung Herr des Beteiligungsverfahrens ist. Verhandeln Personalrat und Dienststelle im Nachgang zu einem Beschluss des Personalrats weiter über die Angelegenheit, kann die Angelegenheit bei entsprechendem Einvernehmen zwischen Personalrat und Dienststelle ohne weiteres erneut zur Abstimmung angesetzt werden.[102] 58

Ist der Beschluss der Personalvertretung hingegen **formfehlerhaft** ergangen, fehlt es an einer Bindungswirkung; die Angelegenheit kann daher zur Korrektur der Fehler erneut zur Abstimmung angesetzt werden. Bei fristgebundenen Beteiligungsrechten muss der erneute Beschluss aber innerhalb der Stellungnahmefrist bei der Dienststelle eingehen. Jedoch bleibt eine erneute Beschlussfassung ohne Auswirkung, wenn die Dienststelle auf Grund der bereits mitgeteilten Entscheidung schon weitere Dispositionen getroffen hat, z.B. die beabsichtigte Maßnahme durchgeführt oder das Beteiligungsverfahren mangels hinreichender Zustimmungsverweigerung abgebrochen hat. Dies gilt nur dann nicht, wenn der Formfehler für die Dienststelle offensichtlich ist oder sie zuvor durch Mitglieder des Personalrats auf die Fehlerhaftigkeit hingewiesen wurde. In diesen Fällen kann sich die Dienststelle nicht auf den fehlerhaften Beschluss berufen, jedoch u. U. auf eine Zustimmungsfiktion nach Fristablauf.[103] 59

4. Datenschutz.[104] Welche Beschränkungen sich aus dem Datenschutz für die Personalvertretungen ergeben, ist höchstrichterlich noch weitgehend ungeklärt. Nach Auffassung des BVerwG stellt die Verpflichtung der Dienststelle zur Unterrichtung der Personalvertretung (§ 68 II BPersVG) gleichzeitig eine bereichsspezifische Regelung für die Speicherung von Daten durch den Personalrat dar. Jedoch dürfen im Regelfall die im Rahmen eines konkreten Beteiligungsverfahrens übermittelten Daten vom Personalrat nur innerhalb dieses Verfahrens verwandt werden. Eine nicht anlassbezogene fortdauernde Speicherung geschützter Daten über die Beendigung eines oder mehrerer Beteiligungsverfahren hinaus ist unzulässig.[105] 60

5. Sprechstunden. Nach § 43 BPersVG kann der Personalrat Sprechstunden durchführen. Zeit und Ort der Sprechstunden sind mit der Dienststelle zu vereinbaren (§ 43 Satz 2 BPersVG). Das Recht Sprechstunden durchzuführen, steht dem Personalrat zu, nicht jedoch den Stufenver- 61

---

[98] BVerwG 21. 4. 1992 Buchholz 250 § 32 BPersVG Nr. 6 = PersR 92, 304 = PersV 92, 434; BAG 13. 10. 1982 AP 1 zu § 40 LPVG Niedersachsen = PersV 91, 479.

[99] BVerwG 14. 7. 1986 Buchholz 238.36 § 40 NdsPersVG Nr. 2 = PersV 87, 199.

[100] BVerwG 14. 7. 1986 Buchholz 238.36 § 40 NdsPersVG Nr. 2 = PersV 87, 199 (obiter dictum).

[101] BVerwG 5. 5. 1989 AP 1 zu § 37 BPersVG = PersR 89, 273 = PersV 89, 485.

[102] BVerwG 11. 4. 1991 PersR 91, 284 = PersV 92, 156.

[103] OVG Münster 14. 10. 1991 PersR 92, 158.

[104] Schrifttumsnachweise vor RN 44.

[105] BVerwG 4. 9. 1990 AP 1 zu § 68 BPersVG = NJW 91, 375 (Datei auf privatem PC – offen gelassen für größere Dienststellen).

tretungen.[106] Sprechstunden können auf Grund gesetzlicher Verweisungen auch die Jugend- und Auszubildendenvertretung durchführen und die Vertretung der nichtständig Beschäftigten. Sprechstunden sind regelmäßig wiederkehrende Zeiträume, in denen der einzelne Beschäftigte Gelegenheit hat, Anregungen und Beschwerden vorzubringen sowie Auskünfte oder Rat einzuholen, und die den Personalrat in den Stand setzen, sich über Sorgen und Anliegen der von ihm vertretenen Beschäftigten zu informieren. Es bestehen keine Bedenken dagegen, dass der Personalrat betroffene Beschäftigte zu Sprechstundenterminen selber einlädt, sofern das erforderliche Benehmen mit der Dienststelle hergestellt ist und diese Form der Sprechstundendurchführung auch unter Kostengesichtspunkten noch vertretbar ist.[107] Zur Durchführung der Sprechstunden sind in erster Linie die Mitglieder des Vorstandes berufen; im Einverständnis mit dem betroffenen Vorstandsmitglied kann aber auch ein anderes Personalratsmitglied der Gruppe mit der Aufgabe betraut werden. Die Beschäftigten benötigen für das Aufsuchen keine Dienstbefreiung, auch eine Entgeltminderung darf nicht erfolgen (Analogie zu § 39 III BetrVG). Zu den Themen der Sprechstunde § 221 RN 30. Eine Rechtsberatung in der Sprechstunde ist unzulässig; unbedenklich soll es aber sein, wenn der Personalrat in seiner Zuständigkeit Einzelfragen mit den Beschäftigten erörtert und dabei auch rechtliche Aspekte einbezogen werden.[108]

62 **6. Personalversammlungen.** Die Regelungen im BPersVG zur Durchführung von Personalversammlungen entsprechen weitgehend den Vorschriften über die Betriebsversammlung (§§ 42 ff. BetrVG, dazu § 223).

63 **a) Einberufung.** Regelmäßige Personalversammlungen finden einmal im Kalenderhalbjahr statt. Eine Personalversammlung für den Bereich von Stufenvertretungen ist nicht vorgesehen. Personalversammlungen werden in der Dienststelle durchgeführt. Maßgeblich ist der personalvertretungsrechtliche Dienststellenbegriff aus § 6 BPersVG, weshalb in verselbstständigten Dienststellenteilen (§ 6 III BPersVG) eigene Personalversammlungen durchzuführen sind. Bilden eine Dienststelle und ihr nachgeordnete Stellen gemeinsam einen Personalrat (§ 6 II BPersVG), findet die Personalversammlung mit allen Beschäftigten statt. Die Anmietung eines externen Raumes kommt nur in Betracht, wenn die Dienststelle nicht über geeignete Räume verfügt.[109] Führt der Personalrat keine regelmäßigen Personalversammlungen durch, ist er auf Antrag einer in der Dienststelle vertretenen Gewerkschaft verpflichtet, innerhalb von 12 Arbeitstagen nach Eingang des Antrages eine Personalversammlung durchzuführen und dort einen Tätigkeitsbericht vorzulegen (§ 49 III BPersVG). Der Leiter der Dienststelle ist nicht berechtigt, seinerseits zu Personalversammlungen einzuladen.[110]

64 Die Personalversammlung findet grundsätzlich innerhalb der **Arbeitszeit** statt, wenn es sich um eine regelmäßige Personalversammlung handelt oder sie auf Wunsch des Dienststellenleiters einberufen wird (§ 50 I BPersVG). Der Personalrat hat sich mit dem Leiter der Dienststelle über den Termin der Personalversammlung zu verständigen; dies folgt aus dem Grundsatz der vertrauensvollen Zusammenarbeit bzw. aus § 43 Satz 2 BPersVG analog.[111] Ausnahmsweise findet sie außerhalb der Arbeitszeit statt, wenn der Dienstbetrieb eine Durchführung während der Arbeitszeit nicht erlaubt, z. B. bei Lehrern.[112] Gleiches gilt für zusätzliche Personalversammlungen, die vom Personalrat einberufen werden (§ 50 II BPersVG) oder auf Antrag eines Viertels der wahlberechtigten Beschäftigten stattfinden (§ 49 II BPersVG).

65 **b) Themen.** Der Personalrat hat auf den kalenderhalbjährlichen Personalversammlungen einen Tätigkeitsbericht zu erstatten, der zumindest in den Grundzügen von einem Beschluss des gesamten Personalrats gebilligt sein muss.[113] Neben den Themen, die unmittelbar mit der Tätigkeit des Personalrats zusammenhängen und einen konkreten Bezug zu den Aufgaben des Personalrats haben,[114] können in der Personalversammlung auch Angelegenheiten behandelt werden,

---

[106] Lorenzen/*Lorenzen* § 43 RN 3; *Altvater/Hamer/Kröll/Lemcke/Peiseler* § 43 RN 1; Richardi/*Jacobs* § 43 RN 4.

[107] BVerwG 12. 12. 2005 Buchholz 251.7 § 45 NWPersVG Nr. 1 = PersR 2006, 122 = PersV 2006, 145.

[108] BVerwG 18. 8. 2003 AP 1 zu § 78 LPVG Hamburg = Buchholz 251.4 § 45 HmbPersVG Nr. 1.

[109] OVG Münster 26. 8. 1993 PersV 95, 497.

[110] BVerwG 23. 5. 1986 PersV 87, 196 (Verstoß gegen den Grundsatz der vertrauensvollen Zusammenarbeit, vgl. § 223 FN 1).

[111] So richtig mit verallgemeinerungsfähiger Begründung BVerwG 12. 12. 2005 Buchholz 251.7 § 45 NWPersVG Nr. 1 = PersR 2006, 122 = PersV 2006, 145 für das Landesrecht NRW.

[112] BVerwG 25. 6. 1984 Buchholz 238.37 § 47 NWPersVG Nr. 1 = PersV 84, 500; VGH Mannheim 30. 10. 2001 PersR 2002, 33.

[113] BVerfG 26. 5. 1970 AP 18 zu Art. 9 GG = PersV 70, 260.

[114] BVerwG 12. 12. 2005 Buchholz 251.7 § 45 NWPersVG Nr. 1 = PersR 2006, 122 = PersV 2006, 145.

die die Dienststelle und ihre Beschäftigten unmittelbar betreffen, insbesondere Tarif-, Besoldungs- und Sozialangelegenheiten oder Fragen der Frauenförderung (§ 51 BPersVG).

c) Teilnehmerkreis. Die Personalversammlung findet unter Ausschluss der Öffentlichkeit statt. Zur Teilnahme berechtigt sind alle Beschäftigten der Dienststelle, unabhängig von ihrer Wahlberechtigung. Die weiteren zur Teilnahme Berechtigten sind in § 52 BPersVG genannt, die Regelung entspricht insoweit § 46 BetrVG (§ 223 RN 19). Nach § 52 II BPersVG kann der Leiter der Dienststelle an der Versammlung teilnehmen, er ist hierzu verpflichtet, wenn die Personalversammlung auf seinen Wunsch hin einberufen wurde oder er vom Personalrat eingeladen worden ist. Auch ein Vertreter der Stufenvertretung[115] bzw. des Gesamtpersonalrats ist zur Teilnahme berechtigt sowie ein Vertreter der Dienststelle, bei der die Stufenvertretung besteht. Personen, die über zulässige Themen (§ 51 Satz 2 BPersVG) berichten, haben ein Anwesenheitsrecht für die Dauer ihres Berichts und der anschließenden Erörterung.[116] Nicht zur Teilnahme berechtigt sind Landtagsabgeordnete; ihre Einladung ist unzulässig.[117] Erzwingt der Dienstbetrieb die Durchführung von **Teilversammlungen** (§ 48 II BPersVG), muss der Personalrat im Einzelnen genau bezeichnen, für welche Beschäftigten diese Versammlung durchgeführt wird; die davon nicht betroffenen Beschäftigten sind dann zur Teilnahme nicht berechtigt. Für den Personalrat sind jedenfalls alle Vorstandsmitglieder teilnahmeberechtigt; ansonsten nur die Personalratsmitglieder, die in der Einheit, für die die Teilversammlung durchgeführt wird, tätig sind.[118] Nach § 45 II 2 PersVG NRW können zusätzlich Gruppenversammlungen zur Erörterung besonderer Belange eines Teils der Beschäftigten durchgeführt werden. Diese Gruppenversammlungen haben denselben sonstigen Teilnehmerkreis wie Personalversammlungen. Das Teilnahmerecht des Dienststellenleiters kann der Personalrat nicht dadurch umgehen, dass er das Treffen als erweiterte Sprechstunde auffasst.[119] 66

d) Entgeltfortzahlung. Die Teilnehmer von Personalversammlungen, die während der Dienstzeit stattfinden, werden besoldungs- und vergütungsrechtlich so gestellt, als ob sie gearbeitet hätten. Für Personalversammlungen außerhalb der Dienstzeit sieht das BPersVG keinen finanziellen Ausgleich vor.[120] Die Gewährung von Freizeitausgleich kommt nur in Betracht, wenn die Personalversammlung aus dienstlichen Gründen außerhalb der Dienstzeit stattfinden musste. Fahrtkosten werden nur für die regelmäßigen und die auf Wunsch des Dienststellenleiters durchgeführten Personalversammlungen erstattet (§ 50 I 4 BPersVG). 67

7. Sonstige Kommunikationsmöglichkeiten. Neben Einrichtung von Sprechstunden (§ 43 BPersVG) und der Durchführung von Personalversammlungen (§§ 48ff. BPersVG) sieht das BPersVG noch die Bereitstellung von geeigneten Plätzen für Bekanntmachungen und Anschläge ausdrücklich vor, sog. „Schwarzes Brett" (§ 44 III BPersVG). Diese Flächen dienen der Bekanntmachung und Information der Beschäftigten und dürfen nicht zu partei- oder gewerkschaftspolitischer Werbung missbraucht werden. Die im Gesetz erwähnten Kommunikationsmöglichkeiten zwischen Personalrat und Beschäftigten stellen keine abschließende Regelung, sondern nur einen Mindeststandard dar. Zur Wahrnehmung konkreter gesetzlicher Aufgaben und unter Wahrung des Gebots der sparsamen Verwendung öffentlicher Mittel ist es möglich, weitere Kommunikationsmittel, insbesondere in Form eines anlassbezogenen oder auch eines periodischen schriftlichen Informationsblattes zu nutzen.[121] Vgl. auch § 222 RN 21. 68

IV. Kosten der Personalratstätigkeit

Altvater, Sachaufwand, Büropersonal und Bekanntmachungen des Personalrats, PersR 2003, 261; *ders.,* Kosten des Personalrats, PersR 2003, 214; *Däubler,* Personalrat, E-Mail und Internet, ZfPR 2001, 314; *Faber,* Die Beauftragung von Sachverständigen durch den Personalrat, FS Lorenzen (2007), S. 5; *Goericke,* „Interne Budgetierung" und die Beteiligung des Personalrats, PersR 99, 65; *Gronimus,* Notwendige Schulungen für die Personalratsarbeit, PersR 2007, 224; *Kersten,* Jenseits des Schwarzen Bretts – Zur Informationsarbeit der Personalvertretungen im digitalen Zeitalter, ZfPR 2004, 175; *Jordan,* Die Assistenzkraft des Personalrats, PersR 2008, 187; *Kunze,* Die Schulung von Personalratsmitgliedern, PersV 2005, 411; *ders.,* Personalrat und

[115] Vgl. BVerwG 24. 10. 1975 Buchholz 238.3 § 26 PersVG Nr. 9 = PersV 76, 422.
[116] BVerwG 6. 9. 1984 Buchholz 238.3 A § 48 BPersVG Nr. 1 = NJW 85, 2843 (sachkundige Auskunftsperson).
[117] VG Berlin 24. 5. 2002 PersV 2002, 449.
[118] Offen gelassen BVerwG 5. 5. 1973 AP 3 zu § 46 PersVG = Buchholz 238.3 § 46 PersVG Nr. 2.
[119] BVerwG 12. 12. 2005 Buchholz 251.7 § 45 NWPersVG Nr. 1 = PersR 2006, 122 = PersV 2006, 145.
[120] BAG 19. 4. 1989 AP 1 zu § 47 LPVG NW = PersR 90, 66 = NZA 90, 281 (nur Freizeitausgleich).
[121] BVerwG 10. 10. 1990 AP 1 zu § 41 LPVG NW = PersR 91, 27 = PersV 91, 272; enger OVG Münster 10. 2. 1993 PersV 95, 461.

Haushaltsmittel – Konsequenzen der neueren Rechtsprechung für die Personalratsarbeit, ZfPR 2005, 22; *ders.*, Sachverständige und Auskunftspersonen im Personalvertretungsrecht, PersV 2004, 248; *Leuze*, Bemerkungen zum Umlageverbot (§ 41 BetrVG) und zum Beitragsverbot (§ 45 BPersVG), ZTR 2006, 474; *ders.*, Anmerkungen zum Verbot der Beitragserhebung, PersV 2004, 220; *Lorse*, Aktuelle Rechtsfragen der Schulung von Personalratsmitgliedern nach § 46 Abs. 6 BPersVG, PersV 2008, 124; *Manderla*, Das Informationsrecht und die Öffentlichkeitsarbeit der Personalvertretungen, PersV 2004, 288; *Schierbaum*, Hinzuziehung von Sachverständigen durch den Personalrat, PersR 2003, 177; *Schulz/Faber*, Personalvertretung und Rechtsanwalt – wer trägt die Kosten?, PersV 2007, 245; *Vogelgesang*, Die Pflicht der Dienststelle zur Erstattung der Kosten der Personalvertretung, PersV 2003, 4; *ders.*, Erforderlichkeit des Ersatzes der Kosten der Personalvertretung durch die Dienststelle, PersV 2008, 444; *Wahlers*, Der Anspruch des Personal-(Betriebs-)rats auf Überlassung von Büropersonal, PersV 2006, 124; *Wank/Maties*, Die Erforderlichkeit von Schulungen der Personalvertretungen nach BetrVG und BPersVG, NZA 2005, 1033.

69 **1. Erforderlichkeit.** Nach § 44 BPersVG hat die Dienststelle die durch die Tätigkeit des Personalrats entstehenden Kosten zu tragen;[122] § 44 I BPersVG betrifft die sog. Geschäftsführungskosten, § 44 II und III BPersVG die Sachkosten. Die Regelung lehnt sich an § 40 BetrVG an (dazu § 222). § 44 BPersVG regelt zwar ausdrücklich nur die Kosten des Personalrats; das BVerwG wendet die Vorschrift aber auf alle Beschäftigtenvertretungen in der Personalverfassung an.[123] Hat ein Personalratsmitglied die Kosten verauslagt, steht ihm der Erstattungsanspruch ebenfalls zu;[124] eine Verzinsung – auch bei Verzug – ist im Gesetz nicht vorgesehen, § 288 BGB ist im öffentlichen Recht auch nicht analog anwendbar (zweifelhaft); Prozesszinsen sind allerdings nach § 291 BGB auch hier zu zahlen.[125]

70 Wie im Betriebsverfassungsrecht besteht auch im Personalvertretungsrecht nur ein Kostenerstattungsanspruch bei Erforderlichkeit der entsprechenden Aufwendungen. Die Tätigkeit muss deshalb **(a)** zum gesetzlichen **Aufgabenkreis** der Personalvertretung gehören, wobei allein eine objektive Betrachtungsweise geboten ist;[126] ein Ermessen steht dem Personalrat insoweit nicht zu.[127] Daneben muss **(b)** die **Veranlassung** der Kosten **erforderlich** sein. Die Beurteilung der Erforderlichkeit hat aber nicht ausschließlich unter einem objektiven Maßstab zu erfolgen. Vielmehr entsteht die Kostenerstattungspflicht der Dienststelle bereits dann, wenn der Personalrat die Aufwendungen bei pflichtgemäßer Würdigung des Sachverhaltes für erforderlich halten durfte,[128] was zumindest im Ergebnis den Anforderungen des BAG zu § 37 BetrVG entspricht (vgl. § 222 RN 3).

71 Im Personalvertretungsrecht wird die Kostenerstattungspflicht überdies durch die zur Verfügung stehenden **Haushaltsmittel** begrenzt. Auch der Personalrat unterliegt als Teil der Dienststelle grundsätzlich dem an die öffentliche Verwaltung ganz allgemein gerichteten Gebot zur sparsamen Mittelbewirtschaftung.[129] Insoweit können sich aus den Haushaltsgesetzen des Bundes und der Länder Grenzen für die Tätigkeit des Personalrats und seiner Mitglieder ergeben. Grundsätzlich ist der Personalrat gehalten, seine Geschäftsführung so einzurichten, dass die ihm zur Verfügung gestellten Haushaltsmittel ausreichen. Sind diese erschöpft, ist nach planbarem und unerwartet auftretendem Mehrbedarf zu unterscheiden. Bei letzterem müssen Verstärkungsmittel beantragt und ggf. nachbewilligt werden. Vorher darf der Personalrat die zunächst nicht gedeckten Aufwendungen nicht auslösen.[130] Bei vorhersehbarem Mehrbedarf besteht kein Anspruch auf Verstärkungsmittel, wenn der Haushaltsgesetzgeber dem Personalrat für das Haushaltsjahr ausreichend Mittel zur Erfüllung seiner gesetzlichen Aufgaben zur Verfügung gestellt hat.[131] Ist der

---

[122] VGH München 17. 9. 1992 PersR 93, 384 – Kostenschuldner bei Volksschulen ist das Schulamt.

[123] BVerwG 9. 10. 1991 Buchholz 250 § 44 BPersVG Nr. 25 = PersV 92, 218 (externer Einigungsstellenbeisitzer).

[124] OVG Greifswald 24. 5. 2000 PersV 2001, 139.

[125] BVerwG 12. 3. 1993 BVerwGE 92, 207 (nicht zum PersVG ergangen); ebenso OVG Greifswald 24. 5. 2000 PersV 2001, 139.

[126] BVerwG 27. 4. 1979 Buchholz 238.33 § 41 BremPersVG Nr. 1 = PersV 81, 23.

[127] BVerwG 18. 6. 1991 Buchholz 250 § 44 BPersVG Nr. 23 = PersV 92, 45 = PersR 91, 341; OVG Münster 3. 5. 2002 PersR 2002, 483 = PersV 2002, 451; 4. 10. 2001 NZA-RR 2002, 503 = PersR 2002, 83 = PersV 2002, 371.

[128] BVerwG 18. 6. 1991 Buchholz 250 § 44 BPersVG Nr. 23 = PersV 92, 45 = PersR 91, 341; OVG Münster 3. 5. 2002 PersR 2002, 483 = PersV 2002, 451; 4. 10. 2001 NZA-RR 2002, 503 = PersR 2002, 83 = PersV 2002, 371.

[129] BVerwG 24. 11. 1986 Buchholz 238.33 § 41 BrPersVG Nr. 3 = PersV 87, 422; 27. 4. 1979 Buchholz 238.3 A § 46 BPersVG Nr. 6 = PersV 81, 29 jeweils zu Fortbildungsveranstaltungen.

[130] OVG Magdeburg 6. 10. 1999 ZfPR 2000, 41.

[131] Offengelassen von BVerwG 24. 11. 1986 Buchholz 238.33 § 41 BrPersVG Nr. 3 = PersV 87, 422; dazu VG Schleswig 24. 4. 1998 PersR 99, 33; VG Köln 8. 1. 1998 PersR 99, 32.

Personalrat in das Verfahren zur Aufstellung des ihn betreffenden Haushaltstitels nicht eingebunden, stehen fehlende Haushaltsmittel einem kostenauslösenden Beschluss nicht zwingend entgegen;[132] im Rahmen seines Beurteilungsermessens muss der Personalrat jedoch prüfen, ob die Maßnahme ins nächste Jahr verschoben werden kann.[133] Eine Haushaltssperre darf nicht dazu führen, dass der Grundbedarf der Personalvertretung (Kosten für den Zusammentritt des Vorstandes, Kosten der Sitzungen, Kosten des Monatsgesprächs, Wahlkosten) nicht mehr gesichert ist;[134] wegen weiterer Einzelheiten zu Schulungskosten vgl. § 266 RN 19.

2. Einzelfälle. Zu Schulungskosten vgl. § 266 RN 18. **a) Rechtsverfolgungskosten.** Wie im BetrVG zählen auch die Rechtsverfolgungskosten des Personalrats zu den Geschäftsführungskosten, die nach § 44 I BPersVG bei Erforderlichkeit der Kostenverursachung von der Dienststelle zu übernehmen sind. Das gilt auch für Beschlussverfahren, die ausschließlich einzelne Mitgliedsrechte oder Gruppenangelegenheiten betreffen.[135] Die Kosten für die Hinzuziehung eines Rechtsanwalts im Rahmen eines Beschlussverfahrens sind nach allgemeinen Grundsätzen zu ersetzen, wenn das Beschlussverfahren zur Klärung der Rechte des Personalrats dient und dieser die Hinzuziehung nach pflichtgemäßem Ermessen für erforderlich halten durfte.[136] Eine Kostenerstattung ist ausgeschlossen, wenn die Einleitung des Beschlussverfahrens oder die Einlegung eines Rechtsmittels mutwillig oder aus haltlosen Gründen erfolgt ist.[137] Voraussetzung für die Kostenerstattungspflicht der Dienststelle ist aber stets ein ordnungsgemäßer Beschluss des Plenums,[138] damit der Personalrat das ihm zustehende Beurteilungsermessen ordnungsgemäß ausüben kann.[139] Das Einverständnis der Dienststelle mit der Beauftragung ist hingegen nicht erforderlich, gleichwohl muss sich der Personalrat vor der Hinzuziehung des Rechtsanwalts ernsthaft um eine entsprechende Einigung mit der Dienststelle bemüht haben;[140] die Frage des Scheiterns ist aber aus seiner subjektiven Sicht zu beurteilen und nur eingeschränkt gerichtlich überprüfbar. Sind die Kosten der Hinzuziehung eines Rechtsanwaltes dem Grunde nach von der Dienststelle zu tragen, soll die Erfüllung dieses Anspruchs so lange verweigert werden können, bis der Rechtsanwalt eine ordnungsgemäße Rechnung nach § 10 I RVG vorlegt, die auf den Personalrat auszustellen ist.[141] 72

Gegenüber der Rspr. der Arbeitsgerichte (dazu § 222 RN 7 ff.) bestehen jedoch **Besonderheiten.** Im Ausschlussverfahren nach § 28 I BPersVG ist die Kostenübernahmepflicht abhängig vom Verfahrensausgang. Bleibt der Antrag erfolglos, sollen die Kosten erstattungsfähig sein; wird das Personalratsmitglied jedoch aus dem Gremium entfernt, besteht kein Anspruch auf Kostenübernahme.[142] Fechten einzelne Beschäftigte die Personalratswahl an, sind die entsprechenden Rechtsverfolgungskosten nicht erstattungsfähig, da es sich nicht um Kosten der Personalratstätigkeit handelt, selbst wenn es sich bei den Anfechtenden um Personalratsmitglieder handelt.[143] Die Personalvertretung und die Jugend- und Auszubildendenvertretung können die Erstattung der ihnen im Verfahren nach § 9 IV BPersVG entstandenen Rechtsanwaltskosten grundsätzlich auch dann verlangen, wenn die Auszubildenden in diesem Verfahren bereits anwaltlich vertreten sind, da diese Gremien nicht notwendig dieselben Interessen vertreten wie der Auszubildende.[144] 73

b) Außergerichtliche Vertretung und Sachverständige. Eine anwaltliche Vertretung des Personalrats vor der Einigungsstelle kommt nur in Betracht, wenn der Personalrat seine Interessen alleine nicht sachgerecht verfolgen kann.[145] Die Beauftragung eines Anwalts als Berater bzw. Gutachter kann wegen des Gebots der sparsamen Haushaltsmittelbewirtschaftung regelmäßig 74

---

132 OVG Münster 3. 5. 2002 PersR 2002, 483 = PersV 2002, 451.

133 BVerwG 26. 2. 2003 AP 55 zu § 81 ArbGG 1979 = Buchholz 250 § 44 BPersVG Nr. 31; 26. 2. 2003 Buchholz 250 § 44 BPersVG Nr. 32 = PersR 2003, 276 = PersV 2003, 351.

134 OVG Koblenz 15. 1. 2002 PersV 2002, 362.

135 BVerwG 6. 3. 1959 AP 1 zu § 44 PersVG = NJW 59, 1746.

136 BVerwG 25. 2. 2004 AP 4 zu § 47 BPersVG = Buchholz 250 § 44 BPersVG Nr. 34.

137 BVerwG 9. 3. 1992 AP 11 zu § 44 BPersVG = PersR 92, 243 = PersV 92, 429 (ca. 80 gleichgelagerte Parallelverfahren); VGH Kassel 14. 11. 1990 PersV 93, 550 = NZA 91, 512.

138 BVerwG 19. 12. 1996 Buchholz 250 § 44 BPersVG Nr. 30 = NZA-RR 97, 414.

139 OVG Hamburg 26. 11. 2001 PersR 2002, 404 = PersV 2002, 367.

140 VGH Mannheim 19. 11. 2002 PersR 2003, 204; OVG Hamburg 26. 11. 2001 PersR 2002, 404 = PersV 2002, 367.

141 Übertrieben formalistisch OVG Hamburg 11. 6. 2001 PersR 2002, 255.

142 BVerwG 26. 10. 1962 AP 2 zu § 20 ArbGG 1953 = PersV 63, 158.

143 BVerwG 13. 6. 1969 Buchholz 238.3 § 44 PersVG Nr. 10 = PersV 70, 64.

144 VGH München 13. 7. 1994 PersV 97, 227 = PersR 94, 562.

145 OVG Hamburg 15. 1. 1990 PersV 92, 531.

nur erfolgen, wenn der Personalrat nicht auf andere, kostengünstigere Möglichkeiten (Auskünfte der Dienstelle oder Gewerkschaften, Fachliteratur) verwiesen werden kann.[146] Unter den gleichen Voraussetzungen hat der Personalrat Anspruch auf Hinzuziehung eines Sachverständigen; das BVerwG orientiert sich insoweit an der Rspr. des BAG zu § 80 II BetrVG (§ 233 RN 21 ff.).[147] Allerdings fehlt es bisher an Aussagen dazu, ob dessen Beauftragung auch einer vorherigen Vereinbarung mit der Dienststelle bedarf.[148] Diese Frage wird zu bejahen sein, da wegen der vorhandenen Regelungslücke im BPersVG ein vollständiger Rückgriff auf die entsprechende Norm im BetrVG zu erfolgen hat.[149]

75 **c) Reisekosten.** Reisekosten sind nach allgemeinen Grundsätzen (RN 69) zu erstatten, wenn sie in Wahrnehmung einer Aufgabe des Personalrats anfallen und das Personalratsmitglied nach Abwägung aller Umstände den Antritt der Reise als erforderlich ansehen durfte; insofern steht der Personalvertretung in engen Grenzen ein Beurteilungsspielraum zu.[150] Wegen der Höhe der ersetzbaren Kosten verweist § 44 I 2 BPersVG auf das Bundesreisekostengesetz. Fährt z. B. der (teilfreigestellte) Vorsitzende des Personalrats regelmäßig an zwei auseinander liegenden Wochentagen zur Wahrnehmung seiner Personalratstätigkeit statt zum Ort der Dienststelle zu dem an einem anderen Ort befindlichen Sitz des Personalrats, steht ihm Fahrkostenerstattung (Wegstreckenentschädigung) wie bei Dienstreisen zu. Fahrtkostenerstattung steht einem freigestellten Personalratsmitglied auch für die täglichen Fahrten zwischen seiner Wohnung und dem auswärtigen Sitz des Personalrats zu, wenn dieser nicht mit seinem bisherigen Dienstsitz zusammenfällt; die Entfernung zwischen Wohnung und bisherigem Dienstsitz ist in Abzug zu bringen; eine Begrenzung der Auslagenerstattung in Höhe der fiktiven Kosten bei Verbleib am Sitz der Stufenvertretung erfolgt nicht.[151] Denkbar ist auch die Anerkennung der Privat-Pkw-Nutzung eines Personalratsmitglieds wegen des zugrunde liegenden erheblichen dienstlichen Interesses (§ 5 II BRKG).[152]

76 **3. Sachkosten.** Die gesetzliche Regelung in § 44 II BPersVG entspricht nahezu wörtlich der Regelung in § 40 II BetrVG (§ 222 RN 15 ff.). § 44 III BPersVG hat gegenüber § 44 II BPersG lediglich eine klarstellende Bedeutung Der Anspruch auf Überlassung von Sachmitteln besteht nur für die Wahrnehmung von gesetzlichen Aufgaben des Personalrats und auch nur im erforderlichen Umfang. Der Umfang der Ausstattung mit Sachmitteln richtet sich daher in der Regel nach der Größe der Dienststelle und dementsprechend nach der Anzahl der Personalratsmitglieder. Besondere Situationen (z. B. der Regierungsumzug nach Berlin) können jedoch einen besonderen Geschäftsbedarf rechtfertigen. Ein netzunabhängiger PC für den Personalrat ist im Regelfall nicht erforderlich, wenn die Dienststelle bereit ist, einen Arbeitsplatz-PC mit Anschluss an das hauseigene Netz zur Verfügung zu stellen.[153]

77 Bei der **Literatur** zählt neben den Gesetzestexten zur Mindestausstattung ein Kommentar zum Personalvertretungsrecht in der jeweils aktuellen Auflage;[154] daneben hat der Personalrat Anspruch auf Überlassung einer Fachzeitschrift, wobei in kleineren Dienststellen auch eine gemeinsame Anschaffung für Dienststelle und Personalrat zumutbar ist.[155] Die Auswahl, welche Zeitschrift bezogen werden soll, verbleibt aber dem Personalrat, dabei kann es sich auch um eine Fachzeitschrift aus einem gewerkschaftseigenen Verlag handeln.[156] Zum BetrVG vgl. § 222 RN 19.

---

[146] VGH München 15. 11. 1990 ZTR 91, 132; OVG Münster 12. 2. 1987 PersV 89, 497.

[147] BVerwG 8. 11. 1989 Buchholz 251.0 § 68 BaWüPersVG Nr. 3 = PersR 90, 102 = PersV 90, 342; BAG 17. 3. 1987 AP 29 zu § 80 BetrVG 1972 = NZA 87, 747.

[148] Das Landesrecht sieht teilweise eine Vorabgenehmigung ausdrücklich vor, vgl. z. B. § 30 IV Nr. 4 LPersVG NI.

[149] Zu den notwendigen Angaben eines entsprechenden Antrags des Personalrats vgl. OVG Lüneburg 21. 6. 2002 PersR 2002, 518.

[150] BVerwG 15. 4. 2008 Buchholz 250 § 44 BPersVG Nr. 36 = PersR 2008, 448 sowie – 6 PB 5/08 – n. v.; 27. 1. 1982 AP 2 zu § 44 BPersVG = PersV 83, 316 (Fahrtkosten zum Anwalt und zum Gerichtstermin).

[151] BVerwG 21. 5. 2007 Buchholz 251.5 § 42 HePersVG Nr. 1 = PersV 2007, 455 = PersR 2007, 387; 25. 11. 2004 Buchholz 251.7 § 40 NWPersVG Nr. 3 = PersR 2005, 75 = PersV 2005, 194 zum Landesrecht NRW mit verallgemeinerungsfähigen Erwägungen und damit wohl gegen BVerwG 14. 2. 1990 AP 7 zu § 44 BPersVG = PersR 90, 130 = PersV 90, 351; a. A. zur Verallgemeinerbarkeit VGH Kassel 29. 6. 2006 PersV 2007, 25, das für das hessische Landesrecht an der alten Rspr. des BVerwG festhalten will (Rechtsbeschwerde zugelassen).

[152] BVerwG 27. 4. 1983 Buchholz 238.37 § 40 PersVG NW Nr. 1 = PersV 84, 324.

[153] VGH Mannheim 9. 10. 2001 PersR 2002, 126 = PersV 2002, 148.

[154] BVerwG 21. 1. 1991 AP 9 zu § 44 BPersVG = PersR 91, 92 = PersV 91, 473.

[155] BVerwG 19. 8. 1994 Buchholz 250 § 44 BPersVG Nr. 29 = PersR 94, 522 = PersV 95, 80; 29. 6. 1988 PersR 88, 242 = PersV 88, 394.

[156] BVerwG 5. 10. 1989 AP 4 zu § 44 BPersVG = PersR 90, 11.

Die Dienststelle muss dem Personalrat **Büropersonal** zur Erledigung der im Rahmen der Personalratsarbeit anfallenden Tätigkeiten zur Verfügung stellen (§ 222 RN 18). Nach dem Umfang der anfallenden Arbeit bestimmt sich, ob die Bürokraft von der Dienststelle nur für einzelne Aufgaben oder generell überlassen werden muss.[157] Aus § 44 II BPersVG folgt nur ein Anspruch auf eine Überlassung von Bürohilfspersonal, d. h. Schreibkräfte oder Mitarbeiter für die Aktenverwaltung, was sich aus der Entstehungsgeschichte des Gesetzes ergibt. Im PersVG 1955 war von Bürohilfspersonal die Rede. Diese Formulierung sollte zunächst für das BPersVG übernommen werden, wurde dann jedoch durch die Formulierung Büropersonal ersetzt, weil man befürchtete, die betroffenen Mitarbeiter könnten sich diskriminiert fühlen.[158] Die Auswahl der Bürokräfte obliegt der Dienststelle, wobei der Personalrat ein Ablehnungsrecht hat, wenn er aus nachvollziehbaren Gründen kein Vertrauen in die persönliche Integrität der Bürokraft hat. Dementsprechend kann er nachträglich den Austausch von Büropersonal verlangen, wenn der Vertrauensverlust erst später eintritt.[159] Soweit die Bürokräfte für die Personalvertretung tätig werden, unterliegen sie auch § 8 BPersVG (Verbot der Behinderung, Benachteiligung und Begünstigung) und § 10 BPersVG (Verschwiegenheitspflicht). 78

§ 266. Die persönliche Rechtsstellung der Mitglieder der Personalvertretung

Übersicht

	RN
I. Anspruch auf Freistellung von den Dienstpflichten	1 ff.
1. Ehrenamt	1
2. Dienstbefreiung	2–5
3. Entgeltfortzahlung	6
4. Freizeitausgleich	7
5. Freistellungen	8–16
6. Benachteiligungsverbot	17
7. Schulungsveranstaltungen	18, 19
8. Bildungsurlaub	20
9. Streitigkeiten	21, 22
II. Sonstige Rechte und Pflichten der Personalratsmitglieder	23 ff.
1. Verschwiegenheitspflicht	23
2. Verbot der Bevorzugung oder Benachteiligung	23 a
3. Kündigungsschutz	24–26
4. Schutz vor Versetzungen	27–29
5. Übernahmeanspruch für Mitglieder der JAV	30

I. Anspruch auf Freistellung von den Dienstpflichten

Altvater, Personalratsschulung, PersR 2003, 22; *Dötsch/Rüßmann,* Abgeltung von Mehrarbeit des Personalrats in Geld bei Unmöglichkeit einer Dienstbefreiung nach § 46 II 2 BPersVG bzw. § 42 II 2 LPVG NW?, PersV 2003, 210; *Goeres,* Die Rechtslage und Praxis bei der beruflichen Förderung von freigestellten Mitgliedern der Personalvertretungen, PersV 2004, 124; *Hoffmann,* Die Freistellung von Personalratsmitgliedern – Zum Auswahlverfahren bei Listenwahl des Personalrats, PersV 2003, 411; *Koller,* Personalratsvorsitzender: Steuerfreiheit der Aufwandspauschale und Verrechnung mit Werbungskosten, DStRE 2008, 731; *Peiseler,* Stellung der Personalratsmitglieder, PersR 2008, 239; *Reich,* Die Ausgründung eines Personalratsmitglieds, PersV 2008, 164; *Schnellenbach,* Nachzeichnung des fiktiven beruflichen Werdegangs freigestellter beamteter Personalratsmitglieder, ZfPR 2002, 51.

1. Ehrenamt. Die Mitglieder des Personalrats üben ihr Amt unentgeltlich als Ehrenamt aus (§ 46 I BPersVG). Dies entspricht der Regelung in § 37 I BetrVG (§ 221 RN 1 ff.); im Personalvertretungsrecht gilt allerdings die Besonderheit, dass dieses Ehrenamt ein öffentliches Amt ist. Damit dem Mitglied des Personalrats aus der ehrenamtlichen Ausübung des Amtes keine Nachteile entstehen, besteht ein Anspruch gegen den Dienstherrn auf Befreiung von den Dienstpflichten im erforderlichen Umfang, die keine Minderung der Bezüge zur Folge haben darf. Insofern konkretisiert § 46 II BPersVG das allgemeine Benachteiligungs- und Begünstigungsverbot aus § 8 BPersVG. 1

2. Dienstbefreiung. Aus § 46 II BPersVG folgt das Recht zur Freistellung von den Arbeits- bzw. Dienstpflichten, soweit dies zur ordnungsgemäßen Durchführung der Aufgaben des Personalrats erforderlich ist. Die Vorschrift betrifft nicht die generelle, sondern nur einzelfallbezogene Möglichkeit zur Dienstbefreiung. Hiervon zu unterscheiden sind die generellen Freistellungen für Mitglieder des Personalrats nach § 46 III, IV BPersVG (RN 8 ff.). 2

---

[157] BVerwG 21. 3. 1984 Buchholz 238.37 § 40 PersVG NW Nr. 2.
[158] Vgl. Lorenzen/*Lorenzen* § 44 RN 44.
[159] VGH Kassel 20. 2. 1980 PersV 82, 161.

3 **a) Gesetzliche Aufgaben.** Ähnlich wie bei den Kosten der Personalratstätigkeit ist in einem mehrstufigen Verfahren zu prüfen, ob der Anspruch auf Arbeitsbefreiung besteht. Die von dem Mitglied des Personalrats beabsichtigte Tätigkeit muss zunächst eine Tätigkeit in Erfüllung der gesetzlichen Aufgaben der Personalvertretung sein. Hierbei ist ein objektiver Maßstab anzusetzen, der keinen Ermessensspielraum zulässt. In Betracht kommt insbesondere die Teilnahme an Sitzungen des Plenums bzw. Vorstandes, Sprechstunden, am Monatsgespräch, an Unfalluntersuchungen oder – bei Vorstandsmitgliedern – die Vor- und Nachbereitung der Sitzungen des Personalrats. Nicht zu den gesetzlichen Aufgaben gehören z. B. gemeinsame Besprechungen zwischen den Vorsitzenden der Stufenvertretungen,[1] die Teilnahme an örtlichen Personalversammlungen durch Mitglieder des Hauptpersonalrats[2] oder die Vorbereitung der Personalratswahlen, da letztere zu den Aufgaben des Wahlvorstandes zählt.

4 **b) Erforderlichkeit.** Weiterhin muss die beabsichtigte Tätigkeit zur Wahrnehmung der gesetzlichen Aufgabe erforderlich sein. Für die Beurteilung, ob Arbeits- oder Dienstzeitversäumnis zur ordnungsgemäßen Durchführung der Personalratsaufgaben erforderlich ist, kommt es maßgeblich darauf an, ob das betreffende Personalratsmitglied nach pflichtgemäßem Ermessen und nach vernünftiger Würdigung aller objektiven Umstände die Arbeitszeitversäumnis für notwendig halten durfte, um den Personalratsaufgaben gerecht zu werden.[3] Weitere Einzelheiten bei § 221 RN 9.

5 **c) Verfahren der Dienstbefreiung.** Umstr. ist, ob sich auch im BPersVG der Freistellungsanspruch für die Amtstätigkeit unmittelbar aus dem Gesetz ergibt oder eine Dienst- bzw. Arbeitsbefreiung durch den Dienststellenleiter erforderlich ist. § 46 II 1 BPersVG regelt – anders als teilweise das Landesrecht – ausdrücklich nur die Voraussetzungen, unter denen das Arbeitsentgelt unberührt bleibt, erteilt insoweit aber nicht kraft Gesetzes eine Befreiung vom Dienst oder von der Arbeit. Dennoch ist auf die zu § 37 II BetrVG entwickelten Grundsätze zurückzugreifen (§ 222 RN 7 ff.). Zutreffend hat das BAG erkannt, dass sich für die Abhängigkeit der Arbeitsbefreiung von einem einseitigen Gestaltungsakt keine Grundlage im Gesetz findet.[4] Nach der Gegenauffassung besteht auf die Arbeitsbefreiung bei Vorliegen der gesetzlichen Voraussetzungen lediglich ein Anspruch. Folgt man dem, darf sich das Mitglied des Personalrats nicht selbstständig von seinem Arbeitsplatz entfernen, wenn die Dienststelle eine Dienstbefreiung verweigert.[5] Ein nicht freigestelltes Personalratsmitglied, das während der Dienstzeit Personalratsaufgaben wahrnehmen will, hat sich bei dem zuständigen Vorgesetzten rechtzeitig abzumelden[6] (§ 221 RN 10).

6 **3. Entgeltfortzahlung.** Nach § 46 II BPersVG darf die berechtigte Versäumung der Arbeitszeit keine Minderung der Bezüge zur Folge haben. Die Entgelt- und Bezügeberechnung erfolgt nach dem Lohnausfallprinzip. Danach sind alle Zulagen zu zahlen oder Vergünstigungen zu gewähren, die angefallen wären, wenn das Mitglied gearbeitet hätte;[7] nicht zu zahlen sind allerdings Aufwendungsersatzleistungen, wenn die Aufwendungen wegen der Personalratstätigkeit gar nicht angefallen sind.[8] Bei der Abgrenzung ist nicht auf die Bezeichnung durch die Dienststelle oder die Parteien abzustellen, sondern auf die objektiven Verhältnisse. Unterliegt das fortzuzahlende Vergütungselement nunmehr der Steuerpflicht, besteht kein Anspruch gegen den Dienstherrn auf Ausgleich dieses Nachteils.[9] Die Dienststelle kann aber in Sonderfällen zur Übernahme der auf das Trennungsgeld entfallenden Steuern und Sozialabgaben verpflichtet sein.[10] Für Abwesenheitszeiten infolge mehrtägiger erforderlicher Fortbildung als Personalrat wird kein Urlaubslohn-

---

[1] BVerwG 21. 7. 1982 Buchholz 238.3 A § 44 BPersVG Nr. 6 = PersV 83, 372.
[2] BVerwG 18. 3. 1981 Buchholz 238.3 A § 52 BPersVG Nr. 1 = PersV 82, 237.
[3] BVerwG 10. 8. 1992 – 1 DB 7/91 n. a. v.
[4] BAG 19. 9. 1985 AP 1 zu § 42 LPVG Rheinland-Pfalz = PersV 88, 190; a. A. VGH München 18. 12. 1985 PersV 87, 27.
[5] Lorenzen/*Lorenzen* § 46 RN 33.
[6] OVG Lüneburg 1. 4. 1998 PersR 99, 28 = NZA-RR 99, 391.
[7] BAG 7. 11. 2007 AP 2 zu § 107 BPersVG = PersR 2008, 203 (Zusatzurlaub für Wechselschicht nach § 48 a BAT); BVerwG 13. 9. 2001 Buchholz 251.6 § 39 NdsPersVG Nr. 1 = PersR 2002, 162 = PersV 2003, 146 (Erschwerniszulage).
[8] BVerwG 11. 9. 1984 Buchholz 238.37 § 42 PersVG NW Nr. 5; BAG 27. 7. 1994 AP 14 zu § 46 BPersVG = NZA 95, 799 = PersR 95, 142 (Tagespauschale bei Auswärtsarbeit nach § 18 TV Post); 15. 7. 1992 AP 19 zu § 46 BPersVG = NZA 93, 661 = PersR 93, 233 (Lehrentschädigung nach Richtlinie der Deutschen Bundespost); 28. 8. 1991 AP 16 zu § 46 BPersVG = NZA 92, 709 (Streckenzulage).
[9] BAG 15. 1. 1997 AP 1 zu § 39 PersVG Rheinland-Pfalz = NZA 97, 897.
[10] BVerwG 27. 1. 2004 Buchholz 250 § 44 BPersVG Nr. 33 = PersR 2004, 152 = PersV 2004, 313.

aufschlag, wie er früher in § 26 II BMT-G II vorgesehen war, gezahlt.[11] Weitere Einzelheiten unter § 222 RN 12ff.

4. Freizeitausgleich. Werden Personalratsmitglieder durch die Erfüllung ihrer Aufgaben über die regelmäßige Arbeitszeit hinaus beansprucht, ist ihnen Dienstbefreiung in entsprechendem Umfang zu gewähren (§ 46 II 2 BPersVG). Diese Regelung weicht vom Betriebsverfassungsrecht (§ 222 RN 18ff.) ab. Während nach § 37 III BetrVG nur für die Tätigkeit außerhalb der Arbeitszeit Freizeitausgleich gewährt werden kann, die aus betriebsbedingten Gründen außerhalb der Arbeitszeit aufgewendet werden muss, wird im Personalvertretungsrecht jede (erforderliche) Tätigkeit für den Personalrat als Arbeitszeit gewertet und damit auch alle Zeiten außerhalb der persönlichen Arbeitszeit des Mitgliedes; Zuschläge für Überstunden werden nicht angerechnet.[12] Für Reisezeiten, die ein Personalratsmitglied zum Erreichen einer auswärtigen Sitzung des Bezirkspersonalrats außerhalb der regelmäßigen Arbeitszeit aufwendet, besteht aber kein Anspruch auf Freizeitausgleich.[13] Ist das Personalratsmitglied Arbeitnehmer, muss der Freizeitausgleich innerhalb der Ausschlussfrist des §§ 37 I TVöD, 70 I BAT/BAT-O geltend gemacht werden,[14] ansonsten spätestens bis zum Ende seiner Amtszeit.[15] 7

5. Freistellungen. a) Reichweite. Unter den Voraussetzungen des § 46 III, IV BPersVG sind die Personalratsmitglieder generell von ihrer Arbeitspflicht freizustellen.[16] Die Freistellung führt zu einer Entbindung von der dienstlichen Tätigkeit des Personalratsmitglieds. Die übrigen Pflichten aus dem Dienst- und Arbeitsverhältnis werden durch die Freistellung nicht berührt, daher gelten auch Beginn und Ende der Arbeitszeit während der Personalratstätigkeit unverändert weiter.[17] Ein vom Dienst freigestelltes Personalratsmitglied hat die Amtstätigkeit während der regelmäßigen Dienstzeit wahrzunehmen.[18] Ein Teilzeitbeschäftigter kann nur im Umfang seiner Teilzeitquote freigestellt werden; die Freistellung darf nicht zur Erhöhung seiner Arbeitszeit führen.[19] 8

b) Umfang. Nach § 46 III 1 BPersVG sind Mitglieder des Personalrats von ihrer dienstlichen Tätigkeit freizustellen, wenn und soweit es nach Umfang und Art der Dienststelle zur ordnungsgemäßen Durchführung ihrer Aufgaben erforderlich ist. Der Umfang der Freistellungen bestimmt sich in Dienststellen mit zumindest dreihundert Beschäftigten nach der Staffel in § 46 IV 1, 2 BPersVG. Von der Staffel kann nur im Einvernehmen zwischen Personalrat und Dienststellenleiter, nicht aber durch eine gerichtliche Entscheidung, abgewichen werden (§ 46 IV 3 BPersVG). Die Dienststelle kann daher eine Freistellung, die sich im Rahmen des § 46 IV 1, 2 BPersVG bewegt, nicht mit der Begründung ablehnen, die Freistellung sei nicht erforderlich.[20] Andererseits kann auch der Personalrat keine über die Staffelwerte hinausgehende Freistellung gerichtlich durchsetzen, selbst wenn er sich zur Begründung auf die Grundregel für den Freistellungsumfang (§ 46 III 1 BPersVG) beruft.[21] Verändert sich während der Amtszeit des Personalrats die Anzahl der Beschäftigten in der Dienststelle dauerhaft so, stark, dass sie sich nach der Staffel auf die Anzahl der Freistellungen auswirkt, besteht ein Anspruch auf Aufstockung oder Verminderung der Freistellungen.[22] In Dienststellen mit weniger als dreihundert Beschäftigten können Personalratsmitglieder von ihrer dienstlichen Tätigkeit (teil-)freigestellt werden, wenn und soweit es nach Umfang und Art der Dienststelle zur ordnungsgemäßen Durchführung ihrer Aufgaben erforderlich ist. Der erforderliche Freistellungsumfang kann nicht aus der Freistellungsstaffel des § 46 IV BPersVG errechnet werden.[23] 9

---

[11] BAG 23. 10. 2002 AP 1 zu § 42 LPVG NW = PersR 2003, 247.

[12] BAG 22. 5. 1986 AP 6 zu § 46 BPersVG = NZA 87, 95 = PersR 87, 107.

[13] BAG 22. 5. 1986 AP 8 zu § 46 BPersVG = PersR 87, 86 = PersV 88, 455; OVG Greifswald 10. 4. 2002 ZfPR 2003, 139.

[14] BAG 26. 2. 1992 AP 18 zu § 46 BPersVG = PersR 92, 468 = NZA 93, 423.

[15] OVG Koblenz 24. 1. 1990 ZBR 90, 192 = PersR 91, 234.

[16] VGH Mannheim 24. 6. 1997 PersR 98, 70 (Teilfreistellung erfasst nicht Rufbereitschaft).

[17] BVerwG 14. 6. 1990 AP 13 zu § 46 BPersVG = PersR 90, 290 = PersV 90, 532.

[18] BVerwG 19. 12. 1980 Buchholz 238.3 A § 35 BPersVG Nr. 1 = PersV 81, 509.

[19] BAG 16. 2. 2005 AP 26 zu § 46 BPersVG = NZA-RR 2005, 556 = PersV 2005, 429.

[20] OVG Lüneburg 5. 10. 1993 PersR 93, 568; OVG Münster 15. 4. 1991 PersR 91, 372 = PersV 95, 476.

[21] VGH München 11. 9. 1991 PersR 92, 224, 335 = PersV 96, 229; VGH Mannheim 17. 2. 1987 ZBR 87, 285 = PersV 87, 430; OVG Münster 26. 2. 1985 ZBR 86, 177 = PersV 86, 476.

[22] BVerwG 9. 7. 2008 Buchholz 251.2 § 43 BlnPersVG Nr. 6 = PersR 2008, 415 = PersV 2008, 421; 2. 9. 1996 Buchholz 251.2 § 43 BlnPersVG Nr. 5 = AP 1 zu § 43 LPVG Berlin.

[23] BVerwG 16. 5. 1980 Buchholz 238.37 § 42 PersVG NW Nr. 3; OVG Münster 13. 5. 1981 PersV 83, 508.

10 Die Zulässigkeit von **Teilfreistellungen** hat die Rspr. bisher restriktiv beurteilt, da eine Aufteilung des Freistellungsvolumens zu unzumutbaren Belastungen für die Dienststelle führen soll. Eine Teilfreistellung ist deshalb nur als zulässig angesehen worden, wenn das Freistellungsvolumen eine ganze Freistellung nicht (mehr) zulässt[24] oder sich kein Personalratsmitglied zu einer vollständigen Freistellung bereit erklärt und diese Weigerung auf stichhaltigen, sachlich einsichtigen Gründen beruht.[25] Selbst bei einer danach zulässigen Teilfreistellung darf jedoch insgesamt die in der Freistellungsstaffel vorgesehene Anzahl von Personalratsmitgliedern nicht überschritten werden.[26] Freistellungen im sog. rollierenden System (die Personalratsmitglieder werden z. B. abwechselnd jeweils für einen Monat freigestellt) hat das BVerwG als zulässig angesehen, wenn kein Personalratsmitglied mit einer gänzlichen Freistellung einverstanden ist, keine unabweisbaren dienstliche Belange entgegenstehen und die Stellung des Dienststellenleiters nach dem BPersVG durch die Freistellung nicht beeinträchtigt wird.[27] Die Dauer der Personalratssitzungen soll auf die Teilfreistellung nicht anzurechnen sein.[28]

11 Ohne gewichtige sachliche Gründe darf der Personalrat weder ganz noch teilweise auf die mögliche **Freistellung** eines seiner Mitglieder **verzichten,** wenn dies im Ergebnis zu Lasten der gewählten Beschäftigten einer sonst nicht zum Zuge kommenden Minderheitenliste gehen würde.[29]

12 **c) Auswahl bei der Freistellung.** In der Auswahlentscheidung über die freizustellenden Mitglieder ist der Personalrat nicht frei, sondern zwingend an die im Gesetz vorgegebene Reihenfolge gebunden: Der Personalrat hat **(1)** die nach § 32 I BPersVG gewählten Vorstandsmitglieder, **(2)** die nach § 33 BPersVG gewählten Ergänzungsmitglieder und danach erst **(3)** weitere Mitglieder zu berücksichtigen (§ 46 III 2 BPersVG).[30] Die gesetzliche Regelung gilt auch für die Stufenvertretungen und den Gesamtpersonalrat. Die Freistellungen sollen es den Personalratsmitgliedern ermöglichen, die außerhalb von Gremiensitzungen anfallenden Geschäfte ordnungs- und sachgemäß wahrzunehmen. Da es sich bei diesen Arbeiten um die laufenden Geschäfte des Personalrats handelt, die nach § 32 I 4 BPersVG dem Vorstand obliegen, sind auch in erster Linie die Vorstandsmitglieder von der Arbeitspflicht freizustellen.[31] Steht der Personalvertretung nach der Staffel des § 46 IV 1 BPersVG nur **eine Freistellung** zu, kommen zunächst alle Vorstandsmitglieder für die Freistellung in Betracht. Jedoch dürfte ein Absehen von der Freistellung des Vorsitzenden nur in Ausnahmefällen nicht ermessensfehlerhaft sein, z. B. wenn dieser nicht die stärkste Gruppe im Personalrat repräsentiert. Sind **zwei Personalratsmitglieder** freizustellen, ist neben dem Vorsitzenden der Vertreter der stärksten Gruppe im Vorstand zur Freistellung vorzusehen, sofern ihr nicht bereits der (freigestellte) Vorsitzende angehört.[32]

13 Bei drei Freistellungen sind grundsätzlich sämtliche Mitglieder des (engeren) **Vorstands** (§ 32 BPersVG) für die Freistellung vorzusehen, wenn dort alle Gruppen vertreten sind.[33] Die nach § 33 BPersVG gewählten Mitglieder des erweiterten Vorstands können nur bei Bestehen von stichhaltigen Gründen für eine Freistellung vorgesehen werden, sofern noch zur Freistellung bereite Gruppenvorstandsmitglieder vorhanden sind.[34] Diese Gründe müssen vor der Beschlussfassung erörtert werden und ihr nachweisbar zugrunde gelegen haben. Die Berücksichtigung der Beschäftigungsarten oder der Geschlechter hat für die Auswahl der freizustellenden Vorstandsmitglieder keine ausschlaggebende Bedeutung.[35]

14 Bei den **weiteren Freistellungen,** die nach der Berücksichtigung der Vorstandsmitglieder (§§ 32, 33 BPersVG) vorzunehmen sind, erfolgt die Reihenfolge der freizustellenden Personal-

---

[24] BVerwG 25. 2. 1983 Buchholz 238.37 § 42 NW PersVG Nr. 4; a. A. zutreffend VG Köln 24. 10. 1990 PersR 91, 356 (interne Angelegenheit des Personalrats).

[25] OVG Berlin 14. 2. 1997 ZfPR 97, 151; OVG Koblenz 22. 11. 1983 PersV 85, 376.

[26] BVerwG 26. 10. 1977 Buchholz 238.32 § 43 BlnPersVG Nr. 2 = PersV 79, 112.

[27] BVerwG 10. 5. 1984 Buchholz 238.3 A § 46 BPersVG Nr. 15 = PersV 86, 160.

[28] VGH München 27. 1. 1988 PersR 88, 223 = PersV 89, 20.

[29] BVerwG 11. 7. 1996 AP 21 zu § 46 BPersVG = PersR 97, 22; 22. 12. 1994 AP 20 zu § 46 BPersVG = PersV 95, 237 = PersR 95, 131.

[30] Anders nach LPersVG HH OVG Hamburg 11. 6. 2001 PersR 2002, 120 = PersV 2002, 518.

[31] BVerwG 25. 2. 1983 Buchholz 238.37 § 42 NW PersVG Nr. 4; 26. 10. 1977 Buchholz 238.32 § 43 BlnPersVG Nr. 2 = PersV 79, 112.

[32] BVerwG 2. 5. 1984 Buchholz 238.3 A § 46 BPersVG Nr. 14.

[33] Diese Hervorhebung fehlt in einigen LPersVG, vgl. OVG Hamburg 11. 6. 2001 PersR 2002, 120 = PersV 2002, 518.

[34] BVerwG 12. 1. 2009 – 6 PB 24/08 – PersR 2009, 126.

[35] BVerwG 26. 10. 1977 ZBR 78, 205 = PersV 79, 110; 26. 10. 1977 Buchholz 238.32 § 43 BlnPersVG Nr. 1.

ratsmitglieder nach dem **Wahlergebnis.** Ist Verhältniswahl durchgeführt worden, richtet sich die Verteilung nach den Stimmen, die auf die einzelnen Wahlvorschlagslisten entfallen sind; die bereits nach § 46 III 2 BPersVG freigestellten Vorstandsmitglieder sind von den auf eine Wahlvorschlagsliste entfallenden Freistellungen abzuziehen (§ 46 III 3 BPersVG). Bei der Personenwahl bestimmt sich die Rangfolge der weiteren freizustellenden Mitglieder nach der Zahl der für sie bei der Wahl zum Personalrat abgegebenen Stimmen (§ 46 III 4 BPersVG). Sind die Mitglieder der im Personalrat vertretenen Gruppen teils nach den Grundsätzen der Verhältniswahl, teils im Wege der Personenwahl gewählt worden, sind bei weiteren Freistellungen die Gruppen entsprechend der Zahl ihrer Mitglieder nach dem Höchstzahlverfahren zu berücksichtigen; innerhalb der Gruppen bestimmen sich die weiteren Freistellungen in diesem Fall je nach Wahlverfahren in entsprechender Anwendung des § 46 III 3, 4 BPersVG. Der durch § 46 III 2 BPersVG angeordnete Vorrang der Freistellung der Vorstandsmitglieder kann dazu führen, dass die nach § 46 III 5 BPersVG auf eine Gruppe entfallenden Freistellungen zu reduzieren sind.[36]

d) Verfahren. Der Personalrat entscheidet über die Anzahl der Freistellungen und die Aus- 15
wahl seiner freizustellenden Mitglieder durch Beschluss. Der Dienststellenleiter ist nicht befugt, einen Freistellungsbeschluss des Personalrats uneingeschränkt auf seine Vereinbarkeit mit dem Personalvertretungsrecht zu prüfen. Die Freistellung darf nur abgelehnt werden, wenn die Voraussetzungen des § 46 III 3 BPersVG nicht gegeben sind, unabweisbare dienstliche Belange entgegenstehen oder die eigene personalvertretungsrechtliche Stellung des Dienststellenleiters durch die Freistellung beeinträchtigt würde.[37] Ansprüche eines Personalratsmitglieds auf pauschale Freistellung oder Arbeitszeitverkürzung nach § 46 II 2 BPersVG können nur vom Personalrat und nicht von dem betreffenden Personalratsmitglied geltend gemacht werden.[38] Letzteres ist auch nicht Beteiligter an einem Beschlussverfahren, das um die Berechtigung der Freistellung geführt wird.[39] Die weiteren Freistellungen nach § 46 III 3 BPersVG (RN 14) können entweder in einem gemeinsamen Antrag der Personalratsmitglieder einer Liste oder auf Grund ihrer Ermächtigung durch ein Mitglied gerichtlich durchgesetzt werden.[40] Die Freistellung eines Personalratsmitglieds überträgt sich bei dessen Ausscheiden aus dem Personalrat oder bei Aufgabe der für die Freistellung maßgeblichen Funktion nicht auf das an seine Stelle tretende Personalratsmitglied; der Personalrat muss eine neue Auswahlentscheidung treffen, über die der Dienststellenleiter erneut zu befinden hat.[41]

e) Aufwandsentschädigung. Nach § 46 V 1 BPersVG erhalten die von ihrer dienstlichen 16
Tätigkeit ganz freigestellten Personalratsmitglieder eine monatliche Aufwandsentschädigung, die gemäß § 1 der entsprechenden Verordnung auf 26,– Euro festgesetzt worden ist.[42] Die Aufwandsentschädigung ist eine pauschalierte Entschädigung, die mit der Amtstätigkeit verbundene persönliche Aufwendungen abgelten soll, die nicht durch das Arbeitsentgelt oder sonstige Leistungen abgegolten werden und deren Übernahme dem Verpflichteten nicht zugemutet werden kann. Nur teilweise, aber mindestens für die Hälfte der regelmäßigen Arbeitszeit freigestellte Personalratsmitglieder erhalten gemäß § 46 V 2 BPersVG 13,– Euro. Teilzeitbeschäftigte, die ganz für ihre Personalratstätigkeit freigestellt sind, sind in § 46 V BPersVG nicht ausdrücklich erwähnt. Nach Sinn und Zweck dieser Vorschrift sind die ganz freigestellten Teilzeitbeschäftigten aber wie die Personalratsmitglieder zu behandeln, die mindestens für die Hälfte der regelmäßigen Arbeitszeit freigestellt sind. Das hat zur Folge, dass ganz freigestellte teilzeitbeschäftigte Personalratsmitglieder nur die Hälfte der vollen Aufwandsentschädigung beanspruchen können.[43] Auch die von ihrer beruflichen Tätigkeit freigestellte Vertrauensperson der Schwerbehinderten hat Anspruch auf die monatliche Aufwandsentschädigung nach § 46 V BPersVG.[44]

---

[36] VGH München 13. 7. 1994 PersV 97, 226 (keine Verpflichtung zur entspr. Berücksichtung); 20. 1. 1992 PersR 93, 240.

[37] BVerwG 10. 5. 1984 Buchholz 238.3 A § 46 BPersVG Nr. 15 = PersV 86, 160.

[38] VG Minden 11. 3. 1996 PersV 97, 332; OVG Münster 11. 3. 1993 ZfPR 93, 158.

[39] BVerwG 26. 10. 1977 Buchholz 238.32 § 43 BlnPersVG Nr. 1.

[40] OVG Münster 11. 3. 1993 ZfPR 93, 158.

[41] VGH München 30. 11. 1994 PersR 95, 435.

[42] Verordnung über die Höhe der Aufwandsentschädigung für vom Dienst freigestellte Personalvertretungsmitglieder vom 18. 7. 1974 (BGBl. I S. 1499), zuletzt geändert durch Art. 7 des Sechsten Euro-Einführungsgesetz vom 3. 12. 2001 (BGBl. I S. 3306).

[43] BVerwG 14. 6. 1990 AP 13 zu § 46 BPersVG = PersR 90, 290 = PersV 90, 532; 22. 6. 1984 Buchholz 238.3 A § 46 BPersVG Nr. 16.

[44] BAG 14. 8. 1986 AP 2 zu § 23 SchwbG = NZA 87, 277.

17 **6. Benachteiligungsverbot.** Die Freistellung darf nicht zur Beeinträchtigung des beruflichen Werdegangs führen (§ 46 III 7 BPersVG); die Vorschrift konkretisiert insoweit das allgemeine Behinderungsverbot in § 8 BPersVG für die freigestellten Mitglieder der Personalvertretung (vgl. dazu RN 23 a). Sie enthält über das darin geregelte Benachteiligungsverbot hinaus ein an den Arbeitgeber gerichtetes Gebot, dem Personalratsmitglied eine berufliche Entwicklung zukommen zu lassen, wie sie ohne Freistellung verlaufen wäre.[45] Zur Feststellung, ob eine Benachteiligung wegen der Freistellung vorliegt, bedarf es einer fiktiven Laufbahnnachzeichnung, wobei von der beruflichen Entwicklung vergleichbarer Beschäftigter auszugehen ist (dazu auch § 221 RN 55). Bei den Beamten erfolgt die fiktive Nachzeichnung durch eine Fortschreibung der letzten planmäßigen dienstlichen Beurteilung in Anlehnung an den Werdegang vergleichbarer Beamter, wobei es aber im pflichtgemäßen Ermessen des Dienstherrn stehen soll, welche Vergleichsgruppe er für diese Betrachtung heranzieht.[46] An der Vergleichbarkeit fehlt es, wenn der berufliche Werdegang den Nachweis besonderer Qualifikationen oder Prüfungen erfordert (z. B. Aufstiegsprüfungen bei Laufbahnwechsel), die das freigestellte Personalratsmitglied nicht besitzt bzw. abgelegt hat.[47] Das Benachteiligungsverbot kann den Arbeitgeber verpflichten, bei einer für eine Höhergruppierung maßgeblichen Beurteilung eines teilweise freigestellten Personalratsmitglieds auch dessen Werdegang ohne Freistellung fiktiv nachzuzeichnen und die Ergebnisse der Nachzeichnung neben der Bewertung der dienstlichen Leistungen zu berücksichtigen.[48] Bei Beförderungsentscheidungen kann die tatsächliche Erprobung auf der Beförderungsstelle für freigestellte Mitglieder des Personalrats nur dann verlangt werden, wenn sich aus den sonstigen Personalunterlagen keine zuverlässige Eignungsprognose ableiten lässt.[49] Bei einer Bewerberauswahl hat sich der Dienstherr an Art. 33 II GG zu orientieren; eine Benachteiligung kann hier vorliegen, wenn der Bewerber wegen amtsbedingter Fachdefizite nicht berücksichtigt wird. Der Nachteil kann allerdings in diesem Fall regelmäßig nur vergütungsrechtlich ausgeglichen werden, da die Besetzungsentscheidung mit dem tatsächlich besser geeigneten Mitbewerber durch Art. 33 II GG geschützt wird.[50] Die Ausgleichspflicht besteht nur für solche Nachteile, die nach dem Beginn der Freistellung durch die Befreiung von der Dienstpflicht verursacht worden sind.[51] Unterschiedliche Auffassungen bestehen zwischen BAG und BVerwG über die **Rechtsfolgen** bei einem Verstoß gegen § 46 III 7 BPersVG. Nach Auffassung des BAG handelt es sich um eine unmittelbar anspruchsbegründende Norm, die nicht nur Schadensersatzansprüche gegenüber dem Arbeitgeber auslöst. Vielmehr ist das Personalratsmitglied hinsichtlich seiner beruflichen Entwicklung so zu stellen, wie sie ohne sein Personalratsamt verlaufen wäre,[52] während das BVerwG einem beamteten Amtsträger nur Schadenersatzansprüche zuerkennt.[53]

18 **7. Schulungsveranstaltungen. a) Erforderlichkeit.** Die Mitglieder des Personalrats sind unter Fortzahlung der Bezüge für die Teilnahme an Schulungs- und Bildungsveranstaltungen vom Dienst freizustellen, soweit diese Kenntnisse vermitteln, die für die Tätigkeit im Personalrat erforderlich sind (§ 46 VI BPersVG, dazu RdSchr. d. BMI v. 28. 4. 2008 [GMBl. 2008, 406]). Die Vorschrift entspricht § 37 VI BetrVG, auf die Ausführungen zur Freistellung für die Teilnahme (§ 221 RN 32 ff.) und die Kostentragungspflicht (§ 222 RN 10 ff.) kann daher im Wesentlichen verwiesen werden. Das Merkmal der Erforderlichkeit in § 46 VI BPersVG verlangt, dass die Schulung objektiv für die Personalratstätigkeit und subjektiv im Hinblick auf das Schulungsbedürfnis des entsandten Mitglieds geboten ist.[54] Einer Grundschulung bedarf jedes Personalratsmitglied, um seine Tätigkeit im Personalrat überhaupt sachgemäß ausüben zu können. Sie ist auf die notwendige Kenntnisvermittlung für solche Personalratsmitglieder gerichtet, die noch keine ausreichenden

---

[45] BAG 29. 10. 1998 AP 22 zu § 46 BPersVG = NZA 99, 717 = PersR 99, 319; vgl. auch LAG Köln 21. 8. 2002 ZTR 2003, 359 = PersV 2004, 185.

[46] BVerwG 10. 4. 1997 Buchholz 236.1 § 3 SG Nr. 16 = PersR 97, 533 = PersV 97, 421; 7. 11. 1991 BVerwGE 93, 188 = PersR 92, 195.

[47] OVG Münster 24. 6. 1980 PersV 82, 75 (unzulässige Begünstigung).

[48] BAG 19. 3. 2003 AP 1 zu § 8 LPVG Sachsen = PersR 2004, 272 = PersV 2004, 69.

[49] BVerwG 21. 9. 2006 AP 2 zu § 39 LPVG Rheinland-Pfalz = Buchholz 237.8 § 12 RhPLBG Nr. 1.

[50] BAG 29. 10. 1998 AP 22 zu § 46 BPersVG = NZA 99, 717 = PersR 99, 319; vgl. auch LAG Köln 21. 8. 2002 ZTR 2003, 359 = PersV 2004, 185.

[51] OVG Koblenz 22. 9. 1995 PersV 97, 30.

[52] BAG 27. 6. 2001 AP 23 zu § 46 BPersVG = NZA 2002, 106 = PersR 2002, 39; 26. 9. 1990 AP 4 zu § 8 BPersVG = NZA 91, 694 unter Aufgabe von BAG 31. 10. 1985 AP 5 zu § 46 BPersVG = PersV 88, 406; ebenso LAG Hamm 25. 9. 2001 PersV 2002, 374.

[53] BVerwG 10. 4. 1997 Buchholz 236.1 § 3 SG Nr. 16 = PersR 97, 533 = PersV 97, 421; 7. 11. 1991 BVerwGE 93, 188 = PersR 92, 195 (jeweils zu Soldatenvertretern).

[54] BVerwG 7. 12. 1994 Buchholz 251.0 § 45 BaWüPersVG Nr. 2.

Kenntnisse des geltenden Personalvertretungsrechts[55] oder – bei Vertretern der Arbeitnehmergruppe – des Arbeitsrechts[56] besitzen. Die Teilnahme an einer Spezialschulung benötigt das Personalratsmitglied dagegen, um den besonderen Aufgaben, die ihm innerhalb der Personalvertretung zukommen, gerecht werden zu können;[57] zu einer Spezialschulung kann auch eine allgemeine personalvertretungsrechtliche Fortbildung zur Wissensvertiefung oder -erweiterung zählen.[58] Die Teilnahme an Spezialschulungen ist – abhängig von der Größe der Dienststelle sowie Art und Umfang der beteiligungspflichtigen Angelegenheiten – regelmäßig auf ein einziges Personalratsmitglied oder mehrere einzelne Personalratsmitglieder beschränkt.[59] Erweisen sich einige Themen einer Schulungsveranstaltung als erforderlich, andere als nicht erforderlich, so sind die Kosten von der Dienststelle anteilig zu übernehmen. Dieser Kostenanteil bemisst sich nach der Dauer, der auf die Behandlung der für die Personalratsarbeit notwendigen Themenbereiche entfallen ist.[60]

b) Haushaltsrecht. Der Anspruch auf Teilnahme an einer Schulungsveranstaltung wird im Personalvertretungsrecht neben der Erforderlichkeit durch das Haushaltsrecht begrenzt. Da das Vorliegen der Voraussetzungen des § 46 VI BPersVG lediglich zur Freistellung von der Dienst- bzw. Arbeitspflicht für die Teilnahme an der Veranstaltung führt, richtet sich die Kostentragungspflicht der Dienststelle nach § 44 I BPersVG. Nach der Rspr. des BVerwG hat sich daher der Personalrat vor einer Beschlussfassung nach § 46 VI BPersVG zu vergewissern, ob Haushaltsmittel für die Teilnahme an der Schulungsveranstaltung in ausreichendem Umfang bereit stehen. Sind entsprechende Mittel nicht vorhanden und können sie auch nicht beschafft werden (z. B. Nachbewilligung oder Entnahme aus deckungsfähigen Titeln), ist ein dennoch gefasster Entsendebeschluss rechtswidrig und löst eine Kostentragungspflicht der Dienststelle nicht aus.[61] Etwas anderes gilt nur dann, wenn der Schulungsbedarf unaufschiebbar ist.[62] Unaufschiebbar ist die Teilnahme des Personalratsmitgliedes an einer Spezialschulung, wenn es die dort vermittelten Kenntnisse benötigt, um einem akuten Handlungsbedarf auf Seiten des Personalrats zu genügen. Allerdings wird die Dienststelle von der Kostentragungspflicht nur frei, wenn sie den Personalrat auf die fehlenden Haushaltsmittel bei der Anzeige der Teilnahmeabsicht hingewiesen hat;[63] wegen der Kosten vgl. im Übrigen § 265 RN 69. 19

8. Bildungsurlaub. Nach § 46 VIII BPersVG hat das einzelne Personalratsmitglied während seiner regelmäßigen Amtszeit Anspruch auf Freistellung vom Dienst unter Fortzahlung der Bezüge (sog. Bildungsurlaub) für insgesamt drei Wochen zur Teilnahme an Schulungs- und Bildungsveranstaltungen, die von der Bundeszentrale für politische Bildung als geeignet anerkannt sind. Bei erstmals in den Personalrat gewählten Beschäftigten beträgt der Anspruch insgesamt vier Wochen, wenn sie nicht zuvor Jugend- und Auszubildendenvertreter gewesen sind. Die Regelung entspricht im Wesentlichen § 37 VIII BetrVG (vgl. § 221 RN 48ff.); die Feststellung der Geeignetheit der Veranstaltung erfolgt jedoch nicht durch die oberste Arbeitsbehörde des Landes, sondern ausschließlich durch die Bundeszentrale für politische Bildung. Die entsprechende Anerkennung ist Tatbestandsvoraussetzung; die Dienststelle ist an die Feststellung gebunden.[64] § 46 VII BPersVG gewährt dem einzelnen Personalratsmitglied einen individuellen Anspruch auf Freistellung von den Dienstpflichten zu einer Teilnahme an solchen Bildungsveranstaltungen, die es ihm ermöglichen, sich Kenntnisse zu verschaffen, die für die Personalratsarbeit nützlich und förderlich sind. Ein Entsendungsbeschluss des Personalrats ist nicht für die Veranstaltungsteilnahme erforderlich, aber unschädlich.[65] Nach Bundesrecht ist die Dienststelle nicht zur Erstattung der Fahrkosten verpflichtet, die durch die Teilnahme an einer Veranstaltung nach § 46 VII BPersVG entstanden sind;[66] im Landesrecht ist teilweise eine Übernahme von 20

---

[55] BVerwG 26. 2. 2003 Buchholz 250 § 44 BPersVG Nr. 31 = PersR 2003, 279 = PersV 2003, 348.

[56] BVerwG 14. 6. 2006 Buchholz 250 § 44 BPersVG Nr. 35 = PersR 2006, 468 unter Aufgabe von BVerwG 22. 7. 1982 Buchholz 238.3 A § 46 BPersVG Nr. 12.

[57] BVerwG 26. 2. 2003 Buchholz 250 § 44 BPersVG Nr. 32 = PersR 2003, 276 = PersV 2003, 351.

[58] BVerwG 14. 6. 2006 Buchholz 250 § 44 BPersVG Nr. 35 = PersR 2006, 468.

[59] BVerwG 16. 11. 1987 Buchholz 251.0 § 47 BaWüPersVG Nr. 1 S. 2; 23. 4. 1991 Buchholz 251.0 § 45 BaWüPersVG Nr. 1.

[60] BVerwG 14. 6. 2006 Buchholz 250 § 44 BPersVG Nr. 35 = PersR 2006, 468.

[61] BVerwG 24. 11. 1986 Buchholz 238.33 § 41 BrPersVG Nr. 3 = PersV 87, 422; zu Recht weitergehend VG Frankfurt 4. 11. 1990 PersR 91, 70.

[62] BVerwG 26. 2. 2003 Buchholz 250 § 44 BPersVG Nr. 32 = PersR 2003, 276 = PersV 2003, 351.

[63] BVerwG 4. 2. 1988 Buchholz 251.3 § 39 BrPersVG Nr. 2 = PersV 88, 501.

[64] Offen gelassen in BVerwG 27. 4. 1979 BVerwGE 58, 54 = PersV 80, 19.

[65] BVerwG 4. 2. 1988 Buchholz 251.3 § 39 BrPersVG Nr. 2 = PersV 88, 501.

[66] BVerwG 4. 2. 1988 Buchholz 251.3 § 39 BrPersVG Nr. 2 = PersV 88, 501; OVG Münster 2. 9. 1992 PersR 93, 83 = PersV 95, 475.

Kosten bei bereitstehenden Haushaltsmitteln vorgesehen. Ist das Personalratsmitglied für eine Bildungsurlaubsveranstaltung vom Dienst freigestellt, wird nur die tatsächlich versäumte, nicht jedoch die durchschnittliche arbeitsvertragliche Arbeitszeit als geleistet angerechnet.[67]

21 **9. Streitigkeiten.** Kommt es zu Meinungsverschiedenheiten zwischen der Personalvertretung und der Dienststelle über die erforderliche Freistellung für die Personalratstätigkeit (§ 46 III, VI BPersVG), sind diese im Beschlussverfahren vor den Verwaltungsgerichten auszutragen. Streitigkeiten über die Entgeltfortzahlung für Personalratstätigkeit (§ 46 II BPersVG) sind bei Beamten vor dem Verwaltungsgericht als allgemeine beamtenrechtliche Streitigkeit[68] (§ 126 BRRG) und von Arbeitnehmern im Urteilsverfahren vor dem Arbeitsgericht geltend zu machen. Entsprechendes gilt, wenn Ansprüche wegen eines Verstoßes gegen das Benachteiligungsverbot für freigestellte Personalratsmitglieder (§ 46 III 7 BPersVG) erhoben werden.

22 Der Personalrat ist befugt, im Beschlussverfahren die Erforderlichkeit der Teilnahme an einer **Schulungsveranstaltung** und die Erstattungsfähigkeit der den Personalratsmitgliedern entstandenen Kosten gerichtlich klären zu lassen.[69] Das Rechtsschutzbedürfnis für ein vom Personalrat eingeleitetes Verfahren entfällt aber, wenn das Mitglied selbst den Erstattungsanspruch geltend macht.[70] Auch für die Geltendmachung der dem Personalratsmitglied entstandenen Kosten ist das Beschlussverfahren die richtige Verfahrensart. An diesem Verfahren sind die Dienststelle und der Personalrat beteiligt, nicht hingegen übergeordnete Dienststellen oder der Rechtsträger.[71] Ansprüche auf Erstattung von Schulungskosten können an den Veranstalter der Schulung, der die Kosten verauslagt hat, abgetreten werden.[72] Die Durchsetzung des Anspruchs auf Teilnahme an der Veranstaltung im Wege der einstweiligen Verfügung kommt in Betracht, wenn die Voraussetzungen für die Erforderlichkeit glaubhaft gemacht werden, die Schulungsteilnahme bis zum Abschluss des Hauptsacheverfahrens nicht zurückgestellt werden kann und Haushaltsmittel zur Verfügung stehen.[73]

II. Sonstige Rechte und Pflichten der Personalratsmitglieder

Baden, „... Schweigen ist Gold" – Gibt es neben der Schweigepflicht des Personalratsvertreters auch ein Schweigerecht aus § 10 BPersVG?, PersR 2002, 428; *Gottwald,* Zur Frage der Zustimmungsbedürftigkeit bei der Übertragung eines anderen Aufgabengebietes an ein Personalratsmitglied, PersV 2003, 235; *Krasney,* Schutz der gesetzlichen Unfallversicherung für Tätigkeiten im Rahmen der betrieblichen Mitbestimmung, ZTR 2004, 21; *Leuze,* Die Öffentlichkeitsarbeit des Personalrats und des Betriebsrats zwischen Informationsrecht, -pflicht und Schweigepflicht, ZTR 2009, 6; *Reich,* Die Drohung mit einer Strafanzeige ..., PersV 2003, 204.

23 **1. Verschwiegenheitspflicht.** Nach § 10 BPersVG haben Personen, die Aufgaben und Befugnisse nach dem BPersVG wahrnehmen oder wahrgenommen haben, über die ihnen dabei bekannt gewordenen Angelegenheiten und Tatsachen Stillschweigen zu bewahren. Anders als § 79 BetrVG verzichtet das BPersVG auf eine Aufzählung der zur Verschwiegenheit verpflichteten Personen, sondern knüpft diese an eine aktuell oder in der Vergangenheit ausgeübte Amtstätigkeit bzw. entsprechende Hilfsfunktion (Gewerkschaftsbeauftragte). Die Pflicht zur Verschwiegenheit dauert bei beteiligungspflichtigen Maßnahmen bis zu deren Durchführung an[74] und gilt auch für die Vertreter der Dienststelle.[75] Die Schweigepflicht besteht gegenüber jedermann und erfasst insbesondere auch die persönlichen Verhältnisse der Beschäftigten. Sie entfällt gegenüber den anderen Mitgliedern der Personalvertretung (auch der Jugend- und Auszubildendenvertretung), Ersatzmitgliedern im Rahmen des Vertretungsfalls, Mitgliedern des Gesamtpersonalrats und der bei der übergeordneten Behörde gebildeten Stufenvertretung, wenn diese im Rahmen eines konkreten Beteiligungsverfahrens angerufen oder beteiligt wird. Offenkundiges und Tatsachen von nur untergeordneter Bedeutung unterliegen aber nicht der Schweigepflicht. Bei Verstößen kommen als Sanktionen der Ausschluss aus dem Personalrat und eine Schadensersatz-

---

[67] BVerwG 23. 10. 1980 Buchholz 238.3 A § 83 BPersVG Nr. 15 = PersV 82, 63.
[68] BVerwG 23. 10. 1980 Buchholz 238.3 A § 83 BPersVG Nr. 15 = PersV 82, 63.
[69] BVerwG 27. 4. 1979 Buchholz 238.3 A § 46 BPersVG Nr. 6 = PersV 81, 29.
[70] BVerwG 27. 4. 1979 Buchholz 238.3 A § 46 BPersVG Nr. 5 = PersV 81, 161.
[71] BVerwG 27. 4. 1979 BVerwGE 58, 54 = PersV 80, 19.
[72] BVerwG 8. 9. 1986 Buchholz 238.3 A § 46 BPersVG Nr. 20 = PersV 87, 334; 18. 8. 1986 Buchholz 238.3 A § 46 BPersVG Nr. 19; 22. 3. 1984 Buchholz 238.3 A § 44 BPersVG Nr. 10 = PersV 86, 158.
[73] VG Köln 8. 1. 1998 PersR 99, 32.
[74] VGH München 14. 2. 2001 PersV 2003, 28.
[75] VG Darmstadt 19. 6. 1997 PersR 98, 171; einschränkend für Äußerungen gegenüber der übergeordneten Behörde VGH Kassel 20. 9. 1989 ArbuR 90, 164 = PersV 92, 236.

pflicht in Betracht, da § 10 BPersVG ein Schutzgesetz i. S. v. § 823 II BGB ist. Bei den beamteten Mitgliedern der Personalvertretungen können überdies disziplinarische Maßnahmen ergriffen werden. Zum Zeugnisverweigerungsrecht § 230 RN 32.

2. Verbot der Bevorzugung oder Benachteiligung. Personen, die Aufgaben oder Befugnisse nach dem BPersVG wahrnehmen, dürfen darin nicht behindert und wegen ihrer Tätigkeit nicht benachteiligt oder begünstigt werden; dies gilt auch für ihre berufliche Entwicklung (§ 8 BPersVG). Die Regelung entspricht § 78 BetrVG (vgl. § 230 RN 22), sie wird ergänzt durch das spezielle Benachteiligungsverbot aus § 46 III 7 BPersVG für freigestellte Personalratsmitglieder beim beruflichen Fortkommen (vgl. RN 17). Jede Form der Beeinträchtigung der Aufgabenwahrnehmung des Personalrats – von der Erschwerung und Störung bis zur Verhinderung – ist als Behinderung anzusehen. Allerdings ist stets darauf abzustellen, welche Zwecke die Dienststelle mit ihrer Maßnahme verfolgt; ein Verstoß gegen § 8 BPersVG liegt nur dann vor, wenn die Beeinträchtigung der Aufgabenwahrnehmung unverhältnismäßig ist.[76] Für Personalratsmitglieder besteht kein Anspruch auf einen Beförderungsdienstposten, nur weil dieser die Wahrnehmung des Personalratsamts erleichtern würde, wenn sie die Zugangsvoraussetzungen nicht erfüllen.[77] Wird im Rahmen einer Bewerberkonkurrenz die Auswahlentscheidung zu Gunsten des einen Bewerbers auf seine Tätigkeit in der Personalvertretung gestützt, so liegt hierin eine unzulässige Bevorzugung.[78] Keine unzulässige Begünstigung soll es hingegen darstellen, wenn die Arbeitszeit eines Personalratsmitglieds befristet erhöht wird und es im Rahmen der erhöhten Arbeitszeit als wissenschaftlicher Mitarbeiter des Personalrats beschäftigt wird.[79] 23a

3. Kündigungsschutz. a) Grundsatz. Die außerordentliche Kündigung – auch die Änderungskündigung[80] – von Mitgliedern des Personalrats, die in einem Arbeitsverhältnis stehen, bedarf der Zustimmung des Personalrats (§ 47 I BPersVG). Die Vorschrift ist auf ordentliche Kündigungen nach § 15 IV, V KSchG nicht anwendbar;[81] sie entspricht im Übrigen § 103 I, II BetrVG. Die materiellen Voraussetzungen für die Kündigung von Personalratsmitgliedern sind unter § 143 RN 9ff. dargestellt. Kündigungsschutz haben nicht nur die Mitglieder der Personalräte, sondern auch die der Stufenvertretungen (§ 54 I BPersVG) und des Gesamtpersonalrats (§ 56 BPersVG), die Vertreter der Jugend- und Auszubildendenvertretung und ihre Stufenvertretungen (§ 64 I 2 BPersVG) sowie der Gesamtjugend- und Auszubildendenvertretung (§ 64 II 2 BPersVG). Für Beamte im Vorbereitungsdienst und für Beschäftigte in entsprechender Berufsausbildung – entscheidend ist der planmäßige Wechsel der Einsatzdienststellen zu Ausbildungszwecken[82] – gelten der Kündigungsschutz und der Versetzungsschutz (RN 27) nicht (§ 47 III BPersVG); das fehlende Eingreifen des Kündigungsschutzes ist allerdings nicht nachvollziehbar.[83] Der Sonderkündigungsschutz erfasst auch die Mitglieder des Wahlvorstands und Wahlbewerber (§ 24 I 3 BPersVG). Die Kündigung der Vertrauensperson der Schwerbehinderten bedarf nach § 96 III SGB IX i. V. m. § 15 II KSchG der Zustimmung des Personalrats, die vom Verwaltungsgericht ersetzt werden kann.[84] Nicht vom Kündigungsverbot erfasst sind die Mitglieder der Vertretung der nichtständig Beschäftigten, Einigungsstellenmitglieder, soweit sie nicht bereits den Schutz als Amtsträger über § 47 I BPersVG genießen und Ersatzmitglieder nach Beendigung ihrer vorübergehenden Mitgliedschaft. Sie sind vor Maßnahmen der Dienststelle nur durch das Behinderungsverbot (§ 8 BPersVG, dazu oben RN 23a und § 230 RN 22ff.) geschützt. – Nach § 77 IV MBG SH verlängert sich das Arbeitsverhältnis befristet beschäftigter Personalratsmitglieder im Hochschulbereich auf Grund der Amtsstellung bis zum Ende der Amtsperiode, längstens jedoch um 1 Jahr.[85] 24

b) Verfahren. Für das Verfahren bei der außerordentlichen Kündigung gelten die Ausführungen unter § 143 RN 12ff. sinngemäß. Für die Zustimmung zur außerordentlichen Kündi- 25

---

[76] BVerwG 16. 6. 1989 AP 3 zu § 8 BPersVG = PersR 89, 296 = PersV 89, 486 (Dokumentation der Zielnummern der aus der Dienststelle geführten Ferngespräche einschließlich der Ferngespräche des Personalrats).

[77] BVerwG (Wehrsenat) 3. 7. 2001 Buchholz 236.1 § 3 SG Nr. 26 = PersV 2002, 286.

[78] VGH Kassel 13. 3. 2002 NVwZ 2002, 876; beiläufig auch BVerwG 25. 9. 2002 Buchholz 236.1 § 3 SG Nr. 29 = NVwZ-RR 2003, 220.

[79] BAG 3. 6. 2003 AP 1 zu § 48 LPVG Hamburg = PersR 2004, 229.

[80] OVG Schleswig 2. 12. 1994 PersV 97, 520.

[81] BAG 30. 3. 1994 AP 1 zu § 47 BPersVG = PersR 94, 341 = NZA 94, 843.

[82] BVerwG 11. 9. 2007 Buchholz 250 § 13 BPersVG Nr. 3 = PersR 2007, 484.

[83] Kritisch auch Richardi/*Treber* § 47 BPersVG RN 87.

[84] VGH Mannheim 20. 6. 1989 PersR 90, 261 = PersV 91, 39.

[85] BAG 4. 6. 2003 PersR 2004, 275 = PersV 2004, 143; ähnliche Regelung in § 89 II LPersVG BB.

gung eines Personalratsmitglieds ist der Personalrat **zuständig,** dem der betreffende Bedienstete als Mitglied angehört. Unerheblich ist, welche Dienststelle für den Ausspruch der Kündigung zuständig ist.[86] Bei Mitgliedern von Stufenvertretungen und Gesamtpersonalräten ist dies nicht der Personalrat ihrer Dienststelle, sondern die Stufenvertretung bzw. der Gesamtpersonalrat, zu dem die Mitgliedschaft besteht.[87] Das Beteiligungsverfahren ist von der zur Entscheidung befugten Dienststelle auch dann zu führen, wenn der zu beteiligende Personalrat nicht auf ihrer Ebene gebildet ist.[88] Die Zustimmung muss vor dem Kündigungsausspruch eingeholt werden, die nur nachträglich erteilte Zustimmung ist nicht ausreichend. Hierzu muss der Leiter der Dienststelle den zuständigen Personalrat über die Person und die Kündigungsgründe unterrichten; für die Unterrichtung gelten die dieselben Anforderungen an die Anhörungspflicht wie bei einem „normalen" Arbeitnehmer[89] (§ 143 RN 23). Die Erteilung der Zustimmung muss ausdrücklich erfolgen, Schweigen oder die Mitteilung über ein Absehen von der Äußerung ist nicht ausreichend (§ 47 I 2 BPersVG).[90] Die Abstimmung über einen Zustimmungsersetzungsantrag ist keine Gruppenangelegenheit, sondern erfolgt im Plenum, da die Zusammensetzung der gesamten Personalvertretung betroffen ist (§ 265 RN 54f.). Das personalvertretungsrechtliche Beschlussverfahren zur Zustimmungsersetzung hat wie im BetrVG präjudizielle Wirkung für den späteren Kündigungsschutzprozess.[91]

26 **c) Gerichtliche Zustimmungsersetzung.** Verweigert der Personalrat die Erteilung der Zustimmung, muss der Dienststellenleiter innerhalb der Kündigungserklärungsfrist des § 626 II BGB die **Ersetzung der Zustimmung beim Verwaltungsgericht** beantragen;[92] bei schwerbehinderten Personalratsmitgliedern ist zusätzlich die Zustimmung des Integrationsamts einzuholen (§ 179 RN 31 ff.). Im gerichtlichen Verfahren ist das Personalratsmitglied Beteiligter (§ 47 II 3 BPersVG) und kann Rechtsmittel gegen eine stattgebende Entscheidung einlegen. Eine Erstattung seiner Kosten erfolgt jedoch nicht.[93] Ein Nachschieben bzw. Auswechseln der Kündigungsgründe im Beschlussverfahren ist nicht bzw. nur eingeschränkt statthaft, der Kündigungsgrund muss bereits Gegenstand des an den Personalrat gerichteten Zustimmungsantrags gewesen sein.[94] Ersetzt das Verwaltungsgericht die Zustimmung, muss die Dienststelle unverzüglich die Kündigung aussprechen (§ 143 RN 33). Das Verfahren wird gegenstandslos und ist einzustellen, wenn die Amtszeit des betroffenen Personalratsmitglieds abgelaufen ist.[95] Dies gilt nicht, wenn nach Landesrecht die Zustimmung des Personalrats auch bei Eingreifen des nachwirkenden Kündigungsschutzes erforderlich ist.[96]

27 **4. Schutz vor Versetzungen. a) Inhalt.** § 47 II BPersVG enthält einen besonderen Schutz vor Versetzungen und ähnlichen personellen Maßnahmen für Personalratsmitglieder (zu § 47 III BPersVG RN 24). Diese dürfen gegen ihren Willen nur versetzt oder abgeordnet werden, wenn dies auch unter Berücksichtigung der Mitgliedschaft im Personalrat aus wichtigen dienstlichen Gründen unvermeidbar ist. Die Regelung gilt für Beamte und Arbeitnehmer gleichermaßen; sie will die Mitglieder von Personalvertretungen vor Versetzungen und Abordnungen schützen, damit die ungestörte Ausübung des Personalratsamts sicherstellen und den Mitgliedern die für ihre Arbeit notwendige Unabhängigkeit gegenüber dienstlichen Maßnahmen, die sie dauernd oder vorübergehend an der Ausübung ihres Amts hindern könnten, gewährleisten. Zu den geschützten Amtsträgern zählen auch Soldatenvertreter und Ersatzmitglieder für die Dauer ihrer Zugehörigkeit zum Personalrat.[97] Die Versetzung eines Mitglieds der Stufenvertretung bedarf

---

[86] BVerwG 9. 7. 1980 Buchholz 238.3 A § 108 BPersVG Nr. 1 = PersV 81, 370; LAG Chemnitz 21. 10. 1992 ArbuR 93, 62.

[87] *Ilbertz/Widmaier* § 47 RN 7.

[88] BVerwG 3. 5. 1999 Buchholz 250 § 108 BPersVG Nr. 3 = PersR 99, 494.

[89] BAG 18. 8. 1977 AP 10 zu § 103 BetrVG 1972 = NJW 78, 661.

[90] BVerwG 28. 2. 2002 Buchholz 250 § 108 BPersVG Nr. 4.

[91] BVerwG 15. 10. 2002 Buchholz 250 § 108 BPersVG Nr. 5 = PersR 2003, 74 = PersV 2003, 152.

[92] OVG Greifswald 7. 1. 2004 NZA-RR 2004, 671.

[93] BVerwG 25. 2. 2004 Buchholz 250 § 44 BPersVG Nr. 34 = PersR 2004, 181 = PersV 2004, 338.

[94] VGH München 23. 10. 1991 PersR 93, 95.

[95] OVG Saarlouis 4. 6. 1992 PersR 93, 192.

[96] So BVerwG 30. 4. 1998 Buchholz 251.51 § 40 MVPersVG = PersR 98, 466 = NZA-RR 98, 573 zu § 40 LPersVG MV; das OVG Greifswald will dieser Rspr. nicht folgen (20. 1. 1999 NZA-RR 99, 614 – obiter dictum).

[97] BVerwG 18. 5. 2004 Buchholz 250 § 47 BPersVG Nr. 12 = PersR 2005, 322 = PersV 2004, 460; 31. 1. 1994 Buchholz 250 § 47 BPersVG Nr. 8; 19. 2. 1987 Buchholz 250 § 47 BPersVG Nr. 6 = PersV 87, 510 (Soldatenvertreter); 27. 9. 1984 Buchholz 238.3 A § 47 BPersVG Nr. 5 = NJW 85, 2842 (Ersatzmitglied).

auch dann der Zustimmung dieser Personalvertretung, wenn die Versetzung nicht zum Verlust des Amts in der Stufenvertretung führt.[98] Die Beteiligung nach § 47 II BPersVG entfällt nicht, wenn der Personalrat zuvor an der organisatorischen Maßnahme mitgewirkt hat,[99] wohl aber, wenn ein Teil einer Dienstelle ersatzlos aufgelöst wird[100] oder einzelne Dienststellen einer anderen übergeordneten Dienststelle zugeordnet werden.[101] Sie entfällt auch, wenn der Amtsträger zu der beabsichtigten Maßnahme sein Einverständnis erklärt hat.[102]

b) Umsetzung. Einer Versetzung ausdrücklich gleichgestellt ist die mit einem Wechsel des Dienstorts verbundene Umsetzung in derselben Dienststelle, das Einzugsgebiet im Sinne des Umzugskostenrechts[103] gehört zum Dienstort (§ 47 II 2 BPersVG). Auch die nur vorübergehende Umsetzung eines Personalratsmitglieds innerhalb der Dienststelle unterliegt daher der Zustimmung des Personalrats.[104] Soweit nach Berliner Landesrecht der Personalrat auch gegen die „Übertragung eines anderen Arbeitsgebiets" (§ 44 LPersVG) geschützt ist, greift die Schutznorm nur ein, wenn dadurch auch die personalratsinterne Kommunikation in zeitlich nennenswertem Umfang verschlechtert wird.[105] 28

c) Voraussetzungen. Die wichtigen dienstlichen Gründe i. S. d. § 47 II 1 BPersVG liegen nicht bereits dann vor, wenn für die beantragte Maßnahme lediglich ein dienstliches Bedürfnis (vgl. § 28 II BBG) besteht, bei dessen Vorliegen eine Versetzung des Beamten gegen dessen Willen ausgesprochen werden kann. Vielmehr müssen die dienstlichen Belange so sehr im Vordergrund stehen, dass ihnen in keiner anderen Weise als durch den Vollzug der Maßnahme (Versetzung, Abordnung oder Umsetzung) genügt werden kann.[106] Dies ist z. B. der Fall, wenn der Amtsträger an seinem bisherigen Dienstort nicht mehr angemessen beschäftigt werden kann. Die Zustimmung muss bei dem Personalrat beantragt werden, dem der Betroffene angehört,[107] da dessen Zusammensetzung geschützt wird. Im Gegensatz zur außerordentlichen Kündigung ist eine Ersetzung der Zustimmung des Personalrats nicht vorgesehen; verweigert dieser wirksam seine Zustimmung, kann die Dienststelle die Maßnahme nicht durchführen. 29

5. Übernahmeanspruch für Mitglieder der JAV. Nach § 9 BPersVG haben Mitglieder einer Personalvertretung oder einer JAV, die in einem Berufsausbildungsverhältnis nach dem Berufsbildungsgesetz, dem Krankenpflegegesetz (BGBl. I 2003 S. 1442) oder dem Hebammengesetz (BGBl. I 1985 S. 902) stehen, einen Anspruch auf Übernahme in ein Arbeitsverhältnis auf unbestimmte Dauer, sofern sie ein Übernahmeverlangen stellen. Die Vorschrift gilt nach § 107 Satz 2 BPersVG unmittelbar in den Ländern.[108] Sie ist ähnlich aufgebaut wie § 78 a BetrVG (vgl. dazu § 227 RN 13). Unzumutbar ist die Weiterbeschäftigung, wenn die Dienststelle keinen ausbildungsadäquaten Dauerarbeitsplatz zur Verfügung stellen kann; dieser muss innerhalb der Ausbildungsdienststelle vorhanden sein und nicht im gesamten Bereich des Arbeitgebers,[109] maßgeblich sind die Verhältnisse zum Zeitpunkt der Beendigung der Berufsausbildung,[110] Allerdings kann die Obliegenheit bestehen, einen bis zu drei Monaten vor dem Ende der Ausbildung freiwerdenden geeigneten Arbeitsplatz für den Amtsträger nicht zu besetzten,[111] das gilt nicht für erst demnächst in die Amtsstellung einrückende Auszubildende.[112] Die Unzumutbarkeit der Weiterbeschäftigung kann sich im Bereich des öffentlichen Dienstes z. B. aus dem Gesichtspunkt 30

---

[98] BVerwG 29. 4. 1981 Buchholz 238.3 A § 47 BPersVG Nr. 3 = PersV 82, 406.

[99] OVG Koblenz 15. 7. 1995 PersR 96, 446 = PersV 97, 181.

[100] BVerwG 31. 1. 1994 Buchholz 250 § 47 BPersVG Nr. 8.

[101] BVerwG 15. 7. 2004 AP 5 zu § 47 BPersVG = Buchholz 250 § 47 BPersVG Nr. 13 = PersR 2004, 434 = PersV 2004, 427.

[102] BVerwG 12. 4. 2000 Buchholz 252 § 51 SBG Nr. 1 = PersV 2000, 557; 18. 10. 1977 Buchholz 238.3 A § 47 BPersVG Nr. 1.

[103] Vgl. Bundesumzugskostengesetz – BUKG vom 11. 12. 1990 (BGBl. I S. 2682).

[104] BVerwG 29. 4. 1981 Buchholz 238.3 A § 47 BPersVG Nr. 4 = PersV 82, 404.

[105] OVG Berlin 11. 2. 2003 PersV 2003, 233.

[106] *Ilbertz/Widmaier* § 47 RN 37.

[107] BVerwG 9. 7. 1980 Buchholz 238.3 A § 108 BPersVG Nr. 1 = PersV 81, 370.

[108] BVerwG 8. 7. 2008 PersR 2008, 374 = PersV 2009, 105; 1. 12. 2003 Buchholz 250 § 9 BPersVG Nr. 23 = PersR 2004, 60.

[109] BVerwG 1. 11. 2005 AP 17 zu § 9 BPersVG = NZA-RR 2006, 218; zu Mitgliedern von JAV-Stufenvertretungen BVerwG 19. 1. 2009 – 6 P 1/08 z. V. b. – maßgeblich sind alle Dienststellen im Geschäftsbereich der übergeordneten Dienststelle.

[110] BVerwG 11. 3. 2008 Buchholz 250 § 9 BPersVG Nr. 30; 29. 3. 2006 AP 18 zu § 9 BPersVG = PersR 2006, 308.

[111] BVerwG 1. 11. 2005 AP 17 zu § 9 BPersVG = Buchholz 250 § 9 BPersVG Nr. 25.

[112] BVerwG 20. 11. 2007 Buchholz 250 § 9 BPersVG Nr. 29 = PersR 2008, 80 = PersV 2008, 145.

der Bestenauslese[113] (Art. 33 II GG) oder aus einer Einstellungssperre ergeben, die auf Grund der schlechten Haushaltslage verfügt wurde.[114] Unzureichend ist allerdings ein Einstellungsstopp, der lediglich auf einer Koalitionsvereinbarung zwischen den Regierungsparteien beruht, da dieser Vereinbarung keine normative Wirkung zukommt.[115] Im Abschluss eines befristeten Arbeitsvertrags kann ein zulässiger Verzicht auf das Recht auf die Übernahme in ein unbefristetes Arbeitsverhältnis liegen.[116] Im Verfahren nach § 9 IV BPersVG ist nur handelungsbefugt eine zur gerichtlichen Vertretung des öffentlichen Arbeitgebers ermächtigte Person.[117]

---

[113] BVerwG 31. 5. 1990 AP 7 zu § 9 BPersVG = Buchholz 250 § 9 BPersVG Nr. 8 = PersR 90, 256 = PersV 90, 528; insoweit reicht bereits ein deutlicher Qualifikationsvorsprung aus vgl. OVG Münster 26. 8. 1998 PersR 99, 134 = PersV 99, 309; OVG Greifswald 14. 7. 1999 PersV 2001, 28.

[114] BVerwG 13. 9. 2001 AP 16 zu § 9 BPersVG = Buchholz 250 § 9 BPersVG Nr. 22 = PersR 2001, 524 = PersV 2002, 552; OVG Magdeburg 9. 4. 2003 PersR 2003, 286.

[115] Hess. VGH 23. 5. 2000 PersR 2000, 46 = PersV 2002, 78.

[116] BVerwG 31. 5. 2005 Buchholz 250 § 9 BPersVG Nr. 24 = PersR 2005, 323 = PersV 2006, 33.

[117] BVerwG 8. 7. 2008 PersR 2008, 374 = PersV 2009, 105; 1. 12. 2003 Buchholz 250 § 9 BPersVG Nr. 23 = PersR 2004, 60.

2. Abschnitt. Beteiligung des Personalrats

§ 267. Beteiligungspflichtige Angelegenheiten – Einführung

Größere Schriften: *Deby,* Mitbestimmung im Vergleich, 1995; *Edenfeld,* Arbeitnehmerbeteiligung im Betriebsverfassungs- und Personalvertretungsrecht, 2. Aufl., 2005; *Gronimus,* Die Beteiligungsrechte der Personalvertretungen, 1992; *Spreer,* Die Richtlinie 2002/14/EG zur Festlegung eines allgemeinen Rahmens für die Unterrichtung und Anhörung der Arbeitnehmer in der Europäischen Gemeinschaft, 2005.

Aufsätze: *Bieler,* Partnerschaft und Gleichberechtigung, PersV 2004, 4; *Düwell,* Die Zulässigkeit der Rechtsberatung durch Personalräte, PersR 2008, 306; *Ehrmann,* Mitbestimmung auf dem Prüfstand, PersV 2002, 246; *Hayen,* Die Bedeutung des Allgemeinen Gleichbehandlungsgesetzes für die Interessenvertretungen, JbArbR 44 (2007), S. 23; *ders.,* Handlungsmöglichkeiten und Durchsetzungsdefizite für Interessenvertretungen nach dem Allgemeinen Gleichbehandlungsgesetz, ArbuR 2007, 6; *Kröll,* Allgemeine Aufgaben des Personalrats, PersR 2003, 3; *Kunze,* Gespräche des Personalrats oder einzelner Mitglieder mit Beschäftigten zu Informationszwecken, PersV 2007, 440; *ders.,* Die Verwirkung im Personalvertretungsrecht, PersV 2003, 92; *ders.,* Die Anrufung außenstehender Stellen, ZfPR 2001, 87; *Lecheler/Germelmann,* Der Einfluss des europäischen Gemeinschaftsrechts auf das deutsche Personalvertretungsrecht, PersV 2005, 317; *Löwisch,* Die Mitbestimmung des Personalrats bei der Regelung von Arbeitsbedingungen nach Ende der Tarifbindung, ZTR 2005, 134; *Pulte,* Beteiligungsrechte des Personalrats außerhalb der Personalvertretungsgesetze, DÖD 2007, 217; *von Roetteken,* Informations-, Konsultations- und Vereinbarungsrechte der Personalvertretungen auf Grundlage der RL 2002/14/EG vom 11. 3. 2002, PersR 2003, 181; *Schneider,* Änderungsbedarf im deutschen Personalvertretungsrecht durch die Richtlinie 2002/14/EG zur Festlegung eines allgemeinen Rahmens für die Unterrichtung und Anhörung der Arbeitnehmer in der Europäischen Gemeinschaft, PersV 2003, 50; *Vogelgesang,* Aufgaben und Befugnisse der Personalvertretungen im Rahmen des Allgemeinen Gleichbehandlungsgesetzes (AGG), PersV 2007, 231; *Wurm,* Personalrat und Korruptionsbekämpfung, ZfPR 2003, 52.

Übersicht

	RN
I. Allgemeine Vorschriften über die Beteiligungsrechte des Personalrats	1 ff.
1. Überblick	1, 2
2. Vertrauensvolle Zusammenarbeit	3
3. Allgemeine Unterrichtungspflicht	4
4. Überwachungsaufgaben des Personalrats	5
5. Sonstige Grundsätze für die Zusammenarbeit	6
II. Einteilung der Themen der Beteiligungsrechte	7 f.
1. Gruppenbildung	7
2. Stufenmodell	8
III. Einschränkungen im Geltungsbereich der Beteiligungsrechte	9 ff.
1. Ausschluss der Beteiligung nach § 77 I 2 BPersVG	9–10 a
2. Beteiligung nur auf Antrag des Beschäftigten	11–16
3. Ausschluss der Mitbestimmung beim Bundesnachrichtendienst	17
IV. Auslegung der Beteiligungstatbestände	18
V. Vorrang von Gesetz und Tarifvertrag	19
VI. Die „Maßnahme“ als Grundbegriff des Beteiligungsrechts	20 ff.
1. Begriff	20
2. Die „Maßnahme“ als Endpunkt des Planungsprozesses	21
3. Vorwegnahme der beteiligungspflichtigen Maßnahme	22
4. Veränderung eines bestehenden Zustands und Antrag des Beschäftigten	23
VII. Konkurrenz von Beteiligungsrechten	24 ff.
1. Grundsatz	24
2. Identische Beteiligungsformen	25
3. Unterschiedliche Beteiligungsformen	26

I. Allgemeine Vorschriften über die Beteiligungsrechte des Personalrats

1. Überblick. Die allgemeinen Vorschriften über die Zusammenarbeit des Personalrats mit der Dienststelle entsprechen inhaltlich im Wesentlichen denen des BetrVG. Dies gilt namentlich für das **Monatsgespräch** (§ 66 I 1 BPersVG, vgl. § 230 RN 10), das **Gebot der konstruktiven Zusammenarbeit** (§ 66 I 3 BPersVG, vgl. § 230 RN 11) und die **Friedenspflicht** (§ 66 1

II 1 BPersVG, vgl. § 230 RN 15 ff.), wobei für eine Verletzung der Friedenspflicht bereits die abstrakte Gefahr einer Störung ausreichend ist.[1] Auch das **Arbeitskampfverbot** (§ 66 II 2 BPersVG; vgl. § 230 RN 12 ff.), das **Behinderungsverbot** (§ 8 BPersVG, vgl. § 266 RN 23 a) und die Grundsätze für die Behandlung der Beschäftigten (§ 67 I BPersVG; vgl. § 230 RN 21) sind in beiden Rechtsmaterien gleich ausgestaltet.

2 Darüber hinaus sind durch die Rspr. von BAG und BVerwG unabhängig vom Gesetzeswortlaut Übereinstimmungen zwischen Betriebsverfassungs- und Personalvertretungsrecht hergestellt worden. So hat das BVerwG ein im BPersVG nicht vorgesehenes Recht auf **Einsichtnahme in die Bruttolohnlisten** (§ 80 II 2 BetrVG, dazu § 233 RN 20) aus § 66 II BPersVG hergeleitet.[2] Zu der nur im BPersVG enthaltenen Aussage, dass **Personalakten** nicht ohne Zustimmung des Betroffenen zu den vorzulegenden Unterlagen gehören (§ 68 II 3 BPersVG), vertritt das BAG eine übereinstimmende Sichtweise.[3] Keine Entsprechung hat § 66 III BPersVG im BetrVG 1972 gefunden (vgl. aber § 49 IV BetrVG 1952), wonach außenstehende Stellen erst angerufen werden dürfen, wenn keine Einigung in der Dienststelle erzielt worden ist.[4] Jedoch wird auch der Betriebsrat aus dem Grundsatz der vertrauensvollen Zusammenarbeit mit dem Arbeitgeber gehalten sein, zunächst eine innerbetriebliche Konfliktlösung zu suchen, bevor er sich an die Öffentlichkeit wendet.[5]

3 **2. Vertrauensvolle Zusammenarbeit.** Nach § 2 I BPersVG arbeiten Dienststelle und Personalrat unter Beachtung der Gesetze und Tarifverträge vertrauensvoll zum Wohle der Beschäftigten und zur Erfüllung der der Dienststelle obliegenden Aufgaben zusammen. Vergleichbare Vorschriften enthalten die meisten LPersVG, wobei teilweise versucht wird, dem Grundsatz der vertrauensvollen Zusammenarbeit durch eine andere Wortwahl mehr Kontur zu verleihen. § 2 I BPersVG enthält nicht nur einen unverbindlichen Programmsatz, sondern ein unmittelbar geltendes Verhaltensgebot, das den allgemeinen Grundsatz von Treu und Glauben im Personalvertretungsrecht konkretisiert. Dienststelle und Personalvertretung dürfen die ihnen eingeräumten Rechte nicht mutwillig oder rechtsmissbräuchlich ausüben.[6] Wegen der Einzelheiten kann weitgehend auf die ähnliche Regelung in § 2 I BetrVG verwiesen werden (§ 215 RN 11 ff.). Im Personalvertretungsrecht kommt dem Grundsatz der vertrauensvollen Zusammenarbeit insbesondere bei der Durchführung der Beteiligungsverfahren eine besondere Bedeutung zu. So kann es z. B. zum Verlust von Rügerechten bei rügeloser Einlassung kommen; ebenso ist eine besondere Hinweis- und Aufklärungspflicht für den Fall anerkannt, dass die Gegenseite hinsichtlich verfahrenserheblicher Gesichtspunkte erkennbar einem Irrtum unterliegt[7] oder falsche Vorstellungen über den weiteren Verfahrensverlauf hat. Es soll nicht gegen den Grundsatz der vertrauensvollen Zusammenarbeit verstoßen, wenn die Dienststelle die Zielnummern der Ferngespräche des Personalratsvorsitzenden wie aller anderer Bediensteter systematisch in Listen erfassen lässt, um dann über Stichproben die Grundsätze der sparsamen Haushaltsführung kontrollieren zu können.[8] Der Grundsatz der vertrauensvollen Zusammenarbeit schützt nur die Beteiligten der Personalverfassung in ihrem Verhältnis zueinander; außenstehende Dritte sind nicht geschützt.[9]

4 **3. Allgemeine Unterrichtungspflicht.** Nach § 68 II BPersVG ist die Personalvertretung zur Durchführung ihrer Aufgaben rechtzeitig und umfassend zu unterrichten. Ihr sind die hierfür erforderlichen Unterlagen vorzulegen. Die Vorschrift weist große Ähnlichkeiten mit § 80 II BetrVG auf; auf die dortigen Ausführungen kann daher verweisen werden (§ 233 RN 16).[10] Insbesondere in größeren Dienststellen kann aus der Pflicht zur Vorlage der Unterlagen ein An-

---

[1] MünchArbR/*Germelmann* § 370 RN 5 f.

[2] BVerwG 27. 2. 1985 Buchholz 238.3 A § 67 BPersVG Nr. 5 = DVBl. 85, 748.

[3] BAG 20. 12. 1988 AP 5 zu § 92 BetrVG 1972 = NZA 89, 393.

[4] VGH Kassel 23. 11. 1988 ZTR 89, 159 = PersV 90, 183 (Protest gegen Volkszählung).

[5] Nur angedeutet in BAG 18. 9. 1991 AP 40 zu § 40 BetrVG 1972 = NZA 92, 315; dazu auch *Simitis/Kreuder* NZA 92, 1009.

[6] BAG 14. 1. 1993 AP 15 zu Art. 56 ZA-Nato-Truppenstatut = PersR 93, 406 = NZA 93, 981.

[7] BVerwG 11. 4. 1991 Buchholz 250 § 69 BPersVG Nr. 22 = PersR 91, 284 = PersV 92, 156 (Fristgebundene Rügeobliegenheit des Personalrats wegen des eingeschlagenen Verfahrensweges); 17. 7. 1986 Buchholz 238.36 § 40 NdsPersVG Nr. 2 = PersR 86, 233 = PersV 87, 199 (Hinweispflicht bei formfehlerhafter Zustimmungsverweigerung).

[8] BVerwG 16. 6. 1989 AP 3 zu § 8 BPersVG = PersR 89, 296 = PersV 89, 486.

[9] BVerwG 19. 12. 1996 Buchholz 250 § 44 BPersVG Nr. 30 = NZA-RR 97, 414 = PersR 97, 309 (Kosten eines nicht ordnungsgemäß beauftragten Rechtsanwalts).

[10] Wegen der Auswirkungen der Richtlinie 2002/14/EG zur Festlegung eines allgemeinen Rahmens für die Unterrichtung und Anhörung der Arbeitnehmer vgl. *Schneider* PersV 2003, 50.

spruch des Personalrats folgen, regelmäßig benötigte Unterlagen – in Kopie – auf Dauer zur Verfügung gestellt zu bekommen.[11] Die Unterrichtungspflicht besteht für den gesamten Aufgabenkreis des Personalrats; ihr Umfang ergibt sich aus dem Grundsatz der Erforderlichkeit.[12] Eine Abstufung des notwendigen Umfangs der Unterrichtung je nach der Form des Beteiligungsrechts (Mitbestimmung, Mitwirkung, Anhörung etc.) findet nicht statt.[13] Besteht Streit um das Bestehen eines Beteiligungsrechts, muss die Unterrichtung den Personalrat zu einer eigenständigen Prüfung seiner Rechte befähigen. Eine Verpflichtung zur Unterrichtung entfällt nur dort, wo ein Beteiligungsrecht unter keinem denkbaren Gesichtspunkt mehr in Betracht kommt.[14] Besondere Bedeutung hat die Unterrichtung des Personalrats vor Ausspruch einer Kündigung, da der gekündigte Arbeitnehmer im Kündigungsschutzprozess die nicht ordnungsgemäße Beteiligung rügen kann. Insoweit ist zu beachten, dass nach inzwischen gefestigter Rechtsprechung des BAG der Maßstab der erforderlichen Unterrichtung nicht § 68 II BPersVG sondern ausschließlich § 79 BPersVG zu entnehmen ist.[15] Das Beteiligungsverfahren bei Kündigungen ist unter § 124 RN 65ff. dargestellt.

4. Überwachungsaufgaben des Personalrats. Nach § 68 I Nr. 2 BPersVG hat die Perso- 5
nalvertretung darüber zu wachen, dass die zugunsten der Beschäftigten geltenden Gesetze, Verordnungen, Tarifverträge, Dienstvereinbarungen und Verwaltungsanordnungen durchgeführt werden. Daneben hat der Personalrat gemeinsam mit der Dienststelle nach § 67 I BPersVG darüber zu wachen, dass alle Angehörigen der Dienststelle nach Recht und Billigkeit behandelt werden. Eine genaue Abgrenzung beider Überwachungsaufträge ist nicht nötig. Die Aufgaben werden jeweils begrenzt durch den erforderlichen Bezug zu den Interessen der Beschäftigten. Eine konkrete Gefährdung ihrer kollektiven Interessen oder die konkrete Gefahr einer Normverletzung ist allerdings für ein entsprechendes Verlangen des Personalrats nicht erforderlich.[16] Die Überwachung erfolgt im wesentlichen durch Unterrichtung durch die Dienststelle und der anschließenden Auswertung des zur Verfügung gestellten Materials durch den Personalrat. Der Umfang der Unterrichtung richtet sich nach den Erkenntnismöglichkeiten des Personalrats; ist ihm die Materie – wie regelmäßig in Entgeltfragen – gänzlich verschlossen, hat er einen Anspruch auf umfassende Unterrichtung, damit er überhaupt erst entscheiden kann, ob Handlungsbedarf besteht. Handelt es sich dagegen um Sachverhalte, die der Personalrat selbst beurteilen kann, wird man für den Unterrichtungsanspruch einen konkreten Anlass für eine weitergehende Unterrichtung verlangen können.[17]

5. Sonstige Grundsätze für die Zusammenarbeit. Nach § 67 I BPersVG müssen sich 6
Dienststelle und Personalvertretung so verhalten, dass das Vertrauen der Verwaltungsangehörigen in die Objektivität und Neutralität ihrer Amtsführung nicht beeinträchtigt wird. Dieses Gebot verlangt von den Personalratsmitgliedern, dass sie alles vermeiden, was geeignet ist, ihre Stellung als Repräsentanten der Gesamtheit der Bediensteten und als neutrale Sachwalter der Beschäftigteninteressen zweifelhaft erscheinen zu lassen. Dies gilt insbesondere auch für gewerkschaftsrelevante Tätigkeiten (dazu auch § 230 RN 18) Die in § 67 II BPersVG bestätigte Freiheit der gewerkschaftlichen Betätigung wird insoweit durch § 67 I 2 BPersVG für den Dienststellenleiter und den Personalrat verfassungskonform eingeschränkt.[18]

II. Einteilung der Themen der Beteiligungsrechte

1. Gruppenbildung. Das BPersVG zählt die einzelnen Beteiligungsrechte enumerativ und 7
abschließend auf. Ähnlich aufgebaut sind die meisten Landesgesetze. Gelegentlich finden sich dort auch generalklauselartige Umschreibungen der Beteiligungstatbestände, die eine Aufzählung einzelner Beteiligungsrechte ersetzen oder auch nur ergänzen (z.B. § 52 I LPersVG HB; § 73 I LPersVG RP; § 74 I LPersVG HE mit der eingeschränkten Generalklausel „Soziale Angelegenheiten“[19]). Die sehr weit formulierte Generalklausel in § 51 MBG SH, die in ihrem ge-

[11] BVerwG 23. 1. 2002 AP 7 zu § 68 BPersVG = PersR 2002, 201 = PersV 2003, 153.

[12] BVerwG 22. 12. 1993 AP 6 zu § 68 BPersVG; 16. 5. 1991 Buchholz 250 § 68 BPersVG Nr. 12 = PersR 91, 463.

[13] OVG Münster 20. 9. 2002 PersR 2003, 161 = PersV 2003, 178.

[14] BAG 20. 1. 2000 – 2 ABR 19/99 – ZTR 2001, 89.

[15] BAG 20. 1. 2000 – 2 ABR 19/99 – ZTR 2001, 89.

[16] BVerwG 22. 12. 1993 AP 6 zu § 68 BPersVG.

[17] BVerwG 22. 12. 1993 AP 6 zu § 68 BPersVG.

[18] BVerwG 23. 2. 1994 PersR 94, 515 = PersV 95, 14 (Streikaufruf).

[19] Vgl. BVerwG 24. 2. 2003 AP 7 zu § 74 LPVG Hessen = Buchholz 251.5 § 74 HePersVG Nr. 3 = PersR 2003, 273 = PersV 2003, 425.

samten Bereich eine uneingeschränkte Mitbestimmung vorgesehen hatte, verstößt jedoch gegen das Grundgesetz (§ 262 RN 6 ff.).[20] Die einzelnen Beteiligungsrechte werden vielfach zu einzelnen Gruppen zusammengefasst, wobei sich bis heute bei der Gruppenbildung in den verschiedenen Personalvertretungsgesetzen der Länder noch keine Einheitlichkeit herausgebildet hat.

8 **2. Stufenmodell.** Das BPersVG unterscheidet die einzelnen Beteiligungsrechte nach ihrer Intensität. In § 75 BPersVG sind die Tatbestände aufgeführt, die der uneingeschränkten Mitbestimmung (§ 69 BPersVG) unterliegen; § 76 BPersVG enthält Regelungen, in denen der Dienststelle ein Letztentscheidungsrecht auch nach einer Entscheidung der Einigungsstelle verbleibt (§ 69 IV 3, 4 BPersVG). In den §§ 78, 79 BPersVG sind schließlich Angelegenheiten aufgeführt, die der Mitwirkung (§ 72 BPersVG) bzw. Anhörung unterliegen (§§ 78 III–V, 79 III BPersVG). Im Landesrecht haben sich dagegen überwiegend Einteilungen nach den Themen der Beteiligung durchgesetzt (personelle, soziale und organisatorische Angelegenheiten). Die nachfolgende Darstellung folgt im Wesentlichen dem vom BVerfG aufgezeigten Stufenmodell[21] und seiner Einteilung nach dem Grad der Betroffenheit kollektiver und dienstlicher Interessen.

III. Einschränkungen im Geltungsbereich der Beteiligungsrechte

Altvater, Vergleichende Anmerkungen zur antragsabhängigen Beteiligung in Personalangelegenheiten PersR 2002, 151; *Gronimus,* Schutzzweckgrenze und Verantwortungsgrenze bei Personalmaßnahmen, PersV 2009, 44.

9 **1. Ausschluss der Beteiligung nach § 77 I 2 BPersVG. a) Umfang des Ausschlusses.** Nach § 77 I 2 BPersVG ist die Beteiligung für die dort genannten Ämter bei personellen Einzelmaßnahmen (§§ 75 I, 76 I BPersVG) und der damit zusammenhängenden Beteiligung (§ 75 II Nr. 14 BPersVG) ausgeschlossen; über die Verweisungen in §§ 78 II 1, 79 I 2 BPersVG gilt der Ausschluss auch für personelle Einzelmaßnahmen, an denen der Personalrat nur mitwirkt.

10 **b) Erfasster Personenkreis.** Die Minister und parlamentarischen Staatssekretäre zählen schon nicht zu den Beschäftigten i. S. d. BPersVG (§ 263 RN 16). Eine Beteiligung an personellen Einzelmaßnahmen ist ausgeschlossen **(1)** für den in § 54 I BBG näher bezeichneten Personenkreis der politischen Beamten (z. B. Staatssekretäre, Ministerialdirektoren, der Generalbundesanwalt beim BGH und der Präsident des BKA). Daneben entfällt nach § 77 I 2 BPersVG eine Beteiligung bei **(2) Beamtenstellen** von der Besoldungsgruppe A 16 an aufwärts. Dieser rechtspolitisch überdenkenswerte – weil zu weitreichende – Ausschluss der Beteiligungsrechte ist mit Art. 3 I GG vereinbar.[22] Der Begriff der Beamtenstellen ist personalvertretungsrechtlicher Natur und erfordert eine funktionsbezogene Betrachtung des Amts unter Berücksichtigung der personalvertretungsrechtlichen Bedeutung der Vorschrift,[23] abzustellen ist auf den Dienstposten und damit auf das Amt im konkret-funktionellen Sinne.[24] Hat dieses wenigstens die Wertigkeit eines Amts der Besoldungsgruppe A 16, scheidet die Beteiligung aus. Sind die vorhandenen Dienstposten bewertet und fest mit den der Wertigkeit entsprechenden Stellen verknüpft, ist die Beteiligung für die Dienstposten ausgeschlossen, die mit der Besoldungsgruppe A 16 oder höher verknüpft sind. Sind die Dienstposten nicht bewertet und daher nicht fest mit haushaltsrechtlichen Stellen verknüpft („Topfwirtschaft"), muss die Wertigkeit des Dienstpostens im Einzelfall ermittelt werden. Die Beteiligung ist auch dann ausgeschlossen, wenn es um die Beförderung in ein Amt der Besoldungsgruppe A 16 oder höher geht.[25] Das ist auch in den Fällen der Topfwirtschaft nicht anders, sofern die Bewerber bereits die Besoldungsgruppe A 15 oder die vergleichbare Entgeltgruppe E 15 TVöD erreicht haben.[26] Allerdings kann die Übertragung eines

[20] Der schleswig-holsteinische Gesetzgeber hat daraufhin zwar die Generalklausel aus § 51 MBG aufrecht erhalten, jedoch ein Letztentscheidungsrecht der Dienststelle im Sinne einer eingeschränkten Mitbestimmung für einzelne Tatbestände eingeführt (G. vom 29. 12. 1999, GVOBl. 2000 S. 3).

[21] BVerfG 24. 5. 1995 BVerfGE 93, 37; vgl. zu dem Stufenmodell auch § 262 RN 6.

[22] BAG 16. 3. 2000 AP 1 zu § 68 LPVG Sachsen-Anhalt = PersV 2000, 564 = PersR 2000, 338 zu einer inhaltsgleichen landesrechtlichen Regelung: kein Verstoß gegen Art. 3 GG; Lorenzen/*Rehak* § 77 RN 26 a.

[23] BVerwG 7. 7. 2008 Buchholz 250 § 77 BPersVG Nr. 18 = PersR 2008, 381 = PersV 2008, 422; 12. 1. 2006 Buchholz 250 § 77 BPersVG Nr. 17 = PersR 2006, 164 = PersV 2006, 220.

[24] Richardi/*Kaiser* § 77 RN 22.

[25] BVerwG 20. 3. 2002 AP 1 zu § 14 BPersVG = Buchholz 250 § 77 BPersVG Nr. 16 = PersR 2002, 302 = PersV 2002, 405. a. A. OVG Lüneburg 25. 11. 1996 PersV 98, 294 = PersR 97, 125 zu § 65 III Nr. 1 LPersVG NI.

[26] BVerwG 7. 7. 2008 Buchholz 250 § 77 BPersVG Nr. 18 = PersR 2008, 381 = PersV 2008, 422; a. A. OVG Münster 5. 5. 2005 ZfPR 2006, 115; 5. 7. 2001 PersR 2002, 81 = PersV 2002, 218 und 2003, 143;

nach A 16 bewerteten Dienstpostens an einen Bewerber mit A 14 als wesentliche Vorstufe zur Beförderung nach A 15 der Beteiligung unterliegen (vgl. § 267 RN 22).[27] Der Ausschluss der Beteiligung gilt **(3)** auch soweit der nach A 16 oder höher zu bewertende Dienstposten durch einen **Arbeitnehmer** besetzt ist oder werden soll.[28]

c) Landesrechtliche Besonderheiten. Im Landesrecht finden sich ähnlich ausgestaltete Ausnahmeregelungen.[29] Nach § 109 I Nr. 3 LPersVG NI scheidet die Beteiligung im Bereich öffentlich-rechtlicher Finanzinstitute u. a. aus, wenn die Betroffenen – ähnlich wie leitende Angestellte in der Privatwirtschaft – ihre Entscheidungen im Wesentlichen frei von Weisungen treffen können; dieser Begriff ist personalvertretungsrechtlich auszulegen und nicht identisch mit § 5 III BetrVG; der Geschäftsstellenleiter einer Sparkasse (VergGr. IV bzw. III BAT, heute Entgeltgruppe E 11 TVöD) fällt nicht unter diesen Personenkreis;[30] zum Begriff der „selbstständigen Betriebseinheit“ und der „Generalvollmacht“ nach § 88 LPersVG HH.[31] **10a**

2. Beteiligung nur auf Antrag des Beschäftigten. a) Grundsatz. Nach § 77 I 1 BPersVG bestimmt der Personalrat bei den personellen Einzelmaßnahmen nach §§ 75 I, 76 I BPersVG bei bestimmten Personengruppen nur mit, wenn die betroffenen Beschäftigten dies beantragen. Treffen die Einschränkungen aus § 77 I 1 BPersVG und § 77 I 2 BPersVG (RN 3 f.) gleichzeitig zu, geht der Ausschluss der Beteiligung nach § 77 I 2 BPersVG als die speziellere Regelung vor. Nach Ansicht des BVerwG soll ein unter § 77 I 1 BPersVG fallender Beschäftigter nicht ohne konkreten Anlass und vorab für alle Zukunft auf der Beteiligung der Personalvertretung im jeweiligen Einzelfall bestehen können.[32] Dem ist nicht zu folgen, der Beschäftigte kann vielmehr frei entscheiden, ob und ggf. in welchem Umfang er in den Schutz des Personalvertretungsrechts einbezogen werden will; seine Entscheidung kann auf bestimmte Maßnahmen beschränkt werden und ist widerruflich. **11**

b) Dienststellenleiter und Personalverantwortliche. Zu der Personengruppe, bei der die Beteiligung nur auf Antrag erfolgt, zählen zunächst die in § 14 III BPersVG erwähnten Beschäftigten. Dies sind der Leiter der Dienststelle, sein Vertreter und die weiteren in § 7 BPersVG erwähnten Personen (§ 268 RN 16 f.) sowie sonstige Beschäftigte, die zu selbstständigen Entscheidungen in Personalangelegenheiten der Dienststelle befugt sind. Unter Personalangelegenheiten sind die Angelegenheiten aus §§ 75 I, 76 I BPersVG zu verstehen;[33] daher ist ein Vorgesetzter, der nur Urlaub oder Dienstbefreiung gewähren kann oder der die (Erst-)Beurteilungen verfasst, noch keine zur selbstständigen Entscheidung in Personalangelegenheiten befugte Person. Für die selbstständige Entscheidungsbefugnis ist insbesondere die Schlusszeichnung kennzeichnend; sie fehlt dagegen bei solchen Beschäftigten, die beteiligungspflichtige Personalangelegenheiten lediglich vorbereiten.[34] Zählen die Beschäftigten zu dem Personenkreis des § 14 III BPersVG, erfolgt die Beteiligung auch dann nur auf ihren Antrag hin, wenn die Entscheidung nicht durch den Leiter der Dienststelle erfolgt, der sie selbst angehören, sondern von einer übergeordneten Dienststelle.[35] Kommt es im Rahmen einer Besetzungsmaßnahme oder einer ähnlichen Maßnahme zu einer Bewerberkonkurrenz, sind dem Personalrat nur die Unterlagen derjenigen Bewerber vorzulegen, die eine Beteiligung der Personalvertretung beantragt haben.[36] **12**

OVG Berlin 11. 7. 2007 – 62 PV 10.05 n. a. v.; 19. 2. 1997 PersR 98, 69 sowie bisher die h. M., vgl. Richardi/*Kaiser* § 77 RN 23, Lorenzen/*Rehak* § 77 RN 30 sowie die Vorauflage.

[27] BVerwG 7. 7. 2008 Buchholz 250 § 77 BPersVG Nr. 18 = PersR 2008, 381 = PersV 2008, 422.

[28] BAG 16. 3. 2000 AP 1 zu § 68 LPVG Sachsen-Anhalt = PersV 2000, 564 = PersR 2000, 338; BVerwG 16. 5. 2006 ZfPR 2008, 45; 12. 1. 2006 Buchholz 250 § 77 BPersVG Nr. 17 = PersR 2006, 164 = PersV 2006, 220.

[29] Vgl. z. B. § 88 II 1 LPersVG HH und § 51 VI MBG SH: Ausschluss für Stellen nach der Besoldungsordnung B; § 72 I 2 Nr. 2 LPersVG NRW: Ausschluss erst ab Besoldungsgruppe B 3.

[30] OVG Lüneburg 29. 8. 2001 PersV 2003, 108.

[31] BVerwG 10. 1. 2008 Buchholz 251.4 § 88 HmbPersVG Nr. 4; 10. 1. 2008 Buchholz 251.4 § 88 HmbPersVG Nr. 2 = NZA-RR 2008, 280; 10. 1. 2008 Buchholz 251.4 § 88 HmbPersVG Nr. 3 = NZA-RR 2008, 280.

[32] BVerwG 20. 3. 2002 AP 1 zu § 14 BPersVG = Buchholz 250 § 77 BPersVG Nr. 16 = PersR 2002, 302 = PersV 2002, 405.

[33] BVerwG 11. 3. 1982 Buchholz 238.3 A § 14 BPersVG Nr. 1 = PersV 83, 405.

[34] OVG Lüneburg 15. 7. 1998 PersV 99, 229; OVG Münster 24. 6. 1982 RiA 83, 107 (Beförderung eines Geschäftsleiters eines AG).

[35] BVerwG 20. 3. 2002 AP 1 zu § 14 BPersVG = Buchholz 250 § 77 BPersVG Nr. 16 = PersR 2002, 302 = PersV 2002, 405; 23. 9. 1966 AP 2 zu § 72 PersVG = PersV 66, 275; BAG 10. 11. 1987 AP 2 zu § 77 BPersVG = PersV 88, 459 = PersR 88, 76.

[36] BVerwG 20. 3. 2002 AP 1 zu § 14 BPersVG = Buchholz 250 § 77 BPersVG Nr. 16 = PersR 2002, 302 = PersV 2002, 405.

13 **c) Beamte auf Zeit.** Bei den Beamten auf Zeit (§ 6 II BBG) hängt die Beteiligung der Personalvertretung von einem Antrag des Beschäftigten ab. Um solche handelt es sich z. B. bei dem in § 132 BBG bezeichneten Personenkreis im Hochschulbereich oder bei dem Präsidenten bzw. Vizepräsidenten des Bundesrechnungshofs (§§ 3 II des Gesetzes über den Bundesrechnungshof vom 11. 7. 1985, BGBl. I S. 1445). Keine Beamten auf Zeit sind Beamte auf Probe (§ 6 III BBG) und Beamte auf Widerruf (§ 6 IV BBG).

14 **d) Überwiegende wissenschaftliche oder künstlerische Tätigkeit.** Eine Beteiligung nur auf Antrag findet auch in den Personalangelegenheiten von Beschäftigten mit überwiegend wissenschaftlicher oder künstlerischer Tätigkeit statt. Die Bestimmung ist zwar verfassungsrechtlich unbedenklich,[37] aber nicht zwingend verfassungsrechtlich geboten.[38] Es ist nicht auf die Ausbildung der Beschäftigten oder ihre Amts- und Funktionsbezeichnung abzustellen, sondern auf die ihnen übertragene und ausgeübte Tätigkeit. Nach Ansicht des BAG kommt dabei der Tarif- oder Verkehrsüblichkeit eine Indizwirkung zu, die zu einer Umkehr der Darlegungslast führen kann.[39] Stellt der Gesetzgeber unmittelbar auf die tarifliche Bewertung ab (§ 71 I 2 Nr. 3 LPersVG NRW), handelt es sich im Regelfall um eine dynamische Verweisung mit der Folge, dass sich der Geltungsbereich des Gesetzes mit der Aufnahme oder Abschaffung von Berufsbildern bzw. Tätigkeitsmerkmalen im Tarifvertrag ändert.[40] Unter Wissenschaft ist alles zu verstehen, was nach Inhalt und Form als ernsthafter Versuch zu Ermittlung von Wahrheit anzusehen ist.[41] Eine künstlerische Tätigkeit verlangt eine schöpferische Begabung und Leistung.[42] Die wissenschaftliche oder künstlerische Tätigkeit darf nicht nur gelegentlich anfallen, sie muss vorwiegend oder überwiegend gegeben sein; sie muss der Tätigkeit das Gepräge geben.[43]

15 **e) Ausgewählte Beteiligungsrechte.** Schließlich bestehen einzelne Beteiligungsrechte, bei denen die Beteiligung wegen der speziellen Materie bei allen Beschäftigten der Dienststelle nur auf Antrag erfolgt (§ 78 II 2 BPersVG). Dabei handelt es sich um die Erhebung der Disziplinarklage, die Entlassung von Beamten auf Probe bzw. Widerruf, die vorzeitige Versetzung in den Ruhestand (§ 78 I Nr. 3–5 BPersVG), die Gewährung von Unterstützungen (§ 75 II Nr. 1 BPersVG) und die Geltendmachung von Schadensersatzansprüchen gegen einen Beschäftigten (§ 76 II 2 BPersVG).[44]

16 **f) Verfahren.** Die Dienststelle hat die betroffenen Beschäftigten vor der beabsichtigten Maßnahme rechtzeitig zu benachrichtigen (§§ 78 II 2, 76 II 2 BPersVG). Der Hinweis muss so gefasst sein, dass der Beschäftigte die Möglichkeit zur Einbeziehung der Personalvertretung hinreichend deutlich erkennen kann.[45] Eine ausdrückliche Belehrung über das Antragsrecht ist nicht erforderlich, wenn dem Beschäftigten für seine Entschließung eine klare Grundlage geboten wird.[46] § 78 II 2 BPersVG ist Ausdruck eines allgemeinen Rechtsgedankens, der auch auf die Beteiligung nach § 77 I 1 BPersVG anzuwenden ist, bei dem eine Regelung über die Pflicht zur Unterrichtung fehlt.[47] Das BAG nimmt in seiner jüngeren Rspr. dagegen nach wie vor an, dass die Dienststelle nicht verpflichtet sei, auf das Antragsrecht hinzuweisen; im Ergebnis nähert sich das BAG jedoch dem hier vertretenen Standpunkt an, da die Berufung auf den fehlenden Antrag bei unerwarteten Personalmaßnahmen missbräuchlich sein könne (Rechtsgedanke aus § 162 BGB).[48] Dem Beschäftigten ist nach dem Hinweis auf sein Antragsrecht eine angemessene Überlegungsfrist für seine Entscheidung einzuräumen. Der Antrag kann – von Missbrauchsfällen abgesehen – bis zum Erlass der beabsichtigten Maßnahme gestellt werden.[49] Erfolgt der Hinweis durch die Dienststelle nicht ordnungsgemäß, ist die Maßnahme individualrechtlich **unwirksam;**

---

[37] BVerfG 27. 3. 1979 AP 1 zu § 108 BPersVG = NJW 79, 1877 = PersV 79, 328.
[38] BVerfG 24. 3. 1982 PersV 92, 284.
[39] BAG 10. 2. 1999 – 7 AZR 733/97 – n. v.
[40] BVerwG 7. 10. 2003 Buchholz 251.7 § 72 NWPersVG Nr. 31 = PersR 2004, 30; OVG Münster 18. 12. 2002 PersR 2003, 199; 18. 12. 2002 PersR 2003, 237 (Bühnentechniker).
[41] BVerfG 11. 1. 1994 BVerfGE 90, 1 = NJW 94, 1781.
[42] BVerwG 7. 12. 1994 Buchholz 251.0 § 95 BaWüPersVG Nr. 1 = PersR 95, 293 = PersV 95, 395.
[43] BVerwG 18. 3. 1981 Buchholz 238.37 § 72 PersVG NW Nr. 5 = PersV 82, 284.
[44] Zur Auslegung des undeutlich formulierten entsprechenden Landesrechts vgl. OVG Greifswald 23. 2. 2000 PersR 2002, 171 und *Altvater* PersR 2002, 151.
[45] BVerwG 9. 12. 1999 AP 3 zu § 78 BPersVG = PersR 2000, 210 = PersV 2000, 264; zurückhaltender BVerwG 24. 11. 1983 Buchholz 237.0 § 38 LBG BW Nr. 4.
[46] BVerwG 23. 2. 1989 Buchholz 232 § 31 BBG Nr. 46 = PersR 89, 201 = PersV 89, 527.
[47] A. A. BAG 26. 8. 1993 AP 8 zu § 72 LPVG NW = PersR 94, 36 = NZA 94, 281; Lorenzen/*Lorenzen* § 77 RN 12 f. m. w. Nachw.
[48] BAG 6. 3. 2003 PersR 2004, 187 = ZTR 2004, 107.
[49] BVerwG 23. 2. 1989 Buchholz 232 § 31 BBG Nr. 46 = PersR 89, 201 = PersV 89, 527.

im Beamtenrecht führt sie zur Anfechtbarkeit des entsprechenden Verwaltungsakts, wenn nicht ersichtlich ist, dass der Beschäftigte von seinem Antragsrecht auch bei ordentlicher Unterrichtung keinen Gebrach gemacht hätte.[50] Nach Ansicht des BVerwG kann aber eine unterbliebene Beteiligung der Personalvertretung während des Widerspruchsverfahrens nachgeholt werden.[51]

3. Ausschluss der Mitbestimmung beim Bundesnachrichtendienst. Für die Beschäftigten beim BND ist die Mitbestimmung gemäß § 69 BPersVG als Beteiligungsform generell ausgeschlossen; alle Mitbestimmungstatbestände gelten lediglich als Mitwirkungstatbestände (§ 86 Nr. 9 BPersVG). Bei Vorliegen besonderer Sicherheitsvorfälle oder einer besonderen Einsatzsituation sind die Beteiligungsrechte sogar insgesamt ausgesetzt. Beginn und Ende des Ruhens der Rechte und Pflichten werden vom Leiter des BND im Einvernehmen mit dem Chef des Bundeskanzleramtes festgesetzt. 17

IV. Auslegung der Beteiligungstatbestände

Über den Wortlaut der einzelnen Beteiligungstatbestände hinaus werden die Beteiligungsrechte traditionell mit Blickrichtung auf Sinn und Zweck der Beteiligung erweiternd oder einschränkend ausgelegt. Wegen der Beschränkung auf kollektive Tatbestände vgl. § 235 RN 4. Im Personalvertretungsrecht wird darüber hinaus der Anwendungsbereich der Beteiligungstatbestände mit Rücksicht auf Sinn und Zweck der Beteiligung gelegentlich noch weiter eingeschränkt. Insbesondere dort, wo es die Aufgabe des Personalrates ist, durch die Beteiligung die negativen Auswirkungen der Maßnahmen auf die Beschäftigten zu minimieren, wird ihm ein Beteiligungsrecht versagt, wenn es um Maßnahmen geht, die die negativen Auswirkungen verringern. So soll auch beim Abbau von Überstunden kein Beteiligungsrecht bestehen;[52] ebenso fehlt ein Initiativrecht auf Anordnung von Mehrarbeit.[53] Lediglich nach dem MBG SH fällt auch der Entzug bisher ständig gewährter Bereitschaftsdienste unter das Mitbestimmungsrecht.[54] Der Widerruf der Zuweisung einer auf Verlangen des Dienstvorgesetzten (im Bundesrecht § 98 BBG) ausgeübten Nebentätigkeit unterliegt nicht der Mitbestimmung des Personalrats nach § 72 I 1 Nr. 12 LPersVG NRW.[55] 18

V. Vorrang von Gesetz und Tarifvertrag

Nach § 76 II BPersVG ist die Wahrnehmung der Mitbestimmung in den dort aufgeführten Angelegenheiten nur möglich, soweit nicht das Gesetz oder der Tarifvertrag bereits eine Regelung enthält. Dies ist Ausdruck des allgemeinen Rechtsgedankens, dass sich die Regelungen und Vereinbarungen der Partner der Personalverfassung innerhalb des durch die Gesetze und die vorgehenden Tarifverträge gesetzten Rahmens bewegen müssen,[56] Fehlt ein Entscheidungsspielraum der Dienststelle, entfällt die Beteiligung.[57] Wegen der Einzelheiten kann auf die Ausführungen zu der entsprechenden Regelung in § 87 I BetrVG verwiesen werden (§ 235 RN 4). Auch nach der Rspr. des BVerwG scheidet die Beteiligung nur aus, sofern das Gesetz oder der Tarifvertrag die Materie abschließend geregelt hat; u. U. können normausfüllende ergänzende Regelungen auf personalvertretungsrechtlicher Ebene in Betracht kommen;[58] vgl. auch § 270 RN 37). 19

---

[50] BVerwG 9. 12. 1999 AP 3 zu § 78 BPersVG = PersR 2000, 210 = PersV 2000, 264.
[51] BVerwG 24. 11. 1983 Buchholz 238 390 § 67 SHPersVG Nr. 1 = NJW 84, 1981.
[52] OVG Münster 5. 2. 1998 PersR 98, 525 = PersV 98, 550.
[53] BVerwG 6. 10. 1992 AP 1 zu § 79 LPVG Berlin = PersR 93, 77 = PersV 93, 328.
[54] BVerwG 16. 11. 1999 AP 1 zu § 51 MitbestG Schleswig-Holstein = PersR 2000, 199 = PersV 2001, 78; vgl. zur Rechtslage im Übrigen: VGH Mannheim 18. 3. 2003 PersV 2003, 459.
[55] OVG Münster 28. 2. 2002 PersR 2002, 481 = PersV 2003, 111.
[56] BVerwG 7. 4. 2008 Buchholz 251.51 § 70 MVPersVG Nr. 1 = PersR 2008, 450.
[57] BVerwG 2. 2. 2009 – 6 P 2/08 z. V. b.; BAG 5. 6. 2007 AP 40 zu § 611 BGB Ausbildungsbeihilfe.
[58] BVerwG 18. 5. 2004 Buchholz 251.0 § 79 BaWüPersVG Nr. 17 = PersR 2004, 349 = PersV 2004, 386; 8. 7. 2003 Buchholz 251.4 § 86 HmbPersVG Nr. 11 = PersR 2003, 409 = PersV 2004, 58; 29. 8. 2001, Buchholz 251.4 § 86 HmbPersVG Nr. 8 = NZA-RR 2002, 501= PersR 2001, 521 = PersV 2002, 232 (Auswertung einer Schülerbefragung); 8. 1. 2001 AP 78 zu § 75 BPersVG = PersR 2001, 154 = NZA 2001, 570 (Bildschirmarbeit); 30. 1. 1996 AP 2 zu § 74 LPVG Hessen = Buchholz 251.5 § 74 HePersVG Nr. 1 = PersR 96, 316 (Einführung von Rufbereitschaft); 23. 1. 1986 Buchholz 238.35 § 61 HePersVG Nr. 3 = PersV 86, 323 (Anordnung amtsärztlicher Untersuchung).

VI. Die „Maßnahme" als Grundbegriff des Beteiligungsrechts

20 **1. Begriff.** Die Beteiligungsrechte der Personalvertretung bestehen nur bei Maßnahmen des Dienststellenleiters. Um eine solche handelt es sich, wenn der sog. „Rechtsstand" der Beschäftigten oder eines einzelnen Beschäftigten berührt ist,[59] d. h. die Umstände, unter denen die Arbeit zu erbringen ist einschließlich der vertraglichen Bedingungen. Nach Beendigung der Maßnahme müssen entweder das Beschäftigungsverhältnis oder die Arbeitsbedingungen geändert sein.[60] Das Vorliegen einer Maßnahme im Sinne des Personalvertretungsrechts setzt nicht voraus, dass dem Dienststellenleiter in der Sache ein Ermessensspielraum zusteht. Die Beteiligung des Personalrats ist nur ausgeschlossen bei gesetzlichen Regelungen, die zu ihrem Vollzug keines Ausführungsaktes mehr bedürfen. Ist dagegen auf Grund eines Gesetzes die Einzelfallregelung dem Dienststellenleiter überlassen, unterliegt dessen Entscheidung – selbst bei normvollziehenden Maßnahmen ohne Ermessensspielraum – der Richtigkeitskontrolle des Personalrats.[61]

21 **2. Die „Maßnahme" als Endpunkt des Planungsprozesses.** In zeitlicher Hinsicht setzt die Beteiligung ein, wenn der Dienststellenleiter nach Vorüberlegungen Handlungsbedarf festgestellt hat und beginnt, diesen nach Inhalt und Umfang zu konkretisieren.[62] Solange sich die Behörde allerdings noch in der Planungsphase befindet, bestehen lediglich Informationsrechte bzw. Unterrichtungspflichten zum Beispiel im Rahmen des Monatsgesprächs.[63] Haben sich die Planungen zu einem Entschluss verdichtet, der die Veränderung des bestehenden Zustandes bezweckt, ist die Maßnahme „beabsichtigt" (vgl. § 69 I BPersVG); fasst eine kommunale Stadtvertreterversammlung den Entschluss (Plan), die „Theaterlandschaft" zu verkleinern, hat der Personalrat daher erst nach der politischen Entscheidung mitzubestimmen und nicht davor.[64] Die Planungsphase ist beendet, wenn ein abschließender Entscheidungsentwurf der Dienststelle vorliegt, der lediglich noch der behördeninternen Genehmigung durch übergeordnete Stellen bedarf; die Beteiligung ist daher vor der Genehmigung durch die Oberbehörde durchzuführen.[65]

22 **3. Vorwegnahme der beteiligungspflichtigen Maßnahme.** Der Personalrat kann sein Beteiligungsrecht immer dann nicht effektiv wahrnehmen, wenn durch ein Handeln oder Unterlassen der Dienststelle eine Situation geschaffen wird, die einen faktischen Zwang zur Zustimmung zu späteren Maßnahmen begründet, etwa indem bereits Teile der späteren beteiligungspflichtigen Maßnahme vorweggenommen werden. Nach Ansicht des BVerwG ist bzw. wird eine an sich beteiligungsfreie Maßnahme beteiligungspflichtig, wenn sie einen ebensolchen Vorgang vorbereitet und de facto vorwegnimmt.[66] Im Einzelfall kann es zusätzlich noch zu einer Beteiligung bei der späteren und an sich einzig beteiligungspflichtigen Maßnahme kommen.[67] Unter den genannten Voraussetzungen sind als beteiligungspflichtig angesehen worden, **(a)** eine nur befristet durchgeführte Erprobung einer neuen Arbeitsorganisation auf bestimmten Arbeitsplätzen,[68] **(b)** die Zustimmung der obersten Schulaufsichtsbehörde zur Aufhebung einer Schule

---

[59] Vgl. BVerwG 10. 1. 1983 Buchholz 238.33 § 58 BrPersVG Nr. 2 = PersV 83, 507 (Abmahnung); 1. 8. 1983 Buchholz 238.33 § 58 PersVG BR Nr. 3 = PersV 85, 68 (Ablehnung einer Beurlaubung).

[60] BVerwG 18. 5. 2004 Buchholz 251.0 § 79 BaWüPersVG Nr. 17 = PersR 2004, 349 = PersV 2004, 386.

[61] BVerwG 24. 2. 2006 Buchholz 251.91 § 77 SächsPersVG Nr 1 = PersV 2006, 217 = PersR 2006, 255; 18. 5. 2004 Buchholz 251.0 § 79 BaWüPersVG Nr. 17 = PersR 2004, 349 = PersV 2004, 386; 15. 12. 1994 AP 58 zu § 75 BPersVG = Buchholz 251.6 § 75 NdsPersVG Nr. 4 sowie BAG 27. 9. 2005 AP 25 zu Art 56 ZA-Nato-Truppenstatut.

[62] Vgl. zu den Stadien des Planungsprozesses auch das REFA-Modell bei § 233 RN 17.

[63] In § 58 I LPersVG MV (Monatsgespräch) heißt es beispielsweise dazu ausdrücklich, der Dienstherr sei verpflichtet, alle beteiligungspflichtigen Maßnahmen „die sich noch im Planungsstadium befinden" rechtzeitig und eingehend mit der Personalvertretung zu erörtern.

[64] OVG Magdeburg 25. 4. 2001 PersR 2001, 529 = PersV 2002, 151.

[65] BVerwG 22. 9. 1967 Buchholz 238.3 § 62 PersVG Nr. 1 = PersV 68, 113 (Genehmigung von Dienstplänen durch die übergeordnete Behörde).

[66] BVerwG 19. 12. 1975 Buchholz 238.3 A § 82 BPersVG Nr. 1 = PersV 76, 457; 12. 1. 1962 AP 1 zu § 70 PersVG Versetzung = PersV 62, 160 (mitbestimmungsfreie Abordnung zur Vorbereitung einer späteren Versetzung); ähnlich auch BVerwG 28. 4. 1967 AP 1 zu § 70 PersVG Hamburg = PersV 67, 275 (Vorläufige Bestellung zum Schulleiter als Vorwegnahme der späteren Beförderungsmaßnahme).

[67] BVerwG 28. 4. 1967 AP 1 zu § 70 PersVG Hamburg = PersV 67, 275.

[68] BVerwG 15. 12. 1978 Buchholz 238.3 A § 76 Nr. 1 = PersV 80, 145 (probeweise Streichung der Zugbegleiter in der S-Bahn und Übertragung ihrer Aufgaben auf die Triebfahrzeugführer); vgl. auch BVerwG 14. 12. 1962 AP 8 zu § 71 PersVG = PersV 63, 206 (probeweise Übertragung einer höherwertigen Tätigkeit).

durch Beschluss des kommunalen Schulträgers,[69] **(c)** ein Besetzungsvorschlag des Dienststellenleiters, über den die kommunale Stadtvertretung per Abstimmung entscheidet.[70]

4. Veränderung eines bestehenden Zustands und Antrag des Beschäftigten. Durch den Maßnahmebegriff werden die Beteiligungsrechte der Personalvertretung in mehrfacher Hinsicht begrenzt. Da eine Maßnahme stets auf die Veränderung eines bestehenden Zustands abzielt, ist eine Untätigkeit des Dienststellenleiters kein beteiligungspflichtiger Vorgang.[71] In diesem Fall kann der Personalrat ein Handeln der Behörde nur über die Ausübung seines Initiativrechts (§ 70 BPersVG; dazu § 268 RN 75 ff.) erreichen. Auch die Ablehnung eines Antrags eines Beschäftigten löst im Regelfall keine Beteiligungspflicht aus, da der bestehende Zustand gerade nicht verändert wird. So ist z. B. die Ablehnung eines Antrags auf Beförderung oder Höhergruppierung durch einen einzelnen Beschäftigten nicht mitbestimmungspflichtig.[72] Etwas anderes gilt nur, wenn der Gesetzgeber gerade die Ablehnung eines Antrags als beteiligungspflichtige Maßnahme ausgestaltet hat (vgl. etwa §§ 75 I Nr. 7, 75 III Nr. 3, 76 I Nr. 7, 8 BPersVG). Eine Maßnahme soll nach Ansicht des BVerwG schließlich auch dann nicht vorliegen, wenn der Dienststellenleiter einem Antrag oder Wunsch eines Beschäftigten entspricht, da eine Maßnahme voraussetze, dass in dessen Rechtsstellung eingegriffen werde; hieran fehle es aber, wenn nur seinem Wunsch entsprochen werde.[73] An der Veränderung des Rechtszustandes fehlt es auch, wenn die Dienststelle nur Daten erhebt und dabei ihre Beschäftigten zur Mitarbeit verpflichtet.[74] 23

VII. Konkurrenz von Beteiligungsrechten

Gronimus, Der Selbstfahrerbeschluss des BVerwG – Neuausrichtung der objektivfinalen Betrachtungsweise anhand der Schutzzweckgrenze, PersR 2003, 471.

1. Grundsatz. In Zweifelsfällen ist beim Zusammentreffen von mehreren Mitbestimmungs-, Mitwirkungs-, Anhörungs- oder Informationsrechten von dem Grundsatz auszugehen, dass die Beteiligungsrechte nebeneinander bestehen. Deshalb ist der Personalrat regelmäßig hinsichtlich aller in Betracht kommenden Tatbestände zu beteiligen. Nur wenn sich aus dem Wortlaut, dem systematischen Zusammenhang oder der Entstehungsgeschichte von Beteiligungsvorschriften ergibt, dass der Gesetzgeber aus verfassungsrechtlichen Gründen bzw. auf Grund der (inzwischen dispositiven, dazu § 262 RN 9) Rahmenvorschrift des § 104 Satz 3 BPersVG das stärkere Beteiligungsrecht nicht gewähren wollte, hat das stärkere hinter dem schwächeren Beteiligungsrecht zurückzustehen.[75] 24

2. Identische Beteiligungsformen. Unproblematisch nebeneinander anwendbar sind daher Beteiligungsrechte, für die jeweils eine identische Beteiligungsform vorgesehen ist und die denselben Schutzzweck verfolgen.[76] So ist etwa nach Landesrecht die Verlängerung eines befristeten Arbeitsvertrages beteiligungspflichtig (z. B. nach § 68 I Nr. 8 LPersVG MV); gleichzeitig unterliegt diese Maßnahme unter dem Gesichtspunkt der Einstellung der Mitbestimmung des Personalrats. Gleiches gilt bei einer Abordnung mit dem Ziel der Versetzung, die vom BVerwG auch bei Vorliegen eines ausdrücklichen Beteiligungsrechts bei Abordnungen (z. B. § 72 I Nr. 6 LPersVG NRW) als Unterfall einer Versetzung als beteiligungspflichtig angesehen wird.[77] Sind mehrere Beteiligungsrechte mit identischer Beteiligungsform betroffen, setzen sich aus Sinn und Zweck der einen Norm entwickelte Einschränkungen auch gegenüber dem Anwendungsbereich der anderen Norm durch. Scheidet zum Beispiel die Beteiligung wegen einer Regelung des Verhaltens oder der Ordnung der Dienststelle aus, weil es sich um eine „diensttechnische 25

[69] BVerwG 18. 3. 2008 Buchholz 251.91 § 76 SächsPersVG Nr. 1 = NZA-RR 2008, 447; 24. 2. 2006 Buchholz 251.91 § 77 SächsPersVG Nr. 1 = PersV 2006, 217 = PersR 2006, 255.
[70] BVerwG 16. 8. 2004 PersR 2004, 475.
[71] BVerwG 29. 1. 2003 Buchholz 251.95 § 51 MBGSH Nr. 4 = PersR 2003, 156 = PersV 2003, 345.
[72] BVerwG 1. 8. 1983 Buchholz 238.33 § 58 PersVG BR Nr. 3 = PersV 85, 68 (Beurlaubung); OVG Greifswald 7. 1. 2004 NordÖR 2004, 264 (Altersteilzeit).
[73] BVerwG 12. 10. 1989 Buchholz 250 § 75 Nr. 72 = PersR 90, 45 = PersV 90, 233 (dienstliche Nutzung des privat gestellten PCs).
[74] BVerwG 14. 10. 2002 Buchholz 250 § 75 BPersVG Nr. 104 = NZA-RR 2003, 273 = PersR 2003, 113 = PersV 2003, 186 (Datenerhebung bei der Gefährdungsanalyse nach § 5 ArbSchG).
[75] BVerwG 17. 7. 1987 Buchholz 250 § 75 BPersVG Nr. 50 = PersV 89, 312; vgl. auch BAG 29. 6. 1989 AP 2 zu § 72 LPVG NW = PersR 89, 101 = PersV 89, 219.
[76] BVerwG 16. 4. 2008 Buchholz 250 § 86 BPersVG Nr. 5 = PersR 2008, 418 = PersV 2008, 342.
[77] BVerwG 18. 9. 1984 Buchholz 238.36 § 78 NdsPersVG Nr. 5.

Regelung" handelt, kann die Maßnahme nicht als Maßnahme zur Verhütung von Dienst- und Arbeitsunfällen der Beteiligung unterliegen.[78]

26 **3. Unterschiedliche Beteiligungsformen.** Bei Sachverhalten, die von einem Mitwirkungsrecht wie auch einem Mitbestimmungstatbestand erfasst werden, muss durch Auslegung ermittelt werden, welches Beteiligungsrecht gelten soll. Zu einer Konkurrenz kommt es insbesondere beim Zusammentreffen von Individualmaßnahmen, die Teil von organisatorischen Angelegenheiten mit Außenwirkung sind. Nach bisheriger Rspr. des BVerwG war der Personalrat regelmäßig auf das schwächere Beteiligungsrecht verwiesen.[79] Diese Sichtweise hat das Gericht im Hinblick auf die Entscheidung des BVerfG zur Schutzzweckgrenze bei der Ausgestaltung der Beteiligungsrechte[80] aufgegeben. Nunmehr vertritt das BVerwG die Auffassung, dass der stärkere Beteiligungstatbestand nicht bereits wegen des Amtsauftrags der Verwaltung verdrängt wird, wenn die Maßnahme auch innerbetriebliche Auswirkungen hat. Daher können auch unterschiedlich starke Beteiligungsrechte grundsätzlich nebeneinander anwendbar sein; die Außenwirkung der Maßnahme ist bei der Ausübung des Beteiligungsrechts im Einzelfall zu berücksichtigen.[81] Diese bisher nur zu § 78 I Nr. 1 BPersVG vertretene neuere Sichtweise (zu weiteren Einzelheiten vgl. § 271 RN 27) wird zu einer Neubestimmung des Anwendungsbereichs zahlreicher Beteiligungstatbestände führen, bei denen die Beschäftigten von organisatorische Maßnahmen mit Außenwirkung betroffen sind.

§ 268. Das Beteiligungsverfahren

Übersicht

	RN
I. Grundsätze des Beteiligungsverfahrens	1 ff.
1. Erscheinungsformen der Beteiligung	1–6
2. Formen für die Ausübung von Beteiligungsrechten (Dienstvereinbarung)	7–14
II. Ablauf des Beteiligungsverfahrens	15 ff.
1. Einleitung des Verfahrens	15–18
2. Unterrichtung der Personalvertretung	19–22
3. Äußerungsfrist	23–27
4. Zustimmung	28
5. Zustimmungsverweigerung	29–37
6. Reaktionsmöglichkeiten der Dienststelle	38–40
III. Das Stufenverfahren	41 ff.
1. Einleitung	41–44
2. Durchführung	45
IV. Das Verfahren vor der Einigungsstelle	46 ff.
1. Einleitung des Einigungsstellenverfahrens	46
2. Zusammensetzung der Einigungsstelle	47–49
3. Rechtsstellung der Einigungsstellenmitglieder	50
4. Verfahren der Einigungsstelle	51
5. Entscheidung der Einigungsstelle	52–56
6. Letztentscheidungsrecht der Dienststelle	57
V. Einseitige Regelungsbefugnis in Eilfällen	58 f.
1. Unaufschiebbare Maßnahme	58
2. Keine abschließende Durchführung	59
VI. Durchführung der Maßnahme nach Abschluss des Beteiligungsverfahrens	60
VII. Besonderheiten des Mitwirkungsverfahrens (§ 72 BPersVG)	61 ff.
1. Bedeutung	61
2. Verfahren	62–65
3. Stufenverfahren	66, 67
4. Einseitige Regelungsbefugnis in Eilfällen	68
VIII. Das mängelbehaftete Beteiligungsverfahren	69 ff.
1. Sphäre der Fehlerquelle	69
2. Interventionsmöglichkeiten des Personalrats	70–71 a
3. Individualrechtliche Auswirkungen	72–74
IX. Initiativrecht (§ 70 BPersVG)	75 ff.
1. Bedeutung und Reichweite	75, 76
2. Zulässigkeit	77–79
3. Verfahren	80, 81
4. Einzelfälle	82

[78] OVG Münster 5. 4. 2001 PersV 2002, 230.

[79] BVerwG 17. 7. 1987 Buchholz 250 § 75 BPersVG Nr. 50 = PersV 89, 312; 17. 7. 1987 Buchholz 250 § 75 BPersVG Nr. 51; 15. 12. 1978 PersV 80, 145; vgl. dazu auch § 270 RN 47.

[80] BVerfG 24. 5. 1995 BVerfGE 93, 37 = PersR 95, 483 = PersV 95, 553.

[81] BVerwG 19. 5. 2003 Buchholz 250 § 78 BPersVG Nr. 19 = PersR 2003, 314 = PersV 2003, 339; zuvor bereits BVerwG 24. 4. 2002 AP 6 zu § 86 LPVG Hamburg = PersR 2002, 546.

I. Grundsätze des Beteiligungsverfahrens

Albicker/Wiesenecker, Freiwillige Kollektivvereinbarungen in Betrieb und Dienststelle, NZA 2007, 842; *Litschen,* Auswirkungen extern bestimmter Ausnahmetatbestände in Personalvertretungsgesetzen, ZTR 2003, 220; *Manderla,* Verfahrensbeteiligungen und Durchsetzungsmöglichkeiten der Dienststellen und Personalräte, PersV 2003, 333; *Peiseler/Wolmerath,* Die Dienstvereinbarung, 2001.

1. Erscheinungsformen der Beteiligung. Wie im BetrVG (§ 230 RN 1 ff.) lassen sich die Beteiligungsrechte des Personalrats nach ihrer Intensität in Gruppen einteilen. Unterschieden werden die **(a)** uneingeschränkte und **(b)** eingeschränkte Mitbestimmung, **(c)** Mitwirkungs- und **(d)** Anhörungsrechte. 1

a) Uneingeschränkte Mitbestimmung. Sie entspricht der Mitbestimmung im BetrVG (§ 230 RN 5) und ist die stärkste Form der Beteiligung des Personalrats. Dienststelle und Personalvertretung stehen sich als gleichberechtigte Partner gegenüber. Der Leiter der Dienststelle darf eine Maßnahme, die der uneingeschränkten Mitbestimmung unterliegt, nur durchführen, wenn die Personalvertretung zuvor ihre Zustimmung erteilt hat. Diese ist ggf. im Stufenverfahren (RN 41 ff.) herbeizuführen oder durch eine Entscheidung der Einigungsstelle (RN 46 ff.) zu ersetzen. In den Fällen der uneingeschränkten Mitbestimmung besteht für den Personalrat ein Initiativrecht (§ 70 BPersVG; dazu RN 75 ff.); er kann die Dienststelle zur Durchführung eines Beteiligungsverfahrens zwingen. Kennzeichnend für die uneingeschränkte Mitbestimmung sind das Letztentscheidungsrecht der Einigungsstelle und die uneingeschränkte Berufung auf Gründe für die Verweigerung der Zustimmung. Das Mitbestimmungsverfahren ist in § 69 BPersVG geregelt. Im BPersVG unterliegen nur Maßnahmen nach § 75 III Nr. 1–6, 11–17 BPersVG der uneingeschränkten Mitbestimmung. Im Landesrecht erstreckt sich ihr Anwendungsbereich auf weitere Tatbestände, insbesondere auch auf personelle Einzelmaßnahmen. 2

b) Eingeschränkte Mitbestimmung. Als solche werden die Beteiligungsformen bezeichnet, bei denen der Personalrat nicht nach freiem Belieben seine Zustimmung verweigern kann. Die Einschränkung erfolgt durch **(1)** besondere Zustimmungsverweigerungsgründe (§ 77 II BPersVG), **(2)** durch eine Einschränkung des Initiativrechts (§ 70 II BPersVG) oder **(3)** durch ein Letztentscheidungsrecht der Obersten Dienstbehörde. Letzteres kann dabei entweder vor oder nach Abschluss eines Einigungsstellenverfahrens vorgesehen sein (§§ 70 II bzw. 69 IV 3, 4 BPersVG). Im Unterschied zu der schwächeren Beteiligungsform der Mitwirkung ist das Beteiligungsverfahren aber stets auf die Erteilung der Zustimmung durch den Personalrat gerichtet; dies gilt auch bei einem Letztentscheidungsrecht der Obersten Dienstbehörde. Das Beteiligungsverfahren richtet sich daher nach § 69 BPersVG. 3

c) Mitwirkung- bzw. Erörterungsrecht. Als weitere Form der Beteiligung sieht § 72 BPersVG eine Konsultations- bzw. Erörterungspflicht vor, die häufig auch als Mitwirkung bezeichnet wird. Das Erörterungsverfahren ist nicht in erster Linie auf den Konsens von Dienststelle und Personalrat ausgerichtet, sondern auf die Gewährung von argumentativen Einflussmöglichkeiten der Personalvertretung auf die Entscheidung der Dienststelle. Wird kein Einvernehmen erzielt, kann der Personalrat ein Stufenverfahren betreiben (§ 72 IV BPersVG), verpflichtet ist er hierzu aber nicht. Das Stufenverfahren endet bei der Obersten Dienstbehörde; ein Einigungsstellenverfahren ist nicht vorgesehen, da § 72 IV BPersVG nicht auf § 69 IV BPersVG verweist. Die Beteiligungsrechte, die der Mitwirkung unterliegen, sind in den §§ 78, 79 BPersVG zusammengefasst. Der wichtigste Fall der Mitwirkung ist die Beteiligung bei Kündigungen nach § 79 BPersVG. Bei ordentlichen Kündigungen kann der Personalrat durch einen form- und fristgemäßen Widerspruch dem gekündigten Arbeitnehmer einen Weiterbeschäftigungsanspruch eröffnen (§ 79 I 2, II BPersVG), die Regelung entspricht § 102 III, V BetrVG (§ 124 RN 51). 4

d) Anhörungsrecht. Unterliegt die Maßnahme nur der (vorherigen) Anhörung des Personalrats, ist er über die beabsichtigte Vorgehensweise zu unterrichten und kann zu ihr Stellung nehmen. Anhörungsrechte enthalten die § 78 III–V BPersVG, daneben ist bundesrechtlich die Beteiligung bei fristlosen Entlassungen und außerordentlichen Kündigungen als Anhörungsrecht ausgestaltet (§ 79 III BPersVG). Im Landesrecht finden sich gelegentlich Rückstufungen der Beteiligungsintensität für den Fall, dass ein demokratisch legitimiertes Entscheidungsorgan (z. B. Stadtrat/Kreistag) eine Entscheidung an sich zieht. In diesen Fällen hat die Personalvertretung nur ein Anhörungsrecht gegenüber dessen Mitgliedern (vgl. z. B. § 83 I MBG SH,[1] § 82 I LPersVG MV). 5

---

[1] Zur Auslegung und zum Anwendungsbereich vgl. BAG 21. 1. 1993 AP 1 zu § 52 MitbestG Schleswig-Holstein = PersR 93, 411.

6 **e) Beteiligungsformen im Bereich der Gefahrenverhütung.** Die Beteiligung im Bereich des Gefahrenverhütung erfolgt durch Einbeziehung der Personalvertretung in die Verfahren der Dienststelle und den für den Arbeitsschutz zuständigen Behörden, den Trägern der gesetzlichen Unfallversicherung und den übrigen in Betracht kommenden Stellen. Die Einflussnahme erfolgt dabei durch die Hinzuziehung bei Besichtigungen und Besprechungen (§ 81 II, III BPersVG) oder das Recht, bei den zuständigen Behörden Anträge zu stellen und Anregungen zu geben (§ 81 I BPersVG).

7 **2. Formen für die Ausübung von Beteiligungsrechten (Dienstvereinbarung).** Unterschiede zwischen BetrVG und Personalvertretungsrecht bestehen bei den Handlungsformen, denen sich Dienststelle und Personalrat bedienen können. Zwar entspricht die Dienstvereinbarung (§ 73 BPersVG) grundsätzlich der Betriebsvereinbarung (§ 77 BetrVG; dazu § 231 RN 4 ff.), jedoch weichen rechtliche Ausgestaltung und praktische Bedeutung erheblich voneinander ab. So wird im Personalvertretungsrecht die Dienstvereinbarung durch die mitbestimmte Verwaltungsvorschrift in vielen Bereichen ersetzt. Der Regelungsabrede im BetrVG (§ 231 RN 65 ff.) entspricht im Personalvertretungsrecht der Begriff der einseitigen Regelung unter Beachtung des Mitbestimmungsrechts nach § 69 BPersVG.[2]

8 **a) Dienstvereinbarung. aa) Zulässigkeit.** Nach § 73 BPersVG werden Dienstvereinbarungen durch Dienststelle und Personalrat gemeinsam beschlossen, schriftlich niedergelegt, beiderseits unterzeichnet und in geeigneter Weise bekannt gegeben. Sie sind – anders als in der Betriebsverfassung (§ 231 RN 18 ff.) – nur zulässig, soweit sie im BPersVG ausdrücklich vorgesehen sind (§ 73 I 2 BPersVG), ansonsten sind sie unwirksam.[3] Eine ausdrückliche Regelungsbefugnis für die Dienstvereinbarung findet sich in den §§ 75 III, V bzw. 76 II BPersVG. Auch die Einigungsstelle kann eine eigenständige Regelung beschließen, die hat dann dieselben Rechtswirkungen wie eine Dienstvereinbarung. Eine Dienstvereinbarung verfolgt häufig den Zweck, die Beteiligung der Personalvertretung in einer Vielzahl von Einzelfällen mit gleichem sachlichem Gegenstand zu erübrigen. Der Abschluss einer derartigen Dienstvereinbarung stellt sich dann als „vorweggenommene" Mitbestimmung dar;[4] mit ihrem Abschluss ist der Beteiligungsanspruch der Personalvertretung in den geregelten Fällen „abgegolten".[5]

9 **bb) Form.** Wie im BetrVG (§ 231 RN 6) muss dem Abschluss einer Dienstvereinbarung grundsätzlich ein entsprechender Beschluss des Plenums oder der betroffenen Gruppe vorausgegangen sein. Die Dienstvereinbarung ist **schriftlich** niederzulegen und von den Vertragsschließenden auf einer Urkunde zu unterzeichnen. In Gruppenangelegenheiten ist neben der Unterschrift des Vorsitzenden ggf. noch die des Vorstandsmitglieds der betroffenen Gruppe erforderlich (§ 32 II 2 BPersVG). Der Personalrat kann im Rahmen seines Initiativrechts (§ 70 BPersVG, dazu RN 75 ff.) den Abschluss einer Dienstvereinbarung erzwingen.[6] Abgeschlossene Dienstvereinbarungen sind in geeigneter Weise bekannt zu machen, ein diesbezüglicher Verstoß führt aber nicht zu ihrer Unwirksamkeit (§ 231 RN 16).

10 **cc) Konkurrenz.** Nach § 73 II BPersVG gehen Dienstvereinbarungen, die in einem größeren Bereich gelten, Dienstvereinbarungen für einen kleineren Bereich vor. Dies entspricht dem in § 82 BPersVG zum Ausdruck kommenden Grundgedanken, dass allgemeinere Regelungen, die im Behördenaufbau auf höherer Ebene getroffen werden, Regelungen des nachgeordneten Bereichs verdrängen. § 73 II BPersVG führt nicht dazu, dass Dienstvereinbarungen der übergeordneten Dienststelle mit der bei ihr gebildeten Stufenvertretung schrankenlos möglich sind. Diese können von der Dienststelle nur im Rahmen ihrer Befugnisse und ausschließlich mit dem hierfür zuständigen Personalrat abgeschlossen werden.[7] Fehlt einem Vertragspartner die **Zuständigkeit,** führt auch dieser Umstand zur ihrer Unwirksamkeit. Letzteres gilt nicht bei einer nur internen Überschreitung der Kompetenz des Dienststellenleiters, übersieht er z. B. einen Zustimmungsvorbehalt seiner überordneten Behörde, bleibt die abgeschlossene Vereinbarung wirksam. Dementsprechend muss für die von der übergeordneten Behörde abgeschlossene Dienstvereinbarung nach allgemeinen Grundsätzen auch die bei ihr gebildete Stufenvertretung zuständig sein (§ 264 RN 15 ff.); die örtliche Regelung wird nur verdrängt, wenn sich der Geltungsbereich der von der Stufenvertretung abgeschlossenen Regelung auf zumindest zwei Dienststellen erstreckt.

---

[2] BVerwG 1. 11. 1983 PersV 85, 473.
[3] BVerwG 12. 7. 1984 Buchholz 238.3 A § 75 BPersVG Nr. 29 (Bundeswehr-Sozialwerk).
[4] BVerwG 1. 11. 1983 PersV 85, 473.
[5] BVerwG 8. 7. 1983 Buchholz 238.3 A § 75 BPersVG Nr. 25 = PersV 85, 65.
[6] BVerwG 1. 11. 1983 PersV 85, 473.
[7] BVerwG 20. 1. 1993 AP 1 zu § 69 BPersVG = PersR 93, 310 = PersV 94, 219.

dd) Wirkung. Wie bei der Betriebsvereinbarung (§ 231 RN 36f.) werden die Normen der Dienstvereinbarung nicht Inhalt des Arbeits- oder Beamtenverhältnisses; vielmehr wirken sie wie Rechtsnormen von außen auf die Beschäftigungsverhältnisse ein. Sie gelten – obwohl im Personalvertretungsrecht nicht ausdrücklich geregelt – zwingend und können nicht durch Einzelabrede zu Ungunsten der Beschäftigten abgeändert werden. Im Gegensatz zum BetrVG gilt für das Personalvertretungsrecht die sog. Zwei-Schranken-Theorie. Nach § 75 V BPersVG können Arbeitsentgelte und sonstige Arbeitsbedingungen, die durch Tarifvertrag geregelt sind oder üblicherweise durch Tarifvertrag geregelt werden, nicht Gegenstand einer Dienstvereinbarung sein[8] (sog. Tarifvorbehalt, dazu § 231 RN 21ff.). Daneben kommt der Abschluss einer Dienstvereinbarung nach §§ 75 III, 76 II BPersVG nur in Betracht, „soweit eine gesetzliche oder tarifliche Regelung nicht besteht" (sog. Vorrang des Gesetzes bzw. Tarifvertrags, ausführlich § 231 RN 99ff.). Letzteres ist aber nur der Fall, wenn das Gesetz bzw. der Tarifvertrag den Sachverhalt unmittelbar und abschließend regelt, d.h. es also zum Vollzug der Norm keines Ausführungsaktes mehr bedarf.[9] Nach der neueren Rspr. des BAG ist der Tarifvorbehalt (§ 77 III BetrVG) im Bereich der sozialen Mitbestimmung des § 87 BetrVG nicht anzuwenden (§ 231 RN 23a). Eine Übertragung der Vorrangtheorie auf das Personalvertretungsrecht ist nicht zulässig, da wegen der fehlenden Möglichkeit zum Abschluss von freiwilligen Dienstvereinbarungen für § 75 V BPersVG kein Anwendungsbereich mehr bliebe.[10] Verstößt der Inhalt einer Dienstvereinbarungen gegen höherrangiges Recht, ist sie insoweit unwirksam (§ 231 RN 8). 11

ee) Beendigung. Während ihrer Laufzeit können Dienstvereinbarungen jederzeit von den Vertragspartnern einvernehmlich geändert oder aufgehoben werden,[11] wobei die Grundsätze des Vertrauensschutzes für die Beschäftigten zu beachten sind. Die Dienstvereinbarung endet ansonsten mit Ablauf der Zeit, für die sie abgeschlossen worden ist. Da das BPersVG keine dem § 77 V BetrVG entsprechende Regelung über die Kündigung von Dienstvereinbarungen enthält, wird angenommen, dass sie bei Fehlen einer anderslautenden Vereinbarung von beiden Seiten jederzeit ohne besonderen Grund und Einhaltung einer Kündigungsfrist gekündigt werden können;[12] richtigerweise wird die Kündigungsfrist des § 77 V BetrVG (3 Monate) entsprechend heranzuziehen sein. Im Übrigen soll eine Dienstvereinbarung mit der Auflösung der Dienststelle enden.[13] Der Landesgesetzgeber kann die Fortgeltung von Dienstvereinbarungen des Personalrats für den Fall der Privatisierung vorsehen.[14] 12

ff) Nachwirkung. Ebenso fehlt es im BPersVG an einer Vorschrift über die Nachwirkung von Dienstvereinbarungen; zur Vermeidung von Regelungslücken ist § 77 VI BetrVG entsprechend anzuwenden.[15] Da Dienstvereinbarungen jedoch nur in Angelegenheiten zugelassen sind, die der Mitbestimmung des Personalrats unterliegen, besteht vielfach ohnehin eine faktische Nachwirkung, da die Dienststelle ohne Zustimmung der Personalvertretung keine Maßnahmen vornehmen darf. 13

b) Dienstabsprachen. Dies sind Abreden, die keine Dienstvereinbarung sind. Sie haben keine normative Wirkung auf die Dienstverhältnisse.[16] Die Dienstabsprache hat Ähnlichkeit mit der Regelungsabrede im BetrVG (§ 231 RN 65). Ist der Abschluss einer Dienstvereinbarung unzulässig oder nicht zweckmäßig, erfolgt eine Beteiligung der Personalvertretung regelmäßig im förmlichen Verfahren vor Durchführung der mitbestimmungspflichtigen Maßnahme. Dieses Vorgehen eignet sich nicht nur für personelle und sonstige Einzelmaßnahmen, sondern auch für generelle Regelungen bei einer entsprechenden innerdienstlichen Normsetzungsbefugnis der Dienststelle durch Verwaltungsvorschriften. Denkbar sind Dienstabsprachen z.B. im Bereich der Geschäftsführung der Personalrats (Einrichtung von Sprechstunden, Freistellungen von Personalratsmitgliedern). Eine „Gesamtvereinbarung" zwischen Dienststelle, Personalräten und Gewerk- 14

---

[8] BAG 12. 3. 2008 AP 6 zu § 611 BGB; dazu auch BAG 23. 5. 2007 AP 38 zu § 14 TzBfG = NZA 2007, 940.

[9] BVerwG 19. 5. 1992 AP 5 zu § 79 LPVG Baden-Württemberg = PersR 92, 361 = PersV 92, 444 (Beschäftigungsverbote nach MuSchG – Umsetzungserfordernis verneint).

[10] Zweifelnd BAG 9. 5. 2007 AP 8 zu § 305c BGB.

[11] BVerwG 26. 3. 1986 Buchholz 238.3 A § 75 Nr. 45 = PersV 86, 510.

[12] BAG 5. 5. 1988 AP 1 zu § 70 LPVG NW = PersR 89, 17 sowie die h.M. in der Literatur vgl. Richardi/*Weber* § 73 RN 45 m.w. Nachw.

[13] OVG Berlin 23. 9. 1998 PersR 99, 357; Richardi/*Weber* § 73 RN 41; vgl. *Bieback* PersR 2000, 13.

[14] BAG 23. 11. 2004 AP 1 zu Art. 72 GG = NZA 2005, 833.

[15] *Bosch,* Außerkrafttreten von Dienstvereinbarungen, PersR 98, 418; vgl. zu § 83 II 2 HmbPersVG BVerwG 3. 12. 2001 Buchholz 251.4 § 83 HmbPersVG Nr. 1 = PersR 2002, 164 = PersV 2003, 30.

[16] Richardi/*Weber* § 73 RN 55.

schaften zur Beschäftigungssicherung kann weder ein Tarifvertrag noch eine Dienstvereinbarung sein.[17]

II. Ablauf des Beteiligungsverfahrens

Kunze, Zustimmungsverweigerung: Mindestanforderungen an die Begründung, ZfPR 2003, 252; *Lautenbach,* Die Unbeachtlichkeit der Zustimmungsverweigerung des Personalrats nach der Rechtsprechung des Bundesverwaltungsgerichts und der Obergerichte, PersV 2007, 259; *Manderla,* Ablehnungsgründe der Personalvertretungen gegenüber Dienststellen in förmlichen Beteiligungsverfahren, PersV 2002, 198; *Nassauer,* Personalräte und Zeitdruck – Spielräume beim Fristbeginn?, ZfPR 2003, 313.

15 **1. Einleitung des Verfahrens. a) Antrag.** Das Beteiligungsverfahren richtet sich nach § 69 BPersVG; dessen Absatz 2 regelt das Verfahren zwischen Dienststelle und Personalrat, Absatz 3 das Stufenverfahren (RN 41 ff.) und Absatz 4 das Einigungsstellenverfahren (RN 46 ff.). Das Beteiligungsverfahren wird durch den Leiter der Dienststelle eingeleitet (§ 7 Satz 1 BPersVG). Sein Antrag gegenüber dem Personalrat muss nicht ausdrücklich als Zustimmungsersuchen bezeichnet werden, aus dem Gesamtzusammenhang muss aber hinreichend deutlich werden, dass es sich um einen verbindlichen Zustimmungsantrag handelt, der – falls die Unterrichtung zeitgleich erfolgt oder bereits früher erfolgt war – die Frist zur Reaktion des Personalrats in Gang setzt.[18] Für den Antrag selbst bestehen keine Formvorschriften, er kann daher auch mündlich gestellt werden.

16 **b) Leiter der Dienststelle.** Das Beteiligungsverfahren muss grundsätzlich vom Dienststellenleiter eingeleitet werden; nur im Verhinderungsfall tritt an seine Stelle eine der in § 7 BPersVG genannten weiteren Personen. Ob ein Verhinderungsfall vorliegt, hat der Dienststellenleiter nach pflichtgemäßem Ermessen selbst zu entscheiden; dabei steht ihm ein weiter Beurteilungsspielraum zu, der nur in engen Grenzen gerichtlich überprüfbar ist. Eine Begründungspflicht des Dienststellenleiters für die den Verhinderungsfall begründenden Tatsachen besteht grundsätzlich nicht. Die Personalvertretung kann die Bekanntgabe des Verhinderungsgrundes nur verlangen, wenn ein begründeter Anlass zur Annahme besteht, dass der Dienststellenleiter nicht durch anderweitige dienstliche Verpflichtungen abgehalten ist, an dem Erörterungsgespräch selbst teilzunehmen.[19] Rügt der Personalrat bei einem Beteiligungsverfahren wegen einer beabsichtigten Kündigung nicht, dass kein Verhinderungsfall vorliegt, ist auch bei fehlender Verhinderung des Dienststellenleiters dieser Mangel im Verhältnis zum gekündigten Arbeitnehmer unbeachtlich.[20]

17 Als Personen, die im Verhinderungsfall an die Stelle des Dienststellenleiters treten können, nennt das Gesetz zunächst seinen ständigen **Vertreter.** Darüber hinaus enthält § 7 Satz 3 BPersVG noch eine Regelung für bestimmte Behörden. So können die Leiter der Obersten Dienstbehörden den jeweiligen Leiter der Abteilung für Personal- und Verwaltungsangelegenheiten zu ihrem Vertreter bestimmen; bei Bundesoberbehörden ohne nachgeordnete Dienststellen oder Behörden der Mittelstufen kann auch der Abteilungsleiter Personal als Vertreter in personalvertretungsrechtlichen Angelegenheiten benannt werden. Dieser Personenkreis kann nicht auf weitere, in der Dienststellenhierarchie weiter unten angesiedelte Bedienstete, insbesondere die Vertreter der Verhinderungsvertreter, ausgedehnt werden. Nach Sinn der Vorschrift soll dem Personalrat ein zur Entscheidung befugter Gesprächspartner gegenüberstehen.[21] Eine Ausnahme besteht nur, wenn der Personalrat sich mit der Beauftragung einer nicht in § 7 Satz 2, 3 BPersVG genannten Person einverstanden erklärt hat (§ 7 Satz 4 BPersVG). Die entsprechende Zustimmungserklärung muss der Personalrat nicht ausdrücklich abgeben, sie kann auch durch schlüssiges Verhalten erfolgen, z. B. wenn der Personalrat die Einleitung durch eine an sich nicht zuständige Person mehrfach hingenommen hat, ohne hiergegen Einwendungen zu erheben. Auf Grund ausdrücklicher Vollmacht können auch weitere Personen im Namen des Dienststellenleiters einzelne Verfahrenserklärungen gegenüber dem Personalrat abgeben oder in die Erfüllung

[17] BAG 13. 3. 2007 AP 1 zu § 1 StPG Berlin; 13. 3. 2007 NZA-RR 2007, 549.
[18] VGH Mannheim 4. 6. 1991 PersV 92, 352 = PersR 92, 80.
[19] BAG 31. 3. 1983 AP 1 zu § 8 LPVG Hessen = PersV 85, 27.
[20] BAG 26. 10. 1995 AP 8 zu § 79 BPersVG = PersR 96, 129 = PersV 98, 199.
[21] BAG 29. 10. 1998 AP 13 zu § 79 BPersVG = PersR 99, 135 = NZA 99, 429 (stellv. Abteilungsleiter Personal); 27. 2. 1997 AP 1 zu § 82 LPVG Rheinland-Pfalz = PersR 97, 314 = PersV 98, 208 (Einleitung durch Abteilungsleiter Personal statt 1. Beigeordneten).

der Unterrichtungspflicht eingeschaltet werden.[22] Der Kommandant einer NATO-Truppeneinheit kann sich als Dienststellenleiter stets vertreten lassen.[23]

Das **Landesrecht** gewährt dem Dienstellenleiter teilweise einen gegenüber dem Bundesrecht größeren Vertretungsspielraum. So gestattet z. B. § 9 LPersVG BE die Vertretung des Dienststellenleiters durch beliebige andere Beschäftigte, sofern diese die gleiche Entscheidungsbefugnis haben wie der Dienststellenleiter. 18

2. Unterrichtung der Personalvertretung. a) Grundsatz. Mit der Einleitung des Beteiligungsverfahrens ist die zuständige Personalvertretung (zur Abgrenzung bei mehreren Personalvertretungen § 264 RN 13 ff.) über die beabsichtigte Maßnahme zu unterrichten (§ 69 II 2 BPersVG). Es besteht kein Anspruch der Personalvertretung bereits vor Einleitung des Verfahrens unterrichtet zu werden (zur genaueren Bestimmung des Zeitpunkts vgl. § 233 RN 16);[24] Einleitung und Unterrichtung können vielmehr gleichzeitig erfolgen.[25] Für die Unterrichtung selbst ist keine bestimmte **Form** vorgeschrieben, sie erfolgt gegenüber dem Personalratsvorsitzenden (zur Form bei einer Begründung der Maßnahme RN 22). Durch die Unterrichtung sollen dem Personalrat die Kenntnisse vermittelt werden, die er für eine sachgerechte Entscheidung über den jeweiligen Gegenstand des Mitbestimmungsverfahrens benötigt. Art und Umfang der Unterrichtung richtet sich nach der Erforderlichkeit aus Sicht einer „objektiven" Personalvertretung: Ein Anspruch auf Unterrichtung besteht insoweit, als die Auskünfte benötigt werden, um die Aufgaben der Personalvertretung erfüllen und die Beteiligungsrechte rechtzeitig und uneingeschränkt wahrnehmen zu können.[26] Der Personalrat ist im Rahmen seiner Verschwiegenheitspflicht berechtigt, über die Unterrichtung durch den Dienststellenleiter hinaus eigene Erkundigungen einzuholen und Recherchen anzustellen; so kann er z. B. bei personellen Einzelmaßnahmen mit den Betroffenen sprechen, um ggf. Hinweise auf Zustimmungsverweigerungsgründe zu erhalten oder auch nur, um ihre Meinung zu der beabsichtigten Maßnahme einzuholen; einer vorherigen Genehmigung durch den Leiter der Dienststelle bedarf es nicht (umstr.).[27] 19

b) Personelle Angelegenheiten. Bei der Mitbestimmung in Personalangelegenheiten, die einen einzelnen Beschäftigten betreffen, genügt es regelmäßig, dass der Personalrat über die beabsichtigte Maßnahme selbst, d. h. über die davon betroffene Person sowie über Art und Zeitpunkt des Wirksamwerdens der Maßnahme, informiert wird. Beruht jedoch die beabsichtigte personelle Maßnahme auf einer Auswahlentscheidung zwischen mehreren Bewerbern oder Beschäftigten, muss der Personalrat nicht nur unaufgefordert über die ausgewählte Person, sondern auch über die fachlichen und persönlichen Verhältnisse der nicht berücksichtigten Mitbewerber hinreichend unterrichtet werden. Dem Personalrat gegenüber sind die Umstände mitzuteilen, die nach Lage der Sache für eine Beurteilung der Maßnahme anhand eventuell gegebener Zustimmungsverweigerungsgründe von Bedeutung sein können.[28] Zu den Unterrichtungspflichten im Rahmen von Kündigungen vgl. § 124 RN 65 ff. 20

c) Unterlagen. Mit der Unterrichtung sind dem Personalrat unaufgefordert die erforderlichen Unterlagen zur Verfügung zu stellen soweit sich dies aus § 68 II BPersVG ergibt;[29] bei einer personellen Auswahlentscheidung sind das die Bewerbungsunterlagen sämtlicher Bewerber.[30] 21

---

[22] BAG 27. 2. 1987 AP 41 zu § 1 KSchG 1969 Betriebsbedingte Kündigung = NZA 87, 700; offen gelassen von BVerwG 26. 8. 1987 Buchholz 250 § 7 BPersVG Nr. 2 = PersV 88, 488.

[23] Vgl. Absatz 3 des Unterzeichnungsprotokolls zu Art. 56 IX ZA-Nato-Truppenstatut, dazu BAG 20. 10. 1999 – 7 ABR 54/98 – ZTR 2000, 331; 11. 7. 1990 AP 9 zu Art. 56 ZA-Nato-Truppenstatut = PersR 90, 364.

[24] Vgl. auch OVG Münster 6. 12. 1990 PersR 91, 298.

[25] BAG 31. 3. 1983 AP 1 zu § 8 LPVG Hessen = PersR 85, 13 = PersV 85, 27.

[26] BVerwG 24. 2. 2006 Buchholz 251.91 § 77 SächsPersVG Nr. 1 = PersV 2006, 217 = PersR 2006, 255; 20. 6. 2005 Buchholz 252 § 20 SBG Nr. 1 = PersR 2005, 458.

[27] Wie hier BAG 17. 1. 1989 AP 1 zu § 2 LPVG NW = PersV 90, 174 = PersR 89, 138 (Arbeitsplatzbesichtigung zum Zwecke der Überprüfung der Eingruppierung); einschränkend BVerwG 9. 3. 1990 Buchholz 251.8 § 68 RhPPersVG Nr. 2 = PersR 90, 177 = PersV 90, 315 (Besichtigung des Arbeitsplatzes – nur Anspruch auf Zustimmung).

[28] BVerwG 10. 8. 1987 Buchholz 251.0 § 69 BaWüPersVG Nr. 1 = PersV 88, 357; 12. 1. 1962 AP 1 zu § 70 PersVG Versetzung = PersV 62, 160; ebenso BVerwG 18. 9. 2008 – 2 C 8/07 – PersR 2009, 114 zur Mitwirkung bei der „Versetzung" zum Stellenpool nach § 1 StPG B v. 9. 12. 2003 (GVBl S. 589) für die vorgelagerte Frage der Auswahl des Beamten.

[29] BVerwG 23. 1. 2002 AP 7 zu § 68 BPersVG = Buchholz 250 § 68 BPersVG Nr. 17 = PersV 2003, 153 = PersR 2002, 201 (Überlassung von dauerhaft benötigten Unterlagen); OVG Münster 11. 10. 1988 PersV 90, 79.

[30] BVerwG 12. 1. 1962 AP 1 zu § 70 PersVG Versetzung = PersV 62, 160.

Ob das Vorlegen der Unterlagen erforderlich ist, bestimmt sich aus der Sicht eines verständig urteilenden Personalrats. Für die Erforderlichkeit der Vorlage darf aber nicht auf den Kenntnisstand abgestellt werden, wie er sich nach Studium der Unterlagen ergeben würde. Maßgeblich ist, ob ein verständig urteilender Personalrat sich aus den streitigen Unterlagen berechtigt weitere Erkenntnisse erhoffen darf[31] (vgl. auch § 267 RN 4). **Personalakten** dürfen vom Personalrat nur mit Einverständnis der betroffenen Beschäftigten eingesehen werden (§ 68 II 2 BPersVG). Von den Personalakten sind die Sachakten zu unterscheiden, die aus Anlass einer Auswahlentscheidung angelegt werden, für diese gilt die Einschränkung in § 68 II 2 BPersVG nicht. Zu den Sachakten zählen z. B. Stellungnahmen, Berichte oder Verfügungen, die aus Anlass einer Auswahlentscheidung erstellt werden; dies gilt namentlich auch für die aktenmäßige Zusammenfassung von Bewerbungsunterlagen, für Vorschläge einer Auswahlkommission, in denen vorausgegangene Vorstellungsgespräche ausgewertet werden und für Besetzungsberichte bei der Besetzung von Richterstellen.[32]

22 **d) Begründung.** Nach § 69 II 2 BPersVG hat der Dienststellenleiter die beabsichtigte Maßnahme gegenüber dem Personalrat auf dessen Verlangen hin zu begründen. Dabei muss der Dienststellenleiter die Schlüsse, die er aus den vorhandenen Informationen gezogen hat, erläutern und dabei seine Bewertungen vortragen.[33] Angesichts der Rechtsprechung des BVerwG zum Umfang der Unterrichtungspflicht bei Einleitung des Beteiligungsverfahrens (RN 19) ist zweifelhaft, ob § 69 II 2 BPersVG – außer bei der Erläuterung bzw. Ergänzung von Bewertungen – noch einen eigenen Anwendungsbereich hat. Der Personalrat kann – außer in Personalangelegenheiten – eine schriftliche Begründung der Maßnahme verlangen (§ 69 II 2 2. Halbs. BPersVG).

23 **3. Äußerungsfrist. a) Beginn.** Nach Einleitung eines Beteiligungsverfahrens ist die Personalvertretung gehalten, innerhalb enger zeitlicher Grenzen gegenüber der beantragten Maßnahme Stellung zu beziehen, da sie nach § 69 II 5 BPersVG als gebilligt gilt, wenn der Personalrat nicht innerhalb von zehn Arbeitstagen die Zustimmung unter Angabe der Gründe verweigert. Die Frist beginnt erst mit der förmlichen Einleitung des Verfahrens durch den Dienststellenleiter und Übermittlung der für die Meinungs- und Willensbildung des Personalrats erforderlichen Informationen und Unterlagen. Erfolgt die Unterrichtung nachträglich, beginnt die Erklärungsfrist erst mit dem Zeitpunkt zu laufen, in dem der Personalrat ausreichend unterrichtet worden ist.[34]

24 **b) Länge.** Die Äußerungsfrist beträgt im Regelfall zehn Arbeitstage (§ 69 II 3 BPersVG). Wie viele Kalendertage sich daraus ergeben, ist von der Arbeitszeitregelung der jeweiligen Dienststelle abhängig.[35] Zehn Arbeitstage entsprechen nur dann zwei Kalenderwochen, wenn in der Dienststelle regelmäßig an nur fünf Tagen in der Woche gearbeitet wird. Im Landesrecht ist häufig eine Zwei-Wochen-Frist vorgesehen (z. B. Art. 70 II LPersVG BY, § 66 II LPersVG NRW). Für die Fristberechnung gelten die §§ 187–193 BGB. Da die Frist auf Arbeitstage der Behörde abstellt, fällt der Fristablauf bei Tagen, an denen in der Behörde nicht regelmäßig gearbeitet wird, erst auf den nächsten Arbeitstag (§ 193 BGB). Der Lauf der Äußerungsfrist wird nicht dadurch gehemmt oder unterbrochen, dass ein Beschluss des Personalrats auf Antrag einer Gruppe nach § 39 BPersVG zunächst ausgesetzt ist; ebenso hat ein Verlangen auf Begründung der beabsichtigten Maßnahme durch die Dienststelle (§ 69 II 2 BPersVG) keinen Einfluss auf den Fristlauf.[36]

25 Nach § 82 II BPersVG **verdoppelt** sich die **Äußerungsfrist,** wenn statt des Personalrats eine **Stufenvertretung** zur Beteiligung berufen ist und die Maßnahme nur einzelne Beschäftigte oder eine einzelne Dienststelle betrifft. In diesem Fall ist die Stufenvertretung verpflichtet, dem Personalrat der betroffenen Dienststelle Gelegenheit zur Äußerung zu geben. Dabei kann es sich immer nur um die Beteiligung von Personalräten nachgeordneter Dienststellen handeln, da ansonsten keine Zuständigkeit der Stufenvertretung besteht (§ 82 I BPersVG). Die Vorschrift ist auch anzuwenden auf das Verhältnis eines Hauptpersonalrats zu der Stufenvertretung des nachgeordneten

---

[31] BVerwG 26. 1. 1994 AP 5 zu § 68 BPersVG = PersR 94, 213 = PersV 94, 539.

[32] BVerwG 26. 1. 1994 AP 5 zu § 68 BPersVG = PersR 94, 213 = PersV 94, 539 (Bericht an die vorgesetzte Dienststelle und Stellungnahmen); 1. 7. 1983 Buchholz 238.5 § 46 DRiG Nr. 3 (Besetzungsbericht); 6. 12. 1978 Buchholz 238.3 A § 75 BPersVG Nr. 6 (Auswahlkommission); 8. 11. 1957 Buchholz 238.3 § 57 PersVG Nr. 1 = PersV 59, 256 (Bewerbungsunterlagen).

[33] Lorenzen/*Gerhold* § 69 RN 41.

[34] BVerwG 24. 2. 2006 Buchholz 251.91 § 77 SächsPersVG Nr. 1 = PersV 2006, 217 = PersR 2006, 255; 10. 8. 1987 Buchholz 251.0 § 69 BaWüPersVG Nr. 1 = PersV 88, 357.

[35] Lorenzen/*Gerhold* § 69 RN 47.

[36] OVG Münster 10. 5. 1988 ZBR 89, 215; Lorenzen/*Gerhold* § 69 RN 47.

Bereichs (Bezirkspersonalrat), was zu einer Verdreifachung der Äußerungsfrist führen kann.[37] Sind unterhalb der Stufenvertretung ein Gesamtpersonalrat und weitere Personalräte für verselbstständigte Teile einer Dienststelle gebildet, hat die Stufenvertretung dem Gesamtpersonalrat Gelegenheit zur Äußerung zu geben, der seinerseits ggf. den Personalrat anzuhören hat.[38] Die Stufenvertretung darf erst entscheiden, wenn die Stellungnahme eingegangen ist oder feststeht, dass keine Stellungnahme abgegeben wird. Vorab getroffene Vorbehaltsbeschlüsse der Stufenvertretung sind unzulässig, da zum Zeitpunkt der Entscheidung den Mitgliedern der Stufenvertretung die Stellungnahme des Personalrats nicht bekannt ist.[39] Jedoch ist sie bei ihrer Entscheidung nicht an Vorgaben der örtlichen Personalvertretung gebunden, sondern kann frei entscheiden.[40]

c) Einvernehmliche Verlängerung oder Abkürzung der Frist. Ob die Äußerungsfrist zwischen Dienststelle und Personalrat einvernehmlich verlängert werden kann, ist höchstrichterlich noch nicht entschieden. Die Übernahme der zu § 99 BetrVG ergangenen Rspr. des BAG[41] (§ 241 RN 36a) wird jedoch überwiegend abgelehnt, da § 69 II 3 BPersVG als Ausschlussfrist angesehen wird. Zur Begründung wird im Wesentlichen auf die Absicherung der Handlungsfähigkeit der Dienststelle bei ihrer Aufgabenerfüllung abgestellt, die einer Disposition über die Dauer der Stellungnahmefrist entgegenstehe.[42] Diese Sichtweise ist nicht zwingend; die Handlungsfähigkeit der Behörde wird nicht beeinträchtigt, wenn diese mit der Fristverlängerung einverstanden ist und die Maßnahme nicht binnen einer durch Rechtsvorschriften vorgegebenen Frist, die ansonsten versäumt würde, vorgenommen werden muss. Daneben billigt auch die verwaltungsgerichtliche Rspr. Dienststelle und Personalrat die Befugnis zu, Grundsätze für die Berechnung von Fristen aufzustellen, auch wenn diese im Ergebnis zu einer Verlängerung der gesetzlichen Äußerungsfrist führen.[43] Es spricht viel dafür, dass die einvernehmliche Abkürzung der Äußerungsfrist auf 24 Stunden unwirksam ist, da sie einem Verzicht auf die Beteiligung gleich steht.[44] 26

d) Einseitige Abkürzung. Nach § 69 II 4 BPersVG kann der Leiter der Dienststelle die Äußerungsfrist in dringenden Fällen auf drei bzw. sechs Arbeitstage in den Fällen des § 82 II BPersVG abkürzen. Da das Gesetz die Dringlichkeit voraussetzt, darf die Dienststelle bei der Fristverkürzung nicht nach reinen Zweckmäßigkeitsgesichtspunkten vorgehen. Vielmehr müssen nach Abwägung der Umstände des Einzelfalls gewichtige Gründe für die Fristverkürzung sprechen; diese können sich insbesondere aus einer erheblichen Beeinträchtigung öffentlicher Belange ergeben. In diesem Sinne kann auch der Wunsch der Dienststelle, den Unterbrechungszeitraum zwischen zwei Beschäftigungsverhältnissen möglichst kurz zu halten, die Fristverkürzung rechtfertigen. Beruht die Dringlichkeit der Entscheidung auf einer zögerlichen Behandlung der Angelegenheit durch die Dienststelle, steht dieser Umstand einer Fristverkürzung nicht schlechthin entgegen. Vielmehr bleibt es bei der Abwägung im Einzelfall, wobei sich freilich der Maßstab, den die Dienststelle anzulegen hat, verschärft; es müssen erhebliche Schäden drohen, um die Fristabkürzung rechtfertigen zu können. Will die Personalvertretung die Abkürzung der Äußerungsfrist nicht hinnehmen, ist sie gehalten, hierauf innerhalb der abgekürzten Frist hinzuweisen, damit nicht der Rechtsschein einer Zustimmungsfiktion entstehen kann.[45] Da dann im Zweifel die normale Äußerungsfrist läuft, muss der Personalrat zusätzlich innerhalb der nicht abgekürzten regulären Äußerungsfrist seine Stellungnahme abgeben, wenn er der Wirkung der Zustimmungsfiktion entgehen will. 27

4. Zustimmung. Will der Personalrat der Maßnahme zustimmen, kann er die Zustimmung entweder ausdrücklich (und formlos) erklären oder die Äußerungsfrist verstreichen lassen; im letzteren Fall tritt die Zustimmungsfiktion des § 69 II 5 BPersVG ein. Nach Auffassung des BAG kann die Zustimmung sogar vor Einleitung des Beteiligungsverfahrens erteilt werden, was zu seiner Entbehrlichkeit führt.[46] Die Zustimmung kann – in engen Grenzen – auch mit Ände- 28

---

[37] Offen gelassen BVerwG 8. 7. 1977 Buchholz 238.3 A § 82 BPersVG Nr. 2 = PersV 78, 278.
[38] BVerwG 8. 7. 1977 Buchholz 238.3 A § 82 BPersVG Nr. 2 = PersV 78, 278.
[39] BVerwG 19. 7. 1994 Buchholz 250 § 82 BPersVG Nr. 14 = PersR 94, 518 = PersV 95, 77.
[40] BVerwG 2. 10. 2000 AP 5 zu § 82 BPersVG = PersR 2001, 80 = NZA-RR 2001, 166.
[41] Vgl. BAG 17. 5. 1983 AP 18 zu § 99 BetrVG 1972.
[42] Vgl. Lorenzen/*Gerhold* § 69 RN 48; beiläufig und in anderem Zusammenhang auch BVerwG 26. 8. 1987 Buchholz 250 § 7 BPersVG Nr. 2 = PersV 88, 488; ausdrücklich gegen eine Dispositionsmöglichkeit OVG Münster 10. 5. 1988 ZBR 89, 215 (§ 3 BPersVG analog).
[43] BVerwG 9. 12. 1992 AP 41 zu § 75 BPersVG = PersR 93, 212 = PersV 94, 173.
[44] ArbG Freiburg 6. 2. 2003 PersR 2003, 167.
[45] BVerwG 15. 11. 1995 Buchholz 251.0 § 69 BaWüPersVG Nr. 3 = PersV 96, 326 = PersR 96, 157.
[46] BAG 6. 3. 1985 AP 13 zu § 75 BPersVG = PersR 85, 127 = PersV 87, 514; wohl auch BVerwG 6. 4. 1989 Buchholz 250 § 78 BPersVG Nr. 13 = PersR 89, 203 = PersV 89, 531.

rungswünschen versehen werden. Will die Dienststelle dem (Gegen-) Vorschlag nicht entsprechen, ist durch Auslegung zu ermitteln, ob in der eingeschränkten Zustimmung u. U. eine Zustimmungsverweigerung zu sehen ist, die das Stufenverfahren auslöst. Dies kann z. B. der Fall sein, wenn die Dienststelle beim Personalrat die Höhergruppierung eines Beschäftigten mit Wirkung für die Zukunft beantragt, dieser aber die Zustimmung mit dem Hinweis verbindet, dass die Höhergruppierung auch rückwirkend zu gewähren sei.[47] Die Zustimmung des Personalrats kann auch nur befristet erfolgen, selbst wenn die Maßnahme als unbefristete durchgeführt werden sollte. Beantragt die Dienststelle gegen die hierin liegende teilweise Ablehnung ihres Antrags nicht die Durchführung des Stufenverfahrens, gilt die Zustimmung auch nur als befristet erteilt.

29 **5. Zustimmungsverweigerung. a) Erforderlichkeit.** Will der Personalrat der beantragten Maßnahme nicht zustimmen und sich das Beteiligungsverfahren offen halten, muss er seine Zustimmung innerhalb der Äußerungsfrist schriftlich unter Angabe der Gründe verweigern. Für die Fristwahrung ist der Eingang der Erklärung bei der Dienststelle maßgeblich.

30 **b) Beschlussfassung.** Die Zustimmungsverweigerung gegenüber einer beantragten Maßnahme ist nur rechtswirksam, wenn diese auf einen entsprechenden Beschluss des Personalrats zurückgeht. Nach Erörterung im Plenum sind in Gruppenangelegenheiten nur die Mitglieder der betroffenen Gruppe(n) abstimmungsberechtigt, ansonsten das ganze Plenum (§ 38 I BPersVG). Auch die Gründe, mit denen der Personalrat die Zustimmung verweigert, müssen durch den Beschluss gedeckt sein. Es ist allerdings nicht zu beanstanden, wenn die Ausformulierung der Verweigerungsgründe dem Vorstand oder dem Vorsitzenden überlassen bleibt.

31 **c) Bekanntgabe der Zustimmungsverweigerung.** Die formgerechte Mitteilung des Beschlusses an die Dienststelle zählt zu den Aufgaben des Personalratsvorsitzenden (§ 32 III 1 BPersVG). Handelt es sich bei der beabsichtigten Maßnahme um eine Gruppenangelegenheit, vertritt der Vorsitzende, wenn er nicht der betroffenen Gruppe angehört, den Personalrat gemeinsam mit einem der betroffenen Gruppe angehörenden Mitglied des Vorstandes (§ 32 III 2 BPersVG). Zur Mitvertretung berufen ist in erster Linie das Mitglied des engeren Vorstandes der betroffenen Gruppe. Bei dessen Einverständnis oder im Verhinderungsfall kann auch ein Mitglied des erweiterten Vorstandes (§ 33 BPersVG) die Gruppe mit vertreten; ein Verstoß gegen die Vertretungsregeln führen zur Unbeachtlichkeit der Zustimmungsverweigerung. Erkennt der Personalrat den Formfehler, ist seine Heilung ausgeschlossen, wenn zwischenzeitlich auf Grund des Fristablaufs die Zustimmungsfiktion eintreten ist.[48] Der Dienststellenleiter muss nicht generell die Ordnungsmäßigkeit der Beschlussfassung des Personalrats überprüfen, wohl aber, ob ein an ihn gerichtetes Schreiben den formalen Anforderungen entspricht.[49] Fallen ihm bereits vor Ablauf der Äußerungsfrist Fehler auf, ist er nach dem Grundsatz der vertrauensvollen Zusammenarbeit gehalten, den Personalrat hierauf unverzüglich hinzuweisen (§ 267 RN 3; zu den Auswirkungen von Mängeln im Beteiligungsverfahren RN 69).[50] Das **Schriftformerfordernis** ist nur erfüllt, wenn die schriftliche Mitteilung vom Vorsitzenden bzw. in Gruppenangelegenheiten vom Vorsitzenden und einem zuständigen Gruppenvertreter persönlich unterzeichnet ist (§ 265 RN 54 f.).[51]

32 **d) Begründung.** Eine Zustimmungsverweigerung ist für das weitere Beteiligungsverfahren nur beachtlich, wenn sie „unter Angabe der Gründe" erfolgt (§ 69 II 5 BPersVG). Eine ohne Gründe verweigerte Zustimmung führt zur Zustimmungsfiktion und damit zur Billigung der Maßnahme durch die Personalvertretung.[52] Dem Fehlen einer Begründung steht es gleich, wenn die Begründung nur den Gesetzeswortlaut wiederholt oder nur formelhafte Wendungen ohne konkreten Bezug zur beantragten Maßnahme enthält[53] (vgl. § 241 RN 38).

33 Nach der Rspr. des BVerwG ist eine auf den Katalog des § 77 II BPersVG gestützte Zustimmungsverweigerung in personellen Angelegenheiten auch dann unbeachtlich, wenn lediglich eine Rechtsauffassung geäußert wird oder Umstände vorgetragen werden, die ersichtlich keinem der Verweigerungsgründe aus § 77 II BPersVG zugeordnet werden können. Die Darlegung ei-

---

[47] BVerwG 6. 10. 1992 AP 3 zu § 80 LPVG Rheinland-Pfalz = PersR 93, 75 = PersV 93, 446.
[48] BVerwG 21. 4. 1992 Buchholz 250 § 32 BPersVG Nr. 6 = PersR 92, 304 = PersV 92, 434.
[49] BVerwG 18. 10. 2007 Buchholz 449.7 § 23 SBG Nr. 5 = PersV 2008, 419; ähnlich OVG Münster 14. 10. 1991 PersR 92, 158 = ZTR 92, 263.
[50] BVerwG 14. 7. 1986 Buchholz 238.36 § 40 NdsPersVG Nr. 2 = PersV 87, 199.
[51] OVG Hamburg 30. 6. 1981 PersV 84, 163.
[52] BVerwG 27. 7. 1979 Buchholz 238.3 A § 77 BPersVG Nr. 3 = PersV 81, 162.
[53] BVerwG 29. 1. 1996 AP 63 zu § 75 BPersVG = PersR 96, 239 = PersV 96, 465.

ner Rechtsauffassung ist aber nur unbeachtlich, wenn ihre Fehlerhaftigkeit „offensichtlich" ist, d. h. ein Verweigerungsgrund von vornherein und eindeutig nicht vorliegen kann bzw. nach keiner vertretbaren Betrachtungsweise als möglich erscheint.[54]

Diese Rechtsprechung haben das BVerwG und ihm folgend das BAG[55] auf die Zustimmungsverweigerung in Personalangelegenheiten nach Landesrecht **erstreckt,** wenn dieses – anders als in § 77 II BPersVG – die Gründe für die Verweigerung der Zustimmung nicht ausdrücklich festlegt. Die vorgebrachten Tatsachen oder Rechtsauffassungen sind danach nur beachtlich, wenn sie einen Bezug zum geltend gemachten Mitbestimmungsrecht aufweisen. Hieran fehlt es, wenn die vom Personalrat angeführten Gründe sich dem gesetzlichen Mitbestimmungstatbestand nicht mehr zuordnen lassen. Die Zustimmungsverweigerung muss erkennen lassen, dass die durch das Beteiligungsrecht geschützten Interessen verfolgt werden.[56] Damit sind die vorgebrachten Einwendungen nur beachtlich, wenn sie vom Schutzzweck des geltend gemachten Beteiligungsrechts umfasst sind. Eine solche ungeschriebene Beschränkung auf bestimmte Zustimmungsverweigerungsgründe kommt freilich nur da in Betracht, wo sich der gesetzgeberische Wille zum Schutzzweck der Norm zweifelsfrei ermitteln lässt. Verfahrensrechtlich bestehen auf Grund der genannten Rspr. praktisch keine Unterschiede mehr zwischen uneingeschränkter Mitbestimmung und Zustimmungsverweigerung. **34**

Ist zwischen Dienststelle und Personalrat **umstritten,** ob überhaupt ein **beteiligungspflichtiger Tatbestand** vorliegt, ist die Dienststelle nicht zur Durchführung des Stufenverfahrens verpflichtet. Nach Auffassung des BVerwG ist die Streitfrage im personalvertretungsrechtlichen Beschlussverfahren auszutragen, insoweit hat die Einigungsstelle – anders als nach dem BetrVG (§ 232 RN 18) – keine entsprechende Vorfragenkompetenz.[57] **35**

e) Einzelfälle. aa) Unbeachtliche Zustimmungsverweigerung. Als unbeachtlich ist eine Zustimmungsverweigerung angesehen worden, die aus arbeitsmarkt- bzw. allgemeinpolitischen Gründen erfolgt ist.[58] Gleiches gilt, wenn das Vorbringen einen Bereich betrifft, der einer Beurteilung der Personalvertretung entzogen ist, diese etwa bei einer Auswahlentscheidung ihr eigenes Werturteil über Eignung, Befähigung und fachliche Leistung des Bewerbers an die Stelle der Beurteilung durch den Dienststellenleiter setzt und sich nicht auf die Geltendmachung von Rechtsverstößen beschränkt.[59] Die Zustimmungsverweigerung entfaltet auch keine Rechtswirkungen, wenn die Personalvertretung zwar einen Rechtsverstoß geltend macht, die Normen aber nicht zum Schutz der Beschäftigten oder der Personalvertretung bestehen. Der Personalrat kann daher seine Zustimmung zu einer Einstellung nicht mit der Begründung verweigern, dass es an der nach Haushaltsrecht notwendigen Planstelle fehlt.[60] **Unbeachtlich** ist schließlich ein Vorbringen, dass nicht auf die beabsichtigte Maßnahme Bezug nimmt, insbesondere wenn der Personalrat nur geltend macht, dass er bereits an einer vorgelagerten Maßnahme zu beteiligen gewesen wäre.[61] Gleiches gilt, wenn der Personalrat anführt, nicht die vorgesehene, sondern eine andere Vergütungsordnung sei für eine Eingruppierung anzuwenden,[62] die Höhe der Be- **36**

---

[54] BVerwG 30. 4. 2001 Buchholz 251.2 § 87 Bln PersVG Nr. 6 = PersR 2001, 382 = PersV 2001, 411; 7. 12. 1994 AP 13 zu § 2 BAT SR 2y = PersV 95, 399 = PersR 95, 296 (Verweis auf § 42 II VwGO); 27. 7. 1979 Buchholz 238.3 A § 77 BPersVG Nr. 3 = PersV 81, 162.

[55] BAG 19. 6. 2007 AP 1 zu § 74 LPVG Brandenburg = PersR 2007, 429 = PersV 2008, 23.

[56] BVerwG 6. 9. 1995 AP 1 zu § 77 LPVG Hessen = PersR 96, 24 = PersV 96, 265; OVG Münster 21. 6. 2001 PersR 2001, 527 = PersV 2002, 216: vgl. auch VGH Mannheim 1. 4. 2003 PersR 2003, 366 = PersV 2003, 463.

[57] BVerwG 27. 7. 1990 AP 25 zu § 72a ArbGG 1979 = PersR 90, 297 = PersV 91, 71; 2. 2. 1990 PersV 91, 22 = PersR 90, 114; anders noch BVerwG 12. 3. 1986 Buchholz 238.3 A § 69 BPersVG Nr. 7 = PersV 86, 417.

[58] BVerwG 16. 12. 1992 Buchholz 251.4 § 82 HmbPersVG Nr. 2 = PersR 93, 217 = PersV 93, 359; VGH Kassel 23. 1. 1991 PersV 92, 491 (Einstellung eines Rentners).

[59] BVerwG 30. 11. 1994 AP 9 zu § 79 BPersVG = PersR 95, 130 = PersV 95, 181 (Eignungsbeurteilung bei Probezeitkündigung); 15. 12. 1992 AP 6 zu § 77 BPersVG = PersR 93, 120 = PersV 93, 352 (Kritik am Übergang zur dezentralen Stellenbewirtschaftung); 20. 8. 1986 Buchholz 238.3 A § 77 BPersVG Nr. 6 = PersV 87, 63 (Eignungsbeurteilung bei Einstellung und Versetzung); OVG Münster 24. 2. 1995 ZBR 96, 30 (Kritik an einer Stellenumwandlung bei der Ausschreibung der Stelle); VGH München 11. 9. 1991 PersV 93, 85 (Kritik am Stellenprofil bei der Einstellung).

[60] OVG Koblenz 28. 4. 1992 PersR 93, 192 = DVBl. 92, 1373; ähnlich OVG Münster 25. 2. 2004 – 1 A 225/02 PVL – Schütz, BeamtenR ES/D IV 1 Nr. 151.

[61] OVG Münster 19. 4. 1993 PersR 94, 44 = PersV 95, 493; vgl. auch VGH München 17. 2. 1992 DVBl. 93, 397 (Arbeitszeitregelung).

[62] BVerwG 15. 11. 1995 AP 4 zu § 87 LPVG Berlin = PersR 96, 155 = PersV 96, 323; vgl. aber zur abweichenden Rspr. des BAG die Nachweise bei § 241 FN 157.

züge, die nach einer Herabgruppierung gezahlt wurden, sei falsch berechnet,[63] an Stelle des befristeten müsse ein unbefristeter Arbeitsvertrag abgeschlossen werden oder die vorgesehene Beschäftigung eines teilzeitbeschäftigten Arbeitnehmers müsse in Vollzeit erfolgen.[64]

37 **bb) Beachtliche Zustimmungsverweigerung.** Beachtlich sind dagegen Verweigerungsgründe, die sich sachbezogen mit der beabsichtigten Maßnahme auseinander setzen. Insbesondere kommt es nicht darauf an, ob die Begründung des Personalrats widerspruchsfrei oder in sich schlüssig ist,[65] entsprechende Streitigkeiten sind im Stufenverfahren auszutragen. Gleiches gilt, wenn sich die vom Personalrat vorgebrachten Tatsachen als nicht zutreffend erweisen. Auch der Hinweis auf Rechtsverstöße kann die Zustimmungsverweigerung tragen, wenn die möglicherweise verletzte Norm auch dem Schutz der Beschäftigten oder einzelner von ihnen dient.[66] Dies gilt auch, wenn der Dienststelle bei der beteiligungspflichtigen Maßnahme ein weiter Ermessensspielraum zusteht. Die Personalvertretung ist in diesem Fall nicht nur auf eine reine Rechtskontrolle beschränkt, sondern kann auch geltend machen, dass individuelle oder kollektive Interessen der Beschäftigten von der Dienststelle nicht oder nicht ausreichend berücksichtigt worden sind. Jedoch muss es sich um Belange von nicht unerheblichem Gewicht handeln. Andererseits ist der Personalrat aber nicht auf die Geltendmachung von Umständen beschränkt, die eine Maßnahme wegen absoluter Unzumutbarkeit als unverhältnismäßig erscheinen lassen[67] (vgl. auch § 269 RN 27). Der Personalrat kann schließlich geltend machen, eine allgemeine Regelung durch Dienstvereinbarung sei besser geeignet, als die beabsichtigte Einzelmaßnahme.[68]

38 **6. Reaktionsmöglichkeiten der Dienststelle. a) Überblick.** Ist die Zustimmungsverweigerung vom Personalrat form- und fristgerecht erklärt worden, muss die Dienststelle über das weitere Verfahren entscheiden. Sie kann **(1)** auf die Durchführung der beabsichtigten Maßnahme verzichten, in diesem Fall ist das Beteiligungsverfahren beendet. Will sie hingegen **(2)** an der Maßnahme festhalten, hat sie die Angelegenheit innerhalb der dafür vorgesehenen Frist der übergeordneten Dienststelle zur Entscheidung über den Eintritt in das Stufenverfahren vorzulegen. Liegt nur eine unbeachtliche Zustimmungsverweigerung des Personalrats vor, kann die Dienststelle **(3)** die beabsichtigte Maßnahme durchführen; dies wird gelegentlich als Abbruch des Beteiligungsverfahrens bezeichnet, obwohl das Beteiligungsverfahren wegen der Zustimmungsfiktion auch in diesen Fällen ordnungsgemäß beendet ist.

39 **b) Erneuter Einigungsversuch.** Ergeben sich aus der Zustimmungsverweigerung neue entscheidungserhebliche Gesichtspunkte oder wird aus ihr ein Irrtum der Personalvertretung über die tatsächlichen Voraussetzungen der beabsichtigten Maßnahme erkennbar, ist die Dienststelle im Rahmen der vertrauensvollen Zusammenarbeit gehalten, auch nach der verweigerten Zustimmung einen erneuten Einigungsversuch zu unternehmen, was sich auch aus § 69 III 1 BPersVG ergibt.[69] Diese Obliegenheit hat jedoch keinen Einfluss auf den Lauf der Frist zur Vorlage der Angelegenheit bei der übergeordneten Dienststelle.[70] Allerdings kann die Dienststelle für weitere Einigungsbemühungen das Beteiligungsverfahren mit identischem Regelungsgegenstand erneut eröffnen.[71]

40 **c) Gelegenheit zur Äußerung.** Schließlich kann für die Dienststelle auch die Regelung in § 69 II 6 BPersVG bedeutsam werden. Danach ist einem Beschäftigten Gelegenheit zur Äußerung zu geben, sofern im Beteiligungsverfahren von Seiten des Personalrats bisher nicht bekannte Beschwerden oder Behauptungen tatsächlicher Art vorgetragen werden, die für den Beschäftigten ungünstig sind oder ihm nachteilig werden könnten. Das weitere Verfahren gegenüber dem Beschäftigten hat aber keinen Bezug zu dem Beteiligungsverfahren gegenüber der Personalvertretung, sondern betrifft nur das Verhältnis der Dienststelle zu dem Beschäftigten.

---

[63] BVerwG 30. 4. 2001 Buchholz 251.2 § 87 Bln PersVG = PersR 2001, 382 = PersV 2001, 411.

[64] BVerwG 17. 8. 1989 AP 1 zu § 65 LPVG Bremen = PersR 89, 327 = PersV 90, 226; anders bei der Geltendmachung von Zusatzbelastungen der Beschäftigten BVerwG 6. 9. 1995 AP 1 zu § 77 LPVG Hessen = PersR 96, 24 = PersV 96, 265.

[65] BVerwG 20. 6. 1986 PersV 86, 417 = PersV 87, 63.

[66] BVerwG 20. 3. 1996 AP 1 zu § 72 LPVG Berlin = PersR 96, 319 = PersV 96, 473 (Nichtbeteiligung der Frauenbeauftragten; Verstoß gegen Landesgleichstellungsgesetz).

[67] BVerwG 4. 6. 1993 AP 2 zu § 79 LPVG Berlin = PersV 94, 414; 4. 6. 1993 Buchholz 251.2 § 86 BlnPersVG Nr. 3.

[68] BVerwG 9. 12. 1992 AP 41 zu § 75 BPersVG = PersR 93, 212 = PersV 94, 173.

[69] BVerwG 20. 1. 1993 AP 1 zu § 69 BPersVG = PersR 93, 310 = PersV 94, 219.

[70] Lorenzen/*Gerhold* § 69 RN 75.

[71] BVerwG 11. 4. 1991 Buchholz 250 § 69 BPersVG Nr. 22 = PersR 91, 284 = PersV 92, 156; Lorenzen/*Gerhold* § 69 RN 78.

III. Das Stufenverfahren

1. Einleitung. a) Entscheidungsermessen. Das Stufenverfahren wird eingeleitet, wenn die übergeordnete Dienststelle die Angelegenheit der bei ihr gebildeten Stufenvertretung mit dem Antrag auf Zustimmung zu der beabsichtigten Maßnahme vorlegt.[72] Es steht im Ermessen der übergeordneten Dienststelle, ob sie das Stufenverfahren durchführt. Entscheidet sie sich gegen die Einleitung eines Beteiligungsverfahrens gegenüber der bei ihr gebildeten Stufenvertretung, bleibt es bei der Zustimmungsverweigerung des Personalrats der nachgeordneten Dienststelle, diese darf dann die beabsichtigte Maßnahme nicht durchführen. Der übergeordneten Dienststelle steht es aber frei, inhaltliche Änderungen gegenüber dem ursprünglichen Zustimmungsantrag der nachgeordneten Behörde vorzunehmen, die Beteiligung der Stufenvertretung erfolgt dann zu der geänderten Maßnahme.[73] Geht das Beteiligungsverfahren allerdings auf einen **Initiativantrag** der Personalvertretung (RN 75 ff.) zurück, dem die Dienststelle nicht entsprochen hat und den der Personalrat weiterverfolgt, ist die übergeordnete Dienststelle verpflichtet, das Stufenverfahren einzuleiten, insoweit steht ihr kein Ermessen zu. Schließlich kann die übergeordnete Behörde den Dienststellenleiter der nachgeordneten Behörde auch anweisen, die Maßnahme durchzuführen, wenn sie der Auffassung ist, dass die Zustimmungsverweigerung des Personalrats aus formellen oder inhaltlichen Gründen unbeachtlich ist[74] oder dass überhaupt kein Beteiligungsrecht besteht. Verfährt die nachgeordnete Behörde entsprechend, kann der bei ihr gebildete Personalrat im Beschlussverfahren klären lassen, ob die Dienststelle zum Abbruch des Verfahrens berechtigt war. Entsprechendes gilt, wenn nach Landesrecht auch der die Zustimmung verweigernde Personalrat das Recht hat, das Stufenverfahren zu beantragen, und der Leiter der übergeordneten Behörde dessen Durchführung aus Rechtsgründen verweigert.[75] Bis zur Einleitung eines nachfolgenden Stufenverfahrens steht die entsprechende Antragsbefugnis dem Personalrat der nachgeordneten Behörde zu,[76] danach nur noch der Stufenvertretung.[77] Dies gilt auch im Fall eines Initiativantrags der Personalvertretung der Ausgangsbehörde.[78] 41

b) Antrag. Der Antrag an die übergeordnete Dienststelle auf Einleitung des Stufenverfahrens kann sowohl von der Dienststelle als auch vom Personalrat gestellt werden. Der Personalrat hat jedoch nur einen Anspruch auf Befassung der übergeordneten Dienststelle, wenn er für den geltenden Mitbestimmungstatbestand ein Initiativrecht (RN 75 ff.) für sich beanspruchen kann. Legt die Dienststelle die Angelegenheit der übergeordneten Dienststelle vor, hat sie die Personalvertretung darüber unter Angabe der Gründe zu unterrichten (§ 69 III 5 BPersVG). Einer entsprechenden Regelung für die Vorlage der Personalvertretung bedarf es nicht, da ihr Antrag auf Einleitung des Stufenverfahrens auf dem Dienstweg und damit ohnehin über den Dienststellenleiter dem Leiter der übergeordneten Dienststelle vorzulegen ist.[79] 42

c) Oberste Dienstbehörde. § 69 III 2 BPersVG bestimmt, dass in Körperschaften, Anstalten oder Stiftungen des öffentlichen Rechts das für die Geschäftsführung zuständige Organ als oberste Dienstbehörde anzusehen ist. Mit Geschäftsführung ist die Führung der laufenden Geschäfte gemeint, eine Zuständigkeit von Verwaltungsräten oder sonstigen Beiräten wird dadurch nicht begründet. Die Regelung ist aber nur anwendbar, wenn die Behörde über eine Verwaltungshierarchie verfügt; fehlt es hieran, schließt sich an die Nichteinigung unmittelbar das Einigungsstellenverfahren an. Die Vorschrift wird durch die Sonderregelungen im Bereich der Sozialversicherung bzw. Bundesagentur (§ 88 BPersVG) sowie für die Deutsche Bundesbank (§ 89 BPersVG) ergänzt. 43

d) Form und Frist. Die Frist für die Anrufung der übergeordneten Dienststelle beträgt für die Dienststelle und den Personalrat stets sechs Arbeitstage. Sie beginnt am Tag des Eingangs der Zustimmungsverweigerung bei der Dienststelle bzw. der Ablehnung eines Initiativantrags durch die Dienststelle, der jeweilige Zeitpunkt ist daher aktenkundig zu machen. Die Frist ist eingehalten, wenn der Antrag an die übergeordnete Dienststelle innerhalb von sechs Arbeitstagen auf den (Dienst-)Weg gebracht wird; diese Festlegung ist erforderlich, da der Zeitlauf des Dienst- 44

---

[72] BVerwG 2. 11. 1994 Buchholz 250 § 69 BPersVG Nr. 27 = PersV 95, 227 = PersR 95, 83.

[73] BAG 6. 8. 2002 AP 80 zu § 75 BPersVG = PersR 2003, 41 – zur Mitwirkung.

[74] OVG Hamburg 1. 4. 1992 PersR 93, 288 = PersV 94, 275.

[75] BVerwG 22. 10. 2007 Buchholz 251.92 § 67 SAPersVG Nr. 1 = PersV 2008, 103 = PersR 2008, 23.

[76] BVerwG 2. 11. 1994 Buchholz 250 § 69 BPersVG Nr. 27 = PersR 95, 83 = PersV 95, 227.

[77] BVerwG 28. 12. 1994 Buchholz 250 § 69 BPersVG Nr. 28 = PersR 95, 209 = PersV 95, 406.

[78] BVerwG 20. 1. 1993 AP 1 zu § 69 BPersVG = PersR 93, 310 = PersV 94, 219.

[79] BVerwG 20. 1. 1993 AP 1 zu § 69 BPersVG = PersR 93, 310 = PersV 94, 219; a. A. Lorenzen/*Gerhold* § 69 RN 77.

wegs scheinbar nicht kalkulierbar ist.[80] Die Frist gilt als unterbrochen, wenn Dienststelle und Personalrat im Beschlussverfahren über die Berechtigung eines Abbruchs des Beteiligungsverfahrens streiten. Wird gerichtlich festgestellt, dass die Dienststelle nicht berechtigt war, das Verfahren abzubrechen, muss sie nach Rechtskraft der Entscheidung innerhalb von sechs Arbeitstagen das Stufenverfahren einleiten, wenn sie an der beabsichtigten Maßnahme festhalten will.[81] Lässt die Dienststelle die Frist verstreichen, ist das Beteiligungsverfahren abgeschlossen. Ein neues Beteiligungsverfahren mit einem identischen Antrag kann von der Dienststelle nur eingeleitet werden, sofern beabsichtigt ist, einen erneuten Einigungsversuch, z. B. durch Vermittlung weiterer Informationen, durchzuführen.[82] Eine besondere Form ist für die Vorlage an die übergeordnete Dienststelle weder vorgeschrieben noch erforderlich, da diese ohnehin den gesamten Verwaltungsvorgang beizieht.

45 **2. Durchführung.** Auf das Stufenverfahren sind die Regelungen in § 69 II BPersVG entsprechend anzuwenden (§ 69 III 4 BPersVG). Allerdings geht auf Seiten der Personalvertretung mit der förmlichen Einleitung des Verfahrens bei der übergeordneten Behörde die Zuständigkeit auf die Stufenvertretung über. Diese führt das Verfahren nach dessen Einleitung in eigener Verantwortung weiter und tritt in alle Rechte und Pflichten ein, die bis dahin der erstzuständigen Personalvertretung gegenüber der nachgeordneten Dienststelle zugestanden haben.[83] Eine Bindung an die vom Personalrat der nachgeordneten Behörde vertretene Auffassung besteht nicht;[84] die Ablehnung der Maßnahme kann auch auf andere Gründe gestützt werden. Mit der Eröffnung des Stufenverfahrens durch die übergeordnete Dienststelle geht auch der Verhandlungsanspruch auf die Stufenvertretung über. Geht im Stufenverfahren die zuständige Dienststelle teilweise auf die Verweigerungsgründe des Personalrats ein und belässt sie es bei einer Änderungskündigung statt der ursprünglich vorgesehenen Beendigungskündigung, soll die Stufenvertretung auch zuständig bleiben, wenn neben der Beteiligung wegen Kündigung dadurch eine solche wegen Umsetzung erforderlich wird (zweifelhaft).[85] Erörterungen zwischen der übergeordneten Dienststelle und dem Personalrat der Ausgangsbehörde sind nicht vorgesehen.[86] Die Stufenvertretung ist auch nicht zur Beteiligung der ursprünglich beteiligten Personalvertretung verpflichtet, § 82 II BPersVG ist weder direkt noch entsprechend anwendbar. Die Anhörungsfristen richten sich nach § 69 II 3, 4 BPersVG (zehn bzw. bei Abkürzung drei Arbeitstage).[87] Verweigert auch die Stufenvertretung form- und fristgerecht die Zustimmung zu der beabsichtigten Maßnahme, kann sich ein weiteres Stufenverfahren unter Beteiligung des Hauptpersonalrats anschließen. Insoweit gelten die Vorschriften von § 69 III BPersVG entsprechend.

IV. Das Verfahren vor der Einigungsstelle

Blanke, Die Korrektur der landesgesetzlichen Mitbestimmungsregelungen durch das Bundesverwaltungsgericht – Meilensteine auf dem Weg in den autonomen Rechtsstaat, ZfPR 2003, 239; *Gotthardt,* Dienstvereinbarung und Einigungsstelle, PersV 2002, 50; *Huster,* Die Einigungsstelle und ihre Kompetenz, 2008; *ders.,* Die Einigungsstelle im Personalvertretungsrecht, PersV 2008, 414; *Wahlers,* Hat der Beschluss des BVerfG zum schleswig-holsteinischen Mitbestimmungsgesetz zu einer „planwidrigen Lücke" in § 66 Abs. 7 NW-PersVG geführt?, PersV 2003, 18; *Zeitz,* Die Kompetenz der Einigungsstelle in personellen Angelegenheiten, PersV 2007, 474.

46 **1. Einleitung des Einigungsstellenverfahrens.** Verweigert die bei der obersten Dienstbehörde gebildete Stufenvertretung (in der Regel der Hauptpersonalrat) wirksam die Zustimmung zu der beabsichtigten Maßnahme, hat die Dienststelle die Möglichkeit, das Einigungsstellenverfahren einzuleiten (§ 69 IV 1 BPersVG). Bei Bestehen eines Initiativrechts des Personalrats (§ 70 I BPersVG) kann die Einigungsstelle bei einer Nichteinigung auch von der Stufenvertretung angerufen werden. Anders als im Stufenverfahren besteht nach dem BPersVG keine Frist, innerhalb derer die Einigungsstelle angerufen werden muss. Soweit nach Landesrecht eine Anrufungsfrist vorgesehen ist,[88] ist das Beteiligungsverfahren bei Fristversäumung abgeschlossen. Auf-

[80] Lorenzen/*Gerhold* § 69 RN 79.
[81] VGH Kassel 9. 11. 1988 NVwZ-RR 89, 422 = AiB 89, 126 (bestrittenes Initiativrecht).
[82] BVerwG 11. 4. 1991 Buchholz 250 § 69 BPersVG Nr. 22 = PersR 91, 284 = PersV 92, 156.
[83] BVerwG 2. 11. 1994 Buchholz 250 § 69 BPersVG Nr. 27 = PersR 95, 83 = PersV 95, 227.
[84] BVerwG 28. 12. 1994 Buchholz 250 § 69 BPersVG Nr. 28 = PersR 95, 209 = PersV 95, 406.
[85] BAG 16. 8. 2002 AP 80 zu § 75 BPersVG = PersR 2003, 41.
[86] BVerwG 20. 1. 1993 AP 1 zu § 69 BPersVG = PersR 93, 310 = PersV 94, 219.
[87] Wie hier Richardi/*Schwarze* § 82 RN 23; a. A. Lorenzen/*Gerhold* § 69 RN 85.
[88] Vgl. § 81 I LPersVG B, § 61 VII LPersVG BB, § 59 VI LPersVG HB, § 81 I LPersVG HH, § 70 IV LPersVG HE, § 62 V LPersVG MV, § 70 IV LPersVG NI, § 73 V LPersVG SL, § 62 IV LPersVG ST, § 52 V MBG SH, § 69 VI LPersVG TH (nur Soll-Vorschrift).

gabe der Einigungsstelle ist es, in einer Beteiligungsangelegenheit entweder eine Feststellung über die Berechtigung zur Zustimmungsverweigerung zu treffen oder eine Empfehlung an die oberste Dienstbehörde auszusprechen (§ 69 IV 1, 3 BPersVG). Wegen der Besonderheiten der öffentlichen Verwaltung können trotz der Lückenhaftigkeit der gesetzlichen Regelung über die Einigungsstelle nach BPersVG die §§ 76, 76a BetrVG nur eingeschränkt herangezogen werden.

2. Zusammensetzung der Einigungsstelle. a) Grundsatz. Die Einigungsstelle ist bei der Obersten Dienstbehörde zu bilden. Sie kann entweder von Fall zu Fall einberufen werden oder als Einrichtung auf Dauer; im letzten Falle endet ihre Amtszeit mit der Amtszeit des Personalrats, der an ihrer Errichtung beteiligt war. Die Einigungsstelle besteht aus je drei Beisitzern, die vom Personalrat und von der Dienststelle gestellt werden, sowie aus einem neutralen Vorsitzenden, auf dessen Person sich beide Seiten einigen (§ 71 I 2 BPersVG). Kommt über die Person des Vorsitzenden keine Einigung zustande, wird er vom Präsidenten des Bundesverwaltungsgerichts bestellt (§ 71 I 4 BPersVG). Diese Entscheidung kann von beiden Seiten nach vergeblichen Einigungsbemühungen beantragt werden. Die Bestellung ist kein Akt der Rechtsprechung, sondern eine Verwaltungsangelegenheit; ein Rechtsmittel gegen die Entscheidung ist nicht vorgesehen.[89] Unter den Beisitzern des Personalrats muss sich je ein Beamter und ein Arbeitnehmer befinden; davon kann nur abgesehen werden, wenn es sich um eine Gruppenangelegenheit handelt (§ 71 I 3 BPersVG). Die Bestellung erfolgt durch Beschluss, der im Regelfall vom Plenum (3. Beisitzer) bzw. den einzelnen Gruppen (Vertreter der Beamten/Arbeitnehmer) gefasst wird. Die Dienststelle ist bei der Bestellung ihrer Mitglieder an das Bundesgremienbesetzungsgesetz – BGremBG vom 24. 6. 1994 (BGBl. I S. 1406, 1413) gebunden; Frauen und Männer sind daher entsprechend zu berücksichtigen (§ 5 BGremBG). 47

b) Beisitzer. Nach der Vorstellung des Gesetzgebers sollen die Einigungsstellenbeisitzer versuchen, den Streit neutral und aus einer gewissen Distanz mit Sachkunde beizulegen. In der Praxis sind jedoch vielfach die Personen, die bereits das Stufenverfahren geführt haben, Mitglieder der Einigungsstelle. Personalratsmitglieder, die bereits an der streitigen Entscheidung mitgewirkt haben, sind weder befangen noch ungeeignet.[90] Die Bestellung von **Ersatzmitgliedern** ist gesetzlich nicht vorgesehen, aber zulässig und sinnvoll, da die Einigungsstelle auf diese Weise auch im Verhinderungsfall beschlussfähig ist. Die Heranziehung richtet sich nach der Gruppenzugehörigkeit des verhinderten Beisitzers, wenn die Gruppe ansonsten unter den Beisitzern nicht vertreten wäre. Auch eine Einigung auf einen Vertreter des Vorsitzenden im Fall seiner Verhinderung begegnet keinen Bedenken. 48

Dienststelle und Personalrat können auch **dienststellenfremde Beisitzer** als Einigungsstellenmitglieder bestellen. Die vom Personalrat bestellten externen Beisitzer (z. B. ein Gewerkschaftssekretär) haben einen gesetzlichen Anspruch auf Aufwendungsersatz in Höhe der üblichen Vergütung, wenn dies zuvor geltend gemacht worden ist, die Beisitzertätigkeit in das weitere berufliche Tätigkeitsfeld des Beisitzers fällt und der Kostenaufwand angemessen und vertretbar sowie erforderlich ist. Dies ist der Fall, wenn die Personalvertretung auf andere zumutbare Weise keine qualifizierten Personen gewinnen kann, die ihr Vertrauen genießen. Darüber hinaus ist auch eine Honorarvereinbarung zwischen der Dienststelle und dem externen Beisitzer zulässig.[91] 49

3. Rechtsstellung der Einigungsstellenmitglieder. Nach der Rspr. nimmt die Einigungsstelle Aufgaben der Personalverwaltung wahr und zählt daher zum Bereich der Exekutive.[92] Der Vorsitzende und die übrigen Mitglieder der Einigungsstelle üben daher ein öffentliches Amt aus;[93] sie sind Amtsträger im Sinne von § 11 I Nr. 2 lit. b StGB.[94] Auch die externen Einigungsstellenmitglieder unterliegen im Rahmen ihrer Tätigkeit den allgemeinen Rechten und Pflichten aus dem BPersVG, insbesondere der Verschwiegenheitspflicht (§ 10 BPersVG), dem Behinderungs- und Benachteiligungsverbot (§ 8 BPersVG) und der Unfallfürsorge (§ 11 BPersVG). Die Beisitzer sind an Aufträge und Weisungen der sie entsendenden Stellen nicht gebunden. Die Mitglieder der Einigungsstelle haben Anspruch auf Aufwendungsersatz. Ein Anspruch für eine gesonderte Vergütung der dienststellenangehörigen Beisitzer besteht nicht. Sie sind für die Dauer ihrer Tätigkeit unter Fortzahlung der Bezüge von der Arbeits- bzw. Dienstpflicht frei- 50

---

[89] Lorenzen/*Gerhold* § 71 RN 20.
[90] BVerwG 21. 6. 1982 Buchholz 238.3 A § 71 BPersVG Nr. 1 = PersV 83, 239.
[91] BVerwG 9. 10. 1991 Buchholz 250 § 44 BPersVG Nr. 25 = PersV 92, 218.
[92] BVerfG 27. 4. 1959 AP 1 zu § 59 PersVG Bremen = BVerfGE 9, 268.
[93] BVerwG 9. 10. 1991 Buchholz 250 § 44 BPersVG Nr. 25 = PersV 92, 218.
[94] Ebenso Lorenzen/*Gerhold* § 71 RN 31.

gestellt. Zur Vergütung des dienststellenfremden Beisitzers RN 49. Die Vergütung des Vorsitzenden richtet sich bei Fehlen einer Vereinbarung nach § 612 II BGB (übliche Vergütung).

51 **4. Verfahren der Einigungsstelle.** Die erforderliche Unterrichtung der Einigungsstelle erfolgt durch die Seite, von der die Einigungsstelle angerufen worden ist. Zur sachgerechten Verfahrensvorbereitung soll der Vorsitzende der anderen Seite Gelegenheit zur Darlegung ihres Standpunkts geben und auf die Formulierung von Anträgen hinwirken. Letzteres ist zur Konkretisierung des Verfahrensgegenstandes erforderlich. Die Einigungsstelle soll binnen zwei Monaten eine Entscheidung treffen (§ 69 IV 2 BPersVG). Das sich hieran anschließende Verfahren der Einigungsstelle ist nur punktuell gesetzlich ausgestaltet; § 71 II BPersVG sieht lediglich die nicht öffentliche (mündliche) Verhandlung und die Verpflichtung vor, der obersten Dienstbehörde und zuständigen Personalvertretung Gelegenheit zur mündlichen Äußerung zu geben, die nur im Einvernehmen aller Beteiligten schriftlich erfolgen kann. Ansonsten bestimmt die Einigungsstelle ihr Verfahren selbst. Hinsichtlich der im Übrigen zu beachtenden Verfahrensgrundsätze kann auf die Ausführungen unter § 232 RN 19 verwiesen werden. Im Gegensatz zum BetrVG besteht keine Vorfragenkompetenz über die Zuständigkeit der Einigungsstelle (dazu bereits RN 35). Auch das Abstimmungsverfahren ist nur rudimentär geregelt; § 71 III 3 BPersVG sieht lediglich vor, dass der Beschluss mit Stimmenmehrheit gefasst werden muss. Wegen des Fehlens ausdrücklicher Regeln für das Abstimmungsverfahren ist § 76 III BetrVG entsprechend heranzuziehen, der zunächst eine Abstimmung ohne Beteiligung des Vorsitzenden vorsieht (§ 232 RN 21 ff.).

52 **5. Entscheidung der Einigungsstelle. a) Grundsatz.** Anders als im BetrVG (§ 232 RN 29 ff.) hat der Gesetzgeber im BPersVG auf die Aufnahme von ausdrücklichen Leitlinien für die Entscheidung der Einigungsstelle verzichtet. Nach § 71 III 3 BPersVG muss sich der Inhalt des Spruchs lediglich im Rahmen der geltenden Rechtsvorschriften, insbesondere des Haushaltsgesetzes, halten. Durch die Bezugnahme auf das Haushaltsrecht soll verhindert werden, dass die Einigungsstelle eine Mittelverwendung beschließt, die von der Entscheidung des Haushaltsgesetzgebers nicht gedeckt ist.[95] Daneben sind die in § 76 V 3 BetrVG genannten Maßstäbe entsprechend heranzuziehen, so dass auch die personalvertretungsrechtliche Einigungsstelle ihre Beschlüsse unter angemessener Berücksichtigung der Belange der Dienststelle und der betroffenen Beschäftigten nach billigem Ermessen zu treffen hat. Wegen der besonderen Bindungen des Verwaltungshandelns muss sich die Entscheidung der Einigungsstelle zudem an dem Verwaltungsauftrag der Dienststelle und dem Verhältnismäßigkeitsprinzip orientieren.

53 **b) Mitbestimmung.** Im Bereich der echten Mitbestimmung entscheidet die Einigungsstelle endgültig und für die Beteiligten verbindlich. Bei Einzelmaßnahmen muss sie entscheiden, ob die Zustimmung erteilt oder versagt wird. Wird eine Regelung in Form einer Dienstvereinbarung beantragt, wird diese ggf. von der Einigungsstelle erlassen; sie kann sich dabei entweder den Entwurf eines Beteiligten übernehmen oder im Rahmen der Anträge – nach Gewährung rechtlichen Gehörs – einen eigenen Vorschlag beschließen. Ist die Mitbestimmung durch einen Katalog von Verweigerungsgründen eingeschränkt (§ 77 II BPersVG), besteht die Entscheidung der Einigungsstelle in der Feststellung, ob ein Grund zur **Verweigerung der Zustimmung** gegeben ist (§ 69 IV 1 BPersVG).

54 **c) Personalangelegenheiten.** In den Fällen der §§ 76, 85 I Nr. 7 BPersVG (Personal- und sonstige Angelegenheiten der Beamten) ist die Einigungsstelle nicht zur letztverbindlichen Entscheidung befugt. Schließt sie sich dem Standpunkt der Personalvertretung an, kann sie gegenüber der obersten Dienstbehörde lediglich eine Empfehlung aussprechen, an die diese aber nicht gebunden ist (§ 69 IV 4 BPersVG).

55 Die gesetzliche Regelung hinsichtlich der Arbeitnehmer[96] ist allerdings durch die Entscheidung des BVerfG zum Mitbestimmungsgesetz in Schleswig-Holstein **verfassungsrechtlichen Zweifeln** ausgesetzt. Das BVerfG sieht alle Personalentscheidungen und auch wesentliche organisatorische Entscheidungen der Dienststelle als so bedeutend an, dass ihre Entscheidung nicht der Einigungsstelle als nicht hinreichend demokratisch legitimiertem Organ überlassen werden kann.[97] Nach dem vom BVerfG entwickelten Drei-Stufen-Modell (§ 262 RN 6 ff.) wird das BPersVG verfassungskonform dahin auszulegen sein, dass ein Letztentscheidungsrecht der Obers-

---

[95] VGH Kassel 18. 3. 1993 PersR 94, 123 = PersV 97, 378.

[96] Als maßgebend wurde 1974 die Entscheidung des BVerfG zum LPersVG HB angesehen; vgl. BVerfG 27. 4. 1959 AP 1 zu § 59 PersVG Bremen = BVerfGE 9, 268.

[97] BVerfG 24. 5. 1995 BVerfGE 93, 37 (MBG SH); zuvor schon VerfGH Rheinl.-Pfalz 18. 4. 1994 PersR 94, 269 = PersV 94, 307; Hess. StGH 30. 4. 1986 PersR 87, 13 = PersV 86, 227.

ten Dienstbehörde auch in personellen Angelegenheiten der Arbeitnehmer besteht, soweit es die Statusfragen des Beschäftigungsverhältnisses (Einstellung, Entlassung/Kündigung, Versetzung bzw. Abordnung) betrifft.[98] Dies schließt nicht notwendig die Abschaffung des Einigungsstellenverfahrens ein; vielmehr reicht es aus, dem Spruch der Einigungsstelle – wie bei den Beamten – lediglich empfehlenden Charakter beizumessen.

d) Verfassungskonforme Auslegung des Landesrechts. Im Landesrecht bestehen zahl- 55a
reiche Vorschriften im Bereich der Mitbestimmung in personellen und in organisatorischen Angelegenheiten, die nach der Entscheidung des BVerfG zum MBG SH (dazu § 262 RN 6) verfassungsrechtlichen Zweifeln unterliegen. Nach inzwischen gefestigter Rechtsprechung des BVerwG entfällt die Mitbestimmung in diesen Angelegenheiten nicht wegen der Verfassungswidrigkeit; vielmehr ist die bestehende Regelungslücke durch eine analoge Heranziehung vergleichbarer verfassungskonformer Regelungsmodelle aus dem Landesrecht zu schließen. Das führt regelmäßig dazu, dass das Letztentscheidungsrecht der Einigungsstelle durch einen Empfehlungsausspruch ersetzt wird oder durch das Recht der Dienststelle, sich über einen etwaigen Spruch der Einigungsstelle hinwegzusetzen.[99] Trotz der Verfassungswidrigkeit des Landesrechts ist eine Dienstvereinbarung, die durch einen Einigungsstellenspruch zustande gekommen ist, ausnahmsweise dann wirksam, wenn sich die Einigungsstelle dem Vorschlag der Dienststelle angeschlossen hat.[100]

e) Form. Die Entscheidung der Einigungsstelle ergeht durch Beschluss (§ 71 III 1 BPersVG). 56
Die Beschlussformel ist von sämtlichen Mitgliedern der Einigungsstelle zu unterzeichnen, fehlende Unterschriften können nachgeholt werden.[101] Eine Begründung der Entscheidung ist nach dem BPersVG nicht vorgesehen, teilweise enthält das Landesrecht weitergehende Regelungen (z. B. § 81 V LPersVG HH).[102] Empfehlenswert ist eine schriftliche **Begründung** des Beschlusses durch den Einigungsstellenvorsitzenden, da hierdurch die gerichtliche Nachprüfung bzw. die Übernahme einer an die oberste Dienstbehörde gerichteten Empfehlung erleichtert wird. Eine entsprechende Verpflichtung des Vorsitzenden muss aber von den Beteiligten besonders vereinbart werden. Soweit landesgesetzlich eine Begründung der Entscheidung der Einigungsstelle vorgeschrieben ist, muss diese von sämtlichen Mitgliedern der Einigungsstelle unterschrieben werden.[103] Nach § 71 V 1 BPersVG ist der Beschluss den Beteiligten zuzustellen, eine Pflicht auch die Begründung der getroffenen Entscheidung zuzustellen, besteht bundesgesetzlich nicht. Die Zustellung muss nicht in einem förmlichen Verfahren (z. B. durch Zustellungsurkunde) erfolgen, die Zuleitung per Empfangsbekenntnis ist ausreichend. Das Beteiligungsverfahren ist bereits mit Entscheidung der Einigungsstelle abgeschlossen und nicht erst mit Zustellung der Entscheidung; eine Kündigung kann daher bereits nach dem Spruch der Einigungsstelle ausgesprochen werden.[104]

6. Letztentscheidungsrecht der Dienststelle. Die Dienststelle hat nach der Entscheidung 57
der Einigungsstelle zu prüfen, wie weiter zu verfahren ist. Das Verfahren ist durch die Entscheidung der Einigungsstelle beendet, sofern der Verfahrensgegenstand zur echten Mitbestimmung des Personalrats zählt. Will die oberste Dienstbehörde die Entscheidung nicht akzeptieren, muss sie den Rechtsweg beschreiten.[105] Kommt die Behörde zu der Auffassung, die Einigungsstelle hätte nicht verbindlich entscheiden, sondern lediglich eine Empfehlung aussprechen dürfen, kann sie sich nicht über die von der Einigungsstelle getroffene Entscheidung hinwegsetzen; vielmehr muss auch hier das Verwaltungsgericht entscheiden. Für die Anrufung des Gerichts gibt es weder im BPersVG noch im Landesrecht eine § 76 V 4 BetrVG entsprechende Frist. Das zeigt, dass die Einigungsstelle im Personalvertretungsrecht Teil der Exekutive ist. Im Landesrecht ist der obersten Dienstbehörde teilweise das Recht eingeräumt, innerhalb einer kurzen Frist die

---

[98] So BVerwG 18. 6. 2002 AP 24 zu § 72 LPVG NW = Buchholz 251.7 § 72 NWPersVG Nr. 28 = PersR 2002, 467 = PersV 2003, 24; die verfassungskonforme Auslegung geht auf BVerfG 20. 7. 2001 AP 1 zu § 72 LPVG Brandenburg = PersV 2001, 557 = PersR 2002, 198 zurück.

[99] BVerwG 18. 5. 2004 Buchholz 251.0 § 79 BaWüPersVG Nr. 17 = PersR 2004, 349 = PersV 2004, 386; 24. 4. 2002 AP 8 zu § 86 LPVG Hamburg = PersR 2002, 398 = PersV 2002, 542 (Ersatzansprüche); 24. 4. 2002 AP 6 zu § 86 LPVG Hamburg = PersR 2002, 395 = PersV 2002, 546.

[100] BVerwG 17. 12. 2003 Buchholz 451.9 Art. 234 EU-Vertrag Nr. 2 = PersR 2004, 106 = PersV 2004, 223.

[101] OVG Münster 20. 12. 1989 PersV 91, 177.

[102] OVG Hamburg 21. 1. 1997 PersR 97, 367.

[103] BVerwG 20. 12. 1988 Buchholz 251.7 § 67 NWPersVG Nr. 1 = PersR 89, 49 = PersV 89, 319.

[104] BAG 2. 2. 2006 AP 142 zu § 1 KSchG 1969 Betriebsbedingte Kündigung = PersV 2006, 297.

[105] Zum Prüfungsmaßstab vgl. OVG Greifswald 20. 1. 1999 NZA-RR 2002, 56.

Entscheidung der Landesregierung oder eines sonstigen politischen Vertretungsorgans herbeizuführen, wenn kein Einverständnis mit der Entscheidung der Einigungsstelle besteht (z. B. § 81 VI LPersVG HH, § 71 V LPersVG HE, § 73 I LPersVG NI; vgl. auch § 61 IV LPersVG HB). Diese Gesetzeslage wird dahingehend auszulegen sein, dass der Fristablauf die gerichtliche Geltendmachung der Über- oder Unterschreitung der Grenzen des Entscheidungsermessens ausschließt. Fehlt es hingegen an einer entsprechenden Regelung, ist die Entscheidung der Einigungsstelle gerichtlich nur auf Vereinbarkeit mit höherrangigem Recht zu überprüfen, was wie im BetrVG auch außerhalb der Frist des § 76 V 4 BetrVG erfolgen kann. Hat die Einigungsstelle in einer Angelegenheit einen Beschluss gefasst, entzieht sich die Durchführung der Maßnahme grundsätzlich dem Einfluss der Personalvertretung;[106] allerdings bleiben ihr etwaige Überwachungsrechte.

V. Einseitige Regelungsbefugnis in Eilfällen

58 **1. Unaufschiebbare Maßnahme.** Nach § 69 V BPersVG kann der Leiter der Dienststelle bei Maßnahmen, die der Natur der Sache nach keinen Aufschub dulden, bis zur endgültigen Entscheidung vorläufige Regelungen treffen. Diese Vorschrift soll einerseits die Gewährleistung des Verwaltungsauftrags der Dienststelle sicherstellen, andererseits aber – durch die Vorläufigkeit – die Personalvertretung nicht gänzlich von einer Beteiligung ausschließen. Gegenüber der Dringlichkeit, die nach § 69 II 4 BPersVG zur Abkürzung der Äußerungsfrist berechtigt, kennzeichnet die Unaufschiebbarkeit i. S. v. § 69 V BPersVG einen Zustand noch größerer Eilbedürftigkeit. Ist bereits die Abkürzung der Äußerungsfrist auf drei Arbeitstage ausreichend, um der Eilbedürftigkeit Rechnung zu tragen, ist diese als das mildere Mittel zu wählen.[107] Ähnlich wie bei den Voraussetzungen einer einstweiligen Verfügung müssen die beteiligten Interessen gegeneinander abgewogen werden. Eine unaufschiebbare Maßnahme liegt vor, wenn die konkrete Situation trotz der Zustimmungsverweigerung des zuständigen Personalrats und des noch laufenden Mitbestimmungsverfahrens eine – allerdings nur vorläufige – Regelung erfordert, um die Erfüllung von Pflichten und Aufgaben der Dienststelle im öffentlichen Interesse sicherzustellen.[108] Ist die Unaufschiebbarkeit auf eine – möglicherweise sogar pflichtwidrige – zögerliche Behandlung der Angelegenheit durch die Dienststelle zurückzuführen, führt dies, ähnlich wie bei der Abkürzung der Äußerungsfrist (RN 27), nicht von vornherein zur Unzulässigkeit einer vorläufigen Regelung. Maßgeblich sind stets die objektiven Verhältnisse und der Grad der Gefährdung des Verwaltungsauftrags der Dienststelle.[109] Allerdings kann die zögerliche Behandlung der Angelegenheit in der Vergangenheit ein Indiz für die fehlende Unaufschiebbarkeit sein.

59 **2. Keine abschließende Durchführung.** Die vorläufige Maßnahme darf die endgültige mitbestimmte Maßnahme nicht vorweg nehmen; sie muss sich auf das sachlich wie zeitlich unbedingt Notwendige beschränken;[110] im Übrigen ist ein Beteiligungsverfahren einzuleiten bzw. ein bereits eingeleitetes Verfahren beschleunigt parallel durchzuführen.[111] Vorläufige Regelungen, die das Beteiligungsrecht faktisch ausschließen, sind nur zulässig, wenn die durch die Personalratsbeteiligung eintretende Verzögerung zu einer Schädigung oder konkreten Gefährdung überragender Gemeinschaftsgüter bzw. -interessen führen würde, hinter denen der in der Mitbestimmung liegende Schutz der Beschäftigten ausnahmsweise gänzlich zurücktreten muss.[112] Wie bei einstweiligen Verfügungen kann von diesem strengen Maßstab nur abgerückt werden, wenn bereits eine überschlägige Bewertung der Zustimmungsverweigerungsgründe ergibt, dass die Personalvertretung mit ihren Argumenten voraussichtlich nicht durchdringen wird.[113] Gestaltende Personalmaßnahmen (z. B. Ernennung, Versetzung oder vorbehaltslose Einstellung) können daher nicht endgültig vorgenommen werden, sondern müssen entweder befristet oder je-

---

[106] VGH Kassel 14. 11. 1990 PersV 93, 560.

[107] BVerwG 15. 11. 1995 Buchholz 251.0 § 69 BaWüPersVG Nr. 3 = PersR 96, 157 = PersV 96, 326.

[108] BVerwG 2. 8. 1993 Buchholz 251.0 § 69 BaWüPersVG Nr. 2 = PersR 93, 395 = PersV 94, 506 (Teilabordnung eines Lehrers).

[109] BVerwG 20. 7. 1984 Buchholz 238.3 A § 75 BPersVG Nr. 30 = PersV 85, 71; strenger OVG Münster PersV 91, 34 Unaufschiebbarkeit, „wenn bei Unterlassung der alsbaldigen Durchführung der Erfolg vereitelt oder einem durch die Unterlassung Betroffenen ein Schaden entstehen würde, der in keinem Verhältnis zum Nutzen und Zweck der Mitbestimmung steht".

[110] VGH Mannheim 1. 10. 2002 PersR 2003, 79.

[111] BVerwG 16. 12. 1992 AP 1 zu § 73 LPVG Hessen = PersR 93, 123 = PersV 93, 355.

[112] BVerwG 16. 12. 1992 Buchholz 251.4 § 82 HmbPersVG Nr. 2 = PersR 93, 217 = PersV 93, 359.

[113] BVerwG 16. 12. 1992 Buchholz 251.4 § 82 HmbPersVG Nr. 2 = PersR 93, 217 = PersV 93, 359.

derzeit widerruflich erfolgen. Der Personalrat ist über die vorläufige Regelung vom Dienststellenleiter zu informieren, dieser hat zudem die Maßnahme zu begründen (§ 69 V 2 BPersVG).

VI. Durchführung der Maßnahme nach Abschluss des Beteiligungsverfahrens

Nach § 74 BPersVG führt die Dienststelle Entscheidungen, an denen die Personalvertretung beteiligt war, durch, es sei denn, es ist etwas anderes vereinbart. Der Personalrat darf nicht durch einseitige Handlungen in den Dienstbetrieb eingreifen. Die Vorschrift stimmt fast wörtlich mit § 77 I BetrVG (dazu § 232 RN 39) überein. Die Durchführungsbefugnis knüpft an die formelle Beendigung des Beteiligungsverfahrens an, ohne Bedeutung ist, ob es fehlerfrei durchgeführt worden ist. Die Dienststelle ist nicht verpflichtet, eine beabsichtigte Maßnahme nach Abschluss des Beteiligungsverfahrens auch tatsächlich durchzuführen.[114] Verzögert sie die Umsetzung der Maßnahme und ergeben sich in dieser Zeit wesentliche neue Gesichtspunkte, kann die Dienststelle im Einzelfall gehalten sein, trotz der vorliegenden Zustimmung ein neues Beteiligungsverfahren einzuleiten. **60**

VII. Besonderheiten des Mitwirkungsverfahrens (§ 72 BPersVG)

1. Bedeutung. Die Mitwirkung ist gegenüber der Mitbestimmung die schwächere Beteiligungsform. Sie soll den Argumenten der Personalvertretung Gehör verschaffen, eine darüber hinausgehende Einflussnahme auf die Maßnahmen der Dienststelle besteht nicht. Anders als im BetrVG hat der Begriff der Mitwirkung auf Grund der ausdrücklichen Regelung in § 72 BPersVG im BPersVG einen feststehenden Inhalt. Die Mitwirkung erfolgt in Angelegenheiten, bei denen die Organisations- und Personalhoheit des Dienstherrn eine weitergehende Beteiligung der Personalvertretung nicht zulässt, aber gleichwohl ihre Einflussnahme wegen der Belange der Beschäftigten unverzichtbar ist.[115] **61**

2. Verfahren. a) Einleitung. Die förmliche Einleitung des Mitwirkungsverfahrens erfolgt ebenso wie beim Mitbestimmungsverfahren (§ 69 BPersVG) durch den Leiter der Dienststelle bzw. eine der in § 7 BPersVG (RN 16f.) genannten Personen.[116] Auch der Umfang der Unterrichtung richtet sich nach den gleichen Grundsätzen[117] (RN 19f.). Für das Mitwirkungsverfahren bei einer beabsichtigten Kündigung stellt das BAG identische Anforderungen an den Vortrag der Dienststelle wie beim Anhörungsverfahren nach § 102 BetrVG.[118] Ohne eine ausreichende Unterrichtung beginnt die Äußerungsfrist der Personalvertretung nicht zu laufen.[119] **62**

b) Reaktion der Personalvertretung. Der Personalrat kann im Mitwirkungsverfahren der beabsichtigten Maßnahme zustimmen oder Einwendungen erheben. Die Zustimmung kann ausdrücklich erfolgen, der Personalrat kann aber auch die Äußerungsfrist von zehn Arbeitstagen verstreichen lassen, wodurch eine Zustimmungsfiktion eintritt (§ 72 II 1 BPersVG). Stimmt die Personalvertretung der beabsichtigten Maßnahme zu, kann sie von der Dienststelle durchgeführt werden, eine Erörterung findet nicht statt.[120] Gleiches gilt, wenn die Zustimmung nur fingiert wird.[121] Im Fall einer ausdrücklichen Zustimmung werden etwaige Fehler der Dienststelle bei der Einleitung des Mitwirkungsverfahrens – auch gegenüber den von der Maßnahme betroffenen Beschäftigten – geheilt.[122] Erhebt der Personalrat Einwendungen, sind diese nur beachtlich, wenn sie rechtzeitig innerhalb der Äußerungsfrist von zehn Arbeitstagen gegenüber der Dienststelle geltend gemacht werden, für die bei den alliierten Streitkräften gebildeten Betriebsvertretungen gilt eine Äußerungsfrist von sieben Arbeitstagen.[123] Die Einwendungen sind aber nur wirksam erhoben wenn sie begründet werden, jedoch stellt das BPersVG keine weitergehenden **63**

---

[114] VGH München 30. 11. 1994 PersR 95, 219; VGH Kassel 14. 1. 1993 PersV 97, 373.

[115] BVerwG 22. 3. 1990 Buchholz 251.0 § 80 BaWüPersVG Nr. 3 = PersR 90, 225 = PersV 90, 437.

[116] BAG 14. 1. 1993 AP 15 zu Art. 56 ZA-Nato-Truppenstatut = PersR 93, 406 = NZA 93, 981; BVerwG 6. 4. 1989 Buchholz 250 § 78 BPersVG Nr. 13 = PersV 89, 531 = PersR 89, 203.

[117] BVerwG 6. 4. 1989 Buchholz 250 § 78 BPersVG Nr. 13 = PersR 89, 203 = PersV 89, 531.

[118] BAG 14. 1. 1993 AP 15 zu Art. 56 ZA-Nato-Truppenstatut = PersR 93, 406 = NZA 93, 981; das BAG meint mit „Anhörung" die Unterrichtung in § 69 II BPersVG; vgl. auch BAG 20. 1. 2000 – 2 ABR 19/99 – n. a. v., zu B II 3 der Gründe.

[119] BVerwG 27. 1. 1995 Buchholz 250 § 72 BPersVG Nr. 1 = PersR 95, 185 = PersV 95, 443; BAG 14. 1. 1993 AP 15 zu Art. 56 ZA-Nato-Truppenstatut = PersR 93, 406 = NZA 93, 981.

[120] BVerwG 27. 1. 1995 Buchholz 250 § 72 BPersVG Nr. 1 = PersR 95, 185 = PersV 95, 443.

[121] Lorenzen/*Gerhold* § 72 RN 17.

[122] BVerwG 6. 4. 1989 Buchholz 250 § 78 BPersVG Nr. 13 = PersV 89, 531 = PersR 89, 203.

[123] BAG 14. 1. 1993 AP 15 zu Art. 56 ZA-Nato-Truppenstatut = PersR 93, 406 = NZA 93, 981.

inhaltlichen Anforderungen an den Inhalt der Äußerung. Auf die Qualität und den Inhalt der Einwendungen kommt es nicht an.[124]

64 **c) Erörterung.** Hat der Personalrat Einwendungen erhoben, ist die beabsichtigte Maßnahme vor ihrer Durchführung von der Dienststelle mit dem Personalrat mit dem Ziel einer Verständigung rechtzeitig und eingehend zu erörtern (§ 72 I BPersVG). Unterbleibt die Erörterung, obwohl der Personalrat Einwendungen erhoben hat, führt das zur Unwirksamkeit der beabsichtigten Maßnahme im Verhältnis zum Arbeitnehmer.[125] Nach dem BPersVG erfolgt die Erörterung erst in Anschluss an die Zustimmungsverweigerung des Personalrats.[126] Von diesem Verfahrensverlauf weicht das Landesrecht teilweise ab, z.B. beginnt nach § 69 II LPersVG NRW die Äußerungsfrist des Personalrats erst mit dem Abschluss der Erörterungen.[127] Eine auf sein Verlangen hin geführte Erörterung der Angelegenheit während der Äußerungsfrist führt nach Bundesrecht nicht zu ihrer Hemmung oder Unterbrechung.[128] Die Erörterung erfolgt grundsätzlich mündlich, im beiderseitigen Einvernehmen kann sie auch schriftlich vorgenommen werden.[129] Sie erfolgt grundsätzlich zwischen dem Leiter der Dienststelle bzw. eine der in § 7 BPersVG genannten Personen und dem Personalratsplenum, da es sich bei der Erörterung nicht um ein Geschäft der laufenden Verwaltung handelt, für das der Vorstand zuständig ist.[130] Nach Abschluss der Erörterungen hat der Personalrat zu beschließen, ob er seine Einwendungen aufrecht erhält, wobei der Beschluss – je nach Verfahrensgegenstand – vom Plenum oder in der Gruppe zu treffen ist.

65 **d) Abschließende Mitteilung.** Hält die Personalvertretung trotz der Erörterung in ihrem Beschluss die Einwendungen aufrecht, muss sich die Dienststelle entscheiden, ob sie an der beabsichtigten Maßnahme festhält. In diesem Fall hat sie den Personalrat hierüber schriftlich unter Angabe der Gründe zu informieren (§ 72 III BPersVG). Erst mit dieser Mitteilung ist das Beteiligungsverfahren in der ersten Stufe abgeschlossen. Die Mitteilung nach § 72 III BPersVG ist auch erforderlich, wenn das Mitwirkungsverfahren bei der Obersten Dienstbehörde durchgeführt wird und daher ein Stufenverfahren ausgeschlossen ist.[131] Der 8. Senat des BAG ist in der Vergangenheit davon ausgegangen, dass eine unterlassene oder nur unzulänglich erfolgte Mitteilung nach § 72 PersVG-DDR kein Fehler sei, auf den sich ein gekündigter Arbeitnehmer berufen könne, wenn unzweifelhaft ein Stufenverfahren nicht in Betracht gekommen wäre.[132] Diese Sichtweise ist abzulehnen, sie dürfte im Wesentlichen auf die vereinigungsbedingten Unzulänglichkeiten in der öffentlichen Verwaltung im Beitrittgebiet zurückzuführen sein. Vielmehr ist das Beteiligungsverfahren erst mit dem Zugang der abschließenden Stellungnahme der Dienststelle beim Personalrat beendet.

66 **3. Stufenverfahren. a) Antrag.** Im Mitwirkungsverfahren kann das Stufenverfahren (dazu auch RN 41 ff.) nur auf Antrag des Personalrats durchgeführt werden. Der Antrag muss innerhalb von drei Arbeitstagen nach Zugang der Mitteilung der Dienststelle nach § 72 III BPersVG gestellt werden (§ 72 IV BPersVG) und von einem Beschluss des Personalrats umfasst sein.[133] Er ist auf dem Dienstweg an die übergeordnete Dienststelle zu richten; ausreichend ist, wenn der Antrag innerhalb der Frist auf den Dienstweg gebracht wird[134] (RN 44). Der Dienststelle ist eine Abschrift des Antrags zu übermitteln (§ 72 IV 3 BPersVG). Eine **Begründung** des Antrags ist ent-

---

[124] BAG 9. 2. 1993 AP 17 zu Art. 56 ZA-Nato-Truppenstatut = PersR 93, 326.

[125] BAG 15. 8. 2006 AP 1 zu § 84 LPVG Berlin = PersR 2007, 164.

[126] BVerwG 27. 1. 1995 Buchholz 250 § 72 BPersVG Nr. 1 = PersR 95, 185 = PersV 95, 443; BAG 14. 1. 1993 AP 15 zu Art. 56 ZA-Nato-Truppenstatut = PersR 93, 406 = NZA 93, 981.

[127] Damit ergibt sich die Reihenfolge Unterrichtung – Erörterung – Beschluss des Personalrats.

[128] BVerwG 27. 1. 1995 Buchholz 250 § 72 BPersVG Nr. 1 = PersR 95, 185 = PersV 95, 443; BAG 14. 1. 1993 AP 15 zu Art. 56 ZA-Nato-Truppenstatut = PersR 93, 406 = NZA 93, 981.

[129] BVerwG 27. 1. 1995 Buchholz 250 § 72 BPersVG Nr. 1 = PersR 95, 185 = PersV 95, 443; a. A. noch BVerwG 26. 7. 1984 BVerwGE 76, 182 = PersV 86, 110.

[130] BVerwG 11. 10. 1972 AP 19 zu § 31 PersVG = PersV 72, 48; 5. 2. 1971 AP 2 zu § 53 PersVG = PersV 71, 271; a. A. noch 20. 3. 1959 AP 14 zu § 31 PersVG = PersV 59, 187.

[131] A. A. BVerwG 26. 7. 1984 BVerwGE 76, 182 = PersV 86, 110 (für Disziplinarverfahren).

[132] BAG 5. 10. 1995 AP 48 zu § 519 ZPO = PersR 96, 76; vgl. auch BAG 12. 12. 1996 – 8 AZR 89/95 – n. a. v.; 29. 8. 1996 – 8 AZR 615/93 – n. a. v.; BVerwG 26. 7. 1984 BVerwGE 76, 182 = PersV 86, 110 (Mitwirkung bei Einleitung eines Disziplinarverfahrens).

[133] BVerwG 26. 10. 1973 Buchholz 238.3 § 61 PersVG Nr. 2 = PersV 74, 147; in Gruppenangelegenheiten reicht ein Beschluss der Gruppe, Richardi/*Weber* § 72 BPersVG RN 15.

[134] Lorenzen/*Gerhold* § 72 RN 29; offen gelassen noch von BVerwG 26. 10. 1973 Buchholz 238.3 § 61 PersVG Nr. 2 = PersV 74, 147 (zu § 61 IV PersVG).

behrlich,[135] da das Gesetz für die Einleitung des Stufenverfahrens keine Begründungspflicht vorsieht und ohnehin die Sachakten beigezogen werden, aus denen sich der Standpunkt der Personalvertretung ergibt.

b) Ablauf. Kein Stufenverfahren findet statt, wenn die übergeordnete Dienststelle die nachgeordnete Dienststelle anweist, von der beabsichtigten Maßnahme Abstand zu nehmen. Ansonsten entscheidet sie „nach Verhandlung" mit der bei ihr gebildeten Stufenvertretung (§ 72 IV 2 BPersVG), insoweit entspricht das Verfahren dem bei der nachgeordneten Dienststelle.[136] Der Leiter der übergeordneten Behörde hat die Stufenvertretung über den Vorgang zu unterrichten und deren Zustimmung zu beantragen. Das Stufenverfahren wird erst mit der Unterrichtung und Befassung der Stufenvertretung eingeleitet (RN 41). Zu diesem Zeitpunkt endet die Zuständigkeit der Personalvertretung der vorangegangenen Beteiligungsstufe (RN 45), ein um die Rechtmäßigkeit der Verfahrenseinleitung geführtes Beschlussverfahren ist daher einzustellen.[137] Stimmt die Stufenvertretung dem Antrag nicht zu, schließt sich hieran eine Erörterung der Angelegenheit an. Je nach der Ausgestaltung des Verwaltungsaufbaus kann sich ein weiteres Stufenverfahren unter Beteiligung des Hauptpersonalrats anschließen. Die oberste Dienstbehörde entscheidet endgültig; die Anrufung der Einigungsstelle ist nicht vorgesehen, was sich aus der fehlenden Verweisung in § 72 IV BPersVG auf § 69 IV BPersVG ergibt. 67

4. Einseitige Regelungsbefugnis in Eilfällen. Der Dienststellenleiter kann auch im Mitwirkungsverfahren in Eilfällen einseitig vorläufige Regelungen treffen (§ 72 VI BPersVG), insoweit gelten die Ausführungen zu § 69 V BPersVG sinngemäß (RN 58f.). Ein entsprechendes Bedürfnis kann auch im Mitwirkungsverfahren auftreten, da die Dienststelle die beabsichtigte Maßnahme erst nach Beendigung des gesamten Beteiligungsverfahrens (einschließlich des Stufenverfahrens) durchführen darf, was sich aus der Klarstellung in § 72 V BPersVG ergibt. 68

VIII. Das mängelbehaftete Beteiligungsverfahren

Kothe, Der Unterlassungsanspruch der betrieblichen Arbeitnehmervertretung, FS Richardi (2007), S. 601; *Neubert,* Einstweilige Verfügung im Beschlussverfahren, PersR 2003, 212; *Rehak,* Die Nichtbeachtung der Beteiligungsrechte der Personalvertretung: Nachholen der Beteiligung, Rechtsfolgen und Rechtsschutz, FS Lorenzen (2007), S. 47; *Wißmann,* Vertrauensvorschuss für öffentliche Arbeitgeber – Zu Unterlassungsansprüchen der Personalvertretung, FS 50 Jahre BVerwG (2003), S. 71; *Zimmerling,* Auswirkungen der fehlerhaften Personalratsbeteiligung auf das Angestellten-/Arbeitsverhältnis, PersV 2002, 386; *ders.,* Auswirkungen der fehlerhaften Personalratsbeteiligung auf das Beamtenverhältnis, PersV 2000, 250.

1. Sphäre der Fehlerquelle. Sowohl das BVerwG wie auch das BAG gehen bei den Auswirkungen von Mängeln im personalvertretungsrechtlichen Beteiligungsverfahren auf die individualrechtliche Wirksamkeit einer personellen Maßnahme von einer Trennung der Verantwortungsbereiche des Dienststellenleiters und des Personalrats aus. Regelmäßig führen Fehler der Personalvertretung im Beteiligungsverfahren zu einem Verlust des Beteiligungsrechts im konkreten Fall, sofern der Fehler nicht bis zum Ablauf der Äußerungsfrist behoben werden kann (§ 265 RN 59f.). Selbst der örtliche Personalrat kann dann Mängel in der Zustimmung der im Stufenverfahren eingeschalteten Stufenvertretung nicht geltend machen.[138] Gehen die Mängel im Beteiligungsverfahren auf ein Handeln oder Unterlassen der Dienststelle zurück, ist zwischen den Rechten der Personalvertretung gegenüber der Dienststelle (RN 70f.) und den individualrechtlichen Auswirkungen der Mängel im Beteiligungsverfahren zu unterscheiden (RN 72ff.). 69

2. Interventionsmöglichkeiten des Personalrats. a) Bestehen eines Beteiligungsrechts. Ist zwischen Dienststelle und Personalrat streitig, ob überhaupt ein Beteiligungsrecht besteht oder wie weit die Verfahrenspflichten der Dienststelle gehen, können beide Seiten eine gerichtliche Klärung der Frage im Rahmen eines Beschlussverfahrens herbeiführen. Im Regelfall werden solche Streitigkeiten im Rahmen von Feststellungsanträgen, die über den Anlassfall hinausgehen, geklärt. Unter Verletzung von Beteiligungsrechten zustande gekommene hoheitliche 70

---

[135] Wie hier *Altvater/Hamer/Kröll/Lemcke/Peiseler* § 72 BPersVG RN 14; a. A. Richardi/*Weber* § 72 RN 40; Lorenzen/*Gerhold* § 72 RN 29.

[136] BAG 17. 1. 1995 – 1 ABR 25/94 n. v.

[137] BAG 17. 1. 1995 – 1 ABR 25/94 n. v., wobei das Gericht allerdings wenig präzise von der „Anhebung der Angelegenheit auf die Ebene der übergeordneten Dienststelle" bzw. „mit der Anrufung der nächsthöheren Stufe" spricht.

[138] BVerwG 13. 10. 1986 Buchholz 238.36 § 75 NdsPersVG Nr. 1 = PersV 87, 336 (Beschlussfassung ohne rechtzeitige Mitteilung der Tagesordnung).

Maßnahmen wie Verwaltungsakte, aber auch Verwaltungsanordnungen, Richtlinien, Erlasse oder Ähnliches sind nicht rechtsunwirksam, sondern nur rückgängig zu machen.[139]

71 **b) Unzureichende Einleitung des Beteiligungsverfahrens.** Nach der Rspr. des BVerwG muss der Personalrat von ihm erkannte Fehler bei der Einleitung des Beteiligungsverfahrens gegenüber der Dienststelle bis zum Abschluss der Äußerungsfrist ausdrücklich rügen, ansonsten soll er im weiteren Verfahren insoweit mit entsprechenden Einwendungen ausgeschlossen sein.[140] Die Hinweispflicht gilt insbesondere für die Einleitung des Beteiligungsverfahrens durch eine unzuständige Person[141] (RN 16), für eine unzureichende Unterrichtung[142] bzw. fehlende Unterlagen (RN 19ff.). Die bloße Rüge des Verfahrensfehlers ersetzt allerdings nicht die sachbezogene Auseinandersetzung mit der beabsichtigten Maßnahme. Hat die Dienststelle das Beteiligungsverfahren entgegen der Rüge des Personalrats ordnungsgemäß eingeleitet und erhebt dieser inhaltlich keine Einwendungen, tritt nach Ablauf der Äußerungsfrist die Zustimmungsfiktion (§§ 69 II 3 bzw. 72 II 1 BPersVG) ein. War die Rüge allerdings berechtigt, hat die Verfahrenseinleitung durch den Dienststellenleiter den Lauf der Äußerungsfrist nicht ausgelöst, weshalb auch eine Zustimmungsfiktion nicht eintreten kann.[143] Wenn der Personalrat eine abschließende Stellungnahme abgegeben hat – und dabei nicht ein mangelhaftes Verfahren gerügt hat – soll es nicht mehr auf die Frage ankommen, ob die Dienststelle die Frist wirksam in Gang gesetzt hat.[144] Das Rügerecht steht der Personalvertretung nur bis zur Eröffnung des Stufenverfahrens zu.[145] Allerdings muss die oberste Dienstbehörde die Ausübung ihres Letztentscheidungsrechts vorerst zurückstellen, wenn sie selbst erkennt, dass im bisherigen Mitbestimmungsverfahren – also auch im Verfahren vor der Einigungsstelle – eine vollständige Unterrichtung über die mitbestimmungspflichtige Maßnahme noch nicht stattgefunden hat; in einem solchen Fall ist die benötigte Information unter Fortgang des Einigungsstellenverfahrens nachzuholen.[146]

71a **c) Unterlassungsanspruch.** Soweit es um die zwangsweise Durchsetzung der Beteiligungsrechte des Personalrats geht, bestehen gegenüber dem BetrVG erhebliche Unterschiede, die teilweise auf Gesetz aber auch auf der abweichenden Rspr. der Verwaltungsgerichtsbarkeit beruhen. Im Gegensatz zum BAG (§ 219 RN 41ff.) verneint das BVerwG die Zulässigkeit von Unterlassungs- und Verpflichtungsanträgen des Personalrats, die sich auf die vermeintliche Verletzung seines Mitbestimmungsrechts stützen. Dies betrifft sowohl die Verfahrensrechte im Rahmen des Beteiligungsverfahrens[147] als auch sonstige Rechte, beispielsweise die zwangsweise Durchsetzung der Einhaltung einer Dienstvereinbarung. Nach Auffassung des BVerwG folgt dies aus dem Fehlen von Regelungen im Personalvertretungsrecht, die den §§ 23 III, 101 BetrVG entsprechen.[148] Das Gericht gesteht der Personalvertretung nur das Recht zu, nach rechtskräftiger Feststellung einer Verletzung von Beteiligungsrechten in einem weiteren Beschlussverfahren die Rückgängigmachung der Maßnahme oder die Nachholung der Beteiligung zu betreiben.[149] Diese Rechtsprechung vermag nicht zu überzeugen, da aus den einzelnen Mitbestimmungstatbeständen im BPersVG ein entsprechendes Recht der Personalvertretung auf Beachtung ihrer Beteiligungsrechte folgt; insoweit gilt der Begründungsansatz des BAG für den Unterlassungsanspruch auch im Personalvertretungsrecht. Dem steht auch nicht die besondere Stellung der öffentlichen Verwaltung entgegen, da Mitbestimmungsrechte ohnehin nur bei einem begrenzten Kreis von Angelegenheiten bestehen und auch die öffentlichen Verwaltung we-

---

[139] BVerwG 23. 8. 2007 Buchholz 251.4 § 86 HmbPersVG Nr. 13 = PersR 2007, 476.

[140] BVerwG 6. 4. 1989 Buchholz 250 § 78 BPersVG Nr. 13 = PersR 89, 203 = PersV 89, 531; 23. 2. 1989 Buchholz 250 § 76 BPersVG Nr. 14 = PersR 89, 229 = PersV 89, 528 (Einleitung durch unzuständige Person).

[141] BAG 19. 4. 2007 AP 20 zu § 174 BGB = NZA-RR 2007, 571.

[142] BAG 20. 2. 2002 PersR 2002, 353 = ZTR 2002, 439 zur Unterrichtung im Rahmen der Beteiligung bei befristetem Vertragsabschluss nach § 72 I 1 Nr. 1 LPersVG NRW.

[143] BAG 14. 1. 1993 AP 15 zu Art. 56 ZA-Nato-Truppenstatut = PersR 93, 406.

[144] OVG Münster 31. 5. 2001 PersR 2002, 215 = PersV 2003, 67.

[145] BAG 17. 1. 1995 – 1 ABR 25/94 n. v.

[146] BVerwG 10. 2. 2009 – 6 PB 25/08 z. V. b.

[147] Vgl. z. B. OVG Münster 2. 8. 2002 PersV 2003, 98.

[148] St. Rspr. vgl. nur BVerwG 4. 6. 1993 AP 2 zu § 79 LPVG Berlin = PersV 94, 414; grundlegend BVerwG 15. 12. 1978 PersV 80, 145; enger BVerwG 27. 1. 2004 Buchholz 250 § 44 BPersVG Nr. 33 = PersR 2004, 152 = PersV 2004, 313; 29. 6. 2004 Buchholz 251.51 § 35 MVPersVG Nr. 1 = PersR 2004, 355 = PersV 2004, 436; ebenso VGH Mannheim 2. 7. 2002 PersR 2003, 76 = PersV 2003, 99.

[149] BVerwG 19. 7. 1994 Buchholz 251.9 § 80 SaarPersVG Nr. 1 = PersR 95, 128; 18. 5. 1994 AP 1 zu § 719 RVO = Buchholz 251.0 § 79 BaWüPersVG Nr. 16 = PersR 94, 466 = PersV 95, 30; 20. 1. 1993 AP 6 zu § 79 LPVG Baden-Württemberg = PersR 93, 307 = PersV 94, 215.

gen der Bindung aus Art. 1 III GG Maßnahmen nur unter Beachtung der Beteiligungsrechte der Personalvertretung durchführen darf. Daher ist die jüngere Rechtsprechung des BVerwG zur Möglichkeit, die Dienststelle zur weiteren Durchführung des Beteiligungsverfahrens zu zwingen,[150] ein Schritt in die richtige Richtung. Ebenso muss es Rechtsschutz geben, um die Dienststelle anzuhalten, eine nicht gekündigte Dienstvereinbarung auch einzuhalten.[151]

3. Individualrechtliche Auswirkungen. a) Grundsatz. aa) Fehler der Dienststelle. 72
Nach Auffassung des BAG ist die ordnungsgemäße Beteiligung des Betriebs- bzw. Personalrats bei personellen Einzelmaßnahmen Wirksamkeitsvoraussetzung für die individualrechtliche Maßnahme. Diese Auffassung folgt aus den §§ 79 IV, 69 I BPersVG, 102 I 3 BetrVG, die insoweit als Ausdruck eines allgemeinen Rechtsgedankens anzusehen sind. Das Beteiligungsverfahren muss vor Umsetzung der Maßnahme abgeschlossen sein; eine nachträgliche Billigung durch die Personalvertretung ist nicht ausreichend. Beteiligungsfehler wirken sich nach Ansicht des BAG aber nur nachteilig auf die Maßnahme aus, wenn sie den Pflichtenkreis der Dienststelle betreffen (Sphärentheorie, dazu § 124 RN 50); das entspricht in der Sache auch dem Standpunkt des BVerwG.[152] Allerdings kann sich nach der inzwischen einheitlichen Rechtsprechung von BAG[153] und BVerwG[154] der Beschäftigte auf diese Beteiligungsfehler nur berufen, wenn bereits der Personalrat eine entsprechende Rüge erhoben hat und die Dienststelle ihr nicht abgeholfen hat. Unbeachtlich sind Verfahrensfehler der Dienststelle, wenn der Personalrat der beabsichtigten Maßnahme zustimmt.[155] Jedoch darf sich – so das BVerwG – der Fehler nicht auf die Willensbildung der Personalvertretung, die zur Zustimmung geführt hat, ausgewirkt haben,[156] während das BAG mit ähnlicher Zielrichtung bei einem Verstoß gegen den Grundsatz der subjektiven Determination die Kündigung auch bei nachfolgender Zustimmung des Personalrats für unwirksam hält. Die Maßnahme ist jedenfalls dann unwirksam, wenn die Dienststelle den Personalrat in einem für die Ausübung des Beteiligungsrechts wesentlichen Gesichtspunkt unzutreffend unterrichtet hat.[157] Die Grundsätze gelten auch, wenn die Zustimmung des Personalrats auf Grund Zeitablaufs fingiert wird.

bb) Fehler des Personalrats. Während von der Dienststelle zu vertretene Fehler bei der 72a
Einleitung und Durchführung des Mitbestimmungsverfahrens dazu führen können, dass die Maßnahme individualrechtlich unwirksam ist, wird die Rechtmäßigkeit der beteiligungspflichtigen Maßnahme des Dienstherrn durch Mängel im personalvertretungsrechtlichen Beteiligungsverfahren, die den internen Vorgang der Willensbildung der Personalvertretung betreffen, regelmäßig nicht berührt. Auf die Ordnungsmäßigkeit des Beteiligungsverfahrens wirken sich daher in der Regel solche Mängel nicht aus, die in den Zuständigkeits- und Verantwortungsbereich des Personalrats fallen.[158] Dies folgt aus der fehlenden Aufsicht bzw. Weisungsgebundenheit des Personalrats gegenüber dem Dienststellenleiter.[159] Dieser kann wegen der fehlenden Möglichkeit, das ordnungsgemäße Zustandekommen der Beschlüsse des Personalrats zu überprüfen, regelmäßig von der Wirksamkeit der Beschlussfassung ausgehen, wenn ihm ein für die Außenvertretung der Personalratsvertretung zuständiges Personalratsmitglied form- und fristgerecht mitgeteilt hat, die Zustimmung sei erteilt[160] (zu formalen Mängeln RN 31). Nur wenn der Dienststellenleiter Kenntnis von der fehlenden oder fehlerhaften Beschlussfassung hat oder ihm zumindest zweifel-

---

[150] BVerwG 27. 7. 1990 AP 25 zu § 72 a ArbGG 1979 = PersR 90, 297 = PersV 91, 29; so jetzt auch OVG Münster 17. 2. 2003 PersR 2003, 202 = PersV 2003, 236 vgl. dazu auch *Neubert* PersR 2003, 212.

[151] OVG Greifswald 10. 4. 2002 NZA-RR 2003, 55; a. A. OVG Münster 27. 1. 1995 PersR 95, 383.

[152] Vgl. allgemein BVerwG 31. 5. 1990 Buchholz 237.95 § 43 S-H LBG Nr. 4; 13. 10. 1986 Buchholz 238.36 § 75 NdsPersVG Nr. 1 = PersV 87, 336; 24. 11. 1983 Buchholz 237.6 § 39 LBG Niedersachsen Nr. 2; BAG 3. 2. 1982 AP 1 zu § 72 BPersVG.

[153] BAG 19. 4. 2007 AP 20 zu § 174 BGB = NZA-RR 2007, 571; 25. 2. 1998 AP 8 zu § 72 a LPVG NW = PersR 98, 298; 26. 10. 1995 AP 8 zu § 79 BPersVG = PersR 96, 129 = PersV 98, 199 jeweils unter Aufgabe von BAG 10. 3. 1983 AP 1 zu § 66 LPVG NW.

[154] BVerwG 23. 2. 1989 Buchholz 250 § 76 BPersVG Nr. 14 = PersR 89, 229 = PersV 89, 528; vgl. auch BVerwG 26. 8. 1986 Buchholz 237.5 § 42 LBG Hessen Nr. 5 = PersV 88, 355.

[155] BVerwG 23. 2. 1989 Buchholz 250 § 76 BPersVG Nr. 14 = PersR 89, 229 = PersV 89, 528; BAG 6. 3. 1985 AP 13 zu § 75 BPersVG = PersV 87, 514.

[156] BVerwG 6. 4. 1989 Buchholz 250 § 78 BPersVG Nr. 13 = PersR 89, 203 = PersV 89, 531.

[157] OVG Berlin 18. 12. 2002 PersR 2003, 163 (Falschinformation über Einverständnis zur Versetzung).

[158] BAG 3. 2. 1982 AP 1 zu § 72 BPersVG; BVerwG 31. 5. 1990 Buchholz 237.95 § 43 SHLBG Nr. 4; 13. 10. 1986 Buchholz 238.36 § 75 NdsPersVG Nr. 1 = PersV 87, 336.

[159] BVerwG 10. 5. 1984 Buchholz 238.3 A § 46 BPersVG Nr. 15 = PersR 86, 15 = PersV 86, 160.

[160] BAG 18. 4. 2007 AP 33 zu § 72 LPVG NW = NZA-RR 2008, 219.

haft sein kann, ob der Erklärung des Personalratsvorsitzenden überhaupt eine Beschlussfassung zugrunde liegt, ist er berechtigt, einen Nachweis über die Beschlussfassung zu verlangen.

73 **b) Soziale Angelegenheiten.** Für den Bereich der Mitbestimmungsrechte in sozialen Angelegenheiten (§ 270) gilt auch im Bereich des Personalvertretungsrechts die Theorie der Wirksamkeitsvoraussetzungen (§ 235 RN 18), auf die dortigen Ausführungen kann daher verwiesen werden.

74 **c) Beamte.** In Personalangelegenheiten der Beamten führen die unter Missachtung des Beteiligungsrechts getroffen Maßnahmen regelmäßig zur (fristgebundenen) Anfechtbarkeit[161] des entsprechenden Verwaltungsakt, allerdings kann nach der Rspr. des BVerwG das Beteiligungsverfahren in Mitbestimmungs- und Mitwirkungsangelegenheiten bis zum Abschluss des Widerspruchsverfahrens noch nachgeholt werden,[162] sofern die zuständige Stelle ihr Ermessen noch ausüben und dabei das Ergebnis einer nachgeholten ordnungsgemäßen Anhörung noch in diese Entscheidung einbeziehen kann.[163]

IX. Initiativrecht (§ 70 BPersVG)

Büge, Personalvertretung und demokratisches Prinzip, PersR 2003, 171; *Goeres*, Zum Umfang der Initiativrechte nach § 70 BPersVG und zur teleologischen Symmetrie als Voraussetzung der Ausübung, PersV 2007, 4; *Neubert*, Das Initiativrecht des Personalrats bei personellen Einzelmaßnahmen, PersR 2003, 51, *ders.*, Zum Initiativrecht des Personalrats nach dem LPVG NW, PersR 2001, 193; *Wahlers*, Ideologische Gründe als Grenze für das personalvertretungsrechtliche Initiativrecht?, PersV 2005, 339; *ders.*, Initiativrecht des Personalrats nach § 66 Abs. 4 Satz 1 LPVG NW 1994 auch in „Einzelpersonalien", PersV 2002, 347; *Widmaier*, Das personalvertretungsrechtliche Initiativrecht (§ 70 BPersVG) im Wandel der verfassungs- und verwaltungsgerichtlichen Rechtsprechung, PersV 2004, 23.

75 **1. Bedeutung und Reichweite. a) Grundsatz.** Nach dem BPersVG ist die Personalvertretung in ihren Handlungsmöglichkeiten auf eine Reaktion beschränkt, wenn sich der Leiter der Dienststelle in beteiligungspflichtigen Angelegenheiten an sie wendet. Durch die Regelung in § 70 BPersVG wird dem Personalrat ein Initiativrecht eingeräumt, auf Grund dessen er von sich aus an die Dienststelle herantreten kann. Das Initiativrecht soll dem Personalrat ermöglichen, dass mitbestimmungspflichtige Angelegenheiten nicht gänzlich oder unnötig lange ungeregelt bleiben, weil sich die Dienststelle mit ihnen trotz einer bestehenden Regelungsbedürftigkeit nicht oder nicht rechtzeitig befasst.[164] Nach § 70 I, II BPersVG kann der Personalrat eine Maßnahme, die seiner Beteiligung unterliegt, schriftlich dem Dienststellenleiter vorschlagen. Entspricht dieser dem Antrag nicht, schließt sich hieran das Stufenverfahren (RN 41 ff.) an. Eine Befassung der Einigungsstelle (RN 46 ff.) erfolgt nur, wenn die Maßnahme unter die Mitbestimmungsrechte des Personalrats nach § 75 III Nr. 1–6, 11–17 BPersVG fällt (§ 70 I 2 BPersVG), ansonsten entscheidet die oberste Dienstbehörde endgültig (§ 70 II 2 BPersVG).

76 **b) Einigungsstelle.** Eine Befassung der Einigungsstelle erfolgt nach § 70 I BPersVG in den folgenden Mitbestimmungsangelegenheiten des § 75 III BPersVG: Verteilung der Arbeitszeit (§ 270 RN 1 ff.); Zeit, Ort und Art der Auszahlung der Dienstbezüge und Arbeitsentgelte (§ 270 RN 14); Aufstellung allgemeiner Urlaubsgrundsätze und des Urlaubsplans (§ 270 RN 15 ff.); Lohngestaltung (§ 270 RN 18 ff.); Errichtung, Verwaltung und Auflösung von Sozialeinrichtungen (§ 270 RN 23 ff.); Berufsausbildung von Arbeitnehmern (§ 269 RN 16 f.); Verhütung von Dienst- und Arbeitsunfällen (§ 270 RN 26 ff.); Vorschlagswesen (§ 270 RN 46); Umschulungs- und Sozialpläne (§ 270 RN 33 ff.); Ausschreibungsverzicht (§ 269 RN 1 f.); Ordnung in der Dienststelle und Verhalten der Beschäftigten (§ 270 RN 38 ff.); Gestaltung der Arbeitsplätze (§ 270 RN 42 ff.) sowie technische Leistungs- und Verhaltenskontrolle (§ 270 RN 47 f.).

77 **2. Zulässigkeit. a) Form.** Voraussetzung für die Ausübung des Initiativrechts ist grundsätzlich ein Beschluss des gesamten Personalrats; betrifft sein Gegenstand nur eine Gruppenangelegenheit, entscheiden nur die Angehörigen dieser Gruppe. Der Antrag muss schriftlich erfolgen und sollte eine Begründung enthalten, damit der Dienststellenleiter die Zulässigkeit der Antragstellung einschätzen kann. Das Initiativrecht des Personalrats setzt voraus, dass die beantragte

---

[161] BVerwG 26. 8. 1986 Buchholz 237.5 § 42 LBG Hessen Nr. 5 = PersV 88, 355; 24. 11. 1983 Buchholz 238.390 § 67 SHPersVG Nr. 1 = NJW 84, 1981.

[162] BVerwG 24. 11. 1983 Buchholz 238.390 § 67 SHPersVG Nr. 1 = BVerwGE 68, 189; vgl. auch BVerwG 9. 5. 1985 Buchholz 238.31 § 77 PersVG BW Nr. 1 (keine Möglichkeit der Nachholung während des Widerspruchsverfahrens bei der bloßen Anhörung vor fristlosen Entlassungen nach § 79 III BPersVG); einschränkend auch OVG Berlin 18. 12. 2002 PersR 2003, 163.

[163] BVerwG 20. 6. 2005 Buchholz 252 § 20 SBG Nr. 1 = PersR 2005, 458.

[164] BVerwG 25. 10. 1983 Buchholz 238.32 § 79 BlnPersVG Nr. 1 = PersV 85, 434.

Maßnahme unter die Entscheidungskompetenz des Dienststellenleiters fällt, der sie treffen soll[165] und der antragstellende Personalrat für die Behandlung der Angelegenheit zuständig ist.[166] Die Zuständigkeit kann aber im Verlauf des Verfahrens entfallen, wenn eine übergeordnete Behörde die Angelegenheit an sich zieht.[167]

b) Schranken. Das Initiativrecht erweitert die gesetzlichen Mitbestimmungsbefugnisse inhaltlich nicht.[168] Es entfällt, wenn die zuständige Behörde bereits eine (andere) Entscheidung getroffen hat.[169] Gleiches gilt, wenn das Mitbestimmungsrecht bereits zuvor ausgeübt und damit verbraucht ist. Ein Antrag nach § 70 BPersVG ist daher unzulässig, wenn sich der (mitbestimmte) Sachverhalt nicht entscheidend geändert hat.[170] Der Personalrat ist auch nicht berechtigt, das Unterbleiben einer von der Dienststelle bereits beantragten mitbestimmungspflichtigen Maßnahme zu verlangen, da er ggf. durch eine Zustimmungsverweigerung eine Entscheidung im Stufenverfahren herbeizuführen kann. Weitergehend soll die Personalvertretung auch außerhalb eines Beteiligungsverfahrens nicht befugt sein, die Ablehnung oder Unterlassung mitbestimmungspflichtiger Maßnahmen zu verlangen, da sich das Initiativrecht nur auf die (aktive) Durchführung einer mitbestimmungspflichtigen Maßnahme beziehe.[171] Dem kann nicht gefolgt werden, da dadurch der Zweck des Initiativrechts in unzulässiger Weise eingeschränkt würde. **78**

c) Kollektiver Tatbestand. Nach der Rspr. des BVerwG muss darüber hinaus der Gegenstand des Initiativrechts vom Schutzzweck des beanspruchten Beteiligungsrechts gedeckt sein und Belange der Gesamtheit der Beschäftigten der Dienststelle bzw. die der Dienststelle berühren. Kein Initiativrecht besteht daher, wenn es nur zugunsten eines Beschäftigten oder nur einzelner Beschäftigter ausgeübt wird.[172] In Personalangelegenheiten darf ein Initiativantrag daher nicht auf eine konkrete Maßnahme abzielen, sondern muss sich darauf beschränken, die Dienststelle zu zwingen, ihrerseits eine mitbestimmungspflichtige Maßnahme einzuleiten.[173] Diese restriktive Sichtweise ist abzulehnen, da sie der Bedeutung des § 70 BPersVG nicht gerecht wird. Die Norm verwirklicht den Grundsatz der gleichberechtigten Partnerschaft zwischen Dienststelle und Personalvertretung; diese soll in ihrer Rechtsstellung bei der Einleitung beteiligungspflichtiger Maßnahmen der Dienststelle gleichgestellt werden. Aus diesem Grund können auch solche Einzelmaßnahmen im Rahmen des Initiativrechts beantragt werden, bei denen eine Mitbestimmung ohnehin im Einzelfall erfolgen würde oder ein kollektiver Bezug besteht, der eine Beteiligungspflicht bei Durchführung der Maßnahme durch die Dienststelle auslösen würde.[174] Gegenstand eines Initiativrechts kann schließlich auch der Abschluss einer Dienstvereinbarung sein, sofern die Voraussetzungen des § 73 BPersVG gegeben sind[175] (dazu RN 7 ff.). Eine weitere Einschränkung des Initiativrechts soll sich aus dem Schutzzweck der Norm ergeben. Geht dieser dahin, belastende Maßnahmen für die Belegschaft möglichst zu verhindern, kann eine solche belastende Maßnahme auch nicht per Initiativantrag gefordert werden[176] (vgl. dazu auch § 235 RN 15). **79**

3. Verfahren. a) Ablauf. Macht ein Personalrat in zulässiger Weise von seinem Initiativrecht Gebrauch, ist der Dienststellenleiter verpflichtet, sich mit dem Vorschlag des Personalrats in an- **80**

---

[165] VGH Mannheim 26. 4. 1994 PersR 94, 561 = PersV 95, 1388; VGH Kassel 28. 3. 1990 ZTR 90, 446 = ArbuR 91, 220; VGH Kassel 5. 11. 1992 PersR 93, 397 zum Landesrecht.

[166] BVerwG 20. 1. 1993 AP 1 zu § 69 BPersVG = PersR 93, 310 = PersV 94, 219 (Arbeitszeitregelung – Zuständigkeit der Stufenvertretung verneint); 22. 2. 1991 Buchholz 251.0 § 70 BaWüPersVG Nr. 1 = PersR 91, 282 = PersV 91, 475.

[167] BVerwG 22. 2. 1991 Buchholz 251.0 § 70 BaWüPersVG Nr. 1 = PersR 91, 282 = PersV 91, 475.

[168] OVG Koblenz 7. 4. 1992 PersR 94, 367; OVG Berlin 18. 10. 1990 PersR 91, 395.

[169] BVerwG 22. 2. 1991 Buchholz 251.0 § 70 BaWüPersVG Nr. 1 = PersR 91, 282 = PersV 91, 475.

[170] OVG Münster 17. 12. 1993 PersR 94, 427 = PersV 96, 382 (Sozialplan).

[171] VGH Kassel 1. 9. 1982 PersV 83, 281; VG Sigmaringen 18. 6. 1999 PersR 99, 405.

[172] BVerwG 11. 7. 1995 Buchholz 251.9 § 73 SaarPersVG Nr. 1 = PersR 95, 524 = PersV 96, 212; 25. 10. 1983 Buchholz 238.32 § 79 BlnPersVG Nr. 1 = PersV 85, 434; OVG Frankfurt (Oder) 5. 11. 1998 PersR 2000, 71 = PersV 2000, 18; OVG Münster 5. 8. 1991 PersV 93, 41; großzügiger dagegen OVG Hamburg 18. 2. 1991 PersR 92, 314; VGH München 5. 4. 1995 PersR 95, 346.

[173] BVerwG 25. 10. 1983 Buchholz 238.32 § 79 BlnPersVG Nr. 1 = PersV 85, 434; a. A. zum Landesrecht NW BVerwG 24. 10. 2001 PersR 2002, 21 = PersV 2002, 260.

[174] BVerwG 24. 10. 2001 AP 5 zu § 66 LPVG NW = PersR 2002, 21 = PersV 2002, 260 zum Landesrecht NRW (Initiativantrag zur Entfristung); weitgehend zust. *Wahlers* PersV 2002, 347.

[175] BVerwG 29. 1. 1996 PersR 96, 280 = PersV 96, 460; 20. 1. 1993 AP 1 zu § 69 BPersVG = PersR 93, 310 = PersV 94, 219; 1. 11. 1983 PersV 85, 473.

[176] BVerwG 6. 10. 1992 AP 1 zu § 79 LPVG Berlin = PersR 93, 77 = PersV 93, 328 (kein Initiativrecht zur Ableistung von Mehrarbeit).

gemessener Frist inhaltlich zu befassen. Eine Pflicht, dem Antrag zu entsprechen, besteht nicht.[177] Kommt eine Einigung über den Antrag nicht zu Stande, kann der Personalrat nach erneutem Beschluss die übergeordnete Dienststelle anrufen, wodurch das Stufenverfahren (§ 69 III BPersVG) eingeleitet wird. Der Leiter der nachgeordneten Dienststelle ist verpflichtet, den Antrag an den Leiter der übergeordneten Behörde weiterzuleiten, der diesen entgegennehmen und die Stufenvertretung beteiligen muss.[178] Hierdurch geht nach allgemeinen Grundsätzen die Zuständigkeit für die weitere Behandlung der Angelegenheit auf die Stufenvertretung über[179] (RN 45).

81 **b) Streitigkeiten.** Ist der Dienststellenleiter der nachgeordneten Behörde nicht zu einer inhaltlichen Auseinandersetzung mit dem Initiativantrag bereit, z. B. weil er der Auffassung ist, dass ein Initiativrecht nicht besteht, hat der antragstellende Personalrat ein Wahlrecht bei der weiteren Vorgehensweise. Er kann **(1)** die übergeordnete Dienststelle anrufen, der Leiter der nachgeordneten Dienststelle ist dann trotz seiner Zulässigkeitsbedenken zur Weiterleitung des Antrags verpflichtet.[180] Der Personalrat kann **(2)** aber auch zunächst von der Durchführung eines Stufenverfahrens Abstand nehmen und im Beschlussverfahren die Feststellung beantragen, dass der Dienststellenleiter das Beteiligungsrecht des Personalrats verletzt hat; die bloße Möglichkeit der Vorlage an die übergeordnete Dienststelle schließt das Rechtsschutzinteresse an einer gerichtlichen Klärung nicht aus.[181] Es entfällt nur, wenn nach Rechtshängigkeit doch ein Stufenverfahren durchgeführt wird. Unterbleibt eine inhaltliche Auseinandersetzung mit dem Initiativantrag, steht dies einem Abbruch des Mitbestimmungsverfahrens mit anschließender Durchführung der Maßnahme nicht ohne Hinzutreten weiterer Umstände gleich, da die Behandlung eines Initiativantrags nach Bundesrecht an keine Frist geknüpft ist;[182] ein Schweigen der Dienststelle führt dementsprechend auch nicht zu einer Zustimmungsfiktion. Ist eine solche nach Landesrecht vorgesehen, führt die Fristversäumung nicht zur Billigung einer vorgeschlagenen Dienstvereinbarung, da die Fiktion mit dem Vertragscharakter und Formenzwang einer Dienstvereinbarung nicht vereinbar sein soll.[183]

82 **4. Einzelfälle.** Ein Initiativrecht ist **bejaht** worden bei einer Arbeitszeitregelung in der Dienststelle,[184] ärztlichen Untersuchungen von bestimmten Personengruppen vor dem Einsatz an Bildschirmgeräten,[185] Einbeziehung von Beschäftigtengruppen in eine Zeiterfassungsregelung[186] sowie Beseitigung einer vorhandenen mangelhaften Klimaanlage.[187] **Kein Initiativrecht** besteht in Angelegenheiten der Bühnenmitglieder und künstlerisch tätigen Bühnentechniker für Fragen der Lohngestaltung,[188] bei Maßnahmen zur personellen Ausstattung,[189] Vornahme von personellen Einzelmaßnahmen,[190] Gewährung von Entlastungsstunden,[191] Einleitung von Maßnahmen zur Asbestsanierung,[192] Umbauten von Büroräumen,[193] bei einem Verbot der Beschäftigung von Schwangeren an Bildschirmarbeitsplätzen[194] sowie bei Anordnung von Mehrarbeit und Überstunden.[195]

---

177 VGH Mannheim 4. 6. 1991 PersR 92, 80 = PersV 92, 451.
178 BVerwG 20. 1. 1993 AP 1 zu § 69 BPersVG = PersR 93, 310 = PersV 94, 219.
179 VGH Mannheim 4. 6. 1991 PersR 92, 80 = PersV 92, 451.
180 BVerwG 22. 2. 1991 Buchholz 251.0 § 70 BaWüPersVG Nr. 1 = PersR 91, 282 = PersV 91, 475.
181 VGH München 5. 4. 1995 PersR 95, 346; OVG Koblenz 7. 4. 1992 PersR 94, 367; VG Ansbach 14. 11. 1994 PersR 95, 141.
182 BVerwG 22. 2. 1991 Buchholz 251.0 § 70 BaWüPersVG Nr. 1 = PersR 91, 282 = PersV 91, 475.
183 VGH Kassel 23. 9. 1993 PersR 94, 32.
184 VGH Mannheim 8. 5. 1990 DVBl. 90, 885 = DÖV 91, 257.
185 VGH Kassel 20. 6. 1984 NJW 85, 877.
186 VGH München 11. 7. 1990 PersR 91, 316 = PersV 93, 459.
187 OVG Hamburg 20. 11. 1979 PersV 82, 27.
188 BVerwG 22. 4. 1998 Buchholz 251.91 § 73 SächsPersVG Nr. 1 = PersR 98, 461 = PersV 99, 23.
189 BVerwG 24. 3. 1998 Buchholz 251.4 § 86 HmbPersVG Nr. 5 = PersR 98, 331 = PersV 98, 557; VGH Mannheim 16. 6. 1992 PersV 95, 129.
190 BVerwG 11. 7. 1995 Buchholz 251.9 § 73 SaarPersVG Nr. 1 = PersR 95, 524 = PersV 96, 212 (Beförderung); OVG Berlin 18. 10. 1990 PersR 91, 395 (Teilnehmer an Fortbildungsveranstaltung); VG Potsdam 8. 4. 1998 PersV 99, 311 (Zulagengewährung); a. A. OVG Saarlouis 8. 3. 1993 PersR 94, 219; VG Hamburg 1. 12. 1989 PersR 90, 82 zum dortigen Landesrecht.
191 OVG Hamburg 19. 5. 1998 PersR 99, 173.
192 BVerwG 29. 1. 1996 PersR 96, 280 = PersV 96, 460 (organisatorische Maßnahme).
193 OVG Hamburg 20. 11. 1979 PersV 82, 27.
194 VGH Kassel 20. 6. 1984 NJW 85, 877.
195 BVerwG 6. 10. 1992 AP 1 zu § 79 LPVG Berlin = PersR 93, 77 = PersV 93, 328.

§ 269. Personelle Maßnahmen

Übersicht

	RN
I. Allgemeine personelle Maßnahmen	1 ff.
1. Personalplanung	1–1 b
2. Stellenausschreibung	2, 2 a
3. Personalfragebogen	3–6
4. Verwendung von Formulararbeitsverträgen	6 a
5. Beurteilungsrichtlinien	7–9
6. Auswahlrichtlinien	10
7. Fortbildung	11–15
8. Berufsausbildung	16–18
9. Integrationsvereinbarungen	18 a
II. Personelle Einzelmaßnahmen	19 ff.
1. Einstellung	19–26
2. Versetzung und verwandte Beteiligungsrechte	27–32
3. Beförderung und verwandte Beteiligungsrechte	33–36
4. Eingruppierung und verwandte Beteiligungsrechte	37, 38
5. Kündigungen und Entlassungen aus dem Beamtenverhältnis	39, 40
6. Sonstige personelle Einzelmaßnahmen	41–43 a
7. Weitere Maßnahmen, die sich auf einzelne Beschäftigte beziehen	44–47

I. Allgemeine personelle Maßnahmen

Hinrichs, Personalfragebogen und Mitarbeiterbefragung, PersR 2004, 172; *Meinel,* Die Mitbestimmung bei der Fortbildung nach dem Bundespersonalvertretungsgesetz, 1990; *Oetker,* Die Mitbestimmung der Betriebs- und Personalräte bei der Durchführung von Berufsbildungsmaßnahmen des Arbeitgebers, 1986; *Rehak,* Pflicht zur Stellenausschreibung, ZfPR 2004, 85; *Schwarzbach,* Aufgabe des Personalrats: Integrationsvereinbarung – Möglichkeiten zur Integration Behinderter nach § 83 SGB IX, PersR 2002, 455.

1. Personalplanung. a) Grundsatz. Nach § 78 III 3 BPersVG ist der Personalrat bei der Personalplanung anzuhören (zum Begriff § 238 RN 2). Diese ist – wie jede Planung – eine Prognose, die unter Berücksichtigung aller maßgebenden Faktoren mit hinreichender Wahrscheinlichkeit den Bedarf an Personal für einen bestimmten, nicht notwendigerweise längeren Zeitraum zu ermitteln versucht.[1] Das Landesrecht sieht teilweise stärkere Formen der Beteiligung und eine konkretere Ausformulierung der Mitwirkungstatbestände vor.[2] 1

b) Verwandte Beteiligungsrechte. Einzelaspekte der Personalplanung sind auch nach anderen Normen beteiligungspflichtig, etwa die Verwendung von Personalfragebögen und Beurteilungsrichtlinien, die Aufstellung von Auswahlrichtlinien (§ 76 II Nr. 6 BPersVG) und Umschulungsplänen (§ 75 III Nr. 13 BPersVG). Auch Frauenförderpläne (§ 76 II Nr. 10 BPersVG) zählen zur Personalplanung. Die genannten stärkeren Beteiligungsrechte gehen dem schwächeren Anhörungsrecht aus § 78 III 3 BPersVG vor; insoweit handelt es sich um einen Auffangtatbestand. Im Rahmen des Anhörungsrechts hat der Personalrat Anspruch auf umfassende Unterrichtung (§ 68 II BPersVG) über die Planungsgrundlagen und -methoden der Personalplanung. Beruht die Personalanforderung einer Dienststelle jedoch nur auf der Anwendung von Schlüsselzahlen, die ihr selbst vorgegeben sind, soll der Personalrat keine Erläuterung der rechnerischen Grundlagen dieser Schlüsselzahlen verlangen können.[3] 1a

c) Personalanforderungen zum Haushaltsvoranschlag. Einen besonderen Teilaspekt der Personalplanung betrifft die Anhörung bei Personalanforderungen zum Haushaltsvoranschlag (§ 78 III 1, 2 BPersVG). Der BMF fordert zur Erstellung des Entwurfs des Haushaltsplans von den Ministerien Meldungen über den zukünftigen Personalbedarf ab. Diese verfahren teilweise entsprechend mit den nachgeordneten Behörden und Dienststellen. Soweit einzelne Dienststellen im Rahmen dieser Meldungen mehr Personal als bisher verlangen, liegt eine Personalanforderung zum Haushaltsvoranschlag vor, die ein Anhörungsrecht des Personalrats auslöst. Es muss sich nicht unbedingt um eine Vermehrung des Personals handeln, ausreichend ist auch die Anforderung höherwertiger Stellen als bisher vorhanden[4] oder der Aufschub oder Wegfall von kw-Vermerken. Kein Beteiligungsrecht besteht nach dem Wortlaut der Vorschrift, wenn die Dienststelle meint, mit dem vorhandenen Personal auszukommen und auf eine Personalanforderung 1b

---

[1] BVerwG 2. 3. 1983 Buchholz 238.38 § 82 RPPersVG Nr. 1 = PersV 84, 240.

[2] Vgl. Art. 76 II Nr. 5 LPersVG BY (Grundsätze der Personalbedarfsplanung), § 83 I Nr. 1 LPersVG SL (Ermittlung der Berechnungsgrundlagen für die Personalbedarfsplanung).

[3] BVerwG 1. 10. 1993 Buchholz 250 § 68 BPersVG Nr. 13 = PersR 93, 557 = PersV 94, 512.

[4] BVerwG 2. 3. 1983 Buchholz 238.38 § 82 RPPersVG Nr. 1 = PersV 84, 240.

verzichtet.[5] Die Vorschrift ist entsprechend anzuwenden, wenn die Dienststelle unabhängig vom Haushaltsplan zur Mitteilung über zusätzlichen Personalbedarf aufgefordert wird (sog. Nachschiebelisten).[6] Keine Personalanforderung liegt dagegen vor, wenn es um die Verteilung von bereits freigegebenen Planstellen geht.[7]

2 **2. Stellenausschreibung. a) Notwendigkeit.** Zu besetzende Stellen für Beamte sind auszuschreiben. Bei der Einstellung von Bewerberinnen und Bewerbern muss die Ausschreibung öffentlich sein (§ 8 BBG). Entsprechende Regelungen für Arbeitnehmer bestehen nicht; wegen Art. 33 II GG ist § 8 BBG entsprechend anzuwenden. Daneben dürfte dem Regelungszusammenhang des BPersVG grundsätzlich eine Pflicht der Dienststelle zu entnehmen sein, freie Stellen ausnahmslos behördenintern auszuschreiben.[8]

2a **b) Absehen von der Stellenausschreibung.** Nach § 75 III Nr. 14 BPersVG hat der Personalrat ein Mitbestimmungsrecht, wenn die Dienststelle von der Ausschreibung von Dienstposten absehen will, die besetzt werden sollen. Das Mitbestimmungsrecht soll sicherstellen, dass sich alle in Betracht kommenden (internen) Bewerber an dem Auswahlverfahren beteiligen können. Es umfasst nicht das „Ob" bzw. „Wie" einer externen Ausschreibung, sondern nur das Absehen der Dienststelle von der internen Ausschreibung, wenn hierfür mehrere Behördenangehörige in Betracht kommen. Wie im BetrVG (vgl. dazu § 238 RN 13) obliegt es jedoch allein der Dienststelle, das Anforderungsprofil für die zu besetzende Stelle festzulegen.[9] Eine Beteiligung des Personalrats erfolgt auch dann nicht, wenn auf Grund der Vorgaben der Behörde nur ein Beschäftigter für die Stellenbesetzung in Betracht kommt. Das Beteiligungsrecht erstreckt sich ebenfalls nicht auf die Modalitäten einer ggf. durchzuführenden internen Stellenausschreibung.[10] Auf Grund seines Initiativrechts kann der Personalrat aber verlangen, dass die Dienststelle auf die beabsichtigte Ausschreibung eines oder mehrerer Dienstposten verzichtet. Ein solches Verlangen kann insbesondere dann gerechtfertigt sein, wenn in der Dienststelle genügend Bewerber für die zu besetzende Stelle vorhanden sind. Das Mitbestimmungsrecht entfällt auch, wenn es sich bei dem auszuschreibenden Dienstposten um eine Stelle handelt, bei der der Stelleninhaber aus dem persönlichen Geltungsbereich des BPersVG herausgenommen ist[11] (§ 267 RN 9 f.) oder bei der eine Beteiligung des Personalrats nur auf Antrag des Beschäftigten erfolgen würde (§ 267 RN 11). Keine Beteiligungspflicht besteht schließlich, wenn die Dienststelle auf Grund einer allgemeinen Verwaltungsvorschrift zur internen Ausschreibung von Dienstposten verpflichtet ist.[12] Die Stellenausschreibung dient der Erschließung eines möglichst großen Bewerberkreises bei Stellenbesetzungen. Die Auswahlmöglichkeit soll vergrößert und die Verwirklichung des Leistungsgrundsatzes gefördert werden; aus diesem Sinnzusammenhang ergeben sich auch die möglichen Zustimmungsverweigerungsrechte des Personalrats.[13] Ist die Ausschreibung der Stelle ohne Zustimmung des Personalrats unterblieben, kann sich daraus ein Zustimmungsverweigerungsgrund für die nachfolgende Einstellung ergeben.[14] Nach Landesrecht sind teilweise Stellenausschreibungen generell der Beteiligung unterworfen (z. B. § 73 Nr. 6 LPersVG NRW); dieses Beteiligungsrecht verfolgt die selben Zwecke, betont jedoch die besondere Bedeutung der Stellenausschreibung im Vorfeld der späteren Personalauswahl; auch das so erweiterte Beteiligungsrecht vermittelt keine Beteiligung bei der Bestimmung des Anforderungsprofils der auszuschreibenden Stelle.[15]

3 **3. Personalfragebogen. a) Grundsatz.** Nach den §§ 75 III Nr. 8, 76 II Nr. 2 BPersVG unterliegt der Inhalt von Personalfragebögen bei Arbeitnehmern der Mitbestimmung. Für Beamte kann die Einigungsstelle nur eine Empfehlung aussprechen (§ 69 IV 3 BPersVG), darüber

[5] Für eine analoge Anwendung daher Lorenzen/*Lorenzen* § 78 BPersVG RN 64 a.
[6] Lorenzen/*Lorenzen* § 78 BPersVG RN 64 a.
[7] BVerwG 2. 3. 1983 Buchholz 238.38 § 82 RPPersVG Nr. 1 = PersV 84, 240.
[8] BVerwG 8. 3. 1988 Buchholz 251.4 § 87 HmbPersVG Nr. 1 = PersR 88, 183 = PersV 89, 73.
[9] BVerwG 5. 9. 1990 AP 1 zu § 76 BPersVG = PersR 90, 332 = PersV 91, 85; 13. 10. 1978 Buchholz 238.3 A § 75 BPersVG Nr. 5 = PersV 79, 467; OVG Münster 18. 10. 2000 PersR 2001, 163 = PersV 2003, 101.
[10] BVerwG 29. 1. 1996 PersV 96, 460; VGH München 9. 6. 1993 ZTR 94, 161 = NVwZ-RR 94, 273.
[11] Überholt BVerwG 9. 1. 2007 Buchholz 251.7 § 72 NWPersVG Nr. 36 = PersR 2007, 213 = PersV 2007, 520; der Gesetzgeber in NRW hat mit dem G v. 9. 10. 2007 (GVBl. NW S. 397) diese Rspr. korrigiert; das Mitwirkungsrecht besteht nur noch „soweit die Personalmaßnahme der Mitbestimmung unterliegt".
[12] VGH Kassel 18. 2. 1991 NVwZ-RR 92, 34 = ArbuR 92, 123.
[13] OVG Münster 18. 10. 2000 PersR 2001, 163 = PersV 2003, 101.
[14] BVerwG 29. 1. 1996 AP 63 zu § 75 BPersVG = PersR 96, 239 = PersV 96, 465.
[15] OVG Münster 18. 10. 2000 PersR 2001, 163 = PersV 2003, 101.

hinaus ist das Vorschlagsrecht eingeschränkt (§ 70 II BPersVG). Entsprechende Regelungen enthalten alle Landespersonalvertretungsgesetze, wobei teilweise nicht zwischen Beamten und Arbeitnehmern unterschieden wird. Wie im BetrVG dient das Beteiligungsrecht dem Persönlichkeitsschutz der Beschäftigten und der Bewerber. Der Personalrat soll die Rechtmäßigkeit der von der Dienststelle abgefragten Daten kontrollieren; die Mitbestimmung erschöpft sich dementsprechend im Wesentlichen in einem Mitbeurteilungsrecht.[16] Anders als in § 94 BetrVG erstreckt sich das Beteiligungsrecht nicht auf die Frage, ob überhaupt Personalfragebögen eingeführt werden. Der Beteiligung unterliegt nicht nur die Einführung eines Personalfragebogens, sondern auch jede spätere Änderung.

b) Inhalt des Beteiligungsrechts. Der Begriff des Personalfragebogens entspricht der im BetrVG verwandten Definition (§ 238 RN 19). Für das Beteiligungsrecht ist ohne Bedeutung, ob der Fragebogen vom Bewerber bzw. Beschäftigten auszufüllen ist oder er von einem Mitglied der Dienststelle als Vorlage für mündliche Fragen verwendet und anschließend um die Antworten ergänzt wird.[17] Für die rechtliche Einordnung kommt es nur auf seinen Inhalt, nicht auf den damit verfolgten Zweck an.[18] Das Beteiligungsrecht setzt aber voraus, dass der Arbeitgeber dadurch Erkenntnisse über die Beschäftigten gewinnt, die ihm noch nicht bekannt sind.[19] Neben der Bewerberauswahl werden Personalfragebögen zur Ermittlung vergütungsrelevanter Merkmale (z. B. Ortszuschlag) verwandt.[20] Kein Personalfragebogen stellt demgegenüber die Arbeitsplatz- bzw. Tätigkeitsbeschreibung dar, die zum Zwecke der tariflichen Eingruppierung hergestellt wird oder wenn der Dienstherr mit Hilfe eines Fragebogens ermitteln will, wie sich seine Beschäftigten zur Fortführung von ihnen angestrengter besoldungsrechtlichen Klageverfahren verhalten wollen.[21] Der Personenbezug wurde auch verneint bei einem Fragebogen, bei dem die Beschäftigten Angaben zu ihren Nebentätigkeiten machen sollten.[22] 4

c) Beteiligungsmängel. Durch die Einschaltung des Personalrats bei der Erstellung von Personalfragebögen soll sichergestellt werden, dass Fragen und Angaben auf Gegenstände beschränkt bleiben, an denen die Dienststelle ein berechtigtes Interesse im Hinblick auf das Dienstverhältnis haben kann. Die fehlende Zustimmung des Personalrats zu einem Personalfragebogen nimmt dem Dienstherrn nicht seine individualrechtlichen Befugnisse, bei wahrheitswidriger Beantwortung zulässigerweise gestellter Fragen den Beschäftigten zu entlassen bzw. den Arbeitsvertrag wegen arglistiger Täuschung anzufechten.[23] Zu den Rechtsfolgen unzulässiger Fragen in einem mitbestimmten Fragebogen § 238 RN 23. 5

d) Gruppenangelegenheit. Die Abstimmung innerhalb des Personalrats zu einem Personalfragebogen ist eine Gruppenangelegenheit, an der nur die Mitglieder der betroffenen Gruppe teilnehmen. Dies gilt dann nicht, wenn gleich lautende Personalfragebögen für Beamte und Arbeitnehmer eingeführt werden, denn die Beurteilung, ob eine gemeinsame Angelegenheit vorliegt, erfolgt nicht norm-, sondern ausschließlich maßnahmebezogen.[24] Personalfragebögen werden häufig zentral für mehrere Behörden erstellt, so dass regelmäßig die Stufenvertretung zu beteiligen sein wird. Für die Beamten schrieb § 90 IV BBG a. F. zwingend die Genehmigung des Fragebogens durch die zuständige oberste Dienstbehörde vor, was zu zwei Beteiligungsverfahren führen konnte. So hatte die Dienststelle ihrem Personalrat bei der Erstellung des Fragebogens zu beteiligen, anschließend war die bei der obersten Dienstbehörde gebildete Stufenvertretung im Rahmen des Genehmigungsverfahrens einzubeziehen.[25] 6

4. Verwendung von Formulararbeitsverträgen. Nach § 79 LPersVG BW hat der Personalrat mitzubestimmen über Inhalt und Verwendung von Formulararbeitsverträgen. Zu diesem 6a

[16] BAG 2. 12. 1999 AP 16 zu § 79 BPersVG = NJW 2000, 2444 = NZA 2001, 107; *Raab* ZfA 97, 183, 227.

[17] BAG 21. 9. 1993 AP 4 zu § 94 BetrVG 1972 = NZA 94, 375.

[18] BVerwG 16. 12. 1987 Buchholz 250 § 75 BPersVG Nr. 53 = PersV 89, 68; 15. 2. 1980 Buchholz 238.3 A § 75 BPersVG Nr. 15 = PersV 81, 295; ebenso BAG 2. 12. 1999 AP 16 zu § 79 BPersVG = NJW 2000, 2444 = NZA 2001, 107.

[19] BVerwG 22. 12. 1993 AP 2 zu § 85 LPVG Berlin = PersR 94, 81 = PersV 94, 520.

[20] BVerwG 22. 12. 1993 AP 2 zu § 85 LPVG Berlin = PersR 94, 81 = PersV 94, 520; 2. 8. 1989 AP 3 zu § 79 LPVG Baden-Württemberg = PersR 89, 303 = PersV 90, 170.

[21] OVG Bautzen 30. 9. 1997 PersR 98, 471 = PersV 99, 171.

[22] BVerwG 30. 11. 1982 Buchholz 238.33 § 62 BrPersVG Nr. 2 = PersV 83, 411.

[23] BAG 2. 12. 1999 AP 16 zu § 79 BPersVG = NJW 2000, 2444 = NZA 2001, 107; BVerwG 28. 1. 1998 Buchholz 250 § 47 BPersVG Nr. 9 = PersR 98, 374 = PersV 98, 531.

[24] BVerwG 16. 4. 2008 Buchholz 250 § 86 BPersVG Nr. 5 = PersR 2008, 418 = PersV 2008, 342; a. A. Lorenzen/*Rehak* § 76 RN 90.

[25] Lorenzen/*Rehak* § 76 RN 90 c.

Beteiligungsrecht gibt es auf Bundesebene keine Entsprechung. Das Beteiligungsrecht bezieht sich nur auf die Gestaltung des Vertragsformulars, nicht auf die in Ausübung der Vertragsfreiheit fixierten Vertragsbedingungen.[26]

7 **5. Beurteilungsrichtlinien. a) Grundsatz.** Nach §§ 75 III Nr. 9, 76 II Nr. 3 BPersVG unterliegt der Inhalt von Beurteilungsrichtlinien bei Arbeitnehmern der Mitbestimmung; wie bei den Personalfragebögen (RN 3) ist die Einigungsstelle auf den Ausspruch einer Empfehlung beschränkt, soweit Beamte betroffen sind. Das Beteiligungsrecht dient im Bereich der Personalvertretung sowohl der Verwirklichung des Gleichbehandlungsgrundsatzes bei der Beurteilung wie auch dem durch Art. 33 II GG garantierten gleichen Zugang zu den öffentlichen Ämtern. Der Personalrat soll verhindern, dass durch die Aufstellung willkürlicher Beurteilungsgrundsätze der berufliche Werdegang eines Beschäftigten von Kriterien abhängig gemacht wird, die mit seiner Arbeitsleistung und der persönlichen Eignung für die der Dienststelle übertragenen Aufgaben nicht zusammen hängen. Daneben hat der Personalrat bei der Ausübung seines Beteiligungsrechts sicherzustellen, dass die Beurteilungsrichtlinien nicht zu einem Beurteilungsdruck beim Beschäftigten führen, der ihn gegebenenfalls zu einem gesundheitlich unvernünftigen Leistungsverhalten veranlasst.[27] Das Beteiligungsrecht bezieht sich auf die Aufstellung und Änderung von Beurteilungsrichtlinien. Durch gesetzliche Vorgaben (z. B. § 50 BLV) wird das Beteiligungsrecht nicht ausgeschlossen, wenn und soweit die Vorschriften noch einer konkretisierenden Umsetzung durch die Dienststelle bedürfen.

8 **b) Inhalt des Beteiligungsrechts.** Beurteilungsrichtlinien sind eine Zusammenfassung von Bewertungskriterien, die für die Abfassung dienstlicher Beurteilungen maßgebend sind. Das Beteiligungsrecht umfasst zum einen die materiellen Beurteilungsmerkmale, also die Festlegung der zu beurteilenden Parameter und die dabei anzuwendenden Beurteilungsstufen (die eigentliche Notenskala). Beurteilungsrichtlinien liegen vor, wenn allgemeine Regeln weitere (sekundäre) Beurteilungskriterien zur Verobjektivierung der Bewertungsmethode schaffen sollen. Das Beteiligungsrecht umfasst auch das Beurteilungsverfahren selbst, z. B. die Auswahl der Person des Beurteilers, das Verfahren zur Datenerhebung und ob die Beurteilung auf besondere Prüfungen oder Beobachtungen gestützt werden soll. Zu den Verfahrensvorschriften zählt auch die Aufnahme einer Möglichkeit des Beurteilten zur Stellungnahme. Das Beteiligungsrecht wird auch ausgelöst, wenn die Dienststelle – auch formlos – Weisungen erteilt, die nach ihrem Inhalt Gegenstand einer Beurteilungsrichtlinie sein könnten.[28]

9 Die Beurteilung im **Einzelfall,** d. h. die Anwendung der Beurteilungsrichtlinie, unterliegt dagegen nicht der Beteiligung. Dies gilt auch für eine Leistungskontrolle, die nicht unmittelbare Bedeutung für eine Beurteilung hat, etwa ein durch eine Beschwerde veranlasster Unterrichtsbesuch bei einer Lehrkraft. Wird allerdings in einer Anweisung ein konkretes Programm aufgestellt, das der Dienststellenleiter mit neuen Mitarbeitern zur Ermittlung von deren Führungsqualitäten durchzuführen hat, scheitert die Mitbestimmung nicht daran, dass die daraus gewonnenen Erkenntnisse nicht unmittelbar in eine abschließende Beurteilung einfließen.[29] Eine Beurteilungsrichtlinie liegt nicht vor, wenn die Dienststelle sich dazu entschließt, zukünftig bei Auswahlentscheidungen nicht nur die Endnote der Beurteilung zu berücksichtigten, sondern bei Notengleichstand auch die der Gesamtnote zugrundeliegenden Einzelleistungen in die Auswahl mit einbeziehen will (sog. „Binnendifferenzierung").[30]

10 **6. Auswahlrichtlinien.** Nach § 76 II Nr. 8 BPersVG hat der Personalrat bei dem Erlass von Richtlinien mitzubestimmen „über die personelle Auswahl bei Einstellungen, Versetzungen, Umgruppierungen und Kündigungen". Eine ähnliche Regelung enthält § 95 BetrVG, wobei freilich die Auslegung im Bereich des öffentlichen Dienstes schon wegen Art. 33 II GG anderen Regeln folgen muss. Das Beteiligungsrecht bezieht sich auf alle Beschäftigtengruppen. Hinsichtlich Zweck und Zielsetzung von Auswahlrichtlinien gelten die Ausführungen zu § 95 BetrVG entsprechend (§ 238 RN 28). Auswahlrichtlinien sind Grundsätze, die für eine Mehrzahl von personellen Entscheidungen bei Einstellungen, Versetzungen, Umgruppierungen und Kündigungen positiv oder negativ vorwegnehmend festlegen, welche Kriterien im Zusammenhang mit den zu beachtenden fachlichen und persönlichen Voraussetzungen und sozialen Gesichts-

---

[26] VGH Mannheim 13. 11. 2001 PersR 2002, 127; 12. 12. 2000 PersR 2001, 218.

[27] BVerwG 11. 12. 1991 AP 4 zu § 79 LPVG Baden-Württemberg = PersR 92, 202 = PersV 92, 379.

[28] BVerwG 11. 12. 1991 AP 4 zu § 79 LPVG Baden-Württemberg = PersR 92, 202 = PersV 92, 379 (Unterrichtsbesuche); 15. 2. 1980 Buchholz 238.3 A § 76 BPersVG Nr. 5 = PersV 80, 241 (Orientierungsbewertungen).

[29] OVG Münster 20. 11. 1995 PersR 96, 364.

[30] OVG Münster 7. 12. 1998 PersR 99, 500; 20. 5. 1998 PersR 99, 171.

punkten in welcher Weise zu berücksichtigen sind.[31] Zu den fachlichen Kriterien zählen z. B. die Schulbildung, berufliche Qualifikationen, Vorkenntnisse oder Spezialkenntnisse, zu den persönlichen Voraussetzungen gehören Altersgrenzen, Familienstand oder Kinderzahl oder auch der Gesundheitszustand des Beschäftigten. Zu den sozialen Gesichtspunkten rechnen schließlich Betriebszugehörigkeit, Alter, Unterhaltspflichten. Das Beteiligungsrecht beschränkt sich nicht auf die Festsetzung der einzelnen Kriterien, sondern auch auf das Verfahren, mit dem aus den Ausgangsdaten eine Reihung der Bewerber oder der Beschäftigten gebildet werden soll. Keine Auswahlrichtlinie liegt dagegen vor, wenn die Festlegung allein den Zweck hat, im Hinblick auf zu besetzende Dienstposten ein allgemeines Anforderungsprofil zu schaffen.[32] Auswahlrichtlinien müssen nicht notwendigerweise schriftlich niedergelegt sein; auch eine mündliche Festlegung der Mindestpunktzahl, die von den Bewerbern im Rahmen eines Prüfungsverfahrens erreicht werden muss, kann die Beteiligungspflicht auslösen.[33] Das Gesetz enthält eine **abschließende Regelung,** die nicht auf ähnliche Tatbestände erweitert werden kann. Beteiligungsfrei sind daher Richtlinien, die sich auf Vorfragen der Auswahl beziehen, etwa Richtlinien, die sich mit dem Stellenprofil bzw. dem Anforderungsprofil an Bewerber beschäftigen[34] oder die Grundsätze für die Stellenausschreibung enthalten.[35]

7. Fortbildung. a) Grundsatz. Der Personalrat bestimmt nach §§ 75 II Nr. 7, 76 II Nr. 1 **11**
BPersVG bei der Auswahl der Teilnehmer an Fortbildungsveranstaltungen für Arbeitnehmer und Beamte mit; nach § 76 II Nr. 6 BPersVG erstreckt sich das Mitbestimmungsrecht auf die allgemeinen Fragen der Fortbildung der Beschäftigten. Vergleichbare Regelungen sind in allen Landesgesetzen enthalten, teilweise sind sie dort in einem Tatbestand zusammengefasst (z. B. § 72 IV Nr. 17 LPersVG NRW). Durch das Beteiligungsrecht soll die Chancengleichheit beim Zugang zu Fortbildungsmaßnahmen gewährleistet werden, die für die Beschäftigten zu Aufstiegsmöglichkeiten führen oder zum Erhalt des Arbeitsplatzes beitragen können. Die personalvertretungsrechtliche Begriffsbildung ist weitgehend eigenständig; die oftmals im gleichen Zusammenhang verwendeten Begriffe wie Weiterbildung oder Zusatzausbildung haben beteiligungsrechtlich keine eigenständige Bedeutung.[36]

b) Inhalt des Beteiligungsrechts. Die Fortbildung betrifft alle Maßnahmen, die an das **12**
vorhandene Wissen anknüpfen, fachliche und berufliche Kenntnisse vertiefen bzw. aktualisieren und ein Mehr an Kenntnissen und Fähigkeiten vermitteln, als für den Eintritt in die Laufbahn bzw. zur Ausübung der übertragenen Tätigkeit erforderlich ist.[37] Die dem Beschäftigten vermittelte Qualifikation muss deshalb über das Niveau hinausgehen, das ihn zu einer fehlerfreien bzw. ordnungsgemäßen Wahrnehmung seiner jetzigen Aufgaben befähigt.[38] Zur Fortbildung rechnen auch die Maßnahmen, die ausschließlich dem Fortkommen in der Laufbahn dienen, wenn der Aufstieg von dem Erwerb zusätzlicher Kenntnisse und Fähigkeiten abhängig ist.[39] Die konkrete Unterweisung am Arbeitsplatz oder die Anpassung der Kenntnisse und Fähigkeiten, die nach einer Änderung des Arbeitsumfelds (z. B. durch neue Technologien) unmittelbar zur Erhaltung der geschuldeten Arbeits- oder Dienstleistung erforderlich sind, sind daher keine Fortbildungsmaßnahmen.[40] Vermittelt eine Schulungsveranstaltung des Dienstherrn nach ihrem Schwerpunkt Kenntnisse, die für die ordnungsgemäße Wahrnehmung der Aufgaben der Beschäftigten erforderlich sind, zugleich aber darüber hinaus zu deren beruflicher Fortbildung beitragen, stellt sie keine beteiligungspflichtige Fortbildungsmaßnahme dar.[41] Die in der Bildungsmaßnahme vermittelten Kenntnisse müssen berufsbezogen verwertbar sein; der Besuch nur allgemeinbildender Veranstaltungen ist daher keine Fortbildung im beteiligungsrechtlichen Sinne.

---

[31] BVerwG 5. 9. 1990 AP 1 zu § 76 BPersVG = PersR 90, 332 = PersV 91, 85.

[32] OVG Münster 29. 1. 2007 – 1 A 5031/05. PVL – n. v.; 8. 11. 1988 PersR 89, 330.

[33] BVerwG 11. 12. 1991 AP 4 zu § 79 LPVG BW = PersR 92, 202 = PersV 92, 379; 5. 9. 1990 AP 1 zu § 76 BPersVG = PersR 90, 332 = PersV 91, 85.

[34] OVG Münster 8. 11. 1988 PersR 89, 330.

[35] *Ilbertz/Widmaier* § 76 RN 46, 49.

[36] BVerwG 19. 9. 1988 AP 2 zu § 75 LPVG Niedersachsen = PersR 88, 300 = PersV 89, 274.

[37] BVerwG 19. 10. 1983 Buchholz 238.31 § 79 BaWüPersVG Nr. 4.

[38] BVerwG 27. 11. 1991 Buchholz 250 § 76 BPersVG Nr. 23 = PersR 92, 147 = PersV 92, 385.

[39] BVerwG 19. 10. 1983 Buchholz 238.31 § 79 BaWüPersVG Nr. 4; 10. 2. 1967 AP 3 zu § 74 PersVG NW = PersV 67, 179.

[40] BVerwG 27. 11. 1991 Buchholz 250 § 76 BPersVG Nr. 23 = PersR 92, 147 = PersV 92, 385 (Textautomat).

[41] BVerwG 17. 10. 2002 Buchholz 251.4 § 86 HmbPersVG Nr. 10 = PersR 2003, 116 = PersV 2003, 60 (Arbeitsrechtliche Schulungen für Abteilungsleiter).

13 **Nicht** zur Fortbildung zählt die (Erst-)**Ausbildung,** die nach § 104 Satz 3 BPersVG (RN 16) der Beteiligung des Personalrats entzogen ist und erst die Voraussetzungen für die erstmalige Aufnahme der Berufstätigkeit schafft.[42] Gleiches gilt auch für die Umschulung, die beteiligungsrechtlich eigenen Regelungen unterliegt (§ 270 RN 33). Unter Umschulung ist eine vollständige neue Ausbildung zu verstehen, die eine Person durchläuft, die bereits beruflich ausgebildet ist. Wie bei der Fortbildung geht es um die Vermittlung neuen Wissens; im Gegensatz zur Fortbildung ist das Wissen nicht in Zusammenhang mit der bereits genossenen Ausbildung von Bedeutung, sondern allein in Hinblick auf einen möglichen zukünftigen Einsatz in einem neuen Berufsfeld.

14 Für das **Beteiligungsrecht** ist es **unerheblich,** ob der Erwerb der zusätzlichen Kenntnisse und Fähigkeiten auf eigene Initiative des Beschäftigten erfolgt oder auf die Dienststelle zurückgeht (z.B. Einrichtung von Lehrgängen). In welcher Form die Fortbildung stattfindet, ist gleichfalls ohne Bedeutung. Eine Pflicht zur Beteiligung besteht daher nicht nur bei hausinternen, sondern auch bei externen Fortbildungsveranstaltungen. Auch wenn die Fortbildung durch eine andere Behörde organisiert wird, bleibt das Beteiligungsrecht bestehen, sofern und soweit der Dienststelle ein Vorschlagsrecht für die Teilnehmer zusteht. Die Einführung und Ausgestaltung eines Assestment-Centers zur Auswahl der Teilnehmerinnen und Teilnehmer an einer Fortbildungsmaßnahme, die dem beruflichen Aufstieg dient, unterliegt jedenfalls nach § 51 MBG SH der Mitbestimmung;[43] die Erwägungen des BVerwG sind darüber hinaus verallgemeinerungsfähig und nicht auf das Landesrecht beschränkt. Beteiligungsfrei ist die Entscheidung der Dienststelle, ob sie für eine bestimmte Fortbildungsveranstaltung überhaupt Teilnehmer melden will oder nicht. Hat sie unter mehreren Interessenten, die für die Teilnahme an der Fortbildungsmaßnahme in Betracht kommen, eine Auswahlentscheidung zu treffen, ist diese gleichfalls Inhalt des Mitbestimmungsrechts[44] (vgl. zum BetrVG § 239 RN 2ff.).

15 Das Beteiligungsrecht erstreckt sich schließlich auf die **allgemeinen Fragen der Fortbildung.** Hierzu zählen die Planung der Fortbildungsangebote der Dienststelle, einschließlich der Festlegung der Anzahl der Teilnehmer und ihrer fachlichen und persönlichen Voraussetzungen oder die Entscheidung, ob eine Fortbildung hausintern oder extern durchgeführt werden soll. Um allgemeine Fragen der Fortbildung handelt es sich auch, wenn abstrakte Auswahlkriterien für die Berücksichtigung der Teilnehmer erarbeitet werden. Auch Festlegungen zeitlicher Art können als „Durchführung der Fortbildung" nach Landesrecht beteiligungspflichtig sein.[45] Nicht beteiligungspflichtig ist hingegen die konkrete Durchführung der Fortbildung, also der Abschluss entsprechender Lehraufträge oder die Erarbeitung der detaillierten Themenstellung im Einzelfall. Mitbestimmungsfrei sind ebenso die Entscheidungen der Dienststelle über eine finanzielle Beteiligung der Dienststelle an der Fortbildung[46] (z.B. durch Übernahme der Reisekosten) oder den Umfang eines etwaigen Freizeitausgleichs.[47]

16 **8. Berufsausbildung. a) Grundsatz.** Nach § 75 III Nr. 6 BPersVG hat der Personalrat bei der Durchführung der Berufsausbildung von Arbeitnehmern mitzubestimmen. Eine entsprechende Vorschrift für Beamte bzw. Beamtenanwärter fehlt. Zweck des Beteiligungsrechts ist die Einbindung des Personalrats in die Überwachung der für die Berufsausbildung geltenden gesetzlichen Bestimmungen zum Schutz der Auszubildenden. Jedoch soll der Personalrat auch die Interessen der Ausbilder und der anderen mit der Durchführung der Berufsausbildung betrauten Personen wahrnehmen; dabei kann er z.B. auf ausreichende Freistellungen bzw. Entlastung für die Ausbildungstätigkeit hinwirken. Unter das Beteiligungsrecht fällt zunächst die Berufsausbildung (dazu § 174). Im personalvertretungsrechtlichen Sinne zählt auch die Umschulung (§ 173 RN 3) zur Berufsausbildung. Ausgenommen ist aber die berufliche Fortbildung, bei der nur die allgemeinen Fragen und die Auswahl der Teilnehmer der Mitbestimmung der Personalvertretung unterliegen (dazu RN 11).

17 **b) Inhalt des Beteiligungsrechts.** Beteiligungspflichtig sind nur Maßnahmen der Durchführung der Berufsausbildung. Das schließt die Entscheidung über die Auswahl der Teilnehmer

[42] BVerwG 15. 5. 1991 Buchholz 251.7 § 72 NWPersVG Nr. 19 = PersR 91, 287 = PersV 92, 37 – Ärzte in der Weiterbildung; 10. 2. 1967 AP 3 zu § 74 PersVG NW = PersV 67, 179.

[43] BVerwG 29. 1. 2003 AP 3 zu § 51 MitbestG Schleswig-Holstein = Buchholz 251.95 § 51 MBGSH Nr. 5 = PersR 2003, 191 = PersV 2003, 297.

[44] BVerwG 7. 3. 1995 Buchholz 251.2 § 85 BlnPersVG Nr. 7 = PersR 95, 332 = PersV 95, 449.

[45] OVG Berlin 19. 3. 2002 PersR 2002, 517.

[46] BVerwG 15. 12. 1994 AP 58 zu § 75 BPersVG = PersR 95, 207 = PersV 95, 376; OVG Münster 27. 10. 1999 PersV 2000, 320.

[47] OVG Münster 27. 10. 1999 PersV 2000, 320; OVG Berlin 13. 2. 1998 PersV 98, 552.

an einer Bildungsmaßnahme ein.[48] Keine Mitwirkung des Personalrats besteht bei der Entscheidung, ob die Dienststelle überhaupt Berufausbildung durchführt, welche Ausbildungsgänge angeboten werden und wie viele Personen ausgebildet werden.[49] Das Beteiligungsrecht hat nach Ansicht des BVerwG ebenfalls nicht zum Gegenstand, welche Anzahl von Ausbildern für die Ausbildung eingesetzt wird, da hierdurch die Bewirtschaftung von Haushaltsmitteln betroffen ist.[50] Beteiligungsfrei ist ebenfalls die Übertragung der Ausbilderfunktion auf einzelne Beschäftigte; insoweit fehlt es an einer § 98 II BetrVG (§ 239 RN 7) entsprechenden Regelung im BPersVG. Der Mitbestimmungstatbestand wird nur ausgelöst, wenn die beabsichtigte Maßnahme darauf gerichtet ist, unmittelbar in die Gestaltung oder Durchführung der Berufsausbildung einzugreifen. Das geschieht etwa bei der Festlegung des zeitlichen Ablaufs der Berufsausbildung, des Ausbildungsorts und der Räumlichkeiten, in denen sie durchgeführt wird sowie bei einer Regelung über die Eingliederung der Teilnehmer in den Dienstablauf der ausbildenden Dienststellen oder Betriebe.[51] Nicht zur Durchführung der Berufsausbildung zählt ihre Abwicklung im Einzelfall, z. B. eine konkrete Anweisung eines Ausbilders an einen Auszubildenden.[52]

Soweit sich das Beteiligungsrecht **landesrechtlich** auch auf die Berufsausbildung von Beamten erstreckt, wird es durch § 104 Satz 3 BPersVG eingeschränkt, wonach die Gestaltung von Lehrveranstaltungen im Rahmen des Vorbereitungsdienstes einschließlich der Auswahl der Lehrpersonen der Dienststelle letztlich vorbehalten bleiben muss.[53] **18**

9. Integrationsvereinbarungen. Die Integrationsvereinbarung ist ein Instrument zur Förderung der Integration von behinderten Menschen in das Berufsleben. Nach § 83 II SGB IX enthält die Integrationsvereinbarung Regelungen im Zusammenhang mit der Eingliederung schwerbehinderter Menschen, insbesondere zur Personalplanung, Arbeitsplatzgestaltung, Gestaltung des Arbeitsumfeldes, Arbeitsorganisation, Arbeitszeit sowie Regelungen über die Durchführung in den Dienststellen. Der Abschluss einer solchen Vereinbarung ist zwingend und hängt nur von dem Antrag der Schwerbehindertenvertretung ab bzw. – wenn eine solche nicht vorhanden ist – vom Antrag des Personalrats (§ 83 I SGB IX). **18a**

II. Personelle Einzelmaßnahmen

Boemke, Personalvertretungsrecht und Arbeitnehmerüberlassung, PersV 2004, 404; *Daniels,* Einsatz von MAE-Beschäftigten, PersR 2006, 184; *Eichenhofer,* Mitbestimmung des Personalrats bei Schaffung von Arbeitsgelegenheiten gegen Mehraufwandsentschädigung?, RdA 2008, 32; *Etzel,* Beteiligung der Personalvertretung bei Kündigungen in den Ländern, FS Lorenzen (2007), S. 33; *Goeres,* Eingruppierungsfragen von Arbeitnehmern und Mitbestimmung der Personalvertretungen nach § 75 Abs. 1 Nr. 2 BPersVG, PersV 2004, 9; *Gottwald,* Zuordnung und Versetzung von Beschäftigten des öffentlichen Dienstes zu einem zentralen Stellenpool, NJ 2004, 197; *Kaiser,* Stufenzuordnung nach § 16 TVöD/TV-L, PersR 2008, 195; *dies.,* Zweistufige Mitbestimmung bei abweichender Stufenzuordnung nach §§ 16, 17 TVöD/TV-L, PersR 2009, 66; *Kallenberg,* Die Beteiligung der Personalvertretung bei Überleitung und Eingruppierung der Beschäftigten in den TVöD/TV-L, ZfPR 2007, 20; *Kunze,* Die Beteiligung des Personalrats bei der Geltendmachung von Ersatzansprüchen gegen einen Beschäftigten, PersV 2006, 334; *ders.,* Beteiligung eines Personalratsmitglieds an Vorstellungsgesprächen?, ZfPR 2008, 92; *Löbbert,* Beteiligungsrechte im Disziplinarverfahren, PersV 2007, 54; *Lorse,* Streitfragen der Mitbestimmung des Personalrats bei der Übertragung höher zu bewertender Tätigkeiten in Fällen der Topfwirtschaft, PersV 2006, 324; *Krolop,* Die Stufenzuordnung nach TVÜ-L unterliegt der Mitbestimmung des Personalrats nach dem PersVG, NJ 2008, 430; *Oberthür,* Die Einschränkung der personellen Mitbestimmung im nordrhein-westfälischen Personalvertretungsrecht, ArbRB 2007, 334; *Otte,* Stufenzuordnung nach § 16 TV-L/TVöD mitbestimmungspflichtig, PersR 2009, 4; *Rothländer,* Die Beteiligungsrechte betrieblicher Interessenvertretungen bei der Überleitung vom BAT, MTArb bzw. BMT-G II in den TVöD, ZTR 2005, 619; *ders.,* Mitbestimmung bei Einstellungen, PersR 2003, 16; *Stahlmann,* Die Zusätzlichkeit bei Arbeitsgelegenheiten ohne Arbeitsvertrag nach § 16 Abs. 3 SGB II, ZFSH/SGB 2008, 403; *Süllwold,* Personalvertretungsrechtliche Aspekte der Ein-Euro-Jobs, ZfPR 2005, 82; *Trümner/Sparchholz,* Drittbezogener Personaleinsatz von Arbeitnehmern und Personalvertretungsrecht, PersR 2008, 317; *Vogelgesang,* Mitbestimmung des Personalrats bei der erstmaligen Stufenzuordnung innerhalb der Entgeltgruppe nach dem TVöD und dem TV-L, ZfPR 2008, 47; *Wahlers,* Erstmalige Stufenzuordnung bei

---

[48] BVerwG 7. 3. 1995 Buchholz 251.2 § 85 BlnPersVG Nr. 7 = PersR 95, 332 = PersV 95, 449.

[49] BVerwG 10. 11. 1999 AP 4 zu § 78 BPersVG = PersR 2000, 70 = PersV 2001, 30 (Ausbildungsquoten); VGH Mannheim 14. 11. 1989 PersV 90, 486; a. A. zutreffend VGH Kassel 22. 9. 1994 PersR 95, 212 (Ordnungsmäßigkeit der Ausbildung berührt).

[50] BVerwG 24. 3. 1998 Buchholz 251.4 § 86 HmbPersVG Nr. 5 = PersR 98, 331 = PersV 98, 557.

[51] BAG 5. 6. 2007 AP 40 zu § 611 BGB Ausbildungsbeihilfe = NZA-RR 2008, 107; BVerwG 10. 11. 1999 AP 4 zu § 78 BPersVG = PersR 2000, 70 = PersV 2001, 30.

[52] Zu Einzelmaßnahmen mit allgemeinem Charakter BVerwG 15. 12. 1972 PersV 73, 111; Lorenzen/*Rehak* § 75 RN 154 b.

[53] Dazu OVG Hamburg 29. 9. 1998 PersR 99, 175.

der Einstellung als mitbestimmungspflichtige Eingruppierung?, PersV 2008, 370; *ders.*, Außerordentliche Kündigung und die Beteiligung des Personalrats – eine Bestandsaufnahme der Rechtsprechung, PersV 2006, 404; *ders.*, Einführung und Ausgestaltung eines Assessment-Centers als mitbestimmungs-(mitwirkungs-)-pflichtige Maßnahme, ZTR 2005, 185; *Wehrisch,* Die Beteiligungsrechte der Personalvertretung bei der Einstellung und Kündigung von wissenschaftlichen Mitarbeitern an Universitäten, Diss. (2003); *Witt,* Mitbestimmung bei der Einführung und Ausgestaltung eines Assessment-Centers (AC), PersV 2004, 324; *Zimmerling,* Die Beteiligung des Personalrats im Auswahlverfahren, ZfPR 2007, 115.

19 **1. Einstellung. a) Begriff.** Die Einstellung eines Arbeitnehmers unterliegt nach § 75 I 1 Nr. 1 BPersVG der Mitbestimmung. Dies gilt nach § 76 I Nr. 1 BPersVG auch für die Einstellung eines Beamten. Die Einstellung von Arbeitnehmern und Beamten gehört auch in allen Landespersonalvertretungsgesetzen zu den beteiligungspflichtigen Maßnahmen. Bei Arbeitnehmern versteht man unter einer Einstellung die Eingliederung des Beschäftigten in die Dienststelle, die grundsätzlich durch den Abschluss eines Arbeitsvertrages und die tatsächliche Aufnahme der vorgesehenen Tätigkeit erfolgt.[54] Die Einstellung wird nicht dadurch in Frage gestellt, dass die vertragliche Grundlage des Arbeitsverhältnisses mit Mängeln behaftet ist, sofern der Beschäftigte tatsächlich seine gewollte Beschäftigung aufgenommen hat.[55] Bei Beamten wird unter Einstellung die Ernennung des Beamten unter Begründung eines Beamtenverhältnisses verstanden (vgl. § 3 BLV). Das Beteiligungsrecht besteht nicht bei der Einstellung von selbstständigen Honorarlehrkräften.[56]

20 Das Mitbestimmungsrecht besteht ohne Rücksicht auf den **Inhalt** und die **Ausgestaltung des beabsichtigten Arbeitsvertrags.** Auch der Umfang der vereinbarten Wochenarbeitszeit ist unerheblich. Beteiligungspflichtig sind daher auch die befristete Einstellung und die auf Dauer angelegte Einstellung von Abrufkräften.[57] Nach der Rspr. des BVerwG entfällt das Mitbestimmungsrecht, wenn die geplante Zusammenarbeit so geringfügig ist, dass nicht mehr von einer Eingliederung in die Dienststelle gesprochen werden kann. Dies soll bei Aushilfsarbeitsverhältnissen der Fall sein, deren Dauer zwei Monate nicht übersteigen.[58] Schließt die Dienststelle in einer Bestandsschutzstreitigkeit (Kündigungsschutzklage oder Entfristungsklage) einen auf zukünftige Beschäftigung gerichteten Vergleich, liegt keine Einstellung vor, wenn sich der Vergleich nur über die Fortsetzung des rechtlich ohnehin bestehenden Arbeitsverhältnisses verhält.[59]

21 Wie im BetrVG (§ 241 RN 11 f.) umfasst der Begriff der **Einstellung** weitere ähnlich wirkende Maßnahmen[60] wie zum Beispiel die Verlängerung eines befristeten Arbeitsvertrags,[61] die Umwandlung eines befristeten in ein unbefristetes Arbeitsverhältnis,[62] die Übernahme eines Auszubildenden nach der Abschlussprüfung, die Umwandlung eines Teilzeitarbeitsverhältnisses in eine Vollzeitbeschäftigung,[63] die Erhöhung der Stundenzahl einer Teilzeitkraft,[64] die Ernennung eines bereits beschäftigten Arbeitnehmers zum Beamten,[65] die Umwandlung eines Beamtenverhältnisses in ein solches anderer Art[66] sowie der Wechsel der Gruppenzugehörigkeit eines Arbeitnehmers. Als Einstellung zählt auch das Hinausschieben des Eintritts in den Ruhestand wegen Erreichens der Altersgrenze bei Beamten (§ 76 I Nr. 9 BPersVG) und die Weiterbeschäftigung eines Arbeitnehmers über die (rentenrechtliche) Altersgrenze hinaus (§ 75 I Nr. 5 BPersVG). Nicht als Einstellung zählt allerdings die Umwandlung eines Vollzeitbeschäftigungsverhältnisses in ein Teilzeitbeschäftigungsverhältnis nach dem Altersteilzeitgesetz[67] und die Verringerung der Teilzeitquote einer Teilzeitkraft.[68] Hat die aufnehmende Dienststelle bei einer Abordnung kein Beteili-

---

[54] BVerwG 22. 10. 2007 Buchholz 251.92 § 67 SAPersVG Nr. 1 = PersV 2008, 103 = PersR 2008, 23.
[55] BVerwG 2. 6. 1993 Buchholz 250 § 83 BPersVG Nr. 61 = PersR 93, 450 = PersV 94, 126.
[56] OVG Münster 1. 12. 2005 PersR 2006, 171 = PersV 2006, 141.
[57] BVerwG 3. 2. 1993 AP 43 zu § 75 BPersVG = PersR 93, 260 = PersV 94, 225.
[58] Die Einzelheiten sind oben beim Beschäftigtenbegriff dargestellt (§ 263 RN 15 ff.).
[59] Vgl. BVerwG 25. 8. 1988 AP 27 zu § 75 BPersVG = PersR 88, 298 = PersV 89, 271.
[60] Zusammenfassend BVerwG 30. 4. 2001 Buchholz 251.2 § 87 BlnPersVG Nr. 6 = PersV 2001, 411 = PersR 2001, 382.
[61] BVerwG 13. 2. 1979 Buchholz 238.3 A § 75 BPersVG Nr. 10 = PersV 80, 236.
[62] BVerwG 1. 2. 1989 AP 28 zu § 75 BPersVG = PersR 89, 198 = PersV 89, 354.
[63] BVerwG 2. 6. 1993 Buchholz 250 § 83 BPersVG Nr. 61 = PersR 93, 450 = PersV 94, 126.
[64] BAG 25. 1. 2005 AP 114 zu § 87 BetrVG 1972 Arbeitszeit = NZA 2005, 945; BVerwG 23. 3. 1999 AP 73 zu § 75 BPersVG = PersR 99, 395 = PersV 2000, 90; 2. 6. 1993 Buchholz 250 § 83 BPersVG Nr. 61 = PersR 93, 450 = PersV 94, 126; einschränkend BVerwG 21. 7. 1994 Buchholz 251.6 § 78 NdsPersVG Nr. 7 = PersR 94, 419 = PersV 95, 38 (Aufstockung nur für kurze Zeit).
[65] BVerwG 2. 6. 1993 Buchholz 250 § 83 BPersVG Nr. 61 = PersR 93, 450 = PersV 94, 126.
[66] BVerwG 28. 10. 2002 NVwZ-RR 2003, 292 = PersR 2003, 117 = PersV 2003, 225.
[67] BVerwG 12. 6. 2001 AP 1 zu § 1 ATG = Buchholz 250 § 75 BPersVG Nr. 103.
[68] BAG 25. 1. 2005 AP 114 zu § 87 BetrVG 1972 Arbeitszeit = NZA 2005, 945.

gungsrecht, kann die Maßnahme nicht unter dem Gesichtspunkt der Einstellung ihrer Beteiligung unterliegen.[69]

b) Einsatz von Fremdpersonal. Auch der Einsatz von bei Fremdfirmen beschäftigten Arbeitnehmern kann im Personalvertretungsrecht Beteiligungsrechte unter dem Gesichtspunkt der Einstellung auslösen. So ist anerkannt, dass die Einstellung keine gewollte Vertragsbeziehung zwischen der Dienststelle und dem Beschäftigten voraussetzt; entscheidend ist nur, ob die tatsächliche Eingliederung vom Willen der Dienststelle umfasst ist. Dafür spricht die Wahrnehmung von Daueraufgaben, insbesondere wenn es sich nach ihrer Art und Zielsetzung um Aufgaben handelt, die von den bereits in der Dienststelle tätigen Mitarbeitern erledigt werden; ein weiteres Indiz sind räumliche und sachliche Berührungspunkte zwischen den überlassenen Arbeitskräften und den Stammarbeitnehmern[70] oder ein eventuelles Weisungsrecht der Dienststelle hinsichtlich Zeit, Art und Umfang der Arbeitsleistung. Daher sieht das BVerwG auch die Eingliederung eines Beschäftigten im Rahmen eines Leiharbeitsverhältnisses als Einstellung an und misst dabei § 14 III AÜG nur deklaratorische Bedeutung bei.[71] An einer Eingliederung fehlt es hingegen, wenn ein Arbeitnehmer auf Grund eines zwischen einer Dienststelle und einer Drittfirma geschlossenen Werk- oder Dienstvertrags bei der Dienststelle tätig wird. Zur Abgrenzung zieht das BVerwG dieselben Grundsätze heran wie das BAG im Rahmen von § 99 BetrVG.[72] Je weniger die zu erbringenden Leistungen nach Art, Umfang, Reihenfolge oder sonstigen Vorgaben vorherbestimmt sind und je geringer der arbeitsorganisatorische Einfluss des Fremdunternehmers ist, desto eher ist eine Arbeitnehmerüberlassung anzunehmen. Darüber hinaus spricht es im öffentlichen Dienst für das Vorliegen einer Arbeitnehmerüberlassung, wenn durch die Arbeitnehmer Arbeiten erledigt werden, bei denen die Verantwortlichkeit nicht oder nicht ohne weiteres auf Private übertragen werden kann.[73] Wie das BAG sieht auch das BVerwG den Einsatz einer DRK-Krankenschwester auf der Grundlage eines Gestellungsvertrags als mitbestimmungspflichtige Einstellung an,[74] nicht jedoch die „Einstellung" von Zivildienstleistenden.[75] Der Einsatz erwerbsfähiger Hilfebedürftiger zur Verrichtung von im öffentlichen Interesse liegenden, zusätzlichen Arbeiten auf Basis von § 16d SGB II (sog. Ein-Euro-Jobs) in der Dienststelle unterliegt der Mitbestimmung des dortigen Personalrats bei Einstellungen, denn es entsteht ein sozialrechtliches[76] Rechtsverhältnis zwischen dem Hilfsbedürftigem und der Dienststelle mit Ähnlichkeiten zum Arbeitsverhältnis. Der Personalrat kann seine Zustimmung u. a. verweigern, wenn die Hilfsbedürftigen nicht zur Verrichtung „zusätzlicher Arbeiten" im Sinne von § 16d SGB II eingesetzt werden sollen; das BVerwG sieht darin eine Schutzvorschrift zu Gunsten der Beschäftigten der Dienststelle.[77] **22**

c) Zweck der Beteiligung. Durch die Beteiligung des Personalrats an der Einstellung von Beschäftigten sollen in erster Linie die kollektiven Interessen der von ihm vertretenen Beschäftigten, die in der Dienststelle bereits tätig sind, gewahrt werden.[78] Diese Interessen finden besondere Berücksichtigung im Versagungskatalog des § 77 II BPersVG, der sowohl für die Mitbestimmung bei der Einstellung gilt als auch die Kontrolle der Rechtmäßigkeit von Auswahlentscheidungen erfasst.[79] Der Personalrat kann die Zustimmungsverweigerung aber auch auf Grün- **23**

---

[69] BVerwG 29. 1. 2003 AP 3 zu § 86 LPVG Berlin = Buchholz 251.2 § 87 BlnPersVG Nr. 7 = PersR 2003, 194.

[70] BVerwG 6. 9. 1995 AP 2 zu § 77 LPVG Hessen = PersR 96, 118 = PersV 96, 258.

[71] BVerwG 21. 3. 2007 Buchholz 251.8 § 78 RhPPersVG Nr. 1 = PersR 2007, 301 = PersV 2007, 483; 15. 3. 1994 AP 53 zu § 75 BPersVG = PersR 94, 288 = PersV 95, 26.

[72] Vgl. BVerwG 8. 1. 2003 Buchholz 251.4 § 87 HmbPersVG Nr. 2 = PersR 2004, 148; BAG 9. 11. 1994 AP 18 zu § 1 AÜG = NZA 95, 572.

[73] BVerwG 6. 9. 1995 AP 2 zu § 77 LPVG Hessen = PersR 96, 118 = PersV 96, 258.

[74] BVerwG 18. 6. 2002 AP 24 zu § 72 LPVG NW = Buchholz 251.7 § 72 NWPersVG Nr. 28 = PersR 2002, 467; 27. 8. 1997 AP 4 zu § 77 LPVG Hessen = PersR 98, 22; einschränkend aber BVerwG 23. 8. 1993 AP 53 zu § 5 BetrVG 1972 (Religionslehrer); vgl. auch BVerwG 14. 4. 2004 AP 30 zu § 72 LPVG NW = Buchholz 251.7 § 72 NWPersVG Nr. 33 = PersR 2004, 269 = PersV 2004, 374.

[75] OVG Lüneburg 30. 11. 2005 NVwZ-RR 2006, 263 = PersV 2006, 181 (zweifelhaft).

[76] BAG 8. 11. 2006 AP 89 zu § 2 ArbGG 1979 = NZA 2007, 53.

[77] BVerwG 21. 3. 2007 Buchholz 251.8 § 78 RhPPersVG Nr. 1 = PersR 2007, 301 = PersV 2007, 483 unter Aufgabe von BVerwG 26. 1. 2000 AP 2 zu § 51 MitbestG Schleswig-Holstein = PersR 2000, 243 = PersV 2000, 559.

[78] BVerwG 22. 10. 2007 Buchholz 251.92 § 67 SAPersVG Nr. 1 = PersV 2008, 103 = PersR 2008, 23; 6. 9. 1995 AP 2 zu § 77 LPVG Hessen = PersR 96, 118 = PersV 96, 258; 3. 2. 1993 AP 108 zu § 99 BetrVG 1972 = PersR 93, 260 = PersV 94, 225.

[79] BVerwG 6. 9. 1995 AP 2 zu § 77 LPVG Hessen = PersR 96, 118 = PersV 96, 258 (Kontrolle der Einhaltung bestimmter Rechtmäßigkeitsanforderungen bei Auswahlentscheidungen).

de stützen, die die Interessen der abgelehnten Bewerber betreffen, selbst wenn es sich um nicht dienststellenangehörige externe Bewerber handelt.[80]

24 **d) Zustimmungsverweigerungsgründe.** Da von dem Begriff der Einstellung lediglich die tatsächliche Beschäftigungsaufnahme (Eingliederung) in der Dienststelle erfasst ist, hat die Personalvertretung kein Mitspracherecht, soweit der Inhalt des Arbeitsvertrags betroffen ist. Der Mitbestimmung ist nach Bundesrecht (zum Landesrecht RN 26) entzogen, ob ein Beschäftigter befristet oder unbefristet[81] oder als Vollzeit- bzw. Teilzeitkraft eingestellt werden soll;[82] selbst die Verteilung der Arbeitszeit einer Teilzeitkraft liegt außerhalb der Einflussmöglichkeiten des Personalrats, wenn diese bereits arbeitsvertraglich mit der Dienststelle vereinbart ist.[83] Der Personalrat kann seine Zustimmung zur Einstellung wegen drohender Benachteiligung anderer Beschäftigter nur verweigern, wenn er den Verlust eines Rechts, einer Anwartschaft oder anderer rechtlich erheblicher Positionen der vorhandenen Beschäftigten geltend machen kann, z. B. bei einer Beförderungszusage oder einem Verstoß gegen bestehende Auswahlrichtlinien oder -grundsätze.[84] Bloße Eingriffe in nur tatsächlich verfestigte Chancen eines Beschäftigten rechtfertigen die Zustimmungsverweigerung nicht[85] (§ 241 RN 48). Bei der Einstellung eines externen Bewerbers kann die Zustimmung nur verweigert werden, wenn die Dienststelle bei der Eignungsbeurteilung den gesetzlichen Rahmen, in dem sie sich frei bewegen kann, verkannt hat, von einem unrichtigen Sachverhalt ausgegangen ist oder allgemeingültige Maßstäbe nicht beachtet bzw. sachfremde Erwägungen angestellt hat.[86] Ist eine dienststelleninterne Ausschreibung unterblieben und hat der Personalrat einem Absehen von der Stellenausschreibung nicht vorab zugestimmt, kann die Zustimmungsverweigerung auch hierauf gestützt werden.[87] Bedenken des Personalrats gegen die Richtigkeit der vorgesehenen Eingruppierung stellen keinen sachlich gerechtfertigten Grund für einen Widerspruch gegen die Einstellung dar; eine unrichtige Eingruppierung führt nicht zu einem Beschäftigungsverbot.[88] Der Personalrat kann aber der Einstellung zustimmen und nur der Eingruppierung seine Zustimmung versagen.[89]

25 **e) Zeitpunkt der Beteiligung.** Das Beteiligungsverfahren zur Einstellung ist von der Dienststelle vor der Ernennung des zur Einstellung vorgesehenen Beamten bzw. vor Abschluss des Arbeitsvertrags durchzuführen. Anders als das BAG sieht das BVerwG auch als erforderlich an, dass der Arbeitsvertrag nicht abgeschlossen wird, bevor der Personalrat der zur Einstellung vorgesehenen Person, der Übertragung der von ihr auszuübenden Tätigkeit und der Eingruppierung zugestimmt hat.[90] Werden Abrufkräfte für zukünftige kurzfristige Arbeitseinsätze auf Dauer unter Vertrag genommen, ist die Beteiligung bei Abschluss des Vertrags durchzuführen und nicht vor den jeweiligen Einsätzen.[91]

26 **f) Landesgesetzliche Besonderheiten.** Landesgesetzlich bestehen vereinzelt Beteiligungsrechte bei (Neu-)Zuweisung einer Beschäftigung nach einer Beurlaubung ohne Dienstbezüge oder nach einer Elternzeit (vgl. § 78 II 10 LPersVG RP); die Beteiligung erfolgt, da sich bei der Wiederaufnahme des Beschäftigungsverhältnisses ähnliche Probleme ergeben können wie bei Eingliederung auf Grund einer Einstellung; zur Beteiligung des Personalrats bei der **Befristung von Arbeitsverhältnissen** § 38 RN 59.

27 **2. Versetzung und verwandte Beteiligungsrechte. a) Begriff.** Nach den §§ 75 I Nr. 3, 76 I Nr. 4 BPersVG hat der Personalrat bei Versetzungen von Arbeitnehmern bzw. Beamten mitzubestimmen. Entsprechende Regelungen finden sich in den Landespersonalvertretungsge-

---

[80] BVerwG 11. 2. 1981 Buchholz 238.31 BaWüPersVG § 68 Nr. 1 = PersV 81, 320.

[81] BVerwG 15. 11. 1989 PersR 90, 13 = PersV 90, 235; vgl. aber BVerwG 6. 9. 1995 AP 1 zu § 77 LPVG Hessen = PersR 96, 24 = PersV 96, 265: Zustimmung kann verweigert werden, wenn wegen häufiger kurzzeitiger Befristungen andere Beschäftigte besonders belastet sind und das Landesrecht keinen ausdrücklichen Zustimmungsverweigerungskatalog vorsieht.

[82] BVerwG 14. 11. 1989 Buchholz 250 § 75 BPersVG Nr. 73 = PersR 90, 12 = PersV 90, 234.

[83] BVerwG 12. 9. 1983 Buchholz 238.31 § 76 PersVG BW Nr. 1 = PersV 85, 163.

[84] BVerwG 2. 11. 1994 Buchholz 250 § 69 BPersVG Nr. 27 = PersR 95, 83 = PersV 95, 227.

[85] BVerwG 23. 9. 1992 AP 5 zu § 77 BPersVG = PersR 93, 24 = PersV 93, 231.

[86] BVerwG 20. 6. 1986 Buchholz 238.3 A § 77 BPersVG Nr. 6 = PersV 87, 63.

[87] BVerwG 29. 1. 1996 AP 63 zu § 75 BPersVG = PersR 96, 239 = PersV 96, 465.

[88] BVerwG 22. 10. 2007 Buchholz 251.92 § 67 SAPersVG Nr. 1 = PersV 2008, 103 = PersR 2008, 23; 15. 11. 1995 AP 4 zu § 87 LPVG Berlin = NZA-RR 96, 359 = PersR 96, 155 = PersV 96, 323 (Ost- oder Westvergütung).

[89] BVerwG 22. 10. 2007 Buchholz 251.92 § 67 SAPersVG Nr. 1 = PersV 2008, 103 = PersR 2008, 23 zu § 67 I 1 LPersVG ST, dessen Wortlaut auch eine andere Deutung zugelassen hätte.

[90] Vgl. nur BVerwG 15. 3. 1994 AP 53 zu § 75 BPersVG = PersR 94, 288 = PersV 95, 26.

[91] BVerwG 3. 2. 1993 AP 43 zu § 75 BPersVG = PersR 93, 260 = PersV 94, 225.

setzen. Der Versetzungsbegriff im BPersVG entspricht nur teilweise dem in § 95 BetrVG verwendeten Begriff; er umfasst im Wesentlichen die Zuweisung eines anderen Dienstpostens. Personalvertretungsrechtlich ist die Versetzung nur von Bedeutung, wenn sie mit dem dauerhaften Wechsel der Dienststelle verbunden ist; bei Beamten spricht man von der Zuweisung eines anderen Amtes im konkret-funktionellen Sinne bei einer anderen Dienststelle. Für den personalvertretungsrechtlichen Versetzungsbegriff sind die Begriffe der Dienststelle und Behörde gleichzusetzen.[92] Der Umzug der gesamten Dienststelle an einen anderen Ort stellt keine Versetzung dar, da es an einem Wechsel der Dienststelle fehlt. Gleiches gilt für die Auflösung und Eingliederung einer bisher selbstständigen Dienststelle in eine gemeinsame Dienststelle.[93] Keine Versetzung liegt vor, wenn der Beschäftigte einem Stellenpool oder einem Personalüberhang zugeordnet wird, da die Versetzung zwingend voraussetzt, dass der Beschäftigte in der neuen Dienststelle an der Erfüllung des Amtsauftrags mitwirkt,[94] was im Regelfall nur durch die Eingliederung in die Dienststelle erfolgen kann. Jedoch kann auch die Zuweisung nach Landesrecht beteiligungspflichtig sein.[95] Eine beteiligungspflichtige Versetzung liegt auch dann vor, wenn ein Beschäftigter nach längerer Beurlaubung (zum Beispiel Elternzeit) seinen Dienst nunmehr in einer anderen Dienststelle wieder aufnehmen soll.[96]

b) Zweck und Reichweite des Beteiligungsrechts. Der Personalrat vertritt im Rahmen 28
des Beteiligungsverfahrens die individuellen Interessen des einzelnen Beschäftigten wie auch die Interessen der Belegschaft der abgebenden wie auch der aufnehmenden Dienststelle.[97] Wegen der Doppelfunktion der Personalvertretung besteht das Mitbestimmungsrecht auch bei Einverständnis des Betroffenen mit der beabsichtigten Maßnahme. Bei der Versetzung kann der Personalrat der abgebenden Dienststelle als tatsächliche Nachteile sowohl die individuellen Belange des Betroffenen wie auch Mehrbelastungen der verbleibenden Beschäftigten von nicht unerheblichem Gewicht anführen, die seiner Ansicht nach von der Dienststelle nicht oder nicht mit dem richtigen Gewicht berücksichtigt worden sind. Soweit derartige Maßnahmen einer Schwerpunktverlagerung bei der Erfüllung öffentlicher Aufgaben dienen sollen, ist die diesbezügliche Grundentscheidung nach Ansicht des BVerwG allerdings der Mitbestimmung entzogen; auch die Einigungsstelle kann sich darüber nicht hinwegsetzen. Eine Mitbestimmung kommt dann nur noch hinsichtlich der Art und Weise ihres Vollzugs in Betracht.[98] Für die Personalvertretung der aufnehmenden Behörde entspricht die Versetzung einer Einstellung, zu den möglichen Einwendungen gelten daher die Ausführungen unter RN 22 sinngemäß.

c) Beteiligungsverfahren. Im Gegensatz zu vielen Landesgesetzen[99] gibt es im Bundesrecht 29
keine gesonderten Regelungen über die bei Versetzungen zu beteiligenden Personalvertretungen. Nach der Rspr. des BVerwG muss eine Beteiligung bei der abgebenden und aufnehmenden Dienststelle erfolgen.[100] Welche Personalvertretungen im Einzelfall zu beteiligen sind, hängt davon ab, welche Dienststelle die Maßnahme anordnet. Erfolgt die Versetzung von der Mittelbehörde zu einer nachgeordneten Behörde, ist der Hauspersonalrat der Mittelbehörde für die abgebende Dienststelle zu beteiligen und die bei der Mittelbehörde gebildete Stufenvertretung für die aufnehmende Dienststelle. Wird dagegen durch die Mittelbehörde eine Versetzung von

---

[92] BAG 22. 1. 2004 AP 25 zu § 91 a ZPO; BVerwG 16. 6. 2000 AP 21 zu § 72 LPVG NW = PersR 2000, 416 = PersV 2001, 405.

[93] OVG Lüneburg 1. 4. 1998 NZA-RR 98, 526 = PersR 98, 342.

[94] BVerwG 2. 8. 2005 Buchholz 251.2 § 86 BlnPersVG Nr. 5 = PersR 2005, 421; der auf Dauer angelegte Entzug jeglichen Amtes im konkret-funktionalen Sinne (Dienstpostens) ist wegen Verstoß gegen die hergebrachten Grundsätze des Berufsbeamtentums rechtswidrig (BVerwG 22. 6. 2006 ZBR 2006, 344 = PersR 2006, 460).

[95] BAG 15. 8. 2006 AP 1 zu § 84 LPVG Berlin = PersR 2007, 164; zum Feststellungsinteresse BAG 27. 10. 2005 AP 90 zu § 256 ZPO 1977 = NZA 2006, 621.

[96] BVerwG 15. 11. 2006 Buchholz 250 § 76 BPersVG Nr. 40 = PersR 2007, 119 = PersV 2007, 370.

[97] BVerwG 4. 6. 1993 AP 2 zu § 79 LPVG Berlin = PersV 94, 414; 4. 6. 1993 Buchholz 251.2 § 86 BlnPersVG Nr. 3 = PersV 94, 467.

[98] BVerwG 4. 6. 1993 Buchholz 251.2 § 86 BlnPersVG Nr. 3 = PersV 94, 467.

[99] Die Landesgesetze sehen im Regelfall eine Beteiligung der abgebenden und der aufnehmenden Dienststelle vor; anders § 79 LPersVG NI, wo ausdrücklich bestimmt ist, dass nur die abgebenden Dienststelle zu beteiligen ist; die aufnehmende Dienststelle wird lediglich unterrichtet; vgl. dazu VG Göttingen 21. 2. 2001 PersV 2002, 85.

[100] BVerwG 16. 9. 1994 Buchholz 251.9 § 80 SaarPersVG Nr. 2 = PersR 95, 16 = PersV 95, 175; 16. 9. 1994 AP 7 zu § 76 BPersVG = PersR 95, 20 (unter Aufgabe der früheren Rspr.); vgl. aber BVerwG 18. 6. 1999 Buchholz 251.7 § 72 NWPersVG Nr. 25 = PersR 99, 534 = PersV 2000, 325 (Sonderregelung für Lehrer im Polizeidienst in NRW); ebenso zum Landesrecht OVG Berlin 26. 6. 2001 PersR 2002, 343.

einer nachgeordneten Dienststelle zu einer anderen nachgeordneten Dienststelle verfügt, ist nur die Stufenvertretung zu beteiligen, da diese die einzige auf Ebene der Mittelbehörde zuständige Personalvertretung für beide betroffenen Dienststellen ist.

30 **d) Verwandte Beteiligungsrechte. aa) Abordnung.** Die Abordnung ist die nicht auf Dauer angelegte Zuweisung eines anderen Dienstpostens in einer anderen Dienststelle;[101] maßgeblich ist nicht der personalvertretungsrechtliche Dienststellenbegriff, sondern der dienstrechtliche,[102] der dem tariflichen[103] Abordnungsbegriff entspricht. Nach §§ 75 I Nr. 4, 76 I Nr. 5 BPersVG ist die Personalvertretung erst bei Abordnungen von mehr als drei Monaten zu beteiligen. Entsprechende Regelungen finden sich auch in den Landesgesetzen. Die Beteiligungspflicht setzt bei einer Abordnung nicht erst mit Beginn des dritten Monats ein, maßgeblich ist vielmehr die (subjektive) Vorstellung der Dienststelle zum Zeitpunkt der Abordnungsverfügung. Soll die Abordnung mehr als drei Monate dauern, ist die Personalvertretung stets und unmittelbar bei Anordnung der Maßnahme zu beteiligen.[104] War die Abordnung zunächst auf einen Zeitraum unter drei Monate angelegt, ist die Beteiligung vorzunehmen, sobald sich herausstellt, dass die Abordnung insgesamt mehr als drei Monate andauern soll.[105] Nach der Interessenslage der Beschäftigten müssten bei der Abordnung an sich ebenfalls die Personalräte der abgebenden und der aufnehmenden Dienststelle beteiligt werden; die Beteiligung der aufnehmenden Dienststelle kann nach Landesrecht jedoch ausgeschlossen sein.[106]

31 **bb) Umsetzung.** Die Umsetzung ist die Zuweisung eines neuen Dienstpostens innerhalb der Dienststelle.[107] Sie unterliegt nach Bundesrecht nur dann der Beteiligung, wenn mit ihr ein dauerhafter[108] Wechsel des Dienstorts verbunden ist (§§ 75 I Nr. 3, 76 I Nr. 4 BPersVG). Der Umfang des maßgeblichen Einzugsgebietes umfasst nach § 3 I lit. c BUKG 30 km gemessen auf üblicherweise befahrenen Strecken. Die Umsetzung unterliegt erst dann der Beteiligungspflicht, wenn die neue Dienststelle in einer anderen politischen Gemeinde als die bisherige Dienststelle liegt und sie zusätzlich mehr als 30 km auf üblicherweise befahrenen Strecken von der bisherigen Dienststelle entfernt liegt. Erfolgt der Wechsel zu der anderen Dienststelle nicht dauerhaft, sondern nur vorübergehend, sind die Vorschriften über die Abordnung nicht, auch nicht analog, anzuwenden. Landesrechtlich ist teilweise die Beteiligung auch bei vorübergehenden Umsetzungen vorgesehen (z. B. § 72 I Nr. 5 LPersVG NRW – länger als 3 Monate). Sind an der Umsetzung mehrere Dienststellen beteiligt, steht das Mitbestimmungsrecht sowohl dem Personalrat der abgebenden als auch dem der aufnehmenden Dienststelle zu.[109] Die Bestellung einer Gleichstellungsbeauftragten unterliegt nicht der Beteiligung; gleichwohl kann die mit der Bestellungsmaßnahme einhergehende Personalmaßnahme sich als beteiligungspflichtige (Teil-)Umsetzung darstellen.[110] In vielen Bundesländern erfolgt auf kommunaler Ebene die Bestellung der Leiters oder auch anderer Mitarbeiter des Rechnungsprüfungsamtes durch den Rat bzw. die Gemeindevertretung. Diese Bestellung und die damit einhergehende Umsetzung stellen eine Einheit dar; dies hat zur Folge, dass das Beteiligungsrecht durch die Bestellung nicht eingeschränkt wird; ggf. ist das Einigungsstellenverfahren durchzuführen an dessen Ende allerdings ein Letztentscheidungsrecht der Dienststelle stehen dürfte.[111]

32 **cc) Supranationale Behörden.** Nach § 123 a BRRG kann dem Beamten mit seiner Zustimmung eine seinem Amt entsprechende Tätigkeit bei einer öffentlichen Einrichtung europäischer oder internationaler Behörden übertragen werden. Aus der Sicht des Betroffenen und aus

---

[101] BVerwG 3. 7. 1990 AP 2 zu § 76 BPersVG = PersR 90, 295 = PersV 90, 540.

[102] BVerwG 12. 9. 2002 AP 2 zu § 86 LPVG Baden-Württemberg = Buchholz 251.2 § 86 BlnPersVG Nr. 4 = PersV 2003, 184 = PersR 2003, 39 (keine Teilabordnung bei zusätzlichen Tätigkeiten als Seminarleiter beim Landesschulamt Berlin); anders in NRW auf Grund spezialgesetzlicher Regelung für den Bereich der Schulen in § 94 I LPersVG NRW: BVerwG 28. 5. 2002 Buchholz 251.7 § 72 NWPersVG Nr. 27 = PersR 2002, 340.

[103] BVerwG 29. 1. 2003 AP 3 zu § 86 LPVG Berlin = Buchholz 251.2 § 87 BlnPersVG Nr. 7 = PersR 2003, 194.

[104] BVerwG 18. 9. 1984 Buchholz 238.3 A § 75 BPersVG Nr. 32 (Abordnung mit dem Ziel der Versetzung).

[105] OVG Greifswald 21. 11. 2007 ZfPR 2008, 75; Lorenzen/*Rehak* § 75 RN 65.

[106] BVerwG 29. 1. 2003 AP 3 zu § 86 LPVG Berlin = Buchholz 251.2 § 87 BlnPersVG Nr. 7 = PersR 2003, 194.

[107] BVerwG 3. 7. 1990 AP 2 zu § 76 BPersVG = PersR 90, 295 = PersV 90, 540.

[108] BVerwG 10. 10. 1991 Buchholz 250 § 76 BPersVG Nr. 22 = PersR 92, 301.

[109] BVerwG 16. 6. 2000 AP 21 zu § 72 LPVG NW = PersR 2000, 416 = PersV 2001, 405.

[110] BVerwG 22. 7. 2003 AP 1 zu § 16 GleichstellungsG NW = PersR 2003, 495 = PersV 2004, 44.

[111] Vgl. OVG Münster 9. 11. 2001 NVwZ-RR 2002, 291 = PersR 2002, 257.

der Sicht der abgebenden Dienststelle sind solche Maßnahmen beteiligungsrechtlich mit einer Versetzung bzw. einer Abordnung gleichzustellen.

3. Beförderung und verwandte Beteiligungsrechte. a) Beförderung. Eine Beförderung ist eine Ernennung, durch die einem Beamten ein anderes Amt mit einem höheren Endgrundgehalt und anderer Amtsbezeichnung verliehen wird (§ 6 I Nr. 4 BBG i. V. m. § 12 I BLV). Eine Veränderung des Dienstpostens ist nicht erforderlich. Beförderungen sind Auswahlentscheidungen unter Leistungsgesichtspunkten. Die Rolle des Personalrats beschränkt sich auf die Kontrolle der Rechtmäßigkeit der Auswahlentscheidung im Interesse der nicht berücksichtigten übrigen Beschäftigten. Dementsprechend ist wie bei der Einstellung bzw. Versetzung mit Auswahlcharakter der Beurteilungsspielraum der Dienststelle zu berücksichtigen, der einer Mitbestimmung der Personalvertretung entzogen ist (RN 22). Nicht von der Mitbestimmung umfasst ist die vorgelagerte Frage, ob der Dienststelle eine Beförderungsstelle zugewiesen wird oder nicht.[112] 33

b) Übertragung eines anderen Amtes. Der Beförderung gleichgestellt ist nach § 76 I Nr. 2 BPersVG die Übertragung eines anderen Amtes mit höherem Endgrundgehalt ohne Änderung der Amtsbezeichnung (sog. versteckte Beförderung). Ebenfalls wie eine Beförderung wird der Wechsel der Laufbahngruppe behandelt, auch wenn mit ihm nicht notwendig eine Änderung der Besoldungsgruppe verbunden ist. Schließlich steht auch der bloße Laufbahnwechsel, der sich auch innerhalb derselben Laufbahngruppe vollziehen kann, der Beförderung gleich. Die Gleichstellung rechtfertigt sich jeweils wegen der mit dem Wechsel verbundenen zukünftigen Beförderungsmöglichkeiten in der neuen Laufbahn. Auch die Beteiligung bei der Anstellung eines Beamten (§ 76 I Nr. 1 BPersVG) zählt zu den mit der Beförderung verwandten Beteiligungsrechten. Die Anstellung ist die Ernennung eines Beamten auf Lebenszeit nach § 11 BBG, d. h. die Ernennung unter erster Verleihung eines Amtes, das in einer Besoldungsordnung aufgeführt ist (vgl. § 10 BLV a. F.). Da bei späteren Auswahlentscheidungen nach wie vor immer noch die Dauer der Tätigkeit als Lebenszeitbeamter von entscheidender Bedeutung ist, hängen von der Anstellung und ihrem Zeitpunkt in besonderem Maße die späteren beruflichen Aufstiegsmöglichkeiten ab. 34

c) Übertragung einer höher oder niedriger zu bewertenden Tätigkeit. Der Personalrat ist auch zu beteiligen, wenn dem Beamten eine höher oder niedriger zu bewertende Tätigkeit übertragen wird (§ 76 I Nr. 3 BPersVG). Wegen der Unterschiede zwischen dem Beamten- und dem Arbeitsrecht hat dieses Beteiligungsrecht im Beamtenrecht eine etwas andere Bedeutung als das gleich lautende Beteiligungsrecht in § 75 I Nr. 2 BPersVG für die Arbeitnehmer. Bei Beamten ist die Übertragung einer höher bewerteten Tätigkeit nicht notwendig mit der Änderung des Aufgabenkreises verbunden, sondern vielmehr die Zuweisung einer Planstelle einer höheren Besoldungsgruppe,[113] die sich ohne sichtbare Änderung der Aufgaben des Beamten vollziehen kann. Der Tatbestand kann damit sowohl bei Zuweisung eines anderen Dienstpostens mit einer anderen Planstelle gegeben sein als auch bei dem bloßen Austausch der einem bestimmten Dienstposten zugeordneten Planstelle. Eine höher zu bewertende Tätigkeit wird insbesondere beim Aufstieg in eine andere Laufbahngruppe vergeben (vgl. §§ 3 ff. BLV). Das Beteiligungsrecht aus § 76 I Nr. 3 BPersVG ist auch gegeben, wenn Arbeitnehmern durch die Übertragung eines Dienstpostens in rechtlich abgesicherter Weise eine sich konkret abzeichnende Beförderungschance eröffnet wird.[114] Von der Übertragung einer niedriger zu bewertenden Tätigkeit kann bei Beamten nur gesprochen werden, wenn ihnen Aufgaben (mit) übertragen werden, die nicht mehr als amtsangemessen bezeichnet werden können.[115] Die Beteiligung bei der Zuweisung einer höher bewerteten Tätigkeit soll insbesondere den Interessen der nicht berücksichtigten Beschäftigten dienen; die Beteiligung bei der Übertragung einer niedriger bewerteten Tätigkeit dient in erster Linie der Interessenwahrung des davon betroffenen Beschäftigten. 35

d) Landesrecht. Die Landesgesetzgebung orientiert sich im Wesentlichen an den Vorgaben des BPersVG. Teilweise ist jedoch der Katalog der Zustimmungsverweigerungsgründe in § 77 II BPersVG konkreter gefasst. Daneben werden vereinzelt auch die Verlängerung oder Verkürzung 36

---

[112] BVerwG 15. 12. 1992 AP 6 zu § 77 BPersVG = PersR 93, 120 = PersV 93, 352 (dezentrale Stellenbewirtschaftung); 7. 2. 1980 Buchholz 238.37 § 78 PersVG NW Nr. 1 = PersV 81, 292 („fliegende Planstellen“).

[113] BVerwG 26. 11. 1979 Buchholz 238.37 § 72 PersVG NW Nr. 4 = PersV 81, 286; Münch-ArbR/*Germelmann* § 371 RN 106.

[114] BVerwG 28. 8. 2008 – 6 P 12/07 – PersR 2008, 453 = PersV 2009, 100.

[115] OVG Münster 5. 7. 2001 PersR 2002, 81 = PersV 2002, 218 sowie PersV 2003, 142.

der Probezeit eines Beamten (z. B. § 72 I Nr. 1 LPersVG NRW) oder die Zulassung zum Aufstieg (§ 72 I Nr. 2 LPersVG NRW) der Beteiligung unterworfen.

37 **4. Eingruppierung und verwandte Beteiligungsrechte. a) Eingruppierung.** Gegenstand der Eingruppierung (§ 75 I Nr. 2 BPersVG) ist die erstmalige Einreihung eines Beschäftigten bzw. seiner Tätigkeit in ein vorgegebenes kollektives Entgeltschema[116] (ausführlich § 241 RN 15). Zu ihr gibt es keine beamtenrechtliche Entsprechung. Während die Eingruppierung die erstmalige Zuordnung in ein Vergütungsschema betrifft, wird als **Umgruppierung** die Veränderung der Vergütungsgruppe im laufenden Arbeitsverhältnis bezeichnet. Diese können entweder in Form einer **Höher- oder Rückgruppierung** erfolgen. Keine Umgruppierung stellt die Übertragung bzw. der Entzug von Aufgaben dar, der mit der Gewährung von Zulagen, Prämien oder sonstigen geldwerten Vorteilen verbunden ist Wird dem Arbeitnehmer dagegen eine Tätigkeit übertragen, die zu einer veränderten Fallgruppe innerhalb der Vergütungsgruppe führt, liegt eine beteiligungspflichtige Umgruppierung vor, wenn hierdurch ein Zeitaufstieg (§ 23 b BAT/BAT-O) oder Bewährungsaufstieg (§ 23 a BAT/BAT-O) eröffnet wird oder entfällt.[117] In einzelnen Bundesländern ist der **Fallgruppenwechsel** zur Vermeidung von Unklarheiten ausdrücklich als Beteiligungsrecht in das Gesetz zusätzlich aufgenommen (z. B. § 72 I Nr. 4 LPersVG NRW). Die Beteiligung greift auch bei nur vorübergehenden Tätigkeitsübertragungen ein, es sei denn, es handelt sich um eine Vertretung im Rahmen des Geschäftsverteilungsplans.[118] Bei Neueinstellungen umfasst das Beteiligungsrecht auch die Stufenzuordnung nach § 16 II TV-L.[119] Auch die Überprüfung einer bestehenden Eingruppierung aus Anlass der Übertragung neuer Aufgaben, die auf einem neuen (anderen), bisher noch nicht bewerteten Arbeitsplatz anfallen, unterliegt als (Neu-)Eingruppierung der Beteiligungspflicht nach § 75 I Nr. 2 BPersVG. Die Mitbestimmung entfällt auch dann nicht, wenn die Maßnahme weder zu einem Wechsel der Vergütungsgruppe noch zu einem Wechsel der Fallgruppe mit veränderten Möglichkeiten eines Zeit- oder Bewährungsaufstiegs führt;[120] dies ist ausschließlich für die Rechtmäßigkeit der getroffenen Entscheidung von Bedeutung. Beteiligungspflichtig ist ebenfalls die nachträgliche Korrektur einer fehlerhaften Eingruppierung **(„korrigierende Rückgruppierung").**[121] Keine Frage der Eingruppierung stellt sich, wenn lediglich zu entscheiden ist, ob eine tarifliche Zulage zu zahlen ist.[122] Nach § 87 Nr. 3 LPersVG BE bestimmt der Personalrat auch bei der Gewährung und – als „actus contrarius" – bei dem Entzug von Leistungs- und Funktionszulagen mit.[123] Bei der Überleitung der Arbeiter und Angestellten in die Vergütungsgruppen des TVöD nach dem Überleitungstarifvertrag (TVÜ) soll dem Personalrat kein Beteiligungsrecht zustehen, da es nicht um die Zuordnung einer Tätigkeit zu einer Vergütungsgruppe gehe, sondern nur um die Umrechnung der Vergütungsgruppen anhand einer vollständigen und nicht ausfüllungsbedürftigen Vorgabe durch die Tarifvertragsparteien.[124] Die Übertragung einer höher oder niedriger zu vergütenden Tätigkeit (§ 75 I 2 BPersVG) ist die Zuweisung eines anderen Arbeitsplatzes oder die Erweiterung oder Verkleinerung des Aufgabengebiets des Beschäftigten mit der Folge, dass die neue Gesamttätigkeit einer höheren oder niedrigeren Entgeltgruppe entspricht. Der Übertragung folgt regelmäßig die Höher- oder Rückgruppierung des Arbeitnehmers; beide Beteiligungsrechte sind aufeinander bezogen und ergänzen sich. Das Beteiligungsrecht weist Ähnlichkeiten zur Versetzung auf, daher gelten auch die dort möglichen Zustimmungsverweigerungsgründe. Ist die Übertragung der Aufgaben, die eigentlich nur eine niedrigere Vergütung rechtfertigen, ohne die Beteiligung des Personalrats durchgeführt worden, hat der Arbeitnehmer Anspruch auf weitere Beschäftigung und ggf. Vergütung nach der bisherigen Tätigkeit und Vergütung.[125]

---

[116] BVerwG 22. 10. 2007 Buchholz 251.92 § 67 SAPersVG Nr. 1 = PersV 2008, 103 = PersR 2008, 23; 14. 6. 1995 AP 1 zu § 76 LPVG Baden-Württemberg = PersR 95, 428 = PersV 96, 182; 15. 2. 1988 AP 2 zu § 79 LPVG Baden-Württemberg = PersV 88, 403; 13. 2. 1976 Buchholz 238.36 § 72 PersVG Nr. 1 = PersV 77, 179.

[117] BVerwG 8. 10. 1997 AP 70 zu § 75 BPersVG = PersR 98, 158.

[118] BVerwG 8. 10. 1997 AP 69 zu § 75 BPersVG = NZA-RR 99, 164 = PersR 98, 155.

[119] BVerwG 27. 8. 2008 – 6 P 11/07 – PersR 2009, 38 = PersV 2009, 19; 27. 8. 2008 – 6 P 3/08 – PersR 2008, 500.

[120] BVerwG 8. 12. 1999 AP 74 zu § 75 BPersVG = PersR 2000, 106 = PersV 2001, 32.

[121] BVerwG 10. 7. 1995 AP 59 zu § 75 BPersVG = Buchholz 250 § 75 BPersVG Nr. 92 = PersR 95, 491 = PersV 96, 185; vgl. auch OVG Magdeburg 9. 4. 2003 PersR 2003, 285.

[122] BAG 10. 11. 1992 AP 6 zu § 72 LPVG NW = PersR 93, 134 = PersV 96, 30 (Vorarbeiterzulage); OVG Berlin 28. 8. 2001 PersR 2002, 401 = PersV 2003, 71 (Streichung der Heimzulage).

[123] BAG 26. 1. 2005 AP 6 zu § 87 LPVG Berlin = NZA-RR 2005, 389.

[124] VG Mainz 5. 4. 2006 NZA-RR 2006, 502.

[125] BAG 12. 5. 2004 AP 300 zu §§ 22, 23 BAT 1975 = PersR 2005, 289.

b) Zustimmungsverweigerung. Materiell beschränkt sich bei der Eingruppierung die Beteiligung der Personalvertretung auf eine Richtigkeitskontrolle der anzuwendenden Eingruppierungsvorschriften. Der Personalrat hat dementsprechend keinen rechtlichen Gestaltungsspielraum, er ist auf die (Mit-)Beurteilung des Sachverhalts beschränkt.[126] Der Mitbestimmung unterliegt sowohl die Festlegung auf ein (tarifliches) Vergütungsschema wie die Einreihung innerhalb dieses Schemas; eine Kritik des Schemas selbst ist unbeachtlich.[127] Die Mitbestimmung bei der Eingruppierung erstreckt sich auch auf den Zeitpunkt, ab welchem diese wirksam werden soll.[128] Sie umfasst nicht das Recht, auf die Aufstellung eines neuen oder aber auf die Änderung eines vorhandenen Vergütungssystems hinzuwirken.[129] Relevante Zustimmungsverweigerungsgründe können sich nur aus § 77 II Nr. 1 BPersVG ergeben (dazu § 241 RN 44). Das gilt der Sache nach auch für landesgesetzliche Regelungen, sofern sie keine abschließende Aufzählung der Widerspruchsgründe enthalten. Bei der Überprüfung der vorgesehenen Eingruppierung soll der Personalrat an die Tätigkeitsdarstellung des Dienststellenleiters gebunden sein. Er soll die Tätigkeitsbeschreibung nicht in Frage stellen können oder durch eine eigene Bewertung ersetzen.[130] 38

5. Kündigungen und Entlassungen aus dem Beamtenverhältnis. a) Kündigung. Das BPersVG sieht bei ordentlichen Kündigungen nur ein Mitwirkungsrecht des Personalrats und bei außerordentlichen Kündigungen nur ein Anhörungsrecht vor (vgl. § 79 BPersVG). Das Mitwirkungsrecht kann wie das Mitbestimmungsrecht das Stufenverfahren auslösen; die Einschaltung der Einigungsstelle ist aber nicht vorgesehen. Im Übrigen unterscheidet sich das Mitwirkungsrecht bei ordentlichen Kündigungen vom Anhörungsrecht bei außerordentlichen Kündigungen vor allem durch die Option des Personalrats durch einen qualifizierten Widerspruch eine Weiterbeschäftigung des Gekündigten zu erzwingen. Wird ein ordentlich nicht kündbarer Arbeitnehmer außerordentlich gekündigt mit einer Auslauffrist, die der Kündigungsfrist entspricht, wird der Personalrat nicht nur angehört, sondern er wirkt mit.[131] Die Landesgesetze sehen teilweise eine Mitbestimmung beim Kündigungsausspruch vor, die sich vereinzelt sogar auf außerordentliche Kündigungen bezieht[132] (zum Beteiligungsverfahren beim Kündigungsausspruch § 124 RN 65ff.). Hat der Arbeitgeber nach Durchführung des Beteiligungsverfahrens gekündigt und ist diese Kündigung dem Arbeitnehmer zugegangen, bedarf es zur Wirksamkeit einer wiederholten Kündigung einer erneuten Beteiligung.[133] Ist der Ausspruch einer außerordentlichen Kündigung nach Landesrecht von der Zustimmung des Personalrats abhängig, muss die Kündigung unverzüglich nach Erwirken der Zustimmung ausgesprochen werden (Rechtsgedanke aus § 91 V SGB IX).[134] Das Beteiligungsverfahren ist bereits mit dem Spruch der Einigungsstelle und nicht erst mit dessen Zustellung bei der Dienststelle beendet.[135] Eine Pflicht der Dienststelle, sich nach dem Ergebnis des Einigungsstellenverfahrens zu erkundigen, besteht nicht.[136] Zur Rechtsfolge bei fehlerhaftem Beteiligungsverfahren § 268 RN 69. 39

b) Entlassung von Beamten. Die mit der Kündigung eines Arbeitsverhältnisses vergleichbare Entlassung eines Beamten ist nach Bundesrecht teilweise mitwirkungspflichtig. § 78 I Nr. 4 BPersVG unterwirft die fristgebundene Entlassung von Beamten auf Probe bzw. auf Widerruf der Mitwirkung des Personalrats; nach § 79 III BPersVG ist er bei einer fristlosen Entlassung lediglich anzuhören. Auch bei der vorzeitigen Versetzung des Beamten in den Ruhestand sieht § 78 I Nr. 5 BPersVG ein Mitwirkungsrecht der Personalvertretung vor. Die Rspr. erstreckt diesen Tatbestand auch auf die Entlassung eines Beamten auf Lebenszeit wegen Dienstunfähigkeit 40

---

126 OVG Magdeburg 9. 4. 2003 PersR 2003, 285 („begleitende Rechtskontrolle").

127 BVerwG 14. 6. 1995 AP 1 zu § 76 LPVG BW = PersR 95, 428 = PersV 96, 182.

128 BVerwG 6. 10. 1992 Buchholz 251.8 § 80 RhPPersVG Nr. 9 = PersR 93, 75 = PersV 93, 446.

129 BVerwG 14. 6. 1995 AP 1 zu § 76 LPVG Baden-Württemberg = PersR 95, 428 = PersV 96, 182.

130 BVerwG 10. 4. 1984 Buchholz 238.38 § 36 PersVG RP Nr. 1; so auch OVG Lüneburg 20. 4. 2001 PersV 2002, 412.

131 BAG 5. 2. 1998 AP 143 zu § 626 BGB = NZA 98, 771.

132 § 68 LPersVG MV lässt nicht eindeutig erkennen, ob die ordentliche Kündigung der Mitwirkung oder der Mitbestimmung unterliegt; gegen Mitbestimmung LAG M-V 30. 5. 2008 NZA-RR 2008, 500 (Revision anhängig: 2 AZR 532/08) sowie in der Tendenz bereits BAG 20. 1. 2000 AP 56 zu § 2 KSchG 1969 = PersR 2000, 214.

133 BAG 5. 9. 2002 AP 1 zu § 78 LPVG Sachsen = PersR 2003, 123.

134 BAG 2. 2. 2006 AP 199 zu § 626 BGB = PersV 2006, 270; 8. 6. 2000 AP 164 zu § 626 BGB = NJW 2001, 1156 = NZA 2001, 212; LAG MV 13. 3. 2007 – 5 Sa 79/06 n. v.

135 BAG 2. 2. 2006 AP 142 zu § 1 KSchG 1969 Betriebsbedingte Kündigung = PersV 2006, 297.

136 BAG 2. 2. 2006 AP 199 zu § 626 BGB = PersV 2006, 270.

(§ 35 Satz 2 BBG).[137] Ist die Beteiligung des Personalrats unterblieben oder war sie fehlerhaft, kann diese bei fristlosen Entlassungen nicht – auch nicht im Widerspruchsverfahren – nachgeholt werden.[138] Zulässig ist aber die erneute Vornahme der Maßnahme unter ordnungsgemäßer Beteiligung des Personalrats.[139] Etwas anderes gilt nach Auffassung des BVerwG bei der ordentlichen Entlassung eines Beamten auf Widerruf. Hier könne eine Beteiligung jedenfalls im Widerspruchsverfahren noch nachgeholt werden, da zu diesem Zeitpunkt der Beamte noch im Dienst sei und daher der Personalrat noch eine realistische Chance habe, auf die Willensbildung der Dienststelle Einfluss zu nehmen.[140]

41 **6. Sonstige personelle Einzelmaßnahmen. a) Wohnungswahl.** Nach §§ 75 I 1 Nr. 6, 76 I Nr. 6 BPersVG unterliegen Anordnungen, welche die Freiheit in der Wahl der Wohnung beschränken, der Mitbestimmung. Solche Maßnahmen können die Anordnung des Arbeitgebers darstellen, eine Dienstwohnung zu beziehen.[141] Als Ermächtigungsgrundlage für derartige Zuweisungen kommen nach Bundesrecht allein die Allgemeinen Verwaltungsvorschriften über die Bundesdienstwohnungen (Dienstwohnungsvorschriften) vom 16. 2. 1970 mit spät. Änd. in Betracht. Diese waren auf die Arbeitsverhältnisse der Arbeiter und Angestellten über die §§ 65 BAT, 69 MTArbB anwendbar, im TVöD ist eine Nachfolgeregelung nicht enthalten. Die Beteiligung dient der Beschränkung auf die unbedingt notwendigen Fälle und erfolgt im Interesse des Beschäftigten. Im Bereich des BPersVG kann der Personalrat die Verweigerung seiner Zustimmung nur auf die Gründe des § 77 II BPersVG stützen. Die Bedeutung der Vorschrift ist insgesamt gering.

42 **b) Versagung einer Nebentätigkeitsgenehmigung.** Nach §§ 75 I Nr. 7, 76 I Nr. 7 BPersVG bedarf die Versagung oder der Widerruf der Genehmigung einer Nebentätigkeit der Zustimmung der Personalvertretung. Nebentätigkeit ist die Wahrnehmung eines Nebenamtes oder die Ausübung einer Nebenbeschäftigung (§ 97 I BBG). Das Merkmal der Nebentätigkeit ist der Oberbegriff für ein öffentlich-rechtliches Nebenamt (§ 97 II BBG) sowie die sonstigen Nebenbeschäftigungen (§ 97 III BBG). Bei Arbeitnehmern bestimmt sich die Nebentätigkeit nach § 3 III TVöD. Das Beteiligungsrecht bezieht sich allein auf die vom Beschäftigten beantragte Nebentätigkeit und nicht auf die von der Dienststelle verlangte Übernahme einer Nebentätigkeit (§ 98 BBG) oder deren Entzug.[142] Die Versagung ist die Zurückweisung eines Antrags auf Genehmigung einer Nebentätigkeit; der Widerruf bezieht sich auf eine bereits erteilte Nebentätigkeitsgenehmigung. Dem Widerruf gleichgestellt ist die Untersagung einer nicht genehmigungspflichtigen Nebentätigkeit (§ 100 IV BBG). Die Beteiligung dient allein dem Interesse des von der Maßnahme betroffenen Beschäftigten; nach dem BPersVG ist der Personalrat auf den Versagungskatalog des § 77 II BPersVG beschränkt.

43 **c) Ablehnung einer Teilzeitbeschäftigung, Arbeitszeitreduzierung oder eines Urlaubs ohne Dienstbezüge.** Nach § 76 I Nr. 8 BPersVG hat der Personalrat mitzubestimmen bei der Ablehnung eines Antrags nach den §§ 91, 92, 95 BBG auf Teilzeitbeschäftigung, Ermäßigung der regelmäßigen Arbeitszeit oder Urlaub. Nicht von der Bezugnahme erfasst ist § 93 BBG, der eine Altersteilzeitregelung für Beamte vorsieht.[143] Das Beteiligungsrecht dient der Sicherstellung der Gleichbehandlung bei der ermessensgebundenen Entscheidung der Dienststelle und stärkt zugleich die individuelle Stellung des Beschäftigten, da der Personalrat im Rahmen einer Rechtmäßigkeitskontrolle auf einen seiner Ansicht nach bestehenden Anspruch des Beschäftigten verweisen kann. Das Beteiligungsrecht besteht nur, wenn die Dienststelle einen Antrag des Beschäftigten ablehnen will. Das Beteiligungsrecht bezieht sich nur auf die Beamten; für die Arbeitnehmer gibt es im Bundesrecht keine Entsprechung. Das Landesrecht sieht vergleichbare Regelungen vor, wobei teilweise nicht zwischen Beamten und Arbeitnehmern differenziert wird. In diesen Fällen erfasst das Beteiligungsrecht auch die Ablehnung einer Dienstbefreiung nach § 28 TVöD. Die Vorschriften im Bundes- wie im Landesrecht sind auf Beurlaubungen beschränkt; ihre Erstreckung auf die Ablehnung von Anträgen auf Sonderurlaub nach der Sonderurlaubsverordnung oder entsprechenden landesrechtlichen Regelungen scheidet aus. Auch eine Ausdehnung des Beteiligungsrechts durch den Gesetzgeber auf die Ablehnung eines Antrags auf

---

[137] BVerwG 9. 12. 1999 AP 3 zu § 78 BPersVG = PersR 2000, 210 = PersV 2000, 264.
[138] BVerwG 1. 12. 1982 Buchholz 237.7 § 34 LBG NW Nr. 6 = NJW 83, 2516.
[139] BVerwG 20. 10. 1987 – 2 B 87.87 n. a. v.
[140] BVerwG 9. 5. 1985 Buchholz 238.31 § 77 PersVG BW Nr. 1 = DVBl. 85, 1236.
[141] Dazu Lorenzen/*Rehak* § 75 RN 75 a (teilw. unzulässige Einschränkung der Wohnungswahl).
[142] OVG Münster 28. 2. 2002 PersR 2002, 481 = PersV 2003, 111.
[143] OVG Greifswald 7. 1. 2004 DÖV 2004, 888 zum Landesrecht MV.

Reduzierung der Arbeitszeit (§§ 8, 9 TzBfG) bzw. Inanspruchnahme eines tariflichen Altersteilzeitmodells ist bisher nicht erfolgt.

d) Beteiligung bei Änderung des Arbeitsvertrags. Im Landesrecht finden sich Regelungen, nach denen der Personalrat zu beteiligen ist bei (wesentlichen) Änderungen des Arbeitsvertrages (vgl. zum Beispiel § 68 II Nr. 2 LPersVG MV). Solche Bestimmungen dienen dem Schutz des Arbeitnehmers vor einer Änderung seines vertraglich vereinbarten Besitzstandes. Da nur der vertragliche Bestand geschützt ist, greift die Beteiligung nicht bei der Ausübung des Direktionsrechts ein.[144] Gleichfalls soll kein Beteiligungsrecht bei einer Verlängerung eines befristeten Arbeitsverhältnisses bestehen.[145] **43a**

7. Weitere Maßnahmen, die sich auf einzelne Beschäftigte beziehen. a) Soziale Zuwendungen. Nach § 75 II Nr. 1 BPersVG hat der Personalrat bei der Gewährung von Unterstützungen, Vorschüssen, Darlehen und entsprechenden sozialen Zuwendungen mitzubestimmen. Voraussetzung für die Einbeziehung der Personalvertretung ist ein entsprechender Antrag des Beschäftigten (§ 75 II 2 BPersVG). **Unterstützungen** haben ausschließlich den Zweck, eine soziale Notlage zu beheben.[146] Nach der für den Bundesdienst geltenden allgemeinen Verwaltungsvorschrift[147] hat die Gewährung einer Unterstützung zur Voraussetzung, dass der Antragsteller in eine außerordentliche wirtschaftliche Notlage geraten ist, aus der er sich aus eigener Kraft nicht zu befreien vermag. Auch **Vorschüsse,** die im Bereich des Bundes nach den Richtlinien für die Gewährung von Vorschüssen in besonderen Fällen[148] gewährt werden können, setzen besondere Umstände voraus, die zu unabwendbaren Ausgaben nötigen. Dementsprechend fallen **Darlehen** nur unter § 75 II Nr. 1 BPersVG, wenn sie wegen in der Person des Antragstellers liegender, ausschließlich sozialer Gründe gewährt werden. Hierzu zählen nicht Darlehen zur (Mit-)Finanzierung des Eigenheimbaus[149] und die sog. Billigkeitszuwendungen des Dienstherrn bei Sachschäden, die im Dienst entstanden sind[150] sowie die Kostenübernahme der Dienststelle für Fortbildungsmaßnahmen; eine Rückzahlungsvereinbarung kann daher nicht mit Verweis auf die fehlende Beteiligung des Personalrats in Frage gestellt werden.[151] **44**

b) Wohnungen und Pachtland. Der Personalrat hat nach § 75 II Nr. 2 BPersVG mitzubestimmen bei der Zuweisung und Kündigung von Wohnungen über die der Dienststelle ein Belegungsrecht zusteht sowie der allgemeinen Festsetzung der Nutzungsbedingungen. Ist die Verwaltung des Wohnungsbestandes oder Dienst- und Pachtlandes einer eigenen Organisation übertragen, kann es sich um eine Sozialeinrichtung im Sinne von § 75 III Nr. 5 BPersVG handeln (dazu § 270 RN 23ff.). Unter Zuweisung ist begrifflich nicht nur die Vermietung einer solchen Wohnung oder die Verfügung zu verstehen, durch die ein Mieter für eine solche Wohnung ausgewählt und bestimmt wird. Die Zuweisung unterliegt bereits der Mitbestimmung des Personalrats, wenn die Dienststelle unter mehreren Dienstwohnungen oder Werkdienstwohnungen oder unter mehreren Dienstwohnungsberechtigten auszuwählen hat.[152] Bei der Vergabe einer Werkdienstwohnung (z. B. einer Hausmeisterwohnung) entfällt das Mitbestimmungsrecht jedoch, wenn die Zuweisung ausschließlich im dienstlichen Interesse erfolgt.[153] Unter Kündigung ist einerseits die Kündigung des Mietvertrages im Sinne von §§ 568ff. BGB durch die Dienststelle zu verstehen. Da das Beteiligungsrecht nicht notwendig die Vermieterstellung der Dienststelle voraussetzt, gilt als Kündigung im beteiligungsrechtlichen Sinne auch die Zustimmung zur Kündigung oder eine sonstige gleichgelagerte Einbeziehung der Dienststelle vor Ausspruch der Kündigung. Allgemeine Festsetzungen der Nutzungsbedingungen stellen alle diejenigen Entscheidungen der Dienststelle dar, die darauf abzielen, den Gebrauch der bereitgehaltenen Wohnungen einheitlich zu regeln; hierzu zählt auch die Ausgestaltung eines Formularmietvertra- **45**

---

[144] BAG 10. 11. 1992 AP 6 zu § 72 LPVG NW = PersR 93, 134 = PersV 96, 30 (Vorarbeiterzulage).

[145] BAG 26. 6. 2002 AP 16 zu § 1 BeschFG 1996 = PersV 2003, 116.

[146] BVerwG 12. 7. 1968 Buchholz 238.3 § 66 PersVG Nr. 5 = PersV 68, 277.

[147] Unterstützungsgrundsätze (UGr) – Erlass des Reichsministers des Innern und des Reichsministers der Finanzen vom 27. 2. 1943 (RBB S. 46) und des Bundesministers des Innern vom 19. 7. 1962 (GMBl. S. 390).

[148] Vorschussrichtlinien (VR) vom 28. 11. 1975 (GMBl. S. 829).

[149] BVerwG 21. 3. 1980 Buchholz 238.3 A § 75 BPersVG Nr. 17 = PersV 81, 329.

[150] BVerwG 30. 3. 1989 Buchholz 250 § 75 BPersVG Nr. 67 = PersR 89, 159 = PersV 89, 362.

[151] BAG 5. 6. 2007 AP 40 zu § 611 BGB Ausbildungsbeihilfe = NZA-RR 2008, 107.

[152] BVerwG 16. 11. 1987 Buchholz 251.7 § 72 NWPersVG Nr. 16 = PersV 89, 65; 25. 9. 1984 Buchholz 238.31 § 78 BWPersVG Nr. 1.

[153] BVerwG 16. 11. 1987 Buchholz 251.7 § 72 NWPersVG Nr. 16 = PersV 89, 65; OVG Münster 20. 1. 2000 PersR 2000, 461.

ges.[154] Die Mitbestimmung erstreckt sich daneben auf allgemeine Grundsätze für die Mietzinsbildung und für Mieterhöhungen, nicht aber auf die Festlegung des Mietzinses im Einzelfall;[155] vgl. auch § 235 RN 82ff. In NRW unterliegt nur die Zuweisung von Wohnungen der Beteiligung (§ 72 II Nr. 2 LPersVG NRW);[156] allerdings ist der Personalrat ggf. bei der Ausgestaltung der Nutzungsbedingungen über sein Mitbestimmungsrecht bei der Verwaltung von Sozialeinrichtungen (§ 72 II Nr. 4 LPersVG NRW) zu beteiligen.[157] Die Beteiligung bei der Verwaltung von Dienst- und Pachtland der Dienststelle (§ 75 II Nr. 3 BPersVG) folgt den gleichen Regeln wie bei der Wohnungsvergabe und -verwaltung. Jedoch besteht keine Beteiligungspflicht beim Kündigungsausspruch.

46 **c) Erhebung von Ersatzansprüchen.** Nach § 76 II Nr. 9 BPersVG ist der Personalrat zu beteiligen bei der Geltendmachung von Ersatzansprüchen gegen einen Beschäftigten. Das Beteiligungsrecht besteht bei allen Beschäftigtengruppen, betrifft aber nur den Ausgleich von Schäden, die der Beschäftigte (mit-)verursacht hat und erstreckt sich nicht auf Ansprüche des Dienstherrn bzw. Arbeitgebers auf Rückzahlung überzahlter Dienstbezüge, Gehälter oder Löhne, da diese der Rückführung eines ungerechtfertigten Vermögensvorteils beim Beschäftigen dienen.[158] Das Beteiligungsrecht besteht unabhängig von der Form der Geltendmachung (Leistungsbescheid/Klage) durch die Dienststelle und entsteht bereits bei Geltendmachung der Forderungen gegenüber dem Beschäftigten.[159] Der Zweck des Beteiligungsrechts besteht darin, auf die Gleichbehandlung der Beschäftigten hinzuwirken, soziale Belange zu berücksichtigen und der Dienststelle die Sichtweise der Gesamtheit der Beschäftigten zu vermitteln; daher richtet sich die Mitbestimmung sowohl auf die rechtliche Prüfung, ob der Ersatzanspruch besteht, als auch auf die Entscheidung, ob er durchgesetzt werden soll.[160] Im Bundesrecht ist das Beteiligungsrecht als Mitwirkungstatbestand ausgestaltet, der zudem von einem vorherigen Antrag des Beschäftigten abhängig ist (§ 76 II 2 BPersVG). Das Landesrecht sieht teilweise volle Mitbestimmung vor. Die Geltendmachung von Ersatzansprüchen zählt nach der vom BVerfG vorgenommenen Einteilung der Mitbestimmungstatbestände zu den innerdienstlichen Maßnahmen, die schwerpunktmäßig die Erledigung von Amtsaufgaben betreffen, unvermeidlich aber auch die Interessen der Beschäftigten berühren; daher muss auch im Landesrecht, wenn es eine echte Mitbestimmung vorsieht, das Letztentscheidungsrecht der Regierung gewahrt bleiben.[161]

47 **d) Erhebung einer Disziplinarklage.** Nach § 78 I Nr. 3 BPersVG wirkt der Personalrat bei der Erhebung einer Disziplinarklage gegen einen Beamten mit. Dieses Beteiligungsrecht bezieht sich nur auf das „Ob“ der Klageerhebung und nicht auch auf den Klageantrag und die Klagebegründung.[162]

---

[154] BVerwG 7. 7. 1993 Buchholz 250 § 75 BPersVG Nr. 88 = PersR 93, 555 = PersV 94, 419.

[155] BVerwG 15. 3. 1995 Buchholz 250 § 75 BPersVG Nr. 91 = PersR 95, 334 = PersV 95, 453.

[156] Ebenso in Hamburg (§ 86 I Nr. 12 LPersVG HH); vgl. dazu BVerwG 20. 12. 2000 Buchholz 251.4 § 86 HbmPersVG Nr. 6 = PersR 2001, 153 = PersV 2001, 329; OVG Hamburg 25. 2. 2002 PersR 2002, 443.

[157] OVG Münster 6. 2. 2002 PersR 2002, 478 = PersV 2003, 62 unter Aufgabe der früheren gegenteiligen Rspr.

[158] BVerwG 27. 1. 2006 Buchholz 251.4 § 86 HmbPersVG Nr. 12 = PersR 2006, 212 = PersV 2006, 337.

[159] BVerwG 24. 4. 2002 AP 8 zu § 86 LPVG Hamburg = Buchholz 251.4 § 86 HmbPersVG Nr. 9 = PersR 2002, 398 = PersV 2002, 542 (zu § 70 BAT/§ 37 TVöD).

[160] BVerwG 27. 1. 2006 Buchholz 251.4 § 86 HmbPersVG Nr. 12 = PersR 2006, 212 = PersV 2006, 337.

[161] BVerwG 24. 4. 2002 AP 8 zu § 86 LPVG Hamburg = Buchholz 251.4 § 86 HmbPersVG Nr. 9 = PersR 2002, 398 = PersV 2002, 542 unter Aufgabe von BVerwG 19. 12. 1990 Buchholz 251.2 § 86 BlnPersVG Nr. 1 = PersR 91, 133 = PersV 91, 277.

[162] BVerwG 20. 10. 2005 Buchholz 235.1 § 13 BDG Nr. 1 = PersV 2006, 262.

§ 270. Soziale Maßnahmen

Übersicht

	RN
I. Verteilung der Arbeitszeit	1 ff.
1. Inhalt des Mitbestimmungsrechts	1–5
2. Einzelne Fallgruppen	6–13
II. Zeit, Ort und Art der Auszahlung der Dienstbezüge und Arbeitsentgelte	14
III. Aufstellung allgemeiner Urlaubsgrundsätze und des Urlaubsplans	15 ff.
1. Reichweite des Beteiligungsrechts	15
2. Urlaubsplan und Festlegung des Urlaubs im Einzelfall	16
3. Urlaubssperre	17
IV. Lohngestaltung	18 ff.
1. Inhalt des Beteiligungsrechts	18, 19
2. Lohngestaltung	20, 21
3. Akkord und vergleichbare leistungsbezogene Entgelte	22
V. Sozialeinrichtungen	23 ff.
1. Begriff	23, 24
2. Inhalt des Beteiligungsrechts	25
VI. Unfallverhütung und Arbeitsschutz	26 ff.
1. Begriff	26–29
2. Bestellung und Abberufung von Vertrauens- bzw. Betriebsärzten	30
3. Zusammenarbeit mit den Arbeitsschutzbehörden	31
4. Spezialgesetzliche Beteiligungstatbestände	32
VII. Umschulungs- und Sozialpläne	33 ff.
1. Inhalt des Beteiligungsrechts	33–36
2. Vorrang von Gesetz bzw. Tarifvertrag	37
VIII. Ordnung in der Dienststelle und Verhalten der Beschäftigten	38 ff.
1. Inhalt des Beteiligungsrechts	38–40
2. Einzelfälle	41
IX. Gestaltung der Arbeitsplätze	42 ff.
1. Inhalt des Beteiligungsrechts	42–44
2. Verhältnis zu § 78 IV BPersVG	45
X. Betriebliches Vorschlagswesen	46
XI. Technische Leistungs- und Verhaltenskontrolle	47 f.
1. Reichweite und Inhalt des Beteiligungsrechts	47
2. Objektive Eignung	48
XII. Maßnahmen zur Durchsetzung der Gleichberechtigung	49

I. Verteilung der Arbeitszeit

von Roetteken, Arbeitszeitmitbestimmung im Geltungsbereich des TVöD, PersR 2006, 96; *Rolfs/Vorsmann,* Das Recht der Teilzeitarbeit im TzBfG und die Mitbestimmung des Personalrats, ZfPR 2006, 48; *Ruge,* Beteiligungsrechte des Betriebs- und Personalrats bei der Arbeitszeit- und Dienstplangestaltung und deren Durchsetzung, ZTR 2001, 151; *Tamm,* Dienstvereinbarungen über die Flexibilisierung der Arbeitszeit nach dem TVöD, PersV 2006, 164.

1. Inhalt des Mitbestimmungsrechts. a) Arbeitszeit. Nach § 75 III Nr. 1 BPersVG hat der Personalrat mitzubestimmen bei der Festlegung von Beginn und Ende der täglichen Arbeitszeit und der Pausen sowie bei der Verteilung der Arbeitszeit auf die einzelnen Wochentage (wortgleich mit § 87 I Nr. 2 BetrVG). Das Beteiligungsrecht wird jedoch durch § 75 IV BPersVG eingeschränkt. Die Mitbestimmung beschränkt sich auf die Grundsätze für die Aufstellung der Dienstpläne, insbesondere für die Anordnung von Dienstbereitschaft, Mehrarbeit und Überstunden, wenn für Gruppen von Beschäftigten die tägliche Arbeitszeit nach Erfordernissen, die die Dienststelle nicht voraussehen kann, unregelmäßig kurzfristig festgesetzt werden muss. Das Beteiligungsrecht bezieht sich auf Fragen der Verteilung der Arbeitszeit auf eine konkrete Kalenderzeit. Das zu verteilende Arbeitszeitvolumen ist bei Beamten gesetzlich und bei Arbeitnehmern tariflich vorgegeben; bei Teilzeitbeschäftigten ist es Gegenstand der vertraglichen Vereinbarung. Nach Auffassung des BVerwG ist das Arbeitszeitvolumen der Mitbestimmung der Personalvertretung entzogen.[1] 1

b) Verteilung. Die Verteilung des Arbeitszeitvolumens erfolgt im Regelfall durch die Aufstellung eines (wöchentlichen) Arbeitzeitschemas. In diesem wird Beginn und Ende der täglichen Arbeitszeit festgelegt sowie die Lage und die Dauer der Pausen. Das in der Woche zur Verfügung stehende Arbeitszeitvolumen muss dabei vollständig verteilt werden. Beteiligungsrechtlich gelten nur die unbezahlten Pausen im Sinne von § 4 ArbZG oder der entsprechenden beamtenrechtlichen Regelungen als Pausen. Bezahlte Erholungszeiten beim Akkord oder sonstige bezahlte Kurzpausen[2] zählen nicht dazu (§ 235 RN 42); das gilt auch für die Erholzeiten bei Bildschirmarbeit, die 2

[1] BVerwG 20. 7. 1984 Buchholz 238.3A § 75 BPersVG Nr. 30 = PersV 85, 71.
[2] VGH Mannheim 26. 11. 1991 ZTR 92, 479.

aber nach § 75 III Nr. 11 BPersVG der Beteiligung unterliegen.[3] Das Beteiligungsrecht bezieht sich auf Arbeitnehmer wie auf Beamte. Ein Mitbestimmungsrecht bei der Anordnung von **Überstunden** und **Kurzarbeit** (§ 87 I Nr. 3 BetrVG) enthält das BPersVG nicht.[4] Aus Wortlaut und Normzweck des § 75 IV BPersVG folgt jedoch, dass durch § 75 III Nr. 1 BPersVG auch die Anordnung von Überstunden der Beteiligung unterliegt.[5] Das Landesrecht weicht in Einzelheiten vom Bundesrecht ab; z. B. ist nach § 86 II LPersVG HH die Aufteilung der Arbeitszeit und die Stundenverteilung für pädagogisches Personal von der Beteiligung ausdrücklich ausgeschlossen.[6] Erstreckt sich die Beteiligung auch auf „alle sonstigen die Dienstdauer beeinflussenden allgemeinen Regelungen"; dann ist ein Erlass beteiligungspflichtig, der darauf abzielt, durch organisatorische Maßnahmen und Schichtveränderungen die Stundenkonten der Mitarbeiter zurückzuführen.[7] Kurzarbeit i. S. d. § 65 I Nr. 1 LPersVG ST meint jede vorübergehende Verkürzung der regelmäßigen Arbeitszeit, ohne diese auf Dauer herabzusetzen. Bei der tariflich zur Beschäftigungssicherung eingeführten bedarfsbedingten Arbeitszeit, die eine Sonderform der die Regelarbeitszeit verkürzenden „besonderen regelmäßigen Arbeitszeit" ist, handelt es sich um eine derartige vorübergehende Kürzung.[8]

3 **c) Normzweck.** Die Vorschriften über die Mitbestimmung dienen dem **Schutz der Beschäftigten,** denn bei Arbeitszeitfragen wird zwangsläufig auch über Umfang und Verteilung der zur privaten Nutzung vorbehaltenen Freizeit entschieden.[9] Gleichzeitig hat der Personalrat darauf zu achten, dass der Schutz der Beschäftigten mit den dienstlichen Erfordernissen in Einklang gebracht wird.[10] Schließlich geht es um eine Rechtmäßigkeitskontrolle der beabsichtigten Maßnahmen insbesondere in Hinblick auf die Schutzvorschriften für Frauen und Jugendliche.[11] Außerdem geht es darum, physische und psychische Überbeanspruchung der betroffenen Beschäftigten als Folge dieser Maßnahmen zu verhindern;[12] die Personalvertretung hat auch auf die Einhaltung des Gleichbehandlungsgrundsatzes bei der Verteilung der Lasten und Vorteile von Überstunden zu achten. Letztlich besteht das Beteiligungsrecht auch, um dem Personalrat die Möglichkeit zu geben, auf die Frage Einfluss zu nehmen, ob der Mehrbedarf an Arbeit durch Überstunden oder durch andere personelle Maßnahmen abgedeckt werden soll. Die Zahl der betroffenen Beschäftigten ist daher heute nicht mehr erheblich, sondern allenfalls ein Indiz dafür, dass ein kollektiver Tatbestand bzw. im bisherigen Sprachgebrauch eine „generelle Regelung" vorliegt. Die Beteiligungspflichtigkeit einer Überstundenanordnung entfällt daher auch nicht allein deshalb, weil sich die Beschäftigten mit der Ableistung von Überstunden einverstanden erklärt haben.[13] Damit hat sich das BVerwG der Rechtsprechung des BAG zum Begriff des kollektiven Bezugs in § 87 I Nrn. 2, 3 BetrVG (§ 235 RN 3) weitgehend angenähert.

4 **d) Einschränkungen der Beteiligung. aa) Grundsätze.** Das Beteiligungsrecht ist in den Fällen des § 75 IV BPersVG auf die Aufstellung von Grundsätzen für die Verteilung der Arbeitszeit eingeschränkt. Fehlen solche Grundsätze, entfällt eine Mitbestimmung des Personalrats.[14]

---

[3] BVerwG 8. 1. 2001 AP 78 zu § 75 BPersVG = NZA 2001, 570 = PersR 2001, 154.

[4] BAG 10. 10. 2006 AP 85 zu § 75 BPersVG.

[5] So nunmehr BVerwG 30. 6. 2005 Buchholz 250 § 75 BPersVG Nr. 106 = PersR 2005, 416 = PersV 2006, 24 unter ausdrücklicher Aufgabe der bisherigen gegenteiligen Rspr.

[6] Vgl. zum Anwendungsbereich BVerwG 24. 4. 2002 AP 6 zu § 86 LPVG Hamburg = Buchholz 251.4 § 81 HmbPersVG Nr. 2 = PersR 2002, 395 = PersV 2002, 54; OVG Hamburg 4. 9. 2000 PersR 2002, 25 = PersV 2002, 273.

[7] BVerwG 24. 2. 2003 AP 7 zu § 74 LPVG Hessen = Buchholz 251.5 § 74 HePersVG Nr. 3 = PersR 2003, 273 = PersV 2003, 425 zu § 74 I Nr. 9 LPersVG HE a. F.

[8] BVerwG 22. 5. 2006 Buchholz 251.92 § 65 SAPersVG Nr. 1, ähnlich BAG 10. 10. 2006 AP 85 zu § 75 BPersVG allerdings mit der Hervorhebung der Rückkehr zur vereinbarten Arbeitszeit.

[9] BVerwG 8. 7. 2003 Buchholz 251.4 § 86 HmbPersVG Nr. 11 = PersR 2003, 409 = PersV 2004, 58 (Erhöhung der Dienste für Orchestermusiker); OVG Münster 25. 10. 2001 PersR 2002, 218 = ZTR 2002, 240.

[10] BVerwG 20. 1. 1993 AP 6 zu § 79 LPVG Baden-Württemberg = PersR 93, 307 = PersV 94, 215; 23. 12. 1982 Buchholz 238.31 § 79 BaWüPersVG Nr. 2 = PersV 83, 413; 14. 6. 1968 AP 5 zu § 67 PersVG = PersV 68, 264.

[11] BVerwG 14. 6. 1968 AP 5 zu § 67 PersVG = PersV 68, 264.

[12] BVerwG 6. 10. 1992 AP 1 zu § 79 LPVG Berlin = PersR 93, 77 = PersV 93, 328.

[13] So BVerwG 12. 9. 2005 AP 32 zu § 72 LPVG NW = Buchholz 251.7 § 72 NWPersVG Nr. 34 = PersR 2006, 72; 30. 6. 2005 Buchholz 250 § 75 BPersVG Nr. 106 = PersR 2005, 416 = PersV 2006, 24 unter ausdrücklicher Aufgabe der bisherigen gegenteiligen Rspr. wegen der auf die Vorauflage unter RN 5 und 9 verwiesen wird.

[14] BVerwG 9. 10. 1991 Buchholz 250 § 75 BPersVG Nr. 74 = PersR 92, 16 = PersV 92, 166; VGH Mannheim 8. 9. 1992 PersV 93, 501 = PersR 93, 336.

Jedoch kann dieser an die Dienststelle herantreten, um eine solche Vereinbarung abzuschließen, sofern sich die Materie dazu eignet.[15] Die wechselnden Erfordernisse müssen eine unregelmäßige Arbeitszeitverteilung erzwingen und so schlecht prognostizierbar sein, dass die Arbeitszeit nur kurzfristig festgesetzt werden kann. Der Begriff „unregelmäßig" bezieht sich dabei auf die festzusetzende Arbeitszeit, der Begriff „kurzfristig" auf den Festsetzungsvorgang und Festsetzungszeitraum. Nach dem Willen des Gesetzgebers soll das Mitbestimmungsrecht nur dann dieser Beschränkung unterworfen sein, wenn es aus unvermeidbaren Gründen anders praktisch nicht zur Geltung zu bringen ist, z. B. weil ein ordnungsgemäß durchgeführtes Mitbestimmungsverfahren Zeit beansprucht.[16]

bb) Generelle Regelungen. Das Mitbestimmungsrecht bezieht sich nur auf generelle Regelungen, die für die Beschäftigten einer Dienststelle insgesamt oder für eine Gruppe von Beschäftigten die tägliche Arbeitszeit festlegen.[17] Damit sind einzelfallbezogene Weisungen oder Vereinbarungen nicht beteiligungspflichtig, selbst wenn eine Vielzahl von Einzelweisungen schriftlich zusammengefasst werden.[18] Unter einer Gruppe von Beschäftigten wurde nach der älteren Rspr. des BVerwG nur ein funktional abgrenzbarer Teil der Beschäftigten einer Dienststelle verstanden. Die Abgrenzung konnte sich aus unterschiedlichen, z. B. organisatorischen, aufgabenbezogenen oder persönlichen Gesichtspunkten ergeben. Keine Beteiligung sollte demnach erfolgen, wenn ein Schulleiter gegenüber zwei Lehrern anordnet, wöchentlich vier zusätzliche Unterrichtsstunden wegen krankheitsbedingtem Ausfall zu leisten[19] oder sich die Arbeitszeit nur eines Beschäftigten änderte.[20] In Hinblick auf die Neubestimmung des Anwendungsbereichs des Beteiligungsrechts durch das BVerwG (siehe oben RN 1 f.) ist diese Rspr. heute überholt; es wird nicht mehr auf die Gruppenbetroffenheit abgestellt, sondern danach differenziert, ob die Regelung im dienstlichen Interesse erfolgen soll. Die Arbeitszeitregelung muss nicht umfassend sein, um die Beteiligungspflicht auszulösen; ausreichend ist es, wenn nur einzelne Aspekte der Verteilung der Arbeitszeit betroffen sind.[21] 5

2. Einzelne Fallgruppen. a) Schicht- bzw. Dienstpläne. Soweit Schicht- oder Dienstpläne Beginn und Ende der täglichen Arbeitszeit oder die Lage der Pausen regeln, unterliegen sie insoweit dem Mitbestimmungsrecht des Personalrats;[22] Alle weiteren Regelungen in Dienstplänen können ohne seine Mitwirkung ergehen, z. B. die Zuordnung einzelner Arbeitnehmer zu einem Schichtplan oder der Wechsel eines Arbeitnehmers von einer Schicht in die andere.[23] Wird dagegen ein Beschäftigter vom Wechselschichtrhythmus entbunden und nur noch in der Tagschicht eingesetzt, ist darin eine generelle Änderung der Arbeitszeit aller davon betroffenen Arbeitnehmer zu erblicken.[24] 6

b) Gleitzeit. Der Mitbestimmung des Personalrats unterliegt die Einführung und inhaltliche Ausgestaltung eines Gleitzeitsystems. Es umfasst die Festlegung der Kernarbeitszeit, in der alle Beschäftigten anwesend sein müssen und die Festlegung der Gleitzeiten. Verstößt die Regelung gegen höherrangiges Recht oder gegen bindende innerdienstliche Vorschriften, kann sie ohne Beteiligung des Personalrats aufgehoben werden. Nicht der Beteiligung unterliegen Regelungen in Gleitzeitsystemen, die bestimmen, mit wie vielen Stunden persönliche Ausfalltage in die persönliche Arbeitszeitstatistik einzugehen haben, da es sich nicht um eine Frage der Arbeitszeitverteilung handelt.[25] 7

c) Mehrarbeit und Überstunden. Auf gesetzlicher oder tariflicher Grundlage kann das Arbeitszeitvolumen von Beamten und Arbeitnehmern vorübergehend durch die Anordnung von Mehrarbeit erhöht werden. Das Personalvertretungsrecht kennt keinen eigenen Begriff der Mehrarbeit oder von Überstunden; vielmehr bezieht sich das Gesetz auf die Begriffe, die in den 8

---

[15] BVerwG 9. 10. 1991 Buchholz 250 § 75 BPersVG Nr. 74 = PersR 92, 16 = PersV 92, 166.

[16] VGH Mannheim 8. 9. 1992 PersV 93, 501 = PersR 93, 336.

[17] BVerwG 20. 1. 1993 AP 1 zu § 69 BPersVG = PersR 93, 307 = PersV 94, 215; 23. 12. 1982 Buchholz 238.31 § 79 PersVG BW Nr. 2 = PersV 83, 413 (Lehrerstundenplan).

[18] BVerwG 23. 12. 1982 Buchholz 238.31 § 79 PersVG BW Nr. 2 = PersV 83, 413.

[19] OVG Lüneburg 17. 2. 1999 PersR 99, 399 = PersV 99, 564.

[20] OVG Lüneburg 17. 2. 1999 PersR 99, 399 = PersV 99, 564; OVG Münster 5. 2. 1998 PersR 99, 28.

[21] BVerwG 12. 8. 2002 AP 25 zu § 72 LPVG NW = Buchholz 251.7 § 72 NWPersVG Nr. 29 = PersR 2002, 473 = PersV 2003, 192 (Ende der Probenzeit für Bühnenangestellte).

[22] BVerwG 12. 3. 1986 Buchholz 238.3A § 69 BPersVG Nr. 7 = PersR 86, 116 = PersV 86, 417.

[23] BVerwG 21. 7. 1982 AP 10 zu § 75 BPersVG = PersV 83, 241.

[24] BVerwG 15. 2. 1988 Buchholz 251.5 § 61 HePersVG Nr. 5 = PersV 88, 437; BAG 23. 1. 2001 AP 78 zu § 75 BPersVG = NZA 2001, 741 (Dienstpläne für Rufbereitschaft).

[25] BVerwG 9. 10. 1991 Buchholz 250 § 75 BPersVG Nr. 75 = PersR 92, 20 = PersV 92, 163.

Beamtengesetzen oder den Tarifverträgen mit ihrem je eigenen Bedeutungsgehalt geschaffen worden sind.[26]

9 Die Erhöhung des Arbeitszeitvolumens setzt im konkreten Fall allerdings stets eine Maßnahme des Dienststellenleiters voraus, mit der die Befugnis umgesetzt wird. Daher unterliegt bereits die Anordnung von Überstunden und Mehrarbeit nach der jüngsten Rspr. des BVerwG auch im Bundesrecht der Beteiligung des Personalrats.[27] Einzelne **Landesgesetze** sehen eine Beteiligung bei der Anordnung von Mehrarbeit und Überstunden ausdrücklich vor. Auf Grund der Neubestimmung der Reichweite des Beteiligungsrechts im Bundesrecht ergeben sich daraus jedoch keine Unterschiede mehr.

10 Kein Beteiligungsrecht besteht auch beim **Abbau** von Überstunden;[28] ebenso fehlt ein Initiativrecht auf Anordnung von Mehrarbeit.[29] Kein Beteiligungsrecht nach dem BPersVG besteht auch bei der Anordnung, dass unvorhergesehene Wochenendarbeit einzelner Beschäftigter, die bisher als Überzeitarbeit anerkannt worden ist, zukünftig grundsätzlich im Vorgriff durch Freistellung in der laufenden Woche abgegolten wird. Allerdings kann diese Maßnahme unter dem Gesichtspunkt der Verteilung der Arbeitszeit auf die einzelnen Wochentage der Beteiligung unterliegen.[30] Nach dem MBG SH fällt auch der Entzug bisher ständig gewährter Bereitschaftsdienste unter das Mitbestimmungsrecht.[31] In der Anordnung von Überstunden kann schließlich nicht eine beteiligungspflichtige Maßnahme zur Hebung der Arbeitsleistung gesehen werden.[32]

11 **d) Arbeits- bzw. Rufbereitschaft.** Die Anordnung von Arbeitsbereitschaft oder Bereitschaftsdiensten (§ 45 RN 56ff.) unterliegt unter dem Gesichtspunkt der Verteilung der Arbeitszeit auf die einzelnen Wochentage der Beteiligung des Personalrats.[33] Dies gilt dagegen nach der Rechtsprechung des BVerwG im Geltungsbereich des BPersVG nicht für die Anordnung von Rufbereitschaft.[34] Sofern diese durch eine Nebenabrede vereinbart wird, kann nach Landesrecht allerdings daraus eine Beteiligung resultieren.[35] Zum BetrVG § 235 RN 16.

12 **e) Bewertung von Arbeitszeit.** Nicht der Mitbestimmung des Personalrats unterliegen Maßnahmen der Dienststelle, die nicht die Verteilung, sondern die Bewertung eines Zeitraums als Arbeitszeit betreffen. So ist der Wegfall der teilweisen Anrechnung von Wegezeiten als Arbeitszeit[36] und Zeiten der Mittagspause nicht mitwirkungspflichtig.[37] Gleiches gilt, wenn streitig ist, in welchem Umfang bestimmte Zeiten als Arbeitszeiten zu bewerten sind[38] und ob bestimmte Ansätze für Verteil- bzw. Rüstzeiten oder Übergabezeiten realistisch sind.[39] Ebenfalls wird das Beteiligungsrecht nicht ausgelöst, wenn der Arbeitgeber durch Weisung die Arbeitszeit der Beschäftigten anders aufteilt, etwa indem er die Entlastungsstunden für Lehrer mit Verwaltungsaufgaben verringert und dementsprechend ihre Unterrichtsverpflichtung steigt.[40] Auch die Anweisung einer Musikschule an die Musiklehrer, zum Ausgleich des Ferienüberhangs während der Unterrichtszeit drei zusätzliche Stunden zu unterrichten, betrifft keine Regelung der Arbeitszeit.[41]

---

[26] BVerwG 12. 9. 2005 AP 32 zu § 72 LPVG NW = Buchholz 251.7 § 72 NWPersVG Nr. 34.

[27] BVerwG 30. 6. 2005 Buchholz 250 § 75 BPersVG Nr. 106 = PersR 2005, 416 = PersV 2006, 24; vgl. auch oben RN 1f.

[28] OVG Münster 5. 2. 1998 PersR 98, 525 = PersV 98, 550.

[29] BVerwG 6. 10. 1992 AP 1 zu § 79 LPVG Berlin = PersR 93, 77 = PersV 93, 328.

[30] VGH Kassel 17. 4. 1991 ArbuR 92, 61.

[31] BVerwG 16. 11. 1999 AP 1 zu § 51 MitbestG Schleswig-Holstein = PersR 2000, 199 = PersV 2001, 78; vgl. zur Rechtslage in anderen BL ohne Generalklausel bzw. im Bund: VGH Mannheim 18. 3. 2003 PersV 2003, 459; zum Landesrecht NI: OVG Lüneburg 31. 7. 2008 PersR 2009, 25 = PersV 2008, 426.

[32] BVerwG 23. 1. 1996 AP 68 zu § 75 BPersVG = PersR 96, 199 = PersV 96, 457.

[33] BVerwG 26. 4. 1988 AP 1 zu § 75 LPVG Niedersachsen = PersR 88, 186 = PersV 88, 531.

[34] BVerwG 26. 4. 1988 AP 1 zu § 75 LPVG Niedersachsen = PersR 88, 186 = PersV 88, 531; OVG Hamburg 18. 1. 2000 PersV 2000, 461 (zu § 86 I Nr. 1 LPersVG HH); anders BVerwG 30. 1. 1996 AP 2 zu § 74 LPVG Hessen = PersR 96, 316 = PersV 96, 469 (zu § 74 I Nr. 9 LPersVG HE); diese Rspr. stellt BVerwG 23. 8. 2007 Buchholz 251.4 § 86 HmbPersVG Nr. 13 = PersR 2007, 476 in Frage.

[35] OVG Münster 29. 1. 1996 ZTR 1996, 424 (Rufbereitschaft); vgl. auch 29. 1. 1996 PersR 96, 160 (Bereitschaftsdienst).

[36] BVerwG 12. 11. 1993 AP 6 zu § 76 BPersVG = PersR 94, 76 = PersV 94, 518.

[37] BVerwG 27. 7. 1979 Buchholz 238.3 A § 75 PersVG Nr. 13 = PersV 81, 168.

[38] BVerwG 4. 4. 1985 Buchholz 238.3 A § 75 BPersVG Nr. 39 (Fahrzeiten als Arbeitszeiten); VG Potsdam 14. 3. 2001 PersV 2002, 228 (Anweisung, das Umkleiden außerhalb der Arbeitszeit vorzunehmen).

[39] BVerwG 14. 6. 1968 AP 5 zu § 67 PersVG = PersV 68, 264.

[40] BVerwG 10. 7. 1984 Buchholz 238.34 § 86 HmbPersVG Nr. 2.

[41] VGH Mannheim 20. 6. 2000 PersR 2000, 431 = PersV 2001, 78.

f) Öffnungs- und Sprechzeiten. Umstr. ist die Beteiligungspflicht, wenn sich die Arbeitszeit der Beschäftigten auf Grund verlängerter Öffnungs- bzw. Sprechzeiten an einzelnen Tagen verändert. Nach Auffassung der Rspr. steht dem Personalrat insoweit kein Beteiligungsrecht zu.[42] Dementsprechend würde auch die Einführung eines Dienstleistungsabends der Behörde nicht der Regelung in § 75 III Nr. 1 BPersVG unterfallen.[43] Zu weitgehend ist es allerdings, wenn das Mitbestimmungsrecht auch bei der innerdienstlichen Umsetzung solcher Maßnahmen verneint wird.[44] 13

II. Zeit, Ort und Art der Auszahlung der Dienstbezüge und Arbeitsentgelte

Nach § 75 III Nr. 2 BPersVG ist der Personalrat zu beteiligen bei Fragen der Zeit, des Ortes und der Art der Auszahlung der Dienstbezüge und Arbeitsentgelte. Die Vorschrift entspricht § 87 I Nr. 4 BetrVG (§ 235 RN 55); ihre Bedeutung ist gering, da die Auszahlung der Bezüge der Beamten gesetzlich (vgl. §§ 3 V, 17 a BBesG) und die der Vergütung der Arbeitnehmer tariflich (vgl. §§ 24 I TVöD, 36 BAT/BAT-O, 31 II MTArbB, 26 a BMT-G II) geregelt sind. Die Abschaffung eines sog. Banktages, den die Dienststelle in der Vergangenheit einseitig eingeräumt hatte, unterliegt wegen der abschließenden Regelungen in den genannten gesetzlichen und tariflichen Regelungen keiner Beteiligung.[45] 14

III. Aufstellung allgemeiner Urlaubsgrundsätze und des Urlaubsplans

1. Reichweite des Beteiligungsrechts. Nach § 75 III Nr. 3 BPersVG besteht ein Mitbestimmungsrecht bei der Aufstellung des Urlaubsplans sowie der Festlegung der zeitlichen Lage des Erholungsurlaubs für einzelne Beschäftigte, wenn zwischen dem Dienststellenleiter und den beteiligten Beschäftigten kein Einvernehmen erzielt wird. Das Beteiligungsrecht bezieht sich gleichermaßen auf Beamte und Arbeitnehmer. Die Gesetzgebung der Länder sieht durchweg vergleichbare Regelungen vor. Für das BetrVG enthält § 87 I Nr. 5 BetrVG eine entsprechende Regelung (§ 235 RN 59). Urlaub im Sinne des Beteiligungsrechts ist zunächst der Erholungsurlaub im Sinne der Erholungsurlaubsverordnung bzw. des BUrlG. Die Vorschrift erfasst auch den Sonderurlaub und Bildungsurlaub nach den in einzelnen Ländern bestehenden Bildungsurlaubsgesetzen, nicht hingegen die Gewährung von Eltern- oder Altersteilzeit. 15

2. Urlaubsplan und Festlegung des Urlaubs im Einzelfall. Der Urlaubsplan kann entweder eine konkrete Urlaubsregelung für alle Beschäftigten enthalten oder sich auf die Aufstellung von Grundsätzen beschränken, die bei der Festsetzung des Urlaubs im Einzelfall zu beachten sind.[46] Sofern sich die Urlaubsplanung auf Grundsätze beschränkt, können auch Verfahrensvorschriften, zum Beispiel Fristen für die Voranmeldung der Urlaubswünsche, verabredet werden. Unabhängig von der Art und Weise, wie die Urlaubsplanung einvernehmlich vorgenommen wurde, hat der Personalrat mitzubestimmen, wenn sich Dienststellenleiter und der Beschäftigte im Einzelfall nicht auf die zeitliche Lage des Urlaubs einigen können. Will die Dienststelle von den aufgestellten Grundsätzen oder dem Urlaubsplan abweichen, unterliegt dies als Änderung der Urlaubsplanung ebenfalls der Beteiligung.[47] 16

3. Urlaubssperre. Nicht der Beteiligung des Personalrats unterliegt die Festlegung von Zeiten, in denen Beschäftigte mit bestimmten Funktionen keinen Urlaub erhalten (sog. Urlaubssperre). Die Aufstellung allgemeiner Urlaubsgrundsätze als abstrakt-generelle Regelung unterliegt nicht der Mitbestimmung des Personalrats. Das Mitbestimmungsrecht besteht erst bei der Koordination der Urlaubswünsche und ihrer Zuteilung in dem von der Dienststelle beteiligungsfrei vorgegebenen zeitlichen Rahmen (konkret-generelle Regelung).[48] Die Vorgaben für 17

---

[42] BVerwG 7. 3. 1983 Buchholz 238.39 § 78 SPersVG Nr. 1 = PersV 84, 241 (Unterrichtsfreier Samstag); 23. 12. 1982 Buchholz 238.31 § 79 PersVG BW Nr. 2 = PersV 83, 413 (Schülerstundenplan); VGH Mannheim 19. 10. 1999 PersR 2000, 25 = PersV 2002, 25 (Schalteröffnungszeiten einer Sparkasse).

[43] A. A. Lorenzen/*Rehak* § 75 RN 115 f.

[44] BVerwG 23. 12. 1982 Buchholz 238.31 § 79 PersVG BW Nr. 2 = PersV 83, 413.

[45] BVerwG 20. 7. 1998 Buchholz 251.2 § 85 BlnPersVG Nr. 12 = PersR 98, 523 = PersV 99, 413.

[46] OVG Münster 17. 2. 2000 PersR 2001, 29 = PersV 2000, 569.

[47] Lorenzen/*Rehak* § 75 RN 131.

[48] BVerwG 23. 8. 2007 Buchholz 251.4 § 86 HmbPersVG Nr. 13 = PersR 2007, 476; 19. 1. 1993 AP 7 zu § 72 LPVG NW = PersR 93, 167 = PersV 93, 369; OVG Münster 17. 2. 2000 PersR 2001, 29 = PersV 2000, 569.

Lehrkräfte, den Urlaub in der unterrichtsfreien Zeit im Sommer zu nehmen, unterliegt daher nicht der Beteiligung des Personalrats.[49]

IV. Lohngestaltung

Baden, Leistungsentgelte im Personalvertretungsrecht, PersR 2006, 244; *Boegl,* Mitbestimmungsrechte des Personal- bzw. Betriebsrats bei Einführung der leistungsorientierten Bezahlung, ZfPR 2007, 22; *Faber,* Personalvertretungen und Leistungsbezahlung, ZfPR 2007, 122; *Feldmann,* Die Beteiligung des Personalrats beim Ausstieg aus Tarifverträgen durch Verbandsaustritt, PersV 2008, 289; *Lorse,* Die Beteiligung der Personalvertretung bei der Vergabe leistungsbezogener Bezahlungselemente nach dem Dienstrechtsreformgesetz 1997, PersV 2003, 164; *Schlatmann,* Mitbestimmung bei der Lohngestaltung in der Dienststelle, PersV 2004, 16.

18 **1. Inhalt des Beteiligungsrechts.** Nach § 75 III Nr. 4 BPersVG unterliegen Fragen der Lohngestaltung innerhalb der Dienststelle, insbesondere die Aufstellung von Entlohnungsgrundsätzen, die Einführung und Anwendung von neuen Entlohnungsmethoden und deren Änderung sowie die Festsetzung der Akkord- und Prämiensätze und vergleichbarer leistungsbezogener Entgelte, einschließlich der Geldfaktoren, der Beteiligung der Personalvertretung. Vergleichbare Regelungen sind in allen Landesgesetzen enthalten. Der Sache nach handelt es sich um zwei Beteiligungstatbestände, die auch einer teilweise unterschiedlichen Zielsetzung unterliegen; die im BetrVG getrennten Tatbestände der Lohngestaltung (§ 87 I Nr. 10 BetrVG) bzw. der Beteiligung bei leistungsbezogenen Entgelten (§ 87 I Nr. 11 BetrVG) sind im BPersVG in einer Regelung zusammengefasst.

19 Das Beteiligungsrecht hinsichtlich der Lohngestaltung soll die innerbetriebliche **Lohngerechtigkeit** gewährleisten und die Beschäftigten vor einer einseitig an den Interessen der Dienststelle orientierten Lohngestaltung schützen; letztlich geht es dabei um die Angemessenheit und Durchsichtigkeit des innerbetrieblichen Lohngefüges.[50] Anders als bei der Lohngestaltung dient die Beteiligung bei den leistungsbezogenen Entgelten in erster Linie dem **Schutz der Gesundheit** der betroffenen Beschäftigten. Der Personalrat soll darauf achten, dass die Akkordsätze so angesetzt werden, dass der Beschäftigte keinen Raubbau an seiner Gesundheit betreiben muss, um auf die durchschnittliche Vergütung zu kommen[51] (§ 235 RN 109). Gleichzeitig sollen die Sätze auch nicht so günstig angesetzt werden, dass der Beschäftigte angesichts der möglichen Verdienstchancen sich selbst gesundheitlich überfordert.[52]

20 **2. Lohngestaltung. a)** Der Begriff der Lohngestaltung stellt einen Oberbegriff dar und umfasst die **„Entlohnungsgrundsätze"** und „Entlohnungsmethoden". Bei ersteren handelt es sich um das System, nach dem das Arbeitsentgelt bemessen werden soll[53] und seine Ausformung, mit Ausnahme der Lohnhöhe. Unter **Entlohnungsmethode** wird die Art und Weise der Durchführung des gewählten Entlohnungssystems verstanden. Das Beteiligungsrecht erstreckt sich sowohl auf Arbeitnehmer[54] als auch auf Beamte. Insgesamt geht es dabei um abstrakt-generelle Grundsätze zur Entgeltfindung, d. h. Strukturformen des Entgelts einschließlich ihrer näheren Vollziehungsformen.[55] Tritt der Arbeitgeber, der jahrelang Tarifverträge angewandt hat, aus dem Arbeitgeberverband aus, folgt daraus nicht, dass die bisher in der Dienststelle geltende Vergütungsordnung automatisch entfällt. Sie bleibt vielmehr als Regelung der betrieblichen Entgeltordnung bestehen und kann nur mit Zustimmung der Personalvertretung abgeändert werden.[56] Die Mitbestimmung bei der Lohngestaltung berührt wie im BetrVG (§ 230 RN 89) auch die materiellen Arbeitsbedingungen; insoweit ist die generelle Beschränkung der Beteiligungsrechte auf formelle Arbeitsbedingungen auch für das BPersVG aufgegeben worden.[57]

---

[49] BVerwG 23. 8. 2007 Buchholz 251.4 § 86 HmbPersVG Nr. 13 = PersR 2007, 476; a. A. VGH Mannheim 20. 6. 2000 PersR 2000, 431.

[50] BAG 15. 4. 2008 AP 133 zu § 87 BetrVG 1972 Lohngestaltung = NZA 2008, 888; BVerwG 9. 12. 1998 AP 3 zu § 74 LPVG Hessen = PersR 99, 265 = PersV 99, 470.

[51] BVerwG 23. 12. 1982 Buchholz 238.31 § 79 PersVG BW Nr. 3 = PersV 83, 506.

[52] OVG Münster 2. 12. 1994 PersR 95, 382 = ZTR 95, 325.

[53] BVerwG 27. 7. 1979 Buchholz 238.3 A § 75 PersVG Nr. 12 = PersV 81, 166 (Gedingelohn).

[54] BVerwG 6. 2. 1987 PersV 1987, 428 = PersR 1987, 130 unter Aufgabe der älteren Rspr., die das Beteiligungsrecht nur auf Arbeiter bezog.

[55] BVerwG 21. 3. 2005 AP 1 zu § 68 LPVG Mecklenb.-Vorpommern = Buchholz 251.5 § 68 MVPersVG Nr. 1.

[56] Zum Landesrecht in Berlin: BVerwG 20. 11. 2008 – 6 P 17/07 – PersR 2009, 73; BAG 15. 4. 2008 AP 133 zu § 87 BetrVG 1972 Lohngestaltung = NZA 2008, 888.

[57] BVerwG 9. 12. 1998 AP 3 zu § 74 LPVG Hessen = PersR 99, 265 = PersV 99, 470 unter Bezugnahme auf die Rspr. des BAG und ausdrücklicher Aufgabe seiner früheren Rspr. vgl. nur BVerwG 23. 12. 1982

b) Da die Beteiligung auf abstrakt-generelle Regelungen beschränkt ist, unterliegt die Anwendung der Lohngrundsätze und -methoden auf den **Einzelfall** nicht der Beteiligung.[58] Nicht unter den Begriff der Lohngestaltung fällt auch der Erlass von Verwaltungsvorschriften über die Höhe der Vergütung und deren Anwendung.[59] Das Beteiligungsrecht bezieht sich trotz der Verwendung des Wortes „Lohn" auf alle Arbeitnehmer.[60] In der Literatur wird zu Recht angenommen, dass auch Beamte einbezogen sind.[61] Keine Lohngestaltung liegt bei der Gewährung von Aufwendungsersatz vor[62] und bei der Frage, ob die Anspruchsvoraussetzungen für eine bestimmte Zulage erfüllt sind.[63] Nach § 15 VIa BAT konnte der Dienststellenleiter allein bestimmen, ob Bereitschaftsdienste durch Freizeit oder Vergütung abzugelten sind; allgemeine Vorgaben über die Handhabung im Einzelfall sind unter dem Aspekt der „Lohngestaltung" mitbestimmungspflichtig.[64] Die Rspr. des BAG zur Beteiligung beim Abbau freiwilliger übertariflicher Zulagen oder bei der Verrechnung von Tariferhöhungen mit übertariflichen Zulagen findet auch im Personalvertretungsrecht Anwendung.[65] 21

3. Akkord und vergleichbare leistungsbezogene Entgelte. Bei der Akkord- und Prämienentlohnung wirkt sich die tatsächliche Arbeitsleistung unmittelbar und automatisch auf die Lohnhöhe aus (Einzelheiten § 64 RN 4ff.). Vergleichbare leistungsbezogene Entgelte sind solche, bei denen dieser unmittelbare Zusammenhang ebenfalls gegeben ist. Das ist zum Beispiel bei einer Schreibprämie der Fall, die von der Anzahl der im Monat erreichten Anschläge abhängig ist.[66] Handelt es sich dagegen nur um Vergünstigungen, die nicht von der Leistung abhängen (z.B. Anwesenheits- bzw. Pünktlichkeitsprämien), entfällt eine Beteiligung nach dieser Vorschrift[67] (zur Abgrenzung auch § 235 RN 81f.). Handelt es sich um Prämien, die zwar von der Leistung abhängen, aber diese Leistung erst durch den Vorgesetzten bewertet werden muss, soll das Beteiligungsrecht ebenfalls nicht berührt sein.[68] Die Beteiligung bezieht sich nach Auffassung des BVerwG aber auch insoweit allein auf abstrakt-generelle Regelungen und nicht auf die Akkordansetzung im Einzelfall.[69] Daher soll auch eine Neuregelung der Gewährung von Leistungszuschlägen an Arbeiter per Verwaltungsanweisung der vorgesetzten Dienststelle, mit der die Höhe der möglichen Leistungsprämie und die Dauer ihrer Gewährung bis zur erneuten Überprüfung geregelt ist, nicht der Beteiligung unterliegen.[70] 22

V. Sozialeinrichtungen

1. Begriff. a) Überblick. Nach § 75 III Nr. 5 BPersVG ist der Personalrat bei der Errichtung, Verwaltung und Auflösung von Sozialeinrichtungen ohne Rücksicht auf ihre Rechtsform zu beteiligen. Ein vergleichbarer Beteiligungsstandard ist in den Landesgesetzen und auch im BetrVG (§ 87 I Nr. 8 BetrVG) enthalten. Vereinzelt wird landesrechtlich der Begriff „Wohlfahrtseinrichtung" verwandt (z.B. § 79 I 1 Nr. 6 LPersVG BW), beide Begriffe sind jedoch inhaltsgleich.[71] Zweck des Beteiligungsrechts ist die Wahrung der sozialen Interessen der Beschäftigten an Maßnahmen der Dienststelle bei der Errichtung, Verwaltung und Auflösung der Sozialeinrichtung.[72] 23

Buchholz 238.31 § 79 BaWüPersVG Nr. 3 = PersV 83, 506; vgl. auch OVG Münster, 20. 9. 2002 PersR 2003, 161 = PersV 2003, 178 (Vergabe von Leistungsprämien); VGH Mannheim12. 12. 2000 PersR 2001, 218 = Ez.B.AT § 40 BAT Nr. 19 (Formularmäßiger Ausschluss von Beihilfeansprüchen für neu eingestellte Arbeitnehmer).

58 BVerwG 22. 12. 1993 AP 6 zu § 68 BPersVG = PersR 94, 323; 22. 12. 1993 AP 4 zu § 68 BPersVG = PersR 94, 78 = PersV 94, 523; 23. 12. 1982 Buchholz 238.31 § 79 PersVG BW Nr. 3 = PersV 83, 506.

59 BVerwG 15. 2. 1988 AP 2 zu § 79 LPVG Baden-Württemberg = PersV 88, 403 (Tarifpolitik).

60 BVerwG 6. 2. 1987 Buchholz 251.7 § 72 NWPersVG Nr. 14 = PersV 87, 428.

61 Lorenzen/*Rehak* § 75 RN 133a; *Schlatmann* PersV 2004, 16, 19.

62 BAG 1. 11. 2005 AP 16 zu § 33 BAT = PersV 2006, 274.

63 OVG Berlin 28. 8. 2001 PersR 2002, 401 = PersV 2003, 71 (Streichung der Heimzulage).

64 VGH München 16. 6. 1999 PersR 99, 502 = PersV 2000, 82.

65 BAG 1. 11. 2005 AP 16 zu § 33 BAT = PersV 2006, 274; vgl. BVerwG 9. 1. 2008 Buchholz 251.2 § 85 BlnPersVG Nr. 14 = PersV 2008, 191 = PersR 2008, 216.

66 BVerwG 23. 12. 1982 Buchholz 238.31 § 79 PersVG BW Nr. 3 = PersV 83, 506.

67 *Ilbertz/Widmaier* § 75 RN 112.

68 BVerwG 26. 7. 1979 AP 4 zu § 75 BPersVG = PersV 81, 71; OVG Münster 2. 12. 1994 PersR 95, 382 = ZTR 95, 325.

69 BVerwG 23. 12. 1982 Buchholz 238.31 § 79 PersVG BW Nr. 3 = PersV 83, 506; 26. 7. 1979 AP 4 zu § 75 BPersVG = PersV 81, 71.

70 OVG Münster 2. 12. 1994 PersR 95, 382 = ZTR 95, 325 (zweifelhaft).

71 BVerwG 16. 9. 1977 Buchholz 238.3 A § 75 BPersVG Nr. 4 = PersV 79, 63.

72 BVerwG 24. 4. 1992 AP 1 zu § 78 LPVG Baden-Württemberg = PersR 92, 308 = PersV 92, 437.

24 **b) Sozialeinrichtungen.** Dies sind auf Dauer angelegte, von der Dienststelle geschaffene Einrichtungen, die dazu dienen, den Beschäftigten Vorteile zukommen zu lassen (vgl. auch § 235 RN 75 ff.). Maßgebend ist, dass objektiv der Zweck erreicht wird, die soziale Lage der Beschäftigten durch die Gewährung der Vorteile zu verbessern.[73] Typische Beispiele sind Kantinen, Werksküchen, Kindergärten, Kinderheime, Erholungseinrichtungen, Unterhaltungsbüchereien. Auch die Vorhaltung von Wohnungen durch die Dienststelle oder entsprechende Belegungsrechte können eine Sozialeinrichtung darstellen; insoweit können sich wie im BetrVG die Beteiligungsrechte aus den §§ 75 III Nr. 5, II Nr. 2 BPersVG überschneiden; da sich ihre Zielsetzungen unterscheiden, können sie nebeneinander bestehen.[74] Die Beteiligung entfällt anders als im BetrVG (§ 235 RN 76) nicht deshalb, weil die Dienststelle die Sozialeinrichtung nicht selbst oder jedenfalls nicht allein und nur für die eigenen Beschäftigten führt;[75] erforderlich ist lediglich ein rechtlich gesicherter Einfluss.[76] Hieran fehlt es, wenn die Dienststelle einer selbstständigen Einrichtung lediglich finanzielle Unterstützung leistet.[77] Die Einrichtung muss allerdings soweit verselbstständigt sein, dass sie tatsächlich verwaltet werden kann, hieran fehlt es, wenn die Dienststelle nur einen Kaffeeautomaten zur Verfügung gestellt hat.[78] Streicht die Dienststelle lediglich bisher gewährte Fahrtkostenzuschüsse, liegt darin nicht die Schließung einer Sozialeinrichtung.[79]

25 **2. Inhalt des Beteiligungsrechts.** Anders als nach § 87 I Nr. 8 BetrVG unterliegt auch die Errichtung und die Auflösung einer Sozialeinrichtung der Beteiligung. Die Frage der Dotierung der Sozialeinrichtung obliegt jedoch dem Haushaltsgesetzgeber, weshalb kaum Unterschiede zur Rechtslage in der Privatwirtschaft bestehen. Die Errichtung der Sozialeinrichtung umfasst die Fragen des „Ob" und „Wie" der Einrichtung; daher können wesentliche Änderungen der Einrichtung beteiligungsrechtlich als (erneute) Errichtung einer Sozialeinrichtung anzusehen sein.[80] Zur Verwaltung einer Sozialeinrichtung rechnen alle Maßnahmen, die ihre Unterhaltung und ihren laufenden Betrieb, insbesondere die Leistungen an die Beschäftigten betreffen, sich also als Maßnahmen der inneren Organisation darstellen. Hierzu zählen nicht nur generelle, sondern auch Einzelmaßnahmen.[81] Die Festsetzung der Nutzungsbedingungen muss aber die haushaltsrechtlichen Vorgaben beachten, insoweit ist die Mitbestimmung eingeschränkt[82] oder nach Landesrecht teilweise gänzlich ausgeschlossen.[83] Die Ausübung des Beteiligungsrechts durch den Personalrat hinsichtlich der Verwaltung der Sozialeinrichtung muss nicht notwendig durch den Abschluss von Dienstvereinbarungen erfolgen. Es ist auch denkbar, dass eigene Verfahrensregeln zur Verwaltung der Sozialeinrichtung geschaffen werden, die den Einfluss des Personalrats institutionell absichern (z. B. der Kantinenausschuss). Unter Auflösung ist jede Form der Aufgabe einer bestehenden Einrichtung zu verstehen. Dies gilt auch bei einer Privatisierung der Sozialeinrichtung, wenn nicht ein fortbestehender rechtlicher Einfluss abgesichert ist.[84] Das Beteiligungsrecht bei der Auflösung setzt bereits bei deren Vorbereitung ein und umfasst auch die Phase der Abwicklung der Einrichtung.[85]

---

[73] BVerwG 28. 6. 2000 AP 76 zu § 75 BPersVG = NZA 2000, 1123 (Eisenbahnerwohnungen); 24. 4. 1992 AP 1 zu § 78 LPVG Baden-Württemberg = PersR 92, 308 = PersV 92, 437; 16. 9. 1977 Buchholz 238.3 A § 75 BPersVG Nr. 4 = PersV 79, 63.

[74] BVerwG 24. 4. 1992 AP 1 zu § 78 LPVG Baden-Württemberg = PersR 92, 308 = PersV 92, 437; OVG Münster 6. 2. 2002 PersR 2002, 478 = PersV 2003, 62; OVG Hamburg 14. 12. 1999 PersR 2000, 425 = PersV 2000, 464.

[75] BVerwG 9. 11. 1998 Buchholz 250 § 75 BPersVG Nr. 96 = PersR 99, 125 = PersV 99, 404; 15. 12. 1978 Buchholz 238.3 A § 75 BPersVG Nr. 7 = PersV 80, 105.

[76] BVerwG 28. 6. 2000 AP 76 zu § 75 BPersVG = NZA 2000, 1123; 9. 11. 1998 Buchholz 250 § 75 BPersVG Nr. 96 = PersR 99, 125 = PersV 99, 404.

[77] BVerwG 5. 9. 1986 Buchholz 238.37 § 72 NWPersVG Nr. 12 = PersV 87, 333; 12. 7. 1984 Buchholz 238.3 A § 75 BPersVG Nr. 29 (Bundeswehr-Sozialwerk).

[78] A. A. VG Stuttgart 26. 7. 1999 PersR 99, 540.

[79] OVG Münster 6. 11. 1985 PersV 86, 434 = RiA 86, 188; VGH Mannheim 25. 2. 1997 PersR 97, 402 (Parkplatz); a. A. VGH Kassel 24. 6. 1993 PersR 94, 87 (Parkhaus).

[80] BVerwG 28. 6. 2000 AP 76 zu § 75 BPersVG = NZA 2000, 1123; 24. 4. 1992 AP 1 zu § 78 LPVG Baden-Württemberg = PersR 92, 308 = PersV 92, 437.

[81] OVG Hamburg 11. 6. 2001 PersR 2002, 121 = PersV 2003, 66 (Aufgabenvergabe an Dritte); OVG Lüneburg 9. 9. 1994 PersR 94, 565.

[82] Lorenzen/*Rehak* § 75 RN 149.

[83] BVerwG 20. 12. 2000 Buchholz 251.4 § 86 HmbPersVG Nr. 6 = PersR 2001, 153 = PersV 2001, 329 (Mieterhöhung).

[84] BVerwG 9. 11. 1998 Buchholz 250 § 75 BPersVG Nr. 96 = PersR 99, 125 = PersV 99, 404.

[85] Lorenzen/*Rehak* § 75 RN 151 a.

VI. Unfallverhütung und Arbeitsschutz

Hofmann, Beteiligung der Personalvertretung bei der Bestellung freiberuflicher Betriebsärzte und Fachkräfte für Arbeitssicherheit, PersV 2003, 174; *Kiper,* Mitbestimmung bei der Bildschirmarbeitsgestaltung, PersR 2008, 354; *ders.,* Mitbestimmung bei Stress und anderen psychischen Belastungen, PersR 2002, 420; *Kunze,* Beteiligung des Personalrats beim Arbeits- und Gesundheitsschutz, ZfPR 2002, 115, 181; *Reich,* Die Stellung der Personalvertretungen bei Umsetzung der Nichtraucherschutzgesetze, PersV 2008, 334.

1. Begriff. a) Abgrenzung. Nach § 75 III Nr. 11 BPersVG ist der Personalrat bei Maßnah- 26
men zur Verhütung von Dienst- und Arbeitsunfällen und sonstigen Gesundheitsbeschädigungen zu beteiligen. Diese Vorschrift entspricht teilweise § 87 I Nr. 7 BetrVG (§ 235 RN 69 ff.). Der Personalrat ist daneben noch bei der Bestellung von Betriebsärzten (§§ 75 III Nr. 10, 76 II Nr. 4 BPersVG) zu beteiligen und – wie in § 89 BetrVG (§ 236 RN 10 ff.) – in die Verfahren zwischen der Dienststelle und den für Unfallverhütung und Arbeitsschutz zuständigen Behörden eingebunden. Besonderer Erwähnung bedarf schließlich die allgemeine Überwachungspflicht aus § 68 I Nr. 2 BPersVG, die sich gerade auch auf die Einhaltung der Arbeitsschutzgesetze und der Unfallverhütungsvorschriften bezieht, insoweit kann auf die Ausführungen zu § 80 I Nr. 1 BetrVG (§ 233 RN 2 ff.) verwiesen werden. In den Landesgesetzen sind weitgehend inhaltsgleiche Regelungen enthalten.

b) Gesundheitsschutz. Maßnahmen zur Verhütung von Dienst- und Arbeitsunfällen gehö- 27
ren zum gesundheitlichen Arbeitsschutz.[86] Der Arbeitsschutz stellt die Summe der rechtlichen, organisatorischen, medizinischen und technischen Maßnahmen dar, die zum Schutz der Beschäftigten vor den Gefahren des Arbeitslebens getroffen werden. Ziel des Arbeitsschutzes ist es, durch Vorsorge gegen Gefahren für Leben und Gesundheit den Zustand der Arbeitssicherheit herzustellen.[87] Zum Arbeitsschutz im weiteren Sinne gehören auch Maßnahmen der Gestaltung der Arbeitsplätze und des Arbeitsablaufs sowie der Arbeitszeit; da insoweit eigene Beteiligungsrechte bestehen, werden die Maßnahmen zur Verhütung von Dienst- und Arbeitsunfällen auf die davon nicht erfassten übrigen Gefahrenbereiche beschränkt.[88] Die im Gesetz erwähnten sonstigen Gesundheitsschädigungen müssen ihrem Gewicht nach ähnlich gravierend sein wie Arbeitsunfälle; bloße Beeinträchtigungen des gesundheitlichen Wohlempfindens sind damit nicht erfasst.

c) Reichweite. Das Mitbestimmungsrecht erfasst nicht nur organisatorische und personelle 28
Entscheidungen, etwa durch den Erlass von Richtlinien, sondern auch die Anlage, Änderung, Ingangsetzung oder Außerbetriebnahme technischer Vorrichtungen.[89] Der Beteiligung unterliegen sowohl generelle wie auch Einzelfallregelungen.[90] Sie wird im Wesentlichen nur durch die verfolgte **Zweckrichtung eingeschränkt.** Die Mitbestimmung betrifft nämlich nicht jede Maßnahme, die objektiv oder subjektiv Einfluss auf das Wohlbefinden einzelner oder aller Beschäftigten haben kann, sondern nur solche von rechtserheblicher Bedeutung. Die beabsichtigte Maßnahme muss gerade darauf abzielen, das Risiko von Gesundheitsschädigungen oder Unfällen innerhalb der Dienststelle zu mindern oder einen effektiven Arbeits- und Gesundheitsschutz zu gewährleisten;[91] es ist allerdings nicht erforderlich, dass dies der einzige Zweck ist, der mit der Maßnahme verfolgt wird.[92] Bei der Anordnung über das Verfahren zur Feststellung der Kraftfahrtauglichkeit kann es sich danach um eine beteiligungspflichtige Maßnahme handeln.[93] Eine Beteiligung kommt allerdings nicht in Betracht, wenn die Dienststelle das Verfahren über die Aufstellung von Gefährdungsanalysen nach § 5 ArbSchG regelt.[94] Die Beteiligungspflicht soll

[86] BVerwG 25. 8. 1986 Buchholz 238.3 A § 75 BPersVG Nr. 46 = NJW 87, 1658 (Reinigungshäufigkeit der Diensträume); 17. 2. 1986 Buchholz 238.31 § 79 BaWüPersVG Nr. 6 = PersV 86, 328 (Zuweisung eines schlechteren Aufenthaltsraumes).

[87] OVG Münster 29. 1. 1999 PersR 99, 360 = PersV 99, 360.

[88] BVerwG 25. 8. 1986 Buchholz 238.3 A § 75 BPersVG Nr. 46 = NJW 87, 1658; 17. 2. 1986 Buchholz 238.31 § 79 BaWüPersVG Nr. 6 = PersV 86, 328.

[89] BVerwG 18. 5. 1994 AP 1 zu § 719 RVO = PersR 94, 466 = PersV 95, 30.

[90] Lorenzen/*Rehak* § 75 RN 174.

[91] BVerwG 8. 1. 2001 AP 78 zu § 75 BPersVG = PersR 2001, 154 = NZA 2001, 570 (Kurzpausen nach § 5 BildschirmarbeitsVO); 25. 8. 1986 Buchholz 238.3 A § 75 BPersVG Nr. 46 = NJW 87, 1658; 17. 2. 1986 Buchholz 238.31 § 79 BaWüPersVG Nr. 6 = PersV 86, 328; 23. 1. 1986 Buchholz 238.35 § 61 HePersVG Nr. 3 = PersV 86, 323 (Feststellung der Arbeitsfähigkeit).

[92] BVerwG 19. 5. 2003 Buchholz 250 § 78 BPersVG Nr. 19 = PersR 2003, 314 = PersV 2003, 339.

[93] OVG Münster 29. 10. 2007 – 1 A 1179/06.PVL – n. v.

[94] BVerwG 14. 10. 2002 Buchholz 250 § 75 BPersVG Nr. 104 = NZA-RR 2003, 273 = PersR 2003, 113 = PersV 2003, 186; OVG Berlin 27. 3. 2001 PersR 2002, 251 = PersV 2002, 82.

entfallen, wenn die Maßnahmen von der Behörde (auch) zum Schutz der Öffentlichkeit bzw. Dritter ergriffen werden. Das ist z. B. der Fall, wenn eine Asbestsanierung von Schulräumen stattfindet;[95] insoweit soll auch kein Initiativrecht des Personalrats bestehen.[96] Bei einer räumlich begrenzten Sanierung kann aber die Bedeutung der Außenwirkung zurücktreten, was zur Folge hat, dass diese der Mitbestimmung unterliegt.[97]

29 **d) Umsetzung bzw. Vollzug.** Eine Beteiligung kommt stets bei der konkretisierenden Umsetzung und dem Vollzug gesetzlicher oder tariflicher Vorgaben in Betracht. Das Mitbestimmungsrecht ist nur ausgeschlossen, wenn der Sachverhalt unmittelbar durch Tarifvertrag oder Gesetz geregelt wird und zu ihrem Vollzug kein besonderer Ausführungsakt erforderlich ist. Soweit bei der Ausgestaltung der Einzelmaßnahme für den Dienststellenleiter Entscheidungsspielräume bestehen, unterliegt dessen Anordnung im Rahmen der Mitbestimmung zumindest einer Richtigkeitskontrolle des Personalrats[98] (§ 235 RN 71). Die Gefährdungsanalyse im Einzelfall, d. h. die konkrete Beurteilung der Gefahrenquellen unterliegt der Mitbestimmung des Personalrats; allerdings ist sein Beteiligungsrecht letztendlich auf ein Mitbeurteilungsrecht beschränkt. Bei freiwilligen Maßnahmen der Dienststelle im Bereich des Arbeits- und Gesundheitsschutzes umfasst die Beteiligung sowohl die Ausgestaltung der Maßnahme als auch deren Vollzug.[99]

30 **2. Bestellung und Abberufung von Vertrauens- bzw. Betriebsärzten.** Auch personelle Maßnahmen auf dem Gebiet der Unfallverhütung und des Gesundheitsschutzes können der Beteiligung unterliegen, z. B. die Bestellung eines Strahlenschutzbeauftragten[100] bzw. eines Sicherheitsbeauftragten nach § 22 SGB VII,[101] die Bestellung freiberuflicher Betriebsärzte (§§ 3, 16 ASiG)[102] oder der Fachkräfte für Arbeitssicherheit (§§ 5, 16 ASiG).[103] Die Mitwirkung des Personalrats bei der Bestellung und Abberufung von Vertrauens- bzw. Betriebsärzten hängt nach dem BPersVG davon ab, ob deren Einstellung als Angestellte oder Beamte erfolgt. Ist letzteres der Fall, kann die Einigungsstelle im Konfliktfall keine verbindliche Entscheidung treffen (§§ 76 II Nr. 4, 69 IV BPersVG). Werden sie auf freiberuflicher Basis tätig, ist § 75 III Nr. 11 BPersVG entsprechend anzuwenden.[104] Bei dem Beteiligungsrecht handelt es sich unabhängig vom Status der zu bestellenden Person um keine Gruppenangelegenheit.[105] Ist ein Betriebs- oder Vertrauensarzt nicht bestellt, führt dies nicht zur Beteiligungspflicht bei Inanspruchnahme eines Arztes im Einzelfall.[106] Das Beteiligungsrecht besteht wegen der notwendigen Vertrauensbasis zwischen den Betriebsärzten und der Belegschaft; der Personalrat soll fachliche und persönliche Vorbehalte in der Belegschaft gegen den Arzt zur Geltung bringen können.[107] Aus dieser Schutzrichtung heraus wird ohne ausdrückliche Regelung im Bundesrecht angenommen, auch die Abberufung eines Vertrauens- oder Betriebsarztes unterliege ebenfalls der Beteiligung.[108] Landesgesetzlich ist seine Beteiligung teilweise ausdrücklich vorgesehen (z. B. § 72 IV Nr. 6 LPersVG NRW).

31 **3. Zusammenarbeit mit den Arbeitsschutzbehörden.** Nach § 81 I BPersVG ist der Personalrat zusätzlich verpflichtet, die für den Arbeitsschutz zuständigen Behörden, die Träger der gesetzlichen Unfallversicherung und die übrigen in Betracht kommenden Stellen durch Anre-

---

95 BVerwG 2. 10. 1995 Buchholz 251.2 § 85 BlnPersVG Nr. 10 = PersR 96, 151 = PersV 96, 317; vgl. auch BVerwG 31. 10. 1995 Buchholz 251.2 § 85 BlnPersVG Nr. 11 = PersR 96, 154 = PersV 96, 321 (Schädlingsbekämpfung und Dekontaminierung); vgl. aber § 267 RN 26.

96 BVerwG 29. 1. 1996 PersR 96, 280 = PersV 96, 460.

97 BVerwG 23. 8. 2000 Buchholz 250 § 104 BPersVG Nr. 9 = PersR 2001, 23; 23. 8. 2000 PersR 2001, 20.

98 BVerwG 8. 1. 2001 AP 78 zu § 75 BPersVG = PersR 2001, 154 = NZA 2001, 570 (Bildschirmarbeit); 23. 1. 1986 Buchholz 238.35 § 61 HePersVG Nr. 3 = PersV 86, 323 (Anordnung amtsärztlicher Untersuchung).

99 Lorenzen/*Rehak* § 75 RN 174 c.

100 OVG Münster 13. 7. 2006 – 1 A 990/05.PVL – n. v.

101 BVerwG 18. 5. 1994 AP 1 zu § 719 RVO = PersR 94, 466 = PersV 95, 30.

102 BVerwG 25. 1. 1995 AP 2 zu § 9 ASiG = PersR 95, 300 = PersV 95, 439.

103 OVG Münster 15. 12. 1999 PersV 2000, 471 = PersR 2000, 517 (zu § 72 IV Nr. 6 LPersVG NRW); beiläufig auch BVerwG 25. 1. 1995 AP 2 zu § 9 ASiG = PersR 95, 300 = PersV 95, 439.

104 BVerwG 25. 1. 1995 AP 2 zu § 9 ASiG = PersR 95, 300 = PersV 95, 439.

105 BVerwG 16. 4. 2008 Buchholz 250 § 86 BPersVG Nr. 5 = PersR 2008, 418 = PersV 2008, 342 zu Personalfragebögen.

106 *Ilbertz/Widmaier* § 75 RN 152.

107 BVerwG 25. 1. 1995 AP 2 zu § 9 ASiG = PersR 95, 300 = PersV 95, 439.

108 Lorenzen/*Rehak* § 75 RN 172 a.

gung, Beratung und Auskunft zu unterstützen und sich für die Durchführung der Vorschriften über den Arbeitsschutz und die Unfallversicherung in der Dienststelle einzusetzen. Dieser Pflicht korrespondiert im Verhältnis zur Dienststelle ein entsprechendes Recht der Personalvertretung. Die Einschaltung von außenstehenden Stellen wird durch § 66 III BPersVG eingeschränkt; der Personalrat muss zunächst versuchen, sein Anliegen gegenüber dem Leiter der Dienststelle durchzusetzen (vgl. § 17 II ArbSchG, dazu § 154 RN 16). Die Zusammenarbeit mit den zuständigen Stellen unterliegt ansonsten keinen besonderen Verfahrensvorschriften. Für die von § 81 BPersVG erfassten Angelegenheiten hat der Personalrat einen Anspruch auf umfassende Information, der allerdings von der Rspr. durch das Erfordernis eines sachlichen Anlasses eingegrenzt wird. Der Personalrat ist auch bei der Erstellung der Gefährdungsanalysen nach § 5 ArbSchG hinzuzuziehen.[109] Der Personalrat kann nicht verlangen, ständig über die schwangeren Beamtinnen und Arbeitnehmerinnen unterrichtet zu werden, um ggf. deren Arbeitsbedingungen überprüfen zu können.[110] Die Generalklausel in § 81 I BPersVG wird in den weiteren Absätzen der Vorschrift um eine Mitwirkung des Personalrats an den Besichtigungen und Untersuchungen der Arbeitsplätze und seine Einbindung in den Dialog zwischen dem Sicherheitsbeauftragten und der Dienststelle ergänzt.

4. Spezialgesetzliche Beteiligungstatbestände. Zahlreiche Gesetze und Rechtsverord- 32
nungen, die Bezüge zum Arbeits- und Gesundheitsschutz haben, sehen eigene Unterrichts-, Beratungs- und Anhörungsrechte für Betriebs- und Personalräte vor.[111] Die Regelungen überschneiden sich teilweise mit dem BPersVG; im Zweifel sind sie kumulativ anzuwenden.

VII. Umschulungs- und Sozialpläne

1. Inhalt des Beteiligungsrechts. a) Überblick. Der Personalrat ist nach § 75 III Nr. 13 33
BPersVG zu beteiligen bei der Aufstellung von Sozialplänen einschließlich Plänen für Umschulungen zum Ausgleich oder zur Milderung von wirtschaftlichen Nachteilen, die den Beschäftigten infolge von Rationalisierungsmaßnahmen entstehen. Der Sozialplan dient dem Ausgleich der ressourcensparenden Vorteile einer Rationalisierung mit den Interessen der hiervon nachteilig betroffenen Beschäftigten. Die Einbeziehung des Personalrats soll ihre angemessene Berücksichtigung bei der inhaltlichen Ausgestaltung des Sozialplans sicherstellen, insbesondere soll er geeignete Vorschläge für den Ausgleich oder die Milderung der wirtschaftlichen Nachteile einbringen. Das BetrVG (§ 244) und das BPersVG sind insoweit nur eingeschränkt vergleichbar, da im Personalvertretungsrecht der Begriff der Betriebsänderung (§ 111 BetrVG) keine Entsprechung gefunden hat. In den PersVG der Länder bestehen ähnliche Regelungen wie im BPersVG.

b) Sozialplan. Ein Sozialplan i. S. d. § 75 III Nr. 13 BPersVG ist jede Regelung der Dienst- 34
stelle, deren Zweck der Ausgleich oder die Milderung der nachteiligen Folgen von Rationalisierungsmaßnahmen für einzelne oder mehrere Beschäftigte ist. Der Sozialplan stellt eine kollektivrechtliche Ergänzung des Schutzes der Beschäftigten aus dem Beamten- oder Arbeitsverhältnis dar.[112] Voraussetzung für das Eingreifen des Beteiligungsrechts ist, dass Rationalisierungsmaßnahmen, die wirtschaftliche Nachteile für Beschäftigte zur Folge haben, bereits durchgeführt oder zumindest beschlossen worden sind.[113] Die Anzahl der betroffenen Beschäftigten ist dafür ohne Bedeutung, weshalb auch die Vereinbarung eines Sozialplans denkbar ist, wenn lediglich ein Beschäftigter wirtschaftliche Nachteile erleidet.[114] In welcher Weise Abhilfe geschaffen werden soll, d. h. den Inhalt eines Sozialplans, legt das Gesetz nicht fest. Der Ausgleich oder die Milderung der Nachteile kann auch Umschulungen der betroffenen Beschäftigten vorsehen. Insofern sind die im Gesetz genannten Umschulungspläne nur besondere Ausprägungen von Sozialplänen.[115]

---

[109] BVerwG 14. 10. 2002 Buchholz 250 § 75 BPersVG Nr. 104 = NZA-RR 2003, 273 = PersR 2003, 113 = PersV 2003, 186.

[110] BVerwG 29. 8. 1990 AP 2 zu § 68 BPersVG = PersR 90, 301 = PersV 91, 78 (zweifelhaft).

[111] Z. B. § 10 II ArbSchG; § 6 IV ArbZG, § 21 GefahrstoffVO; §§ 8 S. 2, 12, 13, 15 IV 6 BiostoffVO; § 30 III StrahlenschutzVO; §§ 55 I a, 58 c BImSchG, § 54 Kreislaufwirtschafts- und AbfallG; § 16 I Gentechnik-SicherheitsVO; §§ 4 II, 2 II der Atomrechtlichen Sicherheitsbeauftragten- und MeldeVO; vgl. auch die Zusammenstellung bei Lorenzen/*Lorenzen* § 81 RN 5 a.

[112] BVerwG 26. 3. 1986 Buchholz 238.3 A § 75 Nr. 45 = PersV 86, 510.

[113] VGH München 5. 4. 1995 PersR 95, 346; vgl. auch OVG Bremen 9. 7. 1991 PersR 92, 58.

[114] BVerwG 1. 3. 1993 PersR 93, 315; 17. 6. 1992 AP 40 zu § 75 BPersVG = PersR 92, 451 = PersV 92, 175.

[115] Lorenzen/*Rehak* § 75 RN 180 b.

35 **c) Rationalisierungsmaßnahmen.** Sozialpläne können nur für die Folgen einer Rationalisierungsmaßnahme vereinbart werden. Rationalisierungsmaßnahmen betreffen die zweckmäßige Gestaltung von Arbeitsabläufen zur Leistungssteigerung und Aufwandssenkung, die Erhöhung der Arbeitsintensität und des Leistungsgrades in der Verwaltung. Eine Rationalisierungsmaßnahme im personalvertretungsrechtlichen Sinne liegt vor, wenn hierdurch die Leistungen des Betriebes bzw. der Dienststelle verbessert werden sollen, indem der Aufwand an menschlicher Arbeit, Zeit, Energie, Material und Kapital herabgesetzt wird. Die Steigerung der Belastung des einzelnen Beschäftigten ist nicht Voraussetzung für eine Rationalisierungsmaßnahme; die Umgestaltung von Aufgabenbereichen oder Organisationseinheiten muss daher nicht zwangsläufig zu negativen Auswirkungen auf die Arbeitsbelastung der Beschäftigten führen.[116] Als Beispiele für Rationalisierungsmaßnahmen können die in § 111 Satz 3 BetrVG aufgeführten Betriebsänderungen angesehen werden (dazu § 244 RN 7 ff.). Anders als nach § 112a BetrVG führt ein reiner Personalabbau nicht zur Sozialplanpflicht nach dem BPersVG, sofern er nicht von besonders festzustellenden Rationalisierungsmaßnahmen begleitet wird.[117] Keine Sozialplanpflicht besteht daher, wenn bei gleich bleibender Organisation lediglich der Personalbestand an den Personalbedarf angepasst wird. Werden hingegen wegen des verringerten Personalbedarfs Außenstellen einer Behörde geschlossen, liegt eine Rationalisierungsmaßnahme vor,[118] da bei einem geringeren Ressourceneinsatz eine gleich bleibende Leistung erbracht wird. Zutreffend ist daher bereits die dem rückgängigen Bedarf geschuldete Verringerung der Öffnungszeiten einer Kantine als eine Rationalisierungsmaßnahme angesehen worden.[119] Der Mitbestimmungstatbestand des § 75 III Nr. 13 BPersVG ist vom dem Beteiligungsrecht bei Maßnahmen zur **Hebung der Arbeitsleistung** (§ 76 II Nr. 5 BPersVG) zu unterscheiden. Letztere sind dadurch gekennzeichnet, dass die beabsichtigte Maßnahme darauf angelegt ist, auf einem oder mehreren Arbeitsplätzen einen höheren mengenmäßigen Arbeitsertrag zu erzielen oder die Qualität des Produktes zu verbessern.[120]

36 **d) Kein Interessenausgleich.** Im Personalvertretungsrecht fehlt es an einer Entsprechung zum Interessenausgleich (§ 112 BetrVG); die Rationalisierungsmaßnahme selbst unterliegt daher keiner Beteiligung des Personalrats. Etwas anderes kann gelten, wenn sie zugleich einen Beteiligungstatbestand im Bereich der organisatorischen Angelegenheiten (§ 76 II BPersVG) erfüllt. Da sich der Sozialplan auf eine konkrete Rationalisierungsmaßnahme und die daraus resultierenden wirtschaftlichen Nachteile beziehen muss, ist anders als im BetrVG (§ 244 RN 44) der vorsorgliche Abschluss von Sozialplänen für zukünftige und gegenwärtig noch nicht absehbare Rationalisierungsmaßnahmen nicht zulässig.[121]

37 **2. Vorrang von Gesetz bzw. Tarifvertrag.** Nach § 75 III BPersVG entfällt das Mitbestimmungsrecht des Personalrats, soweit eine gesetzliche oder tarifvertragliche Regelung besteht. Die Einschränkung der Mitbestimmung entspricht dem Vorrang des Gesetzes und des Tarifvertrags in § 87 I Eingangssatz BetrVG (§ 235 RN 4 ff.). Eine § 88 BetrVG entsprechende Generalklausel für den Abschluss von freiwilligen Vereinbarungen besteht im BPersVG nicht. Ist die Regelung vollständig, umfassend und erschöpfend, lässt sie also keinen Raum mehr für einen Ausführungsakt der Dienststelle, entfällt das Mitbestimmungsrecht. Überlässt die Norm jedoch die Ausgestaltung der Einzelmaßnahme dem Dienststellenleiter, unterliegt dessen Entscheidung – auch bei rein normvollziehenden Maßnahmen ohne Ermessensspielraum – der Richtigkeitskontrolle des Personalrats im Wege der Mitbestimmung. Ob eine solche Regelung „vollständig, umfassend und erschöpfend" ist, bestimmt sich nach ihren konkreten inhaltlichen Vorgaben. Die Sperrwirkung des § 75 III 1 BPersVG greift nur ein, „soweit" eine Regelung besteht. Sie entfällt, wenn die Vorschrift eine Öffnungsklausel zu Gunsten ergänzender Dienstvereinbarung enthält. Als eine abschließende und das Mitbestimmungsrecht ausschließende Regelung hat die Rspr. Art. 38 II 3, III 1 Einigungsvertrag hinsichtlich der sozialen Absicherung der Beschäftigten der Forschungsinstitute und sonstigen Einrichtungen der ehemaligen Akademie der Wissen-

---

[116] BVerwG 17. 6. 1992 AP 40 zu § 75 BPersVG = PersR 92, 451 = PersV 92, 175; OVG Münster 9. 8. 1989 PersR 90, 71 = PersV 92, 176.

[117] BVerwG 17. 6. 1992 AP 40 zu § 75 BPersVG = PersR 92, 451 = PersV 92, 175; BAG 11. 2. 1998 – 10 AZR 326/97 n. v.

[118] A. A. VG Dresden 17. 9. 1999 PersV 2000, 222.

[119] OVG Münster 9. 8. 1989 PersR 90, 71 = PersV 92, 176.

[120] BVerwG 10. 3. 1992 Buchholz 250 § 76 BPersVG Nr. 24 = PersR 92, 247 = PersV 92, 389; 30. 8. 1985 Buchholz 238.31 § 79 BaWüPersVG Nr. 5 = PersV 87, 247.

[121] LAG Brandenburg 4. 4. 1997 AP 1 zu § 75 BPersVG-DDR = PersR 97, 318.

schaften der DDR angesehen.[122] Soweit Beamte von Rationalisierungsmaßnahmen betroffen werden, sind bei der Gestaltung etwaiger Sozialpläne die im Beamtenrecht enthaltenden (Ausgleichs-)Vorschriften zu beachten, die regelmäßig abschließende Regelung darstellen, z.B. die TrennungsgeldVO vom 29. 6. 1999 (BGBl. I S. 1533) zu möglichen Zuwendungen an Beamte aus Anlass eines Arbeitsplatzwechsels.[123] Die Kosten eines Sozialplans müssen sich innerhalb der haushaltsrechtlichen Vorgaben bewegen, wenn in diesen angemessene Mittel für die Dotierung bereit gestellt sind.[124] Ist dies nicht der Fall oder fehlt es an der Bereitstellung von Haushaltsmitteln insgesamt, ist deren Nachbewilligung zu beantragen. Insoweit dürften die gleichen Grundsätze gelten, wie bei fehlenden oder nicht ausreichenden Haushaltsmitteln für die Tätigkeit der Personalvertretung (§ 265 RN 72).

VIII. Ordnung in der Dienststelle und Verhalten der Beschäftigten

Honsa, Dienstvereinbarungen als Chance für suchtkranke Beschäftigte, PersV 2003, 248; *Lorenz,* Mobbing am Arbeitsplatz, PersR 2002, 65; *Lorse,* Wie weit sollte die Beteiligung der Personalvertretungen bei Mitarbeitergesprächen mit Zielvereinbarungen gehen?, PersV 2005, 404.

1. Inhalt des Beteiligungsrechts. a) Überblick. Nach § 75 III Nr. 15 BPersVG ist der Personalrat bei der Regelung der Ordnung in der Dienststelle und des Verhaltens der Beschäftigten zu beteiligen. Bei der Vorschrift handelt es sich um einen einheitlichen Tatbestand, der die Gesamtheit der Regelungen umfasst, die einen störungsfreien, reibungslosen Ablauf des Lebens in der Dienststelle gewährleisten sollen.[125] § 75 III Nr. 15 BPersVG entspricht weitgehend § 87 I Nr. 1 BetrVG; vergleichbare Regelungen sind auch in allen Personalvertretungsgesetzen der Länder enthalten. Eine Mitbestimmung der Personalvertretung besteht nur bei der Aufstellung allgemeiner Regeln; eine **Anweisung im Einzelfall** ist stets beteiligungsfrei.[126] 38

b) Arbeits- bzw. Ordnungsverhalten. Die Mitbestimmungsvorschrift erstreckt sich auf solche Maßnahmen, die das Verhalten der Beschäftigten bei ihrer Tätigkeit oder ihr allgemeines Verhalten innerhalb der Dienststelle betreffen. Wie in § 87 I Nr. 1 BetrVG erfolgt auch im BPersVG eine systematisch nicht immer nachvollziehbare Abgrenzung zwischen mitbestimmungsfreien Arbeitsverhalten und beteiligungspflichtigem Ordnungsverhalten (§ 235 RN 27 ff.). Die Beteiligung findet nach der Rspr. ihre Grenze dort, wo die Erfüllung der Aufgaben der Dienststelle – insbesondere die Dienstausübung im eigentlichen Sinne – im Vordergrund steht. Anordnungen, die nur die Erfüllung der dienstlichen Aufgaben der Beschäftigten regeln, also mit ihrer Arbeitsleistung in unmittelbarem Zusammenhang stehen oder diensttechnische Regelungen, die den Ablauf des Dienstes gestalten, sollen auch nach § 75 III Nr. 16 BPersVG nicht der Mitbestimmung der Personalvertretung unterliegen.[127] Betrifft eine allgemeine Regelung sowohl die Dienstausübung wie auch eine allgemeine Verhaltenspflicht ist entscheidend, welcher Regelungsbereich unter Berücksichtigung der objektiven Gegebenheiten im Vordergrund steht.[128] Sie ist mitbestimmungsfrei, wenn die Diensterfüllung eindeutig im Vordergrund steht und die Verhaltens- und Ordnungsmaßnahmen sich nur als zwangsläufige Folge dieser Zielsetzung darstellen. Ein Alkoholverbot, das sich nur an die waffentragenden Beamten richtet, wurde daher als Anweisung zur Ausübung des Dienstes angesehen,[129] während ein generelles Alkoholverbot für alle Beschäftigten ohne Rücksicht auf ihre Tätigkeit als Regelung der Ordnung der Dienststelle angesehen wird.[130] Eine Beteiligung scheidet aus, wenn sich die Maßnahme in ers- 39

---

[122] BVerwG 19. 12. 1991 AP 3 zu Art. 38 Einigungsvertrag = PersR 92, 206 = PersV 92, 383; zustimmend BAG 18. 7. 1996 AP 5 zu Art. 38 Einigungsvertrag = NZA 97, 731.

[123] Lorenzen/*Rehak* § 75 RN 179 a, 181.

[124] Lorenzen/*Rehak* § 75 RN 182.

[125] BVerwG 28. 7. 2006 Buchholz 251.92 § 65 SAPersVG Nr. 2 = PersR 2006, 519; OVG Münster 5. 4. 2001 PersV 2002, 230.

[126] BVerwG 23. 8. 1982 Buchholz 238.3 A § 75 BPersVG Nr. 21 = PersV 83, 375; 6. 2. 1979 Buchholz 238.3A § 75 BPersVG Nr. 9 = PersV 80, 421.

[127] BVerwG 5. 10. 1989 Buchholz 250 § 75 BPersVG Nr. 71; 30. 12. 1987 Buchholz 251.7 § 72 NWPersVG Nr. 17 = PersV 89, 71; 11. 3. 1983 Buchholz 238.3 A § 75 BPersVG Nr. 24 = PersV 84, 318; OVG Münster 5. 4. 2001 PersV 2002, 230.

[128] BVerwG 28. 7. 2006 Buchholz 251.92 § 65 SAPersVG Nr. 2 = PersR 2006, 519. In älteren Entscheidungen wird mit gleicher Zielrichtung auf den verfolgten Zweck abgestellt, vgl. BVerwG 5. 10. 1989 Buchholz 250 § 75 BPersVG Nr. 71 = PersR 89, 364 = PersV 90, 172 („unter Berücksichtigung der objektiven Gegebenheiten eindeutig im Vordergrund steht"); OVG Münster 27. 10. 1999 PersR 2000, 112.

[129] BVerwG 11. 3. 1983 Buchholz 238.3 A § 75 BPersVG Nr. 24 = PersV 84, 318.

[130] BVerwG 5. 10. 1989 Buchholz 250 § 75 BPersVG Nr. 71 = PersR 89, 364 = PersV 90, 172.

ter Linie an das Publikum richtet und die Beschäftigten dadurch lediglich mittelbar in ihrer Freiheit eingeschränkt werden; dies gilt etwa bei der Einführung der Gebührenpflicht für die Benutzung des Behördenparkplatzes, selbst wenn dadurch die Beschäftigten betroffen sind;[131] dazu auch § 267 RN 26.

40 **c) Betriebsbußen.** Unter das Beteiligungsrecht fallen auch Regelungen zu Betriebsbußen oder Ordnungsstrafen. Innerhalb des öffentlichen Dienstes sind derartige Regelungen jedoch von geringer praktischer Bedeutung, zumal für Pflichtverletzungen im Beamtenbereich das Disziplinarrecht eine abschließende Regelung enthält.[132] Im Unterschied zur ständigen Rspr. des BAG (§ 235 RN 34) nimmt das BVerwG jedoch an, dass die Verhängung einer Betriebsbuße im Einzelfall nicht der Beteiligung unterliegt, da sich das Beteiligungsrecht nur auf generelle Regelungen beziehen soll.[133]

41 **2. Einzelfälle.** Der Tatbestand entzieht sich im Übrigen einer weiteren Systematisierung. Als beteiligungspflichtig hat die Rspr. im Einzelfall angesehen, Regelungen über das Radiohören in der Dienststelle,[134] die (ggf. kostenpflichtige[135]) Parkplatznutzung,[136] Krankenrückkehrgespräche,[137] die Einführung eines Formulars zur Begründung des Arztbesuchs während der Arbeitszeit,[138] Mitarbeitergespräche mit Zielvereinbarung,[139] die Pflicht, auf beobachtete Unregelmäßigkeiten hinzuweisen,[140] die Anweisung an einen Beschäftigten, sich der Befragung durch einen Ermittler zu stellen,[141] sowie ein Erlass, in dem geregelt wurde, unter welchen Bedingungen bei der Benutzung eines Dienstfahrzeuges Mitfahrer mitgenommen werden dürfen.[142] Nicht beteiligungspflichtig sollen sein die Einrichtung einer Beschwerdestelle,[143] Pünktlichkeitskontrollen,[144] das Verbot, gewerkschaftliche Rundschreiben zu verteilen,[145] die Erteilung einer Abmahnung wegen Unpünktlichkeit,[146] der Erlass von Beurteilungsrichtlinien,[147] die Anordnung zur Führung einer Abwesenheitsliste,[148] die Anordnung zur Dokumentation der Teilnehmer von dienstlichen Telefonferngesprächen,[149] die Erarbeitung und Verwendung eines Merkblatts zum „Verhalten bei Hausalarm",[150] die Einführung einer Standardschrift, die in allen Schreiben der Dienststelle Verwendung finden soll.[151] Zu weiteren Einzelfällen § 235 RN 30ff.

IX. Gestaltung der Arbeitsplätze

42 **1. Inhalt des Beteiligungsrechts. a) Überblick.** Nach § 75 III Nr. 16 BPersVG hat der Personalrat bei der Gestaltung von Arbeitsplätzen mitzubestimmen. Dieses Beteiligungsrecht ist inhaltlich der Regelung in den §§ 90, 91 BetrVG (dazu § 237) vergleichbar. Im Landesrecht

[131] OVG Münster 28. 2. 2002 PersR 2002, 350 = DÖD 2002, 181.
[132] Lorenzen/*Rehak* § 75 RN 188a.
[133] BVerwG 6. 2. 1979 Buchholz 238.3A § 75 BPersVG Nr. 9 = PersV 80, 421; a. A. BAG 7. 4. 1992 AP 4 zu § 75 LPVG Niedersachsen = NZA 92, 1144 = PersR 92, 420 = PersV 96, 18 (Disziplinarmaßnahme gegen DO-Angestellten).
[134] BVerwG 30. 12. 1987 Buchholz 251.7 § 72 NWPersVG Nr. 17 = PersV 89, 71.
[135] OVG Magdeburg 5. 10. 2005 PersV 2006, 225 = PersR 2006, 84.
[136] OVG Münster 20. 11. 1997 PersR 98, 383; VGH Kassel 5. 11. 1992 AP 1 zu § 74 LPVG Hessen = PersR 93, 226; vgl. auch BVerwG 7. 7. 1993 Buchholz 250 § 92 BPersVG Nr. 4 = PersR 93, 491 = PersV 94, 473 (Verkehrsregeln und Parkplatzregeln auf militärischem Gelände).
[137] VG Potsdam 17. 12. 1997 PersV 98, 565; vgl. auch VG Frankfurt 10. 12. 2001 NZA-RR 2002, 615 = PersV 2002, 237 (Initiativantrag zur Einführung eines Systems von Krankengesprächen).
[138] OVG Münster 3. 2. 2000 PersV 2000, 567 = PersR 2000, 517.
[139] VGH Mannheim 9. 5. 2000 AP 10 zu § 79 LPVG Baden-Württemberg = PersR 2000, 291 = PersV 2000, 528; ebenso VG Frankfurt 22. 5. 2000 PersV 2000, 523 (Fortbildung).
[140] OVG Schleswig 19. 1. 1993 PersR 93, 371.
[141] BAG 27. 9. 2005 AP 25 zu Art. 56 ZA-Nato-Truppenstatut.
[142] BVerwG 19. 5. 2003 Buchholz 250 § 78 BPersVG Nr. 19 = PersR 2003, 314 = PersV 2003, 339.
[143] VGH Kassel 10. 9. 2007 NZA-RR 2008, 55 zum PersVG HE; vgl. aber § 235 RN 31.
[144] OVG Münster 16. 11. 1978 PersV 80, 248.
[145] OVG Münster 6. 1. 1983 PersV 84, 333.
[146] BVerwG 23. 8. 1982 Buchholz 238.3 A § 75 BPersVG Nr. 21 = PersV 83, 375.
[147] BVerwG 28. 7. 2006 Buchholz § 65 SAPersVG Nr. 2 = PersR 2006, 519, zum LPersVG ST, das im Gegensatz zum Bundesrecht keine ausdrückliche Beteiligung beim Erlass von Beurteilungsrichtlinien vorsieht.
[148] BVerwG 19. 6. 1990 AP 1 zu § 77 LPVG Rheinl.-Pfalz = PersR 90, 259 = PersV 90, 534.
[149] BVerwG 28. 7. 1989 AP 3 zu § 75 LPVG Niedersachsen = PersR 89, 297 = PersV 89, 488.
[150] OVG Münster 5. 4. 2001 PersV 2002, 230; vgl. auch OVG Bremen 2. 3. 94 – PV B 6/93 – n. v. (Verhalten bei Überfällen).
[151] VGH Mannheim 17. 9. 2002 PersR 2003, 78.

sind vielfach ähnliche Regelungen enthalten. Der Zweck der Vorschrift besteht darin, durch eine menschengerechte Gestaltung des Arbeitsplatzes die schutzwürdigen Belange des Beschäftigten zu wahren; zu diesen zählt auch die Ausstattung mit Geräten und Einrichtungsgegenständen.[152] Der Personalrat soll auf die Dienststelle einzuwirken, um den oder die Betroffenen vor Überbeanspruchung oder gar Gefährdungen ihrer körperlichen und seelischen Gesundheit durch die äußeren Bedingungen der Arbeitsleistung zu schützen.[153] Damit kommt dem Beteiligungsrecht ein im Vergleich zu Arbeitsschutz und Unfallverhütung (§ 75 III Nr. 11 BPersVG) erweiterter Schutzzweck zu. Es geht nicht nur um die Vermeidung von Gefährdungen und von Überbeanspruchung, sondern auch positiv um eine Optimierung des Wohlbefindens am Arbeitsplatz.[154]

b) Arbeitsplatz. Unter Arbeitsplatz im Sinne dieses Beteiligungsrechts ist der räumliche Bereich zu verstehen, in dem der Beschäftigte tätig ist, und dessen unmittelbare Umgebung. Als Arbeitsplatz kommen danach alle innerhalb der Räumlichkeiten einer Dienststelle nach deren Aufteilung, der Untergliederung ihrer Räumlichkeiten oder der Zuordnung bestimmter Raumzonen zu einem Arbeitsgerät abgrenzbaren Bereiche in Betracht, in denen von einem Beschäftigten oder mehreren Beschäftigten zugleich oder nacheinander einzelne Arbeitsschritte oder ineinandergreifende Arbeitsvorgänge verrichtet werden. Keine Beteiligungspflicht besteht bei der Gestaltung von Pausenräumen, da dort keine Arbeitsleistung erbracht wird.[155] Als Arbeitsplatz kommt auch ein Auto oder ein sonstiges Fahrzeug in Betracht.[156] Es reicht aus, wenn der Arbeitsplatz nur zeitweilig oder von mehreren Arbeitnehmern abwechselnd genutzt wird. Die Gestaltung des Arbeitsplatzes meint die Ausgestaltung vorhandener oder künftig einzurichtender Arbeitsplätze, also insbesondere die räumliche Unterbringung, die (körper- und funktionsgerechte) Ausstattung mit Geräten und Einrichtungsgegenständen, Raumtemperatur, Beleuchtung und Belüftung sowie die Berücksichtigung von Umwelteinflüssen wie z. B. Lärm.[157] Der Anwendungsbereich der Norm wird allerdings **teleologisch reduziert** auf Veränderungen, die ihrer Eigenart nach objektiv geeignet sind, das Wohlbefinden oder die Leistungsfähigkeit der betroffenen Beschäftigten zu beeinflussen oder Gefährdungen der Betroffenen hervorzurufen.[158] 43

c) Umzug. In zeitlicher Hinsicht kann das Mitbestimmungsrecht bereits beim Erstellen der Raumpläne für zukünftige Arbeitsplätze in Zusammenhang mit einem Umzug der Dienststelle ansetzen, wenn damit nicht unbedeutende Veränderungen der Arbeitsplätze, insbesondere hinsichtlich räumlicher Unterbringung, Ausstattung mit Geräten und Einrichtungsgegenständen, Beleuchtung und Belüftung u. ä., vorgenommen werden sollen.[159] Die Mitwirkung ist allerdings strikt auf die räumliche Unterbringung begrenzt. Der Personalrat hat daher kein Beteiligungsrecht beim Aufstellen eines Organisations- oder Geschäftsverteilungsplans, bei der Entscheidung, ob überhaupt ein Arbeitsplatz neu geschaffen wird oder zukünftig entfallen soll oder wie die Dienststelle den Arbeitsplatz reinigt und pflegt.[160] 44

2. Verhältnis zu § 78 IV BPersVG. Soweit die Gestaltung des Arbeitsplatzes mit baulichen Maßnahmen verbunden ist, können daneben auch die Voraussetzungen für das (schwächere) Anhörungsrecht bei Neu-, Um- und Erweiterungsbauten von Diensträumen (§ 78 IV BPersVG) gegeben sein; zur Konkurrenz von Beteiligungsrechten § 267 RN 26. Die in § 78 IV BPersVG aufgezählten baulichen Maßnahmen können zugleich „organisatorische Angelegenheiten" i. S. v. § 104 Satz 3 BPersVG darstellen, bei denen die Mitbestimmung des Personalrats zur Wahrung der Funktionsfähigkeit der Verwaltung eingeschränkt ist.[161] Zu den organisatorischen Angelegenheiten zählen nicht nur solche Maßnahmen, die sich auf die Organisation der Dienststelle selbst auswirken, sondern auch arbeitsorganisatorische Maßnahmen, die für den Ablauf des 45

---

[152] BVerwG 19. 5. 2003 Buchholz 250 § 78 BPersVG Nr. 19 = PersR 2003, 314 = PersV 2003, 339.

[153] BVerwG 17. 2. 1986 Buchholz 238.31 § 79 BaWüPersVG Nr. 6 = PersV 86, 328.

[154] BVerwG 17. 7. 1987 Buchholz 250 § 75 BPersVG Nr. 50 = PersV 89, 312 („Wohlbefinden" der Beschäftigten).

[155] BVerwG 17. 2. 1986 Buchholz 238.31 § 79 BaWüPersVG Nr. 6 = PersV 86, 328 (Verweis des Personalrats auf § 68 I Nr. 2 BPersVG).

[156] BVerwG 19. 5. 2003 Buchholz 250 § 78 BPersVG Nr. 19 = PersR 2003, 314 = PersV 2003, 339.

[157] OVG Münster 31. 5. 2001 PersR 2002, 215 = PersV 2003, 67.

[158] OVG Münster 31. 5. 2001 PersR 2002, 215 = PersV 2003, 67 (Verneint für örtliche Verlegung eines Kassenhäuschens).

[159] BVerwG 16. 12. 1992 Buchholz 250 § 75 BPersVG Nr. 83 = PersR 93, 164 = PersV 93, 365.

[160] BVerwG 25. 8. 1986 Buchholz 238.3 A § 75 BPersVG Nr. 4 = NJW 87, 1658.

[161] BVerwG 17. 7. 1987 Buchholz 250 § 75 BPersVG Nr. 50 = PersV 89, 312; 7. 2. 1980 Buchholz 238.32 § 90 BlnPersVG Nr. 1 = PersV 80, 238; vgl. aber § 267 RN 26.

Dienstbetriebs und die Art und Weise der Aufgabenerledigung durch die Dienststelle von erheblicher Bedeutung sind. Sollen mit der Planung und Durchführung von Neu-, Um- und Erweiterungsbauten organisatorische Vorstellungen mit nicht unerheblichen Auswirkungen verwirklicht werden, kann das Mitbestimmungsrecht des Personalrats aus § 75 III Nr. 16 BPersVG gegenüber seiner Beteiligung nach § 78 IV BPersVG zurücktreten, wenn die Veränderungen über den innerdienstlichen Bereich hinauswirken und auf die nach außen zu erfüllenden Aufgaben der Dienststelle in nicht nur unerheblicher Weise einwirken.[162] Diese Voraussetzung hat das BVerwG für die geänderte räumliche Unterbringung der Zusteller bei der Vorsortierung verneint.[163]

X. Betriebliches Vorschlagswesen

46 Nach § 75 III Nr. 12 BPersVG ist der Personalrat bei den Grundsätzen über die Bewertung von anerkannten Vorschlägen im Rahmen des betrieblichen Vorschlagswesens zu beteiligen. Die Vorschrift ist erst durch das BPersVG im Jahr 1974 in das Gesetz aufgenommen worden; eine ähnliche Vorschrift findet sich in § 87 I Nr. 12 BetrVG (§ 235 RN 118). Die Landesgesetze enthalten entsprechende Vorschriften.

XI. Technische Leistungs- und Verhaltenskontrolle

Gerhold, Zum Verhältnis zwischen Personalvertretung und behördlichem Datenschutzbeauftragtem, FS Lorenzen (2007), S. 19; *Jacob,* Datenschutzrechtliche Aspekte einer Novellierung des Personalvertretungsrechts, ZfPR 2003, 210; *Ilbertz,* Neue Medien = neue Fragen in der Personalarbeit, ZfPR 2002, 215; *Kiper,* Dienstvereinbarungen zu Telekommunikations- und Telediensten (DVE-Mail und Internet), PersR 2002, 104; *Leuze,* Nochmals: Datenschutz im Betriebsverfassungs- und Personalvertretungsrecht, ZTR 2003, 167; *Schierbaum,* Datenschutz durch Mitbestimmung, PersR 2008, 344; *ders.,* Videoüberwachung am Arbeitsplatz, PersR 2008, 180; *Schmitt, G.,* Datenschutz und Personalvertretung, BuW 2003, 389; *Vogelgesang,* Die objektiv-finale Betrachtungsweise – Die Rechtsprechung zur Beteiligung des Personalrats bei der Einführung und Anwendung der EDV in den Behörden, PersV 94, 97.

47 **1. Reichweite und Inhalt des Beteiligungsrechts.** Die Mitbestimmung des Personalrats besteht auch bei der Einführung und Anwendung technischer Einrichtungen, die dazu bestimmt sind, das Verhalten und die Leistung der Beschäftigten zu überwachen (§ 75 III Nr. 17 BPersVG). Dieser Mitbestimmungstatbestand entspricht § 87 I Nr. 6 BetrVG (§ 235 RN 63ff.). Schutzzweck der Norm ist die Beschränkung des Überwachungsdrucks, der während der Arbeit durch technische oder elektronische Kontrolleinrichtungen bei den Beschäftigten entstehen kann, auf das unvermeidbare Maß und so der Entstehung eines Anpassungsdrucks vorzubeugen.[164] Ein Mitbestimmungsrecht kommt zunächst bei solchen technischen Einrichtungen in Betracht, die eine Aussage unmittelbar über Leistung oder Verhalten der Beschäftigten liefern. Der Beschäftigte wird jedoch auch durch die technische Einrichtung „überwacht", wenn die leistungs- und verhaltensbezogenen Daten nicht von der Einrichtung selbst erhoben werden, sondern ihr zur Speicherung und Verarbeitung eingegeben werden (z. B. auf Grund von Tätigkeitsberichten der Beschäftigten).[165] Mitbestimmungspflichtig ist nicht nur die Einführung technischer Einrichtungen, die dazu bestimmt sind, das Verhalten oder die Leistung der Beschäftigten zu überwachen, sondern auch ihre Anwendung, z. B. wenn die Anwendung einer bereits eingeführten technischen Einrichtung geändert wird (Erweiterung der Kontrolle oder Einführung einer anderen Überwachungsart).[166] Keine Beteiligung soll gegeben sein, wenn einem Beschäftigten lediglich gestattet wird, den privaten PC im Büro zu verwenden.[167]

48 **2. Objektive Eignung.** Das Mitbestimmungsrecht erstreckt sich auf die Einführung und Anwendung solcher technischer Einrichtungen, die zur Überwachung von Verhalten oder Leis-

---

[162] BVerwG 17. 7. 1987 Buchholz 250 § 75 BPersVG Nr. 50 = PersV 89, 312.

[163] BVerwG 17. 7. 1987 Buchholz 250 § 75 BPersVG Nr. 51.

[164] BVerwG 29. 8. 2001 Buchholz 251.4 § 86 HmbPersVG Nr. 8 = NZA-RR 2002, 501 = PersR 2001, 521 = PersV 2002, 232 (Technische Auswertung einer Schülerbefragung); BVerwG 13. 8. 1992 AP 39 zu § 75 BPersVG = PersR 92, 505 = PersV 93, 222; 31. 8. 1988 AP 25 zu § 75 BPersVG = NJW 89, 848 = PersV 89, 216.

[165] BVerwG 29. 8. 2001 Buchholz 251.4 § 86 HmbPersVG Nr. 8 = NZA-RR 2002, 501= PersR 2001, 521 = PersV 2002, 232 (Auswertung einer Schülerbefragung); BVerwG 16. 12. 1987 Buchholz 250 § 75 BPersVG Nr. 53 = NZA 88, 513 = PersV 89, 68.

[166] BVerwG 13. 8. 1992 AP 39 zu § 75 BPersVG = PersR 92, 505 = PersV 93, 222.

[167] BVerwG 12. 10. 1989 Buchholz 250 § 75 BPersVG Nr. 72 = NZA 90, 451 = PersR 90, 45 = PersV 90, 232; vgl. auch § 267 RN 23.

tung der Beschäftigten objektiv „geeignet" sind. Auf die Absicht des Dienststellenleiters, sie zu diesem Zweck einzusetzen, kommt es nicht an.[168] Eine technische Einrichtung ist stets zur Überwachung bestimmt, wenn sie im Rahmen eines auf Beschäftigte bezogenen Überwachungsvorgangs eingesetzt wird oder eingesetzt werden kann, um Fakten oder Daten, denen Bedeutung für die zu überwachende Leistung oder das zu überwachende Verhalten der Beschäftigten Bedeutung zukommt, aufzunehmen, zu übermitteln, zu verarbeiten oder auszuwerten. Mitbestimmungspflichtig ist daher eine Videoanlage, selbst wenn ihr Zweck nicht in der Überwachung des Verhaltens oder der Leistung der Beschäftigten besteht, sondern der Einsatz nur der Aufklärung von Unregelmäßigkeiten dient und sie keine reproduzierbaren Aufzeichnungen herstellt.[169] Eine technische Einrichtung ist auch dann zur Überwachung bestimmt, wenn ein entsprechendes Programm (noch) nicht vorhanden ist, die Anlage aber ohne unüberwindliche Hindernisse mit einem zur Überwachung geeigneten Programm versehen werden kann.[170] Das Mitbestimmungsrecht kann auch bei Änderungen an einer zunächst mitbestimmungsfrei eingeführten Anlage entstehen. Hat dieser zunächst die Eignung zur Überwachung gefehlt, ist der Personalrat dann zu beteiligen, wenn der Dienststellenleiter Maßnahmen ergreift, die eine Verhaltens- oder Leistungskontrolle der Beschäftigten konkret ermöglichen. Maßgeblich ist der Zeitpunkt, von dem an die Anlage „geeignet" ist, das Verhalten oder die Leistung der Beschäftigten zu kontrollieren.[171] Einer Maßnahme fehlt die Eignung, das Leistungsverhalten kontrollieren oder überwachen zu können, wenn die durch die Anlage verarbeitete Datenmenge vernünftigerweise keine geeigneten Rückschlüsse auf das Leistungsverhalten ermöglicht.[172] Wegen weiterer Einzelheiten und Beispiele für überwachungspflichtige Anlagen wird auf die Ausführungen bei § 235 RN 64 verwiesen.

XII. Maßnahmen zur Durchsetzung der Gleichberechtigung

Horstkötter, Geschlechtergleichstellung in der Personalratsarbeit, PersR 2002, 321; *Schiek/Horstkötter,* Vom Frauenfördergesetz zum Bundesgleichstellungsgesetz, PersR 2002, 139.

Nach § 76 II Nr. 10 BPersVG hat der Personalrat mitzubestimmen bei Maßnahmen, die der **49**
Durchsetzung der tatsächlichen Gleichberechtigung von Frauen und Männern dienen (vgl. dazu § 164). Als Beispiele für die Ausübung der Mitbestimmung hat der Gesetzgeber die Einstellung, Beschäftigung, Aus-, Fort- und Weiterbildung und den beruflichen Aufstieg ausdrücklich hervorgehoben. Auf Grund seines Initiativrechts kann der Personalrat die Aufstellung solcher Regelungen verlangen, die eine tatsächliche (und nicht nur theoretische) Gleichberechtigung der Geschlechter fördern. Die Bestellung einer Frauenbeauftragten wird von dem Mitbestimmungstatbestand aber nicht erfasst.[173]

§ 271. Organisatorische und sonstige Maßnahmen

Heß/Mühlberg, eGovernment: Gestaltungsmöglichkeiten durch Dienstvereinbarungen, PersR 2009, 9; *Kersten,* „Electronic Government" und Mitbestimmung, PersV 2002, 119; *Kiper,* Mitbestimmung beim eGovernment, PersR 2003, 91; *Kunze,* Beratende Teilnahme eines Personalratsmitglieds an Prüfungen, PersV 2004, 136; *Plander,* Die Mitbestimmung bei Erhöhung der Leistungsanforderungen im öffentlichen Dienst, PersR 2004, 253; *Sikorski,* Die Beteiligungsrechte der Personalräte bei der Implementierung von Team- und Gruppenarbeit, PersR 2002, 495; Nachweise zur Privatisierung vor § 263 RN 1.

Übersicht

	RN
I. Allgemeines	1
II. Maßnahmen zur Hebung der Arbeitsleistung oder zur Erleichterung des Arbeitsablaufs	2 ff.
1. Zweck des Beteiligungsrechts	2
2. Hebung der Arbeitsleistung	3, 4
3. Erleichterung des Arbeitsablaufs	5, 6
III. Einführung grundlegend neuer Arbeitsmethoden	7 f.
1. Zweck des Beteiligungsrechts	7
2. Arbeitsmethode	8

[168] BVerwG 16. 12. 1987 Buchholz 250 § 75 BPersVG Nr. 53 = NZA 88, 513 = PersV 89, 68.
[169] BVerwG 31. 8. 1988 AP 25 zu § 75 BPersVG = NJW 89, 848 = PersV 89, 216.
[170] BVerwG 2. 2. 1990 PersR 90, 113.
[171] BVerwG 27. 11. 1991 Buchholz 250 § 76 BPersVG Nr. 23 = PersR 92, 147 = PersV 92, 385.
[172] BVerwG 29. 8. 2001 Buchholz 251.4 § 86 HmbPersVG Nr. 8 = NZA-RR 2002, 501= PersR 2001, 521 = PersV 2002, 232.
[173] OVG Lüneburg 18. 12. 1996 PersV 98, 238.

	RN
IV. Organisatorische Veränderungen der Dienststelle	9 ff.
1. Zweck des Beteiligungsrechts	9
2. Voraussetzungen	10, 11
V. Neu-, Um- und Erweiterungsbauten	12
VI. Sonstige nach Landesrecht beteiligungspflichtige organisatorische Maßnahmen	13 ff.
1. Abweichung vom Bundesrecht	13
2. Automatisierte Verarbeitung personenbezogener Daten	14, 15
3. Privatisierung und Auslagerung von Arbeiten und ähnlichen Maßnahmen	16
4. Änderungen der Arbeitsorganisation; Wirtschaftlichkeitsuntersuchungen	17
5. Arbeitsplatz- und Dienstpostenbewertung	18
VII. Sonstige Beteiligungsrechte	19 ff.
1. Teilnahme an Prüfungen	19–22
2. Verwaltungsanordnungen in innerdienstlichen persönlichen und sozialen Angelegenheiten	23–27

I. Allgemeines

1 Organisationsmaßnahmen der Dienststelle können weitreichende Auswirkungen auf die Arbeitsbedingungen der Beschäftigten haben. Da sie im Regelfall auch den Verwaltungsauftrag der Dienststelle in besonderem Maße berühren, sind die Beteiligungsrechte der Personalvertretungen in diesem Bereich nur relativ schwach ausgestaltet. Im Bundesrecht sind die Beteiligungsgegenstände in den §§ 76 II, 78 BPersVG enthalten. Das Landesrecht geht teilweise – insbesondere in Fragen der Verwendung von Informationstechnologien (RN 14) – weit über das Bundesrecht hinaus.

II. Maßnahmen zur Hebung der Arbeitsleistung oder zur Erleichterung des Arbeitsablaufs

2 **1. Zweck des Beteiligungsrechts.** Nach § 76 II Nr. 5 BPersVG bestimmt der Personalrat bei Maßnahmen zur Hebung der Arbeitsleistung und Erleichterung des Arbeitsablaufs mit. Wird die Einigungsstelle eingeschaltet, kann sie allerdings nur eine Empfehlung aussprechen (§ 69 IV 3 BPersVG). Die Beteiligung dient dazu, die betroffenen Beschäftigten vor unnötigen oder unzumutbaren Belastungen zu schützen.[1] Ein Initiative des Personalrats auf Entlastung der Beschäftigten ist von dieser Vorschrift nicht erfasst, es sei denn, der Personalrat verlangt einen Ausgleich für vorausgegangene Maßnahmen, die seiner Beteiligung unterlegen haben.[2] Das Beteiligungsrecht erfasst nicht die Mitgestaltung der organisatorischen Maßnahme, sondern nur die mit ihr verbundenen Auswirkungen auf die Beanspruchung der Beschäftigten.

3 **2. Hebung der Arbeitsleistung. a) Begriff.** Eine Hebung der Arbeitsleistung ist eine Leistungsverdichtung, die anhand der Leistungsanforderungen pro Zeiteinheit gemessen wird. Sie ist gegeben, wenn in gleicher Zeit mehr Arbeit oder in weniger Zeit die gleiche Arbeit zu leisten ist, es geht also um die Steigerung der Güte und/oder der Menge der zu leistenden Arbeit. Messgröße ist dabei weder die reine Arbeitszeit noch das Arbeitsprodukt. Maßgeblich ist vielmehr, ob sich die Arbeitsleistung des Arbeitnehmers erhöht, d. h. sich der geistige Aufwand und/oder die körperlichen Anforderungen an die Arbeit verändern.[3] In der bloßen Anordnung von Überstunden liegt keine Maßnahme zur Hebung der Arbeitsleistung, da sich die Arbeitsintensität (Beanspruchung pro Zeiteinheit) nicht verändert. Das Beteiligungsrecht ist entgegen der früheren Rechtsprechung des BVerwG nicht zusätzlich davon abhängig, ob die Maßnahme mit der Absicht oder dem Ziel erfolgt, die Arbeitsleistung zu steigern.[4]

4 **b) Geeignete Maßnahmen zur Hebung der Arbeitsleistung.** Auf welcher Art von Maßnahmen die Leistungsverdichtung beruht, ist für das Beteiligungsrecht ohne Bedeutung. In Betracht kommen insbesondere organisatorische aber auch technische Maßnahmen. Eine Maßnahme zur Hebung der Arbeitsleistung kann bereits in der Neuverteilung der vorhandenen Arbeit auf die vorhandenen Beschäftigten mit dem Ziel einer gleichmäßigeren Auslastung der Dienstposten liegen.[5] Beteiligungspflichtig kann auch die Übertragung zusätzlicher Aufgaben an

[1] BVerwG 17. 5. 1995 Buchholz 251.2 § 85 BlnPersVG Nr. 8 = PersR 95, 426 = PersV 96, 178.
[2] BVerwG 9. 1. 2008 Buchholz 251.2 § 85 BlnPersVG Nr. 14 = PersV 2008, 191 = PersR 2008, 216.
[3] BVerwG 23. 1. 1996 AP 68 zu § 75 BPersVG = PersR 96, 199 = PersV 96, 457.
[4] So noch BVerwG 30. 8. 1985 Buchholz 238.31 § 79 BaWüPersVG Nr. 5 = PersV 87, 247; 15. 12. 1978 PersV 80, 145; kritisch dazu *v. Roetteken* PersR 2000, 299; in diesem Sinne auch noch VGH Mannheim 2. 7. 2002 PersR 2002, 519.
[5] VGH Mannheim 3. 7. 1979 PersV 82, 18.

einen Beschäftigten sein, z. B. die Zuweisung zusätzlicher Zustellabschnitte an einen Postzusteller.[6] Wird mit der Übertragung der zusätzlichen Aufgaben ausdrücklich oder stillschweigend die Zurückstellung oder Vernachlässigung der bisherigen Aufgaben des Beschäftigten gebilligt, liegt keine beteiligungspflichtige Arbeitsverdichtung vor.[7] So ist z. B. die Anweisung an Gruppenleiter, selbst sachbearbeitende Tätigkeit zum Abbau der Rückstände vorzunehmen, nicht als Maßnahme zur Hebung der Arbeitsleistung angesehen worden, da unterstellt wurde, dass die Dienststelle gleichzeitig die (vorübergehende) Vernachlässigung der eigentlichen Gruppenleiteraufgaben gebilligt hat.[8] Verbleibt den Beschäftigten genügend Gestaltungsfreiraum zur selbstständigen Arbeitseinteilung, liegt in der Zuweisung zusätzlicher Aufgaben nicht ohne weiteres eine Hebung der Arbeitsleitung, die ein Beteiligungsrecht auslöst. Aus diesem Grund ist die Übertragung zusätzlicher Aufgaben auf eine Dienststelle nicht als beteiligungspflichtig angesehen worden, da der Behörde im Regelfall genügend Gestaltungsfreiheit zur belastungsneutralen Umsetzung der neuen Aufgaben verbleibt.[9] Entsprechendes gilt bei einer tariflichen Verkürzung der Wochenarbeitszeit, selbst wenn bestimmte fiktive Arbeitsstunden (sog. Nebenzeiten, z. B. Fortbildungs- oder Abminderungsstunden) gestrichen oder reduziert werden.[10] Erfolgt die Zuweisung nur vorübergehend, ist der Tatbestand des § 76 II Nr. 5 BPersVG gleichfalls nicht erfüllt; so ist z. B. eine ausnahmsweise vorgenommene Erhöhung der Klassenstärke einer Grundschulklasse nicht als Maßnahme zur Hebung der Arbeitsleistung angesehen worden,[11] wohl aber die allgemeine Erhöhung der Pflichtstundenzahl der Lehrkräfte an staatlichen Schulen.[12] Eine Einschränkung des Anwendungsbereichs der Norm mit Blick auf die Außenwirkung der Maßnahme kommt nur in Betracht, wenn sie keinerlei innerdienstliche Auswirkungen hat.[13]

3. Erleichterung des Arbeitsablaufs. a) Begriff. Arbeitsablauf ist die zeitliche und räum- 5
liche Aufeinanderfolge der Arbeitsvorgänge zur Erzielung eines bestimmten Arbeitsergebnisses. Die Vorgaben zum Arbeitsablauf legen fest, welche Tätigkeiten in welcher Reihenfolge, Zeit und an welchem Ort in der Dienststelle oder einer bestimmten Funktionseinheit zu erledigen sind.[14] Aus dem Arbeitsablauf ergeben sich die Arbeitsvorgänge, die bei den einzelnen Dienstposten anfallen. Von einer Erleichterung des Arbeitsablaufs spricht man, wenn der zur Erzielung des Arbeitsergebnisses notwendige Einsatz der menschlichen Arbeitskraft verringert wird, wobei es sich sowohl um eine quantitative als auch eine qualitative Verringerung der Beanspruchung der Beschäftigten handeln kann. Nicht maßgeblich ist, ob sich nur die einzelnen Arbeitsvorgänge ändern oder ganze Arbeitsvorgänge entfallen. Der Mitbestimmungstatbestand erfasst nicht nur ständig wiederkehrende Arbeitsvorgänge, sondern auch solche, die nur gelegentlich vorkommen, wenn sie als Teil des für den Funktionsbereich eines oder mehrerer Beschäftigter typischen Arbeitsablaufs anzusehen sind. Verrichtungen, die nur sehr selten – etwa monatlich nur wenige Male – anfallen, sind hingegen für die zu leistende Arbeit nicht typisch.[15]

b) Abgrenzung. Das Beteiligungsrecht soll nicht die mit der organisatorischen Maßnahme 6
verbundene oder beabsichtigte Erleichterung der Arbeit verhindern. Dieser folgt erfahrungsgemäß eine Neuverteilung der zu erledigenden Tätigkeiten. Dabei besteht die Gefahr, dass die Dienststelle die Erleichterungseffekte überschätzt, weshalb es anschließend zu einer Überbeanspruchung der Beschäftigten kommen kann. Wegen dieses Zusammenhangs lassen sich viele

---

[6] VGH Kassel 8. 8. 1990 PersR 91, 142; vgl. auch OVG Bremen 2. 5. 1994 PersR 94, 336 (Verringerung der Reinigungshäufigkeit); OVG Berlin 13. 1. 1995 PersR 95, 438 (Übertragung der Fristenkontrolle auf Sachbearbeiter); OVG Münster 30. 1. 2003 PersR 2003, 244 (Zusammenlegung zweier Stationen im Krankenhaus).

[7] BVerwG 2. 6. 2005 PersR 2006, 34.

[8] BVerwG 20. 7. 1995 Buchholz 250 § 76 BPersVG Nr. 34 = PersR 95, 493 = PersV 96, 188; OVG Lüneburg 20. 9. 1995 PersR 96, 366; a. A. OVG Berlin 16. 3. 1994 PersR 94, 473.

[9] OVG Berlin 27. 4. 2000 PersR 2001, 33 = PersV 2000, 421; vgl. auch OVG Münster 10. 2. 1999 PersR 99, 314 (Einführung von Schulgirokonten); vgl. aber auch BVerwG 30. 1. 1986 Buchholz 238.35 § 61 HePersVG Nr. 4 (Übertragung der Rechnungsprüfung vom Schulamt auf die Schulen).

[10] BVerwG 26. 9. 1995 Buchholz 251.2 § 85 BlnPersVG Nr. 9 = PersR 96, 149 = PersV 96, 274.

[11] BVerwG 17. 5. 1995 Buchholz 251.2 § 85 BlnPersVG Nr. 8 = PersR 95, 426 = PersV 96, 178.

[12] BVerwG 28. 12. 1998 Buchholz 250 § 76 BPersVG Nr. 38 = PersR 99, 271; ähnlich BVerwG 10. 1. 2006 AP 11 zu § 79 LPVG Baden-Württemberg = PersV 2006, 177; 1. 9. 2004 AP 4 zu § 85 LPVG Berlin = Buchholz 251.2 § 85 BlnPersVG Nr. 13 (jew. zur Streichung der Entlastung für ältere Lehrer).

[13] BVerwG 18. 5. 2004 Buchholz 251.0 § 79 BaWüPersVG Nr. 17 = PersR 2004, 349 = PersV 2004, 386.

[14] BVerwG 15. 12. 1978 PersV 80, 145.

[15] BVerwG 14. 3. 1986 Buchholz 238.31 § 79 BaWüPersVG Nr. 7 = PersV 86, 469 (Notenübermittlung durch Lehrer per PC).

Fallgestaltungen sowohl unter dem Aspekt der Hebung der Arbeitsleistung als auch unter dem Aspekt der Erleichterung des Arbeitsablaufs subsumieren. Da beide Beteiligungsrechte im Bundesrecht gleich ausgestaltet sind, erübrigt sich allerdings eine Abgrenzung im Einzelnen.[16]

III. Einführung grundlegend neuer Arbeitsmethoden

7 **1. Zweck des Beteiligungsrechts.** Nach § 76 II Nr. 7 BPersVG bestimmt der Personalrat bei der Einführung grundlegend neuer Arbeitsmethoden mit. Wie auch bei den anderen Tatbeständen in § 76 BPersVG handelt es sich um eine Form der eingeschränkten Mitbestimmung, da die Einigungsstelle nur eine Empfehlung aussprechen kann (§ 69 IV 3 BPersVG). Das Beteiligungsrecht dient wie § 76 II Nr. 5 BPersVG (RN 2) dazu, die Beschäftigten vor Überlastung und Überbeanspruchung zu schützen.[17] Nach Landesrecht unterliegt teilweise nicht nur die Einführung, sondern auch die wesentliche Änderung angewandter Arbeitsmethoden der Beteiligung des Personalrats, ebenso wird die technische Rationalisierung als ein Fall der geänderten Arbeitsmethode besonders hervorgehoben.[18]

8 **2. Arbeitsmethode.** Mit der Arbeitsmethode wird festgelegt, durch welche Beschäftigten, auf welchem Bearbeitungsweg und mit welchen Arbeitsmitteln die Aufgaben der Dienststelle erfüllt werden sollen. Die Arbeitsmethode stellt das auf der Grundlage der personellen, räumlichen, technischen und sonstigen bedeutsamen Gegebenheiten und Möglichkeiten der Dienststelle entwickelte Modell für ihre Aufgabenerfüllung dar.[19] Sie bildet das Leitbild für die Organisation und die technische Ausgestaltung des Arbeitsablaufs, indem sie einen methodisch geordneten Bezug zwischen der zu erfüllenden Aufgabe einerseits und den zu ihrer Erfüllung bereitstehenden oder benötigten Personen, Geräten und Sachmitteln andererseits herstellt, welcher anschließend in konkret personenbezogene Arbeitsaufträge und sachbezogene Arbeitsvorgänge umzusetzen ist.[20] Die Änderung einer Arbeitsmethode ist ein dienststelleninterner organisatorischer Vorgang, mit dem der methodische Weg zur praktischen Erfüllung der Aufgabe neu bestimmt wird.[21] Die Einführung einer Arbeitsmethode kann nicht nur dann „grundlegend neu" sein, wenn der gesamte Arbeitsablauf an einem Arbeitsplatz neu gestaltet wird, sondern auch dann, wenn sie sich auf bestimmte Abschnitte des Arbeitsablaufs beschränkt. Voraussetzung für das Eingreifen des Beteiligungsrechts ist, dass die Änderung für die von ihr betroffenen Beschäftigten ins Gewicht fallende körperliche oder geistige Auswirkungen hat.[22] Wegen des Begriffs der Rationalisierung kann auf die Ausführungen zur Beteiligung bei Sozialplänen (§ 270 RN 35) verwiesen werden.

IV. Organisatorische Veränderungen der Dienststelle

9 **1. Zweck des Beteiligungsrechts.** Nach § 78 I Nr. 2 BPersVG wirkt der Personalrat mit bei der Auflösung, Einschränkung, Verlegung oder Zusammenlegung von Dienststellen oder wesentlichen Teilen von ihnen. Das Beteiligungsrecht besteht wegen der sich aus diesen Maßnahmen ergebenden nachteiligen Wirkungen auf die Arbeitsbedingungen und Lebensverhältnisse der betroffenen Beschäftigten; es dient damit dem Schutz vor dem Verlust oder der Veränderung des Arbeitsplatzes.[23] Keine Beteiligung erfolgt, wenn die organisatorische Veränderung auf einem Gesetz (z. B. Haushaltsgesetz[24]) beruht[25] oder sie von der Bundesregierung beschlossen

---

[16] BVerwG 15. 12. 1978 PersV 80, 145 (Übertragung von Zugbegleiteraufgaben auf die Triebwagenführer in S-Bahnen).

[17] BVerwG 24. 9. 1991 Buchholz 251.7 § 72 NWPersVG Nr. 20 = PersR 91, 469 = PersV 92, 161.

[18] Vgl. z. B. § 72 III Nr. 3 LPersVG NRW, § 70 I Nr. 3 LPersVG MV; § 80 II 1 LPersVG RP; § 84 Nr. 3 LPersVG S L; § 69 Nr. 3 LPersVG ST; § 75 II Nr. 6 LPersVG TH.

[19] BVerwG 27. 11. 1991 Buchholz 250 § 76 BPersVG Nr. 23; 24. 9. 1991 Buchholz 251.7 § 72 NWPersVG Nr. 20 = PersR 91, 469 = PersV 92, 161.

[20] BVerwG 30. 1. 1986 Buchholz 238.35 § 61 HePersVG Nr. 4.

[21] BVerwG 24. 9. 1991 Buchholz 251.7 § 72 NWPersVG Nr. 20 = PersR 91, 469 = PersV 92, 161.

[22] BVerwG 27. 11. 1991 Buchholz 250 § 76 BPersVG Nr. 23; 24. 9. 1991 Buchholz 251.7 § 72 NWPersVG Nr. 20 = PersR 91, 469 = PersV 92, 161; 7. 2. 1980 Buchholz 238.32 § 90 BlnPersVG Nr. 1 = PersV 80, 238.

[23] BVerwG 30. 9. 1987 Buchholz 251.5 § 66 HePersVG Nr. 3 = PersV 88, 491; Lorenzen/*Lorenzen* § 78 BPersVG RN 22; *Altvater/Hamer/Kröll/Lemcke/Peiseler* § 78 BPersVG RN 20.

[24] BVerwG 5. 2. 1960 AP 2 zu § 73 PersVG = PersV 60, 155.

[25] VGH Mannheim 18. 12. 2001 PersR 2002, 402 (Schaffung einer dienststellenübergreifenden Rettungsleitstelle).

worden ist.[26] Organisationsveränderungen der Dienststelle, die von keinem der Tatbestände des § 78 I Nr. 2 BPersVG erfasst werden, unterliegen nicht der Beteiligung nach dieser Vorschrift. Das gilt insbesondere für die Vergrößerung der Dienststelle und die Vermehrung ihrer Aufgaben.[27]

2. Voraussetzungen. a) Dienststelle. Der Begriff der Dienststelle entspricht dem personalvertretungsrechtlichen Dienststellenbegriff (dazu bereits § 264 RN 2ff.). Danach ist auch ein personalvertretungsrechtlich verselbstständigter Teil der Dienststelle als Dienststelle i. S. v. § 78 I Nr. 2 BPersVG anzusehen.[28] Wesentliche Teile einer Dienststelle sind abgrenzbare Organisationseinheiten, deren Fortfall oder Veränderung sich auf den Aufgabenbereich oder die Struktur der Dienststelle derart auswirkt, dass sie zu einer wesensmäßig „anderen" Dienststelle wird. Dies kann sowohl durch eine Änderung ihrer Aufgabenstellung erfolgen, als auch durch die Veränderung ihres Personalbestandes.[29] So kann z. B. allein die Auflösung der Fahrbereitschaft eines großen Bundesministeriums eine wesentliche Einschränkung der Dienststelle darstellen, obwohl durch eine solche Maßnahme die Aufgabenstellung des Ministeriums allenfalls am Rande berührt wird.[30] Das Beteiligungsrecht erstreckt sich auf die Maßnahme, die zu der Veränderung führt; vorbereitende Maßnahmen (z. B. die Aufstellung eines Raumplanes für ein neues Dienstgebäude) werden nicht von § 78 I Nr. 2 BPersVG erfasst.[31] 10

b) Auflösung. Für das Merkmal der „Auflösung einer Dienststelle" ist die organisatorische Entscheidung maßgeblich, unerheblich ist daher, wenn die bisherige Dienststelle noch für einige Zeit als Abwicklungsstelle bestehen bleibt, ansonsten aber aufgelöst worden ist. Kann der kommunale Schulträger eine Schule nur aufheben mit Zustimmung der obersten Schulaufsichtsbehörde, unterliegt die Erteilung der Zustimmung dort der Mitwirkung des Hauptpersonalrats der Lehrer.[32] Wird die Dienststelle vollständig auf einen privaten Träger übertragen, liegt kein Fall der Auflösung der Dienststelle vor, da organisatorisch nichts verändert wird[33] (§ 119 RN 59ff., dort auch zur Konkurrenz von einzelnen Beteiligungsrechten). Werden ihr Aufgaben entzogen, liegt der Fall einer **Einschränkung** der Dienststelle vor. Das Beteiligungsrecht wird nur ausgelöst, wenn der Aufgabenverlust zu erheblichen personellen Veränderungen führt. Der bloße Rückgang der Geschäftsbelastung ohne Veränderung der Aufgabenstellung reicht nicht aus.[34] Die **Verlegung** von Dienststellen erfasst die örtliche Veränderung, z. B. ihren Umzug an einen anderen Ort. Das Beteiligungsrecht wird nur bei einer erheblichen Ortsveränderung ausgelöst. Das folgt zwar nicht unmittelbar aus dem Wortlaut der Vorschrift, wohl aber aus ihrem Zweck. Die Mitwirkung des Personalrats soll sicherstellen, dass die Beschäftigten keinen unzumutbaren Erschwernissen ausgesetzt und in vertretbarem Umfang geschützt werden.[35] An einer unzumutbaren Belastung fehlt es bei einer nur geringfügigen räumlichen Verlagerung der Dienststelle. Eine erhebliche Ortsveränderung liegt im Regelfall vor, wenn das neue Dienstgebäude in einer anderen politischen Gemeinde liegt, insoweit kann zunächst die Definition des Einzugsbereichs in § 3 I 1 BUKG als Maßstab herangezogen werden. In großen Städten kann bereits der Umzug innerhalb des Stadtgebiets zu einer erheblichen Ortsveränderung führen. Eine **Zusammenlegung** von Dienststellen liegt vor, wenn die eine Dienststelle unter Aufgabe ihrer organisatorischen Selbstständigkeit in eine andere Dienststelle aufgenommen wird oder zwei oder mehrere Dienststellen zu einer neuen Dienststelle zusammengeführt werden. 11

V. Neu-, Um- und Erweiterungsbauten

Nach § 78 IV BPersVG ist der Personalrat bei Neu-, Um- und Erweiterungsbauten von Diensträumen anzuhören. Das Beteiligungsrecht dient dem Ziel der menschengerechten Gestaltung der Arbeit. Es kann nur wirksam ausgeübt werden, wenn die Anhörung bereits in der Pla- 12

---

[26] Lorenzen/*Lorenzen* § 78 BPersVG RN 25.
[27] Vgl. aber § 80 III Nr. 5 LPersVG BW: Anhörung bei der Erweiterung von Dienststellen.
[28] Wie hier Lorenzen/*Lorenzen* § 78 BPersVG RN 23; a. A. Fischer/*Goeres* § 78 BPersVG RN 12.
[29] BVerwG 30. 9. 1987 Buchholz 251.5 § 66 HePersVG Nr. 3 = PersV 88, 491.
[30] Lorenzen/*Lorenzen* § 78 BPersVG RN 24.
[31] BVerwG 16. 12. 1992 AP 42 zu § 75 BPersVG = PersR 93, 164 = PersV 93, 365.
[32] BVerwG 18. 3. 2008 Buchholz 251.91 § 76 SächsPersVG Nr. 1 = NZA-RR 2008, 447; 24. 2. 2006 Buchholz 251.91 § 77 SächsPersVG Nr. 1 = PersV 2006, 217 = PersR 2006, 255; zuständig ist die schulartbezogene Fachgruppe BVerwG 21. 12. 2006 Buchholz 251.91 § 39 SächsPersVG Nr. 1 = PersR 2007, 169.
[33] A. A. Richardi/*Benecke* § 78 RN 15.
[34] BVerwG 13. 3. 1964 AP 4 zu § 73 PersVG = PersV 64, 106.
[35] BVerwG 27. 7. 1979 Buchholz 238.37 § 72 PersVG NW Nr. 3 = PersV 81, 73 (abgelehnt bei Umzug in ein 4 km entferntes Gebäude).

nungsphase erfolgt, also unmittelbar nachdem der Entschluss gefasst worden ist, bauliche Veränderungen vorzunehmen. Es wird nicht dadurch ausgeschlossen, dass die Dienststelle in die Planungen, die eine andere Dienststelle (z. B. Landesbauamt) durchführt, lediglich informell eingebunden ist;[36] es erstreckt sich dann nur auf die Befugnisse der eigenen Dienststelle bzw. ihren Beitrag zu den Planungen und nicht auf die Entscheidungen der für die Planung zuständigen Behörde. Auf den Umfang der Veränderung der baulichen Substanz kommt es nicht an; vielmehr ist entscheidend, ob die baulichen Maßnahmen Auswirkungen auf die Beschäftigten und ihre Arbeitsbedingungen haben.[37] Die Vorschrift soll die Beteiligung nach dem BPersVG der im BetrVG angleichen;[38] wegen der weiteren Einzelheiten kann daher auf die Ausführungen zu § 90 BetrVG verwiesen werden (§ 237).

VI. Sonstige nach Landesrecht beteiligungspflichtige organisatorische Maßnahmen

Franke, Aufgaben der Personalvertretung im Umgang mit der Sicherheit in der Informationstechnik (IT), ZfPR 2005, 78.

13 **1. Abweichung vom Bundesrecht.** Die Ausgestaltung der Beteiligung in organisatorischen Angelegenheiten im Landesrecht weicht vielfach vom Bundesrecht ab. Dies gilt zunächst für die Bundesländer, in denen die beteiligungspflichtigen Maßnahmen mit Generalklauseln beschrieben werden. Aber auch in den übrigen Bundesländern sind die Beteiligungstatbestände gegenüber dem Bundesrecht erweitert. Von allgemeiner Bedeutung sind die Beteiligungsrechte in Zusammenhang mit der Verarbeitung personenbezogener Daten (RN 14), Änderungen der Arbeitsorganisation (RN 17) sowie der Dienstpostenbewertung (RN 18).

14 **2. Automatisierte Verarbeitung personenbezogener Daten. a) Grundsatz.** Das Landesrecht sieht häufig die Beteiligung des Personalrats bei der Einführung bzw. wesentlichen Änderung der automatisierten Verarbeitung personenbezogener Daten vor.[39] Dieses Beteiligungsrecht tritt neben die Beteiligung bei der technischen Leistungs- und Verhaltenskontrolle (§ 270 RN 47) und soll die informationelle Selbstbestimmung der Beschäftigten bei jeglicher automatisierten Verarbeitung personenbezogener Daten unabhängig von dem dabei verfolgten Erkenntnisinteresse möglichst umfassend schützen. Der Personalrat hat vor allem die Aufgabe, gemeinsam mit der Dienststelle die Zwecke festzusetzen, zu denen Daten erhoben, gespeichert oder sonst verarbeitet werden dürfen. Das Beteiligungsrecht zählt damit zum Datenschutz im weiteren Sinne,[40] weshalb die jeweils in den Bestimmungen der LPersVG verwendeten Tatbestandsmerkmale wie im Bereich des Datenschutzes auszulegen sind. So liegt ein Fall der Datennutzung vor, wenn die Daten anderen Behörden z. B. durch die Einrichtung eines Online-Zugangs zugänglich gemacht werden.[41] Das Beteiligungsrecht wird auch ausgelöst, wenn die Dienststelle die privaten Fax-Nummern und E-Mail-Adressen der bei ihr beschäftigten Lehrer speichern will.[42] Es bezieht sich nur auf die personenbezogenen Daten der Beschäftigten, nicht hingegen auf die von Bewerbern in einem Auswahlverfahren, selbst wenn sie bereits in der Dienststelle beschäftigt sind.[43] Eine entsprechende Weiterentwicklung des Bundesrechts ist rechtspolitisch überfällig.

15 **b) IuK-Netze.** Daneben wird das Beteiligungsrecht in einigen Ländern auch auf die (vorgelagerte) Entscheidung über die Einführung, Anwendung und den Ausbau von Netzen der Informations- und Kommunikationstechnologie (IuK-Netze) erstreckt.[44] Dieses Beteiligungsrecht

---

[36] A. A. VGH Mannheim 3. 9. 1991 PersV 92, 354.

[37] BVerwG 17. 7. 1987 Buchholz 250 § 75 BPersVG Nr. 50 = PersV 89, 312.

[38] Lorenzen/*Lorenzen* § 78 BPersVG RN 72.

[39] Vgl. § 79 III Nr. 14 LPersVG BW, Art. 74 a I Nr. 2 LPersVG BY („automatisierte Personalverwaltung"), § 85 II Nr. 8 LPersVG BE, § 65 Nr. 1 LPersVG BB, § 81 I LPersVG HE, § 70 I Nr. 1 LPersVG MV, § 67 I Nr. 1 LPersVG NI, § 72 III Nr. 1 LPersVG NRW, § 84 Nr. 1 LPersVG S L, § 69 Nr. 1 LPersVG ST, jeweils mit leicht abweichenden Formulierungen; teilweise ist die Personaldatenverarbeitung zum Zwecke der Besoldung und Vergütung ausgenommen.

[40] *Vogelgesang/Bieler/Stange/Kleffner* § 70 LPersVG MV RN 18.

[41] OVG Münster 25. 11. 1992 PersR 93, 365 = PersV 95, 472.

[42] OVG Münster 30. 10. 2002 PersR 2003, 122 = PersV 2003, 191.

[43] OVG Münster 29. 11. 2000 PersR 2001, 305 = PersV 2001, 471 sowie 2003, 96; dazu *Kunze* PersV 2003, 92.

[44] Vgl. § 85 II Nr. 10 LPersVG BE, § 81 II LPersVG HE, § 70 I Nr. 5 LPersVG MV, § 72 III Nr. 6 LPersVG NRW, § 84 I Nr. 6 LPersVG SL, § 77 Nr. 4 LPersVG SN („betriebliche Informations- und Kommunikationsanlagen"), § 69 Nr. 6 LPersVG ST.

besteht zum einen zur Sicherung des Arbeitnehmerdatenschutzes, aber auch wegen der Nähe dieser technischen Einrichtungen zur technischen Verhaltens- und Leistungskontrolle. Es dürfte sich im Wesentlichen um eine Klarstellung und Hervorhebung der genannten Schutzzwecke handeln, da die erfassten Maßnahmen bereits vielfach unter dem Gesichtspunkt der technischen Verhaltens- und Leistungskontrolle bzw. der automatisierten Personaldatenverarbeitung der Beteiligung des Personalrats unterliegen.[45] Beteiligungspflichtig ist nicht nur die Einrichtung größerer Netze, vielmehr reicht es aus, wenn mehrere vorhandene PC mit einem Zentralrechner vernetzt werden, selbst wenn diese dadurch nicht untereinander kommunizieren können.[46]

3. Privatisierung und Auslagerung von Arbeiten und ähnlichen Maßnahmen. Im Landesrecht ist häufig eine Beteiligung des Personalrats bei der Privatisierung von Aufgaben der Dienststelle[47] vorgesehen bzw. bei der Auslagerung von Arbeiten auf Privatpersonen[48] oder auf eigene Beschäftigte zur Erledigung der Arbeiten vom Wohnsitz aus mit Hilfe technischer Einrichtungen[49] (Telearbeit). Manche Landesgesetze sehen auch die Beteiligung des Personalrats beim Abschluss von Arbeitnehmerüberlassungs- oder Gestellungsverträgen[50] sowie bei der Teilnahme an Arbeitsbeschaffungsmaßnahmen (ABM) und ähnlichen Programmen vor.[51] Die Beteiligungsrechte des Personalrats bei der Privatisierung und der Aufgabenverlagerung auf Dritte sind im Einzelnen unter § 119 RN 59 ff. dargestellt. 16

4. Änderungen der Arbeitsorganisation; Wirtschaftlichkeitsuntersuchungen. In einigen Ländern besteht – meist als Auffangtatbestand – ein allgemeines Beteiligungsrecht bei der Änderung der Arbeitsorganisation in der Dienststelle.[52] Dieses schützt die Beschäftigten entsprechend seiner allgemeinen Formulierung vor allen nachteiligen Folgen, die sich aus der Durchführung von organisatorischen Maßnahmen ergeben können. Davon erfasst ist ihr Schutz vor Überbelastung am Arbeitsplatz, der Anspruch auf menschengerechte Gestaltung der Arbeitswelt wie auch die Sicherung der bisherigen Arbeitsplätze vor einer beabsichtigten Umgestaltung. Vom Begriff der Arbeitsorganisation ist der Begriff der Arbeitsverteilung zu unterscheiden; die Arbeitsverteilung umfasst die Zuteilung der Aufgaben der Dienststelle an die Beschäftigten; sie unterliegt nicht der Beteiligung.[53] Die Arbeitsorganisation meint im Gegensatz hierzu die Aufbau- und Ablaufstrukturen innerhalb der Dienststelle. Da durch die sehr allgemeine Formulierung des Tatbestands auch Maßnahmen der Dienststelle erfasst werden, die den Verwaltungsauftrag der Behörde betreffen, muss im Einzelfall im Rahmen einer Interessenabwägung entschieden werden, ob und ggf. in welchem Umfang die Interessen der Beschäftigten hinter den dienstlichen Belangen zurücktreten müssen. Darüber hinaus wird in einzelnen Landesgesetzen die Planung und Durchführung von Wirtschaftlichkeits- und Organisationsuntersuchungen in der Dienststelle dem Beteiligungsrecht des Personalrats unterworfen.[54] Dabei handelt es sich um einen Mitwirkungstatbestand, der sich aus der besonderen Bedeutung der Gutachten für die Organisation der Dienststelle rechtfertigt und auch dazu dienen soll, ein mögliches Misstrauen der Beschäftigten gegenüber den geplanten Untersuchungen durch die Beteiligung an dem Gutachtenauftrag und der Auswahl der Gutachter abzubauen. 17

5. Arbeitsplatz- und Dienstpostenbewertung. Das Landesrecht sieht teilweise eine Mitwirkung des Personalrats bei der Bewertung von Arbeitsplätzen und Dienstposten vor.[55] Dieses 18

---

[45] *Vogelgesang/Bieler/Stange/Kleffner* § 70 LPersVG MV RN 102 („Auffangtatbestand").

[46] OVG Münster 13. 5. 1991 PersR 92, 157 = PersV 93, 37.

[47] § 80 III Nr. 6 LPersVG BW; § 68 II Nr. 2 LPersVG BB; § 75 Nr. 12 LPersVG NI; § 72 II Nr. 7 LPersVG NRW, dazu BVerwG 15. 8. 2003 AP 27 zu § 72 LPVG NRW = Buchholz 251.7 § 72 NWPersVG Nr. 32 = PersR 2004, 33 = PersV 2004, 42; § 84 Nr. 7 LPersVG RP; § 84 I Nr. 7 LPersVG S L; § 77 Nr. 3 LPersVG SN.

[48] § 80 III Nr. 7 LPersVG BW, § 80 II Nr. 13 LPersVG RP.

[49] § 65 Nr. 4 LPersVG BB, § 72 III Nr. 4 LPersVG NRW, § 84 I Nr. 4 LPersVG SL, § 69 Nr. 4 LPersVG ST.

[50] § 80 III Nr. 10 LPersVG BW, § 66 I Nr. 14 LPersVG NI (mit Ausnahme der Gestellungsverträge mit den Kirchen), § 80 II Nr. 16 LPersVG RP.

[51] § 83 I Nr. 7 LPersVG S L, § 69 Nr. 7 LPersVG ST.

[52] § 80 I Nr. 11 LPersVG BW, § 65 Nr. 5 LPersVG BB, § 66 I c) LPersVG HB (Organisationspläne als Beispiel im Rahmen der Generalklausel), § 75 Nr. 6 LPersVG NI (Organisations- und Geschäftsverteilungspläne), § 72 III Nr. 5 LPersVG NRW, § 84 Nr. 5 LPersVG SL, § 69 Nr. 5 LPersVG ST.

[53] OVG Münster 6. 2. 2002 PersR 2002, 406 = ZTR 2003, 155 (Geschäftsverteilung in der StA).

[54] § 80 III Nr. 8, 9 LPersVG BW, Art. 74 a II LPersVG BY, § 81 I LPersVG HE, § 75 Nr. 7 LPersVG NI, § 80 II Nr. 14, 15 LPersVG RP, § 83 I Nr. 8 LPersVG SL.

[55] § 80 I Nr. 12 LPersVG Baden Württemberg, § 68 III Nr. 2 LPersVG BB, § 81 II LPersVG HE, § 75 Nr. 9 LPersVG NI, § 83 I Nr. 4 LPersVG SL.

Beteiligungsrecht unterscheidet sich von den Mitbestimmungstatbeständen der Ein- und Umgruppierung i. S. v. § 75 I 2 BPersVG, da es hier nur um die Frage geht, ob der Dienstposten im Rahmen der Organisation der Dienststelle zutreffend bewertet ist. Die Arbeitsplatz- bzw. Dienstpostenbewertung unterliegt der Beteiligung durch die Personalvertretung, weil sie zumindest indirekt erheblichen Einfluss auf den Stellenplan und damit auf die Vergütung und Aufstiegschancen der Beschäftigten hat. Das Beteiligungsrecht soll dazu beitragen, das innerdienstliche Vergütungsgefüge transparent und nachvollziehbar zu gestalten.

VII. Sonstige Beteiligungsrechte

Schröder, Der Anspruch der Personalvertretung auf Bekanntgabe eines Spiegels der Beurteilungsnoten, ZfPR 2007, 126.

19 **1. Teilnahme an Prüfungen. a) Zweck.** Nach § 80 BPersVG kann an Prüfungen, die eine Dienststelle von den Beschäftigten ihres Bereichs abnimmt, ein Mitglied des für diesen Bereich zuständigen Personalrats, das von diesem benannt wird, mit beratender Stimme teilnehmen. Im Landesrecht sind durchweg vergleichbare Regelungen enthalten. Dieses atypische Beteiligungsrecht soll vorrangig zur Beruhigung und Sicherheit bei den Prüflingen beitragen.[56] Daneben dient es auch der Sicherung eines ordnungsgemäßen Prüfungsablaufs und damit der Wahrung der Chancengleichheit der betroffenen Beschäftigten.[57] Manche Landesgesetze sehen aus ähnlichen Erwägungen auch ein Teilnahmerecht an Vorstellungsgesprächen vor.[58] Besteht nach Landesrecht ein Beteiligungsrecht bei Vorstellungsgesprächen, ist es für die Mitwirkung ohne Bedeutung, wenn die Auswahlentscheidung einschließlich der Durchführung der Vorstellungsgespräche einer Auswahlkommission übertragen ist.[59]

20 **b) Prüfung.** Eine Prüfung ist ein geregeltes Verfahren, das der Feststellung von persönlichen und fachlichen Fähigkeiten und Eigenschaften von Beschäftigten dient.[60] Keine Prüfungen sind Vorstellungsgespräche, da man mit ihnen einen Eindruck von der Persönlichkeit des Betroffenen gewinnen will.[61] Das Teilnahmerecht besteht bei verwaltungsinternen Prüfungen, die eine Dienststelle den Beschäftigten ihres Bereiches abnimmt. Dies sind z. B. Laufbahn- oder Aufstiegsprüfungen, Auswahlverfahren für die Zulassung von Beamten zum Aufstieg oder die Prüfungen für Schreibkräfte, von deren Bestehen ihre tarifliche Eingruppierung abhängt. Das Teilnahmerecht erstreckt sich nicht auf Prüfungen, die zu einem allgemein anerkannten Berufsabschluss führen, insbesondere nicht auf die Staatsexamina von Lehrern[62] und Juristen. Wird die Prüfung von einer Stelle außerhalb der Dienststelle durchgeführt, z. B. von einer Berufsschule oder einer Fachhochschule, entfällt das Beteiligungsrecht. Davon zu unterschieden ist der Fall, dass eine außenstehende Stelle im Auftrag der Dienststelle die Prüfung abnimmt; eine solche Beauftragung steht einer Teilnahme nicht entgegen.[63]

21 **c) Teilnahme.** Das Teilnahmerecht ist unabhängig vom Willen der Prüflinge und der anderen Mitglieder der Prüfungskommission. Es wird im Allgemeinen nur auf mündliche Prüfungen bezogen; diese Beschränkung lässt sich aber weder mit dem Wortlaut noch dem Sinn und Zweck der Vorschrift begründen; auch bei schriftlichen Prüfungen ist daher eine beobachtende Teilnahme zur Kontrolle ihrer Rahmenbedingungen zulässig.[64] Ob sich das Teilnahmerecht nur auf die Abnahme der Prüfungsleistung selbst bezieht oder auch auf die anschließende interne Beratung und Entscheidung der Prüfungskommission, ist streitig. Das BVerwG geht davon aus, dass die Prüfung mit der Abnahme der Prüfungsleistung beendet ist und schließt den Personalrat von der abschließenden Beratung aus.[65] Dem kann nicht gefolgt werden, da das Beteili-

---

[56] BVerwG 31. 1. 1979 Buchholz 238.3 A § 80 BPersVG Nr. 1 = PersV 80, 418; 8. 6. 1965 AP 7 zu § 57 PersVG = PersV 65, 229.

[57] Str. wie hier Lorenzen/*Lorenzen* § 80 BPersVG RN 2, 18; a. A. BVerwG 31. 1. 1979 Buchholz 238.3 A § 80 BPersVG Nr. 1 = PersV 80, 418; 8. 6. 1965 AP 7 zu § 57 PersVG = PersV 65, 229.

[58] Vgl. zum Beispiel § 60 IV LPersVG BB, § 60 III LPersVG NI, § 49 IV MBG SH. – Nach § 90 Nr. 7 LPersVG BE wirkt der Personalrat sogar bei der Beurteilung – mit Ausnahme der Beurteilungen während der Ausbildung – mit.

[59] BVerwG 21. 12. 2001 Buchholz 251.6 § 79 NdsPersVG Nr. 3 = PersR 2002, 168 = PersV 2003, 216.

[60] BVerwG 10. 7. 1964 AP 6 zu § 57 PersVG.

[61] BVerwG 6. 12. 1978 Buchholz 238.3 A § 75 BPersVG Nr. 6.

[62] BVerwG 8. 10. 1984 Buchholz 238.38 § 68 PersVG RP Nr. 1 = PersV 85, 73.

[63] BVerwG 23. 10. 1970 Buchholz 310 § 173 VwGO Anhang § 62 ZPO Nr. 1 = PersV 71, 138.

[64] Wie hier insbesondere Lorenzen/*Lorenzen* § 80 BPersVG RN 17.

[65] BVerwG 31. 1. 1979 Buchholz 238.3 A § 80 BPersVG Nr. 1 = PersV 80, 418; VGH Kassel 25. 1. 2007 PersR 2007, 218; a. A. insbesondere Lorenzen/*Lorenzen* § 80 BPersVG RN 18 ff.

gungsrecht auch die Sicherstellung einer sachgerechten Bewertung der Prüfungsleistung mit einschließt.

d) Zuständigkeit. Der Personalrat hat bei seiner Entscheidung, ob er ein Mitglied zur Teilnahme entsendet, ein Ermessen („... kann ... teilnehmen"). Zuständig zur Entsendung eines Mitglieds ist die Personalvertretung, die bei der Dienststelle gebildet ist, die die Prüfung abnimmt. Ist bei dieser eine Stufenvertretung gebildet, ist diese nach allgemeinen Grundsätzen (§ 264 RN 13) zuständig. Die Entsendung ist weder ein Geschäft der laufenden Verwaltung noch eine Gruppenangelegenheit; sie erfordert einen Beschluss des Plenums.[66] 22

2. Verwaltungsanordnungen in innerdienstlichen persönlichen und sozialen Angelegenheiten. a) Grundsatz. Nach § 78 I Nr. 1 BPersVG wirkt der Personalrat bei der Vorbereitung von Verwaltungsanordnungen einer Dienststelle für die innerdienstlichen, sozialen und persönlichen Angelegenheiten der Beschäftigten ihres Geschäftsbereichs mit, sofern nicht nach § 118 BBG die Spitzenorganisationen der zuständigen Gewerkschaften bei der Vorbereitung zu beteiligen sind. Diese wirken nach der genannten Vorschrift bei der Vorbereitung allgemeiner Regelungen der beamtenrechtlichen Verhältnisse mit. Um allgemeine Regelungen handelt es sich, wenn sie sich auf alle oder doch die Mehrzahl der Bundesbeamten auswirken; sind nur die Beamten eines Ministeriums betroffen, ist § 118 BBG nicht anwendbar.[67] Ähnlich eng sind vergleichbare Formulierungen im Landesrecht auszulegen, etwa die Wendung „Fragen von grundsätzlicher Bedeutung" in § 120 III 1 LBeamtG BW.[68] Das Beteiligungsrecht der Verbände ist im Bundesrecht auf die Möglichkeit zur Stellungnahme beschränkt. 23

b) Verwaltungsanordnungen. Dies sind Regelungen, welche die Dienststelle in Wahrnehmung ihrer Aufgaben und Rechte als Dienstherr oder Arbeitgeber gegenüber ihren Beschäftigten, jedenfalls aber gegenüber einer unbestimmten Anzahl von Beschäftigten trifft, ohne dass es auf ihre Form ankommt[69] (Erlasse, Verfügungen etc.). Fehlt ihnen die Verbindlichkeit, weil z.B. nur Rechtsansichten geäußert, Hinweise gegeben oder Handlungsmöglichkeiten aufgezeigt werden, entfällt das Beteiligungsrecht.[70] Gleiches gilt, wenn die Dienststelle eine Regelung im Außenverhältnis trifft, die sich lediglich auf die innerdienstlichen persönlichen und sozialen Angelegenheiten der Beschäftigten auswirkt.[71] Keine Verwaltungsanordnung, sondern eine von § 78 I Nr. 1 BPersVG nicht erfasste gebündelte Regelung mehrerer Einzelfälle liegt dagegen vor, wenn es sich um eine Weisung handelt, die konkret einen Beschäftigten oder mehrere Beschäftigte betrifft.[72] Innerdienstlich sind Entscheidungen im internen Bereich von Regierung und Verwaltung. Durch sie werden die Beschäftigten in ihrem spezifischen Interesse als Beamte und Arbeitnehmer berührt. Maßnahmen verlieren ihren innerdienstlichen Charakter nicht dadurch, dass zwischen ihnen und der Erledigung der Amtsgeschäfte ein Zusammenhang besteht. Für innerdienstliche Maßnahmen ist typisch, dass durch sie behördenintern die Voraussetzungen für die Wahrnehmung des Amtsauftrags geschaffen werden.[73] 24

c) Inhalt. Der Begriff der sozialen und persönlichen Angelegenheiten nimmt Bezug auf die Einteilung der Mitbestimmungstatbestände. Unter persönliche Angelegenheiten fallen alle Angelegenheiten, die den Personalangelegenheiten der Arbeitnehmer und Beamten nach §§ 75 I, 76 I BPersVG vergleichbar sind, also alle Maßnahmen, die den einzelnen Beschäftigten unmittelbar in seinem Beschäftigungsverhältnis berühren. Unter sozialen Angelegenheiten sind Maßnahmen zu verstehen, welche den in § 75 II 1 BPersVG genannten Angelegenheiten entsprechen. Demgegenüber handelt es sich bei den innerdienstlichen Angelegenheiten um einen Auffang- und Oberbegriff. Erfasst werden alle Angelegenheiten, die nicht als Personalangelegenheiten oder so- 25

---

[66] BVerwG 18. 6. 1965 AP 7 zu § 57 PersVG = PersV 65, 229.

[67] Lorenzen/*Lorenzen* § 78 BPersVG RN 21.

[68] BVerwG 10. 1. 2006 AP 11 zu § 79 LPVG Baden-Württemberg = Buchholz 251.0 § 84 BaWüPersVG Nr. 1.

[69] BVerwG 19. 5. 2003 Buchholz 250 § 78 BPersVG Nr. 19 = PersR 2003, 314 = PersV 2003, 339.

[70] BVerwG 2. 1. 1986 Buchholz 238.31 § 80 BaWüPersVG Nr. 2.

[71] BVerwG 23. 7. 1985 Buchholz 238.3 A § 78 BPersVG Nr. 4 (Verbesserung der Wirtschaftlichkeit des Schienennahverkehrs); vgl. auch OVG Berlin 24. 1. 1997 PersR 98, 25 (Zuständigkeitsregelungen und Zeichnungsbefugnisse mit Außenwirkung).

[72] BVerwG 31. 7. 1990 Buchholz 251.0 § 80 BaWüPersVG Nr. 4 = PersR 90, 299 = PersV 91, 73 (Verpflichtung zu einer Fortbildung zu Aids für einen konkreten Kreis von Lehrern).

[73] BVerwG 16. 4. 2008 Buchholz 250 § 86 BPersVG Nr. 5 = PersR 2008, 418 = PersV 2008, 342; 1. 9. 2004 AP 4 zu § 85 LPVG Berlin = Buchholz 251.2 § 85 BlnPersVG Nr. 13; 19. 5. 2003 Buchholz 250 § 78 BPersVG Nr. 19 = PersR 2003, 314 = PersV 2003, 339; BVerwG 18. 5. 2004 Buchholz 251.0 § 79 BaWüPersVG Nr. 17 = PersR 2004, 349 = PersV 2004, 386.

ziale Angelegenheiten qualifiziert werden können und den Angelegenheiten in den Mitbestimmungskatalogen nach §§ 75 III, 76 II BPersVG vergleichbar sind. Zugleich ist innerdienstliche Angelegenheit ein Oberbegriff, der allen Beteiligungstatbeständen in den §§ 75 bis 79 BPersVG zugrunde liegt.[74] Der Tatbestand entzieht sich im Übrigen einer weiteren Systematisierung. Als beteiligungspflichtig wurden zum Beispiel angesehen die Kantinenrichtlinien der Deutschen Bundespost,[75] die Festlegung eines „blindgängerverseuchten Geländes" mit Auswirkungen auf Gefahrenzulagen für die dort Beschäftigten,[76] ein Erlass über die Zuständigkeit bei Beschwerden[77] oder die Anordnung, eine tarifwidrig erfolgte Bezahlung von Wegezeiten einzustellen.[78]

26 **d) Anwendungsbereich.** § 78 I Nr. 1 BPersVG dient mehreren Zwecken. Neben der vorverlagerten Beteiligung in Angelegenheiten, die als Einzelmaßnahme danach ohnehin der Beteiligung unterliegen, wird dem Personalrat über die Beteiligung an Verwaltungsanordnungen überall dort eine Möglichkeit zur Einflussnahme eröffnet, wo sie sonst nicht über die anderen Einzeltatbestände gegeben wäre. Insofern ist § 78 I Nr. 1 BPersVG eine Art Auffangtatbestand,[79] der zwar nicht in jedem Einzelfall greift, wohl aber dann, wenn die Materie von der Dienststelle als so bedeutend angesehen wird, dass sie eine allgemeine Verwaltungsanordnung dazu erlässt.

27 **e) Konkurrenzen.** Soweit das Beteiligungsrecht aus § 78 I Nr. 1 BPersVG in Konkurrenz zu anderen Beteiligungsrechten tritt (siehe dazu auch § 267 RN 24), ist wie folgt zu verfahren: Regelt die Verwaltungsanordnung die Angelegenheit abschließend und ohne Spielraum für eine Umsetzung im Einzelfall, wird § 78 I Nr. 1 BPersVG durch das jeweilige konkretere Beteiligungsrecht verdrängt.[80] Werden dagegen Regelungen getroffen, die noch eine Umsetzung im Einzelfall ermöglichen, stehen beide Beteiligungsrechte nebeneinander.[81] Bei der allgemeinen Verwaltungsanordnung verbleibt es dann bei der Mitwirkung, während die Regelung des Einzelfalls zumeist der Mitbestimmung unterliegen wird.[82] Ist das gleichzeitig erfüllte spezielle Beteiligungsrecht als Gruppenangelegenheit ausgestaltet, findet die Beteiligung nur in der Gruppenangelegenheit statt und nicht zusätzlich auch nach § 78 I 1 BPersVG als gemeinsame Angelegenheit.[83]

---

[74] BVerwG 16. 4. 2008 Buchholz 250 § 86 BPersVG Nr. 5 = PersR 2008, 418 = PersV 2008, 342.
[75] BVerwG 7. 11. 1969 Buchholz 238.3 § 67 PersVG Nr. 7 = PersV 70, 187.
[76] BVerwG 6. 2. 1987 Buchholz 250 § 78 BPersVG Nr. 6 = PersV 87, 464.
[77] BVerwG 14. 4. 1967 AP 1 zu § 57 PersVG NW = PersV 67, 257.
[78] BVerwG 22. 3. 1990 Buchholz 251.0 § 80 BaWüPersVG Nr. 3 = PersR 90, 225 = PersV 90, 437.
[79] BVerwG 1. 9. 2004 AP 4 zu § 85 LPVG Berlin = Buchholz 251.2 § 85 BlnPersVG Nr. 13.
[80] BVerwG 10. 1. 2006 AP 11 zu § 79 LPVG Baden-Württemberg = Buchholz 251.0 § 84 BaWüPersVG Nr. 1.
[81] BVerwG 23. 10. 1992 Buchholz 251.6 § 67 a NdsPersVG Nr. 1.
[82] BVerwG 19. 5. 2003 Buchholz 250 § 78 BPersVG Nr. 19 = PersR 2003, 314 = PersV 2003, 339.
[83] BVerwG 16. 4. 2008 Buchholz 250 § 86 BPersVG Nr. 5 = PersR 2008, 418 = PersV 2008, 342.

Stichwortverzeichnis

Die fetten Ziffern bezeichnen die Paragrafen des Werkes,
die mageren Ziffern die jeweiligen Randnummern.

Abfall- und Gewässerschutzbeauftragter
– Kündigungsschutz **145** 8
– Mitbestimmung **241** 10
Abfindung
– *Siehe auch Auflösung des Arbeitsverhältnisses, Abfindungsanspruch nach § 1 a KSchG*
– Arbeitslosengeld (Anrechnung) **23** 67
– Auflösung des Arbeitsverhältnisses **141** 44
– Betriebsänderung **244** 90
– Insolvenzgeld **94** 14
– Pfändbarkeit **92** 9
– Sozialplan **244** 48
– Vererblichkeit **121** 20
Abfindungsanspruch nach § 1 a KSchG
– Grundsätze **134** 62
Abgeltungsklausel
– *Siehe Ausgleichsquittung*
Abgeordnete
– Kündigungsschutz **145** 2
Abhängigkeit
– *Siehe Arbeitnehmerbegriff*
Abkehrwille
– Außerordentliche Kündigung **127** 62
Abmahnung
– Abmahnungsberechtigte **132** 8
– Ausschlussfrist **132** 51
– Begriff **132** 1
– Bestimmtheit **132** 10
– Betriebsratsmitglied **132** 7
– Betriebsverfassungsrechtliche **132** 7
– Beweislast **132** 49
– Entbehrlichkeit **132** 25
– Erklärungsfrist **132** 17
– Formelle Voraussetzungen **132** 9
– Funktion **132** 1
– Gegendarstellung **132** 38
– Geschäftsähnliche Handlung **132** 6
– Gleichartigkeit **132** 23
– Klageantrag **132** 39
– Kündigung **132** 19
– Mitbestimmung **132** 32; **235** 34
– Öffentlicher Dienst **132** 15
– Rechtsgrundlage **132** 3
– Rechtsschutz **132** 37
– Steuerbares Verhalten **132** 21
– Verbrauch des Kündigungsrechts **132** 29
– Verhältnismäßigkeit **132** 13
– Verwertungsverbot **132** 46
– Vorweggenommene **132** 18
– Wirkungsdauer **132** 16
– Zahlreiche Abmahnungen **132** 22
AB-Maßnahmen
– Arbeitnehmerstatus **8** 21
– Befristungsgrund **40** 62
– Voraussetzungen **21** 37
Abordnung
– *Siehe auch Versetzung*
– Beteiligung (BPersVG) **269** 30
– Personalratsmitglied **265** 34
Abrechnung
– Grundsätze **72** 1
– Provision **75** 54
Abrufarbeit
– Arbeitnehmerüberlassung **120** 47
– Begriff **43** 9
– Feiertagsbezahlung **105** 7
– Grenzen der Zulässigkeit **43** 11
Abschlag
– Begriff **70** 11
– Lohnpfändung **70** 11
– Pfändungs- und Überweisungsbeschluss **90** 33
Abschlussgebot
– Auszubildende **34** 80
– Einstellungs- und Wiedereinstellungsgebot **34** 78
– Gesetzliches **34** 79
– Tarifvertragliches **34** 80; **202** 11
Abschlussnormen
– Tarifvertrag **202** 8
Abschlussverbot
– Grundsätze **34** 71
– Rechtsfolgen von Verstößen **34** 76
Absorptionsprinzip
– Gemischte Verträge **9** 48
Abspaltung
– Betriebsvereinbarung (Weitergeltung) **119** 45
Abstammung
– Betriebsverfassung (Diskriminierung) **230** 20
Abstandsklausel
– Zulässigkeit **188** 10
Abteilungsversammlung
– Betriebsversammlung **223** 5
Abtretung
– Ausschluss **88** 5
– Außerordentliche Kündigung **127** 61
– Ruhegeld **83** 323
– Voraussetzung (Vergütung) **88** 2
Abweg
– Arbeitsunfall **109** 43

Abwerbung
– Außerordentliche Kündigung **127** 63
– Nebenpflichten des Arbeitnehmers **55** 11 a
– Rechtmäßigkeit **51** 23
– Schadensersatz **51** 32
– Telefonischer Versuch **51** 29
– Unlauterer Wettbewerb **51** 24
– Zulässigkeit **51** 23
Abwicklungsvertrag
– *Siehe auch Aufhebungsvertrag*
– Anfechtung **122** 49
– Begriff **122** 1
– Formfreiheit **122** 48
– Inhalt **122** 46
– Sperrzeit **23** 53
Acte clair
– Begriff **3** 81
Ältere Arbeitnehmer
– Beteiligungsrechte (BetrVG) **233** 11
– Betriebsverfassung (Überwachung) **230** 20
– Kündigungsschutz (Schwerbehinderte Menschen) **179** 40
– Sachgrundlose Befristung **39** 22
Änderungskündigung **137** 1
– Ablehnung des Angebots **137** 34
– Annahme ohne Vorbehalt **137** 32
– Annahme unter Vorbehalt **137** 25
– Annahmefrist **137** 33
– Arbeitszeit **137** 46
– Außerordentliche **128** 30
– Begriff **137** 1
– Betriebsbedingte Gründe **137** 42
– Betriebsvereinbarung **231** 49
– Einzelfälle **137** 38
– Entgeltreduzierung **137** 48
– Gleichbehandlung **137** 41, 49
– Mitbestimmung (Betriebsrat) **137** 19; **241** 4
– Nebenabrede **137** 52
– Personenbedingte Gründe **137** 39
– Prozessuale Fragen **137** 54
– Rechtsfolgen des Vorbehalts **137** 29
– Soziale Auswahl **137** 43
– Überflüssige **137** 8
– Verhältnismäßigkeitsgrundsatz **137** 3
– Verhaltensbedingte Gründe **137** 41
– Verspätete Vorbehaltserklärung **137** 28
– Zumutbares Weiterbeschäftigungsangebot **137** 6
Ärztliche Untersuchung
– Freistellung und Kosten (JArbSchG) **161** 53
– Jugendliche **161** 44
AGB-Gesetz
– *Siehe Allgemeine Geschäftsbedingungen*
AGG-Hopping
– Begriff **33** 93
Aids
– Personenbedingte Kündigung **131** 16
Akkord
– Änderung der Akkordgrundlage **64** 40
– Akkordlohnkurve **64** 37
– Akkordrevision **64** 38
– Akkordrichtsatz **64** 35
– Akkordschere **64** 39
– Akkordstatistik **64** 41
– Akkordvorgabe (Änderung) **67** 26
– Arbeitskontrolle **64** 41
– Arbeitspflicht **67** 30
– Arbeitsqualität **67** 27
– Arbeitswissenschaftliche Prinzipien **64** 1
– Arbeitswissenschaftlicher Akkord **64** 17
– Ausgehandelter Akkord **64** 14
– Bemessung **67** 15
– Berechnungsprinzipien **64** 33
– Beteiligungsrechte (BPersVG) **270** 22
– Bezugsgrößen **64** 2
– Direktionsrecht **45** 24 a
– Einzelakkord **64** 12
– Faustakkord **64** 15
– Formen **64** 8
– Geldakkord **64** 9
– Gruppenakkord **64** 12
– Jugendliche **161** 39
– Meisterakkord **64** 15
– Minderleistung **67** 27
– Mindestlohngarantie **64** 36
– Mindestvergütung **67** 18
– Mischlöhner **67** 28
– Mitbestimmung **235** 111
– Mutterschutz **168** 23
– Richtsatzklausel **67** 25
– Schätzakkord **64** 16
– Unrichtige Akkordfestsetzung **64** 39
– Unzulässigkeit **67** 15
– Verdienstsicherung **67** 16, 22
– Vorgabezeitermittlung (REFA) **64** 18
– Zeitakkord **64** 10
Akkordrevision
– Begriff **64** 38
Akkordrichtsatz
– Akkordlohn **64** 35
– Tarifvertrag **67** 20
Akkordrichtsatzklausel
– Begriff **67** 25
Akkordvorgabe
– Änderung **67** 26
– Bestimmung **64** 13
– Mitbestimmung **67** 24
Aktienoptionen
– Begriff **80** 3
– Konzern **80** 6 a
– Ungekündigtes Arbeitsverhältnis **80** 6
Aktienverluste
– Haftung des Arbeitgebers **54** 10
Aktiva
– Betriebsübergang **117** 17
Aktueller Rentenwert
– Sozialversicherungsrente **82** 61
Akutpflege
– Voraussetzungen **107** 26

Alkohol
– Arbeitsunfall **109** 23
– Außerordentliche Kündigung (Alkoholverbot) **127** 64
– Nebenpflichten (Alkoholverbot) **55** 13
– Personenbedingte Kündigung (Sucht) **131** 17
– Verhaltensbedingte Kündigung **133** 12
– Wegeunfall **109** 49

Allgemeine Geschäftsbedingungen
– Altersgrenzen **32** 56
– Altfälle **32** 3
– Anrechnungsklauseln **32** 57
– Arbeit auf Abruf **32** 58
– Aufhebungsverträge **32** 59
– Ausgleichsklausel **32** 22
– Ausgleichsquittung **32** 60
– Auslegung **32** 27
– Ausschlussfristen **32** 51 a, 61
– Befristung einzelner Vertragsbedingungen **32** 62; **38** 78
– Begriff **32** 5
– Besonderheiten des Arbeitsrechts **32** 48
– Betriebsvereinbarung **32** 19
– Beweislastregelungen **32** 63
– Bezugnahme auf Tarifvertrag **32** 21
– Dienstwagen **32** 64
– Einseitige Rechtsgeschäfte **32** 8
– Entgelthöhe **32** 39
– Ergänzende Vertragsauslegung **32** 4
– Fälligkeitsklauseln **32** 65
– Freistellungsklauseln **32** 72
– Freiwilligkeitsvorbehalt **32** 66
– Geltungserhaltende Reduktion **32** 50
– Generalklausel **32** 42
– Individualabrede **32** 14
– Inhaltskontrolle **32** 35
– Kirchliche Arbeitsverhältnisse **32** 53
– Kündigung vor Dienstantritt **32** 74
– Rechtsvorschriften **32** 36
– Rücktrittsvorbehalt **32** 76
– Rückzahlungsklauseln **32** 77
– Ruhensvereinbarungen **32** 78
– Schuldversprechen **32** 78 a
– Summierungseffekt **32** 43 a
– Tarifvertrag **32** 19
– Transparenzgebot **32** 45
– Überraschende Klausel **32** 22
– Überstundenpauschale **32** 79
– Unklarheitenregel **32** 32
– Verbraucher **32** 6
– Versetzungsklauseln **32** 80
– Vertragsstrafe **32** 81
– Vielzahl von Verträgen **32** 11
– Vorformuliert **32** 9
– Wettbewerbsverbot **32** 26, 83
– Widerrufsklauseln **32** 84
– Zugangsfiktion **32** 85

Allgemeines Gleichbehandlungsgesetz
– AGG-Hopping **33** 93
– Alter (Begriff) **33** 15
– Alter (unterschiedliche Behandlung) **33** 56
– Arbeitsbedingungen **33** 21
– Ausschlussfristen (gerichtliche Geltendmachung) **33** 105
– Ausschlussfristen (Grundsätze) **33** 97
– Behinderung **33** 13
– Belästigung **33** 35
– Benachteiligung **33** 29
– Benachteiligung (drittbezogene) **33** 31 a
– Benachteiligung (durch Dritte) **33** 73
– Benachteiligung (mittelbare) **33** 32
– Benachteiligung (unmittelbare) **33** 30
– Benachteiligungsverbot **33** 70
– Berufliche Anforderungen **33** 45
– Beschwerderecht **33** 109
– Beweislast **33** 27, 131
– Entgeltgleichheit **33** 52, 61
– Entschädigung (Grundsätze) **33** 77
– Entschädigung (Nichteinstellung) **33** 90
– Entschädigung (Stellenausschreibung) **33** 87
– Entschädigung (Verschulden) **33** 81
– Ethnische Herkunft **33** 8
– Fördermaßnahmen **33** 55
– Geschlecht **33** 9
– Handlungspflichten **33** 119
– Kündigung **33** 24
– Kundenerwartungen **33** 49
– Leistungsverweigerungsrecht **33** 112
– Männerberufe **33** 50
– Maßregelungsverbot **33** 117
– Materieller Schaden **33** 78
– Missbrauch **33** 93
– Organisationspflichten **33** 118
– Personalfragebogen **33** 18
– Rasse **33** 6
– Rechtfertigungsgründe **33** 44
– Religion **33** 10
– Religionsgemeinschaft **33** 127
– Richtlinien **33** 2
– Schulungen **33** 120
– Scientology **33** 12
– Sexuelle Belästigung **33** 39
– Sexuelle Identität **33** 14
– Stellenanzeigen **33** 20
– Unternehmerisches Konzept **33** 47
– Urlaubsdauer **33** 62
– Vorstellungsgespräch **33** 18
– Weltanschauung **33** 10

Allgemeines Persönlichkeitsrecht
– Grundrecht **3** 3

Allgemeinverbindlichkeit
– Antragsberechtigung **207** 7
– Arbeitnehmeranzahl **207** 9
– Arbeitnehmerentsendegesetz **207** 28
– Aufhebung **207** 15
– Außenseiterklauseln **207** 3
– Beendigung **207** 24
– Bekanntmachung **207** 16
– Betriebsübergang **119** 6

– Grundsätze **207** 1
– Nachwirkung **207** 27
– Notstand (Sozialer) **207** 11
– Öffentliches Interesse **207** 10
– Rechtsnatur **207** 17
– Rechtsnormen **207** 8
– Rückwirkung **207** 21
– Tarifausschlussklausel **207** 4
– Tarifausschuss **207** 14
– Tarifkonkurrenz **207** 23
– Tarifregister **209** 7
– Tarifvertrag **207** 1
– Tarifvertrag (Änderung) **207** 26
– Umwandlung **119** 38
– Verfahren **207** 12
– Verfassung **207** 5
– Voraussetzungen **207** 6
– Wirkung **207** 21
– Zuständigkeit **207** 13
– Zweck **207** 1
Alliierte Streitkräfte
– Personalvertretungsrecht **263** 3
Alter
– *Siehe auch ältere Arbeitnehmer*
– Begriff **33** 15
– Einstellung **33** 64
– Kündigungsfrist **126** 19
– Personenbedingte Kündigung **131** 19
– Soziale Auswahl **135** 31
– Stellenanzeige **33** 65
– Unterschiedliche Behandlung **33** 56
– Urlaub **33** 62
– Vergütung **33** 61
Alternatives Arbeitsverhältnis
– Eigengruppe **182** 14
Altersabstandsklausel
– Ruhegeld **83** 209
Altersgrenze
– Allgemeine Geschäftsbedingungen **32** 56
– Befristungsgrund **40** 45
– Ruhegeld **83** 112
Altersrente
– Besonders langjährig Versicherte **82** 27
– Frauen **82** 28
– Langjährig Versicherte **82** 27
– Regelaltersgrenze **82** 26
– Schwerbehinderte Menschen **82** 29
– Wartezeit **82** 26
Altersteilzeit
– Altersrente nach Altersteilzeit **82** 37
– Altersteilzeitarbeitsverhältnis **81** 22
– Aufstockung (Arbeitsentgelt) **81** 4
– Befristungsgrund **40** 42
– Begünstigter Personenkreis **81** 3
– Betriebsübergang **118** 4
– Blockmodell **81** 9
– Einstellung (Arbeitslose/Ausgebildete) **81** 5
– Erstattungsanspruch des Arbeitgebers **81** 14
– Förderungsvoraussetzungen **81** 2
– Insolvenz **81** 10
– Kontinuitätsmodell **81** 8
– Mitwirkungspflichten **81** 37
– Personalratsmitglied **265** 34
– Überforderungsschutz **81** 5
– Verpflichtung des Arbeitgebers **81** 6
– Verteilzeitraum (Verlängerung) **81** 13
– Wahlberechtigung (Betriebsrat) **217** 11 a
– Wertguthaben **81** 10
– Wöchentliche Arbeitszeit **81** 12
Altersteilzeitarbeitsverhältnis
– Änderung der Lohnsteuerklasse **81** 26
– Arbeitgeberwechsel **81** 36
– Auflösende Bedingung **81** 23
– Befristung **81** 22
– Betriebsbedingte Kündigung **81** 33
– Betriebsübergang **81** 36
– Entgeltfortzahlung **81** 29
– Inhalt **81** 22
– Irrtum über sozialrechtliche Folgen **81** 27
– Krankengeldanspruch **81** 29
– Kündigungsschutz **81** 31
– Mitgliedschaft im Betriebsrat **81** 39
– Rückwirkender Abschluss **81** 6
– Schriftform **81** 22
– Urlaub **81** 30
– Urlaubsabgeltung **81** 30
– Verhaltensbedingte Kündigung **81** 33
– Wahlberechtigung (Betriebsratswahl) **81** 39
Altersversorgung
– *Siehe auch Ruhegeld und Versorgungsanwartschaft*
– Beitragsorientierte Leistungszulage **82** 90
– Direktversicherung **82** 82
– Eigenvorsorge **82** 1
– Entgeltumwandlung **82** 89
– Europäische Union **3** 102
– Formen **82** 80
– Gesetzliche Rentenversicherung **82** 2
– Höherversicherung **82** 81
– Innerbetriebliches Ruhegeld **82** 85
– Kapitalgedeckte Altersversorgung **82** 71; **84** 167
– Pensionsfonds **82** 92
– Pensionskasse **82** 86
– Quellen **82** 1
– Rentenarten (gesetzliche Rentenversicherung) **82** 24
– Riesterrente **82** 71
– Rückdeckungsversicherung **82** 82
– Überbetriebliche Einrichtung **82** 83
– Unterstützungskasse **82** 88
– Verbreitung (betriebliche Altersversorgung) **82** 1
Anbahnungsverhältnis
– Pflichten **25** 1
Anfechtung
– *Siehe auch Fragerecht*
– Abwicklungsvertrag **122** 49
– Arglistige Täuschung **36** 37
– Aufhebungsvertrag **122** 27

– Außerordentliche Kündigung (Abgrenzung) **36** 24
– Bedenkzeit **36** 46 a
– Betriebsübergang **118** 20
– Betriebsübung **111** 31
– Drohung **36** 43
– Eigenschaftsirrtum **36** 32
– Erklärungsfrist **36** 26
– Erklärungsirrtum **36** 31
– Fehlerhaftes Arbeitsverhältnis **36** 51
– Klagefrist **36** 28
– Rechtsfolgen **36** 47
– Schadensersatz **36** 30
– Schwangerschaft **36** 36
– Schwerbehinderte Menschen **179** 17
– Tarifvertrag **198** 46
– Verkehrswesentliche Eigenschaften **36** 34
– Vorstrafen **36** 35
Angestellte
– *Siehe auch Leitende Angestellte*
– Arbeiter (Abgrenzung) **14** 1
– Begriff **14** 1
– Leitende **15** 1
– Personalvertretung **263** 18
– Tätigkeit (Abgrenzungskriterium) **14** 1
Anhörung des Betriebsrats, des Personalrats
– *Siehe Betriebsratsanhörung*
Anhörungsrecht
– Betriebsrat **230** 3
– Personalrat **268** 5
Anlernling
– Begriff **16** 2
Annahmeverzug
– Abdingbarkeit **95** 5
– Ablehnung der Arbeitsleistung **95** 56
– Änderungskündigung **95** 108
– Anderweitiger Verdienst **95** 87
– Angebot **95** 25
– Anrechnung anderweitigen Verdienstes **95** 84
– Arbeitsunfähigkeit zum Kündigungstermin **95** 33
– Aufhebungsvertrag **95** 36
– Auflösungsantrag **95** 34
– Ausgleichsquittung **95** 9
– Auskunftsanspruch **95** 94
– Ausschlussfrist **95** 76
– Auszubildende **95** 20
– Beendigung **95** 59
– Beendigung des Arbeitsverhältnisses **95** 28
– Betriebsrisiko **101** 1
– Betriebsübergang **95** 37
– Beweislast (Leistungswille) **95** 54
– Böswillig unterlassener Erwerb **95** 101
– Dienstverhältnis **95** 38
– Dienstwagen **95** 72
– Eigenkündigung **95** 35
– Erfüllbares Arbeitsverhältnis **95** 19
– Faktisches Arbeitsverhältnis **95** 21
– Freistellung **95** 13
– Gesamtanrechnung **95** 97
– Gesundschreibung **95** 49
– Grundsätze **95** 1
– Höhe des Verzugslohns **95** 66
– Insolvenz **93** 88
– Klageantrag **95** 122
– Kündigung des Arbeitgebers **95** 28
– Kündigung des Arbeitnehmers **95** 35
– Leiharbeitnehmer **95** 26
– Leistungsfähigkeit **95** 42
– Leistungswilligkeit **95** 50
– Mehrere Anrechnungstatbestände **95** 120
– Mitwirkungshandlung des Arbeitgebers **95** 29
– Mutterschutz **169** 17
– Nachtzuschläge **95** 68
– Öffentlich-rechtliche Leistungen **95** 116
– Prozessbeschäftigung **95** 62
– Rechtsnatur des Anspruchs **95** 4
– Rücknahme der Kündigung **95** 63
– Schuldnerverzug **95** 10
– Spielbank **95** 66
– Übergangsgeld **95** 67
– Verzugszinsen **95** 73
– Voraussetzungen **95** 19
– Weiterbeschäftigungsverhältnis **95** 23
– Zug-um-Zug-Leistung **95** 57
– Zurückbehaltungsrecht **95** 57
– Zuschläge **95** 68
Annex
– Befristetes Arbeitsverhältnis **38** 65
Anordnung 54
– Beitrittsgebiet **83** 26
Anrechnungsklausel
– Allgemeine Geschäftsbedingungen **32** 57
– Tarifvertrag **204** 54
– Vergütung **88** 21
Anrechnungsverbot
– Gesetzliche Renten **83** 309
– Ruhegeld **83** 304
Anrechnungszeit
– Rentenversicherung **82** 64
Anregungserfindung
– Begriff **114** 15
Anrufungsauskunft
– Lohnsteuer **71** 98
Anschlagbrett
– Betriebsrat **222** 20
Anwartschaft
– *Siehe auch Versorgungsanwartschaft*
– Arbeitskampf **194** 7
– Arbeitslosengeld **23** 30
Anwartschaftsdeckungsverfahren
– Ruhegeld **82** 85
Anwerbung
– Stellenausschreibung **25** 3
Anwesenheitsprämie
– *Siehe auch Sonderzuwendung*
– Fahrgeld **79** 8

– Formen **79** 2
– Kleingratifikation **79** 10
– Krankheitsbedingte Fehlzeiten **79** 11
– Kürzung **79** 14
– Rechtsgrundlage **79** 3
– Sondervergütung **79** 5
– Vergütungsbestandteil **65** 10
– Zweck **79** 1
Anzeige
– Außerordentliche Kündigung **127** 66
– Nebenpflichten des Arbeitnehmers **55** 14
– Verhaltensbedingte Kündigung **133** 14
Anzeigepflicht
– Erkrankung **98** 113
– Verletzung (Kündigung) **133** 16
Arbeit auf Abruf
– Allgemeine Geschäftsbedingungen **32** 58; **43** 13
– Ankündigungsfrist **43** 16
– Begriff **43** 9
– Mindestarbeitszeit **43** 12
Arbeiter
– Angestellte (Abgrenzung) **14** 1
– Personalvertretung **263** 18
Arbeitgeber
– Arbeitgebergruppe **17** 2
– Begriff (Arbeitsrecht) **17** 1
– Begriff (BetrVG) **212** 1
– Begriff (Sozialversicherungsrecht) **17** 7
– GbR **17** 2
– Gesellschaften **17** 2
– Gesetzliche Vertreter **34** 32
– Heimarbeit **11** 15
– Insolvenzverwalter **17** 5
– Jugendarbeitsschutz **161** 5
– Konzern **17** 3
– Meldepflicht (Sozialversicherung) **35** 16
– Partnerschaft **17** 2
– Pflichtverletzung (BetrVG) **219** 31
– Steuerrecht **71** 50
– Strafbefugnis **59** 2
– Testamentsvollstrecker **17** 5
– Unternehmer **17** 8
– Verbraucherschutz **17** 9
– Vorgesellschaft **34** 8
– Vor-GmbH **17** 2
– Vorgründungsgesellschaft **34** 6
– Weisungsbefugnis **17** 5
Arbeitgebergruppe
– Begriff **17** 2
Arbeitgeberverband
– *Siehe auch Spitzenorganisation*
– Ausschluss **191** 13
– Beendigung der Mitgliedschaft **191** 11
– Beitrag **191** 4
– Eisen- und Stahlindustrie **189** 44
– Minderjährige (Beitritt) **191** 2
– Mitgliedschaft (Erwerb) **191** 1
– Organ **189** 46
– Organisation **189** 42
– Pflichten der Mitglieder **191** 3
– Rechte der Mitglieder **191** 9
Arbeitnehmer
– *Siehe auch Arbeitnehmerbegriff, Arbeitsvertrag*
– Abgrenzungsmethoden **8** 2
– Angestellte **14** 1
– Anhörungsrechte (BetrVG) **234** 9
– Arbeiter **14** 1
– Arbeitnehmerähnliche Selbständige **8** 9
– Arbeitsbeschaffungsmaßnahmen **8** 21
– Arbeitsleistung (Begriff) **8** 13
– Arbeitsvergütung (Relevanz für Status) **8** 35
– Außendienstmitarbeiter **8** 43
– Auszubildender **16** 5
– Berufliche Gliederung **13** 1
– Berufsmäßige Tätigkeit **8** 35
– Beschwerde (BetrVG) **234** 14
– Besitzdiener **113** 3
– Bestellung zum Organvertreter **15** 7
– Betriebsverfassung (Begriff) **212** 5
– Dienstleistungsgewerbe (Scheinselbständigkeit) **8** 46
– Dienstnehmer (Abgrenzung) **9** 1
– Dozent **8** 42
– Ein-Euro-Job **8** 20
– Eingliederungsvertrag **8** 22
– Einzelfälle **8** 53
– Erörterungsrechte (BetrVG) **234** 11
– EuGH (Arbeitnehmerbegriff) **8** 5
– Frachtführer **8** 44
– Franchisenehmer **8** 39
– Geschäftsführer/Gesellschafter **15** 6
– Geschäftsführung ohne Auftrag **8** 17
– Gesetzliche Vertreter **34** 34
– Handelsvertreter **8** 40
– Hausgewerbetreibende **11** 3, 7
– Heimarbeiter **11** 7
– Herausgabepflichten **151** 1
– Informationsrecht **234** 26
– Internationale Organisation **13** 13
– Kirchliche Mitarbeiter **8** 24
– Kommissionär **8** 40
– Lehrer **8** 42
– Öffentlich-rechtliche Gewaltverhältnisse **8** 19
– Organmitglieder juristischer Personen **15** 6
– Persönliche Abhängigkeit **8** 26
– Persönliche Dienstleistung **8** 31
– Praktikanten **16** 9
– Privatrechtlicher Vertrag **8** 16
– Rechtsmissbräuchliche Geltendmachung **8** 49
– Rote-Kreuz-Schwestern **8** 24
– Rundfunk und Fernsehen **8** 37
– Scheinselbständigkeit **8** 6
– Spielerische/sportliche Betätigung **8** 14
– Statusklage **8** 48
– Steuerrecht **71** 50
– Teilzeitarbeit **8** 16
– Telearbeit **8** 45

– Telearbeiter **11** 6
– Umschüler **16** 15
– Unterrichtung (wirtschaftliche Angelegenheiten) **243** 39
– Unterrichtungsrechte (BetrVG) **234** 1
– Urheber **115** 1
– Verbraucher **8** 10
– Versicherungsvertreter **8** 40
– Vertragsergänzung (nach Statusklage) **8** 51
– Voraussetzungen **8** 12
– Vorstand **15** 6
– Weisungsunterworfenheit **8** 29
– Wirtschaftliche Abhängigkeit **8** 27
– Zwischenmeister **11** 4

Arbeitnehmerähnliche Person
– *Siehe auch Arbeitnehmer, Arbeitnehmerbegriff*
– Arbeitsrecht (Anwendung) **10** 6
– Begriff **10** 1
– Betriebsverfassung **212** 8
– Einzelfälle **10** 3
– Erwerbstätigkeit während des Urlaubs **102** 179
– Haftung **10** 7
– Hausgewerbetreibende **10** 2
– Heimarbeiter **10** 2
– Krankheit **102** 180
– Kündigungsfrist **10** 9
– Kündigungsschutz **10** 9
– Mutterschutz **166** 8
– Sozialversicherung **10** 11
– Steuern **10** 10
– Tarifvertrag **10** 4
– Tarifvertrag (persönlicher Geltungsbereich) **198** 12
– Treuepflicht **10** 7
– Urlaubsabgeltung **102** 178
– Urlaubsentgelt **102** 176
– Urlaubsgewährung **102** 175
– Wirtschaftliche Abhängigkeit **10** 2
– Zeugnisanspruch **10** 7

Arbeitnehmerähnliche Selbstständige
– Begriff **8** 9

Arbeitnehmerbegriff
– *Siehe auch Arbeitnehmer, Arbeitsvertrag*
– Abgrenzung (Grundsätze) **8** 1
– Abgrenzungsmerkmale **9** 3
– Absorptionsprinzip **9** 48
– Arbeitsort **8** 29; **9** 6
– Arbeitszeit **8** 29; **9** 5
– Beschäftigungsgesellschaft **9** 44
– Bezeichnung **8** 36; **9** 14
– Call-Center **9** 46
– Dienstvertrag (Abgrenzung) **9** 1
– Eheähnliche Verhältnisse **9** 37
– EuGH **8** 5
– Familienrechtliche Mitarbeit **9** 32
– Franchise (Abgrenzung) **9** 28
– Gemischte Verträge **9** 48
– Kombinationsgrundsatz **9** 48
– Organstellung **9** 49
– Steuerrecht **8** 11
– Virtuelles Büro **9** 45
– Voraussetzungen **8** 10
– Weisungen **9** 4
– Werkunternehmer (Abgrenzung) **9** 16

Arbeitnehmer-Entsendegesetz
– Arbeitnehmerüberlassung **207** 34
– Ausländisches Arbeitsstatut **207** 30
– Rechtsgrundlagen **207** 28
– Seeschifffahrtsassistenz **207** 33
– Tarifverträge (Bau) **207** 30
– Tarifvertrag **198** 65

Arbeitnehmererfindung
– Anregungserfindung **114** 15
– Auskunftsanspruch **114** 32
– Ausschlussfrist **114** 36
– Begriff **114** 10
– Dauer der Vergütungszahlung **114** 35
– Diensterfindungen **114** 15
– Erfindernennungsrechte **114** 20
– Erfindungsmeldung **114** 17
– Erfindungswert (Ermittlungsmethoden) **114** 34
– Freie Erfindung **114** 37
– Freigewordene Diensterfindung **114** 22
– Geheimhaltung **114** 47
– Geltungsbereich des ArbNErfG **114** 5
– Grundsätze **114** 1
– Hochschule **114** 9
– Inanspruchnahme durch Arbeitgeber **114** 20
– Klagen **114** 52
– Leiharbeitsverhältnis **114** 7
– Lizenzanalogie **114** 34
– Meldepflicht **114** 17
– Pfändbarkeit **92** 11
– Schutzrechtanmeldung (Ausland) **114** 28
– Schutzrechtanmeldung (Inland) **114** 23
– Steuern **114** 55
– Streitigkeiten **114** 48
– Unabdingbarkeit **114** 46
– Urheberrecht **115** 1
– Verbesserungsvorschlag (Begriff) **114** 10
– Verbesserungsvorschlag (Grundsätze) **114** 41
– Vergütung (Bemessung) **114** 34
– Vergütungsanspruch **114** 29
– Verjährung **114** 36
– Verschwiegenheit (Freie Erfindung) **114** 40

Arbeitnehmerkammern
– Arbeitsbehörden **7** 10

Arbeitnehmer-Sparzulage
– Vermögensbildung **80** 52

Arbeitnehmerüberlassung
– *Siehe auch Leiharbeitnehmer, Leiharbeitsverhältnis*
– Abrufarbeitsverhältnis **120** 47
– Annahmeverzug **120** 49
– Antrag **120** 31

– Arbeitnehmererfindung **120** 68
– Arbeitsgemeinschaft **120** 13
– Arbeitsschutzbestimmungen **120** 67
– Arbeitsvermittlung **120** 26
– Arbeitsvertragsschluss **120** 43
– Auslandsbezug **120** 32a
– Baugewerbe **120** 30
– Beendigung des Arbeitsvertrages **120** 62
– Begriff **120** 5
– Betriebsübergang (Verhältnis) **117** 14
– Betriebsverfassung **120** 90
– Direktionsrecht **120** 65
– Erlaubnis **120** 32
– Fingiertes Arbeitsverhältnis **120** 70
– Fürsorgepflicht **120** 44
– Fürsorgepflicht (Schadenersatz) **120** 67
– Gemeinschaftsrecht **120** 98
– Gesamthafenbetrieb **120** 21
– Gestellungsvertrag (Abgrenzung) **120** 24
– Gewerberechtliche Voraussetzungen **120** 29
– Gewerbsmäßigkeit **120** 12
– Gleichbehandlungsgebot **120** 51
– Grundsätze **120** 1
– Kirche **120** 1
– Kleinbetrieb **120** 14
– Kontrolle **120** 40
– Konzern **120** 17
– Kündigungsschutz **120** 63
– Leiharbeitsvertrag **120** 43
– Maschinenüberlassungsvertrag **120** 22
– Mittelbares Arbeitsverhältnis (Abgrenzung) **120** 23
– Montagearbeiter **120** 11
– Nachweispflicht **120** 43
– Nebenpflichten **120** 44
– Personalführungsgesellschaft (Abgrenzung) **120** 20
– Provision **75** 5
– Rechtsbeziehung (Entleiher und Leiharbeitnehmer) **120** 65
– Rechtsbeziehung (Verleiher und Entleiher) **120** 81
– Rechtsbeziehung (Verleiher und Leiharbeitnehmer) **120** 43
– Schlechtleistung **120** 68
– Sozialversicherung **120** 78
– Steuer **120** 78
– Subunternehmerverhältnis (Abgrenzung) **120** 10
– Tarifverträge **120** 87
– Unechte **120** 1
– Unfallversicherung **120** 80
– Unwirksamkeit des Arbeitsvertrages **120** 49
– Werkvertrag (Abgrenzung) **120** 6
– Zeugnis **120** 64b
Arbeits- und Wirtschaftsbedingungen
– Koalition **187** 17
Arbeitsablauf
– Mitbestimmung **237** 1
– Unterrichtung über **234** 3
Arbeitsamt
– *Siehe Arbeitslosengeld, Arbeitslosenversicherung und Bundesagentur für Arbeit*
Arbeitsbedingungen
– Befristetes Arbeitsverhältnis **38** 20
Arbeitsbefreiung
– Feiertage **106** 1
Arbeitsbehörden
– Bundesagentur für Arbeit **7** 5
– Bundesanstalt für Arbeitsschutz und Arbeitsmedizin **7** 4
– Bundesinstitut für Berufsbildung **7** 6
– Institut für Arbeitsrecht und Berufsforschung **7** 7
– Staatliche **7** 1
– Übersicht **7** 2
Arbeitsbereitschaft
– *Siehe auch Bereitschaftsdienst*
– Arbeitszeit (ArbZG) **156** 17
– Begriff **45** 56
Arbeitsbescheinigung
– Arbeitspapiere **149** 19
– Berichtigung **149** 20
– Schadensersatz **149** 21
Arbeitsdirektor
– MitbestG 1976 **260** 15
– Montanmitbestimmung **259** 2
Arbeitsentgelt
– *Siehe Arbeitsvergütung*
Arbeitserlaubnis
– *Siehe auch Aufenthaltstitel*
– Ausländische Arbeitnehmer (Grundsätze) **27** 4
– Befristungsgrund **40** 55
– Personenbedingte Kündigung **131** 20
Arbeitsförderung
– *Siehe auch Arbeitslosengeld, Arbeitslosenversicherung und Bundesagentur für Arbeit*
– Sozialplan (Transferleistungen) **244** 105
Arbeitsfreistellung
– *Siehe auch Freistellung*
– Einzelheiten **110** 8
– Vergütung **95** 31
Arbeitsgemeinschaft
– Arbeitnehmerüberlassung **120** 13
Arbeitsgenehmigung
– *Siehe Arbeitserlaubnis*
Arbeitsgeräte
– Rechtsbeziehungen **113** 1
Arbeitsgruppe
– Betriebsrat **220** 15a
– Grundsätze **182** 1
– Mitbestimmung **235** 119
Arbeitshilfen
– Voraussetzungen **22** 37
Arbeitskammern
– Arbeitsbehörden **7** 10
Arbeitskampf
– *Siehe auch Aussperrung, Streik*
– Anwartschaftsrechte **194** 7

– Arbeitnehmer (Beteiligte) **193** 12
– Arbeitskampfmittel **192** 6
– Arbeitskampfrichtlinien **193** 25
– Arbeitsverhältnis (Auswirkungen) **194** 1
– Ausbildungsverhältnis **174** 42, 79
– Außerordentliche Kündigung **127** 68
– Aussperrung (Begriff) **192** 4
– Aussperrung (Zulässigkeit) **194** 19
– Beamte **193** 32
– Beendigung **193** 30
– Begriff **192** 2
– Betriebs- oder personalverfassungswidriger **193** 33
– Betriebsbesetzung **193** 35
– Betriebseinstellung **194** 4
– Betriebsrat **194** 18
– Betriebsratsanhörung **124** 9
– Betriebsverfassung **230** 12
– Boykott (Zulässigkeit) **193** 37
– Demonstrationsstreik **193** 11
– Drittbeteiligte **194** 38
– Durchführung **193** 25
– Einleitung **193** 26
– Einwirkungspflicht **193** 16
– Entgeltfortzahlung **98** 32
– Feiertagsbezahlung **194** 13
– Friedenspflicht **193** 15
– Gemeinschaftsrecht **193** 3a
– Gemeinwohlbindung **193** 24
– Gleitende Arbeitszeit **160** 14
– Gratifikationen **194** 8
– Grundrechte **193** 1
– Kampfmaßnahme **193** 15a
– Kirche **185** 4
– Krankheit **194** 10
– Kündigung **194** 14
– Kündigungsschutz von Betriebsverfassungsorganen **143** 3
– Länderverfassungen **193** 2
– Maßregelungsverbote **194** 16
– Menschenrechtskonvention **193** 6
– Mitbestimmung **241** 7
– Mutterschaftsgeld **194** 11
– Mutterschutz **169** 29
– Nebenpflichten (Arbeitsvertrag) **194** 7
– Not- und Erhaltungsarbeiten **194** 34
– Öffentlicher Dienst **193** 32
– Organisation (BetrVG) **216** 7
– Parteien **192** 5
– Personalrat **267** 1
– Politischer Arbeitskampf **193** 9
– Rechtmäßigkeitsvermutung **193** 8
– Rechtswidrigkeit **193** 31
– Schadensersatz **193** 39
– Schadensersatzansprüche Dritter **194** 40
– Schlichtung **197** 1
– Schlichtungsvereinbarung **197** 2
– Schutzschrift **193** 38
– Sozialversicherung **194** 23
– Spontaner/wilder **193** 13
– Strafbare Handlungen **193** 34
– Streik (Begriff) **192** 3
– Suspendierung des Arbeitsverhältnisses **194** 2
– Sympathiearbeitskampf **193** 10
– Tarifwidrigkeit **193** 8
– Unerlaubte Handlung **193** 38
– Unterlassungsanspruch **193** 38
– Urabstimmung **191** 6
– Urlaub **194** 9
– Vergütung **194** 3
– Verhältnismäßigkeit **193** 17
– Warnstreik **193** 20
– Wiedereinstellung **194** 14
– Ziele **192** 7

Arbeitskampfbereitschaft
– Koalition **187** 20

Arbeitskampfrichtlinie
– Arbeitskampf (Durchführung) **193** 25

Arbeitskampfrisiko
– Betriebsrisiko **101** 16

Arbeitskleidung
– Erstattungsfähigkeit **86** 19
– Leitende Angestellte **252** 5
– Weisungsrecht **45** 26

Arbeitsleistung
– Unmöglichkeit **49** 1; **96** 1

Arbeitslohn
– *Siehe Arbeitsvergütung*

Arbeitslosengeld
– *Siehe auch Arbeitslosengeld II, Arbeitslosenversicherung und Bundesagentur für Arbeit*
– Abfindungen (Anrechnung) **23** 67
– Anpassung **23** 47
– Antrag **23** 35
– Arbeitskampf **194** 24
– Berechnung **23** 37
– Dauer **23** 32
– Gleichwohlgewährung **23** 97
– Hinweispflicht (Arbeitgeber) **19** 9
– Höhe **23** 37
– Karenzentschädigung (Berechnung) **58** 82
– Kündigungsfrist (Nichteinhaltung) **23** 67
– Nebeneinkommen (Anrechnung) **23** 48
– Pfändbarkeit **92** 12
– Rentenversicherung **82** 36
– Ruhen (Anspruch) **23** 67
– Ruhenstatbestände **23** 49
– Sozialleistungen (Berücksichtigung) **23** 86
– Sozialversicherung **23** 89
– Sperrzeit **23** 49
– Urlaubsabgeltung **23** 88
– Voraussetzungen **23** 1
– Wettbewerbsverbot **58** 83

Arbeitslosengeld II
– Grundzüge **24** 1

Arbeitslosenversicherung
– Arbeitsvermittlung **21** 6
– Berufsberatung **21** 1
– Besondere Verantwortung des Arbeitgebers **19** 6

– Flexibilisierung der Arbeitszeit **160** 68
– Freistellung **19** 29
– Geringfügig Beschäftigte **19** 15
– Grundsätze **19** 1
– Kündigungsrecht (Auswirkungen auf) **19** 4
– Leistungen (Übersicht) **20** 1
– Verfahren **20** 6
– Versicherungspflicht **19** 13
Arbeitslosmeldung
– Arbeitslosengeld **23** 22
Arbeitsmarktpolitische Förderungsinstrumente
– Grundzüge **21** 15
Arbeitsmethode
– Beteiligungsrechte (BPersVG) **271** 7
Arbeitsorganisation
– Beteiligungsrechte (BPersVG) **271** 17
Arbeitsort
– *Siehe Ort der Arbeitsleistung*
Arbeitspapiere
– Arbeitsbescheinigung **149** 19
– Außerordentliche Kündigung **127** 70
– Herausgabepflicht **149** 1
– Holschuld **149** 4
– Krankenkassenbescheinigung **149** 2
– Lohnnachweiskarte **149** 2
– Lohnsteuerkarte **35** 6; **149** 2
– Schadensersatz **149** 7
– Sozialversicherungsausweis **35** 2
– Urlaubsbescheinigung **149** 2
– Verhaltensbedingte Kündigung **133** 15
– Versicherungsausweis **149** 2
– Verwahrungspflicht **35** 5
– Vollstreckung **149** 5
– Vorlagepflicht **35** 1
– Zeugnis **149** 2
– Zurückbehaltungsrecht **149** 6
Arbeitspflicht
– Einstweilige Verfügung **45** 72
– Leiharbeitsverhältnis **45** 9
– Nichtleistung der Arbeit **51** 2
– Ort der Arbeitsleistung **45** 14
– Persönliche Arbeitsleistung **45** 1
– Person des Arbeitgebers **45** 7
– Schadensersatz (Verletzung) **51** 12
– Umfang **45** 46
– Vergütung (Verletzung) **51** 9
– Verletzung **51** 1
– Zeit der Arbeit **45** 49
– Zwangsvollstreckung **45** 71
Arbeitsplatz
– Bildschirmarbeitsplatz **237** 21
– Mitbestimmung **237** 1
– Unterrichtung über **234** 5
Arbeitsplatzbeschreibung
– Unterrichtung über **234** 3
Arbeitsplatzbewertung
– Beteiligungsrechte (BPersVG) **271** 18
– Mitbestimmung (BetrVG) **238** 26
Arbeitsplatzerhebungsbogen 26 9
Arbeitsplatzgestaltung
– Beteiligungsrechte (BPersVG) **270** 42
Arbeitsplatzschutz
– Ersatzdienst/Zivildienst **177** 1
– Mutterschutz **169** 1
– Wehrdienst **177** 1
Arbeitsplatzwechsel
– Außerordentliche Kündigung des Arbeitnehmers **127** 150
Arbeitsrecht
– Begriff **1** 1
– Einigungsvertrag **2** 16
– Europäische Union **2** 27
– Grundrechte **3** 1
– Internationales **6** 1
– Konkurrierende Gesetzgebung **3** 1
– Neue Bundesländer **2** 16
– Öffentliches Recht (Abgrenzung) **5** 1
– Privatrecht (Abgrenzung) **5** 1
– Rechtsquellen **3** 1
– Schutzrecht (des Arbeitnehmers) **2** 4
– Staatsvertrag **2** 16
Arbeitsschutz
– *Siehe auch Arbeitsschutzgesetz*
– Arbeitgeber (Durchführung) **153** 1
– Arbeitnehmer (Pflichten) **153** 3
– Arbeitsstätte **154** 37
– Arbeitszeitschutz **155** 1
– ArbSchG **154** 3
– Aufsichtsorgane (staatliche) **153** 18
– Aushang **153** 34
– Außerordentliche Kündigung **127** 71
– Außerordentliche Kündigung des Arbeitnehmers **127** 151
– Beauftragte **153** 9
– Begriff **152** 1
– Behörden (Zusammenarbeit) **153** 33
– Bergbau **154** 54
– Berufsgenossenschaft **153** 32
– Beteiligungsrechte (BetrVG) **233** 14
– Beteiligungsrechte (BPersVG) **270** 26
– Betriebsarzt **154** 40
– Bundesanstalt für Arbeitsschutz und Arbeitsmedizin **152** 12
– Datenschutz (Beauftragte) **153** 10
– EG-Recht **154** 2
– Fachkräfte für Arbeitssicherheit **154** 46
– Gemeinschaftsrecht **152** 10
– Gesundheitsschutz (RechtsVO) **154** 39
– Gewerbeaufsicht **153** 19
– Jugendarbeitsschutz **161** 1
– Ladenschluss **157** 14
– Mitbestimmung **236** 10
– Öffentliches Recht **152** 3
– Ordnungsbehörden **153** 29
– Pausen **158** 13
– Personalvertretung **153** 7
– Privatrecht **152** 5
– Rechtsbehelfe (Gewerbeaufsicht) **153** 31
– Ruhezeit **158** 3

– Seearbeitsrecht **186** 58
– Sicherheitsbeauftragte **153** 5
– Staatliche Gewerbeärzte **153** 28
– Strahlenschutz (Beauftragte) **153** 11
– Telearbeit **164** 34
– Träger **152** 9
– Unfallverhütungsvorschriften **153** 32
Arbeitsschutzgesetz
– Anspruchsgrundlagen (zivilrechtliche) **154** 17
– Arbeitgeber (Pflichten) **154** 6
– Arbeitnehmer (Pflichten) **154** 13
– Ausführungsverordnungen **154** 21
– Beschwerderecht **154** 20
– Betriebsrat **154** 32
– Dokumentationspflicht **154** 9
– Durchführung **154** 31
– Gefährdungsbeurteilung **154** 8
– Geltungsbereich **154** 3
– Technische Arbeitsmittel **154** 14
– Übertragung von Arbeitgeberpflichten **154** 12
– Unterweisungspflicht **154** 10
– Verschwiegenheitspflicht **154** 20
Arbeitsstätte
– Arbeitsschutz **154** 37
Arbeitsstättenrichtlinien
– Mitbestimmung **237** 15
Arbeitsstatut
– Bestimmung **6** 7
– Eingriffsnormen **6** 12
– Rechtswahl **6** 6
– Seearbeitsrecht **186** 40
– Zwingendes Recht **6** 12
Arbeitsuchendmeldung
– Arbeitslosengeld **23** 24
Arbeitsumgebung
– Mitbestimmung **237** 1
Arbeitsunfähigkeit
– *Siehe auch Arbeitsunfähigkeitsbescheinigung, Arbeitsunfall, Entgeltfortzahlung, Krankheit*
– Alkoholsucht **98** 11
– Außerordentliche Kündigung **127** 72
– Beschäftigungsverbot (MuSchG) **168** 7
– Unmöglichkeit der Arbeitsleistung **49** 7
– Urlaubsabgeltung **102** 150
Arbeitsunfähigkeitsbescheinigung
– Auslandserkrankung **98** 145
– Betriebsvereinbarung **98** 119
– Beweiswert **98** 130
– Entgeltfortzahlung **98** 119
– Folgebescheinigung **98** 128
– Inhalt **98** 125
– Tarifvertrag **98** 119
– Verhaltensbedingte Kündigung **133** 16
Arbeitsunfall
– Anspruchsübergang **109** 77
– Arbeitsgeräte **109** 31
– Arbeitsvergütung (Auszahlung) **109** 30
– Begriff **109** 14
– Berufskrankheit **109** 33
– Betriebliche Tätigkeit **109** 71
– Betriebsangehörige **109** 70
– Betriebsrat **109** 24
– Betriebssport **109** 25
– Freizeit- und Gemeinschaftsveranstaltung **109** 26
– Gemeinschaftliche Haftung **109** 66
– Haftungsausschluss (Ausnahmen) **109** 63
– Haftungseinschränkung **109** 2
– Kausalitätsprüfung **109** 52
– Kinderbetreuung **109** 46
– Körperschaden **109** 51
– Mitbestimmung **235** 69
– Personenschaden (Haftungsausschluss) **109** 55
– Prozessfragen **109** 74
– Rückgriff **109** 78
– Sachschaden (Haftungsausschluss) **109** 55
– Schlägerei **109** 28
– Trunkenheit **109** 23
– Unterbrechung des Arbeitswegs **109** 44
– Unternehmer **109** 56
– Versicherte Personen **109** 8
– Versicherte Tätigkeit **109** 17
– Vorsatz **109** 64
– Wegeunfall **109** 36
– Wegeunfall (Haftungsausschluss) **109** 65
– Werksverkehr **109** 48
Arbeitsvergütung
– *Siehe auch Akkord, Gratifikation, Lohnpfändung, Sonderzuwendung, Vergütungserwartung, Vergütungsvereinbarung*
– Abschlag **70** 11
– Abtretungsverbot **88** 2
– Akkordvorgabe **67** 24
– Alter **33** 61
– Anrechnung **88** 21
– Arbeitskampf **194** 3
– Aufrechnung **88** 8
– Aufschiebend bedingte Vergütung **66** 15
– Auslagenersatz **66** 5
– Auszahlung **70** 1
– Auszahlung (Arbeitsunfall) **109** 30
– Bargeldlose Lohnzahlung **70** 7
– Befristetes Arbeitsverhältnis **38** 21
– Begriff **66** 3, 4
– Bemessung (Zeitvergütung) **67** 4
– Beteiligungsrechte (BetrVG) **235** 55
– Beteiligungsrechte (BPersVG) **270** 14
– Betriebsübergang **118** 21
– Betriebsversammlung **223** 21
– Darlegungs- und Beweislast (Vergütungshöhe) **67** 50
– Darlehen **70** 20
– Eingruppierung **67** 6
– Einziehungsermächtigung **88** 2
– Empfangsberechtigter **70** 1
– Erlassvertrag **88** 3
– Fälligkeit **70** 9

– Fehlende Vereinbarung (Höhe) **67** 46
– Gage **66** 4
– Gesetzlicher Vertreter **70** 2
– Hauptleistungspflicht **65** 1
– Heuer **66** 4
– Holschuld **70** 5
– Inkassozession **88** 2
– Insolvenz **93** 26
– Kirchliche Arbeitgeber **67** 11
– Kreditierung **88** 31
– Leistungserwartung bei Vergütungsgewährung **66** 22
– Lohneinbehaltung **88** 23
– Lohnpfändungsverfahren **89** 1
– Lohnverwendungsabreden **88** 28
– Minderjährige **70** 2
– Minderleistung **67** 14
– Mitbestimmung **235** 55, 89
– Nachträgliche Entlohnung **66** 15
– Rückzahlung **74** 1
– Sachbezüge **68** 1; **88** 30
– Schlechtleistung **67** 14
– Schuldner **66** 2
– Schulungs- und Bildungsveranstaltung **221** 45
– Schwerbehinderte Menschen **178** 56
– Sicherung **87** 1
– Spielbank (Tronc) **67** 37
– Steuerrechtlicher Begriff **71** 55
– Stillschweigende Vergütungsvereinbarung **66** 9, 14
– Tariflohn **67** 1
– Taxe **67** 47
– Teillohnperiode **67** 4
– Truckverbot **88** 29
– Übervertragliche Leistung **66** 23
– Übliche Vergütung **67** 48
– Vereinbarung **66** 9
– Vergütungserwartung **66** 16
– Vertragsfreiheit **67** 1
– Verwirkung **88** 25
– Vorschuss **70** 12
– Zahlungsort **70** 5
– Zinsen **66** 3
– Zurückbehaltungsrecht **88** 18

Arbeitsverhältnis
– *Siehe auch Arbeitnehmer und Arbeitnehmerbegriff*
– Beendigungsgründe **121** 3
– Befristung **38** 1
– Begriff **29** 8
– Behinderte Menschen **186** 69
– Dauer **37** 1
– Geschäftsgrundlage **121** 5
– Lebenszeit **37** 3
– Ruhen **34** 86

Arbeitsverhinderung
– Abdingbarkeit **97** 29
– Anrechenbarkeit anderweitigen Einkommens **97** 31
– Anspruchsvoraussetzungen **97** 6
– Arbeitsunfähigkeit **97** 4
– Arztbesuch **97** 9
– Auszubildende **97** 6
– Beweislast **97** 27
– Erkrankung von Kindern **97** 12
– Gebete **97** 10
– Leistungshindernisse **97** 8
– Normzweck **97** 2
– Objektiver Hinderungsgrund **97** 19
– Persönliche Verhinderung **97** 7
– Vergütungsfortzahlung **97** 28
– Verhältnismäßig nicht erhebliche Zeit **97** 23
– Verschulden **97** 22

Arbeitsvermittlung
– Arbeitnehmerüberlassung (Abgrenzung) **120** 26
– Einzelheiten **21** 6

Arbeitsvertrag
– Abschlussfreiheit **34** 19
– Anfechtung **36** 23
– Auftrag (Abgrenzung) **9** 21
– Begriff **29** 1
– Berufsausbildung **175** 2
– Billigkeitskontrolle **31** 5
– Dauerschuldverhältnis **29** 7
– Dienstvertrag (Abgrenzung) **29** 8
– Durchgriffshaftung **34** 12
– Ersatzdienst **29** 14
– Familienrechtliche Mitarbeit **29** 13
– Form **34** 44
– Freiberufliche Partnerschaft **9** 27
– Gefälligkeitsverhältnis **9** 33
– Geschäftsbesorgung (Abgrenzung) **9** 22
– Gesellschaftsvertrag (Abgrenzung) **9** 23
– Gesetzliche Beendigung **34** 82
– Gesetzliche Verbote **36** 17
– Kollektivrechtliche Einflüsse bei Begründung (Grundzüge) **28** 1
– Konkludente Änderung **34** 25
– Minderjährige **34** 36
– Nachweisgesetz **34** 45
– Nichtigkeitsgründe **36** 1
– Personalvertretung **263** 24
– Produktionsgenossenschaft (DDR) **9** 25
– Rechtsnatur **29** 2
– Religiöse Gemeinschaft **29** 12
– Richterrecht **31** 16
– Scheingeschäft **34** 24
– Schiedsgutachtervertrag (Abgrenzung) **9** 42
– Sittenwidrigkeit **36** 2
– Stellvertretung bei Vertragsschluss **34** 28
– Strafgefangene **29** 11
– Tarifdispositive Gesetze **31** 11
– Vertragsfreiheit **31** 2
– Vertreter ohne Vertretungsmacht **34** 30
– Verwaltungsakt (Zustandekommen durch) **34** 18
– Vorvertrag **34** 27

– Werkvertrag (Abgrenzung) **9** 16
– Zustandekommen **34** 15
– Zwingende Gesetze **31** 7
Arbeitsvertragliche Einheitsregelung
– Betriebsvereinbarung (Verhältnis) **231** 36
– Tarifvertrag (Verhältnis) **204** 62
Arbeitsvertragsbruch
– Schadensersatz **51** 12
– Zurückbehaltungsrecht **51** 1
Arbeitsvertragsrichtlinien
– Inhaltskontrolle **185** 24
– Kirche (ev.) **185** 23
– Kirche (kath.) **185** 37
– Rechtsnatur **185** 8
Arbeitsvertragsstatut
– *Siehe Arbeitsstatut*
Arbeitsverweigerung
– Außerordentliche Kündigung **127** 76
– Verhaltensbedingte Kündigung **133** 20
Arbeitsvorgang
– Öffentlicher Dienst **184** 11
Arbeitswert
– Lohnfindung **62** 8
– Zeitlohn **63** 1
Arbeitswissenschaftliche Erkenntnisse
– Mitbestimmung **237** 14
Arbeitszeit
– Änderung durch Direktionsrecht **45** 68
– Arbeitsvertrag **45** 49
– Begriff **45** 53
– Begriff (ArbZG) **156** 13
– Bereitschaftsdienst **45** 57
– Beteiligungsrechte (BPersVG) **270** 1
– Dienstreisezeit **156** 16
– Flexibilisierung **160** 21
– Gleitende Arbeitszeit **160** 1
– Günstigkeitsprinzip **204** 56
– Jugendarbeitsschutz **161** 9
– Ladenschluss **157** 14
– Lage **157** 1
– Mitbestimmung **235** 37
– Pausen **158** 13
– Personenbedingte Kündigung **131** 22
– Rufbereitschaft **45** 59
– Ruhezeit **158** 3
– Schichtarbeit **45** 54
– Sonn- und Feiertagsruhe **159** 3
– Teilzeitarbeit (Verlängerung) **43** 158
– TVöD **184** 72
– Vier-Tage-Woche **160** 16
– Wasch- und Umkleidezeiten **156** 13
– Wegezeit (Abgrenzung) **156** 14
Arbeitszeitfreiheit **160** 24
Arbeitszeitgesetz
– *Siehe auch Arbeitszeitschutz*
– Arbeitsbereitschaft **156** 17
– Arbeitszeit (Begriff) **156** 13
– Ausnahmen **156** 37
– Bereitschaftsdienst **156** 18
– Geltungsbereich **156** 4
– Gesicherte arbeitswissenschaftliche Erkenntnisse **157** 6
– Höchstarbeitszeit **156** 22
– Kirche **156** 7, 36
– Krankenhaus **158** 5
– Leitende Angestellte **156** 7
– Mehrarbeit **156** 31
– Mehrere Arbeitgeber **156** 26
– Nachtarbeit **156** 21; **157** 4
– Notfall **156** 38
– Pausen **158** 13
– Rufbereitschaft **156** 20
– Ruhezeit **158** 3
– Schichtarbeit **157** 4
– Schutzgesetz (§ 823 II BGB) **156** 2
– Sommerzeit **156** 32
– Tarifvorrang **156** 33
– Überstunden **156** 31
– Zweck **156** 1
Arbeitszeitkonto
– Ausscheiden des Arbeitnehmers **160** 53
– Betriebliche Regelung **160** 50
– Betriebsübergang **160** 53
– Geld- und Zeitkonto **160** 44
– Jahresarbeitszeitvertrag **160** 56
– Mitbestimmung des Betriebsrats **160** 52
– Tarifvertrag **160** 47
– Zeit-Wertpapier **160** 45
– Zuschläge für Über- und Mehrarbeit **160** 48
Arbeitszeitmodelle
– *Siehe Flexibilisierung der Arbeitszeit*
Arbeitszeitreduzierung
– *Siehe Arbeitszeitverringerung*
Arbeitszeitschutz
– Arbeitsvertrag (Höchstdauer) **155** 3
– Aushang **155** 6
– Besondere Arbeitnehmergruppen **155** 10
– EG-Recht **155** 11
– Rechtsgrundlagen **155** 8
– Sonn- und Feiertage **155** 9
– Zurückbehaltungsrecht **155** 5
Arbeitszeitverringerung
– *Siehe auch Teilzeitarbeit*
– Beteiligung (BPersVG) **269** 43
Arrestatorium **89** 20
Art der zu leistenden Arbeit
– Direktionsrecht **45** 23
Arztbesuch
– Entgeltfortzahlung **98** 20
Aspirantenverhältnis **16** 9
Assessment-Center
– Mitbestimmung **238** 27
– Persönlichkeitsrecht **26** 13
AT-Angestellte
– *Siehe Außertarifliche Angestellte*
Aufbewahrung
– Lohnberechnungsunterlagen **150** 4
– Lohnkonten **150** 5
– Personalunterlagen **150** 2
– Quittungen und Belege **150** 3

Aufenthaltserlaubnis
– Arbeitserlaubnis **27** 13
Aufenthaltstitel
– Arbeitserlaubnis **27** 12
Aufgabenerfindung
– Begriff **114** 15
Aufhebungsvertrag
– *Siehe auch Abwicklungsvertrag*
– Abfindung (Vererblichkeit) **122** 20
– Allgemeine Geschäftsbedingungen **32** 59
– Anfechtung (Beweislast) **122** 34
– Anfechtung (Drohung) **122** 27
– Anfechtung (Irrtum) **122** 25
– Anfechtung (Täuschung) **122** 31
– Anfechtungsfrist **122** 25
– Aufklärungspflichten **122** 7
– Aufklärungspflichten (Steuer, Sozialversicherung) **122** 9
– Ausbildungsverhältnis **174** 102
– Ausgleichsklausel **122** 39
– Bedenkzeit **122** 28
– Bedingung **122** 17
– Befristung **122** 3
– Begriff **122** 1
– Betriebliche Altersversorgung **122** 8
– Betriebsrat **122** 22
– Betriebsübertragung **122** 6
– Drohung **122** 27
– Inhaltskontrolle **122** 11
– Kündigung nach Abschluss **122** 19
– Mutterschutz **169** 30
– Rechtsfolgen **122** 38
– Rücktritt **122** 36
– Rückwirkende Beendigung **122** 16
– Schadensersatz **122** 45
– Schriftform **122** 2
– Sozialplan **244** 54
– Sozialplanverhandlungen **122** 10
– Sperrzeit **23** 51; **122** 41
– Sprecherausschuss **253** 5
– Steuern **122** 42
– Strafanzeige **122** 29
– Täuschung **122** 31
– Tarifvertrag **204** 65
– Tod des Arbeitnehmers **122** 20
– Umdeutung einer Kündigung **122** 18
– Urlaubsansprüche **122** 40
– Widerrufsrecht **122** 5
Auflösende Bedingung
– Zulässigkeit (Befristung) **38** 35
Auflösung des Arbeitsverhältnisses
– Abfindung **141** 44
– Andere Unwirksamkeitsgründe **141** 11
– Anträge beider Parteien **141** 24
– Antrag des Arbeitgebers **141** 30
– Antrag des Arbeitnehmers **141** 27
– Auflösungsgründe für Arbeitgeber **141** 36
– Auflösungsgründe für Arbeitnehmer **141** 28
– Auflösungsurteil **141** 39
– Auflösungsvergleich **141** 43
– Auflösungszeitpunkt **141** 38
– Bemessung der Abfindung **141** 45
– Betriebsratsanhörung **141** 31
– Betriebsübergang **118** 52; **141** 6
– Beurteilungszeitpunkt **141** 26
– Grundgedanken **141** 1
– Kündigungsschutzklage **141** 1
– Mitarbeitervertretung **141** 34
– Monatseinkommen **141** 48
– Mutterschutz **141** 33
– Pfändung der Abfindung **141** 45
– Rechtsnatur des Antrags **141** 18
– Rücknahme der Kündigung **141** 14
– Schwerbehinderte **141** 33
– Sozialwidrigkeit der Kündigung **141** 7
– Steuerliche Behandlung der Abfindung **141** 50
– Unkündbarkeit **128** 22
– Vererblichkeit **141** 52
– Voraussetzungen **141** 5
– Wiederholungskündigung **141** 10
– Zeitpunkt der Antragstellung **141** 19
– Zweck **141** 1
Auflösungsvertrag
– *Siehe Abwicklungsvertrag und Aufhebungsvertrag*
Aufrechnung
– Besteuerung **88** 14
– Pfändungs- und Überweisungsbeschluss **90** 28
– Rechtsweg **88** 15
– Ruhegeld **83** 323
– Verfallfrist **88** 13; **205** 42
– Verjährung **88** 13
– Voraussetzungen (Vergütung) **88** 8
– Werkwohnungen **85** 10
Aufsichtsbehörde
– Jugendarbeitsschutz **161** 51
Aufsichtsrat
– Drittelbeteiligung **258** 1
– Kündigungsschutz **143** 6
– MitbestG 1976 **260** 5
– Montan-MitbestG **259** 2
Aufspaltung
– Betriebsvereinbarung (Weitergeltung) **119** 46
Aufstiegsfortbildungsförderungsgesetz **173** 6
Auftrag
– Arbeitsvertrag (Abgrenzung) **9** 21
Auftragserfindung
– Begriff **114** 15
Auftragsvergabe (öffentliche)
– Tariftreue **207** 36
Auftragszeit
– REFA-Verfahren **64** 20
Aufwandsentschädigung
– Personalratsmitglieder **266** 16
– Vergütungsbestandteil **69** 36

Aufwendungsausgleichsgesetz
– Entgeltfortzahlung **100** 3
– Mutterschutz **100** 11
Aufwendungsersatz
– Arbeitskleidung **86** 19
– Betriebsratsmitglied **221** 4
– Darlegungs- und Beweislast **86** 27
– Einzelheiten **86** 1
– Montagearbeiter **86** 19
– Pauschalierung **86** 24
– Pfändbarkeit **92** 13
– Telearbeit **86** 23
– Verfallfrist **86** 2
– Verjährung **86** 2
– Voraussetzungen **86** 3
– Vorschuss **86** 26
– Wohnraum (Überlassung) **86** 23
Ausbildender
– Berufsausbildung **173** 8
Ausbilder
– Berufsausbildung **173** 8
– Mitbestimmung **239** 7
Ausbildereignungsverordnung **174** 23
Ausbildung
– Befristungsgrund **40** 15
Ausbildungsberuf
– Anerkennung **174** 25
– Berufsausbildung **174** 25
Ausbildungsbonus
– Voraussetzungen **22** 11
Ausbildungsgehilfe
– Berufsausbildung **173** 8
Ausbildungsgeld
– Voraussetzungen **22** 32
Ausbildungskosten
– Berufsausbildung **174** 37
Ausbildungsmittel
– Berufsausbildung **174** 47
Ausbildungsordnung
– Berufsausbildung **174** 27
Ausbildungsvergütung
– Abschlussprüfung **174** 64
– Arbeitszeitüberschreitung **174** 65
– Bemessung **174** 61
– Bemessungszeitraum **174** 70
– Betriebsrisiko **174** 73
– Dienstverhinderung **174** 74
– Entgeltausfallprinzip **174** 71
– Entgeltfortzahlung (Krankheit) **174** 75
– Fälligkeit **174** 70
– Freistellung (Fortzahlung) **174** 72
– Jährliche Steigerung **174** 64
– Mehrarbeit **174** 65
– Sachleistungen **175** 68
– Sozialprogramm **174** 63
– Tariflohn **174** 63
– Überstundenvergütung **175** 67
– Verbundausbildung **174** 63
– Vergütungsfortzahlung **174** 71
– Zahlungsort **174** 70
– Zuschuss (Arbeitsverwaltung) **22** 9
– Zwischenprüfung **174** 64
Ausbildungsverhältnis
– *Siehe auch Berufsausbildung*
– Jugend- und Auszubildendenvertretung **227** 13
Ausgleichsabgabe
– Leiharbeitsverhältnis **120** 83
– Pflichtplatzzahl (Schwerbehinderte Menschen) **178** 37
Ausgleichsanspruch
– *Siehe Nachteilsausgleich*
Ausgleichsquittung
– Allgemeine Geschäftsbedingungen **32** 60; **72** 8
– Anfechtung **72** 14
– Annahmeverzug **95** 9
– Ausländische Arbeitnehmer **72** 14
– Darlehensvertrag **72** 8 a
– Fortbestehende Forderung **72** 9
– Gerichtlicher Vergleich **72** 8 a
– Grundsätze **72** 7
– Karenzentschädigung **72** 9
– Kündigungsschutz **72** 8 b
– Minderjährige **72** 7
– Ruhegeld **72** 9; **83** 327
– Schuldanerkenntnis **72** 7
– Sozialplan **244** 59
– Tarifliche Ansprüche (Unabdingbarkeit) **204** 64
– Unzulässige Rechtsausübung **72** 13
– Widerrufsrecht **72** 13
– Zeugnis **72** 9
Ausgleichsverfahren
– Entgeltfortzahlung **100** 3
– Gesetzliche Neuregelung **100** 1
– Mutterschutz **100** 11
Ausgleichszeitraum
– Höchstarbeitszeit **156** 22
– Mitbestimmung des Betriebsrats **156** 27
Ausgliederung
– *Siehe auch Betriebsübergang*
– Betriebsvereinbarung (Weitergeltung) **119** 45
– Umwandlung **116** 9
– Widerspruchsrecht **118** 40
Aushang
– Arbeitszeitschutz **155** 6
– Jugendarbeitsschutz **161** 54
Aushilfsarbeitsverhältnis
– Befristetes **41** 18
– Begriff **41** 17
– Kündigungsfrist **126** 36
– Kündigungsschutz **41** 24
Auskunft
– Altersversorgung **83** 205
– Annahmeverzug **95** 94
– Arbeitnehmererfindung **114** 32
– Berechtigung **147** 3
– Bewerber **24** 7
– Drittschuldner **89** 37

– Fehlerhafte **147** 7
– Gewinnbeteiligung **76** 6
– Inhalt **147** 6
– Karenzentschädigung (anderweitiger Verdienst) **58** 86
– Rentenversicherung **82** 68
– Ruhegeld **83** 318
– Schadensersatz **147** 7
– Verpflichtung zur Auskunft **147** 2
– Versorgungsanwartschaft **83** 169
Ausländerfeindliche Äußerung
– Außerordentliche Kündigung **127** 80
Ausländische Arbeitnehmer
– *Siehe auch Internationales Arbeitsrecht*
– Arbeitserlaubnispflicht (Einzelheiten) **27** 5
– Arbeitslosengeld **23** 14
– Ausgleichsquittung **72** 14
– Berufsausbildung (Beendigung) **174** 85
– Beteiligungsrechte (BetrVG) **233** 11
– Integration (Mitbestimmung) **236** 8
– Leiharbeit **120** 32 a
– Schwerbehindertenschutz **178** 9
– Wehrdienst (ArbPlSchG) **177** 1
Ausländische Arbeitsrechtsordnungen
– Rechtsquelle **4** 1
Auslagen
– *Siehe Aufwendungsersatz*
Auslandsbeschäftigung
– Insolvenzgeld **94** 21
– Tarifvertrag **198** 60
Auslauffrist
– Unkündbarkeit **128** 20
Auslegung
– Betriebliche Übung **111** 10
– Tarifvertrag **198** 21
– Tarifvertrag (§ 8 TVG) **209** 9
– Verfallfrist **205** 6
Auslöse/Auslösung
– Erstattungsfähigkeit **86** 17
– Insolvenzgeld **94** 10
– Vergütungsbestandteil **69** 36
Ausschlussfrist
– *Siehe auch Verfallfrist*
– Außerordentliche Kündigung **127** 20
Außenarbeitnehmer
– Begriff **11** 6
Außendienst
– Arbeitnehmer (BetrVG) **212** 6 a
– Arbeitnehmerstatus **8** 43
Außenhaftung **53** 71
Außenseiterklausel
– Zulässigkeit **201** 17; **207** 4
Außerdienstliches Verhalten
– Außerordentliche Kündigung **127** 81
– Nebenpflichten des Arbeitnehmers **55** 7
– Personenbedingte Kündigung **131** 23
Außergewöhnliche Belastung
– Behinderte **71** 96
Außerordentliche Kündigung
– *Siehe auch Unkündbarkeit, Wichtiger Grund*
– Abkehrwille **127** 62
– Abtretung **127** 61
– Abwerbung **127** 63
– Änderungskündigung (Unkündbarkeit) **128** 30
– Alkoholverbot **127** 64
– Angabe der Kündigungsgründe **127** 15
– Angabe der Kündigungsgründe (Schadensersatz) **127** 16
– Anzeigen **127** 66
– Arbeitskampf **127** 68
– Arbeitspapiere **127** 70
– Arbeitsplatzwechsel **127** 150
– Arbeitsschutzbestimmung **127** 71
– Arbeitsschutzverletzung **127** 151
– Arbeitsverhinderung **127** 75
– Arbeitsverweigerung **127** 76
– Arbeitszeitbetrug **127** 79
– Ausländerfeindliche Äußerung **127** 80
– Ausschlussfrist (Grundsätze) **127** 20
– Ausschlussfrist (Kündigungsberechtigter) **127** 30
– Ausschlussfrist (positive Kenntnis) **127** 22
– Ausschlussfrist (Sonderkündigungsschutz) **127** 37
– Ausschlussfrist (Stellungnahme des Arbeitnehmers) **127** 23
– Ausschlussfrist (Strafverfahren) **127** 28 a
– Ausschlussfrist (Verdachtskündigung) **127** 28
– Außerdienstliches Verhalten **127** 81
– Begriff **127** 3
– Beleidigung **127** 83
– Berufsausbildungsverhältnis **174** 91
– Beschäftigungspflichtverletzung **127** 152
– Bestechung **127** 116
– Betriebsveräußerung **127** 87
– Betriebsvereinbarung **231** 48
– Beurteilungszeitpunkt **127** 18
– Beweislast **127** 47
– Dauertatbestand **127** 26
– Diebstahl **127** 124
– Doping **127** 88
– Drogensucht **127** 65
– Druckkündigung **127** 89
– Eheschließung weiblicher Arbeitnehmer **127** 153
– Ehrenämter **127** 91
– Eigenmächtiger Urlaubsantritt **127** 133
– Eignung **127** 93
– Erweiterung der Kündigungsgründe **127** 12
– Fotokopien **127** 124
– Frisur **127** 94
– Geringer Verdienst **127** 154
– Gewissenskonflikt **127** 155
– Grundsätze **127** 1, 3
– Haftung bei Auflösungsverschulden **127** 53
– Heimarbeit **163** 43
– Insolvenz **127** 95
– Interessenabwägung **127** 44
– Internetnutzung **127** 96

– Kirche **127** 100
– Klage **127** 50
– Kontrolleinrichtung **127** 79
– Kraftfahrer **127** 102
– Krankheit **127** 103, 156
– Krankmeldung **127** 72
– Lohnpfändung **127** 105
– Lohnrückstand **127** 157
– Mankobeträge **127** 106
– Meinungsäußerung **127** 113
– MfS-Tätigkeit **127** 108
– Nachschieben von Kündigungsgründen **127** 19
– Nebenbeschäftigung **127** 111
– Offenbarungspflicht **127** 112
– Politische Betätigung **127** 113
– Prokura **127** 158
– Rauchverbot **127** 114
– Revisibilität **127** 52
– Rücksprache **127** 115
– Schmiergeld **127** 116
– Schulden **127** 105
– Schwangerschaftsabbruch **127** 117
– Schwarzfahrt **127** 118
– Sekten **127** 118
– Sexuelle Belästigung **127** 119
– Sozialplan **244** 61
– Spesen **127** 120
– Stempeluhr **127** 79
– Stilllegung **127** 121
– Strafantritt **127** 122
– Straftat **127** 122
– Stundennachweis **127** 79
– Tätliche Auseinandersetzung **127** 125
– Tarifvertrag **199** 40
– Teilvergütung **127** 5
– Telefongespräche **127** 124
– Trunksucht **127** 64
– Umdeutung **127** 4
– Unabdingbarkeit **127** 10
– Unpünktlichkeit **127** 132
– Urlaubsüberschreitung **127** 133
– Verdachtskündigung **127** 136
– Verschwiegenheitspflicht **127** 145
– Vertragsverletzung **127** 45, 161
– Verwertungsverbot **127** 124
– Verzeihung **127** 49
– Verzicht **127** 49
– Vollmachtsmissbrauch **127** 146
– Vorstrafe **127** 147
– Wettbewerb **127** 148
– Wichtiger Grund **127** 40
– Wichtiger Grund (Systematisierung) **127** 45
– Zumutbarkeit **127** 43
– Zurückbehaltungsrecht **127** 77

Außertarifliche Angestellte
– Begriff **15** 39

Aussetzung (Verfahren)
– Arbeitsunfall **109** 75
– Einigungsstelle **232** 17

Aussperrung
– *Siehe auch Arbeitskampf, Streik*
– Auszubildende **174** 42, 79
– Begriff **192** 4
– Länderverfassungen **193** 2
– Rechtsfolgen **194** 21
– Schwerbehinderte Menschen **179** 42
– Wiedereinstellung **194** 22
– Zulässigkeit **194** 19

Austauschkündigung
– Betriebsbedingte Kündigung **134** 6

Auswahlrichtlinie
– Beteiligung (BetrVG) **238** 28
– Beteiligung (BPersVG) **269** 10
– Soziale Auswahl **135** 52
– Widerspruchsrecht **241** 47

Auszehrung
– Ruhegeld **83** 315

Auszubildende
– *Siehe auch Berufsausbildung*
– Begriff **16** 4
– Betriebsübergang **118** 2
– Haftung **175** 84
– Interessenvertretung **174** 122
– Jugend- und Auszubildendenvertretung **227** 13
– Personalvertretung **263** 20
– Prüfungsstück (Eigentum) **113** 10
– Streik **193** 12

Bargeldlose Lohnzahlung
– Erfüllungsort **70** 8
– Kontoführungsgebühren **70** 8
– Mitbestimmung **235** 55
– Pfändung **91** 8

Baugewerbe
– *Siehe auch Arbeitnehmer-Entsendegesetz*
– Altersbeihilfe **186** 15
– Arbeitnehmerüberlassung **120** 30
– Arbeitsgemeinschaft **186** 5
– Arbeitsverhältnis (Besonderheiten) **186** 1
– Ausschlussfrist **186** 8
– Bundesrahmentarifvertrag **186** 1
– Entsendegesetz **186** 4
– Kündigung **186** 6
– Kurzarbeitergeld **48** 17
– Leistungslohn **186** 11
– Saison-Kurzarbeitergeld **186** 14
– Urlaub **102** 162; **186** 12

Beamte
– Arbeitnehmer **8** 19
– Arbeitskampfrecht **187** 21
– Gesetzliche Beendigung des Arbeitsverhältnisses **34** 82
– Koalition **187** 19
– Personalvertretung **263** 15

Beamte auf Zeit
– Personalvertretung **267** 13

Beamtenernennung
– Beendigungsgrund **121** 9

Beamtenverhältnis
– Arbeitsverhältnis **9** 43
– Beendigung **9** 43
– Umdeutung **9** 43
Beamtenversorgung
– Ruhegeld (Anknüpfung) **83** 253
Bedarfsgemeinschaft
– Arbeitslosengeld II **24** 5
Bédaux-System **64** 27
Beendigungsnorm
– Begriff **202** 14
– Kündigungserschwerung **202** 15
Beförderung
– Beteiligung (BPersVG) **269** 33
– Fürsorgepflicht **106** 42
Befristetes Arbeitsverhältnis
– *Siehe auch Befristung, Befristungsdauer, Befristungsgrund*
Befristung
– Ältere Arbeitnehmer **39** 22
– Annex **38** 65
– Arbeitsbedingungen **38** 20
– Arbeitsvergütung **38** 21
– Auflösende Bedingung **38** 35
– Befristungskontrolle **38** 61
– Befristungskontrollklage **38** 69
– Begriff **38** 28
– Benachteiligungsverbot **38** 18
– Beschäftigungsdauer **38** 24
– Betriebsrat (Mitbestimmung) **38** 58
– Betriebsverfassung **212** 7
– Dauer (sachgrundlose) **39** 7
– Diskriminierung **38** 18
– Einstellung **241** 12
– Einzelne Arbeitsbedingungen **38** 78
– einzelne Vertragsbedingungen (AGB) **32** 62
– Elternzeit **172** 64
– Existenzgründer **39** 18
– Fragerecht (Vorbeschäftigung) **26** 15 a
– Gemeinschaftsrecht **38** 3
– Gesetzliche Regelungen **38** 6
– Grundsätze **38** 1
– Heimarbeit **163** 49
– Hochschule (WissZeitVG) **39** 25
– Kalendermäßige Befristung **38** 30
– Kündigung **38** 43
– Landesrecht **38** 7
– Nachträgliche Befristung **38** 67
– Personalrat (Mitbestimmung) **38** 59
– Provisionsvereinbarung **75** 15
– Rechtsentwicklung **38** 1
– Ruhegeld (Gleichbehandlung) **83** 43
– Sachgrundlose **39** 1
– Schriftform **38** 50
– Tarifvertrag **38** 14
– Unwirksamkeit **38** 48
– Verlängerung (TzBfG) **39** 9
– Verlängerung (WissZeitVG) **39** 37
– Vertragsfortsetzung **38** 75
– Vorbehalt **38** 62
– Weiterarbeit **38** 44
– Weiterbeschäftigung **38** 77
– Wiedereinstellung **38** 76
– Wissenschaftliches Personal **39** 27
– Zitiergebot (TzBfG) **39** 4
– Zitiergebot (WissZeitVG) **39** 41
– Zulässigkeit **38** 6
– Zweckbefristung **38** 31
Befristungsdauer
– Bedeutung **40** 5
Befristungsgrund
– AB-Maßnahme **40** 62
– Altersgrenzen **40** 45
– Altersteilzeit **40** 42
– Arbeitserlaubnis **40** 55
– Ausbildung **40** 15
– Befristungsdauer **40** 5
– Betriebsratsarbeit **40** 56
– Betriebsstilllegung **40** 14
– Bühnenmitglied **40** 30
– Drittmittel **40** 43
– Elternzeit **40** 27
– Erprobung **40** 34
– Erwerbsminderung **40** 57
– Gemeinschaftsrecht **40** 2
– Gesamtvertretung **40** 26
– Gleichbehandlung **40** 7
– Grundsätze **40** 1
– Haushaltsmittel **40** 36
– Krankheit **40** 27
– Leitende Angestellte **40** 32
– Lektor **40** 59
– Medien **40** 29
– Personalaustausch **40** 59
– Prognose **40** 4
– Projekt **40** 13
– Prozessbeschäftigung **40** 60
– Redakteur **40** 29
– Rundfunkmitarbeiter **40** 29
– Saisonarbeit **40** 12
– Soziale Gründe **40** 18
– Sport **40** 31
– Studium **40** 15
– Vergleich **40** 39
– Vertretung **40** 19
– Vorübergehender betrieblicher Bedarf **40** 9
– Wehrdienst **40** 27
– Wunsch des Arbeitnehmers **40** 63
– Zeitpunkt **40** 3
Befristungskontrollklage
– Befristetes Arbeitsverhältnis **38** 69
Behinderte Menschen
– Förderung (Arbeitsverwaltung) **22** 28
Behindertenwerkstatt
– Sozialversicherung **186** 79
Behinderungsverbot
– Betriebsrat **230** 22
– Personalrat **266** 23 a
– Sprecherausschuss **245** 13

Beitrag
– *Siehe Sozialversicherungsbeitrag*
Beitragsbemessungsgrenze
– Sozialversicherungsbeiträge **71** 21
Beitragsbonus
– Voraussetzungen **21** 53
Beitragsorientierte Leistungszusage
– Altersversorgung **82** 90
Beitragsorientierte Versorgungszusage
– Begriff **84** 80
– Beitragszusage **84** 83
– Einstandspflicht **84** 82
– Insolvenz **84** 90
– Vorzeitiger Rentenbezug **84** 89
Beitragszusage mit Mindestleistung
– Grundsätze **84** 84
– Insolvenz **84** 90
– Unverfallbarkeit **84** 87
Beitragszuschuss
– Jahresarbeitsentgeltgrenze **71** 36
Beitrittsstaaten
– Arbeitserlaubnis **27** 8
Belästigung
– Allgemeines Gleichbehandlungsgesetz **33** 35
Belegschaft
– Betriebsübergang **117** 20
Beleidigung
– Außerordentliche Kündigung **127** 83
– Verhaltensbedingte Kündigung **133** 23
Bemessungsentgelt
– Arbeitslosengeld **23** 38
Benachteiligung
– *Siehe auch Gleichbehandlung, Gleichbehandlungsgrundsatz, Gleichheitssatz*
– Allgemeines Gleichbehandlungsgesetz **33** 29
– Befristetes Arbeitsverhältnis **38** 18
– Dritte **33** 73
– mittelbare **33** 32
– Schadensersatz **33** 77
– unmittelbare **33** 30
Berater
– Betriebsänderung **244** 25
Beratungsrecht
– Betriebsrat **230** 3
Bereitschaftsdienst
– Begriff **45** 57
– Begriff (ArbZG) **156** 18
– Beteiligungsrechte (BetrVG) **235** 42
– Beteiligungsrechte (BPersVG) **270** 11
Bergbau
– Arbeitsverhältnis (Besonderheiten) **186** 18
– Beschäftigungsverbote unter Tage **186** 19
– Gesundheitsschutz **154** 54
– Jugendliche **161** 40
– Rechtsquellen **13** 9
– Rentenversicherung **82** 38
– Werkswohnung **85** 5
Bergmannsprämie
– Vermögensbildung **80** 10
Bergmannsversorgungsschein 180 1
– Offenbarungspflicht **26** 24
Berufsanwärtervertrag 16 9
Berufsaufgabekündigung
– Berufsausbildungsverhältnis **174** 90
Berufsausbildung
– *Siehe auch Auszubildende, Berufsausbildungsverhältnis, Berufsausbildungsvertrag, Berufsbildung*
– Abschlussprüfung **174** 108
– Arbeitserlaubnis **27** 14
– Arbeitspflicht **174** 79
– Arbeitsvertrag **175** 2
– Ausbildender **173** 8
– Ausbilder **173** 8
– Ausbildereignung **174** 15
– Ausbildung **174** 40
– Ausbildung im Ausland **173** 10
– Ausbildungsgehilfe **173** 8
– Ausbildungsmittel **174** 47
– Ausbildungsvergütung **174** 60
– Ausbildungsvertrag **175** 3
– Ausländische Arbeitnehmer **174** 85
– Auslandsaufenthalt (Kostenerstattung) **174** 48
– Außerbetriebliche Ausbildung (Kosten) **174** 52
– Aussperrung **174** 42, 79
– Auszubildende **173** 8
– Auszubildende (Begriff) **16** 1
– Baugewerbe **186** 17
– Beendigung **174** 85
– Befristung (Probezeit) **174** 87
– Behinderte Menschen (Förderung) **22** 28
– Bemessung der Vergütung **174** 61
– Berufsausbildungsverzeichnis (Eintragung) **174** 31
– Berufsbeschränkung **174** 34
– Beschäftigungsanspruch **174** 42, 43
– Beteiligung (BPersVG) **269** 16
– Betriebliche Eignung **174** 24
– Betrieblicher Geltungsbereich (BBiG) **173** 9
– Betriebsrisiko **174** 73
– Betriebsverfassung **174** 119
– Dienstverhinderung **174** 74
– Direktionsrecht **174** 40, 79
– E-Learning **174** 47
– Ende **174** 104
– Entgeltausfallprinzip **174** 71
– Entgeltfortzahlung (Krankheit) **174** 75
– Fachliche Eignung (Ausbilder) **174** 22
– Fachliteratur **174** 47
– Fahrkostenerstattung (Berufsschulbesuch) **174** 52
– Förderung (Arbeitsverwaltung) **22** 1
– Freistellung (Freistellung) **174** 71
– Haftung **175** 84

– Hilfspersonen des Ausbildenden **174** 53
– Kündigung **174** 88
– Kurzarbeit **174** 42
– Lehrling und Anlernling **16** 2
– Lernorte **173** 9
– Obhutspflicht **174** 82
– Persönliche Ausbildung **174** 46
– Persönliche Eignung (Ausbilder) **174** 18
– Pflichten des Ausbildenden **174** 40
– Pflichten des Auszubildenden **174** 78
– Praktikant **16** 9
– Probezeit **174** 86
– Prüfungsstück (Eigentum) **174** 50
– Sachleistung **174** 68
– Sachliche Ausbildung **174** 41
– Schadensersatz **174** 43, 54
– Schadensersatz (vorzeitige Beendigung) **174** 113
– Schlechtleistung **174** 84
– Schulbesuch **174** 51
– Sozialversicherung **174** 77
– Steuern **174** 77
– Tariflohn **174** 63
– Tarifvertrag (Geltungsbereich) **203** 50
– Treuepflicht **174** 83
– Übergang in ein Arbeitsverhältnis **174** 123
– Unzulässige Berufsausbildungsverträge **174** 32
– Urlaub **174** 76
– Verbundausbildung **174** 8
– Vergütungsfortzahlung **174** 71
– Verlängerungsverlangen **174** 109
– Verletzung der Ausbildungspflicht (Rechtsfolgen) **174** 55
– Verpflichtung zur Begründung eines Arbeitsverhältnisses **174** 124
– Verschwiegenheitspflicht **174** 83
– Vertragsstrafe **174** 38
– Vertragsstrafenvereinbarung **174** 38
– Volontär **16** 7
– Wehrdienst **177** 8
– Weiterarbeitsklauseln **174** 126
– Wettbewerbsverbot **58** 57; **174** 34
– Wiederholungsprüfung **174** 109
– Zeugnis **174** 56
– Züchtigung **174** 46
– Züchtigungsrecht **174** 81

Berufsausbildungsbeihilfe
– Voraussetzungen **22** 2

Berufsausbildungsförderung
– *Siehe Weiterbildungsförderung*

Berufsausbildungsverhältnis
– Aufklärungspflichten **174** 7
– Ausbildungsberufe (Anerkennung) **174** 25
– Ausbildungskosten (Lehrgeld) **174** 37
– Begründung **174** 4
– Berufsbildung **174** 1
– Günstigkeitsvergleich **174** 1
– Jugend- und Auszubildendenvertretung **227** 14
– Minderjährige **174** 6
– Rechtsnatur **174** 5
– Wettbewerbsverbot **58** 57

Berufsausbildungsverhältnis (Beendigung)
– Ablauf der Ausbildungszeit **174** 104
– Abmahnungserfordernis **174** 94
– Angabe des Kündigungsgrundes **174** 101
– Aufhebungsvertrag **174** 102
– Auflösung (§ 13 KSchG) **174** 99
– Ausschluss der außerordentlichen Kündigung **174** 101
– Außerordentliche Kündigung **174** 91
– Bekanntgabe des Prüfungsergebnisses **174** 108
– Berufsaufgabekündigung **174** 90
– Bestehen der Abschlussprüfung **174** 108
– Betriebsbedingte Kündigung **174** 97
– Formvorschriften (Kündigung) **174** 101
– Grundsätze **174** 88
– Insolvenz **174** 97
– Kündigung durch den Auszubildenden **174** 100
– Kündigung nach Ende der Probezeit **174** 89
– Kündigungserklärung (Form) **174** 102
– Kündigungsgründe **174** 90
– Kündigungsgrund (Angabe) **174** 102
– Kündigungsschutzklage **174** 99
– Personenbedingte Kündigung **174** 96
– Probezeit **174** 86
– Prüfungszeugnis **174** 111
– Stufenausbildung (Probezeit) **174** 86
– Verdachtskündigung **174** 95
– Verhaltensbedingte Kündigung **174** 93
– Verlängerungsverlangen **174** 109
– Wiederholungsprüfung **174** 110
– Zwei-Wochen-Frist (Kündigung) **174** 101

Berufsausbildungsvertrag
– Form **174** 9
– Minderjährige **34** 39
– Vertragsänderung **174** 14
– Vertragsniederschrift (Inhalt) **174** 11
– Vorvertrag **174** 7

Berufsausbildungsverzeichnis
– Berufsausbildungsverhältnis **174** 31

Berufsausbildungsvorbereitung
– Begriff **173** 3

Berufsberatung
– Einzelheiten **21** 1

Berufsbildung
– Arbeitnehmer (BetrVG) **212** 6 c
– Aufstiegsfortbildungsförderungsgesetz **173** 6
– Ausbildungsberufe (Anerkennung) **174** 25
– Ausbildungskosten (Lehrgeld) **174** 37
– Begriff **173** 3
– Begriff (BetrVG) **239** 1
– Berufsausbildungsverhältnis **174** 1
– Berufsbildungsplanung **173** 5
– Betriebliche Bildungsmaßnahmen **239** 3

– Betriebsverfassung **174** 128
– Bildungsbeauftragter **174** 121
– Bundesinstitut für Berufsbildung **173** 17
– Duale Ausbildung **164** 1
– Elternzeit **172** 34
– Europäisches Zentrum für die Berufsbildung **173** 19
– Fortbildungsvertrag **176** 1
– Kauffahrteischiff **173** 15
– Mitbestimmung **239** 4
– Öffentlich-rechtliches Dienstverhältnis **173** 14
– Schifffahrt **173** 15
– Schulische Ausbildung (Abgrenzung) **173** 1
– Sonstige Berufsausbildung **175** 1
– Weiterbeschäftigung (tatsächliche) **174** 127
– Zuständige Stellen **173** 16
– Zweitausbildung **174** 2
Berufsbildungsforschung 173 5
Berufsbildungsgesetz
– Persönlicher Geltungsbereich **173** 7
Berufsbildungsplanung 173 5
Berufserlaubnis
– Personenbedingte Kündigung **131** 20
Berufsfreiheit
– Grundrecht **3** 34
Berufskleidung
– Erstattungsfähigkeit **86** 19
Berufskrankheit 109 33
Berufspraktisches Jahr 16 9
Berufsschule
– Jugendarbeitsschutzrecht **161** 21
– Pflicht zum Schulbesuch **174** 51
Berufsunfähigkeit
– Rentenversicherung **82** 30
Berufsverbandssystem
– Koalition **189** 1 a
Beschäftigungsanspruch
– *Siehe Beschäftigungspflicht, Weiterbeschäftigungsanspruch*
Beschäftigungsdauer
– Befristetes Arbeitsverhältnis **38** 24
Beschäftigungsförderung
– Beteiligungsrechte (BetrVG) **233** 13
Beschäftigungslosigkeit
– Arbeitslosengeld **23** 6
Beschäftigungspflicht
– Ausbildungsverhältnis **174** 42
– Außerordentliche Kündigung des Arbeitnehmers **127** 152
– Berufsausbildungsverhältnis **174** 43
– Durchsetzung **110** 7
– Schwerbehinderte Menschen **178** 45
– Suspendierung **110** 8
– Voraussetzungen **110** 5
Beschäftigungssicherung
– Beteiligungsrechte (BetrVG) **233** 13
– Günstigkeitsprinzip **204** 43
– Mitbestimmung **238** 11
Beschäftigungsverbot
– *Siehe auch Beschäftigungsverbot (MuSchG)*
– Arbeitserlaubnis **27** 28
– Ausländische Arbeitnehmer **34** 74
– Grundsätze **34** 64
– Jugendliche **34** 73; **161** 34
Beschäftigungsverbot (MuSchG)
– Arbeitsunfähigkeit **168** 7
– Entbindung **168** 14
– Ersatztätigkeit **168** 20
– Fehlgeburt **168** 15
– Frühgeburt **168** 14
– Mehrlingsgeburt **168** 14
– Schutzfrist (Berechnung) **168** 12
– Schutzfrist (nach Entbindung) **168** 13
– Schwangerschaftsabbruch **168** 15
– Tätigkeitsbeschränkungen **168** 17
– Verbotene Arbeiten **168** 19
– Werdende Mutter **168** 5
– Zeugnis (ärztliches) **168** 10
– Zweifel **168** 11
Beschäftigungsverhältnis
– Arbeitslosenversicherung **19** 21
– Begriff **29** 9
Beschluss
– *Siehe auch Betriebsratsbeschluss*
– Personalrat **265** 53
Beschlussverfahren (InsO)
– Grundsätze **93** 59
Beschwerde
– Allgemeines Gleichbehandlungsgesetz **33** 109
– Arbeitnehmer (BetrVG) **234** 15
– Betriebsrat **234** 23
Beschwerdestelle
– Mitbestimmung (BetrVG) **235** 31
Besitz
– Arbeitsverhältnis (Grundsätze) **113** 1
Besitzdiener
– Arbeitsverhältnis **113** 5
Besitzwehr
– Arbeitsverhältnis **113** 7
Besondere Verantwortung des Arbeitgebers
– Arbeitsförderung **19** 6
Bestandsklausel
– Tarifvertrag **204** 51 f
Bestechung
– Außerordentliche Kündigung **127** 116
Bestimmungsklauselnorm
– Tarifvertrag **202** 7 a; **204** 22
Beteiligungsrechte (BetrVG)
– Anhörungs- und Beratungsrechte **230** 3
– Arbeitszeitkonto **160** 52
– Ausgleichszeitraum **156** 27
– Befristetes Arbeitsverhältnis **38** 58
– Beschwerde (Arbeitnehmer) **234** 23
– Beteiligungsrechte (Übersicht) **230** 1
– Betriebsänderungen **244** 1
– Betriebsübergang **118** 26

– Formelle/materielle Arbeitsbedingungen **230** 8
– Gleichbehandlungsgrundsatz **230** 17
– Gleitende Arbeitszeit **160** 4
– Grundsätze **233** 1
– Informationsrecht **230** 2
– Interessenausgleich **244** 30
– Jahresarbeitszeitkonto **160** 57
– Leiharbeitnehmer **120** 93
– Mitbestimmungsrecht **230** 5
– Mitwirkungsrechte (Erweiterung) **230** 7
– Mitwirkungsrechte (Übersicht) **230** 1
– Soziale Mitbestimmung **235** 1
– Sozialplan **244** 44
– Telearbeit **164** 37
– Überwachungsgebot **230** 19
– Umwandlung **116** 31
– Unterrichtung in wirtschaftlichen Angelegenheiten **243** 1
– Weiterbeschäftigung von Auszubildenden **174** 127
– Widerspruchs- oder Vetorecht **230** 4

Beteiligungsrechte (BPersVG)
– *Siehe auch Beteiligungsverfahren (BPersVG)*
– Abordnung **269** 30
– Akkord **270** 22
– Antragserfordernis **267** 15
– Arbeitsbereitschaft **270** 11
– Arbeitsmethode **271** 7
– Arbeitsorganisation **271** 17
– Arbeitsplatzbewertung **271** 18
– Arbeitsplatzgestaltung **270** 42
– Arbeitsschutz **270** 26
– Arbeitsverhalten **270** 38
– Arbeitszeit **270** 1
– Ausbildung **269** 16
– Auslegung **267** 18
– Auswahlrichtlinie **269** 10
– Beamte auf Zeit **267** 13
– Beförderung **269** 33
– Befristetes Arbeitsverhältnis **38** 59
– Bereitschaftsdienst **270** 11
– Betriebsarzt **270** 30
– Beurteilungsrichtlinie **269** 7
– Datennetz **271** 15
– Datenverarbeitung **271** 14
– Dienstplan **270** 6
– Dienstpostenbewertung **271** 18
– Dienstwohnung **269** 45
– Eingruppierung **269** 37
– Einstellung **269** 19
– Einteilung **267** 7
– Erleichterung des Arbeitsablaufs **271** 5
– Ersatzanspruch **269** 46
– Erweiterungsbau **271** 12
– Fortbildung **269** 11
– Gleichberechtigung **270** 49
– Gleitzeit **270** 7
– Haushaltsvoranschlag **271** 28
– Hebung der Arbeitsleistung **271** 2
– Konkurrenz **267** 24
– Leistungskontrolle **270** 47
– Lohngestaltung **270** 18
– Maßnahme **267** 20
– Mehrarbeit **270** 8
– Nebentätigkeitsgenehmigung **269** 42
– Neubau **271** 12
– Öffnungszeiten **270** 13
– Ordnung der Dienststelle **270** 38
– Organisation (Dienststelle) **271** 9
– Pachtland **269** 45
– Persönlicher Geltungsbereich **267** 9
– Personalfragebogen **269** 3
– Personalplanung **271** 28
– Privatisierung **271** 16
– Prüfungsteilnahme **271** 19
– Soziale Zuwendungen **269** 44
– Sozialeinrichtung **270** 23
– Sozialplan **270** 33
– Sprechzeit **270** 13
– Stellenanforderung **271** 28
– Stellenausschreibung **269** 1
– Teilzeitbeschäftigung (BPersVG) **269** 43
– Umbau **271** 12
– Umschulung **270** 33
– Umsetzung **269** 31
– Unfallverhütung **270** 26
– Urlaubsgrundsatz **270** 15
– Urlaubsplan **270** 16
– Urlaubssperre **270** 17
– Verdichtung **271** 3
– Vergütung (Auszahlung) **270** 14
– Verhaltenskontrolle **270** 47
– Versetzung **269** 27
– Verwaltungsanordnung **271** 23
– Vorschlagwesen **270** 46
– Wirtschaftlichkeitsuntersuchung **271** 17
– Wissenschaftliche/Künstlerische Tätigkeit **267** 14
– Wohnungswahl **269** 41

Beteiligungsverfahren (BPersVG)
– *Siehe auch Beteiligungsrechte (BPersVG)*
– Abschließende Mitteilung (Mitwirkung) **268** 65
– Äußerungsfrist **268** 23
– Anhörung **268** 5
– Antragserfordernis **267** 11
– Beamte auf Zeit **267** 13
– Beschäftigter (Benachrichtigung) **267** 16
– Dienststellenleiter (Antragserfordernis **267** 12
– Dienststellenleiter (Einleitung) **268** 16
– Dienstvereinbarung **268** 7
– Durchführung (Maßnahme) **268** 60
– Eilmaßnahmen **268** 58
– Einigungsstelle **268** 46
– Einleitung **268** 15
– Erörterung **268** 4
– Fehler **268** 69
– Form (Einleitung) **268** 19

– Individualrechtliche Auswirkungen **268** 72
– Initiativrecht **268** 75
– Konkurrenzen **267** 24
– Mängel **268** 69
– Maßnahme (Begriff) **267** 20
– Mitwirkungsverfahren (Besonderheiten) **268** 61
– Notfälle **268** 58
– Personalakte **268** 21
– Personalangelegenheiten **268** 20
– Rüge **268** 70
– Stufenverfahren **268** 41
– Stufenvertretung (Äußerungsfrist) **268** 25
– Unterlagen **268** 21
– Unterrichtung (Umfang) **268** 19
– Vorfragenkompetenz **268** 35
– Vorläufige Regelungen **268** 59
– Zustimmung **268** 28
– Zustimmungsverweigerung **268** 29

Betrieb
– *Siehe auch Betriebsteil, Gemeinschaftsbetrieb*
– Bedeutung (Betriebsbegriff) **18** 8
– Begriff **18** 1
– Begriff (BetrVG) **214** 2
– Betriebsabteilungen **18** 7
– Betriebseinheit und -mehrheit **18** 4
– Betriebsinhaberwechsel (BetrVG) **214** 2
– Betriebsteil **18** 7
– Betriebsteil (BetrVG) **214** 10
– Betriebsübergang **18** 8
– Hauptbetrieb (BetrVG) **214** 4
– Kleinstbetrieb (BetrVG) **214** 4
– Mehrere Arbeitgeber (BetrVG) **214** 5
– Mehrerer Unternehmer **18** 3
– Nebenbetriebe **18** 6
– Verschiedenheit der Betriebsinhaber **18** 4

Betriebliche Altersversorgung
– *Siehe auch Ruhegeld, Versorgungsanwartschaft*
– Begriff **83** 1
– Beitragsorientierte Versorgungszusage **84** 80
– Beitrittsgebiet **83** 26
– Betriebsübergang **118** 14
– Entgeltumwandlungszusage **84** 59
– Insolvenzschutz **84** 104
– Internationales Arbeitsrecht **83** 28
– Pensionsfonds **84** 91
– Umwandlung (Nachhaftung) **116** 21

Betriebliche Einigung
– Begriff **231** 1

Betriebliche Lohngestaltung
– Freiwillige Leistungen **235** 101
– Mitbestimmung **235** 89

Betriebliche Übung
– Anfechtung **111** 31
– Auslegungsregel **111** 10
– Beseitigung **111** 23
– Betriebsübergang **118** 16
– Betriebsvereinbarung **111** 29
– Direktionsrecht **111** 21
– Gegenläufige **111** 27
– Gesamtzusage **111** 35
– Gleichbehandlungsgrundsatz **111** 20
– Gratifikation **78** 26
– Grundsätze **111** 1
– Jubiläumszuwendung **78** 28
– Lücken im Arbeitsvertrag **111** 12
– Mitbestimmung **111** 34
– Neueinstellung **111** 17
– Öffentlicher Dienst **111** 13
– Rechtsgrundlagen **111** 1
– Revisibilität **111** 22
– Ruhegeld **83** 36, 89
– Ruhestandsverhältnis **111** 33
– Schriftform **111** 16
– Verweisung auf Tarifvertrag **111** 19
– Voraussetzungen **111** 11
– Vorbehalt **111** 15
– Widerruf **111** 32

Betriebliches Eingliederungsmanagement
– Kündigungsschutz **131** 6

Betriebsabsprache
– *Siehe Regelungsabreden*

Betriebsabteilung
– Begriff **18** 7
– BetrVG **214** 11
– Tarifeinheit **203** 36

Betriebsänderung
– *Siehe auch Betriebsaufspaltung, Betriebseinschränkung, Betriebsstilllegung, Interessenausgleich, Sozialplan*
– Arbeitnehmerzahl **244** 22
– Berater **244** 25
– Beteiligungsrechte des Betriebsrats **244** 3
– Bildschirmarbeitsplatz **237** 26
– Einzelheiten **244** 7
– Fehlender Betriebsrat **244** 5
– Insolvenz **244** 95
– Insolvenzverfahren **244** 12
– Interessenausgleich **244** 1
– Nachteilsausgleich **244** 78
– Restmandat **244** 6
– Sozialplan **244** 44
– Sprecherausschuss **254** 7
– Tendenzbetriebe **244** 11
– Unterlassungsanspruch **244** 29
– Unterrichtungs- und Beratungsrechte **244** 26
– Wesentlicher Nachteil **244** 21
– Zuständigkeit (Arbeitnehmervertretung) **244** 4

Betriebsarzt
– Anstellung **154** 42
– Aufgaben **154** 44
– Bestellung **154** 40
– Beteiligungsrechte (BPersVG) **270** 30
– Betriebsrat (Beteiligung) **154** 42
– Mitbestimmung **235** 69
– Mitbestimmung (personelle) **241** 8a
– Unterstellung **154** 49

Betriebsaufspaltung
– Betriebsänderung **244** 10
– Betriebsvereinbarung **231** 54
Betriebsausschuss
– Einzelheiten **220** 11
– Schwerbehinderte Menschen **220** 16
– Weitere Ausschüsse **220** 15
– Wirtschaftsausschuss **243** 8
Betriebsbedingte Kündigung
– *Siehe auch Soziale Auswahl*
– Abfindungsanspruch nach § 1 a KSchG **134** 62
– Altersteilzeit **134** 35
– Altersteilzeitarbeitsverhältnis **81** 33
– Anforderungsprofil **134** 36
– Arbeitsverdichtung **134** 37
– Auftragsmangel **134** 34
– Auftragsvergabe an Dritte **134** 38
– Ausbildungsverhältnis **174** 97
– Außerbetriebliche Ursachen **134** 4
– Austauschkündigung **134** 6
– Betriebsstilllegung **134** 43
– Betriebsübergang **134** 47
– Beurteilungszeitpunkt **134** 25
– Beweislast **134** 31
– Dringlichkeit **134** 13
– Freier Arbeitsplatz **134** 22
– Gerichtliche Überprüfung **134** 27
– Inner- und außerbetriebliche Umstände **134** 3
– Insolvenz **93** 52
– Kurzarbeit **134** 13
– Leiharbeit **134** 54
– Missbrauchskontrolle **134** 29
– Öffentlicher Dienst **134** 56
– Rationalisierungsmaßnahmen **134** 59
– Rechtsmissbrauch **134** 29, 42
– Stationierungsstreitkräfte **134** 60
– Teilzeitarbeit **134** 61
– Überblick **134** 1
– Unternehmerische Entscheidung **134** 5
– Voraussetzungen **134** 2
– Wegfall von Beschäftigungsmöglichkeiten **134** 11
– Weiterbeschäftigungsmöglichkeit (fehlende) **134** 16
– Weiterbeschäftigungsmöglichkeit (freier Arbeitsplatz) **134** 22
– Weiterbeschäftigungsmöglichkeit (öffentlicher Dienst) **134** 28
– Willkürkontrolle **134** 29
– Witterung **134** 61 a
Betriebsbesetzung
– Arbeitskampf **193** 35
Betriebsbuße
– Arten **61** 4
– Beispiele **61** 20
– Entlassung aus dem Betrieb **61** 12
– Geldbuße **61** 11
– Mitbestimmung **235** 34
– Personalakte **61** 14
– Rechtsgrundlage **61** 15
– Rechtskontrolle **61** 25
– Verhängung **61** 21
– Verwarnung **61** 6
– Verweis **61** 9
– Zweck **61** 1
Betriebseinschränkung
– Betriebsänderung **244** 14
Betriebseinstellung
– Arbeitskampf **194** 4
– Betriebsänderung **244** 14
– Insolvenzgeld **94** 8
Betriebsferien
– Mitbestimmung **235** 59
Betriebsfrieden
– Entfernungsverlangen des Betriebsrats **242** 1
– Verhaltensbedingte Kündigung **133** 24
Betriebsgeheimnis
– *Siehe auch Verschwiegenheit*
– Begriff **55** 22
– Beteiligungsrechte (BetrVG) **233** 16
Betriebsgruppe
– Arbeitsvergütung **182** 6
– Grundsätze **182** 1
Betriebsinhaberwechsel
– *Siehe Betriebsnachfolge, Betriebsübergang und Umwandlung*
Betriebskasse
– Ruhegeld **84** 27
Betriebsnachfolge
– *Siehe auch Betriebsübergang und Umwandlung*
– Ruhestandsverhältnis **83** 191
– Sprecherausschuss **250** 18
– Unterstützungskasse **84** 21
Betriebsnormen
– Tarifvertrag **202** 17
Betriebspause
– Arbeitszeit **158** 14
Betriebspraktikum
– Schüler **16** 10
Betriebsräteversammlung
– Einzelheiten **225** 1
Betriebsrat
– *Siehe auch Beteiligungsrechte (BetrVG), Betriebsratsbeschluss, Betriebsratskosten, Betriebsratsmitglied, Betriebsratswahl, Betriebsvereinbarung, Betriebsverfassung, Betriebsversammlung, Soziale Mitbestimmung*
– Amtsenthebung **219** 18
– Amtsniederlegung **219** 10
– Amtszeit **219** 1
– Arbeitsgruppen **220** 15 a
– Arbeitskampf (Beteiligungsrechte) **193** 33
– Arbeitskampf (Betriebsratsmitglieder) **230** 12
– Arbeitsschutz **153** 7; **154** 32
– Arbeitsunfall **109** 24
– Auflösung **219** 18

– Begünstigungsverbot **230** 25
– Behinderungsverbot **230** 23
– Berater **244** 25
– Beschlüsse **220** 23
– Betriebliche Altersversorgung **83** 359
– Betriebsangehörige (Anzahl) **217** 24
– Betriebsausschuss **220** 11
– Betriebsratsmitglieder (Rechtsstellung) **221** 1
– Betriebsratsvorsitzender **220** 5
– Betriebsübergang (Amt) **219** 16
– Bildungsurlaub **221** 48
– Bücher **222** 19
– Büropersonal **222** 18
– Bundesdatenschutzgesetz **148** 40
– Computer/IT-Technik **222** 16
– Direktversicherung (BetrAVG) **83** 365; **84** 58
– Einstellung **241** 11
– E-Mail **222** 17
– Entgeltumwandlung **84** 77
– Entgeltumwandlung (BetrAVG) **83** 366
– Erlöschen (Betriebsratsamt) **219** 9
– Ersatzmitglieder **219** 26
– Fragebogen **222** 21
– Friedenspflicht **220** 2
– Geschäftsführung **220** 1
– Geschäftsordnung **220** 28
– Geschlechter (Berücksichtigung) **217** 26
– Gewerkschaftsbeiträge **222** 27
– Haftung **220** 29
– Hilfsmittel **222** 15
– Höhergruppierung **67** 13
– Informationsblatt **222** 21
– Internet **222** 17
– Jugend- und Auszubildendenvertretung (Stimmrechte) **227** 12
– Kommunikationsmittel **222** 21
– Kosten **222** 1
– Kosten (Bekanntgabe) **223** 18
– Lohnabzugstabelle **222** 19
– Minderheitenschutz **217** 25
– Nebenbetrieb (BetrVG) **214** 10
– Pensionsfonds/-kasse (BetrAVG) **83** 367
– Pensionskasse **84** 35
– Pflichtverletzung **219** 21
– Presse **215** 18
– Prozessvertretung (Arbeitnehmer) **233** 5
– Räume **222** 15
– Rechtsberatung (Arbeitnehmer) **233** 5
– Rechtsverfolgungskosten **222** 7
– Restmandat **244** 6
– Schulungs- und Bildungsveranstaltung **221** 32
– Schwarzes Brett **222** 20
– Sitzung **220** 17
– Spartenbetriebsrat **216** 4
– Sprecherausschuss **245** 9
– Sprechstunden **220** 30
– Stellvertreter **220** 5
– Störungs- und Benachteiligungsverbot **230** 21
– Umwandlung (Amt) **219** 17
– UmwG (Amtszeit) **219** 8
– Unterlassungsanspruch (§ 23 BetrVG) **219** 33
– Unterlassungsanspruch (Allgemeiner) **219** 41
– Unterstützungskasse (BetrAVG) **83** 367; **84** 26
– Vereinfachtes Wahlverfahren **217** 39
– Verfallfristen **222** 14
– Verhinderung (Ersatzmitglied) **219** 27
– Verjährungsfristen **222** 14
– Verschwiegenheit **230** 27
– Verschwiegenheit (§ 99 BetrVG) **241** 33
– Versetzung **143** 12
– Vertrauensvolle Zusammenarbeit **215** 11
– Vorschuss **222** 4
– Wahlvorstand (Bestellung) **217** 1 e
– Weitere Ausschüsse **220** 15
– Zusätzliche Vertretungen (Rechtsstellung) **216** 13
– Zuwendungen Dritter **222** 30

Betriebsratsanhörung
– Abschließende Stellungnahme **124** 42
– Adressat der Unterrichtung **124** 19
– Äußerungsfrist **124** 38
– Arbeitnehmer ohne Kündigungsschutz **124** 15
– Arbeitskampf **124** 9
– Arbeitszeit **124** 20
– Außerordentliche Kündigung mit Auslauffrist **124** 40
– Betriebsbedingte Kündigung **124** 31
– Beweislast **124** 43
– Erweiterung der Mitbestimmungsrechte **124** 63
– Fehler im Anhörungsverfahren **124** 34
– Gesamtbetriebsrat **124** 17
– Heimarbeit **124** 5
– Insolvenz **124** 8
– Kenntnis der Kündigungsgründe **124** 23
– Kleinbetriebe **124** 15
– Krankheitsbedingte Kündigung **124** 29
– Kündigungsfrist **124** 27
– Kündigungsgründe **124** 25
– Leitende Angestellte **124** 13
– Nachschieben von Kündigungsgründen **124** 45
– Namensliste **136** 12
– Rechtsfolgen fehlerhafter Anhörung **124** 50
– Rücknahme des Widerspruchs **124** 60
– Sozialauswahl **124** 32
– Sozialdaten **124** 26
– Stellungnahme des Betriebsrats **124** 38
– Streik **124** 9
– Subjektive Determinierung **124** 19
– Tendenzbetrieb **124** 7

– Umdeutung **124** 39
– Unterlagen **124** 25
– Unterrichtung des Arbeitnehmers **124** 61
– Verdachtskündigung **127** 144
– Wartezeitkündigung **124** 24
– Widerspruch **124** 51
– Widerspruchsgründe **124** 54
– Wiederholungskündigung **124** 11
– Zeitpunkt **124** 18
– Zuständiger Betriebsrat **124** 16
– Zweck **124** 1
Betriebsratsarbeit
– Befristungsgrund **40** 56
Betriebsratsbeschluss
– Grundsätze **220** 23
Betriebsratskosten
– Bekanntgabe **223** 18
– Einzelheiten **222** 1
– Umlageverbot **222** 27
Betriebsratsmitglied
– Abmeldung **221** 10
– Altersteilzeitarbeitsverhältnis **81** 39
– Amtstätigkeit **221** 8
– Arbeitsentgelt **221** 56
– Arbeitsfreistellung **221** 7
– Arbeitsfreistellung (völlige) **221** 23
– Arbeitszeit **221** 23
– Aufwendungsersatz **221** 4
– Begünstigungsverbot **230** 25
– Behinderungsverbot **230** 23
– Berufliche Bildung **221** 58
– Bildungsurlaub **221** 48
– Dienstreisen **221** 4
– Ehrenamtliche Tätigkeit **221** 1
– Einsichtsrecht **148** 9
– Freizeitausgleich **221** 18
– Gewerkschaftliche Betätigung **230** 18
– Kündigungsschutz **143** 1
– Kurzarbeit **221** 3
– Lohnsteuer **221** 16
– Massenänderungskündigungen **221** 3
– Nachteilsausgleich **221** 55
– Schulungs- und Bildungsveranstaltung **221** 32
– Sozialversicherung **221** 30
– Sozialversicherungsbeiträge **221** 16
– Störungs- und Benachteiligungsverbot **230** 22
– Tätigkeitsschutz **221** 57
– Unentgeltlichkeit **221** 2
– Unfallversicherung **221** 6
– Vergünstigungen **221** 3
– Vergütung **221** 12
– Verschwiegenheit **230** 27
– Versetzung **241** 41
Betriebsratssitzung
– Anwesenheitsliste **220** 27
– Arbeitgeber **220** 20
– Arbeitgeberverband **220** 20
– Einberufung **220** 17
– Gewerkschaft **220** 20
– Gewerkschaftsvertreter **220** 22
– Jugend- und Auszubildendenvertretung **227** 12
– Niederschrift **220** 27
– Schwerbehindertenvertretung **220** 21
– Zeitpunkt **220** 22
Betriebsratsvorsitzender
– Betriebsrat (Geschäftsführung) **220** 5
Betriebsratswahl
– Anfechtbarkeit **218** 11
– Arbeitszeit **218** 8
– Außerordentliche **217** 29
– Behinderung **218** 1
– Grundzüge **217** 1
– Maßregelung **218** 4
– Minderheitengeschlecht **217** 26
– Nichtigkeit **218** 11
– Prozesskosten **218** 10
– Rechtsschutz **217** 36
– Regelmäßige **217** 27
– Schulungskosten **218** 9
– Stimmabgabe und -auszählung **217** 37
– Vereinfachtes Wahlverfahren **217** 39
– Wählerliste **217** 31
– Wahlanfechtung **218** 1, 11
– Wahlausschreiben **217** 32
– Wahlbeeinflussung **218** 5
– Wahlgrundsätze **217** 30
– Wahlkosten **218** 7
– Wahlrecht **217** 11
– Wahlschutz **218** 1
– Wahlvorschläge **217** 33
– Zuordnungsverfahren **217** 15
Betriebsrentengesetz (Geltungsbereich)
– Gesellschafter **83** 17
– Minderheitsgesellschafter **83** 19
– Neue Bundesländer **83** 25
– Örtlicher **83** 25
– Organvertreter **83** 15
– Persönlicher **83** 12
– Zeitlicher **83** 24
Betriebsrisiko
– Arbeitskampfrisiko **194** 3
– Ausbildungsvergütung **174** 73
– Beendigung des Arbeitsverhältnisses **101** 15
– Begriff **101** 1
– Berufsausbildung **174** 73
– Berufsausbildungsverhältnis **174** 73
– Einzelfälle **101** 11
– Grundsätze **101** 10
– Rechtsentwicklung **101** 2
– Schuldrechtsreform **101** 9
– Wirtschaftsrisiko **101** 13
Betriebssport
– Arbeitsunfall **109** 25
Betriebsstillegung
– Außerordentliche Kündigung **127** 121
– Befristungsgrund **40** 14
– Betriebsänderung **244** 14

– Betriebsbedingte Kündigung **134** 43
– Betriebsvereinbarung **231** 53
– Kündigungsschutz von Betriebsratsmitgliedern **143** 39
– Schwerbehinderte Menschen **179** 23
– Sprecherausschuss **250** 19
– Wirtschaftsausschuss **243** 21
Betriebsstörung
– Entfernungsverlangen des Betriebsrats **242** 1
Betriebsteil
– Begriff **18** 7
– Betriebsübergang **117** 10
– BetrVG **214** 11
Betriebsübergang
– *Siehe auch Betriebsnachfolge, Gesamtrechtsnachfolge, Privatisierung und Widerspruch*
– Abdingbarkeit **118** 12
– Altersteilzeitarbeitsverhältnis **81** 36
– Anwartschaftsverzicht (Ruhegeld) **83** 175
– Arbeitsvergütung **118** 21
– Arbeitsverhältnis **118** 2
– Arbeitszeitkonto **160** 53
– Auflösungsantrag **118** 52
– Auslandsbezug **117** 6
– Belegschaft **117** 20
– Beschlussverfahren **118** 54
– Betrieb (Begriff) **117** 8
– Betriebliche Altersversorgung **118** 14
– Betriebliche Übung, Gesamtzusage **118** 16
– Betriebsänderung **244** 8
– Betriebsbedingte Kündigung **134** 47
– Betriebsrat (Beteiligung) **118** 26
– Betriebsveräußerer (Haftung) **118** 8
– Betriebsvereinbarung **231** 54
– Betriebsvereinbarung (Weitergeltung) **119** 21
– Betriebszugehörigkeit **118** 17
– Dienstvereinbarung **119** 33
– Einzelkriterien **117** 15
– Funktionsnachfolge **117** 12
– Gesamtbetriebsvereinbarung **119** 26
– Geschäftsübernahme **118** 24
– Gleichbehandlung **118** 13
– Heimarbeiter **11** 9
– Insolvenz **117** 33
– Insolvenz (Haftung) **117** 33
– Kirchliche Arbeitsrechtsregelungen **119** 3a
– Kirchliche Einrichtungen **117** 13
– Kündigungsschutzklage **118** 48
– Kundschaft **117** 23
– Leitende Angestellte **15** 37
– Öffentlicher Dienst **117** 13
– Organvertreter **118** 2
– Pensionsfonds **84** 102
– Privatisierung **119** 47
– Rechtsfolgen **118** 1
– Rechtsgeschäft **117** 29
– Regelungsabrede **119** 31
– Richtlinie **117** 2
– Ruhegeld **118** 14
– Schuldbeitritt **118** 25
– Seeschifffahrt **117** 2
– Sperrzeit **118** 47
– Sprecherausschussvereinbarungen **119** 32
– Tarifbindung **206** 30
– Tarifvertrag (Weitergeltung) **119** 2
– Umwandlung (Verhältnis) **116** 11
– Unterrichtung über **118** 30
– Unterstützungskasse **84** 21
– Verbandszugehörigkeit **206** 30
– Versorgungsanwartschaft **83** 189
– Vertragseintritt (Erwerber) **118** 5
– Voraussetzungen **117** 8
– Wettbewerbsverbot (nachvertragliches) **58** 32
– Widerspruchsrecht **118** 39
– Wirtschaftliche Einheit **117** 8
– Wohnraum **118** 19
– Zuordnung (Arbeitsverhältnis) **118** 4
– Zwangsversteigerung **117** 32
Betriebsveräußerung
– Außerordentliche Kündigung **127** 87
Betriebsvereinbarung
– Ablösende **231** 34
– Abtretung **88** 4
– Änderungskündigung **231** 49
– Amtszeit (Betriebsrat) **231** 52
– Anfechtung **231** 9
– Arbeitsgruppe **220** 15e
– Arbeitsvertragliche Einheitsregelung **231** 36
– Aufhebung **231** 40
– Aushangpflicht **231** 16
– Auslegung **231** 12
– Ausschlussfrist **231** 33
– Außerordentliche Kündigung **231** 48
– Beendigung **231** 38
– Befristung **231** 38
– Begriff **231** 4
– Begründung **231** 5
– Betriebsaufspaltung **231** 54
– Betriebsratslose Betriebe **224** 5
– Betriebsstilllegung **231** 53
– Betriebsübergang **119** 21
– Betriebsübung **111** 29
– Billigkeitskontrolle **231** 10
– Form **231** 13
– Gegenstand **231** 18
– Geltungsbereich **231** 30
– Geltungsbereich (Ausscheiden) **231** 41
– Gesamtzusage **231** 36
– Gesamtzusage (Umdeutung) **111** 37
– Geschäftsgrundlage **231** 42
– Gratifikation **78** 20, 75
– Höherwertige Rechtsquellen **231** 8
– Insolvenz **93** 130; **231** 56
– Kollision **231** 34
– Kontrolle durch Tarifvertragsparteien **202** 22
– Kündigung **231** 43

– Nachwirkung **231** 57
– Ordnungsprinzip **231** 35
– Pensionäre **231** 30
– Ruhegeld **83** 52
– Ruhegeldanwartschaft **83** 140
– Sozialplan **244** 58
– Sperrwirkung **231** 21
– Tarifautonomie **231** 21
– Tarifvertrag (Bezugnahme) **231** 14
– Tarifvorbehalt **231** 21
– Teilkündigung **231** 49
– Teilnichtigkeit **231** 8
– Umdeutung (Individualrecht) **231** 8
– Umwandlung **119** 40
– Unabdingbarkeit **231** 31
– Verfallfrist **231** 33
– Versorgungsanwartschaft **83** 140
– Vertragspartner **231** 17
– Verwirkung **231** 32
– Verzicht **231** 32
Betriebsverfassung
– *Siehe auch Betriebsrat*
– Abdingbarkeit (Beteiligungsrechte) **230** 7
– Andere Vertretungen **216** 5
– Arbeitgeber (Begriff) **212** 1
– Arbeitnehmer **212** 5
– Arbeitnehmerähnliche Person **212** 8
– Auslandsberührung **213** 1
– Beamte **212** 9
– Betriebsinhaberwechsel **214** 2
– Betriebsteil **214** 11
– Ehegatte **212** 14
– Einschränkung des Arbeitnehmerbegriffs **212** 10
– Entwicklungshelfer **212** 8 a
– Ersatzdienst **212** 8 a
– Familienrechtliche Mitarbeit **212** 14
– Gemeinschaftsbetrieb **214** 5
– Gesamthafenbetrieb **214** 2 a
– Gewerkschaft **215** 1
– Haushalt **214** 2 a
– Karitative/erzieherische Einrichtungen **214** 22
– Koppelungsgeschäft **215** 21
– Leitende Angestellte **212** 15
– Luftfahrtunternehmen **214** 21
– Nebenbetrieb **214** 10
– Öffentlicher Dienst **214** 16
– Organisation (Abweichung) **216** 1
– Organvertreter **212** 10
– Parteipolitische Betätigung **230** 16
– Personalvertretungsrecht (Abgrenzung) **263** 5
– Personengesellschaften **212** 11
– Reformgesetz **210** 6
– Religionsgemeinschaft **214** 22
– Schwestern **212** 12
– Seeschifffahrtsunternehmen **214** 17
– Sondervertretung **216** 9
– Tarifvertrag (Organisation) **216** 1
– Tendenzbetriebe/-unternehmen **214** 25
– Territorialitätsprinzip **213** 1
– Unternehmenseinheitlicher Betriebsrat **216** 14
– Unternehmer **212** 3
– Verletzung durch Arbeitgeber **219** 31
– Verwandte **212** 14
– Verwirkung **215** 13
– Wehrdienst **212** 8 a
– Zugangsrecht **215** 3
– Zusätzliche Vertretungen **216** 9
– Zweck **210** 1
Betriebsverfassungsrechtliche Grundrechte **234** 1
Betriebsverfassungsrechtliche Normen
– Tarifvertrag **202** 20
Betriebsverlegung
– Betriebsänderung **244** 17
– Ort der Arbeitsleistung **45** 20
Betriebsversammlung
– Einzelheiten **223** 1
– Wahlvorstand **217** 1
Betriebszugehörigkeit
– Betriebsübergang **118** 17
– Sozialplan **244** 49
Beurlaubung
– Beteiligung (BPersVG) **269** 43
Beurteilung
– Unterrichtung über **234** 12
Beurteilungsgrundsatz
– Mitbestimmung (BetrVG) **238** 25
Beurteilungsrichtlinie
– Beteiligung (BPersVG) **269** 7
Bewährungsaufstieg
– Öffentlicher Dienst **184** 29
Beweislast
– Allgemeine Geschäftsbedingungen **32** 63
Bewerberauswahl
– Personalplanung **25** 1
Bewerbung
– Eignungsuntersuchung **26** 11
– Mitwirkungspflichten (Arbeitgeber) **26** 4
– Mitwirkungspflichten (Arbeitnehmer) **26** 8
Bewerbungskosten
– *Siehe Vorstellungskosten*
Bewerbungsunterlagen
– Datenschutz **148** 36
– Einsicht **241** 32
– Mitbestimmung **241** 28
– Rückgabe **25** 12
Bezirksprovision
– *Siehe Provision*
Bezirksvertretung
– Provision **75** 25
Bezugnahme auf Tarifvertrag
– Betriebsübergang **119** 7
– Betriebsvereinbarung **231** 14
– Dynamische Verweisung **208** 4
– Form **208** 14
– Gleichstellungsabrede **208** 5

– Grenzen **208** 15
– Grundsätze **208** 1
– Inhalt **208** 11
– Rechtsfolgen **208** 17
– Rechtsnatur **208** 8
– Statische Verweisung **208** 4
– Tarifänderung **208** 13
– Tarifbindung **208** 8
– Tarifdispositives Gesetzesrecht **208** 16
– Wiederholung von Tarifnorm **208** 7
– Zwingendes Gesetzesrecht **208** 16
BGB-Gesellschaft
– Arbeitgeber **34** 3
Bildschirmarbeitsplätze
– Mitbestimmung **237** 21
Bildungsgutschein
– Voraussetzungen **22** 19
Bildungsmaßnahmen
– Widerspruchsrecht **239** 7
Bildungsurlaub
– Betriebsratsmitglieder **221** 48
– Mitbestimmung **235** 59
– Personalrat **266** 20
– Voraussetzungen **103** 1
Bildungsveranstaltung
– *Siehe Schulungs- und Bildungsveranstaltung*
Billiges Ermessen
– Einigungsstelle **232** 29
Billigkeitskontrolle
– Arbeitsvertrag **31** 4
– Betriebsvereinbarung **231** 10
Bindende Festsetzung
– Heimarbeitsvergütung **163** 23
Biologische Sicherheit (Beauftragter)
– Mitbestimmung **241** 10
Blankettzusage
– Ruhegeld **83** 34
Blockmodell
– *Siehe Altersteilzeit*
Blockunterricht
– Berufsschule **161** 22
Bochumer Verband
– Ruhegeld (Anpassung) **83** 277
– Ruhegeldanspruch **83** 37
Böswillig unterlassener Erwerb
– Annahmeverzug **95** 101
Bordvertretung
– Beteiligung **214** 20
– Kündigungsschutz **143** 5
Bossing
– Begriff **33** 43a
Boykott
– Arbeitskampf **193** 37
Bruttolohnlisten
– Beteiligungsrechte (BetrVG) **233** 17
– Beteiligungsrechte (BPersVG) **267** 2
– Tendenzbetrieb **214** 31
Bruttovergütung
– Abzüge **71** 3
– Begriff **71** 3
– Rückforderung **74** 3
– Zinsen **71** 6
– Zwangsvollstreckung **71** 5
Buchauszug
– Provision **75** 55
Bühnenarbeitsrecht
– Grundsätze **186** 80
Bühnenkünstler
– Beschäftigungspflicht **110** 5
Büropersonal
– Betriebsrat **222** 18
– Personalrat **265** 78
Bundesagentur für Arbeit
– *Siehe auch Arbeitslosengeld, Arbeitslosenversicherung*
– Arbeitsbehörden **7** 5
– Betriebsänderung (Vermittlung) **244** 38
Bundesanstalt für Arbeitsschutz und Arbeitsmedizin
– Aufgaben **152** 12
Bundesanstalt für Arbeitsschutz und Unfallforschung
– Arbeitsbehörden **7** 4
Bundesdatenschutzgesetz
– Ansprüche nach dem BDSG **148** 33
– Aufsichtsbehörden **148** 52
– Auskunft **148** 35
– Berichtigung **148** 36
– Datenerhebung **148** 26
– Datenschutzbeauftragter **148** 49
– Einwilligung **148** 27
– Geltungsbereich **148** 25
– Informationelle Selbstbestimmung **148** 43
– Löschung **148** 36
– Mitbestimmung des Betriebsrats **148** 42
– Schadensersatz **148** 38
– Sensible personenbezogene Daten **148** 28
– Speicherung **148** 26, 34
– Sperrung **148** 37
– Subsidiarität **148** 39
– Videoüberwachung **148** 30
Bundesinstitut für Berufsbildung
– Arbeitsbehörden **7** 6
– Berufsbildung **173** 17
Bundeslotsenkammer
– Koalition **187** 7
Bundesministerium für Arbeit und Soziales
– Arbeitsbehörden **7** 2
Bundesnachrichtendienst
– Beteiligung (BPersVG) **267** 17
Bundesverband der deutschen Industrie
– Arbeitgeberverband **189** 45
Bundesvereinigung der deutschen Arbeitgeberverbände e. V. (BDA)
– Arbeitgeberverband **189** 42
Bundesverfassungsgericht
– Gemeinschaftsrecht **3** 87
Bundeszentralregister
– Bewerbungsunterlage **26** 35

Bußgeld
– Jugendarbeitsschutzrecht **161** 57
– Übernahme **53** 8

Call-Center
– Arbeitsverhältnis **9** 46
Chefarzt
– *Siehe Arzt*
Christlicher Gewerkschaftsbund Deutschlands
– Einzelheiten **189** 28
– Koalition **187** 16
Closed-Shop-Klauseln
– Zulässigkeit **202** 10
Computerprogramme
– Dienstverhältnis (Urheberschutz) **115** 2
– Urheberschutz **115** 10
Culpa in contrahendo
– *Siehe Verschulden bei Vertragsverhandlungen*

Darlehen
– AGB-Kontrolle **70** 20
– Ausgleichsklausel **72** 8 a
– Ausschlussfrist **70** 22
– Beteiligung (BPersVG) **269** 44
– Betriebsübergang **118** 18
– Pfändungs- und Überweisungsbeschluss **90** 33
– Vorzeitige Beendigung des Arbeitsverhältnisses **70** 21
Datennetze
– Beteiligungsrechte (BPersVG) **271** 15
Datenschutz
– *Siehe auch Bundesdatenschutzgesetz*
– Bewerbungsunterlagen **148** 36
– Europäisches Recht **148** 23
– Personalrat **265** 60
– Telearbeit **164** 35
Datenschutzbeauftragter
– Bundesdatenschutzgesetz **148** 49
– Grundsätze **153** 10
– Kündigungsschutz **145** 10
– Mitbestimmung **241** 9
Datenverarbeitung
– Begriffe **148** 24
– Beteiligungsrechte (BetrVG) **235** 67
– Beteiligungsrechte (BPersVG) **271** 14
– Persönlichkeitsrecht **148** 22
– Personalakten **148** 18
Dauerstellung
– Grundsätze **37** 10
dbb-Tarifunion
– Koalition **189** 41 b
Demonstrationsstreik **193** 11
Denunzieren
– Verhaltensbedingte Kündigung **133** 25
Detektive
– Überwachung des Arbeitnehmers **55** 28
Deutsche Bahn AG
– Personalvertretungsrecht **263** 8
– Personelle Mitbestimmung **241** 5
– Privatisierung **119** 72
Deutsche Post AG
– *Siehe Postunternehmen*
Deutsche Postbank AG
– *Siehe Postunternehmen*
Deutsche Telekom AG
– *Siehe Postunternehmen*
Deutscher Beamtenbund
– GGVöD **189** 40
Deutscher Gewerkschaftsbund
– Einzelgewerkschaften **189** 11
Deutsches Industrieinstitut **189** 45
Dienstabsprache
– Begriff **268** 14
Diensterfindung
– *Siehe Arbeitnehmererfindung*
Dienstkleidung
– Erstattungsfähigkeit **86** 21
Dienstleistungsbetrieb
– Betriebsübergang **117** 16
Dienstliche Beurteilung
– Grundsätze **148** 13
Dienstordnungsangestellte
– Gratifikation **78** 16
Dienstplan
– Beteiligungsrechte (BetrVG) **235** 39
– Beteiligungsrechte (BPersVG) **270** 6
Dienstpostenbewertung
– Beteiligungsrechte (BPersVG) **271** 18
Dienstreisezeit
– Arbeitszeit (ArbZG) **156** 16
– Begriff **45** 61
Dienststelle
– Begriff **264** 2
– Dienststellenteil **264** 5
– Entscheidungsbefugnis (fehlende) **264** 17
– Gesamtpersonalrat **264** 9
– Organisation (Beteiligungsrecht) **271** 9
– Stufenvertretung **264** 10
– Verselbständigungsbeschluss **264** 8
Dienststellenleiter
– Beteiligungsverfahren (BPersVG) **268** 16
– Personalratswahl **265** 14
Dienstvereinbarung
– Abtretung **88** 4
– Betriebsübergang **119** 33
– Dienstabsprache **268** 14
– Einzelheiten **268** 7
– Privatisierung **119** 58
Dienstverschaffungsvertrag
– Begriff/Abgrenzung **9** 30
– Eigengruppe **182** 16
– Maschinenüberlassung **9** 41
Dienstvertrag
– Arbeitsvertrag (Abgrenzung) **9** 1
– Wettbewerbsverbot **58** 15
Dienstwagen
– Allgemeine Geschäftsbedingungen **32** 64
– Herausgabe **113** 4

– Mitbestimmung **68** 7 a
– Steuer **68** 15
– Vergütungsbestandteil **68** 6
– Widerrufsvorbehalt **68** 6 e

Dienstwohnung
– *Siehe auch Werkwohnung und Werkdienstwohnung*
– Beteiligung (BPersVG) **269** 45

Differentiallohnsystem
– Prämie **65** 3

Differenzierungsklausel
– Zulässigkeit **188** 10; **201** 17; **206** 24; **207** 4

Direktionsrecht
– Änderung der Vergütung **45** 25 a
– Änderungskündigung **45** 43
– AGB-Kontrolle von Versetzungsklauseln **45** 37
– Akkordarbeit **67** 28
– Arbeitgeber **17** 5
– Arbeitszeit **45** 68
– Art der Arbeitsleistung **45** 23
– Art der zu leistenden Arbeit **45** 24
– Auszubildende **174** 44
– Berufsausbildung **174** 79
– Betriebsgruppe **182** 3
– Betriebsratsmitglieder **45** 44 a
– Dienstreisen **45** 24
– Erweiterung durch Tarifvertrag **45** 27
– Gerichtliche Überprüfung **45** 42
– Gesetzlich verbotene Arbeit **45** 33
– Insolvenzverwalter **17** 5
– Kleidung **45** 26
– Konkretisierung **45** 29
– Nebenarbeiten **45** 31
– Ort der Arbeitsleistung **45** 14
– Schwangere **45** 44
– Schwerbehinderte Menschen **45** 44; **179** 16
– Streikarbeit **45** 33
– Versetzung **45** 16 b
– Versetzungsklauseln **45** 37
– Wechselnde Arbeitsorte **45** 16 a

Direktversicherung
– Anpassung (BetrAVG) **84** 55
– Anwartschaftsrecht **84** 46
– Aufgespaltene Bezugsberechtigung **84** 50
– Begriff **84** 36
– Beitragspflicht **84** 40
– Beitragszahlung (Verzug) **84** 42
– Betriebliche Altersversorgung **84** 36
– Bezugsberechtigung **84** 46
– Deckungsverfahren **82** 82
– Eingeschränkt widerrufliches Bezugsrecht **84** 49
– Einstandspflicht des Arbeitgebers **84** 57
– Ergänzungsanspruch **83** 158
– Gehaltsumwandelnde **84** 44
– Insolvenzschutz **84** 42, 113
– Mitbestimmung des Betriebsrats **84** 58
– Quotierungsverfahren **84** 54
– Überschussanteile **84** 50
– Unisex-Tarife **84** 40
– Unverfallbarkeit **84** 53
– Unwiderrufliches Bezugsrecht **84** 48
– Verfügungsbeschränkungen **84** 55
– Wert der Versorgungsanwartschaft **84** 54
– Widerrufliches Bezugsrecht **84** 47

Direktzusage
– Begriff **82** 85

Diskriminierung
– Entgelt (Mittelbare) **165** 12
– Entgelt (Unmittelbare) **165** 7
– Schwerbehinderte Menschen **178** 44

Doping
– Außerordentliche Kündigung **127** 88

Doppelverdienst
– Soziale Auswahl **135** 36

Dotierung
– Sozialplan **244** 48

Dozent
– Arbeitnehmerstatus **8** 42

Drittelbeteiligung
– Grundsätze **258** 1

Dritter Weg
– Grundsätze **185** 6

Drittmittel
– Arbeitsvertragsschluss **183** 5
– Befristungsgrund **40** 43

Drittschuldner
– Hinterlegung **90** 11

Drittschuldnerklage
– Grundsätze **89** 49
– Rangverhältnis **89** 72
– Verschleiertes Arbeitseinkommen (Höhe) **89** 70

Drittstaaten
– Arbeitserlaubnis **27** 11

Drogen
– Entgeltfortzahlung **98** 41

Drogensucht
– Außerordentliche Kündigung **127** 65

Druckkündigung
– Außerordentliche Kündigung **127** 89
– Entfernungsverlangen des Betriebsrats **242** 9
– Verhaltensbedingte Kündigung **133** 26

Durchführungspflicht
– Tarifvertrag **201** 15

Durchgriffshaftung
– Konzern **34** 13

Durchschnittsverdienst
– Höhe **62** 10

Dynamische Verweisung
– *Siehe Bezugnahme auf Tarifvertrag*

Dynamisierungsklauseln
– Ruhegeld **83** 258

Effektivgarantieklausel
– Tarifvertrag **204** 51

Effektivklausel
– Tarifvertrag **204** 51

Ehe
– Außerordentliche Kündigung des Arbeitnehmers **127** 153
Eheähnliche Verhältnisse
– Arbeitsvertrag **9** 37
Eheanbahnungsdienstvertrag
– Arbeitsvertrag (Abgrenzung) **9** 40
Ehrenamt
– Arbeitslosengeld **23** 15
– Arbeitslosenversicherung **19** 25
– Außerordentliche Kündigung **127** 91
– Personenbedingte Kündigung **131** 26
Eigengruppe
– Grundsätze **182** 12
Eigenkündigung
– Sozialplan **244** 54
Eigentum
– Arbeitsverhältnis **113** 2
– Hersteller **113** 10
– Spezifikation **113** 9
Eignung
– Außerordentliche Kündigung **127** 93
– Personenbedingte Kündigung **131** 27
Eignungsübung
– Wehrdienst **177** 15
Eignungsuntersuchung
– Einstellung **24** 10
– Europäische Union **24** 15
Eilfall
– Mitbestimmungsrecht (BetrVG) **235** 13
– Mitwirkungsverfahren (BPersVG) **268** 68
– Personalvertretungsrecht **268** 58
Einbehaltung
– Zulässigkeit **88** 23
Ein-Euro-Job
– Arbeitnehmer **8** 20
Einfirmenvertreter
– Arbeitsrechtliche Vorschriften (Anwendbarkeit) **12** 5
– Handelsvertreter **12** 2
Einfühlungsverhältnis
– Begriff **41** 2
Eingebrachte Sachen
– Haftung **106** 27
Eingliederung
– Arbeitnehmer (BetrVG) **212** 6
– Personalvertretungsrecht **263** 23
Eingliederungsgutschein
– Voraussetzungen **21** 54
Eingliederungshilfen
– Voraussetzungen **21** 34
Eingliederungsvertrag
– Arbeitnehmerstatus **8** 22
Eingliederungszuschuss
– Voraussetzungen **21** 26
Eingriffsnormen
– Internationales Arbeitsrecht **6** 12
Eingruppierung
– Änderung der Arbeit **67** 12
– Arbeitsvorgang **184** 11
– Aufbaufallgruppen **184** 40
– Beteiligung (BPersVG) **269** 37
– Bewährungsaufstieg **184** 29
– Darlegungs- und Beweislast **184** 38
– Deklaratorische oder konstitutive Bedeutung **67** 8
– Eingruppierungsfeststellungsklage **184** 37
– Erlass **184** 62
– Feststellungsklage **67** 9
– Grundsätze **67** 6
– Heraushebungsmerkmale **184** 19
– Korrigierende Rückgruppierung **184** 43
– Lehrer **184** 63
– Leistungsklage **67** 8
– Maßregelung **184** 64
– Mitbestimmung **67** 13; **241** 15
– Nachweisgesetz **184** 42
– Öffentlicher Dienst **184** 11
– Richtlinien **184** 62
– Subjektive Merkmale **67** 7
– Tätigkeitsbeispiele **67** 6
– Tarifauslegung **67** 6
– Tarifautomatik **67** 8; **184** 11
– Tariflücke **184** 63 a
– Tarifvertrag **203** 43
– Unterrichtungspflicht **241** 27
– Zinsen **67** 8
– Zusammenhangstätigkeit **184** 15
Eingruppierungsklage
– Rechtskraftwirkung **67** 9
Einigungsstelle (BetrVG)
– Abstimmung **232** 21
– Anfechtung **232** 32
– Aufschiebende Wirkung (Anfechtung) **232** 37
– Aussetzung **232** 17
– Befangenheit **232** 19
– Begriff **232** 1
– Beisitzer **232** 10
– Beisitzer (Vergütung) **232** 42
– Beisitzeranzahl **232** 13
– Beschluss **232** 25
– Beschlussfassung **232** 20
– Beschlussverfahren (§ 98 ArbGG) **232** 16
– Betriebsänderung (Interessenausgleich) **244** 39
– Ermessensüberschreitung **244** 70
– Errichtung (gerichtliche Entscheidung) **232** 12
– Freiwillige **232** 38
– Klagefrist **232** 32
– Kosten **232** 40
– Offensichtliche Unzuständigkeit **232** 15
– Rechtsentscheidung **232** 2
– Säumnis (Beisitzer) **232** 28
– Schadensersatz **232** 50
– Schlichtungsstelle **232** 3
– Sozialplan (Ermessensrichtlinien) **244** 63
– Spruch (Vollzug) **232** 39
– Stimmenmehrheit **232** 21

– Tarifvertrag **232** 6
– Verfahrensgrundsätze **232** 19
– Vorfragenkompetenz **232** 18
– Vorsitzender **232** 11
– Vorsitzender (Bestellung) **232** 14
– Vorsitzender (Vergütung) **232** 43
– Wirtschaftsausschuss **243** 37
– Zusammensetzung **232** 9
– Zuständigkeit **232** 4
Einigungsstelle (BPersVG)
– Einzelheiten **268** 52
– Rechtsanwalt **265** 74
Einigungsvertrag
– Arbeitsrecht **2** 16
Einkommensteuer
– Freie Mitarbeiter **71** 102 a
Einrede des nicht erfüllten Vertrages
– Zurückbehaltungsrecht **50** 1
Einschreibebrief
– Zugang **123** 43
Einstellung
– Aufhebungsanspruch des Betriebsrats **241** 69
– Beteiligung (BPersVG) **269** 19
– Eignungsuntersuchung **26** 11
– Mitbestimmung (BetrVG) **241** 11
– Sprecherausschuss **253** 2
– Unterrichtungspflicht **241** 26
– Widerspruchsfrist **241** 36
– Widerspruchsgründe **241** 42
– Zustimmungsverweigerungsrecht **241** 34
Einstellungsfragebogen
– *Siehe Fragerecht und Personalfragebogen*
Einstellungsgespräch
– *Siehe Fragerecht und Personalfragebogen*
Einstellungspflicht
– Schwerbehinderte Menschen **178** 32
Einstellungszuschuss
– Voraussetzungen **21** 32
Einstiegsgeld
– Arbeitslosengeld II **24** 13
Einstiegsqualifizierung
– Voraussetzungen **22** 9
Einwirkungspflicht
– Tarifvertrag **201** 15
Einzelakkord
– Arbeitsvergütung **64** 12
Einzelprämie
– Arbeitsvergütung **65** 15
Einzelrechtsnachfolge
– *Siehe Betriebsübergang*
Elektronische Form
– *Siehe Schriftform*
Elterngeld
– Arbeitskampf **194** 29
Elternzeit
– Befristetes Arbeitsverhältnis **172** 64
– Befristungsgrund **40** 27
– Berechtigte **172** 5
– Betriebliche Altersversorgung **172** 33
– Dauer **172** 8
– Entgeltfortzahlung **98** 26; **172** 25
– Festlegung **172** 13
– Insolvenz (Sonderkündigungsschutz) **93** 50
– Kündigungsschutz **169** 25; **172** 50
– Kündigungsschutz (MuSchG) **169** 14
– Rechtsgrundlagen **172** 1
– Ruhegeld (Wartezeit) **83** 111
– Sachbezüge **172** 22
– Sonderkündigungsrecht des Elternzeitberechtigten **172** 61
– Sondervergütung **172** 21
– Sozialplan **172** 50
– Suspendierung der Arbeitspflicht **172** 19
– Teilzeitarbeit **172** 37
– Übertragung bis 8. Lebensjahr **172** 10
– Urlaub **172** 26
– Verlangen der Elternzeit **172** 11
– Vermögenswirksame Leistungen **172** 23
– Vorzeitige Beendigung **172** 15
– Zulassung der Kündigung **172** 56
– Zweck **172** 2
E-Mail
– Betriebsrat **222** 17
– Verhaltensbedingte Kündigung **133** 27
Entbindung
– Begriff **168** 14
Entfernung betriebsstörender Arbeitnehmer
– Voraussetzungen **242** 1
Entgelt
– *Siehe Arbeitsvergütung*
Entgeltausfallprinzip
– Ausbildungsvergütung **174** 71
Entgeltfortzahlung
– Altersteilzeitarbeitsverhältnis **81** 29
– Annahmeverzug **98** 29
– Anspruchsvoraussetzungen **98** 9
– Anzeige der Erkrankung **98** 113
– Arbeitskampf **98** 32
– Arbeitsunfähigkeit **98** 14
– Arbeitsunfähigkeitsbescheinigung **98** 119
– Arbeitsunfähigkeitsrichtlinien **98** 138
– Arbeitsunfall **98** 39
– Arbeitswille **98** 33
– Arztbesuch **98** 20
– Aufwendungsersatz **98** 101
– Ausbildungsverhältnis **174** 75
– Ausgleichsverfahren **100** 3
– Auskunftspflicht **98** 163
– Auslandserkrankung **98** 145
– Beendigung des Arbeitsverhältnisses **98** 73
– Beginn **98** 54
– Bemessungsgrundlage **98** 108
– Beweislast bei Fortsetzungserkrankung **98** 71
– Beweislast für Anlass der Kündigung **98** 81
– Beweislast für Verschulden **98** 50
– Beweiswert der Arbeitsunfähigkeitsbescheinigung **98** 130

– Dauer **98** 57
– Detektivkosten **98** 143
– Dienstwagen **98** 99
– Drogen **98** 43
– Einmalige Zuwendung **98** 98
– Elternzeit **98** 26
– Entgeltbestandteile **98** 93
– Erlassvertrag **98** 183
– Erstattung **100** 3
– Erwerbsminderung **98** 36
– Feiertag und Arbeitsunfähigkeit **98** 31
– Forderungsübergang bei Dritthaftung **98** 150
– Fortsetzungserkrankung **98** 61
– Fortsetzungserkrankung (Rahmenfrist) **98** 66
– Gegenstand des Forderungsübergangs **98** 158
– Geltungsbereich **98** 1
– Heimarbeit **98** 3; **163** 29
– Höhe **98** 83
– Kassenarzt **98** 136
– Kausalzusammenhang **98** 21
– Krankheit **98** 10
– Kündigung wegen Arbeitsunfähigkeit **98** 74
– Kurzarbeit **98** 107
– Leistungsverweigerungsrecht **98** 164
– Medizinischer Dienst **98** 140
– Nachweispflicht **98** 119
– Nebentätigkeit **98** 45
– Organverpflanzung **98** 45
– Personalratsmitglied **266** 6
– Pfändbarkeit **92** 21
– Provision **98** 97
– Quotenvorrecht **98** 162
– Schadensersatzanspruch **98** 152
– Schlägerei **98** 44
– Schönheitsoperation **98** 20
– Schwangere Arbeitnehmerin **98** 35
– Schwangerschaftsabbruch **98** 53
– Sportunfall **98** 41
– Sterilisation **98** 53
– Tariföffnungsklausel **98** 108
– Tarifvertrag **98** 176
– Teilweise Arbeitsunfähigkeit **98** 17
– Überstunden **98** 87
– Überstundenvergütung **98** 95
– Unabdingbarkeit **98** 175
– Unfall **98** 38
– Urlaub **98** 25
– Verkehrsunfall **98** 37
– Verschulden **98** 37
– Verschulden Dritter **98** 52
– Wartezeit **98** 55
– Wehrdienst **177** 13
– Werksarzt **98** 142
– Wiedereingliederung **98** 127
– Wiedereingliederungsverhältnis **98** 18
– Wiederholte Erkrankung **98** 61

Entgeltgleichbehandlung
– Beweislast **165** 17
– Entgeltbegriff (Gemeinschaftsrecht) **165** 5
– Gemeinschaftsrecht **165** 3
– Mittelbare Diskriminierung (Grundsätze) **165** 12
– Mittelbare Diskriminierung (Rechtfertigung) **165** 13
– Rechtsentwicklung **165** 21
– Rechtsfolgen unzulässiger Diskriminierung **165** 16
– Unmittelbare Diskriminierung **165** 7
Entgeltpunkte
– Sozialversicherungsrente **82** 58
Entgeltsicherung
– Voraussetzungen **21** 47
Entgeltumwandlung
– Altersversorgung **82** 89
Entgeltumwandlungszusage
– Abfindung von Anwartschaften **84** 75
– Anpassung (BetrAVG) **84** 74
– Anspruch **84** 60
– Begriff **84** 59
– Durchführung **84** 63
– Entgelt (Begriff) **84** 64
– Insolvenzschutz **84** 76
– Mitbestimmung des Betriebsrats **84** 77
– Rückwirkende Vereinbarung **84** 60
– Staatliche Förderung **84** 78
– Tarifvertrag **84** 62
– Unisex-Tarife **84** 69
– Unverfallbarkeit **84** 70
– Wertgleichheit **84** 67
– Zillmerung **84** 68
Entgeltverzeichnis
– Heimarbeit **163** 21
Entlassung
– *Siehe Massenentlassungsschutz*
Entlassungsentschädigung
– *Siehe Abfindung*
Entlassungsverlangen des Betriebsrats
– Betriebsstörende Arbeitnehmer **242** 1
Entlohnungsgrundsätze
– Mitbestimmung **235** 89
Entlohnungsmethode
– Mitbestimmung **235** 89
Entschädigung
– AGG-Hopping **33** 93
– Arbeitsvergütung **66** 5
– Beweislast **33** 90 a
– Höhe **33** 89
– Immaterieller Schaden **33** 84
– Materieller Schaden **33** 78
– Stellenausschreibung **33** 87
Entsendung ins Ausland
– Arbeitnehmerüberlassung **6** 23
– Rechtsgrundlagen **6** 15
– Sozialversicherung **6** 20

Entwicklungshelfer
– Arbeitsgerichte (Zuständigkeit) **186** 68
– Begriff **186** 61
– Betriebsverfassung **212** 8a
– Entwicklungsdienstvertrag **186** 63
– Leistungen **186** 64
– Träger **186** 62
Erfindernennungsrechte
– Arbeitnehmererfindung **114** 20
Erfindung
– Arbeitnehmererfindung **114** 10
Erfindungsmeldung
– Diensterfindung **114** 17
Erfüllungsort
– Ruhegeld **83** 206
Ergebnisbeteiligung 76 1
Erhaltungsarbeiten
– Arbeitskampf **194** 36
Erholungsurlaub
– *Siehe Urlaub*
Erholungszeit
– REFA-Verfahren **64** 22
Erlasse
– Öffentlicher Dienst **184** 62
– Rechtsquelle **3** 41
Erlassvertrag
– Arbeitsvergütung **73** 15
– Ruhegeld **83** 327
Erleichterung des Arbeitsablaufs
– Beteiligungsrechte (BPersVG) **271** 5
Eröffnungsbeschluss
– Insolvenzgeld **94** 6
Erörterung
– Personalrat **268** 4
Erprobung
– Befristungsgrund **40** 34
– Probearbeitsverhältnis **41** 1
Ersatzanspruch
– Beteiligung (BPersVG) **269** 46
Ersatzdienst
– Betriebsverfassung **212** 8a
– Kündigungsschutz **144** 8
Ersatzmitglied
– Betriebsrat **219** 26
– Einigungsstelle (BPersVG) **268** 48
– Personalrat **265** 38
– Sprecherausschuss **246** 13
– Vorstand (BPersVG) **265** 49
Erschwerniszulage
– Vergütungsbestandteil **69** 33
Ersparnisprämie
– Arbeitsvergütung **65** 8
Erstuntersuchung
– Jugendliche **161** 45
Erweiterungsbau
– Beteiligungsrechte (BPersVG) **271** 12
Erwerbsfähigkeit
– Arbeitslosengeld II **24** 3
Erwerbsminderung
– Befristungsgrund **40** 57
Erwerbsunfähigkeit
– Öffentlicher Dienst **82** 35
– Rentenversicherung **82** 30
Erzieherische Einrichtungen
– BetrVG **214** 22
Erziehungsgeld
– *Siehe Elterngeld*
Erziehungsrente
– Hinzuverdienstgrenze **82** 55
– Rentenversicherung **82** 44
Erziehungsurlaub
– *Siehe Elternzeit*
EURES 27 3
Europaabgeordnetengesetz
– Kündigungsschutz **145** 6
Europäische Aktiengesellschaft
– Mitbestimmung **261** 3
– Tarifvertrag (europäischer) **198** 9
Europäische Genossenschaft
– Mitbestimmung **261** 11
Europäische Sozialcharta
– Arbeitskampf **193** 4
Europäische Union
– *Siehe auch Amsterdamer Vertrag und Gemeinschaftsrecht*
– Altersversorgung **3** 102
– Amsterdamer Vertrag **3** 46
– Arbeitslosigkeit **3** 91
– Arbeitsschutzrecht (Übersicht) **152** 10
– Berufsbildung **173** 19
– Bewerber (Untersuchung) **24** 15
– Entgeltgleichheit **3** 59
– Erweiterung (Vertrag von Nizza) **3** 49
– Europäische Grundrechte **3** 50
– Freizügigkeit **3** 53
– Gleichberechtigung **3** 28
– Grenzgänger (Sozialleistungen) **3** 97
– Krankenversicherung **3** 100
– Rechtssetzungskompetenz **3** 52
– Richtlinie **3** 62
– Sozialrecht **3** 86
– Verordnung **3** 61
Europäische Zentralbank
– Personalvertretung **263** 4
Europäischer Betriebsrat
– Bildung **256** 7
– Einzelheiten **256** 1
– Geschäftsführung **256** 19
– Kündigungsschutz **256** 28
– Mitwirkungsrechte **256** 20
– Richtlinie **255** 1
– Verschwiegenheitspflicht **256** 27
Europäischer Gerichtshof
– Acte clair **3** 81
– Rechtsgrundlagen **3** 72
– Vertragsverletzungsverfahren **3** 76
– Vorabentscheidungsverfahren **3** 80
– Zuständigkeit **3** 74
Europäisches Parlament
– Kündigungsschutz **145** 6

Europäisches Patentamt
– Personalvertretung **263** 4
Evangelische Kirche
– *Siehe auch Kirche*
– Arbeitsvertragsrichtlinien **185** 24
– Kirchengerichte **185** 20
– Mitarbeitervertretungsgesetz **185** 12
– Tarifdispositives Recht **185** 27
– Verfassung **185** 11
Existenzgründer
– Gründungszuschuss **21** 19
– Sachgrundlose Befristung **39** 18

Fabrikations- und Fertigungsmethode
– Wirtschaftsausschuss **243** 20
Fachkräfte für Arbeitssicherheit
– Bestellung **154** 46
– Betriebsrat **154** 53
– Mitbestimmung **241** 8 a
– Sicherheitsbeauftragte **154** 47
Fachliteratur
– Betriebsrat **222** 19
– Personalrat **265** 77
Fälligkeit
– Allgemeine Geschäftsbedingungen **32** 65
– Arbeitsvergütung **70** 9
– Ausbildungsvergütung **174** 70
– Gewinnbeteiligung **76** 7
Fahrgemeinschaft
– Arbeitsunfall **109** 47
Fahrrad
– Fürsorgepflicht **106** 33
Fahrtenschreiber
– Mitbestimmung **235** 67
Faktischer Konzern
– Konzernbetriebsrat **226** 2
Faktisches Arbeitsverhältnis
– *Siehe auch Fehlerhaftes Arbeitsverhältnis*
– Fürsorgepflicht **106** 3
– Mutterschutz **166** 7
– Provision **75** 13
Familienangehörige
– Arbeitnehmer **9** 32
– Arbeitslosenversicherung **19** 24
– Arbeitsschutz **9** 32
– Arbeitsverhältnis (Abgrenzung) **9** 34
– Drittschuldnerklage **89** 63
– Mitbestimmung **238** 8
– Rechtsgrundlagen **8** 25
Familienrechtliche Mitarbeit
– *Siehe auch Familienangehörige*
– Arbeitnehmer **9** 32
– Gleichgeschlechtliche Lebenspartnerschaft **9** 38
– Sozialversicherungsrecht **9** 36
– Steuerrecht **9** 35
Faustakkord oder Meisterakkord 64 15
Fehlerhaftes Arbeitsverhältnis
– Grundsätze **36** 51
– Provision **75** 13
Fehlgeburt
– Begriff **168** 14
– Kündigungsschutz (MuSchG) **169** 7
Feiertage
– Arbeitsbefreiung **104** 7
– Entgeltfortzahlung **98** 31
– Kirchliche **159** 46
– Streik **194** 13
Feiertagslohnzahlung
– Anspruchsvoraussetzung **105** 1
– Arbeitsausfall **105** 3
– Ausschluss des Anspruchs **105** 11
– Ausschlussfristen **105** 23
– Berechnung **105** 13
– Dienstplan **105** 5
– Dreischichtenbetrieb **105** 18
– Entgeltfortzahlung **98** 31
– Flexible Arbeitszeit **105** 19
– Heimarbeit **163** 30
– Kirchlicher Feiertag **105** 1
– Krankheit **105** 9
– Kurzarbeit **105** 16
– Pauschalierung **105** 22
– Teilzeitbeschäftigte **105** 5
– Überstundenzuschlag **105** 15
– Unabdingbarkeit **105** 24
– Urlaub **105** 8
– Vor- und Nachholarbeit **105** 21
Feiertagsrecht
– Arbeitsbefreiung **104** 7
– Arbeitsschutz **104** 3
– Feiertage **104** 6
– Gesetzessystematik **104** 3
– Maßgebliches Recht **104** 10
Feiertagsruhe
– Aufsichtsbehörde **159** 28
– Ausgleich **159** 37
– Ausnahmen **159** 6
– Beschäftigungsverbot **159** 3
– Verstoß (Rechtsfolgen) **159** 44
Feiertagszuschläge
– Grundsätze **105** 25
Firmentarifsozialplan
– Arbeitskampf **193** 8
Firmentarifvertrag
– Tariffähigkeit **199** 3
Fixschuld
– Arbeitspflicht **49** 6
Flexibilisierung der Arbeitszeit
– Arbeitslosenversicherung **160** 68
– Arbeitszeitkonto **160** 22, 44
– Formen **160** 21
– Insolvenzschutz **160** 72
– Jahresarbeitszeitvertrag **160** 56
– Krankenversicherung **160** 66
– Lebensarbeitszeitmodell **160** 45
– Leber/Rüthers-Kompromiss **160** 26
– Mitbestimmung **235** 39
– Rentenversicherung **160** 67

– Sozialversicherung **160** 59
– Störfälle **160** 69
– Übertragung des Wertguthabens **160** 64
– Vertrauensarbeitszeit **160** 23
– Wertguthaben (Haftung von Organvertretern) **160** 75
– Wertguthaben (Verwaltung) **160** 71
– Wertguthabenvereinbarung **160** 62
Flexible Altersgrenze
– Auskunftspflichten des Arbeitnehmers **83** 123
– Kürzung des Ruhegeldes **83** 124
– Ruhegeldinanspruchnahme (Voraussetzungen) **83** 118
Flexible Arbeitszeit
– *Siehe Flexibilisierung der Arbeitszeit*
Flexigesetz
– Flexibilisierung der Arbeitszeit **160** 59
Fliegendes Personal
– BetrVG **214** 21
Flugschüler
– Ausbildungskosten **174** 37
Flugsicherung
– Personalvertretungsrecht **263** 10
Flugzeuge
– BetrVG **214** 21
Form
– *Siehe Schriftform*
Formelle Arbeitsbedingungen
– Mitbestimmung **230** 8
Formularverträge
– Mitbestimmung **238** 24
Formwechsel
– Umwandlung **116** 10
Forstwirtschaft
– Besonderheiten **13** 11
Fortbildung
– Arbeitgeber (Pflichten) **176** 8
– Beendigung **176** 14
– Berufliche **173** 3
– Bestehendes Arbeitsverhältnis **176** 17
– Beteiligung (BPersVG) **269** 11
– Fortbildungsvertrag **176** 2
– Fortzubildender (Pflichten) **176** 13
– Kosten **176** 11
– Kündigung **176** 15
– Öffentliche Förderung **176** 3
– Rückzahlungsklauseln **176** 18
– Sozialversicherungspflicht **176** 10
– Steuern **176** 10
– Vergütung **176** 9
– Werbungskosten **176** 5
– Zweck **176** 1
Fortsetzungserkrankung
– Entgeltfortzahlung **98** 64
Frachtführer
– Arbeitnehmerstatus **8** 44
Fragebogen
– *Siehe Fragerecht*
Fragerecht
– *Siehe auch Personalfragebogen*
– Alkohol **26** 18
– Alter **26** 19
– Anfechtung (Grundsätze) **26** 16
– Befristeter Arbeitsvertrag (Vorbeschäftigung) **39** 13
– Einzelfälle **26** 17
– Familienstand **26** 22
– Gehaltshöhe **26** 33
– Gewerkschaftszugehörigkeit **26** 24
– Konfession **26** 31
– Krankheit **26** 23
– MfS-Tätigkeit **26** 27
– Parteizugehörigkeit **26** 29
– Recht zur Lüge **26** 16
– Schwangerschaft **26** 32
– Schwerbehinderteneigenschaft **179** 17
– Vermögensverhältnisse **26** 34
– Vorstrafe **26** 35
– Wettbewerbsverbot **26** 37
Franchise
– Arbeitnehmer **8** 39
– Arbeitsvertrag (Abgrenzung) **9** 28
– Wettbewerbsverbot **57** 6
Frauenarbeitsschutz
– Vergütung **66** 10
Frauenvorrang
– Öffentlicher Dienst **106** 45
Freiberufliche Partnerschaft
– Arbeitsvertrag (Abgrenzung) **9** 27
Freie Berufe 13 4
Freie Erfindung
– Begriff **114** 16
Freie Mitarbeit
– *Siehe auch Arbeitnehmer*
– Arbeitnehmer (BetrVG) **212** 8
Freigänger
– Arbeitnehmer **8** 19
Freistellung
– *Siehe auch Beschäftigungspflicht*
– Allgemeine Geschäftsbedingungen **32** 72
– Annahmeverzug **95** 16
– Arbeitslosenversicherung **19** 29
– Arbeitssuchendmeldung **19** 10
– Jugend- und Auszubildendenvertreter **227** 27
– Personalratsmitglied **266** 8
– Urlaubsanrechnung **95** 13a
– Vergütungsfortzahlung **95** 31
Freistellung zur Stellensuche
– Grundsätze **25** 14
Freistellungsanspruch
– Haftung des Arbeitnehmers **53** 73
Freiwillige Versicherung
– Rentenversicherung **82** 20
Freiwilligkeitsvorbehalt
– Allgemeine Geschäftsbedingungen **32** 66

Freizeitausgleich
– Betriebsratsmitglied **221** 18
– Personalratsmitglied **266** 7
Freizeitveranstaltung
– Arbeitsunfall **109** 26
Freizügigkeit
– Arbeitnehmer **3** 53
Friedenspflicht
– Betriebsverfassung **230** 12
– Personalrat **267** 1
– Sprecherausschuss **245** 15
– Tarifvertrag **201** 8
Frisur
– Außerordentliche Kündigung **127** 94
Frühgeburt
– Mutterschutz **168** 14
Führungsvereinbarung
– Gemeinschaftsbetrieb **214** 5
Führungszeugnis
– Bewerbungsunterlage **26** 29
Fünf-Tage-Woche
– Jugendarbeitsschutzrecht **161** 31
Fürsorgepflicht
– Abdingbarkeit **106** 5
– Arbeitsstätten **106** 15
– Beendigung des Arbeitsverhältnisses **106** 57
– Beförderung **106** 42
– Begriff **106** 1
– Belehrungspflicht **106** 39
– Beweislast **106** 25
– Faktisches Arbeitsverhältnis **106** 3
– Frauenvorrang **106** 45
– Häusliche Gemeinschaft **106** 18
– Inhalt (allgemeine) **106** 36
– Konkurrentenklage **106** 42
– Kraftfahrzeugunfall **106** 52
– Leben und Gesundheit **106** 12
– Mobbing **106** 57
– Persönlichkeitsrecht **106** 54
– Schadensersatz **106** 11
– Schadensersatz (Begrenzung) **106** 52
– Schmerzensgeld **106** 11
– Schweigepflicht **106** 40
– Schwerbehinderte Menschen **178** 53
– Überanstrengung **106** 40
– Umfang und Grenzen **106** 10
– Verletzung (Rechtsfolgen) **106** 22
– Wiedereinstellung **106** 40
– Zurückbehaltungsrecht **106** 22
Fund
– Eigentumserwerb **113** 12
Funktionsnachfolge
– Betriebsübergang **117** 12
Funktionszulagen
– Vergütungsbestandteil **69** 42
Fusion
– Betriebsänderung **244** 9
– Tarifvertragsparteien **199** 47 a
Fußball
– *Siehe auch Sport*
– Arbeitnehmerschutz **186** 33
– Ausbildungsentschädigung **186** 99
– Lizenzspieler **186** 25
– Organisation **186** 22
– Rechtsgrundlagen **186** 21
– Transferentschädigung **186** 32
– Vereinswechsel **186** 28

Gage
– Arbeitsvergütung **66** 4
Gantt-System
– Prämie **65** 3
Gartenbau
– Besonderheiten **13** 4
Gastarbeiter
– *Siehe Ausländische Arbeitnehmer*
Gedinge
– Grundsätze **67** 38
Gefälligkeitsverhältnis
– Arbeitsvertrag (Abgrenzung) **9** 33
– Vergütung **66** 14
Gefahrgeneigte Arbeit
– *Siehe auch Haftung des Arbeitnehmers*
– Begriff **53** 64
Gehalt
– *Siehe Arbeitsvergütung*
Gehaltsumwandelnde Lebensversicherung **84** 44
Geheime Konkurrenzklausel **58** 110
Gehilfenverhältnis
– Begriff **183** 2
Geldakkord
– Berechnung **64** 33
– Grundsätze **64** 9
Geldfaktor
– Mitbestimmung **235** 113
Geltendmachung
– *Siehe Ausschlussfrist und Verfallfrist*
Geltungsbereich des Tarifvertrages
– *Siehe Tarifvertrag (Geltungsbereich)*
Gemeinsame Einrichtung
– Grundsätze **202** 23
– Tarifbindung **206** 21
Gemeinschaft von Gewerkschaften und Verbänden des öffentlichen Dienstes (GGVöD) **189** 38
Gemeinschaftsbetrieb
– Betriebsänderung **244** 24
– BetrVG **214** 5
– Kündigungsschutz **130** 18
– Umwandlung **116** 30
Gemeinschaftsrecht
– Rechtsquelle **3** 46
Gemeinschaftsrechtskonforme Auslegung
– Richtlinien **3** 67
Gemeinwohlbindung
– Arbeitskampf **193** 24
– Tarifautonomie **200** 12

Gemischte Verträge
– Arbeitsvertrag (Abgrenzung) **9** 48
Generalvollmacht
– Leitende Angestellte (BetrVG) **212** 26
Genesungswidriges Verhalten
– Kündigung **127** 72
Genomanalyse
– Grundsätze/Zulässigkeit **26** 15
Geringer Verdienst
– Außerordentliche Kündigung des Arbeitnehmers **127** 154
Geringfügige Beschäftigung
– Arbeitsentgelt (Grundsätze) **44** 9
– Arbeitsentgelt (Schwankende Höhe) **44** 16
– Arbeitsentgelt (Übernahme der Lohnsteuer) **44** 14 a
– Arbeitsentgelt (Weihnachtsgeld) **44** 10
– Begriff **44** 3
– Berufsmäßige Ausübung **44** 29
– Entgeltfortzahlung **44** 1
– Geringfügig entlohnte Beschäftigung **44** 5
– Krankenversicherung **44** 42
– Kündigung **44** 1
– Kurzfristige Beschäftigung **44** 19
– Lohnsteuer **44** 59
– Mitteilungspflichten des Arbeitnehmers **44** 40
– Privathaushalt **44** 31
– Rahmenvereinbarung **44** 26
– Regelmäßige Beschäftigung **44** 6
– Rentenversicherung **44** 48
– Ruhegeld **83** 42, 71
– Sachbezüge **44** 12
– Zusammenrechnung **44** 36
– Zwei-Monats-Frist **44** 20
Gesamtbetriebsausschuss
– Gesamtbetriebsrat **224** 15
– Wirtschaftsausschuss **243** 9
Gesamtbetriebsrat
– Betriebsänderung **244** 4
– Grundsätze (BetrVG) **224** 1
– Wahlvorstand (Bestellung) **217** 1 a
Gesamtbetriebsvereinbarung
– Betriebsratslose Betriebe **224** 5
– Betriebsübergang **119** 26
Gesamthafenbetrieb
– Arbeitnehmerüberlassung **120** 21
– Betrieb (BetrVG) **214** 2 a
Gesamt-Jugend- und Auszubildendenvertretung **228** 1
Gesamtleistungsbewertung
– Rentenversicherung **82** 62
Gesamtpersonalrat
– Personalrat (Abgrenzung) **264** 23
– Verselbständigungsbeschluss **264** 9
Gesamtrechtsnachfolge
– Begriff **116** 1
Gesamtschuldner
– Betriebsgruppe **182** 10
Gesamtsprecherausschuss
– Einzelheiten **248** 1
Gesamtvertretung
– Befristungsgrund **40** 26
Gesamtvollstreckung
– *Siehe Insolvenz*
Gesamtzusage
– Betriebliche Altersversorgung **83** 135
– Betriebsübergang **118** 16
– Betriebsvereinbarung **231** 36
– Grundsätze **111** 35
– Jeweiligkeitsklausel **83** 136
– Ruhegeld (Grundlage) **83** 35
Geschäftsbesorgung
– Arbeitsvertrag (Abgrenzung) **9** 22
Geschäftsführer
– *Siehe auch Organvertreter*
– Annahmeverzug **15** 10
– Arbeitnehmer **8** 6
– Arbeitsrechtliche Betrachtung **15** 6
– Beendigung des Rechtsverhältnisses **15** 24
– Dienstvertrag **15** 9
– Durchgriffshaftung **15** 13
– Garantenstellung **15** 18
– Gehaltsanpassung **15** 9
– Haftung **15** 12
– Insolvenzantragspflicht **15** 22
– Kündigungsfrist **15** 26
– Sozialversicherungspflicht **15** 28
– Vergütungsanspruch **15** 9
– Verschulden bei Vertragsabschluss **15** 15
– Wettbewerbsverbot **15** 11
– Zeugnisanspruch **15** 10
Geschäftsführung ohne Auftrag
– Arbeitnehmer **8** 17
Geschäftsgeheimnis
– *Siehe auch Verschwiegenheit*
– Begriff **55** 52
– Kundenliste **51** 26
– Unlauterer Wettbewerb **51** 26
Geschäftsgrundlage
– Beendigung des Arbeitsverhältnisses **121** 5
– Sozialplan **244** 61
Geschäftsordnung
– Betriebsrat **220** 28
Geschäftsübernahme
– Betriebsübergang **118** 24
Geschenke
– Verhaltensbedingte Kündigung **133** 40
Geschlechtsdiskriminierung
– Betriebsverfassung (Überwachung) **230** 20
– Entgelt **165** 1
– Stellenausschreibung **25** 7
Gesellschafter
– Arbeitnehmer **9** 24
Gesellschaftsvertrag
– Arbeitsvertrag (Abgrenzung) **9** 23
Gesetz
– Vorrang (BPersVG) **267** 19
– Vorrang (Soziale Mitbestimmung) **235** 5

Gesetzgebungskompetenz
– Personalvertretungsrecht **262** 9
Gestellungsvertrag
– Arbeitnehmerüberlassung (Abgrenzung) **120** 24
Gesundheitsschutz
– *Siehe Arbeitsschutz*
Gesundheitswesen
– Berufsbildung **173** 11
Gewässerschutzbeauftragter
– Mitbestimmung **241** 10
Gewerbeaufsicht
– Arbeitsschutz **153** 19
– Betriebsrat **233** 3
Gewerbebetrieb
– Scheinselbstständigkeit **13** 3
Gewerbliche Arbeitnehmer
– Begriff und Abgrenzung **13** 3
Gewerkschaft
– *Siehe auch Gewerkschaft (BetrVG)*
– Aufbau und Organisation **189** 1
– Ausschluss **191** 13
– Beendigung der Mitgliedschaft **191** 11
– Bildungseinrichtungen **191** 6
– Einstellungsbedingungen **198** 10
– Grundbuch **187** 8
– Kureinrichtungen **191** 6
– Leitende Angestellte **189** 6
– Minderjährige **34** 41
– Minderjährige (Beitritt) **191** 2
– Mitgliederzahl **189** 5
– Mitgliedschaft (Erwerb) **191** 1
– Parteifähigkeit **187** 8
– Pflichten der Mitglieder **191** 3
– Rechte der Mitglieder **191** 6
– Richtungsgewerkschaft **189** 2
– Verbandsbeitrag **191** 4
– Verein **187** 8
– Vertrauensleute **191** 14
– Wilder Streik **193** 13
– Wirtschaftsausschuss **243** 31
Gewerkschaft (BetrVG)
– Arbeitsvergütung (Zuständigkeit) **224** 27
– Beitrag (Betriebsrat) **222** 27
– Betriebsratsmitglieder **230** 18
– Betriebsratssitzung **220** 22
– Betriebsratswahl (Maßregelung) **218** 4
– Betriebsverfassung **215** 1
– Betriebsversammlung (Antrag auf) **223** 8
– Betriebsversammlung (Teilnahme) **223** 4
– Betriebsversammlung (Zutritt) **223** 19
– Personalratswahl **262** 15
– Personalvertretungsrecht **262** 13
– Schulungs- und Bildungsveranstaltung **221** 47
– Schulungs- und Bildungsveranstaltung (Kosten) **222** 11
– Wahlvorstand (Kostenerstattung) **217** 7
– Zugangsrecht (BetrVG) **215** 3
Gewinnbeteiligung
– Arbeitnehmereigenschaft **9** 26
– Auskunftsanspruch **76** 6
– Begriff **76** 1
– Berechnung **76** 3
– Ergebnisbeteiligung **76** 1
– Fälligkeit **76** 7
– Mitbestimmung **76** 8
– Pfändbarkeit **92** 15
– Rechtsgrundlage **76** 2
– Umsatztantieme **76** 3
– Verjährung **76** 5
Gewissensentscheidung
– Personenbedingte Kündigung **131** 29
Gewissensfreiheit
– Grundrecht **3** 18
Gewissenskonflikt
– Außerordentliche Kündigung des Arbeitnehmers **127** 155
– Direktionsrecht **45** 30
Gewohnheitsrecht
– Rechtsquelle **3** 39
Glaubensfreiheit
– Grundrecht **3** 14
Gleichbehandlung
– *Siehe auch Benachteiligungsverbot, Gleichberechtigung, Gleichbehandlungsgrundsatz, Gleichheitssatz*
– Arbeitnehmerüberlassung **120** 51
– Befristungsgrund **40** 7
– Betriebsübergang **118** 13
– Betriebsübung **111** 20
– Betriebsverfassung (Überwachung) **230** 20
– Heimarbeiter **11** 9
– Kündigung **130** 33
– Pensionskasse **84** 29
– Personalrat **267** 1
– Ruhegeld **83** 40,74
– Sozialplan **244** 50
– Tarifbindung **206** 41
Gleichbehandlungsgrundsatz
– Abgrenzungen **112** 3
– Arbeiter/Angestellte **112** 25
– Arbeitgeberbezug **112** 15
– Arbeitsmarktzulage **112** 26
– Betriebsübergang **112** 20
– Beweislast **112** 30
– Elternzeit **112** 28
– Gestaltendes Handeln **112** 17
– Gleichbehandlung im Irrtum **112** 19
– Gratifikation **78** 31
– Gruppenbildung **112** 5
– Normvollzug **112** 17
– Sachliche Rechtfertigung **112** 21
– Stichtagsregelungen **112** 24
– Teilzeit **43** 35
– Vergleichbarkeit der Arbeitnehmer **112** 12
– Verteilungsgerechtigkeit **112** 1
– Vertragsfreiheit **112** 8

– Voraussetzungen **112** 5
– Zweck der Leistung **112** 22
Gleichberechtigung
– Beteiligungsrechte (BPersVG) **270** 49
Gleichgeschlechtliche Lebenspartnerschaft
– Arbeitsverhältnis **9** 38
Gleichgestellte
– Beginn und Ende des Schutzes nach dem SGB IX **178** 30
– Begriff **178** 19
– Schutz **178** 25
– Voraussetzungen **178** 22
Gleichheitssatz
– Grundrecht **3** 4
Gleichstellung
– Mitbestimmung **238** 8
Gleichstellungsabrede
– *Siehe auch Bezugnahme auf Tarifvertrag*
– Betriebsübergang **119** 7
– Tarifvertrag **208** 5
Gleichwohlgewährung
– Arbeitslosengeld **23** 97
Gleitende Arbeitszeit
– Arbeitskampf **160** 14
– Aufzeichnung **160** 15
– Begriff **160** 1
– Beteiligungsrechte (BPersVG) **270** 7
– Betriebsrat (Mitbestimmung) **160** 4
– Einführung **160** 4
– Höchstarbeitszeit **160** 9
– Jugendliche **160** 8
– Mehrarbeitszuschlag **160** 13
– Pausen **160** 7
– Schwangere **160** 12
– Tarifvertrag **160** 11
– Überarbeit **160** 13
– Vier-Tage-Woche **160** 19
– Zeitausgleich **160** 10
Gleitender Übergang
– Ruhestand **81** 1
Graphologisches Gutachten
– Einstellung **26** 12
Gratifikation
– *Siehe auch Sonderzuwendung*
– Anrechnung kraft Tarifvertrag **78** 12
– Arbeitskampf **194** 8
– Arbeitsunfähigkeit **78** 39
– Aufhebungsvertrag **78** 55
– Beendigung des Arbeitsverhältnisses **78** 50
– Befristeter Arbeitsvertrag **78** 56
– Begriff **78** 3
– Berechnung der Bindungsfrist **78** 71
– Betriebliche Übung **78** 26
– Betriebsvereinbarung **78** 20
– Bindungsfrist **78** 65
– Dienstordnungsangestellte **78** 16
– Dreizehntes Gehalt **78** 4
– Einzelvertragliche Vereinbarung **78** 23
– Elternzeit **78** 45; **172** 21
– Freiwilligkeitsvorbehalt **78** 35
– Gesamtzusage **78** 24
– Gleichbehandlungsgrundsatz **78** 31
– Höhe **78** 38
– Insolvenz **78** 58
– Insolvenzgeld **94** 16
– Kirche **78** 18
– Kündigung des Arbeitgebers **78** 52
– Kündigung des Arbeitnehmers **78** 50a
– Kurzarbeit **78** 48
– Mischcharakter **78** 8
– Mitbestimmung **78** 75
– Mutterschutz **78** 42
– Öffentlicher Dienst **78** 13
– Pfändbarkeit **92** 44
– Pfändungsfreigrenze **78** 74
– Pflege kranker Kinder **78** 46
– Rechtsgrundlage **78** 10
– Rückzahlungsklauseln **78** 60
– Rückzahlungsvorbehalt und Befristung **78** 64
– Sozialversicherungsbeiträge **78** 83
– Steuern **78** 83
– Stichtagsregelung **78** 53
– Streik **78** 59
– Tarifliche Regelungen **78** 11
– Tarifliche Rückzahlungsvorbehalte **78** 70
– Teilzeitarbeit **78** 49
– Wehr- und Zivildienst **78** 47
– Weihnachtsgeld **78** 3
– Widerrufsvorbehalt **78** 37
– Zuwendung **78** 13
Greencard
– Arbeitserlaubnis **27** 27
Grenzgänger
– Sozialleistungen **3** 97
Gründungszuschuss
– Voraussetzungen **21** 21
Grundrechte
– Allgemeines Persönlichkeitsrecht **3** 3
– Arbeitsrecht **3** 1
– Berufsfreiheit **3** 34
– Ehe und Familie **3** 32
– Gewissensfreiheit **3** 18
– Glaubensfreiheit **3** 14
– Gleichheitssatz **3** 4
– Kunstfreiheit **3** 30
– Meinungsfreiheit **3** 19
– Pressefreiheit **3** 24
– Ruhegeld **83** 55
– Rundfunkfreiheit **3** 25
Gruppenakkord
– *Siehe auch Akkord*
– Gruppenarbeit **182** 6
– Vergütung **64** 12
Gruppenangelegenheit
– Personalrat **265** 55
Gruppenarbeit
– Betriebsgruppe (Grundsätze) **182** 1
– Betriebsrat **182** 11

– Eigengruppe (Grundsätze) **182** 12
– Formen **181** 1
– Gehilfenverhältnis **183** 2
– Lean Production **181** 2
– Mischformen **181** 3
– Mitbestimmung **235** 119
Gruppenkasse
– Ruhegeld **84** 27
Gruppenprämie
– Gruppenarbeit **182** 6
– Vergütung **65** 15
Gruppenwahl
– Personalrat **265** 17
Günstigkeitsprinzip
– Arbeitszeit **204** 56
– Beschäftigungssicherung **204** 43
– Geltungsbereich (Tarifvertrag) **204** 34
– Grundlagen **204** 33
– Günstigkeitsvergleich **204** 38
– Haushaltsrecht **204** 36
– Sprecherausschussvereinbarungen **250** 12
– Tarifvertrag **204** 33
Güteprämie
– Arbeitsvergütung **65** 6

Hälftelungsprinzip
– Ruhegeldanpassung **83** 283
Häusliche Gemeinschaft
– *Siehe auch Familienangehörige*
– Schutzpflicht **106** 18
Haft
– Personenbedingte Kündigung **131** 30
Haftpflichtversicherung
– Fürsorgepflicht **106** 52
Haftung
– Betriebsrat **220** 29
Haftung des Arbeitgebers
– Aktienverluste **54** 10
– Bußgelder und Strafen **54** 8
– Firmenparkplatz **54** 7
– Fürsorgepflicht **106** 11
– Lenkzeitverstöße **54** 9
– PKW des Arbeitnehmers **54** 3
Haftung des Arbeitnehmers
– Anspruchsgrundlagen **53** 1
– Arbeitnehmerähnliche Personen **53** 41
– Ausschlussfrist **53** 70
– Außenhaftung **53** 71
– Berufsausbildungsverhältnis **175** 84
– Betrieblich veranlasste Tätigkeit **53** 42
– Betriebsfremde Dritte **53** 71
– Betriebsgruppe **182** 8
– Beweislast **53** 31, 46
– Dreiteilung des Verschuldens **53** 38
– Fahrlässigkeit **53** 25
– Freistellungsanspruch **53** 73
– Gefahrgeneigte Arbeit **53** 64
– Gesamtschuldner **53** 68
– Grobe Fahrlässigkeit (Begriff) **53** 28
– Grobe Fahrlässigkeit (Haftungsumfang) **53** 49
– Grundsätze **52** 1
– Haftpflichtversicherung **53** 62
– Haftungsausschluss **53** 74
– Haftungseinschränkung (Grad des Verschuldens) **53** 47
– Haftungseinschränkung (Grundsätze) **53** 32
– Höchstgrenze **53** 52
– Kausalzusammenhang **53** 4
– Leichteste Fahrlässigkeit **53** 51
– Leitende Angestellte **53** 40
– Merkantiler Minderwert **53** 22
– Mittelbarer Schaden **53** 16
– Mittlere Fahrlässigkeit (Haftungsumfang) **53** 50
– Mitverschulden des Arbeitgebers **53** 55
– Nichtvermögensschaden **53** 11
– Öffentlicher Dienst **53** 69
– Pflichtverletzung **53** 3
– Rechtsprechungsentwicklung **53** 33
– Schaden **53** 9
– Schädigung eines Arbeitskollegen **53** 76
– Schuldanerkenntnis **53** 89
– Unabdingbarkeit **53** 67
– Verhalten Dritter **53** 61
– Verschulden **53** 23
– Vollkaskoversicherung **53** 63
– Vorhaltekosten **53** 13
– Vorsatz **53** 24
Haftungsausschluss
– Arbeitnehmerhaftung **53** 74
Halsey-Lohn
– Prämie **65** 3
Handelsvertreter
– Arbeitnehmerähnliche Personen **12** 6
– Arbeitnehmerstatus **8** 40
– Arbeitsrechtliche Vorschriften (Anwendbarkeit) **12** 4
– Begriff **12** 1
– Bezirksprovision **75** 6
– Einfirmenvertreter **12** 2
– Scheinselbständigkeit **12** 2
– Sozialversicherung **12** 7
– Steuerrecht **12** 7
– Urlaub **12** 6
– Wettbewerbsverbot **58** 14
– Zeugnisanspruch **12** 4
Handlungsgehilfen
– Besonderheiten **13** 6
Handwerksbetriebe
– Besonderheiten **13** 5
Hauptbetrieb
– BetrVG **214** 4
Hauptfürsorgestelle
– *Siehe Integrationsamt*
Hausangestellte
– Besonderheiten **13** 12
Hausgewerbetreibende
– Arbeitsrecht (Anwendbarkeit) **11** 8

– Arbeitsvergütung **163** 21
– Begriff **11** 3; **163** 5
– Kündigungsschutz (HAG) **163** 38
– Sozialversicherung **11** 11
– Steuern **11** 16
Haushalt
– Betrieb (BetrVG) **214** 2a
Haushaltsmittel
– Befristungsgrund **40** 36
– Personalratskosten **265** 71
Haushaltsrecht
– Beteiligungsrechte (BPersVG) **271** 28
Hausrecht
– Betriebsversammlung **223** 3
Headhunting
– Zulässigkeit **51** 23
Hebung der Arbeitsleistung
– Beteiligungsrechte (BPersVG) **271** 2
Heilverfahren
– Anspruchsvoraussetzungen bei Nichtversicherten **99** 15
– Anspruchsvoraussetzungen bei Versicherten **99** 4
– Anzeige und Nachweispflicht **99** 25
– Entsprechende Anwendung der Entgeltfortzahlung **99** 18
– Grundsätze **99** 1
– Haushaltshilfe **99** 3
– Schonzeit **99** 29
– Träger bei Versicherten **99** 6
Heimarbeit
– Arbeitgeber **11** 15
– Arbeitnehmer (BetrVG) **212** 6b
– Arbeitsrecht (Anwendbarkeit) **11** 8
– Arbeitsvergütung **163** 21
– Arbeitszeitschutz **163** 14
– Aushungerung **163** 45
– Außenarbeitnehmer **11** 6
– Außerordentliche Kündigung **163** 43
– Befristung **163** 49
– Begriff **11** 1
– Betriebsrat (Anhörung) **163** 50
– Bindende Festsetzung (Vergütung) **163** 23
– Entgelt **163** 21
– Entgeltfortzahlung (Krankheit) **163** 29
– Entgeltschutz **163** 34
– Entgeltsicherung **163** 44
– Entgeltverzeichnis **163** 21
– Feiertagsbezahlung **163** 30
– Gefahrenschutz **163** 16
– Gleichgestellte **163** 3
– Gleichstellung (Schutzbedürftigkeit) **163** 8
– Gleichstellung (Zuständigkeit) **163** 9
– Kündigungsfrist **163** 39
– Kündigungsschutz (HAG) **163** 38
– Kündigungsschutz (MuSchG) **163** 48
– Kündigungsschutz (schwerbehinderter Menschen) **163** 48
– Mitteilung der Gleichstellung (durch Arbeitnehmer) **163** 13
– Personalvertretung **263** 22
– Pfändungsschutz **92** 16; **163** 36
– Rechtsgrundlagen **163** 1
– Sozialversicherung **11** 12; **163** 33
– Steuerrechtliche Behandlung **11** 16
– Tarifvertrag **163** 21
– Telearbeit **164** 22
– Urlaub **163** 29
– Vermögenswirksame Leistung **163** 31
– Zuteilung von Arbeitsaufträgen **163** 44
Heimarbeitsausschuss
– Zuständigkeit **163** 9
Herausgabepflichten
– Arbeitnehmer nach Beendigung **151** 1
Herkunft
– Betriebsverfassung (Überwachung) **230** 20
Heuerverhältnis
– Begriff **186** 47
Hinterbliebenenrente
– Hinzuverdienstgrenze **82** 54
– Lebenspartnerschaft **82** 39; **83** 208
– Neue Ehe **83** 213
– Rentenversicherung **82** 39
– Scheidung **83** 212
– Vorsätzliche Tötung **83** 211
– Wiederverheiratungsklausel **83** 213
– Witwen- und Witwerrente **82** 40
Hinterlegung
– Lohnpfändung **90** 11
Hinzuverdienstgrenze
– Grundlagen **82** 50
– Hinterbliebenenrente **82** 54
– Rente wegen verminderter Erwerbsfähigkeit **82** 53
– Waisen- und Erziehungsrenten **82** 55
HIV-Test
– *Siehe Aids*
Hochbesoldete
– Wettbewerbsverbot **58** 94
Hochqualifizierte
– Arbeitserlaubnis **27** 27
Hochschule
– Arbeitnehmererfindung **114** 9
– Drittmittelfinanzierung **183** 5
– Sachgrundlose Befristung **39** 25
Höchstarbeitszeit
– Begriff **156** 22
Höchstbegrenzungsklausel
– Betriebliche Altersversorgung **83** 155
– Ruhegeld **83** 303
Höhergruppierung
– Betriebsrat **67** 13
Höherversicherung
– Rentenversicherung **82** 81
– Ruhegeldanpassung **83** 262
Humanisierung der Arbeitswelt
– Mitbestimmung **237** 1

Immissionsschutzbeauftragter
– Kündigungsschutz **145** 9
– Mitbestimmung **241** 10
Inbezugnahme des Tarifrechts
– *Siehe Bezugnahme auf Tarifvertrag*
Indexierungsverbot 83 251
– Ruhegeld **83** 252
Indexklausel
– Tarifvertrag **202** 6
Industrie- und Handelskammer
– Berufsausbildung **173** 16
Industrieverbandsprinzip
– Koalition **189** 1 a
– Tarifvertrag **203** 33
Informationsblatt
– Betriebsrat **222** 21
Informationsrecht
– Arbeitnehmer **234** 26
– Betriebsrat **230** 2
Inhaltskontrolle
– Allgemeine Geschäftsbedingungen **32** 35
– Entgeltregelungen **32** 39
– Generalklausel **32** 42
– Leitbild **32** 44 a
– Transparenzgebot **32** 45
Inhaltsnormen (Tarifvertrag)
– Begriff **202** 2
– Regelungsgegenstände **202** 5
Inhibitorium 89 20
Initiativrecht (BetrVG)
– Beteiligungsrechte (BetrVG) **233** 88
– Betriebsrat **233** 6
– Soziale Mitbestimmung **235** 15
Initiativrecht (BPersVG)
– Einzelheiten **268** 75
Innehaltungspflicht
– Tarifvertrag **201** 15
Innere Mission
– BetrVG **214** 23
Innung
– Koalition **187** 9
– Tariffähigkeit (Innungsverband) **199** 12
Insolvenz
– Absonderung **93** 25
– Altersteilzeit (Wertguthaben) **81** 10
– Anfechtung **93** 31
– Annahmeverzug **93** 34
– Arbeitsvergütung **93** 34
– Außerordentliche Kündigung **127** 95
– Aussonderung **93** 19
– Auszubildende (Kündigungsschutz) **93** 54
– Beschlussverfahren zum Kündigungsschutz **93** 59
– Betriebsänderung **244** 12
– Betriebsbedingte Kündigung **93** 56
– Betriebsratsanhörung **93** 48
– Betriebsratsmitglieder (Kündigungsschutz) **93** 50
– Betriebsübergang **117** 33
– Betriebsvereinbarung **231** 56
– Elternzeit (Kündigungsschutz) **93** 50
– Entgeltforderungen nach Eröffnung **93** 34
– Entgeltforderungen vor Eröffnung **93** 29
– Eröffnungsbeschluss **93** 11
– Flexibilisierung der Arbeitszeit **160** 72
– Freistellung von der Arbeit **93** 42
– Haftung des Verwalters **93** 43
– Interessenausgleich **93** 56
– Interessenausgleich (Kündigungsschutz) **93** 56
– Klagefrist **93** 54
– Kündigung **93** 48
– Kündigungsfrist **93** 48
– Kündigungsschutz (Allgemeiner) **93** 48
– Kündigungsschutzklage **93** 54
– Masseforderung **93** 32
– Masseunzulänglichkeit **93** 37
– Neumasseverbindlichkeit **93** 39
– Schadensersatz nach Kündigung **93** 53
– Schwerbehinderte Menschen **179** 25
– Schwerbehinderte Menschen (Kündigungsschutz) **93** 50
– Soziale Auswahl **93** 57
– Sozialplan **244** 97
– Treuhandverhältnis **93** 20
– Vorläufiger Insolvenzverwalter **93** 9
– Wertguthaben (Altersteilzeit) **81** 10
– Zeugnis **146** 5
Insolvenzereignis
– Insolvenzgeld **94** 5
Insolvenzgeld
– Anspruchsübergang **94** 33
– Antrag **94** 32
– Arbeitsentgelt **94** 10
– Auskunft **94** 22
– Höhe **94** 26
– Voraussetzungen **94** 2
– Vorfinanzierung **94** 30
Insolvenzschutz (Ruhegeld)
– Abfindung **84** 160
– Anpassungsverpflichtung **84** 135
– Anspruchsbeschränkungen **84** 142
– Anspruchsübergang auf den PSVaG **84** 159
– Aufklärungspflicht (gegenüber Pensionssicherungsverein) **84** 155
– Beitragsorientierte Versorgungszusage **84** 90
– Beitragszusage mit Mindestleistung **84** 90
– Direktversicherung **84** 42, 113
– Entgeltumwandlungszusage **84** 76
– Konzern **84** 112
– Mittel zur Insolvenzsicherung (Beitragspflicht) **84** 150
– Nichtarbeitnehmer **84** 136
– Pensionsfonds **84** 103, 116
– Pensions-Sicherungs-Verein (Träger) **84** 149
– Rechtsstreitigkeiten **84** 163
– Ruhegeld **84** 104
– Sicherungsfälle **84** 124
– Unterstützungskasse **84** 116

– Vermögensübergang (Unterstützungskasse) **84** 161
– Versicherungsanspruch **84** 134
– Versicherungsanspruch bei Versorgungsanwartschaften **84** 137
– Versorgungsanspruch **84** 104
– Versorgungsanwartschaft **83** 189; **84** 118
– Versorgungsberechtigte (Gesicherte) **84** 109
– Versorgungsleistungen (Gesicherte) **84** 110
– Vertrauensschutz **84** 141
– Vordienstzeiten **84** 119
– Wirtschaftliche Notlage **84** 133
Insolvenzverwalter
– Auswahl **93** 12
– Haftung **93** 43
– Kündigungserklärung **123** 26
– Vorläufiger **93** 9
Integrationsamt
– Aufgaben **178** 90
– Rechtsschutz **178** 91
Interessenabwägung
– Außerordentliche Kündigung **127** 44
Interessenausgleich
– *Siehe auch Betriebsänderung, Sozialplan*
– Betriebsübergang (Unterrichtung) **118** 33
– Einzelheiten **244** 30
– Insolvenz **93** 56
– Nachteilsausgleich **244** 79
Internationale Arbeitsorganisation (IAO)
– Rechtsquelle **3** 43
Internationale Transportarbeiter Föderation (ITF) 189 48
Internationales Arbeitsrecht
– *Siehe auch Arbeitsstatut*
– Arbeitsrechtliche Kollisionsnormen **6** 2
– Arbeitsstatut **6** 6
– Betriebliche Altersversorgung **83** 28
– Eingriffsnormen **6** 12
– Fehlende Rechtswahl **6** 10
– Zwingendes Recht **6** 12
Internationales Tarifvertragsrecht 198 54
Internet
– Außerordentliche Kündigung **127** 96
– Betriebsrat **222** 17
– Nebenpflichten des Arbeitnehmers **55** 18
– Tarifverträge **209** 7
– Verhaltensbedingte Kündigung **133** 27
Intranet
– Betriebsrat **222** 21
Invalidität
– Ruhegeld **83** 113

Jahresabschluss
– Wirtschaftsausschuss **243** 26
Jahresarbeitszeitvertrag
– Grundsätze **160** 56
Jeweiligkeitsklausel
– Ruhegeld **83** 136
– Ruhegeld (Widerruf) **83** 356
Job-Sharing
– Begriff **43** 22
– Kündigung **43** 25
Jubiläumszuwendung
– Betriebliche Übung **78** 28
Jugend- und Auszubildendenversammlung 229 1
Jugend- und Auszubildendenvertretung
– Anregung **233** 8
– Betriebsratssitzung **220** 17
– Grundsätze (BetrVG) **227** 1
– Personalvertretungsrecht **264** 26
– Sprechstunde (BPersVG) **265** 61
Jugendarbeitsschutz
– *Siehe auch Jugendliche und Kinderarbeit*
– Akkordarbeit **161** 39
– Alkohol **161** 43
– Arbeitgeber **161** 5
– Arbeitsstätte **161** 43
– Arbeitszeit **161** 9, 19, 27
– Aufsichtsbehörde **161** 56
– Aushang **161** 43
– Ausnahmen **161** 8
– Bergbau **161** 40
– Berufsschule **161** 21
– Beschäftigung Jugendlicher (Höchst-/Mindestalter) **161** 18
– Beschäftigungsverbote **161** 34
– Binnenschifffahrt **161** 33
– Durchführung **161** 54
– Feiertage **161** 20
– Fünf-Tage-Woche **161** 31
– Fürsorgepflicht (Arbeitgeber) **161** 43
– Gefälligkeit **161** 8
– Gemeinschaftsrecht **161** 2
– Gesundheitliche Betreuung **161** 44
– Grundsätze **161** 1
– Häusliche Gemeinschaft **161** 43
– Hausgemeinschaft **161** 8
– Hilfeleistung **161** 8
– Hobbytätigkeit **161** 7
– Leistungsabhängige Entlohnung **161** 39
– Nachbarschaftshilfe **161** 8
– Nachtruhe **161** 30
– Notfälle (Beschäftigung) **161** 33
– Pausen **161** 27
– Pausenraum **161** 28
– Persönlicher Geltungsbereich (JArbSchG) **161** 3
– Prüfungen **161** 24
– Ruhezeiten **161** 29
– Sachlicher Geltungsbereich **161** 6
– Strafvorschriften **161** 57
– Tabakwaren **161** 43
– Tarifvorrang **161** 33
– Vollzeitschulpflicht **161** 3
– Züchtigung **161** 43
Jugendliche
– *Siehe auch Jugendarbeitsschutz und Kinderarbeit*
– Anerkannte Ausbildungsberufe **174** 25

– Ruhepause **158** 15
– Urlaub **102** 168

Kalendermäßige Befristung
– Begriff **38** 30
Kampfmaßnahme
– Arbeitskampf **193** 15 a
Kann-Vorschriften
– Tarifvertrag **204** 23
Kapitän
– Seearbeitsrecht **186** 44
Kapitalgedeckte Altersversorgung
– Grundsätze **82** 71; **84** 167
Karenzentschädigung
– Anderweitiges Einkommen **58** 78
– Anpassung **58** 76
– Anrechnung **58** 77
– Arbeitslosengeld **58** 82
– Arbeitslosengeld (Erstattung) **58** 91
– Arbeitslosengeldanspruch **58** 90
– Ausbildung **58** 77
– Ausgleichsquittung **58** 75
– Auskunft über Verdienst **58** 86
– Ausnahmen **58** 93
– Ausschlussfrist **58** 74
– Berechnung **58** 76
– Dienstwagen **58** 76
– Fälligkeit **58** 75
– Höhe **58** 74
– Insolvenz **58** 75, 92
– Krankengeld **58** 82
– Krankenversicherungszuschuss **58** 76
– Pfändbarkeit **58** 92; **92** 19
– Sachleistungen **58** 80
– Selbständige Tätigkeit (Anrechenbare Einkünfte) **58** 79
– Sozialleistungen **58** 82
– Sozialversicherung **58** 89
– Steuerliche Behandlung **58** 87
– Tariferhöhung **58** 76
– Verfallfrist **58** 15
– Verjährungsfrist **58** 75
– Wohnsitzverlegung **58** 84
– Zahlungsverpflichteter **58** 73
Karitative Einrichtungen
– BetrVG **214** 22
Kaskoversicherung
– Fürsorgepflicht **106** 52
Kassenarzt
– Entgeltfortzahlung **98** 136
Katastrophenschutz
– Kündigungsschutz **145** 1
Katholische Kirche
– *Siehe auch Kirche*
– Arbeitsgerichte (Rechtsschutz) **185** 39
– Arbeitsvertragsrecht **185** 34
– Arbeitsvertragsrichtlinien **185** 37
– Grundordnung **185** 28
– Grundordnung (individualrechtlicher Inhalt) **185** 29
– Loyalitätspflicht **185** 32
– Ordnung zur Mitwirkung bei der Gestaltung von Arbeitsvertragsbedingungen **185** 34
– Rahmenordnung für eine Mitarbeitervertretungsordnung (MAVO) **185** 38
– Zentral-KODA-Ordnung **185** 28
Kausalzusammenhang
– Entgeltfortzahlung **98** 21
Kaution
– Zulässigkeit **88** 23
Kernarbeitszeit
– Begriff **160** 6
Kernbereich
– Tarifvertrag **198** 50
– Zuständigkeitsabgrenzung **198** 53
Kinderarbeit
– Ausnahmefälle **161** 13
– Fürsorgepflicht (Arbeitgeber) **161** 43
– Kulturveranstaltungen **161** 17
– Schulferien **161** 16
– Verbot **161** 4, 11
Kindergeld
– Pfändbarkeit **92** 20
Kinderzuschlag
– Vergütungsbestandteil **69** 39
Kirche
– *Siehe auch evangelische Kirche und katholische Kirche, Tendenzbetrieb, Tendenzunternehmen*
– Allgemeine Geschäftsbedingungen **32** 53
– Arbeitnehmerüberlassung **120** 1
– Arbeitskampf **193** 32
– Arbeitsrechtsregelungsgesetz **185** 21
– Arbeitsverhältnis **185** 1
– Arbeitsvertragsrichtlinien (Inhaltskontrolle) **185** 24
– Arbeitsvertragsrichtlinien (Rechtsnatur) **185** 8
– Arbeitszeit **156** 36
– Arbeitszeitgesetz **156** 7
– Außerordentliche Kündigung **127** 100
– Betriebsübergang **117** 13
– Betriebsübergang (Arbeitsbedingungen) **119** 3 a
– BetrVG **214** 22
– Dritter Weg **185** 6
– Fortbildung (Rückzahlungsklausel) **176** 20
– Gratifikation **78** 18
– Grundordnung (kath. Kirche) **185** 28
– Kirchengerichtshof **185** 20
– Koalitionsfreiheit **185** 4
– KODA **185** 28, 34
– Kündigungsschutz **133** 28
– Loyalitätspflicht **185** 32
– MAVO **185** 38
– Mitarbeitervertretungsgesetz **185** 12
– Personalvertretungsrecht **263** 6
– Selbstbestimmungsrecht (kirchliches) **185** 1
– Tarifvertrag **185** 6

– Verfassungsrecht **185** 2
– Verhaltensbedingte Kündigung **133** 28
Kirchensteuer
– Lohnabzug **71** 48
Kirchliche Feiertage 104 1
Klagefrist
– *Siehe auch Befristungskontrollklage und Kündigungsschutzklage*
– Insolvenz **93** 54
– Wehrdienst **144** 4
Kleidung
– *Siehe auch Dienstkleidung*
– Direktionsrecht **45** 26
– Kündigung **133** 33
– Nebenpflichten des Arbeitnehmers **55** 23
Kleinbetrieb
– Arbeitnehmerüberlassung **120** 14
– BetrVG **214** 4
– Kündigungsschutz (Mitarbeiterzahl) **130** 9
– Kündigungsschutz (Treuwidrigkeit) **129** 2
– Kündigungsschutz (Umwandlung) **116** 25
Koalition
– *Siehe auch Arbeitgeberverband, Gewerkschaft*
– Ad-hoc-Koalition **187** 6
– Anhörungs- und Antragsrechte **190** 6
– Arbeitsbedingungen (Begriff) **187** 18
– Arbeitskampfbereitschaft **187** 20
– Aufbau und Organisation **189** 1
– Aufgaben **190** 1
– Austritt **188** 9, 15
– Beamte **187** 19
– Begriff **187** 1
– Benennungs- und Entsendungsrechte **190** 8
– Berufsverbandssystem **189** 1 a
– Bestandsgarantie der Verbände **188** 13
– Bundeslotsenkammer **187** 7
– Dauer **187** 6
– Demokratische Organisation **187** 10
– Förderung der Arbeits- und Wirtschaftsbedingungen **190** 4
– Freiwillige Zusammenschlüsse **187** 9
– Gegnerfreiheit/-unabhängigkeit **187** 11
– Gemeinwohlbindung **200** 12
– Gewerkschaftsembleme **188** 20
– Industrieverbandssystem **189** 1 a
– Innung **187** 9
– Internationale **189** 48
– Konkurrierende **188** 17
– Korporative Verfassung **187** 8
– Kreishandwerkerschaft **187** 9
– Marburger Bund **187** 16
– Minderjährige (Beitritt) **191** 2
– Mitgliederwerbung **188** 20
– Mitgliedschaft **191** 1
– Pflichten der Mitglieder **191** 3
– Privatrechtlicher Zusammenschluss **187** 7
– Rechte der Mitglieder **191** 6
– Rechtsfähigkeit **187** 8
– Regelungszuständigkeit **200** 1
– Richtungsgewerkschaft **189** 2
– Schlichtung **187** 22
– Staatsvertrag **187** 3
– Tariffähigkeit/Tarifzuständigkeit (Beschlussverfahren) **187** 23
– Tarifwilligkeit **187** 19
– Teilnahme an Tarifvertragsverhandlung **188** 22
– Überbetrieblichkeit **187** 15
– Übersendung und Mitteilung (Tarifvertrag) **209** 2
– Unterlassungsanspruch **201** 22, 26
– Verbandsbeiträge **191** 4
– Weisungsfreiheit **187** 15
– Werbung **188** 20
– Werkvereine **187** 15
– Wirtschaftsbedingungen (Begriff) **187** 18
– Zutrittsrecht zum Betrieb **188** 20
Koalitionsfreiheit
– Außenseiter **188** 10 a
– Beschränkung **188** 6
– Bestandsgarantie **188** 13
– Betätigungsfreiheit (Verbände) **188** 18
– Gewerkschaftsembleme **188** 20
– Gewerkschaftssekretäre **191** 9
– Grundrechtsträger **188** 2
– Individuelle **188** 4
– Individuelle Betätigungsfreiheit **188** 11
– Kernbereich **198** 50
– Kirche **185** 4
– Negative **188** 5
– Organisations-/Differenzierungsklauseln **188** 10
– Positive **188** 4
– Solidaritätsbeiträge **188** 10
– Tarifvertrag **198** 49
– Umfang **188** 1
– Verwirkung **188** 3 a
– Werbung **188** 20
Koalitionsvereinbarung
– Tarifvertrag (Abgrenzung) **198** 15
Konkludente Vertragsänderung
– Voraussetzungen **34** 25
Konkurrentenklage
– Grundsätze **106** 42
Konkurrenz
– *Siehe auch Karenzentschädigung, Wettbewerbsverbot*
– Verhaltensbedingte Kündigung **133** 35
Konkurs
– *Siehe Insolvenz*
Konsensprinzip
– Betriebsverfassung **230** 5
Kontrolle
– Nebenpflichten des Arbeitnehmers **55** 25
– Verhaltensbedingte Kündigung **133** 47
Kontrolleinrichtung
– Außerordentliche Kündigung **127** 79
– Mitbestimmung **235** 63
Konzern
– Arbeitgeber **34** 11

– Arbeitnehmerüberlassung **120** 17
– Durchgriffshaftung **34** 13
– Haftung für Ruhegeldverbindlichkeiten **83** 202
– Ruhegeldanpassung **83** 263
– Sprecherausschuss **248** 11
– Tariffähigkeit **199** 4
Konzernbetriebsrat
– Einzelheiten **226** 1
– Wahlvorstand (Bestellung) **217** 1 a
Konzern-Jugend- und Auszubildendenvertretung 228 2
Konzernkasse
– Ruhegeld **84** 27
Konzernsprecherausschuss
– Einzelheiten **248** 11
Koppelungsgeschäft
– Betriebsrat **215** 21
Korrigierende Rückgruppierung
– Öffentlicher Dienst **184** 43
Korruption
– *Siehe Bestechung, Schmiergeld*
Kraftfahrer
– Außerordentliche Kündigung **127** 102
– Lenkzeit **158** 12
– Ruhezeit **158** 9
Krankengeld
– Altersteilzeitarbeitsverhältnis **81** 29
– Anspruchsvoraussetzungen **98** 184
– Arbeitskampf **194** 25, 33
– Dauer **98** 187
– Höhe **98** 191
– Karenzentschädigung (Berechnung) **58** 82
– Krankheit von Kindern **97** 12
– Ruhen **98** 188
– Wegfall **98** 190
– Zuschuss zum Krankengeld **98** 192
Krankengespräche
– Ordnung des Betriebes **235** 32
Krankenhaus
– Ruhezeit (Abweichung) **158** 5
Krankenpflege
– Berufsbildung **173** 13
Krankenversicherung
– Arbeitskampf **194** 25
– Arbeitslosengeld **23** 89
– Ausländische Arbeitnehmer **27** 41
– Europäische Union **3** 100
– Flexibilisierung der Arbeitszeit **160** 66
– Geringfügige Beschäftigung **44** 42
Krankenversicherungszuschuss
– Grundsätze **71** 35
– Karenzentschädigung (Berechnung) **58** 76
Krankheit
– *Siehe auch Arbeitsunfähigkeit, Entgeltfortzahlung*
– Anzeige **98** 113
– Arbeitskampf **194** 10
– Arbeitslosengeld **23** 16
– Arbeitsunfähigkeitsbescheinigung **98** 119
– Außerordentliche Kündigung **127** 103
– Außerordentliche Kündigung des Arbeitnehmers **127** 156
– Befristungsgrund **40** 27
– Begriff (Entgeltfortzahlung) **98** 10
– Persönliche Arbeitsverhinderung **97** 5
– Personenbedingte Kündigung **131** 31
– Urlaubsabgeltung **102** 150
Krankmeldung
– Außerordentliche Kündigung **127** 72
Kreativitätstest
– Einstellung **24** 11
Kreditierungsverbot
– Arbeitsvergütung **88** 31
Kriegsdienstverweigerer
– Arbeitsplatzschutz **177** 1
Kündigung
– *Siehe auch außerordentliche, betriebsbedingte, personenbedingte und verhaltensbedingte Kündigung sowie Kündigungsschutz*
– Abmahnung **132** 19
– AGG **33** 24
– Anhörung des Personalrats **124** 65
– Arbeitskampf **194** 14
– Ausbildungsverhältnis **174** 88
– Ausgleichsanspruch **244** 81
– Außerordentliche **127** 3
– Baugewerbe **186** 6
– Befristetes Arbeitsverhältnis **38** 43
– Berufsausbildungsverhältnis **174** 88
– Beteiligung (BPersVG) **269** 39
– Betriebsbedingte (Unkündbarkeit) **128** 30
– Betriebsratsanhörung, siehe dort **124** 1
– Betriebsvereinbarung **231** 43
– Dienstvereinbarung **268** 12
– Eigengruppe **182** 23
– Elektronische Übermittlung **123** 57
– Fortbildungsvertrag **176** 15
– Heimarbeit **163** 38
– Insolvenz **93** 43
– Job-Sharing **43** 25
– Kündigungsfrist **126** 1
– Maßregelungsverbot **108** 18
– Personalratsanhörung **124** 65
– Seearbeitsrecht **186** 55
– Soziale Rechtfertigung **137** 35
– Sprecherausschuss **253** 6
– Sprecherausschussanhörung **124** 76
– TVöD **184** 77
– Umdeutung **122** 18; **123** 73
– Unkündbarkeit **128** 1
– Vor Dienstantritt **123** 70
– Werkdienstwohnungen **85** 24
– Werkmietwohnungen **85** 11
Kündigung vor Dienstantritt
– Allgemeine Geschäftsbedingungen **32** 74
Kündigungserklärung
– *Siehe auch Zugang, Zugangsvereitelung*
– Angabe des Kündigungsgrundes **123** 61
– Bedingung **123** 3

– Begriff **123** 1
– Begründung (Schriftliche) **123** 61
– E-Mail **123** 57
– Empfangsvollmacht **123** 12
– Insolvenzverwalter **123** 26
– Minderjährige **123** 12
– Öffentlicher Dienst **123** 28
– Prozessvollmacht **123** 15
– Rücknahme **123** 54
– Schriftform **123** 56
– Teilkündigung **123** 8
– Telefax **123** 57
– Umdeutung **123** 73
– Vertreter ohne Vertretungsmacht **123** 15
– Vollmacht **123** 14
– Vor Dienstantritt **123** 70
– Vorsorgliche Kündigung **123** 7
– Zugang **123** 34
– Zugangsfiktion (AGB-Kontrolle) **123** 49
– Zurückweisung (Unverzüglich) **123** 33
– Zurückweisung wegen fehlender Vollmacht **123** 19

Kündigungsfrist
– Abfindung (Nichteinhaltung) **23** 67
– Alter **126** 19
– Arbeitslosengeld **23** 67
– Aushilfsarbeitsverhältnis **126** 36
– Berechnung **126** 24
– Bezugnahme auf tarifliche Kündigungsfrist **126** 33
– Einzelvertragliche Regelung **126** 27
– Einzelvertragliche Verlängerung **126** 39
– Geschäftsführer **126** 14
– Grundkündigungsfrist **126** 15
– Insolvenz **93** 44
– Kleinunternehmen **126** 11
– Probearbeitsverhältnis **126** 29
– Schwerbehinderte **126** 5
– Schwerbehinderte Menschen **179** 19
– Tarifvertrag **126** 45
– Unabdingbarkeit **126** 27
– Verlängerte Fristen **126** 16
– Vorstand **126** 13

Kündigungsgrund
– Kündigungserklärung **123** 61

Kündigungsschutz
– *Siehe auch Änderungskündigung, außerordentliche Kündigung, Kündigungsschutz (Arbeitnehmervertreter), Kündigungsschutz (KSchG), Kündigungsschutz (MuSchG), Kündigungsschutz (schwerbehinderte Menschen), Kündigungsschutzklage*
– Abgeordnete **145** 2
– Allgemeines Gleichbehandlungsgesetz **129** 21
– Arbeitnehmerähnliche Personen **130** 4
– Arbeitskampf **194** 14
– Beschäftigungssicherung **129** 26
– Datenschutzbeauftragte **145** 10
– Elternzeit **172** 37
– Ersatzdienst **144** 8
– Familienangehörige **130** 4
– Grundrechte **129** 4
– Heimarbeiter **163** 38
– Immissionsschutzbeauftragter **145** 9
– Insolvenz **93** 48
– Jugend- und Auszubildendenvertretung **227** 13
– Katastrophenschutz **145** 1
– Kirche **133** 28; **185** 10
– KSchG (Kündigungsschutzgesetz) **130** 1
– Luftschutzdienst **145** 1
– Mutterschutz **169** 1
– Personalrat **266** 24
– Pflegezeit **107** 64
– Rationalisierungsschutz **129** 26
– Rechtsmissbrauch **129** 12
– Schwerbehindertenvertretung **178** 85
– Sittenwidrigkeit **129** 6
– Sonderfälle **145** 1
– Sprecherausschuss **245** 14
– Tarifvertraglicher **129** 26
– Treuwidrigkeit (Abmahnung) **129** 15
– Treuwidrigkeit (Auswahl) **129** 10
– Treuwidrigkeit (Beweislast) **129** 19
– Treuwidrigkeit (Grundsätze) **129** 9
– Wehrdienst **144** 1
– Zivilrechtliche Generalklauseln **129** 4

Kündigungsschutz (Arbeitnehmervertreter)
– Ablehnung der Weiterbeschäftigung **143** 47
– Amtspflichten **143** 17
– Arbeitskampf **143** 3
– Beginn **143** 7
– Beispiele des wichtigen Grundes **143** 19
– Betriebsstilllegung **143** 39
– Bindungswirkung des Zustimmungsersetzungsverfahrens **143** 37
– Ende **143** 8
– Entscheidung des Betriebsrats **143** 24
– Geschützter Personenkreis **143** 5
– Kündigungsschutzklage **143** 14
– Mitteilung der Kündigungsgründe **143** 23
– Tarifliche Unkündbarkeit **143** 45
– Tendenzbetrieb **143** 13
– Umfang des Kündigungsschutzes **143** 10
– Vergütungsfortzahlung **143** 48
– Wichtiger Grund **143** 15
– Zustimmung **143** 21
– Zustimmungsersetzungsverfahren **143** 29
– Zweck **143** 1
– Zwingendes Recht **143** 2

Kündigungsschutz (KSchG)
– *Siehe auch Änderungskündigung, betriebsbedingte Kündigung, personenbedingte Kündigung, verhaltensbedingte Kündigung*
– Altersteilzeitarbeitsverhältnis **81** 31
– Auszubildende **130** 3
– Betriebsgröße (Altersteilzeitarbeitnehmer) **81** 39

– Betriebsgröße (Beweislast) **130** 19
– Beurteilungszeitpunkt **130** 34
– Beweislast **130** 38
– Freie Mitarbeiter **130** 4
– Gemeinschaftsbetrieb **130** 18
– Geschäftsführer **130** 5
– Geschützter Personenkreis **130** 1
– Gleichbehandlung **130** 33
– Handelsvertreter **130** 4
– Heimarbeiter **130** 4
– Interessenabwägung **130** 30
– Kleinbetriebsklausel **130** 8
– Leitende Angestellte **130** 7
– Luftverkehr **130** 21
– Organvertreter **130** 5
– Personenbedingte Kündigung, siehe dort **131** 1
– Seeschifffahrt **130** 21
– Soziale Rechtfertigung (Grundsätze) **130** 28
– Teilzeitbeschäftigte **130** 1
– Verhältnismäßigkeitsgrundsatz **130** 31
– Widerspruch des Betriebsrats **130** 39
– Wiedereinstellungsanspruch **130** 35

Kündigungsschutz (MuSchG)
– Annahmeverzug **169** 17
– Antrag auf Zustimmung **169** 19
– Arbeitskampf **169** 30
– Arbeitslosengeld **169** 17
– Aufhebungsvertrag **169** 30
– Befristung **169** 13
– Behördliche Zustimmung **169** 18
– Einstellungsanspruch **169** 32
– Elternzeit **169** 25
– Elternzeit (Konkurrenzen) **169** 14
– Faktisches Arbeitsverhältnis **169** 28
– Fehlgeburt **169** 7
– Irrtümliche Annahme der Schwangerschaft **169** 6
– Kenntnis der Schwangerschaft (Arbeitgeber) **169** 8
– Klagefrist **169** 16
– Kündigung **169** 13
– Kündigung (Form) **169** 26
– Kündigungsverbot (Wirkungen) **169** 15
– Mitteilung der Schwangerschaft nach Kündigung **169** 10
– Negativtest **169** 18
– Persönlicher Geltungsbereich **169** 3
– Schwangerschaftsabbruch **169** 7
– Voraussetzungen **169** 5
– Zustimmung zur Kündigung **169** 21

Kündigungsschutz (Schwerbehinderte Menschen)
– Ältere Arbeitnehmer **179** 40
– Anzeigepflicht **179** 43
– Aufhebungsvertrag **179** 16
– Ausnahmen **179** 38
– Außerordentliche Kündigung (Zustimmungsverfahren) **179** 31
– Aussetzung des Verfahrens **179** 49
– Aussperrung **179** 42
– Betriebsstilllegung **179** 23
– Ermessensspielraum (Integrationsamt) **179** 21
– Gleichgestellte **179** 14
– Insolvenz **179** 25
– Kündigung **179** 15
– Kündigungsfrist **179** 19
– Negativattest **179** 28
– Ordentliche Kündigung (Zustimmungsverfahren) **179** 19
– Rechtsschutz **179** 44
– Streik **179** 42
– Verweigerte Zustimmung **179** 45
– Voraussetzungen **179** 1
– Wartefrist **179** 38
– Witterungsgründe **179** 41
– Zustimmung (Integrationsamt) **179** 47

Kündigungsschutzklage
– Allgemeine Feststellungsklage **138** 10
– Anforderungen **138** 21
– Antrag **138** 8
– Arbeitgeber **138** 23
– Arbeitslosengeld **23** 17
– Auflösung des Arbeitsverhältnisses **141** 1
– Ausschlussfristen **138** 42
– Aussetzen des Rechtsstreits **138** 38
– Auswahlrichtlinie **238** 34
– Auszubildende **174** 99
– Beendigung des alten Arbeitsverhältnisses **140** 4
– Behördliche Zustimmung **138** 32
– Betriebsübergang **118** 48; **138** 26
– Entfernungsverlangen des Betriebsrats **242** 9
– Feststellungsinteresse **138** 9
– Fortsetzung des alten Arbeitsverhältnisses **140** 2
– Frist **138** 31
– Geltendmachung aller Unwirksamkeitsgründe **138** 16
– Geltungsbereich der Drei-Wochen Frist **138** 2
– Hinweispflicht (fehlende) **138** 6
– Insolvenz **93** 54
– Insolvenzverwalter **138** 25
– Kleinbetrieb **138** 5
– Kündigungsfrist **138** 18
– Massenentlassung **142** 28
– Nachträgliche Zulassung **139** 1
– Schwangerschaft **138** 35
– Schwerbehinderte **138** 34
– Sozialplan **244** 75
– Streitgegenstand **138** 7
– Unterschrift **138** 30
– Urteil **138** 39
– Verfallfrist (Wahrung) **205** 32
– Vergütungsfortzahlung **140** 7

– Verjährung **138** 45
– Wahlrecht bei Fortbestand **140** 1
– Wartezeit **138** 5
– Zweck **138** 1
Künstler
– Arbeitsrecht **186** 80
– Artisten **186** 98
– Bühnenkünstler **186** 80
– Musiker **186** 92
– Personalvertretung **267** 14
– Urheberrecht **115** 3
Kundschaft
– Betriebsübergang **117** 23
Kunstfreiheit
– Grundrecht **3** 30
Kurzarbeit
– Anzeige **47** 13
– Arbeitskampfbedingte **235** 53
– Ausbildungsverhältnis **174** 42
– Beendigung **47** 11
– Begriff **47** 1
– Betriebsvereinbarung **47** 6
– Mitbestimmung **235** 46
– Rechtsgrundlage **47** 2
– Tarifvertrag **47** 3
– Urlaubsanspruch **47** 10
– Urlaubsentgelt **102** 115
– Vertrag **47** 7
Kurzarbeitergeld
– Arbeitskampf **194** 24
– Grundsätze **48** 1
– Transferkurzarbeitergeld **244** 117

Ladenschluss
– Arbeitnehmerschutz **157** 33
– Landesgesetze **157** 15
– Schutzgesetz (§ 823 II BGB) **157** 33
– Verkaufsstelle **157** 31
Landesrecht
– Rechtsquelle **3** 38
Landesschlichter
– Arbeitskampf **196** 3
Landgang
– Seearbeitsrecht **186** 52
Landwirtschaftskammer
– Berufsausbildung **173** 16
Lean Production
– Gruppenarbeit **181** 2
Lebensalter
– *Siehe Ältere Arbeitnehmer, Alter, Altersgrenze*
Lebensgefährte
– Lohnpfändung **92** 52
Lebensgemeinschaft
– Betriebliche Altersversorgung **83** 209
Lebenspartnerschaft
– Hinterbliebenenversorgung **83** 208
– Hinterbliebenenversorgung (gesetzliche Rente) **82** 39
Lebensstellung
– Grundsätze **37** 6
Lehrer
– Arbeitnehmerstatus **8** 42
– Eingruppierung **184** 63
Lehrgeld
– Berufsbildung **174** 37
Leichtlohngruppe **66** 11
Leiharbeitnehmer
– *Siehe auch Arbeitnehmerüberlassung*
– Annahmeverzug **95** 26
– Betriebsratsgröße **217** 24 a
– Betriebsratswahl **217** 11 a
– Rechtsbeziehung (mit Entleiher) **120** 43
Leiharbeitsverhältnis
– *Siehe auch Arbeitnehmerüberlassung*
– Arbeitnehmererfindung **114** 7
– Begriff **120** 2
– Echtes **120** 2
– Einstellung **241** 12
Leistungsentgelt
– Arbeitslosengeld **23** 43
Leistungserwartung bei Vergütungsgewährung **66** 22
Leistungsgrad
– Lohnfindung **62** 9
– Zeitlohn **63** 1
Leistungskontrolle
– Beteiligungsrechte (BPersVG) **270** 47
Leistungslohn
– Baugewerbe **186** 11
Leistungsverweigerungsrecht
– Allgemeines Gleichbehandlungsgesetz **33** 112
Leistungszuschläge
– Mitbestimmung **69** 30
– Paritätische Kommission **69** 25 a
– Rechtsgrundlagen **69** 25
– Widerrufsvorbehalt **69** 27
– Zielvereinbarung **69** 28
Leitende Angestellte
– Arbeitnehmer (BetrVG) **212** 15
– Arbeitszeitgesetz **156** 7
– Auslegungsregel (BetrVG) **212** 35
– Außerdienstliches Verhalten **252** 5
– Befristungsgrund **40** 32
– Begriff **15** 30
– Beratung (Sprecherausschuss) **251** 1
– Betriebsverfassungsgesetz **212** 15
– Haftung **15** 37
– Kündigungsschutz **130** 7
– Massenentlassungsschutz **142** 8
– MitbestG 1976 **260** 5
– Mitteilung an Betriebsrat **241** 74
– Personalakte **251** 3
– Personalvertretung **263** 19
– Pflichten **15** 34
– Sonderregelungen **15** 2
– Sprecherausschuss **212** 20
– Überstunden **15** 36
– Überwachung **252** 4
– Untersuchungen und Tests **252** 3

– Verbände **189** 6
– Wirtschaftliche Angelegenheiten **254** 1
– Zuordnungsverfahren **212** 41; **217** 15
Lektor
– Befristungsgrund **40** 59
Lenkzeit
– Kraftfahrer **158** 12
– Verstöße (Haftung) **53** 9
Listenvertreter
– Betriebsratswahl **217** 34
Lohn
– *Siehe Arbeitsvergütung*
Lohnabrechnung
– Ausschlussfristen **72** 4
– Grundsätze **72** 1
– Schuldanerkenntnis **72** 2
Lohnabzüge
– Arten **71** 1
– Bruttolohn **71** 3
– Sozialversicherung **71** 10
– Verpflichtung des Arbeitgebers **71** 2
Lohnausfallprinzip
– Mutterschutzlohn **170** 15
Lohnausgleich
– Erstattungsverfahren **100** 13
Lohnbegrenzungsvertrag
– Lohnpfändung **89** 59
Lohnberechnungsunterlagen
– Aufbewahrung **150** 4
Lohndruckerei
– BetrVG (Geltung) **214** 26
Lohnfindung
– Akkord **64** 1
– Arbeitswissenschaftliche Systeme **62** 1
– Methoden (Grundsätze) **62** 1
– Zeitlohn **63** 1
– Zulagen **63** 2
Lohngestaltung
– Beteiligungsrechte (BPersVG) **270** 18
– Mitbestimmung (BetrVG) **235** 89
Lohngleichheit
– Grundsätze **66** 10
Lohnklage
– *Siehe Klage (Vergütung)*
– Arbeitslosengeld **71** 4
– Bruttolohn **71** 4
– Lohnsteuerstreit **71** 98
– Nettolohnvereinbarung **71** 4, 108
– Zinsen **71** 6
Lohnkonto
– Arbeitspapiere **149** 8
– Aufbewahrung **150** 5
Lohnminderung
– Schlechtleistung **52** 5
Lohnpfändung
– Abtretung **90** 10
– Änderungen (Pfändungsvoraussetzung) **90** 21
– Arbeitseinkommen (Einzelfälle) **92** 1
– Auskunftspflicht (Drittschuldner) **89** 37
– Außerordentliche Kündigung **127** 105
– Bankkonto **91** 8
– Bevorrechtigte Forderung **92** 47
– Drittschuldnerklage **89** 49
– Einziehung **89** 15
– Erfüllungswirkung **89** 15
– Gläubigermehrheit **89** 55
– Gutglaubensschutz **90** 19
– Hinterlegung **90** 11
– Kosten **90** 8
– Lebensgefährte **92** 52
– Lohnbegrenzungsvertrag **89** 59
– Mehrere Pfändungen **92** 58
– Mehrfache Pfändung **90** 11
– Naturalvergütung **89** 14
– Pfändungsantrag **89** 1
– Rang **89** 25
– Rückstände **89** 11
– Stundungsvereinbarung **89** 25
– Überblick **89** 1
– Überweisung **89** 15
– Unerlaubte Handlung **89** 59
– Unterhaltsansprüche **89** 7
– Verhaltensbedingte Kündigung **133** 36
– Verschleiertes Arbeitseinkommen **89** 63
– Verteilungsverfahren **90** 18
– Vorausabtretung **89** 12
– Vorpfändung **89** 29
– Vorratspfändung **89** 6
– Zu pfändende Forderung **89** 9
– Zukünftige Leistung **89** 6
– Zuständigkeit **89** 1
Lohnrückstand
– Außerordentliche Kündigung des Arbeitnehmers **127** 157
Lohnschiebungsvertrag
– Lohnpfändung **89** 59
Lohnsicherung
– Einzelheiten **87** 1
Lohnsteuer
– *Siehe auch Einkommensteuer*
– Abfindung (Ruhegeldanwartschaft) **71** 60
– Altersversorgung **71** 60
– Anrufungsauskunft **71** 98 a
– Arbeitgeber **71** 50
– Arbeitgeberbeiträge **71** 60
– Arbeitnehmer **71** 50
– Aufwandsentschädigung **71** 60
– Auslagenersatz **71** 60
– Außergewöhnliche Belastung **71** 92
– Bringschuld **71** 100
– Eigenbetriebliches Interesse **71** 60
– Ermittlung **71** 62
– Erstattung **71** 103
– Fehlgeldentschädigung **71** 60
– Fernsprechanschluss **71** 60
– Freibetrag **71** 63
– Freigrenze **71** 64
– Gelegenheitsgeschenke **71** 60

– Geringfügige Beschäftigung **44** 59
– Gesamtschuldner **71** 102
– Künstler **71** 52
– Lohnabzug **71** 47
– Lohnsteuerkarte **71** 97
– Nachentrichtung **71** 103
– Pauschalbesteuerung **71** 110
– Sachbezüge **71** 57
– Schadenersatzleistung **71** 59
– Sonderausgaben **71** 80
– Steuerschuldner **71** 100
– Verwandte **71** 52
– Werbungskosten **71** 65
Lohnsteuerbescheinigung
– Grundsätze **149** 9
– Schadensersatz **149** 16
– Unrichtige Ausfüllung **149** 12
Lohnsteuerjahresausgleich
– Nettolohnvereinbarung **71** 115
– Pfändbarkeit **92** 24
Lohnsteuerkarte
– Arbeitspapiere **35** 6
– Ausfüllung **149** 9
– Ergänzung **149** 12
Lohnverwendungsabrede **88** 28
Lohnverwirkung
– Unzulässigkeit **88** 23
Lohnwucher
– Grundsätze **36** 4
– Tarifentgelt (als Orientierungshilfe) **67** 3
Low-Performer
– Kündigung **131** 46
Loyalitätsklausel
– Ruhegeld **83** 253
Loyalitätspflichten
– Nebenpflichten des Arbeitnehmers **55** 29
Luftfahrtunternehmen
– BetrVG **214** 21
Luftschutzdienst
– Kündigungsschutz **145** 2

Maklervertrag
– Arbeitsvertrag (Abgrenzung) **9** 39
Mandantenschutzklausel
– Begriff **58** 13
– Mandantenübernahmeklausel **58** 24
Mankobeträge
– Außerordentliche Kündigung **127** 106
Mankohaftung
– Grundsätze **53** 79
– Haftungsbeschränkung **53** 85
– Haftungsübernahme **53** 80
– Manko **53** 79
– Mankogeld **53** 83
– Schuldanerkenntnis **53** 89
– Steuerfreibetrag **53** 83
Marburger Bund
– Koalition **189** 8
Maschinenüberlassungsvertrag
– Arbeitnehmerüberlassung **120** 22
Masseforderung
– Betriebsänderung **244** 103
– Insolvenz **93** 33
Massenentlassungsanzeige
– Umwandlung **116** 25
Massenentlassungsschutz
– *Siehe auch Betriebsänderung, Interessenausgleich, Sozialplan*
– Änderungskündigung **142** 13
– Anzeige bei Agentur für Arbeit **142** 21
– Aufhebungsvertrag **142** 12
– Auflagen **142** 33
– Betrieblicher Geltungsbereich **142** 3
– Betriebsrat **142** 19
– Eigenkündigung des Arbeitnehmers **142** 12
– Entlassung **142** 9
– Entscheidungen der Agentur für Arbeit **142** 38
– Gemeinschaftsrecht **142** 2
– Grundsätze **142** 1
– Kündigungsgründe **142** 12
– Kurzarbeit **142** 34
– Leitende Angestellte **142** 8
– Negativattest **142** 35
– Persönlicher Geltungsbereich **142** 8
– Rücknahme der Anzeige **142** 27
– Sperrfrist **142** 30
– Unterlassene oder fehlerhafte Anzeige **142** 28
– Verkürzung der Sperrfrist **142** 32
– Verlängerung der Sperrfrist **142** 31
– Verwaltungsakte **142** 40
– Vorratsanzeige **142** 27
– Wirkungen der Anzeige **142** 30
– Wirkungen des Ablaufs der Sperrfrist **142** 36
– Zeitpunkt der Anzeige **142** 23
Massenkündigung
– Zugang **123** 53
Masseunzulänglichkeit
– Insolvenz **93** 37
Maßnahme
– Personalvertretungsrecht **267** 20
Maßregelung
– Eingruppierung **184** 64
Maßregelungsverbot
– Allgemeines Gleichbehandlungsgesetz **33** 117
– Arbeitskampf **194** 16
– Befristung mit Vorbehalt **108** 22 a
– Benachteiligung **108** 11
– Beweislast **108** 28
– Freiwillige Überstunden **108** 27
– Kausalität **108** 14
– Kündigung **108** 18
– Persönlicher Geltungsbereich **108** 3
– Rechtsfolgen von Verstößen **108** 30
– Streikbruchprämien **108** 25
– Tarifvertrag **202** 12

– Teilzeitarbeit **43** 164
– Vereinbarung oder Maßnahme **108** 9
– Weisungsrecht **108** 24
– Zeugnis **108** 23
– Zulässige Rechtsausübung **108** 5
– Zweck **108** 2
Materielle Arbeitsbedingungen
– Mitbestimmung **230** 8
Medien
– Befristungsgrund **40** 29
Medizinische Vorsorge und Rehabilitation
– *Siehe Heilverfahren*
Medizinischer Dienst
– Entgeltfortzahlung **98** 140
Mehrarbeit
– *Siehe auch Überstunden*
– Ausbildungsverhältnis **175** 65
– Begriff **45** 55; **69** 5
– Beteiligungsrechte (BPersVG) **270** 8
– Entgeltfortzahlung **98** 87
– Mitbestimmung **235** 46
– Pfändbarkeit **92** 26
– Qualitative **68** 9a
– Schwerbehinderte Menschen **178** 67
– Vergütung **69** 5
– Vergütungsanspruch **66** 23
Mehrheitswahl
– Betriebsratswahl **217** 30
Mehrleistung
– Qualitative **66** 23
– Quantitative **66** 23
– Vergütungsanspruch **66** 23
Mehrlingsgeburt
– Mutterschutz **168** 14
Meinungsäußerung
– Außerordentliche Kündigung **127** 113
– Verhaltensbedingte Kündigung **133** 23
Meinungsfreiheit
– Grundrecht **3** 19
– Nebenpflichten des Arbeitnehmers **55** 30
– Tendenzunternehmen **55** 32
Meldepflicht (Sozialversicherung)
– Einstellung **35** 16
– Sozialversicherungsträger (Datenübertragung) **35** 18
Mengenprämie 65 5
Menschengerechte Arbeitsplätze
– Mitbestimmung **237** 1
Menschenrechtskonvention
– Arbeitskampf **193** 6
Methods Time Measurement (MTM-System) 64 29
MfS-Tätigkeit
– Außerordentliche Kündigung **127** 108
– Personalfragebogen **26** 27
Mietzins
– Werksdienstwohnungen **85** 23
– Werkswohnungen **85** 7
Miles & More-Bonusprogramm 78 6
Minderjährige
– *Siehe auch Jugendliche, Jugendarbeitsschutz, Kinderarbeit*
– Arbeitgeberverband (Beitritt) **191** 2
– Arbeitsvertrag **34** 36
– Eltern **34** 43
– Gewerkschaftsbeitritt **34** 41; **191** 2
– Prozessfähigkeit **34** 42
– Wettbewerbsverbot (nachvertragliches) **58** 56
Minderleistung
– Akkord **67** 27
– Arbeitsvergütung **67** 14
– Personenbedingte Kündigung **131** 46
Minderleistungsklausel
– Schwerbehinderte Menschen **178** 59
Mindestarbeitsbedingungen
– Grundsätze **162** 1
– Heimarbeit **163** 21
Mitbestimmung
– *Siehe auch Beteiligungsrechte (BetrVG), Beteiligungsrechte (BPersVG) und Unternehmensmitbestimmung*
– Betriebsrat **230** 5
– Erweiterung durch Tarifvertrag (BetrVG) **202** 20
– Personalrat **268** 2
Mitbestimmungsergänzungsgesetz
– Grundsätze **259** 3
Mitbestimmungsgesetz 1976
– Geltungsbereich **257** 3
– Grundsätze **260** 1
Mitteilungspflicht
– *Siehe auch Fragerecht*
– Arbeitsvertragsschluss **26** 1
– Schwangerschaft (Mutterschutz) **167** 1
Mittelbares Arbeitsverhältnis
– Arbeitnehmerüberlassung (Abgrenzung) **120** 23
– Betriebsverfassung **212** 7
– Grundsätze **183** 1
Mitwirkungsrechte
– Betriebsrat **230** 1
Mobbing
– Anspruchsgrundlage für Schadensersatz **33** 43b
– Begriff **33** 43a
– Gerichtliches Verfahren **33** 43f
– Persönlichkeitsrechtsverletzung **33** 43b
– Sperrzeit **23** 60
Mobilitätshilfen
– Sozialplan **244** 56
Monatsgespräch
– Betriebsverfassung **230** 10
– Personalvertretungsrecht **267** 1
Montagearbeiter
– Arbeitnehmerüberlassung **120** 11
– Aufwendungsersatz **86** 16
Montanmitbestimmung
– Grundsätze **259** 1

Musiker
– Befristung **186** 83
– Nichtverlängerungsmitteilung **186** 84
– Tarifliche Regelungen **186** 81
Musterung
– Arbeitsverhältnis **177** 2
Mutterschaft
– *Siehe Kündigungsschutz (MuSchG), Mutterschutz, Mutterschutzlohn, Schwangerschaft*
Mutterschaftsgeld
– *Siehe auch Zuschuss zum Mutterschaftsgeld*
– Anspruchsvoraussetzungen **171** 1
– Antrag **171** 1
– Arbeitskampf **194** 11
– Berechnung des Zuschusses **171** 11
– Erstattungsverfahren **100** 11
– Zuschuss **171** 2, 11
Mutterschutz
– *Siehe auch Kündigungsschutz (MuSchG)*
– Akkord (Verbot) **168** 23
– Anpassung des Arbeitsplatzes **168** 3
– Anrechnung der früheren Dienstzeit **169** 33
– Arbeitnehmerähnliche Person **166** 8
– Beamtin **166** 4
– Beendigung der Schwangerschaft (Mitteilung) **167** 2a
– Benachrichtigungspflichten des Arbeitgebers **167** 4
– Beschäftigungsverbot **168** 5
– Faktisches Arbeitsverhältnis **166** 7
– Gefahrenschutz **168** 1
– Geltungsbereich (Örtlich) **166** 5
– Gemeinschaftsrecht **166** 3
– Grundlagen (Allg.) **166** 1
– Insolvenz **93** 50
– Kündigungsverbot **169** 2
– Lohnanreizsystem **168** 23
– Medizinische Fachausdrücke **167** 1
– Mitteilungspflichten der Schwangeren **167** 2
– Mitteilungspflichten des Arbeitgebers bei Auflösung des Arbeitsverhältnisses **169** 34
– Mutterschaftsgeld **170** 4
– Mutterschaftsgeld (Voraussetzungen) **171** 1
– Mutterschutzlohn **170** 1
– Schwangerschaft (Mitteilung) **167** 2
– Schwangerschaft (Nachweis) **167** 8
– Schwangerschaftsattest (Kosten) **167** 11
– Soldatin **166** 4
– Sonderkündigungsrecht der Frau **169** 31
– Stillzeit **168** 22
– Urlaub **168** 24
– Verschwiegenheitspflicht des Arbeitgebers **167** 5
– Wiedereinstellung **169** 32
Mutterschutzlohn
– Berechnung **170** 15
– Berechnungsformel **170** 16
– Beschäftigungsverbot (Ursache für Nichtleistung) **170** 1
– Bezugszeitraum (für Berechnung) **170** 18
– Erstattung **100** 11
– Gesamtverdienst (Einzelheiten) **170** 23
– Gesamtverdienst (Grundsätze) **170** 22
– Kurzarbeit **170** 12
– Lohnausfallprinzip **170** 15
– Referenzzeitraum **170** 17
– Verdienstminderung **170** 26
– Voraussetzungen **170** 1
– Wegerisiko **170** 12

Nachbesserungsklausel
– Sozialplan **244** 62
Nachhaftung
– Ruhegeld **83** 192
– Umwandlung **116** 21
Nachschieben von Kündigungsgründen
– Außerordentliche Kündigung **127** 19
– Betriebsratsanhörung **124** 45
Nachtarbeit
– Ärztliche Untersuchung **157** 9
– Begriff **156** 21
– Entgeltzuschlag **157** 11
– Grundsätze **157** 4
– Rechte **157** 9
– Umsetzungsanspruch **157** 10
Nachtarbeitnehmer
– Ärztliche Untersuchung **157** 9
– Arbeitszeit **157** 8
– Begriff **156** 21
– Umsetzungsanspruch **157** 10
Nachtarbeitszeit
– Begriff **45** 63
Nachtarbeitszuschlag
– Vergütungsbestandteil **69** 32
Nachteilsausgleich
– Einzelheiten **244** 78
Nachträgliche Zulassung der Kündigungsschutzklage
– *Siehe auch Kündigungsschutzklage*
– Antrag **139** 16
– Beispiele **139** 3
– Entscheidung **139** 21
– Glaubhaftmachung **139** 19
– Rechtsmittel **139** 23
– Zuzumutende Sorgfalt **139** 2
Nachtruhe
– Jugendarbeitsschutzrecht **161** 30
Nachuntersuchung
– Jugendliche **161** 47
Nachweisgesetz
– Ausschlussfrist (Grundsätze) **34** 51
– Beweislast **34** 54
– Nachweisrichtlinie **34** 45
– Niederschrift (Mindestinhalt) **34** 47
– Öffentlicher Dienst **184** 42
– Regelungsinhalt (Grundsätze) **34** 39
– Schadensersatz **34** 50
– Tarifvertrag **209** 11

Nachwirkung
– Betriebsvereinbarung **231** 57
– Dienstvereinbarung **268** 13
– Tarifvertrag **203** 68
– Umfang (Tarifvertrag) **204** 12
Näherungsverfahren 83 164
Nahrungsaufnahme
– Arbeitsunfall **109** 27
Namensliste
– Betriebsratsanhörung **136** 12
– Grob fehlerhafte Sozialauswahl **136** 10
– Grundsätze **136** 1
– Interessenausgleich **136** 3
– Vermutung der Betriebsbedingtheit **136** 8
– Voraussetzungen **136** 2
– Wesentliche Änderung **136** 15
Nationalität
– Betriebsverfassung (Überwachung) **230** 20
Naturalvergütung
– *Siehe auch Sachbezüge*
– Berücksichtigung bei Lohnpfändung **92** 57
– Pfändbarkeit **89** 14
– Zulässigkeit **88** 30
Nebenarbeiten
– Direktionsrecht **45** 31
Nebenbeschäftigung
– *Siehe Nebentätigkeit*
Nebenbetrieb
– BetrVG **214** 10
Nebenpflichten des Arbeitnehmers
– Abwerbung **55** 11 a
– Ärztliche Untersuchung **55** 12
– Alkoholverbot **55** 13
– Anzeigen **55** 14
– Außerdienstliches Verhalten **55** 7
– Begriff **55** 1
– Betriebsfrieden **55** 17
– Inhalt **55** 3
– Internetnutzung **55** 18
– Kleidung **55** 23
– Kontrollen **55** 25
– Loyalität **55** 29
– Meinungsfreiheit **55** 30
– Nebentätigkeiten **55** 35
– Obhutspflichten **55** 36
– Öffentlicher Dienst **55** 8
– Pressekontakte **55** 37
– Prozessbetrug **55** 37 a
– Rauchverbot **55** 38
– Schmiergeld **55** 41
– Schutzpflichten **55** 44
– Telefonnutzung **55** 45
– Tendenzunternehmen **55** 32
– Treuepflicht **55** 1
– Unlauterer Wettbewerb **55** 50
– Verschwiegenheitspflicht **55** 51
– Videoüberwachung **55** 27
Nebenstelle
– Personalvertretung **264** 5
Nebentätigkeit
– Arbeitszeit **42** 6
– Auskunft **42** 14
– Außerordentliche Kündigung **127** 11
– Beeinträchtigung der Arbeitskraft **42** 5
– Beteiligung (BPersVG) **269** 42
– Genehmigung **42** 11
– Grenzen **42** 4
– Grundrechte **42** 3
– Öffentlicher Dienst **42** 12
– Rechtsgrundlage **42** 1
– Rente **42** 18
– Tarifvertragliche Verbote **42** 11
– Urlaub **42** 9
– Verbot (Tarifvertrag) **202** 10
– Verhaltensbedingte Kündigung **133** 38
– Wettbewerb **42** 8
– Zulässigkeit **42** 3
Negativattest
– Kündigungsschutz (SGB IX) **179** 28
– Massenentlassungsschutz **142** 35
Nettolohnvereinbarung
– Änderung der Steuerklasse **71** 113
– Anforderungen **71** 3 a
– Lohnklage **71** 4
– Lohnsteuer **71** 108
– Lohnsteuerjahresausgleich **71** 115
– Sozialversicherung **71** 108
Neubau
– Beteiligungsrechte (BPersVG) **271** 12
Neugründung
– Sozialplan **244** 46
Nicht ständig Beschäftigte
– Personalvertretung **264** 30
Nichtigkeit
– Anfechtung **36** 23
– Arbeitsvertrag **36** 1
– Berufsrechtliche Mängel **36** 52
– Gesetzliche Verbote **36** 17
– Lohnwucher **36** 4
– Rechtsfolgen **36** 51
– Sittenwidrigkeit **36** 2
Nichtleistung der Arbeit
– Rechtfertigungsgründe **51** 4
Nichtverlängerungsmitteilung
– Begriff **186** 84
Niederlassungserlaubnis
– Arbeitserlaubnis **27** 13
Niederschrift
– Betriebsratssitzung **220** 27
Normalzeit
– REFA-Verfahren **64** 24
Notarbeiten
– Arbeitskampf **194** 34
Notfall
– Arbeitszeitgesetz **156** 38
– Mitbestimmungsrecht **235** 14
Nutzungsprämie 65 7

Obhutspflicht
– Eingebrachte Sachen **106** 28
– Nebenpflichten des Arbeitnehmers **55** 36
Öffentlicher Dienst
– Altersversorgung **84** 164
– Anrechnung von Vordienstzeiten **184** 32
– Anwendung des BAT-O **184** 5
– Arbeitskampf **193** 32
– Arbeitsvorgang **184** 11
– BAT **184** 3
– Betriebsbedingte Kündigung **134** 56
– Betriebsübergang **117** 13
– BetrVG **214** 16
– Bewährungsaufstieg **184** 29
– Darlegungslast zur Eingruppierung **184** 38
– Direktionsrecht **45** 25
– Eingruppierung (Beteiligung des Personalrats) **184** 36
– Erlass **184** 62
– Erwerbsunfähigkeit **82** 35
– Fallgruppenaufstieg **184** 30
– Heraushebungsmerkmale (Eingruppierung) **184** 19
– Korrigierende Rückgruppierung **184** 43
– Leistungsvergütung **184** 87
– Nachweisgesetz **184** 42
– Neue Bundesländer **184** 5
– Rangreihenbewertungsmethode **62** 8
– Tarifverträge (Grundsätze) **184** 1
– Teilzeitbeschäftigte (Bewährungsaufstieg) **184** 31
– TVöD **184** 65
– Überleitungstarifverträge **184** 65 a
– Übertragung höherwertiger Tätigkeit **184** 48
– Zusammenhangstätigkeit **184** 15
Öffnungsklausel
– Betriebsvereinbarung (Tarifvorrang) **231** 27
– Tarifvertrag (Grundsätze) **204** 24
Öffnungszeiten
– Beteiligungsrechte (BPersVG) **270** 13
– Lage der Arbeitszeit **235** 40
Offenbarungspflicht
– *Siehe auch Personalfragebogen, Fragerecht*
– Arbeitsvertragsschluss **26** 1
– Außerordentliche Kündigung **127** 112
Offene Handelsgesellschaft (OHG)
– Arbeitgeber **34** 4
Ordentliche Kündigung
– Kündigungsfrist **126** 1
Ordnung der Dienststelle
– Beteiligungsrechte (BPersVG) **270** 38
Ordnungsprinzip
– Betriebsvereinbarung **231** 35
– Ruhegeld **83** 132
– Tarifvertrag **204** 60
Organvertreter
– *Siehe auch Geschäftsführer*
– Arbeitslosenversicherung **19** 26
– Betriebsübergang **118** 2
– Haftung **81** 10
– Sozialrecht **15** 27
Ort der Arbeitsleistung
– Betrieb des Arbeitgebers **45** 14
– Betriebsverlegung **45** 20
– Versetzung **45** 16 b
– Wechselnde Arbeitsorte **45** 16 a
Ortszuschlag
– Vergütungsbestandteil **69** 43
OT-Mitgliedschaft
– Tariffähigkeit **199** 7
– Zulässigkeit **206** 25
Outsourcing
– Grundsätze **119** 74
– Tarifbindung **206** 31

Pacht
– Beteiligung (BPersVG) **269** 45
Paisy
– Mitbestimmung **238** 3 a
Parkplatz
– Fürsorgepflicht **106** 34
– Schwerbehinderte Menschen **178** 53
Parteipolitische Betätigung
– Betriebsverfassung **230** 16
Partnerschaftsgesellschaftsgesetz
– *Siehe Freiberufliche Partnerschaft*
Patentanmeldung
– Arbeitnehmererfindung **114** 23
Pauschaliertes Schadensersatzversprechen
– Strafabreden **59** 1
Pauschalierungsabrede
– Vertragsstrafe **60** 26
Pausen
– Begriff **45** 64
– Begriff (ArbZG) **158** 13
– Betriebspause **158** 14
– Betriebsrat (Mitbestimmung) **158** 17
– Dauer und Lage **158** 15
– Jugendliche **158** 25; **161** 27
– Mitbestimmung **235** 41
– Tarifvorrang **158** 16
Pausenräume
– Jugendarbeitsschutz **161** 28
Pensionsfonds
– Abfindung der Versorgungsanwartschaft **84** 96
– Altersversorgung **82** 92
– Begriff **84** 91
– Beitragsorientierte Versorgungszusage **84** 93
– Betriebsübergang **84** 102
– Insolvenz **84** 103
– Insolvenzschutz **84** 116
– Leistungszusage **84** 93
– Rechtsverhältnis Arbeitgeber/Pensionsfonds **84** 98
– Rechtsverhältnis Arbeitnehmer/Arbeitgeber **84** 95

– Rechtsverhältnis Arbeitnehmer/Pensionsfonds **84** 100
– Übertragung der Versorgungsanwartschaft **84** 97
Pensionskasse
– Anpassung **84** 32
– Begrenzungsklausel **84** 29
– Begriff **82** 86; **84** 27
– Beiträge **84** 29
– Deckungsstock **84** 28
– Gleichbehandlung **84** 29
– Mitbestimmung des Betriebsrats **84** 35
– Rechtsbeziehung Arbeitnehmer/Arbeitgeber **84** 33
– Rechtsbeziehung Arbeitnehmer/Pensionskasse **84** 29
– Trägerunternehmen **84** 34
– Unverfallbarkeit **84** 30
Pensions-Sicherungs-Verein
– Benachrichtigungspflicht **84** 151
– Rechtsstreitigkeiten **84** 163
– Ruhegeldanpassung **83** 265
Persönliche Arbeitsleistung
– Arbeitsleistung durch Dritte **45** 5
– Arbeitspflicht **45** 1
Persönliche Aufwendungen
– Erstattungsfähigkeit **86** 5
Persönliche Verhinderung
– Arbeitsverhinderung **97** 7
Persönlichkeitsrechte
– Arbeitnehmererfindung **114** 20
– Betriebsverfassung (Überwachung) **230** 20
– Fürsorgepflicht **106** 54
Personalabbau
– Sozialplan **244** 46
Personalakten
– Amtshilfe **148** 18
– Begriff **148** 1
– Berichtigungsansprüche **148** 15
– Beteiligungsrechte (BetrVG) **233** 17
– Betriebsbuße **61** 14
– Bevollmächtigter **148** 10
– Datenverarbeitung **148** 18
– Einsichtnahme **234** 14
– Gegendarstellung **148** 15
– Inhalt **148** 1
– Kopien **148** 11
– Leitende Angestellte **251** 3
– Öffentlicher Dienst **148** 13
– Persönlichkeitsrecht **148** 2
– Personalinformationssysteme **148** 20
– Personalrat **267** 2
– Schadensersatz **148** 17
– Schwerbehinderte Menschen **178** 81
– Sensible Daten **148** 4
– Sprecherausschuss **251** 3
– Verwahrung **148** 3
– Vorlagepflicht (BPersVG) **268** 21
Personalaustausch
– Befristungsgrund **40** 59
Personalfragebogen
– *Siehe auch Fragerecht*
– Beteiligung (BPersVG) **269** 3
– Mitbestimmung **238** 18
Personalführungsgesellschaft
– Arbeitnehmerüberlassung (Abgrenzung) **120** 20
Personalgestellung
– TVöD **184** 71
Personalinformationssystem
– Persönlichkeitsrecht **148** 22
– Personalakten **148** 20
Personalplanung
– Beteiligungsrechte (BPersVG) **271** 28
– Bewerberauswahl (Einzelheiten) **25** 1
– Familienangehörige **238** 8
– Gleichstellung **238** 8
– Mitbestimmung (BetrVG) **238** 2
Personalrabatt
– Vergütungsbestandteil **68** 8
Personalrat
– *Siehe auch Beteiligungsrechte (BPersVG), Beteiligungsverfahren (BPersVG), Personalratsmitglied, Personalratswahl und Personalvertretungsrecht*
– Amtszeit **265** 24
– Arbeitskampf **267** 1
– Arbeitsschutz **153** 7
– Aufgabenverteilung (interne) **265** 50
– Auflösung **265** 41
– Behinderung **266** 23 a
– Beschluss (Mitteilung) **265** 57
– Beschlussfassung **265** 53
– Bildung **265** 1
– Bildungsurlaub **266** 20
– Bruttolohnliste **267** 2
– Büropersonalrat **265** 78
– Datenschutz **265** 60
– Ersatzmitglied (Eintritt) **265** 38
– Ersatzmitglied (Vorstand) **265** 49
– Freistellung **266** 8
– Friedenspflicht **267** 1
– Gesamtpersonalrat (Abgrenzung) **264** 23
– Geschäftsführung **265** 44
– Gleichbehandlungsgebot **267** 1
– Größe **265** 15
– Gruppenangelegenheiten **265** 55
– Haushaltsmittel **265** 71
– Kommunikationsmöglichkeiten **265** 68
– Kosten **265** 69
– Kündigungsschutz **266** 24
– Laufende Geschäfte **265** 52
– Literatur **265** 77
– Mitgliedschaft (Erlöschen) **265** 27
– Monatsgespräch **267** 1
– Organisationsveränderung (Dienststelle) **265** 42
– Personalakte **267** 2
– Personalversammlung **265** 61
– Privatisierung **265** 43

– Rechtsverfolgung (Kosten) **265** 72
– Reisekosten **265** 75
– Restmandat **265** 42
– Sachkosten **265** 76
– Sachverständige (Kosten) **265** 74
– Schulungsveranstaltung **266** 18
– Schwarzes Brett **265** 68
– Sitzungsniederschrift **265** 56
– Sondervertretungen **264** 24
– Sprechstunden **265** 61
– Stufenvertretung (Aufgabenabgrenzung) **264** 15
– Teilfreistellung **266** 10
– Übergangsmandat **265** 43
– Unterrichtungspflicht **267** 4
– Verschwiegenheitspflicht **266** 23
– Versetzung **266** 27
– Vertrauensvolle Zusammenarbeit **267** 1, 3
– Vorsitzender (Aufgaben) **265** 51
– Vorstand **265** 25
– Vorstand (Freistellung) **266** 13
– Vorstand (Wahl) **265** 45
– Vorstandsvorsitzender **265** 48
– Wählbarkeit (Verlust) **265** 32
– Wahl **265** 1
– Zusammensetzung **265** 15

Personalratsanhörung
– Kündigungsausspruch **124** 65

Personalratsmitglied
– *Siehe auch Personalrat*
– Abordnung **265** 34
– Altersteilzeit **265** 34
– Amtsniederlegung **265** 28
– Aufwandsentschädigung **266** 16
– Benachteiligungsverbot **266** 17
– Bildungsurlaub **266** 20
– Dienstbefreiung **266** 2
– Dienststellenwechsel **265** 30
– Dienstverhältnis (Ende) **265** 29
– Ehrenamt **266** 1
– Entgeltfortzahlung **266** 6
– Ersatzmitglieder **265** 38
– Freistellung **266** 8
– Freizeitausgleich **266** 7
– gerichtliche Entscheidung **265** 36
– Kündigungsschutz **266** 24
– Mitgliedschaft (Ende) **265** 27
– Schulung **266** 18
– Streitigkeiten **266** 21
– Umsetzung **266** 28
– Verhinderung **265** 39
– Verschwiegenheitspflicht **266** 23
– Versetzungsschutz **266** 27
– Wählbarkeitsverlust **265** 32

Personalratsvorsitzender
– Aufgaben **265** 51

Personalratswahl
– *Siehe auch Personalrat und Personalvertretungsrecht*
– Einzelheiten **265** 1
– Gewerkschaft **262** 15

Personal-Service-Agentur 21 13

Personalversammlung
– Einzelheiten **265** 62

Personalvertretungsrecht
– *Siehe auch Beteiligungsrechte (BPersVG), Beteiligungsverfahren (BPersVG), Personalrat, Personalratsmitglied und Personalratswahl*
– Abdingbarkeit **263** 14
– Ausgenommene Personengruppen **263** 22
– Ausland **263** 4
– Beamte **263** 15
– Betriebsverfassung (Abgrenzung) **263** 5
– Dienststelle **264** 2
– Entwicklung **262** 2
– Geltungsbereich **263** 1
– Gesetzgebungskompetenzen **262** 9
– Gewerkschaft **262** 13
– Institutsgarantie **262** 5
– Jugend- und Auszubildendenvertretung **264** 26
– Kirche **263** 6
– Landespersonalvertretungsgesetze **263** 2
– Nicht ständig Beschäftigte **264** 30
– Privatisierte Bundesbehörden **263** 7
– Privatisierung **119** 59
– Sondervertretungen **264** 24
– Stufenvertretung (Bildung) **264** 10
– Tarifvertrag **202** 21
– Teilzeitbeschäftigte **263** 25
– Verfassungsrechtliche Grenzen **262** 6
– Verwaltungsaufbau **264** 1
– Zweck **262** 1

Personelle Angelegenheiten
– Auswahlrichtlinie **238** 28
– Berufsbildung **239** 1
– Beschäftigungssicherung **238** 11
– Formularverträge **238** 24
– Personalplanung **238** 2
– Stellenausschreibung **238** 13

Personelle Einzelmaßnahmen
– Einzelheiten **241** 1
– Unterlassungsanspruch **241** 72
– Unterrichtungspflicht **241** 25
– Zustimmungsverweigerungsrecht **241** 34

Personelle Mitbestimmung
– Tendenzbetrieb **214** 33

Personenbedingte Kündigung
– Abgrenzung verhaltensbedingte Kündigung **131** 12
– AIDS **131** 16
– Alkoholsucht **131** 17
– Alter **131** 19
– Arbeitserlaubnis **27** 28; **131** 20
– Arbeitszeit **131** 22
– Ausbildungsverhältnis **174** 96
– Außerdienstliches Verhalten **133** 22
– Außerordentliche Kündigung **131** 5
– Berufserlaubnis **131** 20

– Betriebliche Beeinträchtigung **131** 3
– Betriebliches Eingliederungsmanagement **131** 6
– Doppelverdiener **131** 24
– Ehrenämter **131** 26
– Eignung **131** 27
– Gewissensentscheidung **131** 29
– Haft **131** 30
– Interessenabwägung **131** 10
– Krankheit **131** 31
– Krankheit – Betriebliche Beeinträchtigung **131** 39
– Krankheit – Betriebsratsanhörung **131** 42
– Krankheit – Dauerhafte Arbeitsunfähigkeit **131** 43
– Krankheit – Einzelfälle **131** 26
– Krankheit – Interessenabwägung **131** 41
– Krankheit – Lang andauernde Krankheit **131** 44
– Krankheit – Minderleistung **131** 45
– Krankheit – Negative Prognose **131** 35
– Mangelnde Eignung **131** 2
– Minderleistung **131** 46
– Mischtatbestände **131** 13
– Präventionsverfahren **131** 5
– Sozialversicherungsfreiheit **131** 50
– Tendenzbetrieb **131** 51
– Verschuldung **131** 53
– Voraussetzungen **131** 1
– Weiterbeschäftigungsmöglichkeit **131** 4
Pfändung
– *Siehe auch Lohnpfändung*
– Heimarbeiter **163** 36
– Pfändungs- und Überweisungsbeschluss **89** 19
– Ruhegeld **83** 322
– Werkmietwohnung **85** 10
Pfändungs- und Überweisungsbeschluss
– Arbeitgeber (Behandlung durch) **90** 1
– Arbeitnehmer (Verteidigungsmöglichkeiten) **91** 1
– Bankkonto **91** 8
– Verfahren **89** 19
– Zustellung **89** 16
Pfändungspfandrecht **89** 25
Pflegeversicherung
– Arbeitskampf **194** 25
– Arbeitslosengeld **23** 89
Pflegezeit
– Ärztliche Bescheinigung **107** 34
– Akutpflege (Anzeigepflicht) **107** 32
– Akutpflege (Erforderlichkeit) **107** 28
– Akutpflege (Voraussetzungen) **107** 23
– Ankündigungsfrist **107** 48
– Arbeitnehmerähnliche Person **107** 10
– Arbeitslosenversicherung **19** 17
– Befristung **107** 72
– Beschäftigter **107** 4
– Entgeltfortzahlung **107** 36
– Kündigungsschutz **107** 64
– Nachweispflicht **107** 45
– Nahe Angehörige **107** 19
– Pflegebedürftigkeit **107** 20, 42
– Sozialversicherungsrechtliche Absicherung **107** 76
– Teilfreistellung **107** 60
– Unternehmensgröße **107** 16
– Urlaubsansprüche **107** 58
– Zweck **107** 40
Politische Betätigung
– Außerordentliche Kündigung **127** 113
– Sprecherausschuss **245** 15
– Verhaltensbedingte Kündigung **133** 39
Popularbeschwerde
– BetrVG **234** 15
Portabilität
– Versorgungsanwartschaft **83** 177
Postunternehmen
– Mitbestimmung **241** 5
– Personalvertretungsrecht **263** 9
– Privatisierung **117** 73
Potestativbedingung
– Kündigung **123** 3
Präklusionsfrist
– *Siehe Ausschlussfrist und Verfallfrist*
Prämie
– Anwesenheitsprämie **65** 2
– Arbeitspflicht **67** 35
– Arbeitswissenschaftliche Prinzipien **65** 1
– Berechnung **65** 21
– Bezugsgrößen **65** 4
– Gruppenprämie **65** 15
– Individuelle **67** 31
– Kombinierter Prämienlohn **65** 13
– Mindestlohngarantie **65** 12
– Mitbestimmung **235** 99, 114
– Normalleistung (Ermittlung) **65** 17
– Prämienlohnkurve **65** 16
– Prämienlohnsysteme **65** 3; **67** 31
– Pünktlichkeitsprämie **65** 2
– Rechtsgrundlagen **67** 33
– Zeitprämie **65** 14
– Zusatzprämie **67** 34
Präventionsverfahren
– Schwerbehinderte Menschen **178** 50
Praktikant
– Ausbildungsvertrag **175** 3
– Begriff **16** 9
– Rechtsstellung **16** 10
Praktikum
– Förderung (Arbeitsverwaltung) **22** 10
Presse
– Arbeitskampf **193** 24
– Betriebsrat **215** 18
Pressefreiheit
– Grundrecht **3** 24
Pressekontakte
– Nebenpflichten des Arbeitnehmers **55** 37
Privathaushalt
– Geringfügige Beschäftigung **44** 31

Privatisierung
- Bahn **117** 72
- Beteiligungsrechte (BPersVG) **271** 16
- Betriebsübergang **119** 47
- Personalvertretungsrecht **119** 59
- Post **117** 73
- Ruhegeld **84** 211
- Umwandlung **119** 48

Probearbeitsverhältnis
- Abschluss **41** 4
- Beendigung **41** 6
- Befristetes **41** 8
- Begriff **41** 1
- Kündigungsfrist **126** 29
- Kündigungsschutz **41** 16
- Mindestvertragszeit **41** 14
- Probezeit **41** 3
- Wettbewerbsverbot **58** 42

Probebeschäftigung
- Förderung (Arbeitsverwaltung) **22** 38

Probezeit
- *Siehe auch Probearbeitsverhältnis*
- Berufsausbildung **174** 86
- Zulässigkeit **41** 3

Produktionsbetrieb
- Betriebsübergang **117** 16

Produktograf
- Mitbestimmung **235** 67

Prognose
- Befristungsgrund **40** 4

Projekt
- Befristungsgrund **40** 13

Prokura
- Außerordentliche Kündigung des Arbeitnehmers **127** 158
- Leitende Angestellte (BetrVG) **212** 26
- Widerruf **45** 28

Protokollnotizen
- Tarifauslegung **198** 31
- Tarifvertrag (Bestandteil) **198** 45

Provision
- Abdingbarkeit **75** 37
- Abrechnung **75** 44, 52
- Abschlussprovision **75** 37
- Abtretung **75** 45
- Abzahlungskäufe **75** 39
- Anspruchsausschluss **75** 31
- Arbeitnehmerüberlassung **75** 5
- Ausführung des Geschäfts durch Arbeitgeber **75** 35
- Ausgleichsanspruch **75** 9
- Ausschlussfrist **75** 44
- Bausparkassenangestellte **75** 9
- Befristung der Provisionsabrede **75** 15
- Begriff **75** 1
- Berechnung **75** 50
- Bestand des Arbeitsverhältnisses **75** 13
- Bezirksänderung **75** 27
- Bezirksprovision **75** 1, 25
- Buchauszug **75** 55
- Einsichtnahme in die Geschäftsbücher **75** 59
- Entgeltfortzahlung **98** 97
- Entstehen **75** 12
- Erstprovision **75** 51
- Fälligkeit **75** 44
- Faktisches Arbeitsverhältnis **75** 13
- Folgeprovision **75** 51
- Garantiegehalt **75** 32
- Garantiertes Mindestgehalt **75** 4
- Gemeinschaftsrecht **75** 6
- Geschäftsabschluss **75** 17
- Gleichartige Geschäfte **75** 18
- Gliederung (Gesetzliche Regelung) **75** 11
- Handelsvertreter **75** 6
- Handlungsgehilfe **75** 7
- Höhe **75** 47
- Insolvenz **75** 45
- Insolvenzgeld **94** 17
- Kausalität **75** 20
- Klage gegen Dritte **75** 39
- Mitbestimmung **235** 115
- Mitteilungsanspruch **75** 58
- Nachbearbeitungspflicht **75** 42
- Neukunden **75** 24
- Nichtausführung des Geschäfts durch Arbeitgeber **75** 39
- Pfändung **75** 45
- Provisionssatz (Änderung) **75** 48
- Provisionsvorschuss **75** 3, 38
- Rabatt **75** 50
- Rahmenvertrag **75** 19
- Rechnungslegung **75** 54
- Rückzahlungsanspruch **75** 39
- Skonto **75** 50
- Stornoreserve **75** 39
- Stufenklage **75** 54
- Sukzessivlieferungsvertrag **75** 19
- Tantieme (Abgrenzung) **75** 2
- Tarifliches Mindestentgelt **75** 7
- Teilkündigung **75** 49
- Teilprovision **75** 38
- Topfvereinbarung **75** 7
- Überhangprovision **75** 33
- Umsatzprovision **75** 2
- Umsatzsteuer **75** 50
- Unzumutbarkeit des Geschäfts **75** 42
- Vereinbarung (Befristung) **75** 15
- Verjährung **75** 46
- Vermittlungsprovision **75** 1
- Verrechnungsgarantie **75** 3
- Versicherungsangestellte **75** 9
- Vertragsänderung **75** 14
- Vertragsbeendigung **75** 16
- Widerruf **75** 49
- Zurückbehaltungsrecht **75** 53

Prozessbeschäftigung
- Befristungsgrund **40** 60

Prozessbetrug
- Nebenpflichtverletzung **55** 37a

Prozessvollmacht
– Kündigungserklärung **123** 34
Prüfungsstück
– Eigentum **174** 50
Prüfungsteilnahme
– Beteiligungsrechte (BPersVG) **271** 19
Psychologischer Eignungstest
– Mitbestimmung **238** 19
– Zulässigkeit **26** 13
Pünktlichkeitsprämie 65 11
Punktbewertungsmethode
– Lohnfindung **62** 8

Qualifikationsverlust
– Mitbestimmung **239** 3a
Qualifizierungszuschuss
– Voraussetzungen **22** 10
Qualitätsmanagementsystem
– Mitbestimmung **237** 34
Qualitätsprämie 65 6
Quittungsbeleg
– Aufbewahrung **150** 3
Quotierungsverfahren
– Betriebliche Altersversorgung **83** 152

Rahmenfrist
– Arbeitslosengeld **23** 31
Rangreihenbewertungsmethode
– Arbeitsvergütung **67** 5
– Lohnfindung **62** 8
Rassismus
– Mitbestimmung **236** 8
Ratierliche Berechnungsmethode
– Ruhegeld **83** 152
Rationalisierungsschutz
– Kündigungsschutz **129** 26
Rationalisierungsvorhaben
– Wirtschaftsausschuss **243** 19
Rauchverbot
– Außerordentliche Kündigung **127** 114
– Nebenpflichten des Arbeitnehmers **55** 38
– Ordnung des Betriebes **235** 31
Recht auf Arbeit/Arbeitsplatz
– Begriff **110** 2
Rechtsanwalt
– Betriebsrat (Kosten) **222** 7
– Einigungsstelle (BetrVG) **232** 10
– Einigungsstelle (BPersVG) **265** 74
– Personalrat (Kosten) **265** 72
Rechtsberatung
– Arbeitgeberverband **191** 6
Rechtsgeschäft
– Betriebsübergang **117** 29
Rechtsirrtum
– Kündigung **133** 6
Rechtsmissbrauch
– Arbeitnehmerstatus **8** 49
Rechtsnachfolge
– *Siehe Betriebsübergang*
Rechtsquellen
– Internationale **3** 42
– Nationale **3** 1
Rechtsschutzeinrichtung
– Arbeitgeberverband **191** 6
Rechtsverordnung
– Rechtsquelle **3** 3
Rechtswahl
– Internationales Arbeitsrecht **6** 6
Redakteur
– Befristungsgrund **40** 29
Redaktionsstatut
– BetrVG **214** 28a
Referenzprinzip
– Urlaubsentgelt **102** 117
Referenzzeugnis
– Zeugnis **146** 3
Regelungsabrede
– Begriff **231** 3
– Betriebsübergang **119** 31
– Einzelheiten **231** 65
– Tarifvorbehalt **231** 28
Regiebetriebe
– BetrVG **214** 16
Reisekosten
– Betriebsrat **222** 6
– Personalrat **265** 75
Religion
– Betriebsverfassung (Überwachung) **230** 20
Religionsgemeinschaft
– *Siehe auch Kirche und Tendenzbetrieb*
– Allgemeines Gleichbehandlungsgesetz **33** 127
Rente wegen verminderter Erwerbsfähigkeit
– Hinzuverdienstgrenze **82** 53
Renten
– Pfändbarkeit **92** 29
Rentenartfaktor
– Sozialversicherungsrente **82** 60
Rentenberechnung
– Sozialversicherungsrente **82** 57
Rentenfonds
– Pflichtmitgliedschaft **83** 76
Rentenformel
– Sozialversicherungsrente **82** 56
Rentenreform 2004
– Inhalt **82** 8
Rentenreformgesetz 1999
– Ruhegeldanpassung **83** 284
Rentenversicherung
– Aktueller Rentenwert **82** 61
– Altersrente **82** 25
– Altersrente nach Altersteilzeit **82** 37
– Anhebung der Lebensarbeitszeit **82** 45
– Anrechnungszeit **82** 64
– Arbeitskampf **194** 26
– Arbeitslosengeld **23** 95
– Arbeitslosigkeit **82** 36
– Auskunft **82** 68

– Ausländische Arbeitnehmer **27** 43
– Bergleute **82** 38
– Berufsunfähigkeit **82** 30
– Besteuerung **82** 93
– Eigentumsschutz **82** 69
– Entgeltpunkte **82** 58
– Erwerbsunfähigkeit **82** 30
– Erziehungsrente **82** 44
– EU-Mitgliedsstaaten **82** 23
– Europäische Union **3** 205
– Finanzierung (Beiträge) **82** 1
– Flexibilisierung der Arbeitszeit **160** 67
– Flexibilisierung der Lebensarbeitszeit **82** 45
– Frauen **82** 28
– Freiwillige Versicherung **82** 20
– Geringfügige Beschäftigung **44** 48
– Gesamtleistungsbewertung **82** 62
– Hinterbliebenenversorgung (Kindererziehungszeiten) **82** 41
– Hinzuverdienstgrenze **82** 50
– Höherversicherung **82** 81
– Höherversicherung (Ruhegeldanpassung) **83** 262
– Knochensplitter **82** 42
– Rechtsgrundlagen (Entwicklung) **82** 2
– Rentenarten **82** 24
– Rentenartfaktor **82** 60
– Rentenformel **82** 56
– Schwerbehinderte Menschen **82** 29
– Teilrente (Gleitender Ruhestand) **82** 46
– Teilweise Erwerbsminderung **82** 30
– Träger **82** 12
– Unterlassene Beitragsabführung **71** 30
– Verminderte Erwerbsfähigkeit **82** 30
– Versicherungsfreiheit **82** 18
– Versicherungspflicht **82** 13
– Waisenrente **82** 43
– Witwen- und Witwerrente **82** 40
– Zugangsfaktor **82** 33
– Zurechnungszeit **82** 65

Restmandat
– *Siehe auch Übergangsmandat*
– Betriebsänderung **244** 6
– Betriebsrat **219** 18
– Personalrat **265** 42

Richter
– Personalvertretungsrecht **263** 12

Richterrecht
– Änderung der Rechtsprechung **31** 17

Richtlinie
– Arbeitsrechtliche Richtlinien **3** 83
– Europäische Union **3** 62
– Gemeinschaftsrechtskonforme Auslegung **3** 67
– Sprecherausschuss **250** 1
– Vorwirkung **3** 63
– Wirkung **3** 65

Richtungsgewerkschaft
– Begriff **187** 16

Riesterrente
– Altersversorgung (Förderung) **82** 71
– Versorgungsniveau **82** 1
– Wohneigentum **82** 75

Rowan-Lohn
– Prämie **65** 3

Rückgedeckte Unterstützungskasse
– Begriff **84** 23

Rücksprache
– Außerordentliche Kündigung **127** 115

Rücktrittsvorbehalt
– Allgemeine Geschäftsbedingungen **32** 76

Rückwirkender Gewerkschaftsbeitritt
– Unkündbarkeit **128** 9

Rückwirkung
– Tarifvertrag **199** 32

Rückzahlungsanspruch
– Bruttobetrag **74** 3
– Entreicherung **74** 8
– Vergütung **74** 1

Rückzahlungsklausel
– *Siehe auch Ausbildungskosten*
– Abbruch der Ausbildung **176** 21
– Allgemeine Geschäftsbedingungen **32** 77; **176** 21
– Arbeitsvertrag **176** 20
– Aufhebungsvertrag **176** 21
– Ausschlussfristen **176** 30
– Berufliche Vorteile (Wirksamkeitsvoraussetzung) **176** 21
– Betriebsvereinbarung **176** 29
– Beurteilungszeitpunkt **176** 23
– Bleibefrist (Zulässigkeit) **176** 26
– Darlegungs- und Beweispflicht **176** 23
– Darlehen **176** 19
– Fälligkeit **176** 30
– Fortbildung **176** 18
– Gratifikation **78** 60
– Grund des Ausscheidens **176** 21
– Inhaltskontrolle (Grundsätze) **176** 21
– Kirchliches Arbeitsverhältnis **176** 20
– Kündigungserschwerung **176** 21
– Richtlinien (Caritasverband) **176** 20
– Tarifvertrag **176** 28
– Vertragsfreiheit **176** 20
– Zulässigkeit **176** 20

Rüstzeit
– REFA-Verfahren **64** 21

Rufbereitschaft
– Begriff **45** 59
– Begriff (ArbZG) **156** 20
– Vergütung (TVöD) **184** 72a

Ruhegeld
– *Siehe auch betriebliche Altersversorgung, Betriebsrentengesetz (Geltungsbereich), Insolvenzschutz (Ruhegeld), Rentenversicherung, Ruhegeld (Anpassung), Versorgungsanwartschaft und Ruhegeld (öffentlicher Dienst)*
– 25. Lebensjahr (Vollendung) **83** 93

– Abfindung (Steuer- und Sozialversicherungsrecht) **83** 325
– Abtretung **83** 323
– Änderung der Versorgungszusage **83** 96
– Altersabstandsklausel **83** 209
– Altersgrenze **83** 112
– Anrechnung anderweitiger Versorgungsbezüge **83** 306
– Anrechnungsverbot **83** 304
– Anwartschaft **83** 126
– Arbeiter/Angestellte/Gleichbehandlung) **83** 44
– Arbeitsvertragliche Einheitsregelung **83** 35
– Aufhebungsvertrag **83** 327
– Aufrechnung **83** 323
– Ausgleichsquittung **83** 327
– Auskunftspflicht (Arbeitgeber) **83** 205
– Auskunftspflicht (Arbeitnehmer) **83** 318
– Auslegung der Versorgungszusage **83** 33
– Ausschlussfrist **83** 326
– Auszahlung **83** 206
– Auszehrung **83** 315
– Barber-Urteil (EuGH) **83** 57
– Beendigung des Ruhestandsverhältnisses **83** 330
– Befristetes Arbeitsverhältnis (Gleichbehandlung) **83** 43
– Begründung der Ruhegeldverpflichtung **83** 30
– Beitragsorientierte Versorgungszusage **84** 80
– Beitrittsgebiet **83** 26
– Bemessung **83** 248
– Berufs- und Erwerbsunfähigkeit **83** 108
– Betriebliche Übung **83** 36, 89
– Betriebsnachfolge **83** 189
– Betriebsrentenfonds (Pflichtmitgliedschaft) **83** 76
– Betriebsvereinbarung **83** 52, 91, 140
– Billigkeitskontrolle **83** 75
– Blankettzusage **83** 34
– Bochumer Verband **83** 37, 136
– Charakter der Versorgungsleistung **83** 9
– Direktversicherung **84** 36
– Doppelte Kürzung **83** 125
– Einverständliche Aufhebung des Ruhestandsverhältnisses **83** 327
– Einzelzusage **83** 87
– Elternzeit **172** 33
– Entgeltumwandlungszusage **84** 59
– Erfüllungsort **83** 206
– Ergänzungsanspruch **83** 158
– Erlassvertrag **83** 327
– Flexible Altersgrenze **83** 118
– Freiwilligkeit der Zusage **83** 7
– Geltungsbereich (BetrAVG) **83** 12
– Gemeinschaftsrecht **83** 64
– Gemeinschaftsrecht (Entgelt) **83** 68
– Geringfügig beschäftigte Teilzeitkräfte **83** 42, 70
– Gesamtversorgungsobergrenze **83** 300
– Gesamtzusage **83** 35, 88
– Geschäftsführer **83** 20
– Geschlechtsdiskriminierung **83** 56
– Getrenntlebendklausel **83** 209
– Gleichbehandlungsgrundsatz **83** 40, 69
– Grundrechte **83** 56
– Haupternährerklausel **83** 209
– Herabsetzung (durch Arbeitgeber) **83** 316
– Hinterbliebene **83** 4
– Hinterbliebenenversorgung **83** 208
– Höchstbegrenzungsklausel **83** 303
– Inhaltskontrolle **83** 54
– Insolvenzschutz **84** 104
– Internationales Arbeitsrecht **83** 28
– Invalidität **83** 113
– Jeweiligkeitsklausel **83** 356
– Kapitalgedeckte Altersversorgung **84** 167
– Kausalität des Arbeitsverhältnisses **83** 5
– Konkurrenztätigkeit **83** 334
– Konzern (Haftung) **83** 202
– Kündigung des Ruhestandsverhältnisses **83** 331
– Kürzungsrecht **83** 339
– Lebensgemeinschaft (nichteheliche) **83** 209
– Leibrentenversprechen **83** 10
– Loyalitätsklausel **83** 253
– Maximierungsklausel **83** 303
– Mitbestimmung des Betriebsrats **83** 359
– Mittelbare Diskriminierung **83** 68
– Nachhaftung (Gesellschafter) **83** 192
– Näherungsverfahren (Sozialrente) **83** 164
– Nebenpflicht **83** 205
– Öffentlicher Dienst **84** 164
– Pensionsfonds **84** 91
– Pensionskasse **84** 27
– Pensionsordnung **83** 35
– Pfändbarkeit **92** 29
– Pfändung **83** 322
– Ratierliche Berechnungsmethode (m/n-tel) **83** 152
– Rechtsgrundlagen **83** 32
– Regelungsmodelle der Mitbestimmung **83** 368
– Rentenleistungen **83** 2
– Rentnergesellschaft **83** 184
– Ruhegeldanpassung **83** 255
– Ruhegeldberechtigte **83** 208
– Sachleistungen **83** 2
– Schadensersatzanspruch gegen einen Dritten **83** 319
– Scheingeschäft **83** 29
– Schenkung **83** 10
– Schriftform **83** 33
– Schuldner **83** 190
– Selbstmord **83** 211
– Sonstige Sozialleistungen (Abgrenzung) **83** 3
– Sozialeinrichtungen (BetrVG) **83** 367

– Sozialplan **244** 64
– Sozialversicherungsrente (Anrechnung) **83** 299
– Spätehenklausel **83** 209
– Spannungsklausel **83** 253
– Stichtage **83** 47
– Tarifvertrag **83** 48
– Tatsachenvergleich **83** 327
– Teilweiser Widerruf (bei Treuepflichtverletzung) **83** 334
– Teilzeitbeschäftigte **83** 42, 67
– Übernahme von Ruhegeldverbindlichkeiten/-anwartschaften **83** 177
– Überversorgung (Widerruf) **83** 345
– Überzahlung **83** 324
– Umgehungsgeschäft **83** 29
– Unfallrente (Abtretung) **83** 319
– Unfallrente (Anrechnung) **83** 314
– Unklarheitenregel **83** 33
– Unternehmensliquidation **83** 184
– Unterstützungskasse **84** 1
– Unverfallbarkeit **83** 80
– Unverfallbarkeitsfrist **83** 95
– Verbandsrichtlinie **83** 37
– Vergleich **83** 327
– Verjährung **83** 326
– Verminderte Erwerbsfähigkeit **83** 113
– Verpfändung **83** 323
– Versetzung in den Ruhestand **83** 107
– Versorgungsausgleich **83** 217, 311
– Versorgungsehe **83** 209
– Versorgungsfonds **83** 342
– Versorgungszusage (aus Anlass des Arbeitsverhältnisses) **83** 85
– Vertragsfreiheit **83** 54
– Verwirkung **83** 326
– Verzicht **83** 128, 324
– Voraussetzungen (Ruhegeldanspruch) **83** 77
– Vordienstzeiten (Anrechnung) **83** 100
– Vorschaltzeit **83** 87
– Vorstand **83** 20
– Wartezeit **83** 105
– Wertsicherungsklausel **83** 250
– Wettbewerbsverbot **83** 321
– Widerruf **83** 333
– Widerrufsvorbehalt **83** 346
– Wiederverheiratungsklausel **83** 209
– Wirtschaftliche Schwierigkeiten des Arbeitgebers **83** 338

Ruhegeld (Anpassung)
– Abbedingung (Tarifvertrag) **83** 264
– Abkopplungstheorie **83** 273
– Abwahl der Anpassungsverpflichtung **83** 285
– Anpassungsbedarf **83** 266
– Anpassungsentscheidung **83** 270
– Anpassungsklage **83** 297
– Anpassungsprüfung **83** 266
– Anpassungsverpflichtung **83** 259
– Beitragszusage mit Mindestleistung **83** 262
– Bochumer Verband **83** 277, 296
– Bündelung der Anpassungsüberprüfungen **83** 268
– Darlegungs- und Beweislast **83** 298
– Direktversicherung **83** 264; **84** 56
– Dynamisierung **83** 256
– Entgeltumwandlungszusage **84** 74
– Hälftelungsprinzip (erste Anpassung) **83** 283
– Insolvenz **84** 135
– Kapitalzahlung **83** 261
– Konzern **83** 263
– Laufende Leistungen **83** 261
– Mehrere Versorgungsleistungen **83** 261
– Mindestanpassung (Rentenreformgesetz 1999) **83** 286
– Nachholende Anpassung **83** 278
– Nachträgliche Anpassung **83** 278
– Naturalien **83** 261
– Öffentlicher Dienst **83** 264
– Pensionskasse **83** 264; **84** 32
– Pensionssicherungsverein **83** 265
– Pensions-Sicherungs-Verein (Träger) **84** 135
– Reallohnbezogene Obergrenze **83** 274
– Rentenreformgesetz 1999 **83** 284
– Rentnergesellschaft **83** 263, 279
– Ruhegeld **83** 296
– Sachleistungen **83** 261
– Sozialversicherungsrente (Anrechnung) **83** 273
– Unterbliebene Anpassung **83** 290
– Unternehmensverschmelzung **83** 263
– Unterstützungskasse **83** 264; **84** 7
– Versorgungsanwartschaft **83** 261
– Versorgungsobergrenze **83** 273
– Widerspruch gegen unterbliebene Anpassung **83** 291
– Wirtschaftliche Lage des Arbeitgebers **83** 277

Ruhegeldanwartschaft
– Tarifvertrag **83** 150

Ruhegeldordnung **83** 35

Ruhendes Arbeitsverhältnis
– Begriff **34** 86
– Rechtsfolgen **34** 88

Ruhensvereinbarungen
– Allgemeine Geschäftsbedingungen **32** 78

Ruhepause
– *Siehe Pausen*

Ruhestandsverhältnis
– Wettbewerb **57** 4

Ruhezeit
– Arbeitsbereitschaft **158** 3
– Begriff **45** 65; **158** 3
– Bereitschaftsdienst **158** 3
– Dauer **158** 4
– Jugendliche **161** 29
– Kraftfahrer **158** 9

– Rufbereitschaft **158** 3
– Verkürzung **158** 5
Rundfunkmitarbeiter
– Befristungsgrund **40** 29

Sachbezüge
– *Siehe auch Naturalvergütung*
– Ausbildungsverhältnis **175** 68
– Begriff **68** 1
– Besteuerung **68** 12
– Besteuerung von Annehmlichkeiten **68** 14
– Betriebliche Altersversorgung **83** 2
– Dienstwagen **68** 6
– Gewährleistung **68** 11
– Personalrabatt **68** 8
– Sozialversicherungsentgeltverordnung **68** 13
– Trinkgelder **68** 9
– Wohnraum **68** 5
Sachgrundlose Befristung
– TzBfG und WissZeitVG **39** 1
Sachgruppenvergleich
– *Siehe Günstigkeitsprinzip*
Sachkundige Arbeitnehmer
– Betriebsrat **233** 22a
Sachschäden (Arbeitnehmer)
– *Siehe auch Haftung des Arbeitnehmers*
– Eintrittspflicht **54** 3
Sachverständiger
– Betriebsrat **233** 18
– Personalrat (Kosten) **265** 74
– Sprecherausschuss **249** 7
– Wirtschaftsausschuss **243** 30
Saisonarbeit
– Arbeitserlaubnis **27** 29
– Befristungsgrund **40** 12
Saison-Kurzarbeitergeld
– Grundsätze **48** 17
Schadensersatz
– *Siehe auch Haftung des Arbeitnehmers, Haftung des Arbeitgebers*
– AGG **33** 77
– Arbeitskampf **193** 39
– Arbeitsuchendmeldung **19** 9
– Arbeitsvertragsbruch **51** 12
– Berufsausbildung **174** 38
– Beweislast **51** 21
– Einigungsstelle **232** 50
– Entgangener Gewinn **51** 16
– Haftung des Arbeitnehmers **53** 1
– Inseratskosten **51** 20
– Insolvenzgeld **94** 10
– Pauschalierungsabrede **51** 22
– Vorstellungskosten **51** 20
Schätzakkord **64** 16
Schauspieler
– Befristungsgrund **40** 30
Scheingeschäft
– Arbeitsvertrag **34** 24
– Ruhegeld **83** 29
Scheinselbstständigkeit
– *Siehe auch Arbeitnehmer, Arbeitnehmerbegriff*
– Grundzüge **8** 6
– Handelsvertreter **12** 3
Schichtarbeit
– Begriff **45** 54
– Gesundheitsschutz **157** 6
– Schichtplangestaltung **157** 7
Schiedsstelle (Patentamt)
– Arbeitnehmererfindung **114** 48
Schiffe
– *Siehe Kapitän*
– BetrVG **214** 19
Schiffsbesatzungen
– Besonderheiten **13** 8
Schlägerei
– Arbeitsunfall **109** 28
Schlechtleistung
– *Siehe auch Haftung des Arbeitnehmers*
– Akkord **67** 27
– Arbeitsvergütung **67** 14
– Auszubildender **174** 84
– Begriff **52** 1
– Betriebsgruppe **182** 9
– Eigengruppe **182** 22
– Kündigung **131** 46
– Lohnminderung **52** 5
– Rechtsfolgen **52** 3
Schlichtung
– Ausgleichsverfahren **196** 2
– Gebühren **196** 17
– Grundsätze **195** 1
– Koalition **187** 22
– Landesschlichter **196** 3
– Muster-Schlichtungsvereinbarung **195** 3
– Rechtsweg **196** 20
– Schiedsausschuss **196** 6
– Schiedsspruch **196** 18
– Staatliche **196** 1
– Vereinbarte **197** 1
– Verfahrensgrundsätze (vereinbarte Schlichtung) **197** 4
– Zwangsschlichtung **195** 11
Schlichtungsstelle
– Tarifliche **232** 3
Schlichtungsvereinbarung **195** 3
Schmerzensgeld
– Arbeitsunfall **109** 1
– Fürsorgepflicht **106** 11
Schmiergeld
– Außerordentliche Kündigung **127** 116
– Nebenpflichten des Arbeitnehmers **55** 41
– Verhaltensbedingte Kündigung **133** 40
Schriftform
– Abwicklungsvertrag **122** 48
– Arbeitsvertrag **34** 56
– Arglisteinwand **34** 69
– Aufhebungsvertrag **122** 2
– Ausschlussfrist **34** 58
– Befristetes Arbeitsverhältnis **38** 50

– Betriebsvereinbarung **231** 13
– Beweislast **34** 68
– Dienstvereinbarung **268** 9
– Doppelte Schriftformklausel **32** 78
– Kündigung **123** 56
– Tarifvertrag **199** 27
– Telefax **34** 60
– Treu und Glauben **34** 69
– Unterschrift **34** 58
Schüler
– Arbeitslosengeld **23** 18
Schuldanerkenntnis
– Mankohaftung **53** 89
Schuldbeitritt
– Betriebsübergang **118** 25
Schulden
– Außerordentliche Kündigung **127** 105
– Verhaltensbedingte Kündigung **133** 41
Schuldrechtsmodernisierungsgesetz 32 1
Schuldübernahme
– Versorgungsanwartschaft **83** 186
Schuldversprechen
– Allgemeine Geschäftsbedingungen **32** 78a
Schulung
– Allgemeines Gleichbehandlungsgesetz **33** 120
Schulungs- und Bildungsveranstaltung
– Bekanntgabe **221** 43
– Betriebsrat (Einzelheiten) **221** 32
– Betriebsratswahl **218** 9
– Beurteilungsspielraum **221** 38
– Bildungsurlaub **221** 48
– Einigungsstelle **221** 44
– Erforderlichkeit **221** 33
– Festlegung der zeitlichen Lage **221** 39
– Gewerkschaft **221** 47
– Jugend- und Auszubildendenvertreter **227** 27
– Kostenübernahme **222** 10
– Personalrat **266** 18
– Schulungsbedürftigkeit **221** 35
– Spezialkenntnisse **221** 36
– Sprecherausschuss **246** 19
– Teilzeitbeschäftigte **221** 45
– Träger **221** 32
– Vergütung **221** 45
– Voraussetzung **221** 32
– Wahlvorstand **217** 8; **218** 9
– Wirtschaftsausschuss **243** 35
– Zeitliche Lage **221** 39
Schutzfrist
– Mutterschutz **168** 12
Schutzkleidung
– Erstattungsfähigkeit **86** 20
Schutzpflichten
– Nebenpflichten des Arbeitnehmers **55** 44
Schutzschrift 193 38
Schutzvorrichtungen
– Fürsorgepflicht **106** 16
Schutzzweckgrenze
– Personalvertretungsrecht **262** 6
Schwangerschaft
– *Siehe auch Mutterschaftsgeld*
– Anfechtung **36** 36
– Fragerecht bei Einstellung **26** 32
– Nachweis **167** 8
– Tag der Entbindung **167** 10
Schwangerschaftsabbruch
– Außerordentliche Kündigung **127** 117
– Entgeltfortzahlung **98** 50
– Verhaltensbedingte Kündigung **133** 42
Schwarzarbeit
– Ausschluss von Aufträgen **42** 32
– Begriff **42** 23
– Nachbarschaftshilfe **42** 26
– Nichtigkeit **42** 33
– Ordnungswidrigkeiten **42** 30
– Vergütungsabrede **36** 18
Schwarzes Brett
– Betriebsrat **222** 20
– Personalrat **265** 68
Schwarzgeldabrede
– Rechtsfolge **71** 109
Schweigepflicht
– *Siehe Verschwiegenheitspflicht*
Schwerbehinderte Menschen
– *Siehe auch Gleichgestellte, Schwerbehindertenvertretung, Werkstatt für behinderte Menschen*
– Abschlussgebot **178** 40
– Anfechtung **36** 36; **179** 17
– Anrechnungsverbot (Vergütung) **178** 53
– Anzeigepflicht **178** 42
– Arbeitslosengeld **178** 60
– Arbeitsplatzgestaltung **178** 53
– Ausgleichsabgabe **178** 37
– Ausgleichsfonds **178** 39
– Ausländische Arbeitnehmer **178** 9
– Ausweis **178** 17
– Beförderung **178** 47
– Beginn und Ende des Schutzes nach dem SGB IX **178** 27
– Behinderung (Begriff) **178** 7
– Benachteiligungsverbot **178** 44
– Beschäftigung (tatsächliche) **178** 45
– Besetzung freier Arbeitsplätze **178** 43
– Betriebsvertretung **178** 99
– Bildungsmaßnahmen **178** 52
– Bundesagentur **178** 92
– Direktionsrecht **179** 16
– Diskriminierungsverbot **178** 44
– Feststellung der Behinderung **178** 19
– Fragerecht **179** 18
– Fürsorgepflicht **178** 53
– Gleichstellung **178** 19
– Gleichstellungsgesetz **178** 5
– Grad der Behinderung **178** 8
– Insolvenz (Kündigungsschutz) **93** 50
– Integrationsamt **178** 90
– Integrationsfachdienst **178** 95

– Integrationsprojekte **178** 97
– Mehrarbeit **178** 67
– Minderleistung **178** 59
– Personalakten **178** 81
– Pflichtarbeitsplatzzahl **178** 35
– Rentenversicherung **82** 29
– Schwerbehinderte Menschen **178** 32
– Schwerbehindertenvertretung (Beteiligung bei Einstellung) **178** 43
– Schwerstbehinderte **178** 34
– Sozialplan **178** 58
– Stufenvertretung **178** 88
– Teilzeitarbeit **178** 54
– Urlaub **102** 172
– Urlaubsgeld **178** 65
– Vergütung **178** 56
– Zusatzurlaub **178** 61
Schwerbehindertenvertretung
– Amtszeit **178** 75
– Anhörungsrecht **178** 80
– Aufgaben **178** 76
– Betriebsausschuss **220** 16
– Betriebsratssitzung **220** 21
– Betriebsratssitzung (Einladung) **220** 17
– Betriebsratssitzung (Teilnahme) **178** 77
– Gesamtbetriebsrat **224** 18
– Kosten **178** 87
– Kündigungsschutz **178** 85
– Monatsgespräch **178** 77
– Rechtsstellung (Mitglieder) **178** 83
– Schulungs- und Bildungsveranstaltung **178** 86
– Unterrichtungsrecht **178** 80
– Wahl **178** 71
Schwerpunktstreik 193 22
Schwerstbehinderte
– Beschäftigung **178** 34
Scientology
– BetrVG (Kirche) **214** 22
– Fragerecht **33** 12
Seearbeitsrecht
– Abrechnung **186** 50
– Arbeitsschutz **186** 58
– Arbeitsstatut **186** 40
– Arbeitszeit **186** 60
– Außerordentliche Kündigung **186** 56
– Berufsbildung **173** 15
– Besatzungsmitglieder **186** 45
– Betriebsverfassung **214** 17
– Erholungsurlaub **186** 53
– Heuer **186** 50
– Internationales Seeschifffahrtsregister **186** 41
– Kapitän **186** 44
– Krankenversicherung **186** 54
– Kündigung **186** 55
– Landgang **186** 52
– Rechtsgrundlagen **186** 39
– Rückbeförderung **186** 57
– Unfallversicherung **186** 54
– Verpflegung **186** 51
– Ziehschein **186** 50
– Zurücklassung **186** 57
Seebetriebsrat 214 17
– Kündigungsschutz **143** 5
Seeschifffahrt
– Betriebsverfassung **214** 17
Selbstmord
– Arbeitsunfall **109** 29
– Betriebliche Altersversorgung **83** 211
Seminar
– *Siehe Schulungs- und Bildungsveranstaltung*
Sexuelle Belästigung
– Allgemeines Gleichbehandlungsgesetz **33** 39
– Außerordentliche Kündigung **127** 119
– Sperrzeit **23** 61
– Verhaltensbedingte Kündigung **133** 43
Sexuelle Identität
– Betriebsverfassung (Überwachung) **230** 20
Sicherheitsbeauftragte
– Arbeitsschutz **153** 5
Sicherheitsbedenken
– Verhaltensbedingte Kündigung **133** 44
Sicherheitsingenieur
– Begriff **154** 47
– Mitbestimmung **241** 8 a
Sittenwidrigkeit
– Begriff **36** 2
– Einzelfälle **36** 15
– Kündigung **129** 6
Sitztheorie
– Unternehmensmitbestimmung **261** 1
Sitzungsniederschrift
– Betriebsrat **220** 27
– Personalrat **265** 56
Societas Europaea
– Mitbestimmung **261** 3
Soldat
– *Siehe auch Wehrdienst*
– Arbeitsplatzschutz **177** 1
– Betriebszugehörigkeit **177** 8
– Personalvertretungsrecht **263** 13
Solidaritätsbeiträge
– Koalitionsfreiheit **188** 10
Sollvorschriften
– Tarifvertrag **204** 21
Sommerzeit
– Arbeitszeit **45** 70
– Arbeitszeit (ArbZG) **156** 32
Sonderurlaub
– Mitbestimmung **235** 59
– Urlaub **102** 191
Sondervertretungen
– BetrVG **216** 9
– Personalvertretung **264** 24
Sonderzuwendung
– *Siehe auch Gratifikation*
– Begriff **78** 1

– Miles&More-Bonusprogramm **78** 6
– Mutterschutz **168** 29
Sonntagsruhe
– *Siehe auch Feiertagsruhe*
– Aufsichtsbehörde (Zulassung von Ausnahmen) **159** 28
– Ausgleich **159** 37
– Ausnahmen **159** 6
– Beschäftigungsverbot **159** 3
– Ersatzruhetag **159** 40
– Verstoß (Rechtsfolgen) **159** 44
Soziale Auswahl 135 1
– Änderungskündigung **137** 43
– Alter **135** 31
– Altersgruppen **135** 48
– Ausgewogene Personalstruktur **135** 46
– Austauschbarkeit **135** 11
– Auswahlgesichtspunkte **135** 25
– Auswahlgesichtspunkte – Abschließende Regelung **135** 27
– Auswahlrichtlinien **135** 52
– Betriebsbezug **135** 4
– Betriebsübergang **135** 18
– Betriebszugehörigkeit **135** 29
– Beurteilungsspielraum **135** 39
– Beweislast **135** 59
– Dominoeffekt **135** 63
– Doppelverdienst **135** 36
– Einarbeitungszeit **135** 12
– Entgegenstehende Kenntnisse, Fähigkeiten und Leistungen **135** 42
– Fehlerhafte Sozialauswahl **135** 63
– Fragerecht **135** 38
– Gemeinschaftsbetrieb **135** 5
– Insolvenz (Namensliste) **93** 57
– Krankheitsbedingte Fehlzeiten **135** 43
– Lebensalter **135** 31
– Massenentlassung **135** 50
– Namensliste **136** 10
– Prüfungsreihenfolge **135** 2
– Schwerbehinderung **135** 37
– Tariflich Unkündbare **135** 16
– Teilzeitbeschäftigte **135** 23
– Umwandlung **135** 6
– Unterhaltspflichten **135** 33
– Vergleichbarkeit **135** 3
– Vergleichbarkeit – Besonders Geschützte **135** 15
– Vergleichbarkeit – Betriebsübergang **135** 18
– Vergleichbarkeit – Einarbeitungszeit **135** 12
– Vergleichbarkeit – Kurzzeitig Beschäftigte **135** 14
– Vergleichbarkeit – Teilzeitbeschäftigte **135** 23
– Vergleichbarkeit – Weisungsrecht **135** 8
– Versetzungsklausel **135** 10
– Zweck **135** 1
Soziale Gründe
– Befristungsgrund **40** 18
Soziale Mitbestimmung
– Betriebsrat **235** 1
– Tendenzbetrieb **214** 32
Soziale Rechtfertigung
– Grundsätze **130** 28
Sozialeinrichtungen
– Begriff **235** 77
– Beteiligungsrechte (BPersVG) **270** 23
– Mitbestimmung **235** 76
– Mitbestimmung (freiwillige) **236** 6
Sozialhilfe
– *Siehe auch Arbeitslosengeld II*
– Arbeitskampf **194** 28
Sozialleistungen
– Pfändbarkeit **92** 34
Sozialplan
– Ältere schwerbehinderte Menschen **179** 41
– Arbeitskampf **193** 8
– Beteiligungsrechte (BPersVG) **270** 33
– Betriebsübergang (Unterrichtung) **118** 33
– Einzelheiten **244** 44
– Insolvenz **244** 95
– Schwerbehinderte Menschen **178** 58
– Sprecherausschuss **254** 12
– Teilzeitbeschäftigte **244** 49
Sozialrecht
– Europäische Union **3** 86
Sozialversicherung
– *Siehe auch Versicherungspflicht, Arbeitslosenversicherung, Krankenversicherung, Rentenversicherung, Unfallversicherung*
– Abmeldung **149** 17
– Arbeitskampf **194** 23
– Beitragsabführung **71** 10
– Beitragsbemessungsgrenze **71** 21
– Berufsausbildung **174** 77
– Fortbildung **176** 10
– Geschäftsführer/Gesellschafter **15** 28
– Meldungen **149** 18
– Rentenversicherung **71** 19
– Schadensersatz (unterlassene Beitragsabführung) **71** 40
– Telearbeit **164** 44
– Unfallversicherung **71** 18
– Unterlassene Beitragsabführung (Schadensersatz) **71** 40
– Verjährung **71** 44
– Vorstandsmitglied **15** 27
Sozialversicherungsausweis
– Arbeitspapier **35** 2
Sozialversicherungsbeitrag
– Abzug **71** 28
– Arbeitsentgelt **71** 22
– Arbeitslosenversicherung **71** 18
– Beitragsabzug **71** 27
– Beitragsbemessungsgrenze **71** 21
– Beitragserstattung **71** 25
– Beitragsschuldner **71** 13
– Gesamtsozialversicherungsbeitrag **71** 11

– Irrtümliche Leistungsgewährung (Erstattung) **71** 25
– Krankenversicherung **71** 17
– Lohnabzugsverfahren **71** 27
– Nachholung **71** 30
– Rentenversicherung **71** 19
– Unterlassene Beitragsabführung **71** 29
– Vergütungsnachzahlung **71** 29
Sozialversicherungsentgeltverordnung
– Sachbezüge **68** 13
Sozialversicherungsfreiheit
– Personenbedingte Kündigung **131** 50
Sozialzulage
– Vergütungsbestandteil **69** 39
Spätehenklausel
– Ruhegeld **83** 209
Spaltung
– *Siehe auch Umwandlung*
– Haftung **116** 18
– Umwandlung **116** 8
– Wirtschaftsausschuss **243** 23
– Zuordnung (Arbeitnehmer) **116** 26
Spannungsklausel
– Ruhegeld **83** 253
Spartenbetriebsrat
– Bildung **216** 4
Sperrzeit
– Arbeitslosengeld **23** 49
– Betriebsübergang **118** 47
Spesen
– Außerordentliche Kündigung **127** 120
– Verhaltensbedingte Kündigung **133** 45
Spezifikation
– Eigentumserwerb **113** 9
Spielbank
– Arbeitsvergütung **67** 37
Spitzenorganisation
– *Siehe auch Arbeitgeberverband, Gewerkschaft, Koalition*
– Tariffähigkeit **199** 13
Sport
– *Siehe auch Fußball*
– Befristungsgrund **40** 31
– Freizügigkeit **3** 58
– Fußball **186** 21
Sprache
– *Siehe Ausländische Arbeitnehmer*
Sprecherausschuss
– Allgemeine Grundsätze **245** 13
– Allgemeine Mitwirkungsrechte **249** 1
– Arbeitsfreistellung **246** 18
– Betriebsänderung **254** 7
– Betriebsrat **245** 9
– Bildungs- und Schulungsveranstaltungen **246** 19
– Ersatzmitglieder **246** 13
– Geschäftsführung **246** 14
– Kosten **246** 16
– Kündigungsschutz **245** 14
– Leitende Angestellte (BetrVG) **212** 20
– Personalakte **251** 3
– Personelle Angelegenheiten **253** 1
– Richtlinien **250** 1
– Sitzung **264** 36
– Sozialplan **254** 12
– Tendenzbetrieb **254** 6
– Übersicht **245** 1
– Überwachung **252** 4
– Untersuchungen und Tests **252** 3
– Vereinbarungen **250** 1
– Verschwiegenheitspflicht **245** 16
– Vertrauensvolle Zusammenarbeit **245** 5
– Wahl (Grundsätze) **246** 1
– Wirtschaftliche Angelegenheiten **254** 1
Sprecherausschussanhörung
– Kündigungsausspruch **124** 76
Sprecherausschussvereinbarung
– Betriebsübergang **119** 32
– Einzelheiten **250** 1
Sprechstunden
– Betriebsrat **220** 30
– Jugend- und Auszubildendenvertretung **227** 12
– Personalrat **265** 61
Sprechzeiten
– Beteiligungsrechte (BPersVG) **270** 13
Staatsvertrag
– Arbeitsrecht **2** 16
Staffing
– Begriff **33** 43 a
Stasi
– *Siehe MfS-Tätigkeit*
Stechuhr
– Außerordentliche Kündigung **127** 79
– Mitbestimmung **235** 67
– Ordnung des Betriebes **235** 31
Stellenanforderung
– Beteiligungsrechte (BPersVG) **271** 28
Stellenausschreibung
– *Siehe auch Einstellung*
– Allgemeines Gleichbehandlungsgesetz **25** 5
– Alter **25** 7
– Beteiligung (BPersVG) **269** 1
– Bewerbungsunterlagen **25** 11
– Diskriminierungsverbote **25** 5
– Entschädigung (Benachteiligung) **33** 87
– Geschlechtsneutrale **25** 7
– Mitbestimmung **238** 13
– Teilzeitarbeit **43** 75
– Widerspruchsrecht **241** 50
Stellensuche
– *Siehe auch Vorstellungskosten*
– Freizeitgewährung **25** 14
– Vergütungsfortzahlung **25** 23
– Verweigerung der Freizeitgewährung **25** 24
– Vorstellungskosten **25** 25
Stellvertretung
– Arbeitgeber (minderjährige) **34** 32
– Arbeitnehmer (minderjährige) **34** 33

Stempeluhr
– *Siehe Stechuhr*
Steuern
– *Siehe auch Einkommensteuer, Lohnsteuer*
– Rentenversicherung **82** 93
– Steuerschuldner (Lohnsteuer) **71** 100
– Übernahme (Steuerschuld) **71** 109
– Umzugskosten **86** 15
– Werkswohnung **85** 28
Stichtag
– Gratifikation **78** 53
– Ruhegeld **83** 47
– Sozialplan **244** 53
Stilllegung
– *Siehe Betriebsstilllegung*
Stillzeit 168 22
Stimmbindungsvertrag
– Zulässigkeit **257** 8
Störfallbeauftragter
– Mitbestimmung **241** 10
Strafabreden
– Pauschalierte Schadensersatzversprechen **59** 1
Strafgefangene
– Arbeitsvertrag **29** 11
– Betriebsverfassung **212** 8a
Straftat
– Außerordentliche Kündigung **127** 122
– Verhaltensbedingte Kündigung **133** 46
Strahlenschutzbeauftragter
– Grundsätze **153** 11
– Mitbestimmung **241** 10
Streik
– *Siehe auch Arbeitskampf, Aussperrung und Schlichtung*
– Ausbildungsverhältnis **174** 42, 79
– Begriff **192** 3
– Gratifikation **78** 59
– Schwerbehinderte Menschen **179** 42
– Schwerpunktstreik **193** 22
– Streikposten **193** 29
– Streikunterstützung **194** 6
– Sympathiestreik **193** 10
– Urabstimmung **193** 26
– Wellenstreik **194** 4
Streikposten 193 29
Streikprämie
– Zulässigkeit **194** 17
Streitverkündung
– Drittschuldnerklage **89** 54
Student
– Arbeitslosengeld **23** 18
– Befristungsgrund **40** 15
Stufenklage
– Provision **75** 54
Stufenvertretung
– *Siehe auch Beteiligungsrechte (BPersVG), Beteiligungsverfahren (BPersVG) und Personalrat*
– Aufgabenabgrenzung **264** 15
– Bildung **264** 10
– Entscheidungsbefugnis (Dienststelle) **264** 18
– fehlende Personalvertretung **264** 22
– Mitwirkungsverfahren **268** 66
– Sprechstunde **265** 61
– Stufenverfahren **268** 41
Stundennachweis
– Außerordentliche Kündigung **127** 79
Subjekttheorie
– Abgrenzung **5** 1
Subordinationstheorie
– Abgrenzung **5** 1
Subunternehmerverhältnis
– Arbeitnehmerüberlassung (Abgrenzung) **120** 10
Suspendierung
– *Siehe Arbeitsfreistellung, Freistellung*
– Beschäftigungspflicht **110** 8

Tabakfreier Arbeitsplatz
– Fürsorgepflicht **106** 15
Tätlichkeiten
– Außerordentliche Kündigung **127** 125
– Verhaltensbedingte Kündigung **133** 48
Tantieme
– *Siehe auch Gewinnbeteiligung, Provision*
– Begriff **76** 1
– Insolvenzgeld **94** 10
– Provision (Abgrenzung) **75** 2
Tarifausschlussklausel
– Zulässigkeit **207** 4
Tarifbindung
– Änderung des Tarifvertrags **206** 13
– Arbeitgeber (Tarifvertragspartei) **206** 4
– Arbeitsgemeinschaften (Arge) **206** 6
– Arbeitsvertragsschluss im Nachwirkungszeitraum **206** 15
– Betriebliche/betriebsverfassungsrechtliche Normen **206** 22
– Betriebsübergang **119** 5; **206** 30
– Bezugnahme auf Tarifvertrag **208** 8
– Einschränkung **206** 24
– Erweiterung **206** 24
– Fortgeltende **206** 8
– Frage nach Gewerkschaftszugehörigkeit **206** 5
– Fusion (Verbände) **206** 12
– Geltungsbereich (Abgrenzung) **206** 1
– Gemeinsame Einrichtungen **206** 21
– Gleichbehandlungsgrundsatz **206** 41
– Inbezugnahme eines Tarifvertrages **206** 40
– Mitglied (Tarifvertragspartei) **206** 5
– Outsourcing **206** 31
– Personengesellschaft **206** 6
– Personenkreis **206** 4
– Rückwirkender Verbandsbeitritt **206** 7
– Spitzenorganisation **206** 19
– Tarifflucht **206** 8
– Umwandlung **119** 36; **206** 33
– Verband ohne Tariffähigkeit **206** 25
– Verbandsauflösung **206** 11

– Verbandsaustritt **206** 14
– Verbandswechsel **206** 17
– Voraussetzungen (Grundzüge) **206** 2
Tarifdispositives Gesetzesrecht
– Verweisung auf Tarifrecht **208** 16
Tarifeinheit
– Geltungsbereich des Tarifvertrages **203** 34
– Grundsatz **203** 57
Tariffähigkeit
– Arbeitgeber **199** 3
– Ausländische Tarifvertragsparteien **198** 66
– Begriff **199** 1
– Firmentarifvertrag **199** 3
– Innungen **199** 12
– Innungsverbände **199** 12
– Koalition **199** 2
– Konzern **199** 4
– OT-Verband **199** 7
– Personengesellschaft **199** 3
– Rechtsfähigkeit **199** 2
– Spitzenorganisation **199** 13
– Verbände **199** 7
– Verbandsbeitritt **199** 5
– Wegfall **199** 46
Tarifflucht 206 8
Tarifgemeinschaft deutscher Länder 189 44
Tarifkonkurrenz
– Allgemeinverbindlichkeit **207** 23
– Ausländisches Arbeitsstatut **198** 64, 68
– Grundsätze **203** 51
– Kollisionsregeln **203** 55
Tariflohnerhöhung
– Aufstockung oder Anrechnung **204** 44
Tarifnachwirkung
– *Siehe Nachwirkung*
Tariföffnungsklausel
– Entgeltfortzahlung **98** 108
Tarifpartner
– Übersendung und Mitteilung (Tarifvertrag) **209** 2
Tarifpluralität
– Arbeitgeber (Verbandswechsel) **206** 17
– Begriff **203** 52
– Grundsätze **203** 60
Tarifregister
– Einsichtsrecht **209** 7
– Tarifvertrag **209** 4
Tariftreueerklärung
– Auftragsvergabe (öffentliche) **207** 36
Tarifverhandlungen
– Verhandlungsanspruch **188** 22; **199** 21
Tarifvertrag
– *Siehe auch Nachwirkung, Tarifbindung, Tariffähigkeit, Tarifkonkurrenz, Tarifpluralität, Tarifvertrag (Geltungsbereich) und Tarifvertrag (Inhalt)*
– Ablösung **203** 11
– Abschlussnorm **202** 8
– Abschrift **209** 7
– Allgemeinverbindlicherklärung **207** 1
– Anfechtung **198** 46
– Anrechnungsklausel **204** 54
– Ansprüche gegen Tarifpartner **201** 19
– Arbeitsvertragliche Einheitsregelung (Verhältnis) **204** 62
– Arglisteinwand **204** 66
– Aufhebung **199** 38
– Aufhebungsvertrag **204** 65
– Auflösende Bedingung **199** 37
– Ausländische Ortskräfte **198** 64
– Auslandstätigkeit **198** 60
– Auslegung im Betrieb **209** 9
– Außerordentliche Kündigung **199** 40
– Beendigung **199** 36
– Beendigung (Rechtsfolgen) **199** 48
– Beendigungsnorm **202** 14
– Befristetes Arbeitsverhältnis **38** 14
– Begriff **198** 10
– Bestimmungsklausel **204** 22
– Betrieblicher Geltungsbereich **203** 33
– Betriebsnormen **202** 17
– Betriebsübergang **119** 2
– Betriebsvereinbarung (Sperrwirkung) **231** 21
– Betriebsvereinbarung (tarifwidrige) **201** 23
– Betriebsverfassungsrechtliche Normen **202** 20
– Bezugnahme (individualrechtliche) **208** 1
– Durchführungspflicht **201** 15
– Effektivklauseln **204** 51
– Eingriff in erwachsene Rechte **199** 35
– Einwirkungspflicht **201** 15
– Europäischer **198** 9
– Fachlicher Geltungsbereich **203** 41
– Friedenspflicht (Einzelheiten) **201** 8
– Friedenspflicht (Grundsätze) **201** 4
– Funktion **198** 4
– Fusion (Tarifvertragsparteien) **199** 47 a
– Geltungsbereich **203** 1
– Gemeinsame Einrichtungen **202** 23
– Gemeinwohlbindung **200** 12
– Geschichte **198** 2
– Grundrechte (Bindung) **198** 17
– Günstigkeitsprinzip **204** 33
– Günstigkeitsprinzip (Arbeitszeit) **204** 56
– Heimarbeit **198** 12
– Heimarbeiter **163** 21
– Inhaltsnormen **202** 2
– Innehaltungspflicht **201** 15
– Internationales Tarifvertragsrecht **198** 54
– Internet **209** 7
– Kann-Vorschriften **204** 23
– Kirche **185** 6
– Koalitionsvereinbarung (Abgrenzung) **198** 15
– Kündigung **199** 39
– Leistungspflichten/-störungen **201** 19
– Mehrgliedriger **199** 24; **201** 5
– Mitbestimmung (Erweiterung) **202** 20

– Nachweisgesetz **209** 11
– Nachwirkung **199** 49; **203** 68; **204** 12
– Normative Bestimmungen **202** 1
– Normativer Teil **198** 11
– Öffnungsklausel **204** 24; **231** 27
– Ordnungsprinzip **204** 60
– Outsourcing **119** 79
– Personalvertretungsrecht **202** 21
– Privatisierung **119** 55
– Protokollnotizen (Bestandteil) **198** 45
– Rechtsnatur **198** 16
– Rechtswahl **198** 56
– Regelungsabrede (tarifwidrige) **201** 24
– Regelungszuständigkeit (Tarifvertragsparteien) **200** 1
– Rückwirkung **199** 32; **203** 6
– Schriftform **199** 27
– Schuldrechtlicher Teil (Einzelheiten) **201** 1
– Schuldrechtlicher/obligatorischer Teil (Begriff) **198** 10
– Schutzwirkungen **201** 7
– Sollvorschriften **204** 21
– Tarifausschlussklausel **207** 4
– Tarifbindung **206** 1
– Tariffähigkeit (Begriff) **199** 1
– Tarifkonkurrenz **203** 51
– Tarifpluralität (Begriff) **203** 52
– Tarifregister **209** 4
– Tarifvorrang **235** 6
– Tarifwirkung (Beginn) **199** 32
– Tarifwirkung (Rechtsgrund) **198** 14
– Tarifzuständigkeit (Begriff) **199** 15
– Territorialitätsprinzip **198** 55
– Übersendung und Mitteilung (durch Verbände) **209** 2
– Übertarifliche Zulagen **204** 44
– Umwandlung **119** 35
– Unabdingbarkeit **204** 2
– Unmittelbare Wirkung **204** 5
– Unterlassungsanspruch **201** 22
– Unterzeichnung **199** 20
– Verbandsauflösung **199** 47
– Verbandswechsel **199** 46
– Verfassungsrechtliche Gewährleistung **198** 49
– Verhandlungsanspruch **199** 21
– Veröffentlichung **199** 30; **209** 1
– Verrechnungsklausel **204** 53
– Vertragsfreiheit **198** 1
– Vertragsschluss (Einzelheiten) **199** 18
– Verweisung (Gesetz) **199** 29
– Verwirkung **204** 66
– Verzicht **204** 63
– Vollmacht **199** 18
– Vorvertrag **199** 22
– Wirkung der normativen Bestimmungen (Voraussetzungen) **204** 1
– Zwingende Wirkung **204** 15

Tarifvertrag (Auslegung)
– Dissens **198** 43
– Gerichtliche Prüfung **198** 47
– Grundsätze **198** 21
– Protokollnotizen **198** 31
– Rechtskonforme **198** 36
– Regelungslücke **198** 37
– Tarifübung **198** 34

Tarifvertrag (Geltungsbereich)
– Ablösung **203** 11
– Arbeitnehmerähnliche Personen **198** 12
– Auslandsberührung **203** 27
– Ausscheiden **203** 68
– Betrieblicher **203** 33
– Betriebsabteilung **203** 36
– Betriebsverlegung **203** 30
– Fachlicher **203** 41
– Gerichtliche Klärung **203** 71
– Interlokales Tarifrecht **203** 23
– Kommunale Neugliederung **203** 21
– Mischbetrieb **203** 35
– Nebenbetriebe **203** 36
– Neue Bundesländer **203** 23
– Persönlicher **203** 47
– Räumlicher **203** 21
– Rückwirkung **203** 6
– Tarifeinheit **203** 34
– Tarifkonkurrenzen **203** 31
– Vergütungsgruppe **203** 43
– Zeitlicher **203** 2

Tarifvertrag (Inhalt)
– Abschlussgebot **202** 11
– Abschlussnorm **202** 8
– Abschlussverbote **202** 10
– Ausschlussfristen **205** 1
– Beendigungsnorm **202** 14
– Berufsausbildung **203** 50
– Beschäftigungsverbot **202** 13
– Bestimmungsnorm **202** 7 a
– Betriebsnormen **202** 17
– Betriebsverfassung **200** 5
– Betriebsverfassungsrechtliche Normen **202** 20
– BetrVG (Organisation) **216** 1
– Differenzierungsklausel **201** 17
– Einigungsstelle **232** 6
– Formvorschriften **202** 9
– Gemeinsame Einrichtungen **202** 23
– Gleichbehandlung **200** 17
– Grundrechtsbindung **200** 16
– Indexklausel **202** 6
– Individualnormen **200** 11
– Inhaltsnorm **202** 2
– Kündigungserschwerung **202** 15
– Lohngleichheit **200** 18
– Maßregelungsverbot **202** 12
– Mitbestimmung (Einschränkung/Erweiterung) **200** 5
– Nebentätigkeitsverbot **202** 10
– Organisationsklausel/Absperrklausel **202** 10
– Privatleben **200** 10

– Rechtskontrolle (Grundsätze) **200** 14
– Ruhegeldanwartschaft **83** 150
– Schuldrechtliche Verpflichtungen (Grundsätze) **201** 3
– Verfallfristen **205** 1
– Vergütungsgruppe **203** 43
– Verjährungsfristen (Abkürzung) **204** 67
– Wertsicherungsklausel **202** 6
– Wettbewerbsverbot (nachvertragliches) **58** 11
– Zulassungsnorm **202** 7

Tarifvertrag (mehrgliedriger)
– Allgemeinverbindlichkeit **199** 26
– Tarifvertragspartei **199** 24

Tarifvertragspartei
– *Siehe Gewerkschaft, Arbeitgeberverband, Koalition*

Tarifvorbehalt
– Betriebsvereinbarung **231** 21
– Regelungsabrede **231** 28

Tarifvorrang
– Mitbestimmung **235** 6
– Personalvertretungsrecht **267** 19

Tarifzuständigkeit
– Beschlussverfahren **199** 17
– Grundsätze **199** 15
– Wegfall **199** 46
– Wirksamkeit (Tarifvertrag) **203** 40

Technische Verbesserungsvorschläge
– Grundsätze **114** 41

Teilarbeitslosengeld
– Voraussetzungen **23** 36

Teilfreistellung
– Personalrat **266** 10

Teillohnperiode
– Arbeitsvergütung **67** 4

Teilnichtigkeit
– Verstoß gegen Tarifvertrag **204** 15

Teilrente
– Arbeitsrechtliche Besonderheiten **82** 49
– Rentenversicherung **82** 46

Teilurlaub
– Bruchteile **102** 72
– Grundsätze **102** 66

Teilversammlung
– Betriebsversammlung **223** 5

Teilweise Erwerbsminderung
– Befristungsgrund **40** 57
– Rentenversicherung **82** 30

Teilzeitarbeit
– Ablehnung des Antrags (Betriebliche Gründe) **43** 114
– Ablehnung des Antrags (Betriebsorganisation) **43** 118
– Ablehnung des Antrags (Ersatzkraft) **43** 136
– Ablehnung des Antrags (Form und Frist) **43** 144
– Ablehnung des Antrags (Grundsätze) **43** 112
– Ablehnung des Antrags (Kosten) **43** 132
– Ablehnung des Antrags (Leiharbeitnehmer) **43** 125
– Ablehnung des Antrags (Rechtsfolgen fehlerhafter Ablehnung) **43** 145
– Ablehnung des Antrags (Schichtarbeit) **43** 126
– Ablehnung des Antrags (Tarifregelungen) **43** 143
– Ablehnung des Antrags (Wünsche anderer Arbeitnehmer) **43** 134
– Anspruch auf Teilzeitarbeit (Anspruchsberechtigte) **43** 85
– Anspruch auf Teilzeitarbeit (Bindung an den Antrag) **43** 106
– Anspruch auf Teilzeitarbeit (Frist) **43** 91
– Anspruch auf Teilzeitarbeit (Geltendmachung) **43** 90
– Anspruch auf Teilzeitarbeit (Grundsätze) **43** 80
– Arbeit auf Abruf **43** 9
– Begriff **43** 2
– Benachteiligungsverbot **43** 28
– Beteiligung (BPersVG) **269** 43
– Betriebliche Gründe **43** 114
– Betriebsverfassung **212** 6
– Einstweilige Verfügung **43** 152
– Erörterung **43** 108
– Ersatzkraft **43** 136
– Gerichtliche Durchsetzung des Anspruchs **43** 148
– Gleichbehandlung (Grundsätze) **43** 35
– Gleichbehandlung (Rechtfertigungsgrund) **43** 53
– Gleichbehandlung (Rechtsfolgen bei Verstößen) **43** 66
– Gleichbehandlung (Tarifverträge) **43** 38
– Gleichbehandlung (Vergleichbarkeit) **43** 42
– Gleichbehandlung (Vergütung) **43** 62
– Gleichbehandlung (wegen Teilzeitarbeit) **43** 49
– Gratifikation **78** 49
– Jahresarbeitszeitvertrag **43** 18
– Job-Sharing **43** 22
– Kindergarten **43** 129
– Kosten **43** 132
– Kündigungsschutz (KSchG) **130** 1
– Leiharbeitnehmer **43** 88, 125
– Mitbestimmung des Betriebsrats **43** 155
– Mittelbare Geschlechtsdiskriminierung **43** 29
– Pauschalbesteuerung **71** 110
– Personalvertretung **263** 25
– Rahmenvereinbarung **43** 20
– Ruhegeld **83** 42, 67
– Sachliche Gründe **43** 53
– Schichtbetrieb **43** 127
– Schulungs- und Bildungsveranstaltung **221** 45
– Schwerbehinderte Menschen **178** 54
– Sonderkündigungsschutz **172** 54

– Stellenausschreibung **43** 75
– Tarifregelungen **43** 143
– Überforderungsklausel **43** 134, 143
– Überstundenvergütung **43** 61
– Verlängerung der Arbeitszeit **43** 158
Teilzeitbeschäftigte
– Öffentlicher Dienst (Bewährungsaufstieg) **184** 31
Telearbeit
– Arbeitnehmer (BetrVG) **212** 6a
– Arbeitnehmerstatus **8** 45
– Arbeitsschutz **164** 34
– Arbeitsverhältnis **164** 14
– Arbeitszeit **164** 27
– Aufwendungsersatz (Wohnraum) **86** 23
– Betriebsrat **164** 37
– Datenschutz **164** 35
– Dienstverhältnis **164** 19
– Fahrtkosten **164** 32
– Formen **164** 2
– Grundsätze **164** 1
– Haftung **164** 29
– Heimarbeit **164** 22
– Internationalisierung **164** 43
– Kosten **164** 31
– Lohnrisiko **164** 30
– Mitwirkungsrechte **164** 38
– Mobile Telearbeit **164** 3
– Nachbarschaftsbüro **164** 3
– On-site-Telearbeit **164** 3
– Privatnutzung der Telekommunikation **164** 33
– Satellitenbüro **164** 3
– Sozialversicherung **164** 44
– Tarifverträge **164** 42
– Teleheimarbeit **164** 3
– Teleservicecenter **164** 3
– Vertragsgestaltung **164** 26
– Vor- und Nachteile **164** 9
– Wohnung **164** 28
– Zutrittsrecht des Arbeitgebers **164** 28
Telefax
– *Siehe Schriftform*
Telefongespräch
– Außerordentliche Kündigung **127** 128
– Nebenpflichten des Arbeitnehmers **55** 45
– Verhaltensbedingte Kündigung **133** 49
Telefonüberwachung
– Mitbestimmung **235** 67
– Ordnung des Betriebes **235** 31
Tendenzbetrieb
– *Siehe auch Kirche*
– Beteiligungsrechte (BetrVG) **214** 25
– Betriebsänderung **244** 11
– Betriebsratsanhörung **124** 95
– Nachteilsausgleich **244** 83
– Personenbedingte Kündigung **131** 51
– Redaktionsstatut **214** 28a
– Sprecherausschuss **254** 6
– Verhaltensbedingte Kündigung **133** 50
Tendenzunternehmen
– BetrVG **214** 25
– Europäischer Betriebsrat **256** 25
– MitbestG 1976 **260** 4
– Sprecherausschuss **254** 6
Terminprämie **65** 9
Territorialitätsprinzip
– BetrVG **213** 1
Titularprokuristen
– Leitende Angestellte (BetrVG) **212** 27
Tod des Arbeitnehmers
– Auswirkungen auf Arbeitsverhältnis **45** 2
– Sozialplanleistungen (Vererblichkeit) **244** 57
Torkontrolle
– Ordnung des Betriebes **235** 31
Transferkurzarbeitergeld
– Voraussetzungen **244** 117
Transfermaßnahmen
– Voraussetzungen **244** 106
Transsexualität
– Diskriminierungsverbote **33** 9
Treuepflicht
– *Siehe auch Nebenpflicht*
– Abwerbung **55** 11
– Auszubildender **174** 83
– Begriff **55** 1
Treueprämie
– Vergütungsbestandteil **69** 29
Treuwidrige Kündigung
– Grundsätze **129** 9
Trinkgeld
– Pfändbarkeit **92** 28
– Sachbezug **68** 9
Tronc
– Vergütung **67** 37
Truckverbot
– Grundsätze **88** 29
Trunkenheit
– Außerordentliche Kündigung **127** 102
Türkei
– Arbeitserlaubnis **27** 26
TVöD
– Abordnung **184** 70
– Allgemeine Arbeitsbedingungen **184** 69
– Arbeitszeit **184** 72
– Kündigung **184** 77
– Personalgestellung **184** 71
– Überblick **184** 65
– Überleitungstarifverträge (Kinderbezogene Entgeltbestandteile) **184** 65b
– Überleitungstarifverträge (Vergleichsentgelt) **184** 65b
– Unkündbarkeit **184** 77
– Urlaub **184** 75

Überarbeit
– *Siehe auch Mehrarbeit, Überstunden*
– Begriff **45** 55
– Entgeltfortzahlung **98** 87
– Gleitende Arbeitszeit **160** 13

Überbetriebliche Einrichtung
– Altersversorgung **82** 83
Übereinkommen der internationalen Arbeitskonferenz
– Rechtsquelle **3** 43
Übergangsgeld
– Voraussetzungen **22** 34
Übergangsmandat
– *Siehe auch Restmandat*
– Betriebsrat **219** 17
– Personalrat **265** 43
Überhangprovision 75 33
Überleitung in TVöD
– Tarifregelungen **184** 65 a
Überstunden
– *Siehe auch Mehrarbeit*
– Begriff **69** 10
– Mitbestimmung **235** 46
– Rechtsgrundlage **45** 47
– Verhaltensbedingte Kündigung **133** 51
Überstundenvergütung
– Ausbildungsverhältnis **175** 67
– Ausschlussfristen **69** 16
– Beweislast **69** 22
– Freizeitausgleich **69** 12
– Pauschalierung **69** 15
– Pauschalierung (AGB) **32** 79
– Pfändung **69** 20
– Rechtsgrundlagen **69** 11
– Teilzeitbeschäftigte **43** 61
Übertarifliche Vergütung
– Tarifvertrag **204** 44
Übertarifliche Zulagen
– Tarifvertrag **204** 44
Überwachung
– Beteiligungsrecht **230** 19
– Betriebsrat **233** 2
– Mitbestimmung **235** 63
Überzahlung
– Bereicherungsrecht **74** 1 a
– Pfändung und Aufrechnung **74** 13
Umbau
– Beteiligungsrechte (BPersVG) **271** 12
Umdeutung
– Außerordentliche Kündigung **123** 77
– Betriebsratsanhörung **123** 79
– Unwirksame Kündigung **123** 73
Umgruppierung
– Mitbestimmung **241** 15
– Unterrichtungspflicht **241** 27
Umlageverbot
– Betriebsratskosten **222** 27
Umsatzsteuer
– Provision **75** 50
Umschulung
– Begriff **173** 3
– Berufsausbildung **174** 3
– Beteiligungsrechte (BPersVG) **270** 33
– Rechtsnatur **16** 15
Umsetzung
– Beteiligung (BPersVG) **269** 31
– Personalratsmitglied **266** 28
Umwandlung
– Allgemeinverbindlichkeit **119** 38
– Ausgliederung **116** 9
– Betriebsrat (Amt) **219** 17
– Betriebsrat (Beteiligung) **116** 31
– Betriebsübergang (Verhältnis) **116** 11
– Betriebsvereinbarung (Weitergeltung) **119** 40
– Formwechsel **116** 10
– Gemeinschaftsbetrieb **116** 30
– Haftungssystem **116** 14
– Kündigungsschutz **116** 24
– Privatisierung **119** 48
– Spaltung **116** 8
– Tarifbindung **119** 36; **206** 33
– Tarifvertrag (Weitergeltung) **119** 35
– Umwandlungsarten **116** 6
– Unternehmensmitbestimmung **116** 38
– Verschmelzung **116** 7
– Versorgungsanwartschaft **83** 189
– Widerspruchsrecht **116** 29
– Zuordnung (Arbeitsverhältnis) **116** 26
Umweg
– Arbeitsunfall **109** 42
Umweltschutz
– Beteiligungsrechte (BetrVG) **233** 14
– Mitbestimmung **236** 13
Umzug
– Arbeitslosengeld **23** 21
– Arbeitslosengeld (Erreichbarkeit) **23** 11
– Kosten (Erstattung) **86** 13
Unabdingbarkeit
– Tarifvertrag **204** 2
Unfall
– *Siehe Arbeitsunfall*
Unfall- und Gesundheitsgefahren
– Unterrichtung über **234** 4
Unfallrente
– Ruhegeld (Anrechnung) **83** 314
Unfallschutz
– Beteiligungsrechte (BPersVG) **270** 26
– Betriebsrat **233** 3
– Mitbestimmung **235** 69
– Mitbestimmung (freiwillige) **236** 4
Unfallverhütungsvorschriften
– Arbeitsschutz **153** 32
Unfallversicherung
– Arbeitskampf **194** 27
– Arbeitslosengeld **23** 96
– Ausländische Arbeitnehmer **27** 42
– Beiträge **71** 18
Unionsbürger
– Arbeitserlaubnis **27** 7
Union-Shop-Klausel
– Zulässigkeit **202** 10

Unklarheitenregel
– AGB **32** 32
– Versorgungszusage **83** 33
Unkündbarkeit
– Arbeitsvertrag **128** 3
– Auflösungsantrag **128** 27
– Auslauffrist **128** 20
– Ausschlussfrist **128** 19
– Betriebsbedingte Kündigung **128** 30
– Betriebsratsanhörung **128** 22
– Betriebsübergang **128** 28
– Betriebsvereinbarung **128** 6
– Beuteilungszeitpunkt **128** 7
– Freikündigen **128** 32
– Insolvenz **128** 26
– Interessenabwägung **128** 16
– Krankheitsbedingte Kündigung **128** 34
– Rückwirkender Gewerkschaftsbeitritt **128** 9
– Rückwirkender Verschlechterung des Schutzes **128** 11
– Schwerbehinderte **128** 25
– Tarifvertragliche Regelung **128** 1
– TVöD **184** 77
– Unwirksamkeit der Kündigung **128** 14
– Verhaltensbedingte Kündigung **128** 35
Unlauterer Wettbewerb
– Nebenpflichten des Arbeitnehmers **55** 50
Unmöglichkeit der Arbeitsleistung
– Anfängliches Unvermögen **49** 3
– Arbeitsunfähigkeit **49** 7
– Fixschuld **49** 6
– Gegenleistung **49** 8
– Grundsätze **49** 1; **96** 1
– Nachträgliche Unmöglichkeit **49** 5
– Pflichtenkollision **49** 2
Unpünktlichkeit
– Außerordentliche Kündigung **127** 132
– Verhaltensbedingte Kündigung **133** 52
Unterlassungsanspruch
– Betriebsänderung **244** 29
– Betriebsrat (§ 23 BetrVG) **219** 33
– Koalition **201** 22
– Koalition (Durchsetzung) **201** 30
– Personelle Maßnahmen **241** 72
– Soziale Mitbestimmung **235** 19
Unternehmen
– Begriff **18** 10
Unternehmensaufspaltung
– Betriebsänderung **244** 10
Unternehmenseinheitlicher Betriebsrat
– Bildung **216** 14
Unternehmensmitbestimmung
– *Siehe auch Aufsichtsrat, Drittelbeteiligung, Montan-Mitbestimmung*
– Auslandsbezug **261** 1
– Drittelbeteiligung **258** 1
– Europäische Aktiengesellschaft **261** 3
– MitbestG 1976 **260** 1
– Montanmitbestimmung **259** 1
– Privatautonome Regelungen **257** 7
– Überblick **257** 1
– Umwandlung **116** 38
Unternehmenszusammenschluss
– Betriebsänderung **244** 9
Unternehmer
– Betriebsverfassung (Begriff) **212** 3
Unterrichtung
– Beteiligungsrechte (BetrVG) **233** 16
– Betriebsübergang **118** 30
Unterstützung
– Beteiligung (BPersVG) **269** 44
Unterstützungskasse
– Änderung der Versorgung **84** 8
– Anpassung **84** 7
– Aufklärungspflichten (Arbeitgeber) **84** 16
– Ausschluss des Rechtsanspruchs **84** 3
– Begriff **82** 88; **84** 1
– Betriebsnachfolge **84** 21
– Deckungsverhältnis **84** 17
– Einheitstheorie **84** 14
– Gruppenunterstützungskasse **84** 22
– Haftung **84** 15
– Insolvenzschutz **84** 116
– Klagegegner **84** 15
– Mitbestimmung des Betriebsrats **84** 26
– Rechtsbeziehungen zu Dritten **84** 2
– Rückgedeckte **84** 23
– Satzung **84** 1
– Sozialeinrichtung **235** 81
– Träger **84** 1
– Unverfallbarkeit **84** 3
– Valutaverhältnis **84** 12
– Versorgungszusage **84** 13
– Widerruf **84** 3
Unterstützungsstreik
– Zulässigkeit **193** 10
Untersuchungshaft
– Außerordentliche Kündigung **127** 122
Unverfallbarkeit
– Beitragszusage mit Mindestleistung **84** 87
– Betriebszugehörigkeit **83** 95
– Pensionskasse **84** 30
– Unterstützungskasse **84** 3
– Versorgungszusage (Bestehen) **83** 95
– Voraussetzungen **83** 80
– Vorschaltzeiten **83** 87
– Wartezeit (Abgrenzung) **83** 105
Unzulässige Rechtsausübung
– *Siehe auch Treu und Glauben*
– Verjährung **73** 14
– Verwirkung **73** 18
Urabstimmung
– Arbeitskampf **193** 27
Urheberrecht
– *Siehe auch Arbeitnehmererfindung*
– Computerprogramme **115** 10
– Geschützte Werke **115** 4
– Rechtsgrundlagen **115** 1
– Vergütung **115** 18

Urlaub
– Alter **33** 62
– Altersteilzeitarbeitsverhältnis **81** 30
– Arbeitnehmerähnliche Person **102** 174
– Arbeitskampf **194** 9
– Arbeitsplatzwechsel **102** 23
– Arbeitsunfähigkeit **102** 53
– Außerordentliche Kündigung **127** 133
– Bahn AG **102** 167
– Baugewerbe **102** 162; **186** 12
– Befreiung von Arbeitsleistung **102** 3
– Begriff **102** 2
– Berufsausbildung **174** 76
– Betriebsübergang **102** 23
– Betriebsübergang (Insolvenz) **102** 36
– Beurlaubungen **102** 151
– Bildungsurlaub **102** 181
– Eigenmächtiger Urlaubsantritt **127** 133
– Einheitstheorie **102** 2
– Einstweilige Verfügung **102** 31
– Elternzeit **172** 26
– Entgeltfortzahlung **98** 25
– Entgelttheorie **102** 2
– Entwicklungshelfer **186** 64
– Erlassvertrag **102** 160
– Ersatzurlaubsanspruch **102** 112
– Erwerbstätigkeit **102** 62
– Gekündigtes Arbeitsverhältnis **102** 17
– Geltendmachung **102** 82
– Heimarbeit **102** 174; **163** 29
– Insolvenz **102** 32
– Internationales Recht **102** 6
– Jugendliche **102** 168
– Kalenderjahr **102** 103
– Krankheit **102** 26
– Krankheit während des Urlaubs **102** 53
– Kündigungsfrist **102** 95
– Kündigungsschutzklage **102** 96
– Leistungsklage **102** 30
– Masseunzulänglichkeit **102** 35
– Mutterschutz **168** 24
– Nebentätigkeit **42** 9
– Pfändung **102** 154
– Post **102** 167
– Privatrechtlicher Anspruch **102** 7
– Prozessuale Durchsetzung **102** 29
– Rechtsmissbrauch **102** 26
– Rechtsnatur **102** 2
– Rückforderungsverbot **102** 79
– Rückruf **102** 91
– Schadensersatz **102** 112
– Schonzeit **99** 29
– Schwerbehinderte **102** 172
– Seeschifffahrt **102** 173; **186** 53
– Sonderrechtsvorschriften **102** 5
– Sonderurlaub **102** 191
– Teilurlaub **102** 66
– Teilurlaub (Fälligkeit) **102** 74
– Überschreitung (Verhaltensbedingte Kündigung) **133** 53
– Unabdingbarkeit **102** 160
– Urlaubsanschrift **102** 102
– Urlaubsbescheinigung **102** 42
– Urlaubsdauer **102** 44
– Urlaubsentgelt **102** 81
– Urlaubserteilung **102** 82
– Urlaubsgeld **102** 137
– Urlaubsjahr **102** 25
– Voraussetzungen **102** 8
– Wartezeit **102** 21
– Wehrdienst **177** 6
– Wehrübung **177** 6
– Weiterbeschäftigung **102** 113
– Zusatzurlaub **178** 61
– Zwölftelung **102** 68
Urlaubsabgeltung
– Abdingbarkeit **102** 160
– Abgeltungsverbot **102** 143
– Altersteilzeitarbeitsverhältnis **81** 30
– Arbeitnehmerähnliche Personen **102** 178
– Arbeitslosengeld **23** 88; **102** 156
– Aufrechnung **102** 154
– Ausschlussfristen **102** 159
– Höhe des Abgeltungsanspruchs **102** 152
– Insolvenz **102** 34
– Insolvenzgeld **94** 11
– Krankheit **102** 150
– Pfändung **102** 154
– Rechtsnatur **102** 146
– Vererblichkeit **102** 155
– Verwirkung **102** 158
Urlaubsbescheinigung
– Begriff **102** 42
Urlaubsdauer
– Berechnung **102** 46
– Grundsätze **102** 44
– Teilzeitbeschäftigte **102** 48
– Werktage **102** 44
Urlaubsentgelt
– Arbeitnehmerähnliche Personen **102** 176
– Arbeitsverdienst **102** 122
– Aufwandsentschädigung **102** 128
– Ausschlussfrist **102** 142
– Berechnung **102** 117
– Bezugszeitraum **102** 121
– Erfolgsabhängige Vergütung **102** 125
– Fälligkeit **102** 135
– Fünf-Tage-Woche **102** 133
– Geldfaktor **102** 120
– Grundsätze **102** 115
– Insolvenzgeld **94** 10
– Kurzarbeit **102** 129
– Massenunzulänglichkeit **102** 35
– Pfändbarkeit **92** 40
– Rückforderung **102** 79, 136
– Verdiensterhöhung **102** 130
– Verdienstkürzungen **102** 129
– Zeitfaktor **102** 118
Urlaubserteilung
– Betriebliche Belange **102** 92

– Betriebsferien **102** 98
– Grundsätze **102** 82
– Mitbestimmung bei Betriebsferien **102** 99
– Rückruf **102** 91
– Urlaubsliste **102** 90
– Urlaubswünsche **102** 92
– Vorgriff **102** 100
– Vorsorgliche **102** 20a
– Widerruf **102** 91
– Zusammenhängende Gewährung **102** 101
Urlaubsgeld
– Ausschlussfrist **102** 142
– Begriff **102** 137
– Grundsätze **102** 127
– Schwerbehinderte Menschen **178** 65
Urlaubsgrundsatz
– Beteiligungsrechte (BPersVG) **270** 15
– Mitbestimmung (BetrVG) **235** 60
Urlaubsjahr
– Begriff **102** 25
Urlaubsliste
– Mitbestimmung (BetrVG) **235** 61
Urlaubsplan
– Beteiligungsrechte (BPersVG) **270** 16
– Mitbestimmung (BetrVG) **235** 61
Urlaubssperre
– Beteiligungsrechte (BPersVG) **270** 17
Urlaubsüberschreitung
– Verhaltensbedingte Kündigung **133** 53
Urlaubsübertragung
– Grundsätze **102** 104
Urlaubswünsche
– Bedeutung **102** 92

Veränderungssperre
– Betriebsübergang **119** 17
Verantwortungsgrenze
– Personalvertretungsrecht **262** 6
Verarbeitung
– Eigentumserwerb **113** 10
Verband
– Leitende Angestellte **189** 6
Verbandswechsel
– Tarifvertrag **199** 46
Verbesserungsvorschlag
– Arbeitnehmererfindung **114** 41
– Begriff **114** 10
– Grundsätze **114** 41
– Steuern **114** 55
Verbundausbildung
– Begriff **174** 8
Verdachtskündigung
– Anhörung des Arbeitnehmers **127** 139
– Ausbildungsverhältnis **174** 95
– Ausschlussfrist **127** 28
– Außerordentliche Kündigung **127** 136
– Tatkündigung **127** 143a
– Verhaltensbedingte Kündigung **133** 54
– Wiedereinstellungsanspruch **151** 8
Verdächtigungen
– Außerordentliche Kündigung des Arbeitnehmers **127** 159
Ver.di
– Fusion **189** 22
Verdichtung
– *Siehe auch Betriebsbedingte Kündigung*
– Beteiligungsrechte (BPersVG) **271** 3
Vereinfachtes Wahlverfahren
– Betriebsratswahl **217** 39
Vereinigung der kommunalen Arbeitgeberverbände 189 44
Vereinigungsfreiheit 188 2
Verfallfrist
– *Siehe auch Ausschlussfrist*
– Abmahnung **132** 51
– Allgemeine Geschäftsbedingungen **32** 61
– Anerkennung der Forderung **205** 38
– Annahmeverzug **95** 76
– Ansprüche der Arbeitnehmer untereinander **205** 14
– Arbeitnehmererfindung **114** 36
– Arglisteinwand **205** 40
– Aufrechnung **205** 42
– Aufrechnung (BetrAVG) **88** 13
– Aufwendungsersatz **86** 2
– Aushang (Tarifvertrag) **205** 27
– Auslegung (Grundsätze) **205** 6
– Baugewerbe **186** 8
– Begriff **205** 1
– Bekanntgabe des Tarifvertrages **209** 10
– Bekanntmachung **205** 27
– Berücksichtigung im Prozess **205** 1
– Betriebsratskosten **222** 14
– Betriebsübergang **118** 21
– Betriebsvereinbarung **231** 33
– Feiertagslohnzahlung **104** 23
– Geltendmachung **205** 28
– Kenntnis **205** 26
– Kündigungsschutzklage **138** 42
– Lohnabrechnung **72** 4
– Mutter- oder Stammrecht **205** 19
– Nachprüfungsfristen (Abgrenzung) **205** 2
– Nachteilsausgleich **244** 93
– Nachweisgesetz **209** 11
– Provision **75** 46
– Rechtsnachfolge **205** 16
– Reichweite (erfasste Ansprüche) **205** 7
– Rückwirkung **205** 37
– Rückzahlungsklausel **176** 30
– Ruhegeld **83** 326
– Sozialplan **244** 77
– Urlaubsabgeltung **102** 159
– Urlaubsentgelt **102** 142
– Verjährungsfrist (Abgrenzung) **205** 2
– Zulässigkeit **205** 3
– Zweck **205** 5
Verfallfrist (Beginn)
– Abrechnung **205** 25
– Beendigung des Arbeitsverhältnisses **205** 22

– Erstattungsanspruch **205** 21
– Fälligkeit **205** 18
– Grundsätze **205** 17
– Lohnsteuernachzahlung **205** 21
– Mutter- oder Stammrecht **205** 19
– Offenbare Mängel **205** 20
– Schadensersatzanspruch **205** 20
– Versteckte Mängel **205** 20
Verfallfrist (Geltendmachung)
– Anspruchshäufung **205** 29
– Gerichtliche **205** 34
– Grundsätze **205** 28
– Klage **205** 34
– Kündigungsschutzklage **205** 32
– Schriftliche **205** 33
– Spezifizierung (Anspruch) **205** 29
– Strafanzeige **205** 33
– Urlaubsabgeltung **205** 35
– Vertreter **205** 36
Verfassungsrechtlicher Kündigungsschutz
– Kleinbetrieb **129** 2
Verfügbarkeit
– Arbeitslosengeld **23** 10
Verfügungsverbote
– Arbeitsvergütung **88** 1
Vergleich
– Befristungsgrund **40** 39
– Ruhegeld **83** 327
– Sperrzeit **23** 55
– Sperrzeit (Bindung) **23** 66 a
Vergleichsmiete
– Werkmietwohnung **85** 8
Vergütung
– *Siehe Arbeitsvergütung*
Vergütung (Auszahlung)
– Beteiligungsrechte (BetrVG) **235** 55
– Beteiligungsrechte (BPersVG) **270** 14
Vergütungserwartung
– Fehlgeschlagene (Grundsätze) **66** 16
Vergütungsgruppe
– *Siehe auch Eingruppierung*
– Direktionsrecht **45** 25
Vergütungsvereinbarung
– *Siehe auch Arbeitsvergütung*
– Betriebsvereinbarung **66** 9
– Gleichbehandlung **66** 13
– Gleichberechtigung **66** 10
– Leichtlohngruppe **66** 11
– Lohnerhöhungen (Gleichbehandlung) **66** 13
– Tarifvertrag **66** 9
Vergütungszuschlag
– Begriff **69** 1
– Entfernungszulagen **69** 36
– Erschwerniszulagen **69** 33
– Leistungszuschlag **69** 25
– Mehrarbeit **69** 5
– Ungünstige Arbeitszeit **69** 31
Verhältnismäßigkeitsgrundsatz
– Kündigungsschutz (KSchG) **130** 31
Verhältniswahl
– Betriebsratswahl **217** 30
Verhaltens- und Leistungskontrollen
– Mitbestimmung **235** 63
Verhaltensbedingte Kündigung
– Abmahnung **133** 4
– Alkohol **133** 12
– Altersteilzeitarbeitsverhältnis **81** 33
– Anzeigen gegen Arbeitgeber **133** 14
– Arbeitspapiere **133** 15
– Arbeitsunfähigkeitsbescheinigung **133** 16
– Arbeitsverweigerung **133** 20
– Ausbildungsverhältnis **174** 93
– Außerdienstliches Verhalten **133** 22
– Begriff **133** 1
– Beleidigung **133** 23
– Betriebliche Beeinträchtigung **133** 7
– Betriebsfrieden **133** 24
– Beweislast **133** 10
– Denunzieren **133** 25
– Druckkündigung **133** 26
– E-Mail **133** 27
– Geschenke **133** 40
– Interessenabwägung **133** 9
– Internet **133** 27
– Kirche **133** 28
– Konkurrenz **133** 35
– Krankmeldung **133** 16
– Lohnpfändung **133** 36
– Meinungsäußerung **133** 23
– Nebentätigkeit **133** 38
– Politische Betätigung **133** 39
– Schlechtleistung **133** 37
– Schmiergeld **133** 40
– Schulden **133** 41
– Schwangerschaftsabbruch **133** 42
– Sexuelle Belästigung **133** 43
– Sicherheitsbedenken **133** 44
– Spesen **133** 45
– Strafhaft **133** 47
– Straftat **133** 46
– Tätlichkeiten **133** 48
– Telefongespräche **133** 49
– Tendenzbetriebe **133** 50
– Überstunden **133** 51
– Unpünktlichkeit **133** 52
– Urlaubsüberschreitung **133** 53
– Verdachtskündigung **133** 54
– Verschulden **133** 6
– Vertragsverletzung **133** 3
– Voraussetzungen **133** 2
– Vorstrafen **133** 55
– Wohnsitzvereinbarung **133** 56
Verhaltenskontrolle
– Beteiligungsrechte (BPersVG) **270** 47
Verhinderung
– Personalrat **265** 39
Verjährung
– Arbeitnehmererfindung **114** 36
– Aufrechnung **88** 13

– Aufwendungsersatz **86** 2
– Beginn **73** 4
– Betriebsratskosten **222** 14
– Betriebsvereinbarung **231** 32
– Hemmung **73** 12
– Kenntnis **73** 5
– Kündigungsschutzklage **138** 45
– Neubeginn **73** 11
– Provision **75** 46
– Regelmäßige **73** 2
– Ruhegeld **83** 326
– Sozialplan **244** 77
– Sozialrecht (Beitragsforderungen) **71** 25
– Unzulässige Rechtsausübung **73** 14
– Wirkung **73** 13

Verlängerung
– TzBfG **39** 9
– WissZeitVG **39** 37

Verlängerung der Arbeitszeit
– Ablehnungsgründe **43** 162
– Unmöglichkeit **43** 163 a
– Voraussetzungen **43** 158

Verminderte Erwerbsfähigkeit
– *Siehe auch Erwerbsminderung*
– Rentenversicherung **82** 30
– Ruhegeld **83** 113

Vermittlung
– *Siehe Arbeitsvermittlung*

Vermittlungsgutschein 21 12

Vermögensbildung
– 5. VermBG **80** 21
– Arten vermögenswirksamer Leistungen **80** 24
– Baugewerbe **186** 16
– Begünstigter Personenkreis **80** 22
– Bergmannsprämie **80** 10
– Gesetze **80** 21
– Grundzüge **80** 21
– Mitarbeiterbeteiligung **80** 50
– Mitbestimmung **236** 7
– Pfändbarkeit **92** 42
– Vereinbarung vermögenswirksamer Leistungen **80** 38
– Wohnungsbauprämiengesetz **80** 14

Verordnung
– Rechtsquelle (EU) **3** 61

Verpflegung
– Seearbeitsrecht **186** 51

Verrechnungsgarantie
– Provision **75** 3

Verrechnungsklausel
– Tarifvertrag **204** 53

Versammlung der leitenden Angestellten
– Einzelheiten **247** 1

Verschleiertes Arbeitseinkommen
– Lohnpfändung **89** 63

Verschmelzung
– *Siehe auch Umwandlung*
– Betriebsvereinbarung **119** 44
– Grenzüberschreitende **261** 12
– Haftung **116** 15
– Umwandlung **116** 7

Verschulden bei Vertragsverhandlungen
– Erfüllungsgehilfe **26** 2
– Grundsätze **26** 1
– Pflichten des Arbeitgebers **26** 2
– Pflichten des Arbeitnehmers **26** 8
– Schadensersatz **26** 7

Verschuldung
– Personenbedingte Kündigung **131** 53

Verschwiegenheitspflicht
– Arbeitsschutzgesetz **154** 20
– Außerordentliche Kündigung **127** 145
– Auszubildender **175** 83
– Betriebsrat (§ 99 BetrVG) **241** 33
– Betriebsverfassungsorgane **230** 27
– Europäischer Betriebsrat **256** 27
– Fürsorgepflicht **106** 40
– Nebenpflichten des Arbeitnehmers **55** 51
– Personalratsmitglied **266** 23
– Sprecherausschuss **245** 16
– Strafbare Handlung des Arbeitnehmers **106** 53
– Wirtschaftsausschuss **243** 35

Verselbständigungsbeschluss
– Dienststelle **264** 8

Versetzung
– Änderungskündigung (Mitbestimmung) **241** 3
– Beteiligung (BPersVG) **269** 27
– Betriebsratsmitglied **143** 12; **241** 41
– Direktionsrecht **45** 34
– Kostenersatz **45** 21
– Mitbestimmung **241** 20
– Öffentlicher Dienst **45** 18
– Personalratsmitglied **266** 27

Versetzungsklausel
– Allgemeine Geschäftsbedingungen **32** 80

Versicherungspflicht
– *Siehe auch Sozialversicherung*

Versorgungsamt
– Schwerbehinderung **178** 11

Versorgungsanwartschaft
– Abfindung (BetrAVG) **83** 170
– Änderung **83** 127
– Anspruch auf Mitnahme (Arbeitgeberwechsel) **83** 182
– Ausgliederung (UmwG) **83** 189
– Auskunftspflicht (Arbeitgeber) **83** 169
– Begriff **83** 126
– Bemessungsgrundlagen (Änderung) **83** 164
– Betriebliche Übung **83** 139
– Betriebsübergang **83** 189
– Betriebsvereinbarung **83** 140
– Betriebsvereinbarung (Kündigung) **83** 148
– Betriebsvereinbarung (Nachwirkung) **83** 148
– Dienstzeitunabhängige Steigerungsbeträge **83** 144

– Direktversicherung (Wert der Anwartschaft) **83** 158
– Eingriff **83** 141
– Einzelzusage (Änderung) **83** 130
– Erdiente Dynamik **83** 143
– Erdienter Besitzstand **83** 142
– Ergänzungsanspruch **83** 158
– Erlassvertrag **83** 175
– Gesamtszusage (Änderungsvorbehalt) **83** 134
– Gesamtzusage (Änderung) **83** 131
– Gleichbehandlungsgrundsatz **83** 139
– Höchstbegrenzungsklausel **83** 155
– Höherversicherung **83** 262
– Insolvenzschutz **84** 118
– Kapitalisierter Anwartschaftswert (Übertragung) **83** 181, 185
– Pensionskasse (Wert der Anwartschaft) **83** 163
– Portabilität **83** 177
– Quotierungsverfahren **83** 152
– Schuldübernahme **83** 186
– Soziale Auflagen **83** 159
– Sozialplan **244** 64
– Übernahme **83** 177
– Verfallbare **83** 176
– Verzicht **83** 128
– Wertermittlung **83** 152
– Widerruf (Wirtschaftliche Notlage) **83** 343

Versorgungsausgleich
– Quasi-Splitting **83** 236
– Renten-Splitting **83** 235
– Ruhegeld **83** 217, 311
– Schuldrechtlicher **83** 246
– Vereinbarungen **83** 247
– Wertausgleich **83** 223
– Wertausgleich (Ausschluss) **83** 245
– Wertausgleich (Durchführung) **83** 234

Versorgungsehe
– Ruhegeld **83** 209

Versorgungsfreibetrag
– Lohnabzug **71** 64

Versorgungszusage
– Aufschiebend bedingte Zusage **83** 87
– Begriff **83** 86
– Vorschaltzeit **83** 87

Verstrickung
– Pfandrecht **89** 21

Verteilzeit
– REFA-Verfahren **64** 23

Vertragliche Einheitsregelung
– *Siehe Gesamtzusage*

Vertragseintritt
– Betriebsübergang **118** 5

Vertragsfreiheit
– Altersruhegeld **83** 54
– Arbeitsvertrag **31** 2
– Billigkeitskontrolle **31** 4
– Rückzahlungsklausel **176** 20

Vertragsstrafe
– AGB-Kontrolle **60** 9
– Allgemeine Geschäftsbedingungen **32** 81
– Auszubildender **60** 8
– Berechtigtes Interesse **60** 12
– Berufsausbildung **174** 38
– Betriebsbuße **61** 3
– Herabsetzung **58** 108
– Klarheit **60** 11
– Kündigung **60** 14
– Mäßigung der Strafe **60** 21
– Pauschalierungsabrede **60** 26
– Selbständiges Strafversprechen **60** 4
– Unselbständiges Strafversprechen **60** 6
– Verwirkung der Strafe **60** 17
– Wettbewerbsverbot (nachvertragliches) **58** 105

Vertragsverletzung
– Außerordentliche Kündigung des Arbeitnehmers **127** 161

Vertragsverletzungsverfahren
– EuGH **3** 76

Vertrauensarbeitszeit
– Begriff **160** 23

Vertrauensperson
– Rechtsstellung **178** 83

Vertrauensvolle Zusammenarbeit
– Arbeitgeber/Betriebsrat **215** 11
– Arbeitgeber/Gewerkschaft (BetrVG) **215** 2
– Personalrat **267** 3
– Personalvertretungsrecht **262** 14

Vertretung
– Befristungsgrund **40** 19

Verwahrungspflicht
– Eingebrachte Sachen **106** 28

Verwaltungsakt
– Arbeitsvertrag **34** 18

Verwaltungsanordnung
– Beteiligungsrechte (BPersVG) **271** 23

Verwarnung
– Betriebsbuße **61** 6

Verweis
– Betriebsbuße **61** 9

Verweisung auf Tarifrecht
– *Siehe Bezugnahme auf Tarifvertrag*

Verwirkung
– Begriff **73** 17
– Betriebsverfassung **215** 13
– Tarifliche Rechte **73** 20
– Tarifvertrag **204** 66
– Unzulässige Rechtsausübung **73** 18
– Vergütung **88** 25
– Widerspruchsrecht **118** 43a
– Zeit- und Umstandsmoment **73** 18a

Verwirkungsfrist
– *Siehe Ausschlussfrist und Verfallfrist*

Verzeihung
– Außerordentliche Kündigung **127** 49

Verzicht
– Außerordentliche Kündigung **127** 49

– Betriebsvereinbarung **231** 32
– Erlassvertrag **73** 15
– Tarifvertrag **204** 63
Videoüberwachung
– Datenschutz **148** 30
– Mitbestimmung **235** 67
– Nebenpflichten des Arbeitnehmers **55** 27
Vier-Tage-Woche
– Arbeitszeit **160** 16
Vollmachtsmissbrauch
– Außerordentliche Kündigung **127** 146
Vollzeitschulpflicht
– Jugendarbeitsschutz **161** 4
Volontär
– Begriff **16** 7
Volontäre
– Ausbildungsvertrag **175** 3
Vorabentscheidungsverfahren 3 80
Vorausabtretung
– Pfändbarkeit **89** 12
– Zulässigkeit **88** 4
Vorbehalt
– Befristetes Arbeitsverhältnis **38** 62
Vordienstzeiten
– Öffentlicher Dienst **184** 32
Vorfragenkompetenz
– Einigungsstelle (BetrVG) **232** 18
– Einigungsstelle (BPersVG) **268** 35
Vorgabezeit
– Bédaux-System **64** 28
– MTM-System **64** 30
– Normalleistung **64** 25
– REFA-Verfahren **64** 18
– Work-Faktor-Berechnung **64** 32
Vorgesellschaft (GmbH)
– Haftung **34** 8
Vorgründungsgesellschaft
– Haftung **34** 6
Vorläufige personelle Maßnahme
– Voraussetzungen **241** 60
Vorpfändung 89 29
Vorschaltzeit
– Ruhegeld **83** 87
Vorschlagsliste
– Betriebsratswahl **217** 32
Vorschlagwesen
– Beteiligungsrechte (BPersVG) **270** 46
– Mitbestimmung (BetrVG) **235** 118
Vorschuss
– Anspruch **70** 19
– Aufwendungsersatz **86** 26
– Begriff **70** 12
– Beteiligung (BPersVG) **269** 44
– Insolvenzgeld **94** 29
– Pfändungs- und Überweisungsbeschluss **90** 33
– Rückzahlungsverpflichtung **74** 4
– Urlaubsgeld **70** 17
Vorstand
– *Siehe auch Geschäftsführer, Organvertreter*
– Vorsitzender (BPersVG) **265** 48
– Wahl (BPersVG) **265** 45
Vorstellung
– *Siehe Stellensuche*
Vorstellungskosten
– Erstattungspflicht **25** 25
– Reisekosten **25** 28
Vorstrafen
– Anfechtung **36** 35
– Außerordentliche Kündigung **127** 147
– Fragerecht **26** 35
– Verhaltensbedingte Kündigung **130** 55
Vorübergehender betrieblicher Bedarf
– Befristungsgrund **40** 9
Vorvertrag
– Arbeitsvertrag **34** 27
– Wettbewerbsverbot **58** 45

Wählbarkeit
– *Siehe auch Betriebsratswahl*
– Personalratswahl **265** 14
Wählerliste
– Betriebsratswahl **217** 31
Wahlanfechtung
– Einzelheiten (BetrVG) **218** 11
– Sprecherausschuss **246** 11
Wahlausschreiben
– Betriebsratswahl **217** 32
Wahlberechtigung
– *Siehe Betriebsratswahl*
– Personalratswahl **265** 13
Wahlkosten
– Betriebsratswahl **218** 7
– Personalratswahl **265** 21
– Sprecherausschuss **246** 11
Wahlrecht
– Betriebsratswahl **217** 11
– Personalratswahl **265** 13
– Wählerliste **217** 31
Wahlschutz
– Betriebsratswahl **218** 1
– Personalratswahl **265** 21
– Sprecherausschuss **246** 11
Wahlvorschlag
– Betriebsratswahl **217** 33
– Personalratswahl **265** 18
Wahlvorstand
– Abberufung **217** 9
– Amtsenthebung (Betriebsrat) **219** 24
– Arbeitsgericht (Bestellung) **217** 1 d
– Bestellung **217** 1
– Betriebsversammlung (Wahl) **217** 2
– Gesamtbetriebsrat **217** 1 a
– Kleinbetriebe (Bestellung) **217** 6
– Konzernbetriebsrat **217** 1 a
– Mitglieder **217** 7
– Personalrat **265** 6
– Schulungen **217** 8
– Vergütungsfortzahlung **217** 8

Wahlwerbung
– Koalition **188** 20
Waisenrente
– Hinzuverdienstgrenze **82** 55
– Rentenversicherung **82** 43
Wanderarbeitnehmer
– Arbeitnehmer **3** 54
Warnstreik
– Arbeitskampf **193** 20
Wartezeit
– Betriebsübergang **118** 17
– Elternzeit (Ruhegeld) **83** 111
– Kündigungsschutz (KSchG) **130** 22
– Ruhegeld **83** 110
– Schwerbehinderte Menschen **179** 38
– Urlaubsanspruch **102** 21
Wegeunfall
– Begriff **109** 36
– Haftungsausschluss **109** 65
Wegezeit
– Arbeitszeit **156** 15
Wehrdienst
– *Siehe auch Ersatzdienst, Soldat*
– Alters- und Hinterbliebenenversorgung **177** 5
– Anlass der Kündigung **144** 6
– Anrechnung auf Bewährungszeiten **177** 10
– Arbeitsplatzschutz **177** 1
– Arbeitsverhältnis (Ruhen) **177** 3
– Ausbildungszeit **177** 8
– Ausländische Arbeitnehmer **27** 38; **177** 1
– Außerordentliche Kündigung **144** 3
– Befristungsgrund **40** 27
– Benachteiligungsverbot **177** 8
– Betriebsverfassung **212** 8a
– Betriebszugehörigkeit **177** 8
– Eignungsübung **177** 15
– Entgeltfortzahlung **177** 13
– Entlassung aus dem Wehrdienst **177** 8
– Gratifikation **177** 10
– Klagefrist **144** 4
– Kündigungsschutz **144** 2
– Musterung **177** 2
– Schweigepflicht **177** 4
– Sonderzuwendung (Kürzung) **177** 10
– Soziale Auswahl **144** 7
– Urlaub **177** 6
– Urlaubskürzung **177** 6
– Wehrerfassung **177** 2
– Werk-/Dienstwohnung **177** 4
– Zurückstellung **177** 2
Wehrübung
– Mehraufwendungen des Arbeitgebers **177** 14
– Urlaub **177** 6
Weiterarbeit
– Befristetes Arbeitsverhältnis **38** 44
Weiterarbeitsklauseln
– Berufsausbildung **174** 126
Weiterbeschäftigung
– Befristetes Arbeitsverhältnis **38** 77
Weiterbeschäftigungsanspruch
– Allgemeiner **125** 16
– Bereicherungsrecht **125** 23
– Betriebsverfassungsrechtlicher **125** 1
– Entbindung **125** 10
– Mutterschutz **166** 7
– Urlaub **102** 19
Weiterbildung
– Förderung (Arbeitsverwaltung) **22** 16
Wellenstreik 194 4
Werbungskosten
– Fortbildungsvertrag **176** 5
– Grundsätze **71** 65
Werkarzt
– Einstellungsuntersuchung **26** 14
– Mitbestimmung **235** 69
– Mitbestimmung (personelle) **238** 19
Werkdienstwohnung
– Begriff **85** 4
– Besteuerung **85** 28
– Einzelheiten **85** 20
– Pfändungs- und Überweisungsbeschluss **90** 32
– Rechtsweg **85** 27
Werkmietwohnung
– Begriff **85** 2
– Besteuerung **85** 28
– Einzelheiten **85** 8
– Pfändungs- und Überweisungsbeschluss **90** 32
– Rechtsweg **85** 26
– Wehrpflicht **177** 4
Werkstarifvertrag
– *Siehe Firmentarifvertrag*
Werkstatt für behinderte Menschen
– Grundsätze **186** 69
– Kollektivrecht **186** 77
– Leistungen **186** 74
– Vertragsabschluss **186** 71
– Werkstattvertrag **186** 71
Werkstattverhältnis
– Begriff **186** 73
– Sozialversicherung **186** 79
Werkstudent 16 12
Werkszeitung
– Wirtschaftliche Lage **243** 39
Werkvereine
– Koalition **187** 15
Werkverkehr
– Arbeitsunfall **109** 48
Werkvertrag
– Arbeitnehmerüberlassung (Abgrenzung) **120** 6
– Arbeitserlaubnis **27** 30
Werkwohnung
– *Siehe auch Werkdienstwohnung und Werkmietwohnung*

– Betriebliche Übung **118** 19
– Mitbestimmung **235** 82
Wertausgleich
– Versorgungsausgleich **83** 223
Wertguthaben
– Altersteilzeit **81** 10
– Flexibilisierung der Arbeitszeit **160** 62, 71
Wertsicherungsklausel
– Ruhegeld **83** 249
– Tarifvertrag **202** 6
Wettbewerbsverbot
– *Siehe auch Wettbewerbsverbot (nachvertragliches)*
– Abwerbung **57** 6
– Allgemeine Geschäftsbedingungen **32** 83
– Arbeitsvertragliches (Grundsätze) **57** 1
– Arbeitsvertragsschluss (Fragerecht bei) **26** 37
– Aufschiebende Bedingung **32** 26
– Auskunftsanspruch **57** 15
– Außerordentliche Kündigung **127** 148
– Berufsausbildung **174** 34
– Beschäftigungsanspruch **57** 3
– Betriebsübergang **57** 9; **118** 22
– Beurteilungszeitpunkt **57** 9
– Eintrittsrecht **57** 17
– Einwilligung des Arbeitgebers **57** 11
– Gesetzliche Regelung **56** 3
– Gewerbebetrieb **57** 25
– Gewerbliche Arbeitnehmer **57** 24
– Handelsgewerbe **57** 6
– Inhalt (Reichweite) **57** 5
– Kaufmännische Angestellte **57** 1
– Konkurrenzgeschäft **57** 7
– Konzern **57** 8
– Persönlicher Geltungsbereich **57** 1
– Rechtsfolgen (Wettbewerbsverstoß) **57** 14
– Ruhegeld **83** 321, 334
– Ruhegeldberechtigter **83** 321
– Schadensersatz **57** 16
– Suspendierung **57** 3
– Techniker **57** 26
– Unterlassungsanspruch **57** 15
– Verjährung **57** 21
– Vorbereitungshandlungen **57** 6
– Zeitlicher Geltungsbereich **57** 3
Wettbewerbsverbot (nachvertragliches)
– Ablösungsrecht **58** 106
– Altersversorgung (betriebliche) **58** 3
– Anspruch gegen Dritte **58** 109
– Arbeiter **58** 10
– Arbeitslosengeld (Erstattung) **58** 83
– Arzt **58** 17
– Aufhebung (durch Vertrag) **58** 95
– Aufhebungsvertrag **58** 103
– Aushändigung der Vertragsurkunde **58** 28
– Bedingtes **58** 49
– Berechtigtes Interesse des Arbeitgebers **58** 61
– Berufsausbildungsverhältnis **58** 57
– Betriebliche Umstrukturierung **58** 36
– Dienstnehmer **58** 15
– Dienstwagen **58** 80
– Ehrenwort **58** 58
– Einrede des nicht erfüllten Vertrages **58** 71
– Entschädigungszusage (fehlende/ unzureichende) **58** 54
– Freie Mitarbeiter **58** 18
– Freiheitsstrafe **58** 37
– Gegenseitiger Vertrag **58** 37
– Gegenstand **58** 61
– Geheime Konkurrenzklausel **58** 110
– Gemeinschaftsrecht **58** 2
– Gesellschafter **58** 20
– Handelsvertreter **58** 14
– Herabsetzung der Verbotsdauer **58** 96
– Höchstdauer **58** 63
– Indirektes **58** 25
– Inhalt der Vertragsurkunde **58** 30
– Karenzentschädigung **58** 73
– Klageweise Durchsetzung **58** 68
– Kündigung des Arbeitsverhältnisses **58** 97
– Mandantenschutzklauseln **58** 13
– Mandantenübernahmeklausel **58** 24
– Minderbesoldete **58** 55
– Minderjährige **58** 56
– Nichtigkeit (des Verbots oder des Arbeitsvertrags) **58** 40
– Organvertreter **58** 7
– Rechtsmängel (Rechtsfolgen) **58** 51
– Rechtsnachfolge **58** 32
– Rechtsprechungsentwicklung **58** 5
– Rückzahlung (Karenzentschädigung) **58** 70
– Schadensersatz **58** 68
– Schriftform **58** 27
– Sittenwidrigkeit **58** 60
– Steuerberater **58** 16
– Tätigkeitsbeschränkung **58** 23
– Tätigkeitsbezogene Konkurrenzklausel **58** 26
– Tarifvertrag **58** 11
– Umfang **58** 64
– Umstrukturierung **58** 36
– Unbillige Erschwerung des Fortkommens **58** 62
– Unternehmensbezogene Konkurrenzklausel **58** 26
– Vereinbarung **58** 22
– Verletzung (Rechtsfolgen) **58** 38
– Verpflichtung Dritter **58** 59
– Vertragsstrafe **58** 105
– Verzicht **58** 96
– Verzug **58** 104
– Vorvertrag **58** 45
– Wettbewerbsfreiheit (Grundsatz) **58** 1
– Zeitpunkt der Vereinbarung **58** 42
– Zulässigkeit **58** 4
– Zwei-Jahres-Frist **58** 63
– Zwingendes Recht **58** 41
Wichtiger Grund
– *Siehe auch Außerordentliche Kündigung*

– Außerordentliche Kündigung **127** 40
– Berufsausbildungsverhältnis **174** 91
– Betriebsratsmitglieder **143** 15
– Beweislast **127** 47
– Einzelfälle **127** 45
– Sperrzeit **23** 59
Widerruf (Ruhegeld)
– Allgemeiner Vorbehalt **83** 352
– Arbeitsvertragliche Einheitsregelung **83** 351
– Billiges Ermessen **83** 348, 350
– Freies Belieben **83** 348
– Jeweiligkeitsklausel **83** 356
– Spezieller Vorbehalt **83** 353
– Unterstützungskasse **84** 3
– Vorbehalte (allgemeine und spezielle) **83** 342
– Widerrufserklärung **83** 355
Widerrufsklauseln
– Allgemeine Geschäftsbedingungen **32** 84
– Inhalt **69** 27
Widerspruchsrecht
– Betriebsrat **230** 4
– Betriebsübergang **118** 39
– Umwandlung **116** 29
Wiedereingliederungsverhältnis
– Entgeltfortzahlung **98** 18
Wiedereinstellung
– Aufhebungsvertrag **151** 12
– Ausschluss in AGB **151** 13
– Aussperrung **194** 22
– Auswahl **151** 5
– Befristetes Arbeitsverhältnis **38** 76
– Betriebsbedingte Kündigung **151** 6
– Betriebsübergang **151** 10
– Kündigungsschutz **130** 35
– Rechtsgrundlage **151** 1
– Streik **194** 15
– Verdachtskündigung **151** 8
– Vergleich **151** 6
Wiederholte Erkrankung
– Entgeltfortzahlung **98** 64
Wiederholungskündigung
– Betriebsratsanhörung **124** 11
Wiederverheiratungsklausel
– Ruhegeld **83** 209
Willenserklärung
– Ausländische Arbeitnehmer **27** 36
Winterbauförderung
– Grundsätze **48** 17
Winterzeit
– Arbeitszeit **45** 70
Wirksamkeitsvoraussetzung
– Beteiligung (BetrVG) **235** 20
– Beteiligung (BPersVG) **268** 72
Wirtschaftliche Einheit
– Betriebsübergang **117** 8
Wirtschaftliche Mitbestimmung
– Tendenzbetrieb **214** 29
Wirtschaftlichkeitsuntersuchung
– Beteiligungsrechte (BPersVG) **271** 17
Wirtschaftsausschuss
– Betriebsausschuss **243** 8
– Einzelheiten **243** 1
– Kündigungsschutz **143** 5
– Rationalisierungsvorhaben **243** 19
– Umwandlung **116** 31
Wirtschaftsrisiko
– Begriff **101** 13
Wirtschaftsvereine **187** 17
Wissenschaftliche Tätigkeit
– Personalvertretung **267** 14
Wissenschaftliches Personal
– Sachgrundlose Befristung **39** 27
Witterung
– Kurzarbeitergeld **48** 17
Wohnsitzvereinbarung
– Verhaltensbedingte Kündigung **133** 56
Wohnungsbauprämiengesetz
– Vermögensbildung **80** 14
Wohnungswahl
– Beteiligung (BPersVG) **269** 41
Wucher
– *Siehe Lohnwucher*
Wunsch des Arbeitnehmers
– Befristungsgrund **40** 63

Zahlungsverzug
– Zinsen **71** 8
Zeitakkord
– Begriff **64** 10
– Berechnung **64** 34
Zeitprämie **65** 14
Zeitstudie
– REFA-Verfahren **64** 19
Zeitungsinserat
– Diskriminierungsverbote **25** 5
Zeitvergütung
– Schlechtleistung **67** 14
– Vergütungszeitraum **67** 4
Zeit-Wertpapier
– Arbeitszeitkonto **160** 45
Zentralstelle für Arbeitsvermittlung
– Arbeitsbehörden **7** 7
Zeugnis
– Anspruchsberechtigte **146** 1
– Arbeitgeber **146** 3
– Art und Dauer der Beschäftigung **146** 18
– Ausschlussfrist **146** 12
– Außerdienstliches Verhalten **146** 18
– Aussteller **146** 2
– Berichtigung **146** 30
– Berufsausbildung **174** 56
– Betriebsrat **146** 18
– Betriebsübergang **146** 6
– Beweislast **146** 31
– Briefbogen **146** 16
– Dauerndes Arbeitsverhältnis **146** 2
– Einfaches Zeugnis **146** 18
– Entwicklungshelfer **186** 64
– Erlöschen des Anspruchs **146** 10

– Form **146** 16
– Führung und Leistung **146** 19
– Geheime Zeichen **146** 17
– Haftung gegenüber Dritten **146** 40
– Holschuld **146** 15
– Inhalt **146** 18
– Insolvenz **146** 5
– Klageantrag **146** 32
– Mitbestimmung **146** 39
– Notenskala **146** 23
– Qualifiziertes Zeugnis **146** 19
– Schadensersatzanspruch **146** 40
– Schlussformel **146** 27
– Streitwert **146** 35
– Unabdingbarkeit **146** 14
– Unterzeichnung **146** 16
– Verletzung der Zeugnispflicht **146** 38
– Verlust **146** 8
– Verwirkung **146** 11
– Wahrheit **146** 28
– Widerruf **146** 36
– Zurückbehaltungsrecht **146** 13
– Zwangsvollstreckung **146** 34
– Zwischenzeugnis **146** 9
Zeugnisverweigerungsrecht
– Betriebsrat **230** 32
Ziehschein
– Seearbeitsrecht **186** 50
Zielvereinbarung
– Beendigung des Arbeitsverhältnisses **77** 22
– Begriff **77** 3
– Feststellung der Zielerreichung **77** 24
– Mutterschutz **77** 21
– Persönliche Ziele **77** 10
– Rahmenvereinbarung **77** 8
– Störfälle **77** 13
– Zielvorgabe **77** 5
Zillmerung
– Wertgleichheit (Entgeltumwandlung) **84** 68
Zinsen
– Zahlungsverzug **71** 8
Zitiergebot
– TzBfG **39** 4
– WissZeitVG **39** 41
Zivildienst
– *Siehe Ersatzdienst*
Zivildienstbeauftragter
– Mitbestimmung **241** 10
Züchtigung
– Jugendarbeitsschutzrecht **161** 43
Zugang (Kündigung)
– Anwesende **123** 34
– Bote **123** 36
– Einschreibebrief **123** 43
– Haft **123** 40
– Hausbriefkasten **123** 35
– Kündigungserklärung **123** 34
– Massenkündigung **123** 53
– Postfachanschrift **123** 38
– Umzug **123** 41
– Urlaub **123** 42
– Zugangsvereitelung **123** 50
– Zweitwohnung **123** 39
Zugangsfaktor
– Rentenversicherung **82** 33
Zugangsfiktion
– Allgemeine Geschäftsbedingungen **32** 85
Zugangsrecht
– Gewerkschaft (BetrVG) **215** 3
Zugangsvereitelung
– Einschreibebrief **123** 44
– Treu und Glauben **123** 50
Zulage
– Betriebliche Zulage **63** 4
– Leistungszulage **63** 6
– Lohnfindung **63** 2
– Persönliche Zulage **63** 5
– Sozialzulage **63** 7
– Tarifliche Zulage **63** 3
Zulassungsnorm
– Tarifvertrag **202** 7
Zumutbare Beschäftigung
– Arbeitslosengeld **23** 19
Zumutbarkeit
– Außerordentliche Kündigung **127** 43
Zuordnung (Arbeitsverhältnis)
– Umwandlung **116** 26
Zuordnungsverfahren
– Betriebsratswahl **217** 15
– Leitende Angestellte (BetrVG) **212** 41
Zurechnungszeit
– Rentenversicherung **82** 65
Zurückbehaltungsrecht
– Annahmeverzug **50** 10
– Arbeitsmittel **151** 4
– Arbeitspapiere **149** 6
– Arbeitsverweigerung **127** 77
– Arbeitszeitschutz **155** 5
– Beweislast **50** 12
– Einrede des nicht erfüllten Vertrages **50** 1
– Grundsätze **50** 1
– Lohnrückstände **50** 8
– Sonntagsruhe **159** 44
– Verstoß gegen Arbeitsschutz **50** 4
– Voraussetzungen **88** 18
– Zeugnis **146** 13
Zusätzliche Vertretungen
– BetrVG **216** 9
Zusatzurlaub
– Schwerbehinderte Menschen **178** 61
Zusatzversorgung (öffentlicher Dienst)
– Anpassung **84** 185
– Anpassung (VBL-Versorgungsrente) **84** 194
– Entwicklung **84** 168
– Gesamtversorgung **84** 190
– Gesamtversorgungsfähige Zeit **84** 191
– Gesamtversorgungsfähiges Entgelt **84** 192
– Grundsätze **84** 164

– Leistungsvoraussetzungen **84** 178
– Mindest- und Besitzstandsrente (VBL) **84** 197
– Nebenpflichten (Arbeitgeber) **84** 186
– Neue Bundesländer **84** 169
– Privatisierung **84** 211
– Tarifvertrag über betriebliche Altersversorgung **84** 172
– Teilzeitarbeit **84** 170
– Übergangsregelungen (ATV) **84** 200
– Übernahme der Versorgung **84** 216
– Unverfallbarkeit **84** 203
– VBL (Satzung) **84** 173
– Versicherungspflicht **84** 176
– Versicherungsrente **84** 189
– Versorgungsrente **84** 189
– Zusatzrente (Höhe) **84** 179
– Zusatzversorgung (VBL) **84** 188

Zuwanderungsgesetz
– Arbeitserlaubnis **27** 5
Zuwendung
– *Siehe Gratifikation*
Zwangsschlichtung
– Tarifvertrag **195** 11
Zwangsversteigerung
– Betriebsübergang **117** 32
Zweckbefristung
– Begriff **38** 31
Zwei-Schranken-Theorie
– Betriebsvereinbarung **231** 21
– Dienstvereinbarung **268** 11
Zwischenmeister
– Begriff **11** 4
– Sozialversicherung **11** 13
Zwischenzeugnis
– Grundsätze **146** 9